W0461259

Ein besonderer Vorteil für die Mitglieder der GEW

Das Jahrbuch-Update

Das „Jahrbuch-Update" ist ein Änderungsdienst zum Jahrbuch. Es enthält neue und überarbeitete Texte zum Schul- und Dienstrecht in Baden-Württemberg.

Wer es erhält und wie man es abonniert, steht auf Seite 7.

Inhaltsverzeichnis

Adressenteil

Alphabetischer Teil

Inge Goerlich / Michael Rux

GEW

JAHRBUCH

für Lehrerinnen und Lehrer

Schul- und Dienstrecht in Baden-Württemberg

2022

STANDARDAUSGABE

ISBN 978-3-944970-31-8

Abkürzungen

Häufig verwendete Abkürzungen (soweit nicht bei der jeweiligen Anwendung direkt erklärt)

AZ	Aktenzeichen
AzUVO	Arbeitszeit- und Urlaubsverordnung
BeamtStG	Beamtenstatusgesetz
BeamtVwV	Verwaltungsvorschrift zur Durchführung beamtenrechtlicher Vorschriften
Bes.-Gr.	Besoldungsgruppe
BfC	Beauftragte für Chancengleichheit
BGBl.	Bundesgesetzblatt
BPR	Bezirkspersonalrat
BVO	Beihilfeverordnung
ChancenG	Chancengleichheitsgesetz
FM	Finanzministerium
GABl.	Gemeinsames Amtsblatt
GBl.	Gesetzblatt Baden-Württemberg
GHWRGS	Grund-, Haupt-, Werkreal-, Real-, Gemeinschaftsschulen und Sonderpädagogische Bildungs- und Beratungszentren
GLK	Gesamtlehrerkonferenz
HPR	Hauptpersonalrat
IBBW	Institut für Bildungsanalysen Baden-Württemberg
IM	Innenministerium
i.V.m.	in Verbindung mit
i.S.v.	im Sinne von
KM	Kultusministerium*
KonfO	Konferenzordnung
K.u.U.	Amtsblatt Kultus und Unterricht
LBeamtVGBW	Landesbeamtenversorgungsgesetz
LBesGBW	Landesbesoldungsgesetz
LBG	Landesbeamtengesetz
LBV	Landesamt für Besoldung und Versorgung
LfDI	Landesbeauftragter für den Datenschutz und die Informationsfreiheit
LPVG	Landespersonalvertretungsgesetz
LRKG	Landesreisekostengesetz
LT	Landtag
LVwVfG	Landesverwaltungsverfahrensgesetz
MAU	Mehrarbeitsunterricht
PR	Personalrat
RP	Regierungspräsidium
SBBZ	Sonderpädagogisches Bildungs- und Beratungszentrum
SchG	Schulgesetz
SGB	Sozialgesetzbuch
SSA	Staatliches Schulamt
TV-L	Tarifvertrag – Länder (TV-L)
VBL	Versorgungsanstalt des Bundes und der Länder
VG	Verwaltungsgericht
VO	Verordnung
VwV	Verwaltungsvorschrift
WStd.	Wochenstunde
ZSL	Zentrum für Schulqualität und Lehrerbildung

* Das Ministerium für Kultus, Jugend und Sport wird amtlich „Kultusministerium" und „KM" abgekürzt (GBl. S. 491/1996 und Mitteilung des Staatsministeriums, 28.7.2004, I 0142).

Impressum

Jahrbuch für Lehrerinnen und Lehrer. Handbuch des Schul- und Dienstrechts in Baden-Württemberg. 41. Jahrgang 2022.

ISBN: Standardausgabe 978-3-944970-31-8, Ausgabe für berufliche Schulen 978-3-944970-32-5.

Herausgeber:

Gewerkschaft Erziehung und Wissenschaft Landesverband Baden-Württemberg, Silcherstraße 7, 70176 Stuttgart.

Redaktion:

Inge Goerlich, Gerhardt Hurich, Annemarie Raab, Heidrun Roschmann, Michael Rux, Lars Thiede.

Verantwortliche Redakteurin:

Inge Goerlich, Raabestraße 24, 72762 Reutlingen, (07121) 21579, inge.goerlich@gew-bw.de

Druck: GO Druck Media GmbH & Co.KG, Einsteinstraße 12-14, 73230 Kirchheim unter Teck.

Inhaltsverzeichnis

Nutzen Sie das ausführliche alphabetische Schlagwortverzeichnis am Ende des Buches.

Das alphabetische Schlagwortverzeichnis steht mit der Seitenbezeichnung „Register Seite ...“ am Ende des Jahrbuchs.

Beachten Sie bitte auch diese „Stichworte“

An die Benutzerinnen und Benutzer

Zum Aufbau des Buches

Das Jahrbuch enthält kommentierte Vorschriften aus dem Schul-, Dienst- und Arbeitsrecht für Lehrkräfte öffentlicher Schulen in Baden-Württemberg (Stand: 1.11.2021). Es erscheint in zwei Fassungen:

- Die **Standard-Fassung** enthält Vorschriften für die Lehrkräfte aller Schularten sowie alle schulartübergreifenden Vorschriften, stellt jedoch die beruflichen Schularten jeweils nur im Überblick vor (Ziele und Abschlüsse sowie Auswahl- und Aufnahmeverfahren).
- Daneben gibt es eine umfangreichere **Ausgabe für berufliche Schulen,** in der sich an die Standard-Fassung die Bestimmungen für die beruflichen Schularten im Volltext anschließen.

Die E-Book-Fassung (Standard-Fassung und Ausgabe für berufliche Schulen) kann zusammen mit dem gedruckten Werk erworben werden.

Außer dem **Inhaltsverzeichnis** (für die Standard-Fassung auf den Seiten 4-6, für den Sonderteil Berufliche Schulen auf Seite 1010) enthält das Werk auch ein umfangreiches alphabetisches **Schlagwortverzeichnis** (am Ende des Buches).

Das Buch ist alphabetisch aufgebaut. Da viele Sachverhalte durch komplexe Regelungen erfasst werden, bei denen sich Gesetze, Verordnungen, Verwaltungsvorschriften und weitere Ausführungsbestimmungen ergänzen und überschneiden, verweisen wir in den einzelnen Beiträgen mit dem Zeichen ⇨ auf korrespondierende Vorschriften.

Das Buch bezieht sich auf den Tätigkeitsbereich der Lehrkräfte an öffentlichen Schulen. Deshalb sind viele Gesetzes- und Verordnungstexte nur auszugsweise abgedruckt. Auslassungen in amtlichen bzw. fremden Texten haben wir durch eckige Klammern gekennzeichnet: [...]. Der vollständige Text ist in der Regel unter www.landesrecht-bw.de zu finden.

Das Jahrbuch dokumentiert den beim Redaktionsschluss aktuellen Vorschriftenstand; soweit absehbar war, dass angekündigte Änderungen unverändert in Kraft treten werden, geben wir gelegentlich die „Anhörungsfassung" wieder. In der Praxis besteht häufig ein Nebeneinander von „alten" und „neuen" Vorschriften. Dabei gelten die Neuregelungen teilweise zunächst nur für die Eingangsklassen, während ältere Schülerjahrgänge noch nach den „alten" Vorschriften zu behandeln sind. Ein Nebeneinander von „alt" und „neu" würde das Buch jedoch um gut hundert Druckseiten aufblähen. Man sollte frühere Ausgaben des Jahrbuchs deshalb nicht entsorgen, denn in ihnen ist noch die „alte" Fassung der jeweiligen Vorschrift abgedruckt.

Sprache und Rechtschreibung

Wo möglich, haben wir eine geschlechtsneutrale Sprache gewählt. Die „Männersprache" vieler amtlicher Texte können wir aber nicht ändern.

Bei zusammengesetzen Substantiven, die keine konkrete Person, sondern eine Gruppe oder einen übergeordneten Begriff bezeichnen (z.B. Schülerunfallversicherung, Referendarsbetreuung, Lehrerversorgung,...) haben wir zugunsten einer besseren Lesbarkeit auf das Gendern verzichtet. Bitte beachten Sie hierzu auch die Maßgaben der Landesregierung für die Verwendung geschlechtsneutraler Begriffe in Teil B des Beitrags ⇨ Vorschriften. Wir haben ältere Vorschriften an die neue ⇨ Rechtschreibung angepasst sowie die teilweise unterschiedliche Schreibweise der Ministerien vereinheitlicht. Wenn bei der Rechtschreibung mehrere Varianten möglich sind, haben wir uns für die Zusammenschreibung entschieden und uns an den Vorschlägen der Wörterbuchverlage orientiert (vgl. § 36 des amtlichen Regelwerks; dabei geben wir im Zweifel der „Agenturschreibweise" Vorrang; siehe: www.die-nachrichtenagenturen.de). Wir schreiben deshalb beispielsweise *aufgrund* statt *auf Grund*, *allgemeinbildend* statt *allgemein bildend*, *aufsichtführend* statt *Aufsicht führend*, *bekanntgeben* statt *bekannt geben*, *selbstständig* statt *selbständig* oder *sogenannt* statt *so genannt.*

Für Hinweise und Vorschläge ist die Redaktion dankbar. Bitte richten Sie Ihre Mitteilungen an: Inge Goerlich, Raabestraße 24, 72762 Reutlingen, (07121) 21579; inge.goerlich@gew-bw.de

Inge Goerlich / Michael Rux / Gerhardt Hurich / Annemarie Raab / Heidrun Roschmann / Lars Thiede

Das „Jahrbuch-Update" – eine Leistung für GEW-Mitglieder

Den Mitgliedern der GEW steht mit dem „Jahrbuch-Update" ein Änderungsdienst zum Jahrbuch zur Verfügung. Alle Ausgaben des laufenden Jahres sind im Mitgliederbereich der GEW-Homepage abrufbar (www.gew-bw.de). Automatisch erhalten GEW-Vertrauensleute, Vorstandsmitglieder von GEW-Gremien, GEW-Mitglieder in den Personalräten, Schwerbehinderten-Vertrauensleute, Beauftragte für Chancengleichheit sowie Mitglieder von Schulleitungen, die der GEW angehören, einen Link auf neue Ausgaben. Alle anderen GEW-Mitglieder können sich im Mitgliederbereich der GEW-Homepage zu einem Newsletter anmelden, über den sie einen Link erhalten, sobald eine neue Ausgabe auf der GEW-Homepage abrufbar ist. Sie müssen sich dazu mit ihrer Mitgliedsnummer identifizieren (siehe Adressenaufkleber der Mitgliederzeitungen).

Namen und Anschriften

GEW-Geschäftsstellen, Redaktionen, Rechtsschutz

Landesgeschäftsstelle

GEW Baden-Württemberg, Silcherstraße 7, 70176 Stuttgart, (0711) 21030-0, 🖷 –45, info@gew-bw.de

Bitte Adressen- oder beitragswirksame Änderungen (z.B. Übergang von Voll- auf Teilzeit usw.) der GEW mitteilen. Gleiche Anschrift; 🖷 -65, mitgliederverwaltung@gew-bw.de.

GEW-Publikationen sind anzufordern bei: bestellen@gew-bw.de oder www.shop.gew-bw.de

Landesgeschäftsführer: Matthias Schneider, (0711) 21030-14, 🖷 –45, matthias.schneider@gew-bw.de

Verlag und Redaktionen

Redaktion bildung & wissenschaft, Silcherstr. 7, 70176 Stuttgart, (0711) 21030-36, 🖷 –65. b+w@gew-bw.de. Verantwortlicher Redakteur: Michael Hirn, Moserstr. 20, 70182 Stuttgart, (0711) 6368648, michael.hirn@gew-bw.de

Redaktion des GEW-Jahrbuchs: Inge Goerlich, Raabestr. 24, 72762 Reutlingen, (07121) 21579 oder (0172) 7411627 inge.goerlich@gew-bw.de

Süddeutscher Pädagogischer Verlag GmbH, Silcherstr. 7a, 70176 Stuttgart, (0711) 21030-70, 🖷 –799, info@spv-s.de oder www.spv-s.de

Bezirksgeschäftsstellen

GEW-Bezirk Nordbaden:
Ettlinger Str. 3a, 76137 Karlsruhe, (0721) 180332-90, 🖷 -97, bezirk.nb@gew-bw.de

GEW-Bezirk Nordwürttemberg:
Silcherstr. 7, 70176 Stuttgart, (0711) 21030-44, 🖷 -75, bezirk.nw@gew-bw.de

GEW-Bezirk Südbaden:
Wölflinstr. 11, 79104 Freiburg, (0761) 33447, 🖷 (0761) 26154, bezirk.sb@gew-bw.de

GEW-Bezirk Südwürttemberg:
Frauenstr. 28, 89073 Ulm, (0731) 92137-23, 🖷 -24, bezirk.sw@gew-bw.de

GEW-Hauptvorstand
Postfach 900409, 60444 Frankfurt/Main, (069) 78973-0, info@gew.de, www.gew.de

Datenschutzbeauftragter der GEW BW

Bernhard Eisele, Kastellstr. 19, 78737 Fluorn-Winzeln, (07402) 341479, datenschutz@gew-bw.de

Rechtsschutzstellen

Wenden Sie sich bitte in allen Rechtsschutzfragen an die für Ihren Regierungsbezirk zuständige **Bezirksrechtsschutzstelle** der GEW (Ausnahme: Hochschulpersonal; s.u.) und beachten Sie die Informationen zum Rechtsschutz der GEW (⇨ Rechtsschutz) sowie die Hinweise zum Verhalten in Disziplinarfällen unter ⇨ Disziplinarrecht (Allgemeines).

Schriftliche Anfragen möglichst nicht per E-Mail, und wenn, dann verschlüsselt über: www.gew-bw.de/rechtsschutz/rechtsschutzanfrage/ einsenden.

GEW-Bezirksrechtsschutzstelle Nordbaden (Team):
Ivica Pavlic und Sanni Veil-Bauer, c/o GEW Nordbaden, Ettlinger Str. 3a, 76137 Karlsruhe, (0721) 180332-90, 🖷 -97, rechtsschutz.nb@gew-bw.de

GEW-Bezirksrechtsschutzstelle Nordwürttemberg (Team):
Verena König und Waltraud Kommerell, c/o GEW Nordwürttemberg, Silcherstr. 7, 70176 Stuttgart, (0711) 21030-52, 🖷 -74, rechtsschutz.nw@gew-bw.de

GEW-Bezirksrechtsschutzstelle Südbaden (Team):
Bernd Pohlmann und Susanne Gallery, c/o GEW Südbaden, Wölflinstr. 11, 79104 Freiburg, (0761) 33447, 🖷 (0761) 26154, rechtsschutz.sb@gew-bw.de

GEW-Bezirksrechtsschutzstelle Südwürttemberg (Team):
Thomas Reck und Manfred Schechinger, c/o GEW Südwürttemberg, Frauenstr. 28, 89073 Ulm, (0731) 92137-23 rechtsschutz.sw@gew-bw.de

GEW-Landsrechtsschutzstelle (Team):
Alfred König (Leitung), Susanne Besserer, Hubertus von Rohrscheidt, Silcherstr. 7, 70176 Stuttgart, (0711) 21030-52, 🖷 (0711) 21030-74, rechtsschutz@gew-bw.de

GEW-Rechtsschutz für Hochschulangehörige:
Beschäftigte an Hochschulen wenden sich an die Landesrechtsschutzstelle, Studierende an die Bezirksrechtsschutzstellen (s.o.).

Berufshaftpflichtversicherung der GEW

Im Beruf ist schnell mal was passiert: Der Dienstschlüssel geht verloren, im Labor geht was zu Bruch... Für GEW-Mitglieder hat das berufliche Risiko Grenzen. Die im Mitgliedsbeitrag enthaltene Berufshaftpflichtversicherung springt ein. Siehe auch: ⇨ Haftung und Versicherung Nr. 2.

Landesvorstand der GEW

Geschäftsführender Vorstand (GV)

Landesvorsitzende

Monika Stein,
c/o GEW, Silcherstr. 7, 70176 Stuttgart,
(0711) 21030-10, monika.stein@gew-bw.de

Gleichberechtigte stellvertretende Landesvorsitzende

- *(Team)*
  - Michael Hirn,
    (0711) 6368648, michael.hirn@gew-bw.de;
  - Ricarda Kaiser,
    (0621) 4378509), ricarda.kaiser@gew-bw.de
- Farina Semler,
  (07032) 330005, farina.semler@gew-bw.de
- David Warneck,
  (0711) 12399847, david.warneck@gew-bw.de

Landesschatzmeister

Hans Maziol,
c/o GEW, Silcherstr. 7, 70176 Stuttgart,
(0711) 21030-30, 🖷 –65, schatzmeister@gew-bw.de

Leitungen der Vorstandsbereiche

A – Grundsatzfragen:
Dr. Jörg Götz-Hege,
Hermann-Löns-Weg 16/3, 69118 Heidelberg,
(06221) 803130, joerg.goetz-hege@gew-hd.de

B – Allgemeine Bildung:
Jürgen Stahl,
Forststr. 68, 70176 Stuttgart,
(0711) 822926, juergen.stahl@gew-bw.de

C – Weiterführende Bildung:
Erich Liesecke,
Rabanstr. 4c, 74921 Helmstadt-Bargen,
(07263) 1889, erich.liesecke@gew-bw.de

D – Tarif-, Beamten- und Sozialpolitik:
Michael Zebisch,
Neckarauer Str. 207, 68199 Mannheim,
(0621) 8109637, michael.zebisch@gew-bw.de

E – Frauenpolitik:
Elke Gärtner,
Tüngentaler Str. 34, 74523 Schwäbisch Hall,
(0791) 49395625, elke.gaertner@gew-bw.de

Dem GV gehören weiterhin eine ständige Vertreterin bzw. ein ständiger Vertreter der Bezirksvorstände sowie, mit beratender Stimme, der Geschäftsführer oder die Geschäftsführerin des Landesverbandes sowie der verantwortliche Redakteur oder die verantwortliche Redakteurin der Mitgliederzeitschrift „bildung und wissenschaft" (b&w) an.

Die Mitglieder des Geschäftsführenden Vorstands gehören zugleich dem Landesvorstand an.

Landesvorstand (LV)

Vorsitzende der GEW-Kreise

Alb-Donau/Ulm:
Johannes Kromer,
Böfinger Weg 24/7, 89075 Ulm, (0731) 22881
johannes.kromer@gew-bw.de

Biberach/Riß (Team):
- David Bitrovic (Teamsprecher),
  Schönbornweg 9, 88400 Biberach,
  (07351) 4292784, david.bitrovic@web.de
- Heidi Drews,
  Bergerhauser Str. 25, 88400 Biberach,
  (07351) 578711, heidi.drews@gew-bw.de
- Ilse Haller,
  Eichendorffweg 14, 88400 Biberach,
  (07351) 1882460, ilse.haller@gmx.de

Böblingen (Team):
- Bruni Dolp,
  Dornröschenweg 6, 71296 Heimsheim,
  (07033) 34629; brunhilde.dolp@gew-bw.de
- Farina Semler,
  Brühlstr. 31, 71083 Herrenberg,
  (07032) 330005, semler@gew-boeblingen.de

Calw/Freudenstadt:
Angelika Kistner,
Scheffelstr. 6, 75385 Bad Teinach-Zavelstein,
(07053) 920574, angelika.kistner@gew-bw.de

Esslingen/Nürtingen:
David Warneck,
Obere Gänsweide 15, 73730 Denkendorf,
(0711) 12399847, david.warneck@gew-bw.de

Freiburg (Stadtkreis Freiburg, Landkreise Breisgau-Hochschwarzwald und Emmendingen):
Peter Fels,
Franz-Kohlhepp-Str. 23, 79115 Freiburg,
(0761) 36303768, fels@gew-fr.de

Göppingen:
Holger Kißling,
Hauptstraße 64, 73092 Heiningen,
(07161) 43389, holger.kissling@web.de

Heilbronn (Team):
- Harald Schröder (Sprecher),
  Linsenbergstr. 6, 74189 Weinsberg,
  (07134) 916895, harald.d.schroeder@gmail.com
- Barbara Bürgy,
  Erlenweg 10, 74211 Leingarten,
  (07131) 166301, barbara.buergy@gew-bw.de
- Michael Futterer,
  Siedlungsstraße 15, 74078 Heilbronn,
  (07131) 5945355, michael.futterer@gew-bw.de
- Heidrun Günther-Weißbeck,
  Goethestr. 1, 74076 Heilbronn, (07131)
  4053882, h.guenther-weissbeck@ehkg-hn.de

Karlsruhe:

Roland Jung,
Mittelweg 24, 76356 Weingarten,
(07244) 722896, roland.jung@gew-karlsruhe.de

Konstanz:

Hans-Georg Pannwitz,
Jungerhalde 5, 78464 Konstanz, (0162) 9862053; hans-georg-pannwitz@gew-bw.de

Lörrach:

Anja Hanke,
Blumenweg 31, 79539 Lörrach,
(0157) 83906838, anja.hanke@gew-bw.de

Ludwigsburg (Team):

- Martin Hettler,
  (07042) 8192873, martin.hettler@gew-bw.de
- Inken König,
  (07156) 9289897, inken.koenig@gew-bw.de

Main-Tauber/Hohenlohe:

Jana Kolberg,
Bregenzer Str. 4, 97980 Bad Mergentheim,
(07931) 5329841, jana.kolberg@gew-bw.de

Mannheim (Team):

- Ricarda Kaiser,
  Talhausring 35, 68219 Mannheim,
  (0621) 4378509, ricarda.kaiser@gew-bw.de
- Conny Schmitt,
  Großsachsener Str. 22, 69469 Weinheim,
  conny.schmitt@gew-mannheim.de

Neckar-Odenwald:

Bernhard Edin,
Am Henschelberg 26, 74821 Mosbach,
(06261) 643637, bernhard.edin@gew-bw.de

Ortenau (Team):

- Matthias Biegert,
  Bottenbrunnenstr. 18, 77933 Lahr, (0179) 4607058, matthias.biegert@gew-bw.de
- Axel Schön,
  Im Weinbrennere 18, 77694 Kehl,
  (07851) 899121, axel.schoen@gew-bs.de

Ostwürttemberg (Team):

- Simon Davis,
  Schützenweg 8, 73430 Aalen,
  (0176) 55105052, davis.simon@freenet.de
- Alexander Rube,
  alexander.rube@gew-bw.de
- Volker Spellenberg,
  Degenhardtstr. 18, 89522 Heidenheim,
  (07321) 955500, volker.spellenberg@gew-bw.de

Pforzheim-Enzkreis (Team):

- Joachim Eichhorn,
  Mozartstr. 11, 75328 Schömberg
  (07084) 9343706,
  joachim.eichhorn@gew-pforzheim.de
- Dietrich Gerhards,
  Leibnizweg 15, 75175 Pforzheim,
  (07231) 609343, gerhards.gew@gmx.de

Rastatt/Baden-Baden:

Bernhard Baumstark,
Eckenerstr. 51, 76571 Gaggenau, (0176) 81789658, bernhard.baumstark@gew-bw.de

Ravensburg/Bodenseekreis:

Thomas Reck,
Welfenstr. 11, 88271 Wilhelmsdorf,
(07503) 9168288,
thomas.reck@gew-rv-bsk.de

Rems-Murr-Kreis: (Team)

- Michael Stoeß,
  Mühlwiesenweg 4, 71384 Weinstadt,
  (07151) 1659986, michael.stoess@gew-bw.de
- Roland Theophil,
  Falkenstr. 10, 71579 Spiegelberg,
  (07194) 3810148, rosothe25@gmx.de

Reutlingen/Tübingen:

Matthias Gruner,
Dr.-Gminder-Str. 22, 72636 Frickenhausen
(07022) 718256, gew-kreis-rt-tue@web.de

Rhein-Neckar/Heidelberg (Team):

- Jörg Götz-Hege,
  Hermann-Löns-Weg 16/3, 69118 Heidelberg,
  (06221) 803130, joerg.goetz-hege@gew-hd.de
- Frank Orthen,
  Hollmuthstraße 20, 69151 Neckargemünd,
  (0152) 33921797, frank.orthen@gew-hd.de
- Ute Sendner,
  Auwiesen 2, 69234 Dielheim,
  (06222) 771171, ute.sendner@gew-hd.de

Rottweil:

Andreas Scheuble,
Wiesenstr. 28, 72172 Sulz,
(07454) 9607911, andreas.scheuble@gew-bw.de

Schwäbisch Hall (Team):

- Silvia Bambusch,
  silvia.bambusch@gew-bw.de
- Stefan Bax,
  stefan.bax@gew-bw.de
- Elke Gärtner,
  elke.gaertner@gew-bw.de
- Hannah Wiggenhauser,
  hannah.wiggenhauser@gew-bw.de

Schwarzwald-Baar (Team):

- Monja Al-Zahawi
- David Todt
- Sebastian Goehl
  Ginsterweg 76, 78112 St. Georgen

schwarzwald-baar@gew-bw.de

Sigmaringen (Team):

- Ivonne Bachmann,
  (07571) 724987, ivonnebachmann@gmx.de
- Ursula Breitruck,
  (07571) 686976, ursula-breitruck@gew-bw.de
- Susanne Elgaß,
  (07571) 74941, susanne.elgass@gew-bw.de
- Thomas Seßler,
  (07571) 7317222, thomas.sessler@gew-bw.de

Stuttgart (Team):

- Tanja Czisch,
  Arndtstr. 35, 70197 Stuttgart,
  (0711) 6368143
- Jörn Pfeifer,
  Markelstr. 22, 70193 Stuttgart,
- Andrea Skillicorn,
  Hohenzollernstr. 12A, 70178 Stuttgart,
  (0711) 3417853

kv-stuttgart@gew-bw.de

Tuttlingen:

Günther Thum-Störk,
Neuhauser Str. 3, 78576 Emmingen-Liptingen, (07465) 1210,
guenther.thum-stoerk@gew-bw.de

Waldshut (Team):

- Anika Bächle,
  Weltismatte 2, 79730 Murg,
  (07763) 7295, anika.baechle@gew-wt.de
- Benita Hasselblatt,
  Oberwihl 211, 79733 Görwihl,
  (07754) 9257117, benita.hasselblatt@gew-wt.de
- Arne Scharf,
  Kirschbaumweg 23, 79761 Waldshut-Tiengen,
  (07751) 3064773, arne.scharf@gew-wt.de

Zollernalbkreis:

Bernd Romer,
Adolf-Groz-Str. 10, 72469 Meßstetten,
(07431) 630993, bernd.romer@gew-bw.de

Vorsitzende der Landesfachgruppen

Ambulante u. stationäre Kinder- und Jugendhilfe (Team):

- Harald Bischoff,
  Neue Krautgärten 37, 76344 Eggenstein,
  (0721) 787024, harald.bischoff@gew-bw.de
- Dagmar Fojkar,
  Amselstr. 27, 68623 Lampertheim,
  (0173) 4570710, dida-4@gmx.de

Erwachsenenbildung (Team):

- Daniel Dzillak,
  Christine-Teusch-Str. 24, 71634 Winnenden,
  (0176) 56823441, daniel.dzillak@gew-bw.de
- Thomas Ferraz Nagl,
  Keßlerstr. 4/2, 71032 Böblingen, (01577) 6413588, thomas.ferraz.nagl@gew-bw.de

Fachberatung und Fachaufsicht (Team):

- Andrea Goebel,
  Portugieserweg 6, 74354 Besigheim,
  (07143) 404401, andreado2@gmx.de
- Anne Heck,
  Andreas-Hofer-Weg 36, 62121 Heidelberg,
  (06221) 6501975, anne.heck@email.de

Gemeinschaftsschulen:

Susanne Posselt,
Reetzstraße 9, 76327 Pfinztal, (01520) 2903121
susanne.posselt@gew-bw.de

Gesamtschulen:

Mathias Linke,
Goethestr. 10, 79100 Freiburg,
(0761) 88860788, mathias.linke@gew-bw.de

Gewerbliche, Haus- und Landwirtschaftliche, Sozialpädagogische und -pflegerische Schulen:

Michael Futterer,
Siedlungsstr. 15, 74078 Heilbronn,
(07131) 5945422, michael.futterer@gew-bw.de

Grundschulen (Team):

- Corinna Blume,
  Redtenbacher Str. 20, 76133 Karlsruhe,
  (0721) 3291540,
  corinna.blume@gew-karlsruhe.de
- Barbara Bürgy
  Erlenweg 10, 74211 Leingarten,
  (07131) 166301, barbara.buergy@gew-bw.de

Gymnasien (Team):

- Barbara Becker,
  Vogt-Kistner-Str. 1, 77815 Bühl,
  (07223) 8000409, barbara.becker@gew-bw.de
- Markus Riese,
  Hirschauer Str. 2, 72070 Tübingen,
  (07071) 5499960, markus.riese@gew-bw.de

Hauptschulen/Werkrealschulen

Katharina Klink,
(07423) 9204829, katharina.klink@gew-bw.de

Hochschule und Forschung (Team):

- Achim Brötz,
  Wasserwerkstr. 20, 68309 Mannheim,
  (0621) 44585762, broetz@rz.uni-mannheim.de
- Marco Unger,
  Konrad-Adenauer-Str. 48, 72108 Rottenburg,
  (0160) 2103888,
  marco.unger@s2001.tu-chemnitz.de
- Bettina Walter,
  Kriemhildenstr. 32, 64653 Lorsch,
  (07141) 140 329, bettina.walter@gew-bw.de

Kaufmännische Schulen:

Ingrid Letzgus,
Ritter-Jörg-Str. 8/2, 72108 Rottenburg,
(07472) 916155, ingrid.letzgus@gew-bw.de

Realschulen (Team):

- Heike Ackermann,
  Weinstr. 36, 71679 Asperg,
  (07141) 660671, heike.ackermann@gew-bw.de
- Jenny Apfel,
  Reichenhaller Str. 57, 70372 Stuttgart,
  (01575) 8925047, jenny.apfel@gew-bw.de

Schulaufsicht, Schulverwaltung, Seminare, Schulpsychologie:

Martin Morgen,
Birkenweg 7, 89601 Schelklingen,
(07394) 245709, martin.morgen@gew-bw.de

Sonderpädagogische Berufe:

Ruben Ell,
Waldenbucher Str. 16, 70771 Leinfelden-E.,
(0711) 50877871, ruben.ell@gew-bw.de

Sozialpädagogische Fachkräfte an Schulen (Team):

- Bettina Johl,
  Bahnhofstr. 36, 74193 Schwaigern-Stetten,
  (0175) 4121764, bettina.johl@gmx.de
- Jürgen Schmidt,
  Schelmenweg 4, 75443 Ötisheim,
  (07041) 8174917, schmidt@syspaed.de

Tageseinrichtungen für Kinder (Team):

- Beate Bischoff,
  Neue Krautgärten 37, 76344 Eggenstein-Leopoldshafen, (0721)787024
- Caroline Heller,
  Nauheimer Str. 50, 70372 Stuttgart,
  (0711) 50473763
- Elke Klump-Röhm
  Schmiedstr. 8/3, 71116 Gärtringen,
  (07034) 20871

lfga-kita@gew-bw.de

Vorsitzende der Landespersonengruppen

*Arbeitnehmer*innen (Team):*

- Bärbel Etzel-Paulsen,
  (0711) 582652, b.etzel-paulsen@gmx.de
- Farina Semler,
  (07032) 330005, farina.semler@gew-bw.de
- Franz Peter Penz,
  (07138) 920533, fppenz@yahoo.de

Fachlehrkräfte und Technische Lehrkräfte:

Angelika Kistner,
Scheffelstr. 6, 75385 Bad Teinach-Zavelstein,
(07053) 920574, angelika.kistner@gew-bw.de

Frauen:

Andrea Wagner,
Else-Wagner-Str. 8, 79115 Freiburg,
(0761) 28528937, andrea.wagner@gew-bw.de

Junge GEW (Team):

- Elena Mienert,
  Unterer Dornbusch 13, 70191 Stuttgart,
  elena.mienert@gew-bw.de
- Moritz Jahraus,
  moritz.jahraus@gew-bw.de

Mitglieder im Ruhestand (Team):

- Gunter Krieger,
  Lichtensteinstr. 6, 71088 Holzgerlingen,
  (07031) 602794, gunter.krieger@gew-bw.de
- Margot Littwin,
  Vogelsangstr. 14, 71088 Holzgerlingen,
  (07031) 607501, margot.littwin@gew-bw.de

Studierende:

Marie-Terese Reck,
Neuhauser Str. 39/1, 78532 Tuttlingen,
(07461) 9684490, marie-terese.reck@web.de

Schulleitungsmitglieder (Team):

- Frank Orthen,
  Hollmuthstraße 20, 69151 Neckargemünd,
  (0152) 33921797, frank.orthen@gew-hd.de
- Kirsten Stengl-Mozer,
  Bei der Schule 11, 72768 Reutlingen, (07121) 7552518, kirsten.stengl-mozer@gew-bw.de
- Ruth Zacher,
  Auf der Staig 28, 78166 Donaueschingen,
  (0771) 9294370, ruth.zacher@gew-bw.de

Weitere Mitglieder des Landesvorstands

Leitung des Fachbereichs A – Junge GEW

Esther Hahn,
Theodor-Heuss-Str. 17, 71384 Weinstadt,
(0176) 43476189, e.hahn@posteo.de

Leitung des Fachbereichs B – Seniorenpolitik:

Barbara Haas,
Wolfsbergallee 59, 75177 Pforzheim,
(07231) 359055, barbara.haas@gew-bw.de

Leitung der Koordinierungsgruppe Gewerkschaftliche Bildung und Fortbildung: N.N.

Leitung der Koordinierungsgruppe Mitgliederwerbung/Mitgliederbindung:

David Warneck (siehe Geschäftsführender Vorstand)

Leitung der Landesrechtsschutzstelle:

Alfred König (Anschrift bei Landesrechtsschutz)

Arbeitskreise und Kommissionen der GEW Baden-Württemberg

Arbeitsgemeinschaft Jugendliteratur und Medien der GEW, Landesstelle Baden-Württemberg:

Alexander Beer,
Birkenstr. 20, 88255 Baienfurt,
(01590)1475958, alex.p.beer@googlemail.com

Arbeitskreis Arbeits- und Gesundheitsschutz:

martin.schommer@gew-bw.de, (0711) 21030-12

Arbeitskreis Aus-, Fort- und Weiterbildung sozialpädagogischer Fachkräfte:

heike.herrmann@gew-bw.de, (0711) 21030-23

Arbeitskreis DaF/DaZ-Lehrkräfte

clarissa.haziri-hagner@gew-bw.de,
(0177) 7266350

Arbeitskreis Digitalisierung im Bildungsbereich:

David Warneck,
Obere Gänsweide 15, 73770 Denkendorf,
(0711) 12399847, david.warneck@gew-bw.de

Arbeitskreis Jugendhilfe:

petra.kilian@gew-bw.de

Arbeitskreis Lesbenpolitik:

GEW Baden-Württemberg – AK Lesbenpolitik,
Silcherstr. 7, 70176 Stuttgart,
lesbenpolitik@gew-bw.de

Arbeitskreis Schwulenpolitik:

GEW Baden-Württemberg – AK Schwulenpolitik, Silcherstr. 7, 70176 Stuttgart,
schwulenpolitik@gew-bw.de

Arbeitskreis Technische Lehrkräfte berufliche Schulen:

Jörg Sattur,
Luzernestr. 15, 70771 Leinfelden-Echterdingen,
(0711) 4414322, joerg_s68@web.de

Arbeitsgruppe „Fair Childhood“:

Hildegard Klenk,
Richard-Wagner-Str. 72, 68165 Mannheim,
(0621) 406979, hildegard.klenk@gew-bw.de

Arbeitsgruppe Friedensbildung:
Martin Hurter,
martin.hurter@gmail.com, (0176) 60033163

Beauftragte für Auslandslehrkräfte:
Eileen Thomas,
eileen.thomas0@gmail.com

Landesausschuss für Migration, Diversity und Antidiskriminierung (LAMA):
Manuela Reichle,
c/o GEW, manuela.reichle@gew-bw.de

Sportkommission:
Bernd Jäger,
Neuer Weg 16/1, 78052 VS-Pfaffenweiler,
(07721) 903784, bernd.jaeger@gew-bw.de

GEW-Bezirksvorstände

Mitglieder der GEW-Bezirksvorstände

Bezirksvorstand Nordbaden

Geschäftsstelle: GEW-Bezirk Nordbaden,
Ettlinger Str. 3a, 76137 Karlsruhe,
(0721) 180 332-90, 🖷 -97, bezirk.nb@gew-bw.de

Vorsitzender: Stefan Bauer,
Großmüllergasse 6, 76307 Karlsbad,
(07248) 926970, stefan.bauer@gew-bw.de

Stellvertretende Vorsitzende: Susanne Posselt,
Reetzstraße 9, 76327 Pfinztal, (01520) 2903121
susanne.posselt@gew-bw.de

Geschäftsführerin: Tamara Schätz,
c/o GEW, Ettlinger Str. 3 a, 76137 Karlsruhe,
(0721) 18033290, tamara.schaetz@gew-bw.de

Rechner: Simon Glockner,
Fritz-Salm-Str. 12, 68167 Mannheim,
(0621) 44591134, simon.glockner@gew-bw.de

Leitung der Bezirksrechtsschutzstelle (Team):
Ivica Pavlic und Sanni Veil-Bauer
(siehe Rechtsschutz am Anfang des Adressenteils)

*Beisitzer*innen:*

Berufliche Schulen: Daniel Wunsch,
Goethestr. 13, 76474 Au am Rhein,
(07245) 8601357, daniel.wunsch@gew-bw.de

GHWRGS: Sabrina Besserer,
Mörscher Str. 10, 76275 Ettlingen, (07243)
358801, sabrina.harnapp@gew-bw.de

Gymnasien (Team):

- Barbara Becker,
  Vogt-Kistner-Str. 1, 77815 Bühl,
  (07223) 8000409, barbara.becker@gew-bw.de
- Oliver Kirsten,
  Yorkstr. 22, 76185 Karlsruhe, (0721)
  8306118, oliver.kirsten@gew-bw.de

Bezirksvorstand Nordwürttemberg

Geschäftsstelle: GEW-Bezirk Nordwürttemberg,
Silcherstr. 7, 70176 Stuttgart,
(0711) 21030-44, 🖷 -75, bezirk.nw@gew-bw.de

Vorsitzender: Martin Hettler,
c/o GEW, Silcherstr. 7, 70176 Stuttgart,
(07042) 8192873, martin.hettler@gew-bw.de

Stellvertretende Vorsitzende (Team):

- Inken König,
  (07156) 9289897, inken.koenig@gew-bw.de
- Daniela Weber,
  (0711) 3004588, daniela.weber@gew-bw.de

Geschäftsführerin: Martina Buschle,
c/o GEW, Silcherstr. 7, 70176 Stuttgart,
(0711) 21030-41, martina.buschle@gew-bw.de

Rechner: Thomas Maier,
Dammweg 23/1, 74395 Mundelsheim,
(07143) 59491, maier_tho@web.de

Leitung der Bezirksrechtsschutzstelle (Team):
Verena König und Waltraud Kommerell
(siehe Rechtsschutz am Anfang des Adressenteils)

*Beisitzer*innen:*

Berufliche Schulen: Franz Peter Penz,
Lerchenstr. 7, 74193 Schwaigern, (07138)
920533, franz-peter.penz@gew-bw.de

Team:

- Daniela Gjungjek, *Tageseinrichtungen für Kinder,* (0177) 5548883,
  daniela.gjungjek@gew-bw.de
- Gabriele Schink-Stolz, *GHWRGS*
  (07141) 388799,
  gabriele.schink-stolz@gew-bw.de

Bezirksvorstand Südbaden

Geschäftsstelle: GEW-Bezirk Südbaden,
Wölflinstr. 11, 79104 Freiburg,
(0761) 33447, 🖷 (0761) 26154, bezirk.sb@gew-bw.de

Vorsitzender: Mathias Linke,
Goethestr. 10, 79100 Freiburg,
(0761) 88860788, mathias.linke@gew-bw.de

Stellvertretende Vorsitzende: Elisabeth Burget,
Obere Schneeburgstraße 20b, 79111 Freiburg,
(0162) 4303026, eli.burget@gew-bw.de

Geschäftsführer: Wolfgang Windus,
c/o GEW, Wölflinstr. 11, 79104 Freiburg,
(0761) 33447, wolfgang.windus@gew-bw.de

Rechner: Frank Nagel-Gallery,
Hutweg 23, 79110 Freiburg, (0761) 8815859,
frank.nagel-gallery@gew-bw.de

Leitung der Bezirksrechtsschutzstelle (Team):
Susanne Gallery und Bernd Pohlmann
(siehe Rechtsschutz am Anfang des Adressenteils)

*Beisitzer*innen:*

Berufliche Schulen: Gerd Kostanzer,
Viktor-Kollefrath-Str. 7d, 77955 Ettenheim,
(07822) 44284, gerd.kostanzer@gew-bw.de

GHWRGS: Patricia Ball,
Schulstrasse 4, 79359 Riegel,
(07642) 9263253, patricia.ball@gew-bw.de

Gymnasien: Maren Stölzle,
Unterer Mühlenweg 32, 79114 Freiburg,
(0761) 42962209, maren.stoelzle@gew-bw.de

Junge GEW: Joachim Schweizer,
Dorfstr. 26, 79592 Fischingen, 0157) 31346624,
joachim.schweizer@gew-bw.de

Bezirksvorstand Südwürttemberg

Geschäftsstelle: GEW-Bezirk Südwürttemberg,
Frauenstr. 28, 89073 Ulm,
(0731) 92137-23, 🖷 - 24, bezirk.sw@gew-bw.de

Vorsitzende (Team):

- Heidi Drews,
  Bergerhauser Str. 25, 88400 Biberach,
  (07351) 578711, heidi.drews@gew-bw.de
- Martina Jenter-Zimmermann,
  Waldstetter Str. 48, 72336 Balingen,
  (07433) 37359,
  martina.jenter-zimmermann@gew-bw.de

Rechnerin: Bettina Ruff,
Feldstetter Str. 12, 89150 Laichingen,
(0151) 10558802, bettina.m.ruff@gew-bw.de

Leitung der Bezirksrechtsschutzstelle (Team):
Thomas Reck und Manfred Schechinger,
(siehe Rechtsschutz am Anfang des Adressenteils)

Weitere Mitglieder des Bezirksvorstands:

- Holger Bolay,
  Französische Allee 13, 72072 Tübingen,
  (07071) 5399640, holger.bolay@gew-bw.de
- Lisa Laur,
  Quellenstr. 6, 88048 Friedrichshafen,
  (0176) 97652821, lisa.laur@gew-bw.de

Hauptpersonalräte

Gewerkschaftsmitglieder in den Hauptpersonalräten beim Kultusministerium
und beim Wissenschaftsministerium

Gemeinsame Geschäftsstelle aller Hauptpersonalräte beim Kultusministerium
Postfach 10 34 42, 70029 Stuttgart, (0711) 279-2880, 🖷 –2879, hpr@km.kv.bwl.de; www.hpr.kultus-bw.de

Hauptpersonalrat für Grund-, Haupt-, Werkreal-, Real- und Gemeinschaftsschulen, Sonderpädagogische Bildungs- und Beratungszentren beim Kultusministerium

hpr-ghwrgs@km.kv.bwl.de

Stefan Bauer	(07248) 926970	stefan.bauer@gew-bw.de	*Beamtengruppe*
Dr. Jörg Götz-Hege	(0173) 7209082	joerg.goetz-hege@gew-bw.de	
Martin Hettler	(07042) 8192873	martin.hettler@gew-bw.de	
Michael Hirn	(0711) 6368648	michael.hirn@gew-bw.de	
Ricarda Kaiser	(0621) 4378509	ricarda.kaiser@gew-bw.de	
Angelika Kistner	(07053) 920574	angelika.kistner@gew-bw.de	
Thomas Reck	(07503) 9168288	thomas.reck@gew-bw.de	
Ruth Zacher	(0771) 9294370	ruth.zacher@gew-bw.de	
Sanni Veil-Bauer	(07248) 926970	sanni.veil-bauer@gew-bw.de	
David Warneck, *Vorsitzender*	(0711) 279-2887	david.warneck@gew-bw.de	
Daniela Weber	(0711) 904-17071	daniela.weber@gew-bw.de	
Christiane Ziemer	(06274) 9282702	christiane.ziemer@gew-bw.de	
Arbeitnehmergruppe			
Andrea Skillicorn	(0711) 3417853	andrea.skillicorn@gew-bw.de	
Günther Thum-Störk, *Stellvertretender Vorsitzender*	(0711) 279-2899	guenther.thum-stoerk@gew-bw.de	

Die Personalräte für Grund-, Haupt-, Werkreal-, Real- und Gemeinschaftsschulen sowie für Sonderpädagogische Bildungs- und Beratungszentren sind auch für die Schulkindergärten zuständig.

Hauptpersonalrat für Gymnasien beim Kultusministerium

Barbara Becker	(07223) 8000409	barbara.becker@gew-bw.de	*Beamtengruppe*
Carmen Bohner	(0711) 94564324	carmen.bohner@gew-bw.de	
Verena König	(07154) 18 5575	verena.koenig@gew-bw.de	
Waltraud Kommerell	(07131) 6423265	waltraud.kommerell@gew-bw.de	
Markus Riese	(07071) 5499960	markus.riese@gew-bw.de	
Till Seiler	(07531) 698261	till.seiler@gew-bw.de	
Arbeitnehmergruppe			
Farina Semler, *Stellvertretende Vorsitzende*	(07032) 330005	farina.semler@gew-bw.de	

Hauptpersonalrat für berufliche Schulen beim Kultusministerium

Stefanie Frischling	(0176) 63052523	stefanie.frischling@gew-bw.de	*Beamtengruppe*
Michael Futterer	(07131) 5945355	michael.futterer@gew-bw.de	
Ingrid Letzgus	(07472) 916155	ingrid.letzgus@gew-bw.de	
Jörg Sattur	(0711) 4414322	joerg.sattur@gew-bw.de	
Axel Schön	(07851) 899121	axel.schoen@gew-bw.de	
Wolfram Speck	(0711) 6012358	wolfram.speck@gew-bw.de	
Arbeitnehmergruppe			
Franz Peter Penz	(07138) 920533	franz-peter.penz@gew-bw.de	

Hauptpersonalrat beim Ministerium für Wissenschaft, Forschung und Kunst

Geschäftsstelle: Königstr. 46, 70173 Stuttgart, (0711) 279-3287 oder –3288, 🖷 –3215

Beamtengruppe			
Bettina Walter	*PH Ludwigsburg*	(07141) 140 329	bettina-walter@gew-bw.de
Arbeitnehmergruppe			
Achim Brötz	*Uni Mannheim*	(0621) 1813314	achim.broetz@uni-mannheim.de
Marika Schönthaler	*Hochschule Pforzheim*	(07321) 286214	marika.schoenthaler@hs-pforzheim.de

Stichwort: Mitbestimmung auf Antrag

Der Personalrat hat in Angelegenheiten der Beschäftigten in den Fällen nach § 74 sowie nach § 75 Abs. 1 und 2 ⇨ Personalvertretungsgesetz mitzubestimmen. In den Fällen des § 75 Abs. 3 bestimmt der Personalrat nur dann mit, wenn die Beschäftigten dies beantragen.

Hierzu gehören zum Beispiel: Verlängerung der Probezeit oder Entlassung in der Probezeit; Änderung der arbeitsvertraglichen Arbeitszeit über eine Dauer von mehr als zwei Monaten; Versagung oder Widerruf der Genehmigung einer Nebentätigkeit, Ablehnung eines Antrags auf Teilzeitbeschäftigung oder Urlaub ohne Dienstbezüge; Ablehnung eines Antrags auf Altersteilzeit; Ablehnung eines Antrags auf Hinausschiebung des Eintritts in den Ruhestand; Entlassung von Beamten auf Widerruf; ...

Bezirkspersonalräte

Gewerkschaftsmitglieder in den Bezirkspersonalräten bei den oberen Schulaufsichtsbehörden

Geschäftsstellen der schulischen Bezirkspersonalräte (alle Schularten) bei den Regierungspräsidien

Regierungsbezirk Freiburg:	Eisenbahnstr. 68, 79098 Freiburg, (0761) 208-6029, 🖷 208 - 6080
Regierungsbezirk Karlsruhe:	Schlossplatz 1-3, 76247 Karlsruhe, (0721) 926 4754, 🖷 933 - 40267
Regierungsbezirk Stuttgart:	Postfach 103642, 70031 Stuttgart, (0711) 904-17070, 🖷 904 - 17095
Regierungsbezirk Tübingen:	Postfach 2666, 72016 Tübingen, (07071) 200-2031, 🖷 200 - 2007

Bezirkspersonalrat für Grund-, Haupt-, Werkreal-, Real- und Gemeinschaftsschulen sowie Sonderpädagogische Bildungs- und Beratungszentren

Freiburg	Uta Adam, *Vorsitzende*	(0170) 5346683	uta.adam@gew-bw.de	*Beamtengruppe*
	Patricia Ball, *Stellvertretende Vorsitzende*	(07642) 9263253	patricia.ball@gew-bw.de	
	Susanne Feld	(07803) 922595	susanne.feld@gew-bw.de	
	Susanne Gallery	(0761) 8815859	susanne.gallery@gew-bw.de	
	Markus Schütz	(0771) 89670471	markus.schuetz@gew-bw.de	
	Timo Steuer	(0761) 4881823	timo.steuer@gew-bw.de	
	Arbeitnehmergruppe			
	Andreas Scheuble	(07454) 9607911	andreas.scheuble@gew-bw.de	
Karlsruhe	Stefan Bauer	(07248) 926970	stefan.bauer@gew-bw.de	*Beamtengruppe*
	Bernhard Baumstark	(0176) 81789658	bernhard.baumstark@gew-bw.de	
	Simon Glockner	(0621) 44591134	simon.glockner@gew-bw.de	
	Jutta Ulrich	(07202) 40259	jutta.ulrich@gew-bw.de	
	Sanni Veil-Bauer, *Vorsitzende*	(07248) 926970	sanni.veil-bauer@gew-bw.de	
	Roland Jung	(07244) 722896	roland.jung@gew-bw.de	
	Arbeitnehmergruppe			
	Iris Balzer, *Stellvertretende Vorsitzende*	(07221) 1859362	iris.balzer@gew-bw.de	
Stuttgart	Barbara Bürgy	(07131) 166301	barbara.buergy@gew-bw.de	*Beamtengruppe*
	Martin Hettler	(0711) 904-17076	martin.hettler@gew-bw.de	
	Inken König	(0711) 904-17079	inken.koenig@gew-bw.de	
	Sabine Penzinger	(07022) 2629932	sabine.penzinger@gew-bw.de	
	Elke Gärtner	(0791) 49395625	elke.gaertner@gew-bw.de	
	Daniela Weber, *Vorsitzende*	(0711) 904-17071	daniela.weber@gew-bw.de	
	Alexander Willrich	(0156) 78356415	alexander.willrich@gew-bw.de	
	Arbeitnehmergruppe			
	Bärbel Etzel-Paulsen, *Stellvertretende Vorsitzende*	(0711) 904-17078	baerbel.etzel-paulsen@gew-bw.de	
	Roland Theophil	(07194) 3810148	roland.theophil@gew-bw.de	
Tübingen	Mathias Dewald, *Vorsitzender*	(07071) 38520	mathias-dewald@gmx.de	*Beamtengruppe*
	Heidi Drews	(07351) 578711	heidi.drews@gew-bw.de	
	Angela Keppel-Allgaier	(07121) 601358	a.keppel@gmx.de	
	Thomas Reck	(07503) 9168288	thomas.reck@gew-bw.de	
	Bernd Romer	(07431) 630993	bernd.romer@gew-bw.de	
	Ottmar Rupp	(07520) 924967	ottmar.rupp@ gew-bw.de	
	Arbeitnehmergruppe			
	Manfred Schechinger, *Stellvertretender Vorsitzender*	(07121) 260107	manfred.schechinger@gew-bw.de	

Bezirkspersonalrat für Gymnasien

Freiburg	Herta Haupt-Cucuiu	(0761) 21751257	herta.haupt-cucuiu@gew-bw.de	Beamtengruppe
	Frank Nagel-Gallery	(0761) 8815859	frank.nagel-gallery@gew-bw.de	
	Maren Stölzle	(0761) 42962209	maren.stoelzle@gew-bw.de	
	Arbeitnehmergruppe			
	Peter Galli	(07662) 935561	peter.galli@gew-bw.de	

Karlsruhe	Birgit Breunig	(0721) 4705348	birgit.breunig@gew-bw.de	Beamtengruppe
	Oliver Kirsten	(0721) 8306118	oliver.kirsten@gew-bw.de	
	Andreas Schuler	(07453) 956948	andreas.m.schuler@gew-bw.de	
	Arbeitnehmergruppe			
	Gundula Lüchtrath-Klöckner		gundula.luechtrath-kloeckner@gew-bw.de	

Stuttgart	Heiko Bluhm	(07133) 204616	heiko.bluhm@gew-bw.de	Beamtengruppe
	Waltraud Kommerell	(07131) 6423265	waltraud.kommerell@gew-bw.de	
	Katya von Komorowski	(0711) 6554316	katya.von.komorowski@gew-bw.de	
	Arbeitnehmergruppe			
	Farina Semler	(07032) 330005	farina.semler@gew-bw.de	

Tübingen	Jochen Jehle	(07555) 927661	jochen.jehle@rpt.bwl.de	Beamtengruppe
	Bettina M. Ruff	(07333) 8018951	Bettina.M.Ruff@gew-bw.de	
	Arbeitnehmergruppe			
	Christine Brohl *(bis Feb.2022)*	(07392) 8976	tine.brohl@web.de	

Bezirkspersonalrat für Berufliche Schulen

FR	Birgit Kanngießer	(07622) 6723130	birgit.kanngiesser@gew-bs.de	Beamtengruppe
	Gerd Kostanzer	(07822) 44284	gerd.kostanzer@gew-bw.de	

Karlsruhe	Ingrid Holl	(0721) 9374358	ingrid.holl@gew-bw.de	Beamtengruppe
	Bernhard Schönauer	(07042) 24710 / (0176) 47287132	bernhard.schoenauer@gew-bw.de	
	Daniel Wunsch	(07245) 8601357	daniel.wunsch@gew-bw.de	
	Arbeitnehmergruppe			
	Martin Habel, *Stellvertretender Vorsitzender*	(07240) 6188850	martin.habel@gew-bw.de	

Stuttgart	Hans Maziol	(0711) 4140941	hans.maziol@gew-bw.de	Beamtengruppe
	Petra Rappold	(0711) 8706055	petra.rappold@gew-bw.de	
	Silvia Schneider	(07031) 4906531	silvia.schneider@gew-bw.de	
	Arbeitnehmergruppe			
	Gabriele Stork, *Stellvertretende Vorsitzende*	(0721) 9144587	gabriele.stork@gew-bw.de	

TÜ	Kai Otulak	(07071) 62307	kai.otulak@gew-bw.de	Beamtengruppe

Ein Schaubild zur Struktur der Personalvertretung steht unter ⇨ Personalvertretung (Aufbau).

Personalräte für GHWRGS-Schulen

Vorsitzende der Personalräte für Grund-, Haupt-, Werkreal-, Real- und Gemeinschaftsschulen sowie für Sonderpädagogische Bildungs- und Beratungszentren bei den Staatlichen Schulämtern

Regierungsbezirk Freiburg		
Donaueschingen *(Landkreise Rottweil und Schwarzwald-Baar)*	Markus Schütz	(0771) 89670471 markus.schuetz@ssa-ds.kv.bwl.de
Freiburg *(Landkreise Breisgau-Hochschwarzwald und Emmendingen, Stadtkreis Freiburg)*	Peter Fels	(0761) 595249560 personalrat@ssa-fr.kv.bwl.de
Konstanz *(Landkreise Konstanz und Tuttlingen)*	Eva-Marija Schuldt	(07531) 80201-32 eva-marija.schuldt@gew-bw.de
Lörrach *(Landkreise Lörrach und Waldshut)*	Anja Hanke	(01578) 3906838 anja.hanke@gew-bw.de
Offenburg *(Landkreis Ortenaukreis)*	Mazze Biegert	(0179) 4607058 mazze.biegert@gew-bw.de
Regierungsbezirk Karlsruhe		
Karlsruhe *(Stadt- und Landkreis Karlsruhe)*	Corinna Blume	(0721) 32 91 540 corinna.blume@gew-karlsruhe.de
Mannheim *(Stadtkreise Mannheim und Heidelberg, Landkreise Rhein-Neckar und Neckar-Odenwald)*	Frank Orthen	(0621) 292-4167 frank.orthen@gew-bw.de
Pforzheim *(Stadtkreis Pforzheim und Landkreise Enzkreis und Calw)*	Angelika Kistner	(07053) 920574 angelika.kistner@gew-bw.de
Rastatt *(Stadtkreis Baden-Baden, Landkreise Freudenstadt und Rastatt)*	Bernhard Baumstark	(0176) 81789658 bernhard.baumstark@gew-bw.de
Regierungsbezirk Stuttgart		
Backnang *(Landkreis Rems-Murr-Kreis)*	Michael Stoeß	(07151) 1659986 michael.stoess@gew-bw.de
Böblingen *(Landkreis Böblingen)*	Bruni Dolp	(07033) 34629 brunhilde.dolp@gew-bw.de
Göppingen *(Landkreise Göppingen, Heidenheim und Ostalbkreis)*	Volker Spellenberg	(07321) 2779574 volker.spellenberg@gew-bw.de
Heilbronn *(Stadt- und Landkreis Heilbronn)*	Christiane Ziemer	(07131) 6437777 christiane.ziemer@gew-bw.de
Künzelsau *(Landkreise Hohenlohe, Schwäbisch Hall und Main-Tauber)*	Jana Kolberg	(07931) 5329841 jana.kolberg@gew-bw.de
Ludwigsburg *(Landkreis Ludwigsburg)*	Ellen Seybold	(07141) 9900243 ellen.seybold@ssa-lb.kv.bwl.de
Nürtingen *(Landkreis Esslingen)*	Ruben Ell	(0711) 50877871 ruben.ell@gew-bw.de
Stuttgart *(Stadtkreis Stuttgart)*	Doris Fries	(0711) 99314770 doris.fries@gew-bw.de
Regierungsbezirk Tübingen		
Albstadt *(Landkreise Zollernalbkreis und Sigmaringen)*	Martina Jenter-Zimmermann	(07433) 37359, martina.jenter-zimmermann@gew-bw.de
Biberach *(Stadtkreis Ulm, Landkreise Biberach und Alb-Donau-Kreis)*	Heidi Drews	(07351) 578711 heidi.drews@gew-bw.de
Markdorf *(Landkreise Bodenseekreis und Ravensburg)*	Ottmar Rupp	(07520) 924967 ottmar.rupp@gew-bw.de
Tübingen *(Landkreise Tübingen und Reutlingen)*	Claus Manea	(07121) 284956 claus.manea@gew-bw.de

Personalräte für den Außerschulischen Bereich

Hauptpersonalrat für den außerschulischen Bereich beim Kultusministerium

Christina Horn	(0711) 279-2886	christina.horn@km.kv.bwl.de	*Beamtengruppe*
Markus Kreilinger	(0771) 8967020	markus.kreilinger@km.kv.bwl.de	
Martin Morgen, *Vorsitzender*	(0711) 279-2863, p: (07394) 245946	martin.morgen@gew-bw.de	
Ralf Rückert	(0178) 1463395	rarueckert@gmx.de	
Liane Schneider	(07431) 9392 112	liane.schneider@km.kv.bwl.de	
Petra Schoch	(07392) 9702852	petra.schoch@yahoo.de	
Martin Hug, *Stv. Vorsitzender*	(0711) 279-2886	Martin.Hug@km.kv.bwl.de	*Arbeitnehmergruppe*
Cornelia Müller		cornelia.mueller@km.kv.bwl.de	

Bezirkspersonalrat am Zentrum für Schulqualität und Lehrerbildung Baden-Württemberg

Ralf Rückert, *Vorsitzender*	Seminar für Ausbildung und Fortbildung der Lehrkräfte (GWHRS) Rottweil	ralf.rueckert@zsl.kv.bwl.de
Christine Manz, *Arbeitnehmervertreterin, Stellvertretende Vorsitzende*	Zentrum für Schulqualität und Lehrerbildung Regionalstelle Schwäbisch Gmünd	christine.manz@zsl.kv.bwl.de
Caroline Zöller, *Vorstandsmitglied*	Seminar für Ausbildung und Fortbildung der Lehrkräfte (GS) Mannheim	caroline.zoeller@zsl.kv.bwl.de
Nina Großmann	Schulpsychologische Beratungsstelle LB	nina.grossmann@zsl.kv.bwl.de
Cornelia Leinert	Regionalstelle Stuttgart	cornelia.leinert@zsl.kv.bwl.de
Jan Saathoff	Pädagogisches Fachseminar und Fachseminar für Sonderpädagogik Karlsruhe	jan. saathoff@zsl.kv.bwl.de

Örtlicher Personalrat am ZSL Baden-Württemberg

Sabine Kirschbaum, *Vorsitzende*	Referentin, Referat 42, *ZSL Zentrale* Fachberaterin Unterrichtsentwicklung BS	sabine.kirschbaum2@zsl.kv.bwl.de	*Beamtengruppe*
Anne Huschens, *Vorstandsmitglied*	Fachberaterin Schulentwicklung und Führungskräftefortbildung, *ZSL Regionalstelle Stuttgart*	anne.huschens@zsl.kv.bwl.de	
Alla Brützke	Psychologierätin (SPBS Biberach) *ZSL Regionalstelle Tübingen*	alla.bruetzke@zsl.kv.bwl.de	
Ute Cardinal von Widdern	Fachberaterin Schulentwicklung, *ZSL Regionalstelle Stuttgart*	ute.widdern@zsl.kv.bwl.de	
Alexander Chucholowski	Fachberater Unterrichtsentwicklung, *ZSL Regionalstelle Freiburg*	alexander.chucholowski@zsl.kv.bwl.de	
Italia Graziano Frazzetta	Sekretärin, *ZSL – Abt. 4*	italia.frazzetta2@zsl.kv.bwl.de	
Christina Horn	Schulpsychologin, (SPBS Singen) *ZSL Regionalstelle Freiburg*	christina.horn@km.kv.bwl.de	
Ulrike Klüppel	Fachberaterin Unterrichts- und Schulentwicklung *ZSL Regionalstelle Stuttgart*	ulrike.klueppel@zsl.kv.bwl.de	
Anette Suschke	Schulpsychologin, (SPBS Mosbach) *ZSL Regionalstelle Mannheim*	anette.suschke@zsl.kv.bwl.de	
Daniel Wunsch	Fachbetreuer Unterrichtsentwicklung, *ZSL Regionalstelle Karlsruhe*	daniel.wunsch@zsl.kv.bwl.de	
Christine Manz, *Stellvertretende Vorsitzende*	Dipl. Psychologin (SPBS Heilbronn), *ZSL Regionalstelle Schwäbisch-Gmünd*	christine.manz@zsl.kv.bwl.de	*Arbeitnehmergruppe*
Cornelia Müller	*ZSL Außenstelle Esslingen*	cornelia.mueller@km.kv.bwl.de	

Beauftragte für Chancengleichheit

Beauftragte für Chancengleichheit und Fachliche Beraterinnen beim KM und den Schulaufsichtsbehörden

Kultusministerium

Beauftragte für Chancengleichheit: Birgit Stimpfig, Kultusministerium, Thouretstr. 6, 70173 Stuttgart, (0711) 279-2669, 🖷 –2943, Birgit.Stimpfig@km.kv.bwl.de

Regierungspräsidien

Hinweis der Redaktion: In jedem Regierungspräsidium wird außer der für alle Beschäftigten des RP zuständigen Beauftragten für Chancengleichheit (BfC) eine „fachliche Beraterin" aus dem Bereich Schule bestellt. Diese nimmt in Abstimmung mit der BfC deren Aufgaben und Rechte wahr, soweit Maßnahmen der Dienststelle ausschließlich die Schulen betreffen. Wir nennen hier nur die Adressen dieser „fachlichen Beraterinnen".

Fachliche Beraterinnen für den Bereich Schule:

FR: Michaela Lex, Regierungspräsidium Freiburg, Abt. 7, Postfach, 79098 Freiburg, (0761) 208-6138, 🖷 –6142, michaela.lex@rpf.bwl.de

KA: Dr. Barbara Unterreiner, Regierungspräsidium Karlsruhe, Abt. 7, Postfach 100151, 76247 Karlsruhe, (0721) 926-4244, 🖷 (0721) 933-40270, barbara.unterreiner@rpk.bwl.de

S: Claudia Hermann, RP Stuttgart, Abt. Schule und Bildung, PF 103642, 70031 Stuttgart, (0711) 90417017, claudia.hermann@rps.bwl.de

TÜ: Uta Schneider-Grasmück, RP Tübingen, Abt. 7, Postfach 2666, 72016 Tübingen, (07071) 757-2081, 🖷 (07071) 757-2001, uta.schneider-grasmueck@rpt.bwl.de

⇨ Chancengleichheitsbeauftragte (Schulen)

Staatliche Schulämter

Für Maßnahmen der Staatlichen Schulämter, die Lehrkräfte der Grund-, Haupt-, Werkreal-, Real- und Gemeinschaftsschulen sowie SBBZ betreffen, wird beim jeweiligen SSA aus dem Kreis der Lehrkräfte nach vorheriger Ausschreibung eine Beauftragte für Chancengleichheit bestellt. Die Anschriften sind über die Staatlichen Schulämter zu erfahren.

Vertrauenspersonen für schwerbehinderte und gleichgestellte Lehrkräfte

Gewerkschaftsmitglieder bei den Vertrauenspersonen für schwerbehinderte und gleichgestellte Lehrkräfte beim Kultusministerium und den Schulaufsichtsbehörden

Hauptvertrauenspersonen beim Kultusministerium

Postanschrift: Geschäftsstelle der Hauptpersonalräte und Hauptschwerbehindertenvertretungen beim KM, Postfach 10 34 42, 70029 Stuttgart

www.schwerbehindertenvertretung-schule-bw.de

GH* Christina Schmaltz, (0711) 2792753, 🖷(0711) 2792879, christina.schmaltz@km.kv.bwl.de

GY* Thekla Schwegler, (0711) 2792793, 🖷(0711) 2792879, thekla.schwegler@km.kv.bwl.de

asB* Heike Ulbrich, (0711) 2792697, heike.ulbrich@km.kv.bwl.de

Bezirksvertrauenspersonen bei den Regierungspräsidien

Regierungsbezirk Freiburg

GH* Andrea Wagner, Regierungspräsidium Freiburg, Abt. 7, Postfach, 79083 Freiburg (0761) 28528937, andrea.wagner@rpf.bwl.de

Regierungsbezirk Karlsruhe

GH* Sonja Kautzky, Regierungspräsidium Karlsruhe, Abt. 7, Postfach, 76247 Karlsruhe, (0721) 926-4886, sonja.kautzky@rpk.bwl.de

GY* Andrea Zurell, Schlossplatz 1-3, 76133 Karlsruhe, (0721) 926-4887 oder -4754, andrea.zurell@rpk.bwl.de

Regierungsbezirk Stuttgart

GH* Christian Meissner, Regierungspräsidium Stuttgart, Abt. 7, Postfach 10 36 42, 70031 Stuttgart, (0711) 904-17075, christian.meissner@rps.bwl.de

GY* Effi Münchinger, Im Rötenhart 14, 71665 Vaihingen, (07042) 4580, effi.muenchinger@rps.bwl.de

Regierungsbezirk Tübingen

GH* Stefan Schmidt, Regierungspräsidium Tübingen, Abt. 7, Postfach, 72016 Tübingen, (07381) 9350278, stefan.schmidt@rpt.bwl.de

* **GH**: Grund-, Haupt-, Werkreal-, Real-, Gemeinschaftschulen und SBBZ – **GY**: Gymnasien – **BS**: Berufliche Schulen – **asB**: außerschulischer Bereich

Örtliche Vertrauenspersonen

Für die GHWRGS-Schulen ist das jeweilige Staatliche Schulamt „Dienststelle"; dort besteht eine „örtliche" Schwerbehindertenvertretung. An jeder Einzelschule mit dem Status einer „Dienststelle" (also an den den Gymnasien, den beruflichen Schulen und den Internatsschulen) gibt es eine eigene „örtliche" Schwerbehinderten-Vertrauensperson.

Alphabetischer Teil

Abschlüsse und Bildungswege

Informationen der Redaktion zur Rechtslage und zur Verwaltungspraxis in Baden-Württemberg

Mit dem „Hamburger Abkommen“ haben die Bundesländer 1967 einen bundesweiten Rahmen für die schulischen Laufbahnen und Abschlüsse geschaffen, innerhalb dessen sie selbstständig über die Vergabe sowie die Anerkennung von schulischen Abschlüssen entscheiden („Kulturhoheit“). Auf Landesebene geschieht dies im ⇨ Schulgesetz sowie in Verordnungen des Kultusministeriums.

Fundstelle: Loseblattsammlung K.u.U. Nr. 6400-2

Ferner existiert seit 1993 eine Vereinbarung der Kultusministerkonferenz (KMK) über die Schularten und Bildungsgänge im Sekundarbereich I (Bekanntmachung vom 14.8.2017; K.u.U. S. 161/2017)

Die Feststellung der Gleichwertigkeit von Bildungsnachweisen aus anderen Bundesländern, der früheren DDR und dem Ausland mit Abschlüssen in Baden-Württemberg erfolgt überwiegend zentral durch das RP Stuttgart. Informationen zu ausländischen Bildungsabschlüssen sind über das Infoportal „anabin“ verfügbar (http://anabin.kmk.org).

Einen Überblick über die in Baden-Württemberg möglichen Bildungswege und -abschlüsse sowie weitere Schulinformationen gibt die Broschüre: „Bildungswege in Baden-Württemberg. Erhältlich über: oeffentlichkeitsarbeit@km.kv.bwl.de.

Das „Bildungsnavi“ (www.bildungsnavi-bw.de) hilft bei der Wahl des Bildungswegs.

Übergreifende Vorschriften sind abgedruckt unter: ⇨ Abschlüsse (HS/RS – Gleichwertigkeit); ⇨ Fachhochschulreife; ⇨ Hochschulreife (Zugangsberechtigungen)

In allen Fragen der schulischen Abschlüsse beraten kostenlos und qualifiziert die ⇨ Schulpsychologischen Beratungsstellen, angesiedelt bei der Schulverwaltung.

Abschlüsse und Bildungswege in Baden-Württemberg

Vereinfachte Darstellung; ohne Schulen besonderer Art (Gesamtschulen)

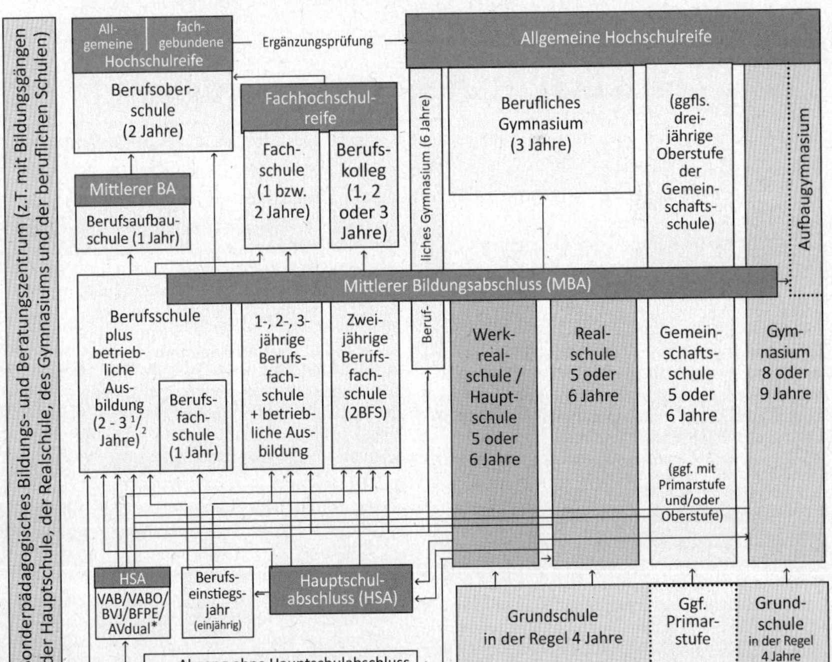

* VAB = Vorqualifizierungsjahr Arbeit und Beruf (VAB) – BVJ = Berufsvorbereitungsjahr – BFPE = Berufsfachschule Pädagogische Erprobung – Ausbildungsvorbereitung dual (AVdual); jeweils einjährig

Abschlüsse (Gleichwertigkeit)

Informationen der Redaktion zur Rechtslage und zur Verwaltungspraxis in Baden-Württemberg

1.
Hauptschulabschluss und Realschulabschluss

Hauptschulabschluss, Realschulabschluss; Verwaltungsvorschrift des KM vom 31. März 2009 (K.u.U. S. 81/2009)

1. Schüler der Realschule und des Gymnasiums, die an ihrer Schulart von Klasse 9 nach Klasse 10 versetzt wurden, haben einen dem Hauptschulabschluss gleichwertigen Bildungsstand.
2. Schüler des Gymnasiums, die von Klasse 10 im neunjährigen Bildungsgang nach Klasse 11 oder im achtjährigen Bildungsgang in die erste Jahrgangsstufe versetzt wurden, haben einen dem Realschulabschluss gleichwertigen Bildungsstand. Schüler des Gymnasiums im achtjährigen Bildungsgang, die nach Teilnahme an einem längerfristigen Einzelschüleraustausch mit dem Ausland ohne Versetzungsentscheidung in die Kursstufe aufgenommen worden sind, erwerben einen dem Realschulabschluss gleichwertigen Bildungsstand, wenn am Ende der 1. Jahrgangsstufe nicht mehr als 20 % der angerechneten Kurse mit weniger als 5 Punkten in einfacher Wertung bewertet sind.
3. Ein nach den Nummern 1 und 2 erworbener Bildungsabschluss bleibt im Falle einer freiwilligen Wiederholung erhalten, sofern am Ende der wiederholten Klasse keine Versetzung erfolgt.

2.
Gleichstellung von Haupt-, Werkrealschul- und Realschulabschluss

Artikel 15 der VO des KM zur Änderung schulrechtlicher Vorschriften vom 11.4.2012 (K.u.U. S. 69/2012)

Der nach der Hauptschulabschlussprüfungsordnung vom 8. Juli 1994 (K.u.U. S. 436) [...] oder der Hauptschulabschlussprüfungsordnung vom 23. Mai 2008 (Ku.U. S. 99[...]) am Ende der Klasse 10 der Hauptschule erworbene dem Realschulabschluss gleichwertige Bildungsstand ist dem am Ende der Klasse 10 der Werkrealschule erworbenen dem Realschulabschluss gleichwertigen Bildungsstand gleichgestellt.

⇨ Abschlüsse und Bildungswege; ⇨ Abschlüsse (HS/RS – Gleichwertigkeit); ⇨ Gymnasium (Versetzungsordnung); ⇨ Realschule (Abschlussprüfung); ⇨ Werkrealschule (Verordnung)

Abschlüsse (HS/RS – Gleichwertigkeit)

Erwerb eines dem Hauptschulabschluss oder dem Realschulabschluss gleichwertigen Bildungsstandes an beruflichen Schulen; Verwaltungsvorschrift des Kultusministeriums vom 10. März 2012 (K.u.U. S. 97/2012)

A.
Erwerb eines dem Hauptschulabschluss gleichwertigen Bildungsstandes

I.
Erwerb im Rahmen der Ausbildung an beruflichen Schulen

Schülerinnen und Schüler ohne Hauptschulabschluss können an einer beruflichen Schule einen dem Hauptschulabschluss gleichwertigen Bildungsstand erwerben, wenn sie an der Abschlussprüfung und ggf. Zusatzprüfung eines Bildungsgangs, der nach der jeweils geltenden Ausbildungs- und Prüfungsordnung einen entsprechenden Erwerb ermöglicht, erfolgreich teilnehmen.

II.
Erwerb im Falle des erfolgreichen Abschlusses einer Berufsausbildung

Ein dem Hauptschulabschluss gleichwertiger Bildungsstand kann von Schülerinnen und Schülern, die den Hauptschulabschluss nicht besitzen, außerdem erlangt werden, wenn sie an der Berufsschule die ordentliche Abschlussprüfung oder die Abschlussprüfung für Schulfremde sowie eine nach dem Berufsbildungsgesetz (BBiG) oder der Handwerksordnung (HWO) vorgeschriebene Abschlussprüfung in einem anerkannten Ausbildungsberuf mit einer Regelausbildungsdauer von mindestens zwei Jahren erfolgreich abgelegt haben. Entsprechendes gilt für Schülerinnen und Schüler, welche die Abschlussprüfung an einer Sonderberufsschule und in einem nach Teil 2 Kapitel 4 Abschnitt 1 BBiG oder nach §§ 42 k bis 42 m HWO geregelten Ausbildungsberuf bestanden haben.

III.
Bestätigung des Erwerbs

1. Bei einem Erwerb nach Ziffer I wird der dem Hauptschulabschluss gleichwertige Bildungsstand im Abschlusszeugnis des besuchten Bildungsganges bestätigt.
2. Die Feststellung eines dem Hauptschulabschluss gleichwertigen Bildungsstandes nach Ziffer II erfolgt durch die Bestätigung gemäß Anlage 1. Die Bestätigung wird von der Schule ausgestellt, an der die Prüfung abgelegt wurde.

B.
Erwerb eines dem Realschulabschluss gleichwertigen Bildungsstandes

I.
Erwerb im Rahmen der Ausbildung an beruflichen Schulen

1. Schülerinnen und Schüler können in einem Bildungsgang des beruflichen Schulwesens einen dem Realschulabschluss gleichwertigen Bildungsstand erlangen, wenn sie die hierfür in der Ausbildungs- und Prüfungsordnung des Bildungsgangs festgelegten Voraussetzungen erfüllen.
2. Schülerinnen und Schüler, die mit dem Zeugnis der Versetzung von Klasse 9 nach Klasse 10 eines allgemeinbildenden Gymnasiums auf ein Berufliches Gymnasium oder ein Berufskolleg wechseln oder in eine Berufsoberschule eintreten, erwerben einen dem Realschulabschluss gleichwertigen Bildungsstand, wenn sie die 1. Klasse des Beruflichen Gymnasiums oder eines mehrjährigen Berufskollegs oder der Oberstufe der Berufsoberschule oder ein einjähriges Berufskolleg erfolgreich absolviert haben.

II.
Erwerb im Falle des erfolgreichen Abschlusses einer Berufsausbildung

1. Entsprechend der Vereinbarung über den Abschluss der Berufsschule – Beschluss der Kultusministerkonferenz vom 01. Juni 1979 in der jeweils geltenden Fassung – schließt das Abschlusszeugnis der Berufsschule einen dem Realschulabschluss gleichwertigen Bildungsstand ein, wenn
   - die Berufsschule erfolgreich besucht und, soweit ein nach Lernfeldern strukturierter Unterricht durchgeführt wurde, die im Abschlusszeugnis ausgewiesene Durchschnittsnote oder, bei nicht nach Lernfeldern strukturiertem Unterricht, der auf eine Dezimale gerechnete Durchschnitt der in den maßgebenden Fächern (alle Fächer mit Ausnahme von Religionslehre und Sport) erzielten Noten mindestens 3,0 beträgt,
   - der erfolgreiche Abschluss einer Berufsausbildung nach dem Berufsbildungsgesetz (BBiG) oder nach der Handwerksordnung (HWO) in einem anerkannten Ausbildungsberuf mit einer Regelausbildungsdauer von mindestens zwei Jahren nachgewiesen ist und
   - Fremdsprachenkenntnisse dadurch nachgewiesen sind, dass ein mindestens fünfjähriger, in aufeinander folgenden Klassenstufen erteilter Fremdsprachenunterricht oder ein darauf aufbauender Fremdsprachenunterricht mit der Prüfungs- oder Jahresnote „ausreichend" oder besser abgeschlossen bzw. absolviert wurde. Dieser Nachweis ist auch erbracht, wenn in einer Prüfung, die nach ihren Anforderungen einen fünfjährigen Unterricht voraussetzt (z.B. Schulfremdenprüfung in der Hauptschule), die Fremdsprachennote „ausreichend" oder besser erzielt wurde, oder wenn ein Fremdsprachenzertifikat vorgelegt wird, auf dessen Grundlage sich entsprechende Sprachkenntnisse feststellen lassen.
2. Im Land Baden-Württemberg wird weiterhin ein dem Realschulabschluss gleichwertiger Bildungsstand dann zuerkannt, wenn die in Ziffer 1 genannten Voraussetzungen nicht vorliegen, jedoch nach Maßgabe nachstehender Regelung bei gleichgewichtiger Wertung eine Durchschnittsnote von mindestens 2,5 aus dem
   a. Zeugnis über den Hauptschulabschluss oder dem Zeugnis über einen dem Hauptschulabschluss gleichwertigen Bildungsstand oder dem Abschlusszeugnis eines auf dem Hauptschulabschluss oder einem gleichwertigen Bildungsabschluss aufbauenden vollzeitschulischen beruflichen Bildungsgangs,
   b. Berufsschulabschlusszeugnis und
   c. Zeugnis der zuständigen Stelle für die Abschlussprüfung in einem anerkannten Ausbildungsberuf mit einer Regelausbildungsdauer von mindestens drei Jahren

   erreicht wird.

2.1 Durchschnitt des Zeugnisses nach Ziffer 2 Buchst. a

Maßgebend ist der im Hauptschulabschlusszeugnis für das Bestehen der Hauptschulabschlussprüfung ausgewiesene Durchschnitt der Gesamtleistungen aufgrund der seit 10. Dezember 1983 jeweils geltenden Vorschriften über die Abschlussprüfungen an Hauptschulen und an Werkrealschulen. In der Fremdsprache muss sich der Schüler oder die Schülerin der Prüfung unterzogen haben.

Absolventen der Hauptschule, die am Ende des Schuljahres 1983/84 die Prüfung abgelegt haben, müssen sich ihr im A-Kurs unterzogen haben. Bei Absolventen der Hauptschule, die diese vor dem Schuljahr 1983/84 am Ende der Klasse 9 abgeschlossen haben, tritt an die Stelle des Durchschnitts der Gesamtleistungen der Hauptschulabschlussprüfung der Durchschnitt aller Noten des Abschlusszeugnisses, wenn in der Fremdsprache eine Note ausgebracht ist. Falls in den Fächern Deutsch, Mathematik und Fremdsprachen nach A- und B-Kurs differenziert worden ist, müssen die Noten nach den Anforderungen des A-Kurses erteilt worden sein.

Bei Schülerinnen und Schülern, für die das Zeugnis über den dem Hauptschulabschluss gleichwertigen Bildungsstand oder das Abschlusszeugnis eines auf dem Hauptschulabschluss aufbauenden Vollzeitschulischen beruflichen Bildungsgangs zugrunde gelegt wird, tritt an die Stelle des Durchschnitts der

Gesamtleistungen der Hauptschulabschlussprüfung der Durchschnitt der in dem jeweiligen Zeugnis für die maßgebenden Fächer gemäß der jeweiligen Ausbildungs- und Prüfungsordnung sowie ggf. für die Fächer der Zusatzprüfung oder des Zusatzprogramms ausgewiesenen Noten. In der Fremdsprache muss sich der Schüler oder die Schülerin der Prüfung unterzogen haben.

2.2 Durchschnitt des Berufsschulabschlusszeugnisses

Maßgebend ist die Durchschnittsnote, die im Abschlusszeugnis der Berufsschule ausgewiesen ist.

2.3 Durchschnitt des Zeugnisses der zuständigen Stelle über die Abschlussprüfung in einem anerkannten Ausbildungsberuf

Maßgebend ist die im Zeugnis der zuständigen Stelle als Gesamtergebnis ausgewiesene Durchschnittsnote (Dezimalnote) oder – sofern das Gesamtergebnis der Prüfung in Form von Punkten ausgewiesen ist – die unter Heranziehung des im Zeugnis ausgewiesenen Punkteschlüssels zu ermittelnde Durchschnittsnote (Dezimalnote).

3. Bei Absolventinnen und Absolventen der Ausbildung für den mittleren Verwaltungsdienst tritt an die Stelle des Berufsschulabschlusszeugnisses das Jahreszeugnis (Durchschnittsnote) der Berufsschule am Ende des Dienstanfängerjahres und an die Stelle des Zeugnisses über die Abschlussprüfung in einem anerkannten Ausbildungsberuf das Prüfungszeugnis der Staatsprüfung für den mittleren Verwaltungsdienst.

4. Bei Absolventinnen und Absolventen der Ausbildung für den mittleren Justizdienst tritt an die Stelle des Berufsschulabschlusszeugnisses der Durchschnitt aus den Noten der Zeugnisse der Lehrgänge (Lehrveranstaltungen der fachtheoretischen Ausbildung während der Ausbildungsabschnitte I bis IV) und an die Stelle des erfolgreichen Abschlusses der Berufsausbildung das Zeugnis der Prüfung für den mittleren Justizdienst.

III.
Erwerb im Falle des erfolgreichen Besuchs einer beruflichen Vollzeitschule, an der ein Berufsabschluss vermittelt wird

1. Ein dem Realschulabschluss gleichwertiger Bildungsstand nach Ziffer II.1 kann auch durch den Besuch einer öffentlichen oder als Ersatzschule anerkannten beruflichen Vollzeitschule, die mit einer Regelausbildungsdauer von mindestens zwei Jahren einen Berufsabschluss vermittelt, erworben werden. Dabei tritt an die Stelle des Zeugnisses der Berufsschule sowie an die Stelle des Zeugnisses der nach dem BBiG oder der HWO zuständigen Stelle das Abschlusszeugnis. Für die Zuerkennung des dem Realschulabschluss gleichwertigen Bildungsstandes muss der Durchschnitt aus den in diesem Zeugnis ausgewiesenen Noten sowie der im Zeugnis zum Abschluss der schulischen Ausbildung in der Altenpflege für das Fach Deutsch ausgewiesenen Note bei gleichgewichtiger Wertung mindestens 3,0 betragen.

2. Ein dem Realschulabschluss gleichwertiger Bildungsstand nach Ziffer II.2 kann auch durch den Besuch einer öffentlichen oder als Ersatzschule anerkannten beruflichen Vollzeitschule, die mit einer Regelausbildungsdauer von mindestens drei Jahren einen Berufsabschluss vermittelt, erworben werden. Dabei tritt das Abschlusszeugnis der Schule an die Stelle der Zeugnisse nach Ziffern II.2.2 und II.2.3 und zählt damit doppelt. Die Sätze 3 und 4 der Ziffer III. 1 gelten entsprechend.

IV.
Bestätigung des Erwerbs

1. Bei einem Erwerb nach Ziffer 1.1 wird der dem Realschulabschluss gleichwertige Bildungsstand im Zeugnis des besuchten Bildungsganges bestätigt.

2. Bei einem Erwerb nach Ziffer 1.2 wird der dem Realschulabschluss gleichwertige Bildungsstand im Zeugnis der besuchten Klasse unter ‚Bemerkungen' wie folgt bestätigt: „Dieses Zeugnis schließt den Nachweis eines dem Realschulabschluss gleichwertigen Bildungsstandes ein."

3. Die Feststellung des Erwerbs eines dem Realschulabschluss gleichwertigen Bildungsstandes nach Ziffer II.1 und nach Ziffer III.1 i.V. mit Ziffer II.1 erfolgt in Form einer Bestätigung gemäß Anlage 2. Die Feststellung eines dem Realschulabschluss gleichwertigen Bildungsstandes nach Ziffer II.2 und nach Ziffer III.2 i.V. mit Ziffer II.2 erfolgt in Form einer Bestätigung gemäß Anlage 3. *(Anlagen nicht abgedruckt)*

Zuständig für die Feststellung ist die zuletzt besuchte berufliche Schule. Bei Ziffern II.3 und II.4 ist das Regierungspräsidium zuständig, in dessen Bereich die jeweilige Prüfung bzw. die Lehrgänge stattgefunden haben.

V.
Berechtigungen

Mit diesem dem Realschulabschluss gleichwertigen Bildungsstand können nach Maßgabe der einschlägigen Ausbildungs- und Prüfungsordnungen alle Bildungsgänge besucht werden, die einen Realschulabschluss voraussetzen.

⇨ Abschlüsse und Bildungswege; ⇨ Berufseinstiegsjahr § 17 Abs. 1; ⇨ Berufsschule; ⇨ Fachhochschulreife; ⇨ Realschule (Abschlussprüfung); ⇨ Werkrealschule (Verordnung); ⇨ Vorqualifizierungsjahr (VAB)

Nutzen Sie das ausführliche alphabetische Schlagwortverzeichnis am Ende des Buches.

Aktenvermerk

Informationen der Redaktion zur Rechtslage und zur Verwaltungspraxis in Baden-Württemberg

Aktenvermerke (Aktennotizen) sind in Behörden (und auch in der Wirtschaft) ein gebräuchliches Mittel der Verständigung sowie im Konfliktfall (und zur Vorbeugung von Konflikten) ein unentbehrliches Hilfsmittel zur gegenseitigen Information beziehungsweise eigenen Absicherung: Die Verfasserin oder der Verfasser legt darin die Kenntnis über einen Vorgang nieder und macht sie Dritten (z.B. Vorgesetzten, Geschäftspartnern, Kollegen) zusammengefasst und geordnet zugänglich. Dies dient im öffentlichen Bereich auch dazu, das Verwaltungshandeln nachvollziehbar und transparent zu machen. ➪ Beschwerderecht

Typische Fälle für Aktenvermerke im Schulbereich:

- Eine Lehrkraft erstellt einen Bericht über einen Schülerunfall, einen Gewaltvorfall auf dem Schulhof oder ein problematisches Elterngespräch.
- Ein Schulleiter unterrichtet Lehrkräfte über eine Elternbeschwerde oder das Ergebnis eines Gesprächs mit einem auffälligen Schüler.
- Eine Lehrkraft konkretisiert ihre Bedenken gegen die Absicht der Schulleitung, einen Schüler für eine Woche vom Unterricht auszuschließen.
- Eine Lehrkraft teilt der Schulleitung mit, dass sie die Eltern eines Schülers abends zu einem Gespräch aufsuchen wird. ➪ Hausbesuche
- Die Schulleiterin hält fest, dass der Schulrat telefonisch angeordnet hat, der Presse keine Auskunft über die Lehrerversorgung an der Schule zu erteilen, und dass sie dieser Weisung widersprochen hat, weil damit in ihre dienstliche Zuständigkeit eingegriffen würde (Remonstration gemäß ➪ Beamtenstatusgesetz § 36).
- Eine Lehrkraft bzw. die Schulleitung hält fest, wann und aus welchen Gründen sie einem Vater telefonisch auferlegt hat, ein ärztliches Attest über die Krankheit des Sohnes vorzulegen.

Aktenvermerke können in schriftlicher (Papier-) Form oder auch elektronisch (Datei / E-Mail) erstellt werden; bei E-Mails ist für die Dauer-Aufbewahrung ein Ausdruck in Papierform erforderlich.

Für die Wirksamkeit von Aktennotizen gelten zwei Verfahrensregeln:

1. Was man aufschreibt, erhalten beide Parteien (ggf. mit der Aufforderung zur Stellungnahme innerhalb einer bestimmten Frist).
2. Wer daraufhin nicht reagiert, akzeptiert damit stillschweigend den Inhalt.

Ein Aktenvermerk kann jedoch rechtsförmliche Verfahren nicht ersetzen: Es ist Sache der Empfänger, die Erklärung auszulegen und zu entscheiden, ob sie einen Aktenvermerk ggf. als Widerspruch gegen einen Verwaltungsakt oder als Remonstration gegen eine Weisung behandeln. Es empfiehlt sich, ggf. den Rat der GEW einzuholen. ➪ Verwaltungsrecht

Ein Aktenvermerk, der sich auf einen Sachverhalt/ Vorgang bezieht, wird zu den „Sachakten" genommen; steht er jedoch in einem unmittelbaren inneren Zusammenhang mit dem Dienstverhältnis von Beschäftigten (z.B. Beanstandung des dienstlichen Verhaltens einer Lehrkraft durch die Schulleitung), handelt es sich um Personalaktendaten, die nach den beamten- bzw. tarifrechtlichen Vorschriften zu behandeln sind. ➪ Personalakten

➪ Beamtenstatusgesetz § 36; ➪ Beschwerderecht; ➪ Datenschutz (Schulen); ➪ Hausbesuch; ➪ Personalakten; ➪ Schulgesetz § 41; ➪ Verwaltungsrecht

Amtshilfe

Auszug aus dem Verwaltungsverfahrensgesetz für Baden-Württemberg (Landesverwaltungsverfahrensgesetz – LVwVfG) in der Fassung vom 12. April 2005; zuletzt geändert 4. Februar 2021 (GBl. S.181/2021)

§ 4
Amtshilfepflicht

(1) Jede Behörde leistet anderen Behörden auf Ersuchen ergänzende Hilfe (Amtshilfe).

(2) Amtshilfe liegt nicht vor, wenn

1. Behörden einander innerhalb eines bestehenden Weisungsverhältnisses Hilfe leisten;
2. die Hilfeleistung in Handlungen besteht, die der ersuchten Behörde als eigene Aufgabe obliegen.

§ 5
Voraussetzungen und Grenzen der Amtshilfe

(1) Eine Behörde kann um Amtshilfe insbesondere dann ersuchen, wenn sie

1. aus rechtlichen Gründen die Amtshandlung nicht selbst vornehmen kann;
2. aus tatsächlichen Gründen, besonders weil die zur Vornahme der Amtshandlung erforderlichen Dienstkräfte oder Einrichtungen fehlen, die Amtshandlungen nicht selbst vornehmen kann;
3. zur Durchführung ihrer Aufgaben auf die Kenntnis von Tatsachen angewiesen ist, die ihr unbekannt sind und die sie selbst nicht ermitteln kann;
4. zur Durchführung ihrer Aufgaben Urkunden oder sonstige Beweismittel benötigt, die sich im Besitz der ersuchten Behörde befinden;

5. die Amtshandlung nur mit wesentlich größerem Aufwand vornehmen könnte als die ersuchte Behörde.

(2) Die ersuchte Behörde darf Hilfe nicht leisten, wenn

1. sie hierzu aus rechtlichen Gründen nicht in der Lage ist;
2. durch die Hilfeleistung dem Wohl des Bundes oder eines Landes erhebliche Nachteile bereitet würden.

Die ersuchte Behörde ist insbesondere zur Vorlage von Urkunden oder Akten sowie zur Erteilung von Auskünften nicht verpflichtet, wenn die Vorgänge nach einem Gesetz oder ihrem Wesen nach geheim gehalten werden müssen.

(3) Die ersuchte Behörde braucht Hilfe nicht zu leisten, wenn

1. eine andere Behörde die Hilfe wesentlich einfacher oder mit wesentlich geringerem Aufwand leisten kann;
2. sie die Hilfe nur mit unverhältnismäßig großem Aufwand leisten könnte;
3. sie unter Berücksichtigung der Aufgaben der ersuchenden Behörde durch die Hilfeleistung die Erfüllung ihrer eigenen Aufgaben ernstlich gefährden würde.

(4) Die ersuchte Behörde darf die Hilfe nicht deshalb verweigern, weil sie das Ersuchen aus anderen als den in Absatz 3 genannten Gründen oder weil sie die mit der Amtshilfe zu verwirklichende Maßnahme für unzweckmäßig hält.

(5) Hält die ersuchte Behörde sich zur Hilfe nicht für verpflichtet, so teilt sie der ersuchenden Behörde ihre Auffassung mit. Besteht diese auf der Amtshilfe, so entscheidet über die Verpflichtung zur Amtshilfe die gemeinsame fachlich zuständige Aufsichtsbehörde oder, sofern eine solche nicht besteht, die für die ersuchte Behörde fachlich zuständige Aufsichtsbehörde.

§ 6
Auswahl der Behörde

Kommen für die Amtshilfe mehrere Behörden in Betracht, so soll nach Möglichkeit eine Behörde der untersten Verwaltungsstufe des Verwaltungszweigs ersucht werden, dem die ersuchende Behörde angehört.

§ 7
Durchführung der Amtshilfe

(1) Die Zulässigkeit der Maßnahme, die durch die Amtshilfe verwirklicht werden soll, richtet sich nach dem für die ersuchende Behörde, die Durchführung der Amtshilfe nach dem für die ersuchte Behörde geltenden Recht.

(2) Die ersuchende Behörde trägt gegenüber der ersuchten Behörde die Verantwortung für die Rechtmäßigkeit der zu treffenden Maßnahme. Die ersuchte Behörde ist für die Durchführung der Amtshilfe verantwortlich.

Hinweise der Redaktion:

1. Die Schule leistet dem Jugendamt beispielsweise Amtshilfe, wenn sie dokumentiert, wie oft ein Schüler schwänzt. Die Polizei leistet der Schule (und dem Jugendamt) Amtshilfe, wenn sie einen notorischen Schulschwänzer von zuhause abholt und der Schule zuführt. ⇨ Schulpflicht (Durchsetzung)
2. Nicht zur Amtshilfe zählt eine außergerichtliche oder gerichtliche Aussage von Beamt*innen über dienstliche Angelegenheiten. Hierzu ist gemäß § 37 Beamtenstatusgesetz die Genehmigung des Dienstvorgesetzten erforderlich. ⇨ Beamtenstatusgesetz § 37

⇨ Beamtenstatusgesetz § 37; ⇨ Datenschutz (Schulen); ⇨ Polizei und Schule; ⇨ Prävention; ⇨ Schulpflicht (Durchsetzung); ⇨ Verschwiegenheitspflicht; ⇨ Verwaltungsrecht (Allgemeines)

Stichwort: Stationäre Krankenhausbehandlung

Bei einem Krankenhausaufenthalt denkt man als Erstes an die möglichst baldige Genesung. Beihilfeberechtigte Personen müssen jedoch von Anbeginn einige Dinge beachten beziehungsweise Fragen klären, damit sie nicht auf Kosten sitzen bleiben.

- Falls die Klinik kein zugelassenes Krankenhaus oder keine Privatklinik im Sinne des § 7 der Beihilfeverordnung ist, können sehr erhebliche Kosten entstehen, die nicht beihilfefähig sind.
- „Wahlleistungen“ (Zweibettzimmer/Chefarztbehandlung) sind nur beihilfefähig, wenn man die Erstattung beantragt hat; dafür werden monatlich 22 Euro vom Gehalt abgezogen. Verzichtet man auf Wahlleistungen, kann statt dessen Tagegeld gewährt werden. ⇨ Beihilfeverordnung § 6 Abs. 2
- Die Unterbringung einer Begleitperson im Krankenhaus ist beihilfefähig, wenn dies aus medizinischen Gründen erforderlich ist und die/der behandelnde Krankenhausärztin/-arzt dies bescheinigt.
- Einzelzimmerzuschläge, Gebühren für Telefon und Fernseher sind nicht beihilfefähig.
- Stellt man einen entsprechenden Antrag, so ist die „Direktabrechnung“ mit der stationären Einrichtung möglich. Dann muss man nicht in Vorleistung treten, sondern die Klinik schickt die Rechnung direkt an das Landesamt für Besoldung und Versorgung.

Zu all diesen Fragen gibt es ein Merkblatt auf der Homepage des LBV unter: https://lbv.landbw.de/vordrucke/#vordrucknummer=305c1.pdf; Infos zur Direktabrechnung“ gibt es unter https://lbv.landbw.de/-/direktabrechnung .
⇨ Beihilfeverordnung

Die oben erwähnte „Direktabrechnung“ ist teilweise auch mit der privaten Krankenversicherung möglich. Das ist sehr praktisch, denn dann ist man den lästigen „Papierkram“ nach dem Klinikausfenthalt los. Es empfiehlt sich, diese Frage mit der Klinik rechtzeitig vor dem stationären Aufenthalt abzuklären.

Arbeits- und Gesundheitsschutz (Allgemeines)

Informationen der Redaktion zur Rechtslage und zur Verwaltungspraxis in Baden-Württemberg

1. Arbeitsschutzvorschriften, betriebsärztlicher Dienst und Gesundheitsschutz

Die für den Arbeits- und Gesundheitsschutz der Lehrkräfte bedeutsamsten Vorschriften sind das Arbeitsschutzgesetz und die hierzu erlassenen Rechtsverordnungen (u.a. die BildschirmarbeitsVO, die LastenhandhabungsVO sowie die Gefährdungsbeurteilung/GefahrstoffVO).

Das Arbeitsschutzgesetz gilt unmittelbar für alle Beschäftigten, auch für die Beamt*innen des Landes (§ 49 der ⇨ Arbeitszeit- und Urlaubsverordnung).

Daneben sind weitere Bestimmungen zu beachten, z.B. die VwV ⇨ Gewaltvorfälle und Schadensereignisse und das ⇨ Infektionsschutzgesetz sowie das Mutterschutzgesetz (siehe hierzu: ⇨ Mutterschutz (Verordnung) und das „betriebliche Eingliederungsmanagement" (BEM) nach § 167 des Sozialgesetzbuchs IX; Einzelheiten zum BEM stehen unter: ⇨ Eingliederungsmanagement (BEM). Für den Gesundheitsschutz der Schüler*innen ist die VwV ⇨ Prävention und Gesundheitsförderung zu beachten.

Das KM hat eine Verwaltungsvorschrift *„Arbeitsschutz an Schulen und Schulkindergärten"* erlassen (28.4.2017; Az: 14-0304.50/471). Sie ist eingearbeitet in das ⇨ Arbeitsschutzgesetz.

Beim KM besteht eine *„Leitstelle Betriebsärztlicher Dienst für das Kultusressort, Arbeits- und Gesundheitsschutz"* als Stabsstelle. Diese Leitstelle hat ein Rahmenkonzept zum Arbeits- und Gesundheitsschutz veröffentlicht (21.9.2007; K.u.U. S. 147/2007).

Nach dem Arbeitssicherheitsgesetz ist in den Verwaltungen und Betrieben des Landes ein arbeitsmedizinischer und sicherheitstechnischer Arbeitsschutz zu gewährleisten. Die vom Arbeitgeber zu treffenden Maßnahmen sind durch die Unfallverhütungsvorschrift *„Betriebsärzte und Fachkräfte für Arbeitssicherheit"* geregelt (DGUV Vorschrift Nr. 2). Sie gilt unmittelbar für die Lehrkräfte im Arbeitnehmerverhältnis; die betriebsärztliche Betreuung der beamteten Lehrkräfte erfolgt in Anlehnung hieran. Dazu gehören alle Fragen des Gesundheitsschutzes beim Arbeitsschutz und bei der Unfallverhütung; hierzu zählt die Verhütung von Arbeitsunfällen und Berufskrankheiten sowie sonstiger arbeitsbedingter Gesundheitsgefahren. Mit der landesweiten Betreuung der Lehrkräfte ist ein betriebsärztlicher Dienst beauftragt: BAD Gesundheitsvorsorge und Sicherheitstechnik GmbH. Die B.A.D Homepage: https://www.sicher-gesund-schule-bw.de/ ist nach sechs Themenfeldern gegliedert und berücksichtigt sowohl Themenstellungen der Personalräte (z.B. ASA-Sitzungen, Sicherheitstechnische Begehungen) als auch der Beschäftigten (z.B. Mutterschutz, Arbeitsmedizinische Vorsorge). Über die Grundinformationen hinaus sind entsprechende Kontaktformulare für konkrete Terminvereinbarungen als auch inhaltliche Rückfragen eingebunden.

Die BAD GmbH nimmt die den Betriebsärzt*innen nach § 3 Arbeitssicherheitsgesetz obliegenden Aufgaben in folgenden Bereichen wahr:

- Beratung, z.B. bei der Gefährdungsbeurteilung nach dem Arbeitsschutzgesetz oder bei der Auswahl und Erprobung von persönlicher Schutzausrüstung,
- Untersuchung der Lehrkräfte sowie deren arbeitsmedizinische Beurteilung und Beratung,
- Beobachtung der Durchführung des Arbeitsschutzes und der Unfallverhütung in der Schule,
- Verhaltensbeeinflussung, indem sie darauf hinwirkt, dass sich alle an der Schule Beschäftigten den Anforderungen des Arbeitsschutzes und der Unfallverhütung entsprechend verhalten.

Die Betriebsärztinnen und -ärzte tragen nicht die Verantwortung für die Umsetzung der von ihnen vorgeschlagenen Maßnahmen. Bei der Beratung von Lehrkräften unterliegen sie der ärztlichen Schweigepflicht.

Die BAD GmbH führt auch die – vom Land finanzierte – Beratung und Impfung von Lehrkräften gegen Hepatitis A und B an Schulen für Geistigbehinderte (einschließlich der entsprechenden Abteilungen an SBBZ mit anderen Schwerpunkten, Körperbehinderte und Kranke), von Lehr-, Erziehungs- und Betreuungskräften an den entsprechenden staatlichen SBBZ mit Internat sowie von Lehr- und Erziehungskräften an Schulkindergärten für Geistigbehinderte und Körperbehinderte durch.

Für das Gesundheitsmanagement der im Kultusbereich Beschäftigten stehen auf Betreiben der GEW im Landeshaushalt besondere Finanzmittel zur Verfügung. ⇨ Fortbildung (Allgemeines)

Die schulischen Hauptpersonalräte haben mit dem KM eine Rahmendienstvereinbarung zum beruflichen Gesundheitsmanagement abgeschlossen.

⇨ Arbeits- und Gesundheitsschutz (Dienstvereinbarung)

Das „Infoportal Arbeits- und Gesundheitsschutz für Lehrkräfte in Baden-Württemberg" bietet Informationen über das Recht und die Organisation im Bereich des KM, Gefährdungsbeurteilungen an Lehrkräftearbeitsplätzen sowie Beratungs- und Unterstützungsangebote: www.arbeitsschutz-schule-bw.de.

2. Gesundheitsschutz der am Schulleben Beteiligten /Gefährdungsbeurteilung

Die im Arbeitsschutzrecht vorgeschriebenen „Gefährdungsbeurteilungen" am Arbeitsplatz Schule gelten inhaltlich weitgehend auch für die übrigen am Schulleben Beteiligten, insbesondere für die Schüler*innen, die im Unterricht unter den gleichen Bedingungen wie das Schulpersonal leben und arbeiten. ⇨ Unfallversicherung

Die Unfallkassen sind als Träger der gesetzlichen Unfallversicherung durch Gesetz berechtigt, ein autonomes Regelwerk zu erlassen. Zu ihren Aufgaben gehören die Verhütung von Arbeits- und (Schul-)unfällen sowie die Gewährleistung der Ersten Hilfe.

Für Schulen und Schulkindergärten haben die Unfallkassen ein bundesweit einheitliches Regelwerk erlassen. Abgestuft nach der Rechtsverbindlichkeit umfasst es Unfallverhütungsvorschriften, Regeln für Sicherheit und Gesundheitsschutz, Grundsätze und Informationen, Unterrichtsbeispiele, Plakate usw.

Für den Bereich der Schulen und Schulkindergärten stellen die Unfallverhütungsvorschrift „Grundsätze der Prävention" (DGUV A1) und „Unfallverhütungsvorschrift Schulen" (DGUV 81) unmittelbar zwingendes Recht dar. Die Unfallverhütungsvorschriften der Unfallkasse Baden-Württemberg sind unter: www.ukbw.de abrufbar.

Die Unfallkasse Baden-Württemberg ist auch für die gesetzliche Unfallversicherung der Schüler*innen zuständig. Hierzu hat das KM eine Verwaltungsvorschrift erlassen. Sie enthält auch Vorgaben für die Erhaltung der Gesundheit der Beschäftigten (z.B. Bestellung von Sicherheitsbeauftragten).

⇨ Erste Hilfe; ⇨ Unfallversicherung

Die DGUV (www.dguv.de), der Spitzenverband der gesetzlichen Unfallversicherung, hat anlässlich der Pandemie-Situation im Jahr 2020 zur Gefährdungsbeurteilung u.a. ausgeführt:

„Aufgrund der doppelten Unternehmerschaft in öffentlichen Schulen ist eine verstärkte Abstimmung über die Zuständigkeit und Vorgehensweise zwischen Schulsachkostenträger und Schulleitung erforderlich. Diese werden von den jeweils zuständigen Fachkräften für Arbeitssicherheit und Betriebsärztinnen / Betriebsärzten beraten. Dies betrifft insbesondere die folgenden Aspekte:

Der Schulsachkostenträger hat in seinem Zuständigkeitsbereich eine Gefährdungsbeurteilung für seine Beschäftigten (in der Regel sind dies Mitarbeiterinnen und Mitarbeiter der Verwaltung einer Schule), Ehrenamtliche sowie Schülerinnen und Schüler durchzuführen. Die Verpflichtung zur Gefährdungsbeurteilung für die Schülerinnen und Schüler ergibt sich aus der Unfallverhütungsvorschrift „Grundsätze der Prävention" (DGUV Vorschrift 1), nach der die in staatlichem Recht bestimmten Maßnahmen auch zum Schutz von Versicherten gelten, die keine Beschäftigten sind. ⇨ Schulträger

Der Schulhoheitsträger *(bei den öffentlichen Schulen das Land Baden-Württemberg; Anm.d.Red.)* hat ebenfalls die Aufgabe, eine Gefährdungsbeurteilung durchzuführen, und zwar für die Arbeitsplätze der Lehrkräfte und den inneren Schulbereich. Er hat diese Aufgabe an die Schulleiterin oder den Schulleiter delegiert. Es ist erforderlich, die Gefährdungsbeurteilung auch auf die Maßnahmen während des Unterrichts und sonstiger schulischer Veranstaltungen für Schülerinnen und Schüler auszuweiten, da eine Trennung in den Abläufen des schulischen Alltags oft nicht möglich ist. Begründet wird dies durch die Aufsichtspflicht der Schule, die unter anderem das Ziel beinhaltet, in der Schule tätige Personen und Dritte in und außerhalb der Schule vor körperlichen und materiellen Schäden zu schützen. [...] Insbesondere im Hinblick auf die Umsetzung und Einhaltung verhaltensbezogener Maßnahmen ist ein Mitwirken aller am Schulleben Beteiligten erforderlich, um ein adäquates Sicherheits- und Gesundheitsbewusstsein zu entwickeln und aufrecht zu erhalten. Jeder einzelne muss im Rahmen seiner Möglichkeiten Verantwortung übernehmen."

(Quelle: https://publikationen.dguv.de/praevention/ > publikationen-zum-coronavirus/)

Weil es sich hierbei um eine Angelegenheit handelt, die *„für die Schule von allgemeiner Bedeutung"* ist, muss die Schulleitung den Elternbeirat über die Maßnahmen zur Gefährdungsbeurteilung in Bezug auf die Schüler*innen unterrichten. ⇨ Schulgesetz § 57 Abs. 2

3. Zuständigkeiten im Schulbereich

(Quelle: Anlage 1 zum Schreiben des Kultusministeriums vom 22.09.2021; AZ: 17-0144.58-0445; Stand: 18.8.2021)

Kultusministerium

- Grundsätzliche Angelegenheiten des Arbeitsschutzes und der Gesundheitsförderung,
- Grundsätzliche Zusammenarbeit mit dem Dienstleister für den Arbeits- und Gesundheitsschutz,
- Rahmenbedingungen für den Arbeitsschutz der Lehrkräfte,
- COPSOQ: Grundsätzliches und Verträge,
- Arbeitsschutzausschüsse,
- Arbeits- und Gesundheitsschutz für Beschäftigte des KM (operativ),
- Mittelverteilung Arbeitsschutz und Gesundheitsmanagement an die Dienststellen.

Regierungspräsidien / Staatliche Schulämter

- Überwachung und Steuerung der Schulen in Bezug auf Ersthelferinnen und Ersthelfer sowie Sicherheitsbeauftragte, einschließlich der Verwaltung und Vergabe von Gutscheinen für die Ersthelfer-Ausbildung sowie der Betreuung und Fortbildung der Multiplikatorinnen und Multiplikatoren für Sicherheitsbeauftragte,

- Zusammenarbeit mit dem Dienstleister für den Arbeits- und Gesundheitsschutz im Zusammenhang mit den gesetzlichen Aufgaben zum Arbeitsschutz (ggf. Abschluss von Betreuungsverträgen nach ASiG, Prüfung der Quartalsrechnungen, Auftrags- sowie Beschwerdeklärung), ⇨ Arbeitsschutzgesetz
- Beratung von Lehrkräften in Bezug auf die Bezuschussung von Bildschirmarbeitsplatzbrillen und persönlich angepasster Schutzausrüstung; Bearbeitung der Anträge auf Kostenerstattung,
- Verhandlungen sowie Abschluss von Vereinbarungen mit den schulischen Personalvertretungen, soweit schulaufsichtliche Fragen betroffen sind, ⇨ Personalvertretungsgesetz (LPVG) § 85
- Überwachung der arbeitsplatzbezogenen und personenbezogenen Gefährdungsbeurteilung, einschließlich Anforderung und Kontrolle der Dokumentationen nach §§ 5 und 6 ArbSchG (beinhaltet auch, wie die Schule mit den Ergebnissen der Gefährdungsbeurteilung umgeht), ⇨ Arbeitsschutzgesetz §§ 5, 6
- Durchführung von Informationsveranstaltungen und Dienstbesprechungen mit Schulleitungen zum Arbeitsschutz,
- Durchführung von Dienstbesprechungen mit den Ansprechpersonen für den Arbeitsschutz der Staatlichen Schulämter (zu aufsichtlichen Fragen),
- Durchführung und Leitung von Arbeitsschutzausschüssen für den Schulbereich,
- Bearbeitung rechtlicher Fragestellungen,
- Bearbeitung von Anfragen zur Sicherheit im Unterricht, zu Beschäftigungsverboten, zur gesetzlichen Schülerunfallversicherung etc., ⇨ Mutterschutz; ⇨ Unfallversicherung
- Koordinierung und Aufsicht über die Maßnahmen des Strahlenschutzes und des Gefahrstoffmanagements, ⇨ Gefährdungsbeurteilung
- Durchführung von Fortbildungsveranstaltungen im Rahmen der Probezeitbegleitung neuer Schulleitungen (Modul Arbeits- und Gesundheitsschutz). ⇨ Fortbildung

Zentrum für Schulqualität und Lehrerbildung

- Antragsbearbeitung und Mittelvergabe für schulische Gesundheitstage,
- Prüfung der Rechnungen des Dienstleisters für den Arbeits- und Gesundheitsschutz für Maßnahmen des Gesundheitsmanagements (z.B. Vorträge und Workshops),
- Verhandlungen sowie Abschluss vonVereinbarungen mit den schulischen Personalvertretungen *(Anm. d. Redaktion: Hauptpersonalräte)*, soweit es um Fortbildungen und die Mittelverwendung für das Gesundheitsmanagement geht, ⇨ Personalvertretungsgesetz (LPVG) § 85
- Beratung und Unterstützung bei der Durchführung der psychischen Gefährdungsbeurteilung sowie Beratung und Unterstützung der Schulen und Schulkindergärten bei der Ableitung von gesundheitsförderlichen Maßnahmen auf Grundlage der psychischen Gefährdungsbeurteilung,
- Organisation und Durchführung von Fortbildungsveranstaltungen zur Umsetzung der DV Sucht, ⇨ Arbeits- und Gesundheitsschutz (DV Sucht)
- Verknüpfung der Gesundheitsförderung von Lehrkräften mit der Schulentwicklung,
- Weiterleitung von Anfragen in das Unterstützungssystem.

4. Überwachungs- und Beteiligungsrechte

Beim Arbeitsschutz bestehen Überwachungs- und Beteiligungsrechte des Personalrats (⇨ Personalvertretungsgesetz (LPVG) § 70 Abs. 1, § 74 Abs. 2 Nr. 7-8), der Gesamtlehrerkonferenz (⇨ Konferenzordnung § 2 Nr. 8a) und der Schulkonferenz (⇨ Schulgesetz § 47 Abs. 4 Nr. 6). Gemäß § 71 Abs. 7 LPVG sind bei allen im Zusammenhang mit dem Arbeitsschutz oder der Unfallverhütung der Beschäftigten stehenden Besichtigungen und Fragen und bei Unfalluntersuchungen (z.B. durch das Gewerbeaufsichtsamt oder die Unfallkasse) der Personalrat oder die von ihm bestimmten PR-Mitglieder derjenigen Dienststelle hinzuzuziehen, in der die Besichtigung oder Untersuchung stattfindet. Ferner sind dem Personalrat unverzüglich die den Arbeitsschutz und die Unfallverhütung der Beschäftigten betreffenden Auflagen und Anordnungen dieser Stellen mitzuteilen. Außerdem erhält er die Niederschrift über diese Untersuchungen, Besichtigungen und Besprechungen. Die Benachrichtigung des PR ist durch die jeweilige Schule sicherzustellen. Zuständiger *„örtlicher Personalrat"* für die Grund-, Haupt-, Werkreal-, Real-, Gemeinschaftsschulen und SBBZ ist der Lehrkräfte-Personalrat beim Staatl. Schulamt; an den anderen Schulen der PR an der Schule.

Die Schwerbehindertenvertretung darf an allen Sitzungen des Arbeitsschutzausschusses beratend teilnehmen. Dieses Recht wurde auch der Beauftragten für Chancengleichheit bzw. Ansprechpartnerin eingeräumt. (Quelle: KM, 29.1.2002; AZ: 15-0304.5/181)

⇨ Chancengleichheitsgesetz; ⇨ Schwerbehinderung

5. Aushang- und Auslagepflichten

Für den Arbeits- und Gesundheitsschutz der Lehrkräfte sowie für den Unfallschutz (Prävention) und die gesetzliche Unfallversicherung der Schülerinnen und Schüler gilt die Schulleitung als verantwortlicher *„Unternehmer"*. Im Intranet (Dokumente - Formulare - Merkblätter > Schulleitungen und Lehrkräfte > Arbeitsschutz und Gesundheitsmanagement) findet sich eine Handreichung für Schulleiter*innen. Sie bietet eine Übersicht über die wesentlichen gesetzlichen Verpflichtungen im

Arbeitsschutz sowie konkrete Beschreibungen der den Schulleiterinnen und Schulleitern obliegenden Pflichten, Unterstützungsmöglichkeiten und Hintergrundinformationen.

⇨ Gefährdungsbeurteilung

Die für den „*Unternehmer*" geltenden Unfallverhütungsvorschriften sind an geeigneter Stelle für die Versicherten zugänglich zu machen (§ 12 der Unfallverhütungsvorschrift „*Grundsätze der Prävention*"). Das KM hat im Amtsblatt K.u.U. S. 18/2007 diese Pflicht der Schulleitung ausdrücklich betont: „*Diese Verpflichtungen gelten auch im Schulbereich. Für den Fall der Verletzung der Aushangpflicht ist i.d.R. ein Ordnungsgeld angedroht. Die schuldhafte Verletzung dieser Pflicht kann außerdem eine zum Schadensersatz verpflichtende Fürsorgepflichtverletzung darstellen*".

Die GEW hat die „aushangpflichtigen" Gesetze für den Schulbereich zusammenstellen lassen (Druckfassung oder Download; Bestellschein am Ende des Jahrbuchs). Die Bereitstellung der Download-Version im Intranet der Schule bzw. auf auf einem für alle Lehrkräfte zugänglichen PC ersetzt die Auslage der Gesetze.

Mit dem Aushang des mitgelieferten Plakats „*Unfallverhütungsvorschriften*" im Lehrerzimmer genügt eine Schule, die einen für alle Lehrkräfte zugänglichen Rechner mit Internet-Zugang bereitstellt, ihrer gesetzlichen Auslagepflicht. Ein Ausdruck der Vorschriften ist dann nur entsprechend dem konkreten Bedarf erforderlich. Zur Kenntnisnahme und Beachtung durch die Schulleitung und die Sicherheitsbeauftragten der Schule sowie die direkt betroffenen Lehrkräfte (z.B. für naturwissenschaftliche und technische Fächer, Kunst und Sport) sollten jedoch alle einschlägigen Publikationen mindestens einmal ausgedruckt und in der Schule an geeigneter Stelle (z.B. Schulsekretariat) aufbewahrt werden.

⇨ Arbeitsschutzgesetz; ⇨ Eingliederungsmanagement (BEM); ⇨ Erste Hilfe; ⇨ Gefährdungsbeurteilung; ⇨ Gewaltvorfälle und Schadensereignisse, ⇨ Konferenzordnung; ⇨ Mutterschutz (Verordnung); ⇨ Personalvertretungsgesetz; ⇨ Schulgesetz § 47; ⇨ Schwerbehinderung; ⇨ Unfallversicherung

Arbeits- und Gesundheitsschutz (RDV)

Auszug aus der Rahmendienstvereinbarung zum betrieblichen Gesundheitsmanagement; Bekanntmachung des KM vom 21.7.2017 (K.u.U. S.13/2018)

1. Geltungsbereich

Die Rahmendienstvereinbarung gilt für alle Behörden, Institute, Anstalten, Seminare, Schulen und Schulkindergärten, die zum Zuständigkeitsbereich des Kultusministeriums gehören (nachfolgend Dienststellen genannt) sowie deren Beschäftigte im Landesdienst.

2. Ziel und Zweck der Rahmendienstvereinbarung

Ziel dieser Rahmendienstvereinbarung ist der Aufbau eines betrieblichen Gesundheitsmanagements durch die Verbesserung des Arbeits- und Gesundheitsschutzes auf der Grundlage des Arbeitsschutzgesetzes [...] und das Angebot für Maßnahmen zur Gesundheitsförderung.

⇨ Arbeitsschutzgesetz; ⇨ Eingliederungsmanagement

Durch präventive Maßnahmen sollen Gefährdungen sowie gesundheitsgefährdende Belastungen im Beruf effizient minimiert und nach Möglichkeit beseitigt werden, um damit die Sicherheit und Gesundheit der Beschäftigten zu verbessern. Voraussetzung hierfür ist, dass die Schutzmaßnahmen alle Entscheidungsebenen ansprechen und von allen am Arbeitsschutz Beteiligten getragen werden. Das System soll eine kontinuierliche Verbesserung der Arbeitsschutzleistung ermöglichen.

⇨ Personalvertretungsgesetz § 71 Abs. 7 und § 74 Nr. 8

Ziele sind:

- Eine positive Beeinflussung des Gesundheitszustandes der Beschäftigten unabhängig vom Geschlecht und unter Berücksichtigung der jeweils besonderen Situation,
- die Sensibilisierung hinsichtlich Gefährdungen und Belastungen im Beruf sowie deren mögliche Folgen,
- die Umsetzung von Schutzmaßnahmen durch Führungskräfte und Entscheidungsträger,
- eine Verbesserung der Information der Beschäftigten über die Maßnahmen und Angebote zum Arbeitsschutz und zur betrieblichen Gesundheitsförderung,
- eine Motivierung der Beschäftigten, an der Umsetzung von Schutzmaßnahmen und den Angeboten zur betrieblichen Gesundheitsförderung aktiv teilzunehmen.

Die Rahmendienstvereinbarung konkretisiert das Verfahren und die Mitbestimmung bei der Umsetzung des Arbeitsschutzrechts insbesondere hinsichtlich der Ermittlung, Beurteilung und Dokumentation arbeitsbedingter Gesundheitsgefährdungen sowie bei der Festlegung aller Maßnahmen des Arbeitsschutzes, der Arbeitssicherheit und der Prävention.

Die Beteiligung der Personalvertretung im Einzelfall nach § 74 (2) Ziffer 7 und 8, § 75 (4) Ziffer 1. Buchst. a) und c) Landespersonalvertretungsgesetz sowie die Unterrichtung und Anhörung der Vertrauensperson der Schwerbehinderten nach § 95 (2) *(jetzt: § 178)* Neuntes Buch Sozialgesetzbuch bleiben hiervon unberührt. ⇨ Personalvertretungsgesetz (LPVG)

Des Weiteren bleiben die Regelungen zum betrieblichen Eingliederungsmanagement auf Grundlage der Bestimmungen des Neunten Buches Sozialgesetzbuch (SGB IX) und über die Gesundheitsvorsorge und -fürsorge für suchtgefährdete und suchtkranke Beschäftigte unberührt.

⇨ Eingliederungsmanagement (BEM)

3.
Maßnahmen des Arbeitsschutzes

Zur ganzheitlichen Umsetzung und zur Fortentwicklung von Maßnahmen zum Erhalt und zur Förderung von Gesundheit, physischer und psychischer Leistungsfähigkeit, Arbeitszufriedenheit und Leistungsbereitschaft sind auf Grundlage der jeweils geltenden rechtlichen Bestimmungen folgende Maßnahmen vorgesehen:

1. Regelbetreuung der Beschäftigten nach den §§ 3 und 6 ASiG durch Bestellung von Betriebsärztinnen/Betriebsärzten und von Fachkräften für Arbeitssicherheit,
2. Arbeitsschutzausschüsse, Arbeitskreise für Arbeitsschutz und Gesundheitsförderung und projektbezogene Gesundheitszirkel auf freiwilliger Basis an den Dienststellen sowie Arbeitsschutzausschüsse bei den Schulaufsichtsbehörden,
3. Durchführung von Gefährdungsbeurteilungen, Umsetzung von Maßnahmen auf der Grundlage der Ergebnisse durch die Dienststellen und Dokumentation der Ergebnisse,
4. Initiierung und Durchführung von vertiefenden Untersuchungen zu den Ursachen von physischen und psychischen Belastungen und deren möglicher Abhilfe,
5. Unterstützung der Dienststellen, insbesondere durch sukzessive Bereitstellung der Rechtsgrundlagen zum Arbeitsschutz (Gesetze, Verordnungen, Unfallverhütungsvorschriften) sowie von Informationen zu deren Umsetzung, Informationen über typische Gefährdungen sowie von Hinweisen zur Vermeidung bzw. Verminderung von Gefährdungen für die Beschäftigten, Beratungsmöglichkeiten und Berücksichtigung bei der Fortbildung.

3.1.
Betriebsärztliche und sicherheitstechnische Regelbetreuung nach den §§ 3 und 6 ASiG

Für die öffentliche Verwaltung ist gemäß § 16 ASiG ein den Grundsätzen dieses Gesetzes gleichwertiger arbeitsmedizinischer und sicherheitstechnischer Arbeitsschutz zu gewährleisten. Die Maßnahmen, die der Arbeitgeber zur Erfüllung der aus dem Arbeitssicherheitsgesetz resultierenden Pflichten zu treffen hat, ergeben sich für die Arbeitnehmer des Landes aus der Unfallverhütungsvorschrift DGUV 2.

⇨ Unfallversicherung

Für die betriebsärztliche und sicherheitstechnische Betreuung der Beschäftigten des Landes an öffentlichen Schulen und Schulkindergärten schließen die Regierungspräsidien in Abstimmung mit dem Kultusministerium Verträge mit überbetrieblichen Diensten ab. Für die Betreuung der Beschäftigten an den Dienststellen des außerschulischen Bereichs werden Verträge vom Kultusministerium abgeschlossen. Der Abschluss von Betreuungsverträgen erfolgt unter Beteiligung der jeweils zuständigen Personalvertretung.

Als Anlauf- und Informationsplattform für Anfragen der Dienstellenleiter/innen sowie einzelner Beschäftigter wird von den überbetrieblichen Diensten eine Kontakt-E-MailAdresse eingerichtet, unter der die Dienstleister für Fragen zum Arbeitsschutz und zur betrieblichen Gesundheitsförderung zur Verfügung stehen. ⇨ Datenschutz

Die Pflichten für die insoweit Zuständigen bei den Schulaufsichtsbehörden bleiben davon unberührt.

3.2.
Arbeitsschutzausschüsse, Arbeitskreise für Arbeitsschutz und Gesundheitsförderung Gesundheitszirkel

3.2.1.
Arbeitsschutzausschüsse und Arbeitskreise für Arbeitsschutz und Gesundheitsförderung an den Dienststellen

Einer der Grundsätze des Arbeitssicherheitsgesetzes ist es, dass die Aufgaben der Betriebsärzte und der Fachkräfte für Arbeitssicherheit in gegenseitiger Zusammenarbeit und in Zusammenarbeit mit allen Beteiligten des Arbeitsschutzes im Betrieb wahrgenommen werden soll (vgl. §§ 9, 10, 11 ASiG). Das Arbeitssicherheitsgesetz institutionalisiert diese Zusammenarbeit in Form eines Arbeitsschutzausschusses (§ 11 ASiG). An den Dienststellen, an welchen ein örtlicher Personalrat besteht, ist ein solcher Arbeitsschutzausschuss einzurichten. Der Arbeitsschutzausschuss an den Dienststellen berät Anliegen des Arbeitsschutzes und der betrieblichen Gesundheitsförderung. Die Erörterungen sollen sich auf wesentliche Fragen mit Bedeutung für alle Beteiligten konzentrieren. Die Aufgabenkataloge der §§ 3 und 6 Arbeitssicherheitsgesetz können als Orientierung herangezogen werden.

⇨ Personalvertretungsgesetz (LPVG) § 71

In Anlehnung an § 11 Arbeitssicherheitsgesetz setzt sich der Arbeitsschutzausschuss wie folgt zusammen:

- Dienststellenleiter/in oder Stellvertreter/in (Vorsitz),
- zwei (soweit vorhanden) vom örtlichen Personalrat bestimmte Personalratsmitglieder, Sicherheitsbeauftragte/r, im Schulbereich Sicherheitsbeauftragte/r für den inneren Schulbereich
- Betriebsarzt/ärztin
- Fachkraft für Arbeitssicherheit.

Der Betriebsarzt/die Betriebsärztin und die Fachkraft für Arbeitssicherheit nehmen an einer Sitzung des Arbeitsschutzausschusses je Kalenderjahr bzw. Schuljahr teil. Die Teilnahme des Betriebsarztes/der Betriebsärztin und/oder der Fachkraft für Arbeitssicherheit an weiteren Sitzungen des Arbeitsschutzausschusses im Kalenderjahr bzw. Schuljahr erfolgt bei Bedarf oder auf Antrag des Örtlichen Personalrates.

Die Vertrauensperson der Schwerbehinderten sowie die Beauftragte für Chancengleichheit haben das Recht an den Sitzungen beratend teilzunehmen.

⇨ Schwerbehinderung

Bei Bedarf können im Schulbereich zusätzlich die/der Sicherheitsbeauftragte für den äußeren Schulbereich an den Sitzungen teilnehmen. Sofern erforderlich, können im Schulbereich auch

Vertreter der zuständigen Schulaufsicht, des Unfallversicherungsträgers oder weitere Fachleute (z.B. Strahlenschutzbeauftragte/r) zu den Sitzungen hinzugezogen werden.

Welche Personen zusätzlich an den Sitzungen teilnehmen sollen, legt die/der Vorsitzende des Arbeitsschutzausschusses fest. Die/der Vorsitzende soll dann weitere Personen einladen, wenn mindestens zwei der Mitglieder des Arbeitsschutzausschusses oder im Schulbereich die Mehrheit der Gesamtlehrerkonferenz das Hinzuziehen weiterer Personen begründet wünscht.

Die Einladung zur Sitzung des Arbeitsschutzausschusses erfolgt jeweils schriftlich durch die/den Vorsitzende/n unter Mitteilung der Tagesordnung mit einer Frist von mindestens einer Woche. Auf Antrag der Schwerbehindertenvertretung sind Angelegenheiten, die einzelne oder die schwerbehinderten Beschäftigten als Gruppe besonders betreffen, auf die Tagesordnung der nächsten Sitzung zu setzen (jetzt: § 178 Abs. 4 S. 1 SGB IX).

Über die Sitzung des Arbeitsschutzausschusses ist ein Ergebnisprotokoll anzufertigen, das den Mitgliedern des Arbeitsschutzausschusses sowie den übrigen Teilnehmerinnen und Teilnehmern der jeweiligen Sitzung zu übermitteln ist.

Der Arbeitsschutzausschuss tritt einmal pro Kalenderhalbjahr bzw. Schulhalbjahr zusammen. Im Bedarfsfall sind zusätzliche Sitzungen möglich. Der Bedarf gilt als gegeben, wenn mindestens zwei der Ausschussmitglieder oder im Schulbereich die Mehrheit der Gesamtlehrerkonferenz eine Sitzung schriftlich begründet wünscht.

➪ Konferenzordnung § 2 Nr.17

Sofern ein Arbeitsschutzausschuss nicht gebildet werden muss, kann auf freiwilliger Basis ein Arbeitskreis für Arbeitsschutz und Gesundheitsförderung eingerichtet werden. Dieser nimmt die Aufgaben des Arbeitsschutzausschusses im Sinne des § 11 ASiG wahr.

Die Dienststellenleiterin/der Dienststellenleiter ist zur Einrichtung eines solchen Arbeitskreises verpflichtet, wenn die Mehrheit der Gesamtlehrerkonferenz die Einrichtung eines Arbeitskreises auf Grundlage der Gefährdungsbeurteilung schriftlich begründet wünscht.

Als Gründe kommen beispielsweise in Betracht:

- Mängel in der Arbeitsumgebung, Arbeitsplatzgestaltung und der Arbeitsorganisation einschließlich Zeitmanagement, Maßnahmen zur Reduzierung psychischer Belastungen z.B. im Bereich Kommunikation, Wertschätzung und Anerkennung,
- bei dringendem Beratungsbedarf, z.B. aus Anlass umfangreicher Sanierungsarbeiten in der jeweiligen Einrichtung oder einer räumlichen Umorganisation (Neueinrichtung oder Verlegung von Fachräumen) innerhalb der Einrichtung oder
- zur Beratung von Vorschlägen des Gesundheitszirkels für Maßnahmen einer gesundheitsgerechten Arbeitsgestaltung.

Die für den Arbeitsschutzausschuss geltenden Regelungen finden auf den Arbeitskreis für Arbeitsschutz und Gesundheitsförderung sinngemäß Anwendung mit der Maßgabe, dass bei der Zusammensetzung des Arbeitskreises anstelle des zweiten Mitglieds der Personalvertretung eine von der Gesamtlehrerkonferenz gewählte Lehrkraft tritt.

Soweit an Dienststellen kein Personalrat besteht, hat die Dienststellenleitung gemäß § 14 Abs. 2 Arbeitsschutzgesetz die Beschäftigten zu allen Maßnahmen zu hören, die Auswirkung auf Sicherheit und Gesundheit der Beschäftigten haben können.

3.2.2. Gesundheitszirkel an den Dienststellen

Um die aktive Einbeziehung der Beschäftigten zu fördern, können an den Dienststellen unter Beachtung des Grundsatzes der Freiwilligkeit über einen begrenzten Zeitraum von acht bis zwölf Sitzungen projektbezogene Gesundheitszirkel gebildet werden. Aufgabe der Gesundheitszirkel ist es, gesundheitlich bedeutsame Arbeitsbelastungen an der jeweiligen Dienststelle und deren mögliche Ursache aufzuzeigen, damit Vorschläge für an der Dienststelle konkret umsetzbare Maßnahmen im Sinne einer gesundheitsgerechten Arbeitsgestaltung entwickelt werden. Dem Gesundheitszirkel sollen in Abhängigkeit von der Größe der Dienststelle bis zu 10 Beschäftigte angehören. Die Dienststellenleiterin/der Dienststellenleiter oder eine von ihr/ihm Beauftragte/r sowie die/der zuständige Betriebsärztin/Betriebsarzt und/oder die zuständige Fachkraft für Arbeitssicherheit nehmen im erforderlichen Umfang an den Sitzungen des Gesundheitszirkels teil.

3.2.3. Arbeitsschutzausschüsse bei den Schulaufsichtsbehörden

Beim Kultusministerium, bei den Regierungspräsidien und den Staatlichen Schulämtern sind Arbeitsschutzausschüsse für den Schulbereich einzurichten. Beim Kultusministerium und bei den Regierungspräsidien sind die Ausschüsse entsprechend der vorhandenen Aufteilung der Personalvertretungen getrennt zu bilden.

Beim Kultusministerium wird ferner ein Arbeitsschutzausschuss für den außerschulischen Bereich eingerichtet.

Der Arbeitsschutzausschuss setzt sich wie folgt zusammen (ständige Vertreter).

a) beim Kultusministerium:
   - Leiter/in des für den Arbeitsschutz im Kultusressort zuständigen Referates (Vorsitz),
   - Ansprechpartner/innen für den Arbeitsschutz,
   - zwei vom jeweiligen schulischen Hauptpersonalrat bzw. zwei vom Hauptpersonalrat außerschulischer Bereich bestimmte Personalratsmitglieder,
   - Leiter/in der Leitstelle „Betriebsärztlicher Dienst" und
   - Fachkraft für Arbeitssicherheit bei der Leitstelle „Betriebsärztlicher Dienst".

b) beim Regierungspräsidium:
- Leiter/in der Abteilung 7 des Regierungspräsidiums oder eine Beauftragte/ein Beauftragter (Vorsitz),
- Ansprechpartner/innen für den Arbeitsschutz, soweit nicht Vorsitzende/r,
- jeweils zwei vom jeweiligen schulischen Bezirkspersonalrat bestimmte Personalratsmitglieder,
- betriebsärztliche Koordinatorin/betriebsärztlicher Koordinator des für den Regierungsbezirk zuständigen betriebsärztlichen Dienstes,
- Koordinator/in für den sicherheitstechnischen Bereich des für den Regierungsbezirk zuständigen sicherheitstechnischen Dienstes.

c) beim Staatlichen Schulamt:
- Leiter/in des Staatlichen Schulamtes oder eine von ihr/ihm Beauftragte/n (Vorsitz),
- Ansprechpartner/innen für den Arbeitsschutz, soweit nicht Vorsitzende/r,
- zwei vom Örtlichen Personalrat (GHWRGS) bestimmte Personalratsmitglieder,
- für den Schulamtsbezirk zuständige Betriebsärztin/zuständiger Betriebsarzt,
- für den Schulamtsbezirk zuständige Fachkraft für Arbeitssicherheit.

Die Hauptvertrauenspersonen, die Bezirksvertrauenspersonen bzw. die Vertrauensperson der Schwerbehinderten beim Staatlichen Schulamt sowie die Beauftragte für Chancengleichheit haben das Recht an den Sitzungen des Arbeitsschutzausschusses beratend teilzunehmen. ⇨ Chancengleichheitsgesetz

Zu den Sitzungen des Arbeitsschutzausschusses beim Regierungspräsidium ist eine gewählte Vertreterin oder ein gewählter Vertreter des Kultusressorts im Bezirkspersonalrat (außerschulischer Bereich) beratend hinzuziehen, sofern nach der Tagesordnung Belange der Staatlichen Schulen berührt sind.

Hinsichtlich der Teilnahme weiterer Personen an den Sitzungen des Arbeitsschutzausschusses sowie der Anzahl der jährlichen Sitzungen sind die Regelungen für den Arbeitsschutzausschuss an den Dienststellen entsprechend anzuwenden.

Die Sitzungen der schulischen Arbeitsschutzausschüsse beim Kultusministerium finden grundsätzlich gemeinsam statt. Auf Initiative des Ministeriums oder des jeweiligen Hauptpersonalrates wird eine getrennte Sitzung für den betreffenden Schulbereich durchgeführt.

Zur Beratung von Themen, die sowohl den Schulbereich als auch den außerschulischen Bereich betreffen, findet einmal jährlich eine gemeinsame Sitzung aller Arbeitsschutzausschüsse beim Kultusministerium statt. Die Mindestzahl der Sitzungen wird hierdurch nicht erhöht.

Bei den Regierungspräsidien tagen die Arbeitsschutzausschüsse entsprechend ihrer Aufteilung getrennt. Im Einvernehmen mit den Bezirkspersonalräten sind gemeinsame Sitzungen möglich.

3.3 Gefährdungsbeurteilung

Nach § 5 Abs. 1 ArbSchG ist der Arbeitgeber verpflichtet, durch eine Beurteilung die für die Beschäftigten mit ihrer Arbeit verbundenen Gefährdungen zu ermitteln, um Maßnahmen des Arbeitsschutzes festzulegen. Nach § 6 ArbSchG ist die Beurteilung zu dokumentieren. Die Beurteilung ist je nach Art der Tätigkeit vorzunehmen. Bei gleichartigen Arbeitsbedingungen ist die Beurteilung eines Arbeitsplatzes oder einer Tätigkeit ausreichend.

Die Gefährdungsbeurteilung ist eine systematische Ermittlung von Gefährdungen sowie deren Bedingungen, unter denen sie wirksam werden. Daraus abzuleitende Schutzmaß nahmen orientieren sich an den Beurteilungskriterien, Rechtsgrundlagen und Schutzzielen nach Stand von Wissenschaft und Technik. Für die Gefährdungsbeurteilung werden den allgemeinbildenden und beruflichen Schulen spezielle Checklisten von der Leitstelle zur Verfügung gestellt. Diese sollen aufgrund der in der praktischen Anwendung gemachten Erfahrungen mit dem Ziel einer kontinuierlichen Verbesserung des Arbeitsschutzes angepasst werden.

Die Durchführung der regelmäßigen arbeitsplatz-, tätigkeits- und personenbezogenen Gefährdungsbeurteilung obliegt den Dienststellen. Die Leiterin/der Leiter kann durch Aus-, Fort- und Weiterbildung befähigte Mitarbeiterinnen und Mitarbeiter mit der Durchführung der arbeitsplatzbezogenen Gefährdungsbeurteilung beauftragen, soweit diese nicht von der zuständigen Fachkraft für Arbeitssicherheit durchgeführt wird. An den Schulen beschränkt sich die arbeitsplatzbezogene Gefährdungsbeurteilung auf den inneren Schulbereich.

Hinsichtlich der tätigkeitsbezogenen Gefährdungsbeurteilung sind ggf. die Voraussetzungen nach den einschlägigen Rechtsvorschriften zu beachten.

Art und Weise der personenbezogenen Gefährdungsbeurteilung zu den psychischen Belastungen der Beschäftigten wird einheitlich festgelegt.

Zu diesem Zweck sind Mitarbeiterbefragungen zulässig. Hierbei können für dienststellenübergreifende Auswertungen folgende soziodemographische Daten auch soweit sie personenbezogene Daten darstellen bei den Teilnehmer/innen erhoben werden: Geschlecht, Alter, Dauer der beruflichen Tätigkeit, Umfang der Erwerbstätigkeit, Beschäftigtengruppe, Funktionsamt, Schwerbehinderung bzw. Gleichstellung.

Im Einvernehmen mit dem zuständigen Hauptpersonalrat können weitere soziodemographische Angaben im Rahmen einer Mitarbeiterbefragung zum Zweck der Gefährdungsbeurteilung hinsichtlich psychischer Belastungen erhoben werden.

In Hinblick auf die Bedeutung des Führungskräftehandelns für die Gesundheit der Mitarbeiterinnen und Mitarbeiter sind für die personenbezogene Gefährdungsbeurteilung auch Fragen zur Führungsqualität der Vorgesetzten zulässig. ⇨ Datenschutz

Die Verantwortung für die Durchführung der arbeitsplatz-, tätigkeits- und personenbezogenen

Gefährdungsbeurteilung verbleibt jedoch bei der Leiterin/dem Leiter.

Von Betriebsärztinnen und Betriebsärzten und von Fachkräften für Arbeitssicherheit werden weiterhin anlassbezogene Gefährdungsbeurteilungen im arbeitsmedizinischen Bereich durchgeführt. Mit deren Hilfe sollen bereits festgestellte Belastungsfaktoren einer vertiefenden Untersuchung unterzogen und bewertet werden.

Derartige anlassbezogene Gefährdungsbeurteilungen können sich z.B. aus folgenden Gründen ergeben:

- Die regelmäßige Gefährdungsbeurteilung ergab einen Handlungsbedarf; dennoch konnten nach Beratung durch die Betriebsärztin/den Betriebsarzt bzw. die Fachkraft für Arbeitssicherheit keine zumindest die Gefährdung oder Belastung minimierende Maßnahmen eingeleitet werden,
- eingetretener Gesundheitsschaden einer Beschäftigten oder eines Beschäftigten oder lang anhaltende gesundheitliche Beschwerden mit begründetem Verdacht auf einen beruflichen Zusammenhang,
- bei Verdacht auf Vorliegen einer Dienstbeschädigung oder Berufskrankheit,
- nach Arbeits- oder Dienstunfällen in der Dienststelle mit Wiederholungsgefahr,
- bei Feststellung von Mängeln durch die staatlichen Aufsichtsbehörden oder die Unfallkasse,
- im Schulbereich zusätzlich auf Beschluss der Gesamtlehrerkonferenz oder der Abteilungskonferenz,
- im außerschulischen Bereich zusätzlich auf Beschluss der Seminarkonferenz oder der Abteilungskonferenz.

Die Durchführung von anlassbezogenen Gefährdungsbeurteilungen ist von der Leiterin/dem Leiter der Dienststelle in Abstimmung mit der Betriebsärztin/dem Betriebsarzt bzw. der Fachkraft für Arbeitssicherheit festzulegen. Bei Bedarf kann die Leitstelle Betriebsärztlicher Dienst beim Kultusministerium beratend hinzugezogen werden.

Schutzmaßnahmen sind im Rahmen der ihnen übertragenen Aufgaben und Befugnisse von der Leiterin/dem Leiter der Dienststelle sowie im Schulbereich vom Schulträger und ggf. von den Schulaufsichtsbehörden festzulegen. Dabei sind die Grundsätze des § 4 ArbSchG zu berücksichtigen.

Durch einen kooperativen und gesundheitsorientierten Führungsstil tragen Führungskräfte zu gesundheitsgerechten und leistungsförderlichen Arbeitsbedingungen bei.

3.4
Vertiefende Untersuchungen zu den Ursachen von physischen und psychischen Belastungen

Nach § 4 ArbSchG ist der Arbeitgeber bei Maßnahmen des Arbeitsschutzes gehalten, Gefahren an ihrer Quelle zu bekämpfen. Im Rahmen der vorhandenen Mittel sollen daher bei Bedarf an ausgewählten Dienststellen Projekte und prospektive wissenschaftliche Studien mit einer definierten Laufzeit und einer überschaubaren Größenordnung durchgeführt werden. Diese sollen innerhalb einer absehbaren Zeitspanne Informationen über Präventionsansätze im Umgang mit physischen und psychischen Belastungen liefern. Als solche kommen beispielsweise zeitlich begrenzte Supervisions- oder Coachinggruppen, Durchführung von Workshops in Form von einzelnen Projekten in Betracht.

3.5
Unterstützung der Dienststellen durch Bereitstellung von Rechtsgrundlagen zum Arbeitsschutz sowie Informationen über typische Gefährdungen und Belastungen sowie deren Vermeidung, Beratungsmöglichkeiten, Fortbildung

Zur Information aller am Arbeitsschutz Beteiligten sowie für die Beschäftigten soll die bestehende Internetplattform erweitert werden, über die insbesondere neuere staatliche und berufsgenossenschaftliche Arbeitsschutzvorschriften, Informationen über typische Gefährdungen und Belastungen im Beruf sowie Hinweise zu deren Beseitigung oder Verminderung zur Verfügung gestellt werden. Zu diesem Zweck sollen auch weiterhin Fortbildungen angeboten werden.

Für Informationen und Beratungen stehen darüber hinaus den Dienststellen neben den Betriebsärztinnen und Betriebsärzten, den Fachkräften für Arbeitssicherheit, den Personal- und Schwerbehindertenvertretungen sowie den Sicherheitsbeauftragten sowie die Unfallkasse Baden-Württemberg für den Schulbereich auch die Ansprechpartner/innen für Arbeitsschutz und die Fachberater/innen für den Arbeitsschutz bei den Schulaufsichtsbehörden zur Verfügung.

4.
Maßnahmen zur Gesundheitsförderung

Im Rahmen der gemeinsamen Initiative der Landesregierung zum betrieblichen Gesundheitsmanagement in der Landesverwaltung werden für das betriebliche Gesundheitsmanagement seit dem Jahr 2011 jährlich Mittel zur Verfügung gestellt. Mit diesen Mitteln werden im Schulbereich beispielsweise folgende Maßnahmen umgesetzt:

- Fortbildungsangebote zur Gesundheitsförderung,
- Coachinggruppen für Lehrkräfte,
- Informationsveranstaltungen zu ausgewählten Arbeitsschutzthemen,
- Veranstaltungen im Zusammenhang mit der personenbezogenen Gefährdungsbeurteilung,
- Gesundheitstage,
- Pädagogische Fallbesprechungsgruppen.

Weiterhin tragen Angebote der zentralen und regionalen Lehrkräftefortbildung wie z. B die Führungskräftefortbildungen zur Gesundheitsförderung der Beschäftigten bei.

⇨ Fortbildung (Allgemeines); ⇨ Fortbildung und Personalentwicklung

Anzustreben wäre hierbei eine Aufnahme der Fortbildungsmaßnahmen in das allgemeine Fortbildungsprogramm von LFB und die Möglichkeit der Anmeldungen über LFBOnline.

Für die Dienststellen im außerschulischen Bereich sowie für deren Beschäftigte sollen vergleichbare Angebote konzipiert und bereitgestellt werden.Zur Implementierung, Steuerung und Koordination der Maßnahmen zur betrieblichen Gesundheitsförderung als Bestandteil des betrieblichen Gesundheitsmanagements können die Schulaufsichtsbehörden und die Dienststellen im außerschulischen Bereich Dienstvereinbarungen für ihren Bereich abschließen.

Hinweis der Redaktion: In Nr. 5 (Geschäftsbericht) ist bestimmt, dass über die Umsetzung dieser Vereinbarung in dreijährigem Abstand vom Kultusministerium ein Bericht erstellt wird. Die Daten werden von der Leitstelle „Betriebsärztlicher Dienst" erhoben. Dieser Bericht enthält insbesondere statistische Angaben über die Anzahl und die Arbeit der Arbeitsschutzausschüsse bzw. Arbeitskreise für Arbeitsschutz und Gesundheitsförderung sowie der Gesundheitszirkel und der anlassbezogenen Gefährdungsbeurteilungen (Anzahl der Sitzungen und Themenschwerpunkte). Ferner werden darin der Stand und die wesentlichen Ergebnisse vertiefender Untersuchungen zu den Ursachen von physischen und psychischen Belastungen, die Anzahl der nach § 6 Abs. 2 ArbSchG zu erfassenden Unfälle von Beschäftigten, die Anzahl und Themen der von Beschäftigten besuchten Fortbildungen zum Arbeitsschutz sowie der von den Dienststellen und den Schulaufsichtsbehörden ergriffenen Maßnahmen zur Gesundheitsförderung und auch Anzahl und Gründe der vorzeitigen Zuruhesetzungen (soweit bekannt) dokumentiert. In einer abschließenden Nr. 6 (Ausblick) wird angekündigt, dass die Leitstelle auf der Grundlage des Geschäftsberichts und vertiefender wissenschaftlicher Studien die in dieser Vereinbarung vorgesehenen Maßnahmen weiterentwickelt: „Es soll ein betriebliches Gesundheitsmanagement geschaffen werden, in welchem die systematische Integration des Arbeitsschutzes in die betrieblichen Abläufe der Dienststellen und eine nachhaltige, an Zielen orientierte betriebliche Gesundheitsförderung für die Mitarbeiter*innen besteht".

⇨ Arbeits- und Gesundheitsschutz (Allgemeines); ⇨ Arbeitsschutzgesetz; ⇨ Datenschutz; ⇨ Eingliederungsmanagement (BEM); ⇨ Erste Hilfe; ⇨ Gefährdungsbeurteilung; ⇨ Gewaltvorfälle und Schadensereignisse; ⇨ Konferenzordnung; ⇨ Mutterschutz (Verordnung); ⇨ Personalvertretungsgesetz (LPVG); ⇨ Schulgesetz § 47; ⇨ Schwerbehinderung; ⇨ Unfallversicherung

Arbeitsschutzgesetz

Auszug aus dem Gesetz über die Durchführung von Maßnahmen des Arbeitsschutzes zur Verbesserung der Sicherheit und des Gesundheitsschutzes der Beschäftigten bei der Arbeit (Arbeitsschutzgesetz – ArbSchG) vom 7. August 1996 (BGBl. I S. 1246); zuletzt geändert 22. Dezember 2020 (BGBl. I S. 3334)

Hinweis der Redaktion: In den nachfolgend abgedruckten Gesetzestext sind die Ausführungsvorschriften des KM eingearbeitet (Verwaltungsvorschrift zum Arbeitsschutz an Schulen und Schulkindergärten vom 28.4.2017; K.u.U. S. 13/2018).

Erster Abschnitt
Allgemeine Vorschriften

§ 1
Zielsetzung und Anwendungsbereich

(1) Dieses Gesetz dient dazu, Sicherheit und Gesundheitsschutz der Beschäftigten bei der Arbeit durch Maßnahmen des Arbeitsschutzes zu sichern und zu verbessern. Es gilt in allen Tätigkeitsbereichen [...].

(3) Pflichten, die die Arbeitgeber zur Gewährleistung von Sicherheit und Gesundheitsschutz der Beschäftigten bei der Arbeit nach sonstigen Rechtsvorschriften haben, bleiben unberührt. Satz 1 gilt entsprechend für Pflichten und Rechte der Beschäftigten. Unberührt bleiben Gesetze, die andere Personen als Arbeitgeber zu Maßnahmen des Arbeitsschutzes verpflichten.

(4) Bei öffentlich-rechtlichen Religionsgemeinschaften treten an die Stelle der Betriebs- oder Personalräte die Mitarbeitervertretungen entsprechend dem kirchlichen Recht. ⇨ Arbeitsschutz (Allgemeines)

§ 2
Begriffsbestimmungen

(1) Maßnahmen des Arbeitsschutzes im Sinne dieses Gesetzes sind Maßnahmen zur Verhütung von Unfällen bei der Arbeit und arbeitsbedingten Gesundheitsgefahren einschließlich Maßnahmen der menschengerechten Gestaltung der Arbeit.

(2) Beschäftigte im Sinne dieses Gesetzes sind:

1. Arbeitnehmerinnen und Arbeitnehmer,
2. die zu ihrer Berufsbildung Beschäftigten, [...]
4. Beamtinnen und Beamte, [...]
7. die in Werkstätten für Behinderte Beschäftigten.

(3) Arbeitgeber im Sinne dieses Gesetzes sind natürliche und juristische Personen und rechtsfähige Personengesellschaften, die Personen nach Absatz 2 beschäftigen.

Auszug aus der Verwaltungsvorschrift des KM zum Arbeitsschutz

1. Für die Beachtung der staatlichen Arbeitsschutzvorschriften ist als Arbeitgeber das Land Baden-Württemberg verantwortlich. Die Verantwortlichkeit der Schulträger bleibt unberührt. Im Bereich der Schulen und Schulkindergärten liegt daneben die Verantwortlichkeit für den Arbeitsschutz nach § 13 Absatz 1 Nummer 4 des Arbeitsschutzgesetzes (ArbSchG) bei der Schulleitung beziehungsweise der Leitung der Schulkindergärten.

Die Schulleitung beziehungsweise die Leitung der Schulkindergärten kann die ihr obliegenden Aufgaben im Arbeitsschutz gemäß § 13 Absatz 2 ArbSchG in Verbindung mit § 41 Schulgesetz für Baden-Württemberg auf fachkundige Lehrkräfte übertragen.

Hinweis der Redaktion: Hiermit wird den betroffenen Lehrkräften ein Teil der Leitungsaufgaben der Schulleitung übertragen. Eine Anrechnung auf die Unterrichtsverpflichtung ist deshalb aus der „Leitungszeit" der Schulleitung gemäß ⇨ Arbeitszeit (Lehrkräfte – ArbeitszeitVO) § 2 und nicht aus dem „Stundenpool" zu entnehmen (letzterer ist gemäß ⇨ Arbeitszeit (Lehrkräfte – VwV Anrechnungen) Nr. IV. für den Ausgleich „besonderer Aufgaben" beziehungsweise „Belastungen" bestimmt).

(4) Sonstige Rechtsvorschriften im Sinne dieses Gesetzes sind Regelungen über Maßnahmen des Arbeitsschutzes in anderen Gesetzen, in Rechtsverordnungen und Unfallverhütungsvorschriften.

⇨ Unfallversicherung

(5) Als Betriebe im Sinne dieses Gesetzes gelten für den Bereich des öffentlichen Dienstes die Dienststellen. Dienststellen sind die einzelnen Behörden, [...].

Hinweis der Redaktion: Im Sinne dieses Gesetzes ist jede einzelne Schule eine „Dienststelle".

Zweiter Abschnitt Pflichten des Arbeitgebers

§ 3
Grundpflichten des Arbeitgebers

(1) Der Arbeitgeber ist verpflichtet, die erforderlichen Maßnahmen des Arbeitsschutzes unter Berücksichtigung der Umstände zu treffen, die Sicherheit und Gesundheit der Beschäftigten bei der Arbeit beeinflussen. Er hat die Maßnahmen auf ihre Wirksamkeit zu überprüfen und erforderlichenfalls sich ändernden Gegebenheiten anzupassen. Dabei hat er eine Verbesserung von Sicherheit und Gesundheitsschutz der Beschäftigten anzustreben.

(2) Zur Planung und Durchführung der Maßnahmen nach Absatz 1 hat der Arbeitgeber unter Berücksichtigung der Art der Tätigkeiten und der Zahl der Beschäftigten

1. für eine geeignete Organisation zu sorgen und die erforderlichen Mittel bereitzustellen sowie
2. Vorkehrungen zu treffen, dass die Maßnahmen erforderlichenfalls bei allen Tätigkeiten und eingebunden in die betrieblichen Führungsstrukturen beachtet werden und die Beschäftigten ihren Mitwirkungspflichten nachkommen können.

Auszug aus der Verwaltungsvorschrift des KM zum Arbeitsschutz

3. Beim Kultusministerium, bei den Regierungspräsidien und bei den Staatlichen Schulämtern ist eine Person zu benennen, die den verschiedenen mit dem Arbeitsschutz befassten Stellen (zum Beispiel Schulen, kommunalen Schulträgern, Personalvertretungen, Schwerbehindertenvertretungen, Betriebsärzten und Betriebsärztinnen, Fachkräften für Arbeitssicherheit, Sicherheitsbeauftragten) als Ansprechpartner beziehungsweise Ansprechpartnerin für den Bereich des Arbeitsschutzes zur Verfügung steht. Es ist sicherzustellen, dass sich diese Person das für den Bereich des Arbeitsschutzes notwendige aktuelle Wissen aneignen kann (zum Beispiel durch die Teilnahme an Dienstbesprechungen oder den Besuch von einschlägigen Lehrgängen oder Fachveranstaltungen).

4. Näheres zur Umsetzung des staatlichen Arbeitsschutzrechtes, insbesondere die Gefährdungsbeurteilung nach dem Arbeitsschutzgesetz sowie die Bildung von Arbeitsschutzausschüssen wird durch Rahmendienstvereinbarung rechtsverbindlich geregelt ⇨ Arbeitsschutz (Rahmendienstvereinbarung)

(3) Kosten für Maßnahmen nach diesem Gesetz darf der Arbeitgeber nicht den Beschäftigten auferlegen.

§ 4
Allgemeine Grundsätze

Der Arbeitgeber hat bei Maßnahmen des Arbeitsschutzes von folgenden allgemeinen Grundsätzen auszugehen:

1. Die Arbeit ist so zu gestalten, daß eine Gefährdung für das Leben sowie die physische und die psychische Gesundheit möglichst vermieden und die verbleibende Gefährdung möglichst gering gehalten wird;
2. Gefahren sind an ihrer Quelle zu bekämpfen;
3. bei den Maßnahmen sind der Stand von Technik, Arbeitsmedizin und Hygiene sowie sonstige gesicherte arbeitswissenschaftliche Erkenntnisse zu berücksichtigen;
4. Maßnahmen sind mit dem Ziel zu planen, Technik, Arbeitsorganisation, sonstige Arbeitsbedingungen, soziale Beziehungen und Einfluss der Umwelt auf den Arbeitsplatz sachgerecht zu verknüpfen;
5. individuelle Schutzmaßnahmen sind nachrangig zu anderen Maßnahmen;
6. spezielle Gefahren für besonders schutzbedürftige Beschäftigtengruppen sind zu berücksichtigen;
7. den Beschäftigten sind geeignete Anweisungen zu erteilen;
8. mittelbar oder unmittelbar geschlechtsspezifisch wirkende Regelungen sind nur zulässig, wenn dies aus biologischen Gründen zwingend geboten ist. ⇨ Gleichbehandlungsgesetz (AGG)

§ 5
Beurteilung der Arbeitsbedingungen

(1) Der Arbeitgeber hat durch eine Beurteilung der für die Beschäftigten mit ihrer Arbeit verbundenen Gefährdung zu ermitteln, welche Maßnahmen des Arbeitsschutzes erforderlich sind.

(2) Der Arbeitgeber hat die Beurteilung je nach Art der Tätigkeiten vorzunehmen. Bei gleichartigen Arbeitsbedingungen ist die Beurteilung eines Arbeitsplatzes oder einer Tätigkeit ausreichend.

(3) Eine Gefährdung kann sich insbesondere ergeben durch

1. die Gestaltung und die Einrichtung der Arbeitsstätte und des Arbeitsplatzes,
2. physikalische, chemische und biologische Einwirkungen,
3. die Gestaltung, die Auswahl und den Einsatz von Arbeitsmitteln, insbesondere von Arbeitsstoffen, Maschinen, Geräten und Anlagen sowie den Umgang damit,
4. die Gestaltung von Arbeits- und Fertigungsverfahren, Arbeitsabläufen und Arbeitszeit und deren Zusammenwirken,
5. unzureichende Qualifikation und Unterweisung der Beschäftigten. ⇨ Fortbildung
6. psychische Belastungen bei der Arbeit.

§ 6
Dokumentation

(1) Der Arbeitgeber muss über die je nach Art der Tätigkeiten und der Zahl der Beschäftigten erforderlichen Unterlagen verfügen, aus denen das Ergebnis der Gefährdungsbeurteilung, die von ihm festgelegten Maßnahmen des Arbeitsschutzes und das Ergebnis ihrer Überprüfung ersichtlich sind. Bei gleichartiger Gefährdungssituation ist es ausreichend, wenn die Unterlagen zusammengefasste Angaben enthalten.

(2) Unfälle in seinem Betrieb, bei denen ein Beschäftigter getötet oder so verletzt wird, dass er stirbt oder für mehr als drei Tage völlig oder teilweise arbeits- oder dienstunfähig wird, hat der Arbeitgeber zu erfassen. ⇨ Erste Hilfe

§ 7
Übertragung von Aufgaben

Bei der Übertragung von Aufgaben auf Beschäftigte hat der Arbeitgeber je nach Art der Tätigkeiten zu berücksichtigen, ob die Beschäftigten befähigt sind, die für die Sicherheit und den Gesundheitsschutz bei der Aufgabenerfüllung zu beachtenden Bestimmungen und Maßnahmen einzuhalten.

§ 8
Zusammenarbeit mehrer Arbeitgeber

(1) Werden Beschäftigte mehrerer Arbeitgeber an einem Arbeitsplatz tätig, sind die Arbeitgeber verpflichtet, bei der Durchführung der Sicherheits- und Gesundheitsschutzbestimmungen zusammenzuarbeiten. Soweit dies für die Sicherheit und den Gesundheitsschutz der Beschäftigten bei der Arbeit erforderlich ist, haben die Arbeitgeber je nach Art der Tätigkeiten insbesondere sich gegenseitig und ihre Beschäftigten über die mit den Arbeiten verbundenen Gefahren für Sicherheit und Gesundheit der Beschäftigten zu unterrichten und Maßnahmen zur Verhütung dieser Gefahren abzustimmen.

(2) Der Arbeitgeber muß sich je nach Art der Tätigkeit vergewissern, daß die Beschäftigten anderer Arbeitgeber, die in seinem Betrieb tätig werden, hinsichtlich der Gefahren für ihre Sicherheit und Gesundheit während ihrer Tätigkeit in seinem Betrieb angemessene Anweisungen erhalten haben.

§ 9
Besondere Gefahren

(1) Der Arbeitgeber hat Maßnahmen zu treffen, damit nur Beschäftigte Zugang zu besonders gefährlichen Arbeitsbereichen haben, die zuvor geeignete Anweisungen erhalten haben.

(2) Der Arbeitgeber hat Vorkehrungen zu treffen, dass alle Beschäftigten, die einer unmittelbaren erheblichen Gefahr ausgesetzt sind oder sein können, möglichst frühzeitig über diese Gefahr und die getroffenen oder zu treffenden Schutzmaßnahmen unterrichtet sind. Bei unmittelbarer erheblicher Gefahr für die eigene Sicherheit oder die Sicherheit anderer Personen müssen die Beschäftigten die geeigneten Maßnahmen zur Gefahrenabwehr und Schadensbegrenzung selbst treffen können, wenn der zuständige Vorgesetzte nicht erreichbar ist; dabei sind die Kenntnisse der Beschäftigten und die vorhandenen technischen Mittel zu berücksichtigen. Den Beschäftigten dürfen aus ihrem Handeln keine Nachteile entstehen, es sei denn, sie haben vorsätzlich oder grob fahrlässig ungeeignete Maßnahmen getroffen.

(3) Der Arbeitgeber hat Maßnahmen zu treffen, die es den Beschäftigten bei unmittelbarer erheblicher Gefahr ermöglichen, sich durch sofortiges Verlassen der Arbeitsplätze in Sicherheit zu bringen. Den Beschäftigten dürfen hierdurch keine Nachteile entstehen. Hält die unmittelbare erhebliche Gefahr an, darf der Arbeitgeber die Beschäftigten nur in besonders begründeten Ausnahmefällen auffordern, ihre Tätigkeit wiederaufzunehmen. Gesetzliche Pflichten der Beschäftigten zur Abwehr von Gefahren für die öffentliche Sicherheit [...] bleiben unberührt.

§ 10
Erste Hilfe und sonstige Notfallmaßnahmen

(1) Der Arbeitgeber hat entsprechend der Art der Arbeitsstätte und der Tätigkeiten sowie der Zahl der Beschäftigten die Maßnahmen zu treffen, die zur Ersten Hilfe, Brandbekämpfung und Evakuierung der Beschäftigten erforderlich sind. Dabei hat er der Anwesenheit anderer Personen Rechnung zu tragen. Er hat auch dafür zu sorgen, dass im Notfall die erforderlichen Verbindungen zu außerbetrieblichen Stellen, insbesondere in den Bereichen der Ersten Hilfe, der medizinischen Notversorgung, der Bergung und der Brandbekämpfung eingerichtet sind.

(2) Der Arbeitgeber hat diejenigen Beschäftigten zu benennen, die Aufgaben der Ersten Hilfe, Brandbekämpfung und Evakuierung der Beschäftigten übernehmen. Anzahl, Ausbildung und Ausrüstung der nach Satz 1 benannten Beschäftigten müssen in einem angemessenen Verhältnis zur Zahl der Beschäftigten und zu den bestehenden besonderen Gefahren stehen. Vor der Benennung hat der Arbeitgeber den Betriebs- oder Personalrat zu hören. Weitergehende Beteiligungsrechte bleiben unberührt. Der Arbeitgeber kann die in Satz 1 genannten Aufgaben auch selbst wahrnehmen, wenn er über die nach Satz 2 erforderliche Ausbildung und Ausrüstung verfügt.

⇨ Erste Hilfe; ⇨ Unfallversicherung II.3.4

§ 11
Arbeitsmedizinische Vorsorge

Der Arbeitgeber hat den Beschäftigten auf ihren Wunsch unbeschadet der Pflichten aus anderen Rechtsvorschriften zu ermöglichen, sich je nach den Gefahren für ihre Sicherheit und Gesundheit bei der Arbeit regelmäßig arbeitsmedizinisch untersuchen zu lassen, es sei denn, aufgrund der Beurteilung der Arbeitsbedingungen und der getroffenen Schutzmaßnahmen ist nicht mit einem Gesundheitsschaden zu rechnen.

Auszug aus der Verwaltungsvorschrift des KM zum Arbeitsschutz

2. Die beim Kultusministerium eingerichtete Leitstelle „Betriebsärztlicher Dienst für das Kultusressort“ nimmt im Rahmen des § 3 Arbeitssicherheitsgesetz (ASiG) insbesondere die dienststellenübergreifenden Aufgaben des Betriebsarztes und der Betriebsärztin sowie der Fachkraft für Arbeitssicherheit wahr. Hierzu gehört auch die Koordinierung der Tätigkeiten der betriebsärztlichen und sicherheitstechnischen Dienste. Der Leitstelle steht gemäß § 8 Absatz 3 Satz 2 ASiG das Vorschlagsrecht gegenüber dem Kultusministerium zu. – Die Leitung der Leitstelle wird einem Facharzt oder einer Fachärztin für Arbeitsmedizin übertragen.

§ 12
Unterweisung

(1) Der Arbeitgeber hat die Beschäftigten über Sicherheit und Gesundheitsschutz bei der Arbeit während ihrer Arbeitszeit ausreichend und angemessen zu unterweisen. Die Unterweisung umfasst Anweisungen und Erläuterungen, die eigens auf den Arbeitsplatz oder den Aufgabenbereich der Beschäf-

tigten ausgerichtet sind. Die Unterweisung muss bei der Einstellung, bei Veränderungen im Aufgabenbereich, der Einführung neuer Arbeitsmittel oder einer neuen Technologie vor Aufnahme der Tätigkeit der Beschäftigten erfolgen. Die Unterweisung muss an die Gefährdungsentwicklung angepasst sein und erforderlichenfalls regelmäßig wiederholt werden. [...]

§ 13
Verantwortliche Personen

(1) Verantwortlich für die Erfüllung der sich aus diesem Abschnitt ergebenden Pflichten sind neben dem Arbeitgeber

1. sein gesetzlicher Vertreter, [...]
4. Personen, die mit der Leitung eines Unternehmens oder eines Betriebes beauftragt sind, im Rahmen der ihnen übertragenen Aufgaben und Befugnisse,
5. sonstige nach Absatz 2 oder nach einer aufgrund dieses Gesetzes erlassenen Rechtsverordnung oder nach einer Unfallverhütungsvorschrift beauftragte Personen im Rahmen ihrer Aufgaben und Befugnisse. ⇨ Unfallversicherung

(2) Der Arbeitgeber kann zuverlässige und fachkundige Personen schriftlich damit beauftragen, ihm obliegende Aufgaben nach diesem Gesetz in eigener Verantwortung wahrzunehmen.

Hinweis der Redaktion: Hierzu den bei § 2 Abs. 3 abgedruckten Auszug aus der VwV des KM sowie den dortigen Hinweis der Redaktion beachten.

§ 14
Unterrichtung und Anhörung der Beschäftigten des öffentlichen Dienstes

(1) Die Beschäftigten des öffentlichen Dienstes sind vor Beginn der Beschäftigung und bei Veränderungen in ihren Arbeitsbereichen über Gefahren für Sicherheit und Gesundheit, denen sie bei der Arbeit ausgesetzt sein können, sowie über die Maßnahmen und Einrichtungen zur Verhütung dieser Gefahren und die nach § 10 Abs. 2 getroffenen Maßnahmen zu unterrichten. ⇨ Personalvertretungsgesetz (LPVG) § 71

(2) Soweit in Betrieben des öffentlichen Dienstes keine Vertretung der Beschäftigten besteht, hat der Arbeitgeber die Beschäftigten zu allen Maßnahmen zu hören, die Auswirkungen auf Sicherheit und Gesundheit der Beschäftigten haben können.

Hinweis der Redaktion: An GHWRGS-Schulen (ohne Personalrat an der Schule) muss die Schulleitung die Lehrkräfte hören (z.B. durch Beratung in der Gesamtlehrerkonferenz).

Dritter Abschnitt
Pflichten und Rechte der Beschäftigten

§ 15
Pflichten der Beschäftigten

(1) Die Beschäftigten sind verpflichtet, nach ihren Möglichkeiten sowie gemäß der Unterweisung und Weisung des Arbeitgebers für ihre Sicherheit und Gesundheit bei der Arbeit Sorge zu tragen. Entsprechend Satz 1 haben die Beschäftigten auch für die Sicherheit und Gesundheit der Personen zu sorgen, die von ihren Handlungen oder Unterlassungen bei der Arbeit betroffen sind.

(2) Im Rahmen des Absatzes 1 haben die Beschäftigten insbesondere Maschinen, Geräte, Werkzeuge, Arbeitsstoffe, Transportmittel und sonstige Arbeitsmittel sowie Schutzvorrichtungen und die ihnen zur Verfügung gestellte persönliche Schutzausrüstung bestimmungsgemäß zu verwenden.

§ 16
Besondere Unterstützungspflichten

(1) Die Beschäftigten haben dem Arbeitgeber oder dem zuständigen Vorgesetzten jede von ihnen festgestellte unmittelbare erhebliche Gefahr für die Sicherheit und Gesundheit sowie jeden an den Schutzsystemen festgestellten Defekt unverzüglich zu melden.

(2) Die Beschäftigten haben gemeinsam mit dem Betriebsarzt und der Fachkraft für Arbeitssicherheit den Arbeitgeber darin zu unterstützen, die Sicherheit und den Gesundheitsschutz der Beschäftigten bei der Arbeit zu gewährleisten und seine Pflichten entsprechend den behördlichen Auflagen zu erfüllen. Unbeschadet ihrer Pflicht nach Absatz 1 sollen die Beschäftigten von ihnen festgestellte Gefahren für Sicherheit und Gesundheit und Mängel an den Schutzsystemen auch der Fachkraft für Arbeitssicherheit, dem Betriebsarzt oder dem Sicherheitsbeauftragten nach § 22 des Siebten Buches Sozialgesetzbuch mitteilen.

§ 17
Rechte der Beschäftigten

(1) Die Beschäftigten sind berechtigt, dem Arbeitgeber Vorschläge zu allen Fragen der Sicherheit und des Gesundheitsschutzes bei der Arbeit zu machen. Für Beamtinnen und Beamte des Bundes ist § 125 des Bundesbeamtengesetzes anzuwenden. [...]

(2) Sind Beschäftigte aufgrund konkreter Anhaltspunkte der Auffassung, dass die vom Arbeitgeber getroffenen Maßnahmen und bereitgestellten Mittel nicht ausreichen, um die Sicherheit und den Gesundheitsschutz bei der Arbeit zu gewährleisten, und hilft der Arbeitgeber darauf gerichteten Beschwerden von Beschäftigten nicht ab, können sich diese an die zuständige Behörde wenden. Hierdurch dürfen den Beschäftigten keine Nachteile entstehen. [...]

Hinweis der Redaktion: „Zuständig" sind die Gewerbeaufsichtsämter (beim RP) sowie das Landesgesundheitsamt. Im Schulbereich sind die Unfallkassen Träger der ⇨ Unfallversicherung.

Vierter Abschnitt
Verordnungsermächtigungen

Hinweis der Redaktion: Nicht abgedruckt. In der ⇨ Arbeitszeit- und Urlaubsverordnung (§ 49 Abs. 1) ist verfügt, dass die aufgrund von § 18 Arbeitsschutzgesetz erlassenen Rechtsverordnungen entsprechend für Landesbeamt*innen gelten.

Das „Infoportal Arbeits- und Gesundheitsschutz für Lehrkräfte in Baden-Württemberg" bietet Informationen über das Recht und die Organisation im Bereich des KM, Gefährdungsbeurteilungen an Lehrkräftearbeitsplätzen sowie Beratungs- und Unterstützungsangebote: www.arbeitsschutz-schule-bw.de.

Fünfter Abschnitt Schlussvorschriften

§ 20
Regelungen für den öffentlichen Dienst

(1) Für die Beamten der Länder, Gemeinden und sonstigen Körperschaften, Anstalten und Stiftungen des öffentlichen Rechts regelt das Landesrecht, ob und inwieweit die nach § 18 erlassenen Rechtsverordnungen gelten.[...]

§ 21
Zuständige Behörden; Zusammenwirken mit den Trägern der gesetzlichen Unfallversicherung

(1) Die Überwachung des Arbeitsschutzes nach diesem Gesetz ist staatliche Aufgabe. Die zuständigen Behörden haben die Einhaltung dieses Gesetzes und der aufgrund dieses Gesetzes erlassenen Rechtsverordnungen zu überwachen und die Arbeitgeber bei der Erfüllung ihrer Pflichten zu beraten. [...]

§ 22
Befugnisse der zuständigen Behörden

(1) Die zuständige Behörde kann vom Arbeitgeber oder von den verantwortlichen Personen die zur Durchführung ihrer Überwachungsaufgabe erforderlichen Auskünfte und die Überlassung von entsprechenden Unterlagen verlangen. Die auskunftspflichtige Person kann die Auskunft auf solche Fragen oder die Vorlage derjenigen Unterlagen verweigern, deren Beantwortung oder Vorlage sie selbst oder einen ihrer in § 383 Abs. 1 Nr. 1 bis 3 der Zivilprozessordnung bezeichneten Angehörigen der Gefahr der Verfolgung wegen einer Straftat oder Ordnungswidrigkeit aussetzen würde. Die auskunftspflichtige Person ist darauf hinzuweisen.

(2) Die mit der Überwachung beauftragten Personen sind befugt, zu den Betriebs- und Arbeitszeiten Betriebsstätten, Geschäfts- und Betriebsräume zu betreten, zu besichtigen und zu prüfen sowie in die geschäftlichen Unterlagen der auskunftspflichtigen Person Einsicht zu nehmen, soweit dies zur Erfüllung ihrer Aufgaben erforderlich ist. Außerdem sind sie befugt, Betriebsanlagen, Arbeitsmittel und persönliche Schutzausrüstungen zu prüfen, Arbeitsverfahren und Arbeitsabläufe zu untersuchen, Messungen vorzunehmen und insbesondere arbeitsbedingte Gesundheitsgefahren festzustellen und zu untersuchen, auf welche Ursachen ein Arbeitsunfall, eine arbeitsbedingte Erkrankung oder ein Schadensfall zurückzuführen ist. Sie sind berechtigt, die Begleitung durch den Arbeitgeber oder eine von ihm beauftragte Person zu verlangen. Der Arbeitgeber oder die verantwortlichen Personen haben die mit der Überwachung beauftragten Personen bei der Wahrnehmung ihrer Befugnisse nach den Sätzen 1 und 2 zu unterstützen. [...].

⇨ Arbeits- und Gesundheitsschutz (Allgemeines); ⇨ Arbeits- und Gesundheitsschutz (DV Sucht); ⇨ Eingliederungsmanagement (BEM);⇨ Erste Hilfe; ⇨ Gefährdungsbeurteilung; ⇨ Gewaltvorfälle und Schadensereignisse; ⇨ Jugendarbeitsschutz (Kinderarbeit); ⇨ Konferenzordnung § 2 Nr. 8a; ⇨ Mutterschutz (Verordnung);⇨ Personalvertretungsgesetz (LPVG) § 74 Abs. 2 Nr. 7-8 und § 71 Abs. 7; ⇨ Schulgesetz § 47 Abs. 4 Nr. 6; ⇨ Unfallversicherung

Stichwort: Vorsicht bei Arzt- und Klinikrechnungen

Privat versicherte Patient*innen (also beispielsweise beihilfeberechtigte Beamt*innen) sind Vertragspartner ihrer Behandelnden also der Ärzt*innen, Kliniken, Physiotherapeut*innen usw., sowie der Apotheken. Als solche sind in erster Linie sie für die Prüfung von deren Rechnungen zuständig – und nicht etwa das Landesamt oder die privaten Krankenversicherungen. Die erstatten zwar die versicherten beziehungsweise die beihilfeberechtigten Leistungen, aber sie verlassen sich darauf, dass nur berechtigte Forderungen geltend gemacht werden.

Bei der Rechnungsprüfung kann man blaue Wunder erleben, nicht zuletzt deshalb, weil die Rechnung heutzutage oft nicht von den Behandelnden selbst ausgefertigt, sondern per „Outsourcing" von einer Abrechnungsfirma erstellt wird. Dass auf der Rechnung barer Unsinn steht, kann aus reiner Fahrlässigkeit geschehen, also wenn beispielsweise die Mitarbeiterin des abrechnenden Instituts die falsche Taste drückt und (so ein realer Fall) bei einer Klinik-Rechnung statt einer „Entfernung des Magens" die „Entfernung der männlichen Geschlechtsorgane" eingibt, was mehrere tausend Euro Unterschied ausmacht. Es kann aber auch vorkommen, dass gezielt Leistungen abgerechnet werden, die real gar nicht erbracht wurden.

Wer einen Fehler entdeckt, muss das bei der behandlenden Person (oder in deren Vertretung bei der Abrechnungsfirma) geltend machen. In der Regel lässt sich das dann korrigieren. Wenn man sich jedoch getäuscht fühlt oder der „Leistungserbringer" seine Rechnung nicht korrigieren will, kann man sich an den „Ombudsmann Private Kranken- und Pflegeversicherung" wenden (www.pkv-ombudsmann.de).

Bisweilen wollen das Landesamt oder die Privatversicherung eine Leistung nicht erstatten, weil sie die Forderung für ungerechtfertigt oder für überhöht halten. In diesem Fall kann ein Widerspruch nützen; man kann aber auch den Leistungserbringer zur Reduzierung seiner Rechnung auffordern.

Die Krankenversicherungen geben dann ihren Widerstand nicht selten auf und erstatten den strittigen Betrag „ohne Anerkennung einer Rechtspflicht" auf dem Kulanzweg. Bisweilen reduzieren die Leistungserbringer auch ihre Forderung (sie wollen ja im Geschäft bleiben). Auch wenn ein solcher Erfolg erfreulich sein mag, so muss man auch hier aufpassen: Hatten die Beihilfe oder die Versicherung den strittigen Betrag nämlich bereits erstattet, gehört das zurückgezahlte Geld nicht dem Patienten, sondern dem Landesamt beziehungsweise der Versicherung. Und bei Betrug schlägt das Disziplinarrecht gnadenlos zu!

Arbeitszeit (Arbeitszeitgesetz)

Auszug aus dem Arbeitszeitgesetz vom 6.6.1994 (BGBl. I S. 1170, 1171), zul. geändert 22.12.2020 (BGBl. I S. 3334)

Hinweise der Redaktion:

1. Dieses Gesetz gilt nicht für beamtete Lehrkräfte, Lehramtsanwärter*innen und Referendar*innen. Für sie gelten die §§ 7, 8 und 11 der ➪ Arbeitszeitverordnung. Für Lehrkräfte im Arbeitnehmerverhältnis gilt es nur eingeschränkt denn für deren Arbeitszeit gelten die Bestimmungen für die entsprechenden Beamt*innen. Es gilt aber in vollem Umfang für die übrigen Tarifbeschäftigten im Schuldienst (beispielsweise für Erzieher*innen an SBBZ mit Internat oder für Pädagogische Assistent*innen).
   ➪ Tarifvertrag-Länder § 44 i.V.m. §§ 6-10
2. Zur Höchstdauer der täglichen Unterrichtszeit sowie zur Mittagspause für Lehrkräfte siehe: ➪ Arbeitszeit (Lehrkräfte – Allgemeines) Nr. 1.

§ 2
Begriffsbestimmungen

(1) Arbeitszeit im Sinne dieses Gesetzes ist die Zeit vom Beginn bis zum Ende der Arbeit ohne die Ruhepausen; Arbeitszeiten bei mehreren Arbeitgebern sind zusammenzurechnen. [...]

(2) Arbeitnehmer im Sinne dieses Gesetzes sind Arbeiter und Angestellte sowie die zu ihrer Berufsbildung Beschäftigten.

(3) Nachtzeit im Sinne dieses Gesetzes ist die Zeit von 23 bis 6 Uhr, [...].

(4) Nachtarbeit im Sinne dieses Gesetzes ist jede Arbeit, die mehr als zwei Stunden der Nachtzeit umfasst. [...]

§ 3
Arbeitszeit der Arbeitnehmer

Die werktägliche Arbeitszeit der Arbeitnehmer darf acht Stunden nicht überschreiten. Sie kann auf bis zu zehn Stunden nur verlängert werden, wenn innerhalb von sechs Kalendermonaten oder innerhalb von 24 Wochen im Durchschnitt acht Stunden werktäglich nicht überschritten werden.

§ 4
Ruhepausen

Die Arbeit ist durch im voraus feststehende Ruhepausen von mindestens 30 Minuten bei einer Arbeitszeit von mehr als sechs bis zu neun Stunden und 45 Minuten bei einer Arbeitszeit von mehr als neun Stunden insgesamt zu unterbrechen. Die Ruhepausen nach Satz 1 können in Zeitabschnitte von jeweils mindestens 15 Minuten aufgeteilt werden. Länger als sechs Stunden hintereinander dürfen Arbeitnehmer nicht ohne Ruhepause beschäftigt werden.

§ 5
Ruhezeit

(1) Die Arbeitnehmer müssen nach Beendigung der täglichen Arbeitszeit eine ununterbrochene Ruhezeit von mindestens elf Stunden haben. [...]

➪ Arbeitszeit (Arbeitszeit- und Urlaubsverordnung); ➪ Arbeitszeit (Arbeitzeitverordnung); ➪ Arbeitszeit (Lehrkäfte–ArbeitszeitVO); ➪ Konferenzordnung § 2 Abs. 1 Nr. 9; ➪ Tarifvertrag-Länder (TV-L) § 44

Arbeitszeit (Arbeitszeit- und Urlaubsverordnung)

Informationen der Redaktion zur Rechtslage und zur Verwaltungspraxis in Baden-Württemberg

Die Landesregierung hat die grundsätzlichen Vorschriften zur Arbeitszeit, zum Urlaub, zum Mutterschutz und zur Elternzeit in der *„Arbeitszeit- und Urlaubsverordnung (AzUVO)"* zusammengefasst.

Um das Auffinden zu erleichtern, sind die einzelnen Abschnitte dieser Verordnung im Jahrbuch als selbstständige Sachbeiträge alphabetisch eingeordnet:

§§ der AzUVO	zu finden beim Sach-Stichwort:
4, 7, 8, 11, 18	➪ Arbeitszeit (Arbeitszeitverordnung)
21, 27-31	➪ Urlaub (Verordnung)
32-39	➪ Mutterschutz (Verordnung)
40-47	➪ Elternzeit (Beamt*innen)
48-48b	➪ Urlaub (Pflegezeit – Beamt*innen)

Stichwort: Gefährdungsbeurteilung

Der Schulleitung obliegt die Verantwortung für die Organisation und Gewährleistung eines sicheren Schulbetriebes. Die hierfür erforderliche, regelmäßige Gefährdungsbeurteilung muss sich auch auf die Maßnahmen während des Unterrichts und sonstiger schulischer Veranstaltungen für Schüler*innen erstrecken. Ferner sind die Integration der in Homeoffice befindlichen Beschäftigten in betriebliche Abläufe sowie die aufgrund der epidemischen Lage auftretenden psychischen Belastungsfaktoren zu berücksichtigen. Siehe hierzu im Einzelnen: ➪ Arbeits- und Gesundheitsschutz (Allgemeines) Nr. 2; ➪ Arbeits- und Gesundheitsschutz (Rahmendienstvereinbarung) Nr. 3.3; ➪ Arbeitsschutzgesetz § 5 ff.; ➪ Gefährdungsbeurteilung.

Bei einer schwangeren Lehrerin müssen im Rahmen der allgemeinen Beurteilung der Arbeitsbedingungen auch Gefährdungen geprüft werden, denen diese oder ihr Kind ausgesetzt ist oder sein können; die Schulleitung muss ermitteln, ob mutterschutzrechtliche Schutzmaßnahmen erforderlich sind. Gleiches gilt für schwangere Schülerinnen. Mehr dazu steht im Beitrag ➪ Mutterschutz (Allgemeines).

Arbeitszeit (Arbeitszeitverordnung)

Auszug aus der VO über die Arbeitszeit, den Urlaub, den Mutterschutz, die Elternzeit, die Pflegezeiten [...] (Arbeitszeit- und Urlaubsverordnung – AzUVO) vom 29.11.2005 (GBl. S. 716); zul. geänd. 12.11.2020 (GBl. S. 1050)

§ 4
Regelmäßige wöchentliche Arbeitszeit

Die regelmäßige Arbeitszeit der Beamtinnen und Beamten beträgt im Durchschnitt wöchentlich 41 Stunden.

§ 7
Regelmäßige Arbeitszeit

(1) Für die Berechnung des Durchschnitts der regelmäßigen wöchentlichen Arbeitszeit ist ein Zeitraum von einem Jahr zugrunde zu legen; dabei darf die Arbeitszeit in keiner Woche 55 Stunden überschreiten. [...]

§ 8
Tägliche Arbeitszeit

[...]
(2) Die tägliche Arbeitszeit darf zehn Stunden nicht überschreiten, sofern nicht Mehrarbeit nach § 67 Abs. 3 LBG angeordnet oder genehmigt ist.

⇨ Beamtengesetz § 67 Abs. 3; ⇨ Mehrarbeit

Hinweis der Redaktion: Zur Höchstdauer der täglichen Unterrichtszeit sowie zur Mittagspause für Lehrkräfte siehe: ⇨ Arbeitszeit (Lehrkräfte – Allgemeines) Nr. 1.

§ 11
Pausen, Ruhezeit

(1) Pausen werden in die Arbeitszeit nicht eingerechnet. Spätestens nach einer Arbeitszeit von mehr als sechs Stunden ist die Arbeit durch eine Pause von mindestens 30 Minuten zu unterbrechen; sie kann in zwei Zeitabschnitte aufgeteilt werden. Nach Beendigung der täglichen Arbeitszeit ist eine Ruhezeit von mindestens elf zusammenhängenden Stunden (Mindestruhezeit) sowie einmal innerhalb eines Siebentageszeitraums eine daran unmittelbar anschließende Ruhezeit von mindestens weiteren 24 Stunden zu gewähren. [...]

§ 18
Beamtete Lehrkräfte

Die Dauer der Unterrichtsverpflichtung der beamteten Lehrkräfte im Rahmen der durchschnittlichen Wochenarbeitszeit (§ 4) wird durch Verordnung der Landesregierung geregelt.

⇨ Arbeitszeit (Lehrkräfte-ArbeitszeitVO)

Hinw. d. Red.: Diese VO gilt auch für tarifbeschäftigte Lehrkräfte.

⇨ Arbeitszeit (Arbeitszeit- und Urlaubsverordnung);

⇨ Arbeitszeit (Lehrkräfte-ArbeitszeitVO); ⇨ Arbeitszeit (Lehrkräfte); ⇨ Beamtengesetz § 67; Abs. 3; ⇨ Konferenzordnung § 2 Abs. 1 Nr. 9; ⇨ Mehrarbeit; ⇨ Tarifvertrag – Länder (TV-L) § 44

Arbeitszeit (Lehramtsanwärter- und Referendar*innen)

Informationen der Redaktion zur Rechtslage und zur Verwaltungspraxis in Baden-Württemberg

Im letzten Abschnitt des Vorbereitungsdienstes bzw. des Referendariats sollen die

- *Lehramtsanwärter*innen* (Lehrämter an Grundschulen, an Werkreal-, Haupt- und Realschulen, für Sonderpädagogik sowie Fachlehrkräfte und Technische Lehrkräfte),
- *Studienreferendar*innen* (Lehrämter an Gymnasien und beruflichen Schulen)

selbstständig unterrichten. Die Tabelle zeigt die in den Prüfungsordnungen festgesetzte Unterrichtsverpflichtung; Schwerbehinderte ab einem Grad der Behinderung von 50 unterrichten jeweils eine Stunde weniger. Weitere Nachteilsausgleiche wie z.B. Modifikation bei der Unterrichtsverpflichtung an der Ausbildungsschule und bezüglich der Anwesenheitspflichten können individuell vereinbart werden.

Die Anordnung von Mehrarbeitsunterricht („Überstunden“) an Lehreranwärter*innen bzw. Referendar*innen aller Schularten ist grundsätzlich unzulässig. Sie dürfen jedoch während des Vorbereitungsdienstes freiwillig (!) zusätzlichen Unterricht erteilen und erhalten hierfür eine Vergütung. ⇨ Mehrarbeit (Anwärter*innen)

Selbstständig zu unterrichtende Wochenstunden im zweiten Ausbildungsabschnitt	insgesamt	davon in kontinuierlichen Lehraufträgen
Grund-, Haupt-, Werkreal- und Realschulen	13	11
Sonderpädagogik	14	6
Fachlehrkräfte musisch/technisch	14	11
Fachlehrkräfte an SBBZ	16	8
Gymnasien und berufliche Schulen*	10-12	9
Technische Lehrkräfte an beruflichen Schulen**	14	10-12

* An Gymnasien und beruflichen Schulen: „selbstständig und begleitet“. Grundsätzlich sind hier 11 LWS anzusetzen; der begleitete Unterricht (in der Regel 1 LWS) bleibt bei der Bemessung der Unterrichtsversorgung unberücksichtigt. (Quelle: KM, 18.2.2008; AZ: Zu 22-6701.7/380)

** Nur Technische Lehrkräfte an hauswirtschaftlichen und kaufmännischen Schulen; Technische Lehrkräfte an gewerblichen Schulen haben eine berufsbegleitende Ausbildung mit Deputatsanrechnung.

⇨ Mehrarbeit (Allgemeines); ⇨ Mehrarbeit (Anwärter*innen und Studienreferendar*innen); ⇨ Nebenamtliche/nebenberufliche Lehrkräfte

Arbeitszeit (Lehrkräfte – Allgemeines)

Informationen der Redaktion zur Rechtslage und zur Verwaltungspraxis in Baden-Württemberg

1.
Grundsätze, Höchstdauer und Pausen

Rechtsgrundlagen

Die grundlegenden Maßgaben für die Arbeitszeit einschließlich Mehrarbeit und Minusstunden der Landesbeamt*innen befinden sich im ➪ Beamtengesetz (LBG) §§ 67 und 68.

➪ Arbeitszeit (Minusstunden); ➪ Mehrarbeit

Die regelmäßige Arbeitszeit der Landesbeamt*innen beträgt wöchentlich durchschnittlich 41 Stunden. Die Arbeitszeit der Lehrkräfte an öffentlichen Schulen wird jedoch nicht in Zeitstunden bemessen, sondern in der Arbeitszeit- und Urlaubsverordnung (AzUVO) als *„Dauer der Unterrichtsverpflichtung der beamteten Lehrkräfte"* definiert. Dies gilt auch für die tarifbeschäftigten Lehrkräfte des Landes.

➪ Arbeitszeit (Arbeitszeitgesetz); ➪ Arbeitszeit (Arbeitszeitverordnung) §§ 4, 18; ➪ Tarifvertrag-Länder §§ 6, 44

Dieses *„Deputat"* wird in der Lehrkräfte-Arbeitszeitverordnung zwar in einer nach Schulart bzw. Lehramt gestaffelten Anzahl von *„Wochenstunden"* von je 45 Minuten festgelegt. Die konkrete *Unterrichtsverpflichtung* richtet sich bei *„wissenschaftlichen Lehrkräften"* (§ 2 Abs. 1 Nr. 1-7) jedoch nach der Schulart, an der sie (überwiegend) eingesetzt werden. Beispielsweise beträgt das *Deputat* einer Lehrkraft des höheren Dienstes an Gymnasien, die an einer Gemeinschaftsschule tätig ist, nicht 25, sondern 27 Wochenstunden. ➪ Arbeitszeit (Lehrkräfte-ArbeitszeitVO)

In dieser Verordnung werden auch die Arbeitszeit der Schulleitung sowie die Alters- und Schwerbehindertenermäßigung definiert. Die übrigen *„Deputatsnachlässe"* (Anrechnungen, Arbeitsbefreiungen und Freistellungen) werden durch eine Verwaltungsvorschrift geregelt.

➪ Arbeitszeit (Lehrkräfte – VwV Anrechnungen)

An privaten Schulen gelten diese Vorschriften nur, wenn dies dort arbeitsvertraglich bzw. durch Betriebs- oder Dienstvereinbarungen festgelegt wurde.

Zu den Lehrkräften im Vorbereitungsdienst siehe

➪ Arbeitszeit (Lehramtsanwärter- und Referendar*innen).

Ausnahmen

Aufgrund der Corona-Verordnung Schule und des Hygieneplans Schulen gilt:

- Die Entbindung der Lehrkräfte vom Präsenzunterricht kann nur erfolgen, wenn entweder
  - durch eine ärztliche Bescheinigung ein erhöhtes Risiko für einen schweren SARS-CoV-2-Krankheitsverlauf nachgewiesen wird oder
  - eine Schwangerschaft vorliegt und die Kollegin nicht freiwillig ihre Bereitschaft zum Präsenzunterricht erklärt hat.
- Bei Video- oder Telefonkonferenzen besteht für alle Lehrkräfte Teilnahmepflicht.

➪ CoronaVO Schule; ➪ Hygiene (Schulen)

Ruhezeiten und Pausen

Die tägliche Arbeitszeit der Landesbeamt*innen darf, außer bei Mehrarbeit, zehn Stunden nicht überschreiten (AzUVO § 8 Abs. 2). Um diese Obergrenze zu durchbrechen, müsste eine Lehrkraft aber mehr als 13 Stunden unterrichten (13 x 45 Minuten = 9,75 Zeitstunden). Denn es sind zwar in Anwendung der §§ 4 und 5 des Arbeitszeitgesetzes auch im Beamtenrecht Pausen und Ruhezeiten vorgeschrieben: Gemäß § 11 Abs. 1 der AzUVO ist die Arbeit spätestens nach einer Arbeitszeit von mehr als sechs Stunden mindestens 30 Minuten lang zu unterbrechen; diese Pause kann in zwei Zeitabschnitte aufgeteilt werden. Aber Pausen gelten gemäß § 11 Satz 1 AzUVO nicht als „Arbeitszeit".

Dies gilt auch für die Schulpausen. Denn diese sind von ihrer Zweckbestimmung her keine Arbeitszeitregelung für Lehrkräfte, sondern dienen vorrangig der Unterrichtsgestaltung (s.u. Nr. 3). Selbst wenn in den Unterrichtspausen für die Lehrkräfte in aller Regel schulische „Arbeit" anfällt (beispielsweise die Beaufsichtigung oder Beratung von Schülerinnen und Schülern, Gespräche mit Kolleginnen und Kollegen, Bereitstellung von Unterrichtsmaterialien für die nächste Stunde ...), so handelt es sich hierbei nicht um einen Teil der Unterrichtsverpflichtung (nur diese zählt rechtlich als „Arbeitszeit" der Lehrkräfte), sondern um „disponible Arbeitszeit" (siehe hierzu unten Nr. 2), also um die Erledigung sonstiger Dienstpflichten.

Weil sich die „Taktung" der Arbeitszeit im Betrieb Schule zuvörderst nach dem Stundenplan der Schüler*innen richtet, ist eine pädagogische Argumentation zweckmäßig: Alle Erfahrung spricht dagegen, dass eine Lehrkraft nach mehr als acht Schulstunden und ohne ausreichende Mittagspause noch ertragreich unterrichten kann. Die Gesamtlehrerkonferenz sollte der Schulleitung Empfehlungen geben (s.u. Nr. 8). ➪ Konferenzordnung § 2 Abs. 1 Nr. 9

Zwingend einzuhalten ist hingegen auch im Schulbereich Satz 3 des § 11 AzUVO, der nach Beendigung der täglichen Arbeitszeit eine Mindestruhezeit von elf zusammenhängenden Stunden sowie einmal innerhalb eines Siebentageszeitraums eine daran unmittelbar anschließende Ruhezeit von mindestens weiteren 24 Stunden vorschreibt.

Für schwerbehinderte, schwangere und in einer Wiedereingliederung befindliche Beschäftigte gelten besondere, verbindliche Schutzregelungen und gegebenenfalls individuelle Ruhezeitregelungen.

➪ Arbeitszeit (Schwerbehinderung); ➪ Arbeitszeit (Wiedereingliederung); ➪ Mutterschutz (Verordnung); ➪ Schwerbehinderung (Inklusionsvereinbarung)

2.
Festgelegte und disponible Arbeitszeit

Die Landesregierung hat zur Arbeitszeit der Lehrkräfte grundsätzlich ausgeführt:

„Durch die Festlegung des Deputats wird das Maß der Unterrichtsverpflichtung als Teil der im Rahmen der regelmäßigen Arbeitszeit zu erbringenden Arbeitsleistung bestimmt. Das Deputat legt die Zahl der wöchentlich zu erteilenden Unterrichtsstunden fest. [...] Die übrigen Tätigkeiten, die von Lehrkräften zu erbringen sind, wie beispielsweise Vor- und Nachbereitung des Unterrichts, Korrekturen, Teilnahme an Konferenzen, Gespräche mit Eltern, sind zeitlich nicht festgelegt. Demgemäß führt das Bundesverwaltungsgericht in ständiger Rechtsprechung auch aus: ‚Die durch die Regelstundenmaße erfolgende Pflichtstundenregelung ist in die allgemeine beamtenrechtliche Regelung der Arbeitszeit der Lehrkräfte als konkret messbare Größe eingebettet, während die Arbeitszeit der Lehrkräfte im Übrigen entsprechend deren pädagogischer Aufgabe wegen der erforderlichen Vor- und Nachbereitung des Unterrichts, der Korrekturarbeiten, der Teilnahme an Schulkonferenzen, Besprechungen mit Eltern und dergleichen nicht im Einzelnen in messbarer und überprüfbarer Form bestimmt, sondern nur grob pauschalierend geschätzt werden kann.' Auch Tätigkeiten wie zum Beispiel Wander- und Sporttage, Theater- und Museumsbesuche sowie unregelmäßig vorkommende Tätigkeiten wie zum Beispiel die Teilnahme an Sport- oder Orchestertagen oder andere außerunterrichtliche Veranstaltungen sind bei der Festlegung des Deputats berücksichtigt. Deshalb bleibt das Deputat nominell deutlich hinter der regelmäßigen Arbeitszeit der Beamtinnen und Beamten zurück [...].“

(Quelle: Landtags-Drucksache 15/5183)

Die im Rahmen ihrer *„regelmäßigen Arbeitszeit“* von den Lehrkräften zu erbringenden Leistungen gliedern sich demnach in einen **zeitlich festgelegten** und in einen **zeitlich disponiblen** Teil. Beide Teile sind verpflichtend; die Lehrkraft entscheidet also im disponiblen Teil nicht über das **Ob**, sondern über das **Wann** einer Leistung.

Zeitlich festgelegt sind beispielsweise

- Unterricht nach Stundenplan oder als angeordnete ➪ Mehrarbeit (zu Präsenzpflichten, Rufbereitschaft und Kooperationszeiten s.u. Nr. 6),
- „unterrichtsähnliche Tätigkeiten“ bei denen die Lehrkraft Gruppen von Schülerinnen und Schülern betreut (siehe hierzu Nr. 4),
- Wahrnehmung von Aufsichtsaufgaben nach einem Aufsichtsplan, ➪ Aufsichtspflicht
- Konferenzen oder Dienstbesprechungen und die Teilnahme an einer angeordneten Fortbildung, ➪ Fortbildung; ➪ Konferenzordnung (Allgemeines)
- von der Gesamtlehrerkonferenz (GLK) beschlossene verbindliche Elternsprechtage, Schulfeste, Pädagogische Tage, Sporttage, Tage der offenen Tür usw., ➪ Konferenzordnung § 2
- Erledigung sonstiger termingebundener Aufgaben (z.B. Aufträge der Schulleitung),
- Durchführung von Schulprüfungen.

Zeitlich disponibel sind beispielsweise

- Vor- und Nachbereitung des Unterrichts,
- Erstellung und Korrektur von Tests und Klassenarbeiten, Notenbildung, Zeugnisgebung usw.,
- Sprechstunden für Eltern oder Schüler*innen,
- dienstlich veranlasste Besprechungen mit Kolleg*innen, Schüler*innen oder Eltern,
- Außerunterrichtliche Veranstaltungen, ➪ Außerunterrichtliche Veranstaltungen (Hinweise) Nr. 2; ➪ Teilzeitbeschäftigung (Pflichten)
- individuelle Fortbildung usw.

Lehrkräfte erledigen einen beträchtlichen Teil ihrer Arbeit außerhalb der „Dienststelle“ (z.B. am häuslichen Arbeitsplatz) und außerhalb der üblichen Arbeitszeiten (abends, nachts, am Wochenende, in den Ferien usw.). Selbst wenn sie solche zeitlich disponiblen Arbeiten (z.B. die Korrektur einer Klassenarbeit) im Lehrerzimmer erledigen oder sich dabei schulischer Einrichtungen bedienen (z.B. über das Internet oder mithilfe einer Kommunikations- oder Lernplattform mit der Schule kommunizieren), behalten sie die uneingeschränkte Verfügung über diesen Teil ihrer Arbeitszeit bzw. über ihre Freizeit. Sie können deshalb weder verpflichtet werden, Daten außerhalb der in der allgemeinen Verwaltung üblichen Arbeitszeit (Mo-Fr 8-17 Uhr) und außerhalb der Dienststelle abzurufen noch zuhause dienstliche Mails zu öffnen oder ihren privaten PC dienstlich zu nutzen (es ist ihnen aber auch nicht verboten).
➪ Datenschutz (Bildungsplattformen) § 10 Nr. 6

3.
Lehrkräfte-Arbeitszeit und Unterrichtsanspruch der Schüler*innen

Die „Wochenstunde“ mit einer Dauer von 45 Minuten ist nicht nur Maßstab für die Unterrichtsverpflichtung („Deputat“) der Lehrkräfte, sondern auch für den in den amtlichen ➪ Stundentafeln festgelegten Unterrichtsanspruch der Schüler*innen.

Von dieser Normal-Dauer der Unterrichtsstunde darf die Schule nach oben oder unten abweichen, wenn dies pädagogisch sinnvoll ist. Dabei muss jedoch das in „Wochenstunden“ à 45 Minuten bemessene Unterrichtsvolumen erhalten bleiben.
➪ Arbeitszeit (Lehrkräfte-ArbeitszeitVO) § 1 Abs. 1; ➪ Stundentafel-ÖffnungsVO § 1 Abs. 3

Hierfür ein Beispiel: In der Kontingentstundentafel der ➪ Realschule (Stundentafel) sind für die Pflichtfremdsprache 23 Stunden vorgesehen. Teilt eine Realschule in ihrer schuleigenen Stundentafel vier dieser Stunden der Klassenstufe 5 zu, so ergeben sich hieraus für die Schüler*innen wöchentlich 4 x 45 = 180 Minuten Englischunterricht. Zuständig ist die GLK. ➪ Konferenzordnung § 2 Abs. 1 Nr. 1a

Nach § 1 Abs. 1 der Lehrkräfte-ArbeitszeitVO verringert oder erhöht sich die Unterrichtsverpflichtung entsprechend, wenn die Dauer einer Unterrichtseinheit mehr oder weniger als 45 Minuten beträgt. Würde also in dieser Realschule die Dauer der Unterrichtseinheiten von 45 auf 36 Minuten gesenkt, so hätte die Lehrkraft statt vier Lektionen fünf zu halten. Würde die Dauer auf 60 Minuten erhöht, hätte sie drei Lektionen statt vier zu halten. Im Ergebnis bliebe es in beiden Fällen sowohl für die Schüler*innen als auch bei der Lehrkraft bei 180 Minuten Englischunterricht. Dies ist nach der ➪ Stundentafel-ÖffnungsVO § 1 Abs. 3 zulässig.

Hingegen wäre es eine unzulässige Zweckentfremdung, eine dieser fünf Lektionen à 36 Minuten für anderweitige Arbeiten (z.B. Unterricht in anderen Klassen oder Fächern) zu benutzen oder im Fall der drei 60-Minuten-Lektionen die Ableistung einer vierten Lektion an anderer Stelle zu verlangen. Denn dieses *„Herausschwitzen"* bedeutete nicht nur eine Arbeitsverdichtung für die Lehrkräfte, sondern damit würde den Schüler*innen Unterricht entzogen.

4. „Unterricht" und „unterrichtsähnliche Tätigkeiten"

„Unterricht" ist der stundenplanmäßige Fachunterricht einschließlich der Leistungsmessung, Klassenarbeiten usw. im Rahmen der Stundentafeln. Hierzu zählen auch Unterricht im Team oder in geteilten Klassen sowie individuelle und kooperative Lernformen, in denen die Lehrkraft als „Lernbegleiter*in" tätig ist. Mit einem vollen Deputat ist die wöchentliche Arbeitszeit von 41 Zeitstunden erfüllt.

In der *„Lehrkräfte-Arbeitszeitverordnung"* wird unterschieden zwischen *„Unterricht"*, dessen Dauer in der Regel 45 Minuten beträgt, und *„unterrichtsähnlichen Tätigkeiten"*.

⇨ Arbeitszeit (Lehrkräfte-ArbeitszeitVO) § 1 Abs. 2

4.1 Unterrichtsähnliche Tätigkeiten

Bei *„unterrichtsähnlichen Tätigkeiten"* betreut die Lehrkraft Gruppen von Schülerinnen und Schülern. Dabei werden drei Kategorien unterschieden:

a) Ist eine Vor- und Nachbereitung wie für Unterricht erforderlich, wird eine 45-Minuten-Einheit wie eine normale „Wochenstunde" gewertet (Beispiele: Differenzierung und Förderung im Rahmen der Poolstunden oder stundenplanmäßig eingerichtete Arbeitsgemeinschaften).

b) Ist eine Vor- und Nachbereitung nur eingeschränkt erforderlich, werden 1,5 dieser Einheiten à 45 Minuten wie eine Wochenstunde gewertet (hierzu zählen beispielsweise Arbeitsgemeinschaften im Rahmen des Ganztagsangebots).

c) Ist keine oder nur eine geringfügige Vor- und Nachbereitung erforderlich, werden zwei Einheiten à 45 Minuten wie eine Wochenstunde gewertet (beispielsweise eine Hausaufgaben-AG im Rahmen des Ganztagsangebots, bei der die Lehrkraft vorwiegend Aufsicht führt).

Wegen der Abgrenzungsschwierigkeiten zwischen den drei Alternativen und auch, weil nirgendwo definiert ist, wieviel Zeit für die Vor- und Nachbereitung für Unterricht erforderlich ist, ist hier die Einschätzung vor Ort relevant. Da es sich nicht um eine personelle Maßnahme, sondern um einen „Grundsatz" handelt, sind hier auch das Empfehlungsrecht der GLK und die Mitbestimmung des Personalrats gefragt.

⇨ Konferenzordnung § 2 Nr. 6; ⇨ Personalvertretungsgesetz (LPVG) § 74 (3)

4.2 Fernunterricht

Ob der Unterricht als Fernunterricht analog (in Papierform per Briefpost, persönlichem Austragen der Materialien oder mittels E-Mail), per Telefon oder Telefonkonferenz oder digital (z.B. über BigBlueButton oder durch aktives Anmelden im E-Learning-Tool) stattfindet, spielt zunächst keine Rolle. Sobald aber eine Lehrkraft mit einer Gruppe von Schüler*innen Unterrichtsinhalte in irgend einer Form behandelt, ist dies Unterricht im Sinne der ⇨ Arbeitszeit (Lehrkräfte-ArbeitszeitVO) § 1.

Für den Fernunterricht sind vorzugsweise Lehrkräfte einzusetzen, die nicht für den Präsenzunterricht zur Verfügung stehen. ⇨ CoronaVO Schule

In § 2 Abs. 8 der ⇨ CoronaVO Schule ist geregelt:

„Soweit der Unterricht für einzelne Schülerinnen und Schüler oder für die ganze Klasse oder Lerngruppe nicht in der Präsenz stattfinden kann, findet Fernunterricht statt. Die Teilnahme der Schülerinnen und Schüler am Fernunterricht unterliegt der Schulpflicht."

Damit wird Fernunterricht dem Präsenzunterricht gleichgestellt. Das gilt auch für die Arbeitszeit der Lehrkräfte. Unstrittig entspricht eine online gehaltene Unterrichtsstunde einer Deputatsstunde. An keiner Stelle jedoch äußert sich das KM zur Bewertung der Arbeitszeit anderer Tätigkeiten, die mit Fernunuterricht notwendig werden (siehe Ziff. 4.1).

Die Gleichstellung von Unterricht und Fernunterricht hat neben der Auswirkung auf die Unterrichtsverpflichtung noch weitere Konsequenzen:

- Schüler*innen müssen am Fernunterricht teilnehmen. Schulpflicht ist hier auch im Sinne von Schulbesuchspflicht zu verstehen. ⇨ Schulpflicht
- Fernunterricht muss wie jeder andere Unterricht im Klassenbuch dokumentiert werden.
  ⇨ Klassen- und Kurstagebücher
- Die Inhalte des Fernunterrichtes können abgeprüft werden. Mündliche und schriftliche Leistungsfeststellungen sind möglich. Sofern schriftliche Leistungsfeststellungen in die Note einfließen sollen, sind sie grundsätzlich im Präsenzunterricht zu erbringen.
  ⇨ Notenbildungsverordnung

Es gelten grundsätzlich dieselben Bedingungen wie für den Präsenzunterricht (Lage und Dauer der „gehaltenen" Unterrichtsstunde, Nicht-Teilnahme von „Schulfremden", Leistungsmessung, Erziehungs- und Ordnungsmaßnahmen, Mitschnittsverbot, Urheberrecht ...). Zutritt zum Unterrichtsraum haben nur berechtigte Personen wie Schüler*innen oder Lehrkräfte. Fremde, auch Eltern, sind keine berechtigten Personen. Das Erstellen von Bild- oder Tonaufnahmen ist untersagt und im Zweifelsfall eine strafbare Handlung. Vor der Nutzung einer Videokonferenz müssen die Beteiligten eine Nutzungsordnung unterschreiben, womit die Beteiligten lediglich bestätigen, dass sie geltendes Recht zur Kenntnis genommen haben. Alle Betroffenen haben das Recht gegen die – bei Videokonferenzen von Softwaredienstleistern immer erfolgende – Datenverarbeitung Widerspruch einzulegen (Art. 21 EU-DSGVO i.V.m. Art. 6 Buchst. e)). Über dieses Recht sind die Betroffenen im Vorfeld ausdrücklich zu informieren! Wer (bitte schriftlich!) nicht zustimmt, kann nicht zur Teilnahme gezwungen werden.

Das KM hat im Schuljahr 2020/21 eine Handreichung erstellt. Darin ist unter anderem geregelt:

- Der Fernunterricht bildet den Präsenzunterricht möglichst nach Stundenplan ab.
- Die Lehrkraft kommuniziert regelmäßig mit den Schülerinnen und Schülern.
- Es erfolgt eine regelmäßige Aufgabenerteilung und Rückmeldungen zu den Schülerarbeiten durch die Lehrkräfte.
- Es gibt eine regelmäßige und verlässliche Kommunikation zwischen der Fachlehrkraft und den Schülerinnen und Schülern der Klasse bzw. Lerngruppe.

Hinweis der Redaktion: Hierzu § 10 Abs. 6 der Rahmendienstvereinbarung ⇨ Datenschutz (RDV - Bildungsplattform) beachten: „Die Beschäftigten der Dienststelle sind nicht verpflichtet, auf ihren dienstlichen Account eingehende E-Mails außerhalb ihrer üblichen Anwesenheitszeit an der Schule und außerhalb der Dienststelle abzurufen".

- Die Lehrkräfte dokumentieren Thema und Inhalt des Unterrichts. Sie sollen ihre Arbeit in der erforderlichen Form (z.B. Klassenbuch oder entsprechende digitale Form) dokumentieren. Dies umfasst auch die Fernunterrichtsphasen sowie die Arbeit der Lehrkräfte, die von zuhause aus arbeiten. ⇨ Klassen- und Kurstagebuch
- Schulleitung und Schulaufsicht sichern die Durchführung eines qualitätsvollen Fernunterrichts.
- Einzelne Schüler*innen, welche nicht am Präsenzunterricht teilnehmen, werden zu Gruppen zusammengefasst. Die Schule weist jeder dieser Gruppen eine verantwortliche Lehrkraft zu. Diese nimmt die Rolle eines „Tutors" ein. Als „Tutor*innen" kommen Lehrkräfte in Frage, die nicht im Präsenzunterricht eingesetzt werden.
- Soweit Lehrkräfte, die nicht in der Präsenz unterrichten können, nicht für eine Tutorentätigkeit eingeplant sind, können sie ggf. von der Schulaufsicht, auch im Auftrag des ZSL, mit der Erstellung zentral bereitgestellter Lernangebote beauftragt werden.
- Auch Lehrkräfte können schulgebundene mobile Endgeräte bei der Schule leihen, wenn diese nicht im Präsenzunterricht eingesetzt werden können und über kein anderweitiges mobiles Endgerät verfügen.

(Quellen: Konzept für einen Regelbetrieb unter Pandemiebedingungen – Anlagen zum Schreiben des KM an die Schulleitungen vom 7.7.2020, AZ: Z-6500.0/1025 – sowie die Handreichung: „Grundsätze für den Fernunterricht im Schuljahr 2020/2021")

5. Leitungsaufgaben und Nachlässe

Personen mit Schulleitungsaufgaben werden für deren Erledigung je nach Zahl der Klassen an der Schule von ihrer Unterrichtstätigkeit entlastet.

⇨ Arbeitszeit (Lehrkräfte-ArbeitszeitVO) § 3

In den §§ 4 und 5 dieser **Verordnung** sind ferner die Alters- und Schwerbehindertenermäßigung geregelt.

In der VwV ⇨ Arbeitszeit (Lehrkräfte – VwV Anrechnungen) wird die Entlastung für Leitungsaufgaben weiter differenziert. Auch die aufgaben- bzw. funktionsbezogenen Entlastungen von Lehrkräften durch

- Anrechnungen (für besondere schulbezogene Aufgaben und Belastungen),
- Freistellungen (für Personalratsmitglieder) und
- Arbeitsbefreiungen (für Schwerbehindertenvertrauenspersonen)

werden in dieser **Verwaltungsvorschrift** festgelegt.

Bei *Ermäßigungen* handelt es sich um personenbezogene Nachlässe wegen individueller Umstände.

Durch diese *„Deputatsnachlässe"* tritt keine Minderung der Dienstbezüge ein; bei Teilzeitbeschäftigten bleibt das anteilige Gehalt unverändert, nur der Unterrichtsumfang wird reduziert. Anrechnungen, Freistellungen und Arbeitsbefreiungen für Teilzeitbeschäftigte richten sich nach dem Umfang der damit verbundenen Aufgaben, Ermäßigungen erhalten sie hingegen anteilig. ⇨ Teilzeit (Pflichten)

Da die kommunalen Schulträger für die Sachausstattung sowie das nicht-pädagogische Personal der öffentlichen Schulen zuständig sind, gehören die Beschaffung bzw. Einrichtung, der Betrieb und die Pflege der Schulgebäude, Schulräume, Einrichtungen und Gegenstände einschließlich der Lehr- und Lernmittel (SchG § 48) sowie deren Verwaltung nicht zu den Aufgaben der Lehrkräfte sowie der Schulleitung. Dies obliegt vielmehr dem Sachkostenträger, der hierfür auch das erforderliche Personal (Sekretariat, Hausmeister usw.) bereitstellen muss.

⇨ Schulgesetz §§ 27 ff. und 48; ⇨ Verwaltungskräfte

Soweit Lehrkräfte Geräte, Sammlungen oder Fachräume unter pädagogischen Gesichtspunkten betreuen oder sie die Systembetreuung von Unterrichtscomputern oder schulischen Netzwerken übernehmen, können sie hierfür eine Arbeitszeit-Anrechnung erhalten. Hingegen obliegen z.B. der reine Transport sowie die Wartung von Medien (ohne dass eine pädagogische Auswahl getroffen wird) von und zur Schule oder die Entsorgung von Sondermüll dem Sachkostenträger.

⇨ Arbeitszeit (PC-Betreuung); ⇨ Reisekosten (Schulträger)

Weitere Nachlässe

Ferner gibt es *„Nachlässe"* z.B. für EDV-Betreuung, zur Koordination von Sprachfördermaßnahmen, für die Chancengleichheitsbeauftragten, für die Jugendbegleiter-Programmverwaltung, bei Schulversuchen, für die Mitarbeit bei der Lehrerfortbildung oder der Lehrplanentwicklung usw.

⇨ Arbeitszeit (PC-Betreuung); ⇨ Chancengleichheitsgesetz § 18; ⇨ Jugendbegleiter*innen; ⇨ Sprachförderung (Integration) Nr. 3.2.2

Im Einzelfall wird (insbesondere in der Genesungsphase nach schwerer Krankheit) das Deputat auf Antrag ohne Gehaltseinbuße befristet und individuell verringert. ⇨ Arbeitszeit (Wiedereingliederung)

6. Mehrarbeit, Rufbereitschaft und Bereitschaftsdienst

An manchen Schulen werden in den individuellen Stundenplänen der Lehrkräfte Zeiten unterrichtsfrei gehalten („*Hohlstundenplan*“), damit sie bei Ausfall anderer Lehrkräfte zur Vertretung in einer verwaisten Klasse eingesetzt werden können, oder sie müssen zu bestimmten Zeiten telefonisch abrufbar sein. Die Schulleitung darf jedoch die Arbeitszeit der Lehrkräfte nicht über das in der Lehrkräfte-Arbeitszeitverordnung definierte „*Deputat*“ bzw. die festgelegten Dienstpflichten hinaus ausdehnen. Hiervon gibt es nur zwei Ausnahmen:

- die Anordnung von „*Mehrarbeit*“ (MAU) und
- den „*variablen Einsatz der Unterrichtsverpflichtung*“.

Näheres zum Mehrarbeitsunterricht steht im Beitrag ⇨ Mehrarbeit; zum „*variablen Deputat*“ siehe auch ⇨ Arbeitszeit (Lehrkräfte – VwV Anrechnungen) Nr. II.

Die Begriffe *Mehrarbeit, Rufbereitschaft und Bereitschaftsdienst* werden in der Allgemeinen Verwaltungsvorschrift des Finanz- und Wirtschaftsministeriums zum Landesbesoldungsgesetz BW vom 27.11.2014 (AZ: 1-0320.1-03/3) wie folgt definiert:

„*65.1.3 Mehrarbeit im Schuldienst (§ 65 Absatz 1 Satz 1 Nummer 5 LBesGBW) liegt vor, wenn von einer Lehrkraft auf Anordnung oder mit Genehmigung über die sich aus Rechts- und Verwaltungsvorschriften oder Verwaltungsakten ergebende individuelle Pflichtstundenzahl hinaus Unterricht erteilt wird. Da abgeltbare Mehrarbeit nur bei einer Mehrbeanspruchung durch Unterrichtstätigkeit vorliegt, kann für die Teilnahme an Schulveranstaltungen, die keinen Unterricht darstellen, und für außerunterrichtliche Tätigkeiten (zum Beispiel Teilnahme an Eltern- und Schülersprechterminen, Lehrerkonferenzen oder Fortbildungsveranstaltungen, Erledigung von Verwaltungsarbeit, bloße Beaufsichtigung einer Klasse ohne Unterrichtserteilung) keine Mehrarbeitsvergütung gewährt werden.*“

„*65.1.4 […] Unter Bereitschaftsdienst ist die Pflicht eines Beamten zu verstehen, sich an einem vom Dienstherrn bestimmten Ort außerhalb des Privatbereichs zu einem jederzeitigen unverzüglichen Einsatz bereitzuhalten, wobei erfahrungsgemäß mit einer dienstlichen Inanspruchnahme gerechnet werden muss. Hiervon zu unterscheiden ist die selbst nicht vergütungsfähige Rufbereitschaft, also das Bereithalten im Privatbereich; Zeiten der Heranziehung zur Dienstleistung während der Rufbereitschaft können jedoch zu vergütungsfähiger Mehrarbeit führen.*“

Siehe hierzu auch Nr. 40.2. der VwV des IM zum LBG, abgedruckt bei ⇨ Beamtengesetz § 67 Abs. 3.

Die Landesregierung hat – anders als bei den sonstigen Ministerien – für den Geschäftsbereich des Kultusministeriums keine Bestimmungen über die Anordnung von Mehrarbeit, Bereitschaftsdienst und Rufbereitschaft sowie für deren Ausgleich erlassen. Will eine Schulleitung eine „*Präsenzpflicht*“ einführen (also anordnen, dass Lehrkräfte zu bestimmten Zeiten für Vertretungen in der Schule „*dienstbereit*“ sind) oder von den Lehrkräften verlangen, zuhause „*rufbereit*“ zu sein, so unterliegen diese Regelungen der Mitbestimmung des Personalrats; sie sind also erst nach dessen Zustimmung zulässig, andernfalls wäre die Anordnung von „*Bereitschaftsdienst*“ oder „*Rufbereitschaft*“ rechtswidrig. Siehe hierzu Nr. 8.

⇨ Besoldungsgesetz § 65; ⇨ Personalvertretungsgesetz (LPVG) § 74 Abs. 2 Nr. 4

Dabei ist die Rechtsprechung des Europäischen Gerichtshofs sowie des Bundesverwaltungsgerichts zu beachten (z.B. EuGH vom 9.3.2021, AZ: C-580/19; BVerwG vom 17.11.2016, AZ: 2 C 21.15), wonach Bereitschaftsdienst Arbeitszeit ist und bei Überschreitung der Höchstarbeitszeit im Verhältnis 1:1 mit Freizeit ausgeglichen werden muss. Wird also an einer Schule eine Regelung getroffen, dass Lehrkräfte zu bestimmten Zeiten für Vertretungen in der Schule anwesend sein müssen, so ist ein solcher Bereitschaftsdienst („*Präsenzpflicht*“) im Umfang einer Unterrichtsstunde als reguläre Deputatsstunde zu werten und, falls damit die reguläre Unterrichtsverpflichtung der Lehrkraft überschritten wird, entweder durch Freizeit an anderer Stelle auszugleichen oder als Mehrarbeit zu vergüten.

⇨ Mehrarbeit (Vergütung)

Wenn ein „*Hohlstundenplan*“ jedoch nicht absichtlich der Schaffung von Vertretungsmöglichkeiten dient, sondern sich aus den Notwendigkeiten des Schüler-Stundenplans bzw. der Lehrauftragsverteilung ergibt, handelt es sich nicht um „*Bereitschaftsdienst*“ oder „*Arbeitszeit*“ in rechtlichem Sinne. Dann besteht auch keine Anwesenheitspflicht für die betroffenen Lehrkräfte in der Schule, sondern sie können solche Hohlstunden verbringen, wie und wo sie wollen.

Auch „*Rufbereitschaft*“ als solche ist keine „*Arbeitszeit*“ bzw. „*Mehrarbeit*“; wird die Lehrkraft aber in der Phase, in der sie privat / zuhause abrufbereit sein muss, konkret zum Dienst in die Schule „*gerufen*“, so entsteht dadurch ausgleichs- bzw. vergütungspflichtige Mehrarbeit.

7. Kooperationszeit

Von Mehrarbeit, Rufbereitschaft und Bereitschaftsdienst zu unterscheiden ist die sogenannte „*Kooperationszeit*“. Das Kultusministerium hatte hierzu 2005 angeordnet: „*Im Interesse der Planbarkeit der Arbeitszeit der Lehrkräfte außerhalb des Unterrichts werden schulintern langfristig im Voraus vom Schulleiter Zeitfenster festgelegt, in denen Kooperation und Teamarbeit stattfinden kann*“. In einem gesonderten Schreiben hatte das KM dies präzisiert: „*Nicht alle Zeitfenster müssen dann im Verlauf des Schuljahres auch tatsächlich für Kooperation und Teamarbeit in Anspruch genommen und ‚gefüllt' werden*“, sowie ausdrücklich erklärt, es ziele nicht darauf ab, „*dass an den Schulen Jahresarbeitszeitkonten, Verrechnungslisten oder Arbeitszeitblätter eingeführt werden*“.

(Quelle: KM, 27.7.2005; AZ: 14-0301.620/1303)

Solche Zeitfenster können sinnvoll sein und im Interesse aller Beteiligten liegen. Sie erlauben einerseits der Schulleitung und den übrigen Personen mit Leitungsaufgaben (z.B. den Klassen- oder Fachkonferenzvorsitzenden), Sitzungen und Besprechungen zeitlich gut zu planen, und halten andererseits die Lehrkräfte von unnötigen Anwesenheitsverpflichtungen frei: Solange es sich dabei nur um ein „leeres“ Zeitfenster handelt, sind zwar alle Lehrkräfte gehalten, diese Phase grundsätzlich von anderen (z.B. privaten) festen Verpflichtungen freizuhalten, sie müssen aber nur dann tatsächlich zum Dienst erscheinen, wenn ein konkreter Anlass besteht, sie also beispielsweise als Englisch-Lehrkraft von der Konferenzvorsitzenden zu einer Fachkonferenz für Fremdsprachen-Lehrkräfte eingeladen werden.

2014 hat das KM die Pflicht zur Einrichtung solcher Zeitfenster wieder abgeschafft. Es liegt seitdem im ➪ Ermessen der Schulleitung, ob sie eine *„Kooperationszeit“* festlegt. Sie muss dabei jedoch die unter Nr. 8 dargestellten Beteiligungsrechte der Gesamtlehrerkonferenz sowie ggf. des Personalrats beachten.

8. Beteiligungsrechte in Arbeitszeitfragen

Der Personalrat bestimmt mit über Beginn und Ende der täglichen Arbeitszeit und der Pausen sowie die Verteilung der Arbeitszeit auf die einzelnen Wochentage und über Arbeitszeitmodelle.
➪ Personalvertretungsgesetz (LPVG) § 74 Abs. 2

Ferner kann sich der Personalrat im Rahmen seines Überwachungsrechts (➪ Personalvertretungsgesetz § 70) mit der Arbeitszeit der Lehrkräfte befassen; auch die Personalversammlung kann hierzu Beschlüsse fassen. Die Verteilung der Unterrichtsverpflichtung der Lehrkräfte auf die Wochentage erfolgt jedoch über den Stundenplan. Da dieser nicht in erster Linie ein „Dienstplan“ für Lehrkräfte ist, sondern einen Unterrichtsplan für die Schüler*innen darstellt, bestimmt der Personalrat bei dessen Aufstellung nicht mit.
➪ Personalvertretungsgesetz § 81 Abs. 1 Nr. 7

Jedoch unterliegen „Maßnahmen zur Hebung der Arbeitsleistung“ (mehr Leistung in der gleichen Zeit) der Mitbestimmung des Personalrats. Auch die Einführung von Arbeitszeitkonten ist nur mit Zustimmung des Personalrats möglich.
➪ Personalvertretungsgesetz (LPVG) § 75 Abs. 4 Nr. 14

Zur PR-Beteiligung bei der Anordnung von Mehrarbeit oder „Rufbereitschaft“ siehe ➪ Mehrarbeit.

In der Praxis kommt dem Beschlussrecht der Gesamtlehrerkonferenz nicht selten größere Bedeutung zu: Die GLK kann *„allgemeine Empfehlungen“* zur *„Verteilung der Lehraufträge und sonstiger dienstlicher Aufgaben, für die Aufstellung der Stunden- und Aufsichtspläne sowie für die Anordnung von Vertretungen“* beschließen; diese Empfehlungen sind für die Schulleitung zwar nicht bindend, sie hat sie aber in ihre Entscheidungsfindung einzubeziehen.
➪ Konferenzen (Allgemeines); ➪ KonfVO § 2 Abs. 1 Nr. 9

Die Schulleitungen entscheiden, welche Lehrkräfte für besondere Aufgaben oder Belastungen *„Nachlässe“* erhalten und welche Leitungs-Anrechnungen sie an jene Personen weitergeben, die an der Leitung der Schule beteiligt sind (z.B. an ihre Stellvertretung). Faktisch stellen sie damit einen *„Geschäftsverteilungsplan“* auf.
➪ Ermessen; ➪ Schulgesetz § 41 Abs. 1

Das KM hat vorgeschrieben: *„Der Schulleiter informiert die Gesamtlehrerkonferenz über die Verteilung der Anrechnungen.“* ➪ Arbeitszeit (Lehrkräfte – VwV) Nr. IV.1.5

Da sich das Empfehlungsrecht der GLK auch auf die *„Verteilung sonstiger dienstlicher Aufgaben“* erstreckt, umfasst diese Informationspflicht auch die Anrechnungen für Leitungsaufgaben. Soweit Lehrkräfte *„Freistellungen“* bzw. *„Arbeitsbefreiungen“* als Mitglieder eines Personalrats oder der Schwerbehindertenvertretung oder als Chancengleichheitsbeauftragte erhalten, sollte die Schulleitung auch hierüber informieren; bei den *„Ermäßigungen“* wegen Alter oder Schwerbehinderung ist dies nur mit Zustimmung der Betroffenen zulässig (Datenschutz).

Insbesondere die Verteilung der Stunden aus dem *„Stundenpool“* (➪ Arbeitszeit (Lehrkräfte – VwV) Nr. IV.1) sollte jährlich in der GLK erörtert werden; die Konferenz sollte bei Empfehlungen an die Schulleitung persönliche und dienstliche Belastungen (z.B. Kindererziehung, Teilzeit, schwieriger Lehrauftrag) berücksichtigen.
➪ Teilzeitbeschäftigung (Pflichten)

Bei der Festlegung der zeitlichen Lage und Dauer des „leeren“ Fensters für die Kooperationszeit (s.o. Nr. 7) muss die Schulleitung das allgemeine Empfehlungsrecht der Gesamtlehrerkonferenz zur Festlegung „sonstiger dienstlicher Aufgaben“ gemäß ➪ Konferenzordnung § 2 Abs. 1 Nr. 9 beachten. Siehe hierzu auch ➪ Konferenzen (Allgemeines) Nr. 2.

Hingegen kann eine Mitbestimmung des zuständigen Personalrats nach § 74 Abs. 2 Nr. 2 oder Mitwirkung nach § 81 Abs. 1 Nr. 1 ➪ Personalvertretungsgesetz (LPVG) gegeben sein, wenn die Schulleitung eine Teilnahmeverpflichtung an Kooperationen für alle Lehrkräfte, für Teile der Belegschaft oder für eine bestimmte Gruppe in Form einer abstrakt-generellen Regelung verbindlich festlegen will. Will die Schulleitung beispielsweise bestimmte Lehrergruppen (z.B. alle Deutschlehrer einer bestimmten Klassenstufe) dazu verpflichten, an jedem ersten Donnerstag im Monat in der 9. Unterrichtsstunde einen fachlich-pädagogischen Austausch durchzuführen, wäre diese regelmäßig wiederkehrende und nach bestimmten Kriterien konkret bestimmte zeitliche Lage der Kooperation vorher mit dem Personalrat abzustimmen.
(Quelle: KM, 23.2.2016; AZ: 14-0301.620/1584)

„Zuständig“ ist bei GHWRGS-Schulen der Lehrkräfte-Personalrat beim Schulamt, bei den anderen Schulen der „örtliche“ Personalrat an der Schule.

➪ Arbeitszeit (Arbeitszeit- und UrlaubsVO); ➪ Arbeitszeit (ArbeitszeitVO); ➪ Arbeitszeit (Lehrkräfte-ArbeitszeitVO); ➪ Arbeitszeit (Lehrkräfte) – VwV Anrechnungen; ➪ Arbeitszeit (Minusstunden); ➪ Arbeitszeit (PC-Betreuung); ➪ Arbeitszeit (Schwerbehinderung); ➪ Arbeitszeit (Wiedereingliederung); ➪ Ausbildungsberater*innen; ➪ Beamtengesetz §§ 67, 69 ff.; ➪ Ferienverordnung § 3; ➪ Konferenzen (Allgemeines); ➪ Konferenzordnung § 2 Abs. 1 Nr. 9; ➪ Mehrarbeit; ➪ Personalvertretungsgesetz (LPVG); ➪ Remonstrationspflicht; ➪ Schulleitung (Aufgaben und Stellvertretung); ➪ Schwerbehinderung; ➪ Tarifvertrag – Länder (TV-L) §§ 6, 44; ➪ Teilzeit (Altersteilzeit / Beamtenrecht); ➪ Teilzeit (Altersteilzeit / Tarifvertrag); ➪ Teilzeit / Urlaub; ➪ Teilzeit (Pflichten und Rechte)

Arbeitszeit (Lehrkräfte-ArbeitszeitVO)

Verordnung der Landesregierung über die Arbeitszeit der beamteten Lehrkräfte an öffentlichen Schulen [...] (Lehrkräfte-ArbeitszeitVO) vom 8. Juli 2014 (K.u.U. S. 94/2014); zul. geändert am 5. März 2021 (K.u.U. S. 62/2021)

Hinweis der Redaktion: Diese Verordnung gilt auch für tarifbeschäftigte Lehrkräfte. ➩ Tarifvertrag – Länder (TV-L) §§ 6, 44.

§ 1

Zeitdauer der Unterrichtseinheiten und unterrichtsähnliche Tätigkeiten

(1) Die wöchentliche Unterrichtsverpflichtung umfasst die Zahl der Unterrichtseinheiten mit je 45 Minuten, die vollbeschäftigte Lehrkräfte an öffentlichen Schulen im Rahmen der regelmäßigen Arbeitszeit der Beamtinnen und Beamten wöchentlich zu unterrichten haben. Beträgt die Dauer einer Unterrichtseinheit mehr oder weniger als 45 Minuten, verringert oder erhöht sich die Unterrichtsverpflichtung entsprechend.

(2) Unterrichtsähnliche Tätigkeiten werden in folgendem Umfang auf die Unterrichtsverpflichtung angerechnet:

1. Bei einem Einsatz in Gruppen mit unterrichtsähnlichem Angebot, für das eine Vor- und Nachbereitung wie für den Unterricht nach Absatz 1 erforderlich ist, wird für 45 Minuten einer solchen Einheit eine Wochenstunde auf die Unterrichtsverpflichtung angerechnet.
2. Bei einem Einsatz in Gruppen mit unterrichtsähnlichem Angebot, für das eine Vor- und Nachbereitung nur eingeschränkt erforderlich ist, wird für 1,5 dieser Einheiten mit je 45 Minuten eine Wochenstunde auf die Unterrichtsverpflichtung angerechnet.
3. Bei einem Einsatz in Gruppen mit unterrichtsähnlichem Angebot, für das keine oder nur eine geringfügige Vor- und Nachbereitung erforderlich ist, wird für zwei dieser Einheiten mit je 45 Minuten eine Wochenstunde auf die Unterrichtsverpflichtung angerechnet.

➩ Konferenzordnung § 2 Nr. 6 und Nr. 9; ➩ Stundentafel-ÖffnungsVO § 1 Abs. 3

Hinweise der Redaktion:

1. „Unterricht in diesem Sinne sind nicht nur lehrerzentrierte Unterrichtsformen, sondern auch individuelle und kooperative Lernformen, in denen Lehrkräfte als Lernbegleiter tätig werden. [...] Unter unterrichtsähnlichen Tätigkeiten sind häufig wiederkehrende Tätigkeiten zu verstehen, bei denen sich Lehrkräfte mit Schülerinnen und Schülern in unterrichtsähnlicher Form beschäftigen. Tätigkeiten wie beispielsweise die Betreuung von Referendaren oder Fortbildungen sind nicht hierunter zu fassen." (Quelle: Mitteilung der Landesregierung auf Landtags-Drucksache 15 / 5183)
2. „Maßnahmen zur Hebung der Arbeitsleistung" (mehr Leistung in der gleichen Zeit) unterliegen der Mitbestimmung des Personalrats. ➩ Personalvertretungsgesetz (LPVG) § 75 Abs. 4 Nr. 14
3. Diese Verrechnung ist nicht auf Fachlehrkräfte G und K (§ 2 Nr. 8b) sowie Technische Lehrkräfte G (§ 2 Nr. 9) anwendbar, da in deren Deputat (31 WStd.) pflegerische Tätigkeiten und der Ganztagesbetrieb bereits allgemein berücksichtigt sind; auch Zeiten der Mittagsbeschäftigung und der Freizeitgestaltung, die diese Lehrergruppe mit Kindern und Jugendlichen stundenplanmäßig in der Schule verbringen, sind volle Zeiten innerhalb der wöchentlichen Unterrichtsverpflichtung. (Quelle: KM, 5.11.2014; AZ: 14-0301.620/1568)

(3) Bei Stundenbruchteilen von 0,5 und mehr wird aufgerundet, im Übrigen abgerundet.

§ 2

Wöchentliche Unterrichtsverpflichtung der Lehrkräfte

(1) Die wöchentliche Unterrichtsverpflichtung beträgt für

1. Lehrkräfte an Grundschulen 28 Wochenstunden,
2. Lehrkräfte an Hauptschulen und Werkrealschulen 27 Wochenstunden,
3. Lehrkräfte an Realschulen und Gymnasien (gehobener Dienst) 27 Wochenstunden,
4. Lehrkräfte an sonderpädagogischen Bildungs- und Beratungszentren 26 Wochenstunden,
5. Lehrkräfte an Gemeinschaftsschulen
   a) nach § 8a Abs.1 Satz 1 des Schulgesetz BW 27 Wochenstunden,
   b) mit eingerichteter gymnasialer Oberstufe nach § 8 a Absatz 2 Satz 2 in Verbindung mit § 8 Absatz 5 des Schulgesetzes für Baden-Württemberg oder dort eingesetzte Lehrkräfte
      aa) im gehobenen Dienst 27 Wochenstunden,
      bb) im höheren Dienst 25 Wochenstunden,
6. Lehrkräfte an Gymnasien (höherer Dienst) 25 Wochenstunden,
7. wissenschaftliche Lehrkräfte an beruflichen Schulen 25 Wochenstunden,
8. Fachlehrkräfte
   a) mit Lehrbefähigung für musisch-technische Fächer und für vorschulische Einrichtungen einschließlich Instrumentallehrkräften sowie Lehrkräften für Stenografie und Maschinenschreiben 28 Wochenstunden,
   b) mit Lehrbefähigung für Schulen für Geistigbehinderte und Schulen für Körperbehinderte einschließlich Schulkindergärten 31 Wochenstunden,
9. Technische Lehrkräfte an Schulen für Geistigbehinderte beziehungsweise an entsprechenden Abteilungen anderer Typen der sonderpädagogischen Bildungs- und Beratungszentren 31 Wochenstunden,
10. Technische Lehrkräfte der kaufmännischen und hauswirtschaftlichen Fachrichtung 27 Wochenstunden,
11. Technische Lehrkräfte der gewerblichen und landwirtschaftlichen Fachrichtung für den fachpraktischen Unterricht bei Erteilung von
    a) fachpraktischer Unterweisung mit bis zu vier Stunden Technologiepraktikum bzw. Praktischer Fachkunde 28 Wochenstunden,

b) fachpraktischer Unterweisung mit fünf und mehr Stunden Technologiepraktikum beziehungsweise Praktischer Fachkunde 27 Wochenstunden,

12. Sportlehrkräfte 28 Wochenstunden.

(2) Werden Lehrkräfte an mehreren Schularten eingesetzt, gilt die wöchentliche Unterrichtsverpflichtung der Schulart, an der die Lehrkraft überwiegend eingesetzt ist. Ist eine Lehrkraft an mehreren Schularten in gleichem Umfang eingesetzt, gilt die wöchentliche Unterrichtsverpflichtung der Schulart, die die niedrigere wöchentliche Unterrichtsverpflichtung nach Absatz 1 hat. Die wöchentliche Unterrichtsverpflichtung der Lehrkräfte nach Absatz 1 Ziffern 4, 8 Buchstabe b und Nummer 9, die sonderpädagogische Aufgaben der individuellen Lern- und Entwicklungsbegleitung wahrnehmen, ist unabhängig von der Schulart, an der sie eingesetzt werden. Stichtag für die Bestimmung ist der erste Unterrichtstag nach den Sommerferien, bei später eingestellten Lehrkräften der erste Unterrichtstag. Unabhängig davon gilt als Lehrkraft an Hauptschulen oder Werkrealschulen der Krankheitsvertreter mit wechselndem Einsatz an einer verbundenen Grund- und Hauptschule oder Grund- und Werkrealschule.

Hinweis der Redaktion: Die Lehrkräfte-ArbeitszeitVO stellt bezüglich des Deputats von *„wissenschaftlichen Lehrkräften"* (§ 2 Abs. 1 Nr. 1-7) auf den Einsatz an einer Schulart ab. (Quelle: KM, 8.4.2015; AZ: 14-0301.620/1579) Beispielsweise gilt deshalb die wöchentliche Unterrichtsverpflichtung für „Lehrkräfte an SBBZ" gemäß § 2 Abs. 1 Nr. 4 (26 WStd.) für alle wissenschaftlichen Lehrkräfte an SBBZ, also nicht nur für Sonderschullehrkräfte, sondern auch für Grund-, Haupt-, Werkreal- und Realschul- sowie für gymnasiale und wissenschaftliche berufliche Lehrkräfte. Es ist also nicht auf den konkreten Bildungsgang innerhalb der Schulart abzustellen, in dem die wissenschaftliche Lehrkraft unterrichtet.

Werden *„wissenschaftliche Lehrkräfte"* an einer Gemeinschaftsschule überwiegend in der Grundschulstufe (Kl. 1-4) eingesetzt, unterrichten sie 28 Stunden, in deren Sekundarstufe I (Kl. 5-10) gilt für sie das Deputat gemäß § 2 Abs. 1 Nr. 5a (27 WStd.). Das KM hat im Infobrief Gemeinschaftsschule 3/2018 bekanntgegeben: *„An den Oberstufen an Gemeinschaftsschulen unterrichten ausschließlich Lehrkräfte mit einer Lehrbefähigung für das Gymnasium. Die Gymnasiallehrkräfte, die an Gemeinschaftsschulen mit Oberstufen unterrichten, haben alle ein Deputat von 25 Lehrerwochenstunden (LWS). Das heißt, auch eine Gymnasiallehrkraft, die von einer anderen Gemeinschaftsschule (ohne Oberstufe) für einen Lehrauftrag an eine Gemeinschaftsschule mit Oberstufe abgeordnet wird, hat ein Deputat von 25 LWS."*

Bei den übrigen Lehrkräften (§ 2 Abs. 1 Nr. 8-12) ist das Deputat hingegen unabhängig von der Einsatz-Schulart an die Lehrbefähigung gebunden.

(3) In den in § 3 aufgeführten Fällen kann Lehrkräften eine Vorgriffstunde genehmigt werden.

§ 2a
Ungleichmäßige Verteilung der wöchentlichen Unterrichtsverpflichtung

(1) Die individuell festgesetzte wöchentliche Unterrichtsverpflichtung einer Lehrkraft kann mit deren Zustimmung zur Sicherung der Unterrichtsversorgung über einen Zeitraum von mindestens zwei Schuljahren ungleichmäßig verteilt werden. Dies kann in der Weise erfolgen, dass sie während des ersten Schuljahres überschritten und grundsätzlich während des darauffolgenden Schuljahres durch Zeitausgleich wieder abgebaut wird. Der Zeitausgleich kann in einem späteren Schuljahr erfolgen, wenn er im darauffolgenden Schuljahr aus dienstlichen Interessen ganz oder teilweise nicht möglich ist.

(2) Die ungleichmäßige Verteilung der individuell festgesetzten wöchentlichen Unterrichtsverpflichtung ist nach Genehmigung der zuständigen Schulaufsichtsbehörde von der Schulleitung schriftlich oder elektronisch anzuordnen.

Die Anordnung bei Schulleiterinnen und Schulleitern erfolgt durch die zuständige Schulaufsichtsbehörde; sie ist nur in Ausnahmefällen zulässig.

(3) Die Anordnung nach Absatz 2 ist grundsätzlich nur für Pflicht- oder Wahlpflichtunterricht gemäß den Stundentafeln der einzelnen Schularten zulässig.

(4) In Fällen nach Absatz 1 Satz 3 ist ein Abbauplan erforderlich, der sicherstellen soll, dass der Zeitausgleich vor Eintritt beziehungsweise Versetzung der Lehrkraft in den Ruhestand vollständig erfolgt. Der Abbauplan ist verbindlich. Die Schulleitung legt den Abbauplan, der Anrechnungen, Ermäßigungen und Freistellungen berücksichtigt und von der zuständigen Schulaufsichtsbehörde zu genehmigen ist, fest. In besonders begründeten Ausnahmefällen ist mit Genehmigung der zuständigen Schulaufsichtsbehörde eine Anpassung des Abbauplans möglich.

Bei Schulleiterinnen und Schulleitern wird der Abbauplan von der zuständigen Schulaufsichtsbehörde festgelegt.

(5) Das Kultusministerium wird ermächtigt, das Verfahren in einer Verwaltungsvorschrift zu regeln.

§ 2b
Übergangsvorschrift

Die zum Zeitpunkt des Inkrafttretens dieser Verordnung aufgrund einer ungleichmäßigen Verteilung der individuell festgesetzten Unterrichtsverpflichtung vorhandenen Stunden sind, soweit ein Zeitausgleich noch nicht erfolgt ist, für jede Lehrkraft zu ermitteln und zu dokumentieren. Sie gelten nach Bestätigung durch die zuständige Schulaufsichtsbehörde als genehmigt. In diesen Fällen soll entsprechend § 2a Absatz 4 grundsätzlich ein Abbauplan erstellt werden.

§ 3
Vorgriffstunde

(1) Ab dem Schuljahr 2020/2021 können vollbeschäftigte und teilzeitbeschäftigte Lehrkräfte auf Antrag bei Vorliegen dienstlicher Interessen an der Schule am Vorgriffstundenmodell teilnehmen. Dienstliche Interessen an der Schule liegen in der Regel vor bei Lehrkräften:

1. an Grundschulen,
2. an sonderpädagogischen Bildungs- und Beratungszentren,
3. regional an Werkreal-, Haupt- und Realschulen sowie Gemeinschaftsschulen zur Sicherung der Unterrichtsversorgung im Pflichtbereich,
4. an allgemeinbildenden Gymnasien und beruflichen Schulen bezogen auf einzelne Fachbedarfe.

(2) Das Vorgriffstundenmodell besteht aus einer Anspar-, einer Karenz- und einer Rückgabephase, die jeweils drei aufeinanderfolgende Schuljahre umfassen und unmittelbar aufeinanderfolgen.

Hinweis der Redaktion: Die Prüfung der dienstlichen Interessen soll analog der Prüfung beim Einsatz von Pensionärinnen und Pensionären für Vertretungstätigkeiten erfolgen.

(3) In der drei Schuljahre umfassenden Ansparphase erteilen die Lehrkräfte über die jeweilige individuell festgesetzte Unterrichtsverpflichtung hinaus wöchentlich jeweils eine zusätzliche Unterrichtsstunde (Vorgriffstunde). Diese wirkt sich nicht auf die festgesetzte Unterrichtsverpflichtung aus.

(4) Während der unmittelbar auf die Ansparphase folgenden, drei Schuljahre umfassenden, Karenzphase erteilen die Lehrkräfte Unterricht gemäß der für sie individuell festgesetzten wöchentlichen Unterrichtsverpflichtung.

(5) Die Rückgabe der zusätzlich erteilten Unterrichtsstunden erfolgt unmittelbar im Anschluss an die Karenzphase, in dem die Lehrkräfte in drei aufeinanderfolgenden Schuljahren wöchentlich jeweils eine Unterrichtsstunde weniger erteilen als für sie individuell festgesetzt ist (Rückgabephase). Dies gilt unabhängig davon, ob die betroffenen Lehrkräfte vollbeschäftigt oder teilzeitbeschäftigt sind. Auf Antrag der Lehrkraft kann die Rückgabe der zusätzlich erteilten Unterrichtsstunden abweichend von Satz 1 zusammengefasst im letzten Jahr der Rückgabephase erfolgen, wenn dienstliche Interessen an der Schule nicht entgegenstehen. Der Antrag ist im letzten Jahr der Karenzphase bis spätestens zu dem für die Mitteilung über stellenwirksame Änderungswünsche festgelegten Termin des betreffenden Jahres über die Schule einzureichen. Absatz 6 findet Anwendung.

(6) Für jede am Vorgriffstundenmodell teilnehmende Lehrkraft ist vor Eintritt in die Rückgabephase von der Schulleitung ein Rückgabeplan festzulegen, der sonstige Anrechnungen, Ermäßigungen und Freistellungen auf die wöchentliche Unterrichtsverpflichtung berücksichtigen muss. Dieser ist von der zuständigen Schulaufsichtsbehörde zu genehmigen. Eine vollständige Rückgabe der im Rahmen des Vorgriffstundenmodells zusätzlich erteilten Unterrichtsstunden muss vor Eintritt beziehungsweise Versetzung in den Ruhestand erfolgen.

⇨ Arbeitszeit (Lehrkräfte – VwV Anrechnungen);
⇨ Arbeitszeit (Schwerbehinderung)

(7) Die Regelung nach Absatz 1 gilt nicht für

1. Lehrerinnen während ihrer Schwangerschaft, ⇨ Mutterschutz (Verordnung)
2. Lehrkräfte, die vor Beginn des jeweiligen Schuljahres (1.8.) noch nicht drei Jahre im aktiven Schuldienst tätig waren oder deren Probezeit noch nicht abgelaufen ist, ⇨ Probezeit (Beamt*innen)
3. begrenzt dienstfähige Lehrkräfte, ⇨ Ruhestand (Beamtenrecht) Nr. 4
4. schwerbehinderte Lehrkräfte,
5. Lehrkräfte in einer Maßnahme nach § 68 Absatz 3 des Landesbeamtengesetzes (LBG), ⇨ Eingliederungsmanagement (BEM)
6. Schulleiterinnen und Schulleiter,
7. Lehrkräfte in Altersteilzeit, ⇨ Teilzeit (Altersteilzeit)
8. Lehrkräfte, denen Teilzeitbeschäftigung nach § 69 Absatz 5 LBG bewilligt wurde, ⇨ Teilzeitbeschäftigung (Freistellungsjahr)
9. Lehrkräfte, die vor Beginn des Schuljahres 2020/2021 das 50. Lebensjahr vollendet haben (Geburtsdatum bis einschließlich 01.08.1970). Diese können auf Antrag einbezogen werden, wenn eine vollständige Rückgabe der zusätzlich geleisteten Unterrichtsstunden vor Eintritt beziehungsweise Versetzung in den Ruhestand gewährleistet ist.

Für Zeiten einer Abordnung in den außerschulischen Bereich, Beurlaubung oder Zuweisung der Lehrkräfte, die in der Ansparphase mindestens ein halbes Schuljahr umfassen, wird kein Ausgleich nach Absatz 5 gewährt. Fallen solche Zeiten in die Rückgabephase, wird der Ausgleich nach Absatz 5 entsprechend zeitversetzt und gegebenenfalls zusammengefasst gewährt. Zeiten einer Dienstunfähigkeit infolge Krankheit, die nicht mindestens sechs Wochen umfassen, bleiben unberücksichtigt. Als Zeiträume, in denen die Ansparverpflichtung erfüllt wurde, gelten auch Zeiten einer Elternzeit ohne Teilzeitbeschäftigung bis zu sechs Monaten.

Treten Gründe, die die vorgesehene Teilnahme am freiwilligen Vorgriffstundenmodell unmöglich machen, vor dem Beginn der Ansparphase nach Absatz 3 ein, ist die Bewilligung der Vorgriffstunde zu widerrufen, im Übrigen findet § 71 des Landesbesoldungsgesetzes Baden-Württemberg Anwendung.

⇨ Elternzeit (Beamt*innen); ⇨ Versetzungen und Abordnungen (Lehrkräfte)

§ 4
Unterrichtsverpflichtung des Schulleiters

(1) Aufgabe des Schulleiters ist es, die Schule zu leiten. Der daneben zu erteilende Unterricht bestimmt sich nach den Absätzen 2 bis 5.

(2) Die wöchentliche Unterrichtsverpflichtung der Schulleiter nach § 2 Absatz 1 vermindert sich in Abhängigkeit von der Anzahl der Klassen an der Schule um die Leitungszeit. Diese beträgt

1. bei bis zu 20 Klassen: 1,2 WStd. je Klasse,
2. ab der 21. bis 40. Klasse: 1,0 WStd. je Klasse,
3. ab der 41. Klasse: 0,5 WStd. je Klasse.

Für Schulleiter von Schulen mit weniger als acht Klassen beträgt die Leitungszeit zehn Wochenstunden.

(3) An Unterricht sind mindestens zu erteilen

1. vom Schulleiter: vier Wochenstunden,
2. vom ständigen Vertreter: acht Wochenstunden,
3. von anderen mit Schulleitungsaufgaben betrauten Lehrkräften: 14 Wochenstunden.

Bei teilzeitbeschäftigten Schulleitern, ständigen Vertretern und anderen mit Schulleitungsaufgaben betrauten Lehrkräften ermäßigen sich die nach Satz 1 mindestens zu leistenden Unterrichtswochenstunden entsprechend dem Beschäftigungsumfang. Ausnahmen von Satz 1 und 2 bedürfen der

Zustimmung der oberen Schulaufsichtsbehörde.

Hinweis der Redaktion: Zur Unterrichtsverpflichtung der weiteren mit Schulleitungsaufgaben betrauten Personen siehe: ⇨ Schulleitung (Aufgaben und Stellvertretung).

(4) Bei Stundenbruchteilen von 0,5 und mehr wird aufgerundet, im Übrigen abgerundet.

(5) Erteilt der Schulleiter über seine Verpflichtung nach den Absätzen 2 bis 4 hinaus Unterricht, kann anderen Lehrkräften, die mit Schulleitungsaufgaben betraut werden, ihre Unterrichtsverpflichtung entsprechend reduziert werden.

⇨ Konferenzordnung § 2 Abs. 1 Nr. 9

(6) Für den Schulleiter einer verbundenen Schule gilt die niedrigste Unterrichtsverpflichtung der verbundenen Schularten.

(7) Maßgebend ist die Klassenzahl, die sich bei Anwendung der Berechnungsgrundlage für die Klassenzahl des jeweils geltenden Organisationserlasses ergibt. In der Oberstufe (Jahrgangsstufe 1 und 2) und in der Praktikantenausbildung im Bereich der Beruflichen Schulen zählen 20 Schüler bzw. Praktikanten bzw. jede Jahrgangsstufe als eine Klasse.

§ 5
Altersermäßigung

(1) Die wöchentliche Unterrichtsverpflichtung der vollbeschäftigten Lehrkräfte aller Schularten ermäßigt sich zu Beginn des Schuljahres, in dem sie

1. das 60. Lebensjahr vollenden, um eine Wochenstunde,
2. das 62. Lebensjahr vollenden, um zwei Wochenstunden.

(2) Bei teilzeitbeschäftigten Lehrkräften ermäßigt sich die wöchentliche Unterrichtsverpflichtung nach Absatz 1 entsprechend deren Beschäftigungsumfang.

Hinweise der Redaktion:

1. Alters- und Schwerbehindertenermäßigung werden addiert; Teilzeitbeschäftigte erhalten die Ermäßigung anteilig in Form von halben oder ganzen Deputatsstunden. Verbleibende Bruchteile werden in das folgende Schuljahr übertragen, dabei wird auf 4 Stellen nach dem Komma gerechnet. Im letzten Berufsjahr müssen noch verbliebene Bruchteile als einzelne Stunden gewährt werden. Kann Tarifbeschäftigten der rechnerische Rest von unter 0,5 Stunden nicht als Einzelstunden gewährt werden, so haben sie Anspruch auf finanziellen Ausgleich. Im unten abgedruckten Beispiel bliebe im letzten Dienstjahr bei 38 Schulwochen noch ein Rest-Anspruch von 0,18 x 38 = 7 Einzelstunden (aufgerundet). Lehrkräfte erhalten auf Anforderung von ihrer Schulleitung einen Ausdruck des Kontostands aus dem Schulverwaltungsprogramm ASD.

Schuljahr	Alter	Altersermäßigung bei einem Deputat von 16/25 Wochenstunden	Deputatsreduzierung	Rest
2022/23	60	16/25 von **1 Std.** = 0,64	0,5	*0,14*
2023/24	61	0,64 + *Rest 0,14* = 0,78	0,5	*0,28*
2024/25	62	16/25 von **2 Std.** = 1,28 *+ Rest 0,28* = 1,56	1,5	*0,06*
2025/26	63	1,28 + *Rest 0,06* = 1,34	1	*0,34*
2026/27	64	1,28 + *Rest 0,34* = 1,62	1,5	*0,12*
2027/28	65	1,28 + *Rest 0,12* = 1,4	1	*0,4*
2028/29 (letztes Dienstjahr)	66	1,28 + *Rest 0,4* = 1,68 Der Rest von *0,18* wird als Einzelstunden gewährt	1,5	*0,18*

2. Wer in den außerschulischen Bereich teilabgeordnet ist, hat nur an der Schule Anspruch auf anteilige Altersermäßigung. Bezugsgröße ist der an der Schule erbrachte Beschäftigungsumfang. Auch bei Lehrbeauftragten und Fachleiter*innen an Seminaren sowie Fachberater*innen, die außerhalb ihrer Schule auf der Basis von Anrechnungsstunden tätig sind, zählt nur der schulische Beschäftigungsanteil.

(Quellen: KM, 29.9.2010, AZ: 14-0301.620/1410, 4.8.2014, AZ: 14-0301.620/1561 und 23.2.2015, AZ:14-0301.620/1561)

§ 6
Schwerbehindertenermäßigung

(1) Die wöchentliche Unterrichtsverpflichtung der vollbeschäftigten schwerbehinderten Lehrkräfte ermäßigt sich auf Antrag bei einem Grad der Behinderung

1. von mindestens 50 um zwei Wochenstunden,
2. von mindestens 70 um drei Wochenstunden,
3. von mindestens 90 um vier Wochenstunden.

(2) Bei teilzeitbeschäftigten Lehrkräften ermäßigt sich die wöchentliche Unterrichtsverpflichtung nach Absatz 1 entsprechend deren Beschäftigungsumfang.

Hinweis der Redaktion: Zu den Stundenbruchteilen bei Teilzeitbeschäftigten siehe § 5 (Hinweis Nr. 1).

(3) Der Grad der Behinderung ist durch einen Schwerbehindertenausweis nachzuweisen. Die Ermäßigung der Unterrichtsverpflichtung ist auf die Gültigkeitsdauer des Schwerbehindertenausweises befristet.

(4) In besonderen Ausnahmefällen kann auf Antrag der schwerbehinderten Lehrkraft aufgrund eines fachärztlichen Gutachtens eine befristete zusätzliche Ermäßigung von höchstens zwei Wochenstunden gewährt werden.

⇨ Arbeitszeit (Schwerbehinderung); ⇨ Schwerbehinderung (Allgemeines) Teil D

§ 7
Anrechnungen und Freistellungen

(1) Anrechnungen, Freistellungen und Arbeitsbefreiungen können für die Wahrnehmung besonderer Aufgaben und Funktionen gewährt werden, die nicht von der Unterrichtsverpflichtung umfasst sind.

(2) Diese sind auf der Grundlage entsprechender Ermächtigungen im Bundesrecht, Landesrecht und Landeshaushalt oder aufgrund vom Kultusministerium erlassener Regelungen zulässig.

(3) Anrechnungen, Freistellungen und Arbeitsbefreiungen führen zu einer Reduzierung der jeweiligen individuell festgesetzten wöchentlichen Unterrichtsverpflichtung; sie dürfen diese nicht überschreiten.

§ 8
Drei unterrichtsfreie Tage

Lehrkräfte erhalten in jedem Schuljahr drei unterrichtsfreie Tage, die entsprechend § 3 der […] ⇨ Ferienverordnung […] festzulegen sind.

⇨ Arbeitszeit (ArbeitszeitVO); ⇨ Arbeitszeit (Lehrkräfte – Allgemeines); ⇨ Arbeitszeit (Lehrkräfte – VwV Anrechnungen); ⇨ Arbeitszeit- und Urlaubsverordnung; ⇨ Beamtenrecht (Zuständigkeiten); ⇨ Elternzeit (Beamt*innen); ⇨ Mutterschutz (Verordnung); ⇨ Tarifrecht (Allgemeines); ⇨ Versetzungen und Abordnungen (Lehrkräfte)

Arbeitszeit (Lehrkräfte – VwV Anrechnungen)

Verwaltungsvorschrift des KM Anrechnungsstunden und Freistellungen für Lehrkräfte an öffentlichen Schulen (VwV Anrechnungsstunden und Freistellungen) vom 6. Juli 2017 (K.u.U. S. 140/2017), zuletzt geändert am 30. Juli 2020 (K.u.U. S. 121/2020)

Hinweis der Redaktion: Diese Verwaltungsvorschrift gilt auch für tarifbeschäftigte Lehrkräfte. ⇨ Tarifvertrag-Länder §§ 6, 44

I.
Allgemeine Grundsätze

1. Anrechnungen, Freistellungen und Arbeitsbefreiungen können für die Wahrnehmung besonderer Aufgaben und Funktionen gewährt werden, die nicht von der Unterrichtsverpflichtung umfasst sind
   - im Rahmen der Bestimmungen dieser Verwaltungsvorschrift
   - auf der Grundlage entsprechender Ermächtigungen im Landeshaushalt oder
   - nach Entscheidung des Kultusministeriums.

   Darüber hinausgehende Anrechnungen oder Freistellungen sind nicht zulässig.

   ⇨ Arbeitszeit (Lehrkräfte – Allgemeines); ⇨ Arbeitszeit (Lehrkräfte-ArbeitszeitVO)
2. Die regelmäßige Arbeitszeit der Beamtinnen und Beamten in Baden-Württemberg beträgt nach § 4 der ⇨ Arbeitszeit- und Urlaubsverordnung 41 Stunden pro Woche. Unter Berücksichtigung von Urlaub und Feiertagen ergibt sich aus der wöchentlichen Arbeitszeit von 41 Zeitstunden x 44 Wochen eine Jahresarbeitszeit von rund 1.800 Zeitstunden. Der Gegenwert in Zeitstunden pro Jahr bei der Gewährung einer Anrechnungsstunde ergibt sich aus der Jahresarbeitszeit der Beamtinnen und Beamten (rund 1.800 Zeitstunden/Jahr) geteilt durch die wöchentliche Unterrichtsverpflichtung der Lehrkraft nach § 2 der Lehrkräfte-ArbeitszeitVO. Danach würde bei den jeweiligen wöchentlichen Unterrichtsverpflichtungen folgendes Zeitvolumen einer Anrechnungsstunde entsprechen:

Wöchentliche Unterrichtsverpflichtung	Zeitstunden/Jahr für eine Anrechnungsstunde
31	58
28	64
27	67
26	69
25	72

Hinweis der Redaktion: Das KM erläutert mit dieser Rechnung, wie viel eine Anrechnungsstunde in Zeit-Stunden „wert" ist (der reale Zeitaufwand der betroffenen Lehrkräfte liegt oft viel höher). Es ist weder beabsichtigt noch geboten, hieraus Abrechnungs- oder Nachweispflichten abzuleiten.

II.
Variabler Einsatz der wöchentlichen Unterrichtsverpflichtung

Sofern aus Gründen der Lehrauftragsverteilung die Unterrichtsverpflichtung einer Lehrkraft nicht ihrer wöchentlichen Unterrichtsverpflichtung entspricht, ist der erforderliche Ausgleich spätestens im darauffolgenden Schuljahr vorzunehmen. Die Rückgabe der Vorgriffstunde […] kann auf Antrag der Lehrkraft auch zu einem späteren Zeitpunkt in Anspruch genommen werden.

⇨ Arbeitszeit (Minusstunden); ⇨ Mehrarbeit (Allgemeines) Ziff. V Nr. 2

III.
Anrechnungsstunden für schulische Leitungsaufgaben

Hinweis der Redaktion: Mit „Wochenstunden" sind im Folgenden stets Deputatsstunden gemeint.

1. Die nachfolgend aufgeführten Anrechnungsstunden für schulische Leitungsaufgaben beinhalten auch die in § 4 […] ⇨ Arbeitszeit (Lehrkräfte – ArbeitszeitVO) festgelegte Leitungszeit des Schulleiters. ⇨Schulleitung (Aufgaben)
2. Schulen, einschließlich Teilzeitschulen, erhalten

bis zu 20 Klassen	1,2 Wochenstunden
ab der 21.-40. Klasse	1,0 Wochenstunde
ab der 41. Klasse	0,5 Wochenstunden

je Klasse. Schulen mit weniger als acht Klassen wird eine Mindestanrechnung von 10 Wochenstunden gewährt. Bei Schulen, an denen ein Hort an der Schule eingerichtet ist, wird die Horteinrichtung einer Klasse gleichgesetzt.

Hinweis der Redaktion: Grundschulförderklassen zählen in diesem Sinne als „Klassen" (vgl. ⇨ Grundschulförderklassen Ziff. II.2.1. vorletzter Absatz), nicht jedoch beim Stundenpool (vgl. Nr. IV.1) oder bei der Besoldung.

2.1 Maßgebend ist die Klassenzahl, die sich bei Anwendung der Berechnungsgrundlage für die Klassenzahl des jeweils geltenden Organisationserlasses ergibt. In der Oberstufe (Jahrgangsstufe 1 und 2) und in der Praktikantenausbildung im Bereich der Beruflichen Schulen zählen 20 Schüler bzw. Praktikanten bzw. jede Jahrgangsstufe als eine Klasse. ⇨ Organisationserlass

2.2 Selbstständige Hauptschulen, Werkrealschulen, Realschulen, Gemeinschaftsschulen, Gymnasien und Berufliche Schulen mit 5 bis 10 Klassen erhalten zusätzlich eine Wochenstunde je Schule.

2.3 Das Kultusministerium kann bei einzelnen sonderpädagogischen Bildungs- und Beratungszentren, die nicht Ganztagsschulen sind, in besonders begründeten Fällen eine zusätzliche Anrechnung gewähren.

2.4 Abweichend hiervon können in Anspruch nehmen
- Aufbaugymnasien mit Heim, sonderpädagogische Bildungs- und Beratungszentren mit Internat und solche, die als Ganztagsschulen geführt werden,

bis zu 10 Klassen/Gruppen	16 WStd,
mit mehr als 10 Klassen/Gruppen	22 WStd,

- Schulen mit mehr als zwei Schularten ab der dritten Schulart an der Schule und Gemeinschaftsschulen eine weitere Wochenstunde je Schulart. Dabei gelten das Berufsvorbereitungsjahr sowie die einzelnen hinsichtlich Aufnahmevoraussetzungen und Abschluss unterschiedlich geregelten Bildungsgänge der Berufsfachschule, des Berufskollegs, der Berufsoberschule und der Fachschule abweichend vom Schulgesetz als verschiedene Schularten. Bei Schulen mit verschiedenen Schultypen, die organisatorisch unter einer Leitung stehen, kann jede Schulart nur einmal berücksichtigt werden;
- Schulen mit einem Anteil an Kindern, die nicht die deutsche Staatsangehörigen besitzen, von mehr als
  15 v.H. je Schulart zusätzlich 1 WStd.,
  25 v.H. je Schulart zusätzlich 2 WStd.,
  50 v.H. je Schulart zusätzlich 3 WStd.;
- öffentliche Schulen, an denen das Kultusministerium die Einrichtung des Ganztagsbetriebs genehmigt hat, zusätzlich eine Wochenstunde für Schulleitungsaufgaben.

Hinweis der Redaktion: Die Anrechnungstatbestände für Schulleitungsaufgaben sind unabhängig voneinander zu vergeben, schließen sich also gegenseitig nicht aus.

3. Tritt während des Schuljahres eine Änderung in der Klassenzahl ein, wird dies mit dem Zeitpunkt der Änderung berücksichtigt werden.
4. Bei Stundenbruchteilen von 0,5 und mehr wird aufgerundet, im Übrigen abgerundet.

IV.
Anrechnungen

Anrechnungen dienen dem Ausgleich unterschiedlicher zeitlicher Belastungen einzelner Lehrkräfte.

1.
Allgemeines Entlastungskontingent (Stundenpool)

Hinweis der Redaktion: Das KM hat hierzu ausgeführt:

„Das allgemeine Entlastungskontingent dient der Wahrnehmung von besonderen Aufgaben bzw. dem Ausgleich von Belastungen. Gemeint ist hierbei beispielsweise der Ausgleich für die Lehr-, Lernmittel- und Fachraumverwaltung, die Oberstufenberatung, die Leitung einer naturwissenschaftlichen Sammlung, die Tätigkeit als Verbindungslehrerin oder -lehrer zur SMV, als Lehrerin oder Lehrer für Suchtprävention, Koordinatorin oder Koordinator der Sprachförder- und Integrationsmaßnahmen, die Organisation der Schülerbeförderung oder der Ausgleich für Abstimmungsaufgaben bezüglich des Einsatzes von Pflege- und Betreuungskräften im Unterricht. Ferner sind im Bereich des Sports und der Kultur in wenigen Einzelfällen beispielsweise die Koordination und Umsetzung von Kooperation Schule – Verein, die Organisation und Koordination von Schulsportwettbewerben, die Koordination großer Fachschaften und Sammlungen (z.B. an Musikprofilgymnasien), die Organisation und Koordination von Konzerten, Wettbewerben, Ausstellungen, Exkursionen und Konzertreisen sowie allgemeine Aufgaben im Sinne einer ganzheitlichen kulturellen Bildung zu nennen".

(Quelle: Landtags-Drucksache 15 / 3901)

Anrechnungen dienen nicht der Freistellung für Leitungsaufgaben. Über die Gewährung einer Anrechnung entscheidet die Schulleitung; die GLK kann ihr hierzu allgemeine Empfehlungen geben. Hierzu die Informationspflicht der Schulleitung (Ziff. 1.5) beachten. ⇨ Ermessen; ⇨ Konferenzordnung § 2 Abs. 1 Ziff. 9

1.1 Gymnasien, Berufliche Schulen, Realschulen und Gemeinschaftsschulen

Diesen Schulen stehen je Klasse folgende Anrechnungen zur Verfügung:

bis zu 20 Klassen	0,45 Wochenstunden,
ab der 21.-40. Klasse	0,3 Wochenstunden,
ab der 41.-50. Klasse	0,15 Wochenstunden,
ab der 51. Klasse	0,05 Wochenstunden.

Schulen mit weniger als 11 Klassen erhalten zusätzlich eine halbe Wochenstunde je Schule.

1.2 Selbstständige Grund-, Haupt- oder Werkrealschulen, verbundene Grund-, Haupt-, Werkreal-, Real- und Gemeinschaftsschulen sowie sonderpädagogische Bildungs- und Beratungszentren.

Diesen Schulen stehen je Klasse folgende Anrechnungen zur Verfügung:

bis zu 20 Klassen	0,3 Wochenstunden,
ab der 21. bis 40. Klasse	0,25 Wochenstunden,
ab der 41. Klasse	0,05 Wochenstunden.

Für verbundene Grund-, Haupt-, Werkreal-, Realschulen und Gemeinschaftsschulen findet Nr. 1.1 im Bereich der Realschulen und Gemeinschaftsschulen Anwendung. Schulen mit Ausnahme selbstständiger Grundschulen erhalten mit weniger als 13 Klassen zusätzlich eine halbe Wochenstunde je Schule.

1.3 Beruflichen Schulen stehen für das erste Berufsfeld eine Wochenstunde und für jedes weitere Berufsfeld je eine halbe Wochenstunde zur Verfügung.

1.4 Ausbildungsschulen und Praktikumsschulen

Ausbildungsschulen für Lehramtsanwärter und Referendare, die den Vorbereitungsdienst an den Staatlichen Seminaren für Ausbildung und Fortbildung der Lehrkräfte ableisten, sowie für direkt eingestellte Wissenschaftliche und Technische Lehrkräfte in der pädagogischen Schulung erhalten je Auszubildenden 1,5 Wochenstunden.

Ausbildungsschulen für Studierende im Integrierten Semesterpraktikum erhalten eine halbe Wochenstunde je Studierenden. Ausbildungsschulen für Studierende im Schulpraxissemester erhalten eine Wochenstunde je Studierenden.

⇨ Ausbildungsberater*innen

Hinweise der Redaktion:

1. Die Ausbildung von Fach- und Technischen Lehrkräften Sonderpädagogik und musisch-technischen Fachlehrkräften dauert drei Jahre. Es gilt folgende Anrechnungsregelung für die Mentorenstunden der Ausbildungsschulen: (Quelle: KM, 14.12.2017, AZ: 25-6716.0/99)

Ausbildungsjahr	Ausbildungsgang musisch-technisch	Ausbildungsgang Sonderpädagogik
1.	1 Stunde je Gruppe (4 bis 6 FL-Anwärter*innen)	0,5 Stunden je Gruppe (2 FL- bzw. TL-Anwärter*innen)
2.	2 Stunden je Gruppe (4 bis 6 FL-Anwärter*innen)	1 Stunde je Gruppe (2 FL-bzw. TL-Anwärter*innen)
3.	1,5 Std. je FL- bzw. TL-Anwärter*in	

2. Mentor*innen, die ausländische Lehrkräfte während des Anpassungslehrgangs betreuen, sind [...] Anrechnungs-

stunden im gleichen Umfang [...] zu gewähren, da es sich hierbei um eine gleichartige und gleichwertige Aufgabe handelt. (KM, 22.2.2019, AZ: 24-6701.5/228)

3. Die „Mentorenstunden“ an Ausbildungsschulen werden von der Schulleitung auf die an der Ausbildung beteiligten Lehrkräfte (einschließlich der Schulleitung selbst) verteilt. Hierzu hat das KM u.a. verfügt:

„Die Anrechnung von 1,5 Wochenstunden steht somit der Schule je Auszubildenden (nicht je Ausbilder) pro Schuljahr zu. – Seitens des Ministeriums bestehen keine Bedenken, wenn die Anrechnung aus unterrichtsorganisatorischen Gründen auf ein Schuljahr verdichtet wird (0,75 Wochenstunden für die Zeit vom 1.2. bis 31.7. + 1,5 Wochenstunden für die Zeit vom 1.8. bis 31.7. = 2,25 Wochenstunden). Eine rechnerische Aufrundung auf drei Wochenstunden ist jedoch nicht zulässig [...]. Drei Wochenstunden können nur dann vergeben werden, wenn die betroffenen Ausbildungslehrer im Umfang der Aufrundung einen Ausgleich durch andere Tätigkeiten schaffen“. (Quelle: KM, 16.5.1995, AZ: I/4-0301.620.956)

„Die Schule muss in diesem Fall auf bereits zur Verfügung stehende Anrechnungen zurückgreifen (z.B. auf Anrechnungsstunden, die über das allgemeine Entlastungskontingent [...] gewährt werden)“. (Quelle: KM, 16.2.2010; AZ: 14-0301.620/1405)

4. Da die Ausbildung der Direkteinsteiger*innen zwei Jahre dauert, erhalten Fachmentor*innen für das Mentorat von Direkteinsteiger*innen 2 x je 1,5 Anrechnungsstunden, die vom Seminar ausgesprochen und vom RP verfügt werden. Die Fachmentorin bzw. der Fachmentor erhält auf Antrag beim Landeslehrerprüfungsamt eine Prüfungsvergütung.

1.5 Die Verteilung dieser Anrechnungen steht im pflichtgemäßen ⇨ Ermessen des Schulleiters.

Hinweis der Redaktion: Findet die Ausbildung an mehreren Schulen statt, so entscheiden die beteiligten Lehrkräfte bzw. Schulen über die Verteilung. Mithilfe des „variablen Deputats“ (siehe Ziff. II) können ggf. Stundenbruchteile auf das folgende Schul(halb)jahr übertragen werden.

Der Schulleiter informiert die Gesamtlehrerkonferenz über die Verteilung der Anrechnungen. ⇨ Konferenzordnung § 2 Abs. 1 Nr. 9

2. Sonstige Anrechnungen

2.1 Geschäftsführende Schulleiter, wenn sie betreuen

bis zu 50 Klassen	2 Wochenstunden,
bis zu 100 Klassen	4 Wochenstunden,
über 100 Klassen	6 Wochenstunden.

2.2 Leitung eines Schulkindergartens

mit ein bis zwei Gruppen	5 Wochenstunden,
mit drei bis fünf Gruppen	9 Wochenstunden,
mit sechs bis zehn Gruppen	13 WStd.,
mit mehr als zehn Gruppen	17 WStd.,

und

mit eigenem Standort,
mit mehreren Typen (Förderschwerpunkte),
mit einer oder mehreren Außenstelle(n) oder Außengruppe(n),
mit einer Intensivkooperation mit einer allgemeinen Kindertageseinrichtung unter einem Dach

jeweils eine Wochenstunde zusätzlich.

2.3 Tätigkeit als Fachberater entsprechend der regelmäßigen besonderen Inanspruchnahme.

⇨ Fachberater*innen; ⇨ Schulleitung (Abteilungsleiter*innen)

2.4 Beratungslehrkräfte, wenn sie betreuen

bis 500 Schüler	2 Wochenstunden,
bis 750 Schüler	3 Wochenstunden,
bis 1.250 Schüler	4 Wochenstunden,
über 1.250 Schüler	5 Wochenstunden.

Hinweis der Redaktion: Grundsätzlich sollen Beratungslehrkräfte möglichst wenigstens vier Anrechnungsstunden erhalten; siehe: ⇨ Bildungsberatung und Beratungslehrkräfte Nr. II.1.

2.5 Ausbildungslehrkräfte je betreuter Gruppe im Schulpraxissemester und Ausbildungsberater je betreuter Gruppe im Integrierten Semesterpraktikum eine Wochenstunde.

⇨ Ausbildungsberater*innen

2.6 Tätigkeit von Lehrkräften für Sonderpädagogik, die im Verfahren der Feststellung des Anspruchs auf ein sonderpädagogisches Bildungsangebot von der Schulaufsichtsbehörde mit der sonderpädagogischen Diagnostik beauftragt werden, je acht Feststellungsverfahren im Schuljahr eine Wochenstunde.

2.7 Erteilen Lehrkräfte regelmäßig Unterricht außerhalb ihrer Stammschule und erhöht sich dadurch der Zeitaufwand, der üblicherweise zum Erreichen der Stammschule erforderlich ist, um mehr als fünf Zeitstunden im Monat, so erhalten sie für einen Zeitaufwand von je zwei weiteren vollen Zeitstunden eine Anrechnung von einer Wochenstunde im Monat.

Hinweis der Redaktion: Das KM hat hierzu mitgeteilt: „Mit dieser Anrechnungsregelung soll der gesamte zeitliche Mehraufwand für Fahrten, der bei einer sogenannten Teilabordnung – das heißt, der Lehrer erteilt Unterricht an seiner Stammschule und daneben an einer weiteren Schule – entsteht, abgegolten werden. Keinesfalls ist damit gemeint, dass der Anrechnung nur der Mehraufwand für die Hinfahrt zugrunde gelegt werden kann.“ (Quelle: KM; Landtags-Drucksache 10/3100)

Beispiel: Eine teilabgeordnete Lehrkraft unterrichtet viermal wöchentlich im Nachbarort. Zu ihrer Stammschule hat sie von ihrer Wohnung aus 35 Min. Fahrzeit, zur anderen Schule 55 Min. Für die Hin- und Rückfahrt hat sie demnach täglich 2 x 20 = 40 Min. Mehraufwand; bei 4 Tagen wöchentlich sind das 2 Std. und 40 Min., bei ca. 4

Wochen im Monat 10 Std. und 40 Min. Mehraufwand, also 5 Std. und 40 Minuten mehr als die o.g. 5 Zeitstunden. Für 2 volle Std. Mehraufwand gibt es eine Anrechnungsstunde im Monat; demnach erhält sie zwei solche Stunden im Monat (ihr Deputat ist um eine halbe Stunde zu kürzen).

➪ Reisekosten (Auswärtige Dienstgeschäfte)

3. Für die Bestimmung der Anzahl der maßgeblichen Klassen, Änderung in der Klassenzahl während des laufenden Schuljahres und der Rundung von Stundenbruchteilen gelten die Regelungen zur Berechnung der Anrechnungsstunden für schulische Leitungsaufgaben entsprechend (III, 2.1,3,4).

V. Freistellungen

1. Auf Antrag der Personalräte können Mitglieder der örtlichen Personalräte bis zum Rahmen der in § 45 Absatz 1 des Landespersonalvertretungsgesetzes festgelegten Höchstgrenzen von ihrer dienstlichen Tätigkeit freigestellt werden. Werden Teilfreistellungen mehrerer Mitglieder vorgenommen, ist im Bereich der Grund-, Haupt-, Werkreal-, Real- und Gemeinschaftsschulen sowie sonderpädagogischen Bildungs- und Beratungszentren von einer durchschnittlichen wöchentlichen Unterrichtsverpflichtung von 28 Wochenstunden auszugehen.

➪ Personalvertretungsgesetz (LPVG) § 45

2. Die örtlichen Personalräte der Gymnasien, der Beruflichen Schulen, der Gesamtschulen und der sonderpädagogischen Bildungs- und Beratungszentren mit Internat erhalten für ihre Mitglieder auf Antrag folgende Freistellungen:

   Mit einem Mitglied 1,5 Wochenstunden,
   mit drei Mitgliedern 4,5 Wochenstunden,
   mit fünf Mitgliedern 7,5 Wochenstunden,
   mit sieben Mitgliedern 15 Wochenstunden.

   Sind in den örtlichen Personalräten der genannten Schularten Mitglieder vertreten, die eine wöchentliche Unterrichtsverpflichtung von 26 bis 28 Wochenstunden haben, werden auf Antrag folgende Freistellungen gewährt:

   Bei Gremien mit
   - fünf Mitgliedern 8 Wochenstunden,
   - sieben Mitgliedern 16 Wochenstunden.

   Sind in den örtlichen Personalräten der genannten Schularten Mitglieder vertreten, die eine wöchentliche Unterrichtsverpflichtung von 31 Wochenstunden haben, werden auf Antrag folgende Freistellungen gewährt:

   Bei Gremien mit
   - fünf Mitgliedern 8,5 Wochenstunden,
   - sieben Mitgliedern 19 Wochenstunden.

3. Die Mitglieder der Haupt- bzw. Bezirkspersonalräte können für ihre Tätigkeit bis zu einem Viertel der von ihnen jeweils abzuleistenden wöchentlichen Unterrichtsverpflichtung freigestellt werden. Darüber hinaus erhalten:

3.1 Die Hauptpersonalräte zu ihrer Verfügung für den Bereich der
   - Grund-, Haupt-, Werkreal-, Real- und Gemeinschaftsschulen sowie sonderpädagogischen Bildungs- und Beratungszentren 116 wöchentliche Unterrichtsstunden, *(im Folgenden abgekürzt: UStd.)*
   - Gymnasien 78 wöchentliche UStd,
   - Berufliche Schulen 78 wöchentliche UStd.

3.2 Die Bezirkspersonalräte zu ihrer Verfügung für den Bereich der
   - Grund-, Haupt-, Werkreal-, Real- und Gemeinschaftsschulen sowie sonderpädagogischen Bildungs- und Beratungszentren 82 wöchentliche UStd.,
   - Gymnasien mit bis zu 9 Mitgliedern 50 wöchentliche UStd. und Gymnasien mit mehr als 9 Mitgliedern 54 wöchentliche UStd.,
   - Berufliche Schulen mit bis zu 9 Mitgliedern 50 wöchentliche UStd., und Berufliche Schulen mit mehr als 9 Mitgliedern 54 wöchentliche UStd.

4. Die Personalräte können entsprechend der Inanspruchnahme der Mitglieder die insgesamt zur Verfügung stehenden anrechenbaren Wochenstunden aufteilen. Die Aufteilung der Freistellungen auf die einzelnen Mitglieder ist der jeweils zuständigen Stelle mitzuteilen.

Hinweis der Redaktion: Für diese Freistellungen haben die Personalratsmitglieder keine Nachweise zu erbringen. Der Erholungsurlaub für schulische Personalratsmitglieder wird durch die Ferien abgegolten. (Quelle: KM, 16.1.2004; AZ: 14-0301.624/72)

VI. Arbeitsbefreiungen

Die Freistellungen für Schwerbehindertenvertretungen sind in § 179 Absatz 4 Sozialgesetzbuch – Neuntes Buch – (SGB IX) geregelt

Auf Antrag können die Vertrauensfrauen und Vertrauensmänner, die Bezirksvertrauenspersonen sowie die Hauptvertrauenspersonen in folgendem Umfang von ihrer dienstlichen Tätigkeit freigestellt werden:

- Pro fünf beschäftige Schwerbehinderte jeweils 1/20 der entsprechenden wöchentlichen Unterrichtsverpflichtung (abgerundet auf volle Stunden).

Die Arbeitsbefreiung kann ganz oder teilweise auf die Stellvertreterin / den Stellvertreter übertragen werden.

Hinweis der Red.: Zur Freistellung der Beauftragten für Chancengleichheit siehe ➪ Chancengleichheitsgesetz § 18 Abs. 3-4.

➪ Arbeitszeit- und Urlaubsverordnung; ➪ Arbeitszeit (Arbeitszeitverordnung); ➪ Arbeitszeit (Lehrkräfte – Allgemeines); ➪ Arbeitszeit (Lehrkräfte-Arbeitszeit-VO); ➪ Bildungsberatung und Beratungslehrkräfte; ➪ Ermessen; ➪ Fachberater*innen; ➪ Konferenzordnung § 2 Abs. 1 Nr. 9; ➪ Personalvertretungsgesetz (LPVG) § 45; ➪ Schulleitung (Abteilungsleiter*innen); ➪ Urlaub (Verordnung) § 2

Arbeitszeit (Minusstunden)

Informationen der Redaktion zur Rechtslage und zur Verwaltungspraxis in Baden-Württemberg

Rechtslage

Der Begriff „*Minusstunde*" wird in der Regel für Phasen innerhalb der Arbeitszeit verwandt, in denen Beschäftigte ohne eigenes Verschulden die vorgesehene Arbeitsleistung nicht erbringen können, weil sie diese zwar angeboten haben, ihr Arbeitgeber – das Bürgerliche Gesetzbuch (BGB) spricht vom „*Dienstberechtigten*" – diese aber nicht angenommen hat.

Es existiert keine explizite gesetzliche Regelung, ob und wie viele „*Minusstunden*" möglich beziehungsweise zulässig sind. Das BGB bestimmt in § 615 lediglich, wer wozu verpflichtet ist:

„Kommt der Dienstberechtigte mit der Annahme der Dienste in Verzug, so kann der Verpflichtete für die infolge des Verzugs nicht geleisteten Dienste die vereinbarte Vergütung verlangen, ohne zur Nachleistung verpflichtet zu sein. Er muss sich jedoch den Wert desjenigen anrechnen lassen, was er infolge des Unterbleibens der Dienstleistung erspart oder durch anderweitige Verwendung seiner Dienste erwirbt oder zu erwerben böswillig unterlässt. Die Sätze 1 und 2 gelten entsprechend in den Fällen, in denen der Arbeitgeber das Risiko des Arbeitsausfalls trägt."

Das bedeutet: Kommt es zu „*Minusstunden*", weil keine Arbeit vorlag, die Beschäftigten jedoch ihre Zeit und Arbeitskraft angeboten haben, ist der Arbeitgeber verpflichtet, den vollen Lohn zu zahlen – ohne dass nachgearbeitet werden muss. Der Arbeitgeber befindet sich dann nämlich im sogenannten „*Annahmeverzug*".

Auch im Falle einer behördlichen Schließung der Betriebsstätte bleibt der Arbeitgeber verpflichtet, das Entgelt zu zahlen. Er ist dann jedoch gehalten, alle alternativen Maßnahmen – unter Einhaltung der Mitbestimmungsrechte – auszuschöpfen („alten" Urlaub oder Überstunden abbauen, Teile des Jahreserholungsurlaubs vorziehen, Kurzarbeit anmelden, das Personal anderweitig beschäftigen).

Beamtenrecht

Beamt*innen dürfen dem Dienst nicht ohne Genehmigung fernbleiben. ➪ Beamtengesetz (LBG) § 68 Abs. 1

In der einschlägigen Vorschrift des IM heißt es dazu:

„Wird durch das Fernbleiben vom Dienst während konkret festgesetzter Dienststunden, zum Beispiel in feststehender Arbeitszeit oder nach Dienstplan, Arbeitszeit versäumt, ist diese grundsätzlich nicht nachzuholen. Besoldungs- oder disziplinarrechtliche Folgen bleiben unberührt."

➪ Beamtenrecht (BeamtVwV) Nr. 41.6, letzter Satz, zitiert unter ➪ Beamtengesetz § 68

Ist beispielsweise eine beamtete Lehrkraft weder krank noch freigestellt oder beurlaubt und erscheint sie unentschuldigt nicht zum Unterricht, so muss sie zwar die ausgefallenen Stunden nicht nachholen, aber es können ein Gehaltsabzug oder eine Disziplinarmaßnahme folgen. ➪ Urlaub (Lehrkräfte)

Arbeitnehmer*innen

Arbeitsrechtlich sind „*Minusstunden*" nur über ein Arbeitszeitkonto möglich, dem beide Seiten zu Beginn des Arbeitsverhältnisses vertraglich zugestimmt haben. Dabei ist u.a. genau zu definieren, welche nicht gearbeitete Zeit dazugehört und welche nicht, wie sie erfasst wird und ob dies der Gegenzeichnung bedarf, wie viele Minusstunden höchstens auf dem Konto gesammelt werden können und in welchem Zeitraum sie ausgeglichen werden müssen. Ferner ist der Fall zu regeln, dass „*Minusstunden*" in diesem „Ausgleichs"-Zeitraum aus dienstlichen Gründen nicht ausgeglichen werden können.

Will der Arbeitgeber – beispielsweise wegen verringerten Bedarfs – den mit den Beschäftigten vereinbarten Arbeitsumfang (Stundenanzahl) verringern, bedarf dies einer förmlichen Vertragsänderung.

Sonderfall Lehrkräfte im Landesdienst

Für die Arbeitszeit einschließlich der Mehrarbeit an öffentlichen Schulen sind sowohl für beamtete Lehrkräfte als auch für Lehrkräfte im Arbeitnehmerverhältnis die Verordnung der Landesregierung über die Arbeitszeit der Lehrkräfte bzw. die Ausführungsvorschriften des Kultusministeriums maßgebend.

➪ Arbeitszeit (Lehrkräfte – ArbeitszeitVO); ➪ Arbeitszeit (Lehrkräfte – VwV Anrechnungen); ➪ Mehrarbeit

Im Schulbereich entstehen unvorhersehbare „*Minusstunden*" z.B. dadurch, dass eine Lehrkraft stundenplanmäßig in einer bestimmten Klasse eingesetzt ist, der Unterricht jedoch nicht stattfindet, weil sich ein Lerngang in der vorhergehenden Unterrichtsstunde unerwartet verzögert hat oder weil versäumt wurde, die Lehrkraft davon zu unterrichten, dass die Klasse wegen einer außerunterrichtlichen Veranstaltung an diesem Tag gar nicht in der Schule ist.

In solchen (unplanbaren) Fällen fällt für die stundenplanplanmäßig eingeteilte Lehrkraft der Unterricht aus und muss nicht nachgeholt werden.

Ist hingegen eine Klasse „planmäßig" abwesend, kann der Einsatz der ansonsten in der Klasse unterrichtenden Lehrkräfte für diese Woche umgeplant werden. In diesem Fall kann ausgefallener Unterricht auch mit Mehrarbeit (Überstunden) verrechnet werden siehe: ➪ Mehrarbeit (Allgemeines) Ziff. IV.1.

Der umgekehrte Fall (zuerst fällt Unterricht unplanmäßig aus und dafür soll die Lehrkraft später Überstunden leisten) ist aber unzulässig. Planmäßige „*Minusstunden*" können auch beim „*variablen Deputat*" entstehen; sie sind spätestens im folgenden Schuljahr auszugleichen.

➪ Arbeitszeit (Lehrkräfte – VwV Anrechnungen) Ziff. II

Beim Blockunterricht (Verwaltungsvorschrift Ziff. 2.6 siehe Ausgabe für berufliche Schulen) sind bis zu drei „*Minusstunden*" zulässig.

➪ Arbeitszeit (Lehrkräfte – ArbeitszeitVO); ➪ Arbeitszeit (Lehrkräfte – VwV Anrechnungen); ➪ Beamtengesetz (LBG) § 68 Abs. 1; ➪ Beamtenrecht (BeamtVwV); ➪ Mehrarbeit (Allgemeines) Ziff. IV.1 und V.2; ➪ Urlaub (Lehrkräfte)

Arbeitszeit (PC-Betreuung / Multimedia-Beratung)

Informationen der Redaktion zur Rechtslage und zur Verwaltungspraxis in Baden-Württemberg

Die Ausstattung der Schule mit Geräten, Lehr- und Lernmitteln sowie mit Hard- und Software ist eine originäre Aufgabe des Schulträgers; er hat die Sachkosten sowie das nicht-lehrende Personal zu stellen beziehungsweise zu finanzieren. ⇨ Schulträger

Soweit hierfür Lehrkräfte eingesetzt werden, also über ihre eigentlichen (pädagogischen) Aufgaben hinaus, müssen sie entsprechend entlastet werden.

Für den Bereich der Informationstechnologie und der „Medienentwicklung" hat das KM bislang nur die unten wiedergegebenen Regelungen getroffen. Es ist aber möglich, Lehrkräften entsprechend ihrer besonderen Belastung weitere Entlastungsstunden aus dem „Stundenpool" zukommen zu lassen.

⇨ Arbeitszeit (Lehrkräfte - VwV Anrechnungen) Nr. IV.1; ⇨ Digitalisierung (Medienentwicklung); ⇨ Digitalpakt

Systembetreuung von Unterrichtscomputern durch Lehrkräfte („IT-Anrechnung")

Das KM hat 1998 „*vorläufige*" Regelungen für die Betreuung pädagogischer Netze an Schulen getroffen. 2015 hat das KM diese Regelungen wie folgt bestätigt:

„*Es wird von einer Sockelanrechnung von 2 Wochenstunden im beruflichen und 1 Wochenstunde im allgemeinbildenden Bereich ausgegangen, die aus dem Entlastungskontingent der Schule entnommen werden.*

Im allgemeinbildenden Bereich werden ab 25 Computern eine zusätzliche Stunde, ab 51 Computern zwei zusätzliche Stunden gewährt. Im beruflichen Bereich sind ab 9 Computern drei zusätzliche Stunden vorgesehen. Danach wird in weiterer Staffelung (je 10 Computer) bis zu 155 Computern je 1 Wochenstunde zusätzlich gewährt."

(Quelle: KM, 17.4.2015 Nr. 34-6534.440/398/1, LT-Drs. 15 / 6680)

Unterrichts-computer	An-rechnung	Unterrichts-computer	An-rechnung
Berufliche Schulen		105	12
ab 9	3	115	13
25	4	125	14
35	5	135	15
45	6	145	16
55	7	155	17
65	8	**Allgemeinbildende Schulen**	
75	9		
85	10	ab 25	1
95	11	51	2

Für berufliche Schulen mit mehr als 155 Computern werden vom RP auch höhere Anrechnungen genehmigt. (LT-DS 16/3618 vom 22.2.2018)

Beispiele: Eine Lehrkraft, die 100 Unterrichtscomputer einer beruflichen Schule betreut, soll eine Basis-Anrechnung von zwei Wochenstunden aus dem „*allgemeinen Entlastungskontingent*" plus elf „*zusätzliche*" Wochenstunden erhalten. Die Lehrkraft an einer allgemeinbildenden Schule erhält für 60 dort zu betreuende Computer eine Stunde aus dem „*Entlastungskontingent*" plus zwei „*zusätzliche*" Stunden.

⇨ Arbeitszeit (Lehrkräfte – VwV Anrechnungen) Nr. IV.1

Das KM hat 2018 ergänzend bekanntgegeben:

„*Infolge der stark computergestützten Arbeitswelt verfügen größere berufliche Schulen inzwischen über mehr Unterrichts-PCs, als die bisherige Erlasslage abdeckt. Da mit fortschreitender Zahl an Unterrichts-PCs der zusätzliche Betreuungsaufwand ansteigt, werden für berufliche Schulen mit mehr als 155 Computern von den Regierungspräsidien auch weitere Anrechnungsstunden genehmigt, wobei keine lineare Fortschreibung des Erlasses erfolgt. Es ist davon auszugehen, dass sich der schulindividuelle technische Betreuungsaufwand durch die verstärkte Nutzung von Online-Plattformen und Cloud-Diensten verringern wird. So müssen Programme z.B. nicht mehr zwingend im schulischen Netzwerk vor Ort installiert werden. Der schulische Server kann bei entsprechender Internetanbindung zentral in einem Rechenzentrum betrieben werden,was die Wartung und den Support vereinfacht. Das Kultusministerium wird das Thema IT-Anrechnungsstunden […] im Blick behalten und zu gegebener Zeit wieder aufgreifen.*"

(Quelle: KM, 23.3.2018 Nr. 41-6534.42/168, LT-Dr. 16 / 3618)

Solange das KM jedoch keine anderen Regelungen erlässt, ist weiter so zu verfahren wie seit 1998.

Anrechnungen für die Multimedia-Beratung

Erlass des KM, 29.3.2001, AZ: 24-6750.50/609; fortgeschrieben durch Merkblatt des KM; Stand: Juli 2007

Die von der Schulverwaltung bestellten Multimedia-Berater/innen an den Schulen nehmen neben der schulinternen Fortbildung (15 Unterrichtsstunden bzw. vier Nachmittage pro Schuljahr) die Aufgabe der Ansprechpartner/innen für alle mit dem Thema Multimedia zusammenhängenden Fragen wahr (vor allem neue Medien und Gewalt, Medienerziehung, Jugendschutz sowie die Online-Lernplattform Moodle). Sie erhalten eine halbe Stunde Ermäßigung auf die Unterrichtsverpflichtung; diese Anrechnung ist nicht dem allgemeinen Entlastungskontingent (Stundenpool) der Schule zu entnehmen, es handelt sich um eine zusätzliche Entlastung. – *(Sie)* sind im Rahmen ihrer Entlastung nicht zuständig für die Erstellung und Betreuung der Schulhomepage, die Präsentation der Schule […], Tätigkeiten für die Schulleitung oder für Aufgaben der Schulverwaltung wie z.B. Zeugnisse schreiben oder die Betreuung der Videoanlage. Sie sind auch nicht zuständig für die Installation von Software und die Betreuung der Hardware und des Netzes.

⇨ Arbeitszeit (Lehrkräfte – VwV Anrechnungen) Nr. IV.1; ⇨ Datenschutz (Schulen); ⇨ Digitalisierung (Medienentwicklung); ⇨ DigitalPakt Schule

Arbeitszeit (Schwerbehinderung)

Informationen der Redaktion zur Rechtslage und zur Verwaltungspraxis in Baden-Württemberg

Schwerbehinderte Lehrkräfte im Schuldienst erhalten auf Antrag (!) eine nach dem Grad ihrer Behinderung (GdB) gestaffelte Ermäßigung ihrer Unterrichtsverpflichtung (bei Vollzeit zwischen einer bis zu sechs Wochenstunden, bei Teilzeit anteilig). Damit wird ihr Anspruch auf jährlich 5 Tage Zusatzurlaub gemäß § 208 SGB IX abgegolten. Dies gilt auch bei einer Teilabordnung in den außerschulischen Bereich. Voll dorthin abgeordnete Lehrkräfte haben kein „Deputat" mehr und besitzen deshalb Anspruch auf den o.g. fünftägigen Zusatzurlaub.

⇨ Arbeitszeit (Lehrkräfte-ArbeitszeitVO) § 6; ⇨ Schwerbehinderung (Allgemeines)

1.
Ermäßigung bis zu vier Wochenstunden

Für eine Ermäßigung bis zu vier Wochenstunden ist die Schulleitung zuständig. Die Lehrkraft legt ihr den Schwerbehindertenausweis im Original vor. Daraufhin muss die Schulleitung einen schriftlichen Bescheid über die Deputatsermäßigung erteilen. Dieser muss den GdB, den Umfang und die Dauer der Ermäßigung (bis Ende des Gültigkeitsdatums des Schwerbehindertenausweises) benennen. Die Höhe der Ermäßigung richtet sich unmittelbar nach dem GdB (kein ⇨ Ermessen der Schulleitung).

⇨ Beamtengesetz (LBG) § 83 ff.; ⇨ Personalakten

2.
Zusätzliche Ermäßigungen

In besonderen Ausnahmefällen kann die zuständige Schulaufsichtsbehörde auf begründeten Antrag bis zu zwei zusätzliche Stunden bewilligen.

⇨ Beamtenrecht (Zuständigkeiten im Schulbereich)

Die Lehrkraft reicht über die Schulleitung einen formlosen Antrag ein und fügt (in einem verschlossenen Umschlag mit der Aufschrift: „Ärztliche Unterlagen zum Antrag auf Arbeitszeitermäßigung von Vorname, Name") ein fachärztliches Gutachten über die Notwendigkeit der zusätzlichen Ermäßigung sowie ggf. weitere Informationen zum Gesundheitszustand bei. Diese gesundheitlichen Informationen können auch ohne Dienstweg direkt an die Schulaufsichtsbehörde gesandt werden. Daraus sollte eindeutig hervorgehen, dass sich die Schwerbehinderung bei der Berufsausübung besonders gravierend auswirkt (vor allem Beeinträchtigungen im Bereich des Sprechens, Hörens, Schreibens, Sehens, Gehens oder Stehens oder der Psyche; anders als das Versorgungsamt, das auf die Erschwernisse im Alltag allgemein abstellt, kann die Schulaufsicht die individuelle Belastung im Beruf würdigen; so können sich z.B. vom Versorgungsamt „niedrig" gewichtete orthopädische Behinderungen, Stimmstörungen oder Hörprobleme im Lehrerberuf gravierend auswirken). Veranlasst die Schulaufsichtsbehörde eine zusätzliche amtsärztliche Untersuchung, ist es sinnvoll, dem Gesundheitsamt bereits vor der Untersuchung Kopien der haus- und fachärztlichen Befunde zuzuleiten.

Die zusätzliche Ermäßigung wird nur befristet gewährt, auch wenn der Schwerbehindertenausweis unbefristet ist. Sollten danach die Auswirkungen der Behinderung, die sich besonders im Lehrerberuf bemerkbar machen, fortbestehen bzw. die zusätzliche Ermäßigung durch erneute Erkrankungen, Krankheitsverschlimmerungen und Schübe wieder bzw. weiter notwendig sein, so ist ein neuer Antrag mit neuem fachärztlichem Bericht über die Notwendigkeit dieser Ermäßigung vorzulegen.

In der Wiedereingliederungsphase nach schweren Erkrankungen oder schweren Operationen ist außerdem eine individuelle Ermäßigung möglich.

⇨ Arbeitszeit (Wiedereingliederung)

3.
Nachgewährung

Zwischen dem Eintritt einer Schwerbehinderung (z.B. Unfall, schwere Erkrankung) bzw. dem Antrag beim Versorgungsamt und der amtlichen Feststellung der Schwerbehinderteneigenschaft liegt meist eine mehrmonatige Phase, in welcher die Behinderung zwar besteht, aber noch kein *„Nachteilsausgleich"* erfolgt. Ist eine schon länger bestehende Behinderung durch Arztberichte belegbar, kann man die rückwirkende Geltung des Schwerbehindertenausweises beantragen. Neben dem Steuerfreibetrag sind dann auch sonstige Nachteilsausgleiche *„nachzugewähren"*. Für Lehrkräfte erfolgt dies durch Rückwirkung der Schwerbehindertenermäßigung.

Voraussetzung ist ein förmlicher Antrag. Zeitgleich mit der Einreichung des Antrags auf Anerkennung einer Schwerbehinderung beim Versorgungsamt sollte man deswegen stets ein Schreiben mit folgendem Inhalt an die Schulleitung richten: *„Am ... habe ich beim Versorgungsamt einen Antrag auf Anerkennung als Schwerbehinderter gestellt. Ich beantrage hiermit die Schwerbehindertenermäßigung, die mir bei einer Anerkennung zusteht. Ich werde Sie sofort über den entsprechenden Bescheid informieren."*

Bei der zusätzlichen Ermäßigung von bis zu zwei Stunden (s.o. Nr. 2) gibt es keine Rückwirkung.

(Quelle: KM, 11.11.2009, 20.1.2010 und 16.6.2010; AZ: 14-5110/136, 14-5110/136/2 und 14-5110/136/3)

⇨ Arbeitszeit (Lehrkräfte-ArbeitszeitVO) § 6; ⇨ Arbeitszeit (Wiedereingliederung); ⇨ Schwerbehinderung (Allgemeines)

Zentrale Info-Homepage: www.schwerbehindertenvertretung-schule-bw.de

Arbeitszeit (Wiedereingliederung)

Informationen der Redaktion zur Rechtslage und zur Verwaltungspraxis in Baden-Württemberg

1. Regelungen für Beamtinnen und Beamte

Für die Wiedereingliederungsphase nach schweren Erkrankungen (auch Arbeitsversuch oder Rekonvaleszenz genannt) gilt: „*Können infolge lang andauernder Krankheit dienstunfähige Beamtinnen und Beamte nach ärztlicher Feststellung ihren Dienst stundenweise verrichten und durch eine gestufte Wiederaufnahme ihres Dienstes voraussichtlich wieder in den Dienstbetrieb eingegliedert werden, kann mit Einverständnis der Beamtinnen und Beamten widerruflich und befristet festgelegt werden, dass in geringerem Umfang als die regelmäßige Arbeitszeit Dienst zu leisten ist.*“ ⇨ Beamtengesetz (LBG) § 68 Abs. 3

Im Schuldienst wird dies wie folgt umgesetzt: Auf Antrag legt im GHWRGS-Bereich das Schulamt, bei den übrigen Schularten das Regierungspräsidium befristet eine geringere individuelle Unterrichtsverpflichtung fest. Entscheidend für deren Umfang ist allein die medizinische Notwendigkeit (individuelle Belastbarkeit in der Genesungsphase); das verbleibende Deputat kann auch weit unter der Hälfte des Regeldeputats liegen und stufenweise gesteigert werden. Das Gehalt (bei Teilzeitbeschäftigten die anteiligen Dienstbezüge) bleibt unverändert. Voraussetzung ist, dass nach einer Übergangszeit Aussicht auf eine volle Wiederherstellung der Dienstfähigkeit besteht. Diese „*Rekonvaleszenzregelung*“ ist auch in der Anspar(= Arbeits-)phase des Sabbatjahrs möglich.

⇨ Teilzeit (Freistellungs-/Sabbatjahr)

Die Maßnahme dauert grundsätzlich höchstens ein Jahr, nur in besonderen Ausnahmefällen ist eine Verlängerung möglich. Ist danach die Wiederaufnahme des Dienstes im bisherigen Umfang nicht absehbar, ist die Zurruhesetzung wegen Dienstunfähigkeit oder die Verwendung in begrenzter Dienstfähigkeit zu prüfen. ⇨ Beamtenrecht (Zuständigkeiten)

2. Regelungen für Arbeitnehmer*innen

Auch Tarifbeschäftigte können die stufenweise Wiedereingliederung beantragen („*Hamburger Modell*“; § 74 SGB V). Vor Beginn ist die Zustimmung von Arbeitgeber (RP) und Krankenkasse erforderlich. Während der stufenweisen Wiedereingliederung gelten Arbeitnehmer*innen als arbeitsunfähig, erhalten also je nach Trägerschaft der Maßnahme (Deutsche Rentenversicherung oder Krankenkasse) weiterhin Krankengeld bzw. Übergangsgeld. Darüber hinaus besteht kein Anspruch auf Vergütung. Vor der Antragstellung sollten die Chancen und Risiken genau abgewogen werden, denn scheitert die Wiedereingliederung, kann das arbeitsrechtliche Risiko erheblich sein. Tarifbeschäftigte sollten darauf achten, dass keinesfalls der bestehende Arbeitsvertrag geändert wird.

Da eine zu frühe Rückkehr bei voller Belastung zum Rückfall führen kann, sollte man vor einer Gesundmeldung bedenken (und mit dem Arzt darüber sprechen), dass die Fristen für die Lohnfortzahlung bzw. das Krankengeld während der stufenweisen Wiedereingliederung weiterlaufen, sich der Anspruch auf maximal 78 Wochen Krankengeld also nicht erhöht. Ist nach Ablauf dieser Frist noch keine volle Dienstleistung möglich, so kann zwar arbeitsvertraglich nach Maßgabe der ärztlichen Empfehlung eine Teilzeitarbeit vereinbart werden. Das führt jedoch zu einer Senkung des Einkommens und eventuell auch der späteren Rente. Für Arbeitnehmer*innen sind immer das Regierungspräsidium und damit die Bezirksvertrauensperson für Schwerbehinderte und der Bezirkspersonalrat zuständig.

3. Hinweise für Beamt*innen und Arbeitnehmer*innen

Der Umsetzung der Wiedereingliederung ist ein Abschnitt der Muster-Inklusionsvereinbarung gewidmet: Nr. 4.10 („Gestufte Wiederaufnahme des Dienstes / stufenweise Wiedereingliederung“). Wir empfehlen Betroffenen, dies zu beachten.

⇨ Schwerbehinderung (Inklusionsvereinbarung)

Sobald die Wiederaufnahme des Dienstes absehbar ist, sollten betroffene Lehrkräfte der Schulaufsicht (bei GHWRGS-Schulen dem Schulamt, ansonsten dem Regierungspräsidium, Tarifbeschäftigte aller Schularten immer dem RP) mitteilen, dass sie sich in der Lage sehen, ihre Dienstpflichten in beschränktem – vom Arzt vorgeschlagenen – Umfang wieder aufnehmen zu können. Sofern eine Lehrkraft nicht im Dienst, sondern weiterhin „krankgeschrieben“ ist und den Dienst mit einem verringerten Deputat wieder antreten will, kann der Antrag auf der Basis eines privatärztlichen Zeugnisses bewilligt werden. Sofern die zuständige Schulaufsichtsbehörde ergänzend noch eine amtsärztliche Untersuchung veranlasst, kann die Wiedereingliederung auch „vorläufig, vorbehaltlich des Ergebnisses der amtsärztlichen Untersuchung“ bewilligt werden.

Diesem Antrag auf Deputatsermäßigung ist ein fachärztlicher Bericht hinzuzufügen (dieses Attest kann auch getrennt - ohne Dienstweg - direkt an das Schulamt bzw. das Regierungspräsidium eingereicht werden.) Wird kein qualifiziertes fachärztliches Gutachten vorgelegt, holt das Regierungspräsidium ggf. noch ein amtsärztliches Gutachten ein. Der Facharzt bzw. die Fachärztin sollte

- bescheinigen, dass die Behandlungsphase zu Ende geht und die/der Betroffene ab *(Datum)* wieder dienstfähig, aber noch nicht voll belastbar ist,
- prognostizieren, dass der bzw. die Beschäftigte nach dieser „Schonphase“ voraussichtlich wieder voll dienstfähig sein wird,
- eine konkrete, genau bezifferte, aus medizinischer Sicht nötige Reduzierung der Wochenstunden-

zahl empfehlen (gestufter Vorschlag von Ferienabschnitt zu Ferienabschnitt, max. ein Schuljahr).

Bei chronischen Erkrankungen muss in der Diagnose deutlich werden, dass es sich um eine akute Verschlechterung handelt und durch eine Wiedereingliederung die Wiederherstellung der Dienstfähigkeit zu erwarten ist. Es reicht nicht, lediglich die chronische Erkrankung als solche zu bestätigen.

Lehrkräfte behalten in der Wiedereingliederung eine ihnen zustehende Alters- bzw. Schwerbehindertenermäßigung. Diese Ermäßigung *kann* jedoch bei der Bemessung der Reduzierung berücksichtigt werden. ➪ Arbeitszeit (Lehrkräfte-ArbeitszeitVO) §§ 5 und 6

Es empfiehlt sich stets, Kopien des Antrags an die Vertrauensperson für Schwerbehinderte und an den Personalrat (Adressen im Anschriftenteil) zu senden und um Unterstützung zu bitten. Dies vermindert die Gefahr von abträglichen Entscheidungen (z.B. Feststellung einer Teildienstfähigkeit) und kann zur Verfahrensbeschleunigung beitragen, damit nach der akuten Behandlung keine Phase entsteht, in der bereits das volle Deputat abgeleistet werden muss. Die Bewilligung kann vorab z.B. auch telefonisch, per Telefax und bei einer sicheren Verbindung (z.B. von der Dienstadresse des SSA an die offizielle Adresse der Schulleitung) auch per Mail übermittelt werden.

Wir raten längerfristig Erkrankten, schon aus der Klinik heraus oder spätestens zu Beginn der Wiedereingliederungsphase beim Versorgungsamt einen Antrag auf Feststellung einer ➪ Schwerbehinderung zu stellen, damit sie im Anschluss eine Deputatsermäßigung erhalten.

➪ Arbeitszeit (Lehrkräfte-ArbeitszeitVO) §§ 5-6; ➪ Arbeitszeit (Schwerbehinderung); ➪ Beamtengesetz (LBG) § 68 Abs. 3; ➪ Beamtenrecht (Zuständigkeiten im Schulbereich); ➪ Ermessen; ➪ Krankmeldung; ➪ Schwerbehinderung; ➪ Teilzeit / Urlaub (Arbeitnehmer*innen); ➪ Tarifvertrag-Länder (TV-L) § 22; ➪ Teilzeit (Altersteilzeit / Beamtenrecht)

Arbeitszeugnis und Dienstzeugnis

Informationen der Redaktion zur Rechtslage und zur Verwaltungspraxis in Baden-Württemberg

Die Beschäftigten besitzen bei bestimmten Anlässen Anspruch auf die Erteilung von Arbeitszeugnissen (Arbeitnehmerbereich) bzw. von Dienstzeugnissen (Beamtenbereich). Diese sind nicht mit der dienstlichen Beurteilung zu verwechseln; die Erstellung einer Anlassbeurteilung kann lediglich als inhaltliche Basis für ein Arbeits- oder Dienstzeugnis dienen.

➪ Beurteilung (Lehrkräfte) Nr. III, Ziff. 1.2

Ein Arbeitszeugnis soll von *„verständigem Wohlwollen"* für den Arbeitnehmer getragen sein und ihm *„sein weiteres Fortkommen nicht unnötig erschweren"* (Bundesgerichtshof, 26.11.1963, AZ: VI ZR 221/62).

Die Beurteilung des Schulträgerpersonals (z.B. Hausmeister, Schulsekretariat usw.) obliegt dem Schulträger. Die Schulleitungen sind lediglich gehalten, hieran mitzuwirken und einen Beitrag mit eigenen Erkenntnissen beizusteuern, der im Wesentlichen Grundlage der Beurteilung werden kann, da sie über ihr Weisungsrecht aus § 41 Schulgesetz jedenfalls die konkreten Arbeitsabläufe beeinflussen können. (Quelle: KM, 2.4.2008)

Beamt*innen (Dienstzeugnis)

Beamt*innen wird auf Antrag nach Beendigung des Beamtenverhältnisses, beim Wechsel des Dienstherrn oder für die Bewerbung bei einem anderen Dienstherrn oder außerhalb des öffentlichen Dienstes vom letzten Dienstvorgesetzten (Regierungspräsidium) ein Dienstzeugnis erteilt. Es muss Angaben über Art und Dauer der bekleideten Ämter sowie auf Verlangen auch über die ausgeübte Tätigkeit und die Leistung enthalten; eine Kopie kommt in die Hauptpersonalakte. ➪ Beamtengesetz (LBG) § 51

Unter „Wechsel des Dienstherrn" ist z.B. auch ein beabsichtigter Wechsel zu einem anderen Arbeitgeber oder in den Auslandsschuldienst zu verstehen. Insofern ist auch im Beamtenbereich die Erteilung eines Zwischenzeugnisses nicht nur anlässlich des Ausscheidens möglich. Als Basis hierfür kann eine Anlassbeurteilung erstellt werden.

Arbeitnehmer*innen (Arbeitszeugnis)

Bei Beendigung des Arbeitsverhältnisses besitzen Arbeitnehmer*innen – auch aushilfsweise, kurzfristig oder als Nebenlehrkräfte Beschäftigte – einen Anspruch auf ein schriftliches Zeugnis über Art und Dauer ihrer Tätigkeit; es muss sich auch auf Führung und Leistung des bzw. der Beschäftigten erstrecken (Endzeugnis). ➪ Tarifvertrag-Länder (TV-L) § 35

Nach der Gewerbeordnung (§ 109) muss ein *„einfaches"* Arbeitszeugnis mindestens Angaben zu Art und Dauer der Tätigkeit enthalten. Die Beschäftigten können verlangen, dass sich die Angaben auch auf Leistung und Verhalten im Arbeitsverhältnis erstrecken (*„qualifiziertes Zeugnis"*). Das Zeugnis darf keine Merkmale oder Formulierungen enthalten, die den Zweck haben, eine andere als aus der äußeren Form oder aus dem Wortlaut ersichtliche Aussage zu treffen. Die Erteilung in elektronischer Form ist ausgeschlossen.

Bei „berechtigtem Interesse" muss ein Zwischenzeugnis erteilt werden; dieses Interesse liegt vor

- bei Änderungen im Arbeitsverhältnis,
- bei betrieblichen Veränderungen (Versetzung in einen anderen Bereich, Übernahme einer anderen Tätigkeit, Wechsel von Vorgesetzten, angekündigte Kündigung des Arbeitsverhältnisses),

- bei persönlichen Veränderungen (Unterbrechung durch Elternzeit, Freistellung als Personalrat, Bewerbung bei anderem Arbeitgeber),
- zur Vorlage bei Banken, Behörden oder für Fortbildungsmaßnahmen.

Obwohl das Gesetz nur die Erstellung eines *„einfachen"* Zwischenzeugnisses vorschreibt, wird in der Regel auf Wunsch ein *„qualifiziertes"* Zeugnis mit Aussagen über die Leistung und das Sozial- bzw. Führungsverhalten der/des Beschäftigten ausgestellt.

Bei Lehrkräften an öffentlichen Schulen ist die *„einstellende Behörde"* (Regierungspräsidium) dafür verantwortlich, dass bei Beendigung des Arbeitsverhältnisses die erforderlichen Unterlagen ausgehändigt werden (neben Steuerkarte und Sozialversicherungsausweis auch das Arbeitszeugnis). Hierzu kann das Regierungspräsidium entweder ein Arbeitszeugnis bei der Schulleitung anfordern oder bei dieser die erforderlichen Angaben anfordern und das Zeugnis selbst erstellen.

⇨ Beamtengesetz (LBG) § 51; ⇨ Beurteilung (Lehrkräfte) Nr. I und III.1.2; ⇨ Tarifvertrag-Länder (TV-L) § 35

Aufbaugymnasium (Allgemeinbildend und beruflich)

Informationen der Redaktion zur Rechtslage und zur Verwaltungspraxis in Baden-Württemberg

1. Heimordnung der Aufbaugymnasien

Auszug aus der VO des KM über die Heimordnung der Staatlichen Gymnasien in Aufbauform mit Heim (Internatsordnung für Staatliche Aufbaugymnasien) vom 8.9.1987 (K.u.U. S. 610); zul. geändert 17.6.1997 (GBl. S. 278)

Vorbemerkung der Redaktion

Die allgemeinbildenden und beruflichen Aufbaugymnasien sind Schulen mit Schwerpunktbereichen, in denen die musischen, kreativen oder sportlichen Talente der Schüler*innen gefördert und vertieft werden; alle Profile führen zur allgemeinen Hochschulreife. Sie werden überwiegend im Internatsbetrieb geführt. ⇨ Schulgesetz § 8; ⇨ Gymnasium (Schultypen)

(1) Beim Gymnasium in Aufbauform mit Heim (Aufbaugymnasium) bilden Schule und Heim (Internat) eine Einheit. Das Gymnasium in Aufbauform hat sowohl den besonderen Erziehungs- und Bildungsauftrag dieses Schultyps zu erfüllen als auch die Schüler im Internat zu betreuen und zu erziehen. Im Rahmen des Erziehungs- und Bildungsauftrags ist die Entwicklung der Internatsschüler zu eigenständigen und eigenverantwortlichen Menschen zu fördern.

(2) Im Rahmen der Internatserziehung sind die Schüler auch stufenweise zu selbstständigem und eigenverantwortlichem Lernen zu führen. Hierzu werden Hilfen angeboten, insbesondere geregelte Lernzeiten, Betreuung der Hausaufgaben, Vermittlung von Lerntechniken.

(3) Für die Freizeit der Schüler stellen die Aufbaugymnasien entsprechend den örtlichen Möglichkeiten angemessene Freizeitangebote bereit, die neben der Erholung auch das Sozialverhalten und die Kreativität der Schüler fördern sollen.

(4) Die Erhaltung der Bindungen der Internatsschüler an ihr Elternhaus ist entscheidend für die persönliche und schulische Entwicklung des Schülers. Die Aufbaugymnasien haben daher die Zusammenarbeit mit den Eltern besonders zu pflegen.

2. Aufnahmeordnung für die Aufbaugymnasien

VO des KM über die Aufnahme in das allgemeinbildende Gymnasium der dreijährigen Aufbauform sowie in die allgemeinbildenden und beruflichen Gymnasien der sechs- und siebenjährigen Aufbauform (Aufnahmeordnung für das allgemeinbildende dreijährige Aufbaugymnasium und für die allgemeinbildenden und beruflichen sechs- und siebenjährigen Aufbaugymnasien) vom 6.9.2005 (K.u.U. S. 127/2005); zul. geänd. 18.6.2020 (GBl. S. 577)

§ 1
Aufnahmevoraussetzungen der allgemeinbildenden dreijährigen Aufbaugymnasien

(1) In die Einführungsphase des allgemeinbildenden Gymnasiums der dreijährigen Aufbauform kann aufgenommen werden, wer über einen Realschulabschluss, einen Werkrealschulabschluss oder eine Fachschulreife verfügt, wobei ein Durchschnitt von mindestens 3,0 aus den Noten der Fächer Deutsch, Mathematik sowie der am aufnehmenden Gymnasium weiterzuführenden ersten Pflichtfremdsprache (Englisch oder Französisch) und in jedem dieser Fächer mindestens die Note »ausreichend« erreicht wurde.

(2) Weist das Zeugnis keine Note für die weiterzuführende Pflichtfremdsprache aus, sind aber die Aufnahmevoraussetzungen der für den Abschluss ausgewiesenen Note für eine Fremdsprache erfüllt, muss sich die Bewerberin oder der Bewerber in der weiterzuführenden Pflichtfremdsprache einer schriftlichen und mündlichen Leistungsfeststellung unterziehen und mindestens »ausreichende« Leistungen nachweisen. Die Leistungsfeststellung wird von einer von der Schulleiterin oder dem Schulleiter beauftragten Fachlehrkraft abgenommen; die schriftlichen und mündlichen Leistungen zählen jeweils einfach.

(3) Wer aufgrund der Versetzungsordnung Gymnasien oder der für die Qualifikationsphase geltenden Bestimmungen die Oberstufe eines Gymnasiums oder die gymnasiale Oberstufe einer Gemeinschaftsschule verlassen musste oder freiwillig verlassen hat und nicht mehr wiederholen darf, kann nicht aufgenommen werden.

⇨ Gemeinschaftsschule (Verordnung); ⇨ Gymnasium (Abitur – AGVO); ⇨ Gymnasium (Versetzungsordnung)

(4) Eine Aufnahme ist möglich, wenn bei Schuljahresbeginn der Einführungsphase das 19. Lebensjahr oder bei Nachweis einer abgeschlossenen Berufsausbildung das 22. Lebensjahr nicht vollendet ist. Bei Vorliegen besonderer Umstände kann die Schulleiterin oder der Schulleiter eine Ausnahme von Satz 1 zulassen.

§ 2
Aufnahmevoraussetzungen der allgemeinbildenden und beruflichen sechs- und siebenjährigen Aufbaugymnasien

(1) Schülerinnen und Schüler, deren Leistungen in allen Fächern auf mittlerem oder erweitertem Niveau an der Gemeinschaftsschule oder auf mittlerem Niveau an der Realschule ausgewiesen wurden, können ohne Prüfung aufgenommen werden, wenn sie im Anmeldezeugnis die Voraussetzungen nach der Multilateralen Versetzungsordnung erfüllen. Abweichend davon ist eine Aufnahme auch dann möglich, wenn an der abgebenden Schulart keine zweite Fremdsprache als ein für die Versetzung maßgebliches Fach besucht wurde.

⇨ Berufliches Gymnasium; ⇨ Multilaterale Versetzungsordnung

(2) Schülerinnen und Schüler, deren Leistungen in allen Fächern auf mittlerem Niveau an der Gemeinschaftsschule oder an der Realschule ausgewiesen wurden und die die Voraussetzungen für einen Übergang ohne Prüfung nicht erfüllen, sowie Schülerinnen und Schüler, deren Leistungen auf grundlegendem Niveau an der Gemeinschaftsschule, Realschule, Werkrealschule oder Hauptschule ausgewiesen wurden, können nach Bestehen einer Aufnahmeprüfung aufgenommen werden. Für diese Aufnahmeprüfung gelten die Bestimmungen der Multilateralen Versetzungsordnung. Die Prüfung der zweiten Pflichtfremdsprache entfällt, wenn sie an der abgebenden Schule nicht besucht wurde.

(3) Die Aufnahme in ein Gymnasium in Aufbauform mit Internat setzt ferner voraus, dass die Eignung für das jeweilige Profil nachgewiesen wird.

(4) In der Regel kann nur aufgenommen werden, wer am Ende des vorhergehenden Schuljahres versetzt wurde.

(5) Die Aufnahme in ein Berufliches Gymnasium der sechsjährigen Aufbauform ist in der Regel nur zu Beginn der Klasse 8 möglich.

§ 3
Anmeldung

(1) Schülerinnen und Schüler, die zum Schuljahresbeginn in das Aufbaugymnasium aufgenommen werden wollen, sind nach den Terminvorgaben der Schule von ihren Erziehungsberechtigten schriftlich bei dem Aufbaugymnasium anzumelden, in das sie eintreten wollen.

Der Anmeldung sind beizufügen:

1. ein Lebenslauf,
2. das Abschlusszeugnis, das Zeugnis oder die Halbjahresinformation über die bis zum Zeitpunkt der Anmeldung im laufenden Schuljahr erbrachten Leistungen.

Eine beglaubigte Abschrift des Jahreszeugnisses des laufenden Schuljahres mit dem Nachweis des erfolgreichen Abschlusses der Klasse ist nachzureichen.

(2) Der Anmeldung für das Internat oder die Ganztagsschule sind zusätzlich beizufügen:

1. eine Erklärung der Erziehungsberechtigten, dass sie bereit sind, die für sie anfallenden Kosten zu tragen,
2. eine Erklärung der Erziehungsberechtigten über den Gesundheitszustand der Schülerin oder des Schülers.

(3) Die Schule kann Aufnahmevereinbarungen treffen.

§ 4
Aufnahme

(1) Die Entscheidung über die Aufnahme in das Aufbaugymnasium trifft die Schulleiterin oder der Schulleiter. Die Aufnahme in das Internat oder das Verbleiben im Internat können abgelehnt werden, wenn Umstände vorliegen, die Anlass zu der Annahme geben, dass die Schülerin oder der Schüler den Internatsbetrieb beeinträchtigen wird.

(2) Die Aufnahme in das Internat und in die Schule erfolgt auf Probe; die Probezeit beträgt in der Regel ein halbes Jahr. Wer die Probezeit nicht bestanden hat, muss das Aufbaugymnasium verlassen. Die Probezeit ist nicht bestanden, wenn sich zeigt, dass das Verhalten der Schülerin oder des Schülers den Internats- oder Schulbetrieb empfindlich beeinträchtigt. Im Übrigen gelten für die Entscheidung über das Bestehen der Probezeit

1. für Schülerinnen und Schüler des Gymnasium in Aufbauform mit Internat die Versetzungsordnung Gymnasien [...],

   ⇨ Gymnasium (Versetzungsordnung)
2. für Schülerinnen und Schüler des Beruflichen Gymnasiums der sechsjährigen Aufbauform die Versetzungsordnung berufliche Gymnasien [...] entsprechend, wobei in den für die Versetzung maßgebenden Fächern ganze Noten zu bilden sind.

⇨ Berufliches Gymnasium

(3) Mit der Aufnahme in ein Gymnasium der Aufbauform mit Internat sind die Schülerinnen und Schüler verpflichtet, im Internat zu wohnen, wenn sie nicht bei ihren Eltern oder bei Personen, denen die Erziehung außerhalb der Schule anvertraut ist, am Ort des Aufbaugymnasiums oder in dessen Nähe wohnen oder wenn nicht sonstige besondere Gründe einen anderen Wohnsitz rechtfertigen.

Hinweis der Redaktion: Die Aufnahmeverordnungen für das Landesgymnasium für Hochbegabte Schwäbisch Gmünd, für das Werkgymnasium Heidenheim sowie die Verordnung über den Besuch der deutsch-französischen Abteilung mit Sektion „Französisch als Muttersprache" am Gymnasium in der Normalform sind hier nicht abgedruckt. Sie sind im Landesrecht Baden-Württemberg online abrufbar (www.landesrecht-bw.de).

⇨ Berufliches Gymnasium; ⇨ Gemeinschaftsschule (Verordnung); ⇨ Gymnasium (Abitur – AGVO); ⇨ Gymnasium (Versetzungsordnung); ⇨ Multilaterale Versetzungsordnung; ⇨ Schulpflicht (Berufliche Schulen – Übergabe)

Aufbewahrungsfristen und Archivierung

Informationen der Redaktion zur Rechtslage und zur Verwaltungspraxis in Baden-Württemberg

Allgemeines

Öffentliche Schulen sind Behörden des Landes. An ihnen entstehen ständig Schriftstücke, Karten, Pläne, Daten-, Bild-, Film- und Tonträger sowie sonstige Aufzeichnungen (im Folgenden zusammenfassend: „Unterlagen"), die jeweils für eine bestimmte Zeit oder dauernd aufbewahrt werden müssen. Die nachfolgenden Ausführungen gelten für alle an der Schule gespeicherten Daten in elektronischer (PC, Laptop, Tablet, Speichermedien) oder in gedruckter Form, also unabhängig davon, ob die Daten digital oder analog gespeichert werden. Dabei sind allgemein das Landesarchivgesetz sowie im Fall von personenbezogenen Daten (Personalakten der Lehrkräfte, personenbezogene Daten der Schülerinnen und Schüler, der Erziehungsberechtigten) zusätzlich die europäische Datenschutzgrundverordnung und die die Verwaltungsvorschrift ⇨ Datenschutz (Schulen) zu beachten. Hierfür ist die Schulleitung verantwortlich.

Für einen Teil dieser Unterlagen gelten besondere Aufbewahrungs- und Löschungsfristen. Nach deren Ablauf hat die Schule sie in der Weise zu vernichten, dass danach der Inhalt der Daten von niemandem mehr zur Kenntnis genommen werden kann (Reißwolf bzw. physische oder logische Löschung). Für Unterlagen von „bleibendem Wert" besteht im Prinzip eine Aufbewahrungspflicht auf Dauer. *„Bleibenden Wert"* besitzen Unterlagen, *„denen historischer Wert zukommt oder die aufgrund von Rechtsvorschriften oder von Verwaltungsvorschriften der jeweils zuständigen obersten Landesbehörde zur Sicherung berechtigter Belange der Bürger oder zur Bereitstellung von Informationen für Gesetzgebung, Verwaltung oder Rechtspflege dauernd aufzubewahren sind"* (Landesarchivgesetz § 2).

Ob Unterlagen „bleibenden Wert" besitzen, entscheidet nicht die Schule, sondern die staatliche Archivverwaltung. Die Schule darf deshalb „Alt-Unterlagen", die sie für ihren laufenden Betrieb nicht mehr zu benötigen meint, nicht eigenmächtig vernichten, sondern muss sie spätestens 30 Jahre nach ihrer Entstehung dem Landesarchiv anbieten.

Hieraus ergibt sich zusammenfassend: Die Sachakten der Schule (hierzu gehören beispielsweise auch die Protokolle der schulischen Gremien) sind wenigstens 30 Jahre lang an der Schule selbst aufzubewahren. Danach können sie zwar, soweit das Staatsarchiv sie nicht in seinen Bestand übernehmen will, vernichtet werden. Dies ist aber zumindest in solchen Fällen nicht sinnvoll, in denen der Sachverhalt auch danach noch relevant ist oder sein kann (beispielsweise sollte der Schriftverkehr mit dem Schulträger über Baumaßnahmen dauerhaft an der Schule archiviert werden).

Während der Aufbewahrungszeit muss die Schule sicherstellen, dass dienstliche Unterlagen, insbesondere die personenbezogenen Daten, vor unbefugtem Zugriff geschützt sind. Elektronisch gespeicherte Daten können hierfür auf verschlüsselten mobilen Festplatten gespeichert werden. Unterlagen mit personenbezogenen Daten wie Klassen- und Kurstagebücher oder Prüfungsniederschriften sind in abschließbaren Räumlichkeiten bzw. Behältnissen aufzubewahren.

Personenbezogene Daten

Die Verwaltungsvorschrift ⇨ Datenschutz (Schulen) des Kultusministeriums enthält in den Abschnitten 1.5, 2, 5 und 3.2 detaillierte Vorschriften über die Sperrung und Löschung von personenbezogenen Daten der Schülerinnen und Schüler, der Erziehungsberechtigten sowie der Lehrkräfte. Hieraus ergeben sich im Umkehrschluss jeweils auch Aufbewahrungsfristen für die entsprechenden Unterlagen.

Grundsätzlich gilt: Schulen haben personenbezogene Daten zu sperren, wenn ihre Kenntnis zur rechtmäßigen Erfüllung der jeweiligen Aufgabe der Schule nicht mehr erforderlich ist. So sind Schülerkarteikarten und Schülerlisten in Papierform sowie Abschluss- und Abgangszeugnisse spätestens 50 Jahre, nachdem die Betroffenen die Schule verlassen haben zu löschen. Die Löschung personenbezogener Daten unterbleibt jedoch, *„wenn Grund zu der Annahme besteht, dass durch eine Löschung schutzwürdige Interessen der betroffenen Person beeinträchtigt würden"* (Landesdatenschutzgesetz § 10 Abs. 2). Da die Rekonstruktion von Schulabschlüssen auch nach Jahrzehnten im Interesse der Betroffenen liegen kann (z.B. für die Rentenberechnung), reichen die in der VwV Datenschutz (Schulen) genannten 50 Jahre nicht aus; wir empfehlen für Abschlusszeugnisse 60 Jahre.

Prüfungsunterlagen (z.B. Niederschriften und Prüfungsarbeiten) bei Abschlussprüfungen können grundsätzlich nach Ablauf von fünf Jahren seit der Schlusssitzung vernichtet werden.

⇨ Datenschutz (Schulen) 1.5

Zu den Prüfungsunterlagen gehören auch die Begründungen der Erst- und Zweitkorrektoren (Quelle: KM; 30.3.1999, AZ: IV/1-6630.1/21). Unterlagen, die für die Ausstellung von Zweitschriften der Prüfungs- oder Abgangszeugnisse notwendig sind, sollten länger aufbewahrt werden, damit bei einem etwaigen Verlust die Ausstellung einer Zweitschrift noch möglich ist. Hier erscheinen 30 Jahre angemessen.

Die Gesamtlehrerkonferenz kann mit Zustimmung der Schulkonferenz eine Regelung über die Dauer der Aufbewahrung von Klassenarbeiten treffen; andernfalls entscheidet die Fachlehrkraft hierüber.

⇨ Konferenzordnung § 2 Abs. 1 Nr. 6

Die Unterlagen, die dem Zeugnis zugrunde liegen, dürfen jedoch nicht länger als erforderlich gespeichert werden. Insofern ist das Ermessen der einzelnen Lehrkraft beschränkt, auch die Gesamtlehrerkonferenz kann keine unbeschränkte Aufbewahrungsfrist festlegen. Denn erforderlich ist die Aufbewahrung allenfalls bis zum Ablauf eventueller Einspruchsfristen gegen die hierauf basierenden Zeugnisnoten. Spätestens ein Schuljahr nach Ausgabe des Zeugnisses ist eine Löschung von Notenlisten und Klassenarbeiten angebracht (Vernichtung bzw. Angebot an die Erziehungsberechtigten bzw. Schüler*innen zur Inbesitznahme).

Schriftliche Einwilligungserklärungen zur Veröffentlichung von Fotos in einem Druckwerk sind fünf Jahre nach der Veröffentlichung zu löschen. Schriftliche Einwilligungserklärungen zur Veröffentlichung von Fotos auf der Homepage sind fünf Jahre nach der Herausnahme aus der Homepage zu löschen.

Personenbezogene Daten von Schülerinnen und Schülern auf privaten Datenverarbeitungsgeräten der Lehrkräfte sind spätestens nach dem Ende des jeweils nächsten Schuljahres auf dem privaten Datenverarbeitungsgerät zu löschen, sofern keine Rechtsbehelfe oder Rechtsmittel zum Beispiel gegen ein Abschlusszeugnis eingelegt worden sind.

Ferner müssen die Schulen bei der Behandlung von personenbezogenen Daten Folgendes beachten:

- Für Unterlagen der Beratungslehrkräfte gilt die VwV Bildungsberatung Ziff. IV.3.3. ➪ Bildungsberatung und Beratungslehrkräfte
- Zu den Personalakten der Lehrkräfte: ➪ Beamtengesetz (LBG) § 83 ff.); ➪ Krankmeldung (Abwesenheit von Lehrkräften); ➪ Personalakten.
- Für Unterlagen der Personalvertretung gilt das ➪ Personalvertretungsgesetz (LPVG) § 67.
- Klassen und Kurstagebücher werden nach Ablauf der folgenden 5 Schuljahre vernichtet. Elektronische Klassenbücher werden nach 5 Jahren gelöscht. ➪ Klassenbücher Nr. 5
- Unfallmeldungen müssen 5 Jahre lang aufbewahrt werden; vgl. ➪ Erste Hilfe Nr. 5.

Unterlagen der Elternvertretung

Auch bei der Elternarbeit entstehen zahlreiche Akten (beispielsweise Protokolle, Wahlniederschriften, Rundschreiben, Schriftwechsel mit der Schule oder Schulbehörden, Unterlagen über die Führung einer Elternkasse). Da es sich bei der Elternvertretung um Gremien auf gesetzlicher Grundlage handelt, dürfen solche Unterlagen vom jeweiligen Vorstand nicht als Privatangelegenheit behandelt werden.

Die Elternvertretung arbeitet jedoch ehrenamtlich und ist keinen Weisungen oder gar der Aufsicht der (Schul-)Behörden unterworfen. Die für die Verwaltung des „Schriftguts" in der öffentlichen Verwaltung geltenden Vorschriften gelten zwar grundsätzlich auch hier, lassen sich aber in diesem Bereich nicht immer und stringent durchsetzen. Es ist deshalb nach pragmatischen, aber rechtlich vertretbaren Lösungen zu suchen.

Finanzielle Unterlagen (Elternkasse, Abrechnung von Elternveranstaltungen usw.) müssen aus steuerlichen Gründen zehn Jahre lang, Sitzungsprotokolle usw. sollten ebenso lange aufbewahrt (und bei Vorstandswechsel an die Nachfolge förmlich übergeben) werden. Zwar können die laufenden Angelegenheiten in Privaträumen (Wohnung des bzw. der Elternbeiratsvorsitzenden) aufbewahrt werden, eine Archivierung von „Alt-Akten" ist dort aber oft nicht möglich und grundsätzlich auch nicht statthaft. Dem Elternbeirat sollte gegebenenfalls ein verschließbarer und nur ihm zugänglicher Schrank im Sekretariatsbereich der Schule zur Verfügung gestellt werden.

➪ Beamtengesetz (LBG) §§ 83 ff.; ➪ Bildungsberatung und Beratungslehrkräfte; ➪ Datenschutz (LDSG); ➪ Datenschutz (Schulen); ➪ Erste Hilfe; ➪ Klassentagebücher Ziff. 5; ➪ Krankmeldung (Abwesenheit von Lehrkräften); ➪ Notenbildungsverordnung; ➪ Personalakten; ➪ Zeugnisse

Stichwort: Konfessionslos im Religionsunterricht

Eine Abmeldung vom Religionsunterricht ist nur zum Beginn eines Schulhalbjahres möglich. So schreibt es das ➪ Schulgesetz § 100 vor. Das gilt so aber nur für bekenntnisangehörige Schüler*innen. Treten hingegen religionsmündige Jugendliche oder die Eltern mitsamt ihren Kindern während des laufenden Schuljahres aus ihrer Religionsgemeinschaft aus, sind diese Schüler*innen mit sofortiger Wirkung nicht mehr *„bekenntnisangehörig"* und damit auch nicht mehr zum Besuch des Religionsunterrichts verpflichtet, sondern müssen – sofern an der Schule / Klassenstufe dieses Fach erteilt wird – am Ethikunterricht teilnehmen. ➪ Ethik; ➪ Religionsunterricht (Teilnahme und Abmeldung) Nr. 2

Wird an der Schule beziehungsweise der Klassenstufe kein Ethikunterricht erteilt, muss die Schule für die Beaufsichtigung aller Kinder sorgen, die nicht am Religionsunterricht teilnehmen, aber die Schule in dieser Zeit nicht verlassen können (beispielsweise weil anschließend anderer Unterricht folgt). Das ist dann mit der Aufsicht über Fahrschüler*innen vergleichbar. ➪ Aufsichtspflicht

Diese Schüler*innen können gegebenenfalls in dieser Zeit auch als Gäste am Unterricht einer anderen Klasse teilnehmen oder sich dort still beschäftigen (Einzelarbeit). Sie dürfen aber nicht als „stille Hospitanten" im Religionsunterricht mitversorgt werden, denn laut Grundgesetz darf niemand zur Teilnahme an religiösen Handlungen verpflichtet werden. ➪ Grundgesetz Art. 4 i.V.m. Art. 140

Konfessionslose oder andersgläubige Schüler*innen dürfen auf eigenen Wunsch am konfessionellen Religionsunterricht teilnehmen; siehe ➪ Religionsunterricht (Teilnahme und Abmeldung) Nr. 1.2. Wenn sie (bzw. die Eltern) der Schule verbindlich mitteilen, dass sie dies beenden wollen, können sie wegen dieser grundgesetzlichen Bestimmung den Religionsunterricht ohne Begründung und mit sofortiger Wirkung verlassen (und müssen dann gegebenenfalls das „Ersatzfach" Ethik besuchen).

Aufnahmeverfahren

Aufnahmeverfahren für die auf der Grundschule aufbauenden Schularten; Orientierungsstufe;
VwV des KM vom 4.November 2015 (K.u.U. S. 415/2015); zuletzt geändert 9. März 2021 (GABl. S. 186/2021)

1. Stärkung der Rechte der Erziehungsberechtigten

Die bisherige Grundschulempfehlung, die für Erziehungsberechtigte verbindlich war, wird durch eine Grundschulempfehlung ersetzt, die den Erziehungsberechtigten die Wahl der weiterführenden Schulart überlässt. Nach einer intensiven Beratung treffen die Erziehungsberechtigten für ihr Kind die Entscheidung über die auf der Grundschule aufbauende Schulart. Im Mittelpunkt der Entscheidung steht das Kind.

Ziel des Übergangsverfahrens von der Grundschule in die weiterführenden Schulen ist es, das Recht der Erziehungsberechtigten an einem entscheidenden Lebensabschnitt ihrer Kinder zu stärken. Die Einschätzung, für welchen weiteren Bildungsweg das Kind geeignet ist, obliegt den Erziehungsberechtigten. Die Entscheidung der Erziehungsberechtigten ist für die Schule und die Schulverwaltung rechtsverbindlich.

⇨ Aufnahmeverfahren (Termine); ⇨ Aufnahmeverordnung

2. Beratung der Erziehungsberechtigten während der Grundschulzeit

Die Beratung von Erziehungsberechtigten ist ein wesentlicher Bestandteil des Erziehungs- und Bildungsauftrags der Grundschule und gehört wie auch schon bisher zu den Aufgaben der Grundschullehrkraft. Kontinuierliche, verlässliche Information und Beratung der Erziehungsberechtigten mit verbindlichen Angeboten der Schule und ein vertrauensvolles Zusammenwirken zwischen Schule und Erziehungsberechtigten sind der Grundstein für eine tragfähige Erziehungs- und Bildungspartnerschaft. Mit den Erziehungsberechtigten als Erziehungs- und Bildungspartnern wird die kontinuierliche Bildungsbiografie jedes einzelnen Kindes förderlich und verlässlich begleitet. Dadurch gewinnen Erziehungsberechtigte Sicherheit und werden auch bei der Übergangsentscheidung unterstützt.

Die Beratungen der Erziehungsberechtigten durch die Grundschule erfolgen durch:

- während der Grundschulzeit jährlich mindestens ein verbindliches Gespräch mit den Erziehungsberechtigten über den Lern- und Entwicklungsstand auf der Grundlage von Lern- und Entwicklungsdokumentationen oder kompetenzbasierten Berichten, Präsentationsergebnissen, Portfolios, praktischen Arbeiten und Lerntagebüchern;
- jährliche Informationsangebote, die die individuelle Lern- und Entwicklungsberatung in der Grundschule ergänzen und klassen- und jahrgangsübergreifend organisiert werden können; dabei dürfen personenbezogene Daten einzelner Schülerinnen und Schüler nicht Gegenstand sein;
- eine Informationsveranstaltung der Grundschule für die Erziehungsberechtigten der Schülerinnen und Schüler der vierten Klassen;
- ein dokumentiertes Informations- und Beratungsgespräch mit den Erziehungsberechtigten in Klasse vier vor der Erstellung der Grundschulempfehlung; in dem Gespräch ist zu beraten über
  - die Anforderungsprofile,
  - die Abschluss- und Anschlussmöglichkeiten aller weiterführenden Schulen,
  - die Lern- und Leistungsentwicklung des Kindes,
  - die Lernpotenziale des Kindes mit Blick auf die Anforderungen der weiterführenden Schularten sowie
  - die Möglichkeit, eine pädagogisch-psychologische Beratung im Rahmen des besonderen Beratungsverfahrens durch eine Beratungslehrkraft in Anspruch zu nehmen.

Die Grundschule hat dieses Gespräch auf einem Blatt zu dokumentieren, das von den Erziehungsberechtigten und der Klassenlehrerin oder dem Klassenlehrer zu unterschreiben ist; den Grundschulen wird vom Kultusministerium über die Staatlichen Schulämter ein Muster für dieses Blatt zur Verfügung gestellt.

Ergänzend können Erziehungsberechtigte pädagogisch-psychologische Beratung in Anspruch nehmen durch:

- die Beratungslehrkräfte oder durch die überörtliche schulpsychologische Beratungsstelle während der gesamten Grundschulzeit;
- durch eine Beratungslehrkraft im Rahmen des besonderen Beratungsverfahrens.

⇨ Bildungsberatung und Beratungslehrkräfte;
⇨ Schulpsychologische Beratungsstellen

3. Übergangsverfahren in die auf der Grundschule aufbauenden weiterführenden Schularten

3.1 Informationsveranstaltungen

Die Erziehungsberechtigten der Schülerinnen und Schüler der vierten Grundschulklasse sind im ersten Schulhalbjahr in der Regel bis zum Beginn der Herbstferien in Informationsveranstaltungen über Bildungsauftrag, Arbeitsweisen und Leistungsanforderungen der auf der Grundschule aufbauenden Schularten zu informieren. Dabei soll auch aufgezeigt werden, wie die verschiedenen Schularten zu anschließenden Bildungs- und Ausbildungsgängen vor allem auch in beruflichen Schulen weiterführen und welche Berechtigungen sie vermitteln.

Die Veranstaltungen werden von den Schulleiterinnen und Schulleitern der jeweiligen Grundschule einberufen und geleitet. Sie laden jeweils eine Schulleitungsvertretung einer Werkrealschule/

Hauptschule, einer Realschule, eines Gymnasiums, einer Gemeinschaftsschule sowie einer beruflichen Schule ein. Die Elternbeiratsvorsitzenden der Grundschule sind zu diesen Veranstaltungen einzuladen. Die Klassenlehrerinnen und Klassenlehrer der vierten Klassen sowie in der Regel die für die Grundschule zuständige Beratungslehrkraft nehmen teil. Die Koordinatorinnen und Koordinatoren für die Zusammenarbeit zwischen den Schularten (siehe Nummer 4.7.1) können eingeladen werden.

3.2 Grundschulempfehlung

(siehe § 1 der Aufnahmeverordnung)

3.2.1 Die Grundschulempfehlung wird in der Verantwortung der Schule gegenüber den Schülerinnen und Schülern erstellt. Im Prozess der Beratung wird ein Konsens mit den Erziehungsberechtigten angestrebt.

3.2.2 Basis für die Grundschulempfehlung sind differenzierte, kontinuierliche Beobachtungen der Lehrkräfte und die regelmäßige Beratung mit den Erziehungsberechtigten über die gesamte Lern- und Leistungsentwicklung, das Lern- und Arbeitsverhalten, die Stärken und Lernpräferenzen und das Entwicklungspotenzial.

3.2.3 Zur Vorbereitung der Grundschulempfehlung erstellt die Grundschule für jede Schülerin und jeden Schüler ein Leistungsprofil (Noten, Präsentationsergebnisse, Lern- und Entwicklungsdokumentationen oder kompetenzbasierte Berichte, praktische Arbeiten, Portfolio). In der Halbjahresinformation der Klasse vier wird das Leistungsprofil durch die Noten in den einzelnen Fächern und in verbalen Ergänzungen (beispielsweise Ausführungen zu besonderen Kompetenzen) abgebildet. Das Leistungsprofil darf nur im Rahmen der Aufgabenerfüllung eingesehen werden.

3.2.4 Vor der Verabschiedung der Grundschulempfehlung wird das Leistungsprofil den Erziehungsberechtigten durch die Klassenlehrkraft und gegebenenfalls durch eine Fachlehrkraft differenziert, transparent und nachvollziehbar erläutert. Über das Ergebnis der Aussprache berichtet die Klassenlehrerin bzw. der Klassenlehrer der Klassenkonferenz.

3.2.5 Die Klassenkonferenz empfiehlt die nach ihrer Einschätzung geeignete Schulart. Die Grundschulempfehlung wird ausgesprochen für

- Werkrealschule/Hauptschule oder Gemeinschaftsschule
- Realschule oder Werkrealschule/Hauptschule oder Gemeinschaftsschule
- Gymnasium oder Realschule oder Werkrealschule/Hauptschule oder Gemeinschaftsschule.

3.2.6 Die Grundschulempfehlung wird auf einem Formblatt mit der Halbjahresinformation der Klasse vier zwischen dem 1. Februar und dem 10. Februar ausgegeben (Anlage, Blatt 1; *hier nicht abgedruckt*).

3.2.7 Der Mitteilung der Grundschulempfehlung an die Erziehungsberechtigten ist ein Rückmeldebogen beigefügt, auf dem diese erklären, ob sie ein besonderes Beratungsverfahren wünschen (Anlage, Blatt 2; *hier nicht abgedruckt*).

3.3 Das besondere Beratungsverfahren

3.3.1 Die Grundschule teilt den Erziehungsberechtigten, die eine Teilnahme ihres Kindes am besonderen Beratungsverfahren wünschen, den Termin für das Verfahren mit. Die organisatorische Durchführung obliegt den jeweiligen Grundschulen. Nach Abstimmung mit dem zuständigen Staatlichen Schulamt und der zuständigen Regionalstelle des Zentrums für Schulentwicklung und Lehrerbildung können Schülerinnen und Schüler mehrerer Grundschulen gemeinsam am besonderen Beratungsverfahren teilnehmen.

3.3.2 Die pädagogisch-psychologische Beratung durch eine Beratungslehrkraft im Rahmen des besonderen Beratungsverfahrens beinhaltet in Abstimmung mit den Erziehungsberechtigten

- ein Beratungsgespräch oder
- ein Beratungsgespräch in Verbindung mit der Durchführung von Tests, zum Beispiel Begabungstests, und einem anschließenden Auswertungsgespräch.

3.3.3 Die Ergebnisse von Beratung und Testung unterliegen der Schweigepflicht. Sie dürfen von der Beratungslehrkraft nur mit Einwilligung der Erziehungsberechtigten an Dritte weitergegeben werden.

⇨ Bildungsberatung und Beratungslehrkräfte;
⇨ Schulpsychologische Beratungsstellen;
⇨ Verschwiegenheitspflicht

3.4 Aufnahme in die Orientierungsstufe

3.4.1 Zum vorgesehenen Termin melden die Erziehungsberechtigten unter Vorlage der Grundschulempfehlung und der Bestätigungen der Grundschule (Anlage, Blatt 3 und 4; *hier nicht abgedruckt*) ihr Kind bei der Werkrealschule/Hauptschule, der Realschule, dem Gymnasium oder der Gemeinschaftsschule an. Erziehungsberechtigte, deren Kinder in Baden-Württemberg schulpflichtig sind, sind nicht verpflichtet, Zeugnisse und Halbjahresinformationen bei der aufnehmenden Schule vorzulegen. Hiervon unberührt bleiben die schulrechtlich durch Verordnung oder Schulversuchsregelungen auf der Grundlage des Schulgesetzes erfolgten Festlegungen. Danach gilt Folgendes:

- Am Deutsch-Französischen Gymnasium kann bei der Anmeldung die Vorlage der Halbjahresinformation Klasse vier gefordert werden.
- An Gymnasien können, soweit die Zahl der Anmeldungen die vorhandene Kapazität übersteigt, für die Aufnahme in einen bilingualen Zug die Noten in Deutsch und Mathematik erfragt und zur Grundlage der Aufnahmeentscheidung gemacht werden.

3.4.2 Die aufnehmende Schule teilt der abgebenden Grundschule unter Verwendung der Anlage, Blatt 4 *(hier nicht abgedruckt)* die Anmeldung mit.

3.4.3 Die Erziehungsberechtigten sind bei der Anmeldung, falls es gewünscht wird, von der weiterführenden Schule über den weiteren Bildungsweg ihrer Kinder zu beraten. Entspricht die Entscheidung der

Erziehungsberechtigten für ihr Kind über die auf der Grundschule aufbauende Schulart nicht einer in der Grundschulempfehlung ausgesprochenen Schulart, kann die weiterführende Schule den Erziehungsberechtigten ein Beratungsgespräch anbieten.

3.4.4 Falls bei einzelnen Schülerinnen und Schülern mit besonderen Schwierigkeiten beim Erlernen des Lesens und des Rechtschreibens sowie in Mathematik die besonderen Fördermaßnahmen in Klasse fünf fortgesetzt werden sollen, teilt die Schulleiterin beziehungsweise der Schulleiter der Grundschule mit Einverständnis der Erziehungsberechtigten dies der aufnehmenden Schule formlos auf einem gesonderten Blatt mit (siehe Nummer 4.2).

⇨ Lese-Rechtschreibschwäche

3.4.5 Die besonderen Bestimmungen für Schülerinnen und Schüler mit einem festgestellten Anspruch auf ein sonderpädagogisches Bildungsangebot im Hinblick auf das Beratungs- und Entscheidungsverfahren vor Aufnahme in eine allgemeine Schule bleiben unberührt.

3.5
Aufnahme in die Hochbegabtenzüge der allgemeinbildenden Gymnasien in der Normalform

(siehe § 4 Aufnahmeverordnung)

3.5.1 Beabsichtigen die Erziehungsberechtigten die Anmeldung ihres Kindes für einen Hochbegabtenzug des allgemein bildenden Gymnasiums in der Normalform geht dem Aufnahmeverfahren nach Nummer 3.4 ein mehrstufiges Aufnahmeverfahren voraus.

3.5.2 Zum vorgesehenen Termin melden die Erziehungsberechtigten ihr Kind für das Aufnahmeverfahren an einem Gymnasium mit Hochbegabtenzug an. Hierüber wird die zuständige schulpsychologische Beratungsstelle informiert, an welcher die Testung der Intelligenz des Kindes erfolgt.

3.5.3 In Form eines Gruppentests nach anerkannten wissenschaftlichen Methoden stellt die schulpsychologische Beratungsstelle die Hochbegabung des Kindes fest, wenn nicht in begründeten Ausnahmefällen anstelle des Gruppentests ein anderer standardisierter Intelligenztest zugelassen wurde. Getestet werden im Rahmen des Gruppentests

- die Fähigkeit zum Umgang mit sprachlichem Material im Rahmen des schlussfolgernden Denkens (verbaler Teil), wobei sowohl der Grad der Aneignung der Sprache als auch die Fähigkeit, Relationen zwischen Begriffen herzustellen, Relevanz hat.
- die Rechenfertigkeit und die Fähigkeit, logische Beziehungen zwischen Zahlen und Mengen herzustellen (numerischer Teil), und
- die Fähigkeit zum Umgang mit figural-bildhaftem Material (nonverbaler Teil), wobei sowohl der Umgang mit zweidimensionalen als auch dreidimensionalen Figuren, als auch die Fähigkeiten, zu formallogisch räumlich korrektem Denken und zur Herstellung logischer Relationen zwischen Figuren umfasst sind.

Für jeden Teil wird ein Prozentrang gesondert ermittelt, daneben ein Prozentrang im Sinne eines Gesamtwerts. Ist eine Teilnahme an dem Gruppentest im Einzelfall nicht möglich, kann die schulpsychologische Beratungsstelle mit dem Gymnasium einen Termin für eine Nachtestung bestimmen.

Die Ergebnisse werden den Erziehungsberechtigten von der schulpsychologischen Beratungsstelle in einem Beratungsgespräch eröffnet. Wurde eine Hochbegabung festgestellt, wird dies dem jeweiligen Gymnasium durch die schulpsychologische Beratungsstelle mitgeteilt.

3.5.4 In Gesprächen mit den Erziehungsberechtigten und in der Regel durch die Teilnahme an einem Probeunterricht stellt das Gymnasium die Eignung des hochbegabten Kindes für die Aufnahme in den Hochbegabtenzug fest.

3.5.5 Die Schulleitung teilt die Entscheidung über die Aufnahme des Kindes in den Hochbegabtenzug oder die Ablehnung schriftlich mit.

3.5.6 Die Teilnahme an dem Aufnahmeverfahren setzt voraus, dass die Erziehungsberechtigten für ihr Kind insbesondere in die Teilnahme an der Gruppentestung oder der anderweitigen Testung einwilligen. Die Verarbeitung personenbezogener Daten des Kindes zur Durchführung des Aufnahmeverfahrens in den Hochbegabtenzug durch die beteiligten verantwortlichen Stellen Gymnasium und schulpsychologische Beratungsstelle ist lediglich bei Einwilligung der Erziehungsberechtigten zulässig.

4.
Die Orientierungsstufe

4.1
Personaler Bezug

Der personale Bezug, der die Grundschularbeit weitgehend prägt, wird in den Klassenstufen fünf und sechs fortgeführt. ⇨ Klassenlehrkraft

Der Klassenlehrkraft obliegen in diesen Klassenstufen besonders wichtige Aufgaben. Sie soll ihre Klasse möglichst in wenigstens vier Wochenstunden unterrichten. Unter anderem informiert die Klassenlehrkraft die Schülerinnen und Schüler ihrer Klasse zu Schuljahresbeginn über die Unterrichtsarbeit der Schule und der Klassenstufe. Sie beobachtet in Zusammenarbeit mit den in der Klasse unterrichtenden Fachlehrkräften und der Schulleitung die Persönlichkeits- und Leistungsentwicklung der Schülerinnen und Schüler der Klasse und stellt Kontakte mit den Erziehungsberechtigten her.

4.2
Unterstützungsmaßnahmen

In der Orientierungsstufe der weiterführenden Schulen hat die individuelle Förderung aller Schülerinnen und Schüler einen hohen Stellenwert. Mit Hilfe von Diagnoseverfahren, zum Beispiel Lernstand 5, kann der Unterstützungsbedarf festgestellt werden. Auf dieser Grundlage aufbauend entwickeln die Lehrkräfte individuelle Unterstützungsmaßnahmen vor allem für die Fächer Deutsch, Mathematik und Fremdsprachen. Neben integrativen Maßnahmen sind auch additive Angebote möglich. Die Verantwortung für die Umsetzung geeigneter Maßnahmen trägt die Schulleitung.

4.3
Kontakt zwischen Schule und Elternhaus

In der Orientierungsstufe ist ein enger Kontakt zwischen Erziehungsberechtigten und Schule mit Informations- und Beratungsangeboten durch die Schule erforderlich. Durch verstärkte Information und Beratung der Erziehungsberechtigten sowie durch Informationen, die die Erziehungsberechtigten der Schule über die Entwicklung ihrer Kinder geben, können individuelle Fördermaßnahmen eingeleitet werden. Wenn eine mögliche beziehungsweise notwendige Laufbahnkorrektur erkannt wird, kann auf Antrag der Erziehungsberechtigten eine Beratungslehrkraft einbezogen werden. Zur Verbesserung der Information der Erziehungsberechtigten bietet sich zusätzlich eine Intensivierung der Arbeit der Klassenpflegschaft an.

4.4
Beratungslehrereinsatz in der Orientierungsstufe

Der Tätigkeit von Beratungslehrkräften kommt in der Orientierungsstufe besondere Bedeutung zu. Die pädagogisch-psychologische Beratung der Erziehungsberechtigten umfasst Unterstützungsmaßnahmen unter anderem in den Bereichen Leistungsschwächen und Lernschwierigkeiten, Motivations- und Konzentrationsprobleme, soziale und emotionale Probleme, Verhaltensauffälligkeiten sowie bei einer gegebenenfalls erforderlichen Korrektur der Schullaufbahn.

4.5
Wechsel des Bildungsgangs, Schullaufbahnkorrekturen und Wiederholungsmöglichkeit innerhalb der Orientierungsstufe von Haupt- und Werkrealschule, Realschule, Gemeinschaftsschule und Gymnasium

4.5.1 In der Orientierungsstufe kann die Klassenkonferenz am Ende von Klasse fünf, zum Ende des ersten Schulhalbjahres der Klasse sechs und am Ende von Klasse sechs eine Bildungsempfehlung aussprechen. Dies gilt insbesondere, wenn erwartet werden kann, dass ein Schüler oder eine Schülerin den Anforderungen einer anderen Schulart voraussichtlich gerecht werden beziehungsweise den Anforderungen der besuchten Schulart voraussichtlich nicht entsprechen kann. Hierbei orientiert sich die Klassenkonferenz an der multilateralen Versetzungsordnung in der jeweils geltenden Fassung beziehungsweise an der für die jeweilige Schulart geltenden Versetzungsordnung; berücksichtigt werden können auch die schulartspezifischen Besonderheiten. Soweit möglich, nimmt die Beratungslehrkraft an der Sitzung der Klassenkonferenz mit beratender Stimme teil. Den Vorsitz der Klassenkonferenz hat in den oben aufgeführten Fällen die Schulleiterin oder der Schulleiter. Die oder der Vorsitzende ist stimmberechtigt, bei Stimmengleichheit gibt ihre beziehungsweise seine Stimme den Ausschlag.

Die Bildungsempfehlung wird den Erziehungsberechtigten mitgeteilt. Die Entscheidung über einen eventuellen Wechsel treffen die Erziehungsberechtigten. Die Regelungen der Versetzungsordnung an Gymnasien über die Erteilung einer Bildungsempfehlung im Falle einer Nichtversetzung in den Klassen fünf und sechs bleiben unberührt. Im Falle einer Bildungsempfehlung findet, sofern die Erziehungsberechtigten dies wünschen, vor einem Schulwechsel ein Beratungsgespräch mit der Schule statt, an dem auch eine Lehrkraft der entsprechenden Klasse der aufnehmenden Schule teilnimmt.

4.5.2 Die Wiederholungsmöglichkeit innerhalb der Klassenstufen fünf und sechs richtet sich nach der jeweils geltenden Versetzungsordnung; im Falle eines Schulartwechsels nach der multilateralen Versetzungsordnung. ⇨ Multilaterale Versetzungsordnung

4.6
Die Klassenkonferenz

Die Klassenkonferenz soll die sich aus der laufenden Unterrichtsarbeit ergebenden Fragen in regelmäßigen Abständen beraten. Pro Schulhalbjahr ist neben den Zeugnis- und Versetzungskonferenzen mindestens eine weitere Klassenkonferenz durchzuführen. Hierbei sollten insbesondere erörtert werden:

- Arbeitsverhalten und Motivation,
- Aussprache über didaktische und methodische Fragen des Unterrichts,
- Aussprache über Fragen der Unterrichtsorganisation,
- Einübung von Lern- und Arbeitstechniken,
- Abstimmung von Hausaufgaben,
- Verfahren zur Abstimmung der Termine für Klassenarbeiten und sonstige schriftliche Wiederholungen,
- Entwicklung sozialer Aktivitäten innerhalb der Klasse,
- Vorbereitung und Durchführung der Informationen und Beratungen der Erziehungsberechtigten,
- Vorbereitung von Einzelentscheidungen über die Korrektur eines Bildungsganges.

Die Abstimmung der Maßstäbe für die Leistungsbeurteilung ist im Rahmen der hierfür vorgesehenen Stufen- und Fachkonferenzen zu beraten.

4.7
Zusammenarbeit zwischen den Schularten

4.7.1 Zur Erörterung der ihre Schulen gemeinsam berührenden Fragen muss zwischen den Leiterinnen und Leitern der auf der Grundschule aufbauenden Schulen und der in deren Einzugsbereich liegenden Grundschulen mindestens ein Informationsgespräch pro Schuljahr stattfinden. Hierbei sollen vor allem Fragen der Lernmittel, der Information der Erziehungsberechtigten, der Anwendung der Regelungen für das Aufnahmeverfahren und die Orientierungsstufe, der schulartübergreifenden Kontakte der Lehrkräfte sowie der Organisation von Unterrichtshospitationen erörtert werden. Einzelne Schülerinnen und Schüler betreffende Fragen sind nicht Gegenstand dieser Informationsgespräche. Einzelfälle dürfen nur besprochen werden, wenn hierfür eine entsprechende Einwilligung der Erziehungsberechtigten vorliegt. Es empfiehlt sich, für alle Fragen der Zusammenarbeit zwischen den Schulen einen Koordinator oder eine Koordinatorin zu benennen, der beziehungsweise die beim Staatlichen Schulamt angesiedelt ist. Die Leiterinnen und Leiter der Staatlichen Schulämter werden gebeten, mit den Schulleitungen der Gymnasien eine sinnvolle Zuordnung von kooperierenden Schulen zu vereinbaren und eine konkrete Zusammenarbeit zwischen diesen Schulen in die Wege zu leiten.

4.7.2 Soweit es die örtlichen Gegebenheiten zulassen, ist schulartübergreifender Lehrereinsatz möglich.

4.7.3 Die Lehrkräfte, die in den Klassen vier der Grundschulen und in den Klassenstufen fünf und sechs der auf der Grundschule aufbauenden Schularten unterrichten, nehmen in jedem Schuljahr gegenseitige Kontakte auf. Diese dienen vor allem der gegenseitigen Information über Ziele, Grundlagen und Methoden des Fachunterrichts. Erforderlich ist die Kenntnis der maßgeblichen Bildungspläne sowie der verwendeten Lehr- und Lernmittel. Möglichkeiten für eine verstärkte gegenseitige Abstimmung im Rahmen der Bildungspläne, die sich bei den schulartübergreifenden Kontakten aufzeigen, sollen Grundlage für die weitere Arbeit sein. Die bei der Durchführung von Hospitationen gegebenenfalls in Kauf zu nehmenden Unterrichtsausfälle werden auf ein Mindestmaß beschränkt. Die Kontakte der Lehrkräfte und Unterrichtshospitationen gelten als Dienstgeschäfte.

Hinweis der Redaktion: Hierdurch ausfallender Unterricht muss also weder vor- noch nachgeholt werden.

4.7.4 In der Orientierungsstufe werden gemeinsame Fachkonferenzen der auf der Grundschule aufbauenden Schularten eingerichtet. Sie haben das Ziel, den Lehrkräften die Möglichkeit zu bieten, gemeinsame Aufgaben und Probleme, insbesondere fachspezifische Fragen (zum Beispiel Abstimmung der Unterrichtsplanung und -durchführung, der Maßstäbe bei der Leistungsbeurteilung, des Einsatzes von Lehr- und Lernmitteln) zu erörtern. An diesen Fachkonferenzen nehmen Lehrkräfte teil, die das entsprechende Fach an der Orientierungsstufe unterrichten.

⇨ Abschlüsse und Bildungswege; ⇨ Aufnahmeverfahren (Termine); ⇨ Aufnahmeverordnung; ⇨ Behinderungen (Förderbedarf) Nr. 2.3.2; ⇨ Bildungsberatung und Beratungslehrkräfte; ⇨ Gemeinschaftsschule (Allgemeines); ⇨ Konferenzordnung § 4; ⇨ Korrekturtag; ⇨ Multilaterale Versetzungsordnung; ⇨ Schulgesetz § 5; ⇨ Schulpsychologische Beratungsstellen; ⇨ Sonderpädagogische Bildungsangebote (Inklusion)

Aufnahmeverfahren (Terminplan 2022)

Auszug aus der Terminübersicht für die allgemeinbildenden Schulen im Schuljahr 2021/2022; Bekanntmachung des KM vom 21. August 2020 (K.u.U. S. 149/2020); gilt auch für SBBZ mit Bildungsgang Grundschule

1 Verfahren zum Übergang an die auf der Grundschule aufbauenden Schulen

1.1 Erstellung der Grundschulempfehlung

1.1.1 Informations- und Beratungsgespräch der Grundschule mit den Eltern der Schülerinnen und Schüler der Klassenstufe 4 über jeweils beabsichtigte Schullaufbahnwahl
bis Freitag, 28. Januar 2022

1.1.2 Entscheidung der Klassenkonferenz über die Grundschulempfehlung und Ausgabe der Grundschulempfehlung an die Eltern gemeinsam mit der Halbjahresinformation der Klasse 4 jeweils im Zeitraum Ende erstes Schulhalbjahr
bis Mittwoch, 09. Februar 2022

1.1.3 Entscheidung der Eltern, ob sie die Teilnahme am besonderen Beratungsverfahren wünschen.
Eingang der Mitteilung dieser Entscheidung an der Grundschule spätestens vier Schultage nach Ausgabe der Grundschulempfehlung.

1.2 Besonderes Beratungsverfahren an der Grundschule

Durchführung der Elternberatung und ggf. Testuntersuchungen durch eine Beratungslehrkraft bis Mittwoch, 30. März 2022

1.3 Anmeldung der Schülerinnen und Schüler für die weiterführenden Schulen

1.3.1 Für Schülerinnen und Schüler nach der Grundschulempfehlung
Mittwoch, 09. März 2022, und Donnerstag, 10. März 2022

1.3.2 Für Schülerinnen und Schüler, die am besonderen Beratungsverfahren teilnehmen
bis Freitag, 1. April 2022.

⇨ Aufnahmeverfahren

Das „alte" Jahrbuch nicht sofort entsorgen

Immer wieder existieren „alte" und „neue" Vorschriften nebeneinander, wobei die Neuregelungen zunächst nur für bestimmte Schülerjahrgänge gelten. Man sollte deshalb sein „altes" Exemplar nicht in den Papierkorb werfen. Denn es ist zwar nicht mehr „aktuell", aber nach wie vor nützlich.

Aufnahmeverordnung

Verordnung des KM über das Aufnahmeverfahren für die Realschulen und die Gymnasien der Normalform (Aufnahmeverordnung) vom 8. Dezember 2011 (K.u.U. S. 1/2012); zuletzt geändert 18. Juni 2020 (K.u.U. S. 577/2020)

§ 1
Grundschulempfehlung

(1) Am Ende des ersten Schulhalbjahres der Klasse 4, spätestens bis zum 10. Februar, erteilt die Grundschule auf der Grundlage eines Beschlusses der Klassenkonferenz die Grundschulempfehlung nach § 5 Absatz 2 Satz 4 SchG. ➪ Schulgesetz § 5 Abs. 2 S. 4

(2) Der Grundschulempfehlung liegt eine pädagogische Gesamtwürdigung zugrunde, in die insbesondere die schulischen Leistungen, das Lern- und Arbeitsverhalten sowie die bisherige Entwicklung des Kindes einfließen. Sie basiert auf differenzierten kontinuierlichen Beobachtungen des Kindes durch die Lehrkräfte und einer regelmäßigen Beratung mit den Erziehungsberechtigten über die Lern- und Leistungsentwicklung des Kindes und orientiert sich prognostisch an den Anforderungen der weiterführenden Schularten.

(3) Eine Empfehlung für die Werkreal- und Hauptschule, die Realschule oder das Gymnasium wird ausgesprochen, wenn die Voraussetzungen auf der Grundlage einer Gesamtwürdigung nach Absatz 2 vorliegen. Die Leistungen in den einzelnen Fächern und den Fächerverbünden müssen erwarten lassen, dass den Anforderungen der weiterführenden Schulart entsprochen wird. Hinsichtlich der schulischen Leistungen kann als Orientierungshilfe dienen, dass den Anforderungen des Gymnasiums in der Regel entsprochen wird, wenn in der Halbjahresinformation der Klasse 4 in den Fächern Deutsch und Mathematik im Durchschnitt mindestens gut-befriedigend (2,5) erreicht wurde; den Anforderungen der Realschule bei einem Durchschnitt in diesen Fächern von mindestens befriedigend (3,0).

(4) Eine Empfehlung für die Realschule beinhaltet auch eine Empfehlung für die Werkrealschule und die Hauptschule. Eine Empfehlung für das Gymnasium beinhaltet auch eine Empfehlung für die Realschule sowie die Werkrealschule und die Hauptschule.

Hinweis der Redaktion: Eine Grundschulempfehlung für eine der herkömmlichen Schularten schließt die Empfehlung für die Gemeinschaftsschule ein. ➪ Aufnahmeverfahren Nr. 3.2.5

(5) Der Schulleiter ist Vorsitzender der Klassenkonferenz bei der Entscheidung über die Grundschulempfehlung nach Absatz 1. Er ist stimmberechtigt, bei Stimmengleichheit gibt seine Stimme den Ausschlag.

§ 2
Beratungsverfahren

Auf Wunsch der Erziehungsberechtigten kann im Zusammenhang mit der Erteilung der Grundschulempfehlung ein besonderes Beratungsverfahren erfolgen; das Kultusministerium legt dazu die Einzelheiten in einer Verwaltungsvorschrift fest.

§ 3
Entscheidung der Erziehungsberechtigten, Vorlage der Grundschulempfehlung

Die Erziehungsberechtigten entscheiden, welche weiterführende Schulart ihr Kind besucht. Sie legen die Grundschulempfehlung nach § 5 Absatz 2 Satz 5 SchG der aufnehmenden Schule bei der Anmeldung vor.

§ 4
Aufnahme in die Hochbegabtenzüge der allgemeinbildenden Gymnasien der Normalform

(1) Die Anmeldung für den Besuch eines Hochbegabtenzugs eines allgemeinbildenden Gymnasiums in der Normalform setzt die erfolgreiche Teilnahme an einem mehrstufigen Aufnahmeverfahren voraus, das

1. eine Testung des Intelligenzquotienten in Form eines Gruppentests nach anerkannten wissenschaftlichen Methoden durch eine schulpsychologische Beratungsstelle (Stufe 1) und
2. Gespräche am Gymnasium mit den Erziehungsberechtigten und in der Regel die Teilnahme an einem Probeunterricht, bei dem Lehrkräfte des Gymnasiums die schulische Leistungsbereitschaft, Teamfähigkeit, soziale Kompetenz und Motivation des Kindes beobachten, (Stufe 2),

umfasst. In begründeten Ausnahmefällen kann auf Stufe 1 die zuständige obere Schulaufsichtsbehörde auf Antrag der schulpsychologischen Beratungsstelle anstelle des Gruppentests einen anderen standardisierten Intelligenztest zulassen. Eine Teilnahme an Stufe 2 setzt voraus, dass in Stufe 1 ein an Hochbegabung heranreichender oder diese anzeigender Wert erreicht wurde.

(2) Nach Abschluss des mehrstufigen Aufnahmeverfahrens entscheidet die Schulleiterin oder der Schulleiter über die Aufnahme eines Kindes in den Hochbegabtenzug unter Berücksichtigung der Ergebnisse beider Stufen des Aufnahmeverfahrens.

➪ Abschlüsse und Bildungswege; ➪ Aufnahmeverfahren; ➪ Aufnahmeverfahren (Termine); ➪ Behinderungen (Förderbedarf) Nr. 2.3.2; ➪ Bildungsberatung und Beratungslehrkräfte; ➪ Gemeinschaftsschule; ➪ Hochbegabung; ➪ Konferenzordnung § 4; ➪ Multilaterale Versetzungsordnung; ➪ Schulgesetz § 5; ➪ Schulpsychologische Beratungsstellen

Unter ➪ Termin-Checkliste finden Sie die wichtigsten Termine des Schuljahres.

Aufsichtspflicht

Informationen der Redaktion zur Rechtslage und zur Verwaltungspraxis in Baden-Württemberg

1.
Grundsätze

In Baden-Württemberg bestehen keine Detail-Vorschriften zur schulischen Aufsichtspflicht; das Schulgesetz bestimmt lediglich, dass der Schulleitung die Aufstellung von *„Aufsichtsplänen"* obliegt (§ 41). Die Aufsichtspflicht der Schule ergibt sich unmittelbar aus ihrer „Obhutspflicht" (wenn der Staat die Kinder und Jugendlichen der Schulpflicht unterwirft, so muss er im Rahmen seiner Möglichkeiten dafür Sorge tragen, dass sie vor Schäden geschützt werden) sowie aus den allgemeinen Gesetzen, die zum Kinder- und Jugendschutz erlassen wurden. Die Lehrkräfte müssen diese Vorschriften (z.B. das Rauchverbot in Schulen, Hygienepläne) nicht nur selbst beachten, sondern deren Einhaltung durch die Schüler*innen durchsetzen. Die Schule ist zu Eingriffen in deren Rechte befugt, wenn dies erforderlich ist, um Schäden von ihnen oder von Dritten abzuwenden.

⇨ Grundgesetz Art. 7; ⇨ Gefährdungsbeurteilung ; ⇨ Jugendarbeitsschutzgesetz; ⇨ Jugendschutzgesetz; ⇨ Rauchen in der Schule; ⇨ Schulgesetz §§ 41, 72, 89

Die Aufsichtspflicht besteht nicht nur während des Unterrichts im engeren Sinne, sondern erstreckt sich auf die gesamte Unterrichts- und Veranstaltungszeit einschließlich der Pausen und auf Unterrichtswege (Wege während der Unterrichtszeit z.B. vom Schulgebäude zur Sportstätte und zurück), nicht jedoch auf den Hin- und Rückweg zur und von der Schule.

⇨ Schülerbeförderung; ⇨ Schulweg

Das KM hat hierzu im Infodienst Schulleitung Nr. 98 / Juli 2007 u.a. folgende Hinweise gegeben:

„Der Erziehungsauftrag der Schule und die Sorge um die Einhaltung dieses Auftrages erstrecken sich auf die gesamte Zeit, in der die Schüler und Schülerinnen unter der Obhut der Schule stehen. D.h. auch die Pausen zwischen den einzelnen Unterrichtseinheiten und alle schulischen Veranstaltungen unterliegen der Verantwortung der Schule. Schulische Veranstaltungen im Sinne des Gesetzes sind solche Veranstaltungen, die im Rahmen des Erziehungs- und Bildungsauftrages der Schule durchgeführt werden und bezüglich derer die Schule ein gewisses Mindestmaß an Aufsicht übernimmt. Nicht erforderlich ist, dass die Veranstaltung in Räumen der Schule oder an Schultagen stattfindet. So sind auch Projektwochen oder Schulfeste an schulfreien Tagen schulische Veranstaltungen. […]"

Die Wahrnehmung der Aufsichtspflicht außerhalb von Unterrichtsveranstaltungen ist Teil der nicht gebundenen Arbeitszeit der Lehrkräfte, also eine zum herkömmlichen Berufsbild gehörende Dienstpflicht. Zur „Aufsicht ohne Unterrichtscharakter" bitte auch den Beitrag ⇨ Mehrarbeit IV.3 beachten.

Verlassen Schülerinnen oder Schüler den Unterricht oder sonstige verpflichtende Veranstaltungen der Schule oder – z.B. während einer Unterrichtspause – das Schulgelände ohne Erlaubnis oder gerechtfertigten Grund, so verstoßen sie gegen die Schulpflicht bzw. die Schulordnung (vgl. § 72 SchG). Damit erlischt die Obhuts- bzw. Aufsichtspflicht der Schule nicht. Die Schule muss auf die betroffenen Schüler*innen pädagogisch bzw. mit Erziehungs- und Ordnungsmaßnahmen einwirken (vgl. § 89 SchG) und ggf. die Eltern oder bei Gefahr im Verzuge auch die Polizei verständigen, um die Schüler*innen vor Schaden zu schützen bzw. um sie der Schule wieder zuzuführen.

Für die Intensität und den Umfang der jeweils erforderlichen Aufsicht sind maßgebend:

- das Alter und die Reife der Schüler*innen,
- die Erfahrung der aufsichtführenden Person mit den einzelnen Schüler*innen bzw. der Gruppe,
- die konkreten Umstände (z.B. gefährliche Unternehmungen).

Die Schule (Schulleitung, Lehrkräfte) hat bei der Planung und Wahrnehmung der Aufsicht

- vorausschauende Umsicht zu wahren (die Schule/Lehrkraft muss die Aufsicht nach den o.g. Grundsätzen planen),
- ununterbrochene Beständigkeit gewährleisten (die Schule/Lehrkraft muss – z.B. durch Erlass und Einhaltung von Aufsichtsplänen – eine kontinuierliche Beaufsichtigung sicherstellen),
- mit kontrollierender Nachdrücklichkeit zu handeln (die Schule/Lehrkraft muss so tätig sein, dass sich die Schüler*innen stets beaufsichtigt fühlen – gegebenenfalls durch Stichproben).

Dabei kann und darf es keine übertriebene Durchregulierung geben: Dauer- und Total-Aufsicht können den Erziehungsauftrag (Erziehung zu Verantwortung, Mündigkeit und Selbstständigkeit) gefährden. Aber die Aufsichts-Verantwortung der Schule besteht und muss wahrgenommen werden. Maßstab kann die *diligentia quam in suis* (Sorgfalt wie bei eigenen Angelegenheiten) sein: Wie würde ich bei meinem eigenen Kind handeln, was erwarte ich für mein eigenes Kind von der Schule?

2.
Aufsichtsplan der Schule

Die Gesamtlehrerkonferenz besitzt zur Aufstellung von Aufsichtsplänen ein allgemeines Empfehlungsrecht. Es müssen bei der Zuteilung von Aufsichtsaufgaben die Fürsorgepflicht (Behandlung aller Beschäftigten nach Recht und Billigkeit) sowie bestimmte Ausnahmen berücksichtigt werden, beispielsweise bei Schwerbehinderten, Schwangeren und Teilzeitbeschäftigten (bei Letzteren gilt der Grundsatz der anteiligen Belastung, z.B. entsprechend der Anzahl der erteilten Unterrichtsstunden).

⇨ Konferenzordnung § 2 Abs. 1 Nr. 9

Die Regelung und Wahrnehmung der Aufsichtspflicht an der Schule kann auch in der Schulkonferenz und im Elternbeirat beraten werden (SchG §§ 47 und 57). Es empfiehlt sich, in diesen Gremien die Regelungen bzw. Verfahrensweisen der Schule darzustellen und zu erörtern, die beim Ausfall von Lehrkräften gelten, insbesondere die Regularien bei der vorzeitigen Beendigung des Unterrichts.

⇨ Hitzefrei; ⇨ Mehrarbeit (Allgemeines)

In Aufsichtsplänen, die (zumindest in vorläufiger Form) bereits am ersten Tag des Unterrichts nach Beginn des neuen Schuljahres in Kraft gesetzt werden müssen, werden die Anlässe geregelt, in denen einzelne Lehrkräfte bestimmte Aufsichtstätigkeiten wahrnehmen müssen (z.B. Pausenaufsicht, Aufsicht vor und nach Schulbeginn oder um den Übergang zu zusätzlichen Betreuungsangeboten wie Kernzeitenbetreuung usw. zu gewährleisten, Aufsicht in Hohlstunden oder in der Mittagszeit, Aufsicht beim Schülertransport). Für die Aufsicht vor und nach Schulbeginn hat das KM verfügt: *„Die Grundschule öffnet 15 Minuten vor Unterrichtsbeginn (Aufsicht durch Lehrkräfte)“*. Für die übrigen Schularten gibt es keine Vorschrift; allgemein wird jedoch vorausgesetzt, dass die aufsichtführende Lehrkraft 10 Minuten vor Unterrichtsbeginn auf dem Schulgelände anwesend sein muss. ⇨ Stundenpläne und Unterrichtsbeginn

In der Regel erlässt jede Schule eine Hausordnung und gegebenenfalls getrennt auch eine Pausenordnung. Darin werden die an der Schule geltenden Regelungen definiert, über deren Einhaltung die aufsichtführenden Lehrkräfte oder die anderen mit Aufsichtaufgaben betrauten Personen wachen.

⇨ Hausordnung / Pausenordnung

Die Pflicht zur Beaufsichtigung der Schülerinnen und Schüler beim Unterricht und bei außerunterrichtlichen Veranstaltungen obliegt der zuständigen Lehrkraft. Aber auch eine nicht zur Aufsicht eingeteilte Lehrkraft muss etwa bei einer Rauferei auf dem Schulhof eingreifen und auch andere Beteiligte – z.B. sonstiges Personal, Eltern als Begleitpersonen bei außerunterrichtlichen Veranstaltungen – können hieran teilhaben. So muss z.B. die begleitende Mutter auf dem Wandertag die Kinder am Ersteigen einer gefährlichen Felsklippe hindern.

Auch Schülerinnen oder Schüler können – zumindest teilweise – Aufsichtsaufgaben wahrnehmen. So kann ein zuverlässiger Schüler die Klasse beaufsichtigen, wenn die Lehrkraft den Raum zeitweilig verlassen muss (hierfür muss jedoch ein nachvollziehbarer, besonderer Grund vorliegen) oder es kann ein Schüler bei einer Wanderung gebeten werden, den Abschluss zu bilden. Der Lehrkraft bleibt jedoch eine Letztverantwortung, z.B. ob sie bei Auswahl, Instruktion oder Kontrolle des Aufsichtführenden Fehler gemacht hat oder er überfordert ist.

3.
Aufsicht im Unterricht

Im Unterricht wird die Aufsicht von der Lehrkraft neben den unterrichtlichen Aufgaben wahrgenommen. Die Lehrkraft muss dabei nicht ständig die ganze Klasse im Auge haben, sondern kann sich vorübergehend einzelnen Schülerinnen und Schülern widmen oder (je nach Erfahrung und Alter der Schülerinnen und Schüler) Arbeitsgruppen bilden und diese auch auf verschiedene Räume aufteilen. Sie muss die Aufsicht aber so gestalten, dass die Schüler*innen jederzeit mit ihrem Kommen rechnen müssen. Dies gilt auch bei der sogenannten „Mitversehung“ einer zweiten Klasse in einem anderen Klassenraum.

Unter dem Gesichtspunkt der Aufsichtspflicht ist grundsätzlich abzulehnen, dass Lehrkräfte störende Schüler*innen aus dem Klassenzimmer verweisen. Geschieht dies trotzdem, kommt es auch hierbei auf Alter, Reife und Erfahrung der Betroffenen an. Ein Beispiel: Ein 13-jähriger Schüler eines Gymnasiums mit Internat hatte den Unterricht erheblich gestört. Die Lehrkraft wies ihn aus dem im zweiten Stock gelegenen Klassenzimmer. Anstatt sich vor der Klassenzimmertür aufzuhalten, wie ihm aufgetragen war, ging der Schüler in einen benachbarten Wohn- und Schlafraum. Von dort stürzte er aus einem Fenster 11 Meter tief. Er wurde schwer verletzt. Das Oberlandesgericht Stuttgart hat hierzu entschieden: Die Lehrkraft hat nicht gegen ihre Aufsichtspflicht verstoßen. Sie durfte damit rechnen, dass der Schüler, auch wenn er nicht mehr unter unmittelbarer Kontrolle steht, sich ordnungsgemäß und vernünftig verhält. Anders hätte das Gericht entschieden, wenn der Schüler bereits bei einem früheren Hinausstellen auf dem Fenstersims geturnt hätte und dies der Lehrkraft bekannt war.

Bei der Wahrnehmung der Aufsicht genügt es nicht, dass die Lehrkraft Gefahren vermeidet, sondern sie muss den Schüler*innen zeigen, wie man sie erkennt und meistert. Dies gilt vor allem auch in Fächern mit höherem Unfallrisiko (z.B. Sport, naturwissenschaftliche und technische Experimentalfächer). Auch hier hängen Art und Intensität der Aufsicht davon ab, welche Reife und Erfahrung die Schüler*innen haben und wie gefährlich das jeweilige Vorhaben ist. Besonders heikel ist dies beim Schwimmunterricht sowie beim Schwimmen während außerunterrichtlicher Veranstaltungen (so sollte z.B. das Baden in Baggerseen oder unbekannten Gewässern unterbleiben). Zur Aufsicht beim Schwimmen sowie beim Sport durch Lehrkräfte des jeweils anderen Geschlechts siehe ⇨ Aufsichtspflicht (Schwimmunterricht).

Beim Sportunterricht erstreckt sich die Aufsichtspflicht auf die gesamte Sportstätte, also auch auf die Umkleideräume und Zugänge zur Sportstätte. Dies gilt auch für nicht zum Schulgelände gehörende Sportstätten. Abgesehen von den Klassen 1 bis 4 sollten Lehrkräfte – außer bei Gefahr im Verzuge, z.B. nach einem Unfall zur Ersten Hilfe – die Umkleideräume einer andersgeschlechtlichen Schülergruppe nicht betreten. Falls erforderlich, muss die Lehrkraft stattdessen eine Aufsichtsperson des entsprechenden Geschlechts zu Hilfe holen (lassen).

Ferner muss die Lehrkraft im Vorfeld alle denkbaren Maßnahmen ergreifen (z.B. Vorkehrungen und Anordnungen in Form von Ge- bzw. Verboten), die zur Vermeidung von Schäden notwendig sind. Sie kann bzw. muss gegebenenfalls andere Personen, z.B. vertrauenswürdige Schüler*innen, zeitweise zur Aufsicht in den Umkleidekabinen heranziehen. Damit wird sie von ihrer Verantwortung und von der Aufsichtspflicht jedoch nicht befreit.

4.
Aufsicht außerhalb des Unterrichts

Während der kurzen Fünf-Minuten-Pause ist eine besondere Aufsicht in der Regel nicht notwendig (dennoch gilt auch hier der Grundsatz der „kontrollierenden Nachdrücklichkeit“: Alle Lehrkräfte müssen sich so verhalten, dass sich die Schülerinnen und Schüler stets beaufsichtigt fühlen).

Bei längeren Pausen müssen genügend Lehrkräfte eingeteilt sein, sodass es im Pausenhof bzw. im Schulgebäude keine ständig aufsichtsfreien Zonen gibt. Zweck der Pause ist jedoch, dass sich die Schüler*innen auch durch Bewegung oder Spielen erholen. Die aufsichtführenden Lehrkräfte sollten deshalb nur dann einschreiten, wenn die Schüler *innen sich selbst oder andere in Gefahr bringen. Durch eine entsprechende Gestaltung der Schulhöfe (z.B. Schaffung von Ruhe- und Spielzonen, Trennung nach Altersgruppen) können die Risiken verringert und die Aufsichtführung erleichtert werden.

Die Aufsichtspflicht der Schule erstreckt sich über die gesamte Unterrichts- und Veranstaltungszeit auf das gesamte Schulgelände. Dies gilt auch für Bereiche, die „möbliert“ (z.B. mit Sport- und Freizeitgeräten versehen oder als Sitz oder Spielecken ausgestaltet) sind und von Schüler*innen außerhalb der individuellen Unterrichtszeiten, z.B. in Hohlstunden, der Mittagspause oder am Nachmittag genutzt werden, oder für ausgewiesene „Raucherzonen“ auf dem Schulgelände. Während der Schulpausen muss die jeweilige Pausenaufsicht gerade diese Bereiche wegen der erhöhten Unfallgefahr besonders im Auge haben. Außerhalb der Pausen ist auch hier – wieder gestaffelt nach dem Alter und der Einsichtsfähigkeit der Schüler*innen – eine „gelockerte Aufsicht“ ausreichend, also eine stichprobenartige Kontrolle; die Schüler*innen müssen sich beaufsichtigt fühlen, also damit rechnen, dass eine Lehrkraft vorbeikommt. Hier gilt das Prinzip, dass jeder Lehrkraft eine allgemeine Aufsichtspflicht über alle Schüler*innen obliegt, dass sie also eingreifen muss, wenn dies aus pädagogischer Sicht oder zur Gefahrenabwehr notwendig ist.

Wenn solche Bereiche nach dem Unterricht für die Öffentlichkeit als Spielplatz freigegeben sind, endet die Aufsichtspflicht der Schule mit dem allgemeinen Unterrichtsschluss bzw. mit dem jeweiligen Freigabetermin; es sollte deshalb auf eine unmissverständliche Beschilderung geachtet werden, ab wann der jeweilige Bereich „öffentlich“ wird.

„Hohlstunden“ im Schüler-Stundenplan sollten möglichst vermieden werden. Während der Hohlstunden dürfen die Schüler*innen nicht unbeaufsichtigt bleiben; die Schule muss regeln, wo sie sich aufhalten, ggf. sind besondere Aufenthaltsräume zuzuweisen (z.B. für Fahrschüler*innen, die die Wartezeit zwischen Unterricht und Fahrt überbrücken). Es genügt aber eine stichprobenartige Aufsicht mit gelegentlichen Kontrollen.

Sonderfall Religionsunterricht

Zur Aufsicht über Schüler*innen, die nicht am Religionsunterricht teilnehmen, hat das KM mitgeteilt:

„Für Kinder, die nicht am Religionsunterricht teilnehmen und für die auch kein Ethikunterricht vorgesehen ist, besteht auch in einer dadurch entstehenden Hohlstunde eine Aufsichtspflicht der Schule. Zu der Art und Weise der Aufsicht hat das Kultusministerium keine detaillierte Regelung erlassen, weil die Verhältnisse vor Ort zu unterschiedlich sind. Soweit möglich, wird der Religionsunterricht auf die Randstunden verlegt. Darüber hinaus bieten sich Möglichkeiten der Aufsicht durch Hilfskräfte oder durch Einzelarbeit im Raum einer anderen Klasse. Bei älteren Schülerinnen und Schülern ist eine Präsenzaufsicht nicht in jedem Fall erforderlich. Hier kann es genügen, dass eine Lehrkraft jederzeit erreichbar ist.“

(Quelle: KM, Landtags-Drucksache 14/3498)

Die Betreuung oder Beaufsichtigung dieser Schüler*innen als „stille Hospitanten“ im Religionsunterricht ist grundsätzlich nicht möglich.

(Quelle: https://km-bw.de/FAQ+Corona dort Fragen zum Religionsunterricht; Stand Dezember 2020)

Zwar dürfen Schüler*innen ohne oder mit anderer Konfession auf Antrag (!) und mit Zustimmung der Religionsgemeinschaft deren Religionsunterricht freiwillig besuchen; eine Zuweisung ohne einen solchen Antrag ist wegen des Bekenntnischarakters dieses Faches hingegen unzulässig.

⇨ Ethikunterricht; ⇨ Religionsunterricht (Allgemeines)

Zur Aufsicht bei Schul- und Schülergottesdiensten siehe ⇨ Schul und Schülergottesdienste.

Sonderfall Schulbushaltestelle

Bei Schulbushaltestellen auf dem Schulgelände besteht eine Aufsichtspflicht der Schule; dies gilt jedoch nicht bei entfernt liegenden Haltestellen, insbesondere wenn es sich dabei um Haltestellen des öffentlichen Personennahverkehrs handelt. Denn grundsätzlich sind die Eltern für den Schulweg verantwortlich. Bei Haltestellen außerhalb des Schulgeländes, die dem Schulbetrieb räumlich und funktionell zugeordnet sind, kann sich die Schule der Aufsicht über Fahrschüler*innen jedoch kaum entziehen. Denn nach der höchstrichterlichen Rechtssprechung (BGH, 7.10.1976 und 27.4.1981) kommt es bei der Aufsicht über eine Schulbushaltestelle darauf an, ob ein hinreichender Bezug zum Schulbetrieb einschließlich seiner Vor- und Nachwirkungen besteht. Grenzen Schulbushaltestellen unmittelbar an das Schulgelände, ist ein solcher Bezug in der Regel gegeben. Dabei richtet sich der zeitliche und personelle Aufsichtsbedarf z.B. nach dem Alter und dem Reifegrad der beteiligten Schüler*innen, der Art und Anzahl der eingesetzten Fahrzeuge und dem aus der Lage und der Art der Haltestelle rührenden Gefahrenpotenzial. Hier sind zur Gefahrenminderung eine spezifische Verkehrserziehung sowie die Zusammenarbeit mit dem Schulträger, der Polizei, den Verkehrsunternehmen und den Eltern besonders geboten. ⇨ Schülerbeförderung; ⇨ Verkehrserziehung

Sonderfall Mittagessen und Betreuung

Beim Mittagessen sowie den Betreuungsangeboten z.B. an Ganztagsschulen oder in der „Verlässlichen Grundschule“ trägt das Land die Personalkosten für den Unterricht, also für die Lehrkräfte; der Schulträger ist für die Sachkosten einschließlich des nichtlehrenden Schulpersonals zuständig. Deshalb fällt ein Teil der Zeit, welche die Kinder in der Schule verbringen, z.B. Mittagessen, nicht in den Bildungs- und Erziehungsauftrag der Schule und damit in die Aufsicht der Lehrkräfte. In diesen Zeiten obliegt die Betreuungspflicht dem Schulträger.

Zwar „führt der Schulleiter für den Schulträger die unmittelbare Aufsicht über die an der Schule tätigen, nicht im Dienst des Landes stehenden Bediensteten; er hat ihnen gegenüber die aus der Verantwortung für einen geordneten Schulbetrieb sich ergebende Weisungsbefugnis“ (⇨ Schulgesetz § 41). Für die Aufsicht beim Mittagessen und in den freizeitpädagogischen Angeboten ist die Schulleitung aber nur dann verantwortlich, wenn die Schule diese Veranstaltungen im Rahmen eines Budgets selbst organisiert.

Das KM hat der GEW am 21.11.2014 hierzu mitgeteilt: *„Die Mittagspause ist in Ganztagsschulen kein Aufgabenfeld für Lehrkräfte. In Schulen in offener Angebotsform oder mit besonderer pädagogischer und sozialer Aufgabenstellung ist der Schulträger für die Aufsicht und Betreuung verantwortlich – sowohl im Speiseraum als auch außerhalb. [...] Ein Lehrkräfteeinsatz, bei dem Deputatsstunden (auch nach Arbeitszeitverordnung!) angerechnet werden, ist nicht zulässig. Wenn Lehrkräfte jedoch freiwillig und ohne Anrechnung die Aufsicht ergänzen möchten, darf die Schulleitung dem zustimmen. Zu der Zeitspanne der Mittagspause gibt es nach § 4a SchG keine ausdrückliche Grenze. Es wird von 60 Minuten ausgegangen. Wenn die Pause länger dauern soll, kann dies auch im Rahmen von Freizeitangeboten des Ganztagsbetriebs gestaltet werden. Hier dürfen Lehrkräfte natürlich eingesetzt oder die Monetarisierung angewandt werden. Hierbei ist aber auf die Schulpflichtregelung zu achten. Die Mittagspause ist von der Schulpflicht ausgenommen. Die Kinder dürfen demnach auch daheim essen. Bei Ganztagsangeboten gilt aber Schulpflicht, also Anwesenheitspflicht.“*

Die Gemeinschaftsschule ist im Bereich der Sekundarstufe I eine verbindliche Ganztagsschule (§ 8a Abs. 3 S. 1 SchG). Die Schulpflicht bezieht sich dabei nicht nur auf den unmittelbar unterrichtlichen Schulbetrieb. Die Kinder können also z.B. nicht nach Hause gehen, um dort das Mittagessen einzunehmen. Ob die Kinder am Mittagessen der Schule teilnehmen oder eigenes Essen in die Schule mitbringen, bleibt ihnen überlassen. Eltern können jedoch unter bestimmten Voraussetzungen für die Mittagspause eine Befreiung ihrer Kinder von der Schulpflicht beantragen. Das KM empfiehlt, dass die Schule die Eltern zum Beispiel im Rahmen der Elternbeiratssitzung darüber informiert. Der Schulträger muss einer beabsichtigten Öffnung zustimmen. ⇨ Gemeinschaftsschule (Verordnung)

(Quellen: GMS-Infobriefe des KM Nr. 5/2014 und Nr. 3/2018)

Zur Aufsichtsführung in der Primarstufe siehe ⇨ Grundschule (GanztagsgrundschulVwV).

Sonderfall SBBZ

Für die SBBZ und Schulkindergärten, die nach dem Bildungsplan der Sonderschule für Geistigbehinderte arbeiten, gehört nach dem Bildungsplan auch die Einnahme des Mittagessens zum schulischen Bildungsauftrag. Deshalb sind dort die von den Lehrkräften zu übernehmenden Aufgaben nicht ausschließlich unterrichtlicher Art; diese müssen vielmehr aufgrund der Behinderung der zu fördernden Kinder und Jugendlichen auch pflegerische Aufgaben übernehmen.

5. Außerunterrichtliche Veranstaltungen

Auch bei Schulausflügen, Schullandheimaufenthalten, Museums- oder Theaterbesuchen, Wandertagen usw. müssen die Schülerinnen und Schüler mindestens so beaufsichtigt werden, dass bei ihnen niemals das Gefühl entsteht, völlig unbeaufsichtigt zu sein. Das heißt jedoch nicht, dass sie nichts allein unternehmen dürfen, insbesondere ältere, selbstverantwortliche Schülerinnen und Schüler.

Gerade bei solchen Veranstaltungen, deren Ziel ja ist, die Schüler*innen zu größerer Selbstständigkeit zu erziehen, kommt es einerseits auf deren Einsichtsfähigkeit sowie andererseits auf die unmissverständlichen Anweisungen der Lehrkraft an. Je nach den Umständen ist das Aufsichtspflicht-Risiko durch geeignete Maßnahmen zu mindern: Ausgehen in Gruppen, Verbot bestimmter Aktivitäten etc.

Außerunterrichtliche Veranstaltungen sollten nicht von einer Lehrkraft allein geleitet werden (insbesondere bei Schüler*innen beiderlei Geschlechts). Beim Ausgehen in Gruppen empfiehlt sich das Drei-Personen-Prinzip: Wenn eine Probleme hat, kann die Zweite bei ihr bleiben und die Dritte Hilfe holen.

Es empfiehlt sich, die Aufsichtsprobleme und die Verhaltensregelungen vor der Veranstaltung mit den Eltern zu besprechen (z.B. auf dem Elternabend). Eltern können übrigens ihre Kinder nicht von der Befolgung schulischer Regelungen entbinden (auch nicht durch eine schriftliche Erklärung).

Die Beteiligung an „Müllsammelaktionen“ bedarf der vorherigen Genehmigung durch die Schulleitung als schulische Veranstaltung. Maßstab ist, ob die Teilnahme pädagogisch wertvoll und nützlich für die schulische und persönliche Entwicklung der Kinder und Jugendlichen ist. Ein direkter Kontakt der sammelnden Personen mit Abfällen muss sicher ausgeschlossen werden. Ferner sind mögliche Gefahren durch Fahrzeugverkehr zu beachten. Von Sammelaktionen an stark befahrenen Land- oder Bundesstraßen wird grundsätzlich abgeraten. Die Schüler*innen müssen durch die Lehrkräfte über mögliche Gefahren sowie über festgelegte Schutzmaßnahmen unterrichtet und beaufsichtigt werden.

(Quelle: Infodienst Schulleitung Nr. 128 / Mai 2009)

6. Aufsicht über Volljährige

Gegenüber volljährigen Schülerinnen und Schülern besteht keine Aufsichtspflicht der Schule im üblichen Sinne. Sie können die Schule in Pausen oder Hohlstunden ohne besondere Erlaubnis der Schule verlassen. Sie genießen damit jedoch keine grenzenlose Freiheit, andererseits ist auch die Schule nicht aller Sorgfaltspflichten entbunden. So müssen sich auch Volljährige an die Schulordnung halten. Die Schule muss ihnen gegenüber die allgemeine Verkehrssicherungspflicht und die sich aus dem Schulverhältnis ergebende Fürsorgepflicht wahrnehmen.

Das Verlassen des Schulgeländes in Pausen oder Hohlstunden kann Minderjährigen gestattet werden, jedoch nur älteren Schüler*innen, etwa der gymnasialen Oberstufe oder der beruflichen Schulen. Das Verfahren sollte an der Schule in einer Hausordnung bzw. Pausenordnung eindeutig geregelt werden.

⇨ Hausordnung / Pausenordnung; ⇨ Unfallversicherung (Hinweise); ⇨ Volljährigkeit

7. Aufsicht bei SMV-Veranstaltungen

Veranstaltungen der Schülermitverantwortung, die den Charakter einer „Schulveranstaltung" besitzen, unterliegen der Aufsichtspflicht der Schule. Sie müssen deshalb vorher der Schulleitung angezeigt werden. Diese muss der Durchführung als „Schulveranstaltung" unter Angabe von Gründen mit bindender Wirkung widersprechen, wenn für hinreichende Aufsicht nicht gesorgt werden kann.

In der SMV-Verordnung ist im Einzelnen verfügt, in welchem Umfang hierbei Lehrkräfte und ggf. auch Schüler*innen eingesetzt werden können bzw. müssen. ⇨ Schülermitverantwortung §§ 7 und 14

8. Aufsichtspflicht und Unfallverhütung

Die Pflicht zur Wahrnehmung der Aufsicht durch die Schule ist eng mit der Pflicht zur Unfallverhütung und zur Beachtung der einschlägigen Vorschriften bzw. zur präventiven Erziehung der Schüler*innen verbunden. ⇨ Unfallversicherung

Hierfür zwei Beispiele: In den *„Checklisten zur Sicherheit im Sportunterricht"* der gesetzlichen Schülerunfallversicherung (DGUV-202-048) wird festgestellt *„Die Lehrkraft und auch die Schülerinnen und Schüler tragen geeignete Sportkleidung und Sportschuhe."* Bei Schülerunfällen ist dies die entscheidende Maßgabe für den Versicherungsschutz sowie für die disziplinarrechliche Beurteilung einer eventuellen Aufsichtspflichtverletzung. Die Lehrkraft muss deshalb durchsetzen, dass die Schüler*innen entsprechend gekleidet sind (sie selbst aber muss auch Sportkleidung tragen!). Hieraus ergeben sich gegebenenfalls auch finanzielle Folgen für die Eltern: *„Ausstattungsgegenstände der Schüler wie Schulranzen, Sportbekleidung usw. sind dem persönlichen Bereich zuzuordnen"* (Landtags-Drucksache 14 / 2612), sie fallen also nicht unter die ⇨ Lernmittelfreiheit.

Beim Besuch von Laboren der Privatwirtschaft oder Hochschulen zu Unterrichtszwecken verbleibt die Aufsichts- und Organisationsverantwortung bei der Schule (Schulleitung bzw. Lehrkraft). Die Schule muss sich vergewissern, dass neben den Arbeitsschutzvorschriften (z.B. Arbeitsschutzgesetz, Chemikaliengesetz, Gefahrstoffverordnung auch die Vorschriften der Unfallversicherung (z.B. *„Unterricht in Schulen mit gefährlichen Stoffen"* DGUV 115-018) beachtet werden und dass der Labor-Unterricht von fachkundigen Personen erteilt wird. Garantiert ein Labor dies nicht schriftlich verbindlich, darf die Schulleitung dort keinen Unterricht genehmigen. Zum Haftungsrecht siehe ⇨ Haftung und Versicherung.

9. Melde- und Dokumentationspflicht

Führt ein Unfall zu einem Personenschaden bei Schüler*innen, übernimmt die gesetzliche Unfallversicherung die Kosten der Heilbehandlung, der Rehabilitation sowie ein Verletztengeld und zahlt gegebenenfalls eine Rente. Die Schulen sind deshalb bei jedem Schülerunfall verpflichtet, beim Träger der gesetzlichen ⇨ Unfallversicherung eine Unfallanzeige zu erstatten. Die Schüler*innen bzw. Erziehungsberechtigten müssen die behandelnden Ärzte bzw. Krankenhäuser darauf aufmerksam machen, dass es sich um einen Schulunfall handelt. Die Behandler rechnen dann direkt mit der gesetzlichen Unfallversicherung ab (nicht mit der Krankenkasse).

⇨ Aufsichtspflicht (Schwimmunterricht); ⇨ Außerunterrichtliche Veranstaltungen; ⇨ Ganztagsschulen (Grundschule und Förderschule); ⇨ Gefährdungsbeurteilung; ⇨ Haftung und Versicherung; ⇨ Hausordnung / Pausenordnung; ⇨ Jugendarbeitsschutzgesetz; ⇨ Jugendschutzgesetz; ⇨ Konferenzordnung § 2 Abs. 1 Ziff. 9 bis 11; ⇨ Medikamentenausgabe; ⇨ Rauchen in der Schule; ⇨ Rechtsschutz; ⇨ Sachschäden;; ⇨ Schülerbeförderung; ⇨ Schulgesetz §§ 38 und 41; ⇨ Schul- und Schülergottesdienste; ⇨ Unfallversicherung

Aufsichtspflicht (Schwimmunterricht)

Prävention und Rettungsfähigkeit. Bestimmungen und Regelungen zum Schulschwimmen in Baden-Württemberg; Bekanntmachung des KM (K.u.U. Heft 15/16, S. N 17/2020; nichtamtlicher Teil)

Prävention und Rettungsfähigkeit

Das Element Wasser und die damit verbundene Bewegungsform Schwimmen übt seit alters her eine besondere Faszination auf den Menschen aus. Das „Schwimmen Können" hat in der Gesellschaft einen hohen Stellenwert. Wer nicht schwimmen kann, grenzt sich oftmals aus oder stellt für sich und andere ein Gefahrenmoment dar. Nur wer sich im Wasser sicher und angstfrei bewegen kann, findet am und im Wasser ein vielfältiges Bewegungsfeld. Bis ins hohe Alter kann das Medium Wasser zur Freizeitgestaltung, zur Gesundheitsförderung, zur Regeneration und Rehabilitation genutzt werden.

Entsprechend ist das „Schwimmen lernen" im Hinblick einer Vorbereitung auf das Leben ein unverzichtbares, nicht austauschbares Element im Erziehungsprozess der Kinder. Deshalb ist das Schwimmen als motorische Grundqualifikation auch im Bildungsplan 2016 als Lerninhalt für alle Schularten weiterhin verbindlich. Die wesentliche Zielsetzung dabei ist, alle Schülerinnen und Schüler zu sicheren Schwimmerinnen und Schwimmern zu machen.

1. Wer darf Schwimmunterricht erteilen?

Die Verantwortung für den Unterricht, also für die Aufsicht über den Schwimmunterricht sowie für dessen Erteilung, trägt allein die Lehrkraft. Die eingesetzten Lehrkräfte müssen den Schwimmunterricht unter fachdidaktisch-methodischen wie auch organisatorischen Gesichtspunkten kompetent durchführen und so gestalten, dass unter präventiven Aspekten mögliche Risiken durch Beachtung aller Möglichkeiten der speziellen Methodik, sorgfältigen Organisation des Schwimmunterrichts und gewissenhaften Wahrnehmung ihrer Aufsichtspflicht vermieden werden. Zentrale Bedeutung erlangt dabei die Frage nach dem Nachweis der Rettungsfähigkeit der Lehrkraft.

2. Wer ist rettungsfähig?

Rettungsfähigkeit wird als die Fähigkeit definiert, eine Schülerin bzw. einen Schüler aus einer gesundheits- oder lebensgefährdenden Situation im Wasser zu befreien. Die Art und der Umfang der Rettungsfähigkeit in der Unterrichtspraxis hängen von den jeweiligen örtlichen Verhältnissen und Rahmenbedingungen ab. Wesentliche Einflussgröße ist hierbei die Beschaffenheit des Schwimmbades, z.B. Beckengröße, Wassertiefe, Übergang Nichtschwimmer – Schwimmerbereich. Die Sicherheit im Schwimmunterricht im Sinne der Wasserrettung erfordert ein bestimmtes Maß an körperlicher Leistungsfähigkeit und spezifische Kenntnisse. Diese erfüllt eine Lehrkraft dann, wenn sie in dem Schwimmbecken, in dem der Unterricht stattfindet, eine verunfallte Person situativ angemessen unter den höchsten Stressbedingungen

1. an jeder Stelle aus jeder Tiefe des Schwimmbeckens an die Wasseroberfläche bringen,
2. mit dem Gesicht über Wasser an den Beckenrand transportieren/schleppen,
3. über den Beckenrand bergen,
4. lebensrettende Sofortmaßnahmen durchführen sowie
5. einen Notruf absetzen kann.

Lehrkräfte, die Schwimmunterricht erteilen, sind grundsätzlich verpflichtet, selbst sicherzustellen, dass sie im oben beschriebenen Sinn rettungsfähig sind. Es obliegt der Eigenverantwortung der Lehrkräfte im Rahmen ihrer beruflichen Fortbildung, ihre Rettungsfähigkeit in angemessenen Abständen zu überprüfen.

3. Welche Ausbildungsmöglichkeiten zur Rettungsfähigkeit gibt es?

Bei der Bewerbung zum Vorbereitungsdienst müssen Bewerberinnen und Bewerber mit dem Fach Sport die Rettungsfähigkeit im Schwimmunterricht anhand eines Nachweises entsprechend den Anforderungen des Deutschen Rettungsschwimmerabzeichens in Silber oder Gold erbringen.

Lehrkräfte ohne Nachweis müssen einen solchen erwerben, bevor sie mit Schwimmunterricht beauftragt werden. Im Rahmen der Lehrerfortbildung kann die oben beschriebene Rettungsfähigkeit (siehe 2.) durch Bescheinigungen einer entsprechend fundierten Ausbildung mit einem Umfang von 24 Unterrichtseinheiten (12 UE Rettungsfähigkeit und 12 UE Didaktik und Methodik) an der Außenstelle Ludwigsburg des Zentrums für Schulqualität und Lehrerbildung Baden-Württemberg (ZSL) oder den Regionalstellen des ZSL bzw. deren Vorgängerinstitutionen nachgewiesen werden.

Adäquate Angebote machen z. B. auch die DLRG und die Wasserwacht. Die Deutschen Rettungsschwimmabzeichen der DLRG (Bronze und / oder Silber) sind mögliche Basisqualifikationen, die den oben genannten Erfordernissen gerecht werden, wobei sich das Tieftauchen mindestens an der Unterrichts-Wassertiefe des Schwimmbeckens, an dem die Lehrkraft unterrichtet, orientieren muss.

Die Schulleitung hat darauf zu achten, dass sie mit der Erteilung des Schwimmunterrichts grundsätzlich nur Lehrkräfte betraut, die einen entsprechenden Nachweis erbringen können und über die notwendigen methodisch-didaktischen Kompetenzen für einen qualifizierten Schwimmunterricht verfügen.

Hinweis der Redaktion: Beamt*innen sind verpflichtet, Bedenken gegen die Rechtmäßigkeit dienstlicher Anordnungen (z.B. wegen der Gruppengröße oder fehlender Aufsicht oder Kompetenz) unverzüglich schriftlich bei ihren Vorgesetzten geltend zu machen. („*Remonstrationspflicht*"). ⇨ Beamtenstatusgesetz § 36; ⇨ Remonstrationspflicht

4. Aufsichtspflicht

Bei allen schulischen Aktivitäten stehen die Aufrechterhaltung der Gesundheit und das Wohlergehen der anvertrauten Schülerinnen und Schüler im Vordergrund. Für die Sicherheit und Aufsichtsführung ist grundsätzlich die leitende Lehrkraft verantwortlich (Obhutspflicht und Garantenstellung). Dies gilt sowohl für den regulären Schwimmunterricht als auch für alle außerunterrichtlichen Veranstaltungen am und im Wasser (siehe 6.). Die Lehrkraft muss die notwendige Vorsorge für die Sicherheit (Präventionsfähigkeit) der Schülerinnen und Schüler treffen. Aus der Obhutspflicht ergibt sich bereits in der Planungsphase die Notwendigkeit, das Alter, die geistigen Fähigkeiten, den Charakter, die körperlichen Fähigkeiten, die Wassertiefe, die Übersichtlichkeit der Schwimmhalle und aus dem öffentlichen Badebetrieb hervorgehende Konsequenzen zu beachten. Es ist eine mögliche Vorhersehbarkeit eines Schadenseintritts abzuwägen. In der Durchführung ist eine dauernde, vorausschauende und umsichtig beobachtende Beaufsichtigung der Schwimmgruppe notwendig. Aufgrund ihrer Garantenstellung gegenüber den Schülerinnen und Schülern hat die Lehrkraft die Pflicht, bei Unfällen die erforderliche Hilfe (Rettungsfähigkeit) zu leisten bzw. unverzüglich Hilfsmaßnahmen einzuleiten. ⇨ Erste Hilfe

5. Unterrichtsorganisation

Die Lehrkraft organisiert den Schwimmunterricht so, dass die Qualitätsmerkmale einer guten Aufsichtsführung (präventiv – kontinuierlich – aktiv) eingehalten werden.

Vor Beginn des Schwimmunterrichts im Primarbereich und in der Sekundarstufe I sind die Eltern schriftlich zu benachrichtigen. Dabei sollte nach körperlichen Beschwerden gefragt werden, die für die einzelnen Schülerinnen und Schüler beim Schwimmen, Wasserspringen und Tauchen eine gesundheitliche Gefahr bedeuten könnten (Obhuts- und Garantenpflicht). Bei der möglichen Frage nach der Schwimmfähigkeit reichen Elternbestätigungen alleine nicht aus. Die Lehrkraft ist verpflichtet, sich selbst durch persönlichen Augenschein von der Schwimmfähigkeit der ihr anvertrauten Schülerinnen und Schüler zu überzeugen.

Die Größe der Schwimmgruppe richtet sich nach den geltenden Regelungen zur Klassen- und Gruppenbildung. Diese sind der aktuell gültigen Verwaltungsvorschrift zur Unterrichtsorganisation zu entnehmen. Die Bildung unterhalb der eigentlichen Klassenstärke zählender Sportgruppen ist beim Schwimmunterricht ausnahmsweise möglich.

⇨ Organisationserlass

Bereits vor Beginn des Unterrichts hat sich die Lehrkraft über die Sicherheits- und Rettungsvorkehrungen und über die Badeordnung des jeweiligen Schwimmbades zu informieren. Um zu gewährleisten, dass während des Schwimmunterrichts auch Störungen der technischen Anlagen (z.B. der Chloranlage) beseitigt werden können, muss die Anwesenheit bzw. die jederzeitige Erreichbarkeit einer geeigneten weiteren Person des Badebetriebes sichergestellt sein. Außerdem muss gewährleistet sein, dass durch einen jederzeit zugänglichen Telefonanschluss rasch Hilfe herbeigerufen werden kann.

⇨ Erste Hilfe

Die Schülerinnen und Schüler werden sowohl über Gefahren als auch über Vorsichtsmaßnahmen im Badbereich belehrt. Auf die Möglichkeiten der ersten Hilfe und das Absetzen eines Notrufes ist hinzuweisen.

Werden mehrere Gruppen in einem Schwimmbecken unterrichtet, soll der Unterricht möglichst in einem abgegrenzten Bereich (z.B. mittels einer Trennleine) stattfinden. Für Schwimmer und Nichtschwimmer sollen nach Möglichkeit getrennte Schwimmgruppen gebildet werden.

Besondere Aufsicht oder sogar Einzelbeaufsichtigung ist beim Erlernen des freien Schwimmens im tiefen Wasser, beim Wasserspringen sowie beim Tief- und Streckentauchen erforderlich. – Bei kopf- und fußwärtigen Sprüngen ins Wasser sowie bei tiefen Wenden (Rollwenden) ist auf eine ausreichende Wassertiefe zu achten (z.B. unterhalb von Startblöcken mindestens 1,80 m).

In der Schwimmstätte haben Lehr- und Aufsichtskräfte sowie Schülerinnen und Schüler geeignete funktionelle Schwimmkleidung zu tragen. Weitere Personen (z.B. Eltern oder geeignete Schülerinnen und Schüler, Schülermentoren), die rettungsfähig sind, können an der Gestaltung des Unterrichts beteiligt werden. – Während des Schwimmunterrichts befinden sich die Lehrkräfte in der Regel außerhalb des Wassers und wählen ihren Platz so, dass sie alle im Wasser befindlichen Schülerinnen und Schüler jederzeit sehen und beobachten können. Ist es aus pädagogischen Gründen erforderlich, dass sich die Lehrkraft gleichzeitig mit der Schwimmgruppe im nichtschwimmertiefen Wasser aufhält, darf sich keine/keiner der Schülerinnen und Schüler im schwimmtiefen Wasser befinden.

Wasserspringen ist nur dort zulässig, wo die Wasserfläche für diesen Zweck freigegeben ist. Es ist dabei zu beachten, dass die jeweilige Absprungfläche erst betreten werden darf, wenn die Wasserfläche im Sprungbereich frei ist. Die erforderliche Wassertiefe an Sprunganlagen richtet sich nach der Sprunghöhe (z.B. unterhalb des 1-m-Brettes mindestens 3,40 m, unterhalb des 3-m-Brettes mindestens 3,80 m).

Vor dem Betreten des Schwimmbades, unmittelbar nach dem Verlassen des Schwimmbeckens und vor dem Verlassen des Schwimmbades ist die Vollzähligkeit der Gruppe zu überprüfen. Die Lehrkraft betritt als Erste die Schwimmhalle und verlässt sie als Letzte.

Zur Ergebnissicherung, zur Überprüfung von Standards und zur Evaluation wird auf die in den „Empfehlungen der Kultusministerkonferenz, der Deutschen Vereinigung für Sportwissenschaft und des Bundesverbandes zur Förderung der Schwimmausbildung für den Schwimmunterricht in der Schule" aufgeführten Niveaustufen der Schwimmfähigkeit verwiesen: [...]

Hinweis der Redaktion: Es handelt sich um die Niveaustufen: Wassergewöhnung, Grundfertigkeiten, Basisstufe und sicheres Schwimmen. Abrufbar unter: https://www.kmk.org/ > Empf-Schwimmen-in-der-Schule

6. Aufenthalt am und im Wasser bei außerunterrichtlichen Schulveranstaltungen

Neben dem regulären Schwimmunterricht im Hallen- und Freibad halten sich Schülergruppen im Rahmen von Wandertagen, Klassenausflügen, Schullandheimaufenthalten, Studienfahrten oder sonstigen Veranstaltungen im Bereich von öffentlichen und nichtöffentlichen Gewässern, Bädern, Erlebnisbädern etc. auf. In all diesen Fällen gelten die oben genannten Ausführungen entsprechend. Insbesondere bedeutet dies:

- Die Sicherheit der Schülerinnen und Schüler wird wesentlich davon beeinflusst, inwiefern die Schülerinnen und Schüler schwimmfähig sind und über welchen Kenntnis- und Fähigkeitsstand die als Aufsichtspersonen eingesetzten Lehrkräfte bzw. Begleitpersonen verfügen. Eine entscheidende Voraussetzung ist die Gewährleistung der Rettungsfähigkeit durch die verantwortliche Lehrkraft.
- Grundsätzlich muss sich die hauptverantwortliche Lehrkraft durch eigenen Augenschein davon überzeugen, dass die sich in ihrer Obhut befindlichen Schülerinnen und Schüler jederzeit über die notwendige Wassersicherheit verfügen.
- Entsprechend der vorliegenden schwimmtechnischen Fertigkeiten und körperlichen Voraussetzungen müssen, in Abhängigkeit zur gegebenen Gewässersituation, entsprechende sicherheits- und verhaltensrelevante Absprachen und Regeln festgelegt, besprochen und eingehalten werden.

– Die verantwortliche Lehrkraft muss sich über die besonderen Bedingungen und Gefahren des jeweiligen Gewässers (Fluss, See, Meer) oder Bades (auch Freizeitbäder, Erlebnisbäder) informieren und die Schülergruppe intensiv über die zusätzlichen Gefahren belehren. Es ist abzuwägen, ob weitere zusätzliche und qualifizierte Aufsichtspersonen heranzuziehen sind.

Für Bootsausflüge, Segeltörns und ähnliche Veranstaltungen am und auf dem Wasser sind zusätzliche organisatorische Maßnahmen von der hauptverantwortlichen Lehrkraft zu beachten.

7.
Rechtliche Situation bei einem Unfall während des Schwimmunterrichts und beim Aufenthalt am und im Wasser bei außerunterrichtlichen Schulveranstaltungen

Die oben gemachten Aussagen zur Regelung der Rettungsfähigkeit im Schwimmunterricht sind mit dem zuständigen Unfallversicherungsträger abgestimmt. Grundsätzlich besteht ein gesetzlicher Unfallversicherungsschutz für Körperschäden (§ 2, Abs. 1 Nr. 8 b SGB VII) im Rahmen der Schülerunfallversicherung. Gleichzeitig schließt der Anspruch der Schülerin/des Schülers aus der gesetzlichen Unfallversicherung nach §§ 104, 105 SGB VII alle anderen gesetzlichen Ansprüche auf Ersatz des entstandenen Personenschadens aus. Dies bedeutet, dass die Schülerin bzw. der Schüler weder Ansprüche gegen die Lehrkraft persönlich (Ausnahme: vorsätzliche Schädigung) noch gegen das Land aus Amtshaftungsgrundsätzen (Art. 34 GG, § 839 BGB) geltend machen kann.

⇨ Unfallversicherung/-verhütung

Sofern die Lehrkraft einen Personenschaden vorsätzlich oder grob fahrlässig herbeiführt, besteht für den Unfallversicherungsträger die Möglichkeit, auf die Lehrkraft zurückzugreifen (§ 110 SGB VII).

Hinweise für Schulleitungen

Der Inhaltsbereich „Bewegen im Wasser“ ist in den Bildungsplänen aller Schularten Baden-Württembergs enthalten. Daher ist Schwimmunterricht gemäß den Vorgaben der Bildungspläne zu erteilen.

Die Schulleitung hat darauf zu achten, dass grundsätzlich nur Lehrkräfte mit der Erteilung von Schwimmunterricht beauftragt werden, die folgende Bedingungen erfüllen:

1. Nachweis über eine Aus- oder Fortbildung zum Thema Didaktik und Methodik des Schwimmunterrichts im Umfang von mindestens 12 UE à 45 Minuten (Prävention).
2. Nachweis über eine Aus- oder Fortbildung zum Thema Rettungsfähigkeit im Umfang von mindestens 12 UE à 45 Minuten (Rettungsfähigkeit).
3. Die Lehrkräfte müssen der Schulleitung zudem bestätigen, dass sie im Sinne der oben genannten Bestimmungen und Regelungen zum Schulschwimmen in Baden-Württemberg unter den örtlichen Gegebenheiten für ihren Unterricht (Wassertiefe, Beckengröße) jederzeit rettungsfähig sind.

Sind an der Schule nicht ausreichend qualifizierte Lehrkräfte vorhanden, können diese durch entsprechende Maßnahmen in der Lehrerfortbildung nachqualifiziert werden. Fortbildungen werden durch das Zentrum für Schulqualität und Lehrerbildung Baden-Württemberg (ZSL) angeboten; zentral von der Außenstelle Ludwigsburg des ZSL sowie dezentral von den regionalen Fachteams der Regionalstellen des ZSL.

Beim Fehlen von ausreichend Wasserfläche bzw. Wasserzeit für den Schwimmunterricht ist der erste Ansprechpartner der Schulträger. Gemäß Schulgesetz § 48 Abs. 2 errichtet und unterhält dieser die Schulgebäude und Schulräume, stellt die sonstigen für die Schule erforderlichen Einrichtungen und Gegenstände zur Verfügung. Sportstätten (Hallen, Stadien, Schwimmflächen) unterliegen ebenfalls dieser Regelung. Soweit hierfür eine Beförderung notwendig ist, handelt es sich nach Auffassung des Kultusministeriums regelmäßig nicht um Schülerbeförderung im eigentlichen Sinne, sondern um die Frage der sächlichen Ausstattung der Schulen bzw. um sogenannte Fahrten im inneren Schulbetrieb. Die Kostenübernahme hat demnach durch den Schulträger zu erfolgen. Sofern hier kein zufriedenstellendes Ergebnis erzielt wird, ist das zuständige Staatliche Schulamt bzw. Regierungspräsidium einzuschalten. Zudem besteht die Möglichkeit, sich im Vorfeld von den regionalen Fachteams Sport der jeweiligen Regionalstellen des ZSL beraten zu lassen.

⇨ Schulträger; ⇨ Schulaufsicht und Schulverwaltung

Ergänzende Anmerkungen der Redaktion zu dieser Bekanntmachung des KM

Die sorgfältige Einhaltung der Voraussetzungen kann z.B. zur Folge haben, dass Schwimmunterricht nicht stattfinden kann, wenn an der Schule keine Lehrkräfte vorhanden sind, die die oben genannten Voraussetzungen erfüllen, oder der Schwimmunterricht ggf. nicht für die ganze Klasse gemeinsam erteilt werden darf, wenn es eine größere Zahl von Nichtschwimmer*innen und nur eine Aufsichtsperson gibt. Es ist den Schulleitungen abzuraten, Lehrkräfte ohne entsprechende Ausbildung zur Erteilung des Schwimmunterrichts zu verpflichten, weil die eventuellen Haftungsfolgen unabsehbar sind.

⇨ Remonstrationspflicht

Nach Auffassung des KM dürfen die Schulen den Sport- und Schwimmunterricht in der Grundschule und in den Klassen 5 und 6 der weiterführenden Schulen sowie in den höheren Klassen, z.B. im Neigungskurs des Gymnasiums koedukativ durchführen. Erst bei beginnender Pubertät seien die Schulen verpflichtet, den Unterricht geschlechtergetrennt zu erteilen, mit der Folge, dass ab Klasse 7 Sport nicht koedukativ erteilt werden dürfe. Es sei deshalb möglich, dass eine Lehrkraft in den Klassen 5 und 6 ohne eine Hilfskraft des anderen Geschlechts die Aufsicht beim Sport- und Schwimmunterricht führe. Weibliche Lehrkräfte könnten auch die Umkleide- und Duschkabinen von Jungen betreten. Das KM verweist weiterhin auf die Notwendigkeit einer

„geschlechtsspezifischen Diskretion", besonders in den Dusch- und Umkleideräumen. In der Regel werde der männliche Lehrer die Umkleideräume der Mädchen nicht betreten. In einer Notsituation – auch in einer vermeintlichen – sei es jedoch legitim, wenn dies ausnahmsweise geschehe.

(Quelle: KM; 10.5.2006 und 12.7.2006; AZ 31-6600.4/31)

Diese Darstellung des KM wird der schulischen Realität nicht gerecht. Die Schulen sollten deshalb den Sport- und Schwimmunterricht spätestens ab der 5. Klasse nach Geschlechtern getrennt organisieren. Diese Organisationsform ist auch zur Vermeidung von Konflikten mit Eltern zu empfehlen, die ihre Töchter aus religiösen Gründen vom Schwimmunterricht fernhalten wollen. ➪ Schulbesuchsverordnung

➪ Aufsichtspflicht; ➪ Beamtenstatusgesetz § 36; ➪ Disziplinarrecht (Allgemeines); ➪ Erste Hilfe; ➪ Haftung und Versicherung; ➪ Organisationserlass; ➪ Rechtsschutz; ➪ Remonstrationspflicht; ➪ Schulaufsicht und Schulverwaltung; ➪ Schulbesuchsverordnung (dort Hinweis: Sportunterricht – Freistellung); ➪ Schulträger; ➪ Unfallversicherung/ -verhütung

Ausbildungsberater*innen, Ausbildungslehrkräfte

Informationen der Redaktion zur Rechtslage und zur Verwaltungspraxis in Baden-Württemberg

An den Schulen werden in der „ersten Phase" der Lehramtsausbildung im Rahmen des integrierten Semesterpraktikums (GHWRGS) bzw. des Orientierungspraktikums und des Praxissemesters (GYM/BS) Studierende sowie in der „zweiten Phase" Anwärter*innen und Referendar*innen ausgebildet. An GHWRGS-Schulen koordinieren, beraten und betreuen „Ausbildungsberater*innen", an beruflichen Schulen und Gymnasien „Ausbildungslehrkräfte".

Anrechnungen und Zulagen

Den Ausbildungs- und Praktikumsschulen stehen Anrechnungsstunden für die Ausbildung der Studierenden, Anwärter*innen und Referendar*innen, sowie der Direkteinsteiger*innen und Fachlehreranwärter*innen zu.

➪ Arbeitszeit (Lehrkräfte – VwV Anrechnungen) IV. 1.4.

Die Verteilung dieser Anrechnungsstunden steht im ➪ Ermessen der Schulleitung. Die Gesamtlehrerkonferenz hat gemäß ➪ Konferenzordnung § 2 Abs. 1 Nr. 9 ein Empfehlungsrecht. Ausbildungslehrkräften steht außerdem je betreuter Gruppe im Schulpraxissemester, Ausbildungsbetreuer*innen je betreuter Gruppe im integrierten Semesterpraktikum eine Anrechnungsstunde zu.

➪ Arbeitszeit Lehrkräfte – VwV Anrechnungen) IV. 2.5

Studien-und Oberstudienräte*rätinnen an Gymnasien und beruflichen Schulen erhalten für die Tätigkeit als Ausbildungslehrkraft gemäß Nr. 2 der Anlage zu § 1 der LehrkräftezulagenVO eine Stellenzulage von monatlich 79,89 Euro. ➪ Besoldung (Zulagen)

„Ausbildungsberater*innen" (GHWRGS)

Im Einvernehmen zwischen Schulleitung, SSA, PH/Seminar kann als Ausbildungsberater*in (ABB) bestellt werden, wer den Fortbildungsnachweis „Ausbildungsberater*in" vorlegen kann. Die Schulleitung gibt eine schriftliche Stellungnahme ab, die sich auf die bisherige Leistung der Lehrkraft im Amt bezieht. Nach einem Bewerbungsgespräch stellt das Schulamt die Eignung im Einvernehmen mit den Seminaren für Ausbildung und Fortbildung der Lehrkräfte (SAF) und der PH fest; das Protokoll geht zu den Personalakten; es enthält auch die Feststellung, ob der oder die Bewerber*in „geeignet" oder „nicht geeignet" ist (in letzterem Fall mit knapper Begründung). Bei erfahrenen und bewährten Ausbildungslehrkräften kann die Überprüfung entfallen.

Die Bestellung erfolgt auf fünf Jahre. Sie wird automatisch verlängert, sofern von der Hochschule, dem Seminar oder der Ausbildungsschule nicht die Notwendigkeit eines erneuten Überprüfungsverfahrens angezeigt wird. Die ABB werden von der PH in Kooperation mit den Seminaren und den Schulämtern für die Ausbildungsberatertätigkeit qualifiziert. Ein Zertifikat hierüber geht zu den Personalakten.

Die Begleitung und Beratung von Studierenden während der Schulpraktika sowie von Lehramtsanwärter*innen während des Vorbereitungsdienstes an den Ausbildungsschulen soll in der Hand eines Teams aus mindestens einer ABB und weiteren betreuenden Lehrkräften („Mentor*innen") liegen.

„Ausbildungslehrkräfte" (GYM / BS)

Die für die Ausbildung der Studierenden im Schulpraxissemester ausgebildeten Lehrkräfte nehmen im Auftrag der Schulleitung Betreuungs-, Beratungs- und Organisationsaufgaben an der Schule wahr und halten Verbindung zu den Seminaren für Ausbildung und Fortbildung der Lehrkräfte (SAF). Sie betreuen die Praktikant*innen in regelmäßigen Ausbildungssitzungen und organisieren die Ausbildung. Zu ihren Aufgaben zählen die Durchführung von regelmäßig stattfindenden Ausbildungssitzungen und die Organisation der individuellen Ausgestaltung des Schulpraxissemesters der Studierenden. Sie unterstützen die Praktikant*innen insbesondere bei der Planung und Realisierung des Unterrichts sowie der Auswertung der Unterrichtserfahrung.

Die Ausbildungslehrkräfte werden von der Schulleitung dem Regierungspräsidium vorgeschlagen, welches die formelle Berufung dann bestätigt. Auf regelmäßig stattfindenden Veranstaltungen an den SAF verständigen sich die Ausbildungslehrkräfte untereinander über ihre Standards hinsichtlich der Ausbildung und der Anforderungen an die Praktikant*innen mit dem Ziel der Vergleichbarkeit.

In der zweiten Phase der Lehramtsausbildung betreuen Mentor*innen und begleitende Lehrkräfte die Referendar*innen und Direkteinsteiger*innen.

➪ Arbeitszeit (Lehrkräfte – VwV Anrechnungen) Nr. IV.1.4; ➪ Besoldung (Zulagen); ➪ Konferenzordnung § 2 Abs. 1 Nr. 9

Ausbildungsförderung (Schüler-Bafög)

Informationen der Redaktion zur Rechtslage und zur Verwaltungspraxis in Baden-Württemberg

Nach dem Bundesausbildungsförderungsgesetz (BAföG) besitzen Schüler*innen, die einen berufsqualifizierenden Abschluss oder einen weiterführenden Schulabschluss erreichen wollen, Anspruch auf individuelle Ausbildungsförderung für eine der Neigung, Eignung und Leistung entsprechende Ausbildung, wenn ihnen die für ihren Lebensunterhalt und ihre Ausbildung erforderlichen Mittel anderweitig nicht zur Verfügung stehen.

Für Schüler*innen, die eine weiterführende allgemeinbildende Schule besuchen, gibt es diese Ausbildungsförderung erst ab Klasse 10 und nur, wenn sie außerhalb des Elternhauses wohnen müssen, beispielsweise weil der gewünschte Abschluss nicht in der Nähe des Elternhauses erlangt werden kann oder weil sie bereits einen eigenen Haushalt führen. Schüler*innen erhalten die Förderung als Vollzuschuss, wie bei einem Stipendium müssen sie das Geld also nicht zurückzahlen.

Das BAföG fördert unter bestimmten Voraussetzungen auch Ausländer*innen, beispielsweise EU-Angehörige und Personen, die eine Niederlassungserlaubnis haben oder als Flüchtling anerkannt sind.

Bei den Stadt- und Landkreisen besteht jeweils ein Amt für Ausbildungsförderung. Dort gibt es weitere Informationen und Hilfen bei der Antragstellung.

Allgemeine Informationen gibt es beim Bundesministerium für Bildung und Forschung unter https://www.bafög.de.

⇨ Abschlüsse und Bildungswege

Ausbildungsvorbereitung dual (AVdual)

Informationen der Redaktion zur Rechtslage und zur Verwaltungspraxis in Baden-Württemberg

Wer den Besuch einer allgemeinbildenden Schule beendet und keinen der Tatbestände erfüllt, die das Ruhen der Berufsschulpflicht bewirken (z.B. unmittelbar anschließender Besuch einer beruflichen Vollzeitschule oder Antreten eines freiwilligen Dienstes; vgl. SchG § 80), ist zum Besuch der Berufsschule verpflichtet. Für berufsschulpflichtige Jugendliche, die kein Berufsausbildungsverhältnis nachweisen können, sieht § 10 Absatz 5 SchG vor, dass die Berufsschule als einjährige Vollzeitschule (Berufsvorbereitungsjahr – BVJ) geführt werden soll.

⇨ Abschlüsse und Bildungswege; ⇨ Berufsschule; ⇨ Vorqualifizierungsjahr Arbeit/Beruf (VAB); ⇨ Schulgesetz §§ 10, 80

Das BVJ wurde in dem Schulversuch „Ausbildungsvorbereitung dual (AVdual)" weiterentwickelt. Die einschlägigen Vorschriften des KM sind im Sonderteil Berufliche Schulen abgedruckt.

In das AVdual können Schüler*innen mit und ohne Hauptschulabschluss aufgenommen werden.

⇨ Hauptschule (Abschlussprüfung)

AVdual bereitet die Jugendlichen auf eine berufliche Ausbildung oder eine berufliche Tätigkeit vor. Im Rahmen von Lernfeldprojekten und Lernprojekten erwerben die Schülerinnen und Schüler in der Regel in einem Berufsfeld grundlegende berufsbezogene Kompetenzen und vertiefen ihre lebensweltbezogenen Kompetenzen.

Ziel ist, die Anschlussfähigkeit sowie insbesondere die Übergangsquote der Schülerinnen und Schüler in eine duale Ausbildung zu verbessern.

- Durch die intensive Einbindung von Praktika in Betrieben sollen die Schülerinnen und Schüler von Anfang an die betriebliche Realität kennenlernen, eine bessere Vorstellung von ihren beruflichen Interessen und Möglichkeiten bekommen und Kontakte zu Ausbildungsbetrieben knüpfen.
- Niveaudifferenzierte Lernangebote für Lernende mit und ohne Hauptschulabschluss mit der Möglichkeit, unterschiedliche Bildungsziele zu erreichen, ermöglichen eine maximale Durchlässigkeit zwischen der Ausbildungsvorbereitung dual (AVdual) bzw. Ausbildungsvorbereitung (AV) und gegebenenfalls auch der zweijährigen zur Fachschulreife führenden Berufsfachschule (2BFS).
- Der individuelle Kompetenzerwerb zusammen mit der hohen Durchlässigkeit soll den Schülerinnen und Schülern einen maximalen Bildungserfolg und möglichst große Chancen im Hinblick auf eine duale Ausbildung ermöglichen. Er erfolgt auf vier – ggf. in den Fächern unterschiedlichen – Lernniveaus, wovon für die Lernenden je zwei auch als Prüfungsniveau abgebildet werden.
- Berücksichtigt wird auch der Anschluss der Schülerinnen und Schüler, für die voraussichtlich weder der Erwerb des dem Hauptschulabschluss gleichwertigen Bildungsstands noch ein Übergang in eine duale Ausbildung erreichbar ist.

AVdual kann mit einem dem Hauptschulabschluss gleichwertigen Bildungsstand oder ohne einen solchen Bildungsstand abgeschlossen werden.

⇨ Abschlüsse und Bildungswege; ⇨ Berufsschule; ⇨ Hauptschule (Abschlussprüfung); ⇨ Schulgesetz § 80;
⇨ Vorqualifizierungsjahr Arbeit/Beruf (VAB)

Auslandsschuldienst

Informationen der Redaktion zur Rechtslage und zur Verwaltungspraxis in Baden-Württemberg

1. Vorbemerkungen der Redaktion

Eine vorübergehende Arbeit im Ausland regt an, gibt neue Motivation, erweitert den Erfahrungshorizont und schafft einen Zuwachs an Weltoffenheit. Hinweise zur Bewerbung und zu Vermittlungsmöglichkeiten befinden hier: www.auslandsschulwesen.de (Web-Seiten der Zentralstelle für das Auslandsschulwesen – ZfA)

Informationen und Beistand durch die GEW

Es ist unbedingt notwendig, die Aufnahme einer Auslandstätigkeit der GEW mitzuteilen und die GEW-Mitgliedschaft während des Schuldienstes im Ausland aufrecht zu erhalten: Mit jedem dienstlichen Einsatz im Ausland sowie mit der Rück-Eingliederung in den deutschen Schuldienst sind besondere Risiken verbunden (z.B. Anerkennung von Dienstzeiten, Beförderung, Auswahl der Schule, Auseinandersetzungen mit dem Schulträger). Die GEW schützt ihre Mitglieder im Ausland – zusätzlich zum Rechtsschutz – durch eine weltweit geltende Berufshaftpflichtversicherung und informiert sie durch Zusendung der GEW-Zeitungen und weiterer Materialien ins Ausland. Während einer Auslandstätigkeit werden GEW-Mitglieder nicht bei ihrem Landesverband, sondern beim GEW-Bundeshauptvorstand geführt. Dort gibt es eine „Arbeitsgruppe Auslandslehrerinnen und Auslandslehrer" (AGAL), in der jeder Landesverband durch eine beauftragte Person vertreten ist. Diese AG hat Hinweise für Lehrkräfte veröffentlicht, die sich um eine Vermittlung durch die Zentralstelle für das Auslandsschulwesen (ZfA) an Schulen und sonstigen Bildungseinrichtungen im Ausland bewerben wollen: www.gew.de/ausschuesse-arbeitsgruppen/weitere-gruppen/auslandslehrer (dort auch Links auf wichtige Informationen, Tagungsberichte, Rundbrief, ...). Für aus dem Auslandsschuldienst Zurückgekehrte veranstaltet die GEW in der Regel im November eines Jahres mit gerader Jahreszahl ein Seminar zu aktuellen Fragen des Auslandsschulwesens.

Kontakte:

GEW-Hauptvorstand: Postfach 90 04 09, 60444, Frankfurt/Main, FON: (069) 78973-0, FAX: -201; www.gew.de, E-Mail: agal@gew.de.

Die Beauftragte für Auslandslehrkräfte der GEW in Baden-Württemberg ist Eileen Thomas, E-Mail: eileen.thomas0@gmail.com.

2. Als Lehrkraft ins Ausland (Amtliche Informationen des Kultusministeriums)

Quelle: Infodienst Schule des KM Nr. 37 (Juli 2008); Stand: Juni 2011

Die Rahmenbedingungen

Die Zentralstelle für das Auslandsschulwesen (ZfA) vermittelt Auslandsdienstlehrkräfte als aus dem innerdeutschen Schuldienst beurlaubte Lehrkräfte sowie Bundesprogrammlehrkräfte (in der Regel noch nicht in den Schuldienst übernommene Lehrkräfte), die während ihrer Tätigkeit im Ausland organisatorisch, pädagogisch und personell von der Zentralstelle betreut werden.

1. Bedarf

Bedarf besteht hauptsächlich an Lehrkräften mit der Lehrbefähigung für die Sekundarstufe II:

- mit den Fächern Deutsch und/oder einer modernen Fremdsprache und Beifächern wie Geschichte, Biologie, Geographie, Musik;
- mit Mathematik und/oder Naturwissenschaften/ Informatik;
- und in geringerem Umfang an Diplomhandelslehrer*innen oder Wirtschaftspädagog*innen vor allem in Lateinamerika.

Einsatzmöglichkeiten für Grund-, Haupt- und Realschullehrerinnen und -lehrer sind im Rahmen der von der ZfA angebotenen Vermittlungsprogramme nur in begrenztem Umfang gegeben. Diese Lehrkräfte werden von den Auslandsschulen überwiegend direkt als Ortskräfte eingestellt und erhalten keine Leistungen seitens der ZfA. Technische Fachlehrkräfte sowie Sonderschullehrerinnen oder -lehrer können nicht vermittelt werden.

2. Einsatzgebiete

Auslandsdienstlehrkräfte (ADLK) und Ortskräfte (OK) können weltweit in folgenden Großräumen eingesetzt werden: Nordamerika, Zentralasien, Mittel-/Südamerika, Nahost, Fernost/Australien, West-/Nordeuropa, Südeuropa/ Türkei, Afrika, Mittel-/Osteuropa.

Bundesprogrammlehrkräfte (BPLK) können eingesetzt werden an Schulen in: Mittel-/Südamerika, Zentralasien, Nahost, Fernost, Südeuropa, Türkei, Afrika, Mittel-/Osteuropa.

Die größte Chance, im Ausland eine Stelle zu bekommen, haben Lehrkräfte, die sich für möglichst viele Großräume zur Verfügung stellen. Bei einer Bewerbung kann die Lehrkraft den Einsatz in maximal zwei der genannten Großräume ablehnen.

Besonders großer Bedarf an Deutschlehrerinnen und -lehrern besteht in Mittel- und Osteuropa sowie in Zentralasien.

Mehr Infos unter: www.auslandsschulwesen.de. Bitte beachten Sie auch die aktuellen Hinweise des KM für Bewerbungen in den Auslandsschuldienst sowie als Landesprogrammlehrkraft:
https://km-bw.de/,Lde/Startseite/Schule/Hinweise+Auslandsschuldienst und
https://km-bw.de/,Lde/Startseite/Schule/Hinweise+Bewerbungen+Landesprogrammlehrkraft

3. Vertragsdauer

Auslandsdienstlehrkräfte schließen den Dienstvertrag mit dem ausländischen Schulträger für drei Jahre ab. Mit Zustimmung der Schule, der Zentralstelle und der Landesschulbehörde kann dieser Vertrag auf maximal sechs Jahre verlängert werden (für Schulleiter*innen sowie Lehrkräfte, die eine Funktionsstelle innehaben, gelten maximal acht Jahre). Bundesprogrammlehrkräfte schließen den Arbeitsvertrag mit dem ausländischen Schulträger in der Regel für zwei Jahre ab. Mit Zustimmung der Schule und der Zentralstelle (und gegebenenfalls ihrer Inlandsschulbehörde) können sie diesen Vertrag im Zweijahresrhythmus bis zu einer Gesamtdauer von sechs Jahren verlängern. Ortskräfte handeln die Dauer ihres Arbeitsvertrages frei mit dem ausländischen Schulträger aus.

4. Unterrichtsverpflichtung

Die Zahl der wöchentlichen Unterrichtsstunden mit einer Dauer von 45 Minuten beträgt für Auslandsdienstlehrkräfte und Bundesprogrammlehrkräfte in der Regel: [...]

Hinweis der Redaktion: Am 21.9.2010 neu festgesetzt vom Bund-Länder-Ausschuss für schulische Arbeit im Ausland:
- für Grund- und Hauptschullehrkräfte 28 WStd.
- für Realschul-/Sekundarstufe- I-Lehrkräfte 27 WStd.
- Sekundarstufe-II-Lehrkräfte 25,5 WStd.

[...] Die Unterrichtsverpflichtung der Ortskräfte richtet sich nach den Vereinbarungen mit dem örtlichen Schulträger.

5. Einkommen

Auslandsdienstlehrkräfte erhalten von der Zentralstelle laufende monatliche Zuwendungen, die aus einem steuerpflichtigen Inlandsteil und einem steuerfreien Auslandsteil bestehen.

Das Einkommen von Bundesprogrammlehrkräften setzt sich aus zwei verschiedenen Faktoren zusammen, nämlich dem Ortsgehalt, das ihnen die Schule zahlt und der Zuwendung des Bundesverwaltungsamtes. Ortskräfte erhalten ihr Gehalt ausschließlich von der Auslandsschule.

6. Sprachkenntnisse

Es wird erwartet, dass die Sprache des Gastlandes, sofern sie nicht bereits beherrscht wird, in angemessener Zeit erlernt wird. Handelt es sich um eine besonders schwierige Sprache, sollten ausreichende Kenntnisse der dort verwendeten europäischen Verkehrssprache und zumindest Grundkenntnisse in der Landessprache erworben werden. Unterrichtssprache ist fast immer Deutsch, in Ausnahmefällen wird bilingual unterrichtet.

Der Weg der Bewerbung

1. Bewerbung

Bewerberinnen und Bewerber um eine Stelle als Auslandsdienstlehrkraft müssen ihre Bewerbung auf dem Dienstweg einreichen. Dieser beginnt mit Abgabe der Bewerbungsunterlagen bei der Schulleitung. Die zuständige Schulbehörde prüft die Bewerbung und leitet die Unterlagen gegebenenfalls mit einem Hinweis, von welchem Zeitpunkt an die Lehrkraft zur Verfügung stehen wird (Freistellungsvermerk), an die Zentralstelle für das Auslandsschulwesen (ZfA) weiter. Mit der Freistellung verpflichtet sich der Dienstherr, im Fall einer Vermittlung die erforderliche Beurlaubung zu gewähren. Die Freistellung beträgt grundsätzlich vier Jahre. Der Dienstherr kann die Freistellung widerrufen. Wichtiger Hinweis: Auf die diesbezüglichen Verlautbarungen der Regierungspräsidien wird verwiesen. Die Freistellung bedeutet gegenwärtig keine Sicherheit, dass eine Beurlaubung ausgesprochen werden kann. Den infrage kommenden Lehrkräften wird eine rechtzeitige Kontaktaufnahme zu den für die Beurlaubung zuständigen Regierungspräsidien empfohlen.

Da Bewerber/innen um eine Stelle als Bundesprogrammlehrkraft in der Regel nicht im innerdeutschen Schuldienst beschäftigt sind, können diese sich direkt bei der ZfA bewerben. Vor Aufnahme in die Bewerberdatenbank erfolgt ein Auswahlverfahren, das in der ZfA in Köln stattfindet.

Bewerberinnen und Bewerber um eine Stelle als Ortskraft können sich unmittelbar bei einer Auslandsschule auf eine ausgeschriebene Stelle bewerben. Aktuelle Stellenangebote der Schulen finden Sie auf der Homepage der ZfA.

Außerdem besteht die Möglichkeit der Aufnahme in eine von der ZfA geführte Datenbank für Ortskraft-Bewerber, über welche die Leiter der Deutschen Auslandsschulen Kontakt mit den Lehrkräften aufnehmen können.

Wichtig: Verbeamtete Lehrerinnen und Lehrer müssen zuvor klären, ob ihr Dienstherr bereit ist, sie für eine Tätigkeit als Ortskraft zu beurlauben.

2. Bewerberauswahl / Stellenangebote

Frei werdende Stellen für Auslandsdienstlehrkräfte und Bundesprogrammlehrkräfte werden im Normalfall nicht ausgeschrieben, sondern die Leiter/innen der Deutschen Auslandsschulen wählen aus der ZfA-Bewerberdatenbank die am besten passenden Lehrkräfte aus. – Für alle übrigen schulischen Einrichtungen im Ausland erfolgt die Bewerberauswahl durch die Zentralstelle, bei Funktionsstellen sind die Länder beteiligt. – Nur Stellen, die in diesem Verfahren nicht besetzt werden können, sowie Funktionsstellen als Schulleiterin und Schulleiter oder Fachberaterin oder Fachberater werden auf der ZfA-Homepage ausgeschrieben. Ortskräfte werden ausschließlich von der Schulleitung der Deutschen Schulen ausgewählt.

3. Beurlaubung und Ruhegehaltfähigkeit

Nach Abschluss eines Vertrages mit dem ausländischen Schulträger beantragt die Zentralstelle bei der innerdeutschen Schulbehörde die Umwandlung der zugesagten Freistellung in eine Beurlaubung.

Die Lehrkräfte werden unter Fortfall der Inlandsdienstbezüge beziehungsweise -vergütung aus dem Landesschuldienst beurlaubt, behalten während der Zeit der Auslandstätigkeit aber ihren Status als (beurlaubte) Beamte bzw. als Tarifbeschäftigte des Bundeslandes. Die im Auslandsschuldienst verbrachte Zeit ist – unter bestimmten Bedingungen auch für Ortslehrkräfte – ruhegehaltfähig. In Klimaregionen zwischen dem 25. und 31. Breitengrad zählt die Dienstzeit für das Ruhegehalt doppelt.

3. Ergänzende Hinweise der Redaktion

1.
Vermittlung in den Auslandsschuldienst (ZfA)

Sowohl für Auslandsdienstlehrkräfte als auch für Bundesprogrammlehrkräfte gilt eine Altersgrenze. Die Altersgrenze für eine Bewerbung wird grundsätzlich auf 61 Jahre festgelegt, d. h. die Tätigkeit als Auslandsdienstlehrkraft muss vor Vollendung des 61. Lebensjahres begonnen werden. Entsprechende Vorlaufs- und Vermittlungszeiten sind zu berücksichtigen. Bewerbungen müssen deshalb frühzeitig (bis zu 1 Jahr vorher) eingereicht werden. Als Bundesprogrammlehrkräfte können sich auch Magister mit „Deutsch als Fremdsprache (DaF)" und Linguistik mit dem Schwerpunkt „Deutsch als Fremdsprache" sowie mindestens überdurchschnittlicher Examensnote bewerben.

Laut Beschluss der Kultusministerkonferenz vom 4.2.1965 dürfen Lehrkräften, die für den Auslandsschuldienst aus den Ländern beurlaubt sind, *„in Anstellung und Beförderung keine Nachteile erwachsen"*.

Über die einzelnen Länder informieren landeskundliche Merkblätter des Bundesverwaltungsamts – Amt für Auswanderung – in 50728 Köln. Jedes Bundesland betreibt in der jeweiligen Landeshauptstadt eine Beratungsstelle für Auslandstätige und Auswanderinnen und Auswanderer. Ferner bietet die Forschungsstelle für Auslandsschulwesen (FO) der Universität Oldenburg, Postfach 2503, 26129 Oldenburg, Material über Auslandsschulen, Auslandsschulwesen anderer Länder, Pädagogik der Auslandsschulen u.a.

Bei der ZfA sind „Schulauskunftsbogen" erhältlich (Kurzinformation über die einzelnen Schulen). An vielen Schulen wird Mitarbeit in der Erwachsenenbildung erwartet (Sprachkurse für Ausländer*innen, Mitarbeit im Goethe-Institut u.a.) und in anderen schulischen Bereichen (z.B. Sport, Chorleitung, ...).

ADLK und BPLK werden in der Regel Angestellte eines Schul- oder Elternvereins bzw. einer Kirchengemeinde (Schulträger).

Die Bewerbung erfolgt auf dem Dienstweg. Dienstantritt ist jeweils der 1. September (Nordhalbkugel) bzw. 1. März (Südhalbkugel).

In den Auslandsschuldienst können Lehrkräfte bis zur Dauer von sechs Jahren, in Ausnahmefällen bis zu acht Jahren beurlaubt werden. Eine Beurlaubung zur Übernahme einer Tätigkeit als „Ortslehrkraft" ist bis zu sechs Jahren möglich.

Bei einer Beurlaubung als ADLK, als BPLK oder Ortslehrkraft ist es seit 2011 wichtig, dass die beurlaubende Stelle (Regierungspräsidium) das „dienstliche Interesse" an dieser Beurlaubung bereits mit der schriftlichen Urlaubsgenehmigung schriftlich feststellt, das „dienstliche Interesse" kann also nicht nachträglich festgestellt werden. Nur unter dieser Voraussetzung können die Zeiten der Beurlaubung als ruhegehaltfähige Dienstzeit bzw. – bei einer erneuten Tätigkeit im innerdeutschen Schuldienst – bei der Besoldungsberechnung berücksichtigt werden. Voraussetzung hierfür ist ferner, dass dem Land die Versorgungsrückstellung in Höhe von 30 % der Bezüge, die die Lehrkraft ohne Beurlaubung erhalten würde, ersetzt werden – von der Auslandsschule, von der Lehrkraft selber oder zu frei vereinbarten Teilen von beiden. Unabhängig davon, wer den Versorgungszuschlag bezahlt, kann ihn die Lehrkraft ggf. als Werbungskosten steuerlich geltend machen. Bevor derartige Zahlungen übernommen werden, sollten jedoch Überlegungen angestellt werden, ob die entstehende Versorgungslücke auf andere Weise mit geringerem finanziellem Aufwand geschlossen werden kann, z.B. durch eigenes Ansparen.

Es ist zu empfehlen, während des Auslandsschuldienstes Kontakt zur ehemaligen (Stamm-)Schule in Deutschland, zum zuständigen Personalrat sowie zur Schulaufsichtsbehörde zu halten. Diesen Stellen sollten frühzeitig die Rückkehr und die Einsatzwünsche mitgeteilt werden. Ein persönliches Gespräch während eines Heimaturlaubs kann die berufliche Wiedereingliederung erleichtern.

2.
Vermittlung durch sonstige Organisationen

Andere Tätigkeiten für deutsche Lehrkräfte im Ausland bieten folgende Organisationen an:

Deutscher Akademischer Austauschdienst (DAAD)

Der DAAD, Kennedyallee 50, 53175 Bonn, FON: (0228) 882-0, vermittelt Lehrerinnen und Lehrer als Deutschlektoren an ausländische Hochschulen. Internet: www.daad.de

Deutsche Gesellschaft für Internationale Zusammenarbeit (GIZ) GmbH

Die GIZ bietet u.a. in Kooperation mit CIM (Centrum für internationale Migration und Entwicklung) Stellen im Bildungssektor an. Der Deutsche Entwicklungsdienst (DED) ist 2011 in die GIZ übergegangen. Informationen im Internet:

www.cimonline.de/de/html/fur-bewerber.html

www.giz.de/de/jobs/stellenmarkt_giz.html

Kontaktdaten: GIZ, Friedrich-Ebert-Allee 32+36, 53113 Bonn, FON: (0228) 44 60-0, FAX: -1766 und GIZ, Dag-Hammarskjöld-Weg 1-5, 65760 Eschborn, FON: (06196) 79-0, FAX: (06196) 79-1115, E-Mail: info@giz.de, Internet: www.giz.de

Die GEW-Mitgliedschaft ist im Ausland noch wichtiger als zuhause!

Als GEW-Mitglied stehen Sie im Auslandslandsschuldienst nicht allein. Am raschesten finden Sie über agal@gew.de kompetente Ansprechpartner*innen.
Neutrale (!) Informationen gibt's bei der AGAL:
www.gew.de/ausschuesse-arbeitsgruppen/weitere-gruppen/auslandslehrer/

3.
Hospitationsaufenthalte und Austauschprogramme

Lehrer- und Assistentenaustausch, Hospitationsaufenhalte; VwV des KM vom 19.12.2000 (K.u.U. S. 5/2001)

Zur Förderung des internationalen Kulturaustausches, zur internationalen Verständigung und zum Kennenlernen des Schulwesens anderer Länder können Lehrer aller Schularten Lehreraustausche (kurz- oder langfristige), Assistentenaustausche und auch Hospitationsaufenthalte durchführen.

1. Im Einzelnen wird hierzu Folgendes bestimmt:

1.1 Anträge auf Teilnahme sind auf dem Dienstweg an das zuständige Oberschulamt zu richten.

1.2 Anträge auf Beurlaubung sind nach der Zulassung auf dem Dienstweg beim zuständigen Oberschulamt zu stellen.

1.3 Ob und in welcher Höhe das jeweilige Gastland dem deutschen Lehrer Zuwendungen gewährt, richtet sich nach den Bestimmungen des Gastlandes. Zuwendungen des Gastlandes zu den Reisekosten sind auf die [...] reisekostenrechtliche Abfindung anzurechnen. [...]

2. Im Übrigen ergeben sich die Möglichkeiten für eine Beurlaubung und ihre Modalitäten aus folgender Übersicht: *(hier nicht abgedruckt).*

4.
„Deutsch in Frankreich"

Zum deutsch-französischen Grundschullehreraustausch („Deutsch in Frankreich") werden beamtete Grundschullehrkräfte (Bes.Gr. A 12; volles Deputat) mit Bezügen beurlaubt. Lehrkräfte von Grundschulen, die Französisch unterrichten, werden bevorzugt zugelassen. Dauer jeweils ein Schuljahr; Verlängerungen sind grundsätzlich möglich.

Die Lehrkräfte vermitteln die deutsche Sprache altersgerecht, eher spielerisch an französischen Grundschulen; an zweisprachigen Schulen erteilen sie auch Unterricht auf Deutsch in Sachfächern.

Bewerbungsschluss ist der 31. Januar. Informationen und Bewerbungsvordrucke sind unter www.dfjw.org/grundschullehreraustausch abrufbar.

⇨ Ländertausch (Lehrkräfte); ⇨ Schulpartnerschaften; ⇨ Urlaub (Verordnung) § 31, Hinweis

Außerunterrichtliche Jugendbildung

Auszug aus der Verwaltungsvorschrift des Kultusministeriums über die Förderung der Jugendbildung vom 21. Juni 2017 (K.u.U. S. 140/2017)

10.
Internationale Schülerbegegnungen mit Staaten Mittel- und Osteuropas

10.1 Schulen können für internationale Schülerbegegnungen mit Staaten Mittel- und Osteuropas, die die persönliche Begegnung junger Menschen ermöglichen und insbesondere helfen, das kulturelle und gesellschaftliche Leben in den zugehörigen Ländern kennenzulernen, Zuschüsse gewährt werden.

10.2 Zuwendungsvoraussetzungen:

10.2.1 Die Teilnehmerinnen und Teilnehmer sollen mindestens der Klassenstufe 8 angehören;

10.2.2 Die Schülerbegegnung soll mindestens fünf und nicht länger als zehn Tage dauern;

10.2.3 Es wird eine gründliche Vor- und Nachbereitung erwartet, die auch die Beschäftigung mit aktuellen und grundsätzlichen Fragen der Entwicklung in Mittel- und Osteuropa umfasst. Die begleitenden Lehrkräfte sollen vor einer Begegnungsfahrt an einer geeigneten Lehrerfortbildungsmaßnahme teilgenommen haben. Die Schülerbegegnung soll auf Gegenseitigkeit angelegt sein, wie zum Beispiel im Rahmen einer ⇨ Schulpartnerschaft;

10.2.4 Eine Gruppe soll nicht weniger als acht und nicht mehr als 60 Personen umfassen. Auf durchschnittlich je 15 Personen soll eine Jugendleiterin beziehungsweise ein Jugendleiter, eine Lehrkraft oder eine sonstige Betreuungsperson teilnehmen. Bei gemischten Gruppen sollen männliche und weibliche Betreuungspersonen die Gruppe begleiten, auch wenn dadurch eine angemessene Teilnehmer-Betreuer-Relation unterschritten wird; diese kann auch in begründeten Einzelfällen, wie zum Beispiel bei behinderten Teilnehmerinnen und Teilnehmern, unterschritten werden.

10.3 Der Zuschuss wird im Wege der Projektförderung gewährt, bei Schülerbegegnungen in Baden-Württemberg als Zuschuss zu den Aufenthalts- und Programmkosten (Festbetragsfinanzierung), bei Schülerbegegnungen bei der Partnerorganisation als Zuschuss zu den Fahrkosten (Anteilsfinanzierung).

10.3.1 Bei Schülerbegegnungen in Baden-Württemberg beträgt der Zuschuss bis 9 Euro je Tag und Person der Gästegruppe; An- und Abreise werden zusätzlich als ein weiterer Tag gefördert. – Sollte die Unterbringung aller, auch der badenwürttembergischen Teilnehmerinnen und Teilnehmer, an einem dritten Ort in Baden-Württemberg stattfinden, kann der Zuschuss auch für Teilnehmerinnen und Teilnehmer der gastgebenden Gruppe gewährt werden. Für den Fall der Unterbringung außerhalb Baden-Württembergs kann der Zuschuss nur gewährt werden, wenn die Bewilligungsbehörde vorher zugestimmt hat.

10.3.2 Bei Schülerbegegnungen bei der Partnerorganisation beträgt der Zuschuss bis zu 35 Prozent der anerkannten Fahrkosten (günstigstes Angebot bei Busfahrten oder Gruppenfahrschein 2. Klasse bei Bahnfahrten, wobei jeweils sämtliche Ermäßigungen zu berücksichtigen sind); dabei wird jeweils die kürzeste Entfernung zwischen den zentralen Ausgangsorten (regelmäßig die Kreisstadt) zugrunde gelegt, wobei aus Gründen der Programmgestaltung bis zu 100 Kilometer (einfache Entfernung) zusätzlich anerkannt werden können.

10.3.3 Der Zuschuss kann auch für Betreuungspersonen gewährt werden, soweit diese nicht Anspruch auf Kostenerstattung nach dem baden-württembergischen Reisekostenrecht haben.

10.4 Die Anträge sollen [...] bis 1. Dezember des Vorjahres vorliegen.

11.
Gedenkstättenfahrten

Trägern der Jugendarbeit, Schulen sowie Studentengruppen können Zuschüsse für Studienfahrten zu Gedenkstätten nationalsozialistischen Unrechts gewährt werden. Zuwendungsvoraussetzungen sind:

11.1 Die Teilnehmerinnen und Teilnehmer sollen mindestens zwölf, jedoch noch nicht 27 Jahre alt sein;

11.2 Die Gruppe soll nicht weniger als acht Personen umfassen;

11.3 Die Gedenkstättenfahrt sollte in der Regel eintägig sein. Dies gilt auch für den Fall, dass sie Teil einer mehrtägigen Veranstaltung ist, etwa eines Schullandheimaufenthalts oder einer Jugendfreizeit;

11.4 Die besuchte Gedenkstätte soll ein didaktisches Konzept aufweisen, eigenes Dokumentationsmaterial einsetzen und über die notwendige organisatorische Grundausstattung, insbesondere Räume für Vorträge, Filme und anderes verfügen. Die Studienfahrt wird in Zusammenarbeit mit der Gedenkstätte geplant und durchgeführt. Hinweise und Informationen zu entsprechenden Einrichtungen in Baden-Württemberg können beim Gedenkstättenreferat der Landeszentrale für politische Bildung abgerufen werden;

Hinweis der Redaktion: Die Landeszentrale für politische Bildung (https://www.gedenkstaetten-bw.de / gedenkstaettenarbeit@lpb.bwl.de) informiert über Gedenkstätten in Baden-Württemberg (Plätze jüdischer Geschichte sowie ehemalige Konzentrationslager, an denen pädagogische und museale Angebote bestehen). Die LpB informiert nicht über die finanzielle Förderung von Fahrten zu Gedenkstätten – hierfür sind die Regierungspräsidien (Abt. Schule und Bildung) zuständig).

11.5 Fahrten zu Gedenkstätten innerhalb Baden-Württembergs, die den oben angegebenen Anforderungen entsprechen, können im Rahmen dieses Programms gefördert werden. Dies gilt auch für außerhalb des Landes gelegene Gedenkstätten, die bis zu 100 Kilometer von der Landesgrenze entfernt liegen sowie für die Gedenkstätte Dachau. Fahrten zu anderen Gedenkstätten können bei Vorliegen besonderer Gründe gefördert werden;

11.6 Es wird eine gründliche Vor- und Nachbereitung erwartet. Auf die Angebote zur Fortbildung, die von der Landeszentrale für politische Bildung, von den Regierungspräsidien und vom Landesinstitut für Schulentwicklung sowie den Jugendbildungsakademien angeboten werden, wird hingewiesen;

11.7 Der Zuschuss wird nach Maßgabe der vorhandenen Mittel in der Form der Anteilsfinanzierung bewilligt. Er beträgt maximal 50 Prozent der als notwendig anerkannten Fahrkosten zwischen dem Ausgangsort und der Gedenkstätte;

11.8 Ist die Gedenkstättenfahrt Teil einer mehrtägigen Veranstaltung, wird der Zuschuss nach dem Anteil berechnet, den der Tag des Besuchs der Gedenkstätte am Gesamtprogramm hat;

11.9 Bei Fahrten anlässlich von Schullandheimaufenthalten, Jugendfreizeiten oder vergleichbaren Veranstaltungen wird der Zuschuss anhand der Fahrkosten berechnet, die aus Anlass des Besuchs der Gedenkstätte entstanden sind;

11.10 Ist die Gedenkstättenfahrt ausnahmsweise auf mehrere Tage angelegt, um ergänzende Programmpunkte einbauen zu können, die in einem inneren Zusammenhang mit der Thematik stehen, wie zum Beispiel Wiederaufbau, demokratische Errungenschaften oder supranationale Einrichtungen, kann der volle Zuschuss gewährt werden, wenn die Bewilligungsbehörde dem Programm vor Projektbeginn zugestimmt hat;

11.11 Anträge sollen [...] sechs Wochen vor Maßnahmenbeginn vorliegen.

⇨ Außerunterrichtliche Veranstaltungen; ⇨ Außerunterrichtliche Veranstaltungen (Hinweise); ⇨ Außerunterrichtliche Veranstaltungen (Reisekosten); ⇨ Erziehungsauftrag und politische Bildung; ⇨ Jugendarbeit und Schule; ⇨ Reisekostengesetz (LRKG); ⇨ Schüleraustausch; ⇨ Schulpartnerschaften

Eine gute Informationsquelle: der Schullandheimverband

Der Schullandheimverband Baden-Württemberg e.V. vertritt als Dachverband und als pädagogischer Fachverband in enger Zusammenarbeit mit dem Kultusministerium Baden-Württemberg das für die soziale Erziehung der Schüler und das für den Unterricht bedeutsame, pädagogische Programm des Schullandheims. Unter https://schullandheim.de/landesverbaende/lv-baden-wuerttemberg werden die Schullandheime in Baden-Württemberg vorgestellt.

Der Verband Deutscher Schullandheime gibt zweimal im Jahr seine Fachzeitschrift „Das Schullandheim" heraus. Die Zeitschrift behandelt alle wichtigen Themen im Bereich der Schullandheim-Arbeit. Man kann die gedruckten Hefte unter www.schullandheim.de über den Online-Shop bestellen und ältere Ausgaben kostenlos als PDF lesen und downloaden. Der Bundesverband gibt unter https://schullandheim.de/bundesverband/service Informationen über 400 Schullandheime (Daten, Fotos, Aktivitäten etc.) in allen Bundesländern. Bitte beachten: Der Schullandheimverband vermittelt keine Belegungen! Lehrkräfte und Gruppenleitungen müssen diese mit den Heimen vereinbaren.

Außerunterrichtliche Veranstaltungen

Verwaltungsvorschrift des Kultusministeriums über die außerunterrichtlichen Veranstaltungen der Schulen; (VwV außerunterrichtliche Veranstaltungen) vom 28. Mai 2020; (K.u.U. S. 67/2020)

1. Allgemeines

1.1 Bedeutung außerunterrichtlicher Veranstaltungen

Bei der Verwirklichung des schulischen Erziehungs- und Bildungsauftrags gemäß § 1 Absatz 2 Schulgesetz für Baden-Württemberg kommt außerunterrichtlichen Veranstaltungen eine besondere Bedeutung zu. Sie dienen der Vertiefung, Erweiterung und Ergänzung des Unterrichts und tragen zur Entfaltung und Stärkung der Gesamtpersönlichkeit der einzelnen Schülerin und des einzelnen Schülers bei.

Vorbereitung und Durchführung dieser Veranstaltungen eröffnen vielfältige Möglichkeiten einer vertieften Begegnung von Lehrkräften und Schülerinnen und Schülern innerhalb einer Gemeinschaft.

Lehrkräfte haben Gelegenheit,

- sich der einzelnen Schülerin oder dem einzelnen Schüler noch stärker persönlich zuwenden zu können,
- die Schülerinnen und Schüler nach ihren besonderen Interessen und Fähigkeiten an der Gestaltung wesentlich mitarbeiten zu lassen,
- die Vertrauensbasis zu den Schülerinnen und Schülern zu festigen und auszubauen sowie
- das Selbstverständnis der Schülerinnen und Schüler sowie deren Selbstvertrauen zu fördern.

Schülerinnen und Schüler haben Gelegenheit,

- ihre unterschiedlichen Interessen einzubringen,
- ihre besonderen Fähigkeiten und Fertigkeiten zu entfalten,
- Anerkennung und Motivation für weiteren persönlichen Einsatz zu finden,
- Selbstständigkeit und Eigenverantwortung zu entwickeln und
- die eigene Bereitschaft zum mitverantwortlichen Handeln in einer Gemeinschaft zu stärken.

Hinweis der Redaktion: Gem. § 4 Abs. 3 der Corona-Verordnung Schule vom 26.9.2021 sind mehrtägige außerunterrichtliche Veranstaltungen im Ausland bis zum 31. Januar 2022 untersagt; die Untersagung gilt nicht für Enklaven, die nur über deutsches Staatsgebiet erreichbar sind.

1.2 Geeignete außerunterrichtliche Veranstaltungen

Der Bedeutung außerunterrichtlicher Veranstaltungen im Sinne der Nummer 1.1 tragen insbesondere die folgenden Veranstaltungen Rechnung:

a) Wanderungen und Jahresausflüge

Im Schuljahr können Schulen, Grundschulförderklassen und Schulkindergärten bis zu vier Wandertage durchführen; ab Klasse 5 kann dafür auch eine bis zu einwöchige Wanderung stattfinden. Ausnahmsweise ist auch in den Klassen 3 und 4 eine mehrtägige Wanderung möglich. Daneben können die Schulen einen ganztägigen Jahresausflug durchführen, wobei eine angemessene Wanderzeit gewährleistet sein soll.

b) Chor-, Orchester- und Sporttage

Im Schuljahr können bis zu fünf Tage für Chor-, Orchester- und Sportveranstaltungen verwendet werden.

c) Besuch bildungsfördernder Veranstaltungen sowie Theateraufführungen und musikalischer Darbietungen

d) Lehr- und Studienfahrten sowie Veranstaltungen im Rahmen der politischen Bildung

Sie können ab Klasse 8 durchgeführt werden und sollen nicht mehr als fünf Unterrichtstage dauern. Nr. 1.3 bleibt unberührt.

⇨ Erziehungsauftrag und politische Bildung

Hinsichtlich der Landtagsbesuche wird auf die „Richtlinien der Präsidentin des Landtags über die Einführung von Schülerinnen und Schülern sowie sonstigen Jugendgruppen in die Parlamentsarbeit“ [...] hingewiesen.

⇨ Landtagsbesuche (dort auch Hinweis auf Berlinreisen)

e) Schullandheimaufenthalte

Während der Schulzeit soll mindestens einmal an einem Schullandheimaufenthalt teilgenommen werden, der in der Regel ab Klasse 5 in ländlichen Gegenden Baden-Württembergs durchgeführt wird und zwischen fünf und vierzehn Tagen dauert. Ausnahmsweise sind auch in den Klassen 1 bis 4 Schullandheimaufenthalte möglich.

f) Lerngänge und Betriebserkundungen

g) Projekttage

h) Schüleraustausch mit dem Ausland

Er kann in der Regel ab Klasse 7 durchgeführt werden und zwischen zehn Tagen und vier Wochen dauern, wobei Gruppen von Schülerinnen und Schülern aus mehreren Klassen bis höchstens zwei Wochen Unterrichtszeit in Anspruch nehmen können. ⇨ Schüleraustausch

i) Internationale Schülerbegegnungen mit Staaten Mittel- und Osteuropas

Es gilt Nummer 10 der Verwaltungsvorschrift des Kultusministeriums über die Förderung der Jugendbildung [...] ⇨ Außerunterrichtliche Jugendbildung; ⇨ Nationalsozialismus (Gedenktag)

Während eines Schuljahres soll eine Klasse in der Regel nicht mehr als zwei Wochen Schulzeit für die Durchführung von Veranstaltungen der Buchstaben a bis d in Anspruch nehmen.

1.3 Besuch von Orten nationalsozialistischen Unrechts wie insbesondere Gedenkstätten

Schulische Erziehung zu freiheitlicher demokratischer Gesinnung, zur Menschlichkeit und Friedensliebe sowie zur Achtung der Würde und der Überzeugung anderer kann in besonderer Weise bei dem Besuch von Orten geleistet werden, an denen nationalsozialistisches Unrecht geschehen ist. Während der Schulzeit soll mindestens einmal an dem Besuch eines solchen Ortes teilgenommen werden.

Für Studienfahrten zu Gedenkstätten nationalsozialistischen Unrechts gilt Nummer 11 der Verwaltungsvorschrift des Kultusministeriums über die Förderung der Jugendbildung vom 21. Juni 2017 (K.u.U. S. 140/2017) in der jeweils geltenden Fassung.

Hinweis der Redaktion: Zur Teilnahmepflicht von Lehrkräften an außerunterrichtlichen Veranstaltungen siehe die Beiträge ➪ Außerunterrichtliche Veranstaltungen (Hinweise) sowie ➪ Teilzeit (Pflichten und Rechte).

2. Vorbereitung und Genehmigung

2.1. Den Schulen wird der ihnen für außerunterrichtliche Veranstaltungen zur Verfügung stehende Betrag mitgeteilt.

2.2 Die Gesamtlehrerkonferenz berät und beschließt mit Einverständnis der Schulkonferenz über die Grundsätze der in einem Schuljahr stattfindenden schulischen Veranstaltungen.

➪ Konferenzordnung § 2 Nr. 11; ➪ Schulgesetz § 47 Abs. 5 Nr. 4

2.3 Die Planung der einzelnen schulischen Veranstaltungen, insbesondere der mehrtägigen Fahrten und Wanderungen, soll grundsätzlich in der Klassenpflegschaft beraten werden.

Hinweis der Redaktion: Es ist dringend zu empfehlen, außerunterrichtliche Veranstaltungen nicht nur rechtzeitig schriftlich (!) anzukündigen, sondern von den Erziehungsberechtigten das schriftliche (!) Einverständnis zur Teilnahme ihres Kindes einzuholen. Dabei sollten auch Angaben zu individuellen Besonderheiten abgefragt werden (z.B. gesundheitliche Beeinträchtigungen, Allergien, Medikamenteneinnahme). ➪ Medikamentenabgabe

2.4 Die Veranstaltungen werden von der Schulleiterin oder dem Schulleiter genehmigt. Genehmigungen sind nur im Rahmen der verfügbaren Mittel möglich.

➪ Außerunterrichtliche Veranstaltungen (Reisekosten)

2.5 Die Schule ist dafür verantwortlich, dass Art und Ausgestaltung der jeweiligen Veranstaltung den unter Nummer 1.1 oder Nummer 1.3 genannten pädagogischen Zielen und Vorgaben unmittelbar und eindeutig dienen und auf den Erkenntnisstand und die Belastbarkeit der Schülerinnen und Schüler abgestimmt sind.

Lerngänge, Betriebserkundungen, Lehr- und Studienfahrten sowie Veranstaltungen im Rahmen der politischen Bildung müssen dem Bildungsplan entsprechen.

2.6 Die an den Veranstaltungen teilnehmenden Lehrkräfte und Begleitpersonen müssen den vorauszusehenden Anforderungen gewachsen und über ihre Pflichten informiert sein. Sonstige geeignete Begleitpersonen können insbesondere Eltern sein. ➪ Erste Hilfe

Bei Veranstaltungen mit mehr als 20 Schülerinnen und Schülern soll neben der verantwortlichen Lehrkraft mindestens eine Begleitperson teilnehmen; dies gilt an Grundschulen bei jeder Klassengröße. Bei mehr als 40 Schülerinnen und Schülern ist im Regelfall die Teilnahme einer weiteren Begleitperson erforderlich. Im Übrigen richtet sich die Anzahl der erforderlichen Begleitpersonen nach Alter und Reife der Schülerinnen und Schüler und den mit der Veranstaltung verbundenen Gefahren.

An den sonderpädagogischen Bildungs- und Beratungszentren richtet sich die Zahl der Begleitpersonen nach den Bedarfen der Schülerinnen und Schüler.

2.7 Die für die Schülerinnen und Schüler entstehenden Kosten sind so niedrig wie möglich zu halten, müssen in einem vertretbaren Verhältnis zum Nutzen der Veranstaltung stehen und dürfen die Eltern nicht unzumutbar belasten. Bei mehrtägigen Veranstaltungen sind in der Regel Schullandheime, Jugendherbergen, Jugendhotels und ähnliche Übernachtungs- und Verpflegungsstätten auszuwählen.

Es sollen öffentliche Verkehrsmittel gewählt werden, soweit ein zumutbares Fahrangebot besteht.

2.8 Die Teilnahme minderjähriger Schülerinnen und Schüler an mehrtägigen Veranstaltungen bedarf des schriftlichen Einverständnisses der Eltern.

2.9 Die Kostenbeiträge der Schülerinnen und Schüler sowie der Eltern und die sonstigen Einnahmen im Zusammenhang mit außerunterrichtlichen Veranstaltungen werden von der verantwortlichen Lehrkraft verwaltet. Die Einnahmen und Ausgaben sollen bei größeren Geldbeträgen über ein zweckgebundenes Treuhandkonto abgewickelt werden. Eine zeitnahe Prüfung des Nachweises über die ordnungsgemäße Mittelverwendung ist durch die Schulleitung sicherzustellen. ➪ Haushalt (Kassenführung)

2.10 Grundsätzlich sollen alle Schülerinnen und Schüler einer Klasse, Gruppe, Lerngruppe oder eines Kurses teilnehmen. Sofern einzelne Schülerinnen und Schüler nicht an der außerunterrichtlichen Veranstaltung teilnehmen, sind sie zur Teilnahme am Unterricht einer anderen Klasse oder Lerngruppe verpflichtet.

Hinweis der Redaktion: Zum Ausschluss einzelner Schülerinnen und Schüler von außerunterrichtlichen Veranstaltungen siehe: ➪ Schulgesetz § 90 Abs. 9 (Hinweise).

3. Reisekostenvergütung für Lehrkräfte und Begleitpersonen; Versicherungsschutz; Zuschüsse für Schülerinnen und Schüler

3.1 Bei allen außerunterrichtlichen Veranstaltungen im Sinne dieser Verwaltungsvorschrift besteht für beamtete Lehrkräfte Dienstunfallfürsorge, für angestellte Lehrkräfte, Begleitpersonen und Schülerinnen und Schüler gesetzlicher Unfallversicherungsschutz. Die Eltern sind darauf hinzuweisen, dass bei rein privaten Tätigkeiten der Schülerinnen und Schüler, die lediglich bei Gelegenheit der Veranstaltung stattfinden, Unfallversicherungsschutz ausgeschlossen sein kann.

⇨ Außerunterrichtliche Veranstaltungen (Reisekosten); ⇨ Unfallversicherung/-verhütung

3.2 Die Reisekostenvergütung für Lehrkräfte richtet sich bei allen Veranstaltungen, die auf der Grundlage dieser Verwaltungsvorschrift durchgeführt werden, nach den allgemeinen Bestimmungen des Abschnittes II des Landesreisekostengesetzes. Entsprechendes gilt für Begleitpersonen, die nicht im öffentlichen Dienst stehen. ⇨ Reisekostengesetz

Das Landesamt für Besoldung und Versorgung stellt Musterformulare für die Reiskostenabrechnung auf seiner Internetseite bereit.

Bei mehrtägigen Veranstaltungen werden nicht Einzelzimmerkosten, wie bei gewöhnlichen Dienstreisen angesetzt, sondern anstelle des zustehenden Tage- und Übernachtungsgeldes folgende Aufwandsvergütung festgesetzt:

3.2.1 Tagegeld

Das Tagegeld wird nach den jeweils gültigen reisekostenrechtlichen Regelungen des Landes Baden-Württemberg festgesetzt. Es werden 70 Prozent des jeweils zustehenden Tagegeldes als Aufwandsvergütung erstattet.

3.2.2 Unterkunftskosten

Die Aufwandsvergütung für die Unterkunftskosten wird wie folgt festgesetzt, darf aber die tatsächlichen Ausgaben nicht übersteigen:

Hinweis der Redaktion: Siehe Tabelle bei ⇨ Außerunterrichtliche Veranstaltungen (Reisekosten)

3.2.3 Berücksichtigung der Verpflegung bei den Unterkunftskosten

Die Verpflegung wird bei den Unterkunftskosten wie folgt berücksichtigt:

Übernachtungskosten, welche die Kosten des Frühstücks einschließen, sind vorab bei Übernachtungen im Inland um 20 Prozent des für die außerunterrichtlichen Veranstaltungen nach dieser Verwaltungsvorschrift festgelegten Inlandstagegeldes für einen vollen Kalendertag und bei Übernachtungen im Ausland um 20 Prozent des für den Übernachtungsort maßgebenden und für die außerunterrichtlichen Veranstaltungen in dieser Verwaltungsvorschrift festgelegten Auslandstagegeldes für einen vollen Kalendertag zu kürzen. Das gleiche gilt bei Voll- oder Halbpensionspreisen mit der Maßgabe, dass die Kürzungssätze für das Frühstück 20 Prozent, für das Mittagessen 50 Prozent und für das Abendessen 30 Prozent betragen. Die pauschale Kürzung erfolgt stets dann, wenn in der Unterkunftsrechnung der Anteil für die enthaltene Verpflegung nicht gesondert ausgewiesen ist (Inklusivpreis).

3.3 Zuständig für die Festsetzung und Auszahlung der Reisekostenvergütung ist das Landesamt für Besoldung und Versorgung Baden-Württemberg.

Abweichend besteht die Zuständigkeit der jeweils zuständigen oberen Schulaufsichtsbehörde bei Schüleraustauschmaßnahmen im Rahmen des Patenschaftsprogramms mit deutschen Auslandschulen. Darüber hinaus kann das Kultusministerium als oberste Schulaufsichtsbehörde im Zusammenhang mit Maßnahmen zur Umsetzung der Enquete-Kommission „Fit für‘s Leben in der Wissensgesellschaft Bereich Berufliche Schulen" sowie zur Förderung der internationalen Zusammenarbeit auf dem Gebiet der Berufsbildung abweichende Zuständigkeiten festlegen.

3.4 Im Rahmen des internationalen Schülergruppenaustauschs können Schülerinnen und Schülern Zuschüsse entsprechend der im Staatshaushaltsplan bereitgestellten Mittel und der jeweiligen Förderbestimmungen gewährt werden. Beim Schülergruppenaustausch mit Frankreich sind Anträge über die jeweils zuständige obere Schulaufsichtsbehörde an das Deutsch-Französische Jugendwerk, bei Gruppenaustauschmaßnahmen mit anderen Ländern an das Regierungspräsidium Stuttgart als obere Schulaufsichtsbehörde zu richten.

3.5 Für internationale Schülerbegegnungen mit Staaten Mittel- und Osteuropas sowie für Studienfahrten zu Gedenkstätten nationalsozialistischen Unrechts können Schulen im Rahmen der verfügbaren Haushaltsmittel Zuschüsse erhalten. Anträge sind bei der jeweils zuständigen oberen Schulaufsichtsbehörde zu stellen. Es gilt die Verwaltungsvorschrift des Kultusministeriums über die ⇨ Außerunterrichtliche Jugendbildung [...].

Hinweise der Redaktion:

1. Die notwendigen Fahrt- und Nebenkosten werden voll erstattet. Bei mehrtägigen Veranstaltungen wird anstelle des zustehenden Tage- und Übernachtungsgeldes eine Aufwandsentschädigung erstattet. Siehe ⇨ Außerunterrichtliche Veranstaltungen (Reisekosten)
2. Die Pauschale für das Übernachtungsgeld stellt einen Verstoß gegen den in Art. 33 Abs. 5 GG verankerten Fürsorgegrundsatz dar; das Gericht hat einer Kollegin deshalb die volle Kostenerstattung zugesprochen (VG Stuttgart 14.12.2017, AZ: 1K6923/17; Bundesverwaltungsgericht 23.10.2018; BVerwG 5 C 9.17). Betroffene Mitglieder sollten sich zur Durchsetzung ihrer Ansprüche an den GEW-Rechtsschutz wenden.
3. Teilzeitbeschäftigte Lehrkräfte im Arbeitnehmerverhältnis haben bei mindestens ganztägigen außerunterrichtlichen Veranstaltungen Anspruch auf Vergütung wie Vollbeschäftigte. ⇨ Außerunterrichtliche Veranstaltungen (Hinweise) Nr. 4.
4. Das KM hat Richtlinien für den Erwerb eines Berechtigungsscheines zur Durchführung von Schneesportunterricht im Rahmen von Sporttagen und Schullandheimaufenthalten erlassen (Loseblattsammlung K.u.U. Nr. 6752.52).
5. Lehrkräfte brauchen für Auslandsaufenthalte eine Entsendebescheinigung. ⇨ Außerunterrichtliche Veranstaltungen (Hinweise) Nr. 7
6. Die Ausschlussfrist für die Beantragung der Reisekosten der Dienstreise beträgt 6 Monate.

⇨ Aufsichtspflicht (Schwimmunterricht); ⇨ Außerunterrichtliche Jugendbildung; ⇨ Außerunterrichtliche Veranstaltungen (Hinweise); ⇨ Außerunterrichtliche Veranstaltungen (Reisekosten); ⇨ Erste Hilfe; ⇨ Erziehungsauftrag und politische Bildung; ⇨ Nationalsozialismus (Gedenktag); ⇨ Reisekosten (Abrechnung); ⇨ Schüler-Zusatzversicherung; ⇨ Schüleraustausch; ⇨ Schulpartnerschaften; ⇨ Unfallversicherung

Außerunterrichtliche Veranstaltungen (Hinweise)

Informationen der Redaktion zur Rechtslage und zur Verwaltungspraxis in Baden-Württemberg

1. Leitung und Verantwortung

Eine außerunterrichtliche Veranstaltung wird von einer Lehrkraft geleitet. Häufig ist dies die Klassenlehrkraft. Es kann aber auch (z.B. wegen deren gesundheits- oder altersbedingter Verhinderung oder bei fachlich gebundenen Veranstaltungen wie eines Theaterbesuchs mit der Deutsch-Lehrkraft) eine andere Lehrkraft sein. Dieser „leitenden“ Lehrkraft obliegt stets die Letzt-Verantwortung für die Veranstaltung.

Die „leitende“ Lehrkraft kann sonstige geeignete und hierzu bereite Personen mit Aufsichts- und Betreuungsfunktionen betrauen. Ob und wie viel zusätzliche Aufsicht erforderlich ist, hängt z.B. vom Alter der Kinder, von der Klassengröße und dem Programm der Veranstaltung ab. Bei mehr als 20 Schülerinnen und Schülern – an Grundschulen bei jeder Klassengröße – soll neben der „leitenden“ Lehrkraft eine Begleitperson teilnehmen. Bei mehr als 40 Schülerinnen und Schülern kann eine weitere Begleitperson teilnehmen. Die Zahl der Begleitpersonen richtet sich auch nach der Art und Anzahl von behinderten Teilnehmenden.

➪ Außerunterrichtliche Veranstaltungen Ziff. II.5

Wir empfehlen wegen des erhöhten Risikos, dass an außerunterrichtlichen Veranstaltungen jeder Art und Größe mindestens eine Begleitperson teilnimmt. Wenn keine zweite Person gefunden wird (oder z.B. die Suche an fehlenden Mitteln für die Erstattung der Reisekosten scheitert), muss ggf. auf die Veranstaltung ganz verzichtet werden. So schmerzlich dies sein mag – dies ist besser, als wenn Schülerinnen oder Schüler mangels einer zweiten Aufsichtsperson zu Schaden kommen.

Als „Begleitpersonen“ kommen neben Lehrkräften auch Referendar*innen, Lehramtsanwärter*innen, Lehramtsstudierende sowie andere geeignete Erwachsene (insbesondere Erziehungsberechtigte von teilnehmenden Schüler*innen, Ehe- oder Lebenspartner*innen der leitenden Lehrkraft) in Betracht. Die leitende Lehrkraft ist verantwortlich für die Eignung der Begleitperson, die in ihrem Auftrag während der Fahrt auch Aufsichtspflichten wahrnimmt (s.u.). Sie muss sich mit der Begleitperson vor der Veranstaltung über Ziele, Methoden, Risiken und eventuelle Maßnahmen verständigen.

Die rechtliche Verantwortlichkeit der Aufsichts- und Begleitpersonen entspricht in straf- und haftungsrechtlicher Hinsicht jener der Lehrkräfte; eine disziplinarrechtliche Verantwortlichkeit dieser Personen besteht nicht. Damit haftet für Schäden, die diese Personen bei ihrer Tätigkeit den Schülerinnen, Schülern oder sonstigen Dritten zufügen, nach Artikel 34 GG i.V.m. § 839 BGB das Land. Die Haftung ist bei Personenschäden Schülern gegenüber jedoch auf vorsätzliches Handeln beschränkt.

Begleitpersonen genießen gesetzlichen Unfallversicherungsschutz. Bei Körperschäden, die auf Unfälle im Zusammenhang mit ihrer Tätigkeit zurückzuführen sind, gewähren die Unfallkassen die vorgesehenen Leistungen. Der Ersatz von Sachschäden ist nicht möglich.

➪ Aufsichtspflicht; ➪ Haftung ➪ Unfallversicherung/ Unfallverhütung

2. Individuelle Entscheidung der Lehrkraft

Die Durchführung von außerunterrichtlichen Veranstaltungen, insbesondere auch von Schullandheimaufenthalten, Studienfahrten oder Jahresausflügen, gehört zu den herkömmlichen Berufsaufgaben bzw. zum Berufsbild von Lehrerinnen und Lehrern; sie ist insofern nicht völlig in deren Belieben gestellt. Andererseits muss die Lehrkraft im Einzelfall prüfen, ob sie mit einer konkreten Klasse und unter den obwaltenden Umständen eine außerunterrichtliche Veranstaltung durchführen kann bzw. will.

Es kann gute Gründe geben, selbst dann auf derartige Unternehmungen zu verzichten, wenn sie an der betreffenden Schule allgemein üblich sind oder sogar ein Konferenzbeschluss darüber vorliegt, dass z.B. stets bestimmte Klassenstufen ins Schullandheim gehen. Sie können in der Person der Lehrkraft liegen (z.B. gehobenes Lebensalter, Krankheit oder Schwerbehinderung) bzw. mit der Arbeitsplanung und dem konkreten Ablauf der Arbeit oder den besonderen Verhältnissen der Klasse im jeweiligen Schuljahr zusammenhängen (beispielsweise über das Normale hinausgehende Disziplinprobleme oder der Umstand, dass ein beträchtlicher Teil der Schülerinnen und Schüler nicht teilnehmen will). Auch die individuelle Belastungssituation sowie die Frage, ob der Dienstherr die Reisekostenmittel bereitstellt, können die Entscheidung der Lehrkraft darüber beeinflussen, ob sie die erhebliche Mehrbelastung auf sich nehmen will.

Auch eine Teilzeitbeschäftigung kann hierauf Einfluss haben. Das Kultusministerium hat mitgeteilt: *„ [...] In Bezug auf Studienfahrten und Schullandheimaufenthalte steht es in der pädagogischen Verantwortung jeder Lehrerin und jeden Lehrers, an dieser Veranstaltung teilzunehmen.* KM; 17.10.2000 (Az: 14-0311.41/276)

➪ Teilzeit (Pflichten und Rechte)

3. Konferenzbeschlüsse

In der Gesamtlehrerkonferenz ist über die Grundsätze der im jeweiligen Schuljahr beabsichtigten Veranstaltungen zu beraten und zu beschließen.

➪ Außerunterrichtliche Veranstaltungen Ziff. II.1;
➪ Konferenzordnung § 2 Abs. 1 Nr. 1

In einem solchen Beschluss können – mit bindender Wirkung für die Lehrkräfte und die Schulleitung (vgl. ➪ Schulgesetz § 44 Abs. 3) – Prioritäten für die Durchführung bestimmter Veranstaltungen und damit deren Genehmigung gesetzt werden: So kann z.B. festgelegt werden, dass Schullandheimaufenthalte in einer Klassenstufe Vorrang vor anderen außerunterrichtlichen Veranstaltungen haben, dass die finanzielle Belastung der Eltern einen bestimmten Betrag nicht überschreiten darf oder dass Freiplätze nur den Schüler*innen zustehen sollen (vgl. Nr. 9).

Dieser Beschluss bedarf des Einverständnisses der Schulkonferenz (§ 47 Abs. 5 SchG). Die Schulleiterin bzw. der Schulleiter muss also einen entsprechenden Beschluss der GLK der Schulkonferenz vorlegen, darüber beraten und abstimmen lassen. Ohne Zustimmung der Schulkonferenz ist der Beschluss der GLK nichtig.

⇨ Konferenzen (Allgemeines); ⇨ Konferenzordnung § 2 Abs. 1 Nr. 7 und 11; ⇨ Schulgesetz § 47 Abs. 5 Nr. 5

Da außerunterrichtliche Veranstaltungen vom Gesetzgeber gewollt sind, kann die GLK keinen Beschluss über die generelle Abschaffung oder Aussetzung solcher Veranstaltungen fassen. Sie kann und muss jedoch im Rahmen der konkreten Situation an der Schule (pädagogische Zielsetzung, personelle Kapazitäten, finanzielle Mittel) Schwerpunkte setzen und Prioritäten festlegen (Art und Umfang der Einzelmaßnahmen und deren Häufigkeit im Verhältnis zueinander). Dabei spielt auch eine Rolle, in welchem Umfang die Lehrkräfte durch sonstige Dienstpflichten und die Höhe ihrer Unterrichtsverpflichtung belastet sind.

⇨ Außerunterrichtliche Veranstaltungen Ziff. 2.6

Die GLK darf keinen Beschluss fassen, dass die Reisekosten der leitenden Lehrkraft bzw. der Begleitperson(en) gekürzt werden oder entfallen.

⇨ Außerunterrichtliche Veranstaltungen (Reisekosten)

4.
Arbeitszeitausgleich

4.1 Teilzeitbeschäftigte Arbeitnehmer*innen

Für die Teilnahme an ganztägigen Klassenfahrten (Dauer mindestens acht Zeitstunden) sind teilzeitbeschäftigte Lehrkräfte im Arbeitnehmerverhältnis wie Vollzeitbeschäftigte zu vergüten. Ein Beispiel: Eine tarifbeschäftigte Lehrkraft mit einem Deputat von z.B. 8/25 Wochenstunden erhält bei einer fünftägigen Klassenfahrt die Vergütung für ein Deputat von 25/25 Wochenstunden. Dies gilt auch für die darin enthaltenen Wochenendtage. Unbeachtlich ist, ob die betreffende Lehrkraft in dieser Zeit eine stundenplanmäßige Unterrichtsverpflichtung gehabt hätte oder nicht. Wird von einer Lehrkraft z.B. vormittags vor einer noch mindestens acht Zeitstunden dauernden eintägigen Klassenfahrt Unterricht erteilt, ist für diesen Tag die Vergütung einer vollzeitbeschäftigten Lehrkraft zugrunde zu legen. Es ist jedoch nicht möglich, die Dauer des Unterrichts, der vor oder nach einer Klassenfahrt erteilt wird, auf die Dauer der Klassenfahrt anzurechnen.

Als „Klassenfahrten" gelten dabei nur außerunterrichtliche Veranstaltungen, die außerhalb des Schulgeländes stattfinden. Zum Schulgelände gehören auch die gewöhnlich genutzten Schulsportstätten. Bei Sport- oder Projekttagen, die auf dem Schulgelände im vorgenannten Sinne stattfinden, handelt es sich daher nicht um Klassenfahrten. Falls Projekttage außerhalb des Schulgeländes stattfinden, z.B. für das Anlegen eines Biotops im Gemeindewald, sind sie bei entsprechender Dauer als Klassenfahrt zu behandeln. Ganztägige Klassenfahrten sind beispielsweise auch Wandertage, Betriebsbesichtigungen, Museumsbesuche und die Teilnahme von Schulmannschaften an einem Wettkampf außerhalb des Schulgeländes, wenn sie mindestens acht Zeitstunden dauern. (Quelle: KM, 27.9.2002; AZ: 14-0341.53/30)

4.2 Teilzeitbeschäftigte Beamt*innen

Anders ist dies bei Teilzeitbeschäftigten im Beamtenverhältnis. Sie erhalten für die zusätzliche Arbeitsbelastung bei außerunterrichtlichen Veranstaltungen weder Mehrarbeitsvergütung noch kann ihr Deputat während dieser Zeit durch ein entsprechend höheres Gehalt aufgestockt werden. Der Verwaltungsgerichtshof Baden-Württemberg hat diese Rechtslage leider bestätigt (28.1.2020; 4 S 2891-19). ⇨ Mehrarbeit Nr. III.2

Das KM hat hierzu bekanntgegeben: *„Nehmen Teilzeitbeschäftigte an Studienfahrten oder Schullandheimaufenthalten teil, sollte im Gespräch mit der Schulleitung nach Möglichkeiten eines innerschulischen Ausgleichs gesucht werden."* (KM, 17.10.2000; AZ: 14-0311.41/276)

⇨ Teilzeit (Pflichten und Rechte)

5.
Haftung bei Vertragsstreitigkeiten

Die Beförderungs- und Beherbergungsverträge werden durch die Lehrkräfte für das Land mit der Folge abgeschlossen, dass das Land Vertragspartner der Unternehmen ist.

Voraussetzung ist, dass die Lehrkräfte sich im Rahmen der für diese schulischen Veranstaltungen bestehenden Vorschriften bewegen. Sie werden sodann als „Vertreter" des Landes tätig. Kann der Vertrag von der Schule nicht eingehalten werden und ist dies, sofern nichts anderes vereinbart wurde, von der Schule zu vertreten, richten sich (Erfüllungs-) Ansprüche gegen das Land. Dies gilt auch dann, wenn die Veranstaltung von der Lehrkraft aus Gründen, die im schulischen Bereich liegen, kurzfristig abgesagt wird.

Gegen die Lehrkraft besteht ein Regressanspruch, wenn die Absage auf ihr vorsätzliches oder grobfahrlässiges pflichtwidriges Verhalten zurückzuführen ist, und wenn vom Land gleichwohl Leistungen an das Beförderungs- oder Beherbergungsunternehmen zu erbringen waren. ⇨ Beamtenstatusgesetz § 48
(Quelle: Kultusministerium, 12.7.1984; AZ: Nr. I 5276/243)

Bei Vertragsabschluss sollte der Briefkopf der Schule verwandt werden, damit zweifelsfrei erkannt werden kann, dass es sich nicht um eine Privataktion handelt. Zum Abschluss von Beförderungs- oder Beherbergungsverträgen sind Lehrkräfte als „Vertreter" des Landes erst befugt, wenn auf schulischer Seite dafür sämtliche Voraussetzungen erfüllt sind. Hierzu gehört die Genehmigung durch die Schulleitung, die Behandlung in den zuständigen Gremien und die Besprechung mit den Eltern. Schließt die Lehrkraft vorher Verträge ab, so haftet sie dafür persönlich.
(Quelle: KM, 21.3.1986; AZ: I 5276/260)

Absage wegen Gefahrenlagen

Das Regierungspräsidium Stuttgart hat sich im September 2017 (ohne AZ) zur „Absage außerunterrichtlicher Veranstaltungen (auV) wegen Gefahrenlagen“ geäußert:

„Ein reiserechtlich triftiger Grund für den Rücktritt und die Absage einer auV besteht grundsätzlich erst dann, wenn das Auswärtige Amt eine amtliche Reisewarnung für das Ziel der auV ausgesprochen hat. Hierzu haben die verantwortlichen Lehrkräfte stets aktuelle Informationen einzuholen und die Eltern/Schüler zu informieren. Bei aktuellen Gefahrenlagen muss ggf. auch durch Anfragen bei Institutionen vor Ort (beispielsweise Botschaften, Goetheinstitute) die Sicherheitslage geklärt werden und mit den Eltern/Schülern besprochen werden. […] Die konkrete Durchführung der auV muss der Sicherheitslage ggf. angepasst werden (Verzicht auf temporär besonders gefährliche oder gesperrte Orte; Verhaltensanweisungen usw.). […]

Sollte die Teilnahme an einer auV ohne Reisewarnungen amtlicher Natur aufgrund aktueller Ereignisse dennoch von Eltern/Schülern abgesagt werden, so müssen die Eltern/die volljährigen Schüler darauf hingewiesen werden, dass dadurch verursachte Stornierungskosten von diesen selbst zu tragen sind und nicht von der Allgemeinheit (Schule/Land oder restliche Eltern/Schüler), sofern kein reiserechtlicher Rücktrittsgrund vorliegt. Weiter sind alle Eltern/Schüler darauf hinzuweisen, dass bei Absagen in ganz erheblichem Umfang (nur noch vereinzelte wenige Schüler sind reisebereit) der pädagogische Zweck der auV (Gruppenerlebnis etc.) u.U. nicht mehr erfüllbar ist und damit die gesamte auV nicht durchgeführt werden kann. In diesen Fällen sind die dadurch entstandenen Kosten anteilig von denjenigen Eltern/volljährigen Schülern zu tragen, die aufgrund ihrer Nichtteilnahme die Absage der gesamten auV verursacht haben. […].

Absagen der gesamten Reise durch die Schule sind nur in besonders begründeten Ausnahmefällen möglich und müssen deshalb zuvor (!) mit dem Regierungspräsidium abgestimmt werden. Soweit Eltern/volljährige Schüler den Rücktritt von einer auV erklären, müssen die verantwortlichen Lehrkräfte unverzüglich (sic!) mit den Reiseveranstaltern/gebuchten Unternehmen die Frage des Rücktritts und der Stornierungskosten zumindest via E-Mail (nicht nur mündlich) verhandeln und unmissverständlich klären.

Schließlich geht das Regierungspräsidium davon aus, dass angesichts der recht geringen Kosten für Gruppenreiserücktrittsversicherungen solche auch grundsätzlich abgeschlossen werden, es sei denn, die Eltern/volljährigen Schüler lehnen eine solche Versicherung trotz des Hinweises der Schule auf die dann von diesen grundsätzlich selbst zu tragenden Stornierungskosten ab.“

6. Nutzung privater Pkws

Bei außerunterrichtlichen Veranstaltungen sind öffentliche Verkehrsmittel zu bevorzugen, soweit ein zumutbares Angebot besteht. Der Transport von Schüler*innen durch Lehrkräfte, Begleitpersonen oder Eltern mit privaten Kraftfahrzeugen ist also eine zulässige Ausnahme und nur freiwillig möglich.

⇨ Außerunterrichtliche Veranstaltungen Ziff. 2.7

War die Benutzung privater Verkehrsmittel aus triftigen Gründen erforderlich und wurde die Dienstreise schriftlich von der Schulleitung genehmigt, kann für einen Unfallschaden an einem Kraftfahrzeug – außer bei Vorsatz oder grober Fahrlässigkeit – Sachschadenersatz geleistet werden. Bei Vorsatz oder grober Fahrlässigkeit kann die gesetzliche Schülerunfallversicherung gegen die Lehrkraft Ersatzansprüche geltend machen; sie kann nach billigem Ermessen hierauf auch verzichten.

⇨ Sachschäden; ⇨ Unfälle (Arbeits-, Dienst-, Privatunfälle)

Für entstandene Fremdschäden und mögliche Schmerzensgeldforderungen, die durch schuldhaftes Handeln bei der Teilnahme am öffentlicher Straßenverkehr entstanden sind, muss die Haftpflichtversicherung des Fahrzeughalters in Anspruch genommen werden. Ein Schadensfreiheitsrabattverlust ist nicht erstattungsfähig. Insoweit können finanzielle Nachteile für Lehrkräfte nicht ausgeschlossen werden.

Wenn Eltern nicht im Auftrag der Schule, sondern aus reiner Gefälligkeit Schulkinder transportieren, besteht für die Eltern kein Versicherungsschutz im Rahmen der gesetzlichen Schülerunfallversicherung. Die beförderten Schülerinnen und Schüler sind jedoch weiterhin gesetzlich unfallversichert. Für diese besteht bei der Teilnahme – einschließlich des Weges zu und von außerunterrichtlichen schulischen Veranstaltungen – gesetzlicher Unfallversicherungsschutz; ein Schmerzensgeld wird von der gesetzlichen Unfallversicherung jedoch nicht erstattet. Wenn der Unfall bei Teilnahme am allgemeinen Verkehr eingetreten ist, können Schmerzensgeldansprüche entstehen, die von der Kfz-Haftpflichtversicherung übernommen werden.

Wegen dieser Risiken raten wir davon ab, private Kraftfahrzeuge für die Schülerbeförderung einzusetzen, selbst dann, wenn eine Insassenversicherung abgeschlossen ist. Der Schülertransport ist Sache der Eltern bzw. des Schulträgers! Wollen Lehrkräfte wegen besonderer Umstände (z.B. Nichterreichbarkeit mit öffentlichen Verkehrsmitteln) Schüler*innen mit Privatfahrzeugen zu einer schulischen Veranstaltung befördern, so raten wir dringend, stets (vorher!) die (schriftliche!) Genehmigung sowie die Anerkennung „triftiger Gründe” für die Nutzung des Pkw bei der Schulleitung einzuholen.

7. Grenzübertritt und Visapflicht

Hinweis der Redaktion: Gem. § 4 Abs. 3 der Corona-VO Schule sind mehrtägige außerunterrichtliche Veranstaltungen ins Ausland bis 31. Januar 2022 coronabedingt untersagt.

Vor Antritt einer Reise ins Ausland mit „drittstaatsangehörigen“ Schülerinnen und Schülern (insbesondere von Ausländerkindern mit ungesichertem Aufenthaltsstatus in der Bundesrepublik) muss unbedingt geklärt werden, ob für sie eine Visumspflicht besteht und ob sie problemlos wieder in die Bundesrepublik zurückreisen können.

Nach der EU-Schülersammellistenregelung (ABl. EG Nr. L 327 S.1) verlangt ein Mitgliedstaat bei Schulausflügen von Schülerinnen und Schülern, die von einer Lehrkraft begleitet werden und auf einer Schülersammelliste eingetragen sind, kein

Visum. Vordrucke und Informationen gibt es bei der örtlichen Ausländerbehörde; wir empfehlen, alle Fragen rechtzeitig mit dieser Behörde zu klären.

Diese Schülersammellisten sind für die Einreise in das Vereinigte Königreich seit dem 1.10.2021 nicht mehr zugelassen. Betroffene Schüler*innen ohne Staatsangehörigkeit eines Mitgliedsstaats der EU (sogenannte Drittstaatsangehörige) bedürfen daher ab diesem Zeitpunkt eines Passes und eines Visums für Reisen in das Vereinigte Königreich.

Neben der visumersetzenden Funktion kann die Schülersammelliste auch die Funktion eines Passersatzpapiers übernehmen. In diesem Fall ist eine Integration der Lichtbilder sämtlicher Schüler*innen, die keinen eigenen Lichtbildausweis besitzen und auf die sich die Passersatzfunktion daher beziehen soll, in die Schülersammelliste erforderlich.

Im deutsch-französischen Reiseverkehr kann die Sammelliste auch für eigene Staatsangehörige als Passersatzpapier Verwendung finden; sie ist ein Schuljahr lang gültig. EU-Schülersammellisten werden auch von der Schweiz anerkannt.
(Quelle: KM, 30.07.2009; AZ: 31-6535.0/341)

Darüber hinaus muss die Ausländerbehörde gegebenenfalls „geduldeten" Schüler*innen mit Nicht-EU-Staatsangehörigkeit auch durch die Ausstellung eines Notreiseausweises die Aus- und Wiedereinreise in die Bundesrepublik ermöglichen (Beschluss des OVG Bremen, 10.3.2010, 1 B 60/10). Im konkreten Fall ging es um eine Klassenfahrt in die Türkei.

Gemäß EU-Verordnung (EG Nr. 88312004 und Nr. 98712009) müssen Beschäftigte bei jeder Dienstreise in einen EU-Mitgliedsstaat, in Länder des Europäischen Wirtschaftsraums (Island, Liechtenstein, Norwegen) oder in die Schweiz eine „Bescheinigung über die anzuwendenden Rechtsvorschriften" (Entsendebescheinigung bzw. A1-Bescheinigung) mit sich führen. Von dieser Regelung sind auch Lehrkräfte betroffen, die im Rahmen von Studien- oder Klassenfahrten, Schüleraustauschmaßnahmen, Tagesausflügen, Fortbildungen oder sonstigen dienstlichen Veranstaltungen in die entsprechenden Staaten reisen. Hinweise zum elektronischen Antragserfahren unter: www.dvka.de/de/ > Arbeitgeber und Erwerbstätige > Anträge & Fragebögen finden

8.
Zur Teilnahmepflicht für Schüler*innen

Die Schulpflicht erstreckt sich auf den regelmäßigen Besuch des Unterrichts und der übrigen verbindlichen Veranstaltungen der Schule sowie auf die Einhaltung der Schulordnung. ⇨ Schulgesetz § 72 Abs. 3

„Außerunterrichtliche Veranstaltungen" sind per Definition kein *„Unterricht"*. Für die Abgrenzung zwei Beispiele aus der Praxis: Macht die Biologogielehrkraft am Unterrichtsvormittag mit der Klasse einen Lerngang in den Stadtpark, um dort Pflanzen zu bestimmen, oder fährt die Klasse mit dem von der Stadt gestellten Bus auf den Verkehrsübungsplatz („Jugendverkehrsschule"), um dort unter Anleitung für die Radfahrprüfung zu üben, so ist dies verpflichtender *„Unterricht"*. Macht die Lehrkraft mit der Klasse hingegen an einem der Folgetage statt des stundenplanmäßigen Unterrichts eine mehrstündige Fahrradtour in den Rheinwald, so ist dies eine *„außerunterrichtliche Veranstaltung"* ohne Teilnahmepflicht – dies gilt selbst dann, wenn bei dieser Gelegenheit auch das regelgerechte Radfahren erprobt und den Schülerinnen und Schülern die Vielfalt der Pflanzenwelt im Auwald demonstriert wird.

Die Teilnahme an außerunterrichtlichen Veranstaltungen ist jedoch verpflichtend, wenn die Schule sie für *„verbindlich"* erklärt hat. So kann eine Schule beispielsweise ihren jährlichen „Sporttag" zur verbindlichen Schulveranstaltung erklären (gemäß § 2 Abs. 1 Nrn. 10 und 11 der ⇨ Konferenzordnung sind hierfür ein Beschluss der Gesamtlehrerkonferenz sowie die Zustimmung der Schulkonferenz erforderlich); in diesem Fall sind sowohl alle (nicht nur die Sport erteilenden) Lehrkräfte als auch alle Schüler*innen der Schule zur Teilnahme verpflichtet. Liegt kein solcher Beschluss vor, kann die Teilnahme an außerunterrichtlichen Veranstaltungen nicht erzwungen werden. Dies liegt außer der zitierten Bestimmung des Schulgesetzes zur Schulpflicht auch daran, dass die Teilnahme in der Regel mit Kosten verbunden ist (Fahrt, Eintritt, ggf. Unterkunft und Verpflegung), die von den Erziehungsberechtigten zu tragen wären und wozu diese nicht gezwungen werden können. Siehe hierzu auch den Beitrag ⇨ Lernmittelfreiheit (Allgemeines) Teil A. In der VwV ⇨ Außerunterrichtliche Veranstaltungen Ziff. 2.10 ist deshalb verfügt, dass zwar *„grundsätzlich"* alle Schüler*innen einer Klasse oder eines Kurses an außerunterrichtlichen Veranstaltungen teilnehmen *„sollen"* und dass jede Schülerin oder jeder Schüler mindestens einmal im Laufe der Schulzeit an einem Schullandheimaufenthalt teilnehmen *„soll"*. Diese Formulierung und die Einschränkung *„grundsätzlich"* lassen aber Ausnahmen zu, beispielsweise aus diszipinären, gesundheitlichen, finanziellen oder religiösen Gründen. ⇨ Juristische Terminologie

Der pädagogische Wert ist für alle Schüler*innen sowie für die Klasse bzw. den Kurs jedoch insgesamt so bedeutend, dass niemand ausgeschlossen bleiben bzw. werden sollte, insbesondere nicht aus sozialen (finanziellen) Gründen. Hierzu die Ziffern 9 („Finanzierung und Freiplätze") sowie 10 („Sozialhilfe") beachten. Auch ein ⇨ Schulförderverein kann bedürftige Schüler*innen finanziell unterstützen.
⇨ Haushalt (Kassenführung und Schulkonten); ⇨ Sponsoring

Eingeschränkte Gesundheit bzw. eine vorliegende Behinderung sollten durch geeignete Maßnahmen (Auswahl des Ziels und der Transportmittel sowie ggf. der Unterkunft, zusätzliche Begleitpersonen usw.) nur in extremen Ausnahmefällen ein Hindernis sein. ⇨ Medikamentenabgabe

Religiösen Bedenken kann durch die Sicherstellung der Geschlechtertrennung in der Unterkunft, das Angebot von rituell zulässigen Speisen und Getränken sowie durch „passende" Begleitpersonen begegnet werden.

Geben Schüler*innen zu der berechtigten Sorge Anlass, dass sie bzw. er den Erfolg der Veranstaltung

konkret gefährden wird, ist ein Ausschluss von der Veranstaltung und die Zuweisung zu einer Parallelklasse für die entsprechende Zeit möglich.
⇨ Juristische Terminologie; ⇨ Schulgesetz § 90 Abs. 9

Wegen des hohen erzieherischen Werts sollte die Schule stets das Gespräch mit den Erziehungsberechtigten mit dem Ziel der Einwilligung suchen. Kommt eine Einigung nicht zustande, muss nach der für die betroffenen Schülerinnen oder Schüler am wenigsten belastenden Lösung gesucht werden.

Nimmt eine Schülerin oder ein Schüler nicht teil, so erlischt damit die Pflicht zum Schulbesuch in dieser Zeit nicht. Die Schulleitung bestimmt, wie diese zu erfüllen ist (z.B. Besuch einer Parallelklasse).

9. Finanzierung und Freiplätze

Informationen hierzu sowie eine Empfehlung zum Verfahren an der Schule befinden sich im Beitrag ⇨ Außerunterrichtliche Veranstaltungen (Reisekosten).

Zur Abwicklung der mit außerunterrichtlichen Veranstaltungen zusammenhängenden Kosten bitte den Beitrag ⇨ Haushalt (Kassenführung und Schulkonten) Nr. 4 beachten.

10. Finanzielle Unterstützung für Bedürftige

Bei bedürftigen Schüler*innen übernehmen die „Leistungsträger" (Job-Center, Sozialamt) den von den Sorgeberechtigten zu erbringenden Teilnehmerbeitrag für mehrtägige Klassenfahrten – auch für Schullandheimaufenthalte – im Rahmen der schulrechtlichen Bestimmungen als „einmalige Leistung" in angemessener Höhe (vgl. Randnummer 23.19 der Richtlinien zum SGB II für Baden-Württemberg). Dies gilt auch für Empfänger*innen des Arbeitslosengelds II („Hartz IV"). Anspruch haben auch bedürftige Eltern, die keine laufende *„Hilfe zum Lebensunterhalt"* erhalten, sowie Kinder von „Aufstockern", also von Eltern, deren Einkommen über dem ALG II-Satz liegt, die aber die Kosten für die Klassenfahrt nicht (voll) decken können. Etwaige freiwillige Zuschüsse der Kommunen bzw. der Schulen sind auf diese Leistungen anzurechnen.

Zum Teilnehmerbeitrag zählen in der Regel die Kosten für Fahrt, Unterkunft und Verpflegung. Ein altersangemessenes Taschengeld wird in diesem Zusammenhang nicht gewährt, da auch kein Abzug beim Sozialgeld wegen ersparter Aufwendungen im häuslichen Bereich erfolgt und regelmäßig in ähnlicher Höhe Taschengeld für die Fahrt benötigt wird. Die Kosten für die persönliche Ausstattung – wie entsprechendes Schuhwerk oder warme Kleidung – sind bereits von den Regelleistungen umfasst und werden nicht gesondert übernommen (vgl. § 20 Abs. 1 SGB II). Bei einem Schulausflug zum Skifahren müssen die Eltern jedoch die spezifisch erforderliche Ausrüstung nicht bezahlen, sondern haben Anspruch auf Kostenerstattung für die Miete oder den Kauf gebrauchter Skier etc.

Ob im Zusammenhang mit einer mehrtägigen Klassenfahrt anfallende weitere Nebenkosten übernommen werden, hängt auch davon ab, inwieweit diese bereits im Regelsatz berücksichtigt bzw. eventuell schon in den Reisekosten enthalten sind.

Im Gesetz ist eine Pauschalierung der Leistungen für mehrtägige Klassenfahrten nicht vorgesehen (§ 23 Abs. 3 Satz 5 SGB II). Das Bundessozialgericht hat hierzu entschieden (BSG, 13.11. 2008 – B 14 AS 36/07): *„Leistungen für mehrtägige Klassenfahrten sind im Rahmen der schulrechtlichen Bestimmungen nicht von der Regelleistung umfasst und werden gem. § 23 III 2 SGB II gesondert erbracht. Die Übernahme dieser Kosten ist in der Höhe nicht zu beschränken."* Die Kommunen können Ausgaben für Klassenfahrten auch bar auszahlen. Antragsberechtigt sind die Eltern, in deren Bedarfsgemeinschaft die Kinder leben. Wer eine Klassenfahrt plant, sollte betroffenen Eltern empfehlen, rechtzeitig einen schriftlichen Antrag bei der für sie zuständigen Behörde zu stellen und einen rechtsmittelfähigen Bescheid zu verlangen. Die Schule sollte daher allen Eltern die Kosten und benötigten Dinge genau aufschlüsseln. Manche Städte und Gemeinden ermöglichen weitere Zuschüsse z.B. über Familienpässe oder Sozialfonds. Bedürftigen kann das ⇨ Bildungspaket helfen: www.bmas.de/bildungspaket.

11. Schülerbusreisen

Eine Lehrkraft verstößt gegen ihre Dienstpflichten, wenn sie bei Schülerbusreisen einen Fahrer veranlasst, den Regelungen zur Lenk- und Ruhezeit zuwiderzuhandeln, und die Schüler somit dem Risiko übermüdungsbedingter Fehlhandlungen aussetzt.
(Quelle: OSA Stuttgart, 20.8.1997; AZ: 6535.0/63-1)

Nach der EU-Verordnung 561/2006 beträgt die täglich zulässige Lenkzeit maximal 9 Stunden; zweimal pro Woche sind 10 Stunden zulässig. Die Lenkzeit darf pro Woche höchstens 56 Stunden und in zwei aufeinanderfolgenden Wochen höchstens 90 Stunden betragen. Der Fahrer muss nach 4,5 Stunden die Fahrt für mindestens 45 Minuten unterbrechen; diese Pause darf in zwei Abschnitte unterteilt werden (15 Minuten, gefolgt von 30 Minuten). In dieser Zeit darf der Fahrer keine Fahrtätigkeit und auch keine anderen Arbeiten ausführen. Als Erholungsphase gilt auch das Mitfahren als Beifahrer oder in der Schlafkabine sowie auf Fähr- und Eisenbahnfahrten.
(siehe: www.gewerbeaufsicht.baden-wuerttemberg.de/)

12. Mitnahme von Waffen

Bei außerunterrichtlichen Veranstaltungen sollte die Mitnahme von Waffen jeder Art sowie von sonstigen gefährlichen Gegenständen (Fahrtenmesser, Pfeffespray, Knallkörper usw.) unterbunden werden.

In zahlreichen Staaten ist der Besitz von Schreckschusswaffen und Munition, Reizstoffsprühgeräten, Schlagringen, Pistolenattrappen, aber auch Messern, die in Deutschland nicht unter das Waffenrecht fallen (*„Fahrtenmesser"*), verboten und wird rigoros geahndet. Werden Waffen oder ähnliche Gegenstände vorgefunden, erfolgt Sicherstellung und die Einleitung eines Strafverfahrens (in Einzelfällen auch Festnahmen).
⇨ Waffen in der Schule

13.
Kurtaxe bei Schullandheimaufenthalten

In der Muster-Kurtaxesatzung des Gemeindetags Baden-Württemberg ist in § 4 Abs. 1 Nr. 4 eine Befreiung bei Schullandheimaufenthalten für Schüler*innen und Lehrkräfte vorgesehen. Schulleitungen und Lehrkräfte können die Befreiung damit begründen, dass Schullandheimaufenthalte Schulveranstaltungen sind, die der Erziehung und Bildung dienen. Die Teilnehmenden sind in der Nutzung der zu Kur- und Erholungszwecken vorgehaltenen Einrichtungen der Kommune nicht frei, weil sie regelmäßig an vorgegebenen schulischen Veranstaltungen teilzunehmen haben (vgl. VGH Mannheim, 17.8.1992, 14 S 249/90). Man sollte dies rechtzeitig mit der Kommune abklären.

(Quelle: Schullandheimverband Baden-Württ., 24.10.2000)

14.
Unfallversicherung

Zwar sind alle Schüler*innen gesetzlich unfallversichert, wegen des erhöhten Haftungsrisikos bei außerunterrichtlichen Veranstaltungen und weil sogenannte „eigenwirtschaftliche Tätigkeiten" hiervon nicht abgedeckt sind, empfiehlt es sich jedoch, eine private Zusatzversicherung abzuschließen, falls die Kinder und Jugendlichen nicht anderweitig geschützt sind. Hierzu bitte den Beitrag ➪ Unfallversicherung/-verhütung sowie den dort abgedruckten Info-Kasten über pauschale Zusatzversicherungen beachten.

Zu empfehlen ist die Broschüre der Unfallkassen *„Mit der Schulklasse sicher unterwegs"*: https://publikationen.dguv.de/regelwerk/dguv-informationen/

15.
Musisch-kulturelle Bildung und Sport

Insbesondere im musisch-kulturellen Bereich sowie im Sport finden neben dem Unterricht im engeren Sinne zahlreiche außerunterrichtliche Veranstaltungen der Schulen sowie Kooperationen statt. Informationen über amtlich geförderte Unternehmungen gibt es auf der Internetplattform „Kultur und Schule" (http://lis-zkis.de/,Lde/Startseite).

Über das Programm des KM zur Förderung der musisch-kulturellen Erziehung an den Schulen informieren: www.schulkunst-bw.de und www.schulmusik-online.de. Zum Sportbereich siehe ➪ Kooperation Schule – Verein.

Am Kunstschaffen beteiligte Personen und Kunsthandwerker*innen, die zu Veranstaltungen im Rahmen des Programms zur Förderung der musisch-kulturellen Bildung in der Schule zugezogen werden, erhalten auf Antrag Honorare (je nach der Dauer der Mitwirkung, der Dauer und Schwierigkeit der Vorbereitung sowie der Qualifikation der Mitwirkenden) sowie eine Reisekostenentschädigung in sinngemäßer Anwendung des Landesreisekostengesetzes. Hinzuweisen ist ferner auf den Friedrich-Bödecker-Kreis Baden-Württemberg e.V. (www.fbk-bw.de), der Autorenlesungen an Schulen vermittelt und im Rahmen seiner Möglichkeiten finanziert.

Diese Aktivitäten und Kooperationen der Schulen sind außerunterrichtliche schulische Veranstaltungen und bedürfen stets der vorhergehenden Genehmigung durch die Schulleitung. Soweit Honorar- und/oder Reisekosten anfallen, ist zuvor die Genehmigung der Schulaufsichtsbehörde einzuholen. Soweit Sachkosten anfallen, ist vor Beginn der Veranstaltung die Zusage des Schulträgers auf ihre Übernahme einzuholen. Der Schulträger ist nur verpflichtet, die Kosten der für die Veranstaltung benötigten Lern- und Lehrmittel zu übernehmen, nicht dagegen sonstige Kosten, z.B. Fahrkosten und Eintrittsgelder. Die Schule sollte sich stets davon überzeugen, dass die Künstler*innen eine private Haftpflichtversicherung abgeschlossen haben.

➪ Außerunterrichtliche Veranstaltungen; ➪ Außerunterrichtliche Veranstaltungen (Reisekosten); ➪ Haftung und Versicherung; ➪ Reisekostengesetz (LRKG); ➪ Sachschäden; ➪ Teilzeit (Pflichten und Rechte); ➪ Unfälle (Arbeits-, Dienst- und Privatunfälle); ➪ Unfallversicherung/Unfallverhütung

Außerunterrichtliche Veranstaltungen (Reisekosten)

Informationen der Redaktion zur Rechtslage und zur Verwaltungspraxis in Baden-Württemberg

Die Beschäftigten des Landes besitzen bei Reisen zur Erledigung von Dienstgeschäften außerhalb des Dienstortes, die vom Vorgesetzten schriftlich oder elektronisch angeordnet oder genehmigt worden sind, einen Rechtsanspruch auf Erstattung ihrer Reisekosten (Fahrkosten, Unterkunft, Verpflegung, Nebenkosten). ➪ Reisekostengesetz (LRKG) § 3

Dies gilt auch für Lehrkräfte und Begleitpersonen bei (genehmigten) außerunterrichtlichen Veranstaltungen. ➪ Außerunterrichtliche Veranstaltungen Teil 3

Da hierbei *„erfahrungsgemäß geringere Aufwendungen für Verpflegung oder Unterkunft als allgemein entstehen"*, erhalten Lehrkräfte und Begleitpersonen hierfür keinen vollen Kostenersatz, sondern werden mit einer Aufwandsvergütung abgefunden (§ 9 LRKG).

Das Verwaltungsgericht Stuttgart sieht in der Pauschale für das Übernachtungsgeld einen Verstoß gegen den im ➪ Grundgesetz (Art. 33 Abs. 5) verankerten Fürsorgegrundsatz und hat einer vom GEW-Rechtsschutz unterstützten Lehrkraft die volle Erstattung der Übernachtungskosten zugesprochen. Das Bundesverwaltungsgericht hat am 23.10.2018 diese Entscheidung bestätigt (BVerwG 5 C 9.17). Wer Ansprüche auf vollen Kostenersatz geltend machen will, sollte sich vorher durch den GEW-Rechtsschutz beraten lassen.

Im Staatshaushaltsplan standen für die Reisekosten der Lehrkräfte und Begleitpersonen bei außerunterrichtlichen Veranstaltungen rund 7,32 Mio. Euro zur Verfügung (Stand: 2019). Die Schulverwaltung teilt jeder Schule jährlich für das Kalenderjahr (= Haushaltsjahr) die Höhe eines „Verfügungsbetrages" zur Abgeltung dieser Ansprüche mit.

Über die grundsätzliche Prioritätensetzung an der einzelnen Schule (z.B. welche Klassen, welche Veranstaltungen zu welchen Zielen und mit welcher Dauer Vorrang erhalten) entscheidet die Gesamtlehrerkonferenz mit Zustimmung der Schulkonferenz; dabei können auch Höchstkosten für die Schüler*innen festgelegt werden. ⇨ Konferenzordnung § 2 Abs. 1 Nr. 11

Außerunterrichtliche Veranstaltungen bedürfen stets der Genehmigung durch die Schulleitung; diese ist nur im Rahmen der verfügbaren Mittel möglich.

Reisekostenerstattung bei außerunterrichtlichen Veranstaltungen

Dauer	Inland	Ausland
1. Notwendige Fahr- und Nebenkosten werden erstattet		
2. Aufwandsentschädigung (70 % des zustehenden Tagegeldes)		
Eintägige Veranstaltungen		
8 bis 14 Stunden	6,00 €	12,00 €
14 bis unter 24 Stunden	12,00 €	24,00 €
Mehrtägige Veranstaltungen		
8 bis 14 Stunden	4,20 €	8,40 €
14 bis unter 24 Stunden	8,40 €	16,80 €
voller Kalendertag / 24 Stunden	16,80	21,00 €
3. Aufwendungen für Unterkunft (bis zu 80 % des jeweils geltenden Höchstsatzes)		
Übernachtungsort bis 100.000 Einwohner	maximal 48,00 €	maximal 72,00 €
Übernachtungsort über 100.000 Einwohner	maximal 64,00 €	maximal 96,00 €
3.1 Abzug der in den Unterkunftskosten enthaltenen Verpflegung (falls diese nicht gesondert ausgewiesen wurden)		
Frühstück	3,36 €	4,20 €
Mittagessen	8,40 €	10,50 €
Abendessen	5,04 €	6,30 €

Sofern die Verpflegung nicht in der Unterkunft enthalten ist, müssen die genauen Kosten hierfür (z. B. Restaurantrechnung, Supermarktbelege usw.) im einzelnen nicht nachgeweisen werden, da grundsätzlich nur der o.g. Verpflegungspauschalbetrag gewährt wird.

(Quelle: Merkblatt LBV 1213 - 07/20)

Finanzierung und Freiplätze

Die Reiseveranstalter, Verkehrs- und Beherbungsunternehmen (Schullandheime, Jugendherbergen, Bahn, Busunternehmen usw.) stellen traditionsgemäß und als Teil ihrer Geschäftspolitik (Kundenbindung) „Freiplätze" zur Verfügung. Beispielsweise bietet die Deutsche Bahn AG jeder 11. Person einen Freiplatz für die Klassenreise an.

Im Einklang mit dem Schullandheimverband Baden-Württemberg empfehlen wir, dass „Freiplätze" nicht von Lehrkräften genutzt, sondern sozial schwächer gestellten Schüler*innen zur Verfügung gestellt werden sollten. Das KM stellt es hingegen in das Ermessen der Schule, ob und wie Freiplätze, die nicht ausdrücklich für Schüler*innen bestimmt sind, von Lehrkräften genutzt werden.

Von den Reise- und Beherbergungsunternehmen angebotene Freiplätze dienen deren Betriebsinteresse („Kundenpflege"). Im Ergebnis ist es für den Reiseveranstalter egal, ob er für eine Reise von 20 Kindern plus Lehrkraft und Begleitperson pro Person 100 Euro in Rechnung stellt, oder ob er so rechnet: „20 Personen à 110 Euro zuzüglich zwei Freiplätze". In beiden Fällen vereinnahmt er für diese 22 Personen 2.200 Euro – im zweiten Fall sieht es nur gefälliger aus und macht Eindruck. Für die zahlenden Eltern sieht es anders aus: Im ersten Fall entfallen auf jeden Beteiligten 100 Euro, wobei das Land der Lehrkraft und der Begleitperson diesen Betrag ersetzt, im zweiten Fall zahlen die Schülerinnen und Schüler bzw. deren Eltern je 110 Euro und tragen damit die Kosten der Lehrkraft sowie der Begleitperson.

Die Verwendung von Freiplätzen für Lehrkräfte stellt unseres Erachtens ferner eine unzulässige (und potenziell strafbare) Vorteilsannahme dar. Das KM sieht die Rechtslage anders; es hat in einem Erlass vom 18.9.2017 (AZ: 15-0371.1/12/44) hierzu ausgeführt: Sofern Freiplätze im Angebot des Reiseveranstalters einkalkuliert seien *„und nicht eingefordert wurden"*, sieht es *„keinen tragfähigen Ansatz für die Annahme einer Strafbarkeit der ‚Vorteilsannahme im Amt' nach § 331 Absatz 1 Strafgesetzbuch."*

Damit ist zwar klargestellt, dass Schulen und Lehrkräfte keinesfalls von sich aus nach Freiplätzen fragen dürfen. Das KM lässt in dieser amtlichen Äußerung jedoch offen, warum die Rechtslage hier anders sein soll als bei den Schulfotografen (vgl. den Hinweis der Redaktion Nr. 4 zu Abschnitt 1 der VwV ⇨ Werbung, Wettbewerbe, Erhebungen). § 331 StGB verlangt auch nicht, dass ein Vorteil *„eingefordert"* wird. Es reicht aus, dass er angenommen wurde.

Diese Rechtsfrage wird jedoch voraussichtlich offen bleiben. Bisher gibt es keine Gerichtsentscheidungen hierzu. Es ist auch nicht zu erwarten, dass Schülerinnen oder Schüler bzw. Erziehungsberechtigte eine Lehrkraft anzeigen, weil sie sich so bei allen anderen Beteiligten unbeliebt machen, und auch konkurrierende Anbieter werden sich zurückhalten, weil sie um ihre Chancen fürchten müssen, bei der nächsten Veranstaltung zum Zuge zu kommen.

Das KM stellt im Erlass vom 18.9.2017 ferner folgende Bedingungen auf, unter denen *„angebotene"* Freiplätze angenommen werden dürfen und ohne deren Einhaltung eine Genehmigung der Veranstaltung durch die Schulleitung nicht erfolgen kann (in Klammern ggf. ein Kommentar der Redaktion):

– *„Die Zuwendung stellt keine Belohnung für eine Einflussnahme auf vergangene Beschaffungsentscheidung dar."*

- *„Die Gewährung der Zuwendung verpflichtet den Begünstigten nicht, auf Beschaffungsentscheidungen der jeweiligen Schule zugunsten von Produkten oder Leistungen des Zuwendungsgebers Einfluss zu nehmen.“*
- *„Der Zuwendungsgeber verbindet mit der Zuwendung keinerlei Erwartung in Bezug auf eine Einflussnahme des Begünstigten auf laufende oder zukünftige Beschaffungsentscheidungen der Schule.“* (Kommentar: Diese Bedingung ist praktisch unerfüllbar, denn wie soll eine Schulleitung das feststellen? Welchen anderen Zweck kann die „Zuwendung“ eines Freiplatzes denn sonst haben?)
- *Es wurden in der Regel – sofern möglich – mehr als drei Vergleichsangebote eingeholt.* (Kommentar: Es bleibt offen, was „sofern möglich“ bedeutet).

„Die Schulen können im eigenen Ermessen entscheiden, ob sie von der Annahme von Freiplätzen für Lehrkräfte Gebrauch machen, sofern diese im Angebot des Reiseveranstalters einkalkuliert sind und nicht eingefordert wurden. Ob solche Freiplätze von Lehrkräften oder von Begleitpersonen genutzt werden oder unter Umständen anteilig auf alle Teilnehmerinnen und Teilnehmer umgelegt werden, steht im Ermessen der Schule. Die jeweilige Entscheidung, die die Schule trifft, muss aber unbedingt allen Beteiligten transparent gemacht werden.

Die Entscheidung, ob und wie generell Freiplätze angenommen werden, wird als „Grundsatz für die Durchführung von außerunterrichtlichen Veranstaltungen“ nach § 47 Absatz 5 Nr. 5 des Schulgesetzes durch die Schulkonferenz erörtert und bedarf ihres Einverständnisses.“

(Quelle: LT-Drucksache 16/6804 vom 15.08.2019)

Hinweis der Redaktion: Auf diese Weise können die schulischen Gremien durchsetzen, dass „angebotene“ Freiplätze ausschließlich den Schüler*innen oder bestimmten Schülergruppen zugute kommen. ➪ Schulgesetz § 47; ➪ Schulkonferenzordnung

Empfehlung der Redaktion zum Verfahren

1.

Die Gesamtlehrerkonferenz beschließt, welche Veranstaltungen bzw. welche Klassen Priorität haben. Dieser Beschluss bedarf der Zustimmung der Schulkonferenz und kann für mehrere Jahre gelten. Das gibt Planungssicherheit und hat zugleich Aufforderungscharakter (wer eine Klasse als Klassenlehrkraft übernimmt, weiß dann, dass die Durchführung bestimmter Veranstaltungen die Regel ist bzw. dass diese Vorrang besitzen).

➪ Konferenzordnung § 1 Abs. 2 Nr. 11

2.

Jährlich reichen alle Lehrkräfte zu einem festen Stichtag ihre Vorhaben mit Angabe der Kosten bei der Schulleitung ein. Im ersten Schritt entscheidet die GLK darüber, welchen dieser Veranstaltungen im laufenden Jahr Priorität zukommt („Ranking“).

3.

Danach genehmigt die Schulleitung

- im Rahmen des der Schule mitgeteilten Verfügungsbetrags und
- unter Beachtung der von der GLK getroffenen Prioritäten

alle mit Reisekosten verbundenen Veranstaltungen und achtet darauf, dass die Reisekosten von den Lehrkräften sofort nach Abschluss abgerechnet werden; die Reisekostenvergütung ist innerhalb von sechs Monaten (Ausschlussfrist!) beim Landesamt zu beantragen. Die Frist beginnt mit dem Tag nach Beendigung der Dienstreise oder des Dienstgangs.

➪ Reisekostengesetz (LRKG) § 2 Abs. 1

4.

Die Schulleitung kann unter Vorbehalt der Mittelzuweisung auch alle übrigen mit Reisekosten verbundenen Veranstaltungen genehmigen und beantragt sofort bei der Schulverwaltung hierfür schriftlich und mit Begründung die Nachbewilligung von Mitteln. Da erfahrungsgemäß ein Teil der Schulen ihren Verfügungsrahmen nicht ausschöpft, bestehen durchaus Chancen auf Erfolg. Zudem wurden die Mittel für außerunterrichtliche Veranstaltungen infolge der Klage der GEW erheblich aufgestockt.

Ansonsten gilt: Was nicht vom Land finanziert wird, kann auch nicht stattfinden. Nur dies erzeugt im Übrigen – nicht zuletzt über die Betroffenheit der Schülerinnen und Schüler sowie der Eltern – politischen Druck.

Steuerliche Berücksichtigung

Aufwendungen, die den Lehrkräften bei außerunterrichtlichen Veranstaltungen entstehen und vom Dienstherrn nicht ersetzt werden, sind – steuerlich zumindest teilweise absetzbare – „Werbungskosten“. Wir empfehlen deshalb, alle Aufwendungen durch Belege (Quittungen, Rechnungen, Fahrscheine, Eintrittskarten usw.) zu dokumentieren und hiervon vor der Einreichung als Reisekosten bei der Schulleitung eine Kopie zu machen. Diese Belege können dann bei der privaten Steuererklärung eingereicht werden. Falls das Finanzamt Originalbelege verlangt, kann darauf hingewiesen werden, dass sich diese bei der dienstlichen Reisekostenabrechnung befinden.

Werden öffentliche Verkehrsmittel benutzt, können die tatsächlichen Fahrpreise (einschließlich Zuschläge) steuerlich geltend gemacht werden. Bei gemeinschaftlicher Nutzung wird der anteilige Fahrpreis anerkannt. Sofern der eigene Pkw benutzt wurde, erkennt das Finanzamt ohne besondere Nachweise 0,30 Euro pro gefahrenen Kilometer an.

Neben den Reisekosten können Sachkosten wie z.B. Telefongespräche, die im Zusammenhang mit einer Klassenfahrt entstehen, steuerlich geltend gemacht werden.

Zu den Aufwendungen für Verpflegung und Unterkunft auch den Beitrag ➪ Reisekostengesetz (LRKG) § 7 beachten.

➪ Außerunterrichtliche Veranstaltungen Teil III; ➪ Außerunterrichtliche Veranstaltungen (Hinweise); ➪ Belohnungen und Geschenke; ➪ Konferenzordnung § 1 Abs. 2 Nr. 11; ➪ Reisekostengesetz (LRKG); ➪ Schulgesetz § 47 Abs. 5 Nr. 5; ➪ Schulkonferenzordnung; ➪ Sponsoring

Ausweise (Lehrkräfte)

Informationen der Redaktion zur Rechtslage und zur Verwaltungspraxis in Baden-Württemberg

Die Landesregierung hat eine Verwaltungsvorschrift zur Erstellung von „Dienstausweisen" erlassen (18.12.2019; GABl. S. 22/2020). Solche Ausweise dienen der Erfüllung hoheitlicher Aufgaben (z.B. durch die Polizei) und können nur von Behörden ausgestellt werden. Schulen sind in diesem Sinne keine „Behörden", sie führen aber für schulische Verwaltungsakte, beispielsweise für die Erstellung von Zeugnissen, das „kleine Dienstsiegel".

⇨ Beglaubigungen

Das KM erhebt keine Einwendungen gegen die gängige Praxis, dass Schulen „Lehrerausweise" unter Verwendung des kleinen Landeswappens ausstellen, um damit z.B. den verbilligten Einkauf von Büchern und Arbeitsmitteln oder den kostenlosen Eintritt in Museen usw. zu ermöglichen. Hierfür gibt es kein amtliches Muster. (Quelle: KM, 8.4.2015, AZ: 13-0219.4/41)

Die Jahrbuch-Redaktion bietet ein Muster für einen solchen „Lehrkräfte-Ausweis" an, das interessierte Schulen gerne kostenfrei benutzen dürfen.

Name / Nom / Nombre

ist als Lehrkraft an unserer Schule tätig / is a teacher at our school / est un professeur à notre école / es un profesor de nuestra escuela:

Schule / School / École / Escuela

Gültig bis / Valid till / Durée de validité / Plazo de validez — Dienstsiegel der Schule

Schulleitung / Direction / Administration / Dirección
Datum, Unterschrift / Date, Signature

Gültig bis / Valid till / Durée de validité / Plazo de validez — Dienstsiegel der Schule

Schulleitung / Direction / Administration / Dirección
Datum, Unterschrift / Date, Signature

Gültig bis / Valid till / Durée de validité / Plazo de validez — Dienstsiegel der Schule

Schulleitung / Direction / Administration / Dirección
Datum, Unterschrift / Date, Signature

Rückseite

Lehrkräfteausweis

Teacher Identity Card
Pièce d'identité professeur
Carnet de profesor

Nur gültig in Verbindung mit dem Personalausweis

Vorderseite

Ausweise (Schüler*innen)

Schülerausweise; Bekanntmachung des Kultusministeriums vom 3. Oktober 1977 (K.u.U. S. 1623/1977)

Den Schulen wird empfohlen, den Schülerinnen und Schülern auf Antrag Schülerausweise auszustellen. Der Ausweisvordruck sollte das kleine Landeswappen enthalten. Die Kosten für den Ausweisvordruck können als sächliche Schulkosten verrechnet werden. Das Lichtbild ist von den Schülerinnen und Schülern zu stellen.

Hinweise der Redaktion:

1. Die erforderlichen Daten (z.B. Foto) dürfen nur mit Einwilligung der betroffenen Schüler*innen bzw. deren Eltern erhoben werden (Quelle: Schreiben des KM an den Landesdatenschutzbeauftragten, 1.7.1996, Nr. I/5-0551.7/60).
2. Für die Ausstellung eines Ausweises wird eine Gebühr erhoben. ⇨ Gebühren

Beamtinnen und Beamte (Allgemeines)

Informationen der Redaktion zur Rechtslage und zur Verwaltungspraxis in Baden-Württemberg

1. Grundsätze

Das ➪ Grundgesetz Art. 33 Abs. 4 und die Landesverfassung (➪ Verfassung Art. 77) schreiben einheitlich vor: *„Die Ausübung hoheitsrechtlicher Befugnisse ist als ständige Aufgabe in der Regel Angehörigen des öffentlichen Dienstes zu übertragen, die in einem öffentlich-rechtlichen Dienst- und Treueverhältnis stehen."*

Ferner bestimmt das Grundgesetz in Artikel 33 Abs. 5: *„Das Recht des öffentlichen Dienstes ist unter Berücksichtigung der hergebrachten Grundsätze des Berufsbeamtentums zu regeln und fortzuentwickeln"*.

Die Landesverfassung ergänzt dies in Art. 77 Abs. 2: *„Alle Angehörigen des öffentlichen Dienstes sind Sachwalter und Diener des ganzen Volkes"*.

Nach den *hergebrachten Grundsätzen* stehen Beamtinnen und Beamte nicht in einem Vertragsverhältnis mit einem Arbeitgeber, sondern in einem *Dienst- und Treueverhältnis* zu ihrem *Dienstherrn*. Sie erhalten keinen Lohn für ihre (Arbeits-)Leistung, sondern sie werden *alimentiert*: Der Dienstherr sichert ihnen samt Angehörigen und Hinterbliebenen auf Dauer (lebenslänglich) *amtsangemessenen Unterhalt*. Sie werden *besoldet*; nach dem Ausscheiden aus dem aktiven Dienst tritt an die Stelle des *Gehalts* für sie und ggf. ihre Hinterbliebenen eine *Versorgung* (Pension).

Außerdem erhalten sie und ihre Angehörigen bzw. Hinterbliebenen eine *Beihilfe* im Krankheitsfall; sie dient der Finanzierung des Anteils an den Krankheitskosten, der durch die *zumutbare Eigenvorsorge* nicht abgedeckt wird. ➪ Beihilfe (Allgemeines)

Das Land Baden-Württemberg sieht für die Beschäftigung der Lehrkräfte im Schuldienst das Beamtenverhältnis als Regelfall vor. Die Beschäftigung von Tarifbeschäftigten ist die Ausnahme.

➪ Beamtengesetz; ➪ Einstellungserlass; ➪ Funktionsstellen (Besetzung); ➪ Verfassung Art. 77

Der Bund hat die Statusrechte und -pflichten der Beamtinnen und Beamten zentral im Beamtenstatusgesetz (BeamtStG) geregelt. Diese Vorschrift gilt für alle Beamt*innen des Bundes, der Länder und der Kommunen. ➪ Beamtenstatusgesetz

Hingegen ist das Land für die Laufbahnen, die Besoldung und die Versorgung seiner Beamt*innen zuständig; es kann darüber hinaus im Landesbeamtengesetz (LBG) ausgestaltende oder ergänzende Vorschriften erlassen. ➪ Beamtengesetz

Bei beamtenrechtlichen Einzelfällen ist deshalb stets zunächst auf die Vorschriften des ➪ Beamtenstatusgesetz zurückzugreifen. Finden sich darin keine einschlägigen Regelungen, ist das Landesbeamtengesetz maßgebend. Es müssen also immer beide Gesetze parallel betrachtet werden. Hierfür zwei Beispiele:

- Bei der Zurruhesetzung wegen Erreichens der Altersgrenze bestimmt das BeamtStG nur: *„Beamtinnen auf Lebenszeit und Beamte auf Lebenszeit treten nach Erreichen der Altersgrenze in den Ruhestand"* (§ 25). Alle Details regelt das LBG (§§ 36 bis 42).
- Beim Thema *„Dienstunfähigkeit, begrenzte Dienstfähigkeit, Wiederberufung"* regelt das BeamtStG die Details (§§ 26 bis 29); das LBG enthält darüber hinaus nur Verfahrensvorschriften (§§ 43-44).

2. Koalitionsfreiheit und Streikrecht

Die öffentlichen Dienstherren – insbesondere das Land Baden-Württemberg – halten am Beamtenrecht auch in Bereichen wie dem öffentlichen Schuldienst fest, die heute nicht mehr als „Hoheitsverwaltung" im engeren Sinne angesehen werden (anders z.B. die Polizei). Einer der hauptsächlichen Gründe für diese Position der Landesregierung ist der Umstand, dass es sich beim Beamtenrecht nicht um ein Vertragsverhältnis „auf Augenhöhe" handelt, wie dies beim Tarifrecht der Fall ist. Vielmehr werden die Rechtsverhältnisse der Beamtinnen und Beamten nach den „hergebrachten Grundsätze des Berufsbeamtentums" einseitig vom Dienstherrn durch Gesetz geregelt.

Zwar gilt für alle Beschäftigten, auch für die Beamtinnen und Beamten, die Koalitionsfreiheit (Artikel 9 Abs. 3 GG): *„Das Recht, zur Wahrung und Förderung der Arbeits- und Wirtschaftsbedingungen Vereinigungen zu bilden, ist für jedermann und für alle Berufe gewährleistet. Abreden, die dieses Recht einschränken oder zu behindern suchen, sind nichtig, hierauf gerichtete Maßnahmen sind rechtswidrig. [...]"*.

➪ Grundgesetz Artikel 9; ➪ Personalvertretungsgesetz

Damit ist auch der Streik, also die kollektive Arbeitsniederlegung/-verweigerung mit dem Ziel, den im Rahmen eines Arbeitskampfes erhobenen Forderungen Nachdruck zu verleihen, als Grundrecht geschützt. Deshalb handelt nicht pflichtwidrig im Sinne eines Arbeitsvertrags, wer sich an einem rechtmäßigen, von einer Gewerkschaft organisierten Streik beteiligt. Die Rechtsprechung verlangt, dass ein Streik verhältnismäßig ist und nur als letztes Mittel eingesetzt wird. Streiks während der Laufzeit eines Tarifvertrags sind unzulässig („Friedenspflicht"); durch Warnstreiks können die Gewerkschaften aber auch in dieser Phase Druck ausüben, um die Ernsthaftigkeit ihrer Forderungen zu betonen.

Arbeitnehmerinnen und Arbeitnehmer haben – auch bei einem rechtmäßigen Streik – für den Zeitraum ihrer Beteiligung keinen Anspruch auf Entgelt.

Gewerkschaftsmitglieder erhalten in dieser Zeit in der Regel Streikgeld. Die Einleitung eines Streiks wird vom Gewerkschafts-Hauptvorstand beschlossen; in der Regel – nicht bei Warnstreiks – wird vor dem Beginn und dem Ende eines Streiks eine Urabstimmung durchgeführt (Quorum von 75 % der betroffenen Gewerkschaftsmitglieder).

Ein Streikrecht für Beamtinnen und Beamte wird in Deutschland von der herrschenden juristischen Lehre und in der Rechtsprechung verneint. Nehmen sie an Warnstreiks teil, müssen sie mit Disziplinarmaßnahmen, Besoldungsabzug und ggf. auch Haftungsansprüchen des Dienstherrn rechnen.

Das deutsche Streikverbot steht im Widerspruch zu der Rechtsprechung des Europäischen Gerichtshofs für Menschenrechte (EGMR). Der EGMR hatte in mehreren Urteilen (12.11.2008, AZ 34503/97 und 21.04.2009, AZ 68959/01) aus Art. 11 Abs. 1 der Europäischen Menschenrechtskonvention (EMRK) ein Recht der Staatsbediensteten auf Tarifverhandlungen über die Arbeitsbedingungen und ein daran anknüpfendes Streikrecht abgeleitet. Die Mitgliedstaaten des Europarates könnten diese Rechte nur für Soldaten, Polizisten und andere hoheitlich tätig werdende Beamte ausschließen. Zu letzteren zählten Lehrkräfte nach Auffassung des EGMR nicht, da sie nicht an der Ausübung genuin hoheitlicher Befugnisse beteiligt seien.

Mit dem Rechtsschutz der GEW hatten mehrere Lehrkräfte gegen ihre Maßregelung wegen Teilnahme an Streikaktivitäten Verfassungsbeschwerde eingelegt. Das Bundesverfassungsgericht hat die Beschwerde im Juni 2018 zurückgewiesen (2 BvR 1738/12, 2 BvR 1395/13, 2 BvR 1068/14, 2 BvR 646/15). Das Streikverbot für beamtete Lehrkräfte sei einer der *„hergebrachten Grundsätze"* des Beamtenrechts und diene der Durchsetzung des Rechts auf Bildung.

Wegen des Widerspruchs zum internationalen Recht haben von der GEW unterstützte Lehrkräfte daraufhin den Europäischen Menschenrechtsgerichtshof angerufen. Dessen Entscheidung steht noch aus.

Bis das Streikrecht in Deutschland auch für Beamtinnen und Beamte förmlich anerkannt sein wird, gilt: Zur Vermeidung von Nachteilen müssen insbesondere die beamteten Mitglieder der GEW – vor allem auch in Funktionsstellen sowie während der Probezeit – bei der Teilnahme an Urabstimmungen und Streiks sowie an sonstigen Arbeitskampfmaßnahmen die konkreten Anweisungen der Gewerkschafts-Streikleitung genau beachten. GEW-Mitglieder erhalten bei Beteiligung im Rahmen der von der Streikleitung getroffenen Entscheidungen gewerkschaftlichen Schutz. ⇨ Rechtsschutz

Unabhängig hiervon ist zu beachten: Der Einsatz von Beamtinnen und Beamten als Streikbrecher ist verfassungswidrig. Auch deren Heranziehung zu Mehrarbeit oder Notdiensten wegen eines Streiks von Tarifbeschäftigten ist nicht zulässig.

(Quelle: Bundesverfassungsgericht, 2.3.1993; 1 BvR 1213/85)

Das Kultusministerium hat den Schulämtern 2019 mitgeteilt, dass Notdienste lediglich an Sonderpädagogischen Bildungs- und Beratungszentren mit Internat ggf. einzurichten seien, um die medizinische Versorgung zu sichern.

(Quelle: Mitteilung des Staatsministeriums vom 10. Mai 2019).

Ein Notdienst kann nur im Wege einer Vereinbarung mit der zuständigen Gewerkschaft angeordnet werden. Der jeweilige örtliche Personalrat ist darüber zu informieren.

Die Weisung an eine beamtete Lehrkraft, gegen ihren Willen eine wegen eines Streiks von Tarifbeschäftigten verwaiste Klasse zu versorgen, ist also rechtswidrig; die Lehrkraft muss hiergegen remonstrieren.

⇨ Beamtenstatusgesetz § 36; ⇨ Remonstrationspflicht

3. Beamtenrechtliche Haftung

Hierzu bitte ⇨ Haftung und Versicherung beachten.

⇨ Beamtengesetz; ⇨ Beamtenstatusgesetz; ⇨ Einstellungserlass; ⇨ Funktionsstellen (Besetzung); ⇨ Grundgesetz Artikel 33 Abs. 4; ⇨ Haftung und Versicherung; ⇨ Remonstrationspflicht; ⇨ Rechtsschutz; ⇨ Verfassung Art. 77

Beamtengesetz (LBG)

Auszug der für den Schulbereich relevanten Bestimmungen aus dem Landesbeamtengesetz nach dem Dienstrechtsreformgesetz vom 19. April 2016 (GABl. S. 281/2016); zuletzt geändert 9. März 2021 (GABl. S 186/2021)

Vorbemerkungen der Redaktion
Die Verwaltungsvorschrift zur Durchführung beamtenrechtlicher Vorschriften (BeamtVwV) Stand 9.3.2021 ist in den Text des LBG eingearbeitet, soweit diese VwV für dessen Anwendung unmittelbar relevant ist. ➪ Beamtenrecht (BeamtVwV)

Erster Teil Allgemeine Vorschriften

§ 1
Geltungsbereich

Dieses Gesetz gilt für die Beamtinnen und Beamten des Landes, der Gemeinden und Gemeindeverbände sowie der sonstigen der Aufsicht des Landes unterstehenden Körperschaften, Anstalten und Stiftungen des öffentlichen Rechts.

↔ **Querverweis:** ➪ Beamtenstatusgesetz § 1 beachten.

§ 2 Dienstherrnfähigkeit (nicht abgedruckt)

§ 3
Begriffsbestimmungen

(1) Körperschaften im Sinne dieses Gesetzes sind juristische Personen des öffentlichen Rechts mit Dienstherrnfähigkeit.

(2) Oberste Dienstbehörde der Beamtin oder des Beamten ist die oberste Behörde des Dienstherrn, in deren Geschäftsbereich die Beamtin oder der Beamte ein Amt wahrnimmt oder bei Beendigung des Beamtenverhältnisses zuletzt wahrgenommen hat.

(3) Dienstvorgesetzte sind diejenigen, die für beamtenrechtliche Entscheidungen über die persönlichen Angelegenheiten der ihnen nachgeordneten Beamtinnen und Beamten zuständig sind. Die Dienstvorgesetzten werden durch Gesetz oder Rechtsverordnung bestimmt. Sie können Beamtinnen oder Beamte ihrer Dienststelle mit der Wahrnehmung von Aufgaben des Dienstvorgesetzten beauftragen.

Hinweis der Redaktion: Dienstvorgesetzter der Lehrkräfte und Schulleiter*innen an öffentlichen Schulen ist das Regierungspräsidium. Das KM hat jedoch im GHWRGS-Bereich eine Vielzahl von Aufgaben dieses Dienstvorgesetzten gem. § 4 auf die Staatlichen Schulämter bzw. Schulleitungen übertragen.
➪ Beamtenrecht (Zuständigkeiten im Schulbereich)

(4) Vorgesetzte sind diejenigen, die dienstliche Anordnungen erteilen können. Die Vorgesetzten bestimmen sich nach dem Aufbau der öffentlichen Verwaltung.

Hinweis der Redaktion: Vorgesetzter der Lehrkräfte an öffentlichen Schulen ist die Schulleiterin bzw. der Schulleiter. Vorgesetzter der Schulleiter*innen an den GHWRGS-Schulen ist das Staatliche Schulamt, ansonsten das Regierungspräsidium.

(5) Angehörige im Sinne dieses Gesetzes und von Rechtsverordnungen, zu denen dieses Gesetz oder das Beamtenstatusgesetz ermächtigen, sind die in § 20 Abs. 5 des Landesverwaltungsverfahrensgesetzes sowie die darüber hinaus in § 7 Abs. 3 des Pflegezeitgesetzes genannten Personen.

(6) Hinterbliebene im Sinne dieses Gesetzes und von Rechtsverordnungen, zu denen dieses Gesetz oder das Beamtenstatusgesetz ermächtigen, sind auch hinterbliebene Lebenspartnerinnen und Lebenspartner nach dem Lebenspartnerschaftsgesetz.

(7) Als Grundgehalt im Sinne dieses Gesetzes und der auf das Grundgehalt Bezug nehmenden Vorschriften des Beamtenstatusgesetzes gilt das Grundgehalt, in Besoldungsgruppen mit aufsteigenden Gehältern das Grundgehalt der höchsten Stufe, mit Amtszulagen und der Strukturzulage nach dem Landesbesoldungsgesetz Baden-Württemberg (LBesGBW); Stellenzulagen gelten nicht als Bestandteil des Grundgehalts.

➪ Beamtenstatusgesetz; ➪ Besoldung (Zulagen);
➪ Besoldungsgesetz (LBesGBW)

§ 4
Allgemeine Zuständigkeit,
Zuständigkeiten nach dem Beamtenstatusgesetz

(1) Die unmittelbaren Dienstvorgesetzten sind zuständig für Entscheidungen, die aufgrund des Beamtenstatusgesetzes, dieses Gesetzes oder einer Rechtsverordnung ergehen, zu der dieses Gesetz oder das Beamtenstatusgesetz ermächtigen. Die übergeordneten Dienstvorgesetzten können entsprechende Verfahren im Einzelfall jederzeit an sich ziehen. Die oberste Dienstbehörde kann Zuständigkeiten des Dienstvorgesetzten auch teilweise auf andere Dienstvorgesetzte durch Rechtsverordnung übertragen.

➪ Beamtenrecht (Zuständigkeiten im Schulbereich);
➪ Beamtenstatusgesetz; ➪ Ernennungsgesetz

(2) *(nicht abgedruckt)*

(3) Zuständig für die Entscheidung über eine Ausnahme nach § 7 Abs. 3 BeamtStG ist die Behörde, die über die Ernennung der Beamtin oder des Beamten entscheidet.

(4) Zuständig für die Versagung der Aussagegenehmigung nach § 37 Abs. 4 BeamtStG ist die oberste Dienstbehörde; [...].

(6) Bei Klagen aus dem Beamtenverhältnis wird der Dienstherr durch die oberste Dienstbehörde vertreten. Diese kann die Zuständigkeit zur Vertretung durch Rechtsverordnung auf andere Behörden übertragen. [...]

➪ Beamtenstatusgesetz § 7 Abs. 3 und § 37 Abs. 4

§ 5
Zustellung

Verfügungen und Entscheidungen, die Beamtinnen und Beamten oder Versorgungsempfängerinnen oder Versorgungsempfängern nach den Vorschriften dieses Gesetzes bekanntzugeben sind, sind, soweit gesetzlich nichts anderes bestimmt ist, zuzustellen, wenn durch sie eine Frist in Lauf gesetzt wird oder Rechte der Beamtinnen und Beamten oder der Versorgungsempfängerinnen und Versorgungsempfänger berührt werden.

Zweiter Teil Beamtenverhältnis

§ 6
Beamtenverhältnis auf Probe

Ein Beamtenverhältnis auf Probe ist spätestens nach fünf Jahren in ein solches auf Lebenszeit umzuwandeln, wenn die Beamtin oder der Beamte die beamtenrechtlichen Voraussetzungen hierfür erfüllt. ⇨ Probezeit (Beamt*innen)

⇔ **Querverweis:** ⇨ Beamtenstatusgesetz § 4 Abs. 3 beachten.

§ 7 Beamtenverhältnis auf Zeit (nicht abgedruckt)

§ 8
Führungsfunktionen auf Probe

(1) Ämter mit leitender Funktion im Sinne dieser Vorschrift sind die im Anhang genannten oder danach bestimmten Ämter, soweit sie nicht aufgrund anderer gesetzlicher Vorschriften im Beamtenverhältnis auf Zeit übertragen werden oder die Amtsträger richterliche Unabhängigkeit besitzen.

Hinweis der Redaktion: Hierzu gehören auch die Schulleiterinnen und Schulleiter an öffentlichen Schulen.

⇨ Besoldung (Lehrkräfte – Eingruppierung); ⇨ Funktionsstellen (Probezeit)

⇔ **Querverweis:** ⇨ Beamtenstatusgesetz § 4 Abs. 2b.

(2) Ein Amt mit leitender Funktion wird zunächst im Beamtenverhältnis auf Probe übertragen. Die regelmäßige Probezeit beträgt zwei Jahre. Zeiten einer Beurlaubung ohne Dienstbezüge gelten nicht als Probezeit. Die oberste Dienstbehörde kann eine Verkürzung der Probezeit zulassen; die Mindestprobezeit beträgt ein Jahr. Zeiten, in denen Beamtinnen oder Beamten die leitende Funktion nach Satz 1 bereits übertragen worden ist, sowie unmittelbar vorangegangene Zeiten, in denen Beamtinnen oder Beamten ein vergleichbares Amt mit leitender Funktion nach Satz 1 erfolgreich übertragen worden war, sollen auf die Probezeit angerechnet werden. Eine Verlängerung der Probezeit ist nicht zulässig.

(3) In ein Amt mit leitender Funktion darf berufen werden, wer

1. sich in einem Beamtenverhältnis auf Lebenszeit oder einem Richterverhältnis auf Lebenszeit befindet und
2. in dieses Amt auch als Beamtin oder Beamter auf Lebenszeit berufen werden könnte.

Vom Tage der Ernennung ruhen für die Dauer der Probezeit die Rechte und Pflichten aus dem Amt, das der Beamtin oder dem Beamten zuletzt im Beamtenverhältnis auf Lebenszeit oder im Richterverhältnis auf Lebenszeit übertragen worden ist, mit Ausnahme der Verschwiegenheitspflicht (§ 37 BeamtStG) und des Verbotes der Annahme von Belohnungen, Geschenken und sonstigen Vorteilen (§ 42 BeamtStG); das Beamtenverhältnis auf Lebenszeit oder das Richterverhältnis auf Lebenszeit besteht fort. Dienstvergehen, die mit Bezug auf das Beamtenverhältnis auf Lebenszeit, das Richterverhältnis auf Lebenszeit oder das Beamtenverhältnis auf Probe begangen worden sind, werden so verfolgt, als stünde die Beamtin oder der Beamte nur im Beamtenverhältnis auf Lebenszeit oder Richterverhältnis auf Lebenszeit.

(4) Die Beamtin oder der Beamte ist, außer in den Fällen des § 22 Abs. 5 BeamtStG, mit Beendigung des Beamtenverhältnisses auf Lebenszeit [...] oder Beamtenverhältnisses auf Probe nach § 4 Abs. 3 Buchst. a BeamtStG [...] aus dem Beamtenverhältnis auf Probe nach Absatz 2 entlassen. § 22 Abs. 1 und 2, § 23 Abs. 1 bis 3 Satz 1 und § 30 Abs. 2 BeamtStG bleiben unberührt.

⇔ **Querverweis:** ⇨ Beamtenstatusgesetz § 22 beachten.

(5) Mit dem erfolgreichen Abschluss der Probezeit ist der Beamtin oder dem Beamten das Amt mit leitender Funktion auf Dauer im Beamtenverhältnis auf Lebenszeit zu verleihen; eine erneute Berufung der Beamtin oder des Beamten in ein Beamtenverhältnis auf Probe zur Übertragung dieses Amtes innerhalb eines Jahres ist nicht zulässig. Wird das Amt nicht auf Dauer verliehen, endet der Anspruch auf Besoldung aus diesem Amt. Weitergehende Ansprüche bestehen nicht.

(6) Die Beamtinnen und Beamten führen während ihrer Amtszeit im Dienst nur die Amtsbezeichnung des ihnen nach Absatz 2 übertragenen Amtes; nur diese darf auch außerhalb des Dienstes geführt werden. Wird der Beamtin oder dem Beamten das Amt mit leitender Funktion nicht auf Dauer übertragen, darf die Amtsbezeichnung nach Satz 1 mit dem Ausscheiden aus dem Beamtenverhältnis auf Probe nicht weitergeführt werden.

⇨ Funktionsstellen (Besetzung)

(7) Sofern zwingende dienstliche Gründe dies erfordern, darf abweichend von Absatz 3 Satz 1 in ein Amt mit leitender Funktion ausnahmsweise auch berufen werden,

1. wer sich in einem Beamtenverhältnis auf Probe nach § 4 Abs. 3 Buchst. a BeamtStG [...] befindet,
2. wer nach Art, Dauer und Wertigkeit dem Amt mit leitender Funktion vergleichbare Tätigkeiten bereits wahrgenommen hat und
3. wem nach dem erfolgreichen Abschluss der Probezeit nach Absatz 2 und der Probezeit nach § 19 dieses Gesetzes [...] dieses Amt durch Ernennung im Beamtenverhältnis auf Lebenszeit verliehen werden kann.

Absatz 3 Satz 2 gilt für das Beamtenverhältnis [...] auf Probe nach Satz 1 Nr. 1 entsprechend mit der Maßgabe, dass auch die Probezeit nach § 19 dieses Gesetzes [...] vom Ruhen des Beamtenverhältnisses [...] auf Probe ausgenommen ist.

⇔ **Querverweis:** ⇨ Beamtenstatusgesetz § 4 beachten.

Das ⇨ Beamtenstatusgesetz und das ⇨ Beamtengesetz (LBG) überschneiden bzw. ergänzen einander. Bitte beachten Sie die Erläuterungen unter ⇨ Beamt*innen (Allgemeines) sowie die Querverweise.

§ 9
Ernennungszuständigkeit und Rechtsfolgen einer Ernennung

(1) *(nicht abgedruckt)* ⇨ Ernennungsgesetz

(2) Ernennungen werden mit dem Tage der Aushändigung der Ernennungsurkunde wirksam, wenn nicht in der Urkunde ausdrücklich ein späterer Tag bestimmt ist.

(3) Mit der Berufung in das Beamtenverhältnis erlischt ein privatrechtliches Arbeitsverhältnis zum Dienstherrn.

Auszug aus der BeamtVwV des IM

4.6 Soll die Ernennung zu einem späteren Zeitpunkt als dem Tag der Aushändigung der Ernennungsurkunde wirksam werden (§ 9 Absatz 2 LBG), sind in die Ernennungsurkunde nach dem Namen der Beamtin oder des Beamten die Wörter »mit Wirkung vom ...« unter Angabe des Zeitpunkts einzufügen. Eine Ernennung auf einen zurückliegenden Zeitpunkt ist nach § 8 Absatz 4 BeamtStG unzulässig und insoweit unwirksam.

↔ **Querverweis:** ⇨ Beamtenstatusgesetz §§ 7-10 beachten.

§ 10
Ernennung beim Wechsel der Laufbahngruppe

Einer Ernennung bedarf es neben den in § 8 Abs. 1 BeamtStG aufgeführten Fällen zur Verleihung eines anderen Amtes mit anderer Amtsbezeichnung beim Wechsel der Laufbahngruppe.

↔ **Querverweis:** ⇨ Beamtenstatusgesetz §§ 8-10 beachten.

§ 11
Auswahlverfahren, Stellenausschreibung

(1) Für Einstellungen sind die Bewerberinnen und Bewerber durch öffentliche Ausschreibung der freien Stellen zu ermitteln.

(2) Freie Beförderungsdienstposten sollen, sofern sie nicht öffentlich ausgeschrieben werden, innerhalb des Behördenbereichs ausgeschrieben werden. Die obersten Dienstbehörden können Art und Umfang der Ausschreibungen und ihrer Bekanntmachung regeln. Von einer Ausschreibung kann allgemein oder im Einzelfall abgesehen werden, wenn vorrangige Gründe der Personalplanung oder des Personaleinsatzes entgegenstehen.

(3) Die Pflicht zur Ausschreibung gilt nicht

1. für die Einstellung in das Beamtenverhältnis auf Probe [...] ⇨ Gleichbehandlungsgesetz (AGG)

↔ **Querverweis:** ⇨ Beamtenstatusgesetz § 9 beachten.

§ 12
Rücknahme der Ernennung

Die Ernennung ist mit Wirkung für die Vergangenheit zurückzunehmen, wenn eine vorgeschriebene Mitwirkung einer Aufsichtsbehörde unterblieben ist und nicht nachgeholt wurde.

↔ **Querverweis:** ⇨ Beamtenstatusgesetz § 11 beachten.

§ 13
Verfahren und Rechtsfolgen der Rücknahme oder bei Nichtigkeit der Ernennung

(1) Die Nichtigkeit einer Ernennung ist von der Behörde festzustellen, die für die Ernennung zuständig wäre. Wäre der Ministerpräsident für die Ernennung zuständig, ist die Nichtigkeit von der obersten Dienstbehörde festzustellen. Die Feststellung der Nichtigkeit ist der oder dem Ernannten bekanntzugeben. Ist eine Ernennung nichtig, ist dem oder der Ernannten unverzüglich jede weitere Führung der Dienstgeschäfte zu verbieten. Das Verbot ist erst auszusprechen, wenn die sachlich zuständigen Stellen es abgelehnt haben, die Ernennung zu bestätigen oder eine Ausnahme von § 7 Abs. 3 BeamtStG nachträglich zuzulassen.

(2) Die Rücknahme einer Ernennung wird von der Behörde, die für die Ernennung zuständig wäre, erklärt. Wäre der Ministerpräsident für die Ernennung zuständig, so ist die Rücknahme von der obersten Dienstbehörde zu erklären. Die Ernennung kann nur innerhalb einer Frist von sechs Monaten zurückgenommen werden, nachdem die für die Rücknahme zuständige Behörde Kenntnis vom Grund der Rücknahme erlangt hat. Die Rücknahme ist der Beamtin, dem Beamten oder den Hinterbliebenen bekanntzugeben.

(3) Vor Entlassung einer Beamtin oder eines Beamten auf Probe nach § 23 Abs. 3 Satz 1 Nr. 1 BeamtStG hat die für die Entlassung zuständige Behörde Ermittlungen durchzuführen; § 8 Abs. 1, § 9 Satz 1, § 10 Abs. 1 und 3, §§ 12, 15 bis 18, 22 bis 24 und 39 des Landesdisziplinargesetzes gelten entsprechend. Satz 1 gilt entsprechend für die Entlassung einer Beamtin oder eines Beamten auf Widerruf wegen eines Dienstvergehens im Sinne von § 23 Abs. 3 Satz 1 Nr. 1 BeamtStG.

(4) Ist eine Ernennung nichtig oder ist sie zurückgenommen worden, sind die bis zu dem Verbot der Weiterführung der Dienstgeschäfte oder bis zur Bekanntgabe der Erklärung der Rücknahme vorgenommenen Amtshandlungen in gleicher Weise wirksam, wie wenn sie eine Beamtin oder ein Beamter ausgeführt hätte. Gewährte Leistungen können belassen werden; die Entscheidung trifft die Stelle, welche die Nichtigkeit feststellt oder über die Rücknahme entscheidet.

↔ **Querverweis:** ⇨ Beamtenstatusgesetz § 11 beachten.

Dritter Teil
Laufbahnen

§ 14
Laufbahn

(1) Die Laufbahnen umfassen alle der Laufbahngruppe zugeordneten Ämter derselben Fachrichtung. Sie unterscheiden sich nach fachlichen Gesichtspunkten und gehören zu den Laufbahngruppen des mittleren, des gehobenen und des höheren Dienstes.

(2) Die Zuordnung einer Laufbahn zu einer Laufbahngruppe erfolgt nach dem Schwierigkeitsgrad der wahrzunehmenden Dienstaufgaben, dem Grad der Selbstständigkeit und der Verantwortung, den Bildungsvoraussetzungen und der Ausbildung. Den Laufbahngruppen sind die Ämter grundsätzlich wie folgt zugeordnet:

1. Mittlerer Dienst: Besoldungsgruppen A 7 bis A 9,
2. Gehobener Dienst: Besoldungsgruppen A 9 bis A 13,
3. Höherer Dienst: Besoldungsgruppen A 13 bis A 16 sowie Ämter der Landesbesoldungsordnung B.

Im Landesbesoldungsgesetz Baden-Württemberg werden für einzelne Laufbahnen Eingangsämter und Endämter abweichend bestimmt, wenn es die besonderen Verhältnisse der Laufbahn erfordern.

➪ Besoldungsgesetz (LBesGBW); ➪ LaufbahnVO (LVO-KM)

§ 15
Bildungsvoraussetzungen

(1) Als Bildungsvoraussetzung für den Erwerb einer Laufbahnbefähigung ist erforderlich:

1. für die Laufbahnen des mittleren Dienstes mindestens der Hauptschul- oder ein mittlerer Bildungsabschluss entsprechend den fachlichen Anforderungen der jeweiligen Laufbahn;
2. für die Laufbahnen des gehobenen Dienstes mindestens
   a) der Abschluss eines Diplom- oder Staatsprüfungs-Studiengangs an der Dualen Hochschule oder einer entsprechenden Bildungseinrichtung, einer Fachhochschule oder einer Pädagogischen Hochschule oder
   b) der Abschluss eines Bachelor-Studiengangs an einer Hochschule;
3. für die Laufbahnen des höheren Dienstes
   a) der Abschluss eines Diplom-, Magister-, Staatsprüfungs- oder Master-Studiengangs an einer Universität oder an einer anderen Hochschule in gleichgestellten Studiengängen oder
   b) der Abschluss eines akkreditierten Master-Studiengangs an der Dualen Hochschule oder einer entsprechenden Bildungseinrichtung, einer Fachhochschule oder einer Pädagogischen Hochschule.

(2) In den Fällen des Absatzes 1 Nummer 2 reicht bei Erwerb der Laufbahnbefähigung nach § 16 Absatz 1 Nummer 1 zur Begründung des Beamtenverhältnisses auf Widerruf oder des öffentlich-rechtlichen Ausbildungsverhältnisses eine Hochschulzugangsberechtigung nach § 58 Absatz 2 des Landeshochschulgesetzes als Bildungsvoraussetzung aus, wenn die Laufbahnprüfung zugleich einen Hochschulabschluss nach Absatz 1 Nummer 2 vermittelt.

(3) Andere als die in Absatz 1 und 2 genannten Abschlüsse gelten als gleichwertige Bildungsvoraussetzungen, wenn sie diesen entsprechen. Über die Anerkennung anderer Bildungsstände als gleichwertig entscheidet in den Fällen des Absatzes 1 Nr. 1 das Kultusministerium und in den Fällen des Absatzes 1 Nr. 2 und 3 das Wissenschaftsministerium jeweils im Einvernehmen mit dem für die vorgesehene Laufbahn zuständigen Ministerium.

(4) *(Ermächtigung; hier nicht abgedruckt)*

§ 16
Erwerb der Laufbahnbefähigung

(1) Laufbahnbewerberinnen und Laufbahnbewerber können die Befähigung für eine Laufbahn erwerben

1. a) durch einen Vorbereitungsdienst im Beamtenverhältnis auf Widerruf,
   b) in einem öffentlich-rechtlichen Ausbildungsverhältnis

   und Bestehen der Laufbahnprüfung,

   Hinweis der Redaktion: Die Laufbahnbefähigung für die Lehrerlaufbahnen nach § 16 Absatz 1 Nummer 1 LBG wird nach Maßgabe der Ausbildungs- und Prüfungsordnungen erworben. ➪ Laufbahnverordnung (LVO-KM) § 1 Abs. 1
2. durch Erwerb der Bildungsvoraussetzungen für eine Laufbahn und
   a) eine anschließende laufbahnqualifizierende Zusatzausbildung oder
   b) eine mindestens dreijährige, der Vorbildung entsprechende Berufstätigkeit, die die Eignung zur selbstständigen Wahrnehmung eines Amts der angestrebten Laufbahn vermittelt,

   Hinweis der Redaktion: Im Geschäftsbereich des Kultusministeriums kann die Laufbahnbefähigung nur nach Maßgabe der LVO-KM erworben werden.

   ➪ Laufbahnverordnung (LVO-KM) § 1 Abs. 4 und § 2 Abs. 3,4
3. durch einen horizontalen Laufbahnwechsel nach § 21,
4. durch Aufstieg nach § 22,
5. aufgrund der Richtlinie 2005/36/EG des Europäischen Parlaments und des Rates vom 7. September 2005 über die Anerkennung von Berufsqualifikationen (ABl. L 255 S. 22) [...]. Das Berufsqualifikationsfeststellungsgesetz Baden-Württemberg findet mit Ausnahme von § 12 Absatz 7, § 13 Absatz 8 und § 16 keine Anwendung.

(2) *(Ermächtigung; hier nicht abgedruckt)*

➪ Laufbahnverordnung (LVO-KM)

(3) Andere Bewerberinnen und Bewerber können bei Vorliegen besonderer dienstlicher Gründe für die Übernahme in das Beamtenverhältnis die Befähigung für eine Laufbahn in Einzelfällen abweichend von den Vorschriften der entsprechenden Laufbahnverordnung erwerben, wenn

1. sie nach Vorliegen der Bildungsvoraussetzungen nach § 15 mindestens vier Jahre überdurchschnittlich erfolgreich dieser Laufbahn entsprechende Tätigkeiten wahrgenommen haben; liegen nur die Bildungsvoraussetzungen der nächstniederen Laufbahngruppe vor, sind mindestens acht Jahre erforderlich,
2. sie eine besondere Fortbildungsbereitschaft nachweisen können und
3. es für sie eine unzumutbare Härte bedeuten würde, die Befähigung als Laufbahnbewerberin oder Laufbahnbewerber zu erwerben.

Vor- und Ausbildungen sowie bisherige berufliche Tätigkeiten müssen hinsichtlich der Fachrichtung sowie der Breite und Wertigkeit dazu geeignet sein, den Bewerberinnen und Bewerbern die Kenntnisse und Fähigkeiten zu vermitteln, die sie dazu befähigen, alle Aufgaben der Laufbahn, in der sie verwendet werden sollen, zu erfüllen. Die Entscheidung trifft die oberste Dienstbehörde.

(4) Bewerberinnen und Bewerber müssen über die Kenntnisse der deutschen Sprache verfügen, die für die Wahrnehmung der Aufgaben der jeweiligen Laufbahn erforderlich sind.

(5) Soweit gesetzlich nichts anderes bestimmt ist, finden auf Auszubildende in öffentlich-rechtlichen Ausbildungsbildungsverhältnissen die für Beamtinnen und Beamte auf Widerruf im Vorbereitungsdienst geltenden Bestimmungen mit Ausnahme von §§ 8 und 38 BeamtStG entsprechende Anwendung. [...]

Hinweis der Redaktion: Eine im Ausland erworbene Ausbildung kann – ggf. über Anpassungsmaßnahmen – als gleichwertig anerkannt werden. ⇨ Lehrerverordnung (EU-EWR)

Vor 2005 eingestellte Lehrkräfte mit ausländischen Abschlüssen wurden meist nicht verbeamtet, sondern im Arbeitnehmerverhältnis beschäftigt und als Lehrkräfte „mit anderweitiger einschlägiger Ausbildung" oder als „sonstige Lehrkräfte" in eine in der Regel wesentlich schlechtere Vergütungsgruppe eingruppiert. Diesen Lehrkräften ist ein Antrag auf Anerkennung ihrer ausländischen Lehrerausbildung zu empfehlen. Zuständig für alle RPs ist das Regierungspräsidium Tübingen. Die Gebühr hierfür liegt zwischen 50 und 300 Euro, diese Investition kann sich aber im Hinblick auf eine Höhergruppierung lohnen.

⇨ Gebühren; ⇨ Tarifvertrag (Entgeltordnung Lehrkräfte)

Auszug aus der BeamtVwV des IM

7.2 [...] Für die Anerkennung von beruflicher Befähigungsnachweise für Lehrerberufe gilt die EU-EWR-Lehrerverordnung des Kultusministeriums. ⇨ Lehrerverordnung (EU-EWR)

7.3 Die Befähigung von anderen Bewerberinnen und Bewerbern für eine bestimmte Laufbahn kann nur von den obersten Dienstbehörden festgestellt werden. [...]

7.4 Nach Artikel 62 § 1 Absatz 1 Nummer 1 des DRG bleiben die am 31. Dezember 2010 vorhandenen Beamtinnen und Beamten in ihren bisherigen Laufbahnen, soweit in den jeweiligen laufbahnrechtlichen Vorschriften der Ressorts nichts anderes bestimmt ist. Dies gilt insbesondere auch für die Beamtinnen und Beamten, für die vom ehemaligen Landespersonalausschuss eine auf einen bestimmten Verwendungsbereich eingeschränkte Befähigung zuerkannt wurde.

Für die Beamtinnen und Beamten, die im Wege des Aufstiegs für besondere Verwendungen in die nächsthöhere Laufbahn gelangt sind, gelten die jeweiligen Bestimmungen der Landeslaufbahnverordnung (§ 21a Absatz 3, § 25a Absatz 2 und § 30a Absatz 2) in der bis 31. Dezember 2010 geltenden Fassung fort. Diese damit weiter geltende Einschränkung des Verwendungsbereichs hat zur Folge, dass eine Beförderung nur bis zu den in den jeweiligen Bestimmungen genannten Besoldungsgruppen möglich ist. Einschränkungen des Verwendungsbereichs können nur über einen horizontalen Laufbahnwechsel nach § 21 LBG aufgehoben werden. Voraussetzung ist dabei unter anderem, dass die Aufgaben der entsprechenden Fachlaufbahn entsprechend Nummer 11.1 tatsächlich wahrgenommen werden.

§ 17
Beschränkung der Zulassung zur Ausbildung

(1) Die Zulassung zum Vorbereitungsdienst kann in den Fällen, in denen der Vorbereitungsdienst Ausbildungsstätte im Sinne des Artikels 12 Abs. 1 des Grundgesetzes ist, nach Maßgabe der folgenden Vorschriften eingeschränkt werden.

(2) Für einen Vorbereitungsdienst kann die Zahl der höchstens aufzunehmenden Bewerberinnen und Bewerber (Zulassungszahl) festgesetzt werden, soweit dies unter Berücksichtigung

1. der voraussichtlich vorhandenen Ausbildungskräfte und der Zahl der Auszubildenden, die im Durchschnitt von den Ausbildungskräften betreut werden kann,
2. der räumlichen Kapazitäten der Ausbildungsstellen,
3. der fachspezifischen Gegebenheiten der Ausbildungseinrichtungen,
4. der zur Verfügung stehenden sächlichen Mittel,
5. der im Haushaltsplan zur Verfügung stehenden Stellen für Auszubildende

zwingend erforderlich ist. Zulassungszahlen werden nur für einen bestimmten Zeitraum, längstens für die Zulassungstermine des folgenden Jahres, festgesetzt.

(3) Die Auswahlkriterien sind so zu bestimmen, dass für sämtliche Bewerberinnen und Bewerber unter Berücksichtigung der besonderen Verhältnisse in den einzelnen Ausbildungsbereichen eine Aussicht besteht, nach Möglichkeit innerhalb einer zumutbaren Wartezeit in den Vorbereitungsdienst aufgenommen zu werden. Dabei sind insbesondere zu berücksichtigen

1. die Erfüllung einer Dienstpflicht nach Artikel 12a Absatz 1 oder 2 GG, freiwilliger Wehrdienst, eine Tätigkeit als Entwicklungshelferin oder Entwicklungshelfer im Sinne des Entwicklungshelfer-Gesetzes, Bundesfreiwilligendienst nach dem Bundesfreiwilligendienstgesetz oder Jugendfreiwilligendienst nach dem Jugendfreiwilligendienstegesetz,
2. die Eignung und Befähigung der Bewerberinnen und Bewerber,
3. die Wartezeit seit der ersten Antragstellung auf Zulassung zum Vorbereitungsdienst in Baden-Württemberg, wenn sich die Bewerberinnen und Bewerber zu jedem Zulassungstermin beworben haben, und
4. besondere persönliche oder soziale Härtefälle.

(4) *(Ermächtigung; hier nicht abgedruckt)*

(5) Für die Beschränkung der Zulassung zum öffentlich-rechtlichen Ausbildungsverhältnis nach § 16 Abs. 1 Nr. 1 Buchst. b, das Ausbildungsstätte im Sinne des Artikels 12 Abs. 1 GG ist, gelten die Absätze 1 bis 4 entsprechend.

⇨ Laufbahnverordnung (LVO-KM); ⇨ Vorbereitungsdienst (Zulassung)

§ 18
Einstellung

(1) Die Begründung eines Beamtenverhältnisses auf Probe oder auf Lebenszeit oder die Umwandlung eines Beamtenverhältnisses auf Widerruf in ein solches Beamtenverhältnis (Einstellung) erfolgt grundsätzlich im Eingangsamt einer Laufbahn.

(2) Die Einstellung ist ausnahmsweise im ersten oder zweiten Beförderungsamt zulässig, wenn besondere dienstliche Bedürfnisse dies rechtfertigen und eine Einstellung im Eingangsamt aufgrund der bisherigen Berufserfahrung eine unzumutbare Härte für die Bewerberin oder den Bewerber bedeuten würde. Sie darf im ersten Beförderungsamt nur nach einer mindestens dreijährigen, im zweiten Beförderungsamt nur nach einer mindestens vierjährigen erfolgreichen Wahrnehmung laufbahnentsprechender Tätigkeiten nach dem Erwerb der Laufbahnbefähigung erfolgen. Bei anderen Bewerberinnen und Bewerbern müssen die Mindestzeiten nach Satz 2 zusätzlich zu den Voraussetzungen für den Erwerb der Befähigung nach § 16 Abs. 3 vorliegen.

(3) *(Richterinnen oder Richter; nicht abgedruckt)*

Auszug aus der BeamtVwV des IM

8. Die Einstellung erfolgt grundsätzlich im Eingangsamt der Laufbahn. Der Dienstherr hat, wenn besondere dienstliche Bedürfnisse dies rechtfertigen, nach § 18 Absatz 2 LBG die Möglichkeit, zum Ausgleich einer unzumutbaren Härte ausnahmsweise die Einstellung im ersten oder zweiten Beförderungsamt vorzunehmen. Dies setzt zwingend voraus, dass die Beamtin oder der Beamte nach Erwerb der Laufbahnbefähigung bereits über den in § 18 Absatz 2 LBG festgelegten Zeitraum Aufgaben wahrgenommen hat, die der Laufbahn in der jeweiligen Laufbahngruppe entsprechen, in die sie oder er eingestellt werden soll.

§ 18 Absatz 2 Satz 3 LBG stellt klar, dass auch bei einer anderen Bewerberin oder einem anderen Bewerber die Zeiten der Aufgabenwahrnehmung, die für den Erwerb der Befähigung nach § 16 Absatz 3 LBG mindestens erforderlich sind, darüber hinaus zusätzlich erbracht worden sein müssen. Eine doppelte Berücksichtigung ist nicht möglich.

⇨ Einstellung (Altersgrenze); ⇨ Einstellungserlass; ⇨ Schwerbehinderung

↔ **Querverweis:** ⇨ Beamtenstatusgesetz §§ 7-9 beachten.

§ 19
Probezeit

(1) Probezeit ist die Zeit im Beamtenverhältnis auf Probe nach § 4 Abs. 3 Buchst. a BeamtStG, während der sich Beamtinnen und Beamte in den Aufgaben einer Laufbahn, deren Befähigung sie besitzen, bewähren sollen. Sie rechnet ab der Berufung in das Beamtenverhältnis auf Probe und dauert drei Jahre. Zeiten einer Beurlaubung ohne Bezüge gelten nicht als Probezeit, wenn nicht etwas anderes festgestellt worden ist; Absatz 3 bleibt unberührt.

⇨ Funktionsstellen (Probezeit); ⇨ Probezeit

Auszug aus der BeamtVW des IM

9.2 Zeiten einer Beurlaubung ohne Bezüge gelten grundsätzlich nicht als Probezeit. Hierunter fallen auch Beurlaubungen, die überwiegend dienstlichen Interessen oder öffentlichen Belangen dienen; zu entsprechenden Beurlaubungen für die vorübergehende Wahrnehmung von Aufgaben in einer öffentlichen zwischenstaatlichen oder überstaatlichen Einrichtung oder in der Verwaltung oder in einer öffentlichen Einrichtung eines Mitgliedstaates der Europäischen Union vergleiche Nummer 16.7. Bei auseinanderfallenden Zuständigkeiten hat die für die Beurlaubung zuständige Stelle vor der Bewilligung einer entsprechenden Beurlaubung die Ernennungsbehörde zu beteiligen. Die Ernennungsbehörde kann im Einzelfall bestimmen, dass Zeiten einer solchen Beurlaubung als Probezeit gelten.

↔ **Querverweis:** ⇨ Beamtenstatusgesetz § 4 Abs. 3 beachten.

(2) Die Probezeit kann für Beamtinnen und Beamte, die sich in der bisher zurückgelegten Probezeit bewährt haben,

1. bei weit überdurchschnittlicher Bewährung,
2. bei Erwerb der Laufbahnbefähigung mit hervorragendem Ergebnis

um bis zu jeweils einem Jahr abgekürzt werden.

Hinweise der Redaktion:

1. Eine weit überdurchschnittliche Bewährung im Sinne von § 19 Absatz 2 Nummer 1 LBG liegt bei Lehrkräften dann vor, wenn die Leistungen in den Probezeitbeurteilungen jeweils mit mindestens der Note 1,5 bewertet wurden.
2. Ein Erwerb der Laufbahnbefähigung mit hervorragendem Ergebnis im Sinne von § 19 Absatz 2 Nummer 2 LBG liegt bei Lehrkräften vor, sofern sie die zweite Staatsprüfung mit mindestens der Note 1,44 abgelegt haben.

⇨ Laufbahnverordnung (LVO-KM) § 8

Auszug aus der BeamtVwV des IM

9.3 Das in § 19 Absatz 2 Nummer 2 LBG enthaltene Tatbestandsmerkmal „hervorragend" wurde wegen der Vielzahl der für den Erwerb der Laufbahnbefähigung in Betracht kommenden Prüfungen und Bewertungen gesetzlich nicht definiert. Es kann sich jedoch nur um eine Spitzenbewertung handeln. Die Ernennungsbehörde entscheidet nach pflichtgemäßem Ermessen, ob und in welchem Umfang die Probezeit abgekürzt wird.

(3) Auf die Probezeit angerechnet werden Verzögerungen im beruflichen Werdegang

1. aufgrund von Wehr- oder Zivildienst, wenn die Verzögerungen nach § 9 Abs. 8 Satz 4 des Arbeitsplatzschutzgesetzes, auch in Verbindung mit § 9 Abs. 10 Satz 2, § 12 Abs. 3 und 4, § 13 Abs. 2 und 3 oder § 16a Abs. 1 und 5 des Arbeitsplatzschutzgesetzes, mit § 8a Abs. 1, 3 und 4 des Soldatenversorgungsgesetzes oder mit § 78 Abs. 1 Nr. 1 des Zivildienstgesetzes, angemessen auszugleichen sind, oder
2. aufgrund einer Tätigkeit als Entwicklungshelferin oder Entwicklungshelfer in den Fällen des § 17 des Entwicklungshelfer-Gesetzes.

Hat sich die Einstellung der Beamtin oder des Beamten in das Beamtenverhältnis auf Widerruf oder auf Probe wegen Betreuung oder Pflege eines Angehörigen verzögert oder wurde Elternzeit, Pflegezeit oder Urlaub nach § 72 Abs. 1 in Anspruch genommen oder wurde Bundesfreiwilligendienst nach dem Bundesfreiwilligendienstgesetz oder Jugendfreiwilligendienst nach dem Jugendfreiwilligendienstegesetz geleistet, können Verzögerungen im beruflichen Werdegang auf die Probezeit angerechnet werden. Verzögerungen nach Satz 1 und 2 sind im tatsächlichen Umfang, höchstens bis zu zwei Jahren, anrechenbar.

Hinweis der Redaktion: Erfasst werden können demnach sowohl Fälle, in denen sich der Beginn der Ausbildung verzögert oder die Einstellung in das Beamtenverhältnis auf Probe verzögert hat, als auch Beurlaubungen (z.B. Elternzeit) nach der Einstellung. (Quelle: KM 12.11.2016, AZ: 15-0310.31/139)

Auszug aus der BeamtVwV des IM

9.4 Für den freiwilligen Wehrdienst ist aufgrund der gesetzlichen Festlegung in § 4 Absatz 3 des Wehrpflichtgesetzes und § 58f des Soldatengesetzes ein Nachteilsausgleich entsprechend der Regelung in § 19 Absatz 3 Satz 1 Nummer 1 LBG zu gewähren. Bei der Prüfung der in § 19 Absatz 3 LBG genannten Anrechnungsmöglichkeiten ist auf einen kausalen Zusammenhang zu der beruflichen Entwicklung als Beamtin oder als Beamter zu achten. Ein solcher Zusammenhang liegt vor, wenn der Wehr- oder Zivildienst, die Tätigkeit als Entwicklungshelfer oder Entwicklungshelferin, die Betreuung und Pflege eines Angehörigen, die Inanspruchnahme von Elternzeit oder Urlaub nach § 72 Absatz 1 LBG oder die Leistung von Bundesfreiwilligendienst oder Jugendfreiwilligendienst zu einer tatsächlichen Verzögerung in dem beruflichen Werdegang im Beamtenverhältnis geführt haben.

(4) Dienstzeiten im öffentlichen Dienst oder Zeiten, die in einem der Ausbildung entsprechenden Beruf zurückgelegt wurden, können auf die Probezeit angerechnet werden, wenn sie nach ihrer Art und Bedeutung Tätigkeiten in der betreffenden Laufbahn entsprochen haben.

(5) Auch bei Abkürzungen nach Absatz 2 und Anrechnungen nach Absatz 3 und 4 ist eine Mindestprobezeit von sechs Monaten zu leisten. Die Ministerien

können im Rahmen ihres Geschäftsbereichs durch Rechtsverordnung abweichend von Satz 1 eine Mindestprobezeit von bis zu einem Jahr festlegen, wenn dies die Besonderheit der Laufbahn und der wahrzunehmenden Tätigkeit erfordert. Bei Anrechnung von beim selben Dienstherrn zurückgelegten Zeiten nach Absatz 4 kann die Mindestprobezeit unterschritten oder auf sie verzichtet werden, wenn nach dem Erwerb der Laufbahnbefähigung Tätigkeiten ausgeübt wurden, die in der Regel von Beamtinnen und Beamten derselben Laufbahn im Beamtenverhältnis wahrgenommen werden. Zeiten nach § 23 Abs. 5 Satz 1 stehen Zeiten nach Satz 2 gleich. Dienstzeiten im Richterverhältnis auf Probe sind auf die Probezeit anzurechnen; eine Mindestprobezeit ist nicht zu leisten.

Hinweis der Redaktion: Abweichend von § 19 Abs. 5 Satz 1 LBG ist von Lehrkräften eine Mindestprobezeit von einem Jahr abzuleisten. ➪ Laufbahnverordnung (LVO-KM) § 9 Abs. 1

(6) Kann die Bewährung bis zum Ablauf der Probezeit noch nicht festgestellt werden, kann die Probezeit bis auf höchstens fünf Jahre verlängert werden.

Auszug aus der BeamtVwV des IM

9.5 Kann die Bewährung in der Probezeit nicht festgestellt werden, soll eine Verlängerung der Probezeit schrittweise erfolgen. Die betroffene Person ist vorher anzuhören. Die Verlängerung der Probezeit ist unter Angabe der Gründe und unter Festlegung der zeitlichen Dauer schriftlich mitzuteilen. Die Entlassung bei fehlender Bewährung in der Probezeit richtet sich nach § 23 Absatz 3 Satz 1 Nummer 2 und Satz 2 BeamtStG (vergleiche Nummer 18).

➪ Personalvertretungsgesetz (LPVG) § 75 Abs. 3 Nr. 1 (Mitbestimmung auf Antrag) und Nr. 10

18.1 [...] Die Entlassung wegen Nichtbewährung in der Probezeit nach § 23 Absatz 3 Satz 1 Nummer 2 BeamtStG ist grundsätzlich unverzüglich nach Ablauf der Probezeit auszusprechen. Die Entlassung kann schon vor Ablauf der Probezeit verfügt werden, wenn die mangelnde Bewährung festgestellt ist und endgültig nicht behebbar erscheint. Wird keine Entscheidung über die Bewährung nach Ablauf der Höchstdauer der Probezeit von fünf Jahren (§ 10 BeamtStG) getroffen, kommt die Entlassung von Beamtinnen und Beamten auf Probe aufgrund von § 23 Absatz 3 Satz 1 Nummer 2 BeamtStG nicht mehr in Betracht. [...]

18.3 Erfüllen Beamtinnen oder Beamte auf Probe die Voraussetzungen für die Ernennung auf Lebenszeit, erlangen sie spätestens mit Ablauf der Höchstdauer der Probezeit des § 10 BeamtStG grundsätzlich einen Rechtsanspruch auf Verleihung der Eigenschaft einer Beamtin oder eines Beamten auf Lebenszeit. Liegen zu diesem Zeitpunkt Anhaltspunkte für Dienstunfähigkeit vor, ohne dass diese Frage abschließend geklärt werden konnte, so wird der Ablauf der Fünf-Jahres-Frist bis zur Aufklärung des Sachverhalts gehemmt und die Pflicht der zuständigen Stelle zur Entscheidung des Sachverhalts hinausgeschoben. Die zuständige Stelle darf diese Aufklärung jedoch nicht ungebührlich verzögern; nur insoweit wird ihre Entscheidungspflicht aufgeschoben. Trifft die zuständige Stelle keine Entscheidung oder erwerben Beamtinnen oder Beamte auf Probe durch Ablauf der Probezeit einen Rechtsanspruch auf Berufung in das Beamtenverhältnis auf Lebenszeit und werden sie erst danach dienstunfähig, können sie auf der Rechtsgrundlage von § 23 Absatz 3 Satz 1 Nummer 2 BeamtStG nicht mehr mangels gesundheitlicher Eignung entlassen werden. In diesem Fall sollen Beamtinnen und Beamte auf Probe nach § 28 Absatz 2 BeamtStG in den Ruhestand versetzt werden, sofern sie nicht ausnahmsweise ohnehin einen Anspruch auf Zurruhesetzung nach § 28 Absatz 1 BeamtStG haben.

Von der Versetzung in den Ruhestand soll abgesehen werden, wenn eine anderweitige Verwendung nach § 26 Absatz 2 BeamtStG, die Übertragung einer geringerwertigen Tätigkeit nach § 26 Absatz 3 BeamtStG oder die Verwendung in begrenzter Dienstfähigkeit nach § 27 BeamtStG möglich ist. Hierzu wird auf Nummern 22.4 bis 22.8 und 23 verwiesen. Erst wenn diese Weiterverwendungen ausscheiden, ist die Versetzung in den Ruhestand zu veranlassen, es sei denn die versorgungsrechtliche Wartezeit nach § 32 BeamtStG in Verbindung mit § 18 des Landesbeamtenversorgungsgesetzes [...] ist nicht erfüllt. Fehlt es an letzterer Voraussetzung, führt dies zur Entlassung nach § 23 Absatz 1 Satz 1 Nummer 2 BeamtStG.

Muss eine Beamtin oder ein Beamter auf Probe außerhalb des Anwendungsbereichs des § 28 BeamtStG wegen Dienstunfähigkeit in den Ruhestand versetzt werden, weil eine Entlassung infolge von Versäumnissen nicht mehr erfolgen darf, ist die Regressfrage zu prüfen.

(7) Wird die Befähigung für eine weitere Laufbahn nach § 16 Abs. 1 Nr. 1, 2 oder 5 erworben, können Zeiten, die im Beamtenverhältnis auf Zeit oder in der bisherigen Laufbahn im Beamtenverhältnis auf Probe oder auf Lebenszeit zurückgelegt wurden, auf die Probezeit in der neuen Laufbahn angerechnet werden, wenn die ausgeübten Tätigkeiten für die Aufgaben der neuen Laufbahn förderlich waren. Befindet sich die Beamtin oder der Beamte bereits in einem Beamtenverhältnis auf Lebenszeit, sollen Zeiten nach Satz 1 angerechnet werden. Bei einem Laufbahnwechsel nach § 21 oder einem Aufstieg nach § 22 ist eine Probezeit in der neuen Laufbahn nicht mehr abzuleisten.

(8) *(Ermächtigung; hier nicht abgedruckt)*

§ 20
Beförderung

(1) Beförderung ist eine Ernennung, durch die einer Beamtin oder einem Beamten ein anderes Amt mit höherem Grundgehalt verliehen wird.

➪ Beförderung; ➪ Beförderung (Oberstudienrat*rätin); ➪ Einstellungserlass; ➪ Grundgesetz Art. 33 und 40; ➪ Personalvertretungsgesetz (LPVG) § 75 Abs. 1 Nr. 4

(2) Ämter einer Laufbahn, die in der Landesbesoldungsordnung A aufgeführt sind, sind regelmäßig zu durchlaufen und dürfen nicht übersprungen werden. Das Überspringen von bis zu zwei Ämtern innerhalb der Laufbahngruppe ist ausnahmsweise zulässig, wenn

1. besondere dienstliche Bedürfnisse vorliegen,
2. nach Art, Dauer und Wertigkeit dem höheren Amt vergleichbare Tätigkeiten im entsprechenden zeitlichen Umfang wahrgenommen wurden und
3. die laufbahnentsprechenden Tätigkeiten nicht durch Einstellung in einem Beförderungsamt oder durch Anrechnung auf die Probezeit berücksichtigt wurden.

Wurden die laufbahnentsprechenden Tätigkeiten in einem Beamtenverhältnis auf Zeit wahrgenommen, ist ein gleichzeitiger Wechsel der Laufbahngruppe zulässig. Beim Aufstieg nach § 22 kann das Eingangsamt der nächsthöheren Laufbahn übersprungen werden, wenn dieses mit keinem höheren Grundgehalt verbunden ist, als das bisherige Amt.

(3) Eine Beförderung ist nicht zulässig

1. während der Probezeit,
2. vor Ablauf eines Jahres seit der Einstellung,
3. vor Ablauf eines Jahres seit der letzten Beförderung.

(4) In den Laufbahnen der Lehrkräfte an Grund-, Werkreal-, Haupt-, Real- und Sonderschulen (gehobener Dienst) ist das Eingangsamt, in den übrigen Laufbahnen der Lehrkräfte das Eingangsamt und das erste Beförderungsamt innerhalb der Laufbahn regelmäßig zu durchlaufen.

⇨ Beförderung (Allgemeines)

§ 21
Horizontaler Laufbahnwechsel

(1) Ein horizontaler Laufbahnwechsel ist nur zulässig, wenn die Beamtin oder der Beamte die Befähigung für die neue Laufbahn besitzt.

(2) Beamtinnen und Beamte, die eine Laufbahnbefähigung besitzen, können die Befähigung für eine Laufbahn anderer Fachrichtung in derselben Laufbahngruppe erwerben, wenn sie über einen Zeitraum von mindestens drei Jahren erfolgreich in die Aufgaben der neuen Laufbahn eingeführt wurden und zu erwarten ist, dass sie für die neue Laufbahn allgemein befähigt sind. Die Frist nach Satz 1 kann um bis zu zwei Jahre verkürzt werden, wenn die Beamtin oder der Beamte erfolgreich an entsprechenden Qualifizierungsmaßnahmen teilgenommen hat. Ein anderweitiger Erwerb der Befähigung nach § 16 Abs. 1 Nr. 1, 2 oder 5 bleibt unberührt.

(3) Über den Erwerb der Befähigung nach Absatz 2 Satz 1 und 2 entscheidet der für die Einführung in die neue Laufbahn zuständige Dienstvorgesetzte.

(4) Die Beamtinnen und Beamten bleiben bis zur Verleihung eines Amtes der neuen Laufbahn in ihrer Rechtsstellung. Sie haben in der Laufbahn, in die sie wechseln, Ämter, die einer niedrigeren Besoldungsgruppe als ihrem bisherigen Amt zugeordnet sind, nicht mehr zu durchlaufen. [...]

⇨ Laufbahnverordnung (LVO-KM); ⇨ Laufbahnwechsel

§ 22
Aufstieg

(1) Beamtinnen und Beamte können in die nächsthöhere Laufbahn derselben Fachrichtung aufsteigen, auch wenn die Bildungsvoraussetzungen nach § 15 für diese Laufbahn nicht vorliegen, wenn sie

1. sich im Endamt ihrer bisherigen Laufbahn befinden; ist das Endamt ein Amt mit Amtszulage, so kann der Aufstieg auch aus dem Amt ohne Amtszulage erfolgen,
2. sich in mindestens zwei unterschiedlichen Aufgabengebieten ihrer Laufbahn bewährt haben,
3. seit mindestens einem Jahr erfolgreich überwiegend Aufgaben der nächsthöheren Laufbahn wahrnehmen,
4. nach ihrer Persönlichkeit und ihren bisherigen überdurchschnittlichen Leistungen für diese Laufbahn geeignet erscheinen und
5. sich durch Qualifizierungsmaßnahmen zusätzliche, über ihre Vorbildung und die bisherige Laufbahnbefähigung hinausgehende Kenntnisse und Fähigkeiten erworben haben, die ihnen die Wahrnehmung der Aufgaben der neuen Laufbahn ermöglichen.

(2) Über den Aufstieg entscheidet die für die Ernennung in der neuen Laufbahn zuständige Behörde.

⇨ Laufbahnverordnung (LVO-KM) § 7; ⇨ Laufbahnwechsel

(3) Die Beamtinnen und Beamten bleiben bis zur Verleihung eines Amtes der neuen Laufbahn in ihrer Rechtsstellung.

(4) *(Ermächtigung; hier nicht abgedruckt)*

§ 23
Übernahme von Beamtinnen und Beamten anderer Dienstherrn und von früheren Beamtinnen und Beamten

(1) Eine beim Bund oder in einem anderen Land erworbene oder dort von der zuständigen Stelle anerkannte Laufbahnbefähigung soll grundsätzlich als Befähigung für eine Laufbahn vergleichbarer Fachrichtung in Baden-Württemberg anerkannt werden. Über die Anerkennung und die Zuordnung zu einer in Baden-Württemberg eingerichteten Laufbahn entscheidet die für die Ernennung in der neuen Laufbahn zuständige Behörde. Die Ministerien können Laufbahnbefähigungen nach Satz 1 für Laufbahnen ihres Geschäftsbereichs allgemein anerkennen. [...]

(3) Eine Übernahme von Beamtinnen und Beamten anderer Dienstherrn kann statusgleich erfolgen, in einem Beförderungsamt jedoch nur, wenn

1. eine Probezeit bei einem anderen Dienstherrn abgeleistet wurde oder auf eine Mindestprobezeit aus Gründen verzichtet wurde, die § 19 Abs. 5 Satz 2 entsprechen und
2. die Vorschriften über Beförderungen nach § 20 Abs. 3 Nr. 2 und 3 erfüllt sind.

Als statusgleich gilt bei Beamtinnen und Beamten eines Dienstherrn außerhalb des Geltungsbereichs dieses Gesetzes die Verleihung eines Amtes, das hinsichtlich Fachrichtung und Höhe des Grundgehalts dem bisherigen Amt entspricht. Gibt es kein Amt mit gleich hohem Grundgehalt, darf das nächsthöhere Amt der gleichen Laufbahngruppe verliehen werden.

(4) Für die Einstellung früherer Beamtinnen und Beamter gilt Absatz 3 entsprechend; maßgebend ist das letzte Amt im früheren Beamtenverhältnis. § 18 Abs. 2 bleibt unberührt.

(5) Zeiten, in denen nach Erwerb der Laufbahnbefähigung laufbahnentsprechende Tätigkeiten in einem

1. Kirchenbeamtenverhältnis bei einer öffentlich-rechtlichen Religionsgemeinschaft,
2. Dienstordnungsverhältnis bei einem Sozialversicherungsträger oder
3. hauptberuflichen Beschäftigungsverhältnis bei einem kommunalen Bundes- oder Landesverband,

für die das Beamtenrecht des Bundes oder eines Landes entsprechende Anwendung findet, wahrgenommen wurden, werden wie Zeiten in einem Beamtenverhältnis nach dem Beamtenstatusgesetz behandelt. Die Einstellung in ein Beamtenverhältnis kann in diesem Fall in einem vergleichbaren statusrechtlichen Amt erfolgen, in einem Beförderungsamt jedoch nur, wenn eine Probezeit entsprechend beamtenrechtlicher Vorschriften abgeleistet wurde und die Vorschriften über Beförderungen nach § 20 Abs. 3 Nr. 2 und 3 erfüllt sind. Absatz 3 Satz 2 und 3 gilt entsprechend.

Vierter Teil Versetzung, Abordnung und Umbildung von Körperschaften [...]

§ 24 *Versetzung*

(1) Eine Versetzung ist die auf Dauer angelegte Übertragung eines anderen Amtes bei einer anderen Dienststelle desselben oder eines anderen Dienstherrn.

(2) Eine Versetzung kann auf Antrag oder aus dienstlichen Gründen erfolgen. Sie bedarf nicht der Zustimmung der Beamtin oder des Beamten, wenn die neue Tätigkeit aufgrund der Vorbildung oder Berufsausbildung der Beamtin oder dem Beamten zumutbar und das Amt mit mindestens demselben Grundgehalt verbunden ist wie das bisherige Amt. Bei der Auflösung einer Behörde oder einer wesentlichen Änderung des Aufbaus oder der Aufgaben einer Behörde oder der Verschmelzung einer Behörde mit einer oder mehreren anderen können Beamtinnen und Beamte, deren Aufgabengebiet davon berührt wird, ohne ihre Zustimmung in ein anderes Amt derselben oder einer gleichwertigen Laufbahn mit geringerem Grundgehalt im Bereich desselben Dienstherrn versetzt werden, wenn eine dem bisherigen Amt entsprechende Verwendung nicht möglich ist; das Grundgehalt muss mindestens dem des Amtes entsprechen, das die Beamtin oder der Beamte vor dem bisherigen Amt innehatte.

Auszug aus der BeamtVwV des IM

13.2 Die Versetzung von Beamtinnen und Beamten nach § 24 LBG in ein Amt mit demselben Grundgehalt einer gleichwertigen oder anderen Laufbahn (bei einer anderen Dienststelle desselben oder bei einem anderen Dienstherrn) ist nicht von der Zustimmung der Beamtin oder des Beamten abhängig, wenn die neue Tätigkeit aufgrund der Vorbildung oder der Berufsausbildung der Beamtin oder dem Beamten zumutbar ist. Bei einem derartigen Eingriff in die Rechtsstellung von Beamtinnen und Beamten sind im Rahmen der pflichtgemäßen Ermessensausübung insbesondere der Grundsatz der Verhältnismäßigkeit, die persönliche Situation der Beamtin oder des Beamten und die der Entscheidung zugrunde zu legenden dienstlichen Gründe zu beachten. Eine Weiterverwendung der Beamtin oder des Beamten im bisherigen Amt und weniger schwerwiegende Maßnahmen, wie die Versetzung in ein Amt derselben Laufbahn, müssen objektiv unmöglich sein. Eine Versetzung in ein Amt einer gleichwertigen oder einer anderen Laufbahn darf zum Beispiel nur bei erheblichen organisatorischen Schwierigkeiten beispielsweise im Zusammenhang mit dem Abbau von Personalüberhängen erfolgen; in der Person der betroffenen Beamtinnen und Beamten liegende Gründe scheiden insoweit aus.

Unabhängig vom Zustimmungserfordernis sind betroffene Beamtinnen und Beamte bei Versetzungen aus dienstlichen Gründen stets anzuhören.

13.3 Die Versetzung einer Beamtin oder eines Beamten, deren oder dessen Aufgabengebiet von einem Behördenumbau betroffen ist, in ein Amt derselben oder einer gleichwertigen Laufbahn mit geringerem Grundgehalt wegen Behördenumbildung darf nur innerhalb der Landesverwaltung erfolgen. Es darf nur ein Amt mit einem Grundgehalt übertragen werden, das mindestens dem Amt entspricht, das die Beamtin oder der Beamte vor dem bisherigen Amt innehatte. Versetzungsmöglichkeiten nach anderen Vorschriften, die weniger stark in die Rechtsstellung der Betroffenen eingreifen, sind vorrangig. Im Übrigen ist die Dienstbehörde im Rahmen der Fürsorgepflicht gehalten, Beamtinnen und Beamte so bald wie möglich wieder entsprechend ihrem bisherigen Amt zu verwenden.

13.4 Beamtinnen und Beamte sind verpflichtet, an Qualifizierungsmaßnahmen für den Erwerb der neuen Laufbahnbefähigung teilzunehmen, wenn sie in ein Amt einer anderen Laufbahn versetzt werden, für die sie nicht die Laufbahnbefähigung besitzen. Die Qualifizierungsmaßnahmen müssen den in § 21 Absatz 2 Satz 1 LBG genannten Maßnahmen (Einführungszeit) entsprechen. Mit der Qualifizierungspflicht geht das Recht der betroffenen Beamtinnen und Beamten einher, an Maßnahmen entsprechend § 21 Absatz 2 Satz 2 LBG teilnehmen zu dürfen, die geeignet sind, die Einführungszeit zu verkürzen.

13.5 Nach § 24 Absatz 4 Satz 4 Halbsatz 1 LBG wird bei einem Dienstherrnwechsel das Beamtenverhältnis mit dem neuen Dienstherrn fortgesetzt, so dass es grundsätzlich keiner erneuten Ernennung bedarf. Bei Versetzungen ist der Zeitpunkt der Versetzung zu bestimmen. [...]

13.6 Für schwerbehinderte Beamtinnen und schwerbehinderte Beamte ist es je nach Art und Schwere der Behinderung schwieriger als für andere Beschäftigte, sich auf einen neuen Arbeitsplatz umzustellen. Sie sollen daher gegen ihren Willen nur aus dringenden dienstlichen Gründen versetzt werden, wenn ihnen hierbei mindestens gleichwertige oder bessere Arbeitsbedingungen oder Entwicklungsmöglichkeiten geboten werden. Bei Versetzungen von schwerbehinderten Beamtinnen und schwerbehinderten Beamten ist die Schwerbehindertenvertretung zu unterrichten und vor einer Entscheidung anzuhören. Die Entscheidung ist ihr unverzüglich mitzuteilen (jetzt: § 178 Absatz 2 Satz 1 SGB IX).

13.7 Länderübergreifende Versetzungen und Versetzungen zwischen dem Land und dem Bund können nur in ein Amt erfolgen, für das die Beamtin oder der Beamte die Laufbahnbefähigung besitzt. Hierfür ist das Recht des aufnehmenden Dienstherrn maßgebend. [...]

Hinweis der Redaktion: „Bei der Versetzung handelt es sich um eine Ermessensentscheidung, sodass insbesondere der Verhältnismäßigkeitsgrundsatz zu beachten ist. Zudem ist die persönliche Situation der Beamtin oder des Beamten zu beachten. Liegen die genannten Voraussetzungen nicht vor, bedarf die Versetzung der Zustimmung der Beamtin oder des Beamten. [...]. Die betroffenen Beamtinnen und Beamten sind vorher anzuhören. Da dies schon der allgemeine verwaltungsrechtliche Anhörungsgrundsatz gebietet (vgl. § 28 LVwVfG), ist die Anhörung nicht mehr ausdrücklich im Landesbeamtengesetz geregelt". („Hinweise des Innenministeriums zur Anwendung des LBG" 14.2.2011, AZ: 1-0300.1/38) ⇨ Verwaltungsrecht (Allgemeines)

(3) Beamtinnen und Beamte, die in ein Amt einer anderen Laufbahn versetzt werden ohne die Befähigung für diese Laufbahn zu besitzen, sind verpflichtet, an Qualifizierungsmaßnahmen zum Erwerb der Befähigung teilzunehmen.

(4) Die Versetzung wird von dem abgebenden im Einverständnis mit dem aufnehmenden Dienstherrn verfügt. Das Einverständnis ist schriftlich oder elektronisch zu erklären. In der Verfügung ist zum Ausdruck zu bringen, dass das Einverständnis vorliegt. Das Beamtenverhältnis wird mit dem neuen Dienstherrn fortgesetzt; auf die beamtenrechtliche Stellung finden die im Bereich des neuen Dienstherrn geltenden Vorschriften Anwendung.

(5) Absatz 4 Satz 2 und 3 gilt bei einer Versetzung in den Bereich eines Dienstherrn eines anderen Landes oder in den Bereich des Bundes entsprechend.

⇨ Ernennungsgesetz; ⇨ Ländertausch; ⇨ Versetzungen und Abordnungen

§ 25
Abordnung

(1) Eine Abordnung ist die vorübergehende Übertragung einer dem Amt der Beamtin oder des Beamten entsprechenden Tätigkeit bei einer anderen Dienststelle desselben oder eines anderen Dienstherrn unter Beibehaltung der Zugehörigkeit zur bisherigen Dienststelle. Die Abordnung kann auf Antrag oder aus dienstlichen Gründen ganz oder teilweise erfolgen.

(2) Aus dienstlichen Gründen kann eine Abordnung auch zu einer nicht dem bisherigen Amt entsprechenden Tätigkeit erfolgen, wenn die Wahrnehmung der neuen Tätigkeit aufgrund der Vorbildung oder Berufsausbildung der Beamtin oder dem Beamten zumutbar ist. Dabei ist auch die Abordnung zu einer Tätigkeit zulässig, die nicht einem Amt mit demselben Grundgehalt entspricht.

(3) Die Abordnung bedarf der Zustimmung der Beamtin oder des Beamten, wenn sie

1. im Fall des Absatzes 2 länger als zwei Jahre dauert oder
2. zu einem anderen Dienstherrn erfolgt.

Die Abordnung zu einem anderen Dienstherrn ist ohne Zustimmung zulässig, wenn die neue Tätigkeit einem Amt mit demselben Grundgehalt auch einer anderen Laufbahn entspricht und nicht länger als fünf Jahre dauert.

(4) Bei Abordnungen zu einem anderen Dienstherrn gilt § 24 Abs. 4 Satz 1 bis 3 entsprechend. Soweit zwischen den Dienstherrn nichts anderes vereinbart ist, finden die für den Bereich des aufnehmenden Dienstherrn geltenden Vorschriften über die Pflichten und Rechte der Beamtinnen und Beamten mit Ausnahme der Regelungen über Diensteid, Amtsbezeichnung, Zahlung von Bezügen, Krankenfürsorgeleistungen, Versorgung und Jubiläumsgaben entsprechende Anwendung. Die Verpflichtung zur Bezahlung hat auch der Dienstherr, zu dem die Abordnung erfolgt ist.

(5) § 24 Abs. 4 Satz 2 und 3 gilt bei einer Abordnung in den Bereich eines Dienstherrn eines anderen Landes oder in den Bereich des Bundes entsprechend.

⇨ Ernennungsgesetz; ⇨ Organisationserlass 1.3;
⇨ Personalvertretungsgesetz (LPVG) § 75 Abs. 2;
⇨ Versetzungen und Abordnungen

§§ 26 - 30 (nicht abgedruckt)

Fünfter Teil
Beendigung des Beamtenverhältnisses
1. Abschnitt
Entlassung

§ 31
Zuständigkeit, Form und Zeitpunkt der Entlassung

(1) Soweit durch Gesetz, Verordnung oder Satzung nichts anderes bestimmt ist, wird die Entlassung von der Stelle verfügt, die für die Ernennung der Beamtin oder des Beamten zuständig wäre. Wäre der Ministerpräsident für die Ernennung zuständig, nimmt die oberste Dienstbehörde die Aufgaben nach diesem Abschnitt wahr.

(2) Die Entlassung ist schriftlich zu verfügen; im Falle einer Entlassung kraft Gesetzes wird der Tag der Beendigung des Beamtenverhältnisses festgestellt. Die Verfügung ist der Beamtin oder dem Beamten bekanntzugeben.

(3) Die Entlassung auf Antrag nach § 23 Abs. 1 Satz 1 Nr. 4 BeamtStG soll für den beantragten Zeitpunkt ausgesprochen werden. Sie kann aus zwingenden dienstlichen Gründen um längstens drei Monate ab der Antragstellung hinausgeschoben werden. Der Antrag kann, solange der Beamtin oder dem Beamten die Entlassungsverfügung nicht bekanntgegeben ist, innerhalb von zwei Wochen nach seiner Einreichung, mit Zustimmung der Entlassungsbehörde auch nach Ablauf dieser Frist, zurückgenommen werden.

↔ **Querverweis:** ⇨ Beamtenstatusgesetz § 23 beachten.

(4) Soweit durch Gesetz oder Verfügung nichts anderes bestimmt ist, tritt die Entlassung mit dem Ende des Monats ein, der auf den Monat folgt, in dem die Entlassungsverfügung der Beamtin oder dem Beamten bekanntgegeben wird. In Fällen der Entlassung nach § 23 Abs. 1 Satz 1 Nr. 3 BeamtStG sowie der Entlassung von Beamtinnen und Beamten auf Probe oder Widerruf kann in der Entlassungsverfügung kein früherer Eintritt bestimmt werden. Bei einer Beschäftigungszeit von mindestens einem Jahr tritt die Entlassung frühestens sechs Wochen nach Bekanntgabe der Verfügung zum Ende des Kalendervierteljahres ein. Die Entlassung nach § 23 Abs. 1 Satz 1 Nr. 1 und Abs. 3 Satz 1 Nr. 1 BeamtStG tritt frühestens mit Bekanntgabe der Entlassungsverfügung ein.

(5) Im Fall von § 23 Abs. 3 Satz 1 Nr. 3 BeamtStG kann die Entlassung nur innerhalb einer Frist von sechs Monaten nach Wirksamwerden der Umbildung oder Auflösung der Behörde oder Körperschaft ausgesprochen werden. Durch Rechtsvorschrift kann ein anderer Zeitpunkt für den Beginn der Frist bestimmt werden.

Auszug aus der BeamtVwV des IM

18.2 Von der Entlassung allein mangels gesundheitlicher Eignung ist nach § 23 Absatz 3 Satz 2 BeamtStG abzusehen, wenn eine anderweitige Verwendung in sinngemäßer Anwendung des § 26 Absatz 2 BeamtStG möglich ist. Für eine anderweitige Verwendung von aus gesundheitlichen Gründen für die Ernennung zur Beamtin oder zum Beamten auf Lebenszeit ungeeigneten Beamtinnen und Beamten auf Probe reicht es nicht aus, dass diese auf einzelnen hierfür geeigneten und möglicherweise erst einzurichtenden Dienstposten eingesetzt werden können. Vielmehr wird vorausgesetzt, dass die Beamtinnen und Beamten für einen hinreichend breiten Teil von Dienstposten ihrer oder einer gleichwertigen Laufbahn verwendet werden können. Ist dies nicht der Fall, können Beamtinnen und Beamte auf Probe entlassen werden.

⇨ Personalvertretungsgesetz (LPVG) § 75; ⇨ Probezeit

§ 32
Rechtsfolgen der Entlassung

(1) Nach der Entlassung haben frühere Beamtinnen und Beamte keinen Anspruch auf Leistungen des Dienstherrn, soweit gesetzlich nichts anderes bestimmt ist. ⇨ Beamtenversorgung (Altersgeld)

(2) Die für die Entlassung zuständige Behörde kann entlassenen Beamtinnen und Beamten die Erlaubnis erteilen, die bisherige Amtsbezeichnung mit dem Zusatz „außer Dienst" („a.D.") sowie die im Zusammenhang mit dem Amt verliehenen Titel zu führen. Die Erlaubnis kann widerrufen werden, wenn die frühere Beamtin oder der frühere Beamte sich ihrer als nicht würdig erweist.

(3) In Fällen der Entlassung von Beamtinnen und Beamten auf Probe oder auf Widerruf wegen eines Verhaltens der in § 23 Abs. 3 Satz 1 Nr. 1 BeamtStG bezeichneten Art gilt § 35 Abs. 2 entsprechend.

↔ **Querverweis:** ⇨ Beamtenstatusgesetz §§ 23 und 35 beachten.

2. Abschnitt
Verlust der Beamtenrechte

§ 33

Folgen des Verlusts der Beamtenrechte

Endet das Beamtenverhältnis nach § 24 Abs. 1 BeamtStG, so haben frühere Beamtinnen und Beamte keinen Anspruch auf Leistungen des Dienstherrn, soweit gesetzlich nichts anderes bestimmt ist. Sie dürfen die Amtsbezeichnung und die im Zusammenhang mit dem Amt verliehenen Titel nicht führen.

⇨ Beamtenversorgung (Allgemeines) Nr. 4; ⇨ Schwerbehinderung; ⇨ Beamtenversorgung (Altersgeld); ⇨ Renten und Ruhestand (Arbeitnehmer*innen) Nr. 4

↔ **Querverweis:** ⇨ Beamtenstatusgesetz § 24 beachten.

§ 34

Gnadenerweis

Dem Ministerpräsidenten steht hinsichtlich des Verlusts der Beamtenrechte das Gnadenrecht zu. Wird im Gnadenweg der Verlust der Beamtenrechte in vollem Umfang beseitigt, so gilt von diesem Zeitpunkt ab § 35 entsprechend.

§ 35

Weitere Folgen eines Wiederaufnahmeverfahrens

(1) Gilt nach § 24 Abs. 2 BeamtStG das Beamtenverhältnis als nicht unterbrochen, haben Beamtinnen und Beamte, sofern sie die Altersgrenze noch nicht erreicht haben und dienstfähig sind, Anspruch auf Übertragung eines Amtes derselben oder einer mindestens gleichwertigen Laufbahn wie ihr bisheriges Amt und mit mindestens demselben Grundgehalt; bis zur Übertragung des neuen Amtes erhalten sie die Besoldungsbezüge, die ihnen aus ihrem bisherigen Amt zugestanden hätten.

↔ **Querverweis:** ⇨ Beamtenstatusgesetz § 24 beachten.

(2) Beamtinnen und Beamte, die aufgrund des im Wiederaufnahmeverfahrens festgestellten Sachverhalts oder aufgrund eines rechtskräftigen Strafurteils, das nach der früheren Entscheidung ergangen ist, nach disziplinarrechtlichen Vorschriften aus dem Dienst entfernt werden, verlieren die ihnen nach Absatz 1 zustehenden Ansprüche. Wird wegen eines schweren Dienstvergehens ein Disziplinarverfahren eingeleitet, können die Ansprüche nach Absatz 1 bis zum bestandskräftigen Abschluss des Disziplinarverfahrens nicht geltend gemacht werden.

(3) Beamtinnen und Beamte müssen sich auf die ihnen nach Absatz 1 zustehenden Besoldungsbezüge ein anderes Arbeitseinkommen oder einen Unterhaltsbeitrag anrechnen lassen; sie sind zur Auskunft hierüber verpflichtet.

3. Abschnitt
Ruhestand, Verabschiedung, Dienstunfähigkeit

§ 36

Ruhestand wegen Erreichens der Altersgrenze

(1) Beamtinnen und Beamte auf Lebenszeit erreichen die Altersgrenze für den Eintritt in den Ruhestand kraft Gesetzes mit dem Ablauf des Monats, in dem sie das 67. Lebensjahr vollenden.

(2) Lehrerinnen und Lehrer an öffentlichen Schulen außer an Hochschulen erreichen abweichend von Absatz 1 die Altersgrenze mit dem Ende des Schuljahres, in dem sie das 66. Lebensjahr vollenden. [...]

Hinweise der Redaktion: Für die Geburtsjahrgänge 1948 bis 1964 gelten Übergangsregelungen. Zu den konkreten Auswirkungen siehe ⇨ Ruhestand (Übergangsregelungen).

↔ **Querverweis:** ⇨ Beamtenstatusgesetz § 25 beachten.

Auszug aus der BeamtVwV des IM

19.1 Beamtinnen und Beamte auf Lebenszeit sowie Beamtinnen und Beamte auf Zeit, deren Amtszeit noch nicht beendet ist, treten mit Erreichen der Altersgrenze kraft Gesetzes in den Ruhestand. Eines Antrags der Beamtinnen und Beamten oder einer Verfügung bedarf es dazu nicht. Die auszufertigende Urkunde ist deklaratorischer Art. Zu welchem Zeitpunkt die für die Beamtengruppe maßgebende Altersgrenze erreicht wird, bestimmt bis zum Ablauf des Jahres 2028 ausschließlich die Übergangsbestimmung nach Artikel 62 § 3 Absatz 2 bis 4 DRG. Erst ab dem Jahr 2029 findet für die Altersgrenze § 36 Absatz 1 bis 3 LBG unmittelbare Anwendung.

§§ 37 - § 38 (nicht abgedruckt)

§ 39

Hinausschiebung der Altersgrenze

Der Eintritt in den Ruhestand wegen Erreichens der Altersgrenze kann auf Antrag

1. der Beamtinnen und Beamten auf Lebenszeit,
2. der Beamtinnen und Beamten auf Probe nach § 8

jeweils bis zu einem Jahr, jedoch nicht länger als bis zu dem Ablauf des Monats, in dem die Beamtin oder der Beamte das 70. Lebensjahr vollendet, hinausgeschoben werden, wenn dies im dienstlichen Interesse liegt. [...] Der Antrag ist spätestens sechs Monate vor dem Erreichen der Altersgrenze zu stellen.

Hinweis der Redaktion: Für Lehrkräfte gilt in entsprechender Anwendung von § 36 Abs. 2 das Ende des Schuljahres, in dem sie das 69. Lebensjahr vollenden.

Auszug aus der BeamtVwV des IM

20.1 Die Hinausschiebung des Eintritts in den Ruhestand wegen Erreichens der Altersgrenze kann einmal oder mehrmals, jedoch jeweils nur für ein Jahr bewilligt werden, allerdings nicht über die Höchstaltersgrenze von 70 Jahren oder bei Beamtinnen und Beamten nach § 36 Absatz 3 LBG von 65 Jahren hinaus. Die Hinausschiebung ist auch bei Beamtinnen und Beamten auf Zeit zulässig, wenn deren Amtszeit dies zulässt. Wird die Altersgrenze im dienstlichen Interesse hinausgeschoben und wird für die Dauer der Hinausschiebung Teilzeitbeschäftigung nach § 69 Absatz 4 LBG beantragt, soll dem Antrag im Interesse der Förderung der freiwilligen Weiterarbeit im Rahmen der dienstlichen Möglichkeiten in der Regel stattgegeben werden.

20.2 Das dienstliche Interesse bezeichnet das Interesse des Dienstherrn an einer sachgemäßen und reibungslosen Aufgabenerfüllung. Dazu gehört etwa die Aufrechterhaltung der Kontinuität in der Wahrnehmung bestimmter Aufgaben, Schwierigkeiten bei der Wiederbesetzung von frei werdenden Stellen, das Interesse an einer bestimmten Altersstruktur sowie andere personalplanerische Belange. Ein dienstliches Interesse kann insbesondere vorliegen, wenn die Bearbeitung der dem betroffenen Beamten übertragenen (komplexen und schwierigen) Aufgaben gerade durch diesen auch noch zu einem nach seinem regulären Eintritt in den Ruhestand gelegenen Zeitpunkt geboten oder sinnvoll erscheint, etwa weil der Beamte Projekte (mit-)betreut, die erst nach der für ihn geltenden Regelaltersgrenze abgeschlossen werden können, weil die effektive Einarbeitung eines Nachfolgers erforderlich ist oder weil noch kein geeigneter Nachfolger zur Verfügung steht und die Wahrnehmung der gesetzlichen Aufgaben durch die Behörde ausnahmsweise einstweilen nur durch eine Weiterbeschäftigung des betroffenen Beamten sichergestellt werden kann.

20.3 Die Verfügung über die Hinausschiebung des Eintritts in den Ruhestand kann nicht zurückgenommen werden; die Beendigung des Beamtenverhältnisses richtet sich nach den statusrechtlichen Bestimmungen. Der Eintritt in den Ruhestand nach Ablauf der Hinausschiebungszeit ist ein gesetzlicher Ruhestand; Nummer 19.1 Satz 2 gilt entsprechend.

⇨ Personalvertretungsgesetz (LPVG) § 75 Abs. 3 Nr. 14

§ 40
Versetzung in den Ruhestand auf Antrag

(1) Beamtinnen und Beamte auf Lebenszeit können auf ihren Antrag in den Ruhestand versetzt werden, wenn sie

1. das 63. Lebensjahr vollendet haben oder
2. schwerbehindert im Sinne des § 2 Abs. 2 des Neunten Buches Sozialgesetzbuch sind und das 62. Lebensjahr vollendet haben. [...]

Hinweis der Redaktion: Für Geburtsjahrgänge bis 1964 (Schwerbehinderte bis 1968) gelten Übergangsregelungen. Zu den Auswirkungen siehe ⇨ Ruhestand (Übergangsregelungen).

Auszug aus der BeamtVwV des IM

21.1 Die Versetzung in den Ruhestand auf Antrag ohne Nachweis der Dienstunfähigkeit ist aufgrund von § 40 Absatz 1 Satz 1 LBG nach pflichtgemäßem Ermessen zu entscheiden. Liegen die Voraussetzungen vor, wozu auch die Erfüllung der versorgungsrechtlichen Wartezeit gehört, soll dem Antrag zu dem beantragten Zeitpunkt im Regelfall entsprochen werden, es sei denn, es stehen überwiegende dienstliche Gründe entgegen. Bei schwerbehinderten Beamtinnen und schwerbehinderten Beamten bestimmt bis zum Ablauf des Jahres 2028 ausschließlich die Übergangsbestimmung nach Artikel 62 § 3 Absatz 5 DRG die maßgebende Antragsaltersgrenze.

(2) Beamtinnen und Beamte auf Lebenszeit sind auf ihren Antrag in den Ruhestand zu versetzen, wenn sie eine Dienstzeit von 45 Jahren erreicht und das 65. Lebensjahr vollendet haben. [...].

Hinweis der Redaktion: Dazu muss die Einstellung in das Beamtenverhältnis spätestens mit dem 20. Lebensjahr erfolgt sein.

⇨ Beamtenversorgung (Anrechnung von Einkünften); ⇨ Beamtenversorgung (Hinterbliebene); ⇨ Personalvertretungsgesetz (LPVG) § 75 Abs. 3 Nr. 12

§§ 41 - § 42 (nicht abgedruckt)

§ 43
Dienstunfähigkeit, begrenzte Dienstfähigkeit, Wiederberufung

(1) Beamtinnen und Beamte können als dienstunfähig nach § 26 Abs. 1 Satz 2 BeamtStG nur angesehen werden, wenn die Aussicht auf Wiederherstellung voller Dienstfähigkeit auch innerhalb weiterer sechs Monate nicht besteht.

⇨ Besoldungsgesetz (LBesGBW) § 72; ⇨ Ruhestand (Beamtenrecht) Abschnitt A Ziff. 3. und 4.; ⇨ Sucht (Dienstvereinbarung); ⇨ Teilzeit/Urlaub (Beamtenrecht) V

⇔ **Querverweis:** ⇨ Beamtenstatusgesetz §§ 26-27 beachten.

Hinweise der Redaktion:

1. Zur Erfüllung des Begriffs der Dienstunfähigkeit reicht es aus, wenn die geistig-seelische Verfassung des Beamten mit Blick auf die Erfüllung seiner amtsgemäßen Dienstgeschäfte bedeutende und dauernde Abweichungen vom Normalbild eines in dieser Hinsicht tauglichen Beamten aufweist. Dabei ist diese Abweichung nicht an dem Normalbild eines im medizinischen Sinne gesunden Menschen zu messen, sondern an der Verfassung eines vergleichbaren und durchschnittlichen, zur Erfüllung seiner amtsgemäßen Dienstgeschäfte tauglichen Amtsinhabers, [...]. Es ist daher [...] maßgebend, ob der Beamte aufgrund seiner gesamten Konstitution und seines Verhaltens, ohne dass eine Erkrankung im engeren Sinne vorliegen muss, zur Erfüllung seiner Dienstpflichten dauernd unfähig ist. Aus diesem Grund stellt die ärztliche Begutachtung nicht das einzige und allein ausschlaggebende Beweismittel für die Klärung der Frage der Dienstunfähigkeit dar [...]. (Verwaltungsgerichtshof BW, 3.2.2005, AZ: 4 S 2398/04)
2. Wird das Verfahren zur Feststellung der begrenzten Dienstfähigkeit eines schwerbehinderten Beamten eingeleitet, hat die Dienststelle nach der Präventionsregelung des 167 SGB IX möglichst frühzeitig die Schwerbehindertenvertretung, den Personalrat und das Integrationsamt einzuschalten. Das Integrationsamt ist nach § 211 Abs. 2 SGB IX vor der Entscheidung anzuhören, es sei denn, der Beamte oder die Beamtin hat die Maßnahme selbst beantragt. Der Personalrat ist nicht nur bei schwerbehinderten, sondern bei allen Beamt*innen hinzuzuziehen, bei Schwerbehinderten ist zusätzlich die Schwerbehindertenvertretung einzuschalten.

⇨ Schwerbehinderung (Gesetz – SGB IX) § 167

Auszug aus der BeamtVwV des IM

22.1 Das Verfahren zur Versetzung in den Ruhestand wegen Dienstunfähigkeit kann auf einen Antrag der Beamtin oder des Beamten (§ 49 Absatz 1 Satz 1 LBG) oder von Amts wegen eingeleitet werden.

22.2 Der Antrag von Beamtinnen und Beamten auf Versetzung in den Ruhestand wegen Dienstunfähigkeit ist bei der oder dem Dienstvorgesetzten zu stellen und darf nicht an Bedingungen geknüpft sein. Der Antrag ist zusammen mit der Bewertung der oder des Dienstvorgesetzten, ob die Beamtin oder der Beamte für dienstunfähig gehalten wird, erforderlichenfalls nach Einholung eines in der Regel amtsärztlichen Gutachtens der für die Versetzung in den Ruhestand zuständigen Stelle vorzulegen. Diese ist an die Bewertung von Dienstvorgesetzten nicht gebunden. Sie kann auch andere Beweise erheben.

(2) *(Polizeivollzugsdienst; nicht abgedruckt)*

Auszug aus der BeamtVwV des IM

22.3 Zeichnet sich ab, dass eine Beamtin oder ein Beamter auf Lebenszeit dienstunfähig wird, so sind unter Berücksichtigung des Grundsatzes „Rehabilitation vor Versorgung" zur Vermeidung der Versetzung in den Ruhestand oder der Entlassung alle Möglichkeiten zu nutzen, die eine angemessene Weiterverwendung gestatten oder erwarten lassen. Gegebenenfalls ist entsprechend Nummer 41.3 zu verfahren.

22.4 Vorrangig sind Maßnahmen zur Rehabilitation zu ergreifen, die eine Weiterverwendung in demselben statusrechtlichen Amt, auf dem bisherigen Dienstposten und im bisher ausgeübten Beschäftigungsumfang zulassen. Ist eine solche Weiterverwendung nicht möglich, ist eine Umsetzung oder Versetzung auf einen anderen entsprechend bewerteten Dienstposten vorrangig innerhalb der Dienststelle, falls dies nicht möglich ist, innerhalb der Landesverwaltung, anzustreben. Belange von schwerbehinderten Beamtinnen und Beamten sind besonders zu berücksichtigen.

Zur Zurruhesetzung von Lehrkräften siehe auch Beitrag ⇨ Ruhestand (Beamtenrecht).

Ohne Zustimmung der Beamtin oder des Beamten ist innerhalb der Landesverwaltung die Weiterverwendung in einem anderen statusrechtlichen Amt der bisherigen oder einer anderen, einschließlich einer gleichwertigen Laufbahn mit mindestens demselben Grundgehalt auf einem entsprechend bewerteten Dienstposten in der Erwartung möglich, dass die gesundheitlichen Anforderungen erfüllt werden (anderweitige Verwendung im Sinne von § 26 Absatz 2 BeamtStG). Diese speziellere Regelung geht anderen statusverändernden Regelungen vor, die ein Zustimmungserfordernis des Beamten vorsehen.

In Betracht kommt nur die Übertragung von Ämtern innerhalb derselben Laufbahngruppe. Ämter in Laufbahnen der nächst niedrigeren Laufbahngruppe dürfen, auch wenn es sich um sogenannte Verzahnungsämter handelt, nicht übertragen werden.

Im Hinblick auf den grundsätzlichen Anspruch auf eine dem (bisherigen) Amt entsprechende Verwendung und aus Gründen der Fürsorge kommt die Übertragung des Amtes einer anderen Laufbahn nur in Betracht, sofern dies zumutbar ist. Steht kein Amt einer gleichwertigen Laufbahn oder einer Laufbahn, für die die Beamtin oder der Beamte bereits die Befähigung besitzt, zur Verfügung, sollte es sich deshalb nach Möglichkeit um eine der bisherigen Laufbahn nach der Art der Tätigkeit wenigstens teilweise vergleichbare Laufbahn handeln.

Die Übertragung eines anderen statusrechtlichen Amts erfordert, dass die Laufbahnbefähigung erworben wird. Die Beamtinnen und Beamte sind verpflichtet, an Qualifizierungsmaßnahmen für den Erwerb der neuen Laufbahnbefähigung teilzunehmen, wenn sie diese nicht besitzen. Die Qualifizierungsmaßnahme muss den in § 21 Absatz 2 Satz 1 LBG genannten Maßnahmen (Einführungszeit) entsprechen. Mit der Qualifizierungspflicht geht das Recht der betroffenen Beamtinnen und Beamten einher, an Maßnahmen entsprechend § 21 Absatz 2 Satz 2 LBG teilnehmen zu dürfen, die geeignet sind, die Einführungszeit zu verkürzen.

22.5 Die Übertragung einer geringerwertigen Tätigkeit unter Beibehaltung des übertragenen statusrechtlichen Amts (§ 26 Absatz 3 BeamtStG) kommt ohne Zustimmung nur in Betracht, wenn die Weiterverwendung im bisherigen Amt und die Möglichkeiten der anderweitigen Verwendung ausgeschöpft sind oder aus rechtlichen oder tatsächlichen Gründen ausscheidet.

Eine geringerwertige Verwendung kann auf jedem Dienstposten innerhalb der Landesverwaltung erfolgen. Auf die Laufbahn, welcher der Dienstposten zugeordnet ist, kommt es nicht an. Ausgenommen sind lediglich Dienstposten mit Tätigkeiten, für die eine bestimmte Vorbildung, Ausbildung oder Prüfung besonders vorgeschrieben oder nach ihrer Eigenart zwingend erforderlich ist. Der Erwerb der Laufbahnbefähigung ist für die Übertragung der geringerwertigen Tätigkeit nicht erforderlich. Gleichwohl kann auf die für die dienstliche Verwendung wesentlichen Fähigkeiten, Kenntnisse und Fertigkeiten nicht verzichtet werden.

Die übertragene geringerwertige Tätigkeit muss für die Beamtin oder den Beamten unter Berücksichtigung der bisherigen Tätigkeit zumutbar sein. Tätigkeiten des Eingangsamts einer Laufbahn scheiden dabei für Beamtinnen und Beamte in Spitzenämtern einer Laufbahn nicht von vornherein aus. Abwägungskriterium für die Zumutbarkeitsprüfung ist auch die gesundheitliche Eignung für die geringerwertige Tätigkeit. Dabei ist auf die Anforderung des konkreten Dienstpostens abzustellen.

22.6 Die Möglichkeit der anderweitigen Verwendung oder der Übertragung einer geringerwertigen Tätigkeit ist grundsätzlich in jedem Einzelfall zu prüfen. Die Rechtsprechung stellt an die Prüfung hohe Anforderungen. So muss sich beispielsweise die Suche nach einem geeigneten Dienstposten grundsätzlich auf den gesamten Bereich des Dienstherrn unter Einbeziehung der in absehbarer Zeit neu zu besetzenden Dienstposten erstrecken und gegebenenfalls konkrete Nachfragen bei den abgefragten Stellen umfassen. Nicht ausreichend ist die Einräumung einer sogenannten Verschweigensfrist, in Folge derer die suchende Stelle von einer Fehlanzeige ausgeht, wenn nicht innerhalb einer bestimmten Frist eine Rückmeldung seitens der angefragten Stellen vorliegt. Liegen die Voraussetzungen für eine anderweitige Verwendung oder die Übertragung einer geringerwertigen Tätigkeit vor, ist von der Versetzung in den Ruhestand abzusehen.

22.7 Die Gründe für die Zurruhesetzung sind aktenmäßig festzuhalten. Die Durchführung eines betrieblichen Eingliederungsmanagements nach (jetzt:) § 167 Absatz 2 SGB IX (hierzu unter Nummer 41.2) ist keine Rechtmäßigkeitsvoraussetzung für die Versetzung einer Beamtin oder eines Beamten in den Ruhestand wegen dauernder Dienstunfähigkeit.

22.8 Schwerbehinderte Beamtinnen und Beamte sollen aufgrund der Behinderung wegen Dienstunfähigkeit nur in den Ruhestand versetzt werden, wenn festgestellt ist, dass sie auch bei jeder möglichen Rücksichtnahme nicht fähig sind, ihre Dienstpflichten zu erfüllen und auch eine begrenzte Dienstfähigkeit nach § 27 BeamtStG nicht vorliegt. § 167 Absatz 1 SGB IX ist zu beachten.

Bei schwerbehinderten Beamtinnen oder schwerbehinderten Beamten, die nach Art oder Schwere ihrer Behinderung im Arbeitsleben besonders betroffen sind oder das 50. Lebensjahr überschritten haben (jetzt:) (§ 155 SGB IX) und in Folge ihrer Behinderung voraussichtlich vorzeitig aus dem Dienst ausscheiden müssen, ist zu prüfen, ob im Rahmen vorhandener Planstellen eine Beförderung angezeigt ist, wenn konkrete Anhaltspunkte dafür bestehen, dass sie ohne ihr vorzeitiges Ausscheiden noch das nächstmögliche Beförderungsamt ihrer Laufbahn erreicht hätten. § 9 BeamtStG ist zu beachten.

(3) Von der Verwendung in begrenzter Dienstfähigkeit nach § 27 BeamtStG soll abgesehen werden, wenn der Beamtin oder dem Beamten ein anderes Amt nach § 26 Abs. 2 BeamtStG oder eine geringerwertige Tätigkeit nach § 26 Abs. 3 BeamtStG übertragen werden kann.

Auszug aus der BeamtVwV des IM

23.1 Die begrenzte Dienstfähigkeit ermöglicht es, Beamtinnen und Beamte trotz einer dauerhaften Einschränkung ihrer Dienstfähigkeit im Rahmen der verbleibenden Arbeitskraft weiter zu verwenden. Die Betroffenen bleiben aktiv im Dienst und sind verpflichtet, die ihnen mögliche Dienstleistung in vollem Umfang zu erbringen. Da Beamtinnen oder Beamte die ihnen mögliche Dienstleistung voll und nicht nur teilweise erbringen, handelt es sich um keine Teilzeitbeschäftigung nach §§ 69 und 70 LBG. Dem Verbleiben im Dienst in vollem Umfang ist der Vorrang vor einer Weiterverwendung in begrenzter Dienstfähigkeit einzuräumen (vergleiche Nummer 23.4).

Hinweis der Redaktion: Der Personalrat bestimmt bei der von Amts wegen erfolgenden Feststellung der begrenzten Dienstfähigkeit nur auf Antrag des/der Beschäftigten mit.

⇨ Personalvertretungsgesetz (LPVG) § 75 Abs. 3 Nr. 13

23.2 Die Feststellung der begrenzten Dienstfähigkeit kann auf Antrag der Beamtin oder des Beamten (§ 49 Absatz 1 Satz 1 LBG) oder von Amts wegen eingeleitet werden.

23.3 Die Feststellung der begrenzten Dienstfähigkeit ist verfahrensmäßig zugleich die Feststellung einer teilweisen Dienstunfähigkeit. Die Vorschriften über die Feststellung der Dienstunfähigkeit sind demgemäß entsprechend anzuwenden. Dabei kommt es darauf an, ob die Beamtin oder der Beamte infolge eines körperlichen Gebrechens oder wegen Schwäche der körperlichen oder geistigen Kräfte zur Erfüllung der Dienstpflichten nicht mehr in vollem Umfang, jedoch weiter mindestens zur Hälfte fähig ist.

23.4 Die Verwendung in begrenzter Dienstfähigkeit ist grundsätzlich nachrangig und kommt nach § 43 Absatz 3 LBG nur in Betracht, wenn die anderweitige Verwendung nach § 26 Absatz 2 BeamtStG oder die Übertragung einer geringerwertigen Tätigkeit nach § 26 Absatz 3 BeamtStG nicht möglich ist. Die Möglichkeit einer begrenzten Dienstfähigkeit ist in jedem Einzelfall zu prüfen. Liegen ihre Voraussetzungen vor, ist von der Versetzung in den Ruhestand abzusehen.

Die Herabsetzung der Arbeitszeit gilt nur für die Zeit der begrenzten Dienstfähigkeit. Die Arbeitszeit muss bei einer Besserung der gesundheitlichen Situation entsprechend dem Grad der Dienstfähigkeit bis zur vollen regelmäßigen Arbeitszeit wieder heraufgesetzt werden. Dazu ist in der Regel spätestens alle zwei Jahre ein erneutes Verfahren zur Feststellung der begrenzten Dienstfähigkeit beziehungsweise Dienstfähigkeit durchzuführen.

23.5 Bei der begrenzten Dienstfähigkeit verbleiben die Beamtinnen und Beamten in ihrem statusrechtlichen Amt und werden grundsätzlich in ihrer bisherigen Tätigkeit weiter verwendet. Die Übertragung einer Tätigkeit, die nicht ihrem Amt entspricht, ist im Hinblick auf das Recht der Beamtinnen und Beamten an einer ihrem Amt entsprechenden Verwendung an ihre Zustimmung gebunden. Allerdings soll auch mit Zustimmung der Beamtin oder des Beamten in der Regel nur eine Funktion übertragen werden, die in der Wertigkeit der bisherigen Tätigkeit vergleichbar ist.

23.6 Für die Ausübung von Nebentätigkeiten gilt bei begrenzt dienstfähigen Beamtinnen und Beamten die zeitliche Beanspruchungsgrenze nach § 62 Absatz 3 Satz 3 LBG.

(4) Die erneute Berufung in das Beamtenverhältnis nach § 29 Abs. 1 BeamtStG ist vor Ablauf von fünf Jahren seit Beginn des Ruhestandes zu beantragen. Bei der erneuten Berufung in ein Beamtenverhältnis nach § 29 Abs. 3 BeamtStG ist § 27 Abs. 2 BeamtStG entsprechend anzuwenden.

§ 44
Verfahren bei Dienstunfähigkeit

(1) Liegen Anhaltspunkte dafür vor, dass Beamtinnen oder Beamte dienstunfähig oder begrenzt dienstfähig sind und scheiden Verwendungen nach § 26 Abs. 2 oder 3 oder § 27 BeamtStG aus, ist ihnen bekanntzugeben, dass die Versetzung in den Ruhestand oder die Verwendung in begrenzter Dienstfähigkeit beabsichtigt ist. Dabei sind die Gründe für die beabsichtigte Maßnahme anzugeben. Die Beamtin oder der Beamte kann innerhalb eines Monats Einwendungen erheben.

(2) Vom Ablauf des Monats, in dem die Versetzung in den Ruhestand der Beamtin oder dem Beamten bekanntgegeben worden ist, bis zu deren Unanfechtbarkeit wird der die Versorgungsbezüge übersteigende Teil der Dienstbezüge einbehalten. Wird die Versetzung in den Ruhestand unanfechtbar aufgehoben, sind die einbehaltenen Dienstbezüge nachzuzahlen.

Auszug aus der BeamtVwV des IM

24.1 Zurruhesetzungen wegen Dienstunfähigkeit sind unter Beachtung folgender Verfahrensgrundsätze in jedem Verfahrensstadium zügig durchzuführen:

Die Dienstvorgesetzten sollen Erkrankungen spätestens nach einer Dauer von drei Monaten der personalverwaltenden Stelle mitteilen. Dasselbe gilt, wenn innerhalb von sechs Monaten mehrere Erkrankungszeiten von insgesamt mehr als drei Monaten Dauer vorliegen und keine Anhaltspunkte dafür bestehen, dass die einzelnen Erkrankungen nur von vorübergehender Dauer oder mit großer Gewissheit als in absehbarer Zeit ausheilbare Erkrankung anzusehen sind. In Zweifelsfällen soll die personalverwaltende Stelle frühzeitig unterrichtet werden.

Die personalverwaltenden Stellen oder die von ihr beauftragten Dienstvorgesetzten sollen in derartigen Fällen, in denen die Wiederaufnahme des Dienstes innerhalb der nächsten sechs Monate nicht zu erwarten ist, unverzüglich eine in der Regel amtsärztliche Untersuchung veranlassen. Bei der Auswahl der Ärztin oder des Arztes und den inhaltlichen Anforderungen an die Erteilung des Untersuchungsauftrags sind die Nummern 29.1 und 29.2 zu beachten.

(siehe Hinweis der Redaktion bei § 53)

Der Untersuchungsauftrag soll der untersuchenden Stelle unmittelbar und der Beamtin oder dem Beamten nachrichtlich zugeleitet werden.

Ergibt sich aus dem Untersuchungsergebnis die Dienstunfähigkeit der Beamtin oder des Beamten, soll das Verfahren zur Zurruhesetzung unverzüglich eingeleitet werden. Eine noch voraussichtlich mehrere Monate bestehende Dienstunfähigkeit ist grundsätzlich nicht hinzunehmen. In diesen Fällen ist die Zurruhesetzung wegen Dienstunfähigkeit mit gegebenenfalls der späteren Wiederberufung in das Beamtenverhältnis nach § 29 BeamtStG vorrangig. Auf Nummer 25.7 wird hingewiesen. Entsprechendes gilt, sofern sich aus dem Untersuchungsergebnis begrenzte Dienstfähigkeit ergibt.

Bei schwerbehinderten Beamtinnen und schwerbehinderten Beamten sind § 167 Absatz 1 (Präventionsregelung) und § 178 Absatz 2 (Information und Anhörung der Schwerbehindertenvertretung) SGB IX zu beachten. Dabei dürfen personenbezogene Daten zur gesundheitlichen Situation der Betroffenen nur mit deren schriftlicher Einwilligung übermittelt werden.

Die Bearbeitungszeit zwischen der Bekanntgabe der beabsichtigten Zurruhesetzung und der Verfügung über die Versetzung in den Ruhestand soll unter Beachtung der Monatsfrist nach § 44 Absatz 1 Satz 3 LBG möglichst kurz gehalten werden. Entsprechend zügig ist bei begrenzter Dienstfähigkeit zu verfahren.

Die Zurruhesetzungsverfügung mit der Urkunde oder die Verfügung über die Verwendung in begrenzter Dienstfähigkeit soll im Falle der Aushändigung durch die Beschäftigungsstelle nach Möglichkeit dieser unmittelbar zugeleitet werden, um zeitliche Verzögerungen und unnötigen Verwaltungsaufwand zu vermeiden. Soweit es erforderlich ist, sind sonstige noch in Betracht kommende Stellen nachrichtlich zu verständigen.

24.2 Die Kosten der ärztlichen Untersuchung oder amtsärztlich für erforderlich gehaltenen Beobachtung (§ 53 Absatz 1 Satz 1 LBG) trägt der Dienstherr.

24.3 Bei Versetzung in den Ruhestand sind die Beamtinnen und Beamten insbesondere auf die Anzeigepflichten nach § 41 BeamtStG in Verbindung mit § 66 LBG, § 42 BeamtStG und § 9 Absatz 2 LBeamtVGBW schriftlich hinzuweisen.

§ 45 Form, Zuständigkeit (nicht abgedruckt)

§ 46
Beginn des Ruhestands und des einstweiligen Ruhestands

(1) Der Ruhestand beginnt, abgesehen von den Fällen der §§ 36 bis 40, mit dem Ablauf des Monats, in dem die Versetzung in den Ruhestand der Beamtin oder dem Beamten bekanntgegeben worden ist. Die Versetzung in den Ruhestand zu einem zurückliegenden Zeitpunkt ist unzulässig und insoweit unwirksam. Für die begrenzte Dienstfähigkeit gelten die Sätze 1 bis 2 entsprechend.

(2) *(Einstweiliger Ruhestand – nicht abgedruckt)*

(3) Ruhestandsbeamtinnen und Ruhestandsbeamte erhalten auf Lebenszeit Ruhegehalt nach den Vorschriften des Landesbeamtenversorgungsgesetzes [...].

⇨ Beamtenversorgung (Allgemeines); ⇨ Ruhestand (Beamtenrecht)

Sechster Teil
Rechtliche Stellung im Beamtenverhältnis

↔ **Querverweis:** Die grundlegenden Beamtenpflichten und -rechte sind im ⇨ Beamtenstatusgesetz § 33 ff. enthalten.

1. Abschnitt – Allgemeine Pflichten und Rechte

§ 47
Diensteid

(1) Der zu leistende Diensteid hat folgenden Wortlaut: „Ich schwöre, dass ich mein Amt nach bestem Wissen und Können führen, das Grundgesetz für

Das ⇨ Beamtenstatusgesetz und das ⇨ Beamtengesetz (LBG) überschneiden bzw. ergänzen einander. Bitte beachten Sie die Erläuterungen unter ⇨ Beamt*innen (Allgemeines) sowie die Querverweise.

die Bundesrepublik Deutschland, die Landesverfassung und das Recht achten und verteidigen und Gerechtigkeit gegen jedermann üben werde. So wahr mir Gott helfe."

(2) Der Eid kann auch ohne die Worte „So wahr mir Gott helfe." geleistet werden.

(3) Lehnt eine Beamtin oder ein Beamter die Ablegung des vorgeschriebenen Eides aus Glaubens- oder Gewissensgründen ab, können anstelle der Worte „Ich schwöre" auch die Worte „Ich gelobe" oder eine andere Beteuerungsformel gesprochen werden.

(4) In den Fällen, in denen nach § 7 Abs. 3 BeamStG eine Ausnahme von § 7 Abs. 1 Nr. 1 BeamtStG zugelassen worden ist, kann von einer Eidesleistung abgesehen werden. Die Beamtin oder der Beamte hat zu geloben, die Amtspflichten gewissenhaft zu erfüllen.

↔ **Querverweis:** ⇨ Beamtenstatusgesetz § 38 beachten.

Hinweis der Redaktion: Bei Einstellungs-, Bewerbungs- und Vorstellungsterminen vor Begründung des Beamtenverhältnisses besteht kein Unfallschutz. Vereidigungen sollen nicht vor Beginn des Beschäftigungsverhältnisses (Einstellungstermin) stattfinden. (Quelle: KM, 9.1.2004, AZ: 14-0331.4/93)

§ 48
Verantwortung für die Rechtmäßigkeit (gilt nur für Beamtinnen und Beamte, die unmittelbaren Zwang anzuwenden haben; nicht abgedruckt)

↔ **Querverweis:** Die grundsätzlichen Bestimmungen über die Verantwortung für die Rechtmäßigkeit der Amtshandlungen sind im ⇨ Beamtenstatusgesetz § 36 enthalten.

§ 49
Anträge, Beschwerden, Vertretung

(1) Beamtinnen und Beamte können Anträge stellen und Beschwerden vorbringen; hierbei ist der Dienstweg einzuhalten. Richten sich Beschwerden gegen unmittelbare Vorgesetzte, so können sie bei den nächsthöheren Vorgesetzten unmittelbar eingereicht werden. Der Beschwerdeweg bis zur obersten Dienstbehörde steht offen.

Hinweis der Redaktion: Nach den §§ 15 und 16 ArbSchG haben Beschäftigte u.a. auch die Pflicht, soweit es für sie selbst möglich ist, für ihre Sicherheit und Gesundheit bei der Arbeit Sorge zu tragen. Gegebenenfalls haben sie den Arbeitgeber deshalb auch darauf aufmerksam zu machen, dass Aufgaben oder Anordnungen sie überfordern (sogenannte Überlastungsanzeige), und um Abhilfe zu bitten (beispielsweise Entlastungsmaßnahmen vorzunehmen). Hierfür ist neben der mündlichen Mitteilung der ⇨ Aktenvermerk geeignet. Legen Beschäftigte eine solche Überlastungsanzeige dem Personalrat vor, so hat dieser, sofern er diese als berechtigte Anregung oder Beschwerde ansieht, gemäß § 70 Abs. 1 Nr. 4 LPVG mit dem Leiter der Dienststelle auf ihre Erledigung hinzuwirken.

(2) Beamtinnen und Beamte können die für sie zuständigen Gewerkschaften oder Berufsverbände mit ihrer Vertretung beauftragen, soweit gesetzlich nichts anderes bestimmt ist.

⇨ Arbeitsschutzgesetz §§ 15,16; ⇨ Beamtenstatusgesetz § 35; ⇨ Beschwerderecht; ⇨ Dienstweg; ⇨ Gleichbehandlungsgesetz; ⇨ Mobbing; ⇨ Personalvertretungsgesetz (LPVG) § 70 Abs.1 Nr. 4; ⇨ Verwaltungsrecht

↔ **Querverweis:** ⇨ Beamtenstatusgesetz § 54 beachten.

§ 50
Fortbildung

Beamtinnen und Beamte sind verpflichtet, an der dienstlichen Fortbildung teilzunehmen und sich außerdem selbst fortzubilden, damit sie insbesondere die Fach-, Methoden- und sozialen Kompetenzen für die Aufgaben des übertragenen Dienstpostens erhalten und fortentwickeln sowie ergänzende Qualifikationen für höher bewertete Dienstposten und für die Wahrnehmung von Führungsaufgaben erwerben. Die Dienstherrn fördern die dienstliche Fortbildung. Beamtinnen und Beamte, die durch Fortbildung ihre Kenntnisse und Fähigkeiten nachweislich wesentlich gesteigert haben, sollen nach Möglichkeit gefördert werden und vor allem Gelegenheit erhalten, ihre Eignung auf höher bewerteten Dienstposten zu beweisen.

⇨ Fortbildung (Allgemeines); ⇨ Fortbildung (Rahmendienstvereinbarung)

§ 51
Dienstliche Beurteilung, Dienstzeugnis

(1) Eignung, Befähigung und fachliche Leistung der Beamtinnen und Beamten sind in regelmäßigen Zeitabständen zu beurteilen. Die Landesregierung kann durch Rechtsverordnung bestimmen, dass Beurteilungen außerdem anlässlich bestimmter Personalmaßnahmen erfolgen. In der Rechtsverordnung können für Beamtinnen und Beamte des Landes auch Grundsätze der Beurteilung und des Verfahrens, insbesondere die Zeitabstände der regelmäßigen Beurteilung, festgelegt sowie Ausnahmen für bestimmte Gruppen von Beamtinnen und Beamten zugelassen werden.

(2) Die Beurteilungen sind den Beamtinnen und Beamten zu eröffnen und auf Verlangen mit ihnen zu besprechen. Eine schriftliche Äußerung der Beamtin oder des Beamten zu der Beurteilung ist zu den Personalaktendaten zu nehmen.

Hinweis der Redaktion: An diesem Beurteilungsgespräch ist auf Antrag ein Mitglied des Personalrats zu beteiligen.
⇨ Personalvertretungsgesetz (LPVG) § 71 Abs. 4

(3) Beamtinnen und Beamten wird auf ihren Antrag nach Beendigung des Beamtenverhältnisses, beim Wechsel des Dienstherrn oder zum Zweck der Bewerbung um eine Stelle bei einem anderen Dienstherrn oder außerhalb des öffentlichen Dienstes vom letzten Dienstvorgesetzten ein Dienstzeugnis erteilt. Das Dienstzeugnis muss Angaben über Art und Dauer der bekleideten Ämter sowie auf Verlangen auch über die ausgeübte Tätigkeit und die Leistung enthalten.

⇨ Arbeits- und Dienstzeugnisse; ⇨ Beurteilung (Lehrkräfte); ⇨ Beurteilung (Unterrichtsbesuche); ⇨ Personalvertretungsgesetz (LPVG) § 71 Abs. 4; ⇨ Probezeit

§ 52
Befreiung von Amtshandlungen

Beamtinnen und Beamte sind von Amtshandlungen zu befreien, die sich gegen sie selbst oder Personen richten, zu deren Gunsten ihnen wegen familienrechtlicher Beziehungen im Strafverfahren ein Zeugnisverweigerungsrecht zustünde.

↔ **Querverweis:** ⇨ Beamtenstatusgesetz § 34 beachten.

Hinweis der Redaktion: Dies sind Ehegatten und eingetragene Lebenspartner*innen (jeweils auch nach Beendigung der Ehe/ Partnerschaft), Verlobte; eheliche und nichteheliche Kinder, Stief- oder Adoptivkinder und Schwiegertöchter, Schwiegersöhne, Eltern, Stief- oder Adoptiveltern und Schwiegereltern; Enkel, Stiefenkel und die Ehegatten der Enkel, Onkel, Tanten und deren Ehegatten, Großeltern, Geschwister, Eltern der Stiefeltern und Eltern der Schwiegereltern; Nichten, Neffen.

Auszug aus der BeamtVwV des IM

28 Beamtinnen und Beamte sind verpflichtet, unmittelbare Dienstvorgesetzte unverzüglich darauf hinzuweisen, wenn sie eine Amtshandlung vornehmen sollen, die sich gegen sie selbst oder Personen richtet, zu deren Gunsten ihnen wegen familienrechtlicher Beziehungen im Strafverfahren ein Zeugnisverweigerungsrecht zustünde [...]. Im Übrigen finden im Verwaltungsverfahren die Vorschriften der §§ 20, 21 des Landesverwaltungsverfahrensgesetzes (LVwVfG) über den Ausschluss und die ⇨ Befangenheit Anwendung.

§ 53
Ärztliche Untersuchungen, Genetische Untersuchungen und Analysen

(1) Beamtinnen und Beamte sind verpflichtet, sich nach dienstlicher Weisung ärztlich untersuchen und, falls dies aus amtsärztlicher Sicht für erforderlich gehalten wird, auch beobachten zu lassen, wenn Zweifel an der Dienstfähigkeit oder über die Dienstunfähigkeit bestehen oder Dienstunfähigkeit ärztlich festzustellen ist. Entzieht sich die Beamtin oder der Beamte trotz schriftlicher Aufforderung dieser Verpflichtung, ohne hierfür einen hinreichenden Grund nachzuweisen, kann Dienstunfähigkeit oder begrenzte Dienstfähigkeit mit der Hälfte der regelmäßigen Arbeitszeit als amtsärztlich festgestellt angenommen werden. Auf die Rechtsfolge ist in der Aufforderung hinzuweisen.

(2) Zu Beginn der ärztlichen Untersuchung oder Beobachtung ist die Beamtin oder der Beamte auf deren Zweck und die Übermittlungsbefugnis bezüglich des Untersuchungsergebnisses an die die Untersuchung oder Beobachtung veranlassende Stelle hinzuweisen.

(3) Die Ärztin oder der Arzt übermittelt der die Untersuchung veranlassenden Personalverwaltung in einem gesonderten und verschlossenen Umschlag nur die tragenden Feststellungen und Gründe des Untersuchungsergebnisses, die infrage kommenden Maßnahmen zur Wiederherstellung der Dienstfähigkeit und die Möglichkeit der anderweitigen Verwendung, soweit deren Kenntnis für die Personalverwaltung unter Beachtung des Grundsatzes der Verhältnismäßigkeit für die von ihr zu treffende Entscheidung erforderlich ist. Sonstige Untersuchungsdaten dürfen übermittelt werden, soweit deren Verarbeitung nach § 83 Abs. 3 Satz 2 zulässig ist. Die Ärztin oder der Arzt übermittelt der Beamtin oder dem Beamten eine Kopie der Mitteilung an die Personalverwaltung, soweit dem ärztliche Gründe nicht entgegenstehen.

(4) Genetische Untersuchungen und Analysen im Sinne von § 3 Nr. 1 und 2 des Gendiagnostikgesetzes [...] sind bei Beamtinnen und Beamten sowie bei Bewerberinnen und Bewerbern für ein Beamtenverhältnis unzulässig, insbesondere

1. vor und nach einer Ernennung oder
2. im Rahmen arbeitsmedizinischer Vorsorgeuntersuchungen.

(5) Abweichend von Absatz 4 Nr. 2 sind diagnostische genetische Untersuchungen (§ 3 Nr. 7 des Gendiagnostikgesetzes) durch Genproduktanalyse zulässig, soweit sie zur Feststellung genetischer Eigenschaften erforderlich sind, die für schwerwiegende gesundheitliche Störungen, die bei einer Tätigkeit auf einem bestimmten Dienstposten oder mit einer bestimmten Tätigkeit entstehen können, ursächlich oder mitursächlich sind. Als Bestandteil arbeitsmedizinischer Vorsorgeuntersuchungen sind genetische Untersuchungen nachrangig zu anderen Maßnahmen des Arbeitsschutzes nach § 77. Die §§ 7 bis 16 des Gendiagnostikgesetzes gelten entsprechend.

(6) Die Mitteilung von Ergebnissen bereits vorgenommener genetischer Untersuchungen oder Analysen darf weder verlangt werden, noch dürfen solche Ergebnisse entgegengenommen oder verwendet werden.

Hinweise der Redaktion:

1. Während grundsätzlich bei amtsärztlichen Untersuchungen das Dienstortprinzip gilt, sind bei Untersuchungen im Rahmen von beamtenrechtlichen Zurruhesetzungsverfahren, Verfahren zur Herstellung der Dienstfähigkeit, Beihilfeverfahren sowie in Verfahren, die die Dienstfähigkeit oder Dienstunfähigkeit betreffen, sowie in Verfahren zur Prüfung einer Heilbehandlung nach Dienstunfällen, die medizinischen Gutachtenstellen zuständig. Zuständig sind für die Regierungsbezirke
   - Tübingen das Gesundheitsamt im Landkreis Reutlingen,
   - Freiburg das Gesundheitsamt im Landkreis Breisgau-Hochschwarzwald,
   - Karlsruhe, mit Ausnahme des Stadtkreises Mannheim, das Gesundheitsamt im Landkreis Karlsruhe,
   - Stuttgart, mit Ausnahme der Stadtkreise Stuttgart und Heilbronn, das Gesundheitsamt im Landkreis Ludwigsburg.
2. Wird eine Lehrkraft zur amtsärztlichen Untersuchung einbestellt, wird die Schulleitung vom Gesundheitsamt gebeten, in einem Fragebogen ergänzende Beobachtungen mitzuteilen. Hier sind lediglich die eigenen und belegbaren Beobachtungen der Schulleitung ans Gesundheitsamt weiterzugeben. Da diese Stellungnahme unter Umständen großen Einfluss auf das amtsärztliche Gutachten hat, sind von den Schulleitungen ausdrücklich keine medizinischen Diagnosen zu stellen oder medizinische Vermutungen anzustellen. Dagegen sind konkrete Vorschläge, wie die Lehrkraft an der Schule weiter eingesetzt werden könnte, bzw. welche Hilfsmittel oder sonstigen Unterstützungen (bis zu baulichen Veränderungen) nötig wären, hilfreich. Den Lehrkräften ist die Stellungnahme grundsätzlich vor der Weiterleitung zur Einsicht vorzulegen.

   (Quelle: Schreiben des SSA Stuttgart vom 19.10.2016)

Auszug aus der BeamtVwV des IM

29.1 Vor der Versetzung in den Ruhestand wegen Dienstunfähigkeit (§ 26 BeamtStG) oder der Feststellung der begrenzten Dienstfähigkeit (§ 27 BeamtStG) ist ein ärztliches Gutachten über den Gesundheitszustand und über die Verwendungsmöglichkeit der Beamtin oder des Beamten einzuholen, wenn die Dienstunfähigkeit oder begrenzte Dienstfähigkeit ausnahmsweise nicht auch ohne ärztliche Begutachtung eindeutig festgestellt werden kann oder entsprechender medizinischer Sachverstand in der personalverwaltenden Dienststelle vorhanden ist. Die gegenüber einer Beamtin oder einem Beamten ergehende Anordnung, sich zur Klärung der Dienstfähigkeit ärztlich untersuchen zu lassen, ist kein Verwaltungsakt. In formeller Hinsicht muss die Anordnung aus sich heraus verständlich sein. Die Anordnung muss sich auf solche Umstände beziehen, die bei vernünftiger, lebensnaher Einschätzung die ernsthafte Besorgnis begründen, die betroffene Beamtin oder der betroffene Beamte sei dienstunfähig. Der Aufforderung an die Beamtin oder den Beamten müssen tatsächliche Feststellungen zugrunde gelegt werden, die eine Dienstunfähigkeit als naheliegend erscheinen lassen. Die tatsächlichen Umstände sind in der Untersuchungsaufforderung selbst anzugeben. Die betroffene Beamtin oder der betroffene Beamte muss anhand der Begründung nachvollziehen können, ob die angeführten Gründe tragfähig sind und ob sie die behördlichen Zweifel an der Dienstfähigkeit rechtfertigen. Tatsächliche Umstände liegen nach ordnungsgemäßer, aber erfolgloser Durchführung eines betrieblichen Eingliederungsmanagements nach (jetzt:) § 167 Absatz 2 SGB IX regelmäßig vor.

Die an die Beamtin oder den Beamten gerichtete Anordnung muss weiterhin Angaben zu Art und Umfang der geforderten ärztlichen Untersuchung enthalten und der Beamtin oder dem Beamten dadurch eine inhaltliche Überprüfung der Anordnung ermöglichen. Dies darf nicht dem Belieben des Arztes überlassen werden. Die anordnende Stelle muss sich daher im Vorfeld des Erlasses der Anordnung – gegebenenfalls nach sachkundiger ärztlicher Beratung – in den Grundzügen darüber klar werden, in welcher Hinsicht Zweifel am körperlichen Zustand oder der Gesundheit des Beamten bestehen und welche ärztlichen Untersuchungen zur endgültigen Klärung geboten sind. Dabei können insbesondere die möglichen gesundheitlichen Beeinträchtigungen und die zu erwartenden diagnostischen Tätigkeiten und Verfahren in den Grundzügen benannt werden. Die zuständige Stelle muss sich dabei mit den von der Beamtin oder dem Beamten vorgelegten Bescheinigungen auseinandersetzen, die unter Umständen eine Untersuchung – ganz oder teilweise – entbehrlich machen können.

Die gutachtliche Beurteilung setzt regelmäßig die Kenntnis der einschlägigen Rahmenbedingungen des öffentlichen Dienstes allgemein und der Laufbahn voraus, in der die Beamtin oder der Beamte verwendet wird oder verwendet werden soll. Sie soll daher in aller Regel amtsärztlich oder polizeiärztlich vorgenommen werden. Nur in begründeten Ausnahmefällen kann die Untersuchung auch von geeigneten externen Fachärztinnen oder Fachärzten durchgeführt werden. Die Beauftragung eines externen fachärztlichen Gutachtens soll zuvor amtsärztlich abgestimmt werden.

29.2 Das ärztliche Gutachten ist eine wichtige Grundlage für die Entscheidung der zuständigen Stelle über die Versetzung in den Ruhestand wegen Dienstunfähigkeit, die gesundheitlich bedingte anderweitige Verwendung oder die Übertragung einer geringerwertigen Tätigkeit unter Beibehaltung des statusrechtlichen Amtes sowie die Feststellung der begrenzten Dienstfähigkeit. Die zuständige Stelle stellt daher im Untersuchungsauftrag zur Erstellung des ärztlichen Gutachtens den Sachverhalt umfassend dar und teilt sämtliche für die Abfassung des Gutachtens wesentlichen Umstände mit. Dies soll zur Erstellung einer umfänglichen medizinischen Gesamtbeurteilung auch in Fällen erfolgen, in denen die zuständige Stelle bereits über einzelne medizinische Erkenntnisse des Falles verfügt. Dazu gehören im Hinblick auf die Beurteilung der Dienstfähigkeit insbesondere Angaben zu

- der bisher ausgeübten Funktion (konkrete Beschreibung des Anforderungsprofils des derzeit ausgeübten Dienstpostens, Hinweis auf physische und psychische Anforderungen und Belastungen und gegebenenfalls auch auf ausgeübte Nebentätigkeiten),
- dem bisherigen Krankheitsverlauf (Fehlzeitenentwicklung, Zeitpunkt und Dauer der letzten Krankschreibung),
- den Auswirkungen der Erkrankung auf die Fähigkeit zur Erfüllung der den Beamtinnen und Beamten derzeit beziehungsweise zuletzt obliegenden Dienstpflichten mit konkreter Darlegung der bestehenden gesundheitsbezogenen Leistungseinschränkungen,
- den bisherigen Maßnahmen zur Prävention, Rehabilitation und Entlastung der Beamtin oder des Beamten, insbesondere das Ergebnis diesbezüglicher Mitarbeitergespräche oder Maßnahmen im Rahmen des betrieblichen Eingliederungsmanagements sowie deren Auswirkungen, zusätzlich bei schwerbehinderte Beamtinnen und Beamten das Verfahren nach (jetzt:) § 167 Absatz 1 SGB IX unter Beteiligung des Integrationsamts,
- den bestehenden Möglichkeiten der anderweitigen Verwendung mit Beschreibung des Anforderungsprofils des für eine anderweitige Verwendung infrage kommenden Amtes im abstrakt-funktionellen Sinn (zum Beispiel Amt eines Amtsrats, einer Oberregierungsrätin), oder der für die Übertragung einer geringerwertigen Tätigkeit infrage kommenden Dienstposten (Amt im konkret-funktionellen Sinn),
- einer noch möglichen Tätigkeit mit mindestens der Hälfte der regelmäßigen Arbeitszeit (begrenzte Dienstfähigkeit),
- sämtlichen sonstigen Umständen, die für die Beurteilung der Dienstfähigkeit der Beamtin oder des Beamten wesentlich sind.

Die zuständige Stelle bestimmt in dem Gutachtensauftrag Art und Umfang der ärztlichen Untersuchung. Sie bittet mit dem Gutachtensauftrag, in dem ärztlichen Gutachten

- ein Prognoseurteil zur voraussichtlichen Entwicklung der gesundheitsbezogenen Leistungseinschränkungen abzugeben, insbesondere um Auskunft darüber, ob
  - mit der Wiederherstellung der vollen Dienstfähigkeit innerhalb der nächsten sechs Monate zu rechnen ist,
  - je nach Lage des Falles ein Arbeitsversuch im Wege der gestuften Wiederaufnahem des Dienstes (§ 68 Absatz 3 LBG) erfolgen soll,
  - die Beamtin oder der Beamte innerhalb der nächsten sechs Monate den Dienst mit Einschränkungen (zum Beispiel ohne Publikumsverkehr, mit Arbeitsunterbrechungen, kein Arbeiten unter Zeitdruck) wieder mit der vollen Arbeitszeit aufnehmen kann,
  - die Beamtin oder der Beamte innerhalb der nächsten sechs Monate den Dienst mit mindestens der Hälfte der regelmäßigen Arbeitszeit oder mehr unter Angabe des Prozentsatzes wieder aufnehmen kann, gegebenenfalls unter welchen Einschränkungen (begrenzte Dienstfähigkeit),
  - Behandlungsmaßnahmen zur Erhaltung der Dienstfähigkeit, zur Verbesserung oder Wiederherstellung der Einsatzfähigkeit, beispielsweise Rehabilitationsmaßnahmen, psychotherapeutische Behandlung, ambulante oder stationäre ärztliche Behandlung, Heilkuren, erfolgversprechend erscheinen,
  - damit zu rechnen ist, dass die Beamtin oder der Beamte auf Dauer nicht mehr in der Lage ist, die bisherigen Dienstpflichten zu erfüllen,
- darzustellen, inwieweit die Beamtin oder der Beamte hinsichtlich der gesundheitlichen Eignung die Anforderungen der beschriebenen anderweitigen Verwendungsmöglichkeiten erfüllen kann, gegebenenfalls unter Berücksichtigung einer besonderen Gestaltung des Arbeitsplatzes,
- darzustellen, welche geringerwertige Tätigkeiten die Beamtin oder der Beamte überhaupt noch wahrnehmen kann und inwieweit dies aus medizinischer Sicht zumutbar ist,
- mitzuteilen, ob ein Antrag auf Feststellung einer Schwerbehinderung im Hinblick auf die damit verbundenen Erleichterungen sinnvoll erscheint,
- mitzuteilen, ob und wann eine Nachuntersuchung zum Zweck der Wiederberufung in das Beamtenverhältnis für zweckmäßig gehalten wird, falls die Beamtin oder der Beamte in den Ruhestand versetzt wird (vergleiche Nr. 25.7).

29.3 Das ärztliche Gutachten muss die das Untersuchungsergebnis tragenden Feststellungen und Gründe enthalten, soweit deren Kenntnis für die zuständige Stelle unter Beachtung des Verhältnismäßigkeitsgrundsatzes für die von ihr zu treffende Entscheidung erforderlich ist. Das Gutachten muss sowohl die notwendigen Feststellungen zum Sachverhalt, mithin die in Bezug auf die Beamtin oder den Beamten erhobenen Befunde enthalten, als auch die aus medizinischer Sicht daraus abzuleitenden Schlussfolgerungen für die Fähigkeit der Beamtin oder des Beamten, ihr oder sein Amt im abstrakt-funktionellen Sinn weiter auszuüben. Die Beamtin oder der Beamte muss sich auf Grundlage des Gutachtens mit den Feststellungen und Schlussfolgerungen des Arztes und mit der darauf beruhenden Entscheidung der zuständigen Stelle auseinandersetzen können.

29.4 Bei ärztlichen Untersuchungen, die einer möglichen Wiederberufung in das Beamtenverhältnis von Ruhestandsbeamtinnen und Ruhestandsbeamten dienen, ist entsprechend Nummer 29.2 zu verfahren. Die Verpflichtung, sich nach Weisung ärztlich untersuchen zu lassen, ergibt sich aus § 29 Absatz 5 Satz 1 BeamtStG.

§ 54
Wohnung, Aufenthaltsort

(1) Beamtinnen und Beamte haben ihre Wohnung so zu nehmen, dass sie in der ordnungsgemäßen Wahrnehmung ihrer Dienstgeschäfte nicht beeinträchtigt werden. Die aktuelle Anschrift ist dem Dienstvorgesetzten mitzuteilen.

(2) Wenn die dienstlichen Verhältnisse es erfordern, können Beamtinnen und Beamte angewiesen werden, ihre Wohnung innerhalb einer bestimmten Entfernung von ihrer Dienststelle zu nehmen. [...]

Hinweis der Redaktion: Im Schulbereich gibt es keine allgemeinen Anweisungen zur Wohnsitznahme, insbesondere existiert keine „Residenzpflicht" für Schulleiterinnen und Schulleiter.

§ 55 Dienstkleidung (nicht abgedruckt)

§ 56
Amtsbezeichnung

(1) Die Amtsbezeichnungen der Landesbeamtinnen und Landesbeamten werden durch den Ministerpräsidenten festgesetzt, soweit sie nicht gesetzlich bestimmt sind. Der Ministerpräsident kann die Ausübung dieser Befugnis auf andere Stellen übertragen. Er kann einer Beamtin oder einem Beamten eine andere als die für ihr oder sein Amt vorgesehene Amtsbezeichnung verleihen.

(2) Beamtinnen und Beamte haben das Recht, innerhalb und außerhalb des Dienstes die Amtsbezeichnung des ihnen übertragenen Amtes zu führen. Nach dem Wechsel in ein anderes Amt dürfen sie neben der neuen Amtsbezeichnung die Amtsbezeichnung des früheren Amtes mit dem Zusatz „außer Dienst" („a. D.") nur führen, wenn das neue Amt einer Besoldungsgruppe mit geringerem Grundgehalt angehört wie das bisherige Amt.

(3) Ruhestandsbeamtinnen und Ruhestandsbeamte dürfen die ihnen bei der Versetzung in den Ruhestand zustehende Amtsbezeichnung mit dem Zusatz „außer Dienst" („a.D.") und die im Zusammenhang mit dem Amt verliehenen Titel weiter führen. Werden sie erneut in ein Beamtenverhältnis berufen, gilt Absatz 2 Satz 2 entsprechend.

(4) Werden entlassene Beamtinnen und Beamte, denen die Führung der früheren Amtsbezeichnung nach § 32 Abs. 2 erlaubt worden ist, erneut in ein Beamtenverhältnis berufen, gilt Absatz 2 Satz 2 entsprechend.

Auszug aus der BeamtVwV des IM

30.1 Ein Anspruch auf Anrede mit der Amtsbezeichnung besteht nicht.

30.2 Die Erlaubnis, die Amtsbezeichnung sowie die im Zusammenhang mit dem Amt verliehenen Titel mit dem Zusatz „außer Dienst" („a. D.") zu führen, soll in der Regel nur solchen entlassenen Beamtinnen und Beamten erteilt werden, die mindestens fünf Jahre im Beamtenverhältnis zurückgelegt oder bei kürzerer Dauer so außergewöhnliche Verdienste erworben haben, dass die Erlaubnis zur Weiterführung der Amtsbezeichnung als besondere Auszeichnung gerechtfertigt erscheint.

§ 57
Verschwiegenheitspflicht

(1) Die Verschwiegenheitspflicht nach § 37 Abs. 1 BeamtStG gilt nicht, soweit gegenüber einem bestellten Vertrauensanwalt für Korruptionsverhütung ein durch Tatsachen begründeter Verdacht einer Korruptionsstraftat nach §§ 331 bis 337 des Strafgesetzbuches angezeigt wird.

↔ **Querverweis:** ⇨ Beamtenstatusgesetz § 37 beachten.

(2) Soweit ein Vertrauensanwalt für Korruptionsverhütung bestellt oder ein elektronisches System zur Kommunikation mit anonymen Hinweisgebern eingerichtet ist, ist der Dienstherr nicht verpflichtet, die Identität der Informationsgeber, die sich an den Vertrauensanwalt gewandt oder das elektronische System benutzt haben, offenzulegen. Der Dienstherr hat in angemessener Weise dafür Sorge zu tragen, dass die Persönlichkeitsrechte der Beamtinnen und Beamten gewahrt werden. Satz 1 findet keine Anwendung, wenn der Dienstherr auf andere Weise Kenntnis von der Identität der Informationsgeber erhält.

⇨ Beschwerderecht; ⇨ Verschwiegenheitspflicht

§ 58
Nichterfüllung von Pflichten

Bei Ruhestandsbeamtinnen und Ruhestandsbeamten gilt es auch als Dienstvergehen, wenn sie schuldhaft

1. entgegen § 29 Abs. 2 oder 3 BeamtStG oder § 30 Abs. 3 Satz 2 BeamtStG in Verbindung mit § 29 Abs. 2 BeamtStG einer erneuten Berufung in das Beamtenverhältnis nicht nachkommen oder
2. ihre Verpflichtungen nach § 29 Abs. 4 oder 5 Satz 1 BeamtStG verletzen oder
3. im Zusammenhang mit dem Bezug von Leistungen des Dienstherrn falsche oder pflichtwidrig unvollständige Angaben machen.

↔ **Querverweis:** ⇨ Beamtenstatusgesetz §§ 29-30 beachten.

§ 59
Pflicht zum Schadenersatz

(1) Für den Schadenersatz nach § 48 BeamtStG gelten die Verjährungsvorschriften des Bürgerlichen Gesetzbuches. Hat der Dienstherr Dritten Schadenersatz geleistet, gilt als Zeitpunkt, zu dem der Dienstherr Kenntnis im Sinne dieser Verjährungsvorschriften erlangt, der Zeitpunkt, zu dem der Ersatzanspruch des Dritten diesem gegenüber vom Dienstherr anerkannt oder dem Dienstherrn gegenüber rechtskräftig festgestellt wird.

(2) Leisten Beamtinnen und Beamte dem Dienstherrn Ersatz und hat dieser Ersatzansprüche gegen Dritte, gehen die Ersatzansprüche auf die Beamtinnen und Beamten über.

↔ **Querverweis:** ⇨ Beamtenstatusgesetz § 48 beachten.

Das ⇨ Beamtenstatusgesetz und das ⇨ Beamtengesetz (LBG) überschneiden bzw. ergänzen einander.
Bitte beachten Sie die Erläuterungen unter ⇨ Beamt*innen (Allgemeines) sowie die Querverweise.

§ 59a
Rückforderungen von Leistungen

Für die Rückforderung von Leistungen des Dienstherrn, die nicht Besoldung oder Versorgung sind, ist § 15 Absatz 2 LBesGBW entsprechend anzuwenden. ⇨ Besoldungsgesetz (LBesGBW) § 15

2. Abschnitt
Nebentätigkeit, Tätigkeit nach Beendigung des Beamtenverhältnisses

Hinweis der Redaktion: Bitte hierzu das Merkblatt des KM im Beitrag ⇨ Nebentätigkeiten (Allgemeines) beachten; dort auch Auszüge aus der BeamtVwV.

§ 60
Nebentätigkeit

(1) Nebentätigkeit ist jede nicht zum Hauptamt der Beamtin oder des Beamten gehörende Tätigkeit innerhalb oder außerhalb des öffentlichen Dienstes. Ausgenommen sind unentgeltliche Tätigkeiten, die nach allgemeiner Anschauung zur persönlichen Lebensgestaltung gehören.

(2) Nicht als Nebentätigkeiten gelten

1. öffentliche Ehrenämter und
2. unentgeltliche Vormundschaften, Betreuungen oder Pflegschaften.

Die Übernahme von Tätigkeiten nach Satz 1 ist dem Dienstvorgesetzten anzuzeigen.

↔ **Querverweis:** ⇨ Beamtenstatusgesetz § 40 beachten.

Hinweis der Redaktion: Die Regelungen der BeamtVwV zu den Nebentätigkeiten werden hier nicht wiedergegeben, da die unter ⇨ Nebentätigkeiten (Allgemeines) abgedruckte Handreichung alle für die Praxis notwendigen Informationen enthält.

§ 61
Nebentätigkeiten auf Verlangen

(1) Beamtinnen und Beamte sind verpflichtet, auf Verlangen ihres Dienstvorgesetzten eine Nebentätigkeit im öffentlichen Dienst auszuüben, sofern diese Tätigkeit ihrer Vorbildung oder Berufsausbildung entspricht und sie nicht über Gebühr in Anspruch nimmt. Satz 1 gilt entsprechend für Nebentätigkeiten außerhalb des öffentlichen Dienstes, wenn die Übernahme der Nebentätigkeit zur Wahrung dienstlicher Interessen erforderlich ist.

(2) Werden Beamtinnen und Beamte aus einer auf Verlangen ausgeübten Tätigkeit im Vorstand, Aufsichtsrat, Verwaltungsrat oder in einem sonstigen Organ einer Gesellschaft, Genossenschaft oder eines in einer anderen Rechtsform betriebenen Unternehmens haftbar gemacht, haben sie gegen ihren Dienstherrn Anspruch auf Ersatz des ihnen entstandenen Schadens. Ist der Schaden vorsätzlich oder grob fahrlässig herbeigeführt worden, ist der Dienstherr nur ersatzpflichtig, wenn die Beamtin oder der Beamte bei der Verursachung des Schadens auf Weisung einer oder eines Vorgesetzten gehandelt hat.

(3) Beamtinnen und Beamte haben Nebentätigkeiten, die auf Verlangen ausgeübt werden, mit Beendigung des Dienstverhältnisses zu ihrem Dienstherrn zu beenden, soweit nichts anderes bestimmt wird.

§ 62
Genehmigungspflichtige Nebentätigkeiten

(1) Beamtinnen und Beamte bedürfen zur Ausübung jeder Nebentätigkeit, mit Ausnahme der in § 63 Abs. 1 genannten, der vorherigen Genehmigung, soweit sie nicht nach § 61 Abs. 1 zu ihrer Ausübung verpflichtet sind.

(2) Die Genehmigung ist zu versagen, wenn zu besorgen ist, dass durch die Nebentätigkeit dienstliche Interessen beeinträchtigt werden. Ein solcher Versagungsgrund liegt insbesondere vor, wenn die Nebentätigkeit

1. die Beamtin oder den Beamten in einen Widerstreit mit den dienstlichen Pflichten bringen kann oder
2. die Unparteilichkeit oder Unbefangenheit der Beamtin oder des Beamten beeinflussen kann oder
3. zu einer wesentlichen Einschränkung der künftigen dienstlichen Verwendbarkeit der Beamtin oder des Beamten führen kann oder
4. sonst dem Ansehen der öffentlichen Verwaltung abträglich sein kann.

(3) Ein Versagungsgrund nach Absatz 2 Satz 1 liegt auch vor, wenn die Nebentätigkeit nach Art und Umfang die Arbeitskraft der Beamtin oder des Beamten so stark in Anspruch nimmt, dass die ordnungsgemäße Erfüllung der dienstlichen Pflichten behindert werden kann. Diese Voraussetzung gilt in der Regel als erfüllt, wenn die zeitliche Beanspruchung durch eine oder mehrere Nebentätigkeiten in der Woche ein Fünftel der regelmäßigen Arbeitszeit überschreitet. Bei begrenzter Dienstfähigkeit verringert sich die Grenze nach Satz 2 in dem Verhältnis, in dem die Arbeitszeit nach § 27 Abs. 2 Satz 1 BeamtStG herabgesetzt ist. Bei beurlaubten oder teilzeitbeschäftigten Beamtinnen und Beamten erhöht sich die Grenze nach Satz 2 in dem Verhältnis, in dem die regelmäßige Arbeitszeit ermäßigt ist, höchstens jedoch auf zwölf Stunden in der Woche; die Nebentätigkeit darf dem Zweck der Bewilligung des Urlaubs oder der Teilzeitbeschäftigung nicht zuwiderlaufen. Für Hochschullehrerinnen und Hochschullehrer gelten die Sätze 1 bis 4 mit der Maßgabe, dass anstelle der regelmäßigen Arbeitszeit die Zeit tritt, die dem Umfang eines durchschnittlichen individuellen Arbeitstags der Hochschullehrerin oder des Hochschullehrers entspricht.

(4) Beamtinnen und Beamte haben bei der Beantragung einer Genehmigung Angaben über Art und Umfang der Nebentätigkeit, die Person des Auftrag- oder Arbeitgebers sowie die Vergütung zu machen. Auf Verlangen sind die erforderlichen Nachweise zu führen. Der Dienstvorgesetzte kann nähere Bestimmungen über die Form des Antrags treffen.

Das ⇨ Beamtenstatusgesetz und das ⇨ Beamtengesetz (LBG) überschneiden bzw. ergänzen einander. Bitte beachten Sie die Erläuterungen unter ⇨ Beamt*innen (Allgemeines) sowie die Querverweise.

(5) Die Genehmigung soll auf längstens fünf Jahre befristet werden. Sie kann mit Auflagen oder Bedingungen versehen werden.

(6) Die zur Übernahme einer oder mehrerer Nebentätigkeiten erforderliche Genehmigung gilt allgemein als erteilt, wenn

1. die Vergütungen hierfür insgesamt 1 200 Euro im Kalenderjahr nicht übersteigen,
2. die zeitliche Beanspruchung insgesamt ein Fünftel der regelmäßigen wöchentlichen Arbeitszeit nicht überschreitet,
3. die Nebentätigkeiten in der Freizeit ausgeübt werden und
4. kein Versagungsgrund nach Absatz 2 vorliegt.

Beamtinnen und Beamte haben allgemein genehmigte Nebentätigkeiten vor Aufnahme ihrem Dienstvorgesetzten anzuzeigen, es sei denn, dass es sich um eine einmalige Nebentätigkeit im Kalenderjahr handelt und die Vergütung hierfür 200 Euro nicht überschreitet; Absatz 4 gilt entsprechend. Eine allgemein als erteilt geltende Genehmigung erlischt mit dem Wegfall der Voraussetzungen nach Satz 1.

(7) Ergibt sich bei der Ausübung einer Nebentätigkeit eine Beeinträchtigung dienstlicher Interessen, ist die Genehmigung zu widerrufen. Soweit die dienstlichen Interessen es zulassen, soll der Beamtin oder dem Beamten eine angemessene Frist zur Beendigung der Nebentätigkeit eingeräumt werden. Die §§ 48, 49 und 51 des Landesverwaltungsverfahrensgesetzes bleiben unberührt.

⇨ Nebentätigkeiten; ⇨ Personalvertretungsgesetz (LPVG) § 75 Abs. 3 Ziff. 5

Hinweis der Redaktion: Für Nebentätigkeiten der Lehrkräfte ist die Schulleitung, ansonsten die Schulaufsichtsbehörde zuständig; vgl. ⇨ Beamtenrecht (Zuständigkeiten).

§ 63
Nicht genehmigungspflichtige Nebentätigkeiten

(1) Nicht genehmigungspflichtig sind

1. unentgeltliche Nebentätigkeiten mit Ausnahme
   a) der Übernahme einer gewerblichen Tätigkeit, der Ausübung eines freien Berufes oder der Mitarbeit bei einer dieser Tätigkeiten,
   b) des Eintritts in ein Organ eines Unternehmens mit Ausnahme einer Genossenschaft sowie der Übernahme einer Treuhänderschaft,
2. die Verwaltung eigenen oder der Nutznießung der Beamtin oder des Beamten unterliegenden Vermögens,
3. schriftstellerische, wissenschaftliche, künstlerische oder Vortragstätigkeiten,
4. mit Lehr- oder Forschungsaufgaben zusammenhängende selbstständige Gutachtertätigkeiten von Lehrerinnen und Lehrern an öffentlichen Hochschulen sowie von Beamtinnen und Beamten an wissenschaftlichen Instituten und Anstalten und
5. Tätigkeiten zur Wahrung von Berufsinteressen in Gewerkschaften, Berufsverbänden oder Selbsthilfeeinrichtungen der Beamtinnen und Beamten.

(2) Beamtinnen und Beamte haben Nebentätigkeiten nach Absatz 1 Nr. 3 und 4 und in Selbsthilfeeinrichtungen nach Absatz 1 Nr. 5, für die eine Vergütung geleistet wird, vor Aufnahme ihrem Dienstvorgesetzten anzuzeigen. Bei regelmäßig wiederkehrenden gleichartigen Nebentätigkeiten genügt eine einmal jährlich zu erstattende Anzeige für die in diesem Zeitraum zu erwartenden Nebentätigkeiten; die obersten Dienstbehörden können abweichende Regelungen treffen. § 62 Abs. 4 gilt entsprechend.

(3) Eine Anzeigepflicht für eine oder mehrere Nebentätigkeiten nach Absatz 2 besteht nicht, wenn

1. die Vergütungen hierfür insgesamt 1 200 Euro im Kalenderjahr nicht übersteigen und
2. die zeitliche Beanspruchung insgesamt ein Fünftel der regelmäßigen wöchentlichen Arbeitszeit nicht überschreitet.

(4) Eine nicht genehmigungspflichtige Nebentätigkeit ist ganz oder teilweise zu untersagen, wenn die Beamtin oder der Beamte bei ihrer Ausübung dienstliche Pflichten verletzt. § 62 Abs. 7 Satz 2 gilt entsprechend.

§ 64
Pflichten bei der Ausübung von Nebentätigkeiten

(1) Nebentätigkeiten dürfen grundsätzlich nur in der Freizeit ausgeübt werden.

(2) Bei der Ausübung von Nebentätigkeiten dürfen Einrichtungen, Personal oder Material des Dienstherrn nur bei Vorliegen eines dienstlichen, öffentlichen oder wissenschaftlichen Interesses mit vorheriger Genehmigung in Anspruch genommen werden. Für die Inanspruchnahme hat die Beamtin oder der Beamte ein Entgelt zu entrichten, das den Vorteil, der durch die Inanspruchnahme entsteht, berücksichtigen soll. Das Entgelt ist nach den dem Dienstherrn entstehenden Kosten oder nach einem Prozentsatz der für die Nebentätigkeit bezogenen Vergütung zu bemessen.

(3) Beamtinnen und Beamte haben Vergütungen für

1. im öffentlichen Dienst ausgeübte oder
2. auf Verlangen des Dienstvorgesetzten ausgeübte oder
3. der Beamtin oder dem Beamten mit Rücksicht auf die dienstliche Stellung übertragene

Nebentätigkeiten an ihren Dienstherrn im Hauptamt abzuliefern, soweit nicht durch die Ausführungsverordnung nach § 65 etwas anderes bestimmt ist.

(4) Änderungen von genehmigungspflichtigen, anzeigepflichtigen oder auf Verlangen des Dienstherrn übernommenen Nebentätigkeiten, insbesondere hinsichtlich Art und Umfang der Nebentätigkeit, der Person des Auftrag- oder Arbeitgebers und der Vergütung, sind dem Dienstvorgesetzten unverzüglich anzuzeigen. Der Dienstvorgesetzte kann nähere Bestimmungen über die Form der Anzeige treffen. Er kann aus begründetem Anlass verlangen, dass die Beamtin oder der Beamte Auskunft über eine ausgeübte Nebentätigkeit erteilt und die erforderlichen Nachweise führt.

§ 65 Ausführungsverordnung (nicht abgedruckt)

§ 66
Tätigkeit nach Beendigung des Beamtenverhältnisses

Eine Tätigkeit ist nach § 41 Satz 1 BeamtStG dem letzten Dienstvorgesetzten anzuzeigen, wenn sie innerhalb eines Zeitraums von fünf Jahren nach Beendigung des Beamtenverhältnisses aufgenommen wird und mit der dienstlichen Tätigkeit der Beamtin oder des Beamten in den letzten fünf Jahren vor Beendigung des Beamtenverhältnisses in Zusammenhang steht. Eine Untersagung nach § 41 Satz 2 BeamtStG wird durch den letzten Dienstvorgesetzten ausgesprochen.

↔ **Querverweis:** ⇨ Beamtenstatusgesetz § 41 beachten.

3. Abschnitt
Arbeitszeit und Urlaub

§ 67
Arbeitszeit

(1) Die Landesregierung bestimmt durch Rechtsverordnung mit Zustimmung des Landtags die regelmäßige Arbeitszeit der Beamtinnen und Beamten. Das Nähere, insbesondere zur Dauer der täglichen Arbeitszeit und zur flexiblen Gestaltung der Arbeitszeit, regelt

1. für die Beamtinnen und Beamten des Landes die Landesregierung durch Rechtsverordnung mit Zustimmung des Landtags, [...]

⇨ Arbeitszeit (ArbeitszeitVO); ⇨ Arbeitszeit (Lehrkräfte-ArbeitszeitVO); ⇨Arbeitszeit (Lehrkräfte –VwV Anrechnungen)

(2) Soweit der Dienst in Bereitschaft besteht, kann die Arbeitszeit entsprechend dem dienstlichen Bedürfnis auf im Durchschnitt bis zu 48 Stunden in der Woche verlängert werden. [...]

Hinweis der Redaktion: Die für den Bereich der öffentlichen Schulen erlassenen Vorschriften (vgl. Abs. 1) sehen einen „Dienst in Bereitschaft" nicht vor; vgl. hierzu ⇨ Arbeitszeit (Lehrkräfte) – Allgemeines Nr. 6.

(3) Beamtinnen und Beamte sind verpflichtet, ohne Vergütung über die regelmäßige Arbeitszeit hinaus Dienst zu tun, wenn zwingende dienstliche Verhältnisse dies erfordern. Werden sie durch dienstlich angeordnete oder genehmigte Mehrarbeit mehr als fünf Stunden im Monat über die regelmäßige Arbeitszeit hinaus beansprucht, ist ihnen innerhalb eines Jahres für die über die regelmäßige Arbeitszeit hinaus geleistete Mehrarbeit entsprechende Dienstbefreiung zu gewähren; bei Teilzeitbeschäftigung vermindern sich die fünf Stunden entsprechend der Verringerung der Arbeitszeit. Ist Dienstbefreiung aus zwingenden dienstlichen Gründen nicht möglich, kann nach den Voraussetzungen des § 65 LBesGBW Mehrarbeitsvergütung gewährt werden. [...] *(Ermächtigung; nicht abgedruckt)*

⇨ Mehrarbeit (Allgemeines); ⇨ Mehrarbeit (Vergütung)

Auszug aus der BeamtVwV des IM

40.1 Die Höchstgrenze zulässiger Arbeitszeit von durchschnittlich 48 Stunden in der Woche [...] darf grundsätzlich nicht überschritten werden. In die Durchschnittsberechnung sind Mehrarbeit und Bereitschaftsdienste sowie Nebentätigkeiten als Arbeitnehmerinnen und Arbeitnehmer oder in arbeitnehmerähnlichen Verhältnissen einzubeziehen, nicht dagegen Reisezeiten außerhalb der täglichen Regelarbeitszeit und Rufbereitschaft, weil solche Zeiten keine Arbeitszeiten sind, auch wenn für sie entsprechend den Nummern 40.5 und 40.6 aus Fürsorgegründen Arbeitszeitausgleich oder Dienstbefreiung gewährt wird.

Bei der dienstlichen Anordnung oder Genehmigung von Mehrarbeit nach § 67 Absatz 3 LBG ist daher die 48-Stunden-Begrenzung zu beachten. Die zulässige durchschnittliche Wochenarbeitszeit darf zwar in einzelnen Wochen durch Mehrarbeit überschritten werden, sie muss aber im maßgebenden Bezugszeitraum auf durchschnittlich höchstens 48 Stunden in der Woche zurückgeführt werden.

40.2 Dienst, der in Bereitschaft besteht, ist Arbeitszeit, auch wenn Beamtinnen und Beamte in dieser Zeit nicht aktiv zum Dienst herangezogen werden. Bereitschaftsdienst liegt vor, wenn sich Beamtinnen und Beamte an einem bestimmten Ort, in der Regel außerhalb des Privatbereichs, zu einem jederzeitigen unverzüglichen Einsatz bereitzuhalten haben, und erfahrungsgemäß mit einer Heranziehung zum Dienst gerechnet werden kann. Die Höchstgrenze der Arbeitszeit von durchschnittlich 48 Stunden in der Woche darf auch durch Bereitschaftsdienst nicht überschritten werden [...].

40.3 Für schwerbehinderte Beamtinnen und schwerbehinderte Beamte können unter Berücksichtigung ihrer besonderen Situation und etwaiger Leistungseinschränkungen abweichende Regelungen für die Arbeitszeit und Arbeitspausen erforderlich sein. Insbesondere können auf die Arbeitszeit angerechnet werden Dialysebehandlungen, Diabetes-Einstellungen, Kontrolluntersuchungen nach lebensbedrohlichen Erkrankungen oder Therapien bei schwerwiegenden Erkrankungen. Dabei sind die Vorgesetzten grundsätzlich einzubeziehen. Die Verkehrsverhältnisse können ein Entgegenkommen beim Dienstbeginn und Dienstende rechtfertigen. Dies gilt insbesondere bei feststehender Arbeitszeit. In begründeten Ausnahmefällen gilt dies auch für nicht schwerbehinderte Beamtinnen und Beamte.

40.4 Auf Verlangen sind schwerbehinderte Beamtinnen und schwerbehinderte Beamte von Mehrarbeit freizustellen (jetzt:) (§ 207 SGB IX). Mehrarbeit im Sinne dieser Vorschrift ist die über die tägliche Arbeitszeit hinausgehende Heranziehung zum Dienst, es muss nicht Mehrarbeit im Sinne von § 67 Absatz 3 LBG sein. Zu Mehrarbeit können hier auch ausnahmsweise Reisezeiten und Rufbereitschaft gerechnet werden, in dem Umfang, in dem als Ausgleich Dienstbefreiung gewährt wird. Im Lehrerbereich liegt Mehrarbeit in diesem Sinne vor, wenn zusätzliche Unterrichtsstunden zu erteilen sind oder zusätzliche Aufgaben übertragen werden, die nicht im Zusammenhang mit dem Deputat der Lehrkraft stehen. [...]

Hinweis der Redaktion: In Nr. 40.6 ist für die Geschäftsbereiche des Staatsministeriums sowie eine Reihe von Landesministerien bestimmt, dass deren Beamtinnen und Beamte für die Inanspruchnahme durch Rufbereitschaft einen Arbeitszeitausgleich erhalten. Für den Geschäftsbereich des Kultusministeriums wurden hingegen keine Bestimmungen über die Anordnung von Mehrarbeit, Bereitschaftsdienst und Rufbereitschaft sowie für deren Ausgleich erlassen; vgl. hierzu ⇨ Arbeitszeit (Lehrkräfte) – Allgemeines Nr. 6.

⇨ Besoldungsgesetz (LBesGBW) § 65; ⇨ Mehrarbeit (Anwärter*innen und Studienreferendar*innen); ⇨ Mehrarbeit (Vergütung); ⇨ Personalvertretungsgesetz (LPVG) § 74 Abs. 2 Nr. 4

§ 68
Fernbleiben vom Dienst, Krankheit

(1) Beamtinnen und Beamte dürfen dem Dienst nicht ohne Genehmigung fernbleiben.

(2) Kann aus tatsächlichen oder rechtlichen Gründen kein Dienst geleistet werden, ist das Fernbleiben vom Dienst unverzüglich anzuzeigen. Dienstunfähigkeit infolge Krankheit ist auf Verlangen nachzuweisen. Wird eine ärztliche oder amtsärztliche Untersuchung oder die Untersuchung durch eine beamtete Ärztin oder einen beamteten Arzt angeordnet, hat der Dienstherr die Kosten der Untersuchung zu tragen.

(3) Können infolge lang andauernder Krankheit dienstunfähige Beamtinnen und Beamte nach ärztlicher Feststellung ihren Dienst stundenweise verrichten und durch eine gestufte Wiederaufnahme ihres Dienstes voraussichtlich wieder in den Dienstbetrieb eingegliedert werden, kann mit Einverständnis der Beamtinnen und Beamten widerruflich und befristet festgelegt werden, dass in geringerem Umfang als die regelmäßige Arbeitszeit Dienst zu leisten ist.

⇨ Arbeitszeit (Wiedereingliederung); ⇨ Besoldungsgesetz (LBesGBW) § 11; ⇨ Krankmeldung (Abwesenheit von Lehrkräften); ⇨ Urlaub (Allgemeines); ⇨ Schwerbehinderung (Inklusionsvereinbarung) Nr. 4.10

⇔ **Querverweis:** ⇨ Beamtenstatusgesetz § 47 beachten.

Auszug aus der BeamtVwV des IM

41.1 Beamtinnen und Beamte, die wegen Krankheit dem Dienst fernbleiben, haben ihre Dienstvorgesetzten unverzüglich von der Erkrankung und, soweit möglich, ihrer voraussichtlichen Dauer zu verständigen. Lehrerinnen und Lehrer im Schuldienst haben die Schulleiterinnen und Schulleiter als Vorgesetzte zu verständigen. Auf Verlangen der Dienstvorgesetzten, im Falle der Lehrerinnen und Lehrer im Schuldienst auf Verlangen der Schulleiterin oder des Schulleiters, haben erkrankte Beamtinnen und Beamte ein ärztliches Zeugnis über die Dienstunfähigkeit und ihre Dauer vorzulegen. Ein ärztliches Zeugnis ist stets vorzulegen, wenn die Dauer der Krankheit voraussichtlich eine Woche übersteigen wird, es sei denn, dass auf die Vorlage des ärztlichen Zeugnisses ausnahmsweise verzichtet wird. Als Nachweis der Dienstunfähigkeit und ihrer voraussichtlichen Dauer gilt auch eine Bescheinigung einer Heilpraktikerin oder eines Heilpraktikers. Bei längerer Krankheit ist die Dienstunfähigkeit auf Verlangen erneut nachzuweisen. In begründeten Fällen kann eine ärztliche oder amtsärztliche Untersuchung oder ein ärztliches Zeugnis einer beamteten Ärztin oder eines beamteten Arztes angeordnet werden. In den Fällen der Anordnungträgt der Dienstherr die Kosten der Untersuchung. Die Kosten der Krankmeldung nach § 68 Absatz 2 Satz 2 LBG trägt die Beamtin oder der Beamte.

Hinweis der Redaktion: Fordert das Gesundheitsamt anlässlich einer amtsärztlichen Untersuchung von der Schulleitung „ergänzende Beobachtungen" an, sind von dieser lediglich die eigenen und belegbaren Beobachtungen weiterzugeben. Da diese Stellungnahme unter Umständen großen Einfluss auf das amtsärztliche Gutachten hat, sind von den Schulleitungen ausdrücklich keine medizinischen Diagnosen zu stellen oder medizinische Vermutungen anzustellen. Dagegen sind konkrete Vorschläge, wie die Lehrkraft an der Schule weiter eingesetzt werden könnte bzw. welche Hilfsmittel oder sonstigen Unterstützungen (bis zu baulichen Veränderungen) nötig wären, hilfreich. Den Lehrkräften ist die Stellungnahme grundsätzlich vor der Weiterleitung an das Gesundheitsamt zur Einsicht vorzulegen. (Quelle: SSA Stuttgart, 19.10.2016)

41.2 Sind Beamtinnen und Beamte innerhalb eines Jahres länger als sechs Wochen ununterbrochen oder wiederholt dienstunfähig krank, ist das Präventionsverfahren des betrieblichen Eingliederungsmanagements nach (jetzt.) § 167 Absatz 2 SGB IX zu veranlassen. ⇨ Eingliederungsmanagement (BEM)

Die gestufte Wiederaufnahme des Dienstes nach § 68 Absatz 3 LBG kann eine Maßnahme des betrieblichen Eingliederungsmanagements sein. Lang andauernd im Sinne des § 68 Absatz 3 LBG ist eine Krankheit mit einer Dauer von mehr als sechs Wochen. Die Einleitung eines Verfahrens mit dem Ziel der Zurruhesetzung wegen Dienstunfähigkeit oder der Verwendung in begrenzter Dienstfähigkeit (§§ 26, 27 BeamtStG, §§ 43 bis 45 LBG) bleibt unberührt.

41.3 Die gestufte Wiederaufnahme des Dienstes aufgrund von § 68 Absatz 3 LBG ist freiwillig und liegt überwiegend im Interesse der erkrankten Beamtinnen und Beamten, dienstliche Belange sollen daher soweit möglich zurückgestellt werden. Belange von schwerbehinderten Beamtinnen und schwerbehinderten Beamten sind besonders zu berücksichtigen. Mit der betreffenden Beamtin oder dem betreffenden Beamten ist unter Einbeziehung der Vorgesetzten entsprechend den ärztlichen Maßgaben eine Vereinbarung, möglichst in Schriftform, zu treffen. Die gestufte Wiederaufnahme soll zunächst nicht länger als sechs Monate vereinbart werden. Ist nach dieser Zeit eine Wiederaufnahme des Dienstes im bisherigen Beschäftigungsumfang nach ärztlicher Feststellung noch nicht möglich, aber absehbar, soll die Wiedereingliederung fortgeführt werden. Ist eine Wiederaufnahme des Dienstes im bisherigen Beschäftigungsumfang dagegen nicht absehbar, ist die Zurruhesetzung wegen Dienstunfähigkeit oder die Verwendung in begrenzter Dienstfähigkeit zu prüfen. Aus dienststellenspezifischen Gründen kann stattdessen eine gestufte Wiederaufnahme bis zur Höchstdauer von zwölf Monaten vereinbart werden. Die Vorgesetzten haben mit darauf zu achten, dass die ärztlichen Vorgaben insbesondere hinsichtlich Belastungen und zeitlicher Inanspruchnahme, eingehalten werden und der Genesungsprozess insoweit nicht durch die Dienstausübung gefährdet wird. Die gestufte Wiederaufnahme ist bei unvorhergesehenen gesundheitlichen Beeinträchtigungen unverzüglich zu unterbrechen und erst nach ärztlicher Rücksprache wieder aufzunehmen. Die erkrankten Beamtinnen und Beamten gelten während der gestuften Wiederaufnahme weiterhin als dienstunfähig, es handelt sich um keine Teilzeitbeschäftigung und keine Verwendung in begrenzter Dienstfähigkeit. Zeiten der Dienstleistung sind zu erfassen, aber nicht als Arbeitszeit zu werten. Urlaub und Arbeitszeitflexibilisierung finden während der Dauer der Wiedereingliederung nicht statt. Den betreffenden Beamtinnen und Beamten ist möglichst weitgehende Freiheit in der Arbeitszeitgestaltung im Benehmen mit den Vorgesetzen einzuräumen. Unterbrechungen der gestuften Wiederaufnahme, zum Beispiel zu Erholungszwecken, für die uneingeschränkt dienstfähige Beamtinnen oder Beamte Urlaub einsetzen müssten, sollen zugelassen werden, soweit dies mit den Zielen der gestuften Wiederaufnahme, gegebenenfalls nach ärztlichem Dafürhalten, vereinbar ist. Die Dienstleistung während der gestuften Wiederaufnahme ist beispielsweise bei leistungsbezogenen Bewertungen nicht zu berücksichtigen. Entspricht die Dienstleistung nicht den Erwartungen, die bei objektiver Betrachtung unter Berücksichtigung des Gesundheitszustands mindestens zugrunde gelegt werden dürfen, soll die gestufte Wiederaufnahme widerrufen werden.

41.4 Personen die eine Gesundheitsgefahr für die übrigen Angehörigen der Dienststelle darstellen, weil sie oder eine im selben Haushalt lebende Person an einer nach § 6 Absatz 1 Nummer 1 des Infektionsschutzgesetzes (IfSG) meldepflichtigen oder an einer bedrohlichen übertragbaren Krankheit leiden oder dessen verdächtig oder Trägerinnen oder Träger eines Erregers nach § 7 Absatz 1 und 2 IfSG sind und nach ärztlichem Urteil eine Ansteckungsgefahr besteht, haben dem Dienst so lange fernzubleiben, bis nach ärztlichem Urteil eine Weiterverbreitung der Krankheit oder des Erregers nicht mehr zu befürchten ist. Ein entsprechendes ärztliches Zeugnis, in begründeten Fällen amtsärztliches Zeugnis oder Zeugnis einer beamteten Ärztin oder eines beamteten Arztes, ist auf Verlangen der Dienststelle beizubringen.

41.5 Haben Beamtinnen oder Beamte allgemeine staatsbürgerliche Pflichten wahrzunehmen, haben sie die Heranziehung, Einberufung oder Vorladung ihren Dienstvorgesetzten so zeitig anzuzeigen, dass für Stellvertretung gesorgt werden kann. Die Wahrnehmung solcher Pflichten gilt als notwendig und ist gegenüber dienstlichen Gründen vorrangig.

Allgemeine staatsbürgerliche Pflichten sind insbesondere die Heranziehung als Wahlhelferinnen und Wahlhelfer bei öffentlichen Wahlen und Abstimmungen, die Wahrnehmung amtlicher, gerichtlicher, staatsanwaltschaftlicher oder polizeilicher Termine (Zeugenaussagen oder Sachverständige) oder das Befolgen einer behördlichen Vorladung, soweit solche Termine

Das ⇨ Beamtenstatusgesetz und das ⇨ Beamtengesetz (LBG) überschneiden bzw. ergänzen einander.
Bitte beachten Sie die Erläuterungen unter ⇨ Beamt*innen (Allgemeines) sowie die Querverweise.

oder Vorladungen nicht durch private Angelegenheiten der Beamtinnen und Beamten veranlasst sind. Staatsbürgerliche Pflichten nach dem Recht eines Mitgliedstaats der Europäischen Union stehen solchen nach deutschem Recht gleich.

Sonderurlaub ist nicht erforderlich. Die notwendige Abwesenheit vom Dienst wird nach Maßgabe der Vorschriften über den Sonderurlaub auf die Arbeitszeit angerechnet.

Für die Erfüllung besonderer staatsbürgerlicher Pflichten als ehrenamtliche Tätigkeit im öffentlichen Leben, zum Beispiel als ehrenamtliche Richterinnen und Richter, gilt § 29 Absatz 1 Nummer 2 AzUVO, soweit hierfür nicht Sonderbestimmungen vorrangig sind (vergleiche auch Nummer 47).

41.6 Wird durch das Fernbleiben vom Dienst während konkret festgesetzter Dienststunden, zum Beispiel in feststehender Arbeitszeit oder nach Dienstplan, Arbeitszeit versäumt, ist diese grundsätzlich nicht nachzuholen. Besoldungs- oder disziplinarrechtliche Folgen bleiben unberührt.

⇨ Infektionsschutzgesetz; ⇨ Urlaub (Sonderurlaub Beamtenrecht Nr. 46.7 ff.); ⇨ Urlaub (VO/AzUVO) § 29

§ 69
Teilzeitbeschäftigung

(1) Beamtinnen und Beamten mit Dienstbezügen, die

1. ein Kind unter 18 Jahren oder
2. eine nach ärztlichem Gutachten pflegebedürftige Angehörige oder einen pflegebedürftigen Angehörigen

tatsächlich betreuen oder pflegen, ist auf Antrag Teilzeitbeschäftigung mit mindestens der Hälfte der regelmäßigen Arbeitszeit zu bewilligen, wenn zwingende dienstliche Belange nicht entgegenstehen.

⇨ Besoldungsgesetz (LBesGBW); ⇨ Teilzeit / Urlaub (Beamtenrecht – VwV); dort auch Übersichtstabelle

⇔ **Querverweis:** ⇨ Beamtenstatusgesetz §§ 43 beachten.

(1a) Beamtinnen und Beamten auf Widerruf im Vorbereitungsdienst,

1. bei denen die in Absatz 1 genannten Gründe vorliegen oder
2. bei denen zum Zeitpunkt der Antragsstellung die Schwerbehinderteneigenschaft im Sinne des § 2 Absatz 2 oder die Gleichstellung nach § 2 Absatz 3 des Neunten Buches Sozialgesetzbuch festgestellt ist,

kann auf Antrag Teilzeitbeschäftigung im festgelegten Umfang, der jedoch mindestens die Hälfte der regelmäßigen Arbeitszeit betragen muss, bewilligt werden, wenn dies durch Rechtsverordnung nach § 16 Absatz 2 vorgesehen ist.

Hinweis der Redaktion: Im ersten Schulhalbjahr ist der Umfang des begleiteten Unterrichts/der Hospitation i.d.R. auf 6 bis 8 Unterrichtsstunden reduziert. Im zweiten Ausbildungsabschnitt (Dauer: 4 Schulhalbjahre) wird etwa die Hälfte der im Vorbereitungsdienst in Vollzeit vorgesehenen Unterrichtsverpflichtung, d.h. wöchentlich 4 bis 8 Unterrichtsstunden, unterrichtet. Der Nachteilsausgleich bei Schwerbehinderung wird berücksichtigt.

(2) Beamtinnen und Beamten mit Dienstbezügen kann unter den Voraussetzungen des Absatzes 1 Teilzeitbeschäftigung mit weniger als der Hälfte, mindestens aber einem Viertel der regelmäßigen Arbeitszeit bewilligt werden, wenn dienstliche Belange nicht entgegenstehen.

Hinweise der Redaktion:

1. Hierzu auch § 74 Abs. 2 beachten.
2. Wegen des Lehrermangels müssen die Regierungspräsidien neue Anträge auf Teilzeitbeschäftigung und Beurlaubung aus sonstigen Gründen (⇨ Beamtengesetz (LBG) § 69 Abs. 4; ⇨ Urlaub (Verordnung) § 31) im Einzelfall sehr sorgfältig prüfen und – sofern mit Blick auf die Unterrichtsversorgung dienstliche Gründe entgegenstehen – ablehnen. Für jeden Antrag auf Teilzeitbeschäftigung/Beurlaubung aus sonstigen Gründen ist eine individuelle Abwägung mit der Versorgungssituation an der jeweiligen konkreten Schule, an der die antragstellende Lehrkraft unterrichtet, vorzunehmen. Im Falle einer Ablehnung ist der Personalrat – jedoch nur auf Antrag – zu beteiligen. (Quelle: KM 5.6.2018, ohne AZ) ⇨ Personalvertretungsgesetz (LPVG) § 75 Abs. 2 Nr. 6

(3) Während der Elternzeit (§ 76) kann Beamtinnen und Beamten mit Dienstbezügen Teilzeitbeschäftigung mit weniger als der Hälfte, mindestens aber einem Viertel der regelmäßigen Arbeitszeit bewilligt werden, wenn dies im Interesse des Dienstherrn liegt. Beamtinnen und Beamten auf Widerruf im Vorbereitungsdienst kann während der Elternzeit nach Satz 1eine Teilzeitbeschäftigung im festgelegten Umfang, der jedoch mindestens ein Viertel der regelmäßigen Arbeitszeit betragen muss, bewilligt werden, wenn dies durch Rechtsverordnung nach § 16 Absatz 2 vorgesehen ist. ⇨ Elterngeld / Elternzeit (Allgemeines)

(4) Beamtinnen und Beamten mit Dienstbezügen kann auf Antrag Teilzeitbeschäftigung mit mindestens der Hälfte der regelmäßigen Arbeitszeit bis zur jeweils beantragten Dauer bewilligt werden, soweit dienstliche Belange nicht entgegenstehen.

Hinweis der Redaktion: Beim Hinausschieben der Altersgrenze aus dienstlichen Gründen ist eine Teilzeitbeschäftigung nach § 69 Abs. 4 bis zum Schuljahresende nach Vollendung des 69. Lebensjahres möglich.

(5) Die oberste Dienstbehörde kann für ihren Dienstbereich, auch für einzelne Gruppen von Beamtinnen und Beamten, zulassen, dass Teilzeitbeschäftigung nach Absatz 4 auf Antrag in der Weise bewilligt wird, dass der Teil, um den die regelmäßige Arbeitszeit im Einzelfall ermäßigt ist, zu einem zusammenhängenden Zeitraum von bis zu einem Jahr zusammengefasst wird (Freistellungsjahr). Das Freistellungsjahr soll am Ende des Bewilligungszeitraums in Anspruch genommen werden. Es kann auf Antrag der Beamtin oder des Beamten bis vor den Eintritt in den Ruhestand aufgeschoben werden. Mehrere Freistellungsjahre können zusammengefasst werden. ⇨ Teilzeit (Freistellungsjahr - Sabbatjahr)

(6) Treten während des Bewilligungszeitraums einer Teilzeitbeschäftigung nach Absatz 5 Umstände ein, die die vorgesehene Abwicklung der Freistellung unmöglich machen, ist ein Widerruf abweichend von § 49 des Landesverwaltungsverfahrensgesetzes nach Maßgabe der Absätze 7 und 8 auch mit Wirkung für die Vergangenheit zulässig. Der Widerruf darf nur mit Wirkung für den gesamten Bewilligungszeitraum und nur in dem Umfang erfolgen, der der tatsächlichen Arbeitszeit entspricht.

(7) Die Bewilligung einer Teilzeitbeschäftigung mit Freistellungsjahr nach Absatz 5 ist zu widerrufen

1. bei Beendigung des Beamtenverhältnisses,
2. beim Dienstherrnwechsel,
3. bei Gewährung von Urlaub nach § 72 Abs. 2 Nr. 2 oder nach § 31 Abs. 2 der Arbeitszeit- und Urlaubsverordnung. ⇨ Urlaub (Verordnung) § 31

(8) Wird langfristig Urlaub nach anderen als den in Absatz 7 Nr. 3 genannten Vorschriften bewilligt, so ver-

längert sich der Bewilligungszeitraum um die Dauer der Beurlaubung. Auf Antrag oder aus dienstlichen Gründen kann die Bewilligung widerrufen werden.

(9) Die Bewilligung von Teilzeitbeschäftigung kann aus dienstlichen Gründen von

1. einer bestimmten Dauer (Mindestbewilligungszeitraum),
2. einem bestimmten Umfang der Teilzeitbeschäftigung und
3. von einer bestimmten Festlegung der Verteilung der Arbeitszeit

abhängig gemacht werden. Eine Festlegung der Verteilung der Arbeitszeit darf bei Teilzeitbeschäftigung nach Absatz 1 Nr. 1 und Nr. 2 nicht dem Zweck der Bewilligung zuwiderlaufen. Soweit zwingende dienstliche Belange es erfordern, kann nachträglich die Dauer der Teilzeitbeschäftigung beschränkt oder der Umfang der zu leistenden Arbeitszeit erhöht werden. Die Bewilligung soll widerrufen werden, wenn die Gründe nach Absatz 1 weggefallen sind. Ein Antrag auf Verlängerung einer Teilzeitbeschäftigung ist spätestens sechs Monate vor Ablauf des Bewilligungszeitraums zu stellen. Die Ausübung von Nebentätigkeiten ist nach Maßgabe der §§ 60 bis 65 zulässig.

⇨ Stellenwirksame Änderungsanträge;
⇨ Teilzeit / Urlaub (Beamtenrecht – VwV)

(10) Ein Übergang zur Vollzeitbeschäftigung oder eine Änderung des Umfangs der Teilzeitbeschäftigung ist auf Antrag zuzulassen, wenn der Beamtin oder dem Beamten die Fortsetzung der bewilligten Teilzeitbeschäftigung nicht zugemutet werden kann und dienstliche Belange nicht entgegenstehen.

§ 70
Altersteilzeit

(1) Beamtinnen und Beamten mit Dienstbezügen, bei denen zum Zeitpunkt der Antragstellung die Schwerbehinderteneigenschaft im Sinne des § 2 Abs. 2 des Neunten Buches Sozialgesetzbuch festgestellt ist, kann auf Antrag, der sich auf die Zeit bis zum Beginn des Ruhestands erstrecken muss, Teilzeitbeschäftigung als Altersteilzeit mit 60 Prozent der bisherigen Arbeitszeit, höchstens jedoch 60 Prozent der in den letzten zwei Jahren vor Beginn der Altersteilzeit durchschnittlich geleisteten Arbeitszeit, bewilligt werden, wenn

1. die Beamtin oder der Beamte das 55. Lebensjahr vollendet hat,
2. sie oder er in den letzten fünf Jahren vor Beginn der Altersteilzeit insgesamt drei Jahre mindestens teilzeitbeschäftigt war und
3. dienstliche Belange nicht entgegenstehen.

Hinweis der Redaktion: Als „Teilzeitbeschäftigung" gilt auch die unterhälftige Teilzeitarbeit (§ 69 Abs. 2 und 3).

(2) Altersteilzeit kann in der Weise bewilligt werden, dass

1. während des gesamten Bewilligungszeitraums Teilzeitarbeit durchgehend im nach Absatz 1 festgesetzten Umfang geleistet wird (Teilzeitmodell) oder
2. während der ersten drei Fünftel des Bewilligungszeitraums die tatsächliche Arbeitszeit auf die bisherige Arbeitszeit, höchstens die in den letzten zwei Jahren vor Beginn der Altersteilzeit durchschnittlich zu leistende Arbeitszeit erhöht wird und diese Arbeitszeiterhöhung in den restlichen zwei Fünfteln des Bewilligungszeitraums durch eine volle Freistellung vom Dienst ausgeglichen wird (Blockmodell).

Altersteilzeit mit weniger als 60 Prozent der regelmäßigen Arbeitszeit kann nur bewilligt werden, wenn vor der vollen Freistellung von der Arbeit mindestens im Umfang der bisherigen Teilzeitbeschäftigung Dienst geleistet wird; dabei bleiben geringfügige Unterschreitungen des notwendigen Umfangs der Arbeitszeit außer Betracht. Bei Beantragung der Altersteilzeit im Blockmodell müssen Beamtinnen und Beamte unwiderruflich erklären, ob sie bei Bewilligung der Altersteilzeit mit Erreichen der gesetzlichen Altersgrenze in den Ruhestand treten oder ob sie einen Antrag nach § 40 stellen werden.

(3) § 69 Abs. 9 Satz 6, Abs. 10 und § 75 gelten entsprechend.

Hinweise der Redaktion:

1. Bitte die Übergangsvorschrift beachten (siehe nach § 69).
2. In der Altersteilzeit gibt es einen Gehaltszuschlag gemäß ⇨ Besoldungsgesetz (LBesGBW) § 69.

Auszug aus der BeamtVwV des IM

44.1 Die Altersteilzeit für schwerbehinderte Beamtinnen und schwerbehinderte Beamte ist eine Sonderform der Teilzeitbeschäftigung. Die Beamtinnen oder Beamten müssen zum Zeitpunkt der Antragstellung schwerbehindert im Sinne von § 2 Absatz 2 SGB IX sein, das heißt es muss die Schwerbehinderteneigenschaft nach (jetzt:) § 152 Absatz 1 SGB IX mit einem Grad der Behinderung von wenigstens 50 festgestellt sein. Die Beamtinnen oder Beamten haben dies in der Regel durch den Schwerbehindertenausweis nachzuweisen. Über die Bewilligung der Altersteilzeit ist nach pflichtgemäßem Ermessen zu entscheiden. Dabei sind neben den dienstlichen Belangen auch die Belange der schwerbehinderten Beamtinnen oder Beamten angemessen zu berücksichtigen.

44.2 Der Antrag muss sich auf die Zeit bis zum Beginn des Ruhestands (Erreichen der Altersgrenze für den Eintritt in den Ruhestand kraft Gesetzes oder Versetzung in den Ruhestand auf Antrag) erstrecken. (…)

44.3 Die Höchstgrenze des Altersteilzeitumfangs nach § 70 Absatz 1 Satz 1 LBG gilt für Teilzeitbeschäftigte, die ihr Arbeitszeitvolumen in den letzten zwei Jahren vor Beginn der Altersteilzeit erhöht haben. In diesem Fall kann Altersteilzeit nur in Höhe von 60 Prozent der in den letzten zwei Jahren durchschnittlich geleisteten Arbeitszeit bewilligt werden.

44.4 Altersteilzeit darf nach § 70 Absatz 3 LBG und § 75 Absatz 1 Satz 1 LBG das berufliche Fortkommen nicht beeinträchtigen. Bei der Entscheidung über eine Beförderung während einer Altersteilzeit ist insbesondere beim Blockmodell mit Blick auf die Zielsetzung einer Beförderung, bei der auf die künftige Wahrnehmung der Aufgaben abzustellen ist, zu prüfen, ob eine solche in angemessenem Umfang tatsächlich auch erwartet werden kann.

44.5 Die Ausübung von Nebentätigkeiten ist nach Maßgabe der nebentätigkeitsrechtlichen Bestimmungen zulässig. In der Freistellungsphase gilt für den zeitlichen Umfang die Zwölf-Stunden-Grenze des § 62 Absatz 3 Satz 4 LBG.

44.6 Im Teilzeitmodell nach § 70 Absatz 2 Satz 1 Nummer 1 LBG ist im gesamten Bewilligungszeitraum grundsätzlich 60-prozentige Teilzeitbeschäftigung zu leisten, bezogen auf die volle regelmäßige Arbeitszeit nach § 4 AzUVO. Bei dieser Berechnung bleiben geringfügige Unterschreitungen des notwendigen Umfangs der Arbeitszeit (bis zu 10 Prozent der regelmäßigen Arbeitszeit) außer Betracht. Damit ist beispielsweise auch bei einer bisherigen Teilzeitbeschäftigung im Umfang von 90 Prozent das Teilzeitmodell mit 60

Prozent von 90 Prozent, also mit 54 Prozent möglich.

44.7 Altersteilzeit im Blockmodell (§ 70 Absatz 2 Satz 1 Nummer 2 LBG) mit einem Zeitpunkt der Zurruhesetzung zwischen der allgemeinen Antragsaltersgrenze (§ 40 Absatz 1 Satz 1 Nummer 1 LBG) und der Antragsaltersgrenze für schwerbehinderte Beamtinnen und Beamte (§ 40 Absatz 1 Satz 1 Nummer 2 LBG) kann nur bewilligt werden, wenn die Personalverwaltung bereits bei Antragstellung davon ausgehen kann, dass die Schwerbehinderteneigenschaft im Sinne des § 2 Absatz 2 SGB IX auch zum angestrebten Zurruhesetzungszeitpunkt bestehen wird. Steht die Schwerbehinderteneigenschaft zum angestrebten Zurruhesetzungszeitpunkt nach Erreichen der Antragsaltersgrenze für schwerbehinderte Beamtinnen und Beamte noch nicht fest, kann die Altersteilzeit im Blockmodell nur mit einem Zeitpunkt der Zurruhesetzung ab Erreichen der allgemeinen Antragsaltersgrenze bewilligt werden. Die Beamtin oder der Beamte ist dabei auf Folgendes hinzuweisen: Eine nachträgliche Verkürzung der Gesamtdauer der bewilligten Altersteilzeitbeschäftigung und damit der Arbeitsphase sowie der Freistellungsphase in der Weise, dass die Beamtinnen oder Beamten bereits zu einem früheren Zeitpunkt als bisher beantragt in den Ruhestand treten, ist zulässig, sofern dadurch, bezogen auf die verkürzte Gesamtdauer der Altersteilzeitbeschäftigung, der gesetzlich festgelegte Mindestumfang der Teilzeitbeschäftigung nicht berührt wird. [...]

44.9 Bei Altersteilzeit im Blockmodell erbringen die Beamtinnen oder Beamten vorab Dienstleistungen, die während der Freistellungsphase ausgeglichen werden. Für Fälle, in denen das Gleichgewicht zwischen Arbeitsphase und Freistellungsphase in erheblichem Umfang gestört ist, weil die Beamtinnen oder Beamten in der Arbeitsphase über einen zusammenhängenden Zeitraum von mehr als sechs Monaten an der Erbringung der Dienstleistung gehindert sind, beispielsweise infolge Krankheit, muss sich der Dienstherr die Möglichkeit vorbehalten, die Bewilligung der Altersteilzeit ganz oder teilweise zu widerrufen. Bewilligungsbescheide über Altersteilzeit im Blockmodell sind daher vorsorglich mit folgendem Widerrufsvorbehalt zu versehen: „Wenn die Beamtin/der Beamte in der Arbeitsphase über einen zusammenhängenden Zeitraum von mehr als sechs Monaten keinen Dienst leistet, kann dieser Bescheid mit Wirkung für die Zukunft ganz oder teilweise widerrufen und gegebenenfalls die Dauer der Arbeits- und der Freistellungsphase neu berechnet werden.

44.10 War eine bewilligte Altersteilzeit am 31. Dezember 2010 bereits angetreten, ist für nachträgliche Änderungen in der Regel ein Teilwiderruf vorzusehen, so dass die grundsätzliche Bewilligung nach der bis zum 31. Dezember 2010 geltenden Rechtslage unangetastet bleibt.

⇨ Teilzeit (Altersteilzeit / Beamtenrecht)

§ 71 Urlaub

Die Landesregierung regelt durch Rechtsverordnung

1. Dauer, Erteilung, Widerruf, finanzielle Vergütung und Verfall des Erholungsurlaubs einschließlich etwaigen Zusatzurlaubs
2. Anlass, Dauer und Erteilung von Sonderurlaub und Urlaub aus sonstigen Gründen und bestimmt dabei, ob und inwieweit die Bezüge während eines solchen Urlaubs belassen werden können.

⇔ **Querverweis:** Erholungsurlaub ⇨ Beamtenstatusgesetz § 44.

Die Nummern 46 und 47 der BeamtVwV zu § 71 LBG sind unter ⇨ Urlaub (Verordnung – AzUVO § 29) abgedruckt.

⇨ Tarifvertrag-Länder (TV-L) § 29; ⇨ Urlaub (Lehrkräfte – Allgemeines); ⇨ Urlaub (Verordnung)

§ 72
Urlaub von längerer Dauer ohne Dienstbezüge

(1) Beamtinnen und Beamten mit Dienstbezügen, die

1. ein Kind unter 18 Jahren oder
2. eine nach ärztlichem Gutachten pflegebedürftige Angehörige oder einen pflegebedürftigen Angehörigen

tatsächlich betreuen oder pflegen, ist auf Antrag Urlaub ohne Dienstbezüge zu gewähren, wenn zwingende dienstliche Belange nicht entgegenstehen.

(2) Beamtinnen und Beamten mit Dienstbezügen kann aus anderen Gründen auf Antrag Urlaub ohne Dienstbezüge

1. bis zur Dauer von sechs Jahren oder
2. nach Vollendung des 55. Lebensjahres bis zum Beginn des Ruhestands

bewilligt werden, wenn dienstliche Belange nicht entgegenstehen. Zur Ausübung einer Erwerbstätigkeit oder vergleichbaren Tätigkeit darf Urlaub nach Satz 1 nicht bewilligt werden.

Hinweise der Redaktion:

1. Der Urlaub beginnt grundsätzlich am ersten Unterrichtstag nach den Sommerferien und endet am letzten Tag vor dem Unterrichtsbeginn nach den Sommerferien.
2. Lehrkräften kann „Altersurlaub" (§ 72 Abs. 2 Nr. 2) auch bis zur Antragsaltersgrenze bewilligt werden. Sie treten dann im laufenden Schuljahr „tagesscharf" bei Vollendung des 63. Lebensjahres in den Ruhestand. Dieser Urlaub muss also nicht ein Schuljahr oder mehrere volle Schuljahre, sondern kann auch nur wenige Tage, Wochen oder Monate dauern. (Quelle: KM, 21.10.1998; AZ: 114-0311.52/175)

⇨ Beihilfe (Urlaub); ⇨ Krankenversicherung; ⇨ Teilzeit / Urlaub (Beamtenrecht – VwV); ⇨ Teilzeit/Urlaub (Freistellungs-/Sabbatjahr); ⇨ Urlaub (Lehrkräfte – Allgemeines)

(3) § 69 Abs. 9 Satz 1 Nr. 1 und Satz 5 und 6 gilt entsprechend.

(4) Die Rückkehr aus dem Urlaub ist auf Antrag zuzulassen, wenn der Beamtin oder dem Beamten die Fortsetzung des Urlaubs nicht zugemutet werden kann und dienstliche Belange nicht entgegenstehen. Die Bewilligung soll widerrufen werden, wenn die Gründe nach Absatz 1 weggefallen sind.

Hinweis der Redaktion: Siehe Übergangsvorschrift nach § 69.

§ 73
Höchstdauer von unterhälftiger Teilzeitbeschäftigung und Urlaub

(1) Teilzeitbeschäftigung mit weniger als der Hälfte der regelmäßigen Arbeitszeit nach § 69 Abs. 2 Satz 1 und Urlaub nach § 72 Abs. 1 und 2 dürfen insgesamt die Dauer von 15 Jahren nicht überschreiten. Dabei bleiben eine unterhälftige Teilzeitbeschäftigung während einer Elternzeit nach § 76 Nummer 2 sowie ein Urlaub nach § 74 Absatz 4 Satz 2 unberücksichtigt. Satz 1 findet bei Urlaub nach § 72 Abs. 2 Satz 1 Nr. 2 keine Anwendung, wenn es der Beamtin oder dem Beamten nicht mehr zuzumuten ist, zur Voll- oder Teilzeitbeschäftigung zurückzukehren.

Hinweis der Redaktion: „Zurückzukehren" bedeutet, dass der sogenannte Altersurlaub (§ 72 Abs. 2 Nr. 2) nach Ausschöpfen der Höchstdauer von 15 Jahren nur als Verlängerung eines bereits bestehenden Urlaubs möglich ist.

(2) Der Bewilligungszeitraum kann bei Beamtinnen und Beamten im Schul- und Hochschuldienst bis zum Ende des laufenden Schuljahrs, Semesters oder Trimesters ausgedehnt werden.

⇨ Beihilfeverordnung § 2; ⇨ Elternzeit (Beamt*innen)

§ 74
Pflegezeiten

(1) Beamtinnen und Beamte dürfen ohne Genehmigung bis zu zehn Arbeitstage, davon neun Arbeitstage unter Belassung der Dienst- oder Anwärterbezüge, dem Dienst fernbleiben, wenn dies erforderlich ist, um für pflegebedürftige nahe Angehörige in einer akut aufgetretenen Pflegesituation eine bedarfsgerechte Pflege zu organisieren oder eine pflegerische Versorgung in dieser Zeit sicherzustellen. Das Fernbleiben vom Dienst und dessen voraussichtliche Dauer sind unverzüglich anzuzeigen. Die Voraussetzungen für das Fernbleiben sind auf Verlangen nachzuweisen.

Hinweis der Redaktion: Die Bezüge für die ersten neun Tage werden also belassen, am zehnten Tag entfallen sie für diesen Tag. ⇨ Krankmeldung (Abwesenheit von Lehrkräften)

(2) Beamtinnen und Beamten, die

1. pflegebedürftige nahe Angehörige in häuslicher Umgebung pflegen oder
2. minderjährige pflegebedürftige nahe Angehörigein häuslicher oder außerhäuslicher Umgebung betreuen,

ist auf Verlangen Urlaub ohne Dienst- oder Anwärterbezüge oder auf Antrag Teilzeitbeschäftigung mit mindestens einem Viertel der regelmäßigen Arbeitszeit bis zur Dauer von sechs Monaten zu bewilligen; der Wechsel zwischen Pflege nach Nummer 1 und Betreuung nach Nummer 2 ist jederzeit möglich. Der beantragten Verringerung und Verteilung der Arbeitszeit ist zu entsprechen, wenn dringende dienstliche Gründe nicht entgegenstehen.

(3) Beamtinnen und Beamten mit Dienstbezügen ist für Pflege oder Betreuung nach Absatz 2 Satz 1 Nummer 1 und 2, auch im jederzeitigen Wechsel, auf Antrag Teilzeitbeschäftigung mit mindestens der Hälfte der regelmäßigen Arbeitszeit bis zur Dauer von 24 Monaten zu bewilligen. Absatz 2 Satz 2 findet Anwendung.

(4) Beamtinnen und Beamten ist zur Begleitung naher Angehöriger, wenn diese an einer Erkrankung leiden, die progredient verläuft und bereits ein weit fortgeschrittenes Stadium erreicht hat, bei der eine Heilung ausgeschlossen und eine palliativmedizinische Behandlung notwendig ist und die eine begrenzte Lebenserwartung von Wochen oder wenigen Monaten erwarten lässt, auf Verlangen Urlaub ohne Dienst- oder Anwärterbezüge oder auf Antrag Teilzeitbeschäftigung mit mindestens einem Viertel der regelmäßigen Arbeitszeit bis zur Dauer von drei Monaten zu bewilligen; Absatz 2 Satz 2 findet Anwendung. Urlaub unter Belassung der Dienst- oder Anwärterbezüge soll Beamtinnen und Beamten auf Antrag zur Beaufsichtigung, Betreuung oder Pflege ihres Kindes bewilligt werden, das an einer Erkrankung nach Satz 1 leidet, wenn das Kind das zwölfte Lebensjahr noch nicht vollendet hat oder behindert und auf Hilfe angewiesen ist; der Urlaub kann nur von einem Elternteil beantragt werden.

(5) Urlaub und Teilzeitbeschäftigung nach Absatz 2 bis 4 Satz 1 dürfen insgesamt die Dauer von 24 Monaten je naher Angehöriger oder nahem Angehörigen nicht überschreiten; auf Antrag ist ein Wechsel zwischen Urlaub oder Teilzeitbeschäftigung nach Absatz 2 und Teilzeitbeschäftigung nach Absatz 3 zuzulassen. Urlaub und Teilzeitbeschäftigung nach Absatz 2 bis 4 Satz 1 unterbrechen einen Urlaub nach § 72 oder eine Teilzeitbeschäftigung nach § 69. § 69 Absatz 9 Satz 6 findet Anwendung.

(6) Die Absätze 1, 2, 4 und 5 gelten, soweit gesetzlich nichts anderes bestimmt ist, für Auszubildende in öffentlich-rechtlichen Ausbildungsverhältnissen entsprechend.

(7) Nahe Angehörige im Sinne dieser Vorschrift sind die nahen Angehörigen nach § 7 Absatz 3 des Pflegezeitgesetzes.

(8) *(Ermächtigung; nicht abgedruckt).*

Hinweis der Redaktion: Der Monatsbetrag des Vorschusses beträgt 50 % des Unterschiedsbetrags zwischen den Bezügen, die nach der Arbeitszeit vor Beginn der Pflegezeit zustehen würden, und den Bezügen, die während der Pflegezeit jeweils zustehen. Er ist auf den Betrag begrenzt, der sich bei einer Teilzeitbeschäftigung mit einem Viertel der regelmäßigen Arbeitszeit während der Pflegezeit ergeben würde. Der Vorschuss kann auf Antrag auch in geringerer Höhe festgesetzt werden; er ist spätestens innerhalb von 48 Monaten nach Beginn der Pflegezeit zurückzuzahlen. (Quelle: Pflegezeitvorschuss-VO, 15.12.2015; GBl. S. 4/2016)

⇨ Urlaub (Verordnung) § 31 i.V.m. ⇨ Urlaub (Pflegezeit – Beamt*innen) § 48; ⇨ Urlaub (Pflegezeitgesetz) § 7

4. Abschnitt
Fürsorge und Schutz

§ 75
Benachteiligungsverbot

(1) Teilzeitbeschäftigung darf das berufliche Fortkommen nicht beeinträchtigen; eine unterschiedliche Behandlung von Beamtinnen und Beamten mit ermäßigter Arbeitszeit gegenüber Beamtinnen und Beamten mit regelmäßiger Arbeitszeit ist nur zulässig, wenn zwingende sachliche Gründe dies rechtfertigen. Satz 1 gilt für Schwangerschaft, Mutterschutz, Elternzeit, Pflegezeit, Telearbeit und Urlaub von längerer Dauer entsprechend.

(2) Beamtinnen und Beamten dürfen wegen ihrer oder der genetischen Eigenschaften (§ 3 Nr. 4 des Gendiagnostikgesetzes) einer genetisch verwandten Person in ihrem Dienstverhältnis nicht benachteiligt werden. Dies gilt auch, wenn sich Beamtinnen oder Beamte weigern, genetische Untersuchungen oder Analysen bei sich vornehmen zu lassen oder die Ergebnisse bereits vorgenommener genetischer Untersuchungen oder Analysen zu offenbaren. Die §§ 15 und 22 des Allgemeinen Gleichbehandlungsgesetzes gelten entsprechend.

⇨ Gleichbehandlungsgesetz (AGG)

§ 76 Mutterschutz, Elternzeit
(Ermächtigung; nicht abgedruckt)

⇨ Elternzeit (Allgemeines); ⇨ Mutterschutz (Allgemeines); ⇨ Mutterschutz (Verordnung)

↔ **Querverweis:** ⇨ Beamtenstatusgesetz §§ 46 beachten.

§ 77 Arbeitsschutz

(1) Für Beamtinnen und Beamte gelten die aufgrund von § 18 des Arbeitsschutzgesetzes erlassenen Rechtsverordnungen entsprechend. [...]

⇨ Arbeits- und Gesundheitsschutz (Allgemeines);
⇨ Arbeitsschutzgesetz

§ 78
Beihilfe

(1) Den Beamtinnen und Beamten, Ruhestandsbeamtinnen und Ruhestandsbeamten, früheren Beamtinnen und Beamten, Witwen, Witwern, hinterbliebenen Lebenspartnerinnen und Lebenspartnern nach dem Lebenspartnerschaftsgesetz und Waisen wird zu Aufwendungen in Geburts-, Krankheits-, Pflege- und Todesfällen sowie zur Gesundheitsvorsorge Beihilfe gewährt, solange ihnen laufende Besoldungs- oder Versorgungsbezüge zustehen. ⇨ Beihilfe (Allgemeines)

(1a) Für Aufwendungen in Krankheits- und Pflegefällen sowie zur Gesundheitsvorsorge, die für die Ehegattin oder den Ehegatten, die Lebenspartnerin oder den Lebenspartner nach dem Lebenspartnerschaftsgesetz der beihilfeberechtigten Person entstanden sind, wird keine Beihilfe gewährt, wenn der Gesamtbetrag der Einkünfte im Sinne des § 2 Absatz 3 des Einkommensteuergesetzes der Ehegattin oder des Ehegatten, der Lebenspartnerin oder des Lebenspartners nach dem Lebenspartnerschaftsgesetz in beiden Kalenderjahren vor der Stellung des Beihilfeantrags jeweils 20 000 Euro überschritten hat. Bei der Ermittlung des Gesamtbetrags der Einkünfte ist bei einem Bezug von Leibrenten und anderen Leistungen im Sinne des § 22 Nummer 1 Satz 3 Buchstabe a Doppelbuchstabe aa und bb des Einkommensteuergesetzes der Jahresbetrag der Rente maßgeblich; die Regelungen des Besteuerungsanteils im Sinne des § 22 Nummer 1 Satz 3 Buchstabe a Doppelbuchstabe aa Satz 3 des Einkommensteuergesetzes sowie des Ertragsanteils im Sinne des § 22 Nummer 1 Satz 3 Buchstabe a Doppelbuchstabe bb Satz 3 des Einkommensteuergesetzes finden keine Anwendung. Bei der Ermittlung, ob die Einkünftegrenze von 20 000 Euro überschritten ist, sind ausländische Einkünfte, für die die Ehegattin oder der Ehegatte, die Lebenspartnerin oder der Lebenspartner nach dem Lebenspartnerschaftsgesetz zu einer der deutschen Einkommensteuer entsprechenden Steuer herangezogen wird, zu berücksichtigen. Satz 2 gilt bei ausländischen Einkünften im Sinne des Satzes 3 entsprechend. Satz 2 und 4 gilt nicht für Leibrenten und andere Leistungen im Sinne des § 22 Nummer 1 Satz 3 Buchstabe a Doppelbuchstabe aa und bb des Einkommensteuergesetzes, deren erstmaliger Beginn vor dem 1. Januar 2021 liegt. Bei Anlegung eines strengen Maßstabs kann in besonderen Härtefällen mit Zustimmung der für die Beihilfegewährung zuständigen obersten Dienstbehörde und im Einvernehmen mit dem Finanzministerium ausnahmsweise abweichend von Satz 1 Beihilfe gewährt werden. Ein besonderer Härtefall im Sinne von Satz 6 liegt insbesondere vor, wenn der Ehegattin oder dem Ehegatten, der Lebenspartnerin oder dem Lebenspartner nach dem Lebenspartnerschaftsgesetz für beihilfefähige Aufwendungen trotz ausreichender und rechtzeitiger Versicherung wegen angeborener Leiden oder bestimmter Krankheiten aufgrund eines individuellen Ausschlusses keine Versicherungsleistungen gewährt werden oder Regelleistungen auf Dauer eingestellt worden sind (Aussteuerung).

Hinweis der Redaktion: Leistungen im Sinne des § 22 Nummer 1 Satz 3 Buchstabe a Doppelbuchstabe aa und bb des EStG sind: Renten oder Leistungen aus der gesetzlichen Rentenversicherung, der landwirtschaftlichen Alterskasse oder den berufsständischen Versorgungseinrichtungen, z.B. VBL oder ZVK. Bei der Einkommensteuer sind gewisse Bestandteile davon steuerfrei. Für die Berechnung des Gesamtbetrags der Einkünfte im Sinne des § 78 BeamtG zählen aber die gesamten Einkünfte aus diesen Renten. Diese Regelung gilt für beihilfefähige Ehe-/Lebenspartner*innen, deren Renten ab 1.1.2021 gezahlt werden.

VwV des FM zur BeihilfeVO zum (gestrichenen) § 5 Absatz 4 Nr. 4

5.1 Maßgebend sind die beiden Kalenderjahre vor Antragstellung; dabei ist unmaßgeblich, in welchem Kalenderjahr die Aufwendungen entstanden oder in Rechnung gestellt worden sind. Überschreiten die Einkünfte den Höchstbetrag nur in einem der beiden Vorjahre, so sind auch die im Kalenderjahr des Überschreitens entstandenen Aufwendungen beihilfefähig.

5.2 Sind beim berücksichtigungsfähigen Ehegatten, dessen Einkünfte in den beiden Vorjahren den Höchstbetrag überschritten haben, im laufenden Kalenderjahr die Einkünfte weggefallen oder deutlich reduziert und erklärt die beihilfeberechtigte Person, dass im laufenden Kalenderjahr der Höchstbetrag nicht überschritten wird und sie mit der Antragstellung nicht bis in das Folgejahr warten will, wird hiermit zugestimmt, dass unter dem Vorbehalt des Widerrufs eine Beihilfe bereits im laufenden Kalenderjahr gewährt wird. Dem Beihilfeberechtigten ist aufzugeben, im Laufe des folgenden Kalenderjahres zu erklären, ob die Einkünfte des berücksichtigungsfähigen Ehegatten im abgelaufenen Kalenderjahr den Höchstbetrag überschritten haben.

(2) *(Sätze 1 und 2 Ermächtigung; nicht abgedruckt)* Die Beihilfe soll grundsätzlich zusammen mit Leistungen Dritter und anderen Ansprüchen die tatsächlich entstandenen Aufwendungen nicht übersteigen; sie soll die notwendigen und angemessenen Aufwendungen unter Berücksichtigung der Eigenvorsorge und zumutbarer Selbstbehalte decken. In der Regel umfasst die zumutbare Eigenvorsorge bei beihilfeberechtigten Personen, bei Ehegatten, Lebenspartnerinnen und Lebenspartnern nach dem Lebenspartnerschaftsgesetz sowie bei Versorgungsempfängerinnen und Versorgungsempfängern 50 Prozent und bei den Kindern 20 Prozent dieser Aufwendungen, im Falle der freiwilligen Versicherung in der gesetzlichen Krankenversicherung die Leistungen im Umfang nach dem Fünften Buch Sozialgesetzbuch, soweit nicht pauschale Beihilfen vorgesehen werden. Satz 4 findet in der bis 31. Dezember 2012 gültigen Fassung weiterhin Anwendung für am 31. Dezember 2012 vorhandene beihilfeberechtigte Personen im Sinne des § 2 Absatz 1, 3 und 4 der Beihilfeverordnung in der am 31. Dezember 2012 gültigen Fassung. Gleiches gilt für nach dem 31. Dezember 2012 in den Geltungsbereich der Beihilfeverordnung wechselnde Personen, die am 31. Dezember 2012 im Geltungsbereich eines anderen Dienstherrn beihilfeberechtigt waren, sowie für nach §§ 9 bis 9j der Beihilfeverordnung beihilfefähige Aufwendungen, soweit sich die Beihilfe nicht nach § 14 Absatz 5 Satz 1 der Beihilfeverordnung bemisst. Satz 5 gilt auch für hinterbliebene Ehegatten, Lebenspartnerinnen und Lebenspartner nach dem Lebenspartnerschaftsgesetz von beihilfeberechtigten Personen nach Satz 5 oder

Satz 6 im Rahmen einer Beihilfeberechtigung nach § 2 Absatz 1 Nummer 3 der Beihilfeverordnung.

⇨ BeihilfeVO § 14 (dort auch Übergangsvorschrift)

(3) Die Beihilfestellen können zur Beurteilung der Notwendigkeit weiterer Ermittlungen und Prüfungen für die gesetzmäßige Festsetzung von Beihilfen bei der Bearbeitung von Anträgen automationsgestützte Systeme einsetzen. Dabei soll auch der Grundsatz der Wirtschaftlichkeit der Verwaltung berücksichtigt werden. Der Einsatz automationsgestützter Systeme soll zielgerichtet auf bestimmte Sachverhalte hin erfolgen. Dabei muss gewährleistet sein, dass Fälle zufällig oder gezielt zur manuellen Prüfung durch Prüfungsinstanzen ausgewählt werden können. Außerdem muss gewährleistet sein, dass einzelne Fälle gezielt für eine Prüfung durch Amtsträger ausgewählt werden können. Die Einzelheiten zum Einsatz automationsgestützter Systeme legt das Finanzministerium fest; diese dürfen nicht veröffentlicht werden, soweit dies die Gleichmäßigkeit und Gesetzmäßigkeit der Festsetzung von Beihilfen gefährden könnte.

Hinweis der Redaktion: § 79 (Heilfürsorge) ist hier nicht abgedruckt; die §§ 80 (Ersatz von Sachschaden) und 80 a (Erfüllungsübernahme von Schmerzensgeldansprüchen gegen Dritte) sind abgedruckt unter ⇨ Sachschäden.

§ 81

Übergang des Schadenersatzanspruchs

(1) Werden Beamtinnen und Beamte oder Versorgungsberechtigte oder einer ihrer Angehörigen körperlich verletzt oder getötet, so geht ein gesetzlicher Schadenersatzanspruch, der diesen Personen infolge der Körperverletzung oder der Tötung gegen einen Dritten zusteht, insoweit auf den Dienstherrn über, als dieser während einer auf der Körperverletzung beruhenden Aufhebung der Dienstfähigkeit oder infolge der Körperverletzung oder der Tötung zur Gewährung von Leistungen verpflichtet ist. Satz 1 gilt sinngemäß auch für gesetzliche Schadenersatzansprüche wegen der Beschädigung, Zerstörung oder Wegnahme von Heilmitteln, Hilfsmitteln oder Körperersatzstücken sowie für Erstattungsansprüche. Ist eine Versorgungskasse zur Gewährung der Versorgung oder einer anderen Leistung verpflichtet, so geht der Anspruch auf sie über. Der Übergang des Anspruchs kann nicht zum Nachteil der Verletzten oder Hinterbliebenen geltend gemacht werden.

(2) Absatz 1 gilt für die Anspruchinhaberinnen und Anspruchinhaber auf Altersgeld nach dem Landesbeamtenversorgungsgesetz Baden-Württemberg und deren Hinterbliebene entsprechend.

⇨ Unfälle (Arbeits-, Dienst- und Privatunfälle)

§ 82

Dienstjubiläum

(1) Beamtinnen und Beamten ist anlässlich des 25-, 40- und 50-jährigen Dienstjubiläums eine Jubiläumsgabe zu zahlen. Die Jubiläumsgabe beträgt bei einer Dienstzeit

1. von 25 Jahren	300 Euro,
2. von 40 Jahren	400 Euro,
3. von 50 Jahren	500 Euro.

Hinweis der Redaktion: Beim Dienstjubiläum besteht Anspruch auf einen freien Tag. ⇨ Dienstjubiläen; ⇨ Urlaub (Verordnung) § 27

(2) Als Dienstzeit im Sinne des Absatzes 1 gelten die Zeiten

1. einer hauptberuflichen Tätigkeit im Dienst eines öffentlich-rechtlichen Dienstherrn im Sinne von § 33 Abs. 1 LBesGBW,
2. eines nicht berufsmäßigen Wehrdienstes, eines dem nicht berufsmäßigen Wehrdienst gleichstehenden Grenzschutz- oder Zivildienstes sowie einer Tätigkeit als Entwicklungshelfer, soweit diese vom Wehr- oder Zivildienst befreit,
3. einer Kinderbetreuung bis zu drei Jahren für jedes Kind, soweit sie nach Aufnahme einer hauptberuflichen Tätigkeit im Dienst eines öffentlich-rechtlichen Dienstherrn im Sinne von § 33 Abs. 1 LBesGBW verbracht worden sind.

Zeiten nach § 34 LBesGBW gelten nicht als Dienstzeit im Sinne von Satz 1.

⇨ Besoldungsgesetz (LBesGBW) §§ 33 ff.

Hinweis der Redaktion: Auch Zeiten im Auslandsschuldienst zählen nicht als „Jubiläumsdienstzeit".

(3) Für die am 17. Oktober 1996 vorhandenen Beamtinnen und Beamten bleibt die nach der Jubiläumsgabenverordnung vom 16. Januar 1995 (GBl. S. 57) oder entsprechenden früheren Regelungen zuletzt festgesetzte Jubiläumsdienstzeit weiterhin unverändert maßgebend; nach dem 31. Dezember 2000 werden nur noch Zeiten im Sinne von Absatz 2 oder entsprechenden früheren Regelungen berücksichtigt.

(4) Treten Beamtinnen und Beamte wegen Erreichens der Altersgrenze oder wegen Dienstunfähigkeit in den Ruhestand, gilt die für ein Jubiläum erforderliche Dienstzeit auch dann als erfüllt, wenn sie um höchstens 182 Tage unterschritten wird.

(5) *(Ermächtigung; nicht abgedruckt)*

5. Abschnitt
Personalaktendaten

§ 83

Verarbeitung

(1) Der Dienstherr darf Personalaktendaten verarbeiten, soweit dies zur Begründung, Durchführung, Beendigung oder Abwicklung des Dienstverhältnisses oder zur Durchführung innerdienstlich planerischer, organisatorischer, personeller, sozialer oder haushalts- und kostenrechnerischer Maßnahmen, insbesondere auch zu Zwecken der Personalplanung oder des Personaleinsatzes erforderlich ist oder eine Rechtsvorschrift oder Dienstvereinbarung dies erlaubt. Die Vorschriften des Landesdatenschutzgesetzes (LDSG) zur Verarbeitung besonderer Kategorien personenbezogener Daten sowie zur Sicherstellung des Datenschutzes (§ 3 LDSG) finden entsprechende Anwendung.

(2) Personalaktendaten über Beihilfe dürfen für andere als für Beihilfezwecke nur verarbeitet werden, wenn die Voraussetzungen nach § 85 Absatz 2 oder 3 vorliegen. Satz 1 gilt entsprechend für die Verarbeitung von Personalaktendaten über Heilfürsorge und Heilverfahren.

(3) Über medizinische oder psychologische Untersuchungen und Tests dürfen im Rahmen der Personalverwaltung nur die Ergebnisse verarbeitet

werden, soweit sie die Eignung betreffen und ihre Speicherung, Veränderung oder Verwendung dem Schutz der Beamtin oder des Beamten dient. Sonstige Untersuchungsdaten dürfen nur verarbeitet werden, soweit deren Kenntnis zur Entscheidung für die konkrete Maßnahme, zu deren Zweck die Untersuchung durchgeführt worden ist, erforderlich ist.

(4) Absatz 1 gilt für die nach §§ 77 und 96 Landesbeamtenversorgungsgesetz Baden-Württemberg zuständigen Stellen entsprechend.

➪ Datenschutz (LDSG) § 36; ➪ Personalakten

↔ **Querverweis:** ➪ Beamtenstatusgesetz § 50 beachten.

Auszug aus der BeamtVwV des IM

50.1 [...]Ob ein Vorgang zu den Personalakten gehört, richtet sich allein nach seinem unmittelbaren inneren Zusammenhang mit dem Beamtenverhältnis. Art und Ort der Aufbewahrung oder Speicherung sowie Kennzeichnung als Personalakte (formeller Personalaktenbegriff) sind insoweit unerheblich. Die rein elektronische Führung der Personalaktendaten ist zulässig.

50.2 Soweit keine speziellen abschließenden Regelungen zu Personalaktendaten im Beamtenstatusgesetz und im Landesbeamtengesetz getroffen sind, finden die Vorschriften des Landesdatenschutzgesetzes (LDSG), zum Beispiel zu technischen und organisatorischen Maßnahmen nach § 9 LDSG, oder andere bereichsspezifische Vorschriften, zum Beispiel § 3 des Gesetzes über Rabatte für Arzneimittel, Anwendung.

50.3 Der Gesamtbestand an Personalaktendaten soll ein möglichst vollständiges Bild über den beruflichen Werdegang und insoweit über die Persönlichkeit der Beamtinnen und Beamten wiedergeben, um daraus Erkenntnisse für den sachgerechten Personaleinsatz und eine effektive Personalplanung zu gewinnen. Er soll insbesondere den Inhalt des Dienstverhältnisses insgesamt oder einzelner aus ihm fließender Rechte und Pflichten bestimmen.

Vorgänge, die sich auf mehrere Beamtinnen oder Beamte beziehen, sind dann Personalaktendaten der einzelnen Beamtinnen und Beamten, soweit sie das jeweilige Dienstverhältnis unmittelbar betreffen und keine personenbezogenen Daten anderer Beamtinnen und Beamten enthalten.

Vorgänge, die allein die persönlichkeitsrechtlich geschützte Privatsphäre der Beamtinnen und Beamten berühren, sind keine Personalaktendaten. Nur soweit ein rechtliches Interesse an derartigen Angaben besteht, können diese in dem unbedingt notwendigen Umfang verlangt werden.

51.1 Personalaktendaten sind insbesondere:

- ein Personalbogen (vergleiche Nummer 1.2 und Anlage 1) als formularmäßige Zusammenfassung von Personalaktendaten, worunter eine ständig zu aktualisierende schriftliche Übersicht aller für das Dienstverhältnis wesentlichen Daten zu verstehen ist. Bei elektronischer Führung der Personalaktendaten soll eine formularmäßige Darstellung der Personalaktendaten bei allen wichtigen Änderungen über das Personalverwaltungssystem erzeugt werden,
- Bewerbungsschreiben, Lebenslauf,
- Nachweis der Staatsangehörigkeit oder der Rechtsstellung als Deutsche oder Deutscher,
- Nachweise über den Personenstand, zum Beispiel Tenor des Scheidungsurteils,
- Nachweise über Vor-, Aus- und Fortbildungen, Qualifizierungsmaßnahmen einschließlich Prüfungszeugnissen und anderweitige Befähigungsnachweise,
- Führungszeugnisse, Auskünfte aus dem Bundeszentralregister,
- Gesundheitszeugnisse, ärztliche Stellungnahmen zur gesundheitlichen Eignung für einen bestimmten Dienstposten,
- Nachweis der Schwerbehinderteneigenschaft,
- Nachweis über Wehr- oder Zivildienst sowie über die Absolvierung von Diensten im Sinne des Gesetzes zur Förderung von Jugendfreiwilligendiensten, des Entwicklungshelfer-Gesetzes und des Bundesfreiwilligendienstgesetzes,
- Unterlagen über Ernennungen, Vereidigung, Beförderungen, Abordnungen, Versetzungen, Zuweisungen, Umsetzungen, Dienstpostenübertragungen, (abweichende) Arbeitszeiten, Erholungs- und Sonderurlaube, Urlaube von längerer Dauer einschließlich Elternzeiten und Pflegezeiten sowie Urlaube aus sonstigen Gründen, Teilzeitbewilligungen, Dienstjubiläen, Nebentätigkeiten, Ehrungen,
- Unterlagen über Disziplinarverfahren, über Ermittlungs-, Straf- und Berufsgerichtsverfahren sowie über Bußgeldverfahren, soweit ein Bezug zur dienstlichen Tätigkeit besteht, sowie über Maßnahmen der Dienstaufsicht,
- mit dem Dienstverhältnis zusammenhängende Beschwerden, Behauptungen und Bewertungen, die nicht zu einem Disziplinarverfahren geführt haben, soweit sie sich als begründet oder zutreffend erweisen, sowie die Äußerung der Beamtinnen und Beamten dazu,
- abschließende Entscheidungen in Rechtsstreitigkeiten aus dem Dienstverhältnis,
- abschließende Entscheidungen in Regress- und Schadenersatzverfahren,
- dienstliche Beurteilungen einschließlich Beurteilungsbeiträgen, Dienstzeugnisse,
- Besoldungsunterlagen einschließlich der Unterlagen über vermögenswirksame Leistungen, Abtretungen, Pfändungen, Gehaltsvorschüsse, Bewilligung von Leistungsprämien,
- Unterlagen über Trennungsgeld, Umzugskostenvergütung und Reisekostenvergütung,
- Unterlagen über Erkrankungen, Kuren,
- Unterlagen über Dienstunfälle, Dienstunfallfürsorge, Sachschadenersatz,
- Unterlagen über Beihilfen, Unterstützungen und Zuschüsse, freie Heilfürsorge,
- Unterlagen über die Entlassung sowie den Eintritt oder die Versetzung in den Ruhestand,
- Unterlagen über die Hinausschiebung des Ruhestands,
- Unterlagen über die Versorgung der Beamtinnen und Beamten und ihrer Hinterbliebenen, zum Beispiel Nachweise für einen Pflegezuschlag, sowie entsprechende Unterlagen im Zusammenhang mit Alters- und Hinterbliebenengeld,
- Vollmachten, beispielsweise zum Empfang von Schriftstücken,
- Eingaben und Gesuche der Beamtinnen und Beamten in persönlichen Angelegenheiten.

51.2 Werden personenbezogene Daten schwerpunktmäßig zu anderen als Personalzwecken einer bestimmten Beamtin oder eines bestimmten Beamten angelegt und liegt somit ihr Zweck außerhalb des durch das konkrete Beamtenverhältnis begründeten Rechte- und Pflichtenkreises, so sind sie Sachakten.

Zu den Sachakten und den entsprechenden Datenbeständen gehören insbesondere

- Prüfungsakten, ausgenommen Prüfungszeugnisse,
- Sicherheitsakten,
- Unterlagen über Stellenausschreibungen, Auswahlverfahren, Stellenbewertungen,
- Unterlagen, die aus Anlass von Personalplanungen, beispielsweise Stellenbesetzungsvorgänge, und Geschäftsverteilungen zusammengestellt werden,
- Vermerke und sonstige Aufzeichnungen, die lediglich führungsunterstützenden Charakter haben (Zielvereinbarungen, Maßnahmen zur Zielerreichung, Empfehlungen zur beruflichen Entwicklung und Ähnliches) und die ihrer Natur nach nur vorübergehend gelten,
- Unterlagen, die bei den Personalvertretungen, den Schwerbehindertenvertretungen oder den Beauftragten für Chancengleichheit entstehen,
- Prozessführungsakten, insbesondere über Rechtsstreitigkeiten aus dem Dienstverhältnis und in Regress- und Schadenersatzverfahren,
- Untersuchungsunterlagen des ärztlichen Dienstes des Dienstherrn,
- Kindergeldakten; sie dürfen aus verwaltungsökonomischen

Gründen mit Besoldungs- und Versorgungsakten verbunden geführt werden, wenn sie vom Grunddatenbestand und anderen Teildatenbeständen (§ 88 LBG) getrennt sind und von einer anderen Organisationseinheit bearbeitet werden, die nicht mit der eigentlichen Personalverwaltung befasst ist.

51.3 Beschwerden, die sich im Zusammenhang mit einer dienstlichen Maßnahme der Beamtinnen und Beamten ausschließlich gegen deren persönliches Verhalten richten (Dienstaufsichtsbeschwerden) und sich als ganz oder teilweise begründet erweisen, sind Personalaktendaten.

In Sachakten aufzunehmen sind dagegen Beschwerden, die sich ausschließlich auf die sachliche Entscheidung der Beamtinnen und Beamten (Fachaufsichtsbeschwerden) beziehen. Beschwerden, die sich sowohl gegen die sachliche Entscheidung als auch gegen das persönliche Verhalten der Beamtinnen und Beamten richten, sind in die Sachakte aufzunehmen. Erweist sich die Beschwerde über das persönliche Verhalten als ganz oder teilweise begründet, ist sie mit dem Teil, der das persönliche Verhalten der Beamtinnen und Beamten betrifft, in die Personalaktendaten zu übernehmen.

51.4 Zu anderen als den in § 50 BeamtStG und § 83 LBG genannten Zwecken ist die Erhebung von Personalaktendaten nur zulässig, wenn die Beamtinnen und Beamten zuvor darin eingewilligt haben (§ 50 Satz 4 BeamtStG). Die Einwilligung ist grundsätzlich schriftlich einzuholen.

51.5 Personenbezogene Daten sind grundsätzlich bei den Betroffenen selbst zu erheben.

§ 84
Vollständig automatisierte Entscheidungen

Eine beamtenrechtliche Entscheidung darf nur dann auf einer ausschließlich automatisierten Verarbeitung von personenbezogenen Daten beruhen, wenn weder ein Ermessen noch ein Beurteilungsspielraum besteht.

Auszug aus der BeamtVwV des IM

52.1 Für die Speicherung, Veränderung und Nutzung von Personalaktendaten gilt Nummer 51.4 entsprechend.

52.2 Beim Führen einer elektronischen Personalakte sind Vollständigkeit und Richtigkeit der Personalaktendaten durch geeignete technische und organisatorische Vorkehrungen sicherzustellen. Darunter fallen unter anderem klare Funktionszuordnungen und eine eindeutige, schriftlich oder elektronisch festgelegte Rechtestruktur.

52.3 Als sonstige Untersuchungsdaten nach § 84 Absatz 3 Satz 2 LBG kommen insbesondere in Betracht: [...] Nachweise über die Schwerbehinderteneigenschaft bei schwerbehinderten Beamtinnen und schwerbehinderten Beamten. Bereits bei der Speicherung dieser Daten ist durch geeignete technische und organisatorische Vorkehrungen sicherzustellen, dass ein Zugriff nur nach den Anforderungen des § 88 Absatz 4 LBG möglich ist.

52.4 Die Personalaktendaten schwerbehinderter Beamtinnen und schwerbehinderter Beamter sind so zu kennzeichnen, dass die Schwerbehinderteneigenschaft den mit der Bearbeitung von Personalangelegenheiten betrauten Beschäftigten sofort erkennbar ist. In Berichten über Personalangelegenheiten schwerbehinderter Beamtinnen und schwerbehinderter Beamter und in Mitteilungen an die Personalvertretung ist auf die Schwerbehinderteneigenschaft hinzuweisen, sofern dies von Bedeutung sein kann und die schwerbehinderte Beamtin oder der schwerbehinderte Beamte dem nicht ausdrücklich widerspricht.

52.5 Von § 84 LBG wird auch der gegenseitige Informationsaustausch zwischen Grund-, Teil- und Nebendatenbeständen im Sinne von § 88 LBG umfasst, auch soweit er zwischen verschiedenen Stellen erfolgt. In diesen Fällen wie auch in Fällen des Wechsels der Zuständigkeit zur Führung von Personalaktendaten handelt es sich nicht um eine Übermittlung im Sinne des § 85 LBG. Werden Beamtinnen und Beamte versetzt oder nach ihrem Ausscheiden wieder eingestellt, sind daher Personalaktendaten grundsätzlich an die für ihre Führung zuständige neue Behörde abzugeben. Dies gilt im Falle des Dienstherrnwechsels nicht für erforderliche Grunddaten, welche die Beschäftigung in der bisherigen Dienststelle nachvollziehbar machen und für die Besoldungsaktendaten, die für Zwecke der Rechnungslegung und Rechnungsprüfung beim bisherigen Dienstherrn verbleiben müssen.

§ 85
Übermittlung

(1) Soweit es zur Erfüllung der Aufgaben der personalverwaltenden Stellen oder der Stellen, an die die Daten übermittelt werden, erforderlich ist, ist die Übermittlung von Personalaktendaten zulässig an:

1. die oberste Dienstbehörde für Zwecke der Personalverwaltung oder der Personalwirtschaft,
2. eine im Rahmen der Dienstaufsicht weisungsbefugte Behörde zum Zwecke der Personalverwaltung oder der Personalwirtschaft,
3. Behörden oder Stellen desselben Geschäftsbereichs zur Vorbereitung oder Durchführung einer Personalentscheidung,
4. Behörden oder Stellen eines anderen Geschäftsbereichs desselben Dienstherrn zur Mitwirkung an einer Personalentscheidung,
5. einen anderen Dienstherrn zur Vorbereitung personeller Maßnahmen, die nicht der Zustimmung der Beamtin oder des Beamten bedürfen,
6. die personalverwaltende Stelle eines anderen Dienstherrn, auf die Aufgaben der Personalverwaltung übertragen worden sind,
7. Ärztinnen oder Ärzte zur Erstellung eines ärztlichen Gutachtens sowie Psychologinnen oder Psychologen zur Erstellung eines psychologischen Gutachtens im Auftrag der personalverwaltenden Stelle,
8. die zuständigen Behörden zur Entscheidung über die Verleihung von staatlichen Orden und Ehrenzeichen oder von sonstigen Ehrungen,
9. die zur Erteilung einer Versorgungsauskunft und zur Festsetzung der Versorgungsbezüge nach § 77 LBeamtVGBW und zur Erteilung einer Auskunft über die Höhe des Altersgeldes nach § 96 LBeamtVGBW zuständigen Stellen, soweit diese sich schriftlich oder elektronisch verpflichten, die übermittelten Daten nicht an Dritte zu übermitteln und die Daten nur für den Zweck, zu dem sie übermittelt worden sind zu speichern, zu verändern oder zu verwenden,
10. sonstige Dritte zur Abwehr einer erheblichen Beeinträchtigung des Gemeinwohls oder zum Schutz rechtlicher, höherrangiger Interessen des Dritten, wobei die übermittelnde Stelle die betroffene Beamtin oder den Beamten über die Übermittlung, insbesondere über die übermittelten Daten, den Dritten und den Zweck der Übermittlung zu informieren hat,

10a. die zuständigen Behörden zur Erfüllung von Mitteilungspflichten im Rahmen der europäischen Verwaltungszusammenarbeit nach den §§ 8a bis 8e des Landesverwaltungsverfahrensgesetzes,

Das ⇨ Beamtenstatusgesetz und das ⇨ Beamtengesetz (LBG) überschneiden bzw. ergänzen einander.
Bitte beachten Sie die Erläuterungen unter ⇨ Beamt*innen (Allgemeines) sowie die Querverweise.

11. die bezügezahlende Stelle zur Erfüllung ihrer Aufgaben.

(2) Personalaktendaten über Beihilfe dürfen für andere als Beihilfezwecke nur übermittelt werden, wenn

1. die beihilfeberechtigte Beamtin oder der beihilfeberechtigte Beamte und die bei der Beihilfegewährung berücksichtigten Angehörigen im Einzelfall einwilligen,
2. die Einleitung oder Durchführung eines im Zusammenhang mit einem Beihilfeantrag stehenden behördlichen oder gerichtlichen Verfahren dies erfordert,
3. dies zur Abwehr erheblicher Nachteile für das Gemeinwohl, einer sonst unmittelbar drohenden Gefahr für die öffentliche Sicherheit oder einer schwerwiegenden Beeinträchtigung der Rechte einer anderen Person erforderlich ist.

Satz 1 gilt entsprechend für die Übermittlung von Personalaktendaten über Heilfürsorge und Heilverfahren.

(3) Personalaktendaten über Beihilfe dürfen auch ohne Einwilligung der betroffenen Personen an eine andere Behörde oder Stelle übermittelt werden, wenn sie für die Festsetzung und Berechnung der Besoldung oder Versorgung oder für die Prüfung der Kindergeldberechtigung erforderlich sind. Dies gilt auch für Personalaktendaten über Besoldung und Versorgung, soweit sie für die Festsetzung und Berechnung der Beihilfe oder der Heilfürsorge erforderlich sind.

(4) Die Bezügestellen des öffentlichen Dienstes im Sinne von § 41 Abs. 5 LBesGBW dürfen die zur Durchführung der Zahlung von Familienzuschlag erforderlichen Personalaktendaten untereinander austauschen. [...]

Auszug aus der BeamtVwV des IM

53.1 Personalaktendaten sind ihrem Wesen nach vertraulich zu behandeln, was sich auch auf den Verkehr der Dienststellen untereinander erstreckt. Jede zulässige Personalaktendatenübermittlung muss sich daher auf den notwendigen Umfang beschränken. Unter Berücksichtigung der gesetzlichen Vorgaben und des Verhältnismäßigkeitsgrundsatzes ist grundsätzlich eine Einzelauskunft der Übermittlung der vollständigen Personalaktendaten vorzuziehen. Eine vollständige Datenübermittlung darf nur in den Fällen erfolgen, in denen dies zur Aufgabenerledigung erforderlich oder die Vorlage der Personalakte durch Rechtsnorm ausdrücklich zugelassen ist. Einschlägige Verfahrensordnungen oder sonstige Spezialvorschriften sind unter anderem für Verwaltungsgerichte § 99 der Verwaltungsgerichtsordnung, für den Rechnungshof § 95 LHO sowie § 1 des Gesetzes über den Petitionsausschuss des Landtags und § 14 des Gesetzes über Einsetzung und Verfahren von Untersuchungsausschüssen des Landtags. Auch soweit hier allgemein die Vorlage von Akten vorgesehen ist, muss geprüft werden, ob eine Übermittlung von Personalaktendaten im Hinblick auf den Persönlichkeitsschutz der betroffenen Beamtinnen und Beamten und die Umstände des Einzelfalls erfolgen darf.

Eine Übermittlung an andere als die in § 85 LBG genannten Dienststellen darf, soweit sie nicht durch Gesetz zugelassen ist, nur mit Einwilligung der Beamtinnen und Beamten erfolgen (§ 50 Satz 4 BeamtStG). Die Einwilligung ist schriftlich oder elektronisch einzuholen.

53.2 Die Verantwortung für die Zulässigkeit der Personalaktendatenübermittlung liegt bei der übermittelnden Stelle. Sie hat darauf zu achten, dass das Übermittlungsersuchen eine substantiierte und im Einzelnen mit Tatsachen belegte Darstellung der Erforderlichkeit der Datenübermittlung enthält. Stehen zum Beispiel Beweismittel anderer Art zur Aufklärung des relevanten Sachverhalts zur Verfügung, kommt eine Übermittlung von Personalaktendaten nicht in Betracht. Die übermittelnde Stelle muss in jedem Einzelfall sorgfältig prüfen, ob dem mit der Datenanforderung geltend gemachten öffentlichen Interesse das schutzwürdige Interesse der Beamtinnen und Beamten an der Vertraulichkeit der Personalaktendaten oder die Verpflichtung zur Wahrung des Amtsgeheimnisses entgegensteht.

53.3 Der obersten Dienstbehörde oder einer anderen im Rahmen der Dienstaufsicht weisungsbefugten Behörde (§ 85 Absatz 1 Nummer 1 und 2 LBG) ist dem Verwendungszweck entsprechend nur ein Teil der Personalaktendaten zu übermitteln, wenn dies im Einzelfall für den konkreten Zweck genügt. Der Grundsatz der Vertraulichkeit von Personalaktendaten und deren Zweckbindung gilt auch gegenüber übergeordneten Behörden. Abweichend von Nummer 53.2 hat die übergeordnete Behörde in eigener Verantwortung zu prüfen, ob sie alle über eine Beamtin oder einen Beamten gespeicherten Personalaktendaten benötigt oder ob ein Teil genügt.

53.4 Für die Übermittlung von Personalaktendaten über Beihilfe, Heilfürsorge und Heilverfahren gelten die Beschränkungen des § 85 Absatz 2 LBG. Ausgenommen sind Daten, die gleichzeitig zur allgemeinen Prüfung der Beihilfeberechtigung, zur Berechnung der Bezüge oder zur Kindergeldberechnung erforderlich sind. Es handelt sich dabei insbesondere um Daten über Familienstand und Kinder, über die Krankenkassenzugehörigkeit und über den Tod einer beihilfeberechtigten Person.

§ 85 a
Verarbeitung von Personalaktendaten im Auftrag

(1) Die Verarbeitung von Personalaktendaten im Auftrag des Verantwortlichen gemäß Artikel 28 der Verordnung (EU) 2016/679 des Europäischen Parlaments und des Rates vom 27. April 2016 zum Schutz natürlicher Personen bei der Verarbeitung personenbezogener Daten, zum freien Datenverkehr und zur Aufhebung der Richtlinie 95/46/EG (Datenschutz-Grundverordnung) [...]ist zulässig,

1. soweit sie erforderlich ist
   a) für die überwiegend automatisierte Erledigung von Aufgaben oder
   b) zur Verrichtung technischer Hilfstätigkeiten durch überwiegend automatisierte Einrichtungen, und
2. wenn der Verantwortliche die Einhaltung der beamten- und datenschutzrechtlichen Vorschriften durch den Auftragsverarbeiter regelmäßig kontrolliert.

(2) Die Auftragserteilung einschließlich der Unterauftragserteilung bedarf der vorherigen Zustimmung der obersten Dienstbehörde. Zu diesem Zweck hat der Verantwortliche der obersten Dienstbehörde rechtzeitig vor der Auftragserteilung mitzuteilen:

1. den Auftragsverarbeiter, die von diesem getroffenen technischen und organisatorischen Maßnahmen und die ergänzenden Festlegungen nach Artikel 28 der Verordnung (EU) 2016/679,
2. die Aufgabe, zu deren Erfüllung der Auftragsverarbeiter die Daten verarbeiten soll,
3. die Art der Daten, die für den Verantwortlichen verarbeitet werden sollen, und den Kreis der Beschäftigten, auf den sich diese Daten beziehen, sowie
4. die beabsichtigte Erteilung von Unteraufträgen durch den Auftragsverarbeiter.

(3) Eine nichtöffentliche Stelle darf nur beauftragt werden, wenn

1. beim Verantwortlichen sonst Störungen im Geschäftsablauf auftreten können oder der Auftragsverarbeiter die übertragenen Aufgaben erheblich wirtschaftlicher erledigen kann und
2. die beim Auftragsverarbeiter mit der Datenverarbeitung beauftragten Beschäftigten besonders auf den Schutz der Personalaktendaten verpflichtet sind.

§ 86
Löschung

(1) Personalaktendaten sind zu löschen, wenn sie für die speichernde Stelle zur Erfüllung ihrer Aufgaben nicht mehr erforderlich sind, spätestens jedoch nach Ablauf einer Aufbewahrungsfrist von fünf Jahren. Die Frist beginnt,

1. wenn Beamtinnen oder Beamte ohne Versorgungsansprüche oder ohne Anspruch auf Altersgeld aus dem öffentlichen Dienst ausscheiden, mit Ablauf des Jahres, in dem sie die gesetzliche Altersgrenze erreichen, in den Fällen des § 24 BeamtStG und des § 31 des Landesdisziplinargesetzes jedoch erst, wenn mögliche Versorgungsempfängerinnen und Versorgungsempfänger oder mögliche Anspruchsberechtigte auf Altersgeld nicht mehr vorhanden sind,
2. wenn die Beamtin oder der Beamte ohne versorgungsberechtigte Hinterbliebene oder die ehemalige Beamtin oder der ehemalige Beamte ohne Hinterbliebenengeldberechtigte verstorben ist, mit Ablauf des Todesjahres,
3. wenn nach dem Tod der Beamtin oder des Beamten versorgungsberechtigte Hinterbliebene vorhanden sind, mit dem Ablauf des Jahres, in dem die letzte Versorgungsverpflichtung entfallen ist,
4. wenn nach dem Tod der ehemaligen Beamtin oder des ehemaligen Beamten Hinterbliebenengeldberechtigte vorhanden sind, mit Ablauf des Jahres in dem die letzte Hinterbliebenengeldverpflichtung entfallen ist.

Die für die Versorgung zuständige Behörde hat in den Fällen der Nummern 2 bis 4 der personalaktenführenden Stelle den Zeitpunkt des Abschlusses der Personalakten mitzuteilen.

(2) Personalaktendaten über Beschwerden, Behauptungen und Bewertungen, auf welche die Tilgungsvorschriften des Disziplinarrechts keine Anwendung finden, sind,

1. falls sie sich als unbegründet oder falsch erwiesen haben, mit Zustimmung der Beamtin oder des Beamten unverzüglich zu löschen,
2. falls sie für die Beamtin oder den Beamten ungünstig sind oder der Beamtin oder dem Beamten nachteilig werden können, nach zwei Jahren zu löschen; dies gilt nicht für dienstliche Beurteilungen.

Die Frist nach Satz 1 Nr. 2 wird durch erneute Sachverhalte im Sinne dieser Vorschrift oder durch die Einleitung eines Straf- oder Disziplinarverfahrens unterbrochen. Stellt sich der erneute Sachverhalt als unbegründet oder falsch heraus, gilt die Frist als nicht unterbrochen. Sachverhalte nach Satz 1 Nr. 2 dürfen nach Fristablauf bei Personalmaßnahmen nicht mehr berücksichtigt werden.

(3) Personalaktendaten der Beamtin oder des Beamten über Vorgänge und Eintragungen über strafgerichtliche Verurteilungen und über andere Entscheidungen in Straf-, Bußgeld-, sonstigen Ermittlungs- und berufsgerichtlichen Verfahren, die keinen Anlass zu disziplinarrechtlichen Ermittlungen gegeben haben, sind mit Zustimmung der Beamtin oder des Beamten nach zwei Jahren zu löschen. Die Frist beginnt mit dem Tage der das Verfahren abschließenden Entscheidung; ist diese anfechtbar, beginnt die Frist mit dem Tage, an dem die Entscheidung unanfechtbar geworden ist. Absatz 2 Satz 2 bis 4 bis gilt entsprechend.

(4) Nach § 88 Abs. 1 Satz 4 mehrfach gespeicherte Personalaktendaten sind innerhalb eines Jahres nach Wegfall des Grundes für die mehrfache Speicherung zu löschen.

(5) Personalaktendaten über Beihilfen, Heilfürsorgen, Heilverfahren, Unterstützungen, Urlaub, Erkrankungen, Umzugs- und Reisekosten sind drei Jahre nach Ablauf des Jahres zu löschen, in dem die Bearbeitung des einzelnen Vorgangs abgeschlossen wurde. Daten, die dem Nachweis eines Anspruchs nach Satz 1 dienen, sind unverzüglich zu löschen, sobald sie zur Aufgabenwahrnehmung nicht mehr benötigt werden.

(6) Personalaktendaten über Versorgung, Alters- und Hinterbliebenengeld sind zehn Jahre nach Ablauf des Jahres zu löschen, in dem die letzte Versorgungs-, Alters- oder Hinterbliebenengeldzahlung geleistet worden ist. Besteht die Möglichkeit des Wiederauflebens des Anspruchs, beträgt die Speicherdauer 30 Jahre.

(7) Personalaktendaten dürfen nach ihrer Löschung bei Personalmaßnahmen nicht mehr berücksichtigt werden (Verwertungsverbot). Ferner sind die Verarbeitungsformen automatisierter Personalverwaltungsverfahren zu dokumentieren und einschließlich des jeweiligen Verwendungszweckes sowie der regelmäßigen Empfänger und des Inhalts automatisierter Datenübermittlung allgemein bekanntzugeben.

Auszug aus der BeamtVwV des IM

54.1 Daten, die gelöscht werden müssten, unzulässigerweise aber noch gespeichert sind, unterliegen dem Verwertungsverbot.

54.2 Unterlagen über Verurteilungen und Verfahren, die Teil der Disziplinaraktendaten geworden sind, weil sie denselben Sachverhalt betreffen, der auch zu einem Disziplinarverfahren geführt hat, sind nach § 42 LDG zu behandeln. Die speziellen disziplinarrechtlichen Tilgungsvorschriften gehen den personalaktendatenrechtlichen Vorschriften vor. Soweit das Landesdisziplinargesetz kein Verwertungsverbot und keine Tilgungsvorschriften vorsieht, zum Beispiel bei schwerwiegenden Disziplinarmaßnahmen, greifen die Vorschriften des Landesbeamtengesetzes wegen des abschließenden Charakters des Disziplinarrechts dennoch nicht. Für missbilligende Äußerungen gilt § 42 Absatz 3 LDG.

54.3 Die Unterbrechung der Löschungsfristen nach § 86 Absatz 3 Satz 2 LBG wahrt die Möglichkeit, dienstrechtliche und insbesondere disziplinarrechtliche Maßnahmen zu ergreifen, wenn innerhalb der Frist erneut ein Sachverhalt der in Rede stehenden Art festgestellt wird.

54.4 Nach Ablauf der Löschungsfrist sind die Personalaktendaten dem Landesarchiv anzubieten (§ 3 des Landesarchivgesetzes). Übernimmt das Landesarchiv die Personalaktendaten nicht, sind sie unverzüglich zu löschen.

⇨ Aufbewahrungsfristen und Archivierung; ⇨ Disziplinargesetz

§ 87
Auskunft, Anhörung

(1) Beamtinnen und Beamte können während und nach Beendigung des Beamtenverhältnisses Auskunft über alle über sie gespeicherten Personalaktendaten auch in Form der Einsichtnahme verlangen.

(2) Bevollmächtigten der Beamtin oder des Beamten ist Auskunft zu erteilen, soweit dienstliche Gründe nicht entgegenstehen. Dies gilt auch für Hinterbliebene und deren Bevollmächtigte, wenn ein berechtigtes Interesse glaubhaft gemacht wird. Absatz 1 gilt entsprechend. ⇨ Personalvertretungsgesetz (LPVG) § 71 Abs. 1

(3) Wird die Auskunft in Form der Einsichtnahme verlangt, bestimmt die personalverwaltende Stelle, wo die Einsicht gewährt wird. Auf Verlangen werden Abschriften, Kopien oder Ausdrucke, auch auszugsweise, gefertigt und überlassen.

(4) Die Einsichtnahme ist unzulässig, wenn die Daten der betroffenen Beamtin oder des betroffenen Beamten mit Daten Dritter oder geheimhaltungsbedürftigen nicht personenbezogenen Daten derart verbunden sind, dass ihre Trennung nicht oder nur mit unverhältnismäßig großem Aufwand möglich ist. In diesem Fall ist der Beamtin oder dem Beamten Auskunft zu erteilen.

(5) Ist beabsichtigt, Beschwerden, Behauptungen und Bewertungen, die für die Beamtinnen und Beamten ungünstig sind oder ihnen nachteilig werden können, als Personalaktendaten zu speichern, sind sie hierüber zu informieren und es ist ihnen Gelegenheit zur Stellungnahme, insbesondere auch hinsichtlich einer notwendigen Berichtigung oder Vervollständigung, zu geben. Soweit eine Speicherung erfolgt, ist hierzu die Äußerung der Beamtin oder des Beamten ebenfalls zu den Personalaktendaten zu speichern.

⇨ Verwaltungsrecht (dort Informationen zur Anhörung)

Auszug aus der BeamtVwV des IM

55.1 § 87 Absatz 1 LBG verleiht den Beamtinnen und Beamten ein grundsätzlich uneingeschränktes Recht auf Einsicht in ihre Personalaktendaten. Ein Einsichtsrecht besteht darüber hinaus auch in Sachakten, die personenbezogene Daten über die Beamtinnen und Beamten enthalten und für das Dienstverhältnis verarbeitet werden sowie in weitere über sie gespeicherte Daten in Akten (§ 21 Absatz 1 und Absatz 3 Satz 2 LDSG). Personenbezogene Daten Dritter oder geheimhaltungsbedürftige nicht personenbezogene Daten sind vorher zu trennen. Ist dies nicht oder nur mit unverhältnismäßig großem Aufwand möglich, ist den Beamtinnen und Beamten Auskunft zu erteilen.

55.2 Die Beamtinnen und Beamten müssen ihr Begehren auf Einsicht in die Personalaktendaten nicht begründen. Ein rechtliches Interesse daran wird, abgesehen von offensichtlichen Missbrauchsfällen, stets unterstellt. Hinterbliebene müssen dagegen ein berechtigtes Interesse glaubhaft machen.

55.3 Von Bevollmächtigten ist eine schriftliche Vollmacht zu verlangen. Bevollmächtigte und Hinterbliebene sind vor der Gewährung der Einsicht oder Erteilung der Auskunft schriftlich darauf hinzuweisen, dass sie von den erlangten Kenntnissen nur im Rahmen des zur Einsicht oder Auskunft berechtigenden Zwecks Gebrauch machen dürfen und dass eine darüber hinausgehende Verwertung der erlangten Informationen unzulässig ist.

55.4 Das Begehren auf Einsicht in die Personalaktendaten ist an die Behörde zu richten, bei der sie geführt werden. Die Personalaktendaten sind im Regelfall in den Diensträumen dieser Behörde oder der von ihr bestimmten Stelle in Anwesenheit von Beschäftigten einzusehen, die dort mit der Bearbeitung von Personalangelegenheiten betraut sind. Dies gilt auch bei einer elektronischen Aktenführung. Es dürfen Auszüge, Fotokopien, Ausdrucke oder Kopien auf elektronischen Speichermedien angefertigt werden. Die verantwortliche Stelle bestimmt unter Berücksichtigung der berechtigten Belange der Beamtinnen und Beamten, an welchem Ort und in welcher Weise die Einsichtnahme in die Personalaktendaten gewährt wird.

55.5 Über Einzelheiten der Einsichtnahme, zum Beispiel Datum, Dauer, angefertigte Kopien, durch die Beamtinnen und Beamten dürfen keine Aufzeichnungen in den Personalaktendaten vorgenommen werden, wenn und soweit derartige Daten zur Erfüllung der Aufgaben einer Personalverwaltung nicht erforderlich sind, so dass ihre Speicherung nach § 84 Absatz 1 LBG unzulässig ist. Reisekosten und andere Kosten, die den Beamtinnen und Beamten durch die Einsichtnahme entstehen, werden nicht erstattet.

55.6 Beamtinnen und Beamte sind zu Beschwerden, Behauptungen und Bewertungen, die für sie ungünstig sind oder ihnen nachteilig werden können, vor deren Speicherung als Personalaktendaten zu hören. Ergeben sich durch die Anhörung Zweifel an der Begründetheit oder Richtigkeit der Beschwerden, Behauptungen oder Bewertungen und lassen sich diese Zweifel nicht ausräumen, darf keine Speicherung als Personalaktendaten erfolgen. Soweit eine Speicherung erfolgt, ist die Äußerung der Beamtin oder des Beamten hierzu ebenfalls in den Personalaktendaten zu speichern.

Die Beamtinnen und Beamten können ihre Äußerung schriftlich oder zur Niederschrift abgeben. Verzichten sie auf eine Äußerung, ist dies bei den Personalaktendaten zu vermerken.

Wurden Vorgänge der genannten Art unter Verletzung des Rechts auf Anhörung als Personalaktendaten gespeichert, steht den Beamtinnen und Beamten, sofern nicht ein Tatbestand des § 86 LBG erfüllt ist, kein Anspruch auf Löschung, sondern lediglich auf Nachholung der Anhörung zu. Im Hinblick auf den Zweck der Anhörung sollte die Nachholung möglichst bald erfolgen. Ergeben sich durch die nachgeholte Anhörung Zweifel an der Begründetheit oder Richtigkeit der Beschwerden, Behauptungen oder Bewertungen und lassen sich diese Zweifel nicht ausräumen, so sind die entsprechenden Daten zu löschen.

55.7 Erfolgt eine Anhörung bereits nach anderen Rechtsvorschriften, zum Beispiel nach § 51 Absatz 2 LBG oder nach § 42 Absatz 4 LDG, entfällt die Anhörung nach § 87 Absatz 4 LBG.

55.8 Schwerbehinderte Beamtinnen und schwerbehinderte Beamte haben nach *(jetzt:)* § 178 Absatz 3 SGB IX das Recht, bei der Einsicht in ihre Personalaktendaten die Schwerbehindertenvertretung ihrer Behörde hinzuzuziehen. Soll die Schwerbehindertenvertretung die Personalaktendaten allein einsehen, ist eine schriftliche Vollmacht zu verlangen.

55.9 Nur mit Zustimmung der Beamtinnen und Beamten dürfen Personalvertretung und Beauftragte für Chancengleichheit die Personalaktendaten einsehen (§ 71 Absatz 1 Satz 3 des Landespersonalvertretungsgesetzes, *[jetzt:] § 11 Abs. 4* des Chancengleichheitsgesetzes). Nach § 13 Absatz 6 Satz 3 des Landessicherheitsüberprüfungsgesetzes darf die mit der Sicherheitsüberprüfung beauftragte Stelle die Personalaktendaten einsehen, wenn dies zur Klärung oder Beurteilung sicherheitserheblicher Erkenntnisse unerlässlich ist.

§ 88
Gliederung von Personalaktendaten, Zugriff auf Personalaktendaten

(1) Personalaktendaten können nach sachlichen Gesichtspunkten in einen Grunddatenbestand und Teildatenbestände gegliedert werden. Teildatenbestände können bei der für den betreffenden Aufgabenbereich zuständigen Behörde geführt werden. Personalaktendaten über Beihilfe, Heilfürsorge und

Heilverfahren sowie Disziplinarverfahren sind stets als Teildatenbestände zu führen; Personalaktendaten über Beihilfe, Heilfürsorge und Heilverfahren sollen von einer von der übrigen Personalverwaltung getrennten Organisationseinheit bearbeitet werden. Sind Beschäftigungsstellen nicht zugleich personalverwaltende Stellen oder sind mehrere personalverwaltende Stellen zuständig, dürfen sie Nebendatenbestände über Personalaktendaten des Grunddatenbestands oder der Teildatenbestände führen sowie lesend auf die Hauptdatenbestände zugreifen, soweit deren Kenntnis zur Aufgabenerledigung der betreffenden Stelle erforderlich ist. In den Grunddatenbestand ist ein vollständiges Verzeichnis aller Teil- und Nebendatenbestände aufzunehmen. Werden die Personalaktendaten nicht vollständig in Schriftform oder vollständig automatisiert geführt, legt die personalverwaltende Stelle jeweils schriftlich fest, welche Teile in welcher Form geführt werden und nimmt dies in das Verzeichnis nach Satz 5 auf.

⇨ Datenschutz (Schulen)

(2) *(Ermächtigung; nicht abgedruckt)*

(3) Zugriff auf Personalaktendaten dürfen nur Beschäftigte haben, die mit der Bearbeitung von Personalangelegenheiten beauftragt sind und nur soweit dies zu Zwecken der Personalverwaltung oder Personalwirtschaft erforderlich ist.

(4) Der Zugriff auf Personalaktendaten, an deren vertraulichen Behandlung die Beamtin oder der Beamte, auch nach Beendigung des Beamtenverhältnisses, ein besonderes Interesse hat, insbesondere Daten über ärztliche Untersuchungen oder aus strafrechtlichen Verfahren, darf nur insoweit erfolgen, als diese Daten für eine konkrete beamtenrechtliche Entscheidung erforderlich sind. Der Name der Person, die diese Daten speichert, verändert oder nutzt, der Zeitpunkt des Zugriffs und der Grund der Speicherung, Veränderung oder Nutzung sind gesondert zu dokumentieren.

Auszug aus der BeamtVwV des IM

56.1 Für jede Beamtin und jeden Beamten ist ein Grunddatenbestand zu führen. Er enthält alle Personalaktendaten, die nicht in Teildatenbeständen geführt werden, insbesondere Personalaktendaten über die Begründung des Dienstverhältnisses sowie den dienstlichen Werdegang und den Einsatz der Beamtin oder des Beamten.

56.2 Die Anlage von Teildatenbeständen kann zum Beispiel sinnvoll sein, wenn für verschiedene Personalaktendaten verschiedene Löschungsfristen nach § 86 LBG gelten oder wenn die Personalstelle nach § 85 LBG nur einzelne Personalaktendaten übermittelt. Teildatenbestände sollen im Hinblick auf besondere Löschungsfristen angelegt werden für Personalaktendaten über

- Unterstützungen und Zuschüsse,
- Erholungsurlaub, Sonderurlaub und Dienstbefreiung,
- Erkrankungen,
- Umzugs- und Reisekostenvergütung,
- Versorgung,
- Alters- und Hinterbliebenengeld,
- missbilligende Äußerungen eines Dienstvorgesetzten,
- Beschwerden, Behauptungen und Bewertungen, die keinen Anlass zu disziplinarrechtlichen Ermittlungen gegeben haben,
- strafgerichtliche Verurteilungen und andere Entscheidungen in Straf-, Bußgeld- sowie sonstigen Ermittlungs- und berufsgerichtlichen Verfahren, die keinen Anlass zu disziplinarrechtlichen Ermittlungen gegeben haben.

Teildatenbestände sind stets zwingend anzulegen für Personalaktendaten über

- Beihilfe,
- Heilfürsorge,
- Heilverfahren,
- Disziplinarverfahren.

Disziplinarvorgänge unterliegen sowohl während der Dauer des Disziplinarverfahrens als auch nach dessen Abschluss den besonderen Vorschriften des Landesdisziplinargesetzes, soweit dort Spezialregelungen getroffen sind.

Im Übrigen empfiehlt sich die Anlage von Teildatenbeständen über

- Besoldung, einschließlich vermögenswirksame Leistungen, Abtretungen, Pfändungen, Gehaltsvorschüsse, Leistungsprämien,
- Trennungsgeld,
- dienstliche Beurteilungen,
- Nebentätigkeiten,
- Dienstunfälle,
- Sachschadenersatz.

Bei Bedarf können weitere Teildatenbestände angelegt werden.

56.3 In den Nebendatenbestand dürfen nur solche Personalaktendaten aufgenommen werden, die im Grunddatenbestand oder in Teildatenbeständen enthalten sind und die für die Stelle, die den Nebendatenbestand führt, zur rechtmäßigen Aufgabenerfüllung erforderlich sind.

56.4 Das Verzeichnis nach § 88 Absatz 1 Satz 5 LBG muss Angaben darüber enthalten, bei welcher Stelle welche Teil- und Nebendatenbestände geführt werden. Der den Grunddatenbestand führenden Stelle ist die Anlegung oder Auflösung von Teil- und Nebendatenbeständen mitzuteilen.

56.5 Der Kreis der Beschäftigten, die Zugriff auf Personalaktendaten haben, ist so klein wie möglich zu halten. Bei elektronischer Führung der Personalaktendaten sind die erhöhten Anforderungen an den Zugriff auf besonders schutzwürdige Daten nach § 88 Absatz 4 LBG durch geeignete technische und organisatorische Maßnahmen sicherzustellen. Zugriff auf entsprechende Daten haben nur Beschäftigte, die mit der konkreten Personalangelegenheit betraut sind und die für eine anstehende, ihnen obliegende dienstliche Aufgabe Kenntnis der darin enthaltenen Informationen benötigen.

Siebter Teil
Beteiligung der Gewerkschaften und Berufsverbände sowie der kommunalen Landesverbände

§ 89
Beteiligung der Gewerkschaften und Berufsverbände

(1) Die obersten Landesbehörden und die Spitzenorganisationen der zuständigen Gewerkschaften und Berufsverbände im Land wirken bei der Vorbereitung allgemeiner Regelungen der beamtenrechtlichen Verhältnisse nach Maßgabe der folgenden Absätze vertrauensvoll zusammen.

(2) Bei der Vorbereitung von Regelungen der beamtenrechtlichen Verhältnisse durch Gesetz oder Rechtsverordnung ist den Spitzenorganisationen der beteiligten Gewerkschaften und Berufsverbände im Lande innerhalb einer angemessenen Frist Gelegenheit zur Stellungnahme zu geben. Sie sind erneut mit einer angemessenen Frist zu beteiligen, wenn Entwürfe nach der Beteiligung wesentlich verändert oder auf weitere Gegenstände erstreckt worden sind. Schriftliche Stellungnahmen sind auf Verlangen der Spitzenorganisationen der beteiligten Gewerkschaften und Berufsverbände im Lande zu erörtern. Auf deren Verlangen sind nicht berücksichtigte Vorschläge bei Gesetzentwürfen dem Landtag und bei Verord-

nungsentwürfen dem Ministerrat bekanntzugeben.

(3) Absatz 2 gilt bei der Vorbereitung von Verwaltungsvorschriften der Landesregierung entsprechend, wenn die Verwaltungsvorschrift Fragen von grundsätzlicher Bedeutung regelt.

(4) Das Innenministerium und das Finanz- und Wirtschaftsministerium kommen mit den Spitzenorganisationen der Gewerkschaften und Berufsverbände im Lande regelmäßig zu Gesprächen über allgemeine Regelungen beamtenrechtlicher Verhältnisse und grundsätzliche Fragen des Beamtenrechts zusammen (Grundsatzgespräche). Gegenstand der Grundsatzgespräche können auch einschlägige aktuelle Tagesfragen oder vorläufige Hinweise auf Gegenstände späterer konkreter Beteiligungsgespräche sein.

↔ **Querverweis:** ➪ Beamtenstatusgesetz § 53 beachten.

➪ Beamt*innen (Allgemeines); ➪ Beamtenrecht (BeamtVwV); ➪ Beamtenrecht (Zuständigkeiten im Schulbereich); ➪ Beamtenstatusgesetz; ➪ Beamtenversorgung (Allgemeines); ➪ Belohnungen und Geschenke; ➪ Beschwerderecht; ➪ Disziplinarrecht (Allgemeines); ➪ Elternzeit (Allgemeines); ➪ Ernennungsgesetz; ➪ Funktionsstellen (Probezeit); ➪ Grundgesetz Art. 9, 33 und 34; ➪ Haftung und Versicherung; ➪ Ländertausch; ➪ Laufbahnverordnung (LVO-KM); ➪ Mehrarbeit; ➪ Mutterschutz (Verordnung); ➪ Nebentätigkeiten (Allgemeines); ➪ Personalakten; ➪ Personalvertretungsgesetz; ➪ Probezeit (Beamtenverhältnis); ➪ Rechtsschutz; ➪ Ruhestand (Beamtenrecht); ➪ Sachschäden; ➪ Teilzeit / Urlaub (Beamtenrecht – VwV); ➪ Urlaub (Lehrkräfte – Allgemeines); ➪ Urlaub (Verordnung – AzUVO) § 29; ➪ Verschwiegenheitspflicht; ➪ Versetzung und Abordnung; ➪ Verwaltungsrecht (Allgemeines)

Stichwort: Verjährungsfristen im Beamtenrecht

Bürgerliches Gesetzbuch (BGB)

§ 195 BGB: Die regelmäßige Verjährungsfrist beträgt 3 Jahre

§ 199 Abs. 1 BGB: Die regelmäßige Verjährungsfrist beginnt, soweit nicht ein anderer Verjährungsbeginn bestimmt ist, mit dem Schluss des Jahres, in dem

1. der Anspruch entstanden ist
2. der Gläubiger von den den Anspruch begründenden Umständen und der Person des Schuldners Kenntnis erlangt oder ohne grobe Fahrlässigkeit erlangen müsste.

Besoldung und Versorgung

Ansprüche und Rückforderungsansprüche nach diesem Gesetz oder auf der Grundlage dieses Gesetzes verjähren in drei Jahren. Die Verjährung beginnt mit dem Schluss des Jahres, in dem der Anspruch entstanden ist. Im Übrigen sind die Vorschriften des BGB entsprechend anzuwenden. Beamt*innen ist zuzumuten, Gehaltsansprüche zeitnah geltend zu machen (13.11.2008; BVerwG 2 C 16.07, 2 C 21.07). Als „zeitnah" gilt das laufende Haushaltsjahr; dieses endet am 31. Dezember. Die allgemeine Verjährungsfrist von drei Jahren ist unbeachtlich. Beispielsweise verjähren Ansprüche aus 2020 mit Ablauf des 31.12.2023.

➪ Besoldungsgesetz (LBesGBW) § 6

Beihilfe

Eine Beihilfe wird nur gewährt, wenn die Beihilfeberechtigten sie vor Ablauf der beiden Kalenderjahre beantragt haben, die auf das Jahr des Entstehens der Aufwendungen oder, wenn es sich nicht um Aufwendungen nach § 9 handelt, der ersten Ausstellung der Rechnung folgen. Für den Beginn der Frist ist bei Beihilfe nach § 9 und § 15 Abs. 4 jeder Pflegetag, nach § 11 Abs. 2 der Tag der Geburt oder der Annahme als Kind maßgebend. Sätze 1 und 2 gelten auch, wenn Adressat der Rechnung nicht der Beihilfeberechtigte selbst, sondern ein anderer Kostenschuldner ist. Bei Fristversäumnis erlischt der Anspruch.

➪ Beihilfeverordnung § 17 Abs. 10

Reisekosten

Damit Reisekosten für eine Dienstreise erstattet werden können, müssen die Reisekosten innerhalb einer Frist von sechs Monaten nach dem Ende der Dienstreise beantragt werden. Nach Ablauf dieser Frist ist der Anspruch auf Reisekosten erloschen.

➪ Reisekostengesetz (LRKG) § 3 Abs. 4

Rechtsmittelfrist bei rechtsmittelfähigen Bescheiden (Verwaltungsakten)

Rechtsmittelfähige Bescheide wie z.B. die Festsetzung des Ruhegehaltes oder die Festsetzung eines Versorgungsausgleichs müssen mit einer Rechtsbehelfsbelehrung versehen sein. Die Rechtsmittelfrist zum Einlegen eines Widerspruchs beträgt allgemein 4 Wochen nach Bekanntgabe.

Auch wenn man nicht sicher ist, ob ein Widerspruch notwendig ist, so empfiehlt es sich dringend, darauf zu achten, dass ein Widerspruch nicht wegen des verspätetem Eingangs abgelehnt wird. Man schreibt einfach an die Stelle, die den Bescheid erteilt hat: „Hiermit lege ich fristwahrend Widerspruch ein. Begründung folgt." Dann hat man Zeit, sich z.B. von der GEW beraten zu lassen und eine ordentliche Begründung nachzureichen.

Beamtenrecht (BeamtVwV)

Hinweis auf die VwV zur Durchführung beamtenrechtlicher Vorschriften vom 19.4.2016 (GABl. S. 281/2016)

Die im Schulbereich unmittelbar relevanten Bestimmungen der „BeamtVwV" sind in das ➪ Beamtengesetz sowie das ➪ Beamtenstatusgesetz eingearbeitet. Zwei weitere Bestimmungen der BeamtVwV sind in folgende Beiträge eingearbeitet: Nr. 32 (zu § 42 BeamtStG) in ➪ Belohnungen und Geschenke sowie die Nr. 46 (zu § 71 LBG) in ➪ Urlaub (Verordnung) § 29. Siehe auch ➪ Nebentätigkeiten (Allgemeines).

Beamtenrecht (Zuständigkeiten im Schulbereich)

Hinweise der Redaktion auf die Rechtslage für Lehrkräfte und Schulleiter*innen (Quelle: VO des KM zur Übertragung von Zuständigkeiten [...] vom 5.6.2014; K.u.U. S. 99/2014); zul. geänd. 1.12.2015; K.u.U. S. 96/2016)

In folgenden Angelegenheiten nimmt die in den rechten Spalten aufgeführte Instanz die Aufgabe des Dienstvorgesetzten wahr*	**Grund-, Haupt-, Werkreal-, Gemeinschafts-, Realschulen, SBBZ**		**Gymasien, Berufliche Schulen, SBBZ mit Internat**	
	Lehrkräfte	**SL**	**Lehrkräfte**	**SL**
Bewilligung von Sonderurlaub (bis 5 Arbeitstage) ➪ Urlaub (Verordnung) § 29	SL	SSA	SL	RP
Bewilligung von Sonderurlaub für Tagungen, Lehrgänge, Veranstaltungen (6 bis 10 Arbeitstage) ➪ Urlaub (Verordnung) § 29 Abs. 4	SSA	SSA	RP	RP
Bewilligung von Urlaub für Dienstjubiläum, Familienheimfahrt, Kur oder Rehabilitationsmaßnahme ➪ Urlaub (Verordnung) §§ 27 - 30	SL	SSA	SL	RP
Festlegung der Mutterschutzfrist ➪ Mutterschutz (Verordnung) §§ 32 und 34	SSA	SSA	RP	RP
Entscheidungen über Elternzeit ➪ Elternzeit (Beamt*innen) §§ 40 - 44	SSA	SSA	RP	RP
Bewilligung einer Wiedereingliederung ➪ Arbeitszeit (Wiedereingliederung); ➪ Beamtengesetz § 68	SSA	SSA	RP	RP
Betriebliches Eingliederungsmanagement (BEM) ➪ Beamtengesetz § 68; ➪ Eingliederungsmanagement (BEM)	SSA	SSA	SL	RP
Gewährung von Freizeit gegen Vorarbeiten bzw. Nachholen des Unterrichts und sonstiger Dienstpflichten – bis zur Dauer von 3 Tagen – von mehr als 3 Tagen ➪ Urlaub (Lehrkräfte) Nr. 5	 SL SSA	 SSA SSA	 SL RP	 RP RP
Festlegung der Schwerbehindertenermäßigung nach dem Grad der Behinderung ➪ Arbeitszeit (Lehrkräfte-ArbeitszeitVO) § 6	SL	SSA	SL	RP
Bewilligung einer zusätzlichen Schwerbehindertenermäßigung ➪ Arbeitszeit (Lehrkräfte-ArbeitszeitVO) § 6 Abs. 4	SSA	SSA	RP	RP
Bewilligung von Pflegezeiten ➪ Beamtengesetz § 74 Abs. 2; ➪ Urlaub (Pflegezeit /AzUVO)	SL	SSA	SL	RP
Annahme von Belohnungen und Geschenken ➪ Beamtenstatusgesetz § 42	SL	SSA	SL	RP

* Bei schulartübergreifendem Einsatz (z.B. GHWRGS + Gym oder GHWRGS + BS) ist die Schulart mit dem überwiegenden Stundenanteil maßgebend, bei hälftiger Abordnung die Stammschule. RP = Regierungspräsidium; SL = Schulleiter*in; SSA = Schulamt.

Zuständig für Einstellung, Beförderung, Urlaub ohne Bezüge, Teilzeitbeschäftigung, Versetzung, Abordnung, Anerkennung von förderlichen Zeiten als berücksichtigungsfähig (§ 33 Abs. 1 Satz 2 LBesGBW), für die Feststellung, ob die Leistungen den Mindestanforderungen entsprechen (§ 32 Abs. 5 Satz 5 LBesGBW), sowie für die Entlassung oder Zurruhesetzung von Beamt*innen ist, wer für die Ernennung zuständig ist. ➪ Ernennungsgesetz

Die Zuständigkeiten und das Verfahren bei Freistellungen von längerer Dauer; siehe hierzu: ➪ Teilzeit/Urlaub (Beamtenrecht), für die Abwesenheit wegen Krankheit sowie für die dienstliche Beurteilung sind gesondert geregelt.

➪ Besoldungsgesetz; ➪ Beurteilung (Lehrkräfte); ➪ Ernennungsgesetz; ➪ Krankmeldung (Abwesenheit); ➪ Tarifrecht (Allgemeines) Nr. 2.; ➪ Teilzeit/Urlaub (Beamtenrecht); ➪ Urlaub (Lehrkräfte – Allgemeines); ➪ Urlaub (Verordnung)

Beamtenstatusgesetz

Auszug aus dem Gesetz zur Regelung des Statusrechts der Beamtinnen und Beamten in den Ländern (Beamtenstatusgesetz – BeamtStG) vom 17. Juni 2008 (BGBl. I S. 1010), zuletzt geändert 28.6.2021 (BGBl. I S. 2250/2021)

Vorbemerkung der Redaktion

Die Verwaltungsvorschrift zur Durchführung beamtenrechtlicher Vorschriften (BeamtVwV) ist in den nachfolgend abgedruckten Text des BeamtStG eingearbeitet, soweit diese VwV für dessen Anwendung unmittelbar relevant ist.

⇨ Beamtenrecht (BeamtVwV)

Abschnitt 1
Allgemeine Vorschriften

§ 1
Geltungsbereich

Dieses Gesetz regelt das Statusrecht der Beamtinnen und Beamten der Länder, Gemeinden und Gemeindeverbände sowie der sonstigen der Aufsicht eines Landes unterstehenden Körperschaften, Anstalten und Stiftungen des öffentlichen Rechts.

↔ **Querverweis:** ⇨ Beamtengesetz (LBG) § 1 beachten.

§ 2
Dienstherrnfähigkeit (nicht abgedruckt)

↔ **Querverweis:** ⇨ Beamtengesetz (LBG) § 2 beachten.

Abschnitt 2
Beamtenverhältnis

§ 3
Beamtenverhältnis

(1) Beamtinnen und Beamte stehen zu ihrem Dienstherrn in einem öffentlich-rechtlichen Dienst- und Treueverhältnis (Beamtenverhältnis).

(2) Die Berufung in das Beamtenverhältnis ist nur zulässig zur Wahrnehmung

1. hoheitsrechtlicher Aufgaben oder
2. solcher Aufgaben, die aus Gründen der Sicherung des Staates oder des öffentlichen Lebens nicht ausschließlich Personen übertragen werden dürfen, die in einem privatrechtlichen Arbeitsverhältnis stehen. ⇨ Grundgesetz Art. 33

§ 4
Arten des Beamtenverhältnisses

(1) Das Beamtenverhältnis auf Lebenszeit dient der dauernden Wahrnehmung von Aufgaben nach § 3 Abs. 2. Es bildet die Regel.

(2) Das Beamtenverhältnis auf Zeit dient

a) der befristeten Wahrnehmung von Aufgaben nach § 3 Abs. 2 oder
b) der zunächst befristeten Übertragung eines Amtes mit leitender Funktion.

↔ **Querverweis:** ⇨ Beamtengesetz (LBG) §§ 7 und 8 beachten.

(3) Das Beamtenverhältnis auf Probe dient der Ableistung einer Probezeit

a) zur späteren Verwendung auf Lebenszeit oder
b) zur Übertragung eines Amtes mit leitender Funktion.

↔ **Querverweis:** ⇨ Beamtengesetz (LBG) §§ 6 + 19 beachten.

Auszug aus der BeamtVwV des IM zu § 4 Abs. 3 a)

2.1 Rechtzeitig vor Ablauf der Probezeit ist unter Berücksichtigung von Verkürzungs- und Anrechnungszeiten zu prüfen, ob sich die Beamtin oder der Beamte bewährt hat.

2.2 Die Feststellung der Bewährung in der Probezeit bezieht sich auf die Elemente der Eignung, Befähigung und fachlichen Leistung. Die gesundheitliche Eignung kann nur verneint werden, wenn nach einer Prognose, welche die Zeit bis zum Erreichen der gesetzlichen Altersgrenze umfasst, tatsächliche Anhaltspunkte die Annahme rechtfertigen, dass mit überwiegender Wahrscheinlichkeit vor Erreichen der gesetzlichen Altersgrenze Dienstunfähigkeit eintreten wird oder die Beamtin oder der Beamte erhebliche krankheitsbedingte Fehlzeiten und deshalb eine erheblich geringere Lebensdienstzeit aufweisen wird. Im Zweifel ist von gesundheitlicher Eignung auszugehen.

Legen konkrete Anhaltspunkte, zum Beispiel über bei der Berufung in das Beamtenverhältnis auf Probe noch nicht bekannte gesundheitliche Risikofaktoren, Zweifel an der gesundheitlichen Eignung der Beamtin oder des Beamten nahe, ist ein ärztliches Zeugnis darüber einzuholen, ob die Beamtin oder der Beamte die gesundheitliche Eignung für eine Übernahme in das Beamtenverhältnis auf Lebenszeit in der Laufbahn oder für eine anderweitige Verwendung nach § 26 Absatz 1 Satz 3 und Absatz 2 BeamtStG besitzt. Die Nummern 24.2, 29.1 und 29.2 sind entsprechend anzuwenden.

Werden Beamtinnen oder Beamte in Kenntnis gesundheitlicher Risikofaktoren, die zu Erkrankungen führen können, die die gesundheitliche Eignung infrage stellen, in das Beamtenverhältnis auf Probe berufen, kann die Beamtin oder der Beamte wegen mangelnder gesundheitlicher Eignung nicht entlassen werden, wenn die vorhandenen Risikofaktoren im Verlauf der Probezeit zu keiner Erkrankung geführt haben. Es besteht in diesen Fällen bei Vorliegen der Voraussetzungen im Übrigen ein Anspruch auf Ernennung in das Beamtenverhältnis auf Lebenszeit. Bei Vorliegen beeinflussbarer Risikofaktoren kann durch die für die Ernennung zuständige Stelle eine erneute Prüfung der gesundheitlichen Eignung vorbehalten werden. Darauf ist die Beamtin oder der Beamte bei der Begründung des Beamtenverhältnisses auf Probe hinzuweisen.

2.3 Wird nach Ablauf der Probezeit eine Entscheidung über die Bewährung nicht unverzüglich getroffen, so steht das der grundsätzlichen Feststellung der Bewährung gleich. Eignungsmängel, die erst nach Ablauf der Probezeit auftreten, stellen die Bewährung nicht in Frage. Beamtinnen und Beamte auf Probe können in diesen Fällen nicht mehr mangels Bewährung entlassen werden, es sei denn, die Eignungsmängel lassen Rückschlüsse auf die Bewährung in der laufbahnrechtlichen Probezeit zu.

2.4 Bestehen Zweifel an der Dienstfähigkeit der Beamtin oder des Beamten [...], ist grundsätzlich vor Ablauf der Probezeit ein ärztliches Zeugnis anzufordern. Die Nummern 24.2, 29.1 und 29.2 sind entsprechend anzuwenden.

Bezüglich der Entlassung von Beamtinnen und Beamten auf Probe wegen fehlender gesundheitlicher Eignung wird auf Nummer 18.2 und 18.3 verwiesen. *(Nr. 18.2 ist bei § 23 abgedruckt; Nr. 18.3 ist abgedruckt bei* ⇨ Beamtengesetz (LBG) § 19*)*

Das ⇨ Beamtenstatusgesetz und das ⇨ Beamtengesetz (LBG) überschneiden bzw. ergänzen einander. Bitte beachten Sie die Erläuterungen unter ⇨ Beamt*innen (Allgemeines) sowie die Querverweise.

zu § 4 Abs. 3 b)

6.2 Während der Probezeit wird das Beamtenverhältnis auf Lebenszeit durch das Beamtenverhältnis auf Probe überlagert (Doppelbeamtenverhältnis). Eine Entlassung aus dem Lebenszeitbeamtenverhältnis tritt nicht ein. Die Rechte und Pflichten aus dem zuletzt im Beamtenverhältnis auf Lebenszeit übertragenen Amt ruhen während der Probezeit mit Ausnahme der Pflicht zur Amtsverschwiegenheit (§ 37 BeamtStG in Verbindung mit § 57 LBG) und des Verbots der Annahme von Belohnungen, Geschenken und sonstigen Vorteilen (§ 42 BeamtStG). [...]

6.3 Die Probezeit von zwei Jahren kann in besonders begründeten Fällen von der obersten Dienstbehörde bis auf ein Jahr verkürzt werden. Ist die leitende Funktion bereits in vollem Umfang übertragen worden, ohne dass auch das statusrechtliche Amt verliehen wurde, beispielsweise weil eine entsprechende Planstelle nicht zur Verfügung stand, oder war unmittelbar zuvor eine vergleichbare leitende Funktion erfolgreich übertragen, sollen diese Zeiten bei Bewährung grundsätzlich auf die Probezeit angerechnet werden. Eine Mindestprobezeit ist dann nicht zu fordern. Je nach dem Umfang der Anrechnung kann die Probezeit ganz entfallen. Die Dauer der Probezeit unter Berücksichtigung von Anrechnungs- und Verkürzungsmöglichkeiten ist durch einen begleitenden Verwaltungsakt festzusetzen.

Eine Verlängerung der Probezeit ist nicht zulässig. [...]

6.7. Hat sich die Beamtin oder der Beamte bewährt, ist das Amt mit leitender Funktion im Beamtenverhältnis auf Lebenszeit zu übertragen, das heißt grundsätzlich durch entsprechende Ernennung und Aushändigung einer Ernennungsurkunde [...]. Da nach Ablauf der Probezeit das Beamtenverhältnis auf Probe in einem Amt mit leitender Funktion kraft Gesetzes gemäß § 22 Absatz 5 BeamtStG endet, muss die Entscheidung über die Bewährung möglichst zeitnah erfolgen, so dass eine unmittelbare Anschlussernennung im Beamtenverhältnis auf Lebenszeit oder der rechtzeitige Erlass der Verfügung möglich ist. [...]

6.8 Haben sich Beamtinnen und Beamte nicht den Leistungserwartungen entsprechend bewährt, verbleiben sie in dem statusrechtlichen Amt vor der Ernennung zur Beamtin oder zum Beamten auf Probe nach § 8 LBG mit entsprechendem Dienstposten. Weitere statusändernde Verfügungen sind nicht erforderlich. Die Feststellung der Nichtbewährung ist schriftlich mitzuteilen.

(4) Das Beamtenverhältnis auf Widerruf dient

a) der Ableistung eines Vorbereitungsdienstes oder
b) der nur vorübergehenden Wahrnehmung von Aufgaben nach § 3 Abs. 2.

⇨ Probezeit (Beamtenverhältnis)

§ 5 (Ehrenbeamt/innen) und
§ 6 (Beamtenverhältnis auf Zeit) nicht abgedruckt

§ 7
Voraussetzungen des Beamtenverhältnisses

(1) In das Beamtenverhältnis darf nur berufen werden, wer

1. Deutsche oder Deutscher im Sinne des Artikels 116 des Grundgesetzes ist oder die Staatsangehörigkeit
   a) eines anderen Mitgliedstaates der Europäischen Union oder
   b) eines anderen Vertragsstaates des Abkommens über den Europäischen Wirtschaftsraum oder
   c) eines Drittstaates, dem Deutschland und die Europäische Union vertraglich einen entsprechenden Anspruch auf Anerkennung von Berufsqualifikationen eingeräumt haben,

   besitzt,
2. die Gewähr dafür bietet, jederzeit für die freiheitliche demokratische Grundordnung im Sinne des Grundgesetzes einzutreten, und
3. die nach Landesrecht vorgeschriebene Befähigung besitzt.

In das Beamtenverhältnis darf nicht berufen werden, wer unveränderliche Merkmale des Erscheinungsbilds aufweist, die mit der Erfüllung der Pflichten nach § 34 Absatz 2 nicht vereinbar sind.

(2) Wenn die Aufgaben es erfordern, darf nur eine Deutsche oder ein Deutscher im Sinne des Artikels 116 des Grundgesetzes in ein Beamtenverhältnis berufen werden.

(3) Ausnahmen von Absatz 1 Nr. 1 und Absatz 2 können nur zugelassen werden, wenn

1. für die Gewinnung der Beamtin oder des Beamten ein dringendes dienstliches Interesse besteht [...]

↔ **Querverweis:** Hierzu ⇨ Beamtengesetz (LBG) § 18 beachten.

Auszug aus der BeamtVwV des IM

1.1 Vor der Begründung eines Beamtenverhältnisses ist zu prüfen, ob die Voraussetzungen des § 7 BeamtStG in Verbindung mit § 9 BeamtStG erfüllt sind.

1.2 Personen, die zur Einstellung vorgesehen sind (im Folgenden: Bewerberinnen und Bewerber) haben die Verpflichtung, die zur Erstellung eines Personalbogens (Vordruck nach Anlage 1) erforderlichen Angaben unter Vorlage geeigneter Nachweise zu machen. Der Personalbogen kann für Zwecke der Personalverwaltung fortgeschrieben werden. Dabei muss erkennbar bleiben, welche Angaben die Bewerberin oder der Bewerber selbst gemacht hat.

1.3 Die Erfüllung der Voraussetzungen nach § 7 Absatz 1 Nummer 1 BeamtStG, gegebenenfalls in Verbindung mit § 7 Absatz 2 BeamtStG ist an Hand der Bewerbungsunterlagen von Amts wegen zu prüfen. Grundsätzlich genügt die Vorlage eines Reisepasses oder eines Personalausweises als Nachweis der Staatsangehörigkeit oder der Eigenschaft als Deutsche oder Deutscher im Sinne des Artikels 116 des Grundgesetzes (GG). Die Vorlage eines Staatsangehörigkeitsausweises oder eines Ausweises über die Rechtsstellung als Deutsche oder Deutscher ohne deutsche Staatsangehörigkeit ist nur in Zweifelsfällen oder dann zu fordern, wenn eine Ausbildungs- und Prüfungsordnung oder Laufbahnverordnung dies ausdrücklich vorschreibt. [...]

1.4 Staatsangehörige anderer Mitgliedstaaten der Europäischen Union (EU) oder eines anderen Vertragsstaates des Abkommens über den Europäischen Wirtschaftsraum (EWR) sind hinsichtlich der Berufung in das Beamtenverhältnis Deutschen im Sinne des Artikels 116 GG grundsätzlich gleichgestellt. Andere Vertragsstaaten des Abkommens über den Europäischen Wirtschaftsraum sind Island, Liechtenstein und Norwegen. Gleiches gilt für Staatsangehörige eines Drittstaates, dem Deutschland und die Europäische Union vertraglich einen entsprechenden Anspruch auf Anerkennung von Berufsqualifikationen eingeräumt hat.

1.5 Die Entscheidung, ob eine Aufgabe unter § 7 Absatz 2 BeamtStG fällt (sogenannter Vorbehaltsbereich) und deshalb nur Deutsche in ein Beamtenverhältnis berufen werden dürfen, muss im Einzelfall unter Berücksichtigung der von der jeweiligen Beamtin oder dem jeweiligen Beamten nach dem Schwerpunkt der Tätigkeit wahrzunehmenden Funktionen getroffen werden. Grundsätzlich besteht Freizügigkeit in allen Verwaltungsbereichen. Vorbehalten sind nur solche konkreten Aufgaben, deren Wahrnehmung durch Deutsche erforderlich ist. Dies ist dann der Fall, wenn die Tätigkeiten eine unmittelbare oder mittelbare Teilnahme an der Ausübung hoheitlicher Befugnisse und an der Wahrnehmung solcher Aufgaben mit sich bringen, die auf die Wahrung der allgemeinen Belange des Staates oder anderer öffentlicher Körperschaften gerichtet sind und deshalb ein Verhältnis besonderer Verbundenheit des jeweiligen Stelleninhabers zum Staat sowie die Gegenseitigkeit von Rechten und Pflichten voraussetzen, die ihre Wurzel im Staatsangehörigkeitsband haben.

Die Entscheidung trifft die jeweilige Ernennungsbehörde.

1.6 Zur Einstellung muss ein Führungszeugnis zur Vorlage bei einer Behörde (§ 30 Absatz 5 des [...]BZRG) vorliegen, das nicht älter als drei Monate sein soll. Das Führungszeugnis ist von der Bewerberin oder dem Bewerber bei der Meldebehörde zur Vorlage bei der Ernennungsbehörde zu beantragen. [...]

1.7 Bewerberinnen und Bewerber haben eine schriftliche Erklärung über etwaige anhängige strafrechtliche Ermittlungsverfahren oder Strafverfahren, über noch nicht im Führungszeugnis eingetragene und der unbeschränkten Auskunft aus dem Bundeszentralregister unterliegende Verurteilungen sowie über verhängte Disziplinarmaßnahmen und anhängige Disziplinarverfahren vorzulegen. Disziplinarmaßnahmen sind nicht anzugeben, wenn sie bei weiteren Disziplinarverfahren und bei sonstigen Personalmaßnahmen nicht mehr berücksichtigt werden dürfen; Bewerberinnen und Bewerber haben sich gegebenenfalls über die Rechtslage zu vergewissern. Nicht als Disziplinarmaßnahmen in diesem Sinne gelten Disziplinarmaßnahmen, die im Rahmen eines nicht vergleichbaren Zivil- oder Wehrdienstverhältnisses verhängt worden sind.

Die Erklärungen der Bewerberinnen und Bewerber und damit im Zusammenhang stehende Unterlagen sind zu löschen, sobald feststeht, dass das anhängige Ermittlungs oder Strafverfahren zu keiner Verurteilung führte oder die Daten nach § 49 BeamtStG nicht mitgeteilt werden dürfen.

1.8 Als Nachweis, dass sich Bewerberinnen und Bewerber in geordneten wirtschaftlichen Verhältnissen befinden, kann, falls die vorgesehene Verwendung es erfordert, eine entsprechende Erklärung mit zur Nachprüfung geeigneten Unterlagen verlangt werden. Dabei kann auch eine Erklärung verlangt werden, ob Eintragungen im Schuldnerverzeichnis (§§ 882b ff. der Zivilprozessordnung) (ZPO) vorliegen.

1.9 Nach § 7 Absatz 1 Nummer 2 BeamtStG darf in das Beamtenverhältnis nur berufen werden, wer die Gewähr dafür bietet, jederzeit für die freiheitliche demokratische Grundordnung im Sinne des Grundgesetzes einzutreten (vergleiche auch Nummer 26*; abgedruckt bei § 33*). Zum Begriff der freiheitlichen demokratischen Grundordnung wird auf die Anlage 2 (Belehrung*; unten abgedruckt*) verwiesen. Die besondere politische Treuepflicht von Beamtinnen und Beamten gegenüber dem Staat und seiner Verfassung ist ein hergebrachter Grundsatz des Berufsbeamtentums (Artikel 33 Absatz 5 GG) und gehört deshalb zu deren Kernpflichten. Sie gilt für jedes Beamtenverhältnis und für jede Funktion, in der die Beamtin oder der Beamte tätig ist beziehungsweise in der die Bewerberin oder der Bewerber tätig werden soll. ⇨ Grundgesetz § 33

Die politische Treuepflicht gebietet, den Staat und seine geltende Verfassungsordnung zu bejahen und dies nicht lediglich verbal, sondern insbesondere in der beruflichen Tätigkeit dadurch, dass Beamtinnen und Beamte die bestehenden verfassungsrechtlichen und gesetzlichen Vorschriften beachten und erfüllen sowie das Amt aus dem Geist dieser Vorschriften heraus führen. Die politische Treuepflicht fordert mehr als nur eine formal korrekte, im Übrigen aber uninteressierte, kühle, innerlich distanzierte Haltung gegenüber Staat und Verfassung. Sie fordert von Beamtinnen und Beamten insbesondere, dass sie sich eindeutig von Gruppen und Bestrebungen distanzieren, die diesen Staat, seine verfassungsmäßigen Organe und die geltende Verfassungsordnung angreifen, bekämpfen und diffamieren. Von Beamtinnen und Beamten wird erwartet, dass sie diesen Staat und seine Verfassung als einen hohen positiven Wert erkennen und anerkennen, für den es sich lohnt einzutreten.

Jeder Einzelfall muss für sich geprüft und unter Beachtung des Grundsatzes der Verhältnismäßigkeit entschieden werden. Hierfür gelten die nachstehenden Grundsätze:

Es dürfen keine Umstände vorliegen, die nach Überzeugung der Ernennungsbehörde die künftige Erfüllung der Pflicht zur Verfassungstreue zweifelhaft erscheinen lassen. Das bedeutet, dass die für die Einstellung Verantwortlichen im Augenblick der Entscheidung nach den zu diesem Zeitpunkt zur Verfügung stehenden Erkenntnismitteln davon überzeugt sein müssen, dass die Bewerberinnen und Bewerber nach ihrer Persönlichkeit die Gewähr dafür bieten, nach Begründung eines Beamtenverhältnisses jederzeit für die freiheitliche demokratische Grundordnung einzutreten.

Der Überzeugung der Ernennungsbehörde liegt ein Urteil zugrunde, das zugleich eine Prognose enthält. Es gründet sich auf eine von Fall zu Fall wechselnde Vielzahl von Elementen und deren Bewertung. Zur Begründung berechtigter Zweifel reicht es in der Regel aus, dass die Ernennungsbehörde sich auf festgestellte äußere Verhaltensweisen stützt und wertend auf eine möglicherweise darin zum Ausdruck kommende innere Einstellung zur freiheitlichen demokratischen Grundordnung schließt. Die Zweifel müssen allerdings auf Umständen beruhen, die von hinreichendem Gewicht und bei objektiver Betrachtungsweise geeignet sind, ernste Besorgnis an der künftigen Erfüllung der Verfassungstreuepflicht auszulösen. Nicht erforderlich ist die Feststellung, dass die Bewerberin oder der Bewerber tatsächlich ein „Verfassungsfeind" ist.

Der Beitritt oder die Zugehörigkeit zu einer politischen Partei, die verfassungsfeindliche Ziele verfolgt kann für die Beurteilung der Persönlichkeit von Bewerberinnen und Bewerbern erheblich sein. Dies gilt unabhängig davon, ob die Verfassungswidrigkeit der Partei durch Entscheidung des Bundesverfassungsgerichts festgestellt ist oder nicht. Entsprechendes gilt für sonstige Organisationen unabhängig davon, ob sie verboten sind.

Über die gewichtigsten verfassungsfeindlichen Bestrebungen berichten die jährlichen Verfassungsschutzberichte, zum Beispiel des Bundesministeriums des Innern und des Innenministeriums Baden-Württemberg. Maßgebliches Kriterium für die Bewertung einer Partei oder Organisation als verfassungsfeindlich sind die Feststellungen des Verfassungsschutzberichts. Bei einer Einstufung der Partei beziehungsweise der Organisation als extremistisch ist von deren Verfassungsfeindlichkeit auszugehen. Erforderlichenfalls kann über das Innenministerium Baden-Württemberg eine gutachtliche Äußerung des Landesamts für Verfassungsschutz angefordert werden.

Die Mitgliedschaft in einer Partei oder Organisation mit verfassungsfeindlichen Zielen oder ein der Mitgliedschaft vergleichbares Verhalten, beispielsweise ein aktives Eintreten für die Partei oder Organisation, bietet Anhaltspunkte für Zweifel, denen die Ernennungsbehörde nachzugehen verpflichtet ist. Zur Aufklärung des Sachverhalts sind die Bewerberinnen und Bewerber anzuhören. In der Anhörung, gegebenenfalls im Einstellungsgespräch, kann sich die Ernennungsbehörde ein Bild über die Beziehungen der Bewerberin oder des Bewerbers zu der Partei oder Organisation machen, zum Beispiel über die näheren Umstände der Mitgliedschaft, die Intensität der Einbindung in die Partei / Organisation und die persönlichen Überzeugungen der Bewerberin oder des Bewerbers. Die Befragung muss sich auf die äußeren Umstände der Mitgliedschaft sowie auf die innere Einstellung von Bewerberinnen oder Bewerbern zur Partei oder Organisation beziehen. Durch die Anhörung können Zweifel an der Verfassungstreue möglicherweise ausgeräumt werden. Ebenso wenig, wie verfassungsfeindliches Verhalten zwingend eine Mitgliedschaft in einer Partei oder Organisation mit verfassungsfeindlichen Zielen voraussetzt, ergibt sich zwangsläufig aus einer solchen Mitgliedschaft ein verfassungsfeindliches Verhalten von Bewerberinnen und Bewerbern.

Die Ernennungsbehörde muss die zu Zweifeln Anlass gebenden Umstände darlegen. Die Widerlegung ist Sache der Bewerberin und des Bewerbers, welche bei der Aufklärung des Sachverhalts eine Mitwirkungspflicht haben. Kommen sie dieser nicht nach, ist die Ernennungsbehörde berechtigt, die bestehenden Zweifel an der Verfassungstreue als gerechtfertigt anzusehen. Dies gilt auch bei einer Weigerung der Bewerberin oder des Bewerbers, die unter Nummer 1.10 genannte Erklärung zu unterschreiben.

Können die Zweifel an der Verfassungstreue nicht ausgeräumt werden, darf eine Berufung in das Beamtenverhältnis nicht erfolgen.

Ist ein Beamtenverhältnis zur Ausbildung für Berufe außerhalb des öffentlichen Dienstes gesetzlich vorgeschrieben, kann die Einstellung nur versagt werden, wenn dies trotz des Ausbildungszwecks geboten erscheint.

1.10 Vor der Entscheidung über die Einstellung erfolgt nach Anlage 2 eine schriftliche Belehrung der Bewerberin oder des Bewerbers. Diese haben die Erklärung nach Anlage 2 zu unterschreiben.

1.11 Eine Regelanfrage beim Landesamt für Verfassungsschutz findet nicht statt. Ergeben sich im Einstellungsverfahren, insbesondere im Einstellungsgespräch, jedoch Zweifel an der Verfassungstreue von Bewerberinnen und Bewerbern, ist über das Innenministerium eine Anfrage an das Landesamt für Verfassungsschutz zu richten, ob Tatsachen über diese Personen bekannt sind, die unter dem Gesichtspunkt der Verfassungstreue Bedenken gegen eine Einstellung begründen.

Die Anfrage darf erst erfolgen, wenn die Einstellung der Bewerberin oder des Bewerbers konkret beabsichtigt ist, das heißt, wenn alle sonstigen Voraussetzungen für die Einstellung erfüllt sind. Die Anfrage ist zu begründen und auf dem Dienstweg an das Innenministerium zu richten. Die Bewerberin oder der Bewerber ist vorher zu unterrichten (§ 3 Absatz 4 Satz 1 und Absatz 3 Satz 1 Nummer 4 des Landesverfassungsschutzgesetzes). Die Unterrichtung ist mit der Anfrage nachzuweisen.

Das Innenministerium gibt die Anfrage der Ernennungsbehörde an das Landesamt für Verfassungsschutz zur Überprüfung weiter. Dabei werden vom Landesamt für Verfassungsschutz nur Auskünfte aus Datenbeständen des Verfassungsschutzes und der Sicherheitsbehörden eingeholt. Besondere auf die Bewerberin oder den Bewerber ausgerichtete Ermittlungen des Verfassungsschutzes finden nicht statt.

Sind keine Erkenntnisse vorhanden, wird dies unverzüglich unter nachrichtlicher Beteiligung des Innenministeriums der Ernennungsbehörde mitgeteilt.

Liegen Erkenntnisse vor, übermittelt das Landesamt für Verfassungsschutz diese an das Innenministerium. Dabei werden dem Innenministerium nur rechtserhebliche Tatsachen, die geeignet sind, Zweifel an der Verfassungstreue zu begründen, mitgeteilt.

Das Innenministerium scheidet bei der Prüfung und Wertung der Erkenntnisse sogenannte Jugendsünden und Bagatellfälle von der Weitergabe aus, soweit nicht zusätzliche Erkenntnisse über die angefragte Person vorliegen. Das Innenministerium leitet nur solche, offen verwertbare, Tatsachen an die Ernennungsbehörden weiter, die geeignet sind, Zweifel an der Verfassungstreue zu begründen.

1.12 Es sind folgende Verfahrensgrundsätze zu beachten:

- Einer Bewerberinnen oder einem Bewerber werden stets sämtliche Angaben mitgeteilt, die Zweifel an der Verfassungstreue begründen.
- Jeder Bewerberin und jedem Bewerber wird vor der Entscheidung über die Ablehnung die Möglichkeit zur Stellungnahme zu den vorliegenden Ablehnungsgründen gegeben.
- Einer Bewerberin oder einem Bewerber wird gestattet, bei der Anhörung eine Bevollmächtigte oder einen Bevollmächtigten oder eine sonstige Person des Vertrauens beizuziehen.
- Bei der Anhörung wird stets ein Protokoll angefertigt, von dem die Bewerberin oder der Bewerber auf Verlangen eine Mehrfertigung erhält.
- Die Entscheidung über die Ablehnung ergeht stets unter Beteiligung der obersten Dienstbehörde. Die politisch verantwortliche Ministerin beziehungsweise der politisch verantwortliche Minister ist einzuschalten.
- Der Bewerberin oder dem Bewerber ist der mit einer Rechtsbehelfsbelehrung versehene schriftliche begründete Ablehnungsbescheid zuzustellen.

Anlage 2 – Belehrung

Nach § 33 Absatz 1 Satz 2 des Beamtenstatusgesetzes müssen Beamtinnen und Beamte sich durch ihr gesamtes Verhalten zu der freiheitlichen demokratischen Grundordnung im Sinne des Grundgesetzes bekennen und für deren Erhaltung eintreten.

Dementsprechend darf nach § 7 Absatz 1 Nummer 2 des Beamtenstatusgesetzes in das Beamtenverhältnis nur berufen werden, wer die Gewähr dafür bietet, jederzeit für die freiheitliche demokratische Grundordnung im Sinne des Grundgesetzes einzutreten.

Die freiheitliche demokratische Grundordnung im Sinne des Grundgesetzes ist nach der Rechtsprechung des Bundesverfassungsgerichts eine Ordnung, die unter Ausschluss jeglicher Gewalt- und Willkürherrschaft eine rechtsstaatliche Herrschaftsordnung auf der Grundlage der Selbstbestimmung des Volkes nach dem Willen der jeweiligen Mehrheit und der Freiheit und Gleichheit darstellt. Die freiheitliche demokratische Grundordnung ist das Gegenteil des totalen Staates, der als ausschließliche Herrschaftsmacht Menschenwürde, Freiheit und Gleichheit ablehnt. Zu den grundlegenden Prinzipien dieser Ordnung sind insbesondere zu rechnen:

- Die Achtung vor den im Grundgesetz konkretisierten Menschenrechten, vor allem vor dem Recht der Persönlichkeit auf Leben und freie Entfaltung,
- die Volkssouveränität, die Gewaltenteilung, die Verantwortlichkeit der Regierung, die Gesetzmäßigkeit der Verwaltung, die Unabhängigkeit der Gerichte, das Mehrparteienprinzip, die Chancengleichheit für alle politischen Parteien, das Recht auf verfassungsmäßige Bildung und Ausübung einer Opposition.

Die Teilnahme an Bestrebungen, die sich gegen die durch die vorgenannten Grundsätze gekennzeichnete freiheitliche demokratische Grundordnung richten, ist unvereinbar mit den Pflichten von im öffentlichen Dienst Beschäftigten. Dabei ist es ohne Bedeutung, ob diese Bestrebungen im Rahmen einer Organisation oder außerhalb einer solchen verfolgt werden.

Bewerberinnen und Bewerber für den öffentlichen Dienst, die an verfassungsfeindlichen Bestrebungen teilnehmen oder sie unterstützen, dürfen nicht eingestellt werden.

Beamtinnen und Beamte, die sich einer solchen Pflichtverletzung schuldig machen, müssen damit rechnen, dass gegen sie ein Disziplinarverfahren mit dem Ziel der Entfernung aus dem Beamtenverhältnis eingeleitet wird.

Danach haben Bewerberinnen und Bewerber folgende Erklärung zu unterschreiben:

Erklärung

Aufgrund dieser Belehrung erkläre ich hiermit ausdrücklich, dass ich die vorstehenden Grundsätze der freiheitlichen demokratischen Grundordnung im Sinne des Grundgesetzes bejahe und dass ich bereit bin, mich jederzeit durch mein gesamtes Verhalten zu der freiheitlichen demokratischen Grundordnung im Sinne des Grundgesetzes zu bekennen und für deren Erhaltung einzutreten.

Ich versichere ausdrücklich, dass ich Bestrebungen, die gegen die freiheitliche demokratische Grundordnung oder gegen eines ihrer oben genannten, grundlegenden Prinzipien gerichtet sind, nicht unterstütze und auch nicht Mitglied einer hiergegen gerichteten Organisation bin.

Ich bin mir darüber im Klaren, dass ich bei einem Verstoß gegen diese Dienst- und Treuepflichten mit einer Entfernung aus dem Beamtenverhältnis rechnen muss.

⇨ Einstellung (Altersgrenze); ⇨ Einstellungserlass; ⇨ Probezeit

§ 8
Ernennung

(1) Einer Ernennung bedarf es zur

1. Begründung des Beamtenverhältnisses,
2. Umwandlung des Beamtenverhältnisses in ein solches anderer Art (§ 4),
3. Verleihung eines anderen Amtes mit anderem Grundgehalt oder
4. Verleihung eines anderen Amtes mit anderer Amtsbezeichnung, soweit das Landesrecht dies bestimmt.

(2) Die Ernennung erfolgt durch Aushändigung einer Ernennungsurkunde. In der Urkunde müssen enthalten sein

1. bei der Begründung des Beamtenverhältnisses die Wörter „unter Berufung in das Beamtenver-

hältnis“ mit dem die Art des Beamtenverhältnisses bestimmenden Zusatz „auf Lebenszeit“, „auf Probe“, „auf Widerruf“, „als Ehrenbeamtin“ oder „als Ehrenbeamter“ oder „auf Zeit“ mit der Angabe der Zeitdauer der Berufung,

2. bei der Umwandlung des Beamtenverhältnisses in ein solches anderer Art die diese Art bestimmenden Wörter nach Nummer 1 und
3. bei der Verleihung eines Amtes die Amtsbezeichnung.

(3) Mit der Begründung eines Beamtenverhältnisses auf Probe, auf Lebenszeit und auf Zeit wird gleichzeitig ein Amt verliehen.

(4) Eine Ernennung auf einen zurückliegenden Zeitpunkt ist unzulässig und insoweit unwirksam.

⇨ Einstellungserlass; ⇨ Ernennungsgesetz; ⇨ Laufbahnverordnung (LVO-KM)

⇔ **Querverweis:** ⇨ Beamtengesetz (LBG) § 9 beachten.

§ 9
Kriterien der Ernennung

Ernennungen sind nach Eignung, Befähigung und fachlicher Leistung ohne Rücksicht auf Geschlecht, Abstammung, Rasse oder ethnische Herkunft, Behinderung, Religion oder Weltanschauung, politische Anschauungen, Herkunft, Beziehungen oder sexuelle Identität vorzunehmen.

⇨ Ernennungsgesetz; ⇨ Gleichbehandlungsgesetz (AGG)

⇔ **Querverweis:** ⇨ Beamtengesetz (LBG) §§ 9-13 beachten.

Auszug aus der BeamtVwV des IM :

3.1 Zur Eignung im Sinne von § 9 BeamtStG gehört auch die gesundheitliche Eignung für die angestrebte Laufbahn, über die der Dienstherr ohne Beurteilungsspielraum zu entscheiden hat. Die gesundheitliche Eignung ist dann nicht mehr gegeben, wenn aufgrund einer Prognose, die den Zeitraum bis zum Erreichen der gesetzlichen Altersgrenze umfasst, tatsächliche Anhaltspunkte die Annahme rechtfertigen, dass mit überwiegender Wahrscheinlichkeit vor Erreichen der gesetzlichen Altersgrenze Dienstunfähigkeit eintreten oder die Beamtin oder der Beamte erhebliche krankheitsbedingte Fehlzeiten und deshalb eine erheblich geringere Lebensdienstzeit aufweisen wird. Hierzu ist von der Bewerberin oder dem Bewerber ein ärztliches Zeugnis vorzulegen. Dieses soll im Zeitpunkt der Personalmaßnahme nicht älter als sechs Monate sein. Die dafür anfallenden Kosten trägt die Bewerberin oder der Bewerber. Lassen sich vorzeitige dauernde Dienstunfähigkeit oder erheblich krankheitsbedingte Fehlzeiten nach Ausschöpfen des ärztlichen Zeugnisses durch den Dienstherrn weder feststellen noch ausschließen, ist von gesundheitlicher Eignung auszugehen.

Die Untersuchung der zur Einstellung vorgesehenen Bewerberinnen und Bewerber erfolgt in der Regel vor der Berufung in das Beamtenverhältnis auf Probe. Diese Untersuchung oder gegebenenfalls weitere Untersuchungen können bereits vor der Berufung in das Beamtenverhältnis auf Widerruf beziehungsweise vor der Einstellung in das öffentlich-rechtliche Ausbildungsverhältnis erfolgen, wenn die Ausbildung mit dem Ziel der späteren Berufsausübung im öffentlichen Dienst erfolgt oder wenn die Art der Ausbildung besondere Anforderungen an die Dienstfähigkeit stellt. Begründen konkrete Anhaltspunkte Zweifel an der gesundheitlichen Eignung der Beamtin oder des Beamten, ist die Untersuchung über die gesundheitliche Eignung der Beamtin oder des Beamten für eine Übernahme in das Beamtenverhältnis auf Probe beziehungsweise auf Lebenszeit erneut einzuholen.

Auf die Ausführungen bei Nummer 2.2 *(abgedruckt bei § 4)* wird hingewiesen.

Hinweis der Redaktion: Das Landesgesundheitsamt stellt Namenslisten von Ärztinnen und Ärzten bereit, die die erforderlichen ärztlichen Untersuchungen einschließlich der Erstellung entsprechender Zeugnisse durchführen:
https://www.gesundheitsamt-bw.de/lga/de/service/ > Gesundheitliche Eignung bei Verbeamtung > mehr > Ärzteliste

3.2 Nach (jetzt:) § 211 Absatz 1 des Neunten Buches Sozialgesetzbuch (SGB IX) müssen die Einstellung und Beschäftigung von schwerbehinderten Menschen gefördert und ein angemessener Anteil schwerbehinderter Menschen unter den Beamtinnen und Beamten erreicht werden. Die Erfüllung dieser Verpflichtung soll zum Beispiel durch Verringerung der Anforderungen an die gesundheitliche Eignung gefördert werden. Schwerbehinderte im Sinne von (jetzt:) § 155 SGB IX, die als Tarifbeschäftigte angestellt sind, können in das Beamtenverhältnis übernommen werden, soweit sonstige Rechtsvorschriften dem nicht entgegenstehen.

3.3 Liegen Bewerbungen von schwerbehinderten Menschen vor, soll ihnen bei insgesamt annähernd gleicher Eignung der Vorzug vor nicht schwerbehinderten Bewerberinnen und Bewerbern gegeben werden, auch wenn einzelne Eignungsmerkmale behinderungsbedingt schwächer ausgeprägt sind. Schwerbehinderte Menschen werden zu einem Vorstellungsgespräch eingeladen. Die Einladung ist entbehrlich, wenn die fachliche Eignung offensichtlich fehlt (jetzt:) (§ 165 SGB IX). Kein Anspruch auf Einladung zum Vorstellungsgespräch besteht, wenn der öffentliche Arbeitgeber den Arbeitsplatz berechtigterweise nur intern zur Besetzung ausschreibt.

3.4 *(Vollzugs- und Einsatzdienste; hier nicht abgedruckt)*

3.5 Von schwerbehinderten Beamtinnen und schwerbehinderten Beamten darf nur das Mindestmaß gesundheitlicher Eignung für die betreffende Stelle verlangt werden. Die gesundheitliche Eignung kann im Allgemeinen auch dann noch als ausreichend angesehen werden, wenn der schwerbehinderte Mensch nur für die Wahrnehmung bestimmter Dienstposten der betreffenden Laufbahn geistig und körperlich geeignet ist. Abweichend von Nummer 3.1 Satz 2 dürfen schwerbehinderte Menschen auch dann in ein Beamtenverhältnis berufen werden, wenn als Folge ihrer Behinderung eine vorzeitige Dienstunfähigkeit möglich ist. Es muss aber bei der Einstellung und bei der Ernennung auf Lebenszeit mit überwiegender Wahrscheinlichkeit davon ausgegangen werden können, dass der schwerbehinderte Mensch mindestens fünf Jahre dienstfähig bleibt. Dies muss im ärztlichen Gutachten zum Ausdruck kommen.

3.6 Die Dienststellen sind verpflichtet zu prüfen, ob freie Stellen mit schwerbehinderten Menschen besetzt werden können. Auf (jetzt:) § 165 SGB IX wird hingewiesen. In Stellenausschreibungen ist darauf hinzuweisen, dass schwerbehinderte Menschen bei entsprechender Eignung bevorzugt eingestellt werden. ⇨ Schwerbehinderung (Allgemeines)

Hinweise der Redaktion:

1. Durch das Chancengleichheitsgesetz erhält die Geschlechtszugehörigkeit der Frau die rechtliche Bedeutung eines Hilfsmaßstabes bei gleicher oder annähernd gleicher Einschätzung von Eignung, Befähigung und fachlicher Leistung – mit Vorrang gegenüber anderen Hilfsmaßnahmen wie dem Dienstalter. (Quelle: VGH Mannheim, 25.7.1996 – 4 S 1525/96) ⇨ Funktionsstellen (Besetzung)
2. Bei der Beurteilung der Eignung sind die in der Familienarbeit und in ehrenamtlicher Tätigkeit erworbenen überfachlichen Kompetenzen einzubeziehen, soweit sie für die vorgesehene Tätigkeit von Bedeutung sind und in das Bewerbungsverfahren eingebracht werden. Bei Vorliegen gleicher Eignung, Befähigung und fachlicher Leistung von Frauen und Männern dürfen geringere aktive Dienst- oder Beschäftigungszeiten, Reduzierungen der Arbeitszeit oder Verzögerungen beim Abschluss einzelner Ausbildungsgänge aufgrund der Betreuung von Kindern oder pflegebedürftigen Angehörigen nicht berücksichtigt werden.
   ⇨ Chancengleichheitsgesetz § 11 Abs. 2 und 3
3. Schwerbehinderte Bewerberinnen und Bewerber werden i.d.R. verbeamtet, wenn mit hinreichender Sicherheit eine Zurruhesetzung innerhalb von fünf Jahren ab der Einstellung

ausgeschlossen werden kann. Das Bundesverwaltungsgericht (AZ: BVerwG 2 C 12.11 und 2 C 18.12) hat im Juli 2013 entschieden, dass „gegenwärtig leistungsfähigen" Bewerberinnen oder Bewerbern eine Einstellung nur verwehrt werden kann, wenn ihre vorzeitige Pensionierung vor Erreichen der Altersgrenze überwiegend wahrscheinlich ist. Dafür muss es tatsächliche Anknüpfungspunkte geben.

§ 10
Voraussetzung der Ernennung auf Lebenszeit

Die Ernennung zur Beamtin auf Lebenszeit oder zum Beamten auf Lebenszeit ist nur zulässig, wenn die Beamtin oder der Beamte sich in einer Probezeit von mindestens sechs Monaten und höchstens fünf Jahren bewährt hat. Von der Mindestprobezeit können durch Landesrecht Ausnahmen bestimmt werden. ⇨ Laufbahnverordnung (LVO-KM)

↔ **Querverweis:** ⇨ Beamtengesetz (LBG) §§ 19 beachten.

§ 11
Nichtigkeit der Ernennung

(1) Die Ernennung ist nichtig, wenn
1. sie nicht der in § 8 Abs. 2 vorgeschriebenen Form entspricht,
2. sie von einer sachlich unzuständigen Behörde ausgesprochen wurde oder
3. zum Zeitpunkt der Ernennung
   a) nach § 7 Absatz 1 Satz 1 Nr. 1 keine Ernennung erfolgen durfte und keine Ausnahme nach § 7 Abs. 3 zugelassen war,
   b) nicht die Fähigkeit zur Bekleidung öffentlicher Ämter vorlag oder
   c) eine ihr zugrunde liegende Wahl unwirksam ist.

(2) Die Ernennung ist von Anfang an als wirksam anzusehen, wenn
1. im Fall des Absatzes 1 Nr. 1 aus der Urkunde oder aus dem Akteninhalt eindeutig hervorgeht, dass die für die Ernennung zuständige Stelle ein bestimmtes Beamtenverhältnis begründen oder ein bestehendes Beamtenverhältnis in ein solches anderer Art umwandeln wollte, für das die sonstigen Voraussetzungen vorliegen, und die für die Ernennung zuständige Stelle die Wirksamkeit schriftlich bestätigt; das Gleiche gilt, wenn die Angabe der Zeitdauer fehlt, durch Landesrecht aber die Zeitdauer bestimmt ist,
2. im Fall des Absatzes 1 Nr. 2 die sachlich zuständige Behörde die Ernennung bestätigt oder
3. im Fall des Absatzes 1 Nr. 3 Buchstabe a eine Ausnahme nach § 7 Abs. 3 nachträglich zugelassen wird.

↔ **Querverweis:** ⇨ Beamtengesetz (LBG) §§ 12-13 beachten.

§ 12
Rücknahme der Ernennung

(1) Die Ernennung ist mit Wirkung für die Vergangenheit zurückzunehmen, wenn
1. sie durch Zwang, arglistige Täuschung oder Bestechung herbeigeführt wurde,
2. dem Dienstherrn zum Zeitpunkt der Ernennung nicht bekannt war, dass die ernannte Person vor ihrer Ernennung ein Verbrechen oder Vergehen begangen hat, aufgrund dessen sie vor oder nach ihrer Ernennung rechtskräftig zu einer Strafe verurteilt worden ist und das sie für die Berufung in das Beamtenverhältnis als unwürdig erscheinen lässt,
3. die Ernennung nach § 7 Abs. 2 nicht erfolgen durfte und eine Ausnahme nach § 7 Abs. 3 nicht zugelassen war und die Ausnahme nicht nachträglich erteilt wird oder
4. eine durch Landesrecht vorgeschriebene Mitwirkung einer unabhängigen Stelle oder einer Aufsichtsbehörde unterblieben ist und nicht nachgeholt wurde.

(2) Die Ernennung soll zurückgenommen werden, wenn nicht bekannt war, dass gegen die ernannte Person in einem Disziplinarverfahren auf Entfernung aus dem Beamtenverhältnis oder auf Aberkennung des Ruhegehalts erkannt worden war. Dies gilt auch, wenn die Entscheidung gegen eine Beamtin oder einen Beamten der Europäischen Gemeinschaften oder eines Staates nach § 7 Abs. 1 Satz 1 Nummer 1 ergangen ist.

↔ **Querverweis:** ⇨ Beamtengesetz (LBG) §§ 12-13 beachten.

Abschnitt 3 Länderübergreifender Wechsel und Wechsel in die Bundesverwaltung

§ 13 Grundsatz / § 14 Abordnung (nicht abgedruckt)

§ 15
Versetzung

(1) Beamtinnen und Beamte können auf Antrag oder aus dienstlichen Gründen in den Bereich eines Dienstherrn eines anderen Landes oder des Bundes in ein Amt einer Laufbahn versetzt werden, für die sie die Befähigung besitzen. ⇨ Ländertausch

(2) Eine Versetzung bedarf der Zustimmung der Beamtin oder des Beamten. Abweichend von Satz 1 ist die Versetzung auch ohne Zustimmung zulässig, wenn das neue Amt mit mindestens demselben Grundgehalt verbunden ist wie das bisherige Amt. Stellenzulagen gelten hierbei nicht als Bestandteile des Grundgehalts.

(3) Die Versetzung wird von dem abgebenden im Einverständnis mit dem aufnehmenden Dienstherrn verfügt. Das Beamtenverhältnis wird mit dem neuen Dienstherrn fortgesetzt.

↔ **Querverweis:** ⇨ Beamtengesetz (LBG) § 24 beachten.

§ 16 Umbildung einer Körperschaft / § 17 Rechtsfolgen der Umbildung / § 18 Rechtsstellung der Beamtinnen und Beamten / § 19 Rechtsstellung der Versorgungsempfängerinnen und Versorgungsempfänger (hier nicht abgedruckt)

Abschnitt 4 – Zuweisung einer Tätigkeit bei anderen Einrichtungen

§ 20 Zuweisung (hier nicht abgedruckt)

Das ⇨ Beamtenstatusgesetz und das ⇨ Beamtengesetz (LBG) überschneiden beziehungsweise ergänzen einander. Bitte die Erläuterungen unter ⇨ Beamt*innen (Allgemeines) sowie die Querverweise beachten.

Abschnitt 5
Beendigung des Beamtenverhältnisses

§ 21
Beendigungsgründe

Das Beamtenverhältnis endet durch

1. Entlassung,
2. Verlust der Beamtenrechte,
3. Entfernung aus dem Beamtenverhältnis nach den Disziplinargesetzen oder
4. Eintritt oder Versetzung in den Ruhestand.

⇨ Disziplinargesetz (LDG); ⇨ Ruhestand (Beamtenrecht)

↔ **Querverweis:** ⇨ Beamtengesetz (LBG) §§ 30a ff. beachten.

§ 22
Entlassung kraft Gesetzes

(1) Beamtinnen und Beamte sind entlassen, wenn

1. die Voraussetzungen des § 7 Absatz 1 Satz 1 nicht mehr vorliegen und eine Ausnahme nach § 7 Absatz 3 auch nachträglich nicht zugelassen wird oder
2. sie die Altersgrenze erreichen und das Beamtenverhältnis nicht durch Eintritt in den Ruhestand endet.

(2) Die Beamtin oder der Beamte ist entlassen, wenn ein öffentlich-rechtliches Dienst- oder Amtsverhältnis zu einem anderen Dienstherrn oder zu einer Einrichtung ohne Dienstherrneigenschaft begründet wird, sofern nicht im Einvernehmen mit dem neuen Dienstherrn oder der Einrichtung die Fortdauer des Beamtenverhältnisses neben dem neuen Dienst- oder Amtsverhältnis angeordnet oder durch Landesrecht etwas anderes bestimmt wird. Dies gilt nicht für den Eintritt in ein Beamtenverhältnis auf Widerruf oder als Ehrenbeamtin oder Ehrenbeamter.

(3) Die Beamtin oder der Beamte ist mit der Berufung in ein Beamtenverhältnis auf Zeit aus einem anderen Beamtenverhältnis bei demselben Dienstherrn entlassen, soweit das Landesrecht keine abweichenden Regelungen trifft.

(4) Das Beamtenverhältnis auf Widerruf endet mit Ablauf des Tages der Ablegung oder dem endgültigen Nichtbestehen der für die Laufbahn vorgeschriebenen Prüfung, sofern durch Landesrecht nichts anderes bestimmt ist.

(5) Das Beamtenverhältnis auf Probe in einem Amt mit leitender Funktion endet mit Ablauf der Probezeit oder mit Versetzung zu einem anderen Dienstherrn. ⇨ Funktionsstellen (Probezeit)

§ 23
Entlassung durch Verwaltungsakt

(1) Beamtinnen und Beamte sind zu entlassen, wenn sie

1. den Diensteid oder ein an dessen Stelle vorgeschriebenes Gelöbnis verweigern,
2. nicht in den Ruhestand oder einstweiligen Ruhestand versetzt werden können, weil eine versorgungsrechtliche Wartezeit nicht erfüllt ist,
3. dauernd dienstunfähig sind und das Beamtenverhältnis nicht durch Versetzung in den Ruhestand endet,
4. die Entlassung in schriftlicher Form verlangen oder
5. nach Erreichen der Altersgrenze berufen worden sind.

Im Fall des Satzes 1 Nr. 3 ist § 26 Abs. 2 entsprechend anzuwenden.

(2) Beamtinnen und Beamte können entlassen werden, wenn sie in Fällen des § 7 Abs. 2 die Eigenschaft als Deutsche oder Deutscher im Sinne des Artikels 116 des Grundgesetzes verlieren.

(3) Beamtinnen auf Probe und Beamte auf Probe können entlassen werden,

1. wenn sie eine Handlung begehen, die im Beamtenverhältnis auf Lebenszeit mindestens eine Kürzung der Dienstbezüge zur Folge hätte,
2. wenn sie sich in der Probezeit nicht bewährt haben oder
3. wenn ihr Aufgabengebiet bei einer Behörde von der Auflösung dieser Behörde oder einer auf landesrechtlicher Vorschrift beruhenden wesentlichen Änderung des Aufbaus oder Verschmelzung dieser Behörde mit einer anderen oder von der Umbildung einer Körperschaft berührt wird und eine andere Verwendung nicht möglich ist.

Im Fall des Satzes 1 Nr. 2 ist § 26 Abs. 2 bei allein mangelnder gesundheitlicher Eignung entsprechend anzuwenden.

Auszug aus der BeamtVwV des IM :

18.1 [...] Die Entlassung wegen Nichtbewährung in der Probezeit nach § 23 Absatz 3 Satz 1 Nummer 2 BeamtStG ist grundsätzlich unverzüglich nach Ablauf der Probezeit auszusprechen. Die Entlassung kann schon vor Ablauf der Probezeit verfügt werden, wenn die mangelnde Bewährung festgestellt ist und endgültig nicht behebbar erscheint. Wird keine Entscheidung über die Bewährung nach Ablauf der Höchstdauer der Probezeit von fünf Jahren (§ 10 BeamtStG) getroffen, kommt die Entlassung von Beamtinnen und Beamten auf Probe aufgrund von § 23 Absatz 3 Satz 1 Nummer 2 BeamtStG nicht mehr in Betracht.

18.2 Von der Entlassung allein mangels gesundheitlicher Eignung ist nach § 23 Absatz 3 Satz 2 BeamtStG abzusehen, wenn eine anderweitige Verwendung in sinngemäßer Anwendung des § 26 Absatz 2 BeamtStG möglich ist. Für eine anderweitige Verwendung von aus gesundheitlichen Gründen für die Ernennung zur Beamtin oder zum Beamten auf Lebenszeit ungeeigneten Beamtinnen und Beamten auf Probe reicht es nicht aus, dass diese auf einzelnen hierfür geeigneten und möglicherweise erst einzurichtenden Dienstposten eingesetzt werden können. Vielmehr wird vorausgesetzt, dass die Beamtinnen und Beamten für einen hinreichend breiten Teil von Dienstposten ihrer oder einer gleichwertigen Laufbahn verwendet werden können. Ist dies nicht der Fall, können Beamtinnen und Beamte auf Probe entlassen werden.

(4) Beamtinnen auf Widerruf und Beamte auf Widerruf können jederzeit entlassen werden. Die Gelegenheit zur Beendigung des Vorbereitungsdienstes und zur Ablegung der Prüfung soll gegeben werden.

↔ **Querverweis:** ⇨ Beamtengesetz (LBG) §§ 31 ff. beachten.

§ 24
Verlust der Beamtenrechte

(1) Wenn eine Beamtin oder ein Beamter im ordentlichen Strafverfahren durch das Urteil eines deutschen Gerichts

1. wegen einer vorsätzlichen Tat zu einer Freiheitsstrafe von mindestens einem Jahr oder
2. wegen einer vorsätzlichen Tat, die nach den Vorschriften über Friedensverrat, Hochverrat und Gefährdung des demokratischen Rechtsstaates, Landesverrat und Gefährdung der äußeren Sicherheit oder, soweit sich die Tat auf eine Diensthandlung im Hauptamt bezieht, Bestechlichkeit, strafbar ist, zu einer Freiheitsstrafe von mindestens sechs Monaten

verurteilt wird, endet das Beamtenverhältnis mit der Rechtskraft des Urteils. Entsprechendes gilt, wenn die Fähigkeit zur Bekleidung öffentlicher Ämter aberkannt wird oder wenn die Beamtin oder der Beamte aufgrund einer Entscheidung des Bundesverfassungsgerichts nach Artikel 18 des Grundgesetzes ein Grundrecht verwirkt hat.

(2) Wird eine Entscheidung, die den Verlust der Beamtenrechte zur Folge hat, in einem Wiederaufnahmeverfahren aufgehoben, gilt das Beamtenverhältnis als nicht unterbrochen.

↔ **Querverweis:** ➪ Beamtengesetz (LBG) §§ 32 + 35 beachten.

§ 25
Ruhestand wegen Erreichens der Altersgrenze

Beamtinnen auf Lebenszeit und Beamte auf Lebenszeit treten nach Erreichen der Altersgrenze in den Ruhestand. ➪ Ruhestand (Beamtenrecht)

↔ **Querverweis:** ➪ Beamtengesetz (LBG) §§ 36 ff. beachten.

§ 26
Dienstunfähigkeit

(1) Beamtinnen auf Lebenszeit und Beamte auf Lebenszeit sind in den Ruhestand zu versetzen, wenn sie wegen ihres körperlichen Zustands oder aus gesundheitlichen Gründen zur Erfüllung ihrer Dienstpflichten dauernd unfähig (dienstunfähig) sind. Als dienstunfähig kann auch angesehen werden, wer infolge Erkrankung innerhalb eines Zeitraums von sechs Monaten mehr als drei Monate keinen Dienst getan hat und keine Aussicht besteht, dass innerhalb einer Frist, deren Bestimmung dem Landesrecht vorbehalten bleibt, die Dienstfähigkeit wieder voll hergestellt ist. Von der Versetzung in den Ruhestand soll abgesehen werden, wenn eine anderweitige Verwendung möglich ist. [...]

(2) Eine anderweitige Verwendung ist möglich, wenn der Beamtin oder dem Beamten ein anderes Amt derselben oder einer anderen Laufbahn übertragen werden kann. In den Fällen des Satzes 1 ist die Übertragung eines anderen Amtes ohne Zustimmung zulässig, wenn das neue Amt zum Bereich desselben Dienstherrn gehört, es mit mindestens demselben Grundgehalt verbunden ist wie das bisherige Amt und wenn zu erwarten ist, dass die gesundheitlichen Anforderungen des neuen Amtes erfüllt werden. Beamtinnen und Beamte, die nicht die Befähigung für die andere Laufbahn besitzen, haben an Qualifizierungsmaßnahmen für den Erwerb der neuen Befähigung teilzunehmen.

(3) Zur Vermeidung der Versetzung in den Ruhestand kann der Beamtin oder dem Beamten unter Beibehaltung des übertragenen Amtes ohne Zustimmung auch eine geringerwertige Tätigkeit im Bereich desselben Dienstherrn übertragen werden, wenn eine anderweitige Verwendung nicht möglich ist und die Wahrnehmung der neuen Aufgabe unter Berücksichtigung der bisherigen Tätigkeit zumutbar ist.

↔ **Querverweis:** ➪ Beamtengesetz (LBG) § 43 beachten.

§ 27
Begrenzte Dienstfähigkeit

(1) Von der Versetzung in den Ruhestand wegen Dienstunfähigkeit ist abzusehen, wenn die Beamtin oder der Beamte unter Beibehaltung des übertragenen Amtes die Dienstpflichten noch während mindestens der Hälfte der regelmäßigen Arbeitszeit erfüllen kann (begrenzte Dienstfähigkeit).

↔ **Querverweis:** ➪ Beamtengesetz (LBG) § 43 ff. beachten.

(2) Die Arbeitszeit ist entsprechend der begrenzten Dienstfähigkeit herabzusetzen. Mit Zustimmung der Beamtin oder des Beamten ist auch eine Verwendung in einer nicht dem Amt entsprechenden Tätigkeit möglich.

§ 28
Ruhestand bei Beamtenverhältnis auf Probe

(1) Beamtinnen auf Probe und Beamte auf Probe sind in den Ruhestand zu versetzen, wenn sie infolge Krankheit, Verwundung oder sonstiger Beschädigung, die sie sich ohne grobes Verschulden bei Ausübung oder aus Veranlassung des Dienstes zugezogen haben, dienstunfähig geworden sind.

(2) Beamtinnen auf Probe und Beamte auf Probe können in den Ruhestand versetzt werden, wenn sie aus anderen Gründen dienstunfähig geworden sind.

(3) § 26 Abs. 1 Satz 3, Abs. 2 und 3 sowie § 27 sind entsprechend anzuwenden.

§ 29
Wiederherstellung der Dienstfähigkeit

(1) Wird nach der Versetzung in den Ruhestand wegen Dienstunfähigkeit die Dienstfähigkeit wiederhergestellt und beantragt die Ruhestandsbeamtin oder der Ruhestandsbeamte vor Ablauf einer Frist, deren Bestimmung dem Landesrecht vorbehalten bleibt, spätestens zehn Jahre nach der Versetzung in den Ruhestand, eine erneute Berufung in das Beamtenverhältnis, ist diesem Antrag zu entsprechen, falls nicht zwingende dienstliche Gründe entgegenstehen.

(2) Beamtinnen und Beamte, die wegen Dienstunfähigkeit in den Ruhestand versetzt worden sind, können erneut in das Beamtenverhältnis berufen werden, wenn im Dienstbereich des früheren Dienstherrn ein Amt mit mindestens demselben Grundgehalt übertragen werden soll und wenn zu erwarten ist, dass die gesundheitlichen Anforderungen des neuen Amtes erfüllt werden. Beamtinnen und Beamte, die nicht die Befähigung für die andere Laufbahn besitzen, haben an Qualifizierungsmaßnahmen für den Erwerb der neuen Befähigung teilzunehmen. Den wegen Dienstunfähigkeit in den Ruhestand versetzten Beamtinnen und Beamten kann unter Übertragung eines Amtes ihrer früheren Laufbahn nach Satz 1 auch eine geringerwertige Tätigkeit im Bereich desselben Dienstherrn übertragen werden,

wenn eine anderweitige Verwendung nicht möglich ist und die Wahrnehmung der neuen Aufgabe unter Berücksichtigung ihrer früheren Tätigkeit zumutbar ist.

(3) Die erneute Berufung in ein Beamtenverhältnis ist auch in den Fällen der begrenzten Dienstfähigkeit möglich.

(4) Beamtinnen und Beamte, die wegen Dienstunfähigkeit in den Ruhestand versetzt worden sind, sind verpflichtet, sich geeigneten und zumutbaren Maßnahmen zur Wiederherstellung ihrer Dienstfähigkeit zu unterziehen; die zuständige Behörde kann ihnen entsprechende Weisungen erteilen.

(5) Die Dienstfähigkeit der Ruhestandsbeamtin oder des Ruhestandsbeamten kann nach Maßgabe des Landesrechts untersucht werden; sie oder er ist verpflichtet, sich nach Weisung der zuständigen Behörde ärztlich untersuchen zu lassen. Die Ruhestandsbeamtin oder der Ruhestandsbeamte kann eine solche Untersuchung verlangen, wenn sie oder er einen Antrag nach Absatz 1 zu stellen beabsichtigt.

(6) Bei einer erneuten Berufung gilt das frühere Beamtenverhältnis als fortgesetzt.

§ 30 Einstweiliger Ruhestand /
§ 31 Einstweiliger Ruhestand bei Umbildung und Auflösung von Behörden (nicht abgedruckt)

§ 32
Wartezeit

Die Versetzung in den Ruhestand setzt die Erfüllung einer versorgungsrechtlichen Wartezeit voraus.

➪ Beamtenversorgung (Wartezeit)

Abschnitt 6
Rechtliche Stellung im Beamtenverhältnis

§ 33
Grundpflichten

(1) Beamtinnen und Beamte dienen dem ganzen Volk, nicht einer Partei. Sie haben ihre Aufgaben unparteiisch und gerecht zu erfüllen und ihr Amt zum Wohl der Allgemeinheit zu führen. Beamtinnen und Beamte müssen sich durch ihr gesamtes Verhalten zu der freiheitlichen demokratischen Grundordnung im Sinne des Grundgesetzes bekennen und für deren Erhaltung eintreten.

Auszug aus der BeamtVwV des IM

26.1 Beamtinnen und Beamte sind nach § 33 Absatz 1 Satz 3 BeamtStG verpflichtet, sich durch ihr gesamtes Verhalten zur freiheitlichen demokratischen Grundordnung (vergleiche auch Nummer 1.9) im Sinne des Grundgesetzes zu bekennen und für deren Erhaltung einzutreten.

26.2 § 33 Absatz 2 BeamtStG statuiert eine politische Mäßigungspflicht. Beamtinnen oder Beamte, die sich aktiv für eine Partei oder Organisation einsetzen, die verfassungsfeindliche Ziele verfolgt, verletzen ihre politische Treuepflicht und sind grundsätzlich aus dem Beamtenverhältnis zu entfernen, wenn die Verletzung beharrlich fortgesetzt wird oder werden soll. Um eine solche disziplinarrechtliche Ahndung zu rechtfertigen, muss die Tätigkeit allerdings ein Mindestmaß an Evidenz und Gewicht aufweisen, damit sie als aktives Einsetzen für eine Partei oder Organisation, die verfassungsfeindliche Ziele verfolgt, qualifiziert werden kann. Das bloße Haben einer Überzeugung und die bloße Mitteilung, dass man diese habe, reichen für die Entfernung aus dem Beamtenverhältnis nicht aus. Die Mitgliedschaft in einer Partei mit verfassungsfeindlichen Zielsetzungen ist nur ein Element bei der Beurteilung des Einzelfalls. Es müssen auch die näheren Umstände, zum Beispiel des Erwerbs der Mitgliedschaft, und die Kenntnis von den Zielen der Partei berücksichtigt werden.

26.3 Die Entfernung aus dem Beamtenverhältnis stellt die schwerwiegendste disziplinarrechtliche Maßnahme dar. Für Beamtinnen und Beamte hat sie in der Regel den Verlust der Existenzgrundlage zur Folge. Bei derartigen Entscheidungen ist daher der jeweilige Einzelfall sorgfältig aufzuklären und in besonderem Maße der Grundsatz der Verhältnismäßigkeit zu beachten. Auf § 26 LDG wird hingewiesen.

Hinweis der Redaktion: Beamtinnen und Beamte müssen bei der Einstellung eine entsprechende Erklärung und Belehrung unterzeichnen; Text in Anlage 3 zu dieser Verwaltungsvorschrift (hier nicht abgedruckt). Entsprechendes gilt für Arbeitnehmerinnen und Arbeitnehmer, die ggf. mit einer außerordentlichen Kündigung rechnen müssen.

(2) Beamtinnen und Beamte haben bei politischer Betätigung diejenige Mäßigung und Zurückhaltung zu wahren, die sich aus ihrer Stellung gegenüber der Allgemeinheit und aus der Rücksicht auf die Pflichten ihres Amtes ergibt.

Hinweise der Redaktion:

1. Der Verwaltungsgerichtshof Baden-Württemberg hat hierzu u.a. festgestellt, die Schule dürfe „weder zu einem Forum für eine einseitige politische Beeinflussung der Jugend gemacht werden noch bei Erfüllung ihrer Erziehungsaufgaben in aktuellen Prozessen der Meinungsbildung Partei ergreifen oder sich einseitig werbend mit einzelnen politischen Auffassungen identifizieren. Sie muss vielmehr bei der Bestimmung der Ziele und Inhalte schulischer Erziehung und Bildung sowie bei der Unterrichtsgestaltung für die Vielfalt der in der Gesellschaft bestehenden Anschauungen offen bleiben. Hieraus erwächst dem einzelnen Lehrer die dienstliche Verpflichtung, in kontroversen Bereichen ethischer, weltanschaulicher oder politischer Fragen Zurückhaltung zu üben, jede missionarisch sich ereifernde Werbung für bestimmte eigene Auffassungen zu unterlassen, die verschiedenen, sich widersprechenden Auffassungen sachlich darzulegen und den Schülern das Unterrichtsmaterial so zu unterbreiten, dass diese sich ein eigenes kritisches Urteil bilden und einen eigenen Standpunkt beziehen können. Insoweit ist die durch Art. 5 Abs. 1 GG garantierte Meinungsäußerungsfreiheit des Lehrers nach Art. 5 Abs. 2 GG durch seine durch Art. 33 Abs. 5 gedeckten Beamtenpflichten eingeschränkt. [...] In den Schranken dieser Dienstpflicht ist der Lehrer gleichwohl berechtigt, sich – im Rahmen der Grundwerte der Verfassung – zu seiner eigenen politischen Auffassung zu bekennen. Insoweit wird eine vollständige politische Enthaltsamkeit im Unterricht von ihm nicht verlangt. [...]“
(Beschluss vom 24.5.1984; VGHBW 1985, 115, 116 f.)
2. Das Innenministerium hat zur Betätigung im Wahlkampf wie folgt Stellung genommen (Drucksache 12/5541):
„Bei der Teilnahme von öffentlich Bediensteten an Wahlkampfveranstaltungen ist danach zu differenzieren, ob es sich um eine Teilnahme in dienstlicher Funktion oder als Privatperson handelt. Bei einer dienstlichen Teilnahme muss die Neutralitätspflicht beachtet werden; eine dienstliche Teilnahme z.B. als Referent an Wahlkampfveranstaltungen einer Partei ist damit regelmäßig nicht vereinbar. Bei einer Teilnahme als Privatperson (z.B. als Mitglied oder Funktionär einer Partei) genießen auch Angehörige des öffentlichen Dienstes das Grundrecht auf freie Entfaltung der Persönlichkeit und auf freie Meinungsäußerung. Sie benötigen zur Teilnahme an Partei- und Wahlkampfveranstaltungen außerhalb der Arbeitszeit keine Genehmigung. Beamte haben bei politischer Betätigung jedoch diejenige Mäßigung und Zurückhaltung zu wahren, die sich aus ihrer Stellung gegenüber der Gesamtheit und aus der Rücksicht auf die Pflichten ihres Amts ergeben; ihr Verhalten muss auch außerhalb des Dienstes der Achtung und dem Vertrauen gerecht werden, die ihr Beruf erfordert (§§ 72 und 73 Satz 3 LBG). Angestellte [...] haben sich bei einer solchen Veranstaltung so zu verhalten, wie es von Angehörigen des öffentlichen Dienstes erwartet wird [...].“.

3. Hinweis Nr. 2 gilt auch für Beschäftigte beim Kultusministerium und in der Schulverwaltung bei Parteiveranstaltungen der Ministerin des Ministers bzw. des/der Staatssekretär*in.

⇨ Tarifvertrag-Länder (TV-L) § 3 Abs. 2; ⇨ Wahlkampf und Schule; ⇨ Werbung (Hinweis bei Nr. 1)

§ 34
Wahrnehmung der Aufgaben, Verhalten und Erscheinungsbild

(1) Beamtinnen und Beamte haben sich mit vollem persönlichem Einsatz ihrem Beruf zu widmen. Sie haben die übertragenen Aufgaben uneigennützig nach bestem Gewissen wahrzunehmen. Ihr Verhalten muss der Achtung und dem Vertrauen gerecht werden, die ihr Beruf erfordert.

(2) Beamtinnen und Beamte haben bei der Ausübung des Dienstes oder bei einer Tätigkeit mit unmittelbarem Dienstbezug auch hinsichtlich ihres Erscheinungsbilds Rücksicht auf das ihrem Amt entgegengebrachte Vertrauen zu nehmen. Insbesondere das Tragen von bestimmten Kleidungsstücken, Schmuck, Symbolen und Tätowierungen im sichtbaren Bereich sowie die Art der Haar- und Barttracht können eingeschränkt oder untersagt werden, soweit die Funktionsfähigkeit der Verwaltung oder die Pflicht zum achtungs- und vertrauenswürdigen Verhalten dies erfordert. Das ist insbesondere dann der Fall, wenn Merkmale des Erscheinungsbilds nach Satz 2 durch ihre über das übliche Maß hinausgehende besonders individualisierende Art geeignet sind, die amtliche Funktion der Beamtin oder des Beamten in den Hintergrund zu drängen. Religiös oder weltanschaulich konnotierte Merkmale des Erscheinungsbilds nach Satz 2 können nur dann eingeschränkt oder untersagt werden, wenn sie objektiv geeignet sind, das Vertrauen in die neutrale Amtsführung der Beamtin oder des Beamten zu beeinträchtigen. Die Einzelheiten nach den Sätzen 2 bis 4 können durch Landesrecht bestimmt werden. Die Verhüllung des Gesichts bei der Ausübung des Dienstes oder bei einer Tätigkeit mit unmittelbarem Dienstbezug ist stets unzulässig, es sei denn, dienstliche oder gesundheitliche Gründe erfordern dies.

⇨ Religion (Allgemeines); ⇨ Schulgesetz § 38

Auszug aus der BeamtVwV des IM

28 Beamtinnen und Beamte sind verpflichtet, unmittelbare Dienstvorgesetzte unverzüglich darauf hinzuweisen, wenn sie eine Amtshandlung vornehmen sollen, die sich gegen sie selbst oder Personen richtet, zu deren Gunsten ihnen wegen familienrechtlicher Beziehungen im Strafverfahren ein Zeugnisverweigerungsrecht zustünde. Im Übrigen finden im Verwaltungsverfahren die Vorschriften der §§ 20, 21 des Landesverwaltungsverfahrensgesetzes (LVwVfG) über den Ausschluss und die ⇨ Befangenheit Anwendung.

↔ **Querverweis:** ⇨ Beamtengesetz (LBG) § 52 beachten.

§ 35
Weisungsgebundenheit

Beamtinnen und Beamte haben ihre Vorgesetzten zu beraten und zu unterstützen. Sie sind verpflichtet, deren dienstliche Anordnungen auszuführen und deren allgemeine Richtlinien zu befolgen. Dies gilt nicht, soweit die Beamtinnen und Beamten nach besonderen gesetzlichen Vorschriften an Weisungen nicht gebunden und nur dem Gesetz unterworfen sind.

Hinweis der Redaktion: Unter „beraten" und „unterstützen" ist auch zu verstehen, dass die Beamtinnen und Beamten verpflichtet sind, die Vorgesetzten vor ungeeigneten, unzureichenden oder schädlichen Maßnahmen beziehungsweise vor dem Unterlassen notwendiger Maßnahmen zu warnen. Nach § 15 und § 16 ArbSchG haben Beschäftigte auch die Pflicht, soweit es für sie selbst möglich ist, für ihre Sicherheit und Gesundheit bei der Arbeit Sorge zu tragen. Gegebenenfalls haben sie den Arbeitgeber deshalb auch darauf aufmerksam zu machen, dass Aufgaben oder Anordnungen sie überfordern (sogenannte Überlastungsanzeige), und um Abhilfe zu bitten (beispielsweise Entlastungsmaßnahmen vorzunehmen). Hierfür ist neben der mündlichen Mitteilung der ⇨ Aktenvermerk geeignet. Legen Beschäftigte eine solche Überlastungsanzeige dem Personalrat vor, so hat dieser, sofern er diese als berechtigte Anregung oder Beschwerde ansieht, gemäß § 70 Abs. 1 Nr. 4 LPVG durch Verhandlung mit der Leiteung der Dienststelle auf ihre Erledigung hinzuwirken

⇨ Arbeitsschutzgesetz §§ 15, 16; ⇨ Beamtengesetz (LBG) § 49; ⇨ Beschwerderecht, ⇨ Personalvertretungsgesetz § 70 Abs. 1 Nr. 4

§ 36
Verantwortung für die Rechtmäßigkeit

(1) Beamtinnen und Beamte tragen für die Rechtmäßigkeit ihrer dienstlichen Handlungen die volle persönliche Verantwortung.

(2) Bedenken gegen die Rechtmäßigkeit dienstlicher Anordnungen haben Beamtinnen und Beamte unverzüglich auf dem Dienstweg geltend zu machen. Wird die Anordnung aufrechterhalten, haben sie sich, wenn die Bedenken fortbestehen, an die nächsthöhere Vorgesetzte oder den nächsthöheren Vorgesetzten zu wenden. Wird die Anordnung bestätigt, müssen die Beamtinnen und Beamten sie ausführen und sind von der eigenen Verantwortung befreit. Dies gilt nicht, wenn das aufgetragene Verhalten die Würde des Menschen verletzt oder strafbar oder ordnungswidrig ist und die Strafbarkeit oder Ordnungswidrigkeit für die Beamtinnen oder Beamten erkennbar ist. Die Bestätigung hat auf Verlangen schriftlich zu erfolgen.

Hinweis der Redaktion: Die Formulierung „haben zu..." ist nicht nur ein Recht, sondern eine Pflicht. ⇨ „Remonstrationspflicht

(3) Wird von den Beamtinnen oder Beamten die sofortige Ausführung der Anordnung verlangt, weil Gefahr im Verzug besteht und die Entscheidung der oder des höheren Vorgesetzten nicht rechtzeitig herbeigeführt werden kann, gilt Absatz 2 Satz 3 und 4 entsprechend.

↔ **Querverweis:** ⇨ Beamtengesetz (LBG) § 48 beachten.

⇨ Beschwerderecht; ⇨ Verwaltungsrecht

§ 37
Verschwiegenheitspflicht

(1) Beamtinnen und Beamte haben über die ihnen bei oder bei Gelegenheit ihrer amtlichen Tätigkeit bekanntgewordenen dienstlichen Angelegenheiten Verschwiegenheit zu bewahren. Dies gilt auch über den Bereich eines Dienstherrn hinaus sowie nach Beendigung des Beamtenverhältnisses.

⇨ Verschwiegenheitspflicht

↔ **Querverweis:** ⇨ Beamtengesetz (LBG) § 57 beachten.

(2) Absatz 1 gilt nicht, soweit

1. Mitteilungen im dienstlichen Verkehr geboten sind,
2. Tatsachen mitgeteilt werden, die offenkundig sind oder ihrer Bedeutung nach keiner Geheimhaltung bedürfen, oder

3. gegenüber der zuständigen obersten Dienstbehörde, einer Strafverfolgungsbehörde oder einer durch Landesrecht bestimmten weiteren Behörde oder außerdienstlichen Stelle ein durch Tatsachen begründeter Verdacht einer Korruptionsstraftat nach den §§ 331 bis 337 des Strafgesetzbuches angezeigt wird.

Im Übrigen bleiben die gesetzlich begründeten Pflichten, geplante Straftaten anzuzeigen und für die Erhaltung der freiheitlichen demokratischen Grundordnung einzutreten, von Absatz 1 unberührt.

(3) Beamtinnen und Beamte dürfen ohne Genehmigung über Angelegenheiten, für die Absatz 1 gilt, weder vor Gericht noch außergerichtlich aussagen oder Erklärungen abgeben. Die Genehmigung erteilt der Dienstherr oder, wenn das Beamtenverhältnis beendet ist, der letzte Dienstherr. Hat sich der Vorgang, der den Gegenstand der Äußerung bildet, bei einem früheren Dienstherrn ereignet, darf die Genehmigung nur mit dessen Zustimmung erteilt werden. [...]

(4) Die Genehmigung, als Zeugin oder Zeuge auszusagen, darf nur versagt werden, wenn die Aussage dem Wohl des Bundes oder eines deutschen Landes erhebliche Nachteile bereiten oder die Erfüllung öffentlicher Aufgaben ernstlich gefährden oder erheblich erschweren würde. [...] Die Genehmigung, ein Gutachten zu erstatten, kann versagt werden, wenn die Erstattung den dienstlichen Interessen Nachteile bereiten würde.

(5) Sind Beamtinnen oder Beamte Partei oder Beschuldigte in einem gerichtlichen Verfahren oder soll ihr Vorbringen der Wahrnehmung ihrer berechtigten Interessen dienen, darf die Genehmigung auch dann, wenn die Voraussetzungen des Absatzes 4 Satz 1 erfüllt sind, nur versagt werden, wenn die dienstlichen Rücksichten dies unabweisbar erfordern. Wird sie versagt, ist Beamtinnen oder Beamten der Schutz zu gewähren, den die dienstlichen Rücksichten zulassen.

(6) Beamtinnen und Beamte haben, auch nach Beendigung des Beamtenverhältnisses, auf Verlangen des Dienstherrn oder des letzten Dienstherrn amtliche Schriftstücke, Zeichnungen, bildliche Darstellungen sowie Aufzeichnungen jeder Art über dienstliche Vorgänge, auch soweit es sich um Wiedergaben handelt, herauszugeben. Die gleiche Verpflichtung trifft ihre Hinterbliebenen und Erben.

⇨ Beschwerderecht (dort Ausführungen über „Flucht an die Öffentlichkeit"); ⇨ Presserecht; ⇨ Schulgesetz § 41; ⇨ Verschwiegenheitspflicht;

§ 38
Diensteid

(1) Beamtinnen und Beamte haben einen Diensteid zu leisten. Der Diensteid hat eine Verpflichtung auf das Grundgesetz zu enthalten.

(2) In den Fällen, in denen Beamtinnen und Beamte erklären, dass sie aus Glaubens- oder Gewissensgründen den Eid nicht leisten wollen, kann für diese anstelle des Eides ein Gelöbnis zugelassen werden.

(3) In den Fällen, in denen nach § 7 Abs. 3 eine Ausnahme von § 7 Abs. 1 Satz 1 Nr. 1 zugelassen worden ist, kann anstelle des Eides ein Gelöbnis vorgeschrieben werden.

↔ **Querverweis:** ⇨ Beamtengesetz (LBG) § 47 beachten.

§ 39
Verbot der Führung der Dienstgeschäfte

Beamtinnen und Beamten kann aus zwingenden dienstlichen Gründen die Führung der Dienstgeschäfte verboten werden. Das Verbot erlischt, wenn nicht bis zum Ablauf von drei Monaten gegen die Beamtin oder den Beamten ein Disziplinarverfahren oder ein sonstiges auf Rücknahme der Ernennung oder auf Beendigung des Beamtenverhältnisses gerichtetes Verfahren eingeleitet worden ist.

§ 40
Nebentätigkeit

Eine Nebentätigkeit ist grundsätzlich anzeigepflichtig. Sie ist unter Erlaubnis- oder Verbotsvorbehalt zu stellen, soweit sie geeignet ist, dienstliche Interessen zu beeinträchtigen. ⇨ Nebentätigkeiten (Allgemeines)

↔ **Querverweis:** ⇨ Beamtengesetz (LBG) §§ 60 ff. beachten.

§ 41
Tätigkeit nach Beendigung des Beamtenverhältnisses

Ruhestandsbeamtinnen und Ruhestandsbeamte sowie frühere Beamtinnen mit Versorgungsbezügen und frühere Beamte mit Versorgungsbezügen haben die Ausübung einer Erwerbstätigkeit oder sonstigen Beschäftigung außerhalb des öffentlichen Dienstes, die mit der dienstlichen Tätigkeit innerhalb eines Zeitraums, dessen Bestimmung dem Landesrecht vorbehalten bleibt, im Zusammenhang steht und durch die dienstliche Interessen beeinträchtigt werden können, anzuzeigen. Die Erwerbstätigkeit oder sonstige Beschäftigung ist zu untersagen, wenn zu besorgen ist, dass durch sie dienstliche Interessen beeinträchtigt werden. Das Verbot endet spätestens mit Ablauf von fünf Jahren nach Beendigung des Beamtenverhältnisses.

↔ **Querverweis:** ⇨ Beamtengesetz (LBG) § 66 beachten.

§ 42
Verbot der Annahme von Belohnungen, Geschenken und sonstigen Vorteilen

(1) Beamtinnen und Beamte dürfen, auch nach Beendigung des Beamtenverhältnisses, keine Belohnungen, Geschenke oder sonstigen Vorteile für sich oder eine dritte Person in Bezug auf ihr Amt fordern, sich versprechen lassen oder annehmen. Ausnahmen bedürfen der Zustimmung ihres gegenwärtigen oder letzten Dienstherrn.

⇨ Belohnungen und Geschenke (dort auch die Nr. 32 der BeamtVwV zu § 42 BeamtStG)

(2) Wer gegen das in Absatz 1 genannte Verbot verstößt, hat das aufgrund des pflichtwidrigen Verhaltens Erlangte auf Verlangen dem Dienstherrn herauszugeben, soweit nicht der Verfall angeordnet worden oder es auf andere Weise auf den Staat übergegangen ist.

§ 43 Teilzeitbeschäftigung

Teilzeitbeschäftigung ist zu ermöglichen.

⇨ Teilzeit / Urlaub (Beamtenrecht – VwV)

↔ **Querverweis:** ⇨ Beamtengesetz (LBG) §§ 69 ff. beachten.

§ 44 Erholungsurlaub

Beamtinnen und Beamten steht jährlicher Erholungsurlaub unter Fortgewährung der Bezüge zu.

Hinweis der Redaktion: Der Erholungsurlaub ist bei Lehrkräften durch die Schulferien abgegolten.

⇨ Urlaub (Lehrkräfte – Allgemeines); ⇨ Urlaub (VO)

↔ **Querverweis:** ⇨ Beamtengesetz (LBG) § 71 ff. beachten.

§ 45
Fürsorge

Der Dienstherr hat im Rahmen des Dienst- und Treueverhältnisses für das Wohl der Beamtinnen und Beamten und ihrer Familien, auch für die Zeit nach Beendigung des Beamtenverhältnisses, zu sorgen. Er schützt die Beamtinnen und Beamten bei ihrer amtlichen Tätigkeit und in ihrer Stellung.

Hinweis der Redaktion: Der beamtenrechtliche Grundsatz von „Schutz und Fürsorge" verpflichtet die Vorgesetzten, die Beschäftigten „mit Gerechtigkeit zu behandeln, ihnen die Erfüllung ihrer Dienste nach Möglichkeit zu erleichtern und ihre Belange wohlwollend zu berücksichtigen und zu wahren" (vgl. z.B. BVerfG, 2 BvR 841/73; zit. BVerwG 2 B 51.12).

⇨ Ermessen; ⇨ Rechtsschutz

§ 46
Mutterschutz und Elternzeit

Mutterschutz und Elternzeit sind zu gewährleisten.

⇨ Elterngeld / Elternzeit (Allgemeines); ⇨ Mutterschutz (Verordnung)

↔ **Querverweis:** ⇨ Beamtengesetz (LBG) § 77 beachten.

§ 47
Nichterfüllung von Pflichten

(1) Beamtinnen und Beamte begehen ein Dienstvergehen, wenn sie schuldhaft die ihnen obliegenden Pflichten verletzen. Ein Verhalten außerhalb des Dienstes ist nur dann ein Dienstvergehen, wenn es nach den Umständen des Einzelfalls in besonderem Maße geeignet ist, das Vertrauen in einer für ihr Amt bedeutsamen Weise zu beeinträchtigen.

(2) Bei Ruhestandsbeamtinnen und Ruhestandsbeamten oder früheren Beamtinnen mit Versorgungsbezügen und früheren Beamten mit Versorgungsbezügen gilt es als Dienstvergehen, wenn sie sich gegen die freiheitliche demokratische Grundordnung im Sinne des Grundgesetzes betätigen oder an Bestrebungen teilnehmen, die darauf abzielen, den Bestand oder die Sicherheit der Bundesrepublik zu beeinträchtigen, oder wenn sie schuldhaft gegen die in den §§ 37, 41 und 42 bestimmten Pflichten verstoßen. Bei sonstigen früheren Beamtinnen und früheren Beamten gilt es als Dienstvergehen, wenn sie schuldhaft gegen die in den §§ 37, 41 und 42 bestimmten Pflichten verstoßen. Für Beamtinnen und Beamte nach den Sätzen 1 und 2 können durch Landesrecht weitere Handlungen festgelegt werden, die als Dienstvergehen gelten.

(3) Das Nähere über die Verfolgung von Dienstvergehen regeln die Disziplinargesetze.

⇨ Disziplinarrecht (Allgemeines); ⇨ Disziplinargesetz

§ 48
Pflicht zum Schadensersatz

Beamtinnen und Beamte, die vorsätzlich oder grob fahrlässig die ihnen obliegenden Pflichten verletzen, haben dem Dienstherrn, dessen Aufgaben sie wahrgenommen haben, den daraus entstehenden Schaden zu ersetzen. Haben mehrere Beamtinnen oder Beamte gemeinsam den Schaden verursacht, haften sie als Gesamtschuldner.

⇨ Grundgesetz Art. 34; ⇨ Haftung; ⇨ Sachschäden

↔ **Querverweis:** ⇨ Beamtengesetz (LBG) § 59 beachten.

Auszug aus der BeamtVwV des IM

43.1 Die Haftung von Beamtinnen und Beamten gegenüber dem Dienstherrn umfasst sowohl unmittelbare Schäden als auch mittelbare Schäden, das heißt Schäden, für die der Dienstherr zum Beispiel nach §§ 31, 89, 823 BGB, §§ 278, 831 BGB, §§ 7 ff. des Straßenverkehrsgesetzes oder § 839 BGB in Verbindung mit Artikel 34 GG Dritten Schadenersatz geleistet hat.

43.2 Soweit für einzelne Geschäftsbereiche nichts Abweichendes bestimmt ist, ist der oder die Dienstvorgesetzte für die Bearbeitung und Entscheidung über die Heranziehung zum Schadenersatz zuständig. [...]

Hinweis der Redaktion: „Dienstvorgesetzter" ist im Schulbereich das Regierungspräsidium.

43.3 Für die Feststellung des Sachverhalts sind unter anderem die für den Schadensfall verantwortlichen Beamtinnen und Beamten aufzufordern, sich in der Regel schriftlich oder zur Niederschrift der mit der Sachaufklärung beauftragten Person zu äußern. Alle Beweismittel sind zu sichern. – Etwaige Forderungen, die sich aus dem Schadensfall gegen Dritte ergeben, sind gleichfalls zu sichern.

43.4 Liegen die Haftungsvoraussetzungen vor, besteht grundsätzlich eine Verpflichtung, den Schadenersatzanspruch gegenüber den verantwortlichen Beamtinnen und Beamten geltend zu machen. Die Geltendmachung hat dabei möglichst in einer Form zu erfolgen, die die Verjährung hemmt oder neu beginnen lässt. Auch die mit der Bearbeitung von Schadensfällen beauftragten Personen sind ersatzpflichtig, wenn sie die ihnen obliegenden Pflichten vorsätzlich oder grob fahrlässig verletzen.

43.5 Bei hohem Schaden ist zu prüfen, welcher Betrag unter Berücksichtigung der Fürsorgepflicht, des Maßes des Verschuldens, des bisherigen Verhaltens der Beamtin oder des Beamten und der Gesichtspunkte, die beim Abschluss eines Vergleichs und bei der Veränderung von Ansprüchen zu beachten sind, einzuklagen wäre. [...]

43.6 Ergeben sich aus dem Schadensfall auch Forderungen gegen Dritte, sind in der Regel aus Fürsorgegründen zunächst diese Forderungen geltend zu machen. [...]

43.8 Vor der beabsichtigten Geltendmachung des Schadenersatzanspruchs ist der Beamtin oder dem Beamten Gelegenheit zu geben, sich abschließend zu äußern.

43.9 Die Entscheidung über die Heranziehung zum Schadenersatz ist der Beamtin oder dem Beamten unter Darlegung des Sachverhalts auch im Falle der Aufrechnung schriftlich mitzuteilen. Es ist Gelegenheit zu einem schriftlichen Anerkenntnis zu geben. [...]

⇨ Haftung und Versicherung; ⇨ Grundgesetz Art. 34; ⇨ Rechtsschutz

§ 49
Übermittlungen bei Strafverfahren

(1) Das Gericht, die Strafverfolgungs- oder die Strafvollstreckungsbehörde hat in Strafverfahren gegen Beamtinnen und Beamte zur Sicherstellung der erforderlichen dienstrechtlichen Maßnahmen im Fall der Erhebung der öffentlichen Klage

1. die Anklageschrift oder eine an ihre Stelle tretende Antragsschrift,
2. den Antrag auf Erlass eines Strafbefehls und
3. die einen Rechtszug abschließende Entscheidung mit Begründung

zu übermitteln. Ist gegen die Entscheidung ein Rechtsmittel eingelegt worden, ist die Entscheidung unter Hinweis auf das eingelegte Rechtsmittel zu übermitteln. Der Erlass und der Vollzug eines Haftbefehls oder eines Unterbringungsbefehls sind mitzuteilen. ➪ Disziplinarrecht (Allgemeines)

(2) In Verfahren wegen fahrlässig begangener Straftaten werden die in Absatz 1 Satz 1 bestimmten Übermittlungen nur vorgenommen, wenn

1. es sich um schwere Verstöße handelt, namentlich Vergehen der Trunkenheit im Straßenverkehr oder der fahrlässigen Tötung, oder
2. in sonstigen Fällen die Kenntnis der Daten aufgrund der Umstände des Einzelfalls erforderlich ist, um zu prüfen, ob dienstrechtliche Maßnahmen zu ergreifen sind.

(3) Entscheidungen über Verfahrenseinstellungen, die nicht bereits nach Absatz 1 oder 2 zu übermitteln sind, sollen übermittelt werden, wenn die in Absatz 2 Nr. 2 genannten Voraussetzungen erfüllt sind. Dabei ist zu berücksichtigen, wie gesichert die zu übermittelnden Erkenntnisse sind.

(4) Sonstige Tatsachen, die in einem Strafverfahren bekannt werden, dürfen mitgeteilt werden, wenn ihre Kenntnis aufgrund besonderer Umstände des Einzelfalls für dienstrechtliche Maßnahmen gegen eine Beamtin oder einen Beamten erforderlich ist und soweit nicht für die übermittelnde Stelle erkennbar ist, dass schutzwürdige Interessen der Beamtin oder des Beamten an dem Ausschluss der Übermittlung überwiegen. Erforderlich ist die Kenntnis der Daten auch dann, wenn diese Anlass zur Prüfung bieten, ob dienstrechtliche Maßnahmen zu ergreifen sind. Absatz 3 Satz 2 ist entsprechend anzuwenden.

(5) Nach den Absätzen 1 bis 4 übermittelte Daten dürfen auch für die Wahrnehmung der Aufgaben nach dem Sicherheitsüberprüfungsgesetz oder einem entsprechenden Landesgesetz verwendet werden.

(6) Übermittlungen nach den Absätzen 1 bis 3 sind auch zulässig, soweit sie Daten betreffen, die dem Steuergeheimnis (§ 30 der Abgabenordnung) unterliegen. Übermittlungen nach Absatz 4 sind unter den Voraussetzungen des § 30 Abs. 4 Nr. 5 der Abgabenordnung zulässig.

§ 50 Personalakte

Für jede Beamtin und jeden Beamten ist eine Personalakte zu führen. Zur Personalakte gehören alle Unterlagen, die die Beamtin oder den Beamten betreffen, soweit sie mit dem Dienstverhältnis in einem unmittelbaren inneren Zusammenhang stehen (Personalaktendaten). Die Personalakte ist vertraulich zu behandeln. Personalaktendaten dürfen nur für Zwecke der Personalverwaltung oder Personalwirtschaft verwendet werden, es sei denn, die Beamtin oder der Beamte willigt in die anderweitige Verwendung ein. Für Ausnahmefälle kann landesrechtlich eine von Satz 4 abweichende Verwendung vorgesehen werden. ➪ Personalakten

↔ **Querverweis:** ➪ Beamtengesetz (LBG) §§ 83 ff. beachten.

§ 51
Personalvertretung

Die Bildung von Personalvertretungen zum Zweck der vertrauensvollen Zusammenarbeit zwischen der Behördenleitung und dem Personal ist unter Einbeziehung der Beamtinnen und Beamten zu gewährleisten. ➪ Personalvertretungsgesetz (LPVG)

§ 52
Mitgliedschaft in Gewerkschaften und Berufsverbänden

Beamtinnen und Beamte haben das Recht, sich in Gewerkschaften oder Berufsverbänden zusammenzuschließen. Sie dürfen wegen Betätigung für ihre Gewerkschaft oder ihren Berufsverband nicht dienstlich gemaßregelt oder benachteiligt werden.
➪ Beamt*innen (Allgemeines); ➪ Grundgesetz Art. 9

§ 53 Beteiligung der Spitzenorganisationen

Bei der Vorbereitung gesetzlicher Regelungen der beamtenrechtlichen Verhältnisse durch die obersten Landesbehörden sind die Spitzenorganisationen der zuständigen Gewerkschaften und Berufsverbände zu beteiligen. Das Beteiligungsverfahren kann auch durch Vereinbarung ausgestaltet werden.

↔ **Querverweis:** ➪ Beamtengesetz (LBG) § 89 beachten.

Abschnitt 7 – Rechtsweg

§ 54 Verwaltungsrechtsweg

(1) Für alle Klagen der Beamtinnen, Beamten, Ruhestandsbeamtinnen, Ruhestandsbeamten, früheren Beamtinnen, früheren Beamten und der Hinterbliebenen aus dem Beamtenverhältnis sowie für Klagen des Dienstherrn ist der Verwaltungsrechtsweg gegeben.
➪ Rechtsschutz; ➪ Verwaltungsrecht (Allgemeines)

(2) Vor allen Klagen ist ein Vorverfahren nach den Vorschriften des 8. Abschnitts der Verwaltungsgerichtsordnung durchzuführen. Dies gilt auch dann, wenn die Maßnahme von der obersten Dienstbehörde getroffen worden ist. Ein Vorverfahren ist nicht erforderlich, wenn ein Landesgesetz dieses ausdrücklich bestimmt.

(3) Den Widerspruchsbescheid erlässt die oberste Dienstbehörde. Sie kann die Entscheidung für Fälle, in denen sie die Maßnahme nicht selbst getroffen hat, durch allgemeine Anordnung auf andere Behörden übertragen. Die Anordnung ist zu veröffentlichen.

(4) Widerspruch und Anfechtungsklage gegen Abordnung oder Versetzung haben keine aufschiebende Wirkung.
➪ Versetzung und Abordnung; ➪ Verwaltungsrecht

➪ Beamt*innen (Allgemeines); ➪ Beamtengesetz (LBG); ➪ Beamtenstatusgesetz; ➪ Beamtenrecht (Zuständigkeiten); ➪ Beamtenversorgung (Wartezeit); ➪ Belohnungen; ➪ Beschwerderecht; ➪ Disziplinarrecht (Allgemeines); ➪ Elternzeit (Allgemeines); ➪ Ermessen; ➪ Ernennungsgesetz; ➪ Grundgesetz Art. 9, 33 und 34; ➪ Haftung und Versicherung; ➪ Ländertausch; ➪ Laufbahnverordnung (LVO-KM); ➪ Mehrarbeit; ➪ Mutterschutz (Verordnung/AzUVO); ➪ Nebentätigkeiten (Allgemeines); ➪ Personalakten; ➪ Personalvertretungsgesetz (LPVG); ➪ Probezeit (Beamtenverhältnis); ➪ Rechtsschutz; ➪ Ruhestand (Beamtenrecht); ➪ Sachschäden; ➪ Teilzeit / Urlaub (Beamtenrecht – VwV); ➪ Urlaub (Lehrkräfte); ➪ Verschwiegenheitspflicht; ➪ Versetzung und Abordnung; ➪ Verwaltungsrecht (Allgemeines)

Beamtenversorgung (Abschläge)

Hinweise der Redaktion auf die Rechtslage nach dem Landesbeamtenversorgungsgesetz – § 27 ff. (LBeamtVGBW) vom 9. November 2010 (GBl. S. 793,911/2010); zuletzt geändert 15. Oktober 2020 (GBl. S. 914, 922)

Die Versorgung von Beamtinnen und Beamten wird bei einer vorzeitigen Zurruhesetzung in der Regel durch „Versorgungsabschläge" gemindert. Grundsätzlich beträgt der Versorgungsabschlag für jeden Monat vor der gesetzlichen Altersgrenze 0,3 % der Versorgungsbezüge. Er ist auf maximal 4 x 3,6 % = 14,4 % begrenzt. Bei Zurruhesetzung wegen Dienstunfähigkeit beträgt der Abschlag maximal 10,8 %.

Der Abschlag mindert nicht den individuell erreichten *Ruhegehaltssatz* (z.B. 50 %, 65,91 % oder maximal 71,75 %), sondern den sich hieraus ergebenden *Ruhegehaltsbetrag*. Er gilt bis zum Lebensende des bzw. der Versorgungsempfänger*in und deren versorgungsberechtigter Hinterbliebener.

Lehrkräfte treten in der Regel an einem festen Termin (1. August) in den Ruhestand. Auch der Antragsruhestand z.B. mit Vollendung des 63. Lebensjahres oder wegen Schwerbehinderung beginnt in der Regel am 1. August. Ist der Zurruhesetzungstermin – z.B. bei Dienstunfähigkeit oder auf Antrag aus einer Beurlaubung heraus – nicht der 1. August, so wird der Abschlag ab diesem Termin tagesscharf berechnet. ⇨ Ruhestand (Beamtenrecht)

Seit 2012 wird die Regelaltersgrenze der Lehrkräfte stufenweise auf das Schuljahresende nach Vollendung des 66. Lebensjahres erhöht. In der Übergangszeit bis 2030 richtet sich der individuelle Abschlag nach dem Geburtsjahr und dem Geburtsmonat der betroffenen Lehrkräfte.

Die „Antragsaltersgrenze" bleibt hingegen unverändert. Während der Abstand zwischen der Regel- und der Antragsaltersgrenze früher genau ein Jahr betrug und sich der Abschlag auf 12 x 0,3 % = 3,6 % belief, erhöht er sich jetzt stufenweise auf drei Jahre. Dies ist im Einzelnen im Beitrag ⇨ Ruhestand (Übergangsregelungen) dargestellt. Nach Abschluss der Übergangsphase (ab Geburtsjahrgang 1965) beträgt der Abschlag bei einer Zurruhesetzung zum 1. August nach Vollendung des 63. Lebensjahres 36 x 0,3 % = 10,8 %. Erfolgt die Zurruhesetzung (z.B. während einer Beurlaubung) exakt mit dem 63. Geburtstag, kommen für jeden Monat vor dem 1. August noch einmal 0,3 % hinzu.

Ausnahmen

Beamtinnen und Beamte mit 45 ruhegehaltfähigen Dienstjahren (gem. § 27 Abs. 3 LBeamtVGBW zählen hierfür nur Dienstzeiten im Beamtenverhältnis, Wehr-/Zivildienst sowie Pflege- oder Erziehungszeiten) dürfen mit Vollendung des 65. Lebensjahres ohne Abschlag in den Ruhestand treten. Auch Schwerbehinderte ab Geburtsjahrgang 1969 dürfen dies mit 65 Jahren ohne Abschlag tun. Für bis 31.12.1968 geborene Schwerbehinderte gelten Übergangsregelungen.

⇨ Beamtengesetz §§ 36 ff.; ⇨ Beamtenversorgung (Allgemeines); ⇨ Ruhestand (Beamtenrecht); ⇨ Ruhestand (Übergangsregelungen)

Beamtenversorgung (Allgemeines)

Hinweise der Redaktion auf die Bestimmungen des Landesbeamtenversorgungsgesetzes (LBeamtVGBW) vom 9. November 2010 (GBl. S. 793,911/2010); zuletzt geändert 15. Oktober 2020 (GBl. S. 914, 922)

I.
Entwicklung der Beamtenversorgung

A.
Ruhegehaltssatz

In den vergangenen Jahrzehnten erfolgten vielfache Eingriffe des Gesetzgebers in die Versorgung der Beamtinnen und Beamten, in aller Regel zu deren Nachteil.

Zum 1.1.2002 wurde die Beamtenversorgung wesentlich geändert, um Verschlechterungen der gesetzlichen Renten „zeitgleich" auf den Beamtenbereich zu übertragen und damit die Pensionslasten zu reduzieren. Ein volles ruhegehaltfähiges Dienstjahr wurde seitdem nur noch mit 1,875 % bewertet.

Übergangsregelung: Hat das Beamtenverhältnis bereits am 31. Dezember 1991 bestanden, bleibt der zu diesem Zeitpunkt erreichte Ruhegehaltssatz gewahrt. Für die vor dem 1. Januar 1992 geleistete ruhegehaltfähige Dienstzeit beträgt der Ruhegehaltssatz bis zu einer zehnjährigen Dienstzeit 35 %; er steigt je weiterem vollem Jahr ruhegehaltfähiger Dienstzeit um 2 Prozentpunkte bis zu einer fünfundzwanzigjährigen Dienstzeit und um einen Prozentpunkt bis zu einer fünfunddreißigjährigen Dienstzeit. Der am 31.12.1991 erreichte Ruhegehaltssatz erhöht sich um einen Prozentpunkt je vollem Jahr ruhegehaltfähiger Dienstzeit, die nach dem 31. Dezember 1991 zurückgelegt wurde, bis zum Höchstsatz von 75 % (multipliziert mit dem Faktor 0,95667 ergibt dann den neuen Höchstsatz von 71,75 %). Im Falle einer Zurruhesetzung wegen Dienstunfähigkeit wird die Zeit bis zum 55. Lebensjahr zu einem Drittel hinzugerechnet. Beträgt die ruhegehaltfähige Dienstzeit bis 1991 keine zehn Jahre, wird die fehlende Zeit bis zum vollen zehnten Jahr von der Zeit nach 1992 abgezogen.

Der Höchstsatz in der Beamtenversorgung (früher 75 %) wurde seit 2003 in acht Schritten abgesenkt. Seit 2011 beträgt er nur noch 71,75 %. Im Ergebnis führte dies für alle vorhandenen und künftigen Versorgungsempfängerinnen und -empfänger zu einer Pensionskürzung um rund 4,5 %. Hier ein Überblick über die sonstigen seit 2002 erfolgten Änderungen:

B.
„Weihnachtsgeld"

2008 wurde die aus dem früheren 13. Monatsgehalt („Weihnachtsgeld") entstandene „Sonderzuwendung" (50 % eines Monatsgehalts für aktive Beamtinnen und Beamte, 30 % für Versorgungsempfängerinnen und -empfänger) in die Besoldungstabelle integriert. Da es für Versorgungsbezüge keine eigene Tabelle gibt, muss man die Tabellenwerte mit dem Versorgungs-Faktor 0,984 multiplizieren, um den Betrag zu errechnen, den entsprechende Ruhestandsbeamt*innen erhalten.

⇨ Besoldung (Gehälter)

C.
Kürzung der Beihilfe

Seit 2013 eingestellte Beamt*innen erhalten ab ihrer Zurruhesetzung nur noch 50 % Beihilfe anstelle der 70 %, die den bis 2012 eingestellten Kolleg*innen ab der Pensionierung zustehen. Wahlleistungen (Zweibettzimmer und Chefarztbehandlungen) gibt es seit 2012 nur noch gegen Zahlung eines monatlichen Beihilfebeitrags von 22 Euro (wird vom Landesamt bei der Gehaltszahlung einbehalten).

Hinweis der Redaktion: Gegen diese Verschlechterungen sind im GEW-Rechtsschutz Klagen anhängig; die Entscheidung steht noch aus.

D.
Kürzung des Witwen- und Witwergeldes

Das Witwen- und Witwergeld beträgt 55 %. Es wird jedoch weiterhin 60 % gezahlt, wenn die Ehe vor dem 1.1.2002 geschlossen wurde und mindestens ein Ehegatte vor dem 2.1.1962 geboren worden ist; außerdem auch dann, wenn im Rahmen der Hinterbliebenenversorgung ein Kindererziehungszuschlag zusteht. Keine Kürzung erfolgt auch bei Hinterbliebenen von Beamtinnen und Beamten, die bis einschließlich 31.12.2001 pensioniert wurden.

E.
Ruhegehaltfähigkeit von Ausbildungszeiten

Bis 1991 war die Regelstudienzeit voll ruhegehaltfähig. Ab 1992 wurden nur noch maximal drei Jahre Studienzeit anerkannt; vor 1991 Eingestellte erhielten Besitzstand. Seit Februar 2015 werden grundsätzlich nur noch 855 Tage berücksichtigt.

Es ist einer der größten Erfolge der GEW, dass diejenigen, die bereits vor dem 1.1.1992 im Dienst waren, eine Ausgleichszulage bis zu 200 Euro monatlich erhalten, wenn der Verlust durch die gekürzten Ausbildungszeiten größer ist als ein definierter Kürzungsbetrag.

II.
Ruhegehaltfähige Dienstbezüge und ruhegehaltfähige Dienstzeit

A. Grundsätze

Die Versorgung der Landesbeamt*innen richtet sich nach dem Landesbeamtenversorgungsgesetz (LBeamtVGBW). Aus Platzgründen drucken wir nur Auszüge aus dem LBeamtVGBW beziehungsweise Hinweise auf dieses Gesetz ab. Bitte beachten Sie hierzu folgende Beiträge:

⇨ Beamtenversorgung (Abschläge); ⇨ Beamtenversorgung (Altersgeld/Entlassung); ⇨ Beamtenversorgung (Anrechnungsvorschriften); ⇨ Beamtenversorgung (Berechnung); ⇨ Beamtenversorgung (Hinterbliebene); ⇨ Beamtenversorgung (Unfallfürsorge); ⇨ Beamtenversorgung (Wartezeit) ⇨ Beamtenversorgung und Renten

Zur Zurruhesetzung siehe ⇨ Ruhestand (Beamtenrecht).

Die Versorgungsbezüge (das Ruhegehalt, landläufig: *„Pension"*) sind *„Einkünfte aus nichtselbstständiger Arbeit"* und deshalb – abzüglich der Altersentlastungspauschale – grundsätzlich steuerpflichtig. Bemessungsgrundlagen für ihre Berechnung sind

- die ruhegehaltfähigen Dienstbezüge (§ 19) und
- die ruhegehaltfähige Dienstzeit (§§ 21 - 26).

Maßgebend sind die Dauer der Dienstzeit und die in den letzten zwei Jahren vor dem Ausscheiden zustehenden Dienstbezüge.

Der individuelle „Ruhegehaltssatz" bemisst sich nach der Anzahl der berücksichtigungsfähigen Dienstjahre und beträgt höchstens 71,75 %. Vereinfachte Formel: Ein volles Dienstjahr führt zu 1,79375 % Ruhegehaltsatz aus dem vollen Gehalt der Besoldungsgruppe, die man mindestens zwei Jahre vor der Pensionierung aus der Stufe innehatte, die am Tag vor der Pensionierung erreicht war.

Ein Ruhegehaltsanspruch entsteht erst nach Vollendung einer mindestens fünfjährigen „Wartezeit."

⇨ Beamtenversorgung (Wartezeit);

Die 2020 nach etwa zehnjähriger Pause wieder eingeführte Mindestversorgung beträgt 35 % der ruhegehaltfähigen Dienstbezüge aus der Besoldungsgruppe, in die man zuletzt mindestens 24 Monate lang eingruppiert war. Zu den Einzelheiten siehe:

⇨ Beamtenversorgung (Mindestversorgung)

Werden die Dienstbezüge allgemein erhöht oder vermindert, werden die Versorgungsbezüge oder das Alters- und Hinterbliebenengeld entsprechend angepasst (§ 11 LBeamtVGBW).

B.
Zusammensetzung der ruhegehaltfähigen Dienstbezüge (§ 19 LBeamtVGBW)

1.
Grundgehalt

Der erreichte Ruhegehalts(prozent)satz wird immer auf das Grundgehalt, das vor dem Tag des Beginns des Ruhestandes **zustand**, also nicht auf das zuletzt **tatsächlich bezogene** Gehalt bezogen. Auch wenn die Lehrkraft vor dem Eintritt in den Ruhestand beurlaubt oder teilzeitbeschäftigt war, wird das (volle) Grundgehalt zugrunde gelegt, das bei Ausübung der Tätigkeit am Tag vor Beginn des Ruhestandes zugestanden hätte. Teilzeit- bzw. Beurlaubungsphasen verringern jedoch die ruhegehaltfähige Dienstzeit, sodass in aller Regel nicht der Höchstruhegehaltssatz, sondern nur ein individuell niedrigerer Ruhegehaltssatz erreicht wird.

Erfolgt eine Beförderung weniger als zwei Jahre vor der Pensionierung, wird sie (außer beim vorzeitigen Ausscheiden ohne eigenes Verschulden) beim Ruhegehalt nicht berücksichtigt. Eine von Gesetzes wegen erfolgte Stellenhebung (z.B. A 13 für GH-Lehrkräfte oder eine höhere Eingruppierung von Schulleitungen) hingegen ist sofort pensionswirksam.

2.
Familienzuschlag

Nur der ehebezogene Teil des Familienzuschlags ist Teil des Ruhegehalts. Der kinderbezogene Teil des Familienzuschlags wird, solange die entsprechenden Voraussetzungen vorliegen, neben dem Ruhegehalt gewährt. Er wird daher immer im vollen Umfang gewährt und nicht durch den Ruhegehaltssatz oder den Versorgungsabschlag gemindert.

⇨ Besoldungsgesetz § 41; ⇨ Besoldung (Gehälter)

3.
Zulagen

Amts- und Stellenzulagen sind nur insoweit ruhegehaltfähig, als sie als solche im Besoldungsrecht gekennzeichnet sind. ⇨ Besoldung (Zulagen)

4.
Sonderregelungen

a) Dienstunfall

Erfolgt die Pensionierung aufgrund eines Dienstunfalls (§ 45 LBeamtVGBW) und wurde die Endstufe der Besoldungsgruppe noch nicht erreicht, wird die Dienstaltersstufe der Besoldungsgruppe zugrunde gelegt, die bis zum Eintritt in den Ruhestand wegen Erreichens der Altersgrenze erreichbar gewesen wäre. Zur Höhe der Versorgung bei Dienstunfähigkeit siehe unten Abschnitt C Nr. 4.

Zur Heilfürsorge und Sachschäden bei Dienstunfällen siehe ⇨ Beamtenversorgung (Unfallfürsorge).

b) Vorübergehende Erhöhung wegen Rentenanspruch

Da die gesetzliche Zurruhesetzung der Lehrkräfte immer zum 1.8. vor Erreichen des gesetzlichen Pensionsalters erfolgt, eine Rente von Beamtinnen und Beamten in der Regel ausschließlich zum gesetzlichen Rentenalter beantragt werden kann, entsteht immer eine zeitliche Differenz zwischen Pensions- und Rentenbeginn. Ist ein Ruhegehaltssatz von 66,97 % nicht erreicht und hat der Beamte einen Anspruch auf Rente von der Deutschen Rentenversicherung, kann auf Antrag gemäß § 28 LBeamtVGBW die Versorgung um 0,95667 % pro Pflichtversicherungsjahr erhöht werden, bis die Rente ausbezahlt wird. Wird der Antrag nach Beginn des Ruhestands gestellt, wirkt er ab dem Antragsmonat. Dasselbe gilt für die vorübergehende Gewährung von Kinder(erziehungs)zuschlägen, die in der Rente bei der DRV verbucht sind.

Bei einer Zurruhesetzung auf Antrag (ab Vollendung des 63. Lebensjahres oder vorzeitig mit einem GbB von mindestens 50 v.H.) greift die vorübergehende Erhöhung erst mit Erreichen der gesetzlichen Pensionsgrenze. Bei Lehrkräften also ab dem 1.8. vor Erreichen des gesetzlichen Pensionsalters.

Erfolgte die Zurruhesetzung hingegen wegen Dienstunfähigkeit, so wird die vorübergehende Erhöhung ab Eintritt in den Ruhestand auf Antrag sofort gewährt. ⇨ Beamtenversorgung und Rente

c) Begrenzte Dienstfähigkeit

Die Zeit begrenzter Dienstfähigkeit ist nur zu dem Teil ruhegehaltfähig, der dem Verhältnis der ermäßigten zur regelmäßigen Arbeitszeit entspricht, mindestens aber in der Höhe, die bei Versetzung in den Ruhestand wegen Dienstunfähigkeit (siehe Abschnitt B. Nr. 4) zustehen würde. Der Zuschlag in Höhe von 50 % des Unterschiedsbetrags zwischen den gekürzten Dienstbezügen und den Dienstbezügen, die bei Vollzeitbeschäftigung zustehen würden, ist nicht ruhegehaltfähig. ⇨ Beamtengesetz (LBG) § 43

5.
Kindererziehungszuschlag

Hat die Beamtin oder der Beamte wegen Kindererziehung nicht oder nicht voll gearbeitet, werden neben der Versorgung ein Kinderzuschlag, ein Kindererziehungszuschlag und gegebenenfalls ein Kindererziehungsergänzungszuschlag gewährt.

C.
Ruhegehaltfähige Dienstzeit (§§ 21-26 LBeamtVGBW)

1.
Dienstzeiten

Die „ruhegehaltfähige Dienstzeit" wird individuell ermittelt. Angerechnet werden insbesondere

- alle im Beamtenverhältnis verbrachten Zeiten; bei Teilzeitbeschäftigung sind diese nur im Verhältnis der ermäßigten zur regelmäßigen Dienstzeit berücksichtigungsfähig. Zeiten einer Beurlaubung ohne Bezüge – auch Elternzeit – sind nicht ruhegehaltfähig, es sei denn, der Urlaub diente öffentlichen Belangen und seine Berücksichtigung als ruhegehaltfähige Dienstzeit wurde zusammen mit der Urlaubsgenehmigung schriftlich zugesagt. Berufsmäßige Dienstzeiten in der Bundeswehr, im Polizeivollzugsdienst und vergleichbare Tätigkeiten, die vor der Berufung in das Beamtenverhältnis zurückgelegt wurden, werden anerkannt;
- Ausbildungszeiten sowie das Referendariat (Vorbereitungsdienst);
- Zivil- oder Wehrdienst, anerkanntes Freiwilliges Soziales Jahr, sofern dieses den Wehrdienst ersetzte.

2.
Kindererziehungs- und Pflegezeiten

Kindererziehungszeiten hängen vom Geburtsdatum des Kindes und dem anzuwendenden Recht ab:

a)
*Bis zum 31.12.1991 geborene Kinder von Beamt*innen, die bereits vor 1992 im Dienst standen*

Die Erziehungszeiten bis zum 6. Lebensmonat des Kindes werden als volle ruhegehaltfähige Dienstzeit berücksichtigt, wenn aus diesem Grunde Teilzeitarbeit geleistet oder ein Urlaub angetreten wurde.

Lagen die Erziehungszeiten vor der Berufung in das Beamtenverhältnis, werden sie als Kindererziehungszuschlag zum Ruhegehalt bis zu 12 Monaten berücksichtigt (seit 1.7.2020: 34,19 Euro).

b)
Nach dem 31. Dezember 1991 geborene Kinder

Kindererziehungszeiten für seit 1.1.1992 geborene Kinder sind nicht ruhegehaltfähig. Die Erziehungszeiten werden als Kinderzuschlag neben dem Ruhegehalt gewährt. Der Kinderzuschlag (je Kind ab 1.1.2021: 104,62 Euro) wird für die ersten 36 Kalendermonate nach der Geburt gezahlt. Dies gilt nicht für Beamtinnen und Beamte, die wegen der Erziehung des Kindes in der gesetzlichen Rentenversicherung versicherungspflichtig waren und die allgemeine Wartezeit für eine Rente erfüllen. Darüber hinaus wird, sofern diese Zeiten nicht in der Rente berücksichtigt wurden, für jeden Monat bis zur Vollendung des 10. Lebensjahres des Kindes ein Kindererziehungsergänzungszuschlag von 0,72 Euro bzw. wenn diese Zeit mit einer Kindererziehungszeit für ein anderes Kind zusammentrifft, von 0,98 Euro gewährt (Werte ab 1.1.2021).

c)
Pflegezeiten (§ 95Abs. 3 LBeamtVGBW).

Für Zeiten der Pflege von Angehörigen oder pflegebedürftigen Kindern wird ein Pflegezuschlag (je nach Pflegeumfang bis zu 2,71 Euro pro Monat) bzw. Kinderpflegeergänzungszuschlag gewährt (§ 95 LBeamtVGBW; Werte ab 1.1.2021).

⇨ Pflegezeit

3.
Zeiten im Arbeitnehmerverhältnis

Zeiten als Lehrkraft im Arbeitnehmerverhältnis im öffentlichen Dienst oder z.B. an staatlich anerkannten Ersatzschulen oder im Kirchendienst können bis zu 5 Jahren angerechnet werden. Dies gilt nicht, wenn die Einstellung in das Beamtenverhältnis ab 1.1.2011 erfolgte, sofern aus diesen Zeiten ein Rentenanspruch bei der Deutschen Rentenversicherung resultiert.

4.
Zurechnungszeit bei Dienstunfähigkeit

Bei Dienstunfähigkeit vor Vollendung des 60. Lebensjahres wird die Zeit bis zum 60. Lebensjahr gem. § 26 zu 2/3 hinzugerechnet. Trat die Dienstunfähigkeit infolge eines Dienstunfalls ein, wird diese Zurechnungszeit nur zur Häfte hinzugerechnet. Danach wird jedoch dieser errechnete Ruhegehaltssatz um 20 % erhöht. Dieses Ruhegehalt muss mindestens 66,67 % betragen, darf 71,75 % nicht übersteigen und darf 69,5 % der Dienstbezüge aus Besoldungsgruppe A 6 nicht unterschreiten.

Durch die GEW beraten lassen

Beamtinnen und Beamte auf Lebenszeit erhalten, sofern sie die fünfjährige Wartezeit erfüllt haben, alle fünf Jahre eine Auskunft über den Stand ihrer Versorgung (LBeamtVGBW § 77, die nächste regelmäßige Auskunft kommt 2022). Eine bloße „Versorgungsauskunft" reicht jedoch nicht für eine sachgerechte Entscheidung über die individuelle Gestaltung der letzten Dienstjahre aus (z.B. Teilzeit, Urlaub ohne Bezüge, Sabbatjahr, vorzeitige Zurruhesetzung usw.).

GEW-Mitglieder sollten sich deshalb rechtzeitig an ihre Bezirksgeschäftsstelle wenden; diese berechnet die voraussichtlichen Pensionsansprüche und berät auch individuell.

⇨ Beamtengesetz (LBG) §§ 36 ff.; ⇨ Beamtenversorgung (Abschläge); ⇨ Beamtenversorgung (Altersgeld); ⇨ Beamtenversorgung (Anrechnungsvorschriften); ⇨ Beamtenversorgung (Berechnung); ⇨ Beamtenversorgung (Hinterbliebenenversorgung); ⇨ Beamtenversorgung (Wartezeit); ⇨ Beamtenversorgung und Renten; ⇨ Besoldung (Gehälter); ⇨ Besoldungsgesetz (LBesGBW); ⇨ Renten und Ruhestand (Arbeitnehmer*innen); ⇨ Ruhestand (Beamtenrecht); ⇨ Ruhestand (Übergangsregelungen)

Beamtenversorgung (Altersgeld / Entlassung)

Hinweise der Redaktion auf das Landesbeamtenversorgungsgesetz (LBeamtVGBW)

Ein Ausscheiden aus dem Beamtenverhältnis sollte reiflich überlegt sein; ein Wiedereinstieg ist möglich, aber nicht garantiert. Gegebenenfalls ist ein (Alters-) Urlaub ohne Bezüge (§ 72 Abs. 2 LBG) vorzuziehen. Vor einem Entlassungsantrag sollte stets geprüft werden, welche Versorgungsansprüche bereits vorhanden sind, welche Rentenleistungen durch die Nachversicherung erworben werden bzw. wie hoch das Altersgeld wäre. Auskünfte erteilen die GEW-Bezirke (Anschriften am Anfang des Jahrbuchs) und die Versicherungsträger (Anschriften am Ende des Beitrags ⇨ Renten und Ruhestand (Arbeitnehmer*innen).

Endet das Beamtenverhältnis durch Entlassung, besteht kein Anspruch auf Ruhegehalt. Wer freiwillig auf eigenen Antrag aus dem Beamtenverhältnis ausscheidet, kann seine im Beamtensystem erworbenen Ansprüche auf Alterssicherung „mitnehmen" („Altersgeld" statt Nachversicherung; § 84 LBeamtVGBW).

Wer ab dem 1.1.2011 in das Beamtenverhältnis übernommen wurde, besitzt den Anspruch auf Altersgeld automatisch, kann aber innerhalb eines Monats nach der Entlassung hierauf verzichten; in diesem Fall erfolgt die Nachversicherung bei der Deutschen Rentenversicherung (DRV), nicht jedoch bei der betrieblichen Altersversorgung (VBL).

Wer sich bereits am 31. Dezember 2010 im Beamtenverhältnis befand, muss den Anspruch auf Altersgeld vor dem Wirksamwerden der Entlassung schriftlich und unwiderruflich gegenüber dem Regierungspräsidium erklären. Sonst erfolgt die Nachversicherung bei der DRV (nicht bei der VBL).

Das Altersgeld beträgt 1,79375 % für jedes volle Dienstjahr. Der Anspruch auf Altersgeld besteht, wenn eine altersgeldfähige Dienstzeit von mindestens fünf Jahren zurückgelegt wurde (§ 85 Abs. 1 LBeamtVGBW). Dabei werden nur die echten Beamten-Dienstzeiten, nicht jedoch Ausbildungszeiten oder Vordienstzeiten (z.B. als Arbeitnehmerin oder Arbeitnehmer im öffentlichen Dienst) oder Wehr- oder Zivildienst, für die bereits ein Rentenanspruch bei der DRV oder VBL besteht, berücksichtigt. Auch Zeiten als Beamtin oder Beamter auf Widerruf (Vorbereitungsdienst bzw. Referendariat), die in der Gesetzlichen Rentenversicherung nachversichert wurden, werden für das Altersgeld nicht berücksichtigt. Mit dem Altersgeld ist kein Beihilfeanspruch verbunden.

Das Altersgeld wird in der Regel erst gezahlt, wenn das gesetzliche Rentenalter erreicht wird, ab Vollendung des 63. Lebensjahrs (bzw. des 62. Lebensjahrs bei Schwerbehinderten) auf Antrag mit entsprechenden Abschlägen.

Besteht neben dem Anspruch auf Altersgeld auch ein Rentenanspruch, so kann bei Teil-Erwerbsunfähigkeit die Hälfte des Altersgeldes gezahlt werden, wenn die DRV eine entsprechende Erwerbsunfähigkeitsrente leistet.

Bei vollständiger Erwerbsminderung kann ein erhöhtes Altersgeld beantragt werden.

Die Hinterbliebenen von altersgeldberechtigten ehemaligen Beamtinnen und Beamten erhalten nach § 84 ff. LBeamtVGBW analog zur Hinterbliebenenversorgung der Beamtinnen und Beamten ein Hinterbliebenengeld. Es beträgt für Witwen bzw. Witwer 55 %, für Vollwaisen 20 % und für Halbwaisen 12 % des Altersgeldes. Siehe Merkblatt Nr. 2400 des Landesamts für Besoldung und Versorgung unter: https://lbv.landbw.de/vordrucke

⇨ Beamtenversorgung (Hinterbliebene); ⇨ Beamtenversorgung (Wartezeit); ⇨ Beamtenversorgung und Renten; ⇨ Renten und Ruhestand (Arbeitnehmer*innen); ⇨ Ruhestand (Übergangsregelungen)

Beamtenversorgung (Anrechnungsvorschriften)

Hinweise der Redaktion auf die Rechtslage nach dem Landesbeamtenversorgungsgesetz – § 68 ff. (LBeamtVGBW) vom 9. November 2010 (GBl. S. 793,911/2010); zuletzt geändert 15. Oktober 2020 (GBl. S. 914, 922)

I. Grundsätze

Beamtinnen und Beamte beziehen keine Rente, sondern eine Altersversorgung („Pension").

⇨ Beamtenversorgung (Allgemeines)

In § 68 ff. des Landesbeamtenversorgungsgesetzes (LBeamtVGBW) ist das Zusammentreffen von Versorgungsbezügen mit Erwerbs- und Erwerbsersatzeinkommen sowie das Zusammentreffen mehrerer Versorgungsbezüge geregelt. Diese Anrechnungs- und Ruhensvorschriften sind hochkompliziert. Wir geben hier nur einen Überblick. Betroffene Mitglieder sollten sich von der zuständigen GEW-Bezirksgeschäftsstelle beraten lassen.

Die Summe aller Hinterbliebenenversorgungen (z.B. eine erste Frau mit Witwenabfindung, eine zweite Frau mit Witwengeld und mehrere Waisen) darf in der Summe den Betrag des Ruhegehaltes des oder der Verstorbenen nicht überschreiten.

Es bleibt immer die sogenannte „Mindestbelassung" von 20 % des jeweiligen Versorgungsbezugs.

Versorgungsempfängerinnen und -empfänger dürfen unbeschränkt über ihr eigenes Vermögen einschließlich der Einkünfte aus Grundbesitz, Gewerbebetrieben, Aktien, Zinsen usw. verfügen. Sie dürfen nach Erreichen der allgemeinen Altersgrenze grundsätzlich auch entgeltliche und unentgeltliche Tätigkeiten außerhalb des öffentlichen Dienstes ohne Beschränkung ausüben. Die Nebentätigkeitsvorschriften des Beamtenrechts wirken sich auf Versorgungsempfängerinnen und -empfänger nur in einem Fall aus: Gemäß § 66 LBG müssen sie eine Tätigkeit im Ruhestand dem letzten Dienstvorgesetzten anzeigen, wenn sie innerhalb eines Zeitraums von fünf Jahren nach Beendigung des Beamtenverhältnisses aufgenommen wird und mit der dienstlichen Tätigkeit in den letzten fünf Jahren vor Beendigung des Beamtenverhältnisses in Zusammenhang steht. Dieser Vorbehalt führt bei Lehrkräften beispielsweise dazu, dass sie nach dem Ausscheiden aus dem aktiven Dienst nur mit Genehmigung des Regierungspräsidiums in einem Nachhilfeinstitut arbeiten dürfen.

Zwar bestehen im Ruhestand für die Aufnahme einer entgeltlichen oder unentgeltlichen Tätigkeit außerhalb des öffentlichen Dienstes weder Melde- noch Genehmigungsvorschriften. Die Aufnahme oder Ausübung einer Tätigkeit nach Beginn des Ruhestands ist jedoch zu untersagen, wenn durch sie dienstliche Interessen beeinträchtigt werden oder sie mit der Verpflichtung kollidiert, auch außerhalb des Dienstes der Achtung und dem Vertrauen gerecht zu werden, die ihr Beruf erfordert. Dem LBV sind anrechnungspflichtige Erwerbs- bzw. Erwerbsersatzeinkommen allerdings unverzüglich anzuzeigen; ggf. sind Nachweise vorzulegen. Wird dies versäumt, kann es zu erheblichen Nachforderungen kommen.

⇨ Beamtengesetz (LBG) § 66; ⇨ Beamtenstatusgesetz § 42

Sobald Versorgungsbezüge mit anderen Einkünften (beispielsweise mit einem Erwerbseinkommen oder einer gesetzlichen Rente) zusammentreffen oder wenn – z.B. nach dem Tode eines der Partner – mehrere Versorgungsberechtigungen in einer Person kumulieren, werden diese aufeinander angerechnet. Dies ist im Einzelnen im Beamtenversorgungsgesetz §§ 68 ff. geregelt (*hier nicht abgedruckt*). Im Folgenden geben wir einen Überblick.

Zur Anrechnung von Renten auf die Beamtenversorgung siehe ⇨ Beamtenversorgung und Renten.

II.
Zusammentreffen von Pension und Erwerbseinkommen

Beziehen Versorgungsberechtigte zusätzlich ein Erwerbseinkommen, werden daneben die Versorgungsbezüge nur bis zum Erreichen bestimmter Höchstgrenzen gezahlt. Erwerbseinkommen sind beispielsweise Einkünfte aus nichtselbstständiger Arbeit, Einkünfte aus selbstständiger Arbeit, aus Gewerbebetrieb, aus Land- und Forstwirtschaft.

Schriftstellerische, wissenschaftliche, künstlerische oder Vortragstätigkeiten sind keine „Erwerbseinkommen". Eine Betätigung im schulischen oder erwachsenenbildnerischen Bereich (z.B. Nachhilfeunterricht, Vertretungsunterricht an einer Schule oder Arbeit an einer Volkschochschule) gelten nicht als „wissenschaftliche" Tätigkeit.

⇨ Beamtengesetz (LBG) § 63 Abs. 1 Nr. 3

In welchem Umfang eine Anrechnung erfolgt, hängt davon ab, ob die Betroffenen die allgemeine Regelaltersgrenze erreicht haben. In der gegenwärtigen Übergangsphase (stufenweise Erhöhung der gesetzlichen Altersgrenze von 65 auf 67 Jahre) gilt die individuelle Altersgrenze „65 + x".

⇨ Ruhestand (Übergangsregelungen)

1.
Zwischen Antrags- und Regelaltersgrenze

In der Phase zwischen der Antragsaltersgrenze (z.B. ab Vollendung des 63. Lebensjahres) und dem Erreichen der Regelaltersgrenze darf die Summe aus den Versorgungsbezügen plus dem „Erwerbseinkommen" 100 % des Grundbetrags aus der Besoldungsgruppe, aus dem die Versorgung berechnet wird, nicht übersteigen. Was darüber hinausgeht, wird von der Beamtenversorgung abgezogen.

2.
Dienstunfähigkeit und Schwerbehinderung

In der Phase zwischen einer Pensionierung wegen Dienstunfähigkeit oder dem Schwerbehinderten-Antragsruhestand und der allgemeinen Regelaltersgrenze darf die Summe aus Ruhegehalt und Einkommen 71,75 % der ruhegehaltfähigen Dienstbezüge zuzüglich 325 Euro nicht übersteigen. Was darüber hinaus geht, wird von der Beamtenversorgung abgezogen.

3.
Nach Erreichen der Regelaltersgrenze

Nach Erreichen der allgemeinen Regelaltersgrenze werden Einkünfte, die außerhalb des öffentlichen Dienstes erzielt werden, nicht angerechnet. Erfolgt die Beschäftigung im öffentlichen Dienst, wird das dabei erzielte *„Verwendungseinkommen"* hingegen von der Pension abgezogen, wenn die Summe aus Versorgung und Verwendungseinkommen 100 % der ruhegehaltfähigen Dienstbezüge übersteigt.

Als „öffentlicher Dienst" gilt jede Beschäftigung bei Körperschaften, Anstalten und Stiftungen des öffentlichen Rechts oder ihrer Verbände mit Ausnahme der öffentlich-rechtlichen Religionsgesellschaften oder ihrer Verbände; gleichgestellt ist eine Beschäftigung bei einer zwischen- oder überstaatlichen Einrichtung, an der eine Körperschaft oder ein Verband des öffentlichen Rechts durch Zahlung von Beiträgen oder Zuschüssen oder in anderer Weise beteiligt ist. Unter diese Bestimmung fällt beispielsweise der Lehrauftrag einer pensionierten Lehrkraft an einer öffentlichen Schule.

In allen drei Fällen werden vom Bruttobetrag der Einkünfte aus nichtselbstständiger Arbeit Werbungskosten abgezogen; dies vermindert das anzurechnende Einkommen. Als Werbungskosten wird mindestens der Arbeitnehmer-Pauschbetrag in Höhe von monatlich 83,33 Euro berücksichtigt. Höhere Werbungskosten müssen durch die Vorlage des Einkommensteuerbescheids für das betreffende Kalenderjahr nachgewiesen werden.

Betroffene GEW-Mitglieder sollten sich bei ihrer zuständigen Bezirksgeschäftsstelle beraten und Bescheide umgehend prüfen lassen.

Sonderfall: Verwendungseinkommen im dringenden dienstlichen Interesse

Im Zusammenhang mit der Betreuung von Flüchtlingskindern, aber z.B. auch als Krankheitsvertretung an unterversorgten Schulen, können zur Ruhe gesetzte Lehrkräfte bis zur Vollendung des 75. Lebensjahres an Schulen tätig werden.

Höchstgrenzen gemäß § 68 Abs. 2 LBeamtVGBW beim Zusammentreffen von Beamtenversorgung (Pension) und Erwerbs- bzw. Verwendungseinkommen

1. Ruhestandsbeamt*innen sowie deren Witwen*Witwer	Sie erhalten bis zum Erreichen der gesetzlichen Altersgrenze höchstens 100 % der ruhegehaltfähigen Dienstbezüge aus der Endstufe, aus der sich das Ruhegehalt berechnet (abzüglich Versorgungsfaktor 0,984).
2. Waisen	Sie erhalten höchstens 40 % von Nr. 1.
3. Ruhestandsbeamt*innen nach Zurruhesetzung wg. Dienstunfähigkeit oder auf Antrag mit Schwerbehinderung	Sie erhalten bis zum Erreichen der gesetzlichen Altersgrenze höchstens 71,75 % der ruhegehaltfähigen Dienstbezüge (abzüglich Versorgungsfaktor 0,984) zuzüglich 325 Euro im Monat.
Die Höchstgrenze erhöht sich um den jeweils zustehenden kinderbezogenen Teil des Familienzuschlags. Ab der gesetzlichen Altersgrenze wird nur „Verwendungseinkommen"angerechnet. Keine Anrechnung erfolgt, wenn die Tätigkeit, aus der das Verwendungseinkommen erzielt wird, im dringenden dienstlichen Interesse liegt (z.B. Unterricht in Vorbereitungs- oder VABO-Klassen).	

Die Vergütung richtet sich nach dem Tarifvertrag-Länder und dem Tarifvertrag Entgeltordnung für die Lehrkräfte. Bei entsprechendem Bedarf ist eine Teilzeitbeschäftigung in beliebigem Umfang möglich.

⇨ Nebenberuflicher/nebenamtlicher Unterricht;
⇨ Tarifvertrag (Entgeltordnung Lehrkräfte)

Das „*Verwendungseinkommen*" wird nicht auf das Ruhegehalt angerechnet, wenn der Arbeitsvertrag dringenden öffentlichen Belangen bzw. dringenden dienstlichen Interessen dient (dringender Personalbedarf zur Beschulung von Kindern und Jugendlichen in einem Personalmangelbereich, der anderweitig nicht gedeckt werden kann).

Dies gilt bei Verwendung an

a) Grundschulen und an SBBZ,
c) Werkreal-, Haupt-, Real- und Gemeinschaftsschulen (bei regionaler Einsatzbereitschaft),
d) Gymnasien und beruflichen Schulen (bezogen auf Bedarf in einzelnen Fächern).

Diese Art der Verwendung muss vor Beginn festgestellt und schriftlich im Arbeitsvertrag festgehalten werden (§ 68 Abs. 6 Satz 4 LBeamtVGBW).

Bei allen anderen Formen des Einsatzes im öffentlichen Dienst sind die Höchstgrenzen nach § 68 LBeamtVGBW maßgebend.

III.

Zusammentreffen von eigener Pension und weiteren Versorgungsansprüchen

Solange beide Ehepartner leben, erhält jede*r die eigene Pension ungeschmälert. Sobald jedoch eine*r von beiden stirbt, gelten Anrechnungsvorschriften.

Bei Beamtinnen und Beamten, die aus einer früheren Tätigkeit als Arbeitnehmerin oder Arbeitnehmer einen Anspruch auf Rente von der Deutschen Rentenversicherung haben, wird die Beamtenversorgung gekürzt, wenn die Summe aus eigener Rente und Beamtenpension 71,75 % übersteigt. Eine gesetzliche Witwenrente vom verstorbenen Partner oder der Partnerin wird nicht auf die eigene Pension angerechnet, aber meist kommt eine Witwenrente gar nicht zur Auszahlung, da die Einkommensgrenzen bei der Rentenversicherung sehr niedrig sind.

Wichtig ist jedoch: Wer sowohl einen gesetzlichen Renten- als auch einen Pensionsanspruch hat, darf selbst auf eine geringfügige Rente nicht verzichten, sondern muss sie auf jeden Fall beantragen, weil sonst dem Land ein Vermögensnachteil entsteht, den das Landesamt für Besoldung und Versorgung ggf. noch nach vielen Jahren von den Betroffenen einfordert.

Die unzähligen Fallvarianten können hier nicht dargestellt werden. Darum drucken wir hier nur eine schematische, unvollständige Übersicht als Orientierung ab. ⇨ Beamtenversorgung und Renten

Trifft die eigene Pension mit einer Hinterbliebenenversorgung zusammen, darf der Gesamtbetrag aus beiden Versorgungsbezügen i.d.R. 71,75 % der ruhegehaltfähigen Dienstbezüge, die dem Witwengeld zugrundeliegen, nicht überschreite, ansonsten wird das Ruhegehalt gekürzt.

Im Falle eines Versorgungsausgleichs wegen Scheidung erfolgt ein Abzug bei der ausgleichspflichtigen Person erst, wenn diese selber Versorgungsbezüge bezieht. Der bzw. die Ausgleichsberechtigte hingegen erhält seinen/ihren Anteil ab dem Zeitpunkt, zu dem er oder sie in Rente oder Pension geht.

Höchstgrenze der Summe von Pension, weiteren Einkünften und gesetzlicher Rente

Einkünfte neben der Versorgung / Eigener Status	Erwerbseinkommen <u>bis</u> zum Erreichen der gesetzlichen Altersgrenze	Erwerbseinkommen <u>ab</u> der gesetzlichen Altersgrenze	Witwengeld bzw. Unterhaltsbeitrag aus Beamtenverhältnis	Witwenrente aus gesetzlicher Rentenversicherung	Eigene Rente (in Prozent der eigenen Bes.Gr.)
Ruhestandsbeamt*in mit Pension	100 % der eigenen Besoldungsgruppe	unbegrenzt[2)]	71,75 % des Witwengeldes [1)]	Vor Auszahlung einer Witwenrente wirken die Kürzungsvorschriften des Rentenrechts. Übersteigt das eigene Einkommen das 24,6fache des aktuellen Rentenwerts (= ca. 800 Euro), so wird die Witwenrente gekürzt.	71,75 %
Ruhestandsbeamt*in, pensioniert wegen Dienstunfähigkeit	71,75 % der eigenen Besoldungsgruppe + 325 Euro	unbegrenzt[2)]	71,75 % des Witwengeldes [1)]		71,75 % [4)]
Ruhestandsbeamt*in, im Antragsruhestand wegen Schwerbehinderung	71,75 % der eigenen Besoldungsgruppe + 325 Euro	unbegrenzt[2)]	71,75 % des Witwengeldes [1)]		71,75 %
Witwe/Witwer (nicht verbeamtet) mit Hinterbliebenenversorgung	100 % der Besoldungsgruppe der Hinterbliebenenversorgung	unbegrenzt[2)]	–		–

1) Die Höchstgrenze wird aus dem Witwengeld berechnet, gekürzt wird dann aber an der zeitlich zuerst eingetretenen Pension.
2) Bei Verwendungseinkommen 100 % der aktiven Besoldung; erfolgte die Verwendung im dringenden dienstlichen Interesse: unbegrenzt.
3) Beim Zusammentreffen von Witwengeld mit einem Ruhegehalt werden mindestens 20 v.H. des Witwen-/Witwergeldes belassen.
4) Gegebenenfalls vorübergehende Erhöhung bis zum Renteneintritt.

⇨ Beamtengesetz (LBG) §§ 63 und 66; ⇨ Beamtenstatusgesetz § 42; ⇨ Beamtenversorgung (Allgemeines); ⇨ Beamtenversorgung (Berechnung); ⇨ Beamtenversorgung (Hinterbliebenenversorgung); ⇨ Beamtenversorgung und Renten; ⇨ Besoldung (Gehälter); ⇨ Besoldungsgesetz (LBesGBW); ⇨ Nebenberuflicher/nebenamtlicher Unterricht; ⇨ Nebentätigkeiten; ⇨ Renten und Ruhestand (Arbeitnehmer*innen); ⇨ Ruhestand (Beamtenrecht); ⇨ Ruhestand (Übergangsregelungen)

Beamtenversorgung (Berechnung)

Informationen der Redaktion zur Rechtslage und zur Verwaltungspraxis in Baden-Württemberg

Laien sind kaum in der Lage, selber zu ermitteln, wie hoch die Versorgung nach der Zurruhesetzung sein wird. Für eine individuelle Entscheidung über

- den gewünschten Zeitpunkt der Zurruhesetzung,
- eine Teilzeitbeschäftigung (Beginn und Ende, Stundenzahl),
- das Sabbatjahr („Freistellungsjahr"),
- eine Beurlaubung bzw. einen „Altersurlaub"

ist aber die Kenntnis der finanziellen Auswirkungen auf die Altersabsicherung sehr wichtig.

Über das Kundenportal des LBV kann man einfach und schnell online errechnen lassen, welche Auswirkungen eine geplante Teilzeitbeschäftigung oder vorzeitige Pensionierung auf Antrag auf die Altersversorgung hat. Der dort installierte Versorgungsrechner nutzt die beim LBV hinterlegten Daten der Beschäftigten für seine Berechnungen. Der Ausdruck dieser Berechnung listet alle beim LBV erfassten Daten, die der Berechnung zugrunde liegen, auf.

Beamt*innen sind verpflichtet, die Daten ihres beruflichen Werdegangs auf Richtigkeit und Vollständigkeit hin zu überprüfen und etwaige Unrichtigkeiten oder Lücken im Werdegang unverzüglich dem LBV zu melden. Wir empfehlen, nach dem Erhalt der Versorgungsauskunft vom LBV alle Daten noch einmal selbst nachzuprüfen, denn unvollständige oder unrichtige Angaben können nicht nur für spätere Versorgungsansprüche (Pension), sondern auch schon für die laufenden Dienstbezüge relevant sein.

Das LBV erteilt auf Antrag (Vordruck Nr. 2270A) auch schriftliche Auskünfte über die Versorgungsanwartschaft, wenn

- das 55. Lebensjahr vollendet ist und die letzte Auskunft mindestens vier Jahre zurückliegt,
- der Ruhestand innerhalb eines Jahres bevorsteht,
- die Versetzung in den Ruhestand aufgrund von Dienstunfähigkeit bevorsteht oder
- es um versorgungsrechtliche Auswirkungen einer beabsichtigten Beurlaubung bzw. Teilzeit geht.

Beamt*innen, die eine Wartezeit von fünf Jahren erfüllt haben, erhalten automatisch alle fünf Jahre eine Auskunft über den Stand ihrer Versorgung.

Diese turnusmäßige Versorgungsauskunft *(die nächste kommt 2022)* enthält u.a. folgende Angaben:

1. Höhe des zu erwartenden Ruhegehalts bei Erreichen der gesetzlichen Altersgrenze unter Benennung des Ruhegehaltssatzes,
2. Darstellung der Berechnung der ruhegehaltfähigen Dienstbezüge,
3. Höhe der Versorgung bei einer angenommenen Versetzung in den Ruhestand wegen Dienstunfähigkeit zum Datum der Erstellung der Auskunft,
4. bei durchgeführtem Versorgungsausgleich die Höhe des Kürzungsbetrags,
5. Auflistung des beruflichen Werdegangs und der gespeicherten ruhegehaltfähigen Dienstzeiten;
6. Vordruck für Korrekturantrag/Rückfragen.

Von der GEW beraten lassen

Eine bloße „Versorgungsauskunft" reicht jedoch nicht für eine sachgerechte Entscheidung über die individuelle Gestaltung der letzten Dienstjahre aus.

GEW-Mitglieder sollten sich deshalb unbedingt rechtzeitig an die für sie zuständige Bezirksgeschäftsstelle wenden; diese berechnet die voraussichtlichen Pensionsansprüche und berät individuell über mögliche bzw. sinnvolle Alternativen. Zur Vorbereitung sollte entweder eine vorhandende Versorgungsauskunft mitgeschickt oder beim Regierungspräsidium (also nicht beim LBV!) formlos ein Ausdruck der persönlichen Daten beantragt werden.

Versorgungsbescheid prüfen

Es ist dringend zu empfehlen, den anlässlich der Zurruhesetzung erstellten Bescheid über die Festsetzung der Versorgungsbezüge **sofort** genau nachzuprüfen. Der Bescheid wird in der Regel schon einige Zeit vor der Pensionierung zugestellt.

Er kann z.B. bei Zulagen, Ausbildungs- und Kindererziehungszeiten, Versorgungsabschlägen usw. Fehler enthalten. Sollte dieser „Bescheid über die Festsetzung der Versorgungsbezüge" den Höchstruhegehaltssatz von 71,75 % der ruhegehaltfähigen Dienstbezüge ausweisen, sind keine weiteren Schritte erforderlich.

Wird dieser jedoch nicht erreicht (beispielsweise bei längeren Teilzeit- und/oder Urlaubsphasen oder bei einem späten Berufseinstieg), sollte der Bescheid stets – unter Angabe von eventuellen Unstimmigkeiten und mit den entsprechenden Unterlagen (z.B. den Geburtsdaten der Kinder) – **eiligst** der GEW-Bezirksgeschäftsstelle zur Überprüfung zugesendet werden, denn es gibt immer strittige Fragen, zu denen Rechtsverfahren anhängig sind und bei denen die GEW im Einzelfall rät, Widerspruch einzulegen. Dann können Fehler korrigiert sowie laufende rechtliche Auseinandersetzungen über die Höhe der Versorgung berücksichtigt und vom Mitglied geltend gemacht werden.

Die Widerspruchsfrist beträgt einen Monat ab Zustellung. Danach wird der Bescheid „bestandskräftig". Beim geringsten Zweifel sollte vor Ablauf dieser Frist formlos direkt beim LBV fristwahrend Widerspruch eingelegt werden mit dem Zusatz: *„Die Begründung wird nachgereicht"*. Kopien dieses Widerspruchs und aller Unterlagen sollten an die GEW zur Prüfung geschickt werden. Ist alles in Ordnung, kann der Widerspruch nach der Überprüfung problemlos wieder zurückgezogen werden.

⇨ Beamtenversorgung (Allgemeines); ⇨ Rechtsschutz; ⇨ Ruhestand (Beamtenrecht)

Beamtenversorgung (Hinterbliebene)

Hinweise der Redaktion auf das Landesbeamtenversorgungsgesetz (LBeamtVGBW) – § 30 ff. vom 9. November 2010 (GBl. S. 793,911/2010); zuletzt geändert 15. Oktober 2020 (GBl. S. 914, 922)

Allgemeines

Die Hinterbliebenenversorgung ist in §§ 30 ff. Landesbeamtenversorgungsgesetz (LBeamtVGBW) geregelt. Zur Hinterbliebenenversorgung gehören auch der Kinderzuschlag sowie der Pflege- und Kinderpflegeergänzungszuschlag.

Lebenspartnerschaften nach dem Lebenspartnerschaftsgesetz sind der gesetzlichen Ehe gleichgestellt. Insofern stehen einander gleich:

1. die Lebenspartnerschaft der Ehe,
2. der Lebenspartner dem Ehegatten,
3. die Begründung der Lebenspartnerschaft der Heirat, der Eheschließung und der Verheiratung,
4. die Aufhebung einer Lebenspartnerschaft der Ehescheidung,
5. der frühere Lebenspartner aus einer aufgehobenen Lebenspartnerschaft dem geschiedenen oder früheren Ehegatten,
6. der hinterbliebene Lebenspartner der Witwe oder dem hinterbliebenen Ehegatten,
7. die Zeit der Lebenspartnerschaft der Ehezeit.

Hinterbliebene eingetragene Lebenspartner*innen haben Anspruch auf Hinterbliebenenversorgung (und Hinterbliebenengeld). Der Anspruch einer Witwe bzw. eines Witwers aus einer zum Zeitpunkt des Todes bestehenden Ehe schließt den Anspruch hinterbliebener Lebenspartner*innen aus einer zum Zeitpunkt des Todes bestehenden Lebenspartnerschaft aus. Der Anspruch der Witwen und Waisen auf Versorgungsbezüge erlischt

1. für jeden Berechtigten mit dem Ende des Monats, in dem er stirbt,
2. für jede Witwe/jeden Witwer außerdem mit dem Ende des Monats, in dem sie sich verheiratet,
3. für Waisen i.d.R. außerdem mit dem Ende des Monats, in dem sie das 18. Lebensjahr vollenden,
4. sowie in bestimmten Fällen nach der Verurteilung in Strafverfahren (§ 42 LBeamtVGBW).

Bezüge für den Sterbemonat (§ 31 LBeamtVGBW)

Den Erben verstorbener oder entlassener Beamt*innen sowie Ruhestandsbeamt*innen verbleiben für den Sterbemonat die Bezüge des oder der Verstorbenen.

Sterbegeld (§ 32 LBeamtVGBW)

Beim Tode von Beamt*innen mit Dienstbezügen oder von Beamt*innen auf Widerruf im Vorbereitungsdienst erhält der/die überlebende Ehegatt*in Sterbegeld in Höhe des Zweifachen der Dienstbezüge oder der Anwärterbezüge des/der Verstorbenen. Für Ruhestandsbeamt*innen gelten die gleichen Modalitäten, wobei an die Stelle der Dienstbezüge die Versorgungsbezüge treten.

Witwen- bzw. Witwergeld (§ 34 LBeamtVGBW)

Das Witwengeld beträgt 55 % des Ruhegehalts. Es beträgt 60 %,

- wenn die Ehe vor dem 1.1.2002 geschlossen wurde und mindestens ein Ehegatte vor dem 2.1.1962 geboren wurde oder
- wenn zur Hinterbliebenenversorgung ein Kindererziehungszuschlag gezahlt wird oder
- bei Hinterbliebenen von bis zum 31.12.2001 pensionierten Beamtinnen und Beamten.

War die Witwe/der Witwer mehr als 20 Jahre jünger als die/der Verstorbene und ist aus der Ehe kein Kind hervorgegangen, so wird das Witwengeld für jedes angefangene Jahr des Altersunterschiedes über 20 Jahre um 5 v.H. gekürzt, höchstens jedoch um 35 v.H.

Kein Witwengeld-Anspruch besteht, wenn

- die Ehe nicht mindestens ein Jahr gedauert hat und ersichtlich war, dass es der alleinige oder der überwiegende Zweck der Heirat war, der Witwe/dem Witwer eine Versorgung zu verschaffen,
- die Ehe nach der Pensionierung geschlossen wurde und der/die Ruhestandsbeamt*in dabei das 65. Lebensjahr bereits vollendet hatte; stattdessen wird der Witwe gem. § 36 LBeamtVGBW jedoch auf Antrag ein Unterhaltsbeitrag in Höhe von 75 % des Witwengeldes (ggf. unter Anrechnung von Erwerbseinkünften) gewährt.

Witwenabfindung bei Wiederverheiratung

Witwen und Witwer mit Anspruch auf Witwengeld oder auf einen Unterhaltsbeitrag erhalten im Fall einer Wiederverheiratung gemäß § 35 LBeamtVGBW eine Witwenabfindung in Höhe des 24-Fachen des für den Monat, in dem sich die Witwe oder der Witwer wiederverheiratet, nach Anwendung der Anrechnungs-, Kürzungs- und Ruhensvorschriften zu zahlenden Betrags des Witwengeldes oder Unterhaltsbeitrags.

Waisengeld

Das Waisengeld beträgt für eine Halbwaise 12 % und für eine Vollwaise 20 % des Ruhegehalts des/der Verstorbenen (§ 37 LBeamtVGBW). Kein Waisengeld erhalten die Kinder verstorbener Ruhestandsbeamt*innen, wenn das Kindschaftsverhältnis durch Annahme als Kind begründet wurde und der/die Ruhestandsbeamt*in zu diesem Zeitpunkt bereits im Ruhestand war und die Regelaltersgrenze nach § 36 LBG erreicht hatte. Ihnen wird jedoch ein Unterhaltsbeitrag (75 % des Waisengelds) bewilligt.

Witwen- und Waisengeld dürfen weder einzeln noch zusammen den Betrag des ihrer Berechnung zugrunde zu legenden Ruhegehaltes übersteigen.

⇨ Beamtengesetz §§ 36 ff; ⇨ Beamtenversorgung (Allgemeines); ⇨ Beamtenversorgung (Altersgeld); ⇨ Beamtenversorgung (Anrechnungsvorschriften); ⇨ Beamtenversorgung und Renten; ⇨ Renten und Ruhestand (Arbeitnehmer*innen)

Beamtenversorgung (Mindestversorgung)

Hinweis der Redaktion auf das Landesbeamtenversorgungsgesetz (LBeamtVGBW) – § 27 Abs. 4 vom 9. November 2010 (GBl. S. 793, 911/2010); zuletzt geändert 15. Oktober 2020 (GBl. S. 914, 922/2020)

Die 2011 abgeschaffte Garantie der „Mindestversorgung" wurde aufgrund mehrerer vom GEW-Rechtschutz unterstützter Klagen 2020 wieder eingeführt. Voraussetzung ist seitdem nur noch die Erfüllung einer fünfjährigen Wartezeit.

➪ Beamtenversorgung (Wartezeit)

Die Mindestversorgung beträgt 35 % aus der jeweiligen Besoldungsgruppe und der zuletzt mindestens 24 Monate lang innegehabten Stufe.

Dies sind (Stand 2021; alle Zahlen gerundet) in Besoldungsgruppe A 9: 1.274 €, in A 10: 1.426 €, in A 12: 1.755 €, in A 13: 1.950 €, in A 14; 2.160 €.

Wenn dies günstiger ist, werden 59,75 % der Dienstbezüge aus der Endstufe der Besoldungsgruppe A 6 gezahlt (LBeamtVG § 27 Abs. 4). Das bedeutet für Ledige 1.808 Euro, für Verheiratete 1.900 Euro.

Zu beachten ist allerdings LBeamtVG § 20 Abs. 1: *„Werden neben der Mindestversorgung Leistungen anderer Alterssicherungssysteme gezahlt, ruht die Versorgung bis zur Höhe des Unterschiedsbetrags zwischen dem erdienten Ruhegehalt und der Mindestversorgung."*

Als Leistungen anderer Alterssicherungssysteme gelten insbesondere Renten aus der gesetzlichen Rentenversicherung und von der VBL.

➪ Beamtenversorgung (Allgemeines); ➪ Beamtenversorgung (Wartezeit); ➪ Beamtenversorgung und Renten

Beamtenversorgung (Unfallfürsorge)

Auszug aus dem Landesbeamtenversorgungsgesetz (LBeamtVGBW) vom 9.11.2010 (GBl. S. 793, 911/2010); zuletzt geändert 15. Oktober 2020 (GBl. S. 914, 922)

§ 44
Allgemeines

(1) Wird ein Beamter durch einen Dienstunfall verletzt, so wird ihm oder seinen Hinterbliebenen Unfallfürsorge gewährt. Unfallfürsorge wird auch dem Kind einer Beamtin gewährt, das durch deren Dienstunfall während der Schwangerschaft unmittelbar geschädigt wurde. Satz 2 gilt auch, wenn die Schädigung durch besondere Einwirkungen verursacht worden ist, die generell geeignet sind, bei der Mutter einen Dienstunfall im Sinn des § 45 Abs. 3 zu verursachen.

(2) Die Unfallfürsorge umfasst folgende, nach den Regelungen dieses Gesetzes normierten Zahlungen:

1. [...]
2. Erstattung von Sachschäden und besonderen Aufwendungen (§ 47),
3. Heilverfahren (§§ 48 und 49),
4. Unfallausgleich (§ 50),
5. Unfallruhegehalt oder Unterhaltsbeitrag (§§ 51 bis 54),
6. Unfall-Hinterbliebenenversorgung (§§ 55-58),
7. einmalige Unfallentschädigung (§ 59),
8. Schadensausgleich in besonderen Fällen (§ 60).

Im Fall von Absatz 1 Satz 2 und 3 erhält das Kind der Beamtin Leistungen nach Nr. 3 und 4 sowie nach § 54. [...]

➪ Unfälle (Arbeits-, Dienst- und Privatunfälle)

§ 45
Dienstunfall

(1) Dienstunfall ist ein auf äußerer Einwirkung beruhendes, plötzliches, örtlich und zeitlich bestimmbares, einen Körperschaden verursachendes Ereignis, das in Ausübung oder infolge des Dienstes eingetreten ist. Zum Dienst gehören auch

1. Dienstreisen, Dienstgänge und die dienstliche Tätigkeit am Bestimmungsort,
2. die Teilnahme an dienstlichen Veranstaltungen,
3. Nebentätigkeiten, zu deren Ausübung der Beamte nach § 61 LBG verpflichtet ist, oder an deren Übernahme der Dienstvorgesetzte ein dienstliches Interesse anerkannt hat, sofern kein Versicherungsschutz in der gesetzlichen Unfallversicherung (§ 2 des Siebten Buches Sozialgesetzbuch) besteht.

(2) Als Dienst gilt auch das Zurücklegen des mit dem Dienst zusammenhängenden Wegs nach und von der Dienststelle; hat der Beamte wegen der Entfernung der ständigen Familienwohnung vom Dienstort an diesem oder in dessen Nähe eine Unterkunft, gilt Halbsatz 1 auch für den Weg von und nach der Familienwohnung. Der Zusammenhang mit dem Dienst gilt als nicht unterbrochen, wenn der Beamte von dem unmittelbaren Weg zwischen der Wohnung und der Dienststelle in vertretbarem Umfang abweicht, weil

1. sein dem Grunde nach kindergeldberechtigendes Kind, das mit ihm in einem Haushalt lebt, wegen seiner beruflichen Tätigkeit oder der beruflichen Tätigkeit beider Eheleute fremder Obhut anvertraut wird oder
2. weil er mit anderen berufstätigen oder in der gesetzlichen Unfallversicherung versicherten Personen gemeinsam ein Fahrzeug für den Weg nach und von der Dienststelle benutzt.

Ein Unfall, den der Verletzte bei Durchführung des Heilverfahrens (§ 48) oder auf einem hierzu notwendigen Weg erleidet, gilt als Folge eines Dienstunfalls.

(3) Erkrankt ein Beamter, der nach der Art seiner dienstlichen Verrichtung der Gefahr der Erkrankung an bestimmten Krankheiten besonders ausgesetzt ist, an einer solchen Krankheit, gilt dies als Dienstunfall, es sei denn, dass der Beamte sich die Krankheit außerhalb des Dienstes zugezogen hat. [...]

(4) Dem durch Dienstunfall verursachten Körperschaden ist ein Körperschaden gleichzusetzen, den ein Beamter außerhalb seines Diensts erleidet, wenn er im Hinblick auf pflichtgemäßes dienstliches Verhalten oder wegen seiner Eigenschaft als Beamter angegriffen wird. [...]

§ 47
Erstattung von Sachschäden und besonderen Aufwendungen

Sind bei einem Dienstunfall Kleidungsstücke oder sonstige Gegenstände, die der Beamte mit sich geführt hat, beschädigt oder zerstört worden oder abhanden gekommen, kann dafür Ersatz geleistet werden. Anträge auf Gewährung von Sachschadenersatz nach Satz 1 sind innerhalb einer Ausschlussfrist von drei Monaten zu stellen. Sind durch die erste Hilfeleistung nach dem Unfall besondere Kosten entstanden, ist dem Beamten der nachweisbar notwendige Aufwand zu ersetzen.

⇨ Sachschäden

§ 48
Heilverfahren

(1) Das Heilverfahren umfasst die notwendige
1. ärztliche Behandlung,
2. Versorgung mit Arznei- und anderen Heilmitteln, Ausstattung mit Körperersatzstücken, orthopädischen und anderen Hilfsmitteln, die den Erfolg der Heilbehandlung sichern oder die Unfallfolgen erleichtern sollen,
3. Pflege (§ 49).

(2) Anstelle der ärztlichen Behandlung sowie der Versorgung mit Arznei- und anderen Heilmitteln kann Krankenhausbehandlung oder Heilanstaltspflege gewährt werden. Der Verletzte ist verpflichtet, sich einer Krankenhausbehandlung oder Heilanstaltspflege zu unterziehen, wenn sie nach einer Stellungnahme eines durch die Dienstbehörde bestimmten Arztes zur Sicherung des Heilerfolgs notwendig ist.

(3) Der Verletzte ist verpflichtet, sich einer ärztlichen Behandlung zu unterziehen, es sei denn, dass sie mit einer erheblichen Gefahr für Leben oder Gesundheit des Verletzten verbunden ist. Das gleiche gilt für eine Operation dann, wenn sie keinen erheblichen Eingriff in die körperliche Unversehrtheit bedeutet.

(4) Verursachen die Folgen des Dienstunfalls außergewöhnliche Kosten für Kleider- und Wäscheverschleiß, sind diese in angemessenem Umfang zu ersetzen.

(5) Ist der Verletzte an den Folgen des Dienstunfalls verstorben, können auch die Kosten für die Überführung und die Bestattung in angemessener Höhe erstattet werden. [...]

§ 49
Pflegekosten und Hilflosigkeitszuschlag

(1) Ist der Verletzte infolge des Dienstunfalls so hilflos, dass er nicht ohne fremde Hilfe und Pflege auskommen kann, sind ihm die Kosten einer notwendigen Pflege in angemessenem Umfang zu erstatten.

(2) Nach dem Beginn des Ruhestands ist dem Verletzten auf Antrag für die Dauer der Hilflosigkeit ein Zuschlag zu dem Unfallruhegehalt bis zum Erreichen der ruhegehaltfähigen Dienstbezüge zu gewähren; die Kostenerstattung nach Absatz 1 entfällt.

Hinweis der Redaktion: Die umfangreichen Bestimmungen über die Altersversorgung von Unfallopfern und ihren Hinterbliebenen (Unfallruhegeld usw.) sind hier nicht abgedruckt. Wir raten dringend, sich im Fall von Dienstunfällen von der GEW beraten zu lassen.

§ 61
Nichtgewährung von Unfallfürsorge

(1) Unfallfürsorge wird nicht gewährt, wenn der Verletzte oder der anspruchsberechtigte Hinterbliebene den Dienstunfall vorsätzlich herbeigeführt hat.

(2) Hat der Verletzte eine die Heilbehandlung betreffende Anordnung ohne gesetzlichen oder sonstigen wichtigen Grund nicht befolgt und wird dadurch seine Dienst- oder Erwerbsfähigkeit ungünstig beeinflusst, kann ihm die oberste Dienstbehörde oder die von ihr bestimmte Stelle die Unfallfürsorge insoweit versagen. Der Verletzte ist auf diese Folgen schriftlich hinzuweisen.

(3) Hinterbliebenenversorgung nach den Unfallfürsorgevorschriften wird im Fall des § 36 *(Unterhaltsbeitrag für nicht witwengeldberechtigte Witwen; Anm.d.Red.)* nicht gewährt.

§ 62
Meldung und Untersuchungsverfahren

(1) Unfälle, aus denen Unfallfürsorgeansprüche nach diesem Gesetz entstehen können, sind innerhalb einer Ausschlussfrist von zwei Jahren nach dem Eintritt des Unfalls bei dem Dienstvorgesetzten des Verletzten zu melden. § 47 Satz 2 *(dies ist die Ausschlussfrist von 3 Monaten für die Meldung von Sachschäden; Anm.d.Red.)* bleibt unberührt. Die Frist nach Satz 1 gilt auch dann als gewahrt, wenn der Unfall bei der für den Wohnort des Berechtigten zuständigen unteren Verwaltungsbehörde gemeldet worden ist.

(2) Nach Ablauf der Ausschlussfrist wird Unfallfürsorge nur gewährt, wenn seit dem Unfall noch nicht zehn Jahre vergangen sind und glaubhaft gemacht wird, dass mit der Möglichkeit einer den Anspruch auf Unfallfürsorge begründenden Folge des Unfalls nicht habe gerecht werden können oder dass der Berechtigte durch außerhalb seines Willens liegende Umstände gehindert worden ist, den Unfall zu melden. Die Meldung muss, nachdem mit der Möglichkeit einer den Anspruch auf Unfallfürsorge begründenden Folge des Unfalls gerechnet werden konnte oder das Hindernis für die Meldung weggefallen ist, innerhalb von drei Monaten erfolgen. Die Unfallfürsorge wird in diesen Fällen vom Tag der Meldung an gewährt; zur Vermeidung von Härten

kann sie auch von einem früheren Zeitpunkt an gewährt werden.

(3) Der Dienstvorgesetzte hat jeden Unfall, der ihm von Amts wegen oder durch Meldung der Beteiligten bekannt wird, zu untersuchen. Die oberste Dienstbehörde oder die von ihr bestimmte Stelle entscheidet, ob ein Dienstunfall vorliegt und ob der Verletzte den Unfall vorsätzlich herbeigeführt hat; [...]. Die Entscheidung ist dem Verletzten oder seinen Hinterbliebenen bekanntzugeben.

(4) Unfallfürsorge nach § 44 Abs. 1 Satz 2 wird nur gewährt, wenn der Unfall des Beamten innerhalb der Frist nach Absatz 1 und 2 gemeldet und als Dienstunfall anerkannt worden ist. Der Anspruch auf Unfallfürsorge nach § 44 Abs. 2 Satz 2 ist innerhalb von zwei Jahren vom Tag der Geburt an von den Sorgeberechtigten geltend zu machen. Absatz 2 gilt mit der Maßgabe, dass die Zehn-Jahres-Frist am Tag der Geburt zu laufen beginnt. Der Antrag muss, nachdem mit der Möglichkeit einer Schädigung durch einen Dienstunfall der Mutter während der Schwangerschaft gerechnet werden konnte oder das Hindernis für den Antrag weggefallen ist, innerhalb von drei Monaten gestellt werden.

⇨ Arbeits- und Gesundheitsschutz (Allgemeines); ⇨ Arbeitsschutzgesetz; ⇨ Beamtengesetz § 81a; ⇨ Beamtenversorgung (Allgemeines); ⇨ Beamtenversorgung (Anrechnungsvorschriften); ⇨ Beihilfeverordnung; ⇨ Sachschäden; ⇨ Unfälle (Arbeits-, Dienst- und Privatunfälle)

Beamtenversorgung (Wartezeit)

Informationen der Redaktion zur Rechtslage und zur Verwaltungspraxis in Baden-Württemberg

Dienstunfähigkeit vor Erreichen der „Wartezeit“

Erst nach Ablauf einer „Wartezeit“ von fünf Jahren besteht ein Anspruch auf Versorgung nach dem Beamtenversorgungsgesetz (LBeamtVGBW) und zwar mindestens in Höhe der Mindestversorgung von 35 %, was ca. 1.800 Euro brutto bedeutet.

Wird eine Lehrkraft dienstunfähig, ohne diese „Wartezeit“ erfüllt zu haben, ist sie zu entlassen; in diesem Fall erhält sie keine Beamtenversorgung („Pension“), sondern einen Unterhaltsbeitrag (§ 29 LBeamtVGBW), dessen Höhe im Ermessen des Dienstherrn liegt. Dieser darf das erdiente Ruhegehalt oder das Mindestruhegehalt nicht überschreiten. Er beläuft sich beispielsweise bei einer Lehrkraft in Bes.-Gr. A 13 mit knapp unter fünf ruhegehaltfähigen Dienstjahren auf etwa 450 Euro brutto (Stand: 2020).

Im Falle der Entlassung ohne Pensionsanspruch wird die Lehrkraft vom Land in der gesetzlichen Rentenversicherung (DRV) nachversichert. Das Land trägt dabei die Arbeitnehmer- und die Arbeitgeberbeiträge (18,6 % des Bruttoverdienstes; Stand: 2020). Ein Rentenanspruch entsteht aber auch in der DRV erst nach dem Vorliegen von 60 Beitragsmonaten. ⇨ Beamtenstatusgesetz §§ 23 und 32

Für die Erfüllung der Wartezeit seit der ersten Einstellung in ein Beamtenverhältnis zählen:

- Dienstzeiten im Beamtenverhältnis auf Widerruf, auf Probe, auf Lebenszeit.

  Nur für die Erfüllung der Wartezeit werden Teilzeitbeschäftigung oder Teildienstfähigkeit wie Vollzeit berechnet. Bei der späteren Pensionsberechnung werden diese Zeiten nur anteilig berücksichtigt.
- Wehr- und Zivildienst (§ 22 LBeamtVGBW), sofern diese Zeit nicht bereits in der Rente berücksichtigt ist.
- Elternzeit und Pflegezeit im Beamtenverhältnis.

Familiäre Beurlaubung sowie Studienzeiten werden hingegen nicht berücksichtigt.

Bei Beamtinnen und Beamten, die vor 2011 erstmals in ein Beamtenverhältnis berufen wurden, zählen an Ersatzschulen verbrachte Dienstzeiten, wenn eine Versorgungszusage erteilt wurde (§ 21 Abs. 3 Nr. 7 LBeamtVGBW). Dies gilt auch bei denjenigen, die zwar erst ab 1.1.2011 verbeamtet wurden, die aber Zeiten an Ersatzschulen haben, die vor 2011 liegen.

Zurechnungszeit

Im Falle der Dienstunfähigkeit wird die Zeit vom Tag der Pensionierung wegen Dienstunfähigkeit bis zur Vollendung des 60. Lebensjahres zu 2/3 hinzugerechnet. Das kann unter Umständen mehr sein als die ruhegehaltfähige Dienstzeit, die sich jemand mit umfangreicher Teilzeit bis zum gesetzlichen Pensionsalter erarbeiten würde.

Beamtinnen und Beamte mit erfüllter Wartezeit erhalten alle fünf Jahre von Amts wegen eine Auskunft über die erreichte Versorgungshöhe für den Fall der Dienstunfähigkeit. ⇨ Beamtenversorgung (Berechnung)

Zusätzliche private Absicherung

Zwar sind dienstunfähige Beamt*innen im Vergleich zu erwerbsunfähigen Arbeitnehmer*innen relativ besser gestellt, aber auch hier kann eine Versorgungslücke entstehen. Versicherungsträger bieten Dienst- bzw. Erwerbsunfähigkeitsversicherungen an. Ferner kann ein gesetzlicher Versorgungsanspruch (Pension) oder die gesetzliche Rente durch eine private Zusatzversicherung aufgestockt werden.

GEW-Mitglieder können sich von der für sie zuständigen GEW-Bezirksgeschäftsstelle die Höhe der individuell zu erwartenden Pensionsansprüche – auch in Varianten – ausrechnen lassen.

⇨ Beamtenstatusgesetz §§ 23 und 32; ⇨ Beamtenversorgung (Allgemeines); ⇨ Beamtenversorgung (Berechnung); ⇨ Renten und Ruhestand (Arbeitnehmer*innen); ⇨ Ruhestand (Beamtenrecht)

Beamtenversorgung und Renten

Informationen der Redaktion zur Rechtslage und zur Verwaltungspraxis in Baden-Württemberg

Nicht selten besteht zusätzlich zum Versorgungsanspruch aus dem Beamtenverhältnis ein Anspruch auf eine gesetzliche Rente, z.B. aus der

- gesetzlichen Rentenversicherung (nicht Witwen-/ Witwerrente!),
- Zusatzversorgung/Betriebsrente (z.B. VBL),
- gesetzlichen Unfallversicherung (seit 1.1.2002).

Ein Rentenanspruch kann sich nicht nur aus einer Berufstätigkeit ergeben (z.B. „Zwangsteilzeit" als Lehrkraft im Angestelltenverhältnis vor der Übernahme ins Beamtenverhältnis), sondern z.B. auch

- aus der Nachversicherung nach einem früheren Beamten- oder Soldatenverhältnis,
- aufgrund von Kindererziehungszeiten, wenn das Kind zu einer Zeit geboren wurde, in dem kein Beamtenverhältnis bestand,
- aufgrund von Pflegezeiten,
- durch Zeiten der Arbeitslosigkeit,
- aus dem Versorgungsausgleich nach einer Scheidung (es kann ein Rentenanspruch bestehen, obwohl nie Pflichtbeiträge eingezahlt wurden).

Betroffene Kolleginnen und Kollegen sollten sich rechtzeitig vor dem Eintritt des Versorgungsfalls bei der Deutschen Rentenversicherung (siehe ⇨ Renten und Ruhestand (Arbeitnehmer*innen)) sowie bei ihrer zuständigen GEW-Bezirksgeschäftsstelle beraten lassen.

Die Träger der gesetzlichen Rentenversicherung müssen Versicherten, die einen Rentenanspruch haben, weil mindestens 60 Beitragsmonate vorliegen, zwar jährlich eine „Renteninformation" über die Höhe ihrer Rente zuschicken. Bei Versicherten, die aktuell in einem Beamtenverhältnis stehen, wird dies jedoch gelegentlich „vergessen". Eine Renteninformation oder Rentenauskunft kann aber jederzeit beantragt werden. Die in dieser Renteninformation genannte Höhe der Rente wird nach der derzeit geltenden Sach- und Rechtslage errechnet. Wie hoch die Rente später tatsächlich sein wird, richtet sich nach den zum Auszahlungszeitpunkt geltenden rechtlichen und vor allem politischen Vorgaben.

Doppelanrechnung

Erfolgte die Verbeamtung vor 2011, können bestimmte Beschäftigungszeiten sowohl als „ruhegehaltfähige Dienstzeit" für die Beamtenversorgung als auch als „Beitragszeit" in der gesetzlichen Rentenversicherung berücksichtigt werden. Dies betrifft Zeiten

- im Beamtenverhältnis, die nachversichert wurden,
- als Lehrkraft im Arbeitnehmerverhältnis im öffentlichen oder privaten Schuldienst,
- im öffentlichen Dienst, die zu der Ernennung in das Beamtenverhältnis geführt haben,
- einer praktischen Ausbildung oder Berufsausübung, die als Ausbildungsvoraussetzung für die Ernennung in das Beamtenverhältnis gelten.

Sind Pflichtbeiträge in der gesetzlichen Rentenversicherung vorhanden, erfolgt beim Bezug der Rente die „Korrektur" dieser doppelten Berücksichtigung. Vom LBV wird geprüft, ob der Rentenanspruch ganz oder teilweise auf die Beamtenversorgung angerechnet werden muss. Pension und Rente dürfen zusammen die Höchstversorgung von 71,75 % nicht überschreiten. Damit soll erreicht werden, dass die Summe aus Versorgungsbezügen und Rente(n) nicht zu einem höheren Anspruch führen, als wenn die betreffende Person während der gesamten Berufstätigkeit im Beamtenverhältnis gestanden hätte.

⇨ Beamtenversorgung (Anrechnungsvorschriften)

Für seit dem 1.1.2011 eingestellte Beamtinnen und Beamte werden Zeiten, aus denen ein Rentenanspruch resultiert, nicht mehr als ruhegehaltfähige Zeit anerkannt. Im Gegenzug gibt es auch keine Anrechnungeng mehr. ⇨ Beamtenversorgung (Allgemeines)

Zusammentreffen von Rente und Beamtenpension

Da es sich bei gesetzlichen Renten um Versicherungsleistungen handelt, werden sie durch Einkünfte aus anderen Altersversorgungen (z.B. private Zusatzversicherungen oder Versorgungsansprüche als Ruhestandsbeamt*in) nicht geschmälert. Umgekehrt werden Renten aber auf die Beamtenversorgung angerechnet. Diese Anrechnung wurde durch die ab 1.1.2011 erfolgte Trennung der Altersicherungssysteme für die seitdem neu Eingestellten abgeschafft.

⇨ Beamtenversorgung (Altersgeld)

Denjenigen, die am 31.12.2010 bereits Beamtin bzw. Beamter oder Versorgungsempfängerin oder -empfänger waren, wird die Pension neben einer Rente nur bis zum Erreichen der beamtenrechtlichen Höchstgrenzen gezahlt (LBeamtVGBW § 108).

Neben Renten aus der gesetzlichen Rentenversicherung betrifft dies u.a. die Betriebsrente für den öffentlichen Dienst, Renten aus der gesetzlichen Unfallversicherung, Leistungen aus berufsständischen Versorgungseinrichtungen oder aus befreienden Lebensversicherungen, zu denen der Arbeitgeber aufgrund eines Beschäftigungsverhältnisses im öffentlichen Dienst mindestens die Hälfte der Beiträge oder Zuschüsse geleistet hat, und sonstige Versorgungsleistungen, die aufgrund einer Berufstätigkeit zur Versorgung des Berechtigten für den Fall der Erwerbsminderung oder wegen Alters und der Hinterbliebenen für den Fall des Todes bestimmt sind.

Auch anstelle einer Rente zustehende Kapitalleistungen, Beitragserstattungen oder Abfindungen sind zu berücksichtigen. Private Altersvorsorgemaßnahmen, z.B. aus Lebensversicherungen oder Renten bzw. Rentenanteile, die aus einem Versorgungsausgleich nach Scheidung resultieren, werden nicht auf die Pension angerechnet.

⇨ Beamtenversorgung (Anrechnungsvorschriften)

Rentenzugang für Beamtinnen und Beamte

Einen Zugang zu einer vorzeitigen Rente, z.B. mit 63 Jahren, hat man nur dann, wenn insgesamt 35 Jahre und in den letzten fünf Jahren vor Rentenbeginn 36 Monate mit Pflichtbeiträgen belegt sind. Dies ist in der Regel bei Beamt*innen nicht der Fall. Sie können regelmäßig erst mit Erreichen des gesetzlichen Rentenalters ihre Rente bei der DRV beantragen.

Das gesetzliche Rentenalter und das gesetzliche Pensionsalter können bisweilen weit auseinanderliegen und es entsteht eine Versorgungslücke bis zur Pension.

Beispiel: Lehrkraft, geboren 1.7.1962:

Gesetzlicher Pensionsbeginn (Besitzstand): 1.8.2028
Gesetzlicher Rentenbeginn: 1.5.2029

➪ Ruhestand (Übergangsregelung für Lehrkräfte)

Vorübergehende Erhöhung des Ruhegehaltes wegen Rentenanspruch

In fast allen Fallkonstellationen kann eine Lehrkraft nicht sofort ab ihrem Pensionsbeginn einen ihr zustehenden Rentenanspruch abrufen (s.o.). Unter gewissen Voraussetzungen (§ 28 LBeamtVGBW) ist es daher möglich, eine vorübergehende Erhöhung des Ruhegehaltes beim LBV zu beantragen (Formular 214a-12/10).

Voraussetzung ist aber entweder, dass die Zurruhesetzung aufgrund von Dienstunfähigkeit erfolgt ist, oder dass die gesetzliche Altersgrenze für verbeamtete Lehrkräfte (1.8 vor Erreichen der gesetzlichen Altersgrenze für Beamte) erreicht wurde. Außerdem muss ein Anspruch auf Rente bei der Deutschen Rentenversicherung bestehen. Für je 12 Monate Pflichtbeiträge, aber nur sofern diese nicht bereits als ruhegehaltfähige Dienstzeit berücksichtigt worden sind, wird das Ruhegehalt um 0,95667 % erhöht. Die Summe aus eigener Versorgung und vorübergehender Erhöhung darf 66,97 % der ruhegehaltfähigen Bezüge nicht überschreiten und aus einer Erwerbstätigkeit darf kein monatlicher Verdienst von mehr als 325,- Euro erzielt werden. Mit Rentenbeginn fällt die vorübergehende Erhöhung wieder weg. In unserem Beispiel oben wirkt die vorübergehende Erhöhung vom 1.8.2028 bis 1.5.2029, also für 9 Monate.

Vorübergehende Gewährung von Kinder(erziehungs-)zuschlägen

Sind Kindererziehungszeiten für vor 1992 geborene Kinder in der Rente berücksichtigt, so werden auf Antrag (LBV-Formular: LBV 214a-12/10) Kinderzuschläge bzw. Kindererziehungszuschläge bis zum Erhalt der Rente gewährt. In § 56 Abs. 4 SGB VI ist allerdings geregelt, dass Kindererziehungszeiten dann nicht mehr in der Rente berücksichtigt werden, wenn die erziehende Person dafür Leistungen aus einem anderen Alterssicherungssystem erhält, die annähernd gleichwertig sind. Allein der Bezug einer Beamtenversorgung, gleichgültig in welcher Höhe, wurde vom Bundessozialgericht als gleichwertig bewertet.

Gesetzliche Rentenansprüche geltend machen

Wer neben der Beamtenpension einen Anspruch auf eine Rente aus der gesetzlichen Rentenversicherung oder der Zusatzversorgung des öffentlichen Dienstes (VBL) besitzt, muss diese spätestens beim Erreichen des gesetzlichen Rentenalters beantragen. Auf die Geltendmachung dieses Anspruchs darf selbst dann nicht verzichtet werden, wenn die individuelle Höchstgrenze für die zulässige Summe aus Ruhegehalt und Rente (maximal ist dies der Ruhegehaltshöchstsatz) überschritten wird, man also keine höheren Altersbezüge als die Höchstpension erhalten kann. Denn nur dann kann das Land diesen Rentenanspruch mit der Pension „verrechnen". Unterlässt ein Beamtenpensionär den Rentenantrag, so fordert das Land den entgangenen Vermögensvorteil von ihm zurück!

Wird auf eine Rente verzichtet oder wird sie trotz eines bestehenden Anspruchs nicht beantragt oder wurde anstelle der Rente eine Kapitalleistung, Beitragserstattung oder Abfindung gezahlt, wird die (fiktive) Rente auf die Versorgungsbezüge angerechnet. Dies können Betroffene verhindern, wenn sie die Zahlung innerhalb von drei Monaten nach dem Zufluss (zuzüglich Zinsen) an den Dienstherrn abführen.

Beitragserstattung und Weiterversicherung

Wenn kein Rentenanspruch besteht, da nicht für 60 Kalendermonate Pflichtbeiträge geleistet wurden, kann man entweder freiwillige Beiträge einzahlen oder es werden auf Antrag die vom Versicherten eingezahlten Beiträge (also nicht die Arbeitgeberanteile!) ausgezahlt, wenn die gesetzliche Rentenversicherung davon ausgehen kann, dass voraussichtlich keine Beiträge mehr eingezahlt werden.

Daher erfolgt eine Auszahlung regelmäßig nicht

- vor Ablauf von zwei Jahren nach Begründung des Beamtenverhältnisses,
- während einer Beurlaubung,
- bei einer vorzeitigen Pensionierung wegen Dienstunfähigkeit, solange das gesetzliche Ruhestandsalter nicht erreicht ist.

Zuschuss zur Krankenversicherung

Wer eine gesetzliche Rente erhält, hat Anspruch auf einen Zuschuss zur Krankenversicherung. Dies gilt auch für Beamtinnen und Beamte, die in der Regel privat versichert sind. Der Zuschuss errechnet sich aus dem allgemeinen Beitragssatz der gesetzlichen Krankenversicherung (siehe ➪ Sozialversicherung (Beiträge)) und der Höhe der Rente. Der Zuschuss muss bei der DRV beantragt werden. Die notwendigen Formulare sind auf der Homepage www.deutsche-rentenversicherung.de im Menü Services /Formulare und Anträge abrufbar.

➪ Beamtenversorgung (Abschläge); ➪ Beamtenversorgung (Altersgeld); ➪ Beamtenversorgung (Anrechnungsvorschriften); ➪ Beamtenversorgung (Berechnung); ➪ Beamtenversorgung (Hinterbliebene); ➪ Beamtenversorgung (Wartezeit); ➪ Renten und Ruhestand (Arbeitnehmer*innen); ➪ Ruhestand (Beamtenrecht)

Befangenheit

Informationen der Redaktion zur Rechtslage und zur Verwaltungspraxis in Baden-Württemberg

1.
Beamtenrechtliche Vorschriften

Beamt*innen sind von Amtshandlungen zu befreien, die sich gegen sie selbst oder Personen richten, zu deren Gunsten ihnen wegen familienrechtlicher Beziehungen ein Zeugnisverweigerungsrecht zustünde; dies sind Ehegatten und eingetragene Lebenspartner*innen, jeweils auch nach Beendigung der Ehe/Partnerschaft, Verlobte; eheliche und nichteheliche Kinder, Stief- oder Adoptivkinder und Schwiegertöchter, Schwiegersöhne, Eltern, Stief- oder Adoptiveltern und Schwiegereltern; Enkel, Stiefenkel und die Ehegatten der Enkel, Onkel, Tanten und deren Ehegatten, Großeltern, Geschwister, Eltern der Stiefeltern und Eltern der Schwiegereltern; Nichten, Neffen (§ 52 LBG).

Nebentätigkeiten, die die Unbefangenheit berühren, sind zu untersagen (§ 62 LBG).

⇨ Beamtengesetz (LBG) §§ 52, 62

2.
Verwaltungsverfahren

In einem Verwaltungsverfahren darf für eine Behörde nicht tätig werden, wer selbst „Beteiligter" oder Angehöriger eines Beteiligten ist oder wer einen Beteiligten kraft Gesetzes oder Vollmacht allgemein oder in diesem Verwaltungsverfahren vertritt. Als befangen gilt u.a. auch, wer Angehörige*r einer Person ist, die einen Beteiligten in diesem Verfahren vertritt, wer bei einem Beteiligten gegen Entgelt beschäftigt, wer außerhalb seiner amtlichen Eigenschaft in der Angelegenheit ein Gutachten abgegeben hat oder sonst tätig geworden ist (Landesverwaltungsverfahrensgesetz – LVerwVG – § 20).

3.
Beispiele für Befangenheit bei Lehrkräften

Lehrkräfte sollten nach Möglichkeit die eigenen Kinder nicht unterrichten. Ist dies ausnahmsweise aus zwingenden Gründen erforderlich, ist aufgrund von § 2 Abs. 3 LVerwVG wie folgt zu verfahren:

- Die Lehrkraft darf wie üblich eine Note für das Fach erteilen.
- In der Klassen- bzw. Jahrgangsstufenkonferenz darf die Lehrkraft bei Gegenständen, die ihr Kind betreffen, nicht abstimmen (z.B. Entscheidungen über Zeugnisse, Schulbericht, Versetzung).
- Die Lehrkraft darf bei der Teilnahme ihres Kindes an Abschlussprüfungen als Erstkorrektor und als Prüfer im Fachausschuss tätig werden. Von der Beauftragung als Zweitkorrektor und Vorsitzender oder weiteres Mitglied des Fachausschusses ist abzusehen. Bei Entscheidungen des Fachausschusses bzw. der Prüfungskommission darf sie nicht abstimmen. (Quelle: KM, 20.3.1996; AZ: 11/1-6452.0/9)

4.
Befangenheit in der Schulkonferenz

Am Beschluss der Schulkonferenz über den Vorschlag zur Besetzung der Schulleiterstelle darf eine Lehrkraft, deren Ehe-/Lebenspartner*in Bewerber *in ist, nicht teilnehmen. Entsprechendes gilt für Elternvertreter- und für Schülervertreter*innen, bei denen ein Elternteil Bewerber*in ist.

⇨ Beamtengesetz (LBG) §§ 52, 62; ⇨ Eltern (Allgemeines); ⇨ Personalvertretungsgesetz (LPVG) § 33; ⇨ Verwaltungsrecht (Allgemeines)

Beflaggung

Auszug aus Ziff. 1 der Verwaltungsvorschrift des Staatsministeriums Baden-Württemberg zur Beflaggung der Dienstgebäude vom 23. August 2011 (GABl. S. 526/2011); zuletzt geändert 17.11.2020 (GABl. S. 791/2020)

1.1 Bei der Beflaggung der Dienstgebäude des Landes ist der [...] Erlass der Bundesregierung über die Beflaggung der Dienstgebäude des Bundes [...] sinngemäß anzuwenden. [...]

1.3 [...] Die Beflaggung ist bei örtlichen Anlassen auf Fälle zu beschränken, die nach ihrer besonderen Bedeutung eine amtliche Anteilnahme rechtfertigen.

1.6 Wenn geflaggt wird, setzen die Landesbehörden neben der Landesdienstflagge [...] oder der Landesflagge grundsätzlich die Europaflagge und die Bundesflagge.

Hinweise der Redaktion:

1. Die öffentlichen Schulen sind im Sinne dieser Bekanntmachung als „Dienstgebäude des Landes" anzusehen. Für die Beflaggung ist jeweils der Schulträger verantwortlich; in der Regel wird hiermit der Hausmeisterdienst beauftragt.
2. Nach dem Erlass der Bundesregierung über die Beflaggung der Dienstgebäude des Bundes vom 22. März 2005 (Bundesanzeiger Nr. 61 S. 4982) ist ohne besondere Anordnung an folgenden Tagen zu flaggen:
   a) am Tag des Gedenkens an die Opfer des Nationalsozialismus (27. Januar) – halbmast –
   b) am Tag der Arbeit (1. Mai)
   c) am Europatag (9. Mai)
   d) am Jahrestag der Verkündung des Grundgesetzes (23. Mai)
   e) am Jahrestag des 17. Juni 1953
   f) am Jahrestag des 20. Juli 1944
   g) am Tag der Deutschen Einheit (3. Oktober)
   h) am Volkstrauertag (2. Sonntag vor dem 1. Advent) – halbmast –
   i) am Tag der Wahl zum Deutschen Bundestag sowie
   j) am Tag der Wahl zum Europäischen Parlament.
3. Die Lehrkräfte sollten die Schüler*innen darüber informieren, dass und warum ihre Schule beflaggt ist.

Beförderung (Allgemeines)

Informationen der Redaktion zur Rechtslage und zur Verwaltungspraxis in Baden-Württemberg

1.
Allgemeines und Begriffsbestimmungen

Eine Beförderung ist *„eine Ernennung, durch die einer Beamtin oder einem Beamten ein anderes Amt mit höherem Grundgehalt verliehen wird“*. ➪ Beamtengesetz (LBG) § 20

Es gibt grundsätzlich drei Arten der Beförderung:

1. Bei der *„Regelbeförderung“* (siehe Nr. 2) werden das Eingangsamt sowie ein oder mehrere Beförderungsämter durchlaufen, ohne dass sich der Inhalt des Amtes ändert (beispielsweise Beförderung zum/zur Fachoberlehrer*in oder zum/zur Oberstudienrät*in).
2. Beförderung mit Übertragung einer besonderen Aufgabe (beispielsweise zum „Fachoberlehrer als Fachbetreuer“ oder zum/zur Oberstudienrät*in im Ausschreibungsverfahren).
   ➪ Beförderung (Oberstudienrat*rätin)
3. Funktionsbezogene Beförderung in Leitungsfunktionen (beispielsweise zum/zur Rektor*in oder zum/zur Studiendirektor*in; siehe Ziffer 5). Zu den formalen Regelungen siehe ➪ Funktionsstellen (Besetzung und Überprüfung), ➪ Funktionsstellen (Probezeit) und ➪ Schulleitung (Abteilungsleiter*innen).

Im Regelfall werden freie Beförderungsdienstposten ausgeschrieben. Hierauf können sich auch Tarifbeschäftigte bewerben, sofern sie die laufbahnrechtlichen Voraussetzungen erfüllen. Zur Vergütung dieser Personen siehe Hinweis bei ➪ Schulgesetz § 39.

Bei der Auswahl sind die allgemeinen Eignungsgrundsätze für den öffentlichen Dienst maßgebend: Eignung, Befähigung und fachliche Leistung.
➪ Beamtenstatusgesetz § 9

Basis der Auswahlentscheidung ist die „Anlassbeurteilung“ gemäß ➪ Beurteilung (Lehrkräfte) III.1.2. Bei nicht funktionsgebundenen Ausschreibungen ist die dienstliche Beurteilung das entscheidende Kriterium; Bewerber- oder Auswahlgespräche sind hier nur von Bedeutung, wenn mehrere Bewerberinnen und Bewerber auf der Grundlage der dienstlichen Beurteilung als im Wesentlichen gleich geeignet anzusehen sind. Bei funktionsgebundenen Ausschreibungen – auch im Falle unterschiedlicher Noten in der dienstlichen Beurteilung – können jedoch Bewerbergespräche als ergänzendes und ggf. entscheidendes Auswahlkriterium zur Ermittlung der Eignung für die zu übertragende Aufgabe herangezogen werden.

Die Gültigkeitsdauer der dienstlichen Beurteilung beträgt drei Jahre, bei Funktionsstellenbewerbungen zwei Jahre, vgl. ➪Funktionsstellen (Besetzung) Nr. 2.2. Gemäß § 1 Abs. 2 der ➪ Beurteilungsverordnung ist jedoch trotz Vorliegens einer (noch) gültigen Beurteilung eine neue Beurteilung erforderlich, wenn das jeweilige Enddatum der Beurteilungsendzeiträume der zu vergleichenden Beurteilungen mehr als ein Jahr auseinanderfällt. ➪ Beurteilung (Lehrkräfte)

Wenn gleiche Eignung, Befähigung und fachliche Leistung von Frauen und Männern vorliegen, dürfen bei der Auswahlentscheidung für Beförderungen geringere aktive Dienst- oder Beschäftigungszeiten, Reduzierungen der Arbeitszeit oder Verzögerungen beim Abschluss einzelner Ausbildungsgänge aufgrund der Betreuung von Kindern oder pflegebedürftigen Angehörigen nicht berücksichtigt werden.
➪ Chancengleichheitsgesetz § 11 Abs. 3

Bei der Auswahlentscheidung sollen bei gleicher Eignung, Befähigung und fachlicher Leistung Lehrerinnen bevorzugt befördert werden, soweit Frauen nach dem jeweils geltenden Chancengleichheitsplan unterrepräsentiert sind und nicht in der Person des Mitbewerbers liegende Gründe überwiegen. Darüber hinaus sind schwerbehinderte Menschen bei gleicher Eignung, Befähigung und fachlicher Leistung vorrangig zu berücksichtigen. Zur Beteiligung der Personalvertretung, der Schwerbehindertenvertretung und der Beauftragten für Chancengleichheit sowie – bei Schulleitungsstellen – von Vertreterinnen oder Vertretern der Schulkonferenz und des Schulträgers siehe ➪ Funktionsstellen (Besetzung) und ➪ Beförderung (Oberstudienrat*rätin).

Während der Probezeit, vor Ablauf eines Jahres seit der Einstellung sowie vor Ablauf eines Jahres seit der letzten Beförderung sind Beförderungen unzulässig.

Innerhalb von drei Jahren vor Erreichen der Altersgrenze sollen keine Beförderungen erfolgen (siehe auch unten Nr. 4); sie sind auch in der Freistellungsphase der Altersteilzeit nicht möglich, denn sie erfolgen nicht vorrangig, um einen Beamten oder einer Beamtin für in der Vergangenheit erbrachte Leistungen zu belohnen, sondern im Hinblick auf die von ihm oder ihr künftig wahrzunehmenden Aufgaben. Hingegen sind Lehrkräfte im Sabbatjahr zu befördern, sofern sie die sonstigen Voraussetzungen erfüllen. Ferner ist die Stellen- und Beförderungssperre zu beachten. ➪ Beförderung (Stellensperre)

Beförderungen, die weniger als zwei Jahre (genau 24 Monate!) vor der Versetzung in den Ruhestand liegen, sind nicht ruhegehaltfähig (§ 19 Abs. 3 LBeamtVGBW), es sei denn, dass Beschäftigte ohne eigenes Verschulden, z.B. wegen Krankheit, vorzeitig aus dem aktiven Dienst ausscheiden. Eine „Beförderung“ in diesem Sinne liegt ebenfalls nicht vor, wenn die von dem Beamten besetzte Stelle durch Änderung des Besoldungsgesetzes angehoben wird; in diesen Fällen tritt die Ruhegehaltfähigkeit sofort ein.
➪ Beamtengesetz (LBG) §§ 19 Abs. 3, 39; ➪ Beamtenversorgung (Allgemeines); ➪ Beförderung (Stellensperre)

In den Auslandsschuldienst beurlaubten Lehrkräften dürfen *„in Anstellung und Beförderung keine Nachteile erwachsen“*. (Quelle: Beschluss der KMK vom 4.2.1965)

2. Regelbeförderung

a) Grundsätze

Die „wissenschaftlichen" Lehrkräfte des gehobenen Dienstes an den Grund-, Haupt-, Werkreal-, Real-, Gemeinschaftsschulen und SBBZ sowie an den beruflichen Schulen und Gymnasien durchlaufen regelmäßig nur das „Eingangsamt" (LVO § 49 Abs. 1); ihre Laufbahn beginnt und endet in der Anfangsbesoldungsgruppe).

Bei den übrigen Lehrkräften gibt es innerhalb der jeweiligen Laufbahn eine „Regelbeförderung". Dabei ist teilweise eine Mindest-Dienstzeit in den vorhergehenden Ämtern vorgeschrieben.

Die (Regel-)Beförderungsverfahren (zum bzw. zur Oberstudienrat*rätin, Technische Oberlehrer*in, Fachoberlehrer*in) basieren auf einer Verbindung von Dienstalter und Beurteilung.

Bei bis zum 31.3.2009 eingestellten Beamtinnen und Beamten rechnet das Dienstalter für das erste Beförderungsamt ab dem Jahr der beamtenrechtlichen Anstellung („*Anstellungsjahrgang*"). Bei danach eingestellten Beamtinnen und Beamten wird auf das Datum der Übernahme in das Beamtenverhältnis auf Lebenszeit abgestellt und von „*Beförderungsjahrgang*" gesprochen. Bei den „*Anstellungsjahrgängen*" bis 2008 ist zwar weiterhin das Jahr der Anstellung maßgebend, jedoch wird auch hier der Begriff „*Beförderungsjahrgang*" verwandt. Die Betroffenen können ihren Beförderungsjahrgang formlos beim RP erfragen.

Urlaub aus famliären Gründen führt nicht zur Verschiebung des Anstellungs-/Beförderungsjahrgangs, ebenso tatsächlich in Anspruch genommener Erziehungsurlaub (bis zu drei Jahren pro Kind). Entsprechend wird bei der Zuordnung zu einem Anstellungs- oder Beförderungsjahrgang (nicht bei Fristen nach der LVO oder der Beförderungssperre) anlässlich der Beförderung ins zweite Beförderungsamt, z.B. Fachoberlehrer*in verfahren. Beurlaubungen aus sonstigen Gründen führen hingegen zu einer Verschiebung des „Anstellungs-/ Beförderungsjahrgangs". Hierfür ein Beispiel:

Eine Lehrkraft, die 1990 angestellt und danach 3 Jahre beurlaubt wurde, wird dem Anstellungsjahr 1996 zugeordnet:

– Jahr der Anstellung	1990,
– Beurlaubung ohne Bezüge 3 Jahre	1993,
– Regelwartezeit (LVO) 3 Jahre	1996.

Bei der Regelbeförderung werden stets nur freie Planstellen besetzt. Da es hieran mangelt, können trotz Erfüllung der Mindest-Dienstzeiten und der erforderlichen dienstlichen Qualifikation (Eignung) zusätzliche Wartezeiten und damit auch finanzielle Einbußen entstehen. Die Schulverwaltung stellt in Zusammenarbeit mit den Personalräten Beförderungslisten auf, mit denen die verschiedenen Bewerberjahrgänge und die dienstliche Beurteilung der einzelnen Bewerber/innen in eine stimmige Korrelation gebracht werden sollen. Die Bezirkspersonalräte geben hierüber Auskunft.

b) Anrechnung von Vordienstzeiten

Lehr- und Unterrichtszeiten vor Eintritt in den Schuldienst können bei der bei Festlegung des Beförderungs- bzw. Anstellungsjahrgangs für Beförderungen in ein funktionsloses Beförderungsamt berücksichtigt werden. Sofern sie vor Erwerb der Laufbahnbefähigung ausgeübt wurden und nach Art und Bedeutung mindestens der Tätigkeit in einem Amt der betreffenden Laufbahn entsprochen haben, sind sie generell auf die – häufig mehrjährige – Wartezeit anzurechnen, die aufgrund fehlender Beförderungsstellen entsteht. Voraussetzungen:

- Die Lehr- und Unterrichtstätigkeit muss rund 50% der damaligen Tätigkeit umfasst haben;
- die aktuelle Zielgruppe der Lehr- und Unterrichtstätigkeit (Schüler*innen, Auszubildende, Erwachsene) soll derjenigen der damaligen Tätigkeit entsprechen.

Dabei sind jedoch die vorgeschriebenen Mindestdienstzeiten zu berücksichtigen. Zwei Beispiele:

- Technische Lehrkräfte müssen vor der Beförderung zum Technischen Oberlehrer / zur Technischen Oberlehrerin seit ihrer Anstellung eine mindestens achtjährige Lehrtätigkeit oder eine mindestens vierjährige Dienstzeit zurückgelegt haben. Auf die Wartezeit können daher nur jene Zeiten angerechnet werden, die über diese 8 bzw. 4 Jahre hinausgehen.
- Bei Sozialpädagoginnen und -pädagogen (FH) ist eine sechsjährige Lehrtätigkeit Voraussetzung für die Befähigungsfeststellung für das Lehramt im gehobenen Dienst an Berufs- und Berufsfachschulen. Auf die Wartezeit können daher nur über diese 6 Jahre hinausgehende Zeiten angerechnet werden.

Betroffene Lehrkräfte können beim Regierungspräsidium einen Antrag auf Anrechnung entsprechender Zeiten für die Zuordnung zu dem Beförderungs- bzw. Anstellungsjahrgang stellen.

(Quelle: KM, 9. Juni 2005; AZ: 14-0311.23/406)

c) Tarifbeschäftigte Lehrkräfte („Erfüller*innen")

Bei tarifbeschäftigten Lehrkräften, die die fachlichen und pädagogischen Voraussetzungen für die Übernahme ins Beamtenverhältnis erfüllen („Erfüller*innen" gem. Abschnitt 1 TV EntgO und sogenannte „beste Nichterfüller*innen" gem. Abschnitt 2 Nr. 1 TV EntgO), und die in ein erstes oder zweites Beförderungsamt eingruppiert werden können, erfolgt für die Ermittlung des fiktiven Beförderungsjahrgangs eine Bewährungsfeststellung durch die Schulleitung. Hat sich die Lehrkraft gemäß § 19 Abs. 2 Nr. 1 LBG weit überdurchschnittlich bewährt, d.h. gem. § 9 Abs. 2 LVO-KM Leistungen erbracht, die mit mindestens der Note 1,5 bewertet wurden, kann von einer um ein Jahr verkürzten (fiktiven) beamtenrechtlichen Probezeit ausgegangen werden.

⇨ Beamtengesetz (LBG) § 19; ⇨ Laufbahnverordnung § 9

3. Regelbeförderung von Fachlehrkräften und Technischen Lehrkräften (alle Schularten)

Die Fachlehrkräfte durchlaufen regelmäßig das Eingangsamt sowie zwei Beförderungsämter; die Technischen Lehrkräfte das Eingangsamt und ein Beförderungsamt (siehe Beispiele). Ferner steht allen ein funktionsbezogenes weiteres Beförderungsamt – „Funktionsstelle“ – offen (hierzu siehe Ziff. 5).

Beispiel 1: Regelbeförderung einer Fachlehrerin		
Eingangsamt:	Fachlehrerin	Besoldungsgruppe A 9 mit Strukturzulage / EG 9a
1. Beförderungsamt:	Fachoberlehrerin	Besoldungsgruppe A 10 mit Strukturzulage / EG 9b
2. Beförderungsamt:	Fachoberlehrerin als Fachbetreuerin	Besoldungsgruppe A 11 mit Strukturzulage / EG 10
Beispiel 2: Regelbeförderung einer Technischen Lehrerin		
Eingangsamt:	Technische Lehrerin	Besoldungsgruppe A 10 / EG 9b
Beförderungsamt:	Technische Oberlehrerin	Besoldungsgruppe A 11 / EG 10

Für eine Beförderung sind zwei Kriterien von entscheidender Bedeutung: der Beförderungsjahrgang und die Note der dienstlichen Beurteilung.

Der Beförderungsjahrgang ist das Jahr, in dem die besoldungs- und beamtenrechtlichen Voraussetzungen für die Beförderung erfüllt sind.

Beispiel (Beförderung einer Fachlehrerin):

Abschluss des Fachseminars:	31.7.2011
Ende der Regelprobezeit:	31.7.2014
Beförderungsjahrgang:	2014

Formal könnte die Beförderung dann nach einem Jahr Wartezeit erfolgen, die realen Wartezeiten dauern, je nach Stellensituation, deutlich länger.

4. Regelbeförderung an Gymnasien und beruflichen Schulen

Die Lehrkräfte des höheren Dienstes an Gymnasien, beruflichen Schulen, in der Oberstufe an Gemeinschaftsschulen sowie beste Nichterfüller*innen gem. Abschnitt 2 Nr. 1 ⇨ Tarifvertrag EntgO durchlaufen regelmäßig das „Eingangsamt“ (Bes.-Gr. A 13 + Strukturzulage / EG 13) sowie ein erstes Beförderungsamt (Oberstudienrat*rätin, A 14 / EG 14). Für sie gilt ein besonderes Beförderungsverfahren (⇨ Beförderung – Oberstudienrat*rätin). Ferner steht ihnen eine funktionsbezogene Beförderung offen (Fachleiter*innen bzw. Studiendirektor*innen, Bes.-Gr. A 15; siehe Ziff. 5).

Für die „wissenschaftlichen“ Lehrkräfte des gehobenen Dienstes an Gymnasien und beruflichen Schulen (z.B. Gymnasialräte*rätinnen, Gewerbeschulräte*rätinnen, Handelsschulräte*rätinnen) gibt es zwar keine Regelbeförderung; ihnen wird jedoch ein Aufstieg in den höheren Dienst ermöglicht.

⇨ Beamtengesetz (LBG) § 22; ⇨ Laufbahnwechsel

Studienräteräte*rätinnen an Gymnasien und beruflichen Schulen werden ab Vollendung des 60. Lebensjahres außerhalb der Kriterien des jeweiligen Beförderungsprogramms zur/zum Oberstudienrat*rätin befördert, wenn sie mindestens mit „gut“ beurteilt sind („*Aktion Abendsonne*“). Dieses Verfahren wird auch auf Gewerbe- und Handelsschulräte*rätinnen, die zum/zur Studienrat*rätin ernannt wurden, auf verbeamtete Direkteinsteiger*innen und auf Realschullehrkräfte angewandt, die in den höheren Dienst aufgestiegen sind.

5. Beförderung auf Funktionsstellen (alle Schularten)

Funktionsstellen (z.B. Konrektor*in, Rektor*in, Studiendirektor*in, Oberstudiendirektor*in, Fachbetreuer*in und Stufenleiter*in) werden grundsätzlich nach Ausschreibung und einem Überprüfungsverfahren besetzt. Hierzu die Beiträge ⇨ Funktionsstellen (Besetzung); ⇨ Funktionsstellen (Probezeit); ⇨ Schulleitung (Abteilungsleiter*innen) beachten.

Zum Entgelt für Tarifbeschäftigte auf Funktionsstellen siehe ⇨ Schulgesetz § 39 (Hinweis Nr. 3).

Die funktionsbezogenen Beförderungsämter für Fachlehrkräfte sowie für Technische Lehrkräfte an allen Schularten (Beamt*innen bzw. Tarifbeschäftigte) sind wie folgt ausgebracht:

Fachoberlehrer*in als Fachbetreuer*in bzw. Stufenleiter*in	Bes.Gr. A 11 + Amtszulage bzw. EG 10
Technische/r Oberlehrer*in als Fachbetreuer*in bzw. Stufenleiter*in	Bes.Gr. A 12 bzw. EG 11

Nur Stellen für Fachlehrkräfte A 11+ AZ und Technische Lehrkräfte A 12 Förderschwerpunkte geistige Entwicklung (FL G) sowie körperliche und motorische Entwicklung (FL K) können auch schulbezogen als sogenannte Stufenleiterstellen ausgeschrieben werden.

⇨ Beamtengesetz (LBG) §§ 19 Abs. 3, 39; ⇨ Beamtenversorgung (Allgemeines); ⇨ Beförderung (Oberstudienrat*rätin); ⇨ Beförderung (Stellensperre/Beförderungssperre); ⇨ Besoldung (Lehrkräfte); ⇨ Beurteilung (Lehrkräfte); ⇨ Ernennungsgesetz; ⇨ Funktionsstellen (Besetzung); ⇨ Funktionsstellen (Probezeit); ⇨ Laufbahnwechsel; ⇨ Schulleitung (Abteilungsleiter*innen); ⇨ Tarifvertrag (Entgeltordnung) Abschnitt 2 Nr.1

Beförderung (Oberstudienrat*rätin)

Beförderung zur Oberstudienrätin zum Oberstudienrat an beruflichen Schulen und Gymnasien; Nr. I. der Verwaltungsvorschrift des KM vom 19. März 2001 (K.u.U. S. 213/2001); zul. geändert 21.11.2011 (K.u.U. S. 16/2012)

Vorbemerkungen der Redaktion

1. In Ziff. II. dieser VwV ist verfügt: „50 % der verfügbaren Planstellen der Besoldungsgruppe A 14 werden nach diesen Regelungen vergeben. Die anderen Beförderungsstellen werden nach dem früheren Verfahren besetzt".
2. Das KM legt die Einzelheiten des „Ausschreibungsverfahrens" jährlich fest Diese Erlasse sind inhaltlich weitgehend wortgleich. Wo nicht anders angeben, gehen die Hinweise der Redaktion auf diese Erlasse zurück und betreffen alle genannten Schularten.
3. Im Rahmen des Ausschreibungsverfahrens können an Privatschulen beurlaubte Lehrkräfte nur dann berücksichtigt werden, wenn sie ihre Beurlaubung aufheben und sich an eine Schule im Landesdienst bewerben.
   (KM 20. April 2011 (AZ: 14-0311.23/602)
4. Bei Versetzungen, die aus Versetzungsbewerbungen von bereits beschäftigten Lehrkräften resultieren, muss darauf geachtet werden, dass die Versetzung aus dienstlichen Gründen verfügt wird und bei einem wegen der Entfernung nötigen Umzug vor dem Umzug auch Umzugskostenvergütung zugesagt wird. ⇨ Umzugskostengesetz (LUKG)

1.
Ausschreibung mit besonderer Aufgabe

Die besetzbaren A-14-Stellen werden durch die jeweilige Schule mit einer besonderen Aufgabe ausgeschrieben. Folgende besondere Aufgaben können einer A-14 Ausschreibung zugrunde gelegt werden:

- Mitwirkung bei schulorganisatorischen Aufgaben (z.B. Unterrichtsorganisation, Zusammenarbeit mit anderen Schulen, Behörden, freie Träger und Institutionen der Wirtschaft; Lernortkooperation; Datenverwaltung).
- Wahrnehmung von Aufgaben im Bereich Ausstattung der Schule (z.B. Medientechnologie, u.a. EDV-Netzbetreuung; Mediensammlung, Lehrerbibliothek, Schülerbücherei; Umwelt-, Energiefragen; Arbeitssicherheit, Arbeitsschutz; Betreuung von Sammlungen und/oder Laboreinrichtungen; Lernmittelverwaltung).
- Wahrnehmung lehrerbezogener Aufgaben (z.B. Mitwirkung bei der schulinternen Lehrerfortbildung; Kontaktpflege zu anderen Schulen; Zusammenarbeit Schule/Betrieb; Fach- bzw. Fachbereichsbeauftragte; Übernahme spezieller pädagogischer Aufgaben).
- Wahrnehmung schülerbezogener Aufgaben (z.B. Verkehrserziehung; Schülerwettbewerbe; Suchtprävention; Schüleraustausch/Partnerschulen; Betreuung von Übungs-/Juniorfirmen).

Hinweise der Redaktion:

1. Auf ausgeschriebene Stellen können sich auch tarifbeschäftigte Lehrkräfte, die die laufbahnrechtlichen Voraussetzungen erfüllen („Erfüller*innen") und „beste Nichterfüller*innen" bewerben; siehe ⇨ Beförderung (Allgemeines) Nr. 2.c.
2. Zur Beförderung von älteren Studienräten*rätinnen („Aktion Abendsonne") siehe ⇨ Beförderung (Allgemeines) Nr. 4.
3. Studienräte*rätinnen an beruflichen Schulen mit Lehrbefähigung für das Gymnasium können sich auf Stellenausschreibungen der Bes.-Gr. A 14 an allgemeinbildenden Gymnasien bewerben. Einschränkungen können sich jedoch aus den in der Ausschreibung genannten Anforderungen ergeben. (KM, 15. März 2007, AZ: 14-0311.23/466)
4. An GMS gehört zu den „besonderen Aufgaben" auch die fachliche Begleitung der Konzeptentwicklung/-evaluation in den Fachbereichen / Fächern. Wer über das A 14-Ausschreibungsverfahren an GMS nach A 14 befördert wird, muss sich verpflichten, fünf Jahre an einer Gemeinschaftsschule zu bleiben. (KM, 13.10.2015, AZ: 14-0311.23/695)
5. Der Ausschreibung kann insbesondere auch die Übernahme spezieller pädagogischer Aufgaben (z.B. im Rahmen der Schulentwicklung, Koordination von Unterrichtsfächern oder Lernfeldern) zugrunde gelegt werden. Für den Bereich der Gymnasien hat das KM verfügt: „Der Umfang der ausgeschriebenen Aufgabe ist zu beachten. Keine Oberstudienrätin und kein Oberstudienrat muss mehr als 100 % Leistung erbringen. Eine zusätzliche zeitliche Belastung von einer Stunde als Ausgleich für die Beförderung ist denkbar, ansonsten sind zusätzliche Aufgaben weiterhin über Anrechnungen abzugelten." (KM, 7.10.2014, AZ: 14-0311.23/672). Die entsprechende (besser verständliche) Bestimmung lautet im Erlass für die beruflichen Schulen: „Mit der Übernahme der ausgeschriebenen Aufgabe ist keine Arbeitszeiterhöhung der Lehrkraft verbunden." (KM, 7.10.2014, AZ: 14-0311.23/673).
6. Die Übernahme einer ausgeschriebenen besonderen Aufgabe steht einer Versetzung nicht im Wege. Die Schulleitung der neuen Schule hat in diesem Fall mit der versetzten Lehrkraft eine neue besondere Aufgabe abzustimmen.
7. Die Dauer der Verpflichtung zur Wahrnehmung einer „besonderen Aufgabe" ist unabhängig vom Beschäftigungsumfang (Vollzeit, Teilzeit, unterhälftige Teilzeit) sowie von krankheitsbedingten „Fehlzeiten" auf das Ende des Schuljahres begrenzt, in dem diese Aufgabe faktisch fünf Jahre wahrgenommen wurde. Zeiten ohne Bezüge, beispielsweise Beurlaubung aus familiären Gründen oder Elternzeit, führen zu einer Verlängerung des Zeitraums. Bei Mutterschutz oder dem Freistellungsjahr im Freistellungsjahrmodell werden Bezüge gewährt; diese Zeiten werden daher auf den Fünf-Jahres-Zeitraum angerechnet. Endet diese Frist rechnerisch während eines laufenden Schuljahres, muss die Tätigkeit aus schulorganisatorischen Gründen grundsätzlich bis zum Ende jenes Schuljahres wahrgenommen werden. Die Lehrkraft kann die besondere Aufgabe auf eigenen Wunsch in Absprache mit der Schulleitung auch über diese Dauer hinaus ausüben.
8. Innerhalb der Frist kann die Aufgabe bei Bedarf der Schule in Absprache mit der Schulleitung gewechselt werden. Darauf wird in den individuellen Einweisungserlassen hingewiesen. (KM, 13.4. und 20.7.2015, AZ: 14-0311.23/678)
9. Der Personalrat ist bei der Formulierung der Aufgabenbeschreibung - und damit auch des Umfangs, der mit der Übernahme der Aufgabe verknüpft ist - mitbestimmungsberechtigt. ⇨ Personalvertretungsgesetz (LPVG) § 75 Abs. 1 Nr. 4

2.
Verteilung der für eine Beförderung verfügbaren A-14-Stellen durch das Kultusministerium auf die Regierungspräsidien

Die A-14-Stellen werden im Verhältnis der jeweils in den einzelnen Regierungsbezirken vorhandenen Stellen der wissenschaftlichen Lehrkräfte des höheren Dienstes und von 50 % im gehobenen Dienst an Gymnasien bzw. beruflichen Schulen auf die Regierungspräsidien verteilt.

3.
Verteilung der für eine Beförderung besetzbaren A-14-Stellen durch die Regierungspräsidien auf die Schulen

Im Regierungsbezirk werden die A-14-Stellen nach der Zahl der für die vorhandenen wissenschaftlichen Lehrkräfte erforderlichen Stellen im höheren

Dienst und von 50 % im gehobenen Dienst an der jeweiligen Schule verteilt. Die Schulen, die danach unterdurchschnittlich mit A-14-Stellen versorgt sind, müssen grundsätzlich zunächst bedacht werden. Um Besonderheiten ausgleichen zu können, können die Regierungspräsidien bis zu 10 % der besetzbaren Beförderungsstellen zurückbehalten, um auch Funktionen außerhalb der Schule angemessen berücksichtigen zu können (z.B. Lehrbeauftragte an Seminaren, Akademiereferentinnen und Akademiereferenten, in die Schulverwaltung abgeordnete Beamtinnen und Beamte, in den Auslandsschuldienst beurlaubte Beamtinnen und Beamte). ⇨ Urlaub (Privatschuldienst)

Hinweise der Redaktion:

1. Es sollen vorrangig die Gymnasien berücksichtigt werden, die in den vergangenen fünf Jahren keine Ausschreibungsstelle erhalten haben. (KM, 7.10.2014, AZ: 14-0311.23/672)
2. Bei der Auswahlentscheidung (Konkurrenz zwischen einem Studienrat oder einer Studienrätin an einer GMS und einem Studienrat oder einer Studienrätin an einem Gymnasium) sollen bei gleicher Eignung, Befähigung und fachlicher Leistung Studienrätinnen und Studienräte an Gemeinschaftsschulen so lange vorrangig befördert werden, bis das quantitative Verhältnis der besetzten A14-Stellen an Gemeinschaftsschulen denen an Gymnasien angeglichen ist.
3. Berufliche Schulen, die seit 4 Jahren keine Stelle zur Ausschreibung in A 14 erhalten haben, sollen vorab mit einer Stelle bedacht werden, daraufhin soll die weitere Verteilung an Schulen mit „Abmangel" erfolgen. Mit dieser Regelung hat das KM etwas der Tatsache Rechnung zu tragen versucht, dass es in der Häufigkeit, mit der einzelne Schulen mit Ausschreibungsstellen berücksichtigt werden, beachtliche Unterschiede gibt (und damit einhergehend entsprechend ungleiche Chancen für Lehrkräfte an verschiedenen Schulen, vor dem Zeitpunkt der Regelbeförderung A 14 erhalten zu können).
4. Abweichend von der VwV ist für die Verteilung der Stellen auf die beruflichen Schulen nur das Verhältnis der wissenschaftlichen Lehrkräfte in A 13 (tarifbeschäftigte Erfüller*innen) zu wissenschaftlichen Lehrkräften in A 14 (einschließlich tarifbeschäftigte Erfüller*innen) zu berücksichtigen.
4. Um Besonderheiten ausgleichen zu können, können die Regierungspräsidien bis zu 10 % der besetzbaren Beförderungsstellen zurückbehalten, um auch Tätigkeiten außerhalb der Schule angemessen berücksichtigen zu können.

4.
Verbindung der freien A-14-Stellen mit einer besonderen Aufgabe

Die Schule hat hinsichtlich der auszuschreibenden Aufgabe ein Vorschlagsrecht. Die endgültige Zuordnung der besonderen Aufgabe zu der zur Beförderung heranstehenden Planstelle erfolgt durch das Regierungspräsidium nach Abstimmung mit der Schulleiterin/dem Schulleiter.

5.
Ausschreibung

Die Ausschreibung der A-14-Stelle erfolgt durch Ausschreibungslisten für die allgemeinbildenden Gymnasien und die beruflichen Schulen, die in den Schulen bekanntzugeben sind. Die Ausschreibungen werden in 2 bis 4 Listen/Jahr zusammengefasst.

6.
Bewerbungsverfahren

Bewerbungen sind auf dem Dienstweg an das Regierungspräsidium zu richten. Ein Durchschlag der Bewerbung ist – soweit es sich um eine Außenbewerbung handelt – an die Schule zu senden, an der die A-14-Stelle ausgeschrieben ist.

Hinweis der Redaktion: Studienräte*rätinnen können sich im Ausschreibungsverfahren auch auf ausgeschriebene Stellen außerhalb des Regierungsbezirkes bewerben, in dem sie unterrichten. Sofern sie bei einer solchen Bewerbung außerhalb ihres Regierungsbezirkes zum Zuge kommen, wird die Versetzung in der Regel erst zum 1.8. eines Jahres erfolgen. Die Beförderung erfolgt trotzdem zum 1.5. des Jahres. Bewerbungen von „jungen" Studienräten*rätinnen, die sich ohne Vorliegen der Beförderungsvoraussetzung auf Ausschreibungsstellen bewerben, können aus rechtlichen Gründen nicht vom Bewerbungsverfahren ausgeschlossen werden. Auch Lehrkräfte im Arbeitnehmerverhältnis („Erfüller*innen") können sich um die ausgeschriebene Stelle bewerben.

7.
Auswahlverfahren

Grundlage des Auswahlverfahrens ist eine dienstliche Beurteilung, die nach den Regelungen der Verwaltungsvorschrift ⇨ Beurteilung (Lehrkräfte) […] erstellt wird.

Die Schulleiterin bzw. der Schulleiter der Schule, an der die A-14-Stelle zu besetzen ist, führt mit den infrage kommenden Bewerberinnen und Bewerbern ein Gespräch.

Hinweis der Redaktion: Bei dem Auswahlgespräch hat ein Mitglied des Bezirkspersonalrats (BPR) ein Teilnahmerecht.
⇨ Personalvertretungsgesetz (LPVG) § 71 Abs. 3 Satz 2
Damit er entscheiden kann, ob er ein Mitglied entsenden will, ist der BPR von der Schulleitung zu diesen Gesprächen einzuladen.

Die Schulleitung der Schule, an der die A-14-Stelle zu besetzen ist, erörtert mit dem örtlichen Personalrat ihren Besetzungsvorschlag und übermittelt ihn dann an das Regierungspräsidium. Der örtliche Personalrat kann gegenüber dem Regierungspräsidium zu dem Besetzungsvorschlag der Schulleiterin oder des Schulleiters Stellung nehmen.

Das Regierungspräsidium entscheidet abschließend über die Vergabe der A-14-Stelle. Es kann mit einzelnen oder mehreren Bewerberinnen oder Bewerbern ein Vorstellungsgespräch führen. Dies dürfte insbesondere dann geboten sein, wenn sich Lehrerinnen und Lehrer von anderen Schulen um die ausgeschriebene Stelle beworben haben. Wenn das Regierungspräsidium vom Vorschlag der Schulleiterin oder des Schulleiters abweichen möchte, ist dies mit der Schulleiterin bzw. dem Schulleiter zu besprechen.

Hinweise der Redaktion:

1. Ein öffentlicher Arbeitgeber hat einen schwerbehinderten Menschen, der sich auf eine ausgeschriebene Stelle unter Mitteilung der Schwerbehinderteneigenschaft beworben hat, zu einem Vorstellungsgespräch einzuladen (§ 165 Satz 2 und 3 SGB IX). Eine Einladung ist nur entbehrlich, wenn dem schwerbehinderten Bewerber offensichtlich die fachliche Eignung für die ausgeschriebene Stelle fehlt.
2. Bei allen Verfahrensschritten sollen die Bezirkspersonalräte und Bezirksvertrauenspersonen der Schwerbehinderten rechtzeitig informiert werden. Sowohl die Verteilung der Ausschreibungsstellen auf die Schulen als auch die Zuordnung der besonderen Aufgabe zu der einzelnen Ausschreibungsstelle sollte dem genannten Personenkreis vorab zugeleitet werden. Im Rahmen der vertrauensvollen Zusammenarbeit soll auch der örtliche Personalrat frühzeitig über die Verfahrensschritte an der Schule informiert werden. ⇨ Personalvertretungsgesetz (LPVG) §§ 71,75

   Über Bewerbungen von schwerbehinderten Menschen sind die Schwerbehindertenvertretung und der Personalrat unmittelbar nach Eingang zu unterrichten (§ 164 Abs. 1 Satz 4 SGB IX; Nr. 3.4 der SchwbVwV). Bei Bewerbungen von schwerbehinderten Menschen hat die Schwerbehindertenvertretung das Recht auf Einsichtnahme in die entscheidungsrelevanten Teile der Bewerbungsunterlagen sowie auf Teilnahme an den Vorstellungsgesprächen der schwerbehinderten und der nicht behinderten Bewerberinnen und Bewerber (§ 178 Abs. 2 Satz 3 SGB IX).

Auf Verlangen ist die beabsichtigte Einstellungsentscheidung mit der Schwerbehindertenvertretung in einem Gespräch zu erörtern und im Einzelnen zu begründen.

Die Schwerbehindertenvertretung ist nicht zu beteiligen, wenn der schwerbehinderte Mensch die Beteiligung ausdrücklich ablehnt (§ 164 Abs. 1 Satz 10 SGB IX). Das allgemeine Beteiligungsrecht der Schwerbehindertenvertretung wird hiervon nicht berührt (§ 178 Abs. 2 SGB IX).

Abweichende Stellungnahmen des örtlichen Personalrats, der Beauftragten für Chancengleichheit (BfC) und/oder der örtlichen Schwerbehindertenvertretung sind zusammen mit der Bewerberübersicht dem Regierungspräsidium zuzuleiten.

Die BfC ist bei allen Verfahrensschritten frühzeitig zu beteiligen. Frühzeitig bedeutet gemäß § 4 Abs. 6 ChancenG, dass die BfC an der Entscheidungsfindung gestaltend mitwirken und Einfluss nehmen kann. Nach § 9 Abs. 3 ChancenG hat die BfC ein Teilnahmerecht an Vorstellungsgesprächen und sonstigen Personalauswahlgesprächen in Bereichen geringerer Repräsentanz von Frauen, soweit nicht nur Frauen oder nur Männer die vorgesehenen Voraussetzungen der Personalstelle erfüllen (dies ist bei A-14-Stellen an Gymnasien und beruflichen Schulen nicht mehr der Fall).

Entscheidet sich eine Schulleitung nach einem Vorstellungsgespräch für einen schlechter beurteilten Bewerber oder eine schlechter beurteilte Bewerberin und begründet dies mit der besseren Eignung Hinblick auf die ausgeschriebene Stelle, muss sie dies gegenüber dem RP plausibel darstellen. Das RP kann mit allen Bewerberinnen und Bewerbern ein weiteres Gespräch führen, um deren Eignung zu überprüfen.

3. Dienstliche Beurteilungen beziehen sich auf einen längeren Zeitraum als Vorstellungs- oder Bewerbergespräche, deren Verlauf sehr von der Tagesform abhängen kann. Es ist deshalb nicht möglich, wesentliche Eignungsunterschiede, wie sie in der dienstlichen Beurteilung zum Ausdruck kommen, durch den Eindruck in einem Bewerbergespräch zu überwinden (VGH Baden-Württemberg, AZ: 4 S 558/07 bzw. 4 S 2455/09). Es ist dem Dienstherrn nicht verwehrt, einen Eignungsvorsprung, den er aufgrund eines Vergleichs der dienstlichen Beurteilungen festgestellt hat, durch das Ergebnis der Unterrichtsanalyse mit Beratung als relativiert oder gar ausgeglichen anzusehen. Bei mehreren Bewerbungen sind in dem Besetzungsvorschlag der Schulleiterin/des Schulleiters die für die Entscheidung maßgeblichen Erwägungen darzulegen. Dies betrifft insbesondere die Berücksichtigung der aktuellen dienstlichen Beurteilung (inklusive Befähigungsbeurteilung) als gewichtigstes Auswahlkriterium, der gegenüber die Leistungen im Bewerbergespräch als deutlich nachrangiges Auswahlkriterium einzustufen sind.

➪ Chancengleichheitsgesetz § 4 Abs. 5 und 6, § 11;
➪ Personalvertretungsgesetz (LPVG) §§ 70 bis 75;
➪ Schwerbehinderung (Inklusionsvereinbarung)

8. Besetzungszeitpunkt

Die Stellen sollen rechtzeitig jeweils vor Schuljahresbeginn besetzt werden, um eventuell während des Schuljahres entstehende Versorgungslücken zu vermeiden.

9. Berücksichtigung von Teilzeitbeschäftigten

Die Bewerbungen von Teilzeitbeschäftigten auf ausgeschriebene A-14-Stellen sind genauso wie die von vollbeschäftigten Bewerberinnen und Bewerbern zu behandeln. Wenn die ausgeschriebene Stelle mit einer/einem Teilbeschäftigten besetzt wird und für den restlichen Stellenteil keine weitere „Teilzeitbewerbung" vorliegt, ist der dadurch nicht besetzte Teil der Planstelle entweder sofort erneut auszuschreiben oder auszuschreiben, wenn durch Freiwerden eines weiteren Stellenbruchteils eine ganze A-14-Stelle zur Beförderung zur Verfügung steht.

➪ Teilzeit und Urlaub (Beamtenrecht) Nr. II.3

Hinweis der Redaktion: Auf die Möglichkeit, eine A 14-Stelle mit zwei Teilzeitkräften à 50 % zu besetzen, ist besonders hinzuweisen. Auch die Belange älterer und schwerbehinderter Lehrkräfte sind zu berücksichtigen. ➪ Schwerbehinderung (Integration)

10. Folge, wenn
eine Oberstudienrätin / ein Oberstudienrat
die besondere Aufgabe nicht mehr wahrnimmt
oder an eine andere Schule versetzt wird,
bei der diese Aufgabe nicht frei ist

Wenn die besondere Aufgabe, die der Besoldungsgruppe A 14 zugeordnet ist, nach der Beförderung wegfällt, hat die Schulleiterin bzw. der Schulleiter die Oberstudienrätin / den Oberstudienrat mit einer anderen Aufgabe, die der Besoldungsgruppe A 14 zugewiesen ist, zu betrauen.

➪ Beförderung (Allgemeines); ➪ Beurteilung (Lehrkräfte); ➪ Chancengleichheitsgesetz; ➪ Ernennungsgesetz; ➪ Personalvertretungsgesetz (LPVG) §§ 70 bis 75; ➪ Schwerbehinderung (Inklusionsvereinbarung); ➪ Tarifvertrag (Entgeltordnung Lehrkräfte); ➪ Teilzeit und Urlaub (Beamtenrecht) Nr. II.4: ➪ Urlaub (Privatschuldienst)

Beförderung (Stellensperre/Beförderungssperre)

Informationen der Redaktion zur Rechtslage und zur Verwaltungspraxis in Baden-Württemberg

Aufgrund der VwV „Besetzungs- und Beförderungssperre" vom 11.12.2014 (GABl. S. 873/ 2014) bleibt jede frei werdende Haushalts-Stelle zunächst unbesetzt.

Diese Stellen- und Beförderungssperre wird analog auch auf Tarifbeschäftigte angewandt, denen ein höher bewerteter Dienstposten (z.B. die Leitung einer Schule) übertragen wird.

Es werden drei Arten von Sperren unterschieden:

1. Allgemeine Stellenbesetzungssperre
(Ziff. 1 der VwV-Besetzungs- und Beförderungssperre)

Im Landesdienst gilt eine zwölfmonatige „allgemeine Stellenbesetzungssperre". Der Schulbereich ist davon ausgenommen. Deshalb kann hier eine frei gewordene Funktionsstelle (z.B. Schulleitung) stets sofort besetzt werden: Die ausgewählte Bewerberin bzw. der ausgewählte Bewerber wird bestellt und gegebenenfalls an die neue Schule versetzt. Die Beförderung in das neue Amt (und die entsprechende Bezahlung) erfolgen jedoch erst, wenn die beiden weiteren Wartezeiten (s.u.) erfüllt sind.

2. Persönliche Wartezeit
(Ziff. 2.1. der VwV-Besetzungs- und Beförderungssperre)

Unabhängig von den Mindestzeiten aus dem Laufbahnrecht müssen Beamtinnen und Beamte für Beförderungen nach Bes.-Gr. A 12 und höher im Zeitpunkt der Beförderung eine „persönliche Wartezeit“ von sechs Monaten zurückgelegt haben. Diese Vorschrift gilt auch im Schulbereich.

3.
Stellenbezogene Beförderungssperre
(Ziff. 2.2 der VwV-Besetzungs- und Beförderungssperre)

Die Stelle als solche darf aber erst besetzt werden, wenn sie bei Beförderungen nach Bes.-Gruppe

- bis A 11 sechs Monate
- ab A 12 neun Monate

unbesetzt war. Die Frist beginnt bei vorhandenen Stellen mit dem Freiwerden (z.B. dem Tag der Zurruhesetzung), bei Neustellen und Stellenhebungen mit dem Inkrafttreten des Stellenanteils nach den Bestimmungen des jeweiligen Staatshaushalts oder Haushaltsnachtrags (in der Regel zum 1. Januar).

Wird eine vorhandene Stelle neu besetzt, z.B. weil der bisherige Stelleninhaber verstorben oder in den Ruhestand getreten ist, kann die stellenbezogene Sperrzeit je nach Dauer der Vakanz sowie des Ausschreibungs- und Besetzungsverfahrens zum Zeitpunkt der Bestellung des neuen Amtsinhabers auch schon teilweise oder ganz abgelaufen sein, sodass dann bis zur Beförderung nur noch die persönliche Wartezeit und ggf. die restliche Laufzeit der stellenbezogenen Sperre abgewartet werden muss.

Wird eine Stelle jedoch dadurch frei, dass die bisherige Stelleninhaberin oder der bisherige Stelleninhaber – unter entsprechender Sperrfrist – befördert wird, gilt für diese Stelle keine weitere Sperre. Soll also z.B. eine Lehrkraft auf die Stelle des bisherigen stellvertretenden Schulleiters befördert werden, weil dieser zum Schulleiter bestellt wurde, so muss sie nur die persönliche Wartezeit von sechs Monaten erfüllen. Der bisherige Konrektor hingegen muss bis zur Beförderung auf den Schulleiterposten sowohl die persönliche Wartezeit als auch die stellenbezogene Sperre abwarten.

Hinweis der Redaktion: Eine höhere Eingruppierung aufgrund einer Gesetzesänderung – so zum Beispiel die höhere Eingruppierung von Schulleitungen im Jahr 2020 – führt ebenfalls zu einer Beförderung. Diese wird, sofern im Gesetz nicht anders geregelt, mit Inkrafttreten der gesetzlichen Regelung besoldungswirksam. Gegebenenfalls erfolgt die Zahlung rückwirkend.

⇨ Beamtengesetz (LBG) §§ 8 und 20, ⇨ Beamtenstatusgesetz § 22 Abs. 5; ⇨ Beförderung (Allgemeines); ⇨ Beförderung (Oberstudienrat*rätin); ⇨ Besoldung (Lehrkräfte – Eingruppierung); ⇨ Besoldungsgesetz (LBesGBW); ⇨ Ernennungsgesetz; ⇨ Funktionsstellen (Besetzung); ⇨ Funktionsstellen (Probezeit); ⇨ Schulleitung (Aufgaben und Stellvertretung)

Beglaubigungen

Informationen der Redaktion zur Rechtslage und zur Verwaltungspraxis in Baden-Württemberg

Für die Beglaubigung von Abschriften, Ablichtungen, Vervielfältigungen und Negativen gilt § 33 Abs. 1 des Landesverwaltungsverfahrensgesetzes (LVwVfG). Darin heißt es u.a.:

„Jede Behörde ist befugt, Abschriften von Urkunden, die sie selbst ausgestellt hat, zu beglaubigen[...].“

In § 1 der Verordnung der Ministerien über die Befugnis zur amtlichen Beglaubigung vom 11.8. 2005 (GBl. S. 613/2005) heißt es ferner:

„Zur amtlichen Beglaubigung von Abschriften, Vervielfältigungen, Negativen, Ausdrucken elektronischer Dokumente, elektronischen Dokumenten, Unterschriften und Handzeichen [...] sind befugt:

1. *Die Gemeinden und Landkreise,*
2. *Die unteren Verwaltungsbehörden,*

   Hinweis der Redaktion: Dies sind im Schulbereich die unteren Schulaufsichtsbehörden

3. *Die übrigen Behörden, wenn die amtliche Beglaubigung für ein Verfahren benötigt wird, das zu ihrem Aufgabenbereich gehört, oder wenn die amtliche Beglaubigung das Beschäftigungs- oder Ausbildungsverhältnis eines ihrer Bediensteten betrifft.“*

   Hinweis der Redaktion: Im Sinne von Abs. 3 ist jede selbstständige Schule eine „Behörde“.

In § 33 Abs. 3 LVwVfG wird vorgeschrieben:

„Eine Abschrift wird beglaubigt durch einen Beglaubigungsvermerk, der unter die Abschrift zu setzen ist. Der Vermerk muss enthalten:

1. *die genaue Bezeichnung des Schriftstückes, dessen Abschrift beglaubigt wird,*
2. *die Feststellung, dass die beglaubigte Abschrift mit dem vorgelegten Schriftstück übereinstimmt,*
3. *den Hinweis, dass die beglaubigte Abschrift nur zur Vorlage bei der angegebenen Behörde erteilt wird, wenn die Urschrift nicht von einer Behörde ausgestellt worden ist,*
4. *den Ort und den Tag der Beglaubigung, die Unterschrift des für die Beglaubigung zuständigen Bediensteten und das Dienstsiegel.“*

Die Schulen des Landes führen das „kleine Dienstsiegel“ (Bekanntmachung des Staatsministeriums vom 24.3.1955, Staatsanzeiger Nr. 24/1955). Verantwortlich für die Verwaltung der Schule und damit unterschriftsberechtigt ist nach § 41 Schulgesetz die Schulleitung.

Für Beglaubigungen im Rahmen der inneren Schulverhältnisse sind nach dem Landesgebührengesetz Verwaltungsgebühren zu entrichten.

⇨ Gebühren; ⇨ Schulgesetz §§ 23, 41; ⇨ Zeugnisse; ⇨ Zeugnisse (Ersatzzeugnisse)

Behinderungen (Allgemeines)

Informationen der Redaktion zur Rechtslage und zur Verwaltungspraxis in Baden-Württemberg

Vorbemerkung

Im Grundgesetz ist vorgeschrieben: „*Niemand darf wegen seiner Behinderung benachteiligt werden.*" Ferner besitzt die Behindertenrechtskonvention der UN in Deutschland Gesetzeskraft. Über das bisher schon verfolgte Ziel der „Integration" von Menschen mit Behinderung hinaus ist ferner die Leitidee eines „*inklusiven*" Bildungswesens (gemeinsame Bildung und Erziehung von Menschen mit und ohne Behinderung) maßgebend. ⇨ Grundgesetz Art. 3 Abs. 2

Da wir im Jahrbuch

- einerseits über die Förderung und Betreuung behinderter **Kinder und Jugendlicher** und
- andererseits über die Regelungen zugunsten behinderter **Beschäftigter**

informieren, haben wir die einschlägigen Vorschriften nach Möglichkeit diesen beiden Betroffenen-Gruppen direkt zugeordnet und jeweils dort zitiert:

1.
Kinder und Jugendliche

- ⇨ Behinderungen (Förderbedarf)
- ⇨ Grundschulförderklassen
- ⇨ Inklusion (Allgemeines)
- ⇨ Jugendhilfe (Bundesrecht – SGB VIII)
- ⇨ Jugendhilfe (Landesrecht – KJHG)
- ⇨ Notenbildungsverordnung § 7 Hinweis Nr. 5
- ⇨ Schulgesetz §§ 15 und 82 ff.
- ⇨ Schulkindergärten
- ⇨ Schulpflicht (Durchsetzung)
- ⇨ Schulpflicht (Meldeverordnung / Datenschutz)
- ⇨ Sonderpädagogik (SBBZ Bildungsangebote)
- ⇨ Sonderpädagogik (SBBZ Geistige Entwicklung)
- ⇨ Sonderpädagogik (SBBZ Krankenhausbehandlung)
- ⇨ Sonderpädagogik (SBBZ Lernen) / (Stundentafel) / (Versetzungsordnung)
- ⇨ Sonderpädagogik (SBBZ Schulentwicklung)
- ⇨ Sprachförderung (Integration).

Zur Lese-Rechtschreibschwäche sowie zur Rechenschwäche siehe ⇨ Behinderungen (Förderbedarf) 2.2.

Zu den „Nachteilsausgleichen" bei der Leistungsfeststellung (Notengebung usw.) siehe ⇨ Behinderungen (Förderbedarf) 2.3.2; ⇨ Notenbildungsverordnung § 7.

2.
Beschäftigte

Einen Überblick bietet der Beitrag ⇨ Schwerbehinderung (Allgemeines). Zur Arbeitszeit der schwerbehinderten Lehrkräfte siehe ⇨ Arbeitszeit (Lehrkräfte-ArbeitszeitVO) §§ 5 und 6; ⇨ Arbeitszeit (Schwerbehinderung); ⇨ Arbeitszeit (Wiedereingliederung). Ferner ⇨ Eingliederungsmanagement (BEM) beachten.

Rehabilitation und Teilhabe behinderter Menschen (SGB IX)

Aus dem Neunten Buch des Sozialgesetzbuchs (SGB IX) – Rehabilitation und Teilhabe behinderter Menschen – werden im Folgenden einige für die behinderten Kinder und Jugendlichen wichtige Bestimmungen wiedergegeben (weitere Auszüge aus dem SGB IX, insbesondere auch die einleitenden Bestimmungen über die Begrifflichkeiten, sind unter ⇨ Schwerbehinderung (Gesetz) abgedruckt):

Auszug aus dem SGB IX

§ 4

Leistungen zur Teilhabe

(3) Leistungen für behinderte oder von Behinderung bedrohte Kinder werden so geplant und gestaltet, dass nach Möglichkeit Kinder nicht von ihrem sozialen Umfeld getrennt und gemeinsam mit nicht behinderten Kindern betreut werden können. Dabei werden behinderte Kinder alters- und entwicklungsentsprechend an der Planung und Ausgestaltung der einzelnen Hilfen beteiligt und ihre Sorgeberechtigten intensiv in Planung und Gestaltung der Hilfen einbezogen.

§ 33

Pflichten Personensorgeberechtigter

Eltern, Vormünder, Pfleger und Betreuer, die bei ihrer Personensorge anvertrauten Menschen Behinderungen (§ 2 Abs. 1) wahrnehmen oder durch die in § 3 genannten Personen hierauf hingewiesen werden, sollen im Rahmen ihres Erziehungs- oder Betreuungsauftrags die behinderten Menschen einer gemeinsamen Servicestelle oder einer sonstigen Beratungsstelle für Rehabilitation oder einem Arzt zur Beratung über die geeigneten Leistungen zur Teilhabe vorstellen.

§ 34

Sicherung der Beratung behinderter Menschen

(1) Die Beratung der Ärzte, denen eine Person nach § 33 vorgestellt wird, erstreckt sich auf die geeigneten Leistungen zur Teilhabe. Dabei weisen sie auf die Möglichkeit der Beratung durch eine gemeinsame Servicestelle oder eine sonstige Beratungsstelle für Rehabilitation hin und informieren über wohnortnahe Angebote zur Beratung nach § 32.

(2) Nehmen Hebammen, Entbindungspfleger, medizinisches Personal außer Ärzten, Lehrer, Sozialarbeiter, Jugendleiter und Erzieher bei Ausübung ihres Berufs Behinderungen (§ 2 Abs. 1) wahr, weisen sie die Personensorgeberechtigten auf die Behinderung und auf entsprechende Beratungsangebote nach § 60 hin [...]

Hilfeplan

Das Kinder- und Jugendhilfegesetz (SGB VIII) bestimmt:

„§ 36 Mitwirkung, Hilfeplan

(1) Der Personensorgeberechtigte und das Kind oder der Jugendliche sind vor der Entscheidung über die Inanspruchnahme einer Hilfe und vor einer notwendigen Änderung von Art und Umfang der Hilfe zu beraten und auf die möglichen Folgen für die Entwicklung des Kindes oder des Jugendlichen hinzuweisen. Es ist sicherzustellen, dass Beratung und Aufklärung nach Satz 1 in einer für den

Personensorgeberechtigten und das Kind oder den Jugendlichen verständlichen, nachvollziehbaren und wahrnehmbaren Form erfolgen.

(2) Die Entscheidung über die im Einzelfall angezeigte Hilfeart soll, wenn Hilfe voraussichtlich für längere Zeit zu leisten ist, im Zusammenwirken mehrerer Fachkräfte getroffen werden. Als Grundlage für die Ausgestaltung der Hilfe sollen sie zusammen mit dem Personensorgeberechtigten und dem Kind oder dem Jugendlichen einen Hilfeplan aufstellen, der Feststellungen über den Bedarf, die zu gewährende Art der Hilfe sowie die notwendigen Leistungen enthält; sie sollen regelmäßig prüfen, ob die gewählte Hilfeart weiterhin geeignet und notwendig ist. Hat das Kind oder der Jugendliche ein oder mehrere Geschwister, so soll der Geschwisterbeziehung bei der Aufstellung und Überprüfung des Hilfeplans sowie bei der Durchführung der Hilfe Rechnung getragen werden.

(3) Werden bei der Durchführung der Hilfe andere Personen, Dienste oder Einrichtungen tätig, so sind sie oder deren Mitarbeiterinnen und Mitarbeiter an der Aufstellung des Hilfeplans und seiner Überprüfung zu beteiligen. Soweit dies zur Feststellung des Bedarfs, der zu gewährenden Art der Hilfe oder der notwendigen Leistungen nach Inhalt, Umfang und Dauer erforderlich ist, sollen öffentliche Stellen, insbesondere andere Sozialleistungsträger, Rehabilitationsträger oder die Schule beteiligt werden. [...]

(5) Soweit dies zur Feststellung des Bedarfs, der zu gewährenden Art der Hilfe oder der notwendigen Leistungen nach Inhalt, Umfang und Dauer erforderlich ist und dadurch der Hilfezweck nicht in Frage gestellt wird, sollen Eltern, die nicht personensorgeberechtigt sind, an der Aufstellung des Hilfeplans und seiner Überprüfung beteiligt werden; die Entscheidung, ob, wie und in welchem Umfang deren Beteiligung erfolgt, soll im Zusammenwirken mehrerer Fachkräfte unter Berücksichtigung der Willensäußerung und der Interessen des Kindes oder Jugendlichen sowie der Willensäußerung des Personensorgeberechtigten getroffen werden.

⇨ Behinderungen (Förderbedarf) Nr. 4.4; ⇨ Jugendhilfe (Bundesrecht – SGB VIII)

Eingliederungshilfe (SGB VIII und XII)

Bei der „Eingliederungshilfe“ handelt es sich um Hilfen der Gesellschaft zur Eingliederung bzw. Wiedereingliederung von behinderten Menschen, damit diese an der Gesellschaft teilhaben können („*Leistung zur Teilhabe*“). Der Rechtsanspruch hierauf wird in zwei Gesetzesbestimmungen konstituiert:

a) Eingliederungshilfe für seelisch Behinderte

Die Eingliederungshilfe für seelisch behinderte oder von einer solchen Behinderung bedrohte Kinder und Jugendliche richtet sich nach § 35a SGB VIII. Kinder oder Jugendliche haben danach Anspruch auf Eingliederungshilfe, wenn ihre seelische Gesundheit mit hoher Wahrscheinlichkeit länger als sechs Monate von dem für ihr Lebensalter typischen Zustand abweicht, und daher ihre Teilhabe am Leben in der Gesellschaft beeinträchtigt ist oder eine solche Beeinträchtigung zu erwarten ist. Als von einer seelischen Behinderung „bedroht“ gelten Kinder oder Jugendliche, bei denen eine Beeinträchtigung ihrer Teilhabe am Leben in der Gesellschaft nach fachlicher Erkenntnis mit hoher Wahrscheinlichkeit zu erwarten ist

Die Eingliederungshilfe wird nach Bedarf im Einzelfall z.B. ambulant, in Tageseinrichtungen für Kinder oder in anderen teilstationären Einrichtungen oder durch geeignete Pflegepersonen geleistet. Ist gleichzeitig Hilfe zur Erziehung zu leisten, so sollen Einrichtungen, Dienste und Personen in Anspruch genommen werden, die geeignet sind, sowohl die Aufgaben der Eingliederungshilfe zu erfüllen als auch den erzieherischen Bedarf zu decken. Sind heilpädagogische Maßnahmen für noch nicht schulpflichtige Kinder in Tageseinrichtungen für Kinder zu gewähren und lässt der Hilfebedarf es zu, so sollen Einrichtungen in Anspruch genommen werden, in denen behinderte und nicht behinderte Kinder gemeinsam betreut werden.

b) Eingliederungshilfe für andere Behinderte

Die Eingliederungshilfe für andere (z.B. geistig, körperlich oder mehrfach) Behinderte richtet sich nach dem SGB XII und gehört deshalb in den Bereich der Sozialhilfe (Voraussetzungen sind hier also Bedarf und Bedürftigkeit); bei Mehrfachbehinderung besitzt das SGB XII Vorrang vor dem SGB VIII). Die Leistungen nach §§ 53 ff. SGB XII umfassen z.B. die medizinische Rehabilitation oder Hilfen bei der Verfolgung einer schulisch-beruflichen Perspektive (z.B. Begleitpersonen usw. bei der Integration von Behinderten in die Regelschulen).

Die Eingliederungshilfe kann teilweise auch als „persönliches Budget“ gewährt werden, bei welcher der behinderte Mensch bzw. seine Betreuer (z.B. die Familie) eigenständig entscheiden, welche Leistungen sie im Rahmen dieser Mittel vorrangig in Anspruch nehmen wollen.

Aus Platzgründen können die einschlägigen Bestimmungen hier nicht vollständig abgedruckt werden. Bei den örtlichen Trägern der öffentlichen Jugendhilfe (Land- und Stadtkreise, Gemeinden), bei den Behinderten- und Sozialverbänden sowie bei den Arbeitsstellen Kooperation der unteren Schulaufsichtsbehörden sind im konkreten Fall die erforderlichen Informationen erhältlich.

Landes-Behindertengleichstellungsgesetz

Baden-Württemberg hat ein Landesbehindertengleichstellungsgesetz erlassen (17.12.2014, GBl. S. 819/2014, zuletzt geändert 12.12. 2018, GBl. S. 1560/2018). Das Gesetz enthält u.a. Vorschriften zur Barrierefreiheit (auch bei amtlichen Internetauftritten), zu Frauen mit Behinderungen, ein Benachteiligungsverbot für öffentliche Stellen, zur Verwendung von Gebärdensprache und anderen Kommunikationshilfen sowie zum Rechtsschutz durch Verbände.

⇨ Internet und Schule

⇨ Behinderungen (Förderbedarf); ⇨ Internet und Schule; ⇨ Jugendhilfe (Bundesrecht – SGB VIII); ⇨ Jugendhilfe (Landesrecht – KJHG); ⇨ Notenbildungsverordnung § 7 Hinweis Nr. 5; ⇨ Schwerbehinderung; ⇨ Sonderpädagogik (SBBZ Bildungsangebote); ⇨ Sonderpädagogik (SBBZ Schulentwicklung)

Behinderungen (Förderbedarf)

Informationen der Redaktion zur Rechtslage und zur Verwaltungspraxis in Baden-Württemberg

Vorbemerkungen der Redaktion

Zwar liegen seit 2015 die rechtlichen Voraussetzungen für die Einführung eines „inklusiven" Unterrichts vor und das KM hat hierzu auch zwei Verordnungen erlassen: ➪ Sonderpädagogik (SBBZ Schulentwicklung) und ➪ Sonderpädagogik (Bildungsangebote – Inklusion). Das Ministerium hat jedoch die zur Umsetzung in die Praxis erforderliche Neufassung der nachfolgend auszugsweise abgedruckten Verwaltungsvorschriftbis zur Drucklegung des Jahrbuchs 2022 immer noch nicht vorgenommen. Deshalb müssen viele Bestimmungen dieser veralteten VwV unter Berücksichtigung der geänderten Rechtslage sinngemäß weiter angewandt werden. ➪ Inklusion (Allgemeines)

Folgende Bestimmungen der „alten" VwV: Nr. 3 („*Klärung des sonderpädagogischen Förderbedarfes und sonderpädagogische Hilfen in allgemeinen Schulen*"), Nr. 4 („*Besuch der Sonderschule*"), Nr. 5 („*Weitere Formen der integrativen Bildung und Erziehung*"; dort auch: 5.1 „*Begegnungs- und Kooperationsprojekte*" sowie 5.2 „*Außenklassen*"), Nr. 6 („*Zusammenarbeit der Schulen und Lehrer in fachlichen Fragen*") und Nr. 7 („*Arbeitsstellen Kooperation*") sind überholt und werden hier nicht mehr abgedruckt.

Die Landesarbeitsstelle Kooperation (LASKO) im Internet: https://km-bw.de/,Lde/startseite/schule/Arbeitsstellen+Kooperation

Kinder und Jugendliche mit besonderem Förderbedarf und Behinderungen

Auszug aus der Verwaltungsvorschrift des Kultusministeriums vom 8. März 1999 (K.u.U. S. 45/1999); zuletzt geändert 22. August 2008 (K.u.U. S. 149/2008); berichtigt K.u.U. S. 179/2008

1. Allgemeine Ziele und Grundsätze

Die Förderung von Schülerinnen und Schülern (im Folgenden: Schüler) mit besonderem Förderbedarf und Behinderungen ist Aufgabe in allen Schularten. Besondere Förderbedürfnisse können sich insbesondere ergeben bei Schwierigkeiten im Lesen oder Rechtschreiben, in Mathematik, bei mangelnden Kenntnissen in der deutschen Sprache (vgl. hierzu ➪ Sprachförderung – Integration), bei besonderen Problemen im Verhalten und in der Aufmerksamkeit, bei chronischen Erkrankungen, bei Behinderungen oder bei einer Hochbegabung. Die individuellen Lern- und Entwicklungsvoraussetzungen der Kinder und Jugendlichen bestimmen den Unterricht und erfordern Differenzierung und Individualisierung. Für die persönliche und schulische Entwicklung von Kindern und Jugendlichen ist es von grundlegender Bedeutung, dass ihre Lern- und Entwicklungsmöglichkeiten auf allen Schulstufen erkannt werden.

➪ Behinderungen (Allgemeines); ➪ Sonderpädagogik (Bildungsangebote – Inklusion)

Eine fortlaufende Beobachtung der Lernentwicklung, kontinuierliche Lernstandsdiagnosen, Elternberatung, ggf. die Erstellung von Förderplänen und die Durchführung von Fördermaßnahmen gehören zu den Aufgaben der Schule unter verantwortlicher Koordination der Schulleiterin oder des Schulleiters (im Folgenden: Schulleiter). Schulische Förderkonzepte werden unter Einbeziehung von verbindlichen Diagnose- und Vergleichsarbeiten klassenübergreifend, klassenbezogen oder individuell entwickelt; sie können auch schul- und schulartübergreifend konzipiert werden.

Der Erfolg von Förderung hängt entscheidend davon ab, dass der Bedarf rechtzeitig erkannt und entsprechende Maßnahmen eingeleitet werden. Hierfür ist eine Zusammenarbeit der Lehrerinnen und Lehrer (im Folgenden: Lehrer), auch der speziell qualifizierten Lehrer, Schulleiter und Eltern, ggf. mit Partnern im außerschulischen Bereich, notwendig, aber auch eine Kooperation zwischen Kindergarten und Grundschule sowie der Grundschule mit den hierauf aufbauenden Schulen und der allgemeinen Schulen mit den Sonderschulen.

Zur Beratung von frühzeitigen Präventionsmaßnahmen und Fördermaßnahmen kann die Schule Experten insbesondere aus dem Kreis der Beratungslehrer, schulpsychologischen Beratungsstellen und der Sonderpädagogen sowie andere an der Fördermaßnahme Beteiligte einbeziehen. Mit Zustimmung der Eltern können in diesen Klärungsprozess Erkenntnisse aus Diagnose- und Fördermaßnahmen im Vorfeld und Umfeld der schulischen Förderung einschließlich der Jugendhilfe einbezogen werden.

Soweit für unterstützende Maßnahmen weitere Leistungs- und Kostenträger erforderlich sind, werden sie frühzeitig in den Entscheidungsprozess einbezogen. Die Einrichtung besonderer Förderklassen bedarf der Zustimmung des Schulträgers.

2. Aufgaben der Schule

2.1. Fördermaßnahmen an allgemeinen Schulen

Die Erkenntnisse aus den Lernstandsbeobachtungen und -diagnosen bedingen Art und Form der Förderung. Förderung erfolgt in der Klasse durch Maßnahmen der inneren Differenzierung. Dafür verantwortlich ist im Rahmen des schulischen Förderkonzepts der Klassen- bzw. Fachlehrer. Ist ein weiterer Förderbedarf feststellbar, können allgemeine Stütz- und Förderkurse eingerichtet werden.

Für Schüler, die Anhaltspunkte für einen darüber hinausgehenden Förderbedarf aufweisen, ist ein gestuftes pädagogisches Verfahren notwendig. Dieses leitet der Klassenlehrer im Einvernehmen mit dem Schulleiter ein. Die beteiligten Lehrer klären nach der differenzierten Ermittlung des Lernstandes und des Lernumfeldes in Beratung mit den Eltern und ggf. schulischen Experten den besonderen Förderbedarf.

Danach beschließt die Klassenkonferenz im Benehmen mit dem Schulleiter die besonderen Fördermaßnahmen auf der Grundlage einer diagnosegeleiteten Förderplanung. Die Förderung kann außerhalb der Regelklasse in Fördergruppen bzw. Förderklassen, in Ausnahmefällen auch als zeitlich befristeter Einzelunterricht, stattfinden und wird von dafür qualifizierten Lehrkräften erteilt. Klassenunterricht und Fördermaßnahmen werden eng abgestimmt. Die Förderung und Entwicklung wird nachvollziehbar dokumentiert. Ihre Wirksamkeit wird in regelmäßigen Zeitabständen überprüft.

Soweit sich Maßnahmen als notwendig erweisen, die von der einzelnen Schule nicht leistbar sind, werden im Zusammenwirken von Schule und Eltern weitere schulische und außerschulische Partner, insbesondere die zuständige Schulaufsichtsbehörde, der Schulträger oder der zuständige örtliche Träger der Jugendhilfe oder der Sozialhilfe, einbezogen. Die Koordination erfolgt ggf. durch die Schulaufsichtsbehörde.

Die Lehrerwochenstunden für die Fördermaßnahmen werden auf der Basis eines schulischen Förderkonzeptes aus dem Pool der Schulaufsichtsbehörden (siehe jeweils gültige Fassung der Verwaltungsvorschrift ⇨ Organisationserlass) entnommen.

2.2
Förderung von Schülern mit besonderen Schwierigkeiten in Mathematik

Bei Schülern mit besonderen Schwierigkeiten in der mathematischen Begriffsbildung und beim mathematischen Denken und Handeln kommt der frühzeitigen Erkennung und Förderung eine besondere Bedeutung zu.

Mit dem Erfassen der individuellen Fähigkeiten zu Beginn des Anfangsunterrichts wird das Risiko später auftretender Schwierigkeiten in Mathematik erkennbar. Spätestens ab dem Anfangsunterricht soll bei den Schülern eine Beobachtung der Lernvoraussetzungen für Mathematik in Verbindung mit einer kontinuierlichen Lernstands- und Lernprozessbeobachtung erfolgen. Im Bedarfsfall werden geeignete diagnostische Verfahren eingesetzt.

Um in der Grundschule den Förderprozess zur Behebung der besonderen Schwierigkeiten in Mathematik zu unterstützen, wird auf die Möglichkeiten des Nachteilsausgleichs nach Ziffer 2.3.1 hingewiesen.

2.3
Leistungsmessung und Leistungsbeurteilung, Nachteilsausgleich

2.3.1 Allgemeine Grundsätze

Die schulische Leistungsmessung steht im Dienst der Chancengleichheit. Jeder junge Mensch hat ohne Rücksicht auf Herkunft oder wirtschaftliche Lage das Recht auf eine seiner Begabung entsprechende Erziehung und Ausbildung. Um dieses Recht einzulösen, ist eine Leistungsmessung erforderlich, die sich nach einheitlichen Kriterien und einem einheitlichen Anforderungsprofil richtet. Die hierauf beruhende Notengebung bildet die Grundlage für Schullaufbahnentscheidungen.

Die Chancengleichheit ist eine Ausformung des Gleichheitssatzes nach Art. 3 Abs. 1 des Grundgesetzes („Alle Menschen sind vor dem Gesetz gleich“). Dieser Satz verlangt nicht, bei allen Menschen die gleichen Handlungsmuster anzulegen. Der Gleichheitssatz bedeutet vielmehr, dass die Menschen vor dem Gesetz nach den gleichen Maximen zu behandeln sind, dass also Lebenssachverhalte, die von ihrem Wesen her gleich sind, auch rechtlich gleichgestellt werden müssen; der Gleichheitssatz bedeutet aber auch umgekehrt, dass bei Lebenssachverhalten, die von ihrem Wesen her ungleich sind, von Rechts wegen zu differenzieren ist. Insofern kann es auch rechtlich geboten sein, Nachteile von Schülern mit besonderem Förderbedarf oder mit Behinderungen auszugleichen.

Dieser auf dem Gleichheitssatz beruhende Anspruch zur Differenzierung muss aber – wiederum aus Gründen der Gleichbehandlung aller Schüler – eine Grenze finden: Die Anforderungen in der Sache selbst dürfen nicht eigens für einzelne Schüler herabgesetzt werden. Die Hilfestellungen für den Schüler ebnen ihm also Wege zu dem schulartgemäßen Niveau; dieses Niveau dann zu erreichen, kann aber auch Schülern mit besonderem Förderbedarf oder Behinderungen nicht erlassen werden.

Der Nachteilsausgleich für Schüler mit besonderem Förderbedarf oder für behinderte Schüler lässt daher das Anforderungsprofil unberührt und bezieht sich auf Hilfen, mit denen die Schüler in die Lage versetzt werden, diesem zu entsprechen. Die Art und Weise solcher Hilfen hängt von den Umständen des Einzelfalles ab. Zum einen können die allgemeinen Rahmenbedingungen auf die besonderen Probleme einzelner Schüler Rücksicht nehmen. Daneben sind auch besondere, nur auf einzelne Schüler bezogene Maßnahmen des Nachteilsausgleichs möglich, insbesondere durch eine Anpassung der Arbeitszeit oder durch die Nutzung von besonderen technischen oder didaktisch-methodischen Hilfen. Auch ist es möglich, die Gewichtung der schriftlichen, mündlichen und praktischen Leistungen im Einzelfall anzupassen; allerdings muss jede dieser Leistungsarten eine hinreichende Gewichtung behalten. Im Rahmen des Nachteilsausgleiches ist es insoweit auch möglich von den äußeren Rahmenbedingungen einer Prüfung abzuweichen.

Solche besonderen, auf einzelne Schüler bezogenen Maßnahmen des Nachteilsausgleiches sind nur in besonders begründeten Ausnahmefällen gerechtfertigt; in den beruflichen Schulen sind sie nur möglich, soweit sie mit den jeweiligen spezifischen Ausbildungszielen vereinbar sind. Mit bindender Wirkung für die Fachlehrer obliegt die Entscheidung der Klassen- oder Jahrgangsstufenkonferenz, soweit deren Mitglieder den Schüler unterrichten, unter Vorsitz des Schulleiters, ggf. unter Hinzuziehung eines Beratungs- oder Sonderschullehrers, schulischer Ansprechpartner, LRS-Fachberater oder in Ausnahmefällen der örtlich zuständigen schulpsychologischen Beratungsstelle; die Klassen- oder Jahrgangsstufenkonferenz kann außerschulische Stellungnahmen oder Gutachten in ihre Entscheidungsfindung einbeziehen. Die betroffenen Schüler und Eltern werden frühzeitig in die Entscheidungsfindung einbezogen. Maßnahmen des Nachteilsausgleiches können in der Klasse begründet und erläutert werden. Maßnahmen des Nachteilsausgleiches werden nicht im Zeugnis vermerkt.

Mögliche Härten, die sich aus dem für alle Schüler gleichermaßen geltenden Anforderungsprofil ergeben, können mit den jeweiligen bestehenden Ermessungsspielräumen gemildert werden, insbesondere bezüglich Nachlernfristen, Ausnahmeregelungen bei Versetzungsentscheidungen, zusätzlichen Wiederholungen von Klassen oder Jahrgangsstufen, Ergänzungen der Noten durch verbale Beurteilungen oder Ausnahmeregelungen bei der Aufnahme in weiterführende Schulen.

Hinweis der Redaktion: Je nach Art und Schwere der Behinderung kommt neben der Bearbeitungszeitverlängerung und technisch-organisatorischen Maßnahmen, z.B. dem Ablesen von den Lippen oder der Prüfung in Kleingruppen sowie dem Einsatz von Hilfsmitteln (z.B. Notebooks oder spezielle Seh- oder Hörhilfen) auch der Einsatz von Schulbegleiter*innen in Frage.

2.3.2 Besonderheiten bei Schülern mit Schwierigkeiten im Lesen oder Rechtschreiben

Vom Prinzip, dass für alle Schüler gleichermaßen das jeweilige Anforderungsprofil gilt, sind im Hinblick auf die besonderen Probleme des Schriftspracherwerbs in der Grundschule und in den unteren Klassen der auf der Grundschule aufbauenden Schularten Ausnahmen möglich.

Bis Klasse 6 gelten in den Fächern Deutsch und Fremdsprache für Schüler, deren Leistungen im Lesen oder im Rechtschreiben dauerhaft, d.h. in der Regel etwa ein halbes Jahr, geringer als mit der Note ausreichend bewertet wurden, additiv oder alternativ folgende Formen der Leistungsmessung und Leistungsbewertung:

- Die Leistungen im Lesen oder Rechtschreiben werden – auch für die Berechnung der Zeugnisnote – zurückhaltend gewichtet.
- Bei einer schriftlichen Arbeit oder Übung zur Bewertung der Rechtschreibleistung kann der Lehrer eine andere Aufgabe stellen, die eher geeignet ist, einen individuellen Lernfortschritt zu dokumentieren; auch kann der Umfang der Arbeit begrenzt werden.
- Zur Dokumentation des Lernfortschritts werden nach pädagogischem Ermessen die Leistungen im Rechtschreiben als Ersatz der Note oder ergänzend zur Note schriftlich erläutert.
- In den übrigen Fächern werden die Rechtschreibleistungen nicht gewertet.

Ab Klasse 7 gilt dies nur in besonders begründeten Ausnahmefällen, wenn davon auszugehen ist, dass die Lese- oder Rechtschreibschwäche nicht auf eine mangelnde allgemeine Begabung oder auf mangelnde Übung zurückzuführen ist, sondern ein komplexes Feld an Ursachen für einen gestörten oder verzögerten Schriftspracherwerb vorliegt oder die Lese- oder Rechtschreibschwäche eine auf medizinischen Gründen beruhende Teilleistungsstörung ist.

Die Entscheidung, ob im Einzelfall von dem Anforderungsprofil abzuweichen ist, trifft jeweils die Klassenkonferenz unter dem Vorsitz des Schulleiters, ggf. unter Hinzuziehung der in Ziffer 2.3.1 genannten weiteren Stellen. Wenn die Note unter zurückhaltender Gewichtung für Rechtschreiben oder Lesen gebildet wurde, wird dies in der Halbjahresinformation und im Zeugnis unter „Bemerkungen" festgehalten. Wenn es pädagogisch vertretbar ist, kann mit Zustimmung der Eltern von der zurückhaltenden Gewichtung abgesehen werden.

In den Abschlussklassen, außer den Abschlussklassen der Grundschulen, und in den Jahrgangsstufen des Gymnasiums sind Ausnahmen von der Verbindlichkeit des allgemeinen Anforderungsprofils, insbesondere eine zurückhaltende Gewichtung bei der Leistungsmessung, nicht mehr möglich. Allerdings gelten auch hier die in Ziffer 2.3.1 genannte allgemeinen Grundsätze zum Nachteilsausgleich.

Zur Information der weiterführenden Schulen bietet die Grundschule den Eltern an, auf einem Beiblatt zur Grundschulempfehlung die Lese- oder Rechtschreibschwäche einschließlich der durchgeführten Fördermaßnahmen zu dokumentieren.

Wechselt ein Schüler während des laufenden Bildungsganges in eine andere Schule, so können Informationen zu dem besonderen Förderbedarf dann weitergegeben werden, wenn sie zur Erfüllung der pädagogischen Aufgaben der aufnehmenden Schule erforderlich sind.

Hinweis der Redaktion: Das KM hat am 9.1.2013 (Landtagsdrucksache 15 / 2679) hierzu u.a. ausgeführt:

„Die Verwaltungsvorschrift unterscheidet zwischen dem Nachteilsausgleich, der das Anforderungsprofil unberührt lässt, und der zurückhaltenden Gewichtung bei Lese- und Rechtschreibschwächen, die in den unteren Klassen den besonderen Problemen des Schriftspracherwerbs Rechnung tragend von dem allgemeinen Anforderungsprofil und damit aus den genannten pädagogischen Gründen von der Validität der Notengebung absieht. [...] Die Verwaltungsvorschrift [...] sieht die [...] Unterscheidung zwischen einer dauerhaften Störung (Legasthenie) und einer vorübergehenden Lese-Rechtschreibschwäche vor, differenziert insoweit aber aus pragmatischen Gründen nicht in den unteren Klassen. Allerdings ist eine zurückhaltende Gewichtung in Abschlussklassen und in der Kursphase des Gymnasiums aus wohlerwogenen Gründen ausgeschlossen. [...] Deutlich ist aber darauf hinzuweisen, dass auch in den Abschlussklassen und den Jahrgangsstufen des Gymnasiums ein Nachteilsausgleich möglich ist. Die Feststellung, ob die Voraussetzungen für die Gewährung eines Nachteilsausgleichs in einer Prüfungssituation vorliegen, ist eine schulische Entscheidung. Für den angemessenen Ausgleich haben sich in der Praxis bei einer Lese- und Rechtschreibschwäche eine angemessene Zeitverlängerung und die Nutzung eines Laptops ohne Rechtschreibprogramm als Formen herausgebildet. Im kontinuierlichen Unterricht (nicht in den Prüfungsordnungen) ist es in Grenzen auch möglich, die Gewichtung der schriftlichen, mündlichen und praktischen Leistungen im Einzelfall anzupassen; allerdings muss jede dieser Leistungsarten eine hinreichende Gewichtung behalten."

⇨ Arbeitszeit (Lehrkräfte – VwV Anrechnungen) Nr. IV.2.6; ⇨ Behinderungen (Allgemeines); ⇨ Grundschulförderklassen; ⇨ Jugendhilfe (Bundesrecht) / (Landesrecht); ⇨ Notenbildungsverordnung § 7 Hinweis Nr. 5; ⇨ Organisationserlass Teil B Nr. II.2.2; ⇨ Schulbesuchsverordnung; ⇨ Schulgesetz §§ 15, 72 ff., 83 Nr. 2 und 84; ⇨ Schulkindergärten; ⇨ Schulpflicht (Durchsetzung) / (Meldeverordnung); ⇨ Sonderpädagogik (Bildungsangebote – Inklusion); ⇨ Sonderpädagogik (SBBZ Geistige Entwicklung); (SBBZ Körperliche und motorische Entwicklung) / (SBBZ Sprache); ⇨ Sonderpädagogik (SBBZ Lernen) / (Stundentafel); ⇨ Sonderpädagogik (SBBZ Lernen – Versetzungsordnung); ⇨ Sonderpädagogik (SBBZ Schulentwicklung) ⇨ Sprachförderung (Integration); ⇨ Verschwiegenheitspflicht

Beihilfe (Allgemeines)

Informationen der Redaktion zur Rechtslage und zur Verwaltungspraxis in Baden-Württemberg

1. Grundsatz

Den Beamtinnen und Beamten, Ruhestandsbeamtinnen und -beamten, früheren Beamtinnen und Beamten , ihren Witwen, Witwern, hinterbliebenen Lebenspartnerinnen und -partnern sowie Waisen wird zu Aufwendungen in Geburts-, Krankheits-, Pflege- und Todesfällen sowie zur Gesundheitsvorsorge Beihilfe gewährt, solange ihnen laufende Besoldungs- oder Versorgungsbezüge zustehen. Die Beihilfeberechtigten besitzen Versicherungsfreiheit in der gesetzlichen Krankenversicherung.

⇨ Beamtengesetz (LBG) § 78; ⇨ Beihilfe (Arbeitnehmer*innen)

Nach Gesetz und Rechtsprechung beinhalten die Besoldungs- oder Versorgungsbezüge („Alimentation") im Grundsatz bereits eine amtsangemessene, abgestufte Sicherung im Krankheitsfall. Durch die Beihilfe erfüllt der Dienstherr also lediglich die Beamten und deren Familie gegenüber bestehende beamtenrechtliche und soziale Verpflichtung, sich an den Krankheitskosten mit dem Anteil zu beteiligen, der durch die zumutbare Eigenvorsorge nicht abgedeckt wird. Diese „ergänzende Hilfe" erfolgt standarisiert und typisiert in Form der Beihilfe. Diese Rechtslage gibt dem Dienstherrn leider einen beträchtlichen Spielraum; das hat negative Auswirkungen auf den Umfang der Beihilfeleistungen.

Geregelt ist die Gewährung von Beihilfen in Geburts-, Krankheits-, Pflege- und Todesfällen in der Beihilfeverordnung (BVO). ⇨ Beihilfe (Gesetzlich versicherte Beamt*innen); ⇨ Beihilfeverordnung

Die Beihilfe bemisst sich nach einem Prozentsatz der beihilfefähigen Aufwendungen (siehe Tabelle). Der Bemessungssatz für die Kinder beträgt immer 80 %. Der Beihilfesatz für seit 2013 neu eingestellte Beamtinnen und Beamte ist auf 50 % begrenzt, auch für deren berücksichtigungsfähige Angehörige und im Ruhestand. ⇨ Beihilfeverordnung § 3 Abs. 3 und § 14

Vor 1.1.2013 Eingestellte behalten Besitzstand nach altem Recht. Für sie gilt: Sind mindestens zwei Kinder berücksichtigungsfähig, beträgt der Bemessungssatz für beihilfeberechtigte Eltern 70 %. Nach Wegfall eines Kindes im Familienzuschlag sinkt der Bemessungssatz wieder auf 50 %. Diese Reduzierung erfolgt aber erst nach Ablauf des betreffenden Kalenderjahres. Waren jedoch schon einmal mindestens drei Kinder im Familienzuschlag berücksichtigungsfähig, bleibt der Satz von 70 % auch dann erhalten, wenn nur noch zwei Kinder beihilfeberechtigt sind. Der jeweilige Bemessungssatz steht dem beihilfeberechtigten Elternteil auch dann zu, wenn die beihilfeberechtigten Kinder über den Ehepartner in der gesetzlichen Krankenversicherung mitversichert sind. Im Ruhestand erhält dieser Personenkreis auch künftig 70 % Beihilfe.

Das „Restrisiko" (50 %, 30 % bzw. 20 %) müssen die Beihilfeberechtigten – auch für beihilfeberechtigte Angehörige! – durch eine eigene Krankenversicherung abdecken (beihilfekonformer Tarif bzw. – niedrigerer – Basistarif). Art und Umfang der privaten Krankenversicherung müssen dem Landesamt mitgeteilt werden.

⇨ Beihilfeverordnung § 1 Abs. 5; ⇨ Krankenversicherung

Auch die Leistungen der gesetzlichen Pflegeversicherung werden über eine Kombination von Beihilfe und (privater) Versicherung abgedeckt.

⇨ Beihilfeverordnung § 9; ⇨ Pflegeversicherung

Insbesondere bei der Behandlung in Privatkliniken bzw. Rehabilitationseinrichtungen (auch bei Reha-Kuren, Sucht- oder Anschlussheilbehandlungen ist dringend anzuraten, sich sorgfältig vorher (!) über deren Kosten und das Abrechnungsverfahren zu informieren. ⇨ Beihilfe (Kuren und Reha-Maßnahmen)

Beihilfe (Bemessungssätze nach § 14 BVO für vor dem 1.1.2013 Eingestellte)[1)]

Status des / der Beihilfeberechtigten — Anspruch der einzelnen Beihilfeberechtigten	ledig oder verwitwet		verheiratet/verpartnert Partner*in nicht beihilfeberechtigt		verheiratet/verpartnert Partner*in beihilfeberechtigt	
	ohne Kinder bzw. mit einem beihilfeberechtigten Kind	mit zwei oder mehr beihilfeberechtigten Kindern	ohne Kinder bzw. mit einem beihilfeberechtigten Kind	mit zwei oder mehr beihilfeberechtigten Kindern	ohne Kinder bzw. mit einem beihilfeberechtigten Kind	mit zwei oder mehr beihilfeberechtigten Kindern
Beihilfeberechtigte*r nach § 2.1.1 Beihilfeverordnung[2)]	50 %	70 %	50 %	70 %	50 %	70 %
Beihilfeberechtigte*r Versorgungsempfänger*in [3)]	70 %	70 %	70 %	70 %	70 %	70 %
Berücksichtigungsfähige*r Ehegatt*in/Lebenspartner*in	entfällt	entfällt	70 %	70 %	50 %	70 %
Berücksichtigungsfähiges Kind	80 %	80 %	80 %	80 %	80 %	80 %

1) Der Beihilfesatz für ab 2013 neu eingestellte Beamt*innen ist auf 50 % begrenzt, dies gilt auch für deren berücksichtigungsfähige Angehörige und nach der Versetzung dieser Beamt*innen in den Ruhestand; siehe Hinweise bei ⇨ Beihilfeverordnung § 14.

2) Gilt so auch für entpflichtete Hochschullehrer*innen.

3) Aktive Beamt*innen mit Versorgungsbezügen gelten als Beihilfeberechtigte nach § 2 Abs. 1 Nr. 1.

Die Beihilfe wird gemäß § 15 BVO um eine nach Besoldungsgruppen gestaffelte Kostendämpfungspauschale („Selbstbehalt") gekürzt. Bei Anwärter*innen und Referendar*innen ist für den Selbstbehalt die Eingangsbesoldungsgruppe maßgebend. Änderungen der Besoldung (z.B. wegen Beförderung) im Laufe des Jahres führen nicht zu einer Änderung der Stufe. Maßgebend ist das Rechnungsdatum.

Erleiden Beamtinnen oder Beamte einen Dienstunfall, so gelten nicht die Beihilfevorschriften, sondern das Beamtenversorgungsrecht (Heilverfahren). Das bedeutet, die Kosten der medizinischen Behandlung werden voll vom Land übernommen.

⇨ Beamtenversorgung (Unfallfürsorge) § 48

2. Stationäre Wahlleistungen

Die Kosten für vor- und nachstationäre Behandlungen sowie für allgemeine Krankenhausleistungen in nach § 108 SGB V zugelassenen Krankenhäusern sind grundsätzlich beihilfefähig. Ein Anspruch auf Beihilfe zu den Aufwendungen für Wahlleistungen im Krankenhaus (Chefarztbehandlung, Zweibettzimmer) besteht – auch für Teilzeitbeschäftigte – nur bei Zahlung eines Beitrags von 22 Euro monatlich. Alle berücksichtigungsfähigen Angehörigen (Ehegatte, Kinder) sind dann eingeschlossen. Während einer Elternzeit besteht Beitragsfreiheit.

Innerhalb von 5 Monaten seit der Einstellung muss man sich entscheiden, ob man die Wahlleistungen haben möchte oder verzichtet. Diese Erklärung kann jederzeit ohne Angabe von Gründen für die Zukunft widerrufen werden. Doch wer die Frist versäumt, kann den Antrag später nicht mehr stellen. Nur wer am 1.4.2004 ohne Bezüge beurlaubt war und/oder neu beihilfeberechtigt wird (z.B. Wiedereinstellung, Entstehung eines Anspruchs auf Witwen-/Witwergeld oder Waisengeld), kann die Abgabe dieser Erklärung mit der (Wieder-)Aufnahme des Dienstes mit Bezügen innerhalb einer fünfmonatigen Ausschlussfrist nachholen.

⇨ Beihilfeverordnung § 6a

Wer Beihilfen für Wahlleistungen nicht in Anspruch nimmt, obwohl er/sie den Zusatzbeitrag leistet, erhält bei stationärer Behandlung in einem nach § 108 SGB V zugelassenen Krankenhaus als Ausgleich eine pauschale Beihilfe pro Behandlungstag (Tagegeld). Wird die Wahlleistung für Unterkunft nicht beansprucht, so wird stattdessen eine Beihilfe von 11 Euro gewährt. Für nicht beanspruchte wahlärztliche Leistungen wird eine Beihilfe von 22 Euro pro Tag gewährt.

3. Antragsverfahren

Beihilfefähige Aufwendungen können im Kundenportal des Landesamts für Besoldung und Versorgung (LBV) elektronisch beantragt werden. Haben sich seit der letzten Antragstellung keine beihilfe-relevanten Sachverhalte (z.B. Änderungen beim Versicherungsschutz, Anzahl zu berücksichtigender Kinder,...) geändert, kann die Beihilfe auch mit der App „Beihilfe BW" online beantragt werden: https://lbv.landbw.de/service/beihilfe-app

Nach wie vor sind Anträge in Papierform möglich. Das Formblatt LBV 301 ist im Internet abrufbar.

Bei stationären Leistungen ist auch eine direkte Abrechnung der Leistungserbringer (stationäre Behandlungen in Krankenhäusern, Privatkliniken, Einrichtungen für Anschlussheilbehandlungen, Rehabilitations- und Suchteinrichtungen sowie stationäre Pflege- oder Palliativversorgung) mit dem Landesamt möglich. Hierzu muss der oder die Beihilfeberechtigte gegenüber dem LBV die Zustimmung zur Direktabrechnung erteilen. Allerdings erstattet das LBV nur die beihilfefähigen Leistungen direkt; nicht beihilfefähige Anteile oder „Komfort-Leistungen" muss man gegebenenfalls mit dem Leistungserbringer selbst abrechnen.

Alle oben genannten Vordrucke können unter: https://lbv.landbw.de/vordrucke abgerufen werden.

Sofern – z.B. in höherem Alter, bei schweren Erkrankungen oder im Pflegefall – die Antragstellung durch Dritte erfolgt, ist eine Vollmacht erforderlich. Selbst Ehegatten werden ohne Vollmacht nicht als gegenseitig vertretungsberechtigt anerkannt. Es empfiehlt sich deshalb, rechtzeitig eine Vertrauensperson zu bevollmächtigen. Beim Landesamt sind hierfür Formulare (Nr. 319a und 319b) erhältlich. Da die Beihilfe nur über das „Bezügekonto" ausgezahlt wird, sollte man Bevollmächtigten auch eine entsprechende Bankvollmacht erteilen.

Beihilfeanträge müssen vor Ablauf der beiden Kalenderjahre, die auf das Kalenderjahr des Entstehens der Aufwendungen oder der ersten Ausstellung der Rechnung folgen, beim Landesamt eingehen. Verspätet eingereichte Rechnungen werden nicht akzeptiert. Maßgebend für den Zeitpunkt des Entstehens der Aufwendungen ist der Zeitpunkt der Behandlung durch den Arzt bzw. des Einkaufs der Medikamente oder der Lieferung möglicher Hilfsmittel.

Die Aufwendungen müssen durch Rechnungen oder Rezepte nachgewiesen werden; es genügen unbeglaubigte Kopien. Diese werden nicht zurückgegeben. Es ist deshalb anzuraten, den Originalbeleg (quittiertes Rezept bzw. Rechnung) mindestens bis zur Bestandskraft des Beihilfebescheids aufzubewahren (die Widerspruchsfrist beträgt einen Monat); sonst kann man den Bescheid nicht überprüfen und besitzt im Streitfall keine eigenen Unterlagen. Nur in jenen Fällen, in denen das Landesamt ausdrücklich Originalbelege verlangt (z.B. für Aufwendungen im Todesfall), erhält man diese zurück.

In bestimmten Fällen (z.B. Operationen) können sehr hohe Beträge fällig werden. Ferner stellen Krankenhäuser oder Ärzte teilweise Rechnungen mit kurzen Zahlungsfristen aus und verlangen Verzugszinsen. Es ist in einem solchen Fall sinnvoll, das Landesamt bei Stellung des Beihilfeantrags auf die außergewöhnlich hohen Aufwendungen hinzuweisen und zusätzlich den Antrag telefonisch zu avisieren (die Durchwahl-Telefonnummer und die Beihilfe-Personalnummer stehen auf dem letzten Beihilfebescheid). Damit kann ggf. eine Beschleunigung oder Abschlagszahlung erreicht werden.

Alle Unfälle (auch solche im privaten Bereich!) müssen dem Landesamt gemeldet werden, damit dieses ggf. beim Schädiger Regress fordern kann.

⇨ Beihilfeverordnung § 17 Abs. 7; ⇨ Unfälle (Arbeits-, Dienst- und Privatunfälle)

4. Beihilfe für Kinder und Ehepartner*innen

Kinder sind berücksichtigungsfähig, solange für sie der kinderbezogene Familienzuschlag gezahlt wird.

Sind beide Ehegatten beihilfeberechtigt, kann für die Kinder nur Beihilfe geltend machen, wer auch das Kindergeld erhält. Es gibt zwei Fallgruppen:

- *Beide Beihilfeberechtigte sind Beamte:*
  Beihilfe für berücksichtigungsfähige Kinder wird nur dem Beihilfeberechtigten gewährt, der das Kindergeld bzw. den Kinderanteil im Familienzuschlag erhält.
- *Mindestens ein Beihilfeberechtigter ist Arbeitnehmer im öffentlichen Dienst und hat nach der Umstellung auf den TV-L oder TVÖD Anspruch auf den kinderbezogenen Familienzuschlag (Besitzstand):*
  Wenn derjenige von mehreren Beihilfeberechtigten, der die Aufwendungen für ein Kind bzw. mehrere Kinder geltend machen darf, noch nicht einvernehmlich bestimmt ist, darf die Beihilfestelle Aufwendungen für das Kind nur bei demjenigen berücksichtigen, der tatsächlich den Kinderanteil im Familienzuschlag erhält. Eine gemeinsame Bestimmung ist nicht notwendig, wenn es bei dem vorgenannten Empfänger des Kinderanteils im Familienzuschlag bleiben soll.

  Für eine abweichende Festlegung gibt es einen Vordruck (LBV 332). Das Landesamt betont, es diene der Verwaltungsvereinfachung, auf eine solche abweichende Bestimmung zu verzichten.

Für nicht selbst beihilfeberechtigte **Ehe-/Lebenspartner*innen** können Beihilfen nur geltend gemacht werden, wenn der Gesamtbetrag der Einkünfte des Partners oder der Partnerin mindestens in einem der beiden Kalenderjahre vor der Stellung des Beihilfeantrages ab 1.1.2021 den Grenzbetrag von 20.000 Euro nicht übersteigt. Ein Berechnungsbeispiel steht unter ⇨ Beihilfe (Urlaub ohne Dienstbezüge). Die Ermittlung des Grenzbetrags wird im Beitrag ⇨ Beamtengesetz (LBG) § 78 Abs. 1a genauer erläutert.

Veränderungen im Familienstand mit Auswirkungen auf die Beihilfeberechtigung (z.B. Ausscheiden kindergeldberechtigter Kinder wegen Beendigung der Ausbildung oder wegen Überschreitens der Altersgrenze), sind stets sofort schriftlich dem Landesamt zu übermitteln (mit Kopie des aktuellen Versicherungsscheins der privaten Krankenversicherung als Nachweis, dass keine „Überversicherung“, also keine Erstattung von tatsächlichen Krankenkosten über 100 %, vorliegt). Es ist sinnvoll, solche Veränderungen zuvor der privaten Krankenversicherung anzuzeigen, damit diese den Versicherungsumfang und den Beitrag anpassen kann; die Krankenversicherer lassen Vertragsveränderungen in der Regel problemlos nur innerhalb weniger Monate zu.

5. Urlaub ohne Dienstbezüge

Zum Urlaub ohne Dienstbezüge bitte den Beitrag ⇨ Beihilfe (Urlaub ohne Dienstbezüge) beachten.

⇨ Beihilfeverordnung § 2 Abs. 2 letzter Satz; ⇨ Krankenversicherung

6. Krankheitskosten im Ausland

Im Ausland – z.B während des Urlaubs – entstehende Krankheitskosten sind grundsätzlich nur insoweit und bis zu der Höhe beihilfefähig, wie sie im Inland entstanden und beihilfefähig gewesen wären. Kosten für Krankenrücktransporte an den Wohnort sind nicht beihilfefähig. Ärztliche Auslandsrechnungen müssen eindeutige Leistungsbezeichnungen enthalten, damit der Kostenvergleich durchführbar ist. Es ist deshalb dringend zu empfehlen, eine Reisekrankenversicherung abzuschließen.

Anders ist dies bei einer Notfallbehandlung (z.B. Unfall in Grenznähe). Muss hierzu die nächstgelegene Behandlungsmöglichkeit im Ausland aufgesucht werden, sind die dort entstandenen Aufwendungen ohne Beschränkung auf die Kosten in Deutschland beihilfefähig.

7. Voranerkennung und weitergehende Informationen

Das Landesamt für Besoldung und Versorgung bietet auf seiner Homepage unter „Fachliche Themen“ zu vielen Bereichen informative Merkblätter an: https://lbv.landbw.de/service/fachliche-themen. Vor allem wenn es um größere Ausgaben geht (Klinik- oder Sanatoriumsaufenthalt, Geburt, Pflegebedürftigkeit usw.), kann es sich lohnen, einen „Anerkennungsbescheid“ einzuholen.

Aufwendungen für folgende Behandlungsarten sind nur beihilfefähig, wenn sie vom Landesamt vor dem Behandlungsbeginn anerkannt wurden:

- Behandlung und Rehabilitation in nicht als Krankenhaus zugelassenen Einrichtungen ab einer Dauer von 30 Tagen,
- Kuren,
- psychotherapeutische und ähnliche Behandlungen,
- außerhalb der EU durchzuführende Behandlung (einschließlich Auslandskur), wenn im Inland eine medizinisch erfolgversprechende Behandlung nicht möglich ist.

Anträge auf Voranerkennung mit begründenden Unterlagen sind direkt an das Landesamt zu richten (Ausnahme: Anträge wegen einer Kur sind über die urlaubgewährende Stelle einzureichen).

⇨ Beamtengesetz (LBG) § 78 Abs. 1a, §§ 83 ff.; ⇨ Beamtenversorgung (Unfallfürsorge) § 48; ⇨ Beihilfe (Arbeitnehmer*-innen); ⇨ Beihilfe (Kuren); ⇨ Beihilfeverordnung; ⇨ Beihilfe (Urlaub ohne Bezüge); ⇨ Krankenversicherung; ⇨ Landesamt für Besoldung und Versorgung; ⇨ Pflegeversicherung

Beihilfe (Arbeitnehmer*innen)

Informationen der Redaktion zur Rechtslage und zur Verwaltungspraxis in Baden-Württemberg

Arbeitnehmer*innen sind in der gesetzlichen Krankenversicherung (GKV) versicherungspflichtig, wenn ihr Jahresentgelt die „Beitragsbemessungsgrenze" nicht überschreitet. Dabei steht ihnen die Wahl der Krankenkasse (AOK, Ersatzkassen, Betriebskrankenkassen usw.) frei.

Oberhalb der Krankenversicherungspflichtgrenze können sich Arbeitnehmer*innen freiwillig in einer privaten Krankenversicherung (PKV) oder einer gesetzlichen Krankenkasse (GKV) versichern.

➪ Krankenversicherung; ➪ Sozialversicherung (Beiträge)

1. Einstellung bis 30. September 1997

Tarifbeschäftigte des Landes, deren Arbeitsverhältnis vor dem 1.10.1997 begründet wurde und die zum 1.11.2006 aus dem früheren BAT in den Tarifvertrag-Länder übergeleitet wurden, haben in bestimmtem Umfang Anspruch auf Beihilfe in Krankheitsfällen; bei Teilzeitbeschäftigten entspricht der Beihilfeanspruch dem Umfang der Teilzeit.

Dabei sind zwei Fallgruppen zu unterscheiden:

a) Gesetzlich pflichtversicherte Arbeitnehmer*innen

In der gesetzlichen Krankenversicherung pflichtversicherte Arbeitnehmer*innen sowie ihre berücksichtigungsfähigen Angehörigen sind auf die Sachleistungen ihrer Krankenkasse angewiesen. Darüber hinaus erhalten sie Beihilfe lediglich für die – ggf. um zustehende Versicherungsleistungen gekürzten – beihilfefähigen Aufwendungen der Säuglingserstausstattung (Pauschalbetrag) sowie in Todesfällen. ➪ Beihilfeverordnung §§ 11 und 12

b) Freiwillig gesetzlich oder privat versicherte Arbeitnehmer*innen

Arbeitnehmer*innen, deren Arbeitsentgelt die Bemessungsgrenze für die Pflichtversicherung überschreitet, müssen sich freiwillig versichern (entweder in einer privaten oder auch in der gesetzlichen Krankenversicherung). Sie besitzen nach § 257 SGB V Anspruch auf einen Arbeitgeberzuschuss zur Krankenversicherung (ab 1.1.2021 maximal 384,58 Euro für die Kranken- und 73,77 Euro für die Pflegeversicherung). Diese Arbeitnehmer*innen des Landes erhalten Beihilfe im Krankheitsfall, allerdings nur bis zur Höhe der Kassenleistungen für Pflichtversicherte.

Wer auf diesen Arbeitgeberzuschuss förmlich verzichtet, erhält Beihilfe im Krankheitsfall wie vergleichbare Beamt*innen, kann also den Versicherungsumfang (und die Prämien) bei der privaten Krankenversicherung entsprechend reduzieren. **Dieser Beihilfeanspruch endet jedoch mit dem Eintritt in die Rente!** Betroffene können in der Regel nicht mehr in die Gesetzliche Kasse wechseln und müssen mit Rentenbeginn entsprechend höhere Beiträge einkalkulieren.

2. Einstellung ab dem 1. Oktober 1997

Seit dem 1.10.1997 eingestellte Arbeitnehmer*innen im öffentlichen Dienst sowie geringfügig Beschäftigte (§ 8 Abs. 1 SGB IV) haben keinen Beihilfeanspruch.

➪ Beihilfeverordnung § 15

➪ Beihilfeverordnung §§ 11, 12, 15; ➪ Krankenversicherung; ➪ Landesamt; ➪ Sozialversicherung (Beiträge)

Beihilfe (Gesetzlich versicherte Beamt*innen)

Informationen der Redaktion zur Rechtslage und zur Verwaltungspraxis in Baden-Württemberg

Da Beamt*innen aufgrund des Alimentationsgebots Anspruch auf Fortzahlung der Besoldung in Krankheitsfällen haben, ist ein Krankengeld nicht erforderlich. Freiwillig in der Gesetzlichen Krankenversicherung (GKV) versicherte Beamt*innen zahlen deshalb in der GKV in der Regel nur den ermäßigten Beitragssatz. Sie sind auch nicht ausschließlich auf die Sachleistungen der GKV angewiesen, denn beihilfefähig sind zum Beispiel:

- private Behandlungen auch bei Nicht-Kassenärzten sowie die dort verordneten Arznei- und Hilfsmittel,
- Sehhilfen, Hörgeräte, zahnärztliche Leistungen,
- Wahlleistungen, wenn der Beitrag von monatlich 22 Euro entrichtet wurde (§ 6a Abs. 2 BVO),
- Behandlungen im Ausland.

➪ Beihilfeverordnung § 5 ff.

- stationäre Rehabilitationsbehandlungen (§ 7 Abs. 1 Nr. 4 BVO, Kuren nach § 8 BVO,

Nicht beihilfefähig sind allerdings Zuzahlungen, die in der GKV beispielsweise bei stationärer Krankenhausbehandlung fällig werden.

Nach Abzug der Kassenleistung werden 100 Prozent des verbleibenden Betrags als Beihilfe gewährt.

Zahlt die Gesetzliche Krankenversicherung eine Leistung überhaupt nicht und hat der Beamte oder die Beamtin einen Wahltarif bei der GKV, wird Beihilfe nur in Höhe der sonst üblichen Bemessungssätze für Beamt*innen gewährt.

Einen Zuschuss zu den Kosten für die gesetzliche Krankenversicherung, wie z.B. im Land Berlin, gibt es in Baden-Württemberg bislang nicht. Gesetzlich krankenversicherte Beamt*innen müssen den Krankenversicherungsbeitrag voll selbst finanzieren.

Beihilfe (Kuren und Reha-Maßnahmen)

Informationen der Redaktion zur Rechtslage und zur Verwaltungspraxis in Baden-Württemberg

I.
Vorbemerkung

Die ⇨ Beihilfeverordnung unterscheidet zwischen

- *„Behandlung und Rehabilitation in nicht als Krankenhaus zugelassenen Einrichtungen“* (§ 7 BVO) und
- verschiedenen Arten von *„Kuren“* (§ 8 BVO).

Die stationären *„Rehabilitationsmaßnahmen“* nach § 7 BVO sind meist medizinisch sinnvoller und häufig auch für die Betroffenen kostengünstiger, da hier auch die Aufwendungen für Unterkunft, Verpflegung und Pflege beihilfefähig sind (bei einem persönlichen Bemessungssatz von 50 % erstattet das Landesamt für Besoldung und Versorgung die Hälfte der Kosten für Sozialversicherte).

Dagegen sind bei den *„Kuren“* (§ 8 BVO) die Aufwendungen für Unterkunft und Verpflegung nur bis zu 26 Euro pro Tag und Person beihilfefähig, bei einem Bemessungssatz von 50 % sind dies maximal 30 Tage lang 13 Euro Beihilfe pro Tag.

II.
Stationäre Behandlung und Rehabilitation nach § 7 der Beihilfeverordnung

Die *„stationäre Behandlung“* bzw. *„Rehabilitation“* erfolgt in

1. *Krankenhäusern*, die nicht für gesetzlich Krankenversicherte zugelassen sind (Privatkliniken),
2. *Einrichtungen für Anschlussheilbehandlungen* (auf medizinische Rehabilitationsmaßnahmen besonders spezialisierte Einrichtungen, welche die Voraussetzungen für entsprechende stationäre Maßnahmen der Sozialversicherungsträger erfüllen); Anschlussheilbehandlungen müssen unmittelbar an einen Krankenhausaufenthalt anschließen oder bei einer Unterbrechung hiermit in zeitlichem Zusammenhang stehen,
3. *Einrichtungen für Suchtbehandlungen,*
4. *sonstigen Einrichtungen der medizinischen Rehabilitation.*

Voraussetzung für die Beihilfefähigkeit ist, dass die Maßnahme nach begründender Bescheinigung eines Arztes, der nicht mit der Einrichtung verbunden ist, nach Art und Dauer medizinisch notwendig ist und ambulante Maßnahmen nicht ausreichen. Hierfür gibt es unter: https://lbv.landbw.de/vordrucke den Vordruck LBV 353.

Ab einer Dauer von 30 Tagen muss die Beihilfefähigkeit vorher durch das Landesamt anerkannt werden; die lange Dauer muss vom Arzt besonders begründet werden. Dieser Voranerkennungsbescheid muss vor dem Behandlungsbeginn beziehungsweise vor einer Verlängerung vorliegen.

Einzelentgelte, Pauschalpreise und Tagessätze von Rehabilitationseinrichtungen, die die Kostenanteile Pflege, Unterkunft und Verpflegung beinhalten, sind nur bis zum niedrigsten Satz der Einrichtung beihilfefähig, unabhängig davon, welcher (Selbstzahler-) Tagessatz und aus welchen Gründen ein anderer Tagessatz in Rechnung gestellt wurde. Zur Bestätigung sollte man der Einrichtung den Vordruck Nr. 252 vorlegen. Daneben sind gesondert in Rechnung gestellte Ärztleistungen, Arzneimittel, Heilbehandlungen sowie Fahrkosten bis zu 120 Euro für die einfache Entfernung dem Grunde nach beihilfefähig. Pauschale Abrechnungen, die neben dem eigentlichen Satz für Unterkunft, Pflege und Verpflegung auch Ärztleistungen, Arzneimittel, Heilbehandlungen, Kurtaxe und ärztlichen Schlussbericht (ohne nicht-medizinische „Komfortleistungen“) beinhalten, sind auf 200 Euro täglich beschränkt. Man sollte deshalb mit der Einrichtung vorher (!) vereinbaren, dass diese Sätze nicht überschritten werden.

Vor (!) einer Kur sollte man von der privaten Krankenversicherung eine schriftliche Auskunft einholen, ob sie einen Kostenanteil übernimmt. Denn nicht wenige Versicherte haben in jungen Jahren, als sie den Versicherungsvertrag abschlossen, nicht an das Alter und die Notwendigkeit solcher Maßnahmen gedacht und (zugunsten niedrigerer laufender Beiträge) auf deren Absicherung verzichtet.

Für stationäre Behandlungen im Ausland sollte man sich vorher (!) direkt mit dem Landesamt und der privaten Krankenkasse ins Benehmen setzen.

III.
Kuren nach § 8 der Beihilfeverordnung

Es gibt drei beihilfefähige Arten von *Kuren*:

1. *Kuren in Einrichtungen der medizinischen Rehabilitation:*

   Dies sind kurmäßige Heilbehandlungen mit Unterkunft und Verpflegung.

2. *Mütter- bzw. Vätergenesungskuren, Mutter-Kind-Kuren und Vater-Kind-Kuren:*

   Dies sind Rehabilitationskuren in Einrichtungen des Müttergenesungswerks oder als gleichartig anerkannten Einrichtungen.

3. *Ambulante Heilkuren:*

   Dies sind Kuren mit Heilbehandlungen nach ärztlichem Kurplan in einem Kurort, der im Heilkurorteverzeichnis enthalten ist. Die Unterkunft muss sich im Heilkurgebiet befinden und ortsgebunden sein (z.B. kein Wohnmobil).

Beihilfefähig sind neben ärztlichen Leistungen (§ 6 Abs. 1 Nr. 1 bis 3 BVO) auch Familien- und Haushaltshilfen, Fahrkosten, Kurtaxe, ärztlicher Schlussbericht, Unterkunft und Verpflegung (maximal 26 Euro/Tag), begrenzt auf 30 Tage (§ 8 Abs. 6 BVO). Ambulante Heilkuren von berücksichtigungsfähigen Angehörigen (Ehe-/Lebenspartner*innen, Kinder) sowie von Versorgungsempfänger*innen sind nicht beihilfefähig.

Voraussetzungen für die Beihilfefähigkeit sind:

1. Es muss eine Wartezeit von insgesamt fünf Jahren bei der Beihilfeberechtigung erfüllt sein.
2. Im laufenden Kalenderjahr oder in den beiden vorangegangenen Kalenderjahren darf keine Kur durchgeführt oder beendet worden sein.
3. Aktive Beamtinnen und Beamte müssen die Feststellung eines Arztes einreichen, ob und weshalb ambulante ärztliche Behandlungen und Heilbehandlungen außerhalb von Kurmaßnahmen nicht ausreichen und ob die Kur zur Wiederherstellung oder Erhaltung der Fähigkeit zur Ausübung der beruflichen Tätigkeit erforderlich ist (seit 1.7.2015 ist kein amtsärztliches Gutachten mehr erforderlich). Die Bescheinigung muss vor Beginn der Maßnahme ausgestellt sein. Sie muss die Einrichtung oder den Heilkurort sowie die voraussichtliche erforderliche Dauer der Behandlung bezeichnen. Vordruck unter: https://lbv.landbw.de/vordrucke.
4. Die Kur muss vor dem Antritt genehmigt worden sein; sie muss innerhalb des vom Landesamt bestimmten Zeitraums begonnen werden.

Der Antrag ist über die Schulleitung (bei Schulleiterinnen und Schlleitren über die Schulaufsicht) an das Landesamt zu richten; das ärztliche Gutachten kann parallel direkt ans Landesamt geschickt werden.

IV.
Beurlaubung für Kuren

Unterzieht sich ein Patient oder eine Patientin aufgrund ärztlicher Verordnung einer *„stationären Behandlung“* gemäß § 7 BVO, so handelt es sich um eine Dienstverhinderung aufgrund einer Erkrankung. Es bedarf also keiner Urlaubsgenehmigung, sondern der Schulleitung ist eine ärztliche Bescheinigung über eine zeitweise Dienstunfähigkeit vorzulegen. Dies gilt gleichermaßen für Arbeitnehmerinnen und Arbeitnehmer: Arbeitsverhinderungen durch Maßnahmen der medizinischen Vorsorge oder Rehabilitation sind tariflich der unverschuldeten Arbeitsunfähigkeit gleichgestellt. Tarifbeschäftigte Lehrkräfte haben deshalb dem Arbeitgeber (Schulleitung) eine ärztliche Arbeitsunfähigkeitsbescheinigung vorzulegen.

Für *„Kuren“* im Sinne von § 8 BVO ist hingegen eine Beurlaubung nötig, sofern die Maßnahme nicht in der arbeitsfreien Zeit (Ferien) stattfindet. Voraussetzung ist die vorhergehende Anerkennung der Kur als beihilfefähig. Für die Gewährung des Urlaubs ist bei Lehrkräften die Schulleitung (bei Schulleiter*innen die Schulaufsichtsbehörde) zuständig.

⇨ Urlaub (Lehrkräfte – Allgemeines); ⇨ Urlaub (VO) § 30

Auch Lehrkräfte im Arbeitnehmerverhältnis müssen – falls die Maßnahme nicht in den Ferien stattfinden kann – für „freie Badekuren“, bei denen ohne stationäre Unterbringung Behandlungen/Anwendungungen erfolgen, Urlaub beantragen.

Bei der Terminierung soll auf dienstliche Belange Rücksicht genommen werden. Die Beurlaubung erfolgt für die als beihilfefähig anerkannte oder vom Leistungsträger bewilligte Dauer; für Nachkuren oder Schonungszeiten gibt es keinen Urlaub.

Es wird erwartet, dass Kuren von Lehrkräften grundsätzlich in den Schulferien stattfinden. Bei besonders gelagerten Fällen sind aus gesundheitlichen Rücksichten Abweichungen möglich, vor allem, wenn das Gesundheitsamt die Unaufschiebbarkeit der Kur bescheinigt. Die Schulleitung kann aber auch Urlaub für eine ambulante Heilkur genehmigen, die noch in der Schulzeit beginnt und in die Ferien hineinragt oder umgekehrt, weil die Kureinrichtung nur in dieser Zeit noch Termine anbieten kann. Dabei sollte berücksichtigt werden, dass Lehrkräfte ihren Erholungsurlaub nicht frei wählen können, sondern auf die Schulferien angewiesen sind. ⇨ Ermessen

V.
Verfahren bei der Beantragung einer Kur

1.
Stationäre Behandlung nach § 7 BVO (Medizinische Rehabilitation)

1. Suche eines geeigneten Hauses (Klinik, Sanatorium, Krankenanstalt). Es muss die Voraussetzungen des § 107 Abs. 2 SGB V erfüllen (im Haus-Prospekt steht dann meist „beihilfefähig“).
2. Beim Landesamt für Besoldung (LBV) schriftlich oder telefonisch nachfragen, ob das gewählte Haus § 7 BVO entspricht.
3. Terminabsprache mit der Schulleitung; vor Antritt der Kur eine ärztliche Dienst- bzw. Arbeitsunfähigkeitsbescheinigung vorlegen.
4. Vom Haus- oder Facharzt ein Attest ausstellen lassen; dieses sollte folgenden Inhalt haben:
   a) Diagnose,
   b) Notwendigkeit der stationären Maßnahme mit Begründung und Benennung der medizinisch notwendigen Dauer (4 Wochen / 6 Wochen),
   c) Vorgeschlag eines geeigneten Hauses (mit Anschrift).

   Es ist sinnvoll, dem Arzt hierzu das Formblatt des Landesamts Nr. 353 vorzulegen.
5. Bei stationärer Rehabilitation ab 30 Tagen ist zuvor ein Antrag auf Anerkennung der Beihilfefähigkeit auf dem Dienstweg an das Landesamt zu senden (Voranerkennungsbescheid).

2.
Ambulante Heilkur nach § 8 BVO

1. Suche eines geeigneten Ortes im Heilkurorteverzeichnis sowie eines geeigneten Hauses (Hotel, Pension, Privatzimmer). Die Kurverwaltungen bieten Spezialinformationen für Beihilfeberechtigte an, auch die Internetrecherche lohnt.

Unter https://lbv.landbw.de/service/fachliche-themen/beamte/beihilfe stellt das Landesamt für Besoldung und Versorgung zahlreiche Informationen und Merkblätter zur Beihilfe bereit.

2. Urlaub bei der Schulleitung beantragen.
   ➪ Urlaub (Verordnung) § 30
3. Vom Haus- oder Facharzt ein Attest ausstellen lassen mit folgendem Inhalt: Diagnose / Begründung der Notwendigkeit der Heilkur sowie deren Dauer (4 Wochen / 6 Wochen) / vorgeschlagenes Haus (Name und Anschrift der Einrichtung).
   Es ist sinnvoll dem Arzt bzw. der Ärztin hierzu das Formblatt des Landesamts Nr. 354 vorzulegen
4. Genehmigung beim LBV beantragen (ärztliches Attest und Urlaubsgenehmigung durch die Schulleitung: *„Freistellung für 28 Tage, von ... bis ...“* beifügen). Die Kur nicht vor Erhalt des Bewilligungsbescheids antreten!

VI.
Weitere Hinweise zum Verfahren

Wer mit der Krankenversicherung eine Kostenerstattung für Maßnahmen nach §§ 7 und 8 BVO vereinbart hat (häufig ist hier jedoch ein Versicherungsausschluss vereinbart), muss parallel ein Genehmigungsverfahren bei der Krankenkasse durchführen; andernfalls sind die von der Beihilfe nicht ersetzten Kostenanteile privat zu tragen.

Arbeitnehmerinnen und Arbeitnehmer beantragen Maßnahmen der medizinischen Vorsorge oder der Rehabilitation bzw. Kuren bei der Deutschen Rentenversicherung.

Die Einrichtungen verlangen häufig eine Vorauszahlung bei Antritt der Behandlung.

Wer sich einer „stationären Behandlung“ im Sinne von § 7 BVO unterzieht, sollte jeden Anschein vermeiden, dass es sich um eine verdeckte „Kur“ handelt: Die Rechnung für das Landesamt sollte deshalb nur ärztlich verordnete, medizinisch notwendige Behandlungen ausweisen. Alles andere sollte separat abgerechnet werden.

➪ Beihilfeverordnung (§§ 7 und 8) sowie Hinweise auf das Voranerkennungsverfahren am Ende der Beihilfeverordnung und unter ➪ Beihilfe (Allgemeines) Nr. 5; ➪ Beihilfe (Arbeitnehmer*innen); ➪ Ermessen; ➪ Krankenversicherung; ➪ Landesamt; ➪ Urlaub (Lehrkräfte – Allgemeines); ➪ Urlaub (Verordnung)

Beihilfe (Urlaub ohne Bezüge)

Informationen der Redaktion zur Rechtslage und zur Verwaltungspraxis in Baden-Württemberg

Im Urlaub ohne Dienstbezüge nach §§ 72 ff. LBG besteht der Beihilfeanspruch nur für maximal 31 Tage fort (BeihilfeVO § 2 Abs. 2 letzter Satz). Bei einer über 31 Tage hinausgehenden Beurlaubung ohne Bezüge erlischt die Beihilfeberechtigung vom ersten Urlaubstag an. Bei einer Beurlaubung nach § 74 LBG (Pflegezeit) bleibt der Beihilfeanspruch bis zu maximal sechs Monaten erhalten.

➪ Beamtengesetz (LBG) §§ 72 ff.; ➪ BeihilfeVO § 2 Abs. 2 letzter Satz; ➪ Ruhestand (Beamtenrecht) A.2.c)

Zwischen dem Urlaubsbeginn und der Wiederaufnahme des Dienstes bzw. einer an den Urlaub anschließenden Pensionierung treten im wesentlichen vier Fallkonstellationen auf. Wir stellen dies am Beispiel einer am 5.11.1962 geborenen beamteten Lehrerin dar. Sie will mit Vollendung des 63. Lebensjahres, also am 5.11.2025, „tagesscharf“ in den Antragsruhestand treten und vorher vom ersten Schultag nach den Sommerferien 2025 (vermutlich 8.9.) bis zum Ablauf des 4.11.2025 Urlaub ohne Bezüge nehmen.

Fall 1:
„Absicherung“
durch beihilfeberechtigte Ehepartner*innen

Unsere Beispiels-Lehrerin ist Ehe- bzw. Lebenspartnerin eines beihilfeberechtigten Beamten. Dadurch ist sie zwar eine *„berücksichtigungsfähige Angehörige“* und damit grundsätzlich beihilfeberechtigt, dieser Anspruch entfällt aber, wenn der Gesamtbetrag der Einkünfte des Ehegatten oder des Lebenspartners in den beiden Kalenderjahren vor der Stellung des Beihilfeantrags jeweils 20.000 Euro übersteigt.

Der Begriff *„Gesamtbetrag der Einkünfte“* (§ 2 Abs. 3 des Einkommensteuergesetzes) umfasst die Summe aller Renten oder Leistungen aus der gesetzlichen Rentenversicherung, der landwirtschaftlichen Alterskasse oder den berufsständischen Versorgungseinrichtungen, z.B. VBL oder ZVK. Bei der Einkommensteuer sind gewisse Bestandteile davon steuerfrei. Auich Einkünfte einschließlich jener aus selbstständiger und unselbstständiger Arbeit, Kapitalvermögen, Vermietung und Verpachtung oder Gewerbebetrieb sowie der Tätigkeit in Land- und Forstwirtschaft, soweit letztere 670 Euro im Jahr übersteigen, fallen darunter. Die Gesamtsumme der Einküfte wird vermindert um den Altersentlastungsbetrag sowie den Entlastungsbetrag für Alleinerziehende. ➪Beamtengesetz § 78

Dabei müssen die <u>zwei vollen Kalenderjahre</u> vor der Stellung des Beihilfeantrags betrachtet werden. Entscheidend ist, dass man in <u>einem</u> dieser beiden <u>Kalender</u>jahre nichts verdient oder die Einkünfte höchstens 20.000 Euro betragen.

Dauert die Beurlaubung mindestens ein <u>Schul</u>jahr, erstreckt sie sich über zwei, bei längerer Beurlaubung über mehrere <u>Kalender</u>jahre. Die Beihilfe bleibt bei geschickter Antragsstellung in vielen Fällen – insbesondere bei vorheriger oder anschließender Teilzeit bzw. einer Zurruhesetzung – erhalten. Lehrkräfte, die sich für weniger als ein Schuljahr beurlauben lassen, bleiben hingegen in der Regel in keinem Kalenderjahr unter der Höchstgrenze; sie gelten dann nicht als „berücksichtigungsfähige Angehörige“.

Beihilfeanträge dürfen eingereicht werden, bevor ein Kalenderjahr abgeschlossen ist (VwV zu § 5 Abs. 4

Nr. 4 BVO). Da zu diesem Zeitpunkt noch nicht feststeht, ob die Einkünfte des berücksichtigungsfähigen Angehörigen im laufenden Kalenderjahr unter der Höchstgrenze bleiben (der Urlaub könnte z.B. aus persönlichen Gründen abgebrochen werden), muss der Antragsteller schriftlich erklären, dass diese Einkommensgrenze im laufenden Kalenderjahr nicht überschritten wird. Dann werden die beihilfefähigen Aufwendungen auf Widerruf erstattet. Nach Ablauf des Kalenderjahres muss der Beihilfeberechtigte dem Landesamt mitteilen, ob es dabei geblieben ist.

Bei unserer Beispiels-Lehrerin spielt sich das so ab:

- Im Kalenderjahr 2022 arbeitet sie noch eine Zeit lang; ihr Brutto-Gehalt bis zum Urlaubsbeginn beträgt 38.000 Euro. Bis zum Tag vor dem Urlaubsantritt ist sie selbst beihilfeberechtigt und rechnet mit dem Landesamt alle bis dahin entstandenen beihilfefähigen Aufwendungen selbst ab (maßgebend ist das Behandlungsdatum).
- In den Kalenderjahren 2023 und 2024 hat sie wegen des Urlaubs keine Einkünfte.
- Im Kalenderjahr 2025 setzt die Pension ein (ihre Einkünfte in diesem Kalenderjahr betragen deshalb nur 6.500 Euro). Ab der Pensionierung ist sie wieder selbst beihilfeberechtigt und rechnet mit dem Landesamt alle ab dann entstandenen beihilfefähigen Aufwendungen selbst ab.

Also liegen ihre „Einkünfte" in den Kalenderjahren 2023, 2024 und 2025 unter der Einkommensgrenze.

Ob sie in der Urlaubsphase als *„berücksichtigungsfähige Angehörige"* gilt, hängt davon ab, wann ihr Ehemann den Beihilfeantrag einreicht (er muss spätetens vor Ablauf der beiden Kalenderjahre, die auf das Kalenderjahr des Entstehens der Aufwendungen oder der ersten Ausstellung der Rechnung folgen, beim Landesamt eingegangen sein).

Hierfür ein Beispiel: Die Kollegin sucht im Oktober 2022, den Arzt auf und erhält im November 2022 dafür eine Rechnung. Dann gibt es drei Optionen:

1. Der Ehemann reicht die Rechnung Anfang Dezember **2022** ein. Die Aufwendungen sind nicht beihilfefähig, denn in keinem der beiden Kalenderjahre vor der Antragstellung lagen die Einkünfte der Ehefrau unter 20.000 Euro.
2. Der Ehemann reicht die Rechnung im Mai **2023** beim LBV ein. Die Aufwendungen sind beihilfefähig, wenn der Ehemann schriftlich erklärt, die Einkünfte seiner Frau würden im laufenden Kalenderjahr (2023) die Einkommensgrenze nicht überschreiten; das Landesamt erstattet diese Aufwendungen unter dem Vorbehalt, sie zurückzufordern, falls die Frau doch mehr verdienen sollte.
3. Der Ehemann reicht die Rechnung im Mai **2024** ein. Auch jetzt sind die Aufwendungen beihilfefähig, denn in einem der beiden Kalenderjahre vor der Antragstellung (2023) lagen die Einkünfte der Ehefrau unter der Einkommensgrenze.

Da die Ehefrau zum Zeitpunkt der Fälle zwei und drei eine *„berücksichtigungsfähige Angehörige"* ist, werden jeweils 70 % ihrer beihilfefähigen Aufwendungen erstattet, sie muss während des Urlaubs also nur das Restrisiko von 30 % privat versichern.

Fall 2:
Absicherung durch gesetzlich versicherte Partner

Beamtete Partner*innen von gesetzlich Krankenversicherten können in deren Familienversicherung unter der Bedingungen mitversichert werden, dass sie das 55. Lebensjahr noch nicht vollendet haben und ihr Arbeitseinkommen nach der 450-Euro-Regelung krankenversicherungsfrei ist und ihre Einkünfte aus Renten, Zinserträgen, Mieteinnahmen usw. unter 445 Euro liegen. Dies sollte rechtzeitig mit der gesetzlichen Krankenkasse schriftlich (!) abgeklärt werden. Mit der privaten Krankenversicherung sollte vor dem Antritt des Urlaubs die Rückkehr in dieses Vertragsverhältnis nach der Urlaubsphase vereinbart werden (sonst drohen neue Gesundheitsprüfungen und gegebenenfalls Risikoaufschläge).

Fall 3:
Keine „Absicherung" durch Ehe-/ Lebenspartner*in

Wer während des Urlaubs nicht anderweitig abgesichert ist (siehe Fälle 1 und 2), muss die Kombination von Beihilfe und ergänzender Krankenversicherung wegen des Wegfalls der Beihilfe durch eine private Vollversicherung ersetzen. Wegen der Altersrückstellung ist dies in der Regel nur bei dem bisherigen Versicherungsunternehmen sinnvoll. Handelt es sich um eine kurze Überbrückungsphase, kann man über den Leistungsumfang (z.B. Ausschluss von Leistungen, die erfahrungsgemäß in dieser Phase nicht beansprucht werden, wie umfangreiche Zahnregulierungen usw.) und die Höhe der Selbstbeteiligung die Prämienhöhe beeinflussen.

Man sollte rechtzeitig prüfen, welche Tarife geeignet sind (z.B. auch für einen Auslandsaufenthalt während der „Auszeit"). Da die – oft provisionsabhängigen – Außendienst-Mitarbeiter der Versicherungen nicht immer nur das Wohl ihrer Kunden im Blick haben, kann es sinnvoll sein, sich durch unabhängige Versicherungsmakler beraten lassen.

Fall 4:
Versicherungspflichtige Nebentätigkeit

Teilzeitarbeit mit einer Vergütung oberhalb der „Geringfügigkeitsgrenze" von 450 Euro ist zwar dem Grunde nach versicherungspflichtig in der gesetzlichen Krankenversicherung, Beamtinnen und Beamte, die das 55. Lebensjahr überschritten haben, sind jedoch gemäß § 6 Abs. 3a SGB V zum Schutz der gesetzlichen Krankenversicherung vor dem Zugang älterer Versicherter explizit von dieser Versicherungspflicht ausgenommen. Solange diese Nebentätigkeit dem Urlaubszweck nicht zuwiderläuft und ihr Umfang die „Fünftel-Vermutung" nicht überschreitet, wird sie in der Regel genehmigt.

⇨ Nebentätigkeiten (Allgemeines)

⇨ Beamtengesetz (LBG) §§ 72,78; ⇨ Beihilfeverordnung § 2 Abs. 2 letzter Satz; ⇨ Krankenversicherung; ⇨ Nebentätigkeiten (Allgemeines)

Beihilfeverordnung

VO des FM über die Gewährung von Beihilfe in Geburts-, Krankheits-, Pflege- und Todesfällen (Beihilfeverordnung – BVO) vom 28. Juli 1995 (GBl. S. 561/1995); zuletzt geändert 3. Februar 2021 (GBl. S.213/2021)

Vorbemerkung der Redaktion:

Die Verwaltungsvorschrift des Finanzministeriums ist in die nachfolgend abgedruckte Beihilfeverordnung eingearbeitet.

Quelle: Verwaltungsvorschrift des Ministeriums für Finanzen und Wirtschaft zur Beihilfeverordnung (VwV BVO) vom 24. April 2012 (GABl. S. 383/2012); zul. geändert 9. März 2021 (GABl. S. 186/2021)

§ 1
Anwendungsbereich, Zweckbestimmung und Rechtsnatur

(1) Diese Verordnung regelt die Gewährung von Beihilfe in Geburts-, Krankheits-, Pflege- und Todesfällen sowie zur Gesundheitsvorsorge. Die Beihilfe ergänzt in diesen Fällen den Betrag, der in den laufenden Bezügen für eine anteilige Eigenvorsorge enthalten ist.

VwV des FM zu § 1 Absatz 1

Die Beihilfe ist eine eigenständige beamtenrechtliche Krankenfürsorge, die Versicherungsfreiheit der Beamten in der gesetzlichen Krankenversicherung trägt dem Rechnung. Durch die Beihilfe erfüllt der Dienstherr die dem Beamten und seiner Familie gegenüber bestehende beamtenrechtliche und soziale Verpflichtung, sich an den Krankheitskosten mit dem Anteil zu beteiligen, der durch die zumutbare Eigenvorsorge nicht abgedeckt wird. ➪ Krankenversicherung; ➪ Beihilfe (gesetzlich versicherte Beamt*innen)

(2) Diese Verordnung gilt für die Beamten, früheren Beamten und Versorgungsempfänger der in § 1 LBG genannten Dienstherren. [...]

(3) Auf die Beihilfe besteht ein Rechtsanspruch. Der Anspruch kann nicht abgetreten, verpfändet oder gepfändet werden; jedoch ist die Pfändung durch einen Forderungsgläubiger bezüglich des auf seine Forderung zustehenden und noch nicht ausgezahlten Betrags einer Beihilfe zulässig. [...]

VwV des FM zu Absatz 3

Der Beihilfeanspruch ist nach den allgemeinen Vorschriften vererblich (vergleiche VwV Nummer 5.2 zu § 17).

(4) Beihilfe wird zu den beihilfefähigen Aufwendungen der beihilfeberechtigten Personen und ihrer berücksichtigungsfähigen Angehörigen oder als Pauschale gewährt. [...]

§ 2
Beihilfeberechtigte Personen

(1) Beihilfeberechtigt sind

1. Beamte,
2. Ruhestandsbeamte sowie frühere Beamte,
3. Witwen, Witwer und hinterbliebene Lebenspartner nach dem Lebenspartnerschaftsgesetz sowie die in § 37 des Landesbeamtenversorgungsgesetzes Baden-Württemberg genannten Kinder der in den Nummern 1 und 2 bezeichneten Personen.

(2) Die in Absatz 1 bezeichneten Personen sind beihilfeberechtigt, wenn und solange sie Dienstbezüge, Anwärterbezüge, Unterhaltsbeihilfe, Entpflichtetenbezüge, Ruhegehalt, Übergangsgeld aufgrund gesetzlichen Anspruchs, Witwengeld, Witwergeld, Waisengeld nach dem Satz für Vollwaisen oder Unterhaltsbeitrag erhalten. Die Beihilfeberechtigung besteht auch, wenn Bezüge nur wegen Anwendung von Ruhens- oder Anrechnungsvorschriften nicht gezahlt werden oder wenn gnadenweise bewilligte Bezüge die Beihilfeberechtigung ausdrücklich mit umfassen. Ein Urlaub unter Wegfall der Bezüge von längstens 31 Kalendertagen lässt den Anspruch auf Beihilfe unberührt. Die in Absatz 1 Nummer 3 bezeichneten Personen haben für die beihilfefähigen Aufwendungen, die nach dem Tod des Beihilfeberechtigten bis zum Ende des Sterbemonats des Beihilfeberechtigten für sich und die bisher beim Verstorbenen weiteren berücksichtigungsfähigen Angehörigen entstanden sind, eine Beihilfeberechtigung. ➪ Beihilfe (Urlaub ohne Bezüge)

VwV des FM zu § 2 Absatz 2

1.1 Die Beihilfeberechtigung entfällt mit Ablauf des Tages, an dem das Beamtenverhältnis endet oder die Bezüge wegfallen. Sie besteht jedoch noch solange fort, als dem entlassenen früheren Beamten Bezüge bis zum Ende des laufenden Monats belassen werden (vergleiche § 80 Satz 1 LBesGBW).

1.2 Empfänger von Übergangsgeld nach beamtenversorgungsrechtlichen Vorschriften sowie Empfänger von Unterhaltsbeiträgen aufgrund disziplinarrechtlicher Regelungen sind als Versorgungsempfänger beihilfeberechtigt. Empfänger von Gnadenunterhaltsbeiträgen sind nur beihilfeberechtigt, wenn die Beihilfeberechtigung ausdrücklich mit bewilligt ist.

1.3 Wird ein Landesbeamter zu einem Dienstherrn eines anderen Landes oder der Bundesverwaltung abgeordnet oder wird ein Beamter eines Dienstherrn eines anderen Landes oder der Bundesverwaltung zum Land abgeordnet, so ist mit dem anderen Dienstherrn wegen § 25 Absatz 4 LBG sowie § 14 Absatz 4 BeamtStG, die Zuständigkeit für die Beihilfegewährung einschließlich des anzuwendenden Beihilferechts und die Unterrichtung des Beamten darüber alsbald abzuklären. Maßgeblich für die Zahlung von Krankenfürsorgeleistungen sind die Zuständigkeit und das Beihilferecht des abgebenden Dienstherrn, soweit zwischen den Dienstherren nichts anderes vereinbart ist. Etwaige Verrechnungen zwischen den Dienstherren bleiben davon unberührt. Erstattungen für Beihilfen sollen aus datenschutzrechtlichen Belangen (§ 18) grundsätzlich nicht in Höhe der tatsächlich geleisteten Beihilfen, sondern pauschal mit den jährlichen Verrechnungssätzen der VwV-Kostenfestsetzung erfolgen.

(3) Als beihilfeberechtigt gelten unter den Voraussetzungen des 9 a Absatz 1, § 9 f Absatz 2, § 9 j, § 10 a Nummer 7 Satz 2 und § 12 Absatz 4 bis 6 auch andere natürliche sowie juristische Personen.

(4) Beihilfeberechtigt sind nicht

1. Ehrenbeamte,
2. Beamte, wenn das Dienstverhältnis auf weniger als ein Jahr befristet ist, es sei denn, dass sie insgesamt mindestens ein Jahr ununterbrochen im öffentlichen Dienst (§ 41 Abs. 5 des Landesbesoldungsgesetzes Baden-Württemberg) beschäftigt oder Beamte auf Widerruf im Vorbereitungsdienst sind,
3. Beamte und Versorgungsempfänger, wenn ihnen Leistungen nach § 11 des Europaabge-

ordnetengesetzes, § 27 des Gesetzes über die Rechtsverhältnisse der Mitglieder des Deutschen Bundestags oder entsprechenden vorrangigen landesrechtlichen Vorschriften zustehen,

4. Ruhestandsbeamte und frühere Beamte, wenn sie am Tag der Beendigung der aktiven Dienstzeit nach Nummer 1 oder 2 in der an diesem Tag maßgeblichen Fassung nicht beihilfeberechtigt waren, sowie deren Hinterbliebene oder hinterbliebene Lebenspartner nach dem Lebenspartnerschaftsgesetz.

VwV des FM zu § 2 Absatz 4

2.1 Wird ein Dienstverhältnis, das unbefristet oder auf ein Jahr oder länger befristet ist, gleichwohl vor Ablauf eines Jahres beendet, bleiben die bis dahin entstandenen Aufwendungen beihilfefähig. Wird ein Dienstverhältnis, das ursprünglich auf weniger als ein Jahr befristet war, auf insgesamt mindestens ein Jahr verlängert, so sind die ab dem Zeitpunkt der Verlängerung entstandenen Aufwendungen beihilfefähig.

2.2 Eine Teilzeitbeschäftigung im öffentlichen Dienst wird auf die Jahresfrist voll angerechnet.[...]

§ 3
Berücksichtigungsfähige Angehörige

(1) Berücksichtigungsfähige Angehörige sind

1. die Ehegatten oder die Lebenspartner nach dem Lebenspartnerschaftsgesetz der Beihilfeberechtigten,
2. die im Familienzuschlag nach dem Landesbesoldungsgesetz Baden-Württemberg berücksichtigungsfähigen Kinder der Beihilfeberechtigten.

Hinweis der Redaktion: Beihilfe für Kinder steht zu, solange ⇨ Kindergeld für das betreffende Kind gezahlt wird.

Im Hinblick auf die Geburt eines nichtehelichen Kindes des Beihilfeberechtigten gilt die Mutter des Kindes als nach Satz 1 Nr. 1 berücksichtigungsfähige Angehörige.

(2) Berücksichtigungsfähige Angehörige sind nicht

1. Geschwister der Beihilfeberechtigten oder von Ehegatten oder von Lebenspartnern nach dem Lebenspartnerschaftsgesetz,
2. Ehegatten, Lebenspartner nach dem Lebenspartnerschaftsgesetz und Kinder beihilfeberechtigter Waisen.

(3) Die Berücksichtigung von Ehegatten oder von Lebenspartnern nach dem Lebenspartnerschaftsgesetz endet mit dem Ablauf des Kalendermonats, in dem sie im Familienzuschlag nicht mehr berücksichtigungsfähig sind. Die Berücksichtigung von Kindern endet mit dem Ablauf des Kalenderjahres, in dem sie im Familienzuschlag nicht mehr berücksichtigungsfähig sind, bei Wegfall am 31. Dezember eines Jahres mit Ablauf des folgenden Kalenderjahres. Darüber hinaus bleiben Kinder, für die der Kinderanteil im Familienzuschlag rückwirkend wegfällt, bis zum Ablauf des Kalendermonats, für den zuletzt der Kinderanteil gezahlt wurde, ohne dass der Beihilfeberechtigte den Wegfallgrund kannte oder hätte kennen müssen, berücksichtigungsfähig.

VwV des FM zu § 3

1. Die Vorschrift erfasst nicht nur die beim Familienzuschlag tatsächlich berücksichtigten Kinder, sondern auch Kinder, die beim Beihilfeberechtigten berücksichtigungsfähig sind oder wären. Damit steht Beihilfe auch für Kinder zu, für die der Beihilfeberechtigte deshalb keinen Kinderanteil im Familienzuschlag erhält, weil er nicht unter den Anwendungsbereich des Familienzuschlagsrechts fällt, oder der Kinderanteil im Familienzuschlag für dieses Kind einer anderen Person gewährt wird (vergleiche hierzu § 4 Absatz 6, § 17 Absatz 3 Satz 2).

2. Solange der kinderbezogene Anteil im Familienzuschlag gezahlt wird, bleiben die Kinder in der Beihilfe berücksichtigungsfähig. Dies gilt unabhängig davon, ob nachträglich festgestellt wird, dass ein entsprechender Anspruch nicht bestanden hat und der kinderbezogene Anteil im Familienzuschlag zurückgefordert wird. Dies gilt nicht, soweit die Überzahlung auf Zeiten entfällt, in denen der Beihilfeberechtigte den Wegfallgrund bereits kannte oder hätte kennen müssen.

⇨ Beihilfe (Urlaub ohne Bezüge)

§ 4
Zusammentreffen mehrerer Beihilfeberechtigungen

(1) Beim Zusammentreffen mehrerer Beihilfeberechtigungen aufgrund beamtenrechtlicher Vorschriften schließt eine Beihilfeberechtigung

1. aus einem Dienstverhältnis die Beihilfeberechtigung aus einem Rechtsverhältnis als Versorgungsempfänger,
2. aus einem neuen Dienstverhältnis die Beihilfeberechtigung aus einem älteren Dienstverhältnis,
3. aufgrund eines neuen Versorgungsbezugs die Beihilfeberechtigung aufgrund eines älteren Versorgungsbezugs; bei gleichzeitigem Beginn von zwei Versorgungsbezügen die Beihilfeberechtigung aus dem jüngeren die aus dem älteren Dienstverhältnis,
4. aufgrund eines Versorgungsbezugs aus einem eigenen Dienstverhältnis die Beihilfeberechtigung aufgrund eines Bezugs von Witwengeld oder Witwergeld

aus.

(2) Die Beihilfeberechtigung nach anderen als beamtenrechtlichen Vorschriften geht der Beihilfeberechtigung aus einem Rechtsverhältnis als Versorgungsempfänger vor.

VwV des FM zu § 4 Absatz 2

2.1 Eine Beihilfeberechtigung aus einem Beschäftigungsverhältnis verdrängt eine beamtenrechtliche Beihilfeberechtigung als Versorgungsempfänger auch dann, wenn das – mit Beihilferechten ausgestattete – Beschäftigungsverhältnis außerhalb des öffentlichen Dienstes besteht (zum Beispiel Religionsgemeinschaft, Gesellschaft privaten Rechts). Allerdings ist die Beihilfeberechtigung nach beamtenrechtlichen Vorschriften nicht stets für alle Aufwendungen ganz ausgeschlossen. Sie bleibt vielmehr bestehen, wenn aus einer Beihilfeberechtigung nach anderen als beamtenrechtlichen Vorschriften im konkreten Fall dem Grunde nach keine Beihilfe zusteht [...].

2.2 Eine nach anderen als beamtenrechtlichen Vorschriften gewährte Beihilfe nach § 4 Absatz 2, Absatz 3 Satz 2, Absatz 5 Satz 1 darf gemäß § 5 Absatz 4 Nummer 7 nicht durch eine Beihilfe aus einem beamtenrechtlichen Rechtsverhältnis oder einem solchen als Versorgungsempfänger aufgestockt werden. Dies gilt nicht bei teilzeitbeschäftigten Arbeitnehmern für vorrangige arbeitszeitanteilig gekürzte Beihilfen (§ 4 Absatz 5 Satz 2); diese sind jedoch nach § 5 Absatz 3 Satz 1 auf die beihilfefähigen Aufwendungen anzurechnen.

(3) Die Beihilfeberechtigung aufgrund beamtenrechtlicher Vorschriften schließt die Berücksichtigungsfähigkeit als Angehöriger aus. Die Beihilfeberechtigung nach anderen als beamtenrechtlichen Vorschriften geht der Berücksichtigungsfähigkeit als Angehöriger vor.

(4) *(nicht abgedruckt)*

(5) Eine Beihilfeberechtigung nach anderen als beamtenrechtlichen Vorschriften ist gegeben, wenn ein Anspruch auf Beihilfe aufgrund privatrechtlicher Rechtsbeziehungen nach einer den Beihilfevorschriften des Landes im Wesentlichen vergleichbaren Regelung besteht. Keine im wesentlichen vergleichbare Regelung ist der bei teilzeitbeschäftigten Arbeitnehmern arbeitszeitanteilig zu kürzende Beihilfeanspruch.

(6) Ist ein Angehöriger bei mehreren Beihilfeberechtigten berücksichtigungsfähig, wird Beihilfe für Aufwendungen dieses Angehörigen jeweils nur einem Beihilfeberechtigten gewährt, der von ihnen zu bestimmen ist; die Bestimmung darf nur aus einem triftigen Grund geändert werden. Bestimmungen und Änderungen sind jeweils der anderen Beihilfestelle mitzuteilen. Abweichend hiervon wird Beihilfe zu Aufwendungen für ein Kind, das bei mehreren nach beamtenrechtlichen Vorschriften Beihilfeberechtigten berücksichtigungsfähig ist, nur dem Beihilfeberechtigten gewährt, der das Kindergeld erhält; eine Bestimmung nach Satz 1 entfällt.

VwV des FM zu § 4 Absatz 6

4.1 Beruhen die konkurrierenden Beihilfeberechtigungen auf beamtenrechtlichen Vorschriften (Absatz 1 und 4), so wird Beihilfe zu Aufwendungen für Kinder nach Satz 3 der Vorschrift nur demjenigen gewährt, der das Kindergeld und gegebenenfalls den Kinderanteil im Familienzuschlag erhält. Eine davon abweichende Bestimmung nach Satz 1 der Vorschrift ist somit nur zulässig, wenn mindestens eine der Beihilfeberechtigungen auf anderen als beamtenrechtlichen Vorschriften beruht.

4.2 Solange der Beihilfeberechtigte, der die Aufwendungen für ein mehrfach berücksichtigungsfähiges Kind geltend machen darf, noch nicht bestimmt ist, dürfen Aufwendungen für das Kind nur bei dem Beihilfeberechtigten berücksichtigt werden, der tatsächlich den kinderbezogenen Anteil im Familienzuschlag (Stufe 2 fortfolgende), oder eine Besitzstandszulage für den früheren Ortszuschlag (Stufe 3 fortfolgende) oder den entsprechenden Sozialzuschlag erhält.

4.3 Den Beihilfeberechtigten ist zur Verfahrensvereinfachung zu empfehlen, denjenigen Beihilfeberechtigten, der Aufwendungen für ein mehrfach berücksichtigungsfähiges Kind geltend machen darf, nicht abweichend von dem Bezugsberechtigten für das Kindergeld (und damit den Kinderanteil im Familienzuschlag oder die Besitzstandszulage für den früheren Orts- oder Sozialzuschlag) zu bestimmen. Wird eine abweichende Bestimmung (Vordruck LBV 332) nicht getroffen, so sind Originalbelege entsprechend § 17 Absatz 3 Satz 2 nicht erforderlich.

§ 5
Beihilfefähigkeit der Aufwendungen

(1) Nach den folgenden Vorschriften sind Aufwendungen beihilfefähig, wenn sie dem Grunde nach notwendig und soweit sie der Höhe nach angemessen sind. Über die Notwendigkeit und die Angemessenheit entscheidet die Beihilfestelle. Sie kann hierzu begründete medizinische Gutachten (§ 18 Abs. 5) einholen, in Ausnahmefällen auch ohne Einverständnis des Betroffenen. Bezüglich der Höhe der Aufwendungen sind die Rechtsvorschriften des Bundes und der Länder über Preise und Gebühren sowie die Anlage anzuwenden.

VwV des FM zu § 5 Absatz 1

1.2 Zum Schutz der Beihilfedaten und beim Einholen medizinischer Gutachten sind die datenschutzrechtlichen Belange zu wahren (§ 18 und die VwV hierzu).

(2) Voraussetzung für die Beihilfefähigkeit ist, dass im Zeitpunkt des Entstehens der Aufwendungen Beihilfeberechtigung besteht und bei Aufwendungen für einen Angehörigen dieser berücksichtigungsfähig ist. Die Aufwendungen gelten in dem Zeitpunkt als entstanden, in dem die sie begründende Leistung erbracht wird.

(3) Bei Ansprüchen auf Sozialleistungen, Krankenfürsorge oder Kostenersatz aufgrund von Rechtsvorschriften oder arbeitsvertraglichen Vereinbarungen sind die im Einzelfall tatsächlich gewährten Geldleistungen in voller Höhe von den im Rahmen dieser Verordnung beihilfefähigen Aufwendungen abzuziehen. Ist eine aufgrund von Ansprüchen nach Satz 1 zustehende Geldleistung insbesondere bei Behandlern, die an der Versorgung der gesetzlich Versicherten teilnehmen, nicht in Anspruch genommen worden, entfällt insoweit die Beihilfefähigkeit der Aufwendung. Hierbei sind auch Aufwendungen für kieferorthopädische Behandlungen sowie für Arznei- und Verbandmittel in voller Höhe als zustehende Leistung anzusetzen. Sätze 2 und 3 gelten nicht hinsichtlich einer Leistung

1. nach § 10 Abs. 2, 4 und 6 des Bundesversorgungsgesetzes oder hierauf bezugnehmenden Vorschriften,
2. für berücksichtigungsfähige Kinder eines Beihilfeberechtigten, die von der Versicherung in der gesetzlichen Kranken- oder Rentenversicherung einer anderen Person erfasst werden,
3. der gesetzlichen Krankenversicherung aus einer freiwilligen Versicherung.

Sätze 1 bis 4 gelten nicht für Leistungen nach § 28 Abs. 2 SGB XI und nach dem Wohngeldgesetz.

VwV des FM zu § 5 Absatz 3

2.1 Der Umfang von tatsächlich gewährten Leistungen aufgrund von Rechtsvorschriften oder Arbeitsverträgen (auch Dienstverträgen) ist, sofern nicht vom Rechnungsaussteller bereits abgesetzt, jeweils betragsmäßig nachzuweisen, regelmäßig durch eine Bescheinigung des Leistungsträgers auf der Rechnung. Solange der Nachweis fehlt, kann keine Beihilfe zu dem Beleg bewilligt werden.

2.2 § 5 Absatz 3 Sätze 2 und 3 zwingen die Leistungsberechtigten nicht, nur solche Behandlungen in Anspruch zu nehmen, für die Ansprüche, beispielsweise gegen eine Krankenkasse, zustehen. Die Regelungen gehen vom Grundsatz der freien Arztwahl aus, der unabhängig von dem jeweils konkret bestehenden Versicherungsschutz respektiert wird. Erst wenn der Arzt und die Behandlung gewählt sind, kann entschieden werden, ob für die erbrachte Leistung ein Anspruch im Sinne der Sätze 2 und 3 zusteht. Gleiches gilt für Zahnärzte und die Angehörigen anderer Heilberufe.

2.3 Wird die Behandlung selbst bezahlt (Selbstzahler, Privatpatient), so ist – außer in den Fällen des Satzes 4 Nummer 1 bis 3 – nachzuweisen, dass der behandelnde oder verordnende Arzt nicht zu dem von der Krankenkasse zugelassenen Personenkreis gehört, der seine Leistung als nicht beihilfefähige Dienst- oder Sachleistung – auf Vorlage der Gesundheitskarte, Krankenversichertenkarte, des Kassenrezepts, Berechtigungs- oder Überweisungsscheins – abrechnen kann. Zugleich ist für diesen Fall eine Bescheinigung der Kasse auf dem Beleg über die Höhe einer gleichwohl zu erlangenden Geldleistung anzufordern.

2.4 Zu den Leistungen, die nach Satz 1 anzurechnen und den Ansprüchen, die gemäß den Sätzen 2 und 3 vorrangig sind, gehören nicht solche nach Familienrecht (auf Unterhalt), auf Schadenersatz in den Fällen des § 5 Absatz 5 Satz 3 sowie solche aus dem Entschädigungsfonds für Schäden aus Kraftfahrzeugunfällen nach § 12 Absatz 1 PflVG. Gleiches gilt für Sozialhilfeleistungen; sie gehören zwar begrifflich zu den in den Sozialgesetzbüchern erfassten Sozialleistungen (siehe §§ 11, 18 fortfolgende SGB I), sie sind jedoch aufgrund des § 2 SGB XII nachrangig (vergleiche dazu außerdem die VwV Nummern 1.2 bis 1.4 zu § 17).

2.5 Wählen freiwillige Mitglieder der gesetzlichen Krankenversicherung einen Tarif mit Selbstbehalt entsprechend § 53 Absatz 1 SGB V und leistet die Kasse dementsprechend geringere Erstattungen, so kann dieser Selbstbehalt nicht von den beihilfefähigen Aufwendungen abgesetzt werden. Hierdurch ergibt sich zwar ein höherer beihilfefähiger Betrag, jedoch entfällt die Anwendung des § 14 Absatz 4. Entsprechendes gilt bei Verzicht auf Kassenleistungen gegen Prämienzahlung nach § 53 Absatz 2 und 7 SGB V.

2.6 Leistungen aus einer privaten Kranken-, Pflege- oder Unfallversicherung sind, auch wenn eine gesetzliche Verpflichtung zum Abschluss und Beibehalten einer solchen Versicherung besteht, nicht von dieser Vorschrift erfasst; sie sind nach § 15 zu berücksichtigen. Wohngeld wird nicht erfasst.

(4) Nicht beihilfefähig sind

1. Dienst- und Sachleistungen; dies gilt nicht für Leistungen nach dem Bundessozialhilfegesetz, wenn Ansprüche auf den Sozialhilfeträger übergeleitet sind. – Von der Beihilfegewährung ausgeschlossen sind auch
   a) Aufwendungen, die darauf beruhen, dass die bei dem aufgesuchten Leistungserbringer mögliche Dienst- oder Sachleistung nicht beansprucht wurde,
   b) Aufwendungen, die darauf beruhen, dass Kostenerstattung nach §§ 13 Abs. 2, 53 Abs. 4, 64 Abs. 4 des Fünften Buches des Sozialgesetzbuches (SGB V) oder entsprechenden Vorschriften beansprucht wurde,
   c) Festbeträge für Arznei- und Verbandmittel nach § 35 SGB V,
   d) Aufwendungen, soweit sie infolge eines Abschlags für Verwaltungskosten und fehlende Wirtschaftlichkeitsprüfung nach § 13 Abs. 2 SGB V oder entsprechenden Vorschriften nicht erstattet wurden; wird die Höhe des Abschlags nicht nachgewiesen, gelten 10 % der Kostenerstattung als Abschlag.

   Satz 2 Buchst. a und b gelten nicht für Leistungen nach Absatz 3 Satz 4 und für Wahlleistungen nach § 6a Abs. 2 und § 7.

VwV des FM zu § 5 Absatz 4 Nr. 1

3.1 Die Vorschrift erfasst Dienst- und Sachleistungen (zum Beispiel ärztliche und zahnärztliche Versorgung – ohne Zahnersatz –, allgemeine Krankenhausleistungen, Arznei-, Verband- und Heilmittel, die meist auf Vorlage der Gesundheitskarte, Krankenversichertenkarte, des Kassenrezepts, Berechtigungs- oder Überweisungsscheins gewährt werden) der gesetzlichen Kranken-, Pflege-, Renten- und Unfallversicherung sowie sonstiger Leistungsträger, zum Beispiel Versorgungsverwaltung nach dem BVG. Die VwV Nummern 2.2 bis 2.4 zu § 5 gelten entsprechend.

3.2 Hätte die behandelnde Person im Fall der Vorlage der Krankenversichertenkarte, des Berechtigungs- oder Überweisungsscheins eine Dienst- oder Sachleistung zu erbringen gehabt, ist eine Beihilfe nach Absatz 4 Nummer 1 Buchstabe a ausgeschlossen. Ein Sachleistungsanspruch ist auch dann gegeben, wenn Patienten ganz oder teilweise auf den Anspruch verzichten, oder den Anspruch nicht oder nicht rechtzeitig geltend machen (zum Beispiel wenn sie der behandelnden Person keine Krankenversichertenkarte vorlegen), weil ein Sachleistungsanspruch gemäß Satz 3 nur in den dort bezeichneten Fällen nicht berücksichtigt wird. Nimmt die behandelnde Person an der vertragsärztlichen Versorgung der Krankenkassen nicht teil und steht deshalb gegebenenfalls nur eine Geldleistung zu, so ist diese gemäß Absatz 3 von den beihilfefähigen Aufwendungen abzuziehen, wenn sie erlangt werden kann.

3.3 Bei Aufwendungen in der gesetzlichen Krankenversicherung versicherter Personen beruht eine nachgewiesene Kostenerstattung stets auf einer in Buchstabe b genannten Vorschrift, wenn die konkret in Anspruch genommene Leistung bei dem aufgesuchten Arzt oder anderen Angehörigen eines Heilberufs auch als Dienst- oder Sachleistung zu erlangen gewesen wäre; hiervon ist grundsätzlich auszugehen mit Ausnahme derjenigen Kostenerstattungen, an deren Stelle nach dem SGB V keine Dienst- oder Sachleistung in Betracht kommt oder dort spezielle Regelungen über die Höhe eines Kostenersatzes getroffen sind (beispielsweise Zahnersatz einschließlich Zahnkronen und besonderer Zahnfüllungen, Wahlleistungen).

3.4 Ist die Höhe des Abschlags nach Buchstabe d nicht nachgewiesen, sind neben der Kostenerstattung der Krankenkasse 10 Prozent des Erstattungsbetrags zusätzlich als fiktiver Abschlag abzusetzen. Beispiel: Erstattungsbetrag 1500 Euro, fiktiver Abschlag 10 Prozent = 150 Euro, abzusetzen somit insgesamt 1650 Euro. Der Abzug ist auch dann vorzunehmen, wenn daneben Absatz 4 Nummer 2 einschlägig ist. Hinsichtlich der Kostenerstattung für Zahnersatz und Zahnkronen gilt Nummer 1.2.2 der Anlage.

2. gesetzlich vorgesehene kleinere Kostenanteile, insbesondere Zuzahlungen nach dem SGB V; auf das gewählte Abrechnungsverfahren kommt es dabei nicht an,

VwV des FM zu § 5 Absatz 4 Nr. 2

Kleinere Kostenanteile beziehungsweise Zuzahlungen sind solche nach §§ 23 Absatz 6, 24 Absatz 3, 28 Absatz 4, 29 Absatz 2, 31 Absatz 3, 32 Absatz 2, 33 Absatz 8, 37 a Absatz 3, 38 Absatz 5, 39 Absatz 4, 40 Absatz 5 und 6, 41 Absatz 3 und 60 Absatz 2, 61 Satz 1 und 2 SGB V, 32 SGB VI oder entsprechenden Regelungen. Sie sind auch dann nicht beihilfefähig, wenn nicht das Sachleistungsverfahren, sondern Kostenerstattung (Geldleistungen) gewählt wird. Ist § 5 Absatz 3 Satz 3 in Verbindung mit Absatz 4 Nummer 1 Buchstabe a oder b einschlägig, so sind danach auch Aufwendungen für Arznei- und Verbandmittel (entsprechend § 31 Absatz 2, §§ 130, 130 a SGB V), unabhängig von der gewählten Art der Abrechnung nicht beihilfefähig.

3. Aufwendungen für medizinisch notwendige Leistungen, die als Folge von medizinisch nicht notwendigen Maßnahmen entstehen, insbesondere nach ästhetischer Operation, Tätowierung, Piercing,

4. die in §§ 6 bis 10a genannten Aufwendungen, auch in Verbindung mit § 13, die für den Ehegatten des Beihilfeberechtigten oder dessen Lebenspartner nach dem Lebenspartnerschaftsgesetz entstanden sind, wenn der Gesamtbetrag der Einkünfte (§ 2 Abs. 3 des Einkommensteuergesetzes) des Ehegatten oder des Lebenspartners nach dem Lebenspartnerschaftsgesetz in den beiden Kalenderjahren vor der Stellung des Beihilfeantrags jeweils 10 000 Euro übersteigt,

Hinweis der Redaktion: § 5 Abs. 4 Nr. 4 widerspricht dem ⇨ Beamtengesetz (LBG). Dort wurde 2020 in § 78 Abs. 1a die Höchstgrenze 20 000 Euro festgelegt.

5. die in §§ 6 bis 8, 10 bis 11 Absatz 1 genannten Aufwendungen, auch in Verbindung mit § 13, für Beamte, denen aufgrund von § 79 LBG, der Heilfürsorgeverordnung oder entsprechenden

anderen landesrechtlichen Vorschriften Heilfürsorge zusteht,

6. Aufwendungen für die persönliche Tätigkeit eines nahen Angehörigen bei einer Heilbehandlung; nahe Angehörige im Sinne dieser Vorschrift sind
   a) Ehegatten, Lebenspartner nach dem Lebenspartnerschaftsgesetz, Kinder, Eltern, Großeltern, Enkelkinder,
   b) Schwiegersöhne, Schwiegertöchter und Geschwister

   des Beihilfeberechtigten oder der berücksichtigungsfähigen Angehörigen. Aufwendungen zum Ersatz der dem nahen Angehörigen im Einzelfall entstandenen Sachkosten sind bis zur Höhe des nachgewiesenen Geldwertes im Rahmen dieser Vorschriften beihilfefähig. Aufwendungen für nahe Angehörige nach Satz 1 Buchst. b sind bis zu zwei Dritteln der jeweils einschlägigen Gebühren oder der Höchstbeträge beihilfefähig,
7. Aufwendungen, die bereits aufgrund eines vorgehenden Beihilfeanspruchs (§ 4 Abs. 2, Abs. 3 Satz 2 oder Abs. 5 Satz 1) beihilfefähig sind,
8. Aufwendungen für den Schwangerschaftsabbruch ohne medizinische oder kriminologische Indikation,
9. Aufwendungen für den Besuch vorschulischer oder schulischer Einrichtungen sowie für sozialpädiatrische, sozialpädagogische, heilpädagogische, psychosoziale, berufsfördernde, berufsvorbereitende und berufsbildende Maßnahmen sowie für den Besuch von Werkstätten für Behinderte in allen Bereichen.

VwV des FM zu § 5 Absatz 4 Nr. 9

Aufwendungen für sozialpädiatrische Leistungen, die in den Sozialpädiatrischen Zentren nach § 119 SGB V erbracht werden, sind ausnahmsweise im Rahmen der Nummer 1.1 der Anlage als Komplextherapie beihilfefähig (vergleiche VwV 1.2 zu Nummer 1 der Anlage).

(5) Nicht beihilfefähig sind Aufwendungen insoweit, als Schadenersatz von einem Dritten erlangt werden kann oder die Ansprüche auf einen anderen übergegangen oder übertragen worden sind. Dies gilt auch für verjährte, erloschene oder im Vergleichsweg abgefundene Ansprüche. Abweichend von Satz 1 und 2 sind Aufwendungen beihilfefähig, die auf einem Ereignis beruhen, das nach § 81a LBG zum Übergang des gesetzlichen Schadenersatzanspruchs auf den Dienstherrn oder auf eine Versorgungskasse führt.

(6) Bei Anlegung eines strengen Maßstabs kann in besonderen Härtefällen mit Zustimmung der obersten Dienstbehörde und nur im Einvernehmen mit dem Finanzministerium zu Aufwendungen im Sinne des § 78 LBG ausnahmsweise abweichend von den in dieser Verordnung genannten Voraussetzungen Beihilfe gewährt werden. Dies gilt für die in § 5 Abs. 4 Nr. 3 genannten Fälle entsprechend. Aufwendungen für nahe Angehörige nach Satz 1 Buchst. b sind bis zu zwei Dritteln der jeweils einschlägigen Gebühren oder der Höchstbeträge beihilfefähig. Voraussetzung ist außerdem, dass die fraglichen Aufwendungen unbedingt notwendig sind und 10 vom Hundert des laufenden in § 2 Abs. 2 genannten Bruttomonatsbezugs, mindestens 360 Euro übersteigen.

VwV des FM zu § 5 Absatz 6

Soweit das Ministerium für Finanzen und Wirtschaft das Einvernehmen allgemein erteilt hat und damit eine Vorlage entfällt, ist dies in die VwV zu den Einzelregelungen der BVO (siehe VwV Nummer 3 zu § 1, VwV Nummer 1.3 letzter Satz zu § 6 a, sowie VwV Nummern 3.2 und 4.2 zu § 10 a) aufgenommen. Auch in diesen Fällen müssen die Voraussetzungen des § 5 Absatz 6 gegeben sein, insbesondere müssen die den Mindestbetrag übersteigenden nicht anderweitig gedeckten Aufwendungen so hoch sein, dass sie nicht ohne (Teil-) Beihilfe getragen werden können. Die finanzielle Situation aller berücksichtigungsfähigen Angehörigen ist auch dann zu berücksichtigen, wenn es sich um Aufwendungen für den Beihilfeberechtigten selbst handelt. Eine Prüfung der finanziellen Situation ist nicht erforderlich bei Entscheidungen nach VwV Nummer 3 zu § 1, VwV Nummer 1.3 zu § 6 a, über nicht in der Anlage aufgeführte Hilfsmittel und bei Abweichen von den Vorschriften über psychotherapeutische Leistungen aufgrund eines Obergutachtens. Ein Härtefall kann nur dann einschlägig sein, wenn im entscheidungserheblichen Zeitraum eine Beihilfeberechtigung bestand.

§ 6
Beihilfefähige Aufwendungen bei Krankheit

(1) Aus Anlass einer Krankheit sind beihilfefähig die Aufwendungen für gesondert erbrachte und berechnete

1. ärztliche, psychotherapeutische und zahnärztliche Leistungen und Leistungen von Heilpraktikern nach Maßgabe der Anlage. Ausgenommen sind Begutachtungen, die weder im Rahmen einer Behandlung noch bei der Durchführung dieser Vorschriften erbracht werden,

VwV des FM zu § 6 Absatz 1 Nr. 1

1.1 Ob die Aufwendungen aus Anlass einer Krankheit entstanden sind und notwendig waren, ergibt sich aus der Diagnose; ohne deren Angabe in der Rechnung können die Aufwendungen daher nicht als beihilfefähig anerkannt werden. Bei zahnärztlicher Behandlung ist die Angabe der Diagnose oder der Indikation grundsätzlich nicht erforderlich.

1.2 Keine beihilfefähigen Krankheitskosten sind Kosten für ärztliche Untersuchungen und Atteste zum Beispiel für den Wechsel einer Krankenversicherung, zur Bescheinigung der Fahrtauglichkeit bei Führerscheinbewerbern sowie zur gesundheitlichen Eignung zur Übernahme in ein Arbeitnehmer- oder Beamtenverhältnis. Aufwendungen für ärztliche Bescheinigungen zum Nachweis der Dienstunfähigkeit und Dienstfähigkeit des Beihilfeberechtigten sind jedoch beihilfefähig.

1.3 Die Aufwendungen für Maßnahmen der künstlichen Befruchtung sind unter folgenden Voraussetzungen beihilfefähig: Bei Insemination sind die Aufwendungen für die ärztliche Feststellung der Voraussetzungen und für höchstens fünf Behandlungen beihilfefähig. Die Beihilfestelle kann bei einer entsprechenden ärztlichen Befürwortung darüber hinaus die Aufwendungen für weitere drei Behandlungen als beihilfefähig anerkennen.

Bei In-vitro-Fertilisation, Intratubarem Gameten-Transfer (GIFT) oder Intracytoplasmatischer Spermieninjektion (ICSI) sind die Aufwendungen für die ärztliche Feststellung der Voraussetzungen und für jeweils höchstens drei Behandlungen beihilfefähig.

Ist nur eine Person erkrankt, sind sämtliche Aufwendungen grundsätzlich dieser zuzuordnen. Wenn bei beiden Personen Sterilität diagnostiziert ist, sind die Aufwendungen grundsätzlich der Person zuzuordnen, bei der die medizinischen Leistungen erbracht wurden. Extrakorporale Maßnahmen werden in diesem Fall der Person zugeordnet, an die die Rechnung ausgestellt ist. Nicht beihilfefähig sind Aufwendungen für die künstliche Befruchtung mit Keimzellen eines anderen als des Ehegatten oder des Partners.

1.4 Aufwendungen für eine Kryokonservierung von Ei- oder Samenzellen sind im Rahmen einer laufenden beihilfefähigen künstlichen Befruchtung oder in begründeten Einzelfällen als fertilitätsprotektive Maßnahme als beihilfefähig anzuerkennen, wenn aufgrund einer Erkrankung beziehungsweise derer notwendigen Behandlung Sterilität droht.

1.5 Ist eine hinreichende Verständigung mit hörbehinderten oder besonders stark in der Sprachfähigkeit beeinträchtigten Menschen anders nicht ausreichend möglich, so sind in begründeten Einzelfällen die Kosten für Gebärdendolmetscher (§ 17 Absatz 2 SGB I, § 57 SGB IX) als Nebenkosten der Untersuchung oder Behandlung beihilfefähig.

2. von Ärzten, Zahnärzten oder Heilpraktikern bei Leistungen nach Nummer 1 verbrauchte oder nach Art und Menge schriftlich verordnete Arzneimittel, Verbandmittel und Teststreifen für Körperflüssigkeiten. Keine Arzneimittel sind
   a) Mittel, die geeignet sind, Güter des täglichen Bedarfs zu ersetzen,
   b) Nahrungsergänzungsmittel nach § 1 Absatz 1 der Nahrungsergänzungsmittelverordnung, die als solche gekennzeichnet sind,
   c) diätetische Lebensmittel nach § 1 Absatz 1 der Diätverordnung, die mit den Zusätzen „Diät", „diätetisch", „Kost", „Nahrung" oder „Lebensmittel" gekennzeichnet sind,
   d) Medizinprodukte nach dem Medizinproduktegesetz (MPG),
   e) nicht verschreibungspflichtige Vitamin- und Mineralstoffpräparate und nicht verschreibungspflichtige Notfallkontrazeptiva bis zur Vollendung des 22. Lebensjahres auch ohne schriftliche ärztliche Verordnung,
   f) Mittel, die zur Empfängnisregelung oder Potenzbeeinflussung verordnet werden.

   Von den in Satz 2 genannten Aufwendungen sind ausnahmsweise beihilfefähig:
   a) Nahrungsergänzungsmittel, Vitamin- und Mineralstoffpräparate, wenn nach begründetem medizinischen Gutachten die medizinische Notwendigkeit nachgewiesen ist; das Finanzministerium kann bestimmen, unter welchen Voraussetzungen von der medizinischen Notwendigkeit ohne gesonderten Nachweis auszugehen ist; Aufwendungen für Mittel zur Vorbeugung gegen Rachitis und Karies bei Kindern unter drei Jahren sind beihilfefähig,
   b) Aminosäuremischungen, Eiweißhydrolysate, Elementardiäten und Sondennahrung zur enteralen Ernährung bei fehlender oder eingeschränkter Fähigkeit, sich auf natürliche Weise ausreichend zu ernähren nach ärztlicher Bescheinigung und soweit die Aufwendungen hierfür vierteljährlich 360 Euro übersteigen; Aufwendungen für chemisch definierte Formeldiäten sind ohne Abzug von vierteljährlich 360 Euro beihilfefähig, wenn die Kosten zusätzlich zu den für die übliche Diätnahrung entstehen,
   c) Elementardiäten für Kinder unter drei Jahren mit Kuhmilcheiweiß-Allergie sowie bei Neurodermitis unabhängig vom Alter der Person für einen Zeitraum von insgesamt einem halben Jahr, wenn sie für diagnostische Zwecke eingesetzt werden und
   d) Stoffe und Zubereitungen aus Stoffen, die als Medizinprodukt nach § 3 Nummer 1 und 2 MPG zur Anwendung am oder im menschlichen Körper bestimmt sind, in Anlage 4 zur Bundesbeihilfeverordnung (BBhV) aufgeführt sind und die dort genannten Maßgaben erfüllen,
   e) nicht verschreibungspflichtige Notfallkontrazeptiva bis zur Vollendung des 22. Lebensjahres auch ohne schriftliche ärztliche Verordnung,

   [...] *Ermächtigung; nicht abgedruckt; siehe nachfolgende Ausführungen in der VwV des FM zu § 6],*

VwV des FM zu § 6 Absatz 1 Nr. 2

2.1 Der Begriff der beihilfefähigen Arznei- und Verbandmittel deckt sich nicht mit dem wortgleichen Begriff der gesetzlichen Krankenversicherung oder dem Arzneimittelbegriff des AMG. Arzneimittel im Sinne von § 6 Absatz 1 Nummer 2 sind grundsätzlich Stoffe oder Zubereitungen aus Stoffen, die dazu bestimmt sind, durch Anwendung am oder im menschlichen Körper Krankheiten, Leiden, Körperschäden oder krankhafte Beschwerden zu heilen, zu verhüten oder zu erkennen.

Einen Anhaltspunkt dafür, ob ein bestimmtes Präparat ein Arzneimittel im medizinischen Sinn ist, kann seine Zulassung oder Registrierung als Arzneimittel (§ 2 Absatz 4 AMG) und etwa auch die Erwähnung des Mittels in der vom Bundesverband der pharmazeutischen Industrie herausgegebenen »Roten Liste« oder in sonstigen Listen über erprobte Arzneimittel bieten.

Keine Arzneimittel sind Lebensmittel im Sinne des § 2 Absatz 2 LFGB, zu denen auch Nahrungsergänzungsmittel zählen können. Das Gleiche gilt für Medizinprodukte im Sinne des § 3 MPG. Aufgrund der Ermächtigung in der Vorschrift sind nachfolgend in VwV 2.4 bis 2.6 zu § 6 Ausnahmen aufgeführt.

2.2 Aufwendungen für empfängnisregelnde Mittel sind nicht beihilfefähig, es sei denn, sie werden nachweislich zur Behandlung einer Krankheit ärztlich verordnet. Aufwendungen für potenzsteigernde Mittel sind ausnahmsweise beihilfefähig, wenn sie zur Behandlung einer anderen Krankheit als der erektilen Dysfunktion verordnet werden.

2.3 Zu den Mitteln, die geeignet sind, Güter des täglichen Bedarfs zu ersetzen, gehören beispielsweise die ballaststoffreiche Kost, Diätkost, glutenfreie Nahrung, Heil- und Mineralwässer, medizinische Körperpflegemittel (einschließlich kosmetischer Mittel), Säuglingsfrühnahrung, Geriatrika, Stärkungsmittel und dergleichen. Ob ein Mittel geeignet ist, Güter des täglichen Bedarfs zu ersetzen, richtet sich nach seiner objektiven Eigenart und Beschaffenheit. Es kommt nicht darauf an, dass ein Mittel bei seiner Anwendung Güter des täglichen Bedarfs tatsächlich ersetzt, diese also überflüssig macht. Abgestellt wird vielmehr darauf, ob das Mittel zur Ersetzung geeignet ist.

2.4 Aufwendungen für sogenannte vollbilanzierte Formeldiäten (nährstoffdefinierte ballaststoffarme Volldiätpräparate, Elementardiät, Sondennahrung) sind soweit sie vierteljährlich 360 Euro übersteigen ausnahmsweise in folgenden, medizinisch gesicherten Ausnahmefällen beihilfefähig, wenn die Formeldiät aufgrund einer entsprechenden ärztlichen Bescheinigung notwendig ist bei

- Ahornsirupkrankheit
- Colitis ulcerosa
- Kurzdarmsyndrom
- Morbus Crohn
- Mukoviszidose
- Phenylketonurie
- erheblichen Störungen der Nahrungsaufnahme bei neurologischen Schluckbeschwerden oder Tumoren der oberen Schluckstraße, insbesondere Mundboden- und Zungenkarzinom
- Tumortherapien (auch nach der Behandlung)
- postoperativer Nachsorge

- angeborene Defekte im Kohlehydrat- und Fettstoffwechsel
- angeborene Enzymdefekte, die mit speziellen Aminosäuremischungen behandelt werden
- AIDS-assoziierten Diarrhöen
- Epilepsien, wenn trotz optimierter antikonvulsiver Therapie eine ausreichende Anfallskontrolle nicht gelingt
- Niereninsuffizienz.

Aufwendungen für Elementardiäten sind für Säuglinge (bis zur Vollendung des ersten Lebensjahrs) und für Kleinkinder bis zur Vollendung des dritten Lebensjahrs beihilfefähig, wenn Kuhmilchallergie besteht. Bei Säuglingen und Kleinkindern mit Neurodermitis sind Elementardiäten für einen Zeitraum von insgesamt einem halben Jahr beihilfefähig, wenn sie für diagnostische Zwecke eingesetzt werden. Aufwendungen für chemisch definierte Formeldiäten (zum Beispiel auch Aminosäuremischungen als Zusatz zur Diät bei Phenylketonurie) sind beihilfefähig; der Abzug von 360 Euro unterbleibt, wenn die Kosten zusätzlich zu den für die übliche Diätnahrung entstehen. Eine parenterale Versorgung (direkt in die Blutbahn) hat Arzneimittelcharakter.

2.5 Vitamine und Mineralstoffpräparate sind nur dann beihilfefähig, wenn sie verschreibungspflichtig sind. Davon abweichend sind Mineralstoffpräparate und Vitaminpräparate beihilfefähig, wenn sie bei Behandlung schwerwiegender Erkrankungen als Therapiestandard gelten. Eine Krankheit ist schwerwiegend, wenn sie lebensbedrohlich ist oder wenn sie aufgrund der Schwere der durch sie verursachten Gesundheitsstörung die Lebensqualität auf Dauer nachhaltig beeinträchtigt. Der therapeutische Nutzen zur Behandlung der schwerwiegenden Erkrankung muss dem allgemein anerkannten Stand der medizinischen Erkenntnisse entsprechen Aufwendungen für Mittel zur Vorbeugung gegen Rachitis und Karies (zum Beispiel D-Fluoretten, Vigantoletten) bei Säuglingen und Kleinkindern sind beihilfefähig.

2.6 Stoffe und Zubereitungen aus Stoffen, die als Medizinprodukte nach dem Medizinproduktegesetz zur Anwendung am oder im menschlichen Körper bestimmt und apothekenpflichtig sind, sind grundsätzlich beihilfefähig, wenn sie entsprechend ihrer Zweckbestimmung nach Art und Ausmaß zur Krankenbehandlung geeignet sind, eine diagnostische oder therapeutische Interventionsbedürftigkeit besteht und sie als solche in der »Roten Liste« enthalten sind.

2.7 Aufwendungen für Mittel, die über die verordnete Menge hinaus (bei Dauerbelegen über den anzuwendenden Geltungszeitraum hinaus) oder ohne ausdrücklichen Wiederholungsvermerk des Verordnenden erneut beschafft worden sind, sind grundsätzlich nicht beihilfefähig; jedoch kann eine einmalige Wiederholung als notwendig angesehen werden.

3. von Ärzten schriftlich begründet verordnete Heilbehandlungen und die dabei verbrauchten Stoffe nach Maßgabe der Anlage. Gleiches gilt für von Zahnärzten schriftlich begründet verordnete Heilbehandlungen, soweit dies zur Ausübung der Zahn-, Mund-, und Kieferheilkunde gehört. Aus der ärztlichen oder zahnärztlichen Verordnung müssen sich Art und genauer Umfang der Heilbehandlung sowie die Diagnose ergeben. Die Heilbehandlung muss von einem der folgenden Heilberufe in ihrer jeweiligen Qualifikation erbracht werden: Beschäftigungs- und Arbeitstherapeut, Ergotherapeut, Krankengymnast, Logopäde, Masseur, medizinischer Bademeister, Neuropsychologe GNP, Physiotherapeut, Podologe; die Anlage 10 zur BBhV findet ergänzend entsprechende Anwendung. Zur Heilbehandlung gehören auch ärztlich verordnete Bäder – ausgenommen Saunabäder und Mineral- oder Thermalbäder außerhalb einer nach §§ 7 oder 8 beihilfefähigen stationären Behandlung oder Kur –, Massagen, Bestrahlungen, Krankengymnastik, Beschäftigungs- sowie Sprachtherapie. Ist die Durchführung einer Heilbehandlung in einen Unterricht zur Erfüllung der Schulpflicht eingebunden, so sind die Aufwendungen gemäß § 5 Abs. 4 Nr. 9 nicht beihilfefähig; dies gilt entsprechend für Heilbehandlungen, mit denen zugleich einer der in § 5 Abs. 4 Nr. 9 genannten Zwecke verfolgt wird,

VwV des FM zu § 6 Absatz 1 Nr. 3

3.1 Verordnungen von Nichthumanmedizinern oder Heilpraktikern reichen nicht aus um eine Beihilfefähigkeit zu begründen. Verordnungen von Fachärzten sind im Rahmen ihrer fachspezifischen Leistungen als ausreichend anzusehen. Ein Zahnarzt kann Heilbehandlungen im Rahmen der Ausübung der Zahn-, Mund- und Kieferheilkunde verordnen. Dies gilt nicht für die Verordnung von logopädischen Behandlungen durch einen allgemeinen Zahnmediziner.

3.2 Die Heilbehandlung muss von einer Person erbracht werden, die die staatliche Anerkennung in dem einschlägigen medizinischen Heilberuf besitzt, der seinerseits Bestandteil der staatlichen Regelung der Berufsausbildung oder des Berufsbildes ist. Klinische Linguisten und die nach dem Recht des Landes Niedersachsen staatlich anerkannten Sprachtherapeuten oder staatlich geprüften Atem-, Sprech- und Stimmlehrer der Schule Schlaffhorst-Andersen (ASSL) gelten bei der Durchführung von Sprachtherapie als Heilbehandler im Sinne des Satzes 1. Die Heilbehandlung ist nur beihilfefähig ist, wenn diese im Rahmen des jeweiligen Berufsbildes erbracht wird. Maßnahmen, die der traditionellen chinesischen Medizin zuzuordnen sind, wie Qi-Gong, Tai Chi, Shiatsu-Therapie und ähnliche sind keine beihilfefähigen Heilbehandlungen im Sinne § 6 Absatz 1 Nummer 3.

3.3 Legasthenie und Akalkulie (Lese-, Rechtschreib- oder Rechenschwäche) sind keine Erkrankungen im Sinne des § 6 Absatz 1. Aufwendungen für derartige Behandlungen sind daher nicht beihilfefähig.

3.4 Eine ambulante neuropsychologische Behandlung muss durch einen Facharzt für Neurologie erfolgen oder mit Begründung verordnet sein. Bei verordneter Behandlung muss die Leistung durch Neuropsychologen GNP (approbierte psychologische Psychotherapeuten mit abgeschlossener Zusatzausbildung der Gesellschaft für Neuropsychologie – GNP) erbracht werden. Grundsätzlich sind zunächst höchstens 15 Sitzungen zu bewilligen; weitere maximal zehn Sitzungen nur nach einem Zwischenbericht des Neuropsychologen mit ausreichender Prognose, falls nicht die Weiterbehandlung durch Angehörige eines anderen Heilberufs (zum Beispiel Logopäden) in Betracht kommt. Der beihilfefähige Höchstbetrag für eine 60-minütige Behandlung ergibt sich aus der Addition der Nummern 50 a und 51 des Leistungsverzeichnisses des BMI.

3.5 Nur außerhalb des Besuchs einer vorschulischen, schulischen, berufsfördernden, berufsvorbereitenden oder berufsbildenden Einrichtung oder Werkstätte für Behinderte und dergleichen zu erbringende ärztlich verordnete Heilbehandlungen sind vom Ausschluss gemäß § 78 Absatz 2 Nummer 2 LBG in Verbindung mit § 5 Absatz 4 Nummer 9 und § 6 Absatz 1 Nummer 3 Satz 5 nicht erfasst. Sie müssen nach § 6 Absatz 1 erster Halbsatz gesondert erbracht und detailliert berechnet sein; die maßgeblichen Höchstbeträge ergeben sich aus der Nummer 1.4.1 der Anlage zur BVO.

3.6 Aufwendungen für Heilbehandlungen im Rahmen einer teilstationären oder stationären Unterbringung in speziellen Einrichtungen für Kranke und Behinderte, die nicht die Voraussetzungen des § 7 oder § 9 Absatz 3, 7 erfüllen, sind ebenfalls nur unter den Voraussetzungen der VwV Nummer 3.1 bis 3.5 zu § 6 beihilfefähig. Bei Berechnung von pauschalen Tagessätzen durch Einrichtungen zur Berufsfindung, Belastungserprobung (nicht: Berufsvorbereitung, Arbeitserprobung), Übergangsheime für Suchtkranke, therapeutische Bauernhöfe und therapeutische Wohngemeinschaften kann die Beihilfestelle bis zu 11 Euro des pauschalen Tagessatzes je Anwesenheitstag, oder den mit einer gesetzlichen Krankenkasse vereinbarten Betrag, als Aufwendungen für Heilbehandlungen ansehen, wenn die verordneten Leistungen nach Art und Umfang nach der Anlage zur BVO beihilfefähig sind.

4. Anschaffung, Miete, Reparatur, Ersatz sowie Betrieb und Unterhaltung der von Ärzten schriftlich begründet verordneten Hilfsmittel, Geräte zur Selbstbehandlung und zur Selbstkontrolle, Körperersatzstücke sowie die Unterweisung im Gebrauch dieser Gegenstände nach Maßgabe der Anlage,
5. erste Hilfe,
6. voll- und teilstationäre Krankenhausleistungen sowie vor- und nachstationäre Behandlungen in zugelassenen Krankenhäusern nach § 108 SGB V nach Maßgabe des § 6a,
7. von Ärzten begründet als notwendig bescheinigte häusliche Krankenpflege. Sie besteht in der Behandlungspflege sowie, sofern nicht § 9 einschlägig ist, bis zu sechs Monaten Grundpflege mit hauswirtschaftlicher Versorgung; dabei muss die Grundpflege überwiegen. Bei einer Pflege durch nahe Angehörige (§ 5 Abs. 4 Nr. 6) sind die folgenden Aufwendungen beihilfefähig:
   a) Fahrkosten (§ 10a Nr. 4),
   b) eine für die Pflege an nahe Angehörige gewährte Vergütung bis zur Höhe von 1300 Euro monatlich, wenn wegen der Ausübung der Pflege eine mindestens halbtägige Erwerbstätigkeit aufgegeben oder im Umfang einer solchen eingeschränkt wird, eine an Ehegatten, Lebenspartner nach dem Lebenspartnerschaftsgesetz, Eltern oder Kinder des Pflegebedürftigen gewährte Vergütung ist nicht beihilfefähig.

   Ist häusliche Krankenpflege nach Satz 1 bei schwerer Krankheit oder wegen akuter Verschlimmerung, insbesondere nach einem Krankenhausaufenthalt, nach einer ambulanten Operation oder nach einer ambulanten Krankenhausbehandlung nicht ausreichend und liegt keine Pflegebedürftigkeit nach § 9 vor, sind die in Rechnung gestellten Aufwendungen für eine Kurzzeitpflege bis zu dem in § 42 Absatz 2 Satz 2 SGB XI genannten Betrag je Kalenderjahr in zugelassenen Einrichtungen nach dem Elften Buch Sozialgesetzbuch oder in anderen geeigneten Einrichtungen beihilfefähig, wenn die Notwendigkeit der Kurzzeitpflege ärztlich bescheinigt worden ist.

VwV des FM zu § 6 Absatz 1 Nr. 7

4.1 Häusliche Krankenpflege kommt für die Personen in Betracht, die wegen Krankheit der Behandlungspflege, gegebenenfalls vorübergehend für weniger als sechs Monate der Grundpflege, sowie gegebenenfalls zusätzlich der hauswirtschaftlichen Versorgung bedürfen:

a) Die zeitlich nicht begrenzte Behandlungspflege umfasst insbesondere Verbandwechsel, Injektionen, Katheterisierung, Einreibungen.

b) Zur zeitlich begrenzten Grundpflege zählen die Bereiche Mobilität und Motorik (zum Beispiel Betten, Lagern, Hilfe beim An- und Auskleiden), Hygiene (zum Beispiel Körperpflege, Benutzung der Toilette) und Nahrungsaufnahme.

c) Die hauswirtschaftliche Versorgung, nur zusätzlich zur Grundpflege, umfasst insbesondere das Einkaufen, Kochen, Reinigen der Wohnung, Spülen, Wechseln und Waschen der Wäsche und Kleidung, das Beheizen. Krankenpflege liegt nicht vor, wenn lediglich hauswirtschaftliche Arbeiten erbracht werden (zum Beispiel Essen zubereiten) oder lediglich soziale oder psychische Betreuung (zum Beispiel in Wohnheimen für Behinderte) stattfindet. Ein Betreuungsbedarf im Sinne der §§ 45 a, b SGB XI gehört nicht zur Krankenpflege.

4.2 Die ärztliche Bescheinigung muss Angaben über Arten der Leistungen, die tägliche Stundenzahl und insbesondere die Anzahl beziehungsweise voraussichtliche Dauer enthalten. Die Notwendigkeit der Krankenpflege ist mit Diagnoseangabe zu begründen.

4.3 Bei einer Krankenpflege durch Pflegekräfte der Pflegedienste sind die Aufwendungen bis zur Höhe der Sätze beihilfefähig, die öffentliche oder frei gemeinnützige Träger mit der gesetzlichen Krankenversicherung vereinbart haben. Werden andere Berufspflegekräfte oder vom Arzt als geeignet erklärte Personen, wobei letztgenannte schon mehrjährig hauptberuflich als Pflegekräfte tätig gewesen sein müssen, beschäftigt, sind die Aufwendungen ebenfalls bis zu dieser Höhe beihilfefähig. Werden andere Personen ohne Krankenpflegeausbildung und ohne mehrjährige hauptberufliche Erfahrung in der Krankenpflege gleichwohl ausdrücklich vom Arzt als geeignet erklärt, so sind die Aufwendungen nur bis zur Höhe der Sätze beihilfefähig, die von der gesetzlichen Krankenversicherung für nebenberufliche Pflege vergütet werden.

4.4 Bei einer vorübergehend notwendigen Krankenpflege einer in einem Alten-/Seniorenwohnheim, einem Alten- und Pflegeheim oder einer entsprechenden Einrichtung wohnenden Person, die nicht pflegebedürftig im Sinne des § 9 Absatz 2 ist, ist der zu den allgemeinen Unterbringungskosten berechnete Pflegezuschlag bis zur Höhe der Kosten einer Berufspflegekraft beihilfefähig. Aufwendungen für Unterkunft und Verpflegung sind nicht beihilfefähig.

4.5 Werden von Pflegediensten, Pflegeeinrichtungen und dergleichen für Behandlungspflege anstelle einer gesonderten (§ 6 Absatz 1 erster Halbsatz) Erbringung und Berechnung der Leistungen Pauschalsätze – gegebenenfalls einschließlich Unterkunft und Verpflegung – berechnet, so ist – wenn im übrigen die Voraussetzungen für eine Beihilfegewährung nach § 6 Absatz 1 Nummer 7 oder § 9 Absatz 1 Satz 1 vorliegen – ein auf die Behandlungspflege entfallender Kostenanteil bis zur Höhe der entsprechenden Sätze der gesetzlichen Krankenversicherung beihilfefähig. ⇨ Pflegeversicherung

8. von Ärzten schriftlich verordnete ambulante spezialisierte Palliativversorgung, wenn wegen einer nicht heilbaren weiter fortschreitenden Erkrankung und zugleich begrenzten Lebenserwartung eine besonders aufwändige spezialisierte pflegerische Versorgung notwendig ist, damit ein Verbleiben im häuslichen Bereich möglich ist. Ist nach ärztlicher Begründung die ambulante Versorgung nicht möglich oder nicht ausreichend, sind bei stationärer oder teilstationärer Palliativversorgung in Hospizen Aufwendungen insoweit beihilfefähig, als sie der Preisvereinbarung dieser Einrichtung mit einem Sozialversicherungsträger, den zuschussfähigen Kosten nach § 39 a SGB V, entsprechen. Zur Ermittlung dieses Betrages reicht die Bestätigung der Einrichtung über die Höhe der einer gesetzlichen Krankenversicherung in vergleichbaren Fällen in Rechnung gestellten Vergütung. § 9 i ist sinngemäß anzuwenden,

VwV des FM zu § 6 Absatz 1 Nr. 8

Die spezialisierte ambulante Palliativversorgung umfasst ärztliche und pflegerische Leistungen einschließlich ihrer Koordination insbesondere zur Schmerztherapie und Symptomkontrolle und zielt darauf ab, die Betreuung in der vertrauten häuslichen Umgebung zu ermöglichen. Dabei sind die besonderen Belange von Kindern zu berücksichtigen. Die Aufwendungen der ambulanten Palliativversorgung sind bis zur Höhe der vereinbarten Vergütung nach § 132 d SGB V beihilfefähig; die Übereinstimmung mit der Vergütungsvereinbarung soll auf der Rechnung bestätigt sein.

9. von Ärzten schriftlich verordnete ambulante Rehabilitationsmaßnahmen in Rehabilitationseinrichtungen (§ 7) und verordneter Rehabilitationssport in besonderen Gruppen unter Betreuung und Überwachung durch Ärzte oder Personen nach Nummer 3 Satz 4.

VwV des FM zu § 6 Absatz 1 Nr. 9

Rehabilitationssport in besonderen Gruppen umfasst Übungen, die in einer Gruppe für Personen mit gleichartiger Vorerkrankung oder Behinderung im Rahmen regelmäßig abgehaltener Übungsveranstaltungen durchgeführt werden. Dies kann zum Beispiel Rehasport in Herzgruppen oder auch spezieller Sport für Rollstuhlfahrer sein. Rehabilitationssportarten können auch spezielle Gymnastik, Leichtathletik, Bewegungsspiele jeweils in Gruppen sein, auch die Einübung im Gebrauch technischer Hilfen kann beiläufiger Bestandteil eines derartigen Angebots sein. Sportliche Betätigungen in anderem Rahmen, in Vereinen, Sportstudios oder dergleichen sowie in nicht von einem Angehörigen eines Heilberufs oder einem Arzt geleiteten Kursen zum Beispiel an Volkshochschulen (zum Beispiel Yoga, Seniorengymnastik), sowie Leistungssport einschließlich Teilnahme an Wettkämpfen Behinderter fallen nicht unter diese Regelung. Beihilfefähig sind neben Einzelabrechnungen auch Kursgebühren grundsätzlich jeweils im Rahmen des Höchstbetrags für Krankengymnastik in der Gruppe, nicht jedoch Mitgliedsbeiträge. Die regelmäßige Teilnahme ist nachzuweisen. Die Beihilfestelle kann Nachweise über die Anerkennung der jeweiligen Rehabilitationssportgruppe verlangen.

(2) Das Finanzministerium kann, soweit nicht in der Anlage bereits geregelt, die Beihilfefähigkeit von folgenden Aufwendungen, die nicht zweifelsfrei notwendig oder nach Umfang oder Höhe angemessen sind, ganz oder teilweise von einer vorherigen Anerkennung abhängig machen, begrenzen oder ausschließen:

1. Aufwendungen für wissenschaftlich nicht allgemein anerkannte Untersuchungs- oder Behandlungsmethoden sowie Materialien, Arznei- und Verbandmittel,
2. Aufwendungen für nicht in den Gebührenverzeichnissen der Gebührenordnungen der Bundesregierung aufgeführte ärztliche, psychotherapeutische oder zahnärztliche Leistungen,
3. Aufwendungen für Heilbehandlungen nach Absatz 1 Nr. 3, Behandlungen von Heilpraktikern und psychotherapeutische oder ähnliche Behandlungen.

VwV des FM zu § 6 Absatz 2

Regelungen aufgrund dieser Bestimmung sind in diese VwV bei der Regelung für die jeweiligen Aufwendungen eingearbeitet.

Hinweis der Redaktion: Diese Anlage (Hinweise des Finanzministeriums zu § 6) ist nach § 20 abgedruckt.

§ 6a
Krankenhausleistungen

(1) Beihilfefähig sind die Aufwendungen für Leistungen in zugelassenen Krankenhäusern (§ 108 SGB V), die nach der Bundespflegesatzverordnung (BPflV) oder dem Krankenhausentgeltgesetz (KHEntgG) vergütet werden, für

1. vor- und nachstationäre Behandlungen nach § 1 Abs. 3 Satz 1 KHEntgG, § 115a SGB V,
2. allgemeine Krankenhausleistungen nach § 2 Abs. 2 BPflV, § 2 Abs. 2 KHEntgG,
3. nach § 22 BPflV in der am 31. Dezember 2012 geltenden Fassung, § 16 Satz 2 BPflV und § 17 KHEntgG gesondert berechnete wahlärztliche Leistungen und für Unterkunft bis zur Höhe der Wahlleistungsentgelte für Zweibettzimmer, jeweils unter den Voraussetzungen des Absatzes 2,
4. andere im Zusammenhang mit Nummern 1 und 2 berechenbare Leistungen im Rahmen des § 6 Abs.1 Nr.1 und 2.

VwV des FM zu § 6 a Absatz 1

1.1 Beihilfefähig sind auch gesetzlich vorgesehene Zuschläge wie zum Beispiel DRG-Systemzuschlag, der von den Krankenhäusern nach dem DRG-Systemzuschlagsgesetz berechnet wird. Dies gilt auch für den Investitionszuschlag nach § 14 Absatz 3 BPflV, den Krankenhäuser für jeden Berechnungstag eines tagesgleichen Pflegesatzes sowie jeden Belegungstag bei Fallpauschalen berechnen.

1.2 Ist die Unterbringung des Erkrankten in einem Ein- oder Zweibettzimmer aus medizinischen Gründen notwendig, so ist sie durch den Pflegesatz beziehungsweise die Fallpauschale abgegolten.

1.3 Erfolgt die Abrechnung einer Krankenhausbehandlung noch nach den Vorgaben der BPflV, ist die Unterbringung einer Begleitperson im Krankenhaus, die aus medizinischen Gründen notwendig ist, durch den Pflegesatz nach der BPflV abgegolten; die Kosten für die Unterbringung einer Begleitperson außerhalb des Krankenhauses sind in solchen Fällen nicht beihilfefähig. Werden Krankenhausbehandlungen nach den Vorgaben des KHEntgG abgerechnet, kann für die Unterbringung einer Begleitperson im Krankenhaus, die aus medizinischen Gründen notwendig ist (§ 2 Absatz 2 Satz 2 Nummer 3 KHEntgG), auf der Basis des § 17b Absatz 1 Satz 4 KHG ein Zuschlag für die Aufnahme von Begleitpersonen, der auf einer Vereinbarung zwischen der gesetzlichen Krankenversicherung sowie dem Verband der privaten Krankenversicherung einerseits sowie der Deutschen Krankenhausgesellschaft anderseits basiert, verrechnet werden; dies gilt nicht für Entlassungs- und Verlegungstage, die nicht zugleich Aufnahmetag sind. Entsprechende Kosten sind bis zu der vereinbarten Höhe für den Aufnahmetag und jeden weiteren Tag des vollstationären Krankenhausaufenthalts beihilfefähig. Besonders berechnete Kosten für eine medizinisch nicht notwendige Unterbringung einer Begleitperson sind nicht beihilfefähig. Die Kosten für die Unterbringung einer Begleitperson außerhalb des Krankenhauses sind nicht beihilfefähig. Abweichend hiervon wird nach § 5 Absatz 6 hiermit allgemein zugestimmt (vergleiche VwV Nummer 7 zu § 5 Absatz 6), dass die Kosten einer Unterbringung der Begleitperson außerhalb des Krankenhauses dann berücksichtigt werden können, wenn diese nach begründetem fachärztlichen Attest wegen des Alters des Kindes und seiner eine stationäre Langzeittherapie (über fünf Wochen) erfordernden schweren Erkrankung aus medizinischen Gründen notwendig ist; für die Höhe des beihilfefähigen Betrags gelten die Sätze 2 und 3 entsprechend.

(2) Beihilfeberechtigte haben Anspruch auf Beihilfen für die Aufwendungen für Wahlleistungen nach Absatz 1 Nr. 3 gegen Zahlung eines Betrages von 22 Euro monatlich, wenn gegenüber der Bezügestelle und Beihilfestelle innerhalb einer Ausschlussfrist von fünf Monaten schriftlich erklärt wird, dass sie für sich und ihre berücksichtigungsfähigen Angehörigen Beihilfen für die Aufwendungen für Wahlleistungen ab Beginn der Frist in Anspruch nehmen werden. Die Frist beginnt:

1. für die am 1. April 2004 nach dieser Verordnung Beihilfeberechtigten am 1. April 2004,
2. für die am 1. April 2004 ohne Beihilfeberechtigung beurlaubten Beamten mit dem Wiederaufleben der Beihilfeberechtigung,
3. im Übrigen mit dem Tag der Entstehung einer neuen Beihilfeberechtigung nach dieser Verordnung infolge

a) der Begründung oder Umwandlung des Beamtenverhältnisses mit Ausnahme der Fälle des § 8 LBG,
b) der Entstehung des Anspruchs auf Witwengeld, Witwergeld oder Waisengeld nach dem Satz für Vollwaisen, jeweils nur wenn der Versorgungsurheber Anspruch auf Beihilfe zu Wahlleistungen hatte, oder
c) der Abordnung oder Versetzung von einem anderen Dienstherrn zu einem Dienstherrn im Geltungsbereich dieser Verordnung.

Die Beihilfeberechtigten sind auf die Ausschlussfrist schriftlich hinzuweisen. Die Erklärung nach Satz 1 beinhaltet das Einverständnis, dass der ab Beginn der Frist zu zahlende Betrag monatlich von den Bezügen einbehalten wird; bei Beihilfeberechtigten ohne Bezüge besteht in den Fällen des § 2 Abs. 2 Satz 3, während eines Wahlvorbereitungsurlaubs, während einer Pflegezeit sowie während einer Elternzeit Beitragsfreiheit. Sie kann jederzeit ohne Angabe von Gründen schriftlich für die Zukunft widerrufen werden.

VwV des FM zu § 6 a Absatz 2

2.1 Die Fürsorgepflicht des Dienstherrn als hergebrachter Grundsatz des Berufsbeamtentums (Art. 33 Absatz 5 GG) gebietet nicht, Beamten Beihilfen zu Wahlleistungen zu gewähren (BVerfG, Beschluss vom 7. November 2002 – 2BvR 1053/98, NVwZ 2003, S. 720). Beihilfe zu Wahlleistungen wird daher grundsätzlich nicht gewährt, es sei denn, die beihilfeberechtigte Person wünscht dies. Zur teilweisen Deckung des Aufwandes für diese Mehrleistung werden laufend monatlich 13 Euro *(inzwischen 22 Euro; Anm.d.Red.)* als Beitrag von denjenigen erhoben, die die Beihilfefähigkeit von Wahlleistungen bei stationärer Krankenhausbehandlung wünschen.

2.2 Der Beitrag ist einheitlich hoch für jede beihilfeberechtigte Person; für berücksichtigungsfähige Angehörige ist kein weiterer Beitrag zu zahlen. Auch teilzeitbeschäftigte Beamte müssen zur Aufrechterhaltung ihres Anspruchs auf Beihilfe zu Aufwendungen für Wahlleistungen den Beitrag in voller Höhe entrichten.

2.3 Während der Zeit einer Beurlaubung ohne Beihilfeanspruch entfällt mit dem generellen Beihilfeanspruch auch der Anspruch auf Beihilfe zu Wahlleistungen und damit auch die Verpflichtung zur Zahlung des monatlichen Beitrags. Gleiches gilt bei Abordnungen zu einem anderen Dienstherrn außerhalb des Geltungsbereichs dieser Verordnung, sobald der (bisherige) Dienstherr die Bezügezahlung einstellt. Für die am Stichtag 1.4.2004 zu einem anderen Dienstherrn außerhalb des Geltungsbereichs dieser Verordnung abgeordneten Beamten gilt Nummer 2 der Vorschrift sinngemäß.

2.4 Wird eine Person, die unter § 2 Absatz 4 Nummer 3 fällt oder nach anderen als beamtenrechtlichen Vorschriften beihilfeberechtigt ist, zusätzlich beihilfeberechtigt aus einem Rechtsverhältnis als Versorgungsempfänger, so können Beihilfeansprüche auf Wahlleistungen aus dem Rechtsverhältnis als Versorgungsempfänger nur durch eine Erklärung innerhalb der Ausschlussfrist gesichert werden. Solange aufgrund des § 2 Absatz 4 Nummer 3 oder aufgrund des § 4 der Beihilfeanspruch zu Aufwendungen für Wahlleistungen aus dem Rechtsverhältnis als Versorgungsempfänger nicht zum Tragen kommen kann, ist der Fristablauf gehemmt und die Verpflichtung zur Zahlung des monatlichen Beitrags ruht. Hingegen ist während der Zeit einer Beihilfeberechtigung nach § 2 Absatz 2 Satz 2 trotz vollen Ruhens der Versorgungsbezüge der Beitrag in voller Höhe zu entrichten, sofern der Beihilfeanspruch nicht wegen einer anderen Beihilfeberechtigung nach § 4 ausgeschlossen oder nachrangig ist.

2.5 Beginnt oder endet die Bezügezahlung und gleichzeitig die Beihilfeberechtigung im Lauf eines Kalendermonats, so ist § 4 Absatz 3 LBesGBW anzuwenden.

2.6 Nur einmalig zu Beginn der Beihilfeberechtigung ist eine Erklärung, Beihilfe zu Wahlleistungen gegen Beitragszahlungen in Anspruch nehmen zu wollen, innerhalb der Ausschlussfrist möglich, später prinzipiell nie wieder. Nur unter den Voraussetzungen von Absatz 2 Nummer 3 Buchstabe a – Entstehen einer neuen Beihilfeberechtigung infolge einer Begründung eines neuen Beamtenverhältnisses im Sinne des § 18 Absatz 1, 1. und 2. Variante LBG kann eine beihilfeberechtigte Person das Wahlrecht zur Aufrechterhaltung des Anspruchs auf Beihilfen für Wahlleistungen nochmals ausüben. Gleiches gilt zwar grundsätzlich auch bei einer Umwandlung im Sinne des § 18 Absatz 1, 3. Variante LBG; im Regelfall entsteht aber trotzdem kein neues Wahlrecht, weil keine »neue« Beihilfeberechtigung begründet wird. Wird ein Beamter auf Widerruf zum Beamten auf Probe ernannt, so wird aus Gründen der Gleichbehandlung, ohne Rücksicht auf divergierende Regelungen über die Beendigung der Widerrufsbeamtenverhältnisse, stets ein nochmaliges Wahlrecht eingeräumt. Eine neue Beihilfeberechtigung liegt aber insbesondere dann nicht vor, wenn ein Beamtenverhältnis auf Probe in ein Beamtenverhältnis auf Lebenszeit umgewandelt wird.

2.7 Bei Beginn oder Ende einer Beurlaubung ohne Dienstbezüge, sowie bei Eintritt in den Ruhestand besteht keine neue Wahlmöglichkeit.

2.8 Ein schriftlicher Widerruf der Erklärung wird nur für die Zukunft, frühestens somit zum ersten Tag des auf den Widerruf folgenden Kalendermonats wirksam. Der Widerruf und die Rechtsfolgen sind durch Bescheid mit Rechtsbehelfsbelehrung festzustellen.

2.9 In den Fällen, in denen der Beitrag nicht von den laufenden monatlichen Bezügen einbehalten werden kann, wird er zum 15. des jeweiligen Monats fällig. Kommt der Beihilfeberechtigte seiner Zahlungspflicht über einen Zeitraum von drei Monaten trotz Erinnerung nicht nach, wird der Wegfall des Beihilfeanspruchs zu Wahlleistungen durch Bescheid festgestellt. Der Beihilfeanspruch zu Wahlleistungen bei stationärer Krankenhausbehandlung entfällt in diesen Fällen mit Beginn des Zahlungsverzuges.

(3) Bei Leistungen von zugelassenen Krankenhäusern, die nicht nach der Bundespflegesatzverordnung oder dem Krankenhausentgeltgesetz vergütet werden, sind Aufwendungen insoweit beihilfefähig, als sie für Leistungen eines vergleichbaren Krankenhauses nach Absatz 1 und 2 beihilfefähig wären.

VwV des FM zu § 6 a Absatz 3

3.1 Aufwendungen für Krankenhausleistungen eines nicht unter das KHEntgG beziehungsweise die BPflV fallenden Krankenhauses, das jedoch nach § 108 SGB V zugelassen sein muss, können im Gesamtbetrag den beihilfefähigen Kosten eines Vergleichskrankenhauses gegenübergestellt werden, soweit sie nach Art und Umfang (gegebenenfalls einschließlich Wahlleistungen bis zur Höhe der Kosten eines Zweibettzimmers) den beihilfefähigen Krankenhausleistungen nach dem KHEntgG entsprechen.

3.2 Wurde ein Zimmer mit drei oder mehr Betten in Anspruch genommen, so können für die Vergleichsberechnung nicht die Mehrkosten eines Zweibettzimmers mit zugrunde gelegt werden. Mehrkosten eines Einbettzimmers gegenüber einem Zweibettzimmer sind keinem Fall beihilfefähig.

§ 7
Beihilfe bei Behandlung und Rehabilitation in nicht als Krankenhaus zugelassenen Einrichtungen

(1) Die Aufwendungen für die stationäre Behandlung in
1. Krankenhäusern nach Absatz 2,
2. Einrichtungen für Anschlussheilbehandlungen,
3. Einrichtungen für Suchtbehandlungen und
4. in sonstigen Einrichtungen der medizinischen Rehabilitation

sind nach den folgenden Absätzen beihilfefähig.

VwV des FM zu § 7 Absatz 1

1.1 Behandlungen im Sinne dieser Vorschrift liegen nur vor, wenn der Erkrankte seine speziellen Behandlungen im Wesentlichen in der Einrichtung selbst (vollstationär oder Nachtklinik) erhält, in der er auch untergebracht ist. Manche Einrichtungen erfüllen die Voraussetzungen für mehrere Maßnahmen im Sinne der Nummern 1 bis 4; beihilferechtlich ist die im Einzelfall notwendige Art der Maßnahme entscheidend, die sich aus dem nach Absatz 6 vorzulegenden begründeten Nachweis ergeben muss. Gleiches gilt, wenn ein Teil der Einrichtung zugelassenes Krankenhaus im Sinne des § 6 a ist.

1.2 Eine vorherige Anerkennung ist nur bei Maßnahmen erforderlich, die voraussichtlich 30 oder mehr Tage dauern; ergibt sich dies nachweislich erst im Verlauf der stationären Maßnahme, so genügt die in Absatz 6 vorgeschriebene besondere Begründung der langen Dauer. Gleichwohl können die Beihilfeberechtigten für alle Maßnahmen nach Nummer 1 der Schlussvorschriften frühzeitig zur eigenen Sicherheit eine vorherige Anerkennung beantragen. Ein Anerkennungsbescheid soll regelmäßig eine Geltungsdauer von höchstens sechs Monaten ab Bekanntgabe haben und soll die aufgrund der Anerkennung beihilfefähigen Aufwendungen bezeichnen.

(2) Krankenhäuser im Sinne des Absatzes 1 Nr. 1 sind nur solche, die die Voraussetzungen des § 107 Abs. 1 SGB V erfüllen und nur deshalb nicht unter § 6 Abs. 1 Nr. 6 fallen, weil sie nicht nach § 108 SGB V zugelassen sind.

(3) Einrichtungen für Anschlussheilbehandlungen sind solche auf medizinische Rehabilitationsmaßnahmen besonders spezialisierte Einrichtungen, welche die Voraussetzungen für entsprechende stationäre Maßnahmen der Träger der Sozialversicherung erfüllen. Anschlussheilbehandlungen liegen nur vor, wenn sie sich unmittelbar an einen Krankenhausaufenthalt anschließen oder bei einer zeitlichen Unterbrechung zum Krankenhausaufenthalt mit diesem in zeitlichem Zusammenhang stehen.

VwV des FM zu § 7 Absatz 1

2.1 Bei unmittelbarer Verlegung aus einem Krankenhaus nach § 6 Absatz 1 Nummer 6 in Verbindung mit § 6 a Absatz 1 in eine Klinik für geriatrische Rehabilitation mit Versorgungsvertrag nach § 111 SGB V kann auf ein amtsärztliches Gutachten verzichtet werden. Hinsichtlich der Höhe der Aufwendungen ist § 7 Absatz 7 Satz 4 zu beachten.

2.2 Ein zeitlicher Zusammenhang kann grundsätzlich noch dann unterstellt werden, wenn die Unterbrechung nicht länger als drei Wochen dauert. Bei einer längeren zeitlichen Unterbrechung kann ausnahmsweise der zeitliche Zusammenhang mit dem Krankenhausaufenthalt als gegeben angesehen werden, wenn nach einer schweren Erkrankung, die erfahrungsgemäß nach dem Krankenhausaufenthalt meist eine Anschlussheilbehandlung erfordert (zum Beispiel Herz-, Wirbelsäulen- oder Hüftgelenkoperation), eine solche aus Platzmangel oder Gesundheitsgründen erst nach mehr als drei Wochen Unterbrechung durchgeführt wird; in einem solchen Einzelfall ist eine auch bezüglich der Unterbrechungsdauer begründete Bescheinigung nach Absatz 6 Satz 1 erforderlich. Wird in anderen als in Satz 2 erfassten Fällen eine Maßnahme erst nach mehr als drei Wochen nach der Entlassung aus den Krankenhaus (§ 6 a) durchgeführt, so sind Absatz 5 und 6 Satz 2 einschlägig.

(4) Einrichtungen für Suchtbehandlungen sind solche auf Suchtbehandlungen zur Entwöhnung spezialisierte Einrichtungen, welche die Voraussetzungen für entsprechende stationäre Maßnahmen der Träger der Sozialversicherung erfüllen.

(5) Sonstige Einrichtungen der medizinischen Rehabilitation sind nur solche, die die Voraussetzungen des § 107 Absatz 2 SGB V, für Einrichtungen in anderen Mitgliedstaaten der Europäischen Union, in den Vertragsstaaten des Abkommens über den Europäischen Wirtschaftsraum oder in der Schweiz in Verbindung mit § 140 e SGB V erfüllen (Rehabilitationseinrichtungen).

VwV des FM zu § 7 Absatz 5

Aus den einschlägigen Verzeichnissen der gesetzlichen Krankenkassen (insbesondere »VRK-Vorsorge-, Rehabilitations- und Kureinrichtungen« Optimum Medien und Service GmbH München) sind diejenigen Rehabilitationseinrichtungen im Sinne des § 107 Absatz 2 SGB V ersichtlich, die als solche nach §§ 111, 111a SGB V zur Versorgung der gesetzlich Krankenversicherten zugelassen sind. Bei nicht zugelassenen Einrichtungen ist nach Maßgabe der Kriterien des § 107 Absatz 2 SGB V das Vorliegen der Voraussetzungen zu prüfen; Einrichtungen ohne Versorgungsvertrag für Leistungen zur medizinischen Rehabilitation nach § 111 SGB V, die als hotelähnlicher Betrieb geführt werden und solche Einrichtungen, die nicht fachlich-medizinisch unter ständiger ärztlicher Verantwortung stehen, erfüllen damit nicht die Voraussetzungen.

(6) Voraussetzung für die Beihilfefähigkeit von Aufwendungen bei stationären Maßnahmen in Einrichtungen nach Absatz 2 bis 4 ist, dass die Maßnahme nach begründeter Bescheinigung eines Arztes, der nicht mit der Einrichtung verbunden ist, nach Art und vorgesehener Dauer medizinisch notwendig ist und ambulante Maßnahmen nicht ausreichend sind. Voraussetzung für die Beihilfefähigkeit von Aufwendungen bei stationären Maßnahmen in Einrichtungen nach Absatz 5 ist, dass es sich nicht um eine Anschlussheilbehandlung (Absatz 3) handelt und nach begründender Bescheinigung eines Arztes, der nicht mit der Einrichtung verbunden ist, die Art oder Schwere der Erkrankung die stationäre Behandlung und die vorgesehene Dauer medizinisch notwendig macht und ambulante Behandlungen oder eine Kur nicht ausreichend sind. Reichen stattdessen auch ambulante medizinische Rehabilitationsmaßnahmen in einer Einrichtung nach Absatz 5 ohne Unterkunft darin aus, so sind nur diese nach begründeter Bescheinigung eines Arztes, der nicht mit der Einrichtung verbunden ist, beihilfefähig.Die Beihilfefähigkeit ist ab einer Dauer von 30 Tagen von der vorherigen Anerkennung der Beihilfefähigkeit durch die Beihilfestelle abhängig; die Anerkennung wird erteilt, wenn die lange Dauer vom Arzt besonders begründet wird.

VwV des FM zu § 7 Absatz 6

4.1 Die Bescheinigung nach Satz 1 oder das medizinische Gutachten nach Satz 2 soll vor Beginn der Maßnahme ausgestellt sein. Sie muss die Einrichtung bezeichnen, in der die Behandlung durchzuführen ist. Die voraussichtlich erforderliche Dauer der Maßnahme soll darin angegeben sein.

4.2 Bei stationären Maßnahmen in Einrichtungen nach Absatz 1 Nummer 1 bis 3 (insbesondere bei Kurzzeitaufenthalten bis zehn Tage in einem Krankenhaus nach Absatz 2) kann die Beihilfestelle an die in Satz 1 vorgeschriebene Bescheinigung geringere Anforderungen stellen oder darauf verzichten, soweit nach den eingereichten Belegen – zum Beispiel der angegebenen Diagnose – erfahrungsgemäß keine Zweifel an der Notwendigkeit oder Dauer der stationären Behandlung auftreten können.

4.3 Für ambulante Rehabilitationsmaßnahmen in einer Einrichtung nach § 7 Absatz 5 ist weder ein amtsärztliches Gutachten noch eine Voranerkennung (auch nicht ab einer Dauer von 30 Tagen) erforderlich.

(7) Bei Behandlung in Krankenhäusern nach Absatz 2 sind Aufwendungen wie folgt beihilfefähig:

1. bei Indikationen, die mit Fallpauschalen nach dem KHEntgG abgerechnet werden können,
   a) die allgemeinen Krankenhausleistungen nach § 6a Absatz 1 Nummer 2 bis zu dem Betrag, der sich bei Anwendung des Fallpauschalenkatalogs nach § 9 Absatz 1 Satz 1 Nummer 1 KHEntgG ergibt; dabei wird die obere Grenze des nach § 10 Absatz 9 KHEntgG zu vereinbarenden einheitlichen Basisfallwertkorridors zugrunde gelegt und
   b) tagesbezogene Pflegeentgelte zur Abzahlung des Pflegebudgets nach § 6a KHEntgG oder, sofern diese aufgrund einer fehlenden Vereinbarung für das Jahr 2020 noch nicht berechnet werden, gemäß § 15 Absatz 2a KHEntgG,
2. in allen anderen Fällen der Basispflegesatz und der Abteilungspflegesatz, Einzelentgelte, Pauschalpreise und Tagessätze, soweit der tägliche Gesamtbetrag die Beträge gemäß § 26a Absatz 1 Nummer 2 BBhV in der am 31. August 2018 geltenden Fassung nicht übersteigt,
3. gesondert berechnete Wahlleistungen für Unterkunft bis zur Höhe der Wahlleistungsentgelte für Zweibettzimmer, höchstens bis zur Höhe von 1,5 Prozent der oberen Grenze des nach § 10 Absatz 9 KHEntgG zu vereinbarenden einheitlichen Basisfallwertkorridors täglich sowie gesondert berechnete wahlärztliche Leistungen nach § 6a Absatz 1 Nummer 3, jeweils unter den Voraussetzungen des § 6a Absatz 2,
4. gesondert berechnete belegärztliche Leistungen im Sinne des § 18 KHEntgG oder § 16 Satz 1 BPflV,
5. im Rahmen einer Notfallbehandlung entstandene, dem Grunde nach beihilfefähige Aufwendungen, wenn die notfallmäßige Aufnahme in einem zugelassenen Krankenhaus (§ 6a Absatz 1 Satz 1) nicht möglich war,
6. die medizinisch notwendige Unterbringung einer Begleitperson im Krankenhaus (§ 2 Absatz 2 Satz 2 Nummer 3 KHEntgG) bis zur Höhe des nach § 17b Absatz 1 Satz 4 des Krankenhausfinanzierungsgesetzes zu vereinbarenden Zuschlags,
7. Fahrkosten nach Maßgabe des Satzes 4 Nummer 4, Aufwendungen für Familien- und Haushaltshilfe nach Maßgabe des § 10a Nummer 3,
8. das berechnete Entgelt, welches bezüglich seines Leistungsinhalts dem eines krankenhausindividuell vereinbarten Entgelts der Anlagen 3 a, 3 b und 4 des Fallpauschalenkatalogs nach § 6 Absatz 1 Satz 1 KHEntgG entspricht.

Nicht beihilfefähig sind Aufwendungen für Leistungen, die zusätzlich in Rechnung gestellt werden und die Bestandteile der Leistungen nach § 6a Absatz 1 Nummer 2 sind. Vor der Aufnahme in ein Krankenhaus nach Absatz 2 kann eine Übersicht über die voraussichtlich entstehenden Kosten bei der Festsetzungsstelle zur Prüfung der Beihilfefähigkeit eingereicht werden.

Bei Behandlungen in Einrichtungen nach den Absätzen 3 bis 5 sind Aufwendungen für folgende gesondert erbrachte und berechnete Leistungen beihilfefähig

1. nach § 6 Abs. 1 Nr. 1,
2. nach § 6 Abs. 1 Nr. 2 und 3,
3. für Pflege, Unterkunft und Verpflegung nach Maßgabe der Sätze 5 bis 7, zuzüglich Kurtaxe,
4. nach § 6 Abs. 1 Nr. 9, § 10a Nr. 3, sowie Fahrkosten nach § 10a Nr. 4 bis zu 120 Euro für die einfache Entfernung, darüber hinaus nur in ganz besonderen Fällen, soweit nach eingehender ärztlicher Begründung keine näher gelegene Behandlungseinrichtung in Betracht kommt,
5. für den ärztlichen Schlussbericht, falls er vorgelegt wird.

Satz 4 Nr. 3 und 4 gilt auch für Begleitpersonen, wenn die Notwendigkeit der Begleitung durch amtlichen Ausweis oder medizinisches Gutachten festgestellt ist und die Einrichtung bestätigt, dass für eine erfolgversprechende Behandlung eine Begleitperson notwendig ist. Die Einzelentgelte, Pauschalpreise und Tagessätze von Einrichtungen nach Absatz 4 und 5, die Leistungen nach Satz 4 Nummer 3 erster Halbsatz betreffen, sind nur bis zur Höhe des niedrigsten Satzes der Einrichtung beihilfefähig; die Beihilfefähigkeit darüber hinausgehender Aufwendungen nach Satz 4 Nummer 3 erster Halbsatz ist ausgeschlossen. Pauschale Abrechnungen von Einrichtungen nach Absatz 4 und 5 sind beihilfefähig, soweit sie keine Vergütung für nicht-medizinische Komfortleistungen beinhalten und einen Betrag in Höhe von 200 Euro täglich nicht überschreiten; daneben sind Aufwendungen nach Satz 4 Nummer 1 bis 3 und 5 nicht beihilfefähig. Pauschale Abrechnungen von Einrichtungen nach Absatz 3 sind beihilfefähig, soweit sie keine Vergütung für nicht-medizinische Komfortleistungen beinhalten; daneben sind die Aufwendungen nach Satz 4 dann beihilfefähig, wenn sie nicht in der pauschalen Abrechnung enthalten sind.

VwV des FM zu § 7 Absatz 7

5.1 Sind Aufwendungen für Leistungen eines Krankenhauses nach Absatz 2 nicht offensichtlich geringer als solche nach dem KHEntgG oder der BPflV, so können sie zur Prüfung der Angemessenheit im Gesamtbetrag den beihilfefähigen Kosten eines unter die BPflV fallenden Krankenhauses gegenübergestellt werden, soweit sie nach Art der Leistung den Krankenhausleistungen nach dem KHEntgG oder der BPflV entsprechen. Als Vergleichskrankenhaus ist ein solches mit Maximalversorgung am Sitz der Beihilfestelle oder in deren nächster Umgebung heranzuziehen. Dies gilt sinngemäß auch für die Prüfung der Angemessenheit der Aufwendungen in Einrichtungen zur Anschlussheilbehandlung.

5.2 Die behördliche Feststellung der Notwendigkeit ständiger Begleitung ergibt sich ausschließlich aus dem amtlichen Ausweis (Merkzeichen »B«). Bei Kindern bis zu elf Jahren genügt stattdessen eine fachärztliche Begründung, dass wegen des Alters des Kindes und der Art der langen schweren Erkrankung (über fünf Wochen) eine Begleitperson während des stationären Aufenthalts notwendig ist.

5.3 Für die nach § 6 Absatz 1 Nummer 1 bis 3 beihilfefähigen Aufwendungen sind die hierfür maßgeblichen Vorschriften, einschließlich der Höchstbeträge und sonstigen Einschränkungen, zu beachten. Hiervon abweichend unterfallen Kosten für Leistungen nach § 6 Absatz 1 Nummer 2 und 3 in Einrichtungen nach Absatz 4 und 5 zusammen mit dem Preis für Unterkunft einschließlich Kurtaxe, Pflege und Verpflegung der Begrenzung auf die Pauschal- oder Tagessätze für Sozialversicherte in dieser Einrichtung. Für Einrichtungen nach Absatz 4 und 5, die keinen Versorgungsvertrag nach § 111 SGB V haben, soll die Beihilfestelle aufgrund von Preisvergleichen generelle Obergrenzen festlegen.

§ 8
Beihilfe bei Kuren

(1) Beihilfe wird gewährt zu

1. Kuren in Einrichtungen der medizinischen Rehabilitation,
2. Müttergenesungskuren, Vätergenesungskuren und Mutter-Kind-Kuren, Vater- Kind-Kuren,
3. ambulanten Heilkuren.

Zu Kuren, die weit überwiegend der Vorsorge dienen, wird Beihilfe nicht gewährt; Gleiches gilt für Maßnahmen, deren Zweck eine berufliche Rehabilitation ist, wenn medizinisch keine kurmäßigen Maßnahmen mehr erforderlich sind. ⇨ Beihilfe (Kuren)

VwV des FM zu § 8 Absatz 1

Einzelne Einrichtungen für Maßnahmen nach Nummer 1 oder 2 erfüllen zugleich auch die Voraussetzungen des § 7 Absatz 3 oder 5; beihilferechtlich ist die im Einzelfall notwendige Art der Maßnahme entscheidend, die sich aus dem nach Absatz 5 vorzulegenden begründeten Nachweis ergeben muss.

(2) Kuren in Einrichtungen der medizinischen Rehabilitation sind Heilbehandlungen im Sinne des § 6 Abs. 1 Nr. 3, die mit Unterkunft und Verpflegung kurmäßig in Einrichtungen nach § 7 Abs. 5 durchgeführt werden und für die die Voraussetzungen für eine Beihilfe nach § 7 Abs. 6 Satz 2 nicht erfüllt sind.

(3) Müttergenesungskuren, Vätergenesungskuren, Mutter-Kind-Kuren und Vater-Kind-Kuren sind Maßnahmen in Form einer Rehabilitationskur in einer Einrichtung des Müttergenesungswerks oder nach § 41 SGB V als gleichartig anerkannten Einrichtung. Für Einrichtungen in anderen Mitgliedstaaten der Europäischen Union, in den Vertragsstaaten des Abkommens über den Europäischen Wirtschaftsraum oder in der Schweiz gelten die Voraussetzungen des § 140 e SGB V.

(4) Ambulante Heilkuren sind Maßnahmen für Beamte und Richter zur Wiederherstellung und Erhaltung der Dienstfähigkeit. Die Kuren müssen mit Heilbehandlungen nach § 6 Abs. 1 Nr. 3 nach einem ärztlich erstellten Kurplan in einem im Heilkurorteverzeichnis des Bundesministeriums des Innern aufgeführten Heilkurort durchgeführt werden. Die Unterkunft muss sich im Heilkurgebiet befinden und ortsgebunden sein, eine Unterkunft in Ferienwohnungen, Wohnwagen, auf Campingplätzen und dergleichen ist nicht ausreichend.

VwV des FM zu § 8 Absatz 4

Beihilfe wird nur gewährt, wenn die Kur nach ärztlichen Anordnungen aufgrund eines Kurplans unter Bedingungen durchgeführt wird, die den Kurerfolg nicht von vornherein infrage stellen. Die von Reiseveranstaltern angebotenen Pauschalkuren genügen regelmäßig nicht den Anforderungen. Im Zweifel, insbesondere bei Heilkurorten in typischen Feriengebieten, ist der individuelle Kurplan mit ärztlichen Konsultationen und erforderlichen Kuranwendungen anzufordern. Bei Aufenthalt im Wohnwagen oder auf dem Campingplatz oder in einer Ferienwohnung (mit oder ohne Familie) ist die Beihilfegewährung ausgeschlossen, weil wesentliche Voraussetzungen für eine erfolgversprechende Kur fehlen; dies ist im Anerkennungsbescheid nach Absatz 5 Satz 2 mitzuteilen. Erholungsmaßnahmen, Familienferien, Kurlaub, Aufenthalt in Luftkurorten oder Seebädern sind nicht als Kuren beihilfefähig.

(5) Voraussetzung für die Beihilfe zu Kuren nach Absatz 1 bis 4 ist, dass

1. erstmalig eine Wartezeit von insgesamt fünf Jahren Beihilfeberechtigung oder Berücksichtigungsfähigkeit nach diesen oder entsprechenden Beihilfevorschriften erfüllt ist,
2. im laufenden und den beiden vergangenen Kalenderjahren keine Kur nach Absatz 1 bis 4 durchgeführt und beendet wurde,
3. ambulante ärztliche Behandlungen und Heilbehandlungen außerhalb von Kurmaßnahmen wegen erheblich beeinträchtigter Gesundheit nicht ausreichend sind, und
4. die medizinische Notwendigkeit vor Beginn der Kur durch begründete ärztliche Bescheinigung nachgewiesen ist.

Beihilfe zu Kuren für Beamte und Richter (§ 2 Abs. 1 Nr. 1) wird nur gewährt, wenn neben den Voraussetzungen des Satzes 1 Nr. 1 und 2

1. durch begründende Bescheinigung eines Arztes nachgewiesen ist, dass die Voraussetzungen des Satzes 1 Nr. 3 vorliegen und die Kur zur Wiederherstellung oder Erhaltung der Fähigkeit zur Ausübung der beruflichen Tätigkeit erforderlich ist,
2. die Beihilfestelle die Beihilfefähigkeit vor Beginn der Kur anerkannt hat, und
3. die Kur innerhalb eines im Anerkennungsbescheid unter Beachtung der dienstlichen Belange zu bestimmenden Zeitraums begonnen wird.

VwV des FM zu § 8 Absatz 5

3.1 Die Wartezeiten nach Nummern 1 und 2 können nach der Zweckbestimmung der Kuren und dem Beihilfeumfang nicht zu einer Härte führen, weil bei dringlicher Behandlungsbedürftigkeit eine Kur nicht angezeigt ist. In Fällen dringlicher Behandlungsbedürftigkeit kommt eine Krankenbehandlung (ambulant, gegebenenfalls auch stationär zum Beispiel nach § 7 Absatz 5) in Betracht. In besonderen Ausnahmefällen, in denen eine Kur zur Vermeidung eines Rezidivs wegen eines schweren chronischen Leidens aus zwingenden medizinischen Gründen vor Fristablauf geboten ist, kann die Beihilfefähigkeit ausnahmsweise anerkannt werden, jedoch ohne die Aufwendungen nach Absatz 6 Nummer 6.

3.2 Die Wartezeit nach Nummer 1 ist bei Angehörigen, die weniger als fünf Jahre berücksichtigungsfähig sind, auch dann erfüllt, wenn der Beihilfeberechtigte selbst die Wartezeit erfüllt.

3.3 Für die Wartezeitberechnung nach Nummer 2 bleiben solche Kuren außer Betracht, für die keine Beihilfe zu Aufwendungen nach Absatz 6 Nummer 1 bis 6 gewährt wurde, außerdem die aus zwingendem Grund abgebrochenen Kuren. Zwingender Grund ist in der Regel nur eine Krankenhauseinlieferung des Beihilfeberechtigten oder eines berücksichtigungsfähigen Angehörigen oder ein Todesfall eines Angehörigen (§ 5 Absatz 4 Nummer 6 Buchstabe a) sowie ein aus medizinischen Gründen erforderlicher Abbruch der Kur.

3.4 Hat sich die frühere Kur über den Kalenderjahreswechsel erstreckt, so ist eine Beihilfe zulässig für eine Kur, die sich frühestens über den drei Jahre darauf folgenden Kalenderjahreswechsel hinweg erstreckt.

3.5 In der ärztlichen Bescheinigung nach Satz 1 Nummer 4 oder dem amtsärztlichen Gutachten nach Satz 2 Nummer 1 soll die Einrichtung oder der Heilkurort angegeben sein.

3.6 Für Beamte und Richter (§ 2 Absatz 1 Nummer 1) ist für alle Arten von Kuren nach § 8 eine vorherige Anerkennung erforderlich. Der Anerkennungsbescheid nach Satz 2 Nummer 2, 3 muss die Einrichtung oder den Heilkurort genau bezeichnen. Der Anerkennungsbescheid soll regelmäßig eine Geltungsdauer von höchstens sechs Monaten ab Bekanntgabe haben und soll die aufgrund der Anerkennung beihilfefähigen Aufwendungen bezeichnen.

(6) Bei Kuren nach den vorstehenden Absätzen sind neben Aufwendungen nach § 6 Abs. 1 Nr. 1 bis 3 beihilfefähig die Aufwendungen für

1. eine Familien- und Haushaltshilfe nach § 10a Nr. 3,
2. Fahrkosten nach § 10a Nr. 4 bis zu 120 Euro für die einfache Entfernung, darüber hinaus nur in ganz besonderen Fällen, soweit nach eingehender ärztlicher Begründung kein näher gelegener Kurort in Betracht kommt,
3. die Kurtaxe,
4. den ärztlichen Schlussbericht, wenn er vorgelegt wird,
5. eine behördlich als notwendig anerkannte Begleitperson für schwerbehinderte Menschen,
6. Unterkunft und Verpflegung bis zu 26 Euro pro Tag und Person, begrenzt auf eine Dauer von höchstens 30 Tagen.

Bei Kuren nach Absatz 1 Satz 1 Nummer 2 sind Aufwendungen nach Nummer 2, 3 und 6 für nicht behandlungsbedürftige Geschwister-Kinder, welche ein zu behandelndes Kind begleiten, beihilfefähig. Das Gleiche gilt für alle nicht behandlungsbedürftigen Kinder, welche einen zu behandelnden Elternteil begleiten.

Bei Pauschalpreisen in Einrichtungen nach Absatz 3, für die eine Preisvereinbarung mit einem Sozialleistungsträger besteht, ist die Beihilfefähigkeit auf den Pauschalpreis begrenzt.

VwV des FM zu § 8 Absatz 6

Neben Aufwendungen nach § 6 Absatz 1 Nummer 1 bis 3 können auch Aufwendungen nach § 6 Absatz 1 Nummer 9 beihilfefähig sein. Bezüglich Begleitpersonen ist VwV Nummer 5.2 zu § 7 anzuwenden.

§ 9
Feststellung der Pflegebedürftigkeit und Voraussetzungen für Pflegeleistungen

(1) Pflegebedürftig sind Personen, die gesundheitlich bedingte Beeinträchtigungen der Selbstsständigkeit oder der Fähigkeiten nach § 14 Absatz 2 SGB XI aufweisen und deshalb der Hilfe durch andere bedürfen. Es muss sich um Personen handeln, die körperliche, kognitive oder psychische Beeinträchtigungen oder gesundheitlich bedingte Belastungen oder Anforderungen nicht selbstständig kompensieren oder bewältigen können. Die Pflegebedürftigkeit muss voraussichtlich mindestens sechs Monate andauern und einem Pflegegrad nach § 15 Absatz 3 SGB XI zuzuordnen sein, um einen Anspruch auf Beihilfefähigkeit der Aufwendungen nach §§ 9 a bis 9 i zu begründen.

(2) Die Beihilfestelle entscheidet über die Pflegebedürftigkeit und die Beihilfe. Erforderlich ist eine Erhebung der die Pflegebedürftigkeit begründenden Kriterien durch ein medizinisches Gutachten, das zu dem Vorliegen der Pflegebedürftigkeit sowie zu Art und notwendigem Umfang der Pflege Stellung nimmt. Bei Versicherten der privaten oder sozialen Pflegeversicherung ist der von der Versicherung festgestellte Pflegegrad auch für die Beihilfe bindend, im Übrigen ist aufgrund des für die Versicherung erstellten Gutachtens zu entscheiden. Dies schließt Aufwendungen zu Maßnahmen zur Beseitigung, Minderung oder Verhütung einer Verschlimmerung der Pflegebedürftigkeit einschließlich der Leistungen zu einer medizinischen Rehabilitation ein. Kostenanteile für die Erstellung des Gutachtens nach Satz 3 werden nicht erstattet. Die Beihilfe wird ab Beginn des Monats der erstmaligen Antragstellung oder des Antrags auf Feststellung eines höheren Pflegegrades bei der Beihilfestelle oder Pflegeversicherung gewährt, frühestens jedoch ab dem Zeitpunkt, von dem an die Anspruchsvoraussetzungen vorliegen.

VwV des FM zu § 9 Absatz 8 (alt)

7.1 Für Versicherte der privaten oder sozialen Pflegeversicherung hat deren Versicherung die Pflegebedürftigkeit und die Stufe der Pflegebedürftigkeit feststellen zu lassen (gesetzliche Verpflichtung nach § 18 SGB XI). Diese Feststellung ist auch für die Beihilfestelle maßgebend und dieser vom Antragsteller in geeigneter Weise zugänglich zu machen (zum Beispiel Kopie des Gutachtens, schriftliche Leistungszusage der Versicherung). Besteht keine Pflegeversicherung, ist ein medizinisches Gutachten (§ 18 Absatz 5) über die Pflegebedürftigkeit und die Zuordnung zu einer bestimmten Pflegestufe vorzulegen.

7.2 Ist im Einzelfall eine vorgelegte Leistungszusage nicht ausreichend oder beantragt der Beihilfeberechtigte weitergehende Beihilfe nach Absatz 3 Satz 2 bis 4, ist vom Beihilfeberechtigten oder von der Beihilfestelle (mit Einwilligung des Pflegebedürftigen einschließlich Entbindung von der Schweigepflicht) bei der Pflegeversicherung eine Kopie des Gutachtens anzufordern. Ohne einen derartigen Nachweis ist eine Bearbeitung des Antrags nicht möglich (vergleiche § 22LVwVfG). Sofern erforderlich, ist eine ergänzende ärztliche oder gutachtliche Stellungnahme anzufordern. Bei fortbestehenden Unklarheiten ist nach § 18 Absatz 5 zu verfahren.

7.3 Die Antragsfrist nach Satz 4 gilt nur für den Beginn der Beihilfe wegen Pflegebedürftigkeit und für den Wechsel in eine höhere Pflegestufe, sie gilt nicht für den Wechsel zwischen verschiedenen Formen der Pflege nach Absatz 3 bis 7.

7.4 Erhebt der Beihilfeberechtigte gegen einen Beihilfebescheid, Widerspruch mit der Begründung, die von der Pflegeversicherung anerkannte Pflegestufe sei zu niedrig, ist der Widerspruch zwar zulässig, jedoch ist die Entscheidung bis zum Eintritt der Rechtskraft der Feststellung der Pflegeversicherung auszusetzen; sodann ist der Widerspruch gegebenenfalls als unbegründet zurückzuweisen.

7.5 Für Klagen in Angelegenheiten nach dem SGB XI (zum Beispiel Feststellung der Pflegebedürftigkeit und Zuordnung zu einer Pflegestufe) sind die Sozialgerichte zuständig (§ 51 Absatz 2 SGG).

(3) Bei Vorliegen des Pflegegrades 1 beschränkt sich der Anspruch nach Absatz 1 Satz 3 auf:

1. Pflegeberatung und Beratungsbesuch nach § 9 a,
2. Aufwendungen bei ambulanten Wohngruppen nach § 9 b Absatz 4,
3. Vergütungszuschläge nach § 9 f Absatz 1 Satz 3
4. aktivierende Maßnahmen nach § 9 f Absatz 2,
5. Entlastungsbetrag nach § 9 g Absatz 1,

6. Wohnumfeldverbesserung nach § 9 h,
7. Pflegehilfsmittel nach § 9 i.

Wählen Pflegebedürftige des Pflegegrades 1 vollstationäre Pflege, besteht darüber hinaus je Kalendermonat Anspruch auf Beihilfe zu den vollstationären Aufwendungen bis zu dem Betrag nach § 43 Absatz 3 SGB XI.

(4) Bei Pflegebedürftigkeit sind die Aufwendungen für die von Ärzten begründet als notwendig bescheinigte Behandlungspflege beihilfefähig; § 6 Absatz 1 Nummer 7 Satz 3 gilt entsprechend

⇨ Pflegeversicherung; ⇨ Urlaub (Pflegezeitgesetz-AN)

§ 9 a
Pflegeberatung und Beratungsbesuch

(1) Die Beihilfestelle trägt die Kosten für eine Pflegeberatung nach § 7 a SGB XI, wenn Beihilfeberechtigte oder berücksichtigungsfähige Angehörige Leistungen der Pflegeversicherung

1. beziehen oder
2. beantragt haben und erkennbar Hilfs- und Beratungsbedarf besteht.

Die Zahlung nach Satz 1 erfolgt auf formlosen Antrag an berechtigte Träger der Pflegeberatung. Es wird eine pauschale Beihilfe entsprechend der jeweils maßgeblichen Vereinbarung nach § 37 Absatz 1 der Bundesbeihilfeverordnung gewährt.

(2) Beihilfefähig sind Aufwendungen für Beratungsbesuche nach § 37 Absatz 3 SGB XI ohne Anrechnung auf die Beträge nach § 9 b Absatz 2 Satz 3.

§ 9 b
Häusliche Pflege, Kombinationspflege, ambulante Wohngruppen

(1) Die Aufwendungen für häusliche Pflege durch geeignete Pflegekräfte nach § 36 Absatz 4 Satz 2 und 3 SGB XI (Pflegesachleistungen) sind in dem als notwendig festgestellten Umfang der Pflege einschließlich der Fahrkosten entsprechend des Pflegegrades des § 15 Absatz 3 SGB XI für Pflegebedürftige beihilfefähig in

1. Pflegegrad 2 bis zu 689 Euro je Kalendermonat,
2. Pflegegrad 3 bis zu 1 298 Euro je Kalendermonat,
3. Pflegegrad 4 bis zu 1 612 Euro je Kalendermonat,
4. Pflegegrad 5 bis zu 1 995 Euro je Kalendermonat.

Im Übrigen ist § 5 Absatz 6 mit Ausnahme von dessen Satz 3 anzuwenden. Bei einer Pflege durch nahe Angehörige sind die Aufwendungen im Rahmen des Satzes 1 nur unter den weiteren Voraussetzungen des § 6 Absatz 1 Nummer 7 Satz 3 beihilfefähig; besteht danach kein Beihilfeanspruch, findet Absatz 2 Anwendung.

(2) Bei einer häuslichen Pflege durch geeignete Pflegepersonen nach § 19 SGB XI wird ein Pflegegeld ohne Nachweis von Aufwendungen als beihilfefähig berücksichtigt. Der Anspruch setzt voraus, dass die oder der Pflegebedürftige mit dem zustehenden Pflegegeld die erforderlichen körperbezogenen Pflegemaßnahmen und pflegerischen Betreuungsmaßnahmen sowie Hilfen bei der Haushaltsführung in geeigneter Weise selbst sicherstellt. Als beihilfefähig gelten in

1. Pflegegrad 2: 316 Euro je Kalendermonat,
2. Pflegegrad 3: 545 Euro je Kalendermonat,
3. Pflegegrad 4: 728 Euro je Kalendermonat,
4. Pflegegrad 5: 901 Euro je Kalendermonat.

Die Beträge nach Satz 3 vermindern sich anteilig nur um die Tage einer vollstationären Unterbringung nach § 6 Absatz 1 Nummer 6 und § 7, soweit diese über vier Wochen hinausgeht. Sie vermindern sich ebenso um Tage, an denen Beihilfe für eine vollstationäre Pflege in Einrichtungen der Hilfe für behinderte Menschen nach § 9 e oder für vollstationäre Pflege nach § 9 f zusteht. Für Tage, an denen Beihilfe für Kurzzeitpflege nach § 9 d Absatz 2 zusteht, erfolgt für bis zu acht Wochen im Kalenderjahr die Minderung nur zur Hälfte. Dabei gelten Tage der An- und Abreise jeweils auch als volle Tage der häuslichen Pflege. Pflegegeld wird bis zum Ende des Kalendermonats gewährt, in dem der Pflegebedürftige verstorben ist.

(3) Werden im Kalendermonat sowohl Pflegesachleistungen nach Absatz 1 als auch Pflegegeld nach Absatz 2 in Anspruch genommen (Kombinationspflege), darf die Summe der nach den Absätzen 1 und 2 beihilfefähigen Beträge den nach dem Pflegegrad zutreffenden Höchstbetrag des Absatzes 1 nicht übersteigen.

VwV des FM zu § 9 Absatz 3 (alt)

3.1 Geeignete Pflegekräfte sind Personen, die

- bei ambulanten Pflegeeinrichtungen (Pflegedienste) angestellt sind und die unter ständiger Verantwortung einer ausgebildeten Pflegekraft Pflegebedürftige in ihrer Wohnung pflegen und hauswirtschaftlich versorgen (§ 71 Absatz 1, § 72 SGB XI) oder
- bei der Pflegekasse angestellt sind (§ 77 Absatz 2 SGB XI) oder – von der privaten Pflegeversicherung zur Pflege und hauswirtschaftlichen Versorgung zugelassen sind oder
- mit der Pflegekasse einen Einzelvertrag nach § 77 Absatz 1 SGB XI geschlossen haben. Verträge mit Verwandten oder Verschwägerten des Pflegebedürftigen bis zum dritten Grad sowie mit Personen, die mit dem Pflegebedürftigen in häuslicher Gemeinschaft leben, sind unzulässig, vergleiche § 77 Absatz 1 Satz 1 SGB XI.

3.2 Die Höhe der beihilfefähigen Pflegeaufwendungen ist abhängig von der Zuordnung zu einer der drei Pflegestufen.

(4) Bei Pflegebedürftigen in ambulant betreuten Wohngruppen ist ein pauschaler Zuschlag nach Maßgabe des § 38a SGB XI beihilfefähig. Aufwendungen der Anschubfinanzierung zur Gründung von ambulant betreuten Wohngruppen sind nach Maßgabe des § 45e SGB XI beihilfefähig, wenn und soweit die Maßnahme von der Pflegeversicherung anteilig bezuschusst wird.

§ 9 c
Teilstationäre Pflege in Einrichtungen der Tages- und Nachtpflege

(1) Wird die häusliche Pflege teilstationär in Einrichtungen der Tages- und Nachtpflege nach § 41 Absatz 1 SGB XI erbracht, sind die pflegebedingten Aufwendungen einschließlich der notwendigen Fahrkosten und der Aufwendungen für die in der Einrichtung notwendigen Leistungen der medizini-

schen Behandlungspflege entsprechend des Pflegegrades nach § 15 Absatz 3 SGB XI beihilfefähig.

Beihilfefähig sind in

1. Pflegegrad 2 bis zu 689 Euro je Kalendermonat,
2. Pflegegrad 3 bis zu 1 298 Euro je Kalendermonat,
3. Pflegegrad 4 bis zu 1 612 Euro je Kalendermonat,
4. Pflegegrad 5 bis zu 1 995 Euro je Kalendermonat.

§ 9 f Absatz 1 Satz 3 ist entsprechend anzuwenden.

(2) Neben den Aufwendungen der teilstationären Pflege in Einrichtungen der Tages- und Nachtpflege sind folgende Aufwendungen beihilfefähig:

1. Pflegesachleistungen (§ 9 b Absatz 1),
2. Pflegegeld (§ 9b Absatz 2),
3. der Zuschlag bei ambulanten Wohngruppen (§ 9 b Absatz 4 Satz 1) nach Maßgabe des § 38 a Absatz 1 Satz 2 SGB XI.

§ 9 d
Verhinderungspflege und Kurzzeitpflege

(1) Ist eine Pflegeperson nach § 9 b Absatz 2 wegen Urlaub, Krankheit oder aus anderen Gründen an der häuslichen Pflege gehindert, so sind Aufwendungen für die Pflege bis zu dem in § 39 Absatz 1 Satz 3 SGB XI genannten Betrag pro Kalenderjahr beihilfefähig (Verhinderungspflege).

(2) Kann die häusliche Pflege nach § 9 b zeitweise nicht, noch nicht oder nicht im erforderlichen Umfang erbracht werden und reicht auch teilstationäre Pflege nach § 9 c oder § 9 e Satz 1 nicht aus, sind Aufwendungen für vollstationäre Pflege nach § 42 Absatz 2 und 3 Satz 1 und Absatz 4 SGB XI beihilfefähig (Kurzzeitpflege). § 9 f Absatz 1 Satz 3 und Absatz 3 finden entsprechend Anwendung.

(3) Der beihilfefähige Höchstbetrag für Verhinderungspflege kann um bis zu 50 Prozent des beihilfefähigen Höchstbetrages für Kurzzeitpflege erhöht werden, jedoch nur, soweit dieser Höchstbetrag noch nicht in Anspruch genommen wurde. Der in Anspruch genommene Betrag vermindert den beihilfefähigen Höchstbetrag für Kurzzeitpflege. Der beihilfefähige Höchstbetrag für Kurzzeitpflege kann um bis zu 100 Prozent des beihilfefähigen Höchstbetrages für Verhinderungspflege erhöht werden, jedoch nur, soweit dieser Höchstbetrag noch nicht in Anspruch genommen wurde. Der dabei für die Kurzzeitpflege in Anspruch genommene Betrag verminderten beihilfefähigen Höchstbetrag für Verhinderungspflege.

(4) Erfolgt die Verhinderungspflege nach Absatz 1 durch nahe Angehörige nach § 5 Absatz 4 Nummer 6 der pflegebedürftigen Person, sind die nachgewiesenen Aufwendungen für die Pflege pro Kalenderjahr bis zum 1,5-fachen Betrag des Pflegegeldes nach § 9b Absatz 2 beihilfefähig. Sind zusätzlich Aufwendungen für Fahrkosten oder ein Verdienstausfall entstanden, erhöht sich der beihilfefähige Betrag nach Satz 1 bis zu dem in § 39 Absatz 1 Satz 3 SGB XI genannten Betrag; Absatz 3 findet Anwendung. Für die Angemessenheit der Aufwendungen für Fahrkosten gilt § 10a Nummer 4 entsprechend.

§ 9 e
Pflege in Einrichtungen der Hilfe für behinderte Menschen

Wird die häusliche Pflege teilstationär in Einrichtungen der Hilfe für behinderte Menschen (§§ 43 a, 71 Absatz 4 SGB XI) erbracht, sind die Aufwendungen für die Pflege in der Einrichtung neben Aufwendungen nach § 9 b Absatz 2 bis zur Höhe der Hälfte der in Satz 2 genannten Beträge beihilfefähig. Wird die Pflege vollstationär in Einrichtungen der Behindertenhilfe erbracht, gelten als beihilfefähige Aufwendungen für die Pflege in der Einrichtung in

1. Pflegegrad 2: 266 Euro je Kalendermonat,
2. Pflegegrad 3: 522 Euro je Kalendermonat,
3. Pflegegrad 4: 698 Euro je Kalendermonat,
4. Pflegegrad 5: 863 Euro je Kalendermonat.

Im Monat des Beginns und der Beendigung der Pflege werden die Beträge nach Satz 1 und 2 halbiert; im Übrigen sind Unterbrechungen bereits bei der Bemessung der Beträge berücksichtigt.

§ 9 f
Vollstationäre Pflege, Vergütungszuschläge, Aktivierungsbetrag, Eigenanteil bei Unterkunfts-, Verpflegungs- und Investitionskosten

(1) Aufwendungen für die vollstationäre Pflege sind nur in einer dafür zugelassenen Pflegeeinrichtung nach § 72 Absatz 1 Satz 1 SGB XI beihilfefähig. Erfolgt die Unterbringung vollstationär, liegen aber die Voraussetzungen des Satzes 1 oder der Kurzzeitpflege nach § 9 d Absatz 2 und der Pflege in Einrichtungen der Hilfe für behinderte Menschen nach § 9 e nicht vor, sind die auf die Pflege entfallenden Kosten im Rahmen der Höchstbeträge für Pflegesachleistungen nach § 9 b Absatz 1 beihilfefähig. Aufwendungen für Vergütungszuschläge nach § 84 Absatz 8 SGB XI in Verbindung mit § 85 Absatz 8 SGB XI sind beihilfefähig.

(2) Der Betrag nach § 87 a Absatz 4 SGB XI ist beihilfefähig, wenn die pflegebedürftige Person nach der Durchführung aktivierender oder rehabilitativer Maßnahmen in einen niedrigeren Pflegegrad zurückgestuft oder festgestellt wurde, dass sie nicht mehr pflegebedürftig nach §§ 14 und 15 SGB XI ist. Anstelle des Beihilfeberechtigten kann die Pflegeeinrichtung den Betrag gegenüber der Beihilfestelle geltend machen. Die gewährte Beihilfe ist vom Zahlungsempfänger zurückzufordern, wenn die oder der Pflegebedürftige innerhalb von sechs Monaten in einen höheren Pflegegrad oder wieder als pflegebedürftig nach §§ 14 und 15 SGB XI eingestuft wird.

(3) Aus Anlass einer nach Absatz 1 beihilfefähigen vollstationären Pflege sind Aufwendungen für Unterkunft (einschließlich Investitionskosten und Verpflegung) insoweit beihilfefähig, als sie einen Eigenanteil übersteigen. Der Eigenanteil beträgt

1. bei Beihilfeberechtigten mit
   a) einem Angehörigen
   250 Euro je Kalendermonat,
   b) zwei Angehörigen
   220 Euro je Kalendermonat,

c) drei Angehörigen
190 Euro je Kalendermonat,
d) mehr als drei Angehörigen
160 Euro je Kalendermonat;

die Beträge gelten für jede Person, wenn mehr als eine Person vollstationär pflegebedürftig ist,

2. bei Beihilfeberechtigten ohne Angehörige oder bei gleichzeitiger vollstationärer Pflege des Beihilfeberechtigten und aller Angehörigen 70 Prozent der in § 2 Absatz 2 genannten Bruttobezüge sowie der Renten aus den gesetzlichen Rentenversicherungen und zusätzlichen Alters- und Hinterbliebenenversorgungseinrichtungen.

Angehörige nach Satz 2 Nummern 1 und 2 sind Personen, die nach § 3 Absatz 1 berücksichtigungsfähig sind. Die in Satz 2 Nummern 1 und 2 bezeichneten Eigenanteile werden nur für Kalendertage abgezogen, für die Aufwendungen für Unterkunft in Rechnung gestellt sind.

§ 9 g
Entlastungsbetrag und Umwandlungsanspruch

(1) Bei Pflegebedürftigen in häuslicher Pflege sind Aufwendungen nach Maßgabe des § 45 b SGB XI (Entlastungsbetrag) beihilfefähig bei Inanspruchnahme von

1. Tages- oder Nachtpflege,
2. Kurzzeitpflege, jedoch ohne Eigenanteile nach § 9 f Absatz 3,
3. Pflegesachleistungen, in den Pflegegraden 2 bis 5 jedoch nicht von Leistungen im Bereich der Selbstversorgung nach § 14 Absatz 2 Nummer 4 SGB XI,
4. nach Landesrecht anerkannten Angeboten zur Unterstützung im Alltag nach § 45 a SGB XI.

Hinweise der Redaktion:

1. Der Entlastungsbetrag beträgt 125 Euro (Formular LBV 301).
2. Pflegebedürftige mit Pflegegrad, die zu Hause gepflegt werden, haben Anspruch auf kostenlose Pflegehilfsmittel im Wert bis zu 40 Euro/Monat (§ 78 Abs. 1 i.V.m. § 40 Abs. 2 SGB XI). Die Pflegekasse übernimmt auf Antrag die Kosten für Pflegehilfsmittel zum Verbrauch. Ein Antragsformular ist abrufbar unter www.pflege.de/hilfsmittel/pflegehilfsmittel.

(2) Pflegebedürftige in häuslicher Pflege mit mindestens Pflegegrad 2 können eine Beihilfegewährung zu nach Absatz 1 Nummer 4 zustehenden Aufwendungen unter Anrechnung auf ihren Anspruch auf. Pflegesachleistungen nach § 9 b Absatz 1 beantragen, soweit für den jeweiligen Kalendermonat für die geltend gemachten Aufwendungen noch keine Beihilfe zu vorrangig zu gewährenden Pflegesachleistungen nach § 9 b Absatz 1 bezogen wurde. Der hierfür verwendete Betrag darf je Kalendermonat 40 Prozent des nach § 9 b Absatz 1 für den jeweiligen Pflegegrad vorgesehenen beihilfefähigen Höchstbetrag nicht überschreiten. Die Inanspruchnahme des Umwandlungsanspruchs nach Satz 1 und die Inanspruchnahme des Entlastungsbetrags nach Absatz 1 erfolgen unabhängig voneinander.

§ 9 h
Individuelle Wohnumfeldverbesserung

Aufwendungen zur Verbesserung des individuellen oder gemeinsamen Wohnumfeldes nach § 40 Absatz 4 SGB XI sind beihilfefähig, wenn und soweit die Maßnahme von der Pflegeversicherung anteilig bezuschusst wird.

§ 9 i
Pflegehilfsmittel

Aufwendungen für Hilfsmittel zur Linderung von Beschwerden, zur Erleichterung der Pflege oder der selbstständigen Lebensführung der oder des Pflegebedürftigen sind nach Maßgabe der Anlage beihilfefähig oder wenn und soweit das Hilfsmittel von der Pflegeversicherung anteilig bezuschusst wird. Bei stationärer Pflege gilt Satz 1 nur für Gegenstände, die zum Verbrauch bestimmt, die individuell angepasst oder die überwiegend nur der oder dem Pflegebedürftigen allein überlassen sind, sofern sie nicht üblicherweise von der Einrichtung vorzuhalten sind. Für ärztlich schriftlich verordnete, zum Verbrauch bestimmte Hilfsmittel, die nicht bereits nach Nummer 2 der Anlage beihilfefähig sind, sind bei häuslicher Pflege Aufwendungen bis zu dem in § 40 Absatz 2 Satz 1 SGB XI genannten Betrag monatlich beihilfefähig.

Hinweis der Redaktion: Hilfsmittel müssen ärztlich verordnet werden. Beteiligt sich die Pflegeversicherung an den Kosten, so ist die Vorlage einer ärztlichen Verordnung nicht notwendig.

§ 9 j
Pflegeunterstützungsgeld

Hat eine nicht beihilfeberechtigte Person einen Anspruch auf Pflegeunterstützungsgeld nach § 44 a Absatz 3 SGB XI wegen der Pflege einer beihilfeberechtigten Person oder eines berücksichtigungsfähigen Angehörigen, wird hierzu eine Beihilfe unter Anwendung des für die gepflegte beihilfeberechtigte Person oder den berücksichtigungsfähigen Angehörigen maßgeblichen Bemessungssatzes gewährt. Die Festsetzung des Pflegeunterstützungsgeldes erfolgt auf schriftlichen Antrag der nicht beihilfeberechtigten Person nach Satz 1.

§ 10
Beihilfefähige Aufwendungen bei Maßnahmen zur Gesundheitsvorsorge

(1) Aus Anlass von Maßnahmen zur Früherkennung von Krankheiten sind nur beihilfefähig

1. bei Kindern bis zur Vollendung des sechsten Lebensjahres die Aufwendungen für Untersuchungen zur Früherkennung von Krankheiten, die eine körperliche oder geistige Entwicklung des Kindes in nicht geringfügigem Maße gefährden,
2. bei Kindern und Jugendlichen die Kosten für eine Jugendgesundheitsuntersuchung zwischen dem vollendeten 13. und dem vollendeten 14. Lebensjahr, wobei die Untersuchung auch bis zu 12 Monaten vor und nach diesem Zeitintervall durchgeführt werden kann,
3. bei Frauen vom Beginn des 20., bei Männern vom Beginn des 45. Lebensjahres an die Aufwendungen für jährlich eine Untersuchung zur Früherkennung von Krebserkrankungen,
4. bei Personen vom Beginn des 36. Lebensjahres an die Aufwendungen für eine Gesundheitsuntersuchung, insbesondere zur Früherkennung von Herz-, Kreislauf- und Nierenerkrankungen

sowie der Zuckerkrankheit. Diese Aufwendungen sind jedes zweite Jahr beihilfefähig,

5. Aufwendungen für die Risikofeststellung und interdisziplinäre Beratung, Gendiagnostik und Früherkennung im Rahmen des Früherkennungsprogramms für erblich belastete Personen mit einem erhöhten familiären Brust- oder Eierstockkrebsrisiko, wenn die Leistungen nach Maßgabe der Anlage 14 zur Bundesbeihilfeverordnung erbracht werden,
6. Aufwendungen für Leistungen im Rahmen des Früherkennungsprogramms für erblich belastete Personen mit einem erhöhten familiären Darmkrebsrisiko, wenn die Leistungen nach Maßgabe der Anlage 14a BBhVO erbracht werden.

(2) Beihilfefähig sind Aufwendungen für prophylaktische zahnärztliche Leistungen nach den Nummern 1000 bis 1040 und 2000 des Gebührenverzeichnisses der Gebührenordnung für Zahnärzte (GOZ).

(3) Beihilfefähig sind Aufwendungen für ambulante ärztliche Leistungen, wenn diese notwendig sind, um

1. eine Schwächung der Gesundheit, die in absehbarer Zeit voraussichtlich zu einer Krankheit führen würde, zu beseitigen,
2. einer Gefährdung der gesundheitlichen Entwicklung eines Kindes entgegenzuwirken,
3. Krankheiten zu verhüten oder deren Verschlimmerung zu vermeiden oder
4. Pflegebedürftigkeit zu vermeiden.

VwV des FM zu § 10 Absatz 1 bis 3

Zur Abgrenzung der beihilfefähigen Aufwendungen finden die diesbezüglichen Regelungen der gesetzlichen Krankenkassen (§ 23 Absatz 1, §§ 25, 26 SGB V) ergänzend Anwendung.

(4) Beihilfefähig sind Aufwendungen für Schutzimpfungen, die aufgrund des Infektionsschutzgesetzes angeordnet oder von der obersten Gesundheitsbehörde des Landes öffentlich empfohlen sind. Die Beihilfestelle kann die Kosten einer Impfaktion in einer Dienststelle voll übernehmen, wenn dies kostengünstiger als Beihilfe zu privatärztlichen Einzelimpfungen ist.

Hinweis der Redaktion: Von der Ständigen Impfkommission (STIKO) öffentlich empfohlene Schutzimpfungen gelten als vom Land Baden-Württemberg öffentlich empfohlen (GABl. S. 277/2015). Zur Beihilfefähigkeit siehe: https://lbv.landbw.de/-/impfungen

(5) Reichen bei gefährdeter Gesundheit Maßnahmen nach Absatz 1 und 3 nicht aus, kann Beihilfe zu Aufwendungen für qualitätsgeprüfte ambulante Maßnahmen entsprechend § 137d SGB V gewährt werden, die unter ärztlicher Betreuung und Überwachung von Angehörigen der Heilberufe (§ 6 Abs. 1 Nr. 3 Satz 3, ggf. in Verbindung mit Nr. 1.1 der Anlage) durchgeführt werden.

§ 10a
Sonstige Aufwendungen

Beihilfefähig sind außerdem die Aufwendungen für

1. von Ärzten schriftlich verordnete ambulante sozialmedizinische Nachsorge für chronisch oder schwerstkranke Kinder bis zum vollendeten 12. Lebensjahr im Anschluss an eine stationäre Maßnahme, wenn dadurch die stationäre Maßnahme verkürzt wird oder die nachfolgende ambulante Weiterbehandlung gesichert wird,

VwV des FM zu § 10 a Nr. 1

Hinsichtlich der Voraussetzungen und des Umfangs der sozialmedizinischen Nachsorge gilt ergänzend § 43 Absatz 2 SGB V.

2. von Ärzten schriftlich verordnete ambulante Soziotherapie bis zu 120 Stunden innerhalb von drei Jahren, wenn die Person wegen schwerer psychischer Erkrankung nicht in der Lage ist, ärztliche, ärztlich verordnete oder psychotherapeutische Leistungen selbstständig in Anspruch zu nehmen und soweit dadurch nach § 6 beihilfefähige Aufwendungen erspart werden,

VwV des FM zu § 10 a Nr. 2

Bezüglich der Aufwendungen für ambulante Soziotherapie sind die VwV des BMI zu § 30 BBhV, gegebenenfalls ergänzend die Vorschriften für gesetzlich Krankenversicherte, anzuwenden.

3. Familien- und Haushaltshilfe pro Stunde
   a) für hauptberufliche Pflegekräfte in Höhe von 0,8 ‰,
   b) für nebenberufliche Pflegekräfte in Höhe von 0,4 ‰

der sich aus § 18 des Vierten Buches Sozialgesetzbuch ergebenden monatlichen Bezugsgröße, anteilig je Kalendermonat, aufgerundet auf volle Euro. Als angemessen gelten Aufwendungen für bis zu 12 Stunden pro Tag.

Mit ärztlicher Begründung kann auch ein Zeitbedarf von bis zu 24 Stunden pro Tag als angemessen angesehen werden. Voraussetzung für die Beihilfefähigkeit ist, dass

a) die sonst den Haushalt allein oder überwiegend führende beihilfeberechtigte oder berücksichtigungsfähige Person wegen ihrer notwendigen außerhäuslichen Unterbringung wegen Krankheit, Anschlussheil-, Sucht- und Rehabilitationsbehandlungen, Kuren, Schwangerschaft und Geburt oder Pflege (§§ 6 bis 9j, § 10a Nummer 5 sowie 11) den Haushalt nicht weiterführen kann,
b) im Haushalt mindestens ein berücksichtigungsfähiges Kind verbleibt, welches das 15. Lebensjahr noch nicht vollendet hat, und
c) keine andere im Haushalt lebende Person den Haushalt, gegebenenfalls auch an einzelnen Tagen, weiterführen kann.

Dies gilt auch für bis zu sieben, in ärztlich begründeten Fällen bis zu 14 Tagen nach Ende der außerhäuslichen Unterbringung. § 6 Abs. 1 Nr. 7 Satz 3 gilt entsprechend. Anstelle einer außerhäuslichen Unterbringung nach Satz 4 Buchstabe a kann auch eine langfristige häusliche Bettlägerigkeit, insbesondere bei Problemschwangerschaft, oder langfristige krankheitsbedingte Unfähigkeit zur Verrichtung der häuslichen Tätigkeiten Voraussetzung sein; in diesen Fällen wird Beihilfe für Familien- und Haushaltshilfe ab Beginn der vierten Woche gewährt, wenn mindestens ein Kind unter zwölf Jahren vorhanden ist. Werden anstelle der Beschäftigung einer Familien- und

Haushaltshilfe Kinder unter zwölf Jahren in einem Heim oder in einem fremden Haushalt untergebracht, so sind die Aufwendungen hierfür bis zu den sonst notwendigen Kosten einer Familien- und Haushaltshilfe beihilfefähig. Die Kosten für eine Unterbringung im Haushalt eines nahen Angehörigen (§ 5 Abs. 4 Nr. 6 Satz 4 Buchst. a) sind mit Ausnahme der Fahrkosten (Nummer 4) nicht beihilfefähig.

VwV des FM zu § 10 a Nr. 3

3.1 Der Antragsteller hat glaubhaft darzulegen, in welchem zeitlichen Umfang (Stundenzahl) die Familien- und Haushaltshilfe zur Betreuung des Pflegebedürftigen oder der Kinder zur verantwortlichen Führung des Haushalts täglich benötigt wird. Falls mehr als fünf Tage pro Kalenderwoche geltend gemacht werden, ist dies eingehend zu begründen. Verbleiben volljährige Personen im Haushalt, so ist anzugeben, warum diesen eine Führung des Haushalts, gegebenenfalls zumindest an arbeitsfreien Tagen, nicht möglich ist. Die Aufwendungen gelten entsprechend § 14 Absatz 2 Nummer 1 als Aufwendungen des jüngsten im Haushalt verbleibenden Kindes.

3.2 Die Voraussetzungen der Vorschrift sind nicht erfüllt, wenn die den Haushalt führende Person nur als medizinisch nicht notwendige Begleitperson im Krankenhaus aufgenommen oder außerhalb untergebracht wird. Abweichend hiervon wird nach § 5 Absatz 6 hiermit allgemein zugestimmt (vergleiche VwV Nummer 7 zu § 5 Absatz 6), dass Aufwendungen für eine Familien- und Haushaltshilfe berücksichtigt werden, wenn die den Haushalt führende Person als Begleitperson eines stationär aufgenommenen Kindes außerhalb des Krankenhauses die Voraussetzungen der VwV Nummer 1.3 letzter Satz zu § 6 a oder der VwV Nummer 5.2 Satz 2 zu § 7 erfüllt.

3.3 Für die ersten sieben Tage nach einem Krankenhausaufenthalt kann auf eine ärztliche Notwendigkeitsbescheinigung verzichtet werden, wenn sich aus der Diagnose eine schwere Erkrankung ergibt. An die für eine Verlängerung über sieben Tage hinaus nach Satz 3 erforderliche ärztliche Begründung sind dann strenge Anforderungen zu stellen, wenn sich aus dem Krankheitsbild oder anderen Umständen nicht ohne weiteres die Notwendigkeit erkennen lässt.

3.4 Satz 5 gilt für Fälle mit vorangegangenem Krankenhausaufenthalt im Anschluss an die Beihilfe nach Satz 3. In Fällen ohne vorangegangenen stationären Aufenthalt kann Beihilfe für die ersten vier Wochen der Bettlägerigkeit beziehungsweise krankheitsbedingten Unfähigkeit zur Haushaltführung gemäß Satz 5 nicht gewährt werden; in dieser Karenzzeit müssen sich die Betroffenen anderweitig behelfen oder etwaige Kosten selbst tragen. VwV Nummer 3.3 Satz 2 zu § 10 a gilt entsprechend. Die Selbstzahler-Karenzzeit soll für dieselbe Erkrankung auch bei mehreren Krankenhausaufenthalten nur einmal zum Tragen kommen.

4. Fahrten bei Inanspruchnahme ärztlicher, psychotherapeutischer, zahnärztlicher Leistungen und Krankenhausleistungen sowie bei Heilbehandlungen (§ 6 Abs. 1 Nr. 3) und für eine erforderliche Begleitung bis zur Höhe der Kosten der niedrigsten Klasse regelmäßig verkehrender Beförderungsmittel sowie die Gepäckbeförderung. Höhere Fahr- und Transportkosten dürfen nur berücksichtigt werden, wenn sie unvermeidbar waren; wird ein privater Personenkraftwagen benutzt, ist höchstens der in § 6 Abs. 1 Satz 1 Nr. 2 *(ab 2022 § 5 Abs. 1)* des Landesreisekostengesetzes genannte Betrag beihilfefähig.

Nicht beihilfefähig sind Aufwendungen für
a) die Mitnahme weiterer Personen sowie des Gepäcks bei Benutzung privater Personenkraftwagen,
b) die Verwendung privat genutzter Fahrzeuge, Taxen sowie regelmäßig verkehrender Beförderungsmittel am Wohn-, Behandlungs- oder Aufenthaltsort und in deren Nahbereich bei einfachen Entfernungen bis zu 30 Kilometer; dies gilt nicht wenn eine Schwerbehinderung mit den Merkzeichen »aG« (außergewöhnliche Gehbehinderung), »Bl« (blind), oder »H« (hilflos) im Schwerbehindertenausweis oder ein Pflegegrad 3, 4 oder 5 vorliegt, sowie bei Fahrten aufgrund einer Dialysebehandlung, onkologischen Strahlen- und Chemotherapie, ambulanten Rehabilitationsbehandlung, ambulanten Anschlussheilbehandlung sowie Behandlungen, bei denen eine Grunderkrankung nach einem vorgegebenen Therapieschema behandelt wird, das eine vergleichbar hohe Behandlungsfrequenzüber einen längeren Zeitraum aufweist,

Hinweis der Redaktion: Auf der Taxi-Quittung sollten Name, Start und Zielort leserlich aufgeführt sein.

c) die Mehrkosten von Fahrten zu einem anderen als dem nächstgelegenen Ort, an dem eine geeignete Behandlung möglich ist, und zurück,
d) Rücktransport wegen Erkrankung während einer Urlaubs- oder anderen Reise,

VwV des FM zu § 10 a Nr. 4

4.1 Aufwendungen für Fahr- und Transportkosten sind nur für die Strecke von der Stelle, an der sich die erkrankte Person bei Antritt der Fahrt gerade aufhält, bis zur nächstgelegenen geeigneten Behandlungsmöglichkeit notwendig und beihilfefähig.

4.2 Aufwendungen für Besuchsfahrten sind nicht beihilfefähig. Abweichend hiervon wird nach § 5 Absatz 6 hiermit allgemein zugestimmt (vergleiche VwV Nummer 7 zu § 5 Absatz 6), dass Aufwendungen für regelmäßige Fahrten (mindestens jeden dritten Tag) eines Elternteils zum Besuch seines im Krankenhaus oder einer Einrichtung nach § 7 aufgenommenen Kindes berücksichtigt werden, wenn nach begründetem fachärztlichen Attest häufige Besuche in kurzen Abständen wegen des Alters des Kindes und seiner eine stationäre Langzeittherapie (über fünf Wochen) erfordernden schweren Erkrankung aus medizinischen Gründen notwendig sind. Wird im Fall des Satzes 2 ein privater Personenkraftwagen benutzt, so sind nur die Kraftstoffkosten bis zu 0,12 Euro pro km als krankheitsbedingte Kosten anzusetzen; im Übrigen ist § 10 a Nummer 4 Satz 1 und 3 Buchstabe a und c sinngemäß anzuwenden. Bei notwendigen Besuchsfahrten zu erwachsenen Langzeitkranken kann in ärztlich begründeten besonderen Ausnahmefällen eine finanzielle Unterstützung nach den Sätzen 2 und 3 dieser VwV in Betracht kommen.

5. Unterkunft bei notwendigen auswärtigen ambulanten ärztlichen und psychotherapeutischen Leistungen bis zum Höchstbetrag von 30 Euro täglich. Ist eine Begleitperson erforderlich, so sind deren Kosten für Unterkunft ebenfalls bis zum Höchstbetrag von 30 Euro täglich beihilfefähig. Diese Vorschrift findet bei Kuren oder ähnlichen Maßnahmen keine Anwendung,

6. ambulante Nachsorgebehandlungen, welche im Anschluss an stationäre Suchtbehandlungen erfolgen. Diese sind in angemessener Höhe als beihilfefähig anzuerkennen.

7. Leistungen bei einem Organspender, wenn die das Organ erhaltende Person beihilfeberechtigt oder berücksichtigungsfähig ist, im Rahmen von § 6 Abs. 1 Nr. 1 bis 3, 9, § 6a, § 7 Absatz 1 Nummer 2 bis 4 und vorstehenden Nummern 3 bis 5, soweit sie bei den für die Transplantation notwendigen Maßnahmen entstehen; beihilfefähig ist auch der vom Organspender nachgewiesene Ausfall an Arbeitseinkommen. Dem Arbeitgeber der Organspenderin oder des Organspenders wird auf Antrag das fortgezahlte Entgelt entsprechend § 3 a des Entgeltfortzahlungsgesetzes zum Bemessungssatz der Organempfängerin oder des Organempfängers erstattet. Dies gilt auch für als Organspender vorgesehene Personen, wenn sich herausstellt, dass sie als Organspender nicht in Betracht kommen.

VwV des FM zu § 10 a Nr. 7

Die Aufwendungen für die Registrierung sind beihilfefähig

8. behördlich angeordnete Entseuchung und die dabei verbrauchten Stoffe.

§ 11
Beihilfe bei Geburtsfällen

(1) Im Hinblick auf eine Geburt sind beihilfefähig die Aufwendungen

1. für die Schwangerschaftsüberwachung,
2. entsprechend § 6 Abs. 1 Nr. 1 bis 6, § 6a, § 7 Abs. 1 Nr.1, § 10a Nr. 3 und in Einrichtungen der Geburtshilfe, die von Hebammen geleitet werden,
3. für die Hebamme und den Entbindungspfleger nach Maßgabe der Hebammengebührenordnung,
4. für eine Haus- und Wochenpflegekraft bei Hausentbindung oder ambulanter Entbindung in einer von Hebammen geleiteten Einrichtung der Geburtshilfe oder in einem Krankenhaus bis zu zwei Wochen nach der Geburt, wenn die Wöchnerin nicht bereits Krankenpflege im Sinne von § 6 Abs. 1 Nr. 7 erhält; § 6 Abs. 1 Nr. 7 ist entsprechend anzuwenden,
5. entsprechend § 6 Abs. 1 Nr. 6 für das Kind.

VwV des FM zu § 11 Absatz 1

1.1 Für die Schwangerschaftsüberwachung werden die Richtlinien des Gemeinsamen Bundesausschusses über die ärztliche Betreuung während der Schwangerschaft und nach der Entbindung (Mutterschafts-Richtlinien) in der jeweils geltenden Fassung zugrunde gelegt.

1.2 Die Aufwendungen für ärztlich verordnete Schwangerschaftsgymnastik sind beihilfefähig. Leistungen einer Hebamme oder eines Entbindungspflegers nach der Hebammengebührenordnung bedürfen keiner ärztlichen Verordnung, soweit nicht in der Gebührenordnung etwas anderes bestimmt ist.

(2) Für die Säuglings- und Kleinkinderausstattung jedes lebend geborenen Kindes und die sonstigen Aufwendungen, die im Zusammenhang mit den während der Schwangerschaft und nach der Entbindung üblichen Untersuchungen entstehen, wird eine pauschale Beihilfe von 250 Euro gewährt. Dies gilt auch, wenn der Beihilfeberechtigte ein Kind, das das dritte Lebensjahr noch nicht vollendet hat, annimmt oder mit dem Ziel der Annahme in seinen Haushalt aufnimmt und die zur Annahme erforderliche Einwilligung der Eltern erteilt ist. Sind beide Elternteile beihilfeberechtigt, wird die Beihilfe der Mutter gewährt.

VwV des FM zu § 11 Absatz 2

Für die Beihilfe nach dieser Vorschrift ist ein Nachweis durch Belege nicht erforderlich (§ 17 Absatz 3 Satz 1). Die Geburtsfallpauschale darf nicht gewährt werden, wenn im Zeitpunkt der Geburt (beziehungsweise der Annahme als Kind) keine Beihilfeberechtigung bestand oder die Mutter nicht berücksichtigungsfähige Angehörige war (§ 5 Absatz 2 in Verbindung mit §§ 2, 3). Der letzte Satz der Vorschrift ergänzt die Vorschriften des § 4 für dort nicht bereits generell geregelte Fälle einer Anspruchskonkurrenz.

§ 12
Beihilfefähige Aufwendungen bei Todesfällen

(1) In Todesfällen wird zu den Aufwendungen für die Leichenschau, die Einsargung, die Überführung, die Aufbahrung, die Einäscherung, die Beisetzung, die Anlegung der Grabstelle sowie die Grundlage für einen Grabstein eine pauschale Beihilfe in Höhe von 1900 Euro gewährt. Daneben sind Aufwendungen für den Sarg, die Urne und für das Nutzungsrecht für einen Beisetzungsplatz beihilfefähig; Aufwendungen für das Nutzungsrecht vor dem Tode gelten als am Todestag entstanden, soweit sie anteilig auf die Zeit ab dem Tode entfallen.

(2) Stehen anlässlich des Todes einer Person Sterbegelder aufgrund von Rechtsvorschriften, arbeitsvertraglichen Regelungen oder aus Zusatzversorgungseinrichtungen zu, die insgesamt den Betrag von 1500 Euro übersteigen, so ist die Pauschalbeihilfe nach Absatz 1 Satz 1 auf 1300 Euro zu kürzen. Übersteigen die Sterbegelder 2700 Euro, so ist die Pauschalbeihilfe auf 700 Euro zu kürzen; übersteigen sie 3900 Euro, so wird keine Beihilfe nach Absatz 1 Satz 1 gewährt. Übersteigen die Sterbegelder den Betrag von 4900 Euro, so sind auch Aufwendungen nach Absatz 1 Satz 2 nicht beihilfefähig.

VwV des FM zu § 12 Absatz 2

Das Sterbegeld nach § 32 LBeamtVGBW vermindert die Beihilfe nach § 12. ⇨ Beamtenversorgung (Hinterbliebene)

(3) Verbleibt mindestens ein berücksichtigungsfähiges Kind unter 15 Jahren im Haushalt und kann dieser beim Tode der den Haushalt allein führenden beihilfeberechtigten Person oder berücksichtigungsfähigen Angehörigen nicht durch eine andere im Haushalt lebende Person weitergeführt werden, so sind die Aufwendungen für eine Familien- und Haushaltshilfe in entsprechender Anwendung des § 10a Nr. 3 bis zu sechs Monaten, in Ausnahmefällen bis zu einem Jahr beihilfefähig.

VwV des FM zu § 12 Absatz 3

Die Frist kann nur bei Vorliegen besonderer Umstände über sechs Monate hinaus verlängert werden bis zur Höchstdauer von einem Jahr, wenn zum Beispiel auch andere Angehörige den Haushalt nicht weiterführen können und dem Haushalt (neben der berufstätigen beihilfeberechtigten Person) mindestens ein Kind unter zwölf Jahren angehört. Der Zeitraum kann auch dann voll ausgeschöpft werden, wenn die Beschäftigung nicht unmittelbar nach dem Todestag beginnt.

(4) Die Ansprüche nach Absatz 1 stehen vorrangig dem hinterbliebenen Ehegatten, dem hinterbliebenen Lebenspartner nach dem Lebenspartnerschaftsgesetz, den leiblichen Kindern und Adoptivkindern eines verstorbenen Beihilfeberechtigten zu. Die

Beihilfe wird demjenigen gewährt, der die Originalbelege zuerst vorlegt. Die Beihilfe bemisst sich nach den Verhältnissen am Tag vor dem Tod.

(5) Andere als die in Absatz 4 genannten natürlichen sowie juristische Personen erhalten Beihilfe nach Absatz 1 und nach Maßgabe des Absatzes 4 Satz 3, wenn sie von dritter Seite in Rechnung gestellte Aufwendungen nachweislich bezahlt haben und die Originalbelege vorlegen.

(6) Bestattungsunternehmen erhalten Beihilfe nach Absatz 1 und nach Maßgabe des Absatzes 4 Satz 3, höchstens jedoch in tatsächlich entstandener Höhe, wenn sie Aufwendungen nach Absatz 1 nachweislich getragen haben (Sach- und Personalkostennachweis).

§ 13
Beihilfefähige außerhalb der Bundesrepublik Deutschland entstandene Aufwendungen

VwV des FM zu § 13 Absatz 1 bis 3

1.1 Mit Inkrafttreten des Vertrages von Lissabon am 1. Dezember 2009 wurde die Europäische Union (EU) die Rechtsnachfolgerin der Europäischen Gemeinschaft (EG).

1.2 Rechnungsbeträge in anderer Währung sind mit dem Wechselkurs in Euro umzurechnen, der nachweislich von einer Bank oder ähnlichen Stelle in zeitlichem Zusammenhang mit der Rechnungsstellung oder Bezahlung der geltend gemachten Aufwendungen zugrunde gelegt wurde. Solange ein solcher Nachweis fehlt, kann der bei Berechnung der Beihilfe aktuelle in der Presse veröffentlichte niedrigste Devisen-Wechselkurs (das heißt Geldkurs) zugrunde gelegt werden.

1.3 Eine Übersetzung des Belegs ist beim Beihilfeberechtigten anzufordern, wenn sonst eine Beschreibung des Krankheitsbilds (Diagnose) und die ungefähr erbrachten Leistungen nicht hinreichend erkennbar sind.

1.4 Der Beleg soll den im Inland geltenden Anforderungen weitgehend entsprechen, insbesondere bezüglich der Diagnose und der erbrachten einzelnen Leistungen.

1.5 Soweit in den Absätzen 1 bis 3 auf einen Kostenvergleich mit den Inlandskosten verzichtet wird oder keine Beschränkung auf die Höhe der Inlandskosten erfolgt, entfällt damit lediglich die Ermittlung der Vergleichspreise im Inland; alle anderen Beschränkungen wie Höchstbeträge, Ausschlüsse und dergleichen sind damit nicht suspendiert.

(1) Außerhalb der Bundesrepublik Deutschland entstandene Aufwendungen sind nur beihilfefähig insoweit und bis zu der Höhe, wie sie in der Bundesrepublik Deutschland am Sitz der Beihilfestelle oder deren nächster Umgebung entstanden und beihilfefähig gewesen wären; nicht beihilfefähig sind außerhalb der Europäischen Union, einem Vertragsstaat des Abkommens über den Europäischen Wirtschaftsraum und der Schweiz entstandene Aufwendungen nach § 6a Absatz 1 Nummer 3, § 7 Absatz 1 Nummer 3 und 4, §§ 8,10a und 15 Absatz 4. Außerhalb der Europäischen Union, den Vertragsstaaten des Abkommens über den Europäischen Wirtschaftsraum oder der Schweiz entstandene Aufwendungen für Unterkunft und Verpflegung in Einrichtungen nach § 7 Absatz 1 Nummer 2 sind höchstens bis zur in § 8 Absatz 6 Satz 1 Nummer 6 bestimmten Höhe und Dauer beihilfefähig. In einem Vertragsstaat des Abkommens über den europäischen Wirtschaftsraum oder der Schweiz entstandene Aufwendungen sind nur beihilfefähig insoweit und bis zu der Höhe, wie sie in der Bundesrepublik Deutschland entstanden und beihilfefähig gewesen wären. Bei innerhalb der in anderen Mitgliedstaaten der Europäischen Union, den Vertragsstaaten des Abkommens über den Europäischen Wirtschaftsraum oder der Schweiz entstandenen Aufwendungen für ambulante Behandlungen und für stationäre Leistungen in öffentlichen Krankenhäusern ist regelmäßig ein Kostenvergleich nicht erforderlich, es sei denn, dass gebietsfremden Personen regelmäßig höhere Preise als ansässigen Personen berechnet werden; die beihilferechtlichen Ausschlüsse und Höchstbeträge sind zu beachten. Soweit ein Beleg inhaltlich nicht den im Inland geltenden Anforderungen voll entspricht oder der Beihilfeberechtigte die für den Vergleich notwendigen Angaben nicht beibringt, hat die Beihilfestelle die Beihilfefähigkeit im Rahmen der Sätze 1 und 3 nach billigem Ermessen ganz oder teilweise anzuerkennen, wenn der Beihilfeberechtigte mindestens eine Beschreibung des Krankheitsbildes und der ungefähr erbrachten Leistungen, auf Anforderung auch eine Übersetzung der Belege vorlegt.

VwV des FM zu § 13 Absatz 1

2.1 Entsprechend dem Zweck der Beihilfe, ergänzende finanzielle Hilfen für Aufwendungen in Krankheitsfällen zu gewähren, soweit der Beamte derartige Aufwendungen nicht durch eine zumutbare Eigenvorsorge absichern kann, wird Beihilfe nicht über den Umfang hinaus gewährt, wie sie im Inland erforderlich geworden wäre. Das im Ausland gegebenenfalls erhöhte Kostenrisiko ist nicht vom Dienstherrn zu tragen, wenn sich die beihilfeberechtigte Person ohne dienstlichen Grund im Ausland aufhält; zur Deckung dieses Risikos gibt es spezielle private Versicherungstarife.

2.2 Für die Strecke von der Aufenthaltsstelle des Erkrankten bis zur nächstgelegenen geeigneten Behandlungsmöglichkeit im EU-Ausland und in der Schweiz sind Fahr- und Transportkosten nach § 10 a Nummer 4 beihilfefähig.

2.3 Die Aufwendungen für Behandlungen in der Hochgebirgsklinik Davos-Wolfgang (Schweiz) gelten als in der Bundesrepublik Deutschland entstanden, wenn nach begründeter Bescheinigung eines Facharztes eine Behandlung unter Einfluss von Hochgebirgsklima medizinisch indiziert ist.

(2) Aufwendungen nach Absatz 1 sind ohne Beschränkung auf die Kosten in der Bundesrepublik Deutschland beihilfefähig, jedoch unter Beachtung der beihilferechtlichen Ausschlüsse und Höchstbeträge,

1. wenn sie bei einer Dienstreise eines Beihilfeberechtigten entstanden sind, es sei denn, dass die Behandlung bis zur Rückkehr in die Bundesrepublik Deutschland hätte aufgeschoben werden können,
2. wenn und soweit die Beihilfefähigkeit vor Antritt der Reise anerkannt worden ist. Die Anerkennung der Beihilfefähigkeit kommt ausnahmsweise in Betracht, wenn durch ein begründetes medizinisches Gutachten nachgewiesen ist, dass die Behandlung außerhalb der Bundesrepublik Deutschland zwingend notwendig ist, weil hierdurch eine wesentlich größere Erfolgsaussicht zu erwarten ist. Die Anerkennung der Beihilfefähigkeit von Aufwendungen, die im Zusammenhang mit einer Kur oder ähnlichen Maßnahmen entstehen, ist nur nach Maßgabe der Absätze 1, 3 und 4 zulässig,
3. wenn sie 1.000 Euro nicht übersteigen,

4. bei Beihilfeberechtigten mit dienstlichem Wohnsitz im Ausland, die ins Ausland abgeordnet oder zugewiesen sind, und ihren berücksichtigungsfähigen Angehörigen; die Aufwendungen sind unter Beachtung der Verhältnisse im Gastland in angemessenem Umfang beihilfefähig,
5. wenn zur Notfallversorgung die nächstgelegene Behandlungsmöglichkeit aufgesucht werden muss.

VwV des FM zu § 13 Absatz 2

3.1 Ist das Aufsuchen eines Akut-Krankenhauses notwendig, so findet die Einschränkung auf die Inlandskosten keine Anwendung, wenn das nächstgelegene, für die Krankheit geeignete Krankenhaus aufgesucht wird. Dies gilt auch für Fälle einer Verlegung von einem inländischen Allgemeinkrankenhaus in die nächstgeeignete Spezialklinik (zum Beispiel nach Basel anstelle von Freiburg), wenn der Chefarzt des inländischen Krankenhauses die Notwendigkeit der Verlegung aus akutem Anlass bestätigt.

3.2 Befindet sich ein Heimdialysepatient vorübergehend aus privaten Gründen im Ausland, sind die Aufwendungen beihilfefähig, die im gleichen Zeitraum bei Durchführung einer ambulanten DialysEin der der Wohnung am nächsten gelegenen inländischen Dialyseeinrichtung entstanden wären.

(3) Aus Anlass stationärer oder ambulanter Maßnahmen im Sinne von § 7 Absatz 1 Nummer 2 bis 4 und § 8 Absatz 1 Satz 1 Nummer 1 bis 3 in anderen Mitgliedstaaten der Europäischen Union, in den Vertragsstaaten des Abkommens über den Europäischen Wirtschaftsraum oder in der Schweiz entstandene Aufwendungen sind nur insoweit und bis zu der Höhe beihilfefähig, wie sie in der Bundesrepublik Deutschland entstanden und beihilfefähig gewesen wären; die beihilferechtlichen Ausschlüsse und Höchstbeträge sind zu beachten. Bei Kuren in Einrichtungen der medizinischen Rehabilitation müssen die sonstigen Voraussetzungen des § 8 Absatz 2 und 5 vorliegen. Bei Müttergenesungskuren, Vätergenesungskuren, Mutter-Kind- Kuren und Vater-Kind-Kuren müssen die sonstigen Voraussetzungen des § 8 Absatz 3 und 5 vorliegen. Bei ambulanten Heilkuren muss der Kurort im Kurorteverzeichnis EU-Ausland des Bundesministeriums des Innern aufgeführt sein und die sonstigen Voraussetzungen des § 8 Absatz 4 und 5 vorliegen.

VwV des FM zu § 13 Absatz 3 (alt)

Ist eine Kur in einem ausländischen Ort innerhalb der EU geplant, der nicht im Verzeichnis der EU-Kurorte enthalten ist, so hat der Antragsteller Unterlagen dafür beizubringen, dass der Ort und die Behandlungseinrichtungen qualitativ einem inländischen Heilkurort entsprechen. Die Beihilfestelle prüft die Unterlagen, bei Bedarf auch unter Einschaltung des Europäischen Heilbäderverbandes, und beteiligt das Ministerium für Finanzen und Wirtschaft.

(4) Aus Anlass stationärer oder ambulanter Maßnahmen im Sinne von § 7 Absatz 1 Nummer 2 bis 4 und § 8 Absatz 1 Satz 1 Nummer 1 oder 3 außerhalb der Europäischen Union, den Vertragsstaaten des Abkommens über den europäischen Wirtschaftsraum oder der Schweiz entstandene Aufwendungen sind ausnahmsweise beihilfefähig, wenn vor Antritt der Reise

1. durch medizinisches Gutachten nachgewiesen ist, dass die Maßnahme wegen wesentlich größerer Erfolgsaussicht außerhalb der Europäischen Union, den Vertragsstaaten des Abkommens über den europäischen Wirtschaftsraum oder der Schweiz zwingend notwendig ist und
2. bei ambulanten Heilkuren der Kurort im Kurorteverzeichnis Ausland des Bundesministeriums des Innern aufgeführt ist und die sonstigen Voraussetzungen des § 8 Absatz 4 und 5 vorliegen.

Die Aufwendungen nach § 6 Absatz 1 Nummer 1 bis 3 und § 8 Absatz 6 Satz 1 Nummer 2 bis 5 sind ohne Beschränkung auf die Kosten in der Bundesrepublik Deutschland beihilfefähig; die beihilferechtlichen Ausschlüsse und Höchstbeträge sind zu beachten. Die Aufwendungen für Unterkunft und Verpflegung sind höchstens bis zur in § 8 Absatz 6 Satz 1 Nummer 6 bestimmten Höhe und Dauer beihilfefähig

§ 14
Bemessung der Beihilfe

(1) Die Beihilfe bemisst sich nach einem Vomhundertsatz der beihilfefähigen Aufwendungen (Bemessungssatz). Der Bemessungssatz beträgt für Aufwendungen, die entstanden sind für

1. Beihilfeberechtigte nach § 2 Abs. 1 Nr. 1 sowie für entpflichtete Hochschullehrer 50 vom Hundert,
2. Empfänger von Versorgungsbezügen, die als solche beihilfeberechtigt sind, sowie berücksichtigungsfähige Ehegatten oder berücksichtigungsfähige Lebenspartner nach dem Lebenspartnerschaftsgesetz 50 vom Hundert,
3. berücksichtigungsfähige Kinder sowie Waisen, die als solche beihilfeberechtigt sind, 80 vom Hundert.

Maßgebend für die Höhe des Bemessungssatzes ist der Zeitpunkt des Entstehens der Aufwendungen.

Hinweis der Redaktion: Nach der Übergangsregelung (§ 19 Abs. 6) gilt für am 31.12.2012 nach § 3 berücksichtigungsfähige Beihilfeberechtigte nach Satz 2 Nr. 1 sowie deren beihilfeberechtigte Ehe-/Lebenspartner*innen weiterhin, dass sich ihr Beihilfebemessungssatz bei 2 berücksichtigungsfähigen Kindern auf 70 % erhöht und ab 3 berücksichtigungsfähigen Kindern und im späteren Ruhestand bei 70 % verbleibt (vgl. § 14 Absatz 1 – alt). Am 31.12.2012 vorhandene Beihilfeberechtigte nach Satz 2 Nr. 2 sowie deren hinterbliebene Ehe- bzw. Lebenspartner*innen behalten den Beihilfebemessungssatz von 70%. Gleiches gilt für nach dem 1.1.2013 in den Geltungsbereich der BVO wechselnde Personen, die am 31.12.2012 bei einem anderen Dienstherrn beihilfeberechtigt waren, sowie für nach § 9 beihilfefähige Aufwendungen, soweit sich die Beihilfe nicht nach § 14 Absatz 5 Satz 1 bemisst. Dies gilt auch für hinterbliebene Ehegatt*innen und Lebenspartner*innen von solchen Beihilfeberechtigten im Rahmen einer Beihilfeberechtigung nach § 2 Absatz 1 Nummer 3. Auch Lehramtsanwärter- und Referendar*innen, die am 31.12.2012 im Beamtenverhältnis auf Widerruf standen und bei denen nach dem 31.12.2012 bis zur Einstellung und Übernahme in das Beamtenverhältnis Unterbrechungszeiten entstanden, fallen unter diese Übergangsregelung.

VwV des FM zu § 14 Absatz 1

In Fällen einer Anrechnung nach § 4 Absatz 2 in Verbindung mit Satz 2 der VwV 2.2 zu § 4 Absatz 2 darf die gewährte Beihilfe insgesamt den Betrag nicht übersteigen, der sich bei Anwendung des maßgebenden Bemessungssatzes gemäß § 14 Absatz 1 ergeben würde.

(2) Für die Anwendung des Absatzes 1 gelten die Aufwendungen

1. nach § 6 Abs. 1 Nr. 8 und § 12 Abs. 3 als Aufwendungen des jüngsten verbleibenden Kindes, sofern mehrere Personen begleitet werden, als Aufwendungen der begleiteten Person mit dem höheren Bemessungssatz,
2. einer Begleitperson als Aufwendungen des Begleiteten, sofern mehrere Personen begleitet werden, als Aufwendungen der begleitenden Person mit dem höheren Bemessungssatz,
3. nach § 11 Abs. 1 als Aufwendungen der Mutter,
4. nach § 10 Absatz 1 Nummer 5 in Indexfällen als Kosten der erkrankten Person. In Fällen prädiktiver Gentests gelten die Aufwendungen der Indexpatienten als Kosten der gesunden Ratsuchenden.

(3) Für beihilfefähige Aufwendungen, für die trotz ausreichender und rechtzeitiger Versicherung wegen angeborener Leiden oder bestimmter Krankheiten aufgrund eines individuellen Ausschlusses keine Versicherungsleistungen gewährt werden oder für die die Regelleistungen auf Dauer eingestellt worden sind (Aussteuerung), erhöht sich der Bemessungssatz um 20 vom Hundert, jedoch höchstens auf 90 vom Hundert. Satz 1 gilt nur, wenn das Versicherungsunternehmen die Bedingungen nach § 257 Abs. 2 a Satz 1 Nr. 1 bis 4 SGB V erfüllt. und eine Aufnahme in den Standardtarif oder die Streichung des Risikoausschlusses gegen Risikozuschlag nicht zu zumutbaren Bedingungen möglich ist.

VwV des FM zu § 14 Absatz 3

2.1 Die Bestimmung greift bereits für seit 1. Januar 1987 abgeschlossene Versicherungen regelmäßig nicht mehr, da seither die privaten Krankenversicherungen alle Beamten und Angehörigen innerhalb bestimmter Fristen aufnehmen, auch wenn sie Risiken mitbringen. Versicherungen mit einem Risikoausschluss gelten deshalb grundsätzlich nicht mehr als ausreichende Versicherung. Ab 1. Januar 2009 ist der Beihilfeanspruch gemäß § 1 Absatz 5 von einem ausreichenden Versicherungsschutz abhängig; seit 1. April 2007 abgeschlossene Versicherungen mit Risikoausschluss genügen nicht den Anforderungen des § 193 Absatz 3 VVG.

2.2 Der Ausschluss muss im Versicherungsschein als persönliche Sonderbedingung ausgewiesen sein; er ist nur dann zu berücksichtigen, wenn er nachweislich nicht durch einen Risikozuschlag hätte abgewendet werden können. Ein individueller Ausschluss liegt unter anderem dann nicht vor, wenn die Krankenversicherung in ihrem Tarif für einzelne Behandlungen generell keine Leistungen vorsieht oder wenn die Versicherungsbedingungen Tatbestände (zum Beispiel Suchtkrankheiten, Aufwendungen, für die anderweitige Ansprüche insbesondere nach BVG bestehen) vom Versicherungsschutz ausnehmen oder der Leistungsausschluss nur bezüglich einer Höher- oder Zusatzversicherung gilt. Das Gleiche gilt für Aufwendungen, die während einer in den Versicherungsbedingungen vorgesehenen Wartezeit anfallen oder für die wegen Verzug bei den Beitragszahlungen keine Leistungen gewährt werden.

2.3 Regelleistungen sind auf Dauer eingestellt, wenn nach einer bestimmten Dauer einer Krankheit die Leistungen für diese Krankheit aus einer ausreichenden Versicherung nach den Versicherungsbedingungen für immer ganz eingestellt wurden, im Ergebnis insoweit ein nachträglicher Versicherungsausschluss eintritt. Regelleistungen sind aber nicht eingestellt, wenn sie nur zeitweilig entfallen, weil zum Beispiel ein tariflich festgelegter Jahreshöchstbetrag oder eine gewisse Zahl von Behandlungen in einem bestimmten Zeitraum überschritten ist oder wenn nach beginnender Pflegebedürftigkeit Leistungen aus der Krankenversicherung eingestellt werden.

(4) Bei freiwillig versicherten Mitgliedern der gesetzlichen Krankenversicherung einschließlich ihrer familienversicherten Angehörigen erhöht sich der Bemessungssatz auf 100 vom Hundert der sich nach Anrechnung der nachzuweisenden Kassenleistung ergebenden beihilfefähigen Aufwendungen, wenn die Kassenleistung das in der gesetzlichen Pflichtversicherung übliche Maß nicht unterschreitet. Satz 1 gilt nicht für Belege, zu denen keine oder nur eine geringere als die übliche Kassenleistung gewährt wird, insbesondere wegen eines Wahltarifs mit Selbstbehalt.

VwV des FM zu § 14 Absatz 4

3.1 Der 100-Prozent-Bemessungssatz wird nur für solche Aufwendungen gewährt, zu denen die gesetzliche Krankenversicherung eine Geldleistung gewährt hat. Diese Geldleistung muss gemäß § 5 Absatz 3 Satz 1 abgezogen worden sein und darf das in der gesetzlichen Krankenversicherung übliche Maß nicht unterschreiten (zum Beispiel Wert einer an sich zustehenden Sachleistung; im Übrigen eventuell unter Abzug von gesetzlich vorgesehenen Kostenanteilen oder eines Mengenrabatts). Dabei sind Aufwendungen für Krankenhausleistungen einschließlich belegärztlicher oder (wenn der Beihilfebeitrag nach § 6 a Absatz 2 geleistet wird) Wahlleistungen als Einheit anzusehen; Gleiches gilt für Aufwendungen, die nach § 7 Absatz 7 oder § 8 Absatz 6 (jeweils ausgenommen Aufwendungen für eine Familien- und Haushaltshilfe und für Fahrkosten) beihilfefähig sind. Im Übrigen ist regelmäßig – allerdings für jeden Beleg getrennt – davon auszugehen, dass die Kasse auf die gesamte Rechnung erstattet hat, sofern nicht deutlich ersichtlich ist, dass die Kasse bestimmte selbstständige Rechnungspositionen (zum Beispiel eines von mehreren auf demselben Rezept verordneten Arzneimitteln) unberücksichtigt gelassen hat.

3.2 Im Fall des § 14 SGB V steht die Erhöhung auf 100 Prozent nicht zu.

3.3 Sind die Voraussetzungen des Absatzes 4 nicht sämtlich erfüllt, so richtet sich der Bemessungssatz nach Absatz 1.

(5) Für Personen, die nach § 28 Abs. 2 SGB XI Leistungen der Pflegeversicherung zu nach §§ 9 a, 9 b Absatz 1 Satz 1, Absatz 2 bis 4, §§ 9 c bis 9 f Absatz 1 und 2, §§ 9 g bis 9 j beihilfefähigen Aufwendungen grundsätzlich zur Hälfte erhalten, beträgt der Bemessungssatz bezüglich dieser Aufwendungen 50 vom Hundert. Soweit die beihilfefähigen Aufwendungen die jeweiligen vollen Höchstbeträge nach dem SGB XI übersteigen, ist Absatz 1 anzuwenden.

(6) Bei Anlegung eines strengen Maßstabs kann der Bemessungssatz in besonderen Härtefällen, insbesondere wenn die Aufwendungen infolge einer Dienstbeschädigung entstanden sind, erhöht werden.

VwV des FM zu § 14 Absatz 6

4.1 Ein besonderer Härtefall setzt voraus, dass besonders hohe Krankheitskosten entstanden sind, die der Beihilfeberechtigte trotz der Regelbeihilfe und Leistungen aus einer zumutbaren Versicherung nach der wirtschaftlichen Lage seiner Familie nicht aus dem Familieneinkommen zu bestreiten vermag, ohne den Lebensunterhalt für sich und seine Familie zu gefährden. Auch Vermögen soll berücksichtigt werden, soweit es den Wert eines angemessenen Hausgrundstücks übersteigt. Die wirtschaftliche Lage des Beihilfeberechtigten und seiner nach § 3 berücksichtigungsfähigen Angehörigen soll mittels eines Vordrucks erhoben werden. Es sind alle zu Gebote stehenden Entlastungsmöglichkeiten in Bezug auf den ungedeckten Teil der Krankheitskosten zu berücksichtigen, zum Beispiel auch mögliche Steuererleichterungen. Eine Erhöhung kommt nicht schon deshalb in Betracht, weil Sozialhilfe gewährt wird. Bei Versicherung in der privaten Krankenversicherung ist weitere Voraussetzung, dass der

Versicherungsschutz die Bedingungen des § 257 Absatz 2 a SGB V erfüllt.

4.2 Bei hoher Belastung mit Aufwendungen für vorübergehende häusliche Krankenpflege oder für (dauernde) Pflege kann ein besonderer Härtefall vorliegen, wenn die nicht durch Beihilfe und andere Leistungen gedeckten Aufwendungen so hoch sind, dass sie auf absehbare Dauer für die Familie nicht tragbar sind. VwV Nummer 4.1 zu § 14 ist anzuwenden. Entsprechendes gilt für Unterkunfts- und Verpflegungsaufwendungen, auf die § 9 Absatz 9 anzuwenden ist. Die finanziellen Verhältnisse sind zeitnah (jährlich) zu prüfen, damit wesentliche Veränderungen (zum Beispiel Erbschaft) rechtzeitig berücksichtigt werden können.

Bei Aufwendungen, auf die § 9 Absatz 9 Nummer 2 anzuwenden ist, bleiben bei der Gegenüberstellung von Einnahmen und finanziellem Bedarf für notwendige Ausgaben bei den Einnahmen entweder ein Betrag von 120 Euro monatlich (pro Person bei gleichzeitiger Unterbringung des Beihilfeberechtigten und aller berücksichtigungsfähigen Angehörigen) für persönliche Bedürfnisse und die Aufwendungen für eine angemessene Kranken- und Pflegeversicherung, oder 15 Prozent der Einnahmen außer Ansatz. Vermögen ist hierbei bereits zu berücksichtigen, soweit es den Jahresbetrag der jeweiligen Mindestversorgungsbezüge übersteigt. Da Beihilfe erst bezüglich der krankheitsbedingten Mehrbelastung zu gewähren ist, muss bei finanziell schlechter gestellten Personen mindestens von fiktiven Gesamteinnahmen in Höhe des Jahresbetrags der jeweiligen verdoppelten monatlichen Sozialhilferegelsätze ausgegangen werden.

4.3 Für Empfänger von Versorgungsbezügen (Absatz 1 Satz 2 Nummer 2) kann ausnahmsweise eine Erhöhung des Bemessungssatzes auch wegen hoher Beitragsbelastung bei einem geringen Familieneinkommen bewilligt werden. Hierfür ist folgender Maßstab zugrunde zu legen:

Der erforderliche eigene Beitragsaufwand für die beihilfekonforme private Krankenversicherung und der Beitragsaufwand für die privat- oder pflichtversicherten berücksichtigungsfähigen Angehörigen muss 15 Prozent des Familieneinkommens übersteigen. Maßgebendes Familieneinkommen sind die Versorgungsbezüge einschließlich einmaliger Zahlungen, Renten, Kapitalerträge und sonstige laufende Einnahmen (zum Beispiel Wohngeld) des Versorgungsempfängers und seiner berücksichtigungsfähigen Angehörigen, nicht jedoch Grundrenten nach dem BVG und Blindengeld. VwV 4.1 und 4.2 Satz 7 gelten entsprechend.

Die Belastung errechnet sich aus einer Gegenüberstellung der monatlichen Versicherungsbeiträge (abzüglich etwaiger Beitragszuschüsse und dergleichen) zum Zeitpunkt der Stellung des Antrags auf Erhöhung und des durchschnittlichen Monatseinkommens der zurückliegenden zwölf Monate, beginnend mit dem Monat der Antragstellung.

Im Regelfall erhöht sich der Bemessungssatz um 10 Prozent, ausgenommen für Aufwendungen nach § 9. Die Erhöhung gilt für den Versorgungsempfänger und erfolgt auf Dauer. Sie kann auch für den berücksichtigungsfähigen Ehegatten bewilligt werden, wenn die Erhöhung für den Versorgungsempfänger allein nicht ausreicht, um den Beitragsaufwand unter 15 Prozent des Familieneinkommens zu senken.

Die Erhöhung gilt nur für künftige Aufwendungen, die frühestens ab dem zweiten auf die Stellung des Antrags folgenden Kalendermonat entstehen, im Hinblick auf § 15 Absatz 2, 3 aber nicht vor dem Zeitpunkt des Wirksamwerdens der Anpassung des Krankenversicherungsschutzes.

Nach jeweils drei Jahren oder aus besonderem Anlass ist zu prüfen, ob die Voraussetzungen weiterhin vorliegen.

4.4 Eine Erhöhung kann, auch im Vergleich zu der Regelung des § 14 Absatz 3, grundsätzlich nicht um mehr als 20 Prozent erfolgen, jedoch soll der Bemessungssatz auch in ganz außergewöhnlichen Fällen 90 Prozent nicht übersteigen. Ist eine Notlage von der betroffenen Person mitverschuldet, zum Beispiel mangels zumutbarer Eigenvorsorge oder bei Verarmung infolge Schenkung an andere (§ 528 BGB), soll dies berücksichtigt werden.

§ 15
Begrenzung der Beihilfe

(1) Die Beihilfe wird vor Anwendung der Absätze 2 bis 4 um eine Kostendämpfungspauschale für jedes Kalenderjahr gekürzt, in dem beihilfefähige Aufwendungen in Rechnung gestellt sind. Der Betrag ist unabhängig von der Fortdauer der Beihilfeberechtigung, die Höhe richtet sich nach der Besoldungsgruppe, nach der die laufenden Bezüge bei Rechnungsstellung bemessen sind, bei Beamten auf Widerruf im Vorbereitungsdienst nach der Eingangsbesoldungsgruppe; Änderungen der Besoldung im Lauf eines Jahres führen nicht zu einer Änderung der Stufe. Sind die laufenden Bezüge nicht nach einer nachstehend genannten Besoldungsgruppe bemessen, so hat die Zuordnung zu der Stufe der Besoldungsgruppe zu erfolgen, deren Anfangsgrundgehalt den laufenden Bezügen am nächsten kommt. Die Beihilfe für Hinterbliebene oder für hinterbliebene Lebenspartner nach dem Lebenspartnerschaftsgesetz wird insoweit nicht nochmals gekürzt, als für das Jahr des Todes des verstorbenen Beihilfeberechtigten bereits eine Kürzung erfolgt ist. Die Kostendämpfungspauschale beträgt in

	Besoldungsgruppe	Aktive	Versorgungsempfänger
2	A 8 bis A 9	100 €	85 €
3	A 10 bis A 11	115 €	105 €
4	A 12 [...]	150 €	125 €
5	A 13 bis A 14	180 €	140 €
6	A 15 bis A 16 [...]	225 €	175 €

Hinweis der Redaktion: Das VG Karlsruhe hat mit Urteil vom 23.6.2020, AZ: 2 K 8782/18 die mit dem Haushaltsbegleitgesetz 2013/14 erfolgte Erhöhung der Kostendämpfungspauschale als verfassungswidrig erklärt. Die GEW gewährt GEW-Mitgliedern Rechtsschutz, um gegen die Kostendämpfungspauschale und andere im Rahmen des Haushaltsbegleitgesetzes 2013/14 vorgenommene Sparmaßnahmen Widerspruch einzulegen.

Hiervon ausgenommen sind Waisen, die als solche beihilfeberechtigt sind, sowie Beihilfen nach §§ 9 a bis 9 f Absatz 1 und 2, §§ 9 g bis 9 j, § 10 a Nummer 7, § 11 Absatz 2 und § 15 Absatz 4.

VwV des FM zu § 15 Absatz 1

1.1 Als Kalenderjahr der Ausstellung des Belegs über die Aufwendungen kann bei Rezepten, die zugleich Rechnungsbeleg sind (Arznei- und Verbandmittelrezepte) auf das Kalenderjahr abgestellt werden, in dem die Aufwendungen angefallen sind. In dem Beihilfebescheid ist das Kalenderjahr zu bezeichnen, für das die Beihilfe um die Kostendämpfungspauschale gekürzt wurde.

1.2 Sind nach dem Tod eines Beihilfeberechtigten für ihn oder seine berücksichtigungsfähigen Angehörigen noch Aufwendungen, die bis zum Ablauf des Sterbemonats entstanden sind, in Rechnung gestellt, die eine Kostendämpfungspauschale auslösen würden, so wird auf die Kürzung aus dem Beihilfeanspruch des Verstorbenen verzichtet.

(2) Die Beihilfe darf zusammen mit den aus demselben Anlass gewährten Leistungen aus Krankenversicherungen, Pflegeversicherungen, aufgrund von Rechtsvorschriften oder arbeitsvertraglichen Vereinbarungen die dem Grunde nach beihilfefähigen

Aufwendungen nicht übersteigen. Hierbei bleiben Sterbegelder, Wohngeld, Leistungen aus Krankentagegeld-, Krankenhaustagegeld- und Pflegetagegeldversicherungen, aus nicht aufwandsbezogenen Kapitalversicherungen sowie Ansprüche nach § 1968 BGB unberücksichtigt. Dem Grunde nach beihilfefähig sind die in den §§ 6 bis 13 genannten Aufwendungen in tatsächlicher Höhe, für die im Einzelfall eine Beihilfe gewährt wird. Bei pauschalen Beihilfen nach § 9 b Absatz 2 und Absatz 4 und § 9 f Absatz 2 sowie § 11 Absatz 2 sind Aufwendungen in Höhe des Pauschalbetrags zugrunde zu legen. Die Sätze 1 bis 4 gelten nicht für Beihilfen nach § 12 Abs.1 und 2.

VwV des FM zu § 15 Absatz 2

2.1 Für die Begrenzung der Beihilfe sind die in einem Beihilfeantrag zusammengefassten, dem Grunde nach beihilfefähigen Aufwendungen den dazu gewährten Leistungen aus Krankenversicherungen und so weiter gegenüberzustellen.

2.2 Dem Grunde nach beihilfefähig sind alle in den §§ 6 bis 13 und der Anlage näher bezeichneten Aufwendungen, für die im Einzelfall eine Beihilfe gewährt wird, auch soweit sie über etwaige Höchstbeträge, sonstige Begrenzungen oder Einschränkungen hinausgehen (zum Beispiel Kosten eines teureren Brillengestells, Kosten eines Einbettzimmers bei Krankenhausbehandlungen, den Höchstsatz der Gebührenordnung übersteigende Arzthonorare). Hierzu gehören jedoch nicht Aufwendungen für nicht verordnete Medikamente oder Hilfsmittel, für nicht beihilfefähige Mittel nach § 6 Absatz 1 Nummer 2, sowie für ganz von der Beihilfefähigkeit ausgeschlossene Aufwendungen. Kostenanteile nach § 5 Absatz 4 Nummer 1 und 2 gehören nicht zu den dem Grunde nach beihilfefähigen Aufwendungen, wenn für die dem Kostenanteil zugrunde liegenden Aufwendungen keine Beihilfe gewährt wird.

2.3 Folgende Leistungen sind nach § 15 zu berücksichtigen:

a) dieselben Geldleistungen, die nach § 5 Absatz 3 Satz 1 (nicht: Sätze 2 und 3) zu berücksichtigen sind,
b) Leistungen der sozialen Pflegeversicherung und der privaten Pflegepflichtversicherung sowie solche nach § 35 Absatz 1 BVG, § 44 SGB VII, § 49 LBeamtVGBW. Dies gilt nicht für Leistungen nach §§ 64, 65, 72 SGB XII.
c) Leistungen aus privaten Kranken- und Pflegeversicherungen (ausgenommen Tagegeldversicherungen und sonstige nicht aufwandsbezogene Summen- beziehungsweise Kapitalversicherungen),
d) wegen einer Beitragsrückerstattung nicht in Anspruch genommene Leistungen aus Verträgen nach c (gemäß Absatz 3 Sätze 2, 4).

(3) Die in Absatz 2 bezeichneten Leistungen sind durch Belege nachzuweisen. Wenn die Leistungen aus einer privaten Kranken- oder Pflegeversicherung nachweislich nach einem für alle Aufwendungen einheitlich hohen Vomhundertsatz bemessen werden, ist ein Einzelnachweis nicht erforderlich; in diesem Fall werden die Leistungen der Versicherung nach diesem Vomhundertsatz von den dem Grunde nach beihilfefähigen Aufwendungen errechnet. Gleiches gilt für Leistungen nach § 28 Abs. 2 SGB XI. Der Summe der mit einem Antrag geltend gemachten Aufwendungen ist die Summe der hierauf entfallenden Leistungen gegenüberzustellen, auch wenn Leistungen nicht in Anspruch genommen werden. Aufwendungen nach § 12 werden getrennt abgerechnet.

VwV des FM zu § 15 Absatz 3

3.1 Aus Gründen der Verwaltungsvereinfachung ist nicht jedem einzelnen Rechnungsbetrag – etwa für die einzelne Position – die hierzu jeweils gewährte Versicherungsleistung gegenüberzustellen. Vielmehr ist die Summe aller im Antrag geltend gemachten, dem Grunde nach beihilfefähigen Aufwendungen der Summe der insgesamt hierzu gewährten Leistungen gegenüberzustellen. Beitragsrückerstattungen sind keine Leistungen aus Anlass einer Krankheit.

3.2 Wenn alle Versicherungsleistungen aufgrund des Versicherungsvertrags nach einem Prozentsatz bemessen sind, ist dies beim ersten Antrag durch Vorlage des Versicherungsscheins oder einer Bescheinigung der Krankenversicherung zu belegen. Auch Versicherungsverträge, die einen vollständigen (100 Prozent) Ersatz als vertragliche Leistung zusagen, sind in diesem Sinne Versicherungsverträge nach einem Prozentsatz. Änderungen der Versicherungsverhältnisse sind jeweils bei der nächsten Antragstellung nachzuweisen (§ 1 Absatz 5). Abweichende geringere Erstattungen, die im Einzelfall nachgewiesen werden, sind zu berücksichtigen.

3.3 Übersteigt der Betrag der nach § 14 errechneten, um die Kostendämpfungspauschale gekürzten Beihilfe zusammen mit den Leistungen aus Krankenversicherungen und Ähnlichem den Gesamtbetrag der dem Grunde nach beihilfefähigen Aufwendungen, so ist die Beihilfe um den übersteigenden Betrag zu kürzen.

(4) Wird die beihilfefähige Wahlleistung Unterkunft (§ 6a Absatz 1 Nummer 3, § 7 Absatz 7 Satz 1 Nummer 3) anlässlich eines Aufenthalts in einem zugelassenen Krankenhaus nach § 108 SGB V oder einem Krankenhaus nach § 7 Absatz 2 nicht beansprucht, so wird stattdessen eine Beihilfe von 11 Euro pro Tag, an dem die Leistung berechenbar gewesen wäre, gewährt. Für nicht beanspruchte wahlärztliche Leistungen (§ 6a Absatz 1 Nummer 3, § 7 Absatz 7 Satz 1 Nummer 3) anlässlich eines Aufenthalts nach Satz 1 wird eine Beihilfe von 22 Euro pro Tag, an dem die Leistungen berechenbar gewesen wären, gewährt.

VwV des FM zu § 15 Absatz 4

Der Wortlaut des Satzes 1 der Vorschrift lässt die Gewährung eines Zweibettzimmertagegeldes nur zu, wenn für den Patienten die Wahlleistung Unterkunft (Zweibettzimmer) nach § 6 a Absatz 2 beihilfefähig gewesen wäre, also wenn der monatliche Beihilfebeitrag geleistet wird. Tagegeld steht nicht zu, wenn das Krankenhaus bessere Unterbringung (weder Ein- noch Zweibettzimmer) in der betreffenden Abteilung oder bei Unterbringung von Kindern nicht als Wahlleistung anbietet. Sind Zweibettzimmer Regelleistung und werden als Wahlleistung Unterkunft nur Einbettzimmer angeboten, steht kein Tagegeld bei Nichtinanspruchnahme zu. Tagegeld steht auch zu, wenn die Wahlleistung Unterkunft zwar in Anspruch genommen, die Aufwendungen aber nicht bei der Beihilfe geltend gemacht werden, zum Beispiel weil sie durch eine Zusatzversicherung gedeckt sind. In Fällen der VwV Nummer 1.2 zu § 6 a steht kein Zweibettzimmertagegeld zu. Satz 1, 2 und 4 gilt entsprechend für das Wahlarzttagegeld nach Satz 2 der Vorschrift.

(5) Die Beihilfestelle kann mit Personen oder Einrichtungen, die Leistungen erbringen oder Rechnungen ausstellen, mit Versicherungen und anderen Kostenträgern sowie deren Zusammenschlüssen Verträge über Beihilfeangelegenheiten abschließen, wenn dies im Interesse einer wirtschaftlicheren Krankenfürsorge liegt. Dabei sollen auch feste Preise vereinbart werden, die deutlich unter den nach dieser Verordnung maßgeblichen Gebührenrahmensätzen und Höchstbeträgen liegen.

VwV des FM zu § 15 Absatz 5

5.1 Von der Möglichkeit des Abschlusses von Verträgen über Beihilfeangelegenheiten durch die Beihilfestelle soll regelmäßig wegen des fehlenden medizinisch ausgebildeten Personals abgesehen werden.

5.2 Darüber hinaus kann im Interesse einer wirtschaftlicheren Krankenversorgung die Notwendigkeit und Angemessenheit im Sinne von § 5 Absatz 1 von Leistungen, die regelmäßig beihilfefähige Aufwendungen nach sich ziehen, unter bestimmten Bedingungen auch auf der Basis der von Krankenversicherungsunternehmen in Verträgen und sonstigen Vereinbarungen mit Leistungserbringern vereinbarten Preisen und Pauschalen beurteilt werden. Voraussetzung dafür, dass solche vereinbarten Leistungsgrundsätze der Beihilfefestsetzung zugrunde gelegt werden, ist, dass

- der Beihilfestelle vor erstmaliger Abrechnung eines Beihilfeberechtigten der Vertrag beziehungsweise die sonstige Vereinbarung von den Vertragspartnern, den Krankenversicherungsunternehmen oder den Leistungserbringern, zur Prüfung zugeleitet wird,
- die Preise und Pauschalen ausschließlich krankheitsbezogene Standardbehandlungen abdecken,
- gegenüber der Beihilfestelle nachvollziehbar eine wirtschaftlichere Krankenversorgung dargelegt und begründet wird,
- die Beurteilung der Frage der Wirtschaftlichkeit auf dem reinen Kostenvergleich mit der normalen Abrechnung beruht, also reine Qualitätssicherungsmaßnahmen oder zusätzliche Annehmlichkeiten, beispielsweise im Bereich der Wahlleistungen, unberücksichtigt bleiben,
- auf der Leistungsabrechnung deutlich sichtbar Bezug auf den Vertrag oder die Vereinbarung genommen wird,
- Änderungen rechtzeitig vor Inkrafttreten der Beihilfestelle unter erneutem Nachweis der Wirtschaftlichkeit angezeigt werden.

Ein Rechtsanspruch auf Anerkennung eines Vertrages oder einer Vereinbarung besteht nicht.

5.3 Beihilfeberechtigte erhalten im Vorfeld einer geplanten Behandlungsmaßnahme Auskunft über die Frage, ob für die im Einzelfall konkret in Betracht kommende Behandlung eine Vereinbarung im Sinne dieser Vorschrift anerkannt wird (vergleiche Schlussvorschriften Nummer 1).

§ 16
Beihilfe beim Tod des Beihilfeberechtigten (aufgehoben)

§ 17
Verfahren

(1) Beihilfe wird auf schriftlichen Antrag der Beihilfeberechtigten gewährt; hierfür sind im Bereich der Landesverwaltung die vom Finanzministerium, im übrigen Bereich die vom Finanzministerium oder der Beihilfestelle bekanntgegebenen Formblätter zu verwenden. Die Beihilfestelle kann elektronische Antragstellung und Kommunikationsmöglichkeiten nach § 35a Landesverwaltungsverfahrensgesetz (LVwVfG) zulassen und die dafür erforderlichen Standards festlegen.

VwV des FM zu § 17 Absatz 1

1.1 Im Bereich der Landesverwaltung ist, soweit das Landesamt für Besoldung und Versorgung Baden-Württemberg zuständig ist, das Formblatt LBV 301 zu verwenden (Papierform oder im Internet zur Verfügung gestellte inhaltsgleiche Form). Dies gilt auch bei Beihilfeanträgen, die vom Landesamt im Auftrag einer anderen Stelle bearbeitet werden.

1.2 Hat ein Sozialhilfeträger vorgeleistet, so kann er nur aufgrund einer Überleitungsanzeige nach § 93 SGB XII einen Beihilfeanspruch geltend machen. Der Beihilfeanspruch geht damit in der Höhe und in dem Umfang, wie er dem Beihilfeberechtigten selbst zusteht, auf den Sozialhilfeträger über. Eine Überleitung nach § 93 SGB XII ist nur zulässig, wenn Aufwendungen für den Beihilfeberechtigten selbst, oder für Hilfe nach den §§ 47 bis 74 SGB XII für seinen nicht getrennt lebenden Ehegatten oder für seine berücksichtigungsfähigen Kinder (nicht Pflegekinder und Stiefkinder) entstanden sind. In allen übrigen Fällen ist die Überleitung eines Beihilfeanspruchs nicht zulässig; gegen eine derartige Überleitungsanzeige ist durch die Beihilfestelle Widerspruch einzulegen und gegebenenfalls Anfechtungsklage zu erheben.

1.3 Liegt keine rechtswirksame Überleitung des Beihilfeanspruchs vor, sondern nimmt der Sozialhilfeträger den Beihilfeberechtigten nach § 19 Absatz 5 SGB XII für vorstehend in Satz 3 der VwV Nummer 1.2 zu § 17 genannte Angehörige im Wege des Aufwendungsersatzes (§§ 19 Absatz 4, 88 SGB XII) in Anspruch, so kann nur der Beihilfeberechtigte selbst einen Beihilfeanspruch geltend machen. Auf Wunsch des Beihilfeberechtigten kann die Beihilfe unmittelbar an den Sozialhilfeträger überwiesen werden. Die Abtretung des Beihilfeanspruchs an den Sozialhilfeträger ist ausgeschlossen (§ 1 Absatz 3).

1.4 Hat der Sozialhilfeträger Leistungen für eine berücksichtigungsfähige Person, die selbst nach § 19 SGB XII Hilfesuchender ist (volljähriges unverheiratetes Kind; verheiratetes Kind, Pflege- oder Stiefkind; getrennt lebender Ehegatte) vorläufig übernommen, kann der Beihilfeanspruch nur vom Beihilfeberechtigten selbst geltend gemacht werden. Die Inanspruchnahme des Beihilfeberechtigten ist nachzuweisen, hierzu reicht es aus, wenn der Sozialhilfeträger dem Beihilfeberechtigten die Belege über seine Aufwendungen zur Beihilfebeantragung übergibt. Die Sätze 2 und 3 der VwV Nummer 1.3 zu § 17 gelten entsprechend.

(2) *(aufgehoben)*

VwV des FM zu § 17 Absatz 2

Satz 3 der Vorschrift schließt aus, dass Beihilfeanträge, mit denen die Antragsvoraussetzungen nicht erfüllt sind, ohne Abzug von 16 Euro abgerechnet werden.

(3) Beihilfe wird nur zu den Aufwendungen gewährt, die durch Belege nachgewiesen sind, soweit nichts anderes bestimmt ist. Würde mehreren Beihilfeberechtigten zu denselben Aufwendungen Beihilfe zustehen, so wird eine Beihilfe nur dem gewährt, der die Originalbelege zuerst vorlegt.

VwV des FM zu § 17 Absatz 3

3.1 Die Aufwendungen sind grundsätzlich durch Duplikate (Durchschriften, Zweitausfertigungen) der Rechnung nachzuweisen, die vom Rechnungsaussteller gefertigt wurden. Bei Arzneimittelbelegen sollen von der Apotheke gefertigte Kopien, die mit dem Apothekenstempel versehen sind, vorgelegt werden. Im Übrigen werden Kopien beziehungsweise elektronisch übermittelte Belege berücksichtigt, wenn sie vollständig und originalgetreu sind. Originalbelege sollen nicht vorgelegt werden, es sei denn, dass Originalbelege ausdrücklich vorgeschrieben sind oder die Beihilfestelle ausdrücklich Originalbelege verlangt. Die Beihilfestelle kann in Zweifelsfällen ausnahmsweise auch Zahlungsnachweise (Quittungen) verlangen. Ein Beleg liegt auch bei übergeleiteten Ansprüchen nur vor, wenn er vom Erbringer der Leistungen oder der von ihm beauftragten Abrechnungsstelle erstellt worden ist.

3.2 Die Berechnung der Beihilfe muss aus dem Bescheid und den Anlagen ersichtlich sein; es wird empfohlen, den Bescheid nach dem Muster des Landesamts für Besoldung und Versorgung zu fertigen. Wenn die beihilfefähigen Aufwendungen von dem geltend gemachten Rechnungsbetrag abweichen, sind die Abweichungen im Beihilfebescheid selbst einschließlich etwaiger Anlagen mindestens stichwortartig zu begründen.

(4) Die Beihilfeanträge sind unter Beifügung der Belege unmittelbar der Beihilfestelle vorzulegen. Die Beihilfestelle soll die Angaben zur Beihilfeberechtigung und zur Berücksichtigung nach den §§ 2 bis 4 mit den für die Bezüge maßgeblichen Daten abgleichen. Auf im Inland ausgestellten Arzneimittelrezepten muss die Pharmazentralnummer angegeben sein. Beihilfe zu Aufwendungen für Arzneimittel wird für Personen, die eine elektronische Gesundheitskarte nach § 291a SGB V erhalten haben, grundsätzlich nur gewährt, wenn dabei die Karte eingesetzt wird. Die Beihilfestelle darf bei begründeten Zweifeln an der Echtheit eines Belegs, insbesondere einer Computerrechnung ohne vorgedruckten Briefkopf, die erforderliche Auskunft unmittelbar beim Aussteller einholen.

VwV des FM zu § 17 Absatz 4

Nachweise über bestehende beihilferelevante Ansprüche, insbesondere aus Kranken- und Pflegeversicherungen, sind unerlässlich für die Bearbeitung der Beihilfeanträge (§ 1 Absatz 5). Die Beihilfestelle sichert die Beihilfestammdaten in einer Beihilfestammdatei und prüft die Anträge jeweils auch insoweit.

Hinweis der Redaktion: Für Lehrkräfte im Landesdienst ist Beihilfestelle das ➪ Landesamt für Besoldung und Versorgung.

(5) *(nicht abgedruckt)*

(6) In automatisierten Zahlungsverfahren soll die Beihilfe grundsätzlich auf das Bezügekonto überwiesen werden; abweichende Zahlungswege sind zu überwachen, Barauszahlungen und Überweisungen auf Zweitkonten sind nicht zulässig. Nach dem Tod des Beihilfeberechtigten ist die Beihilfe auf das Bezügekonto zu zahlen. Ein abweichendes Konto kann nur von demjenigen bestimmt werden, der gemäß Erbschein, Testamentsvollstreckerzeugnis oder Ausfertigung oder beglaubigter Abschrift einer letztwilligen Verfügung nebst zugehöriger Eröffnungsniederschrift als Erbe oder Testamentsvollstrecker bezeichnet wird. Die Sätze 2 und 3 gelten nicht für die Beihilfe nach § 12 Absatz 1 sowie für Beihilfe an Personen nach § 2 Absatz 2 Satz 4.

VwV des FM zu § 17 Absatz 6

5.1 Eine Überweisung auf ein anderes als das Bezügekonto des Beihilfeberechtigten ist nur ausnahmsweise bei Vorliegen eines zwingenden Grundes zulässig. 5.2 Zu Ansprüchen, die im Erbfall vom Rechtsnachfolger geltend gemacht werden, erfolgt die Auszahlung der Beihilfe auf ein anderes Konto als das Bezügekonto des Erblassers mit Ausnahme der Auszahlung von Beihilfe an die hinterbliebene Ehegattin oder den hinterbliebenen Ehegatten, die eingetragene Lebenspartnerin oder den eingetragenen Lebenspartner, die leiblichen Kinder und die Adoptivkinder, die Eltern, die Großeltern, die volljährigen Geschwister und Enkelkinder eines verstorbenen Beihilfeberechtigten nur nach Vorlage eines Erbscheins.

(7) Den Beihilfeberechtigten können Abschlagszahlungen gewährt werden.

VwV des FM zu § 17 Absatz 7

In den Fällen des § 9 Absatz 4 bis 7 sollen von Amts wegen Abschläge auf die Beihilfe bewilligt werden. Die Abschläge sind monatlich oder vierteljährlich, jeweils zur Mitte des Zeitraums, für den sie bestimmt sind, zu leisten. Nach jeweils sechs Monaten ist die Beihilfe aufgrund von Nachweisen der Pflegeaufwendungen unter Berücksichtigung von Unterbrechungszeiten (§ 9 Absatz 4 Satz 3), die der Beihilfeberechtigte zur endgültigen Abrechnung anzuzeigen hat, festzusetzen. Auf Antrag sollen laufend Abschläge auf Beihilfe auch zu Aufwendungen nach § 9 Absatz 3 oder 9 gewährt werden, mindestens in Höhe der in den Fällen des § 9 Absatz 4 möglichen Beihilfe. Wenn nachweislich Aufwendungen laufend zu leisten sind, die die Grenzbeträge des § 5 Absatz 6 Satz 4 übersteigen, und deren Beihilfefähigkeit grundsätzlich nicht infrage steht, können auch in anderen Fällen auf Antrag Abschlagszahlungen geleistet werden (beispielsweise bei Verordnung teurer Arzneimittel). Bei einmaligen Aufwendungen kommen Abschlagszahlungen regelmäßig nicht in Betracht.

(8) Nur solche Originalbelege, deren Vorlage vorgeschrieben oder ausdrücklich verlangt worden ist, werden zurückgegeben. Sie können vor der Rückgabe von der Beihilfestelle als für Beihilfezwecke verwendet kenntlich gemacht werden. Andere Belege kann die Beihilfestelle einbehalten.

VwV des FM zu § 17 Absatz 8

Die Verwendung der Belege für Beihilfezwecke soll, wenn die Vorlage von Originalbelegen vorgeschrieben oder verlangt ist und diese zurückgegeben werden, in der Weise kenntlich gemacht werden, dass auch bei mehreren Beihilfeberechtigungen andere Verwaltungen die Verwendung erkennen können.

(9) Ist eine vorgeschriebene vorherige Anerkennung der Beihilfefähigkeit unterblieben, wird eine Beihilfe nur gewährt, wenn der Beihilfeberechtigte ohne Verschulden und nicht lediglich aus Unkenntnis verhindert war, die Anerkennung zu beantragen und die Antragstellung innerhalb eines Monats nach Wegfall des Hindernisses nachgeholt worden ist. Im Übrigen gilt § 32 des Landesverwaltungsverfahrensgesetzes entsprechend.

(10) Eine Beihilfe wird nur gewährt, wenn die Beihilfeberechtigten sie vor Ablauf der beiden Kalenderjahre beantragt haben, die auf das Jahr des Entstehens der Aufwendungen oder, wenn es sich nicht um Aufwendungen nach § 9 b Absatz 2 und 4 handelt, der ersten Ausstellung der Rechnung folgen. Für den Beginn der Frist ist bei Beihilfe nach § 9 b Absatz 2 und 4 und § 15 Abs. 4 jeder Pflegetag, nach § 11 Abs. 2 der Tag der Geburt oder der Annahme als Kind maßgebend. Sätze 1 und 2 gelten auch, wenn Adressat der Rechnung nicht der Beihilfeberechtigte selbst, sondern ein anderer Kostenschuldner ist. Bei Fristversäumnis erlischt der Anspruch.

§ 18
Datenschutz

(1) Beihilfeangelegenheiten sind in einer von der übrigen Personalverwaltung unabhängigen, getrennten Beihilfestelle zu bearbeiten. Die Trennung muss durch organisatorische Regelungen und technische Zugriffsperren gewährleistet sein. Die Beihilfestelle darf Beihilfeangelegenheiten nur für solche andere Stellen erledigen, die zusichern, dass sie diese Datenschutzvorschriften beachten.

(2) Die Beihilfestelle hat die notwendigen organisatorischen und technischen Maßnahmen zu treffen, um die im Zusammenhang mit Verfahren auf Gewährung von Beihilfe stehenden personenbezogenen Daten (Beihilfedaten) vor unbefugter Kenntnisnahme und Nutzung zu schützen.

An dem Schutz der Beihilfedaten haben auch alle Informationen und Unterlagen der Angehörigen der Beihilfeberechtigten teil, die sich auf Geburts-, Krankheits-, Pflege- oder Todesfälle sowie auf Gesundheitsvorsorge beziehen oder im Zusammenhang mit einer Beihilfeangelegenheit sonstige finanzielle oder familienbezogene Umstände betreffen. Gleiches gilt für solche Beihilfestammdaten, die als beihilferechtliche Konsequenz aus Bezügedaten festzustellen sind, insbesondere hinsichtlich der Berücksichtigung nach §§ 3 und 4.

VwV des FM zu § 18 Absatz 2

Auf die besonderen Vorschriften des Landesbeamtengesetzes über Beihilfedaten und Beihilfeakten, insbesondere §§ 84 Absatz 2, 85 Absatz 1 Nummer 7, Absatz 2 und 3, § 86 Absatz 5 und 6 sowie § 88 Absatz 1 Satz 3 und 4 wird hingewiesen.

➪ Beamtengesetz (LBG) §§ 83 ff.

(3) Beihilfedaten und Beihilfeakten sollen im Schriftverkehr zur Vermeidung von Fehlleitungen und zur Wahrung besonderer Vertraulichkeit eindeutig als solche und nicht lediglich als Personaldaten oder Personalakten bezeichnet werden. Sind bei Auskunftsersuchen nicht eindeutige Bezeichnungen verwendet, ist bis zur ausdrücklichen Klarstellung in jedem Einzelfall davon auszugehen, dass Beihilfedaten und Beihilfeakten nicht angesprochen sind.

(4) Vorschriften über die Benutzung des Dienstwegs sind in Beihilfeangelegenheiten nicht anzuwenden. Ein Antrag auf Anerkennung der Beihilfefähigkeit für eine Heilkur (§ 8 Abs. 5 Satz 2) soll über die für die Urlaubsbewilligung zuständige Stelle unmittelbar der Beihilfestelle zugeleitet werden; begründende Unterlagen sind in verschlossenem Umschlag beizufügen und ungeöffnet weiterzuleiten oder unmittelbar der Beihilfestelle zuzuleiten.

(5) Soweit für Beihilfezwecke medizinische Gutachten ohne Bezeichnung der Gutachterstelle vorgesehen sind, soll ein – bezüglich des anzugebenden Zwecks ausreichend begründetes – amtsärztliches Zeugnis des Gesundheitsamts eingeholt werden. Die Beihilfestelle kann stattdessen andere Stellen oder Personen zur Begutachtung benennen.

VwV des FM zu § 18 Absatz 5

2.1 Wenn ein medizinisches Gutachten ausdrücklich vorgeschrieben ist oder wenn die Beihilfestelle ein solches für erforderlich hält, wird es mit Schreiben an den Beihilfeberechtigten eingefordert. Das diesbezügliche Schreiben der Beihilfestelle bewirkt, dass die Begutachtung für Beihilfezwecke durch ein Gesundheitsamt im Land gebührenfrei ist, auch wenn der Beihilfeberechtigte die Bitte der Beihilfestelle um gutachtliche Äußerung an das Gesundheitsamt weitergibt. In anderen Bundesländern besteht teilweise Gebührenpflicht, in diesen Fällen ist die Gebühr in voller Höhe mit der Beihilfe zu erstatten. Bei stationären Maßnahmen nach § 7 Absatz 6 Satz 2 und 3 letzter Halbsatz und bei Kuren für Beamte und Richter nach § 8 Absatz 5 Satz 2 ist ein Schreiben der Beihilfestelle nicht erforderlich.

2.2 Ein medizinisches Gutachten nach § 7 Absatz 6 Satz 2 oder § 8 verliert in der Regel seine Gültigkeit, wenn die Maßnahme nicht innerhalb von sechs Monaten nach Ausstellung begonnen wird; wenn der Beihilfeberechtigte gehalten ist, die Maßnahme in den Semester- oder Sommerschulferien durchzuführen, gilt es bis dahin.

(6) Ein gegebenes Einverständnis zur Einholung von erforderlichen Auskünften bei Personen oder Einrichtungen, die Leistungen erbringen, Rechnungen ausstellen, bei Versicherungen und anderen Kostenträgern oder eine Entbindung von der Schweigepflicht kann von der Beihilfestelle nur insoweit als Grundlage für Auskunftsersuchen verwendet werden, als sich das Einverständnis zweifelsfrei auf den konkreten Sachverhalt erstreckt. Auskunftsersuchen zur Krankheitsgeschichte und zur Bewertung der Schwierigkeit ärztlicher Leistungen soll die Beihilfestelle auch bei vorliegendem Einverständnis nicht direkt an den Behandler richten.

(7) In Verträgen nach § 15 Abs. 5 darf von Verfahrensregelungen dieser Verordnung abgewichen werden, der Schutz der Beihilfedaten muss vertraglich gewährleistet bleiben. An Beihilfeberechtigte oder berücksichtigungsfähige Angehörige kann die Beihilfestelle Chipkarten mit Daten entsprechend § 291 SGB V und zum Umfang des Beihilfeanspruchs herausgeben, wenn die entsprechende Verwendung in solchen Verträgen geregelt ist.

(8) Bei der Veranschlagung und Anforderung von Haushaltsmitteln für Beihilfe ist darauf zu achten, dass Rückschlüsse auf einzelne Beihilfeberechtigte nicht möglich sind. Gleiches gilt für die Haushaltsrechnung.

VwV des FM zu § 18 Absatz 8

Erstattungen für Beihilfen durch Dritte oder bei Abordnung zu einem anderen Dienstherrn sollen gemäß VwV Nummer 1.3 letzter Satz zu § 2 grundsätzlich nicht in Höhe der tatsächlich geleisteten Beihilfen, sondern pauschal mit den jährlichen Verrechnungssätzen angefordert werden (vergleiche VwV Kostenfestlegung und VwV Haushaltsvollzug).

(9) Schriftliche Unterlagen über Beihilfeangelegenheiten sollen unverzüglich ausgesondert und vernichtet werden, wenn die Daten für die vorgeschriebene Aufbewahrungsfrist durch automatisierte Datenverarbeitung gespeichert sind.

VwV des FM zu § 18 Absatz 9

Für Beihilfezwecke eingereichte Belege, die nicht durch automatisierte Datenverarbeitung gespeichert sind, dürfen gemäß § 86 Absatz 6 LBG ausgesondert werden, wenn sie zur Aufgabenerfüllung nicht mehr benötigt werden.

⇨ Beamtengesetz (LBG) §§ 83 ff.

§ 19
Übergangsvorschriften

(Absatz 1 nicht abgedruckt)

(2) § 15 Abs. 2 und 3 gilt nicht für Personen, die mindestens seit 1. Januar 1985 in einem Festkostentarif einer privaten Krankenversicherung versichert sind, hinsichtlich der Leistungen aus diesem Tarif, solange sie diesen Tarif beibehalten und nicht zu zumutbaren Bedingungen einen restkostendeckenden Prozenttarif abschließen können. § 14 [...]

⇨ Krankenversicherung

(4) Werden Regelungen des Bundesministeriums des Innern geändert, die nach dieser Verordnung anzuwenden sind, gelten die Änderungen auch im Rahmen dieser Verordnung, soweit das Finanzministerium übergangsweise nichts anderes bestimmt. Gleiches gilt für solche Beträge in §§ 9 a bis 9 j, wenn durch Verordnung der Bundesregierung nach § 30 SGB XI gleiche Beträge in entsprechenden Vorschriften geändert werden. [...]

(6) *(eingearbeitet als Hinweis der Redaktion bei § 14)*

VwV des FM zu § 19 Absatz 4

Satz 1 der Vorschrift gilt entsprechend für Beihilferegelungen des BMI, die in dieser VwV für anwendbar erklärt sind. Eine besondere Anweisung oder Bekanntmachung erfolgt nicht.

Fortsetzung (Anlage zur BVO) auf den nächsten Seiten

Nutzen Sie das ausführliche alphabetische Schlagwortverzeichnis am Ende des Buches.

Beihilfeverordnung (Anlage)

1.
Einschränkungen zu § 5 Abs. 1 und §§ 6 ff.

1.1 Die Angemessenheit ärztlicher, psychotherapeutischer und zahnärztlicher Aufwendungen beurteilt sich ausschließlich nach dem Gebührenrahmen der jeweils geltenden Gebührenordnungen für Ärzte, psychologische Psychotherapeuten und Kinder- und Jugendlichentherapeuten und Zahnärzte; soweit gebührenrechtlich zulässig und begründet, ist auch eine über den Schwellenwert hinausgehende Gebühr angemessen. Angemessen sind auch Aufwendungen für Leistungen, die aufgrund von Vereinbarungen gesetzlicher Krankenkassen nach dem Fünften Buch Sozialgesetzbuch oder aufgrund von Verträgen von Unternehmen der privaten Krankenversicherung mit Leistungserbringern erbracht worden sind, wenn dadurch Kosten eingespart werden. Werden Leistungen nach Satz 1 nach Regeln in Vereinbarungen über medizinische Leistungen der gesetzlichen Kranken- und Rentenversicherungsträger auf Bundes- oder Landesebene zusammen mit Leistungen nach § 6 Absatz 1 Nummer 3 oder anderer sozialtherapeutischer Berufe erbracht und pauschal berechnet, so sind unter denselben Voraussetzungen die mit den anderen Leistungsträgern vereinbarten pauschalen Vergütungen beihilfefähig.

1.2 Aufwendungen für zahnärztliche Leistungen einschließlich Kieferorthopädie

1.2.1 Nicht beihilfefähig sind

a) Aufwendungen für Leistungen, die auf der Grundlage einer Vereinbarung nach § 2 Abs. 3 der GOZ erbracht werden,
b) die bei einer zahnärztlichen Behandlung nach den Abschnitten C, F und H des Gebührenverzeichnisses der GOZ entstandenen Aufwendungen für Auslagen, Material- und Laborkosten nach § 4 Absatz 3 und § 9 der GOZ, soweit sie 70 vom Hundert der ansonsten beihilfefähigen Aufwendungen übersteigen,

Hinweis der Redaktion: Zum Verständnis ein konkretes Beispiel für den Bemessungssatz 50 %:

- Bei einer Zahnarztrechnung über 500 Euro entfallen 300 Euro auf die Leistungen des Zahnarztes und 200 Euro auf zahntechnische Leistungen (z.B. Füllungen, Kronen, Provisorien, Brücken, Prothesen, Verbindungselemente, Aufbissbehelfe, „Knirscherschienen" usw.).
- Die Leistungen des Zahnarztes (300 Euro) werden von der Beihilfe erstattet: 50 % von 300 = 150 Euro.
- Von den zahntechnischen Leistungen (200 Euro) sind nur 70 % (= 140 Euro) erstattungsfähig. Auch hiervon zahlt die Beihilfe 50 %, also 70 Euro.
- Eine beihilfekonforme private Krankenversicherung ersetzt von den Zahnarztkosten 50 % = 150 Euro.
- Auch bei den erstattungsfähigen zahntechnischen Leistungen erstattet die PKV 50 %, also 70 Euro.

Fazit: Von den 500 Euro Gesamtkosten werden insgesamt 150 + 150 + 70 + 70 = 440 Euro ersetzt; die verbleibenden 60 Euro sind aus eigener Tasche zu zahlen. Einige private Krankenkassen bieten Zusatzversicherungen ohne Gesundheitsprüfung an.

c) Aufwendungen für besondere individuelle Zahngestaltung, Charakterisierung, besondere Farbauswahl und Farbgebung, Bemalen, Bleaching.

1.2.2 Bei Mitgliedern gesetzlicher Krankenkassen und ihren mitversicherten Angehörigen gilt bei der Versorgung mit Zahnersatz und Zahnkronen der nach § 55 Absatz 1 SGB V auf 75 vom Hundert erhöhte Zuschuss als gewährte Leistung.

1.2.3 Aufwendungen für kieferorthopädische Leistungen sind beihilfefähig, wenn

a) die Notwendigkeit und Angemessenheit anhand eines vorzulegenden Heil- und Kostenplans für den gesamten Behandlungszeitraum von der Beihilfestelle festgestellt wird und
b) die behandelte Person bei Behandlungsbeginn das 18. Lebensjahr noch nicht vollendet hat; dies gilt nicht bei schweren Kieferanomalien, die eine kombinierte kieferchirurgische und kieferorthopädische Behandlung erfordern oder wenn die Behandlung ausschließlich medizinisch indiziert ist und nicht aus ästhetischen Gründen erfolgt, keine Behandlungsalternative gegeben ist, die Zahnfehlstellung mit erheblichen Folgeproblemen verbunden ist und erst im Erwachsenenalter erworben wurde.

1.2.4 Aufwendungen für implantologische Leistungen einschließlich aller damit verbundenen weiteren zahnärztlichen Leistungen sind nur bei Vorliegen einer der folgenden Indikationen beihilfefähig:

a) Nicht angelegte Zähne im jugendlichen Erwachsenengebiss, wenn pro Kiefer weniger als acht Zähne angelegt sind, nach einem einzuholenden Gutachten,
b) bei großen Kieferdefekten infolge von Kieferbruch oder Kieferresektion, wenn nach einem einzuholenden Gutachten auf andere Weise Kaufähigkeit nicht hergestellt werden kann. In anderen Fällen sind Aufwendungen für mehr als zwei Implantate pro Kieferhälfte, einschließlich vorhandener Implantate, und die damit verbundenen weiteren zahnärztlichen Leistungen von der Beihilfefähigkeit ausgeschlossen; dabei sind die gesamten Aufwendungen nach Satz 1 entsprechend dem Verhältnis der Zahl der nichtbeihilfefähigen zur Gesamtzahl der Implantate der jeweils geltend gemachten Aufwendungen zu kürzen.

1.3 Werden Leistungen von Gesellschaften oder Unternehmen (z.B. Klinik, Badebetrieb) in Rechnung gestellt, so sind – soweit keine anderen Rechtsvorschriften bestehen – die Aufwendungen insoweit beihilfefähig, als sie im Fall einer Leistung und Berechnung durch einen freiberuflich tätigen Behandler beihilfefähig wären.

1.4 Es gelten folgende Voraussetzungen, Beschränkungen und Höchstbeträge:

1.4.1 Für Heilbehandlungen nach § 6 Abs. 1 Nr. 3 die vom Bundesministerium des Innern in der Anlage 9 und 10 zur Bundesbeihilfeverordnung genannten;

1.4.2 für psychotherapeutische Leistungen die in den §§ 18 bis 21 BBhV sowie in Anlage 3 zur BBhV genannten, abweichend davon sind bei analytischer

Psychotherapie ab der 240. Stunde, bei anderen Psychotherapieverfahren ab der 90. Stunde Aufwendungen nur bis zum 1,7-Fachen der Einfachsätze nach den Gebührenordnungen beihilfefähig;

1.4.3 für Leistungen der Heilpraktiker die Beträge, die für vergleichbare Leistungen nach der Gebührenordnung für Ärzte (GOÄ) angemessen sind;

1.4.4 für Leistungen ambulanter neuropsychologischer Therapie die in § 30 a BBhV genannten. Für die Abrechnung kommen in entsprechender Anwendung insbesondere die Nummern 849, 860, 870 und 871 der GOÄ in Betracht. Aufwendungen für eine Behandlungseinheit als Einzelbehandlung sind beihilfefähig bis zur Höhe des Betrages entsprechend der Nummer 870 der GOÄ.

1.5 Ausschlussregelung, Voranerkennung

Von der Beihilfefähigkeit sind, einschließlich der zugehörigen Materialien, Arznei- und Verbandmittel, ausgeschlossen:

1.5.1 Aufwendungen für die vom Bundesministerium des Innern in Anlage 1 zur BBhV genannten Untersuchungs- und Behandlungsmethoden mit den dort genannten Maßgaben. Bei Vorliegen einer schwerwiegenden lebensbedrohlichen Erkrankung sind wissenschaftlich nicht allgemein anerkannte Untersuchungs- und Behandlungsmethoden beihilfefähig, wenn:

a) zu deren Behandlung sich eine wissenschaftlich allgemein anerkannte Methode noch nicht herausgebildet hat oder
b) zu deren Behandlung wissenschaftlich allgemein anerkannte Methoden aus medizinischen Gründen nicht angewendet werden dürfen oder
c) zu deren Behandlung bereits wissenschaftlich allgemein anerkannte Methoden ohne Erfolg eingesetzt wurden und
d) es für die vom Arzt nach gewissenhafter fachlicher Einschätzung vorgenommene oder beabsichtigte Behandlung ernsthafte Hinweise auf einen nicht ganz entfernt liegenden Erfolg der Heilung oder auch nur spürbare Hinweise auf den positiven Krankheitsverlauf im konkreten Einzelfall gibt.

Der Nachweis für das Vorliegen der vorgenannten Ausnahmen ist durch ein medizinisches Gutachten zu führen;

1.5.2 Akupunktur, sofern nicht die Beihilfegewährung aus besonderen Gründen durch medizinisches Gutachten befürwortet ist oder chronische Schmerzen behandelt werden;

1.5.3 Aufwendungen für psychotherapeutische, psychosomatische oder ähnliche Behandlungen, wenn und soweit sie nach Maßgabe der §§ 18 bis 21 BBhV sowie der Anlage 3 zur BBhV des Bundesministeriums des Innern nicht vorher anerkannt oder ausgeschlossen sind.

VwV des FM zur Anlage zur BVO

1. Zu Nummer 1 der Anlage Einschränkungen zu § 5 Absatz 1 und §§ 6 ff.

1.1 Aufwendungen für ärztliche, zahnärztliche, psychotherapeutische und heilpraktische Leistungen, die über das Maß einer medizinisch notwendigen Versorgung hinausgehen, sind nicht beihilfefähig, wenn sie auf Verlangen erbracht wurden (vergleiche § 1 Absatz 2 GOÄ, § 1 Absatz 2, § 2 Absatz 3 Satz 1 GOZ). Die VwV des BMI zu § 6 Absatz 3 der BBhV gelten entsprechend, soweit die BVO und die VwV des Ministeriums für Finanzen und Wirtschaft keine eigenständigen Regelungen enthalten.

1.2 Leistungen nach Nummer 1.1 Satz 2 sind fachgebietsübergreifende Behandlungen eines einheitlichen Krankheitsbildes (Komplextherapien), die gemeinsam durch Ärzte, psychologische Psychotherapeuten und Personen nach § 6 Absatz 1 Nummer 3 Satz 3 durchgeführt werden. Die Beteiligung eines Arztes muss sichergestellt sein; die Mitwirkung anderer sozialtherapeutischer Berufe (zum Beispiel Sozialarbeiter) ist ausnahmsweise unschädlich. Im Übrigen sind jedoch vom Ausschluss gemäß § 78 Absatz 2 Nummer 2 LBG in Verbindung mit § 5 Absatz 4 Nummer 9 und § 6 Absatz 1 Nummer 3 Satz 5 erfasste Aufwendungen auch nicht im Rahmen einer Komplextherapie nach Nummer 1.1 Satz 2 beihilfefähig. Dies gilt nicht für sozialpädiatrische Leistungen in den sozialpädiatrischen Zentren (VwV Nummer 6 zu § 5).

Zu den Komplextherapien gehören unter anderem Asthmaschulungen, ambulante Entwöhnungstherapien, Tinnitustherapien, Diabetikerschulungen.

1.3 Aufwendungen für ambulante Suchtbehandlungen sind als Komplexleistung beihilfefähig unter folgenden Voraussetzungen

- Einleitung, Durchführung und Vergütung müssen sich nach der Vereinbarung Abhängigkeitserkrankungen vom 4. Mai 2001 richten,
- ärztliches Attest mit Sozialbericht gemäß § 6 Absatz 1, 5 oder 6 der Vereinbarung sind vorzulegen,
- Nachweis, dass die Einrichtung, in welcher die Suchtbehandlung erfolgt, nach der Vereinbarung anerkannt ist,
- Nachweis, dass ein Arzt oder approbierter psychologischer Psychotherapeut mit Erfahrung in der Therapie Abhängigkeitskranker bei der Behandlung stets mitwirken,
- bei lang dauernder Behandlung Zwischenberichte mit Erfolgsprognose vorgelegt werden.

1.4 Heil- und Kostenpläne sind nur bei kieferorthopädischen Behandlungen für Beihilfezwecke erforderlich und somit beihilfefähig. Aufwendungen für formelle Heil- und Kostenpläne nach GOZ Nummer 002 oder 003 über prothetische Leistungen (GOZ Abschnitt F) können ebenso als beihilfefähig berücksichtigt werden, wenn der Plan zu den Beihilfeakten gegeben wird und es sich um größere Maßnahmen (zum Beispiel Zahnimplantate, vier oder mehr Kronen oder Edelmetallfüllungen, Brücke für drei fehlende Zähne, neue Prothese) handelt, oder wenn darin verschiedene Versorgungsformen dargestellt und davon die kostengünstigere gewählt wurde.

1.5 Die Beteiligung eines Gutachters für Zahnersatz oder Implantologie kann bei aufwendigem Zahnersatz (zum Beispiel mehrgliedrigen Brücken; zahlreichen Verbindungselementen; Kronen oder Edelmetallfüllungen) zum Zweck der Prüfung in Betracht kommen, ob eine kostengünstigere wirtschaftlichere Lösung möglich erscheint, oder wenn Zweifel bestehen, ob eine Indikation im Sinne der Nummer 1.2.3 b bis 1.2.4 b der Anlage tatsächlich gegeben ist.

1.6 Nummer 1.2.4 Satz 2 schließt mehr als zwei Implantate je Kieferhälfte, einschließlich vorhandener und die damit verbundenen weiteren zahnärztlichen Leistungen von der Beihilfefähigkeit ganz aus. Vorhandene Implantate, zu denen keine Beihilfe oder vergleichbare Leistungen aus öffentlichen Kassen gewährt wurden, sind hierbei nicht zu berücksichtigen.

Es ist davon auszugehen, dass zu bereits vorhandenen Implantaten Beihilfe oder vergleichbare Leistungen aus öffentlichen Kassen gewährt wurde, sofern der Beihilfeberechtigte nicht in geeigneter Weise, zum Beispiel durch Beihilfebescheide oder Rechnungen, eine Finanzierung ohne Leistungen eines Dienstherrn oder öffentlichen Arbeitgeber glaubhaft machen kann.

1.7 Vor- und nachstationäre Leistungen, die von nach § 108 SBG V zugelassenen Krankenhäusern erbracht werden, sind nach § 115 a SGB V in Verbindung mit § 17 Absatz 1 KHG, § 1 Absatz 3 Satz 1 KHEntgG auch für nicht Sozialversicherte in einheitlicher Höhe zu berechnen. In diesen Fällen ist somit nicht Nummer 1.3 der Anlage, sondern § 5 Absatz 1 letzter Satz BVO einschlägig.

1.8 Die nach Nummer 1.4.1 verbindliche Anlage 4 zur BBhV, sowie die für den Vergleich der Leistungen eines Heilpraktikers nach Nummer 1.4.3 der Anlage erforderliche Gegenüberstellung des Gebührenverzeichnisses für Heilpraktiker zur GOÄ wird auf die Homepage des Landesamt für Besoldung und Versorgung bereitgestellt.

1.9 Besondere Gründe im Sinne der Nummer 1.5.2 sind grundsätzlich bei erfolgloser Ausschöpfung der in Betracht kommenden Behandlungsmethoden der Schulmedizin gegeben.

1.10 Für psychotherapeutische, psychosomatische und ähnliche Behandlungen gelten die §§ 18 bis 21 BBhV und die Anlage 2 zur BBhV entsprechend, soweit die BVO und diese VwV keine eigenständigen Regelungen enthalten. Gleiches gilt für die VwV des BMI zu diesen Vorschriften, auch bezüglich der Gutachter und der Formblätter. Nach § 6 Absatz 2 von der Beihilfefähigkeit ausgeschlossen sind hiermit auch die nach der BBhV ausgeschlossenen Behandlungsverfahren, auch außerhalb psychotherapeutischer Behandlung.

Auf die Verfahrensregelungen im Erlass des FM vom 15. Dezember 1994 (AZ: P 1867/1 – 19) wird hingewiesen.

2. Hilfsmittel

2.1 Die notwendigen und angemessenen Aufwendungen für Anschaffung, Miete und Ersatz der Hilfsmittel und Geräte zur Selbstbehandlung und Selbstkontrolle nebst Zubehör sind im Rahmen der Höchstbeträge beihilfefähig, wenn sie vom Arzt schriftlich verordnet und nachstehend aufgeführt sind:

Abduktionslagerungskeil
Absauggerät (z.B. bei Kehlkopferkrankung)
Adaptionen für diverse Gebrauchsgegenstände (z.B. bei Schwerstbehinderten zur Erleichterung der Körperpflege und zur Nahrungsaufnahme, Universalhalter)
Aircast-Fußgelenkstütze
Alarmgerät für Epileptiker
Anatomische Brillenfassung
Anti-Varus-Schuh
Anus-praeter-Versorgungsartikel
Anzieh-/Ausziehhilfen
Aquamat (Spezialkanüle für Kehlkopflose)
Arthrodesensitzkissen
Arthrodesensitzkoffer (Nielsen)
Arthrodesenstuhl
Atomiseur (zur Medikamenten-Aufsprühung)
Aufrichteschlaufe
Auftriebshilfe (bei Schwerstbehinderten)
Augenschielklappe, auch als Folie
Autokindersitz mit individueller schwerstbehindertengerechter Ausstattung, soweit sie 76 Euro übersteigen
Badewannensitz nur bei Schwerstbehinderung, Totalendoprothese, Hüftgelenk-Luxationsgefahr, Polyarthritis
Badewannenverkürzer
Ballspritze
Behindertenspezialfahrzeug für außerhalb der Wohnung bis zum Höchstbetrag von 2.600 Euro
Behinderten-Dreirad oder Behinderten-Zweirad mit Stützrädern, unter Abzug eines Eigenanteils von 300 Euro, zur Therapie
Behindertenstuhl, -sessel oder Zimmerrollstuhl bis zum Höchstbetrag von 1.300 Euro
Bestrahlungsmaske für ambulante Strahlentherapie
Bettnässer-Weckgerät
Beugebandage
Billroth-Batist-Lätzchen
Blasenfistelbandage
Blindenführhund (einschließlich Geschirr, Hundeleine, Halsband, Maulkorb)
Blindenlangstock, Blindenstock, Blindentaststock
Blindenleitgerät (Ultraschallbrille, Ultraschall-Leitgerät)
Blindenschriftmaschine
Blutkoagulometer
Blutlanzette
Blutzuckermessgerät
Bracelet
Bruchband
Closett-Matratze (im häuslichen Bereich bei dauernder Bettlägerigkeit und bestehender Inkontinenz)
Communicator (bei dysarthrischen Sprachstörungen)
Decubitus-Schutz-Mittel, z.B. Auf-/Unterlagen für das Bett, Spezialmatratzen, -Keile, -Kissen, Auf-/Unterlagen für den Rollstuhl, Schützer für Ellenbogen, Unterschenkel und Füße
Delta-Gehrad
Drehscheibe, Umsetzhilfen
Druckbeatmungsgerät
Duschsitz/-stuhl
Einlagen, orthopädische, für Schuhe, nicht eingebaut
Einmal-Schutzhosen bei Querschnittsgelähmten
Ekzem-Manschette
Epicondylitisbandage/-spange mit Pelotten
Ergometer nach Herzinfarkt bei Notwendigkeit einer exakten Leistungskontrolle
Ernährungssonde und -pumpe
Farberkennungsgerät für Blinde
Fersenschutz (Kissen, Polster, Schale, Schoner)
Fixationshilfen
(Mini)-Fonator
Gehgipsgalosche
Gehhilfen und -übungsgeräte
Gerät zur Behandlung mit elektromagnetischen Wechselfeldern bei atropher Pseudarthrose, Endoprothesenlockerung, idiopathischer Hüftnekrose und verzögerter Knochenbruchheilung
Gerät zur Behandlung von muskulären Inaktivitätsatrophien
Gerät zur Elektrostimulationsbehandlung der idiopathischen Skoliose (Scolitron-Gerät, Skolitrosegerät)
Gerät zur transkutanen Nervenstimulation (TNS-Gerät)
Gipsbett, Liegeschale
Gummistrümpfe
Halskrawatte, Hals-, Kopf-, Kinnstütze
Hebekissen
Heimdialysegerät
Helfende Hand, Scherenzange
Herz-Atmungs-Überwachungsgerät (-monitor)
Herzschrittmacher einschl. Kontrollgerät und Schutzbandage
Hörgeräte (C.R.O.S.-Gerät, Hörbrille, drahtlose Hörhilfe, HdO- und Im-Ohr-Geräte, Hör-Sprachtrainer, Infrarot- Kinnbügel-Hörer, Otoplastik, Taschengerät)
Hüftbandage (z.B. Hohmannbandage)
Impulsvibrator (Abklopfgerät, z.B. bei Mucoviscidose, Pankreasfibrose)
Infusionsbesteck bzw. -gerät
Inhalationsgerät (auch Sauerstoff), jedoch nicht Luftbefeuchter, -filter, -wäscher
Inkontinenzartikel
Innenschuh, orthopädischer
Insulinapplikationshilfen (Insulindosiergerät, -pumpe, -injektor)
Iontophoresegerät bei Hyperhidrosis
Ipos-Redressions-Korrektur-Schühchen
Ipos-Vorfußentlastungsschuh
Kanülen
Katheter, auch Ballonkatheter
Klumpfußschiene
Klumphandschiene
Klyso
Kniekappe/Kniebandage/Kreuzgelenkbandage
Kniepolster/Knierutscher bei Unterschenkelamputation
Knöchel- und Gelenkstützen
Körperersatzstücke
Kompressionsstrümpfe, -strumpfhose
Koordinator nach Schielbehandlung
Kopfring mit Stab, Kopfschreiber
Kopfschützer
Krabbler für Spastiker
Krampfaderbinde
Krankenfahrstuhl, handbetrieben oder elektrisch
Krankenstock
Kreuzstützbandage
Krücke
Latextrichter bei Querschnittlähmung
Leibbinde; jedoch nicht: Nieren-, Flanell- und Wärmeleibbinden
Lesehilfen: Lesestände, Blattwendestab,

Blattwendegerät, Blattlesegerät (auch Würzburger Bettlesegerät), Auflagegestell
Lesehilfen, elektronisch für stark Sehbehinderte und Blinde (z.B. Bildschirmlesegerät, elektronische Sprachausgabe für Computer, Lesephon, Reading-Edge, Open Book, Optacon)
Lichtsignalanlage für Gehörlose und hochgradig Schwerhörige
Lifter: Krankenlifter, Multilift, Bad-Helfer, Krankenheber, Badewannenlifter
Lispelsonde
Mangoldsche Schnürbandage
Maßschuhe, orthopädische, die nicht serienmäßig herstellbar sind, soweit die Aufwendungen 35 Euro pro Schuh übersteigen (bei Kindern: 25 Euro)
Milchpumpe
Mundstab, Mundgreifstab
Narbenschützer
Neurodermitis-Overall für Personen, die das zwölfte Lebensjahr noch nicht vollendet haben (zwei pro Jahr und bis zu 80 Euro je Overall)
Orthese, Orthoprothese, Korrekturschienen, Korsetts sowie Haltemanschetten, Stützapparate und dergl.
Orthonyxie-Nagelkorrekturspange
Orthopädische Zurichtungen an Konfektionsschuhen, soweit sie pro Schuh 12 Euro übersteigen
Pavlikbandage
Perücke oder Toupet bei entstellendem partiellen Haarausfall, bei verunstaltenden Narben oder bei totalem oder sehr weitgehendem Haarausfall. Die Aufwendungen sind auf einen Höchstbetrag
- von 1 250 Euro bis zur Vollendung des 18. Lebensjahres
- von 1 000 Euro ab Vollendung des 18. Lebensjahres

pro Kalenderjahr begrenzt. Regelmäßig wird eine Höchsttragedauer von einem Jahr angenommen.
Pflegebett oder Pflegebettrost bei häuslicher Pflege nach §§ 9 b, 9 c oder § 9 e Satz 1, insgesamt höhenverstellbar
Polarimeter
Pulsoxymeter
Quengelschiene
Reflektometer
Rollbrett
Rutschbrett
Schaumstoff-Therapie-Schuh, soweit die Aufwendungen 25 Euro pro Schuh übersteigen
Schede-Rad
Schrägliegebrett
Schutzbrille für Blinde
Schutzhelm für Behinderte
Schwellstromapparat
Segufix-Bandagensystem
Sehhilfe; jedoch nur entsprechend nachstehender Nr. 2.2.1 und 2.2.2
sensomotorische und propriozeptive Einlagen, wenn ein orthopädischer Zweck regelmäßig die Behandlung angeborener oder erworbener Form- und Funktionsfehler des Bewegungsapparates als individuelles Behandlungsziel angestrebt wird.
Sitzschale, wenn Korsett nicht ausreicht
Skolioseumkrümmungsbandage
Spastikerhilfen (auch Gymnastik-, Übungsgeräte)
Sphinkter-Stimulator
Sprachverstärker
Spreizfußbandage
Spreizhose, Spreizschale, Spreizwagenaufsatz
Spritzen
Stehübungsgerät
Stomaversorgungsartikel, Sphinkter-Plastik
Strickleiter
Strubbies
Stumpfschutzhülle
Stumpfstrumpf
Suspensorium
Symphysen-Gürtel
Teleskoprampe
Therapiestuhl, soweit die Aufwendungen 200 Euro übersteigen
Therapeutisches Bewegungsgerät
Tinnitus-Masker, auch in Kombination mit Hörgerät
Toilettenhilfen bei Schwerbehinderten
Tracheostomaversorgungsartikel, auch Wasserschutzgerät (Larchel)
Tragegurtsitz
Treppenraupe
Übungsschiene
Urostomie-Beutel
Vibrationstrainer bei Taubheit
Wasserfeste Gehhilfe
Wechseldruckgerät
Wright-Peak-Flow-Meter
Zyklomat-Hormon-Pumpe und Set.

Die Aufwendungen für die Anschaffung sind nicht beihilfefähig, wenn das Eigentum einem anderen als der beihilfeberechtigten oder berücksichtigungsfähigen Person zusteht, insbesondere wenn der Gegenstand nur im Ausleihverfahren zur Verfügung gestellt wird. Ist eine Beihilfe für die Anschaffung gewährt und das Eigentum einem anderen überlassen worden, so ist der Beihilfeberechtigte zur unverzüglichen Unterrichtung der Beihilfestelle und anteiligen Erstattung der Beihilfe nach dem Zeitwert verpflichtet. Neben der kurzzeitigen Miete oder einer Anschaffung kommt auch die langfristige Gebrauchsüberlassung gegen Einmalbetrag (Fallpauschale) in Betracht; beihilfefähig ist die finanziell günstigste Form.

2.2 Auch ohne ärztliche Verordnung sind beihilfefähig die Aufwendungen für

2.2.1 Brillengestelle, jeweils alle drei Jahre jeweils bis 20,50 Euro. Zusätzlich alle drei Jahre bei Vorliegen der Voraussetzung der Nummer 2.2.2 Satz 2 Buchstabe a oder Satz 3 Buchstabe b für Gestelle von Lichtschutz- und Schulsportbrillen jeweils bis 20,50 Euro. Bei Fehlsichtigkeit sowohl im Nah- als auch im Fernbereich ist ein weiteres Brillengestell innerhalb des Dreijahreszeitraums beihilfefähig. Bei Sehschärfenänderung oder wenn das vorhandene Brillengestell unbrauchbar ist, sind die Aufwendungen für eine Neubeschaffung vor Ablauf des Dreijahreszeitraums beihilfefähig;

Hinweis der Redaktion: Soweit Sehhilfen berufsbedingt erforderlich sind – z.B. (spezielle) Sehhilfen für Lehrkräfte an Bildschirmarbeitsplätzen, die aufgrund einer Untersuchung nach § 6 Abs. 1 der Bildschirmarbeitsverordnung angepasst sind –, handelt es sich um sächliche Kosten, die vom Schulträger zu tragen sind. (Quelle: KM, 21.5.2003; AZ: 32-0304.57/87)

2.2.2 vom Optiker angepasste Brillengläser und Kontaktlinsen und damit im Zusammenhang stehende Leistungen, wenn die Anschaffung der letzten Gläser oder Kontaktlinsen mindestens drei Jahre zurückliegt, bei Sehschärfenänderung oder Unbrauchbarkeit der Gläser, bis zu folgenden Beträgen:

a) Kontaktlinse oder Einstärkenglas sphärisch/zylindrisch, einschließlich aller Zusatzleistungen (zum Beispiel Entspiegelung, Tönung, Kunststoff/Leichtglas) bis ± 6 Dioptrien (dpt) 50 Euro,

b) Mehrstärkenkontaktlinse oder Mehrstärkenglas sphärisch/zylindrisch, einschließlich aller Zusatzleistungen (zum Beispiel Entspiegelung, Tönung, Kunststoff/Leichtglas), bis ± 6 dpt 205 Euro,

c) Kontaktlinse oder Einstärkenglas, sphärisch/zylindrisch einschließlich aller Zusatzleistungen (zum Beispiel Entspiegelung, Tönung, Kunststoff/ Leichtglas), über ± 6 dpt bis ± 10 dpt 75 Euro,

d) Mehrstärkenkontaktlinse oder Mehrstärkenglas sphärisch/zylindrisch, einschließlich aller Zusatzleistungen (zum Beispiel Entspiegelung, Tönung, Kunststoff/ Leichtglas),
über ± 6 dpt bis ± 10 dpt 230 Euro,

e) Kontaktlinse oder Ein/Mehrstärkenglas sphärisch/zylindrisch, einschließlich aller Zusatzleistungen (zum Beispiel Entspiegelung, Tönung, Kunststoff/ Leichtglas),
über ± 10 dpt in berechneter Höhe.

Zusätzlich zu den Beträgen unter Satz 1 Buchstabe a bis e sind beihilfefähig die Aufwendungen für:

a) Lichtschutzgläser ab 25 Prozent Tönung mit Sehschärfe und Vorliegen einer der in den Verwaltungsvorschriften des Finanz-und Wirtschaftsministeriums genannten Indikationen in Höhe von 30 Euro je Glas,
b) Phototrope Gläser ab 25 Prozent Tönung mit Sehschärfe und Vorliegen einer der in den Verwaltungsvorschriften des Finanz-und Wirtschaftsministeriums genannten Indikationen in Höhe von 50 Euro je Glas.

Im Weiteren sind beihilfefähig die Aufwendungen für:

a) Prismen in voller Höhe,
b) Gläser von Schulsportbrillen mit Sehschärfe für Kinder bis zum vollendeten 18. Lebensjahr in voller Höhe,
c) Refraktionsbestimmung bis zu 13 Euro je Sehhilfe.

Die genannten Beträge gelten auch für augenärztlich angepasste Brillengläser und Kontaktlinsen. Bei Kontaktlinsenaustauschsystemen gelten die vorgenannten Höchstbeträge bis zu deren Erreichen. Die Dreijahresfrist gilt entsprechend.

Zweit- und Mehrfachbeschaffungen der gleichen Brillengläser oder der gleichen Kontaktlinsen sind nur beihilfefähig, wenn sie medizinisch begründet sind. Beihilfefähig sind entweder die Aufwendungen für Brillen oder für Kontaktlinsen. Aufwendungen für Brillen neben Kontaktlinsen oder Kontaktlinsen neben Brillen sind nur beihilfefähig, wenn dies medizinisch begründet ist. Es sind entweder die Aufwendungen für Phototrope Gläser oder für Gläser mit bis zu 24 Prozent Tönung beihilfefähig. Es sind entweder die Aufwendungen für Phototrope Gläser oder für Gläser ab 25 Prozent Tönung (Lichtschutzgläser) beihilfefähig.

In berechneter Höhe als beihilfefähig anzuerkennen sind die Aufwendungen für Brillengläser und Kontaktlinsen in besonders schwerwiegenden medizinisch begründeten Einzelfällen, unabhängig vom Ausmaß einer Korrektur der Brechkraft. Besonders schwerwiegende medizinisch begründete Einzelfälle liegen insbesondere bei Brillengläsern und Kontaktlinsen vor, die als therapeutische Sehhilfe aufgrund von Erkrankungen und nach Operationen erforderlich sind und bedürfen der begründeten Bescheinigung einer Augenärztin oder eines Augenarztes. Nachweise von Optikerinnen oder Optikern sind nicht ausreichend. Indikationen für das Vorliegen eines besonders schwerwiegenden medizinisch begründeten Einzelfalls sind insbesondere:

Indikation	**Erläuterung und Konkretisierung**
Irreguläre Hornhaut-topographie bei/nach	– Keratokonus – Keratoplastik – ausgeprägten Dystrophien bzw. Degenerationen aller Art – Trauma, chirurgischer Eingriff oder Ähnlichem
Besondere Hornhautparameter	– Numerische Exzentrizität ≥ 0,8 und ≤ 0,2 / oblong – Hornhautdurchmesser: Microcornea ≤ 10,5 mm Makrocornea ≥ 12,5 mm – Hornhautradien: ≤ 7,00 mm, ≥ 8,8 mm
Personen-bedingte Erschwernisse	ausgeprägter pathologischer Nystagmus

Ein besonders schwerwiegender medizinisch begründeter Einzelfall liegt bei Orthokeratologischen Kontaktlinsen nicht vor.

2.2.3 Betrieb und Unterhaltung der Hilfsmittel und Geräte. Nicht beihilfefähig sind Aufwendungen bis zu 100 Euro im Kalenderjahr von Personen, die das 18. Lebensjahr vollendet haben, für Batterien für Hörgeräte von Personen, die das 18. Lebensjahr vollendet haben, für elektrischen Strom sowie für Pflege- und Reinigungsmittel.

Nicht beihilfefähig sind Aufwendungen für Batterien für Hörgeräte von Personen über 18 Jahren, für elektrischen Strom sowie für Pflege- und Reinigungsmittel;

2.2.4 Reparaturen beihilfefähiger Hilfsmittel und Geräte, höchstens bis zu dem bei Ersatzanschaffung beihilfefähigen Betrag.

2.3 Zu den Hilfsmitteln und Geräten gehören nicht Gegenstände von geringem oder umstrittenem therapeutischen Nutzen oder geringem Preis, oder die dem Bereich der allgemeinen Lebenshaltung zuzurechnen sind. Dies gilt auch für behindertengerecht veränderte Gegenstände sowie Bade- und Turnbekleidung, Bandscheibenmatratzen, Bestrahlungslampen und -geräte (ausgenommen zur Psoriasisbehandlung), Blutdruckmessgeräte, Fieberthermometer, Fitnessgeräte (Heimtrainer und dergleichen), Gesundheitschuhe, Hausnotruf, Heizkissen, Heizdecken, Liegestühle, Luftbefeuchter und -filter, Mieder, Mundduschen, Personenkraftwagen einschließlich behindertengerechter Einbauten, Rheumawäsche, Tische, Treppenlifte, Zahnbürsten (auch elektrische). § 9 h bleibt unberührt.

2.4 [...] Im Übrigen ist eine Beihilfegewährung auch ohne Vorliegen eines besonderen Härtefalls unter den sonstigen Voraussetzungen des § 5 Abs. 6 nur mit Zustimmung des Finanzministeriums zulässig.

VwV des FM zur Anlage zur BVO

2. Zu Nummer 2 der Anlage Hilfsmittel

2.1 Die Aufzählungen in Nummer 2 der Anlage und in nachstehender VwV 2.5 enthalten Oberbegriffe; da angesichts der Vielfalt der angebotenen Hilfsmittel eine abschließende Auflistung nicht möglich ist, muss im Einzelfall geprüft und entschieden werden, ob der Gegenstand unter einen der Begriffe fällt, gegebenenfalls unter welchen. Das vom Finanzministerium Rheinland-Pfalz als Datenbank geführte »Hilfsmittelverzeichnis (HMV)« kann mit seinen Erläuterungen für die Praxis nützliche Anhaltspunkte über Beschaffenheit, Funktionsweise und Zuordnung unter die Begriffe in Nummer 2 der Anlage und in nachstehender VwV 2.5 geben, maßgeblich bleibt aber der Wortlaut der Nummer 2 der Anlage.

2.2 Für teure Hilfsmittel kann Beihilfe mit der Auflage gewährt werden, dass bei Rückkauf des Hilfsmittels durch den Lieferanten oder bei sonstigem Wiederverkauf die Beihilfe anteilig entsprechend dem Beihilfebemessungssatz zurückzuzahlen ist.

2.3 Aufwendungen für Hilfsmittel, die nur für den Arbeitsplatz benötigt werden, sind berufsbedingt, nicht vorwiegend krankheitsbedingt und damit nicht beihilfefähig. Auf die jeweils geltenden Rechtsvorschriften über Bildschirmarbeitsbrillen, sowie über Kraftfahrzeughilfen und sonstige Hilfen am Arbeitsplatz nach dem SGB IX wird hingewiesen.

2.4 Der Betrag von 100 Euro in Nummer 2.2.3 der Anlage wird für Kalenderjahre, in denen die Beihilfebe rechtigung für weniger als sechs Monate bestand, auf 50 Euro ermäßigt

2.5 Nach Nummern 2.3 und 2.4 der Anlage sind die Kosten für die folgenden Gegenstände grundsätzlich nicht beihilfefähig; anderes gilt für Pflegehilfsmittel, deren Notwendigkeit von der Pflegekasse festgestellt wurde.

Adimed-Stabil-Schuhe und vergleichbare Schuhe ohne spezifisch behandlungsbedingte Ausstattung
Adju-SetSano
Angorawäsche
Aqua-Therapie-Hose
Augenheizkissen
Autofahrerrückenstütze
Autokindersitz in Normalausführung
Autokofferraumlifter, Autolifter, Autohalterungen
Badeanzug für Brustprothesenträgerin
Bade- und Turnbekleidung
Badewannengleitschutz
Badewannenkopfstütze
Badewannenmatte
Bandagen, soweit nicht in Nummer 2 der Anlage aufgeführt
Basalthermometer
Bauchgurt
Bestrahlungslampen und -geräte für ambulante Strahlentherapie, ausgenommen zur Psoriasisbehandlung
Bett, -brett, -bezüge, -decken, -füllung, -lagerungskissen, -platte, -rost, -stütze, -tisch
Bidet
Bill-Wanne
Blinden-Schreibsystem
Blinden-Uhr
Blutdruckmessgerät
Computer
Dusche
Einmal-Handschuhe
Eisbeutel und Kompressen
Elektrofahrzeuge LARK, Graf Carello
Elektronic-Muscle-Control (EMC)
Elektronisches Notizbuch
Erektionshilfen
Ess- und Trinkhilfen
Expander
Fieberthermometer
Fitnessgeräte
Fußgymnastik-Rolle, Fußwippe, WIP-Venentrainer
Garage für Behindertenspezialfahrzeug, Krankenfahrstuhl
Glasstäbchen
Handgelenksriemen
Handschuhe
Handtrainer
Hängeliege
Hantel, Federhantel
Hausnotrufsystem
Hautschutzmittel
Heimtrainer
Heizdecke, -kissen
Hilfsgeräte für Hausarbeit
Hörkissen
Hörkragen Akusta-Coletta
Intraschallgerät »Novafon«
Inuma-Gerät (alpha, beta, gamma)
Ionisierungsgeräte, Ionisator, Ionopront, außer: Iontophoresegerät
Katzenfell
Knickfußstrumpf
Knoche Natur-Bruch-Slip
Kolorimeter
Kommunikationssystem
Kraftfahrzeug einschließlich behindertengerechter Änderungen und Einbauten
Krankenbett, Ausnahme: Pflegebett
Kreislaufgerät »Schiele«
Lagerungskissen, -stütze, außer Abduktionslagerungskeil
Language-Master
Liegestuhl
Luftbefeuchter, Luftreinigungsgeräte
Luftpolsterschuh
Magnetfolie
Massagegerät, ausgenommen Wechseldruckgerät
Matratze, ausgenommen Spezialmatratze bei bestehendem Dekubitus mindestens zweiten Grades oder als Zubehör zum Pflegebett
Monophonator
Mundduschе
Nagelspange Link
Öldispersionsapparat
Orthopädische Bade- oder Turnschuhe, ausgenommen bei notwendigem Behindertensport
Pulsfrequenzmesser
Rampe, ausgenommen mobile Teleskoprampe
Rheumawäsche
Rückentrainer
Salbenpinsel
Sandbox
Schlaftherapiegerät
Schreibmaschine
Schreibtelefon, ausgenommen bei sprachbehinderten Schülern
Sessel und Stühle ohne spezielle behindertengerechte Ausstattung (wie Aufrichthilfe, Katapultsitz, Rollen und Schiebebegriffe)
Sicherheitsschuh, orthopädisch
Spezialtastatur, ausgenommen Groß- oder Minitastatur, wenn schriftliche Verständigung anders nicht möglich ist
Spirometer
Spranzbruchband
Sprossenwand
Sterilisator
Stockständer
Strumpfhose
Stützstrumpf, ausgenommen Kompressionsstrumpf
Taktellgerät
Tamponapplikator
Telefonhalter, -verstärker
Therapeutische Wärme- und Kältesegmente
Tisch, ausgenommen Brückentisch zum Pflegebett
Treppenlift, Monolift, Plattformlift (unbeschadet § 9 Abs. 11)
Tünkers-Butler
Übungsmatte
Ultraschalltherapiegerät
Umweltkontrollgerät
Urinal
Urin-Prüfgerät
Venenkissen, -nachtstrumpf
Waage
Wandstandgerät
WC-Sitz
Zahnbürste, auch elektrische
Zahnpflegemittel
Zehenkorrektursandale
Zweit- und Mehrfachbeschaffung gleichartiger Gegenstände, sofern nicht medizinisch begründet.

Schlussvorschriften

1. Zusicherungen

Hat der Beihilfeberechtigte Zweifel, ob die Kosten einer vorgesehenen Maßnahme oder einer bestimmten Aufwandsart beihilfefähig sind, kann er sich jederzeit mit der Bitte um Auskunft oder um Anerkennung der Beihilfefähigkeit dem Grunde nach (Anerkennungsbescheid) an seine Beihilfestelle wenden. Zusicherungen auf Leistungen sind nur dann wirksam, wenn sie in Schriftform erteilt sind, siehe dazu § 38 LVwVfG.

2. Andere Rechtsgrundlage

Sofern sich die Beihilfeberechtigung nicht unmittelbar aus der BVO, sondern erst aufgrund einer sinngemäßen Anwendung ergibt – zum Beispiel bei Angestellten und Arbeitern aufgrund von Arbeits- und Tarifverträgen – gilt diese Verwaltungsvorschrift nur dann und insoweit, als sich aus den diese Beihilfeberechtigung begründenden Bestimmungen nichts Abweichendes ergibt (zum Beispiel [...] »VwV zum Arbeits- und Tarifrecht, Sozialversicherungsrecht, Zusatzversorgungsrecht«). [...]

⇨ Arbeitszeit (Wiedereingliederung); ⇨ Beamtengesetz (LBG); ⇨ Beihilfe; ⇨ Beihilfe (Arbeitnehmer*innen); ⇨ Beihilfe (Gesetzlich versicherte Beamt*innen); ⇨ Beihilfe (Kuren und Reha-Maßnahmen); ⇨ Beihilfe (Urlaub ohne Bezüge); ⇨ Besoldungsgesetz (BesGBW); ⇨ Krankenversicherung; ⇨ Landesamt für Besoldung und Versorgung; ⇨ Mutterschutz (Verordnung); ⇨ Pflegeversicherung; ⇨ Sozialversicherung (Beiträge); ⇨ Verwaltungsrecht (Allgemeines)

Belohnungen und Geschenke

Merkblatt des Kultusministeriums zur Annahme von Belohnungen und Geschenken; Stand: Januar 2012

Lehrkräfte dürfen keine Belohnungen, Geschenke oder sonstigen Vorteile für sich oder eine dritte Person in Bezug auf ihr Amt fordern, sich versprechen lassen oder annehmen (§ 42 Abs. 1 Beamtenstatusgesetz, § 3 Abs. 3 TV-L). Ausnahmen bedürfen der Zustimmung. Zuständig für die Entscheidung ist [...] die Schulleiterin bzw. der Schulleiter. Die Entscheidung sollte stets schriftlich getroffen werden.

⇨ Beamtenrecht (Zuständigkeiten); ⇨ Beamtenstatusgesetz § 42 Abs. 1; ⇨ Tarifvertrag-Länder § 3 Abs. 3

Hinweise der Redaktion:

1. Bei Schulleiter*innen entscheidet die Schulaufsichtsbehörde über die Zulassung von Ausnahmen.
2. Das hier abgedruckte Merkblatt des KM (online: https://km-bw.de/,Lde/Startseite/Service/Lehrkraefte+und+Schulleitungen) zitiert als Rechtsgrundlage noch die Verwaltungsvorschrift des IM zu § 89 LBG-alt. Maßgebend ist inzwischen die ⇨ Beamtenrecht (BeamtVwV); ein Auszug ist unten abgedruckt.
3. Die Landesregierung hat eine Verwaltungsvorschrift „Korruptionsverhütung und -bekämpfung" beschlossen, neu erlassen am 15.1.2013 (K.u.U. S. 76/2013).

Insbesondere müssen Lehrkräfte jeden Anschein vermeiden, für persönliche Vorteile in Bezug auf ihr Amt empfänglich zu sein. In Bezug auf ein Amt gewährt sind Vorteile, die davon mitbestimmt sind, dass die Empfängerseite ein bestimmtes Amt innehat oder hatte. Dabei muss der Vorteil nicht an eine bestimmte Handlung anknüpfen. Ausschließlich aufgrund privater Beziehungen gewährte Vorteile haben keinen Amtsbezug, sofern die Zuwenderseite keine dienstbezogenen Erwartungen hegt.

1. Allgemeine Maßstäbe

[...] Generell gilt:

- Eine feste Wertgrenze, bis zu der Geschenke angenommen werden dürfen, lässt sich nicht angeben.
- Maßgeblich ist vielmehr in welcher Situation und von wem die Lehrkraft oder eine dritte Person (bspw. der Ehegatte) ein Geschenk erhält. Entscheidend ist, ob dadurch der Eindruck entstehen kann, dass das Geschenk Einfluss auf eine Amtshandlung nehmen könnte.
- Das ist bei Geschenken von Einzelpersonen in viel höherem Maße anzunehmen als bei Geschenken „der Klasse" (bzw. deren Eltern) als Gruppe.
- Wird das Geschenk im zeitlichen Zusammenhang mit einer Amtshandlung (z.B. vor den Grundschulempfehlungen, Versetzungsentscheidungen) gegeben, ist ein besonders strenger Maßstab anzulegen.

2. Fallgruppen

- Geschenke, die von einer Klasse (bzw. den Eltern) zur Verabschiedung einer Lehrkraft gemacht werden, können im gesellschaftlich üblichen Rahmen akzeptiert werden.
- Bei Geschenken, die Lehrkräfte von Einzelpersonen, beispielsweise von den Eltern einer Schülerin oder eines Schülers erhalten, ist ein sehr strenger Maßstab anzulegen. Nur kleine Aufmerksamkeiten, die beispielsweise aus Anlass des Geburtstags oder eines Feiertags gemacht werden, sind zulässig. Der Wert darf 5 Euro nicht übersteigen. Geschenke außerhalb solcher Anlässe, die in Verbindung mit einer Amtshandlung (z.B. Notengebung) gebracht werden könnten, sind stets zurückzuweisen.
- Geschenke von Schülerinnen und Schülern mit einem überwiegend ideellen Wert (z.B. Bastelarbeiten) können angenommen werden.
- Zuwendungen von Schulfotografen: Finanzielle Zuwendungen sowie Sachzuwendungen von Schulfotografen dürfen auch als Gegenleistung für den Organisationsaufwand der Schulen bei der Durchführung von Schulfotoaktionen nicht entgegengenommen werden (BGH, Urteil vom 26.5.2011-3 StR 492/10). Dies gilt unabhängig davon, ob die Zuwendung an einzelne Personen, „die Schule" oder eine Klassenkasse geleistet wird.

⇨ Werbung

3. Verfahren

Soweit die Genehmigung nicht nach Ziff. 6 der [...] VwV zu § 89-alt als allgemein erteilt angesehen werden kann und die Lehrkraft einen schriftlichen Antrag stellt (Ziff. 5 der VwV), ist dieser ebenso wie die schriftliche Entscheidung der Schulleitung in die bei der Schule geführte Teilakte (§ 88 Abs. 1 LBG) aufzunehmen. Eine Übersendung des Vorgangs an die Schulaufsichtsbehörden ist damit entbehrlich.

⇨ Beamtengesetz (LBG) § 88; ⇨ Personalakten

Auszug aus der Verwaltungsvorschrift des Innenministeriums zur Regelung beamtenrechtlicher Vorschriften (⇨ Beamtenrecht – BeamtVwV – Nr. 32)

32 Verbot der Annahme von Belohnungen, Geschenken und sonstigen Vorteilen (zu § 42 BeamtStG)

32.1 Beamtinnen und Beamte müssen jeden Anschein vermeiden, im Rahmen der Amtsführung für persönliche Vorteile empfänglich zu sein. Sie dürfen, auch nach Beendigung des Beamtenverhältnisses, keine Belohnungen, Geschenke oder sonstigen Vorteile für sich oder eine dritte Person in Bezug auf ihr Amt fordern, sich versprechen lassen oder annehmen. Ausnahmen bedürfen der Zustimmung des Dienstvorgesetzten. Bei abgeordneten Beamtinnen und Beamten hat die Zustimmung durch den weiteren Dienstvorgesetzten im Sinne von Nummer 14.5 zu erfolgen.

32.2 Belohnungen, Geschenke und sonstige Vorteile im Sinne des § 42 BeamtStG sind nicht nur Geld oder Sachwerte, sondern auch alle anderen Zuwendungen einschließlich Dienstleistungen, auf die Beamtinnen und Beamte keinen Rechtsanspruch haben und die ihnen einen Vorteil verschaffen, sie also objektiv besser stellen. Ein derartiger Vorteil kann insbesondere liegen in

- der Überlassung von Gutscheinen wie beispielsweise Eintrittskarten, Telefon-, Geld- oder Kreditkarten oder von Gegenständen (zum Beispiel Baumaschinen, Fahrzeugen) zum privaten Gebrauch oder Verbrauch,
- besonderen Vergünstigungen bei Privatgeschäften (zum Beispiel zinslose oder zinsgünstige Darlehen, Bürgschaften),
- der Gewährung von Preisnachlässen, die nicht allen Angehörigen des öffentlichen Dienstes, Mitgliedern berufsständischer oder gewerkschaftlicher Vereinigungen oder einer allgemeinen Berufsgruppe, der die Beamtin oder der Beamte angehört, generell eingeräumt werden (zum Beispiel allen Bediensteten einer Behörde),
- der Überlassung von Fahrkarten oder Flugtickets oder der Mitnahme auf Reisen (zum Beispiel Urlaubsreisen),
- Bewirtungen oder der Gewährung von Unterkunft,
- erbrechtlichen Begünstigungen (zum Beispiel der Einsetzung als Erbin oder Erbe oder dem Bedenken mit einem Vermächtnis).

Ein Vorteil kann auch dann bestehen, wenn die Beamtin oder der Beamte zwar einen Anspruch auf eine Gegenleistung hat (zum Beispiel aus einer genehmigten privaten Nebentätigkeit), die Leistung aber in keinem angemessenen Verhältnis zur gewährten Gegenleistung steht. Selbst bei einem angemessenen Verhältnis zwischen Leistung und Gegenleistung kann ein Vorteil bereits darin liegen, dass die Gelegenheit zum Abschluss eines sonstigen Vertrages gewährt wird, der für die Beamtin oder den Beamten mittelbar vorteilhaft sein kann

32.3 Es kommt nicht darauf an, ob der Vorteil von der zuwendenden Person unmittelbar oder in ihrem Auftrag von Dritten gewährt wird.

Für die Anwendbarkeit der Vorschrift ist es auch ohne Bedeutung, ob der Vorteil Beamtinnen und Beamten unmittelbar oder, beispielsweise bei Zuwendungen an Angehörige oder an Vereine, denen die Beamtin oder der Beamte angehört, nur mittelbar zugutekommt. Die beabsichtigte Weitergabe von Vorteilen an Dritte (zum Beispiel Verwandte, Bekannte, andere Bedienstete, Gemeinschaftseinrichtungen oder soziale Einrichtungen) oder für Gemeinschaftsveranstaltungen (zum Beispiel Weihnachtstombola) rechtfertigt nicht deren Annahme. Auch in diesen Fällen bedarf es der Entscheidung des Dienstvorgesetzten über die ausnahmsweise Annahme.

32.4 „In Bezug auf das Amt" ist ein Vorteil immer dann gewährt, wenn die zuwendende Person sich davon bestimmen oder mitbestimmen lässt, dass die Beamtin oder der Beamte ein bestimmtes Amt bekleidet oder bekleidet hat. Ein Bezug zu einer bestimmten Amtshandlung ist nicht erforderlich. Zum „Amt" gehören sowohl das Hauptamt als auch jedes Nebenamt und jede sonstige auf Verlangen des Dienstvorgesetzten ausgeübte Nebentätigkeit (§ 61 LBG). „In Bezug auf das Amt" gewährt kann auch eine Zuwendung sein, die Beamtinnen oder Beamte durch eine im Zusammenhang mit ihren dienstlichen Aufgaben stehende Nebentätigkeit oder ein im Zusammenhang mit ihren dienstlichen Aufgaben wahrgenommenes öffentliches Ehrenamt erhalten.

Nicht „in Bezug auf das Amt" gewährt sind Vorteile, die ausschließlich mit Rücksicht auf Beziehungen innerhalb der privaten Sphäre gewährt werden. Derartige Beziehungen dürfen aber nicht mit Erwartungen in Bezug auf die dienstliche Tätigkeit der Beamtin oder des Beamten verknüpft sein. Erkennt die Beamtin oder der Beamte, dass an den persönlichen Verkehr derartige Erwartungen geknüpft werden, dürfen weitere Vorteile nicht mehr angenommen werden.

32.5 Beamtinnen und Beamte dürfen eine Zuwendung, für deren ausnahmsweise Annahme die Zustimmung nicht nach Nummer 32.15 allgemein erteilt oder nach Nummer 32.6 als allgemein erteilt anzusehen ist, nur annehmen, wenn der Dienstvorgesetzte zugestimmt hat. Geld darf nicht angenommen werden. Haben Beamtinnen oder Beamte Zweifel, ob die Annahme eines Vorteils unter § 42 BeamtStG fällt oder ob die Zustimmung allgemein erteilt oder als allgemein erteilt anzusehen ist, haben sie die Zustimmung zu beantragen.

Die Zustimmung ist in der Regel schriftlich zu beantragen. Dabei haben Beamtinnen und Beamte die für die Entscheidung maßgeblichen Umstände vollständig mitzuteilen.

Kann die Zustimmung nicht rechtzeitig herbeigeführt werden, so dürfen Beamtinnen und Beamte die Zuwendung ausnahmsweise vorläufig entgegennehmen, müssen die Zustimmung aber unverzüglich beantragen. Sie haben grundsätzlich den ausdrücklichen Vorbehalt zu erklären, die Zuwendung wieder zurückzugeben, falls deren Annahme nicht zugestimmt wird. Auf die Erklärung des Vorbehalts kann insbesondere unter den Voraussetzungen der Nummer 32.7 Absatz 2 Satz 2 verzichtet werden.

32.6 Als allgemein erteilt anzusehen ist die Zustimmung für die Annahme

- von nach allgemeiner Auffassung nicht zu beanstandenden geringwertigen Aufmerksamkeiten (zum Beispiel Massenwerbeartikeln wie Kalendern, Kugelschreibern, Schreibblocks, sofern es sich dabei um Artikel einfacher Art handelt),
- von Geschenken aus dem Mitarbeiterkreis der Beamtin oder des Beamten (zum Beispiel aus Anlass eines Geburtstags oder Dienstjubiläums) im herkömmlichen Umfang,
- von nach allgemeiner Anschauung nicht zu beanstandenden Vorteilen, die die Durchführung eines Dienstgeschäfts erleichtern oder beschleunigen (zum Beispiel die Abholung mit einem Fahrzeug vom Bahnhof),
- üblicher und angemessener Bewirtung aus Anlass oder bei Gelegenheit dienstlicher Handlungen, Besprechungen, Besichtigungen oder dergleichen, wenn sie ihren Grund in den Regeln des Verkehrs und der Höflichkeit haben, denen sich auch Beamtinnen und Beamte nicht entziehen können, ohne gegen gesellschaftliche Normen zu verstoßen,
- üblicher und angemessener Bewirtung bei allgemeinen Veranstaltungen, an denen Beamtinnen oder Beamte im Rahmen ihres Amts, in dienstlichem Auftrag oder mit Rücksicht auf die ihnen durch ihr Amt auferlegten gesellschaftlichen Verpflichtungen teilnehmen (zum Beispiel Einführung und Verabschiedung von Amtspersonen, offiziellen Empfängen, gesellschaftlichen und kulturellen Veranstaltungen, die der Pflege dienstlicher Interessen dienen, Jubiläen, Grundsteinlegungen, Richtfesten, Einweihungen, Eröffnungen von Ausstellungen, Betriebsbesichtigungen, Sitzungen von Organen wirtschaftlicher Unternehmungen, an denen die öffentliche Hand beteiligt ist).

32.7 Die Zustimmung zur Annahme anderer Zuwendungen ist die Ausnahme. Sie soll nur unter Anlegung strenger Maßstäbe erteilt werden.

Die Zustimmung darf nur erteilt werden, wenn nach Lage des Falles nicht zu besorgen ist, dass die Annahme der Zuwendung die objektive Amtsführung der Beamtin oder des Beamten beeinträchtigt oder bei dritten Personen, die von der Zuwendung Kenntnis erlangen, den Eindruck der Befangenheit entstehen lassen könnte. Dabei kann insbesondere bei persönlichen Geschenken im Zusammenhang mit dienstlichen Kontakten mit ausländischen staatlichen Stellen von Bedeutung sein, ob die Geschenke nach internationalen Gepflogenheiten zurückgewiesen werden können.

Die Zustimmung soll grundsätzlich nicht erteilt werden, wenn die Zuwendung aus öffentlichen Mitteln erfolgt, weil Zuwendungen aus Mitteln der öffentlichen Hand an Angehörige des öffentlichen Dienstes unangebracht sind. Dies gilt auch für Zuwendungen wirtschaftlicher Unternehmen, an denen die öffentliche Hand überwiegend beteiligt ist.

Die Zustimmung darf nicht erteilt werden, wenn mit der Zuwendung von Seiten der zuwendenden Person erkennbar eine Beeinflussung des amtlichen Handelns beabsichtigt ist oder in dieser Hinsicht Zweifel bestehen.

32.8 Die Zustimmung soll schriftlich erteilt werden. Sie kann mit der Auflage erteilt werden, die Zuwendung an eine soziale Einrichtung, an den Dienstherrn oder an eine sonstige Körperschaft, Anstalt oder Stiftung des öffentlichen Rechts weiterzugeben. In der Regel wird es zweckmäßig sein, die zuwendende Person von der Weitergabe der Zuwendung zu unterrichten. Die Zuwendung kann Beamtinnen oder Beamten ausnahmsweise auch belassen werden, sofern sie sich bereit erklären, den Wert der Zuwendung zu erstatten.

32.9 Beamtinnen und Beamte sind verpflichtet, ihren Dienstvorgesetzten unverzüglich über jeden Versuch zu unterrichten, ihre Amtsführung durch das Angebot von Belohnungen, Geschenken oder sonstigen Vorteilen zu beeinflussen.

32.10 Beamtinnen und Beamte, die für eine – an sich nicht pflichtwidrige – Dienstausübung einen Vorteil für sich oder einen Dritten fordern, sich versprechen lassen oder annehmen, machen sich strafrechtlich der Vorteilsannahme schuldig, die nach § 331 Absatz 1 StGB mit Freiheitsstrafe bis zu drei Jahren oder mit Geldstrafe bestraft wird. Die vorherige oder nachträgliche Zustimmung des Dienstvorgesetzten zur Annahme eines Vorteils schließt die Strafbarkeit der Tat nach § 331 Absatz 3 StGB nicht aus, wenn der Vorteil von der Beamtin oder dem Beamten gefordert worden ist.

Enthält die zurückliegende oder künftige Diensthandlung, für die die Beamtin oder der Beamte einen Vorteil für sich oder einen Dritten als Gegenleistung fordert, sich versprechen lässt oder annimmt, eine Verletzung der Dienstpflichten, so ist der Tatbestand der Bestechlichkeit gegeben, für die § 332 Absatz 1 StGB eine Freiheitsstrafe von sechs Monaten bis zu fünf Jahren, § 335 StGB für besonders schwere Fälle Freiheitsstrafe von einem Jahr bis zu zehn Jahren androht. Bereits der Versuch ist strafbar.

32.11 Werden Beamtinnen oder Beamte wegen Vorteilsannahme zu einer Freiheitsstrafe von einem Jahr oder längerer Dauer verurteilt, so endet das Beamtenverhältnis kraft Gesetzes mit der Rechtskraft des Urteils. Bei einer Verurteilung wegen Bestechlichkeit im Hauptamt reicht auch eine Verurteilung zu einer Freiheitsstrafe von mindestens sechs Monaten (§ 24 BeamtStG). Sind Beamtinnen und Beamte nach Begehung der Tat in den Ruhestand getreten, so verlieren sie mit der Rechtskraft der Entscheidung ihre Rechte als Ruhestandsbeamtinnen und Ruhestandsbeamte (§ 6 Absatz 1 Satz 1 Nummer 1 LBeamtVGBW). Gleiches gilt für Anspruchsinhaberinnen und Anspruchsinhaber auf Altersgeld. Wird eine geringere Strafe verhängt, so wird in der Regel ein Disziplinarverfahren durchgeführt, bei dem Beamtinnen und Beamte mit Maßnahmen bis zur Entfernung aus dem Beamtenverhältnis, Ruhestandsbeamtinnen und Ruhestandsbeamte bis zur Aberkennung des Ruhegehalts rechnen müssen. Anspruchsinhaberinnen und Anspruchsinhabern auf Altersgeld kann das Altersgeld aberkannt werden (§ 86 LBeamtVGBW).

Unabhängig von der strafrechtlichen Beurteilung stellt ein schuldhafter Verstoß gegen das Verbot der Annahme von Belohnungen, Geschenken oder sonstigen Vorteilen bei Beamtinnen und Beamten ein disziplinarrechtlich zu untersuchendes Dienstvergehen dar (§ 47 BeamtStG). Bei Ruhestandsbeamtinnen und Ruhestandsbeamten oder früheren Beamtinnen und Beamten mit Versorgungsbezügen gilt es nach § 47 Absatz 2 BeamtStG als Dienstvergehen, wenn sie schuldhaft gegen das Verbot der Annahme von Belohnungen, Geschenken oder sonstigen Vorteilen in Bezug auf ihr früheres Amt verstoßen.

32.12 Neben der Verhängung einer Freiheits- oder Geldstrafe sind weitere Rechtsfolgen gesetzlich vorgesehen, zum Beispiel dass das Eigentum an dem aus der rechtswidrigen Tat Erlangten auf den Staat übergeht (Verfall, §§ 73 ff. StGB).

Darüber hinaus haften Beamtinnen und Beamte für den durch ihre rechtswidrige und schuldhafte Tat entstandenen Schaden (§ 48 BeamtStG).

32.13 Beamtinnen und Beamte sind bei Einstellung schriftlich auf die Verpflichtungen hinzuweisen, die sich aus § 42 BeamtStG ergeben. Es ist dafür Sorge zu tragen, dass sie in regelmäßigen Abständen über diese Verpflichtungen belehrt werden. Für die Belehrung ist die Stelle zuständig, welche die Einstellung vornimmt, im Übrigen der Dienstvorgesetzte.

32.14 Die Dienstvorgesetzten haben etwaigen Verstößen gegen § 42 BeamtStG und die §§ 331 ff. StGB durch geeignete organisatorische und personalwirtschaftliche Maßnahmen vorzubeugen.

Liegen zureichende tatsächliche Anhaltspunkte vor, dass eine Beamtin oder ein Beamter schuldhaft gegen das Verbot der Annahme von Belohnungen, Geschenken oder sonstigen Vorteilen verstoßen hat, hat der Dienstvorgesetzte die Dienstpflicht, ein Disziplinarverfahren einzuleiten (§ 8 LDG).

Bei Verletzung seiner Pflicht kann sich der Dienstvorgesetzte eines Dienstvergehens schuldig und nach § 357 StGB strafbar machen.

32.15 *(Ermächtigungen zur Regelung von Einzelheiten; nicht abgedruckt)*

⇨ Beamtengesetz (LBG) § 3 (Kasten); ⇨ Beamtenrecht (BeamtVwV); ⇨ Beamtenrecht (Zuständigkeiten); ⇨ Beamtenstatusgesetz § 42; ⇨ Nebentätigkeiten (Allgemeines); ⇨ Personalakten; ⇨ Sponsoring; ⇨ Tarifvertrag-Länder (TV-L) § 3 Abs. 3; ⇨ Werbung

Berufliche Orientierung (Praxiserfahrung)

Verwaltungsvorschrift des KM über die berufliche Orientierung an weiterführenden allgemeinbildenden und beruflichen Schulen (VwV Berufliche Orientierung) vom 3. August 2017 (K.u.U. S. 113/2017); zuletzt geändert 25. Juni 2019 (K.u.U. S. 91/2019)

1
Geltungsbereich, Allgemeine Ziele beruflicher Orientierung

Die Bestimmungen dieser Verwaltungsvorschrift gelten für die allgemeinbildenden weiterführenden Schulen. Auf die beruflichen Schulen findet diese Verwaltungsvorschrift Anwendung, soweit dies ausdrücklich bestimmt ist.

Die Schulen leisten im Rahmen des Bildungs- und Erziehungsauftrags einen wichtigen Beitrag für die erfolgreiche Vorbereitung auf das Berufs- und Arbeitsleben. Die bereits in Klassenstufe 5 einsetzende verbindliche und individuelle berufliche Orientierung eröffnet den Schülerinnen und Schülern die Möglichkeit, ein breites Spektrum an Berufen kennenzulernen und erste Erfahrungen in der Arbeitswelt zu sammeln. Sie erhalten die Gelegenheit, ihre Interessen und Potenziale zu entdecken, zu prüfen und gezielt zu entwickeln, um im Übergang in Ausbildung, Studium und Beruf eine qualifizierte Entscheidung treffen zu können. Hieran wirken die Schulen nach Maßgabe dieser Verwaltungsvorschrift wesentlich mit.

Die berufliche Orientierung an Schulen umfasst sowohl Maßnahmen der Ausbildungsorientierung als auch der Studienorientierung, die schulartspezifisch verankert und umgesetzt werden. Sie werden systematisch aufgebaut und berücksichtigen in ihrer konzeptionellen Gestaltung die spezifischen Voraussetzungen der jeweiligen Schule. In Schularten, an denen die Hochschulreife erworben werden kann beziehungsweise die darauf hinführen, kommt der Studienorientierung besondere Bedeutung zu. Die

Maßnahmen der beruflichen Orientierung gewährleisten eine aktive Einbindung der Erziehungsberechtigten in den Berufswahlprozess. Die Schule erstellt mit Unterstützung der Beratungsfachkräfte der Berufsberatung der Agenturen für Arbeit (Berufsberatung) ein schulspezifisches standortbezogenes Konzept der beruflichen Orientierung.

Schulen werden bei der Umsetzung der Maßnahmen der beruflichen Orientierung von Kooperationspartnern unterstützt. Kooperationspartner sind die Bildungspartner der Schulen sowie Sozialpartner, Kammern und Verbände sowie Unternehmen, Behörden, Angehörige freier Berufe, Hochschulen, Werkstätten für Menschen mit Behinderung sowie Einrichtungen der überbetrieblichen beruflichen Bildung und sonstige Einrichtungen, die Schülerinnen und Schülern Erfahrungen mit der Arbeitswelt ermöglichen.

Zu den Maßnahmen der beruflichen Orientierung zählen insbesondere der Tag der beruflichen Orientierung (siehe Nummer 2.3), Praxiserfahrungen (siehe Nummer 3), Informationsveranstaltungen (siehe Nummer 4) und die Zusammenarbeit mit der Berufsberatung (siehe Nummer 5).

2
Strukturelle Rahmenbedingungen

Der Prozess der beruflichen Orientierung befähigt Schülerinnen und Schüler, ihre Bildungs- und Erwerbsbiographie eigenverantwortlich zu gestalten. Die Schule vermittelt Kenntnisse über Berufs-, Ausbildungs- und Studienfelder, informiert über Strukturen der Berufswelt sowie Anforderungen und Perspektiven der beruflichen und akademischen Bildung und ermöglicht Einblicke und erste Erfahrungen in der Arbeitswelt.

Maßnahmen der beruflichen Orientierung im Sinne dieser Verwaltungsvorschrift beginnen in der Klassenstufe 5 und bauen auf den im Rahmen der Umsetzung der Leitperspektive Berufliche Orientierung in der Primarstufe erworbenen Kenntnissen, Fähigkeiten und Einsichten auf.

Grundlagen für die berufliche Orientierung an den Schulen sind

- der gemeinsame Bildungsplan für die Sekundarstufe I,
- der Bildungsplan des Gymnasiums,
- der Bildungsplan der gymnasialen Oberstufe der Gemeinschaftsschule,
- die Abiturverordnung Gymnasien der Normalform und
- die Bildungspläne für die sonderpädagogischen Bildungs- und Beratungszentren (SBBZ).

2.1
Leitperspektive Berufliche Orientierung

In allen Fächern und im Fächerverbund Biologie, Naturphänomene und Technik (BNT) werden an fachbezogenen Beispielen Bezüge zur Berufs- und Arbeitswelt aufgezeigt und den Schülerinnen und Schülern Möglichkeiten eröffnet, Interessen und Potenziale hinsichtlich der beruflichen Orientierung zu erkennen.

2.2
Berufliche Orientierung im Fach Wirtschaft / Berufs- und Studienorientierung (WBS)

Die berufliche Orientierung ist über die inhaltsbezogenen Standards des Kompetenzbereichs „Erwerbstätiger" im Fach Wirtschaft / Berufs- und Studienorientierung (WBS) verankert. Das Fach WBS ist in dem schulspezifischen standortbezogenen Konzept der beruflichen Orientierung in besonderer Weise zu beachten, insbesondere ab Klasse 7 beziehungsweise 8 ist das Fach auch bei der Koordinierung und Steuerung von Praxiserfahrungen zu berücksichtigen.

2.3.
Tag der beruflichen Orientierung

Die Schule führt im Rahmen des schulspezifischen standortbezogenen Konzepts der beruflichen Orientierung einmal pro Schuljahr einen Tag der beruflichen Orientierung nach folgenden Maßgaben durch:

- Selbsteinschätzung der beteiligten Schülerinnen und Schüler über den individuellen Stand im Prozess der beruflichen Orientierung,
- unterrichtliche Vor- und Nachbereitung der Veranstaltung „Tag der beruflichen Orientierung" in den beteiligten Klassenstufen,
- Information über Ausbildungs-, Studien- und Berufswege sowie
- aktive Einbindung der Erziehungsberechtigten beispielsweise durch Informationsveranstaltungen im Sinne von Nummer 4.

Die Schule kann darüber hinaus im schulspezifischen standortbezogenen Konzept einen weiteren Tag für die Information über Ausbildungs-, Studien- und Berufsangebote einzelner Kooperationspartner vorsehen.

2.4
Berufliche Orientierung bei festgestelltem Anspruch auf ein sonderpädagogisches Bildungsangebot

Die Berufsorientierung und -vorbereitung berücksichtigt im Rahmen der individuellen Lern- und Entwicklungsbegleitung, über die in dieser Verwaltungsvorschrift ausgeführten Kriterien nach Nummer 1 hinaus, die verschiedenen Kontextfaktoren einer Behinderung sowie die jeweiligen funktionalen Beeinträchtigungen. Sie zielt auf größtmögliche Aktivität und Teilhabe im Sinne einer umfassenden Anschlussorientierung als erfolgreiche Bewältigung von Lebens-, Ausbildungs- und Arbeitssituationen, sowie als unabhängige und selbstbestimmte Lebensgestaltung und -führung ab.

Die in den Bildungsplänen der verschiedenen Förderschwerpunkte verankerten Bildungsbereiche sind in den von der Schule unter Mitwirkung der Erziehungsberechtigten, der Schülerinnen und Schüler, der Kooperationspartner, der Berufsberatung, insbesondere der Beratungsfachkräfte für berufliche Rehabilitation und im Einzelfall auch des Integrationsfachdienstes erarbeiteten standortspezifischen Konzepten zu berücksichtigen. Mit dem Kompetenzinventar kann bei Bedarf der Prozess der beruflichen Orientierung und Erprobung systematisch erfasst und dokumentiert werden. Neben den unter Nummer 3.1.1 genannten

Praxiserfahrungen ermöglicht die Schule auch innerhalb des schulischen Rahmens Erfahrungen im Bereich Arbeit. Die Kooperation zwischen SBBZ und allgemeiner Schule im Rahmen der institutionenbezogenen Zusammenarbeit dient gleichfalls einer bestmöglichen Unterstützung der Schülerinnen und Schüler beim Übergang in die Arbeitswelt. Dabei können gemeinsame berufsorientierende Veranstaltungen stattfinden und sollen fachliche Kenntnisse, beispielsweise in Bezug auf Leistungen zur Teilhabe nach den Sozialgesetzbüchern, ausgetauscht werden.

3 Praxiserfahrungen

Die Schülerinnen und Schüler erhalten im Prozess der beruflichen Orientierung Gelegenheit, unterschiedliche Praxiserfahrungen zu machen, die einen realistischen Einblick in die Arbeitswelt geben und einem qualifizierten Übergang in Ausbildung, Studium und Beruf dienlich sind. Diese Praxiserfahrungen ermöglichen den Schülerinnen und Schülern, ihre Interessen zu überprüfen und die Anforderungen des Berufs- beziehungsweise Studienfeldes mit ihren Kompetenzen und Potenzialen abzugleichen.

3.1 Allgemeines

Alle von dieser Verwaltungsvorschrift erfassten Schularten bieten Praxiserfahrungen in und mit der Arbeitswelt an.

3.1.1 Begriff der Praxiserfahrungen

Praxiserfahrungen sind unterrichtsbezogene schulische Veranstaltungen in Zusammenarbeit mit Kooperationspartnern.

Art, Umfang und Zeitpunkt der Praxiserfahrungen orientieren sich an den Bedürfnissen, Stärken und Interessen der Schülerinnen und Schüler und berücksichtigen dabei die Ergebnisse von Lernstandserhebungen, Kompetenz- und Potenzialanalysen sowie die strukturellen Rahmenbedingungen der jeweiligen Schule. – Praxiserfahrungen können in unterschiedlichen Klassenstufen umgesetzt werden. Sie können durch Begegnungen mit Kooperationspartnern, vor allem in Form von Betriebsbesichtigungen, Betriebserkundungen, Arbeitsplatzerkundungen, kooperativen Projekten, ein- und mehrtägigen Praktika erfolgen. Sie dienen der Überprüfung, Vertiefung und Ergänzung der im Unterricht erworbenen Kenntnisse, Fähigkeiten und Einsichten. Ein zentrales Element der beruflichen Orientierung und verbindlicher Bestandteil der Praxiserfahrungen sind insbesondere mehrtägige Praktika.

3.1.2 Zeitlicher Umfang

Die Schule entscheidet durch die systematische Berücksichtigung der Praxiserfahrungen im schulspezifischen standortbezogenen Konzept der beruflichen Orientierung über Zeitpunkt, Anzahl und Dauer der Praxiserfahrungen. An allen Schularten sind für Praxiserfahrungen bis Klassenstufe 10 beziehungsweise bis zum Beginn der Jahrgangsstufen der gymnasialen Oberstufe mindestens zehn Unterrichtstage verpflichtend vorzusehen, wovon mindestens fünf Tage im Rahmen eines mehrtägigen Praktikums (siehe Nummer 3.2) zu absolvieren sind. Diese Mindeststandards können entsprechend des schulspezifischen standortbezogenen Konzepts der beruflichen Orientierung sowie der Profilbildung der jeweiligen Schule allgemein und individuell überschritten werden.

Verpflichtende Praxiserfahrungen können auch an schulfreien Tagen oder in der unterrichtsfreien Zeit als schulische Veranstaltungen durchgeführt werden; dadurch darf der verpflichtende zeitliche Umfang nicht unterschritten werden.

In den Jahrgangsstufen der allgemeinbildenden Gymnasien und der Gemeinschaftsschulen sind darüber hinaus, aufbauend auf der Leitperspektive Berufliche Orientierung sowie dem Kompetenzerwerb im Fach Wirtschaft / Berufs- und Studienorientierung (WBS), folgende Elemente der Ausbildungs- und Studienorientierung anzubieten und von der Schule verbindlich umzusetzen:

- Selbsttest zur Studienorientierung anhand von Testverfahren des Landes Baden-Württemberg, der Hochschulen in Baden-Württemberg oder der Bundesagentur für Arbeit,
- Besuch von Ausbildungs- und Studienbotschafterinnen und -botschaftern an der Schule,
- Teilnahme am Studieninformationstag,
- Auseinandersetzung mit eigenen Fähigkeiten, Interessen, Werten und Zielen,
- Recherchieren zu Berufen, Studien- oder Ausbildungsgängen sowie Elemente externer Beratung und Information zur Ausbildungs- und Studienorientierung.

Für die verbindlichen Elemente sind insgesamt vier Unterrichtstage vorzusehen.

Verpflichtende Praxiserfahrungen können auch an schulfreien Tagen oder in der unterrichtsfreien Zeit als schulische Veranstaltungen durchgeführt werden; dadurch darf der verpflichtende zeitliche Umfang nicht unterschritten werden.

3.1.3 Umsetzung

Verpflichtende Praxiserfahrungen im Rahmen der beruflichen Orientierung sind im Unterricht vor- und nachzubereiten. Dafür ist Unterrichtszeit in angemessenem Umfang einzuplanen. Die Schülerinnen und Schüler sind in die Vorbereitungen nach Möglichkeit mit einzubeziehen. Die Maßnahmen zur Vorbereitung, Durchführung und Nachbereitung von Praxiserfahrungen sind im schulspezifischen standortbezogenen Konzept der beruflichen Orientierung zu verankern. Es sollte berücksichtigt werden, ob und in welcher Weise bestehende Betriebs- und Personalräte, Jugend- und Ausbildungsvertretungen sowie gegebenenfalls Mitarbeitervertretungen der Kooperationspartner bei Praxiserfahrungen mitwirken können. Die Berufsberatung kann, insbesondere bei der Vorbereitung und Organisation von Praktika, unterstützend hinzugezogen werden.

Die Schulleitung stellt die Abstimmung der notwendigen Maßnahmen, insbesondere Zeitplanerstellung, Klärung organisatorischer und inhaltlicher Fragen, das Zusammenwirken mit Kooperationspartnern sowie mit anderen Schulen sicher.

3.1.4
Auswahl der Einrichtungen

Für die Umsetzung von Praxiserfahrungen können nur Kooperationspartner gewählt werden, bei denen die allgemeinen Ziele der beruflichen Orientierung mit der jeweiligen Maßnahme erreicht werden können. Die Größe des Kooperationspartners bleibt hierbei außer Betracht.

3.1.5
Betreuung der Schülerinnen und Schüler

Der von der Schulleitung beauftragten Lehrkraft beziehungsweise den beteiligten Lehrkräften (verantwortliche Lehrkraft) obliegt die schulische Aufsichtspflicht, soweit sie sich unter den besonderen Verhältnissen der jeweiligen Praxiserfahrung verwirklichen lässt.

⇨ Aufsichtspflicht

3.1.6
Beteiligung der Erziehungsberechtigten

Die Teilnahme an Praxiserfahrungen, insbesondere Praktika, setzt eine frühzeitige Information der Erziehungsberechtigten voraus. Die Schule klärt über Ziele, Art und Umfang der Praxiserfahrungen auf und weist auf allgemeine Anforderungen hin, wie etwa Sicherheitsaspekte, zusätzliche Kosten (auch Fahrtkosten), Versicherungsschutz.

3.2
Praktika

Praktika sind individuelle Praxiserfahrungen am außerschulischen Lernort Unternehmen, Behörde, bei Angehörigen freier Berufe, an Hochschulen, in Werkstätten für Menschen mit Behinderung und Einrichtungen der überbetrieblichen beruflichen Bildung sowie sonstigen Einrichtungen (Praktikumsstellen) unter Betreuung einer dort beschäftigten beziehungsweise beauftragten Person (Praktikumsbetreuerin oder -betreuer). Mehrtägige Praktika sollen bei einer Praktikumsstelle stattfinden.

Schülerinnen und Schüler dürfen während eines Praktikums nicht mit gefährlichen Tätigkeiten im Sinne des § 22 Jugendarbeitsschutzgesetz und sonstigen Tätigkeiten, die mit einer nicht nur unerheblichen Gesundheitsgefahr verbunden sind (beispielsweise Tätigkeiten mit Sturzgefahr aus großer Höhe, mit Verschüttungs- oder Erstickungsgefahren), beschäftigt werden.

Eine Vergütung schulisch genehmigter Praktika ist nicht statthaft. Dem steht der Empfang einer Aufwandsentschädigung in geringer Höhe, insbesondere zur Deckung erforderlicher Fahrt- oder Reisekosten, nicht entgegen.

3.2.1 Gestaltung verpflichtender Praktika

Den Schülerinnen und Schülern soll ermöglicht werden, die vielfältigen Tätigkeiten und Anforderungen im jeweiligen Berufs- beziehungsweise Studienfeld kennenzulernen.

Für die Organisation und Durchführung verpflichtender Praktika entwickeln die Schulen geeignete Formen, die die Beratung und Begleitung der Schülerinnen und Schüler vor, während und nach dem Praktikum ermöglichen und das Erreichen der Praktikumsziele unterstützen. Dies beinhaltet insbesondere die Berücksichtigung des Austauschs zwischen der Schülerin oder dem Schüler und einer Lehrkraft sowie der Praktikumsbetreuerin oder dem Praktikumsbetreuer.

Eine praktikumsbegleitende Lernaufgabe unterstützt die Vor- und Nachbereitung eines Praktikums. Sie verbindet das Lernen in der Schule mit dem Lernen und Arbeiten an der Praktikumsstelle.

Am Ende des Praktikums erfolgt im Rahmen des Möglichen eine gegenseitige Rückmeldung der Beteiligten; die beauftragte Lehrkraft informiert die Schulleitung in Bezug auf Qualitätssicherung und -entwicklung der beruflichen Orientierung.

3.2.2
Auswahl der Praktikumsstellen

Um die Schülerinnen und Schüler in ihrer Selbstständigkeit und Berufswahlkompetenz zu fördern, suchen sie sich möglichst selbstständig ihre Praktikumsstelle. Gegebenenfalls unterstützen und leiten Lehrkräfte, Schulleitung und weitere Ansprechpersonen für berufliche Orientierung die Schülerinnen und Schüler bei der Wahl einer geeigneten Praktikumsstelle an.

Vorrangig sind Praktikumsstellen mit Sitz in der Region der jeweiligen Schule zu wählen. Im Einzelfall können überregionale oder auch im Ausland gelegene Angebote in Betracht kommen, wenn die Zielsetzungen der Maßnahme in der Region nicht oder nur teilweise zu erreichen wären oder wenn ein Bezug zur Profilbildung der jeweiligen Schule besteht.

Die Praktikumsstelle wird unter Verwendung des in der Anlage 1 zu dieser Verwaltungsvorschrift enthaltenen Musterbriefs *(Anlagen hier nicht abgedruckt)* über Ziele, Inhalte und Durchführung der Veranstaltung informiert. Die Verwendung eines entsprechenden schuleigenen Musterbriefes ist zulässig, soweit dieser die Hinweise für Praktika im Rahmen der beruflichen Orientierung beinhaltet. Den von der Praktikumsstelle ausgefüllten Rückmeldebogen (Anlage 2) erhält die verantwortliche Lehrkraft von der Schülerin oder dem Schüler zurück; für die Rückmeldung kann auch ein entsprechendes Dokument verwendet werden. Im Anschluss daran informiert sich die verantwortliche Lehrkraft, insbesondere bei erstmaliger Beteiligung der Praktikumsstelle, in geeigneter Weise über die Einrichtung und nimmt sie nach Möglichkeit in Augenschein. Hierbei vergewissert sich die verantwortliche Lehrkraft auch über die Gewährleistung des Arbeits- und Gesundheitsschutzes in der Praktikumsstelle und gegebenenfalls bestehender Beschäftigungsverbote und -beschränkungen. Können Zweifel an der Eignung der Praktikumsstelle insbesondere zur Erreichung der mit dieser Verwaltungsvorschrift verfolgten Zielsetzungen nicht ausgeräumt werden, scheidet eine Genehmigung des Praktikums bei dieser Einrichtung aus.

3.2.3
Betreuung der Schülerinnen und Schüler

Für die Durchführung von Praktika ist die Betreuung sicherzustellen. Hierbei überzeugt sich die verantwortliche Lehrkraft von der ordnungsgemäßen Durchführung verpflichtender Praktika. Sie hält Kontakt mit der Praktikumsstelle und besucht die Schülerinnen und Schüler, soweit dies die jeweiligen Gegebenheiten zulassen. Dies kann auch durch institutionelle Partner der Schule, beispielsweise eine Partnerschule, erfolgen.

Die verantwortliche Lehrkraft kann für die Betreuung von Praktika bei zeitlich überschneidenden Unterrichtsverpflichtungen durch die Schulleitung von diesen befreit werden.

3.2.4
Verhalten bei Verhinderung an der Teilnahme

Erkrankungen und Versäumnisse sind der Schule und der Praktikumsstelle umgehend zu melden.

3.3
Ergänzende Praxiserfahrungen

Ergänzend zu verpflichtenden Praxiserfahrungen kann den Schülerinnen und Schülern ermöglicht werden, weitere Praxiserfahrungen in der unterrichtsfreien Zeit umzusetzen (beispielsweise Wochenend- oder Ferienpraktika, Projekte an außerschulischen Lernorten). Für die Genehmigung und Durchführung gelten die Bestimmungen für verpflichtende Praxiserfahrungen entsprechend.

4
Informationsveranstaltungen

Unter Beteiligung der Berufsberatung, gegebenenfalls der beruflichen Schulen, der Studienberatungen der Hochschulen sowie weiterer Kooperationspartner, führt die Schule mindestens eine Informationsveranstaltung für Schülerinnen und Schüler und deren Erziehungsberechtigte durch. Die Anzahl sowie der jeweilige Zeitpunkt der Informationsveranstaltungen werden von der Schulleitung entsprechend der jeweiligen Bildungsgänge festgelegt und orientieren sich an den Voraussetzungen der Schülerinnen und Schüler.

Im Rahmen dieser Veranstaltungen informiert die Schule über Bildungswege, die nach dem Schulabschluss eingeschlagen werden können, gegebenenfalls über Bildungswege und regionale Angebote der beruflichen Schulen oder von Hochschulen sowie über Karriereperspektiven in Ausbildung, Studium und Beruf.

5
Berufsberatung

5.1
Zusammenarbeit zwischen Schule und Berufsberatung

Die Beratungsfachkräfte der Berufsberatung unterstützen die Schulen bei der Koordinierung der Angebote der beruflichen Orientierung und bei der Entwicklung des schulspezifischen standortbezogenen Konzepts der beruflichen Orientierung als Grundlage für die Zusammenarbeit mit allen Kooperationspartnern.

5.2
Angebote der Berufsberatung

Angebote der Berufsberatung zur beruflichen Orientierung sind in einem Landeskonzept der beruflichen Orientierung dargestellt. Darüber hinaus werden individuelle Beratungsgespräche an den Schulen und in den Agenturen für Arbeit angeboten. Angebote der Beratungsfachkräfte für berufliche Rehabilitation sind hier eingeschlossen.

6
Aufsicht und haftungsrechtliche Grundlagen bei der Durchführung einzelner Praxiserfahrungen

Die nachfolgenden Bestimmungen gelten für Praxiserfahrungen in Form von Betriebsbesichtigungen, Betriebserkundungen, Arbeitsplatzerkundungen, kooperativen Projekten sowie ein- und mehrtägigen Praktika, unabhängig davon, ob diese verpflichtend oder ergänzend stattfinden.

6.1
Aufsicht

Für die Erfüllung der Aufsichtspflicht im Rahmen einer Praxiserfahrung ist von dem Kooperationspartner oder der Praktikumsstelle eine verantwortliche Person zu benennen, welche die Erfüllung der betrieblichen Aufsichtspflicht im Rahmen der Praxiserfahrung gewährleistet. Sie übt die Aufsicht entsprechend der für das Unternehmen oder die Einrichtung bestehenden Bestimmungen und der dort vorliegenden Verhältnisse aus.

6.2
Gesetzlicher Unfallversicherungsschutz

Schülerinnen und Schüler, die eine Praxiserfahrung ableisten, stehen nach § 2 Absatz 1 Nummer 8 Buchstabe b) Sozialgesetzbuch Siebtes Buch (SGB VII) unter dem Schutz der gesetzlichen Schülerunfallversicherung, wenn die Praxiserfahrung im Rahmen des organisatorischen Verantwortungsbereichs der Schule erfolgt. Erleiden sie hierbei einen Unfall mit einem Gesundheitsschaden, steuert die Unfallkasse Baden-Württemberg das Heilverfahren, übernimmt die Behandlungskosten und kumulativ oder alternativ Geldleistungen nach Maßgabe des SGB VII. Als Gesundheitsschaden gilt auch die Beschädigung eines bestimmungsgemäß getragenen Hilfsmittels (beispielsweise Brille, Hörgerät oder Prothese).

§§ 104 bis 106 SGB VII in Verbindung mit § 110 SGB VII eröffnen dem gesetzlichen Unfallversicherungsträger eine Rückgriffsmöglichkeit auf die Mitarbeiterinnen und Mitarbeiter des Kooperationspartners beziehungsweise der Praktikumsstelle, die zum Unfallzeitpunkt mit den Schülerinnen und Schülern zusammengearbeitet haben, in Fällen von Vorsatz und grober Fahrlässigkeit. Ob in diesen Fällen Regress genommen wird, ist Entscheidung des gesetzlichen Unfallversicherungsträgers und richtet sich nach dem Einzelfall.

⇨ Unfallversicherung

6.3
Haftpflichtversicherung der Schülerinnen und Schüler

Für Schäden, die durch Schülerinnen und Schüler während der Praxiserfahrung an Einrichtungen des Kooperationspartners beziehungsweise der Praktikumsstelle verursacht werden, besteht kein gesetzlicher Versicherungsschutz. Solche Haftpflichtrisiken können unter Umständen durch den Abschluss einer privaten Haftpflichtversicherung abgesichert werden, über deren Erforderlichkeit die Schule die Erziehungsberechtigten vor der Aufnahme der Praxiserfahrung informiert.

Hinweis der Redaktion: Die bis 2019 geltende Verwaltungsvorschrift über die freiwillige Schüler-Zusatzversicherung wurde aufgehoben; die Versicherung liegt nun allein in der Verantwortung der Erziehungsberechtigten. Die kommunalen Versicherungsverbände (BGV und WGV) bieten seitdem individuelle Neu-Verträge sowie Gruppenversicherungverträge an, bei denen alle Schüler*innen der Schule versichert sind. Da die Betriebe bisweilen einen Nachweis über das Bestehen einer Haftpflichtversicherung verlangen und manche Eltern sich hierum nicht kümmern, haben sich Schulträger (so die Stadt Stuttgart) teilweise entschlossen, für alle Schüler*innen ihrer öffentlichen Schulen kostenfrei eine solche Gruppenversicherung abzuschließen; siehe hierzu den Stichwort-Kasten bei ⇨ Unfallversicherung.

6.4
Versicherung der Schülerinnen und Schüler bei Sachschäden

Erleiden die Schülerinnen und Schüler während einer Praxiserfahrung einen Sachschaden, so fällt das nicht unter den Bereich der gesetzlichen Schülerunfallversicherung. Diese greift nur bei Gesundheitsschäden. Entsprechende Risiken können unter Umständen durch den Abschluss einer privaten Schadensversicherung abgesichert werden; Satz 3 Halbsatz 2 der Nummer 6.3 gilt entsprechend.

6.5
Haftung bei Schädigung der Schülerinnen und Schüler

Eine Haftung der verantwortlichen Mitarbeiterin beziehungsweise des Mitarbeiters des Kooperationspartners beziehungsweise der Praktikumsstelle für Gesundheitsschäden der Schülerin oder des Schülers kommt nur bei Vorsatz und grober Fahrlässigkeit in Fällen des Rückgriffs seitens des gesetzlichen Unfallversicherungsträgers in Betracht (siehe Nummer 6.2).

6.6
Haftung bei Schäden Dritter

Die Praxiserfahrung findet im Bereich der Organisationsverantwortung der Schule statt. Daher nimmt der Kooperationspartner beziehungsweise die Praktikumsstelle, der beziehungsweise die eine Schülerin oder einen Schüler im Sinne dieser Verwaltungsvorschrift aufnimmt, für die Dauer von deren oder dessen Tätigkeit in der Einrichtung auch schulische Aufsichtspflichten wahr. Der Kooperationspartner beziehungsweise die Praktikumsstelle gilt insoweit rechtlich gesehen als „Beamter im haftungsrechtlichen Sinne". Verursacht die Schülerin oder der Schüler in Ausübung einer Tätigkeit einen Schaden bei einem Dritten, können deshalb haftungsrechtlich Amtshaftungsgrundsätze in Betracht kommen. Bei einer Verletzung der Aufsichtspflicht und dadurch kausaler Schädigung eines Dritten durch die Schülerin oder den Schüler tritt das Land nach Amtshaftungsgrundsätzen für den Schaden ein. Ein Rückgriff des Landes gegen den Kooperationspartner beziehungsweise die Praktikumsstelle ist nur bei Vorsatz oder grober Fahrlässigkeit möglich (§ 839 Bürgerliches Gesetzbuch in Verbindung mit Artikel 34 Absatz 2 Grundgesetz und § 96 Absatz 1 Landesbeamtengesetz analog). Grobe Fahrlässigkeit liegt nur dann vor, wenn die im Verkehr erforderliche Sorgfalt in besonders schwerem Maße verletzt wird, wenn also nicht das beachtet wird, was unter den jeweiligen konkreten Umständen jedem einleuchten muss, wenn schon einfachste, naheliegende Überlegungen nicht angestellt worden sind, oder wenn gleichgültig gegen Gefahren gehandelt wurde.

⇨ Grundgesetz Art. 34; ⇨ Haftung und Versicherung

7
Regelungen für berufliche Schulen

Berufliche Orientierung ist an den beruflichen Schulen durch die grundsätzliche berufsbezogene Ausrichtung verankert. Sofern an den Bildungsgängen der beruflichen Schulen verpflichtend oder fakultativ Praktika durchgeführt werden, gelten die in Nummer 6 festgelegten Regelungen. Darüber hinaus führen die beruflichen Schulen weitere Maßnahmen der beruflichen Orientierung gegebenenfalls in Zusammenarbeit mit Kooperationspartnern durch.

8
Ergänzende Regelungen

8.1
Genehmigung von Praxiserfahrungen

Außerunterrichtliche Praxiserfahrungen sind durch die Schulleitung zu genehmigen. Die Schulleitung kann zur Wahrnehmung dieser Aufgabe eine Lehrkraft beauftragen.

8.2
Erweiterter Geltungsbereich

Soweit Praxiserfahrungen und Projekte an außerschulischen Lernorten zur Förderung von spezifischen Begabungen und Potenzialen (beispielsweise an sogenannten „außerschulischen Forschungszentren") oder im Rahmen von sozialem, ökologischem oder sonstigem bürgerschaftlichen Engagement stattfinden, finden die unter Nummer 6 geregelten haftungsrechtlichen Bestimmungen entsprechende Anwendung, wenn und soweit eine Genehmigung als schulische Veranstaltung vorliegt.

Hinweis der Redaktion: Gemäß Nr. 9 gelten die folgenden Übergangsbestimmungen: Für Schüler*innen, die im Schuljahr 2016/17 die Klassen 7 bis 12 besucht haben, gilt die VwV „Praktika zur Berufs- und Studienorientierung an allgemeinbildenden Schulen" [...] bis zu deren Abschluss an der weiterführenden Schule weiter (abgedruckt im Jahrbuch 2017 unter „Praktika"). Dies gilt nicht für Schüler*innen, die beginnend mit dem Schuljahr 2017/18 in der ersten Jahrgangsstufe der gymnasialen Oberstufe unterrichtet werden oder die aufgrund einer Klassenwiederholung in eine Klasse wechseln, die sich im Schuljahr 2016/17 in der Klassenstufe 5 oder 6 befand.

⇨ Aufsichtspflicht; ⇨ Grundgesetz Art. 34; ⇨ Haftung und Versicherung

Berufliches Gymnasium (Reformierte Oberstufe)

Informationen der Redaktion zur Rechtslage und zur Verwaltungspraxis in Baden-Württemberg

Das Berufliche Gymnasium (BG) ist eine Vollzeitschule; es bereitet auf das Studium an der Hochschule und – durch seine fachlichen Ausrichtungen – in besonderer Weise auf das Berufsleben vor. Das BG verleiht das Zeugnis der allgemeinen Hochschulreife; das bundesweit anerkannte Abitur kann auch in einer Schulfremdenprüfung abgelegt werden. Unter bestimmten Voraussetzungen kann nach Abschluss der Jahrgangsstufe 1 der schulische Teil der Fachhochschulreife bescheinigt werden; nach einem ergänzenden beruflichen Teil – z.B. einer abgeschlossenen Berufsausbildung – kann die Fachhochschulreife erreicht werden.

Bisher war die „Laufbahn" der Schüler*innen am BG in drei getrennten Vorschriften geregelt: AufnahmeVO, VersetzungsVO und AbiturVO. Die bisherigen Regelungen *(abgedruckt im Jahrbuch 2021)* gelten für Schüler*innen, die bis 2021/2022 in die erste Jahrgangsstufe eingetreten sind, weitgehend fort.

Für Schüler*innen, die ab dem Schuljahr 2021/22 in das BG eintreten, gilt eine neue, zusammenfasssende BGVO *(im Sonderteil für die beruflichen Schulen abgedruckt; diese aktuell geltende Ausbildungs- und Prüfungsordnung ist auch unter* http://www.landesrecht-bw.de > BGVO *abrufbar).*

Das BG wird in zwei Aufbauformen angeboten:

Das dreijährige BG umfasst die Eingangsklasse (Klasse 11) als Einführungsphase sowie die Jahrgangsstufen 1 und 2 als Qualifikationsphase. Es existieren sechs Varianten, die drei übergeordneten Profilen zugeordnet werden, die den drei beruflichen Schultypen entsprechen:

- Wirtschaftswissenschaftliches Profil: Wirtschaftsgymnasium (WG),
- Technisches Profil: Technisches Gymnasium (TG),
- Lebens- und Humanwissenschaftliches Profil: Agrarwissenschaftliches Gymnasium (AG), Biotechnologisches Gymnasium (BTG), Ernährungswissenschaftliches Gymnasium (EG) und Sozial- und gesundheitswissenschaftliches Gymnasium (SGG).

Das sechsjährige BG umfasst die Klassen 8 bis 11 sowie die Jahrgangsstufen 1 und 2 als Qualifikationsphase; dabei entspricht Klasse 11 der Einführungsphase des dreijährigen BG. Es existiert in folgenden Schwerpunkten: Wirtschaft, Technik und Ernährung, Soziales und Gesundheit. Das sechsjährige BG ermöglicht bereits in der Mittelstufe (Klassen 8 bis 10) eine enge Verzahnung von berufsbezogener Theorie und Praxis. Durch die fachliche Ausrichtung bereitet es nicht nur auf ein Studium vor, sondern in besonderer Weise auch auf das Berufsleben.

Reformierte Oberstufe

Im drei- und im sechsjährigen BG umfassen die beiden Jahrgangsstufen („reformierte gymnasiale Oberstufe") insgesamt vier Schulhalbjahre; sie bilden eine pädagogische Einheit (Qualifikationsphase) ohne Versetzung. Die neue BGVO sieht in den Jahrgangsstufen eine Differenzierung in ein grundlegendes Anforderungsniveau (gAN) und ein erhöhtes Anforderungsniveau (eAN) vor.

Auf **erhöhtem Anforderungsniveau** werden die sechsstündigen berufsbezogenen Schwerpunktfächer (Profilfächer) unterrichtet, die „Kernkompetenzfächer" Deutsch und Mathematik sowohl fünfstündig auf erhöhtem Anforderungsniveau als auch vierstündig auf grundlegendem Anforderungsniveau. Dies dient in besonderem Maße der allgemeinen Studienvorbereitung und soll in wissenschaftliche Methoden, Fragestellungen und Denkweisen einführen sowie erweiterte Kenntnisse vermitteln.

Auf **grundlegendem Anforderungsniveau** werden die Kurse in den vierstündigen Kernkompetenz- sowie in den übrigen Fächern unterrichtet. Sie dienen der allgemeinen Orientierung im Bereich eines Faches und der Sicherung einer breiten Grundbildung zur allgemeinen Studienvorbereitung und vermitteln Einblick in grundlegende Verfahrensweisen und prinzipielle Erkenntnisse über ein Fachgebiet sowie Methoden selbstständigen Arbeitens.

Aufnahme in das BG

Voraussetzungen für die Aufnahme in das dreijährige Berufliche Gymnasium sind

- der Realschul- oder Werkrealschulabschluss oder die Fachschulreife, wobei ein Durchschnitt von mindestens 3,0 aus den Noten der Fächer Deutsch, Mathematik sowie der ersten Pflichtfremdsprache und in jedem dieser Fächer mindestens die Note »ausreichend« erreicht sein muss oder
- das Versetzungszeugnis eines Gymnasiums am Ende der Klasse 9 beziehungsweise am Ende der Klasse 10 im ➪ Gymnasium (Schulversuch G9) oder
- das Versetzungszeugnis einer Gemeinschaftsschule am Ende der Klasse 10 in entsprechender Anwendung der ➪ Gymnasium (Versetzungsordnung).

Sind mehr Anmeldungen als Schulplätze vorhanden, findet eine Auswahlentscheidung statt. Zu den Einzelheiten und dem Zugang über eine Leistungsfeststellung siehe die geltende BGVO.

Das Angebot des sechsjährigen BG richtet sich an Gymnasiast*innen, gute Realschüler*innen, sehr gute Haupt- und Werkrealschüler*innen sowie Schüler*innen der Gemeinschaftsschulen, die früh ein besonderes Interesse oder eine besondere Begabung für einzelne berufliche Fachbereiche zeigen. Für die Entscheidung über die Aufnahme gilt die Aufnahmeverordnung ➪ Aufbaugymnasium (Allgemeinbildend und beruflich).

➪ Abschlüsse und Bildungswege; ➪ Aufbaugymnasium (Allgemeinbildend und beruflich); ➪ Gymnasium (Schulversuch G9); ➪ Gymnasium (Versetzungsordnung); ➪ Schulgesetz § 8

Stichwort: Schulschwänzen oder „Schülerstreik"?

Die in der Öffentlichkeit als „Schülerstreik" diskutierten Aktionen junger Menschen, insbesondere von schulpflichtigen Schüler*innen am Freitagvormittag stellen die Schulen vor rechtliche Probleme.

Die gesetzliche Schulpflicht ist ein hohes Gut. Indem der Staat Kinder und Jugendliche verpflichtet, am Unterricht teilzunehmen, trägt er nicht nur dazu bei, dass die jungen Menschen in die Lage versetzt werden, von ihren Grundrechten tatsächlich Gebrauch zu machen, sondern er schafft auch die Grundlage für den Fortbestand des demokratischen und sozialen Rechtsstaates und für die Funktionsfähigkeit seiner Institutionen. Deswegen können Verstöße gegen die Schulpflicht geahndet werden. Die einschlägigen schulrechtlichen Bestimmungen stehen in den Beiträgen: ⇨ Schulbesuchsverordnung; ⇨ Schulgesetz §§ 72 ff., § 90 ff.; ⇨ Schulpflicht (Durchsetzung)

Bei den „Fridays For Future" (FFF) am Freitagvormittag handelt es sich jedoch nicht um das klassische „Schulschwänzen", also um einen Verstoß gegen die Schulpflicht als solche, beispielsweise wenn Eltern ihre Kinder vor den Ferien aus der Schule holen, um früher in den Urlaub fahren zu können – bei einem solchen Gesetzesverstoß sind schulische Sanktionen bis hin zum Bußgeld geradezu geboten.

Im Gegenteil: Die „streikenden" Schüler*innen wollen ja nicht die Schulpflicht missachten, sondern sie wollen durch ihren „*zivilen Ungehorsam*" auf die Dringlichkeit einer sittlich oder politisch gebotenen Maßnahme hinweisen. Schon das wäre übrigens im Hinblick auf den Verfassungsauftrag, die Jugend zu „*freiheitlicher demokratischer Gesinnung*" zu erziehen (⇨ Verfassung Art. 12) ein begrüßenswertes Ergebnis ihrer schulischen Bildung und Erziehung. Darüber hinaus hat die bahnbrechende Entscheidung des höchsten deutschen Gerichts zur Klimapolitik ihnen geradezu den Auftrag erteilt, sich für ihre Freiheitsrechte einzusetzen. Das Gericht hat zum Klimaschutzgesetz des Bundes u.a. ausgeführt:

„Zwar kann nicht festgestellt werden, dass der Gesetzgeber mit diesen Bestimmungen gegen seine grundrechtlichen Schutzpflichten, die Beschwerdeführenden vor den Gefahren des Klimawandels zu schützen, oder gegen das Klimaschutzgebot des Art. 20a GG verstoßen hat. Die zum Teil noch sehr jungen Beschwerdeführenden sind durch die angegriffenen Bestimmungen aber in ihren Freiheitsrechten verletzt. Die Vorschriften verschieben hohe Emissionsminderungslasten unumkehrbar auf Zeiträume nach 2030. Dass Treibhausgasemissionen gemindert werden müssen, folgt auch aus dem Grundgesetz. Das verfassungsrechtliche Klimaschutzziel des Art. 20a GG ist dahingehend konkretisiert, den Anstieg der globalen Durchschnittstemperatur dem sogenannten „Paris-Ziel" entsprechend auf deutlich unter 2 °C und möglichst auf 1,5 °C gegenüber dem vorindustriellen Niveau zu begrenzen. Um das zu erreichen, müssen die nach 2030 noch erforderlichen Minderungen dann immer dringender und kurzfristiger erbracht werden. Von diesen künftigen Emissionsminderungspflichten ist praktisch jegliche Freiheit potenziell betroffen, weil noch nahezu alle Bereiche menschlichen Lebens mit der Emission von Treibhausgasen verbunden und damit nach 2030 von drastischen Einschränkungen bedroht sind."

(Quelle: Pressemitteilung des Bundesverfassungsgerichts vom 29.4.2021 zum Beschluss vom 24. März 2021 - 1 BvR 2656/18 -, Rn. 1-270, abrufbar unter http://www.bverfg.de/e/rs20210324_1bvr265618.html)

Die protestierenden („streikenden") Schüler*innen nehmen mit der Wahrnehmung ihrer Freiheitsrechte in Kauf, dass sie bei beharrlicher Verletzung der Vorschriften Sanktionen zu erwarten haben oder dass sie eine Klausur verpassen – mit entsprechenden Konsequenzen (nur: Muss denn die Klassenarbeit unbedingt am Freitag geschrieben werden?). Bei der Würdigung der Schüleraktionen muss die Schule zwischen der Schulpflicht und dem Demonstrationsrecht abwägen und bei Sanktionen muss sie in jedem Einzelfall ausdrücklich darlegen, warum das Recht der Jugendlichen, für ihre Zukunftsinteressen zu demonstrieren, in der konkreten Unterrichtssituation hinter der Schulpflicht zurückstehen soll.

Das Kultusministerium hat hierzu in seiner Stellungnahme zu einer Landtagsanfrage u.a. ausgeführt:

„Findet eine Demonstration während der Unterrichtszeit statt und nehmen Schülerinnen und Schüler daran teil, liegt eine Schulpflichtverletzung vor. Die Kultusministerin hat die Schulen in Baden-Württemberg gebeten, bei Schulpflichtverletzungen nach pädagogischen Kriterien zu reagieren. Sie hat die Schulleitungen und Lehrkräfte auch explizit darum gebeten, das Engagement der Jugendlichen ernst zu nehmen und den Klimawandel verstärkt im Unterricht zu behandeln, um den Schülerinnen und Schülern damit zu zeigen, dass ihr Engagement etwas bewirkt. Zugleich hat die Kultusministerin die Schulen gebeten, auf die Einhaltung der Schulpflicht zu achten und dafür pädagogisch sinnvolle Maßnahmen zu ergreifen. Welche Maßnahmen das sind, muss im Einzelfall die Schule entscheiden und kann nicht generell festgelegt werden."

(Quelle: https://www.landtag-bw.de/files/live/sites/LTBW/files/dokumente/WP16/Drucksachen/5000/16_5858_D.pdf)

Mit anderen Worten: Das Kultusministerium hat die Schulen aufgefordert, mit einer juristisch relevanten Angelegenheit pädagogisch sinnvoll umzugehen. Die Frage, wie eine Schule auf „*Fridays For Future*" antwortet und wie sie auf „Fehlverhalten" reagiert, ist eine Angelegenheit, mit der sich nicht nur die Schulleitung, sondern das gesamte Lehrerkollegium befassen muss. Die Gesamtlehrerkonferenz besitzt ein Beratungs- und Beschlussrecht zur „*einheitlichen Durchführung der Rechts- und Verwaltungsvorschriften an der Schule*" (⇨ Konferenzordnung § 2 Abs. 1 Nr. 6). Hier sollte ein Konsens hergestellt werden und hieran sind, weil einschlägige Beschlüsse der Gesamtlehrerkonferenz des Einverständnisses der Schulkonferenz bedürfen (⇨ Schulgesetz § 47 Abs. 5), auch die Eltern- und die Schülervertretung zu beteiligen.

Berufseinstiegsjahr

Informationen der Redaktion zur Rechtslage und zur Verwaltungspraxis in Baden-Württemberg

Das Berufseinstiegsjahr (BEJ) wurde als Ergänzung zum Berufsvorbereitungsjahr (BVJ) an beruflichen Schulen für berufsschulpflichtige Jugendliche mit Hauptschulabschluss entwickelt, die keinen Ausbildungsplatz gefunden haben und keine weiterführende Schule besuchen können. Es sieht, aufbauend auf dem bereits erworbenen Hauptschulabschluss, folgende Fördermaßnahmen vor, um die Ausbildungsreife und die Chancen der Schülerinnen und Schüler auf einen Ausbildungsplatz verbessern:

- Eine Vorqualifikation in einem Berufsfeld,
- eine verstärkte Förderung in Deutsch, Mathematik, Projekt- und Sozialkompetenz,
- eine individuelle Förder- und Berufswegeplanung auf der Grundlage einer umfassenden Kompetenzanalyse, ⇨ Kompetenzanalyse
- die Erlangung eines höher qualifizierenden Abschlusses mit Anforderungen, die etwas über dem Niveau des Hauptschulabschlusses liegen, anstelle der bloßen Wiederholung eines bereits erworbenen Bildungsstandes wie bislang im BVJ.

In das BEJ kann aufgenommen werden, wer über den Hauptschulabschluss verfügt und berufsschulpflichtig ist. In begründeten Einzelfällen können auch Schülerinnen und Schüler aufgenommen werden, die den Besuch der Realschule oder des Gymnasiums abgebrochen haben, nicht mehr der allgemeinen Schulpflicht unterliegen und nicht über den Hauptschulabschluss verfügen, wenn sie erwarten lassen, dass sie den Anforderungen des BEJ genügen werden. Mit dem Besuch des BEJ ist die Berufsschulpflicht erfüllt, sofern kein Berufsausbildungsverhältnis eingegangen wird.

Hinweis der Redaktion: Die Ausbildungs- und Prüfungsordnung des Kultusministeriums für das Berufseinstiegsjahr (Schulversuchsbestimmungen) ist im Sonderteil Berufliche Schulen des Jahrbuchs abgedruckt.

⇨ Abschlüsse und Bildungswege; ⇨ Abschlüsse (HS/RS – Gleichwertigkeit); ⇨ Kompetenzanalyse; ⇨ Schulgesetz §§ 10 und 11; ⇨ Vorqualifizierungsjahr (VAB)

Berufsfachschule

Informationen der Redaktion zur Rechtslage und zur Verwaltungspraxis in Baden-Württemberg

Die Berufsfachschule (BFS) vermittelt je nach Dauer eine berufliche Grundbildung, eine berufliche Vorbereitung oder einen Berufsabschluss und fördert die allgemeine Bildung; in Verbindung mit einer erweiterten allgemeinen Bildung kann sie zur Prüfung der Fachschulreife führen. Die Berufsfachschule kann durch Zusatzprogramme den Erwerb weiterer Berechtigungen ermöglichen. Sie wird in der Regel als Vollzeitschule geführt und umfasst mindestens ein Schuljahr; sie kann im pflegerischen Bereich in Kooperation mit betrieblichen Ausbildungsstätten auch in Teilzeitunterricht geführt werden. Ihr Besuch setzt eine berufliche Vorbildung nicht voraus; im Übrigen richten sich die Voraussetzungen für den Besuch nach Dauer oder Bildungsziel der Berufsfachschule.

Zweijährige zur Fachschulreife führende BFS

Die zweijährige zur Prüfung der Fachschulreife führende Berufsfachschule ist eine Vollzeitschule. Die Schülerinnen und Schüler erhalten neben der Erweiterung und Vertiefung der Allgemeinbildung eine Grundausbildung im kaufmännischen oder im gewerblich-technischen Bereich oder im Bereich Ernährung und Gesundheit.

Die Ausbildung richtet sich an Jugendliche, die nach erfolgreichem Abschluss der Hauptschule die Fachschulreife („mittlere Reife“) erwerben möchten. Danach bietet sich den Absolventinnen und Absolventen eine Vielzahl an Berufsausbildungsmöglichkeiten und die Möglichkeit, ein Berufskolleg oder ein Berufliches Gymnasium zu besuchen.

Die zweijährige BFS gliedert sich wie folgt:

- Kaufmännischer Bereich
- gewerblich-technischer Bereich (mit einer Vielzahl von Berufsfeldern, z.B. Metall-, Elektro-, Bau-, Holz- oder Farb-, Nahrung/Textiltechnik)
- Bereich Ernährung und Gesundheit mit den Profilen Hauswirtschaft und Ernährung / Gesundheit und Pflege / Ernährung und Gastronomie.

Voraussetzung für die Aufnahme ist

1. der Hauptschulabschluss oder das Abschlusszeugnis des Berufseinstiegsjahrs oder
2. das Versetzungszeugnis in die Klasse 10 der Realschule oder des G9-Gymnasiums oder das Versetzungszeugnis in die Klasse 9 des G8-Gymnasiums oder, sofern eine Versetzung nicht erfolgen konnte,
3. das nach Besuch der Klasse 9 erteilte Abgangszeugnis der Realschule oder des G9-Gymnasiums oder das nach Besuch der Klasse 8 erteilte Abgangszeugnis des G8-Gymnasiums, wobei jeweils in den Fächern Deutsch, Englisch und Mathematik ein Durchschnitt von 4,0 erreicht sein muss und in höchstens einem dieser Fächer die Note »mangelhaft« erteilt sein darf, oder
4. der Nachweis eines den Nummern 1, 2 oder 3 gleichwertigen Bildungsstandes.

Gegebenenfalls findet ein Auswahlverfahren statt; dabei werden 85 % der Plätze nach Eignung und Leistung, 10 % nach Wartezeit und 5 % für außergewöhnliche Härtefälle vergeben.

Sonstige Berufsfachschulen

Zweijährige Berufsfachschule, die nicht zur Fachschulreife führen

Zu den zweijährigen nicht zur Fachschulreife führenden Berufsfachschulen gehören u.a. die BFS für Büro und Handel, für Metalltechnik, für Goldschmiede, für Haus- und Familienpflege, für Kinderpflege sowie die Staatl. Ballettakademie in Stuttgart.

Aufnahmevoraussetzung ist in der Regel der Hauptschul- oder ein gleichwertiger Abschluss.

Einjährige Berufsfachschulen

Einjährige Berufsfachschulen gibt es für Drucktechnik (Medientechnik) mit den Berufsgruppen Technik, Medien und Medienberatung, für Fahrzeugtechnik, für Farbtechnik und Raumgestaltung, für Elektrotechnik mit den Berufsgruppen Elektronik und Informationselektronik, für Ernährung und Hauswirtschaft (gewerbliche Berufe) mit den Berufsgruppen Backwarenherstellung und Fleischverarbeitung, für Metalltechnik mit den Berufsgruppen Feinwerk- und Metallbautechnik sowie Installationstechnik, für Textiltechnik und Bekleidung, für Holztechnik, für Bautechnik, für Bauzeichner*innen, für Glaser*innen sowie für Maskenbildner*innen.

Aufnahmevoraussetzung ist in der Regel der Hauptschul- oder ein gleichwertiger Abschluss.

Eine Sonderform der einjährigen Berufsfachschule ist das ➪ Berufseinstiegsjahr.

Hinweis der Redaktion: Die Verordnungen des Kultusministeriums über die Ausbildung und Prüfung an den Berufsfachschulen sind im Sonderteil Berufliche Schulen des Jahrbuchs abgedruckt.

➪ Abschlüsse und Bildungswege; ➪ Abschlüsse (HS/RS – Gleichwertigkeit); ➪ Berufseinstiegsjahr; ➪ Schulgesetz § 11

Berufskolleg

Informationen der Redaktion zur Rechtslage und zur Verwaltungspraxis in Baden-Württemberg

Durch einen engen Theorie-Praxis-Bezug vermittelt das Berufskolleg (BK) eine Qualifikation für Berufstätigkeiten mit höheren Anforderungen im fachtheoretischen Bereich und gleichzeitig eine erweiterte allgemeine Bildung. Für die Aufnahme sind neben dem mittleren Bildungsabschluss teilweise weitere Voraussetzungen (z.B. ein Praktikumsplatz) zu erfüllen. Das BK endet in der Regel mit einer Abschlussprüfung. Dabei kann man bei mindestens zweijährigen Bildungsgängen sowohl die Fachhochschulreife als auch einen Berufsabschluss (z.B. „Staatlich geprüfte*r Assistent*in") erwerben.

Technische Berufskollegs

Zweijähriges BK für technische Assistent*innen

Die Ausbildung soll dazu befähigen, die in den Laboratorien, Instituten, Werkseinrichtungen, Prüf- und Versuchsfeldern der Wirtschaft, Verwaltung und Wissenschaft vorkommenden technischen Arbeiten entsprechend dem beruflichen Tätigkeitsfeld des Assistenten nach Anweisung oder in begrenztem Umfeld auch selbstständig ausführen zu können. Angeboten werden die Fachrichtungen Technische Assistent*innen für Agrar- und Umweltanalytik / Biologisch-technische Assistent*innen / Biotechnologische Assistent*innen / Chemisch-technische Assistent*innen / Elektrotechnische Assistent*innen / Foto- und medientechnische Assistent*innen / Informations- und kommunikationstechnische Assistent*innen / Physikalisch-technische Assistent*innen / Umweltschutztechnische Assistent*innen / Technische Assistent*innen für Produktdesign / Technische Kommunikationsassistent*innen / Pharmazeutisch-technische Assistent*innen (2,5 Jahre).

Dreijähriges gewerblich-technisches BK in Teilzeitunterricht

Analog zur Techniker- und Fachhochschulausbildung wird ein möglichst berufsfeldbreiter Ausbildungsansatz verfolgt. Die BK in Teilzeitunterricht kooperieren mit betrieblichen Ausbildungsstätten und bereiten auf den Abschluss in einem anerkannten Ausbildungsberuf vor; mit dem Ausbildungsbetrieb ist ein Ausbildungsvertrag abzuschließen. Durch Zusatzunterricht ist der Erwerb der Fachhochschulreife möglich. Zugangsvoraussetzung ist ein mittlerer Bildungsabschluss oder der Nachweis eines gleichwertigen Bildungsstandes.

Fachrichtungen: Bautechnik/Elektronik (Schwerpunkte: Anlagen und Gerätetechnik sowie Informationstechnik) / Farbtechnik und Raumgestaltung / Fahrzeugtechnik / Hotellerie und Gastronomie / Metalltechnik (Schwerpunkte: Produktionstechnik sowie Planung) / Papiertechnik / Sanitär-, Heizungs- und Klimatechnik (Schwerpunkte: Installation und Service sowie Planung) / Textiltechnik.

Technisches BK I

Die Ausbildung bereitet technisch interessierte Jugendliche gezielt auf die Anforderungen einer modernen Arbeitswelt im gewerblich-technischen Bereich vor. Mit dem Abschluss ist ein Übergang in das Technische Berufskolleg II möglich.

Technisches Berufskolleg II

Das Technische BK II vertieft die am Technischen BK I erworbene technische Grundbildung und vermittelt fachtheoretische und fachpraktische Kenntnisse und Fertigkeiten, die zur Wahrnehmung von Tätigkeiten in einem durch Technik geprägten Aufgabenfeld befähigen. Mit dem Abschlusszeugnis wird die Fachhochschulreife erworben. Zur Aufnahme wird ein bestimmter Notendurchschnitt aus den Kernfächern des Technischen BK I vorausgesetzt.

BK für Design

Die Berufskollegs für Design vermitteln fachtheoretische, fachpraktische und gestalterische Kenntnisse und Fertigkeiten, die in den jeweiligen Fachrichtungen zur Ausübung der Tätigkeit eines Designers oder einer Designerin erforderlich sind. Fachrichtungen: Design, Schmuck und Gerät / Grafik-Design / Mode und Design / Holzdesign und Holzbildhauerei.

Zur Aufnahme sind zusätzlich gestalterische Fähigkeiten nach Maßgabe der Schule nachzuweisen.

Berufskolleg Informatik (für Abiturient*innen)

Die Ausbildung ist eine praxisorientierte Alternative zu einem Hochschulstudium; sie vermittelt in den Schwerpunkten Technik, Wirtschaft und Medien die Fähigkeiten zur Erstellung, Anpassung, Administration und Anwendung von komplexen Informations- und Kommunikationssystemen. Neben einem breiten betriebswirtschaftlichen und informationstechnischen Wissen beinhaltet die Ausbildung grundlegende Kenntnisse der Informatik. Die theoretische Ausbildung im ersten und dritten Jahr wird im zweiten Jahr ergänzt durch ein einjähriges Praktikum. Voraussetzung für die Aufnahme ist das Zeugnis der allgemeinen oder fachgebundenen Hochschulreife oder der Nachweis eines gleichwertigen Bildungsstandes. In besonders begründeten Ausnahmefällen können auch Bewerberinnen und Bewerber mit Fachhochschulreife aufgenommen werden.

Kaufmännische Berufskollegs

Kaufmännisches BK in Teilzeitform (für Abiturient*innen)

Die Schülerinnen und Schüler werden zur Übernahme anspruchsvoller, herausgehobener Sachbearbeiterfunktionen ausgebildet. Die Teilnahme an diesem Bildungsgang erfordert die allgemeine oder fachgebundene Hochschulreife sowie den Abschluss eines Ausbildungsverhältnisses. Neben den berufsfachlichen Kompetenzen des Ausbildungsberufs erwerben die Schülerinnen und Schüler berufsbezogene Zusatzqualifikationen, die es ermöglichen, besonderen beruflichen Anforderungen gerecht zu werden. Neben der Abschlussprüfung im jeweiligen Ausbildungsberuf erfolgt eine Zusatzprüfung beispielsweise zur/zum Finanzassistent*in Schwerpunkt Steuern oder Assistent*in für Internationales Wirtschaftsmanagement. Bereiche: Finanzdienstleistungen (Schwerpunkt: Banken / Finanzdienstleistungen sowie Versicherungen) / Immobilien / Steuern / Internationales Wirtschaftsmanagement / Europäisches Wirtschaftsmanagement / Wirtschaftsinformatik / Management im Einzelhandel / Außenhandel / Medienwirtschaft / Tourismus / Spedition und Logistikdienstleistungen / Veranstaltungsmanagement.

Kaufmännisches BK I

Das einjährige Kaufmännische BK I, teilweise auch mit dem Profil Übungsfirma, vermittelt fachtheoretische und fachpraktische Kenntnisse für Tätigkeiten in Wirtschaft und Verwaltung. Mit dem Abschluss ist mit einem bestimmten Notendurchschnitt ein Übergang in das Kaufmännische BK II möglich.

Kaufmännisches Berufskolleg II

Das Kaufmännische BK II, teilweise mit dem Profil Übungsfirma, vertieft die am Kaufmännischen BK I erworbenen fachtheoretischen und fachpraktischen Kenntnisse und befähigt zur selbstständigen Wahrnehmung kaufmännischer und verwaltender Tätigkeiten. Mit dem Abschlusszeugnis wird die Fachhochschulreife erworben. Zur Aufnahme wird ein bestimmter Notendurchschnitt aus den Kernfächern des Kaufmännischen BK I vorausgesetzt.

Kaufmännisches BK Fremdsprachen

Die Ausbildung dauert zwei Schuljahre und vermittelt fachtheoretische und fachpraktische Kenntnisse und Fertigkeiten, um selbstständig kaufmännische und verwaltende Tätigkeiten in fremdsprachlich geprägten Aufgabenfeldern wahrzunehmen. Mit dem Abschlusszeugnis wird die Fachhochschulreife erworben. Es kann nur aufgenommen werden, wer im Zeugnis des Mittleren Bildungsabschlusses im Fach Englisch mindestens „befriedigend“ erreicht hat.

Kaufmännisches BK Wirtschaftsinformatik

Das zweijährige Kaufmännische BK Wirtschaftsinformatik vermittelt fachtheoretische und fachpraktische Kenntnisse für qualifizierte kaufmännische und verwaltende Tätigkeiten in informationstechnologisch geprägten Aufgabenfeldern. Neben der Vermittlung von Fachkenntnissen spielt die Betrachtung betrieblicher Prozessabläufe und deren Zusammenwirken eine wichtige Rolle. Mit dem Abschlusszeugnis wird die Fachhochschulreife erworben.

Es kann nur aufgenommen werden, wer im Zeugnis des Mittleren Bildungsabschlusses im Fach Mathematik mindestens „befriedigend“ erreicht hat.

BK für Sport- und Vereinsmanagement

Das dreijährige BK vermittelt die fachtheoretischen und fachpraktischen Grundkenntnisse für Tätigkeiten in Vereinen. Es befähigt zur selbstständigen Wahrnehmung kaufmännischer und verwaltender Tätigkeiten insbesondere im Bereich des Sport- und Vereinsmanagements. Durch freiwilligen Zusatzunterricht wird der Erwerb der Fachhochschulreife ermöglicht. Teilweise kann auch die Qualifikation eines bzw. einer Übungsleiter*in erworben werden.

Hauswirtschaftliche, pflegerische und sozialpädagogische Berufskollegs

Berufskolleg für Sozialpädagogik (1BKSP)

Das einjährige BK bereitet auf eine Ausbildung an der Fachschule für Sozialpädagogik vor. Es vermittelt fachliche Grundlagen für den Beruf Erzieher*in und fördert die Entwicklung der Handlungskompetenz und der Persönlichkeit der Schüler*innen. Aufnahmevoraussetzungen:

1. Fachschulreife oder Realschulabschluss oder das Versetzungszeugnis in die Klasse oder Jahrgangsstufe 11 eines Gymnasiums, in die gymnasiale Oberstufe der Gemeinschaftsschule oder der Nachweis eines gleichwertigen Bildungsstandes oder das Versetzungszeugnis in die Klasse 10 eines G8-Gymnasiums und
2. schriftlicher Nachweis eines Platzes für die praktische Ausbildung mit einem von der Schule als geeignet angesehenen Träger einer Tageseinrichtung für Kinder (z.B. Kindergarten).

Die praktische Ausbildung im Handlungsfeld Sozialpädagogisches Handeln erfolgt im Umfang von zwei Tagen je Unterrichtswoche oder im Block.

Fachschule für Sozialpädagogik – Berufskolleg (2BKSP) sowie Fachschule für Sozialpädagogik (praxisintegriert) – Berufskolleg (3BKSPIT) und Fachschule für Sozialpädagogik in Teilzeitform (3BKSPT)

Die Ausbildung befähigt dazu, Erziehungs-, Bildungs- und Betreuungsaufgaben zu übernehmen und in allen sozialpädagogischen Bereichen selbstständig und eigenverantwortlich als Erzieherin oder Erzieher tätig zu sein. Durch Zusatzunterricht und eine Zusatzprüfung ist der Erwerb der Fachhochschulreife möglich.

Berufskolleg Gesundheit und Pflege I

Das einjährige Berufskolleg Gesundheit und Pflege I bereitet auf Berufe des Gesundheitsbereichs und des pflegerischen Bereichs vor, vermittelt Grundkenntnisse in den Bereichen Ernährung, Gesundheit und Pflege. Mit dem Abschluss ist, ein bestimmter Notendurchschnitt vorausgesetzt, ein Übergang in das BK Gesundheit und Pflege II möglich.

Berufskolleg Gesundheit und Pflege II

Dieses einjährige BK, teilweise auch mit dem Profil Übungsfirma, vermittelt neben erweiterten Kenntnissen im Bereich Gesundheit und Pflege spezifische betriebswirtschaftliche und organisatorische Kompetenzen, die zu betriebswirtschaftlichem Handeln in sozialen Bereichen befähigen. Mit dem Abschlusszeugnis wird die Fachhochschulreife erworben.

Zur Aufnahme wird ein bestimmter Notendurchschnitt aus den Kernfächern des BK Gesundheit und Pflege I vorausgesetzt.

Berufskolleg Ernährung und Erziehung

Das einjährige BK vermittelt eine Grundbildung für die Wahrnehmung der sozialen und wirtschaftlichen Aufgaben im Haushalt und führt in Berufe des Berufsfeldes Ernährung und Hauswirtschaft sowie in die sozialpädagogischen Arbeitsfelder ein. Während des Besuchs ist ein Praktikum von mindestens 260 Stunden in hauswirtschaftlichen Betrieben zu absolvieren (Alten- und Pflegeheime, Krankenhäuser, Kitas, Hotels oder Gaststätten oder andere Einrichtungen mit Gemeinschaftsverpflegung).

Für die Aufnahme ist zusätzlich zum Mittleren Bildungsabschluss ein Praktikumsvertrag mit einem von der Schule als geeignet angesehenen hauswirtschaftlichen Betrieb nachzuweisen. Mit dem Abschluss ist ein Übergang in das BK für Ernährung und Hauswirtschaft II möglich.

BK für Ernährung und Hauswirtschaft II

Das zweijährige BK vermittelt hauswirtschaftliche, organisatorische und betriebswirtschaftliche Kompetenzen, die dazu befähigen, Aufgaben in der Verwaltung und in den Praxisfeldern hauswirtschaftlicher Betriebe selbstständig wahrzunehmen. Gleichzeitig wird die fachliche Vorbildung für die Ausbildung zur Technischen Lehrkraft der hauswirtschaftlichen Fachrichtung an beruflichen Schulen erworben.

Voraussetzung für die Aufnahme ist neben einem Mittleren Bildungsabschluss das Abschlusszeugnis des BK Ernährung und Erziehung oder der zweijährigen zur Prüfung der Fachschulreife führenden Berufsfachschule (BFS) mit dem Profil Hauswirtschaft und Ernährung bzw. Ernährung und Gastronomie oder der zweijährigen zur Prüfung der Fachschulreife führenden hauswirtschaftlich-sozialpädagogischen BFS oder der Berufsschulabschluss und der Berufsabschluss in einem einschlägigen, mindestens zweijährigen Ausbildungsberuf im Berufsfeld Ernährung und Hauswirtschaft und

- der Nachweis von ausreichenden Kenntnissen der Textverarbeitung, sofern nicht das Abschlusszeugnis des BK Ernährung und Erziehung vorgelegt wird,
- ein Praktikumsvertrag mit einem von der Schule als geeignet angesehenen hauswirtschaftlichen Betrieb.

Während des Besuchs des BK ist ein Praktikum im Umfang von mindestens 300 Stunden pro Schuljahr in hauswirtschaftlichen Betrieben, wie Alten- und Pflegeheimen, Krankenhäusern, Hotels oder Gaststätten oder anderen Einrichtungen mit Gemeinschaftsverpflegung, zu absolvieren.

Duales Berufskolleg Fachrichtung Soziales

Das einjährige BK vermittelt ein berufsbezogenes Grundwissen für den sozialen Bereich in Theorie und Praxis. Neben dem Mittleren Bildungsabschluss ist ein Praktikumsvertrag mit einer von der Schule als geeignet angesehenen Einrichtung nachzuweisen.

Die Ausbildung gliedert sich in 13 Wochenstunden Unterricht und insgesamt mindestens 900 Stunden gelenktes Praktikum in sozialen Einrichtungen oder bei Einrichtungen und Diensten z.B. in Alten- und Pflegeheimen, Krankenhäusern, Kureinrichtungen, Behinderteneinrichtungen, Tageseinrichtungen für alte und demente Personen, Kindertagesstätten sowie an Schulen in den Feldern Schulsozialarbeit und Jugendberufshilfe oder bei Kommunen im Bereich der Organisation und Tätigkeit von Ehrenamtlichen.

Wenn der in den Fächern Deutsch, Englisch, Mathematik und Biologie erreichte Gesamtnotendurchschnitt nicht schlechter ist als 3,0 und die Leistungen in diesen Fächern jeweils nicht geringer als mit „ausreichend" bewertet sind, sind die Zugangsvoraussetzungen zum einjährigen Berufskolleg zum Erwerb der Fachhochschulreife (BKFH) erfüllt.

Berufskollegs – Verzahnung mit dualen Ausbildungsberufen

Technisches Berufskolleg I und II sowie Kaufmännisches Berufskolleg I und II

Die einjährigen Berufskollegs richten sich inhaltlich an folgenden dualen Ausbildungsberufen aus:

- im technischen Bereich: Anlagenmechaniker*in für Sanitär-, Heizungs- und Klimatechnik / Feinwerkmechaniker*in / Metallbauer*in / Fachinformatiker*in,
- im kaufmännischen Bereich: Kaufmann/-frau im Groß- und Außenhandel oder für Büromanagement, Industriekaufmann/-frau.

Im jeweiligen BK I und BK II ist ein vierwöchiges Praktikum in geeigneten Betrieben zu absolvieren.

Die Aufnahme in das BK II setzt das Abschlusszeugnis des jeweiligen BK I mit einem bestimmten Notendurchschnitt voraus. Die Absolventinnen und Absolventen können durch Teilnahme an einem Zusatzprogramm die Fachhochschulreife erlangen.

Der Abschluss des BK I soll es ermöglichen, eine anschließende Berufsausbildung in dem entsprechenden Beruf bis zu einem Jahr zu verkürzen (Abschluss des BK II Verkürzung bis zu zwei Jahre).

Berufskolleg zum Erwerb der Fachhochschulreife (BKFH)

Das einjährige BK zum Erwerb der Fachhochschulreife qualifiziert durch vertieften allgemeinbildenden und fachtheoretischen Unterricht bundesweit zum Studium an einer Fachhochschule. Die Ausbildung wird auch in Teilzeitform angeboten und dauert entsprechend länger.

Voraussetzung für die Zulassung ist ein Mittlerer Bildungsabschluss und eine abgeschlossene, mindestens zweijährige – für das am aufnehmenden BK angebotene Schwerpunktfach einschlägige – Berufsausbildung der gewerblichen, gestalterischen, kaufmännischen oder hauswirtschaftlich/ landwirtschaftlich/sozialpädagogischen Richtung.

Der Berufsausbildung gleichgestellt ist eine einschlägige, für den Besuch des Berufskollegs förderliche Berufserfahrung von mindestens fünf Jahren.

Für besonders gute Absolventinnen und Absolventen besteht die Möglichkeit, direkt in das zweite Jahr der entsprechenden Richtung der Berufsoberschule zu wechseln und mit einem weiteren Jahr die allgemeine oder fachgebundene Hochschulreife zu erwerben.

Hinweis der Redaktion: Die Verordnungen des KM über die Ausbildung und Prüfung an den Berufskollegs sind im Sonderteil Berufliche Schulen des Jahrbuchs abgedruckt.

⇨ Abschlüsse und Bildungswege; ⇨ Schulgesetz § 12

Berufsoberschule / Berufsaufbauschule

Informationen der Redaktion zur Rechtslage und zur Verwaltungspraxis in Baden-Württemberg

Die Berufsoberschule (BOS) ist eine Vollzeitschule. Sie baut auf der Berufsschule und einer praktischen Berufsausbildung oder Berufsausübung auf und vermittelt als Technische Oberschule oder Wirtschaftsoberschule oder Berufsoberschule für Sozialwesen vor allem eine weitergehende allgemeine Bildung. An ihr können die fachgebundene bzw. in Verbindung mit einer zweiten Fremdsprache die allgemeine Hochschulreife erworben werden. Beide Abschlüsse sind bundesweit anerkannt.

Mittelstufe (Berufsaufbauschule)

Die Mittelstufe – Berufsaufbauschule (BAS) – gliedert sich in folgende Typen:

- Gewerblich-technische Berufsaufbauschule,
- kaufmännische Berufsaufbauschule,
- hauswirtschaftlich-pflegerisch-sozialpädagogische Berufsaufbauschule und
- landwirtschaftliche Berufsaufbauschule.

Die BAS vermittelt eine insbesondere auf technischem und wirtschaftlichem Gebiet erweiterte Allgemeinbildung und bereitet auf die Übernahme höher qualifizierter Tätigkeiten vor. Sie umfasst mindestens ein Schuljahr und führt zur Fachschulreife. Nach einjährigem Besuch können Hauptschülerinnen und Hauptschüler mit abgeschlossener Berufsausbildung einen mittleren Bildungsabschluss erwerben.

Aufnahmevoraussetzungen

1. Hauptschulabschluss oder ein gleichwertiger Bildungsstand
2. Abschlusszeugnis der Berufsschule oder einer einjährigen Berufsfachschule oder einer mindestens zweijährigen Berufsfachschule, die nicht zum Erwerb der Fachschulreife führt,
3. Abschluss eines anerkannten Ausbildungsberufs oder mindestens vierjährige einschlägige praktische Tätigkeit mit guten Beurteilungen, Besuch einer Berufsfachschule kann angerechnet werden.

Oberstufe (Berufsoberschule)

Die Oberstufe – Berufsoberschule (BOS) – umfasst zwei Schuljahre und führt zur fachgebundenen oder allgemeinen Hochschulreife. Bewerber*innen mit Fachhochschulreife können unter bestimmten Bedingungen (Notendurchschnitt der maßgebenden Fächer mindestens 2,5, die Noten der Fächer Deutsch, Englisch, Mathematik und berufliches Schwerpunktfach besser als „ausreichend" sowie Beratungsgespräch) gleich in das zweite Jahr einsteigen.

Aufnahmevoraussetzungen

- Fachschulreife oder Realschulabschluss, Abschluss nach der Klasse 10 der Hauptschule / Werkrealschule,
- Versetzungszeugnis in die Klasse 11 eines Gymnasiums bzw. Klasse 10 eines achtjährigen Gymnasiums oder der gymnasialen Oberstufe der Gemeinschaftsschule mit einem Notendurchschnitt von mindestens 3,0 in den Fächern Deutsch, Englisch, Mathematik und und einem der Fächer oder Fächerverbünde Biologie, Chemie, Physik, Materie-Natur-Technik oder Naturwissenschaftliches Arbeiten, wobei in jedem Fach mindestens die Note „ausreichend" erreicht sein muss, und abgeschlossene Berufsausbildung oder gleichgestellte Berufserfahrung.

Absolvent*innen des „9 + 3" Modells können über eine Aufnahmeprüfung zugelassen werden.

Hinweis der Redaktion: Die Verordnungen des KM über die Ausbildung und Prüfung in der Oberstufe der Berufsoberschule sowie über die Ausbildung und Prüfung an der Berufsaufbauschule sind im Sonderteil Berufliche Schulen des Jahrbuchs abgedruckt.

⇨ Abschlüsse und Bildungswege; ⇨ Abschlüsse (HS/RS – Gleichwertigkeit); ⇨ Schulgesetz § 13

Berufsschule

Informationen der Redaktion zur Rechtslage und zur Verwaltungspraxis in Baden-Württemberg

Form und Inhalt der Ausbildung

Das ➪ Schulgesetz bestimmt in § 10 als Aufgabe der Berufsschule, im Rahmen der Berufsausbildung oder Berufsausübung vor allem fachtheoretische Kenntnisse zu vermitteln und die allgemeine Bildung zu vertiefen und zu erweitern. Sie führt über eine Grundbildung und eine darauf aufbauende Fachbildung gemeinsam mit Berufsausbildung oder Berufsausübung zu berufsqualifizierenden oder berufsbefähigenden Abschlüssen. Bei Schüler*innen mit Hochschulreife kann anstelle der Vermittlung allgemeiner Bildungsinhalte eine zusätzliche Vermittlung fachtheoretischer Kenntnisse treten. Die Berufsschule kann durch Zusatzprogramme den Erwerb weiterer Berechtigungen ermöglichen.

Die Grundbildung wird in der Grundstufe, die Fachbildung in den Fachstufen vermittelt. Der Unterricht wird als Teilzeitunterricht, auch als Blockunterricht, erteilt. Die Grundstufe kann als Berufsgrundbildungsjahr, und zwar in der Form des Vollzeitunterrichts oder in Kooperation mit betrieblichen oder überbetrieblichen Ausbildungsstätten, durchgeführt werden.

Die Berufsschule wird als gewerbliche, kaufmännische, hauswirtschaftlich-pflegerisch-sozialpädagogische oder landwirtschaftliche Schule geführt; sie soll für Jugendliche, die zu Beginn der Berufsschulpflicht ein Berufsausbildungsverhältnis nicht nachweisen, als einjährige Vollzeitschule geführt werden. ➪ Vorqualifizierungsjahr

Verpflichtung und Berechtigung zum Besuch der Berufsschule

Es gelten die folgenden Grundsätze (in den einschlägigen Rechtsvorschriften werden zum Teil weitergehende, differenzierende Festlegungen getroffen):

Wer den Besuch der allgemeinbildenden Schule beendet hat, ist grundsätzlich verpflichtet, die Berufsschule zu besuchen. Die Berufsschulpflicht endet mit Ablauf des Schuljahres, in dem das 18. Lebensjahr vollendet wird. Sie gilt für Schülerinnen und Schüler als vorzeitig beendet, wenn sie

- einen Realschulabschluss erworben haben oder über einen dem Realschulabschluss gleichwertigen Bildungsstand verfügen und die Berufsschule zwei Jahre besucht haben, oder
- die Klasse 11 eines Gymnasiums durchlaufen und die Berufsschule ein Jahr besucht haben.

➪ Schulpflicht (Ausländische Schüler*innen); ➪ Schulpflicht (Berufliche Schulen)

Für Schülerinnen und Schüler der SBBZ gelten besondere Bestimmungen.

Wird statt der Berufsschule eine andere berufsbildende öffentliche Schule (z.B. Berufsfachschule, Berufskolleg) oder eine entsprechende private Schule, eine Berufsakademie oder eine Hochschule besucht oder der Vorbereitungsdienst für Beamte, ein freiwilliges soziales oder ökologisches Jahr absolviert, so ruht die Berufsschulpflicht während dieser Zeit.

Wird vor Beendigung der Berufsschulpflicht eine duale Ausbildung begonnen oder eine Stufenausbildung fortgesetzt, so muss die Berufsschule bis zum Abschluss der Ausbildung besucht werden.

Beginnt eine nicht mehr berufsschulpflichtige Person eine duale Ausbildung oder eine Umschulung oder setzt sie eine Stufenausbildung fort, so kann sie die Berufsschule mit den Rechten und Pflichten eines Berufsschulpflichtigen bis zum Abschluss der Ausbildung besuchen.

Die Berufsschulpflicht gilt als vorzeitig beendet, wenn mindestens ein Jahr lang eine berufliche Vollzeitschule besucht wurde. ➪ Schulgesetz §§ 77 ff.

Unterrichtsorganisation

Die Ausbildung an der Berufsschule erfolgt in der Regel in Teilzeitunterricht. Der Unterricht kann aber auch in zusammenhängenden Zeitabschnitten (Blöcken) erteilt werden. Beispiel: Drei Wochen Berufsschule – sechs Wochen Ausbildung im Betrieb – wieder drei Wochen Unterricht usw.

Teilweise wird das erste Jahr der dualen Ausbildung auch im Berufsgrundbildungsjahr (Vollzeitschule oder in Kooperation mit betrieblichen oder überbetrieblichen Ausbildungsstätten) verbracht.

Blockunterricht wird vor allem bei Ausbildungsberufen eingesetzt, die nur eine geringe Anzahl von Auszubildenden aufweisen. In diesen Fällen ist das Einzugsgebiet der Berufsschule meist sehr groß, so dass vielen Schülerinnen und Schülern eine tägliche Rückkehr zum Wohn- oder Ausbildungsort nicht möglich ist.

Abschluss der Ausbildung

Die Ausbildung endet mit einer Berufsschulabschlussprüfung. In Verbindung mit dem erfolgreichen Abschluss der betrieblichen Ausbildung (Gesellen-, Gehilfen- oder Facharbeiterbrief) erwerben Jugendliche ohne Hauptschulabschluss einen dem Hauptschulabschluss gleichwertigen Bildungsstand.

Sofern es die erzielten Noten zulassen, können sich Auszubildende mit Hauptschulabschluss nach Abschluss der Berufsausbildung auch einen dem mittleren Bildungsabschluss gleichwertigen Bildungsstand zuerkennen lassen.

Hinweis der Redaktion: Die Verordnung des KM über die Ausbildung und Prüfung an den Berufsschulen, die VwV des KM über den Blockunterricht an den Berufsschulen sowie die Bekanntmachung des KM „Blockunterricht an den Berufsschulen" sind im Sonderteil Berufliche Schulen abgedruckt.

➪ Abschlüsse und Bildungswege; ➪ Abschlüsse (HS / RS); ➪ Ausbildungsvorbereitung dual (AVdual); ➪ Schulgesetz §§ 10 und 77 ff.; ➪ Schulpflicht (Ausländer*innen); ➪ Schulpflicht (Berufliche Schulen)

Beschwerderecht

Informationen der Redaktion zur Rechtslage und zur Verwaltungspraxis in Baden-Württemberg

Grundsätze

Das Beschwerderecht gehört zu den konstituierenden Merkmalen des Rechtsstaates. Es unterscheidet diesen von Herrschaftsformen, in denen Beschwerden als Angriff auf den Monarchen oder auf ein Unrechtssystem verstanden (und geahndet) werden.

Das „Petitionsrecht" gehört zu den Grundrechten; es ist ein Abwehrrecht gegen staatliche Allmacht oder Willkür: *„Jedermann hat das Recht, sich einzeln oder in Gemeinschaft mit anderen schriftlich mit Bitten oder Beschwerden an die zuständigen Stellen und an die Volksvertretung zu wenden"*. ➪ Grundgesetz Art. 17

Das Recht aller Menschen, ihre Rechte und Interessen gegenüber dem Staat und dessen Amtsträgern zu artikulieren und zu vertreten, schließt die Pflicht der staatlichen Institutionen bzw. der dort tätigen Personen ein, den Sachverhalt aufzuklären und – wo möglich oder geboten – Abhilfe zu schaffen.

Vor einer Beschwerde und vor dem förmlichen Widerspruch gegen eine Entscheidung von Behörden bzw. deren Amtsträgern sollte man sich über den strittigen Sachverhalt kundig machen und muss diesen, will man mit Beschwerde oder Widerspruch bei einer höheren Instanz erfolgreich sein, auch dokumentieren. ➪ Aktenvermerk

Die Beschwerdemöglichkeiten und das Verfahren beim förmlichen Widerspruch gegen behördliche bzw. schulische Entscheidungen sind im Beitrag ➪ Verwaltungsrecht (Allgemeines) dargestellt.

Beschwerden über Schulen und Lehrkräfte

Die *„Dienstaufsichtsbeschwerde"* ist die Anrufung einer Behörde mit dem Ziel, dass diese ihre Dienst- oder Fachaufsicht über eine Amtsperson wahrnimmt. Sie richtet sich in der Regel gegen das Handeln einer Amtsperson, nicht jedoch gegen die Entscheidung einer Behörde. ➪ Haftung; ➪ Schulaufsicht

Im Bereich der staatlichen Schulen besitzen z.B. die Eltern und ihre Vertretungen das Recht, sich über Handlungen und Unterlassungen von Schulen oder Lehrkräften zu beschweren. Die Elternvertretungen dürfen jedoch gegen die beteiligten Personen keine Untersuchungen wegen ihres dienstlichen Verhaltens führen: Die Dienstaufsicht und die Fachaufsicht über Schulen und Lehrkräfte bzw. Schulleitungen obliegt der Schulverwaltung.

➪ Elternbeiratsverordnung § 4; ➪ Schulgesetz § 32 ff.

Eltern haben keinen „Dienstweg"; sie können sich direkt auf jeder Ebene der Verwaltung beschweren. Jedoch sind auch für sie folgende Grundsätze sinnvoll (und wegen der in § 55 Abs. 1 Schulgesetz konstituierten Pflicht von Schule und Elternhaus zur vertrauensvollen Zusammenarbeit auch geboten):

- Jede Beschwerde sollte zunächst unmittelbar bei jener Ebene vorgebracht werden, über die man sich beklagt; z.B. sollten Eltern Beanstandungen über eine Lehrkraft bei dieser selbst vorbringen.
- Wird die Beanstandung hingegen sofort (oder wenn ihr auf der unmittelbar zuständigen Ebene nicht abgeholfen wird, danach) als Beschwerde an eine „höhere" Instanz gerichtet, so sind der Anspruch auf rechtliches Gehör und die Zuständigkeits-Hierarchie zu beachten.

Wenden sich Eltern direkt an das Kultusministerium, so darf dieses der Beschwerde nicht direkt „abhelfen", sondern es muss sie durch die unmittelbar zuständige Schulleitung bzw. Schulaufsichtsbehörde bearbeiten lassen (Verbot des *„Selbsteintritts"*). Alle Zuständigkeitsregelungen wären sinnlos und es bestünde die Gefahr von Willkür, könnte eine „höhere" Behörde sich beliebig an die Stelle der jeweils „zuständigen" setzen. Die Schulaufsichtsbehörde kann jedoch im Rahmen ihrer Fachaufsicht über die Schulen anordnen, dass eine Leistung neu bewertet und die Note neu festgesetzt wird; dabei muss sie den Beurteilungsspielraum der Prüfenden respektieren, ferner muss die Lehrkraft zum Sachverhalt gehört werden.

Bei einer Elternbeschwerde muss die Schulleitung

- einerseits den Beschäftigten „Schutz und Fürsorge" leisten, sie also beispielsweise vor Denunziationen schützen, ➪ Beamtenstatusgesetz § 45
- andererseits für einen geordneten Schulbetrieb sorgen. ➪ Schulgesetz § 41

Sie muss deshalb, sofern sie die Beschwerde nicht als offensichtlich unbegründet zurückweist, den Sachverhalt aufklären und eventuelle Mängel beheben.

Sie führt in der Regel zunächst ein Gespräch mit der Lehrkraft und den Eltern. Wird das Ziel, der Beanstandung abzuhelfen, dabei nicht erreicht oder wollen die Beschwerdeführenden im Einzelfall anonym bleiben, führt die Schulleitung mit der Lehrkraft ein *„Dienstgespräch"*. Da bei einem Vorwurf der Dienstpflichtverletzung stets die Gesamtpersönlichkeit der Lehrkraft und der Kernbereich ihrer Tätigkeit in den Blick genommen werden müssen, sind auch Unterrichtsbesuche möglich. Dieses *„Verwaltungsverfahren"* kann zu einer Zielvereinbarung oder einer Weisung an die Lehrkraft führen. Gegebenenfalls ist die Schulaufsicht einzuschalten.

Bei solchen verwaltungsinternen Ermittlungen können Beschäftigte zu Verhandlungen und Besprechungen mit einem Beistand erscheinen (siehe Kasten bei ➪ Verwaltungsrecht – Allgemeines).

Hinweise zum Verhalten in Beschwerde- und Disziplinarfällen stehen im Beitrag ➪ Disziplinarrecht (Allgemeines). Bitte auch ➪ Personalakten beachten.

Beschwerden von Beschäftigten

Das Beschwerderecht gilt uneingeschränkt auch für Beschäftigte des öffentlichen Dienstes. Sie müssen den Dienstweg einhalten; bei Beschwerden über unmittelbare Vorgesetzte kann die Beschwerde jedoch bei der nächsthöheren Stelle eingereicht werden.

➪ Dienstweg; ➪ Beamtengesetz (LBG) § 49

„Petitionen“ von Landesbeschäftigten an die „Volksvertretung“ (den Landtag) sind erst nach Abschluss des innerdienstlichen Beschwerdewegs und gegebenenfalls von gerichtlichen Verfahren sinnvoll.

Beamtinnen und Beamte haben die Pflicht, jede dienstliche Weisung auf ihre Rechtmäßigkeit zu überprüfen und bei vermuteter Rechtswidrigkeit Bedenken vorzubringen („Remonstration“ gemäß ⇨ Beamtenstatusgesetz § 36). Ein Beispiel hierfür ist die Anordnung von Mehrarbeit, Rufbereitschaft oder die Einführung von Präsenzpflichten ohne Mitbestimmung des Personalrats. Hierzu die Beiträge ⇨ Arbeitszeit (Lehrkräfte) – Allgemeines Nr. 6, ⇨ Mehrarbeit und ⇨ Remonstrationspflicht beachten. Zur „Überlastungsanzeige“ siehe die Hinweise der Redaktion bei ⇨ Beamtenstatusgesetz § 35 und ⇨ Tarifvertrag-Länder § 3.

Förmliche Beschwerden (z.B. wegen Handlungen und Unterlassungen von Vorgesetzten) werden nicht selten als Angriff angesehen oder als persönliche Kränkung (miss-)verstanden. Es ist deshalb zweckmäßig, zunächst das Gespräch und/oder andere (mildere) Lösungswege zu suchen. Dazu kann auch die Vertretung durch Dritte gehören:

- Eine „gestandene“ Vertrauensperson im Kollegium wendet sich wegen des Anliegens mündlich an die Schulleitung und macht auf das Problem aufmerksam. Sie kann sich hierbei auf ihre Dienstpflicht berufen, ihre Vorgesetzten zu beraten (!) und zu unterstützen. ⇨ Beamtenstatusgesetz § 35
- Das ⇨ Beamtengesetz (LBG) § 49 bestimmt, dass Landesbeamt*innen sich bei Beschwerden durch ihre Gewerkschaft vertreten lassen können. Dies ist auch für Tarifbeschäftigte möglich/sinnvoll.
- Das ⇨ Chancengleichheitsgesetz § 29 eröffnet allen Beschäftigten im Falle einer Ablehnung einer familiengerechten Arbeitszeit einen Beschwerdeweg bei der Beauftragten für Chancengleichheit (BfC).
- Schwerbehinderte können ihre Vertretung einschalten. ⇨ Schwerbehinderung (Allgemeines)

Beteiligungsrechte der Konferenzen und des Personalrats

Neben der individuellen Beschwerde können Beschäftigte ihr Anliegen auch über Gremien vortragen beziehungsweise sich mit deren Hilfe durchsetzen:

Beschluss- oder Empfehlungsrechte der Konferenzen

Die Gesamtlehrerkonferenz besitzt zu vielen Angelegenheiten, welche den Arbeitsplatz der einzelnen Beschäftigten berühren, ein originäres Beratungs-, Empfehlungs- oder Entscheidungsrecht (⇨ Konferenzordnung § 2 Abs. 1). Darüber hinaus besitzt sie zu Angelegenheiten, die in die Entscheidungszuständigkeit der Schulkonferenz fallen, ein Antrags- bzw. Empfehlungsrecht (⇨ Konferenzordnung § 2 Abs. 2). Mehr zu den Zuständigkeiten der Schulkonferenz steht im Beitrag ⇨ Konferenzen (Allgemeines) Nr. 3.

Um die Beratung bzw. Beschlussfassung über einen strittigen Sachverhalt in der Gesamtlehrerkonferenz zu erreichen,

- stellen eine oder mehrere stimmberechtigte Personen schriftlich einen Antrag für die nächste GLK
- oder ein Viertel der Stimmberechtigten beantragt hierzu eine Sitzung der GLK.

Zu den Modalitäten siehe ⇨ Konferenzordnung § 12 Abs. 5 und 7 sowie ⇨ Konferenzen (Allgemeines).

Danach muss dies in der GLK behandelt werden. Falls die Schulleitung anders verfahren sollte, empfiehlt es sich, die Schulaufsicht in ihrer Beratungsfunktion einzuschalten.

⇨ Schulgesetz § 32 Abs. 1 letzter Satz

Beteiligungsrechte des Personalrats

Alle Beschäftigten können sich mit Beschwerden an den Personalrat wenden. *„Falls sie berechtigt erscheinen“*, verhandelt der Personalrat hierüber mit dem Dienststellenleiter.

⇨ Personalvertretungsgesetz (LPVG) § 70 Abs. 1 Nr. 4

Bestehen in der strittigen Frage Mitwirkungs- oder Mitbestimmungsrechte, fordert der Personalrat seine Beteiligung ein. Bleibt die Verhandlung mit der Dienststelle erfolglos, kann der PR ein Stufenverfahren einleiten (dann verhandelt der Bezirkspersonalrat mit dem Regierungspräsidium und danach gegebenenfalls der Hauptpersonalrat mit dem Kultusministerium).

Verschwiegenheitspflicht, „Flucht an die Öffentlichkeit“ und Beratung

Die Beschäftigten des öffentlichen Dienstes sind zwar zur Amtsverschwiegenheit verpflichtet (hierzu und zur *„Flucht an die Öffentlichkeit“* den Beitrag ⇨ Verschwiegenheitspflicht beachten). Ansonsten gilt: Über seine eigenen Angelegenheiten darf man in der Regel selbst verfügen. Dies gilt insbesondere (und im Prinzip uneingeschränkt) für den Verkehr mit

- der Gewerkschaft (insbesondere ⇨ Rechtsschutz)
- der Personalvertretung (insbesondere bei der Inanspruchnahme des Beschwerderechts und der Personalakteneinsicht gemäß § 70 LPVG). ⇨ Personalvertretungsgesetz (LPVG) §§ 7 Abs. 2, 70

Zur Anzeige von Korruptionsverdacht („Whistleblowing“) siehe ⇨ Beamtengesetz (LBG) § 57.

Es kann in Beschwerdefällen sinnvoll sein, die eigene Personalakte einzusehen bzw. hiermit die GEW oder den Personalrat zu beauftragen.

⇨ Beamtengesetz (LBG) § 83 ff.; ⇨ Personalakten

GEW-Mitglieder sollten sich vor Beschwerden, Remonstrationen oder Petitionen in dienstlichen Fragen der GEW beraten lassen. Wir empfehlen dringend, vor jeder Äußerung im Zusammenhang mit einem Disziplinarverfahren und bei dienstrechtlichen Auseinandersetzungen den Rat der GEW einzuholen. ⇨ Rechtsschutz

⇨ Aktenvermerk; ⇨ Beamtengesetz (LBG) §§ 83 ff.; ⇨ Beamtenstatusgesetz § 36; ⇨ Beurteilung (Lehrkräfte); ⇨ Dienstweg; ⇨ Disziplinarrecht (Allgemeines); ⇨ Disziplinargesetz (LDG); ⇨ Haftung und Versicherung; ⇨ Ermessen; ⇨ Juristische Terminologie; ⇨ Konferenzen (Allgemeines); ⇨ Konferenzordnung; ⇨ Pädagogische Freiheit; ⇨ Personalakten; ⇨ Personalvertretungsgesetz (LPVG); ⇨ Rechtsschutz; ⇨ Remonstrationspflicht; ⇨ Schulaufsicht; ⇨ Schulgesetz § 32 ff.; ⇨ Verschwiegenheitspflicht

Besoldung (Allgemeines)

Informationen der Redaktion zur Rechtslage und zur Verwaltungspraxis in Baden-Württemberg

Anders als die übrigen Arbeitnehmer*innen werden Beamt*innen nicht für ihre Arbeit beziehungsweise Leistung entlohnt, sondern sie werden für ihren Dienst amtsangemessen besoldet („alimentiert"). Bei der Einstellung werden sie in das Eingangsamt ihrer Laufbahn eingruppiert.

➪ Besoldung (Lehrkräfte-Eingruppierung)

Bei Fachlehrkräften und Technischen Lehrkräften sowie bei Lehrkräften des höheren Dienstes gibt es ein Eingangsamt und ein Endamt. Bei den Lehrkräften GHWRGS des gehobenen Dienstes ist das Eingangsamt zugleich das Endamt, sie haben keine Regelbeförderung. ➪ Beförderung (Allgemeines)

Die Besoldung der Beamt*innen erfolgt grundsätzlich nach dem Amt, in das sie ernannt wurden. Wird beispielsweise eine Grundschullehrkraft an einem SBBZ eingesetzt, so erhält sie zwar die Unterrichtserlaubnis für diese Schulart, sie unterrichtet auch das Deputat dieser Schulart, aber sie wird nach ihrem Amt (Lehrerin Grundschule) besoldet.

Bestandteile der Besoldung

1. Grundgehalt

– der Besoldungsgruppe des verliehenen Amtes
  ➪ Besoldung (Lehrkräfte- Eingruppierung);
  ➪ Besoldung (Beamtengehälter)

– und der Besoldungsstufe, die sich nach den beruflichen Erfahrungszeiten richtet.
  ➪ Besoldungsgesetz (LBesGBW) § 32; ➪ Elternzeit

2. Bei Vorliegen der entsprechenden Tatbestände besteht ein Anspruch auf:

a) Familienzuschlag (ehebezogener Teil ruhegehaltfähig; kinderbezogener Teil nicht ruhegehaltfähig, wird bei Vorliegen der Voraussetzungen im Ruhestand neben der Pension ausbezahlt);
   ➪ Besoldung (Gesetz – LBesG) § 40

b) Zuschläge bei Altersteilzeit (§ 69 LBesG), bei begrenzter Dienstfähigkeit (§ 72) oder bei Hinausschieben der Altersgrenze (§ 73), sämtlich nicht ruhegehaltfähig.
   ➪ Teilzeit (Altersteilzeit) ➪ Beamtengesetz (LBG)

c) Zulagen

– Strukturzulage; nur im Eingangsamt bei Lehrkräften mit Eingangs- und Endamt (Studienrät*innen in A 13; Fachlehrkräfte in A 9; Technische Lehrkräfte in A 10); im Endamt (Oberstudienrät*in in A 14, Fachoberlehrer*in in A 10, Technische Oberlehrer*in in A 11) entfällt diese Zulage.

– Amtszulage (nur bei herausgehobener Funktion, zum Beispiel Schulleitung; ruhegehaltfähig),

– Stellenzulage (sie wird nur für die Dauer der Wahrnehmung der herausgehobenen Funktion gewährt und ist meist nicht ruhegehaltfähig),
  ➪ Besoldungsgesetz (LBesGBW) § 46; ➪ Besoldung (Zulagen)

Der Anspruch auf Besoldung besteht ab dem Tag der Ernennung und endet i.d.R. mit dem Eintritt in den Ruhestand. ➪ Beamtenversorgung

Bei Teilzeitbeschäftigung wird die Besoldung anteilig gezahlt. Der ehebezogene Familienzuschlag wird, wenn beide Ehe-/Lebenspartner*innen Beamte sind oder eine beamtenähnliche Bezahlungsstruktur (mit Familienkomponente) haben und die Summe der beiden Teilzeitbeschäftigungen mindestens 100 % ergibt, jeweils zur Hälfte bezahlt.

Im Falle einer Beurlaubung, die nicht im dienstlichen Interesse liegt, besteht kein Anspruch auf Besoldung.

Krankheit und Beihilfe

Der Anspruch auf Besoldung ist Voraussetzung für den Bezug von Beihilfe im Krankheitsfall. Diese wird stets im vollen Umfang gewährt, sofern mindestens eine Teilzeitbeschäftigung oder Eltern- oder Pflegezeit vorliegt. Bei Beurlaubung ohne Bezüge entfällt die Beihilfe, auch für Ehe- oder Lebenspartner*in oder Kinder.

➪ Beihilfe (Allgemeines)

Es gibt bei Beamt*innen keine „Lohnfortzahlung im Krankheitsfall". Bei Erkrankung läuft die Besoldung so lange weiter, bis etwas anderes (Teildienstfähigkeit, Dienstunfähigkeit, Eintritt in den Ruhestand oder Entlassung) beantragt und beschieden oder amtlich festgestellt wird.

➪ Eingliederungsmanagement (BEM); ➪ Disziplinargesetz; ➪ Schwerbehinderung

Stellenhebung / Abgruppierung / Beförderung

Im Falle einer Hebung der eigenen Stelle aufgrund einer Änderung des Landesbesoldungsgesetzes (beispielsweise höhere Bewertung von Schulleitungsstellen) sind die neuen Bezüge nach Aushändigung des entsprechenden Bescheides oder der Urkunde sofort ruhegehaltfähig.

Ist eine höhere (oder niedrigere) Eingruppierung von Schüler- oder Klassenzahlen abhängig, müssen die statistischen Werte des Vorjahres, des Folgejahres und die Stellenbesetzungssperre beachtet werden; bei Höhergruppierung muss eine entsprechende Stelle im Staatshaushaltsplan ausgebracht sein. Im Falle eines Laufbahnwechsels steht die höhere Besoldung erst dann zu, wenn die entsprechenden Stellen frei sind oder neu geschaffen werden.

➪ Besoldung (Stellenhebung und Abgruppierung)

Bei Beförderungen sind persönliche Wartezeiten und Stellensperren zu beachten.

➪ Beförderung (Stellensperre/Beförderungssperre)

➪ Beamtengesetz (LBG); ➪ Beförderung (Stellen- /Beförderungssperre); ➪ Besoldung (Beamtengehälter); ➪ Besoldung (Lehrkräfte- Eingruppierung); ➪ Besoldung (Stellenhebung und Abgruppierung); ➪ Besoldung (Zulagen); ➪ Besoldungsgesetz (LBesG); ➪ Disziplinargesetz; ➪ Eingliederungsmanagement (BEM); ➪ Schwerbehinderung

Besoldung (Anwärterbezüge)

Hinweise der Redaktion auf das Besoldungsanpassungsgesetz vom 15.10.2019 (GBl. S. 377/2019)

Anwärtergrundbetrag (Monatsbeträge in Euro) gültig ab 1.1.2020*

A 9 - A 11	Fachlehrkräfte, Technische Lehrkräfte (gehobener Dienst)	1.348,78
A 12	Lehramt an Grundschulen (gehobener Dienst)	1.493,53
A 13	Lehrämter an Haupt-, Werkreal- und Realschulen sowie an SBBZ (gehobener Dienst)	1.526,46
A 13 Z	Lehrämter an Gymnasien und beruflichen Schulen (höherer Dienst)	1.562,62

* Die Tarifverhandlungen für 2022 waren zum Zeitpunkt der Drucklegung noch nicht abgeschlossen

Anwärtersonderzuschlag (AWSZ)

Anwärter*innen für das höhere Lehramt an beruflichen Schulen bis zum Einstellungsjahrgang 2025 erhalten einen Anwärtersonderzuschlag (AWSZ) in Höhe von 70 % des zustehenden Anwärtergrundbetrags, wenn bei ihnen eines oder mehrere der folgenden Ausbildungsfächer (bzw. deren Vorläuferfächer) vorliegen: Energie- und Automatisierungstechnik (Energietechnik), System- und Informationstechnik (Informationstechnik, Nachrichtentechnik), Fertigungstechnik, Fahrzeugtechnik, Metallbautechnik, Sanitär-, Heizungs- und Klimatechnik.

(Quelle: Anwärtersonderzuschlagsverordnung vom 16.12.2010 (GBl. S. 1085); zuletzt geändert 14.12.2020 (GBl. S.1200/2020)

Der AWSZ ist bei vorzeitigem Ausscheiden aus dem Vorbereitungsdienst oder schuldhaftem Nichtbestehen der zweiten Lehramtsprüfung vollständig zurückzuzahlen. Im Anschluss an den Vorbereitungsdienst ist eine mindestens fünfjährige Tätigkeit in der Laufbahn für das höhere Lehramt an beruflichen Schulen abzuleisten. Die Rückzahlung vermindert sich für jedes nach der Laufbahnprüfung abgeleistete Dienstjahr um ein Fünftel. Die Rückzahlungspflicht gilt nicht, wenn kein Einstellungsangebot erfolgt oder wenn die zweite Staatsprüfung aus Gründen, die von der/dem Anwärter*in nicht zu vertreten sind, endgültig nicht bestanden wurde. ⇨ Besoldungsgesetz § 81

Familienzuschlag

Der Anwärtergrundbetrag erhöht sich gegebenenfalls um den Familienzuschlag; siehe Tabelle auf der folgenden Seite. ⇨ Besoldung (Beamtengehälter)

Teilzeitreferendariat

Beim Vorbereitungsdienst in Teilzeit wird die Besoldung im gleichen Verhältnis wie die Arbeitszeit gekürzt. Die Streckung des Vorbereitungsdienstes von 18 Monaten auf 30 Monate entspricht einer Teilzeitquote von 60 %.

Nebentätigkeit

Erhalten Anwärter*innen ein Entgelt für eine Nebentätigkeit innerhalb des öffentlichen Dienstes (z.B. Unterrichtsvergütung) oder für eine genehmigungspflichtige Nebentätigkeit außerhalb des öffentlichen Dienstes, so wird es auf die Anwärterbezüge angerechnet, soweit es diese übersteigt (§ 83 LBesGBW). Als Anwärtergrundbetrag werden jedoch mindestens 30 % des Anfangsgrundgehalts der Eingangsbesoldungsgruppe der jeweiligen Laufbahn gewährt.

⇨ Besoldungsgesetz § 83; ⇨ Mehrarbeit (Anwärter*innen); ⇨ Nebenamtlicher/-beruflicher Unterricht Nr. 3

Kürzung

Die Bezüge der Anwärter- und Referendar*innen können um 15 % gekürzt werden, wenn

- die vorgeschriebene Laufbahnprüfung oder eine Zwischenprüfung nicht bestanden wurde
- oder sich die Ausbildung aus einem von dem Betroffenen zu vertretenden Grund verzögerte;

um 30 % werden sie gekürzt, wenn die/der Betroffene wegen eines Täuschungsversuchs oder eines Ordnungsverstoßes von der Laufbahnprüfung ausgeschlossen wurde. ⇨ Besoldungsgesetz § 84

Vorbereitungsdienst im öffentlich-rechtlichen Ausbildungsverhältnis

In der Regel erfolgt das Referendariat/der Vorbereitungsdienst im Beamtenverhältnis auf Widerruf. Studierende baden-württembergischer Hochschulen, die das Masterzeugnis nicht rechtzeitig zum 1. Februar vorlegen können, können als Gasthörer*innen an den Veranstaltungen des Seminars und der Ausbildungsschule im Rahmen des Vorbereitungsdienstes teilnehmen. Sie können an allen Ausbildungsteilen teilnehmen und werden in einem öffentlich-rechtlichen Ausbildungsverhältnis beschäftigt. Dieses beinhaltet den Abschluss eines Ausbildungsvertrags auf Basis des TV-L bis zur Vorlage des Masterzeugnisses. ⇨ Tarifvertrag-Länder (TV-L)

(Quelle: KM; 25.7.2019; AZ: 21-6701.7.7492)

Sie erhalten eine Unterhaltsbeihilfe in Höhe des Anwärtergrundbetrags sowie den Familienzuschlag der vergleichbaren beamteten Anwärter*innen oder Referendar*innen. (VO vom 13. 7 2011; GBl. S. 413/2012)

Sie erhalten keine Beihilfe; es besteht Kranken- und Arbeitslosenversicherungspflicht. Als *„beamtenähnliche Personen"* besteht Rentenversicherungsfreiheit, sofern ihnen per ⇨ Gewährleistungsbescheid eine Anwartschaft auf Versorgung sowie auf Hinterbliebenenversorgung zugesichert wird und die Erfüllung der Gewährleistung gesichert ist. Erfolgt später keine Übernahme in das Beamtenverhältnis, wird die Zeit in der gesetzlichen Rentenversicherung nachversichert.

⇨ Besoldung (Beamtengehälter); ⇨ Besoldungsgesetz (LBesGBW); ⇨ Einstellungserlass; ⇨ Gewährleistungsbescheid ; ⇨ Nebenamtliche/nebenberufliche Lehrkräfte; ⇨ Urlaub (Prüfungen); ⇨ Vorbereitungsdienst

Besoldung (Beamtengehälter)

Hinweise der Redaktion auf das Besoldungsanpassungsgesetz vom 15.10.2019 (GBl. S. 377/2019)

Bei der Einstellung erfolgt die Stufenzuordnung in den Besoldungsgruppen:

A 9 und A 10	in die Stufe 2
A 11	in die Stufe 3
A 12	in die Stufe 4
A 13 und A 14	in die Stufe 5
A 15 und A 16	in die Stufe 6

Das Aufsteigen in den Stufen bestimmt sich nach Zeiten mit dienstlicher Erfahrung (*„Erfahrungszeiten“*). ➪ Besoldungsgesetz (LBesGBW) §§ 31-32

Liegen berücksichtigungsfähige Zeiten vor (beispielsweise hauptberufliche Tätigkeiten bei einem öffentlich-rechtlichen Dienstherrn, bei öffentlich-rechtlichen Religionsgesellschaften und ihren Verbänden oder als Zeitsoldat), werden die Betroffenen so behandelt, als seien sie um den *„förderlichen“* Zeitraum früher ernannt worden.

➪ Besoldungsgesetz (LBesGBW) §§ 31-32

Lehrkräfte in der Laufbahn der Fachlehrkraft sowie Studienräte*rätinnen erhalten eine „Strukturzulage“. ➪ Besoldung (Zulagen)

Versorgungsbezüge

Die unten abgedruckten Tabellen gelten nur für Landesbeamt*innen im aktiven Dienst.

Die Versorgungsbezüge der Ruhestandsbeamt*innen werden zwar ebenfalls auf Basis dieser Tabellen berechnet. Da ihre „Sonderzuwendung“ (das frühere „Weihnachtsgeld“) jedoch 2008 bei der Integration in das Grundgehalt auf 30 % (bei den aktiven Beamt*innen auf 50 %) abgesenkt wurde, sind die Tabellenwerte zur Ermittlung der ruhegehaltfähigen Versorgungsbezüge mit 0,984 zu multiplizieren; auf der Bezügemitteilung des Landesamts wird diese Reduzierung als „Faktor Ver“ ausgewiesen.

Familienzuschlag (Monatsbeträge in Euro)

gültig ab: 1.1.2021*	
Ehebezogener Teil	154,47
Kinderbezogener Teil	
für das 1. und 2. Kind jeweils	135,06
für weitere Kinder jeweils	407,78

➪ Beamtenversorgung (Allgemeines); ➪ Beamtenversorgung (Berechnung); ➪ Besoldung (Allgemeines); ➪ Besoldung (Eingruppierung – Lehrkräfte); ➪ Besoldungsgesetz (LBesGBW) §§ 32 und 41; ➪ Besoldung (Stellenhebungen); ➪ Besoldung (Zulagen)

Grundgehaltssätze (Monatsbeträge in Euro) ab 1.1.2021* (Besoldungsordnung A)

Besoldungs-Gruppe	2	3	4	5	6	7	8	9	10	11	12
	2-Jahres-Rhythmus			3-Jahres-Rhythmus				4-Jahres-Rhythmus			
A 9	2.855,78	2.926,24	3.040,87	3.155,47	3.270,10	3.384,69	3.463,52	3.542,33	3.621,12	3.699,92	
A 10	3.058,71	3.156,64	3.303,48	3.450,34	3.597,21	3.744,07	3.843,70	3.943,84	4.044,00	4.144,16	
A 11		3.489,65	3.640,15	3.791,16	3.945,10	4.099,05	4.201,70	4.305,73	4.410,46	4.515,17	4.619,83
A 12			3.917,89	4.101,42	4.286,02	4.473,21	4.598,04	4.722,83	4.847,66	4.972,48	5.097,30
A 13				4.587,09	4.789,25	4.991,43	5.126,22	5.260,98	5.395,77	5.530,58	5.665,33
A 14				4.874,59	5.136,76	5.398,93	5.573,69	5.748,50	5.923,24	6.098,03	6.272,83
A 15					5.641,39	5.929,61	6.160,21	6.390,79	6.621,40	6.851,97	7.082,60
A 16					6.222,97	6.556,31	6.823,04	7.089,75	7.356,41	7.623,09	7.889,79

* Die Tarifverhandlungen für 2022 waren zum Zeitpunkt der Drucklegung noch nicht abgeschlossen

Stichwort: Dienstbezüge selbst überprüfen

Nach der Rechtsprechung sind Beamtinnen und Beamte verpflichtet, ihre Bezüge selbst zu überprüfen und ihre dienst- und versorgungsrechtlichen Ansprüche selbstständig geltend zu machen. Es ist ihnen zuzumuten, Gehaltsansprüche zeitnah geltend zu machen (13.11.2008; BVerwG 2 C 16.07, 2 C 21.07). Andernfalls können die Ansprüche verfallen, selbst wenn sie an sich berechtigt sind.

Als „zeitnah“ gilt das laufende Haushaltsjahr; dieses endet am 31. Dezember. Die allgemeine Verjährungsfrist von drei Jahren ist unbeachtlich.

Deshalb ist die GEW so wichtig: Sie hilft ihren Mitgliedern dabei, sich im Dschungel des Dienstrechts zurechtzufinden und ihre Ansprüche einzufordern. Eine Beitrittserklärung befindet sich am Ende des Jahrbuchs. Übrigens: Für die Werbung neuer Mitglieder gibt es eine Prämie.

Besoldung (KW-Stellen)

Informationen der Redaktion zur Rechtslage und zur Verwaltungspraxis in Baden-Württemberg

Die Besoldungsordnung enthält „künftig wegfallende" Ämter („*KW-Stellen*"). Sie entstehen dadurch, dass Studien- oder Ausbildungsgänge abgeschafft bzw. durch neue ersetzt werden oder dass sich die Schularten bzw. die Bezeichnungen der Lehrämter ändern.

Die bisherigen Amtsinhaberinnen und Amtsinhaber verbleiben zumeist im bisher innegehabten Amt.

Solange noch Lehrkräfte mit dieser Ausbildung oder Amtsbezeichnung nach der Zurruhesetzung eine Pension erhalten beziehungsweise die Hinterbliebenen noch Versorgungsbezüge beziehen, müssen die entsprechenden Ämter mit einem „KW-Vermerk" im Staatshaushaltsplan ausgebracht und in der Besoldungsordnung aufgeführt werden.

Hierfür ein Beispiel: Es gibt zwar weiterhin Lehrkräfte mit dem Lehramtsabschluss „Lehramt an Sonderschulen", dieses Lehramt heißt aber inzwischen „Lehramt Sonderpädagogik". Entsprechend wurden die Funktionsbezeichnungen für sämtliche Leitungsstellen an den betreffenden Schulen geändert. Deshalb gibt es nebeneinander den bereits pensionierten

- „*Sonderschulrektor*" mit „KW-Vermerk"
- und seinen Amtsnachfolger, den „*Rektor als Leiter eines sonderpädagogischen Bildungs- und Beratungszentrums*".

Beide tragen und behalten ihre jeweilige Amtsbezeichnung.

Aus Platzgründen können wir die immer zahlreicher werdenden KW-Stellen in der Besoldungordnung auf den folgenden Seiten nicht aufführen.

⇨ Besoldung (Allgemeines) ; ⇨ Besoldung (Gehälter); ⇨ Besoldungsgesetz (LBesGBW); ⇨ Besoldung (Lehrkräfte – Eingruppierung); ⇨ Besoldung (Zulagen); ⇨ Funktionsstellen (Besetzung); ⇨ Schulleitung (Abteilungsleiter*innen)

Besoldung (Lehrkräfte – Eingruppierung)

Auszug aus der Besoldungsordnung A des Besoldungsgesetzes (LBesGBW) vom 9. November 2010 (GBl. S. 793, 826/2010); zuletzt geändert am 14.Oktober 2020 (GBl. S. 914/2020); nur Ämter im Schuldienst des Landes, in der Schulverwaltung sowie an Einrichtungen, die dem Kultusministerium unmittelbar unterstehen

Besoldungsgruppe A 9

Fachlehrer [2) 3)]

Landwirtschaftstechnischer Lehrer und Berater

2) Dieser Besoldungsgruppe werden nur solche Beamte zugeteilt, die die Lehrbefähigung für musisch-technische Fächer, für vorschulische Einrichtungen oder für Sonderschulen besitzen.
3) Als Eingangsamt.

Besoldungsgruppe A 10

Fachoberlehrer [2) 3)]

Landwirtschaftstechnischer Oberlehrer und Berater [3)]

Technischer Lehrer [5)]
- an einer beruflichen Schule oder an einer vergleichbaren kommunalen schulischen Einrichtung
- an einer Sonderschule

2) Dieser Besoldungsgruppe werden nur solche Beamte zugeteilt, die die Lehrbefähigung für musisch-technische Fächer, für vorschulische Einrichtungen oder für Sonderschulen besitzen.
3) Soweit nicht in der Besoldungsgruppe A 11
5) Als Eingangsamt.

Besoldungsgruppe A 11

Fachoberlehrer [1) 2)]

Fachoberlehrer [1) 3)]
- als Fachbetreuer
- als Leiter eines Schulkindergartens mit mehr als zwei Gruppen
- an einem sonderpädagogischen Bildungs- und Beratungszentrum mit Förderschwerpunkt geistige Entwicklung oder an einem sonstigen sonderpädagogischen Bildungs- und Beratungszentrum mit einer Abteilung mit Förderschwerpunkt geistige Entwicklung als Stufenleiter der Grund- und Hauptstufe

Landwirtschaftstechnischer Oberlehrer und Berater [2)]

Technischer Oberlehrer
- an einer beruflichen Schule oder an einer vergleichbaren kommunalen schulischen Einrichtung
- an einer Sonderschule

1) Dieser Besoldungsgruppe werden nur solche Beamte zugeteilt, die die Lehrbefähigung für musisch-technische Fächer, für vorschulische Einrichtungen oder für Sonderschulen besitzen.
2) Soweit nicht in der Besoldungsgruppe A 10.
3) Erhält eine Amtszulage (siehe Tabelle, Buchstabe B).

Bitte die Übersicht über die Amtszulagen am Ende dieses Beitrags beachten.
Zum Verfahren beim Steigen bzw. Sinken der Schülerzahlen siehe: ⇨ Besoldungsgesetz (LBesGBW) § 92 **und** ⇨ Besoldung (Stellenhebung und Abgruppierung). **Zu „KW-Stellen" siehe:** ⇨ Besoldung (KW-Stellen).

Besoldungsgruppe A 12

Konrektor [2)]
- als der ständige Vertreter des Leiters einer Grundschule mit mehr als 100 bis zu 180 Schülern

Lehrer [1)]
- mit der Befähigung für das Lehramt an Grund- und Hauptschulen
- mit der Befähigung für das Lehramt Grundschule

Technischer Oberlehrer
- an einer beruflichen Schule als Fachbetreuer
- an einem sonderpädagogischen Bildungs- und Beratungszentrum mit Förderschwerpunkt geistige Entwicklung als Stufenleiter der Berufsschulstufe

1) Als Eingangsamt.
2) Erhält eine Amtszulage (siehe Tabelle, Buchst. A).

Besoldungsgruppe A 13

Fachschulrat [1)]
- an einer Pädagogischen Hochschule

Gemeinschaftsschulkonrektor [5)]
- als der ständige Vertreter des Leiters einer Gemeinschaftsschule ohne gymnasiale Oberstufe mit bis zu 180 Schülern

Gewerbeschulrat [1) 3)]

Handelsschulrat [1) 3)]

Hauswirtschaftsschulrat [1) 3)]

Konrektor
- als der ständige Vertreter des Leiters einer Grundschule mit mehr als 180 bis zu 360 Schülern
- als der ständige Vertreter des Leiters einer Grundschule mit mehr als 360 Schülern [5)]
- als der ständige Vertreter des Leiters einer Grundschule mit Realschule mit insgesamt mehr als 180 Schülern [5) 6)]
- als der ständige Vertreter des Leiters einer Grund- und Hauptschule mit Realschule, Grund- und Werkrealschule mit Realschule, Hauptschule mit Realschule, Werkrealschule mit Realschule oder Grundschule mit Realschule mit insgesamt bis zu 180 Schülern [5)]
- als der ständige Vertreter des Leiters einer Hauptschule, Werkrealschule, Grund- und Hauptschule oder Grund- und Werkrealschule mit mehr als 100 bis zu 180 Schülern [5)]
- als der ständige Vertreter des Leiters eines sonderpädagogischen Bildungs- und Beratungszentrums mit Förderschwerpunkt Lernen mit bis zu 90 Schülern [5)]
- als der ständige Vertreter des Leiters eines sonderpädagogischen Bildungs- und Beratungszentrums mit sonstigen Förderschwerpunkten mit bis zu 45 Schülern [5)]

Landwirtschaftlicher Direktor bei einem Schulbauernhof [1) 6)]

Landwirtschaftlicher Fachschulrat [1) 3)]

Landwirtschaftsschulrat [1) 3)]

Lehrer [1)]
- mit der Befähigung für das Lehramt Sekundarstufe I
- mit der Befähigung für das Lehramt Sonderpädagogik
- mit der Befähigung für das Lehramt Werkreal-, Haupt- und Realschule

Pädagogischer Direktor bei einem Schulbauernhof [1) 6) 11)]

Realschulkonrektor [5)]
- als der ständige Vertreter des Leiters einer Realschule mit bis zu 180 Schülern

Realschullehrer [1)]
mit der Befähigung für das Lehramt an Realschulen

Rektor
- einer Grundschule bis zu 100 Schülern
- einer Grundschule mit mehr als 100 bis zu 180 Schülern [5)]

Seminarschulrat als Bereichsleiter
- an einem Seminar für Ausbildung und Fortbildung der Lehrkräfte (Fachseminar für Sonderpädagogik und Pädagogisches Fachseminar) [13)]
- an einem Seminar für Ausbildung und Fortbildung der Lehrkräfte im Bereich Grundschulen
- an einem Seminar für Ausbildung und Fortbildung der Lehrkräfte im Bereich Grundschulen und zugleich ständiger Vertreter des Leiters des Seminars [5)]

Sonderschullehrer [1) 14)]

Studienrat [1)]
- als der ständige Vertreter des Leiters einer Gemeinschaftsschule ohne gymnasiale Oberstufe mit bis zu 180 Schülern [5)]
- als Referatsleiter am Landesmedienzentrum
- als Referent am Institut für Bildungsanalysen Baden-Württemberg
- als Referent am Zentrum für Schulqualität und Lehrerbildung
- als Referent in einem großen und bedeutenden Referat am Landesmedienzentrum
- mit der Befähigung für das Lehramt an Gymnasien oder an beruflichen Schulen

Zweiter Konrektor [5) 6)]
einer Grundschule mit Realschule mit insgesamt mehr als 540 Schülern

1) Als Eingangsamt.
3) Mit der Befähigung für ein Lehramt des gehobenen Dienstes an beruflichen Schulen (ausgenommen das Lehramt für Technische Lehrer an beruflichen Schulen).
5) Erhält eine Amtszulage (siehe Tabelle, Buchst. B).
6) Soweit nicht in der Besoldungsgruppe A 14.
11) Mit der Befähigung für ein Lehramt des gehobenen oder höheren Dienstes.
13) Als Eingangsamt für Beamte mit der Befähigung für ein Lehramt mit Eingangsamt in der Besoldungsgruppe A 12 oder einer niedrigeren Besoldungsgruppe.

14) Mit der Befähigung für ein Lehramt an Sonderschulen (ausgenommen das Lehramt für Fachlehrer und Technische Lehrer an Sonderschulen).

Hinweis der Redaktion: Die höhere Eingruppierung von Rektor*innen, Konrektor*innen und zweiten Konrektor*innen aufgrund gestiegener Schülerzahl dauert in der Regel mindestens drei bis vier Jahre (vorheriges Schuljahr, laufendes Schuljahr und die kommenden zwei Schuljahre), denn folgender Ablauf ist zu beachten:

1. Entscheidend ist die Oktoberstatistik.
2. Diese Schülerzahl muss bereits ein Jahr vorgelegen haben.
3. Es muss mit hinlänglicher Sicherheit feststellbar sein, dass die Änderung für weitere zwei Jahre Bestand hat.
   ⇨ Besoldung (Stellenhebung und Abgruppierung)
4. Die Stellenhebung muss im Staatshaushalt beantragt werden und kann erst mit Inkrafttreten des entsprechenden Staatshaushalts (i.d.R. 1. Januar des Jahres) besetzt werden.
5. Ab diesem Zeitpunkt greift die 9-monatige Stellenbesetzungssperre. ⇨ Beförderung (Stellen-/Beförderungssperre)

Besoldungsgruppe A 14

Direktor eines Seminars für Ausbildung und Fortbildung der Lehrkräfte als Leiter eines Seminars (Grundschulen) [3)]

Fachschulrat [1)]

als Abteilungsleiter an einem sonderpädagogischen Bildungs- und Beratungszentrum mit Internat

Gemeinschaftsschulabteilungsleiter [8)]

als Leiter einer Abteilung einer Gemeinschaftsschule ohne gymnasiale Oberstufe mit mehr als 850 Schülern

Gemeinschaftsschulkonrektor

- als der ständige Vertreter des Leiters einer Gemeinschaftsschule ohne gymnasiale Oberstufe mit mehr als 180 bis zu 360 Schülern
- als der ständige Vertreter des Leiters einer Gemeinschaftsschule ohne gymnasiale Oberstufe mit mehr als 360 Schülern [3)]

Gemeinschaftsschulrektor

- einer Gemeinschaftsschule ohne gymnasiale Oberstufe mit bis zu 180 Schülern
- einer Gemeinschaftsschule ohne gymnasiale Oberstufe mit mehr als 180 bis zu 360 Schülern [3)]

Konrektor

- als der ständige Vertreter des Leiters einer Hauptschule, Werkrealschule, Grund- und Hauptschule, Grund- und Werkrealschule,Grund- und Hauptschule mit Realschule, Grund- und Werkrealschule mit Realschule, Hauptschule mit Realschule, Werkrealschule mit Realschule oder Grundschule mit Realschule
  - mit mehr als 180 bis zu 360 Schülern
  - mit mehr als 360 Schülern [3)]
- als der ständige Vertreter des Leiters eines sonderpädagogischen Bildungs- und Beratungszentrums
  - mit Förderschwerpunkt Lernen mit mehr als 90 bis zu 180 Schülern
  - mit Förderschwerpunkt Lernen mit mehr als 180 Schülern [3)]
  - mit sonstigen Förderschwerpunkten mit mehr als 45 bis zu 90 Schülern
  - mit sonstigen Förderschwerpunkten mit mehr als 90 Schülern [3)]
  - mit 3 bis 8 Schulstellen im Justizvollzug
  - mit mindestens 9 Schulstellen im Justizvollzug[3)]

Landwirtschaftlicher Direktor bei einem Schulbauernhof [4)]

Oberstudienrat

- als der ständige Vertreter des Leiters einer Gemeinschaftsschule ohne gymnasiale Oberstufe mit mehr als 180 bis zu 360 Schülern
- als der ständige Vertreter des Leiters einer Gemeinschaftsschule ohne gymnasiale Oberstufe mit mehr als 360 Schülern [3)]
- als Leiter eines großen und bedeutenden Referats am Landesmedienzentrum
- als Leiter einer Abteilung einer Gemeinschaftsschule ohne gymnasiale Oberstufe mit mehr als 850 Schülern
- als Leiter einer Gemeinschaftsschule ohne gymnasiale Oberstufe mit bis zu 180 Schülern
- als Leiter einer Gemeinschaftsschule ohne gymnasiale Oberstufe mit mehr als 180 bis zu 360 Schülern [3)]
- als Referatsleiter und zugleich der ständige Vertreter des Leiters eines Fachbereichs am Landesmedienzentrum
- als Referent am Institut für Bildungsanalysen Baden-Württemberg
- als Referent am Zentrum für Schulqualität und Lehrerbildung
- mit der Befähigung für das Lehramt an Gymnasien oder an beruflichen Schulen

Pädagogischer Direktor bei einem Schulbauernhof [4)]

Realschulabteilungsleiter [8)]

als Leiter einer Abteilung einer Realschule, Grund- und Hauptschule mit Realschule, Grund- und Werkrealschule mit Realschule, Hauptschule mit Realschule, Werkrealschule mit Realschule oder Grundschule mit Realschule mit mehr als 850 Schülern

Realschulkonrektor

- als der ständige Vertreter des Leiters einer Realschule mit mehr als 180 bis zu 360 Schülern
- als der ständige Vertreter des Leiters einer Realschule mit mehr als 360 Schülern [3)]

Realschulrektor

- einer Realschule mit bis zu 180 Schülern
- einer Realschule mit mehr als 180 bis zu 360 Schülern [3)]

Regierungsschulrat [6)]

- als Referent in der Schulaufsicht bei einer oberen Schulaufsichtsbehörde

Rektor

- als Leiter eines sonderpädagogischen Bildungs- und Beratungszentrums
  - mit Förderschwerpunkt Lernen mit bis zu 90 Schülern

  - mit Förderschwerpunkt Lernen mit mehr als 90 bis 180 Schülern [3)]
  - mit sonstigen Förderschwerpunkten mit bis zu 45 Schülern
  - mit sonstigen Förderschwerpunkten mit mehr als 45 bis zu 90 Schülern [3)]
  - mit 3 bis 8 Schulstellen im Justizvollzug [3)]
- einer Grundschule mit mehr als 180 bis zu 360 Schülern
- einer Grundschule mit mehr als 360 Schülern [3)]
- einer Hauptschule, Werkrealschule, Grund- und Hauptschule, Grund- und Werkrealschule, Grund- und Hauptschule mit Realschule, Grund- und Werkrealschule mit Realschule, Hauptschule mit Realschule, Werkrealschule mit Realschule oder Grundschule mit Realschule
  - mit bis zu 180 Schülern
  - mit mehr als 180 bis zu 360 Schülern [3)]

Schulrat [3) 6)]

als Schulaufsichtsbeamter bei einer unteren Schulaufsichtsbehörde

Seminarschuldirektor

als Leiter der Abteilungen Sonderpädagogik am Seminar für Ausbildung und Fortbildung der Lehrkräfte Karlsruhe und Schwäbisch Gmünd (an den Pädagogischen Fachseminaren Karlsruhe und Schwäbisch Gmünd) [3) 7)]

Seminarschulrat als Bereichsleiter

- an einem Seminar für Ausbildung und Fortbildung der Lehrkräfte (Fachseminar für Sonderpädagogik und Pädagogisches Fachseminar) [4)]
- an einem Seminar für Ausbildung und Fortbildung der Lehrkräfte im Bereich Werkreal-, Haupt- sowie Realschulen
- an einem Seminar für Ausbildung und Fortbildung der Lehrkräfte (Fachseminar für Sonderpädagogik und Pädagogisches Fachseminar) und zugleich ständiger Vertreter des Leiters des Seminars [3)]
- an einem Seminar für Ausbildung und Fortbildung der Lehrkräfte im Bereich Werkreal-, Haupt- sowie Realschulen und zugleich ständiger Vertreter des Leiters des Seminars [3)]
- an einem Seminar für Ausbildung und Fortbildung der Lehrkräfte (Gymnasium und Sonderpädagogik - Abteilung Sonderpädagogik)
- an einem Seminar für Ausbildung und Fortbildung der Lehrkräfte (Gymnasium und Sonderpädagogik - Abteilung Sonderpädagogik) und zugleich ständiger Vertreter des Leiters der Abteilung [8)]
- als Leiter der Abteilung Sonderpädagogik eines Seminars für Ausbildung und Fortbildung der Lehrkräfte (Gymnasium und Sonderpädagogik) [3)]

Zweiter Gemeinschaftsschulkonrektor

einer Gemeinschaftsschule ohne gymnasiale Oberstufe mit mehr als 540 Schülern

Zweiter Konrektor

- an einem sonderpädagogischen Bildungs- und Beratungszentrum
  - mit Förderschwerpunkt Lernen mit mehr als 270 Schülern
  - mit sonstigen Förderschwerpunkten mit mehr als 135 Schülern
  - mit mindestens 13 Schulstellen im Justizvollzug
- einer Grund- und Hauptschule mit Realschule, Grund- und Werkrealschule mit Realschule, Hauptschule mit Realschule, Werkrealschule mit Realschule oder Grundschule mit Realschule mit insgesamt mehr als 540 Schülern

Zweiter Realschulkonrektor

einer Realschule mit mehr als 540 Schülern

Stichwort: Stufenlaufzeit bei Höhergruppierung

Beamt*innen wechseln bei Höhergruppierung *„stufengleich"* in die nächsthöhere Besoldungsgruppe. Wird beispielsweise eine Beamtin von Besoldungsgruppe A 12 im dritten Jahr der Stufe 4 nach Bes.-Gr. A 13 befördert, so kommt sie in ihrer neuen Bes.-Gr. (A 13) ebenfalls ins dritte Jahr der Stufe 4. Die Stufenlaufzeit bis zum Erreichen der Endstufe läuft in der neuen Besoldungsgruppe normal weiter.

⇨ Besoldungsgesetz (LBesGBW) § 31

Arbeitnehmer*innen hingegen wechseln im Falle einer Höhergruppierung in diejenige Stufe der höheren Entgeltgruppe, die mindestens den Euro-Betrag enthält, den sie in ihrer bisherigen Entgeltgruppe und Stufe hatten.

In manchen Entgeltgruppen bedeutet dies eine Rückstufung. So findet zum Beispiel bei einer Höhergruppierung von der Entgeltgruppe 9b in die Entgeltgruppe 10 in den Stufen 4, 5 und 6 eine Rückstufung um eine Stufe statt.

Doch es bleibt immer ein finanzieller Zugewinn. Denn in jedem Fall steht ein Garantiebetrag (100 Euro bis EG 8, 180 Euro ab EG 9) zu. Ist der Tabellenwert der niedrigeren Stufe der höheren Entgeltgruppe zwar höher als der Wert der aktuellen Entgeltgruppe und Stufe, beträgt die Differenz aber weniger als 100 bzw. 180 Euro, so wird die Differenz als Garantiebetrag ausbezahlt. Allerdings beginnt die Stufenlaufzeit in der neuen Stufe bei den Arbeitnehmer*innen wieder von vorn.

⇨ Tarifvertrag-Länder (TV-L) § 17

1) Erhält als der ständige Vertreter des Leiters eines sonderpädagogischen Bildungs- und Beratungszentrums mit Internat mit bis zu 90 Schülern eine Amtszulage (siehe Tabelle, Buchstabe B).
2) Soweit nicht in den Bes.-Gr. A 13, A 15, A 16 oder B 3.
3) Erhält eine Amtszulage (siehe Tabelle, Buchstabe B).
4) Soweit nicht in der Besoldungsgruppe A 13.
5) Soweit nicht in den Besoldungsgruppen A 13, A 15 oder A 16.
6) Für Beamte in der Schulaufsicht mit der Befähigung für ein Lehramt als Eingangsamt.
7) Zugleich auch ständiger Vertreter des Direktors für diesen Bereich.
8) Für jede Gemeinschaftsschule, Realschule oder für jeden Verbund mit einer Realschule dürfen höchstens 2 Planstellen für Abteilungsleiter ausgebracht werden.

Besoldungsgruppe A 15

Direktor des Seminars für Ausbildung und Fortbildung der Lehrkräfte (Fachseminar für Sonderpädagogik und Pädagogisches Fachseminar)

Direktor eines Seminars für Ausbildung und Fortbildung der Lehrkräfte
- als Leiter eines Seminars (Werkreal-, Haupt- sowie Realschulen auch mit Grundschulen)
- an einem Seminar (Berufliche Schulen)
  - als Bereichsleiter
  - als Bereichsleiter und zugleich ständiger Vertreter des Direktors [1]
  - als Leiter der Abteilung Gymnasium und zugleich ständiger Vertreter des Direktors für diese Abteilung [1]
- an einem Seminar (Gymnasien)
  - als Bereichsleiter
  - als Bereichsleiter und zugleich ständiger Vertreter des Direktors [1]
- an einem Seminar (Gymnasium und Sonderpädagogik)
  - als Leiter der Abteilung Sonderpädagogik

Direktor eines sonderpädagogischen Bildungs- und Beratungszentrums mit Internat
- als Leiter eines sonderpädagogischen Bildungs- und Beratungszentrums mit Internat mit bis zu 90 Schülern
- als Leiter eines sonderpädagogischen Bildungs- und Beratungszentrums mit Internat mit mehr als 90 Schülern [1) 2)]

Fachbereichsdirektor am Landesmedienzentrum
  als Leiter eines Fachbereichs

Fachschuldirektor
- als der ständige Vertreter des Leiters eines sonderpädagogischen Bildungs- und Beratungszentrums mit Internat mit mehr als 90 Schülern [2]
- als der ständige Vertreter des Leiters eines sonderpädagogischen Bildungs- und Beratungszentrums mit Internat mit mehr als 90 Schülern
  - und mit einer Abteilung Sonderberufs- oder Sonderberufsfachschule mit mehr als 60 Schülern [1) 2)]
  - und mit einer voll ausgebauten Abteilung gymnasiale Oberstufe [1]

Gemeinschaftsschulkonrektor
- als der ständige Vertreter des Leiters einer Gemeinschaftsschule mit gymnasialer Oberstufe mit bis zu 360 Schülern
- als der ständige Vertreter des Leiters einer Gemeinschaftsschule mit gymnasialer Oberstufe mit mehr als 360 Schülern [1]

Gemeinschaftsschulrektor
- einer Gemeinschaftsschule mit gymnasialer Oberstufe mit bis zu 360 Schülern [1]
- einer Gemeinschaftsschule ohne gymnasiale Oberstufe mit mehr als 360 Schülern

Realschulrektor
  einer Realschule mit mehr als 360 Schülern

Regierungsdirektor
- als der ständige Vertreter des Leiters einer Regionalstelle des Zentrums für Schulqualität und Lehrerbildung
- als Referatsleiter am Institut für Bildungsanalysen Baden-Württemberg
- als Referent am Institut für Bildungsanalysen Baden-Württemberg
- als Referent am Zentrum für Schulqualität und Lehrerbildung

Regierungsschuldirektor
- als der ständige Vertreter des Leiters einer Regionalstelle des Zentrums für Schulqualität und Lehrerbildung
- als Referatsleiter am Institut für Bildungsanalysen Baden-Württemberg
- als Referent am Institut für Bildungsanalysen Baden-Württemberg
- als Referent am Zentrum für Schulqualität und Lehrerbildung
- als Referent in der Schulaufsicht bei einer oberen Schulaufsichtsbehörde
- bei einer obersten Landesbehörde

Rektor
- als Leiter eines sonderpädagogischen Bildungs- und Beratungszentrums
  - mit Förderschwerpunkt Lernen mit mehr als 180 Schülern
  - mit sonstigen Förderschwerpunkten mit mehr als 90 Schülern
  - mit mindestens 9 Schulstellen im Justizvollzug
- einer Hauptschule, Werkrealschule, Grund- und Hauptschule, Grund- und Werkrealschule, Grund- und Hauptschule mit Realschule, Grund- und Werkrealschule mit Realschule, Hauptschule mit Realschule, Werkrealschule mit Realschule oder Grundschule mit Realschule mit mehr als 360 Schülern

Schulamtsdirektor
- als der ständige Vertreter des Leitenden Schulamtsdirektors beim Staatlichen Schulamt Mannheim [1]
- als Schulaufsichtsbeamter bei einer unteren Schulaufsichtsbehörde

Studiendirektor

- als der ständige Vertreter des Leiters des Landesgymnasiums für Hochbegabte mit Internat und Kompetenzzentrum Schw. Gmünd [1]
- an einem sonderpädagogischen Bildungs- und Beratungszentrum mit Internat mit mehr als 90 Schülern als Leiter einer Abteilung Sonderberufs- oder Sonderberufsfachschule mit mehr als 60 Schülern [1]
- an einem sonderpädagogischen Bildungs- und Beratungszentrum mit Internat mit mehr als 90 Schülern als Leiter einer voll ausgebauten Abteilung gymnasiale Oberstufe [1]
- als Fachberater in der Schulaufsicht, als Fachleiter oder Seminarlehrer an Studienseminaren oder Seminarschulen oder zur Koordinierung schulfachlicher Aufgaben [10]
- als der ständige Vertreter des Leiters

  einer beruflichen Schule mit mehr als 80 bis zu 360 Schülern, [2]

  einer beruflichen Schule mit mehr als 360 Schülern, [1) 2)]

  eines Gymnasiums im Aufbau mit

  - mehr als 540 Schülern, wenn die oberste Jahrgangsstufe fehlt, [1]
  - mehr als 670 Schülern, wenn die zwei oberen Jahrgangsstufen fehlen, [1]
  - mehr als 800 Schülern, wenn die drei oberen Jahrgangsstufen fehlen, [1]

  eines nicht voll ausgebauten Gymnasiums,

  eines voll ausgebauten Gymnasiums mit bis zu 360 Schülern,

  eines voll ausgebauten Gymnasiums mit mehr als 360 Schülern, [1]

  eines voll ausgebauten Oberstufengymnasiums,

  eines zweizügig voll ausgebauten Oberstufengymnasiums oder eines Oberstufengymnasiums mit mindestens zwei Schultypen [1]

  eines Aufbaugymnasiums mit voll ausgebauter Oberstufe,

  eines Aufbaugymnasiums mit mindestens zweizügig voll ausgebauter Oberstufe,[1]

  einer Gemeinschaftsschule mit gymnasialer Oberstufe mit bis zu 360 Schülern,

  einer Gemeinschaftsschule mit gymnasialer Oberstufe mit mehr als 360 Schülern [1]
- als Leiter

  einer beruflichen Schule mit bis zu 80 Schülern [2]

  einer beruflichen Schule mit mehr als 80 bis zu 360 Schülern [1) 2)]

  eines nicht voll ausgebauten Gymnasiums [1],

  eines voll ausgebauten Gymnasiums mit bis zu 360 Schülern [1]

  eines voll ausgebauten Oberstufengymnasiums[1]

  eines Aufbaugymnasiums mit voll ausgebauter Oberstufe [1],

  einer Gemeinschaftsschule mit gymnasialer Oberstufe mit bis zu 360 Schülern [1]

  einer Gemeinschaftsschule ohne gymnasiale Oberstufe mit mehr als 360 Schülern [1]

1) Erhält eine Amtszulage (siehe Tabelle, Buchstabe B).
2) Bei Schulen mit Teilzeitunterricht rechnen 2,5 Unterrichtsteilnehmer mit Teilzeitunterricht als einer.
3) Soweit nicht in den Besoldungsgruppen A 16, B 2 oder B 3.
4) Soweit nicht in den Bes.Gr A 13, A 14, A 16 oder B 3.
5) Soweit nicht in den Besoldungsgruppen A 13, A 14 oder A 16.
6) Erhält eine Amtszulage (siehe Tabelle, Buchstabe D).
7) Erhält eine Amtszulage (siehe Tabelle, Buchstabe C).
10) Höchstens 30 Prozent der Gesamtzahl der planmäßigen Beamten in der Laufbahn der Studienräte.

Besoldungsgruppe A 16

Direktor

als Leiter

- eines Seminars für Ausbildung und Fortbildung der Lehrkräfte (Berufliche Schulen)
- eines Seminars für Ausbildung und Fortbildung der Lehrkräfte (Gymnasien)

Direktor eines sonderpädagogischen Bildungs- und Beratungszentrums mit Internat

als Leiter eines sonderpädagogischen Bildungs- und Beratungszentrums mit Internat mit mehr als 90 Schülern [2]

- und mit einer Abteilung Sonderberufs- oder Sonderberufsfachschule mit mehr als 60 Schülern [2]
- und mit einer voll ausgebauten Abteilung gymnasiale Oberstufe

Gemeinschaftsschulrektor

einer Gemeinschaftsschule mit gymnasialer Oberstufe mit mehr als 360 Schülern

Leitender Regierungsdirektor

- als Leiter einer Regionalstelle des Zentrums für Schulqualität und Lehrerbildung
- als Referatsleiter am Zentrum für Schulqualität und Lehrerbildung
- als Referatsleiter und ständiger Vertreter des Leiters einer Abteilung des Instituts für Bildungsanalysen Baden-Württemberg
- als Referatsleiter und ständiger Vertreter des Leiters einer Abteilung des Zentrums für Schulqualität und Lehrerbildung

Leitender Regierungsschuldirektor

als Referatsleiter bei einer oberen Schulaufsichtsbehörde

- als Leiter einer Regionalstelle des Zentrums für Schulqualität und Lehrerbildung
- als Referatsleiter am Zentrum für Schulqualität und Lehrerbildung
- als Referatsleiter und ständiger Vertreter des Leiters einer Abteilung des Instituts für Bildungsanalysen Baden-Württemberg
- als Referatsleiter und ständiger Vertreter des Leiters einer Abteilung des Zentrums für Schulqualität und Lehrerbildung

Leitender Schulamtsdirektor

als leitender Schulaufsichtsbeamter bei einer unteren Schulaufsichtsbehörde, dem mindestens sechs weitere Schulaufsichtsbeamte unterstellt sind

Oberstudiendirektor

- als Leiter des Landesgymnasiums für Hochbegabte mit Internat und Kompetenzzentrum Schwäbisch Gmünd
- als Leiter

  einer beruflichen Schule mit mehr als 360 Schülern, [2]

  eines Gymnasiums im Aufbau mit
  - mehr als 540 Schülern, wenn die oberste Jahrgangsstufe fehlt,
  - mehr als 670 Schülern, wenn die zwei oberen Jahrgangsstufen fehlen,
  - mehr als 800 Schülern, wenn die drei oberen Jahrgangsstufen fehlen,

  eines voll ausgebauten Gymnasiums mit mehr als 360 Schülern,

  eines zweizügig voll ausgebauten Oberstufengymnasiums oder eines Oberstufengymnasiums mit mindestens zwei Schultypen

  eines Aufbaugymnasiums mit mindestens zweizügig voll ausgebauter Oberstufe,

  einer Gemeinschaftsschule mit gymnasialer Oberstufe mit mehr als 360 Schülern

1) Bei Schulen mit Teilzeitunterricht rechnen 2,5 Unterrichtsteilnehmer mit Teilzeitunterricht als einer.
2) Soweit nicht in den Besoldungsgruppen A 15, B 2 oder B 3

Amtszulagen

(siehe Fußnoten bei den Besoldungsgruppen; Monatsbeträge in Euro ab 1.1.2021)

gültig ab 1.1.2021*	
Buchstabe A	188,67
Buchstabe B	226,30
Buchstabe C	377,10
Buchstabe D	150,87

* Die Tarifverhandlungen für 2022 waren zum Zeitpunkt der Drucklegung noch nicht abgeschlossen

⇨ Beförderung; ⇨ Beförderung (Allgemeines); ⇨ Beförderung (Oberstudienrat*rätin); ⇨ Besoldung (Allgemeines); ⇨ Besoldung (Beamtengehälter); ⇨ Besoldung (KW-Stellen); ⇨ Besoldung (Stellenhebung und Abgruppierung); ⇨ Beförderung (Stellensperre/Beförderungssperre); ⇨ Besoldung (Zulagen); ⇨ Besoldungsgesetz (LBesGBW); ⇨ Funktionsstellen (Besetzung); ⇨ Schulleitung (Abteilungsleiter*innen)

Besoldung (Stellenhebung und Abgruppierung)

Informationen der Redaktion zur Rechtslage und zur Verwaltungspraxis in Baden-Württemberg

Die Eingruppierung der Lehrkräfte in Leitungsfunktionen (Rektor*in, Konrektor*in, Zweite/r Konrektor*in, Direktor*in, Studiendirektor*in, Oberstudiendirektor*in) sowie die Gewährung entsprechender Amtszulagen richtet sich nach der an der Schule vorhandenen Schülerzahl.

⇨ Besoldung (Lehrkräfte – Eingruppierung)

Dabei wirken sich Veränderungen in der Schülerzahl nicht unmittelbar aus, denn es muss hinreichend sicher sein, dass es sich nicht nur um eine vorübergehende Entwicklung handelt. Maßgebend sind die Bestimmungen des Landesbesoldungsgesetzes.

⇨ Besoldungsgesetz (LBesGBW) §§ 21, 43, 91-92

1. Höhergruppierung

Das Verfahren zur höheren Eingruppierung einer Funktionsstelle dauert mindestens drei Jahre:

1. Entscheidend ist die „Oktoberstatistik“.
2. Die erhöhte Schülerzahl muss bereits ein Jahr vorgelegen haben.
3. Es muss mit hinlänglicher Sicherheit feststellbar sein, dass die Änderung für mindestens weitere zwei Jahre Bestand hat.
   ⇨ Besoldungsgesetz (LBesGBW) § 91
4. Die Stellenhebung muss im Staatshaushaltsplan eingebracht werden und wird erst nach dessen Inkrafttreten (i.d.R. 1. Januar des Jahres) besetzt.
5. Ab diesem Zeitpunkt greift die neunmonatige Stellenbesetzungssperre.
   ⇨ Beförderung (Stellensperre)

Hinweis der Redaktion: Fachlehrkräfte in Bes.Gr. A 9, die die Leitung eines Schulkindergartens innehaben, müssen zunächst in das erste Beförderungsamt (Fachoberlehrer*in in A 10) ernannt werden und dieses durchlaufen (§ 20 Abs. 4 LBG). Ein Jahr später kann eine (Sprung-)Beförderung nach A 11 + AZ erfolgen. (Quelle: KM, 2. April 2020; AZ: 14-6411.12/2020)

2. Abgruppierung

Dieses Verfahren gilt grundsätzlich auch im umgekehrten Fall, also beim dauerhaften Absinken der für die Eingruppierung maßgebenden Schülerzahl.

⇨ Besoldungsgesetz (LBesGBW) § 92

Der Rückgang der Schülerzahl allein begründet allerding kein dienstliches Bedürfnis, die Beamtin oder den Beamten in ein anderes Amt ihrer/seiner Laufbahn zu versetzen. Die Umwandlung der Planstelle in ein Amt mit niedrigerer Eingruppierung erfolgt erst nach dem Ausscheiden der Planstelleninhaberin oder des Planstelleninhabers. Wer trotzdem wegen Rückgangs der Schülerzahlen in ein Amt mit niedrigerem Endgrundgehalt übergeleitet wird, darf auf Antrag die bisherige Amtsbezeichnung weiterführen. ⇨ Besoldungsgesetz (LBesGBW) § 92

Hierzu bitte auch den Beitrag ⇨ Versetzungen und Abordnungen Buchstabe c beachten.

⇨ Beförderung (Stellensperre/Beförderungssperre); ⇨ Besoldung (Allgemeines); ⇨ Besoldung (Eingruppierung); ⇨ Besoldungsgesetz (LBesGBW) §§ 21, 43, 91-92

Besoldung (Zulagen)

Informationen der Redaktion zur Rechtslage und zur Verwaltungspraxis in Baden-Württemberg

I.
Hinweise der Redaktion zu den Amts- und Stellenzulagen

1.
Teilzeitbeschäftigung

Teilzeitbeschäftigte erhalten Zulagen trotz voller Wahrnehmung der Aufgabe nur anteilig.

⇨ Teilzeit (Pflichten und Rechte))

2.
Stellenzulagen

Stellenzulagen sind widerruflich; sie nehmen an regelmäßigen Besoldungsanpassungen nur teil, wenn sich ihre Höhe nach einer dynamischen Bemessungsgrundlage richtet; dies ist bei Zulagen nach der Lehrkräftezulagenverordnung (s.u. Nr. II) nicht der Fall. ⇨ Besoldungsgesetz (LBesGBW) § 47

Ruhegehaltfähig sind nur noch die Stellenzulagen für Fachschulräte*rätinnen z.B. an Pädagogischen Fachseminaren und Pädagogischen Hochschulen sowie am Landesinstitut für Schulsport.

Erfüllt eine Zulage nicht die zeitlichen Mindestvoraussetzungen für die Ruhegehaltfähigkeit, können fehlende Zeiten nicht mit Zeiten anderer Zulagen aufgefüllt werden. (Quelle: FM, 29.11.1999; GABl. S. 698/1999)

*Geschäftsführende Schulleiter*innen*

Die Zulage beträgt 79,89 Euro (diese Zulage wurde seit 1999 nicht mehr erhöht).

⇨ Besoldungsgesetz (LBesGBW) § 57; ⇨ Schulleitung (Geschäftsführende Schulleiter*innen)

3.
Amtszulagen

Amtszulagen sind ruhegehaltfähig. Soweit sie sich – z.B. bei Funktionsstellen (Schulleitung) – nach der Schülerzahl einer Schule richten, führt ein Absinken der Schülerzahl unter die in den Bewertungsmerkmalen festgelegte Untergrenze nicht automatisch und sofort zu einer Rückstufung bzw. zum Wegfall; die Schulverwaltung bietet dem/der bisherigen Stelleninhaber*in in der Regel alternative Funktionsstellen an. Wird die Stelle z.B. durch Versetzung oder Pensionierung des bisherigen Inhabers frei, gilt für die Neubesetzung die Besoldungsgruppe bzw. Zulage, die der tatsächlichen Schülerzahl entspricht.

Wer wegen Rückgangs der Schülerzahlen in ein Amt mit niedrigerem Endgrundgehalt übertritt, darf auf Antrag die bisherige Amtsbezeichnung weiterführen.

⇨ Besoldungsgesetz (LBesGBW) § 43

4.
Strukturzulage

Die Strukturzulage gibt es im Kultusbereich nur für Lehrkräfte in der Laufbahn der Fachlehrkräfte (Bes.-Gr. A 9 bis A 11) sowie für Studienräte*rätinnen (Bes.-Gr. A 13). Sie beträgt 101,53 Euro ab 1.1.2021*. Die Strukturzulage nimmt an Besoldungserhöhungen teil und ist Bestandteil der ruhegehaltfähigen Dienstbezüge.

⇨ Beamtenversorgungsgesetz; ⇨ Besoldungsgesetz § 46

5.
Vertretungszulage

Im Falle der Vertretung von Personen mit Vorgesetztenfunktion, zum Beispiel Schulleitungen, wird ab dem zweiten Kalendermonat, höchstens für fünf Jahre, eine Zulage gewährt. War der Beamte oder die Beamtin zuvor Stellvertreter*in des/der Amtsinhaber*in des höherwertigen Amtes, wird die Zulage erst ab dem dritten Kalendermonat gewährt. Die Zulage richtet sich nach der Besoldungsgruppe des höherwertigen Amtes und beträgt monatlich*

bis Besoldungsgruppe A12	140 Euro,
in Besoldungsgruppe	
A12 mit Amtszulage	170 Euro,
A13	200 Euro,
A13 mit Amtszulage	230 Euro,
A14	260 Euro,
A14 mit Amtszulage	290 Euro,
A15	320 Euro,
A15 mit Amtszulage	350 Euro,
ab A16 und Landesbesoldungsordnungen B, R, W, C kw	380 Euro.

II.
Lehrkräftezulagenverordnung

§ 1 der VO der Landesregierung über Zulagen für Lehrkräfte mit besonderen Funktionen (Lehrkräftezulagenverordnung) vom 24. April 1995 (GBl. S. 328/1995); zuletzt geändert 19. Februar 2019 (GBl. S. 37; K.u.U. S. 50/2019)

§ 1

(1) Für die Dauer der Verwendung in den in der Anlage zu dieser Verordnung aufgeführten besonderen Funktionen im Sinne des § 57 Abs. 1 Nr. 9 des Landesbesoldungsgesetzes Baden-Württemberg erhalten die dort genannten Lehrer nach Maßgabe der Anlage eine Stellenzulage. *(siehe nächste Seite)*

Hinweis der Redaktion: Zur Ruhegehaltfähigkeit der Zulagen siehe Teil I.2

(2) Eine Verwendung in einer der in der Anlage genannten Funktionen liegt nur vor, wenn die Funktion dem Lehrer durch eine förmliche Bestellung übertragen wurde.

(3) Eine Stellenzulage steht nicht zu, wenn die in der Anlage genannte Funktion bei der Bewertung des Amtes bereits berücksichtigt ist.

(4) Werden mehrere der in der Anlage aufgeführten Funktionen nebeneinander ausgeübt, wird nur eine

* Die Tarifverhandlungen für 2022 waren zum Zeitpunkt der Drucklegung noch nicht abgeschlossen

Stellenzulage, bei Stellenzulagen in unterschiedlicher Höhe nur die höhere Stellenzulage gewährt.

Hinweise der Redaktion:

1. Die Bestellung von Fachberater*innen erfolgt auf Zeit (zwei Jahre; bei Pädagogischen Berater*innen fünf Jahre). Das KM hat hierzu mitgeteilt, es solle „damit keine strikte Regelung i.S. einer Fristberechnung nach dem BGB (z.B. 1.5.1999 bis 30.4.2001) vorgegeben werden [...]. Vielmehr ist eine Anpassung an den Schuljahresrhythmus sinnvoll; [...]". (Quelle: KM, 24.3.1999 Nr. I/3-6401.50/10).
2. Zu den Zulagen für tarifbeschäftigte Lehrkräfte siehe: ➪ Tarifvertrag (Entgelt).

Anlage zu § 1 der LehrkräftezulagenVO

zuletzt geändert 19. April 2019 (GBl. S. 37,46/2019)

Hinweis der Redaktion: Die Höhe der Zulagen ist seit 1995 unverändert; BesGr. = Besoldungsgruppe; Beträge mtl. in Euro

Nr.	Lehrer	Funktion	Stellenzulage
1	Lehrer des gehobenen Dienstes an allgemeinbildenden Schulen und in Ämtern der Technischen Lehrkräfte an beruflichen Schulen in Ämtern der BesGr. A 9 bis A 15	Fachberater in der Lehreraus- und -fortbildung an diesen Schulen	38,81
2	Studienräte und Oberstudienräte	Ausbildungslehrer für Lehramtspraktikanten des höheren Lehramts an Gymnasien oder an beruflichen Schulen	79,89
3	Studienräte und Oberstudienräte	Verwendung an Seminaren für Ausbildung und Fortbildung der Lehrkräfte – Gymnasien oder berufliche Schulen –	
3.1		als Lehrbeauftragter [1)]	79,89
3.2		als Fachleiter	79,89
4	Lehrer des gehobenen Dienstes in Eingangsämtern der BesGr. A 12 oder A 13 sowie in einem nicht funktionsgebundenen Beförderungsamt der BesGr. A 13 oder A 13 kw	Verwendung an Seminaren für Ausbildung und Fortbildung der Lehrkräfte – Grundschulen, Werkreal-, Haupt- und Realschulen, Sonderschulen –	
4.1		als Lehrbeauftragter[1]	38,81
4.2		als Fachleiter	79,89
5	Lehrer in den Laufbahnen der Fachlehrer und der Technischen Lehrer, Lehrer des gehobenen Dienstes in Eingangsämtern der BesGr. A 12 oder A 13 sowie in einem nicht funktionsgebundenen Beförderungsamt der BesGr. A 13 oder A 14 kw, Studienräte und Oberstudienräte	Verwendung an Seminaren für Ausbildung und Fortbildung der Lehrkräfte (Pädagogischen Fachseminaren oder am Fachseminar Sonderpädagogik)	
5.1		als Lehrbeauftragter [1]	38,81
5.2		als Fachleiter	79,89
6	Lehrer in den Laufbahnen als Fachlehrer und der Technischen Lehrer, Lehrer des gehobenen Dienstes in Eingangsämtern der BesGr. A 12 oder A 13 sowie in einem nicht funktionsgebundenen Beförderungsamt der BesGr. A 13 oder A 13 kw	Verwendung an Seminaren für Ausbildung und Fortbildung der Lehrkräfte (Berufliche Schulen)	
6.1		als Lehrbeauftragter [1)]	38,81
6.2		als Fachleiter	79,89

[1)] Die Funktion muss mindestens 20 von Hundert der Gesamttätigkeit des Lehrers in Anspruch nehmen.

➪ Ausbildungsbegleiter*innen, Ausbildungslehrkräfte; ➪ Beamtenversorgungsgesetz; ➪ Besoldung (Allgemeines); ➪ Besoldung (Gehälter); ➪ Besoldung (Lehrkräfte – Eingruppierung); ➪ Besoldungsgesetz (LBesGBW); ➪ Fachberater*innen; ➪ Schulgesetz § 43; ➪ Schulleitung (Geschäftsführende Schulleiter*innen)

Stichwort: Dienstbezüge selbst überprüfen

Nach der Rechtsprechung sind Beamt*innen verpflichtet, ihre Bezüge selbst zu überprüfen und ihre Ansprüche selbstständig und zeitnah geltend zu machen (13.11.2008; BVerwG 2 C 16.07, 2 C 21.07). Als „zeitnah" gilt das laufende Haushaltsjahr; dieses endet am 31. Dezember. Die GEW hilft ihren Mitgliedern dabei, ihre Ansprüche einzufordern.

Besoldungsgesetz (LBesGBW)

Auszüge aus dem Landesbesoldungsgesetz (LBesGBW) vom 9. November 2010 (GBl. S. 793, 826/ 2010); zuletzt geändert 15. Februar 2021 (GBl. S. 104/2021)

Vorbemerkung der Redaktion
Die Verwaltungsvorschrift des Finanz- und Wirtschaftsministeriums zum Landesbesoldungsgesetz vom 27.11.2014 (GABl. S. 934/2014, zul. geändert 9.3.2021 (GABl. S. 186/2021) ist in den nachstehenden Gesetzestext eingearbeitet, soweit diese VwV für dessen Anwendung unmittelbar relevant ist.

1. Abschnitt Allgemeine Vorschriften

§ 1 *Geltungsbereich*

(1) Dieses Gesetz regelt die Besoldung für
1. die Beamten des Landes, [...]

(2) Zur Besoldung gehören folgende Dienstbezüge:
1. Grundgehalt,
2. Leistungsbezüge für Professoren sowie hauptberufliche Leiter und Mitglieder von Leitungsgremien an Hochschulen,
3. Familienzuschlag,
4. Zulagen,
5. Vergütungen,
6. Zuschläge und sonstige in diesem Gesetz geregelte Besoldungsbestandteile,
7. Auslandsbesoldung.

(3) Zur Besoldung gehören ferner folgende sonstige Bezüge:
1. Anwärterbezüge,
2. vermögenswirksame Leistungen.[...]

Hinweis der Redaktion: Die Erstattung von Reisekosten gehört nicht zur Besoldung.

(6) Dieses Gesetz gilt nicht für die öffentlich-rechtlichen Religionsgesellschaften und ihre Verbände.

➪ Besoldung (Allgemeines)

§ 2 *Gleichstellungsbestimmung*

Status- und Funktionsbezeichnungen in diesem Gesetz gelten jeweils in weiblicher und männlicher Form. Beamtinnen und Richterinnen führen die Amtsbezeichnungen, soweit möglich, in weiblicher Form.

§ 3 *Regelung durch Gesetz*

(1) Die Besoldung der Beamten und Richter wird durch Gesetz geregelt. Andere als die in diesem Gesetz geregelten Besoldungsbestandteile dürfen nicht gewährt werden.

(2) Zusicherungen, Vereinbarungen und Vergleiche, die dem Beamten oder Richter eine höhere als die ihm gesetzlich zustehende Besoldung verschaffen sollen, sind unwirksam. Das Gleiche gilt für sonstige Rechtsgeschäfte, die zu diesem Zweck getätigt werden.

(3) Der Beamte oder Richter kann auf die ihm gesetzlich zustehende Besoldung weder ganz noch teilweise verzichten. Ausgenommen hiervon sind die vermögenswirksamen Leistungen, Leistungen im Rahmen einer Entgeltumwandlung zum Aufbau einer privaten Altersvorsorge und Leistungen im Rahmen einer Entgeltumwandlung für vom Dienstherrn geleaste Dienstfahrräder, die den Beamten und Richtern auch zur privaten Nutzung überlassen werden, wenn es sich um Fahrräder im verkehrsrechtlichen Sinne handelt. Eine Entgeltumwandlung nach Satz 2 setzt außerdem voraus, dass sie für eine Maßnahme erfolgt, die vom Dienstherrn den Beamten und Richtern angeboten wird und es diesen freigestellt ist, ob sie das Angebot annehmen.

➪ Entgeltumwandlung

Hinweis der Redaktion: Beamtinnen und Beamte im gehobenen und höheren Dienst (und somit alle beamteten Lehrkräfte) erhalten keine vermögenswirksamen Leistungen.

§ 4 *Anspruch auf Besoldung*

(1) Die Beamten und Richter haben Anspruch auf Besoldung. Der Anspruch entsteht mit dem Tag, an dem ihre Ernennung, Versetzung, Übernahme oder ihr Übertritt in den Dienst eines in § 1 Abs. 1 genannten Dienstherrn wirksam wird. Wird der Beamte oder Richter rückwirkend in eine Planstelle eingewiesen, so entsteht der Anspruch mit dem Tag, der in der Einweisungsverfügung bestimmt ist. [...]

(2) Der Anspruch auf Besoldung endet mit Ablauf des Tages, an dem der Beamte oder Richter aus dem Dienstverhältnis ausscheidet, soweit gesetzlich nichts anderes bestimmt ist.

(3) Besteht der Anspruch auf Besoldung nicht für einen vollen Kalendermonat, so wird nur der Teil der Bezüge gezahlt, der auf den Anspruchszeitraum entfällt, soweit gesetzlich nichts anderes bestimmt ist.

(4) Bei der Berechnung von Bezügen nach § 1 sind die sich ergebenden Bruchteile eines Cents unter 0,5 abzurunden und Bruchteile von 0,5 und mehr aufzurunden. Zwischenrechnungen werden jeweils auf zwei Dezimalstellen durchgeführt. Jeder Bezügebestandteil ist einzeln zu runden.

§ 5 *Zahlungsweise*

(1) Die Dienstbezüge nach § 1 Abs. 2 Nr. 1 bis 3 werden monatlich im Voraus gezahlt. Die anderen Bezüge werden monatlich im Voraus gezahlt, soweit nichts anderes bestimmt ist.

(2) Werden Bezüge nach dem Tag der Fälligkeit gezahlt, so besteht kein Anspruch auf Verzugszinsen.

(3) Für die Zahlungen nach diesem Gesetz hat der Empfänger auf Verlangen der zuständigen Behörde ein Konto in der Europäischen Union anzugeben oder einzurichten, auf das die Überweisung erfolgen kann. Eine Auszahlung auf andere Weise kann nur zugestanden werden, wenn dem Empfänger die

Einrichtung oder Benutzung eines Kontos in der Europäischen Union aus wichtigem Grund nicht zugemutet werden kann. Die Kontoeinrichtungs-, Kontoführungs- oder Buchungsgebühren trägt der Empfänger. Die Übermittlungskosten mit Ausnahme der Kosten für die Gutschrift auf dem Konto des Empfängers trägt der Dienstherr. Bei Überweisungen auf ein im Ausland geführtes Konto trägt der Empfänger die hierdurch bedingten Mehrkosten, die Kosten einer Meldung nach den Vorschriften über die Meldung von Zahlungen der Außenwirtschaftsverordnung [...] sowie die Gefahr der Übermittlung der Zahlung.

§ 6
Verjährung von Ansprüchen

Ansprüche und Rückforderungsansprüche nach diesem Gesetz oder auf der Grundlage dieses Gesetzes verjähren in drei Jahren. Die Verjährung beginnt mit dem Schluss des Jahres, in dem der Anspruch entstanden ist. Im Übrigen sind die Vorschriften des Bürgerlichen Gesetzbuches entsprechend anzuwenden.

§ 7
Besoldung bei mehreren Hauptämtern (nicht abgedruckt)

§ 8
Besoldung bei Teilzeitbeschäftigung

(1) Bei Teilzeitbeschäftigung wird die Besoldung im gleichen Verhältnis wie die Arbeitszeit gekürzt, soweit gesetzlich nichts anderes bestimmt ist .

(2) Bei einer Teilzeitbeschäftigung mit ungleichmäßig verteilter Arbeitszeit, die sich in eine Beschäftigungs- und eine Freistellungsphase aufteilt, gilt Absatz 1 für das Grundgehalt, den Familienzuschlag, die Amtszulagen, die Strukturzulage sowie die vermögenswirksamen Leistungen. Andere Besoldungsbestandteile werden abweichend von Absatz 1 entsprechend dem Umfang der tatsächlich geleisteten Tätigkeit während der Beschäftigungsphase gewährt, wenn sie aufgrund ihrer Anspruchsvoraussetzungen in der Zeit der Freistellungsphase nicht gewährt werden können [...]. ⇨ Teilzeit (Freistellungjahr)

(3) Bei Altersteilzeit nach § 70 [...] LBG [...]wird zur Besoldung nach den Absätzen 1 und 2 ein Zuschlag nach Maßgabe des § 69 gewährt.

Auszug aus der VW des FM zum Besoldungsgesetz vom 30.12.2014

8.1 Eine Teilzeitbeschäftigung berührt das Aufsteigen in den Stufen des Grundgehalts nicht. Weiterhin führt sie auch nicht zu einer (anteiligen) Verlängerung von Mindestzeiten (zum Beispiel [...] Bleibeverpflichtung im Zusammenhang mit Anwärterbezügen und Anwärtersonderzuschlägen, Ruhegehaltfähigkeit einer Stellenzulage [...])

⇨ Beamtengesetz (LBG) § 70; ⇨ Teilzeit / Urlaub (Beamtenrecht – VwV)

§ 9
Besoldung bei begrenzter Dienstfähigkeit

Bei begrenzter Dienstfähigkeit nach § 27 des Beamtenstatusgesetzes (BeamtStG) erhält der Beamte oder Richter Besoldung entsprechend § 8 Absatz 1. Zur Besoldung nach Satz 1 wird ein Zuschlag nach Maßgabe des § 72 gewährt.[...]

⇨ Beamtenstatusgesetz § 27

§ 11
Verlust der Besoldung bei schuldhaftem Fernbleiben vom Dienst

(1) Bleibt der Beamte [...] ohne Genehmigung schuldhaft dem Dienst fern, so verliert er für die Zeit des Fernbleibens seine Bezüge. Dies gilt auch bei einem Fernbleiben vom Dienst für Teile eines Tages. Der Verlust der Bezüge wird durch den Dienstvorgesetzten festgestellt.

Hinweis der Redaktion: In der VwV zum LBesGBW vom 27.11.2014 (GABl. S. 934) ist unter 11.1.2 verfügt: „Der Verlust der Besoldung tritt auch für dienstfreie Tage ein, die von Tagen unerlaubten Fernbleibens vom Dienst umschlossen werden“.

(2) Der Vollzug einer Freiheitsstrafe, die von einem deutschen Gericht verhängt wird, gilt als schuldhaftes Fernbleiben vom Dienst. Für die Zeit einer Untersuchungshaft wird die Besoldung unter dem Vorbehalt der Rückforderung gezahlt. Sie soll zurückgefordert werden, wenn gegenüber dem Beamten [...] aus Anlass des Sachverhalts, der Anlass für die Untersuchungshaft war, eine Freiheitsstrafe verhängt wird. [...] ⇨ Beamtengesetz (LBG) § 68

§ 15
Rückforderung von Bezügen

(1) Wird ein Beamter [...] durch eine gesetzliche Änderung seiner Bezüge einschließlich der Einreihung seines Amtes in die Besoldungsgruppen der Landesbesoldungsordnungen mit rückwirkender Kraft schlechter gestellt, so sind die Unterschiedsbeträge nicht zu erstatten.

(2) Im Übrigen regelt sich die Rückforderung zuviel gezahlter Bezüge nach den Vorschriften des Bürgerlichen Gesetzbuchs über die Herausgabe einer ungerechtfertigten Bereicherung, soweit gesetzlich nichts anderes bestimmt ist. Der Kenntnis des Mangels des rechtlichen Grundes der Zahlung steht es gleich, wenn der Mangel so offensichtlich war, dass der Empfänger ihn hätte erkennen müssen. Von der Rückforderung kann aus Billigkeitsgründen mit Zustimmung der obersten Dienstbehörde oder der von ihr bestimmten Stelle ganz oder teilweise abgesehen werden.

Auszug aus der VW des FM zum Besoldungsgesetz

15.2.3.1 [...]Der Wegfall der Bereicherung kann ohne nähere Prüfung unterstellt werden, wenn die im jeweiligen Monat zu viel gezahlten Bezüge 10 Prozent des insgesamt zustehenden Betrags, höchstens 200 Euro, nicht übersteigen. Dies gilt auch dann, wenn in einem Monat Nachzahlungen erfolgen. [...] Der Wegfall der Bereicherung ist anzunehmen, wenn der Beamte glaubhaft macht, dass er die zu viel gezahlten Bezüge im Rahmen seiner Lebensführung verbraucht hat.[...]

(3) Geldleistungen, die für die Zeit nach dem Tode des Beamten oder Richters auf ein Konto bei einem Geldinstitut überwiesen wurden, gelten als unter Vorbehalt erbracht. Das Geldinstitut hat sie der überweisenden Stelle zurückzuüberweisen, wenn diese sie als zu Unrecht erbracht zurückfordert. Eine Verpflichtung zur Rücküberweisung besteht nicht, soweit über den entsprechenden Betrag bei Eingang der Rückforderung bereits anderweitig verfügt wurde, es sei denn, dass die Rücküberweisung aus einem Guthaben erfolgen kann. Das Geldinstitut darf den überwiesenen Betrag nicht zur Befriedigung eigener Forderungen verwenden.

(4) Soweit Geldleistungen für die Zeit nach dem Tode des Beamten [...] zu Unrecht erbracht worden sind, haben die Personen, die die Geldleistung in Empfang genommen oder über den entsprechenden Betrag verfügt haben, diesen Betrag der überweisenden Stelle zu erstatten, sofern er nicht nach Absatz 3 von dem Geldinstitut zurück überwiesen wird. Ein Geldinstitut, das eine Rücküberweisung mit dem Hinweis abgelehnt hat, dass über den entsprechenden Betrag bereits anderweitig verfügt wurde, hat der überweisenden Stelle auf Verlangen Namen und Anschrift der Personen, die über den Betrag verfügt haben, und etwaiger neuer Kontoinhaber zu benennen. Ein Anspruch gegen die Erben bleibt unberührt.

§ 16
Anpassung der Besoldung

Die Besoldung wird entsprechend der Entwicklung der allgemeinen wirtschaftlichen und finanziellen Verhältnisse und unter Berücksichtigung der mit den Dienstaufgaben verbundenen Verantwortung durch Gesetz regelmäßig angepasst.

§ 17
Versorgungsrücklage

(1) Um die Versorgungsleistungen angesichts der demographischen Veränderungen und des Anstiegs der Zahl der Versorgungsempfänger sicherzustellen, werden Versorgungsrücklagen als Sondervermögen aus der Verminderung der Besoldungs- und Versorgungsanpassungen nach Absatz 2 gebildet. Damit soll zugleich das Besoldungs- und Versorgungsniveau in gleichmäßigen Schritten von durchschnittlich 0,2 Prozent abgesenkt werden.

(2) In der Zeit bis zum 31. Dezember 2017 werden die Anpassungen der Besoldung nach § 16 gemäß Absatz 1 Satz 2 vermindert. Der Unterschiedsbetrag gegenüber der nicht nach Satz 1 verminderten Anpassung wird den Sondervermögen zugeführt. Die Mittel der Sondervermögen dürfen nur zur Finanzierung von Versorgungsausgaben verwendet werden.

(3) Abweichend von Absatz 2 wird die auf den 1. März 2010 folgende allgemeine Anpassung der Besoldung nicht vermindert. Die auf vorangegangenen Anpassungen nach Bundesrecht beruhenden weiteren Zuführungen an die Versorgungsrücklage bleiben unberührt.

(4) Den Versorgungsrücklagen werden im Zeitraum nach Absatz 2 Satz 1 zusätzlich 50 Prozent der Verminderung der Versorgungsausgaben durch das Versorgungsänderungsgesetz 2001 [...] zugeführt. [...]

(5) Die Absätze 1 bis 3 gelten hinsichtlich des Alters- und Hinterbliebenengeldes entsprechend. [...]

§ 18
Dienstlicher Wohnsitz

(1) Dienstlicher Wohnsitz des Beamten oder Richters ist der Ort, an dem die Behörde oder ständige Dienststelle ihren Sitz hat. [...]

§ 19 Aufwandsentschädigungen (nicht abgedruckt)

2. Abschnitt
Grundgehälter, Leistungsbezüge an Hochschulen

1. Unterabschnitt
Allgemeine Grundsätze

§ 20
Grundsatz der funktionsgerechten Besoldung

(1) Die Funktionen der Beamten und Richter sind nach den mit ihnen verbundenen Anforderungen sachgerecht zu bewerten und Ämtern zuzuordnen; eine bestimmte Methode ist dabei nicht vorgegeben. Die Zuordnung von Funktionen zu mehreren Ämtern einer Laufbahngruppe ist zulässig. Die Ämter sind nach ihrer Wertigkeit unter Berücksichtigung der gemeinsamen Belange der in § 1 Abs. 1 genannten Dienstherrn den Besoldungsgruppen zuzuordnen. Zur Feindifferenzierung der Ämtereinstufung können Amtszulagen (§ 43) ausgebracht werden.

(2) *(Ermächtigung; nicht abgedruckt)*

§ 21
Bestimmung des Grundgehalts nach dem Amt

(1) Das Grundgehalt des Beamten [...] bestimmt sich nach der Besoldungsgruppe des ihm verliehenen Amtes. [...]

(2) Ist einem Amt gesetzlich eine Funktion zugeordnet oder richtet sich die Zuordnung eines Amtes zu einer Besoldungsgruppe einschließlich der Gewährung von Amtszulagen nach einem gesetzlich festgelegten Bewertungsmaßstab, insbesondere [...] nach der Schülerzahl einer Schule [...], so gibt die

Stichwort: Verzögerung der Stufenlaufzeit

Das Aufsteigen in den Stufen wird durch eine Unterbrechung der Bezügezahlung (beispielsweise bei einer Beurlaubung ohne Dienstbezüge) verzögert. ⇨ Besoldungsgesetz (LBesG) § 32

Eine Verzögerung tritt nicht ein bei folgenden Zeiten:

- Zeiten einer Kinderbetreuung bis zu drei Jahren für jedes Kind, ⇨ Elternzeit (Beamt*innen)
- Zeiten der tatsächlichen Pflege von nahen Angehörigen (Eltern, Schwiegereltern, Eltern von eingetragenen Lebenspartner*innen, Ehegatten, eingetragenen Lebenspartner*innen, Geschwistern oder Kindern), die nach ärztlichem Gutachten pflegebedürftig sind, bis zu drei Jahren für jeden nahen Angehörigen, ⇨ Urlaub (Pflegezeit – Beamt*innen)
- Zeiten einer Beurlaubung ohne Dienstbezüge, wenn dieser Urlaub nach gesetzlichen Bestimmungen dienstlichen Interessen dient; dies gilt auch, wenn durch die oberste Dienstbehörde oder die von ihr bestimmte Stelle schriftlich anerkannt ist, dass dieser Urlaub dienstlichen Interessen dient. ⇨ Auslandsschuldienst; ⇨ Urlaub (Privatschuldienst)

Erfüllung dieser Voraussetzungen allein keinen Anspruch auf die Besoldung aus diesem Amt.

§ 22
Besoldungsanspruch bei Verleihung eines anderen Amtes

(1) Verringert sich während eines Dienstverhältnisses nach § 1 Abs. 1 die Summe der Dienstbezüge aus Grundgehalt, Amtszulage und Strukturzulage durch die Verleihung eines anderen Amtes aus dienstlichen Gründen, sind abweichend von § 21 das Grundgehalt sowie die Amtszulage und die Strukturzulage zu zahlen, die bei einem Verbleiben in dem bisherigen Amt zugestanden hätten. [...] Veränderungen in der Bewertung des bisherigen Amtes bleiben unberücksichtigt. [...].

(3) Absatz 1 gilt nicht, wenn ein Amt mit leitender Funktion im Beamtenverhältnis auf Probe nicht auf Dauer übertragen wird oder wenn die Verringerung auf einer Disziplinarmaßnahme beruht.

Hinweis der Redaktion: § 23 (Besondere Eingangsbesoldung) wurde mit Wirkung zum 1.1.2018 aufgehoben; § 24 (Eingangsämter für Beamte) und § 25 (Abweichende Eingangsämter) sind hier nicht abgedruckt.

§ 26
Beförderungsämter

Beförderungsämter dürfen außer in den Fällen des § 20 Absatz 1 Satz 2 nur eingerichtet werden, wenn sie sich von den Ämtern der niedrigeren Besoldungsgruppe nach der Wertigkeit der zugeordneten Funktionen wesentlich abheben.

§ 27
Obergrenzen für Beförderungsämter

(1) Die Anteile der Beförderungsämter dürfen nach Maßgabe sachgerechter Bewertung Obergrenzen nicht überschreiten; Beförderungsämter in den Besoldungsgruppen A 15, A 16 und in den Besoldungsgruppen der Landesbesoldungsordnung B sollen zudem nur nach vorheriger Einzelbewertung eingerichtet werden.

(2) Absatz 1 gilt nicht [...]

2. für Lehrer und pädagogisches Hilfspersonal an öffentlichen Schulen und Hochschulen, [...]

§ 28
Landesbesoldungsordnungen A und B

(1) Die Zuordnung der Ämter zu den Besoldungsgruppen und die Amtsbezeichnungen richten sich nach den Landesbesoldungsordnungen. Den Ämtern können Funktionen zugeordnet werden. [...]

⇨ Besoldung (Lehrkräfte – Eingruppierung)

§ 31
Bemessung des Grundgehalts in der Landesbesoldungsordnung A

(1) Die Höhe des Grundgehalts in den Besoldungsgruppen der Landesbesoldungsordnung A wird nach Stufen bemessen. Das Aufsteigen in den Stufen bestimmt sich nach Zeiten mit dienstlicher Erfahrung (Erfahrungszeiten). Erfahrungszeiten sind Zeiten im Dienst eines öffentlich-rechtlichen Dienstherrn im Geltungsbereich des Grundgesetzes in einem Beamten- oder Richterverhältnis mit Anspruch auf Dienstbezüge.

Auszug aus der VW des FM zum Besoldungsgesetz

31.1.1 Zeiten mit Anspmch auf Dienstbezüge werden unabhängig vom Umfang der Beschäftigung berücksichtigt. Bei teilzeitbeschäftigten Beamten erfolgt daher keine Kürzung der Erfahrungszeit entsprechend dem Teilzeitfaktor. Zeiten mit Anspruch auf Dienstbezüge können Zeiten im Beamtenverhältnis auf Probe, auf Lebenszeit, auf Zeit, [...] sein. Anwärterbezüge sind keine Dienstbezüge, sondern sonstige Bezüge. Anwärterzeiten dienen dem Erwerb der Befähigungsvoraussetzungen für den zukünftigen Beruf.

Hinweis der Redaktion: Maximal 10 Jahre im Angestelltenverhältnis an einer staatlich anerkannten Ersatzschule vor der Verbeamtung zählen für die Zuordnung zu einer Erfahrungsstufe (§ 32 LBesGBW).

(2) Das Grundgehalt steigt in den Stufen eins bis vier im Abstand von zwei Jahren, in den Stufen fünf bis acht im Abstand von drei Jahren und ab der Stufe neun im Abstand von vier Jahren bis zum Erreichen des Endgrundgehalts. Zeiten ohne Anspruch auf Grundgehalt verzögern den Stufenaufstieg um diese Zeiten, soweit in § 32 Abs. 2 nichts anderes bestimmt ist. Die sich nach Satz 2 ergebenden Verzögerungszeiten werden auf volle Monate abgerundet.

Auszug aus der VW des FM zum Besoldungsgesetz

31.2.4 Nicht zu einer Verzögerung des Stufenaufstiegs führen die in § 32 Absatz 2 abschließend führten Zeiten. Hierzu gehören zum Beispiel Zeiten einer Kinderbetreuung bis zu drei Jahren für jedes Kind. Die in § 32 Absatz 2 genannten Zeiten werden somit im Ergebnis wie bei den Stufenlaufzeiten berücksichtigt.

(3) Das Aufsteigen in den Stufen beginnt mit dem Anfangsgrundgehalt der jeweiligen Besoldungsgruppe mit Wirkung vom ersten des Monats, in dem die erste Ernennung mit Anspruch auf Dienstbezüge bei einem öffentlich-rechtlichen Dienstherrn im Geltungsbereich des Grundgesetzes wirksam wird. Der Zeitpunkt des Beginns wird um die zu diesem Zeitpunkt vorliegenden, nach § 32 Abs. 1 berücksichtigungsfähigen sowie nach § 32 Absatz 1 Satz 2 als berücksichtigungsfähig anerkannten Zeiten vorverlegt. Ausgehend von dem Zeitpunkt des Beginns werden die Stufenlaufzeiten nach Absatz 2 berechnet. Die Berechnung und die Festsetzung des Zeitpunkts des Beginns des Aufsteigens in den Stufen stellt die bezügezahlende Stelle fest und teilt diese dem Beamten schriftlich mit.

Auszug aus der VW des FM zum Besoldungsgesetz

31.3.2 Liegen zum Zeitpunkt des Beginns der Stufenlaufzeit berücksichtigungsfähige Zeiten nach § 32 Absatz 1 vor, wie zum Beispiel eine Tätigkeit als Arbeitnehmer im öffentlichen Dienst, so wird der Beginn um die jeweilige Zeit nach vorne verlegt. Dies hat zur Folge, dass ab der Ernennung gegebenenfalls ein höheres Grundgehalt als das Anfangsgrundgehalt gezahlt wird. [...]

Eine Festsetzung nach § 31 Absatz 3 Satz 4 ist außerdem in folgenden Fällen vorzunehmen:

a) bei Versetzungen in den Dienst eines Dienstherrn im Geltungsbereich des LBesGBW (§ 1 Absatz 1), zum Beispiel aus dem Dienst eines anderen Landes oder des Bundes,
b) bei Unterbrechungen des Beamtenverhältnisses oder der Rückkehr in das Beamtenverhältnis nach einer Beurlaubung ohne Dienstbezüge oder einer Reaktivierung (§ 29 Absatz 6 BeamtStG), sofern nicht ausschließlich Zeiten nach § 32 Absatz 2 vorliegen [...]

31.3.4 Keine (neue) Festsetzung des Zeitpunkts des Beginns des Aufsteigens in den Stufen findet in aller Regel statt:

a) bei Versetzungen, Übernahmen und Übertritten von Beamten innerhalb des Geltungsbereichs des LBesGBW mit Ausnahme eines Wechsels aus einem Amt der Landesbesoldungsordnungen B, R, W oder C kw in ein Amt der Landesbesoldungsordnung [...]

b) bei Verleihung eines anderen Amtes zum Beispiel durch eine Beförderung,

c) bei einem Wechsel der Laufbahn oder der Lautbahngruppe.

(4) Eine Änderung der Besoldungsgruppe wirkt sich auf die erreichte Stufe grundsätzlich nicht aus. Weist die neue höhere Besoldungsgruppe für diese Stufe kein Grundgehalt aus, wird der Beamte der Stufe des Anfangsgrundgehalts der neuen Besoldungsgruppe zugeordnet. Ab diesem Zeitpunkt beginnt das Aufsteigen in den Stufen des Anfangsgrundgehalts der neuen Besoldungsgruppe. Wechselt der Beamte aus der Endstufe seiner Besoldungsgruppe in eine Besoldungsgruppe, die eine weitere Stufe ausweist, wird für die Festlegung der Stufe in der neuen Besoldungsgruppe die gesamte bisherige Erfahrungszeit berücksichtigt; weist eine neue niedrigere Besoldungsgruppe für diese Stufe kein Grundgehalt aus, wird das Endgrundgehalt der neuen Besoldungsgruppe gezahlt.

Hinweis der Redaktion: Hierfür ein Beispiel: Wenn ein Beamter aus der Endstufe der Bes.-Gr. A 10, der in dieser Endstufe eine Erfahrungszeit von drei Jahren zurückgelegt hat, in die Bes.-Gr. A 11 aufsteigt, erhält er in Bes.-Gr. A 11 sein Grundgehalt aus der Stufe 11 und steigt nach einem weiteren Jahr in Stufe 12 von Bes.-Gr. A 11 auf. In diesem Fall wirkt sich die Änderung der Besoldungsgruppe auf die erreichte Stufe nicht aus. Hat er jedoch in der Endstufe von Bes.-Gr. A 10 bereits eine Erfahrungszeit von fünf Jahren zurückgelegt, erhält er in Bes.-Gr. A 11 sein Grundgehalt sofort aus der Stufe 12, also der Endstufe. In diesem Fall greift die Ausnahme. (Quelle: VwV des FM Nr. 31.4.2)

(5) Wird festgestellt, dass die Leistungen des Beamten nicht den mit seinem Amt verbundenen Mindestanforderungen entsprechen, ist der Beamte darauf hinzuweisen, anforderungsgerechte Leistungen zu erbringen. Ergibt eine weitere Leistungsfeststellung, dass der Beamte die mit seinem Amt verbundenen Mindestanforderungen nach wie vor nicht erbringt, gelten seine Dienstzeiten ab diesem Zeitpunkt nicht als Erfahrungszeiten und er verbleibt in seiner bisherigen Stufe. Diese Feststellungen erfolgen auf der Grundlage von geeigneten Leistungseinschätzungen. Wird bei einer späteren Leistungseinschätzung, die frühestens zwölf Monate nach der Leistungsfeststellung nach Satz 2 erfolgen darf, festgestellt, dass die Leistungen des Beamten wieder den mit dem Amt verbundenen Mindestanforderungen entsprechen, gelten ab dem Zeitpunkt der späteren Leistungseinschätzung seine Dienstzeiten wieder als Erfahrungszeiten. Die Feststellungen trifft die zuständige oberste Dienstbehörde oder die von ihr bestimmte Stelle. Sie sind dem Beamten schriftlich mitzuteilen. Widerspruch und Anfechtungsklage haben keine aufschiebende Wirkung. [...] *(Ermächtigung; nicht abgedruckt)*

⇨ Beurteilung (Lehrkräfte)

Auszug aus der VW des FM zum Besoldungsgesetz

31.5.2 Sieht der zuständige Vorgesetzte Anhaltspunkte dafür, dass die Leistungen des Beamten nicht den mit seinem Amt verbundenen Mindestanforderungen entsprechen, hat er mit dem Beamten ein Mitarbeitergespräch zu führen (§ 31 Absatz 5 Satz 1). In diesem Gespräch sind die Leistungsdefizite sowie die Möglichkeiten ihrer Behebung zu besprechen. Dabei ist auf die Gefährdung des Stufenaufstiegs hinzuweisen. Die Durchführung des Gesprächs sowie der im Rahmen dieses Gesprächs erteilte Hinweis auf die Gefährdung des Stufenaufstiegs sind zu dokumentieren und zu den Personalaktendaten zu nehmen.

(6) Der Beamte verbleibt in seiner bisherigen Stufe, solange er vorläufig des Dienstes enthoben ist. Führt ein Disziplinarverfahren nicht zur Entfernung aus dem Beamtenverhältnis oder endet das Beamtenverhältnis nicht durch Entlassung auf Antrag des Beamten oder infolge strafgerichtlicher Verurteilung, regelt sich das Aufsteigen im Zeitraum seiner vorläufigen Dienstenthebung nach Absatz 2. Absatz 5 bleibt unberührt.

(7) In Fällen einer erneuten Begründung eines Beamtenverhältnisses in einem Eingangsamt einer höheren Besoldungsgruppe hat die bezügezahlende Stelle den Zeitpunkt des Beginns des Aufsteigens in den Stufen abweichend von Absatz 3 zu berechnen, soweit die Berechnung nach Absatz 3 zu einem unbilligen Ergebnis führt. Der Berechnung ist der erste des Monats der erneuten Begründung des Beamtenverhältnisses und das neue Eingangsamt zugrunde zu legen. Dieser Zeitpunkt kann höchstens um die in § 32 Abs. 1 genannten Zeiten vorverlegt werden; die Zeit der hauptberuflichen Tätigkeit in dem früheren Beamtenverhältnis gilt dabei als berücksichtigungsfähige Zeit nach § 32 Abs. 1. § 32 Abs. 3 findet Anwendung.

§ 32
Berücksichtigungsfähige Zeiten

(1) Berücksichtigungsfähige Zeiten nach § 31 Abs. 3 Satz 2 sind:

1. Zeiten einer hauptberuflichen Tätigkeit als Beamter oder Pfarrer im Dienst von öffentlich-rechtlichen Religionsgesellschaften und ihren Verbänden,
2. Zeiten einer hauptberuflichen Tätigkeit als Arbeitnehmer im Dienst eines öffentlich-rechtlichen Dienstherrn oder im Dienst von öffentlich-rechtlichen Religionsgesellschaften und ihren Verbänden, die nicht Voraussetzung für den Erwerb der Laufbahnbefähigung sind.

   Sonstige Zeiten einer hauptberuflichen Tätigkeit, die nicht Voraussetzung für den Erwerb der Laufbahnbefähigung sind oder diese Voraussetzung ersetzen, können insgesamt bis zu zehn Jahren berücksichtigt werden, soweit diese für die Verwendung des Beamten förderlich sind, sofern die hauptberufliche Tätigkeit mindestens

   a) auf der Qualifikationsebene eines Ausbildungsberufs und

   b) sechs Monate ohne Unterbrechung

   ausgeübt wurde. Die Entscheidung darüber, ob und in welchem Umfang sonstige Zeiten als berücksichtigungsfähig anerkannt werden, trifft die oberste Dienstbehörde oder die von ihr bestimmte Stelle. Zeiten nach den vorstehenden Sätzen werden durch Unterbrechungszeiten nach Absatz 2 nicht vermindert.
3. *aufgehoben*
4. Zeiten als Soldat auf Zeit oder als Berufssoldat,
5. Zeiten eines Wehrdienstes nach dem Wehrpflichtgesetz oder Zeiten eines Zivildienstes nach dem Zivildienstgesetz; Zeiten als Entwicklungshelfer

(§ 1 des Entwicklungshelfer-Gesetzes) und Zeiten eines freiwilligen sozialen oder ökologischen Jahres werden bis zur Dauer des gesetzlich geforderten Zivildienstes wie Zeiten eines Zivildienstes behandelt, wenn diese Zeiten zu einer Befreiung vom Zivildienst geführt haben.

6. Zeiten einer Eignungsübung nach dem Eignungsübungsgesetz,
7. Verfolgungszeiten nach dem Beruflichen Rehabilitierungsgesetz, soweit eine Erwerbstätigkeit, die einem Dienst bei einem öffentlich-rechtlichen Dienstherrn (§ 33) entspricht, nicht ausgeübt werden konnte.

Auszug aus der VW des FM zum Besoldungsgesetz vom 30.12.2014

32.1.2 Eine »berufliche« Tätigkeit liegt erst nach dem Erwerb der Voraussetzungen für die Ausübung des jeweiligen Berufs vor. Ausbildungszeiten dienen dem Erwerb der Befähigung für den zukünftigen Beruf und sind daher keine Zeiten einer beruflichen Tätigkeit (zum Beispiel Zeiten in einem Lehr- oder Volontärverhältnis). Dies gilt auch, wenn während der Ausbildungszeit ein Stipendium gezahlt wird. Trainee- und Praktikantenzeiten sind nur dann berücksichtigungsfähig, wenn es sich um keine Ausbildungszeiten handelt und sie die des § 32 Absatz 1 erfüllen. Keine berutliche Tätigkeit sind Zeiten einer Promotion. [...]

32.1.5. Einrichtungen des privaten oder öffentlichen Rechts, die sich Religionsgesellschaften zur Erfüllung einzelner Aufgaben geschaffen haben (wie zum Beispiel den Caritasverband, das Diakonische Werk und kirchliche Orden) zählen nicht zu den Verbänden von öffentlich-rechtlichen Religionsgesellschaften. [...]

32.1.7 Keine berücksichtigungsfähigen Zeiten sind insbesondere auch die Zeiten, die sogenannte Direkteinsteiger in den Schuldienst im Arbeitnehmerverhältnis zum Land bis zur Feststellung der Bewährung verbringen.[...]

32.1.17 Die Entscheidung, ob und in welchem Umfang eine Anerkennung hauptberuflicher förderlicher Zeiten erfolgt, ist nach pflichtgemäßem Ermessen zu treffen. Auch sofem das Vorliegen hauptberuflicher förderlicher Zeiten zu bejahen ist, besteht demnach kein Anspruch darauf, dass diese Zeiten bei der Stufenfestsetzung berücksichtigt werden. Bei der Ermessensentscheidung ist darauf zu achten, dass über gleichgelagerte Fälle nicht ohne sachlichen Grund abweichend entschieden wird. Nicht ausgeschlossen ist allerdings, dass die entscheidende Stelle die Ausübung ihres Ermessens einer veränderten Sachlage anpasst.

(2) Abweichend von § 31 Abs. 2 Satz 2 wird der Aufstieg in den Stufen durch folgende Zeiten nicht verzögert:

1. berücksichtigungsfähige Zeiten nach Absatz 1 nach der ersten Ernennung mit Anspruch auf Dienstbezüge bei einem öffentlich-rechtlichen Dienstherrn im Geltungsbereich des Grundgesetzes,
2. Zeiten einer Kinderbetreuung bis zu drei Jahren für jedes Kind,
3. Zeiten der tatsächlichen Pflege von nach ärztlichem Gutachten pflegebedürftigen nahen Angehörigen (Eltern, Schwiegereltern, Eltern von eingetragenen Lebenspartnern, Ehegatten, eingetragenen Lebenspartnern, Geschwistern oder Kindern) bis zu drei Jahren für jeden nahen Angehörigen,
4. Zeiten einer Beurlaubung ohne Dienstbezüge, die nach gesetzlichen Bestimmungen dienstlichen Interessen dient; dies gilt auch, wenn durch die oberste Dienstbehörde oder die von ihr bestimmte Stelle schriftlich anerkannt ist, dass der Urlaub ohne Dienstbezüge dienstlichen Interessen dient.

Hinweis der Redaktion: Bei Beurlaubungen von Auslandsdienstlehrkräften aus Baden-Württemberg sowie bei Beurlaubungen zu einer Lehrtätigkeit bei einer als Ersatzschule genehmigten Privatschule ist ein dienstliches Interesse anzuerkennen. Die Entscheidung, dass eine Beurlaubung ohne Dienstbezüge in den Auslands- sowie den Privatschuldienst dienstlichen Interessen dient, ist mit der schriftlichen Urlaubsgenehmigung zu verbinden. Für bereits verfügte Beurlaubungen muss das dienstliche Interesse nachträglich schriftlich festgestellt werden. Sofern die Beurlaubung bereits vor dem 1.1.2011 verfügt wurde, ist die nachträgliche Feststellung im Regelfall entbehrlich, weil insoweit auch eine Beurlaubung, die öffentlichen Belangen dient, nicht zu einer Verzögerung des Stufenaufstiegs führt. Endet eine am 1.1.2011 laufende Beurlaubung nach diesem Zeitpunkt, gilt eine Verlängerung hingegen als neue Beurlaubung (§ 100 Abs. 1 S. 5 und 6 LBesGBW). (Quelle: KM, 14.7.2012; AZ: 14-0320.1/89)

(3) Die Summe der Zeiten nach Absatz 1 wird auf volle Monate aufgerundet.

(4) Hauptberuflich ist eine Tätigkeit, die entgeltlich erbracht wird, den Schwerpunkt der beruflichen Tätigkeit darstellt und in dem in einem Beamtenverhältnis zulässigen Umfang abgeleistet wird; hierbei ist auf die beamtenrechtlichen Vorschriften des Landes Baden-Württemberg im jeweiligen Zeitpunkt der Tätigkeit abzustellen.

§ 33
Öffentlich-rechtliche Dienstherrn

(1) Öffentlich-rechtliche Dienstherrn im Sinne der §§ 31 und 32 sind der Bund, die Länder, die Gemeinden (Gemeindeverbände) und andere Körperschaften, Anstalten und Stiftungen des öffentlichen Rechts mit Ausnahme der öffentlich-rechtlichen Religionsgesellschaften und ihrer Verbände.

(2) Der Tätigkeit im Dienst eines öffentlich-rechtlichen Dienstherrn stehen gleich:

1. für Staatsangehörige eines Mitgliedstaates der Europäischen Union die ausgeübte gleichartige Tätigkeit im öffentlichen Dienst einer Einrichtung der Europäischen Union oder im öffentlichen Dienst eines Mitgliedstaats der Europäischen Union und
2. die von volksdeutschen Vertriebenen und Spätaussiedlern ausgeübte gleichartige Tätigkeit im Dienst eines öffentlich-rechtlichen Dienstherrn ihres Herkunftslandes.

§ 34
Nicht zu berücksichtigende Dienstzeiten

(1) § 31 Abs. 1 Satz 3 und Abs. 3 Satz 1 sowie § 32 Abs. 1 gelten nicht für Zeiten einer Tätigkeit für das Ministerium für Staatssicherheit oder das Amt für Nationale Sicherheit der ehemaligen Deutschen Demokratischen Republik. Dies gilt auch für Zeiten, die vor einer solchen Tätigkeit zurückgelegt worden sind. Satz 1 gilt auch für Zeiten einer Tätigkeit als Angehöriger der Grenztruppen der ehemaligen Deutschen Demokratischen Republik.

(2) Absatz 1 Sätze 1 und 2 gelten auch für Zeiten einer Tätigkeit, die aufgrund einer besonderen persönlichen Nähe zum System der ehemaligen

Deutschen Demokratischen Republik übertragen war. Das Vorliegen dieser Voraussetzung wird insbesondere widerlegbar vermutet, wenn der Beamte

1. vor oder bei Übertragung der Tätigkeit eine hauptamtliche oder hervorgehobene ehrenamtliche Funktion in der Sozialistischen Einheitspartei Deutschlands, dem Freien Deutschen Gewerkschaftsbund, der Freien Deutschen Jugend oder einer vergleichbaren systemunterstützenden Partei oder Organisation innehatte oder
2. als mittlere oder obere Führungskraft in zentralen Staatsorganen, als obere Führungskraft beim Rat eines Bezirks, als Vorsitzender des Rates eines Kreises oder einer kreisfreien Stadt oder in einer vergleichbaren Funktion tätig war oder
3. hauptamtlich Lehrender an den Bildungseinrichtungen der staatstragenden Parteien oder einer Massen- oder gesellschaftlichen Organisation war oder
4. Absolvent der Akademie für Staat und Recht oder einer vergleichbaren Bildungseinrichtung war.

3. Abschnitt Familienzuschlag

§ 40 *Grundlage des Familienzuschlags*

Der Familienzuschlag besteht aus einem ehebezogenen und einem kinderbezogenen Teil. [...]

⇨ Besoldung (Gehälter)

§ 41 *Familienzuschlag*

(1) Den ehebezogenen Teil des Familienzuschlags erhalten

1. verheiratete Beamte [...],
2. eingetragene Lebenspartner nach dem Lebenspartnerschaftsgesetz,
3. verwitwete Beamte und Richter, sowie hinterbliebene Beamte und Richter aus einer eingetragenen Lebenspartnerschaft,
4. geschiedene Beamte und Richter sowie Beamte und Richter, deren Ehe oder Lebenspartnerschaft aufgehoben oder für nichtig erklärt ist, wenn sie aus der Ehe oder Lebenspartnerschaft zum Unterhalt verpflichtet sind, sofern diese Unterhaltsverpflichtung mindestens die Höhe des ehebezogenen Teils des Familienzuschlags nach Anlage 12 erreicht,
5. andere Beamte und Richter, die eine andere Person nicht nur vorübergehend in ihre Wohnung aufgenommen haben und ihr Unterhalt gewähren, weil sie gesetzlich oder sittlich dazu verpflichtet sind oder aus beruflichen oder gesundheitlichen Gründen ihrer Hilfe bedürfen. Dies gilt bei gesetzlicher oder sittlicher Verpflichtung zur Unterhaltsgewährung nicht, wenn für den Unterhalt der aufgenommenen Person Mittel zur Verfügung stehen, die, bei einem Kind einschließlich des gewährten Kindergeldes und des kinderbezogenen Teils des Familienzuschlags, das Sechsfache des Betrags des ehebezogenen Teils des Familienzuschlags übersteigen; kurzfristige Überschreitungen dieser Grenze während höchstens zwei Monaten im Kalenderjahr bleiben hierbei unberücksichtigt. Als in die Wohnung aufgenommen gilt ein Kind auch, wenn der Beamte oder Richter es auf seine Kosten anderweitig untergebracht hat, ohne dass dadurch die häusliche Verbindung mit ihm aufgehoben werden soll. Beanspruchen mehrere nach dieser Vorschrift oder einer vergleichbaren Regelung Anspruchsberechtigte einen ehebezogenen Teil des Familienzuschlags oder eine entsprechende Leistung, wird der ehebezogene Teil des Familienzuschlags nach der Zahl der Berechtigten anteilig gewährt; Absatz 2 Satz 3 gilt entsprechend.

(2) Steht der Ehegatte oder Lebenspartner eines Beamten oder Richters als Beamter, Richter oder Soldat im öffentlichen Dienst und stünde ihm ebenfalls ein ehebezogener Teil des Familienzuschlags oder eine entsprechende Leistung zu, so erhält der Beamte oder Richter den ehebezogenen Teil des Familienzuschlags zur Hälfte; hierbei steht einem Beamten gleich, wer in einem anderen Rechtsverhältnis steht, auf das die Regelungen dieses Gesetzes zum Familienzuschlag aufgrund einer Rechtsvorschrift entsprechende Anwendung finden. § 8 findet auf den Betrag keine Anwendung, wenn einer der Ehegatten oder Lebenspartner vollbeschäftigt oder nach beamtenrechtlichen Grundsätzen versorgungsberechtigt ist oder beide Ehegatten oder Lebenspartner in Teilzeit beschäftigt sind und dabei zusammen mindestens die regelmäßige Arbeitszeit bei Vollzeitbeschäftigung erreichen. Eine entsprechende Leistung im Sinne des Satzes 1 liegt vor, wenn die Leistung, bei Versorgungsempfängern der entsprechende ruhegehaltfähige Dienstbezug, monatlich gewährt wird und mindestens 40 Prozent des Betrags des ehebezogenen Teils des Familienzuschlags erreicht. Satz 1 gilt nicht, wenn beide Ehegatten oder Lebenspartner in Teilzeit beschäftigt sind und dabei zusammen die regelmäßige Arbeitszeit bei Vollzeitbeschäftigung nicht erreichen; § 8 bleibt unberührt.

(3) Einen kinderbezogenen Teil des Familienzuschlags für jedes Kind erhalten Beamte [...], denen Kindergeld nach dem Einkommenssteuergesetz oder nach dem Bundeskindergeldgesetz zusteht oder ohne Berücksichtigung der §§ 64 oder 65 des Einkommensteuergesetzes oder der §§ 3 oder 4 des Bundeskindergeldgesetzes zustehen würde.

(4) Stünde neben dem Beamten [...] einer anderen Person im öffentlichen Dienst ein kinderbezogener Teil des Familienzuschlags oder eine entsprechende Leistung für ein oder mehrere Kinder zu, so wird der auf das jeweilige Kind entfallende Betrag des Familienzuschlags dem Beamten [...] gewährt, wenn und soweit ihm das Kindergeld nach dem Einkommenssteuergesetz oder nach dem Bundeskindergeldgesetz gewährt wird oder ohne Berücksichtigung des § 65 des Einkommensteuergesetzes oder des § 4 des Bundeskindergeldgesetzes vorrangig zu gewähren wäre. Auf das Kind entfällt derjenige Betrag, der sich aus der für die Anwendung des Einkommenssteuergesetzes oder des Bundeskindergeldgesetzes

maßgebenden Reihenfolge der Kinder ergibt. § 8 findet auf den Betrag keine Anwendung, wenn einer der Anspruchsberechtigten im Sinne des Satzes 1 vollbeschäftigt oder nach beamtenrechtlichen Grundsätzen versorgungsberechtigt ist oder mehrere Anspruchsberechtigte in Teilzeit beschäftigt sind und dabei zusammen mindestens die regelmäßige Arbeitszeit bei Vollzeitbeschäftigung erreichen. Eine entsprechende Leistung im Sinne des Satzes 1 liegt vor, wenn kinderbezogene Leistungen nach Besoldungs- oder Versorgungsgesetzen oder Besitzstandszulagen nach den Überleitungstarifverträgen zum TVöD oder TV-L oder einem zu diesen vergleichbaren Tarifvertrag gewährt werden. Zudem muss die Leistung monatlich gewährt werden und mindestens 80 Prozent des Betrags des kinderbezogenen Teils des Familienzuschlags für erste Kinder erreichen.

(5) Öffentlicher Dienst im Sinne der Absätze 2 und 4 ist die Tätigkeit im Dienst des Bundes, eines Landes, einer Gemeinde oder anderer Körperschaften, Anstalten und Stiftungen des öffentlichen Rechts oder der Verbände von solchen, sowie die Versorgungsberechtigung aufgrund einer solchen Tätigkeit; ausgenommen ist die Tätigkeit bei öffentlich-rechtlichen Religionsgesellschaften oder ihren Verbänden. Dem öffentlichen Dienst steht die Tätigkeit im Dienst einer zwischenstaatlichen oder überstaatlichen Einrichtung gleich, an der der Bund oder eine der in Satz 1 bezeichneten Körperschaften oder einer der dort bezeichneten Verbände durch Zahlung von Beiträgen oder Zuschüssen oder in anderer Weise beteiligt ist. [...]

(6) Wegen der Erhebung und des Austausches der zur Durchführung dieser Vorschrift erforderlichen personenbezogenen Daten durch die Bezügestellen des öffentlichen Dienstes (Absatz 5) wird auf die §§ 83 und 85 Abs. 4 LBG verwiesen.

⇨ Beamtengesetz (LBG) §§ 83 und 85

§ 42
Änderung des Familienzuschlags

Der Familienzuschlag wird vom Ersten des Monats an gezahlt, in den das hierfür maßgebende Ereignis fällt. Er wird nicht mehr gezahlt für den Monat, in dem die Anspruchsvoraussetzungen an keinem Tage vorgelegen haben. Die Sätze 1 und 2 gelten entsprechend für die Zahlung von Teilbeträgen des Familienzuschlags.

4. Abschnitt Zulagen, Vergütungen, Zuschläge

1. Unterabschnitt Amtszulagen und Strukturzulage

§ 43
Amtszulagen

(1) Zur Feindifferenzierung der Ämtereinstufung können für herausgehobene Funktionen Amtszulagen vorgesehen werden. Sie dürfen 75 Prozent des Unterschiedsbetrags zwischen dem Endgrundgehalt der Besoldungsgruppe des Beamten [...] und dem Endgrundgehalt der nächsthöheren Besoldungsgruppe nicht übersteigen, soweit in diesem Gesetz nichts anderes bestimmt ist.

(2) Amtszulagen sind unwiderruflich und ruhegehaltfähig. Sie gelten als Bestandteil des Grundgehalts und nehmen an den regelmäßigen Besoldungsanpassungen nach § 16 teil.

(3) Die einzelnen Amtszulagen ergeben sich aus den §§ 44 und 45 sowie den Landesbesoldungsordnungen. Die Höhe der Amtszulagen ergibt sich aus Anlage 13. [...] ⇨ Besoldung (Zulagen)

§ 46
Strukturzulage

Beamte in den Besoldungsgruppen A 6 bis A 13 erhalten eine unwiderrufliche, das Grundgehalt ergänzende, ruhegehaltfähige Strukturzulage. Satz 1 gilt nicht für:

1. Lehrkräfte des gehobenen Dienstes sowie Inhaber von Schulleitungsämtern mit Ausnahme der Lehrer und Inhaber von Schulleitungsämtern in der Laufbahn der Fachlehrer und der Laufbahn der landwirtschaftstechnischen Lehrer und Berater, [...] ⇨ Besoldung (Zulagen)

Die Strukturzulage nimmt an den regelmäßigen Besoldungsanpassungen nach § 16 teil. [...]

2. Unterabschnitt Stellenzulagen

§ 47
Stellenzulagen

(1) Für herausgehobene Funktionen können Stellenzulagen vorgesehen werden. [...]

(2) Stellenzulagen dürfen nur für die Dauer der Wahrnehmung der herausgehobenen Funktion gewährt werden, soweit in diesem Gesetz nichts anderes bestimmt ist.

(3) Die Stellenzulagen nehmen an den regelmäßigen Besoldungsanpassungen nach § 16 nicht teil, es sei denn, ihre Höhe richtet sich nach einer dynamischen Bemessungsgrundlage dieses Gesetzes.

(4) Die einzelnen Stellenzulagen ergeben sich aus diesem Unterabschnitt. Sie sind widerruflich und nur ruhegehaltfähig, wenn dies gesetzlich bestimmt ist. [...] ⇨ Besoldung (Zulagen)

§ 57
Weitere Stellenzulagen

(1) Eine Stellenzulage erhalten: [...]

3. Geschäftsführende Schulleiter im Sinne von § 43 des Schulgesetzes für Baden-Württemberg,
4. Fachschulräte an Hochschulen für angewandte Wissenschaften, Pädagogischen Hochschulen, Staatlichen Akademien der bildenden Künste und an der Staatlichen Hochschule für Gestaltung Karlsruhe, [...]
9. Lehrkräfte, die Aufgaben im Rahmen der Lehrerausbildung oder -fortbildung ständig wahrnehmen. [...]

Hinweis der Redaktion: Zum 1.1.2013 wurde die Zulage nach Nr. 9 (alt) für Fachberater*innen Schulentwicklung oder als Fremdevaluator*innen, die ihre Aufgaben mit ihrem jeweils vollständigen Deputat wahrnehmen, gestrichen. Zur Übergangsregelung siehe ⇨ Besoldung (Zulagen).

(2) Die Stellenzulage nach Absatz 1 Nr. 4 ist ruhegehaltfähig, die Zahl der Stellen ist im Stellenplan des Haushalts festzulegen. [...].

4. Unterabschnitt Vergütungen

§ 62a Vertretungszulage

(1) Beamte und Richter, denen kommissarisch die Aufgaben eines höherwertigen Amtes übertragen werden, erhalten für die Dauer der Wahrnehmung eine nicht ruhegehaltfähige Zulage, wenn zum Amtsinhalt des höherwertigen Amtes die Vorgesetztenfunktion gemäß § 3 Absatz 4 LBG über alle Beamte und Richter der Behörde im Sinne des § 18 [...]des Amtsinhabers des höherwertigen Amtes gehört. [...]

(2) Die Zulage wird ab dem zweiten Kalendermonat gewährt, der auf den Monat des Wirksamwerdens der Aufgabenübertragung folgt, höchstens jedoch für eine ununterbrochene Dauer von fünf Jahren. War der Beamte oder Richter zuvor Stellvertreter des Amtsinhabers des höherwertigen Amtes, wird die Zulage ab dem dritten Kalendermonat gewährt, der auf den Monat des Wirksamwerdens der Aufgabenübertragung folgt.

(3) Die Zulage richtet sich nach der Besoldungsgruppe des höherwertigen Amtes nach Absatz 1 und beträgt monatlich

bis Besoldungsgruppe A12	140 Euro,
in Besoldungsgruppe	
A12 mit Amtszulage	170 Euro,
A13	200 Euro,
A13 mit Amtszulage	230 Euro,
A14	260 Euro,
A14 mit Amtszulage	290 Euro,
A15	320 Euro,
A15 mit Amtszulage	350 Euro,
A16 und den Landesbesoldungsordnungen B, R, W, C kw	380 Euro.

Die Höhe der Zulage ist beschränkt auf den Unterschiedsbetrag zwischen der Summe der Dienstbezüge aus Grundgehalt, Amts- und Strukturzulage, die dem Beamten oder Richter zusteht und der Summe der Dienstbezüge aus Grundgehalt, Amts- und Strukturzulage, die ihm bei Übertragung des höherwertigen Amtes nach Absatz 1 zustehen würde. Bei einer Übertragung der Vertretungsaufgaben zu einem Bruchteil der für den Beamten oder Richter geltenden Arbeitszeit wird die ihm zustehende Zulage entsprechend diesem Bruchteil anteilig gewährt. [...]

§ 65 Mehrarbeitsvergütung

(1) Beamten mit Dienstbezügen in Besoldungsgruppen mit aufsteigenden Gehältern kann in folgenden Bereichen für Mehrarbeit eine Vergütung gewährt werden: [...]

5. im Schuldienst als Lehrkraft, [...].

Auszug aus der VW des FM zum Besoldungsgesetz

65.1.3 Mehrarbeit im Schuldienst (§ 65 Absatz 1 Satz 1 Nummer 5) liegt vor, wenn von einer Lehrkraft auf Anordnung oder mit Genehmigung über die sich aus Rechts- und Verwaltungsvorschriften oder Verwaltungsakten ergebende individuelle Pflichtstundenzahl hinaus Unterricht erteilt wird. Da abgeltbare Mehrarbeit nur bei einer Mehrbeanspruchung durch Unterrichts tätigkeit vorliegt, kann für die Teilnahme an Schulveranstaltungen, die keinen Unterricht darstellen, und für außerunterrichtliche Tätigkeiten (zum Beispiel Teilnahme an Eltern- und Schülersprechterminen, Lehrerkonferenzen oder Fortbildungsveranstaltungen, Erledigung von Verwaltungsarbeit, bloße Beaufsichtigung einer Klasse ohne Unterrichtserteilung) keine Mehrarbeitsvergütung gewährt werden.

Hinweis der Redaktion: Rechtsgrundlage für die Mehrarbeit von Beamt*innen ist ➪ Beamtengesetz (LBG) § 67. Bitte hierzu den Beitrag ➪ Mehrarbeit (Allgemeines) beachten. Die Anordnung von Mehrarbeit (Überstunden), Bereitschaftsdienst und Rufbereitschaft unterliegt der Mitbestimmung des Personalrats.

➪ Arbeitszeit (Lehrkräfte) – Allgemeines Nr. 6; ➪ Personalvertretungsgesetz (LPVG) § 74 Abs. 2 Nr. 4

(2) Die Vergütung wird nur gewährt, wenn die Mehrarbeit

1. von Beamten geleistet wurde, für die beamtenrechtliche Arbeitszeitregelungen gelten,
2. schriftlich oder elektronisch angeordnet oder genehmigt wurde und
3. aus zwingenden dienstlichen Gründen nicht durch Dienstbefreiung innerhalb von mindestens einem Jahr ausgeglichen werden kann.

(3) Die Höhe der Vergütung pro Mehrarbeitsstunde ergibt sich aus Anlage 15 *(hier nicht abgedruckt;* ➪ Mehrarbeit – Vergütung*)*. Die für die Vergütungssätze maßgebenden Verhältnisse richten sich nach dem Zeitpunkt, an dem die Mehrarbeit geleistet wurde. Als Mehrarbeitsstunde gilt die volle Zeitstunde, im Schuldienst die Unterrichtsstunde. [...] Die im Laufe eines Monats abgeleisteten Mehrarbeitszeiten werden zusammengerechnet; ergibt sich hierbei ein Bruchteil einer Stunde, so werden 30 Minuten und mehr auf eine volle Stunde aufgerundet, weniger als 30 Minuten bleiben unberücksichtigt. Besteht keine feste tägliche Arbeitszeit, so dass eine Mehrarbeit nicht für den einzelnen Arbeitstag, sondern nur aufgrund der regelmäßigen wöchentlichen Arbeitszeit für eine volle Woche ermittelt werden kann, so ist Mehrarbeit innerhalb einer Kalenderwoche, wenn diese zum Teil auf den laufenden, zum Teil auf den folgenden Kalendermonat fällt, dem folgenden Kalendermonat zuzurechnen. Die Vergütung wird für höchstens 480 Mehrarbeitsstunden, im Schuldienst höchstens für 288 Unterrichtsstunden im Kalenderjahr gewährt.

(4) Mehrarbeit wird nicht vergütet, sofern sie fünf Stunden, im Schuldienst drei Unterrichtsstunden im Kalendermonat nicht übersteigt. Bei Teilzeitbeschäftigung vermindert sich diese Grenze entsprechend der Verringerung der Arbeitszeit. [...]

➪ Mehrarbeit (allgemeines) IV 2. a)

(6) Teilzeitbeschäftigte, mit Ausnahme von Beamten in Altersteilzeit, erhalten bis zur Erreichung der regelmäßigen Arbeitszeit von Vollzeitbeschäftigten je Stunde vergütungsfähiger Mehrarbeit eine Vergütung in Höhe des auf eine Stunde entfallenden Anteils der Besoldung entsprechender Vollzeitbeschäftigter. Zur Ermittlung der auf eine Stunde entfallenden anteiligen Besoldung sind die monatlichen Bezüge entsprechender Vollzeitbeschäftigter durch das 4,348-Fache ihrer regelmäßigen wöchentlichen Arbeitszeit zu teilen. Bezüge, die nicht der anteiligen Kürzung nach § 8 Abs. 1 unterliegen, bleiben unberücksichtigt. Mehrarbeit, die über die

Arbeitszeit von Vollzeitbeschäftigten hinausgeht, wird nach Anlage 15 vergütet.

5. Unterabschnitt
Zuschläge und sonstige Besoldungsbestandteile

§ 69

Zuschlag bei Altersteilzeit

(1) Beamte und Richter in Altersteilzeit erhalten zusätzlich zu der Besoldung nach § 8 Abs. 1 einen nicht ruhegehaltfähigen Altersteilzeitzuschlag. Der Zuschlag wird gewährt in Höhe des Unterschiedsbetrags zwischen

1. der Nettobesoldung, die sich während der Altersteilzeit aus der – entsprechend der ermäßigten Arbeitszeit nach § 8 Abs. 1 gekürzten – Bruttobesoldung ergibt, und
2. 80 Prozent der Nettobesoldung, die aus der Bruttobesoldung nach der bisherigen Arbeitszeit zustehen würde; maßgebend ist die Arbeitszeit, die Bemessungsgrundlage für die ermäßigte Arbeitszeit während der Altersteilzeit war. § 9 ist zu berücksichtigen.

(2) Grundlage für die Ermittlung der Höhe des Zuschlags sind die Dienstbezüge nach § 1 Abs. 2 Nr. 1 bis 3, [...] Amts- und Stellenzulagen, die Strukturzulage sowie Überleitungs- und Ausgleichszulagen, die wegen des Wegfalls oder einer Verminderung solcher Bezüge zustehen. Stellenzulagen, die nach § 8 Abs. 2 Satz 2 entsprechend dem Umfang der tatsächlich geleisteten Tätigkeit gewährt werden, sind von Satz 1 ausgenommen.

(3) Zur Ermittlung der Nettobesoldung nach Absatz 1 Satz 2 Nr. 2 ist die Bruttobesoldung um die Lohnsteuer entsprechend der individuellen Steuerklasse des Beamten sowie den Solidaritätszuschlag zu vermindern; steuerliche Freibeträge oder sonstige individuelle Merkmale bleiben unberücksichtigt. Ein Abzug für Kirchensteuer in Höhe von 8 Prozent der Lohnsteuer erfolgt bei Ermittlung der Nettobesoldung nach Satz 1 nur dann, wenn auch die Nettobesoldung nach Absatz 1 Satz 2 Nr. 1 um die Kirchensteuer vermindert wird.

Auszug aus der VW des FM zum Besoldungsgesetz

69.3.2 Die Bezüge einschließlich des Altersteilzeitzuschlags sind bei allen Änderungen der maßgeblichen Verhältnisse neu zu berechnen (zum Beispiel lineare Besoldungsanpassung, Stufenaufstieg, Beförderung).

⇨ Beamtengesetz (LBG) § 70

§ 70

Ausgleich bei vorzeitiger Beendigung der Altersteilzeit

Wenn die Altersteilzeit im Blockmodell vorzeitig endet, und die insgesamt gezahlten Altersteilzeitbezüge geringer sind als die Besoldung, die nach der tatsächlich geleisteten Arbeitszeit zugestanden hätte, ist ein Ausgleich in Höhe des Unterschiedsbetrags zu gewähren. Dabei bleiben Zeiten ohne Dienstleistung in der Arbeitsphase unberücksichtigt, soweit sie insgesamt sechs Monate überschreiten.[...]

§ 71

Ausgleichszahlung zur Abgeltung von Arbeitszeitguthaben (nicht abgedruckt)

§ 72

Zuschlag bei begrenzter Dienstfähigkeit

(1) Begrenzt Dienstfähige erhalten zusätzlich zu der Besoldung nach § 9 Satz 1 einen nicht ruhegehaltfähigen Zuschlag. Der Zuschlag beträgt 50 Prozent des Unterschiedsbetrags zwischen den nach § 9 Satz 1 gekürzten Dienstbezügen und den Dienstbezügen, die sie bei Vollzeitbeschäftigung erhalten würden. Ist die Arbeitszeit über die begrenzte Dienstfähigkeit hinaus aufgrund einer Teilzeitbeschäftigung reduziert, wird der Zuschlag nach Satz 2 entsprechend dem Verhältnis zwischen der reduzierten tatsächlichen Arbeitszeit und der wegen der begrenzten Dienstfähigkeit verringerten Arbeitszeit gewährt. In Fällen einer Teilzeitbeschäftigung mit ungleichmäßig verteilter Arbeitszeit, die sich in eine Beschäftigungs- und eine Freistellungsphase aufteilt, gilt während des gesamten Bewilligungszeitraums als tatsächliche Arbeitszeit im Sinne des Satzes 3 der Umfang der Teilzeitbeschäftigung.

Hinweise der Redaktion:

1. Wer vollbeschäftigt war und mit 50 % in der begrenzten Dienstfähigkeit arbeitet, erhält demnach 75 % der vollen Dienstbezüge.
2. Mit ungleichmäßiger Verteilung der Arbeitszeit sind hier Modelle wie Sabbatjahr oder Altersteilzeit gemeint.

(2) Dienstbezüge im Sinne von Absatz 1 sind die Dienstbezüge nach § 1 Absatz 2 Nr. 1 bis 3, [...] Amts- und Stellenzulagen, die Strukturzulage sowie Ausgleichs- und Überleitungszulagen, die wegen des Wegfalls oder einer Verminderung solcher Bezüge zustehen.

(3) Ein Zuschlag nach dieser Vorschrift wird nicht gewährt, wenn ein Zuschlag nach § 69 oder § 74 zusteht.

§ 73

Zuschlag bei freiwilliger Weiterarbeit

(1) Bei Hinausschiebung der Altersgrenze nach § 39 LBG wird ab dem Beginn des auf den Zeitpunkt des Erreichens der gesetzlichen Altersgrenze folgenden Kalendermonats nach Maßgabe des Absatzes 2 ein nicht ruhegehaltfähiger Zuschlag gewährt, soweit nicht bei einer Teilzeitbeschäftigung mit ungleichmäßig verteilter Arbeitszeit eine Freistellungsphase vorliegt. Der Zuschlag beträgt 10 Prozent der Summe aus den Dienstbezügen nach § 1 Abs. 2 Nr. 1 bis 3, [...] den Amtszulagen sowie der Strukturzulage. [...]

⇨ Beamtengesetz (LBG) § 39; ⇨ Teilzeit (Freistellungsjahr)

(2) Voraussetzung für den Zuschlag ist, dass der Beamte [...] aus dem laufenden Beamten-[...]verhältnis keine Versorgungsbezüge wegen Alters erhält und dass er den Höchstruhegehaltssatz (§ 27 Abs. 1 LBeamtVGBW) erreicht hat. Erreicht der Beamte [...] den Höchstruhegehaltssatz erst während der Zeit des Hinausschiebens, wird der Zuschlag ab Beginn des folgenden Kalendermonats gezahlt.

(3) Liegen die Voraussetzungen des § 40 Absatz 2 LBG vor, gelten die Absätze 1 und 2 bis zum Beginn des Ruhestands entsprechend. Satz 1 gilt für Schwerbehinderte im Sinne des § 2 Absatz 2 des Neunten Buches Sozialgesetzbuch bei Vorliegen der Voraussetzungen für ein versorgungsabschlagsfreies Ruhegehalt nach § 27 Absatz 2 Satz 1 Nummer 2 in

Verbindung mit § 100 Absatz 2 LBeamtVGBW entsprechend. [...] ⇨ Beamtenversorgung (Allgemeines)

§ 74
Zuschlag bei freiwilliger Weiterarbeit in Teilzeit

Bei einer Teilzeitbeschäftigung bei Hinausschiebung der Altersgrenze nach § 39 in Verbindung mit § 69 LBG erhält der Beamte oder Richter ab dem Beginn des auf den Zeitpunkt des Erreichens der gesetzlichen Altersgrenze folgenden Kalendermonats zur Besoldung nach § 8 Abs. 1 einen nicht ruhegehaltfähigen Zuschlag, soweit nicht bei einer Teilzeitbeschäftigung mit ungleichmäßig verteilter Arbeitszeit eine Freistellungsphase vorliegt. Bemessungsgrundlage für den Zuschlag ist das Ruhegehalt, das der Beamte oder Richter bei Versetzung in den Ruhestand wegen Erreichens der Altersgrenze erhalten hätte. Die Höhe des Zuschlags entspricht dem Teil des Ruhegehalts, der sich aus dem Verhältnis der Freistellung während der Hinausschiebung der Altersgrenze zur regelmäßigen Arbeitszeit ergibt. § 73 bleibt unberührt. Liegen die Voraussetzungen des § 40 Absatz 2 LBG vor, gelten die Sätze 1 bis 4 bis zum Beginn des Ruhestands entsprechend. Satz 5 gilt für Schwerbehinderte im Sinne des § 2 Absatz 2 des Neunten Buches Sozialgesetzbuch bei Vorliegen der Voraussetzungen für ein versorgungsabschlagsfreies Ruhegehalt nach § 27 Absatz 2 Satz 1 Nummer 2 in Verbindung mit § 100 Absatz 2 LBeamtVGBW entsprechend.

Hinweis der Redaktion: Beamt*innen, die nach 45 Dienstjahren mit Vollendung des 65. Lebensjahres oder als Schwerbehinderte vor Vollendung des gesetzlichen Pensionsalters ohne Abschlag in Pension gehen könnten, erhalten im Falle der Weiterarbeit ab diesem Zeitpunkt bereits den Zuschlag.

⇨ Ruhestand (Beamtenrecht); ⇨ Teilzeit / Urlaub (Beamtenrecht)

§ 75
Sonderzuschläge zur Sicherung der Funktions- und Wettbewerbsfähigkeit (Ermächtigung; nicht abgedruckt)

§ 76
Leistungsprämien (hier nicht abgedruckt)

Hinweis der Redaktion: Zur Abgeltung von herausragenden Leistungen können Leistungsprämien vergeben werden (auch an die Mitglieder von Teams, die an der Erstellung des Arbeitsergebnisses wesentlich beteiligt waren). Umgekehrt können Minderleistungen auch nachteilige Folgen nach sich ziehen („Stufenhemmung"). Diese Regelungen werden im Bereich der öffentlichen Schulen derzeit (Stand: 11/2021) nicht angewandt.

§ 77
Fahrkostenersatz für Fahrten zwischen Wohnung und Dienststätte

Zu den Aufwendungen für Fahrten zwischen Wohnung und Dienststätte mit regelmäßig verkehrenden öffentlichen Beförderungsmitteln kann im Rahmen besonderer haushaltsrechtlicher Regelungen ganz oder teilweise ein Fahrkostenersatz gewährt werden. Anwärter und Auszubildende in öffentlich-rechtlichen Ausbildungsverhältnissen (§ 88) erhalten unter den gleichen Voraussetzungen Fahrkostenersatz für Fahrten zwischen Wohnung und Ausbildungsstätte. [...]

6. Abschnitt
Anwärterbezüge

§ 79
Anwärterbezüge

(1) Beamte auf Widerruf im Vorbereitungsdienst (Anwärter) erhalten Anwärterbezüge.

(2) Zu den Anwärterbezügen gehören der Anwärtergrundbetrag und die Anwärtersonderzuschläge. Daneben werden nach Maßgabe dieses Gesetzes der Familienzuschlag und die vermögenswirksamen Leistungen gewährt. Zulagen, Vergütungen, Zuschläge und sonstige Besoldungsbestandteile werden nur gewährt, wenn dies in diesem Gesetz besonders bestimmt ist. [...] ⇨ Besoldung (Anwärterbezüge)

§ 80
Bezüge des Anwärters nach Ablegung der Laufbahnprüfung

Endet das Beamtenverhältnis eines Anwärters mit Ablauf des Tages der Ablegung oder dem endgültigen Nichtbestehen der für die Laufbahn vorgeschriebenen Prüfung, werden die Bezüge des Anwärters (§ 79 Absätze 2 und 3) für die Zeit nach Ablegung

Stichwort: Für Bedürftige eintreten

In jeder Schulklasse gibt es Kinder, deren Erziehungsberechtigte (oft ist das nur eine Person: die alleinerziehende Mutter, seltener der Vater) es sich aus den verschiedensten Gründen nicht leisten können, dem Kind *„die paar Euro"* mitzugeben, die mal für diesen und mal für jenen Zweck fällig werden. Da Armut als Schande empfunden wird, die man verdeckt, ist die Notlage dieser Schüler*innen oft nicht ohne Weiteres sichtbar. Das müssen übrigens nicht die landläufig „Hartzer" genannten Kinder von Menschen sein, die „Transferleistungen" beziehen („Hartz IV", „Aufstocker", Flüchtlinge). Es gibt auch viele Menschen mit einem Einkommen knapp oberhalb der Schwelle für gesetzlichen Leistungen. Bisweilen sind die noch übler dran. Mit diesen Menschen sind wir solidarisch.

Wir Lehrkräfte, vor allem wir Mitglieder der GEW, sollten uns dessen stets bewusst sein. Wir bestehen auf der vollen Gewährleistung der Schulgeldfreiheit, wir machen keine kostspieligen Ausflüge, wir bekämpfen jede Form der Diskriminierung und Ausgrenzung solcher Kinder. Wir nehmen bei Klassenfahrten usw. keine „Freiplätze" für uns in Anspruch, sondern lassen sie bedürftigen Schüler*innen zukommen (das beschließen wir auch mit bindender Wirkung in der Gesamtlehrerkonferenz) und wir machen nicht mit bei der Erhebung von „Kopiergeld" und anderen versteckten Formen des Schulgeldes und der Umgehung der verfassungsrechtlich in unserem Land garantierten Lernmittelfreiheit. Und wir beraten die Eltern, soweit wir das können. Wir weisen sie auf das ⇨ Bildungspaket hin und unterstützen sie dabei, diese gesetzlichen Leistungen auch in Anspruch zu nehmen. Das ist ihr Recht.

der Prüfung bis zum Ende des laufenden Monats weitergewährt. Wird bereits vor diesem Zeitpunkt ein Anspruch auf Bezüge oder Entgelt aus einer hauptberuflichen Tätigkeit bei einem öffentlich-rechtlichen Dienstherrn (§ 33) oder bei einer Ersatzschule erworben, so werden die Bezüge nur bis zum Tage vor Beginn dieses Anspruchs belassen.

§ 81
Anwärtersonderzuschläge

(1) Besteht ein erheblicher Mangel an qualifizierten Bewerben, können Anwärtersonderzuschläge gewährt werden. Sie dürfen 70 Prozent des Anwärtergrundbetrags nicht übersteigen.

(2) Anspruch auf Anwärtersonderzuschläge besteht nur, wenn der Anwärter

1. nicht vor dem Abschluss des Vorbereitungsdienstes oder wegen schuldhaften Nichtbestehens der Laufbahnprüfung ausscheidet und
2. nach Bestehen der Laufbahnprüfung mindestens fünf Jahre als Beamter im öffentlichen Dienst in der Laufbahn verbleibt, für die er die Befähigung erworben hat, oder, wenn das Beamtenverhältnis nach Bestehen der Laufbahnprüfung endet, in derselben Laufbahn in ein neues Beamtenverhältnis im öffentlichen Dienst für mindestens die gleiche Zeit eintritt.

(3) Werden die Voraussetzungen des Absatzes 2 aus Gründen, die der Beamte oder frühere Beamte zu vertreten hat, nicht erfüllt, ist der Anwärtersonderzuschlag in voller Höhe zurückzuzahlen. Der Rückzahlungsanspruch vermindert sich für jedes nach Bestehen der Laufbahnprüfung im öffentlichen Dienst abgeleistete Dienstjahr um jeweils ein Fünftel. § 15 bleibt unberührt.

(4) Öffentlicher Dienst im Sinne der Absätze 2 und 3 ist die Tätigkeit bei einem in § 1 Absatz 1 genannten Dienstherrn, für den dieses Gesetz gilt. Die Tätigkeit bei einem anderen Dienstherrn steht dem gleich, wenn die Aufnahme dieser Tätigkeit im Einverständnis mit dem abgebenden oder früheren Dienstherrn erfolgt [...]. ⇨ Besoldung (Anwärterbezüge)

§ 82
Unterrichtsvergütung für Lehramtsanwärter

(1) Anwärtern für ein Lehramt an öffentlichen Schulen kann für selbstständig erteilten Unterricht eine Unterrichtsvergütung gewährt werden, wenn in Ausnahmefällen die Unterrichtsversorgung ansonsten nicht gewährleistet werden kann.

⇨ Mehrarbeit (Anwärter*innen und Studienreferendar*innen)

(2) Eine Unterrichtsvergütung darf nur für tatsächlich geleistete Unterrichtsstunden gewährt werden, die über die im Rahmen der Ausbildung festgesetzten Unterrichtsstunden hinaus zusätzlich selbstständig erteilt und von der Schulleitung schriftlich oder elektronisch genehmigt werden. Zu den im Rahmen der Ausbildung zu erteilenden Unterrichtsstunden, für die eine Unterrichtsvergütung nicht gewährt wird, zählen auch Hospitationen und Unterricht unter Anleitung.

(3) Die Unterrichtsvergütung je Unterrichtsstunde darf 75 Prozent der für das angestrebte Lehramt festgesetzten Beträge der Mehrarbeitsvergütung nicht überschreiten. Eine Unterrichtsvergütung wird für höchstens 24 im Kalendermonat tatsächlich geleistete Unterrichtsstunden gewährt. [...]

§ 83
Anrechnung anderer Einkünfte

(1) Erhält ein Anwärter ein Entgelt für eine andere Tätigkeit innerhalb oder außerhalb des öffentlichen Dienstes, wird das Entgelt auf die Anwärterbezüge angerechnet, soweit es diese übersteigt. Dies gilt auch, wenn der Anwärter einen arbeitsrechtlichen Anspruch auf ein Entgelt für eine in den Ausbildungsrichtlinien vorgeschriebene Tätigkeit hat. [...]

§ 84
Kürzung der Anwärterbezüge

(1) Die für die Ernennung der Anwärter zuständigen Stellen sollen den Anwärtergrundbetrag um 15 Prozent herabsetzen, wenn der Anwärter die vorgeschriebene Laufbahnprüfung nicht bestanden hat oder sich die Ausbildung aus einem vom Anwärter zu vertretenden Grunde verzögert. Abweichend davon beträgt die Kürzung 30 Prozent, wenn der Anwärter wegen eines Täuschungsversuchs oder eines Ordnungsverstoßes von der Laufbahnprüfung ausgeschlossen wird.

(2) Von der Kürzung ist abzusehen

1. bei Verlängerung des Vorbereitungsdienstes infolge genehmigten Fernbleibens oder Rücktritts von der Prüfung,
2. in besonderen Härtefällen.

(3) Wird eine Zwischenprüfung nicht bestanden oder ein sonstiger Leistungsnachweis nicht erbracht, so ist die Kürzung auf den sich daraus ergebenden Zeitraum der Verlängerung des Vorbereitungsdienstes zu beschränken. Gleiches gilt für Lehramtsanwärter, bei denen der Vorbereitungsdienst verlängert wird, weil selbstständig erteilter Unterricht noch nicht erteilt werden kann.

7. Abschnitt
Vermögenswirksame Leistungen

Hinweis der Redaktion: Landesbeamt*innen im gehobenen und höheren Dienst (und damit alle beamteten Lehrkräfte) erhalten seit 2013 keine ⇨ Vermögenswirksamen Leistungen mehr.

§ 87 a
Vorschuss bei Pflegezeiten

(1) Beamte, Richter und Auszubildende in öffentlichrechtlichen Ausbildungsverhältnissen (§ 88) erhalten auf Antrag für die Dauer einer Pflegezeit nach § 74 Absatz 2, Absatz 3 oder Absatz 4 Satz 1 LBG einen in Monatsbeträgen zu zahlenden Vorschuss.

(2) Der Vorschuss ist nach Ablauf der Pflegezeit in Monatsbeträgen oder in einer Summe zurückzuzahlen.

(3) *(Ermächtigung; nicht abgedruckt)*

[...]

⇨ Beamtengesetz (LBG) § 74

Hinweis der Redaktion: In der Verordnung über die Gewährung eines Vorschusses bei Inanspruchnahme von Pflegezeiten nach § 74 des Landesbeamtengesetzes (Pflegezeitvorschuss-

Verordnung – PVorVO) vom 15.12.2015 (GBl. S. 4/2016) ist u.a. vorgeschrieben, dass der Monatsbetrag des Vorschusses 50 % des Unterschiedsbetrags zwischen den Bezügen, die nach der Arbeitszeit vor Beginn der Pflegezeit zustehen würden, und den Bezügen beträgt, die während der Pflegezeit jeweils zustehen. Er ist auf den Betrag begrenzt, der sich bei einer Teilzeitbeschäftigung mit einem Viertel der regelmäßigen Arbeitszeit während der Pflegezeit ergeben würde. Er kann auf Antrag auch in geringerer Höhe festgesetzt werden. Der Vorschuss ist spätestens innerhalb von 48 Monaten nach Beginn der Pflegezeit zurückzuzahlen.

8. Abschnitt Sonstige Vorschriften

§ 91

Zuordnung zu Ämtern nach schul- und hochschulstatistischen Merkmalen

(1) Wenn sich die Zuordnung von Ämtern zu den Besoldungsgruppen einschließlich der Gewährung von Amtszulagen nach schulstatistischen Merkmalen richtet (Schülerzahlen, Schulstellen, Gruppenzahlen), sind die schulstatistischen Merkmale maßgebend, die sich aus der amtlichen Schulstatistik ergeben. Bei einer dadurch eintretenden Änderung der Zuordnung sind Ernennungen und Einweisungen in Planstellen sowie die Gewährung von Amtszulagen erst zulässig, wenn die schulstatistischen Merkmale bereits ein Jahr vorgelegen haben und mit hinlänglicher Sicherheit feststellbar ist, dass die Änderung für mindestens zwei weitere Jahre Bestand haben wird. § 21 Absatz 2 bleibt unberührt. [...]

§ 92

Ämter bei Absinken der Schüler- oder Gruppenzahl

(1) Richtet sich die Zuordnung des einem Beamten übertragenen Amtes zu einer Besoldungsgruppe einschließlich der Gewährung von Amtszulagen nach der Schülerzahl einer Schule oder der Gruppenzahl eines Schulkindergartens, so begründet ein Absinken der Zahl der Schüler oder der Gruppen unter die für das Amt in den Bewertungsmerkmalen festgelegte Untergrenze allein kein dienstliches Bedürfnis, den Beamten in ein anderes Amt seiner Laufbahn zu versetzen. Wird der Beamte aus anderen Gründen in ein anderes Amt versetzt oder scheidet er aus dem Beamtenverhältnis aus, gilt die von ihm innegehabte Planstelle als in eine Planstelle der Besoldungsgruppe umgewandelt, die der tatsächlichen Zahl der Schüler oder der tatsächlichen Gruppenzahl entspricht.

(2) Beamte, die wegen Rückgangs der Schülerzahlen in ein Amt mit niedrigerem Endgrundgehalt übertreten oder übergetreten sind, dürfen auf Antrag anstelle der Amtsbezeichnung des ihnen übertragenen Amtes die Amtsbezeichnung des bisherigen Amtes ohne den Zusatz „außer Dienst" führen.

§ 93

Ämter der Leiter von Schulen besonderer Art und von Schulverbünden

Die in der Landesbesoldungsordnung A enthaltenen Ämter dürfen für folgende nicht geregelten Ämter in Anspruch genommen werden:

1. Ämter der Leiter von Schulen besonderer Art sowie von Verbünden aus verschiedenen Schularten,
2. Ämter der Inhaber von anderen besonderen Funktionen an Schulen nach Nummer 1.

Die Bewertung der nicht geregelten Ämter erfolgt aufgrund eines Vergleichs mit den jeweiligen Anforderungen an die in der Landesbesoldungsordnung A ausgewiesenen Lehrämter mit entsprechenden Aufgaben. Die danach maßgeblichen Ämter werden durch die Ausbringung entsprechender Planstellen im Haushaltsplan festgelegt.

➪ Schulgesetz § 107

➪ Beamtengesetz (LBG) § 68 ff.; ➪ Besoldung (Allgemeines); ➪ Besoldung (Anwärterbezüge); ➪ Besoldung (Gehälter); ➪ Besoldung (Zulagen); ➪ Beurteilung (Lehrkräfte); ➪ Mehrarbeit; ➪ Mehrarbeit (Anwärter*innen und Studienreferendar*innen); ➪ Mehrarbeit (Vergütung); ➪ Rechtsschutz; ➪ Ruhestand (Beamtenrecht); ➪ Schulgesetz § 107; ➪ Teilzeit (Freistellungjahr); ➪ Teilzeit / Urlaub (Beamtenrecht – VwV); ➪ Vermögenswirksame Leistungen

Betriebsausflüge

Betriebsausflüge von Lehrern an allgemeinbildenden und beruflichen Schulen; VwV des Kultusministeriums vom 26.7.1983 (K.u.U. S. 546); erneuert 20.9.1993 (K.u.U. S. 424/1993) und 20.12.2000 (K.u.U. S. 5/2001)

Um den Unterrichtsausfall so gering wie möglich zu halten, wird für den Bereich der allgemeinbildenden und beruflichen Schulen bestimmt, dass Lehrer zur Teilnahme an einem Betriebsausflug erst nach der vierten Unterrichtsstunde (einmal jährlich) von der Erteilung des Unterrichts freigestellt werden können.

Hinweis der Redaktion: Betriebsausflüge sind dienstliche Veranstaltungen; auf sie finden die beamtenrechtlichen Unfallfürsorgebestimmungen Anwendung. Sie sind jedoch keine Dienstreisen bzw. Dienstgänge, deshalb sind die Voraussetzungen für Schadenersatz bei Benutzung eines privaten Kfz zur Durchführung eines Betriebsausfluges nicht erfüllt. (Quelle: KM, 2.10.1998 AZ: 1/4-0331.4/85)

➪ Beamtengesetz § 81; ➪ Reisekostengesetz (LRKG); ➪ Sachschäden; ➪ Beamtenversorgung (Unfallfürsorge)

Nutzen Sie das ausführliche alphabetische Schlagwortverzeichnis am Ende des Buches.

Beurteilung (Lehrkräfte)

Beratungsgespräch und dienstliche Beurteilung der Lehrkräfte an öffentlichen Schulen; Verwaltungsvorschrift des Kultusministeriums vom 21.Juli 2000 (K.u.U. S. 280); zuletzt geändert 10. August 2009 (K.u.U. S. 200/2009)

I.
Allgemeines und Anwendungsbereich

1.

Die öffentlichen Schulen sind wie alle anderen Teile der öffentlichen Verwaltung verpflichtet, der Qualität und Effektivität ihrer Arbeit besonderes Augenmerk zu schenken. Im Rahmen der ständig notwendigen Weiterentwicklung und Verbesserung des Bildungswesens kommt der Qualitätserhaltung und Qualitätsverbesserung an der einzelnen Schule eine zentrale Rolle zu. Die Lehrkräfte sollen in ihrem pädagogischen Wirken bestätigt und bestärkt, der Erhalt ihrer Leistungsfähigkeit gefördert und Möglichkeiten der Verbesserung aufgezeigt werden, die sie zur Erfüllung ihres Erziehungs- und Bildungsauftrages benötigen. Dies trägt dazu bei, die Qualität der Arbeit an der Schule zu sichern. – Zur Entwicklung und Förderung eines gedeihlichen pädagogischen Klimas an der einzelnen Schule sowie als Basis für ein fruchtbares erzieherisches Handeln sind die gemeinsame Planung, Vorbereitung und Gestaltung von Unterricht, gegenseitige Hospitationen der Lehrkräfte untereinander sowie die Durchführung von Gesamtlehrerkonferenzen, Teilkonferenzen und Pädagogischen Tagen wichtige Voraussetzungen. In diesem Zusammenhang kommt dem Schulleiter, den sonst an der Leitung beteiligten Personen sowie dem Lehrerkollegium eine besondere Bedeutung zu.

Dienstliche Beurteilungen bilden die Grundlage für Personalentscheidungen und ermöglichen die zweckmäßige dienstliche Verwendung der Lehrkräfte.

2.

Diese Verwaltungsvorschrift gilt für Lehrkräfte, einschließlich der Funktionsinhaber, an öffentlichen Schulen.

➪ Beurteilungsverordnung

Hinweis der Redaktion: Die Beurteilung der Beschäftigten des Schulträgers (z.B. Hausmeister, Schulsekretariat usw.) obliegt dem Schulträger. Dieser kann sie nicht auf die Schulleiterinnen oder den Schulleiter übertragen. Diese sind lediglich gehalten, an der Beurteilung des Schulträgerpersonals mitzuwirken und einen Beitrag mit eigenen Erkenntnissen beizusteuern, der im Wesentlichen Grundlage der Beurteilung werden kann, da sie über ihr Weisungsrecht aus § 41 Schulgesetz jedenfalls die konkreten Arbeitsabläufe beeinflussen können. (Quelle: KM, 2.4.2008)

➪ Arbeitszeugnis / Dienstzeugnis

II.
Beratungsgespräch

Der Schulleiter führt mit den Lehrkräften seiner Schule in regelmäßigen Abständen Beratungsgespräche, die mit einer Zielvereinbarung abschließen können. In diesem Zusammenhang sind insbesondere folgende Punkte zu erörtern:

- Qualität der unterrichtlichen, erzieherischen und außerunterrichtlichen Arbeit,
- individuelle Fortbildungsplanung,
- künftige berufliche Entwicklung,
- Arbeitsbedingungen und Arbeitszufriedenheit.

Hinweise der Redaktion:

1. Für „Beratungsgespräche" (auch für deren Frequenz und für mögliche „Zielvereinbarungen") hat das KM bewusst keine Formvorschriften erlassen. Der Termin sollte zwischen Schulleitung und Lehrkraft einvernehmlich festgelegt werden. Auch eine Protokollierung ist nicht vorgeschrieben; es ist jedoch sinnvoll, dass der Schulleiter oder die Schulleiterin eine Aktennotiz fertigt und in der Nebenakte der Lehrkraft ablegt, um den Zeitpunkt sowie ggf. wichtige Inhalte des Gesprächs festzuhalten. Der Lehrkraft ist eine Kopie zu übergeben. Bitte auch Ziff. III.2.2 sowie den Hinweis bei Nr. III.2.3 beachten.

   ➪ Personalakten
2. In der „Dienstordnung für die Landesverwaltung" (20.2.1998; K.u.U. S. 114/1998) sind „Mitarbeitergespräche" vorgeschrieben; dies gilt aber ausdrücklich nicht im Schulbereich. Auch die vom KM mit dem Hauptpersonalrat für den außerschulischen Bereich im Oktober 2002 abgeschlossene „Dienstvereinbarung zur Durchführung von Mitarbeitergesprächen mit Zielvereinbarung" mit genauen Zeit- und Formvorgaben gilt nur im außerschulischen Bereich. Die Vorschrift des Finanzministeriums hingegen, bei Minderleistungen nach § 31 Abs. 5 LBesGBW ein „Mitarbeitergespräch" zu führen, gilt auch für beamtete Lehrkräfte.

   ➪ Besoldungsgesetz § 31 Abs. 5; ➪ Dienstordnung
3. Im schulischen Bereich ist statt der „Mitarbeitergespräche" das „Beratungsgespräch" vorgeschrieben (s.o. Nr. II). Das KM lässt den Schulleiterinnen und Schulleitern hierfür bewusst einen Gestaltungsfreiraum: Es gibt keine verbindliche Zeitvorgabe; auch Gruppengespräche sind möglich. Das Gespräch kann, muss aber nicht zu einer Zielvereinbarung führen.
4. Will die Schulleitung über diesen offenen Rahmen hinaus Regularien für Beratungsgespräche einführen (z.B. verbindliche Termine, Gesprächsformen oder -inhalte oder verpflichtende Zielvereinbarungen), die für alle oder eine unbestimmte Vielzahl von Beschäftigten an der Schule gelten, muss sie den Personalrat beteiligen: Nach der gefestigten Rechtsprechung des Verwaltungsgerichtshofes BW (9.5.2000, PL 15 S 2514/99) ist die Einführung von Mitarbeitergesprächen mit Zielvereinbarung eine mitbestimmungspflichtige *„Regelung der Ordnung in der Dienststelle und des Verhaltens der Beschäftigten" (jetzt:* § 74 Abs. 2 Nr. 1 LPVG). Zuständig ist bei Gymnasien und beruflichen Schulen der Personalrat an der Schule, bei GHWRGS-Schulen der Personalrat für Lehrkräfte beim Staatlichen Schulamt.

   ➪ Personalvertretungsgesetz (LPVG) § 74 Abs. 2 Nr. 1
5. In den verbindlich vorgeschriebenen „Inklusionsvereinbarungen" sind für schwerbehinderte Lehrkräfte regelmäßig „Teilhabegespräche" vorgesehen. Schwerbehinderte Lehrkräfte im Sinne der Muster-Inklusionsvereinbarung sind auch schwerbehinderte pädagogische Assistentinnen und Assistenten sowie Lehrkräfte mit einem Grad der Behinderung von 30 und 40). In der Muster-Inklusionsvereinbarung lautet die Standard-Formulierung hierfür:

   Teilhabegespräch über Deputat, Klassenleitung, Stundenplan, Aufsichtsführung und bei sich abzeichnenden Problemen.

   Im Rahmen der Fürsorgepflicht ist die Untere Schulaufsichtsbehörde bzw. die Schulleitung verpflichtet, sich über die Gesamtsituation der schwerbehinderten Lehrkräfte zu informieren und ihnen rechtzeitig vor der Erstellung der Deputats- oder Stundenpläne ein Gespräch über deren Arbeitsplatzsituation mit dem Ziel anzubieten, die besonderen Bedürfnisse zu erfahren und bei der Planung des Schuljahres zu berücksichtigen. Auf Wunsch der schwerbehinderten Lehrkraft ist die zuständige Schwerbehindertenvertretung zu diesem Gespräch hinzuzuziehen. Über die Ergebnisse ist ein Protokoll anzufertigen, eine Kopie ist der schwerbehinderten Lehrkraft auszuhändigen.

   ➪ Schwerbehinderung (Inklusionsvereinbarung) Nr. 4.2.1

Die der Schwerbehinderung zugrunde liegenden Erkrankungen müssen von der schwerbehinderten Lehrkraft nicht offengelegt werden. Fragen hiernach sind deshalb nicht zulässig. ➪ Schwerbehinderung (Allgemeines)

III. Dienstliche Beurteilung

1. Arten der dienstlichen Beurteilung

Lehrkräfte werden während ihrer Probezeit (Probezeitbeurteilung), aus besonderem Anlass (Anlassbeurteilung), nach Ablauf der Probezeit in regelmäßigen Zeitabständen (Dienstbericht) und nach der Verordnung der Landesregierung über das leistungsabhängige Aufsteigen in den Grundgehaltsstufen (aktuelle Leistungsfeststellung) dienstlich beurteilt.

➪ Beurteilung (Unterrichtsbesuche)

1.1 *Probezeitbeurteilung*

Beamte auf Probe werden neun Monate nach der Einstellung oder Übernahme in das Beamtenverhältnis auf Probe, spätestens jedoch drei Monate vor dem Zeitpunkt, zu dem ein Beamter während der Probezeit angestellt werden soll, dienstlich beurteilt. Außerdem werden Beamte auf Probe drei Monate vor Beendigung der Probezeit dienstlich beurteilt.

1.2 *Anlassbeurteilung*

Dienstliche Beurteilungen aus besonderem Anlass können vor Entscheidungen über eine Versetzung, Beförderung oder die Übertragung von Dienstaufgaben eines höherwertigen Amtes sowie bei Vorliegen eines besonderen dienstlichen Bedürfnisses angefordert werden.

➪ Arbeitszeugnis / Dienstzeugnis; ➪ Beamtengesetz § 51; ➪ Funktionsstellen (Besetzung)

Hinweise der Redaktion:

1. Das KM hat die Geltungsdauer von dienstlichen Beurteilungen auf drei Jahre festgelegt. Bei Funktionsstellenbewerbungen beträgt die Geltungsdauer zwei Jahre, gerechnet vom voraussichtlichen Zeitpunkt der Auswahlentscheidung; vgl. ➪Funktionsstellen (Besetzung) Nr. 2.2. Unabhängig hiervon ist § 1 Abs. 2 der ➪Beurteilungsverordnung zu beachten, wonach bei Auswahlentscheidungen zwischen mehreren Personen das Datum der „ältesten" Beurteilung nicht mehr als ein Jahr von dem der zuletzt erstellten abweichen darf.
2. Lehrkräfte können auch früher um eine erneute Beurteilung bitten; der Schulleitung bleibt es unbenommen, früher eine neue dienstliche Beurteilung zu erstellen, wenn sich die Leistung der Lehrkräfte verändert hat. (Quelle: KM, 12.12.2005; AZ: 14-0311.23/381)
3. Als „besonderes dienstliches Bedürfnis" werden z.B. Beschwerden über eine Lehrkraft oder der Verdacht eines dienstlichen Fehlverhaltens betrachtet.
4. Zur dienstlichen Beurteilung in Disziplinarfällen siehe ➪ Disziplinarrecht (Allgemeines) Nr. 3.

1.3 *Dienstbericht*

Der Dienstbericht erfolgt jeweils fünf Jahre nach der letzten dienstlichen Beurteilung.

Vom Dienstbericht ausgenommen sind

- Lehrkräfte, die das 50. Lebensjahr vollendet haben,
- Lehreranwärter und Studienreferendare,
- Lehrkräfte im Beamtenverhältnis auf Probe während der Probezeit,
- Lehrkräfte, die länger als ein Jahr beurlaubt oder zu einem anderen Dienstherrn abgeordnet sind.

Hinweise der Redaktion:

1. Der Dienstbericht erfolgt formlos.
2. Die Altersgrenze für die Regelbeurteilung der Lehrkräfte im Schuldienst wurde zwar Ende 2014 in der ➪ Beurteilungsverordnung auf das 52. Lebensjahr angehoben; bis zu einer Änderung der hier abgedruckten VwV des KM wird jedoch die Altersgrenze für den Dienstbericht (50. Lebensjahr) weiter angewandt.

1.4 *Aktuelle Leistungsfeststellung [...]*

Hinweis der Redaktion: Seit 1.1.2011 werden aufgrund der Dienstrechtsreform keine Leistungsstufen mehr vergeben.

2. Inhalt der dienstlichen Beurteilung

2.1 Bei der Probezeit- und Anlassbeurteilung werden Eignung, Befähigung und fachliche Leistung durch eine Leistungsbeurteilung (vgl.Nr. 3) und eine Befähigungsbeurteilung (vgl. Nr. 4) erfasst. Die fachlichen Leistungen werden in der Leistungsbeurteilung, die Fähigkeiten und Fachkenntnisse in der Befähigungsbeurteilung beurteilt, um sie bei der Feststellung der Eignung im Rahmen von Personalentscheidungen berücksichtigen zu können.

2.2 Im Dienstbericht werden die Leistung und das pädagogische Wirken gewürdigt und ggf. Möglichkeiten der Verbesserung aufgezeigt.

2.3 *(Entfallen)*

3. Leistungsbeurteilung

3.1 Mit der Leistungsbeurteilung werden die dienstlichen Tätigkeiten erfasst und die Arbeitsergebnisse bewertet.

3.2 Die Leistungsbeurteilung hat sich an der Aufgabenbeschreibung auszurichten. Die Aufgabenbeschreibung soll die den allgemeinen Aufgabenbereich der Lehrkraft im Beurteilungszeitraum prägenden Tätigkeiten sowie ihr übertragene Sonderaufgaben aufführen.

3.3 Die dienstlichen Leistungen sind nach den Leistungsmerkmalen

- Unterrichtsgestaltung, Unterrichtserfolg

  Hinweis der Redaktion: Es liegt im ➪ Ermessen der Schulleiter*innen, wie und wann sie sich einen Eindruck von den unterrichtlichen Leistungen der Lehrkräfte verschaffen. Es muss also aus Anlass des Dienstberichts nicht in jedem Fall ein Unterrichtsbesuch erfolgen. Bei der Anlass- und der abschließenden Probezeitbeurteilung wird hingegen auf Unterrichtsbesuche als Grundlage für die Beurteilung hingewiesen (vgl. Ziff. III.7.3).
- Erzieherisches Wirken
- Zusammenarbeit mit den am Schulleben Beteiligten
- Wahrnehmung leitender und beratender Aufgaben

zu bewerten. Die Bewertung der einzelnen Leistungsmerkmale erfolgt durch verbale Beschreibung ohne Note.

4.
Befähigungsbeurteilung

4.1 Mit der Befähigungsbeurteilung werden die allgemeinen und fachlichen Kenntnisse und Fähigkeiten (Befähigungsmerkmale), die für die weitere dienstliche Verwendung und berufliche Entwicklung von Bedeutung sind, erfasst und bewertet. Die Bewertung einzelner Befähigungsmerkmale entfällt, soweit diese bei der Wahrnehmung der dienstlichen Tätigkeit nicht feststellbar sind. Bei der Probezeitbeurteilung nach Nr. 1.1 Satz 1 unterbleibt eine Befähigungsbeurteilung.

4.2 Die Befähigungsmerkmale sind nach den Ausprägungsgraden
- schwach ausgeprägt
- normal ausgeprägt
- stärker ausgeprägt
- besonders stark ausgeprägt

zu bewerten. Falls erforderlich, sind zusätzliche Erläuterungen zu geben.

4.3 Die Befähigungsmerkmale sind im Beurteilungsformblatt aufgeführt; es können zusätzliche Befähigungsmerkmale aufgenommen werden.

5.
Gesamturteil

5.1 Probezeit- und Anlassbeurteilung schließen mit einem Gesamturteil ab, das durch eine Note nach Nr. 6.1 ausgedrückt wird. Die Vergabe halber Noten ist zulässig.

Hinweis der Redaktion: Eine weitere Differenzierung ist nicht möglich. Wenn bei gleicher Beurteilung bei Beförderungen Auswahlentscheidungen zu treffen sind, ist unter Beachtung des Grundsatzes von Eignung, Befähigung und fachlicher Leistung auf Hilfskriterien zurückzugreifen, die die oberen Schulaufsichtsbehörden mit den jeweiligen Bezirkspersonalräten abstimmen.
(Quelle: KM vom 10. Juni 2003; AZ: 14-0301.620/-)

5.2 Das Gesamturteil ist aus der Bewertung der Leistungsmerkmale und unter Würdigung des Gesamtbildes der Leistungen zu bilden. Dabei sind die bewerteten Befähigungsmerkmale, soweit diese zu den dienstlichen Leistungen beigetragen haben, in das Gesamturteil einzubeziehen.

5.3 Die Angaben bei den Beurteilungsmerkmalen müssen das Gesamturteil tragen. Sind einzelne Merkmale für die Tätigkeit besonders kennzeichnend, so soll dies bei der Bildung des Gesamturteils berücksichtigt werden. In diesem Falle ist das Gesamturteil zu begründen.

⇨ Chancengleichheitsgesetz § 11

6.
Beurteilungsmaßstab

6.1 Für das Gesamturteil gilt folgender Beurteilungsmaßstab:

sehr gut	=	eine Leistung, die den Anforderungen in besonderem Maße entspricht;
gut	=	eine Leistung, die den Anforderungen voll entspricht;
befriedigend	=	eine Leistung, die im Allgemeinen den Anforderungen entspricht;
ausreichend	=	eine Leistung, die zwar Mängel aufweist, aber im Ganzen den Anforderungen noch entspricht;
mangelhaft	=	eine Leistung, die wesentliche Mängel aufweist und deshalb im Ganzen den Anforderungen nicht entspricht;
ungenügend	=	eine Leistung, die den Anforderungen in keiner Weise entspricht.

6.2 Für die aktuelle Leistungsfeststellung gilt folgender Beurteilungsmaßstab:
- Übertrifft die Leistungserwartungen in besonderem Maße;
- Übertrifft die Leistungserwartungen;
- Entspricht den Leistungserwartungen;
- Entspricht nicht den Leistungserwartungen.

6.3 Maßgebend für die an die Lehrkraft gestellten Anforderungen sind das ihr übertragene Amt und die damit verbundenen Dienstaufgaben.

6.4 Beurteilungen sind unabhängig von vorausgegangenen Beurteilungen vorzunehmen.

7.
Beurteilungsverfahren

7.1 Lehrkräfte in der Funktion des Schulleiters werden durch die Schulaufsichtsbehörde beurteilt.

7.2 Die Beurteilung der anderen Lehrkräfte erfolgt grundsätzlich durch den Schulleiter.

Hinweise der Redaktion:

1. In die dienstliche Beurteilung sind bei der Beschreibung der dienstlichen Tätigkeit neben dem derzeitigen Lehrauftrag und den Schwerpunkten des Lehrauftrags in den vorangegangenen Jahren des Beurteilungszeitraums alle Sonderaufgaben, die in diesem Zeitraum wahrgenommen wurden, aufzunehmen.
(Quelle: RP Stuttgart, 29.5.2015; AZ: 0311.23/213)
2. Sehen sich Schulleiterinnen oder Schulleiter ausnahmsweise nicht in der Lage, den Unterricht einer Lehrkraft zu beurteilen, weil ihnen dazu fachliche Kenntnisse des Unterrichtsfaches fehlen, können sie sich bei der Beurteilung durch Fachleiterinnen oder Fachleiter unterstützen lassen, es bleibt aber bei ihrer alleinigen Verantwortung für die Bewertung. Sie können sich insoweit nur beraten lassen.
(Quelle: KM, 26.6.2006; AZ: 14-0300.41/275)
3. Lehrkräfte, die mit mehr als 50 % ihres Arbeitsumfangs oder ihrer Unterrichtsverpflichtung an das KM bzw. nachgeordnete Einrichtungen (Seminare, Akademien usw.) abgeordnet wurden, werden von der Dienststelle bzw. Einrichtung beurteilt, für die sie überwiegend tätig sind. Es ist dann bei der Leitung der Stammdienststelle der oder des Bediensteten eine Stellungnahme einzuholen, die bei der Beurteilung zu berücksichtigen ist.
(Quelle: RP Stuttgart, 29.2.2008; AZ: 7-0300.40/43-1)
4. Werden „Beurteilungsbeiträge" über die Tätigkeit der Lehrkraft an anderen Schulen oder Dienststellen oder von Personen einbezogen, die Erkenntnisse aus früheren Zeiträumen besitzen (vgl. Nr. III.7.5), ist dies – z.B. im „Gesamturteil" – zu dokumentieren.
(Quelle: RP Stuttgart, 29.5.2015; AZ: 0311.23/213)

7.3 Bei der drei Monate vor Ablauf der Probezeit abzugebenden Beurteilung kann sich die Schulaufsichtsbehörde die Bildung des maßgebenden Gesamturteils im Einzelfall vorbehalten, wenn hierfür ein besonders dienstliches Bedürfnis besteht. Die Schulaufsichtsbehörde bildet ihr

Gesamturteil aufgrund der Beurteilung des Schulleiters und ihrer eigenen Erkenntnisse, insbesondere aufgrund von Unterrichtsbesuchen. Ob bei der Anlassbeurteilung und der aktuellen Leistungsfeststellung im Einzelfall ein Unterrichtsbesuch erforderlich ist, steht im pflichtgemäßen Ermessen des Beurteilers.

Hinweise der Redaktion:

1. Ein „besonderes dienstliches Bedürfnis" kann je nach Einzelfall z.B. in folgenden Fällen vorliegen:
   a) Die Lehramtsprüfung liegt lange zurück und/oder wurde mit schlechter als „befriedigend" absolviert,
   b) die erste dienstliche Beurteilung 9 Monate nach der Einstellung lautet auf die Note 3,0 oder schlechter,
   c) sonstige besondere Erkenntnisse der Schulaufsichtsbehörde,
   d) in der zweiten dienstlichen Beurteilung gegen Ende der Probezeit werden die Leistungen mit 3,0 oder schlechter beurteilt.

   Das besondere dienstliche Bedürfnis, ein maßgebendes Gesamturteil durch das RP zu bilden (zweistufige Beurteilung), kann demzufolge festgestellt werden
   a) bereits mehr oder minder lange vor Ende der Probezeit (Ziffer 1 bis 3) oder
   b) erst am Ende der Probezeit nach Eingang der zweiten Beurteilung (Ziffer 4).

   (Quelle: KM, 30.1.2007; AZ: 76-6412.00123)
2. Leisten Lehrkräfte ihre Probezeit an einer Schule ab, für die sie keine Lehramtsbefähigung haben, wird die erste Stufe der Probezeitbeurteilung von der Schulleitung der Schule erstellt, an der die Lehrkräfte unterrichten. Die zweite Stufe wird gem. Ziff. 7.3 von der Schulaufsichtsbehörde erstellt. Bei der Abordnung einer wissenschaftlichen Lehrkraft an Gymnasien oder an beruflichen Schulen an eine Schule aus dem Bereich der GHWRGS-Schulen während der Probezeit wird das maßgebliche Gesamturteil durch die zuständige untere Schulaufsichtsbehörde erstellt. (Quelle: KM, 25.6.2003; AZ:14-0300.41/261)

7.4 Weichen die Erkenntnisse der Schulaufsichtsbehörde im Falle der Nr. 7.3 von der Beurteilung des Schulleiters – im Einzelnen wie im Gesamturteil – ab, so hat sie dies zu begründen.

7.5 Die Lehrkraft wird an der Schule dienstlich beurteilt, an der sie im Beurteilungszeitpunkt unterrichtet. Liegt ihre Versetzung oder Abordnung an diese Schule weniger als ein Jahr zurück, so wird sie im Benehmen mit dem Leiter der abgebenden Schule dienstlich beurteilt.

7.6 Im Fach Religion erfolgt die Beurteilung im Einvernehmen mit dem kirchlichen Beauftragten.

Hinweis der Redaktion: Hierzu hat das KM mitgeteilt (10.6.1991; II/4-6520.40/145):

„1. Hat der Schulleiter eine dienstliche Beurteilung abzugeben, teilt er dies dem zuständigen kirchlichen Beauftragten mit.

2. Der kirchliche Beauftragte fertigt eine Beurteilung für das Fach Religion an und übermittelt sie dem Schulleiter.

3. Im Anschluss daran erstellt der Schulleiter die dienstliche Beurteilung. Vor der Bekanntgabe der dienstlichen Beurteilung an den Lehrer oder ihrer Weiterleitung an die Schulaufsichtsbehörde [...] hat der Schulleiter hinsichtlich der Beurteilung im Fach Religion das Einvernehmen mit dem kirchlichen Beauftragten herzustellen."

Zuständige kirchliche Beauftragte beziehungsweise Ansprechpartner*innen für die Beurteilung in Religionslehre sind die evangelischen bzw. katholischen Schuldekane (in der Diözese Rottenburg/Stuttgart teilweise auch Schulräte*rätinnen im kirchlichen Dienst); diese können ihre Aufgabe auch an Fachberater*innen für Religionsunterricht bei den staatlichen Schulaufsichtsbehörden delegieren. Bei der Beurteilung kirchlicher Religionslehrkräfte fordert die Kirchenbehörde die Beurteilung direkt bei der Schule an. Das RP erhält eine Mehrfertigung. (Quelle: KM, 19.4.2001; 14-zu 300.41/245).

Auf den islamischen Religionsunterricht findet diese Regelung keine Anwendung, da es hier keine „Kirchen" gibt.

8.
Beurteilungsaufschub

Eine dienstliche Beurteilung, deren Abgabe zum vorgesehenen Beurteilungszeitpunkt nicht möglich oder nicht zweckmäßig ist, wird zurückgestellt und nach Fortfall des Hinderungsgrundes abgegeben.

9.
Beurteilung von schwerbehinderten Lehrkräften

Hinweis der Redaktion: Die VwV verweist hier auf Abschnitt II Nr. 6 der früheren Schwerbehinderten-VwV. An ihre Stelle ist Nr. 5.7 der Gemeinsamen VwV [...] über die Beschäftigung schwerbehinderter Menschen in der Landesverwaltung (SchwbVwV) vom 24.6.2013 (GABl. S. 322/2013) getreten, in der es heißt:

„Vor der Beurteilung hat sich die beurteilende Person über die behinderungsbedingten Auswirkungen auf Leistung, Befähigung und Einsatzmöglichkeit kundig zu machen. Sie führt hierzu mit dem schwerbehinderten Menschen ein Gespräch, an dem auf Wunsch des schwerbehinderten Menschen die Schwerbehindertenvertretung zu beteiligen ist. Eine etwaige Minderung der Arbeits- und Verwendungsfähigkeit durch die Behinderung ist besonders zu berücksichtigen und in der die Beurteilung abschließenden Gesamtwürdigung zu vermerken. Eine quantitative Minderung der Leistungsfähigkeit, zum Beispiel Einschränkungen in der Fähigkeit Schichtdienst zu leisten, darf nicht zum Nachteil angerechnet werden. An die Qualität der Bewältigung des Arbeitspensums sind hingegen die allgemeinen Beurteilungsmaßstäbe anzulegen."

➪ Schwerbehinderung (Inklusionsvereinbarung) Nr. 4.7

10.
Bekanntgabe der dienstlichen Beurteilung

Die dienstliche Beurteilung ist der Lehrkraft durch den Schulleiter bekanntzugeben und auf Verlangen mit ihr zu besprechen. Wird nach Nr. 7.3 verfahren, so erfolgen Bekanntgabe und Besprechung erst, nachdem die Schulaufsichtsbehörde das maßgebende Gesamturteil gebildet hat. Die Bekanntgabe der dienstlichen Beurteilung erfolgt regelmäßig durch Aushändigung einer Abschrift. Bekanntgabe und Besprechung sind zu vermerken.

➪ Beamtengesetz (LBG) § 51 Abs. 1; ➪ Personalakten

Hinweise der Redaktion:

1. Auf Verlangen des/der Beschäftigten kann ein Mitglied der Personalvertretung an Beurteilungsgesprächen i.S.v. ➪ Beamtengesetz (LBG) § 51 Abs. 2 teilnehmen. Dies betrifft nur die (abschließende) Besprechung des/der Beurteilenden mit dem/der Beurteilten nach Eröffnung der dienstlichen (End-)Beurteilung. Gespräche im Verlauf des Beurteilungsverfahrens, z.B. von Fachberater*innen mit besuchten Lehrkräften im Rahmen der Erstellung eines Unterrichtsbesuchsbescheides oder andere Beurteilungs-, Förderungs-, Beratungs- und Eignungsgespräche (Personalführungsgespräche) fallen nicht hierunter. (Quelle: KM, 15.2.1996; AZ: I/4-0307.0/88) ➪ Personalvertretungsgesetz (LPVG) § 71 Abs. 4
2. Mit der Unterschrift unter ein Empfangsbekenntnis bestätigt die beurteilte Lehrkraft nur den Erhalt; sie erkennt den Inhalt der Beurteilung damit (noch) nicht an. Ist sie mit dem Inhalt der Beurteilung nicht einverstanden, so kann sie hierzu eine Stellungnahme abgeben; diese wird

Weiter nach den Formularen

Beurteilung (Lehrkräfte) – Formulare

Von der Redaktion zusammengefasste (inhaltlich vollständige) Fassung der Anlagen zur Verwaltungsvorschrift Beurteilung (Lehrkräfte)

Zu diesen Formularen

Wir drucken hier das (inhaltlich unveränderte, aus Platzgründen von der Redaktion typografisch zusammengefasste) Formular für die Anlassbeurteilung (Anlage 2) ab. Die Anlage 3 („Aktuelle Leistungsfeststellung") ist nicht abgedruckt, da seit 1.1.2011 keine Neu-Vergabe von Leistungsstufen mehr stattfindet.

Anlage 1 (Formular für die Probezeitbeurteilung) hat den gleichen Wortlaut wie Anlage 2 (Anlassbeurteilung), enthält jedoch zusätzlich in Nr. V. eine Rubrik für ein „Gesamturteil durch die Schulaufsichtsbehörde aufgrund eines besonderen dienstlichen Bedürfnisses" mit Note und ggf. Begründung.

Der Dienstbericht erfolgt formlos (Ziff. IV Nr. 1.3); deshalb gibt es hierfür kein Formular.

Anlage 2 zur VwV „Dienstliche Beurteilung (Lehrkräfte)"

Schule ______________________________ Vertraulich behandeln

Dienstliche Beurteilung – Anlassbeurteilung

Grund: ____________________ Letzte Beurteilung am: ____________________

I. Angaben zur Person

Familienname, ggf. Geburtsname, Vorname — Geburtsdatum

Amts- bzw. Dienstbezeichnung, Funktion — Bes./Verg.Gr. _____ schwerbehindert ☐ ja ☐ nein

Lehrbefähigung (Fächer) / Fachrichtung / Stufenschwerpunkt — an der berichtenden Schule seit ________

Beurteilungszeitraum (von/bis) ________

II. Beschreibung der dienstlichen Tätigkeit

a) **Allgemeiner Aufgabenbereich**
Derzeitiger Lehrauftrag (Fach, Klasse, Wochenstunden, Klassenlehrer/in), Schwerpunkte des Lehrauftrags in den vorangegangenen Jahren des Beurteilungszeitraums

b) **Sonderaufgaben** (z.B. Verbindungslehrer/in, Beratungslehrer/in, Sammlungstätigkeit, Personalratsmitglied, Tätigkeit in der Lehreraus- und -fortbildung)

III. Leistungsbeurteilung

a) **Unterrichtsgestaltung, Unterrichtserfolg**
Vorbereitung und Planung, fachlich-methodisch-didaktisches Vorgehen, schülergerechte Behandlung des Lehrstoffs, individuelle Förderung der Schüler/innen, Beachtung der Unterrichtsziele, Leistungskontrolle und Notengebung, Einhaltung des Lehrplans, angemessener Medieneinsatz u.a.

b) **Erzieherisches Wirken**
Vor allem ganzheitliche Förderung der Schüler/innen, Wertevermittlung und Wirken im Sinne der Erziehungsziele, Aufgeschlossenheit für Probleme der Schüler/innen, Hilfsbereitschaft, beispielhaftes Verhalten, Erscheinungsbild, Mitwirkung bei außerunterrichtlichen Veranstaltungen

c) **Zusammenarbeit mit den am Schulleben Beteiligten**
(Vorgesetzte, Kollegen/Kolleginnen, Eltern, Schulträger, Kirchen, Betriebe und andere Stellen)

d) **Wahrnehmung leitender, beratender Aufgaben und von Sonderaufgaben**
z.B. als Schulleiter/in, Fachberater/in, Mentor/in (insbesondere Verhalten als Vorgesetzte/r, Wahrnehmung von Führungs- und Aufsichtsfunktionen, Erledigung von Verwaltungsaufgaben, Vertretung der Schule nach außen, Tätigkeit in der Lehreraus- und -fortbildung)

IV. Befähigungsbeurteilung (Bewertung bitte ankreuzen)

Befähigungsmerkmale	Ausprägungsgrad A = schwach ausgeprägt B = normal ausgeprägt C = stärker ausgeprägt D = besonders stark ausgeprägt				Ggf. zusätzliche Erläuterungen (vgl. Verwaltungsvorschrift vom 21. Juli 2000 Abschnitt III Nr. 4.2 und Fußnote*)
	A	B	C	D	
Fachkenntnisse					
Auffassungsgabe und geistige Beweglichkeit					
Urteilsvermögen					
Mündliche Ausdrucksfähigkeit					
Schriftliche Ausdrucksfähigkeit					
Fortbildungsbereitschaft					
Bereitschaft zur Auseinandersetzung mit pädagogischen Fragen					
Verhandlungsgeschick					
Organisationsfähigkeit					
Zuverlässigkeit					
Durchsetzungsvermögen					
Entschlusskraft					
Initiative					
Verantwortungsbewusstsein					
Einsatzbereitschaft					
Kontaktfähigkeit					
Kooperationsfähigkeit					
Fähigkeit zur Menschenführung als Vorgesetzter					

* Anmerkungen: Ggf. sind wesentlich erscheinende weitere Merkmale zu bewerten sowie ergänzende oder erläuternde Hinweise zu geben, vor allem, wenn offensichtlich besondere persönliche Verhältnisse von Einfluss waren.
Merkmale wie Objektivität, Bereitschaft, ggf. Kritik anzunehmen (Einsichtsfähigkeit), Selbstbeherrschung u.a. sind nicht besonders aufgeführt und sollen nur dann eine Wertung erfahren, wenn eine besondere Auffälligkeit festzustellen ist.

V. Gesamturteil

Gesamturteil durch den Schulleiter/die Schulleiterin

(Note und ggf. Begründung gemäß Verwaltungsvorschrift vom 21. Juli 2000 [...] Abschnitt III Nr. 5.3)

(Datum, Unterschrift)

VI. Bekanntgabe an die betreffende Lehrkraft

☐ Durch Übergabe

1. Die vorstehende dienstliche Beurteilung wurde mir am _____ durch Übergabe einer Ausfertigung bekanntgegeben.
   ☐ Sie wurde auf mein Verlangen am ________ mit mir besprochen.

   (Ort, Datum) (Unterschrift der Lehrkraft)
2. Die Lehrkraft hat sich zu der dienstlichen Beurteilung
   ☐ geäußert. Die Äußerung ist dieser dienstlichen Beurteilung beigefügt.
   ☐ nicht geäußert.

   (Ort, Datum) (Unterschrift des Beurteilers/der Beurteilerin)

☐ Durch Übersendung

1. Die vorstehende dienstliche Beurteilung wurde der Lehrkraft durch Übersendung am _____ bekanntgegeben.
   Sie wurde auf ihr Verlangen am ________ mit ihr besprochen.
2. Die Lehrkraft hat sich zu der dienstlichen Beurteilung
   ☐ geäußert. Die Äußerung ist dieser dienstlichen Beurteilung beigefügt.
   ☐ nicht geäußert.

   (Ort, Datum) (Unterschrift des Beurteilers/der Beurteilerin)

Fortsetzung: Beurteilung (Lehrkräfte) Nr. 10

zu den Personalakten genommen. Zum Widerspruch gegen eine dienstliche Beurteilung (Verwaltungsakt) siehe ➪ Verwaltungsrecht (Allgemeines). GEW-Mitglieder sollten sich hierbei beraten lassen. ➪ Rechtsschutz

11.
Geschäftsmäßige Behandlung der dienstlichen Beurteilung

Dienstliche Beurteilungen sind vertraulich zu behandeln. Die Beurteilung und damit im Zusammenhang stehende Äußerungen der Lehrkraft sind zu den Personalakten (Grundakte) zu nehmen. Nach Aufnahme in die Personalakten sind Entwürfe und Notizen zu vernichten.

Hinweis der Redaktion: Dies bezieht sich nur auf die „geschäftsmäßige Behandlung" (z.B. durch die Schulleitung oder das Schulsekretariat). Hieraus kann kein allgemeines Verbot an die Lehrkräfte abgeleitet werden, über ihre Beurteilung mit Dritten zu sprechen; insbesondere ist ihr Recht nicht eingeschränkt, sich an ihre Gewerkschaft oder den Personalrat zu wenden.

➪ Verschwiegenheitspflicht

12.
Sonderregelungen für Leistungsstufen [...]

Hinweis der Redaktion: Seit 1.1.2011 werden aufgrund der Dienstrechtsreform keine Leistungsstufen mehr vergeben.

IV.
Übergangs- und Schlussbestimmungen

1.1 Vorschriften über die Beurteilung in Ausbildungs- und Prüfungsordnungen bleiben von dieser Verwaltungsvorschrift unberührt.

1.2 Diese Verwaltungsvorschrift findet auf Lehrkräfte im Arbeitnehmerverhältnis entsprechende Anwendung, Abschnitt III Nr. 1.1 jedoch mit der Maßgabe, dass die dienstliche Beurteilung zwei Monate vor Ablauf der Probezeit abzugeben ist. Die Regelungen über die aktuelle Leistungsfeststellung und die Sonderregelungen für Leistungsstufen finden auf Lehrkräfte im Angestelltenverhältnis keine Anwendung.

➪ Probezeit (Arbeitnehmer); ➪ Tarifvertrag-Länder (TV-L) § 2

1.3 Für die Abgabe der Probezeitbeurteilung ist das Formblatt nach der Anlage 1 zu verwenden, für die Abgabe der Anlassbeurteilung ist das Formblatt nach der Anlage 2 [...]. Der Dienstbericht ist schriftlich ohne besondere Form abzufassen.

2. Die Regelungen für Lehrkräfte an Grund-, Werkreal-, Haupt-, Real- und Sonderschulen einschließlich der Schulkindergärten gelten probeweise [...].

➪ Beamtengesetz (LBG) § 51; ➪ Beamtenstatusgesetz § 50; ➪ Beförderung; ➪ Beförderung (Oberstudienrat*rätin); ➪ Besoldung (Stellenhebung und Abgruppierung); ➪ Beurteilung (Unterrichtsbesuche); ➪ Beurteilungsverordnung; ➪ Chancengleichheitsgesetz; ➪ Funktionsstellen (Besetzung); ➪ Personalakten; ➪ Personalvertretungsgesetz (LPVG) § 71 Abs. 4; ➪ Probezeit (Arbeitnehmer*innen); ➪ Probezeit (Beamt*innen); ➪ Schulgesetz §§ 32 bis 35, 41, 96 ff.; ➪ Schwerbehinderung; ➪ Tarifvertrag-Länder (TV-L) § 2; ➪ Verwaltungsrecht (Allgemeines)

Beurteilung (Unterrichtsbesuche)

Informationen der Redaktion zur Rechtslage und zur Verwaltungspraxis in Baden-Württemberg

1.
Allgemeines

Unter „Unterrichtsbesuch" wird die Besichtigung von Unterrichtsveranstaltungen durch Vorgesetzte (Schulaufsicht, Schulleitung) verstanden. Sie dienen der Dienst- und Fachaufsicht über die Schulen und Lehrkräfte (auch bei disziplinarrechtlichen Maßnahmen) sowie deren Beratung. Gegenseitige Hospitationen der Lehrkräfte beispielsweise zum Zweck der Kooperation beziehungsweise der Fortbildung oder Besuche von Elternvertreterinnen oder -vertretern in Schulklassen („Offene Stunden") sind begrifflich keine „Unterrichtsbesuche".

➪ Elternbeiratsverordnung (Hinweis bei § 3)

Die Schulleitung ist verantwortlich für die Einhaltung der Bildungs- und Lehrpläne und der für die Notengebung allgemein geltenden Grundsätze und ist ermächtigt, Unterrichtsbesuche vorzunehmen und dienstliche Beurteilungen über die Lehrkräfte der Schule für die Schulaufsichtsbehörde abzugeben (SchG § 41 Abs. 2). Diese Aufgabe kann auch delegiert bzw. muss bei Vakanz der Schulleitung von anderen zuständigen Personen wahrgenommen werden (z.B. stellvertretende Schulleiter*in oder Abteilungsleiter*in). ➪ Schulleitung (Aufgaben); ➪ Schulleitung (Abteilungsleiter*innen)

Es liegt im Ermessen der Schulleiter*innen, wie sie sich einen Eindruck von den unterrichtlichen Leistungen der Lehrkräfte verschaffen. Zum Dienstbericht bzw. zur aktuellen Leistungsfeststellung muss deshalb nicht in jedem Fall ein Unterrichtsbesuch erfolgen (bei Anlassbeurteilungen und der abschließenden Probezeitbeurteilung ist jedoch eine Beurteilung des Unterrichts vorgeschrieben).

➪ Beurteilung (Lehrkräfte) Ziff. III.7.3; ➪ Ermessen

Jede Beschwerde und jeder Verdacht der Vernachlässigung von Dienstpflichten kann zur Überprüfung des Kernbereichs der Lehrerarbeit, also der Unterrichtstätigkeit, und damit zu Unterrichtsbesuchen führen. Eine (benotete und damit zusätzlich disziplinierende) Anlassbeurteilung ist jedoch nicht zulässig (VG Karlsruhe, 5.12.2007; AZ: 7 K 2160/05).

➪ Beurteilung (Lehrkräfte); ➪ Disziplinarrecht (Allgemeines) Nr. 3; ➪ Schulgesetz § 32 und § 41

2. Ankündigung von Unterrichtsbesuchen

Ankündigung von Unterrichtsbesuchen durch die Schulaufsichtsbehörden; Verwaltungsvorschrift des KM vom 23. April 1998 (K.u.U. S. 308/1998)

Unterrichtsbesuche geben Aufschluss über den Unterricht des Lehrers im schulischen Alltag und über den Leistungsstand der Schüler. Sie dienen der Beratung, der Beurteilung sowie der Schulaufsicht insgesamt.

Unterrichtsbesuche werden angekündigt. Ausgenommen sind Unterrichtsbesuche, die der Feststellung der Bewährung in der Probezeit dienen, sowie Unterrichtsbesuche, die mit Maßnahmen der Schulaufsicht (z.B. in Beschwerdefällen) in Zusammenhang stehen.

➪ Beschwerderecht; ➪ Probezeit

Bei der Ankündigung von beratenden Besuchen ist ein Termin zu vereinbaren; im Übrigen ist ein Besuchszeitraum mitzuteilen, der drei Wochen nicht überschreiten darf.

Über jeden Unterrichtsbesuch ist ein Gespräch mit dem besuchten Lehrer zu führen.

Bei schwerbehinderten und gleichgestellten Lehrkräften soll der Besuchende rechtzeitig vor jedem Unterrichtsbesuch mit der Lehrkraft ein Gespräch über den Umfang der Behinderung und deren Auswirkungen auf die Arbeitsleistung führen. In dem Gespräch soll festgestellt werden, wie die Lehrkraft selbst die Auswirkung ihrer Behinderung auf die Arbeitsleistung und auf ihre Verwendungsfähigkeit einschätzt. Auf Wunsch der Lehrkraft ist die Schwerbehindertenvertretung an dem Gespräch zu beteiligen. Auf diese Möglichkeit ist die Lehrkraft bereits bei der Ankündigung hinzuweisen.

Hinweis der Redaktion: Diese VwV wendet sich nur an die Schulaufsichtsbehörden. Schulleiter*innen sind also in ihrem ➪ Ermessen frei; wir empfehlen ihnen, ihre Besuche ebenfalls anzukündigen. Bei schwerbehinderten Lehrkräften sind Schulleiter*innen zu einem Vorgespräch verpflichtet.

➪ Schwerbehinderung Ziff. 5.7; ➪ Inklusionsvereinbarung Ziff. 4.7

➪ Beamtengesetz (LBG) §§ 83 ff.; ➪ Beschwerderecht; ➪ Beurteilungsverordnung; ➪ Beurteilung (Lehrkräfte); ➪ Disziplinargesetz; ➪ Disziplinarrecht (Allgemeines) Nr. 3; ➪ Ermessen; ➪ Mutterschutz (Verordnung); ➪ Probezeit; ➪ Schulgesetz §§ 32 ff., 41; ➪ Schwerbehinderung Ziff. 6.3; ➪ Verwaltungsrecht (Allgemeines)

Beurteilungsverordnung

Auszug aus der Verordnung der Landesregierung über die dienstliche Beurteilung der Beamtinnen und Beamten (Beurteilungsverordnung – BeurtVO) vom 16. Dezember 2014 (GBl. S. 778/2014); zuletzt geändert 23. Februar 2017 (GBl. S. 99, 107/2017)

Vorbemerkung der Redaktion

Lehrkräfte im Schuldienst und das Lehrpersonal der Lehrerbildungseinrichtungen sind gemäß § 8 Abs. 2 Nr. 3 der BeurtVO von der „Regelbeurteilung" ausgenommen. Lehrkräfte und Schulleiter*innen werden stattdessen in regelmäßigen Zeitabständen durch den formlosen „Dienstbericht" dienstlich beurteilt; vom Dienstbericht ausgenommen sind Lehrkräfte ab dem 50. Lebensjahr. ➪ Beurteilung (Lehrkräfte) Nr. III.1.3

Wir drucken deshalb hier nur § 1 der BeurtVO ab, denn deren übrige Bestimmungen sind nur für den nichtschulischen Bereich relevant, z.B. für Schulaufsichtsbeamt*innen oder für Lehrkräfte, die überwiegend im außerschulischen Bereich tätig sind.

§ 1

(1) Beamtinnen und Beamte auf Probe im Sinne von § 4 Absatz 3 Buchstabe a des Beamtenstatusgesetzes werden

1. neun Monate nach der Berufung in das Beamtenverhältnis auf Probe sowie
2. drei Monate vor Beendigung der Probezeit

dienstlich beurteilt. Beträgt die Probezeit ein Jahr oder weniger, entfällt die Beurteilung nach Satz 1 Nummer 1. Beträgt die Probezeit voraussichtlich weniger als 18 Monate, kann auf die Beurteilung nach Satz 1 Nummer 1 verzichtet werden.

(2) Im Übrigen werden Beamtinnen und Beamte außer in regelmäßigen Zeitabständen (Regelbeurteilung) vor Entscheidungen, die auf der Grundlage von Eignung, Befähigung und fachlicher Leistung getroffen werden, dienstlich beurteilt (Anlassbeurteilung), wenn

1. die Beamtin oder der Beamte an der letzten Regelbeurteilung nicht teilgenommen hat,
2. sich die zu vergleichenden Beurteilungen auf erheblich abweichende Zeiträume beziehen, insbesondere wenn das jeweilige Enddatum der Beurteilungszeiträume der zu vergleichenden Beurteilungen um mehr als ein Jahr auseinanderfällt oder
3. seit dem Stichtag der letzten Beurteilung einschneidende Änderungen, insbesondere die Wahrnehmung von Dienstaufgaben eines höherwertigen Amtes oder erhebliche Leistungsschwankungen, eingetreten sind.

Hinweis der Redaktion: Im Ergebnis bedeutet dies, dass bei Auswahlentscheidungen zwischen mehreren Personen das Datum der „ältesten" Beurteilung nicht mehr als ein Jahr von dem der zuletzt erstellten Beurteilung abweichen darf; gegebenenfalls sind aktuelle Anlassbeurteilungen zu erstellen.

(3) Vorschriften über die Beurteilung in Ausbildungs- und Prüfungsordnungen bleiben unberührt.

➪ Beamtenstatusgesetz §§ 4 und 50; ➪ Besoldungsgesetz (LBesGBW); ➪ Beurteilung (Lehrkräfte); ➪ Funktionsstellen (Besetzung); ➪ Probezeit; ➪ Verwaltungsrecht (Allgemeines)

Bildungsberatung und Beratungslehrkräfte

Informationen der Redaktion zur Rechtslage und zur Verwaltungspraxis in Baden-Württemberg

A
Richtlinien für die Bildungsberatung

Richtlinien für die Bildungsberatung; Verwaltungsvorschrift des KM vom 13. November 2000 (K.u.U. S. 332/2000)

I.
Grundsätze und Ziele

Die Bildungsberatung soll dazu beitragen, das verfassungsmäßig garantierte Recht des jungen Menschen auf eine seiner Begabung entsprechende Erziehung und Ausbildung zu verwirklichen und ihn in der bestmöglichen Entfaltung seiner Persönlichkeit zu unterstützen.

➪ Verfassung Art. 11

Die Aufgaben der Bildungsberatung umfassen dabei insbesondere die Schullaufbahnberatung sowie die Beratung bei Schulschwierigkeiten in Einzelfällen. Darüber hinaus unterstützen die Einrichtungen der Bildungsberatung Schulen und Schulaufsichtsbehörden in psychologisch-pädagogischen Fragen.

Beratung ist ein wesentlicher Bestandteil des Erziehungs- und Bildungsauftrags der Schule und damit zunächst Aufgabe jeder Lehrerin und jeden Lehrers. Angesichts der Vielfalt und Differenziertheit des Bildungsangebots und der Konfrontation der Schule mit Fehlentwicklungen bei Kindern und Jugendlichen, die den Erziehungszielen der Schule entgegenwirken und die mit den erzieherischen Methoden der Pädagogik allein nicht bewältigt werden können, ist es notwendig, bestimmte schulische Beratungsaufgaben besonders qualifizierten Beraterinnen und Beratern zuzuweisen. Dementsprechend wirken bei der Erfüllung der in § 19 Schulgesetz festgelegten Aufgaben der Bildungsberatung die überörtlich eingerichteten Schulpsychologischen Beratungsstellen sowie Beratungslehrerinnen und Beratungslehrer an den Schulen mit. – Um dem natürlichen Erziehungsrecht der Eltern Rechnung zu tragen, erfolgen Beratungen grundsätzlich in Abstimmung mit den Erziehungsberechtigten.

II.
Beratungslehrerinnen und Beratungslehrer

1.
Allgemeines

Für besondere Beratungsaufgaben werden [...] an den Schulen Beratungslehrerinnen und Beratungslehrer bestellt, die eine zusätzliche Ausbildung als Beratungslehrerin oder Beratungslehrer absolviert haben oder eine gleichwertige Ausbildung besitzen. Die Beratungstätigkeit gehört zum Hauptamt dieser Lehrkräfte. Sie üben ihre Beratungstätigkeit neben ihrem Unterrichtsauftrag aus, der entsprechend dem Umfang ihrer Beratungstätigkeit ermäßigt wird (vgl. Verwaltungsvorschrift ➪ Arbeitszeit (Lehrkräfte – VwV Anrechnungen) IV.2.4 [...]).

In der Regel wird eine Beratungslehrerin oder ein Beratungslehrer für mehrere Schulen, bei größeren Schulen für die Schule bestellt, an der sie oder er unterrichtet.

Hinweis der Redaktion: Zum Einsatz und der Ausbildung der Beratungslehrkräfte siehe Teil B.

2.
Aufgaben

Schwerpunkt der Aufgaben ist die Schullaufbahnberatung, d.h. die Information und Beratung von Schülerinnen, Schülern und Eltern über die geeigneten Bildungsgänge.

Insbesondere

2.1 beraten sie Schülerinnen, Schüler und Eltern in Fragen der Schullaufbahnwahl und des Schullaufbahnwechsels, z.B. bei der Einschulung, beim Übergang auf die auf der Grundschule aufbauenden Schularten, beim Durchlaufen der Orientierungsstufe an den einzelnen Schularten, bei der Zuweisung zu Stütz- und Förderkursen, beim Übergang von einer Schulart in die andere, bei Entscheidungen

Stichwort: Widerspruch gegen die Beurteilung

Dienstliche Beurteilungen haben nicht nur auf die Motivation der Beschäftigten, sondern auch auf deren Fortkommen (Aufstieg, Beförderung usw.) maßgebenden Einfluss.

Wer mit seiner Beurteilung nicht einverstanden ist, besitzt das Recht auf Widerspruch. Dieses Recht kann bereits mündlich bei dem vorgeschriebenen Gespräch mit der Beurteilerin oder dem Beurteiler anlässlich der Übergabe der Beurteilung wahrgenommen werden.

Der förmliche Widerspruch (in Schriftform) sollte stets sorgfältig vorbereitet und genau überlegt werden. Es ist dringend anzuraten, vorher (!) mit der Gewerkschaft und/oder dem Personalrat und gegebenenfalls der Schwerbehindertenvertretung oder der Chancengleichheitsbeauftragten zu sprechen.

GEW-Mitglieder sollten sich bei der Formulierung ihres Widerspruchs unbedingt von ihrer Bezirksgeschäftsstelle beraten lassen. Zum Verfahren bei der Einlegung eines Widerspruchs bitte den Beitrag ➪ Verwaltungsrecht (Allgemeines) sowie das dortige Schaubild beachten.

über anzustrebende Bildungsabschlüsse, bei der Fächerwahl im Wahlpflichtbereich, bei der Zuweisung in Leistungsgruppen, bei der Orientierung über das berufliche Schulwesen, beim Übergang in die Oberstufe des allgemeinbildenden Schulwesens sowie in das berufliche Schulwesen;

2.2 unterstützen sie die zuständigen Berufs- und Studienberaterinnen und -berater bei der beruflichen Orientierung und bei der studienvorbereitenden Beratung;

2.3 wirken sie mit bei örtlichen Informationsveranstaltungen zur Schullaufbahnwahl;

2.4 machen sie Ratsuchenden Informationsmaterial zugänglich;

2.5 helfen sie Schülerinnen und Schülern bei der Bewältigung von Schulschwierigkeiten, soweit Möglichkeiten hierzu im pädagogischen Bereich liegen. Insbesondere sind Leistungsschwächen (Leistungsabfall und -schwankungen) sowie Lernschwierigkeiten zu nennen;

2.6 helfen sie an beruflichen Schulen in Kooperation mit der Berufsberatung und den Ausbildungsberaterinnen und -beratern der Kammern bei der Bewältigung von Schwierigkeiten in der Ausbildung.

Weitergehende, insbesondere psychotherapeutische Maßnahmen bei einzelnen Schülerinnen und Schülern oder Klassen gehören nicht zu den Aufgaben.

Hinweis der Redaktion: Schüler*innen an Nachhilfeeinrichtungen zu verweisen gehört nicht zu den Aufgaben der Beratungslehrkräfte (KM, 24.5.1993; AZ: IV/6-6402.0/16). ⇨ Nachhilfe

3.
Methoden

3.1 Die wichtigste Methode der Beratung ist das persönliche Gespräch. Besondere Untersuchungs- und Testverfahren dürfen nur eingesetzt werden, wenn diese in dem vom Kultusministerium aufgestellten „Testkatalog" [...] aufgeführt sind.

3.2 Untersuchungen und Beratungsmaßnahmen, zu deren Durchführung ein besonderes wissenschaftliches Studium oder eine andere spezifische Qualifikation, die durch die Beratungslehrer-Ausbildung nicht erworben wird, vorausgesetzt werden muss, dürfen nicht durchgeführt werden. [...]

III.
Schulpsychologische Beratungsstellen

1. Allgemeines *(hier nicht abgedruckt)*

2. Aufgaben

Die Schulpsychologischen Beratungsstellen sind Bestandteil der beratenden Schulaufsicht und unterstützen die Schulen bei der Erfüllung ihres Erziehungsauftrags.

Die an den Schulpsychologischen Beratungsstellen tätigen Schulpsychologinnen und Schulpsychologen

- helfen mit psychologischen Beratungsmethoden Schülerinnen und Schülern, die wegen Lern- und Arbeitsstörungen sowie aufgrund von Beeinträchtigungen im sozialen und emotionalen Bereich Schwierigkeiten in der Schule haben. Sie wirken mit bei der Behebung von Verhaltensauffälligkeiten von Schülerinnen und Schülern und bei der Bewältigung innerschulischer Konflikte,
- unterstützen Lehrkräfte und Schulaufsicht bei pädagogisch-psychologischen Fragestellungen, wirken mit in der Lehrerfortbildung sowie bei der Entwicklung geeigneter Untersuchungs- und Beratungsmethoden und beteiligen sich auf Weisung des Kultusministeriums an Schulversuchen,
- beraten und informieren Ratsuchende in Fragen des Zweiten Bildungswegs.

Die Erfahrungen aus der Beratungsarbeit werden in den Arbeitsauftrag der Schulaufsicht einbezogen.

⇨ Fachberate*innen; ⇨ Schulleitung (Abteilungsleiter*innen); ⇨ Schulpsychologische Beratungsstellen

IV.
Formale Rahmenbedingungen der Bildungsberatung

1.
Einwilligung der Berechtigten

1.1 Sofern Untersuchungen durchgeführt werden, zu deren Teilnahme die betroffenen Schülerinnen und Schüler aufgrund von Rechtsvorschriften verpflichtet sind, bedürfen sie keiner Einwilligung der Erziehungsberechtigten.

1.2 Sofern Schulpsychologinnen, Schulpsychologen, Beratungslehrerinnen und und Beratungslehrer auf Anforderung von Schulleitungen und Lehrkräften oder auf Veranlassung der Schulaufsichtsbehörden tätig werden und die betroffenen Schülerinnen und Schüler zur Teilnahme an erforderlichen Einzeluntersuchungen nicht verpflichtet sind, können diese nur durchgeführt werden, wenn die Erziehungsberechtigten oder volljährigen Schülerinnen und Schüler selbst vorab schriftlich erklären, dass sie mit der Untersuchung und damit einverstanden sind, dass die Ergebnisse in dem für die Fragestellung erforderlichen Umfang dem Auftraggeber bekanntgegeben werden.

1.3 Sofern Beratungsfachkräfte auf Wunsch minderjähriger Schülerinnen und Schüler tätig werden, ist eine erste Beratung zulässig. Werden darüber hinaus Maßnahmen für erforderlich gehalten, sind diese nur zulässig, wenn eine schriftliche Einwilligung der Erziehungsberechtigten vorliegt.

2.
Vertraulichkeit

2.1 Beratungslehrerinnen, Beratungslehrer, Schulpsychologinnen und Schulpsychologen haben über Tatsachen, die ihnen im Rahmen ihrer besonderen Beratungsaufgaben anvertraut wurden, Stillschweigen zu wahren. Psychodiagnostische Untersuchungen und Beratungen sind deshalb in der Regel unter Ausschluss Dritter durchzuführen.

⇨ Verschwiegenheitspflicht

2.2 Hiervon ergeben sich folgende Abweichungen:

2.2.1 In den Fällen des Abschnitts IV, 1.1 sind auf Anforderung der Vorgesetzten und Schulaufsichtsbehörden alle erforderlichen Auskünfte zu erteilen und ist erforderlichenfalls auch Akteneinsicht zu gewähren.

2.2.2 Es liegt die Zustimmung der Berechtigten vor, die sich sowohl auf die Person, gegenüber der eine Auskunft erteilt werden soll, wie auf den inhaltlichen Umfang beziehen muss.

3.
Behandlung von Unterlagen

3.1 Beratungslehrerinnen, Beratungslehrer, Schulpsychologinnen und Schulpsychologen führen Aufzeichnungen über ihre Tätigkeit. Alle wesentlichen Ergebnisse der Beratungsarbeit, insbesondere Gutachten, gutachtliche Stellungnahmen, Befunde, Empfehlungen und Beratungen, werden in Akten (Untersuchungsunterlagen) festgehalten. Werden Arbeitsergebnisse mündlich weitergegeben, ist hierüber ein Vermerk in die Akten aufzunehmen. Jeweils zum Schuljahresende ist den Dienstvorgesetzten ein Tätigkeitsbericht vorzulegen.

3.2 Die Untersuchungsunterlagen sind als personenbezogene Unterlagen unter Verschluss zu halten.

3.3 Die Untersuchungsunterlagen sind zu vernichten, wenn die betreffende Schülerin oder der betreffende Schüler seine Schullaufbahn beendet hat, spätestens jedoch nach 10 Jahren; alle anderen Unterlagen sind zu vernichten, wenn sie zur Aufgabenerfüllung nicht mehr benötigt werden, spätestens jedoch nach 30 Jahren. Die Unterlagen sind vor ihrer Vernichtung gemäß § 8 Abs. 1 des Landesarchivgesetzes dem zuständigen Archiv zur Übernahme anzubieten; Untersuchungsunterlagen dürfen nur in anonymisierter Form übergeben werden. Schulpsychologische Beratungsstellen, an deren Untersuchungsunterlagen die Archivverwaltung interessiert ist, erhalten eine gesonderte Mitteilung. Im Übrigen sind alle Schulpsychologischen Beratungsstellen und alle Beratungslehrerinnen und Beratungslehrer von der Pflicht, ihre Unterlagen der Archivverwaltung anzubieten, befreit.

➪ Aufbewahrungsfristen und Archivierung

V.
Zusammenarbeit mit anderen Einrichtungen

1. Bei der Wahrnehmung ihrer Aufgaben arbeiten die Beratungsfachkräfte untereinander und mit den Schulen ihres Tätigkeitsbezirks eng zusammen. Beratungslehrerinnen und Beratungslehrer richten an den Schulen, für die sie bestellt sind, regelmäßige Sprechstunden ein.
2. Beratungslehrerinnen, Beratungslehrer, Schulpsychologinnen und Schulpsychologen nehmen von Fall zu Fall Kontakt mit anderen Personen oder Institutionen, die an der Erziehung und Betreuung von Kindern und Jugendlichen mitwirken, auf.
   Insbesondere sind zu nennen: Erziehungsberatungsstellen, Drogenberatungsstellen, Schulgesundheitsdienst der Gesundheitsämter, Jugend- und Sozialämter, sowie andere Einrichtungen der Jugendpflege und -fürsorge, Berufs- und Studienberatung der Arbeitsverwaltung, Studienberatung der Hochschulen und des Landesinstituts für Erziehung und Unterricht *(jetzt: ZSL)*.

B
Einsatz und Ausbildung der Beratungslehrkräfte

Ausbildung von Beratungslehrerinnen und Beratungslehrern, Schreiben des Zentrums für Schulqualität und Lehrerbildung (ZSL) vom 1. März 2021 (AZ: S6402.3/6-2020-2)

Die Ausbildung von Beratungslehrkräften wird vom ZSL in Form von regionalen Ausbildungskursen durchgeführt. Die Vergabe der Ausbildungsplätze erfolgt im Hinblick auf eine möglichst vollständige Versorgung der Schulen mit Beratungslehrkräften.

Zum möglichen Einsatzort als Beratungslehrkraft

Grundsätzlich wird aus Gründen der Entwicklung und des Erhalts einer qualitätsvollen Praxis des Beratens angestrebt, dass Beratungslehrkräfte möglichst wenigstens vier Anrechnungsstunden erhalten, auch wenn dies derzeit nicht immer zu gewährleisten ist. Da die Anzahl der Anrechnungsstunden von der potentiell zu betreuenden Schülerzahl abhängt (...), kann insbesondere im GHWRGS-Bereich die Betreuung mehrerer Schulen als Beratungslehrkraft erforderlich sein, um dafür diese vier Anrechnungsstunden zu erhalten.

Hinweise der Redaktion:

1. „Notwendige äußere Rahmenbedingungen" sind laut Oberschulamt Stuttgart (4.10.1993; AZ: 6402.3/17):
   - Ein Beratungszimmer mit verschließbarem Schrank, das möglichst ausschließlich dem Beratungslehrer zur Verfügung steht.
   - Ein Telefonanschluss für vertrauliche Gespräche mit Klienten und Beratungseinrichtungen.
   - Testausstattung, Literatur und Verbrauchsmaterialen, die der Beratungslehrer zur Ausübung seiner Tätigkeit benötigt.
   - Bei der ersten Gesamtlehrerkonferenz im Schuljahr sollte sich der Beratungslehrer vorstellen können.
   - In den allgemeinbildenden Schulen sollte der Beratungslehrer seine Verfügungsstunden möglichst an einem Vormittag hintereinander haben, weil nur dadurch eine sinnvolle Testdurchführung gewährleistet ist. Psychodiagnostische Tests müssen aus pädagogisch-psychologischen Gründen vormittags stattfinden, weil sonst nur wenig brauchbare Daten erhalten werden. Die Schüler sind in diesen Fällen vom Unterricht freizustellen. Wünschenswert wäre ein regional einheitlicher „Beratungstag". In den beruflichen Schulen mit Teilzeitunterricht ist es allerdings angezeigt, die Verfügungsstunden auf mehrere Tage zu verteilen, damit für viele Schüler eine persönliche Kontaktmöglichkeit mit dem Beratungslehrer gegeben ist. [...]
2. Die Zahl der Anrechnungsstunden richtet sich nach der Zahl der zu betreuenden Schüler*innen. Derzeit werden angerechnet: bis 500 Schüler*innen: 2 Wochenstunden, bis 750

Schüler*innen: 3 Wochenstunden, bis 1250 Schüler*innen: 4 Wochenstunden, über 1250 Schüler*innen: 5 Wochenstunden.

⇨ Arbeitszeit (Lehrkräfte – VwV Anrechnungen) IV.2.4

Beratungslehrkräfte, die an allgemeinbildenden Gymnasien und beruflichen Schulen tätig sind und deren Schulen häufig eine ausreichend große Schülerzahl haben, betreuen in der Regel die Schule, an der sie unterrichten. Sie können aber grundsätzlich auch an einer weiteren bzw. einer anderen Schule oder anderen Schulart eingesetzt werden. Bei Schulen mit sehr hoher Schülerzahl, die es v.a. im beruflichen Bereich gibt, können mehrere Beratungslehrkräfte zum Einsatz kommen.

Lehrkräfte von Schulen, an denen bereits eine Beratungslehrerin oder ein Beratungslehrer tätig ist, führen nach ihrer Qualifikation die Tätigkeit als Beratungslehrerin oder als Beratungslehrer in der Regel an einer anderen Schule oder anderen Schulart durch.

Informationen zur Ausbildung von Beratungslehrerinnen und Beratungslehrern

(Ziff. 1. Beratung in der Schule und Ziff. 2. Beratungslehrkräfte hier nicht abgedruckt; siehe hierzu Teil A)

3. Organisation der Ausbildung

3.1. Träger

Die Kurse zur Ausbildung von Beratungslehrerinnen und Beratungslehrern werden von den zuständigen ZSL-Regionalstellen organisiert und durchgeführt.

3.2. Zulassungskriterien

Unter den Anmeldungen wählt die zuständige ZSL-Regionalstelle die Teilnehmerinnen und Teilnehmer nach folgenden Kriterien aus:

- Mindestens dreijährige, eigenverantwortliche Unterrichtspraxis (eigenverantwortliches Unterrichten im Referendariat wird mitgezählt).
- Während der Beratungslehrerausbildung muss ein Deputat im Umfang von wenigstens 50 % vorliegen.
- Voraussetzungen sind ferner zum einen die Befähigung zur Zusammenarbeit mit Kolleginnen und Kollegen und Geschick in der Bewältigung von Problemen in der eigenen Schulklasse und zum anderen besonders ausgeprägte Fähigkeiten der Selbstreflexion, Perspektivenübernahme sowie der Selbstregulation als auch kommunikative Fertigkeiten.
- Beratung ist ein reflexiver Prozess. Bei den Bewerberinnen und Bewerbern wird daher die Bereitschaft vorausgesetzt, in einen Lernprozess einzutreten, in dem die Wahrnehmungsfähigkeit sowohl gegenüber Dritten wie auch gegenüber der eigenen Person geschult wird.
- Ferner verlangt die Tätigkeit als Beratungslehrerin oder Beratungslehrer regelmäßige fachliche Weiterbildung und Erfahrungsaustausch. Dies geschieht nach der Ausbildung in Fortbildungsveranstaltungen und Fallbesprechungsgruppen.

  ⇨ Fortbildung (Allgemeines)
- Sonderpädagoginnen und Sonderpädagogen, die an Sonderpädagogischen Beratungszentren tätig oder an allgemeinbildenden bzw. beruflichen Schularten mit sonderpädagogischen Aufgaben betraut sind, können bei der Zulassung nicht berücksichtigt werden. Ebenso können Lehrkräfte, die am horizontalen Laufbahnwechsel zum Sonderpädagogen/zur Sonderpädagogin teilnehmen, nicht zugelassen werden.
- An baden-württembergischen Schulen schließen sich die Beratungslehrertätigkeit und die Ausübung einer Funktionsstelle wie z.B. Schulleitung, stellvertretende Schulleitung und Abteilungsleitung aus, um Rollenkonflikte zu vermeiden.

Die oben genannten Kriterien zur fachlichen und persönlichen Eignung sind die wesentlichen Zulassungskriterien.

3.3. Dauer und Abschluss der Ausbildung

Die Ausbildung dauert eineinhalb Jahre. Im ersten Ausbildungsjahr sind ein Studientag pro Woche (ganztägig) sowie 2-3 mehrtägige Kompaktseminare vorgesehen. Das erste Ausbildungsjahr schließt mit einer Überprüfung ab, in der die Kursteilnehmerinnen und - teilnehmer durch die selbstständige Bearbeitung eines Beratungsfalles nachweisen, dass sie die erforderlichen Kenntnisse und Handlungskompetenzen erworben haben, um selbstständig Beratungen bei Schullaufbahnfragen und Schulschwierigkeiten durchführen zu können. Nach einer erfolgreichen halbjährigen Einarbeitungszeit mit themenbezogenen Einarbeitungstagen, Fallbesprechungsgruppen und einer weiteren Leistungsüberprüfung erfolgt die formelle Bestellung durch die zuständige ZSL- Regionalstelle.

Das Abschlussverfahren ist in [...] *Teil A* geregelt.

3.4 Anrechnung

Während des ersten Ausbildungsjahres erhalten die Teilnehmerinnen und Teilnehmer eine Anrechnung von sechs Wochenstunden auf das Regelstundenmaß, sodass ein voller Studientag pro Woche zur Verfügung steht. Im darauffolgenden Schulhalbjahr der Einarbeitung werden vier Wochenstunden auf das Regelstundenmaß angerechnet.

3.5 Reisekosten

Die Teilnehmerinnen und Teilnehmer erhalten Reisekostenvergütung nach dem Landesreisekostengesetz.

⇨ Reisekostengesetz (LRKG)

4. Ausbildung

(nicht abgedruckt)

⇨ Abschlüsse; ⇨ Arbeitszeit (Lehrkräfte – VwV Anrechnungen) Nr. IV.2.4; ⇨ Aufbewahrungsfristen; ⇨ Aufnahmeverfahren; ⇨ AufnahmeVO; ⇨ Datenschutz (Schulen); ⇨ Fachberater*innen; ⇨ Schulgesetz §§ 19 und 32 Abs. 1; ⇨ Schulleitung (Abteilungsleiter*innen); ⇨ Schulpsychologische Beratungsstellen; ⇨ Verschwiegenheitspflicht

Bildungspaket

Informationen der Redaktion zur Rechtslage und zur Verwaltungspraxis in Baden-Württemberg

Schüler*innen, deren Eltern ein Recht auf Leistungen nach dem Sozialgesetzbuch II („Hartz IV") oder dem Asylbewerberleistungsgesetz haben oder Kinderzuschlag oder Wohngeld beziehen, erhalten im *„Bildungspaket"* Leistungen für Bildung und Teilhabe durch die kommunalen Träger (Landkreise, Städte, Jobcenter), z.B. zur Finanzierung von Schulmaterialien, die nicht im Rahmen der ⇨ Lernmittelfreiheit kostenfrei zur Verfügung gestellt werden, für die ⇨ Schülerbeförderung sowie für ⇨ Nachhilfe.

Den Leistungsträgern obliegt eine *„Hinwirkungspflicht"*. In § 4 SGB II ist bestimmt: *„Sie sollen die Eltern unterstützen und in geeigneter Weise dazu beitragen, dass Kinder und Jugendliche Leistungen für Bildung und Teilhabe möglichst in Anspruch nehmen"*. Die Leistungsträgern müssen zu diesem Zweck mit Schulen und Kitas zusammenarbeiten.

Infos unter www.service-bw.de (Suchwort „Bildungspaket"). Siehe auch: ⇨ Ausbildungsförderung (Schüler-Bafög)

Bedarfe für Bildung und Teilhabe

Auszug aus dem SGB II vom 13.5.2011 (BGBl. I S. 850, 2094); zuletzt geändert 10. März 2021 (BGBl. I S. 335/2021)

§ 28

(1) Bedarfe für Bildung und Teilhabe am sozialen und kulturellen Leben in der Gemeinschaft werden bei Kindern, Jugendlichen und jungen Erwachsenen neben dem Regelbedarf nach Maßgabe der Absätze 2 bis 7 gesondert berücksichtigt. Bedarfe für Bildung werden nur bei Personen berücksichtigt, die das 25. Lebensjahr noch nicht vollendet haben, eine allgemein- oder berufsbildende Schule besuchen und keine Ausbildungsvergütung erhalten (Schülerinnen und Schüler).

(2) Bei Schülerinnen und Schülern werden die tatsächlichen Aufwendungen anerkannt für

1. Schulausflüge und
2. mehrtägige Klassenfahrten im Rahmen der schulrechtlichen Bestimmungen. [...]

(3) Für die Ausstattung von Schülerinnen und Schülern mit persönlichem Schulbedarf ist § 34 Absatz 3 und 3a des Zwölften Buches mit der Maßgabe entsprechend anzuwenden, dass der nach § 34 Absatz 3 Satz 1 und Absatz 3a [...] anzuerkennende Bedarf für das erste Schulhalbjahr regelmäßig zum 1. August und für das zweite Schulhalbjahr regelmäßig zum 1. Februar zu berücksichtigen ist.

Hinweis der Redaktion: § 34 Abs. 3 SGB XII lautet:

(3) Bedarfe für die Ausstattung mit persönlichem Schulbedarf werden bei Schülerinnen und Schülern für den Monat, in dem der erste Schultag eines Schuljahres liegt, in Höhe von 100 Euro und für den Monat, in dem das zweite Schulhalbjahr eines Schuljahres beginnt, in Höhe von 50 Euro anerkannt. Abweichend von Satz 1 ist Schülerinnen und Schülern für die Ausstattung mit persönlichem Schulbedarf ein Bedarf anzuerkennen

1. in Höhe von 100 Euro für das erste Schulhalbjahr, wenn die erstmalige Aufnahme innerhalb des Schuljahres nach dem Monat erfolgt, in dem das erste Schulhalbjahr beginnt, aber vor Beginn des Monats, in dem das zweite Schulhalbjahr beginnt,
2. in Höhe des Betrags für das erste und das zweite Schulhalbjahr, wenn die erstmalige Aufnahme innerhalb des Schuljahres in oder nach dem Monat erfolgt, in dem das zweite Schulhalbjahr beginnt,
3. in Höhe von 50 Euro, wenn der Schulbesuch nach dem Monat, in dem das Schuljahr begonnen hat, unterbrochen wird und die Wiederaufnahme nach dem Monat erfolgt, in dem das zweite Schulhalbjahr beginnt.

Die Bedarfssätze werden jährlich angepasst. Für 2021 wird der Betrag 50 Euro durch 51,50 Euro, der Betrag 100 Euro durch 103 Euro ersetzt.

(4) Bei Schülerinnen und Schülern, die für den Besuch der nächstgelegenen Schule des gewählten Bildungsgangs auf ⇨ Schülerbeförderung angewiesen sind, werden die dafür erforderlichen tatsächlichen Aufwendungen berücksichtigt, soweit sie nicht von Dritten übernommen werden. Als nächstgelegene Schule des gewählten Bildungsgangs gilt auch eine Schule, die aufgrund ihres Profils gewählt wurde, soweit aus diesem Profil eine besondere inhaltliche oder organisatorische Ausgestaltung des Unterrichts folgt; dies sind insbesondere Schulen mit naturwissenschaftlichem, musischem, sportlichem oder sprachlichem Profil sowie bilinguale Schulen, und Schulen mit ganztägiger Ausrichtung.

(5) Bei Schülerinnen und Schülern wird eine schulische Angebote ergänzende angemessene Lernförderung berücksichtigt, soweit diese geeignet und zusätzlich erforderlich ist, um die nach den schulrechtlichen Bestimmungen festgelegten wesentlichen Lernziele zu erreichen. Auf eine bestehende Versetzungsgefährdung kommt es dabei nicht an. ⇨ Nachhilfe

(6) Bei Teilnahme an einer gemeinschaftlichen Mittagsverpflegung werden die entstehenden Aufwendungen berücksichtigt für

1. Schülerinnen und Schüler und
2. Kinder, die eine Tageseinrichtung besuchen oder für die Kindertagespflege geleistet wird.

Für Schülerinnen und Schüler gilt dies unter der Voraussetzung, dass die Mittagsverpflegung in schulischer Verantwortung angeboten wird oder durch einen Kooperationsvertrag zwischen Schule und Tageseinrichtungvereinbart ist. In den Fällen des Satzes 2 ist für die Ermittlung des monatlichen Bedarfs die Anzahl der Schultage in dem Land zugrunde zu legen, in dem der Schulbesuch stattfindet.

(7) Für die Teilhabe am sozialen und kulturellen Leben in der Gemeinschaft werden pauschal 15 Euro monatlich berücksichtigt, sofern bei Leistungsberechtigten, die das 18. Lebensjahr noch nicht vollendet haben, tatsächliche Aufwendungen

entstehen im Zusammenhang mit der Teilnahme an

1. Aktivitäten in den Bereichen Sport, Spiel, Kultur und Geselligkeit,
2. Unterricht in künstlerischen Fächern (zum Beispiel Musikunterricht) und vergleichbare angeleitete Aktivitäten der kulturellen Bildung und
3. Freizeiten.

Neben der Berücksichtigung von Bedarfen nach Satz 1 können auch weitere tatsächliche Aufwendungen berücksichtigt werden, wenn sie im Zusammenhang mit der Teilnahme an Aktivitäten nach Satz 1 Nummer 1 bis 3 entstehen und es den Leistungsberechtigten im Einzelfall nicht zugemutet werden kann, diese aus den Leistungen nach Satz 1 und aus dem Regelbedarf zu bestreiten.

Hinweis der Redaktion: Die Betroffenen sollten dann beim Leistungsträger die Kostenübernahme beantragen.

➪ Ausbildungsförderung (Schüler-Bafög); ➪ Lernmittelfreiheit; ➪ Nachhilfe; ➪ Schülerbeförderung

Bildungspläne und Bildungsstandards

Informationen der Redaktion zur Rechtslage und zur Verwaltungspraxis in Baden-Württemberg

In Baden-Württemberg erfolgt der Unterricht traditionell auf der Grundlage von für die Lehrkräfte verbindlichen Bildungsplänen, die von Lehrplankommissionen des Kultusministeriums erarbeitet werden. Der Landeselternbeirat besitzt ein Beratungsrecht. ➪ Schulgesetz § 35 Abs. 4 und § 60 Abs. 1

Die Bildungspläne für die Grundschule sowie die auf ihr aufbauenden allgemeinbildenden Schulen orientieren sich an bundesweit geltenden *„Bildungsstandards"* (https://www.kmk.org/themen/ > Qualitätssicherung in Schulen > Bildungsstandards.)

Der Bildungsplan der Grundschule knüpft an den Orientierungsplan im vorschulischen Bereich an.

Im gemeinsamen Bildungsplan für die Sekundarstufe I (Werkreal-, Haupt-, Real- und Gemeinschaftsschulen) mit durchgängig drei Niveaustufen sollen individualisierte Lernangebote auf die unterschiedlichen Fähigkeiten und die individuellen Lern- und Leistungsentwicklungen der Schüler*innen eingehen. Das grundlegende Niveau (G) führt zum Hauptschul- und mit einer Phase der Vertiefung zum Werkrealschulabschluss, das mittlere Niveau (M) führt zum Realschulabschluss, das erweiterte, gymnasiale Niveau (E) eröffnet einen neunjährigen Bildungsweg zum Abitur. ➪ Schulgesetz § 35 Abs. 4

Neben dem Bildungsplan für die Sekundarstufe I gibt es einen inhaltlich und strukturell mit diesem abgestimmten eigenständigen Bildungsplan für das Gymnasium. Er stellt die Bedeutung der Fachlichkeit und die Entwicklung der fachlichen Kompetenzen der Schüler*innen sowie auf dieser Basis das fächerverbindende Lernen in den Mittelpunkt.

Für alle Schularten werden darüber hinaus in sechs „Leitperspektiven" Fähigkeitsbereiche angesprochen, die nicht einem einzigen Fach zugeordnet sind, sondern übergreifend entwickelt werden sollen:

- Bildung für nachhaltige Entwicklung,
- Bildung für Toleranz und Akzeptanz von Vielfalt, ➪ Erziehungsauftrag und politische Bildung
- Prävention und Gesundheitsförderung,
- Berufliche Orientierung,
- Medienbildung,
- Verbraucherbildung.

Zum 1.8.2021 sind auch für die Beruflichen Gymnasien neue Bildungspläne in Kraft getreten.

Die aktuellen Bildungspläne für allgemeinbildende und für berufliche Schulen sowie die Sonderpädagogischen Bildungs- und Beratungszentren (SBBZ) sind abrufbar unter: www.bildungsplaene-bw.de.

➪ Erziehungsauftrag und politische Bildung; ➪ Kultus und Unterricht; ➪ Lernstandserhebungen; ➪ Lernstandserhebungen (Termine); ➪ Schulentwicklung; ➪ Schulgesetz § 35 Abs. 4 und § 60 Abs.1; ➪ Stundentafeln (Allgemeines)

Bildungszeitgesetz

Informationen der Redaktion zur Rechtslage und zur Verwaltungspraxis in Baden-Württemberg

Bildungszeitgesetz BW vom 20. März 2015 (GBl. S. 161/2015), zuletzt geändert 4. Februar 2021 (GBl. S. 117/2021)

Das Bildungszeitgesetz Baden-Württemberg garantiert allen Beschäftigten einen Anspruch auf „Bildungszeit" (Freistellung unter Fortzahlung der Bezüge an bis zu fünf Arbeitstagen innerhalb eines Kalenderjahres für die berufliche oder politische Weiterbildung sowie die Qualifizierung für ehrenamtliche Tätigkeiten).

§ 3 Abs. 3 dieses Gesetzes bestimmt: *„Für die Beschäftigten an Schulen, die mit der Unterrichtung oder Betreuung von Schülerinnen oder Schülern betraut sind, erfolgt eine Freistellung nur in den unterrichtsfreien Zeiten. Beschäftigte mit Lehraufgaben an Hochschulen können ihre Bildungszeit ausschließlich in der vorlesungsfreien Zeit in Anspruch nehmen."*

Lehrkräfte und Pädagogische Assistent*innen können deshalb das Bildungszeitgesetz nur in den Schulferien in Anspruch nehmen. Heimerzieher*innen an Schulen mit Heim fallen nicht unter diese Einschränkung, da sie keinen Unterricht erteilen.

Quelle: KM 25.3.2015 (AZ: 55-5613.3/37/3)

Chancengleichheitsbeauftragte (Schulen)

Informationen der Redaktion zur Rechtslage und zur Verwaltungspraxis in Baden-Württemberg

Nach dem ⇨ Chancengleichheitsgesetz § 4 Ab. 4 besitzen die öffentlichen Schulen den Charakter von „Dienststellen". An Schulen mit 50 und mehr Beschäftigten wählen die weiblichen Beschäftigten alle fünf Jahre eine Beauftragte für Chancengleichheit (BfC) sowie deren Stellvertreterin; diese Personen sind danach von der Schulleitung förmlich zu bestellen (ChancenG §§ 15 ff.). Die Vorgabe „50 und mehr Beschäftigte" wird überwiegend von beruflichen Schulen, Gymnasien, SBBZ und einigen wenigen sonstigen Schulen erfüllt.

Für die Ermittlung der Zahl der Beschäftigten zählt jede Lehrkraft, auch wenn sie nur eine einzige Stunde an der Schule unterrichtet. Es zählen die befristet und unbefristet Beschäftigten, Direkteinsteiger*innen, voll- und teilabgeordnete Lehrkräfte sowie alle Geschlechter, obwohl nur Frauen das aktive und passive Wahlrecht besitzen. Nicht zu den Beschäftigten zählt jedoch das Personal des Schulträgers (auch wenn die Schulleitung weisungsberechtigt ist, beispielsweise bei den Verwaltungskräften, Jugendbegleiter*innen usw.). Anwärter*innen und Referendar*innen sind nur am Ausbildungsseminar wahlberechtigt.

An Dienststellen mit weniger als 50 Beschäftigten (also der großen Mehrzahl der Schulen) bestellt die Schulleitung eine „Ansprechpartnerin" für die weiblichen Beschäftigten sowie für die zuständige BfC.

„Zuständige" BfC ist im Bereich der Grund-, Haupt-, Werkreal-, Real-, und Gemeinschaftsschulen sowie der SBBZ eine BfC, die vom Staatlichen Schulamt aus dem Kreis der weiblichen Lehrkräfte im Schulkreis nach vorheriger Ausschreibung bestellt wird. Für die „Ansprechpartnerinnen" an anderen Schularten ist die BfC am Regierungspräsidium „zuständig", die von einer „fachlichen Beraterin für den Bereich Schule" unterstützt wird (ChancenG § 15 Abs. 3 und 4).

In der Regel bestellt das Staatliche Schulamt – auf Vorschlag der BfC oder der „fachlichen Beraterin" des RP – auch eine Stellvertreterin der BfC beim SSA (hierfür erfolgt in der Regel keine Aussschreibung).

Wir empfehlen, vor der Bestellung einer „Ansprechpartnerin" an der jeweiligen Schule ein schulinternes Wahlverfahren durchzuführen. Zur Amtszeit von „Ansprechpartnerinnen" beziehungsweise deren Abberufung macht das ChancenG keine Vorgaben. Dies vorzugeben, liegt demnach im ⇨ Ermessen der Schulleitung. Hingegen ist die Amtszeit der BfC auf fünf Jahre festgelegt (ChancenG § 15 Abs. 1).

Der Lehrkräfte-Personalrat wirkt zwar bei der Abberufung einer BfC, jedoch nicht bei der Bestellung mit. Eine gewählte BfC kann nicht gleichzeitig Mitglied im örtlichen Personalrat sein; für Ansprechpartnerinnen ist dies hingegen möglich.
⇨ Chancengleichheitsgesetz § 15 Abs. 3; ⇨ Personalvertretungsgesetz § 75 Abs. 4 Nr. 2

Die Rechtsstellung und die Aufgaben der BfC sowie der stellvertretenden BfC sind in den §§ 18 bis 22 ⇨ Chancengleichheitsgesetz festgelegt. Die „Ansprechpartnerinnen" an den kleineren Schulen wenden sich in diesen Angelegenheiten an die zuständige BfC; umgekehrt pflegt diese den Kontakt mit den in ihrem Aufgabenbereich tätigen Ansprechpartnerinnen (Beratung, Dienstbesprechungen, Fortbildung).

Zur Arbeitszeit bzw. den Freistellungen für die BfC siehe Hinweis der Redaktion bei § 18 Abs. 3 ⇨ Chancengleichheitsgesetz. Die „Ansprechpartnerinnen" haben keinen rechtlichen Anspruch auf eine Anrechnung auf ihre Unterrichtsverpflichtung (können diese aber gemäß ⇨ Arbeitszeit (Lehrkräfte – VwV Anrechnungen) Nr. IV.1 erhalten).

⇨ Beauftragte für Chancengleichheit (im Adressenteil am Anfang des Buches); ⇨ Chancengleichheitsgesetz; ⇨ Chancengleichheitsplan; ⇨ Grundgesetz Art. 3; ⇨ Personalvertretungsgesetz (LPVG) § 75 Abs. 4 Nr. 2

Stichwort: Schulpflicht und Schulbesuchsrecht

Unabhängig von der Herkunft bzw. Staatsangehörigkeit besteht in Baden-Württemberg Schulpflicht für alle Kinder und Jugendlichen, die im Land ihren Wohnsitz oder gewöhnlichen Aufenthalt oder ihre Ausbildungs- oder Arbeitsstätte haben (⇨ Schulgesetz § 72 Abs. 1). Schulpflichtig ist auch, wem aufgrund eines Asylantrags der Aufenthalt in Baden-Württemberg gestattet ist oder wer hier geduldet wird, unabhängig davon, ob er oder sie selbst diese Voraussetzungen erfüllt oder nur ein Elternteil.

Die UN-Kinderrechtskonvention (Art. 28 KRK) garantiert das Recht auf Schulbesuch ohne Rücksicht auf den aufenthaltsrechtlichen Status. Um sicherzustellen, dass dieses **Recht** auch vor der erst nach sechs Monaten einsetzenden **Pflicht** zum Schulbesuch wahrgenommen werden kann, ist in der VwV ⇨ Schulpflicht (Durchsetzung) festgelegt, dass die Meldebehörden den Schulen die Daten der Schulpflichtigen ohne Rücksicht auf die Staatsangehörigkeit übermitteln müssen und dass die Schule die Erziehungsberechtigten über das Recht ihres derart gemeldeten Kindes auf Schulbesuch informieren muss, wenn es wegen eines laufenden Asylverfahrens oder eines geduldeten Aufenthalts vor Ablauf von sechs Monaten nach dem Zuzug noch nicht schulpflichtig ist. ⇨ Schulpflicht (Ausländer*innen)

Chancengleichheitsgesetz

Auszug aus dem Gesetz zur Verwirklichung der Chancengleichheit von Frauen und Männern im öffentlichen Dienst in Baden-Württemberg (Chancengleichheitsgesetz – ChancenG)
vom 23. Februar 2016 (GBl. S. 108/2016), zuletzt geändert 17. Juni 2020 (GBl. S. 401/2020)

1. Abschnitt
Allgemeine Vorschriften

§ 1
Gesetzesziel

(1) Mit diesem Gesetz wird in Erfüllung des Verfassungsauftrags nach Artikel 3 Abs. 2 des Grundgesetzes (GG) wird die tatsächliche Durchsetzung der Gleichberechtigung von Frauen und Männern in in dem in § 3 genannten Geltungsbereich gefördert.

(2) Die tatsächliche Durchsetzung der Gleichberechtigung von Frauen und Männern erfolgt mit dem Ziel ihrer Gleichstellung und der Beseitigung bestehender sowie der Verhinderung künftiger Diskriminierungen wegen des Geschlechts und des Familienstandes. Dadurch sollen auch bestehende Nachteile für Frauen abgebaut oder ausgeglichen werden, unter Wahrung des Vorrangs von Eignung, Befähigung und fachlicher Leistung nach Artikel 33 Absatz 2 GG. Zu diesem Zweck werden Frauen nach Maßgabe dieses Gesetzes gezielt gefördert, insbesondere, um Zugangs- und Aufstiegschancen für Frauen zu verbessern sowie eine deutliche Erhöhung des Anteils der Frauen in Bereichen, in denen sie unterrepräsentiert sind, zu erreichen.

(3) Ziel des Gesetzes ist darüber hinaus die paritätische Vertretung von Frauen und Männern in Gremien, soweit das Land Mitglieder für diese bestimmen kann.

(4) Ziel des Gesetzes ist es zudem, die Vereinbarkeit von Familie, Pflege und Beruf für Frauen und Männer zu verbessern.

➪ Grundgesetz Art. 3

§ 2
Besondere Verantwortung

Alle Beschäftigten, insbesondere diejenigen mit Vorgesetzten- und Leitungsaufgaben, sowie die Dienststellenleitungen und die Personalvertretungen, fördern die tatsächliche Verwirklichung der Gleichberechtigung von Frauen und Männern und berücksichtigen Chancengleichheit als durchgängiges Leitprinzip in allen Aufgabenbereichen der Dienststelle. Dies gilt insbesondere bei Personalwirtschafts- und Personalentwicklungsmaßnahmen.

§ 3
Geltungsbereich

(1) Dieses Gesetz gilt für
1. die Behörden des Landes, [...]

Hinweis der Redaktion: Das Gesetz gilt demnach für alle öffentlichen Schulen; siehe auch § 4 Abs. 4.

§ 4
Begriffsbestimmungen

(1) Beschäftigte im Sinne dieses Gesetzes sind Angestellte, Arbeiterinnen und Arbeiter, Beamtinnen und Beamte sowie Auszubildende, [...].

(2) Familienpflichten im Sinne dieses Gesetzes bestehen, wenn eine beschäftigte Person mindestens ein Kind unter 18 Jahren tatsächlich betreut.

(3) Pflegeaufgaben im Sinne dieses Gesetzes bestehen, wenn eine beschäftigte Person eine nach § 14 Absatz 1 des Elften Buches Sozialgesetzbuch (SGB XI) pflegebedürftige nahe angehörige Person im Sinne von § 7 Absatz 3 Pflegezeitgesetz (PflegeZG) tatsächlich, nicht erwerbsmäßig häuslich pflegt oder betreut.

(4) Dienststellen im Sinne dieses Gesetzes sind die einzelnen Behörden, Verwaltungsstellen der in § 3 genannten Körperschaften, Anstalten und Stiftungen sowie die Gerichte, die Hochschulen und die Schulen.

(5) Beförderung im Sinne dieses Gesetzes ist auch die Verleihung eines anderen Amtes mit höherem Endgrundgehalt ohne Änderung der Amtsbezeichnung, die Übertragung eines anderen Amtes mit gleichem Endgrundgehalt und anderer Amtsbezeichnung unter gleichzeitigem Wechsel der Laufbahngruppe, die Verleihung eines Richteramtes mit höherem Endgrundgehalt und die Übertragung einer höher zu bewertenden Tätigkeit sowie die Gewährung einer Amtszulage.

(6) Eine Unterrepräsentanz von Frauen im Sinne dieses Gesetzes liegt dort vor, wo innerhalb eines Geltungsbereichs eines Chancengleichheitsplans in einer Entgelt- oder Besoldungsgruppe einer Laufbahn oder in den Funktionen mit Vorgesetzten- und Leitungsaufgaben einschließlich der Stellen und Planstellen Vorsitzender Richterinnen und Vorsitzender Richter weniger Frauen als Männer beschäftigt sind.

(7) Frühzeitige Beteiligung im Sinne dieses Gesetzes bedeutet, dass die Beauftragte für Chancengleichheit an der Entscheidungsfindung gestaltend mitwirken und Einfluss nehmen kann. Die Beteiligung der Beauftragten für Chancengleichheit soll vor Beteiligung der Personalvertretung erfolgen.

Stichwort: Vor Teilzeit und Urlaub beraten lassen

Wer sich beurlauben lassen will oder eine Teilzeitbeschäftigung in Erwägung zieht, sollte sdies nicht unüberlegt tun, denn oft gibt es verschiedene Varianten. Bisweilen geht es dabei um recht viel Geld. GEW-Mitglieder sollten deshalb die Erfahrung und Kompetenz unserer Bezirksgeschäftsstellen nutzen und sich beraten lassen. Die GEW rechnet beispielsweise die Auswirkungen auf die späteren Versorgungsbezüge aus und gibt Tipps für die Antragstellung.

2. Abschnitt Maßnahmen zur Gleichstellung von Frauen und Männern

§ 5

Erstellung des Chancengleichheitsplans

(1) Jede personalverwaltende Dienststelle, deren Personalverwaltungsbefugnis 50 und mehr Beschäftigte umfasst, erstellt mindestens einen Chancengleichheitsplan. In den anderen Dienststellen kann ein Chancengleichheitsplan erstellt werden. Für die Ministerien ist jeweils ein gesonderter ⇨ Chancengleichheitsplan zu erstellen. Soweit Gleichstellungspläne für alle Beschäftigten gemäß § 4 Absatz 5 LHG aufgestellt werden, entfällt die Pflicht zur Erstellung eines Chancengleichheitsplans nach diesem Gesetz.

(2) Ist die personalverwaltende Dienststelle, deren Personalverwaltungsbefugnis Beschäftigte einer nachgeordneten Dienststelle umfasst, an der Personalplanung und der Personalauswahl der nachgeordneten Dienststelle nicht unmittelbar beteiligt, kann sie von der Erstellung eines Chancengleichheitsplans absehen. Diese Beschäftigten sind in den Chancengleichheitsplan der nachgeordneten Dienststelle aufzunehmen und bei der Berechnung nach Absatz 1 Satz 1 zu berücksichtigen. [...]

(4) Der Chancengleichheitsplan ist für die Dauer von sechs Jahren zu erstellen und soll bei erheblichen strukturellen Änderungen angepasst werden. Bei der Erstellung des Chancengleichheitsplans und seiner Anpassung ist die Beauftragte für Chancengleichheit mit dem Ziel einer einvernehmlichen Regelung frühzeitig zu beteiligen. Gegen die Entscheidungen der Dienststellenleitung steht der Beauftragten für Chancengleichheit das Recht der Beanstandung nach § 21 zu.

(5) Die Chancengleichheitspläne und ihre Anpassung sind der Dienstaufsichtsbehörde, die ihre Beauftragte für Chancengleichheit informiert, vorzulegen. Chancengleichheitspläne der übrigen, der alleinigen Aufsicht des Landes unterstehenden Körperschaften, Anstalten und Stiftungen des öffentlichen Rechts sind der Dienststelle, die die Rechtsaufsicht ausübt und ihre Beauftragte für Chancengleichheit informiert, vorzulegen.

(6) Zusammen mit dem Chancengleichheitsplan ist alle sechs Jahre eine Übersicht über die Beschäftigtenstruktur der einzelnen Dienststellen zu erstellen und in der jeweiligen Dienststelle in geeigneter Weise bekanntzumachen.

§ 6

Inhalt des Chancengleichheitsplans

(1) Der Chancengleichheitsplan hat eine Bestandsaufnahme und beschreibende Auswertung der Beschäftigtenstruktur seines jeweiligen Geltungsbereiches zu enthalten. Im Chancengleichheitsplan ist darzustellen, in welchen Bereichen die Frauen unterrepräsentiert sind. Hierfür sind alle sechs Jahre folgende Daten jeweils getrennt nach Geschlecht zu erheben und auszuwerten:

1. die Zahl der Beschäftigten, gegliedert nach Voll- und Teilzeittätigkeit, Besoldungs-, Entgeltgruppen, Laufbahnen und Berufsgruppen,
2. die Zahl der Beurlaubten
3. die Zahl der Beschäftigten in Positionen mit Vorgesetzten- und Leitungsaufgaben,
4. die Zahl der Auszubildenden, gegliedert nach Laufbahnen und Ausbildungsberuf, sowie
5. die Gremienbesetzung nach § 13.

Stichtag ist der 30. Juni des Berichtsjahres.

(2) Der Chancengleichheitsplan hat die Zielvorgabe zu enthalten, mindestens die Hälfte der durch Einstellung zu besetzenden Stellen in Bereichen, in denen Frauen unterrepräsentiert sind, zur Besetzung durch Frauen vorzusehen. Sind in Bereichen der Unterrepräsentanz von Frauen voraussichtlich nicht genügend Frauen mit der notwendigen Qualifikation zu gewinnen, können entsprechend weniger Stellen zur Besetzung mit Frauen vorgesehen werden. Dies ist im Chancengleichheitsplan darzulegen. Bei Beförderung und bei Übertragung höherwertiger Tätigkeiten ist der Anteil der Frauen in Bereichen, in denen sie in geringerer Zahl beschäftigt sind als Männer, deutlich zu erhöhen. Der Vorrang von Eignung, Befähigung und fachlicher Leistung nach Artikel 33 Absatz 2 GG ist zu beachten.

(3) Im Chancengleichheitsplan ist festzulegen, mit welchen personellen, organisatorischen, fortbildenden und qualifizierenden Maßnahmen die Frauenanteile auf allen Ebenen sowie allen Positionen mit Vorgesetzten- und Leitungsaufgaben in unterrepräsentierten Bereichen erhöht werden, bis eine paritätische Besetzung erreicht ist. Zur Erreichung der Parität kann sich die Zielvorgabe an dem Geschlechteranteil der vorangegangenen Entgelt- oder Besoldungsgruppe einer Laufbahn orientieren.

§ 7

Bekanntmachung, Veröffentlichung

(1) Der Chancengleichheitsplan ist innerhalb eines Monats nach Ausfertigung durch die Dienststellenleitung in den vom Geltungsbereich des Chancengleichheitsplans erfassten Dienststellen an geeigneter Stelle zur Einsicht auszulegen, auszuhängen oder in sonstiger geeigneter Weise bekanntzumachen.

(2) Die Chancengleichheitspläne und die Zwischenberichte nach § 8 Absatz 1 sind jeweils im Internet zu veröffentlichen. Die Chancengleichheitspläne und Zwischenberichte der Ministerien sind darüber hinaus auf der Webseite der Landesregierung im Internet zu veröffentlichen. Daten, die auf einer Datenbasis von weniger als sechs Personen beruhen, sind nicht zu veröffentlichen.

§ 8

Erfüllung des Chancengleichheitsplans

(1) Nach drei Jahren (Zwischenbericht) und im nächsten Chancengleichheitsplan stellt jede Dienststelle, die den Chancengleichheitsplan erstellt, den Stand der Erfüllung der im Chancengleichheitsplan festgelegten Zielvorgaben fest. Die jeweils zuständige Beauftragte für Chancengleichheit ist frühzeitig

zu beteiligen. Werden die Zielvorgaben nicht erreicht, ist darzulegen, weshalb von den Zielvorgaben des Chancengleichheitsplans abgewichen wird und welche Gegenmaßnahmen ergriffen werden. Hierfür sind folgende Daten jeweils getrennt nach Geschlecht zu erheben und auszuwerten:

1. die Zahl der Beschäftigten, gegliedert nach Voll- und Teilzeittätigkeit, Besoldungs-, Entgeltgruppen, Laufbahnen und Berufsgruppen,
2. die Zahl der Stellenausschreibungen, Bewerbungen, Einstellungen, Beförderungen, Höhergruppierungen,
3. die Anzahl der Teilnehmerinnen und Teilnehmer an Fortbildungen in Bereichen, in denen Frauen unterrepräsentiert sind und
4. die Gremienbesetzung nach § 13.

Stichtag ist der 30. Juni des Berichtsjahres.

(2) Der Zwischenbericht ist der Dienstaufsichtsbehörde, die ihre Beauftragte für Chancengleichheit informiert, vorzulegen. [...]

(3) Auf die Erfüllung des Chancengleichheitsplans achtet die nach Absatz 2 aufsichtführende Behörde, die ihre Beauftragte für Chancengleichheit beteiligt. Soweit Verstöße festgestellt werden und sie nicht im Rahmen der im Gesetz gegebenen Möglichkeiten behoben werden können, sind die Gründe hierfür bei der Aufstellung des nächsten Chancengleichheitsplans darzulegen.

(4) Bei erheblichen Abweichungen von den Zielvorgaben des Chancengleichheitsplans kann sich die Dienstaufsichtsbehörde unter frühzeitiger Beteiligung ihrer Beauftragten für Chancengleichheit in begründeten Fällen von der betreffenden Dienststelle die Zustimmung bei jeder weiteren Einstellung oder Beförderung vorbehalten.

§ 9
Stellenausschreibung

(1) In Bereichen, in denen Frauen unterrepräsentiert sind, sind alle Stellen grundsätzlich in der Dienststelle sowie öffentlich auszuschreiben. Ausschreibungen müssen geschlechtsneutral erfolgen, es sei denn, ein bestimmtes Geschlecht ist unverzichtbare Voraussetzung für die Tätigkeit. Die Ausschreibung ist so abzufassen, dass Frauen ausdrücklich zur Bewerbung aufgefordert werden.

(2) Soweit zwingende dienstliche Belange nicht entgegenstehen, ist in der Ausschreibung darauf hinzuweisen, dass Vollzeitstellen grundsätzlich teilbar sind. Dies gilt auch für Stellen mit Vorgesetzten- und Leitungsaufgaben.

(3) Die Beauftragte für Chancengleichheit soll bei allen Ausschreibungen frühzeitig beteiligt werden. Bei Ausnahmen von den Grundsätzen nach Absatz 1 Satz 1 und Absatz 2 ist die Beauftragte für Chancengleichheit frühzeitig zu beteiligen.

(4) § 11 Abs. 2 und 3 des Landesbeamtengesetzes gilt entsprechend. ⇨ Beamtengesetz § 11

§ 10
Bewerbungs- und Personalauswahlgespräche

(1) Soweit möglich sind in Bereichen, in denen Frauen unterrepräsentiert sind, mindestens ebenso viele Frauen wie Männer oder alle Bewerberinnen zum Bewerbungsgespräch zu laden, soweit sie das in der Ausschreibung vorgegebene Anforderungs- und Qualifikationsprofil aufweisen.

(2) Fragen nach dem Familienstand, einer bestehenden oder geplanten Schwangerschaft oder geplanten Elternzeit sowie danach, wie bestehende oder geplante Familien- oder Pflegeaufgaben neben dem Beruf gewährleistet werden können, sind unzulässig. ⇨ Einstellungserlass Nr. 2.4 und 2.5

(3) Bei der Stellenbesetzung kann die Beauftragte für Chancengleichheit an den Bewerbungs- und Personalauswahlgesprächen teilnehmen.

§ 11
Einstellung, beruflicher Aufstieg und Vergabe von Ausbildungsplätzen

(1) In Bereichen, in denen Frauen unterrepräsentiert sind, hat die Dienststelle unter Wahrung des Vorrangs von Eignung, Befähigung und fachlicher Leistung nach Artikel 33 Absatz 2 GG sowie nach Maßgabe der Zielvorgaben des Chancengleichheitsplans und entsprechender Personalplanung Frauen bei der Besetzung von Stellen, insbesondere mit Vorgesetzten- und Leitungsaufgaben, sowie von Stellen für die Berufsausbildung und bei der Beförderung vorrangig zu berücksichtigen, soweit nicht in der Person des Mitbewerbers liegende Gründe überwiegen. ⇨ Funktionsstellen (Besetzung)

Hinweis der Redaktion: Sind die Bewerberinnen und Bewerber um ein Beförderungsamt im Gesamturteil ihrer aktuellen dienstlichen Beurteilungen gleich beurteilt worden, ist der Dienstherr verpflichtet, den weiteren Inhalt der Beurteilungen zu würdigen. Der im Bereich der Binnendifferenzierung vorzunehmende Leistungsvergleich ist durch die in der jeweiligen Beurteilung getroffene Gesamtbewertung nicht „verbraucht". *(Jetzt:)* § 11 Abs. 1 und Abs. 3 ChancenG sind unionsrechtskonform auszulegen und anzuwenden. Sind Bewerberinnen und Bewerber nach Eignung, Befähigung und fachlicher Leistung gleich qualifiziert, darf den Bewerberinnen kein automatischer und unbedingter Vorrang eingeräumt werden, vielmehr muss in jedem Einzelfall gewährleistet sein, dass alle die Bewerberinnen und Bewerber betreffenden persönlichen Besonderheiten in den Blick genommen werden. Eine bevorzugte Beförderung von Frauen kommt nicht in Betracht, wenn in der Person eines männlichen Mitbewerbers „Gründe von größerem rechtlichen Gewicht" entgegenstehen. Im Rahmen der insoweit erforderlichen Verhältnismäßigkeitsprüfung sind auch die in *(jetzt:)* § 11 Abs. 3 Satz 1 ChancenG genannten Gesichtspunkte in den Blick zu nehmen. (Quelle: Verwaltungsgerichtshof, 21.6.2011; AZ: 4 S 1075/11)

(2) Bei der Beurteilung der Eignung sind die in in den Familien- und Pflegeaufgaben und in ehrenamtlicher Tätigkeit erworbenen überfachlichen Kompetenzen einzubeziehen, soweit sie für die vorgesehene Tätigkeit von Bedeutung sind und in das Bewerbungsverfahren eingebracht werden.

⇨ Chancengleichheitsgesetz; ⇨ Einstellungserlass;
⇨ Grundgesetz Art. 3

(3) Bei gleicher Eignung, Befähigung und fachlicher Leistung können Frauenförderung, Behinderteneigenschaft und Dienstalter als zusätzliche Hilfskriterien berücksichtigt werden. Bei Vorliegen gleicher Eignung, Befähigung und fachlicher Leistung von Frauen und Männern dürfen geringere aktive Dienst- oder Beschäftigungszeiten, Inanspruchnahme von Elternzeit, Familienpflegezeit, Pflegezeit, Telearbeit und flexiblen Arbeitszeitmodellen sowie

Reduzierungen der Arbeitszeit, Beurlaubungen oder Verzögerungen beim Abschluss einzelner Ausbildungsgänge aufgrund der Betreuung von Kindern oder pflegebedürftigen Personen nicht berücksichtigt werden. Ferner sind Familienstand oder Einkommen der Partnerin oder des Partners nicht zu berücksichtigen.

(4) Die Dienststelle hat die Beauftragte für Chancengleichheit an der Entscheidung über jede Einstellung und Beförderung frühzeitig zu beteiligen. Ihr sind die entscheidungsrelevanten Daten mitzuteilen und die erforderlichen Bewerbungsunterlagen frühzeitig zur Einsicht vorzulegen. Hiervon erfasst sind auch die Bewerbungsunterlagen männlicher Mitbewerber, die die vorgesehenen Voraussetzungen für die Besetzung der Personalstelle oder des zu vergebenden Amtes erfüllen. Andere Personalakten darf die Beauftragte für Chancengleichheit nur mit Zustimmung der Betroffenen einsehen.

§ 12
Fort- und Weiterbildung

(1) Die berufliche Fort- und Weiterbildung weiblicher Beschäftigter wird gefördert. Insbesondere sollen dazu Fort- und Weiterbildungsmaßnahmen angeboten werden, die eine Weiterqualifikation ermöglichen oder auf die Übernahme von Tätigkeiten in Bereichen der Unterrepräsentanz von Frauen vorbereiten. Bei der Planung und Gestaltung der Fort- und Weiterbildungsmaßnahmen ist der Beauftragten für Chancengleichheit Gelegenheit zur Beteiligung zu geben.

(2) Bei innerbehördlichen Dienstbesprechungen und bei geeigneten Veranstaltungen der beruflichen Fort- und Weiterbildung, insbesondere auch bei Fort- und Weiterbildungsmaßnahmen für Führungskräfte, sind Themen zur Chancengleichheit von Frauen und Männern vorzusehen.

(3) Bei allen beruflichen Fort- und Weiterbildungsmaßnahmen sollen Frauen entsprechend ihrem Anteil an der Zielgruppe der Fort- und Weiterbildungsmaßnahme berücksichtigt werden. Frauen sollen verstärkt als Leiterinnen und Referentinnen für Fort- und Weiterbildungsveranstaltungen eingesetzt werden. Die Beauftragte für Chancengleichheit ist bei der Auswahl der Teilnehmerinnen und Teilnehmer an Fort- und Weiterbildungsmaßnahmen, die eine Weiterqualifikation ermöglichen oder auf die Übernahme von Tätigkeiten in Bereichen der Unterrepräsentanz von Frauen vorbereiten, zu beteiligen.

(4) Bei der Ausgestaltung und Durchführung von beruflichen Fort- und Weiterbildungsveranstaltungen soll auch darauf geachtet werden, dass den Beschäftigten mit zu betreuenden Kindern oder pflegebedürftigen nahen angehörigen Personen eine Teilnahme möglich ist. Möglichkeiten der Betreuung sollen im Bedarfsfall angeboten werden.

§ 13
Gremien

(1) In Gremien, für die dem Land ein Berufungs-, Entsende- oder Vorschlagsrecht zusteht, müssen ab 1. Januar 2017 mindestens 40 Prozent der durch das Land zu bestimmenden Mitglieder Frauen sein, soweit nicht eine Ausnahme aus besonderen Gründen nach Absatz 5 vorliegt. Der Mindestanteil ist bei erforderlich werdenden Berufungen, Entsendungen oder Vorschlägen zur Besetzung einzelner oder mehrerer Sitze zu beachten und im Wege einer sukzessiven Steigerung zu erreichen. Bestehende Mandate können bis zu ihrem vorgesehenen Ende wahrgenommen werden. Stehen dem Land insgesamt höchstens zwei Gremiensitze zu, sind die Sätze 1 bis 3 nicht anzuwenden.

(2) Wird ein Gremium gebildet oder wiederbesetzt von einer Stelle, die nicht zur unmittelbaren Landesverwaltung gehört, ist auf eine Besetzung des Gremiums mit mindestens 40 Prozent Frauen hinzuwirken.

(3) Es ist das Ziel, ab dem 1. Januar 2019 die in Absatz 1 genannten Anteile auf 50 Prozent zu erhöhen. Steht dem Land insgesamt eine ungerade Anzahl an Gremiensitzen zu, darf das Ungleichgewicht zwischen Frauen und Männer nur einen Sitz betragen.

(4) Gremien im Sinne von Absatz 1 sind solche, die auf gesetzlicher Grundlage beruhen, insbesondere Beiräte, Kommissionen, Verwaltungs- und Aufsichtsräte sowie sonstige Kollegialorgane und vergleichbare Mitwirkungsgremien, unabhängig von ihrer Bezeichnung.

(5) Ausnahmen sind nur aus besonderen Gründen zulässig, die aktenkundig zu machen sind. Besondere Gründe sind insbesondere dann gegeben, wenn die Ausübung des Mandats in einem Gremium an einen bestimmten Dienstposten geknüpft ist, der einen fachlichen Bezug zum auszuübenden Mandat hat.

(6) Bei der Gremienbesetzung ist die Beauftragte für Chancengleichheit in den einzelnen Dienststellen frühzeitig zu beteiligen.

(7) Absatz 1 gilt nicht, soweit die Mitgliedschaft in Gremien durch eine auf einer Rechtsnorm oder Satzung beruhenden Wahl begründet wird.

§ 14
Beseitigen der Unterrepräsentanz

(1) Soweit das Gesetzesziel der weitgehenden Beseitigung der Unterrepräsentanz in allen Entgelt- oder Besoldungsgruppen einer Laufbahn und in den Funktionen mit Vorgesetzten- und Leitungsaufgaben [...] erreicht ist, ist die jeweilige Dienststelle von folgenden Vorschriften entbunden:

1. Erstellung eines Chancengleichheitsplans nach § 5,
2. Erstellung eines Zwischenberichts nach § 8 und
3. Aufforderung zur Bewerbung von Frauen nach § 9 Absatz 1 Satz 3.

(2) Die Dienststelle hat unter frühzeitiger Beteiligung ihrer Beauftragten für Chancengleichheit im Abstand von zwei Jahren zu prüfen, ob das Gesetzesziel nach Absatz 1 weiterhin gewahrt ist und sie von den Vorschriften des Absatzes 1 entbunden bleibt. Die Beauftragte für Chancengleichheit kann die Entscheidung der Dienststelle nach § 21 beanstanden.

Abschnitt 3
Beauftragte für Chancengleichheit, Stellvertreterin

§ 15
Bestellung

(1) In jeder Dienststelle mit 50 und mehr Beschäftigten und in jeder personalverwaltenden Dienststelle, deren Personalverwaltungsbefugnis 50 und mehr Beschäftigte umfasst, ist eine Beauftragte für Chancengleichheit und ihre Stellvertreterin nach vorheriger Wahl zu bestellen. Bei den Hochschulen gelten die Angehörigen des wissenschaftlichen und künstlerischen Personals nach § 44 LHG nicht als Beschäftigte im Sinne dieser Bestimmung. Die regelmäßige Amtszeit beträgt fünf Jahre. In allen anderen Dienststellen ist eine Ansprechpartnerin für die weiblichen Beschäftigten und die zuständige Beauftragte für Chancengleichheit zu bestellen. Eine Ansprechpartnerin kann auch für einen Teil einer Dienststelle bestellt werden, der räumlich von dem Hauptsitz der Dienststelle entfernt seinen Sitz hat.

(2) Zuständig für eine Dienststelle nach Absatz 1 Satz 4 ist die Beauftragte für Chancengleichheit der nächsthöheren Dienststelle.

(3) In jedem Staatlichen Schulamt ist für den Bereich der Lehrkräfte an Grund-, Werkreal-, Haupt-, Real-, Gemeinschaftsschulen und Sonderpädagogischen Bildungs- und Beratungszentren aus deren Kreis nach vorheriger Ausschreibung eine Beauftragte für Chancengleichheit zu bestellen.

⇨ Chancengleichheitsbeauftragte (Schulen)

(4) In jedem Regierungspräsidium ist zusätzlich zur Beauftragten für Chancengleichheit eine fachliche Beraterin aus dem Bereich Schule zu bestellen. Absatz 1 Satz 3 gilt entsprechend. Die fachliche Beraterin nimmt in Abstimmung mit der Beauftragten für Chancengleichheit deren Aufgaben und Rechte wahr, soweit Maßnahmen der Dienststelle ausschließlich die Schulen betreffen.

⇨ Beauftragte für Chancengleichheit (im Adressenteil)

§ 16
Verfahren zur Bestellung

(1) Wahlberechtigt sind alle weiblichen Beschäftigten der Dienststelle, es sei denn, dass sie am Wahltag seit mehr als zwölf Monaten ohne Dienstbezüge oder Arbeitsentgelt beurlaubt sind.

(2) Wählbar für das Amt der Beauftragten für Chancengleichheit und der Stellvertreterin sind die weiblichen Beschäftigten der Dienststelle. Wer zu einer anderen Dienststelle abgeordnet ist, ist für das Amt der Beauftragten für Chancengleichheit und der Stellvertreterin nicht wählbar. Satz 2 gilt nicht bei Abordnungen zur Teilnahme an Lehrgängen.

(3) Die Beauftragte für Chancengleichheit und ihre Stellvertreterin werden in einem Wahlverfahren in getrennten Wahlgängen nach den Grundsätzen der Mehrheitswahl gewählt. Die Wahl hat den Grundsätzen der allgemeinen, unmittelbaren, freien, gleichen und geheimen Wahl zu entsprechen. Das Verfahren für die Durchführung der Wahl wird durch Rechtsverordnung der Landesregierung geregelt.

(4) Findet sich nur eine zur Ausübung des Amtes bereite Beschäftigte, kann die Dienststelle von der weiteren Durchführung des Wahlverfahrens absehen und diese zur Beauftragten für Chancengleichheit bestellen. Findet sich aus dem Kreis der weiblichen Beschäftigten keine zur Ausübung des Amtes bereite Person, kann die Dienststelle auch einen zur Ausübung bereiten männlichen Beschäftigten zum Beauftragten für Chancengleichheit bestellen. Anderenfalls hat die Dienststelle das Wahlverfahren nach sechs Monaten zu wiederholen. Gleiches gilt für die Stellvertretung.

(5) Die Wahl der Beauftragten für Chancengleichheit und ihrer Stellvertreterin kann beim Verwaltungsgericht angefochten werden, wenn gegen wesentliche Vorschriften über das Wahlrecht, die Wählbarkeit oder das Wahlverfahren verstoßen worden und eine Berichtigung nicht erfolgt ist, es sei denn, dass durch den Verstoß das Wahlergebnis nicht geändert oder beeinflusst werden konnte. Zur Anfechtung berechtigt sind mindestens drei Wahlberechtigte, alle Bewerberinnen oder die Dienststellenleitung. Die Anfechtung ist nur binnen einer Frist von zwei Wochen, von dem Tag der Bekanntgabe des Wahlergebnisses an gerechnet, zulässig.

Hinweis der Redaktion: Im Gegensatz zum Widerruf (§ 17) bestimmt der Personalrat bei der Bestellung der BfC nicht mit.

§ 17
Erlöschen der Bestellung, Widerruf, Neubestellung

(1) Die Bestellung zur Beauftragten für Chancengleichheit erlischt mit Ablauf der Amtszeit, der Niederlegung des Amtes, ihrem Ausscheiden aus der Dienststelle oder ihrer nicht nur vorübergehenden Verhinderung von mehr als sechs Monaten.

(2) Die Dienststellenleitung darf die Bestellung zur Beauftragten für Chancengleichheit nur auf deren Verlangen oder wegen grober Verletzung ihrer gesetzlichen Verpflichtungen widerrufen.

⇨ Personalvertretungsgesetz (LPVG) § 75 Abs. 4 Nr. 2

(3) Ist die Bestellung erloschen oder widerrufen worden, ist die Stellvertreterin mit ihrem Einverständnis bis zum Ende der laufenden Amtszeit zur Beauftragten für Chancengleichheit zu bestellen. Anderenfalls hat die Dienststellenleitung aus der Liste der für das Amt der Beauftragten für Chancengleichheit nicht gewählten Beschäftigten die Person mit der nächsthöheren Stimmenzahl bis zum Ende der laufenden Amtszeit zur Beauftragten für Chancengleichheit zu bestellen. Ist eine solche nicht vorhanden, hat die Dienststelle aus dem Kreis der weiblichen Beschäftigten die Beauftragte für Chancengleichheit bis zum Ende der laufenden Amtszeit zu bestellen. § 16 Abs. 4 Satz 2 findet entsprechende Anwendung. Die Bestellung ist nur mit Einverständnis der zu bestellenden Beschäftigten vorzunehmen.

(4) Die Absätze 1 und 2 gelten für die Stellvertreterin entsprechend. Ist die Bestellung zur Stellvertreterin erloschen oder widerrufen worden, findet Absatz 3 Sätze 2 bis 5 entsprechende Anwendung. Gleiches gilt bei Nachrücken der Stellvertreterin in das Amt der Beauftragten für Chancengleichheit nach Absatz 3 Satz 1.

§ 18
Rechtsstellung

(1) Die Beauftragte für Chancengleichheit ist der Dienststellenleitung unmittelbar zugeordnet und hat ein unmittelbares Vortragsrecht. Sie ist in der Ausübung ihrer Tätigkeit nicht an Weisungen gebunden.

(2) Die Beauftragte für Chancengleichheit ist mit den zur Erfüllung ihrer Aufgaben notwendigen räumlichen, personellen und sachlichen Mitteln auszustatten. Ihr und ihrer Stellvertreterin ist die Teilnahme an spezifischen Fortbildungsveranstaltungen zu ermöglichen, soweit diese für ihre Tätigkeit erforderlich sind.

(3) Die Dienststellenleitung hat die Beauftragte für Chancengleichheit im erforderlichen Umfang von ihren anderweitigen dienstlichen Verpflichtungen zu entlasten. Unter Berücksichtigung der Struktur der jeweiligen Dienststelle und sofern keine anderweitige Vereinbarung zwischen Dienststelle und Beauftragter für Chancengleichheit getroffen wird, beträgt die Entlastung in der Regel in personalverwaltenden Dienststellen mit mehr als 300 Beschäftigten mindestens 50 Prozent der vollen regelmäßigen Arbeitszeit. Bei einer Beschäftigtenzahl von mehr als 600 Beschäftigten wird die Beauftragte für Chancengleichheit in der Regel im Umfang der Regelarbeitszeit einer Vollzeitkraft entlastet. [...] Soweit die Beauftragte für Chancengleichheit eine Teilzeitbeschäftigung ausübt, wird auf die Möglichkeit der Aufgabendelegation nach § 22 Absatz 2 verwiesen.

Hinweis der Redaktion: Die BfC des Kultusministeriums erhält eine Entlastung von den dienstlichen Aufgaben in Höhe von 50 % einer Vollzeitkraft. Die fachlichen Beraterinnen der Regierungspräsidien für den Bereich Schule (§ 15 Absatz 4 ChancenG) erhalten ebenfalls eine Entlastung in Höhe von 50 % einer Vollzeitkraft mit Ausnahme des RP Stuttgart, dort sind es 18 von 25 Deputatsstunden. Die BfC auf der Ebene der unteren Schulaufsichtsbehörden, die für die Lehrkräfte in GHWRGS-Schulen zuständig sind (§ 15 Absatz 3 ChancenG), erhalten insgesamt 150 Anrechnungsstunden, die nach einem Schlüssel verteilt werden, der sich an der Größe des Zuständigkeitsbereichs orientiert; jede dieser BfC erhält eine Sockelanrechnung von 2 Wochenstunden. BfC an Schulen mit mehr als 50 Beschäftigten erhalten eine Entlastung von einer Deputatsstunde pro Woche.

(Quelle: Mitteilung der Landesregierung; LT-Drucksache 16/906)

(4) Bei Uneinigkeit über den Umfang der Entlastung kann die Dienststelle oder die Beauftragte für Chancengleichheit eine Schlichtungsstelle anrufen. Die Schlichtungsstelle besteht aus einer Vertreterin oder einem Vertreter des für Frauenfragen zuständigen Ministeriums als Vorsitzende oder Vorsitzender, einer Vertreterin oder einem Vertreter des betroffenen Fachministeriums und einer dritten Person mit Befähigung zum Richteramt, die der badenwürttembergischen Arbeits- oder Verwaltungsgerichtsbarkeit angehört und von dem für Frauenfragen zuständigen Landtagsausschuss zu benennen ist. Das Nähere wird durch Rechtsverordnung des für Frauenfragen zuständigen Ministeriums geregelt.

(5) Die Beauftragte für Chancengleichheit darf wegen ihrer Tätigkeit weder allgemein noch in ihrer beruflichen Entwicklung benachteiligt werden. Sie darf gegen ihren Willen nur umgesetzt, versetzt oder abgeordnet werden, wenn dies aus dringenden dienstlichen Gründen auch unter Berücksichtigung ihrer Funktion als Beauftragte für Chancengleichheit unvermeidbar ist. In diesem Fall ist die Zustimmung der vorgesetzten Dienststelle, die ihre Beauftragte für Chancengleichheit beteiligt, notwendig. § 15 Abs. 2 und 4 des Kündigungsschutzgesetzes gilt entsprechend.

(6) Die Beauftragte für Chancengleichheit und ihre Stellvertreterin sind verpflichtet, über die persönlichen Verhältnisse von Beschäftigten und andere vertrauliche Angelegenheiten in der Dienststelle auch über die Zeit ihrer Bestellung hinaus Stillschweigen zu bewahren. Die Verschwiegenheitspflicht gilt auch für die Ansprechpartnerinnen und für die fachlichen Beraterinnen.

§ 19
Grundsätze für die Zusammenarbeit

(1) Die Dienststellenleitung legt zu Beginn der Amtszeit der Beauftragten für Chancengleichheit im Einvernehmen mit der Beauftragten für Chancengleichheit die näheren Einzelheiten der Zusammenarbeit fest.

(2) Die Beauftragte für Chancengleichheit ist in dem für die sachgerechte Wahrnehmung ihrer Aufgaben und Beteiligungsrechte erforderlichen Umfang frühzeitig und umfassend zu unterrichten. Ihr sind die hierfür erforderlichen Unterlagen frühzeitig vorzulegen und alle erforderlichen Informationen und Auskünfte zu erteilen.

(3) Die Beauftragte für Chancengleichheit kann an der regelmäßig stattfindenden Besprechung der Dienststellenleitung mit den anderen Führungskräften der Dienststelle teilnehmen. Dies gilt nicht, soweit die Dienststellenleitung einen Bezug zu den der Beauftragten für Chancengleichheit nach diesem Gesetz zugewiesenen Aufgaben ausschließt.

Hinweis der Redaktion: Hierunter „fallen an Gymnasien und Beruflichen Schulen die in regelmäßigen Abständen und aus begründetem Anlass geführten Besprechungen zwischen Schulleitung und Fachleiterinnen/Fachleitern bzw. bei den Grund-, Haupt-, Real- und Sonderschulen die Besprechungen der Rektorin/des Rektors mit der Konrektorin/dem Konrektor [...] Die Frauenvertreterin (ist) im Rahmen ihrer Aufgaben zu beteiligen".

(Quelle: KM, 6.11.1998; Nr. I/3-4910.21/13)

§ 20
Sonstige Aufgaben und Rechte

(1) Die Beauftragte für Chancengleichheit achtet auf die Durchführung und Einhaltung dieses Gesetzes und unterstützt die Dienststellenleitung bei dessen Umsetzung. Sie ist an sonstigen allgemeinen personellen sowie sozialen und organisatorischen Maßnahmen ihrer Dienststelle, soweit diese Auswirkungen auf die berufliche Situation weiblicher Beschäftigter haben können, frühzeitig zu beteiligen.

(2) Die Beauftragte für Chancengleichheit hat ein Initiativrecht für Maßnahmen zur gezielten beruflichen Förderung von Frauen. Sie kann sich innerhalb ihrer Dienststelle zu fachlichen Fragen der Gleichberechtigung von Frauen und Männern, der beruflichen Förderung von Frauen und der Vereinbarkeit von Familie, Pflege und Beruf äußern. Sie

kann während der Arbeitszeit Sprechstunden durchführen und einmal im Jahr eine Versammlung der weiblichen Beschäftigten der Dienststelle einberufen

(3) Weibliche Beschäftigte können sich in ihren Angelegenheiten ohne Einhaltung des Dienstwegs an die Beauftragte für Chancengleichheit ihrer Dienststelle wenden.

(4) Den Beauftragten für Chancengleichheit ist Gelegenheit zum Erfahrungsaustausch untereinander zu geben.

(5) Die Rechte der Personalvertretungen bleiben unberührt. ⇨ Personalvertretungsgesetz (LPVG) § 70

§ 21

Beanstandungsrecht

(1) Hält die Beauftragte für Chancengleichheit eine Maßnahme für unvereinbar mit diesem Gesetz oder mit anderen Vorschriften über die Gleichbehandlung von Frauen und Männern, hat sie das Recht, diese Maßnahme innerhalb von einer Woche nach ihrer Unterrichtung schriftlich zu beanstanden. Bei unaufschiebbaren Maßnahmen kann die Dienststelle die Frist auf zwei Arbeitstage verkürzen. Im Fall der fristgerechten Beanstandung hat die Dienststellenleitung ihrer Dienststelle unter Beachtung der Einwände neu zu entscheiden. Die Ablehnung der Beanstandung ist gegenüber der Beauftragten für Chancengleichheit schriftlich zu begründen.

(2) Die beanstandete Maßnahme soll vor Ablauf der Frist und vor der Entscheidung der Dienststellenleitung nach Absatz 1 Satz 3 nicht vollzogen werden.

(3) Wird die Beauftragte für Chancengleichheit nicht oder nicht rechtzeitig nach Maßgabe dieses Gesetzes beteiligt, soll der Vollzug bis zum Ablauf von einer Woche nach Unterrichtung der Beauftragten für Chancengleichheit ausgesetzt werden. Bei unaufschiebbaren Maßnahmen kann die Dienststelle die Frist auf zwei Arbeitstage verkürzen.

(4) Die Beauftragte für Chancengleichheit kann sich unter Einhaltung des Dienstweges über die jeweils nächsthöhere Behörde an die oberste Dienstbehörde wenden und insbesondere Beanstandungen, denen auch die nächsthöhere Behörde nicht abhilft, binnen einer Woche nach Unterrichtung zur Klärung vorlegen.

(5) Bei Fragen von allgemeiner frauenpolitischer Bedeutung kann sich die Beauftragte für Chancengleichheit an das für Frauenfragen zuständige Ministerium wenden.

§ 22

Aufgaben der Stellvertreterin

(1) Die Stellvertreterin wird grundsätzlich im Vertretungsfall tätig.

(2) Abweichend von Absatz 1 kann die Beauftragte für Chancengleichheit der Stellvertreterin mit deren Einverständnis Aufgaben zur eigenständigen Erledigung übertragen. Eine Änderung oder Aufhebung der Delegationsentscheidung nach Satz 1 kann die Beauftragte für Chancengleichheit jederzeit ohne Zustimmung der Stellvertreterin vornehmen. § 18 Absatz 1 Satz 2 gilt entsprechend. Eine Aufgabendelegation ist gegenüber der Dienststelle und der Personalvertretung anzuzeigen.

(3) Die Stellvertreterin hat die von der Beauftragten für Chancengleichheit vorgegebenen Leitlinien der Chancengleichheitsarbeit zu beachten. Die Gesamtverantwortung für die Aufgabenerledigung verbleibt bei der Beauftragten für Chancengleichheit.

(4) Wird die Stellvertreterin nach Absatz 1 tätig, ist sie anstelle der Beauftragten für Chancengleichheit mit Beginn der Vertretungstätigkeit in dem Ausmaß ihrer Tätigkeit als Stellvertreterin von anderweitigen Tätigkeiten nach § 18 Absatz 3 zu entlasten. Im Falle des Absatzes 2 Satz 1 wird die Stellvertreterin anstelle der Beauftragten für Chancengleichheit entsprechend der Aufgabendelegation entlastet.

§ 23

Arbeitskreis der Beauftragten für Chancengleichheit der Ministerien und des Rechnungshofs (hier nicht abgedruckt)

Abschnitt 5
Vereinbarkeit von Familie, Pflege und Beruf für Frauen und Männer

§ 28

Verpflichtete

Die Dienststelle ist verpflichtet, die Vereinbarkeit von Familie, Pflege und Beruf für Frauen und Männer zu fördern und geeignete Maßnahmen zur Verbesserung der Rahmenbedingungen vorzunehmen. Die Personalvertretung hat im Rahmen ihrer allgemeinen Aufgaben nach § 70 des Landespersonalvertretungsgesetzes auf die bessere Vereinbarkeit von Familie, Pflege und Beruf hinzuwirken.

§ 29

Familiengerechte Arbeitszeit

Die Dienststellen können auf Antrag über die gleitende Arbeitszeit hinaus eine familien- oder pflegegerechte Gestaltung der täglichen und wöchentlichen Arbeitszeit einräumen, wenn dies nachweislich zur Betreuung von mindestens einem Kind unter 18 Jahren oder einer nach § 14 Absatz 1 SGB XI pflegebedürftigen nahen angehörigen Person im Sinne von § 7 Absatz 3 PflegeZG erforderlich ist und dienstliche Belange nicht entgegenstehen. Ist beabsichtigt, dem Antrag einer oder eines Beschäftigten nicht zu entsprechen, ist die Beauftragte für Chancengleichheit zu beteiligen. Die Ablehnung des Antrags ist von der Dienststelle schriftlich zu begründen.

§ 30

Teilzeitbeschäftigung, Telearbeit und Beurlaubung zur Wahrnehmung von Familien- oder Pflegeaufgaben

(1) Die Dienststelle hat unter Einbeziehung der Beauftragten für Chancengleichheit für die Beschäftigten in allen Bereichen, auch bei Stellen mit Vorgesetzten- und Leitungsaufgaben, ein ausreichendes Angebot an Teilzeitarbeitsplätzen zu schaffen, soweit zwingende dienstliche Belange nicht entgegenstehen. Die Wahrnehmung von Vorgesetzten- und Leitungsaufgaben steht der

Reduzierung der Arbeitszeit grundsätzlich nicht entgegen.

⇨ Teilzeit/Urlaub (Arbeitnehmer*innen); ⇨ Teilzeit/Urlaub (Beamtenrecht – VwV); ⇨ Teilzeit (Pflichten und Rechte)

(2) Im Rahmen der dienstlichen Möglichkeiten sollen die Dienststellen den Beschäftigten auch Telearbeitsplätze anbieten. Diese sollen bevorzugt durch Beschäftigte mit Familien- oder Pflegeaufgaben besetzt werden.

(3) Teilzeitbeschäftigung, Telearbeit und Beurlaubung zur Wahrnehmung von Familien- oder Pflegeaufgaben dürfen sich nicht nachteilig auf den beruflichen Werdegang, insbesondere auf die dienstliche Beurteilung, auswirken. Teilzeitbeschäftigten sind die gleichen beruflichen Aufstiegsmöglichkeiten und Fortbildungschancen einzuräumen wie Vollzeitbeschäftigten. Entsprechendes gilt für Beschäftigte an Telearbeitsplätzen. Teilzeit, Telearbeit und Beurlaubung zur Wahrnehmung von Familien- oder Pflegearbeiten nicht dazu führen, dass den Beschäftigten geringerwertige Aufgaben übertragen werden.

(4) Die Dienststellen sind verpflichtet, Beschäftigte, die einen Antrag auf Teilzeitbeschäftigung oder Beurlaubung zur Wahrnehmung von Familien- oder Pflegeaufgaben stellen, ausdrücklich auf die allgemeinen beamten- und versorgungsrechtlichen, sozialversicherungs-, arbeits- und tarifrechtlichen Folgen hinzuweisen.

(5) Beabsichtigt die Dienststelle, dem Antrag einer oder eines Beschäftigten mit Familien- oder Pflegeaufgaben auf Teilzeitbeschäftigung, Teilnahme an der Telearbeit oder Beurlaubung nicht zu entsprechen, ist die Beauftragte für Chancengleichheit zu beteiligen. Die Ablehnung des Antrags ist von der Dienststelle schriftlich zu begründen.

§ 31
Wechsel zur Vollzeitbeschäftigung, beruflicher Wiedereinstieg

(1) Bei Vorliegen der gleichen Eignung, Befähigung und fachlicher Leistung müssen im Rahmen der Besetzung von Vollzeitstellen vorrangig berücksichtigt werden:

1. Teilzeitbeschäftigte mit Familien- oder Pflegeaufgaben, die eine Vollzeitbeschäftigung oder eine Erhöhung ihrer wöchentlichen Arbeitszeit beantragen, sowie
2. beurlaubte Beschäftigte, die während der Beurlaubung Familien- oder Pflegeaufgaben wahrgenommen haben und eine vorzeitige Rückkehr aus der Beurlaubung beantragen.

(2) Die Dienststelle hat insbesondere den aus familien- oder pflegebedingten Gründen Beurlaubten durch geeignete Maßnahmen die Verbindung zum Beruf und den beruflichen Wiedereinstieg zu erleichtern.

(3) Beurlaubten soll in geeigneten Fällen Gelegenheit gegeben werden, Urlaubs- oder Krankheitsvertretungen wahrzunehmen.

(4) Beurlaubte sind auf Verlangen über Fortbildungsmaßnahmen zu unterrichten. Eine Teilnahme an Fortbildungsveranstaltungen soll ihnen im Rahmen der zur Verfügung stehenden Plätze und der allgemeinen Grundsätze über die Auswahl der dafür in Frage kommenden Beschäftigten ermöglicht werden. Ihnen sind auf Verlangen Fortbildungsmaßnahmen anzubieten, die den beruflichen Wiedereinstieg erleichtern. § 12 Absatz 1 Satz 3 und Absatz 4 findet entsprechende Anwendung.

(5) Mit den Beurlaubten sind auf Antrag Beratungsgespräche zu führen, in denen sie über Einsatzmöglichkeiten während und nach der Beurlaubung informiert werden.

⇨ Beamtengesetz § 11; ⇨ Beauftragte für Chancengleichheit (im Adressenteil); ⇨ Chancengleichheitsbeauftragte (Schulen); ⇨ Chancengleichheitsplan; ⇨ Gleichbehandlungsgesetz (AGG); ⇨ Einstellungserlass; ⇨ Fortbildung (Allgemeines); ⇨ Funktionsstellen (Besetzung); ⇨ Grundgesetz Art. 3 und 33; ⇨ Personalvertretungsgesetz (LPVG) § 9 Abs. 2, §§ 30, 68, § 72 Bs. 6, § 75 Abs.4;⇨ Reisekosten (Aus- und Fortbildungsreisen) Nr. 3; ⇨ Teilzeit/Urlaub (Arbeitnehmer*innen); ⇨ Teilzeit/Urlaub (Beamtenrecht – VwV); ⇨ Teilzeit (Pflichten und Rechte)

Chancengleichheitsplan

Informationen der Redaktion zur Rechtslage und zur Verwaltungspraxis in Baden-Württemberg

Die vier Regierungspräsidien stellen als „personalverwaltende Dienststellen" im Schulbereich getrennte „Chancengleichheitspläne" auf für

- die beruflichen Schulen,
- die Grund-, Haupt-, Werkreal-, Real- und Gemeinschaftsschulen sowie die SBBZ,
- die Gymnasien.

⇨ Chancengleichheitsgesetz § 5; ⇨ Teilzeit (Pflichten und Rechte)

Bis auf unwesentliche Nuancen sind die Vorgaben zu „*Maßnahmen zur Vereinbarkeit von Familie und Beruf*" in den insgesamt 12 Chancengleichheitsplänen aller vier Regierungsbezirke und aller Schularten identisch. Ein Beispiel für diesen Abschnitt der Chancengleichheitspläne drucken wir im Beitrag ⇨ Teilzeit (Pflichten und Rechte) ab.

Unter ⇨ Termin-Checkliste finden Sie die wichtigsten Termine des Schuljahres.

Corona-Pandemie-Prüfungsverordnung

Verordnung des Kultusministeriums zur Regelung der Besonderheiten bei der Leistungsfeststellung der Schulen und der Durchführung der schulischen Abschlussprüfungen im Schuljahr 2021/2022, den Versetzungsentscheidungen und Niveauzuordnungen, den Beratungen schulischer Gremien sowie der Lehrkräfteausbildung und -prüfung (Corona-Pandemie-Prüfungsverordnung 2021/2022) vom 12. Oktober 2021 (GBl. S. 856/2021)

Abschnitt 1
Allgemeines, Zweck

§ 1

Leistungsfeststellung der Schulen und Durchführung der schulischen Abschlussprüfungen im Schuljahr 2021/2022; Versetzungsentscheidungen und Niveauzuordnungen; Beratungen schulischer Gremien

(1) Diese Verordnung regelt die durch den Regelbetrieb unter Pandemiebedingungen bedingten Besonderheiten bei der Leistungsfeststellung der Schulen und der Durchführung der schulischen Abschlussprüfungen im Schuljahr 2021/2022; §§ 10 bis 22 bleiben unberührt.

(2) Für die Feststellung der Leistungen der Schülerinnen und Schüler und die Durchführung der Abschlussprüfungen im Schuljahr 2021/2022 an den allgemeinbildenden und beruflichen Schulen in öffentlicher Trägerschaft sowie an staatlich anerkannten Ersatzschulen wie insbesondere allgemeinbildenden Abendgymnasien, Abendrealschulen, Kollegs sowie Freien Waldorfschulen finden die jeweils geltenden Bestimmungen nach Maßgabe der Besonderheiten in Absatz 3 bis 8 und §§ 2 bis 9 Anwendung.

(3) Die Klassenkonferenz kann die Versetzung im Schuljahr 2021/2022 längstens bis zum Ende des nächsten Schulhalbjahres aussetzen und von der Erteilung eines Zeugnisses absehen. Auf dem Zeugnisformular ist anstelle der Noten der Vermerk anzubringen: „Versetzung ausgesetzt gemäß § 1 Absatz 3 der Corona-Pandemie-Prüfungsverordnung 2021/2022".

(4) Grundlage der Leistungsbewertung sind alle von der Schülerin oder dem Schüler im Präsenzunterricht erbrachten Leistungen und können darüber hinaus im Fernunterricht erbrachte Leistungen sein. Die schriftlichen und praktischen Leistungen, insbesondere Klassenarbeiten und schriftliche Wiederholungsarbeiten, sollen im Präsenzunterricht erbracht werden.

(5) Sind nach den allgemeinen Bestimmungen der ⇨ Realschulversetzungsordnung die Voraussetzungen für die erstmalige Zuordnung zum Niveau M am Ende des Schuljahrs 2021/2022 nicht erfüllt, entscheidet die Klassenkonferenz unter Berücksichtigung der Leistungen in den Klassen 5 und 6 über die Niveauzuordnung.

(6) Wurden die Leistungen einer Schülerin oder eines Schülers der Realschule nach Niveau M bewertet und ist zum Ende des Schuljahrs 2021/2022 nach den Anforderungen dieses Niveaus keine Versetzung möglich, kann die Klasse abweichend von § 4 Absatz 4 Satz 2 Alternative 2 der ⇨ Realschulversetzungsordnung nochmals auf dem Niveau M wiederholt werden.

(7) Schülerinnen und Schüler, die das allgemeinbildende Gymnasium nach dem Schuljahr 2021/2022 wegen mehrmaliger Nichtversetzung verlassen müssten, können die zuletzt besuchte Klasse abweichend von § 6 Absatz 1 der Versetzungsordnung Gymnasien ein weiteres Mal wiederholen. Entsprechendes gilt für Schülerinnen und Schüler des Beruflichen Gymnasiums und der gymnasialen Oberstufe an Gemeinschaftsschulen.

⇨ Gymnasium (Versetzungsordnung)

(8) Schülerinnen und Schüler, die im Schuljahr 2021/2022 die Jahrgangsstufe 1 der gymnasialen Oberstufe besucht haben und im Schuljahr 2020/2021

1. bereits einmal die Jahrgangsstufe 1 besucht oder
2. die Einführungsphase der gymnasialen Oberstufe oder die Eingangsklasse des Beruflichen Gymnasiums wiederholt haben,

können die Jahrgangsstufe 1 ein weiteres Mal wiederholen.

(9) Im Schuljahr 2021/2022 können die Schulkonferenz, die Klassenpflegschaft und die sonstigen Pflegschaften sowie die Eltern- und Schülervertretungen im Sinne der ⇨ Elternbeiratsverordnung und der SMV-Verordnung sowie die Lehrerkonferenzen auch ohne persönliche Anwesenheit der Mitglieder zusammentreten, beraten und beschließen, sofern dies durch eine den jeweils geltenden datenschutzrechtlichen Vorgaben genügende und im Übrigen geeignete technische Einrichtung wie etwa eine Video- oder Telefonkonferenz möglich ist. Abstimmungen im Wege der Umfrage in Textform sind zulässig.

(10) Absatz 9 gilt für den Landesschulbeirat entsprechend. Die Wahl der oder des Vorsitzenden und deren oder dessen Stellvertreterin oder deren oder dessen Stellvertreters erfolgt in der ersten Präsenzsitzung des Landesschulbeirats. Der bisherige Vorstand führt bis zu diesem Zeitpunkt die Geschäfte fort, soweit die Vorstandsmitglieder weiterhin Mitglieder des Landesschulbeirats sind.

§ 2

Freiwillige Wiederholung; Wiederholung von Klassen oder Jahrgangsstufen in der gymnasialen Oberstufe

(1) Die freiwillige Wiederholung einer Klasse im Schuljahr 2021/2022 gilt nicht als Wiederholung wegen Nichtversetzung der Klasse, die zuvor erfolgreich besucht worden ist. Versetzungsentscheidungen bleiben auch dann erhalten, wenn am Ende der wiederholten Klasse keine Versetzung erfolgt. Die Möglichkeit einer erneuten freiwilligen Wiederholung einer Klasse bleibt unberührt. Satz 3 findet auf die Verlängerung des Bildungsgangs in der Sekundarstufe I der Gemeinschaftsschule entsprechende Anwendung.

(2) Die freiwillige Wiederholung einer Klasse zum Schulhalbjahr ist im Schuljahr 2021/2022 möglich,

sofern die Schülerin oder der Schüler diese Erklärung innerhalb einer Woche nach Ausgabe des Halbjahreszeugnisses oder der Halbjahresinformation abgibt. Sie ist auch in Klasse 9 und 10 der Werkrealschule für Schülerinnen und Schüler, die den Hauptschulabschluss am Ende der Klasse 9 oder 10 anstreben, oder in den Abschlussklassen der Gemeinschaftsschule zulässig.

(3) Im Schuljahr 2021/2022 können Schülerinnen und Schüler der Jahrgangsstufe 2 einer gymnasialen Oberstufe nach dem ersten Schulhalbjahr bis spätestens eine Woche nach Zeugnisausgabe entscheiden, ob sie die Jahrgangsstufe 2 im Schuljahr 2022/2023 freiwillig wiederholen wollen.

(4) Eine Wiederholung der Jahrgangsstufe 1 oder der Jahrgangsstufe 2 im Schuljahr 2021/2022 wird nicht auf die Höchstverweildauer in der gymnasialen Oberstufe angerechnet.

(5) Die freiwillige Wiederholung der Einführungsphase oder der Eingangsklasse der gymnasialen Oberstufe im Schuljahr 2021/2022 gilt nicht als Wiederholung im Sinne von § 31 der Abiturverordnung Gymnasien der Normalform und § 29 der Abiturverordnung berufliche Gymnasien. Die Wiederholung wird nicht auf die Höchstverweildauer in der gymnasialen Oberstufe angerechnet.

⇨ Gymnasium (Abiturverordnung - AGVO; ⇨ Berufliches Gymnasium

Abschnitt 2
Besonderheiten bei der Leistungsfeststellung an allgemein bildenden Schulen

§ 3

Schulische Leistungsfeststellung

(1) Wird durch Rechtsverordnung für ein Fach, einen Fächerverbund oder einen Kurs die Anzahl der in einem bestimmten Zeitraum wie insbesondere einem Schuljahr oder Schulhalbjahr mindestens oder zahlenmäßig bestimmt zu fertigenden schriftlichen Leistungen vorgegeben und kann wegen eines pandemiebedingt um mindestens vier Wochen reduzierten Präsenzunterrichts in dem jeweiligen Fach, Fächerverbund oder Kurs diese Vorgabe nicht eingehalten werden, darf die jeweilige Anzahl der zu fertigenden schriftlichen Leistungen unterschritten werden. Es ist jedoch grundsätzlich mindestens eine schriftliche Leistung pro Halbjahr zu erbringen. Bei der Gewichtung von schriftlichen, mündlichen und praktischen Leistungen ist ein eventuell geringerer Anteil der schriftlichen Leistungen entsprechend zu berücksichtigen.

(2) Wird die Erbringung einer oder mehrerer einer Klassenarbeit gleichwertiger Leistungsfeststellungen in einem bestimmten Zeitraum vorgeschrieben, besteht zur Erbringung dieser Leistungen im Schuljahr 2021/2022 keine Pflicht. Schülerinnen und Schülern, die solche Leistungen erbringen wollen, ist hierzu Gelegenheit zu geben.

(3) Die Durchführung der Projektarbeit in der Schule durch Schülerinnen und Schüler der Klasse 9 der Werkrealschule und Hauptschule, der Realschule und der Gemeinschaftsschule umfasst im Schuljahr 2021/2022 mindestens zwölf Unterrichtsstunden.

(4) Schülerinnen und Schüler, die im Schuljahr 2021/2022 an einer Abschlussprüfung teilnehmen oder sich in einer der beiden Jahrgangsstufen der gymnasialen Oberstufe befinden und wegen einer Vorerkrankung mit erhöhtem Risiko für einen schweren Verlauf einer Erkrankung mit COVID-19 nicht am Präsenzunterricht teilnehmen, legen die schriftlichen und praktischen Leistungsfeststellungen sowie die Prüfungen unter besonderen Hygienebedingungen ab, die vom Kultusministerium festgelegt werden.

Hinweis der Redaktion: Abschnitt 3 dieser VO betreffend berufliche Schulen und die Fachhochschulreifeprüfung an Freien Waldorfschulen ist im Sonderteil berufliche Schulen des Jahrbuchs abgedruckt.

⇨ Gymnasium (Abiturverordnung - AGVO); ⇨ Hauptschule (Abschlussprüfung); ⇨ Realschule (Abschlussprüfung); ⇨ Werkrealschule (Abschlussprüfung)

Corona-Verordnung Schule

Verordnung des Kultusministeriums über den Schulbetrieb unter Pandemiebedingungen (Corona-Verordnung Schule – CoronaVO Schule) vom 16. Oktober 2021 (GBl. S. 864/2021); die jeweils aktuelle Fassung ist unter: https://km-bw.de/Coronavirus abrufbar.

§ 1

Allgemeine Anforderungen an den Betrieb der Schulen unter Pandemiebedingungen

(1) Der Regelbetrieb unter Pandemiebedingungen an den öffentlichen Schulen, den Grundschulförderklassen, den Schulkindergärten und den entsprechenden Einrichtungen in freier Trägerschaft sowie der Betrieb von Betreuungsangeboten der verlässlichen Grundschule, der flexiblen Nachmittagsbetreuung sowie der Horte an der Schule unter Pandemiebedingungen ist nach Maßgabe dieser Verordnung gestattet.

(2) Die in den Hygienehinweisen des Kultusministeriums in ihrer jeweils gültigen Fassung (https://km-bw.de/Coronavirus) bestimmten Vorgaben sind einzuhalten. Die Lehrkräfte, das weitere schulische Personal, die Schülerinnen und Schüler und die Erziehungsberechtigten sind jeweils in geeigneter Weise über die Hygienehinweise zu unterrichten. ⇨ Hygiene (Schulen)

(3) Es wird empfohlen, zu anderen Personen einen Mindestabstand von 1,5 Metern einzuhalten, soweit die örtlichen Verhältnisse und die Anforderungen des Unterrichts dies zulassen.

(4) Der Betriebsbeginn, das Betriebsende sowie die Pausen sind so zu organisieren, dass eine Durchmischung der Klassen- oder Lerngruppen durch organisatorische Maßnahmen nach Möglichkeit vermindert wird. ⇨ Hausordnung und Pausenordnung

(5) Der Betrieb der Schulmensen und der gemeinsame Verzehr von Speisen durch Schülerinnen und Schüler sowie durch das an der Schule tätige Personal sind zulässig. Schülerinnen und Schüler, deren Teilnahme am Schulbetrieb gemäß § 4 Absatz 1 grundsätzlich auf den Klassenverband oder die Lerngruppe beschränkt ist, nutzen die Schulmensen für die Dauer dieser Maßgabe in möglichst konstanten Gruppen; zu Personen, die nicht ihrer Klasse oder Lerngruppe angehören, ist bei der Nahrungsaufnahme ein Mindestabstand von 1,5 Metern einzuhalten. Die Tische sind beim Schichtbetrieb zwischen den Schichten zu reinigen. Der Kiosk- sowie der Pausenverkauf von zum Verzehr in der Schule bestimmten Lebensmitteln, Speisen und Getränken sind zulässig.

(6) Alle Räume, die dem Aufenthalt von mehr als einer Person dienen, sind mindestens alle 20 Minuten oder nach Warnung durch CO2-Ampeln durch das Öffnen der Fenster ausreichend zu lüften, es sei denn, dass der Luftaustausch ausschließlich über eine geeignete raumlufttechnische Anlage erfolgt.

(7) Handkontaktflächen sind regelmäßig, in stark frequentierten Bereichen mindestens täglich mit einem tensidhaltigen Reinigungsmittel zu reinigen.

(8) Es sind Handwaschmittel in ausreichender Menge sowie nicht wiederverwendbare Papierhandtücher, alternativ Handdesinfektionsmittel oder andere gleichwertige hygienische Handtrockenvorrichtungen vorzuhalten.

§ 2
Mund-Nasen-Schutz

(1) In den Schulen sowie den Grundschulförderklassen und Schulkindergärten in öffentlicher und freier Trägerschaft sowie den Betreuungsangeboten der verlässlichen Grundschule, flexiblen Nachmittagsbetreuung und den Horten an der Schule besteht außerhalb der Unterrichts- und Betreuungsräume die Pflicht zum Tragen einer medizinischen Maske.

Hinweise der Redaktion:

1. In der Warnstufe darf die Maske am Platz abgenommen werden. Singen ist nur mit Maske erlaubt.
2. Wird eine „Alarmstufe" ausgerufen, gilt die Maskenpflicht wieder generell im Klassenzimmer und Betreuungsraum. Für außerunterrichtliche Veranstaltungen gilt für Lehrkräfte und Begleitpersonen die 2G-Regel. Für Schüler*innen genügt - anstelle eines PCR-Tests - ein Schülerausweis.
3. Tritt eine Infektion mit dem Coronavirus in der Klasse, Lern- oder Betreuungsgruppe auf, gilt für die Mitschülerinnen und Mitschüler sowie die Lehrkräfte dieser Klasse oder Gruppe eine Maskenpflicht im Klassen- oder Betreuungsraum für die Dauer von fünf Schultagen (analog zur täglichen Testung).

Die Maskenpflicht gilt außerhalb der Unterrichts- und Betreuungsräume unverändert. Sie gilt also beispielsweise im Lehrerzimmer. (Quelle: KM, 15.10.2021 (AZ: 31)

(2) In den Unterrichts- und Betreuungsräumen gilt die Pflicht zum Tragen einer medizinischen Maske

1. für die Kinder sowie die Schülerinnen und Schüler der in Absatz 1 genannten Einrichtungen, solange sie sich im Raum fortbewegen; dies gilt nicht für die Schülerinnen und Schüler der Grundschulen, der Sonderpädagogischen Bildungs- und Beratungszentren mit dem Förderschwerpunkt geistige Entwicklung, der Sonderpädagogischen Bildungs- und Beratungszentren mit anderen Förderschwerpunkten mit dem Bildungsgang geistige Entwicklung, der Grundstufen der Sonderpädagogischen Bildungs- und Beratungszentren sowie die Kinder der Grundschulförderklassen,

Hinweis der Redaktion: Das KM hat hierzu unter anderem ausgeführt: *„Sitzen die Schülerinnen und Schüler im Klassenzimmer oder Betreuungsraum am Platz oder stehen sie, ohne sich fortzubewegen, gilt keine Maskenpflicht. Umgekehrt gilt somit: Bewegen sich die Schülerinnen und Schüler, z.B. von einem Sitzplatz zu einem anderen oder zur Tafel, gilt die Maskenpflicht."* (KM, 15.10.2021; AZ: 31)

2. für Lehrkräfte und andere am Unterricht und an Betreuungsangeboten mitwirkende Personen, solange sie den Mindestabstand von 1,5 Metern nicht einhalten,

Hinweis der Redaktion: *„Die Maskenpflicht besteht für Lehrkräfte und weitere am Unterricht mitwirkende Personen nicht, solange sie den Mindestabstand von 1,5 Metern einhalten. Die Regelung für die Lehrkräfte muss deshalb von der Schülerregelung abweichen, weil sie sich ständig im Raum bewegen, also bei Anwendung der Schülerregelung eine dauerhafte Maskenpflicht bestünde."* (KM, 15.10.2021; AZ: 31)

3. für sonstige Personen, solange sie sich nicht allein im Unterrichts- oder Betreuungsraum befinden,
4. abweichend von Nummer 1 und 2 bei Auftreten einer Infektion mit dem Coronavirus in Schulen, Grundschulförderklassen, Horten an der Schule sowie in Betreuungsangeboten der verlässlichen Grundschule und der flexiblen Nachmittagsbetreuung für die Mitschülerinnen und Mitschüler sowie die Lehrkräfte der Klasse, Lern- oder Betreuungsgruppe und das Betreuungspersonal für die Dauer von fünf Schultagen oder
5. abweichend von Nummer 1 und 2 für die Dauer der Geltung der Alarmstufe nach § 1 Absatz 2 Nummer 3 in Verbindung mit Absatz 3 CoronaVO für Schülerinnen und Schüler, Kinder, Betreuungspersonal, Lehrkräfte und andere am Unterricht mitwirkende Personen.

(3) Die Verpflichtung nach Absatz 1 und 2 gilt nicht

1. im fachpraktischen Sportunterricht,
2. im Unterricht in Gesang und mit Blasinstrumenten sowie bei entsprechenden außerunterrichtlichen Angeboten, sofern die Vorgaben des § 4 Absatz 2 eingehalten werden,
3. in Zwischen- und Abschlussprüfungen, sofern der Mindestabstand von 1,5 Metern zwischen den Personen eingehalten wird,
4. bei der Nahrungsaufnahme (Essen und Trinken),
5. in den Pausenzeiten außerhalb der Gebäude und
6. für Schwangere, die aufgrund Gefährdungsbeurteilung nach Mutterschutzgesetz im Unterricht eingesetzt werden oder am Unterricht teilnehmen können, sofern der Abstand von 1,5 Metern zu allen Personen sicher eingehalten werden kann.

(4) Darüber hinaus gelten die Ausnahmebestimmungen des § 3 Absatz 2 Nummer 3, 4 und 6 Corona VO.

Hinweis der Redaktion: Das KM hat hierzu eine Handreichung veröffentlicht; unter: https://km-bw.de/ > Infoschreiben zum Gesundheitsschutz an Schulen > Handreichungen zur Maskenpflicht (Rechtsstand: 24. März 2021); danach herrscht auf dem gesamten Schulgelände ein Rauchverbot, dies gilt auch in „Raucherecken". ⇨ Rauchen in der Schule

§ 3
Testung

(1) Die öffentlichen Schulen, die Grundschulförderklassen, die Schulkindergärten sowie die entsprechenden Einrichtungen in freier Trägerschaft haben

1. den in den Präsenzunterricht einbezogenen Kindern oder Schülerinnen und Schülern in jeder Schulwoche drei Schnelltests im Sinne von § 1 Nummer 3 CoronaVO Absonderung oder zwei PCR-Tests im Sinne von § 1 Nummer 2 CoronaVO Absonderung und
2. dem an den Einrichtungen in der Präsenz tätigen Personal an jedem Präsenztag einen Schnelltest im Sinne von § 1 Nummer 3 CoronaVO Absonderung oder einen PCR-Test im Sinne von § 1 Nummer 2 CoronaVO Absonderung

anzubieten; hiervon ausgenommen sind immunisierte Personen im Sinne des § 4 Absatz 1 CoronaVO. Den Zeitpunkt, den Ort und die Organisation der Testung bestimmt die Schulleitung.

(2) Der zur Vermeidung eines Zutritts- und Teilnahmeverbots nach § 10 Absatz 1 Nummer 6 erforderliche Testnachweis kann erbracht werden durch

1. die Teilnahme an der Testung nach Absatz 1; dies gilt auch, sofern an der Schule die Testung nicht vor oder unmittelbar nach dem Betreten des Schulgeländes, sondern zu einem späteren Zeitpunkt am Schultag durchgeführt wird, oder
2. den Nachweis einer Testung mit negativem Ergebnis mit der in Absatz 1 Nummer 1 und 2 jeweils genannten Frequenz, der geführt werden kann durch
   a) einen Testnachweis im Sinne des § 5 Absatz 4 Nummer 2 und 3 CoronaVO, oder
   b) die Eigenbescheinigung der Erziehungsberechtigten nach ordnungsgemäß durchgeführtem COVID-19-Selbsttest im Sinne von § 1 Nummer 4 CoronaVO Absonderung auf dem durch das Kultusministerium vorgegebenen Musterformular für Schülerinnen und Schüler der Grundschulen, der Grundstufen der Sonderpädagogischen Bildungs- und Beratungszentren, der Sonderpädagogischen Bildungs- und Beratungszentren mit den Förderschwerpunkten geistige Entwicklung, körperliche und motorische Entwicklung, Sonderpädagogischen Bildungs- und Beratungszentren mit anderen Förderschwerpunkten mit diesen Bildungsgängen, sowie für Kinder der Grundschulförderklassen und der Schulkindergärten, sofern nach Entscheidung der Schulleitung die Testung nicht in der Organisationshoheit der Schule durchgeführt wird,

   wenn der Nachweis durch die Schülerinnen und Schüler spätestens am Tag einer nach Absatz 1 angebotenen Testung, durch Lehrkräfte an jedem Präsenztag und durch sonstige Personen zu einem von der Schulleitung festzulegenden Zeitpunkt erfolgt. Die zugrundeliegende Testung darf im Falle eines Antigen-Schnelltests maximal 24 Stunden, im Falle eines PCR-Tests maximal 48 Stunden zurückliegen. Für Testungen im Sinne von Nummer 2 Buchstabe b sind grundsätzlich die von der Schule zur Verfügung gestellten Testkits zu verwenden.

(3) Die Möglichkeit zur Eigenbescheinigung nach Absatz 2 Nummer 2 Buchstabe b gilt für volljährige Schülerinnen und Schüler der in Absatz 2 Nummer 2 Buchstabe b genannten Einrichtungen entsprechend. Für das an den Einrichtungen nach Absatz 1 tätige Personal ist ein Testnachweis gemäß Absatz 2 Nummer 2 Buchstabe b ausgeschlossen; Testungen des Personals gemäß Absatz 2 Nummer 1 sind in der Einrichtung durchzuführen und von einer weiteren volljährigen Person zu überwachen, die deren ordnungsgemäße Durchführung sowie das Testergebnis bestätigt.

§ 4
Grundsätze für den Unterricht und außerunterrichtliche Veranstaltungen

(1) Unterliegt eine Schülerin oder ein Schüler nach einem positiven Test auf das Coronavirus SARS-CoV-2 der Pflicht zur Absonderung, nehmen die übrigen Schülerinnen und Schüler der Klasse oder Lerngruppe für den Zeitraum von fünf Schultagen am Unterricht, außerunterrichtlichen Angeboten sowie den Pausen grundsätzlich nur in ihrem Klassenverband oder ihrer Lerngruppe teil; die Teilnahme an klassen-, jahrgangs- oder schulübergreifenden Unterrichtsstunden sowie an Förder-, Betreuungs-, Ganztagsangeboten und Schulveranstaltungen ist in diesem Zeitraum nur in möglichst konstant zusammengesetzten Gruppen zulässig. Für Kinder, die in den in § 1 Absatz 1 genannten Einrichtungen betreut werden, gilt Satz 1 und § 1 Absatz 5 Satz 2 entsprechend.

(2) Für den Unterricht in Gesang und mit Blasinstrumenten sowie bei entsprechenden außerunterrichtlichen Angeboten ist zu gewährleisten, dass

1. während der gesamten Unterrichtszeit ein Abstand von mindestens 2 Metern in alle Richtungen zu anderen Personen eingehalten wird und keine Personen im direkten Luftstrom einer anderen Person stehen und
2. beim Unterricht an Blasinstrumenten
   a) kein Durchblasen oder Durchpusten stattfindet und
   b) häufiges Kondensatablassen in ein mit Folie ausgekleidetes, verschließbares Gefäß erfolgt, das nach jeder Unterrichtseinheit geleert wird, und Kondensatreste am Boden durch Einmaltücher aufgenommen werden, die direkt entsorgt werden.

Beim Unterricht in Gesang und bei entsprechenden außerunterrichtlichen Veranstaltungen kann im Fall des § 1 Absatz 2 Nummer 1 CoronaVO (Basisstufe) der Mindestabstand nach Satz 1 Nummer 1 unterschritten werden, solange eine medizinische Maske getragen wird. Beim Unterricht an Blasinstrumenten wird zwischen der Lehrkraft und den Schülerinnen und Schülern die Installation einer durchsichtigen Schutzwand (mind. 1,8 Meter x 0,9 Meter) empfohlen.

Unterliegt eine Schülerin oder ein Schüler in einem Klassen- oder Gruppenverband nach einer positiven

Testung auf das Coronavirus der Pflicht zur Absonderung, dürfen die Schülerinnen und Schüler dieser Klasse oder Gruppe nicht am Unterricht in Gesang und mit Blasinstrumenten sowie an entsprechenden außerunterrichtlichen Angeboten teilnehmen; dies gilt nicht für den Musikunterricht zur Prüfungsvorbereitung einschließlich der fachpraktischen Leistungsfeststellungen in den Jahrgangsstufen 1 und 2 des allgemein bildenden Gymnasiums, der Gemeinschaftsschule sowie des Beruflichen Gymnasiums.

(3) Mehrtägige außerunterrichtliche Veranstaltungen im Ausland sind bis zum 31. Januar 2022 untersagt; die Untersagung gilt nicht für Enklaven, die nur über deutsches Staatsgebiet erreichbar sind. Ein- und mehrtägige Praktika sind zulässig, soweit diese in den Ausbildungs- und Prüfungsordnungen oder Schulversuchsbestimmungen vorgeschrieben sind oder zu dem Zweck durchgeführt werden, den Unterricht inhaltlich zu ergänzen.

(4) Die Mitwirkung außerschulischer Personen am Schulbetrieb ist mit Zustimmung der Schulleitung zulässig. Eine Zustimmung der Schulleitung nach Satz 1 ist für die Mitwirkung solcher Personen am Schulbetrieb nicht erforderlich, die aufgrund einer vertraglichen Vereinbarung oder aufgrund anderer dienstrechtlicher Grundlage im Schulbetrieb tätig sind, wie zum Beispiel außerschulische Partner im Ganztagsbetrieb, Teach First Fellows oder Schulsozialarbeiter. Die Befugnisse der Schulleitungen nach § 41 Schulgesetz (SchG) bleiben hiervon unberührt.

(5) Soweit der Unterricht für einzelne Schülerinnen und Schüler oder für die ganze Klasse oder Lerngruppe nicht in der Präsenz stattfinden kann, findet Fernunterricht statt. Die Teilnahme der Schülerinnen und Schüler am Fernunterricht unterliegt der Schulpflicht.

(6) Schülerinnen und Schüler können von der Schule auf Antrag von der Pflicht zum Besuch des Präsenzunterrichts befreit werden, sofern durch die Vorlage einer ärztlichen Bescheinigung glaubhaft gemacht wird, dass im Falle einer COVID-19 Erkrankung mit einem besonders schweren Krankheitsverlauf für die Schülerin oder den Schüler oder eine mir ihr oder ihm in häuslicher Gemeinschaft lebende Person zu rechnen ist. Der Antrag ist von den Erziehungsberechtigten oder den volljährigen Schülerinnen und Schülern einschließlich der ärztlichen Bescheinigung grundsätzlich innerhalb der ersten Woche nach Beginn des Schulhalbjahres oder Schuljahres zu stellen. Bei einer wesentlichen Änderung der Verhältnisse kann der Antrag auch zu einem späteren Zeitpunkt gestellt werden. Liegen die Voraussetzungen nach Satz 1 nicht mehr vor, kann die Bewilligung der Befreiung von der Präsenzpflicht von der Schulleitung von Amts wegen oder auf Antrag mit Wirkung für die Zukunft widerrufen werden. Im Falle einer Befreiung vom Präsenzunterricht nach Satz 1 wird die Schulpflicht durch Teilnahme am Fernunterricht erfüllt.

§ 5
Sportunterricht und außerunterrichtliche Schulsportveranstaltungen

(1) Der Sportunterricht findet nach Maßgabe der Absätze 2 bis 5 statt.

(2) Während des fachpraktischen Sportunterrichts muss keine medizinische Maske getragen werden. Dies gilt nicht für Sicherheits- und Hilfestellungen.

(3) Unterliegt eine Schülerin oder ein Schüler in einem Klassen- oder Gruppenverband nach einer positiven Testung auf das Coronavirus der Pflicht zur Absonderung, darf für die Schülerinnen und Schüler dieser Gruppe oder Klasse für die Dauer der Maßgaben des § 4 Absatz 1 der fachpraktische Unterricht ausschließlich im Freien kontaktarm erfolgen. In diesem Zeitraum ist der Gruppe oder Klasse für die Dauer des Sportunterrichts ein fester Bereich der Sportanlage oder Sportstätte zur alleinigen Nutzung zuzuweisen. Zu anderen Nutzerinnen und Nutzern sowie zu Schülerinnen und Schülern anderer Gruppen oder Klassen ist ein Mindestabstand von 1,5 Metern durchgängig einzuhalten; Betätigungen, bei denen dies nicht möglich ist, sind untersagt. Der fachpraktische Sportunterricht ist in diesem Zeitraum nur innerhalb des Klassenverbands oder der Lerngruppe erlaubt. Abweichend von Satz 1 ist der fachpraktische Sportunterricht zur Prüfungsvorbereitung einschließlich der fachpraktischen Leistungsfeststellungen für die Schülerinnen und Schüler, die Sport als Prüfungsfach gewählt haben, sowie für die Basis- und Leistungskurse Sport der Jahrgangsstufen 1 und 2 des allgemein bildenden Gymnasiums und der Gemeinschaftsschule sowie des Faches Sport der Jahrgangsstufen 1 und 2 des beruflichenGymnasiums auch in geschlossenen Räumen zulässig.

(4) Beim fachpraktischen Sportunterricht können Trainingsutensilien des Anbieters oder Betreibers verwendet werden; soweit beim bestimmungsgemäßen Gebrauch dieser Utensilien ein Kontakt zu Schleimhäuten erfolgt oder erfolgen kann, sind sie vor der erstmaligen Verwendung und vor jeder Wiederverwendung mit einem geeigneten Reinigungsmittel zu reinigen.

(5) Die vorstehenden Absätze gelten für außerunterrichtliche Sportveranstaltungen entsprechend.

§ 6
Ganztag und kommunale Betreuungsangebote

(1) Soweit Schülerinnen und Schüler in der Präsenz unterrichtet werden, ist für sie der Betrieb von Betreuungsangeboten der verlässlichen Grundschule, der flexiblen Nachmittagsbetreuung, der Horte an der Schule und der Ganztagsbetrieb zulässig.

(2) Für betriebserlaubnispflichtige Horte sowie Horte an der Schule gelten die Bestimmungen des § 2 CoronaVO Kita zum Mindestpersonalschlüssel sowie des § 3 CoronaVO Kita zur Nutzung anderer Räumlichkeiten entsprechend.

§ 7
Schulische Förderangebote in den Ferien

(1) Für die Teilnahme an schulischen Förderangeboten, die außerhalb des regulären Schulbetriebs während der Ferien angeboten werden, gelten die Bestimmungen über die Pflicht zum Tragen einer medizinischen Maske gemäß § 2 entsprechend.

(2) Für das Zutritts- und Teilnahmeverbot gelten die Bestimmungen des § 10 entsprechend. Der Testnachweis im Sinne von § 10 Absatz 1 Nummer 6

ist zu einem von der Schulleitung festzulegenden Zeitpunkt zu erbringen. § 3 Absatz 2 gilt entsprechend und mit der Maßgabe, dass eine Eigenbescheinigung im Sinne von Nummer 2 Buchstabe b für Schülerinnen und Schüler aller Schularten als Testnachweis ausreichend ist, sofern nach Entscheidung der Schulleitung die Testung nicht in der Organisationshoheit der Schule durchgeführt wird. Ein Anspruch auf schulische Testangebote gemäß § 3 Absatz 1 besteht nicht.

§ 8
Schulveranstaltungen

Schulveranstaltungen einschließlich der Klassenpflegschaftssitzungen, Elternbeiratssitzungen, Schülerratssitzungen und der Sitzungen der weiteren schulischen Gremien sind nach Maßgabe der Bestimmungen des § 10 CoronaVO sowie unter Wahrung der Vorgaben dieser Verordnung zulässig.

§ 9
Nutzung der Schulen für nichtschulische Zwecke

(1) Die Nutzung der Räume und Plätze der Schulen für nichtschulische Zwecke ist zulässig, sofern durch organisatorische Maßnahmen eine Mischung von schulischen und nichtschulischen Nutzern vermieden werden kann und die Reinigung zwischen schulischer und nichtschulischer Nutzung sichergestellt ist.

(2) Die schulische Nutzung hat stets Vorrang vor der Nutzung für andere Zwecke. Das Verfahren für die Gestattung einer nichtschulischen Nutzung bestimmt sich nach § 51 SchG.

§ 10
Zutritts- und Teilnahmeverbot

(1) Für die Einrichtungen nach § 1 Absatz 1 besteht ein Zutritts- und Teilnahmeverbot für Schülerinnen und Schüler, für Kinder, Lehrkräfte sowie sonstige Personen,

1. die einer Absonderungspflicht im Zusammenhang mit dem Coronavirus unterliegen,
2. die Mitglieder einer Testgruppe sind, bei der die Proben mehrerer Testpersonen in einer Gesamtprobe durch eine Labordiagnostik mittels Nukleinsäurenachweis (PCR-Pooltest) positiv getestet wurden, bis zur Vorlage des individuellen negativen PCR-Testnachweises und längstens für die Dauer von 14 Tagen; eine abweichende Regelung ist im Rahmen eines durch das zuständige Gesundheitsamt zugelassenen Modellvorhabens nach § 20 Absatz 1 der CoronaVO zulässig,
3. die sich nach einem positiven Test nach § 4a Absatz 3 Corona-Verordnung Absonderung einem PCR-Test zu unterziehen haben,
4. die typische Symptome einer Infektion mit dem Coronavirus, namentlich Atemnot, neu auftretender Husten, Fieber, Geruchs- oder Geschmacksverlust, aufweisen,
5. die entgegen §§ 2 und 7 keine medizinische Maske tragen oder
6. die weder einen Testnachweis im Sinne von § 3 Absatz 2 noch einen Impf- oder Genesenen-Nachweis im Sinne des § 4 Absatz 2 CoronaVO vorlegen.

Satz 1 gilt entsprechend für die Teilnahme an außerunterrichtlichen Veranstaltungen, die außerhalb der Einrichtungen durchgeführt werden.

Hinweise der Redaktion:

1. Ist ein PCR-Pooltest positiv, kann dieses Ergebnis nicht einer Person zugeordnet werden. Bis zum Vorliegen des individuellen negativen Testergebnisses muss für diese Personen ebenfalls ein Zutritts- und Teilnahmeverbot gelten.
2. Die Testpflicht gilt auch bei Schullandheimaufenthalten oder Studienfahrten. Testkits müssen in ausreichender Anzahl mitgeführt werden. (Quelle KM; 15.10.2021; AZ: 31)

(2) Das Zutritts- und Teilnahmeverbot nach Absatz 1 Nummer 6 besteht nicht

1. für die Teilnahme an
   a) Zwischen- und Abschlussprüfungen oder
   b) für die Notengebung erforderlichen schulischen Leistungsfeststellungen,

   bei durchgängiger Wahrung eines Mindestabstands von 1,5 Metern sowie bei räumlicher Trennung von den Mitschülerinnen und Mitschülern, die den Nachweis nach § 3 Absatz 2 erbracht haben,
2. für Schülerinnen und Schüler, an denen ein COVID-19-Test im Sinne des § 2 Nummer 7 COVID-19-Schutzmaßnahmen-Ausnahmenverordnung aufgrund einer Behinderung nicht durchgeführt werden kann, sofern die vorliegende Behinderung und die Undurchführbarkeit durch eine ärztliche Bescheinigung glaubhaft gemacht werden,
3. für immunisierte Personen im Sinne des § 4 Absatz 1 CoronaVO,
4. für das kurzfristige Betreten des Schulgeländes, soweit dieses für die Wahrnehmung des Personensorgerechts oder für die Teilnahme am Fernunterricht zwingend erforderlich ist, und
5. für das kurzfristige Betreten, das für den Betrieb der Schule erforderlich ist, zum Beispiel durch Dienstleister, oder soweit der Zutritt außerhalb der Betriebszeiten, zum Beispiel durch das Reinigungspersonal, erfolgt.

(3) Das Zutritts- und Teilnahmeverbot nach Absatz 1 Nummer 5 besteht bei durchgängiger Wahrung eines Mindestabstands von 1,5 Metern sowie bei räumlicher Trennung von den Mitschülerinnen und Mitschülern, die der Verpflichtung nach § 2 nachkommen, nicht für die Teilnahme an den für die Notengebung erforderlichen schulischen Leistungsfeststellungen.

(4) Für die Einrichtungen nach § 1 Absatz 1 besteht ein Zutritts- und Teilnahmeverbot für Schülerinnen und Schüler und für Kinder, solange sie die nach § 5 Absatz 1 Satz 1 oder Absatz 2 Satz 1 CoronaVO Absonderung bestehende Testpflicht nicht oder nicht vollständig erfüllen, längstens für die Dauer von 10 Tagen. Soweit zur Erfüllung dieser Testpflicht an der Testung nach § 3 Absatz 1 teilgenommen wird, darf diese abweichend von Satz 1 unverzüglich nach dem Betreten des Schulgeländes durchgeführt werden.

⇨ Arbeitszeit (Lehrkräfte – Allgemeines) Ziff. 4.1; ⇨ Außerunterrichtliche Veranstaltungen (Hinweise); ⇨ Corona-Pandemie-Prüfungsverordnung; ⇨ Hausordnung und Pausenordnung; ⇨ Hygiene (Schulen)

Datenschutz (Allgemeines / EU-DSGVO)

Informationen der Redaktion zur Rechtslage und zur Verwaltungspraxis in Baden-Württemberg

Allgemeines

Aufgrund des vom Bundesverfassungsgericht im *„Volkszählungsurteil“* 1983 als Grundrecht anerkannten *„informationellen Selbstbestimmungsrechts“* bestimmt der Einzelne grundsätzlich selbst über die Preisgabe und Verwendung seiner personenbezogenen Daten. Zu den von den staatlichen und privaten Schulen besonders zu respektierenden Daten gehören vor allem alle personenbezogenen Informationen über die Schüler*innen sowie deren Erziehungsberechtigte und die Personaldaten der Lehrkräfte.

Aufgrund datenschutzrechtlicher Bestimmungen ist die Verwendung von Sozialen Netzwerken für die dienstliche Verarbeitung personenbezogener Daten verboten. Hierunter fällt jegliche dienstlichen Zwecken dienende Kommunikation zwischen Schüler*innen und Lehrkräften sowie zwischen Lehrkräften untereinander, ferner das (Zwischen-) Speichern von personenbezogenen Daten jeder Art auf Sozialen Netzwerken.

Bei den Personaldaten der Lehrkräfte bestehen Beteiligungsrechte (Mitbestimmung) der Personalräte.
⇨ Personalvertretungsgesetz § 75 Abs. 4 Nr. 11 und 13

In der Lehreraus- und -fortbildung sowie im Unterricht werden digitale Lern-, Informations- und Kommunikationsplattformen eingesetzt. Dabei ist das Speichern personenbezogener Daten unumgänglich. Um die Persönlichkeitsrechte der Betroffenen zu schützen, haben die Hauptpersonalräte mit dem KM eine Rahmendienstvereinbarung zum Einsatz einer landeseinheitlichen digitalen Bildungsplattform abgeschlossen. ⇨ Datenschutz (RDV - Bildungsplattform)

Das KM hat mit den Hauptpersonalräten noch zwei weitere Dienstvereinbarungen (DV) abgeschlossen:

- „Elektronische Datenverarbeitung personenbezogener Daten durch die Kultusverwaltung“ (veröffentlicht in K.u.U. S. 157/2005),
- „Elektronische Datenverarbeitung personenbezogener Daten durch die Schulen“; in dieser DV wird die Mitbestimmung des Personalrats für die einzelne Schule näher definiert. Die Bestimmungen dieser DV, die für die Schulen unmittelbar verpflichtend und von diesen einzuhalten sind, stehen unter ⇨ Datenschutz (RDV - Personaldaten).

EU-Datenschutzgrundverordnung

Die Schulen müssen die Europäische Datenschutzgrundverordnung (EU-DSGVO) beachten. Zwar enthält die EU-DSGVO Sanktionsvorschriften (bei Verstößen können beispielsweise Anwälte oder sogenannte Abmahnvereine Gebühren einfordern), Schulleitungen und Datenschutzbeauftragte der öffentlichen Schulen sind jedoch hiervor geschützt: Nach Art. 34 GG i.V.m. § 839 BGB haftet das Land für Fehler seiner Bediensteten (es kann diese nur bei grob fahrlässigem Verhalten in Regress nehmen). Nach ⇨ Datenschutz (LDSG) § 28 dürfen gegen öffentliche Stellen keine Geldbußen verhängt werden. Auch von den genannten Abmahnschreiben sind Schulen nicht betroffen, da sie nicht im Wettbewerb stehen. Gehen derartige Zahlungsanforderungen bei Schulen ein, sollten sie diese an die Schulaufsichtsbehörde zur Erledigung weiterleiten. Die betroffene Schule sollte jedoch den angemahnten Mangel (z.B. fehlende Datenschutzerklärung auf der Homepage) unverzüglich beheben. ⇨ Haftung und Versicherung

Die Schulen können sich bei allen Fragen des Datenschutzes auf die Verwaltungsvorschrift des Kultusministeriums ⇨ Datenschutz (Schulen) stützen.

Den von jeder Schule zu bestellenden *„behördlichen Datenschutzbeauftragten“* entsteht ein erheblicher Verantwortungs- und damit auch Arbeitszuwachs. Das KM sieht hierfür jedoch keine Deputatsanrechnungen vor. Es ist deshalb abzuraten, Lehrkräfte mit dieser Aufgabe zu betrauen; Schulen sollten auf die bei den Schulverwaltungsbehörden hierfür zur Verfügung stehenden Personen zurückgreifen; vgl. Nr. 1.11.3 der VwV ⇨ Datenschutz (Schulen).

Eine Darstellung der Rechte und Pflichten von Schulleitungen und Datenschutzbeauftragten ist unter: https://it.kultus-bw.de/,Lde/Startseite/ > Datenschutz > Datenschutz an Schulen abrufbar.

Für alle Bürger*innen des Landes ist der Landesbeauftragte für Datenschutz und Informationsfreiheit zuständig. Er berät die Landesregierung, die Ministerien sowie die Behörden und sonstigen öffentlichen Stellen in Datenschutzfragen und gibt ihnen Empfehlungen zur Verbesserung des Datenschutzes.

⇨ Beamtengesetz §§ 83 ff.; ⇨ Beamtenstatusgesetz § 50; ⇨ Datenschutz(LDSG); ⇨ Datenschutz (RDV - Bildungsplattform); ⇨ Datenschutz (RDV - Personaldaten); ⇨ Datenschutz (Schulen); ⇨ Digitalisierung/ Medienentwicklung; ⇨ Digitalpakt Schule; ⇨ Haftung und Versicherung; ⇨ Internet und Schule; ⇨ Personalakten; ⇨ Tarifvertrag-Länder (TV-L) § 3

Landesbeauftragter für Datenschutz und Informationsfreiheit Baden-Württemberg

Lautenschlagerstraße 20, 70173 Stuttgart
(0711) 6155410, poststelle@lfdi.bwl.de
https://www.baden-wuerttemberg.datenschutz.de

Datenschutz (Landesdatenschutzgesetz)

Auszug aus dem Gesetz zum Schutz personenbezogener Daten (Landesdatenschutzgesetz – LDSG) vom 12. Juni 2018 (GBl. S. 173/2018), zuletzt geändert 18.12.2018 (GBl. S. 1549,1551)

Hinweise der Redaktion:

1. Seit Mai 2018 gilt die europäische Datenschutzgrundverordnung. Siehe hierzu: ➪ Datenschutz (Allgemeines / EU-DSGVO).
2. Die für den Schulbereich wesentlichen Bestimmungen des Landesdatenschutzgesetzes (LDSG) werden in der VwV ➪ Datenschutz (Schulen) inhaltlich zitiert. Wir geben hier deshalb nur den für die Rechtsverhältnisse der Lehrkräfte wesentlichen § 15 LDSG wieder. ➪ Personalakten
3. Aufgrund der Rahmendienstvereinbarung zum Einsatz einer landeseinheitlichen digitalen Bildungsplattform stimmen sich die Schulleitung und der örtlich zuständige Personalrat unter Einbeziehung der örtlich zuständigen Schwerbehindertenvertretung über die Nutzungsmodalitäten der digitalen Bildungsplattform und von digitalen Endgeräten an der Schule ab und sollten dazu eine Dienstvereinbarung schließen. ➪ Datenschutz (RDV - Bildungsplattform)

§ 15
Datenverarbeitung bei Dienst- und Arbeitsverhältnissen,

(1) Personenbezogene Daten von Bewerberinnen und Bewerbern sowie Beschäftigten dürfen verarbeitet werden, soweit dies zur Eingehung, Durchführung, Beendigung oder Abwicklung des jeweiligen Dienst- oder Arbeitsverhältnisses oder zur Durchführung innerdienstlich planerischer, organisatorischer, personeller, sozialer oder haushalts- und kostenrechnerischer Maßnahmen, insbesondere zu Zwecken der Personalplanung und des Personaleinsatzes, erforderlich oder in einer Rechtsvorschrift, einem Tarifvertrag oder einer Dienst- oder Betriebsvereinbarung (Kollektivvereinbarung) vorgesehen ist. Die Verarbeitung ist auch zulässig, wenn sie zur Ausübung oder Erfüllung der sich aus einem Gesetz, einem Tarifvertrag oder einer Kollektivvereinbarung ergebenden Rechte und Pflichten der Interessenvertretung der Beschäftigten erforderlich ist.

(2) Besondere Kategorien personenbezogener Daten dürfen für Zwecke des Beschäftigungsverhältnisses verarbeitet werden, soweit die Verarbeitung erforderlich ist, um den Rechten und Pflichten der öffentlichen Stellen oder der betroffenen Person, auch aufgrund von Kollektivvereinbarungen, auf dem Gebiet des Dienst- und Arbeitsrechts sowie des Rechts der sozialen Sicherheit und des Sozialschutzes zu genügen und kein Grund zu der Annahme besteht, dass das schutzwürdige Interesse der betroffenen Person an dem Ausschluss der Verarbeitung überwiegt.

(3) Im Zusammenhang mit der Begründung eines Dienst- oder Arbeitsverhältnisses ist die Erhebung personenbezogener Daten einer Bewerberin oder eines Bewerbers bei dem bisherigen Dienstherrn oder Arbeitgeber nur zulässig, wenn die betroffene Person eingewilligt hat. Satz 1 gilt entsprechend für die Übermittlung personenbezogener Daten an künftige Dienstherren oder Arbeitgeber.

(4) Auf die Verarbeitung von Personalaktendaten von Arbeitnehmerinnen und Arbeitnehmern sowie Auszubildenden in einem privatrechtlichen Ausbildungsverhältnis finden die für Beamtinnen und Beamte geltenden Vorschriften des § 50 des Beamtenstatusgesetzes und der §§ 83 bis 88 des Landesbeamtengesetzes entsprechende Anwendung, es sei denn, besondere Rechtsvorschriften oder tarifliche Vereinbarungen gehen vor.

(5) Zur Aufdeckung von Straftaten und schwerwiegenden Pflichtverletzungen dürfen personenbezogene Daten von Beschäftigten nur dann verarbeitet werden, wenn zu dokumentierende tatsächliche Anhaltspunkte den Verdacht begründen, dass die betroffene Person im Beschäftigungsverhältnis eine Straftat oder schwerwiegende Pflichtverletzung begangen hat, die Verarbeitung zur Aufdeckung erforderlich ist und das schutzwürdige Interesse der oder des Beschäftigten an dem Ausschluss der Verarbeitung nicht überwiegt, insbesondere Art und Ausmaß im Hinblick auf den Anlass nicht unverhältnismäßig sind.

(6) Die Verarbeitung biometrischer Daten von Beschäftigten zu Authentifizierungs- und Autorisierungszwecken ist untersagt, es sei denn, die betroffene Person hat ausdrücklich eingewilligt oder sie ist durch Dienst- oder Betriebsvereinbarung geregelt und für die Datenverarbeitung besteht jeweils ein dringendes dienstliches Bedürfnis.

(7) Eine Überwachung von Beschäftigten mit Hilfe optisch-elektronischer Einrichtungen zum Zwecke der Verhaltens- und Leistungskontrolle ist unzulässig. Absatz 5 bleibt unberührt. Für sonstige technische Einrichtungen gilt Absatz 1 entsprechend; die öffentliche Stelle muss geeignete Maßnahmen treffen, um sicherzustellen, dass insbesondere die in Artikel 5 der Verordnung (EU) 2016/679 dargelegten Grundsätze für die Verarbeitung personenbezogener Daten eingehalten werden.

(8) Beschäftigte sind alle bei öffentlichen Stellen beschäftigten Personen unabhängig von der Rechtsform des Beschäftigungsverhältnisses. Die Beteiligungsrechte der Interessenvertretungen der Beschäftigten bleiben unberührt.

➪ Aufbewahrungsfristen und Archivierung; ➪ Beamtengesetz; ➪ Beamtenstatusgesetz; ➪ Beihilfeverordnung § 18; ➪ Datenschutz (Allgemeines / EU-DSGVO); ➪ Datenschutz (RDV - Bildungsplattform); ➪ Datenschutz (Personaldaten / RDV); ➪ Datenschutz (Schulen); ➪ Digitalisierung/Medienentwicklung; ➪ DigitalPakt Schule; ➪ Internet und Schule; ➪ Personalvertretungsgesetz (LPVG) § 67; ➪ Schulgesetz § 115; ➪ Urheberrecht (Allgemeines)

Hinweise und Merkblätter des KM
sind zu finden unter: https://it.kultus-bw.de/,Lde/Startseite/IT-Sicherheit/Datenschutz+an+Schulen

Datenschutz (Rahmendienstvereinbarung – Bildungsplattform)

Rahmendienstvereinbarung aller schulischen Hauptpersonalräte mit dem Kultusministerium zum Einsatz einer landeseinheitlichen digitalen Bildungsplattform vom 6. Februar 2018 (K.u.U. S. 104 /2018), ergänzt am 23.2.2021 „Lernmanagementsysteme"; (K.u.U. S. 72/2021) und 9/2021 „Einführung eines Messenger für Lehrkräfte"; (AZ: LUB-6534.444/307)

Abschnitt 1 Allgemeine Bestimmungen

§ 1 *Gegenstand und Ziele der Vereinbarung*

(1) Diese Dienstvereinbarung regelt:

a) Einführung, Zugang (Identitätsmanagement) und Services einer zentralen digitalen Lern-, Informations- und Kommunikationsplattform (Bildungsplattform) für Beschäftigte im Geschäftsbereich des Kultusministeriums,

b) Einführung, Einsatz und Nutzung einer sicheren dienstlichen E-Mail-Adresse für Lehrkräfte über die digitale Bildungsplattform,

c) Angebot und Nutzung von digitalen Formaten der Lehrkräftefortbildung, E-Learning und Blended Learning,

d) Einstellung und Nutzung von Open Educational Resources (OER) auf der digitalen Bildungsplattform; Bildungsmedien,

e) Einsatz von WLAN in der Schule.

(2) Ziel dieser Dienstvereinbarung ist die Schaffung von Rahmenbedingungen für einen Einsatz digitaler Lern-, Informations- und Kommunikationsverfahren in einer zentralen Plattform sowie der Schutz der Persönlichkeitsrechte der Beschäftigten bei der Verarbeitung ihrer personenbezogenen Daten beim Einsatz der digitalen Bildungsplattform.

(3) Gegenstand der Vereinbarung sind Angelegenheiten der Mitbestimmung nach § 75 Abs. 4 Nr. 11 bis 17 Landespersonalvertretungsgesetz (LPVG) für die in § 1 Abs. 1 Buchstabe a - d beschriebenen Maßnahmen.

(4) Für die in § 1 Abs. 1 Buchstabe a - e beschriebenen Maßnahmen erfolgt das Mitbestimmungsverfahren in Form dieser Rahmendienstvereinbarung gem. § 85 LPVG, soweit diese Rahmendienstvereinbarung keine abweichenden Regelungen trifft.

⇨ Personalvertretungsgesetz (LPVG) § 75 und § 85

(5) Die Hauptschwerbehindertenvertretungen werden gemäß § 95 Sozialgesetzbuch (SGB) IX bei Maßnahmen nach dieser Rahmendienstvereinbarung rechtzeitig und umfassend informiert und eingebunden. ⇨ Schwerbehinderung (Gesetz)

(6) Diese Dienstvereinbarung gilt für alle vom Hauptpersonalrat vertretenen Beschäftigten im Sinne des Landespersonalvertretungsgesetzes im Geschäftsbereich des Kultusministeriums.

(7) Maßnahmen nach § 1 Abs. 1 Buchstabe a - e dieser Vereinbarung werden so ausgestaltet, dass die Interessen und Möglichkeiten von Menschen mit Behinderungen soweit möglich gewahrt sind (Barrierefreiheit).

(8) Auf den Einsatz von schulintern bereits eingeführten Informations- und Kommunikationsplattformen finden die Vorschriften dieser Rahmendienstvereinbarung für die Einführung und Anwendung der digitalen Bildungsplattform entsprechende Anwendung.

⇨ Datenschutz (Schulen); ⇨ Internet und Schule

§ 2 *Voraussetzungen und Begriffsbestimmungen*

(1) Der Begriff der Einführung beschreibt die erstmalige Einführung (Anschaffung) bzw. den ersten Einsatz eines Verfahrens.

(2) Unter Anwendung ist die allgemeine Handhabung der technischen Einrichtung, die Festlegung des Verwendungszwecks und die inhaltliche Gestaltung der Programme und des Katalogs der zu speichernden Daten (Datenkatalog) zu verstehen.

(3) Eine wesentliche Änderung ist insbesondere dann anzunehmen, wenn das bisher eingesetzte Verfahren durch ein anderes Verfahren ersetzt wird, wenn mit einem anderen Programm gearbeitet wird, oder wenn sich die im Verfahren verwendeten personenbezogenen oder personenbeziehbaren Merkmale ändern.

(4) Eine wesentliche Erweiterung ist die Einführung eines zusätzlichen Programmes oder die Einführung einer neuen Nutzung eines bereits eingeführten Programmes.

(5) Personenbezogene Daten sind Einzelangaben über persönliche oder sachliche Verhältnisse einer bestimmten oder bestimmbaren natürlichen Person (vgl. § 3 Abs. 1 Landesdatenschutzgesetz (LDSG) bzw. Artikel 4 Absatz 1 EU-DSGVO.

⇨ Datenschutz (LDSG)

(6) Verarbeitung ist das

a. Erheben (Beschaffen von personenbezogenen Daten über den Betroffenen z.B. durch Vordrucke, Befragen, Übertragung von Daten aus vorhanden Datenbeständen usw.),

b. Speichern (Erfassen, Aufnehmen oder Aufbewahren von personenbezogenen Daten auf einem Datenträger zum Zwecke ihrer weiteren Verarbeitung),

c. Verändern (Inhaltliches Umgestalten gespeicherter personenbezogener Daten),

d. Übermitteln (Bekanntgeben personenbezogener Daten an einen Dritten in der Weise, dass

   i. die Daten an den Dritten weitergegeben werden oder

   ii. der Dritte zur Einsicht oder zum Abruf bereitgehaltene Daten einsieht oder abruft),

e. Nutzen (jede sonstige Verwendung personenbezogener Daten innerhalb der datenverarbeitenden Stelle),

f. Sperren (Einschränkung der weiteren Verarbeitung personenbezogener Daten),

g. Löschen (Unkenntlichmachen der gespeicherten personenbezogenen Daten).

(7) E-Learning ist elektronisch unterstütztes Lernen unter Einbezug elektronischer Kommunikationsmittel und verschiedener Publikationsformen unter Einsatz von z.B. Computern, elektronischen Speichermedien oder Webtechnologien.

(8) Blended-Learning ist ein Lehr-Lernkonzept, bei dem E-Learning-Elemente mit Präsenzphasen kombiniert werden.

(9) Als Groupware (auch kollaborative Software) bezeichnet man eine Software zur Unterstützung der Zusammenarbeit in einer Gruppe über zeitliche und/oder räumliche Distanz hinweg. Groupware ist die Umsetzung der theoretischen Grundlagen der computergestützten Gruppenarbeit (Computer Supported Cooperative Work, Abkürzung CSCW) in eine konkrete Anwendung.

(10) Ein Office-Paket (auch Office-Suite) ist eine Zusammenstellung gebräuchlicher Software für Arbeiten im Büro, wie etwa das Schreiben von Briefen, die Tabellenkalkulation sowie das Erstellen von Präsentationen.

(11) Ein Lernmanagementsystem (LMS) ist ein komplexes Content-Management-System, das der Bereitstellung von Lerninhalten, der administrativen Umsetzung von E-Learning-Szenarien, der Verarbeitung von Lernergebnissen und der Unterstützung von Lernprozessen dient.

(12) Unter einer Informations- und Kommunikationsplattform ist jede Art von Verfahren, Programm, Datenbank, Tabelle oder Datei zu verstehen, auf die durch eine Gruppe von Personen auf elektronischem Wege zum Zwecke der Information zugegriffen werden kann. Dies gilt auch für das Anzeigen solcher Kommunikationsplattformen auf Bildschirmen, die ohne Passwortschutz einer Gruppe von Personen zugänglich sind. Dabei sind die Prinzipien der Datensparsamkeit und der Datenvermeidung in besonderer Weise zu beachten. Eine Informations- und Kommunikationsplattform dient nicht zur Speicherung oder Übermittlung von beamtenrechtlichen oder arbeitsrechtlichen Vorgängen von Beschäftigten.

(13) Mit dem Begriff Verwaltungsanwendungen werden spezielle technische Anwendungen bezeichnet, mit denen Aufgaben der Schul- und Unterrichtsverwaltung z.B. Schulstatistik wahrgenommen werden.

(14) Ein Fachverfahren ist die IT-Unterstützung für die Beantragung und Durchführung von Dienstleistungen der Verwaltung.

Abschnitt 2
Digitale Bildungsplattform

§ 3
Zielsetzung

(1) Die digitale Bildungsplattform stellt in der Ausgangskonfiguration zunächst ein Office-Paket (LibreOffice), Groupware (Zimbra, Nextcloud, BigBlueButton), Funktionen einer Informations- und Kommunikationsplattform, Zugänge zu Anwendungen der Kultusverwaltung, Zugänge zu digitalen Bildungsmedien sowie das Lernmanagementsystem Moodle bereit. Weitere geplante Funktionalitäten sind ein Zugang zur Verwaltungsanwendung (ASV-BW) und zu weiteren Fachverfahren der Kultusverwaltung.

(2) Sie dient dazu, den Schulen im Land einen leistungsfähigen, datenschutzrechtlich unbedenklichen, dauerhaft verfügbaren digitalen Arbeitsraum für Lehrkräfte zur Verfügung zu stellen, der die rechtssichere Gestaltung digital unterstützter Lehr- und Lernprozesse ermöglicht.

(3) Die Nutzung der digitalen Bildungsplattform wird unter Berücksichtigung der Nutzbarkeit und Zugänglichkeit für Menschen mit Behinderungen ausgestaltet (Barrierefreiheit).

⇨ Schwerbehinderung (Allgemeines)

(4) Für die Nutzung im Unterricht und die Kommunikation mit den Lehrkräften erhalten Lernende Zugänge zur Digitalen Bildungsplattform.

§ 4
Nutzung der digitalen Bildungsplattform

(1) Die Einführung der digitalen Bildungsplattform setzt einen der Aufgabenerledigung angemessenen Zugang der Beschäftigten zu einem digitalen Endgerät in der Schule voraus. Die Beschäftigten sind nicht verpflichtet, eigene Endgeräte sowie Software auf ihre Kosten anzuschaffen oder diese dienstlich zu benutzen. Der Einsatz von für den Dienstgebrauch zugelassenen privaten Geräten ist erlaubt.

⇨ Sachschäden

(2) Die Benutzung der digitalen Bildungsplattform ist grundsätzlich für die Beschäftigten verpflichtend. Die Schulleitung und der örtlich zuständige Personalrat stimmen sich unter Einbeziehung der örtlich zuständigen Schwerbehindertenvertretung über die Nutzungsmodalitäten der digitalen Bildungsplattform und des oder der digitalen Endgeräte an der Schule ab und sollten dazu eine Dienstvereinbarung schließen. Ist an einer Schule ein entsprechender Zugang nicht gewährleistet, ist die Nutzung der digitalen Bildungsplattform freiwillig. Es muss dann durch schulinterne Verfahren sichergestellt werden, dass keine Nachteile für einzelne Personengruppen entstehen.

(3) Die Beschäftigten der Dienststelle sind nicht verpflichtet, die digitale Bildungsplattform außerhalb ihrer üblichen Anwesenheitszeit an der Schule und außerhalb der Dienststelle zu nutzen.

(4) Der Persönlichkeitsschutz der Beschäftigten wird durch organisatorische und technische Maßnahmen gewährleistet, die die Gefährdung der Vertraulichkeit, der Integrität und der Verfügbarkeit von Informationen ausschließen, Art. 32 Abs. 1 EU-DSGVO bzw. § 9 Abs. 3 Landesdatenschutzgesetz (LDSG). Maßnahmen der Datensicherheit beschränken sich nicht nur auf den Schutz der Daten, sondern schließen auch die Programme und das ganze Organisationssystem (z.B. durch Zugangskontrolle, Berechtigungsprüfung, Berechtigungsverwaltung, Nachweisführung) mit ein.

Erforderlich sind nur solche Maßnahmen, deren Aufwand in einem angemessenen Verhältnis zum angestrebten Schutzzweck stehen (vgl. § 9 Abs. 2 Satz 2 LDSG bzw. Art. 32 Abs. 1 EU-DSGVO).

⇨ Datenschutz (Allgemeines); ⇨ Datenschutz(LDSG)

(5) Für den Zugang zur digitalen Bildungsplattform wird soweit erforderlich eine 2-Faktor-Authentifizierung für Beschäftigte eingeführt. Dabei kann der zweite Faktor entfallen, wenn der Zugriff aus dem Verwaltungsnetz der Schule erfolgt. Für die 2-Faktor-Authentifizierung werden verschiedene technische Verfahren zur Verfügung gestellt. Zum Beispiel kann der zweite Faktor eine Geräteidentifikation (Zertifikat) sein, sofern das mobile Endgerät nicht unbeaufsichtigt im Klassenzimmer bleibt.

(6) Die digitale Bildungsplattform soll technisch ermöglichen, dass schulintern eingeführte Lösungen (z.B. IuK-Plattformen, Elektronisches Tagebuch) angebunden werden können. ⇨ Internet und Schule

(7) Bis zur Anbindung nach Absatz 6 Satz 1 finden die Vorschriften dieser Rahmendienstvereinbarung für die Einführung und Anwendung der digitalen Bildungsplattform auf schulintern bereits eingeführten Lösungen entsprechende Anwendung.

(8) Für Inhalte der digitalen Bildungsplattform werden lizenzrechtliche Fragen eindeutig geklärt und Content entsprechend gekennzeichnet. Dazu wird eine Lizenzsystematik umgesetzt.

§ 5
Identitätsmanagement

(1) Ein Zugang zur digitalen Bildungsplattform wird über ein Identitätsmanagement verwaltet. Mit dem Identitätsmanagement wird gewährleistet, dass jeder Lehrkraft ein individualisiertes, ihren Aufgaben entsprechendes Angebot zur Verfügung gestellt wird. Für die Verarbeitung der Daten gilt die Verwaltungsvorschrift ⇨ Datenschutz (Schulen) [...].

Bei der Anlage des Identitätsmanagements gilt der Grundsatz der Datensparsamkeit. Es werden nur die notwendigen Daten automatisiert übertragen

- Name,
- Vorname,
- Personalnummer,
- technische Rolle (z.B. SchuladministratorIn),
- Funktionen (z.B. Schulleitung, Stellvertretung, Abteilungsleitung, Personalratsmitglied, Beratungslehrkräfte, BfC, Schwerbehindertenvertretung ...),
- Dienstort(e) und Schule(n),
- Weitere Vornamen,
- Akademischer Grad,
- Geschlecht (für die Anrede),
- Namenszusatz,
- eindeutige systeminterne ID [gedab ID],
- dienstliche E-Mail-Adresse,
- Termin der Wirksamkeit einer Stellenänderung zur Verwaltung der Zugänge.

Sichtbar für andere Nutzerinnen und Nutzer sind Name, Vorname sowie ggf. die Funktion Schulleitung, Admin und die eingerichtete dienstliche E-Mail-Adresse.

Zusätzlich können Lehrkräfte eigenverantwortlich Fächer, eine Telefonnummer, eine weitere persönliche E-Mail-Adresse sowie an der Schule bekleidete Funktionen, die nicht zentral erfasst werden, eintragen.

(2) Eine Verknüpfung des Datums Schule mit dem Datensatz des Schulträgers erfolgt, da dies für bestimmte Lizenzierungen notwendig ist.

(3) Das Kultusministerium gewährleistet, dass Lehrkräfte, die an Schulen bei verschiedenen Schulträgern eingesetzt werden, über die nötigen Informationen verfügen um nur entsprechend lizenziertes Material, das von Schulträgern zur Verfügung gestellt wird an der jeweiligen Schule einzusetzen.

§ 6
Beteiligung und Information der Betroffenen, der Personalvertretungen und Hauptschwerbehindertenvertretungen

(1) Das Mitbestimmungsverfahren bezüglich der landesweit einzuführenden digitalen Bildungsplattform, für die das Kultusministerium als Projektträger die Projektverantwortung zentral wahrnimmt, wird vom Kultusministerium mit den zuständigen Hauptpersonalräten entsprechend § 1 Abs. 3 und 4 dieser Rahmendienstvereinbarung durchgeführt. Die Informations- und Mitbestimmungsrechte des örtlich zuständigen Personalrats bei der örtlichen Einführung und Gestaltung bleiben unberührt. Die Hauptschwerbehindertenvertretungen werden rechtzeitig und umfassend informiert und eingebunden.

Hinweis der Redaktion: Zu den Aufgaben der Personalräte auf jeder Ebene gehört gem. § 70 Absatz 1 Ziff. 2 LPVG, darüber zu wachen, dass diese Vereinbarung eingehalten wird. Darüber hinaus unterliegt im Rahmen dieser Vereinbarung die Einführung und Nutzung der digitalen Bildungsplattform nach § 75 Absatz 4 Nr. 11, 12, 13 und gegebenenfalls Nr. 15 LPVG der Mitbestimmung des Örtlichen Personalrats. Dabei muss sichergestellt werden, dass ausreichend viele dienstliche Endgeräte und ein stabiles Netz zur Verfügung stehen. In diesem Bereich liegt die konkrete Regelung bei den Personalräten vor Ort.

(2) Die Personalvertretung wird rechtzeitig und umfassend über die beabsichtigte Maßnahme unterrichtet.

- Rechtzeitig bedeutet, dass die Information des zuständigen Personalrats und die Erörterung der Maßnahme zu einem Zeitpunkt stattfinden, der die Planung und Verwirklichung von Gestaltungsalternativen noch ermöglicht.
- Umfassend bedeutet, dass die Dienststelle dem Personalrat alle für die Meinungs- und Willensbildung erforderlichen Informationen und Auskünfte zu erteilen hat. Die Informationen erfolgen schriftlich in allgemeinverständlicher Form und sind auf Wunsch zu erläutern.

Ohne Zustimmung gemäß Absatz 1 darf eine nach § 75 Abs. 4 Nr. 11 bis 17 LPVG zustimmungspflichtige Maßnahme nicht durchgeführt werden; in strittigen Fällen muss die nach § 79 Abs. 4 und 5 LPVG herbeizuführende Entscheidung abgewartet werden.

⇨ Personalvertretungsgesetz (LPVG) § 75 Abs. 4

(3) Bei einer wesentlichen Änderung oder wesentlichen Erweiterung der Bildungsplattform besteht ein Mitbestimmungstatbestand. Laufende Sicherheitsupdates und Weiterentwicklung der Funktionen im Rahmen von Updates ohne deren wesentliche Erweiterung werden der Personalvertretung und der Schwerbehindertenvertretung zur Kenntnis gegeben. Das Kultusministerium informiert den zuständigen Hauptpersonalrat vor allem über die zu speichernden Datenfelder und die Arbeitsweise bzw. Verbindungszusammenhänge der Programme einschließlich der Möglichkeit der Verknüpfung von personenbezogenen Daten mit anderen Datenbeständen sowie Maßnahmen der Datensicherheit.

(4) Die Hauptpersonalräte werden über die in § 4 Abs. 4 dieser Vereinbarung aufgeführten organisatorischen und technischen Maßnahmen der Datensicherheit rechtzeitig und umfassend unterrichtet.

(5) Soweit einzelne Dienststellen landesweit eingesetzte Verfahren wesentlich erweitern, ergänzen oder sonst abändern, sind der örtlich zuständige Personalrat und die örtlich zuständige Schwerbehindertenvertretung zu beteiligen. Dies betrifft insbesondere die Bereitstellung zusätzlicher Funktionen oder Module durch den Schulträger oder die Schule innerhalb der digitalen Bildungsplattform.

(6) Das Kultusministerium als Auftraggeber der digitalen Bildungsplattform informiert die Betroffenen vor der Einrichtung eines persönlichen Zugangs über die technisch notwendigerweise zu verarbeitenden personenbezogenen Daten und die auf freiwilliger Basis erfassbaren weiteren persönlichen Daten und ihre Auswertungsmöglichkeiten sowie die für andere Nutzer/innen sichtbaren personenbezogenen oder personenrückführbaren Daten. Diese Information ist in sinnvollen Abständen und auf Verlangen zu wiederholen.

(7) Werden weitere personenbezogene Daten erhoben oder können zusätzliche personenbezogene Daten freiwillig eingegeben werden oder werden personenbezogene Daten in anderer Weise verarbeitet, ist die zuständige Personalvertretung erneut zu beteiligen.

§ 7
Datenschutz

(1) Personenbezogene Daten von Beschäftigten dürfen nur verarbeitet werden, soweit dies zum Einsatz der Plattform erforderlich ist. Bei der Übermittlung solcher Daten über das Internet müssen die personenbezogenen Daten verschlüsselt übermittelt werden.

(2) Die Verarbeitung personenbezogener Daten ist nur zulässig, wenn das Landesdatenschutzgesetz oder eine andere Rechtsvorschrift sie erlaubt oder soweit der Betroffene eingewilligt hat. Für das Speichern, Verändern, Nutzen oder Übermitteln dieser Daten gelten die §§ 15 bis 19 LDSG bzw. Art 6 Absatz 1e EU-DSGVO. Danach ist das Speichern, Verändern, Nutzen oder Übermitteln personenbezogener Daten von Beschäftigten zulässig, wenn es zur Erfüllung der Aufgaben der öffentlichen Stelle erforderlich ist und für Zwecke erfolgt, für die die Daten erhoben worden sind. ⇨ Datenschutz (Allgemeines / EU-DSGVO); ⇨ Datenschutz (LDSG)

(3) Für welche über die Sicherstellung der Basisfunktionen hinausgehenden Zwecke (z.B. zielgruppenspezifische Informationspräsentation) innerhalb der digitalen Bildungsplattform personenbezogene Daten genutzt werden können, wird in die Freiwilligkeit des Betroffenen unter Maßgabe der geltenden Regeln hinsichtlich Einwilligung und Aufklärung gestellt. Es wird technisch ermöglicht, diese Entscheidung zu treffen und jederzeit zu widerrufen.

(4) Eine Datenweitergabe an Module privater Anbieter, die an die digitale Bildungsplattform angeschlossen sind, darf nicht erfolgen. Ausgenommen sind Anmeldedaten, die einen für den berechtigten Nutzer passwortfreien Zugriff (Single-Sign-On) aus der digitalen Bildungsplattform ermöglichen.

(5) Für die Module der digitalen Bildungsplattform wird ein Verzeichnis der Verarbeitungstätigkeiten (heute Verfahrensverzeichnis gemäß § 11 LDSG) angelegt und entsprechend §11 Abs. 4 LSDG auf der Bildungsplattform veröffentlicht. Verzeichnisse der Verarbeitungstätigkeiten müssen auch für alle zusätzlichen, schulspezifischen Module vor der Anbindung vorliegen. ⇨ Datenschutz (LDSG)

(6) Für die digitale Bildungsplattform und jedes daran angehängte Modul wird ein Löschungskonzept erarbeitet, welches der Mitbestimmung der zuständigen Personalvertretungen unterliegt.

(7) Eine Verhaltens- und Leistungskontrolle bzw. -bewertung der Beschäftigten mittels automatisierter Verarbeitung personenbezogener Daten und sonstige statistische Erfassung und Auswertung ist nicht zulässig. Personenbezogene Daten werden nicht an andere Personen oder Stellen weitergegeben. Es erfolgt auch keine anonymisierte Weitergabe. Die entsprechenden Regelungen der Verwaltungsvorschrift Werbung, Wettbewerbe und Erhebungen an Schulen gelten auch für die digitale Bildungsplattform. ⇨ Werbung, Wettbewerbe und Erhebungen

(8) Die Administration jedes technischen Moduls ist zur Amtsverschwiegenheit verpflichtet. Diese Administration soll nicht durch die Schulleitung erfolgen. Bei Störfällen im Bereich der digitalen Bildungsplattform ist sie verpflichtet, unverzüglich Abhilfe zu schaffen. Störfälle sind dem zuständigen Personalrat unverzüglich zu melden, die betroffenen Nutzerinnen und Nutzer sind zu informieren. Die zuständige Personalvertretung, an die sich Beschäftigte im Beschwerdefall wenden können, kontrolliert die Einhaltung der Bestimmungen der Rahmendienstvereinbarung.

(9) Die Nutzerinnen und Nutzer der Bildungsplattform haben ein Auskunftsrecht über die von ihnen gespeicherten personenbezogenen Daten.

§ 8
Fortbildung

Das Kultusministerium trägt dafür Sorge, dass Fortbildungsveranstaltungen zum Einsatz der digitalen Bildungsplattform angeboten werden. Bei Fortbildungen zum Thema Datenschutz werden Fragen des Einsatzes der digitalen Bildungsplattform sowie die Rechte der Betroffenen einbezogen. ⇨ Fortbildung (Allgemeines)

Abschnitt 3
Dienstliche E-Mail-Adresse

§ 9
Zielsetzung

(1) Aus datenschutzrechtlichen Gründen darf dienstlicher E-Mail-Verkehr, soweit personenbezogene Daten übermittelt werden, nicht über eine private E-Mail-Adresse stattfinden. Alle Lehrkräfte und sonstige Landesbeschäftigte an Schulen und Lehrerfortbildungseinrichtungen sollen daher eine dienstliche E-Mail-Adresse erhalten, die dann eine sichere dienstliche Nutzung erlaubt.

(2) Die Schulverwaltung, das Landesamt für Besoldung und Versorgung und die Lehrkräftefortbildung können zielgruppenscharf unter Berücksichtigung der Dienstwege mit Lehrkräften über dieses Medium kommunizieren. Weitere Institutionen können nach vorheriger Beteiligung der Hauptpersonalräte aufgenommen werden. Die dienstliche E-Mail-Adresse kann im direkten Kontakt zwischen der Kultusverwaltung und den Bediensteten auch zur Übermittlung von Vorgängen oder Mitteilungen, die das Dienstverhältnis der Beschäftigten betreffen, genutzt werden. ⇨ Reisekostengesetz (LRKG); ⇨ Beihilfe

(3) Lehrkräfte können sich mit der E-Mail-Adresse elektronisch bei bestimmten Angeboten als Berechtigte ausweisen.

(4) Kommunikationsflüsse in der Schule werden verbessert und elektronische Kommunikation wird in jenen Bereichen möglich, die den Lehrkräftealltag bestimmen und wegen datenschutzrechtlich relevanter Inhalte eines geschützten Raums bedürfen.

§ 10
Nutzung der dienstlichen E-Mail-Adresse

(1) Eine dienstliche E-Mail-Adresse erhalten alle im Landesdienst an öffentlichen Schulen beschäftigte Lehrkräfte, Referendarinnen und Referendare, Anwärterinnen und Anwärter, pädagogische Assistentinnen und Assistenten sowie sonstige im Dienste des Landes stehende Beschäftigte an Schulen für die Dauer ihres Dienstverhältnisses (Elternzeit, Sabbatjahr etc. lösen das Dienstverhältnis nicht auf). Für nicht im Landesdienst stehende Beschäftigte an öffentlichen Schulen wird die Möglichkeit eröffnet, eine solche E-Mail-Adresse freiwillig ggf. in Abstimmung mit deren jeweiligem Arbeitgeber zu erhalten. Beim freiwilligen Einsatz gelten die gleichen Regelungen wie für Beschäftigte nach Satz 1.

(2) Die dienstliche E-Mail-Adresse beinhaltet keinen Hinweis auf eine bestimmte Schulzugehörigkeit. Die dienstliche E-Mail-Adresse besteht aus Namensbestandteilen und ggf. notwendigen Ziffern. Sie wird in internen Adressbüchern geführt, nicht aber zentral öffentlich gemacht. Sie darf nur mit Zustimmung der Lehrkraft veröffentlicht werden. Auf Antrag kann einem Beschäftigten nach Absatz 1 eine neue E-Mail-Adresse zugewiesen werden.

(3) Nach Einführung und Zuteilung einer dienstlichen E-Mail-Adresse sind die Beschäftigten verpflichtet, dienstliche elektronische Kommunikation ausschließlich über diese abzuwickeln. Die Nutzung der dienstlichen E-Mail-Adresse ist nur zum dienstlichen Gebrauch gestattet; hiervon ausgenommen ist eine dienstlich motivierte Privatnutzung (z.B. Registrierung bei Online-Händlern für Bücher). Der Dienstherr hat grundsätzlich das Recht, stichprobenweise zu überprüfen, ob das Versenden von E-Mails durch die Beschäftigten dienstlicher Natur ist. Von ein- und ausgehenden dienstlichen E-Mails seiner Beschäftigten darf der Arbeitgeber im selben Maße die Weiterleitung verfügen wie bei übrigem dienstlichen Schriftverkehr. Hierbei ist der Grundsatz der Verhältnismäßigkeit zu wahren.

(4) E-Mail-Postfächer von und E-Mail-Verkehr mit Personalratsmitgliedern, Vertrauenspersonen der Schwerbehinderten, der Beauftragten für Chancengleichheit, Beratungslehrkräften, Schulpsychologen etc. unterliegen einem besonderen Schutz und dürfen nicht überprüft werden.

(5) Die Beschäftigten sind nicht verpflichtet, eigene Endgeräte sowie Software (zur Verarbeitung der Mails aber auch für die Verschlüsselung) auf ihre Kosten anzuschaffen oder diese dienstlich zu benutzen. Die Einführung der dienstlichen E-Mail-Adresse setzt einen der Aufgabenerledigung angemessenen Zugang der Beschäftigten zu einem digitalen Endgerät in der Schule voraus. Der Einsatz von für den Dienstgebrauch zugelassenen privaten Geräten ist erlaubt. Die Schulleitung und der örtlich zuständige Personalrat stimmen sich unter Einbeziehung der örtlich zuständigen Schwerbehindertenvertrauensperson über die Nutzungsmodalitäten des oder der digitalen Endgeräte an der Schule ab und sollten dazu eine Dienstvereinbarung abschließen. Ist an einer Schule ein entsprechender Zugang nicht gewährleistet, ist die Nutzung der dienstlichen E-Mail-Adresse freiwillig.

(6) Die Beschäftigten der Dienststelle sind nicht verpflichtet, auf ihren dienstlichen Account eingehende E-Mails außerhalb ihrer üblichen Anwesenheitszeit an der Schule und außerhalb der Dienststelle abzurufen.

⇨ Arbeitszeit (Lehrkräfte – Allgemeines) Nr. 2

Hinweis der Redaktion: Das KM hat dazu u.a. ausgeführt: „Die Kommunikation der Schulleitung mit den Lehrkräften in elektronischer Form begründet keine weitergehenden dienstlichen Pflichten für die Lehrkräfte wie bei einer herkömmlichen Kommunikation in Papierform über das Postfach im Lehrerzimmer beziehungsweise im Sekretariat. Für die Schulleitung kann dies bedeuten, dass in einigen Einzelfällen, also wenn Lehrkräfte dies einfordern, wieder zum ‚guten alten Postfach' zurückgekehrt werden muss, um sicherzustellen, dass ein dienstlicher Auftrag oder eine Weisung bei dieser Lehrkraft rechtzeitig ankommt. Ein solcher Nachweis kann im Rahmen einer Prüfung der Verantwortung der Schulleitung für ein ‚Organisationsverschulden' in Amtshaftungs- und Regressfällen bedeutsam werden." (Quelle: Infodienst Schulleitung Nr. 205, September 2012)

(7) Bei der Bearbeitung der eingehenden E-Mails gelten die Regeln für den Umgang mit dienstlichem Schriftgut, ebenso für die Gestaltung der ausgehenden E-Mails. Die Bearbeitung der Eingänge erfolgt unter der Maßgabe der pädagogischen Verantwortung und pädagogischen Priorisierung.

Bei der Kommunikation mit Dritten (bspw. Erziehungsberechtigten, Schülerinnen und Schülern) sind die Regelungen der Verwaltungsvorschrift zum Datenschutz an öffentlichen Schulen zu beachten.

⇨ Datenschutz (Schulen)

(8) Wenn während einer längeren Abwesenheit von Beschäftigten bspw. wegen Krankheit oder Kurmaßnahmen dienstliche E-Mails weiterbearbeitet werden müssen, weil dies zur Aufrechterhaltung eines ordnungsgemäßen Betriebsablaufs erforderlich ist, kann nach technischen Regeln eine Weiterleitung erfolgen oder in den E-Mail-Account Einsicht genommen und auf die dort eingegangenen dienstlichen E-Mails zugegriffen werden. Für die Einsichtnahme gilt das Vier-Augen-Prinzip. Die Einsichtnahme erfolgt durch eine Vertretung der Schulleitung und eine vom Beschäftigten benannte Vertretung. Ist eine solche nicht benannt, tritt an deren Stelle eine Vertretung des örtlich zuständigen Personalrats oder der örtlich zuständigen Schwerbehindertenvertretung. Dabei ist durch eine entsprechende Verfahrensgestaltung zu gewährleisten, dass E-Mails mit Inhalt, der nicht für die Aufrechterhaltung des ordnungsgemäßen Betriebsablaufs erforderlich ist, z.B. E-Mails, die der Zusammenarbeit der Lehrkräfte oder der Kommunikation der abwesenden Beschäftigten mit ihren Interessenvertretungen oder dem betriebsärztlichen Dienst dienen, nur in dem Umfang von den Einsicht Nehmenden zur Kenntnis genommen werden, wie dies unerlässlich ist, um diese von den dienstlich erforderlichen E-Mails zu trennen. Bei geplanter längerer Abwesenheit ist ein Abwesenheitsagent zu aktivieren. Für Zugriffe auf E-Mails, die nicht zur Aufrechterhaltung des Betriebsablaufes erforderlich waren, gilt die Verschwiegenheitspflicht.

(9) Die Anlage der Postfächer erfolgt automatisiert und erlaubt die persönliche Einrichtung eines Passworts. Ein schulischer Administrator verwaltet weder den Zugang zu einem persönlichen Mailpostfach oder einem Cloudspeicher noch persönliche Zugangsdaten der Lehrkräfte. Eine Passwortzurücksetzung kann durch den schulischen Administrator, über den Support oder durch eigene Aktivität mit 2-Faktor-Authentifizierung vorgenommen werden.

(10) Funktionspostfächer, die keiner Überprüfung unterliegen, werden vorgehalten (z.B. für Beratungslehrkräfte, Personalrat, Jugend- und Ausbildungsvertretung, Schwerbehindertenvertretung, Beauftragte für Chancengleichheit). So wird sichergestellt, dass besonders schützenswerte Daten nur von gesondert autorisierten Vertretungen gesichtet werden können.

(11) Funktionspostfächer werden auch für Vorsitzende der Elternbeiräte eingerichtet. Sie folgen der Mailsyntax für Schülerinnen und Schüler und unterscheiden sich daher deutlich von dienstlichen Mailadressen für Lehrkräfte.

(12) Die Nutzung der dienstlichen E-Mail wird unter Berücksichtigung der Nutzbarkeit und Zugänglichkeit für Menschen mit Behinderungen ausgestaltet (sog. Barrierefreiheit).

§ 11
Beteiligung und Information der Personalvertretungen und Hauptschwerbehindertenvertretungen

(1) Das Mitbestimmungsverfahren bezüglich der landesweit einzuführenden dienstlichen E-Mail-Adresse für Lehrkräfte, für die das Kultusministerium als Projektträger die Projektverantwortung zentral wahrnimmt, wird vom Kultusministerium mit den zuständigen Hauptpersonalräten entsprechend § 1 Abs. 3 und 4 dieser Rahmendienstvereinbarung durchgeführt. Die Mitbestimmungsrechte des örtlich zuständigen Personalrats bleiben unberührt. Die Hauptschwerbehindertenvertretungen werden rechtzeitig und umfassend informiert und eingebunden.

(2) Das Kultusministerium informiert die Hauptpersonalräte und die Hauptschwerbehindertenvertretungen vor der Einrichtung der dienstlichen E-Mail-Adresse über die technisch notwendigerweise zu verarbeitenden personenbezogenen Daten und die auf freiwilliger Basis erfassbaren weiteren persönlichen Daten und ihre Auswertungsmöglichkeiten sowie die für andere Nutzer/innen sichtbaren personenbezogenen oder personenrückführbaren Daten. Diese Information ist in sinnvollen Abständen und auf Verlangen zu wiederholen.

§ 12
Datenschutz

(1) Eine Verhaltens- und Leistungskontrolle bzw. -bewertung der Beschäftigten mittels automatisierter Verarbeitung personenbezogener Daten findet ebenso wenig statt wie eine sonstige statistische Erfassung und Auswertung. Personenbezogene Daten werden nicht an andere Personen oder Stellen weitergegeben, auch nicht in anonymisierter Form.

(2) E-Mail-Daten sind entsprechend den Regelungen der VwV Datenschutz an Schulen zu löschen, wenn deren Kenntnis für die Schule nicht mehr zur Aufgabenerfüllung erforderlich ist. Das Kultusministerium stellt sicher, dass personenbezogene Daten, die im Zusammenhang mit der dienstlichen E-Mail-Adresse gespeichert wurden, spätestens nach Beendigung des Dienstverhältnisses gelöscht werden. Inhalte des E-Mail-Speichers, gespeicherte Kontaktdaten und die Aufrechterhaltung der Erreichbarkeit der E-Mail-Adresse werden gelöscht, wenn sie nicht mehr zur jeweiligen dienstlichen Aufgabenerfüllung benötigt werden (z.B. Wechsel der Dienststelle). Hierzu erstellt das Kultusministerium ein Löschungskonzept, das der Mitbestimmung der zuständigen Personalvertretung unterliegt.

(3) Die dienstliche E-Mail-Adresse ist in das von der Dienststelle geführte Verzeichnis der automatisierten Verfahren, mit denen personenbezogene Daten verarbeitet werden (Verfahrensverzeichnis), aufzunehmen. ⇨ Datenschutz (Schulen)

(4) Die mit der Administration der E-Mail-Adressen Betrauten sind zur Amtsverschwiegenheit verpflichtet. Bei Störfällen im Bereich der E-Mail-Kommunikation schafft die Administration unverzüglich Abhilfe. Störfälle sind dem zuständigen

Personalrat unverzüglich zu melden. Die betroffenen Nutzerinnen und Nutzer sind zu informieren.

(5) Der Dienstherr ist berechtigt, den Zugriff des einzelnen Beschäftigten auf den E-Mail-Dienst zu protokollieren. Zur Aufrechterhaltung der Systemsicherheit, zur Analyse und Korrektur technischer Fehler, zur Optimierung der Rechnerleistungen im Netzwerk, zur Ermittlung der Kosten verbrauchter Ressourcen zwecks interner Leistungsverrechnung sowie in Missbrauchsfällen kann jeder Zugriff mit Benutzeridentifikation (IP-Adresse, Ethernet-Adresse, Datum und Uhrzeit, Zugriff, übertragener Datenmenge sowie Zieladresse) protokolliert und so lange gespeichert werden, wie dies zur Erfüllung der beschriebenen Zwecke erforderlich ist. Der Zugriff auf die Protokolldaten ist auf das technische Personal zu begrenzen, das für den Netzbetrieb und die Bereitstellung der verfügbaren Dienste zuständig ist. Die Einsicht in die Protokolldaten ist zweckgebunden. Auch die Protokolldateien unterliegen einem Löschkonzept. Das Löschkonzept ist Bestandteil des Verfahrensverzeichnisses der digitalen zentralen Bildungsplattform.

(6) Technisch nicht zustellbare E-Mails werden vom Posteingangsserver in einer automatisierten Prozedur nicht angenommen und gelöscht.

§ 13
Fortbildung

Fortbildungsveranstaltungen zum Einsatz von dienstlichen E-Mail-Adressen und zur Umsetzung landesrechtlicher Regelungen hinsichtlich des Umgangs mit digitalem Schriftgut werden angeboten. Bei Fortbildungen zum Thema Datenschutz werden Fragen des Einsatzes der dienstlichen E-Mail miteinbezogen. ⇨ Fortbildung (Allgemeines)

Abschnitt 4
Digitale Lehrkräftefortbildung

§ 14
Zielsetzung

(1) Die dienstliche Fortbildung wird durch den Dienstherrn gefördert. Digitale Formate der Lehrkräftefortbildung sollen der Erhaltung und Steigerung der Qualität der Fortbildungen dienen.

(2) Fortbildnerinnen und Fortbildner erhalten durch besondere Schulungsangebote die notwendige Unterstützung bei der Integration digitaler Medien in die bestehende Fortbildungspraxis.

(3) Die Nutzung der Geräte und Programme wird unter Berücksichtigung der Nutzbarkeit und Zugänglichkeit für Menschen mit Behinderungen ausgestaltet (Barrierefreiheit).

§ 15
Umsetzung und Durchführung

(1) In Fortbildungen für Lehrkräfte können digitale Formate eingesetzt werden, wenn dies pädagogisch-didaktisch begründet ist. Dabei können Fortbildungen sowohl durch digitale Angebote ergänzt werden (blended learning) als auch zusätzlich in rein digitalen Formaten unterschiedlicher Art (synchrone und asynchrone Verfahren) angeboten werden. Der voraussichtliche benötigte Zeitaufwand für die Fortbildung ist bei jedem digitalen Fortbildungsangebot anzugeben.

(2) Für digitale Fortbildungsangebote gelten hinsichtlich der Arbeitszeit die gleichen Regelungen wie für schulische, schulnahe, regionale oder zentrale analoge Angebote. Es wird nicht erwartet, dass digitale Formate außerhalb der üblichen persönlichen Arbeitszeiten genutzt werden. Unterrichtsausfall ist - wie bei herkömmlichen Angeboten - so gering wie möglich zu halten Eine Freistellung vom Unterricht ist auf Antrag möglich und liegt im Ermessen der Schulleitung. ⇨ Arbeitszeit (Lehrkräfte - Allgemeines)

(3) Synchrone digitale Formate werden in Zeiträumen üblicher Arbeitszeit terminiert. Asynchrone digitale Formate werden in der Eigenverantwortung der Teilnehmenden zu selbstgewählter Zeit bearbeitet. Es wird nicht erwartet, dass dies außerhalb der üblichen Arbeitszeiten erfolgt. Eine Leistungsüberprüfung und Verhaltenskontrolle durch Auswertung von Zugriffszeiten oder anderen personenbezogenen Daten erfolgt nicht.

(4) Die Teilnahme an digitalen Angeboten wird ebenso dokumentiert, wie die Teilnahme an Präsenzveranstaltungen. Es besteht die Möglichkeit, digitale Phasen oder Formate mit automatisierten Erfolgskontrollen und mehreren Teilnahmeversuchen zu versehen, um die Qualität der Fortbildungen zu sichern, Absatz 3 Satz 3 gilt entsprechend. Implementierte Leistungs- und Erfolgskontrolle unterliegt weiterhin der Personalratsbeteiligung (§ 75 (4) 11 LPVG) im Rahmen der jeweiligen Fortbildungskonzeption.

(5) Auch beim Einsatz digitaler Formate wird eine Betreuung der Teilnehmenden, wenn didaktisch sinnvoll oder nötig, gewährleistet. Insofern werden Gruppengrößen bei den jeweiligen Angeboten angemessen limitiert. Die Ausgestaltung unterliegt gemäß § 75 (4) 10 LPVG der Mitbestimmung der zuständigen Personalvertretung.

(6) Für die Bearbeitung digitaler Fortbildungsformate bzw. die Teilnahme an solchen Formaten werden den Lehrkräften auf Wunsch Geräte zur Verfügung gestellt oder Zugänge zu Geräten (z.B. in der Schule) ermöglicht, ohne dass dies einen Mehraufwand für die betroffenen Lehrkräfte bedeutet.

§ 16
Beteiligung und Information der Personalvertretungen und Hauptschwerbehindertenvertretungen

Digitale Fortbildungsangebote unterliegen in gleichem Maße wie analoge Fortbildungsveranstaltungen der Mitbestimmung durch die zuständige Personalvertretung gemäß § 75 Abs. 4 Nr. 10 LPVG. Die zuständige Schwerbehindertenvertretung wird wie bei analogen Maßnahmen eingebunden.

Abschnitt 5
Open Educational Ressources (OER) und Bildungsmedien

§ 17
Zielsetzung

(1) Auf der digitalen Bildungsplattform werden Medien zur Nutzung in Schule und Unterricht (OER) bereitgestellt. Lehrkräfte können Unterrichtsmaterialien einstellen, teilen, gemeinsam ent-

wickeln, verändern und nutzen. Die Urheberinnen und Urheber haben das Recht, selbst eingestellte und nicht geteilte Dokumente zu löschen.

(2) Die Bildungsplattform wird so angelegt, dass der Bildungsplanbezug des eingestellten Unterrichtsmaterials ersichtlich ist. Das Unterrichtsmaterial soll in ganzen Unterrichtssequenzen gegliedert zur Verfügung gestellt werden und mit Hinweisen kontextualisiert werden können.

(3) Es wird ein einfach zu verstehendes Lizenzmodell zur Bereitstellung von Unterrichtsmaterial etabliert werden, welches möglichst offene technische Formate und offene Nutzungsbedingungen sichert.

(4) Die Nutzung der Programme wird unter Berücksichtigung der Nutzbarkeit und Zugänglichkeit für Menschen mit Behinderungen ausgestaltet (sog. Barrierefreiheit).

§ 18
Umsetzung und Durchführung

(1) Die Einstellung eigener Unterrichtsentwürfe in die digitale Bildungsplattform zur Kenntnisnahme und Nutzung durch andere Lehrkräfte erfolgt auf freiwilliger Basis.

(2) Die Lehrkraft einer öffentlichen Schule, die einen eigenen Unterrichtsentwurf in die Bildungsplattform einstellt, bleibt Urheber des Werkes i. S. d. Urheberrechtsgesetzes (UrhG). Das einfache räumlich, zeitlich und inhaltlich unbeschränkte Nutzungsrecht an dem im Rahmen des Dienstverhältnisses erstellten Werk geht nach § 43 UrhG auf den Dienstherrn über.

(3) Die Entscheidung darüber, ob die Veröffentlichung unter eigenem Namen oder unter Pseudonym bzw. anonym erfolgen soll, obliegt gemäß § 13 UrhG dem Urheber. ⇨ Urheberrecht (Allgemeines)

(4) Das Kultusministerium informiert die Lehrkräfte in geeigneter Weise über die bei der Einstellung von Unterrichtsmaterialien zu beachtenden Grundsätze des Urheberrechts.

(5) Die Bereitstellung von Unterrichtsmaterial soll einfach zugänglich und einfach zu bedienen sein. Das Kultusministerium ist nicht für von Lehrkräften eingestellte Inhalte von Unterrichtsmaterialien verantwortlich. Im Übrigen gilt die Amtshaftung.

⇨ Haftung und Versicherung

(6) Die Nutzer gehen respektvoll mit den eingestellten Materialien um. Das Kultusministerium beabsichtigt eine komfortable Such- und Filterfunktionen, sowie eine Kommentarfunktion einzurichten.

(7) Die Qualitätssicherung erfolgt über ein Reviewverfahren. Dazu ist für Problemfälle bzw. Missbrauchsfälle eine Clearingstelle unter Einbeziehung der Personalvertretungen zu etablieren. Eine Möglichkeit der Kontaktierung von Urhebern bei pseudonymisiert eingestellten Materialien ist vorgesehen. Materialien können mit automatisierten Verfalls- und Löschungsprozeduren versehen werden. Bei Löschung wird der Urheber bzw. die Urheberin informiert.

§ 19
Beteiligung und Information der Personalvertretungen und Hauptschwerbehindertenvertretungen

Die festzulegenden Grundsätze und Modalitäten über die Einstellung und Nutzung digitaler Unterrichtsmaterialien unterliegen nach § 75 Abs. 4 Nr. 14 und 15 LPVG der Mitbestimmung. Das Mitbestimmungsverfahren wird vom Kultusministerium mit den zuständigen Hauptpersonalräten entsprechend § 1 Abs. 3 und 4 dieser Rahmendienstvereinbarung durchgeführt. Die Mitbestimmungsrechte des örtlich zuständigen Personalrats bleiben unberührt. Die Hauptschwerbehindertenvertretungen werden rechtzeitig und umfassend informiert und eingebunden. ⇨ Personalvertretungsgesetz (LPVG) § 75

§ 20
Datenschutz

Eine Verhaltens- und Leistungskontrolle bzw. -bewertung der Beschäftigten mittels automatisierter Verarbeitung personenbezogener Daten findet ebenso wenig statt wie eine sonstige statistische Erfassung und Auswertung. Personenbezogene Daten werden nicht an andere Personen oder Stellen weitergegeben, auch nicht in anonymisierter Form.

Abschnitt 6 Wireless Local Area Network (WLAN) am Arbeitsplatz

§ 21
Zielsetzung

Digital unterstütztes Lernen setzt den Einsatz digitaler Endgeräte voraus. Deren unterrichtliche Nutzung erfordert das Vorhandensein eines ausreichend dimensionierten WLAN. Die Regeln zur Nutzung von WLAN durch Lehrkräfte unterliegen der Mitbestimmung des örtlich zuständigen Personalrats.

§ 22
Umsetzung und Durchführung WLAN an Schulen

(1) §§ 27, 48 Schulgesetz (SchG) i.V.m. §§ 15 ff Finanzausgleichsgesetz (FAG) und der Schullastenverordnung regeln die Frage, wie Schulen finanziert werden. Demnach werden alle Kosten („Sachkosten") außer den persönlichen Kosten für die Lehrkräfte von den Schulträgern aufgebracht. Unter die von den Schulträgern zu tragenden Sachkosten fallen auch die Kosten für die Einrichtung von WLAN.

⇨ Schulgesetz §§27,48; ⇨ Schulbau (Bau und Ausstattung von Schulen); ⇨ Haushalt (Sachkostenbeiträge)

(2) Bei der Einrichtung von WLAN ist als arbeitsschutzrechtliche Rechtsgrundlage die Arbeitsschutzverordnung zu elektromagnetischen Feldern (EMFV), die verpflichtend einzuhaltende Strahlungshöchstwerte festsetzt, zu befolgen. Die EMFV gilt auch für Schülerinnen und Schüler.

(3) Das Kultusministerium wird die kommunalen Landesverbände bitten, auf die Schulträger dahingehend einzuwirken, dass die für die Ausstattung verantwortlichen Schulträger bei der Entscheidung über die Ausstattung mit WLAN bei der Entscheidungsfindung entsprechend dem Stand der Technik dem Gesundheitsschutz den ihm gebührenden Vorrang einräumen. ⇨ Internet und Schule

(4) Eine mit WLAN ausgerüstete Schule gilt als Hostprovider gemäß § 10 Telemediengesetz (TMG). Rechtsverletzungen bei Nutzung schulischer Netze können zu Schadensersatzforderungen führen, wenn zumutbare Verhaltens- und Sicherungspflichten seitens der Schule verletzt werden. Der Schule obliegen Hinweis-, Überwachungs- und Sicherungspflichten hinsichtlich der Nutzung des Netzes. Die Nutzungsregelungen für das Netz werden an jeder Schule unter Mitbestimmung des örtlich zuständigen Personalrats festgelegt. Es gelten die Amtshaftungsgrundsätze. Regressforderungen gegen Lehrkräfte kommen nur bei grober Fahrlässigkeit und Vorsatz in Betracht.

➪ Haftung und Versicherung

(5) Daten aus dem WLAN-Betrieb dienen ausschließlich der Aufrechterhaltung des WLAN. Werden personenbezogene Daten von Lehrkräften erfasst ist der zuständige Personalrat zu beteiligen.

§ 23

Beteiligung und Information der Personalvertretungen und Hauptschwerbehindertenvertretungen

Die festzulegenden Grundsätze über die Umsetzung und Nutzung von WLAN an Schulen durch Lehrkräfte unterliegen nach § 75 Abs. 4 Nr. 12 bis 16 LPVG der Mitbestimmung. Das Mitbestimmungsverfahren bezüglich der Umsetzung und Nutzung von WLAN an Schulen wird, soweit das Kultusministerium als Projektträger die Projektverantwortung zentral wahrnimmt, vom Kultusministerium mit den zuständigen Hauptpersonalräten entsprechend § 1 Abs. 3 und 4 dieser Rahmendienstvereinbarung durchgeführt. Die Mitbestimmungsrechte des örtlich zuständigen Personalrats bleiben unberührt. Die Hauptschwerbehindertenvertretungen werden rechtzeitig und umfassend im vorgeschriebenen Rahmen des SGB IX informiert und eingebunden.

Abschnitt 7
Schlussvorschriften

§ 24

Datenmissbrauch, Verstoß gegen die Dienstvereinbarung

Wenn die durch Tatsachen begründete Besorgnis besteht, dass ein Datenmissbrauch oder ein Verstoß gegen diese Dienstvereinbarung vorliegt, wird die zuständige Dienststelle unverzüglich die zuständige Personalvertretung und ggf. die zuständige Schwerbehindertenvertretung informieren und dann ggf. weitere personal- und personalvertretungsrechtliche Schritte einleiten. In einem solchen Fall ist insbesondere auch zu prüfen, ob nach Maßgabe der einschlägigen Bestimmungen eine Maßnahme zurückgenommen werden kann oder ein Schadensersatzanspruch entstanden ist.

§ 25

In-Kraft-Treten

(Absätze 1 bis 5 hier nicht abgedruckt)

(6) Die Dienststellen und Beschäftigten im Geschäftsbereich der Kultusverwaltung sind ausdrücklich auf diese Dienstvereinbarung und ihre Veröffentlichung hinzuweisen.

➪ Arbeitszeit (Lehrkräfte - Allgemeines); ➪ Außerunterrichtliche Veranstaltungen (Hinweise); ➪ Datenschutz (Allgemeines / EU-DSGVO); ➪ Datenschutz (LDSG);➪ Datenschutz (Schulen); ➪ Digitalisierung/Medienentwicklung; ➪ Digitalpakt Schule; ➪ Fortbildung (Allgemeines); ➪ Haftung und Versicherung; ➪ Haushalt (Sachkostenbeiträge); ➪ Internet und Schule; ➪ Personalvertretungsgesetz (LPVG) §§ 75, 85; ➪ Reisekostengesetz (LRKG); ➪ Sachschäden; ➪ Schulbau (Bau und Ausstattung von Schulen); ➪ Schulgesetz §§ 27, 48; ➪ Schwerbehinderung (Allgemeines); ➪ Urheberrecht (Allgemeines); ➪ Werbung, Wettbewerbe und Erhebungen

Datenschutz (RDV – Bildungsplattform) – Lernmanagementsysteme

Ergänzungsvereinbarung zur Rahmendienstvereinbarung „Einsatz einer landeseinheitlichen digitalen Bildungsplattform" vom 6. Februar 2018 betreffend Lernmanagementsysteme vom September 2021 (K.u.U. S. 165/2021)

§ 1

Gegenstand der Vereinbarung

Diese Vereinbarung regelt die Nutzung der landesweit eingeführten Lernmanagementsysteme (im Folgenden: Lernmanagementsysteme) durch die Beschäftigten an den öffentlichenSchulen sowie durch die Beschäftigten des außerschulischen Bereichs im Geschäftsbereich des Kultusministeriums. (Im Folgenden: Beschäftigte). Die Regelungen der zugrundeliegenden Rahmendienstvereinbarung zum Einsatz einer landeseinheitlichen digitalen Bildungsplattform vom 06.02.2018; Az.:53-6534.42/149 (im Folgenden: zugrundeliegende Rahmendienstvereinbarung) bleiben hiervon unberührt. Die vorliegende Ergänzungsvereinbarung enthält konkretisierende und ergänzende Bestimmungen.

§ 2

Zielsetzung für die Nutzung der Lernmanagementsysteme

(1) Eine Verwendung der Lernmanagementsysteme in der seitens des Kultusministeriums bereitgestellten Konfiguration dient der Nutzung für pädagogische Zwecke durch die Beschäftigten und Schülerinnen und Schüler.

(2) Pädagogische Zwecke im Rahmen der Nutzung der Lernmanagementsysteme durch die Beschäftigten bestehen beispielsweise in der erforderlichen Aufgabenwahrnehmung durch die jeweilige Schule zur Unterrichtsvorbereitung, Unterrichtsdurchführung und Unterrichtsnachbereitung. Dies kann auch jahrgangsstufen- oder schulübergreifende Projektgruppen oder Arbeitsgruppen umfassen.

§ 3
Ausgestaltung der Nutzung der Lernmanagementsysteme

(1) Gestattet ist ausschließlich die dienstliche Nutzung. Eine private Nutzung ist nicht erlaubt.

(2) Auf die Regelungen des § 4 Absätze 1 und 2 der zugrundeliegenden Rahmendienstvereinbarung wird verwiesen.

§ 4
Datenschutzrechtliche Vorgaben für die Nutzung der Lernmanagementsysteme

(1) Die Verarbeitung personenbezogener Daten über die Lernmanagementsysteme findet gemäß den rechtlichen Vorgaben und gemäß der Verwaltungsvorschrift über den Datenschutz an öffentlichen Schulen statt.

(2) Personenbezogene Daten dürfen nur soweit verarbeitet werden, wie es für die Aufgabenerfüllung der Schule erforderlich ist.

§ 5
Protokollierung von Daten über die Lernmanagementsysteme

(1) Jeder Zugriff mit Benutzeridentifikation wird protokolliert. Dies sind Protokolldaten. Die Verarbeitung der Protokolldaten soll die Funktionsfähigkeit der Anwendungen und Dienste gewährleisten. Diese Datenverarbeitung dient den Gewährleistungszielen der Datensicherheit und der Datenverfügbarkeit. Dies umfasst die Zwecke der Gewährleistung einer rechtskonformen Datenverarbeitung sowie die Ermittlung von schädigenden Maßnahmen und Missbrauchsversuchen. Es werden nur solche protokollierten Daten verarbeitet, die zur Sicherstellung der oben genannten Gewährleistungsziele notwendig und erforderlich sind.

(2) Der Zugriff auf die protokollierten Daten ist auf die Administratorinnen und Administratoren auf Schulebene sowie auf ausgewähltes technisches Personal beim Betreiber begrenzt.

(3) Die Zugriffsprotokolle werden gespeichert und automatisiert nach Ablauf einer erforderlichen Aufbewahrungsfrist gelöscht (Datensicherheit und Datenverfügbarkeit).

(4) Im konkreten Verdachtsfall erfolgt die Speicherung solange, wie dies zum Umgang mit etwaigen Missbrauchsfällen erforderlich ist.

§ 6
Regelungen zur Schuladministration der Lernmanagementsysteme

(1) Zur Administration der Schulinstanz eines Lernmanagementsystems benennt die Schulleiterin oder der Schulleiter schriftlich und einvernehmlich die Administratorin/den Administrator sowie im Vorfeld der Benennung in schriftlicher Form deren Aufgaben. Administratorenrechte sollen nicht von Mitgliedern der Schulleitung oder dem Datenschutzbeauftragten ausgeübt werden (siehe auch § 7 Abs. 4 Satz 3 der Rahmendienstvereinbarung Elektronische Verarbeitung personenbezogener Daten durch die Schulen und die Kultusverwaltung vom 19.07.2019; AZ: 12-0270.91187; Im Folgenden: Rahmendienstvereinbarung Elektronische Datenverarbeitung).

(2) Die Administratorinnen und Administratoren dürfen Protokolldaten ausschließlich für die Systembetreuung nutzen.

(3) Eine Verhaltens- und Leistungskontrolle der Lehrkräfte unter Einsatz der Lernmanagementsysteme ist nicht zulässig (vergleiche § 15 Absätze 5 und 7 Landesdatenschutzgesetz und § 7 Abs. 1 Rahmendienstvereinbarung Elektronische Datenverarbeitung).

(4) Das Administrationskonto ist für die Bereitstellung und Einstellungen des Lernmanagementsystems auf Schulebene vorgesehen und darf nicht für die unterrichtliche Arbeit eingesetzt werden.

(5) Zugriffsrechte und Löschfristen der Protokollierung durch die Administratorinnen und Administratoren müssen dokumentiert werden (vergleiche § 7 Abs. 4 Satz 2 Rahmendienstvereinbarung Elektronische Datenverarbeitung).

(6) Die Benutzerkonten der Schuladministratorinnen und Schuladministratoren sind durch eine Zwei-Faktor-Authentifizierung gesichert.

§ 7
Fortbildungen für die Lernmanagementsysteme

Die Einführung der Lernmanagementsysteme wird durch Fortbildungen und Unterstützungsangebote begleitet. Dies umfasst auch Schulungen der Administratorinnen und Administratoren für Lernmanagementsysteme.

§ 8
Einsichtnahme in den Account der Lernmanagementsysteme

Für eine Einsichtnahme in den Account des/der Beschäftigten bei längerfristiger Abwesenheit gilt § 10 Absatz 1 der zugrundeliegenden Rahmendienstvereinbarung in entsprechender Weise .

⇨ Datenschutz (RDV - Bildungsplattform); ⇨ Datenschutz (Schulen); ⇨ Digitalpakt Schulen; ⇨ Personalvertretungsgesetz (LPVG) §§ 75, 85

Arbeitskreis Digitalisierung im Bildungswesen bei der GEW Baden-Württemberg:
https://www.gew-bw.de/gruppen-arbeitskreise/arbeitskreis-digitalisierung/

Datenschutz (RDV – Bildungsplattform) – Messenger

Ergänzungsvereinbarung zur Rahmendienstvereinbarung
„Einsatz einer landeseinheitlichen digitalen Bildungsplattform“ vom 6. Februar 2018
betreffend die „Einführung eines Messenger für Lehrkräfte“ vom 23. Februar 2021 (K.u.U. S. 72/2021)

Mitbestimmung

– Die Einführung des landeseinheitlichen Messengers unterliegt der Mitbestimmung, die mit der vorliegenden Ergänzungsvereinbarung zur Rahmendienstvereinbarung umgesetzt wird.
– Hiervon unberührt bleiben Mitbestimmungsrechte der örtlichen Personalvertretungen.

⇨ Personalvertretungsgesetz (LPVG) §§ 75, 85

Gegenstand der Vereinbarung

Gegenstand der Vereinbarung ist die vorrangig dienstliche Nutzung des Messengers durch die Lehrkräfte an den öffentlichen Schulen in Baden-Württemberg im Geschäftsbereich des Kultusministeriums.

Zielsetzung der Nutzung des Messenger

– Zielsetzung ist die sichere Kommunikation im schulischen Kontext.
– Der Messenger dient vorrangig zur dienstlichen Nutzung durch die oben genannten Lehrkräfte, ergänzend zur dienstlichen E-Mail-Adresse und den bestehenden Kommunikationsmöglichkeiten.

Nutzung des Messengers

– Die Nutzung des Messengers durch die oben genannten Lehrkräfte ist freiwillig.
– Eine Abrufpflicht für Kommunikationsinhalte ist nicht gegeben.
– Die oben genannten Lehrkräfte sind nicht verpflichtet, eigene Endgeräte auf ihre Kosten anzuschaffen oder diese dienstlich zu benutzen.

⇨ Digitalpakt Schulen

– Der Einsatz dienstlich zugelassener privater Endgeräte ist erlaubt.

⇨ Datenschutz (Schulen) 1.13

– Den oben genannten Lehrkräften und gegebenenfalls auch den Schülerinnen und Schülern sowie Erziehungsberechtigten dürfen keine Nachteile entstehen, wenn sie den Messenger nicht nutzen möchten.

Datenschutz

– Die Verarbeitung personenbezogener Daten über den Messenger und auf privaten Endgeräten findet gemäß der Verwaltungsvorschrift Datenschutz an öffentlichen Schulen statt.

⇨ Datenschutz (Schulen) Anlage 1

– Personenbezogene Daten dürfen nur soweit verarbeitet werden, wie es für die Aufgabenerfüllung der Schule erforderlich ist. Dies gilt auch für eine etwaige Kommunikation gegenüber nichtöffentlichen Stellen.
– Leistungs- und/oder verhaltensbewertende Daten von Schülerinnen und Schülern dürfen in der Kommunikation mit dritten Stellen nur verarbeitet werden, wenn die Kontakte verifiziert sind.
– Eine Verhaltens- und Leistungskontrolle der oben genannten Lehrkräfte findet nicht statt.

Fortbildung

– Die Einführung des Messengers wird durch Fortbildungen und Unterstützungsangebote begleitet. ⇨ Fortbildung (Allgemeines)

⇨ Datenschutz (RDV - Bildungsplattform); ⇨ Datenschutz (Schulen); ⇨ Digitalpakt Schulen; ⇨ Fortbildung (Allgemeines) ⇨ Personalvertretungsgesetz (LPVG) §§ 75, 85

Stichwort: Mitbestimmung auf Antrag

Der Personalrat hat in Angelegenheiten der Beschäftigten in den Fällen nach § 74 sowie nach § 75 Abs. 1 und 2 ⇨ Personalvertretungsgesetz mitzubestimmen. In den Fällen des § 75 Abs. 3 bestimmt der Personalrat nur dann mit, wenn die Beschäftigten dies beantragen. Hierzu gehören zum Beispiel:

– Verlängerung der Probezeit oder Entlassung in der Probezeit;
– Änderung der arbeitsvertraglichen Arbeitszeit über eine Dauer von mehr als zwei Monaten;
– Versagung oder Widerruf der Genehmigung einer Nebentätigkeit,
– Ablehnung eines Antrags auf Teilzeitbeschäftigung oder Urlaub ohne Dienstbezüge;
– Ablehnung eines Antrags auf Altersteilzeit;
– Ablehnung eines Antrags auf Hinausschiebung des Eintritts in den Ruhestand;
– Entlassung von Beamten auf Widerruf ... .

Betroffene Kolleginnen und Kollegen sollten sich vor der Einreichung von Anträgen zu diesen Themen stets von der GEW und/oder unseren Mitgliedern in den Personalräten beraten lassen.

Die Kontaktdaten der GEW-Mitglieder in den Personalräten sowie der GEW-Bezirksgeschäftsstellen finden Sie im Adressenteil am Anfang des Jahrbuchs.

Datenschutz (RahmenDV – Personaldaten)

Rahmendienstvereinbarung „Elektronische Verarbeitung personenbezogener Daten durch die Schulen und die Kultusverwaltung" vom 19.7.2019 (K.u.U. S. 108/2019)

§ 1
Gegenstand und Ziele der Vereinbarung

(1) Ziel dieser Dienstvereinbarung ist der Schutz der Persönlichkeitsrechte der Beschäftigten bei der Verarbeitung ihrer personenbezogenen Daten durch elektronische Datenverarbeitung.

(2) Gegenstand der Vereinbarung sind Angelegenheiten der Mitbestimmung nach § 75 Absatz 4 Nummer 11 bis 17 LPVG.

(3) Die Hauptschwerbehindertenvertretungen werden gemäß § 178 und § 180 Sozialgesetzbuch (SGB) IX bei Maßnahmen nach dieser Rahmendienstvereinbarung rechtzeitig und umfassend informiert und eingebunden.

§ 2
Geltungsbereich

(1) Diese Dienstvereinbarung gilt für alle von den Hauptpersonalräten vertretenen Beschäftigten im Sinne des Landespersonalvertretungsgesetzes im Geschäftsbereich des Kultusministeriums.

(2) Sie gilt für alle Dienststellen der Kultusverwaltung und öffentlichen Schulen.

§ 3
Begriffsbestimmungen

(1) Unter Verfahren sind die Programme oder Programmpakete zu verstehen, mit deren Hilfe personenbezogene Daten verarbeitet und für eine bestimmte Aufgabe genutzt werden.

(2) Der Begriff der Einführung beschreibt die erstmalige Einführung (Anschaffung) bzw. den ersten Einsatz eines Verfahrens.

(3) Unter Anwendung ist die allgemeine Handhabung der technischen Einrichtung, die Festlegung des Verwendungszwecks und die inhaltliche Gestaltung der Programme und des Katalogs der zu speichernden Daten (Datenkatalog) zu verstehen.

(4) Eine wesentliche Änderung ist insbesondere dann anzunehmen, wenn das bisher eingesetzte Verfahren durch ein anderes Verfahren ersetzt wird, wenn mit einem anderen Programm gearbeitet wird oder wenn sich die im Verfahren verwendeten personenbezogenen oder personenbeziehbaren Merkmale ändern.

(5) Die Begriffsbestimmungen für „personenbezogene Daten" und „Verarbeitung" ergeben sich aus der Europäischen Datenschutzgrundverordnung (EU-DSGVO) und für „Mitbestimmung" aus dem Landespersonalvertretungsgesetz (LPVG).

➪ Datenschutz (Allgemeines / EU-DSGVO)

§ 4
Zuständigkeiten

(1) Zuständig für die Mitbestimmung ist jeweils die Personalvertretung, die für den Dienststellenbereich gebildet ist, der von der beabsichtigten Maßnahme betroffen ist, soweit die Entscheidungszuständigkeit hinsichtlich der Maßnahme in diesem Dienststellenbereich beziehungsweise bei der jeweiligen Schulleitung liegt.

➪ Personalvertretungsgesetz (LPVG) § 75 Abs. 4 Nr. 11, 13

(2) Bei landesweit eingesetzten Verfahren, für die das Kultusministerium als Projektträger die Projektverantwortung zentral wahrnimmt, werden die Mitbestimmungsverfahren vom Kultusministerium mit dem zuständigen Hauptpersonalrat durchgeführt.

(3) Soweit einzelne Dienststellen landesweit eingesetzte Verfahren eigenständig erweitern, ergänzen oder sonst abändern, ist der dort gebildete jeweils zuständige Personalrat zu beteiligen. Dies gilt auch für Auswertungen, die von der Dienststelle im Rahmen der vom Verfahren verarbeiteten Daten und bereitgestellten Programme in eigener Regie gestaltet werden können. ➪ Personalvertretungsgesetz (LPVG) § 91

§ 5
Informationspflicht

(1) Die zuständige Dienststelle unterrichtet den Personalrat frühzeitig und fortlaufend über die Planung, Konzeption, Entwicklung und gegebenenfalls die beabsichtigte Beschaffung der beabsichtigten Maßnahme (Einführung, Anwendung, wesentliche Änderung oder wesentliche Erweiterung technischer Einrichtungen oder Verfahren zur Verarbeitung personenbezogener Daten). Vor der Einführung ist der Personalrat unter Vorlage der vollständigen Unterlagen wie zum Beispiel Verfahrensbeschreibung, verwendete Programme, vorgesehene Übermittlungen, Folgenabschätzung und dem Verzeichnis der Verarbeitungstätigkeiten umfassend zu unterrichten und seine Zustimmung zu beantragen. Ohne Zustimmung darf die Maßnahme nicht durchgeführt werden; in strittigen Fällen muss die nach § 78 LPVG herbeizuführende Entscheidung abgewartet werden.

(2) Die Unterrichtung des Personalrats erfolgt rechtzeitig und umfassend.

- Rechtzeitig bedeutet, dass die Information des zuständigen Personalrats und die Erörterung der Maßnahme zu einem Zeitpunkt stattfinden, der die Planung und Verwirklichung von Gestaltungsalternativen noch ermöglicht.
- Umfassend bedeutet, dass die Dienststelle dem Personalrat alle für die Meinungs- und Willensbildung erforderlichen Informationen und Auskünfte erteilt, dies umfasst insbesondere die relevanten Eintragungen in das Verzeichnis der Verarbeitungstätigkeiten nach Art. 30 EU-DSGVO. Die Informationen erfolgen schriftlich oder elektronisch in allgemeinverständlicher Form und werden auf Wunsch erläutert.

(3) Bei der Einführung, Anwendung oder wesentlichen Änderung oder wesentlichen Erweiterung technischer Einrichtungen und Verfahren besteht im Rahmen der Mitbestimmung ein Anspruch der Personalvertretung auf Informationen über die gespeicherten Merkmale, den Verwendungszweck,

das benutzte technische System einschließlich des Betriebssystems und insbesondere über die Anwendungsprogramme. Für jedes Verfahren und seine personenbezogenen Daten muss der Verwendungszweck abschließend beschrieben sein. Die Schulleitung legt dem Personalrat auf seinen Wunsch die Arbeitsweise und Verwendungszusammenhänge der Programme einschließlich der Möglichkeit der Verknüpfung von personenbezogenen Daten mit anderen Datenbeständen offen.

(4) Der Personalrat wird auch über die im jeweiligen Verfahren vorgesehenen Maßnahmen des Datenschutzes und der Datensicherheit rechtzeitig und umfassend unterrichtet.

⇨ Datenschutz (Schulen) Nr. 1.12

(5) Der Personalrat wird unverzüglich unterrichtet bei der Verletzung des Schutzes personenbezogener Daten nach Art. 33 und 34 EU-DSGVO und in den Fortgang einbezogen.

§ 6
Zulässigkeit der Verarbeitung, Information der betroffenen Personen, Datenlöschung

(1) Die Verarbeitung personenbezogener Daten durch Dienststellen der Kultusverwaltung und öffentlichen Schulen ist grundsätzlich nur zulässig, wenn der oder die betroffene Person für bestimmte Zwecke eingewilligt hat (Artikel 6 Absatz 1 Buchstabe a EU-DSGVO) oder zur Erfüllung einer rechtlichen Verpflichtung der oder des Verantwortlichen oder für die Wahrnehmung einer Aufgabe erforderlich ist, die im öffentlichen Interesse liegt beziehungsweise in Ausübung öffentlicher Gewalt erfolgt (Artikel 6 Absatz 1 Buchstabe c und e EU-DSGVO in Verbindung mit § 4 LDSG sowie Verwaltungsvorschrift des Kultusministeriums [...] ⇨ Datenschutz (Schulen)).

(2) Personenbezogene Daten von Lehrkräften und anderen Beschäftigten dürfen nur im Rahmen von § 15 LDSG verarbeitet werden oder soweit dies zur Erfüllung der dienstlichen Aufgabe erforderlich ist. Personenbezogene Daten sollen möglichst über das Intranet übermittelt werden. Bei einer Übermittlung über das Internet müssen die personenbezogenen Daten grundsätzlich verschlüsselt übermittelt werden.

⇨ Internet und Schule

(3) Der oder die Verantwortliche für die Verarbeitung informiert vor der Einrichtung eines persönlichen Zugangs über die technisch notwendigerweise anfallenden personenbezogenen Daten und die auf freiwilliger Basis erfassbaren weiteren persönlichen Daten und ihre Auswertungsmöglichkeiten sowie die für andere Nutzerinnen und Nutzer sichtbaren personenbezogenen oder personenbeziehbare Daten. Diese Information ist auf Verlangen zu wiederholen

§ 7
Verhaltens- und Leistungskontrollen, Geheimhaltung und Dienstzeiten

(1) Eine Verhaltens- und Leistungskontrolle bzw. -bewertung der Beschäftigten mittels automatisierter Verarbeitung personenbezogener Daten und sonstiger statistischer Erfassung und Auswertung findet nicht statt und ist unzulässig.

(2) Die Administration der Verfahren ist zur Verschwiegenheit nach § 3 Abs. 2 LDSG verpflichtet. Störfälle sind dem zuständigen Personalrat unverzüglich zu melden (siehe § 5 Abs. 2) und die betroffenen Nutzerinnen und Nutzer zu informieren. Die zuständige Personalvertretung, an die sich Beschäftigte im Beschwerdefall wenden können, kontrolliert die Einhaltung der Bestimmungen der Rahmendienstvereinbarung.

(3) Die zur Verschlüsselung von personenbezogenen Daten notwendige Soft- oder Hardware wird den Beschäftigten unentgeltlich zur Verfügung gestellt. Außer einem Passwortschutz sollten zusätzlich weitere Datenschutzmaßnahmen nach Artikel 32 EU-DSGVO ergriffen werden.

(4) Die Datenverarbeitung wird protokolliert, soweit dies technisch, organisatorisch oder datenschutzrechtlich erforderlich ist. Zugriffsrechte und Löschfristen dieser Protokollierung müssen dokumentiert werden. Administratorenrechte sollen nicht von der Dienststellenleitung oder dem Datenschutzbeauftragten ausgeübt werden.

(5) Personenbezogene Daten dürfen nicht ohne Rechtsgrundlage an Dritte übermittelt werden,

§ 8
Datenmissbrauch, Verstoß gegen die Dienstvereinbarung

Wenn die durch Tatsachen begründete Besorgnis besteht, dass ein Datenmissbrauch oder ein Verstoß gegen diese Dienstvereinbarung vorliegt (siehe § 5 Abs. 2), wird die zuständige Dienststelle unverzüglich die zuständige Personalvertretung und ggf. die zuständige Schwerbehindertenvertretung informieren und dann ggf. weitere personal- und personalvertretungsrechtliche Schritte einleiten. In einem solchen Fall ist insbesondere auch zu prüfen, ob nach Maßgabe der einschlägigen Bestimmungen eine Maßnahme zurückgenommen werden kann oder ein Schadensersatzanspruch entstanden ist.

§ 9
Informationsveranstaltungen, Schulung und Beratung der Personalräte

(1) Zur Gewährleistung der Wahrnehmung der aus dieser Vereinbarung resultierenden Rechte und Pflichten können einzelne vom Personalrat bestimmte Mitglieder gemäß § 44 LPVG an speziellen Schulungsmaßnahmen der Schulverwaltung teilnehmen. Soweit erforderlich können einzelne vom Personalrat bestimmte Mitglieder mit Genehmigung der oberen Schulaufsichtsbehörde bzw. der unteren Schulaufsichtsbehörde an entsprechenden internen Schulungen und Einführungsmaßnahmen teilnehmen, um einen Überblick über die technisch-organisatorischen Veränderungen zu erlangen. Eine Grundschulung für alle Mitglieder des Personalrates bleibt hiervon unberührt.

Die Schulverwaltung unterrichtet die Personalräte auf Anforderung über die entsprechenden Schulungen.

(2) Die Schulverwaltung berät Personalräte zur Durchführung ihrer gesetzlichen Aufgaben durch sachverständige Mitarbeiter.

⇨ Datenschutz (Allgemeines / EU-DSGVO); ⇨ Datenschutz (LDSG); ⇨ Datenschutz (Schulen) Nr. 1.12; ⇨ Digitalpakt Schule; ⇨ Digitalisierung/Medienentwicklung; ⇨ Personalvertretungsgesetz (LPVG) §§ 41 und 44, 75 und 77

Datenschutz (Schulen)

Datenschutz an öffentlichen Schulen; Verwaltungsvorschrift des Kultusministeriums über den Datenschutz an öffentlichen Schulen vom 4. Juli 2019 (K.u.U. S. 111/2019)

INHALTSÜBERSICHT

(nicht abgedruckt)

Wichtige Stichwörter:

- Aufbewahrungsfristen (2.5.1., 3.2.3., 4.3.3.)
- Ausbildungsbetrieb (2.2.1., 2.3.1.3.)
- Cloud Computing (1.14.1. und 1.14.2.)
- Daten, personenbezogene (Zulässigkeit Datenverarbeitung 1.1.)
- Einwilligungserklärung (1.1.2., 2.1.1., 2.1.4., 3.1.2.)
- Erziehungsberechtigtenvertretung, Elternvertretungen (2.3.1.3.)
- E-Mail (2.3.2.)
- Empfänger von Daten innerhalb des öffentlichen Bereichs (2.3.1.1.)
- Empfänger von Daten außerhalb des öffentlichen Bereichs (2.3.1.3.)
- Erziehungs- und Ordnungsmaßnahmen (1.13.3.)
- Firewall (Anlage 1)
- Fotos, Filme im Internet/ Intranet (2.1.4.)
- Jahrbuch der Schule (2.1.4.)
- Kirchen u. Religionsgemeinschaften (2.3.1.2.)
- Kontrolle privater DV-Geräte (Anlage 1)
- Lehrkräfte (3.1.7.)
- Löschungsfristen (1.5., 2.5.)
- Meldung an die Datenschutzaufsichtsbehörde (LfDI, 1.10.)
- Minderjährige (2.1.1.-2.1.3.)
- Personalvertretung (3.3.)
- Prüfungen, Unterlagen (2.6.)
- Recht auf informationelle Selbstbestimmung (1.)
- Schülerinnen und Schüler (2.2.1.)
- Schülerzeitschrift (2.1.4.)
- Schulhomepage (2.1.4.)
- Schulnoten, Bekanntgabe (2.3.4.)
- Schulverwaltungsprogramme (1.7.3.)
- Schulwechsel (2.3.7.)
- Sonderpädagogisches Gutachten (1.13.3.)
- Soziale Netzwerke (2.3.3.)
- Stunden- und Vertretungsplanprogramme (1.8.3.)
- Technische und organisatorische Datenschutzmaßnahmen (1.7.3.,1.13.2., 1.14.1.; Anlage 1)
- Trennung von dienstlichen und privaten Daten (Anlage 1)
- Update Betriebssystem (Anlage 1)
- Virenschutz (Anlage 1)
- Verantwortliche Stelle (1.)
- Verschlüsselung von Daten (1.13.2., Anlage 1),
- VeraCrypt (Anlage 1)
- VV-Online (1.8.4.)

1. Allgemeines, Geltungsbereich

Diese Verwaltungsvorschrift gilt für alle öffentlichen Schulen gemäß § 2 Absatz 1 Satz 2 ➪ Schulgesetz (SchG). Für private Schulen gilt Nummer 2.6.5.

Der Schutz der oder des Einzelnen gegen unbegrenzte Erhebung, Speicherung, Verwendung und Weitergabe seiner persönlichen Daten in der modernen Datenverarbeitung ist im Grundgesetz verankert. Dieses Recht auf informationelle Selbstbestimmung gewährleistet die Befugnis des Einzelnen, grundsätzlich selbst über die Preisgabe und Verwendung seiner persönlichen Daten zu bestimmen. In Schulen und in der Schulverwaltung werden zur Erledigung dienstlicher Aufgaben personenbezogene Daten insbesondere von Schülerinnen und Schülern, Erziehungsberechtigten und Lehrkräften verarbeitet. Die Verarbeitung personenbezogener Daten ist in der Europäischen Datenschutzgrundverordnung (EU-DSGVO) und im Landesdatenschutzgesetz Baden-Württemberg (LDSG) sowie in weiteren Vorschriften, zum Beispiel dem Schulgesetz Baden-Württemberg (SchG), geregelt. Die nachfolgenden Regelungen sollen dazu beitragen, in Schulen eine datenschutzkonforme Verarbeitung personenbezogener Daten sicherzustellen.

Schulen sind öffentliche Stellen gemäß § 2 Absatz 1 LDSG. Zuständig für die Wahrung datenschutzrechtlicher Vorgaben der einzelnen Schule ist die Schulleitung, die bei dieser Aufgabe durch eine behördliche Datenschutzbeauftragte oder einen behördlichen Datenschutzbeauftragten unterstützt wird.

Die Datenschutzaufsichtsbehörde ist gemäß § 20 Absatz 1 LDSG der Landesbeauftragte für den Datenschutz und die Informationsfreiheit Baden-Württemberg (LfDI). Im Intranet der Kultusverwaltung, auf der Seite www.it.kultus-bw.de sowie auf den Seiten der Lehrerfortbildung sind umfangreiche Hinweise zur Umsetzung der EU-DSGVO und des LDSG bereitgestellt. Dort finden sich auch Formulare zu den Themen Einwilligung zur Veröffentlichung von Fotos von Schülerinnen und Schülern sowie von Lehrkräften, Vertragsunterlagen zur Auftragsdatenverarbeitung, Nutzung privater Datenverarbeitungsgeräte und weitere.

➪ Beamtengesetz (LBG) § 83 ff.; ➪ Datenschutz (Allgemeines / EU DSGVO); ➪ Datenschutz (LDSG); ➪ Datenschutz (RDV - Bildungsplattform); ➪ Datenschutz (RDV - Personaldaten); ➪ Internet und Schule; ➪ Personalakten

1.1. Zulässigkeit der Datenverarbeitung

Die Verarbeitung personenbezogener Daten durch Schulen ist nur zulässig, wenn die EU-DSGVO (Artikel 6 Absatz 1 Buchstabe b bis f und Artikel 9 EU-DSGVO), das LDSG (insbesondere § 4 LDSG) oder eine andere Rechtsvorschrift, zum Beispiel das Schulgesetz (§ 115 SchG), diese erlaubt oder die betroffene Person, deren Daten verarbeitet werden, eingewilligt hat (Artikel 6 Absatz 1 Buchstabe a in Verbindung mit Artikel 7 EU-DSGVO). Die Datenverarbeitung kann gemäß Artikel 28 EU-DSGVO auch durch andere öffentliche oder nichtöffentliche Stellen, Einrichtungen oder Personen im Wege einer Auftragsdatenverarbeitung erfolgen, siehe Nummer 1.14.

1.1.1. Datenverarbeitung aufgrund einer Rechtsvorschrift

Eine Verarbeitung personenbezogener Daten ist zulässig, wenn eine spezielle Rechtsvorschrift dies erlaubt; im Übrigen, wenn dies zur Erfüllung der Aufgaben der öffentlichen Stelle erforderlich ist (Artikel 6 Absatz 1 Buchstabe e EU-DSGVO in Verbindung mit § 4 LDSG). Diese Voraussetzung liegt in den Fällen vor, in denen die Schulen ohne die erhobenen Daten ihren Erziehungs-, Bildungs- oder Fürsorgeauftrag (§ 1 SchG) sowie ihre Aufgaben im Bereich der Personalverwaltung nicht oder nicht vollständig erfüllen können. Es genügt also nicht, wenn die Datenverarbeitung nur „nützlich" für die Verwirklichung des gesetzlichen Auftrags der Schule ist.

Rechtsgrundlage für die Erhebung und weitere Verarbeitung von personenbezogenen Daten durch die Schule ist in der Regel § 4 LDSG in Verbindung mit Artikel 6 Absatz 1 Buchstabe e EU-DSGVO. Die Datenerhebung hat dabei grundsätzlich bei der betroffenen Person mit deren Kenntnis zu erfolgen. Die Schule muss die betroffene Person bei der Datenerhebung nach Artikel 13 EU-DSGVO informieren, siehe Nummer 1.2.

Eine bereichsspezifische Ausnahme von dem Grundsatz der Datenerhebung bei der betroffenen Person regelt § 115 Absatz 3 SchG. Dieser erlaubt einer Schule zum Zwecke des Schulwechsels und zu anderen schulübergreifenden Verwaltungszwecken, personenbezogene Daten von Schülerinnen und Schülern, deren Erziehungsberechtigten und denjenigen, denen Erziehung oder Pflege einer Schülerin oder eines Schülers anvertraut sind, bei einer anderen Schule zu erheben. In der Regel ist für diesen Zweck das Verfahren „Amtliche Schulverwaltung Baden-Württemberg" (ASV-BW) zu verwenden.

Bei der Verarbeitung von personenbezogenen Daten in den Verfahren „Amtliche Schuldaten Baden-Württemberg" (ASD-BW) und ASV-BW sind die Regelungen des § 115 SchG und der Verordnung des Kultusministeriums über die Datenverarbeitung für statistische Erhebungen und schulübergreifende Verwaltungszwecke an Schulen (SchulStatDVV BW) vom 10. Juli 2008 (GBl. S. 255), in der jeweils geltenden Fassung, zu beachten, siehe Nummer 2.3.6.

1.1.2. Datenverarbeitung aufgrund einer Einwilligung

Eine Verarbeitung personenbezogener Daten kann auch aufgrund einer Einwilligung erfolgen. Dabei sind die Vorgaben der Artikel 4 Nummer 11 und Artikel 7 EU-DSGVO zu beachten. Insbesondere ist vor dem Hintergrund des bestehenden Ungleichgewichts zwischen Schule und den betroffenen Personen (siehe Erwägungsgrund 43, EU-DSGVO) sicherzustellen, dass die Einwilligung tatsächlich freiwillig, ohne jeden (Gruppen-) Zwang erfolgt. Die Schule hat die Einwilligungserklärung aufzubewahren. Der Erklärende erhält eine Kopie.

Zur Wirksamkeit der Einwilligung, siehe Nummern 2.4.2. und 3.1.2. Für die Einwilligung Minderjähriger gelten besondere Bestimmungen, siehe Nummer 2.1.

1.2.
Informationspflicht bei der Datenerhebung

Bei jeder Datenerhebung besteht eine Informationspflicht gegenüber der betroffenen Person nach Artikel 13 oder 14 EU-DSGVO, abhängig davon, ob die Erhebung bei der betroffenen Person selbst oder bei einem Dritten erfolgt. Demnach muss die Schule die betroffenen Personen informieren über

- Namen und Kontaktdaten des Verantwortlichen der Schule und über die Kontaktdaten des Datenschutzbeauftragten,
- Zwecke, für die die personenbezogenen Daten verarbeitet werden sollen und Rechtsgrundlage für die Verarbeitung,
- Empfänger oder Kategorien von Empfängern der personenbezogenen Daten,
- Speicherdauer (falls dies nicht möglich ist: Kriterien für die Festlegung dieser Dauer),
- Bestehen eines Rechts auf Auskunft über die betreffenden personenbezogenen Daten sowie auf Berichtigung oder Löschung oder auf Einschränkung der Verarbeitung und Widerspruchsrecht gegen die Verarbeitung sowie ggf. des Rechts auf Datenübertragbarkeit,
- Bestehen eines Widerrufsrechts, sofern die Verarbeitung aufgrund einer Einwilligung erfolgt,
- Bestehen eines Beschwerderechts bei einer Datenschutzaufsichtsbehörde,
- ob die Bereitstellung der personenbezogenen Daten gesetzlich vorgeschrieben ist,
- ob die betroffene Person verpflichtet ist, die personenbezogenen Daten bereitzustellen, und welche möglichen Folgen eine Nichtbereitstellung hätte.

Sofern die Schule zur Datenerhebung ein Formular verwendet, sind die obengenannten Informationen darauf abzudrucken (zur Schul-Aufnahme siehe Anlage 2).

1.3.
Zweckänderung

1.3.1. Die EU-DSGVO stellt den Grundsatz der Zweckbindung bei der Verarbeitung personenbezogener Daten auf (Artikel 5 Absatz 1 Buchstabe b EU-DSGVO).

1.3.2. Die Verarbeitung personenbezogener Daten für andere Zwecke als zu denjenigen, zu denen sie erhoben wurde, ist nur in Ausnahmefällen zulässig, so unter anderem zur Gefahrenabwehr, bei Anhaltspunkten für Straftaten oder Ordnungswidrigkeiten erheblicher Bedeutung oder zum Schutz der betroffenen Person, sofern eine Verarbeitung notwendig und verhältnismäßig ist (§ 5 LDSG). Darüber ist die betroffene Person nach Artikel 13 Absatz 3 EU-DSGVO grundsätzlich zu informieren. Die Information unterbleibt jedoch, wenn dadurch der Zweck gefährdet würde und die Interessen der Schule an der Nichterteilung der Information die Interessen der betroffenen Person überwiegen.

1.3.3. Eine Übermittlung zu einem anderen als dem Erhebungszweck ist zulässig, wenn sie zur Aufgabenerfüllung der Schule oder einer anderen öffentlichen Stelle erforderlich ist (§ 6 LDSG). Die Verantwortung für eine Übermittlung trägt grundsätzlich die Schule. Erfolgt die Übermittlung auf Ersuchen einer öffentlichen Stelle, trägt diese Stelle die Verantwortung. Die Schule prüft dann lediglich, ob das Übermittlungsersuchen im Rahmen der Aufgabe der ersuchenden öffentlichen Stelle liegt, indem sie sich die Rechtsgrundlage und den Zweck nennen lässt.

1.4.
Verarbeitung besonderer Kategorien personenbezogener Daten

Die EU-DSGVO stellt bestimmte personenbezogene Daten unter besonderen Schutz (siehe Erwägungsgrund 51 folgende). Nach Artikel 9 EU-DSGVO dürfen unter anderem Daten, aus denen insbesondere die ethnische Herkunft, die religiöse Überzeugung oder die Gesundheit hervorgehen, nur verarbeitet werden, wenn die Verarbeitung aufgrund einer Rechtsvorschrift erforderlich ist oder die betroffene Person ausdrücklich eingewilligt hat. Zu den Daten, aus denen die ethnische Herkunft oder die religiösen Überzeugungen hervorgehen, gehören auch Daten zur Verkehrssprache in der Familie beziehungsweise dem häuslichen Umfeld sowie Daten über die Religionszugehörigkeit. Die nach Artikel 9 EU-DSGVO erforderliche Vorschrift, die die Verarbeitung dieser Daten erlaubt, ist die aufgrund von § 115 SchG erlassene SchulStatDVV BW in der jeweils geltenden Fassung. Sie kann allerdings erst dann zur Anwendung kommen, wenn eine Bewerberin oder ein Bewerber tatsächlich in die Schule aufgenommen wird.

1.5.
Datenlöschung und Einschränkung der Verarbeitung, Datenübertragbarkeit

1.5.1. Die EU-DSGVO stellt den Grundsatz der Speicherbegrenzung bei der Verarbeitung personenbezogene Daten auf (Artikel 5 Absatz 1 Buchstabe e). Eine Datenlöschung erfolgt durch das Entfernen beziehungsweise Vernichten der zu löschenden Daten in der Weise, dass danach der Inhalt der Daten von niemandem mehr wiederhergestellt oder zur Kenntnis genommen werden kann. Personenbezogene Daten sind zu löschen, wenn deren weitere Verarbeitung, insbesondere durch Speicherung, für die Schule zur Erfüllung ihrer Aufgaben nicht mehr erforderlich ist oder wenn die betroffene Person ihre Einwilligung widerrufen hat (Artikel 17 Absatz 1 Buchstabe a und b EU-DSGVO).

Die Datenlöschung unterbleibt, wenn die Schule feststellt, dass die betroffene Person ein schutzwürdiges Interesse an der weiteren Speicherung ihrer Daten hat (§ 10 Absatz 2 LDSG). Dann muss die Verarbeitung eingeschränkt werden (siehe 1.5.5). Die betroffene Person ist über das Absehen von der Löschung und die Einschränkung der Verarbeitung zu informieren.

1.5.2. Für die Speicherung personenbezogener Daten gelten bestimmte Fristen, nach deren Ablauf die Daten zu löschen sind (Löschungsfristen, siehe Nummern 2.5. und 3.2). Dies gilt sowohl für papiergebundene als auch für elektronisch gespeicherte Daten.

1.5.3. Die zu löschenden Daten sind gemäß § 10 Absatz 1 und § 14 Absatz 5 LDSG in Verbindung mit § 3 Absatz 1 und 2, § 7 Absatz 1 und § 8 Absatz 2 Landesarchivgesetz (LArchivG) vor der Löschung grundsätzlich dem zuständigen Archiv zur Übernahme anzubieten.

Hinweis der Redaktion: In der Vorgänger-Vorschrift (Nr. I.4.1) waren die Schulen von dieser generellen Verpflichtung ausgenommen. Wir haben das KM gefragt, in welcher Form die Schulen ihre Daten jetzt anzubieten haben, ob „grundsätzlich" bedeutet, dass sie ein eigenes ⇨ Ermessen besitzen, wann und welche Daten sie anbieten, und woher sie erfahren, welches Archiv für sie „zuständig" ist. Das KM hat hierauf nicht geantwortet.

1.5.4. Eine Einschränkung der Datenverarbeitung im Wege der Sperrung (Artikel 18 EU-DSGVO) erfolgt insbesondere, wenn die Richtigkeit der personenbezogenen Daten von der betroffenen Person bestritten wird und solange der Verantwortliche die Richtigkeit überprüft. Gleiches gilt, wenn die Verarbeitung unrechtmäßig ist, die betroffene Person aber statt einer Löschung eine Einschränkung der Verarbeitung fordert, oder wenn die Schule die Daten zwar nicht mehr benötigt, diese aber für die Umsetzung von Rechtsansprüchen der betroffenen Person erforderlich sind. Weiterhin muss eine Sperrung erfolgen, solange die Schule den Widerspruch einer betroffenen Person gegen die Verarbeitung prüft. Die Schule muss sicherstellen, dass in diesen Fällen die personenbezogenen Daten nur mit Einwilligung der betroffenen Person oder zur Umsetzung von Rechtsansprüchen verarbeitet werden können.

1.5.5. Eine Einschränkung der Datenverarbeitung erfolgt beispielsweise durch Trennung der zu sperrenden Daten vom übrigen Datenbestand, so dass die Daten für Nutzer gesperrt sind. Dies kann entweder durch gesonderte Aufbewahrung oder Speicherung der Daten in einem anderen System oder bei automatisierten Dateisystemen durch entsprechende technische Maßnahmen erfolgen. In automatisierten Dateisystemen muss dazu für den Nutzer erkennbar darauf hingewiesen werden, dass die Verarbeitung beschränkt wurde. Dateien in Akten können mit dem Vermerk „gesperrt" versehen werden. Die Schule muss die betroffene Person, die eine Einschränkung erwirkt hat, vor der Aufhebung der Einschränkung darüber unterrichten.

1.5.6. Die Schule muss allen Empfängern, denen sie personenbezogene Daten offengelegt, das heißt weitergeleitet oder verfügbar gemacht hat, jede Berichtigung, Löschung oder Einschränkung der Verarbeitung der personenbezogenen Daten mitteilen. Diese Mitteilung kann unterbleiben, wenn sie unmöglich oder mit einem unverhältnismäßigen Aufwand verbunden ist. Hierzu kann der behördliche Datenschutzbeauftragte der Schule beraten.

1.5.7. Sofern die Verarbeitung personenbezogener Daten auf einer Einwilligung oder einem Vertrag beruht und die Verarbeitung mit einem automatisierten Verfahren stattfindet, hat die betroffene Person das Recht, die sie betreffenden personenbezogenen Daten, die diese Person selbst der Schule bereitgestellt hat, in einem strukturierten, gängigen und maschinenlesbaren Format, wie beispielsweise einer csv-Datei zu erhalten (sogenanntes Recht auf Datenübertragbarkeit nach Artikel 20 EU-DSGVO). Dieses Recht gilt nicht für die Verarbeitung personenbezogener Daten im Rahmen der Erfüllung des der Schule übertragenen gesetzlichen Erziehungs- und Bildungsauftrags. Ferner hat die betroffene Person auch das Recht, zu verlangen, dass diese Daten einem anderen Verantwortlichen, beispielsweise einer anderen Schule übermittelt werden sollen.

1.6. Auskunftsrecht

Die betroffene Person hat das Recht, von der Schule eine Bestätigung darüber zu verlangen, ob personenbezogene Daten verarbeitet werden, die die Person selbst betreffen; bejahendenfalls kann Auskunft über die personenbezogenen Daten verlangt werden (Artikel 15 EU-DSGVO). Ist dies der Fall, hat die Person ein Recht auf Auskunft über folgende Informationen:

- verarbeitete personenbezogenen Daten der betreffenden Person,
- Verarbeitungszwecke,
- Kategorien der verarbeiteten personenbezogenen Daten,
- Empfänger oder Kategorien von Empfängern, die die Daten erhalten haben oder noch erhalten werden (jede Übermittlung personenbezogener Daten muss daher dokumentiert werden, siehe 2.3.6),
- geplante Speicherdauer oder falls dies nicht möglich ist, Kriterien für die Festlegung der Dauer,
- gegebenenfalls Informationen zur Herkunft der Daten,
- Bestehen eines Rechts auf Berichtigung oder Löschung ihrer personenbezogenen Daten oder auf Einschränkung der Verarbeitung und Widerspruchsrecht gegen die Verarbeitung,
- Bestehen eines Beschwerderechts bei einer Datenschutzaufsichtsbehörde.

Dieses Auskunftsrecht bezieht sich auch auf personenbezogene Daten, die auf privaten Datenverarbeitungsgeräten von Lehrkräften verarbeitet werden. Diese Auskünfte sind unentgeltlich zu erteilen.

Wegen der Ausübung der Rechte bei minderjährigen Schülerinnen und Schülern wird auf Nummer 2.1 verwiesen.

Hinweis der Redaktion: Ein Anspruch auf Informationszugang kann nach § 3 Informationsfreiheitsgesetz nur dann abgelehnt werden, wenn das Bekanntwerden der Informationen nachteilige Auswirkungen z.B. auf die Vertraulichkeit von leistungsbezogenen Daten haben kann (beispielsweise Ergebnisse der Fremdevaluation, Vera, Lernstandserhebungen usw.) oder wenn dadurch die die öffentliche Sicherheit gefährdet würde. Hingegen ist z.B. eine Zeitungsredaktion antragsberechtigt, Informationen zum Unterrichtsausfall abzufragen. Informationspflichtige Stelle ist die einzelne Schule. Sie kann aber ablehnen, wenn der Verwaltungsaufwand zu groß wäre oder die Daten nicht vorhanden sind.

(Quelle: Regierungspräsidium Stuttgart, 6.6.2018, ohne AZ).
Zum Informationsrecht der Presse siehe: ⇨ Presserecht.

1.7. Datengeheimnis, Belehrung zum Datenschutz, Datenschutzmaßnahmen

1.7.1. Alle Personen an der Schule, welche im Rahmen ihrer Tätigkeit an der Schule personenbezogene Daten zur Kenntnis erhalten (neben Lehrkräften zum Beispiel Schülermitverantwortung oder externe Mitarbeiterinnen oder Mitarbeiter im Ganztagesbetrieb der Schule), sind auch nach Beendigung ihrer Tätigkeit verpflichtet, das Datengeheimnis zu wahren.

1.7.2. Belehrung über den Datenschutz

Die Schulleitung belehrt die an der Schule beschäftigten Personen, die personenbezogene Daten verarbeiten oder auf diese zugreifen können, mindestens einmal pro Schuljahr beispielsweise in einer Gesamtlehrerkonferenz oder in einer Dienstbesprechung über die Pflicht zur Beachtung des Datenschutzes. Diese Belehrung erfolgt mittels Anlage 3 *(nicht abgedruckt)*. Dabei ist insbesondere darauf hinzuweisen, dass die Verarbeitung personenbezogener Daten nur gestattet ist, wenn eine der in Artikel 6 Absatz 1 EU-DSGVO genannten Bedingungen in Verbindung mit Nummer 1.1. dieser Verwaltungsvorschrift erfüllt ist. Es ist auf die Pflicht hinzuweisen, sämtliche Unterlagen und Speichermedien mit personenbezogenen Daten so zu transportieren, aufzubewahren, zu bearbeiten und zu entsorgen, dass Unbefugte keine Einsicht nehmen können. Ferner müssen diese Personen über ihre Verpflichtung zur Wahrung des Datengeheimnisses belehrt werden.

Diese Belehrung ist zu dokumentieren beispielsweise durch Teilnehmerliste und Protokoll der Gesamtlehrerkonferenz oder Dienstbesprechung.

1.7.3. Die EU-DSGVO verfolgt einen risikobasierten Ansatz, welcher mit Blick auf die Verfahren zur Verarbeitung personenbezogener Daten zunächst eine Beurteilung des damit verbundenen Risikos für die Rechte und Freiheiten natürlicher Personen vorab stellt. Eine solche Beurteilung dient als Grundlage der Ermittlung der erforderlichen technischen und organisatorischen Maßnahmen, um das Risiko eindämmen zu können.

Durch die Gestaltung der Technik (Artikel 25 Absatz 1 EU-DSGVO) und insbesondere durch datenschutzfreundliche Voreinstellungen (Artikel 25 Absatz 2 EU-DSGVO) ist der Datenschutz zu gewährleisten. Dabei sind die Voreinstellungen beziehungsweise Konfiguration von Software so zu wählen, dass sichergestellt ist, dass nur die tatsächlich erforderlichen personenbezogenen Daten verarbeitet werden. Dies gilt auch für die Menge der Daten, den Umfang der Verarbeitung, die Speicherfristen und die Zugriffsmöglichkeiten auf die Daten. Wo immer es möglich ist, sind die Daten zu pseudonymisieren oder zu anonymisieren.

Bei jeder elektronischen Verarbeitung personenbezogener Daten sind die in Artikel 32 Absatz 1 EU-DSGVO und § 3 LDSG genannten technischen und organisatorischen Maßnahmen einzuhalten. Dabei ist insbesondere sicherzustellen, dass die gespeicherten personenbezogenen Daten jederzeit vor unbefugtem Zugriff geschützt werden. Befugt ist ein Zugriff, wenn ohne die Kenntnis der personenbezogenen Daten dienstliche Aufgaben nicht oder nur teilweise erfüllt werden könnten.

Die Vorlage eines Zertifikates gemäß Artikel 42 EU-DSGVO kann als Nachweis für die Einhaltung der genannten Anforderungen herangezogen werden.

1.7.4. Dies gilt auch für die Verarbeitung von personenbezogenen Daten in papiergebundenen Akten (zum Beispiel durch sorgfältige Auswahl,

Schulung, Belehrung und Überwachung der damit Beschäftigten, Festlegung der Zugangsberechtigungen, Abschließen von Dienstzimmern und Registraturen bei Abwesenheit, Verwendung spezieller Versandformen, gesicherten Transport, gesicherte beziehungsweise DIN-gerechte Aktenvernichtung nach DIN 66399).

1.8. Verzeichnis der Verarbeitungstätigkeiten

1.8.1. Jede Schule hat ein Verzeichnis aller Verarbeitungstätigkeiten zu führen. Darin sind alle Verarbeitungstätigkeiten aufzulisten, mit welchen personenbezogene Daten von Schülerinnen und Schülern, deren Erziehungsberechtigten, Lehrkräften oder sonstigen Personen verarbeitet werden, unabhängig davon, ob die Verarbeitung automatisiert, elektronisch oder auf andere Weise, zum Beispiel papiergebunden, erfolgt.

1.8.2. Verantwortlich für das Führen dieses Verzeichnisses ist die Schulleitung.

Das Verzeichnis dient unter anderem dazu, dass daraus Schülerinnen und Schüler oder deren Erziehungsberechtigte über die Verarbeitung ihrer personenbezogenen Daten an der Schule informiert werden können.

1.8.3. An einer Schule sind in der Regel folgende im Einsatz befindliche Computerprogramme in das Verzeichnis einzutragen:

- Schulverwaltungsprogramme, mit denen personenbezogene Daten von Schülerinnen und Schülern, von deren Erziehungsberechtigten sowie von Lehrkräften verwaltet werden,
- Stunden- und Vertretungsplanprogramme, mit denen personenbezogene Daten von Lehrkräften verarbeitet werden,
- Datenbank- oder Tabellenkalkulationsprogramme, wenn sie an Stelle eines im Handel erhältlichen Schulverwaltungsprogramms oder Stundenplanprogramms zur Verwaltung der Schule eingesetzt werden oder wenn damit personenbezogene Daten verwaltet werden,
- Apps auf mobilen Datenverarbeitungsgeräten, mit welchen personenbezogene Daten verarbeitet werden,
- web-basierte Verfahren, mit welchen personenbezogene Daten verarbeitet werden (Beispiele: paedML, Leseförderprogramme); für Schülerinnen und Schüler sollten möglichst anonyme Accounts eingerichtet werden.

Daneben sind auch alle Papierakten, wie beispielsweise Schülerakten, und ferner alle anderen elektronischen Verarbeitungen aufzunehmen, wenn in diesen personenbezogene Daten verarbeitet werden.

1.8.4. Der Inhalt und die Gliederung des Verzeichnisses der Verarbeitungstätigkeiten ergeben sich aus Artikel 30 Absatz 1 EU-DSGVO. Diese Vorgaben sind beim Erstellen und Führen des Verzeichnisses einzuhalten.

Weitere Informationen zur Erstellung des Verzeichnisses der Verarbeitungstätigkeiten sind im Intranet der Kultusverwaltung, auf https://it.kultus-bw.de und auf der Internet-Seite des LfDI dargestellt.

Schulen können das elektronische, onlinebasierte System VV-online zum Führen ihres Verzeichnisses der Verarbeitungstätigkeiten nutzen, dieses enthält Ausfüllhinweisen und Muster.

1.8.5. Die Schule stellt dem LfDI das Verzeichnis auf Anfrage zur Verfügung.

1.9. Datenschutz-Folgenabschätzung

1.9.1. Ergibt sich, insbesondere bei Verwendung neuer Technologien, aufgrund der Art, des Umfangs, der Umstände und der Zwecke der Verarbeitung voraussichtlich ein hohes Risiko für die Rechte und Freiheiten natürlicher Personen, müssen Schulen gemäß Artikel 35 EU-DSGVO vorab eine Abschätzung der Folgen der vorgesehenen Verarbeitungsvorgänge für den Schutz personenbezogener Daten durchführen.

Eine solche Datenschutz-Folgenabschätzung ist für Schulen vor Beginn der Verarbeitung personenbezogener Daten insbesondere erforderlich, sofern sie unter anderem automatisiert personenbezogene Daten von Minderjährigen verarbeiten oder automatisiert eine systematische und umfassende Bewertung persönlicher Aspekte natürlicher Personen durchführen, die als Grundlage für Entscheidungen dienen, die Rechtswirkung gegenüber natürlichen Personen entfalten (Systeme zur Leistungsbeurteilung von Schülerinnen und Schülern, Zeugniserstellung, dienstliche Beurteilungen von Lehrkräften und weitere). Ferner bei einer umfangreichen Verarbeitung besonderer Kategorien von personenbezogenen Daten im Sinne von 1.4. dieser Verwaltungsvorschrift.

1.9.2. Die Schule muss bei der Durchführung einer Datenschutz-Folgenabschätzung den Datenschutzbeauftragten der Schule beteiligen und sich bei diesem Rat einholen. Bei der Durchführung der Datenschutz-Folgenabschätzung kann die Schule gegebenenfalls den Standpunkt der betroffenen Personen oder ihrer Vertreter (Elternbeirat oder Personalrat) einholen.

1.9.3. Die Datenschutz-Folgenabschätzung muss schriftlich oder elektronisch erfolgen. Der Inhalt richtet sich nach Artikel 35 Absatz 7 EU-DSGVO.

1.9.4. Erkennt die Schule aufgrund der Datenschutz-Folgenabschätzung, dass die Verarbeitung ein hohes Risiko zur Folge hätte und trifft die Schule keine Maßnahmen zur Eindämmung des Risikos, konsultiert sie vor Beginn der Verarbeitung den LfDI nach Artikel 36 EU-DSGVO. Der LfDI kann dann die Schule weiter beraten und gegebenenfalls Empfehlungen zur Verbesserung des Datenschutzes aussprechen.

1.10. Meldung der Verletzung des Schutzes personenbezogener Daten an den LfDI und Benachrichtigung der betroffenen Personen

Die Schule wird bei einer Verletzung des Schutzes personenbezogener Daten und den in diesem

Zusammenhang abzugebenden Meldungen beziehungsweise Benachrichtigungen durch ihren Datenschutzbeauftragten beraten.

1.10.1. Eine Meldung einer Verletzung des Schutzes personenbezogener Daten an den LfDI muss durch die Schule unverzüglich, möglichst innerhalb von 72 Stunden erfolgen, sofern diese Verletzung voraussichtlich zu einem Risiko für die Rechte und Freiheiten natürlicher Personen führt. Dies ist insbesondere immer dann der Fall, wenn personenbezogene Daten in die Hände unbefugter Dritter gelangt sein könnten. Die Schule hat bei der Entscheidung über eine Meldung an den LfDI die Umstände des Einzelfalls gegeneinander abzuwägen, insbesondere die Zahl der betroffenen Personen, die Kategorien personenbezogener Daten und die Auswirkungen der Datenschutzverletzung. Können bei einer Meldung nicht alle erforderlichen Informationen rechtzeitig bereitgestellt werden, sind diese Informationen schrittweise dem LfDI zu melden. Dem behördlichen Datenschutzbeauftragten der Schule und der zuständigen Schulaufsichtsbehörde ist eine Kopie der Meldung zuzuleiten. Der Inhalt der Meldung ergibt sich aus Artikel 33 Absatz 3 EU-DSGVO.

1.10.2. Eine Benachrichtigung der betroffenen Personen muss durch die Schule erfolgen, sofern eine Verletzung des Schutzes personenbezogener Daten stattgefunden hat und diese voraussichtlich zu einem hohen Risiko für die Rechte und Freiheiten natürlicher Personen führt (Artikel 34 EU-DSGVO). Dies ist unter anderem dann der Fall, wenn besondere Kategorien personenbezogener Daten gemäß Artikel 9 Absatz 1 EU-DSGVO (insbesondere Religionszugehörigkeit oder Gesundheitsdaten) oder Daten über schulische Leistungen (Noten, Kompetenzen, Beurteilungen) einer Schülerin oder eines Schülers betroffen sind. Dies gilt auch für entsprechende personenbezogene Daten von Beschäftigten. Keine Benachrichtigung ist erforderlich, wenn die verantwortliche Stelle geeignete technische und organisatorische Sicherheitsvorkehrungen getroffen hat, die den unbefugten Zugang auf die personenbezogenen Daten praktisch nicht ermöglichen (zum Beispiel durch Verschlüsselung) oder die verantwortliche Stelle durch nachfolgende Maßnahmen sichergestellt hat, dass das hohe Risiko beseitigt wurde (zum Beispiel durch Fernlöschung der Daten). Zudem kann eine Benachrichtigung unterbleiben, wenn diese mit einem unverhältnismäßigen Aufwand verbunden wäre, stattdessen muss jedoch eine öffentliche Bekanntmachung oder ähnliche Maßnahme erfolgen, durch die die betroffenen Personen vergleichbar wirksam informiert werden.

Die Benachrichtigung muss in klarer und einfacher Sprache verfasst sein. Der Inhalt der Benachrichtigung ergibt sich aus Artikel 33 Absatz 3 EU-DSGVO.

1.11.
Behördlicher Datenschutzbeauftragter

1.11.1. Gemäß Artikel 37 Absatz 1 Buchstabe a EU-DSGVO muss für jede Schule ein Datenschutzbeauftragter benannt sein. Die Bestellung erfolgt schriftlich durch die Schulleitung. Der Personalrat hat nach § 75 Absatz 4 Nummer 1 Buchstabe b des Landespersonalvertretungsgesetzes (LPVG) mitzubestimmen. ➩ Personalvertretungsgesetz § 75

1.11.2. Mehrere Schulen können auch gemeinsam einen behördlichen Datenschutzbeauftragten benennen.

1.11.3. Sofern keine aus der Schule stammende Person zum Datenschutzbeauftragten benannt wird, muss die Schule die von der jeweiligen Schulaufsichtsbehörde dafür vorgesehene Person benennen.

Hinweis der Redaktion: Den von jeder Schule zu bestellenden „behördlichen Datenschutzbeauftragten" entsteht ein erheblicher Verantwortungs- und damit auch Arbeitszuwachs. Das KM sieht hierfür jedoch keine Entlastungsmaßnahmen (Anrechnungen) vor. Es ist den Schulen deshalb abzuraten, Lehrkräfte mit dieser Aufgabe zu betrauen; sie sollten auf die bei den Schulverwaltungsbehörden hierfür zur Verfügung stehenden Personen zurückgreifen.

1.11.4. Der Datenschutzbeauftragte ist bei der Erfüllung seiner Aufgaben weisungsfrei.

1.11.5. Die Schule muss die Kontaktdaten des Datenschutzbeauftragten (nicht dessen Name) veröffentlichen. Dies erfolgt in der Regel auf der Homepage der Schule. Ferner muss sie die Kontaktdaten des Datenschutzbeauftragten dem LfDI mitteilen. Dies ist über einen Online-Service auf dessen Homepage möglich. Die Kontaktdaten sind auch der jeweils zuständigen Schulaufsichtsbehörde (Staatliches Schulamt beziehungsweise Abteilung 7 des Regierungspräsidiums) mitzuteilen.

1.12.
Videoüberwachung in Schulen gemäß § 18 LDSG

1.12.1. § 18 LDSG stellt eine spezielle Rechtsgrundlage für die Videoüberwachung dar, die den erheblichen Eingriff in das Recht auf informationelle Selbstbestimmung unter sehr engen Voraussetzungen für zulässig erklärt. Bei öffentlichen Schulen entscheidet grundsätzlich der Schulträger für öffentlich zugängliche Bereiche und die Außenhaut des Gebäudes samt Stellflächen für Kraftfahrzeuge und Fahrräder, ob bei Vorliegen der gesetzlichen Voraussetzungen von der Videoüberwachung Gebrauch gemacht werden soll. Der Schulträger ist datenschutzrechtlich verantwortlich für diese Videoüberwachung und hat die Videoüberwachung als automatisiertes Verfahren in sein Verzeichnis der Verarbeitungstätigkeiten gemäß Artikel 30 EU-DSGVO einzutragen. Vor dem erstmaligen Einsatz einer Videoüberwachung muss der zuständige Datenschutzbeauftrage beteiligt werden und diesem Gelegenheit zur Stellungnahme gegeben werden. Ferner muss gemäß Artikel 35 EU-DSGVO eine Datenschutz-Folgenabschätzung durchgeführt werden.

1.12.2. Während des Schulbetriebs ist eine Videoüberwachung auf dem Schulhof sowie den sonstigen für den Schulbetrieb genutzten Räumlichkeiten in der Regel unzulässig. Die schutzwürdigen Interessen der betroffenen Schülerinnen und Schüler sowie der Lehrkräfte überwiegen dabei grundsätzlich das Interesse an der Videoüberwachung (§ 18 Absatz 1 LDSG).

1.13.
Nutzung privater Datenverarbeitungsgeräte durch Lehrkräfte

1.13.1. Lehrkräfte, die sich schriftlich zur Beachtung der datenschutzrechtlichen Hinweise der Anlage 1 zu dieser Verwaltungsvorschrift verpflichtet haben, dürfen mit Genehmigung der Schulleitung zur Erfüllung ihrer Aufgaben private Datenverarbeitungsgeräte zur Verarbeitung personenbezogener Daten verwenden. Sie haben sicherzustellen, dass diese Daten vor dem Zugriff unberechtigter Dritter geschützt sind. Das Kultusministerium stellt für die Genehmigung ein Formular zur Verfügung.

1.13.2. Werden personenbezogene Daten auf Personal-Computern und anderen Datenverarbeitungsgeräten wie insbesondere Laptops, Tablets oder Smartphones verarbeitet, sind die erforderlichen technischen und organisatorischen Maßnahmen nach Artikel 32 Absatz 1 EU-DSGVO und § 3 Absatz 1 LDSG zu treffen und insbesondere folgende Voraussetzungen zu beachten:

- alle personenbezogenen Daten sind verschlüsselt zu speichern. Dies gilt auch für den Einsatz mobiler Speichermedien wie USB-Sticks, mobile Festplatten, CDs oder DVDs, Backups, sofern das Speichermedium nicht anderweitig (zum Beispiel durch Verschluss) gesichert ist.
- soweit möglich, sind die Daten zu pseudonymisieren.

1.13.3. Personenbezogene Daten, deren Kenntnis für die Lehrkraft nicht zur Aufgabenerfüllung erforderlich ist, dürfen nicht auf privaten Datenverarbeitungsgeräten verarbeitet werden. Besonders schutzwürdige Daten, etwa über Krankheiten oder Erziehungs- und Ordnungsmaßnahmen gegenüber Schülerinnen und Schülern, dürfen nicht auf dem privaten Datenverarbeitungsgerät verarbeitet werden.

Jedoch dürfen Lehrkräfte im Rahmen ihrer Aufgaben personenbezogene Daten für Gutachten, beispielsweise für sonderpädagogische Zwecke, verarbeiten. Diese personenbezogenen Daten sind nach Fertigstellung entweder auszudrucken und/oder auf dienstliche Geräte zu übertragen und sodann auf den privaten Datenverarbeitungsgeräten unverzüglich zu löschen.

1.14.
Verarbeitung personenbezogener Daten durch andere Personen oder Stellen (Auftragsdatenverarbeitung) gemäß Artikel 28 EU-DSGVO

1.14.1. Personenbezogene Daten der Schulen werden immer häufiger auf einem Server außerhalb der Schule verarbeitet (zum Beispiel beim Schulträger oder bei einem kommunalen Rechenzentrum). Beim Cloud-Computing werden IT-Infrastrukturen wie zum Beispiel Rechenleistung, Datenspeicher, Netzwerkkapazitäten oder auch komplette Anwendungssoftware sowie die Verarbeitung von Daten der Kunden mittels dieser Software von einem Dienstleister über das Internet zur Verfügung gestellt. Es handelt sich hier jeweils um eine Auftragsverarbeitung personenbezogener Daten (Artikel 28 EU-DSGVO), bei der die Schule als Auftraggeberin weiterhin für die Rechtmäßigkeit der Datenverarbeitung durch den Dienstleister die Verantwortung trägt. Der Dienstleister hat in Erfüllung des von der Schule erteilten schriftlichen Auftrags die technischen-organisatorischen Maßnahmen gemäß Artikel 25 Absatz 1 und 2 und Artikel 32 Absatz 1 EU-DSGVO zu treffen, deren Einhaltung von der Schule in geeigneter Weise zu kontrollieren ist und vom Dienstleister durch die Einhaltung genehmigter Verhaltensregeln oder eines genehmigten Zertifizierungsverfahrens nachgewiesen werden kann. Die erforderlichen Genehmigungen erfolgen durch den LfDI.

Es wird empfohlen, für eine Datenverarbeitung im Auftrag den vom Kultusministerium bereitgestellten Mustervertrag mit Ausfüllhinweisen zu verwenden, der mit dem LfDI abgestimmt wurde.

1.14.2. Die Speicherung personenbezogener Daten in einer „Cloud“ beziehungsweise die dienstliche Nutzung von sogenannten „Cloud-Diensten“ ist unzulässig, wenn die Voraussetzungen nach Artikel 28 EU-DSGVO nicht vorliegen oder wenn der Dienstleister oder die genutzten Server sich außerhalb des räumlichen Anwendungsbereichs der EU-DSGVO befinden. Zu verlangen sind also mindestens:

- offene, transparente und detaillierte Informationen der Cloud-Anbieter über die technischen, organisatorischen und rechtlichen Rahmenbedingungen der von ihnen angebotenen Dienstleistungen einschließlich der Sicherheitskonzeption, damit die Cloud-Anwender einerseits entscheiden können, ob Cloud-Computing überhaupt in Frage kommt und andererseits die notwendigen Informationen haben, um zwischen den Cloud-Anbietern wählen zu können,
- transparente, detaillierte und eindeutige vertragliche Regelungen der Cloud-gestützten Datenverarbeitung, insbesondere zum Ort der Datenverarbeitung und zur Benachrichtigung über eventuelle Ortswechsel, zu Unterauftragsverhältnissen, zur Portabilität (Plattformunabhängigkeit) und zur Interoperabilität (Fähigkeit der Zusammenarbeit unterschiedlicher Systeme),
- die Umsetzung der abgestimmten Sicherheits- und Datenschutzmaßnahmen auf Seiten von Cloud-Anbieter und Cloud-Anwender und
- aktuelle und aussagekräftige Nachweise (Zertifikate nach Artikel 42 EU-DSGVO von einer durch den LfDI zertifizierten Prüfungsorganisation) über die gesamte Infrastruktur, die bei der Auftragserfüllung in Anspruch genommen wird, die insbesondere den Datenschutz, die Informationssicherheit, die Portabilität und die Interoperabilität betreffen.

2.
Verarbeitung personenbezogener Daten von Schülerinnen und Schülern sowie von deren Erziehungsberechtigten

2.1.
Wahrnehmung von Rechten minderjähriger Schülerinnen und Schüler

2.1.1. Minderjährige Schülerinnen und Schüler üben alle Rechte aus der EU-DSGVO, wie zum Beispiel die Erteilung der Einwilligung in die Datenverarbeitung (Artikel 6 Absatz 1 Buchstabe a EU-DSGVO), das Auskunftsrecht (Artikel 15 EU-DSGVO), das Recht auf Berichtigung (Artikel 16 EU-DSGVO), auf Löschung (Artikel 17 EU-DSGVO), auf Einschränkung der Verarbeitung (Artikel 18 EU-DSGVO) oder auf Datenübertragbarkeit (Artikel 20 EU-DSGVO) selbst aus, sofern sie die nötige Einsichtsfähigkeit hierfür besitzen. Ansonsten werden diese Rechte durch deren Erziehungsberechtigte ausgeübt. Gleiches gilt auch für die Mitteilungspflicht (Artikel 19 EU-DSGVO).

2.1.2. Die Einsichtsfähigkeit ist nach der jeweiligen Reife der Schülerin beziehungsweise des Schülers und dem Verwendungszusammenhang der Daten zu beurteilen. Mit Vollendung des 16. Lebensjahres ist in der Regel vom Vorliegen der nötigen Einsichtsfähigkeit auszugehen. Dies gilt auch für den Widerruf der Einwilligung.

2.1.3. Eine Einwilligungsfähigkeit liegt nicht vor, wenn die Schülerin beziehungsweise der Schüler die Folgen einer Verarbeitung der jeweiligen Daten nicht erkennen oder nicht sachgerecht einschätzen kann. In Zweifelsfällen hat der Empfänger der Einwilligungserklärung zu prüfen, ob die Einsichtsfähigkeit tatsächlich vorliegt.

2.1.4. Vor der Veröffentlichung von Fotos, Filmen, Tonaufnahmen in digitalen Medien im Internet/Intranet oder in Printmedien (z.B. Schülerzeitschriften), auf denen minderjährige Schülerinnen und Schüler abgebildet oder identifizierbar sind, ist zum Schutz der Persönlichkeitsrechte nicht nur eine schriftliche oder elektronische Einwilligung der Erziehungsberechtigten einzuholen, sondern nach Vollendung des 14. Lebensjahres auch zusätzlich von den betroffenen Schülerinnen und Schülern, sofern die Veröffentlichung nicht zur Erfüllung des Bildungsauftrages zwingend erforderlich ist. Dies gilt auch, wenn Fotos, Filme, Tonaufnahmen und digitale Medien, auf denen minderjährige Schülerinnen und Schüler abgebildet oder identifizierbar sind, an andere Personen weitergegeben oder ausgetauscht werden sollen (siehe § 22 Gesetz betreffend das Urheberrecht an Werken der bildenden Künste und Photographien und Nummer 2.4).

Hinweis der Redaktion: § 22 KUG (Gesetz betreffend das Urheberrecht an Werken der bildenden Künste) lautet:

§ 22 (Recht am eigenen Bilde)

Bildnisse dürfen nur mit Einwilligung des Abgebildeten verbreitet oder öffentlich zur Schau gestellt werden. Die Einwilligung gilt im Zweifel als erteilt, wenn der Abgebildete dafür, dass er sich abbilden ließ, eine Entlohnung erhielt. Nach dem Tode des Abgebildeten bedarf es bis zum Ablaufe von 10 Jahren der Einwilligung der Angehörigen des Abgebildeten. Angehörige im Sinne dieses Gesetzes sind der überlebende Ehegatte oder Lebenspartner und die Kinder des Abgebildeten und, wenn weder ein Ehegatte oder Lebenspartner noch Kinder vorhanden sind, die Eltern des Abgebildeten.

2.2.
Verarbeitung von personenbezogenen Daten von Schülerinnen und Schülern sowie von deren Erziehungsberechtigten

2.2.1. Die Schulen dürfen folgende personenbezogene Daten entsprechend den Erfordernissen der jeweiligen Schulart speichern und entsprechend weiterverarbeiten:

Allgemeine Daten von Schülerinnen und Schülern

Merkmal	Erläuterungen
Name, Vornamen, ggf. Geburtsname	
Adresse	
Kontaktdaten	z.B. Telefonnummer, Faxnummer, E-Mail
Geschlecht	
Geburtsdatum	
Geburtsort und Geburtsland	
Staatsangehörigkeit	
Verkehrssprache in der Familie beziehungsweise im häuslichen Umfeld	
Jahr des Zuzugs nach Deutschland, Herkunftsland	soweit Geburtsort außerhalb der Bundesrepublik
Aussiedlereigenschaft	
Zugehörigkeit zu einer Religion / Konfession für die in Baden-Württemberg Religionsunterricht als ordentliches Lehrfach eingerichtet ist	Alevitisch, Altkatholisch, Evangelisch, Islamisch-sunnitisch, Jüdisch, Römisch-katholisch, Orthodox (bulgarisch-, georgisch-, russisch-, griechisch-, rumänisch-, serbisch-orthodox), Syrisch-orthodox
Gesundheitliche Beeinträchtigungen	soweit diese Informationen für die Sicherstellung des Schulbesuchs erforderlich sind
Behinderungsart/ Förderschwerpunkt	
Internat- und Heimunterbringung	
Geschwister an der Schule	
Nutzung des ÖPNV	

Schulische Daten, Schullaufbahndaten

Merkmal	Erläuterungen
Teilnahme am Unterricht	insbesondere Klasse, Bildungsgang, Fach, Unterrichtsfächer, Anforderungsniveau/Niveaustufen, Eigenschaft des Unterrichts, Kurse, Arbeitsgemeinschaften, Teilnahme an Stütz- und Fördermaßnahmen einschließlich LRS- und Sprachheilkurse, Beratung und Unterstützung im Rahmen des sonderpädagogischen Dienstes, Teilnahme am Religionsunterricht beziehungsweise am Ethikunterricht, Abmeldung vom Religionsunterricht
Schullaufbahn	vorzeitige Aufnahme, Eintritt in die Schule/Austritt/Grund, bisher besuchte Schulen und Bildungsgänge, Jahr der Ersteinschulung, Schulwechsel, Name und Anschrift der aufnehmenden Schule, schulische Herkunft, schulische Vorbildung, Wiederholungen von Klassen, Art der Wiederholung, Überspringen von Klassen, Fremdsprachenfolge und -dauer
Schulpflicht	
Schulanfängerin / Schulanfänger	Nichteinschulung wegen Zurückstellung oder Befreiung
Außerunterrichtliche Praxiserfahrungen (Praktikum u.ä.)	
Grundschulempfehlung und ggf. weitere Bildungsempfehlungen	
Schulaufnahmeberechtigung	Art der Berechtigung, Aufnahmeprüfung, Datum
Teilnahme am besonderen Beratungsverfahren	
Unterrichtsversäumnisse	
Preise/ Belobigungen	
Erziehungs- und Ordnungsmaßnahmen	
Befreiungen vom Unterricht/ Beurlaubung	
Gastschüler/Zahl der teilnehmenden Schülerinnen und Schüler anderer Schulen	
Teilnahme an Betreuungsangeboten und Betreuungsumfang	zum Beispiel beim Besuch einer Ganztagesschule, verlässlichen Grundschule oder Hortbesuch
Leistungsdaten, Prüfungsdaten	Noten, Punktzahl, verbale Beurteilungen
Zeitpunkt und Ergebnis von Prüfungen und Versetzungskonferenzen	auch Versetzungen und Probeversetzungen
Nichtzulassung zu Prüfungen	
Zeugnisbemerkungen	
Bildungsziel	höchster angestrebter Abschluss
Erworbener Schulabschluss Schulentlassener	auch Teilnahme an Schulfremdenprüfung
Teilnahme an Bundesjugendspielen	Sportart, Erwerb von Urkunden
Erfolgreiche Teilnahme an Mentoren-Ausbildungen	zum Beispiel Musik, Bildende Kunst
Preise bei Wettbewerben	z.B. Jugend musiziert, Jugendkunstpreis
Schulische Funktion der Schülerin / des Schülers	z.B. SMV, Schulsanitäter, Schülerhelfer bei Begegnungskonzerten

Zusatzdaten bei beruflichen Schulen

Merkmal	Erläuterungen
Berufsschulpflicht	
Schulische und berufliche Vorbildung	
Berufliche Abschlüsse nach Berufsbildungsrecht	
Voll- oder Teilzeitbeschulung	
Teilnahme an Blockunterricht	
Ausbildungsberuf, Beruf beziehungsweise berufliche Stellung	z.B. mit bzw. ohne Ausbildungsvertrag, Teilnahme an Praktikum, Förderungsmaßnahmen; Jungarbeiterin bzw. Jungarbeiter
Beginn und Ende des Ausbildungsverhältnisses	
Adresse und Kontaktdaten des Ausbildungs- oder Beschäftigungsbetriebes, der Praxis- oder Praktikumsstelle oder sonstiger Institutionen und der nach dem Berufsbildungsgesetz zuständigen Stelle, dortige Ansprechpartnerin oder Ansprechpartner	zum Beispiel Anschrift, Telefonnummer, Faxnummer, E-Mail
Teilnahme an Umschulungsmaßnahmen	

Zusatzdaten bei Schulen mit Internat oder Heim

Merkmal	Erläuterungen
Krankenkasse	
Vorerkrankungen	sofern diese Information für die Schule erforderlich ist
Gesundheitszeugnis	sofern für den Schulbesuch erforderlich

Daten der Erziehungsberechtigten

Merkmal	Erläuterungen
Name, Vornamen, Titel	
Adresse	z.B. Telefonnummer, Faxnummer, E-Mail
Kontaktdaten	z.B. Telefonnummer, Faxnummer, E-Mail
Geschlecht	
Staatsangehörigkeit	
Unterschrift Erziehungsberechtigte	
Schulische Funktion der Eltern	z.B. Elternvertreter

Fortsetzung von Nr. 2.2.

Die Schulen haben sich bei der Verwendung von Aufnahmebögen an dem Muster der Anlage 2 *(nicht abgedruckt)* zu orientieren. Sofern diese Daten mittels eines elektronischen Aufnahmeformulars zum Beispiel auf der Schulhomepage erhoben werden, ist zwingend eine Transportverschlüsselung einzurichten.

2.2.2. Sofern weitere personenbezogene Daten verarbeitet werden sollen, sind die Voraussetzungen im Einzelnen besonders zu prüfen (siehe Nummer 1.1.) und zu dokumentieren.

2.3. Übermittlung personenbezogener Daten von Schülerinnen und Schülern sowie von deren Erziehungsberechtigten zu anderen Zwecken (§ 6 LDSG)

2.3.1. Es gelten unterschiedliche Voraussetzungen für die Übermittlung personenbezogener Daten an Stellen innerhalb des öffentlichen Bereichs (§ 6 Absatz 1 Nummer 1 LDSG), an Stellen der öffentlich-rechtlichen Religionsgemeinschaften und an Stellen außerhalb des öffentlichen Bereichs (§ 6 Absatz 1 Nummer 2 LDSG). Als Empfänger von personenbezogenen Daten können insbesondere folgende Stellen in Betracht kommen:

2.3.1.1. Öffentliche Stellen nach § 6 Absatz 1 Nummer 1 LDSG sind:

- andere öffentliche Schulen, (Einschränkungen siehe unter 2.3.6.),
- Schulaufsichtsbehörden,
- Gesundheitsämter,
- Stellen, die nach dem Berufsbildungsgesetz für die Berufsausbildung zuständig sind,
- Meldebehörden, Arbeits- und Ausländerämter nach Maßgabe der Gemeinsamen Verwaltungsvorschrift des Kultusministeriums und des Innenministeriums ⇨ Schulpflicht (Durchsetzung) […],
- Schulträger,
- Jugendämter (siehe § 85 Absatz 2 und § 90 Absatz 8 SchG),
- Sozialämter,
- Ämter für Ausbildungsförderung und
- zuständige öffentliche Archive.

Eine Übermittlung personenbezogener Daten an Stellen innerhalb des öffentlichen Bereichs ist ohne Einwilligung der betroffenen Personen zulässig, wenn die Voraussetzungen des § 6 Absatz 1 Nummer 1 LDSG vorliegen. Die Schule hat vor jeder Übermittlung die Voraussetzungen gemäß 1.3.3. zu prüfen. Die Übermittlung ist zu dokumentieren.

2.3.1.2. Stellen der öffentlich-rechtlichen Religionsgemeinschaften

Eine Übermittlung der erforderlichen personenbezogenen Daten von Schülerinnen und Schülern und deren Erziehungsberechtigten an die katholische oder evangelische Kirche ist anlässlich der Kommunion oder Konfirmation sowie zur Erfüllung weiterer Aufgaben dieser Kirchen ohne Einwilligung der betroffenen Personen zulässig.

Eine Datenübermittlung von personenbezogenen Daten an weitere Religions- oder Weltanschauungsgemeinschaften ist nur mit Einwilligung der Betroffenen zulässig.

Hinweis der Redaktion: Die Meldebehörde teilt der Schule von Amts wegen nur die Zugehörigkeit zu einer öffentlich-rechtlichen Religionsgemeinschaft mit. Um die Verwirklichung des Rechts der Schüler*innen, Eltern und Religionsgemeinschaften auf Ein- bzw. Durchführung des Religionsunterrichts sowie die Einhaltung der Schulpflicht zu gewährleisten, ist es notwendig, die Religionszugehörigkeit der Schüler*innen durch Befragung festzustellen. Regelmäßig geschieht dies bei der Schulanmeldung durch entsprechende Angaben der Erziehungsberechtigten bzw. der religionsmündigen Schüler*innen. Diese Abfrage darf sich nicht nur auf den Religionsunterricht der Bekenntnisse beziehen, die an der jeweiligen Schule bereits stattfinden, sondern es muss die Zugehörigkeit hinsichtlich aller Bekenntnisse abgefragt werden, für die in Baden-Württemberg Religionsunterricht (RU) eingerichtet ist: alevitischer, altkatholischer, evangelischer, jüdischer, römisch-katholischer, orthodoxer sowie syrisch-orthodoxer RU. Ferner ist das Bekenntnis zum Islam sunnitischer Prägung abzufragen. Auf Antrag ist den von der jeweiligen Religionsgemeinschaft bevollmächtigten Personen unter Berücksichtigung der datenschutzrechtlichen Vorgaben der Zugang zu den Namen der Schüler*innen zu eröffnen, die am Religionsunterricht des jeweiligen Bekenntnisses teilnehmen oder teilnehmen wollen. Anders als bei evangelischen oder katholischen Schüler*innen, bedarf die Übermittlung entsprechender Namenslisten an die alevitische, die altkatholische, die jüdische, die orthodoxe sowie die syrisch-orthodoxe Religionsgemeinschaften einer Einwilligung der Betroffenen. Da der islamische Religionsunterricht sunnitischer Prägung nicht in Trägerschaft einer anerkannten Religionsgemeinschaft stattfindet, besteht ein Recht auf Zugang zu den Namen der teilnehmenden Schüler*innen vonseiten der islamischen Verbände bzw. von Moscheegemeinden nicht.

Ferner hat das KM bekanntgegeben, dass die Abfrage der Religionszugehörigkeit und die Erhebung der entsprechenden Daten datenschutzrechtlich erst dann zulässig ist, wenn die Aufnahme an der konkreten Schule tatsächlich erfolgt ist. Die Erhebung der Daten darf folglich nicht bereits bei der Anmeldung der Schüler*innen erfolgen, sondern erst nach Durchführung des Aufnahmeverfahrens. Das KM hat den Schulleitungen ein einheitliches Formular für die Abfrage der Religionszugehörigkeit übersandt.

Keinesfalls dürfen die Daten von Schüler*innen oder Erziehungsberechtigten weitergegeben werden, die der betreffenden Religionsgemeinschaft nicht angehören. ⇨ Religion (Allgemeines)

(Quelle: KM, 16. März 2017, 31-6520.40/426/1)

2.3.1.3. Nichtöffentliche Stellen nach § 6 Absatz 1 Nummer 2 LDSG

Die Schulen übermitteln ohne Einwilligung der betroffenen Personen grundsätzlich keine personenbezogenen Daten an Privatpersonen oder andere Stellen außerhalb des öffentlichen Bereichs. Soll ausnahmsweise dennoch eine Datenübermittlung ohne Einwilligung stattfinden, so ist dies nur zulässig, wenn es zur Abwehr einer Gefahr für Leib und Leben oder einer anderen schwerwiegenden Beeinträchtigung der Rechte der betroffenen oder einer anderen Person oder zur Aufgabenerfüllung der Schule erforderlich ist. Die Aufgaben der Schule ergeben sich aus ihrem Erziehungs-, Bildungs- und Fürsorgeauftrag. Demnach dürfen insbesondere folgende Übermittlungen erfolgen:

- Übermittlung an die für die Berufserziehung Mitverantwortlichen, insbesondere anlassbezogene Übermittlung von Fehlzeiten, Unterrichtsversäumnissen, Angaben zu entschuldigtem oder unentschuldigtem Fernbleiben vom Unterricht, Informationen zu schulischen Leistungen sowie Unterrichtsbefreiungen und Beurlaubungen nach der ⇨ Schulbesuchsverordnung [...], mit Vor- und Zuname sowie Geburtsdatum an den Ausbildungsbetrieb.
- Übermittlung nur der erforderlichen Daten zur Durchführung von außerunterrichtlichen und unterrichtlichen Veranstaltungen (zum Beispiel Meldedaten an Beherbergungsbetrieb) oder von schulischen Betreuungsangeboten Externer. Die Erziehungsberechtigten sowie die betroffenen Schülerinnen und Schüler selbst sind vor einer Datenübermittlung zu informieren.
- Übermittlung von Namen und Anschrift der einzelnen Erziehungsberechtigtenvertreter an die Elternvertretungen im Sinne der §§ 57 bis 60 SchG. Für die Verarbeitung sonstiger personenbezogener Daten sind Einwilligungen erforderlich. Elternvertretungen sind selbst datenschutzrechtlich verantwortliche Stellen.

Hinweis der Redaktion: In seiner Bekanntmachung „Aktualisierung der Hinweise zur Intensivierung der Zusammenarbeit zwischen den öffentlichen Schulen und dem muttersprachlichen Zusatzunterricht in Verantwortung der Generalkonsulate" vom 29. Juni 2017 (K.u.U. S, 1/2018) hat das KM u.a. mitgeteilt:

- Die Schulen übermitteln keine personenbezogenen Daten an die Konsulate und Botschaften oder an die muttersprachlich unterrichtenden Personen, es sei denn, die Betroffenen bzw. deren Sorgeberechtigten haben hierzu eingewilligt.
- Sofern eine Einwilligung vorliegt, dürfen nur der Name der Schülerin bzw. des Schülers, die Klassenzugehörigkeit, Namen der Lehrkräfte, deren Funktion (z.B. Klassenlehrerin bzw. Klassenlehrer) und die Bezeichnung der unterrichteten Klasse (z.B. Klasse 6a) übermittelt werden.
- Im Zusammenhang mit der Datenübermittlung ist die Schule gehalten, darauf hinzuweisen, dass die Daten nur zur Durchführung des muttersprachlichen Unterrichts verwendet werden dürfen und insbesondere nicht an weitere Stellen oder Personen übermittelt werden dürfen. Dies ist eine gesetzlich vorgegebene Pflicht.

⇨ Sprachförderung (Integration) Nr. 8

2.3.2. Unverschlüsselter E-Mail-Verkehr zwischen Lehrkräften und Erziehungsberechtigten sollte lediglich zur Terminvereinbarung für ein persönliches Gespräch dienen, ohne jedoch dabei weitere personenbezogene Daten zu übermitteln.

Sonstiger dienstlicher E-Mail-Verkehr mit personenbezogenem Inhalt zwischen Schulen und Dritten soll nach Möglichkeit über das Landesverwaltungsnetz (LVN) beziehungsweise Kommunalverwaltungsnetz (KVN) erfolgen. Ist dies nicht möglich (zum Beispiel, weil der Dritte keinen Zugang zu diesen Netzen hat), müssen die personenbezogenen Daten bei der Übermittlung verschlüsselt sein. Alternativ kann auch eine Übermittlung in Briefform erfolgen.

2.3.3. Die dienstliche Nutzung von Sozialen Netzwerken ist für eine Kommunikation von Lehrkräften mit anderen Lehrkräften oder mit Schülerinnen und Schülern nicht zulässig, wenn dabei personenbezogene Daten verarbeitet werden. Dies gilt nicht, sofern ein Soziales Netzwerk den datenschutzrechtlichen Anforderungen genügt. Das Kultusministerium veröffentlicht hierzu Hinweise.

2.3.4. Einzelne Schulnoten dürfen nicht vor der gesamten Klasse, sondern nur gegenüber der betroffenen Schülerin oder dem betroffenen Schüler bekanntgegeben werden. Zur Orientierung der Schülerinnen und Schüler genügt ein Notenspiegel (zahlenmäßiger Überblick über die Notenverteilung ohne Namensnennung).

2.3.5. Für die Übermittlung von Daten volljähriger Schülerinnen und Schüler an deren Erziehungsberechtigte gilt § 55 Absatz 3 SchG. ⇨ Volljährigkeit

2.3.6. Die Schulen haben Übermittlungen an sämtliche Empfänger (Definition in Artikel 4 Nummer 9 EU-DSGVO) schriftlich oder elektronisch so zu dokumentieren, dass sie darüber Auskunft erteilen können, welche Daten an einen jeweiligen Empfänger übermittelt wurden.

2.3.7. Die in der Anlage 2 zur SchulStatDVV BW genannten Daten dürfen gemäß § 115 Absatz 3 SchG an andere Schulen weitergegeben werden. Die Übermittlung anderer personenbezogener Daten unterliegt folgenden Einschränkungen:

Beim Übergang von der Grundschule zur weiterführenden Schule werden ohne Einwilligung der Erziehungsberechtigten mit Ausnahme der Stammdaten keine personenbezogenen Daten weitergegeben. Zur Information der weiterführenden Schulen bietet die Grundschule den Erziehungsberechtigten an, auf einem Beiblatt zur Grundschulempfehlung gegebenenfalls eine Lese- oder Rechtschreibschwäche (LRS) einschließlich der durchgeführten Fördermaßnahmen zu dokumentieren. Bei einem Schulwechsel von der Grundschule zu einer weiterführenden

Schule dürfen die Grundschulempfehlung und das Zeugnis nicht von der Grundschule an die weiterführende Schule übermittelt werden.

⇨ Aufnahmeverfahren

Hiervon unberührt bleiben die sonst schulrechtlich durch Verordnung oder Schulversuchsregelungen auf der Grundlage des Schulgesetzes erfolgten Festlegungen. Danach gilt Folgendes:

- Am Deutsch-Französischen Gymnasium kann bei der Anmeldung die Vorlage der Halbjahresinformation Klasse 4 gefordert werden.
- An Gymnasien können, soweit die Zahl der Anmeldungen die vorhandene Kapazität übersteigt, für die Aufnahme in einen bilingualen Zug die Noten in Deutsch und Mathematik erfragt und zur Grundlage der Aufnahmeentscheidung gemacht werden.

Wechselt eine Schülerin beziehungsweise ein Schüler während des laufenden Bildungsganges in eine andere Schule, so dürfen personenbezogene Daten (zum Beispiel Informationen zu besonderem Förderbedarf) weitergegeben werden, wenn sie zur Erfüllung der pädagogischen Aufgaben der aufnehmenden Schule erforderlich sind. Es reicht hierfür nicht aus, dass diese Daten für die Aufgabenerfüllung der aufnehmenden Schule lediglich nützlich sind. Insbesondere dürfen besondere Kategorien personenbezogener Daten der Schülerinnen und Schüler nach Nummer 1.4. lediglich im Ausnahmefall übermittelt werden, sofern der Erziehungs-, Bildungs- und Fürsorgeauftrag der aufnehmenden Schule ansonsten nicht oder nur teilweise erfüllt werden könnte.

Dies gilt sowohl für Informationen über Erziehungs- und Ordnungsmaßnahmen (mit Ausnahme des Schulausschlusses) als auch für die Weitergabe kompletter Schülerakten. Diese sind zur Aufgabenerfüllung der aufnehmenden Schule im Regelfall nicht erforderlich.

2.4.
Veröffentlichung personenbezogener Daten von Schülerinnen und Schülern sowie von deren Erziehungsberechtigten

2.4.1. Die Veröffentlichung von personenbezogenen Daten, insbesondere von Fotos von Schülerinnen und Schülern sowie deren Erziehungsberechtigten in Druckwerken der Schule, in öffentlich- und privatrechtlichen Medien und auf der Homepage der Schule (Internet/Intranet) ist eine Datenverarbeitung im Sinne von Artikel 4 Nummer 2 EU-DSGVO. Veranlasst die Schule die Veröffentlichung, muss sie zuvor die schriftlichen oder elektronischen Einwilligungen der jeweils betroffenen Personen unter den Voraussetzungen des Artikels 7 EU-DSGVO einholen, ferner sind die betroffenen Personen nach Artikel 13 EU-DSGVO umfassend zu informieren. Die Einwilligungserklärung kann so formuliert sein, dass sie bis zum Ende des Schulbesuchs gilt. Sie kann jederzeit ohne Angabe von Gründen widerrufen werden.

2.4.2. Eine wirksame Einwilligung zur Veröffentlichung von personenbezogenen Daten im Internet liegt nur dann vor, wenn die Einwilligenden vor Erteilung der Einwilligung unter anderem über den beabsichtigten Zweck und über mögliche Gefahren beziehungsweise Risiken bei einer Veröffentlichung im Internet aufgeklärt wurden. Dabei ist darauf hinzuweisen, dass die Verwendung der im Internet veröffentlichten personenbezogenen Daten in keiner Weise einzugrenzen ist, dass auf diese Daten weltweit, auch über Suchmaschinen, zugegriffen werden kann und die Daten Bestandteil von Datensammlungen oder mit Daten aus anderen Zusammenhängen verknüpft werden können.

2.5.
Löschung personenbezogener Daten von Schülerinnen und Schülern

2.5.1. Auf die Ausführungen zur Datenlöschung unter Nummer 1.5. wird verwiesen.

2.5.2. Ein schutzwürdiges Interesse von Schülerinnen und Schülern an der befristeten Aufbewahrung ihrer personenbezogenen Daten im Sinne von § 10 Absatz 2 LDSG besteht insbesondere für folgende Daten:

- Daten von betroffenen Personen, die für den Ersatz von abhanden gekommenen oder vernichteten Abschlusszeugnissen, Abgangszeugnissen beziehungsweise von Zeugnissen, die beim Verlassen einer Schule auch ohne Teilnahme an einer Prüfung erteilt wurden, notwendig sind,
- Daten von betroffenen Personen, die für Nachweise gegenüber den Rentenversicherungsträgern notwendig sind, zum Beispiel der Zeitpunkt der Beendigung der Schulausbildung oder der Zeiträume, in denen bestimmte Schulen und/oder Klassen besucht worden sind.

Stellt die Schule ein schutzwürdiges Interesse fest, tritt anstelle der Löschung eine Einschränkung der Verarbeitung nach Artikel 18 EU-DSGVO (siehe unter 1.5.). Die betroffenen Personen sind über das Absehen von der Löschung und der Einschränkung der Verarbeitung zu unterrichten. Durch Verwendung der Anlage 2 *(nicht abgedruckt)* dieser Verwaltungsvorschrift wird diese Anforderung erfüllt. Widerspricht eine betroffene Person dem Absehen von der Löschung, sind die Daten von der Schule zu löschen.

Die in Bezug auf eine Verarbeitung eingeschränkten Daten sind auch nach Ablauf bestimmter Fristen (Löschungsfristen) endgültig zu löschen.

2.5.3. Löschungsfristen:

- Schülerkarteikarten und Schülerlisten in Papierform sowie Abschluss- und Abgangszeugnisse sollen 60 Jahre, nachdem die betroffenen Personen die Schule verlassen haben, aufbewahrt werden und sind danach zu löschen.
- Schülerakten und sonderpädagogische Gutachten, einschließlich Lern- und Förderplänen, Schulübergangsempfehlungen sind zwei Jahre nach Verlassen der Schule zu vernichten beziehungsweise bei elektronischer Führung zu löschen.

- Klassen- und Kurstagebücher sind nach Ablauf der jeweils folgenden fünf Schuljahre zu löschen.
- Schriftliche Einwilligungserklärungen zur Veröffentlichung von Fotos in einem Druckwerk sind fünf Jahre, nachdem das Druckwerk in den Umlauf gebracht wurde, zu löschen.
- Schriftliche Einwilligungserklärungen zur Veröffentlichung von Fotos auf der Homepage sind fünf Jahre nach der Herausnahme aus der Homepage zu löschen.
- Notenlisten beziehungsweise Listen über Lernnachweise und Klassenarbeiten beziehungsweise Lernnachweise, Entschuldigungen oder Fehlzeitenlisten sind nach dem Ende des jeweils nächsten Schuljahres zu löschen, sofern keine Rechtsmittel eingelegt worden sind.
- Prüfungsunterlagen wie Prüfungsniederschriften und Prüfungsarbeiten sind fünf Jahre nach Feststellung des Prüfungsergebnisses zu löschen.
- Personenbezogene Daten von Schülerinnen und Schülern auf privaten Datenverarbeitungsgeräten der Lehrkräfte nach 1. 13.1 sind spätestens nach dem Ende des jeweils nächsten Schuljahres auf dem privaten Datenverarbeitungsgerät zu löschen, sofern keine Rechtsbehelfe oder Rechtsmittel zum Beispiel gegen ein Abschlusszeugnis eingelegt worden sind.

➪ Aufbewahrungsfristen

2.6.
Einsichtnahme in schulische Prüfungsarbeiten, Prüfungsprotokolle und Aushändigung von Prüfungsunterlagen

2.6.1. Wer als Schülerin oder Schüler eine Prüfung abgelegt hat (einschließlich der Prüfungen für Schulfremde), kann nach Abschluss der Prüfung, beziehungsweise, soweit diese aus mehreren Teilprüfungen besteht, nach Abschluss der gesamten Prüfungen seine Prüfungsarbeiten einschließlich der Korrekturanmerkungen und gegebenenfalls einer Notenbegründung und die sie beziehungsweise ihn betreffenden Prüfungsprotokolle der mündlichen Prüfungen einsehen. Das gleiche Recht steht bei minderjährigen Schülerinnen und Schülern deren Erziehungsberechtigten zu. Diese und volljährige Schülerinnen und Schüler können mit der Einsichtnahme eine volljährige Person bevollmächtigten. Die Vollmacht muss schriftlich erteilt sein.

2.6.2. Die Prüfungsunterlagen sind an der Schule einzusehen, an der die Prüfung abgelegt wurde. Die Einsichtnahme ist nur unter Aufsicht zulässig. Die Schule bestimmt den Termin der Einsichtnahme unter Berücksichtigung ihrer räumlichen und organisatorischen Möglichkeiten. Vor der Einsichtnahme in die Prüfungsunterlagen sind die personenbezogenen Daten anderer betroffener Personen unkenntlich zu machen. Befinden sich die Prüfungsunterlagen bei einer anderen Stelle, sind sie von dieser möglichst rasch der Schule zurückzugeben.

2.6.3. Die Einsicht nehmenden Personen können Auszüge aus den Prüfungsunterlagen anfertigen, abfotografieren, einscannen oder von der Schule kostenpflichtige Kopien anfordern.

2.6.4. Auf Antrag können Prüfungsteilnehmerinnen und -teilnehmern die Prüfungsunterlagen drei Jahre nach Abschluss ihrer Prüfung von der Schule, an der die Prüfung abgelegt wurde, ausgehändigt werden. Sofern die Prüfungsunterlagen von einem staatlichen oder kommunalen Archiv im Rahmen der für die Auswahlarchivierung von Schulunterlagen getroffenen Regelung archiviert werden, können Antragsteller auf eigene Kosten Kopien ihrer Arbeiten erhalten.

2.6.5. Nummern 2.6.1. bis 2.6.4. gelten auch für Prüfungen, die an anerkannten Ersatzschulen nach staatlichen Vorschriften abgenommen werden.

3.
Verarbeitung und Löschung personenbezogener Daten von Lehrkräften, Referendarinnen und Referendaren sowie Anwärterinnen und Anwärtern

3.1.
Verarbeitung personenbezogener Daten von Lehrkräften durch öffentliche Schulen.

3.1.1. Für das Verarbeiten personenbezogener Daten von Lehrkräften gelten insbesondere die Artikel 6 und 9 EU-DSGVO sowie §§ 4 bis 6 und 15 LDSG. Danach ist die Verarbeitung personenbezogener Daten von Lehrkräften an öffentlichen Schulen zulässig, wenn es zur Erfüllung der Aufgaben der Schule erforderlich ist oder die Lehrkraft eingewilligt hat.

Hinweis der Redaktion: Wenn die Personaldatenverarbeitung nicht „zur Erfüllung der Aufgaben der Schule erforderlich" ist, bedarf sie der Zustimmung der Betroffenen. Zulässig, weil „erforderlich", ist deshalb z.B. die Bekanntgabe der Sprechstundentermine der Lehrkräfte durch Aushang in der Schule oder in einem Merkblatt für die Eltern. Ohne Zustimmung der Lehrkräfte nicht statthaft (weil nicht erforderlich) ist jedoch die Veröffentlichung der privaten Mail-Adressen oder Telefonnummern. Auch die Bekanntgabe eines Sprechstundenplans im (öffentlichen) Amtsblatt der Gemeinde ist unzulässig. Es gehört zwar zur ordnungsgemäßen Aufgabenerfüllung der Schulen, die Schülerinnen und Schüler, Eltern und Lehrkräfte über Stundenplanänderungen mittels eines Vertretungsplans zu informieren. Im Schulgebäude ist deshalb der Aushang oder die digitale Anzeige von Vertretungsplänen auch unter Nennung von Namen oder Namenskürzel der vertretenden Lehrkraft als für die Aufgabenerfüllung der Schule erforderlich und somit als zulässig anzusehen. Allerdings muss es sich dabei um einen schulischen Raum handeln, der in der Regel der allgemeinen Öffentlichkeit nicht zugänglich ist. Es ist nicht statthaft, Vertretungspläne ohne strengen Passwortschutz auf eine Schulhomepage zu stellen, selbst wenn nur ein Namenskürzel angegeben ist.

3.1.2. Personenbezogene Daten von Lehrkräften dürfen im Internet und Intranet, in Filmen oder Druckwerken veröffentlicht werden, soweit eine schriftliche oder elektronische Einwilligung der betroffenen Person vorliegt. Eine Veröffentlichung der Daten für eine dienstliche Erreichbarkeit der Schulleiterin beziehungsweise des Schulleiters und deren Stellvertretung ist als dienstlich erforderlich und somit auch ohne deren Einwilligung als zulässig anzusehen.

Für eine wirksame Einwilligung wird auf die Regelung unter 2.4.2. verweisen.

3.1.3. Personenbezogene Daten von Lehrkräften dürfen zudem verarbeitet werden, soweit dies zur Eingehung, Durchführung, Beendigung oder Abwicklung des Dienst- oder Arbeitsverhältnisses oder zur Durchführung innerdienstlicher planerischer, organisatorischer, personeller, sozialer oder haushalts- und kostenrechnerischer Maßnahmen, insbesondere zu Zwecken der Personalplanung und des Personaleinsatzes erforderlich ist oder eine Vorschrift, ein Tarifvertrag oder eine Dienst- oder Betriebsvereinbarung es vorsieht (§ 15 Absatz 1 LDSG). Diese Grundsätze sind auch auf die Erhebung personenbezogener Daten bezüglich früherer, bestehender oder zukünftiger arbeitsrechtlicher Rechtsverhältnisse von Lehrkräften und bei der Verarbeitung von personenbezogenen Daten von Bewerbern anzuwenden.

Soweit diese Verarbeitung in Personalakten erfolgt, sind die Vorschriften in §§ 83 folgende des Landesbeamtengesetzes [...] zu beachten. Personalaktendaten dürfen danach nur für Zwecke der Personalverwaltung oder der Personalwirtschaft verarbeitet werden. Personalaktendaten sind alle zur Personalakte gehörenden Unterlagen und Dateien, welche die einzelne Lehrkraft betreffen, soweit sie mit ihrem Dienstverhältnis in einem unmittelbaren inneren Zusammenhang stehen.

⇨ Beamtengesetz (LBG) §§ 83 ff.; ⇨ Personalakten

3.1.4. Für Lehrkräfte im Angestelltenverhältnis gelten die für Beamte geltenden Vorschriften entsprechend, es sei denn, besondere Vorschriften oder tarifliche Vereinbarungen gehen vor (§ 15 Absatz 4 LDSG).

3.1.5. Vor der erstmaligen Speicherung ihrer Daten sind die Lehrkräfte von der Schulleitung zu unterrichten und nach der Erfassung der Daten mit einem Ausdruck über die gespeicherten Daten zu informieren. Des Weiteren stellen die Schulleitungen bei automatisierter Datenverarbeitung im Interesse der Transparenz und der Richtigkeit der gespeicherten Daten ihren Lehrkräften nach Aufforderung einen Ausdruck der über sie gespeicherten Daten und der damit durchgeführten systematischen Auswertungen zur Verfügung.

3.1.6. Die Schulen haben Übermittlungen an sämtliche Empfänger (Definition nach Artikel 4 Nummer 9 EU-DSGVO) so zu dokumentieren, dass sie darüber Auskunft erteilen können, welche Daten an einen jeweiligen Empfänger übermittelt wurden.

3.1.7. Die Schulen können folgende personenbezogenen Daten entsprechend der aus der nachfolgenden Liste ersichtlichen Maßgaben verarbeiten, wobei eine Verarbeitung mit dem Ziel einer Bewertung der Leistungen und des Verhaltens der Lehrkräfte außerhalb von dienstlichen Beurteilungen unzulässig ist:

Gruppe 1: STAMMDATEN

Merkmale	Erläuterungen*
Familienname	
Kurzzeichen	
Vorname	
Namenszusatz	A: zum Beispiel Adelsprädikat
Titel	A: zum Beispiel Akademische Grade
Geburtsdatum	
Geburtsname	
Geburtsort	
Personalnummer / Arbeitsgebiet LBV	Z: Angabe für den Schriftverkehr LBV
Geschlecht	
Staatsangehörigkeit	
Religionszugehörigkeit/Konfession	Erfassung nur f. Lehrkräfte mit Lehrbefähigung einer Kirche oder anderen Religionsgemeinschaft (Vocatio, Missio canonica bzw. andere Lehrbefugnis)
Familienstand	A: nicht verheiratet / verheiratet Z: Ansprüche der Lehrkräfte (zum Beispiel Sonderurlaub)
Kinder	A: Anzahl, Alter Z: Ansprüche der Lehrkräfte (zum Beispiel Sonderurlaub)
Wohnsitz	A: Straße, Hausnummer, PLZ Ort, Telefonnummer
weitere Anschrift	A: Straße, Hausnummer, PLZ Ort, Telefonnummer F: nur mit Einwilligung der betroffenen Personen Z: Erreichbarkeit
E-Mail-Adresse (dienstlich)	
Notfallverbindung	A: Name, Anschrift, Telefonnummer Z: Benachrichtigung im Notfall
GdB Merkzeichen im Ausweis (z.B. ‚G' für Gehbehinderung) Gültigkeitsdatum Schwerbehindertenausweis	A: GdB 30 und mehr Z: Grundlage für die Berechnung von Ermäßigungsstunden.

Fußnoten siehe nächste Seite

Gruppe 2: LAUFBAHNDATEN

Merkmale	Erläuterungen*	Hinweise
Dienst- / Amtsbezeichnung / Status		Informationen stammen aus DIPSY und werden vom RP gepflegt
Beschäftigungsverhältnis - Amtskennzahl	Z: Statistik	
Beschäftigungsverhältnis - Dauer Ansparphase (nur GHRS)	Z: Statistik	
Bes. / Verg. Gruppe	Z: Statistik	
Lehrerart	Z: Statistik	Informationen stammen aus DIPSY und werden vom RP gepflegt
Lehrkraftkategorie	Z: Statistik	
Schulleiter	Z: Statistik	
Abschlussprüfungen	S: allgemeinbildende Schulen Z: Statistik	
Lehramt / Lehrbefähigungen / Abschlussprüfung	A: Lehrbefähigung gemäß Dienstprüfung, Vocatio bzw. Missio, Stufenschwerpunkt Z: Statisik	siehe „Unterrichtsfächer", Angabe über die lehramtsspezifische Qualifikation
weitere Qualifikationen	A: zum Beispiel Ergänzungsstudium, Qualifikation als Beratungslehrer, Laufbahnwechsel	soweit sie für den Einsatz an der Schule von Bedeutung sind
Art des Eintritts	Z: Statistik	
Datum der Einstellung	Z: Probezeitbeurteilung	
Datum der Anstellung	S: berufliche Schulen und allgemeinbildende Gymnasien sowie Fachlehrer und Technische Lehrer in allen Schularten Z: Laufbahnbetreuung F: nur mit Einwilligung des Betroffenen	
Datum der letzten Beurteilung		
Datum der letzten Beförderung / Höhergruppierung	S: berufliche Schulen und allgemeinbildende Gymnasien sowie Fachlehrer und Technische Lehrer in allen Schularten, Z: Laufbahnbetreuung; Laufbahnwechsel F: nur mit Einwilligung des Betroffenen	
Datum der letzten Schulleiterbeurteilung	Z: Laufbahnbetreuung (Ernennungen: zum Beispiel Anstellung, Beförderung) S: allgemeinbildende Schulen	
Datum des ersten Arbeitstags an der Schule	Z: soziale Betreuung	
Datum des letzten Arbeitstags an der Schule	Z: Datenbestandspflege; Statistik	
Befristungszeitraum	Z: Statistik	
Art des Austritts	Z: Statistik	
Einsatzfächer	A: Fächer, die durch die Lehrkraft unterrichtet werden können	
Krankheitsstellvertreterstunden - Umfang	A: Art, Dauer Z: Deputatsplanung	Im Rahmen der Krankheitsstellvertretung hat eine Dienststelle (GHRS) ein vorgegebenes Stundenkontingent an Krankheitsstellvertretern auszuweisen

* S: Schulart / Personengruppe, Z: Zweck, A: Ausprägungen / Angaben, F: Freiwilligkeit
(falls zu S, Z, A oder F bei einem Merkmal keine Vorgaben stehen, gelten hierfür keine besonderen Auflagen)

Merkmale	Erläuterungen*	Hinweise
Beurlaubung	A: Art, Dauer	nur aktuelle, nicht frühere
Mutterschutz / Besonderheiten	A: Dauer; voraussichtlicher und tatsächlicher Geburtstermin	Berechnung der Mutterschutzfrist, Beurlaubungen
Teilzeitbeschäftigung	A: Art, Dauer	nur aktuelle, nicht frühere Teilzeitbeschäftigungen
Stammschule		für abgeordnete Lehrkräfte aus anderen Schulen
weitere Schule(n)		für abgeordnete Lehrkräfte der eigenen Schule

Gruppe 3: Einsatzdaten 1 – Zusammenfassungen für das laufende Schuljahr

Merkmale	Erläuterungen*	Hinweise
Schulart	Z: Statistik	
Schultyp	Z: Statistik	
Regelstundenmaß bzw. vertraglich vereinbarte Stunden		
Regelstundenmaßausgleich	A: Übertrag aus dem vorigen Schuljahr, Vortrag auf das nächste Schuljahr	
Mehrarbeitsunterrichtsstunden		zu vergütende MAU-Stunden
Gesamtunterrichtsstunden		
Nachlässe auf das Regelstundemaß:		
Anrechnungen	A: Klassifikation gemäß amtlicher Statistik, Umfang, Grund	
Ermäßigungen	A: Klassifikation gemäß amtlicher Statistik, Umfang, Grund	
Freistellungen	A: Klassifikation gemäß amtlicher Statistik, Umfang, Grund	
Arbeitsbefreiungen	A: Klassifikation gemäß amtlicher Statistik, Umfang, Grund	
Abordnungen		an andere Schulen beziehungsweise Dienststellen
Funktionen an der Schule		
Fachabteilung		
Lehrerzimmer		
Dienstliche Telefonnummern		

3.2.
Löschung personenbezogener Daten von Lehrkräften durch öffentliche Schulen

3.2.1. Auf die Ausführungen zur Datenlöschung unter Nummer 1.5. wird verwiesen.

Auf die Löschung personenbezogener Daten von Lehrkräften, die nur vorübergehend für die Schule erforderlich sind, findet Nummer 1.5 und 3.1.3. ebenfalls Anwendung.

3.2.2. Vorübergehend für die Schule erforderlich sind folgende Angaben
aus Nummer 2.7 Gruppe 2:
„Beurlaubung/Teilzeitbeschäftigung",
„Krankheitsstellvertreterstunden-Umfang",
„Mutterschutz/Besonderheiten",
„Stammschule",
„weitere Schulen";
aus Gruppe 3:
alle Angaben mit Ausnahme des Regelstundenmaßes;
aus Gruppe 4:
sämtliche Angaben.

3.2.3. Die Daten aus den Gruppen 3 und 4 sind jeweils schuljahresbezogen und dürfen nicht länger als bis zum Ende des folgenden Schuljahres verarbeitet werden. Die Personal(neben-)akte ist nach Ablauf der Aufbewahrungsfrist dem zuständigen Archiv (§ 3 LArchG) anzubieten. Übernimmt das Archiv die Personalakte nicht, ist sie unverzüglich zu vernichten.

3.3. Mitbestimmung und Beteiligungsverfahren

Gemäß § 75 Absatz 4 Nummer 13 LPVG unterliegen die Einführung, Anwendung, wesentliche Änderung oder wesentliche Erweiterung technischer Einrichtungen und Verfahren, die der automatisierten Verarbeitung personenbezogener Daten der Beschäftigten dienen, der Mitbestimmung. Die Zustimmung des örtlichen Personalrats zu solchen Maßnahmen, die seitens der Schule vorgenommen werden, muss vor deren Umsetzung eingeholt werden.

⇨ Personalvertretungsgesetz (LPVG) § 75

Soweit es sich um Maßnahmen des Schulträgers handelt, zum Beispiel die Einführung einer elektronischen Schließanlage an Schulen, ist nicht der örtliche Personalrat der Lehrkräfte, sondern der beim Schulträger gebildete Personalrat zu beteiligen.

Die Informationspflicht der betroffenen Personen durch den jeweiligen Verantwortlichen nach Nummer 1.2. ist zu beachten.

3.4. Verarbeitung personenbezogener Daten von Referendarinnen / Referendaren und Lehramtsanwärterinnen / Lehramtsanwärtern

Diese Vorschriften 3.1.-3.3. gelten auch für Referendarinnen und Referendare sowie und Lehramtsanwärterinnen und Lehramtsanwärter, soweit diese an öffentlichen Schulen tätig sind.

4. Verarbeitung personenbezogener Daten im Rahmen der Schulevaluation (§ 114 SchG)

4.1. Daten von Lehrkräften im Rahmen der Schulevaluation

4.1.1. Lehrkräfte sind gemäß § 114 Absatz 1 SchG zur Mitwirkung an der Evaluation der Schul- und Unterrichtsqualität ihrer Schule verpflichtet. Dies umfasst auch die Verpflichtung, an der Erhebung personenbezogener Daten anlässlich von evaluationsbezogenen schriftlichen und mündlichen Befragungen teilzunehmen und die erforderlichen Angaben zu machen, sowie die Verpflichtung, gegebenenfalls bei der Beobachtung von Unterrichtssituationen im Rahmen der Evaluation mitzuwirken.

4.1.2.Bei der Evaluation von Schulen handelt es sich um innerdienstliche, planerische und organisatorische Maßnahmen. Die Verarbeitung von personenbezogenen Daten von Lehrkräften, die für die Durchführung der Evaluationen erforderlich sind, ist somit gemäß § 15 Absatz 1 LDSG zulässig.

4.1.3. Die Schulleitung informiert die Lehrkräfte darüber, zu welchem Zweck sie die Daten erhebt und wie sie weiter verarbeitet werden. Insbesondere sind die Lehrkräfte auch über den Ort und die Dauer der Verarbeitung in Kenntnis zu setzen. Bei Erhebungen mit arbeitsplatzbezogenem Inhalt hat die Personalvertretung nach § 75 Absatz 4 Nummer 3 LPVG mitzubestimmen, soweit sie Rückschlüsse auf die Auslastung und die Zufriedenheit zulassen.

4.2. Daten von Schülerinnen und Schülern, deren Erziehungsberechtigten und anderen am Schulleben beteiligten Personen im Rahmen der Schulevaluation

4.2.1. Die Mitarbeit von Schülerinnen und Schülern und deren Erziehungsberechtigten bei der Evaluation ist grundsätzlich freiwillig. Gleiches gilt für alle anderen am Schulleben beteiligten Personen wie Ausbilder oder das Personal des Schulträgers. Eine Verpflichtung von Schülerinnen und Schülern besteht allerdings bei einer Beobachtung des Unterrichts im Rahmen einer Evaluation. Hier ist die Teilnahme für Schülerinnen und Schüler – wie bei jedem anderen Unterricht auch – verpflichtend. Bei der Befragung der Schüler über Daten ihrer Erziehungsberechtigten (zum Beispiel Alter, Berufsausbildung) ist auch die Einwilligung der Erziehungsberechtigten in diese Datenerhebung einzuholen. Dies ist nicht notwendig, wenn kein Personenbezug hergestellt werden kann.

4.2.2. Von Personen, die nicht zur Mitwirkung verpflichtet sind, muss zur Verarbeitung ihrer personenbezogenen Daten deren schriftliche Einwilligungserklärung eingeholt werden.

4.2.3. Bei der Einholung der Einwilligung muss die betroffene Person unter anderem darüber informiert werden, dass sie nicht verpflichtet ist, personenbezogene Angaben zu machen und sie eine erteilte Einwilligung auch widerrufen kann, siehe Nummer 4.2.4. Es muss darauf hingewiesen werden, dass eine Verweigerung der Einwilligung zu keinerlei Nachteilen führt. Darüber hinaus sind bei der Datenerhebung die Informationspflichten nach Artikel 13 EU-DSGVO zu erfüllen (siehe Nummer 1.2.). Zu informieren ist insbesondere darüber, zu welchem Zweck die Daten verarbeitet, wie, wo und wie lange die Daten in personenbezogener Form gespeichert, ob und gegebenenfalls an wen sie weitergegeben und wann sie gelöscht werden.

4.3. Umgang mit personenbezogenen Daten im Rahmen der Schulevaluation

4.3.1. Die EU-DSGVO stellt den Grundsatz der Datenminimierung auf (Artikel 5 Absatz 1 Buchstabe c). Die Schulen müssen deshalb sowohl bei der Erhebung von Daten wie bei ihrer weiteren Verarbeitung aus den grundsätzlich denkbaren Maßnahmen diejenige auswählen, die einerseits zu sinnvollen Ergebnissen der Evaluation führt, andererseits aber in möglichst geringem Umfang datenschutzrechtliche Belange berührt.

4.3.2. Um bei der Evaluation relevante Ergebnisse zu erzielen, ist es in der Regel nicht erforderlich, die gewonnenen Informationen bestimmten Lehrkräften, Schülerinnen und Schülern, deren Erziehungsberechtigten und anderen am Schulleben beteiligten Personen zuzuordnen oder Aussagen über Einzelpersonen zu treffen. Deshalb soll auch bereits der erste Schritt – die Erhebung der Daten – so erfolgen, dass keine Zuordnung zu bestimmten

Personen möglich ist. Dies kann zum Beispiel durch die folgenden Maßnahmen erreicht werden:

- Bei der Bildung von zu befragenden Gruppen sollte deren Teilnehmerzahl grundsätzlich nicht unter fünf Personen liegen.
- Auf Namensangaben in Fragebögen ist zu verzichten.
- Es ist auf solche Erhebungsmerkmale zu verzichten, die es ermöglichen, dass – auch ohne Namensangabe – Daten einer bestimmten Person zugeordnet werden können. Dies kann zum Beispiel mit dem Verzicht auf Angaben des genauen Alters (stattdessen zum Beispiel Altersgruppen „von…bis“ bilden) oder des Geschlechts erreicht werden.
- Die Abgabe der Fragebögen ist so zu organisieren, dass die Anonymität bei der Abgabe gewährleistet ist (zum Beispiel Urnenabgabe).
- Erhebungsunterlagen sind so zu gestalten, dass zunächst notwendige personenbezogene Angaben (= Hilfsmerkmale) physisch abgetrennt werden können.
- Bei der Datenerhebung durch Interviews oder Beobachtungen ist das Protokoll so zu führen, dass eine Zuordnung zu einzelnen Befragten nicht mehr möglich ist.

4.3.3. Ist es nicht möglich, bereits im Zusammenhang mit der Datenerhebung einen Personenbezug zu vermeiden, sollte anschließend eine Anonymisierung erfolgen. Dazu gehört auch, dass personenbezogene Daten getrennt von den eigentlichen Daten aufbewahrt und sofort nach ihrer Auswertung vernichtet werden. Protokolle mit personenbezogenen Daten müssen für Unbefugte unzugänglich aufbewahrt werden und sind ebenfalls sofort nach ihrer Auswertung zu vernichten.

4.3.4. Die Verwendung von nicht personenbezogenen Daten, beispielsweise in schulinternen Qualitätsdokumentationen oder Berichten der Evaluation, auch deren Übermittlung an Dritte, zum Beispiel im Rahmen einer Gesamtlehrerkonferenz oder einer Schulkonferenz, ist datenschutzrechtlich ohne Relevanz.

4.3.5. Der Einsatz elektronischer Evaluationsinstrumente, bei denen personenbezogene Daten verarbeitet werden, ist in das Verzeichnis der Verarbeitungstätigkeiten gemäß Artikel 30 EU-DSGVO aufzunehmen. Sofern personenbezogene Daten im Auftrag der Schule durch andere Personen oder Stellen verarbeitet werden handelt es sich um eine Auftragsdatenverarbeitung, siehe Nummer 1.14.

4.3.6. Neben den datenschutzrechtlichen Regelungen sind beim Einsatz von elektronischen Verfahren im Rahmen der Evaluation, soweit diese zweckgerichtet für die Verarbeitung von personenbezogenen Daten eingesetzt werden, auch die Beteiligungsrechte der Personalvertretungen gemäß § 75 Absatz 4 Nummer 13 LPVG zu beachten. Dies ist dann der Fall, wenn elektronische Verfahren umfangreiche Auswertungs- und Datenverknüpfungen zulassen.

4.4.
Übermittlung von personenbezogenen Daten im Rahmen der Schulevaluation

4.4.1. Bei einer Übermittlung von Ergebnissen der Evaluation beispielsweise von schulinternen Qualitätsdokumentationen oder bei der Bekanntgabe zum Beispiel im Rahmen einer Gesamtlehrerkonferenz oder Schulkonferenz sind personenbezogene Daten grundsätzlich so zusammenzufassen, dass eine Zuordnung bestimmter Personen unmöglich gemacht wird.

4.4.2. Ist es unumgänglich, in die Dokumentation der Evaluation personenbezogene Daten aufzunehmen, sind bei der Entscheidung über die Datenübermittlung das Interesse der Schule an einer Qualitätsverbesserung und schutzwürdige Interessen Einzelner sorgfältig gegeneinander abzuwägen. Hiervon betroffene Personen sind zu informieren, ihre Zustimmung ist einzuholen.

4.4.3. Personenbezogene Daten von Lehrkräften, Schülerinnen und Schülern, Erziehungsberechtigten oder sonstigen einbezogenen Personen (insbesondere Personal des Schulträgers) dürfen nur mit deren Einwilligung an Dritte übermittelt werden. Dies gilt auch für personenbezogene Daten der Schulleitung und deren Stellvertretung. Dritte im datenschutzrechtlichen Sinn sind dabei auch sowohl die schulischen Gremien wie auch mittelbar am Schulleben Beteiligte (zum Beispiel Schulträger). Allein der Umstand, dass ein Gremium nicht öffentlich tagt, rechtfertigt für sich eine Datenübermittlung ohne Einwilligung davon betroffener Personen nicht.

4.4.4. Für die Übermittlung des Berichts der Evaluation an die Schulaufsicht bedarf es keiner Einwilligung.

Hinweis der Redaktion: Zur Umsetzung der Europäischen Datenschutzgrundverordnung (EU-DSGVO) hat das KM unter: https://it.kultus-bw.de/,Lde/Startseite/IT-Sicherheit/Datenschutz+an+Schulen Hinweise auf die Rechtslage veröffentlicht.

Anlage 1
Datenschutzrechtliche Hinweise für den Gebrauch privater Datenverarbeitungsgeräte durch Lehrkräfte zur Verarbeitung personenbezogener Daten

Auf privaten Datenverarbeitungsgeräten dürfen lediglich die personenbezogenen Daten jener Schülerinnen und Schüler verarbeitet werden, die von der jeweiligen Lehrkraft selbst unterrichtet werden, also deren Klassenlehrerin oder Klassenlehrer, Lernbegleiterin oder Lernbegleiter beziehungsweise Tutorin oder Tutor sie ist. Art und Umfang der verarbeiteten Daten orientieren sich an den herkömmlich etwa in einem Notenbuch geführten oder bei der manuellen Zeugniserstellung benötigten Daten. Besonders schutzwürdige Daten, etwa über Krankheiten oder Erziehungs- und Ordnungsmaßnahmen von Schülerinnen und Schülern, dürfen nicht auf dem privaten Datenverarbeitungsgerät verarbeitet werden.

Jedoch dürfen Lehrkräfte im Rahmen ihrer Aufgaben personenbezogene Daten von Schülerinnen und Schülern für Gutachten, beispielsweise für sonderpädagogische Zwecke, verarbeiten. Diese personenbezogenen Daten sind nach Fertigstellung entweder auszudrucken und/oder auf dienstliche Geräte zu übertragen und sodann auf den privaten Datenverarbeitungsgeräten unverzüglich zu löschen.

Die personenbezogenen Daten müssen durchgängig verschlüsselt gespeichert und verschlüsselt über das Internet übermittelt werden. Diese Daten sind getrennt von privaten, persönlichen Daten zu speichern und gegen unbefugten Zugriff zu schützen. Empfohlen wird eine Speicherung dienstlicher personenbezogener Daten auf einem verschlüsselten USB-Stick, um eine Trennung von dienstlichen und privaten Daten zu gewährleisten. Der Datenträger ist sorgsam zu verwahren.

Die Daten müssen spätestens nach dem Ende des nächsten Schuljahres gelöscht werden. Jeder Verlust ist sofort der Schulleitung zu melden, gegebenenfalls sind zudem die Melde- und Benachrichtigungspflichten nach 1.10. der Verwaltungsvorschrift zu beachten.

Genehmigung

Die Schulleitung muss über Art und Umfang der vorgesehenen Verarbeitung personenbezogener Daten auf einem privaten Datenverarbeitungsgerät (PC, Laptop, Tablet, Wechseldatenträger wie DVD, USB-Stick, externe Festplatte usw.) einer Lehrkraft informiert sein und dieser Datenverarbeitung schriftlich zustimmen. Diese Anlage zur Verwaltungsvorschrift „Datenschutz an öffentlichen Schulen" ist der Lehrkraft auszuhändigen. Hierfür muss die Lehrkraft der Schulleitung eine Übersicht der verwendeten Hard- und Software sowie eine Bestätigung der getroffenen technischen und organisatorischen Maßnahmen (Artikel 32 EU-DSGVO und § 3 LDSG) vorlegen. Das Kultusministerium stellt hierfür eine Vorlage unter www.it.kultus-bw.de zur Verfügung, die von den Schulen zu verwenden ist.

Technische und organisatorische Datenschutzmaßnahmen

Diese Datenschutzmaßnahmen müssen insbesondere gewährleisten, dass ein unbefugter Zugriff auf die Daten wirksam unterbunden wird.

Es müssen geeignete technische und organisatorische Maßnahmen getroffen werden, um ein dem Risiko angemessenes Schutzniveau zu gewährleisten; diese Maßnahmen schließen unter anderem Folgendes ein:

- **die Pseudonymisierung und Verschlüsselung personenbezogener Daten**

  Eine Pseudonymisierung muss nur dann durchgeführt werden, wenn dies für die Aufgabenerfüllung sinnvoll ist und die Aufgabenerfüllung damit möglich ist. Sollen zum Beispiel Schülernoten verwaltet werden, ist eine Pseudonymisierung nicht sinnvoll.

  Die Daten müssen in jedem Fall **verschlüsselt** gespeichert werden. Die Verschlüsselung kann mittels der Software „VeraCrypt" durchgeführt werden. Werden weitere Datenträger wie zum Beispiel USB-Sticks oder externe Festplatten verwendet, müssen die dienstlichen Daten auch dort verschlüsselt sein.

- **die Fähigkeit, die Vertraulichkeit, Integrität, Verfügbarkeit und Belastbarkeit der Systeme und Dienste im Zusammenhang mit der Verarbeitung auf Dauer sicherzustellen;**

  Je nach Art der Informationen stehen unterschiedliche Schutzziele im Vordergrund: So muss sichergestellt werden können, dass Informationen vertraulich behandelt werden, dass sie nicht absichtlich oder versehentlich geändert werden und dass sie dann zur Verfügung stehen, wenn sie benötigt werden. Folgende Fragen sind hierbei unter anderem zu klären:

  o Wo und wie werden die Geräte verwahrt?

  Sichere Verwahrung. Zum Beispiel abschließbarer Raum oder abschließbarer Schrank.

  o Wie wird sichergestellt, dass das private Gerät nicht durch Unbefugte genutzt werden kann?

  Zum Beispiel geheimes Passwort für den Gerätezugang.

  o Wie wird gewährleistet, dass andere Benutzer des Gerätes, zum Beispiel Familienangehörige, nicht auf die dienstlichen Daten zugreifen können?

  o Zum Beispiel durch Einrichtung verschiedener Benutzerprofile wird der Zugriff auf die dienstlichen Daten geschützt oder durch Ablage der Daten in einem speziellen Bereich des Dateisystems mit eingeschränkter Zugriffsberechtigung. Es wird empfohlen, dass das Benutzerkonto über keine administrativen Berechtigungen verfügt.

  o Wenn Daten an andere Stellen oder Personen übermittelt oder transportiert werden, müssen die Daten verschlüsselt werden.

  o Wohin werden welche Datenarten zu welchem Zweck übermittelt? Ist die Sicherheit der Übermittlungsmethode bekannt und angemessen?

  o Wie und durch welche Software erfolgt die Verschlüsselung?

  o Wie werden Daten gelöscht? Welche Software kommt zum Einsatz? Hinweise, welche Software eingesetzt werden kann, finden Sie auf der Homepage des BSI und auf dem Lehrerfortbildungsserver.

- **die Fähigkeit, die Verfügbarkeit der personenbezogenen Daten und den Zugang zu ihnen bei einem physischen oder technischen Zwischenfall rasch wiederherzustellen.**

  Folgende Fragen sind hierbei unter anderem zu klären:

  Auf welche Weise und wie häufig erfolgen Datensicherungen, sogenannte Backups?

  Werden die Daten gespiegelt? Wird ein Speichernetzwerk (SAN oder NAS) eingesetzt?

– **Ferner ist Folgendes zu beachten:**
- o Das eingesetzte Betriebssystem muss durch die Installation von Updates oder Patches regelmäßig auf dem aktuellen Stand gehalten werden.
- o Es ist generell die Möglichkeit der Authentisierung (personalisierte Anmeldung) insbesondere beim Betriebssystem zu nutzen.
- o Es ist eine Firewall einzusetzen (für den Fall dass das Gerät sich im Internet befindet) sowie eine Virenschutzsoftware. Diese sind stets auf dem aktuellen Stand zu halten.
- o Empfohlen wird, sämtliche Updates (Betriebssystem, Firewall, Virenschutz) **automatisiert** erfolgen zu lassen, dies kann durch entsprechende Konfiguration der Software erfolgen.
- o Passwörter sind so zu wählen, dass sie dem Stand der Technik entsprechen. Infos hierzu erhalten Sie auf dem Lehrerfortbildungsserver.
- o Bei der Nutzung von Webportalen darf das eingegebene Passwort nicht im Browser für weitere Sitzungen gespeichert werden. Dies verhindert die unberechtigte Nutzung des Webportals durch andere Nutzer Ihres privaten Umfelds, zum Beispiel durch im Haushalt wohnende Kinder.
- o Das Löschen mit Betriebssystemmitteln reicht in der Regel nicht aus, weil Daten trotz dieser Löschung wiederhergestellt werden können.
- o Die Nutzung fremder Internetzugänge (zum Beispiel in Internet-Cafes oder Hot-Spots an öffentlichen Plätzen) ist grundsätzlich verboten, es sei denn, der Internetzugang verfügt über eine Verschlüsselung. Die Nutzung des eigenen WLAN darf nur erfolgen, wenn das WLAN sicher verschlüsselt ist (zum Beispiel aktuelle WPA2-Verschlüsselung).
- o Für die Speicherung und sonstige Verarbeitung auch verschlüsselter personenbezogener Daten von privaten Datenverarbeitungsgeräten aus Clouds gelten die Anforderungen nach 1.14.2. der VwV „Datenschutz an öffentlichen Schulen“.

Auskunftsanspruch

Die Schulleitung und gegebenenfalls der Landesbeauftragte für den Datenschutz und die Informationsfreiheit Baden-Württemberg haben gegenüber der Lehrkraft einen Auskunftsanspruch über die auf den privaten Geräten gespeicherten **dienstlichen** personenbezogenen Daten. Die Lehrkraft muss daher schriftlich zusichern, dass sie die Datenverarbeitungsgeräte und Speichermedien nach Aufforderung in die Räume der Schule zu Kontrollzwecken bringen wird und eine Kontrolle der **dienstlich** verarbeiteten Daten durch dazu berechtigte Personen duldet. Dies erfolgt im Beisein der Lehrkraft.

Die Lehrkraft verpflichtet sich zudem, alle zukünftigen wesentlichen Änderungen (zum Beispiel Neubeschaffung von Hardware, Einsatz neuer Software zur Verarbeitung dienstlicher personenbezogener Daten) der Schulleitung unverzüglich mitzuteilen.

Weitere Informationen zu diesen Themen finden Sie im Internet auf der Webseite des BSI für Privatpersonen, unter www.bsi-fuer-buerger.de und unter https://lehrerfortbildung-bw.de/st_recht/.

Hinweis der Redaktion: Die Anlagen 2 (Aufnahmebogen Schülerinnen und Schüler), 3 (Belehrung zum Datenschutz, Datengeheimnis) und 4 (Merkblatt Betroffenenrechte) sind hier nicht abgedruckt.

⇨ Amtshilfe; ⇨ Aufbewahrungsfristen; ⇨ Beamtengesetz (LBG) § 83 ff.; ⇨ Datenschutz (Allgemeines / EU-DSGVO); ⇨ Datenschutz (LDSG); ⇨ Datenschutz (RDV - Bildungsplattform); ⇨ Datenschutz (RDV - Personaldaten); ; ⇨ Digitalisierung/Medienentwicklung; ⇨ Digitalpakt Schule; ⇨ Internet und Schule; ⇨ Klassen-/Kurstagebücher; ⇨ Personalakten; ⇨ Personalvertretungsgesetz (LPVG); ⇨ Schulbesuchsverordnung; ⇨ Schulgesetz §§ 55, 90, 115; ⇨ Urheberrecht; ⇨ Verschwiegenheitspflicht; ⇨ Werbung Nr. 4; ⇨ Zeugnisse

Stichwort: Keine Angst beim Datenschutz

Die Europäische Datenschutzgrundverordnung (EU-DSGVO) enthält auch sehr erhebliche Strafandrohungen für Verstöße gegen den Datenschutz (Bußgelder bis zu 20 Millionen Euro oder aber bis 4 Prozent des weltweiten Jahresumsatzes eines Unternehmens). ⇨ Datenschutz (Allgemeines / EU-DSGVO)

Viele Schulleiterinnen und Schulleiter bzw. Datenschutzbeauftragte treibt seitdem die Sorge um, dass sie für Fehler beim Datenschutz haftbar gemacht werden können. Doch nach Art. 34 ⇨ Grundgesetz und § 839 BGB haftet der Dienstherr (bei dem Lehrpersonal an öffentlichen Schulen das Land Baden-Württemberg) für Fehler seiner Bediensteten. Das gilt auch beim Datenschutz. Mit der EU-DSGVO wurde also keine neue Gefahr für Schulleitungen oder behördliche Datenschutzbeauftragte eingeführt. Es greift, wie bei anderen Tatbeständen auch, die Amtshaftung. Zu beachten ist allerdings, dass das Land seine Bediensteten bei grob fahrlässigem Verhalten in Regress nehmen kann. ⇨ Haftung und Versicherung

Auch dürfen gegen öffentliche Stellen keine Geldbußen gem. § 28 Datenschutzgesetz verhängt werden. Falls trotzdem Abmahnschreiben durch Rechtsanwaltskanzleien bei Schulen eintreffen, sollten diese umgehend an das Schulamt bzw. Regierungspräsidium weitergeleitet werden, damit sich die dortigen Juristinnen und Juristen der Sache annehmen können. Denn Schulen sind keine privaten, im Wettbewerb tätigen Unternehmen, die gegen das Gesetz gegen unlauteren Wettbewerb verstoßen könnten. Dennoch sollte man den angemahnten Mangel (z.B. fehlender Datenschutzerklärung auf der Homepage) umgehend beheben.

Dienstantrittsmeldung

Informationen der Redaktion zur Rechtslage und zur Verwaltungspraxis in Baden-Württemberg

Bei besoldungs- oder vergütungsrelevanten Veränderungen wird das geänderte Gehalt erst ab dem Datum des jeweiligen Dienstantritts gezahlt, z.B.

- wenn sich die Ist-Stundenzahl ändert (z.B. statt bisher 17/27 Std. auf 19/27 Std.),
- bei der Einstellung und beim Antritt besoldungsrelevanter Stellen (Schulleiter*in, Fachleiter*in, stellv. Schulleiter*in) oder von Ämtern mit Zulagen.

Deshalb muss die Schulleitung unmittelbar danach dem Regierungspräsidium schriftlich und auf dem Dienstweg eine Dienstantrittsmeldung erstatten. Auch bei sonstigen Personalveränderungen, z.B.

- Ablauf einer befristeten Freistellung (Wiedereingliederung usw.),
- Rückkehr aus Mutterschutzfrist oder Elternzeit, Urlaub ohne Dienstbezüge,
- Dienstantritt nach Versetzung an eine andere Schule,
- Dienstantritt bzw. -ende im Fall einer Abordnung an der „neuen" Schule bzw. Rückkehr an die Stammschule,

ist eine solche Meldung erforderlich.

Bei Arbeitnehmerinnen und Arbeitnehmern sind wegen der Lohnfortzahlung im Krankheitsfall der Beginn und das Ende jeder Dienstverhinderung (Arbeitsunfähigkeit und Arbeitsverhinderung) direkt dem Landesamt zu melden – auch bei kürzerer krankheitsbedingter Abwesenheit und während der Schulferien!

⇨ Arbeitszeit (Wiedereingliederung); ⇨ Krankmeldung (Abwesenheit von Lehrkräften); ⇨ Mutterschutz (Verordnung)

Dienst- und Arbeitsjubiläen

Informationen der Redaktion zur Rechtslage und zur Verwaltungspraxis in Baden-Württemberg

1.
Beamtinnen und Beamte

Verordnung der Landesregierung über die Gewährung von Jubiläumsgaben an Beamte und Richter Jubiläumsgabenverordnung – JubGVO) vom 5.2.2002 (GBl. S. 94/2002); zuletzt geändert 27.10.2010 (GBl. S. 793/2010)

§ 1
Allgemeines

(1) Die Beamten des Landes, [...] erhalten anlässlich der Vollendung einer Dienstzeit von 25, 40 und 50 Jahren nach Maßgabe des § 82 LBG und der folgenden Bestimmungen eine Jubiläumsgabe und in der Regel eine Dankurkunde. [...]

Hinweis der Redaktion: Die Jubiläumsgabe beträgt

- beim 25-jährigen Jubiläum 300 Euro,
- beim 40-jährigen Jubiläum 400 Euro,
- beim 50-jährigen Jubiläum 500 Euro.

Teilzeitbeschäftigte erhalten die Jubiläumsgabe in voller Höhe. Die Jubiläumsgabe ist steuerpflichtig!

Im Kalenderjahr des Dienstjubiläums gibt es einen freien Tag.

⇨ Beamtengesetz (LBG) § 82; ⇨ Urlaub (Verordnung) § 27

§ 2
Jubiläumsdienstzeit

Die Jubiläumsdienstzeit nach § 82 Abs. 2 LBG ist zu berechnen und der Zeitpunkt der Dienstjubiläen (Jubiläumstage) festzusetzen; die Berechnung und die Festsetzung sind den Beamten schriftlich mitzuteilen. Entsprechendes gilt in den Fällen des § 82 Abs. 3 Halbsatz 2 LBG.

Hinweis der Redaktion: Zeiten im Auslandsschuldienst zählen nicht als „Jubiläumsdienstzeit".

§ 3
Anspruch, Verfahren

(1) Der Anspruch auf die Jubiläumsgabe besteht gegenüber dem Dienstherrn, in dessen Dienst der Beamte am Jubiläumstag steht. Ein zu diesem Zeitpunkt zu einem anderen Dienstherrn abgeordneter Beamter erhält die Jubiläumsgabe vom abordnenden Dienstherrn.

(2) Die Jubiläumsgabe soll zusammen mit den Dienstbezügen für den Kalendermonat gezahlt werden, in den der Jubiläumstag (§ 2) fällt; § 4 bleibt unberührt. Fällt der Jubiläumstag [...] in die Zeit einer Beurlaubung wegen Kinderbetreuung nach § 82 Abs. 2 Nr. 3 LBG, soll abweichend von Satz 1 Halbsatz 1 die Jubiläumsgabe alsbald nach Wiederaufnahme des Dienstes gewährt werden, es sei denn, die Beurlaubung erstreckt sich bis zum Beginn des Ruhestands.

(3) Auf die Jubiläumsgabe sind die aus demselben Anlass aus öffentlichen Mitteln gewährten Geld- oder Sachzuwendungen anzurechnen.

§ 4
Hinderungsgründe

(1) Die Gewährung der Jubiläumsgabe wird hinausgeschoben,

1. wenn die Disziplinarmaßnahme einer Geldbuße von mehr als 150 Euro verhängt worden ist, bis zum Ablauf von drei Jahren,
2. wenn die Disziplinarmaßnahme einer Kürzung der Bezüge verhängt worden ist, bis zum Ablauf von fünf Jahren,
3. wenn die Disziplinarmaßnahme der Zurückstufung verhängt worden ist, bis zum Ablauf von

sieben Jahren seit dem Tage der Verhängung der Disziplinarmaßnahme, bei späterer Abänderung seit dem Tage der Verhängung der ursprünglichen Disziplinarmaßnahme.

(2) Die Gewährung der Jubiläumsgabe wird zurückgestellt, solange gegen den Beamten strafrechtliche Ermittlungen geführt werden, gegen ihn Anklage erhoben ist oder ein gegen ihn eingeleitetes Straf- oder Disziplinarverfahren nicht unanfechtbar abgeschlossen ist.

§ 5
Dankurkunde

(1) Die Entscheidung über die Ehrung mit einer Dankurkunde trifft die oberste Dienstbehörde oder die von ihr bestimmte Stelle. § 3 Abs. 2 Satz 2 und § 4 gelten entsprechend.

(2) Bei 40- und 50-jährigem Dienstjubiläum wird die Dankurkunde vom Ministerpräsidenten, bei 25-jährigen Dienstjubiläum von der obersten Dienstbehörde oder der von ihr bestimmten Stelle ausgefertigt. [...].

2.
Tarifbeschäftigte

Hinweis der Redaktion auf den Tarifvertrag-Länder (TV-L)

Arbeitnehmerinnen und Arbeitnehmer erhalten gemäß § 23 Abs. 2 TV-L nach einer entsprechenden Beschäftigungszeit (§ 34 Abs. 3 TV-L) eine steuer- und sozialversicherungspflichtige Sonderzahlung:

- Beim 25-jährigen Arbeitsjubiläum 350 Euro,
- beim 40-jährigen Arbeitsjubiläum 500 Euro.

Teilzeitbeschäftigte Arbeitnehmerinnen und Arbeitnehmer erhalten die Sonderzahlung in voller Höhe.

Beim Arbeitsjubiläum gibt es gemäß TV-L § 29 Nr. 1 Buchst. d) einen freien Tag.

Gemäß „VwV-Dankurkunde" (K.u.U. S. 148/2016) erhalten Arbeitnehmer*innen eine Dankurkunde wie die entsprechenden Beamt*innen.

⇨ Beamtengesetz (LBG) § 82; ⇨ Urlaub (Verordnung) § 27; ⇨ Tarifvertrag-Länder (TV-L) § 23 i.V.m. § 34 Abs. 3 und § 29 Nr. 1 Buchstabe d)

Dienstordnungen

Informationen der Redaktion zur Rechtslage und zur Verwaltungspraxis in Baden-Württemberg

Die von der Landesregierung erlassene „Dienstordnung für die Landesverwaltung" gilt ausdrücklich nicht für den Schulbereich. Das Kultusministerium verzichtet auf zentrale Vorgaben; es hat keine Dienstordnungen für die Schulleiter*innen und deren Stellvertreter*innen erlassen, obwohl dies im ⇨ Schulgesetz §§ 41 und 42 ausdrücklich vorgesehen ist. Stattdessen regelt es, einzelne Sachverhalte durch Detail-Erlasse oder lässt sie ungeregelt.

Diese Zurückhaltung des KM eröffnet den Schulleitungen einen begrüßenswerten Freiraum, sie kann aber auch dazu führen, dass selbstverständliche Führungsmaximen missachtet werden, weil sie nicht ausdrücklich vorgeschrieben sind. ⇨ Ermessen

Insofern ist zu empfehlen, dass sich die Schulen an einigen beherzigenswerten Maximen orientieren, welche die Regierung anderen Behörden vorgibt.

Wir zitieren nachfolgend aus der „Dienstordnung für die Landesverwaltung" einige Vorgaben, die an öffentlichen Schulen analog angewandt werden können beziehungsweise werden sollten.

Auszug aus der Dienstordnung für die Landesverwaltung

Auszug aus der Dienstordnung für die Landesverwaltung Baden-Württemberg vom 20.2.1998 GABl. S. 248/1998; K.u.U. S. 114/1998); unverändert neu erlassen am 28.12.2009

2
Leitlinie Führung und Personalwirtschaft

2.1 Führung

2.1.1 Einführung und Einarbeitung

Es ist Führungsaufgabe, dafür zu sorgen, dass neue – insbesondere neu in die Landesverwaltung eintretende – Beschäftigte eingeführt und eingearbeitet werden.

2.1.2 Aufgaben, Delegation

(1) Den Beschäftigten ist grundsätzlich ein klar abgegrenzter Aufgabenbereich mit den erforderlichen Handlungs- und Entscheidungsbefugnissen zu übertragen; dabei sind insbesondere ihre Fähigkeiten und Kenntnisse zu berücksichtigen.

(2) Weisungen für den Einzelfall sind auf das sachlich Notwendige zu beschränken. Haben Beschäftigte eine Arbeit nach Weisung erledigt, können sie ihre abweichende Auffassung in den Akten festhalten. Weitergehende, z.B. beamtenrechtliche Pflichten (Remonstration) bleiben unberührt [...].

⇨ Beamtenstatusgesetz § 36

2.1.4 Information

(1) Vorgesetzte sorgen dafür, dass allen Beschäftigten die Informationen gegeben werden, die sie benötigen, um ihre Aufgaben zu erfüllen. Dazu gehören auch Informationen über Zusammenhänge und allgemeine Umstände der Tätigkeit der Behörde, damit die Beschäftigten ihre eigenen Tätigkeiten in die Arbeit ihrer Behörde einordnen können. Die Beschäftigten

haben das Recht und die Pflicht, sich in ihrem Aufgabenbereich die notwendigen Informationen zu beschaffen, vor allem, um die ihnen vorgegebenen Ziele zu erreichen. ➪ Beamtenstatusgesetz § 34

Hinweis der Redaktion: Zum Spannungsverhältnis zwischen Dienstbesprechungen und dem Konferenzrecht der Schulen siehe den Beitrag ➪ Konferenzen (Allgemeines).

(2) Die Beschäftigten informieren ihre Vorgesetzten über Angelegenheiten von wesentlicher Bedeutung.

Hinweis der Redaktion: Die in der Landes-Dienstordnung vorgeschriebenen „Mitarbeitergespräche" sind für Lehrkräfte nach wie vor nicht vorgesehen; deshalb geben wir die entsprechenden Ziffern der Dienstordnung nicht wieder. Im Schulbereich gibt es stattdessen das „Beratungsgespräch"; siehe hierzu den Beitrag ➪ Beurteilung (Lehrkräfte) Nr. II. Die im Oktober 2002 vom Hauptpersonalrat außerschulischer Bereich mit dem KM abgeschlossene „Dienstvereinbarung zur Durchführung von Mitarbeitergesprächen mit Zielvereinbarung" gilt ausschließlich im außerschulischen Bereich, also nicht für die Schulen.

3
Leitlinie Organisation

3.1.3 Geschäftsverteilungsplan

(1) Jede Behörde erstellt einen Geschäftsverteilungsplan. Darin werden die Aufgabengebiete voneinander abgegrenzt und den Organisationseinheiten und möglichst auch einzelnen Personen zugeordnet. [...]

(2) Der Geschäftsverteilungsplan soll mindestens die Aufgabengebiete in Stichworten beschreiben, Namen und Funktion der beschäftigten Personen enthalten und soweit notwendig und sinnvoll die Vertretung regeln.

Hinweis der Redaktion: Auch diese Vorschrift gilt nicht für die Schulen; das KM hat diesen die Erstellung eines *„Geschäftsverteilungsplans"* nicht förmlich vorgeschrieben. Da die Schulleitungen jedoch darüber entscheiden, welche Lehrkräfte für besondere Aufgaben oder Belastungen *„Nachlässe"* erhalten und welche Leitungs-Anrechnungen sie an jene Personen weitergeben, die an der Leitung der Schule beteiligt sind (z.B. an ihre Stellvertretung), und da sie verpflichtet sind, die GLK über die Anrechnungen zu informieren, stellen sie faktisch einen *„Geschäftsverteilungsplan"* auf und geben sie diesen auch dem Kollegium bekannt. ➪ Arbeitszeit (Lehrkräfte) – Allgemeines

3.2 Dienstbetrieb

3.2.2 Verbot des Handeltreibens

(1) Es ist nicht gestattet, in Diensträumen und dienstlichen Anlagen Waren und Dienstleistungen für private Zwecke anzubieten oder zu vertreiben.

(2) Ausnahmen dürfen nur für Kantinen und Cafeterien zugelassen werden. ➪ Werbung

3.2.3 Alkoholische Getränke

Die Behörden haben dem Mißbrauch von Alkohol vorzubeugen. Der Genuss von alkoholischen Getränken ist während der Arbeitszeit nicht gestattet. Ausnahmen sollen nur bei besonderen Anlässen zugelassen werden. ➪ Sucht (Dienstvereinbarung)

3.4 Verkehr mit Behörden und anderen Stellen

3.4.1 Verkehr zwischen Landesbehörden

Übergeordnete und nachgeordnete Behörden verkehren auf dem ➪ Dienstweg. Davon ist abzusehen, wenn anzunehmen ist, dass die zwischengeschaltete Behörde in der Sache nicht tätig wird; sie ist dann gleichzeitig zu unterrichten, es sei denn, Gründe des Datenschutzes stehen entgegen. Behörden der gleichen Verwaltungsebene verkehren unmittelbar miteinander, soweit für einzelne Verwaltungsverfahren nichts Abweichendes geregelt ist.

3.4.3 Verkehr mit dem Landtag und den Abgeordneten

(1) Der Verkehr mit dem Landtag ist den obersten Landesbehörden vorbehalten. Die den Ministerien nachgeordneten Behörden sind nicht befugt, sich unmittelbar an den Landtag oder an einzelne Abgeordnete zu wenden.

Hinweis der Redaktion: Dies gilt nicht für gewerkschaftliche Betätigung oder die Inanspruchnahme des Petitionsrechts.

(2) Wenden sich Abgeordnete unmittelbar an Behörden, die den Ministerien nachgeordnet sind, oder an einzelne dort beschäftigte Personen, ist das zuständige Ministerium zu unterrichten, wenn es sich um Anliegen von erheblicher politischer Bedeutung handelt.

➪ Amtshilfe; ➪ Arbeitszeit (Lehrkräfte) – Allgemeines; ➪ Beamtenstatusgesetz § 36; ➪ Beurteilung (Lehrkräfte); ➪ Dienstweg; ➪ Ermessen; ➪ Fachleute; ➪ Fortbildung; ➪ Konferenzen (Allgemeines); ➪ Konferenzordnung; ➪ Rauchen in der Schule; ➪ Schulgesetz §§ 41, 44 ff., 47; ➪ Sucht (Dienstvereinbarung); ➪ Wahlkampf; ➪ Werbung

Stichwort: Dienstgespräch nur mit Rat und Beistand

Alle im Landesdienst Beschäftigten haben das Recht, sich im „Verwaltungsverfahren" durch Bevollmächtigte vertreten zu lassen oder einen Beistand mitzubringen. Das können GEW-Vertreter*innen sein (Bezirksgeschäftsstelle, GEW-Rechtsschutzstelle), ein Personalratsmitglied, Rechtsanwält*innen usw.

➪ Verwaltungsrecht (Kasten auf der ersten Seite des Beitrags)

Wer von seinen Vorgesetzten (beispielsweise vom Staatlichen Schulamt oder dem Regierungspräsidium) zu einem „Dienstgespräch" geladen wird, sollte nicht auf einen qualifizierten Beistand verzichten. Denn allein auf sich gestellt, kann das auch schiefgehen (man sagt zuviel, sagt das Falsche, belastet sich selbst, nimmt sein Recht zur Aussageverweigerung nicht wahr, vergisst Wichtiges zu sagen ...).

Das muss nicht unbedingt so sein – bisweilen ist es auch klug, keinen Beistand mitzubringen, sondern allein zum Dienstgespräch zu kommen. Aber dann sollte man sich gut vorbereiten und vorher gründlich beraten lassen. Und wenn man mit Beistand kommt, sollte man jemanden mit Erfahrung bei solchen Gesprächen mitnehmen (also nicht irgendwelche Anwält*innen). Dafür sind die GEW-Geschäftsstellen und der GEW-Rechtsschutz da. ➪ Rechtsschutz

Wer in Disziplinarfällen auf den vorherigen (!) Rat der GEW verzichtet, handelt fahrlässig.

Dienstweg

Informationen der Redaktion zur Rechtslage und zur Verwaltungspraxis in Baden-Württemberg

In der staatlichen Verwaltung gilt der Grundsatz, dass die einzelne Behörde bzw. die einzelne Amtsperson für die ihr übertragenen Aufgaben unmittelbar selbst zuständig ist. Um sicherzustellen,

- dass alle „Vorgänge" von der jeweils zuständigen Stelle oder Amtsperson erledigt werden und
- dass eine ausreichende Information der verschiedenen Instanzen untereinander erfolgt,

ist im innerdienstlichen Verkehr der „Dienstweg" einzuhalten. Dies bedeutet, dass eine nicht selbst zur Entscheidung befugte Behörde bzw. Amtsperson den jeweiligen „Vorgang" dem oder der unmittelbaren Vorgesetzen bzw. der übergeordneten Behörde und diese wiederum der nächsthöheren Instanz vorzulegen hat, bis eine entscheidungsbefugte Ebene erreicht ist. Nach deren Entscheidung ist der „Vorgang" entsprechend nach „unten" zurückzuleiten. Dies gilt nicht für Mitglieder der Personalvertretung, die sich im Rahmen der vertrauensvollen Zusammenarbeit zum Beispiel auch direkt an die zuständigen Abteilungsleitungen oder Ministerialbeamt*innen wenden können.

Der „Dienstweg" gilt für Beamt*innen auch bei der „Remonstration" (BeamtStG § 36) sowie bei Anträgen an oder Beschwerden über vorgesetzte Personen bzw. Behörden. ➪ Remonstrationspflicht

Beschwerden gegen unmittelbare Vorgesetzte können jedoch direkt bei der nächsthöheren Instanz eingereicht werden. Keinen „Dienstweg" gibt es auch bei Petitionen von Beschäftigten an Parlamente (Bundes-/Landtag) sowie beim Verkehr in persönlichen Angelegenheiten mit dem Landesamt (z.B. Beihilfeanträge). Vertrauliche persönliche Unterlagen (z.B. ärztliche Gesundheitszeugnisse) können direkt an die entscheidungsbefugte Behörde gesandt oder dem Vorgang in verschlossenem Umschlag beigefügt werden. ➪ Beihilfeverordnung § 18 Abs. 4

➪ Beamtengesetz (LBG) §§ 3 und 49; ➪ Beamtenrecht (Zuständigkeiten); ➪ Beamtenstatusgesetz §§ 36 und 54; ➪ Beihilfeverordnung § 18 Abs. 4; ➪ Beschwerderecht; ➪ Dienstordnungen; ➪ Grundgesetz Art. 17; ➪ Landesamt für Besoldung und Versorgung; ➪ Remonstrationspflicht; ➪ Schwerbehinderung; ➪ Tarifrecht (Allgemeines); ➪ Verschwiegenheitspflicht; ➪ Verwaltungsrecht (Allgemeines)

Digitalisierung (Medienentwicklung)

Auszug aus der Arbeitshilfe des Kultusministeriums unter Beteiligung der Kommunalen Landesverbände für Schulen in öffentlicher Trägerschaft in Baden-Württemberg (Stand: Juli 2019)

1. Eckpunkte

Die folgenden Eckpunkte beziehen sich auf den Medieneinsatz in unterrichtlichen schulischen Bereichen. Der IT-Einsatz in der Verwaltung und in der Schulstatistik wird nicht thematisiert.

1. Leitbild für den pädagogisch-didaktisch sinnvollen und nachhaltigen Einsatz der digitalen Medien in der Schule ist das Konzept der medienintegrativen Schule. An diesem Leitbild, und auch an der Leitperspektive Medienbildung und dem Basiskurs Medienbildung in Klasse 5, die in den Bildungsplänen 2016 für die allgemeinbildenden Schulen verankert sind, sowie an den Anforderungen der beruflichen Schulen orientiert sich die Ausstattung der weiterführenden allgemeinbildenden und beruflichen Schulen mit Multimedia, die Vernetzung und die Sicherstellung des laufenden Betriebs.
2. Parallel zur Ausstattung der Schulen durch die Träger sorgt das Land für eine angemessene Qualifikation der Lehrkräfte zum pädagogischen Einsatz vorhandener Multimediatechnik im Unterricht. Der Stand der Qualifikation der Lehrerinnen und Lehrer sowie das Fortbildungskonzept einer jeden Schule sind Bestandteile des Medienentwicklungsplans.

   Jede allgemeinbildende und berufliche Schule verfügt in der Regel über mindestens eine Multimediaberaterin/einen Multimediaberater, die/der für den Einsatz der digitalen Medien qualifiziert wurde und dazu schulinterne Lehrerfortbildungen anbietet. Diese Multimediaberaterinnen und -berater werden kontinuierlich fortgebildet.

   Hinweis der Redaktion: Die Medienentwicklung ist als Teil der Ausstattung der Schule eine originäre Aufgabe des Schulträgers; er hat die Sachkosten sowie das Personal zu stellen beziehungsweise zu finanzieren. ➪ Schulträger

   Soweit Lehrkräfte über ihre eigentlichen (pädagogischen) Aufgaben hinaus für die „Medienentwicklung" eingesetzt werden, müssen sie entsprechend entlastet werden. Für die „Betreuung von Unterrichtscomputern" sowie für die Multimediaberater*innen hat das Kultusministerium bislang nur die unter ➪ Arbeitszeit (PC-Betreuung/Multimedia-Beratung) genannten Anrechnungen geregelt.

   Zusätzlich bietet das Land eine Reihe von Qualifizierungsmaßnahmen unterschiedlicher Organisationsformen von Präsenzveranstaltungen bis zu Webinaren sowohl auf lokaler, regionaler als auch landesweiter Ebene an. ➪ Fortbildung
3. Damit die digitalen Medien zu selbstverständlichen Werkzeugen im Unterricht werden, sollen sich die Lehrkräfte der Schulen über den zu erstellenden Medienentwicklungsplan mit ihrem pädagogisch-technischen Konzept auseinandersetzen und passende Szenarien der Ausstattung entwickeln. Wesentliches Merkmal der Ausstattungskonzepte ist die Ermöglichung eines problemlosen, schnellen und mit wenig Zeit- und Arbeitsaufwand verbundenen

Einsatzes von Geräten im Unterricht. Bei der Entwicklung entsprechender Ausstattungskonzepte sollten verschiedene fest installierte und mobile Varianten in den Räumen berücksichtigt werden. Alle Computer sind sinnvollerweise an das schulische Netzwerk angebunden. Die Vernetzung ermöglicht multimediales Arbeiten und den ständigen Internetzugriff an jedem Rechner sowie die Wiederherstellung der Arbeitsstationen und das Management der mobilen Geräte. Nur in einer vernetzten Schule kann die ständige Verfügbarkeit der Arbeitsstationen gesichert werden. Die effiziente Wartung und Betreuung der Rechner ist ebenfalls nur durch eine leistungsfähige Vernetzung zu erreichen. Die strukturierte Verkabelung der Schulgebäude und eine WLAN-Infrastruktur schaffen die Voraussetzung für die erforderliche Medienintegration im Fachunterricht. Um die Arbeit mit mobilen Geräten im Unterricht zu ermöglichen, ist es zielführend, die Unterrichtsräume mit WLAN auszustatten. Die Vorgaben zum Datenschutz, zum Gesundheitsschutz und zur Sicherheit für die technische Netzinfrastruktur sind dem jeweils aktuellen Netzbrief zu entnehmen und müssen beachtet werden (siehe „10. Rechtliche Aspekte“).

⇨ Datenschutz (Bildungsplattform RDV) ; ⇨ Datenschutz (Schule);

4. Die Anbindung der Schulen an das Internet wird künftig eine wesentlich größere Rolle spielen. Plattformgestützte Lösungen für Unterricht, Kommunikation, Organisation und Verwaltung bekommen zunehmende Bedeutung für den schulischen Alltag. Auch für den technischen Support schulischer Netzwerke ist eine möglichst breitbandige und symmetrische Anbindung der Schule an das Internet wichtig, weil so der Schulserver aus der Schule heraus zu einem spezialisierten Dienstleister verlagert werden kann. ⇨ Internet und Schule
5. Die Schulen erstellen in enger Abstimmung mit dem Schulträger und unter Berücksichtigung des Finanzierungsrahmens schulspezifische Medienentwicklungspläne, die pädagogisch-didaktische Nutzungsmöglichkeiten und die dafür erforderlichen Vernetzungs- und Ausstattungsszenarien sowie alle Erfordernisse für die Sicherstellung des laufenden Betriebs der jeweiligen Schule einschließlich eines Wartungskonzepts beschreiben. Dabei sind auch die datenschutzrechtlichen Aspekte zu berücksichtigen. Die Anordnung und Zugänglichkeit der Geräte, die vorhandene Ausstattung (Ist-Stand-Erhebung) und die geplanten Entwicklungsschritte werden beschrieben und die erforderlichen Maßnahmen zur Qualifizierung des Kollegiums dargestellt. Als »lokale Zielvereinbarungen« sollen die Medienentwicklungspläne jeweils auch zeitliche Absprachen für die Umsetzung enthalten. Die Erarbeitung und Fortschreibung der Medienentwicklungspläne ist Teil der inneren Schulentwicklung. Die Erstellung des Medienentwicklungsplans und dessen Umsetzung erfolgen in Abstimmung zwischen Schulträger und Schule. Dabei sind allgemeine technische Vorgaben des Schulträgers für die Schuldigitalisierung zu beachten.

Hinweis der Redaktion: Bei der Ausstatung Im Rahmen des DigitalPakts kann der Medienentwicklungsplan auch nachgereicht werden. ⇨ Digitalpakt Schule

6. Land und kommunale Schulträger wirken bei der Sicherstellung des Betriebs der schulischen Netzwerke zusammen. Aufgabe des Schulträgers ist der technische Support der Ausstattung und Vernetzung an Schulen, während das Land für Aufgaben mit pädagogischem Schwerpunkt zuständig ist. – Ein zentrales Unterstützungsangebot für die pädagogischen Netzwerke der Schulen ist die „pädagogischen Musterlösung“ (paedML), die einschließlich des darauf abgestimmten Unterstützungsangebots des Landesmedienzentrums, der Beratungsangebote an Medienzentren und der Fortbildungsangebote für Netzwerkberaterinnen und -berater kontinuierlich fortentwickelt wird. Für die pädagogischen Aufgaben in diesem Bereich stellt das Land an den weiterführenden Schulen Netzwerkberaterinnen und Netzwerkberater bereit. Die Aufgabenbeschreibung und Aufgabenzuordnung findet sich in Kapitel 7 dieser Hinweise.
7. Die von Land und Kommunen flächendeckend aufgebauten medienpädagogischen und medientechnischen Unterstützungssysteme haben sich sehr bewährt. Hierbei übernehmen die Medienzentren und das Landesmedienzentrum wesentliche Aufgaben. Durch den Aufbau zentraler Supportleistungen auf der Grundlage der paedML werden in erheblichem Umfang Kosten gespart und Synergieeffekte erzielt. Diese Unterstützungssysteme werden aufgabengerecht fortentwickelt werden (zum Beispiel zur Unterstützung der Grundschulen).
8. Das Land fördert die Erstellung und die Distribution multimedialer Bildungsmedien („Server für die schulische Arbeit mit Medien“, SESAM), sorgt für den Aufbau und die Pflege online-gestützter Informations- und Kooperationsangebote (z.B. Landesbildungsserver, Online-Plattform zur Publikation der Bildungspläne 2016) und entwickelt medienpädagogische Konzeptionen für den Einsatz der Medien im Fachunterricht insbesondere zur Umsetzung der Leitperspektive Medienbildung einschließlich des Basiskurses Medienbildung in Klasse 5 der allgemeinbildenden Schulen.
9. Mit Inkrafttreten des Bildungsplans 2016 ist die digitale Medienbildung verbindliche Aufgabe auch der Grundschule. Die Formulierung „sobald vorhanden“ im Bildungsplan weist darauf hin, dass noch nicht an jeder Grundschule in Baden-Württemberg die erforderlichen technischen Voraussetzungen vorhanden sind. Auch für die Grundschulen ist die gemeinsame Medienentwicklungsplanung von Schule und Schulträger die entscheidende Bedingung für einen erfolgreichen Medieneinsatz. [...]

10. Rechtliche Aspekte

Der Einsatz digitaler Technologien in Schulen berührt unter anderem Fragen des Jugendmedienschutzes, des Datenschutzes, des Urheberrechts und des Strafrechts. So müssen zum Beispiel bei Videos datenschutzrechtliche Einwilligungen eingeholt und das Urheberrechtsgesetz beachtet werden.

Für alle digitalen Verfahren an einer Schule, bei welchen personenbezogene Daten verarbeitet werden, ist ein Verzeichnis der Verarbeitungstätigkeiten durch die Schulleitung zu führen. Werden hierfür IT-Dienstleitungen von Dritten erbracht, z.B. Server beim Schulträger, Cloud-Dienste oder Wartung der IT durch Dienstleister oder den Schulträger, so muss weiterhin grundsätzlich ein Vertrag zur Datenverarbeitung im Auftrag abgeschlossen werden. Der Datenschutzbeauftragte der Schule berät hierzu.

Das Land stellt Informationen zum Thema Datenschutz und Urheberrecht in Form von Handreichungen und Hinweisen zur Verfügung: https://lehrerfortbildung-bw.de/st_recht/ sowie https://it.kultus-bw.de Weiterhin können Schulen die Vorlagen unter https://vvbw.kultus-bw.de für das Verzeichnis der Verarbeitungstätigkeiten nutzen.

➪ Datenschutz (Schule); ➪ Urheberrecht (Allgemeines)

Das Land bietet auch Fortbildungen für Lehrkräfte, Schulleitungen und Datenschutzbeauftragte an. Diese Fortbildungsveranstaltungen können über https://lfb.kultus-bw.de gebucht werden.

Informationen zum Jugendmedienschutz unter: https://www.kjm-online.de/themen/jugendmedienschutz und unter MediaCulture-Online (https://www.lmz-bw.de/medien-und-bildung/mediaculture-online). ➪ Jugendschutzgesetz

Bei der Gestaltung der Vernetzung an einer Schule ist zwingend der Netzbrief zu beachten (https://it.kultus-bw.de/,Lde/Startseite/IT-Sicherheit/Datenschutz+an+Schulen > Netzbrief).

➪ Arbeitszeit (PC-Betreuung/Multimedia-Beratung); ➪ Datenschutz (Bildungsplattform RDV); ➪ Datenschutz (Schule); ➪ Datenschutz (RDV Personaldaten); ➪ Digitalpakt Schule; ➪ Fortbildung; ➪ Internet und Schule; ➪ Jugendschutzgesetz; ➪ Schulentwicklung; ➪ Urheberrecht (Allgemeines)

Digitalpakt Schule

Informationen der Redaktion zur Rechtslage und zur Verwaltungspraxis in Baden-Württemberg

I. Verwaltungsvereinbarung DigitalPakt Schule 2019 bis 2024

Auszug aus der Verwaltungsvorschrift des Kultusministeriums zur Umsetzung der Verwaltungsvereinbarung vom 15. August 2019 (K.u.U. S. 137/2019)

4 Zuwendungsfähige Maßnahmen

4.1 Zuwendungsfähig sind Maßnahmen an Schulen unter Beachtung von Nummer 4.3 und 6.5 in den Bereichen

a) Aufbau oder Verbesserung der digitalen Vernetzung in Schulgebäuden und auf Schulgeländen;

b) lokale schulische Server,
   - aa) die genutzt werden, um unzureichende Bandbreite, Datendurchsatz oder Latenz des Internetanschlusses des Schulstandorts auszugleichen, zum Beispiel Pufferserver für Bildungsmedien, sofern innerhalb von mindestens 12 Monaten nach Abschluss der sonstigen Maßnahmen ein Glasfaseranschluss von keinem Anbieter garantiert werden kann, oder
   - bb) die erforderlich sind,
     - um rechtlichen Anforderungen zu genügen oder
     - um spezifische schulische Anwendungen zu ermöglichen;

c) schulisches WLAN; ➪ Internet und Schule

d) Anzeige- und Interaktionsgeräte, insbesondere Displays und interaktive Tafeln, einschließlich Steuerungsgeräte;

e) digitale Arbeitsgeräte, insbesondere für die technisch-naturwissenschaftliche Bildung oder die berufsbezogene Ausbildung;

f) schulgebundene mobile Endgeräte (Laptops, Notebooks und Tablets mit Ausnahme von Smartphones), wenn
   - aa) die Schule über die Infrastruktur, die nach Nummer 4.1 Buchstabe a, b und c förderfähig ist, verfügt oder diese durch den Schulträger beantragt ist und
   - bb) spezifische fachliche oder pädagogische Anforderungen solche Geräte erfordern und dies im technisch-pädagogischen Einsatzkonzept der Schule dargestellt ist und
   - cc) bei Anträgen für allgemeinbildende Schulen die Gesamtkosten für mobile Endgeräte für allgemeinbildende Schulen am Ende der Laufzeit des DigitalPakts Schule entweder
     - 20 vom Hundert des Gesamtinvestitionsvolumens für alle allgemeinbildenden Schulen pro Schulträger oder
     - 25 000 Euro je einzelne Schule

     oder beides nicht überschreiten.

Sofern die Infrastruktur gemäß Satz 1 Buchstabe a, b und c an einer Schule zum Zeitpunkt der Beantragung mobiler Endgeräte gemäß Satz 1 Buchstabe f noch nicht vorhanden ist, sind die Mittel für mobile Endgeräte für diese Schule bis zur Herstellung dieser Infrastruktur zu sperren.

4.2 Zuwendungsfähig sind regionale Maßnahmen unter Beachtung von Nummer 4.3 und 6.5, soweit sie von den Schulen unmittelbar nutzbar sind, in den Bereichen:

a) Systeme, Werkzeuge und Dienste, die Leistungsverbesserungen bewirken, die Service-Qualität steigern oder die Interoperabilität bestehender oder neu zu entwickelnder digitaler Infrastrukturen herstellen oder sichern;
b) Aufbau und Inbetriebnahme von Strukturen für die professionelle Administration und Wartung digitaler Infrastrukturen im Zuständigkeitsbereich von Schulträgern.

4.3 Investive Begleitmaßnahmen können gefördert werden, wenn ein unmittelbarer und notwendiger Zusammenhang mit einer Maßnahme nach Nummer 4.1 und 4.2 besteht. Dazu zählen neben Planung, Beschaffung, Entwicklung, Aufbau und Inbetriebnahme bestehend aus Integration, Umsetzung und Installation auch der Erwerb von Lizenzen für zum Betrieb, zur Nutzung und zur Wartung der Geräte und Netze erforderliche Software sowie projektvorbereitende und -begleitende Beratungsleistungen externer Dienstleister, die einer möglichst wirtschaftlichen Umsetzung und Nutzung dienen. Laufende Kosten der Verwaltung (Personalkosten, Sachkosten) sowie Kosten für Betrieb, Wartung und IT-Support der geförderten Infrastrukturen sind nicht förderfähig.

4.4 Zu beschaffende digitale Infrastrukturen sind möglichst technologieoffen, erweiterungs- und anschlussfähig an regionale, landesweite oder länderübergreifende Systeme. Soweit die digitalen Infrastrukturen erst entwickelt werden, sind sie technologieoffen, erweiterungsfähig und auf Interoperabilität hin zu gestalten.[...]

7 Verfahren

7.2 Zuwendungsanträge müssen folgende Angaben enthalten [...]:

a) Investitionsplanung (Kosten- und Zeitplanung inklusive Beginn der Investitionsmaßnahme);
b) im Fall von Nummer 5.3 Absatz 2 eine Erklärung, dass es sich um einen selbstständigen, noch nicht begonnenen Abschnitt einer laufenden Maßnahme handelt;
c) Bestätigung über ein auf die Ziele der Investitionsmaßnahme abgestimmtes Konzept des Antragstellers über die Sicherstellung von Betrieb, Wartung und IT-Support nach Anlage 1;
d) Erklärung zu Mitteln aus anderen Fördermaßnahmen (Nummer 6.5);
e) Medienentwicklungsplan, der
   aa) eine Bestandsaufnahme bestehender und benötigter Ausstattung mit Bezug zum beantragten Fördergegenstand und Bestandsaufnahme der aktuellen Internetanbindung;
   bb) ein technisch-pädagogisches Einsatzkonzept mit Berücksichtigung medienpädagogischer, didaktischer und technischer Aspekte;
   cc) eine bedarfsgerechte Fortbildungsplanung für die Lehrkräfte

   enthält.

⇨ Personalvertretungsgesetz (LPVG) § 75 Abs. 4 Nr. 10 und § 81 Abs. 1 Nr. 5; ⇨ Fortbildung

Ist die Vorlage des Medienentwicklungsplans zum Zeitpunkt der Antragstellung nicht möglich, ist dem Zuwendungsantrag eine Erklärung beizulegen, dass der Medienentwicklungsplan zum frühest möglichen Zeitpunkt, spätestens jedoch mit der Abgabe des Verwendungsnachweises [...] nachgereicht wird.

II.
Leihgeräte für Lehrkräfte

Auszug aus der Bekanntmachung des Kultusministeriums zur Verwendung der Finanzhilfen des Bundes gemäß dem Zusatz zur Verwaltungsvereinbarung DigitalPakt Schule 2019 bis 2024 („Leihgeräte für Lehrkräfte") vom 29. Januar 2021 (AZ: 23-0278.4-07/113)

2 Gegenstand der Förderung

2.1. Zweck der Mittel ist es, die Förderung gem. § 3 Abs. 1 Nr. 4, 5 und 6 der Verwaltungsvereinbarung zum DigitalPakt Schule sowie gem. § 2 der Zusatzvereinbarung „Sofortausstattungsprogramm" zu ergänzen. Die Schulen sollen in die Lage versetzt werden, Lehrkräften geeignete schulgebundene mobile digitale Endgeräte für den Unterricht in der Schule oder beim Distanzlernen sowie zur allgemeinen Unterrichtsvor- und -nachbereitung leihweise zur Verfügung zu stellen.

2.2. Geeignete schulgebundene mobile Endgeräte sind Notebooks oder Tablets, nicht aber Smartphones, sofern sie in die durch den DigitalPakt Schule geschaffene Infrastruktur integrierbar sind. Die Geräte sind zentral administriert sowie personenunabhängig und rechtskonform konfiguriert. Es muss technisch so möglich sein, dass sich rechtskonform verschiedene Nutzende ein Endgerät teilen können. Geeignete Endgeräte (technisch und pädagogisch) können sowohl im Unterricht in der Schule, als auch für das Distanzlernen und den Hausunterricht gemäß § 21 SchG sowie für die allgemeine Vor- und Nachbereitung von Unterricht genutzt werden.

3 Empfänger

Die Mittel werden Trägern öffentlicher Schulen nach § 2 Absatz 1 des Schulgesetzes [...] und Trägern von Ersatzschulen nach § 3 des Privatschulgesetzes (PSchG) zur Verfügung gestellt [...].

Hinweise der Redaktion:

1. FAQs zum Digitalpakt sind eingestellt unter: https://km-bw.de/Kultusministerium,Lde/Startseite/Schule/Digitalpakt
2. Lehrkräfte können nicht verpflichtet werden, private Geräte für berufliche Zwecke zu nutzen. ⇨ Datenschutz (Schulen) 1.13
3. Voraussetzung für die Bewilligung von Mitteln für Dienstgeräte aus dem DigialPakt ist ein Medienentwicklungsplan.
4. Vertragsmuster sind abgelegt unter: https://it.kultus-bw.de/,Lde/Startseite/IT-Sicherheit/mobile Nur diese sollten verwendet werden.

⇨ Digitalisierung / Medienentwicklung; ⇨ Fortbildung; ⇨ Internet und Schule; ⇨ Konferenzordnung; ⇨ Personalvertretungsgesetz (LPVG) § 75 Abs. 4 Nr. 10 und § 81 Abs. 1 Nr. 5; ⇨ Privatschulgesetz; ⇨ Schulentwicklung

Diskriminierung (Sexuelle Orientierung)

Informationen der Redaktion zur Rechtslage und zur Verwaltungspraxis in Baden-Württemberg

Das Grundgesetz verbietet jegliche Diskriminierung wegen der Geschlechtszugehörigkeit, auch von Personen mit gleichgeschlechtlicher, transgender, bi oder queer Orientierung Dies gilt auch für das Zugangsrecht zum öffentlichen Dienst: Bei der Einstellung dürfen Benachteiligungen wegen der sexuellen Orientierung nicht stattfinden.

⇨ Grundgesetz Art. 3 und Art. 33; ⇨ Mobbing

Das 2006 erlassene „Allgemeine Gleichbehandlungsgesetz" verbietet jede Diskriminierung von Beschäftigten, auch wegen ihrer sexuellen Orientierung.

⇨ Gleichbehandlungsgesetz (AGG)

Den Personalräten obliegt bezüglich der Einhaltung dieser Vorschriften eine Überwachungspflicht.

⇨ Personalvertretungsgesetz § 69 Abs. 1 und § 70 Abs. 1

Mit dem *„Gesetz zur Einbeziehung von Lebenspartnerschaften in ehebezogene Regelungen des öffentlichen Dienstrechts [...]"* wurden beamtete eingetragene Lebenspartnerinnen und -partner 2012 im Besoldungs-, Versorgungs-, Reisekosten- sowie im Beihilferecht den verheirateten Landesbeamtinnen und -beamten gleichgestellt.

Die GEW wendet sich gegen jegliche Diskriminierung von Lehrkräften mit gleichgeschlechtlicher Orientierung (dies gilt in gleicher Weise für Schüler*innen) und fordert alle Kolleg*innen auf, möglichen Diskriminierungsversuchen entgegenzutreten. Beim Landesverband der GEW bestehen Arbeitskreise „Lesbenpolitik", „Schwulenpolitik" und Antidiskriminierung (siehe Adressenteil am Anfang des Buches).

⇨ Beamtengesetz § 3; ⇨ Besoldungsgesetz § 41 Abs. 1 Nr. 4; ⇨ Disziplinargesetz (LDG); ⇨ Erziehungsauftrag und politische Bildung; ⇨ Gleichbehandlungsgesetz (AGG); ⇨ Grundgesetz Art. 3 und Art. 33; ⇨ Mobbing; ⇨ Personalvertretungsgesetz § 69 Abs. 1 und § 70 Abs. 1; ⇨ Sexuelle Gewalt und Belästigung

Disziplinargesetz (LDG)

Auszug aus dem Landesdisziplinargesetz, verkündet als Art. 1 des Gesetzes zur Neuordnung des Landesdisziplinarrechts (LDNOG) vom 14.10.2008 (GBl. S. 343/2008); zuletzt geändert 23.2.2021 (GBl. S. 343/2021)

Hinweis der Redaktion: Wir drucken hier nur jene Bestimmungen ab, welche alle Beschäftigten auf jeden Fall kennen sollten. Sobald ein Disziplinarfall ansteht, spätestens dann, wenn eine Untersuchung oder ein Verfahren angedroht oder gar eingeleitet werden, sollten sich GEW-Mitglieder unverzüglich mit allen vorliegenden Informationen an ihre GEW-Rechtsschutzstelle wenden. ⇨ Disziplinarrecht (Allgemeines); ⇨ Rechtsschutz

Teil 1
Allgemeine Bestimmungen

§ 1
Geltungsbereich

(1) Dieses Gesetz regelt die Verfolgung von Dienstvergehen, die Beamte und Ruhestandsbeamte des Landes, [...]

1. während ihres Beamtenverhältnisses,
2. während eines früheren Dienstverhältnisses als Beamter, als Beamter, Richter, Berufssoldat oder Soldat auf Zeit oder
3. nach der Beendigung eines solchen Dienstverhältnisses (Nummer 1 oder 2)

begangen haben. Frühere Beamte, die Unterhaltsbeiträge nach beamtenversorgungsrechtlichen Vorschriften beziehen, gelten als Ruhestandsbeamte, ihre Versorgungsbezüge als Ruhegehalt; [...].

(2) Soweit sich aus diesem Gesetz nichts anderes ergibt, finden die Bestimmungen dieses Gesetzes über Beamte auch auf Ruhestandsbeamte Anwendung. ⇨ Beschwerderecht

§ 2
Verfahren

Soweit sich aus diesem Gesetz nichts anderes ergibt, finden das Landesverwaltungsverfahrensgesetz und, sofern das Verwaltungsgericht in dem Verfahren mitwirkt, die Verwaltungsgerichtsordnung und die zu ihrer Ausführung ergangenen Rechtsvorschriften Anwendung.

§ 3
Bezüge, Ruhegehalt

(1) Monatliche Bezüge im Sinne dieses Gesetzes sind die Summe der Dienstbezüge nach § 1 Abs. 2 des Landesbesoldungsgesetzes Baden-Württemberg und der Anwärterbezüge nach § 1 Abs. 3 Nr. 1 des Landesbesoldungsgesetzes Baden-Württemberg, jeweils ohne Familienzuschlag. [...]

(2) Wird das Ruhegehalt nach den Vorschriften dieses Gesetzes gemindert, bleiben die auf dem Familienzuschlag beruhenden Teile außer Ansatz.

Teil 3
Verfahren
1. Abschnitt
Einleitung, Gegenstand des Verfahrens

§ 8
Einleitung von Amts wegen

(1) Liegen tatsächliche Anhaltspunkte vor, die den Verdacht eines Dienstvergehens rechtfertigen, leitet

die Disziplinarbehörde das Disziplinarverfahren ein und macht dies aktenkundig. [...]

(2) Das Verfahren wird nicht eingeleitet, wenn zu erwarten ist, dass eine Disziplinarmaßnahme nach § 34 nicht ausgesprochen werden darf, oder wenn feststeht, dass eine Disziplinarmaßnahme aus sonstigen Gründen nicht in Betracht kommt. Die Gründe sind aktenkundig zu machen und dem Beamten bekanntzugeben. Das Verfahren wird auch nicht eingeleitet, wenn gegen einen Beamten auf Probe oder auf Widerruf Ermittlungen nach § 13 Abs. 3 des Landesbeamtengesetzes eingeleitet worden sind.

⇨ Beamtengesetz (LBG) § 13; ⇨ Ermessen; ⇨ Sucht (Dienstvereinbarung)

§ 9
Einleitung auf Antrag

Der Beamte kann bei der Disziplinarbehörde die Einleitung eines Disziplinarverfahrens gegen sich beantragen. Der Antrag darf nur abgelehnt werden, wenn tatsächliche Anhaltspunkte, die den Verdacht eines Dienstvergehens rechtfertigen, nicht vorliegen. Die Entscheidung ist dem Beamten schriftlich bekanntzugeben. § 8 Abs. 4 und 5 gilt entsprechend.[...]

2. Abschnitt
Durchführung

§ 11
Unterrichtung, Belehrung, Anhörung

(1) Der Beamte ist über die Einleitung, Ausdehnung und Beschränkung des Verfahrens sowie die Wiedereinbeziehung von Handlungen in das Verfahren zu unterrichten, sobald dies möglich ist, ohne die Aufklärung des Sachverhalts zu gefährden.

(2) Bei der Unterrichtung über die Einleitung oder Ausdehnung ist dem Beamten zu eröffnen, welches Dienstvergehen ihm zur Last gelegt wird. Er ist darauf hinzuweisen, dass es ihm freisteht, sich mündlich oder schriftlich zu äußern oder nicht zur Sache auszusagen und sich jederzeit eines Bevollmächtigten oder Beistands zu bedienen. Er ist ferner darauf hinzuweisen, dass er zu seiner Entlastung einzelne Beweiserhebungen beantragen kann.

(3) Für die Äußerung wird dem Beamten schriftlich eine angemessene Frist gesetzt. Ist der Beamte aus zwingenden Gründen gehindert, die Frist einzuhalten, und hat er dies unverzüglich mitgeteilt, ist die Frist zu verlängern.

(4) § 44 a der Verwaltungsgerichtsordnung findet Anwendung. Ist die Belehrung nach Absatz 2 unterblieben oder unrichtig erfolgt, darf die Aussage des Beamten nur mit dessen Zustimmung zu seinem Nachteil verwertet werden. Satz 2 gilt entsprechend für Anhörungen des Beamten zu möglichen Dienstvergehen vor Einleitung des Verfahrens, wenn er bei der ersten Anhörung im Verfahren von dem Recht Gebrauch macht, nicht zur Sache auszusagen.

§ 12
Ermittlungen

Die belastenden, die entlastenden und die weiteren für die Bemessung der Disziplinarmaßnahme bedeutsamen Umstände sind zu ermitteln. [...]

§ 14
Bindung an tatsächliche Feststellungen aus anderen Verfahren

(1) Die tatsächlichen Feststellungen eines rechtskräftigen Urteils im Straf- oder Bußgeldverfahren oder einer unanfechtbaren Entscheidung über den Verlust der Bezüge wegen schuldhaften Fernbleibens vom Dienst (§ 11 Abs. 1 des Landesbesoldungsgesetzes Baden-Württemberg) sind im Disziplinarverfahren, das denselben Sachverhalt zum Gegenstand hat, bindend. Sind Feststellungen offenkundig unrichtig, hat die Disziplinarbehörde erneut zu ermitteln; die Gründe sind aktenkundig zu machen und dem Beamten mitzuteilen.

(2) Die in einem anderen gesetzlich geregelten Verfahren getroffenen tatsächlichen Feststellungen können der Entscheidung im Disziplinarverfahren ohne weitere Prüfung zugrunde gelegt werden. [...]

§ 18
Niederschriften

(1) Über Anhörungen und Beweiserhebungen sind Niederschriften zu erstellen. § 168 a der Strafprozessordnung gilt entsprechend. Bei der Einholung von schriftlichen dienstlichen Auskünften sowie der Beiziehung von Urkunden und Akten genügt die Fertigung eines Aktenvermerks.

(2) Der Beamte erhält Abschriften der Niederschriften und wird über die Einholung oder Beiziehung unterrichtet, sobald dies möglich ist, ohne die Aufklärung des Sachverhalts zu gefährden. §§ 45 und 46 des Landesverwaltungsverfahrensgesetzes bleiben unberührt.

§ 19
Innerdienstliche Informationen

(1) Die Übermittlung personenbezogener Daten, insbesondere von Personalaktendaten sowie Auskünfte hieraus, an eine mit dem Verfahren befasste Stelle ist zulässig, wenn besondere bundes- oder entsprechende landesgesetzliche Verwendungsregelungen nicht entgegenstehen und die Übermittlung unter Berücksichtigung der Belange des Beamten, anderer betroffener Personen und der übermittelnden Stelle zur Durchführung des Verfahrens erforderlich ist.

(2) Die Übermittlung personenbezogener Daten durch eine mit dem Verfahren befasste Stelle an andere öffentliche Stellen ist zulässig, soweit dies zur Durchführung des Verfahrens, im Hinblick auf die künftige Übertragung von Aufgaben oder Ämtern an den Beamten, zur Ausübung der Dienstaufsicht oder im Einzelfall aus besonderen dienstlichen Gründen unter Berücksichtigung der Belange des Beamten und anderer betroffener Personen erforderlich ist.

⇨ Datenschutz (Allgemeines / EUDSGVO);
⇨ Personalakten

§ 20
Abschließende Anhörung

Nach Abschluss der Ermittlungen ist dem Beamten Gelegenheit zu geben, sich zu äußern; § 11 Abs. 3 gilt entsprechend. Satz 1 findet keine Anwendung, wenn das Verfahren nach § 37 Abs. 2 eingestellt werden soll.

3. Abschnitt
Vorläufige Maßnahmen

§ 21
Vorläufige, nicht amtsgemäße Verwendung

Ab Einleitung des Disziplinarverfahrens kann die Disziplinarbehörde dem Beamten vorläufig eine in Bezug auf sein Amt geringerwertige Tätigkeit übertragen, wenn er voraussichtlich zurückgestuft wird und eine dem bisherigen Amt entsprechende Verwendung dem Dienstherrn oder der Allgemeinheit nicht zugemutet werden kann. Die Tätigkeit hat mindestens dem Amt zu entsprechen, in das der Beamte voraussichtlich zurückgestuft wird. § 22 Abs. 1 Satz 1 Nr. 2 bleibt unberührt.

§ 22
Vorläufige Dienstenthebung, Einbehaltung von Bezügen oder Ruhegehalt

(1) Ab Einleitung des Disziplinarverfahrens kann die Disziplinarbehörde den Beamten vorläufig des Dienstes entheben, wenn

1. er voraussichtlich aus dem Beamtenverhältnis entfernt oder ihm das Ruhegehalt aberkannt wird oder
2. andernfalls der Dienstbetrieb oder die Ermittlungen wesentlich beeinträchtigt würden und die Enthebung im Hinblick auf die Bedeutung der Sache und die zu erwartende Disziplinarmaßnahme verhältnismäßig ist.

§ 39 des Beamtenstatusgesetzes und § 55 Abs. 4 des Landesbeamtengesetzes bleiben unberührt.

(2) Wird der Beamte nach Absatz 1 Satz 1 Nr. 1 vorläufig des Dienstes enthoben, kann die Disziplinarbehörde verfügen, dass bis zu 50 Prozent der monatlichen Bezüge einbehalten werden.

(3) Wird dem Ruhestandsbeamten voraussichtlich das Ruhegehalt aberkannt, kann die Disziplinarbehörde ab Einleitung des Disziplinarverfahrens verfügen, dass bis zu 30 Prozent des monatlichen Ruhegehalts einbehalten werden. [...]

4. Abschnitt
Disziplinarmaßnahmen

§ 25
Arten

(1) Disziplinarmaßnahmen gegen Beamte sind Verweis, Geldbuße, Kürzung der Bezüge, Zurückstufung und Entfernung aus dem Beamtenverhältnis. Bei Beamten auf Probe und Beamten auf Widerruf sind nur Verweis und Geldbuße, bei Ehrenbeamten nur Verweis, Geldbuße und Entfernung aus dem Beamtenverhältnis zulässig. § 23 Abs. 3 Satz 1 Nr. 1 und Abs. 4 Satz 1 des Beamtenstatusgesetzes und § 13 Abs. 3 des Landesbeamtengesetzes bleiben unberührt.

(2) Disziplinarmaßnahmen gegen Ruhestandsbeamte sind Kürzung des Ruhegehalts und Aberkennung des Ruhegehalts.

§ 26
Bemessung

(1) Disziplinarmaßnahmen sind nach den Vorschriften der §§ 27 bis 35 zu bemessen. Das Persönlichkeitsbild des Beamten ist zu berücksichtigen.

(2) Darf eine andere Disziplinarmaßnahme berücksichtigt werden, kann auch eine schärfere als die nach der Schwere des Dienstvergehens zulässige Disziplinarmaßnahme ausgesprochen werden.

§ 27
Verweis

Hat der Beamte durch ein leichtes Dienstvergehen das Vertrauen des Dienstherrn oder der Allgemeinheit in die pflichtgemäße Amtsführung geringfügig beeinträchtigt, kann ihm, um ihn zur Pflichterfüllung anzuhalten, eine ausdrücklich als Verweis bezeichnete, schriftliche Rüge erteilt werden.

Hinweis der Redaktion: Unterhalb des förmlichen Verweises sind missbiligende Äußerungen von Vorgesetzten möglich. Wollen Schulleiterinnen oder Schulleiter eine schriftliche Missbilligung gegenüber Lehrkräften aussprechen (Beanstandung eines konkreten dienstpflichtwidrigen Verhaltens), haben sie die Betroffenen zuvor zu hören und auf das Beteiligungsrecht des Personalrats hinzuweisen. Der Personalrat (auf Antrag des/der Betroffenen) und ggf. die Schwerbehindertenvertretung sind zu beteiligen. Die Missbilligung ist mit einer Rechtsmittelbelehrung zu versehen. Hierbei anfallende Vorgänge sind an der Schule als Teilakten – getrennt von den Nebenakten – zu führen.

⇨ Beamtengesetz (LBG) §§ 3 (Hinweis der Redaktion) und 83 ff.; ⇨ Personalvertretungsgesetz (LPVG) § 81 Abs. 2 Ziff. 1

§ 28
Geldbuße

(1) Hat der Beamte durch ein leichtes Dienstvergehen das Vertrauen des Dienstherrn oder der Allgemeinheit in die pflichtgemäße Amtsführung nicht nur geringfügig beeinträchtigt, kann ihm, um ihn zur Pflichterfüllung anzuhalten, auferlegt werden, einen bestimmten Geldbetrag an den Dienstherrn zu zahlen (Geldbuße). Die Geldbuße darf die Höhe der monatlichen Bezüge, bei Ehrenbeamten die Höhe der monatlichen Aufwandsentschädigung, bei Beamten, die keine monatlichen Bezüge erhalten, 500 Euro nicht überschreiten.

(2) Die Geldbuße kann von den Bezügen oder dem Ruhegehalt abgezogen werden.

§ 29
Kürzung der Bezüge

(1) Hat der Beamte durch ein mittelschweres Dienstvergehen das Vertrauen des Dienstherrn oder der Allgemeinheit in die pflichtgemäße Amtsführung erheblich beeinträchtigt, können, um ihn zur Pflichterfüllung anzuhalten, seine monatlichen Bezüge um höchstens 20 Prozent für längstens drei Jahre anteilig vermindert werden (Kürzung der Bezüge). Bei der Bestimmung des Anteils sind die wirtschaftlichen Verhältnisse des Beamten zu berücksichtigen; jener kann für verschieden lange Zeiträume verschieden hoch festgesetzt werden. Die Kürzung erstreckt sich auf die Bezüge aus allen Ämtern, die der Beamte bei ihrem Beginn inne hat. Bei der Anwendung von Ruhens-, Kürzungs- und Anrechnungsvorschriften bleibt die Kürzung der Bezüge unberücksichtigt.

(2) Die Kürzung beginnt mit dem Kalendermonat, der auf den Eintritt ihrer Unanfechtbarkeit folgt. Tritt der Beamte vor Eintritt der Unanfechtbarkeit in den Ruhestand, gilt eine entsprechende Kürzung des Ruhegehalts als festgesetzt. Tritt der Beamte später in den Ruhestand, wirkt die Kürzung mit dem

festgesetzten Anteil und für den restlichen Zeitraum auf sein Ruhegehalt fort. Sterbe-, Witwen- und Waisengeld werden nicht gekürzt.

(3) Der Vollzug der Kürzung wird gehemmt, solange der Beamte ohne Bezüge beurlaubt ist. Er kann während seiner Beurlaubung jeweils den monatlichen Kürzungsbetrag vorab an den Dienstherrn entrichten; die Dauer der Kürzung verringert sich entsprechend.

(4) Für die Dauer der Kürzung ist eine Beförderung ausgeschlossen. Der Zeitraum kann verkürzt werden, soweit das mit Rücksicht auf die Dauer des Verfahrens angezeigt ist.

(5) Die Rechtsfolgen der Kürzung erstrecken sich auch auf ein neues Beamtenverhältnis. Einstellung und Anstellung in einem höheren Amt stehen der Beförderung gleich.

§ 30
Zurückstufung

(1) Hat der Beamte durch ein mittelschweres Dienstvergehen das Vertrauen des Dienstherrn oder der Allgemeinheit in die pflichtgemäße Amtsführung nachhaltig erschüttert, kann er, um zur Pflichterfüllung angehalten zu werden oder weil sein Verbleiben im bisherigen Amt dem Dienstherrn oder der Allgemeinheit nicht zugemutet werden kann, in ein anderes Amt derselben Laufbahn mit geringerem Endgrundgehalt versetzt werden (Zurückstufung). Mit der Zurückstufung verliert der Beamte auch den Anspruch auf die Bezüge aus dem bisherigen Amt und das Recht, die bisherige Amtsbezeichnung zu führen. Soweit nichts anderes bestimmt wird, verliert der Beamte alle Neben- und Ehrenämter, die er wegen des bisherigen Amtes oder auf Verlangen, Vorschlag oder Veranlassung seines Dienstherrn übernommen hatte; die Genehmigungen derartiger Nebenbeschäftigungen erlöschen. Solange der Beamte nach Absatz 2 nicht befördert werden darf, gilt § 29 Abs. 1 Satz 4 entsprechend.

(2) Der Beamte darf frühestens fünf Jahre nach Eintritt der Unanfechtbarkeit befördert werden. Der Zeitraum kann verkürzt werden, soweit das mit Rücksicht auf die Dauer des Verfahrens angezeigt ist.

(3) Die Rechtsfolgen der Zurückstufung erstrecken sich auch auf ein neues Beamtenverhältnis. Einstellung oder Anstellung in einem höheren Amt stehen der Beförderung gleich.

§ 31
Entfernung aus dem Beamtenverhältnis

(1) Hat der Beamte durch ein schweres Dienstvergehen das Vertrauen des Dienstherrn oder der Allgemeinheit in die pflichtgemäße Amtsführung endgültig verloren, wird er aus dem Beamtenverhältnis entfernt. Mit der Entfernung endet das Beamtenverhältnis. Der Beamte verliert auch den Anspruch auf Bezüge und Versorgung sowie die Befugnis, die Amtsbezeichnung und die im Zusammenhang mit dem Amt verliehenen Titel zu führen und die Dienstkleidung zu tragen. Die Entfernung erstreckt sich auf alle Ämter, die der Beamte im Zeitpunkt der Zustellung der Disziplinarverfügung innehat. Der Beamte verliert auch die Rechte aus einem früheren Dienstverhältnis, wenn die Entfernung wegen eines Dienstvergehens in dem früheren Dienstverhältnis ausgesprochen wird. [...]

(2) Bis zum unanfechtbaren Abschluss des Disziplinarverfahrens wird der Beamte des Dienstes enthoben, ein Teil der monatlichen Bezüge wird einbehalten. Der Einbehalt soll in den ersten drei Monaten 20 Prozent, in den weiteren sechs Monaten 35 Prozent, danach 50 Prozent der monatlichen Bezüge betragen. Wird bereits ein Teil der monatlichen Bezüge nach § 22 Abs. 2 einbehalten, soll dieser Einbehalt nicht unterschritten werden. Dem Beamten ist der unpfändbare Teil der monatlichen Bezüge zu belassen. Tritt der Beamte vor Eintritt der Unanfechtbarkeit der Verfügung in den Ruhestand, wird ein Teil des Ruhegehalts einbehalten; die Höhe des Einbehalts bestimmt sich nach § 33 Abs. 2 Satz 2 bis 4. Die Dienstenthebung wird mit der Zustellung, die Einbehaltung von Bezügen oder Ruhegehalt mit dem Ablauf des Monats der Zustellung wirksam; die Anfechtungsklage hat keine aufschiebende Wirkung. Für Verfall und Nachzahlung der einbehaltenen Beträge gilt § 24 entsprechend. Verfallen die einbehaltenen Beträge, hat der Beamte auch die seit der Zustellung gezahlten Beträge zu erstatten, soweit diese den nach Satz 4 zu belassenden Betrag überstiegen haben. [...]

§ 32
Kürzung des Ruhegehalts

Hat der Ruhestandsbeamte ein mittelschweres Dienstvergehen begangen, das geeignet ist, das Ansehen des öffentlichen Dienstes oder des Berufsbeamtentums erheblich zu beeinträchtigen, kann, um ihn zur Pflichterfüllung anzuhalten, sein monatliches Ruhegehalt um höchstens ein Fünftel für längstens drei Jahre anteilig vermindert werden (Kürzung des Ruhegehalts). Wurde das Dienstvergehen ganz oder teilweise während des Beamtenverhältnisses begangen, darf die Disziplinarmaßnahme auch ausgesprochen werden, um Beamte und Ruhestandsbeamte angemessen gleich zu behandeln. Die Kürzung erstreckt sich auf das Ruhegehalt aus allen Ämtern, die der Ruhestandsbeamte bei Eintritt in den Ruhestand innegehabt hat. § 29 Abs. 1 Satz 2 und 4, Abs. 2 Satz 1 und 4 sowie Abs. 5 Satz 1 gilt entsprechend.

§ 33
Aberkennung des Ruhegehalts

(1) Hat der Ruhestandsbeamte ein schweres Dienstvergehen begangen, das geeignet ist, das Ansehen des öffentlichen Dienstes oder des Berufsbeamtentums so zu beeinträchtigen, dass dem Dienstherrn oder der Allgemeinheit ein Fortbestehen des Versorgungsverhältnisses nicht zugemutet werden kann, wird ihm das Ruhegehalt aberkannt. Wurde das Dienstvergehen ganz oder teilweise während des Beamtenverhältnisses begangen, wird dem Ruhestandsbeamten das Ruhegehalt auch aberkannt, wenn er als Beamter aus dem Beamtenverhältnis zu entfernen wäre. Mit der Aberkennung verliert der Ruhestandsbeamte den Anspruch auf Versorgung ein schließlich der Hinterbliebenenversorgung und

die Befugnis, die Amtsbezeichnung und die Titel zu führen, die im Zusammenhang mit dem früheren Amt verliehen wurden. Die Aberkennung erstreckt sich auf alle Ämter, die der Ruhestandsbeamte bei Eintritt in den Ruhestand innegehabt hat. § 31 Abs. 1 Satz 5 gilt entsprechend.

(2) Bis zum unanfechtbaren Abschluss des Disziplinarverfahrens wird ein Teil des monatlichen Ruhegehalts einbehalten. Der Einbehalt soll in den ersten drei Monaten 10 Prozent, in den weiteren sechs Monaten 20 Prozent, danach 30 Prozent des monatlichen Ruhegehalts betragen. Wird bereits ein Teil des monatlichen Ruhegehalts nach § 22 Abs. 3 einbehalten soll dieser Einbehalt nicht unterschritten werden. Dem Beamten ist der unpfändbare Teil des monatlichen Ruhegehalts zu belassen. Die Einbehaltung wird mit dem Ablauf des Monats der Zustellung der Verfügung wirksam; die Anfechtungsklage hat keine aufschiebende Wirkung. Für Verfall und Nachzahlung des einbehaltenen Ruhegehalts gilt § 24 entsprechend. Verfällt das einbehaltene Ruhegehalt, hat der Beamte auch das seit der Zustellung gezahlte Ruhegehalt zu erstatten, soweit dieses den nach Satz 4 zu belassenden Betrag überstiegen hat.

(3) § 31 Abs. 3 gilt entsprechend.

§ 34
Zulässigkeit von Disziplinarmaßnahmen nach Straf- oder Bußgeldverfahren

(1) Ist gegen den Beamten im Straf- oder Bußgeldverfahren eine Strafe, Geldbuße oder Ordnungsmaßnahme unanfechtbar verhängt worden oder kann eine Tat nach § 153 a Abs. 1 Satz 5 oder Abs. 2 Satz 2 der Strafprozessordnung nach der Erfüllung von Auflagen und Weisungen nicht mehr als Vergehen verfolgt werden, dürfen wegen desselben Sachverhalts

1. ein Verweis nicht,
2. eine Geldbuße, eine Kürzung der Bezüge oder eine Kürzung des Ruhegehalts nur ausgesprochen werden, wenn dies zusätzlich erforderlich ist, um den Beamten zur Pflichterfüllung anzuhalten.

(2) Ist der Beamte im Straf- oder Bußgeldverfahren aufgrund einer Prüfung des Sachverhalts rechtskräftig freigesprochen worden, darf wegen dieses Sachverhalts eine Disziplinarmaßnahme nicht ausgesprochen werden. Dies gilt nicht, soweit der Sachverhalt eine Handlung umfasst, die ein Dienstvergehen darstellt, aber den Tatbestand einer Straf- oder Bußgeldvorschrift nicht erfüllt.

§ 35
Disziplinarmaßnahmeverbot wegen Zeitablaufs

(1) Ein Verweis darf zwei, eine Geldbuße drei, eine Kürzung der Bezüge oder des Ruhegehalts fünf und eine Zurückstufung sieben Jahre nach der Vollendung eines Dienstvergehens nicht mehr ausgesprochen werden.

(2) Die Fristen werden unterbrochen, wenn das Disziplinarverfahren eingeleitet, ausgedehnt oder vorläufig nicht eingeleitet wird oder Ermittlungen gegen Beamte auf Probe oder auf Widerruf nach § 13 Abs. 3 des Landesbeamtengesetzes angeordnet oder ausgedehnt werden und dies jeweils aktenkundig gemacht wird.

(3) Die Fristen sind gehemmt, solange das Verfahren vorläufig nicht eingeleitet oder ausgesetzt und dies jeweils aktenkundig gemacht ist. Die Fristen sind auch gehemmt, solange der Personalrat beim Erlass der Disziplinarverfügung mitwirkt, wegen desselben Sachverhalts ein Straf- oder Bußgeldverfahren geführt wird oder eine Klage aus dem Beamtenverhältnis rechtshängig ist.

5. Abschnitt
Abschluss

§ 36
Beendigung

(1) Das Verfahren ist beendet, wenn

1. der Beamte oder Ruhestandsbeamte gestorben ist,
2. das Beamtenverhältnis durch Entlassung, Verlust der Beamtenrechte oder Entfernung unanfechtbar beendet ist oder
3. der Ruhestandsbeamte seine Rechte nach § 6 Abs. 1 des Landesbeamtenversorgungsgesetzes Baden-Württemberg unanfechtbar verloren hat.

(2) Die Beendigung des Verfahrens ist aktenkundig zu machen. Über die Kosten ist zu entscheiden, wenn dies beantragt wird oder sonst geboten ist.

§ 37
Einstellung

(1) Das Verfahren wird eingestellt, wenn

1. ein Dienstvergehen nicht erwiesen ist,
2. ein Dienstvergehen zwar erwiesen ist, aber eine Disziplinarmaßnahme nicht angezeigt erscheint,
3. eine Disziplinarmaßnahme nach § 34 oder § 35 nicht ausgesprochen werden darf oder
4. das Verfahren oder eine Disziplinarmaßnahme aus sonstigen Gründen unzulässig ist.

(2) Hat das Verfahren ein leichtes oder mittelschweres Dienstvergehen zum Gegenstand und ist das Verschulden des Beamten gering, kann die Disziplinarbehörde mit Zustimmung des Beamten das Verfahren befristet aussetzen und diesem auferlegen, bis zum Ablauf der Frist

1. zur Wiedergutmachung des durch die Handlung entstandenen Schadens eine bestimmte Leistung zu erbringen oder
2. einen Geldbetrag zugunsten einer gemeinnützigen Einrichtung oder des Dienstherrn zu zahlen.

Es können mehrere Auflagen nebeneinander erteilt werden. Die Auflage muss geeignet sein, den Beamten zur Pflichterfüllung anzuhalten. Sie kann nachträglich aufgehoben oder mit Zustimmung des Beamten auferlegt oder geändert werden. Sie ist nicht vollstreckbar. Wird die Auflage nicht fristgerecht erfüllt, ist das Verfahren unverzüglich wieder aufzunehmen; Leistungen, die zur Erfüllung der Auflage erbracht wurden, werden nicht erstattet. Wird die Auflage fristgerecht erfüllt, stellt die Disziplinarbehörde das Verfahren ein.

(3) Ist das Verfahren innerhalb von sechs Monaten seit der Einleitung nicht abgeschlossen, kann der Beamte bei dem Verwaltungsgericht beantragen, eine Frist zum Abschluss des Verfahrens zu bestimmen. Liegt einzu reichender Grund für den fehlenden Abschluss nicht vor, bestimmt das Gericht eine Frist, in der das Verfahren abzuschließen ist. Andernfalls lehnt es den Antrag ab. Die Frist kann auf Antrag des Dienstherrn verlängert werden, wenn dieser sie aus Gründen, die er nicht zu vertreten hat, voraussichtlich nicht einhalten kann. Wird das Verfahren innerhalb der Frist nicht abgeschlossen, stellt die Disziplinarbehörde es ein.

(4) Die Einstellungsverfügung ist mit Begründung, Kostenentscheidung und Rechtsbehelfsbelehrung zu versehen und dem Beamten zuzustellen. Soweit eine Disziplinarmaßnahme erstmals ausgesprochen werden soll, ist die Aufhebung einer Einstellungsverfügung nach Absatz 2 oder 3 nur nach § 40 Abs. 2 zulässig.

§ 38
Ausspruch von Disziplinarmaßnahmen

(1) Disziplinarmaßnahmen werden durch Disziplinarverfügung ausgesprochen. Eine Disziplinarmaßnahme nach §§ 29 bis 33 darf nur ausgesprochen werden, wenn

1. die höhere Disziplinarbehörde der Disziplinarverfügung zugestimmt hat, [...]

(2) Die Disziplinarverfügung ist mit Begründung, Kostenentscheidung und Rechtsbehelfsbelehrung zu versehen und dem Beamten zuzustellen. In der Begründung sind der persönliche und berufliche Werdegang des Beamten, der Gang des Disziplinarverfahrens, die Tatsachen, die ein Dienstvergehen begründen, und die anderen Tatsachen und Beweismittel darzustellen, die für die Entscheidung bedeutsam sind. Auf die bindenden Feststellungen eines Urteils oder einer Entscheidungnach § 14 Abs. 1 Satz 1 kann verwiesen werden.

§ 39
Kosten

(1) Die durch das Verfahren entstandenen Kosten werden dem Dienstherrn, dem Beamten und dem Rechtsträger einer Behörde, die nicht Behörde des Dienstherrn ist, aber in dem Verfahren Aufgaben der Disziplinarbehörden wahrgenommen hat, nach den folgenden Vorschriften erstattet.

(2) Wird eine Disziplinarmaßnahme ausgesprochen, trägt der Beamte die Kosten des Verfahrens. Beruht die Maßnahme nur auf einzelnen der ihm zur Last gelegten Handlungen, können die Kosten zwischen dem Beamten und dem Dienstherrn verhältnismäßig geteilt werden.

(3) Wird das Verfahren auf sonstige Weise abgeschlossen, trägt der Dienstherr die Kosten. Ist ein Dienstvergehen erwiesen oder wird das Verfahren nach § 37 Absatz 2 Satz 7 eingestellt, können die Kosten dem Beamten ganz oder anteilig auferlegt werden.

(4) Kosten, die durch das Verschulden des Dienstherrn, des Beamten oder des Rechtsträgers nach Absatz 1 entstanden sind, hat jeweils dieser zu tragen. Das Verschulden eines Vertreters ist dem Vertretenen zuzurechnen.

(5) Kosten sind die Auslagen des Dienstherrn, die zur zweckentsprechenden Rechtsverfolgung oder Rechtsverteidigung notwendigen Aufwendungen des Beamten sowie die Auslagen des Rechtsträgers nach Absatz 1. Hat sich der Beamte eines Bevollmächtigten bedient, sind dessen gesetzliche Gebühren und Auslagen erstattungsfähig.

(6) Die Kosten setzt die Disziplinarbehörde fest, welche die Kostenentscheidung erlassen hat. Die dem Beamten zu erstattenden Kosten werden auf Antrag festgesetzt.

(7) Die gegen den Beamten festgesetzten Kosten können von den Bezügen, dem Ruhegehalt und nachzuzahlenden Beträgen abgezogen werden. [...]

§ 42
Verwertungsverbot, Entfernung aus der Personalakte

(1) Ein Verweis darf nach zwei, eine Geldbuße nach drei, eine Kürzung der Bezüge oder des Ruhegehalts nach fünf und eine Zurückstufung nach sieben Jahren bei weiteren Disziplinarmaßnahmen und sonstigen Personalmaßnahmen nicht mehr berücksichtigt werden (Verwertungsverbot). Der Beamte gilt als nicht von der Disziplinarmaßnahme betroffen.

(2) Die Frist beginnt mit der Unanfechtbarkeit der Disziplinarmaßnahme. Sie endet nicht, solange ein gegen den Beamten eingeleitetes Straf- oder Disziplinarverfahren nicht unanfechtbar abgeschlossen ist, eine andere Disziplinarmaßnahme berücksichtigt werden darf, eine Kürzung der Bezüge oder des Ruhegehalts noch nicht vollzogen oder ein gerichtliches Verfahren über die Beendigung des Beamtenverhältnisses oder über die Geltendmachung von Schadenersatz gegen den Beamten anhängig ist.

(3) Für Disziplinarverfahren, die nicht zu einer Disziplinarmaßnahme geführt haben, tritt ein Verwertungsverbot zwei Jahre nach Abschluss des Verfahrens ein.

(4) Personalaktendaten über den Disziplinarvorgang sind aufgrund des Verwertungsverbots mit Zustimmung des Beamten zu löschen. Auf Antrag des Beamten unterbleibt die Löschung oder erfolgt eine gesonderte Aufbewahrung. Der Antrag ist innerhalb eines Monats zu stellen, nachdem dem Beamten die Löschungsabsicht mitgeteilt und er auf sein Antragsrecht und die Antragsfrist hingewiesen worden ist. Wird der Antrag nicht gestellt, gilt die Zustimmung als erteilt. Der Tenor einer unanfechtbaren Disziplinarverfügung, durch die eine Zurückstufung ausgesprochen wurde, verbleibt stets in der Personalakte. Das Verwertungsverbot ist bei den in der Personalakte verbleibenden Eintragungen zu vermerken.

➪ Personalakten

Teil 4 – Begnadigung *(nicht abgedruckt)*

➪ Beamtengesetz (LBG); ➪ Beamtenstatusgesetz; ➪ Beschwerderecht; ➪ Disziplinarrecht (Allgemeines); ➪ Ermessen; ➪ Personalakten; ➪ Personalvertretungsgesetz (LPVG) § 81 Abs. 2 Ziff. 1; ➪ Rechtsschutz; ➪ Sucht (Dienstvereinbarung); ➪ Verschwiegenheitspflicht; ➪ Verwaltungsrecht (Allgemeines)

Disziplinarrecht (Allgemeines)

Informationen der Redaktion zur Rechtslage und zur Verwaltungspraxis in Baden-Württemberg

1. Allgemeines

Beamtinnen und Beamte begehen ein Dienstvergehen, wenn sie schuldhaft die ihnen obliegenden Pflichten verletzen. Auch ein Verhalten außerhalb des Dienstes ist ein Dienstvergehen, wenn es nach den Umständen des Einzelfalles in besonderem Maße geeignet ist, Achtung und Vertrauen in einer für das Amt oder das Ansehen des Beamtentums bedeutsamen Weise zu beeinträchtigen.

➪ Disziplinargesetz; ➪ Beamtenstatusgesetz § 23 Abs. 3 Satz 1 Nr. 1; ➪ Personalvertretungsgesetz (LPVG) § 81 Abs. 2 Ziff. 1

Die Folgen eines strafrechtlich relevanten Fehlverhaltens werden von den Betroffenen vielfach unterschätzt: So führen z.B. die Verurteilung zu einer Freiheitsstrafe von mindestens einem Jahr wegen einer vorsätzlichen Tat automatisch (!) zur Entlassung aus dem Beamtenverhältnis (➪ Beamtenstatusgesetz § 24), ebenso gegebenenfalls bereits der Besitz (nicht erst die Herstellung oder Weitergabe) von kinderpornografischem Material.

Das Disziplinarrecht will zwar vorrangig fehlerhaftes Handeln sanktionieren und wirkt insofern individuell und allgemein „disziplinierend". Es kann aber auch als Schutzrecht zugunsten der Beschäftigten betrachtet werden, denn es soll diese durch ein geordnetes, rechtsstaatliches Verfahren vor willkürlicher Maßregelung durch Vorgesetzte bewahren. Ein Beamter bzw. eine Beamtin kann gemäß § 9 LDG durch einen „Selbstreinigungsantrag" das Disziplinarrecht z.B. auch dazu nutzen, sich von unberechtigten Vorwürfen zu befreien.

2. Mitteilungen in Strafsachen („MiStra")

Gerichte, Strafverfolgungs- und Strafvollstreckungsbehörden müssen in Strafverfahren gegen Beamtinnen oder Beamte dem Dienstvorgesetzten zur Sicherstellung der erforderlichen dienstrechtlichen Maßnahmen bei Erhebung der öffentlichen Klage

1. die Anklageschrift oder eine an ihre Stelle tretende Antragsschrift,
2. den Antrag auf Erlass eines Strafbefehls und
3. die einen Rechtszug abschließende Entscheidung mit Begründung

übermitteln. Außerdem dürfen dem Regierungspräsidium sonstige Tatsachen, die in einem Strafverfahren bekannt werden, mitgeteilt werden.

➪ Beamtenstatusgesetz § 49

Nach der *„Anordnung über Mitteilungen in Strafsachen"* (MiStra) vom 29.4.1998 (Die Justiz, S. 200/1998) besteht eine Mitteilungspflicht auch bei Arbeitnehmer*innen im öffentlichen Dienst.

3. Hinweise zum Verhalten in Disziplinarfällen

Bei drohenden Disziplinarverfahren (auch schon vor der Einleitung von förmlichen Ermittlungen, also z.B. bei der Anhörung im Beschwerdefall oder bei „Dienstgesprächen") sollte beachtet werden:

Bei jedem Disziplinarverfahren wird die Gesamtpersönlichkeit in den Blick genommen; es wird also nicht nur der Einzelvorwurf untersucht, sondern dieser wird auf dem Hintergrund der gesamten dienstlichen Leistungen (sowie des inner- und außerdienstlichen Verhaltens) beurteilt. Bei jeder Beschwerde oder jedem Verdacht der Vernachlässigung von Dienstpflichten kann der Kernbereich der Lehrerarbeit, also die Unterrichtstätigkeit, überprüft werden. Betroffene müssen also damit rechnen, dass die Schulaufsichtsbehörde bzw. in deren Auftrag der bzw. die Schulleiter*in Unterrichtsbesuche durchführt. Eine förmliche – benotete und damit zusätzlich disziplinierende – Anlassbeurteilung ist jedoch nicht zulässig (VG Karlsruhe, 5.12.2007; AZ: 7 K 2160/05; VGH Mannheim, 20.3.2012).

➪ Beschwerderecht; ➪ Beurteilung (Lehrkräfte); ➪ Beurteilung (Unterrichtsbesuche); ➪ Schulgesetz § 41

Allen Beamtinnen und Beamten, die als Beschuldigte in ein Disziplinarverfahren verwickelt sind, steht das Recht der Aussageverweigerung wegen der Gefahr zu, sich selbst zu belasten. Jedoch schreibt das Disziplinarrecht vom ersten Stadium des Verfahrens an vor, sich dann, wenn ausgesagt wird, wahrheitsgemäß und vollständig zu äußern. Während ein Beschuldigter in einem strafrechtlichen Verfahren (z.B. bei einem Verkehrsdelikt) für falsche Aussagen nur dann bestraft werden kann, wenn er sie unter Eid gemacht hat, müssen beamtete Zeugen und Beschuldigte im anschließenden Disziplinarverfahren wegen der gleichen Sache wahrheitsgemäße und vollständige Auskunft geben. Eine falsche Aussage kann ihnen als – zusätzliches – Dienstvergehen vorgeworfen werden.

Beamtinnen und Beamte können sich in jedem Stadium des Verfahrens eines Verteidigers bedienen.

➪ Disziplinargesetz (LDG) § 11

Für die amtliche Anhörung bei Beanstandungen und Beschwerden und für die Vertretung durch GEW-Vertreterinnen oder -vertreter bzw. Personalratsmitglieder sowie zur „Flucht an die Öffentlichkeit" siehe: ➪ Beschwerderecht

Wenn die Einleitung von Ermittlungen durch die obere Schulaufsichtsbehörde zu erwarten ist oder ihnen diese Absicht förmlich eröffnet wird, sollten GEW-Mitglieder **sofort** mit der Rechtsschutzstelle Kontakt aufnehmen und sich beraten lassen.

➪ Rechtsschutz

➪ Beamtengesetz (LBG) §§ 32 ff.; ➪ Beamtenstatusgesetz §§ 23 ff., 49; ➪ Beschwerderecht; ➪ Disziplinargesetz (LDG); ➪ Ermessen; ➪ Haftung und Versicherung; ➪ Personalvertretungsgesetz (LPVG) § 81 Abs. 2 Ziff. 1; ➪ Probezeit; ➪ Rechtsschutz; ➪ Schulgesetz § 41; ➪ Verschwiegenheitspflicht; ➪ Verwaltungsrecht (Allgemeines)

Eingliederungsmanagement (BEM)

Informationen der Redaktion zur Rechtslage und zur Verwaltungspraxis in Baden-Württemberg

Das Sozialgesetzbuch IX verpflichtet alle Arbeitgeber zu einem *„betrieblichen Eingliederungsmanagement"* (BEM) für erkrankte Beschäftigte mit dem Ziel,

- eine bestehende Arbeitsunfähigkeit möglichst frühzeitig zu beenden,
- erneuter Arbeitsunfähigkeit vorzubeugen und
- den Arbeitsplatz zu erhalten bzw. eine Dienstunfähigkeit zu vermeiden und eine begrenzte Dienstfähigkeit (*„Teildienstfähigkeit"*) abzuwenden.

Das BEM gilt für alle Beschäftigten, nicht nur für Schwerbehinderte, und auch in der Probezeit. Die einzelne Lehrkraft ist nicht zur Teilnahme verpflichtet.

⇨ Arbeitszeit (Wiedereingliederung); ⇨ Beamtengesetz (LBG) §§ 53 + 68; ⇨ Schwerbehinderung (Gesetz – SGB IX); ⇨ Schwerbehinderung (Inklusionsvereinbarung)

Der einschlägige § 167 des SGB IX lautet:

§ 167 Prävention

(1) Der Arbeitgeber schaltet bei Eintreten von personen-, verhaltens- oder betriebsbedingten Schwierigkeiten im Arbeits- oder sonstigen Beschäftigungsverhältnis, die zur Gefährdung dieses Verhältnisses führen können, möglichst frühzeitig die Schwerbehindertenvertretung und die in § 176 genannten Vertretungen sowie das Integrationsamt ein, um mit ihnen alle Möglichkeiten und alle zur Verfügung stehenden Hilfen zur Beratung und mögliche finanzielle Leistungen zu erörtern, mit denen die Schwierigkeiten beseitigt werden können und das Arbeits- oder sonstige Beschäftigungsverhältnis möglichst dauerhaft fortgesetzt werden kann.

(2) Sind Beschäftigte innerhalb eines Jahres länger als sechs Wochen ununterbrochen oder wiederholt arbeitsunfähig, klärt der Arbeitgeber mit [...] *(dem Personalrat)*, bei schwerbehinderten Menschen außerdem mit der Schwerbehindertenvertretung, mit Zustimmung und Beteiligung der betroffenen Person die Möglichkeiten, wie die Arbeitsunfähigkeit möglichst überwunden werden und mit welchen Leistungen oder Hilfen erneuter Arbeitsunfähigkeit vorgebeugt und der Arbeitsplatz erhalten werden kann (betriebliches Eingliederungsmanagement). Soweit erforderlich, wird der Werks- oder Betriebsarzt hinzugezogen. Die betroffene Person oder ihr gesetzlicher Vertreter ist zuvor auf die Ziele des betrieblichen Eingliederungsmanagements sowie auf Art und Umfang der hierfür erhobenen und verwendeten Daten hinzuweisen. Kommen Leistungen zur Teilhabe oder begleitende Hilfen im Arbeitsleben in Betracht, werden vom Arbeitgeber die örtlichen gemeinsamen Servicestellen oder bei schwerbehinderten Beschäftigten das Integrationsamt hinzugezogen. Diese wirken darauf hin, dass die erforderlichen Leistungen oder Hilfen unverzüglich beantragt und innerhalb der Frist des § 14 Abs. 2 Satz 2 erbracht werden. [...] *(Der Personalrat)*, bei schwerbehinderten Menschen außerdem die Schwerbehindertenvertretung, können die Klärung verlangen. Sie wachen darüber, dass der Arbeitgeber die ihm nach dieser Vorschrift obliegenden Verpflichtungen erfüllt. [...]

Hinweis der Redaktion: Die Frist gemäß § 14 Abs. 2 Satz 2 beträgt drei Wochen nach Antragseingang beziehungsweise fünf Wochen, wenn für die Feststellung des Rehabilitationsbedarfs ein Gutachten erforderlich ist.

⇨ Personalvertretungsgesetz (LPVG) § 70 Abs.1 Nr. 4-5, § 74 Abs. 2 Nr. 8; ⇨ Schwerbehinderung (Allgemeines)

Hinweise der Redaktion auf die Umsetzung des BEM

Die Schulleitung muss die Abwesenheit einer Lehrkraft dem Regierungspräsidium auf dem Dienstweg melden, wenn die Dienst- oder Arbeitsunfähigkeit häufiger auftritt oder bereits länger als sechs Wochen andauert. Ferner muss sie beim *„Eintreten von personen-, verhaltens- oder betriebsbedingten Schwierigkeiten"* (§ 167 SGB IX) die für die Schule geltende Inklusionsvereinbarung beachten.

⇨ Krankmeldung (Abwesenheit von Lehrkräften) C.III; ⇨ Schwerbehinderung (Inklusionsvereinbarung) Nr. 4.9

Im Rahmen des BEM sind u.a. unterstützende Vereinbarungen möglich

- zum Lehrauftrag (Fächer, Klassen usw.),
- zur Stundenplangestaltung (z.B. Verteilung der Unterrichtsstunden auf die Wochentage / Pausen),
- zu außerunterrichtlichen Aktivitäten (nicht bzw. nur unter bestimmten Bedingungen möglich),
- zu Aufsichtsdiensten / Raumbelegung usw.

Besteht ein Zusammenhang mit dem „Klima" an der Schule (z.B. Probleme mit der Schulleitung oder mit Kolleg*innen usw.), sind auch Maßnahmen zur Verbesserung des Schulklimas möglich. ⇨ Mobbing

Weitere Maßnahmen sind die Bereitstellung bzw. Beschaffung von Hilfsmitteln, Geräten und eventuell auch bauliche Veränderungen. Ferner können Wiedereingliederungsmaßnahmen, die Anerkennung einer Schwerbehinderung, die Altersteilzeit für Schwerbehinderte, eine Sanatoriums-/ Rehabilitationsbehandlung bzw. eine Kur infrage kommen. Die Betroffenen werden auch auf Beratungsangebote und die Unterstützung durch Schulpsycholog*innen bzw. in Fallbesprechungsgruppen hingewiesen.

Die Hauptschwerbehindertenvertretungen und die Hauptpersonalräte beim KM haben in Zusammenarbeit mit dem Ministerium ein Umsetzungsmodell für den Schulbereich in vier Schritten entwickelt:

1. Allen seit mehr als sechs Wochen oder häufiger Erkrankten wird Informationsmaterial über Möglichkeiten der Hilfe übersandt.
2. Den Betroffenen werden Angebote zur Beratung durch die Personal- bzw. Schwerbehindertenvertretung sowie die Schulverwaltung unterbreitet.
3. Wer z.B. technische Hilfsmittel und bauliche Maßnahmen an der Schule benötigt, sollte sich

beim Personalrat oder der Schwerbehindertenvertretung melden; diese organisieren dann einen „runden Tisch“ mit den Kostenträgern.

4. Die Schulverwaltung informiert die Personal- und die Schwerbehindertenvertretung über diejenigen Lehrkräfte, bei denen durch die Erkrankung Probleme beim Einsatz an der Schule absehbar sind. Diese beiden Vertretungen können dann Kontakt zur Lehrkraft aufnehmen.

In die Personalakte darf nur aufgenommen werden, dass die Durchführung eines BEM angeboten wurde, ob die betroffene Person zugestimmt hat oder nicht und welche arbeitsrechtlichen bzw. dienstrechtlichen Maßnahmen zur Umsetzung der Ergebnisse des BEM-Verfahrens getroffen worden sind . ⇨ Datenschutz (Schulen); ⇨ Personalakten

Weitere Informationen unter: www.schwerbehindertenvertretung-schule-bw.de

<table>
<tr><th colspan="4">Betriebliches Eingliederungsmanagement nach § 84 SGB IX</th></tr>
<tr><th colspan="4">Ausgangslage: Lehrkraft ist länger als sechs Wochen im Kalenderjahr oder wiederholt arbeitsunfähig.</th></tr>
<tr><td>1. Schritt</td><td>Erstkontakt: Die Schulleitung signalisiert, dass Arbeitsunfähigkeit wahrgenommen wird.</td><td colspan="2">Die Schulleitung / das SSA[1]
– klärt mit der Lehrkraft ab, wer am Gespräch teilnehmen soll, und sendet ihr das Infopaket mit Erstinformation über BEM,
– macht der Lehrkraft ein schriftliches Gesprächs- / Beratungsangebot und sendet dem Personalrat / der Schwerbehindertenvertretung eine Kopie.</td></tr>
<tr><td colspan="4">Die Lehrkraft reagiert nicht auf das Gesprächsangebot ⇨ Es findet kein BEM statt.</td></tr>
<tr><td rowspan="2">2. Schritt</td><td colspan="2" rowspan="2">Die Lehrkraft teilt schriftlich oder per protokollierter mündlicher Erklärung mit, ob BEM gewünscht wird.</td><td>JA ⇨ Einstieg in BEM.</td></tr>
<tr><td>NEIN ⇨ Es findet kein BEM statt.</td></tr>
<tr><td>3. Schritt</td><td>Die Lehrkraft nimmt Kontakt zur Schulleitung / zum SSA auf.</td><td>Die Lehrkraft nimmt Kontakt zum Personalrat / zur Schwerbehindertenvertretung auf und lässt sich beraten.</td><td>Der Personalrat / die Schwerbehindertenvertretung
– berät die Lehrkraft über Möglichkeiten und Chancen des BEM und informiert sie mit Hilfe einer Checkliste über Ziele, Ablauf, Bedingungen,
– informiert sie über gestufte Wiederaufnahme, Reha / Kur, Antrag auf Schwerbehinderung, Altersteilzeit,
– begleitet den weiteren Prozess.</td></tr>
<tr><td>4. Schritt</td><td>Erstgespräch mit den vereinbarten Teilnehmer*innen.</td><td colspan="2">Die Schulleitung / das SSA lädt die Beteiligten schriftlich zum Gespräch ein.</td></tr>
<tr><td>5. Schritt</td><td>Vereinbarung weiterer Schritte und Maßnahmen.</td><td colspan="2">Die Schulleitung / das SSA erstellt ein mit den Gesprächsteilnehmer*innen abgestimmtes Protokoll. Die Fortsetzung des BEM bedarf in jeder Phase der Zustimmung der Lehrkraft.</td></tr>
<tr><td colspan="4">[1] Im GHWRGS-Bereich ist das Schulamt, an Gymnasien und beruflichen Schulen ist die Schulleitung verantwortlich.</td></tr>
</table>

⇨ Arbeitszeit (Wiedereingliederung); ⇨ Beamtengesetz (LBG) §§ 53 und 68; ⇨ Datenschutz (Schulen); ⇨ Personalakten; ⇨ Personalvertretungsgesetz (LPVG) § 70 Abs.1 Nr. 4-5, § 74 Abs. 2 Nr. 8; ⇨ Schwerbehinderung (Allgemeines); ⇨ Schwerbehinderung (Gesetz) § 167; ⇨ Schwerbehinderung (Inklusionsvereinbarung)

Einschulung und schulärztliche Untersuchung

Informationen der Redaktion zur Rechtslage und zur Verwaltungspraxis in Baden-Württemberg

1. Einschulungstermine und Untersuchungspflichten

Kinder, die bis zum 30. Juni des Kalenderjahres das sechste Lebensjahr vollendet haben („*Stichtag*“), sind verpflichtet, die Grundschule zu besuchen.

Die Erziehungsberechtigten sind verpflichtet, das schulpflichtig werdende Kind bei der zuständigen Schule anzumelden. ⇨ Schulpflicht (Durchsetzung)

Anlässlich der Anmeldung werden die Personaldaten des Kindes einschließlich der Religionszugehörigkeit erhoben. ⇨ Datenschutz (Schulen) Nr. 2.2.3

Die Erziehungsberechtigten können ein Kind, das am Stichtag erst fünf Jahre alt ist, aber bis zum 30. Juni des folgenden Kalenderjahres das sechste Lebensjahr vollendet hat, in der Grundschule anmelden („*Einschulungskorridor*“). Dann unterliegt es ebenfalls der Schulpflicht. ⇨ Schulgesetz §§ 73 ff.

Auf Antrag der Erziehungsberechtigten ist eine noch frühere („*vorzeitige*“) Aufnahme möglich, wenn aufgrund geistigen und körperlichen Entwicklungsstandes zu erwarten ist, dass das Kind mit Erfolg am Unterricht teilnehmen wird (SchG § 74 Abs. 1).

Kinder, von denen aufgrund ihres geistigen oder körperlichen Entwicklungsstandes nicht erwartet werden kann, dass sie mit Erfolg am Unterricht teilnehmen, können um ein Jahr zurückgestellt werden; mit Zustimmung der Eltern können sie zurückgestellt werden, wenn sich dies im ersten Halbjahr zeigt (SchG § 74 Abs. 2). Die Zurückstellung wird auf die Grundschulpflicht nicht angerechnet.

Kinder, die vorzeitig eingeschult oder zurückgestellt werden sollen, sind verpflichtet, sich auf Verlangen der Schule bzw. des Schulamts an einer Schuleignungsprüfung mit Intelligenztest zu beteiligen und vom Gesundheitsamt untersuchen zu lassen.

Alle Kinder werden 15 bis 24 Monate vor der Einschulung durch das Gesundheitsamt untersucht, um gesundheitliche Einschränkungen und Entwicklungsverzögerungen festzustellen und zu beurteilen, ob diese die Schulfähigkeit oder die Teilnahme am Unterricht gefährden können, und um ggf. gezielte Fördermaßnahmen einzuleiten. Dazu gehören ein Screening des Entwicklungsstandes und der Fertigkeiten in Entwicklungsdimensionen (z.B. Seh- und Hörvermögen, Sprachkompetenz, Motorik, Körpergröße und Gewicht) sowie eine Sprachstandsdiagnose.

Drei Monate vor der Einschulung soll eine zweite Untersuchung durchgeführt werden. In der ärztlichen Zusammenschau aller Befunde sowie der Einschätzung der Kooperationslehrerkraft wird entschieden, ob ein Kind aus medizinischer Sicht schulreif ist.

⇨ Kooperation Kindertageseinrichtungen – Grundschulen

Zum „Impfstatus" (insbesondere Masernschutzimpfung) siehe ⇨ Infektionsschutzgesetz.

2. Schulärztliche Untersuchung

Verordnung des Sozialministeriums zur Durchführung schulärztlicher Untersuchungen sowie zielgruppenspezifischer Untersuchungen und Maßnahmen in Kindertageseinrichtungen und Schulen (Schuluntersuchungsverordnung) vom 8. Dezember 2011 (GBl. S. 559/2011)

§ 1
Örtliche Zuständigkeit

Für die Durchführung der Maßnahmen nach § 8 Absatz 1 ÖGDG ist die untere Gesundheitsbehörde (Gesundheitsamt) zuständig, in deren örtlichem Zuständigkeitsbereich das Kind wohnt. Wird eine Kindertageseinrichtung oder Schule besucht, die sich außerhalb der wohnortbezogenen Zuständigkeit des Gesundheitsamtes befindet, ist für die Einschulungsuntersuchung sowie zielgruppenspezifische Untersuchungen und Maßnahmen in Kindertageseinrichtungen und Schulen das Gesundheitsamt zuständig, in dessen örtlicher Zuständigkeit sich die Kindertageseinrichtung oder Schule befindet. Nach Abschluss von Schritt 2 der Einschulungsuntersuchung werden die Unterlagen dem wohnortbezogen zuständigen Gesundheitsamt überlassen.

Hinweis der Redaktion: Die Kinder sind zur Teilnahme an diesen Untersuchungen verpflichtet. Siehe § 2 Abs. 2 und ⇨ Schulgesetz § 91. In § 8 des Gesundheitsdienstgesetzes (ÖGDG) vom 17.12.2015 (GBl. S. 1210/ 2015) ist bestimmt:

(1) Die Gesundheitsämter beraten Kinder sowie Schülerinnen oder Schüler, die sorgeberechtigten Personen sowie die Kindertageseinrichtungen und die Schulen zu erforderlichen Maßnahmen der Gesundheitsförderung und Prävention sowie zu gesundheitlichen Fragen, die den Schulbesuch betreffen. Die Aufgaben der Gesundheitsämter nach den Vorschriften des Kinderschutzgesetzes Baden-Württemberg bleiben unberührt. Die Gesundheitsämter arbeiten im Rahmen ihrer Aufgaben insbesondere mit den Trägern der öffentlichen und freien Jugendhilfe sowie mit anderen Stellen, Trägern, Einrichtungen und Personen zusammen, die Verantwortung für die Gesundheit von Kindern und Jugendlichen tragen.

(2) Die Gesundheitsämter untersuchen zur Schule angemeldete Kinder sowie Kinder, die bis zum 30. September des laufenden Schuljahrs das vierte Lebensjahr vollendet haben (Einschulungsuntersuchung). Schülerinnen oder Schüler können untersucht werden. Die Untersuchung dient insbesondere der präventiven gesundheitlichen Beratung und der Veranlassung von gegebenenfalls erforderlichen Maßnahmen, die gesundheitlichen Einschränkungen und Entwicklungsverzögerungen entgegenwirken, die die Teilnahme am Unterricht gefährden können. [...]

(5) Schulen und Kindertageseinrichtungen sowie deren Träger sind verpflichtet, bei Maßnahmen im Rahmen der Kinder- und Jugendgesundheitspflege nach diesem Gesetz [...] mitzuwirken, insbesondere die erforderlichen Auskünfte zu geben und Räumlichkeiten zur Verfügung zu stellen. [...]

§ 2
Zweck, Umfang, Häufigkeit und Durchführung der schulärztlichen Untersuchungen

(1) Schulärztliche Untersuchungen dienen

1. der Untersuchung, Feststellung und Beurteilung vongesundheitlichen Einschränkungen und Entwicklungsverzögerungen, die die Schulfähigkeit oder die Teilnahme am Unterricht gefährden können sowie
2. der präventiven gesundheitlichen Beratung von Kindern und Jugendlichen.

(2) Die Einschulungsuntersuchung ist Pflicht für alle zur Schule angemeldeten Kinder. Dasselbe gilt nach Beginn des Schuljahres für die Kinder, die bis zum 30. September des laufenden Schuljahres das vierte Lebensjahr vollendet haben; für diese Kinder führt das Gesundheitsamt in begründeten Fällen außerdem eine verpflichtende Sprachstandsdiagnostik nach den einvernehmlich vom Kultusministerium und dem Sozialministerium festgelegten Kriterien durch. Die Untersuchung erfolgt einzeln bei jedem Kind.

(3) Die Einschulungsuntersuchung wird in zwei Schritten durchgeführt:

1. Schritt 1 erfolgt 24 bis 15 Monate vor der termingerechten Einschulung. Er umfasst die Anamneseerhebung durch einen freiwillig auszufüllenden Fragebogen für sorgeberechtigte Personen sowie mit Einverständnis einer sorgeberechtigten Person den Beobachtungsbogen für die Erzieherin oder den Erzieher zur Entwicklungsdokumentation des Kindes. Zur Anamnese zählen ferner die Eintragungen im Untersuchungsheft für Kinder (Früherkennungsheft) sowie die Impfdokumentation nach dem Impfausweis (Impfbuch). Die Vorlage dieser Dokumente ist Pflicht. Der Untersuchungsumfang für Schritt 1 besteht bei allen Kindern aus einer Basisuntersuchung, die in der Regel durch die medizinische Assistentin oder den medizinischen Assistenten unter ärztlicher

Verantwortung entsprechend den Arbeitsrichtlinien [...] durchgeführt wird. Im Fall von auffälligen Befunden nach den Arbeitsrichtlinien für die Einschulungsuntersuchung und deren Dokumentation erfolgt nach ärztlichem Ermessen gegebenenfalls eine ergänzende ärztliche Untersuchung, eine Sprachstandsdiagnostik und eine Beratung durch die Ärztin oder den Arzt des Kinder- und Jugendgesundheitsdienstes.

2. In Schritt 2, der in den Monaten vor der Einschulung stattfindet, werden alle Kinder untersucht, die keine Kindertageseinrichtung besuchen. Bei Kindern, die eine Kindertageseinrichtung besuchen, werden zur Entscheidung über eine ärztliche Untersuchung in Schritt 2 herangezogen:
   a) die ärztliche Bewertung der Untersuchungsergebnisse aus Schritt 1,
   b) mit Einwilligung einer sorgeberechtigten Person die Entwicklungsbeobachtung in ausgewählten Dimensionen durch die Erzieherin oder den Erzieher und
   c) mit Einwilligung einer sorgeberechtigten Person die Beurteilung der Schulfähigkeit des Kindes durch die für die Kooperation zuständige Lehrkraft.

(4) Im Vorfeld oder im Verlauf der Einschulungsuntersuchung genügt die Unterschrift einer einzelnen sorgeberechtigten Person auf den jeweiligen Vordrucken.

(5) An sonderpädagogischen Einrichtungen der Frühförderung beziehungsweise bei Kindern, die behindert oder von Behinderung bedroht sind, können die Einschulungsuntersuchungen den jeweiligen Gegebenheiten angepasst werden.

(6) Während des Schuljahres können weitere schulärztliche Untersuchungen durchgeführt werden.

(7) Die Einschulungsuntersuchung umfasst in der Regel die Feststellung von Vorbefunden aus vorgelegten Dokumenten, den Fragebogen für sorgeberechtigte Personen und den Beobachtungsbogen für die Erzieherin oder den Erzieher sowie die Befunderhebung aus der aktuellen Untersuchung. Umfang und Durchführung weiterer Untersuchungen zur Abklärung gesundheitlicher Einschränkungen und Entwicklungsverzögerungen, die die Teilnahme am Unterricht betreffen, richten sich nach den Umständen des Einzelfalles. Die erhobenen Befunde und eine zusammenfassende ärztliche Beurteilung des gesamten Untersuchungsergebnisses sind zu dokumentieren und bei Auswirkungen auf den Schulbesuch in Schritt 2 mit Zustimmung einer sorgeberechtigten Person der Kooperationslehrkraft beziehungsweise der Schulleitung mitzuteilen.

(8) Mit Zustimmung einer sorgeberechtigten Person wird der Befundbogen der Leitung der Kindertageseinrichtung in einem verschlossenen Umschlag übermittelt. Wenn die Kindertageseinrichtung nicht selbst fördernde Stelle ist, kann der Befund mit Einwilligung einer sorgeberechtigten Person an die namentlich zu nennende fördernde Stelle (Schule, Grundschulförderklasse oder sonstige Förderstelle) durch die Kindertageseinrichtung verschlossen übermittelt werden, um in die weitere Planung pädagogischer Fördermaßnahmen einzugehen. Der Befundbogen für sorgeberechtigte Personen und zur Weitergabe, der zur Weitergabe an die behandelnde Haus- oder Kinderärztin beziehungsweise den Haus- oder Kinderarzt vorgesehen ist, wird einer sorgeberechtigten Person ausgehändigt. Ein Exemplar verbleibt im Gesundheitsamt.

(9) Die Leistungen sind unentgeltlich. [...]

§ 3
Zweck, Umfang, Häufigkeit und Durchführung der zielgruppenspezifischen Untersuchungen und Maßnahmen in Kindertageseinrichtungen und Schulen

(1) Zielgruppenspezifische Untersuchungen, Angebote und Maßnahmen dienen der Beratung von Schülerinnen und Schülern, Lehrkräften und sorgeberechtigten Personen zu gesundheitlichen Fragen, die den Schulbesuch betreffen. Gleiches gilt für Kinder in Kindertageseinrichtungen sowie für Erzieherinnen und Erzieher. Das Sozialministerium, das Landesgesundheitsamt und die Gesundheitsämter können Untersuchungen, Angebote und Maßnahmen entwickeln, die auf die besondere gesundheitliche Situation der Kinder abgestimmt sind.

(2) Die Gesundheitsämter beziehen die sorgeberechtigten Personen sowie die Erzieherinnen und Erzieher und die Lehrkräfte in die zielgruppenspezifischen Untersuchungen, Angebote und Maßnahmen in Kindertageseinrichtungen und Schulen ein. Die Teilnahme an den zielgruppenspezifischen Untersuchungen ist freiwillig. Vor Beginn einer Untersuchung ist die Zustimmung einer sorgeberechtigten Person einzuholen.

(3) § 2 Absatz 9 gilt entsprechend.

§ 4
Zusammenwirken der Gesundheitsämter mit den Kindertageseinrichtungen und Schulen

(1) Einschulungsuntersuchungen sowie zielgruppenspezifische Untersuchungen und Maßnahmen werden im Einvernehmen mit der jeweiligen Kindertageseinrichtung beziehungsweise der Schule durchgeführt.

(2) Die Gesundheitsämter übermitteln den sorgeberechtigten Personen der zu untersuchenden Kinder die notwendigen Vordrucke. Sie wirken auf eine Rückgabe anlässlich der Einschulungsuntersuchung oder der zielgruppenspezifischen Untersuchung oder Maßnahme hin.

(3) Die Kindertageseinrichtungen und Schulen geben den Gesundheitsämtern die zur ordnungsgemäßen Durchführung der Untersuchung und Maßnahmen notwendigen Auskünfte und Informationen, die zu deren Zweckerfüllung nach § 2 Absatz 1 und § 3 Absatz 1 notwendig sind. Insbesondere teilen sie Familien- und Vornamen, Geburtsdaten und Adressen (Straße, Hausnummer, Postleitzahl, Ort) der einzuschulenden Kinder sowie der Kinder, die bis zum 30. September des laufenden Schuljahres das vierte Lebensjahr vollendet haben und Familien- und Vornamen der sorgeberechtigten Personen dieser Kinder mit. Diese Daten werden durch das Gesundheitsamt mit den namentlichen Meldungen der Meldebehörde verglichen, um

Kinder, die keine Kindertageseinrichtung besuchen, zu erfassen und ebenfalls zur Untersuchung einzuladen. Für zielgruppenspezifische Untersuchungen werden Anzahl und Personalien der betroffenen Schülerinnen und Schüler beziehungsweise der betroffenen Kinder in Kindertageseinrichtungen mitgeteilt. Bei den von zielgruppenspezifischen Untersuchungen betroffenen Lehrkräften, Erzieherinnen und Erziehern und sorgeberechtigten Personen ist der Familien- und Vorname mitzuteilen. Die Kindertageseinrichtungen, die Schulen oder gegebenenfalls die Gemeinde stellen die erforderlichen Räumlichkeiten im Rahmen ihrer Möglichkeiten zur Verfügung.

Hinweis der Redaktion: Die Kindertageseinrichtungen und Schulen können zur Übermittlung der Einladung zur Einschulungsuntersuchung an die Sorgeberechtigten herangezogen werden. „Erforderliche Räumlichkeiten" sind mindestens ein Untersuchungsraum und gegebenenfalls eine Wartezone. Warte- und Untersuchungsräume müssen für die Einschulungsuntersuchung geeignet und in den kalten Jahreszeiten ausreichend beheizt sein. Die Untersuchungsräume sollten von außen nicht einsehbar sein und die dort stattfindenden Gespräche dürfen von außen nicht mitgehört werden können.

(Quelle: Ziff. 2.3.4 und 2.3.5 der VwV zur Durchführung der Einschulungsuntersuchung [...] vom 2.7.2019; GABl. S. 252/2019)

3. Sprachstandsdiagnose

Auszug aus der Verwaltungsvorschrift des Kultusministeriums zur Durchführung einer Sprachstandsdiagnose in Verknüpfung mit der Einschulungsuntersuchung vom 18. Dezember 2008 (K.u.U. S. 1/2009)

I. Basisuntersuchung zur Sprachstandsfeststellung

Im Rahmen von Schritt 1 der Einschulungsuntersuchung [...] führt der Kinder- und Jugendärztliche Dienst der Gesundheitsämter bei allen Kindern eine Basisuntersuchung zur Sprachstandsfeststellung (Sprachscreening) durch. Diese Basisuntersuchung [...] wird in einem dazugehörigen Erhebungsbogen gemeinsam mit den anamnestischen Daten, bereits vorhandenen Befunden und Informationen zur Sprachentwicklung und verschiedenen aktuellen Sprachbefunden (sprachliche Leistungsfähigkeit, semantische Strukturerfassung, auditives Arbeitsgedächtnis) festgehalten.

II. Verpflichtende Sprachstandsdiagnose

1. Der Kinder- und Jugendärztliche Dienst der Gesundheitsämter führt [...] bei Kindern, die bei der Basisuntersuchung zur Sprachstandsfeststellung auffällige Befunde aufweisen, d.h. als potenziell sprachbeeinträchtigt identifiziert wurden, eine verpflichtende, auf Sprachverstehen, Sprachproduktion und Sprachgedächtnis bezogene Sprachstandsdiagnose durch. Hiermit werden ggf. auch Auffälligkeiten im Bereich Sprache diagnostiziert, welche die spätere Schulfähigkeit und erfolgreiche Teilnahme am Unterricht der Grundschule gefährden könnten. Sie ist – soweit geboten oder gewünscht – Grundlage für die Information und Beratung der Eltern sowie der pädagogischen Fachkräfte durch den Kinder- und Jugendärztlichen Dienst. [...]

3. Die ärztliche Bewertung erfolgt auf der Grundlage der Sprachstandsdiagnose unter Einbeziehung sonstiger relevanter Befunde der schulärztlichen Untersuchung wie Hörvermögen, Entwicklung der Feinmotorik sowie – mit Einverständnis der Eltern – der Beobachtungsergebnisse der sprachlichen Entwicklung durch die Erzieherin oder den Erzieher der Tageseinrichtung bzw. des Schulkindergartens [...].

4. Die ärztliche Bewertung wird in einem Befundbogen [...], der die Sprachentwicklung in verschiedenen Bereichen (Sprachverstehen, Sprachproduktion, Sprachgedächtnis) umfasst, festgehalten. Dieser Befundbogen wird den Eltern ausgehändigt. Mit ihrem Einverständnis werden eine Durchschrift der Leitung der Tageseinrichtung bzw. des Schulkindergartens, eine weitere Durchschrift der nach dem Wohnsitz des Kindes zuständigen Schule [...] übergeben. [...]. Auf der Grundlage des Befundbogens berät das Gesundheitsamt die Eltern und mit deren Einverständnis die pädagogischen Fachkräfte sowie die Schulleitung der zuständigen Schule. [...].

5. Die Sprachbewertung wird kategorisiert nach intensivem Förderbedarf, Förderbedarf, kein Förderbedarf. Wird ein altersgerechter Entwicklungsstand festgestellt, so ist die Sprachbewertung „ohne Befund".

   Die Förderhinweise bei der Sprachbewertung erstrecken sich insbesondere auf

   - Förderung im Kindergarten im Rahmen des Orientierungsplans und der sonstigen Vorschulaktivitäten,
   - spezielle pädagogische Förderung mit zusätzlichen intensiven Fördermaßnahmen (zusätzlich zu den Maßnahmen im Rahmen der grundlegenden Sprachbildung und Sprachförderung),
   - Sprachheilpädagogische Maßnahmen im Rahmen der sonderpädagogischen Frühförderung bzw. im Rahmen ambulanter Sprachheilkurse,
   - Empfehlung zum Besuch eines Schulkindergartens,
   - Empfehlung zu sonstigen Maßnahmen, z.B. sprachtherapeutischen Maßnahmen in Form von Heilmitteln vorbehaltlich der Entscheidung und Verordnung durch den behandelnden Arzt (Sprachtherapie beim niedergelassenen Logopäden oder im Rahmen Interdisziplinärer Frühförderung). [...]

Hinweis der Redaktion: Von der Basisuntersuchung zur Sprachstandsfeststellung und -diagnose kann bei Kindern mit Behinderung oder besonderem Förderbedarf abgesehen werden, wenn diese im Blick auf die Art und Schwere der Behinderung nicht zur Anwendung geeignet ist oder anderweitige fachlich aussagekräftige Befunde vorliegen.

⇨ Behinderungen (Förderbedarf); ⇨ Jugendzahnpflege; ⇨ Kooperation Kindertageseinrichtungen – Grundschulen; ⇨ Migrationshintergrund; ⇨ Schulgesetz § 5, § 15, § 25, § 73 ff., § 91; ⇨ Schulkindergarten; ⇨ Schulpflicht (Ausländische Schüler*innen); ⇨ Schulpflicht (Durchsetzung)

Einstellung (Altersgrenze)

Auszug aus der Landeshaushaltsordnung (LHO) für Baden-Württemberg vom 19. Oktober 1971 (GBl. S. 428), zuletzt geändert 17. Dezember 2019 (GBl. S. 593/2019)

§ 48

Einstellung und Versetzung von Beamten und Richtern

(1) In den Landesdienst als Beamter oder Richter eingestellt oder versetzt werden kann ein Bewerber, wenn er im Zeitpunkt der Einstellung oder Versetzung das 42. Lebensjahr noch nicht vollendet hat. Für Bewerber, die Betreuungs- und Pflegezeiten für Kinder unter 18 Jahren oder für nach ärztlichen Gutachten pflegebedürftige sonstige Angehörige geleistet haben, erhöht sich die Altersgrenze nach Satz 1 außerdem für jeden Betreuungs- oder Pflegefall um zwei Jahre. Die Altersgrenze nach Satz 1 erhöht sich außerdem um die Zeit des tatsächlich abgeleisteten Grundwehrdienstes oder Zivildienstes. [...]

Hinweis der Redaktion: Hat die Betreuung oder Pflege Auswirkungen auf den beruflichen Werdegang genommen – etwa durch Elternzeit, Beurlaubung oder Teilzeittätigkeit – ist eine weitere Sachverhaltsermittlung nicht erforderlich. Sind derartige Auswirkungen nicht ersichtlich, muss ermittelt werden, ob tatsächlich Betreuungs- oder Pflegeleistungen erbracht wurden. Fälle, in denen keine Auswirkungen auf den beruflichen Werdegang zu erkennen sind, weil der Partner oder die Partnerin die Betreuungs- oder Pflegeleistungen erbracht hat, führen nicht zu einer Erhöhung der Altersgrenzen

(Quelle: Handreichung des FM zu § 48 LHO vom 12.12.2013)

In Fällen, in denen der Bewerber in Vollzeit tätig ist, der andere Elternteil oder (Ehe-)Partner aber ebenfalls berufstätig war, ist unter Würdigung der Umstände des Einzelfalles zu prüfen, ob vom Bewerber tatsächlich Betreuungszeiten erbracht wurden. Davon kann ausgegangen werden, wenn die Arbeitszeit des Bewerbers so ausgestaltet war, dass er die Betreuung oder Pflege eines Kindes oder sonstigen Angehörigen während der Berufstätigkeit des anderen Elternteils oder (Ehe-)Partners wahrnehmen konnte. Von einer Verzögerung ist bei tatsächlich erbrachten, nicht nur unwesentlichen Pflege- und Betreuungszeiten auszugehen.

(Quelle: Handreichung des FM für die Fallbearbeitung bei Überschreitung der Altersgrenzen vom April 2016)

(3) Hat der Bewerber die Altersgrenzen nach Absatz 1 oder 2 überschritten, kann er als Beamter oder Richter in den Landesdienst eingestellt oder versetzt werden, wenn ein eindeutiger Mangel an geeigneten jüngeren Bewerbern besteht und seine Übernahme beziehungsweise Nichtübernahme unter Berücksichtigung der entstehenden Versorgungslasten einen erheblichen Vor- beziehungsweise Nachteil für das Land bedeutet. [...]

Hinweise der Redaktion:

1. Ein eindeutiger Mangel liegt z.B. vor, wenn trotz wiederholter Bewerbersuche bzw. Ausschreibung keine geeigneten jüngeren Bewerber vorhanden sind. Gleiches gilt, wenn angesichts der aktuellen Lage am Bewerbermarkt eindeutig ist, dass durch eine erneute Ausschreibung kein anderes Ergebnis erzielt würde. Sind geeignete jüngere Bewerber vorhanden, besteht keine Möglichkeit, einen Bewerber, der die Altersgrenze überschritten hat, zu übernehmen. Dies gilt auch dann, wenn der ältere Bewerber besser geeignet ist als der jüngere. – Als Kriterium für die Eignung des Bewerbers kann z.B. auch eine der Tätigkeit förderliche besondere Berufserfahrung herangezogen werden. – Geht es [...] lediglich um eine Verbeamtung eines Tarifbeschäftigten, der bereits für das Land tätig ist, ist regelmäßig das Tatbestandsmerkmal des Bewerbermangels zu verneinen.(Quelle: Handreichung des FM zu § 48 LHO vom 12.12.2013)
2. Ein besonderer Personalgewinnungsbedarf liegt regelmäßig in den Bereichen vor, für die der Seiten- oder Direkteinstieg in den Schuldienst eröffnet ist (dies ist nur bei wissenschaftlichen Lehrkräften an beruflichen Schulen der Fall), sowie bei Technischen Lehrkräften (gewerbliche Richtung) an beruflichen Schulen. Der Direkteinstieg ist dadurch gekennzeichnet, dass zunächst eine dreijährige Beschäftigung als Tarifbeschäftigter erfolgt. In diesen drei Jahren ist eine zweijährige pädagogische Schulung erfolgreich zu durchlaufen und daran anschließend ein Bewährungsjahr abzuleisten. Nach diesen drei Jahren stellt sich die Frage der Verbeamtung. Ob die Übernahme ins Beamtenverhältnis möglich ist, hängt von der Bedarfssituation im Zeitpunkt der anstehenden Verbeamtung ab (landesweit bestehender Mangel an geeigneten jüngeren Bewerbern unabhängig von der Bewerberlage an der konkreten Schule). Das Kultusministerium öffnet nur Bereiche für den Direkteinstieg, für die in den kommenden drei Jahren ein Mangel an geeigneten Bewerbern erwartet wird; demnach wird zum Zeitpunkt, in dem die Übernahme in ein Beamtenverhältnis geprüft wird, der eindeutige Mangel an geeigneten jüngeren Bewerbern zum Zeitpunkt der Verbeamtung in aller Regel zu bejahen sein. (Quelle: KM, 5. Mai 2011; AZ: 14-0311.21/50)
3. Die Einstellung nach Vollendung des 45. Lebensjahres bedarf gemäß Abs. 5 der Zustimmung des Finanzministeriums. Im Schulbereich hat das FM auf die Mitwirkung bei der Verbeamtung nach Überschreiten des 45. bis zur Vollendung des 50. Lebensjahres beim Direkteinstieg von wissenschaftlichen Lehrkräften in den beruflichen Schuldienst verzichtet. (Quelle: KM, 14.12.2011, AZ: 14-0311.21/53)

(4) Die Beschränkungen nach den Absätzen 1 bis 3 gelten nicht

1. für Bewerber, die aus dem Dienstverhältnis einer landesunmittelbaren juristischen Person des öffentlichen Rechts in den Dienstbereich des Landes versetzt werden oder aus einem Richter- oder Beamtenverhältnis zum Land in das Beamten- oder Richterverhältnis zum Land berufen werden,
2. im Fall der Versetzung von Beamten oder Richtern von sonstigen Dienstherren in den Landesdienst, wenn der abgebende Dienstherr in einem Tauschverfahren einen Beamten oder Richter des Landes in mindestens derselben Besoldungsgruppe übernimmt und das Lebensalter des in den Landesdienst zu versetzenden Beamten oder Richters höchstens um drei Jahre über dem des Tauschpartners liegt, ⇨ Ländertausch
3. bei der Einstellung und Versetzung von Beamten auf Widerruf,
4. für Bewerber mit einer Versorgungsberechtigung nach § 104 des Schulgesetzes [...],
5. im Anwendungsbereich von Vereinbarungen nach § 97 Abs. 3 des Schulgesetzes [...].

⇨ Schulgesetz §§ 97 und 104

(5) *(nicht abgedruckt; siehe Hinweis Nr. 3 zu Absatz 3)*

(6) § 48 Abs. 1 und 3 bis 5 ist sinngemäß anzuwenden, wenn eine Versorgungsberechtigung nach § 104 des Schulgesetzes [...] verliehen wird.

⇨ Beamtengesetz (LBG) § 3 ff.; ⇨ Einstellungserlass; ⇨ Ernennungsgesetz; ⇨ Ländertausch; ⇨ Schulgesetz

Einstellungserlass

Einstellung von Lehramtsbewerberinnen und Lehramtsbewerbern;
Verwaltungsvorschrift des Kultusministeriums in der Anhörungsfassung vom 28. Oktober 2021
(beabsichtigte Änderungen sind kursiv gekennzeichnet)

Auswahlverfahren

1
Auswahlgrundsätze

Die Lehrkräfte für die öffentlichen Schulen in Baden-Württemberg werden gemäß § 9 ⇨ Beamtenstatusgesetz nach Eignung, Befähigung und fachlicher Leistung eingestellt.

1.1 Die Bewerberinnen und Bewerber werden im Rahmen der verfügbaren Stellen und Mittel sowie nach dem regionalen Bedarf für die Einstellung ausgewählt. Die Auswahl erfolgt dabei

- überwiegend fächerspezifisch nach Leitfächern oder
- nach Fächerkombinationen, die den Anforderungen der Schulen entsprechen oder
- nach Fächerkombinationen in Abstimmung zwischen den Schulen und dem Regierungspräsidium bei den Gymnasien, Gemeinschaftsschulen und beruflichen Schulen sowie
- fächerspezifisch bei den musisch-technischen Fachlehrkräften,
- fachrichtungsspezifisch beim Lehramt Sonderpädagogik[1] sowie bei den Fachlehrkräften und Technischen Lehrkräften Sonderpädagogik[2]

aufgrund ihrer Qualifikation (Leistungszahl bzw. Gesamtqualifikation).

Bewerberinnen und Bewerber ohne Deutsch als Muttersprache müssen mit der Teilnahme am Bewerbungsverfahren die für die Berufsausübung als Lehrkraft in Baden-Württemberg erforderlichen deutschen Sprachkenntnisse nachweisen. Dies erfolgt grundsätzlich über die Vorlage eines Sprachzertifikats auf dem Niveau C2 des Gemeinsamen europäischen Referenzrahmens für Sprachen (GeR). Bei Vorlage eines Sprachzertifikats auf dem Niveau C1 des Gemeinsamen europäischen Referenzrahmens für Sprachen (GeR) ist zusätzlich ein Sprachkolloquium erfolgreich zu absolvieren.

Hinweis der Redaktion: Das KM weist regelmäßig in den jährlich aktualisierten Hinweisen für die verschiednen Schularten darauf hin, dass eine weiträumige Mobilität die Einstellungschancen erhöhe und von größerer Bedeutung sein könne als die erreichte Gesamtqualifikation. „Attraktive Schulen" gebe es in allen Regionen des Landes; siehe https://lehrer-online > Stellen > Einstellung. Insbesondere in Mangelregionen und -fächern werde die Mehrzahl der Stellen über schulbezogene Stellenausschreibungen besetzt; es sei ratsam, neben dem Wunscheinstellungsbezirk stets noch mehrere weitere Einstellungsbezirke anzugeben. Die Einsatzwünsche sollten im Blick auf die persönlich-familiäre Situation realistisch, aber so weiträumig wie nur möglich angegeben werden.

1.1.1 Mit der Annahme eines Einstellungsangebots nimmt eine Bewerberin bzw. ein Bewerber am weiteren Verfahren nicht mehr teil.

1.1.2 Die Einstellungs-, Vorstellungs- und Beteiligungsgespräche sowie die Bewerbungsgespräche im Rahmen der schulbezogenen Stellenausschreibungen werden als Einzelgespräche geführt und erfordern grundsätzlich die persönliche Anwesenheit der Bewerberinnen und Bewerber.

1.2 **Leistungszahl**

1.2.1 Die Leistungszahl wird aus der Summe des Zwanzigfachen der Durchschnittsnote der Ersten Lehramtsprüfung oder der Gesamtnote der Prüfung, mit der die Zulassung zum Vorbereitungsdienst erfolgte, und des Zwanzigfachen der Durchschnittsnote der Zweiten Lehramtsprüfung gebildet. Die Leistungszahl bei Lehramtsbewerberinnen und -bewerbern mit Bachelor- und Masterabschlüssen errechnet sich ab dem Einstellungsverfahren 2020 aus der Summe des Zehnfachen der Note des Bachelor-Abschlusses, des Zehnfachen der Note des Masterabschlusses sowie des Zwanzigfachen der Note der abschließenden Lehramtsprüfung. Weitere lehramtsbezogene Studienleistungen, die mit Blick auf den Zugang beziehungsweise die Zulassung zum Masterstudium nachzuholen sind, sind mit ihrer Durchschnittsnote unter Beibehaltung der Gesamtgewichtung einzubeziehen. Bei Lehramtsprüfungen aus anderen Bundesländern, der EU und dem weiteren Ausland wird entsprechend gewichtet, die Sondertatbestände der Ziff. 1.2.2 und 1.2.3 bleiben unberührt.

1.2.2 Für die Bewerberinnen und Bewerber aus Aufbaustudiengängen mit Lehrbefähigung in einem weiteren Fach und für Bewerberinnen und Bewerber, die ihre Dienstprüfungen nach früheren Prüfungsordnungen abgelegt haben, gelten gegebenenfalls besondere Berechnungsverfahren.

1.2.3 Für Bewerberinnen und Bewerber mit ausländischer Lehramtsprüfung, die nach der ⇨ EU-EWR-LehrerVO [...] oder nach dem Berufsqualifikationsfeststellungsgesetz Baden-Württemberg [...] eine Eignungsprüfung abgelegt bzw. einen Anpassungslehrgang absolviert haben, wird die Leistungszahl aus der Summe des Zwanzigfachen der Durchschnittsnote des Zeugnisses im Herkunftsland und dem Zwanzigfachen der Note der Eignungsprüfung bzw. des Anpassungslehrgangs gebildet.

Beinhaltet die Eignungsprüfung beziehungsweise der Anpassungslehrgang sowohl einen fachwissenschaftlichen Teil an einer Hochschule als auch einen schulpraktischen Teil an einem Seminar für Ausbildung und Fortbildung der Lehrkräfte, so errechnet sich dieser Teil der Leistungszahl aus der Summe des Zehnfachen der Durchschnittsnote des fachwissenschaftlichen Teils und der Summe des Zehnfachen der Durchschnittsnote des schulpraktischen Teils.

---

[1] Dies gilt entsprechend für die Absolventinnen und Absolventen nach der SPO II vom 28.06.2003 (K.u.U. S. 101; ber. K.u.U. S. 159).

[2] Dies gilt entsprechend für die Absolventinnen und Absolventen nach der VO des KM über die Ausbildung und Prüfung für die Laufbahnen des Fachlehrers und des Technischen Lehrers an Sonderschulen vom 09.08.1996 (K. u. U. S. 710).

[3] Für den Bereich der Gymnasien und beruflichen Schulen ist das zuständige Seminar für Ausbildung und Fortbildung der Lehrkräfte zu beteiligen.

Ist eine Vergleichbarkeit der Zeugnisnoten des Herkunftslandes nicht gegeben, wird die Leistungszahl aus dem Vierzigfachen der Note der Eignungsprüfung bzw. des Anpassungslehrgangs gebildet. *Beinhaltet die Eignungsprüfung beziehungsweise der Anpassungslehrgang sowohl einen fachwissenschaftlichen Teil an einer Hochschule als auch einen schulpraktischen Teil an einem Seminar für Ausbildung und Fortbildung der Lehrkräfte, so errechnet sich die Leistungszahl aus der Summe des Zwanzigfachen der Durchschnittsnote des fachwissenschaftlichen Teils und der Summe des Zwanzigfachen der Durchschnittsnote des schulpraktischen Teils.* Mit Bewerberinnen und Bewerbern, deren Prüfungszertifikat keine Note aufweist und mit denen weder eine Eignungsprüfung noch ein Anpassungslehrgang durchzuführen ist, ist ein Einstellungsgespräch zu führen und zu benoten.[3] Im Rahmen dieses Gesprächs wird auch die Beherrschung der deutschen Unterrichtssprache mit überprüft. Das Einstellungsgespräch ist von dem Regierungspräsidium zu führen, in dessen Bezirk vorrangig eine Einstellung angestrebt wird. Aus dem Vierzigfachen dieser Note ist die Leistungszahl zu bilden.

Hinweise der Redaktion:

1. Wer nach dem Berufsqualifizierungsgesetz eine ausbildungs-, jedoch nicht laufbahnrechtliche Anerkennung der Lehramtsprüfung erhalten hat, kann gleichrangig in das Einstellungsverfahren einbezogen und ggf. als „Nichterfüller" eingestellt werden. (Quelle: KM, 14.12.2015, AZ: 22-6701.5/208)
2. Für die kostenpflichtige Anerkennung ausländischer Lehramtsabschlüsse ist das Regierungspräsidium Tübingen zuständig.

1.3 Bei Fachlehrkräften sowie Technischen Lehrkräften Sonderpädagogik[2] und Technischen Lehrkräften an beruflichen Schulen der kaufmännischen und hauswirtschaftlichen Richtung erfolgt die Auswahl aufgrund der in der Laufbahnprüfung erzielten Endnote.

1.4 **Seminarausgleich**[4]

Zum Ausgleich regionaler Bewertungsunterschiede zwischen den Seminaren kann für Neubewerberinnen und -bewerber im Bereich der Grund*schule, Haupt- und* Realschule *beziehungsweise Sekundarstufe I* und bei musisch-technischen Fachlehrkräften ein Bonus-oder Malus-Verfahren durchgeführt werden. Dabei werden die Ergebnisse der Zweiten Lehramtsprüfungen *beziehungsweise der den Vorbereitungsdienst abschließenden Staatsprüfungen* aller Bewerberinnen und Bewerber, die zu einem bestimmten Termin an der Zweiten Prüfung, *der den Vorbereitungsdienst abschließenden Staatsprüfung beziehungsweise der* Laufbahnprüfung innerhalb der betreffenden Schulart teilgenommen haben, zugrunde gelegt. Sofern Neu- und Altbewerberinnen bzw. Neu- und Altbewerber im Listenauswahlverfahren in einer gemeinsamen Bewerberliste zusammengeführt werden, erhalten auch die Neubewerberinnen und -bewerber einen Jahrgangsausgleich (vgl. Nr. 1.5).

1.5 **Jahrgangsausgleich**[4]

Für Bewerberinnen und Bewerber für die Lehrämter Grundschule, Werkreal-, Haupt- und Realschule *beziehungsweise Sekundarstufe I* und für musisch-technische Fachlehrerkräfte kann ein Ausgleich der Bewertungsunterschiede zwischen den Prüfungsjahrgängen durchgeführt werden.

2
Listenauswahlverfahren

2.1 **Bewerberkreis**

In das Listenauswahlverfahren werden nur Bewerberinnen und Bewerber einbezogen, die über eine in Baden-Württemberg erworbene oder als gleichwertig anerkannte Lehrbefähigung verfügen, sich fristgerecht beworben haben und in die Bewerberlisten der jeweiligen Bewerbergruppe aufgenommen wurden.

⇨ Ländertausch (Lehrkräfte)

2.2 **Benachrichtigung der Bewerberinnen und Bewerber**

2.2.1 Die Bewerberinnen und Bewerber, die eingestellt werden können, werden nach den dienstlichen Erfordernissen den Bezirken der Regierungspräsidien zugewiesen. Sie erhalten vom zuständigen Regierungspräsidium ein Einstellungsangebot.

2.2.2 Bewerberinnen und Bewerber, die in das Listenauswahlverfahren aufgenommen worden sind, jedoch für eine Einstellung noch nicht berücksichtigt werden konnten, können einen Zwischenbescheid erhalten. Sie werden in die Auswahl des Nachrückverfahrens (vgl. Nr. 6) einbezogen.

2.2.3 Alle anderen Bewerberinnen und Bewerber erhalten eine Absage, die mit einem Hinweis auf künftige Bewerbungsmöglichkeiten verbunden werden kann.

2.3 **Vorstellungsgespräche**

2.3.1 Mit allen Bewerberinnen und Bewerbern, die ein Einstellungsangebot erhalten sollen, sind grundsätzlich Vorstellungsgespräche zu führen. Sofern ein telefonischer Kontakt mit den Bewerberinnen und Bewerbern nicht zustande kommt, muss die Kontaktaufnahme unter der von den Bewerberinnen und Bewerbern im Übernahmeantrag angegebenen Anschrift schriftlich oder gegebenenfalls in elektronischer Form erfolgen. Sofern sich die angeschriebenen Bewerberinnen und Bewerber nicht innerhalb von zwei Arbeitstagen nach Zugang der Benachrichtigung äußern, findet das Nachrückverfahren Anwendung. Die Bewerberinnen und Bewerber sind darauf hinzuweisen.

Die Beauftragte für Chancengleichheit[5] kann gemäß § 10 Abs. 3 Chancengleichheitsgesetz bei Stellenbesetzungen an Vorstellungsgesprächen teilnehmen.

Hinweis der Redaktion: Fragen nach der Familienplanung und danach, wie die Betreuung von Kindern neben der Berufstätigkeit gewährleistet werden kann, sind unzulässig.

⇨ Chancengleichheitsgesetz §§ 9, 10, 11, 19, 20

An Vorstellungsgesprächen, die mit schwerbehinderten bzw. gleichgestellten Bewerberinnen und Bewerbern geführt werden, ist die jeweilige Schwerbehindertenvertretung teilnahmeberechtigt und einzuladen. Wenn die schwerbehinderten oder ihnen gleichgestellte Bewerberinnen und Bewerber aus eigenem Antrieb die Teilnahme der Schwerbehindertenvertretung ausdrücklich ablehnen, entfällt diese.

4 wird derzeit nicht angewandt.

5 In den Regierungspräsidien nimmt die fachliche Beraterin für den Bereich Schule in Abstimmung mit der Beauftragten für Chancengleichheit deren Aufgaben und Rechte gemäß § 15 Abs. 4 Chancengleichheitsgesetz wahr.

Darüber sind die Bewerberinnen und Bewerber zu informieren. Eine solche Ablehnung berührt aber nicht die Beteiligungsrechte der Schwerbehindertenvertretung gemäß § 178 Absatz 2 SGB IX.

Die Schwerbehindertenvertretung ist immer dann zu unterrichten, wenn unter den Bewerberinnen und Bewerbern schwerbehinderte oder ihnen gleichgestellte Menschen sind; ihr sind die entscheidungsrelevanten Teile der Bewerbungsunterlagen aller Bewerberinnen und Bewerber zur Einsicht vorzulegen.

Hinweis der Redaktion: Die Nichteinladung eines gleichgestellten Bewerbers oder einer Bewerberin zum Vorstellungsgespräch begründet die Vermutung, dass der Bewerber wegen seiner Gleichstellung mit einer schwerbehinderten Person benachteiligt wurde und kann zu Schadensersatzansprüchen führen. (LAG Köln 23.8.2018, 6 Sa 147/18) ⇨ Schwerbehinderung

2.3.2 Das Vorstellungsgespräch kann vom Regierungspräsidium geführt werden. Beim Vorstellungsgespräch mit einer Bewerberin oder einem Bewerber aus dem Bereich der Grund-, Haupt- und Werkrealschulen, Realschulen, Gemeinschaftsschulen oder der sonderpädagogischen Bildungs- und Beratungszentren kann eine Schulrätin oder ein Schulrat desjenigen Staatlichen Schulamts, in dem die betreffende Bewerberin oder der Bewerber tätig sein soll, beteiligt werden. Es soll in der Regel nicht länger als 15 Minuten dauern.

Das Regierungspräsidium kann das Vorstellungsgespräch bei Grund-, Haupt- und Werkrealschulen, Realschulen, Gemeinschaftsschulen und der sonderpädagogischen Bildungs- und Beratungszentren auf das jeweilige Staatliche Schulamt bzw. bei den Bewerberinnen und Bewerbern, mit denen ein Beteiligungsgespräch nach Nr. 2.5 zu führen ist, als Teil des Beteiligungsgesprächs auf die betreffende Schulleitung übertragen. Im Bereich der Gymnasien und beruflichen Schulen kann das Regierungspräsidium bei Bewerberinnen und Bewerbern, mit denen ein Beteiligungsgespräch nach Nr. 2.5 zu führen ist, das Vorstellungsgespräch als Teil des Beteiligungsgesprächs auf die betreffende Schulleitung übertragen.

Unter den für das Listenauswahlverfahren festgelegten Voraussetzungen kann das Vorstellungsgespräch auch im Nachrückverfahren auf die jeweilige Schulleitung übertragen werden.

Das Regierungspräsidium, das Staatliche Schulamt und gegebenenfalls die Schulleitung treffen eine der folgenden Entscheidungen:

„Einstellung ja“ oder

„Einstellungsgespräch erforderlich“.

Bei Bewerberinnen und Bewerbern mit der Entscheidung „Einstellungsgespräch erforderlich“ ist ein Protokoll zu fertigen. Mit diesen Bewerberinnen oder Bewerbern wird ein zusätzliches Gespräch nach den Verfahrensregeln für das Einstellungsgespräch nach Nr. 2.4 durchgeführt. Ergibt auch dieses Gespräch nicht mindestens die Beurteilung „geeignet“, kann die Bewerberin oder der Bewerber nicht eingestellt werden.

2.4 Einstellungsgespräche

2.4.1 Einstellungsgespräche können geführt werden, wenn dies im Einzelfall aus besonderen Gründen für erforderlich gehalten wird (zum Beispiel bei gleicher oder fast gleicher Gesamtqualifikation, Leistungszahl oder Laufbahnprüfungsnote, lang zurückliegender Lehramtsprüfung).

Die zuständige Personalvertretung kann an den Einstellungsgesprächen teilnehmen.

Die Beauftragte für Chancengleichheit[5] kann gemäß § 10 Abs. 3 ChancenG an Einstellungsgesprächen teilnehmen.

An allen Einstellungsgesprächen, die mit schwerbehinderten beziehungsweise gleichgestellten und nicht schwerbehinderten Bewerberinnen und Bewerbern geführt werden, ist die jeweilige Schwerbehindertenvertretung teilnahmeberechtigt und dazu einzuladen, wenn unter den Bewerberinnen und Bewerbern schwerbehinderte oder ihnen gleichgestellte Menschen sind. Darüber sind die Bewerberinnen und Bewerber zu informieren. Wenn die schwerbehinderten oder ihnen gleichgestellte Bewerberinnen und Bewerber aus eigenem Antrieb die Teilnahme der Schwerbehindertenvertretung ausdrücklich ablehnen, entfällt diese. Eine solche Ablehnung berührt aber nicht die Beteiligungsrechte der Schwerbehindertenvertretung gemäß § 178 Absatz 2 SGB IX.

Die Schwerbehindertenvertretung ist immer dann zu unterrichten, wenn unter den Bewerberinnen und Bewerbern schwerbehinderte oder ihnen gleichgestellte Menschen sind; ihr sind die entscheidungsrelevanten Teile der Bewerbungsunterlagen aller Bewerberinnen und Bewerber zur Verfügung zu stellen.

2.4.2 Bei der Entscheidung über die Eignung einer Bewerberin oder eines Bewerbers ist eine Gesamtwürdigung vorzunehmen. Hierbei sollen unter anderen folgende Kriterien herangezogen werden:

- schulische und/oder außerschulische Tätigkeiten und Aktivitäten,
- Fächerverbindung bzw. Stufenschwerpunkt,
- besondere Eigenschaften, Fähigkeiten und Umstände (z.B. in außerschulischen Tätigkeiten erworbene Fertigkeiten und Erfahrungen, Sprachkenntnisse, dem Unterricht förderliche Aufbau- und Zusatzstudien und so weiter.).

Über die Gespräche sind stichwortartige Protokolle zu fertigen. Die wesentlichen Gründe für die Beurteilung der Bewerberin oder des Bewerbers sind in den Protokollen festzuhalten. Eine Mehrfertigung des Protokolls wird der Bewerberin oder dem Bewerber übermittelt.

2.4.3 Die Einstellungsgespräche sind als Einzelgespräche zu führen und sollen in der Regel nicht länger als 30 Minuten dauern. Sie werden von Kommissionen geführt, die aus jeweils zwei Mitgliedern bestehen. Die Kommissionen werden von den Regierungspräsidien berufen. Den Vorsitz führt eine in diesem Aufgabenbereich erfahrene Referentin oder ein Referent des Regierungspräsidiums.

Die den Vorsitz führende Person kann in begründeten Fällen eine weitere Referentin bzw. einen weiteren Referenten (z.B. Juristin, Jurist) beratend hinzuziehen.

Im Bereich der Grund-, Haupt- und Werkrealschulen, Realschulen, Gemeinschaftsschulen und der sonderpädagogischen Bildungs- und Beratungszentren ist das zweite Mitglied der Kommission eine Schulrätin oder ein Schulrat möglichst desjenigen Bezirks des Staatlichen Schulamts, in dem die betreffende Bewerberin bzw. der Bewerber tätig werden soll. Im Bereich der Gymnasien und beruflichen Schulen ist das zweite Mitglied der Kommission in der Regel eine Schulleiterin oder ein Schulleiter.

Das Regierungspräsidium kann jederzeit eine Vertreterin oder einen Vertreter in die Kommission entsenden.

Die Gespräche sind mit einer der folgenden Beurteilungen zu bewerten:

- „besonders gut geeignet“,
- „gut geeignet“,
- „geeignet“,
- „wird nach dem Ergebnis des Einstellungsgesprächs nicht eingestellt“.

2.5 **Beteiligungsgespräche**

2.5.1 Alle Bewerberinnen und Bewerber, denen im Listenauswahlverfahren eine konkrete Schule als künftiger Dienstort benannt wird und die diesen auch annehmen wollen, müssen unverzüglich mit der Schulleiterin oder dem Schulleiter dieser Schule Verbindung aufnehmen.

Die Schulleitung führt mit der Bewerberin oder dem Bewerber ein Beteiligungsgespräch. Sie soll ein Mitglied der Personalvertretung hinzuziehen, sofern eine solche an der Schule eingerichtet ist. An Schulen, an denen keine Personalvertretung eingerichtet ist, soll ein von der Gesamtlehrerkonferenz gewähltes Mitglied hinzugezogen werden.

Hinweis der Redaktion: Zur Bedeutung von „soll“ bitte den Beitrag ⇨ Juristische Terminologie beachten.

Die Beauftragte für Chancengleichheit kann gemäß § 10 Absatz 3 ChancenG an Beteiligungsgesprächen teilnehmen. Zuständig ist die Beauftragte für Chancengleichheit der Dienststelle, die das Verfahren führt. Ist an der Dienststelle keine Beauftragte für Chancengleichheit vorhanden, ist nach § 15 Absatz 2 ChancenG die Beauftragte für Chancengleichheit der nächsthöheren Dienststelle zuständig.

2.5.2 An allen Beteiligungsgesprächen, die mit schwerbehinderten bzw. gleichgestellten Bewerberinnen und Bewerbern geführt werden, ist die jeweilige Schwerbehindertenvertretung teilnahmeberechtigt und einzuladen. Wenn die schwerbehinderten Bewerberinnen und Bewerber aus eigenem Antrieb die Teilnahme der Schwerbehindertenvertretung ausdrücklich ablehnen, entfällt diese. Darüber sind die Bewerberinnen und Bewerber zu informieren. Eine solche Ablehnung berührt aber nicht die Beteiligungsrechte der Schwerbehindertenvertretung gemäß § 178 Absatz 2 SGB IX. Die Schwerbehindertenvertretung ist immer dann zu unterrichten, wenn unter den Bewerberinnen und Bewerbern schwerbehinderte oder ihnen gleichgestellte Menschen sind; ihr sind die entscheidungsrelevanten Teile der Bewerbungsunterlagen aller Bewerberinnen und Bewerber zur Verfügung zu stellen.

2.5.3 Innerhalb einer Woche nach Benennung der vorgesehenen Schule informiert die Schulleiterin oder der Schulleiter das Regierungspräsidium bzw. das Staatliche Schulamt, ob sie beziehungsweise er

- mit der Zuweisung der Bewerberin oder des Bewerbers einverstanden ist oder
- ob triftige Gründe gegen die Zuweisung der Bewerberin oder des Bewerbers an die Schule bestehen.

Fach bzw. Fachrichtung oder Stufenschwerpunkt dürfen bei dieser Entscheidung nicht berücksichtigt werden, da diese Kriterien bereits vom Regierungspräsidium bzw. dem Staatlichen Schulamt bei der Bewerberauswahl soweit als möglich berücksichtigt wurden.

Die Schwerbehindertenvertretung ist von der beabsichtigten Auswahlentscheidung zu unterrichten und es ist ihr Gelegenheit zur Stellungnahme zu geben.

2.5.4 Äußert die Schulleiterin oder der Schulleiter keine Bedenken gegen die Zuweisung der Bewerberin oder des Bewerbers, entscheidet das Regierungspräsidium abschließend über die Einstellungsmaßnahme. Werden von der Schulleiterin oder dem Schulleiter triftige Gründe gegen die Zuweisung der Bewerberin oder des Bewerbers erhoben, so teilt sie bzw. er die Gründe schriftlich oder elektronisch innerhalb der genannten Frist dem Regierungspräsidium mit. In diesem Fall wird mit der Bewerberin oder dem Bewerber ein Einstellungsgespräch (vgl. Nr. 2.6) geführt.

2.5.5 Erfolgt das Beteiligungsgespräch nicht innerhalb der festgelegten Frist, weil die Bewerberin oder der Bewerber sich nicht bei der Schulleiterin oder dem Schulleiter gemeldet hat, scheidet die Bewerberin oder der Bewerber aus allen Einstellungsverfahren des laufenden Auswahlverfahrens aus. Die Stelle wird dann anderweitig besetzt.

2.5.6 In Einzelfällen können bei mehreren Bewerberinnen und Bewerbern mit gleicher oder fast gleicher Gesamtqualifikation, Leistungszahl oder Laufbahnprüfungsnote Vorstellungsgespräche als Einstellungsgespräche nach den Regelungen in Nr. 2.4 zur Besetzung einer Stelle geführt werden. Die Schulleiterin oder der Schulleiter ist hierbei zu beteiligen. Ein Beteiligungsgespräch nach Nr. 2.5 findet in diesen Fällen nicht statt.

2.6 **Einstellungsgespräche im Beteiligungsverfahren**

2.6.1 Das Einstellungsgespräch ist mit allen Bewerberinnen und Bewerbern zu führen, gegen deren Zuweisung die Leiterin oder der Leiter der ausgewählten Schule triftige Gründe erhoben hat.

2.6.2 Die Einstellungsgespräche werden von Kommissionen geführt, die aus jeweils zwei Mitgliedern bestehen. Die Kommissionen werden von den Regierungspräsidien berufen. Den Vorsitz führt eine in diesem Aufgabenbereich erfahrene Referentin oder ein Referent des Regierungspräsidiums.

Im Bereich der Grund-, Haupt- und Werkrealschulen, Realschulen, Gemeinschaftsschulen und der sonderpädagogischen Bildungs- und Beratungszentren ist das zweite Mitglied der Kommission eine Schulrätin oder ein Schulrat möglichst desjenigen Bezirks des Staatlichen Schulamts, in dem die betroffene Bewerberin bzw. der betroffene Bewerber tätig werden soll. Im Bereich der Gymnasien und beruflichen Schulen ist das zweite Mitglied der Kommission eine Schulleiterin oder ein Schulleiter.

Die Leiterin oder der Leiter der ursprünglich vorgesehenen Schule kann auf eigenen Antrag oder nach Wunsch des Regierungspräsidiums am Einstellungsgespräch teilnehmen.

Über die Gespräche sind stichwortartige Protokolle zu fertigen. Die wesentlichen Gründe für die Beurteilung der Bewerberin oder des Bewerbers sind in den Protokollen festzuhalten. Eine Mehrfertigung des Protokolls ist der Bewerberin oder dem Bewerber zu übermitteln.

2.6.3 Das Regierungspräsidium entscheidet abschließend auf der Grundlage des Einstellungsgesprächs wie folgt:

- „für die vorgesehene Schule im Benehmen mit der Schulleiterin oder dem Schulleiter geeignet",
- „nimmt am Nachrückverfahren teil",
- „wird nach dem Ergebnis des Einstellungsgesprächs derzeit nicht eingestellt".

2.7 Die zuständige Personalvertretung kann an den Einstellungsgesprächen teilnehmen.

Die Beauftragte für Chancengleichheit[5] kann gemäß § 10 Absatz 3 ChancenG an Beteiligungs- und Einstellungsgesprächen teilnehmen. Zuständig ist die Beauftragte für Chancengleichheit der Dienststelle, die das Verfahren führt. Ist an der Dienststelle keine Beauftragte für Chancengleichheit vorhanden, ist nach § 15 Absatz 2 ChancenG die Beauftragte für Chancengleichheit der nächsthöheren Dienststelle zuständig.

An allen Gesprächen, die mit schwerbehinderten beziehungsweise gleichgestellten und nicht schwerbehinderten Bewerberinnen und Bewerbern geführt werden, ist die jeweilige Schwerbehindertenvertretung teilnahmeberechtigt und einzuladen, wenn unter den Bewerberinnen und Bewerbern schwerbehinderte oder ihnen gleichgestellte Menschen sind. Darüber sind die Bewerberinnen und Bewerber zu informieren. Wenn die schwerbehinderten oder ihnen gleichgestellte gleichgestellten Bewerberinnen und Bewerber aus eigenem Antrieb der Teilnahme der Schwerbehindertenvertretung ausdrücklich widersprechen, entfällt diese. Eine solche Ablehnung berührt aber nicht die Beteiligungsrechte der Schwerbehindertenvertretung gemäß § 178 Absatz 2 SGB IX.

Die Schwerbehindertenvertretung ist immer dann zu unterrichten, wenn unter den Bewerberinnen und Bewerbern schwerbehinderte oder ihnen gleichgestellte Menschen sind; ihr sind die einstellungsrelevanten Teile der Bewerbungsunterlagen aller Bewerberinnen und Bewerber zur Einsicht vorzulegen.

Die Schulaufsichtsbehörden können an allen Gesprächen teilnehmen.

2.8 Bei den Vorstellungs-, Beteiligungs- und Einstellungsgesprächen wird den Bewerberinnen und Bewerbern keine Reisekostenvergütung gewährt.

3
Engpassfächer

3.1 Beim Lehramt Grundschule können bis zu 15 Prozent der Stellen im Listenauswahlverfahren mit Bewerberinnen und Bewerbern in den Engpassfächern Musik, Evangelische oder Katholische Theologie/Religionspädagogik, Islamische Theologie/Religionspädagogik, Sport, Technik, Englisch, Französisch, Chemie oder Physik unter Qualifikationsgesichtspunkten besetzt werden. Außerdem können Bewerberinnen und Bewerber mit dem Abschluss Lehramt Grundschule mit der Profilierung Europalehramt oder dem Abschluss des Integrierten Teilstudiengangs für das Lehramt Grundschule eingestellt werden. Die Zahl der Bewerberinnen und Bewerber, die mit dem Europalehramt oder dem Integrierten Teilstudiengang eingestellt werden, wird vom Kultusministerium jährlich festgelegt. Dabei muss gewährleistet sein, dass mindestens 15 Prozent der Stellen im Listenauswahlverfahren mit Bewerberinnen und Bewerbern nach Gesamtqualifikation besetzt werden.

Für den Islamischen Religionsunterricht sunnitischer Prägung können Bewerberinnen und Bewerber mit dem Erweiterungsstudiengang Islamische Theologie/Religionspädagogik *nach GPO I (2011)* übernommen werden.

3.2 Beim Lehramt Werkreal-, Haupt- und Realschule können bis zu 10 Prozent der Stellen im Listenauswahlverfahren mit Bewerberinnen und Bewerbern mit dem Ausbildungsfach Kunst, Französisch, Mathematik, Chemie, Physik, Technik, Evangelische oder Katholische Theologie/Religionspädagogik, Islamische Theologie/ Religionspädagogiklehre, Sport oder Musik unter Qualifikationsgesichtspunkten besetzt werden. Zusätzlich können Bewerberinnen und Bewerber mit einem Abschluss Lehramt Werkreal-, Haupt- und Realschule mit der Profiierung Europalehramt sowie fächerspezifisch eingestellt werden. Die Zahl der Bewerberinnen und Bewerber, die aufgrund des Europalehramtes bzw. fächerspezifisch eingestellt werden, wird jeweils vom Kultusministerium festgelegt. Mindestens 10 Prozent der Stellen im Listenauswahlverfahren müssen mit Bewerberinnen und Bewerbern nach Gesamtqualifikation besetzt werden.

Für den Islamischen Religionsunterricht sunnitischer Prägung können Bewerberinnen und Bewerber mit dem Erweiterungsstudiengang Islamische Theologie/ Religionspädagogik *nach WHRPO I (2011)* übernommen werden.

3.3 Beim Lehramt Gymnasium haben im Bereich der Gymnasien Bewerberinnen und Bewerber mit Hauptfächern grundsätzlich Vorrang vor Bewerberinnen und Bewerbern mit Beifächern.

3.4 Im Rahmen von Schulversuchen oder bei Schulen mit besonderen Aufgaben gelten gegebenenfalls weitere Anforderungen.

4
Soziale Härtefälle, Deputatsaufstockungen

4.1 Als soziale Härtefälle sind ganz besonders gelagerte wirtschaftliche Verhältnisse anzusehen, wie sie insbesondere bei Bewerberinnen und Bewerbern vorliegen, die Alleinverdienende ohne weitere Einkünfte sind und die für den vollen Unterhalt von mindestens einem Kind aufzukommen haben. Bewerberinnen und Bewerber mit zweitem Bildungsweg sind dabei angemessen zu berücksichtigen. Die Auswahl erfolgt nach sozialer Dringlichkeit und nach Leistungsgesichtspunkten.

4.2 Innerhalb des Auswahlverfahrens können bis zu 60 Stellen für soziale Härtefälle vergeben werden. Davon werden bis zu 37 Stellen wie folgt aufgeteilt:

Lehramt an Grund-, Haupt- und Werkrealschulen, Lehramt Sonderpädagogik[1, 2] Lehramt an Realschulen Lehramt Grundschule Lehramt Werkreal-, Haupt- und Realschule *Lehramt Sekundarstufe I* Lehramt für Fachlehrkräfte	zusammen höchstens 22 Stellen,
Lehramt Gymnasium	höchstens 10 Stellen,
Lehramt an beruflichen Schulen	höchstens 5 Stellen.

Die Vorauswahl erfolgt durch das Regierungspräsidium, die Endauswahl wird gemeinsam durch die Regierungspräsidien getroffen. Bis zu 23 Stellen können zum Zweck des Ausgleichs zwischen den einzelnen Schularten vom Kultusministerium zentral verwaltet werden. Die Auswahlentscheidungen werden zusammen mit den jeweils zuständigen Personalvertretungen getroffen. Auf Wunsch der zuständigen Personalvertretungen kann ein Mitglied des Hauptpersonalrats an dieser Auswahlsitzung der Regierungspräsidien teilnehmen. – Die Beauftragte für Chancengleichheit des Kultusministeriums ist zu beteiligen. Ebenfalls zu beteiligen ist die zuständige Schwerbehindertenvertretung, wenn schwerbehinderte oder ihnen gleichgestellte Bewerberinnen und Bewerber am Verfahren teilnehmen.

4.3 Die Härtefallregelung findet grundsätzlich nur bei Bewerberinnen und Bewerbern Anwendung, die ihre Lehrbefähigung in Baden-Württemberg erworben oder ihren Lebensmittelpunkt in Baden-Württemberg haben und die zuvor in die Bewerberliste für das zentrale Einstellungsverfahren aufgenommen wurden.

4.4 Daneben kann im Rahmen dieses Kontingents der Lehrauftrag teilzeitbeschäftigter Lehrkräfte im Schuldienst des Landes, die bisher schon unter den TV-L fallen, auf Antrag im Rahmen des für sie maßgeblichen Regelstundenmaßes bei dringendem Bedarf bis zur vollen Wochenstundenzahl aufgestockt werden. Die Auswahlentscheidung für diesen Personenkreis erfolgt ansonsten im Zusammenhang mit dem nach Nr. 4.2 durchzuführenden Verfahren.

➪ Tarifvertrag-Länder(TV-L)

5
Berücksichtigung von Wehr- oder Zivildienst, Geburt eines Kindes oder Pflege eines nahen Angehörigen bei Erhöhung der Einstellungsanforderungen (Rückprojektion)

5.1 Bewerber, die Grundwehr- oder Zivildienst geleistet haben oder Soldat auf Zeit waren, werden im Rahmen des § 11 a des Arbeitsplatzschutzgesetzes hinsichtlich der Einstellungskriterien so behandelt, als hätten sie keinen Grundwehr- bzw. Zivildienst abgeleistet.

5.2 Bewerberinnen und Bewerber, deren Bewerbung sich nur infolge der Geburt oder Betreuung eines Kindes verzögert hat und die sich innerhalb von drei Jahren nach der Geburt oder sechs Monate nach Erfüllung der ausbildungsmäßigen Einstellungsvoraussetzungen beworben haben, werden in Anwendung des § 125 b Abs. 1 des Beamtenrechtsrahmengesetzes hinsichtlich der Einstellungskriterien so behandelt, als hätten sie sich ohne diese Verzögerung beworben. Die Zeit, um die zurückgerechnet werden darf, berechnet sich nach den Fristen des § 15 Abs. 1 und 2 des Bundeselterngeld- und Elternzeitgesetzes (BEEG) i.V. mit § 3 Abs. 2 und 3 des Mutterschutzgesetzes.

5.3 Bewerberinnen und Bewerber, deren Bewerbung sich nur infolge der tatsächlichen Pflege eines nach ärztlichem Gutachten pflegebedürftigen sonstigen nahen Angehörigen (insbesondere aus dem Kreis der Eltern, Schwiegereltern, Ehegatten, Geschwister sowie volljährigen Kindern) verzögert hat, werden nach § 125 b des Beamtenrechtsrahmengesetzes so behandelt, als hätten sie sich ohne diese Verzögerung beworben. Der berücksichtigungsfähige Zeitraum beträgt längstens drei Jahre.

5.4 Es werden nur Verzögerungen berücksichtigt, die allein durch den geleisteten Dienst, die Geburt des Kindes oder den berücksichtigungsfähigen Zeitraum der Pflege verursacht waren. Wurde die Bewerbung oder die Lehramtsausbildung durch Gründe verzögert, die in den persönlichen Bereich der Bewerberin bzw. des Bewerbers fallen, so ist die dafür aufgewendete Dauer (bei einem Studium gerechnet nach der Zahl der versäumten Semester) von der anrechenbaren Zeit abzusetzen.

Hinweis der Redaktion: Es können auch vor Beginn der für die Einstellung erforderlichen Ausbildung liegende Verzögerungen berücksichtigt werden.

Als anrechenbare Studienzeit können bei den einzelnen Lehrämtern folgende Semesterhöchstzahlen zugrunde gelegt werden (einschließlich der Prüfungszeiten):

<u>Bei Staatsprüfungen</u>

Lehramt an Grund-, Haupt- und Werkrealschulen	7
Lehramt Grundschule	9
Lehramt an Realschulen	8
Lehramt Werkreal-, Haupt- und Realschule	9
Lehramt Sonderschulen	9

Lehramt Sonderpädagogik[1]	10
Lehramt Gymnasium	11
Lehramt an BS (Diplom/Master)	11
Bei Bachelor- und Masterabschlüssen	
Lehramt Grundschule	8
Lehramt Sekundarstufe I	10
Lehramt Sonderpädagogik	10
Lehramt Gymnasium (außer Bildende Kunst, Musik)	10
Lehramt Gymnasium (Bildende Kunst, Musik)	12
Lehramt an beruflichen Schulen	11

Über diese Studienzeiten hinaus sind Vorbereitungsdienste als Regelausbildungszeiten zu berücksichtigen.

6
Nachrückverfahren

6.1 Die Lehramtsbewerberinnen und -bewerber, die im Listenauswahlverfahren aufgrund der von ihnen erzielten Gesamtqualifikation, Leistungszahl oder Laufbahnprüfungsnote nicht berücksichtigt werden konnten, können gegebenenfalls in einem Nachrückverfahren Berücksichtigung finden.

Im Nachrückverfahren kann in begründeten Ausnahmefällen über die Regelung in Nr. 1.1 hinaus auch in anderen Bereichen fächerspezifisch ausgewählt werden.

In das Nachrückverfahren können in begründeten Fällen auch die Lehrkräfte Sonderpädagogik[1] einbezogen werden, die im Listenauswahlverfahren ein Angebot in der sonderpädagogischen Nebenfachrichtung ausgeschlagen haben.

Innerhalb des Nachrückverfahrens kann für die bis zu einem vom Kultusministerium festgelegten Termin noch nicht besetzten Stellen eine schulbezogene Stellenausschreibung durchgeführt werden; die Regelungen der Nummern 23.2 bis 23.5 gelten, mit Ausnahme der dort genannten Termine, entsprechend. Außerdem können die Regierungspräsidien über noch nicht besetzte Stellen informieren (Stelleninformationsverfahren der Regierungspräsidien). Die Stellenausschreibungen und die Informationen über freie Stellen werden einheitlich auf der Internetseite www.lehrer-online-bw.de öffentlich bekanntgemacht.

6.2 Mit den im Nachrückverfahren zu berücksichtigenden Bewerberinnen und Bewerbern ist ebenfalls ein Vorstellungsgespräch nach Nr. 2.3 bzw. ein Einstellungsgespräch nach Nr. 2.4 zu führen.

6.3 Nach Abschluss des Nachrückverfahrens können noch vorhandene freie Stellen grundsätzlich nicht mehr besetzt werden. Ausgenommen sind Stellenausschreibungen nach Nr. 23. Weitere Ausnahmen bedürfen der vorherigen Zustimmung des Kultusministeriums.

6.4 Auch im Nachrückverfahren muss die Kontaktaufnahme mit den Bewerberinnen und Bewerbern schriftlich oder gegebenenfalls in elektronischer Form erfolgen, wenn Telefonkontakte nicht zustande kommen. Die Frist, innerhalb der sich eine Bewerberin oder ein Bewerber melden muss, beträgt zwei Arbeitstage nach Zugang der schriftlichen oder in elektronischer Form erfolgten Benachrichtigung. Nach Ablauf dieser Frist wird das Einstellungsangebot an eine andere Lehramtsbewerberin oder einen anderen Lehramtsbewerber vergeben. Darauf ist die Bewerberin oder der Bewerber hinzuweisen.

Besondere Bewerbergruppen

7
Schwerbehinderte und gleichgestellte Lehrkräfte

7.1 Grundlage für die Auswahlentscheidungen ist das SGB IX über Rehabilitation und Teilhabe behinderter Menschen. Es können bis zu 25 schwerbehinderte oder gleichgestellte Bewerberinnen oder Bewerber, die nicht ohnedies nach den regulären Einstellungsregelungen in den Schuldienst des Landes übernommen werden können, im Hinblick auf ihre Behinderung eingestellt werden. Die Auswahl dieser Bewerberinnen und Bewerber erfolgt durch das Kultusministerium im Einvernehmen mit den Regierungspräsidien und den Hauptvertrauenspersonen der schwerbehinderten Lehrkräfte.

7.2 In diesem Rahmen und bis zur Höhe der dafür veranschlagten Mittel können schwerbehinderte und ihnen gleichgestellte Lehramtsbewerberinnen und -bewerber zum Schulhalbjahr vorgezogen eingestellt werden.

7.3 Diese Regelung findet grundsätzlich nur bei Bewerberinnen und Bewerbern Anwendung, die ihre Lehrbefähigung in Baden-Württemberg erworben oder ihren Lebensmittelpunkt in Baden-Württemberg haben und die zuvor in die Bewerberliste für das zentrale Einstellungsverfahren aufgenommen wurden.

⇨ Schwerbehinderung (Allgemeines)

8
Bewerberinnen und Bewerber aus dem Spitzensport mit Lehramtsausbildung

8.1 Das Kultusministerium kann bis zu zehn Stellen an Spitzensportlerinnen und -sportler vergeben, die über eine vollständige Lehramtsausbildung verfügen. Ebenfalls einbezogen werden können ehemalige Spitzensportlerinnen und -sportler oder Trainerinnen und Trainer mit Verbandsanbindung, die über eine vollständige Lehramtsausbildung verfügen, sofern aus dem Strukturplan des Sportfachverbandes hervorgeht, dass die Bewerberin oder der Bewerber an einem bestimmten Trainingsort (z. B. Stützpunkt, Leistungszentrum) bereits als Trainerin bzw. Trainer tätig bzw. vorgesehen ist oder nach Maßgabe des Landessportverbands, eines Spitzenverbands oder eines Sportfachverbands besonders gewinnbringend im Bereich des Leistungssports eingesetzt werden kann.

Das Kriterium Spitzensportlerin bzw. Spitzensportler ist erfüllt, sofern zum aktuellen Zeitpunkt eine Vorbereitung auf internationale Meisterschaften wie Europa- oder Weltmeisterschaften beziehungsweise Olympische Spiele als geförderter Nationalkader stattfindet. Das Kriterium ehemalige Spitzensportlerin bzw. Spitzensportler ist erfüllt, sofern eine aktive Teilnahme an Olympischen Spielen,

Weltmeisterschaften oder einem Endkampf einer Europameisterschaft stattgefunden hat. Das Kriterium Trainerin bzw. Trainer im Spitzensport ist erfüllt, sofern mindestens eine Trainer-A-Lizenz vorgewiesen oder eine Empfehlung des zuständigen Landesverbands für die Ausbildung zum Trainer A vorgelegt werden kann.

Anträge zu diesem Verfahren sind an das Kultusministerium (Referat 22 „Sport und Sportförderung, kulturelle Angelegenheiten") bis spätestens **1. Februar** zu richten.

Die Auswahl dieser Bewerberinnen und Bewerber erfolgt durch das Kultusministerium unter Beteiligung der jeweils zuständigen Hauptpersonalvertretung sowie ggf. der Hauptvertrauenspersonen. Die Schwerbehindertenvertretung ist dann zu beteiligen, wenn Anträge schwerbehinderter bzw. gleichgestellter Bewerberinnen und Bewerber in diesem Verfahren vorliegen. Die Beauftragte für Chancengleichheit ist zu beteiligen.

8.2 Diese Verfahrensweise gilt nur für Bewerberinnen und Bewerber, die ihre Lehrbefähigung in Baden-Württemberg erworben oder ihren Lebensmittelpunkt in Baden-Württemberg haben und die zuvor in die Bewerberlisten für das zentrale Einstellungsverfahren aufgenommen wurden. Bewerberinnen und Bewerber, die unbefristet im Schuldienst eines anderen Landes beschäftigt sind, können in diesem Verfahren nicht berücksichtigt werden.

8.3 Nach dieser Regelung einzustellende Bewerberinnen und Bewerber können ins Beamtenverhältnis übernommen werden, sofern die allgemeinen Voraussetzungen dafür vorliegen. Mit der Annahme des Einstellungsangebots nimmt die Bewerberin oder der Bewerber am weiteren Verfahren nicht mehr teil.

Übernahme in den Schuldienst

9
Allgemeines

9.1 Bewerberinnen und Bewerber mit entsprechender Laufbahnbefähigung können bei Übernahme in den Schuldienst des Landes im Rahmen der zur Verfügung stehenden Stellen in das Beamtenverhältnis übernommen werden, sofern bei ihnen die allgemeinen beamtenrechtlichen Voraussetzungen hierfür vorliegen.

Hinweise der Redaktion:

1. Die Einstellung in das Beamtenverhältnis ist der Regelfall. Es ist jedoch aus haushaltsrechtlichen oder aus persönlichen Gründen (z.B. vorhergehende Arbeitnehmertätigkeit und höheres Lebensalter) auch die Einstellung im Arbeitnehmerverhältnis möglich. Soweit zunächst ins Arbeitnehmerverhältnis übernommene Lehrkräfte dies wünschen, kann der Wechsel ins Beamtenverhältnis auch zu einem späteren Zeitpunkt erfolgen; es müssen dann jedoch die beamtenrechtlichen Einstellungsvoraussetzungen erfüllt werden (Gesundheit, Alter, ...). (Quelle: KM, 20.4.2001; AZ: 14-0311.21/21)
2. Die Untersuchung der gesundheitlichen Eignung erfolgt durch zugelassene Ärztinnen und Ärzte (Liste unter www.gesundheitsamt-bw.de/ > Service > Hinweise für Beamtenbewerber). Die Kosten trägt der Bewerber bzw. die Bewerberin. Hinsichtlich der gesundheitlichen Eignung werden sehr strenge Maßstäbe angelegt (insbesondere Body Mass Index – BMI – und chronische Krankheiten).
3. Die Übernahme in das Beamtenverhältnis nach Vollendung des 42. Lebensjahres ist nur unter bestimmten Voraussetzungen möglich. ➪ Beamtengesetz § 44; ➪ Beamtenstatusgesetz §§ 4 und 9; ➪ Einstellung (Altersgrenze)
4. Bei Vorliegen einer chronischen Behinderung ist zu empfehlen, beim Versorgungsamt einen Antrag auf Feststellung einer Schwerbehinderung zu stellen, da sich bei amtlich festgestellter Behinderung mit einem GdB von mindestens 50 die amtsärztliche Prognose nur auf die nächsten fünf Jahre beziehen muss. Damit erhöht sich die Chance auf Übernahme in das Beamtenverhältnis trotz gesundheitlicher Beeinträchtigung. ➪ Schwerbehinderung (Allgemeines)
5. Auch wer sich zur Zeit des einheitlichen Einstellungstermins im mutterschutzrechtlichen Beschäftigungsverbot befindet, erhält ein Einstellungsangebot. ➪ Mutterschutz (Allgemeines)
6. Mit der schriftlichen Annahmeerklärung eines Einstellungsangebots verbunden ist die Anerkenntnis, dass eine Versetzung aus persönlichen Gründen an einen anderen Dienstort in der Regel in den ersten drei Jahren nicht erfolgen kann.

Lehrkräfte können nach Maßgabe dieser Verwaltungsvorschrift auch für den Einsatz in Schularten eingestellt werden, die nicht ihrer Lehrbefähigung entsprechen.

Hinweise der Redaktion:

1. Zum Ausgleich der Unterversorgung insbesondere an SBBZ und beruflichen Schulen werden Lehrkräfte an Schulen abgeordnet, für die sie keine Lehrbefähigung besitzen. Zum Teil werden solche Abordnungen über die Dauer eines Jahres hinaus verlängert; dabei gilt der Grundsatz der Freiwilligkeit.
2. Lehrkräfte können ihre Probezeit auch in Schularten absolvieren, für die sie keine Lehrbefähigung aufweisen. Es ist im Rahmen der Probezeitbeurteilung zu berücksichtigen, dass diese Lehrerinnen und Lehrer an einer anderen Schulart tätig sind. Bei der Abordnung von neu einzustellenden Lehrkräften an eine „fremde" Schulart wird jeweils eine Stammschule in der eigenen Schulart festgelegt.

   Soweit es während der Probezeit zu Leistungsmängeln kommt, gebietet es die Fürsorgepflicht des Dienstherrn, die betroffenen Lehrkräfte an der Schulart einzusetzen, für die sie die Lehrbefähigung erworben haben.

   ➪ Probezeit; ➪ Versetzungen und Abordnungen
3. Einstellungen auf Dauer von Sonderschullehrkräften und Realschullehrkräften an berufliche Schulen erfolgen nach Maßgabe von Ziff. 23 (Schulbezogene Ausschreibungen).

9.2 Im Schuldienst des Landes stehende Lehrkräfte, die eine Ausbildung für ein anderes Lehramt abschließen, werden in der Regel nur im Rahmen der allgemeinen Einstellungsbedingungen für dieses Lehramt übernommen.

9.3 Verbeamtete Bewerberinnen und Bewerber, die für die Ausbildung zum Lehramt Sonderpädagogik[1] aus ihrem bisherigen Beamtenverhältnis beurlaubt worden sind oder denen das dienstliche Interesse für die Ausbildung zum Lehramt anerkannt wurde, werden nach Abschluss ihrer Ausbildung unabhängig von ihrer Leistungszahl zum nachfolgenden einheitlichen Einstellungstermin als Lehrkraft Sonderpädagogik in den Schuldienst des Landes übernommen. Sie werden bis dahin in ihrem seitherigen Status weiter beschäftigt. Der Beurlaubung ist stets ein dienstliches Interesse für die Absolvierung eines sonderpädagogischen Aufbaustudiums zugrunde zu legen. Die Teilzeitbeschäftigung zu diesem Zweck soll bewilligt werden.

Bei verbeamteten musisch-technischen Fachlehrkräften, die eine Ausbildung für das Lehramt Werkreal-, Haupt- und Realschule *beziehungsweise Sekundarstufe I* oder das Lehramt Grundschule anstreben, ist für die

Beurlaubung stets von einem dienstlichen Interesse auszugehen. Eine Teilzeitbeschäftigung zu diesem Zweck soll bewilligt werden. Nach Abschluss der Ausbildung werden diese Bewerberinnen und Bewerber unabhängig von der Gesamtqualifikation zum nachfolgenden einheitlichen Einstellungstermin in den Schuldienst des Landes übernommen. Sie werden bis dahin in ihrem bisherigen Status weiter beschäftigt.

Bei verbeamteten Fachlehrkräften beziehungsweise Technischen Lehrkräften für Sonderpädagogik[2], die die Ausbildung für das Lehramt Sonderpädagogik[1] mit der sonderpädagogischen Fachrichtung Lernen beziehungsweise emotionale und soziale Entwicklung anstreben, ist für eine Beurlaubung stets von einem dienstlichen Interesse auszugehen. Eine Teilzeitbeschäftigung zu diesem Zweck soll bewilligt werden. Nach Abschluss der Ausbildung werden diese Bewerberinnen und Bewerber, unabhängig von ihrer Gesamtqualifikation, zum nachfolgenden einheitlichen Einstellungstermin als Lehrkräfte Sonderpädagogik[1] in den Schuldienst des Landes übernommen. Bei der Wahl von anderen Fachrichtungen entscheidet das Regierungspräsidium im Einzelfall, ob für die Beurlaubung ein dienstliches Interesse anerkannt bzw. die Teilzeitbeschäftigung bewilligt werden kann.

➪ Laufbahnverordnung (LVO-KM) § 6 Abs. 2

Bei verbeamteten, in den Privatschuldienst beurlaubten Lehrkräften ist stets analog zu verfahren.

➪ Urlaub (Privatschuldienst)

Hinweis der Redaktion: Die Beurlaubung zum Erwerb einer weiteren Lehrbefähigung wird, soweit möglich, auch auf unbefristet beschäftigte Lehrkräfte im Arbeitnehmerverhältnis angewandt. (KM, 13.12.2006; AZ: 22-6740.2/230)

Sonderregelungen für einzelne Schularten und Laufbahnen

10
Sonderpädagogische Bildungs- und Beratungszentren

10.1.1 An den sonderpädagogischen Bildungs- und Beratungszentren mit Förderschwerpunkt geistige Entwicklung und entsprechenden Abteilungen anderer sonderpädagogischer Bildungs- und Beratungszentren werden staatlich anerkannte Erzieherinnen oder Erzieher bzw. Meisterinnen oder Meister nur dann auf Dauer eingestellt, wenn sie die Ausbildung und Prüfung für die Laufbahn der Fachlehrkraft, der Technischen Lehrkraft oder der Technischen Lehrkraft Sonderpädagogik[2] nachweisen können. Die Beschäftigung erfolgt grundsätzlich im Beamtenverhältnis.

10.1.2 Nachrangig können bei der Einstellung auch staatlich anerkannte Erzieherinnen oder Erzieher bzw. Meisterinnen oder Meister mit einer anderen mindestens einjährigen anerkannten sonderpädagogischen Zusatzausbildung (z.B. staatlich anerkannter Heilpädagoge, anerkannte Heilpädagogin) berücksichtigt werden. Die Einstellung erfolgt in diesem Fall als Tarifbeschäftigte. ➪ Tarifvertrag-Länder (TV-L)

10.1.3 Zur Sicherung der Unterrichtsversorgung können bis genügend Bewerberinnen und Bewerber im Bereich der Fachlehrkräfte beziehungsweise der Technischen Lehrkräfte Sonderpädagogik[2] zur Verfügung stehen auch Lehrkräfte anderer Lehrämter an Sonderpädagogischen Bildungs- und Beratungszentren mit Förderschwerpunkt geistige Entwicklung und entsprechenden Abteilungen anderer sonderpädagogischer Bildungs- und Beratungszentren als Tarifbeschäftigte eingesetzt werden.

10.1.4 Staatlich anerkannte Erzieherinnen und Erzieher beziehungsweise Meisterinnen und Meister ohne sonderpädagogische Ausbildung können befristet als Tarifbeschäftigte als Vertretungskräfte für Ausfälle von Lehrkräften eingesetzt werden. Nummern 14.1 bis 14.4 gelten entsprechend. Für den Einsatz dieser Vertretungskräfte an allgemeinen Schulen ist entsprechend zu verfahren.

10.2 Für den Unterrichtsbereich Bewegungsförderung an sonderpädagogischen Bildungs- und Beratungszentren mit dem Förderschwerpunkt körperliche und motorische Entwicklung werden grundsätzlich Fachlehrkräfte für Sonderpädagogik[2] an Sonderpädagogischen Bildungs- und Beratungszentren mit dem Förderschwerpunkt körperliche und motorische Entwicklung eingestellt. Sofern keine ausgebildeten Bewerberinnen und Bewerber zur Verfügung stehen, können nachrangig Physiotherapeutinnen und -therapeuten, Krankengymnastinnen und -gymnasten beziehungsweise Ergotherapeutinnen und -therapeuten/Beschäftigungs- und Arbeitstherapeutinnen und -therapeuten mit einer mindestens einjährigen anerkannten sonderpädagogischen Zusatzausbildung unbefristet als Tarifbeschäftigte eingestellt werden. Nummer 10.1.2 und 10.1.4 gelten entsprechend. Das gilt auch für den Einsatz an allgemeinen Schulen.

10.3 Gymnasiallehrkräfte mit sonderpädagogischem Ergänzungsstudium in nur einer Fachrichtung dürfen nur an Sonderpädagogischen Bildungs- und Beratungszentren eingesetzt werden, die den Bildungsgang Gymnasium führen. Berufsschullehrkräfte mit sonderpädagogischem Ergänzungsstudium in nur einer Fachrichtung dürfen nicht im Bereich der allgemeinbildenden Sonderpädagogischen Bildungs- und Beratungszentren eingesetzt werden.

Für den Einsatz dieser Lehrkräfte an allgemeinen Schulen ist entsprechend zu verfahren.

11
Berufliche Schulen

11.1 Eine Einstellung von Gymnasiallehrkräften sowie Lehrkräften für Sonderpädagogik[1] ist im Bereich der beruflichen Schulen zulässig, wenn an der Übernahme dieser Bewerberinnen oder Bewerber ein besonderes dienstliches Interesse besteht. Dies gilt auch für die Einstellung von von Lehrkräften mit Lehrbefähigung für Werkreal-, Haupt- und Realschule *beziehungsweise Sekundarstufe I* hier muss jedoch die zuständige Personalvertretung vorab zustimmen.

11.2 Im Bereich der beruflichen Schulen können sonstige Bewerberinnen und Bewerber berücksichtigt werden, wenn der fächerspezifische Bedarf durch geeignete Bewerberinnen und Bewerber mit abgeschlossener Lehramtsausbildung nicht abgedeckt werden kann. Für die Auswahl gelten die allgemeinen Grundsätze für die Einstellung in den öffentlichen Dienst. ➪ Beamtenstatusgesetz § 9

Hinweis der Redaktion: Für diese „Direkteinsteiger*innen" an beruflichen Schuldienst gilt ein zweistufiges Vertragsverhältnis: Nach einem befristeten Probearbeitsverhältnis (Vertragslaufzeit ein Jahr) folgt bei Bewährung die Übernahme in ein unbefristetes Arbeitsverhältnis. Die Teilnahme an einer unterrichtsbegleitenden pädagogisch-didaktischen Schulung ist verpflichtend. Falls das am Ende der Schulung durchgeführte Überprüfungsverfahren auch nach einer ggf. erfolgten Wiederholung nicht erfolgreich absolviert wird, endet das Arbeitsverhältnis mit einer Auslauffrist von zwei Wochen. (Quelle: KM, 15.2.2006, AZ: 41-zu 6742.2/404) ➪ Probezeit (Arbeitnehmer*innen)

Zum Direkteinstieg in den Fächern Elektro- und Metalltechnik und den Zulagen sowie der Stufenzuordnung siehe ➪ Tarifvertrag (Entgelt) und ➪ Tarifvertrag-Länder (TV-L) § 16 Abs. 5.

12
Religionslehrerinnen und -lehrer

12.1 Bei den Einstellungsgesprächen, die mit Lehramtsbewerberinnen und -bewerbern mit dem Wahl- oder Beifach beziehungsweise Haupt- oder Nebenfach Evangelische oder Katholische Theologie/ Religionspädagogik geführt werden, soll der Gesprächskommission eine Vertreterin, ein Vertreter der Kirche als drittes Mitglied (in der Regel eine Schuldekanin, ein Schuldekan beziehungsweise eine Kirchlich Beauftragte, ein Kirchlich Beauftragter) angehören. Der Stiftung Sunnitischer Schulrat – Stiftung des öffentlichen Rechts – soll Gelegenheit gegeben werden, an Einstellungsgesprächen, die mit Lehramtsbewerberinnen und -bewerbern mit dem Wahl- oder Beifach beziehungsweise Haupt- oder Nebenfach Islamische Theologie/ Religionspädagogik geführt werden, teilzunehmen. Für den Islamischen Religionsunterricht sunnitischer Prägung ist eine entsprechende Lehrbefugnis der Stiftung Sunnitischer Schulrat erforderlich.

12.2 In der sogenannten Status-quo-Regelung (besondere Stellen) können nur höchstens so viele Geistliche, Diplom-Theologinnen oder -Theologen oder Absolventinnen und Absolventen von kirchlichen Fachhochschulen in den Schuldienst des Landes übernommen werden, wie zuvor aus diesen Stellen aus dem Landesdienst ausgeschieden sind. In diese Regelung können auch Religionsphilologinnen und -philologen einbezogen werden, soweit diese die zum Zeitpunkt der Übernahme in den Landesdienst für Neubewerberinnen bzw. Neubewerber mit dem Fach Religionslehre geltenden Qualifikationsgrenzen (Leistungszahl) erreichen.

Hinweis der Redaktion: Das KM hat mit den vier Kirchen in Baden-Württemberg Vereinbarungen über das Verfahren bei der Übernahme von staatlich ausgebildeten Lehrerinnen und Lehrern, Theologinnen und Theologen und von graduierten Religionspädagoginnen und Religionspädagogen sowie von ordinierten Geistlichen in den Landesdienst abgeschlossen (Bekanntmachung vom 10.12.2013, K.u.U. S. 28/2014).

Mit den Bewerberinnen oder Bewerbern ist ein Einstellungsgespräch nach Nr. 2.4 zu führen. In der Gesprächskommission tritt jedoch an die Stelle der Schulleiterin oder des Schulleiters, der Schulrätin oder des Schulrats eine Vertreterin oder ein Vertreter der Kirche (in der Regel eine Schuldekanin, ein Schuldekan bzw. eine Kirchlich Beauftragte, ein Kirchlich Beauftragter).

➪ Religion (allgemeines); ➪ Religionsunterricht (Kirchliche Lehrkräfte)

13
Sonstige Bewerberinnen und Bewerber

13.1 In besonders begründeten Einzelfällen kann insbesondere an sonderpädagogischen Bildungs- und Beratungszentren sowie in den Fächern Sport, Musik und Bildende Kunst bei dauerhaftem Bedarf bei sonstigen Bewerberinnen und Bewerbern, die als Tarifbeschäftigte beim Land Baden-Württemberg angestellt sind und bereits langjährige Tätigkeiten im öffentlichen Schuldienst des Landes Baden-Württemberg bei entsprechend positiver Beurteilung nachweisen können, der Arbeitsvertrag entfristet werden, sofern absehbar keine Bewerberinnen und Bewerber mit anerkannter Lehrbefähigung zur Verfügung stehen.

Anträge für eine Entfristung zum folgenden Schuljahr sind bis zum ersten Schultag nach den Weihnachtsferien bei den Regierungspräsidien zu stellen. Die Bewerbung erfolgt jeweils ausschließlich online über die Internetseite www.lehrer-online-bw.de. Die Vorauswahl erfolgt bei den Regierungspräsidien im Einvernehmen mit den zuständigen Personalvertretungen. Die abschließende Auswahl wird durch das Kultusministerium in Abstimmung mit den Regierungspräsidien und den Hauptpersonalvertretungen vorgenommen. Die Beauftragte für Chancengleichheit des Kultusministeriums ist zu beteiligen. Ebenfalls zu beteiligen ist die zuständige Schwerbehindertenvertretung, wenn schwerbehinderte oder ihnen gleichgestellte Bewerberinnen und Bewerber am Verfahren teilnehmen.

13.2 Diplomsportlehrkräfte, Gymnastiklehrkräfte und sonstige Ein-Fach-Lehrkräfte können im Übrigen grundsätzlich nicht in den Schuldienst des Landes übernommen werden. Stehen Bewerberinnen und Bewerber mit anerkannter Lehrbefähigung nicht zur Verfügung, können ausnahmsweise stundenweise Lehraufträge oder befristete Beschäftigungsverhältnisse abgeschlossen werden. Hierfür ist zuvor die Zustimmung des Kultusministeriums einzuholen.

Sonstige Regelungen

14
Befristete und stundenweise Beschäftigung zur Vermeidung gravierender Unterrichtsausfälle

14.1 Um nicht vorhersehbare gravierende Unterrichtsausfälle während des Schuljahres, die anders nicht ausgeglichen werden können, zu vermeiden, dürfen im Rahmen der verfügbaren Haushaltsmittel Lehraufträge erteilt werden. Die Lehraufträge dürfen nur befristet, gegebenenfalls bis zur Rückkehr der zu vertretenden Lehrerin oder des Lehrers, längstens jedoch bis zum letzten Schultag des laufenden Schuljahres, vereinbart werden. ➪ Vertretungslehrkräfte

Hinweis der Redaktion: Zur Abgrenzung der „Lehraufträge" im Sinne von Nr. 14.1 von „Lehrbeauftragten" bitte auch den Beitrag ➪ Lehrbeauftragte an Schulen, Abschnitt A beachten. Soweit eine Lehrkraft aufgrund von Elternzeit zu vertreten ist, die über das Schuljahresende hinausreicht, kann im Rahmen der verfügbaren Haushaltsmittel bei dienstlichem Bedarf die Vertretungslehrkraft über das Schuljahresende hinaus beschäftigt werden, längstens bis zur Rückkehr der zu vertretenden Lehrkraft.

Soweit eine Lehrkraft in der ersten beziehungsweise dritten Klassenstufe der Grundschule wegen Eintritt in Elternzeit zu vertreten ist, kann im Rahmen der verfügbaren Haushaltsmittel bei dienstlichem Bedarf im Interesse pädagogischer Kontinuität die Vertretungslehrkraft bis Ende des nächsten Schuljahres weiterbeschäftigt werden, unter Beachtung der rechtlichen Vorgaben bei befristeten Beschäftigungsverhältnissen.

Ausgenommen von der Beschränkung auf befristete Einstellung sind Spezialisten im Bereich der Gymnasien, beruflichen Schulen und der sonderpädagogischen Bildungs- und Beratungszentren (z.B. Pfarrer, Ärzte, Rechtsanwälte, Handwerksmeister). Ein Anspruch auf eine spätere Ausweitung des vereinbarten Beschäftigungsumfangs wird damit nicht begründet.

14.2 Bei der Auswahl infrage kommender Lehrkräfte darf grundsätzlich nur auf solche Bewerberinnen und Bewerber zurückgegriffen werden, die über eine in Baden-Württemberg erworbene oder als gleichwertig anerkannte Lehramtsbefähigung verfügen.

Liegen Bewerbungen von schwerbehinderten beziehungsweise gleichgestellten Menschen vor, soll ihnen bei gleicher Eignung der Vorzug vor nicht schwerbehinderten Bewerberinnen und Bewerbern gegeben werden, auch wenn einzelne Eignungsmerkmale behinderungsbedingt schwächer ausgeprägt sind.

Stehen Lehrkräfte mit anerkannter Lehrbefähigung nicht zur Verfügung, können in begründeten Ausnahmefällen auch befristete Verträge mit Lehramtsanwärterinnen und Lehramtsanwärtern zwischen Erster Lehramtsprüfung *oder erfolgreichem Abschluss eines auf ein Lehramt bezogenen Masterstudiums* und dem Beginn des Vorbereitungsdienstes sowie mit sonstigen geeigneten Bewerberinnen und Bewerbern abgeschlossen werden.

14.3 Aus einer stundenweisen oder befristeten Beschäftigung kann kein Anspruch auf Einstellung oder eine hauptberufliche Dauerbeschäftigung hergeleitet werden.

14.4 Übernehmen Lehramtsbewerberinnen und -bewerber aus dem oberen Qualifikationsbereich, die zunächst nicht eingestellt werden können, aber über eine Einstellungsperspektive für die nächsten Jahre verfügen, eine befristete Beschäftigung als Vertretungslehrkraft nach Nr. 14.1, können sie vom jeweiligen Regierungspräsidium die Zusicherung erhalten, dass sie über Anschlussverträge bis zu ihrer endgültigen Übernahme in den Schuldienst bei Vorliegen der sonstigen Voraussetzungen weiterbeschäftigt werden. Dabei ist vertraglich festzuhalten, dass die Bewerberinnen und Bewerber damit rechnen müssen, an wechselnden Einsatzorten verwendet zu werden.

Die entsprechende Zahl der Lehramtsbewerberinnen und -bewerber und die für solche Zusicherung maßgebenden Qualifikationsgrenzen werden unter Berücksichtigung fachspezifischer Gesichtspunkte jeweils vom Kultusministerium festgelegt.

Hinweise der Redaktion:

1. Auf Wunsch der Lehrkraft kann der Wechsel vom Arbeitnehmer- ins Beamtenverhältnis zu einem späteren Zeitpunkt erfolgen. (Quelle: KM 20.4.2001; 14-0311.21/21)
2. Die im Rahmen dieser Regelungen eingestellten Lehrkräfte können bei Vorliegen bestimmter Bedingungen einen ⇨ Gewährleistungsbescheid erhalten. Weil für sie später eine versorgungsrechtliche Absicherung als Beamt*innen vorgesehen ist, werden sie dadurch in der vorgeschalteten Arbeitnehmerphase vom Beitrag zur gesetzlichen Rentenversicherung befreit und ihre Nettobezüge erhöhen sich.
3. Zur Weiterbeschäftigung befristet eingestellter Lehrkräfte bitte Hinweis bei ⇨ Tarifvertrag-Länder (TV-L) § 11 beachten.
4. Das KM hat zum Abschluss von befristeten Vertretungsverträgen angeordnet, „vorrangig solche Verträge zur Krankheitsvertretung (abzuschließen), die mindestens einen (längeren) Ferienabschnitt beinhalten, sodass der zustehende Urlaubsanspruch bereits durch die freien Tage in den Ferien abgegolten ist". (Quelle: KM, 8. Juli 2009; AZ: 14-0381.1-39/4)

15
Beurlaubung an Privatschulen

15.1 An Privatschulen sollen grundsätzlich Lehrkräfte beurlaubt werden, die bereits im Schuldienst des Landes stehen und ihre Probezeit abgeleistet haben, sofern der Beurlaubung keine gravierenden dienstlichen Gründe entgegenstehen.

Hinweis der Redaktion: Unbefristet beschäftigte Lehrkräfte im Arbeitnehmerverhältnis können nicht für den Dienst an Privatschulen beurlaubt werden.

⇨ Privatschulgesetz § 11; ⇨ Urlaub (Privatschuldienst)

15.2 Darüber hinaus können auch Lehrkräfte in der Probezeit und Bewerberinnen und Bewerber mit einer der Schulart oder dem Bildungsgang entsprechenden Lehrbefähigung gleichzeitig mit ihrer Einstellung an Privatschulen beurlaubt werden, wenn sie zumindest einen unbefristeten Arbeitsvertrag mit der aufschiebenden Bedingung, dass eine Beurlaubung in den Privatschuldienst erfolgt[6], mit einer in Baden-Württemberg gelegenen staatlich anerkannten Privatschule nachweisen, entsprechende freie und besetzbare Stellen zur Verfügung stehen und wenn die Bewerberinnen und Bewerber

- im Listenauswahlverfahren die Leistungskriterien für eine Einstellung in den öffentlichen Schuldienst und
- die sonstigen Voraussetzungen zur Übernahme in das Beamtenverhältnis erfüllen.

Im Nachrückverfahren erfolgen grundsätzlich keine Zusagen bzw. Einstellungen unter gleichzeitiger Beurlaubung an Privatschulen. ⇨ Urlaub (Privatschulen)

15.3 Bewerberinnen und Bewerber für das Lehramt Gymnasium mit Engpassfächern können nach Nr. 15.2 grundsätzlich höchstens in dem Umfang ins Beamtenverhältnis übernommen und zugleich an eine Privatschule beurlaubt werden, wie an dieser verbeamtete Lehrkräfte im jeweiligen Fach ausscheiden.[7]

15.4 Der Antrag auf Beurlaubung in den Privatschuldienst ist von Lehrkräften im Schuldienst des Landes grundsätzlich bis spätestens zu dem für die Mitteilung über stellenwirksame Änderungswünsche festgelegten Termin (erster Unterrichtstag nach den Weihnachtsferien) des betreffenden Jahres über die Schule einzureichen.

---

[6] Der Hauptpersonalrat Gymnasien hat dieser Regelung nicht zugestimmt. Für den Bereich der Gymnasien ist damit weiterhin ein bedingungslos unbefristeter Arbeitsvertrag für eine Beurlaubung in den Privatschuldienst erforderlich.

[7] Wird derzeit nicht angewandt.

Für Bewerberinnen und Bewerber für den Schuldienst gelten grundsätzlich die allgemeinen Antragsfristen (siehe Nummer 20).

Beurlaubungen in den Privatschuldienst sind in der Regel nur zum Beginn eines Schuljahres möglich.

Hinweis der Redaktion: Damit die Zeit an der Privatschule ruhegehaltfähig ist, muss vor Beginn der Tätigkeit das dienstliche Interesse an der Beurlaubung schriftlich erklärt werden. Um von der Rentenversicherungspflicht befreit zu werden, bedarf es eines ➪ Gewährleistungsbescheids.

15.5 Die notwendigen Personalmaßnahmen (Beurlaubung, Zusage und Rückkehr in den öffentlichen Schuldienst) erfolgen grundsätzlich durch das Regierungspräsidium, dem die betreffende Lehrkraft für eine Tätigkeit im öffentlichen Schuldienst zugewiesen wurde. Änderungen sind nur im Einzelfall (gegebenenfalls unter den Voraussetzungen einer Versetzung) möglich.

16
Einstellungszusage bei minderjährigem Kind

Lehramtsbewerberinnen und -bewerber mit minderjährigem Kind, die in der Hauptzuweisung des Listenauswahlverfahrens ein Einstellungsangebot für den Schuldienst des Landes erhalten, können für den Fall, dass sie zunächst auf eine Einstellung verzichten, von dem Regierungspräsidium, dessen Bezirk sie zugewiesen worden sind, die Zusage auf Einstellung zu einem späteren Zeitpunkt erhalten. Eine solche Zusage steht unter dem Vorbehalt der bei der Einlösung der Einstellungszusage zu führenden Beteiligungs- und Einstellungsgespräche.

Eine Einstellung kann in der Regel erst nach Ablauf von drei Jahren, frühestens jedoch zum folgenden Einstellungstermin erfolgen. Sie wird von dem Regierungspräsidium vorgenommen, das die Zusage erteilt hat. Ausnahmen sind nur unter den Voraussetzungen einer Versetzung zulässig.

Für eine Verlängerung des Zeitraumes bis zur Einstellung gelten die Regeln über eine Beurlaubung und ihre Höchstdauer entsprechend.

Der Antrag auf Einstellung bzw. Verlängerung des Zusagezeitraumes ist bis spätestens zu dem für die Mitteilung über stellenwirksame Änderungswünsche festgelegten Termin (erster Unterrichtstag nach den Weihnachtsferien) des betreffenden Jahres beim Regierungspräsidium zu stellen.

Für schwangere Frauen und für Bewerberinnen und Bewerber mit Anspruch auf Elternzeit gilt diese Regelung entsprechend und findet auch im Nachrückverfahren Anwendung.

17
Wiedereinstellungszusage

Lehrkräften im Beamtenverhältnis mit abgelegter Zweiter Lehramtsprüfung, die nach Ablauf der höchstzulässigen Beurlaubungsdauer einen Antrag auf Entlassung aus dem Beamtenverhältnis stellen, wird eine Wiedereinstellung als Tarifbeschäftigte für den Fall zugesichert, dass eine besondere Härte im persönlichen Bereich eintritt. Die Entscheidung über eine Wiedereinstellung trifft in jedem Fall das Kultusministerium.

18
Einstellungszusage bei hauptberuflichem Beschäftigungsverhältnis

Bewerberinnen und Bewerber mit anderweitigem hauptberuflichem Beschäftigungsverhältnis, die ein Einstellungsangebot erhalten, ihren Arbeitsvertrag aber wegen der vereinbarten Kündigungsfrist nicht rechtzeitig kündigen können, können von dem Regierungspräsidium, dessen Bezirk sie zugewiesen worden sind, eine Zusage auf Einstellung zu einem späteren Einstellungstermin erhalten. Eine solche Zusage steht unter dem Vorbehalt der bei der Einlösung der Einstellungszusage zu führenden Beteiligungs- und Einstellungsgespräche.

Die Einstellung erfolgt durch das Regierungspräsidium, das die Zusage erteilt hat. Ausnahmen sind nur unter den Voraussetzungen einer Versetzung zulässig.

19
Einstellungszusage bei Bedarfsfächern im Bereich der Gymnasien und beruflichen Schulen

19.1 Lehramtsabsolventinnen und -absolventen für Gymnasien und berufliche Schulen mit Bedarfsfächern sowie in den Fällen der Nr. 11.2 auch sonstige Bewerberinnen und Bewerber, die derzeit nicht eingestellt werden können, aber zum oberen Qualifikationsbereich gehören, können von dem Regierungspräsidium, in dessen Bezirk sie eingesetzt werden wollen, eine Einstellungszusage zu einem späteren Zeitpunkt erhalten. Eine solche Zusage steht unter dem Vorbehalt der bei der Einlösung der Einstellungszusage zu führenden Beteiligungs- und Einstellungsgespräche. Die Einstellung erfolgt durch das Regierungspräsidium, das die Zusage erteilt hat. Ausnahmen sind nur unter den Voraussetzungen einer Versetzung zulässig.

➪ Tarifvertrag-Länder(TV-L) § 16 (Hinweise)

19.2 Bewerberinnen und Bewerber mit mindestens einem berufstheoretischen Bedarfsfach im Bereich der beruflichen Schulen können vom Regierungspräsidium vor Antritt des Vorbereitungsdienstes eine Einstellungszusage für den Einstellungstermin des übernächsten Jahres erhalten.

19.3 Die Anzahl der Einstellungszusagen und die maßgebenden fachspezifischen Qualifikationsgrenzen sowie gegebenenfalls weitere Auswahlkriterien werden jeweils vom Kultusministerium festgelegt.

20
Bewerberlisten, Antragsfristen

20.1 Neubewerberinnen und -bewerber für alle Lehrämter bewerben sich bis zum 31. März beim jeweiligen Regierungspräsidium.

20.2 Bewerberinnen und Bewerber für die Lehrämter Grund*schule*, Haupt-, Werkreal- und Realschule *beziehungsweise Sekundarstufe I* sowie für das Lehramt Sonderpädagogik[1] und musisch-technische Fachlehrkräfte, Fachlehrkräfte sowie Technische Lehrkräfte Sonderpädagogik[2], die nicht in den Schuldienst des Landes übernommen werden konnten, werden bei Einsatzbereitschaft für den folgenden Einstellungstermin auf Antrag in Bewerberlisten aufgenommen. Der Antrag ist beim Regierungspräsidium Stuttgart gegebenenfalls bis zum 30. November für die Februareinstellung bzw. bis zum 31. März für die Sommereinstellung zu stellen. Diese Termine gelten auch für Bewerberinnen und Bewerber aus anderen Bundesländern. Bewerberinnen und Bewerber, die eine Einstellung zum Februar beantragen, werden in das Sommereinstellungsverfahren ohne weiteren Antrag einbezogen, wenn sie bei der Februareinstellung nicht berücksichtigt werden konnten.

20.3 Bewerberinnen und Bewerber für das Lehramt Gymnasium und an beruflichen Schulen, die nicht eingestellt werden konnten, können sich beim jeweiligen Regierungspräsidium jährlich bis zum 31. März erneut bewerben.

20.4 Die Bewerbung erfolgt jeweils ausschließlich online über die Internetseite www.lehrer-online-bw.de.

21 Übernahme von Lehrkräften aus anderen Bundesländern

Bewerberinnen und Bewerber, die unbefristet im Schuldienst eines anderen Bundeslandes beschäftigt sind, können über das Auswahlverfahren bzw. die schulbezogenen Stellenausschreibungen und das Einigungsverfahren (Lehrertauschverfahren) in den Schuldienst des Landes übernommen werden. Sie können in das Auswahlverfahren bzw. die schulbezogenen Stellenausschreibungen nur dann einbezogen werden, wenn sie ihrer Bewerbung eine Freigabeerklärung ihrer Schulbehörde beifügen (vgl. Bekanntmachung „Übernahme von Lehrkräften aus anderen Ländern“ vom 02. Januar 2013, K.u.U. S. 25).

⇨ Ländertausch (Lehrkräfte)

Nehmen schwerbehinderte oder ihnen gleichgestellte Bewerberinnen und Bewerber teil, ist die zuständige Schwerbehindertenvertretung unverzüglich zu informieren und vor einer Entscheidung anzuhören.

22 Auswahlverfahren für Bewerberinnen und Bewerber mit Zusatzqualifikationen

22.1 Bis zu 10 Prozent der in den Schularten besetzbaren Stellen können für Bewerberinnen und Bewerber mit Zusatzqualifikationen verwendet werden. Hierbei sollen nicht mehr als 5 Prozent der besetzbaren Stellen mit Bewerberinnen und Bewerbern besetzt werden, die ihren Antrag überwiegend mit Vertretungstätigkeiten begründen[8]. Die genaue Anzahl dieser Stellen wird jährlich vom Kultusministerium festgelegt.

22.2 Bei der Einstellungsentscheidung werden Zusatzqualifikationen berücksichtigt, die unter dem Gesichtspunkt „Eignung, Befähigung und fachliche Leistung“ dem Lehrerberuf förderlich sind. Hierzu zählt auch die Tätigkeit als Pädagogische Assistentin bzw. Pädagogischer Assistent und als Erzieherin bzw. Erzieher an Kindertagesstätten und Kindergärten. Die vor dem Ablegen der Zweiten Prüfung *beziehungsweise* Laufbahnprüfung erworbenen Zusatzqualifikationen schlagen sich in der Regel in den Lehramtsprüfungen nieder. Sie können jedoch in besonders begründeten Ausnahmefällen zur Entscheidungsfindung herangezogen werden. Dem Lehrerberuf förderliche Tätigkeiten, Erfahrungen und Kenntnisse bei der Arbeit mit Menschen mit Migrationshintergrund können hier ebenfalls berücksichtigt werden.

⇨ Pädagogische Assistent*innen

Hinweis der Redaktion: Bei der Beurteilung der Eignung sind Fähigkeiten und Erfahrungen, die durch die Betreuung von Kindern oder Pflegebedürftigen im häuslichen Bereich (Familienarbeit) oder ehrenamtliche Tätigkeiten im sozialen Bereich erworben wurden, mit einzubeziehen, wenn sie für die vorgesehene Tätigkeit von Bedeutung sind. Dies gilt auch, wenn Familienarbeit neben der Erwerbsarbeit geleistet wurde (ChancenG § 11 Abs. 2).

⇨ Chancengleichheitsgesetz § 11

22.3 Diese Verfahrensweise gilt nur für Bewerberinnen und Bewerber, die ihre Lehrbefähigung in BadenWürttemberg erworben oder ihren Lebensmittelpunkt in Baden-Württemberg haben und die zuvor in die Bewerberlisten für das zentrale Einstellungsverfahren aufgenommen wurden. Bewerberinnen und Bewerber, die unbefristet im Schuldienst eines anderen Landes beschäftigt sind, können in diesem Verfahren nicht berücksichtigt werden.

22.4 Anträge zu diesem Verfahren sind an die Regierungspräsidien bis spätestens **1. Februar** zu richten. Diese entscheiden abschließend auf der Basis der Gesamtqualifikation, Leistungszahl oder Laufbahnprüfungsnote nach einer Gesamtwürdigung der einzelnen Anträge im Rahmen einer Auswahlkommission, an der der Bezirkspersonalrat und die Beauftragte für Chancengleichheit[5] zu beteiligen sind. Die Schwerbehindertenvertretung ist dann zu beteiligen, wenn Anträge schwerbehinderter bzw. gleichgestellter Bewerberinnen und Bewerber in diesem Verfahren vorliegen. Zur Entscheidungsfindung können Einstellungsgespräche geführt werden; Vorstellungsgespräche sind in jedem Falle zu führen. Die Auswahlkriterien und Entscheidungen sind vom Regierungspräsidium festzuhalten.

22.5 Nach dieser Regelung einzustellende Bewerberinnen und Bewerber können ins Beamtenverhältnis übernommen werden. Mit der Annahme des Einstellungsangebots nimmt die Bewerberin oder der Bewerber am weiteren Verfahren nicht mehr teil.

23 Schulbezogene Stellenausschreibungen

Schulen können Stellen für Lehrkräfte ausschreiben. Die Schulleitung informiert vorab die zuständige Lehrerkonferenz. Diese berät hierüber und kann ihr unbeschadet ihrer Zuständigkeit nach § 41 Absatz 1 des Schulgesetzes für Baden-Württemberg Empfehlungen geben. Der Antrag auf Zulassung einer schulbezogenen Stellenausschreibung ist zuvor mit dem Regierungspräsidium beziehungsweise dem Staatlichen Schulamt abzustimmen. Die Beauftragte für Chancengleichheit und die Schwerbehindertenvertretung sollen bei allen Ausschreibungen frühzeitig beteiligt werden. Bei Ausnahmen von den Grundsätzen nach § 9 Absatz 1 Satz 1 und Absatz 2 des ChancenG ist die Beauftragte für

[8] Der HPR GHWRGS hat dieser Regelung nicht zugestimmt. Im Bereich der entsprechenden Schularten gilt die Begrenzung auf fünf Prozent für Bewerberinnen und Bewerber mit Vertretungstätigkeiten nicht.

Chancengleichheit[5] frühzeitig zu beteiligen. Die Regierungspräsidien prüfen diesen Antrag insbesondere im Blick auf die Bedarfs- und Stellensituation. Vorrang haben dabei Schulen in Mangelbereichen und Mangelregionen sowie Schulen mit besonderen Profilen beziehungsweise Bereichen. In begründeten Fällen kann auch eine Teilzeitstelle ausgeschrieben werden.

Hinweise der Redaktion:

1. Im Bereich der Gymnasien und der beruflichen Schulen ist die örtliche Personalvertretung nach § 87 Abs. 1 LPVG im Rahmen der ohnehin üblichen Personalplanungsgespräche vorab zu informieren bzw. anzuhören.
2. Ausschreibungen von Stellen für Real-, Haupt- und Sonderschullehrkräfte an beruflichen Schulen muss die zuständige Personalvertretung vorab zustimmen.

   (Quelle: Handreichungen des KM, Januar 2018)
3. Liegen nur Bewerbungen von Lehrkräften mit Zweiter Lehramtsprüfung vor, kann eine Vorauswahl nach Gesamtqualifikation / Leistungszahl / Laufbahnprüfungsnote vorgenommen werden. Mit der Benennung von Bevorzugungskriterien (z.B. das Fach Mathematik wird bevorzugt) in der Ausschreibung besteht die Möglichkeit, eine Vorauswahl entsprechend diesen Kriterien zu treffen (siehe auch Ausfüllhinweise im Intranet). Werden auch Neubewerber*innen (Laufbahnbewerber*innen aus Baden-Württemberg) ohne Zweite Lehramtsprüfung ins Auswahlverfahren einbezogen, kann bei diesen eine Vorauswahl auf der Grundlage der Noten der Ersten Lehramtsprüfung vorgenommen werden. Hat die Schule die Vorauswahlgrenzen (Rangplatz oder Note) einmal festgelegt, kann sie keine schlechter platzierten oder qualifizierten Bewerber*innen in die Auswahl mehr einbeziehen. (Quelle: Handreichungen des KM, 11/2021)
4. Eine Versetzung, die aufgrund einer Bewerbung im Rahmen der schulscharfen Stellenausschreibungen von Nichtfunktionsträgern bzw. bei der Ausschreibung aufgabenbezogener Stellen um eine ausgeschriebene Stelle erfolgt, ist dienstlich veranlasst; persönliche Gründe treten hinter den dienstlichen Gründen (Stellenbesetzung) zurück. Somit ist die Umzugskostenvergütung zuzusagen, sofern die übrigen Voraussetzungen erfüllt sind. Bei Bewerber*innen aus anderen Ländern kommt die Zusage einer Umzugskostenvergütung lediglich in Betracht, wenn ein besonderes dienstliches Interesse an der Einstellung besteht (Umzüge aus Anlass der Einstellung analog § 4 Abs. 1 Nr. 1 ⇨ Umzugskostengesetz (LUKG); dabei muss an der Gewinnung des bestimmten Bewerbers ein besonderes Interesse gegeben sein, beispielsweise weil er ein Spezialist für ein bestimmtes Arbeitsgebiet ist). (Quelle: KM, 18.9.2007 (AZ: 14-0372.1/9/5)
5. Im Onlineportal www.lehrer-online-bw.de weist das KM zwar darauf hin, dass bei einer Einstellung im schulbezogenen Stellenausschreibungsverfahren die Mindestverweildauer an der Schule drei Jahre beträgt. Es empfiehlt sich in begründeten Fällen dennoch vor Ablauf von drei Jahren einen Versetzungsantrag zu stellen, allein schon um die Nachdrücklichkeit des Anliegens (ggf. für künftige Versetzungsrunden) zu dokumentieren. ⇨ Versetzungen und Abordnungen

23.1 Sammelausschreibungen können erfolgen

- für die Einstellung zum Februar im Zeitraum Dezember/Januar und
- für die Einstellung zum Sommer insbesondere in folgenden Zeiträumen:
  - bei Bedarf als Sonderausschreibungsverfahren im *November*, Dezember,
  - für Schulen im ländlichen Raum in Mangelbereichen im Rahmen eines besonderen vorrangigen Verfahrens im Februar,
  - als Hauptausschreibungsverfahren im März, April
  - bei Bedarf als Sonderausschreibungsverfahren im Mai,
  - im Rahmen des Nachrückverfahrens (s. Nr. 6.1) im Juli.

Die Zusammenstellung aller Stellenausschreibungen erfolgt durch die Regierungspräsidien. Die Stellenausschreibungen werden durch die Regierungspräsidien für das Internet (www.lehrer-online-bw.de) freigegeben. Diese Internetseite enthält außerdem Informationen zur Lehrereinstellung, insbesondere zu weiteren Ausschreibungsterminen und ist das zentrale Lehrereinstellungsportal des Landes.

23.2 Bewerbungen sind ausschließlich über das zentrale Online-Portal (www.lehrer-online-bw.de) möglich. Die notwendigen Bewerbungsschritte und -unterlagen sind dort beschrieben. Die vollständigen Bewerbungsunterlagen müssen bis zum Ende der jeweiligen Bewerbungsfrist einmalig elektronisch über das persönliche Konto hochgeladen sein und stehen den Schulen dann mit jeder Bewerbung auf eine ausgeschriebene Stelle zur Verfügung. Bewerben können sich Lehramtsbewerberinnen

Stichwort: Keine Einstellung – was nun?

Wer keine Stelle erhalten hat, sollte sich sofort arbeitslos melden, denn eventuell besteht Anspruch auf eine Sozialleistung (Arbeitslosengeld I oder II).

GEW-Mitglieder sollten außerdem die mitgliederverwaltung@gew-bw.de informieren, um den GEW-Mitgliedsbeitrag anzupassen. Der Arbeitslosenbeitrag beträgt nur 3,86 Euro im Monat (Stand: Oktober 2021) und man bleibt gut informiert.

Während des ganzen Jahres werden immer wieder befristete Stellen ausgeschrieben. Eine Registrierung auf www.lehrer-online-bw.de/vpo wird dringend empfohlen.

Eine Bewerbung bei Privatschulen kann jederzeit erfolgen, sie ist an keine Frist gebunden. Im Folgejahr kann aus einem Beschäftigungsverhältnis an einer Privatschule heraus die Bewerbung für die Einstellung bei gleichzeitiger Beurlaubung in den Privatschuldienst erfolgen. Die Anforderung an die Leistungsziffer ist nicht so hoch wie bei der Direkteinstellung in den staatlichen Schuldienst.

⇨Urlaub (Privatschulen); ⇨ Einstellungserlass 15.2

Eine gute Übersicht über die wichtigsten Informationen zur Bewerbung in anderen Bundesländern bietet die GEW-Broschüre „Raus aus dem Ländle?“, die auf der GEW-Homepage heruntergeladen werden kann. Vielleicht möchte man auch die Chance nutzen, sich im Ausland nach einer Stelle umzusehen? Im Beitrag ⇨ Auslandsschuldienst finden sich viele nützliche Adressen.

und -bewerber, die in eine Bewerberliste in Baden-Württemberg aufgenommen wurden, sowie bereits im Dienst des Landes stehende Lehrkräfte, aber auch Bewerberinnen und Bewerber, die noch nicht alle Einstellungsvoraussetzungen nachweisen können (Neubewerberinnen und -bewerber aus den Vorbereitungsdiensten in Baden-Württemberg). Lehrkräfte, die sich bereits im Dienst des Landes befinden, initiieren ihre Versetzungsbewerbung ebenfalls über das zentrale Online-Portal im Bereich STEWI/Versetzung. Die Schulleitung darf solche Lehrkräfte nur dann in das Bewerberauswahlverfahren einbeziehen, wenn ihr eine Freigabe der zuständigen Schulaufsichtsbehörde vorliegt. Lehrkräfte, die sich noch in der Probezeit befinden, können nur in Ausnahmefällen eine entsprechende Freigabe erhalten. Im Bereich der sonderpädagogischen Bildungs- und Beratungszentren sowie der beruflichen Schulen können Stellenausschreibungen auch für sonstige Bewerberinnen und Bewerber (vergleiche Nummer 10 und 11.2) geöffnet werden.

Die Schwerbehindertenvertretung ist immer dann unmittelbar zu unterrichten, wenn unter den Bewerberinnen und Bewerbern schwerbehinderte und gleichgestellte Personen sind; ihr sind die entscheidungsrelevanten Teile der Bewerbungsunterlagen aller Bewerberinnen und Bewerber zur Einsicht vorzulegen.

23.3 Die Schulleitung der ausschreibenden Schule führt mit den Bewerberinnen oder Bewerbern oder mit einer Auswahl von Bewerberinnen und Bewerbern ein Bewerbungsgespräch. Bewerbungsgespräche werden nur mit Bewerberinnen und Bewerbern geführt, die in ihrer Bewerbung die in der Stellenausschreibung genannten besonderen Anforderungen nachweisen. Sollen Bewerbungsgespräche nur mit einer Auswahl von Bewerberinnen und Bewerbern geführt werden, ist die Auswahl nach der Gesamtqualifikation, Leistungszahl oder Laufbahnprüfungsnote vorzunehmen. Sollen neben Altbewerberinnen und Altbewerbern auch Neubewerberinnen und Neubewerber in die Einstellungsentscheidung einbezogen werden, können die Schulen bei Altbewerberinnen und Altbewerbern aufgrund der Gesamtqualifikation, Leistungszahl oder Laufbahnprüfungsnote eine begründete Vorauswahl treffen. Bei Neubewerberinnen und Neubewerbern kann, sofern die Gesamtqualifikation noch nicht vorliegt, eine begründete Vorauswahl aufgrund der Noten der Ersten Lehramtsprüfung vorgenommen werden. Schwerbehinderte und gleichgestellte Bewerberinnen und Bewerber sind unabhängig von der Anwendung von Vorauswahlkriterien immer zu einem Bewerbungsgespräch einzuladen, wenn die fachliche Eignung nicht offensichtlich fehlt.

Im öffentlichen Schuldienst des Landes befindliche Lehrkräfte werden unabhängig von der Gesamtqualifikation, Leistungszahl oder Laufbahnprüfungsnote in die Auswahl einbezogen.

Hinweis der Redaktion: Auch unbefristet im Schuldienst des Landes tätige Lehrkräfte können sich auf schulbezogen ausgeschriebene Stellen bewerben. Sie müssen auf dem Dienstweg beim RP ihre Freigabe beantragen und parallel an die ausschreibende Schule eine Bewerbungsmappe mit tabellarischem Lebenslauf, Lehramtsprüfungszeugnissen, letzter dienstlicher Beurteilung sowie sonstigen erforderlichen Nachweisen innerhalb der jeweiligen Bewerbungsfrist senden. Infos unter: www.lehrer-online-bw.de. (Quelle: Infodienst Schulleitung Nr. 87, Februar 2007)

Bei den Gesprächen soll die Schulleitung ein Mitglied der Personalvertretung hinzuziehen, sofern eine solche an der Schule eingerichtet ist. An Schulen, an denen keine Personalvertretung eingerichtet ist, soll ein von der Gesamtlehrerkonferenz gewähltes Mitglied hinzugezogen werden.

Die Beauftragte für Chancengleichheit[5] kann gemäß § 10 Absatz 3 ChancenG an Bewerbungsgesprächen teilnehmen. Zuständig ist die Beauftragte für Chancengleichheit der Dienststelle, die das Verfahren führt. Ist an der Dienststelle keine Beauftragte für Chancengleichheit vorhanden, ist nach § 15 Absatz 2 ChancenG die Beauftragte für Chancengleichheit der nächsthöheren Dienststelle zuständig. An allen Gesprächen, die mit schwerbehinderten beziehungsweise gleichgestellten und nicht schwerbehinderten Bewerberinnen und Bewerbern geführt werden, ist die jeweilige Schwerbehindertenvertretung teilnahmeberechtigt und einzuladen, wenn unter den Bewerberinnen und Bewerbern schwerbehinderte oder ihnen gleichgestellte Menschen sind. Darüber sind die Bewerberinnen und Bewerber zu informieren. Wenn die schwerbehinderten oder ihnen gleichgestellte Bewerberinnen und Bewerber aus eigenem Antrieb der Teilnahme der Schwerbehindertenvertretung ausdrücklich widersprechen, entfällt diese. Eine solche Ablehnung berührt aber nicht die Beteiligungsrechte der Schwerbehindertenvertretung gemäß § 178 Absatz 2 SGB IX. Die Schwerbehindertenvertretung ist vor der Verkündung von der beabsichtigten Auswahlentscheidung zu unterrichten und anzuhören. Ist die Schwerbehindertenvertretung mit der beabsichtigten Entscheidung nicht einverstanden, ist diese unter Darlegung der Gründe mit ihr zu erörtern.

Bewerberinnen und Bewerber, die nicht zu einem Bewerbungsgespräch eingeladen werden, erhalten baldmöglichst von der Schulleitung eine Absage.

Hinweis der Redaktion: Die Rangfolge wird auf der Grundlage der Gesprächsergebnisse unter besonderer Würdigung der Gesamtqualifikation/Leistungszahl/Laufbahnprüfungsnote der Bewerber*innen festgelegt. In der Begründung des Besetzungsvorschlags muss – unter strikter Beachtung des in der Ausschreibung formulierten Anforderungsprofils – die Auswahlentscheidung plausibel und transparent (in gerichtsverwertbarer Weise) beschrieben sein. Liegen dienstliche Beurteilungen vor, so sind diese bei der Entscheidung mit einzubeziehen. Wird nicht der/die Bewerber*in mit der besten Gesamtqualifikation/Leistungszahl/Laufbahnprüfungsnote ausgewählt, so sind die hierfür tragenden Gründe in besonderer Qualität darzulegen. Dies gilt umso mehr, je größer die Differenz zwischen den Prüfungsleistungen ist. Die Begründung darf sich nicht nur auf den/die erste Bewerber*in in der Rangliste beschränken, sondern muss im angemessenen Umfang auch die nachfolgenden Bewerber*innen einbeziehen, falls diese bei Absage bzw. Nichtberücksichtigung der Wunschbewerber*innen berücksichtigt werden sollen. Bewerber*innen, bei denen zum Zeitpunkt der Auswahl die Laufbahnprüfungsnote noch nicht vorlag (Neubewerber*innen aus Baden-Württemberg), erhalten eine Einstellungszusage unter dem Vorbehalt des Bestehens der Lehramtsprüfung sowie einer rechtlichen Überprüfung durch das zuständige RP im Hinblick auf die erzielte Laufbahnprüfungsnote im Vergleich zu den

Mitkonkurrent*innen um die konkrete Stelle. Die Auswahlbegründung der Schule behält ihre besondere Bedeutung.

(Quelle: Handreichungen des KM, November 2021)

23.4 Die Schulleitung teilt dem Regierungspräsidium nach Abschluss des Auswahlverfahrens die Bewerberinnen und Bewerber mit, die für eine Tätigkeit an dieser Schule infrage kommen. Kommen mehrere Bewerberinnen oder Bewerber in Frage, ist eine schriftlich begründete Rangfolge zu bilden. Für diese Entscheidungen sind unter Würdigung der Gesamtqualifikation und des Bewerbungsgesprächs nur die in der Stellenausschreibung genannten besonderen Anforderungen maßgebend. Das Regierungspräsidium entscheidet abschließend auf der Grundlage der von der Schulleitung genannten Rangfolge, insbesondere unter Würdigung der Gesamtqualifikation, Leistungszahl und Laufbahnprüfungsnote über die konkrete Besetzung der ausgeschriebenen Stelle und unterbreitet der Bewerberin beziehungsweise dem Bewerber ein Einstellungsangebot. Nimmt die Bewerberin bzw. der Bewerber innerhalb einer angemessenen Frist das Einstellungsangebot nicht an, so ist das Regierungspräsidium nicht mehr an das Angebot gebunden. Erreicht eine Bewerberin bzw. ein Bewerber bei mehreren ausgeschriebenen Stellen den ersten Rangplatz, kann sie oder er im Rahmen einer vom Regierungspräsidium festgelegten Erklärungsfrist entscheiden, welches Angebot sie oder er annimmt. Mit der Annahme des Einstellungsangebots nimmt die Bewerberin oder der Bewerber am weiteren Verfahren nicht mehr teil.

Nach der Entscheidung über die Einstellungsmaßnahme benachrichtigt das Regierungspräsidium die nicht berücksichtigten Bewerberinnen bzw. Bewerber, die in die engere Auswahl gekommen sind. Die Schulleitung benachrichtigt die weiteren Bewerberinnen und Bewerber.

23.5 Für die Bewerbungsgespräche an den Schulen wird keine Reisekostenvergütung gewährt.

Hinweis der Redaktion: Die Bewerber*innen müssen bei der Einladung auf diesen Sachverhalt hingewiesen werden.

24
Lehrbeauftragte an Schulen zur Ergänzung des Unterrichtsangebots

Für die Beschäftigung von Lehrbeauftragten an Schulen zur Ergänzung des Unterrichtsangebots gilt eine gesonderte Regelung. ⇨ Lehrbeauftragte

25
Einstellungstermin

Einheitlicher Einstellungstermin für alle im Sommer *2022* zu übernehmenden Lehramtsbewerberinnen und -bewerber ist der *09*. **September 202*2***. Ausnahmen hiervon sind gem. Nr. 6 und Nr. 23 möglich. Dies gilt grundsätzlich auch für Fachlehrkräfte bzw. Technische Lehrkräfte Sonderpädagogik[2] sowie für Technische Lehrkräfte an gewerblichen und landwirtschaftlichen Schulen.

Fachlehrkräfte bzw. Technische Lehrkräfte Sonderpädagogik[2], die verpflichtet waren den Vorbereitungsdienst zu absolvieren, werden unmittelbar nach Abschluss des Vorbereitungsdienstes in den Schuldienst des Landes übernommen.

Scheiden Lehrkräfte im Laufe des Schuljahres aus, können die so frei werdenden Stellen in besonderen Einzelfällen nach Zustimmung des Kultusministeriums sofort wieder besetzt werden, wenn der Ausfall nicht anderweitig ausgeglichen werden kann.

Hinweis der Redaktion:

Da vor Begründung des Arbeits- oder Beamtenverhältnisses kein Dienstunfallschutz besteht und auch die gesetzliche Unfallversicherung nicht greift, gebietet die Fürsorgepflicht der Schulleitung, darauf hinweisen, dass die Teilnahme an Konferenzen u.ä. vor diesem Termin auf eigenes Risiko erfolgt. (Quelle: KM 7.12.2017, Az: A-1382/LEIN(Kö))

⇨ Beamtenstatusgesetz §§ 7 und 9; ⇨ Chancengleichheitsgesetz; ⇨ Einstellung (Altersgrenze); ⇨ Gewährleistungsbescheid; ⇨ Grundgesetz Art. 33; ⇨ Infektionsschutzgesetz; ⇨ Ländertausch (Lehrkräfte); ⇨ Lehrbeauftragte an Schulen; ⇨ Organisationserlass 1.3; ⇨ Privatschulgesetz § 11; ⇨ Schwerbehinderung; ⇨ Urlaub (Privatschuldienst); ⇨ Vertretungslehrkräfte

Einstellungserlass (Bewerbergespräche)

Auszug aus den Handreichungen für die Schulen für schulbezogene Stellenausschreibung 2021 – Hauptausschreibungsverfahren HAV – vom 21. April 2021

I. Vorbereitung der Ausschreibung Beteiligte	Beteiligte
Die Schulleitung verständigt sich mit dem Regierungspräsidium beziehungsweise dem Staatlichen Schulamt über eine mögliche Ausschreibung (Abstimmung über Bedarf, Stellenanzahl und Profil).	SL, RP, SSA
Die Schulleitung informiert vorab die Lehrerkonferenz. Diese berät hierüber und kann Empfehlungen geben.	SL, GLK
Die Beauftragte für Chancengleichheit sowie die Örtliche Vertrauensperson der schwerbehinderten und gleichgestellten Lehrkräfte - im Bereich der Gymnasien und Beruflichen Schulen die für die Schule zuständige Örtliche Vertrauensperson - sollen bei allen Ausschreibungen frühzeitig beteiligt werden.	BfC, ÖVP
Im Bereich der Gymnasien und der beruflichen Schulen ist die örtliche Personalvertretung nach § 82 Absatz 1 LPVG vorab zu informieren bzw. anzuhören. Ausschreibungen von Stellen für Werkreal-, Haupt- und Realschullehrkräfte sowie Lehrkräfte für Sonderpädagogik an beruflichen Schulen muss die zuständige Personalvertretung vorab zustimmen. Bei Schulen ohne eigenen Personalrat wählt die Gesamtlehrerkonferenz ein Mitglied, das stellvertretend an den Bewerbergesprächen teilnimmt.	ÖPR / gewähltes GLK-Mitglied

II. Erstellung der Ausschreibung	**Beteiligte**
Die Schule gibt die Ausschreibung zur Weiterleitung an die zuständige Schulaufsichtsbehörde frei.	SL, SSA/RP
Die obere Schulaufsichtsbehörde entscheidet endgültig über die Teilnahme der Schule an diesem Stellenausschreibungsverfahren und gibt die Ausschreibung zur Veröffentlichung im Internet frei.	SSA/RP
III. Bewerbung an der Schule	
Die Bewerbungsunterlagen werden den Schulen online durch die Bewerber*innen übermittelt. Die eingegangenen Bewerbungen sind auf Vollständigkeit und Übereinstimmung mit dem Ausschreibungstext zu überprüfen. Alle entscheidungserheblichen Angaben müssen belegt sein. Bewerber*innen, die die Bewerbungsvoraussetzungen nicht erfüllen oder deren Bewerbungsunterlagen zweifelsfrei erkennen lassen, dass sie den Anforderungen der Ausschreibung nicht entsprechen, sind vom weiteren Verfahren ausgeschlossen. Hier erteilen die Schulen umgehend eine Absage.	SL
Befindet sich unter den gesamten Bewerber*innen eine schwerbehinderte oder gleichgestellte Lehrkraft, so ist stets und unmittelbar die zuständige Schwerbehindertenvertretung beim Staatlichen Schulamt (im Bereich GHWRGS) beziehungsweise an der Schule (im Bereich der Gymnasien und der beruflichen Schulen) die Örtliche Vertrauensperson, die für die Schule zuständig ist, über die Bewerbung diese Lehrkraft zu informieren und am Bewerbungsverfahren zu beteiligen - auch wenn die Bewerberin bzw. der Bewerber den formalen Anforderungen der Ausschreibung nicht entsprechen sollte und unabhängig von einer möglichen Teilnahme der Schwerbehindertenvertretung am Bewerbergespräch. Eine Absage kann erst dann erfolgen, wenn eine Übereinstimmung nach Anhörung der ÖVP besteht.	VP am SSA/ ÖVP
IV. Vorauswahl von Bewerberinnen und Bewerbern	
Liegen nur Bewerbungen von Lehrkräften mit Zweiter Lehramtsprüfung vor, kann eine Vorauswahl nach Gesamtqualifikation / Leistungszahl / Laufbahnprüfungsnote vorgenommen werden. Mit der Benennung von Bevorzugungskriterien (zum Beispiel Bewerber*innen mit Mathematik werden bevorzugt) in der Ausschreibung besteht die Möglichkeit, eine Vorauswahl entsprechend diesen Kriterien zu treffen.	
Werden auch Neubewerber*innen (Laufbahnbewerber*innen aus Baden-Württemberg) ohne Zweite Lehramtsprüfung ins Auswahlverfahren einbezogen, kann bei diesen eine Vorauswahl auf der Grundlage der Noten der Ersten Lehramtsprüfung bzw. des Bachelor- und Masterzeugnisses vorgenommen werden. Neubewerber*innen im Lehramt Grundschule legen eine Bescheinigung über den erfolgreichen Abschluss des Masterstudiengangs zusammen mit einem Transcript of Records vor, aus dem die Noten hervorgehen. Bei Altbewerber*innen kann eine begründete Vorauswahl nach Gesamtqualifikation / Leistungszahl / Laufbahnprüfungsnote vorgenommen werden.	
Hat die Schule die Vorauswahlgrenzen (Rangplatz oder Note) einmal festgelegt, kann sie keine schlechter platzierten oder qualifizierten Bewerber*innen in die Auswahl mehr einbeziehen.	
Schwerbehinderte oder gleichgestellte Bewerber*innen sind - unabhängig von der Anwendung von Vorauswahlkriterien - immer zu einem Bewerbergespräch einzuladen, wenn die fachliche Eignung nicht offensichtlich fehlt. Sollte nach der ersten Beurteilung eine fachliche Eignung nicht vorhanden sein, so ist die Örtliche Vertrauensperson vor einer Mitteilung an die Bewerberin beziehungsweise an den Bewerber anzuhören.	ÖVP
Die über die Vorauswahl abgelehnten Bewerber*innen sind von der Schule in geeigneter Weise zu informieren. Mit allen übrigen Bewerber*innen, die das Anforderungsprofil beziehungsweise die in der Ausschreibung genannten Bevorzugungskriterien erfüllen, sind Bewerbergespräche zu führen.	SL
Versetzungsbewerber*innen sind bei Vorliegen der Bewerbungsvoraussetzungen und Freigabe immer in die Auswahl einzubeziehen.	

V. Bewerbergespräche
An den Bewerbergesprächen nehmen teil: – Schulleitung, – örtliche Personalvertretung oder, falls an der Schule kein ÖPR besteht, ein von der GLK gewähltes Mitglied, – Beauftragte für Chancengleichheit kann teilnehmen, – gegebenenfalls die Örtliche Vertrauensperson, die für die Schule zuständig ist beziehungsweise die örtliche Schwerbehindertenvertretung beim Staatlichen Schulamt (wenn sich unter den Bewerber*innen eine schwerbehinderte oder gleichgestellte Lehrkraft befindet, ist bei allen Bewerbergesprächen die Schwerbehindertenvertretung einzuladen, es sei denn, die schwerbehinderte oder gleichgestellte Lehrkraft widerspricht dem ausdrücklich), – gegebenenfalls Vertretung der Fachschaft..
Das gewählte Verfahren für die Bewerbungsgespräche muss je ausgeschriebener Stelle für alle Bewerber*innen gleich sein. Eine Durchmischung beispielsweise von in Präsenz und per Videokonferenz geführten Gesprächen ist nicht zulässig.
In den Fällen, in denen nur eine Bewerbung vorliegt und die Bewerberin oder der Bewerber der Schulleitung bereits bekannt ist, ist ein Angebot zunächst auch ohne formales Bewerbungsgespräch möglich. In diesen Fällen ist ein Beteiligungsgespräch zu einem späteren Zeitpunkt nachzuholen. Die Ablehnung einer Bewerberin oder eines Bewerbers ist - sofern die Ausschreibungsbedingungen erfüllt sind - nur auf Basis eines Bewerbungsgesprächs möglich.
Das Einstellungsangebot erfolgt durch das Regierungspräsidium.

Eltern (Allgemeines)

Informationen der Redaktion zur Rechtslage und zur Verwaltungspraxis in Baden-Württemberg

A.
Elternrechte und Elternpflichten

1.
Grundsätze des elterlichen Sorgerechts

Das Grundgesetz bestimmt in seinem Artikel 6:

„Pflege und Erziehung der Kinder sind das natürliche Recht der Eltern und die zuvörderst ihnen obliegende Pflicht. Über ihre Betätigung wacht die staatliche Gemeinschaft".

➪ Grundgesetz Artikel 6 Absatz 2; ➪ Kinderrechte

Damit sind die Eltern die ersten und wichtigsten *„Erziehungsberechtigten"*. Sie sind zugleich die ersten und wichtigsten Personen, die gegenüber den Kindern und Jugendlichen Pflichten besitzen.

Das allgemeine Sorgerecht und die daraus entspringenden Pflichten der Erziehungsberechtigten können hier nicht vollständig dargestellt werden. An dieser Stelle wird hierauf nur eingegangen, soweit es um das Bildungsrecht des Kindes und um das Verhältnis zwischen Elternhaus und Schule geht.

Als *„Eltern"* im Sinne des Schulrechts gelten gemäß § 1 der ➪ Elternbeiratsverordnung (EBVO)

- entweder die *„Erziehungsberechtigten, denen die Sorge über die Person des Schülers zusteht"*,
- oder *„Personen, denen diese die Erziehung außerhalb der Schule anvertraut haben"*.

Nur diese beiden Gruppen von *„Personensorgeberechtigten"* können die in der EBVO genannten *„Elternrechte"* ausüben. Sind nicht die leiblichen Eltern sorgeberechtigt, sondern besteht eine Amtsvormundschaft, so nehmen die amtlich eingesetzten Pflegeeltern bzw. die vom Kinder- oder Jugendamt beauftragten Erziehungskräfte die Elternrechte wahr.

a)
Gemeinsames Sorgerecht der Eltern

Beide Elternteile üben das Sorgerecht gemeinsam aus. Das gilt auch nach einer Scheidung; sie sind auch danach beide *„Erziehungsberechtigte"* im Sinne der EBVO. Das Bürgerliche Gesetzbuch (BGB) bestimmt:

„Die Eltern haben die elterliche Sorge in eigener Verantwortung und in gegenseitigem Einvernehmen zum Wohle des Kindes auszuüben. Bei Meinungsverschiedenheiten müssen sie versuchen, sich zu einigen." (BGB § 1627)

„Die Eltern vertreten das Kind gemeinschaftlich; ist eine Willenserklärung gegenüber dem Kind abzugeben, so genügt die Abgabe gegenüber einem Elternteil." (BGB § 1629)

Das gemeinsame Sorgerecht gilt auch bei getrennt lebenden Eltern. § 1687 Abs. 1 BGB bestimmt u.a.:

„Leben Eltern, denen die elterliche Sorge gemeinsam zusteht, nicht nur vorübergehend getrennt, so ist bei Entscheidungen in Angelegenheiten, deren Regelung für das Kind von erheblicher Bedeutung ist, ihr gegenseitiges Einvernehmen erforderlich. Der Elternteil, bei dem sich das Kind mit Einwilligung des anderen Elternteils oder aufgrund einer gerichtlichen Entscheidung gewöhnlich aufhält, hat die Befugnis zur alleinigen Entscheidung in Angelegenheiten des täglichen Lebens. Entscheidungen in Angelegenheiten des täglichen Lebens sind in der Regel solche, die häufig vorkommen und die keine schwer abzuändernden Auswirkungen auf die Entwicklung des Kindes haben. […]"

Es ist also zwischen Fragen zu unterscheiden, die *„für das Kind von erheblicher Bedeutung"* sind (beispielsweise einem Wechsel der Schulart) und *„Angelegenheiten des täglichen Lebens"* (beispielsweise der Zustimmung zur Teilnahme an einem Schulausflug).

Auch geschiedene Ehepartner bleiben in der Regel gemeinsam sorgeberechtigt. Eine abweichende Regelung durch das Familiengericht ergeht nur dann, wenn ein Elternteil dies ausdrücklich beantragt. Der geschiedene Vater, der längst woanders lebt und eine neue Familie gegründet hat, kann also an einer Sitzung der Klassenpflegschaft teilnehmen oder Elternvertreter werden.

Die Ausübung des gemeinsamen Sorgerechts setzt voraus, dass die Eltern zur Kooperation bereit sind. Eine Regelung, ob und wie Informationen über Angelegenheiten ihres Kindes weitergegeben werden, ist in erster Linie von ihnen selbst zu treffen. Nach § 1686 BGB kann jeder Elternteil vom anderen bei berechtigtem Interesse Auskunft über die persönlichen Verhältnisse des Kindes verlangen, soweit dies dem Wohl des Kindes entspricht.

Den Eltern eines nichtehelichen Kindes steht in der Regel das Sorgerecht gemeinsam zu (BGB § 1626a):

„(1) Sind die Eltern bei der Geburt des Kindes nicht miteinander verheiratet, so steht ihnen die elterliche Sorge dann gemeinsam zu, wenn sie

1. *erklären, dass sie die Sorge gemeinsam übernehmen wollen (Sorgeerklärungen), oder*
2. *einander heiraten,*
3. *soweit ihnen das Familiengericht die elterliche Sorge gemeinsam überträgt […]*

(3) Im Übrigen hat die Mutter die elterliche Sorge."

Das Familiengericht kann einen Antrag auf gemeinsame Sorge ablehnen, wenn die Erteilung dem Kindeswohl widerspricht. Der nicht sorgeberechtigte Elternteil kann in diesem Fall die elterlichen Rechte (z.B. Wahlrecht als Elternvertreter) nicht wahrnehmen und besitzt keinen Anspruch auf Informationen über den Leistungsstand des eigenen Kindes.

b)
Wahrnehmung des Sorgerechts durch Dritte

Die *„Eltern"* können sich zwar in *„Angelegenheiten des täglichen Lebens"* von Dritten vertreten lassen. So kann eine alleinerziehende Mutter beispielsweise ihren Partner oder die Oma des Kindes beauftragen, ihr Kind bei der Schule abzuholen; sie kann diese Personen auch legitimieren, bei der Klassenlehrerin Informationen über das Kind einzuholen oder am

Elternabend teilzunehmen, weil sie an diesem Tag beruflich verhindert ist. Aber damit wird diese dritte Person auf dem Elternabend nicht stimm- oder wahlberechtigt; sie darf auch keine Entscheidungen treffen, die schwer abzuändernde Auswirkungen auf die Entwicklung des Kindes haben (z.B. Schulwechsel, Abmeldung vom Religionsunterricht, Widerspruch gegen eine Nichtversetzung).

Der Ehegatte eines allein Sorgeberechtigten, der nicht Elternteil des Kindes ist (beispielsweise ein sogenannter „Stiefvater"), darf demnach Elternrechte im Sinne des Schulrechts nicht wahrnehmen, er darf jedoch im Einvernehmen mit dem Sorgeberechtigten in Angelegenheiten des täglichen Lebens des Kindes mitentscheiden (§ 1687b BGB). Dies gilt auch bei eingetragenen Lebenspartnerschaften.

2.
Pflichten der Erziehungsberechtigten

Die Pflichten der Eltern/Erziehungsberechtigten gegenüber der öffentlichen Schule sind in § 85 des Schulgesetzes statuiert: Die Erziehungsberechtigten und diejenigen, denen Erziehung oder Pflege eines Kindes anvertraut ist, haben u.a. die Anmeldung zur Schule vorzunehmen und dafür zu sorgen, dass der Schüler am Unterricht und an den übrigen verbindlichen Veranstaltungen der Schule regelmäßig teilnimmt und sich der Schulordnung fügt.

⇨ Schulgesetz § 85; ⇨ Verwaltungsrecht

Aus dem elterlichen Erziehungsrecht ergibt sich jedoch kein Freibrief für die Eltern, nach Belieben in die Rechte ihrer Kinder einzugreifen. Sie nehmen ihr Erziehungsrecht, das zugleich ein Grundrecht und eine Grundpflicht ist, sozusagen treuhänderisch für das Kind wahr. Die oberste Richtschnur der elterlichen Pflege und Erziehung ist deshalb das „Kindeswohl".

Das Gesetz verlangt von den Eltern, das Erziehungsbedürfnis des Kindes seiner Selbstbestimmungsfähigkeit auch in schulischen Angelegenheiten gegenüberzustellen. Sie müssen die wachsende Fähigkeit und das wachsende Bedürfnis des Kindes zu selbstständigem verantwortungsbewussten Handeln berücksichtigen, mit dem Kind, soweit es nach dessen Entwicklungsstand angezeigt ist, Fragen der elterlichen Sorge besprechen und dabei Einvernehmen anstreben (§ 1626 Abs. 2 BGB). So genügt es beispielsweise bei einem Grundschulkind nicht, dass die Eltern die künftige Schullaufbahn mit ihm nur besprechen, sondern sie müssen seine Meinung in ihre Entscheidung einbeziehen, denn nur so können sein eigenständiges Recht auf Bildung respektiert und zugleich sein Lern- und Leistungswille geweckt werden. Bei Jugendlichen müssen die Eltern deren gewachsener Beurteilungs- und Einsichtsfähigkeit weit mehr Raum geben und z.B. den erzieherischen Vorteil einer selbstständigen, jedoch möglicherweise fehlsamen Entscheidung ihres Kindes bei der Wahl einer Fremdsprache oder eines Leistungskurses mit den eventuellen Nachteilen abwägen, die aufgrund dieser Entscheidung eintreten könnten. In Angelegenheiten der Ausbildung haben die Eltern auch auf Eignung und Neigung des Kindes Rücksicht zu nehmen und sich im Zweifelsfall mit Lehrkräften oder anderen geeigneten Personen zu beraten (§ 1631 a BGB).

Dieser treuhänderische Charakter des Elternrechts wird durch die Bestimmung bestätigt, dass der Staat über die Betätigung der Eltern wacht. Er muss nicht nur bei einem Missbrauch des Erziehungsrechts durch die Eltern eingreifen (z.B. im Fall der Verwahrlosung oder der Misshandlung), sondern er hat auch sicherzustellen, dass die Kinder ihre Grundrechte gegebenenfalls auch gegen den Willen ihrer Eltern geltend machen können. Ein Beispiel hierfür ist die Entscheidung über die Teilnahme am Religionsunterricht: Zwar bestimmen grundsätzlich die Erziehungsberechtigten über die Teilnahme des Kindes am Religionsunterricht, aber nach dem Gesetz über die religiöse Kindererziehung können Kinder vom 12. Lebensjahr an nicht mehr gegen ihren Willen zum Wechsel der Religion gezwungen werden und dürfen ab dem 14. Lebensjahr völlig frei über ihre Religionszugehörigkeit und damit auch über ihre Teilnahme am Religionsunterricht entscheiden. ⇨ Religionsunterricht (Teilnahme)

Eine erhebliche Verletzung der Erziehungspflichten kann Anlass sein, den Eltern das Sorgerecht zu entziehen (z.B. bei beharrlicher Schulpflichtverletzung aus religiösen Gründen).

3.
Für die schulische Praxis heißt dies:

1.
Ausübung des Sorgerechts

Grundsätzlich kann die Schule davon ausgehen, dass beide Elternteile eines Kindes das Sorgerecht besitzen und es auch gemeinsam ausüben. Wenn ein Elternteil also gegenüber der Schule Erklärungen abgibt oder an einer Besprechung teilnimmt, darf die Schule davon ausgehen, dass dies im Einvernehmen mit dem anderen Elternteil geschieht. Ebenso kann die Schule im „Normalfall" voraussetzen, dass Mitteilungen, die an einen der beiden Erziehungsberechtigten gerichtet werden (z.B. mündliche Information über eine gefährdete Versetzung in der Elternsprechstunde) oder die über das Kind an die Eltern gelangen (z.B. Einladung zu einem Gesprächstermin oder zu einer Sitzung der Klassenpflegschaft/Elternabend), beide Erziehungsberechtigten erreichen. Dies gilt auch dann, wenn das Kind nicht in der gemeinsamen Wohnung der Eltern, sondern bei einem der beiden sorgeberechtigten Elternteile wohnt. Dann wendet die Schule sich an den Elternteil, bei dem das Kind regelmäßig wohnt und darf davon ausgehen, dass dieser den anderen verständigt.

2.
Fürsorgepflicht der Schule

Der oben genannte Normalfall ist – mit steigender Tendenz – nicht jederzeit gegeben. Zwar ist die Regelung der beiderseitigen Rechte von geschiedenen, getrennt lebenden oder nicht verheirateten Erziehungsberechtigten untereinander grundsätzlich deren Angelegenheit (bzw. im Konfliktfall Sache des Familiengerichts). Dies entbindet die Schule als staatliche Behörde jedoch nicht davon, im Interesse eines betroffenen Kindes auf die geordnete Wahrnehmung dieser Rechte und Pflichten zu achten bzw. diese zu ermöglichen. So muss sie beispielsweise bei Verwaltungsakten (Nichtversetzung, Aufnahme, Schulprüfungen, Erziehungs- und Ordnungsmaßnahmen) beide Erziehungsberechtigte verständigen bzw. einbeziehen, denn hierbei handelt es sich um Entscheidungen, die für das Kind von erheblicher Bedeutung sind, so dass die übereinstimmende Erklärung beider Elternteile erforderlich ist. Entscheidungen wie z.B. die Schulanmeldung oder -abmeldung eines Kindes können nicht rechtswirksam vollzogen werden, wenn ein Elternteil widerspricht. Das KM hat darauf aufmerksam gemacht, dass bei begründeten Zweifeln an der Sorgeberechtigung, insbesondere wenn nur ein Elternteil unterschreibt, eine Nachfrage der Schule erforderlich ist.

(Quelle: Infodienst Schulleitung, Ausgabe 262 / Januar 2017)

Die Schule muss dem Elternwillen Geltung verschaffen; es obliegt ihr jedoch nicht, in einen Konflikt der Erziehungsberechtigten ordnend oder gar regelnd einzugreifen. Hierfür ein konkretes Beispiel: Eine geschiedene Mutter meldet ein Kind mit entsprechender Bildungsempfehlung beim Gymnasium an. Der – ebenfalls sorgeberechtigte – Vater teilt dem Gymnasium einige Tage später mit, dies sei ohne sein Einverständnis geschehen; er wolle sein Kind lieber bei der Realschule anmelden. Maßnahmen, die im Fall einer „geteilten“ Sorgeberechtigung von einem Elternteil ohne Einverständnis des anderen Teils getroffen werden, sind *„schwebend unwirksam“*. Das Gymnasium muss deshalb beide (!) Elternteile darüber informieren, dass die Anmeldung des Kindes erst wirksam wird, wenn sie mitteilen, auf was sie sich geeinigt haben. Wie die Erziehungsberechtigten sich einigen (ggf. unter Anrufung des Familiengerichts), geht die Schule nichts an.

Wenn das Kind nicht von den Eltern aufgezogen wird, sondern wenn beispielsweise das Kind einer alleinerziehenden Mutter dauerhaft bei den Großeltern lebt, so können entweder die Mutter oder die Großeltern in der Klassenpflegschaft das Stimmrecht sowie das aktive und passive Wahlrecht ausüben; es genügt eine einfache Erklärung gegenüber der Schule, wer diese Rechte wahrnimmt. Wichtige Entscheidungen stehen jedoch nach wie vor nur der personensorgeberechtigten Person zu (in diesem Fall also der Mutter), ob diese das Kind im Alltag erzieht, ist unerheblich. Die Schule muss also auch in diesem Fall bei wichtigen Angelegenheiten (Nichtversetzung, Aufnahme, Schulprüfungen, Erziehungs- und Ordnungsmaßnahmen usw.) sowohl die Großeltern als auch die Mutter verständigen bzw. einbeziehen.

Zu diesem Zweck ist es sinnvoll, jeweils bei der Schulanmeldung die Namen und Anschriften beider bzw. aller Erziehungsberechtigten zu erheben und gegebenenfalls (z.B. bei unterschiedlichen Namen oder Anschriften) nach dem Sorgerecht zu fragen und die Erziehungsberechtigung schriftlich festzuhalten. Da die Schule Elternteilen ohne Sorgeberechtigung ohne Zustimmung des sorgeberechtigten Elternteils keine Auskünfte über ein Kind erteilen darf (sie kann bzw. muss nicht sorgeberechtigten Elternteilen im Einzelfall sogar Hausverbot erteilen), ist es zweckmäßig, gegebenenfalls einen solchen Ausschlusstatbestand in den Schülerakten zu vermerken und der Klassenlehrkraft mitzuteilen.

Hierbei verbietet sich jedoch jede Form von bürokratischer Akribie oder auch von Parteinahme für einen Elternteil (Partei ergreift die Schule immer nur für das Kind): Kommen beispielsweise geschiedene Ehegatten gemeinsam in die Elternsprechstunde oder nehmen beide an einer Klassenpflegschaftssitzung teil, so sollte ihnen dies ohne weiteres gestattet werden, da vom Regelfall des gemeinsamen Sorgerechtes auszugehen ist. Ebenso sollte verfahren werden, wenn der sorgeberechtigte Elternteil ausdrücklich erklärt, dass er mit der Teilnahme des anderen (nicht sorge- und in der Klassenpflegschaft auch nicht stimmberechtigten) Elternteiles einverstanden ist. Dies gilt analog, wenn sowohl die Mutter des Kindes als auch die Großeltern, bei denen das Kind dauerhaft lebt, teilnehmen wollen.

Dabei sollte die Schule grundsätzlich die mündliche Aussage eines zweifelsfrei sorgeberechtigten Elternteils als ausreichende Legitimation zur Wahrnehmung von Elternrechten betrachten und auf die – oft als diskriminierend empfundene – Vorlage von notariellen Erklärungen oder gerichtlichen Entscheidungen über das Sorgerecht verzichten. Es kann aber hilfreich sein, dass der sorgeberechtigte Elternteil, der eine dritte Person (beispielsweise den nicht sorgeberechtigten Partner oder die Oma) mit seiner Vertretung in Angelegenheiten des täglichen Lebens beauftragen will, diese durch eine – formlose – schriftliche Vollmacht legitimiert. Bei Zweifeln der Schule oder sofern einer der Beteiligten die Legitimation des anderen in Zweifel stellt, muss gegebenenfalls auf der Vorlage der einschlägigen Urkunden bestanden werden. Will z.B. eine Mutter verhindern, dass der nicht sorgeberechtigte Vater Informationen über das Kind erhält oder gar in schulische Angelegenheiten eingreift, kann die Schule auf Vorlage der einschlägigen Dokumente (z.B. Scheidungsurteil) bestehen; notfalls kann die Schule das Familiengericht auf dem Wege der ⇨ Amtshilfe um Auskunft bitten.

3.
Datenerhebung und Meldepflichten

Zur Sicherstellung der Schulpflicht übermitteln die Meldebehörden den zuständigen Schulen automatisch u.a. die Vor- und Familiennamen sowie die Anschrift der gesetzliche Vertreter der schulpflichtig werdenden Kinder sowie von Kindern und Jugendlichen, die nach der Einschulung sowie aus dem Ausland zugezogen sind.

⇨ Schulpflicht (Durchsetzung) / (Meldeverordnung)

Bei der Anmeldung der Kinder und Jugendlichen an der Schule erhebt diese nach Maßgabe der VwV ⇨ Datenschutz (Schulen) weitere persönliche Daten der Schülerinnen und Schüler sowie ihrer Eltern. Das Erheben, Speichern und Nutzen dieser personenbezogenen Daten ist zulässig, wenn dies zur Erfüllung des Erziehungs-, Bildungs- und Fürsorgeauftrags der Schule erforderlich ist und für Zwecke erfolgt, für welche die Daten erhoben worden sind.

Zur Einvernahme von Kindern und Jugendlichen durch die Polizei siehe ⇨ Polizei und Schule; zur Meldung von Kindern und Jugendlichen ohne legalen Aufenthaltsstatus siehe ⇨ Schulpflicht (Ausländische Schüler*innen).

B.
Eltern-, Schul- und Verwaltungsrecht

Das Recht (und die Pflicht) der Erziehungsberechtigten, an der Erziehung der Kinder und Jugendlichen im öffentlichen Schulwesen mitzuwirken, findet seine Grundlage im Grundgesetz sowie in der Landesverfassung (LV). ⇨ Grundgesetz; ⇨ Verfassung

Das Grundgesetz bestimmt: *„Das gesamte Schulwesen steht unter der Aufsicht des Staates"* (Art. 7 Abs. 1). Dabei liegt die Betonung auf *„des Staates"*. Damit wird ausgeschlossen, dass – anders als früher – kirchliche Behörden, Parteien oder andere Instanzen über das Schulwesen bestimmen. Unter „Aufsicht" ist nicht nur die Schulaufsicht im engeren Sinne (Dienst- und Fachaufsicht über Lehrkräfte und Schulen) gemeint, sondern dies schließt die Gestaltungskompetenz des Parlaments und – unter dessen Aufsicht – der Schulverwaltung ein.

Eingriffe in die Grundrechte der Bürgerinnen und Bürger bedürfen einer gesetzlichen Grundlage. Auch sonst hat das Parlament alle wesentlichen Entscheidungen selbst zu treffen. Daher darf auch die Ausgestaltung des Schulverhältnisses nicht den zuständigen Behörden überlassen bleiben (Wesentlichkeitsprinzip und Parlamentsvorbehalt). Dies gilt auch für staatliche Eingriffe in die Rechte Minderjähriger (z.B. durch die Schulpflicht). Die Schulen sind also keine „Anstalten" mehr, in denen die Direktion alles bestimmt, was zu geschehen hat.

Sein Gestaltungsrecht nimmt das Parlament wahr, indem es allgemeine Grundsätze für das Schulwesen aufstellt, z.B. in Artikel 11 der Landesverfassung, wo es in Absatz 1 heißt: *„Jeder junge Mensch hat ohne Rücksicht auf Herkunft oder wirtschaftliche Lage das Recht auf eine seiner Begabung entsprechende Erziehung und Ausbildung. Das öffentliche Schulwesen ist nach diesem Grundsatz zu gestalten"*, oder in Artikel 17 der Landesverfassung, dessen Abs. 1 bestimmt: *„In allen Schulen waltet der Geist der Duldsamkeit und der sozialen Ethik"*.

An diesen Prinzipien hat sich jede Schule / jede Lehrkraft zu orientieren. Sie sind auch bestimmender Maßstab für die Regelungen, die das Parlament (der Landtag) im Einzelnen für das öffentliche Schulwesen im Schulgesetz des Landes erlässt.

Der Staat verpflichtet die Kinder und Jugendlichen zum Besuch der Schule (allgemeine Schulpflicht) und schränkt damit das Recht der Eltern auf die Erziehung ihrer Kinder ein. Dieses *„natürliche Erziehungsrecht"* der Eltern und der Bildungs- und Erziehungsanspruch der öffentlichen Schule stehen deshalb in einem unauflösbarenSpannungsverhältnis. Zwar lassen sich Bildung und Erziehung nicht völlig trennscharf voneinander abgrenzen. Dennoch ist davon auszugehen, dass der Staat weitgehend frei darüber entscheiden kann, welche Kenntnisse, Fähigkeiten und Fertigkeiten er in der Schule vermitteln will. Insbesondere haben die Eltern keinen Anspruch darauf, dass ihren Kindern in der Schule bestimmte Informationen (etwa über die Evolutionstheorie oder die menschliche Sexualität einschliesslich der Methoden zur Verhütung von Schwangerschaften und zum Schutz vor Geschlechtskrankheiten) vorenthalten werden.

Bei der Auswahl der Unterrichtsinhalte muss sich der Staat zum einen von den in der Landesverfassung festgeschriebenen Erziehungszielen leiten lassen: *„Die Jugend ist in der Ehrfurcht vor Gott, im Geiste der christlichen Nächstenliebe, zur Brüderlichkeit aller Menschen und zur Friedensliebe, in der Liebe zu Volk und Heimat, zu sittlicher und politischer Verantwortlichkeit, zu beruflicher und sozialer Bewährung und zu freiheitlicher demokratischer Gesinnung zu erziehen"* (LV Art. 12). Zum anderen muss er insofern auf das Erziehungsrecht der Eltern Rücksicht nehmen, als deren ethische und religiöse Überzeugungen nicht grundsätzlich infrage gestellt oder gar lächerlich gemacht werden dürfen, sofern die Ziele der Erziehung durch die Eltern nur mit den Vorgaben der Verfassung vereinbar sind; andernfalls besteht aufgrund des staatlichen Wächteramtes (Art. 6 Abs. 2 GG) Anlass zum Einschreiten.

C.
Individuelle Informationsrechte

Nur gut informierte Eltern sind auch gute Partner der Schule sowie der Lehrkräfte. Deshalb hat der Gesetzgeber in einer Reihe von Bestimmungen verfügt, dass und wie Eltern bzw. Elternvertretungen von den Lehrkräften, den Schulen und den Schulaufsichtsbehörden zu informieren sind. 2015 hat der Gesetzgeber § 55 des Schulgesetzes um den Satz ergänzt: *„Die Schule fördert und unterstützt die Eltern bei der Wahrnehmung ihrer schulischen Elternrechte; dies gilt in besonderer Weise auch für Eltern mit Migrationshintergrund"*. Die ist eine bindende und ständig wahrzunehmende Verpflichtung für alle Lehrkräfte und Schulleitungen. Im Einzelnen bedeutet dies:

1.
Eltern-Lehrergespräch / Sprechstunden

Das Gespräch mit den Eltern sowie die Abhaltung von Sprechstunden gehören zu den Dienstpflichten aller Lehrkräfte. Sie müssen den Eltern je nach Anlass jeweils in angemessener Frist und in angemessenem Umfang hierfür zur Verfügung stehen. So bestimmt dies die ⇨ Elternbeiratsverordnung § 3.

An vielen Schulen wird jährlich eine Liste mit den Sprechstunden-Terminen der Lehrkräfte bekanntgegeben (z.B. durch Rundschreiben an die Eltern). Es sind auch Terminvereinbarungen außerhalb dieser Sprechstunden möglich beziehungsweise – insbesondere bei berufstätigen Eltern, die sonst für ein solches Gespräch Urlaub nehmen müssen – geboten.

Die Anmeldung zum Gespräch erfolgt über die Schülerinnen und Schüler, durch telefonische Absprache mit der Lehrkraft bzw. über das Sekretariat der Schule, im Problemfall ggf. auch über die Schulleitung.

Die Schulen können auch *„Elternsprechtage"* durchführen, an denen die Lehrkräfte in der unterrichtsfreien Zeit während eines bestimmten Zeitraums in der Schule für Gespräche mit den Eltern anwesend sind. Ein Elternsprechtag erleichtert zwar die Kontaktaufnahme (insbesondere auch mit den Fachlehrkräften), er ersetzt aber nicht das regelmäßige „Eltern-Lehrergespräch“ und vor allem nicht das individuelle Gespräch aus besonderem Anlass.

Bei der Information der Erziehungsberechtigten handelt es sich um eine Pflicht *„beider Erziehungsträger“*: Nicht nur die Schule bzw. die Lehrkräfte sind verpflichtet, die Eltern allgemein und im konkreten Anlass – z.B. Gefahr der Nichtversetzung oder gravierende Erziehungs- und Ordnungsmaßnahmen – zu unterrichten, sondern auch die Eltern sind gehalten, sich durch regelmäßigen Kontakt mit der Schule über Leistung und Verhalten ihrer Kinder auf dem Laufenden zu halten.

Mit Eintritt der Volljährigkeit enden die Informationsrechte der Eltern weitgehend, denn volljährige Schülerinnen und Schüler können alle sich aus dem Schulverhältnis ergebenden Rechte selbst ausüben und müssen alle sich daraus ergebenden Pflichten selbst übernehmen. So entfällt z.B. die bei bestimmten Erziehungs- und Ordnungsmaßnahmen vorgesehene Beteiligung der Erziehungsberechtigten. Die Schule darf den Eltern jedoch auch personenbezogene Auskünfte erteilen oder Mitteilungen machen,

- wenn kein gegenteiliger Wille der volljährigen Schülerinnen und Schüler erkennbar ist oder
- wenn eine Gefahr für wesentlich überwiegende Rechtsgüter wie Leben, Leib, Freiheit oder Eigentum zu befürchten ist und die Auskunft oder Mitteilung angemessen ist, die Gefahr abzuwenden oder zu verringern.

Dies gilt auch, wenn der Ausschluss aus der Schule angedroht wird oder ein Schüler die Schule gegen seinen Willen verlassen muss.

Das kollektive Mitwirkungsrecht der Eltern, z.B. das aktive und passive Wahlrecht zu den Elternvertretungen, bleibt erhalten, wenn ihre Kinder volljährig sind.

➪ Schulgesetz § 55 Abs. 3; ➪ Volljährigkeit

2.
Klassenpflegschaft (Elternabend)

Die zweite individuelle Informationsquelle für die Erziehungsberechtigten sind die Sitzungen der Klassen-, Kurs- bzw. Jahrgangsstufenpflegschaft (der sogenannte *„Elternabend“*). Mehr hierzu steht im Beitrag ➪ Elternabend und Klassenpflegschaft.

➪ Elternbeiratsverordnung § 5 ff.; ➪ Schulgesetz § 56

3.
Informationen durch die Schulleitung

Eltern können sich darüber hinaus mit allen Anliegen auch an die Schulleitung wenden. Es empfiehlt sich aber, zunächst (insbesondere beim Vorliegen von Missständen und bei Beschwerden auf der Ebene der einzelnen Klasse) das Gespräch mit der Klassenlehrkraft oder den Fachlehrkräften zu suchen. Vor allem dann, wenn dies nicht zum erwünschen Ergebnis führt, steht die Schulleitung als vorgesetzte Instanz der Lehrkräfte zu Informationen bzw. zur Klärung strittiger Fragen zur Verfügung.

➪ Verwaltungsrecht (Allgemeines)

Die Erziehungsberechtigten sowie die Schülerinnen und Schüler können bei der Schule (Rektorat/Sekretariat) das Amtsblatt sowie die Loseblatt-Ausgabe des Amtsblattes ➪ Kultus und Unterricht einsehen.

D.
Kollektive Rechte der Eltern

Die Landesverfassung bestimmt: *„Die Erziehungsberechtigten wirken durch gewählte Vertreter an der Gestaltung des Lebens und der Arbeit der Schule mit. Näheres regelt ein Gesetz.“* ➪ Verfassung Artikel 17 Abs. 4

Das Schulgesetz führt dazu weiter aus (§ 55):

„(1) Die Eltern haben das Recht und die Pflicht, an der schulischen Erziehung mitzuwirken. Die gemeinsame Verantwortung der Eltern und der Schule für die Erziehung und Bildung der Jugend fordert die vertrauensvolle Zusammenarbeit beider Erziehungsträger. Schule und Elternhaus unterstützen sich bei der Erziehung und Bildung der Jugend und pflegen ihre Erziehungsgemeinschaft.

(2) Das Recht und die Aufgabe, die Erziehungsarbeit der Schule zu fördern und mitzugestalten, nehmen die Eltern

1. *in der Klassenpflegschaft,*
2. *in den Elternvertretungen und*
3. *in der Schulkonferenz*

wahr.

(3) Unbeschadet der Rechte volljähriger Schüler können deren Eltern die Aufgaben nach Absatz 2 wahrnehmen.

(4) Angelegenheiten einzelner Schüler können die Elternvertretungen nur mit der Zustimmung von deren Eltern behandeln. […]

(5) Die Elternvertreter üben ein Ehrenamt aus.“

➪ Schulgesetz §§ 47 und 55; ➪ Schulkonferenzordnung; ➪ Volljährigkeit

Die Formulierung „Ehrenamt“ bedeutet:

1. Die Elternvertreter*innen erhalten keine Bezahlung, aber Kostenersatz. Das KM hierzu: *„Die notwendigen Kosten des Elternbeirats (vor allem für Porto und Briefpapier) gehören zu den sächlichen Schulkosten, für die der Schulträger aufkommt“*. Der Schulträger wird hierbei durch die Schulleitung vertreten. Es empfiehlt sich, hierfür im Schuletat einen eigenen Titel auszubringen, über den der Elternbeirat selbstständig verfügt.
   ➪ Elternvertretung (Kassenführung)
2. Die Elternvertreter*innen sind bei ihrer Tätigkeit (auch beim Hin- und Rückweg) gesetzlich versichert.
3. Die Elternvertreter*innen werden gewählt, damit sie vornehmlich die Interessen der <u>anderen</u> Eltern bzw. deren Kinder wahrnehmen.

„Elternvertretungen“ im Sinne von § 55 SchG sind:

- Die bzw. der von den Eltern einer Klasse oder Jahrgangsstufe gewählte Klassenelternvertreter*in und dessen bzw. deren Stellvertreter*in
  ➪ Schulgesetz § 56; ➪ Elternbeiratsverordnung § 11 ff.
- der Elternbeirat der Schule
  ➪ Elternbeiratsverordnung § 24 ff.; ➪ Schulgesetz § 57
- der Gesamtelternbeirat und Eltern-Arbeitskreise
  ➪ Schulgesetz § 58; ➪ Elternbeiratsverordnung § 30 ff.

– der Landeselternbeirat ➪ Schulgesetz § 60 ff.; ➪ Elternbeiratsverordnung § 36 ff.

Die Eltern sind durch gewählte Vertreter*innen im Landesschulbeirat vertreten. ➪ Schulgesetz § 71

Die Gesamtelternbeiräte haben sich vielfach (regional bzw. schulartspezifisch) zu Arbeitskreisen zusammengeschlossen. Gesamtelternbeiräte und überörtliche Arbeitskreise der Elternvertretungen besitzen einen Informationsanspruch gegenüber der Schulverwaltung. ➪ Elternbeiratsverordnung § 34

Ferner ist die Schulleitung verpflichtet, den Elternbeirat von sich aus über *„alle Angelegenheiten, die für die Schule von allgemeiner Bedeutung sind"* zu informieren, und soll den Elternbeirat anhören, bevor sie *„Maßnahmen trifft, die für das Schulleben von allgemeiner Bedeutung sind"*. ➪ Schulgesetz § 57 Abs. 2

§ 4 der Elternbeiratsverordnung bestimmt: *„Die Elternvertreter sind bei der Ausübung ihrer Rechte im schulischen Bereich frei von Weisungen durch Schule, Schulaufsichtsbehörde und sonstige Behörden. Andererseits sind auch sie nicht berechtigt, diesen Weisungen zu erteilen oder Untersuchungen gegen sie wegen ihres dienstlichen Verhaltens zu führen; unberührt hiervon bleibt das Informations- und Beschwerderecht der Eltern."*

➪ Elternbeiratsverordnung § 4; ➪ Verwaltungsrecht

Eltern und Elternvertretungen können nur durch ihre kollektiven Beteiligungsrechte (dazu zählen auch ihre Rechte in der Schulkonferenz), durch Gespräche und Verhandlungen sowie durch die Wahrnehmung ihres Informations- und Beschwerderechts Einfluss auf die Schule nehmen. Führt dies nicht zu einem befriedigenden Ergebnis oder bleibt ein Konflikt ungelöst, so entscheidet – unbeschadet des Klagerechts bei den Verwaltungsgerichten – abschließend die Schulaufsichtsbehörde. ➪ Schulgesetz § 32 ff.

Umgekehrt besitzen Schulen und Schulaufsichtsbehörden keine Aufsichts- oder Kontrollbefugnisse über die Elternvertretungen. Dies schließt deren Kontakte nach außen ein: Briefe von Dritten an den Elternbeirat oder einzelne Elternvertreter*innen müssen von der Schule ungeöffnet weitergeleitet werden.

Nach § 57 Schulgesetz obliegt dem Elternbeirat u.a., *„an der Verbesserung der inneren und äußeren Schulverhältnisse mitzuarbeiten und das Verständnis der Öffentlichkeit für die Erziehungs- und Bildungsarbeit der Schule zu stärken"*. Er besitzt deshalb das Recht, sich im Interesse der Schule (jedoch nicht namens der Schule als Institution!) auch über die Presse an die Öffentlichkeit zu wenden. ➪ Presserecht

E.
Rechte der Elterngruppen

Teilnahme an der Gesamtlehrerkonferenz

Die Elternvertreter*innen in der Schulkonferenz können als „Elterngruppe" zu folgenden Themen Anträge an die Gesamtlehrerkonferenz richten:

1. Erlass der Schul- und ➪ Hausordnung,
2. Beschlüsse zu allgemeinen Fragen der Klassenarbeiten und Hausaufgaben,
3. Beschlüsse zur einheitlichen Durchführung der Rechts- und Verwaltungsvorschriften an der Schule,
4. Grundsätze über die Durchführung von besonderen Schulveranstaltungen, die die gesamte Schule berühren,
5. Grundsätze über die Durchführung von außerunterrichtlichen Veranstaltungen.

➪ KonferenzVO § 11 Abs. 4; ➪ Schulgesetz § 47 Abs. 5

Die Schulleitung muss dann in angemessener Frist eine GLK einberufen und die Elternmitglieder der Schulkonferenz hierzu einladen; diese besitzen beratendes Stimmrecht. Ihr Teilnahmerecht beschränkt sich auf den betreffenden Tagesordnungspunkt der GLK. An den übrigen Punkten können sie im Einzelfall auf Beschluss der Konferenz teilnehmen. ➪ Konferenzordnung § 11 Abs. 5

Ferner ist der/die Schulleiter*in auf Antrag der „Elterngruppe" verpflichtet, eine Sitzung der Schulkonferenz einzuberufen. ➪ Schulgesetz § 47 Abs. 12

Teilnahme an der Klassenkonferenz

Die Eltern einer Klasse können als „Elterngruppe" zusammentreten und zu folgenden Angelegenheiten Anträge an die Klassenkonferenz richten:

1. Entwicklungsstand der Klasse (z.B. Leistung, Verhalten, besondere Probleme),
2. Stundentafel und differenziert angebotene Unterrichtsveranstaltungen (z.B. Fächerwahl, Kurse, Arbeitsgemeinschaften),
3. Kriterien und Verfahren zur Leistungsbeurteilung,
4. Grundsätze für Klassenarbeiten und Hausaufgaben sowie Versetzungsordnung und bei Abschlussklassen für die Prüfungsordnung,
5. in der Klasse verwendete Lernmittel einschließlich Arbeitsmittel,
6. Schullandheimaufenthalte, Schulausflüge, Wandertage, Betriebsbesichtigungen u.Ä. im Rahmen der beschlossenen Grundsätze der GLK sowie sonstige Veranstaltungen für die Klasse,
7. Förderung der Schülermitverantwortung der Klasse, Durchführung der Schülerbeförderung;
8. grundsätzliche Beschlüsse der Gesamtlehrerkonferenz, der Schulkonferenz, des Elternbeirats und des Schülerrats. ➪ Schulgesetz § 56 Abs. 6

Bei der Behandlung des Antrags der Elterngruppe in der Klassenkonferenz wirken die beiden Klassenelternvertreter mit (beratendes Stimmrecht).

➪ Konferenzordnung § 11 Abs. 3 und 5

Mehr zu den Rechten der „Elterngruppe" steht im Beitrag ➪ Elternabend und Klassenpflegschaft.

➪ Elternabend und Klassenpflegschaft; ➪ Elternbeiratsverordnung; ➪ Grundgesetz; ➪ Kinderrechte; ➪ Kultus und Unterricht; ➪ Notenbildungsverordnung; ➪ Presserecht; ➪ Religionsunterricht (Teilnahme); ➪ Schulgesetz; ➪ Schulkonferenzordnung; ➪ Verfassung; ➪ Verwaltungsrecht; ➪ Volljährigkeit

Elternabend und Klassenpflegschaft

Informationen der Redaktion zur Rechtslage und zur Verwaltungspraxis in Baden-Württemberg

1. Elterngruppe und Klassenpflegschaft

Auf der Ebene der Schulklasse (bzw. der Jahrgangsstufe oder des Kurses) besitzen die Eltern (Erziehungsberechtigten) das gesetzliche Recht, sich als „Elterngruppe" zu versammeln.

⇨ Elternbeiratsverordnung § 8 Abs. 5

Diese „Elterngruppe" ist kein beliebiges, informelles Treffen von Eltern, sondern eine schulische Institution, der bestimmte, allerdings relativ beschränkte Beteiligungsrechte zustehen.

⇨ Eltern (Allgemeines), Teil E; ⇨ Konferenzordnung § 11 Abs. 3

Eine der wichtigsten Aufgaben der Elterngruppe ist die Wahl der beiden Elternvertreter*innen. Damit wird zugleich über die Zusammensetzung des Elternbeirats der Schule entschieden.

Zumeist vollzieht sich die Elternbeteiligung auf Ebene der Schulklasse jedoch nicht in einer reinen „Elterngruppe" (also ohne Lehrkräfte), sondern anlässlich einer Sitzung der „Klassenpflegschaft".

⇨ Elternbeiratsverordnung §§ 10 ff.

Die Klassenpflegschaft ist ein „gemischtes" Gremium; sie besteht nicht nur aus den Erziehungsberechtigten, sondern ihr gehören auch alle in der Klasse unterrichtenden Lehrkräfte mit vollem Stimmrecht an. Die Klassenpflegschaftssitzungen werden häufig als „Elternabende" bezeichnet.

An bestimmten Schularten bzw. Schulstufen tritt an ihre Stelle die Kurs- oder Jahrgangsstufenpflegschaft (im Folgenden wird zusammenfassend von „Klasse" bzw. „Klassenpflegschaft" gesprochen).

⇨ Elternbeiratsverordnung §§ 10 ff.

2. Klassenelternvertreter*innen

Die Eltern (Erziehungsberechtigten) einer Klasse – die Angehörigen der „Elterngruppe" – wählen aus ihrer Mitte zwei Personen als Elternvertreter:

- einen bzw. eine Klassenelternvertreter*in und
- einen bzw. eine Stellvertreter*in.

Die Amtszeit dieser beiden Elternverteter*innen beträgt ein Jahr, sie kann durch eine Wahlordnung des Elternbeirats auf mehrere Jahre ausgedehnt werden.

⇨ Elternbeiratsverordnung § 15 i.V.m. § 20

Diese beiden Elternvertreter bzw. -vertreterinnen haben u.a. folgende Rechte und Aufgaben:

1. Sie sind mit gleichen Rechten Mitglieder des Elternbeirats der Schule (deshalb können auch stellvertretende Elternvertreter*innen zu Vorsitzenden des Elternbeirats gewählt werden).
2. Sie vertreten die „Elterngruppe" ihrer Klasse in der Klassenkonferenz. ⇨ Eltern (Allgemeines) Teil E
3. Im gegenseitigen Einvernehmen können sie gegenüber den Lehrkräften bzw. der Schulleitung die Interessen von anderen Eltern wahrnehmen (z.B. als Vermittler*in in Konfliktfällen oder zur Einholung von Informationen).

Hieraus ergibt sich zwangsläufig die Notwendigkeit, dass beide Elternvertreter*innen zusammenarbeiten, einander informieren und unterstützen.

Bestimmte Eltern können nicht zu Klassenelternvertreter*innen gewählt werden, z.B. Mitglieder der Leitung und des Lehrerkollegiums der Schule, Schulaufsichtsbeamt*innen sowie z.B. der Schulbürgermeister*innen einer Stadt.

Die Klassenpflegschaft

Sie muss mindestens einmal im Schulhalbjahr zusammentreten. Den Vorsitz hat der bzw. die Klassenelternvertreter*in, den stellvertretenden Vorsitz hat die Klassenlehrkraft.

Die Klassenpflegschaft besteht aus zwei Personengruppen:

„Elterngruppe"

Die Eltern (Erziehungsberechtigten) aller Schülerinnen und Schüler der Klasse haben je eine Stimme. Sie wählen:

- eine Klassenelternvertreterin bzw. einen Klassenelternvertreter sowie
- einen bzw. eine stellvertretende Klassenelternvertreter*in.

Beide sind Mitglieder im Elternbeirat.

+

„Lehrergruppe"

Der Klassenlehrer bzw. die Klassenlehrerin sowie alle anderen in der Klasse unterrichtenden Lehrkräfte haben in der Klassenpflegschaft je eine Stimme.

Die Klassenlehrkraft ist zur Teilnahme an der Sitzung verpflichtet, die übrigen Lehrkräfte, soweit ihre Teilnahme nach der Tagesordnung erforderlich ist.

Der bzw. die Elternbeiratsvorsitzende sowie der Schulleiter bzw. die Schulleiterin dürfen an allen Sitzungen der Klassenpflegschaft teilnehmen; sie müssen deshalb zu jeder Sitzung eingeladen werden. ⇨ Elternbeiratsverordnung § 6 Abs. 2

Es kann auch niemand an derselben Schule als Klassenelternvertreter*in oder Stellvertreter*in mehrerer Klassen gewählt werden.

➪ Elternbeiratsverordnung § 14

Es ist üblich, dass die Wahl der beiden Klassenelternvertreter*innen im Rahmen der ersten Klassenpflegschaftssitzung des Schuljahres vorgenommen und entsprechend auf der Tagesordnung angekündigt wird. Formal handelt es sich bei diesem Wahlakt jedoch um eine Sitzung der „Elterngruppe" der Klassenpflegschaft. Die Lehrkräfte sind an der Wahl nicht beteiligt. Um jeden Anschein einer Einflussnahme zu vermeiden, sollten die Lehrkräfte spätestens nach der Bestellung des Wahlvorstandes den Raum verlassen; ihre Anwesenheit ist nur dann zulässig, wenn die Eltern dies ausdrücklich wünschen und keiner der Anwesenden widerspricht. Auf jeden Fall müssen sich Lehrkräfte jeder Einwirkung auf die Wahlen enthalten. Insbesondere ist es unzulässig, selbst „geeignete" Kandidat*innen zu benennen.

Dabei sind die üblichen Regularien für demokratische Wahlen zu beachten: Zur Wahlleitung sollte eine Person bestimmt werden, die nicht selbst kandidiert; offene Wahl ist nur möglich, wenn niemand geheime Wahl wünscht. Es ist grundsätzlich zu empfehlen, von vornherein die geheime Wahl vorzusehen sowie den/die Klassenelternvertreter*in und Stellvertreter*in in getrennten Wahlgängen zu wählen und die Sitzung entsprechend vorzubereiten (Stimmzettel). Der Elternbeirat kann eine Wahlordnung erlassen; darin kann dies für die ganze Schule geregelt werden.

➪ Elternbeiratsverordnung § 15 Abs. 2 i.V.m. § 20

3. Teilnahme- und Stimmrecht in der Klassenpflegschaft

Es sind mindestens zwei Sitzungen der Klassenpflegschaft im Schuljahr vorgeschrieben. Die erste Sitzung hat innerhalb von sechs Wochen nach Beginn des Unterrichts stattzufinden.

➪ Schulgesetz § 56; ➪ Elternbeiratsverordnung § 14 Abs. 1

Auch Schülervertreter*innen können an den Klassenpflegschaftssitzungen teilnehmen: Der/die Vorsitzende der Klassenpflegschaft lädt den/die Klassensprecher*in und deren Stellvertreter*in „zu geeigneten Tagesordnungspunkten" ein; erweist sich ein Tagesordnungspunkt als nicht geeignet, setzt die Klassenpflegschaft die Behandlung ohne Schülervertreter*in fort. ➪ Schulgesetz § 56 Abs. 3

Ferner sind der/die Schulleiter*in und der/die Elternbeiratsvorsitzende berechtigt, an der Klassenpflegschaftssitzung (ohne Stimme!) teilzunehmen; sie müssen deshalb stets eine Einladung erhalten.

➪ Elternbeiratsverordnung § 5 ff.; ➪ Schulgesetz § 56

Von den Lehrkräften nimmt häufig nur die Klassenlehrkraft an der Sitzung teil, denn nur sie ist stets hierzu verpflichtet. Zwar können alle anderen an der Klasse unterrichtenden Lehrkräfte teilnehmen, da sie stimmberechtigte Mitglieder der Klassenpflegschaft sind, sie müssen dies aber nur tun, *„soweit ihre Teilnahme entsprechend der Tagesordnung erforderlich ist"*. ➪ Elternbeiratsverordnung § 8 Abs. 4

Stimmberechtigt ist jedes anwesende Mitglied der Klassenpflegschaft mit einer Stimme (also auch die an der Klasse unterrichtenden Lehrkräfte); Mutter und Vater haben je eine Stimme. Ebenfalls nur eine Stimme haben Erziehungsberechtigte auch dann, wenn ihnen die Sorge für mehrere Schüler der Klasse zusteht (z.B. bei Zwillingen). Alleinerziehende besitzen also nur eine Stimme, Vater und Mutter zusammen haben deren zwei. Dies ist im Hinblick darauf, dass in der Klassenpflegschaft z.B. auch über finanzielle Angelegenheiten beraten und gegebenenfalls auch beschlossen wird (z.B. Kosten eines Schullandheimaufenthalts, Umlagen für Kopien oder Ausgestaltung eines Klassenfestes usw.) nicht unproblematisch. Die Übertragung des Stimmrechts und die Beschlussfassung im Wege der schriftlichen Umfrage sind nicht zulässig. ➪ Elternbeiratsverordnung §§ 6 und 7

Zum Teilnahme- und Stimmrecht von Nicht-Eltern sowie von anderen Personen, die als Erziehungsberechtigte wirken, siehe: ➪ Eltern (Allgemeines), Teil A

4. Stellvertretung des Klassenelternvertreters / der Klassenelternvertreterin

Der/die von den Eltern gewählte Klassenelternvertreter*in hat zwei unterschiedliche Stellvertreter*innen, was zu Verwechslungen Anlass geben kann:

- Erstens wählen die Erziehungsberechtigten immer auch einen bzw. eine „stellvertretenden Klassenelternvertreter*in" (siehe oben Nr. 2).

  ➪ ElternbeiratsVO § 14; ➪ Schulgesetz § 57 Abs. 3
- Zweitens bestimmt das Schulgesetz (§ 56 Abs. 4): *„Vorsitzender der Klassenpflegschaft ist der Klassenelternvertreter, Stellvertreter der Klassenlehrer"*. Die Klassenlehrkraft muss also nicht gewählt werden, sondern übt die Stellvertreterfunktion automatisch („qua Amt") aus.

Diese Aufteilung der Stellvertretung liegt an der unterschiedlichen Aufgabenstellung:

- In der Sitzung der Klassenpflegschaft, werden jene Angelegenheiten erörtert, die beide Gruppen, Eltern und Lehrkräfte, gemeinsam angehen.
- In einer Reihe von Angelegenheiten entscheidet die „Elterngruppe" jedoch allein. Neben der Wahl der Klassenelternvertreter*innen gehören hierzu z.B. die Einrichtung und Führung einer Elternkasse, die Vertretung der Eltern nach außen oder die Beschlussfassung über Anträge an die Klassenkonferenz. ➪ Eltern (Allgemeines) Teil E

Die Stellvertretung durch die Klassenlehrkraft bei der Leitung der Klassenpflegschaft beschränkt sich in der Praxis auf sehr wenige Fälle (beispielsweise wenn der/die Klassenelternvertreter*in den Raum während einer Sitzung verlassen muss). Zumeist wird der bzw. die Klassenelternvertreter*in durch den/die gewählten Stellvertreter*in ersetzt:

1.

Gemäß § 15 EBVO versehen Klassenelternvertreter*innen, deren Amtszeit abgelaufen ist, ihr Amt geschäftsführend bis zur Neuwahl weiter.

Innerhalb des Zeitraums, in dem spätestens die Neuwahl hätte erfolgt sein müssen (Ablauf der achten Woche nach dem Unterrichtsbeginn), gilt dies auch dann, wenn sie nicht mehr wählbar sind; nach diesem Zeitraum wird das Amt geschäftsführend durch den/die stellvertretenden Klassenelternvertreter*in versehen, soweit und solange bei diesem die Wählbarkeit für das Amt besteht.

2.

Gemäß § 16 EBVO können Klassenelternvertreter*innen ihr Amt vor Ablauf der Amtszeit durch eine Erklärung gegenüber den Wahlberechtigten oder der stellvertretenden Klassenelternvertreterin niederlegen. Für den Rest der laufenden Amtszeit wählen die Eltern eine/n Nachfolger*in; das Amt des/der bisherigen Klassenelternvertreter*in erlischt in diesem Fall nicht sofort, sondern erst mit der Annahme der Wahl durch den/die Nachfolger*in. Für diese Wahl als solche gilt die bisherige Klassenelternvertreterin jedoch als „verhindert" (§ 16 Abs. 2 Satz 3 EBVO); die Leitung des Wahlakts obliegt deshalb dem/der stellvertretenden Klassenelternvertreter*in; die Wahlhandlung kann aber auch von einem „Wahlvorstand" geleitet werden, den die die anwesenden Eltern aus ihrer Mitte bestellen (das sollte insbesondere geschehen, wenn die stellvertretende Klassenelternvertreterin für dieses Amt kandidiert).

3.

Wenn der/die Klassenelternvertreter*in nicht mehr zur Verfügung steht bzw. stehen will – beispielsweise weil sie nach Ablauf der ersten acht Wochen nach dem Unterrichtsbeginn nicht mehr geschäftsführend tätig sein darf (§ 14 EBVO) – ist für die Leitung der Klassenpflegschaftssitzung und die Nachwahl der/die stellvertretende Klassenelternvertreter*in zuständig, gegebenenfalls auch „geschäftsführend" über den Ablauf ihrer Wählbarkeit hinaus. Sobald sie das passive Wahlrecht verloren hat bzw. nach Ablauf der achten Woche nach dem Unterrichtsbeginn nicht mehr „geschäftsführend" tätig sein kann oder wenn es (z.B. bei neu gebildeten Klassen) noch gar keine Klassenelternvertreter*in gibt, obliegt diese Aufgabe dem/der Vorsitzenden des Elternbeirats, die ihrerseits Elternvertreter*innen anderer Klasse damit beauftragen darf. Nur wenn nicht einmal der/die Elternbeiratsvorsitzende einspringt, geht dieses originäre Elternrecht auf Lehrkräfte über: Dann lädt die Klassenlehrkraft (oder eine andere, von der Schulleitung bestimmte Lehrkraft) zur Klassenpflegschaftssitzung sowie zur Wahl von Klassenelternvertreter*innen ein; sie hat diese Sitzung bis zur Neuwahl zu leiten.

⇨ Elternbeiratsverordnung § 14 ff.

5.
Vorbereitung der Sitzung

In der Elternbeiratsverordnung (§ 5 ff.) sind die Regularien für die Sitzungen der Klassenpflegschaft niedergelegt. Zu einer Sitzung ist einzuladen, wenn es der Förderung der Erziehungsarbeit in der Klasse dienlich scheint, mindestens jedoch einmal im Schulhalbjahr. Ferner ist eine Sitzung binnen zweier Wochen einzuberufen, wenn ein Viertel der Eltern, die Klassenlehrkraft, der Schulleiter bzw. die Schulleiterin oder der/die Elternbeiratsvorsitzende dies beantragen (§ 56 Abs. 5 Satz 2 SchG). Die Sitzungen der Klassenpflegschaft sind nicht öffentlich, es besteht aber für die Eltern – im Gegensatz zu den Lehrkräften! – keine Pflicht zur Verschwiegenheit über den Sitzungsinhalt/-verlauf.

⇨ Verschwiegenheitspflicht

Der/Die Klassenelternvertreter*in lädt zu den Sitzungen der Klassenpflegschaft ein, bereitet sie vor, leitet sie und bestimmt im Benehmen mit der Klassenlehrkraft Zeitpunkt, Tagungsort und Tagesordnung der Sitzung sowie jene Tagesordnungspunkte, zu denen gemäß § 56 Abs. 3 Satz 2 SchG der/die Klassensprecher*in und sein/ihre Stellvertreter*in einzuladen sind; das Gleiche gilt für die Einladung aller Schüler*innen einer Klasse und weiterer Personen. Für die Einladung zur Sitzung kann sich der/die Vorsitzende der Hilfe der Schule bedienen (z.B. Vervielfältigung, Austeilen der Einladungen an die Schüler*innen zur Weitergabe an die Eltern). Die Klassenlehrkraft ist an der Vorbereitung und Leitung zwar beteiligt, aber mehr als zurückhaltende Mithilfe ist nicht verlangt. Die Letztverantwortung liegt bei dem bzw. der gewählten Elternvertreter*in.

Es ist vielerorts üblich, dass von der Schulleitung im Einvernehmen mit dem Elternbeirat zumindest für den ersten Elternabend nach Schuljahresbeginn ein oder mehrere Tage im Herbst reserviert werden. Dies ist sinnvoll, weil dann an diesen Tagen alle Lehrkräfte verfügbar sind. Außerdem kann man dann zum Anfang alle Klassen oder eine Klassenstufe (z.B. alle neu gebildeten 1. oder 5. Klassen) zu einer gemeinsamen Sitzung zusammenfassen, wo der Vorstand des Elternbeirats und die Schulleitung die „Neuen" begrüßen und über die Schule informieren; anschließend finden dann getrennte Elternabende für die einzelnen Klassen statt. Grundsätzlich obliegt die Terminfestlegung jedoch dem bzw. der Klassenelternvertreter*in.

Die Einladungsfrist soll mindestens eine Woche betragen; da die Zustellung bei der üblichen Verteilung über die Schülerinnen und Schüler immer mehrere Tage dauert, sollte die Verteilung spätestens vierzehn Tage vor dem Sitzungstermin erfolgen.

Bei der Tagesordnung der Sitzung ist die Zweckbestimmung der Klassenpflegschaft zu beachten: *„Die Klassenpflegschaft dient der Pflege enger Verbindungen zwischen Eltern und Schule und hat die Aufgabe, das Zusammenwirken von Eltern und Lehrern in der gemeinsamen Verantwortung für die Erziehung der Jugend zu fördern. Eltern und Lehrer sollen sich in der Klassenpflegschaft gegenseitig beraten sowie Anregungen und Erfahrungen austauschen."* Die möglichen Beratungsthemen werden im ⇨ Schulgesetz § 56 aufgeführt.

In der Regel finden Elternabende in der Schule statt; die Schulleitung muss (nach Absprache) geeignete Räume zur Verfügung stellen. Jeder Elternabend muss bei der Schulleitung (Sekretariat) angemeldet werden, damit die Schule zu gegebener Zeit auch geöffnet und beleuchtet sowie beheizt werden kann.

Sitzungen der Klassenpflegschaft oder der „Elterngruppe" in privaten Räumen, einer Gaststätte, einem

Vereinsheim o.ä können zu Missverständnissen über den Charakter der Veranstaltung führen und werden von manchen Eltern und Lehrkräften auch als unzumutbar empfunden. Wenn die Sitzung trotzdem in solchen Räumen stattfinden soll, ist vorher das Einverständnis aller Eltern und der eingeladenen Lehrkräfte einzuholen. Es muss sich wegen der vorgeschriebenen Nichtöffentlichkeit um einen getrennten Raum ohne Zugang für Dritte handeln.

Die Sitzungen sollten in Räumen mit für Erwachsene geeignetem Mobiliar stattfinden. Die Eltern sollten zwar auch das Klassenzimmer ihrer Kinder kennen (z.B. um sich über die Ausstattung, über dort ausgestellte Schülerarbeiten usw. einen Eindruck zu verschaffen), aber das Sitzen auf Stühlchen für Grundschulkinder ist für Erwachsene recht beschwerlich.

⇨ Eltern (Allgemeines); ⇨ Elternbeiratsverordnung § 5 ff.; ⇨ Grundgesetz; ⇨ Schulgesetz; ⇨ Verfassung

Elternbeiratsverordnung

Verordnung des Kultusministeriums für Elternvertretungen und Pflegschaften an öffentlichen Schulen (Elternbeiratsverordnung) vom 16. Juli 1985 (GBl. S. 234); zuletzt geändert 27.6.2018 (GBl. S. 280/2018)

Erster Teil – Eltern

§ 1

Eltern

(1) Eltern im Sinne dieser Verordnung sind alle Erziehungsberechtigten, denen die Sorge über die Person des Schülers zusteht, oder Personen, denen diese die Erziehung außerhalb der Schule anvertraut haben.

(2) Die Elternrechte bei volljährigen Schülern in Klassenpflegschaft, Elternvertretungen und Schulkonferenz gemäß § 55 Abs. 3 SchG können von Erziehungsberechtigten, denen die Sorge für die Person des Schülers im Zeitpunkt des Eintritts der Volljährigkeit zustand, wahrgenommen werden.

⇨ Eltern (Allgemeines); ⇨ Grundgesetz Art. 6; ⇨ Schulgesetz § 55; ⇨ Verwaltungsrecht; ⇨ Volljährigkeit

Hinweis der Redaktion: In der VwV ⇨ Sprachförderung (Integration) Nr. 7 ist u.a. verfügt: „Maßgeblichen Anteil am Gelingen der schulischen Eingliederung von Kindern und Jugendlichen mit nichtdeutscher Herkunftssprache und geringen Deutschkenntnissen haben die Erziehungsberechtigten. Der intensiven Zusammenarbeit zwischen Bildungseinrichtungen und Erziehungsberechtigten kommt daher eine hohe Bedeutung zu. Die Erziehungsberechtigten werden bereits von den Fachkräften der Tageseinrichtungen für Kinder und den Lehrkräften der Schulen im Rahmen der Kooperation dieser Tageseinrichtungen mit den Grundschulen über mögliche Bildungsgänge beraten (⇨ Kooperation Kindertageseinrichtungen-Grundschulen [...]). In den Schulen übernehmen Lehrkräfte und Schulleitungen die Aufgabe der Information und Beratung der Erziehungsberechtigten [...].“

⇨ Migrationshintergrund

§ 2

Elternrechte

Die Rechte und Pflichten der einzelnen Eltern gegenüber ihren Kindern, gegenüber Schule und Schulverwaltung werden durch diese Verordnung nicht berührt. ⇨ Eltern (Allgemeines); ⇨ Schulgesetz § 85

§ 3

Eltern-Lehrergespräch, Elternsprechtag

(1) Unbeschadet dienstlicher Regelungen stehen die Lehrer den Eltern in Sprechstunden zur gegenseitigen persönlichen Aussprache und Beratung zur Verfügung.

(2) Darüber hinaus können die Schulen Elternsprechtage durchführen, an denen die Lehrer in der unterrichtsfreien Zeit während eines bestimmten Zeitraums in der Schule für Gespräche mit den Eltern anwesend sind. Auf Antrag des Elternbeirats kann die Schule nach Beschluss der Gesamtlehrerkonferenz den Elternsprechtag einmal im Schuljahr auf einen unterrichtsfreien Samstag legen.

⇨ Konferenzordnung § 2 Abs. 1 Nr. 12

Hinweis der Redaktion: Nach Auffassung des KM dürfen Eltern den Unterricht ihrer Kinder nicht besuchen. Dies wäre ein unzulässiger Eingriff in die Persönlichkeitssphäre der anderen Kinder und deren Eltern. Dies schließt nicht aus, dass Lehrkräfte die Eltern gezielt in den Unterricht einladen („Offene Stunden"). Ebenso können Eltern von den Lehrkräften bei unterrichtlichen und außerunterrichtlichen Veranstaltungen mit Hilfsfunktionen betraut werden; z.B. zusätzliche Aufsicht beim Schwimmen, Beteiligung an Eltern-Schüler-Bastelarbeiten in der Grundschule. Die Eltern nehmen dabei – wenn auch unter der grundsätzlichen Verantwortung und im Auftrag der Lehrkraft – eine Aufgabe des Staates mit allen Rechten und Pflichten wahr und stehen, falls ihnen z.B. ein Körper- oder Sachschaden zustößt, unter dem Schutz der Sozialversicherung. ⇨ Aufsichtspflichtspflicht

§ 4

Rechtsstellung der Elternvertreter

Die Elternvertreter sind bei der Ausübung ihrer Rechte im schulischen Bereich frei von Weisungen durch Schule, Schulaufsichtsbehörde und sonstige Behörden. Andererseits sind auch sie nicht berechtigt, diesen Weisungen zu erteilen oder Untersuchungen gegen sie wegen ihres dienstlichen Verhaltens zu führen; unberührt hiervon bleibt das Informations- und Beschwerderecht der Eltern.

⇨ Verwaltungsrecht; ⇨ Kultus und Unterricht Ziff. 3

Hinweis der Redaktion: Die Schulleitung ist verpflichtet, verschlossene persönliche Briefe, die an [...] Eltern-Vertretungen, insbesondere Elternbeiratsvorsitzende [...] gerichtet sind, weiterzuleiten. Dies gilt auch für Briefe von Abgeordneten. Die Pflicht zur Weiterleitung von Post gilt allerdings nicht für Postwurfsendungen, Drucksachen, Flugblätter und Ähnliches. (Quelle: Infodienst Schulleitung des KM, Dezember 2005)

Den Schulleitungen steht allerdings kein Recht auf „Vorzensur" zu: Sobald eine Sendung ausdrücklich an den Elternbeirat bzw. dessen Vorsitzende*n adressiert ist, darf die Schule sie nicht einfach in den Papierkorb werfen.

Zweiter Teil – Pflegschaften

1. Abschnitt – Klassenpflegschaft

§ 5

Aufgaben

Aufgaben und Rechte der Klassenpflegschaft ergeben sich aus § 56 SchG.

§ 6
Mitglieder und Teilnahmeberechtigte

(1) Mitglieder der Klassenpflegschaft sind die Eltern der Schüler der Klasse sowie alle Lehrer, die an der Klasse regelmäßig unterrichten.

(2) Der Schulleiter und der Vorsitzende des Elternbeirats sind berechtigt, an den Sitzungen der Klassenpflegschaft teilzunehmen; sie sind hierzu einzuladen.

§ 7

Stimmberechtigt ist jedes anwesende Mitglied der Klassenpflegschaft mit einer Stimme. Das gilt auch für Mitglieder, denen die Sorge für mehrere Schüler der Klasse zusteht; Mutter und Vater haben je eine Stimme. Die Übertragung des Stimmrechts und die Beschlussfassung im Wege der schriftlichen Umfrage sind nicht zulässig.

§ 8
Sitzungen

(1) Der Vorsitzende der Klassenpflegschaft lädt zu den Sitzungen der Klassenpflegschaft ein, bereitet sie vor und leitet sie. Er bestimmt im Benehmen mit dem Klassenlehrer Zeitpunkt, Tagungsort und Tagesordnung der Sitzung sowie die Tagesordnungspunkte, zu denen gemäß § 56 Abs. 3 Satz 2 SchG der Klassensprecher und sein Stellvertreter einzuladen sind; das Gleiche gilt für die Einladung aller Schüler einer Klasse und weiterer Personen. Die Einladungsfrist soll mindestens eine Woche betragen. Für die Einladung zur Sitzung kann sich der Vorsitzende der Hilfe der Schule bedienen.

Hinweis der Redaktion: Zur Stellvertretung bitte den Beitrag ➪ Elternabend und Klassenpflegschaft beachten.

(2) Zu einer Sitzung ist einzuladen, wenn es der Förderung der Erziehungsarbeit in der Klasse dienlich scheint, mindestens jedoch einmal im Schulhalbjahr. Außerdem hat der Vorsitzende binnen zwei Wochen zu einer Sitzung einzuladen, wenn ein Viertel der Eltern, der Klassenlehrer, der Schulleiter oder der Elternbeiratsvorsitzende darum nachsuchen (§ 56 Abs. 5 Satz 2 SchG).

(3) Die Sitzungen der Klassenpflegschaft sind nicht öffentlich.

(4) Die Klassenlehrer sind zur Teilnahme an den Sitzungen verpflichtet, die Fachlehrer, soweit ihre Teilnahme entsprechend der Tagesordnung erforderlich ist.

(5) Das Recht der Eltern einer Klasse, außerhalb der Klassenpflegschaft zusammenzukommen, bleibt unberührt.

Hinweis der Redaktion: Die Eltern können als „Elterngruppe" zusammentreten und in bestimmtem Rahmen Anträge an die Klassenkonferenz richten; bei der Behandlung in der Konferenz besitzen beide Klassenelternvertreter beratendes Stimmrecht. ➪ Schulgesetz § 56 Abs. 6 i.V.m. ➪ Konferenzordnung § 11 Abs. 3

§ 9
Geschäftsordnung

Die Schulkonferenz kann für die Klassenpflegschaften eine ➪ Geschäftsordnung erlassen, die insbesondere das Nähere regelt über:

1. Die Form und die Frist für die Einladungen; dabei kann bestimmt werden, dass die Einladung der Eltern über die Schüler erfolgen kann;
2. das Verfahren bei Abstimmungen, insbesondere darüber, ob geheim abzustimmen ist;
3. die Wahl des Schriftführers.

2. Abschnitt – Sonstige Pflegschaften

§ 10
Pflegschaften an
Berufsschulen und Berufskollegs in Teilzeitunterricht

(1) Für die Klassenpflegschaften an Berufsschulen und Berufkollegs in Teilzeitunterricht gelten die §§ 5 bis 9 mit der Maßgabe, dass der Klassenpflegschaft auch die für die Berufserziehung der Schüler Mitverantwortlichen angehören. Dasselbe gilt für Berufsschulen und Berufskollegs in Teilzeitunterricht, die organisatorisch mit anderen Schularten verbunden sind.

(2) Werden gemäß § 59 Abs. 1 SchG Berufsgruppen- oder Abteilungspflegschaften gebildet, so gelten die §§ 5 bis 9 entsprechend mit folgender Maßgabe:

1. zuständig für die Bildung ist die Schulkonferenz;
2. die Pflegschaften können für einzelne oder alle Jahrgangsstufen der Berufsgruppe oder Abteilung gebildet werden;
3. Mitglieder sind
   a) die Eltern der Schüler, die in der Jahrgangsstufe zu der jeweiligen Berufsgruppe oder Abteilung gehören,
   b) die Lehrer, die diese Schüler unterrichten,
   c) die für die Berufserziehung der Schüler Mitverantwortlichen;
4. Vorsitzender der Pflegschaft ist jeweils der Elternvertreter im Elternbeirat (§ 21);
5. stellvertretender Vorsitzender ist jeweils ein von den Lehrern aus ihrer Mitte gewählter Vertreter.

(3) Für die Berufserziehung der Schüler Mitverantwortliche sind

1. die Ausbilder, Dienstherren und Leiter von Betrieben oder deren Bevollmächtigte, solange zwischen ihnen und den Schülern ein Ausbildungs- oder Arbeitsverhältnis besteht;
2. je ein von der örtlich und sachlich zuständigen Handwerkskammer oder Industrie- und Handelskammer berufener Arbeitgeber- und Arbeitnehmervertreter; sind sowohl eine Handwerkskammer als auch eine Industrie- und Handelskammer zuständig, so können beide Kammern je einen Arbeitgeber- und Arbeitnehmervertreter berufen. Diese Vertreter sollen die Voraussetzungen gemäß Nummer 1 erfüllen und dem Berufsbildungsausschuss einer nach de Berufsbildungsgesetz zuständigen Stelle angehören. Sie müssen mit den besonderen Aufgaben der Berufsausbildung vertraut sein.

(4) Die Pflegschaften sind auch dann einzuberufen, wenn ein Viertel der Vertreter der für die Berufserziehung der Schüler Mitverantwortlichen darum nachsucht.

§ 11
Jahrgangsstufenpflegschaft

Für die Jahrgangsstufen des Gymnasiums wird jeweils eine Jahrgangsstufenpflegschaft gebildet. Für sie gelten die §§ 5 bis 9 mit folgender Maßgabe:

1. An die Stelle der Eltern der Schüler der Klasse, der Lehrer der Klasse und des Klassensprechers treten jeweils die Eltern der Schüler der Jahrgangsstufen, alle Lehrer, die regelmäßig in der Jahrgangsstufe unterrichten, die Vertreter der Schüler der Jahrgangsstufe im Schülerrat sowie deren Stellvertreter.
2. An die Stelle des Vorsitzenden der Klassenpflegschaft tritt der Vorsitzende der Jahrgangsstufenpflegschaft. Er wird von den Elternvertretern der Jahrgangsstufe (§ 22) aus ihrer Mitte gewählt. Für die Wahl und die Amtszeit gelten die §§ 14 bis 20 entsprechend.
3. An die Stelle des Klassenlehrers tritt ein Lehrer der Jahrgangsstufe. Er wird von der Jahrgangsstufenkonferenz aus ihrer Mitte entsprechend der Konferenzordnung gewählt.

§ 12
Kurspflegschaft

Die Jahrgangsstufenpflegschaft kann für die Leistungskurse Kurspflegschaften bilden. Für diese gelten die §§ 5 bis 9 mit folgender Maßgabe:

1. An die Stelle der Eltern der Schüler der Klasse, der Lehrer der Klasse und des Klassensprechers treten jeweils die Eltern der Schüler des Kurses, alle Lehrer, die regelmäßig im Kurs unterrichten, und der Kurssprecher sowie sein Stellvertreter.
2. die Eltern der Kurspflegschaft wählen aus ihrer Mitte den Vorsitzenden der Kurspflegschaft. Für die Wahl und die Amtszeit gelten die §§ 14 bis 20 entsprechend. Stellvertreter ist der Kurslehrer, bei mehreren Kurslehrern wird er vom Schulleiter bestimmt.

§ 13
Pflegschaften an Heimschulen und Sonderschulen

Für die Pflegschaften an Gymnasien in Aufbauform mit Heim, Heimsonderschulen und Sonderschulen gelten die §§ 5 bis 12 entsprechend.

Dritter Teil – Elternvertreter

1. Abschnitt – Klassenelternvertreter

§ 14
Wahl und Wählbarkeit

(1) Die Eltern der Schüler der Klasse wählen den Klassenelternvertreter und seinen Stellvertreter (§ 57 Abs. 3 Satz 1 SchG). Die Wahl erfolgt in dem Schuljahr, das auf den Ablauf der Amtszeit des bisherigen Elternvertreters folgt, spätestens aber innerhalb von sechs Wochen nach Beginn des Unterrichts. Für die Stimmabgabe gilt § 7 entsprechend.

(2) Wählbar sind die Eltern jedes Schülers der Klasse, ausgenommen:

1. Der Schulleiter, der Stellvertretende Schulleiter und die Lehrer der Schule sowie sonstige Personen, die an der Schule unterrichten;
2. die Ehegatten oder Lebenspartner des Schulleiters, des Stellvertretenden Schulleiters und der Lehrer, die die Klasse unterrichten;
3. die in einer Schulaufsichtsbehörde des Landes tätigen Beamten des höheren Dienstes;
4. die Ehegatten oder Lebenspartner der für die Fach- und Dienstaufsicht über die Schule zuständigen Beamten;
5. die gesetzlichen Vertreter des Schulträgers, ihre allgemeinen Stellvertreter sowie die beim Schulträger für die Schulverwaltung zuständigen leitenden Beamten.

(3) Niemand kann an derselben Schule zum Klassenelternvertreter oder Stellvertreter mehrerer Klassen gewählt werden.

§ 15
Amtszeit und Fortführung der Geschäfte

(1) Die Amtszeit beginnt mit der Annahme der Wahl und dauert bis zum Ende des laufenden Schuljahres. Wiederwahl ist zulässig, solange die Wählbarkeit besteht.

(2) Die Amtszeit kann durch Wahlordnung für alle Elternvertreter der Schule verlängert werden, jedoch höchstens um zwei Schuljahre.

(3) Klassenelternvertreter, deren Amtszeit abgelaufen ist, versehen ihr Amt geschäftsführend bis zur Neuwahl der Klassenelternvertreter weiter. Innerhalb des Zeitraums, in dem spätestens die Neuwahl hätte erfolgt sein müssen, gilt dies auch dann, wenn sie nicht mehr wählbar sind; nach diesem Zeitraum wird das Amt geschäftsführend durch den stellvertretenden Klassenelternvertreter versehen, soweit und solange bei diesem die Wählbarkeit für das Amt besteht.

Hinweis der Redaktion: Hierfür ein Beispiel: Die Elternvertreter*innen von Entlassklassen beziehungsweise die Jahrgangsstufenvertreter*innen der Abiturklasse bleiben bis zum Abschluss des Schuljahres (31. Juli) im Amt, also über die Entlassung der Schüler*innen hinaus. Selbst dann, wenn sie danach persönlich nicht mehr wählbar sind, führen sie ihre Geschäfte bis zur Wahl des/der Nachfolger*in fort. Wurden sie zum bzw. zur Elternbeiratsvorsitzenden gewählt, nehmen sie, obwohl ihr Kind die Schule bereits verlassen hat, dieses Amt so lange wahr, bis der Elternbeirat im neuen Schuljahr den/die Nachfolger*in wählt.

§ 16
Vorzeitige Beendigung

(1) Das Amt des Klassenelternvertreters erlischt vor Ablauf der Amtszeit mit dem Verlust der Wählbarkeit für dieses Amt.

(2) Klassenelternvertreter und Stellvertreter können vor Ablauf der Amtszeit dadurch abberufen werden, dass die Mehrheit der Wahlberechtigten einen Nachfolger für den Rest der laufenden Amtszeit wählt. Die Wahl muss erfolgen, wenn ein Viertel der Wahlberechtigten schriftlich darum nachsucht. Für die Einladung gilt § 17 Abs. 1 Satz 2 mit der Maßgabe, dass der betroffene Amtsinhaber als verhindert gilt, und § 17 Abs. 3.

(3) Der Klassenelternvertreter kann vor Ablauf der Amtszeit sein Amt durch Erklärung gegenüber den Wahlberechtigten oder dem stellvertretenden Klassenelternvertreter niederlegen. Für den Rest der laufenden Amtszeit wählt die Mehrheit der Wahl-

berechtigten einen Nachfolger; das Amt des Klassenelternvertreters erlischt in diesem Fall mit der Annahme der Wahl durch den Nachfolger. Für die Wahl des Nachfolgers findet Absatz 2 Satz 3 entsprechende Anwendung.

§ 17
Wahlverfahren

(1) Der geschäftsführende Amtsinhalber lädt die Wahlberechtigten zur Neuwahl ein und bereitet die Wahl vor. Soweit in den Fällen des § 15 Absatz 3 Satz 2 Halbsatz 2 bei der stellvertretenden Person der Verlust der Wählbarkeit eingetreten ist, findet Absatz 2 entsprechende Anwendung. Ist kein geschäftsführender Amtsinhaber vorhanden oder ist er verhindert, so sorgt dafür sein Stellvertreter.

(2) In neu gebildeten Klassen lädt der Vorsitzende des Elternbeirats oder ein von ihm bestimmter Klassenelternvertreter zur ersten Wahl ein und bereitet sie vor; für geschäftsführende Amtsinhaber gilt dies entsprechend. Nimmt der Vorsitzende des Elternbeirats diese Aufgabe nicht wahr, übernimmt sie der Klassenlehrer oder ein vom Schulleiter bestimmter Lehrer.

(3) Die Einladungsfrist beträgt eine Woche. (4) Die Wahlordnung kann Abweichungen von den Absätzen 1 und 2 bestimmen; sie hat für den Fall, dass kein Stellvertreter vorhanden oder dass auch dieser verhindert ist, Vorsorge zu treffen.

§ 18
Abstimmungsgrundsätze

(1) Die Wahl findet auf Antrag geheim statt. Wird ein Antrag nicht gestellt, wird durch Handzeichen abgestimmt.

(2) Eine Übertragung des Stimmrechts ist nicht zulässig.

(3) Gewählt ist, wer die meisten gültigen Stimmen erhält. Bei Stimmengleichheit entscheidet das Los; die Wahlordnung kann etwas anderes bestimmen.

§ 19
Wahlanfechtung

(1) Über Einsprüche gegen die Wahl entscheidet der Elternbeirat, soweit die Wahlordnung nichts anderes bestimmt.

(2) Die Wahl kann nicht deshalb angefochten werden, weil sie später als sechs Wochen nach Beginn des Unterrichts (§ 14 Abs. 1 Satz 2) durchgeführt wurde.

§ 20 Wahlordnung

Der Elternbeirat kann durch Wahlordnung nähere Regelungen erlassen über:

1. Die Verlängerung der Amtszeit der Klassenelternvertreter und ihrer Stellvertreter;
2. die Form und die Frist für die Einladung, wobei bestimmt werden kann, dass die Einladung über die Schüler erfolgen kann;
3. eine Neuwahl für den Fall, dass der Klassenelternvertreter und sein Stellvertreter vor Ablauf ihrer Amtszeit aus ihren Ämtern ausscheiden;
4. das Wahlverfahren, insbesondere darüber, ob geheim abzustimmen und ob Briefwahl zulässig ist;
5. das Verfahren für Einsprüche gegen die Wahl.

2. Abschnitt – Sonstige Elternvertreter

§ 21
Elternvertreter an Berufsschulen und Berufskollegs in Teilzeitunterricht

(1) Sind Berufsgruppen- oder Abteilungspflegschaften gebildet (§ 10 Abs. 2), so werden, sofern der Klassenverband aufgelöst ist, für jede Jahrgangsstufe aller Berufsgruppen oder Abteilungen je ein Elternvertreter und ein Stellvertreter gewählt. Im Übrigen gelten die §§ 14 bis 20 entsprechend.

(2) Ist der Klassenverband nicht aufgelöst, werden gemäß § 14 Klassenelternvertreter und Stellvertreter gewählt.

§ 22
Elternvertreter für Jahrgangsstufen

Die Eltern der Jahrgangsstufen des Gymnasiums wählen jeweils in den Elternbeirat so viele Vertreter wie in der vorangegangenen Klasse Klassenelternvertreter und Stellvertreter. Für die Vertreter der Jahrgangsstufen gelten die §§ 14 bis 20 entsprechend.

§ 23
Elternvertreter an Heimschulen und Sonderschulen

Für die Elternvertreter an Gymnasien in Aufbauform mit Heim, Heimsonderschulen und Sonderschulen gelten die §§ 14 bis 22 entsprechend mit der Maßgabe, dass an Sonderschulen auf die Wahl des stellvertretenden Klassenelternvertreters verzichtet werden kann.

Vierter Teil – Elternvertretungen

1. Abschnitt – Elternbeirat

§ 24
Aufgaben

Aufgaben und Rechte des Elternbeirats ergeben sich aus § 57 SchG.

§ 25
Mitglieder

Mitglieder des Elternbeirats sind gemäß § 57 Abs. 3 Satz 2 SchG mit gleichen Rechten und Pflichten die Klassenelternvertreter und ihre Stellvertreter sowie die Elternvertreter und ihre Stellvertreter nach den §§ 21 bis 23.

§ 26
Wahl und Amtszeit des Vorsitzenden

(1) Der Elternbeirat wählt aus seiner Mitte den Vorsitzenden und dessen Stellvertreter (§ 57 Abs. 4 Satz 1 SchG).

Dabei sind nicht wählbar:

1. Schulleiter, Stellvertretender Schulleiter und Lehrer einer öffentlichen Schule des Landes;
2. Ehegatten oder Lebenspartner der Lehrer der Schule;
3. Ehegatten oder Lebenspartner der in § 14 Abs. 2 Nr. 5 genannten Vertreter des Schulträgers.

Hinweis der Redaktion: Beurlaubte Lehrkräfte sind passiv wahlberechtigt. (Quelle: KM, 30.1.1997 (AZ: IV/6680.0/78)

(2) Zum Vorsitzenden oder zum stellvertretenden Vorsitzenden des Elternbeirats kann nicht gewählt werden, wer bereits an einer anderen Schule desselben Schulträgers eines dieser Ämter innehat.

(3) Die Wahl des Vorsitzenden des Elternbeirats und seines Stellvertreters findet nach der Wahl der

Mitglieder des Elternbeirats (§ 25), spätestens aber innerhalb von neun Wochen nach Beginn des Unterrichts in dem Schuljahr statt, das auf den Ablauf der Amtszeit der bisherigen Amtsinhaber erfolgt.

(4) Die Wahl ist nach erfolgter Wahl der Mitglieder des Elternbeirats, spätestens nach Ablauf der Frist für diese Wahl (§ 14 Abs. 1 Satz 2), zulässig. Das gilt auch dann, wenn zu diesem Zeitpunkt noch nicht alle Mitglieder gewählt sind.

(5) Bei Einklassenschulen gilt der Klassenelternvertreter als Vorsitzender und sein Stellvertreter als stellvertretender Vorsitzender des Elternbeirats.

(6) Für Amtszeit und Wahl des Vorsitzenden und seines Stellvertreters gelten die §§ 15 Absatz 1 und 3, 16 Absatz 1, 17 Absatz 1 und 3 und § 18, für die vorzeitige Abberufung und Niederlegung des Amtes § 16 Absatz 2 und 3 und für die Wahlanfechtung § 19 entsprechend. Sofern die Amtszeit der Mitglieder verlängert ist (§ 15 Absatz 2), kann auch die Amtszeit des Vorsitzenden und seines Stellvertreters durch Geschäftsordnung entsprechend verlängert werden. In den Fällen einer entsprechenden Anwendung des § 15 Absatz 3 Satz 2 Halbsatz 2 in Verbindung mit § 17 Absatz 1 Satz 3 lädt der Schulleiter oder eine von diesem bestimmte Lehrkraft zur Neuwahl ein und bereitet die Wahl vor.

§ 27
Sitzungen

(1) Der Vorsitzende des Elternbeirats lädt zu den Sitzungen des Elternbeirats ein, bereitet sie vor und leitet sie.

(2) Wird der Schulleiter zu einer Sitzung des Elternbeirats mit gleicher Frist wie die Eltern und unter Mitteilung der Tagesordnung eingeladen, soll er, im Verhinderungsfall sein ständiger Vertreter, teilnehmen.

(3) Der Elternbeirat kann weitere Personen ohne Stimmrecht zu Sitzungen zuziehen.

Hinweis der Redaktion: Dem Elternbeirat der Grundschule wird empfohlen, den Elternbeirat der Grundschulförderklasse zu Sitzungen einzuladen, wenn Fragen besprochen werden, die diese berühren. ⇨ Grundschulförderklassen Nr. I.2.4

§ 28
Geschäftsordnung

Der Elternbeirat gibt sich eine ⇨ Geschäftsordnung. Diese regelt insbesondere das Nähere über:

1. Die Amtszeit des Vorsitzenden und seines Stellvertreters;
2. das Verfahren bei der Wahl des Vorsitzenden, seines Stellvertreters und der Vertreter der Eltern und ihrer Stellvertreter in der Schulkonferenz (§ 3 Abs. 1 Schulkonferenzordnung);

   Hinweis der Redaktion: Die Eltern in der Schulkonferenz dürfen als „Elterngruppe" gesondert zusammentreten und in bestimmtem Rahmen Anträge an die Gesamtlehrerkonferenz richten; bei der Behandlung dieser Anträge in der GLK besitzen diese Elternvertreter*innen beratende Stimme.
   ⇨ Konferenzordnung § 11 Abs. 4
3. die Form und die Frist für die Einladung, wobei bestimmt werden kann, dass die Einladung über die Schüler erfolgen kann;
4. eine Neuwahl für den Fall, dass der Vorsitzende und sein Stellvertreter vor Ablauf der Amtszeit aus ihren Ämtern ausscheiden;
5. das Verfahren bei Abstimmungen, insbesondere darüber, ob geheim abzustimmen und ob eine Abstimmung im Wege der schriftlichen Umfrage zulässig ist;
6. die Voraussetzungen, unter denen der Vorsitzende verpflichtet ist, den Elternbeirat einzuberufen;
7. die Beschlussfähigkeit des Elternbeirats;
8. das Verfahren über Einsprüche gegen die Wahl des Vorsitzenden und seines Stellvertreters;
9. a) die Möglichkeit, zur Deckung notwendiger Unkosten freiwillige Beiträge zu erheben,
   b) die Möglichkeit, eine Elternkasse zu führen und die für eine geordnete Kassenführung notwendigen Grundsätze zu erlassen;
   ⇨ Haushalt (Kassenführung)
10. den Verzicht auf die Wahl des stellvertretenden Klassenelternvertreters an Sonderschulen gemäß § 23.

Hinweise der Redaktion:

1. Bilden mehrere Schularten organisatorisch einen „Schulverbund" (⇨ Schulgesetz § 16), so sind sie rechtlich eine Schule mit einem Elternbeirat. In diesem Fall kann es sinnvoll sein, in der Geschäftsordnung schulartbezogene Ausschüsse vorzusehen oder bei Tagesordnungspunkten, die nur eine Schulart betreffen, die für die Beschlussfähigkeit erforderliche Mindestzahl der stimmberechtigten Anwesenden herabzusetzen. (Quelle: Elterninfo des KM 2021)
2. In diese Geschäftsordnung kann der Elternbeirat auch eine Regelung über die Wahl weiterer Funktionsträger (beispielsweise Schriftführer*in, Kassenwart*in, Beisitzer*in) aufnehmen und zugleich bestimmen, dass diese den Vorstand in dessen Auftrag im Einzelfall vertreten dürfen.
3. Der Landeselternbeirat hat eine Muster-Geschäftsordnung herausgegeben; online abrufbar unter: http://leb-bw.de/infos-downloads/arbeitshilfen-fuer-elternvertreter/103-muster-geschaeftsordnung-fuer-den-elternbeirat.

§ 29
Fortgeltung der Wahl- und Geschäftsordnung

Wahl- und Geschäftsordnung des Elternbeirats gelten fort, bis sie aufgehoben oder geändert werden.

2. Abschnitt
Gesamtelternbeirat

§ 30
Aufgaben

Aufgaben und Rechte des Gesamtelternbeirats ergeben sich aus §§ 58 Abs. 1 Satz 2 SchG. Insbesondere obliegt es ihm,

1. die Fragen zu beraten, die alle Eltern an öffentlichen Schulen desselben Schulträgers berühren,
2. zum Verständnis der Eltern für die Entwicklung des örtlichen Schulwesens sowie für Fragen der Erziehung beizutragen,
3. Anregungen und Wünsche einzelner Vertreter der Eltern im Schulbeirat, soweit sie von allgemeiner Bedeutung sind, zu unterstützen.
4. Vorschläge, Anregungen und Empfehlungen an den Schulträger und an die Schulaufsichtsbehörde zu richten,

5. bei der Festlegung der beweglichen Ferientage gemäß § 3 Abs. 3 der Ferienverordnung mitzuwirken.
➪ Ferienverordnung

§ 31
Mitglieder

(1) Mitglieder des Gesamtelternbeirats sind gemäß § 58 Abs. 1 Satz 1 SchG die Vorsitzenden und die stellvertretenden Vorsitzenden der Elternbeiräte aller Schulen desselben Schulträgers. Daneben können Vorsitzende und stellvertretende Vorsitzende der Elternbeiräte der staatlich anerkannten Ersatzschulen im Gebiet des Schulträgers Mitglieder werden, wenn sie in einem Wahlverfahren gewählt wurden, das den Vorgaben der §§ 14 bis 20, 22, 23, 26 und 29 entspricht, und eine allgemeinbildende Ersatzschule oder eine Ersatzschule vertreten, die einer beruflichen Schulart nach § 37 Satz 1 entspricht; wenn dem Gesamtelternbeirat ausschließlich Elternvertreter von allgemeinbildenden oder von beruflichen Schulen angehören, können jeweils nur die Elternvertreter der entsprechenden Ersatzschulen Mitglieder werden.

(2) Der Gesamtelternbeirat kann weitere Personen ohne Stimmrecht zu Sitzungen zuziehen.

§ 32
Wahl und Amtszeit des Vorsitzenden

(1) Zur ersten Sitzung des Gesamtelternbeirats in der neuen Amtszeit lädt der Vorsitzende des bisherigen Gesamtelternbeirats, im Verhinderungsfall sein Stellvertreter, ein; die Geschäftsordnung hat für den Fall, dass auch dieser verhindert ist, Vorsorge zu treffen. Ist kein Gesamtelternbeirat gebildet, lädt der Vorsitzende des Elternbeirats der Schule mit der größten Schülerzahl ein. Die Einladungsfrist beträgt eine Woche.

(2) Die Mitglieder des Gesamtelternbeirats wählen aus ihrer Mitte den Vorsitzenden und dessen Stellvertreter.

(3) Die Wahl findet spätestens bis zum Ablauf der zwölften Woche nach Beginn des Unterrichts im neuen Schuljahr statt. § 26 Abs. 4 gilt entsprechend.

(4) Für Amtszeit und Wahl des Vorsitzenden und seines Stellvertreters gelten die §§ 15 Abs. 1 und 3, 17 Abs. 1 und 3 und § 18, für die vorzeitige Abberufung § 16 Abs. 2 und für die Wahlanfechtung § 19 entsprechend. Sofern die Amtszeit der Mitglieder verlängert ist (§ 26 Abs. 6), kann auch die Amtszeit des Vorsitzenden und seines Stellvertreters durch Geschäftsordnung entsprechend verlängert werden, jedoch nicht über die Dauer seiner Zugehörigkeit zum Gesamtelternbeirat hinaus.

§ 33
Arbeitskreise

Die Aufgaben überörtlicher Arbeitskreise, die von Elternvertretungen (Elternbeiräte, Gesamtelternbeiräte) gebildet werden, ergeben sich aus § 58 Abs. 2 SchG. § 32 gilt entsprechend, sofern der Arbeitskreis durch Geschäftsordnung nichts anderes bestimmt.

§ 34
Informationsrecht

(1) Die Schulaufsichtsbehörden beraten und unterstützen Gesamtelternbeiräte und überörtliche Arbeitskreise bei der Erfüllung ihrer Aufgaben; sie stehen ihnen mindestens einmal im Schuljahr zur Aussprache zur Verfügung.

(2) Die Schulträger sollen in gleicher Weise Gesamtelternbeiräte und überörtliche Arbeitskreise bei ihrer Arbeit unterstützen.

§ 35
Geschäftsordnung

(1) Der Gesamtelternbeirat gibt sich eine Geschäftsordnung. Für sie gelten § 28 Nr. 1, 3 bis 8 und Nr. 9 b sowie § 29 entsprechend mit der Maßgabe, dass

1. die Amtszeit des Vorsitzenden und seines Stellvertreters nicht über die Dauer ihrer Mitgliedschaft im Gesamtelternbeirat hinaus verlängert werden kann;
2. auch die Wahl des Elternvertreter im Schulbeirat (§ 49 letzter Satz SchG) geregelt werden kann.

(2) Für die Geschäftsordnung überörtlicher Arbeitskreise gelten Absatz 1 Satz 2 Nr. 1 sowie die §§ 30 und 31 entsprechend.

3. Abschnitt – Landeselternbeirat

§ 36
Aufgaben

(1) Aufgaben und Rechte des Landeselternbeirats ergeben sich aus § 60 Abs. 1 und 2 SchG.

(2) Der Landeselternbeirat kann Ausschüsse bilden.

§ 37
Mitglieder

Der Landeselternbeirat besteht aus 33 gewählten Mitgliedern, und zwar aus jeweils einem Vertreter für

die Grundschule
die Werkrealschule und Hauptschule
die Realschule
das Gymnasium
die Gemeinschaftsschule
die Berufsschule und die Berufsfachschule
das Berufskolleg mit Ausnahme des einjährigen Berufskollegs zum Erwerb der Fachhochschulreife und das berufliche Gymnasium
die Sonderschule

aus jedem Regierungsbezirk. Daneben gehört dem Landeselternbeirat ein Vertreter der staatlich anerkannten Ersatzschulen an, die allgemeinbildend sind oder die den beruflichen Schularten nach Satz 1 entsprechen.

§ 38
Amtszeit und Fortführung der Geschäfte

(1) Die Amtszeit des Landeselternbeirats beginnt am 1. April des Jahres, in dem die Amtszeit des bisherigen Landeselternbeirats abläuft, und dauert drei Jahre. Er führt die Geschäfte bis zum Zusammentritt des neuen Landeselternbeirats fort.

(2) Die Mitgliedschaft im Landeselternbeirat endet nicht durch den Verlust der Wählbarkeit.

(3) Scheidet ein Mitglied vorzeitig aus dem Landeselternbeirat aus, rückt als Mitglied sein Stellvertreter nach und an dessen Stelle, wer bei der Wahl des Stellvertreters die nächsthöhere Stimmenzahl erreicht hat. Das Gleiche gilt für das Ausscheiden des jeweils Nachrückenden.

§ 39
Wahl des Vorsitzenden

(1) Der Vorsitzende und sein Stellvertreter (§ 60 Abs. 3 SchG) werden innerhalb von zwei Monaten nach Beginn der Amtszeit des Landeselternbeirats gewählt. Eine Übertragung des Stimmrechts ist nicht zulässig.

(2) Für die Wahl des Vorsitzenden und seiner Stellvertreter gelten § 17 Absatz 1 Sätze 1 und 2 und § 18, für deren vorzeitige Abberufung und Niederlegung des Amtes § 16 Absatz 2 und 3 entsprechend.

§ 40
Geschäftsordnung

(1) Der Landeselternbeirat gibt sich gemäß § 60 Abs. 3 SchG eine Geschäftsordnung. Diese regelt insbesondere das Nähere über:

1. Das Verfahren bei der Wahl des Vorsitzenden, der Stellvertreter und der Vertreter der Eltern im Landesschulbeirat (§ 4 Abs. 1 Nr. 1 Landesschulbeiratsverordnung);
2. die Form und die Frist für die Einladungen;
3. eine Neuwahl für den Fall, dass der Vorsitzende und seine Stellvertreter vor Ablauf ihrer Amtszeit aus ihren Ämtern ausscheiden;
4. das Verfahren bei Abstimmungen, insbesondere darüber, ob geheim abzustimmen und ob eine Abstimmung im Wege der schriftlichen Umfrage zulässig ist;
5. die Voraussetzungen, unter denen der Vorsitzende verpflichtet ist, den Landeselternbeirat einzuberufen;
6. die Beschlussfähigkeit des Landeselternbeirats.

(2) Für die Fortgeltung der Geschäftsordnung gilt § 29.

§ 41
Wahl und Wählbarkeit der Mitglieder

(1) Die Mitglieder des Landeselternbeirats für die öffentlichen Schulen nach § 37 Satz 1 und ihre Stellvertreter werden in den einzelnen Regierungsbezirken von Wahlausschüssen spätestens bis zum 1. April des Jahres gewählt, in dem die Amtszeit des bestehenden Landeselternbeirats abläuft. Das Mitglied für die Ersatzschulen nach § 37 Satz 2 wird von einem auf Landesebene gebildeten Wahlausschuss gewählt. Die Wahl erfolgt in geheimer Abstimmung; im Übrigen gilt § 18 Absatz 2 und 3.

(2) Wählbar als Mitglied für die öffentlichen Schulen nach § 37 Satz 1 sind die Eltern jedes Schülers, der zur Zeit der Wahl im jeweiligen Regierungsbezirk eine Schule der Schulart oder des Schultyps besucht, die der Gewählte im Landeselternbeirat vertreten soll. Als Mitglied für die Ersatzschulen nach § 37 Satz 2 sind wählbar die Eltern der Schüler, die zur Zeit der Wahl eine Ersatzschule nach § 37 Satz 2 besuchen. Ausgenommen von der Wählbarkeit sind Schulleiter, Stellvertretende Schulleiter und die in einer Schulaufsichtsbehörde des Landes tätigen Beamten des höheren Dienstes.

(3) Die Wahl eines Vertreters für mehrere Schularten/Schultypen ist nur zulässig, soweit diese nach § 37 zusammengefasst sind; dabei soll darauf geachtet werden, dass verschiedene Schularten/Schultypen bei der Wahl berücksichtigt werden.

§ 42
Wahlausschüsse

(1) In jedem Regierungsbezirk werden folgende Wahlausschüsse gebildet:

1. ein gemeinsamer Wahlausschuss für die Wahl der Vertreter für die Berufsschule und für die Berufsfachschule;
2. ein gemeinsamer Wahlausschuss für die Wahl der Vertreter für das Berufskolleg und die beruflichen Gymnasien;
3. je ein Wahlausschuss für die Wahl der Vertreter für die übrigen Schularten.

(2) Dem Wahlausschuss gemäß Absatz 1 Nummer 1 gehören jeweils die Vorsitzenden der Elternbeiräte von Schulen mit Berufsschule oder Berufsfachschule an.

(3) Dem Wahlausschuss gemäß Absatz 1 Nummer 2 gehören jeweils die Vorsitzenden der Elternbeiräte von Schulen mit Berufskolleg oder beruflichem Gymnasium an.

(4) Dem Wahlausschuss gemäß Absatz 1 Nummer 3 gehören jeweils die Vorsitzenden der Elternbeiräte der Grundschulen, Werkrealschulen/Hauptschulen, Realschulen, Gymnasien, Gemeinschaftsschulen und Sonderschulen an.

(5) Die Vorsitzenden der Elternbeiräte von Schulen, die als Schulversuch keiner Schulart nach § 37 Satz 1 zugerechnet werden können, gehören den Wahlausschüssen aller Schularten an, deren Abschlüsse im Schulversuch vorgesehen sind. Für Schulen besonderer Art (§ 107 SchG) gilt dies entsprechend.

(6) Dem Wahlausschuss nach § 41 Absatz 1 Satz 2 gehören die Vorsitzenden der Elternbeiträte der staatlich anerkannten Ersatzschulen an, die allgemeinbildend sind oder die den beruflichen Schularten nach § 37 Satz 1 entsprechen und in einem Wahlverfahren gewählt wurden, das den Vorgaben der §§ 14 bis 20, 22, 23, 26 und 29 entspricht.

§ 43
Durchführung der Wahl

(1) Der Landeselternbeirat sorgt für die rechtzeitige und ordnungsgemäße Durchführung der Wahlen. Er kann hiermit einzelne Mitglieder oder Ausschüsse beauftragen.

(2) Die Wahlausschüsse können wählen, sobald die Frist für die Wahl der Vorsitzenden der Elternbeiräte (§ 26 Absatz 3) abgelaufen ist.

§ 44
Wahlanfechtung

(1) Über Einsprüche gegen die Wahl entscheidet der Landeselternbeirat.

⇨ Eltern (Allgemeines); ⇨ Elternbeirat (Allgemeines); ⇨ Geschäftsordnung; ⇨ Grundgesetz Art. 6; ⇨ Schulgesetz §§ 55-61; ⇨ Volljährigkeit

Elterngeld

Informationen der Redaktion zur Rechtslage und zur Verwaltungspraxis in Baden-Württemberg

Das im Bundeselterngeld- und Elternzeitgesetz geregelte Elterngeld ist eine Transferzahlung für Familien mit kleinen Kindern. Es ersetzt während der Anspruchsdauer das Entgelt bzw. das Gehalt.

Da es sich hierbei nicht um Fragen des Dienst- bzw. Arbeitsverhältnisses handelt, sondern um allgemeine Sozialleistungen des Staates, gehören die Information und Beratung hierüber weder zu den gesetzlichen Aufgaben der Personalvertretung noch der GEW bzw. des GEW-Rechtsschutzes.

Informationen sind in der Broschüre „Elterngeld, ElterngeldPlus und Elternzeit – Das Bundeselterngeld- und Elternzeitgesetz“ erhältlich; online abzurufen unter: www.bmfsfj.de/bmfsfj/service Eine Online-Berechnung ist hier möglich: https://www.bmfsfj.de/bmfsfj/service/online-rechner

Für die finanzielle Abwicklung des Elterngelds ist in Baden-Württemberg die L-Bank zuständig (familienfoerderung@l-bank.de). Hotline Familienförderung: 0800-6645471

Elternzeit (Allgemeines)

Informationen der Redaktion zur Rechtslage und zur Verwaltungspraxis in Baden-Württemberg

Eltern besitzen einen Rechtsanspruch auf unbezahlte Freistellung von der Arbeit („Elternzeit“) sowie auf eine gewisse soziale Absicherung. Der Anspruch auf Elternzeit besteht bis zur Vollendung des dritten Lebensjahres eines Kindes. Ein Anteil von bis zu 24 Monaten kann zwischen dem dritten Geburtstag und dem vollendeten achten Lebensjahr des Kindes in Anspruch genommen werden. Geregelt ist dies

- für Arbeitnehmerinnen und Arbeitnehmer im Bundeselterngeld- und Elternzeitgesetz
  ⇨ Elternzeit (Arbeitnehmer*innen)
- für Beamtinnen und Beamte in der Arbeitszeit- und Urlaubsverordnung.
  ⇨ Elternzeit (Beamt*innen)

Anspruch auf Elternzeit haben auch Großeltern, wenn sie mit ihrem Enkelkind in einem Haushalt leben und dieses selbst betreuen und erziehen und

- ein Elternteil des Kindes minderjährig ist oder
- ein Elternteil des Kindes sich in einer Ausbildung befindet, die vor Vollendung des 18. Lebensjahres begonnen wurde und die Arbeitskraft des Elternteils im Allgemeinen voll in Anspruch nimmt.

Jeder Elternteil kann seine Elternzeit auf drei Zeitabschnitte verteilen; eine Verteilung auf weitere Zeitabschnitte ist nur mit der Zustimmung des Arbeitgebers möglich. Der Arbeitgeber kann die Inanspruchnahme eines dritten Abschnitts einer Elternzeit innerhalb von acht Wochen nach Zugang des Antrags aus dringenden betrieblichen Gründen ablehnen, wenn dieser Abschnitt im Zeitraum zwischen dem dritten Geburtstag und dem vollendeten achten Lebensjahr des Kindes liegen soll.

Bei einem Arbeitgeberwechsel ist bei der Anmeldung der Elternzeit auf Verlangen des neuen Arbeitgebers eine Bescheinigung des früheren Arbeitgebers über bereits genommene Elternzeit durch die Beschäftigten vorzulegen.

Beamtete Lehrkräfte können während der Elternzeit bis zu 30 Zeitstunden arbeiten. Für ab 1. September 2021 geborene Kinder von Arbeitnehmer*innen gelten maximal 32 Stunden. Für Arbeitnehmer*innen gibt es keine Mindeststundenzahl.
⇨ Elternzeit (Arbeitnehmer*innen) § 15; ⇨ Elternzeit (Beamt*innen) AzUVO § 42

Lehrkräfte können demnach in folgendem Umfang Teilzeitunterricht erteilen:

Regel-stunden-maß	mindes-tens	höchstens	
		bei 30 Std.	bei 32 Std.
25 WStd.	6,5 WStd.	18 WStd.	19,5 WStd.
26 WStd.	6,5 WStd.	19 WStd.	20 WStd.
27 WStd.	7 WStd.	19 WStd.	21 WStd.
28 WStd.	7 WStd.	20 WStd.	21,5 WStd.
31 WStd.	8 WStd.	22 WStd.	24 WStd.

Der Anspruch auf Elternzeit muss für den Zeitraum

- bis zum vollendeten dritten Lebensjahr des Kindes spätestens sieben Wochen und
- zwischen dem dritten Geburtstag und dem vollendeten achten Lebensjahr spätestens 13 Wochen

vor Beginn der Elternzeit beim Arbeitgeber (Regierungspräsidium bzw. SSA) geltend gemacht werden.
⇨ Beamtenrecht (Zuständigkeiten im Schulbereich); ⇨ Tarifrecht (Allgemeines) Ziff. 2

Wer Elternzeit bis zum dritten Lebensjahr verlangt, muss gleichzeitig erklären, für welche Zeiten innerhalb von zwei Jahren dies gelten soll.
⇨ Elternzeit (Beamt*innen) § 41

Wird während der Elternzeit ein weiteres Kind geboren, kann (sollte) die Beschäftigte die Elternzeit entweder beenden, sobald die Mutterschutzfrist beginnt, oder sie unterbrechen und nach Ablauf der Mutterschutzfrist fortsetzen, denn dann wird in der Phase der Beschäftigungsverbote wieder das vor Beginn der Elternzeit zustehende Gehalt gezahlt; bei beamteten Lehrkräften besteht in dieser Phase Beihilfeberechtigung. Hat die Beschäftigte während der Elternzeit eine Teilzeitbeschäftigung mit geringerem Deputatsumfang als vor Beginn der

Elternzeit vereinbart, ist die Bezugsgröße für die „Lohnfortzahlung" während der Mutterschutzfrist das Deputat vor Beginn der Elternzeit.

⇨ Mutterschutz (Verordnung) § 32 Abs. 2 und § 34 Abs. 1

Die Elternzeit kann in Fällen besonderer Härte, insbesondere bei schwerer Krankheit, Schwerbehinderung oder Tod eines Elternteils oder eines Kindes oder bei erheblich gefährdeter wirtschaftlicher Existenz der Eltern nach Beginn der Elternzeit vorzeitig beendet werden; der Arbeitgeber kann dies nur innerhalb von vier Wochen und nur aus dringenden betrieblichen Gründen schriftlich ablehnen.

Nehmen Funktionsstelleninhaber*innen Elternzeit, wird die Stelle an der Stammschule unter Umständen nach einiger Zeit (häufig nach einem Jahr) neu besetzt; bei der Rückkehr aus der Elternzeit wird der/die Betroffene in eine freie Stelle eingewiesen. Funktionsstelleninhaber*innen können während der Elternzeit auch eine unterhälftige Teilzeitbeschäftigung (mindestens 1/4 Deputat) ausüben, nach Ablauf der Elternzeit ist dies nicht möglich.

Übertragung von Elternzeit

Bis 24 Monate der Elternzeit können auf den Zeitraum bis zur Vollendung des achten Lebensjahres des Kindes übertragen werden (dies muss kein ganzes Jahr, sondern es können auch einige Monate sein). Ein Lebensmonat dauert jeweils vom Tagesdatum der Geburt in einem Monat bis zum Tag vor dem Geburtsdatum im nächsten Monat.

Diese Übertragung noch nicht verbrauchter Zeiten ist besonders bei Mehrlingsgeburten wichtig, weil sich dann mehrere Elternzeit-Ansprüche überschneiden. Es ist dann sinnvoll, den überlagernden Anteil so weit wie möglich auf einen späteren Zeitraum zu übertragen (z.B. nach dem dritten Geburtstag des ersten Kindes zu hängen), da er sonst verfällt. Auch ein z.B. während des Vorbereitungsdienstes rechtlich erworbener, aber nicht sofort realisierter Anspruch auf Elternzeit kann später eingelöst werden.

Beispiel: Am 1. August 2015 werden Zwillinge geboren (siehe Tabelle). Für jedes der beiden Kinder besteht ein Anspruch auf Elternzeit bis zum 31. Juli 2018. Wird kein Antrag auf Übertragung gestellt, verfällt die Elternzeit für ein Kind völlig. Die Eltern können jedoch zunächst einen Antrag auf zwei Jahre Elternzeit für das Kind A bis zur Vollendung des 2. Lebensjahres (31. Juli 2017) und danach auf ein Jahr Elternzeit für Kind B stellen. Damit können bei Kind A ein Jahr und bei Kind B zwei Jahre Elternzeit auf die Zeit zwischen dem 3. und 8. Lebensjahr übertragen werden.

	Beginn der Elternzeit	Ende der Elternzeit	Übertragbar auf später
Kind A	1.8.2015	31.7.2017	1 Jahr
Kind B	1.8.2017	31.7.2018	2 Jahre
auf Kind A übertragen	1.8.2018	31.7.2020	
auf Kind B übertragen	1.8.2020	31.7.2021	

Die übertragenen Jahre können nach Ausschöpfung der Drei-Jahres-Frist ab dem 1. August 2018 in Anspruch genommen werden. Damit wird eine sechsjährige Gesamtdauer der Elternzeit für beide Kinder ermöglicht.

Elternzeit als „Fallschirm in Notsituationen"

Wer durch die Geburt eines Kindes Anspruch auf Elternzeit erwirbt, sollte diese grundsätzlich auch beantragen. Es empfiehlt sich generell, zunächst ein bis zwei Jahre und dann je nach familiärer Situation – z.B. Geburt eines weiteren Kindes – die verbleibenden Monate in Anspruch zu nehmen. Denn damit hält man sich, auch wenn man während der Elternzeit in Teilzeit arbeitet, die Möglichkeit offen, die Unterrichtstätigkeit zu beenden (auch kurzfristig!) und die Elternzeit voll zur Betreuung des eigenen Kindes zu nutzen. Beispiele:

1. Eine Kollegin ist nach der Geburt des ersten Kindes mit einem halben Deputat in den Dienst zurückgekehrt. Sie stellt nun fest, dass sie der Doppelbelastung von Kind und Lehrauftrag nicht gewachsen ist.
2. Nach einem halben Jahr stellt sich heraus, dass die Betreuung des Kindes durch die Großmutter nicht funktioniert; eine Tagesmutter oder eine Tageseinrichtung sind nicht verfügbar.
3. Eine Kollegin ist nach einigen Jahren der familiären Teilzeitbeschäftigung wieder mit dem vollen Deputat tätig. Das Kind wird eingeschult. Dies war offensichtlich zu früh, das Kind sollte noch ein Jahr vom Schulbesuch zurückgestellt werden.

Man kann entweder die Teilzeitarbeit beenden oder eine unterhälftige Teilzeit beantragen. Besonders wirksam ist diese „Fallschirmfunktion" im Beamtenbereich, da mit der Elternzeit ein Anspruch auf beihilfegleiche Leistungen verbunden ist und die Zeit für die ⇨ Wartezeit für die Pensionsberechtigung berücksichtigt wird. Elternzeit wird auf die Höchstfrist bei Beurlaubung ohne Dienstbezüge nicht angerechnet; deshalb sollte man ihr Vorrang vor einem familiären Urlaub nach §§ 69 ff. LBG geben und die dreijährige Höchstdauer je Kind voll ausschöpfen.

Für Arbeitnehmer*innen, die in der GKV pflichtversichert sind, hat die Elternzeit auch Vorteile gegenüber einer im Notfall ansonsten erforderlichen Beurlaubung. Sie sind während der Elternzeit in der gesetzlichen Krankenkasse beitragsfrei versichert. In solchen „Notfällen" sollte man wegen der Eilbedürftigkeit parallel zur Antragstellung beim RP auch den zuständigen Bezirkspersonalrat einschalten.

Fortbildung und Kontakt mit der Schule

Es liegt im Interesse des öffentlichen Arbeitgebers, dass Lehrkräfte während der Elternzeit in Kontakt mit der Schule bleiben; zur Teilnahme an der amtlichen Fortbildung siehe ⇨ Fortbildung (Allgemeines).

Nehmen Lehrkräfte, die sich formal noch in der Elternzeit befinden, am Ende der Sommerferien an Konferenzen zur Vorbereitung des neuen Schuljahrs teil, sind sie unfallschutzrechtlich gesichert.

⇨ Beamtenversorgung (Wartezeit); ⇨ Elternzeit (Arbeitnehmer*innen) / (Beamt*innen); ⇨ Fortbildung (Allgemeines)

Elternzeit (Arbeitnehmer*innen)

Auszug aus Abschnitt 4 (Elternzeit für Arbeitnehmerinnen und Arbeitnehmer) des Bundeselterngeld- und Elternzeitgesetzes vom 27.1.2015 (BGBl. I S. 33/2015), zuletzt geändert 15. Februar 2021 (BGBl. I S. 239/2021)

§ 15
Anspruch auf Elternzeit

(1) Arbeitnehmerinnen und Arbeitnehmer haben Anspruch auf Elternzeit, wenn sie

1. a) mit ihrem Kind,
   b) mit einem Kind, für das sie die Anspruchsvoraussetzungen nach § 1 Abs. 3 oder 4 erfüllen, oder
   c) mit einem Kind, das sie in Vollzeitpflege nach § 33 des Achten Buches Sozialgesetzbuch aufgenommen haben,

   in einem Haushalt leben und
2. dieses Kind selbst betreuen und erziehen.

Hinweis der Redaktion: Beschäftigte haben nach § 15 Absatz 1 Satz 1 Anspruch auf Elternzeit, wenn sie

a) mit ihrem Kind (§ 15 Absatz 1 Satz 1 Nr. 1 Buchstabe a),

b) mit einem Kind, das mit dem Ziel der Annahme als Kind aufgenommen wurde (§ 15 Absatz 1 Satz 1 Nr. 1 Buchstabe b i.V.m. § 1 Absatz 3 Satz 1 Nr. 1),

c) mit einem Kind der Ehegattin, des Ehegatten, der Lebenspartnerin oder des Lebenspartners – Stiefkind – (§ 15 Absatz 1 Satz 1 Nr. 1 Buchstabe b i. V. m. § 1 Absatz 3 Satz 1 Nr. 2),

d) mit einem Kind, für das Elterngeld nach § 1 Absatz 3 Satz 1 Nr. 3 beansprucht werden kann, weil die Vaterschaftsanerkennung noch nicht wirksam ist oder über eine für dieses Kind beantragte Vaterschaftsfeststellung noch nicht entschieden wurde (§ 15 Absatz 1 Satz 1 Nr. 1 Buchstabe b i.V.m. § 1 Absatz 3 Satz 1 Nr. 3),

e) mit einem Kind, für das sie als Verwandte bis zum dritten Grad (z.B. Schwester/ Bruder, Nichte/Neffe oder Enkelkind) oder als deren Ehegattinnen, deren Ehegatten, deren Lebenspartnerinnen oder Lebenspartner ausnahmsweise Anspruch auf Elterngeld haben, weil die Eltern ihr Kind wegen einer schweren Krankheit, Schwerbehinderung oder Tod nicht betreuen können (§ 15 Absatz 1 Satz 1 Nr. 1 Buchstabe b i.V.m. § 1 Absatz 4),

f) mit einem Kind, das in Vollzeitpflege nach § 33 SGB VIII aufgenommen wurde (§ 15 Absatz 1 Satz 1 Nr. 1 Buchstabe c), in einem Haushalt leben und dieses Kind selbst betreuen und erziehen (§ 15 Absatz 1 Satz 1).

Nicht sorgeberechtigte Elternteile und Personen, die nach Satz 1 Nr. 1 Buchstabe b und c Elternzeit nehmen können, bedürfen der Zustimmung des sorgeberechtigten Elternteils.

(1a) Anspruch auf Elternzeit haben Arbeitnehmerinnen und Arbeitnehmer auch, wenn sie mit ihrem Enkelkind in einem Haushalt leben und dieses Kind selbst betreuen und erziehen und

1. ein Elternteil des Kindes minderjährig ist oder
2. ein Elternteil des Kindes sich in einer Ausbildung befindet, die vor Vollendung des 18. Lebensjahres begonnen wurde und die Arbeitskraft des Elternteils im Allgemeinen voll in Anspruch nimmt.

Der Anspruch besteht nur für Zeiten, in denen keiner der Elternteile des Kindes selbst Elternzeit beansprucht.

(2) Der Anspruch auf Elternzeit besteht bis zur Vollendung des dritten Lebensjahres eines Kindes. Ein Anteil von bis zu 24 Monaten kann zwischen dem dritten Geburtstag und dem vollendeten achten Lebensjahr des Kindes in Anspruch genommen werden. Die Zeit der Mutterschutzfrist nach § 3 Absatz 2 und 3 des Mutterschutzgesetzes wird für die Elternzeit der Mutter auf die Begrenzung nach den Sätzen 1 und 2 angerechnet. Bei mehreren Kindern besteht der Anspruch auf Elternzeit für jedes Kind, auch wenn sich die Zeiträume im Sinne der Sätze 1 und 2 überschneiden. Bei einem angenommenen Kind und bei einem Kind in Vollzeit- oder Adoptionspflege kann Elternzeit von insgesamt bis zu drei Jahren ab der Aufnahme bei der berechtigten Person, längstens bis zur Vollendung des achten Lebensjahres des Kindes genommen werden; die Sätze 2 und 4 sind entsprechend anwendbar, soweit sie die zeitliche Aufteilung regeln. Der Anspruch kann nicht durch Vertrag ausgeschlossen oder beschränkt werden.

Hinweis der Redaktion: Zur Übertragung eines Jahres der Elternzeit auf ein anderes Kind siehe ⇨ Elterngeld / Elternzeit (Allgemeines). Der Vater kann die Elternzeit unmittelbar nach der Geburt, also bereits während der Mutterschutzfrist beginnen; er muss dies spätestens sieben Wochen vor dem errechneten Geburtstermin anmelden. Die Mutter kann ihre Elternzeit hingegen erst nach dem Ende der Mutterschutzfrist antreten.

(3) Die Elternzeit kann, auch anteilig, von jedem Elternteil allein oder von beiden Elternteilen gemeinsam genommen werden. Satz 1 gilt in den Fällen des Absatzes 1 Satz 1 Nr. 1 Buchstabe b und c entsprechend.

(4) Der Arbeitnehmer oder die Arbeitnehmerin darf während der Elternzeit nicht mehr als 32 Wochenstunden im Durchschnitt des Monats erwerbstätig sein. [...] Teilzeitarbeit bei einem anderen Arbeitgeber oder selbstständige Tätigkeit nach Satz 1 bedürfen der Zustimmung des Arbeitgebers. Dieser kann sie nur innerhalb von vier Wochen aus dringenden betrieblichen Gründen schriftlich ablehnen.

Hinweis der Redaktion: Für ab dem 1.9.2021 geborene Kinder sind für Tarifbeschäftigte 32 Zeitstunden möglich. In Deputatsstunden umgerechnet sind dies bei einem Regeldeputat von

25 Wochenstunden	höchstens 19,5 Wochenstunden,
26 Wochenstunden	höchstens 20 Wochenstunden,
27 Wochenstunden	höchstens 21 Wochenstunden,
28 Wochenstunden	höchstens 21,5 Wochenstunden,
31 Wochenstunden	höchstens 24 Wochenstunden.

Es ist jede Stundenzahl zwischen einer Stunde und der obigen Höchst-Stundenzahl möglich. Es ist dringend zu empfehlen, vor der Antragstellung die Beratung durch die Arbeitnehmervertretung beim Bezirkspersonalrat oder die Bezirksgeschäftsstelle der GEW in Anspruch zu nehmen.

(5) Der Arbeitnehmer oder die Arbeitnehmerin kann eine Verringerung der Arbeitszeit und ihre Verteilung beantragen. Über den Antrag sollen sich der Arbeitgeber und der Arbeitnehmer oder die Arbeitnehmerin innerhalb von vier Wochen einigen. Der Antrag kann mit der schriftlichen Mitteilung nach Absatz 7 Satz 1 Nr. 5 verbunden werden. Unberührt bleibt das Recht, sowohl die vor der Elternzeit bestehende Teilzeitarbeit unverändert während der Elternzeit fortzusetzen, soweit Absatz 4 beachtet ist, als auch nach der Elternzeit zu der Arbeitszeit zurückzukehren, die vor Beginn der Elternzeit vereinbart war.

(6) Der Arbeitnehmer oder die Arbeitnehmerin kann gegenüber dem Arbeitgeber, soweit eine Einigung nach Absatz 5 nicht möglich ist, unter den Voraussetzungen des Absatzes 7 während der Gesamtdauer der Elternzeit zweimal eine Verringerung seiner oder ihrer Arbeitszeit beanspruchen.

(7) Für den Anspruch auf Verringerung der Arbeitszeit gelten folgende Voraussetzungen:

1. Der Arbeitgeber beschäftigt, unabhängig von der Anzahl der Personen in Berufsbildung, in der Regel mehr als 15 Arbeitnehmer und Arbeitnehmerinnen,
2. das Arbeitsverhältnis in demselben Betrieb oder Unternehmen besteht ohne Unterbrechung länger als sechs Monate,
3. die vertraglich vereinbarte regelmäßige Arbeitszeit soll für mindestens zwei Monate auf einen Umfang von nicht weniger als 15 und nicht mehr als 32 Wochenstunden im Durchschnitt des Monats verringert werden,
4. dem Anspruch stehen keine dringenden betrieblichen Gründe entgegen und
5. der Anspruch auf Teilzeit wurde dem Arbeitgeber
   a) für den Zeitraum bis zum vollendeten dritten Lebensjahr des Kindes sieben Wochen und
   b) für den Zeitraum zwischen dem dritten Geburtstag und dem vollendeten achten Lebensjahr des Kindes 13 Wochen

   vor Beginn der Teilzeittätigkeit schriftlich mitgeteilt.

Der Antrag muss den Beginn und den Umfang der verringerten Arbeitszeit enthalten. Die gewünschte Verteilung der verringerten Arbeitszeit soll im Antrag angegeben werden. Falls der Arbeitgeber die beanspruchte Verringerung oder Verteilung der Arbeitszeit ablehnen will, muss er dies innerhalb von vier Wochen mit schriftlicher Begründung tun. Hat ein Arbeitgeber die Verringerung der Arbeitszeit

1. in einer Elternzeit zwischen der Geburt und dem vollendeten dritten Lebensjahr des Kindes nicht spätestens vier Wochen nach Zugang des Antrags oder
2. in einer Elternzeit zwischen dem dritten Geburtstag und dem vollendeten achten Lebensjahr des Kindes nicht spätestens acht Wochen nach Zugang des Antrags

schriftlich abgelehnt, gilt die Zustimmung als erteilt und die Verringerung der Arbeitszeit entsprechend den Wünschen der Arbeitnehmerin oder des Arbeitnehmers als festgelegt. Haben Arbeitgeber und Arbeitnehmerin oder Arbeitnehmer über die Verteilung der Arbeitszeit kein Einvernehmen nach Absatz 5 Satz 2 erzielt und hat der Arbeitgeber nicht innerhalb der in Satz 5 genannten Fristen die gewünschte Verteilung schriftlich abgelehnt, gilt die Verteilung der Arbeitszeit entsprechend den Wünschen der Arbeitnehmerin oder des Arbeitnehmers als festgelegt. Soweit der Arbeitgeber den Antrag auf Verringerung oder Verteilung der Arbeitszeit rechtzeitig ablehnt, kann die Arbeitnehmerin oder der Arbeitnehmer Klage vor dem Gericht für Arbeitssachen erheben.

§ 16

Inanspruchnahme der Elternzeit

(1) Wer Elternzeit beanspruchen will, muss sie

1. für den Zeitraum bis zum vollendeten dritten Lebensjahr des Kindes spätestens sieben Wochen und
2. für den Zeitraum zwischen dem dritten Geburtstag und dem vollendeten achten Lebensjahr des Kindesspätestens 13 Wochen

vor Beginn der Elternzeit schriftlich vom Arbeitgeber verlangen. Verlangt die Arbeitnehmerin oder der Arbeitnehmer Elternzeit nach Satz 1 Nummer 1, muss sie oder er gleichzeitig erklären, für welche Zeiten innerhalb von zwei Jahren Elternzeit genommen werden soll. Bei dringenden Gründen ist ausnahmsweise eine angemessene kürzere Frist möglich. Nimmt die Mutter die Elternzeit im Anschluss an die Mutterschutzfrist, wird die Zeit der Mutterschutzfrist nach § 3 Abs. 2 und 3 des Mutterschutzgesetzes auf den Zeitraum nach Satz 2 angerechnet. Nimmt die Mutter die Elternzeit im Anschluss an einen auf die Mutterschutzfrist folgenden Erholungsurlaub, werden die Zeit der Mutterschutzfrist nach § 3 Abs. 2 und 3 des Mutterschutzgesetzes und die Zeit des Erholungsurlaubs auf den Zweijahreszeitraum nach Satz 2 angerechnet. Jeder Elternteil kann seine Elternzeit auf drei Zeitabschnitte verteilen; eine Verteilung auf weitere Zeitabschnitte ist nur mit der Zustimmung des Arbeitgebers möglich.

Der Arbeitgeber kann die Inanspruchnahme eines dritten Abschnitts einer Elternzeit innerhalb von acht Wochen nach Zugang des Antrags aus dringenden betrieblichen Gründen ablehnen, wenn dieser Abschnitt im Zeitraum zwischen dem dritten Geburtstag und dem vollendeten achten Lebensjahr des Kindes liegen soll. Der Arbeitgeber hat dem Arbeitnehmer oder der Arbeitnehmerin die Elternzeit zu bescheinigen. Bei einem Arbeitgeberwechsel ist bei der Anmeldung der Elternzeit auf Verlangen des neuen Arbeitgebers eine Bescheinigung des früheren Arbeitgebers über bereits genommene Elternzeit durch die Arbeitnehmerin oder den Arbeitnehmer vorzulegen.

Hinweis der Redaktion: Die Inanspruchnahme der Elternzeit bedarf nicht der Zustimmung des Arbeitgebers. Das gilt auch für

Stichwort: Vor Elternzeit-Antrag beraten lassen

Bei der Entscheidung ob und wie man nach der Geburt eines Kindes weiterarbeiten soll ist nicht leicht. Es ist nicht nur zulässig, sondern sinnvoll, die günstigste Form zu wählen. Bisweilen geht es dabei um recht viel Geld. GEW-Mitglieder sollten deshalb die Erfahrung und Kompetenz unserer Bezirksgeschäftsstellen nutzen und sich beraten lassen. Die GEW rechnet beispielsweise die Auswirkungen auf die späteren Versorgungsbezüge aus und gibt Tipps für die Antragstellung.

den Fall, dass ein Anteil von bis zu 24 Monaten übertragen und erst zwischen dem dritten und achten Geburtstag des Kindes genommen werden soll. Dabei müssen zwar die oben unter Nrn. 1 und 2 genannten Fristen beachtet werden; eine frühere Ankündigung ist aber nicht erforderlich (Quelle: Nr. 4 der Durchführungshinweise des Finanzministeriums vom 3.12.2015).

(2) Können Arbeitnehmerinnen und Arbeitnehmer aus einem von ihnen nicht zu vertretenden Grund eine sich unmittelbar an die Mutterschutzfrist des § 3 Absatz 2 und 4 des Mutterschutzgesetzes anschließende Elternzeit nicht rechtzeitig verlangen, können sie dies innerhalb einer Woche nach Wegfall des Grundes nachholen.

(3) Die Elternzeit kann vorzeitig beendet oder im Rahmen des § 15 Absatz 2 verlängert werden, wenn der Arbeitgeber zustimmt. Die vorzeitige Beendigung wegen der Geburt eines weiteren Kindes oder in Fällen besonderer Härte, insbesondere bei Eintritt einer schweren Krankheit, Schwerbehinderung oder Tod eines Elternteils oder eines Kindes der berechtigten Person oder bei erheblich gefährdeter wirtschaftlicher Existenz der Eltern nach Inanspruchnahme der Elternzeit, kann der Arbeitgeber unbeschadet von Satz 3 nur innerhalb von vier Wochen aus dringenden betrieblichen Gründen schriftlich ablehnen.

Die Elternzeit kann zur Inanspruchnahme der Schutzfristen des § 3 des Mutterschutzgesetzes auch ohne Zustimmung des Arbeitgebers vorzeitig beendet werden; in diesen Fällen soll die Arbeitnehmerin dem Arbeitgeber die Beendigung der Elternzeit rechtzeitig mitteilen. Eine Verlängerung der Elternzeit kann verlangt werden, wenn ein vorgesehener Wechsel der Anspruchsberechtigten aus einem wichtigen Grund nicht erfolgen kann.

(4) Stirbt das Kind während der Elternzeit, endet diese spätestens drei Wochen nach dem Tod des Kindes.

(5) Eine Änderung in der Anspruchsberechtigung hat der Arbeitnehmer oder die Arbeitnehmerin dem Arbeitgeber unverzüglich mitzuteilen

§ 17
Urlaub

Hinweis der Redaktion: Bei tarifbeschäftigten Lehrkräften ist der Erholungsurlaub durch die Schulferien abgegolten. § 17 hat deshalb für sie in der Regel keine Bedeutung.

§ 18
Kündigungsschutz

(1) Der Arbeitgeber darf das Arbeitsverhältnis ab dem Zeitpunkt, von dem an Elternzeit verlangt worden ist, nicht kündigen. Der Kündigungsschutz nach Satz 1 beginnt

1. frühestens acht Wochen vor Beginn einer Elternzeit bis zum vollendeten dritten Lebensjahr des Kindes und
2. frühestens 14 Wochen vor Beginn einer Elternzeit zwischen dem dritten Geburtstag und dem vollendeten achten Lebensjahr des Kindes.

Während der Elternzeit darf der Arbeitgeber das Arbeitsverhältnis nicht kündigen. In besonderen Fällen kann ausnahmsweise eine Kündigung für zulässig erklärt werden. [...]

(2) Absatz 1 gilt entsprechend, wenn Arbeitnehmer oder Arbeitnehmerinnen

1. während der Elternzeit bei demselben Arbeitgeber Teilzeitarbeit leisten oder
2. ohne Elternzeit in Anspruch zu nehmen, Teilzeitarbeit leisten und Anspruch auf Elterngeld nach § 1 während des Zeitraums nach § 4 Absatz 1 Satz 2, 3 und 5 haben.

§ 19
Kündigung zum Ende der Elternzeit

Der Arbeitnehmer oder die Arbeitnehmerin kann das Arbeitsverhältnis zum Ende der Elternzeit nur unter Einhaltung einer Kündigungsfrist von drei Monaten kündigen.

§ 20
Zur Berufsbildung Beschäftigte, in Heimarbeit Beschäftigte

(1) Die zu ihrer Berufsbildung Beschäftigten gelten als Arbeitnehmer oder Arbeitnehmerinnen im Sinne dieses Gesetzes. Die Elternzeit wird auf Berufsbildungszeiten nicht angerechnet.[...]

§ 21
Befristete Arbeitsverträge

(1) Ein sachlicher Grund, der die Befristung eines Arbeitsverhältnisses rechtfertigt, liegt vor, wenn ein Arbeitnehmer oder eine Arbeitnehmerin zur Vertretung eines anderen Arbeitnehmers oder einer anderen Arbeitnehmerin für die Dauer eines Beschäftigungsverbotes nach dem Mutterschutzgesetz, einer Elternzeit, einer auf Tarifvertrag, Betriebsvereinbarung oder einzelvertraglicher Vereinbarung beruhenden Arbeitsfreistellung zur Betreuung eines Kindes oder für diese Zeiten zusammen oder für Teile davon eingestellt wird. ⇨ Tarifvertrag-Länder (TVL) § 11

(2) Über die Dauer der Vertretung nach Absatz 1 hinaus ist die Befristung für notwendige Zeiten einer Einarbeitung zulässig.

(3) Die Dauer der Befristung des Arbeitsvertrags muss kalendermäßig bestimmt oder bestimmbar oder den in den Absätzen 1 und 2 genannten Zwecken zu entnehmen sein.

(4) Der Arbeitgeber kann den befristeten Arbeitsvertrag unter Einhaltung einer Frist von mindestens drei Wochen, jedoch frühestens zum Ende der Elternzeit, kündigen, wenn die Elternzeit ohne Zustimmung des Arbeitgebers vorzeitig endet und der Arbeitnehmer oder die Arbeitnehmerin die vorzeitige Beendigung der Elternzeit mitgeteilt hat. Satz 1 gilt entsprechend, wenn der Arbeitgeber die vorzeitige Beendigung der Elternzeit in den Fällen des § 16 Abs. 3 Satz 2 nicht ablehnen darf.

(5) Das Kündigungsschutzgesetz ist im Falle des Absatzes 4 nicht anzuwenden.

(6) Absatz 4 gilt nicht, soweit seine Anwendung vertraglich ausgeschlossen ist. [...]

§ 28
Übergangsvorschrift

Für die vor dem 1. September geborenen [...] Kinder ist § 1 dieses Gesetz in der bis zum 31. August 2021geltenden Fassung weiter anzuwenden.

Hinweis der Redaktion: Abgedruckt im Jahrbuch 2021.

Hinweise der Redaktion zur Elternzeit der Arbeitnehmer*innen

Beschäftigungszeit / Stufenlaufzeit

Die Beschäftigungszeit nach § 34 TV-L läuft weiter.

Eine Unterbrechung wegen Elternzeit ist für die Stufenlaufzeit unschädlich, wird aber nicht angerechnet. ⇨ Tarifvertrag-Länder (TVL) § 17

Hinweis der Redaktion: Auch ein Sonderurlaub von mehr als drei Jahren zur Kinderbetreuung gilt als unschädlich, wenn die Voraussetzungen für einen Antrag auf Teilzeitbeschäftigung nach § 11 Abs. 1 Satz 1 Buchst. a TV-L gegeben sind und er die Höchstdauer eines entsprechenden Sonderurlaubs eines Beamten des Landes nach § 72, 73 LBG nicht überschreitet (Quelle: Durchführungshinweise des MFW vom 3.12.2015 Nr. 10).

Jahres-Sonderzahlung

Der Anspruch auf die Sonderzahlung vermindert sich um ein Zwölftel für jeden Kalendermonat, in dem kein Anspruch auf Entgelt oder Fortzahlung des Entgelts nach § 21 besteht. Diese Verminderung unterbleibt für Kalendermonate, für die Beschäftigte wegen Inanspruchnahme der Elternzeit nach dem Bundeserziehungsgeldgesetz kein Tabellenentgelt erhalten haben, bis zum Ende des Kalenderjahres, in dem das Kind geboren ist, wenn am Tag vor Antritt der Elternzeit Anspruch auf Entgelt oder auf Zuschuss zum Mutterschaftsgeld bestanden hat. Wird nach Ablauf des Kalenderjahres nach der Geburt während der Elternzeit eine elterngeldunschädliche Teilzeitbeschäftigung ausgeübt, ist für die Höhe der Jahressonderzahlung grundsätzlich deren Umfang maßgebend. ⇨ Tarifvertrag-Länder (TV-L) § 20 Abs. 4

Krankenversicherung/Beihilfe

In der gesetzlichen Krankenversicherung pflichtversicherte Arbeitnehmer*innen bleiben während der Elternzeit beitragsfrei Mitglied ihrer Krankenkasse. Während der Elternzeit besteht keine Beihilfeberechtigung.

⇨ Beihilfe (Arbeitnehmer*innen); ⇨ Krankenversicherung

Betriebliche Altersversorgung

Die Pflichtversicherung bei der VBL bleibt erhalten. Da in der Elternzeit kein Entgelt gezahlt wird, werden weder Umlagen noch Beiträge zur VBL fällig. Es werden aber Versorgungspunkte für höchstens 36 Monate je Kind gutgeschrieben.

⇨ Renten und Ruhestand (Arbeitnehmer*innen)

Wird während der Elternzeit eine elterngeldunschädliche Teilzeitbeschäftigung ausgeübt, werden lediglich die Versorgungspunkte aus der Teilzeitbeschäftigung, nicht aber für die Kindererziehung gutgeschrieben. Eine eventuelle Vereinbarung zur ⇨ Entgeltumwandlung ruht in der Elternzeit.

Vermögenswirksame Leistungen

Sie stehen in der Elternzeit nicht zu (außer es wird z.B. bei Beendigung der Elternzeit im Laufe eines Kalendermonats für diesen Monat Entgelt gezahlt).

Jubiläumsgeld

Da die Beschäftigungszeit (§ 34 Absatz 3 TV-L) weiterläuft, werden Zeiten der Inanspruchnahme einer Elternzeit auf die Jubiläumsdienstzeit angerechnet.

⇨ Beihilfe (Arbeitnehmer*innen); ⇨ Elternzeit (Allgemeines); ⇨ Elternzeit (Beamt*innen – AzUVO); ⇨ Krankenversicherung; ⇨ Mutterschutz (Verordnung); ⇨ Probezeit (Arbeitnehmer*innen); ⇨ Sozialversicherung (Beiträge); ⇨ Tarifvertrag-Länder (TV-L) §§ 17 und 20; ⇨ Teilzeit/Urlaub

Elternzeit (Beamt*innen)

Auszug (5. Abschnitt – Elternzeit) aus der Arbeitszeit- und Urlaubsverordnung (AzUVO) vom 12. November 2020 (GBl. S. 1050/2020); berichtigt 28. November 2021 (GBl. S. 379/2021)

§ 40
Anspruch auf Elternzeit

(1) Beamtinnen und Beamte haben Anspruch auf Elternzeit ohne Bezüge, wenn sie

1. mit
   a) ihrem Kind,
   b) einem Kind, für das sie die Anspruchsvoraussetzungen nach § 1 Abs. 3 oder 4 des Bundeselterngeld- und Elternzeitgesetzes (BEEG) erfüllen, oder

   Hinweis der Redaktion: Zu § 1 Abs. 3-4 BEEG Hinweis bei ⇨ Elternzeit (Arbeitnehmer*innen) § 15 beachten.

   c) einem Kind, das sie in Vollzeitpflege nach § 33 des Achten Buches Sozialgesetzbuch (SGB VIII) aufgenommen haben,

   in einem Haushalt leben und
2. dieses Kind selbst betreuen und erziehen.

Hinweis der Redaktion: Dies kann auch das Kind des bzw. der Lebensgefährt*in sein oder eine Nichte bzw. ein Enkelkind, deren Eltern diese wegen schwerer Erkrankung oder Schwerbehinderung nicht betreuen können.

Nicht sorgeberechtigte Elternteile und Personen, die nach Satz 1 Nr. 1 Buchst. b und c Elternzeit nehmen können, bedürfen der Zustimmung des sorgeberechtigten Elternteils. ⇨ Elternzeit (Allgemeines)

(1a) Anspruch auf Elternzeit ohne Bezüge haben Beamtinnen und Beamte auch, wenn sie mit ihrem Enkelkind in einem Haushalt leben und dieses Kind selbst betreuen und erziehen und

1. ein Elternteil des Kindes minderjährig ist oder
2. ein Elternteil des Kindes sich in einer Ausbildung befindet, die vor Vollendung des 18. Lebensjahres begonnen wurde und die Arbeitskraft des Elternteils im Allgemeinen voll in Anspruch nimmt.

Der Anspruch besteht nur für Zeiten, in denen keiner der Elternteile des Kindes selbst Elternzeit beansprucht.

(2) Der Anspruch auf Elternzeit besteht bis zur Vollendung des dritten Lebensjahres eines Kindes. Ein Anteil der Elternzeit von bis zu 24 Monaten für jedes Kind ist auf die Zeit vom dritten Geburtstag bis zur Vollendung des achten Lebensjahres übertragbar. Die Zeit des Beschäftigungsverbots nach § 32 Abs. 2 oder nach § 3 Abs. 2 MuSchG (Mutterschutzfrist) wird für die Elternzeit der Mutter auf die Begrenzung nach Satz 1 und 2 angerechnet. Bei mehreren Kindern besteht der Anspruch auf Elternzeit für jedes Kind, auch wenn sich die Zeiträume nach Satz 1 und 2 überschneiden.

⇨ Mutterschutz (Verordnung)

Hinweis der Redaktion: Zu Übertragung von Elternzeit auf ein anderes Kind siehe ⇨ Elterngeld / Elternzeit (Allgemeines).

(3) Bei einem angenommenen Kind und bei einem Kind in Vollzeit- oder in Adoptionspflege besteht ein Anspruch auf Elternzeit von insgesamt bis zu drei Jahren ab der Aufnahme bei der berechtigten Person, längstens bis zur Vollendung des achten Lebensjahres des Kindes. Absatz 2 Satz 2 und 4 gilt entsprechend.

(4) Die Elternzeit kann, auch anteilig, von jedem Elternteil allein oder von beiden Elternteilen gemeinsam genommen werden. Satz 1 gilt in den Fällen des Absatzes 1 Satz 1 Nr.1 Buchst. b und c entsprechend.

§ 41
Inanspruchnahme

(1) Die Elternzeit muss

1. für den Zeitraum bis zum vollendeten dritten Lebensjahr des Kindes spätestens sieben Wochen und
2. für den Zeitraum zwischen dem dritten Geburtstag und dem vollendeten achten Lebensjahr des Kindes spätestens 13 Wochen

vor Beginn schriftlich oder elektronisch beantragt werden. Bei Vorliegen dringender Gründe ist ausnahmsweise eine angemessene kürzere Frist möglich. Kann eine sich unmittelbar an die Mutterschutzfrist anschließende Elternzeit aus einem von der Mutter nicht zu vertretenden Grund nicht rechtzeitig beantragt werden, so kann dies innerhalb einer Woche nach Wegfall des Grundes nachgeholt werden.

(2) Bei der Beantragung von Elternzeit nach Absatz 1 Satz 1 Nummer 1 ist anzugeben, für welche Zeiträume innerhalb von zwei Jahren die Elternzeit beantragt wird. Nimmt die Mutter die Elternzeit im Anschluss an die Mutterschutzfrist, wird die Zeit der Mutterschutzfrist auf den Zweijahreszeitraum nach Satz 1 angerechnet. Nimmt die Mutter die Elternzeit im Anschluss an einen auf die Mutterschutzfrist folgenden Erholungsurlaub, werden die Zeit der Mutterschutzfrist und die Zeit des Erholungsurlaubs auf den Zweijahreszeitraum nach Satz 1 angerechnet.

(3) Jeder Elternteil kann seine Elternzeit auf drei Zeitabschnitte verteilen. Eine Verteilung auf weitere Zeitabschnitte ist nur mit Zustimmung der Bewilligungsbehörde möglich. Die Bewilligungsbehörde kann die Inanspruchnahme eines dritten Abschnitts einer Elternzeit bei Entgegenstehen zwingender dienstlicher Belange ablehnen, wenn dieser Abschnitt im Zeitraum zwischen dem dritten Geburtstag und dem vollendeten achten Lebensjahr des Kindes liegen soll.

(4) Bei beamteten Lehrkräften sowie beamteten hauptberuflich tätigen Mitgliedern von Hochschulen mit Lehrverpflichtungen sind Unterbrechungen der Elternzeit, die überwiegend auf die Ferien oder die vorlesungsfreie Zeit entfallen, nicht zulässig; bei Beginn und Ende der Elternzeit dürfen Ferien oder die vorlesungsfreie Zeit nicht ausgespart werden. Ein der Beamtin oder dem Beamten zustehender Erholungsurlaub kann jedoch innerhalb des Kalenderjahres in Anspruch genommen werden.

Hinweise der Redaktion:

1. Für vor dem 1. Juli 2015 geborene oder mit dem Ziel der Adoption aufgenommene Kinder gelten §§ 40 und 41 AzUVO in der bis zum 30. Juni 2015 geltenden Fassung.
2. Das KM hat zu einem möglichen „Missbrauch" dieser Regelung Folgendes ausgeführt (Schreiben vom 2.6.2008; AZ: 14-5513/95 i.V.m. Schreiben vom 17. April 2009; AZ: 14-5513/95):

„Als Ferien im Sinne des § 41 Abs. 4 AzUVO zählen die Sommerferien, die Weihnachtsferien und die Pfingstferien, nicht hingegen die Oster- und Herbstferien sowie die beweglichen Ferientage. Diese Feststellung gilt nur beim Aussparen, nicht beim Unterbrechen der Elternzeit. – Die Elternzeit hat im Gegensatz zu sonstigen Beurlaubungen keinen zeitlich fixierten Beginn und kein zeitlich fixiertes Ende. Ein Missbrauch ist deshalb in der Weise möglich, dass Lehrkräfte eine Arbeitsphase gezielt auf die Schulferien legen, d.h. sie erhalten volle Bezüge, ohne zur Dienstleistung herangezogen zu werden."

Unter Berücksichtigung der aktuellen Rechtsprechung haben sich die Regierungspräsidien auf folgende Verwaltungspraxis verständigt:

- Elternzeit wird unabhängig von der Aufteilung der Elterngeldmonate zwischen den Eltern bewilligt, wenn die Höchstdauer des Elterngeldes oder des Elterngeldes plus ausgeschöpft wird. In diesen Fällen liegt grundsätzlich kein Verstoß gegen das Verbot des Aussparens und des Unterbrechens vor.
- Bei Anträgen ohne Ausschöpfung der maximalen Elterngeldbezugsfrist gilt das Verbot des Aussparens und des Unterbrechens von Ferienzeiten gemäß § 41 Abs. 4 AzUVO. Folglich ist in diesen Fällen vom Beginn der Sommerferien ein Abstand von mindestens 3 Wochen einzuhalten. Von anderen Ferien bedarf es keines Abstands.
- Das Verbot des Unterbrechens (bezogen auf beide Elternteile) ist bei Sommer-, Pfingst- und Weihnachtsferien zu beachten.
- Volle Jahre Elternzeit sind privilegiert (kein Missbrauch, kein Verstoß). Bei mehreren, direkt aneinandergereihten Elternzeitteilen ist die Gesamtdauer maßgebend. Auf die Dauer der einzelnen Zurechnungen zu verschiedenen Kindern kommt es nicht an.
- Die Unterbrechung von Elternzeit, z.B. für Mutterschutz, führt zwingend zu einem weiteren Elternzeitabschnitt im Sinne von § 41 Abs. 3 AzUVO.

§ 42
Teilzeitbeschäftigung

(1) Während der Elternzeit ist Beamtinnen und Beamten mit Dienstbezügen auf Antrag eine Teilzeitbeschäftigung in ihrem Beamtenverhältnis mit mindestens der Hälfte der regelmäßigen Arbeitszeit, höchstens mit 30 Stunden wöchentlich zu bewilligen, wenn zwingende dienstliche Belange nicht entgegenstehen. Die Teilzeitbeschäftigung nach Satz 1 kann auch mit weniger als der Hälfte, mindestens

aber einem Viertel der regelmäßigen Arbeitszeit bewilligt werden, wenn dies im Interesse des Dienstherrn liegt. Im Schuldienst an öffentlichen Schulen tritt an die Stelle der wöchentlichen Arbeitszeit nach Satz 1 und 2 die entsprechende Pflichtstundenzahl.

Hinweise der Redaktion:

1. Die Erhöhung für Arbeitnehmer*innen im Bundeselternzeitgesetz auf 32 Stunden wurde bisher nicht für Beamt*innen übernommen. Die Höchstgrenze von 30 Stunden und die Untergrenze von 1/4 der regelmäßigen Arbeitszeit bedeuten für beamtete Lehrkräfte je nach Regelstundenmaß:

Regeldeputat	mindestens	höchstens
25 WStd.	6,5 WStd.	18 WStd.
26 WStd.	6,5 WStd.	19 WStd.
27 WStd.	7 WStd.	19,5 WStd.
28 WStd.	7 WStd.	20 WStd.
31 WStd.	8 WStd.	22,5 WStd.

2. Unterhälftige Teilzeit oder Erhöhungen oder Absenkungen der zu Beginn der Elterzeit genehmigten Teilzeit, die nachträglich bei bereits laufender Elternzeit beantragt werden, sollen grundsätzlich mit Beginn des 1. Schultags nach den Sommerferien oder zum 1. Geburtstag des Kindes bewilligt werden.

   Mindestens hälftige Teilzeit kann zu jedem anderen Zeitpunkt bewilligt werden. Dies gilt jedoch nicht bei Anfangszeitpunkt in den Schulferien, wenn anschließend reduziert wird.

   Für die Änderung des Beschäftigungsumfangs während der Elternzeit gelten die Antragsfristen des § 41 Abs. 1 der AzUVO.
3. Bei einer Aufnahme von Teilzeit während der Elternzeit ab dem 1. April eines Jahres und bei Fortführung dieser Teilzeit nach den Sommerferien wird die Teilzeit durchgehend über die Sommerferien hinweg bewilligt.

(2) Mit Genehmigung der zuständigen Stelle darf eine Teilzeitbeschäftigung

1. im Arbeitnehmerverhältnis beim eigenen Dienstherrn im Umfang von bis zu 30 Stunden wöchentlich oder
2. in einem sonstigen Arbeitnehmerverhältnis oder als selbstständige Tätigkeit
   a) im Umfang von bis zu zehn Stunden wöchentlich oder
   b) im Umfang von bis zu 30 Stunden wöchentlich, wenn der eigene Dienstherr eine Teilzeitbeschäftigung nach Absatz 1 Satz 2 im beantragten Umfang ablehnt oder keine dem Amt der Beamtin oder des Beamten entsprechende Teilzeitbeschäftigung nach Nummer 1 im beantragten Umfang anbietet, oder
   c) als geeignete Tagespflegeperson im Sinne von § 23 SGB VIII zur Betreuung von bis zu fünf Kindern

nach Maßgabe der nebentätigkeitsrechtlichen Bestimmungen ausgeübt werden. Absatz 1 Satz 3 gilt entsprechend.

➪ Beamtengesetz (LBG) §§ 69 ff.; ➪ Teilzeit / Urlaub

§ 43
Verlängerung

Die Elternzeit kann im Rahmen des § 40 Abs. 2 und 3 verlängert werden, wenn die Bewilligungsbehörde zustimmt. Die Elternzeit ist auf Antrag zu verlängern, wenn ein vorgesehener Wechsel der Inanspruchnahme der Elternzeit unter den Berechtigten aus wichtigem Grund nicht erfolgen kann.

§ 44
Vorzeitige Beendigung

(1) Die Elternzeit kann vorzeitig beendet werden, wenn die Bewilligungsbehörde zustimmt. Die vorzeitige Beendigung wegen der Geburt eines weiteren Kindes oder wegen eines besonderen Härtefalls, insbesondere bei Eintritt einer schweren Krankheit, Schwerbehinderung oder Tod eines Elternteils oder eines Kindes der berechtigten Person oder bei erheblich gefährdeter wirtschaftlicher Existenz der Eltern nach Inanspruchnahme der Elternzeit, kann nur innerhalb von vier Wochen nach der Antragstellung aus dringenden dienstlichen Gründen abgelehnt werden. Die Elternzeit kann zur Inanspruchnahme der Beschäftigungsverbote nach § 32 auch ohne Zustimmung der Bewilligungsbehörde vorzeitig beendet werden..

Hinweis der Redaktion: Wird während der Elternzeit ein weiteres Kind geboren, kann (sollte) die Beschäftigte die Elternzeit entweder beenden, sobald die „Mutterschutzfrist“ beginnt, oder sie unterbrechen und nach Ablauf der Mutterschutzfrist fortsetzen, denn dann wird in der Phase der Beschäftigungsverbote (sechs Wochen vor, acht Wochen nach der Geburt sowie am Entbindungstag) wieder das vor Beginn der Elternzeit zustehende Gehalt gezahlt und es besteht Beihilfeberechtigung. Auch wenn die Beschäftigte eine Teilzeitbeschäftigung während der Elternzeit mit geringerem Deputatsumfang vereinbart hat, ist die Bezugsgröße für die „Lohnfortzahlung“ während der Mutterschutzfrist das Deputat vor Beginn der Elternzeit.

➪ Mutterschutz (Verordnung) § 32 Absatz 2 und § 34 Absatz 1

(2) Stirbt das Kind während der Elternzeit, endet diese spätestens drei Wochen nach dem Tod des Kindes.

(3) Änderungen der Voraussetzungen oder der Inanspruchnahme von Elternzeit sind der Bewilligungsbehörde unverzüglich mitzuteilen.

§ 45
Entlassung

Während der Elternzeit ohne Bezüge darf eine Entlassung nach § 23 Absatz 3 oder 4 BeamtStG oder § 30 Absatz 2 BeamtStG gegen den Willen der Beamtin oder des Beamten nicht ausgesprochen werden. § 37 Absatz 2 gilt entsprechend.

§ 46
Krankenfürsorge

(1) Soweit in Absatz 2 nichts anderes bestimmt ist, wird während der Elternzeit Krankenfürsorge in Form des prozentualen Krankheitskostenersatzes entsprechend den Beihilfevorschriften gewährt, sofern Beihilfe nicht bereits aufgrund einer Teilzeitbeschäftigung unmittelbar gewährt wird. [...]

➪ Beihilfeverordnung

§ 47
Erstattung von Kranken- und Pflegeversicherungsbeiträgen

(1) Beamtinnen und Beamten werden auf Antrag während der Elternzeit die Beiträge für eine die Beihilfe ergänzende Krankheitskosten- und Pflegeversicherung nach Maßgabe der Absätze 2 bis 4 erstattet, wenn die maßgeblichen Bezüge der Beamtin oder des Beamten vor Beginn der Elternzeit die Versicherungspflichtgrenze in der gesetzlichen

Krankenversicherung nicht überschritten haben. § 39 Satz 3 und 4 gilt entsprechend.
➪ Sozialversicherung (Beiträge)

(2) Besteht ein Anspruch auf Leistungen nach § 46 Abs. 1, werden Beiträge für die eigene Versicherung und die Versicherung der Kinder den

1. [...] Beamtinnen und Beamten auf Widerruf im Vorbereitungsdienst [...] bis zu einem Betrag von 120 Euro für den vollen Monat,
2. anderen Beamtinnen und Beamten [...] bis zu einem Betrag von 42 Euro für den vollen Monat

erstattet.[...]

Hinweis der Redaktion: Der Erstattungsantrag (Formular 509) ist online auf der Homepage des Landesamts für Besoldung und Versorgung abrufbar: https://lbv.landbw.de/vordrucke.

(4) § 4 Abs. 3 LBesGBW gilt entsprechend. Eine Beitragserstattung erfolgt nicht, solange eine Teilzeitbeschäftigung nach § 42 mit mindestens der Hälfte der regelmäßigen Arbeitszeit ausgeübt wird. Nehmen die Eltern gemeinsam Elternzeit, steht der Anspruch auf Beitragserstattung nur dem Elternteil zu, bei dem das Kind im Familienzuschlag berücksichtigt wird oder berücksichtigt werden soll.

Hinweis der Redaktion: Für Entscheidungen über Elternzeit ist bei Lehrkräften an GHWRGS-Schulen das Staatliche Schulamt zuständig, bei Entscheidungen nach § 42 Abs. 4 das Regierungspräsidium im Benehmen mit dem Staatlichen Schulamt; für alle anderen Lehrkräfte ist das Regierungspräsidium zuständig.

Hinweise der Redaktion zur Elternzeit von beamteten Lehrkräften

1.
Dienstbezüge

Die Elternzeit ist ein Urlaub ohne Dienstbezüge. Nur bei Teilzeitbeschäftigung während der Elternzeit werden neben dem Elterngeld anteilige Dienstbezüge gezahlt. ➪ Besoldung (Gehälter).

2.
Beförderung

Zeiten der tatsächlich in Anspruch genommenen Elternzeit im Umfang von bis zu drei Jahren pro Kind wirken sich beim Beförderungsverfahren (Oberstudienrat*rätin bzw. Technische/r Oberlehrer*in oder Fachoberlehrer*in) nicht nachteilig aus.

3.
Beförderungswartezeit (§ 49 Abs. 5 LVO)

Die Elternzeit wird nicht angerechnet.

4.
Auswirkungen auf das Ruhegehalt

Elternzeit wird für die Berechnung Wartezeit voll angerechnet. ➪ Beamtenversorgung (Wartezeit)

Für ein nach dem 31. 12.1991 geborenes leibliches oder adoptiertes Kind oder Stiefkind oder Pflegekind erhöht sich das nach § 27 Abs. 1 berechnete Ruhegehalt des Beamten um einen Kinderzuschlag. Dies gilt nicht, wenn der Beamte oder die Beamtin wegen der Erziehung des Kindes in der gesetzlichen Rentenversicherung versicherungspflichtig war (§ 3 Satz 1 Nr. 1 SGB VI) und die allgemeine Wartezeit für eine Rente in der gesetzlichen Rentenversicherung erfüllt ist.

Der Kinderzuschlag zum Ruhegehalt (pro Kind ab 1.1.2021: 104,62 Euro) wird für die ersten 36 Kalendermonate nach Geburt des Kindes gewährt. Die Eltern können eine anteilige Zuordnung des Zuschlags bestimmen.

Die Elternzeit für ein bis zum 31.12.1991 geborenes Kind ist bis zu dem Tag ruhegehaltfähig, an dem das Kind den 6. Lebensmonat vollendet. Die darüber hinausgehende Zeit ist nicht ruhegehaltfähig. Das um den Kinderzuschlag erhöhte Ruhegehalt darf nicht höher sein als das Ruhegehalt, das sich unter Berücksichtigung des Höchstruhegehaltssatzes ergeben würde.

5.
Beihilfen

Auf den Krankenfürsorgeanspruch (§ 46) kann nicht verzichtet werden; eine Familien-Mitversicherung – z.B. über die Krankenkasse des Ehepartners – ist in der Regel nicht möglich. Der Zusatzbetrag für Wahlleistungen im Krankenhaus (22 Euro) entfällt in der Elternzeit. Auf Antrag kann ein Zuschuss zu den Kosten der privaten Krankenversicherung gezahlt werden.

6.
Entlassung

Während der Elternzeit dürfen Beamt*innen auf Probe oder auf Widerruf gegen deren Willen nicht entlassen werden, es sei denn es liegt ein Sachverhalt vor, bei dem Beamtinnen bzw. Beamte auf Lebenszeit durch förmliches Disziplinarverfahren aus dem Dienst zu entfernen wären.

➪ Beamtengesetz (LBG) §§ 69 ff.; ➪ Beamtenstatusgesetz; ➪ Beamtenversorgung (Wartezeit); ➪ Beihilfe; ➪ Besoldung (Gehälter); ➪ Besoldungsgesetz (LBesGBW); ➪ Elternzeit (Allgemeines); ➪ Mutterschutz (Verordnung / AzUVO); ➪ Probezeit; ➪ Ruhestand; ➪ Teilzeit/Urlaub

Stichwort: Versorgungsauskunft online

Über das Kundenportal beim Landesamt für Besoldung und Versorgung kann man einfach und schnell online errechnen lassen, welche Auswirkungen geplante Teilzeitarbeit oder vorzeitige Pensionierung auf Antrag auf die Altersversorgung hat. Für die Nutzung muss man sich beim Kundenportal anmelden, denn der „Versorgungsrechner" verwendet die beim Landesamt hinterlegten Daten der Beschäftigten. Der Ausdruck listet alle beim LBV erfassten Daten auf, die der Berechnung zugrunde liegen. Mehr zur Feststellung der voraussichtlichen Pension steht im Beitrag ➪ Beamtenversorgung (Berechnung) .

Entgeltumwandlung

Informationen der Redaktion zur Rechtslage und zur Verwaltungspraxis in Baden-Württemberg

1.
Arbeitnehmerinnen und Arbeitnehmer

Aufgrund des Tarifvertrags zur Entgeltumwandlung können Beschäftigte mit dem Arbeitgeber vereinbaren, dass ein Teil ihrer Bruttobezüge (Gehalt und Sonderzahlungen bis zu 4 % der Beitragsbemessungsgrenze in der gesetzlichen Rentenversicherung) in eine wertgleiche Anwartschaft auf eine Zusatzrente umgewandelt wird, indem dieser als Beitrag in eine betriebliche Altersversorgung eingezahlt wird („*Entgeltumwandlungsvereinbarung*").

Die umgewandelten Entgelte sind steuer- und sozialversicherungsfrei. Die Umwandlung hat mindestens für ein Jahr zu erfolgen, im begründeten Einzelfall auch kürzer. Sie ist in der Regel mit einer Vorlaufzeit von mindestens zwei Monaten auf dem Dienstweg bei der Versorgungsanstalt des Bundes und der Länder zu beantragen (Download des Antragsformulars FV3 oder FV13 unter www.vbl.de).

2.
Beamtinnen und Beamte

Beamt*innen können auf ihre gesetzliche Besoldung weder ganz noch teilweise verzichten. Hiervon sind nur ➪ Vermögenswirksame Leistungen, die Leistungen zum Aufbau einer privaten Altersvorsorge (Riester-Rente) sowie das „Job-Rad" (s.u.) ausgenommen.

3.
Job-Rad nur für Beamt*innen

Beamt*innen des Landes können Fahrräder, E-Bikes oder Pedelecs im Rahmen einer Entgeltumwandlung zur privaten Nutzung leasen („JobBike BW"). Die Monatsrate wird direkt vom jeweiligen Bruttogehalt abgezogen. Damit sinken die zu versteuernden Einkünfte entsprechend. Diese Möglichkeit ist für Arbeitnehmer*innen im Landesdienst mangels einer tarifvertraglichen Regelung bisher nicht gegeben.

Mehr hierzu steht unter: ➪ Job-Rad und Job-Ticket.

➪ Besoldungsgesetz § 3 Abs. 3; ➪ Job-Rad und Job-Ticket; ➪ Renten und Ruhestand (Arbeitnehmer*innen); ➪ Sozialversicherung (Beiträge); ➪ Tarifvertrag-Länder (TV-L); ➪ Vermögenswirksame Leistungen

Ermessen

Informationen der Redaktion zur Rechtslage und zur Verwaltungspraxis in Baden-Württemberg

Im juristischen Sprachgebrauch ist vom (pflichtgemäßen dienstlichen) *Ermessen* die Rede, wenn zwischen verschiedenen Verhaltensweisen ausgewählt werden kann, wenn also eine Entscheidung getroffen werden muss, ob und gegebenenfalls welche Reaktion ein bestimmter Sachverhalt notwendig macht. Dabei ist zu unterscheiden zwischen

- der Feststellung eines **Sachverhaltes**,
- der Zuordnung dieses Sachverhaltes zu einem gesetzlichen **Tatbestand** und
- der Auswahl einer **Rechtsfolge**.

Nur die letzte Stufe ist die Ermessensentscheidung.

Bevor es zur Ausübung des Ermessens kommt, muss wahrgenommen werden, dass überhaupt eine Entscheidung notwendig ist. Im Schulbereich ist diese „Wahrnehmung" häufig stark formalisiert: Nachdem z.B. eine Klassenarbeit geschrieben worden ist, muss sie benotet werden, am Ende des Schuljahres ist über die Versetzung der Schüler in die nächsthöhere Klassenstufe zu entscheiden etc. Eine Entscheidung ist jedoch auch notwendig, wenn eine Lehrkraft bemerkt, dass eine Schülerin oder ein Schüler sich auffällig verhält oder gegen Regeln verstößt.

Auf der nächsten Stufe des Verfahrens muss die Wahrnehmung bestimmten Normen zugeordnet werden: Die Leistungen einer Schülerin sind anhand der Notenbildungsverordnung zu bewerten oder das Verhalten eines Schülers muss darauf überprüft werden, ob es ein „*Fehlverhalten*" ist, das die Erfüllung der Aufgabe der Schule oder die Rechte anderer gefährdet. ➪ Schulgesetz § 90 Abs. 6

In diesen Normen werden Begriffe verwendet, deren Inhalt sich juristischen Laien (Lehrkräften, Schulleiter*innen und pädagogischen Schulaufsichtsbeamten) nicht ohne weiteres erschließt:

- Wann entspricht eine Leistung „*den Anforderungen in besonderem Maße*", wann „*im Allgemeinen*"?
- Handelt es sich bei einem bestimmten Verhalten einer Schülerin um eine „*Gefährdung*" des Auftrages der Schule oder nur um eine – hinnehmbare – Störung des Unterrichts?

Normalerweise behält die Rechtsprechung sich das Recht vor, die Auslegung solcher „*unbestimmten Rechtsbegriffe*" durch die Norm-Anwender umfassend zu kontrollieren. Im Schulbereich gilt dieser Grundsatz aber nur eingeschränkt: Bei den Prüfungsentscheidungen und bei sonstigen pädagogischen Entscheidungen wurde den Lehrkräften ein „*Beurteilungsspielraum*" zugebilligt, innerhalb dessen sie frei entscheiden können. Ein solcher Beurteilungsspielraum ist allerdings jedenfalls dann kaum zu rechtfertigen, wenn es um Abschlusszeugnisse geht, die für den Zugang zu einem bestimmten Beruf entscheidend sind (Freiheit der Berufswahl gemäß ➪ Grundgesetz Art. 12). Dies hat zu einer weiteren Formalisierung der Verfahren geführt: Durch exakte Protokollierung und strikte Einhaltung der Verfahrensvorschriften müssen die schulischen Entscheidungen justiziabel gemacht werden. Siehe auch ➪ Pädagogische Freiheit und ➪ Verwaltungsrecht.

Bei den eigentlichen pädagogischen Entscheidungen ist trotzdem nach wie vor davon auszugehen, dass den Lehrkräften ein Beurteilungsspielraum zusteht, da (nur) sie den zu beurteilenden Sachverhalt aus eigener Anschauung kennen.

Ob eine Ermessensentscheidung getroffen werden muss, bestimmt sich nach der anzuwendenden Rechtsnorm. Dort ist nur selten ausdrücklich von der *„pflichtgemäßen Ermessensausübung"* die Rede. Die Verwendung der Begriffe *„kann"*, *„soll"*, *„darf"*, *„in der Regel"* etc. zeigt jedoch an, dass eine Ermessensentscheidung getroffen werden muss. Hierzu bitte auch den Beitrag ➪ Juristische Terminologie beachten.

Hierfür einige Beispiele:

- Genügen die Leistungen an sich den Anforderungen für die Versetzung in die nächsthöhere Klasse nicht, so *„kann"* die Versetzungskonferenz nach § 1 Abs. 3 der Versetzungsordnung dennoch mit 2/3-Mehrheit versetzen, es ist also eine Ermessensentscheidung möglich.
- Wurde ein bestimmtes Verhalten als Gefährdung des Erziehungsauftrags der Schule bewertet, so ist eine Ermessensentscheidung darüber notwendig, ob und ggf. welche der in ➪ Schulgesetz § 90 genannten Maßnahmen ergriffen werden sollte.
- **Kein** Ermessen besteht jedoch, wenn eine Lehrkraft unbestimmte Rechtsbegriffe ausfüllt, also z.B. eine Leistung als *„den Anforderungen in besonderem Maße"* entsprechend beurteilt: Dann **muss** sie aufgrund der ➪ Notenbildungsverordnung die Note *„sehr gut"* erteilen.

Damit ist jedoch die Ausübung des Ermessens der gerichtlichen Überprüfung nicht entzogen. Jede Ermessensentscheidung kann daraufhin untersucht werden, ob die Grenzen des Ermessens gewahrt wurden; dabei überprüfen die Gerichte jedoch nur die *Recht*mäßigkeit der jeweiligen Amtshandlung, nicht aber deren *Zweck*mäßigkeit. Dennoch kann es vorkommen, dass in einer bestimmten Situation nur eine einzige Möglichkeit für eine ermessensfehlerfreie Entscheidung besteht.

Diese Ermessensbindung folgt aus dem Grundsatz der Gleichbehandlung. Juristische Laien leiten aus diesem Grundsatz häufig ab, dass **alle** Sachverhalte oder Personen völlig gleich behandelt werden müssten. Tatsächlich verlangt der Gleichbehandlungsgrundsatz aber nur, dass nicht grundlos differenziert wird. So muss z.B. bei der Ermessensentscheidung über die Verhängung einer Erziehungs- und Ordnungsmaßnahme (§ 90 Schulgesetz) berücksichtigt werden, dass sich ein Schüler erst seit kurzem in Deutschland aufhält und daher mit den hiesigen Gebräuchen noch nicht vertraut ist. Zeigt sich, dass sein Fehlverhalten „kulturell bedingt" ist, kommt bei diesem Schüler eventuell nicht eine Sanktion in Frage, wie sie bei einem hier aufgewachsenen Schüler angemessen wäre, sondern es genügt eine pädagogische Erziehungsmaßnahme (Belehrung, Ermahnung), um ihm ein angemessenes Verhalten nahezubringen. Allerdings dürfen die Lehrkräfte sich nicht von (positiven wie negativen) Vorurteilen über fremde Kulturen leiten lassen. Vielmehr müssen sie die Beweggründe des Schülers erforschen.

Die Erziehungs- und Ordnungsmaßnahmen nach § 90 SchG sind auch ein gutes Beispiel dafür, dass sich besonders große Freiräume ergeben, wenn eine Ermessensentscheidung mit einem unbestimmten Rechtsbegriff gekoppelt wird, bei dessen Ausfüllung die Lehrkraft einen Beurteilungsspielraum hat. Weil die Gerichte die pädagogische Wertung nur bedingt überprüfen können, ist es ihnen auch nicht möglich, die aufgrund dieser Wertung getroffenen Maßnahmen zu kontrollieren. Zwar wird eine völlig unzweckmäßige Maßnahme kaum rechtmäßig sein. Es bleibt dennoch ein ausreichend großer pädagogischer Freiraum. Daher haben sich die Gerichte bisher beispielsweise noch nicht mit dem Nachsitzen beschäftigen müssen.

Dieser Freiraum sollte aber nicht zur Sorglosigkeit verführen: Kommt es zum Streit, prüft nämlich am Ende die Schulaufsichtsbehörde, der die *Fachaufsicht* obliegt, den strittigen Fall, und das geschieht sehr gründlich; siehe: ➪ Verwaltungsrecht (Allgemeines). Bei Verwaltungsakten – z.B. Entscheidung über eine Versetzung oder Ausschluss aus der Schule – findet vor dem Gang zum Gericht stets ein Widerspruchsverfahren statt: Dabei überprüft die Schulaufsichtsbehörde die angegriffene Entscheidung umfassend, also auch auf ihre Zweckmäßigkeit hin. Gegenstand des gerichtlichen Verfahrens ist danach nicht mehr der ursprüngliche Verwaltungsakt der Schule, sondern die Fassung, die er durch den Widerspruchsbescheid der Schulaufsichtsbehörde erhalten hat. Allerdings ist auch die Fachaufsicht nicht grenzenlos, sondern sie setzt stets voraus, dass die Schulaufsichtsbehörde den strittigen Sachverhalt selbst beurteilen kann. ➪ Pädagogische Freiheit

Schritte bei der Ermessenausübung

In der Praxis ist folgendermaßen zu verfahren:

1. **Wahrnehmung** eines Sachverhaltes.
2. **Zuordnung** dieses Sachverhaltes zu einer Rechtsvorschrift, gegebenenfalls durch Auslegung unbestimmter Rechtsbegriffe.
3. **Feststellung**, ob auf diesen Sachverhalt auf verschiedene Art reagiert werden kann (nur dann wird eine Ermessensentscheidung verlangt).
4. **Auswahl** einer der möglichen Maßnahmen.

Vorgesetzte bzw. Gerichte können eine so getroffene Entscheidung nur revidieren, wenn wenigstens eine der folgenden Bedingungen vorliegt:

1. Der **Sachverhalt** wurde unrichtig festgestellt.
2. Es wurde die falsche **Rechtsnorm** angewandt.
3. Das **Ermessen** wurde fehlerhaft ausgeübt.

Fehlerhaft handelt die Behörde (Schule) z.B., wenn

- die Maßnahme nicht im Rahmen der Ermessensvorschrift liegt (**Ermessensüberschreitung**),
- sie keine Ermessenserwägungen anstellte, sondern annahm, zu einer bestimmten Vorgehensweise verpflichtet zu sein (**Ermessensnichtgebrauch**).

- sie sich nicht ausschließlich vom Zweck der Ermessensvorschrift leiten ließ, sondern auch von sachfremden Erwägungen (**Ermessensmissbrauch**).
- die gewählte Maßnahme **unverhältnismäßig** war oder gleiche Sachverhalte grundlos ungleich behandelt wurden.

Nicht dem Verhältnismäßigkeitsgrundsatz entspricht eine Maßnahme, wenn

- sie nicht geeignet ist, den gewünschten Erfolg zu erzielen
- es mildere Mittel gibt, mit denen der Erfolg ebensogut erreicht werden könnte,
- sie Betroffene übermäßig belastet, Mittel und Zweck also außer Verhältnis stehen.

Ermessen bei Dienst- und arbeitsrechtlichen Entscheidungen

Der Grundsatz von *„Schutz und Fürsorge"* verpflichtet die Vorgesetzten, den Beamtinnen und Beamten

- bei der Übertragung dienstlicher Aufgaben (z.B. Lehrauftrag, Aufsichtsplan, Mehrarbeit usw.) oder
- bei Statusveränderungen (beispielsweise bei Versetzungen, Abordnungen, Beförderungen usw.)

„mit Gerechtigkeit zu behandeln, ihnen die Erfüllung ihrer Dienste nach Möglichkeit zu erleichtern und ihre Belange wohlwollend zu berücksichtigen und zu wahren" (vgl. z.B. BVerfG, 2 BvR 841/73; zit. BVerwG 2 B 51.12).

⇨ Beamtenstatusgesetz § 45

Die Schulleitungen bzw. die Schulbehörden müssen deshalb stets prüfen,

- ob die vorgesehene Maßnahme erforderlich ist oder der angestrebte Zweck auch auf weniger gravierende Weise erreicht werden kann,
- welche Beschäftigten hierfür infrage kommen (so gelten Schutzvorschriften, z.B. für Schwangere, für Beschäftigte mit gesundheitlichen Einschränkungen, Schwerbehinderte usw.); ferner sind der Gleichbehandlungsgrundatz, das Chancengleichheitsgesetz sowie das Diskriminierungsverbot bei Teilzeitbeschäftigung zu beachten,
- welchen Personen diese Aufgabe am ehesten zugemutet werden kann (z.B. individuelle Belastungsgesichtspunkte, soziale Aspekte),
- welche Beschäftigten am besten geeignet sind.

Diese Grundsätze sind entsprechend auch auf Tarifbeschäftigte anzuwenden.

⇨ Juristische Terminologie; ⇨ Notenbildungsverordnung; ⇨ Pädagogische Freiheit; ⇨ Schulgesetz § 90; ⇨ Verwaltungsrecht; ⇨ Vorschriften

Ernennungsgesetz

Hinweise der Redaktion auf das Gesetz über die Ernennung der Richter und Beamten des Landes in der Fassung vom 16. August 1994 (GBl. S. 486/1994); zuletzt geändert 19. Februar 2019 (GBl. S. 37/2019)

Übersicht über die Zuständigkeiten im Schulbereich	Ernennung / Einstellung	Beförderung	Versetzung / Abordnung	Zurruhesetzung[1)]	
				Altersgrenze	auf Antrag[2)]
Schulleiter*innen des höheren Dienstes (Besoldungsgruppe A 16 - Oberstudiendirektor*in)	MP	MP	KM	MP	MP
Lehrkräfte und stv. Schulleiter*innen des höheren Dienstes (Bes.-Gr. A 15 – Studiendirektor*in)	MP	MP	RP	KM	RP
Lehrkräfte des höheren Dienstes bis Bes.-Gruppe A 14 (Studienrat*rätin, Oberstudienrat*rätin)	RP	RP	RP	RP	RP
Lehrkräfte des gehobenen Dienstes an Gymnasien und beruflichen Schulen (z.B. Gymnasial-, Gewerbe-, Handelsschulrat*rätin, Technische Oberlehrer*in an Beruflichen Schulen)	RP	RP	RP	RP	RP
Schulleiter*innen an Grund-, Haupt-, Real-, Gemeinschaftsschulen und SBBZ (Rektor*innen)	RP	RP	RP	RP	RP
Stellvertretende Schulleiter*innen an GHWRGS-Schulen (Konrektor*innen), Technische Oberlehrer*in oder Fachoberlehrer*in als Fachbetreuer*in	RP	SSA	SSA/ RP[3)]	RP	RP
Lehrkräfte des gehobenen Dienstes an GHWRGS-Schulen (z.B. Lehrer*in, Realschul-/Sonderschullehrer*in, Fachlehrkraft, HHT-Lehrerin, Technische Lehrkraft)	RP	RP	SSA/ RP[3)]	RP	RP
Studienreferendar*innen und Lehreranwärter*innen	RP	RP	RP	–	–

1) Zurruhesetzung wegen Erreichens der Altersgrenze (§ 36 LBG) und wegen Dienstunfähigkeit bzw. Feststellung der begrenzten Dienstfähigkeit (§ 27 BeamtStG i.V.m. § 43 LBG), Hinausschieben der Altersgrenze (§ 39 LBG)
2) Zurruhesetzung auf eigenen Antrag (§ 40 LBG)
3) RP, wenn Schulamtsgrenze überschritten wird

MP = Ministerpräsident / KM = Kultusminister / RP = Regierungspräsident / SSA = Staatliches Schulamt

Erste Hilfe in Schulen

Informationen der Redaktion zur Rechtslage und zur Verwaltungspraxis in Baden-Württemberg

Vorbemerkungen der Redaktion

Die nachfolgend abgedruckte Information Nr. DGUV 202-059 (Stand: September 2017) http://publikationen.dguv.de/dguv/pdf/10002/202-059.pdf besitzt den Charakter einer Richtlinie für die Schulträger, die für die Ausstattung der Schulen zuständig sind. ⇨ Unfallversicherung

Der/die Schulleiter*in ist „*Unternehmer*" des Betriebs „Schule" und hat ggf. den Schulträger zur Bereitstellung/Beschaffung der erforderlichen Materialien bzw. Einrichtung anzuhalten. Bei Konflikten ist die Schulaufsichtsbehörde einzuschalten. ⇨ Schulgesetz § 32 Abs. 1 Nr. 5

Auszüge aus dem Merkblatt „Erste Hilfe in Schulen" (DGUV 202-059)

2
Sachliche Voraussetzungen

2.1

Welche Meldeeinrichtungen sollten vorhanden sein?

In den Schulen muss während schulischer Veranstaltungen jederzeit bei Unfällen unverzüglich die notwendige Hilfe herbeigerufen werden können, z.B. durch einen amtsberechtigten Fernmeldeanschluss oder eine Haustelefonanlage mit zentraler Benachrichtigungsstelle. Dieser Anschluss muss in zentraler Lage im Gebäude jederzeit erreichbar sein. Bei Schulen mit weitläufigen Gebäudekomplexen muss zusätzlich in Bereichen mit erhöhter Gefährdung der Schülerinnen und Schüler (z.B. Sporthallen, naturwissenschaftliche Unterrichtsräume, Räume für Technikunterricht, Fachräume der einzelnen Berufsfelder in berufsbildenden Schulen) eine den Lehrkräften jederzeit zugängliche Meldeeinrichtung vorhanden sein. – In unmittelbarer Nähe der Meldeeinrichtung müssen die Namen der Ersthelferinnen bzw. Ersthelfer und der Orte, an denen sie üblicherweise zu erreichen sind, die Rufnummern der nächstgelegenen Arztpraxen, der Durchgangsärztin bzw. des Durchgangsarztes, des Krankenhauses, der Rettungsleitstelle, der Giftzentralen und der Taxizentrale verfügbar sein.

Hinweis der Redaktion: Ein geeigneter Vordruck befindet sich in der Publikation „Aushangvorschriften" (siehe Information und Bestellzettel am Ende des Jahrbuchs).

2.2

Muss ein Erste-Hilfe-Raum vorhanden sein?

In allen Schulen muss mindestens ein Raum vorhanden sein, in dem verletzte Schülerinnen und Schüler betreut werden können („Erste-Hilfe-Raum", „Krankenzimmer", „Schularztzimmer"). Dieser sollte sich zu ebener Erde in zentraler Lage im Gebäudekomplex der Schule, im Bereich der Werkstätten und/oder in der Sporthalle befinden und für den Rettungsdienst gut zugänglich sein.

Dieser Raum muss mindestens mit einem kleinen Verbandkasten nach DIN 13157:2009-11 „Erste-Hilfe-Material – Verbandkasten C" sowie einer Krankentrage nach DIN 13024-1:2016-09 „Krankentrage – Teil 1: Mit starren Holmen; Maße, Anforderungen, Prüfung" oder DIN 13024-2:2016-09 „Krankentrage – Teil 2: Mit klappbaren Holmen; Maße, Anforderungen, Prüfung" oder einer Liege ausgerüstet sein. Auch sollte ein Waschbecken mit fließend kaltem und warmem Wasser vorhanden sein. ⇨ Schulbau

2.3

Welches Erste-Hilfe-Material muss zur Verfügung stehen?

Mindestens ein Verbandkasten nach DIN 13 157 muss an einer zentralen und leicht zugänglichen Stelle im Schulgebäude (z.B. Erste-Hilfe-Raum, Schulsekretariat) bereitgehalten und je nach Verbrauch ergänzt werden (siehe DIN 13 157).

Alle Verbandstoffe müssen entsprechend dem Medizinproduktgesetz ein CE-Zeichen tragen. Medikamente und Salben gehören nicht in Verbandkästen.

Weitere Verbandkästen müssen, je nach Größe der Schule, vor allem in Bereichen mit erhöhter Gefährdung der Schülerinnen und Schüler (z.B. Sporthallen, naturwissenschaftliche Unterrichtsräume, Werkräume, Lehrküchen, Werkstätten) vorhanden sein. In Sporthallen und auf Sportplätzen sollten zusätzlich Kältepackungen zur Behandlung stumpfer Verletzungen (z.B. Prellungen, Zerrungen) vorhanden sein. Erste-Hilfe-Material muss bei Wanderungen, Exkursionen, Studienfahrten, Wintersportveranstaltungen, Sportveranstaltungen außerhalb der Sporthalle usw. mitgenommen werden.

In Räumen oder Einrichtungen der Schule, in denen Schülerinnen und Schüler besonderen Gefährdungen ausgesetzt sind (z.B. naturwissenschaftliche Unterrichtsräume, Werkstätten, Schwimmbäder) müssen zusätzlich zu den im vorhergehenden Abschnitt genannten Erste-Hilfe-Materialien entsprechende Rettungsgeräte (z.B. Notduschen, Rettungsringe) vorhanden sein.

2.4

Wie sind die Erste-Hilfe-Einrichtungen zu kennzeichnen?

Erste-Hilfe-Einrichtungen sowie Aufbewahrungsorte von Erste-Hilfe-Material, Rettungsgeräten, Rettungstransportmitteln sind deutlich erkennbar und dauerhaft durch ein weißes Kreuz auf quadratischem oder rechteckigem grünen Grund mit weißer Umrandung (E 003 Erste Hilfe) zu kennzeichnen.

2.5

Wer trägt die Kosten für die sachlichen Voraussetzungen der Ersten Hilfe?

Die Kosten für die sachlichen Voraussetzungen einer wirksamen Ersten Hilfe hat der Schulsachkostenträger zu übernehmen.

Die Schulleitung hat dafür zu sorgen, dass die im vorhergehenden Abschnitt genannten sachlichen Voraussetzungen durch den Schulsachkostenträger geschaffen und erhalten werden.

3
Personelle Voraussetzungen

3.1
Wer sollte als Ersthelferin bzw. Ersthelfer[1] ausgebildet werden?

Die Schulleitung ist verantwortlich für die Organisation einer wirksamen Ersten Hilfe in ihrer Schule. Dazu gehört auch, dass ausreichend Ersthelferinnen und Ersthelfer ausgebildet sind. – Es ist anzustreben, dass Lehrkräfte, die bei schulischen Veranstaltungen in Situationen gelangen können, die Hilfeleistungen erfordern, adäquat ausgebildet sind. Dies gilt insbesondere für alle Lehrkräfte des Faches Sport, der technisch-naturwissenschaftlichen Fächer und der praktischen Ausbildung in beruflichen Schulen sowie für Lehrkräfte, die Klassenfahrten, Besichtigungen etc. durchführen.

Darüber hinaus sollten Hausmeisterin bzw. Hausmeister und sonstige Angestellte der Schule (z.B. Schulverwaltungskräfte) ausgebildet werden. Die Erfahrung zeigt, dass die Kenntnisse und Fertigkeiten aufgefrischt werden müssen.

Entsprechend den Empfehlungen der Deutschen Gesetzlichen Unfallversicherung (DGUV) sollte die Aus- und Fortbildung mit einen Umfang von jeweils 9 Unterrichtseinheiten und in einem zeitlichen Abstand von 2 Jahren durchgeführt werden. Auskunft dazu gibt der zuständige Träger der gesetzlichen Unfallversicherung. Zudem sind länderspezifische Regelungen zu berücksichtigen.

Hinweis der Redaktion: Nach den in Baden-Württemberg geltenden Prüfungsvorschriften müssen Lehrkräfte in den letzten zwei Jahren vor ihrer Zulassung zum Vorbereitungsdienst an einer Ausbildung in Erster Hilfe im Umfang von mindestens neun Unterrichtseinheiten teilgenommen haben.

⇨ Haftung und Versicherung

3.2
Wer trägt die Kosten der Ausbildung?

Die Ausbildung ist für die Ersthelferin bzw. den Ersthelfer kostenfrei. Die Übernahme der Kosten für die Aus- und Fortbildung in Erster Hilfe erfolgt in Absprache zwischen dem zuständigen Unfallversicherungsträger und dem Dienstherrn bzw. Arbeitgeber.

4
Maßnahmen nach Eintritt eines Unfalls

4.1 Wie müssen Verletzte versorgt werden?

Bei einem Unfall muss jeder Hilfe leisten. Die Erste-Hilfe-Maßnahmen richten sich nach der Art und Schwere der Verletzung.

Reichen Erste-Hilfe-Maßnahmen für die Versorgung von Verletzten nicht aus, müssen die Verletzten in ärztliche Behandlung gebracht werden.

Eine schnelle, sachgerechte Versorgung kann sichergestellt werden, wenn bereits vor Ort über die Wahl der Arztpraxen bzw. den Transport in ein Krankenhaus entschieden wird. Diese Entscheidung ist jeweils abhängig von Art und Schwere der Verletzung.

Folgende Übersicht kann hierzu eine Hilfestellung geben:

- Personen mit leichten Verletzungen, die ärztlicher Versorgung bedürfen, bei denen aber voraussichtlich nur eine kurzfristige Behandlung erforderlich ist, sind der nächsterreichbaren Arztpraxis vorzustellen.
- Bei schwereren Verletzungen sind Verletzte einer Durchgangsärztin bzw. einem Durchgangsarzt (fachlich besonders qualifizierte Ärztinnen und Ärzte, die von den Unfallversicherungsträgern zugelassen sind) vorzustellen. Auskünfte über die nächstgelegene D-Arzt-Praxis erteilt der zuständige Unfallversicherungsträger.
- Liegt offensichtlich eine Augen- oder Hals-, Nasen-, Ohrenverletzung vor, sind Verletzte der nächsterreichbaren Arztpraxis des entsprechenden Fachgebietes zuzuführen

4.2
Wie sind Verletzte zu transportieren?

Ein schneller und fachgerechter Transport der/des Verletzten zur Arztpraxis bzw. in das Krankenhaus kann entscheidend für den Erfolg der Heilbehandlung sein. Bei der Auswahl des Transportmittels sind die Art und Schwere der Verletzung und die örtlichen Verhältnisse zu beachten.

So kann bei leichten Verletzungen eine Schülerin oder ein Schüler zu Fuß, mit öffentlichen Verkehrsmitteln, Taxi oder Privatwagen zur behandelnden Arztpraxis gebracht werden (Kosten für den Transport trägt der Unfallversicherungsträger).

Hinweis der Redaktion: Aus haftungsrechtlichen Gründen raten wir vom Transport von Schülerinnen und Schülern durch Lehrkräfte in privateigenen Kraftwagen ab. In jeder Schule sollte ein Verzeichnis der für den Krankentransport zuständigen Stellen sowie der Taxizentrale vorliegen. Die Unfallkassen haben für die direkte Abrechnung des Taxiunternehmens Formulare entwickelt („Taxi-Fahrauftrag und Rechnung"unter: www.srs.s.schule-bw.de/files/taxiauftrag.pdf . Der Fahrauftrag muss dann nur von der Schule unterschrieben werden.

⇨ Unfallversicherung

Je nach Alter der/des Verletzten und je nach Art der Verletzung muss entschieden werden, ob die/der Verletzte durch eine weitere Person begleitet werden muss. Bei Verletzungen, die einen besonderen Transport bzw. sachkundige Betreuung während des Transportes erfordern, sollte dieser durch den Rettungsdienst erfolgen.

Bestehen nach Unfällen Zweifel an der Transportfähigkeit der/des Verletzten, sollte grundsätzlich eine Ärztin bzw. ein Arzt über die Art des Transportes entscheiden.

5
Unfälle dokumentieren

Unfälle müssen dokumentiert werden. Bei allen Unfällen, bei denen ärztliche Behandlung in Anspruch genommen wird, ist binnen drei Tagen eine Unfallanzeige an den zuständigen Unfallversicherungsträger zu senden. (Die länderspezifischen

---
[1] Ersthelferinnen bzw. Ersthelfer sind in Erste Hilfe ausgebildete Personen, die z.B. bei Schülerinnen und Schülern Erste Hilfe leisten.

Regelungen sind zu beachten. Die Anzeige ist auf dem beim Unfallversicherungsträger erhältlichen Vordruck zu dokumentieren und diesem vorzulegen).

➪ Unfallversicherung

Hinweis der Redaktion: Die Unfallanzeigen von verletzten Beschäftigten sind auch dem Personalrat zu übermitteln.

➪ Personalvertretungsgesetz (LPVG) § 71 Abs. 7

Schwere Unfälle sind unverzüglich dem Unfallversicherungsträger zu melden! Alle anderen Unfälle müssen vermerkt werden, beispielsweise im Verbandbuch oder in einer PC-Datei, damit bei Spätfolgen eines nicht durch Unfallanzeige angezeigten Unfalls der schulische Zusammenhang nachgewiesen werden kann. Außerdem wird im Verbandbuch dokumentiert, dass die Schulleitung bzw. die Lehrkräfte ihrer Verpflichtung zu Erster Hilfe nachgekommen sind.

Diese Aufzeichnungen müssen fünf Jahre nach der letzten Eintragung aufbewahrt werden. Aus ihnen müssen Angaben hervorgehen über

- Zeit,
- Ort (Gebäudeteil),
- Hergang des Unfalls,
- Unfallfolgen,
- Zeitpunkt und Art der Erste-Hilfe-Maßnahmen,
- Namen der/des Verletzten,
- Namen der Zeugen,
- Namen der Personen, die Erste Hilfe leisteten.

Für diese Aufzeichnungen wird vom Unfallversicherungsträger ein Verbandbuch unter der Bestellnummer DGUV Information 204-020 sowie ein Meldeblock unter der Bestellnummer DGUV Information 204-021 kostenlos zur Verfügung gestellt. Die Unfallanzeige ersetzt die Eintragung in das Verbandbuch.

Hinweis der Redaktion: Die Anschriften der Unfallkassen sind im Beitrag ➪ Unfallversicherung enthalten.

Anhang Inhalt des kleinen Verbandkastens (DIN 13 157, Typ C) – *hier nicht abgedruckt* –

Hinweis der Redaktion auf Erste Hilfe bei Veranstaltungen im freien Gelände

Die Unfallkassen haben darauf hingewiesen, dass die Schulleitung die zuständige Erste-Hilfe-Organisation über schulische Ski-Veranstaltungen, Ski-Schultage und Ski-Wettkämpfe informieren muss, um eine wirksame Erste Hilfe im freien Gelände sicherstellen zu können. ➪ Unfallversicherung Ziff. II.3.3

Zuständige Erste-Hilfe-Organisation für Ski-Veranstaltungen ist in den Regierungsbezirken

- Freiburg und Karlsruhe die Bergwacht Schwarzwald e.V., Basler Landstr. 90, 79111 Freiburg, FON: (0761) 493366, FAX: (0761) 472900,
- Stuttgart und Tübingen das Deutsche Rote Kreuz – Bergwacht Württemberg, Badstr. 41, 70372 Stuttgart, FON: (0711) 5505-0, FAX: –5505-194.

Geplante Ski-Veranstaltungen sollten rechtzeitig (mindestens drei Wochen vorher) dort angemeldet werden, damit eine Betreuung dieser Veranstaltungen durch die Erste-Hilfe-Organisation erfolgen kann. Die Anwesenheit des Bergrettungsdienstes an Wochentagen ist kostenpflichtig!

Die Bergwachten sowie die Unfallkassen helfen mit Auskünften auch bei der Vorbereitung von Ski-Veranstaltungen im Ausland weiter.

Auch für alle anderen Veranstaltungen außerhalb des Schulbereichs (z.B. Waldlauf-Tag, Radrennen usw.) muss die Erste Hilfe organisiert werden, beispielsweise durch örtliche Verbände (Deutsches Rotes Kreuz – DRK – usw.).

➪ Arbeits- und Gesundheitsschutz (Allgemeines); ➪ Arbeitsschutzgesetz § 10; ➪ Aufbewahrungsfristen und Archivierung; ➪ Medikamentenausgabe; ➪ Schulbau; ➪ Unfälle (Arbeits-, Dienst- und Privatunfälle); ➪ Unfallversicherung (dort auch die Anschriften der Gemeindeunfallversicherungsverbände; bei diesen sind das vollständige Merkblatt sowie die Verbandbücher etc. erhältlich)

Erziehungsauftrag und politische Bildung

Informationen der Redaktion zur Rechtslage und zur Verwaltungspraxis in Baden-Württemberg

Allgemeines

Die öffentlichen Schulen (und in gleicher Weise die vom Staat genehmigten und beaufsichtigten privaten Schulen) sind an den Auftrag des Grundgesetzes gebunden, die unantastbare Würde des Menschen zu achten und zu schützen. ➪ Grundgesetz Art. 1+7

Junge Menschen zum Respekt vor und zur Verteidigung der Menschenwürde zu erziehen ist damit eine zentrale Aufgabe der Schule. Die Landesverfassung (LV) bestimmt dazu:

Artikel 12

(1) Die Jugend ist in Ehrfurcht vor Gott, im Geiste der christlichen Nächstenliebe, zur Brüderlichkeit aller Menschen und zur Friedensliebe, in der Liebe zu Volk und Heimat, zu sittlicher und politischer Verantwortlichkeit, zu beruflicher und sozialer Bewährung und zu freiheitlicher demokratischer Gesinnung zu erziehen. [...]

Artikel 17

(1) In allen Schulen waltet der Geist der Duldsamkeit und der sozialen Ethik. [...]

Artikel 21

(1) Die Jugend ist in den Schulen zu freien und verantwortungsfreudigen Bürgern zu erziehen und an der Gestaltung des Schullebens zu beteiligen.

(2) In allen Schulen ist Gemeinschaftskunde ordentliches Lehrfach.

In § 1 des Schulgesetzes ist der Erziehungsauftrag der Schulen im Einzelnen ausgeführt.

➪ Schulgesetz § 1; ➪ Verfassung Art. 12, 17, 21

Diese Erziehungsziele sind nicht dem Fach Gemeinschaftskunde allein zugeordnet (es ist Unterrichtsfach in allen auf der Grundschule aufbauenden Schularten), sondern sie sind fächerübergreifendes Prinzip und Grundlage allen Unterrichts sowie aller sonstigen Veranstaltungen der Schule. Dieser Erziehungsauftrag gebietet z.B. auch, im Unterricht und im sonstigen Schulleben jegliche Diskriminierung zu unterlassen beziehungsweise zu unterbinden.

➪ Außerunterrichtliche Veranstaltungen; ➪ Diskriminierung; ➪ Mobbing

Im Rahmen der für sie geltenden Bestimmungen, insbesondere auch der Lehr- und Bildungspläne, ist die Lehrkraft für die Umsetzung dieser Erziehungsziele unmittelbar verantwortlich. ➪ Schulgesetz § 38

Diese Erziehungsziele sind bei der Zulassung von Schulbüchern und sonstigen Unterrichtsmaterialien zu beachten; auch bei der Herstellung eigener Materialien sind die Lehrkräfte hieran gebunden.

➪ Lernmittel (Zulassung)

Diese Bindung an die Erziehungsziele gilt auch dann uneingeschränkt, wenn die jeweilige Lehrkraft von Dritten bereitgestellte Unterrichtsmaterialien einsetzt oder andere, beispielsweise auch nichtschulische Personen, in den Unterricht einbezieht. Die Lehrkraft ist insoweit diesen Personen gegenüber weisungsberechtigt bzw. hat deren Handeln gegebenenfalls zu unterbinden.

Zum Einsatz nichtschulischer Personen hat das Kultusministerium eine eigene Bekanntmachung ➪ Fachleute aus der Praxis erlassen; zur Einbeziehung von Personen aus dem politischen Raum siehe ➪ Wahlkampf und Schule.

Demokratiebildung in der Schule

Das Kultusministerium hat 2019 eine schulartübergreifende Konzeption zur Stärkung der Demokratiebildung an den Schulen in Baden-Württemberg entwickelt. Kernelement ist ein „Leitfaden Demokratiebildung". Er ist unter im Internet unter: https://www.schule-bw.de/themen-und-impulse/leitperspektiven veröffentlicht. Darüber hinaus erhielten ihn alle Schulen im Juli 2019 in gedruckter Form.

Ziel des Leitfadens ist es, Lehrerinnen und Lehrern aller Fächer und Schularten von der Grundschule bis zur Sekundarstufe II eine verlässliche Orientierung für den demokratiebezogenen Kompetenzerwerb in Schule und Unterricht zu bieten.

Anlässlich der Einführung hat das Kultusministerium bekanntgegeben:

„Demokratie lebt vom Engagement ihrer Bürgerinnen und Bürger, keine andere Herrschaftsform ist so auf Mitwirkung angewiesen und kann nicht früh genug Gegenstand von Bildung und Erziehung sein. Demokratiebildung ist dem Kultusministerium deshalb ein wesentliches Anliegen und integraler Bestandteil schulischer Bildungs- und Erziehungsziele. Zudem erleben Schülerinnen und Schüler Demokratie unmittelbar in schulischer Mitwirkung. Schule hat die Aufgabe, junge Menschen zu selbstverantwortlichem und demokratischem Handeln in der Gesellschaft zu befähigen. Dazu gehört die Vermittlung von Kenntnissen über politische, historische, gesellschaftliche und wirtschaftliche Strukturen und Entwicklungen. Die Grundlage bilden das Grundgesetz und die Landesverfassung. […] Angesichts der aktuellen Diskussion um die politische Bildung und mögliche Defizite in dieser staatsbürgerlich wichtigen Debatte kommt der Demokratiebildung an Schulen eine noch bedeutendere Rolle zu. Schulen sind als zentrale Orte des Kompetenzerwerbs von Kindern und Jugendlichen daher gefordert, die Demokratiebildung wieder mehr in den Fokus zu rücken."

Der Leitfaden Demokratiebildung ist seit dem Schuljahr 2019/2020 verbindlich an allen öffentlichen und privaten allgemeinbildenden und beruflichen Schulen eingeführt. Für dessen Implementierung werden ein Fortbildungskonzept und begleitende Unterrichtsmaterialien bereitgestellt. Ein begleitendes Konzept zur Multiplikation des Leitfadens soll die Lehrkräfte sukzessive befähigen, den Leitfaden im Unterricht umzusetzen. Ferner ist geplant, ein Unterstützungssystem für die schulische Unterrichtspraxis mit konkreten Unterrichtsmaterialien aufzubauen. Um die Implementierung des Leitfadens über die schulischen Gremien zu erleichtern und um Gesprächsanlässe zu schaffen, ist ein Kurzfilm unter www.bildungsplaene-bw.de abrufbar.

Der Leitfaden Demokratiebildung weist vier Handlungsfelder für Demokratiebildung aus:

- Handlungsfeld 1: Demokratiebildung im Fachunterricht,
- Handlungsfeld 2: Demokratiebildung als fächerverbindender bzw. fächerübergreifender Ansatz,
- Handlungsfeld 3: Demokratiebildung in der Schulkultur,
- Handlungsfeld 4: Demokratiebildung mit externen Partnerinnen und Partnern.

Im einleitenden Kapitel „Bedeutung von Demokratiebildung" wird zur Relevanz des Leitfadens bestimmt:

„Die Schulen des Landes stellen sicher, dass die Umsetzung der Kompetenzen in den vier Handlungsfeldern über die zuständigen Gremien (Fachkonferenzen, Gesamtlehrerkonferenz und Schulkonferenz) abgestimmt, koordiniert und evaluiert wird. Eine frühzeitige Einbeziehung der Eltern und der Schülerinnen und Schüler ist dabei unabdingbar". ➪ Konferenzordnung

Schon früher hatte sich die Kultusministerkonferenz (KMK) mit der Demokratiebildung sowie mit der Bedeutung der Menschenrechtserziehung in der Schule befasst. Die Beschlüsse der KMK *„Demokratie als Ziel, Gegenstand und Praxis historisch-politischer Bildung und Erziehung in der Schule"* sowie *„Menschenrechtsbildung in der Schule"* sind abrufbar unter: https://www.kmk.org/ Startseite > Themen > Allgemeinbildende Schulen > Weitere Unterrichtsinhalte

➪ Menschenrechte

Neutralitätspflicht und „Code of Conduct"

Kontroversen treten insbesondere dann auf, wenn es um strittige Fragen im politischen Raum geht (z.B. bei parteipolitisch besetzten Themen, sozialen Auseinandersetzungen, der sexuellen Orientierung, Krieg und Frieden usw.). Häufig wird von den Schulen dann eine „Neutralitätspflicht" eingefordert.

Das Kultusministerium hat 2015 anlässlich der Einführung eines neuen Unterrichtsfachs seine Position hierzu in einem Verhaltenskodex (*„Code of Conduct"*) dargelegt und erklärt, es lege insbesondere großen Wert darauf, dass die Unterrichtsinhalte *„ausgewogen und multiperspektivisch"* dargestellt werden. Der Wortlaut einer vom KM veröffentlichten Handlungshilfe zu diesem *„Code of Conduct"* (Stand 23.11.2015) ist im Beitrag ⇨ Lernmittel (Zulassung) zitiert; diese Handlungshilfe enthält einen Katalog von Prüffragen, die Lehrkräfte bei der Auswahl von Unterrichtsmaterialien (Lernmitteln, Schulbüchern) zu beachten haben. Diese Aussagen des KM besitzen einen über den konkreten Anlass hinausgehenden Charakter, sind also in allen Fächern zu beachten.

Ausdrücklich bezieht sich das KM darin auf den sogenannten „Beutelsbacher Konsens" als anerkannte Grundlage für die politische Bildungsarbeit. Zu den Grundsätzen des Beutelsbacher Konsenses zählt das Überwältigungsverbot, wonach es nicht erlaubt ist, *„den Schüler – mit welchen Mitteln auch immer – im Sinne erwünschter Meinungen zu überrumpeln und damit an der Gewinnung eines selbstständigen Urteils zu hindern."* Zudem müsse, *„was in Wissenschaft und Politik kontrovers ist, […] auch im Unterricht kontrovers erscheinen"* (Kontroversitätsgebot).

Lehrkräfte dürfen demnach ihre Schüler*innen nicht indoktrinieren, ihnen also ihre persönliche, private Meinung nicht aufdrängen. Aber sie dürfen, solange sie die ihnen anvertrauten jungen Menschen nicht „überwältigen", sondern die Angelegenheiten im Unterricht sachlich behandeln und Kontroverses ebenso sachlich darstellen, ihre eigene, private Meinung erkennbar werden lassen. Sonst wären sie persönlich nicht glaubwürdig und taugten nicht als Vorbilder bei der Erziehung der jungen Menschen zur Mündigkeit und Selbstverantwortung.

Die öffentlichen Schulen sind also nicht zu einer totalen Abstinenz von „heiklen" Themen verpflichtet, sondern sie haben einen klaren, durch Artikel 12 der ⇨ Verfassung und durch das ⇨ Schulgesetz (§ 1) definierten Erziehungsauftrag. Blasse, inhaltslose „Neutralität" ist nicht gefragt, sondern gefordert ist ein klares Bekenntnis zu den tragenden Werten des demokratischen und sozialen Rechtsstaates.

Bundeswehr und Schule

Diese Prinzipien gelten auch für die Hinzuziehung von *„Fachleuten"* im Rahmen der politischen Bildung, beispielsweise der Friedenserziehung oder der Behandlung von Fragen der Sicherheitspolitik sowie der Bundeswehr. ⇨ Fachleute

Das Kultusministerium hat am 14.8.2014 mit dem Landeskommando Baden-Württemberg der Bundeswehr eine Vereinbarung zur Zusammenarbeit unterzeichnet (unter: https://km-bw.de/,Lde/startseite/ > Schule > Kooperation Schule/Bundeswehr). Darin wird herausgestellt, dass die sicherheitspolitische Bildung in den Schulen unter Beteiligung der Jugendoffiziere der Bundeswehr ausgewogen angelegt sein muss und dass die Jugendoffiziere im Unterricht nicht für Tätigkeiten in der Bundeswehr werben dürfen. Zudem wird festgelegt, dass die Teilnahme angehender Lehrkräfte an Seminaren der Bundeswehr freiwillig ist.

Das Kultusministerium hat im Infodienst Schulleitung (Nr. 248 / Juni 2015) hierzu u.a. ausgeführt:

„Jugendoffiziere im Unterricht: Wenn Jugendoffiziere als Fachleute im Unterricht über Friedens- und Sicherheitspolitik berichten, ist dies von der Schulbesuchspflicht umfasst. Die Teilnahme ist also für die Schülerinnen und Schüler verpflichtend. Dies gilt auch, wenn die Information unterrichtsersetzend, aber klassenübergreifend durchgeführt wird. Eine Werbung für die Tätigkeit in der Bundeswehr ist in diesem Rahmen nicht zulässig. Es gilt das Überwältigungsverbot und Kontroversitätsgebot des sogenannten Beutelsbacher Konsenses (www.bpb.de/die-bpb/51310/beutelsbacher-konsens). Bei der Verwirklichung dieser Prinzipien wirken Jugendoffizier und Lehrkraft zusammen. Die Lehrkraft entscheidet, ob sie ein solches Informationsangebot annehmen will.

Karriereberatung: Die Bundeswehr kann durch ihre Karriereberater an Schulen über den Arbeitgeber Bundeswehr und die Karrierechancen informieren. Dies geschieht auf Einladung der Schule. Die Teilnahme der Schülerinnen und Schüler an einer solchen Veranstaltung ist freiwillig, das heißt die Schule muss die Rahmenbedingungen so ausgestalten, dass die Schülerinnen und Schüler, die nicht teilnehmen wollen, auch tatsächlich fernbleiben können".

Es ist Pflicht der Schulleitung bzw. der jeweils zuständigen Lehrkräfte, diese Maßgaben zu beachten.

Friedensbildung

Das Kultusministerium hat am 30.10.2014 gemeinsam mit Vertretern von Kirchen, der GEW, Organisationen der Friedensbewegung und der Jugendarbeit eine *„Gemeinsame Erklärung zur Stärkung der Friedensbildung in Schulen"* mit dem Ziel unterzeichnet, *„die Bedeutung der Friedensbildung in baden-württembergischen Schulen zu betonen und sie in den Bildungsplänen als fächerübergreifendes Anliegen stärker zu verankern".* In der Erklärung wird unter Bezugnahme auf Artikel 12 der Landesverfassung betont:

„Das gewaltfreie Zusammenleben in Schule und Gesellschaft ist ein hohes Gut und keineswegs selbstverständlich. Es bedarf dafür der Auseinandersetzung mit den unterschiedlichen Formen von Gewalt, deren Ursachen und Entstehungsbedingungen. Es bedarf ebenso der Erarbeitung von Strategien gegen Gewalt und der Entwicklung eines Bewusstseins davon, wie Menschen in ihrer Umgebung, in Deutschland und weltweit in Frieden zusammenleben können. Das Ringen um Antworten, das Bewusstwerden der eigenen Verantwortung und der eigenen Möglichkeiten, zum Frieden beizutragen, sowie die Förderung der eigenständigen Meinungsbildung auf Basis des Beutelsbacher Konsenses haben in der Schule und in der außerschulischen Bildungsarbeit einen herausragenden Stellenwert. […]

Die gemeinsame Erklärung beruht auf einem umfassenden Verständnis einer ‚Erziehung zur Friedensliebe'. Die daraus abgeleiteten Handlungsfelder der Friedensbildung an Schulen umfassen ein breites Spektrum: Es reicht von Maßnahmen der Gewaltprävention über die Beschäftigung mit friedens- und gewaltfördernden Strukturelementen in Politik, Wirtschaft und Gesellschaft bis hin zur Auseinandersetzung mit friedens- und sicherheitspolitischen Fragestellungen in einer globalisierten Welt. Die Diskussion verschiedener Ansätze für konstruktive Konfliktbearbeitung und internationale Friedensstiftung gehört ebenfalls dazu.“

Bei der Landeszentrale für politische Bildung (s.u.) wurde in gemeinsamer Trägerschaft mit der Berghof Foundation eine „*Servicestelle Friedensbildung*“ eingerichtet (www.friedensbildung-bw.de).

Landeszentrale für politische Bildung

Die „*Landeszentrale für politische Bildung*“ (LpB) mit Sitz in Stuttgart hat die Aufgabe, „*die politische Bildung in Baden-Württemberg auf überparteilicher Grundlage zu fördern und zu vertiefen. Sie dient hierbei der Festigung und Verbreitung des Gedankengutes der freiheitlich-demokratischen Ordnung*“. Link: www.lpb-bw.de

Der Überparteilichkeit der LpB dient ein Kuratorium, in dem auch die GEW vertreten ist.

Bundeszentrale für politische Bildung

Die „*Bundeszentrale für politische Bildung*“ (BpB) mit Sitz in Bonn hat die Aufgabe, „*den demokratischen und europäischen Gedanken im deutschen Volk zu festigen und zu verbreiten*“ (Gründungserlass). Auch sie berät und informiert insbesondere Lehrkräfte für das Fach Gemeinschaftskunde. Link: www.bpb.de

⇨ Außerunterrichtliche Jugendbildung; ⇨ Außerunterrichtliche Veranstaltungen Nr. I.4; ⇨ Diskriminierung; ⇨ Fachleute aus der Praxis; ⇨ Landtagsbesuche; ⇨ Lernmittel (Zulassung); ⇨ Menschenrechte; ⇨ Mobbing; ⇨ Nationalsozialismus (Gedenktag); ⇨ Schulaufsicht; ⇨ Schülermitverantwortung; ⇨ Schulgesetz § 1; ⇨ Stundentafeln (bei den einzelnen Schularten); ⇨ Verfassung Art. 12, 17 und 21; ⇨ Wahlkampf und Schule

Ethikunterricht

Ethikunterricht; Verwaltungsvorschrift des Kultusministeriums vom 21. November 2001 (K.u.U. S. 1/2002); zuletzt geändert 4. Juni 2019 (K.u.U. S. 91/2019)

1
Einrichtung

Nach § 100a SchG ist für Schülerinnen und Schüler, die nicht am Religionsunterricht als ordentlichem Unterrichtsfach teilnehmen, das Fach Ethik als ordentliches Unterrichtsfach einzurichten. Der Zeitpunkt, ab welchem der Unterricht im Fach Ethik in den einzelnen Schularten und Klassen zu besuchen ist, folgt aus den jeweils geltenden Stundentafeln.

⇨ Schulgesetz § 100 a

Hinweise der Redaktion:

1. Das Schulfach Ethik wurde 1983 eingeführt, um evangelische und katholische Schülerinnen und Schüler von der Abmeldung vom Religionsunterricht abzuschrecken.

   ⇨ Religion (Allgemeines); ⇨ Religionsunterricht (Teilnahme) ⇨ Schulgesetz § 100a

   Obwohl das Bundesverwaltungsgericht (BVerwG, 17.6.1998, AZ: 6 C 11.97) für eine formale Gleichwertigkeit des Schulfachs Ethik mit dem Religionsunterricht gesorgt hat (z.B. Versetzungserheblichkeit), ist es nach wie vor ein „Ersatzfach“: Es ist nur an weiterführenden Schulen ab Klasse 5 eingeführt. Im beruflichen Bereich wird Ethik nur an beruflichen Gymnasien obligatorisch erteilt. Im Bereich der SBBZ, z.B. an den früheren „Förderschulen“, wird konfessionslosen, andersgläubigen oder vom Religionsunterricht abgemeldeten Schüler*innen nach wie vor keine Alternative zum Religionsunterricht angeboten. ⇨ Sonderpädagogik (SBBZ Lernen – Stundentafel).

   Während die Erteilung des Religionsunterrichts gesetzlich garantiert ist („*Für eine religiöse Minderheit von mindestens acht Schülern an einer Schule ist Religionsunterricht einzurichten*“; SchG § 96 Abs. 3), hat das KM die Erteilung des Ethikunterrichts faktisch in das Belieben der Schulleitungen gestellt. So ist beispielsweise in der Abiturverordnung des allgemeinbildenden Gymnasiums (§ 13 Abs. 4) verfügt: „*Wer keinen Kurs in Religionslehre besucht, hat stattdessen vorbehaltlich des schulischen Angebots Kurse im Fach Ethik zu besuchen*“. (Hervorhebung durch die Redaktion).

   ⇨ Gymnasium (Abitur – AGVO)

2. In den Stundentafeln der allgemeinbildenden weiterführenden Schulen beginnt das Fach Ethik ab Schuljahr 2021/22 in Klasse 5. Das KM hat zwar angekündigt, das Fach Ethik auch an Grundschulen einzuführen, sobald der Ausbau in der Sekundarstufe I abgeschlossen ist. Die Änderung der Stundentafeln an der Primarstufe steht noch aus.

3. Religionslehrkräfte im Dienst des Landes dürfen an der gleichen Schule nicht gleichzeitig sowohl im Ethik- als auch im Religionsunterricht eingesetzt werden. (Quelle: K.u.U. S. 201/2008)

2
Gruppenbildung

Die Gruppenbildung im Fach Ethik erfolgt nach Maßgabe der Verwaltungsvorschrift über die Unterrichtsorganisation (Organisationserlass). Dabei können auch bei den Gymnasien über Parallelklassen und Klassen oder Jahrgangsstufen hinweg Gruppen gebildet werden. Gegebenenfalls können Gruppen auch zwischen benachbarten Schulen der gleichen Schulart gebildet werden.

⇨ Organisationserlass

Falls im Verlauf des ersten Schulhalbjahres die erforderliche Schülerzahl erreicht wird, ist das Fach Ethik zu Beginn des zweiten Schulhalbjahres einzurichten.

Falls im Verlauf des Schuljahres die erforderliche

Schülerzahl unterschritten wird, ist der Unterricht bis zum Ende des Schuljahres fortzusetzen.

3
Teilnahmepflicht

Zur Teilnahme am Ethikunterricht sind Schülerinnen und Schüler verpflichtet,

a) die keiner Religionsgemeinschaft angehören,

b) für die Religionsunterricht als ordentliches Unterrichtsfach nicht eingerichtet ist,

c) die sich vom Religionsunterricht abgemeldet haben.

In den Fällen der Buchstaben a) und b) entfällt die Teilnahmepflicht, wenn die Schülerin oder der Schüler am Religionsunterricht als ordentlichem Unterrichtsfach einer Religionsgemeinschaft mit deren Zustimmung teilnimmt. Ferner besteht für Schülerinnen und Schüler keine Teilnahmepflicht, wenn der Religionsunterricht ihres Bekenntnisses an der Schule eingerichtet ist, jedoch für die entsprechende Klassenstufe ausnahmsweise nicht erteilt wird. ➪ Religionsunterricht (Teilnahme)

Hinweis der Redaktion: Als ordentliches Unterrichtsfach „eingerichtet" ist in Baden-Württemberg alevitischer, altkatholischer, evangelischer, islamisch-sunnitischer, jüdischer, römisch-katholischer, orthodoxer (bulgarisch-, georgisch-, russisch-, griechisch-, rumänisch-, serbisch-orthodox) und syrisch-orthodoxer Religionsunterricht. Maßgebend für die Teilnahmepflicht ist im Einzelfall, ob an der jeweiligen Schule Religionsunterricht des entsprechenden Bekenntnisses erteilt wird.

➪ Religion (Allgemeines) Nr. 3 ff.; ➪ Schulgesetz § 96

4
Austritt aus dem Ethikunterricht

Der Austritt aus dem Ethikunterricht ist nur zu Beginn eines Schulhalbjahres und nur, wenn anschließend Religionsunterricht als ordentliches Unterrichtsfach besucht wird, zulässig.

5
Leistungserhebung und Leistungsbeurteilung

Das Fach Ethik ist ordentliches Unterrichtsfach. Es gelten die allgemeinen Bestimmungen zur Leistungserhebung und Leistungsbeurteilung. Das Fach Ethik ist ein für die Versetzung maßgebendes Fach im Sinne der Versetzungsordnungen. Dies gilt auch dann, wenn der Ethikunterricht erst zu Beginn des zweiten Schulhalbjahres besucht wird.

➪ Notenbildungsverordnung

Für den Ethikunterricht in den Jahrgangsstufen gelten die Bestimmungen der Verordnungen über die Jahrgangsstufen sowie die Abiturprüfung der allgemeinbildenden und der beruflichen Gymnasien; für die gymnasiale Oberstufe der Gemeinschaftsschule gelten die Bestimmungen der Gemeinschaftsschulverordnung. ➪ Gemeinschaftsschule (VO); ➪ Gymnasium (AGVO)

➪ Gemeinschaftsschule (Verordnung); ➪ Gymnasium (Abitur – AGVO); ➪ Notenbildungsverordnung; ➪ Organisationserlass; ➪ Religion (Allgemeines); ➪ Religionsunterricht (Teilnahme); ➪ Schulgesetz § 100 a

Evaluation

Informationen der Redaktion zur Rechtslage und zur Verwaltungspraxis in Baden-Württemberg

Die öffentlichen Schulen sind zur systematischen Qualitätsentwicklung und -sicherung verpflichtet (Selbst- und Fremdevaluation). ➪ Schulgesetz 114

Das Schulgesetz wurde Anfang 2019 geändert (siehe hierzu: ➪ Schulentwicklung und Qualitätskonzept); zugleich wurde die bisherige Evaluationsverordnung des KM aufgehoben. Eine Neufassung dieser Verordnung hat das Ministerium noch nicht vorgelegt.

➪ Datenschutz (Schulen) Nr. 4; ➪ Schulentwicklung und Qualitätskonzept; ➪ Schulgesetz § 114

Stichwort: Rente durch Pflege auch für Beamt*innen

Nicht nur Lehrkräfte im Arbeitnehmerverhältnis, sondern auch Beamt*innen können in der gesetzlichen Rentenversicherung einen Rentenanspruch erwerben oder vorhandene Rentenzeiten auffüllen, wenn sie bei der Pflegekasse als pflegende Person von Angehörigen mit mindestens Pflegestufe 2 angemeldet sind.

Diese „Pflegezeit" zählt als Beitragszeit in der Rentenversicherung und wird für die sogenannte Wartezeit (z.B. für die Regelaltersrente 60 Beitragsmonate) angerechnet. Auf diese Weise können beispielsweise Lehrkräfte, die vor der Verbeamtung als Arbeitnehmer*in tätig waren, aber bisher die 60-Monats-Frist nicht erfüllen, in den Genuss einer gesetzlichen Rente kommen.

Die Pflegekasse oder private Pflegeversicherung des Pflegebedürftigen muss Rentenversicherungsbeiträge für die pflegende Person zahlen. Das Rentenplus, das sich später daraus ergibt, liegt für ein Jahr Pflege nach derzeitigen Werten (2022) zwischen 5 Euro und 30 Euro im Monat.

Sofern Beamt*innen durch Pflegezeiten oder eigene Beitragszeiten plus Pflegezeit insgesamt nicht auf 60 Beitragsmonate in der Rentenversicherung kommen, wird für die Pflegezeit in der Pension ein Pflegzuschlag in Höhe von 2,75 Euro pro Pflegemonat bezahlt.

➪ Renten und Ruhestand (Arbeitnehmer*innen); ➪ Beamtenversorgung und Renten

Fachberaterinnen und Fachberater

Auszug aus der Verwaltungsvorschrift des Kultusministeriums Fachberaterinnen und Fachberater; vom 4. August 2006 (K.u.U. S. 268/2006); zuletzt geändert 11. November 2009 (K.u.U. S. 223/2009)

II.
Rechtsstellung

1.
Allgemeines

Die Fachberater sind besondere Schulaufsichtsbeamte im Sinne von § 37 Schulgesetz. Sie sind Teil der Schulaufsicht und unterstützen diese bei der Erfüllung ihrer Aufgaben; sie können auch für schulart- oder schulverwaltungsbezirksübergreifende Aufgaben bestellt werden. Im Rahmen der ihnen übertragenen Aufgaben handeln sie selbstständig und eigenverantwortlich. Sie sind berechtigt, die zur Erfüllung ihrer Aufgaben erforderlichen Weisungen zu geben. Soweit ihnen die Aufgabe übertragen ist, im Rahmen der Schulentwicklung prozessbegleitend tätig zu sein, müssen sie über ihnen dabei zur Kenntnis gelangte vertrauliche Erkenntnisse Stillschweigen bewahren, soweit nicht Dienstpflichtverletzungen vorliegen.

⇨ Schulgesetz § 37; ⇨ Verschwiegenheitspflicht

2.
Aufgaben

Die Schulaufsichtsbehörden legen im Rahmen ihrer Zuständigkeit die Aufgaben und den Einsatz der ihnen zugeordneten Fachberater fest.

Die Fachberater dokumentieren ihre Tätigkeit gegenüber der zuständigen Schulaufsichtsbehörde.

Den Fachberatern können neben der Unterstützung der Schulverwaltung Aufgaben insbesondere in nachfolgenden Feldern übertragen werden:

2.1 Unterrichtsberatung, Sicherung und Weiterentwicklung der Qualität des Unterrichts,

2.2 Schulberatung, Schulentwicklungsprozesse, insbesondere Qualitätsentwicklung und Selbstevaluation,

2.3 Lehrerbildung, insbesondere Lehrerfortbildung,

2.4 Arbeits- und Gesundheitsschutz,

2.5 Unterstützung der Schulleitung bei der Erstellung der dienstlichen Beurteilung der Lehrkräfte in besonders gelagerten Einzelfällen, ausgenommen an der eigenen Schule,

2.6 Frühförderung und Kooperation,

2.7 Mitwirkung bei Prüfungen,

2.8 projektbezogene Aufgaben, insbesondere im Rahmen der Lehr- und Bildungsplanentwicklung.

⇨ Fortbildung und Personalentwicklung

3.
Anforderungsprofil

Von einem Fachberater werden insbesondere erwartet:

- besondere Qualifikationen im fachlichen, didaktisch-methodischen, pädagogischen und organisatorischen Bereich,
- Fähigkeit und Bereitschaft, sich in Fragen der Lehrerbildung, insbesondere der Lehrerfortbildung, sowie der Schulentwicklung einzuarbeiten,
- Aufgeschlossenheit für Innovationen,
- Eigeninitiative,
- umfassende kommunikative Kompetenzen,
- Verständnis für Verwaltungsvorgänge und Führungsaufgaben in der Schule
- sowie Bereitschaft zur kontinuierlichen eigenen Fortbildung im Sinne des Aufgabenprofils.

4.
Bestellung

4.1 Die Bestellung der Fachberater für Grundschulen, Hauptschulen, Werkrealschulen, Realschulen und Sonderschulen erfolgt durch die örtlich zuständige untere Schulaufsichtsbehörde. Die obere Schulaufsichtsbehörde bestellt die ihr unmittelbar zugeordneten Fachberater.

4.2 Die Fachberater für allgemeinbildende Gymnasien und berufliche Schulen werden im Auftrag des Kultusministeriums durch die oberen Schulaufsichtsbehörden bestellt.

4.3 Bei Fachberatern in den Fächern Katholische und Evangelische Religionslehre erfolgt die Bestellung im Benehmen mit den Kirchen.

4.4 Zum Fachberater kann auch bestellt werden, wer einen Teillehrauftrag hat. Bei Fachberatern, die entsprechend ihrem Teillehrauftrag eine anteilige Zulage erhalten, reduziert sich entsprechend der Aufgabenumfang.

Hinweise der Redaktion:

1. Die Fachberater*innen an Gymnasien und beruflichen Schulen (höherer Dienst) nehmen ein Beförderungsamt wahr (Studiendirektor*innen in BesGr. A 15); die Tätigkeit der Fachberater*innen an GHWRGS-Schulen (gehobener Dienst) wird durch eine Zulage abgegolten (derzeit 38,81 Euro/Monat). ⇨ Besoldung (Zulagen) Anlage zu § 1 Nr. 1
2. Auch Fachlehrkräfte, Fachoberlehrer*innen und Fachlehrer*innen als Fachbetreuer*innen können sich auf Fachberaterstellen bewerben. Nach § 1 Abs. 4 der Lehrkräftezulagenverordnung wird allerdings bei der Ausübung von mehreren Funktionen (die dort aufgeführt sind) nur eine und zwar die höhere Zulage gezahlt.
3. Der durch die Fachberatungstätigkeit entstehende Zeitaufwand wird durch Anrechnungen auf das Deputat ausgeglichen. ⇨ Arbeitszeit (Lehrkräfte – VwV Anrechnungen) Nr. IV.2.3

⇨ Arbeitszeit (Lehrkräfte – VwV Anrechnungen) Nr. IV.2.3; ⇨ Besoldung (Zulagen) Anlage zu § 1 Nr. 1; ⇨ Beurteilung (Religionsunterricht); ⇨ Fortbildung und Personalentwicklung; ⇨ Schulgesetz § 37; ⇨ Schulpsychologische Beratungsstellen; ⇨ Verschwiegenheitspflicht

Unter ⇨ Termin-Checkliste finden Sie die wichtigsten Termine des Schuljahres.

Fachfremder Unterricht

Informationen der Redaktion zur Rechtslage und zur Verwaltungspraxis in Baden-Württemberg

Grundsätze

Zu den Aufgaben des Schulleiters bzw. der Schulleiterin gemäß ⇨ Schulgesetz § 41 Abs. 1 gehört die Verteilung der Lehraufträge und damit die Entscheidung über den Einsatz der Lehrkräfte in den Stufen, Klassen und Fächern der Schule.

Für den *„fachfremden"* Einsatz von Lehrkräften gibt es keine übergreifenden amtlichen Regelungen, sondern nur gelegentliche Äußerungen aus dem Kultusministerium bzw. der Schulverwaltung. Unter *„fachfremdem Unterricht"* ist im Folgenden der stundenplanmäßige, reguläre Einsatz einer Lehrkraft zu verstehen, nicht jedoch (vorübergehender) Vertretungsunterricht; hierzu siehe: ⇨ Mehrarbeit.

Grundsätzlich ist bei der Verteilung der Lehraufträge die jeweilige formale Lehrbefähigung der Lehrkraft bzw. ihre spezifische (beispielsweise auf dem Wege der Fort- und/oder Weiterbildung erworbene) Qualifikation zu beachten. Der Auftrag zur Erteilung *„fachfremden Unterrichts"*, also der Einsatz von Lehrkräften außerhalb der studierten Fächer bzw. Ausbildungs-Schwerpunkte ist deshalb nur in Ausnahmefällen zu geben, soweit auf Lehrkräfte mit entsprechender Lehrbefähigung nicht zurückgegriffen werden kann. Die Grenzen bei der Vergabe ergeben sich aus den gesetzlichen Bestimmungen und deren Zielsetzungen. Diesbezüglich trifft das Schulgesetz in den §§ 96 ff. explizit lediglich Aussagen zum Religionsunterricht und regelt auch, wer als Religionslehrkraft unterrichten darf.

(Quelle: Landtags-Drucksache 16/1707 vom 24.2.2017)

Diese auf Äußerungen des Kultusministeriums gegenüber dem Landtag beruhenden Informationen gelten grundsätzlich für alle auf der Grundschule aufbauenden Schularten. An den im Folgenden genannten Schularten bzw. Lehrämtern gelten besondere Bedingungen:

Grundschulen

An Grundschulen gilt das Klassenlehrerprinzip, der Unterricht in den einzelnen Fächern wird nach Möglichkeit nicht von verschiedenen Fachlehrkräften, sondern von der Klassenlehrkraft erteilt. Seit der Umstrukturierung der Lehrämter (Prüfungsordnungen von 2011) müssen die Lehramtsbewerberinnen und -bewerber zwischen den Kompetenzbereichen Deutsch (einschließlich Deutsch als Zweitsprache) und Mathematik wählen. Es ist demzufolge zu erwarten, dass der Anteil fachfremden Unterrichts in Deutsch und Mathematik im Laufe der Zeit abnehmen wird.

Gymnasien

An Gymnasien dürfen Lehrkräfte grundsätzlich nur Fächer unterrichten, für die sie aufgrund von Studium und Referendariat oder aufgrund späterer Fortbildungsmaßnahmen qualifiziert sind. Fachfremder Unterricht ist nur dann zulässig, wenn ein akuter fachspezifischer Mangel an der Schule nicht von anderen Lehrkräften der Schule oder durch Abordnungen von benachbarten Schulen ausgeglichen werden kann. (Quelle: Info BPR-GYM RP TÜ 2/2012)

Berufliche Schulen

An den beruflichen Schulen existieren zahlreiche Unterrichtsbereiche und -fächer, für die es wegen des relativ geringen Bedarfs keine Lehramtsausbildungen gibt. Hier kann auf fachfremd unterrichtende Lehrkräfte, die sich auch mithilfe von Fortbildungsmaßnahmen einarbeiten, nicht verzichtet werden. Diese Lehrkräfte werden nach einigen Jahren im Hinblick auf die zwischenzeitlich erfolgte Spezialisierung nicht mehr als *„fachfremd"* angesehen.

Fachlehrkräfte

Neben *„wissenschaftlichen Lehrkräften"* unterrichten an den Schulen auch *„Fachlehrkräfte"* sowie *„Technische Lehrkräfte"* (gehobener Dienst). Sie werden in den Fächern Sport, Bildende Kunst, Technik, Musik sowie Alltagskultur und Gesundheit ausgebildet und in der Ausbildung an den Pädagogischen Fachseminaren bereits für den Unterricht in den Fächerverbünden qualifiziert. Damit ist der Unterrichtseinsatz je nach Fächerkombination in drei Fächerverbünden möglich. Ein Einsatz auch in anderen Fächern erscheint rechtlich möglich, sofern diese Lehrkräfte über die erforderlichen fachlichen und didaktischen Kompetenzen der anderen Fächer des Fächerverbundes verfügen. Die erforderliche Entscheidung wird von der Schulleitung getroffen; diese bestimmt auch das Zusammenwirken der Fachlehrkräfte mit anderen Lehrkräften an den Schulen. Der Unterricht der Fächerverbünde in Hauptschulen und Werkrealschulen kann sowohl in Verantwortung einer oder mehrerer Lehrkräfte liegen. Entscheidend ist die Unterrichtsqualität, garantiert wird diese durch die Schulleitung.

(Quelle: KM, 12.10.2004; AZ: 33–6715.0/133/1)

Die an bestimmten Sonderpädagogischen Bildungs- und Beratungszentren sowie im beruflichen Bereich tätigen Technischen Lehrkräfte sowie die sonstigen nicht-wissenschaftlichen Lehrkräfte (beispielsweise Ein-Fach-Sportlehrkräfte) dürfen ausschließlich in ihren Ausbildungsfächern eingesetzt werden.

⇨ Aufsichtspflicht (Schwimmunterricht); ⇨ Fortbildung (Allgemeines); ⇨ Fortbildung und Personalentwicklung Nr. IV Abs. 4; ⇨ Klassenlehrkraft; ⇨ Mehrarbeit; ⇨ Religionsunterricht (Allgemeines); ⇨ Schulgesetz § 41

Das „alte" Jahrbuch nicht sofort entsorgen

Immer wieder existieren „alte" und „neue" Vorschriften nebeneinander, wobei die Neuregelungen zunächst nur für bestimmte Schülerjahrgänge gelten. Man sollte deshalb sein „altes" Exemplar nicht in den Papierkorb werfen. Denn es ist zwar nicht mehr „aktuell", aber nach wie vor nützlich.

Fachhochschulreife

Verordnung des Kultusministeriums über den Erwerb der Fachhochschulreife in der gymnasialen Oberstufe (FHSRGymVO) vom 17. Mai 2009 (K.u.U. S. 86/2009); zuletzt geändert 27. August 2021 (GBl. S. 777/2021)

§ 1
Allgemeine Voraussetzungen

Wer ein Gymnasium der Normalform, Aufbaugymnasium mit Heim, Berufliches Gymnasium der dreijährigen oder sechsjährigen Aufbauform, Kolleg, staatlich anerkanntes Abendgymnasium, die gymnasiale Oberstufe einer Gemeinschaftsschule oder das Deutsch-Französische Gymnasium Freiburg durchlaufen hat und nach Abschluss des zweiten Halbjahres der ersten Jahrgangsstufe des Kurssystems, der Klasse III oder am Deutsch-Französischen Gymnasium der Klasse 11 (Première) ohne allgemeine Hochschulreife verlässt, erwirbt das Zeugnis der Fachhochschulreife, wenn

1. die erforderlichen schulischen Leistungen nach § 2 (schulischer Teil der Fachhochschulreife) erbracht sind und
2. praktische Leistungen nach § 3 (berufsbezogener Teil der Fachhochschulreife) nachgewiesen sind.

Hinweis der Redaktion: Die Fachhochschulreife kann auch an Berufskollegs, Berufsoberschulen und Fachschulen sowie öffentlichen Berufsfachschulen für Pflege erworben werden. Die Anerkennung der Fachhochschulreife (auch „Fachabitur“) als Voraussetzung für ein (Fach-)Hochschulstudium ist in den Bundesländern unterschiedlich geregelt. Einen Überblick gibt www.studieren-ohne-abitur.de/web/laender.

§ 2
Schulischer Teil der Fachhochschulreife

(1) Für den schulischen Teil der Fachhochschulreife sind folgende Leistungen nachzuweisen:

1. im allgemeinbildenden Gymnasium und der gymnasialen Oberstufe einer Gemeinschaftsschule müssen
   a) in zwei Leistungsfächern, darunter mindestens in einem der Fächer Deutsch, Mathematik oder einer Fremdsprache, je zwei Kurse belegt und bei einfacher Wertung mindestens 20 Punkte erreicht sein,
   b) in weiteren Fächern elf Kurse belegt sein und
   c) in mindestens 60 Prozent der insgesamt anzurechnenden Kurse mindestens jeweils fünf Punkte erreicht sein, hierunter zwei Kurse aus Leistungsfächern;
2. im Beruflichen Gymnasium müssen
   a) im berufsbezogenen Schwerpunktfach sowie in dem auf erhöhtem Anforderungsniveau gewählten Kernkompetenzfach (Deutsch oder Mathematik) je zwei Kurse belegt und bei einfacher Wertung mindestens 20 Punkte erreicht sein,
   b) in weiteren Fächern elf Kurse belegt sein und
   c) in mindestens 60 Prozent der insgesamt anzurechnenden Kurse mindestens jeweils fünf Punkte erreicht sein, hierunter zwei Kurse aus Absatz 1 Nummer 2 Buchstabe a;
3. im Kolleg müssen
   a) in zwei Leistungsfächern je zwei Kurse belegt und bei einfacher Wertung mindestens 20 Punkte erreicht sein,
   b) im Übrigen die Voraussetzungen der Nummer 1 Buchstabe b und c erfüllt sein;
4. im staatlich anerkannten Abendgymnasium müssen
   a) in zwei Leistungsfächern je zwei Kurse belegt und bei einfacher Wertung in drei Kursen insgesamt mindestens 15 Punkte erreicht sein,
   b) in weiteren Fächern vier Kurse belegt sein und
   c) in mindestens fünf Kursen der insgesamt anzurechnenden Kurse mindestens jeweils fünf Punkte erreicht sein, hierunter zwei Kurse aus Leistungsfächern.

Am Deutsch-Französischen Gymnasium Freiburg werden die Voraussetzungen für den schulischen Teil der Fachhochschulreife mit der Versetzung von der Klasse 11 (Première) in die Klasse 12 (Terminale) erfüllt.

(2) Unter den nach Absatz 1 anzurechnenden Kursen müssen vorbehaltlich der Regelung in Satz 4 folgende Fächer oder Fächergruppen mit je zwei Halbjahreskursen aus einem Fach enthalten sein:

1. Deutsch;
2. Englisch, Französisch, Latein oder eine andere Fremdsprache; die Kurse müssen zur Erfüllung der Mindestverpflichtung in der Fremdsprache dienen können;
3. Mathematik;
4. Geschichte, Gemeinschaftskunde oder Geschichte als Kombinationsfach;
5. Biologie, Chemie oder Physik.

Außer den in Satz 1 genannten Fächern und Kursen können nach Wahl aus weiteren Fächern höchstens je zwei Halbjahreskurse angerechnet werden. Die in Satz 1 und 2 genannten Kurse sind einfach zu werten, soweit in den nachfolgenden Sätzen keine abweichenden Regelungen getroffen sind. Satz 1 gilt für die staatlich anerkannten Abendgymnasien mit der Maßgabe, dass entweder zwei Kurse eines Fachs nach Satz 1 Nummer 4 oder zwei Kurse eines Fachs nach Satz 1 Nummer 5 angerechnet werden müssen. Am allgemeinbildenden Gymnasium, der Gemeinschaftsschule und dem Kolleg werden die Ergebnisse der Kurse in zwei Leistungsfächern doppelt gewichtet; am Abendgymnasium die Ergebnisse aus drei Kursen in zwei Leistungsfächern dreifach, im Übrigen sämtliche Kurse zweifach.

(3) Jede Schülerin und jeder Schüler legt für alle anzurechnenden Kurse nach Absatz 1 und 2 einheitlich die zwei aufeinanderfolgenden Schulhalbjahre fest, aus denen die Kurse angerechnet werden, und entscheidet in den Fällen von Absatz 2 Satz 5 über die beiden Leistungsfächer, deren Kurse doppelt beziehungsweise von denen drei Kurse dreifach gewichtet werden sollen. Kein Kurs darf mit „ungenügend“ (0 Punkte) bewertet sein.

(4) Die im schulischen Teil der Fachhochschulreife erreichte Gesamtpunktzahl von mindestens 95 und höchstens 285 Punkten, die sich auf der Grundlage der in den anzurechnenden Kursen erreichten Punkte ergibt, wird nach der in Anlage 1 beigefügten Formel errechnet; die erzielte Durchschnittsnote wird nach der in Anlage 2 beigefügten Tabelle ermittelt. Für die Festlegung der Durchschnittsnote des am Deutsch-Französischen Gymnasium erworbenen schulischen Teils der Fachhochschulreife wird der im Versetzungszeugnis nach Absatz 1 Satz 2 ausgewiesene allgemeine Durchschnitt von mindestens 6,0 und höchstens 10,0 Punkten nach der in Anlage 3 beigefügten Tabelle in eine Durchschnittsnote übertragen.

Hinweis der Redaktion: Gemäß § 5 dieser Verordnung gelten umfangreiche Übergangsbestimmungen:

1. § 2 der Vorgängerverordnung findet weiterhin Anwendung
   a) in seiner bis zum 30. Juni 2003 geltenden Fassung auf Schüler*innen, die nach der NGVO vom 20.4.1983, der BGVO vom 20.4.1983, der VO über die allgemeinbildenden Abendgymnasien vom 14.2.1984 oder der VO über den Bildungsgang und die Abiturprüfung an den Kollegs vom 14.2.1984 in ihrer jeweils geltenden Fassung die 12. oder 13. Klasse oder die Klasse III oder IV besucht haben,
   b) in seiner ab dem 1.7.2003 geltenden Fassung auf Schüler*innen, die nach der NGVO vom 24.7.2001 sowie der BGVO vom 5.12.2002 in ihrer jeweiligen, jedoch spätestens am 31.7.2008 geltenden Fassung oder der KollegVO vom 13.10.2001 die erste oder zweite Jahrgangsstufe des Kurssystems oder die Klasse III oder IV besucht haben.
2. § 2 Absatz 3 findet weiterhin Anwendung
   a) in seiner bis zum 30.6.2003 geltenden Fassung auf Schüler*innen, die nach der Verordnung über allgemeinbildende Abendgymnasien vom 14.2.1984 die Klasse III oder IV besucht haben,
   b) in seiner vom 1.7.2009 bis zum 30.9.2012 geltenden Fassung auf Schüler*innen, die nach der Abendgymnasien-Verordnung vom 21.9.2001 die jeweilige Klasse III oder IV besucht haben.
3. § 2 in der am 31.7.2019 geltenden Fassung findet weiterhin Anwendung auf Schüler*innen, die nach der
   a) Abiturverordnung Gymnasien der Normalform vom 24.7.2001 in ihrer jeweiligen, jedoch spätestens am 31.7.2018 geltenden Fassung die erste oder zweite Jahrgangsstufe des Kurssystems besucht haben,
   b) Abendgymnasien-Verordnung vom 25.11.2010 in ihrer jeweiligen, jedoch spätestens am 31.7.2018 geltenden Fassung die Klassen III und IV besucht haben oder
   c) VO über den Bildungsgang und die Abiturprüfung an den Kollegs vom 10.3.2010 in ihrer jeweiligen, jedoch spätestens am 31.7.2018 geltenden Fassung die vier Schulhalbjahre des Kurssystems besucht haben.
4. Auf Schülerinnen und Schüler, die nach der Verordnung des KM über die Jahrgangsstufen sowie über die Abiturprüfung an Beruflichen Gymnasien in der bis zum 31.07.2021 geltenden Fassung die erste oder zweite Jahrgangsstufe des Kurssystems besucht haben, findet jeweils § 2 Absatz 1 Nummer 2 in der am 31. Juli 2021 geltenden Fassung weiterhin Anwendung.

§ 3
Berufsbezogener Teil der Fachhochschulreife

(1) Der berufsbezogene Teil der Fachhochschulreife wird nachgewiesen durch

1. eine mindestens zweijährige Berufsausbildung in einem anerkannten Ausbildungsberuf nach dem Berufsbildungsgesetz oder der Handwerksordnung oder in einem gleichwertig geregelten Ausbildungsberuf oder
2. eine mindestens zweijährige schulische Berufsausbildung, gegebenenfalls in Verbindung mit einem Berufspraktikum oder
3. eine mindestens zweijährige Berufsausbildung in einem öffentlich-rechtlichen Dienstverhältnis oder
4. ein mindestens einjähriges Praktikum nach Absatz 2 oder
5. ein freiwillig abgeleistetes soziales oder ökologisches Jahr, den Wehr- oder Wehrersatzdienst oder den Bundesfreiwilligendienst.

Anlage 1 (zu § 2 Absatz 4 Satz 1)

Berechnung der Punktezahl für den schulischen Teil der Fachhochschulreife
(gilt nicht für das Deutsch-Französische Gymnasium)

Die erreichte Punktezahl für den schulischen Teil der Fachhochschulreife (E) wird nach folgender Formel ermittelt.

$$E = \frac{P}{S} \times 19$$

Dabei sind:

E = Errechnete Punktzahl für den schulischen Teil der Fachhochschulreife
P = Erreichte Punktzahl in den eingebrachten Fächern
S = Anzahl der zugehörigen Schulhalbjahresergebnisse (doppelt gewichtete Fächer zählen auch hier doppelt, dreifach gewichtete Fächer dreifach)

Es wird auf eine ganzzahlige Punktzahl gerundet; ab der Nachkommastelle ,5 wird aufgerundet.

Anlage 2 (zu § 2 Absatz 4 Satz 1)

Tabelle zur Ermittlung der Durchschnittsnote für die Fachhochschulreife (schulischer Teil)
(gilt nicht für das Deutsch-Französische Gymnasum)

Punkte	Durchschnittsnote	Punkte	Durchschnittsnote	Punkte	Durchschnittsnote
285–261	1,0	209–204	2,0	152–147	3,0
260–255	1,1	203–198	2,1	146–141	3,1
254–249	1,2	197–192	2,2	140–135	3,2
248–244	1,3	191–187	2,3	134–130	3,3
243–238	1,4	186–181	2,4	129–124	3,4
237–232	1,5	180–175	2,5	123–118	3,5
231–227	1,6	174–170	2,6	117–113	3,6
226–221	1,7	169–164	2,7	112–107	3,7
220–215	1,8	163–158	2,8	106–101	3,8
214–210	1,9	157–153	2,9	100–96	3,9
				95	4,0

Anlage 3 (zu § 2 Absatz 4 Satz 2)

Tabelle zur Ermittlung der Durchschnittsnote für die Fachhochschulreife (schulischer Teil) am Deutsch-Französischen Gymnasium

Allgemeiner Durchschnitt im Zeugnis (Punkte)	Durchschnittsnote	Allgemeiner Durchschnitt im Zeugnis (Punkte)	Durchschnittsnote
8,5 bis 10	1,0	7,2	2,3
8,4	1,1	7,1	2,4
8,3	1,2	7,0	2,5
8,2	1,3	6,9	2,6
8,1	1,4	6,8	2,7
8,0	1,5	6,7	2,8
7,9	1,6	6,6	2,9
7,8	1,7	6,5	3,0
7,7	1,8	6,4	3,1
7,6	1,9	6,3	3,2
7,5	2,0	6,2	3,3
7,4	2,1	6,1	3,4
7,3	2,2	6,0	3,5

Dem Praktikum nach Nummer 4 ist eine einjährige durchgehende Teilnahme an einer Berufsausbildung nach Nummer 1 bis 3 gleichgestellt. Abgeleistete Dienste im Rahmen eines freiwilligen sozialen oder ökologischen Jahres, des Wehr- oder Wehrersatzdienstes oder des Bundesfreiwilligendienstes von unter einem Jahr werden auf die Dauer des Praktikums nach Nummer 4 angerechnet.

(2) Das Praktikum nach Absatz 1 Nr. 4 dient dem Kennenlernen der Arbeitswelt. Es wird in einem Betrieb der Wirtschaft oder in einer vergleichbaren außerschulischen Einrichtung durchgeführt. Das Praktikum soll Einblicke in unterschiedliche Arbeitsbereiche und Arbeitsmethoden, in den Aufbau und die Organisation der Praktikumsstelle sowie in Personal- und Sozialfragen geben. Die Durchführung des Praktikums ist der Schule durch eine Bescheinigung des Betriebs oder der Einrichtung im Sinne von Satz 2 nachzuweisen, aus der die Dauer der Beschäftigung, der zugewiesene Aufgabenbereich oder die zugewiesenen Aufgabenbereiche und die Fehltage hervorgehen müssen.

Hinweise der Redaktion:

1. Das KM hat am 10.3.2011 (K.u.U. S. 106/2011) Hinweise zur Durchführung des Praktikums gegeben. Darin heißt es u.a.:

„*1. Ziel und Inhalt des Praktikums* – Das Praktikum dient dem Kennenlernen der Arbeitswelt. Es hat Ausbildungscharakter. Die Praktikantinnen und Praktikanten sollen einen möglichst umfassenden Überblick über betriebliche Abläufe erhalten und mit den Anforderungen der Arbeitswelt in einem Beruf bekanntgemacht werden. Sie sollen in verschiedene Arbeitsbereiche des Betriebes, in dessen Aufbau und die Organisation sowie in Personal- und Sozialfragen eingeführt werden. Um dieses Praktikumsziel zu verwirklichen, sollen sie in unterschiedlichen Arbeitsfeldern des Betriebes eingesetzt werden. Das Ausbildungsziel des Praktikums wird insbesondere dadurch erreicht, dass die Praktikantinnen und Praktikanten einen Einblick in die Inhalte einer ihrem Tätigkeitsfeld entsprechenden Berufsausbildung erhalten. Nicht ausreichend ist hingegen, wenn sich das Praktikum faktisch lediglich in einer einfachen Berufstätigkeit erschöpft. Der Betrieb, an dem das Praktikum durchgeführt wird, kann das Praktikum innerhalb des beschriebenen Rahmens inhaltlich selbst ausgestalten. Insbesondere bei Zweifeln über die Anerkennungsfähigkeit des Praktikums sollte im Vorfeld eine Abstimmung zwischen Schule und Betrieb stattfinden. Diese kann z.B. auch dadurch erfolgen, dass der Schule, die später über die Zuerkennung der Fachhochschulreife entscheiden wird, vor Aufnahme des Praktikums ein Praktikumsplan vorgelegt wird.

2. Geeignete Praktikumsstellen – Geignet für die Durchführung eines Praktikums sind Betriebe und Unternehmen der Wirtschaft einschließlich staatlicher Unternehmen sowie sonstige vergleichbare private oder staatliche Einrichtungen, wie z.B. soziale Einrichtungen (Alten-/Pflegeheime, Krankenhäuser, Kindertagesstätten usw.), bei denen jeweils aufgrund ihres Tätigkeitsfeldes davon ausgegangen werden kann, dass die inhaltlichen Vorgaben nach Ziffer 1 erfüllt werden. Hierzu zählen auch Büros Freier Berufe, wie z.B. Werbeagenturen, Anwaltskanzleien, Steuerberaterbüros, Ingenieurbüros, Architekturbüros u.ä. Keine geeigneten Einrichtungen sind Übungsfirmen der Schulen; dies gilt nicht für Juniorfirmen der Wirtschaft, soweit Praktikantinnen und Praktikanten im Rahmen eines Ausbildungsprogramms ihres Praktikumsbetriebs dort vorübergehend eingesetzt werden. [...]

4. Wechsel der Praktikumsstelle – Das Praktikum ist als einjähriges Praktikum in einem ununterbrochenen Zeitraum durchzuführen. Eine Unterbrechung von wenigen Tagen, die durch einen Wechsel der Praktikumsstelle bedingt ist, ist unschädlich, soweit der gesamtheitliche Charakter des Praktikums erhalten bleibt. Auch wenn ein Wechsel der Praktikumsstelle nicht gänzlich ausgeschlossen ist, sollte das Praktikum nach Möglichkeit an einer Praktikumsstelle durchgeführt werden. Wegen der Erfahrungen, die die Praktikantinnen und Praktikanten auch bezüglich des Sozialgefüges des Betriebes sammeln sollen, sollte ein Wechsel der Praktikumsstelle grundsätzlich höchstens einmal während des Praktikumszeitraums erfolgen.

5. Freiwilliges Soziales Jahr/Freiwilliges Ökologisches Jahr – Die Zeiten eines Freiwilligen Sozialen Jahres oder eines Freiwilligen Ökologischen Jahres erfüllen die Voraussetzungen für die Anerkennung als Praktikum, wenn die unter 1. genannten Voraussetzungen erfüllt sind. Auch hier empfiehlt sich vor Aufnahme des Freiwilligen Sozialen Jahres oder des Freiwilligen Ökologischen Jahres eine Abstimmung mit der Schule, die das Zeugnis der Fachhochschulreife erteilt, um eine spätere Anerkennung sicher zu stellen. Eine Anerkennung als Praktikum dürfte jedoch in der Regel keinen Schwierigkeiten begegnen. [...]

7. Auslandspraktika – Das Praktikum dient vorrangig dem Kennenlernen der Verhältnisse des Arbeitslebens in Deutschland. Die Anerkennung eines im Ausland durchgeführten Praktikums ist jedoch möglich, wenn die nach Ziffer 1 genannten Voraussetzungen erfüllt sind. Bei der Bewertung eines Auslandpraktikums ist zu beachten, dass eine inhaltliche Bezugnahme auf eine konkrete Berufsausbildung hier nicht immer möglich sein wird. [...]"

2. Das KM hat mitgeteilt (27.7.2015; AZ: 44-6412.00/275/1), dass in solchen Praktika kein Mindestlohn gezahlt werden muss (vgl. § 22 Absatz 1 Satz 2 Nr. 1 Mindestlohngesetz).

§ 4
Bescheinigung, Zeugnis

(1) Wer die Voraussetzungen für den schulischen Teil der Fachhochschulreife nach § 2 erfüllt und die Schule verlassen hat, den berufsbezogenen Teil der Fachhochschulreife nach § 3 aber noch nicht nachweisen kann, erhält auf Antrag eine Bescheinigung über die Durchschnittsnote, die Gesamtpunktzahl und die für ihre Errechnung notwendigen Fächer und Kursleistungen. In der Bescheinigung des Deutsch-Französischen Gymnasiums werden die Durchschnittsnote, die besuchten Fächer und die in ihnen erreichten Punktzahlen ausgewiesen.

(2) Wer die Voraussetzungen für den schulischen Teil und für den berufsbezogenen Teil der Fachhochschulreife nach den §§ 2 und 3 erfüllt und die Schule verlassen hat, erhält auf Antrag das Zeugnis der Fachhochschulreife, in dem die Durchschnittsnote, die Gesamtpunktzahl und die für ihre Errechnung notwendigen Fächer und Kursleistungen auszuweisen sind. Absatz 1 Satz 2 gilt entsprechend.

(3) Zuständig für die Ausstellung der Bescheinigung und des Zeugnisses ist die Schule, an der die gymnasiale Oberstufe zuletzt besucht wurde.

⇨ Abschlüsse und Bildungswege; ⇨ Aufbaugymnasium (Allgemeinbildend und Beruflich); ⇨ Berufliches Gymnasium; ⇨ Gymnasium (Abitur – AGVO); ⇨ Gymnasium (Schultypen); ⇨ Hochschulreife (Zugangsberechtigungen); ⇨ Sozialversicheung (Beiträge)

Fachleute aus der Praxis

Mitwirkung von Fachleuten aus der Praxis im Unterricht; Bekanntmachung des KM vom 29. Oktober 1999 (K.u.U. S. 252/1999); zuletzt geändert 14. Dezember 2004 (K.u.U. S. 5/2005)

Der Erziehungs- und Bildungsauftrag der Schule macht es erforderlich, dass der Unterricht in lebendigem Kontakt mit der Wirklichkeit steht. Dazu trägt bei, wenn bei geeigneten Anlässen Fachleute aus der Praxis in den Unterricht einbezogen werden.

Bei der Mitwirkung von Vertreterinnen und Vertretern der im Bundestag und im Landtag vertretenen Parteien dürfen die Schulen keine einseitige Auswahl vornehmen. Von der Mitwirkung von Abgeordneten und anderen Personen des politischen Lebens im Rahmen des Unterrichts an den Schulen ist in den letzten acht Wochen vor Landtagswahlen in Baden-Württemberg, Bundestagswahlen sowie Wahlen zum Europaparlament abzusehen.

➪ Wahlkampf und Schule

Hinweise der Redaktion zu dieser Bekanntmachung

1. Unmittelbar verantwortlich für den Einsatz von „Fachleuten" ist die unterrichtende Lehrkraft. ➪ Schulgesetz § 38
2. Zur Verpflichtung der Schulen, bei der Zusammenarbeit mit außerschulischen Partnern/Anbietern und der Auswahl von Unterrichtsmaterialien politische Neutralität zu wahren, siehe den Beitrag ➪ Lernmittel (Zulassung).
3. 2004 hat das KM seine früheren Vorschriften zur Mitwirkung von „Fachleuten" im Unterricht durch die oben abgedruckte „Bekanntmachung" ersetzt. Während es zuvor beispielsweise verfügt hatte, dass bei der Behandlung des Themas Friedenssicherung und Bundeswehr zwar Jugendoffiziere der Bundeswehr, nicht aber Vertreter von pazifistischen Organisationen oder Kriegsdienstverweigerer als „Fachleute" zugelassen wären, will das Ministerium seitdem erklärtermaßen den Schulen keine Vorgaben mehr machen, welche schulfremden Personen oder Institutionen im Rahmen des Erziehungs- und Bildungsauftrags der Schule bei geeigneten Anlässen in den Unterricht einbezogen werden dürfen. Zur Hinzuziehung von „Fachleuten" im Rahmen der politischen Bildung, beispielsweise der Friedenserziehung oder der Behandlung von Fragen der Sicherheitspolitik sowie der Bundeswehr siehe: ➪ Erziehungsauftrag und politische Bildung.
4. Das KM geht davon aus, dass die „außerschulischen Fachleute" bei der Aids-Aufklärung im Unterricht in der Regel Ärzte sein werden, weil nur diese über die notwendigen medizinisch-wissenschaftlichen Kenntnisse und praktisch-ärztlichen Erfahrungen verfügen, die eine Ergänzung des schulischen Unterrichtsauftrags gewährleisten können. In Einzelfällen stimmt das KM der Mitwirkung nichtärztlicher Fachleute dann zu, wenn zuvor deren Beitrag mit der verantwortlichen Lehrkraft so abgeklärt wurde, dass sämtliche Ausführungen im Einklang mit den einschlägigen Rechtsvorschriften (insbesondere Schulgesetz und Bildungspläne) stehen. Das KM geht davon aus, dass die unterrichtende und verantwortliche Lehrkraft selbst an diesen Veranstaltungen teilnimmt und die Schulleitung dem Vorhaben zugestimmt hat. Insbesondere kann diese Ausnahmeregelung zur Anwendung kommen, wenn
   – die Aufklärung mehr unter psychosozialen Gesichtspunkten erfolgt, nachdem medizinisch-biologische sowie sozialethische Aspekte bereits berücksichtigt wurden,
   – sie sich vornehmlich an ältere Schülerinnen und Schüler richtet (gymnasiale Oberstufe, berufliche Schulen, Schulentlass-Jahrgänge) und entsprechend nachbereitet wird,
   – ergänzende Veranstaltungen zum Regelunterricht zum Thema Aids durchgeführt werden.

   Gegebenenfalls sind die Eltern von der Veranstaltung zu informieren. (Quelle: KM, 10.6.1994, Nr. VI/4-6520.1-080/709)
5. Der Einsatz von Experten (Ärzt*innen, Mitarbeiter*innen von Pro Familia) bei der Geschlechtserziehung wird mit 30 DM (=15,36 Euro) pro Unterrichtsstunde bezuschusst. (Quelle: KM, 8.6.2008, Nr. 53–6530.2/76, LT-Drucksache 14 / 2737)

➪ Außerunterrichtliche Jugendbildung; ➪ Erziehungsauftrag und politische Bildung; ➪ Geschlechtserziehung; ➪ Lernmittel (Zulassung); ➪ Menschenrechte; ➪ Nationalsozialismus (Gedenktag); ➪ Schülermitverantwortung; ➪ Schulgesetz §§ 1 und 38; ➪ Verfassung Art. 12; ➪ Wahlkampf und Schule; ➪ Werbung

Stichwort: Haushaltsplan der Schule

Die Lehrkräfte und (über die Schulkonferenz) auch die Eltern und Schüler*innen sowie bei beruflichen Schulen die Ausbildungsbetriebe bestimmen darüber, was mit dem Geld geschieht, das der Schulträger zur Verfügung stellt. Denn nicht die Schulleitung, sondern die Gesamtlehrerkonferenz entscheidet *„über die Verwendung der der Schule zur Verfügung gestellten Haushaltsmittel im Rahmen ihrer Zweckbestimmung, […]"*. ➪ Konferenzordnung § 2 Abs. 1 Nr. 7

Die Schulleitung sollte der Gesamtlehrerkonferenz einen Entwurf für einen solchen schulinternen Etat vorlegen. Damit dieser „Haushaltsplan" nach dem GLK-Beschluss wirksam wird, muss die Schulkonferenz angehört werden; sie muss also von der Schulleitung hierüber informiert werden, sie kann sich hierzu äußern und Einwände vorbringen oder Vorschläge machen. Erst danach darf die Schulleitung diesen Beschluss der Lehrerkonferenz ausführen. ➪ Schulgesetz § 47 Abs. 4 Nr. 1b

Bei der Frage, wie viel Geld die Stadt oder Gemeinde der Schule zur Verfügung stellen soll, besitzt die Schulkonferenz noch weiter gehende Rechte: Das Schulgesetz bestimmt in § 47 Abs. 3 Nr. 7: *„Die Schulkonferenz entscheidet nach Maßgabe dieses Gesetzes über: […] die Anforderung von Haushaltsmitteln gegenüber dem Schulträger"*. Die Schulleitung und auch die Gesamtlehrerkonferenz können zwar Vorschläge hierfür machen, aber ohne Beschluss der Schulkonferenz kann die Schulleitung kein Geld für die Schule bei der Stadt- oder Gemeindeverwaltung beantragen: Allerdings: Damit ist das Geld aber noch nicht da, denn über das Ob und das Wie viel entscheidet der Gemeinderat. Die Einzelheiten zum Verfahren stehen im Beitrag ➪ Haushalt (Allgemeines – Budgetierung).

➪ Schulgesetz § 47 Abs. 3 Nr. 7; ➪ Schulkonferenzordnung

Fachschulen

Informationen der Redaktion zur Rechtslage und zur Verwaltungspraxis in Baden-Württemberg

1. Allgemeines

Die Fachschule hat die Aufgabe, nach abgeschlossener Berufsausbildung und praktischer Bewährung oder nach einer geeigneten beruflichen Tätigkeit von mindestens fünf Jahren eine weitergehende fachliche Ausbildung im Beruf zu vermitteln. Der Besuch der Fachschule als Vollzeitschule dauert in der Regel ein Jahr, bei Abend- oder Wochenendunterricht entsprechend länger. ➩ Schulgesetz § 14

Die ein- und zweijährigen Fachschulen bieten für Berufstätige mit abgeschlossener Berufausbildung die Möglichkeit, sich auf eine Tätigkeit im mittleren Management vorzubereiten oder sich für die berufliche Selbstständigkeit zu qualifizieren. Der Besuch der Fachschule ist über BAföG oder das Aufstiegsfortbildungsförderungsgesetz (AFBG) förderungsfähig.

2. Fachschulen für Technik und Gestaltung

Zugangsvoraussetzung in die zweijährigen Fachschulen für Technik und Gestaltung sind eine für die angestrebte Fachrichtung einschlägige Berufsausbildung und eine anschließende einschlägige Berufstätigkeit. Während der Ausbildung muss in der Fachstufe der Ausbildung eine eigenständige Projektarbeit angefertigt und präsentiert werden. Mit der Abschlussprüfung werden die Fachhochschulreife sowie die Berufsbezeichnung „Staatlich geprüfte*r Techniker*in“ bzw. „Staatlich geprüfte*r Gestalter*in“ erworben. An zahlreichen Fachschulen wird der Unterricht auch in Teilzeitform angeboten.

3. Fachschulen für Wirtschaft

Die Ausbildung an der zweijährigen Fachschule für Wirtschaft mit den Fachrichtungen Betriebswirtschaft, Wirtschaftsinformatik und Hotel- und Gaststättengewerbe befähigt die Absolventen*innen, als gehobene Fachkräfte leitende Tätigkeiten kaufmännischer Prägung in Wirtschaft und Verwaltung selbstständig und verantwortlich wahrzunehmen. Schwerpunkt ist die Vermittlung kaufmännischer Qualifikationen und profilbezogener Kenntnisse. Während der Ausbildung muss eine Betriebswirtarbeit angefertigt und präsentiert werden. Zugangsvoraussetzung ist eine für die angestrebte Fachrichtung einschlägige Berufsausbildung sowie eine einschlägige berufliche Tätigkeit von in der Regel mindestens zwei Jahren (bei Bewerber*innen mit Hoch- oder Fachhochschulreife mindestens ein Jahr). Mit der Abschlussprüfung werden der Abschluss *„Staatlich geprüfte*r Betriebswirt*in“* sowie die Fachhochschulreife erworben (in der Fachrichtung Hotel- und Gaststättengewerbe nach Zusatzprogramm und -prüfung).

➩ Abschlüsse und Bildungswege; ➩ Schulgesetz § 14

4. Meisterschulen

Die Meisterausbildung eröffnet die Möglichkeit, sich selbstständig zu machen oder in verantwortlicher Stellung im Handwerk oder der Industrie tätig zu sein. Die Meisterschule dauert in der Regel ein Jahr, im Teilzeitunterricht entsprechend länger. Aufnahmevoraussetzung ist eine einschlägige abgeschlossene Berufsausbildung und eine einschlägige Berufstätigkeit.

5. Akademien

Die Akademien für Betriebsmanagement im Handwerk vermitteln in zwei Jahren die Vorbereitung auf die Meisterprüfung sowie weitergehende Qualifikationen im technischen und vor allem auch betriebswirtschaftlichen Bereich. Voraussetzung ist eine einschlägige Berufstätigkeit von in der Regel mindestens zwei Jahren. Bewerber*innen mit Meisterprüfung können in allen Fachrichtungen ins zweite Jahr der Akademie einsteigen. Mit der Abschlussprüfung wird die Fachhochschulreife zuerkannt.

6. Fachschule für Weiterbildung in der Pflege

Zugangsvoraussetzungen für die zweijährige Fachschule für Weiterbildung in der Pflege in Teilzeitform sind eine abgeschlossene Berufsausbildung als Altenpfleger*in, Krankenschwester/-pfleger, Kinderkrankenschwester/-pfleger oder Heilerziehungspfleger*in sowie eine einschlägige berufliche Tätigkeit von mindestens zwei Jahren. Zudem sind während der Weiterbildung insgesamt mindestens 400 Stunden ausbildungsbezogener Praxis abzuleisten. Mit der Abschlussprüfung wird die Berufsbezeichnung „Staatlich geprüfte Fachkraft zur Leitung einer Pflege- und Funktionseinheit“ oder „Staatlich geprüfte Fachkraft für Gerontopsychiatrie“ erworben. Durch Besuch eines Zusatzprogrammes und eine Zusatzprüfung kann die Fachhochschulreife erworben werden.

7. Fachschule für Organisation und Führung

Die Weiterbildung in der zweijährigen Fachschule für Organisation und Führung in Teilzeitform dient der Qualifizierung zur Wahrnehmung leitender Aufgaben vor allem in sozialpädagogischen Einrichtungen. Nach erfolgreichem Abschluss wird die Berufsbezeichnung „Staatlich geprüfter Fachwirt für Organisation und Führung Schwerpunkt Sozialwesen“ erworben. Zugangsvoraussetzungen sind neben einem einschlägigen Berufsabschluss eine in der Regel zweijährige einschlägige Berufstätigkeit. Bewerber*innen mit Hoch- oder Fachhochschulreife müssen eine mindestens einjährige einschlägige Berufstätigkeit nachweisen.

Hinweis der Redaktion: Die Techniker- und die Betriebswirteverordnung sind im Sonderteil Berufliche Schulen abgedruckt.

Feiertage

Hinweise der Redaktion auf die in der Anlage zur ➪ Schulbesuchsverordnung erwähnten Fest- und Feiertage

Jüdische Feiertage

Schuljahr	2021/2022	2022/23
Neujahrsfest *(Rosch ha-Schana)*	7.9. - 8.9.2021	26. - 27.9.2022
Versöhnungsfest *(Jom Kippur)*	16.9.2021	5.10.2022
Laubhüttenfest *(Sukkot)*	21.9. - 22.9.2021	10. - 11.10.2022
Beschlussfest *(Schemini Azeret* und *Simchat Tora)*	28. - 29.9.2021	17. - 18.10.2022
Chanukka	29.11. / 6.12.2021	19.12. / 26.12.2022
Purim	17.3.2022	7.3.2023
Passahfest *(Pessach)*	16./17.4.+22./23.4.2022	6./7.4. + 12./13.4.2023
Jüdisches Pfingstfest *(Schawuot)*	5.6.- 6.6.2022	26. - 27.5.2023

Jüdische Feste beginnen stets am Abend des Vortages. Wir führen sie hier mit den Bezeichnungen auf, die das KM in der Anlage zur ➪ Schulbesuchsverordnung verwendet. Unverständlicherweise benutzt das KM dort eine in den jüdischen Gemeinden ungebräuchliche Nomenklatur; so wird das Wochenfest (*Schawuot*) als *„jüdisches Pfingstfest"* bezeichnet und die Feiertage *Schemini Azeret* und *Simchat Tora* werden zum *„Beschlussfest"* zusammengefasst (richtig wären *„Schlussfest"* und *„Fest der Torafreude"*). Wir fügen deshalb jeweils in Klammern und in kursiver Schrift den hebräischen Namen hinzu. Die Aufstellung enthält auch die Feste Chanukka und Purim; diese fallen jedoch nicht unter die Anlage zu § 4 Abs. 2 Nr. 1 und 2 der Schulbesuchsverordnung, es ist also für diese Feste keine Beurlaubung möglich; sie gelten auch nicht als *„kirchliche Feiertage"* (Feiertagsgesetz § 2). ➪ Feiertage (Gesetzliche Regelungen)

Griechische und griechisch-orthodoxe Feiertage

Das griechisch-orthodoxe Oster-, Pfingst- und Weihnachtsfest fällt stets auf den gleichen Termin wie in der evangelischen und der katholischen Kirche (siehe Schuljahreskalender auf den folgenden Seiten). **Gleichbleibende Feiertage** sind in Griechenland: Dreikönigsfest (Theophanie): 6. Januar / Drei Hierarchen (Schulfeiertag): 30. Januar / Mariä Verkündigung (Nationalfeiertag): 25. März / Mariä Entschlafung: 15. August / Kreuzerhöhung: 14. September / Nationalfeiertag: 28. Oktober.

Islamische und türkische Feiertage[1)]

Jahr	1. Tag Ramadan	Zuckerfest[2)]	Opferfest[3)]	Neujahr[4)]	Ashura[5)]	Mevlid[6)]
2022	2.4.2022	2.- 4.5.2022	9. - 12.7.2022	30.7.2022 (1444 nH)	8.8.2022	8.10.2022
2023	23.3.2023	21. - 23.4.2023	28. - 30.6.2023	19.7.2023 (1445 nH)	28.7.2023	27.9.2023

1) Da die religiösen Feiertags-Termine im Islam von der realen Sichtung des Neumondes abhängen, kann es zu regionalen beziehungsweise konfessionellen Termin-Abweichungen kommen. Der Koordinierungsrat der Muslime und der Zentralrat der Muslime in Deutschland haben sich auf den hier zitierten, einheitlichen Zeitrahmen verständigt.

2) Der Fastenmonat Ramadan (türkisch: Ramazan) endet mit dem Zuckerfest (türkisch: Şeker Bayramı; arabisch: Idul Fitr)

3) türkisch: Kurban Bayramı; arabisch: Idul Adha

4) In Klammern das entsprechende Jahr nach dem islamischen Kalender (nH = nach der Hidschra); das Jahr 1443 nH beginnt am 10. August 2021, das Jahr 1444 am 30. Juli 2022.

5) Fasten- und Rettungstag des Propheten Moses

6) Geburtstag des Propheten Muhammad

Im Fastenmonat Ramadan sind Muslim*innen durch die religiösen Fastengebräuche (verkürzte Nachtruhe, keine Getränke- und Nahrungsaufnahme zwischen Morgendämmerung und Sonnenuntergang) häufig psychisch und physisch stark belastet. Hierauf sollte die Schule Rücksicht nehmen. Das Fasten entbindet jedoch grundsätzlich nicht von der Teilnahme an schulischen Pflichtveranstaltungen (z.B. vom Sport). Es stellt auch keinen wichtigen Grund dar, um an Prüfungen nicht teilzunehmen.

Die religiöse Fastenpflicht beginnt ab der Geschlechtsreife (erste Monatsblutung bzw. erster Samenerguss); vorher ist das freiwillige Fasten erwünscht. Nach Ziff. VI. der Anlage zur ➪ Schulbesuchsverordnung werden Schüler*innen, die der islamischen Religion angehören, am Zuckerfest und am Opferfest jeweils einen Tag beurlaubt. Als Nachweis der Religionszugehörigkeit wird auch eine einfache mündliche Erklärung der Erziehungsberechtigten über die Zugehörigkeit ihres Kindes zum Islam als ausreichend akzeptiert. (Quelle: KM, 15.10.1997 Nr. IV/1-6601.520/87)

Nationale türkische Feiertage sind der 23.4. (*„Tag der nationalen Souveränität und der Kinder"*), der 19.5. (Gedenktag an Atatürk; Jugend- und Sportfest), der 30.8. (*„Tag der Befreiung"*) sowie der 29.10. (*„Tag der Republik"*). An diesen Tagen finden in türkischen muttersprachlichen Klassen und Kursen Schulveranstaltungen statt. ➪ Sprachförderung (Integration)

➪ Aufsicht (Schwimmunterricht); ➪ Ermessen; ➪ Feiertage (Gesetzliche Regelungen); ➪ Ferien und unterrichtsfreie Samstage; ➪ Juristische Terminologie; ➪ Schulbesuchsverordnung (Anlage); ➪ Sprachförderung (Integration)

Feiertage (Gesetzliche Regelungen)

Informationen der Redaktion zur Rechtslage und zur Verwaltungspraxis in Baden-Württemberg

1.
Feiertagsgesetz

Auszug aus dem Gesetz über die Sonntage und Feiertage i.d.F. vom 8.5.1995 (GBl. S. 450/1995); zuletzt geändert 1.12.2015 (GBl. S. 1034/2015)

§ 1

Gesetzliche Feiertage sind: Neujahr, Erscheinungsfest (6. Januar), Karfreitag, Ostermontag, 1. Mai, Christi Himmelfahrt, Pfingstmontag, Fronleichnam, Allerheiligen (1. November), Erster Weihnachtstag, Zweiter Weihnachtstag.

Hinweis der Redaktion: Nach dem Gesetz über die deutsche Einheit (Einigungsvertrag) ist auch der 3. Oktober („Tag der deutschen Einheit") gesetzlicher Feiertag.

§ 2

Kirchliche Feiertage sind: Gründonnerstag, Reformationsfest (31. Oktober), Allgemeiner Buß- und Bettag (Mittwoch vor dem letzten Sonntag des Kirchenjahres). [...]

Hinweis der Redaktion: Als *„kirchliche Feiertage"* im Sinne von § 2 und § 4 Abs. 2 gelten gemäß Staatsvertrag vom 18.1.2010 mit Ausnahme der Feste „Purim" und „Chanukka" auch alle im Beitrag ➪ Feiertage aufgeführten jüdischen Feiertage.

§ 4

(1) Am Allgemeinen Buß- und Bettag steht den bekenntniszugehörigen Beschäftigten und Auszubildenden das Recht zu, von der Arbeit fernzubleiben, soweit nicht betriebliche Notwendigkeiten entgegenstehen. Weitere Nachteile als ein etwaiger Entgeltausfall für versäumte Arbeitszeit dürfen diesen aus ihrem Fernbleiben nicht erwachsen.

(2) An den übrigen in § 2 genannten kirchlichen Feiertagen haben die in einem Beschäftigungs- oder Ausbildungsverhältnis stehenden Angehörigen der Kirchen und anerkannten Religionsgemeinschaften das Recht, zum Besuch des Gottesdienstes ihres Bekenntnisses von der Arbeit fernzubleiben, soweit nicht betriebliche Notwendigkeiten entgegenstehen.

(3) Schüler haben an den kirchlichen Feiertagen Gründonnerstag und Reformationsfest schulfrei.

Hinweise der Redaktion:

1. Zur Unterrichtsbefreiung für Schüler*innen siehe auch: ➪ Schul- und Schülergottesdienst Nr. 3
2. Die Klausel, dass am Buß- und Bettag keine weiteren Nachteile als ein Verdienstausfall entstehen dürfen, besagt, dass kein Anspruch auf eine Freistellung mit Bezügen besteht; es ist aber eine Freistellung gegen Vorarbeiten bzw. Nachholen des Unterrichts oder sonstiger Dienstpflichten möglich.

2.
Islamische Feiertage

Nach dem Partizipations- und Integrationsgesetz (1.12.2015; GBl. S 1047/2015) haben Beschäftigte islamischen Glaubens an jeweils einem Tag der religiösen Feiertage Opferfest, Fest des Fastenbrechens und Aschura das Recht, zum Besuch des Gottesdienstes vom Dienst oder von der Arbeit fernzubleiben; ihnen dürfen keine weiteren Nachteile als ein etwaiger Entgeltausfall für versäumte Dienst- oder Arbeitszeit erwachsen. Für alevitische Beschäftigte gilt dies an jeweils einem Tag der Feiertage Aschura, Hizir-Lokmasi und Nevruz entsprechend.

➪ Feiertage; ➪ Ferien (Ferienverordnung); ➪ Schulgottesdienst und Schülergottesdienst

Ferien (Ferienverordnung)

Verordnung des Kultusministeriums über die Schulferien (Ferienverordnung) vom 20. November 1986 (K.u.U. S. 1/1987); zuletzt geändert 31. März 2005 (K.u.U. S. 49/2005)

§ 1
Ferientage

(1) Ein Ferienjahr umfasst 75 Ferientage.

Hinweis der Redaktion: An öffentlichen Schulen stehen für die Schulferien in jedem Ferienjahr tatsächlich 78 Tage zur Verfügung, denn Lehrkräfte des Landes erhalten darüber hinaus jährlich drei „unterrichtsfreie Tage", die auch für die Schüler*innen schulfrei sind. ➪ Arbeitszeit (Lehrkräfte-ArbeitszeitVO) § 8
Diese Tage werden wie bewegliche Ferientage festgelegt (vgl. § 3). ➪ Konferenzordnung § 2 Abs. 1 Nr. 16

(2) Als Ferienjahr gilt die Zeit vom Beginn der Sommerferien bis zum Tag vor Beginn der Sommerferien des folgenden Jahres.

(3) Als Ferientage zählen alle schulfreien Tage, mit Ausnahme von

1. Sonntagen und gesetzlichen Feiertagen,
2. den kirchlichen Feiertagen Gründonnerstag und Reformationsfest, soweit sie außerhalb eines zusammenhängenden Ferienabschnitts oder innerhalb eines zusammenhängenden Ferienabschnitts von nicht mehr als einer Woche liegen,

   Hinweis der Redaktion: Als „zusammenhängende Ferienabschnitte" gelten nur die landeseinheitlich festgelegten Ferien (vgl. § 2). Werden an einen solchen Abschnitt schulfreie Tage (z.B. bewegliche Ferientage) angegliedert, so verschmelzen sie mit diesem nicht. Die kirchlichen Feiertage Gründonnerstag bzw. Reformationsfest bleiben deshalb „schulfreie Tage" und werden nicht zu „Ferien", selbst wenn sie vor einem „zusammenhängenden Ferienabschnitt" liegen und ihnen bewegliche Ferientage vorgeschaltet werden.

3. vom Kultusministerium aus besonderen Gründen für schulfrei erklärten Tagen,
4. sonstigen, aus zwingenden Gründen schulfreien Tagen, soweit nicht eine Sonderregelung nach § 4 getroffen wird.

§ 2
Zusammenhängende Ferienabschnitte

(1) Für jedes Ferienjahr werden vom Kultusministerium einheitlich für alle Schulen folgende zusammenhängende Ferienabschnitte festgesetzt und rechtzeitig bekanntgegeben:

Hinweis der Redaktion: Dabei sind mindestens 12 Samstage als Werktage zu zählen (Kultusministerkonferenz, 23./24.3.1992).

1. Sommerferien – Sie sollen im Zeitraum vom 1. Juli bis 10. September liegen und dauern sechs bis sieben Wochen.

2. Herbstferien – Sie liegen im Zeitraum von Mitte Oktober bis Anfang November und dauern in der Regel eine Woche.

3. Weihnachtsferien – Sie beginnen spätestens am 23. Dezember und dauern zwei bis drei Wochen; der Unterricht beginnt in der Regel an dem auf den 6. Januar des nächsten Jahres folgenden Montag. Fällt der 23. Dezember auf einen Samstag oder Sonntag, so können sie am danach folgenden ersten Werktag beginnen.

4. Osterferien – Sie liegen um die Osterfeiertage und dauern ein bis zwei Wochen.

5. Pfingstferien – Sie liegen um die Pfingstfeiertage und dauern mindestens eine Woche. Sie können bis zu zwei Wochen dauern, wenn zwischen ihrem Ende und dem Beginn der Sommerferien mindestens fünf Wochen liegen.

(2) Für berufliche Schulen mit landwirtschaftlicher Fachrichtung oder einzelne ihrer Klassen können die vom Kultusministerium festgelegten Herbstferien abweichend von Absatz 1 Nr. 2 innerhalb der Herbstzeit ganz oder teilweise verlegt und unter Verwendung von beweglichen Ferientagen verlängert werden. § 3 Abs. 2 bis 5 gilt entsprechend.

(3) Der Leiter oder einer beruflichen Schule kann mit Einverständnis der Schulkonferenz für die Schule oder einzelne ihrer Klassen den Beginn der Weihnachtsferien bis zu einer Woche vorverlegen. Neben beweglichen Ferientagen können dafür die Ferientage verwendet werden, die dadurch frei werden, dass die Herbstferien ganz oder teilweise entfallen. § 3 Abs. 2 Satz 2 gilt entsprechend.

(4) Für Schulen mit Heim kann der Schulleiter mit Einverständnis des Elternbeirats Beginn und Ende der zusammenhängenden Ferienabschnitte geringfügig ändern. Dabei darf die Gesamtzahl der Ferientage nicht überschritten werden.

(5) Am letzten Unterrichtstag vor den Sommerferien endet der Unterricht nach der vierten Unterrichtsstunde. Am letzten Unterrichtstag vor den Weihnachtsferien kann der Schulleiter den Unterricht nach der vierten Unterrichtsstunde beenden; dies soll er in der Regel nur tun, wenn dies nach einer Weihnachtsfeier oder sonstigen besonderen schulischen Veranstaltungen aus pädagogischen Gründen angezeigt ist.

§ 3
Bewegliche Ferientage

(1) Für jedes Ferienjahr sind höchstens fünf bewegliche Ferientage vorgesehen. Diese Ferientage dienen, vorbehaltlich einer Anordnung des Kultusministeriums der Berücksichtigung besonderer örtlicher Verhältnisse. Sie können auch zur Verlängerung der zusammenhängenden Ferienabschnitte verwendet werden.

Hinweis der Redaktion: Die Gesamtlehrerkonferenz besitzt ein Vorschlagsrecht. ⇨ Konferenzordnung § 2 Abs. 1 Ziff. 16

(2) In Gemeinden mit einer Schule und für Schulen mit Heim setzt der Schulleiter mit Einverständnis des Elternbeirats die beweglichen Ferientage fest. Verweigert der Elternbeirat sein Einverständnis und kommt eine Einigung nicht zustande, entscheidet die Schulaufsicht.

(3) In Gemeinden mit mehreren Schulen werden die beweglichen Ferientage für alle Schulen, mit Ausnahme der Schulen mit Heim, einheitlich festgesetzt. Über die Festsetzung entscheiden die Schulleiter mehrheitlich mit Einverständnis des Gesamtelternbeirats. Die Vorsitzenden und stellvertretenden Vorsitzenden der Elternbeiräte der öffentlichen Schulen, die im Gesamtelternbeirat nicht vertreten sind, nehmen an der Beschlussfassung des Gesamtelternbeirats über das Einverständnis teil. Sie sind insoweit vollberechtigte Mitglieder und zu der Sitzung einzuladen. Die Entscheidung wird von den Geschäftsführenden Schulleitern herbeigeführt; soweit für eine Schulart keiner vorhanden ist, tritt an seine Stelle der Leiter der Schule dieser Schulart mit den meisten Schülern. Verweigert der Gesamtelternbeirat sein Einverständnis und kommt eine Einigung nicht zustande, entscheidet die gemeinsame Schulaufsichtsbehörde. Auf Antrag einer Schule, der des Einverständnisses des Elternbeirats bedarf, kann die zuständige Schulaufsichtsbehörde aus besonders wichtigem Grund eine von der beschlossenen einheitlichen Festsetzung abweichende Regelung treffen.

(4) Im Einzugsbereich von Nachbarschaftsschulen soll eine einheitliche Regelung herbeigeführt werden.

(5) Die Entscheidung über die Verwendung der beweglichen Ferientage ist für jedes Ferienjahr bis zum Ende der Sommerferien zu treffen. Können bis zu diesem Zeitpunkt die für landwirtschaftliche Zwecke vorgesehenen beweglichen Ferientage noch nicht endgültig festgelegt werden, genügt zunächst die Entscheidung über ihre Zahl und den vorgesehenen Zeitraum; in diesem Fall können sie später kurzfristig festgesetzt werden. Die Entscheidungen nach Satz 1 und 2 sind den zuständigen Schulaufsichtsbehörden mitzuteilen.

§ 4 Unvorhergesehener Unterrichtsausfall

Durch Unterrichtsausfall aus zwingenden Gründen (z.B. Katastrophen, Seuchengefahr) schulfreie Tage können, soweit es sich um mehr als sechs Tage in einem Ferienjahr handelt, auf die Ferientage angerechnet werden. Die Entscheidung trifft die obere Schulaufsichtsbehörde.

⇨ Arbeitszeit (Lehrkräfte-ArbeitszeitVO) § 6; ⇨ Feiertage ⇨ Feiertage (Gesetz); ⇨ Ferien und unterrichtsfreie Samstage; ⇨ Hitzefrei; ⇨ Konferenzordnung § 2 Abs. 1 Ziff. 16; ⇨ Schulbesuchsverordnung (Anlage); ⇨ Schul- und Schülergottesdienst; ⇨ Urlaub (Lehrkräfte – Allgemeines) Nr. 2

Ferien und unterrichtsfreie Samstage

Ferienverteilung und unterrichtsfreie Samstage in den Schuljahren 2020/2021 bis 2023/2024;
Auszug aus der VwV des KM vom 25.10.2017 (K.u.U. S. 225; ber.: S. 23/2018); zul. geänd. 28.6.2020 (K.u.U. S. 67)

I.
Ferienverteilung

Schuljahr 2021/2022:

Sommerferien: 29. Juli 2021 bis einschließlich 11. September 2021
Herbstferien: 2. November 2021 bis einschließlich 6. November 2021[1)]
Weihnachtsferien: 23. Dezember 2021 bis einschließlich 8. Januar 2022
Osterferien: 19. April 2022 bis einschließlich 23. April 2022[2)]
Pfingstferien: 7. Juni 2022 bis einschließlich 18. Juni 2022
Den Schulen stehen noch vier bewegliche Ferientage zur Verfügung.[3)]

Schuljahr 2022/2023:

Sommerferien: 28. Juli 2022 bis einschließlich 10. September 2022
Herbstferien: 2. November 2022 bis einschließlich 4. November 2022[1)]
Weihnachtsferien: 21. Dezember 2022 bis einschließlich 7. Januar 2023
Osterferien: 11. April 2023 bis einschließlich 15. April 2023[2)]
Pfingstferien: 30. Mai 2023 bis einschließlich 9. Juni 2023
Den Schulen stehen noch fünf bewegliche Ferientage zur Verfügung.[3)]

Schuljahr 2023/2024:

Sommerferien: 27. Juli 2023 bis einschließlich 9. September 2023
Herbstferien: 30. Oktober 2023 bis einschließlich 3. November 2023[1)]
Weihnachtsferien: 23. Dezember 2023 bis einschließlich 5. Januar 2024
Osterferien: 23. März 2024 bis einschließlich 5. April 2024
Pfingstferien: 21. Mai 2024 bis einschließlich 31. Mai 2024
Den Schulen stehen noch fünf bewegliche Ferientage zur Verfügung.[3)]

Fußnoten:

1) Am 31. Oktober 2022 und 31. Oktober 2023 (Reformationsfest) ist schulfrei. [...]
2) Am 14. April 2022 und 6. April 2023 (jeweils Gründonnerstag) ist schulfrei.
3) Zu den beweglichen Ferientagen erhalten die Lehrkräfte nach § 8 der [...] ⇨ Arbeitszeit (Lehrkräfte-ArbeitszeitVO) in jedem Schuljahr drei unterrichtsfreie Tage, die entsprechend der Regelung für bewegliche Ferientage festzulegen sind.

Sommerferien 2024

(Quelle: Beschluss der Kultusministerkonferenz, 12.6.2014)

Die KMK hat für die Sommerferien 2024 in Baden-Württemberg den 25. Juli bis 7. September 2024 festgesetzt. Angegeben ist in diesem Beschluss der KMK jeweils der erste und der letzte Ferientag; der erste Ferientag ist in Baden-Württemberg in der Regel ein Donnerstag. Da der letzte Ferientag stets ein Samstag ist, beginnt der Unterricht zwei Tage darauf, also am Montag, 9. September 2024.

II.
Unterrichtsfreie Samstage

1
Allgemeines

1.1 An einer öffentlichen Schule ist jeder Samstag unterrichtsfrei, wenn dies die Schulkonferenz beschließt. An beruflichen Schulen können hiervon einzelne Schularten oder Bildungsgänge durch Beschluss der Schulkonferenz ausgenommen werden.

⇨ Schulgesetz § 47 Abs. 3 Nr. 2

Es wird empfohlen, dass benachbarte Schulen sich gegenseitig abstimmen. Bei Angelegenheiten, die den Schulträger berühren, ist ihm Gelegenheit zu geben, beratend mitzuwirken.

1.2 Wird ein Beschluss nach Nummer 1.1 nicht gefasst, ist in der Regel jeder zweite Samstag, beginnend mit dem zweiten Samstag nach dem Ende der Sommerferien, unterrichtsfrei. Diese unterrichtsfreien Samstage werden vom Kultusministerium vor Schuljahresbeginn landeseinheitlich festgelegt und bekanntgegeben.

1.3 Soweit nach den Stundentafeln Wochenstundenzahlen vorgeschrieben sind, werden diese durch einen unterrichtsfreien Samstag nicht verringert; die unterrichtsfreien Samstage sind bei der Stundenplangestaltung zu berücksichtigen.

2
Sonderregelungen

2.1 Abweichend von den Nummern 1.1 und 1.2 kann an beruflichen Schulen folgender Unterricht an Samstagen abgehalten werden:

2.1.1 gerätebezogener Unterricht, insbesondere Labor- und Werkstattunterricht, sofern dieser Unterricht aus schulorganisatorischen Gründen, vor allem wegen Mangel an Fachräumen, nicht an anderen Werktagen erteilt werden kann,

2.1.2 Unterricht zum Erwerb von Zusatzqualifikationen, insbesondere der Fachhochschulreife,

2.1.3 Unterricht zum Erwerb von Abschlüssen vollzeitschulischer Bildungsgänge, der in Teilzeitform angeboten wird.

2.2 Abweichend von Nr. 1.1 können mündliche Abschlussprüfungen sowie Arbeitsgemeinschaften, insbesondere Chor und Orchester, am Samstag stattfinden.

Hinweis der Redaktion: Außer in den in Ziff. 2 genannten Sonderfällen dürfen demnach schulische Veranstaltungen mit Unterrichtscharakter (z.B. der teilnahmepflichtige Teil eines Schulsportfestes oder Nachholtermine für versäumte Klassenarbeiten) nur an solchen Samstagen stattfinden, die nicht vom KM landesweit als „unterrichtsfrei" erklärt wurden. Solche Ausnahmen bedürfen ferner stets eines Beschlusses der Schulkonferenz. ➪ Schulgesetz § 47 Abs. 3 Nr. 2

3.
Festlegung der unterrichtsfreien Samstage

Schuljahr 2021/2022	Schuljahr 2022/2023	Schuljahr 2023/2024
25. September 2021	24. September 2022	23. September 2023
09. Oktober 2021	08. Oktober 2022	07. Oktober 2023
23. Oktober 2021	22. Oktober 2022	21. Oktober 2023
20. November 2021	05. November 2022	04. November 2023
04. Dezember 2021	19. November 2022	18. November 2023
18. Dezember 2021	03. Dezember 2022	02. Dezember 2023
22. Januar 2022	17. Dezember 2022	16. Dezember 2023
05. Februar 2022	14. Januar 2023	13. Januar 2024
19. Februar 2022	28. Januar 2023	27. Januar 2024
05. März 2022	11. Februar 2023	10. Februar 2024
19. März 2022	25. Februar 2023	24. Februar 2024
02. April 2022	11. März 2023	09. März 2024
16. April 2022	25. März 2023	06. April 2024
07. Mai 2022	08. April 2023	20. April 2024
21. Mai 2022	22. April 2023	04. Mai 2024
04. Juni 2022	06. Mai 2023	18. Mai 2024
02. Juli 2022	20. Mai 2023	01. Juni 2024
16. Juli 2022	10. Juni 2023	15. Juni 2024
	24. Juni 2023	29. Juni 2024
	08. Juli 2023	13. Juli 2024
	22. Juli 2023	

Ferien ab 2024

Hinweis der Redaktion

Bis zum Redaktionsschluss für das Jahrbuch 2022 hatte die Kultusministerkonferenz noch keine Entscheidung über die bundesweite Sommerferienregelung ab Sommer 2025 getroffen.

Bisher stehen (auch in Baden-Württemberg) erst die Ferientermine bis zum Sommer 2024 fest.

Sobald die KMK und das KM entschieden haben, werden wir dies im Jahrbuch-Update bekanntgeben.

Ferien (Sommerferien der Bundesländer bis 2024)

Hinweis der Redaktion auf den Beschluss der KMK vom 12.6.2014

Land	2022	2023	2024	Land	2022	2023	2024
Baden-Württemberg	28.7.-10.9.	27.7.-9.9.	25.7.-7.9.	Niedersachsen	14.7.-24.8.	6.7.-16.8.	24.6.-2.8.
Bayern	1.8.-12.9.	31.7.-11.9.	29.7.-9.9.	Nordrh.-Westfalen	27.6.-9.8.	22.6.-4.8.	8.7.-20.8.
Berlin	7.7.-19.8.	13.7.-25.8.	18.7.-30.8.	Rheinland-Pfalz	25.7.-2.9.	24.7.-1.9.	15.7.-23.8.
Brandenburg	7.7.-20.8.	13.7.-26.8.	18.7.-31.8.	Saarland	25.7.-2.9.	24.7.-1.9.	15.7.-23.8.
Bremen	14.7.-24.8.	6.7.-16.8.	24.6.-2.8.	Sachsen	18.7.-26.8.	10.7.-18.8.	20.6.-2.8.
Hamburg	7.7.-17.8.	13.7.-23.8.	18.7.-28.8.	Sachsen-Anhalt	14.7.-24.8.	6.7.-16.8.	24.6.-3.8.
Hessen	25.7.-2.9.	24.7.-1.9.	15.7.-23.8.	Schleswig-Holstein	4.7.-13.8.	17.7.-26.8.	22.7.-31.8.
Meckl.-Vorpommern	4.7.-13.8.	17.7.-26.8.	22.7.-31.8.	Thüringen	18.7.-27.8.	10.7.-19.8.	20.6.-31.7.

Angegeben ist der erste und letzte Ferientag. Endet der Ferienzeitraum in der Wochenmitte, kann das Land die Ferien bis zum folgenden Wochenende verlängern.

Übersicht über die Schulferien der anderen Bundesländer: www.kmk.org/service/ferien.html

Ferien 2021/22 (Schuljahreskalender)

Von der Redaktion erstellter Kalender auf Grundlage der VwV des KM vom 1. Februar 2018 (K.u.U. S. 23/2018)

2021					2022						
Aug	**Sept**	**Okt**	**Nov**	**Dez**	**Jan**	**Feb**	**Mär**	**Apr**	**Mai**	**Juni**	**Juli**
1 So	1 Mi	1 Fr	1 Mo	1 Mi	1 Sa	1 Di	1 Di	1 Fr	**1 So**	1 Mi	1 Fr
2 Mo	2 Do	2 Sa	2 Di	2 Do	**2 So**	2 Mi	2 Mi	2 Sa*	2 Mo	2 Do	2 Sa*
3 Di	3 Fr	**3 So**	3 Mi	3 Fr	3 Mo	3 Do	3 Do	**3 So**	3 Di	3 Fr	**3 So**
4 Mi	4 Sa	4 Mo	4 Do	4 Sa*	4 Di	4 Fr	4 Fr	4 Mo	4 Mi	4 Sa*	4 Mo
5 Do	**5 So**	5 Di	5 Fr	**5 So**	5 Mi	5 Sa*	5 Sa*	5 Di	5 Do	**5 So**	5 Di
6 Fr	6 Mo	6 Mi	6 Sa	6 Mo	6 Do	**6 So**	**6 So**	6 Mi	6 Fr	6 Mo	6 Mi
7 Sa	7 Di	7 Do	**7 So**	7 Di	7 Fr	7 Mo	7 Mo	7 Do	7 Sa*	7 Di	7 Do
8 So	8 Mi	8 Fr	8 Mo	8 Mi	8 Sa	8 Di	8 Di	8 Fr	**8 So**	8 Mi	8 Fr
9 Mo	9 Do	9 Sa*	9 Di	9 Do	**9 So**	9 Mi	9 Mi	9 Sa	9 Mo	9 Do	9 Sa
10 Di	10 Fr	**10 So**	10 Mi	10 Fr	10 Mo	10 Do	10 Do	**10 So**	10 Di	10 Fr	**10 So**
11 Mi	11 Sa	11 Mo	11 Do	11 Sa	11 Di	11 Fr	11 Fr	11 Mo	11 Mi	11 Sa	11 Mo
12 Do	**12 So**	12 Di	12 Fr	**12 So**	12 Mi	12 Sa	12 Sa	12 Di	12 Do	**12 So**	12 Di
13 Fr	13 Mo	13 Mi	13 Sa	13 Mo	13 Do	**13 So**	**13 So**	13 Mi	13 Fr	13 Mo	13 Mi
14 Sa	14 Di	14 Do	**14 So**	14 Di	14 Fr	14 Mo	14 Mo	14 Do	14 Sa	14 Di	14 Do
15 So	15 Mi	15 Fr	15 Mo	15 Mi	15 Sa	15 Di	15 Di	**15 Fr**	**15 So**	15 Mi	15 Fr
16 Mo	16 Do	16 Sa	16 Di	16 Do	**16 So**	16 Mi	16 Mi	16 Sa*	16 Mo	**16 Do**	16 Sa*
17 Di	17 Fr	**17 So**	17 Mi	17 Fr	17 Mo	17 Do	17 Do	**17 So**	17 Di	17 Fr	**17 So**
18 Mi	18 Sa	18 Mo	18 Do	18 Sa*	18 Di	18 Fr	18 Fr	**18 Mo**	18 Mi	18 Sa	18 Mo
19 Do	**19 So**	19 Di	19 Fr	**19 So**	19 Mi	19 Sa*	19 Sa*	19 Di	19 Do	**19 So**	19 Di
20 Fr	20 Mo	20 Mi	20 Sa*	20 Mo	20 Do	**20 So**	**20 So**	20 Mi	20 Fr	20 Mo	20 Mi
21 Sa	21 Di	21 Do	**21 So**	21 Di	21 Fr	21 Mo	21 Mo	21 Do	21 Sa*	21 Di	21 Do
22 So	22 Mi	22 Fr	22 Mo	22 Mi	22 Sa*	22 Di	22 Di	22 Fr	**22 So**	22 Mi	22 Fr
23 Mo	23 Do	23 Sa*	23 Di	23 Do	**23 So**	23 Mi	23 Mi	23 Sa	23 Mo	23 Do	23 Sa
24 Di	24 Fr	**24 So**	24 Mi	24 Fr	24 Mo	24 Do	24 Do	**24 So**	24 Di	24 Fr	**24 So**
25 Mi	25 Sa*	25 Mo	25 Do	25 Sa	25 Di	25 Fr	25 Fr	25 Mo	25 Mi	25 Sa	25 Mo
26 Do	**26 So**	26 Di	26 Fr	**26 So**	26 Mi	26 Sa	26 Sa	26 Di	**26 Do**	**26 So**	26 Di
27 Fr	27 Mo	27 Mi	27 Sa	27 Mo	27 Do	**27 So**	**27 So**	27 Mi	27 Fr	27 Mo	27 Mi
28 Sa	28 Di	28 Do	**28 So**	28 Di	28 Fr	28 Mo	28 Mo	28 Do	28 Sa	28 Di	28 Do
29 So	29 Mi	29 Fr	29 Mo	29 Mi	29 Sa		29 Di	29 Fr	**29 So**	29 Mi	29 Fr
30 Mo	30 Do	30 Sa	30 Di	30 Do	**30 So**		30 Mi	30 Sa	30 Mo	30 Do	30 Sa
31 Di		**31 So**		**31 Fr**	31 Mo		31 Do		31 Di		**31 So**

* An einer öffentlichen Schule ist jeder Samstag unterrichtsfrei, wenn dies die Schulkonferenz beschließt (SchG § 47 Abs. 3 Nr. 2). An Schulen, die keinen derartigen Beschluss fassen, sind nur die mit * gekennzeichneten Samstage unterrichtsfrei.

Feiertage, Gedenktage und schulfreie Tage 2021: Antikriegstag: 1. 9. – Tag der älteren Menschen: 1.10. – Tag der deutschen Einheit: 3.10. – Weltlehrertag: 5.10. – Reformationsfest: 31.10. – Allerheiligen: 1.11. – Buß- und Bettag: 17.11. – Tag der Menschenrechte: 10.12. – Weihnachten: 25./26.12.2021. **Feiertage, Gedenktage und schulfreie Tage 2022:** Neujahr: 1.1. – Hl. 3 Könige: 6.1. – Auschwitz-Gedenktag: 27.1. – Rosenmontag: 28.2. – Internationaler Frauentag: 8.3. – Karfreitag: 15.4. – Ostern: 17./18.4. – Tag der Arbeit: 1.5. – Himmelfahrt: 26.5. – Pfingsten: 5./6.6. – Fronleichnam: 16.6.2022. Im Schuljahr 2021/22 stehen ferner 4 bewegliche Ferientage sowie 3 zusätzliche unterrichtsfreie Tage gem. § 8 der ➪ Arbeitszeit (Lehrkräfte AZVO) zur Verfügung. Sommerferien 2022: 28.7. bis 10.9.2022. Am 31. 10. 2021 (Reformationsfest) sowie am 14.4.2022 (Gründonnerstag) ist schulfrei.

[dunkelgrau] = Sonn- und Feiertage [hellgrau] = sonstige schulfreie Tage

➪ Arbeitszeit (Lehrkräfte-ArbeitszeitVO) § 8; ➪ Ferien (Ferienverordnung); ➪ Ferien und unterrichtsfreie Samstage; ➪ Konferenzordnung § 2 Abs. 1 Nr. 16; ➪ Nationalsozialismus (Gedenktag)

Ferien 2022/23 (Schuljahreskalender)

Von der Redaktion erstellter Kalender auf Grundlage der VwV des KM vom 1. Februar 2018 (K.u.U. S. 23/2018)

2022					2023						
Aug	Sept	Okt	Nov	Dez	Jan	Feb	März	April	Mai	Juni	Juli
1 Mo	1 Do	1 Sa	**1 Di**	1 Do	**1 So**	1 Mi	1 Mi	1 Sa	**1 Mo**	1 Do	1 Sa
2 Di	2 Fr	**2 So**	2 Mi	2 Fr	2 Mo	2 Do	2 Do	**2 So**	2 Di	2 Fr	**2 So**
3 Mi	3 Sa	**3 Mo**	3 Do	3 Sa*	3 Di	3 Fr	3 Fr	3 Mo	3 Mi	3 Sa	3 Mo
4 Do	**4 So**	4 Di	4 Fr	**4 So**	4 Mi	4 Sa	4 Sa	4 Di	4 Do	**4 So**	4 Di
5 Fr	5 Mo	5 Mi	5 Sa*	5 Mo	5 Do	**5 So**	**5 So**	5 Mi	5 Fr	5 Mo	5 Mi
6 Sa	6 Di	6 Do	**6 So**	6 Di	**6 Fr**	6 Mo	6 Mo	6 Do	6 Sa*	6 Di	6 Do
7 So	7 Mi	7 Fr	7 Mo	7 Mi	7 Sa	7 Di	7 Di	**7 Fr**	**7 So**	7 Mi	7 Fr
8 Mo	8 Do	8 Sa*	8 Di	8 Do	**8 So**	8 Mi	8 Mi	8 Sa*	8 Mo	**8 Do**	8 Sa*
9 Di	9 Fr	**9 So**	9 Mi	9 Fr	9 Mo	9 Do	9 Do	**9 So**	9 Di	9 Fr	**9 So**
10 Mi	10 Sa	10 Mo	10 Do	10 Sa	10 Di	10 Fr	10 Fr	**10 Mo**	10 Mi	10 Sa*	10 Mo
11 Do	**11 So**	11 Di	11 Fr	**11 So**	11 Mi	11 Sa*	11 Sa*	11 Di	11 Do	**11 So**	11 Di
12 Fr	12 Mo	12 Mi	12 Sa	12 Mo	12 Do	**12 So**	**12 So**	12 Mi	12 Fr	12 Mo	12 Mi
13 Sa	13 Di	13 Do	**13 So**	13 Di	13 Fr	13 Mo	13 Mo	13 Do	13 Sa	13 Di	13 Do
14 So	14 Mi	14 Fr	14 Mo	14 Mi	14 Sa*	14 Di	14 Di	14 Fr	**14 So**	14 Mi	14 Fr
15 Mo	15 Do	15 Sa	15 Di	15 Do	**15 So**	15 Mi	15 Mi	15 Sa	15 Mo	15 Do	15 Sa
16 Di	16 Fr	**16 So**	16 Mi	16 Fr	16 Mo	16 Do	16 Do	**16 So**	16 Di	16 Fr	**16 So**
17 Mi	17 Sa	17 Mo	17 Do	17 Sa*	17 Di	17 Fr	17 Fr	17 Mo	17 Mi	17 Sa	17 Mo
18 Do	**18 So**	18 Di	18 Fr	**18 So**	18 Mi	18 Sa	18 Sa	18 Di	**18 Do**	**18 So**	18 Di
19 Fr	19 Mo	19 Mi	19 Sa*	19 Mo	19 Do	**19 So**	**19 So**	19 Mi	19 Fr	19 Mo	19 Mi
20 Sa	20 Di	20 Do	**20 So**	20 Di	20 Fr	20 Mo	20 Mo	20 Do	20 Sa*	20 Di	20 Do
21 So	21 Mi	21 Fr	21 Mo	21 Mi	21 Sa	21 Di	21 Di	21 Fr	**21 So**	21 Mi	21 Fr
22 Mo	22 Do	22 Sa*	22 Di	22 Do	**22 So**	22 Mi	22 Mi	22 Sa*	22 Mo	22 Do	22 Sa*
23 Di	23 Fr	**23 So**	23 Mi	23 Fr	23 Mo	23 Do	23 Do	**23 So**	23 Di	23 Fr	**23 So**
24 Mi	24 Sa*	24 Mo	24 Do	24 Sa	24 Di	24 Fr	24 Fr	24 Mo	24 Mi	24 Sa*	24 Mo
25 Do	**25 So**	25 Di	25 Fr	**25 So**	25 Mi	25 Sa*	25 Sa*	25 Di	25 Do	**25 So**	25 Di
26 Fr	26 Mo	26 Mi	26 Sa	**26 Mo**	26 Do	**26 So**	**26 So**	26 Mi	26 Fr	26 Mo	26 Mi
27 Sa	27 Di	27 Do	**27 So**	27 Di	27 Fr	27 Mo	27 Mo	27 Do	27 Sa	27 Di	27 Do
28 So	28 Mi	28 Fr	28 Mo	28 Mi	28 Sa*	28 Di	28 Di	28 Fr	**28 So**	28 Mi	28 Fr
29 Mo	29 Do	29 Sa	29 Di	29 Do	**29 So**		29 Mi	29 Sa	**29 Mo**	29 Do	29 Sa
30 Di	30 Fr	**30 So**	30 Mi	30 Fr	30 Mo		30 Do	**30 So**	30 Di	30 Fr	**30 So**
31 Mi		31 Mo		31 Sa	31 Di		31Fr		31 Mi		31 Mo

* An einer öffentlichen Schule ist jeder Samstag unterrichtsfrei, wenn dies die Schulkonferenz beschließt (SchG § 47 Abs. 3 Nr. 2). An Schulen, die keinen derartigen Beschluss fassen, sind nur die mit * gekennzeichneten Samstage unterrichtsfrei.

Feiertage, Gedenktage und schulfreie Tage 2022: Antikriegstag: 1. 9. – Tag der älteren Menschen: 1.10. – Tag der deutschen Einheit: 3.10. – Weltlehrertag: 5.10. – Reformationsfest: 31.10. – Allerheiligen: 1.11. – Buß- und Bettag: 16.11. – Tag der Menschenrechte: 10.12. – Weihnachten: 25./26.12.2022. **Feiertage, Gedenktage und schulfreie Tage 2023:** Neujahr: 1.1. – Hl. 3 Könige: 6.1. – Auschwitz-Gedenktag: 27.1. – Rosenmontag: 20.2. – Internationaler Frauentag: 8.3. – Karfreitag: 7.4. – Ostern: 9./10.4. – Tag der Arbeit: 1.5. – Himmelfahrt: 18.5. – Pfingsten: 28./29.5. – Fronleichnam: 8.6.2023. Im Schuljahr 2022/23 stehen ferner 5 bewegliche Ferientage sowie 3 zusätzliche unterrichtsfreie Tage gem. § 8 der ➪ Arbeitszeit (Lehrkräfte-AZVO) zur Verfügung. Sommerferien 2023: 27.7. bis 9.9.2023. Am 31.10.2022 (Reformationsfest) sowie am 6.4.2023 (Gründonnerstag) ist schulfrei.

[ ] = Sonn- und Feiertage [ ] = sonstige schulfreie Tage

➪ Arbeitszeit (Lehrkräfte-ArbeitszeitVO § 8; ➪ Ferien (Ferienverordnung); ➪ Ferien und unterrichtsfreie Samstage; ➪ Konferenzordnung § 2 Abs. 1 Nr. 16; ➪ Nationalsozialismus (Gedenktag)

Fortbildung (Allgemeines)

Informationen der Redaktion zur Rechtslage und zur Verwaltungspraxis in Baden-Württemberg

1. Grundsätze

Beamt*innen sind gesetzlich verpflichtet, an der dienstlichen Fortbildung teilzunehmen und sich außerdem selbst fortzubilden, *„damit sie insbesondere die Fach-, Methoden- und sozialen Kompetenzen für die Aufgaben des übertragenen Dienstpostens erhalten und fortentwickeln sowie ergänzende Qualifikationen für höher bewertete Dienstposten und für die Wahrnehmung von Führungsaufgaben erwerben"*.

⇨ Beamtengesetz (LBG) § 50

Arbeitnehmer*innen ist vom Arbeitgeber eine *„Qualifizierung"* anzubieten. ⇨ Tarifvertrag Länder (TV-L) § 5

Die Beschäftigten entscheiden selbst, ob, wie oft und wie intensiv sie an welchen Fortbildungsmaßnahmen teilnehmen bzw. sich selbstständig fortbilden (z.B. Seminare, Fachliteratur, Selbststudium usw.). Von diesem Prinzip der Freiwilligkeit wird im öffentlichen Schuldienst in der Regel nur abgewichen

- bei der allgemeinen Einführung neuer Unterrichtsmethoden oder Unterrichtsinhalte,
- zur Behebung von individuellen Defiziten.

Insofern besteht zwar eine Pflicht zur eigenen Fortbildung, aber im Bereich der öffentlichen Schulen des Landes ist keine *„Pflichtfortbildung"* eingeführt, auch nicht als *„Wahlpflichtfortbildung"*.

In den Leitlinien zur ⇨ Fortbildung und Personalentwicklung ist u.a. bestimmt, dass jede Schule jährlich ihre schulentwicklungsbezogenen Qualifizierungsanforderungen und -maßnahmen festlegen muss; das Lehrerkollegium besitzt dabei Mitbestimmungsrechte: Über *„Fragen der Fortbildung der Lehrkräfte"* berät und beschließt die Gesamtlehrerkonferenz.

⇨ Konferenzordnung § 2 Abs. 1 Nr. 2

Bei der inhaltlichen und organisatorischen Gestaltung der dienstlichen Fortbildung sowie bei der Auswahl der Teilnehmenden an Fortbildungsveranstaltungen besitzt der Personalrat Beteiligungsrechte. Hierzu haben das KM und das Zentrum für Schulqualität und Lehrerbildung (siehe Nr. 2a) mit den schulischen Hauptpersonalräten eine Dienstvereinbarung abgeschlossen. Diese enthält auch viele Festlegungen zu der Art, dem Umfang und dem Zeitplan von Fortbildungsveranstaltungen für Lehrkräfte sowie zu den Anmelde- und Zulassungsregularien.

⇨ Fortbildung (Rahmendienstvereinbarung)

Bei der Zulassung zur Fortbildung sind u.a. das Chancengleichheitsgesetz und die Schwerbehinderten-Verwaltungsvorschrift zu beachten. Lehnt die Schulleitung einen Antrag auf Teilnahme an einer Fortbildungsveranstaltung ab bzw. stimmt sie der Meldung zu einer Akademieveranstaltung nicht zu, wird im Workflow-Verfahren dem Personalrat direkt die Begründung für die Absage übermittelt. Lehrkräfte können sich auch direkt an den Personalrat wenden, wenn sie mit einer Entscheidung der Schulleitung oder einer Auswahlentscheidung des Veranstalters nicht einverstanden sind.

⇨ Chancengleichheitsgesetz §§ 12 und 18 Abs. 2; ⇨ Personalvertretungsgesetz (LPVG) § 75 Abs. 4 Nr. 10 und § 81 Abs. 1 Nr. 5; ⇨ Schwerbehinderung (Inklusionsvereinbarung)

2. Amtliche Lehrkräftefortbildung

a) Zentrale Einrichtungen

Für die berufliche Fort- und Weiterbildung des pädagogischen Personals im fachlichen Zuständigkeitsbereich des Kultusministeriums ist seit 2019 das „Zentrum für Schulqualität und Lehrerbildung" (ZSL) zuständig. ⇨ Schulentwicklung

Dem ZSL unterstehen die *Landesakademie für Fortbildung und Personalentwicklung an Schulen* in Esslingen mit den *Akademien für Lehrkräftefortbildung* in Esslingen, Schwäbisch Hall (Comburg) und Bad Wildbad, das *Landesinstitut für Schulsport, Schulkunst und Schulmusik* (Ludwigsburg), die *Landesakademie für Schulkunst, Schul- und Amateurtheater Schloss Rotenfels* (Bad Rotenfels), das *Landesschulzentrum für Umwelterziehung* (Adelsheim) sowie die *Landesakademie für die musizierende Jugend* (Ochsenhausen).

An den Akademien für Lehrkräftefortbildung können neben den zentralen Lehrgängen auch „Wunschkurse" im Umfang von eineinhalb Tagen für einzelne Schulen/Lehrerkollegien durchgeführt werden, deren inhaltliche Ausgestaltung sich unmittelbar am konkreten Bedarf einer Gruppe von Lehrkräften – eines gesamten Kollegiums oder z.B. einer Fachschaft – orientiert; kleine Schulen können sich mit anderen zusammenschließen. Wie die Pädagogischen Tage (s.u.) sind auch „Wunschkurse" mit Unterrichtsausfall in der Schulkonferenz zu beraten und mit ihr abzustimmen.

Lehrkräfte und Schulleiter*innen können im Rahmen des „Gesundheitsmanagements" an Maßnahmen zum Erhalt und zur Verbesserung der Gesundheit teilnehmen. Hierzu zählen die Coachinggruppen nach dem „Freiburger Modell". Info und Anmeldung: https://lehrer-coachinggruppen.de.

b) Regionale Fortbildung

Zur regionalen Fortbildung gehören die schulinterne Lehrkräftefortbildung („SchiLF") und die schulnahe Lehrkräftefortbildung („SchnaLF") sowie der „Pädagogische Tag". Hierbei gibt es Angebote der Außenstellen (meist mehrtägige Veranstaltungen) und der Regionalstellen. Auch „Wunschkurse" sind möglich, siehe:

https://lehrerfortbildung-bw.de/fb_lehrgaenge/wuku/.

⇨ Fortbildung und Personalentwicklung;
⇨ Fachberater*innen

Die Planung und Durchführung eines Pädagogischen Tags müssen nicht nur von der GLK beschlossen, sondern auch in der Schulkonferenz beraten werden. Falls er ganz oder teilweise in der Unterrichtszeit stattfindet, muss die Schulkonferenz dem Unterrichtsausfall zugestimmt haben.

⇨ Fortbildung und Personalentwicklung Ziff. II. Abs. 5

c)
Ausschreibung, Auswahl und Anmeldung

Die Ausschreibung der Akademieveranstaltungen sowie der regionalen Fortbildungsveranstaltungen und teilweise auch nichtamtlicher Lehrgänge erfolgt über Sonderhefte des Amtsblattes ⇨ Kultus und Unterricht. Die Programme werden ferner unter: http://lehrerfortbildung-bw.de vorgestellt.

Die Anmeldung erfolgt über das Programm „LFB-Online" (https://lehrer-online-bw.de). In den erwähnten Lehrgangsheften des Amtsblatts werden wichtige Informationen zum Meldeverfahren, zur Auswahl der Teilnehmenden an der amtlichen Lehrkräftefortbildung, zu deren Freistellung sowie zu den Reisekosten bekanntgegeben.

3.
Reisekosten und Freistellung

Reisen zu Fortbildungsveranstaltungen der allgemeinen dienstlichen Fortbildung sind reisekostenrechtlich Dienstreisen.

⇨ Reisekosten (Allgemeines); ⇨ Reisekostengesetz (LRKG) §§ 5, 11

Lehrkräfte können für die Teilnahme an nichtdienstlichen Fortbildungsveranstaltungen „freigestellt" oder „beurlaubt" werden; dabei gilt folgender Maßstab: Wenn ein dienstliches Interesse an der Teilnahme einer Lehrkraft an einer Fortbildung anderer Träger besteht, ist diese vom Unterricht *freizustellen*, also nicht zu *beurlauben* (siehe Tabelle unten). Über das Vorliegen eines *„dienstlichen Interesses"* entscheidet unmittelbar die zuständige Stelle (bei Lehrkräften die Schulleitung, bei Schulleiterinnen und Schulleitern die Schulaufsichtsbehörde) nach pflichtgemäßem Ermessen. ⇨ Ermessen

Bei einer *„Freistellung"* befindet sich die Lehrkraft während der Veranstaltung im Dienst; auch auf der An- und Rückreise gelten die Unfallfürsorgebestimmungen. Auch die für die Anreise zur amtlichen Fortbildung erforderliche Zeit – ggf. einschließlich der für die Einnahme einer Mahlzeit erforderlichen Pause zwischen der vorhergehenden dienstlichen Tätigkeit und der Fortbildungsreise – ist „Dienst". Ein Beispiel: Eine Lehrkraft hätte bis 13.30 Uhr stundenplanmäßigen Unterricht. Sie soll ab 14.30 Uhr an einer Fortbildung an einem Ort teilnehmen, der 30 Minuten Anreise erfordert. Die verbleibenden 30 Minuten reichen zur Erholung und zum Mittagessen nicht aus. Es ist angemessen, dass die Schulleitung die Lehrkraft auf Antrag vom Unterricht mindestens in der letzten Unterrichtsstunde freistellt. Siehe hierzu auch ⇨ Fortbildung (Rahmendienstvereinbarung) Nr. 6.

Bei einer *„Beurlaubung"* handelt es sich hingegen während der Veranstaltung und auf der Reise nicht um „Dienst"; es besteht in der Regel auch kein Versicherungsschutz.

Zur *„Dienstbefreiung"* gibt das KM in den Ausschreibungen für Akademieveranstaltungen regelmäßig

Dienstbefreiung, Freistellung, Beurlaubung und Unterrichtsverlegung

Art der Freistellung zur Fortbildung	Art der Fortbildungsveranstaltung	Dienstunfallschutz	Reisekosten	Unterrichtserteilung
Dienstbefreiung (statt einer Dienstpflicht wird eine andere Dienstpflicht wahrgenommen)	**Amtliche Fortbildung** Teilnahme nach amtlicher Einladung oder eigener Meldung und Zulassung zur Veranstaltung	ja	ja	Unterricht wird vertreten oder fällt aus
Freistellung vom Unterricht	**Fortbildung anderer Träger** von der Schulleitung als „im dienstlichen Interesse liegend" anerkannt; Teilnahme nach Genehmigung durch die Schulleitung ⇨ Fortbildung und Personalentwicklung II Abs. 6	ja	in Ausnahmefällen	Unterricht wird vertreten oder fällt aus
Beurlaubung[1)]	**Sonstige Fortbildung** für die keine Freistellung erfolgt; Teilnahme nach Genehmigung durch die Schulleitung	nein	nein	Unterricht wird vertreten oder fällt aus
Verlegung[2)] (Vorarbeiten bzw. Nachholen des stundenplanmäßigen Unterrichts oder sonstiger Dienstpflichten)	**Sonstige Anlässe** (beispielsweise Fortbildung), für die keine Freistellung bzw. keine Beurlaubung möglich ist; Teilnahme nach Genehmigung durch die Schulleitung	nein	nein	Unterricht wird von der Lehrkraft vor- oder nachgeholt
Aus pädagogischen Gründen und auf Vorschlag der Lehrkraft kann im Einzelfall auch eine Kombination von Freistellung oder Beurlaubung mit (partieller) Unterrichtsverlegung erfolgen.				

1) Fundstelle: Arbeitszeit- und Urlaubsverordnung § 29; siehe: ⇨ Urlaub (Verordnung) § 29
2) Fundstelle: ⇨ Urlaub (Lehrkräfte – Allgemeines) Nr. 2. und 5.

bekannt: *„Für die Lehrerinnen und Lehrer, die zu einer Akademietagung zugelassen sind, ist die Teilnahme Dienst. Fällt die Teilnahme in die Unterrichtszeit, muss die am Arbeitsplatz versäumte Zeit (ausgefallene Unterrichtszeit) nicht vor- oder nachgeholt werden."* Dieser Grundsatz gilt auch für die sonstige amtliche Lehrkräftefortbildung: Wer daran teilnimmt, tut „Dienst" und kann in der gleichen Zeit keinen anderen „Dienst" erledigen. Es kommt deshalb auch kein „Nachholen" oder „Vorarbeiten" ausgefallenen Unterrichts infrage.

Eine Lehrkraft kann zu einer Fortbildung eingeladen werden (beispielsweise weil sie zu einer bestimmten Zielgruppe gehört) oder sich selbst über „LFB-Online" anmelden (s.o. Nr. 2c); die Anmeldung erfordert eine Freischaltung durch die Schulleitung. Kollidiert eine Fortbildung mit einem anderen Dienstgeschäft (z.B. Erteilung stundenplanmäßigen Unterrichts), muss die Schulleitung abwägen, welches der konkurrierenden Dienstgeschäfte den Vorrang hat. Die Schulleitung fügt in diesem Fall ihre Begründung der Freischaltung bei. Zur Beteiligung des Personalrats siehe unten.

Ist zur Teilnahme eine Dienstreise erforderlich, so besteht Anspruch auf Reisekostenersatz. Hierzu auch den Beitrag ⇨ Reisekosten (Allgemeines) Nr. 3 beachten.
⇨ Reisekostengesetz (LRKG) § 11

Für den Besuch der „Fortbildung anderer Träger" (z.B. der GEW), kann auf Antrag eine „Freistellung" vom Dienst erfolgen, ausnahmsweise ist eine Reisekostenerstattung möglich. Die Anerkennung solcher Veranstaltungen als für den Dienst förderlich sowie die Freistellung, womit die Gewährung von Dienstunfallschutz verbunden ist, erfolgt durch die Vorgesetzten (bei Lehrkräften durch die Schulleitung). Sofern keine Dienstbefreiung möglich ist, kann gegebenenfalls eine Unterrichtsverlegung erfolgen.
⇨ Urlaub (Lehrkräfte – Allgemeines) Nr. 5

4. Beurlaubte Lehrkräfte

Beurlaubte Lehrkräfte sowie Lehrkräfte in Elternzeit können, soweit Plätze vorhanden sind, an amtlichen Fortbildungen teilnehmen. Sie werden (nach vorheriger Genehmigung durch die Schulleitung) reisekosten- und unfallschutzrechtlich wie die übrigen Lehrkräfte behandelt.

⇨ Beamtengesetz (LBG) § 50; ⇨ Chancengleichheitsgesetz § 12; ⇨ Fortbildung (Allgemeines); ⇨ Fortbildung (Rahmendienstvereinbarung); ⇨ Fortbildung und Personalentwicklung; ⇨ Kultus und Unterricht; ⇨ Personalvertretungsgesetz (LPVG) § 75 Abs. 4 Nr. 10 und § 81 Abs. 1 Nr. 5; ⇨ Reisekosten (Allgemeines); ⇨ Reisekostengesetz (LRKG); ⇨ Schulentwicklung; ⇨ Schulpsychologische Beratungsstellen; ⇨ Schwerbehinderung; ⇨ Tarifvertrag Länder (TV-L) § 5

Fortbildung (Rahmendienstvereinbarung)

Rahmendienstvereinbarung zur Lehrkräftefortbildung; in Kraft getreten am 1. April 2021 (K.u.U. S. 87/2021)

Das Zentrum für Schulqualität und Lehrerbildung (ZSL) und die *(schulischen)* Hauptpersonalräte [...] und das Ministerium für Kultus, Jugend und Sport schließen die nachstehende Rahmendienstvereinbarung ab. – Übersicht (hier nicht abgedruckt)

1.
Gegenstand und Ziel der Vereinbarung

1.1 Diese Dienstvereinbarung regelt allgemeine Fragen der beruflichen Fortbildung, Weiterbildung, Umschulung, Einführung in die Aufgaben einer anderen Laufbahn und Qualifizierungsmaßnahmen im Rahmen der Personalentwicklung, die nach § 75 Abs. 4 Nr. 10 LPVG mitbestimmungspflichtig sind, dabei insbesondere folgende Bereiche:

a) Jahresplanung Lehrkräftefortbildung
b) Zustimmung zu den Veranstaltungen und Veranstaltungsterminen
c) Fortbildungszeiten
d) Fortbildungsort
e) Zielgruppe
f) Teilnehmendenauswahl
g) Konzeptionen
h) Mittelverteilung.

⇨ Personalvertretungsgesetz (LPVG) § 75 Abs. 4 Nr. 10;
⇨ Schulentwicklung

1.2 Ziel dieser Dienstvereinbarung ist die Schaffung von gemeinsamen Rahmenbedingungen für die Planung und Durchführung von Maßnahmen der beruflichen Fortbildung und Weiterbildung.

1.3 Für die in Nr. 1.1 beschriebenen Maßnahmen erfolgt das Mitbestimmungsverfahren im Rahmen dieser Rahmendienstvereinbarung gemäß § 85 Abs. 1 LPVG. ⇨ Personalvertretungsgesetz (LPVG) § 85 Abs. 1

1.4 Die Hauptschwerbehindertenvertretungen werden gemäß § 178 Sozialgesetzbuch (SGB) IX bei Maßnahmen nach dieser Rahmendienstvereinbarung rechtzeitig und umfassend informiert und eingebunden. ⇨ Schwerbehinderung (Allgemeines)

1.5 Die Beauftragten für Chancengleichheit werden gemäß § 12 ⇨ Chancengleichheitsgesetz beteiligt.

1.6 Diese Dienstvereinbarung gilt für alle von den schulischen Hauptpersonalräten vertretenen Beschäftigten im Sinne des Landespersonalvertretungsgesetzes im Geschäftsbereich des Kultusministeriums.

1.7 Die Regelungen der Rahmendienstvereinbarung zum Einsatz einer landeseinheitlichen digitalen Bildungsplattform vom 06.02.2018 gelten in der jeweils aktuellen Fassung weiter und finden auf digitale Formate Anwendung.

⇨ Datenschutz (RDV - Bildungsplattform)

2.
Begriffsbestimmungen

2.1 Der Begriff der „Veranstaltung“ beschreibt im Programm LFB-online eine in Präsenz und/oder digital durchgeführte Maßnahme, bei der Titel, Struktur und Inhalt festgelegt sind.

2.2 Unter „Veranstaltungstermin“ ist eine Maßnahme in LFB-online zu verstehen, bei der neben den Angaben der Veranstaltung auch Verantwortlicher, Datum, Zeit und Ort hinterlegt sind.

2.3 Bei schulinternen Fortbildungen (SchiLF) besteht die Zielgruppe ausschließlich aus den Lehrkräften einer Schule bzw. eines Schulkindergartens.

2.4 Zu einer schulnahen Fortbildung (SchnaLF) schließen sich benachbarte Schulen bzw. Schulkindergärten zusammen, die gemeinsam die gleiche Thematik bearbeiten.

2.5 Ein Wunschkurs ist eine mehrtägige schulnahe oder schulinterne Fortbildung, deren Thema im Rahmen von Schulentwicklungsprozessen von der Schule (oder den Schulen) bzw. dem Schulkindergarten bestimmt wird.

2.6 Bei synchronen digitalen Angeboten nehmen die Teilnehmerinnen und Teilnehmer zu einem festgelegten Termin und in einem festgelegten Zeitfenster an einer Fortbildung teil.

Bei asynchronen digitalen Angeboten können die Teilnehmerinnen und Teilnehmer frei entscheiden, zu welcher Zeit sie in einem festgelegten Zeitraum an einer Fortbildung teilnehmen.

3.
Grundsatzbestimmungen

3.1 Veranstaltungen der amtlichen Lehrkräftefortbildung sind für Lehrkräfte staatlicher Schulen kostenfrei, Reisekosten werden nach den gesetzlichen Bestimmungen erstattet und es besteht Dienstunfallschutz.

Von der Kostenfreiheit kann im Einzelfall, nach vorheriger Beteiligung der Personalvertretung, abgewichen werden.

3.2 Der für eine Fortbildungsveranstaltung für Teilnehmende anfallende Gesamtzeitaufwand ist in der Ausschreibung zu veröffentlichen. Dabei sind bei digitalen Formaten synchrone und asynchrone Teile zu berücksichtigen.

3.3. In der Ausschreibung von Fortbildungsveranstaltungen ist folgender Satz zu veröffentlichen: „Informationen über die Barrierefreiheit einer Veranstaltung erfragen Sie bitte bei der jeweiligen Veranstaltungsleitung.“

4.
Jahresfortbildungsplan

Das ZSL legt den Hauptpersonalräten jeweils möglichst bis zum 15.03. eines Kalenderjahres den Jahresfortbildungsplan für das nächste Schuljahr zur Mitbestimmung vor. Er umfasst inhaltliche und konzeptionelle Schwerpunktsetzungen durch das Ministerium für Kultus, Jugend und Sport (KM), das ZSL sowie eine Übersicht über die Mittelverteilung und der Kapazitäten an den Außenstellen (Comburg, Bad Wildbad, Esslingen, Ludwigsburg und Rotenfels).

Der Jahresfortbildungsplan enthält einen überwiegenden Anteil der für das nächste Schuljahr geplanten Veranstaltungen. Für hinzukommende Veranstaltungen im zweiten Schulhalbjahr kann gegebenenfalls eine Mitbestimmung der Hauptpersonalräte im November stattfinden.

Eine Vertretung der jeweiligen Personalvertretung sowie der BfC ist an den jährlichen Planungssitzungen für Veranstaltungen an den Außenstellen teilnahmeberechtigt.

5.
Zustimmung zu den Veranstaltungen und Veranstaltungsterminen

Das Verfahren zur Zustimmung der Hauptpersonalräte zu Veranstaltungsterminen erfolgt in der Regel im digitalen workflow mit der Software LFB-Online. Bei Ausfall des digitalen workflow verpflichtet sich das ZSL, eine adäquate Alternative anzubieten. Die Inhalte der Rahmendienstvereinbarung gelten dann analog.

5.1 Sind durch den möglichen Teilnehmendenkreis der Fortbildung mehrere Hauptpersonalräte zuständig, müssen alle zuständigen Hauptpersonalräte der Maßnahme zustimmen.

5.2 Bei schulnahen und schulinternen Fortbildungen sind entsprechend ihrer Zuständigkeit der Örtliche Personalrat oder der Bezirkspersonalrat zu beteiligen. Die Regelungen zur Zustimmung (5.3 bis 5.5) gelten entsprechend.

5.3 Nach der Eingabe des Veranstaltungstermins wird dieser durch das ZSL zur Mitbestimmung freigeschaltet. Danach bleiben den zuständigen Hauptpersonalräten gemäß § 76 LPVG drei Wochen Zeit, um die Entscheidung über die Zustimmung zu dem Veranstaltungstermin einzugeben.

5.4 Bei Nichtzustimmung begründet der zuständige Hauptpersonalrat seine Entscheidung und gibt dem ZSL die Maßnahme zur Nachbesserung zurück.

5.5 Gibt der zuständige Hauptpersonalrat keine Entscheidung ein, gilt dies mit Ablauf der Frist von drei Wochen als Zustimmung.

6.
Fortbildungszeiten

6.1 Die tägliche Fortbildungszeit von 8 Stunden darf nicht überschritten werden und muss eine ausreichende Mittagspause beinhalten.

6.2 Lehrkräftefortbildungen finden in der Regel Montag bis Freitag von 09:00 bis 17:00 Uhr statt. Ausnahmen bedürfen einer Begründung.

6.3 Mehrtägige Veranstaltungen mit Übernachtung können in einem Zeitrahmen von 08:00 bis 18:00 Uhr stattfinden. Am Anreisetag kann der Beginn jedoch nicht vor 09:00 Uhr, am Abreisetag das Veranstaltungsende nicht nach 17:00 Uhr liegen.

6.4 Angebote der SchiLF und digitale synchrone Formate können davon abweichend innerhalb des

Zeitrahmens Montag bis Freitag von 08:00 bis 17:00 Uhr stattfinden.

6.5 Bei Nachmittagsveranstaltungen wird im Veranstaltungstermin in der Ausschreibung dieser Satz beigefügt: „Es ist Aufgabe der Schulleitung, den teilnehmenden Lehrkräften ausreichend Zeit für Mittagspause und Anfahrt zu ermöglichen."

6.6 Mehrtägige Veranstaltungen mit Übernachtung finden in der Regel von Montag bis Freitag außerhalb der Ferienzeiten statt.

6.7 Veranstaltungen der Einführung in die Aufgaben einer anderen Laufbahn und Qualifizierungsmaßnahmen im Rahmen der Personalentwicklung können auch in den Ferienzeiten stattfinden.

6.8 Mehrtägige Wunschkurse von Schulen mit Übernachtung können bis zu 2/3 Freitag-Samstag oder in den Schulferien stattfinden.

6.9 Abweichungen von Nr. 6.1 bis 6.4 sowie Nr. 6.6 bedürfen jeweils einer Mitbestimmung durch die zuständige Personalvertretung.

6.10 Fortbildungsangebote können insgesamt im Umfang von bis zu 30 % in der unterrichtsfreien Zeit stattfinden.

7.
Teilnehmendenauswahl

Nach § 81 Abs. 1 Nr. 5 LPVG hat die zuständige Personalvertretung ein Mitwirkungsrecht bei der Auswahl von Beschäftigten zur Teilnahme an Maßnahmen der Fort- und Weiterbildungsveranstaltungen und an Qualifizierungsmaßnahmen im Rahmen der Personalentwicklung. Dabei muss die Auswahl vom ZSL nachvollziehbar unter Anwendung der genannten Kriterien durchgeführt und begründet werden.

7.1 Nicht fristgerecht eingegangene Meldungen werden nachrangig berücksichtigt.

7.2 Nicht in der Zielgruppe genannte Personenkreise werden nachrangig berücksichtigt.

7.3 Schwerbehinderte und gleichgestellte Kolleginnen und Kollegen werden vorrangig berücksichtigt (§ 164 Abs. 4 Nr. 2 SGB IX). Die Schwerbehindertenvertretung ist bei der Teilnahmeauswahl rechtzeitig zu informieren und vor einer Entscheidung anzuhören (§ 178 SGB IX).

7.4 Nach § 12,3 ChancenG ist die Beauftragte für Chancengleichheit bei der Auswahl der Teilnehmenden an Fort- und Weiterbildungsmaßnahmen, die eine Weiterqualifikation ermöglichen oder auf die Übernahme von Tätigkeiten in Bereichen der Unterrepräsentanz von Frauen vorbereiten, zu beteiligen.

7.5 Die vorhandenen Plätze werden unter angemessener Berücksichtigung der Schularten – bei Veranstaltungen der Außenstellen auch der regionalen Verteilung – vergeben.

7.6 Die Bevorzugung von Teams muss in der Ausschreibung kenntlich gemacht werden. Die Zugehörigkeit zu einem Team muss von den Lehrkräften bei der Anmeldung als Hinweis hinzugefügt werden.

7.7 Weitere Auswahlkriterien müssen bei der Ausschreibung ausdrücklich genannt werden.

7.8 Bevorzugt zugelassen wird, wer bereits einmal eine Absage bei gleicher oder ähnlicher Thematik erhalten hat. Dies muss von der Lehrkraft bei der Anmeldung als Hinweis hinzugefügt werden.

7.9 Bei Veranstaltungen an den Außenstellen werden bevorzugt die Personen zugelassen, deren zuletzt besuchte mehrtägige Veranstaltung am längsten zurückliegt.

7.10 Empfehlungen von Schulleitungen werden nur mit sachbezogener Begründung berücksichtigt. Einschränkende Zusätze der Schulleitungen zum Vermerk „dienstlich möglich" sind im Regelfall nicht zu berücksichtigen.

7.11 Nach § 12 Abs. 3 ChancenG werden Frauen entsprechend ihrem Anteil an der Zielgruppe der Fort-und Weiterbildungsmaßnahmen berücksichtigt.

7.12 Reichen die Auswahlkriterien nicht für eine qualifizierte Auswahl, entscheidet das Losverfahren.

8.
In-Kraft-Treten

8.1 Diese Rahmendienstvereinbarung tritt am 01.04.2021 in Kraft.

8.2 Die Rahmendienstvereinbarung wird für zunächst zwei Jahre erprobt und gemeinsam evaluiert. Sie gilt auch über den Erprobungszeitraum hinaus bis zum Abschluss einer neuen Fassung.

8.3 Die Vereinbarung ist von allen Seiten mit einer Frist von drei Monaten zum Schuljahresende kündbar. Im Einvernehmen zwischen dem ZSL, dem KM und den Hauptpersonalräten kann die Frist abgekürzt werden.

8.4 Einvernehmliche Änderungen der Rahmendienstvereinbarung sind jederzeit möglich. Änderungen bedürfen zu ihrer Wirksamkeit stets der Schriftform

8.5 Soweit einzelne Vorschriften der Dienstvereinbarung aufgrund anderweitiger Regelungen unwirksam sein sollten, wird die Wirksamkeit der Dienstvereinbarung im Übrigen hierdurch nicht berührt. An die Stelle der unwirksamen Regelung tritt eine Regelung, die dem Willen der Partner am nächsten kommt

8.6 Die Dienstvereinbarung löst bisherige Dienstvereinbarungen mit den Hauptpersonalräten zu den in Nr. 1 genannten Bereichen ab.

8.7 Die Dienstvereinbarung ist in der jeweils gültigen Fassung im Amtsblatt Kultus und Unterricht bekannt zu machen.

8.8 Die Dienststellen und Beschäftigten im Geschäftsbereich der Kultusverwaltung sind ausdrücklich auf diese Dienstvereinbarung und ihre Veröffentlichung hinzuweisen.

⇨ Chancengleichheitsgesetz; ⇨ Datenschutz (RDV - Bildungsplattform); ⇨ Fortbildung (Allgemeines); ⇨ Fortbildung und Personalentwicklung; ⇨ Personalvertretungsgesetz (LPVG) § 75 Abs. 4 Nr. 10; ⇨ Schulentwicklung; ⇨ Schwerbehinderung (Allgemeines)

Fortbildung und Personalentwicklung

Leitlinien zur Fortbildung und Personalentwicklung an Schulen in Baden-Württemberg; Verwaltungsvorschrift des Kultusministeriums vom 24. Mai 2006 (K.u.U. S. 244/2006); zuletzt geändert 11.11.2009 (K.u.U. S. 223/2009)

Hinweis der Redaktion: Die vom Kultusministerium 2006 erlassenen „Leitlinien zur Fortbildung und Personalentwicklung" sind in weiten Teilen inzwischen überholt. Viele Maßgaben sind 2021 durch die Rahmendienstvereinbarung zur Lehrkräftefortbildung aktualisiert beziehungsweise präzisiert worden; siehe hierzu: ⇨ Fortbildung (Rahmendienstvereinbarung).

I. Aufgaben

(1) Im Rahmen eines umfassenden schulischen Qualitätskonzeptes, das mit einer Stärkung der Eigenverantwortung der einzelnen Schule und veränderten Formen der Rechenschaftslegung einhergeht, stellen Maßnahmen der Fort- und Weiterbildung zentrale Instrumente für Unterrichtsentwicklung, Schulentwicklung und Personalentwicklung dar.

(2) Lehrerbildung wird verstanden als kontinuierlicher, sich über das gesamte Berufsleben erstreckender Prozess. Bereits in der Berufseingangsphase werden die in der Ausbildung erworbenen Qualifikationen vertieft und erweitert sowie individuelle Kompetenzen im Blick auf die weitere Berufslaufbahn gezielt gefördert. Durch berufsbegleitende Fort- und Weiterbildung entwickeln Lehrerinnen und Lehrer ihre berufliche Qualifikation in Bezug auf den Unterricht und den Bildungs- und Erziehungsauftrag der Schule stetig fort.

(3) Maßnahmen der Personalentwicklung qualifizieren für besondere Aufgaben und Zuständigkeiten in der Schule, für Ausbildungs-, Beratungs- und Fortbildungstätigkeiten, für pädagogische Leitungsaufgaben an Schulen und in der Lehrerausbildung der zweiten Phase oder für Tätigkeiten in der Schulverwaltung. ⇨ Fortbildung (Allgemeines)

II. Verantwortlichkeiten und Pflichten

(1) Das Kultusministerium ist zuständig für die strategische Weiterentwicklung der Rahmenbedingungen, Konzepte, Inhalte und Verfahren der Lehrerfort- und -weiterbildung, die jährliche Festlegung von landesweiten Fort-, Weiterbildungs- und Beratungsschwerpunkten sowie die entsprechende Ressourcenbudgetierung. Die Festlegung der Schwerpunkte ist für alle Ebenen verbindlich; sie eröffnet ausdrücklich die Möglichkeit von Fortbildungsinitiativen der einzelnen Schule.

(2) Die Landesakademie für Fortbildung und Personalentwicklung an Schulen dient der beruflichen Fort- und Weiterbildung von pädagogischem Personal im fachlichen Zuständigkeitsbereich des Kultusministeriums. [...]

Hinweis der Redaktion: Die Ausführungen zu den Aufgaben und Funktionsweisen der Landesakademie für Fortbildung und Personalentwicklung in Zusammenarbeit mit den Schulaufsichtsbehörden sind hier nicht abgedruckt. Die Landesakademie wurde 2019 durch das Zentrum für Schulqualität und Lehrerbildung (ZSL) ersetzt. Bitte hierzu den Beitrag: ⇨ Schulentwicklung und Qualitätskonzept beachten.

⇨ Schulpsychologische Beratungsstellen

(4) Zuständig für die Fortbildung und Personalentwicklung an der Schule ist die Schulleitung. Sie wird dabei durch die Angebote der Landesakademie beziehungsweise der Schulaufsichtsbehörden unterstützt.

(5) Nach Möglichkeit bilden schulinterne Maßnahmen und Maßnahmen im Verbund von Nachbarschulen oder Profilschulen mit affinem Profil einen Schwerpunkt der Lehrerfortbildung. Diese Maßnahmen werden von den Schulen geplant, organisiert und gestaltet; kleine Grundschulen können dabei Unterstützung durch die Anlaufstellen erhalten. Alle Schulen können bei den jeweils zuständigen Schulaufsichtsbehörden Fortbildungs- und Beratungspersonal sowie Mittel zur Honorierung externer Referenten abrufen. An der Landesakademie können Wunschkurse angefordert werden. Nach Maßgabe des Staatshaushaltsplans wird den Schulen gegebenenfalls künftig ein Budget an Fortbildungsmitteln zur Verfügung gestellt. Die tatsächliche Mittelzuweisung orientiert sich am Fortbildungsplan der Schule.

Zur schulinternen Fortbildung gehört auch die Durchführung von Pädagogischen Tagen als Fortbildungsveranstaltung des gesamten Kollegiums. Diese sind in besonderer Weise geeignet, schulische Entwicklungsvorhaben im Kollegium, mit Eltern und Schülerinnen und Schülern sowie Vertretern der dualen Partner zu besprechen. Pädagogische Tage sind dienstliche Veranstaltungen, an denen alle Lehrkräfte der Schule teilnehmen. Ausnahmsweise können entsprechende Veranstaltungen auch innerhalb einer Fachabteilung, einer Schulart oder einer Schulstufe durchgeführt werden. Planung und Durchführung von Pädagogischen Tagen sind in der Schulkonferenz zu beraten und mit ihr abzustimmen. Pädagogische Tage sind grundsätzlich in der unterrichtsfreien Zeit durchzuführen.

Hinweise der Redaktion:

1. Ob, wann, mit welchen Inhalten und in welcher Form ein Pädagogischer Tag stattfindet, entscheidet – bindend für Schulleitung und Lehrkräfte – die Gesamtlehrerkonferenz (⇨ Konferenzordnung § 2 Abs. 1 Nr. 2). Dieser Beschluss muss zwar mit der Schulkonferenz **ab**gestimmt werden, ist aber nicht von deren formaler **Zu**stimmung abhängig. Weder die Schulleitung noch die Schulkonferenz können ohne vorhergehenden GLK-Beschluss einen Pädagogischen Tag ansetzen oder einen solchen Beschluss aufheben.
2. Pädagogische Tage finden in aller Regel in der unterrichtsfreien Zeit statt. Wenn ausnahmsweise nach Art und Inhalt dieser schulinternen Fortbildungsveranstaltung auch Unterrichtszeit in Anspruch genommen wird, verlangt das Kultusministerium, dass dem Beschluss der Gesamtlehrerkonferenz bzw. der „Abstimmung" mit der Schulkonferenz eine „tragfähige Begründung" im Einzelfall zugrundeliegt. Ferner hat das KM angeordnet: Die Schulen müssen der Schulaufsichtsbehörde anzeigen, wann ihre Pädagogischen Tage stattfinden, und die Begründung des Schulkonferenzbeschlusses vorlegen, falls sie in der Unterrichtszeit liegen (Quelle: KM, 8.9.2008; AZ: 23-0451.12-08/4). Die Schulaufsichtsbehörden haben jedoch nicht über das Ob und das Wie eines Pädagogischen Tages zu entscheiden; dies obliegt – in Abstimmung mit der Schulkonferenz – der GLK.

Das KM hat 2014 auf Landtags-Drucksache 15 / 4651 begründet, warum es kein generelles Verbot erlassen will, Pädagogische Tage während der Unterrichtszeit durchzuführen:

„In die Durchführung Pädagogischer Tage werden von vielen Schulen externe Referenten (überwiegend Fortbildungspersonal der Regierungspräsidien und Fachberaterinnen und Fachberater) einbezogen. Da ein Schuljahr zu zwei Dritteln aus Unterrichtszeit besteht, steht das Fortbildungspersonal außerhalb der Unterrichtszeiten nur begrenzt zur Verfügung. Des Weiteren ist eine wünschenswerte Beteiligung von Schülerinnen und Schülern sowie Eltern in der unterrichtsfreien Zeit nur bedingt möglich. Ggf. erforderliche Hospitationen an anderen Schulen können nicht in der unterrichtsfreien Zeit durchgeführt werden."

Zum Unterrichtsausfall siehe auch Hinweis bei Nr. IV.6.

3. Findet der Pädagogische Tag außerhalb der Dienststätte (Schule) statt, handelt es sich um einen Dienstgang bzw. eine Dienstreise (§ 2 LRKG); in diesem Fall besteht Anspruch auf Reisekostenersatz (ggf. auch Ersatz der Übernachtungskosten). Die Schulleitung muss deshalb bei der Schulaufsichtsbehörde die Bereitstellung der erforderlichen Mittel bewirken; andernfalls kann der Tag nicht auswärts stattfinden. ➩ Reisekostengesetz (LRKG) § 2

   Auch an einem auswärtigen Pädagogischen Tag ist – sofern die Finanzierung gesichert ist – die Teilnahme für die Lehrkräfte verpflichtend. Es ist jedoch im Einzelfall (z.B. wenn die Teilnahme einer Lehrkraft individuell unzumutbar ist) eine Beurlaubung möglich.

4. Zu den Pädagogischen Tagen als „Wunschkurse" an den Akademien siehe ➩ Fortbildung (Allgemeines) Nr. 2 a.

(6) Weitere Träger berufsbegleitender Fortbildung sind insbesondere die Hochschulen, die Kirchen, Fach- und Berufsverbände, Einrichtungen der Wirtschaft, Stiftungen sowie weitere freie Träger. Für die Teilnahme an derartigen Veranstaltungen anderer Träger kann die Schulleitung unter Berücksichtigung der schulischen Situation Lehrkräfte freistellen. Maßgeblich ist, dass das Angebot im dienstlichen Interesse liegt und keine anderen dienstlichen Gründe der Freistellung entgegenstehen. In diesem Fall finden für Lehrkräfte im Beamtenverhältnis die Unfallfürsorgebestimmungen der §§ 30 ff. des Beamtenversorgungsgesetzes Anwendung, für Lehrkräfte im Angestelltenverhältnis die §§ 2 ff. des Sozialgesetzbuches VII. Ein reisekostenrechtlicher Auslagenersatz kann regelmäßig amtlicherseits nicht gewährt werden.

(7) Die Teilnahme von Lehrerinnen und Lehrern an Fort- und Weiterbildungsveranstaltungen anderer Träger zum Erhalt und oder zur Erweiterung der lehramtsbezogenen Qualifikation und zur Vorbereitung auf neue oder erweiterte Aufgaben kann nach Maßgabe der zur Verfügung stehenden Mittel durch die zuständige Schulaufsichtsbehörde bezuschusst werden. Die Landesakademie kann hierbei als beratende Einrichtung beigezogen werden.

III.
Evaluation

Das Landesinstitut *(jetzt IBBW)*, die Schulaufsichtsbehörden sowie die Schulen und Schulverbünde sind verpflichtet, die Fortbildungsangebote in ihrer jeweiligen Zuständigkeit zu evaluieren. ➩ Evaluation

IV.
Fortbildungsplan und Fortbildungsportfolio

(1) Die Schule legt in einem jährlichen Fortbildungsplan ihre schulentwicklungsbezogenen Qualifizierungsanforderungen und Qualifizierungsmaßnahmen fest.

Hinweis der Redaktion: Unter www.lehrerfortbildung-bw.de/qm/ sind Informationen über schulbezogene Fortbildungsplanung wie zur Erstellung eines Fortbildungsportfolios abrufbar.

(2) Der Fortbildungsplan bildet die Grundlage für Mittelanforderungen zur Begleichung von Honoraren bzw. zur Anforderung von Fortbildungs- und Beratungspersonal im Rahmen von Abrufangeboten für schulinterne Fortbildung beziehungsweise Fortbildung im Schulverbund bei der zuständigen Schulaufsichtsbehörde.

(3) Lehrerinnen und Lehrer sind verpflichtet, ihre berufsspezifischen Kompetenzen zu erhalten und stetig weiterzuentwickeln. Sie wirken bei der Umsetzung des schulischen Fortbildungsplans aktiv mit, indem sie nach Maßgabe des jeweiligen Fortbildungsplans geeignete Fortbildungsangebote auswählen. Die Erfüllung der Fortbildungsverpflichtung ist vorrangig im Wege kooperativer und motivierender Personalführung durch die Schulleitung sicherzustellen. Unbeschadet der Zuständigkeit der Gesamtlehrerkonferenz nach § 2 Abs. 1 Nr. 2 Konferenzordnung kann die Schulleitung Lehrerinnen und Lehrer in zu begründenden Fällen zur Wahrnehmung bestimmter Fort- bzw. Weiterbildungsmaßnahmen verpflichten. ➩ Konferenzordnung

(4) Jede Lehrerin und jeder Lehrer hat das Recht auf Förderung im Rahmen einer schulbezogenen und schulübergreifenden Personalentwicklung; diese schließt eine Beratung und gegebenenfalls eine Vereinbarung über die Teilnahme an personenbezogenen Qualifizierungsmaßnahmen durch die Schulleitung ein. Beratung und gegebenenfalls Vereinbarung sind Bestandteil des in regelmäßigen Abständen zu führenden Beratungsgesprächs.

➩ Beurteilung (Lehrkräfte) Ziff. II

(5) Lehrerinnen und Lehrer dokumentieren die von ihnen wahrgenommene Fort- und Weiterbildung durch die Zusammenführung entsprechender Nachweise in einem Portfolio. Die Teilnahme an Veranstaltungen anderer Träger wird im Portfolio durch eine Bescheinigung des Trägers über Inhalte und Zeitumfang der Maßnahme nachgewiesen.

(6) Bei der Teilnahme an Veranstaltungen wird nach Maßgabe der schulischen Möglichkeiten Unterrichtsausfall vermieden.

Hinweis der Redaktion: In seinem Entwurf für diese VwV hatte das KM in Nr. IV.6 noch eine (engere) Soll-Vorschrift vorgesehen. Die im Einigungsverfahren mit den Hauptpersonalräten gefundene Formulierung dieser Passage gibt der Schule einen (weiteren) Ermessensspielraum: Wenn nach Maßgabe der schulischen Möglichkeiten Unterrichtsausfall nicht vermieden werden kann, ist dieser hinzunehmen.

➩ Bildungszeitgesetz; ➩ Chancengleichheitsgesetz § 12; ➩ Beurteilung (Lehrkräfte) Ziff. II; ➩ Evaluation; ➩ Fortbildung (Allgemeines); ➩ Fortbildung (RDV); ➩ Konferenzordnung; ➩ Personalvertretungsgesetz (LPVG) § 75 Abs.4 Nr. 10 und § 81 Abs. 1 Nr. 5; ➩ Reisekosten (Allgemeines); ➩ Schulaufsicht; ➩ Schulentwicklung und Qualitätskonzept; ➩ Schulgesetz §§ 41, 47, 114; ➩ Schulpsych. Beratungsstellen; ➩ Schwerbehinderung; ➩ Urlaub (Lehrkräfte)

Fundsachen

Informationen der Redaktion zur Rechtslage und zur Verwaltungspraxis in Baden-Württemberg

Jede Behörde, also auch jede Schule, ist selbst „Fundbehörde". In der Schule gefundene Sachen müssen also nicht im Fundbüro der Gemeinde, sondern in der Schule abgegeben werden.

Bei geringwertigen Sachen, die nicht zu verwerten sind, genügt es, wenn sie einige Zeit so aufbewahrt werden, dass Personen, die etwas verloren haben, ihr Eigentum zurückerhalten können. Andere Gegenstände können nach ca. 3 Monaten öffentlich versteigert werden (§ 979 BGB), allerdings erst nachdem der Fund öffentlich bekanntgemacht und die Verlierer zur Anmeldung ihrer Rechte aufgefordert wurden.

Ist die Sache nicht weniger als 50 Euro wert, erhält der Finder oder die Finderin einen Finderlohn (normalerweise 5 % des Wertes, bei einem „Verkehrsfund" – Fund in einer Behörde – die Hälfte). Lehrkräfte oder andere Mitarbeiter*innen haben als „Behördenbedienstete" grundsätzlich keinen Anspruch auf Finderlohn.

Muster für eine öffentliche Bekanntmachung

Öffentliche Fundsachenbekanntmachung

In unserer Schule haben sich in den letzten Monaten wieder viele Gegenstände angesammelt, die von Schülerinnen oder Schülern verloren oder vergessen wurden. Diese Gegenstände liegen am … von 14 bis 18 Uhr im Hausmeisterbüro zur Ansicht und Abholung aus.

Die Empfangsberechtigten werden hiermit gemäß §§ 980, 981, 983, 384 BGB aufgefordert, diese Gegenstände dort abzuholen bzw. ihre Rechte im Sekretariat der Schule (Telefon: ..., Fax: …, Mail: ...) bis spätestens zum ... wahrzunehmen.

Danach werden alle bis … in der Schule gefundenen und nicht abgeholten Gegenstände am … ab … Uhr im Musiksaal (1.OG) der Schule versteigert.

gez. Schulleiter/in

Funktionsstellen (Besetzung und Überprüfung)

Besetzung von Funktionsstellen und Überprüfung von Funktionsstellenbewerberinnen und -bewerbern im schulischen Bereich (VwV Funktionsstellen); Auszug aus der VwV des KM vom 16.7.2014 (K.u.U. S. 113/2014)

I.
Besetzung der Stellen von Schulleiterinnen und Schulleitern

1.
Beginn des Besetzungsverfahrens

1.1 Ausschreibung

Ist die Nachbesetzung der Stelle einer Schulleiterin/eines Schulleiters erforderlich, veranlasst die obere Schulaufsichtsbehörde unverzüglich die Ausschreibung der Stelle [...]. In einem erweiterten Ausschreibungstext muss sich das schulspezifische „Anforderungsprofil Schulleiterinnen/Schulleiter" (vgl. K.u.U. 2012, Heft 15-16a, S. 161 ff.) widerspiegeln. Der erweiterte Ausschreibungstext wird zeitgleich mit der Veröffentlichung der Ausschreibung im Amtsblatt unter der Webadresse https://lehrer-online-bw.de veröffentlicht. ⇨ Schulgesetz §§ 39-40

Hinweis der Redaktion: Um Funktionsstellen können sich auch Lehrkräfte im Arbeitnehmerverhältnis bewerben, sofern sie die entsprechende Lehramtsbefähigung besitzen.

1.2 Bewerbungen

Bewerbungen sind möglichst unter Verwendung des hierfür vorgesehenen Formblatts (abrufbar unter: https://lehrer-online-bw.de) der oberen Schulaufsichtsbehörde auf dem Dienstweg vorzulegen. Bewerbungsfristen sind grundsätzlich einzuhalten.

⇨ Juristische Terminolgie

Die Vorgesetzte/der Vorgesetzte leitet die Bewerbung einer Lehrkraft bzw. einer Schulverwaltungsbeamtin/eines Schulverwaltungsbeamten umgehend an die zuständige Schulaufsichtsbehörde weiter. Die unteren Schulaufsichtsbehörden legen eingegangene Bewerbungen unverzüglich der oberen Schulaufsichtsbehörde vor, ohne den Ablauf der Bewerbungsfrist abzuwarten. ⇨ Dienstweg

Bei der Besetzung einer Stelle in einem anderen Regierungsbezirk legt die untere bzw. obere Schulaufsichtsbehörde die eingegangenen Bewerbungsunterlagen unmittelbar der oberen Schulaufsichtsbehörde vor, in deren Bezirk die Stelle zu besetzen ist. Gleichzeitig ist die für die Bewerberin/den Bewerber zuständige obere Schulaufsichtsbehörde über die Bewerbung zu unterrichten. Diese übersendet hierauf unverzüglich die Personalakten an die obere Schulaufsichtsbehörde, in deren Bezirk die Stelle zu besetzen ist.

1.3 Erstellung der Übersicht über die Bewerberinnen und Bewerber

Nach Ablauf der Bewerbungsfrist erarbeitet die obere Schulaufsichtsbehörde eine Übersicht über die Bewerberinnen und Bewerber gemäß dem als Anlage (*Bewerberübersicht; hier nicht abgedruckt)* beigefügten Muster. Grundlage ist das unter Ziffer 2. dieser Verwaltungsvorschrift geregelte Überprüfungsverfahren.

1.4 Bildung der Auswahlkommission

Bei der oberen Schulaufsichtsbehörde wird eine vierköpfige Auswahlkommission gemäß § 40 Abs. 2 SchG gebildet, die aus zwei Mitgliedern der Schulaufsicht sowie aus je einer Vertreterin/einem Vertreter/ des Schulträgers und der Schulkonferenz besteht.

⇨ Schulkonferenz (Bestellung der Schulleitung)

Diese werden vom Schulträger bzw. von der Schulkonferenz nach schriftlicher Aufforderung (Textform genügt) durch die zuständige Schulaufsichtsbehörde binnen einer Frist von vier Wochen benannt. Die Aufforderung durch die Schulaufsichtsbehörde kann z.B. im zeitlichen Zusammenhang mit der Veröffentlichung der Stellenausschreibung erfolgen.

Die Mitglieder der Auswahlkommission sollen im gesamten Verfahren unverändert bleiben. Sofern die Schulkonferenz bzw. der Schulträger innerhalb der 4-Wochenfrist keine Person benennt, kann die Auswahlkommission aus den übrigen Mitgliedern gebildet werden. Scheidet ein Mitglied der Auswahlkommission während des Überprüfungsverfahrens aus, so muss von diesem ein Beitrag über die von ihm begleiteten Überprüfungsteile eingeholt werden.

Die Vertreterinnen und Vertreter der Schulkonferenz und des Schulträgers werden von der Schulaufsichtsbehörde auf ihre Verschwiegenheitspflicht im Umgang mit den Personaldaten und Tatsachen, die ihnen im Rahmen ihrer Funktion bekannt werden, ausdrücklich hingewiesen und unterschreiben eine entsprechende Erklärung Diese Verschwiegenheitspflicht besteht auch nach Beendigung des Besetzungsverfahrens fort. ⇨ Verschwiegenheitspflicht

2. Überprüfungsverfahren

Im Rahmen des Überprüfungsverfahrens werden Anlassbeurteilungen eingeholt (Ziffer 2.1) und weitere Überprüfungsmaßnahmen durchgeführt (Ziffer 2.2).

2.1 Anlassbeurteilungen

Die Anlassbeurteilung wird gemäß der Verwaltungsvorschrift [...] ⇨ Beurteilung (Lehrkräfte) erstellt. Schulverwaltungsbeamtinnen/-beamte, die sich auf Funktionsstellen an Schulen bewerben, werden nach der Gemeinsamen Verwaltungsvorschrift [...] über die dienstliche Beurteilung der Beamten vom 1. August 2013 [...] beurteilt. Eine dienstliche Anlassbeurteilung durch die/den hierfür vorgesehene/n Vorgesetzte/ Vorgesetzten erfolgt unabhängig von einer vorliegenden Regelbeurteilung.

Vor dem Hintergrund des Gleichbehandlungsgrundsatzes ist es erforderlich, den Leistungsvergleich der Bewerberinnen und Bewerber auf einer möglichst aktuellen Grundlage vorzunehmen. Eine dienstliche Anlassbeurteilung ist daher grundsätzlich erneut zu erstellen, wenn die letzte dienstliche Anlassbeurteilung im (voraussichtlichen) Zeitpunkt der Auswahlentscheidung mehr als zwei Jahre zurückliegt. Abgesehen davon ist in der Regel eine neue Anlassbeurteilung zu erstellen, wenn sich die wahrgenommenen Aufgaben oder das statusrechtliche Amt seit Erstellung der letzten Anlassbeurteilung verändert haben.

Hinweise der Redaktion:

1. An Beurteilungsgesprächen i.S.v. ⇨ Beamtengesetz (LBG) § 51 Abs. 2 Satz 1 (z.B. Gespräch der Schulleitung mit der von ihr beurteilten Lehrkraft) ist auf Antrag ein Mitglied des Personalrats zu beteiligen. Wird dieser Antrag gestellt, muss der/die Vorgesetzte dem PR mitteilen, dass und wann das Gespräch stattfindet, ihn auf das Teilnahmerecht hinweisen und um Rückmeldung bitten, ob ein PR-Mitglied teilnehmen wird. ⇨ Personalvertretungsgesetz (LPVG) § 71 Abs. 4
2. Gemäß ⇨ Beurteilungsverordnung § 1 Abs. 1 Nr. 2 ist bei Auswahlentscheidungen eine neue Beurteilung anzufordern, wenn das jeweilige Enddatum der Beurteilungsendzeiträume der zu vergleichenden Beurteilungen mehr als ein Jahr auseinanderfällt. (Quelle: KM, 21.1.2015, AZ: 140311.40/129)

2.2 Weitere Überprüfungsmaßnahmen

Die obere Schulaufsichtsbehörde, bei regierungsbezirksübergreifenden Bewerbungen die aufnehmende obere Schulaufsichtsbehörde, im Bereich der Grund-, Haupt-, Werkreal-, Real-, Gemeinschafts- und Sonderschulen unter Beteiligung der unteren Schulaufsichtsbehörde, führt das weitere Überprüfungsverfahren durch, dessen Grundlage das „Anforderungsprofil Schulleiterinnen und Schulleiter" ist (vgl. K. u. U. 2012, Heft 15-16a, S. 161 ff.).

Hinweis der Redaktion: Landeseinheitliche „Module" des KM und weitere Informationen zum Verfahren sind abrufbar unter: https://lobw.kultus-bw.de/lobw/Stellen/Suche/SIs

Die vom Schulträger und der Schulkonferenz bestellten Vertreterinnen und Vertreter der Auswahlkommission nehmen am Überprüfungsverfahren als Beobachter/innen teil, um Transparenz herzustellen. Sie können intern in der Auswahlkommission nach Abschluss jedes Verfahrensteils Stellung nehmen. Ihre Eindrücke aus dem Überprüfungsverfahren, die im Hinblick auf die Eignung, Befähigung und fachliche Leistung („Bestenauslese") der Bewerberinnen und Bewerber relevant sind, werden in die Bewertung der Überprüfungsmaßnahmen einbezogen.

Die weiteren Überprüfungsmaßnahmen sind:

- die Unterrichtsanalyse mit Beratung,
- das Bewerbergespräch (strukturiertes Interview),
- die mediengestützte Präsentation eines Sachverhalts sowie
- die Bearbeitung einer schwierigen schulischen Alltagssituation.

Die Unterrichtsanalyse mit Beratung umfasst eine Unterrichtseinheit in einem nicht affinen Fach. Diese Stunde kann von bis zu drei Bewerberinnen/ Bewerbern beobachtet werden.

Die weiteren Überprüfungsmaßnahmen sind für die Auswahlentscheidung über die jeweils zu besetzende Funktionsstelle neu durchzuführen.

2.3. Bewertung der weiteren Überprüfungsmaßnahmen

Die von den Bewerberinnen und Bewerbern in den weiteren Überprüfungsmaßnahmen für die zu besetzende Funktionsstelle erbrachten Leistungen werden von den Mitgliedern der Schulaufsichtsbehörde in der Auswahlkommission in verbalisierter Form begründet und jeweils zusammenfassend wie folgt bewertet:

„Anforderungen hervorragend erfüllt"
„Anforderungen gut erfüllt"
„Anforderungen im Wesentlichen erfüllt"
„Anforderungen nicht erfüllt".

Diese Bewertungen werden mit einer zusammenfassenden Begründung zu den einzelnen Überprüfungsmaßnahmen in der Bewerberübersicht (Blatt 4; *hier nicht abgedruckt*) festgehalten.

Beispiel: Bestellung von Rektor*innen an GHWRGS-Schulen

Diese redaktionelle Übersicht zeigt den fristgerechten Ablauf einer Schulleiterernennung (Rektor) im GHWRGS-Bereich (laut § 39 Abs. 4 Schulgesetz soll dies innerhalb von sechs Monaten geschehen).

Abkürzungen: RP = Regierungspräsidium – SSA = Untere Schulaufsichtsbehörde (Staatl. Schulamt) – PR = Personalrat

Die Stelle wird frei. Das Regierungspräsidium (RP) schreibt sie im Amtsblatt aus.

Das RP bildet eine Auswahlkommission für diese Stellenbesetzung. Schulträger und Schulkonferenz benennen je ein Mitglied (Frist: 4 Wochen nach Aufforderung durch das RP).

Bewerbung auf dem Dienstweg beim RP. Das RP erstellt nach Ablauf der Bewerbungsfrist eine Bewerberübersicht. Die Chancengleichheitsbeauftragte beim RP sowie die Schwerbehindertenvertretung (letztere nur, sofern sich schwerbehinderte oder gleichgestellte Personen bewerben) erhalten Blatt 1 dieser Übersicht.

Unmittelbar nach der Bewerbung Anlassbeurteilung durch die Schulleitung (⇨ Beurteilung – Lehrkräfte); Ausnahme: es liegt eine aktuelle Beurteilung vor (vgl. Ziff. I.1.2). Auf Antrag Teilnahme eines PR-Mitglieds am Beurteilungsgespräch (⇨ Personalvetretungsgesetz § 71 Abs. 4). Die Schulleitung übersendet die Beurteilung über das Schulamt ans RP.

Das RP führt unter Beteiligung des SSA das weitere Überprüfungsverfahren durch (Unterrichtsanalyse mit Beratung, Bewerbergespräch, Präsentation und Fallbearbeitung). Hieran nimmt die Schwerbehindertenvertretung teil, wenn sich wenigstens eine schwerbehinderte oder gleichgestellte Person beworben hat (⇨ Schwerbehinderung (Gesetz) § 95 Abs. 2 Satz 3) sowie die Chancengleichheitsbeauftragte (⇨ Chancengleichheitsgesetz § 10 Abs. 3). Die Vertreter*innen von Schulträger und Schulkonferenz in der Auswahlkommission nehmen als Beobachter*innen an diesem Verfahren teil; ihre im Hinblick auf die Eignung, Befähigung und fachliche Leistung relevanten Eindrücke aus dem Überprüfungsverfahren werden in die Eignungsbewertung durch das RP einbezogen. Das Regierungspräsidium erstellt eine Eignungsbewertung (vier Bewertungsstufen). Jede/r Bewerber*in erhält die eigene Bewertung (Möglichkeit zum Rücktritt von der Bewerbung). Auf Wunsch des Bewerbers/der Bewerberin findet ein Beurteilungsgespräch im RP statt; auf Antrag nimmt ein Personalratsmitglied an diesem Gespräch teil (⇨ Personalvertretungsgesetz (LPVG) § 71 Abs. 4).

Die Auswahlkommission entscheidet auf Grundlage dieser Eignungsbewertung mit Stimmenmehrheit über einen Besetzungsvorschlag an die Gremien (ggf. findet ein Vorgespräch der Vertreter*innen von Schulträger und Schulkonferenz mit dem RP statt).

Das RP versendet diesen Besetzungsvorschlag mit Bewerberübersicht und Eignungsbewertung an die Schulkonferenz und den Schulträger und holt deren Voten ein (diese Gremien laden die Bewerber*innen in der Regel zur Vorstellung ein). Das RP erstellt im Benehmen mit der unteren Schulaufsichtsbehörde einen aussagekräftigen zusammenfassenden Abwägungsvermerk und entscheidet über die Besetzung der Stelle.

Das RP beteiligt den Bezirkspersonalrat (Mitwirkung gemäß ⇨ Personalvertretungsgesetz (LPVG) § 71 Abs. 1 Nr. 4 i.V.m. § 75 Abs. 6 Nr. 1b). Der BPR hört den Personalrat beim aufnehmenden Staatlichen Schulamt an und gibt ihm Gelegenheit zur Stellungnahme. Der BPR teilt dem RP seine Stellungnahme mit (Frist: 5 Wochen). Bei Nichteinigung folgt ein Stufenverfahren (⇨ Personalvertretungsgesetz § 78).

Nach Abschluss des Mitwirkungsverfahrens verständigt das RP die nicht zum Zuge gekommenen Mitbewerber*innen, damit diese ihre Rechte wahrnehmen können, und bestellt danach den/die neue/n Rektor*in auf Probe (⇨ Beamtengesetz § 8; ⇨ Funktionsstellen (Probezeit)). Wegen der Stellenbesetzungssperre erfolgt in der Regel zunächst eine Bestellung als Schulleiter*in; die Beförderung (Ernennung) erfolgt nach Ablauf der Sperrfrist. Hinzu kommt die „persönliche Wartezeit“ (⇨ Besoldung – Stellen- und Beförderungssperre). Diese Fristen sind nicht „kumulativ“; die Ernennung erfolgt also nach Ablauf der längsten Frist. Bis dahin wird trotz erhöhter Aufgaben das bisherige Gehalt gezahlt. Zusätzlich sind die Laufbahnvorschriften im ⇨ Beamtengesetz (LBG) § 14 ff. zu beachten.

Die Bewerberübersicht mit den im Überprüfungsverfahren erbrachten Leistungen (Blätter 1-4) wird von der Schulaufsichtsbehörde an die von der Schulkonferenz und vom Schulträger benannten Mitglieder der Auswahlkommission übersandt, bevor diese ihr jeweiliges Votum für den Besetzungsvorschlag abgeben (siehe Ziffer 3.1).

Die Ergebnisse und die Begründung der Bewertung der weiteren Überprüfungsmaßnahmen werden sodann der Bewerberin/dem Bewerber durch die Schulaufsichtsbehörde bekanntgegeben. Dies erfolgt bevor der Besetzungsvorschlag der Auswahlkommission den Gremien zugeleitet wird (vgl. Ziffer 3.2). Die Bewerberin/der Bewerber kann verlangen, dass die Vertreter der Schulaufsichtsbehörde die Bewertungen mit ihr/ihm besprechen. Zwischen der Bekanntgabe der Bewertungen und dem Versand des Besetzungsvorschlags an die Gremien sollen mindestens fünf Arbeitstage liegen. Die Bewerberinnen und Bewerber sind hierauf hinzuweisen.

Hinweise der Redaktion:

1. Wer nach dieser Mitteilung die Bewerbung zurückzieht, wird von der Bewerberliste gestrichen, die dienstliche Beurteilung wird jedoch zu den Personalakten genommen; wird die Bewerbung vor der Eröffnung der Beurteilung zurückgezogen, erfolgt keine Aufnahme in die Personalakte.
2. Zum „Beurteilungsgespräch" siehe Hinweis bei Nr. I.2.1.

3.
Abschluss des Besetzungsverfahrens

3.1 Besetzungsvorschlag der Auswahlkommission

Vor der Abgabe des Votums für den Besetzungsvorschlag wird auf Wunsch der von der Schulkonferenz oder vom Schulträger benannten Mitglieder ein abschließendes Gespräch zwischen einem oder beiden Mitgliedern der Schulaufsicht und dem oder den anderen Mitgliedern geführt.

Die Mehrheit der Stimmen der Mitglieder der Auswahlkommission entscheidet sodann über den Besetzungsvorschlag an die Gremien. Bei Stimmengleichheit entscheidet die Schulaufsichtsbehörde über den Besetzungsvorschlag. Der Besetzungsvorschlag der Auswahlkommission an die Schulkonferenz und an den Schulträger erfolgt auf der Grundlage der von den Bewerberinnen und Bewerbern in allen Bestandteilen des Überprüfungsverfahrens erbrachten Leistungen. Der Besetzungsvorschlag wird auf Blatt 4 der Bewerberübersicht festgehalten.

3.2 Beteiligung von Schulkonferenz und Schulträger

Die oberen Schulaufsichtsbehörden leiten die Blätter 1-4 der Bewerberübersicht mit dem darin enthaltenen Besetzungsvorschlag unverzüglich der Schulkonferenz und dem Schulträger zur Mitwirkung nach § 40 Abs. 4 SchG zu. Die Gremien erhalten ein Merkblatt zum Verfahren. Bei der Beteiligung von Schulkonferenz und Schulträger ist von den im Merkblatt dargestellten Verfahrensregelungen auszugehen.

Hinweis der Redaktion: In diesem Merkblatt wird u.a. auf die ⇨ Verschwiegenheitspflicht aufmerksam gemacht. Die Vertreter*innen der Schulkonferenz und des Schulträgers in der Auswahlkommission müssen zusätzlich eine Verschwiegenheitserklärung unterschreiben. Sie dürfen jedoch ihr Gremium in einer nichtöffentlichen Sitzung, bei der die besondere Vertraulichkeit des Beratungsgegenstands vorab festgelegt wurde, über das Auswahlverfahren und das Zustandekommen des Besetzungsvorschlags informieren. Ferner wird betont, die Letzt-Entscheidung stehe nur dem Land zu, die verfassungsrechtliche Pflicht zur „Bestenauslese" richte sich ausschließlich an den Dienstherrn. Aus beamtenrechtlichen Gründen seien nur solche Stellungnahmen maßgeblich, die im Hinblick auf Eignung, Befähigung und fachliche Leistung der Bewerber*innen relevant sind. Beispielsweise wäre die Tatsache, dass man eine Bewerberin schon länger kennt und man ihr deswegen den Vorzug geben möchte, kein leistungsbezogenes und damit kein relevantes Kriterium. Zur Beteiligung der Schulkonferenz siehe auch : ⇨ Schulkonferenz (Bestellung der Schulleitung).

3.3 Abwägungsvermerk und Besetzungsentscheidung

Nach der Beteiligung von Schulkonferenz und Schulträger ist der Besetzungsvorschlag der zuständigen Schulaufsichtsbehörde in der Bewerberübersicht in einem aussagekräftigen zusammenfassenden Abwägungsvermerk zu begründen. Der Abwägungsvermerk enthält einen Eignungsvergleich der am besten geeigneten Bewerberin/des am besten geeigneten Bewerbers mit den Mitbewerbern, sodass der Besetzungsvorschlag nachvollzogen werden kann. Der Abwägungsvermerk ist auf Blatt 6 der Bewerberübersicht festzuhalten.

Hinweise der Redaktion:

1. Dienstliche Beurteilungen beziehen sich auf einen längeren Zeitraum als Vorstellungs- oder Bewerbergespräche, deren Verlauf sehr von der Tagesform abhängen kann. Es ist deshalb nicht möglich, wesentliche Eignungsunterschiede, wie sie in der dienstlichen Beurteilung zum Ausdruck kommen, durch den Eindruck in einem Bewerbergespräch zu überwinden (VGH, AZ: 4 S 558/07 bzw. 4 S 2455/09). Es ist dem Dienstherrn nicht verwehrt, einen Eignungsvorsprung, den er aufgrund eines Vergleichs der dienstlichen Beurteilungen festgestellt hat, durch das Ergebnis der Unterrichtsanalyse mit Beratung als relativiert oder gar ausgeglichen anzusehen.
2. Im Allgemeinen ist die Annahme gerechtfertigt, dass bei gleicher Bewertung die Beurteilung des Beamten in einem höheren Statusamt [...] grundsätzlich besser ist als diejenige des in einem niedrigeren Statusamt befindlichen Konkurrenten; denn mit einem höherem Amt sind regelmäßig auch gesteigerte Anforderungen und ein größeres Maß an Verantwortung verbunden [...]. (VGH, 14.12.2010, AZ: 4 S 2387)

Im Bereich der allgemeinbildenden Gymnasien und der beruflichen Schulen verfasst die obere Schulaufsichtsbehörde nach Eingang der Stellungnahmen der Gremien, bei regierungsbezirksübergreifenden Bewerbungen die aufnehmende obere Schulaufsichtsbehörde, den Abwägungsvermerk und macht der obersten Schulaufsichtsbehörde einen Vorschlag zur Stellenbesetzung. Sie berücksichtigt dabei alle Bestandteile des Überprüfungsverfahrens und die Stellungnahmen der Gremien.

Bei Besetzungsverfahren für Stellen von Schulleiterinnen und Schulleitern im Bereich der Grund-, Haupt-, Werkreal-, Real-, Gemeinschafts- und Sonderschulen verfasst die obere Schulaufsichtsbehörde, bei regierungsbezirksübergreifenden Bewerbungen die aufnehmende obere Schulaufsichtsbehörde nach Eingang der Stellungnahmen der Gremien und unter Berücksichtigung aller Bestandteile des Überprüfungsverfahrens sowie der Stellungnahmen der Gremien im Benehmen mit der unteren Schulaufsichtsbehörde, bei behördenübergreifenden Bewerbungen mit der aufnehmenden unteren Schulaufsichtsbehörde, den Abwägungsvermerk und entscheidet über die Besetzung der Stelle.

Kann die obere Schulaufsichtsbehörde der Stellungnahme eines Gremiums aus dienstrechtlichen Gründen nicht entsprechen (sog. „Dissens“), entscheidet in allen Schulartbereichen die oberste Schulaufsichtsbehörde über die Besetzung der Stelle unter Berücksichtigung aller Bestandteile des Überprüfungsverfahrens, der Stellungnahmen der Gremien sowie des Besetzungsvorschlags der oberen Schulaufsichtsbehörde.

3.4 Information anderer Verfahrensbeteiligter

3.4.1 Zu Beginn des Überprüfungsverfahrens:

Die zuständige Beauftragte für Chancengleichheit erhält nach Eingang aller Bewerbungen Blatt 1 der Bewerberübersicht unabhängig davon, ob eine Bewerberin am Verfahren beteiligt ist. Die weitere Beteiligung der Beauftragten für Chancengleichheit bestimmt sich nach dem Chancengleichheitsgesetz […]. ⇨ Chancengleichheitsgesetz § 10 Abs. 3

Die jeweils zuständige Schwerbehindertenvertretung erhält ebenfalls nach Eingang aller Bewerbungen Blatt 1 der Bewerberübersicht, falls es eine Bewerbung eines schwerbehinderten oder diesen gleichgestellten Menschen gibt.

Hinsichtlich der weiteren Beteiligung der Schwerbehindertenvertretung wird auf die maßgeblichen Regelungen des SGB IX sowie die gemeinsame Verwaltungsvorschrift […] über die Beschäftigung schwerbehinderter Menschen in der Landesverwaltung (SchwbVwV) […] verwiesen.

⇨ Schwerbehinderung (Allgemeines); ⇨ Schwerbehinderung (Gesetz) § 178 Abs. 2

Die Rechte der jeweils zuständigen Personalvertretung bestimmen sich nach dem Landespersonalvertretungsgesetz in der jeweils geltenden Fassung.

Hinweis der Redaktion: Anders als bei den sonstigen Funktionsstellen (s.u. Nr. II) besitzt die Personalvertretung im GHWRGS-Bereich kein Mitbestimmungs-, sondern ggf. nur ein Mitwirkungsrecht. Bei Schulleiter*innen an beruflichen Schulen und Gymnasien besteht keine PR-Beteiligung. Zum „Beurteilungsgespräch“ siehe Hinweis bei Nr. I.2.1.

3.4.2 Nach Abschluss des Überprüfungsverfahrens:

Nach Abschluss des Überprüfungsverfahrens erhalten

- die oberste Schulaufsichtsbehörde, falls die oberen Schulaufsichtsbehörden nicht selbst die Ernennungszuständigkeit besitzen und die jeweils zuständige Schwerbehindertenvertretung, falls ein schwerbehinderter Mensch oder ein den schwerbehinderten Menschen gleichgestellte Bewerberin/gleichgestellter Bewerber beteiligt ist;
- der Bezirkspersonalrat für die Lehrerinnen und Lehrer an Grund-, Haupt-, Werkreal-, Real-, Gemeinschafts- und Sonderschulen, sofern eine Stelle aus diesem Bereich besetzt werden soll, und die jeweils zuständige Schwerbehindertenvertretung, falls eine der Bewerberinnen/einer der Bewerber ein schwerbehinderter oder ein den schwerbehinderten Menschen gleichgestellter Mensch ist;
- die jeweils zuständige Beauftragte für Chancengleichheit

jeweils eine Bewerberübersicht zur Information.

Hinweis der Redaktion: Vor der Bestellung der zum Zuge gekommenen Person verständigt das RP die nicht zum Zuge gekommenen Bewerber*innen, damit diese ggf. ihre Rechte wahrnehmen können („Konkurrentenklage“). ⇨ Rechtsschutz

II.
Besetzung sonstiger Funktionsstellen im Schulbereich

Hinweise der Redaktion:

1. An Personalauswahlgesprächen über „sonstige Funktionsstellen“ nimmt ein vom Personalrat benanntes Mitglied teil. Dieses kann sich aktiv am Gespräch beteiligen, also auch Fragen stellen; an der folgenden Beratung über die Eignung des jeweiligen Bewerbers bzw. der jeweiligen Bewerberin nimmt es zwar teil, besitzt aber keine beratende Stimme (nur „Wächteramt“).
2. Der PR besitzt bei der Auswahlentscheidung eine „eingeschränkte“ Mitbestimmung (vgl. Hinweis 1 bei § 75 Abs. 1 Nr. 4 LPVG). Bei stellvertretenden Schulleiter*innen an Gymnasien und beruflichen Schulen (s.u. Ziff. 1) wird er nur auf Antrag beteiligt; bei allen anderen Funktionsstellen ohne Antrag. ⇨ Personalvertretungsgesetz (LPVG) § 71 Abs. 3 Satz 2, § 75 Abs. 1 Nr. 4, § 76 Abs. 2 Nr. 1a i.V.m. § 9 Abs. 2

1. Stellvertretende Schulleiterin/stellvertretender Schulleiter, Studiendirektor/-in zur Koordinierung schulfachlicher Aufgaben („Abteilungsleiterin/Abteilungsleiter“), Studiendirektorin/Studiendirektor als Fachberaterin/Fachberater in der Schulaufsicht („Fachberaterin/Fachberater“)

Die Verfahren für die Besetzung der Stellen von stellvertretenden Schulleiterinnen und Schulleitern sowie für die Besetzung der Stellen von Abteilungsleiterinnen und Abteilungsleitern an allgemeinbildenden Gymnasien und an beruflichen Schulen sowie von Fachberaterinnen und Fachberatern in der Schulaufsicht werden von der oberen Schulaufsichtsbehörde geführt, die der obersten Schulaufsichtsbehörde einen Besetzungsvorschlag macht. Der Besetzungsvorschlag erfolgt auf Basis der Eignung, Befähigung und fachlichen Leistung („Bestenauslese“) der Bewerberinnen und Bewerber.

Die Überprüfungsverfahren bestehen aus folgenden Teilen:

- Das Überprüfungsverfahren zur Besetzung der Stellen von stellvertretenden Schulleiterinnen und Schulleitern besteht aus einer Anlassbeurteilung und einem Bewerbergespräch.
- Das Überprüfungsverfahren zur Besetzung von Stellen von Abteilungsleiterinnen und Abteilungsleitern besteht aus einer Anlassbeurteilung sowie einem Bewerbergespräch.
- Das Überprüfungsverfahren zur Besetzung der Stellen von Fachberaterinnen und Fachberatern besteht aus einer Anlassbeurteilung, einem Bewerbergespräch sowie einer Unterrichtsanalyse mit Beratung.

Die Verfahren enden mit einer Eignungsbewertung für die zu besetzende Funktionsstelle. Sie umfasst vier Stufen: besonders gut geeignet, gut geeignet, geeignet, nicht geeignet. Die Regelungen dieser Verwaltungsvorschrift gelten für die vorstehend genannten Funktionsstellen sinngemäß, soweit diese nicht Besonderheiten des Verfahrens zur Besetzung der Stellen von Schulleiterinnen und Schulleitern betreffen (siehe Ziffer I: 1.4, 2.2, 2.3, 3.1, 3.2).

2. Konrektorin/Konrektor

Bei der Besetzung der Stellen von stellvertretenden Schulleiterinnen und Schulleitern im Bereich der

Grund-, Haupt-, Werkreal-, Real-, Gemeinschafts- und Sonderschulen führt die untere Schulaufsichtsbehörde, bei behördenübergreifenden Bewerbungen die aufnehmende untere Schulaufsichtsbehörde, das Überprüfungsverfahren durch und entscheidet über die Stellenbesetzung.

3.
Beteiligung der Schulleiterin / des Schulleiters

Bei der Besetzung der Stellen von stellvertretenden Schulleiterinnen und Schulleitern sowie Abteilungsleiterinnen und Abteilungsleitern erhält die Schulleiterin/der Schulleiter nach Eingang der Bewerbungen eine Bewerberübersicht. Die Schulleiterin/der Schulleiter soll als Beobachterin/Beobachter am Bewerbergespräch teilnehmen und gegenüber der zuständigen Schulaufsichtsbehörde eine Stellungnahme abgeben. Deckt sich der spätere Besetzungsvorschlag der Schulaufsichtsbehörde mit der Stellungnahme der Schulleiterin/des Schulleiters, wird dies in der Bewerberübersicht festgehalten.Anderenfalls wird der Schulleiterin/dem Schulleiter der Besetzungsvorschlag mitgeteilt und die Möglichkeit zu einer weiteren Stellungnahme eingeräumt. Sofern eine solche abgegeben wird, ist sie dem Besetzungsvorschlag beizufügen. Hat die Schulleiterin/der Schulleiter auf eine Stellungnahme verzichtet, ist dies ebenfalls in der Bewerberübersicht zu dokumentieren. Die schriftlichen und/oder mündlichen Äußerungen der Schulleiterin/des Schulleiters im Rahmen dieser Beteiligung haben nicht den Charakter von dienstlichen Beurteilungen.

⇨ Beamtengesetz (LBG) §§ 14 ff. und 51; ⇨ Beamtenstatusgesetz § 9; ⇨ Beförderung; ⇨ Beförderung (Oberstudienrat*rätin); ⇨ Chancengleichheitsgesetz; ⇨ Beurteilung (Lehrkräfte); ⇨ Funktionsstellen (Probezeit); ⇨ Personalvertretungsgesetz (LPVG) § 71; ⇨ Schulgesetz §§ 39-47; ⇨ Schulkonferenz (Bestellung der Schulleitung); ⇨ Schulkonferenzordnung; ⇨ Schwerbehinderung

Beispiel: Bestellung von Konrektor*innen an GHWRGS-Schulen

Diese redaktionelle Übersicht zeigt den Ablauf einer Konrektorenernennung im Bereich der Grund-, Haupt-, Werkreal-, Real-, Gemeinschaftsschulen und SBBZ (SSA = ausschreibendes Staatliches Schulamt)

Die Stelle wird frei. Das Regierungspräsidium schreibt sie im Amtsblatt aus.

Bewerbung innerhalb der in der Ausschreibung angegebenen Bewerbungsfrist (keine Ausschlussfrist) auf dem Dienstweg beim SSA (ggf. beim aufnehmenden SSA).

Unmittelbar nach Bewerbung Anlassbeurteilung durch die Schulleitung. Auf Antrag nimmt ein Personalratsmitglied am Beurteilungsgespräch teil (⇨ Beurteilung (Lehrkräfte) Teil III und ⇨ Personalvertretungsgesetz (LPVG) § 71 Abs. 4). Die Schulleitung sendet die Beurteilung an das Schulamt.

Das SSA erstellt die Bewerberübersicht und teilt sie der Schulleitung mit.

Das SSA führt Bewerbergespräche. Die/der Schulleiter*in soll als Beobachter*in (Gast) hieran teilnehmen und gegenüber dem SSA eine Stellungnahme abgeben. Am Bewerbergespräch nimmt ein Mitglied des Personalrats teil (⇨ Personalvertretungsgesetz § 71 Abs. 3 Satz 2), ferner die Schwerbehindertenvertretung, wenn sich wenigstens eine schwerbehinderte oder gleichgestellte Person beworben hat (⇨ Schwerbehinderung – Gesetz – § 178), sowie in Bereichen geringerer Repräsentanz von Frauen die Chancengleichheitsbeauftragte (⇨ Chancengleichheitsgesetz § 10 Abs. 3). Das SSA erstellt eine Eignungsbewertung. Jeder Bewerber und jede Bewerberin erhält die eigene Eignungsbewertung (Möglichkeit zum Rücktritt von der Bewerbung). Auf Wunsch des/der Bewerber*in findet ein Beurteilungsgespräch im SSA statt; auf Antrag nimmt ein Mitglied des Personalrats an diesem Gespräch teil (⇨ Personalvertretungsgesetz § 71 Abs. 4).

Das SSA übermittelt die Besetzungsabsicht mit Bewerberübersicht und Eignungsbewertung aller Bewerber*innen an den Personalrat GHWRGS, die Chancengleichheitsbeauftragte sowie ggf. die Schwerbehindertenvertretung.

Mitbestimmung des Personalrats GHWRGS beim SSA (Frist: 3 Wochen). Bei Nichteinigung zwischen Personalrat und SSA folgt das Verfahren nach ⇨ Personalvertretungsgesetz (LPVG) § 77 ff.

Das SSA entscheidet über die Besetzung der Stelle, verständigt die nicht zum Zuge gekommenen Mitbewerber*innen, damit diese ihre Rechte wahrnehmen können, und bestellt danach den/die neue/n Konrektor*in. In der Regel erfolgt zunächst eine Bestellung als stellvertretende Schulleiter*in (⇨ Beförderung – Stellensperre); die Beförderung (Ernennung) erfolgt nach Ablauf der Sperrfrist sowie ggf. der „persönlichen Wartezeit“. Diese Fristen sind nicht „kumulativ“; die Ernennung erfolgt also nach Ablauf der längsten Frist. Bis dahin wird trotz erhöhter Aufgaben das bisherige Gehalt gezahlt. Zusätzlich sind die Laufbahnvorschriften (⇨ Beamtengesetz § 14 ff.) zu beachten.

Funktionsstellen (Probezeit)

Informationen der Redaktion zur Rechtslage und zur Verwaltungspraxis in Baden-Württemberg

Ein Amt mit leitender Funktion wird zunächst im Beamtenverhältnis auf Probe übertragen. Während dieser Probezeit entsteht ein „Doppelbeamtenverhältnis“: Das zuletzt übertragene Beamtenverhältnis (regelmäßig ein Beamtenverhältnis auf Lebenszeit) wird vom Probebeamtenverhältnis überlagert.

⇨ Beamtengesetz (LBG) § 8; ⇨ Beamtenstatusgesetz § 22

In der Probezeit soll festgestellt werden, ob die betreffende Person geeignet ist, das Amt auf Lebenszeit auszuüben. Bei Schulleiter*innen liegen der Prüfung insbesondere das *„Anforderungsprofil Schulleitung“* (K.u.U. S. 161/2012), die in ⇨ Schulgesetz § 41 festgelegten Aufgaben und gegebenenfalls spezifische Anforderungen der Schule zugrunde.

Bewährt sich die betreffende Person in der Probezeit, wird ihr das Leitungsamt im Beamtenverhältnis auf Lebenszeit übertragen. Andernfalls endet die Probezeit kraft Gesetzes nach zwei Jahren und die betreffende Person fällt aus dem Probebeamtenverhältnis in das vorher innegehabte Amt zurück. Die Nichtbewährung wird ihr schriftlich mitgeteilt.

Die Probezeit beginnt erst mit der beamtenrechtlichen Ernennung (Übertragung des Statusamts im Beamtenverhältnis auf Probe, z.B. Realschulrektor, Bes.-Gr. A 15), also nicht bereits mit der Bestellung. Die Schulaufsichtsbehörde beginnt mit einer „Probezeitbegleitung“ hingegen ab der Bestellung.

Die Probezeit dauert regelmäßig zwei Jahre und kann nicht verlängert werden. Sie ist auch dann zu absolvieren, wenn ein „bewährter“ Schulleiter ein höherwertiges Schulleiteramt übernimmt, auf die Probezeit werden jedoch regelmäßig Zeiten angerechnet, in denen die leitende Funktion bereits übertragen worden ist, beispielsweise in der durch die Beförderungssperre entstehenden Phase zwischen der Bestellung und der Ernennung auf Probe.

Wenn ein Schulleiter oder eine Schulleiterin die konkrete Funktion bis zur Hebung der Stelle im Haushalt bereits ausgeübt hat, führt auch eine Stellenhebung wegen gestiegener Schülerzahlen regelmäßig zur Anrechnung. Treten Zweifel an der Bewährung auf, wird dieser Zeitraum jedoch nicht auf die Probezeit angerechnet. Da solche Anrechnungen rechtlich in vollem Umfang, also bis zu zwei Jahren, möglich sind, kann die Probezeit im Einzelfall ganz unterbleiben (dann entfällt auch die „Probezeitbegleitung“ durch die Schulaufsicht).

Anders liegt der Fall, wenn die zur Leitung einer neu errichteten Gemeinschaftsschule bestellte Person der Vorgängerschule deren Umwandlung in eine GMS konzeptionell erarbeitet und begleitet hat. Da ihr in dieser Vorbereitungsphase die Leitungsfunktion an der GMS noch nicht übertragen war, es sich nicht um ein vergleichbares Amt handelte und die Erstellung des Konzept keine Grundlage für die Feststellung bietet, dass sie sich im neuen Amt bereits bewährt hat, muss sie diese Bewährung noch beweisen, also die Probezeit ungekürzt absolvieren.

⇨ Beamtengesetz (LBG) § 8; ⇨ Beamtenstatusgesetz § 22; ⇨ Beförderung (Stellensperre/Beförderungssperre); ⇨ Besoldung (Stellenhebungen und Abgruppierungen); ⇨ Funktionsstellen (Besetzung); ⇨ Probezeit; ⇨ Schulgesetz § 41

Ganztagsschulen (Allgemeines)

Informationen der Redaktion zur Rechtslage und zur Verwaltungspraxis in Baden-Württemberg

Ganztagsschulen auf gesetzlicher Grundlage

In Baden-Württemberg wird die Sekundarstufe der Gemeinschaftsschule von Gesetzes wegen als obligatorische Ganztagsschule (GTS) geführt.

⇨ Schulgesetz § 8a Abs. 3

Eine gesetzliche Grundlage besteht ferner für die Einrichtung des Ganztagsbetriebs an Grundschulen sowie an den Grundstufen der Förderschulen. In der verbindlichen Form nehmen dort alle Schülerinnen und Schüler am Ganztagsbetrieb teil. In der Wahlform entscheiden die Erziehungsberechtigten über die Teilnahme; danach ist die Teilnahme für mindestens ein Schuljahr verbindlich.

⇨ Schulgesetz § 4a

Das KM hat einen „Qualitätsrahmen Ganztagsschule“ veröffentlicht. Der Ratgeber (38 Seiten) kann unter http://ganztagsschule-bw.de abgerufen werden.

Die Einzelheiten zur Beantragung, zur Gestaltung und Finanzierung sind in der ⇨ Grundschule (GanztagsgrundschulVO) geregelt.

Der Ganztagsbetrieb an den anderen allgemeinbildenden Schularten sowie in Ganztagsklassen an beruflichen Schulen erfolgt jeweils als Schulversuch durch Einzelerlass. ⇨ Schulgesetz § 22

Aufgrund von ⇨ Schulgesetz § 8a Abs. 3 besteht Schulpflicht in der Mittagspause nur in der Sekundarstufe der Gemeinschaftsschulen. An den übrigen Ganztagsschulen besteht in der Mittagspause keine Schulpflicht. Dies kann z.B. für einen Verbund von Gemeinschaftsschule und Grundschule dazu führen, dass die Grundschüler*innen, anders als die Schüler*innen der Sekundarstufe, die Mittagspause auch im häuslichen Bereich verbringen können.

(Quelle: KM, 10.3.2015; AZ: 53-6503.1)

Ganztagsschulmodelle als Schulversuch

Im Folgenden geben wir einen Überblick über Aufgaben und Struktur der Ganztags-Schulversuche. Ausführliche Informationen, auch zur Vorbereitung einer Schule auf den Ganztagesbetrieb, Muster für Kooperationsverträge zur Zusammenarbeit mit Dritten stehen unter: http://ganztagsschule-bw.de. Im „alten" Ganztagsschulprogramm gibt es zwei Modelle:

1.
Ganztagsschulen in offener Angebotsform

Diese Ganztagsschulen können an öffentlichen allgemeinbildenden Schulen in der Grundschule und der Sekundarstufe I der weiterführenden Schulen (Hauptschulen, Werkrealschulen, Realschulen, Gymnasien, SBBZ) eingerichtet werden.

2.
Ganztagsschulen mit besonderer pädagogischer und sozialer Aufgabenstellung

Diese Ganztagsschulen werden an Grund-, Haupt- und Werkrealschulen mit besonderer pädagogischer und sozialer Aufgabenstellung eingerichtet, die ihren Bildungs- und Erziehungsauftrag unter erschwerten Bedingungen erfüllen, ferner an Förderschulen in enger räumlicher Nähe zu einer solchen Schule.

In beiden Programmen entscheiden die Erziehungsberechtigten, ob ihr Kind am Ganztagsbetrieb teilnimmt. Die Gemeinschaftsschulen werden generell im Ganztagesbetrieb geführt. ⇨ Schulgesetz § 8a

Rahmenbedingungen und Genehmigungsvoraussetzungen

Für beide Modelle gelten folgende Voraussetzungen:

- An der Schule ist ein dauerhafter Ganztagsbetrieb an mindestens vier Tagen mit täglich mindestens sieben Zeitstunden eingerichtet.
- An allen Tagen mit Ganztagsbetrieb muss ein vom Schulträger beaufsichtigtes Mittagessen bereitgestellt werden.
- Die Organisation der Ganztagsangebote steht unter der Mitwirkung und Aufsicht der Schulleitung.
- Einzügige Grund- und Hauptschulen können jahrgangsübergreifende Ganztagsgruppen mit mindestens 20 Schüler*innen einrichten.
- Der Unterrichtsvormittag soll entzerrt und rhythmisiert werden. An Grundschulen bzw. der Grundstufe der Förderschulen sollen daher täglich maximal vier, an weiterführenden Schulen maximal fünf Unterrichtsstunden am Vormittag erteilt und längere (Bewegungs-)Pausen eingerichtet werden. Ggf. beginnt der Unterricht später (z.B. um 8:30 Uhr). Wenn die vorgenannte Rhythmisierung nicht umgesetzt werden kann, muss dies im Antrag auf Einrichtung der Ganztagsschule begründet und belegt werden (z.B. Schülerbeförderung, Fachraumbelegung, dezidierter Elternwunsch).

Die Modelle unterscheiden sich in folgenden Punkten:

1. GTS in offener Angebotsform

- Der Ganztagsbetrieb umfasst täglich mindestens sieben Zeitstunden.
- Die Schülerinnen und Schüler müssen angmeldet werden, danach ist die Teilnahme am Ganztagsbetrieb für ein Schuljahr verbindlich (Planungssicherheit für die Schule und den Schulträger).
- Ein sukzessiver Ausbau ist möglich. Im Endausbau soll der Ganztagsbetrieb in einem Zug oder in mehreren Klassen(-stufen) eingerichtet sein.
- Eine Ganztagsklasse entspricht der durchschnittlichen Klassenstärke pro Klassenstufe. Dies muss dauerhaft an vier Ganztagen erreicht werden. Je Klassenstufe müssen mindestens 20 Schülerinnen und Schüler an vier bzw. drei Tagen zum Ganztagsbetrieb verbindlich angemeldet sein.
- Eltern können innerhalb der vier angebotenen Ganztage drei Tage auswählen, jedoch nicht, wenn es sich um Unterricht nach Kontingentstundentafel handelt.
- Ausnahmsweise können in Schulzentren mit mehreren Schularten in der Sekundarstufe I schulartübergreifende Jahrgangsstufengruppen mit mindestens 25 Schüler*innen gebildet werden.

2. GTS mit besonderer pädagogischer und sozialer Aufgabenstellung

- Der Ganztagsbetrieb umfasst täglich mindestens acht Zeitstunden (z.B. 8:00 Uhr bis 16:00 Uhr).
- Die Schülerinnen und Schüler nehmen an vier Tagen am Ganztagsbetrieb teil.
- Die ganze Schule oder ein Zug bzw. mehrere Klassen(-stufen) ist im Ganztagsbetrieb eingerichtet. Der sukzessive Ausbau zur Ganztagsschule ist möglich.
- Eine Ganztagsklasse entspricht der durchschnittlichen Klassenstärke pro Klassenstufe.
- Förderschulen in enger räumlicher Nähe zu einer Haupt- oder Werkrealschule mit besonderer pädagogischer und sozialer Aufgabenstellung („Kleiner-Pausen-Abstand") können auf der Basis eines gemeinsamen pädagogischen Konzepts als Ganztagsschule eingerichtet werden.

Ressourcen und Management

Das Land und der kommunale Schulträger tragen gemeinsam die Kosten für die Ganztagsschule.

Das Land trägt die anfallenden Lehrerkosten für die gemäß ⇨ Organisationserlass zugewiesenen Lehrerwochenstunden.

Der kommunale Schulträger trägt alle übrigen Personalkosten, insbesondere die Kosten für die Betreuung beim Mittagessen, in der (Mittags-) Freizeit, für das Nachmittagsangebot und ggf. vor dem Unterricht. Die Betreuung kann der Schulträger anderen außerschulischen Kooperationspartnern übertragen. Der Schulträger trägt ferner die sächlichen Mehrkosten. ⇨ Aufsichtspflicht

Hinweis der Redaktion: In den Richtlinien des KM über die flexible Nachmittagsbetreuung (K.u.U. S. 123/2020) ist unter 4.3.1. verfügt: „Zuwendungen werden nur für die tatsächlich am

Nachmittag geleistete Betreuungszeit an Schultagen gewährt. Die Zeiten des Mittagessens können im Sinne dieser Richtlinien bezuschusst werden. Der Nachmittag im Sinne von Satz 1 beginnt frühestens um 12.00 Uhr und endet spätestens um 17.30 Uhr."

Lehrerzuweisung und sonstiges Personal

Für beide Ganztagsschulmodelle gilt:

- Den Bedarf an Lehrerwochenstunden für den Ganztagsbetrieb fordert die Schule jährlich an. Sie muss den Bedarf anhand von Ganztagsklassen und -schülern belegen.
- Für die Tätigkeiten von Lehrkräften, die im Ganztagsbetrieb einer öffentlichen Schule eingesetzt werden, gilt ⇨ Arbeitszeit (Lehrkräfte-AZVO) § 1.

Ganztagsschulen erhalten eine zusätzliche Lehrerzuweisung für schulische Ganztagsangebote. Für Schulleitungsaufgaben im Zusammenhang mit dem Ganztagsbetrieb erhält die Schule eine Lehrerwochenstunde als Anrechnung (je Verwaltungseinheit).

⇨ Arbeitszeit (Lehrkräfte) VwV Anrechnungen Nr. III.2.4

Zur Unterstützung der Lehrkräfte werden an Grund-, Haupt-/Werkrealschulen ⇨ Pädagogische Assistent*innen eingesetzt. Ganztagsschulen bestreiten das außerunterrichtliche Programm in starkem Maße auch mithilfe von ⇨ Lehrbeauftragten sowie außerschulischer Träger und Unterstützungsprogramme (⇨ Jugendbegleiter*innen) sowie von ⇨ Schulfördervereinen. Siehe hierzu auch: ⇨ Mehrarbeit (Allgemeines).

Ab 41 Wochenstunden Jugendbegleitung erhält die Schule eine Deputatsstunde für die Programmkoordinierung. Informationen zum Jugendbegleiter-Programm bietet www.jugendbegleiter.de.

Eine unterschiedliche Lehrerzuweisung gilt für die beiden Modelle in folgenden Fällen:

1.
Ganztagsschulen in offener Angebotsform

- Grundschule 6 LWS je Ganztagsklasse
- Haupt-/Werkreal-/Realschule 2 LWS je Ganztagsklasse
- Gymnasium/SBBZ 1 LWS je Ganztagsklasse
- Schulzentren mit schulartübergreifenden Jahrgangsgruppen 2 LWS je Ganztagsgruppe mit mindestens 25 Schüler*innen

Eine Ganztagsklasse entspricht der durchschnittlichen Klassenstärke je Klassenstufe. Sie erreicht diese Stärke dauerhaft an vier Tagen. Darüber hinaus gilt: Mindestens 20 Schüler*innen je Klassenstufe müssen an vier (oder drei) Tagen zum Ganztagsbetrieb verbindlich angemeldet sein. Um die durchschnittliche Klassenstärke täglich zu erreichen, kann die Ganztagsklasse mit Schüler*innen „aufgefüllt" werden, die einen geringeren Betreuungsbedarf haben (z.B. nur zwei Tage). Maßgeblich für die Zuweisung von LWS ist jedoch nur die Zahl der Schüler*innen mit einem Betreuungsbedarf an vier oder drei Tagen.

2.
Ganztagsschulen mit besonderer pädagogischer und sozialer Aufgabenstellung

- Grundschule 8 LWS je Ganztagsklasse
- Haupt-/Werkrealschule 5 LWS je Ganztagsklasse
- Förderschule in enger räumlicher Nähe zu einer solchen Haupt-/Werkrealschule bis zu 0,75 Deputate

Eine Ganztagsklasse entspricht der durchschnittlichen Klassenstärke je Klassenstufe.

Räumlichkeiten und Sachausstattung

Erweiterte pädagogische Aufgaben der GTS und eine längere Verweildauer der Schüler*innen in der Schule erfordern ggf. Umbau-, Erweiterungs- oder Neubaumaßnahmen. Zu den wesentlichen Raumbestandteilen der GTS gehören eine Mensa sowie Bereiche für Freizeitaktivitäten und Ruhe. Die Raumplanung und -gestaltung basiert auf dem pädagogischen Konzept der Ganztagsschule, der Zahl der am Ganztagsbetrieb bzw. Mittagessen teilnehmenden Schüler*innen sowie den vorhandenen Räumen. ⇨ Schulbau

Vorbereitung der Antragsstellung

Zur Umwandlung einer bestehenden Schule beantragt der Schulträger beim RP die Einrichtung und verpflichtet sich, die sächlichen Mehrkosten sowie die zusätzlichen Personalkosten für die Betreuung an der Ganztagsschule, insbesondere beim Mittagessen und in der (Mittags-)Freizeit zu tragen.

Inhaltlich ist entscheidend, dass ein Lehrerkollegium (Lehrkräfte und Schulleitung) eine pädagogische Konzeption entwickelt und umsetzt. Die Gesamtlehrerkonferenz und die Schulkonferenz müssen der Einrichtung und dem pädagogischen Konzept zustimmen. Der Elternbeirat ist anzuhören (§ 57 SchG). Sollte eines dieser Gremien die Einrichtung der Ganztagsschule nicht befürworten, kann keine Zustimmung zur Einrichtung erteilt werden.

⇨ Konferenzordnung § 2 Abs. 1 Nr. 8b; ⇨ Schulgesetz §§ 22, 44, 47 Abs. 4, 57

Die Einrichtung einer Ganztagsschule ist gemäß ⇨ Personalvertretungsgesetz (LPVG) §§ 71 Abs.2 eine Organisationsentscheidung, die beteiligungspflichtige Maßnahmen zur Folge hat; der zuständige Personalrat ist frühzeitig und fortlaufend zu unterrichten.

Bei der Vorbereitung sollten neben den Eltern die Schülerinnen und Schüler (SMV) einbezogen werden, deren alters- und geschlechtstypische Lebensbedürfnisse sich in den Ganztagsangeboten widerspiegeln sollten. Da in der „unechten" Ganztagsschule, die in Baden-Württemberg Regelform ist, ein beträchtlicher Teil der nachmittäglichen Aktivitäten von ⇨ Lehrbeauftragten sowie außerschulischen Institutionen (Vereine, usw.) und Unterstützungsprogrammen (⇨ Jugendbegleiter*innen) sowie von ⇨ Schulfördervereinen getragen werden, ist deren frühzeitige Einbeziehung in die Planung und Vorbereitung erforderlich.

⇨ Arbeitszeit (Lehrkräfte-ArbeitszeitVO) § 1; ⇨ Aufsichtspflicht; ⇨ Grundschule (GanztagsgrundschulVO); ⇨ Grundschule (GanztagsgrundschulVwV); ⇨ Jugendbegleiter*innen; ⇨ Konferenzordnung § 2 Abs. 1 Nr. 8b; ⇨ Lehrbeauftragte; ⇨ Organisationserlass; ⇨ Pädagogische Assistent*innen; ⇨ Schulbau; ⇨ Schulfördervereine; ⇨ Schulgesetz §§ 4a, 22, 47 Abs. 4 und 107; ⇨ Stundentafel-Öffnungsverordnung

Gebühren

Informationen der Redaktion zur Rechtslage und zur Verwaltungspraxis in Baden-Württemberg auf Grundlage des Landesgebührengesetzes vom 14. Dezember 2004 (GBl. S. 895/2004); zuletzt geändert 21. Mai 2019 (GBl. S. 161, 1859)

1. Landesgebührengesetz

Für amtliche Handlungen staatlicher Behörden im Bereich des Landes werden Verwaltungsgebühren nach dem Landesgebührengesetz erhoben. Auch jede Schule ist in diesem Sinne eine Behörde.

In § 9 des Landesgebührengesetzes (*Sachliche Gebührenfreiheit*) ist u.a. verfügt:

(1) Gebühren werden nicht erhoben für öffentliche Leistungen, die folgende Angelegenheiten betreffen:

2. das bestehende oder frühere Dienstverhältnis von Beschäftigten des öffentlichen Dienstes, [...]

4. Prüfungen, die der beruflichen Aus- und Weiterbildung dienen, mit Ausnahme von Prüfungen zur Notenverbesserung,

5. mündliche, einfache schriftliche oder elektronische Auskünfte, soweit bei schriftlichen oder elektronischen Auskünften nicht durch Gebührenordnungen oder -satzungen etwas anderes bestimmt ist.

Ferner kann die einzelne Behörde nach § 11 Abs. 2 des Gesetzes Gebührenerleichterungen gewähren:

(2) Die Behörde kann die Gebühren niedriger festsetzen oder von der Festsetzung der Gebühren ganz absehen, wenn die Festsetzung der Gebühr nach Lage des einzelnen Falles unbillig wäre.

Auf Grundlage dieses Gesetzes hat das KM eine Gebührenverordnung erlassen (siehe unten Nr. 2). In dieser sind die Gebühren, die von den staatlichen Behörden im Geschäftsbereich des KM, also auch den einzelnen Schulen, zu erheben sind, aufgeführt.

⇨ Beglaubigungen; ⇨ Haushalt (Kassenführung)

2. Gebührenverordnung des Kultusministeriums

Auszug aus der Anlage zu § 1 der Gebührenverordnung des Kultusministeriums (GebVO KM) vom 14. Mai 2012 (K.u.U. S. 125/2012); zuletzt geändert 6. Dezember 2018 (K.u.U. S. 24/2019)

Vorbemerkung der Redaktion: Die einzelne Behörde (Schule) kann nach § 11 Abs. 2 des Landesgebührengesetzes die Gebühren niedriger festsetzen oder von Gebühren ganz absehen, wenn diese nach Lage des einzelnen Falles unbillig wären. In der Praxis fallen bei den Amtshandlungen eher die niedrigeren Sätze an; die Behörden stellen außerdem den Antragstellern bei offensichtlicher Aussichtslosigkeit häufig auch anheim, einen Widerspruch – gebührenfrei – zurückzuziehen.

Nr.	Gegenstand	Gebühr Euro
2	Ablehnung eines Antrags – Wird ein Antrag auf Erbringen einer öffentlichen Leistung abgelehnt, wird eine Gebühr in Höhe von 1/10 bis zur vollen Gebühr, mindestens 2,50 Euro, erhoben. Wird der Antrag ausschließlich wegen Unzuständigkeit der Behörde abgelehnt, wird keine Gebühr erhoben.	
3	Zurücknahme eines Antrags – Wird ein Antrag auf Erbringen einer öffentlichen Leistung zurückgenommen oder unterbleibt diese aus sonstigen Gründen, wird eine Gebühr in Höhe von 1/10 bis zur vollen Gebühr, mindestens 2,50 Euro, erhoben, wenn mit der Bearbeitung des Antrags begonnen, die Leistung aber noch nicht erbracht war.	
4	Verfahrensgebühren	
4.1	Zurückweisung eines Rechtsbehelfs (insbesondere Widerspruch)	50 – 2500
4.2	Zurücknahme eines Rechtsbehelfs, wenn mit der sachlichen Bearbeitung begonnen war	25 –1250
5	Beglaubigungen	
5.1	Beglaubigung von Abschriften, Fotokopien und dergleichen [...]	3–150
5.1.1	Schulzeugnisse (bei Abgangs- oder Abschlusszeugnissen sind die ersten fünf Beglaubigungen gebührenfrei)	3
5.2	Beglaubigung von Unterschriften, Handzeichen und Siegeln [...]	3–150
6	Abschriften und Fotokopien	
6.1	Abschriften, Ausfertigungen, Auszüge	6–30
6.1.1	Schulzeugnisse (bei Abgangs- oder Abschlusszeugnissen sind die ersten fünf Abschriften bzw. Fotokopien gebührenfrei)	3
6.2	Fotokopien (je Seite)	1
7	Schülerausweise	
7.1	Ersatzweise Ausstellung eines Schülerausweises	3
8	Ausstellung von Ersatzzeugnissen	50 –175
9	Feststellung der Gleichwertigkeit von Bildungsnachweisen (je Bildungsabschluss)	100-630
11	Feststellung der Gleichwertigkeit nach § 2 Abs. 2 des Bundesausbildungsförderungsgesetzes	150 – 500
15	Aufnahmeverfahren für das Landesgymnasium für Hochbegabte	50
16	Adressauskünfte an gewerbliche Unternehmen	25 – 100

Hinweis der Redaktion: Die Ende 2018 eingefügte, hier nicht abgedruckte Ziff. 19 regelt die Gebührenfestsetzung für Leistungen nach dem Landesinformationsfreiheitsgesetz. Wie im Beitrag ⇨ Informationsfreiheitsgesetz ausgeführt, empfehlen wir den Schulleitungen, bei der Anwendung dieses Gesetzes einschließlich der Festsetzung von Gebühren Rat und Unterstützung bei der Schulaufsichtsbehörde einzuholen.

⇨ Ausweise; ⇨ Beglaubigungen; ⇨ Haushalt (Kassenführung); ⇨ Informationsfreiheitsgesetz; ⇨ Verwaltungsrecht (Allgemeines); ⇨ Zeugnisse (Ersatzzeugnisse)

Gefährdungsbeurteilung

Informationen der Redaktion zur Rechtslage und zur Verwaltungspraxis in Baden-Württemberg

Dem „Arbeitgeber" bzw. dem „Unternehmer" (im Schulbereich ist dies die Schulleitung in Zusammenarbeit mit dem ➩ Schulträger) obliegt die Verantwortung für die Organisation und Gewährleistung eines sicheren Schulbetriebes und damit nicht nur die Fürsorge für die Beschäftigten, sondern im Rahmen ihrer Obhutspflicht auch für die Schüler*innen.

Bei der hierfür vorgeschriebenen „Gefährdungsbeurteilung" sind auch die Integration der in Homeoffice befindlichen Beschäftigten in betriebliche Abläufe sowie die aufgrund der epidemischen Lage auftretenden psychischen Belastungsfaktoren zu berücksichtigen. Bei schwangeren Lehrerinnen müssen im Rahmen der allgemeinen Beurteilung der Arbeitsbedingungen auch Gefährdungen geprüft werden, denen diese oder ihr Kind ausgesetzt ist oder sein können; die Schulleitung muss ermitteln, ob mutterschutzrechtliche Schutzmaßnahmen erforderlich sind. Gleiches gilt für schwangere Schülerinnen. Mehr dazu steht im Beitrag ➩ Mutterschutz (Allgemeines).

Der Umsetzung dieser Pflicht zu einer „Gefährdungsbeurteilung" dienen zahlreiche Vorschriften und Vereinbarungen; siehe hierzu beispielsweise die entsprechenden Ausführungen in den Beiträgen ➩ Arbeits- und Gesundheitsschutz (Allgemeines) Nr. 2; ➩ Arbeits- und Gesundheitsschutz (Rahmendienstvereinbarung) Nr. 3.3; ➩ Arbeitsschutzgesetz §§ 5 ff.; ➩ Unfallversicherung Nr. II.

Zu den einschlägigen Vorschriften gehört auch die Gefahrstoffverordnung (GefStoffV). Sie schreibt in § 6 u.a. vor: *„Im Rahmen einer Gefährdungsbeurteilung als Bestandteil der Beurteilung der Arbeitsbedingungen nach § 5 des Arbeitsschutzgesetzes hat der Arbeitgeber festzustellen, ob die Beschäftigten Tätigkeiten mit Gefahrstoffen ausüben oder ob bei Tätigkeiten Gefahrstoffe entstehen oder freigesetzt werden können. Ist dies der Fall, so hat er alle hiervon ausgehenden Gefährdungen der Gesundheit und Sicherheit der Beschäftigten […] zu beurteilen"*.

(Quelle: Gefahrstoffverordnung vom 26.11.2010, zuletzt geändert 21.7.2021; BGBl. I S. 3115)

Die Schulleitung kann bestimmte Aufgaben, die sich aus dieser Verantwortung ergeben, auf fachkundige Lehrkräfte schriftlich übertragen (vgl. § 13 Abs. 2 ➩ Arbeitsschutzgesetz) und beispielsweise die Durchführung der Gefährdungsbeurteilung an eine oder mehrere fachkundige Personen delegieren oder sich fachkundig beraten lassen.

„Fachkundig" ist, wer über die zur Ausübung einer in dieser Verordnung bestimmten Aufgabe erforderlichen Fachkenntnisse verfügt. Die Anforderungen an die Fachkunde sind abhängig von der jeweiligen Art der Aufgabe. Zu den Anforderungen zählen eine entsprechende Berufsausbildung, Berufserfahrung oder eine zeitnah ausgeübte entsprechende berufliche Tätigkeit sowie die Teilnahme an spezifischen Fortbildungsmaßnahmen (GefStoffV § 2 Abs. 16). Die Schulleitung muss sicherstellen, dass die für sie tätig werdenden Personen über die notwendigen Kenntnisse verfügen; dies entbindet sie jedoch nicht von ihrer Aufsichts- und Organisationsverantwortung.

Nach § 7 ArbSchG muss die Schulleitung dafür Sorge tragen, dass grundsätzlich nur befähigte und nach Gefahrstoffverordnung fachkundig unterwiesene Lehrkräfte mit gefährlichen Stoffen umgehen. Die Lehrkräfte sind für Tätigkeiten mit Gefahrstoffen bei der Vorbereitung, Durchführung und Nachbereitung des Unterrichts selbst verantwortlich. Dies schließt bei Vorliegen der Fachkunde die Durchführung einer tätigkeitsbezogenen (unterrichtsbezogenen) Gefährdungsbeurteilung und deren Dokumentation ein. Dazu gehört, dass sie durch eine fachkundige Person speziell für diese Tätigkeit (Experimente) geschult und unterwiesen wurden.

Das KM bietet unter: http://gefahrstoffe-schule-bw.de zahlreiche Materialen, FAQs, Handlungshilfen zur Umsetzung der geltenden rechtlichen Vorgaben beispielsweise Muster-Gefährdungsbeurteilungen, die Handlungshilfe **Gefahrstoffmanagement** (Entsorgung von Gefahrstoffen an Schulen) sowie die Broschüre **Gefahrstoffe in Grundschulen und Kindertagesstätten** an. Zu beachten sind auch die verbindlichen Regeln der Unfallkassen „Unterricht in Schulen mit gefährlichen Stoffen" (DGUV Regel 113-018) und die zugehörige Stoffliste (DGUV Regel 113-019). Obwohl die „Richtlinie zur Sicherheit im Unterricht" (RiSU) in Baden-Württemberg vom KM nicht als für die Schulen verbindlich erklärt wurde, kann diese als Arbeits- und Orientierungshilfe herangezogen werden. Ein Rechtsanspruch ist hieraus jedoch nicht abzuleiten.

Die Informationen des Infoportals gelten vorrangig für allgemeinbildende Schulen sowie für vergleichbare Fächer an beruflichen Schulen. Für berufliche Schulen in Vollzeitform, z.B. der chemischen, biologischen, medizinischen und pharmazeutischen Berufe, gelten die Regeln für Sicherheit und Gesundheitsschutz beim Umgang mit Gefahrstoffen in Hochschulen (Tätigkeiten mit Gefahrstoffen in Hochschulen; DGUV Information 213-039), sofern an diesen Schulen – vergleichbar wie an den Hochschulen – mit Gefahrstoffen umgegangen wird.

Die Materialien der Unfallkassen sind unter http://publikationen.dguv.de/dguv/ online verfügbar. Das Online-Portal „Gefahrstoffinformationssystem für den naturwissenschaftlich-technischen Unterricht der Gesetzlichen Unfallversicherung (DEGINTU)", kostenfrei abrufbar unter https://degintu.dguv.de, kann die Schulleitungen, Sammlungsleiter*innen sowie Lehrkräfte bei der sicheren Vorbereitung und Durchführung des Unterrichts unterstützen.

➩ Arbeits- und Gesundheitsschutz (Allgemeines) Nr. 2; ➩ Arbeits- und Gesundheitsschutz (Rahmendienstvereinbarung) Nr. 3.3; ➩ Arbeitsschutzgesetz §§ 5 ff.; ➩ Mutterschutz (Allgemeines); ➩ Schulträger; ➩ Unfallversicherung Nr. II

Gemeinschaftsschule (Allgemeines)

Informationen der Redaktion zur Rechtslage und zur Verwaltungspraxis in Baden-Württemberg

Die „Gemeinschaftsschule" (GMS) soll längeres gemeinsames Lernen verwirklichen, Chancengleichheit und bestmögliche individuelle Förderung gewährleisten sowie ein breites Angebot an Schulabschlüssen eröffnen. Sie ist zwei- oder mehrzügig, kann aber auch einzügig geführt werden. Sie besteht aus der Sekundarstufe I (Klassenstufen 5-10), ihr können eine Primarstufe (Klassenstufen 1-4) und – mindestens Zweizügigkeit vorausgesetzt – eine dreijährige Sekundarstufe II angegliedert sein. In der Eingangsklasse (Klasse 5) ist eine dauerhafte Mindestschülerzahl von 20 Schülerinnen und Schülern pro Zug erforderlich. Der Klassenteiler ist 28. In der Sekundarstufe I (Klassen 5-10) ist die GMS eine verpflichtende Ganztagesschule mit rhythmisierten Lernangeboten. ➪ Schulbesuchsverordnung

In der GMS sind die Klassenverbände durch Lerngruppen ersetzt. Die Heterogenität einer Lerngruppe ist ein Ausgangspunkt für das Lernen. Wenn dies aus pädagogischer Sicht sinnvoll ist, können vorübergehend auch Lerngruppen nach Leistungsgesichtspunkten gebildet werden; in den Abschlussklassen ist auch eine längerfristige Zusammensetzung von Schülerinnen und Schülern möglich, die auf gleichem Niveau lernen. (Quelle: LT-Drucksache 15 / 6337)

Die GMS ermöglicht eine inklusive Beschulung von behinderten Kindern und Jugendlichen. Alle Schülerinnen und Schüler lernen nach ihren individuellen Voraussetzungen. Mit dem „Lernentwicklungsbericht" wird eine besondere Form der Leistungsrückmeldung umgesetzt. Es gibt keine Versetzung/Nichtversetzung und keine Wiederholung im bisherigen Sinn.

An der GMS können nach Klasse 9 der Hauptschulabschluss, nach Klasse 10 der Realschulabschluss und sofern eine Sekundarstufe II eingerichtet ist, das Abitur nach Klassenstufe 13 erreicht werden.

Alle allgemeinbildenden Schulen können sich auf Antrag des Schulträgers mit Zustimmung der schulischen Gremien zur GMS weiterentwickeln. Entsteht eine GMS durch eine Schulartänderung bestehender weiterführender Schulen, müssen die Schulkonferenzen aller beteiligten Schulen zustimmen.

➪ Schulgesetz § 8a Abs. 5, § 30 und § 47 Abs. 5 Nr. 7

Personal

An der GMS unterrichten im Endausbau Lehrkräfte aller Schularten („*Lerngruppenbegleiter*innen*"). Alle Lehrkräfte können in allen Lerngruppen eingesetzt werden. Die Neubesetzung von Stellen erfolgt grundsätzlich über schulbezogene Stellenausschreibungen (vgl. https//lehrer-online-bw.de).

➪ Versetzungen und Abordnungen

Bei überwiegendem Einsatz in den Klassen 5 bis 10 beträgt die Unterrichtsverpflichtung 27 Wochenstunden, wird überwiegend in den Klassen 1 bis 4 oder in den Klassen 11 bis 12 unterrichtet, gilt das Deputat der jeweiligen Schulart (28 bzw. 25 Wochenstunden).

➪ Arbeitszeit (Lehrkräfte-ArbeitszeitVO) § 2; ➪ Gemeinschaftsschule (Verordnung); ➪ Gemeinschaftsschule (Schullaufbahnentscheidung); ➪ Gesamtschulen (Schulen besonderer Art); ➪ Schulgesetz § 8a, § 30 und § 47 Abs. 5 Nr. 7; ➪ Sonderpädagogische Bildungsangebote (Inklusion)

Gemeinschaftsschule (Schullaufbahnentscheidung)

VwV des KM zur Schullaufbahnentscheidung an der Gemeinschaftsschule in Klasse 8 und 9 (VwV GMS Schullaufbahnentscheidung) vom 29. Oktober 2019 (K.u.U. S. 187/2019)

1.
Beratung während der Schullaufbahn, Informationsveranstaltungen

1.1 Die Lehrkräfte der Gemeinschaftsschulen beraten die Erziehungsberechtigten während der Schullaufbahn kontinuierlich über die Lern- und Leistungsentwicklung ihres Kindes.

1.2 Zwischen Oktober und Dezember erhalten die Schülerinnen und Schüler der Klassenstufen 8 und 9 sowie deren Erziehungsberechtigte in Informationsveranstaltungen der Gemeinschaftsschulen Auskünfte über die möglichen Schulabschlüsse und Anschlussmöglichkeiten (schulische Anschlussmöglichkeiten, Möglichkeiten einer dualen Ausbildung und die damit verbundenen Aufstiegsmöglichkeiten sowie zur Studienwahl). Diese Informationsveranstaltungen und die Informationsveranstaltungen gemäß Nummer 4 der VwV Berufliche Orientierung können zusammengefasst werden.

➪ Berufliche Orientierung (Praxiserfahrung)

2.
Schullaufbahnempfehlung, Beratung und Entscheidung in Klassenstufe 8

2.1 Im zweiten Schulhalbjahr der Klassenstufe 8 beraten sich die Lerngruppenbegleiterin oder der Lerngruppenbegleiter sowie der Lerncoach gemeinsam mit den Erziehungsberechtigten sowie der Schülerin oder dem Schüler auf Basis des Lernentwicklungsberichtes des ersten Halbjahres, welcher schulische Abschluss dem Begabungsprofil und Leistungsvermögen der Schülerin oder des Schülers nach ihrer Einschätzung entspricht. Sie berücksichtigen dabei auch Aspekte der beruflichen Orientierung. Über das

Ergebnis dieser Besprechung unterrichten sie die Lerngruppenkonferenz.

2.2 Die Lerngruppenkonferenz unter Vorsitz der Schulleiterin oder des Schulleiters spricht nach der Beratung der Erziehungsberechtigten bis zum 15. März der Klassenstufe 8 ihre Empfehlung darüber aus, ob die Schülerin oder der Schüler die Hauptschulabschlussprüfung in Klassenstufe 9 ablegen soll oder nicht (Anlage 1, *nicht abgedruckt).*

2.3 Sehen die Erziehungsberechtigten nach der Beratung durch die Lerngruppenbegleiterin oder den Lerngruppenbegleiter und den Lerncoach sowie nach der Schullaufbahnempfehlung für ihre Entscheidungsfindung noch weiteren Beratungsbedarf, können sie die Beratung durch eine gemäß der Richtlinien für die Bildungsberatung qualifizierte Beratungslehrkraft in Anspruch nehmen. Sie erklären diesen Wunsch gegenüber der Schule bis zum 1. April (Anlage 1, Blatt 4; *nicht abgedruckt*).

2.4 Die Erziehungsberechtigten teilen der Schule bis zum 1. April ihre Entscheidung mit (Anlage 1, Blatt 3; *nicht abgedruckt*). Nehmen sie ein zusätzliches Beratungsangebot durch eine Beratungslehrkraft nach Nummer 2.3 in Anspruch, müssen sie der Schule ihre Entscheidung bis spätestens zum 15. Juni mitteilen.

Hinweis der Redaktion: Auch wenn die Beratungsgespräche fernmündlich oder über ein Videokonferenzsystem geführt werden, sind diese zu dokumentieren. Grundlage dafür kann die Protokollvorlage sein, die im Intranet zu finden ist.

(Quelle: Infobrief Gemeinschaftsschule Nr. 2, Februar 2021)

3. Schullaufbahnempfehlung, Beratung und Entscheidung in Klassenstufe 9

3.1 Im zweiten Schulhalbjahr der Klassenstufe 9 beraten sich die Lerngruppenbegleiterin oder der Lerngruppenbegleiter sowie der Lerncoach gemeinsam mit den Erziehungsberechtigten sowie der Schülerin oder dem Schüler auf Basis des Lernentwicklungsberichtes des ersten Halbjahres, welcher schulische Abschluss dem Begabungsprofil und Leistungsvermögen der Schülerin oder des Schülers nach ihrer Einschätzung entspricht. Sie berücksichtigen dabei auch Aspekte der beruflichen Orientierung. Über das Ergebnis dieser Besprechung berichten sie der Lerngruppenkonferenz.

3.2 Die Lerngruppenkonferenz unter Vorsitz der Schulleiterin oder des Schulleiters spricht nach der Beratung der Erziehungsberechtigten bis zum 15. März der Klassenstufe 9 ihre Empfehlung darüber aus, welche weitere Schullaufbahn nach Klassenstufe 9 angestrebt werden sollte (Anlage 2; *nicht abgedruckt*) und zwar:

a) nach erfolgreichem Hauptschulabschluss die Schullaufbahn an der Gemeinschaftsschule abzuschließen;

b) nach erfolgreichem Hauptschulabschluss in Klassenstufe 9 die Klassenstufe 9 erneut zu besuchen, mit dem Ziel, die Realschulabschlussprüfung oder die Versetzung nach der gymnasialen Versetzungsordnung in Klasse 10 anzustreben;

c) in Klassenstufe 10 die Hauptschulabschlussprüfung anzustreben;

d) in Klassenstufe 10 die die Realschulabschlussprüfung anzustreben;

e) in Klassenstufe 10 die nach den Regelungen der gymnasialen Versetzungsordnung erfolgende Versetzung anzustreben.

3.3. Sehen die Erziehungsberechtigten nach der Beratung durch die Lerngruppenbegleiterin oder den Lerngruppenbegleiter und dem Lerncoach sowie nach der Schullaufbahnempfehlung für ihre Entscheidungsfindung noch weiteren Beratungsbedarf, können sie die Beratung durch eine gemäß der Richtlinien für die Bildungsberatung qualifizierte Beratungslehrkraft in Anspruch nehmen. Sie erklären diesen Wunsch gegenüber der Schule bis zum 1. April (Anlage 2, Blatt 4; *nicht abgedruckt*).

3.4 Die Erziehungsberechtigten teilen der Schulleitung bis zum 1. April ihre Entscheidung mit (Anlage 2, Blatt 3; *nicht abgedruckt*). Nehmen sie ein zusätzliches Beratungsangebot durch eine Beratungslehrkraft nach Nummer 3.3 in Anspruch, müssen sie der Schule ihre Entscheidung bis spätestens zum 15. Juni mitteilen.

4. Beratung bei bestehendem Anspruch auf ein sonderpädagogisches Bildungsangebot

4.1 Schülerinnen und Schüler mit einem Anspruch auf ein sonderpädagogisches Bildungsangebot werden unter der Beteiligung einer Lehrkraft für Sonderpädagogik und der Fachdienste beraten.
⇨ Sonderpädagogische Bildungsangebote

4.2 Die Nummern 2 und 3 dieser Verwaltungsvorschrift gelten nicht für Schülerinnen und Schüler mit einem Anspruch auf ein sonderpädagogisches Bildungsangebot, die zieldifferent (Bildungsgang Förderschwerpunkt Lernen und Bildungsgang Förderschwerpunkt geistige Entwicklung) unterrichtet werden. Die Erziehungsberechtigten dieser Schülerinnen und Schüler werden gezielt über die dem individuellen Leistungsvermögen und dem jeweiligen Begabungsprofil entsprechenden Bildungsabschlüsse sowie über mögliche Anschlüsse informiert.

4.3 Unberührt von den Ziffern 4.1 und 4.2 bleibt die Berufswegekonferenz nach § 83 Absatz 7 des Schulgesetzes, die vor dem Übergang auf eine berufliche Schule, in eine Berufsausbildung oder eine Berufsvorbereitung durchgeführt wird.

Hinweis der Redaktion: Die Anlagen 1 und 2 sind im Intranet des KM unter: Anwendungen > Onlinebereitstellungen > Gemeinschaftsschule > Schullaufbahnentscheidung abrufbar.

⇨ Berufliche Orientierung (Praxiserfahrungen); ⇨ Bildungsberatung und Beratungslehrkräfte; ⇨ Gemeinschaftsschule (Allgemeines); ⇨ Gemeinschaftsschule (Verordnung); ⇨ Gemeinschaftsschule (Stundentafel); ⇨ Schulgesetz § 8a; ⇨ Sonderpädagogische Bildungsangebote (Inklusion)

Gemeinschaftsschule (Schullaufbahn – Terminplan)

Auszug aus der Terminübersicht für die allgemeinbildenden Schulen im Schuljahr 2021/2022; Bekanntmachung des KM vom 21. August 2020 (K.u.U. S. 149/2020)

2
Schullaufbahnentscheidung in den Klassenstufen 8 und 9 an Gemeinschaftsschulenn

2.1 Erstellung der Schullaufbahnempfehlung für die Klassenstufen 8 und 9 an Gemeinschaftsschule

2.1.1 Durchführung von Informationsveranstaltungen Oktober - Dezember 2021

2.1.2 Beratung von Erziehungsberechtigten und Schülerin / Schüler durch Lerncoach und Lerngruppenbegleiterin/Lerngruppenbegleiter bis Ende Februar 2022

2.1.3 Entscheidung der Lerngruppenkonferenz über die Schullaufbahnempfehlung bis Dienstag, 15. März 2022

2.1.4 Entscheidung der Erziehungsberechtigten, ob ein weiterer Beratungsbedarf besteht, bis Freitag, 01. April 2022

2.1.5 Entscheidung der Erziehungsberechtigten, welcher Bildungsabschluss in Klassenstufe 9 bzw. in Klassenstufe 10 angestrebt wird, bis Freitag, 01. April 2022

2.2
Besonderes Beratungsverfahren an Gemeinschaftsschulen

Entscheidung der Erziehungsberechtigten, nach vertiefter Beratung über den anzustrebenden Bildungsabschluss in Klassenstufe 9 bzw. in Klassenstufe 10 bis Mittwoch, 15. Juni 2022

⇨Gemeinschaftsschule (Schullaufbahnentscheidung); ⇨ Gemeinschaftsschule (Verordnung); ⇨ Korrekturtag

Gemeinschaftsschule (Verordnung)

VO des KM über die Sekundarstufe I und die gymnasiale Oberstufe der Gemeinschaftsschule (Gemeinschaftsschulverordnung – GMSVO) vom 22. Juni 2012 (K.u.U. S. 117/2012); zul. geändert 18. Juni 2020 (GBl. S. 577/2020)

Abschnitt 1
Sekundarstufe I

§ 1
Allgemeines

Für die Gemeinschaftsschulen gelten die ⇨ Notenbildungsverordnung, die ⇨ Schulbesuchsverordnung, die ⇨ Konferenzordnung, die ⇨ Elternbeiratsverordnung und die SMV-Verordnung mit den nachfolgenden Besonderheiten.

⇨ Schülermitverantwortung; ⇨ Schulgesetz § 8a

§ 2
Stundentafel

Für die Sekundarstufe I der Gemeinschaftsschule gilt die als Anlage 1 beigefügte Stundentafel.

⇨ Gemeinschaftsschule (Verordnung / Stundentafel)

§ 3
Lerngruppenbildung

(1) Die Schüler werden in einem gemeinsamen Bildungsgang je nach ihren individuellen Leistungsmöglichkeiten entsprechend den Bildungsstandards der Hauptschule, der Realschule, des Gymnasiums oder des Sonderpädagogischen Bildungs- und Beratungszentrums unterrichtet. Der Schulleiter bildet hierfür Lerngruppen nach pädagogischen Gesichtspunkten; Basis ist das der Schule nach Maßgabe der Verwaltungsvorschrift [...] ⇨ Organisationserlass für das jeweilige Schuljahr zur Verfügung stehende Budget.

(2) An die Stelle des in den jeweiligen Regelungen vorgesehenen Klassenlehrers tritt der Lerngruppenbegleiter; er wird vom Schulleiter bestimmt.

§ 4
Lernentwicklung und Bildungsstandards

(1) Ausgehend vom individuellen Leistungsstand des Kindes und vor dem Hintergrund der geltenden Bildungsstandards bietet die Fachlehrkraft, im Benehmen mit dem Schüler und den Erziehungsberechtigten, in dem jeweiligen Fach und Fächerverbund Lernangebote an, die dem Schüler die Möglichkeit geben, sein maximales Lern- und Leistungspotenzial auszuschöpfen.

(2) Jeder Schüler wird von einer Lehrkraft der Schule als Lerncoach betreut, der ihn regelmäßig in Fragen seiner individuellen Lernentwicklung berät. Die individuelle Lernentwicklung ist in geeigneter Weise zu dokumentieren, etwa durch ein Lerntagebuch.

(3) Im Abschlussjahr wird der einzelne Schüler in allen Fächern nach den Bildungsstandards des angestrebten Bildungsabschlusses unterrichtet. Die Schule berät die einzelnen Erziehungsberechtigten sowie die Schülerinnen und Schüler im zweiten Schulhalbjahr der Klasse 8 sowie der Klasse 9, welcher Bildungsabschluss erreichbar erscheint. Die Lerngruppenkonferenz gibt eine entsprechende Empfehlung ab; dabei legt sie die Kriterien der jeweiligen Prüfungsordnung, Versetzungsordnung oder der multilateralen Versetzungsordnung zugrunde. Die Erziehungsberechtigten entscheiden abschließend.

⇨ Gemeinschaftsschule (Schullaufbahnentscheidung);
⇨ Multilaterale Versetzungsordnung

(4) Schüler, die einen Anspruch auf ein sonderpädagogisches Bildungsangebot haben, werden auf der Basis einer individuellen Lernentwicklungsbegleitung in einem gemeinsamen Bildungsgang mit den nichtbehinderten Schülern nach den für das jeweilige sonderpädagogische Bildungs- und Beratungszentrum geltenden Bildungsstandards unterrichtet. Neben den in Absatz 1 genannten Lernangeboten werden auch die im Bildungsplan des jeweiligen sonderpädagogischen Bildungs- und Beratungszentrums aufgeführten Lernangebote berücksichtigt.

§ 5
Dauer des Bildungsganges

Der Bildungsgang dauert nach Maßgabe von § 8a Absatz 4 SchG fünf oder sechs Schuljahre. In Ausnahmefällen kann er, außer im Abschlussjahr, auf Beschluss der Lerngruppenkonferenz und im Einverständnis mit den Erziehungsberechtigten um ein Jahr verkürzt oder verlängert werden. Für Schüler mit dem Anspruch auf ein sonderpädagogisches Bildungsangebot gelten die jeweils vorgesehenen Regelungen zur Dauer des Bildungsganges.

§ 6
Leistungsmessung

(1) Die Leistungsmessung erfolgt durch differenzierende Beurteilungen über den individuellen Entwicklungs- und Leistungsstand. Dazu werden regelmäßig schriftliche, mündliche oder praktische Leistungserhebungen durchgeführt.

(2) Soweit Noten gebildet werden, werden sie auf der Grundlage der im jeweiligen Fach beziehungsweise Fächerverbund überwiegend zugrunde liegenden Bildungsstandards ermittelt.

(3) Zum Schulhalbjahr und am Ende des Schuljahres erhalten die Schüler eine schriftliche Information über ihre Leistungen in den einzelnen Fächern und Fächerverbünden. Dabei wird kenntlich gemacht, auf welcher Anforderungsebene die Leistungen erbracht wurden. Auf Wunsch der Erziehungsberechtigten sind dabei zusätzlich Noten oder Notentendenzen auszubringen. Unabhängig davon informiert sie die Schule auf ihren Wunsch hin im Rahmen von Beratungsgesprächen über den Notenstand.

Hinweis der Redaktion: Seit 1.2.2019 werden die Leistungen in den Fächern Sport, Musik und Bildende Kunst – außer in den Profilfächern und in den Abschlussklassen – nicht einer Ebene zugeordnet, sondern als Niveauangabe steht G/M/E im Lernentwicklungsbericht. (Quelle: Infobrief GMS Nr. 4, Dezember 2018)

(3a) Die schriftliche Information im Sinne des Absatzes 3 Satz 1 enthält auch Aussagen über das Lernverhalten und das Sozialverhalten. Ab Klassenstufe 7 und mit Ausnahme des individuellen Abschlussjahres sind zum Schuljahresende auf Wunsch der Erziehungsberechtigten jeweils auch Noten im Lernverhalten und Sozialverhalten auszubringen; die Regelungen der ⇨ Notenbildungsverordnung über die Noten für Verhalten und Mitarbeit finden entsprechende Anwendung.

(3b) Eine Ausbringung von Noten nach den Absätzen 3 und 3a kann nur in der Weise erfolgen, dass dies für alle Fächer, Fächerverbünde sowie für das Lernverhalten und Sozialverhalten erfolgt.

(4) Schüler, die in Klassenstufe 9 durchgängig in allen Fächern und Fächerverbünden ihre Leistungen nach den Bildungsstandards der Realschule oder des Gymnasiums erbracht haben und nach der entsprechenden Versetzungsordnung in die Klasse 10 versetzt werden könnten, haben einen dem Hauptschulabschluss gleichwertigen Bildungsstand. Schüler, die in Klasse 10 durchgängig in allen Fächern und Fächerverbünden ihre Leistungen nach den Bildungsstandards des Gymnasiums erbracht haben und nach der Versetzungsordnung des Gymnasiums in die erste Jahrgangsstufe versetzt werden könnten, haben einen dem Realschulabschluss gleichwertigen Bildungsstand.

(5) Im Abschlussjahr der Sekundarstufe I gelten die ⇨ Notenbildungsverordnung sowie entsprechend dem gewählten Abschlussziel die Realschulabschlussprüfungsordnung, die Hauptschulabschlussprüfungsordnung oder die Regelungen der Versetzungsordnung Gymnasien. Für die Feststellung der Jahresleistung sowie im Abschlusszeugnis für die Hauptschulabschlussprüfung und die Realschulabschlussprüfung sind die Fächer der Gemeinschaftsschule mit Ausnahme des Profilfachs maßgeblich. Für Schülerinnen und Schüler mit Anspruch auf ein sonderpädagogisches Bildungsangebot gelten die hierfür jeweils vorgesehenen Regelungen zum Schulabschluss. Für die Versetzungsentscheidung auf dem erweiterten Niveau sind die Fächer Deutsch, Mathematik, Englisch sowie das Wahlpflichtfach und das Profilfach Kernfächer.

(6) Wer den Hauptschulabschluss nach Klasse 9 erworben hat, kann diese Klasse erneut besuchen, um in Klasse 10 den Realschulabschluss zu erwerben oder die Versetzung in die Einführungsphase der gymnasialen Oberstufe nach den Regelungen der gymnasialen Versetzungsordnung anzustreben.

(7) Wird die Hauptschulabschlussprüfung in Klasse 9 nicht bestanden, kann sie nach erneutem Besuch der Klasse 9 oder nach Besuch der Klasse 10 einmal wiederholt werden. Wird die Prüfung in Klasse 10 nicht bestanden, kann sie nach erneutem Besuch der Klasse 10 einmal wiederholt werden, sofern an ihr nicht bereits in Klasse 9 erfolglos teilgenommen wurde.

(8) Wird die Realschulabschlussprüfung nicht bestanden, so kann sie nach erneutem Besuch der Klasse 10 einmal wiederholt werden oder der Hauptschulabschluss angestrebt werden. Die Hauptschulabschlussprüfung kann einmal wiederholt werden.

(9) Kann eine Versetzung in Klasse 10 bei Unterricht auf Niveau E nach den Regelungen der Versetzungsordnung Gymnasien in die Einführungsphase der gymnasialen Oberstufe nicht erfolgen, so kann diese Klasse wiederholt werden, um die Versetzung auf Niveau E oder bei gleichzeitigem Wechsel auf das entsprechende Niveau den Realschulabschluss oder den Hauptschulabschluss anzustreben. Die Realschulabschlussprüfung und die Hauptschulabschluss prüfung können dabei jeweils einmal wiederholt werden. Eine entsprechende Wiederholungsmöglichkeit besteht nicht für Schüler, die die Klasse 10 wiederholt haben, um die Versetzung auf Niveau E anzustreben.

§ 7
Schulaufgaben

Hausaufgaben werden unter Wahrung der in § 10 der ⇨ Notenbildungsverordnung vorgesehenen Ziele als Schulaufgaben durch individuelles und kooperatives Lernen im Ganztagsschulkonzept der Gemeinschaftsschule ersetzt.

§ 8
Konferenzen

(1) An die Stelle der Klassenkonferenz tritt die Lerngruppenkonferenz. Ihr gehören alle Lehrkräfte an, die in der Lerngruppe selbstständig unterrichten.

(2) Die Gesamtlehrerkonferenz kann Jahrgangsstufenkonferenzen bilden; die Regelungen der Konferenzordnung zu weiteren Teilkonferenzen bleiben im Übrigen unberührt. ⇨ Konferenzordnung

§ 9
Elternvertretung

(1) Für die Jahrgangsstufen wird jeweils eine Jahrgangsstufenpflegschaft gebildet. Für sie gelten die §§ 5 bis 9 der ⇨ Elternbeiratsverordnung mit folgender Maßgabe:

1. An die Stelle der Eltern der Schüler der Lerngruppe, der Lehrkräfte der Lerngruppe und des Lerngruppensprechers treten jeweils die Eltern der Schüler der Jahrgangsstufen, alle Lehrkräfte, die regelmäßig in der Jahrgangsstufe selbstständig unterrichten, die Vertreter der Schüler der Jahrgangsstufe im Schülerrat sowie deren Stellvertreter.
2. An die Stelle des Vorsitzenden der Klassenpflegschaft tritt der Vorsitzende der Jahrgangsstufenpflegschaft. Er wird von den Elternvertretern der Jahrgangsstufe aus ihrer Mitte gewählt. Für die Wahl und die Amtszeit gelten die §§ 14 bis 20 der Elternbeiratsverordnung entsprechend.

(2) Die Jahrgangsstufenpflegschaft kann für die Lerngruppen Lerngruppenpflegschaften bilden. Für diese gelten die §§ 5 bis 9 der Elternbeiratsverordnung mit folgender Maßgabe:

1. An die Stelle der Eltern der Schüler der Klasse, der Lehrkräfte der Klasse und des Klassensprechers treten jeweils die Eltern der Schüler der Lerngruppe, alle Lehrkräfte, die regelmäßig in der Lerngruppe selbstständig unterrichten, und der Lerngruppensprecher sowie sein Stellvertreter.
2. Die Eltern der Lerngruppenpflegschaft wählen aus ihrer Mitte den Vorsitzenden der Lerngruppenpflegschaft. Für die Wahl und die Amtszeit gelten die §§ 14 bis 20 der Elternbeiratsverordnung entsprechend. Stellvertreter ist der Lerngruppenbegleiter.

(3) Die Jahrgangsstufenpflegschaften wählen jeweils in den Elternbeirat so viele Vertreter wie bei Klassenbildungen entsprechend dem vom Organisationserlass vorgegebenen Teiler Klassenelternvertreter und Stellvertreter gewählt werden könnten. Entspricht die Zahl der Lerngruppen eines Jahrganges der Zahl der nach Satz 1 möglichen Klassen, kann die Jahrgangsstufenpflegschaft beschließen, dass statt der Wahl nach Satz 1 der Lerngruppenelternvertreter und ein Stellvertreter Mitglieder des Elternbeirates sind.

§ 10
Schülermitverantwortung

(1) An die Stelle der Klassenschülerversammlung und der Klassensprecher treten die Lerngruppenversammlung und die Lerngruppensprecher und ihre Stellvertreter. ⇨ Schülermitverantwortung

(2) In jeder Lerngruppe werden ein Lerngruppensprecher und ein Stellvertreter gewählt.

(3) Die Lerngruppensprecher und ihre Stellvertreter wählen aus ihrer Mitte jeweils in den Schülerrat so viele Vertreter und Stellvertreter wie bei Klassenbildungen entsprechend dem vom Organisationserlass vorgegebenen Teiler Klassensprecher und Stellvertreter gewählt werden könnten. Entspricht die Zahl der Lerngruppen eines Jahrganges der Zahl der nach Satz 1 möglichen Klassen, sind alle Lerngruppensprecher und ihre Stellvertreter Mitglieder des Schülerrats.

Hinweis der Redaktion: Wege zum Abitur für Schüler*innen der Gemeinschaftsschule nach Klasse 10

	Voraussetzungen	Fremdsprache
Oberstufe der Gemeinschaftsschule	1. Versetzung auf E-Niveau in entsprechender Anwendung der Versetzungsordnung Gymnasien. ⇨ Gemeinschaftsschule (Verordnung) § 11 Nr. 1 2. Erfolgreich abgeschlossene Realschulabschlussprüfung. Durchschnitt von mindestens 3,0 in allen für die Versetzung maßgebenden Fächern. In zwei der Fächer Deutsch, Mathematik und in der Pflichtfremdsprache mindestens die Note „gut" und im dritten dieser Fächer mindestens die Note „befriedigend". ⇨ Gemeinschaftsschule (Verordnung) § 11 Nr. 2	Zweite Fremdsprache ist nicht Voraussetzung. Sie kann ab Kl. 11 neu begonnen werden.
Oberstufe des allgemeinbildenden Gymnasiums	1. Versetzung auf E-Niveau in entsprechender Anwendung der Versetzungsordnung Gymnasien. ⇨ Gymnasium (Versetzungsordnung) § 1 2. Durchschnitt von mindestens 3,0 in allen für die Versetzung maßgeblichen Fächern. In zwei der Fächer Deutsch, Mathematik und in der Pflichtfremdsprache (Englisch) mindestens die Note „gut" und im dritten dieser Fächer mindestens die Note „befriedigend". ⇨ Gemeinschaftsschule (Verordnung) § 16 Nr. 2	Französischunterricht ab Klasse 6. In Klasse 10 mindestens Note „befriedigend".
Wechsel an ein dreijähriges Berufliches Gymnasium	1. Versetzungszeugnis einer GMS auf E-Niveau nach den Anforderungen der Versetzungsordnung Gymnasien. *(AufnahmeVO berufliche Gymnasien § 1 Abs. 1 Nr. 3)* 2. Realschulabschluss mit Notendurchschnitt mindestens 3,0 in den Fächern Deutsch, Mathematik und der am BG weiterzuführenden ersten Pflichtsprache (Englisch oder Französisch) und in jedem dieser Fächer mindestens die Note „ausreichend". *(AufnahmeVO berufliche Gymnasien § 1 Abs. 1 Nr. 1)*	Zweite Fremdsprache ist nicht Voraussetzung. Sie kann ab Kl. 11 neu begonnen werden.

Abschnitt 2
Gymnasiale Oberstufe

§ 11
Voraussetzungen für die Aufnahme

In die gymnasiale Oberstufe der Gemeinschaftsschule kann aufgenommen werden, wer

1. an der Gemeinschaftsschule am Ende der Klasse 10 auf dem Niveau E in entsprechender Anwendung der Versetzungsordnung Gymnasien versetzt wurde oder
2. die Realschulabschlussprüfung erfolgreich abgelegt und in zwei der Fächer Deutsch, Mathematik und in der Pflichtfremdsprache mindestens die Note gut und im dritten dieser Fächer mindestens die Note befriedigend sowie in allen für die Versetzung maßgebenden Fächern mindestens einen Durchschnitt von 3.0 erreicht hat.

Die Möglichkeiten des Wechsels in die gymnasiale Oberstufe nach den besonderen Aufnahmebestimmungen für die Gymnasien der dreijährigen Aufbauform und der Multilateralen Versetzungsordnung bleiben unberührt.

§ 12
Aufnahmeantrag

(1) Der Aufnahmeantrag ist bis zum 1. März an die Gemeinschaftsschule zu richten, die der Bewerber besuchen möchte. Dem Aufnahmeantrag sind eine beglaubigte Abschrift des Zeugnisses, das die Voraussetzung für die Aufnahme nachweist, beizufügen; sofern das Zeugnis zum Anmeldetermin noch nicht vorliegt, ist die Abschrift unverzüglich nachzureichen und dem Aufnahmeantrag einstweilen eine beglaubigte Abschrift des letzten Schulzeugnisses beizufügen.

(2) Über den Aufnahmeantrag entscheidet die Schulleitung. Sie kann eine angemessene Frist setzen, innerhalb der sich der Bewerber erklären muss, ob er die zugesagte Aufnahme annimmt.

§ 13
Auswahlverfahren

(1) Können bei voller Ausschöpfung der vorhandenen personellen, räumlichen und sächlichen Gegebenheiten sowie bei Abstimmung der Aufnahmefähigkeit benachbarter Schulen und entsprechender Zuweisung der Bewerber gemäß § 18 Absatz 1 und § 88 Absatz 4 SchG nicht alle Bewerber in die gymnasiale Oberstufe der Gemeinschaftsschule aufgenommen werden, werden die zur Verfügung stehenden Plätze an die Bewerber mit Werkrealschulabschluss, mit Realschulabschluss sowie an die Bewerber vergeben, die an einer Gemeinschaftsschule am Ende der Klasse 10 auf dem Niveau E in entsprechender Anwendung der Versetzungsordnung Gymnasien versetzt wurden; die zur Verfügung stehenden Plätze werden entsprechend dem jeweiligen Bewerberanteil auf diese Bewerbergruppen verteilt. Die von diesen Bewerbergruppen nicht beanspruchten Plätze werden an die Gruppe der Bewerber vergeben, die die Aufnahmevoraussetzungen an einem Gymnasium erworben haben.

(2) Die für die Vergabe nach Eignung und Leistung innerhalb der Bewerbergruppen nach Absatz 1 zur Verfügung stehenden Plätze werden nach dem auf eine Dezimale errechneten Durchschnitt aus den Noten der maßgeblichen Fächer des Zeugnisses ermittelt.

(3) Bis zu maximal 5 Prozent der Plätze sind für außergewöhnliche Härtefälle vorbehalten. Ein außergewöhnlicher Härtefall im Auswahlverfahren liegt vor, wenn ein Bewerber nicht ausgewählt worden ist und die Nichtaufnahme für ihn mit Nachteilen verbunden wäre, die bei Anlegung eines strengen Maßstabes über das Maß der mit der Nichtaufnahme üblicherweise verbundenen Nachteile erheblich hinausgehen. Für die Berücksichtigung als außergewöhnliche Härtefälle kommen insbesondere familiäre oder soziale Umstände oder andere von dem Bewerber nicht zu vertretende Gründe in Betracht. Über das Vorliegen eines außergewöhnlichen Härtefalles und die sich nach dem Grad der Härte ergebende Rangfolge des Bewerbers entscheidet ein Auswahlausschuss, dem die Schulleiterin oder der Schulleiter als Vorsitzende und vier von ihm beauftragte Lehrkräfte angehören.

(4) § 11 Absatz 1 Multilaterale Versetzungsordnung findet auf Schüler, die nach den Absätzen 1 bis 3 an dem Auswahlverfahren teilnehmen, keine Anwendung. ⇨ Multilaterale Versetzungsordnung

§ 14
Besondere Regelungen für die gymnasiale Oberstufe der Gemeinschaftsschulen

(1) Für die Klasse 11 der Gemeinschaftsschule gilt die als Anlage 2 beigefügte Stundentafel.

(2) Wer in mindestens vier aufeinanderfolgenden Schuljahren Unterricht in der zweiten Fremdsprache besucht hat, kann in der Einführungsphase der gymnasialen Oberstufe entweder diese Fremdsprache fortführen oder eine neue Fremdsprache beginnen, die dann durchgehend in der gymnasialen Oberstufe belegt werden muss.

(3) Wer die Voraussetzungen des Absatzes 2 nicht erfüllt, muss in der gymnasialen Oberstufe durchgehend Unterricht in einer neu beginnenden zweiten Fremdsprache mit einem Volumen von 12 Jahreswochenstunden belegen. Die Ergebnisse aus zwei Schulhalbjahren dieses Fremdsprachenunterrichts in den Jahrgangsstufen 1 und 2 müssen in die Gesamtqualifikation eingebracht werden.

(4) Im Übrigen finden die für die gymnasiale Oberstufe an Gymnasien der Normalform geltenden Bestimmungen entsprechende Anwendung.

Abschnitt 3
Schlussbestimmungen

§ 15
Übergangsbestimmungen

[...]

(2) Ethik wird erstmals im Schuljahr 2021/2022 in Klassenstufe 5 unterrichtet.

§ 16

Abschlüsse, Übergang in die Oberstufe des Gymnasiums

Für den Erwerb des Hauptschul-, Werkrealschul- und des Realschulabschlusses und für den Übergang in die Eingangsklasse der Oberstufe (Klasse 10 oder 11 des Gymnasiums) gelten die allgemeinen Bestimmungen mit folgenden Maßgaben:

1. Der Vorsitzende des Prüfungsausschusses bei der Hauptschulabschlussprüfung sowie der Werkrealschulabschlussprüfung und der stellvertretende Vorsitzende des Prüfungsausschusses bei der Realschulabschlussprüfung ist der Abteilungsleiter der Mittelstufe.
2. Voraussetzung für den Übergang von der realschulbezogenen Klasse 10 in eine besondere Eingangsklasse der Oberstufe ist der Realschulabschluss, wobei ein Durchschnitt von mindestens 3,0 aus den Noten der Fächer Deutsch, Mathematik sowie der beiden als Pflicht- oder Wahlpflichtfremdsprache belegten Fremdsprachen und in jedem dieser Fächer mindestens die Note »ausreichend« erreicht sein müssen.

⇨ Elternbeiratsverordnung; ⇨Gemeinschaftsschule (Schullaufbahnentscheidung); ⇨ Gemeinschaftsschule (Verordnung); (Stundentafel); ⇨ Konferenzordnung; ⇨ Multilaterale Versetzungsordnung; ⇨ Notenbildungsverordnung; ⇨ Organisationserlass; ⇨ Schulbesuchsverordnung; ⇨ Schülermitverantwortung; ⇨ Schulgesetz § 8a

Gemeinschaftsschule (Verordnung / Stundentafeln)

Anlagen 1 und 2 (zu § 2) – Stundenkontingent für die Gemeinschaftsschule – Sekundarstufe I

Vorbemerkungen zur Stundentafel:

In Klasse 5 wird ein Basiskurs Medienbildung im Umfang von 35 Unterrichtsstunden durchgeführt, die aus dem Stundenvolumen der beteiligten Fächer entnommen werden. Die Gesamtlehrerkonferenz und die Schulkonferenz entscheiden über die am Basiskurs Medienbildung beteiligten Fächer und deren zeitlichen Anteil.

In den Klassen 5 bis 10 werden für Schülerinnen und Schüler, die nicht am Religionsunterricht teilnehmen, elf Kontingentstunden Ethik vorgesehen. Die Verteilung der Kontingentstunden in Religionslehre wird unter Beteiligung der zuständigen kirchlichen Beauftragten festgelegt.

Die sieben Kontingentstunden des Fächerverbunds Biologie, Naturphänomene und Technik (BNT) werden wie folgt verteilt: Biologie 4 Stunden, Physik 1 Stunde, Chemie 1 Stunde, Technik 1 Stunde.

Die acht Kontingentstunden des Profilfachs Informatik, Mathematik und Physik (IMP) werden wie folgt verteilt: jeweils im Umfang von einer Stunde in den Klassen 8 und 9 Informatik, Mathematik und Physik sowie in Klasse 10 Informatik und Physik.

Die Pflichtfremdsprache ist Englisch und beginnt in Klasse 5.

Die 2. Fremdsprache ist Französisch und beginnt für die Schülerinnen und Schüler, die die 2. Fremdsprache wählen, in Klasse 6 mit 4 Kontingentstunden. Die 3. Fremdsprache ist Spanisch und kann, bei entsprechendem Angebot durch die Schule, in Klasse 8 begonnen werden. Spanisch als dritte Fremdsprache können nur die Schüler wählen, die seit Beginn der Klasse 6 Französisch als zweite Fremdsprache gewählt haben.

Wahlpflichtbereich Klasse 7 bis 10: Technik beziehungsweise Alltagskultur, Ernährung, Soziales mit 12 Kontingentstunden oder 2. Fremdsprache mit 14 Kontingentstunden von Kl. 7-10. (2. Fremdsprache insgesamt 18 Kontingentstunden ab Klasse 6).

Aus den Fächern des Wahlpflichtbereichs wählen die Schülerinnen und Schüler ein Fach aus, das bis zum Abschluss der Sekundarstufe I zu besuchen ist. Abweichend davon kann zum Ende des zweiten Schulhalbjahres der Klasse 6 anstelle der zweiten Fremdsprache eines der beiden anderen Wahlpflichtfächer gewählt werden.

Der Fächerverbund BNT wird in den Klassen 5 und 6 unterrichtet. Die Fächer Biologie und Physik beginnen in Klasse 7. Die Fächer Chemie, Gemeinschaftskunde und Wirtschaft / Berufs- und Studienorientierung beginnen in Klasse 7 oder 8. Geschichte beginnt in Klasse 5 oder 6. Die übrigen Fächer beginnen in Klasse 5. Der Aufbaukurs Informatik wird in Klasse 7 unterrichtet.

Beim Übergang von Grundschülerinnen und Grundschülern mit vier Jahren Französischunterricht soll die Überbrückung bis zur möglichen Weiterführung von Französisch in Klasse 6 mit einem zweistündigen Kurs ermöglicht werden.

Das Profilfach an der Gemeinschaftsschule beginnt in Klasse 8.

Die Schule bietet als Profilfach Naturwissenschaft und Technik an. Alternativ oder in Ergänzung kann das Profilfach lnformatik, Mathematik und Physik (IMP) eingeführt werden. Daneben wird eines der Fächer Musik, Bildende Kunst oder Sport angeboten; ist die Schule mindestens vierzügig, können auch zwei dieser Fächer angeboten werden. Bei ausreichender Nachfrage durch die Schülerinnen und Schüler kann die Schule zusätzlich das Fach Spanisch als dritte Fremdsprache anbieten.

Bei ausreichender Nachfrage durch die Schülerinnen und Schüler kann die Schule zusätzlich das Fach Spanisch als dritte Fremdsprache anbieten. Die Kompetenzanalyse wird verpflichtend in Klasse 8 durchgeführt. Die individuelle Förderung schließt sich unmittelbar an.

In den Klassen 9 und 10 sind alle Fächer zu unterrichten.

Gemeinschaftsschulen, die sich aus Realschulen mit genehmigtem bilingualem Zug entwickelt haben, können einen Antrag auf ein ergänzendes bilinguales Angebot stellen. Als Gemeinschaftsschule mit ergänzendem bilingualem Angebot erhalten sie für die Klassenstufen 5-10 zusätzlich neun Lehrerwochenstunden.

⇨ Gemeinschaftsschule (Verordnung)

Anlage 1 (zu § 2 Absatz 1)

Stundenkontingent für die Gemeinschaftsschule – Sekundarstufe I

Hinweis der Redaktion: Die Vorbemerkungen zur Anlage 1 stehen auf der vorhergehenden Seite.

Unterrichtsfach	Stundenkontingent
I. Pflichtbereich	
Religionslehre	11
Ethik	(11)
Deutsch	24
Pflichtfremdsprache (Englisch)	23
Mathematik	24
Gesellschaftswissenschaftliches Fächerfeld	
Geschichte	8
Geographie	7
Gemeinschaftskunde	5
Wirtschaft/Berufs- und Studienorientierung	5
Naturwissenschaftliches Fächerfeld	
Fächerverbund Biologie, Naturphänomene und Technik	7
Physik	7
Chemie	6
Biologie	5
Aufbaukurs Informatik	1
Musik	9
Bildende Kunst	9
Sport	17
Kompetenzanalyse mit individueller Förderung	2
II. Wahlpflichtbereich	
Technik	12
Alltagskultur, Ernährung, Soziales	
zweite Fremdsprache (Französisch)	18
III. Profilfach	
dritte Fremdsprache (Spanisch)	8
Naturwissenschaft und Technik	
Informatik, Mathematik und Physik (IMP)	
Musik, Kunst, Sport	
Pool für Maßnahmen zur Differenzierung und Förderung	20

Anlage 2 (zu § 14 Absatz 1)

Stundentafel Klasse 11 Gemeinschaftsschule

Vorbemerkung zur Stundentafel (Anlage 2):

Die vier Kontingentstunden des Profilfachs Informatik, Mathematik und Physik (IMP) werden wie folgt verteilt: Informatik eine Stunde, Mathematik zwei Stunden, Physik eine Stunde.

Das Fach Wirtschaft/Berufs- und Studienorientierung beginnt erstmals im Schuljahr 2021/2022.

Unterrichtsfach	Klasse 11
Religionslehre	2
Ethik	
Deutsch	4
Pflichtfremdsprache (Englisch)	3
2. Pflichtfremdsprache (Französisch)	3
Neu beginnende Fremdsprache (Französisch oder Spanisch)	4
Mathematik	4
Geschichte	2
Geographie	1
Gemeinschaftskunde	1
Wirtschaft/Berufs- und Studienorientierung	1
Physik	2
Chemie	2
Biologie	1
Musik	1
Bildende Kunst	1
Sport	2
Profilfach: NwT, IMP, Musik, Bildende Kunst, Sport, Spanisch	4
Physik (zusätzlich, nur wenn kein Profilfach fortgeführt werden kann)	1
Pool für Maßnahmen zur Differenzierung und Förderung	2

Gesamtschulen (Schulen besonderer Art)

Verordnung des Kultusministeriums über die Schulen besonderer Art vom 4. Juni 2009 (K.u.U. S. 93/2009); zuletzt geändert 18. Juni 2020 (GBl. S. 577/2020)

§ 1
Allgemeines

Für die Schulen besonderer Art gelten die allgemeinen Bestimmungen, soweit nicht ausdrücklich Abweichendes geregelt ist. ⇨ Schulgesetz § 107

§ 2
Äußere Gliederung

(1) Die Schulen besonderer Art werden anstelle nach Schularten nach Abteilungen gegliedert, und zwar in die Abteilung Orientierungsstufe (Klassen 5 und 6) und in die Abteilung Mittelstufe (Klassen 7 bis 10). In gymnasialbezogenen Klassen umfasst die Mittelstufe die Klassen 7 bis 9 im achtjährigen Bildungsgang sowie 7 bis 10 im neunjährigen Bildungsgang. In der integrierten Gesamtschule Mannheim-Herzogenried und der Staudinger-Gesamtschule Freiburg i.Br. umfasst die Orientierungsstufe die Klassen 5 bis 7; auch in den gymnasialbezogenen Klassen umfasst an dieser Schule die Mittelstufe die Klassen 8 bis 10.

(2) Soweit die Schulen weitere Abteilungen haben, haben diese nicht den Status einer Schule besonderer Art.

§ 3
Unterrichtsorganisation

(1) An den Schulen besonderer Art wird der Unterricht im Klassenverband erteilt; während der Orientierungsstufe kann er in den Fächern Deutsch, Mathematik und erste und zweite Fremdsprache nach dem Prinzip der äußeren Differenzierung sowie auf verschiedenen Leistungsebenen (A-Niveau, B-Niveau, C-Niveau) erteilt werden.

(2) Ab Beginn der Klasse 7 können schulartbezogene Klassen gebildet werden.

(3) In Klassen, die nicht schulartbezogen gebildet wurden, wird der einzelne Schüler im Abschlussjahr der Sekundarstufe I in allen Fächern nach den Bildungsstandards des angestrebten Bildungsabschlusses unterrichtet. Die Schule berät die einzelnen Erziehungsberechtigten und Schüler im zweiten Schulhalbjahr der Klasse 8 sowie der Klasse 9, für die Erreichung welchen Bildungsabschlusses sie den einzelnen Schüler geeignet hält; die Klassenkonferenz gibt aufgrund der jeweiligen Prüfungsordnung, Versetzungsordnung oder der Multilateralen Versetzungsordnung eine entsprechende Empfehlung ab.

(4) Das Fach Sport kann auch dann schulartübergreifend erteilt werden, wenn schulartbezogene Klassen gebildet wurden.

§ 4
Stundentafeln

Für die Orientierungsstufe und die Mittelstufe einschließlich der Klasse 10 oder 11 gelten insgesamt die jeweiligen Kontingentstundentafeln für die Hauptschule, Werkrealschule, Realschule und das Gymnasium nach den Maßgaben der Anlagen 1 bis 9 *(nicht abgedruckt)*.

§ 5
Bildungs- und Lehrpläne

Dem Unterricht in der Orientierungsstufe und der Mittelstufe wird der gemeinsame Bildungsplan für die Sekundarstufe I zugrunde gelegt. Soweit schulartbezogene Gymnasialklassen gebildet werden oder soweit Fächer im gemeinsamen Bildungsplan für die Sekundarstufe nicht enthalten sind, ist der Bildungsplan für das Gymnasium maßgeblich.

§ 6
Aufnahme der Schüler

(1) In die Klasse 5 der Schulen besonderer Art können Schüler aufgenommen werden, die das Ziel der Grundschule erreicht haben. Werden mehr Schüler angemeldet, als aufgenommen werden können, hat die Schule mit Zustimmung der Schulaufsichtsbehörde ein Auswahlverfahren festzulegen.

(2) Falls noch Plätze frei sind, können Schüler auch in höhere Klassen aufgenommen werden. Bis zur Bildung der schulartbezogenen Klassen entscheidet der Abteilungsleiter über die Zuordnung zu den verschiedenen Leistungsebenen in Deutsch, Fremdsprachen und Mathematik. Bei Aufnahme in die schulartbezogenen Klassen muss der Schüler in die entsprechende Klasse der entsprechenden Schulart versetzt worden sein; im Übrigen gilt die ⇨ Multilaterale Versetzungsordnung [...].

§ 7
Einstufung, Umstufung

(1) Über die Zuordnung der Schüler zu den verschiedenen Leistungsebenen oder Lerngruppen im Sinne des § 3 Absatz 1 in Deutsch, Fremdsprachen und Mathematik entscheidet die Klassenkonferenz aufgrund der bisher gezeigten Leistungen und der voraussichtlichen Leistungsentwicklung. Kein Schüler darf gegen den Willen der Erziehungsberechtigten einem höheren Niveau zugeordnet werden.

(2) Eine Umstufung in eine andere Leistungsebene erfolgt, wenn der Schüler erhöhten Anforderungen gewachsen erscheint oder ein erfolgreiches Mitarbeiten in der bisher besuchten Leistungsebene nicht mehr gewährleistet ist. Die Umstufungen erfolgen in der Regel zum Ende eines Schulhalbjahres. Die Entscheidung trifft die Klassenkonferenz. Absatz 1 Satz 2 gilt entsprechend.

§ 8
Notengebung, Zeugnisse

(1) Soweit keine schulartspezifischen Klassen gebildet sind, kann anstelle oder neben der Leistungsbeurteilung mit den herkömmlichen Notenstufen eine verbale Beurteilung der Leistungen in den einzelnen Fächern erfolgen. Auf Wunsch der Erziehungsberechtigten sind dabei zusätzlich Noten oder Notentendenzen auszubringen und kenntlich zu machen, auf welcher Anforderungsebene die Leistungen erbracht wurden.

(2) In der Orientierungsstufe der Internationalen Gesamtschule Heidelberg erfolgt in allen Fächern die Notengebung nach einer Zehn-Punkte-Tabelle.

(3) Die Zeugnisse sind den abweichenden Regelungen für die Schulen besonderer Art anzupassen, insbesondere ist bei Fächern mit verschiedenen Leistungsebenen das Niveau kenntlich zu machen.

§ 9
Bildung der schulartbezogenen Klassen

(1) Integrierte Gesamtschule Mannheim-Herzogenried

1. Ein Schüler kann in die schulartbezogene Klasse aufgenommen werden, nach deren Versetzungsordnung er unter den nachfolgenden Maßgaben am Ende der vorhergehenden Klasse versetzt worden wäre.
   a) Zum Besuch der gymnasialbezogenen Klasse ist ferner erforderlich, dass der Schüler am Ende der vorhergehenden Klasse in mindestens zwei Fächern mit verschiedenen Leistungsebenen im A-Niveau war und dass er in Klasse 7 den Unterricht in der zweiten Fremdsprache besuchte.
   b) Zum Besuch der realschulbezogenen Klasse ist ferner erforderlich, dass der Schüler am Ende der vorhergehenden Klasse in mindestens zwei Fächern mit verschiedenen Leistungsebenen im B-Niveau war.
2. In den Fächern mit verschiedenen Leistungsebenen ist die Note erforderlichenfalls dem entsprechenden Niveau zuzuordnen.
3. Für die Versetzungsordnungen gelten folgende Maßgaben: Das Fach Arbeitslehre ist ein für die Versetzung maßgebendes Fach. Im Übrigen richtet sich die Maßgeblichkeit der Fächer nach den Anlagen 7 bis 9.

(2) Internationale Gesamtschule Heidelberg

1. Ein Schüler kann in die gymnasialbezogene Klasse aufgenommen werden, wenn er am Ende der Klasse 6 in mindestens zwei der Fächer Deutsch, erste Fremdsprache und Mathematik jeweils mindestens 8 Punkte und in dem dritten Fach und der zweiten Fremdsprache mindestens 7 Punkte erreicht hat, sowie der Durchschnitt aus den Leistungen in den nach der Anlage 6 maßgeblichen Fächern mindestens 8 Punkte beträgt.
2. Ein Schüler kann in die realschulbezogene Klasse aufgenommen werden, wenn er am Ende der Klasse 6 in mindestens zwei der Fächer Deutsch, Englisch und Mathematik jeweils mindestens 6 Punkte und im dritten Fach mindestens 5 Punkte erreicht hat, sowie der Durchschnitt aus den Leistungen in den nach der Anlage 5 maßgeblichen Fächern mindestens 6 Punkte beträgt.
3. Wird der Durchschnitt von 8 oder 6 Punkten wegen der Leistungen in Sport, Musik und Bildende Kunst nicht erreicht, ist von diesen Fächern nur das mit der besten Note in die Durchschnittsberechnung einzubeziehen. Die Regelungen zum untypischen Leistungsabfall und zur Aufnahme auf Probe nach der Realschulversetzungsordnung und der Versetzungsordnung Gymnasien gelten entsprechend.

(3) Die Entscheidung trifft die Klassenkonferenz unter Vorsitz des Abteilungsleiters. Der Vorsitzende ist stimmberechtigt; bei Stimmengleichheit gibt seine Stimme den Ausschlag.

§ 10
Versetzungen

(1) In den schulartbezogenen Klassen steigen die Schüler durch Versetzungsentscheidung in die nächsthöhere Klasse auf. Soweit keine schulartbezogenen Klassen gebildet sind, rücken die Schüler ohne Versetzungsentscheidung in die nächsthöhere Klasse auf.

(2) In den schulartbezogenen Klassen gilt die Versetzungsordnung der entsprechenden Schularten mit folgenden Maßgaben:

1. Für die Staudinger-Gesamtschule Freiburg i. Br. gilt:
   a) Die Fächer des Wahlpflichtbereichs nach Anlage 3 sind jeweils ein für die Versetzung maßgebendes Kernfach im Sinne der Versetzungsordnung Gymnasien.
   b) Sind die Fächer Sport, Musik oder Bildende Kunst Kernfächer, sind sie in jedem Fall für die Versetzung maßgebende Fächer.
2. Für die Integrierte Gesamtschule Mannheim-Herzogenried gilt:
   a) Werkrealschulverordnung
   Das Fach Arbeitslehre mit dem jeweiligen Schwerpunkt Elektrotechnik, Metalltechnik

Stichwort: Sitzungen online abhalten?

Im Schuljahr 2021/2022 dürfen pandemiebedingt die Schulkonferenz, die Klassenpflegschaft und die sonstigen Pflegschaften sowie die Eltern- und Schülervertretungen im Sinne der Elternbeiratsverordnung und der SMV-Verordnung sowie die Lehrerkonferenzen auch ohne persönliche Anwesenheit der Mitglieder zusammentreten, beraten und beschließen, sofern dies durch eine den jeweils geltenden datenschutzrechtlichen Vorgaben genügende und im Übrigen geeignete technische Einrichtung wie etwa Video- oder Telefonkonferenzen möglich ist. Abstimmungen im Wege der Umfrage in Textform sind zulässig. (Quelle: Corona-Pandemie-Prüfungsverordnung 2021/22, § 1 Abs. 8)

In virtuellen Sitzungen sind allerdings Wahlen problemlos nur möglich, wenn keine geheime Abstimmung beantragt wird bzw. keine geheime Wahl vorgeschrieben ist. In der GLK ist beispielsweise geheim abzustimmen, wenn 20 % der Stimmberechtigten dies verlangen ⇨ Konferenzordnung § 13 Abs. 4.

oder Hauswirtschaft ist ein für die Versetzung maßgebendes Fach.

b) Realschulversetzungsordnung
Das vom Schüler gewählte Wahlpflichtfach ist ein für die Versetzung maßgebendes Kernfach. Für Schüler, die Arbeitslehre nicht als Wahlpflichtfach gewählt haben, ist dieses Fach ein für die Versetzung maßgebendes Fach.

c) Versetzungsordnung Gymnasien
Das Fach Arbeitslehre ist in den Klassen 7 bis 10 ein für die Versetzung maßgebendes Fach.

§ 11

Abschlüsse, Übergang in die Oberstufe des Gymnasiums

Für den Erwerb des Hauptschul-, Werkrealschul- und des Realschulabschlusses und für den Übergang in die Eingangsklasse der Oberstufe (Klasse 10 oder 11 des Gymnasiums) gelten die allgemeinen Bestimmungen mit folgenden Maßgaben:

1. Die oder der stellvertretende Vorsitzende des Prüfungsausschusses bei der Hauptschulabschlussprüfung, Werkrealschulabschlussprüfung und Realschulabschlussprüfung ist die Abteilungsleiterin oder der Abteilungsleiter der Mittelstufe.
2. Voraussetzung für den Übergang von der realschulbezogenen Klasse 10 in eine besondere Eingangsklasse der Oberstufe ist der Realschulabschluss, wobei ein Durchschnitt von mindestens 3,0 aus den Noten der Fächer Deutsch, Mathematik sowie der beiden als Pflicht- oder Wahlpflichtfremdsprache belegten Fremdsprachen und in jedem dieser Fächer mindestens die Note »ausreichend« erreicht sein müssen;
3. Soweit keine schulartbezogenen Klassen gebildet wurden, gilt Nummer 2 für die Schüler entsprechend, deren Leistungsfeststellungen im Abschlussjahr auf dem Niveau M erfolgten; Schüler, die auf Niveau E in Klasse 10 in entsprechender Anwendung der Versetzungsordnung Gymnasien versetzt wurden, können in die Eingangsklasse der gymnasialen Oberstufe wechseln.

§ 12

Schulwechsel

(1) Während der Orientierungsstufe stellt die Klassenkonferenz unter Vorsitz der Abteilungsleitung aufgrund der gezeigten Leistungen des Schülers fest, für welche Schulart beziehungsweise Schularten er geeignet ist. Diese Feststellung berechtigt zum Übertritt in die entsprechende Schulart. Stimmen die Feststellung der Schule und der Elternwunsch nicht überein, kann der Schüler an einer Schule der gewünschten Schulart eine Aufnahmeprüfung nach der multilateralen Versetzungsordnung ablegen.

(2) Nach Abschluss der Orientierungsstufe findet für den Wechsel eines Schülers einer Schule besonderer Art in eine andere Schulart die Multilaterale Versetzungsordnung entsprechende Anwendung.

(3) Soweit keine schulartspezifischen Klassen eingerichtet sind, ist für den Wechsel auf eine andere Schulart ein Zeugnis zu erstellen, in dem die Noten in allen Fächern einheitlich auf einer Niveaustufe ausgewiesen sind. Es wird die Niveaustufe ausgewiesen, die überwiegend für die Leistungsfeststellungen maßgeblich war. ⇨ Multilaterale Versetzungsordnung

§ 13

Schulaufsicht

Die Schulen besonderer Art unterstehen der unmittelbaren Schulaufsicht des Regierungspräsidiums.

§ 13 a

(Absätze 1 und 2 hier nicht abgedruckt)

(3) Ethik wird erstmals im Schuljahr 2021/2022 in Klassenstufe 5 unterrichtet.

Hinweis der Redaktion: Gemäß § 13a gelten Übergangsbestimmungen: Für Schüler*innen, die 2016/17 eine Klasse 7 bis 12 besuchen, gilt § 5 in der am 31.7.2016 geltenden Fassung (abgedruckt im Jahrbuch 2017) bis zu deren Abschluss an der Schule besonderer Art weiter. Für Schüler*innen, die 2018/19 eine Klasse 9 bis 12 besuchen, gilt diese Verordnung in der am 31.7.2018 geltenden Fassung (abgedruckt im Jahrbuch 2018) bis zu deren Abschluss an der Schule besonderer Art weiter. Dies gilt nicht für Schüler*innen, die aufgrund einer Klassenwiederholung in eine Klasse wechseln, die sich im Schuljahr 2016/17 in Klassenstufe 5 oder 6 befand.

⇨ Gymnasium (Abitur – AGVO); ⇨ Multilaterale Versetzungsordnung; ⇨ Realschule (Abschlussprüfung); ⇨ Schulgesetz § 107; ⇨ Versetzungsordnungen (bei den Schularten); ⇨ Werkrealschule (Verordnung)

Geschäftsordnung

Informationen der Redaktion zur Rechtslage und zur Verwaltungspraxis in Baden-Württemberg

Im Schulbereich gibt es eine Vielzahl von Gremien, die jeweils eine Geschäftsordnung benötigen.

⇨ Konferenzen (Allgemeines)

Zentrale Regelungen hat das Kultusministerium insbesondere für folgende schulische Gremien erlassen:

1. die Schulkonferenz,
   ⇨ Schulgesetz § 47; ⇨ Schulkonferenzordnung §§ 5-9
2. die Gesamtlehrerkonferenz;
   ⇨ Schulgesetz § 44 ff.; ⇨ Konferenzordnung §§ 12 ff.
3. die Klassenpflegschaft („Elternabend");
   ⇨ Schulgesetz § 57 ff.; ⇨ ElternbeiratsVO §§ 5 ff.
4. den Elternbeirat und den Gesamtelternbeirat;
   ⇨ Schulgesetz § 57 ff.; ⇨ ElternbeiratsVO §§ 27 ff.
5. die Schülermitverantwortung.
   ⇨ Schulgesetz § 57 ff.; ⇨ Schülermitverantwortung

Da es wegen der sehr unterschiedlichen Größe und Art der Schulen nicht möglich ist, alle Regularien zentral und einheitlich festzulegen, beschränkt sich das KM dabei auf relativ wenige Bestimmungen und überlässt den Schulen die Ausformulierung der Einzelheiten durch eigene Geschäftsordnungen:

- In der Konferenzordnung ist bestimmt (§ 2 Abs. 1 Nr. 14), dass die Gesamtlehrerkonferenz (GLK) Geschäftsordnungen für die Lehrerkonferenzen der Schulen beschließt (sie muss das aber nicht tun – man kann auch ohne förmliche, umfassende GO auskommen).
- Für den Erlass von Geschäftsordnungen der „gemischten" Gremien (Klassenpflegschaft, Schulkonferenz) ist die Schulkonferenz zuständig; so ist z.B. in § 12 der Elternbeiratsverordnung bestimmt, dass die Schulkonferenz für die Klassenpflegschaften eine Geschäftsordnung erlassen kann.
- Für reine Elterngremien (Elternbeirat) liegt die Zuständigkeit bei diesen selbst: In § 28 der Elternbeiratsverordnung ist bestimmt: *„Der Elternbeirat gibt sich eine Geschäftsordnung"*.
- In der SMV-Verordnung (§ 1) ist der Erlass einer Satzung vorgeschrieben, die durch weitere Bestimmungen ergänzt werden kann (§ 13).

Das KM hat in die oben unter Nr. 1 - 5 genannten Bestimmungen Regelungen über die Einberufung und Leitung der Sitzung, die Teilnahmepflicht und das Teilnahmerecht oder die Stellung von Anträgen aufgenommen. Zur Leitung ist in § 12 der Konferenzordnung abschließend bestimmt: *„Vorsitzender der Gesamtlehrerkonferenz und der Jahrgangsstufenkonferenzen ist der Schulleiter, Vorsitzender der Klassenkonferenz der Klassenlehrer. Bei anderen Teilkonferenzen obliegt der Vorsitz dem Lehrer, der durch Verwaltungsvorschriften dazu bestimmt ist; ist kein solcher Lehrer vorhanden, wählt die Teilkonferenz durch Abstimmung den Vorsitzenden aus dem Kreis der zur ständigen Teilnahme Verpflichteten."*

Die Konferenzordnung sieht die Wahl einer anderen Person zur Leitung der Lehrerkonferenz nicht vor; deshalb kann eine abweichende Regelung auch nicht durch eine Geschäftsordnung getroffen werden. Es ist dem/der Schulleiter*in aber unbenommen, sich bei der Leitung (z.B. bei der Entgegennahme von Wortmeldungen oder der Leitung von Abstimmungen) im Einzelfall durch eine andere Person vertreten zu lassen. Es hat sich bewährt, dies insbesondere bei eigener Beteiligung an einer hitzigen Diskussion zu tun. Für die Bestellung einer solchen „anderen Person" kann der/die Schulleiter*in die Konferenz um ein – nicht bindendes – Votum bitten.

Auch bei der Schulkonferenz ist der Vorsitz im Schulgesetz (§ 47) abschließend geklärt: Vorsitzender ist der bzw. die Schulleiter*in; die Stellvertretung obliegt der bzw. dem Elternbeiratsvorsitzenden. Ist die Schulleiterin bzw. der Schulleiter verhindert, nimmt zwar als deren Vertreter der bzw. die stellvertretende Schulleiter*in an der Sitzung teil (bzw. falls diese gewählte Mitglieder der Schulkonferenz sind, ein gewählter Stellvertreter; vgl. SchG § 47 Abs. 10), die Leitung der Sitzung erfolgt in diesem Fall jedoch durch den bzw. die Elternbeiratsvorsitzende*n.

Zu Verfahrensfragen schweigt sich das KM in seinen Verordnungen jedoch weitgehend aus. Lediglich in § 12 Abs. 3 der Konferenzordnung gibt es für die Lehrerkonferenzen eine allgemeine Äußerung:

„Der Vorsitzende der Lehrerkonferenz bereitet ihre Sitzungen vor, beruft dazu – wenn er nicht Schulleiter ist, im Benehmen mit diesem – ein und leitet sie nach den in öffentlichen Angelegenheiten üblichen Grundsätzen."

Das KM hat die Formulierung *„in öffentlichen Angelegenheiten üblichen Grundsätze"* wie folgt erläutert:

„Damit sind die Verhandlungsgrundsätze angesprochen, die auch in anderen Gremien mit öffentlichen Aufgaben üblich sind und die dort in der Regel in der jeweiligen Geschäftsordnung konkretisiert werden. Hierzu zählen etwa: Eröffnung der Beratung durch den Vorsitzenden gemäß der Tagesordnung, Aufstellung einer Rednerliste entsprechend den Wortmeldungen, Vorziehen von Anträgen zur Geschäftsordnung, Zurückweisung eines ungebührlichen, z.B. beleidigenden Wortbeitrages, bei alternativen Anträgen zunächst Abstimmung über den weitergehenden Antrag." (Quelle: KM, 10.1.2000; AZ: 43-6453.0/13)

Im Einzelnen kann das in der von der Gesamtlehrerkonferenz zu beschließenden GO geregelt werden. Es ist auch den übrigen Gremien (Schulkonferenz, Elternbeirat usw.) beim Erlass eigener Geschäftsordnungen zu empfehlen, sich an diese Grundsätze zu halten und in diese ggf. entsprechende Regelungen aufzunehmen.

Da die Lehrerkonferenzen nur wenige Wahlvorgänge zu erledigen haben, kann eine GO sich, soweit dieses nicht vom KM zentral vorgeben ist, auf wenige Regelungen zum Wahlverfahren beschränken. Die Konferenzordnung verlangt z.B. für eine geheime Abstimmung den Antrag von wenigstens einem Fünftel der Stimmberechtigten. Für Wahlen (z.B. Wahl der Mitglieder der Schulkonferenz) ist eine solche Regelung nicht geeignet. Das KM hat hierzu mitgeteilt: *„Es ist bei Wahlen „angezeigt, auf Antrag eines stimmberechtigten Konferenzmitglieds geheim zu wählen"*. (Quelle: KM, 18.7.1995; AZ:. II/1-6452.0/8).

Sind in einem Wahlgang mehrere Personen zu wählen, ist ein Wahlverfahren wie bei den Kommunalwahlen zweckmäßig (ein Wahlgang, jede/r Stimmberechtigte hat so viele Stimmen, wie Personen zu wählen sind; bei Stimmengleichheit Stichwahl, bleibt diese ohne Ergebnis, entscheidet das Los).

Zur Geschäftsordnung der Personalvertretung siehe ⇨ Personalvertretungsgesetz (LPVG) dort § 39, zu Sitzungen unter Pandemiebedingungen §§ 34 und 35 LPVG.

⇨ Aufbewahrungsfristen und Archivierung; ⇨ Elternbeiratsverordnung; ⇨ Konferenzen (Allgemeines); ⇨ Konferenzordnung §§ 12 ff.; ⇨ Schülermitverantwortung; ⇨ Schulgesetz §§ 44, 47, 57 ff.; ⇨ Schulkonferenzordnung

Geschlechtserziehung

Richtlinien zur Familien- und Geschlechtserziehung in der Schule; VwV des KM vom 12.5.2001 (K.u.U. S. 247/2001)

Vorbemerkung

Pflege und Erziehung der Kinder sind gemäß Artikel 6 Abs. 2 Grundgesetz das natürliche Recht der Eltern und die zuvörderst ihnen obliegende Pflicht. Daneben hat die Schule einen durch Grundgesetz, Landesverfassung und Schulgesetz begründeten Erziehungs- und Bildungsauftrag, der auch die Familien- und Geschlechtserziehung umfasst. Nach § 100 b Schulgesetz (SchG) haben deshalb die Schulen den ausdrücklichen Auftrag zur Familien- und Geschlechtserziehung erhalten.

1. Familien- und Geschlechtserziehung in der Schule

1.1 Ziel der Familien- und Geschlechtserziehung in der Schule ist es, die Schülerinnen und Schüler altersgemäß mit den biologischen, ethischen, kulturellen und sozialen Tatsachen und Bezügen der Geschlechtlichkeit des Menschen vertraut zu machen. Die Familien- und Geschlechtserziehung soll das Bewusstsein für eine persönliche Intimsphäre und für ein verantwortungsvolles partnerschaftliches Verhalten in persönlichen Beziehungen und insbesondere in Ehe und Familie entwickeln und fördern.

1.2 Die Familien- und Geschlechtserziehung wird unter Wahrung der Toleranz für unterschiedliche Wertauffassungen fächerübergreifend durchgeführt. Die Unterrichtsinhalte ergeben sich aus den Bildungsplänen für die einzelnen Schularten; sie finden ihre Grundlage vor allem in den Lehrplänen der Fächer Heimat- und Sachunterricht, Religionslehre, Ethik, Biologie und Biologie/Chemie sowie in beruflichen Schulen auch in den Lehrplänen des Faches Gesundheitslehre.

Hinweis der Redaktion: Die GEW und der DGB setzen sich dafür ein, dass Schulen vorurteilsfrei über alle sexuellen Orientierungen informieren, Vorurteile abbauen, Akzeptanz vermitteln und die Persönlichkeitsentwicklung aller diskriminierungsfrei ermöglichen: „Nur wenn unsere Gesellschaft einer fundierten und frühen Sensibilisierung für die Vielfalt unserer Gesellschaft zentrale Bedeutung beimisst, Toleranz auf- und Diskriminierung abbaut, kommt sie ihrem Bildungs- und Erziehungsauftrag nach". (Beschluss der DGB-Landesbezirkskonferenz vom 1.2.2014)

Spontane Schülerfragen zur Geschlechtserziehung in der Schule können in allen Fächern im stofflichen Rahmen und in den durch die Unterrichtssituation gesetzten Grenzen beantwortet werden, ohne dass diese jedoch zum Anlass für eine weitergehende, über die Einzelfragen hinausreichende Behandlung der Thematik genommen werden.

1.3 Die Lehrkraft gestaltet den Unterricht mit Takt und Einfühlungsvermögen und vermeidet jede Form der Indoktrination. Sie behandelt die Themen zurückhaltend, berücksichtigt die menschlich-personalen Aspekte der Geschlechtlichkeit ebenso wie die Intimsphäre der Schülerinnen und Schüler und vermeidet Empfehlungen für das geschlechtliche Verhalten.

Bei geeigneten Anlässen können in den Unterricht Fachleute aus der Praxis einbezogen werden (vgl. ⇨ Fachleute aus der Praxis [...]).

1.4 Unterrichtsinhalte, die dem Bereich der Geschlechtserziehung angehören und die Intimsphäre berühren, dürfen nicht Gegenstand von Leistungserhebungen sein; dies gilt nicht für die Fächer der beruflichen Schulen, die entsprechende Inhalte im Rahmen der beruflichen Ausbildung vermitteln.

Stichwort: Eltern im Unterricht?

Einzelbesuche von Eltern im Unterricht ihrer Kinder wären ein unzulässiger Eingriff in die Persönlichkeitssphäre der anderen Kinder und deren Eltern. Dies schließt nicht aus, dass Lehrkräfte die Eltern gezielt in den Unterricht einladen („Offene Stunden"). Ebenso können Eltern von den Lehrkräften bei unterrichtlichen und außerunterrichtlichen Veranstaltungen mit Hilfsfunktionen betraut werden; z.B. zusätzliche Aufsicht beim Schwimmen, Beteiligung an Eltern-Schüler-Bastelarbeiten in der Grundschule. Die Eltern nehmen dabei – wenn auch unter der grundsätzlichen Verantwortung und im Auftrag der Lehrkraft – eine Aufgabe des Staates mit allen Rechten und Pflichten wahr und stehen, falls ihnen z.B. ein Körper- oder Sachschaden zustößt, unter dem Schutz der Sozialversicherung.

Dass die Schule ein „Schonraum" ist, in dem Kinder vor den neugierigen Blicken Dritter geschützt werden müssen, gilt übrigens auch, wenn – wie bei der Corona-Pandemie – ein Teil des Unterrichts in die häusliche Umgebung verlagert wird (Unterrichts-Videokonferenz). Solange dies im abgeschlossenen Dreieck „Kind-Lehrkraft-Eltern" geschieht, ist das kein Problem; im Gegenteil: Wie sollen Eltern ihrem Kind helfen, wenn sie nicht wissen, worum es geht?!? Fragwürdig wird es jedoch, wenn Eltern oder gar andere Dritte einen Videounterricht anschauen/mithören dürfen, bei dem auch andere Kinder beteiligt sind. So wie Schüler*innen im „analogen" Klassenzimmer keinen Mitschnitt auf dem Handy machen dürfen, ist auch beim Videounterricht das Mitsehen, das Mitschneiden oder gar die Veröffentlichung per Youtube usw. ein absolutes Tabu.

2.
Lehr- und Lernmittel

Im Rahmen der Familien- und Geschlechtserziehung sind nur die vom Kultusministerium zugelassenen Schulbücher zu verwenden.

Bei der Verwendung von Lernmitteln, für die eine Zulassung nicht erforderlich ist, ist die Lehrkraft zur besonders sorgfältigen Auswahl in analoger Anwendung von § 4 Schulbuchzulassungsverordnung verpflichtet. Für die verwendeten Lehrmittel gilt dies entsprechend. ➪ Lernmittel (Zulassung)

3.
Zusammenarbeit von Schule und Erziehungsberechtigten bei der Familien- und Geschlechtserziehung in der Schule

Die Erziehungsberechtigten sind in einer Klassenpflegschaftssitzung gemäß § 56 SchG rechtzeitig und umfassend über Ziel, Inhalt, Form und Zeitpunkt der Geschlechtserziehung im Rahmen der Familien- und Geschlechtserziehung in der Schule sowie über die hierbei verwendeten Lehr- und Lernmittel zu informieren. Die Erziehungsberechtigten erhalten dabei gleichzeitig die Möglichkeit, ihre Wünsche und Anregungen sowie Erfahrungen einzubringen, damit die Familien- und Geschlechtserziehung in Elternhaus und Schule so weit wie möglich abgestimmt werden kann. Zu den Klassenpflegschaften können Fachleute wie z.B. Ärzte, Pfarrer und Psychologen hinzugezogen werden.

Hinweis der Redaktion: Das KM hat in: „Schulintern" Nr. 7/1995 bekanntgegeben:

„Sollte sich [...] aus religiösen Gründen ein Dissens zwischen Elternhaus und Schule ergeben, muss ein klärendes Gespräch zwischen den betroffenen Eltern, dem Klassenlehrer bzw. der Klassenlehrerin und der Schulleitung geführt werden. Kommt es [...] nicht zu einer einvernehmlichen Lösung, so ist ein Fernbleiben einzelner Kinder von den Unterrichtsstunden bzw. Unterrichtssequenzen, in denen Inhalte der Geschlechtserziehung behandelt werden, seitens der Schule nicht zu ahnden. [...]."

Diese Nachgiebigkeit des KM steht in einem Spannungsverhältnis zu der 2014 ergangenen Entscheidung des Bundesverwaltungsgerichts, eine Befreiung von einzelnen Unterrichtseinheiten komme nur bei einer *„besonders gravierenden Beeinträchtigung"* des elterlichen Erziehungsrechts infrage (BVerwG 6 C 12.12). Eine solche *„besonders gravierende Beeinträchtigung"* ist aber bei einer angemessenen Ausgestaltung der Geschlechtserziehung gerade nicht anzunehmen.

➪ Elternbeiratsverordnung § 5 ff.; ➪ Fachleute aus der Praxis; ➪ Gleichbehandlungsgesetz (AGG); ➪ Grundgesetz Art. 6; ➪ Lernmittel (Zulassung); ➪ Schulgesetz §§ 56,100 b; ➪ Verfassung Art. 12

Gewährleistungsbescheid

Informationen der Redaktion zur Rechtslage und zur Verwaltungspraxis in Baden-Württemberg

Beamtinnen und Beamte sind in allen Zweigen der Sozialversicherung versicherungsfrei. Von ihrem Gehalt werden keine Beiträge für die Renten-, Arbeitslosen-, Kranken- und Pflegeversicherung abgezogen. ➪ Sozialversicherung (Beiträge)

Wer nicht verbeamtet ist oder als Beamtin oder Beamter einer versicherungspflichtigen Tätigkeit nachgeht, ist grundsätzlich sozialversicherungspflichtig. Eine Befreiung von der Rentenversicherungspflicht ist allerdings möglich.

Beamtenähnliche Personen, beispielsweise

- Anwärter*innen und Referendar*innen in einem öffentlich-rechtlichen Ausbildungsverhältnis oder
- tarifbeschäftigte Lehrkräfte mit Übernahmezusage in das Beamtenverhältnis zu einem späteren Zeitpunkt oder
- Lehrkräfte, die eine befristete Beschäftigung als Vertretungslehrkraft nach dem ➪ Einstellungserlass Nr. 14.4 erhalten,

können bei Vorliegen bestimmter Voraussetzungen vom Landesamt für Besoldung und Versorgung einen Gewährleistungsbescheid erhalten. Der einschlägige Entscheid des Landesamts für Besoldung und Versorgung für befristet Beschäftigte vom 9.2.2009 (AZ: 0361.1-2) lautet:

„Eine Anwartschaft auf lebenslängliche Versorgung und auf Hinterbliebenenversorgung im Sinne des § 5 Abs. 1 Satz 1 Nr. 2 SGB VI in Verbindung mit § 5 Abs.1 Satz 2 SGB VI ist in dieser Beschäftigung gewährleistet bei [...] Lehramtsbewerberinnen und Lehramtsbewerbern mit zweiter Dienstprüfung, bei denen die Übernahme in das Beamtenverhältnis innerhalb von zwei Jahren nach Ablegung dieser Prüfung bevorsteht, [...] Die Anwartschaft ist gewährleistet [...] vom Tage der Ablegung der zweiten Dienstprüfung an, [...].“

Damit werden diese Personen von der Rentenversicherungspflicht befreit. Es bleibt aber die Pflicht zur gesetzlichen Kranken- und Pflegeversicherung sowie zur Arbeitslosenversicherung. Beihilfe wird nicht gewährt. Werden sie später nicht in das Beamtenverhältnis übernommen, erfolgt eine Nachversicherung in der Rentenversicherung, wobei das Land die Arbeitnehmer- und die Arbeitgeberbeiträge leistet.

Auch verbeamtete Lehrkräfte, die sich für den Dienst an eine Privatschule beurlauben lassen, brauchen einen Gewährleistungsbescheid, um von der Rentenversicherungspflicht während der Zeit an der Privatschule befreit zu werden. Von der Krankenversicherungspflicht sind sie als Beamte gem. § 6 Abs. 1 Nr. 5 SGB V in der Tätigkeit als Lehrkraft befreit, können also weiterhin privat versichert bleiben. ➪ Urlaub (Privatschulen)

➪ Einstellungserlass Nr. 14.1; ➪ Sozialversicherung (Beiträge); ➪ Urlaub (Privatschulen)

Gewaltvorfälle und Schadensereignisse

Gemeinsame Verwaltungsvorschrift des Kultusministeriums, des Innenministeriums und des Umweltministeriums über das Verhalten an Schulen bei Gewaltvorfällen und Schadensereignissen (VwV Gewaltvorfälle, Schadensereignisse an Schulen – VerhaltensVwV) vom 15. Februar 2012 (K.u.U. S. 45/2012)

Die Schulleitung, die Lehrkräfte, die sonstigen Bediensteten der Schule und die Schülerinnen und Schüler müssen vorbereitet werden, Gewaltvorfälle wie Amok(drohungen), Bombendrohungen, Geiselnahmen usw. und Schadensereignisse wie Brände, Unglücksfälle oder Katastrophen richtig einzuschätzen und unter Einbeziehung der dafür fachlich zuständigen Stellen zu bewältigen.

Die Lehrkräfte und die sonstigen Bediensteten an Schulen sind verpflichtet, sich zu Beginn eines jeden Schuljahres mit den dargelegten Verhaltensregeln vertraut zu machen und sie im Ernstfall zu beachten.

Für die Bediensteten der Gemeinden und Landkreise an den Schulen sind diese Verhaltensregeln nicht verbindlich. Ungeachtet dessen wird den Schulträgern zur einheitlichen Handhabung der Verhaltensregeln für Gewaltvorfälle und Schadensereignisse an Schulen empfohlen, ihre Bediensteten an der Schule ebenfalls zu verpflichten, diese Verhaltensregeln zu beachten.

⇨ Polizei und Schule; ⇨ Schulgesetz §§ 23 und 41; ⇨ Schulpsychologische Beratungsstellen

1 Allgemeine Bestimmungen

1.1 Die Schulleitung ist für die Durchführung der erforderlichen Schutzmaßnahmen bei Gewaltvorfällen und Schadensereignissen verantwortlich. Die Erreichbarkeit der Schulleitung mittels Pager (oder im Verhinderungsfall die Erreichbarkeit einer von der Schulleitung autorisierten Lehrkraft) ist während des Schulbetriebes zu gewährleisten. Sie bestimmt zu ihrer Unterstützung geeignete Lehrkräfte als Mitglieder eines schulinternen Krisenteams.

Hinweis der Redaktion: Unter „Schulbetrieb" sind die Unterrichtsveranstaltungen sowie die sonstigen in Verantwortung der Schule durchgeführten Veranstaltungen zu verstehen.

1.2 Bei Gewaltvorfällen oder Schadensereignissen hat die Schulleitung unverzüglich die notwendigen Schutzmaßnahmen durchzuführen oder anzuordnen, soweit nicht bereits der Polizeivollzugsdienst, die Feuerwehr oder eine befugte Behörde die notwendigen Anordnungen getroffen hat.

1.3 Erfordern Gewaltvorfälle oder Schadensereignisse die Räumung des Schulgebäudes, ist unverzüglich Alarm auszulösen und die Räumung anzuordnen. Bei einer Amoklage ist von diesem Grundsatz abzuweichen und in geschlossenen Räumen der Verbleib in diesen und ein Aufenthalt in einem möglichst einwirkungsgeschützten Bereich anzuordnen. Zum besseren Schutz sind Türen zu verschließen oder – wenn diese nicht verschließbar sind – zu verbarrikadieren. Die entsprechende Anordnung trifft in der Regel die Schulleitung, bei Gefahr im Verzug auch eine Lehrkraft oder sonstige Bedienstete der Schule.

1.4 Nach Auslösung des Katastrophenvor- oder Katastrophenalarms durch die zuständige Katastrophenschutzbehörde hat die Schulleitung die von der Katastrophenschutzbehörde oder die von dieser beauftragten Einsatzleitung angewiesenen Anordnungen zu treffen.

2 Vorbereitende Maßnahmen zur Bewältigung von Gewaltvorfällen und Schadensereignissen

Hinweis der Redaktion: In K.u.U Nr. 7a/2012 wurde ein Rahmenkrisenplan veröffentlicht; online unter: www.landesrecht-bw.de unter „Alle Dokumente" (Suchwort: „Rahmenkrisenplan").

2.1 Die Schulleitung beruft zu Beginn eines jeden Schuljahres und bei Bedarf das schulinterne Krisenteam ein, um die notwendigen Vorkehrungen (Vorsorge, Bewältigung von Gewaltvorfällen und Schadensereignissen, Nachsorge, Umgang mit Medien) zu treffen. Das schulinterne Krisenteam berät sich dabei mit Feuerwehr und Polizei.

2.1.1 Die Schulleitung erstellt in Abstimmung mit dem Schulträger auf der Grundlage eines von Innenministerium und Kultusministerium gemeinsam herausgegebenen Rahmenkrisenplans unter Berücksichtigung der örtlichen Verhältnisse einen Krisenplan für das Verhalten bei Gewaltvorfällen. Mit Blick auf polizeiliche Maßnahmen muss dieser mit der örtlich zuständigen Polizeidienststelle abgestimmt werden. Der Krisenplan ist der Polizei und der Feuerwehr zu übersenden.

2.1.2 Die Schulleitung erstellt in Abstimmung mit dem Schulträger und der örtlichen Feuerwehr einen Rettungsplan für das Verhalten bei Schadensereignissen.

Der Rettungsplan enthält mindestens:
- die Fluchtwege für jeden Unterrichtsraum,
- den Lageplan der Sammelplätze außerhalb des Gebäudes,
- die Lage und Anzahl der Feuerlöscheinrichtungen,
- den Lageplan der gefährlichen Stoffe und Behälter (z.B. brennbare Flüssigkeiten, Chemikalien, Druckgasflaschen),
- geeignete Räume für die Aufnahme von Schülerinnen und Schülern, Lehrkräften und sonstigen Bediensteten der Schule im Falle kerntechnischer Unfälle (vgl. Nummer 4.5.1),
- die Standorte der Notfalltelefone und Anleitungen zu deren Bedienung,
- die sanitären Anlagen.

2.1.3 Der Krisenplan oder der Rettungsplan sind bei Änderungen unverzüglich zu aktualisieren und die Schulkonferenz ist zu unterrichten. Änderungen im Krisenplan sind der Polizei, der Feuerwehr und dem Schulträger mitzuteilen. Änderungen im Rettungsplan sind der Feuerwehr und dem Schulträger mitzuteilen.

2.1.4 Die Schulträger übersenden der Polizei möglichst in digitalisierter Form die Grundrisspläne der schulischen Gebäude. Änderungen sind zeitnah mitzuteilen.

2.2 Die Alarmsignale müssen den Lehrkräften, den sonstigen Bediensteten der Schule und den Schülerinnen und Schülern bekannt sein. Das Alarmsignal bei einer Amoklage muss sich deutlich von den sonstigen Alarmierungsanlässen unterscheiden, um ein Fehlverhalten zu vermeiden. Sofern eine Lautsprecheranlage vorhanden ist, wird bei einer Amoklage eine Durchsage im Klartext unter Angabe konkreter Verhaltensmaßregeln empfohlen.

2.3 Dem Schulträger wird empfohlen, in den Schulen neben den elektrischen Alarmeinrichtungen eine Lautsprecheranlage und eine netzunabhängige Einrichtung (z.B. handbetätigte Feuerglocke, Megaphon oder Gong) und ein netzunabhängiges Rundfunkgerät bereitzuhalten.

2.4 Es muss sichergestellt sein, dass eine Alarmierungseinrichtung (z.B. Notfalltelefon) vorhanden und für die Lehrkräfte jederzeit zugänglich ist.

2.5 Die Telefonnummern der Schulverwaltung, die Notrufnummer von Feuerwehr (112) und Rettungsdienst, und der Polizei (110) sowie ein Hinweis auf den nächsten Feuermelder (soweit vorhanden) sind an geeigneten Stellen gut sichtbar anzubringen.

2.6 Die Lehrkräfte und die sonstigen Bediensteten der Schule müssen durch die Schulleitung über den Standort der Alarm-, Feuerlösch- und Rettungseinrichtungen informiert werden und mit deren Handhabung vertraut sein.

2.7 Die Fluchtwege und Notausgänge sind freizuhalten. Die Gebäudeausgangstüren dürfen nicht versperrt und müssen gekennzeichnet sein. Sie müssen in Fluchtrichtung aufschlagen und sich während der Dienstzeit ohne Hilfsmittel ins Freie öffnen lassen (z.B. durch Klinke innen, Knauf außen). Es wird empfohlen, in jedem Unterrichtsraum ein Merkblatt über das Verhalten im Brandfall und eine Fluchtwegeskizze für den Brandfall auszuhängen.

Der Fluchtweg soll durch Sicherheitskennzeichnung nach DIN 23601 gekennzeichnet sein.

2.8 Die Lehrkräfte und die sonstigen Bediensteten der Schule sind durch die Schulleitung jährlich über das bei Gewaltvorfällen und Schadensereignissen geeignete Verhalten zu unterrichten, wobei auf die Besonderheiten bei Amoklagen einzugehen ist.

2.9 Mindestens einmal im Jahr ist eine Alarmübung für den Brandfall durchzuführen. Die Alarmübung sollte zu Beginn eines Schuljahres stattfinden; ihr hat eine Unterweisung der Schülerinnen und Schüler über das Verhalten bei einem Alarm vorauszugehen. Diese muss auch Verhaltensanweisungen für Schülerinnen und Schüler umfassen, die sich nicht im Klassenverband aufhalten. – Zur Alarmübung gehören:

- die Auslösung des Alarms,
- die Räumung der Schule,
- das Sammeln der Schülerinnen und Schüler an den Sammelplätzen außerhalb des Schulgebäudes,
- die Rückführung der Schülerinnen und Schüler in die Klassenräume.

Der örtlichen Feuerwehr und Polizeidienststelle ist der Termin der Alarmübung jeweils vorher mitzuteilen.

2.10 Eine Übung für richtiges Verhalten im Fall einer Amoklage mit dem Kollegium wird empfohlen. Sie sollte auf keinen Fall mit Schülerinnen und Schülern, sondern nur mit dem Kollegium, ggf. in Kooperation mit der Polizei, stattfinden.

3
Räumung der Schule

3.1 Nach Auslösen des Alarms und Anordnung der Räumung haben die Schülerinnen und Schüler das Gebäude, grundsätzlich unter Zurücklassung aller Gegenstände, klassenweise unter Aufsicht der Lehrkräfte zu verlassen und die vorgegebenen bzw. die von der Einsatzleitung vor Ort zugewiesenen Sammelplätze aufzusuchen.

3.2 Jede Lehrkraft hat sich beim Verlassen des Unterrichtsraumes zu überzeugen, dass keine Schülerinnen und Schüler – auch nicht in den Nebenräumen – zurückgeblieben sind. Die Fenster und Türen aller Räume sind zu schließen, jedoch nicht abzuschließen.

3.3 Am Sammelplatz stellt jede Lehrkraft sofort fest, ob ihre Klasse vollzählig ist. Sie meldet fehlende Schülerinnen und Schüler unverzüglich der Schulleitung und der Einsatzleitung. Über die Auflösung der Sammelplätze und über die Möglichkeit einer Rückkehr in das Schulgebäude oder einen anderen Ort entscheidet die Einsatzleitung. Die Schulleitung ordnet die Auflösung oder die Rückkehr in das Schulgebäude oder einen anderen Ort an.

3.4 Bei der Räumung, an Sammelplätzen und bei der Evakuierung sind die Schülerinnen und Schüler durch Aufsichtspersonen vor Kontakten mit dazu nicht berechtigten Dritten zu schützen. Sind solche Kontaktversuche nicht zu unterbinden, ist die Einsatzleitung zu unterrichten.

4
Verhalten zur Bewältigung von Gewaltvorfällen und Schadensereignissen

4.1 Verhalten bei Gewaltvorfällen an Schulen

4.1.1 Die Entscheidungen über erforderliche Maßnahmen des Krisenplanes (Nr. 2.1.1) liegen bei der Schulleitung. Wenn zeitlich möglich, soll das schulinterne Krisenteam mit einbezogen werden. Bei Gefahr im Verzug sind die erforderlichen Schritte durch eine Lehrkraft oder sonstige Bedienstete der Schule in die Wege

zu leiten. – Im Wesentlichen geht es darum
- Hilfe herbeizurufen (Polizei) und Erste Hilfe zu leisten,
- Schülerinnen und Schüler und Schulpersonal zu schützen.

Gegebenenfalls sind
- Fakten zu sichern und weiterzugeben,
- Betroffene, Schulaufsicht und das Kriseninterventionsteam beim Regierungspräsidium (Abt. 7 Schule und Bildung) zu informieren.

Unbeschadet der vorstehenden Zuständigkeiten hat die Schulleitung zu gewährleisten, dass bei Einsätzen der Polizei aus Anlass von Straftaten oder zur Gefahrenabwehr Maßnahmen nur im Einvernehmen mit der Polizei erfolgen. Dies gilt insbesondere für Räumungs-, Evakuierungs- und Verbarrikadierungsmaßnahmen sowie für die Öffentlichkeitsarbeit und die Information der Eltern. Bei Gewaltvorfällen bzw. Bedrohungslagen ist den Anweisungen der Polizei umgehend Folge zu leisten.

4.1.2 Entsprechend dem Krisenplan der Schule ist die Betreuung von Schülerinnen und Schülern, Lehrkräften und Betroffenen im Anschluss an einen Gewaltvorfall einzuleiten.

4.1.3 Medienvertreter werden an die Pressestelle der Polizei und an die Pressestelle der Schulaufsicht verwiesen, soweit sich keine andere Behörde Presseauskünfte vorbehalten hat. Nach Einschaltung des Kriseninterventionsteams beim Regierungspräsidium (Abteilung 7 Schule und Bildung) kann dieses die Pressearbeit bei Bedarf begleiten. Die Pressearbeit ist stets im Hinblick auf die einsatztaktischen Belange mit der Polizei abzustimmen. ⇨ Presserecht

4.1.4 Sofern Schulleitungen oder Lehrkräften ernst zu nehmende Androhungen von Gewalt im schulischen Kontext bekannt werden, ist die örtlich zuständige Polizeidienststelle unverzüglich zu unterrichten. Von dort erfolgt eine sofortige Erstbewertung der Gefahrenlage. Räumungen von Schulen sind grundsätzlich nur in Abstimmung mit der Polizei zu veranlassen.

4.1.5 Bei Amoktaten wird der Krisenstab des Kultusministeriums aufgerufen. Ein Verbindungsbeamter wird zum Lagezentrum der Landesregierung im Innenministerium entsandt. Das zuständige Regierungspräsidium stellt sicher, dass ein Verbindungsbeamter der Abteilung 6 (Landespolizeidirektion) zur einzurichtenden Krisenhotline der Abteilung 7 (Schule und Bildung) entsandt wird.

4.2 Verhalten bei Bombendrohungen

Bei Bombendrohungen an der Schule hat die Schulleitung unverzüglich die Polizei zu verständigen. Auf Anweisung der Polizei ist der Schulbetrieb unverzüglich einzustellen und das Schulgebäude zu räumen; den sonstigen Anweisungen der Polizei ist umgehend Folge zu leisten. Im Übrigen gelten die Nummern 1 bis 3 entsprechend. – Hält die Polizei eine Gefahr nicht für gegeben, so braucht die Schulleitung keine Maßnahmen zu ergreifen. Ist sie jedoch der Auffassung, dass sie die Verantwortung für die Fortführung des Schulbetriebs nicht übernehmen kann, kann sie die Räumung der Schule anordnen.

4.3 Verhalten bei Bränden

4.3.1 Bei Schadenfeuer ist, ohne den Erfolg eigener Löschversuche abzuwarten, unverzüglich Alarm auszulösen, die Feuerwehr und die Polizei zu verständigen und gegebenenfalls die Räumung anzuordnen (vgl. Nummer 3).

4.3.2 Ist die Benutzung der Fluchtwege nicht mehr möglich, haben die Lehrkräfte sowie die Schülerinnen und Schüler im Unterrichtsraum oder in einem anderen Raum, der mehr Sicherheit bietet, zu bleiben. In den Räumen sind die Fenster und die Türen erforderlichenfalls zu schließen.

4.3.3 Bei Bränden mit Schadstofffreisetzung in der Umgebung der Schule bleiben die Schülerinnen und Schüler zunächst in ihren Unterrichtsräumen oder im Schulgebäude und warten auf die Anweisungen der Schulleitung oder der Einsatzleitung. – Die Fenster und die Türen sind zu schließen, die vorhandenen Lüftungs- und Klimaanlagen sind abzuschalten.

4.4 Verhalten bei Katastrophen

4.4.1 Bei Katastrophenvor- und Katastrophenalarm gelten für Schulen die an die Bevölkerung gerichteten Anordnungen der Katastrophenschutzbehörde. Nummer 1.4 bleibt unberührt.

4.4.2 Die Schulleitung hat sicherzustellen, dass entsprechende Rundfunkdurchsagen in der Schule auch bei einem Stromausfall empfangen und dass Anordnungen und Hinweise der Katastrophenschutzbehörde beachtet werden.

4.4.3 Die Pressearbeit ist stets mit der Katastrophen-Schutzbehörde abzustimmen.

⇨ Presserecht

4.5 Besondere Verhaltenshinweise bei kerntechnischen Unfällen

4.5.1 Fordert die zuständige Katastrophenschutzbehörde die Bevölkerung auf, zu ihrem Schutz feste Gebäude aufzusuchen, darf niemand mehr die Schule verlassen, auch dann nicht, wenn der Unterricht schon beendet ist. Die Schülerinnen und Schüler, Lehrkräfte und sonstige Bedienstete der Schule sollen dann Räume aufsuchen, die Strahleneinwirkungen minimieren. Dies sind z.B. innenliegende Räume oder Räume im Untergeschoss. – Außerdem ist dafür zu sorgen, dass zur Vermeidung der Aufnahme der Radioaktivität aus der Luft die Fenster und die Türen geschlossen und die Lüftungs- und Klimaanlagen abgeschaltet werden.

4.5.2 Im Übrigen ist gemäß Nummer 4.4 zu verfahren.

⇨ Erste Hilfe; ⇨ Gefährdungsbeurteilung, ⇨ Polizei und Schule; ⇨ Presserecht; ⇨ Schulgesetz §§ 23 und 41; ⇨ Schulpsychologische Beratungsstellen

Gleichbehandlungsgesetz (AGG)

Auszug aus dem Allgemeinen Gleichbehandlungsgesetz (AGG) vom 14. August 2006 (BGBl. I S. 1897), zuletzt geändert 3. April 2013 (BGBl. I S. 610/2013)

Abschnitt 1
Allgemeiner Teil

§ 1
Ziel des Gesetzes

Ziel des Gesetzes ist, Benachteiligungen aus Gründen der Rasse oder wegen der ethnischen Herkunft, des Geschlechts, der Religion oder Weltanschauung, einer Behinderung, des Alters oder der sexuellen Identität zu verhindern oder zu beseitigen.

Hinweis der Redaktion: Dieses Gesetz hat das bis 2006 geltende „Beschäftigtenschutzgesetz" (Schutz der Beschäftigten vor sexueller Belästigung am Arbeitsplatz) abgelöst.

§ 2
Anwendungsbereich

(1) Benachteiligungen aus einem in § 1 genannten Grund sind nach Maßgabe dieses Gesetzes unzulässig in Bezug auf:

1. die Bedingungen, einschließlich Auswahlkriterien und Einstellungsbedingungen, für den Zugang zu unselbstständiger und selbstständiger Erwerbstätigkeit, unabhängig von Tätigkeitsfeld und beruflicher Position, sowie für den beruflichen Aufstieg,
2. die Beschäftigungs- und Arbeitsbedingungen einschließlich Arbeitsentgelt und Entlassungsbedingungen, insbesondere in individual- und kollektivrechtlichen Vereinbarungen und Maßnahmen bei der Durchführung und Beendigung eines Beschäftigungsverhältnisses sowie beim beruflichen Aufstieg,
3. den Zugang zu allen Formen und allen Ebenen der Berufsberatung, der Berufsbildung einschließlich der Berufsausbildung, der beruflichen Weiterbildung und der Umschulung sowie der praktischen Berufserfahrung,
4. die Mitgliedschaft und Mitwirkung in einer Beschäftigten- oder Arbeitgebervereinigung oder einer Vereinigung, deren Mitglieder einer bestimmten Berufsgruppe angehören, einschließlich der Inanspruchnahme der Leistungen solcher Vereinigungen,
5. den Sozialschutz, einschließlich der sozialen Sicherheit und der Gesundheitsdienste,
6. die sozialen Vergünstigungen,
7. die Bildung,
8. den Zugang zu und die Versorgung mit Gütern und Dienstleistungen, die der Öffentlichkeit zur Verfügung stehen, einschließlich von Wohnraum.

(2) Für Leistungen nach dem Sozialgesetzbuch gelten § 33c des Ersten Buches Sozialgesetzbuch und § 19a des Vierten Buches Sozialgesetzbuch. Für die betriebliche Altersvorsorge gilt das Betriebsrentengesetz.

(3) Die Geltung sonstiger Benachteiligungsverbote oder Gebote der Gleichbehandlung wird durch dieses Gesetz nicht berührt. Dies gilt auch für öffentlich-rechtliche Vorschriften, die dem Schutz bestimmter Personengruppen dienen.

(4) Für Kündigungen gelten ausschließlich die Bestimmungen zum allgemeinen und besonderen Kündigungsschutz.

§ 3
Begriffsbestimmungen

(1) Eine unmittelbare Benachteiligung liegt vor, wenn eine Person wegen eines in § 1 genannten Grundes eine weniger günstige Behandlung erfährt, als eine andere Person in einer vergleichbaren Situation erfährt, erfahren hat oder erfahren würde. Eine unmittelbare Benachteiligung wegen des Geschlechts liegt in Bezug auf § 2 Abs. 1 Nr. 1 bis 4 auch im Falle einer ungünstigeren Behandlung einer Frau wegen Schwangerschaft oder Mutterschaft vor.

(2) Eine mittelbare Benachteiligung liegt vor, wenn dem Anschein nach neutrale Vorschriften, Kriterien oder Verfahren Personen wegen eines in § 1 genannten Grundes gegenüber anderen Personen in besonderer Weise benachteiligen können, es sei denn, die betreffenden Vorschriften, Kriterien oder Verfahren sind durch ein rechtmäßiges Ziel sachlich gerechtfertigt und die Mittel sind zur Erreichung dieses Ziels angemessen und erforderlich.

(3) Eine Belästigung ist eine Benachteiligung, wenn unerwünschte Verhaltensweisen, die mit einem in § 1 genannten Grund in Zusammenhang stehen, bezwecken oder bewirken, dass die Würde der betreffenden Person verletzt und ein von Einschüchterungen, Anfeindungen, Erniedrigungen, Entwürdigungen oder Beleidigungen gekennzeichnetes Umfeld geschaffen wird.

(4) Eine sexuelle Belästigung ist eine Benachteiligung in Bezug auf § 2 Abs. 1 Nr. 1 bis 4, wenn ein unerwünschtes, sexuell bestimmtes Verhalten, wozu auch unerwünschte sexuelle Handlungen und Aufforderungen zu diesen, sexuell bestimmte körperliche Berührungen, Bemerkungen sexuellen Inhalts sowie unerwünschtes Zeigen und sichtbares Anbringen von pornographischen Darstellungen gehören, bezweckt oder bewirkt, dass die Würde der betreffenden Person verletzt wird, insbesondere wenn ein von Einschüchterungen, Anfeindungen, Erniedrigungen, Entwürdigungen oder Beleidigungen gekennzeichnetes Umfeld geschaffen wird.

(5) Die Anweisung zur Benachteiligung einer Person aus einem in § 1 genannten Grund gilt als Benachteiligung. Eine solche Anweisung liegt in Bezug auf § 2 Abs. 1 Nr. 1 bis 4 insbesondere vor, wenn jemand eine Person zu einem Verhalten bestimmt, das einen Beschäftigten oder eine Beschäftigte wegen eines in § 1 genannten Grundes benachteiligt oder benachteiligen kann.

⇨ Mobbing

§ 4
Unterschiedliche Behandlung wegen mehrerer Gründe

Erfolgt eine unterschiedliche Behandlung wegen mehrerer der in § 1 genannten Gründe, so kann diese unterschiedliche Behandlung nach den §§ 8 bis 10 und 20 nur gerechtfertigt werden, wenn sich die Rechtfertigung auf alle diese Gründe erstreckt, derentwegen die unterschiedliche Behandlung erfolgt.

§ 5
Positive Maßnahmen

Ungeachtet der in den §§ 8 bis 10 sowie in § 20 benannten Gründe ist eine unterschiedliche Behandlung auch zulässig, wenn durch geeignete und angemessene Maßnahmen bestehende Nachteile wegen eines in § 1 genannten Grundes verhindert oder ausgeglichen werden sollen.

Abschnitt 2
Schutz der Beschäftigten vor Benachteiligung

Unterabschnitt 1 – Verbot der Benachteiligung

§ 6
Persönlicher Anwendungsbereich

(1) Beschäftigte im Sinne dieses Gesetzes sind

1. Arbeitnehmerinnen und Arbeitnehmer,
2. die zu ihrer Berufsbildung Beschäftigten, [...].

Hinweis der Redaktion: Zu den Beamt*innen siehe § 24.

Als Beschäftigte gelten auch die Bewerberinnen und Bewerber für ein Beschäftigungsverhältnis sowie die Personen, deren Beschäftigungsverhältnis beendet ist.

(2) Arbeitgeber (Arbeitgeber und Arbeitgeberinnen) im Sinne dieses Abschnitts sind natürliche und juristische Personen sowie rechtsfähige Personengesellschaften, die Personen nach Absatz 1 beschäftigen. [...]

§ 7
Benachteiligungsverbot

(1) Beschäftigte dürfen nicht wegen eines in § 1 genannten Grundes benachteiligt werden; dies gilt auch, wenn die Person, die die Benachteiligung begeht, das Vorliegen eines in § 1 genannten Grundes bei der Benachteiligung nur annimmt.

(2) Bestimmungen in Vereinbarungen, die gegen das Benachteiligungsverbot des Absatzes 1 verstoßen, sind unwirksam.

(3) Eine Benachteiligung nach Absatz 1 durch Arbeitgeber oder Beschäftigte ist eine Verletzung vertraglicher Pflichten.

§ 8
Zulässige unterschiedliche Behandlung wegen beruflicher Anforderungen

(1) Eine unterschiedliche Behandlung wegen eines in § 1 genannten Grundes ist zulässig, wenn dieser Grund wegen der Art der auszuübenden Tätigkeit oder der Bedingungen ihrer Ausübung eine wesentliche und entscheidende berufliche Anforderung darstellt, sofern der Zweck rechtmäßig und die Anforderung angemessen ist.

(2) Die Vereinbarung einer geringeren Vergütung für gleiche oder gleichwertige Arbeit wegen eines in § 1 genannten Grundes wird nicht dadurch gerechtfertigt, dass wegen eines in § 1 genannten Grundes besondere Schutzvorschriften gelten.

§ 9
Zulässige unterschiedliche Behandlung wegen der Religion oder Weltanschauung

(1) Ungeachtet des § 8 ist eine unterschiedliche Behandlung wegen der Religion oder der Weltanschauung bei der Beschäftigung durch Religionsgemeinschaften, die ihnen zugeordneten Einrichtungen ohne Rücksicht auf ihre Rechtsform oder durch Vereinigungen, die sich die gemeinschaftliche Pflege einer Religion oder Weltanschauung zur Aufgabe machen, auch zulässig, wenn eine bestimmte Religion oder Weltanschauung unter Beachtung des Selbstverständnisses der jeweiligen Religionsgemeinschaft oder Vereinigung im Hinblick auf ihr Selbstbestimmungsrecht oder nach der Art der Tätigkeit eine gerechtfertigte berufliche Anforderung darstellt.

(2) Das Verbot unterschiedlicher Behandlung wegen der Religion oder der Weltanschauung berührt nicht das Recht der in Absatz 1 genannten Religionsgemeinschaften, der ihnen zugeordneten Einrichtungen ohne Rücksicht auf ihre Rechtsform oder der Vereinigungen, die sich die gemeinschaftliche Pflege einer Religion oder Weltanschauung zur Aufgabe machen, von ihren Beschäftigten ein loyales und aufrichtiges Verhalten im Sinne ihres jeweiligen Selbstverständnisses verlangen zu können.

§ 10
Zulässige unterschiedliche Behandlung wegen des Alters

Ungeachtet des § 8 ist eine unterschiedliche Behandlung wegen des Alters auch zulässig, wenn sie objektiv und angemessen und durch ein legitimes Ziel gerechtfertigt ist. Die Mittel zur Erreichung dieses Ziels müssen angemessen und erforderlich sein. Derartige unterschiedliche Behandlungen können insbesondere Folgendes einschließen:

1. die Festlegung besonderer Bedingungen für den Zugang zur Beschäftigung und zur beruflichen Bildung sowie besonderer Beschäftigungs- und Arbeitsbedingungen, einschließlich der Bedingungen für Entlohnung und Beendigung des Beschäftigungsverhältnisses, um die berufliche Eingliederung von Jugendlichen, älteren Beschäftigten und Personen mit Fürsorgepflichten zu fördern oder ihren Schutz sicherzustellen,
2. die Festlegung von Mindestanforderungen an das Alter, die Berufserfahrung oder das Dienstalter für den Zugang zur Beschäftigung oder für bestimmte mit der Beschäftigung verbundene Vorteile,
3. die Festsetzung eines Höchstalters für die Einstellung aufgrund der spezifischen Ausbildungsanforderungen eines bestimmten Arbeitsplatzes oder aufgrund der Notwendigkeit einer angemessenen Beschäftigungszeit vor dem Eintritt in den Ruhestand,

4. die Festsetzung von Altersgrenzen bei den betrieblichen Systemen der sozialen Sicherheit als Voraussetzung für die Mitgliedschaft oder den Bezug von Altersrente oder von Leistungen bei Invalidität einschließlich der Festsetzung unterschiedlicher Altersgrenzen im Rahmen dieser Systeme für bestimmte Beschäftigte oder Gruppen von Beschäftigten und die Verwendung von Alterskriterien im Rahmen dieser Systeme für versicherungsmathematische Berechnungen,
5. eine Vereinbarung, die die Beendigung des Beschäftigungsverhältnisses ohne Kündigung zu einem Zeitpunkt vorsieht, zu dem der oder die Beschäftigte eine Rente wegen Alters beantragen kann; § 41 des Sechsten Buches Sozialgesetzbuch bleibt unberührt, [...]

Unterabschnitt 2
Organisationspflichten des Arbeitgebers

§ 11
Ausschreibung

Ein Arbeitsplatz darf nicht unter Verstoß gegen § 7 Abs. 1 ausgeschrieben werden.

§ 12
Maßnahmen und Pflichten des Arbeitgebers

(1) Der Arbeitgeber ist verpflichtet, die erforderlichen Maßnahmen zum Schutz vor Benachteiligungen wegen eines in § 1 genannten Grundes zu treffen. Dieser Schutz umfasst auch vorbeugende Maßnahmen.

(2) Der Arbeitgeber soll in geeigneter Art und Weise, insbesondere im Rahmen der beruflichen Aus und Fortbildung, auf die Unzulässigkeit solcher Benachteiligungen hinweisen und darauf hinwirken, dass diese unterbleiben. Hat der Arbeitgeber seine Beschäftigten in geeigneter Weise zum Zwecke der Verhinderung von Benachteiligung geschult, gilt dies als Erfüllung seiner Pflichten nach Absatz 1.

(3) Verstoßen Beschäftigte gegen das Benachteiligungsverbot des § 7 Abs. 1, so hat der Arbeitgeber die im Einzelfall geeigneten, erforderlichen und angemessenen Maßnahmen zur Unterbindung der Benachteiligung wie Abmahnung, Umsetzung, Versetzung oder Kündigung zu ergreifen. ⇨ Mobbing

(4) Werden Beschäftigte bei der Ausübung ihrer Tätigkeit durch Dritte nach § 7 Abs. 1 benachteiligt, so hat der Arbeitgeber die im Einzelfall geeigneten, erforderlichen und angemessenen Maßnahmen zum Schutz der Beschäftigten zu ergreifen.

(5) Dieses Gesetz und § 61b des Arbeitsgerichtsgesetzes sowie Informationen über die für die Behandlung von Beschwerden nach § 13 zuständigen Stellen sind im Betrieb oder in der Dienststelle bekanntzumachen. Die Bekanntmachung kann durch Aushang oder Auslegung an geeigneter Stelle oder den Einsatz der im Betrieb oder der Dienststelle üblichen Informations- und Kommunikationstechnik erfolgen.

Hinweis der Redaktion: Diese Bestimmungen sind in den „Aushangpflichtigen Gesetzen" enthalten. Weitere Informationen unter ⇨ Arbeitsschutz (Allgemeines) Nr. 4, ein Bestellformular befindet sich am Ende des Jahrbuchs.

Unterabschnitt 3
Rechte der Beschäftigten

§ 13
Beschwerderecht

(1) Die Beschäftigten haben das Recht, sich bei den zuständigen Stellen des Betriebs, des Unternehmens oder der Dienststelle zu beschweren, wenn sie sich im Zusammenhang mit ihrem Beschäftigungsverhältnis vom Arbeitgeber, von Vorgesetzten, anderen Beschäftigten oder Dritten wegen eines in § 1 genannten Grundes benachteiligt fühlen. Die Beschwerde ist zu prüfen und das Ergebnis der oder dem beschwerdeführenden Beschäftigten mitzuteilen.

(2) Die Rechte der Arbeitnehmervertretungen bleiben unberührt.

§ 14
Leistungsverweigerungsrecht

Ergreift der Arbeitgeber keine oder offensichtlich ungeeignete Maßnahmen zur Unterbindung einer Belästigung oder sexuellen Belästigung am Arbeitsplatz, sind die betroffenen Beschäftigten berechtigt, ihre Tätigkeit ohne Verlust des Arbeitsentgelts einzustellen, soweit dies zu ihrem Schutz erforderlich ist. § 273 des Bürgerlichen Gesetzbuchs bleibt unberührt.

Hinweis der Redaktion: § 273 BGB regelt das „Zurückbehaltungsrecht" bei rechtlichen Verpflichtungen. Wir raten, vor einer „Leistungsverweigerung" den GEW-Rechtsschutz zu konsultieren.

§ 15
Entschädigung und Schadensersatz

(1) Bei einem Verstoß gegen das Benachteiligungsverbot ist der Arbeitgeber verpflichtet, den hierdurch entstandenen Schaden zu ersetzen. Dies gilt nicht, wenn der Arbeitgeber die Pflichtverletzung nicht zu vertreten hat.

(2) Wegen eines Schadens, der nicht Vermögensschaden ist, kann der oder die Beschäftigte eine angemessene Entschädigung in Geld verlangen. Die Entschädigung darf bei einer Nichteinstellung drei Monatsgehälter nicht übersteigen, wenn der oder die Beschäftigte auch bei benachteiligungsfreier Auswahl nicht eingestellt worden wäre.

(3) Der Arbeitgeber ist bei der Anwendung kollektivrechtlicher Vereinbarungen nur dann zur Entschädigung verpflichtet, wenn er vorsätzlich oder grob fahrlässig handelt.

(4) Ein Anspruch nach Absatz 1 oder 2 muss innerhalb einer Frist von zwei Monaten schriftlich geltend gemacht werden, es sei denn, die Tarifvertragsparteien haben etwas anderes vereinbart. Die Frist beginnt im Falle einer Bewerbung oder eines beruflichen Aufstiegs mit dem Zugang der Ablehnung und in den sonstigen Fällen einer Benachteiligung zu dem Zeitpunkt, in dem der oder die Beschäftigte von der Benachteiligung Kenntnis erlangt.

(5) Im Übrigen bleiben Ansprüche gegen den Arbeitgeber, die sich aus anderen Rechtsvorschriften ergeben, unberührt.

(6) Ein Verstoß des Arbeitgebers gegen das Benachteiligungsverbot des § 7 Abs. 1 begründet keinen Anspruch auf Begründung eines Beschäftigungsverhältnisses, Berufsausbildungsverhältnisses oder einen beruflichen Aufstieg, es sei denn, ein solcher ergibt sich aus einem anderen Rechtsgrund.

§ 16
Maßregelungsverbot

(1)) Der Arbeitgeber darf Beschäftigte nicht wegen der Inanspruchnahme von Rechten nach diesem Abschnitt oder wegen der Weigerung, eine gegen diesen Abschnitt verstoßende Anweisung auszuführen, benachteiligen. Gleiches gilt für Personen, die den Beschäftigten hierbei unterstützen oder als Zeuginnen oder Zeugen aussagen.

(2) Die Zurückweisung oder Duldung benachteiligender Verhaltensweisen durch betroffene Beschäftigte darf nicht als Grundlage für eine Entscheidung herangezogen werden, die diese Beschäftigten berührt. Absatz 1 Satz 2 gilt entsprechend.

(3) § 22 gilt entsprechend.

Unterabschnitt 4
Ergänzende Vorschriften

§ 17
Soziale Verantwortung der Beteiligten

(1) Tarifvertragsparteien, Arbeitgeber, Beschäftigte und deren Vertretungen sind aufgefordert, im Rahmen ihrer Aufgaben und Handlungsmöglichkeiten an der Verwirklichung des in § 1 genannten Ziels mitzuwirken.

(2) In Betrieben, in denen die Voraussetzungen des § 1 Abs. 1 Satz 1 des Betriebsverfassungsgesetzes vorliegen, können bei einem groben Verstoß des Arbeitgebers gegen Vorschriften aus diesem Abschnitt der Betriebsrat oder eine im Betrieb vertretene Gewerkschaft unter der Voraussetzung des § 23 Abs. 3 Satz 1 des Betriebsverfassungsgesetzes die dort genannten Rechte gerichtlich geltend machen; § 23 Abs. 3 Satz 2 bis 5 des Betriebsverfassungsgesetzes gilt entsprechend. Mit dem Antrag dürfen nicht Ansprüche des Benachteiligten geltend gemacht werden.

§ 18
Mitgliedschaft in Vereinigungen

(1) Die Vorschriften dieses Abschnitts gelten entsprechend für die Mitgliedschaft oder die Mitwirkung in einer

1. Tarifvertragspartei,
2. Vereinigung, deren Mitglieder einer bestimmten Berufsgruppe angehören oder die eine überragende Machtstellung im wirtschaftlichen oder sozialen Bereich innehat, wenn ein grundlegendes Interesse am Erwerb der Mitgliedschaft besteht, sowie deren jeweiligen Zusammenschlüssen.

(2) Wenn die Ablehnung einen Verstoß gegen das Benachteiligungsverbot des § 7 Abs. 1 darstellt, besteht ein Anspruch auf Mitgliedschaft oder Mitwirkung in den in Absatz 1 genannten Vereinigungen.

Abschnitt 3 – Schutz vor Benachteiligung im Zivilrechtsverkehr

(hier nicht abgedruckt)

Abschnitt 4
Rechtsschutz

§ 22
Beweislast

Wenn im Streitfall die eine Partei Indizien beweist, die eine Benachteiligung wegen eines in § 1 genannten Grundes vermuten lassen, trägt die andere Partei die Beweislast dafür, dass kein Verstoß gegen die Bestimmungen zum Schutz vor Benachteiligung vorgelegen hat.

§ 23
Unterstützung durch Antidiskriminierungsverbände
(hier nicht abgedruckt)

Abschnitt 5
Sonderregelungen für öffentlich-rechtliche Dienstverhältnisse

§ 24
Sonderregelung für öffentlich-rechtliche Dienstverhältnisse

Die Vorschriften dieses Gesetzes gelten unter Berücksichtigung ihrer besonderen Rechtsstellung entsprechend für

1. Beamtinnen und Beamte des Bundes, der Länder, der Gemeinden, der Gemeindeverbände [...]

Abschnitt 6
Antidiskriminierungsstelle

§ 27
Aufgaben

(1) Wer der Ansicht ist, wegen eines in § 1 genannten Grundes benachteiligt worden zu sein, kann sich an die Antidiskriminierungsstelle des Bundes wenden.

(2) Die Antidiskriminierungsstelle des Bundes unterstützt auf unabhängige Weise Personen, die sich nach Absatz 1 an sie wenden, bei der Durchsetzung ihrer Rechte zum Schutz vor Benachteiligungen. Hierbei kann sie insbesondere

1. über Ansprüche und die Möglichkeiten des rechtlichen Vorgehens im Rahmen gesetzlicher Regelungen zum Schutz vor Benachteiligungen informieren,
2. Beratung durch andere Stellen vermitteln,
3. eine gütliche Beilegung zwischen den Beteiligten anstreben [...].

Abschnitt 7
Schlussvorschriften

§ 31
Unabdingbarkeit

Von den Vorschriften dieses Gesetzes kann nicht zu Ungunsten der geschützten Personen abgewichen werden. [...]

⇨ Beamtenstatusgesetz § 9; ⇨ Diskriminierung (Sexuelle Orientierung); ⇨ Erziehungsauftrag und politische Bildung; ⇨ Grundgesetz Art. 3; ⇨ Mobbing; ⇨ Personalvertretungsgesetz (LPVG) §§ 69 und 70

Grundgesetz (Auszug)

Auszug aus dem Grundgesetz für die Bundesrepublik Deutschland vom 10. Mai 1949; zuletzt geändert 29. September 2020 (BGBll. I S. 2048/2020)

I. Die Grundrechte

Artikel 1

(1) Die Würde des Menschen ist unantastbar. Sie zu achten und zu schützen ist Verpflichtung aller staatlichen Gewalt.

(2) Das Deutsche Volk bekennt sich darum zu unverletzlichen und unveräußerlichen Menschenrechten als Grundlage jeder menschlichen Gemeinschaft, des Friedens und der Gerechtigkeit in der Welt.

(3) Die nachfolgenden Grundrechte binden Gesetzgebung, vollziehende Gewalt und Rechtsprechung als unmittelbar geltendes Recht.

Artikel 2

(1) Jeder hat das Recht auf die freie Entfaltung seiner Persönlichkeit, soweit er nicht die Rechte anderer verletzt und nicht gegen die verfassungsmäßige Ordnung oder das Sittengesetz verstößt.

(2) Jeder hat das Recht auf Leben und körperliche Unversehrtheit. Die Freiheit der Person ist unverletzlich. In diese Rechte darf nur aufgrund eines Gesetzes eingegriffen werden.

Artikel 3

(1) Alle Menschen sind vor dem Gesetz gleich.

(2) Männer und Frauen sind gleichberechtigt. Der Staat fördert die tatsächliche Durchsetzung der Gleichberechtigung von Frauen und Männern und wirkt auf die Beseitigung bestehender Nachteile hin.

(3) Niemand darf wegen seines Geschlechtes, seiner Abstammung, seiner Rasse, seiner Sprache, seiner Heimat und Herkunft, seines Glaubens, seiner religiösen oder politischen Anschauungen benachteiligt oder bevorzugt werden. Niemand darf wegen seiner Behinderung benachteiligt werden.

⇨ Behinderungen (Förderbedarf); ⇨ Chancengleichheitsgesetz; ⇨ Diskriminierung (Sexuelle Orientierung); ⇨ Gleichbehandlungsgesetz (AGG); ⇨ Personalvertretungsgesetz (LPVG) § 69; ⇨ Schulpflicht (Ausländische Schüler*innen); ⇨ Sonderpädagogik; ⇨ Sprachförderung

Artikel 4

(1) Die Freiheit des Glaubens, des Gewissens und die Freiheit des religiösen und weltanschaulichen Bekenntnisses sind unverletzlich.

(2) Die ungestörte Religionsausübung wird gewährleistet. [...]

Hinweis der Redaktion: Art. 136 der Weimarer Reichsverfassung ist gemäß Art. 140 GG Bestandteil des Grundgesetzes. Er lautet:

Art. 136

(1) Die bürgerlichen und staatsbürgerlichen Rechte und Pflichten werden durch die Ausübung der Religionsfreiheit weder bedingt noch beschränkt.

(2) Der Genuss bürgerlicher und staatsbürgerlicher Rechte sowie die Zulassung zu öffentlichen Ämtern sind unabhängig von dem religiösen Bekenntnis.

(3) Niemand ist verpflichtet, seine religiöse Überzeugung zu offenbaren. Die Behörden haben nur soweit das Recht, nach der Zugehörigkeit zu einer Religionsgemeinschaft zu fragen, als davon Rechte und Pflichten abhängen oder eine gesetzlich angeordnete statistische Erhebung dies erfordert.

(4) Niemand darf zu einer kirchlichen Handlung oder Feierlichkeit oder zur Teilnahme an religiösen Übungen oder zur Benutzung einer religiösen Eidesform gezwungen werden. ⇨ Religion (Allgemeines); hierzu Art. 140 beachten

Artikel 5

(1) Jeder hat das Recht, seine Meinung in Wort, Schrift und Bild frei zu äußern und zu verbreiten und sich aus allgemein zugänglichen Quellen ungehindert zu unterrichten. Die Pressefreiheit und die Freiheit der Berichterstattung durch Rundfunk und Film werden gewährleistet. Eine Zensur findet nicht statt.

(2) Diese Rechte finden ihre Schranken in den Vorschriften der allgemeinen Gesetze, den gesetzlichen Bestimmungen zum Schutze der Jugend und in dem Recht der persönlichen Ehre.

(3) Kunst und Wissenschaft, Forschung und Lehre sind frei. Die Freiheit der Lehre entbindet nicht von der Treue zur Verfassung.

Artikel 6

(1) Ehe und Familie stehen unter dem besonderen Schutze der staatlichen Ordnung.

(2) Pflege und Erziehung der Kinder sind das natürliche Recht der Eltern und die zuvörderst ihnen obliegende Pflicht. Über ihre Betätigung wacht die staatliche Gemeinschaft.

⇨ Eltern/Erziehungsberechtigte; ⇨ Geschlechtserziehung

Stichwort: Kein Streikverbot für Beamt*innen

Das Grundgesetz enthält kein Streikverbot für Beamtinnen und Beamte, sondern spricht ihnen in Artikel 9 das volle Koalitionsrecht zu. Die Gewerkschaften vertreten die Auffassung, dass dies auch das Recht zur Führung von Arbeitskämpfen, also auch das Streikrecht, einschließt.

Das von der Politik behauptete Streikverbot ist lediglich „herrschende Lehre“ in der deutschen Rechtswissenschaft und Rechtssprechung. Dies steht im Widerspruch zum internationalen Recht. Die GEW fordert, das Streikrecht auch für Beamtinnen und Beamte anzuerkennen.

Nach deutschem Recht dürfen Beamtinnen und Beamte bei Tarifauseinandersetzungen nicht als „Streikbrecher“ eingesetzt werden. Mehr zu diesem Thema finden Sie unter: ⇨ Beamt*innen (Allgemeines) Nr. 2.

(3) Gegen den Willen der Erziehungsberechtigten dürfen Kinder nur aufgrund eines Gesetzes von der Familie getrennt werden, wenn die Erziehungsberechtigten versagen oder wenn die Kinder aus anderen Gründen zu verwahrlosen drohen.

(4) Jede Mutter hat Anspruch auf den Schutz und die Fürsorge der Gemeinschaft.

⇨ Einstellungserlass ⇨ Elternzeit (Allgemeines); ⇨ Mutterschutz (Verordnung)

(5) Den unehelichen Kindern sind durch die Gesetzgebung die gleichen Bedingungen für ihre leibliche und seelische Entwicklung und ihre Stellung in der Gesellschaft zu schaffen wie den ehelichen Kindern.

Artikel 7

(1) Das gesamte Schulwesen steht unter der Aufsicht des Staates.

⇨ Pädagogische Freiheit; ⇨ Schulgesetz § 32 ff.

(2) Die Erziehungsberechtigten haben das Recht, über die Teilnahme des Kindes am Religionsunterricht zu bestimmen.

Hinweis der Redaktion: Zur Religionsmündigkeit siehe ⇨ Religionsunterricht (Teilnahme).

(3) Der Religionsunterricht ist in den öffentlichen Schulen mit Ausnahme der bekenntnisfreien Schulen ordentliches Lehrfach. Unbeschadet des staatlichen Aufsichtsrechtes wird der Religionsunterricht in Übereinstimmung mit den Grundsätzen der Religionsgemeinschaften erteilt. Kein Lehrer darf gegen seinen Willen verpflichtet werden, Religionsunterricht zu erteilen.

⇨ Religionsunterricht und kirchliche Lehrkräfte; ⇨ Schulgesetz § 100; ⇨ Verfassung Art. 18

(4) Das Recht zur Errichtung von privaten Schulen wird gewährleistet. Private Schulen als Ersatz für öffentliche Schulen bedürfen der Genehmigung des Staates und unterstehen den Landesgesetzen. Die Genehmigung ist zu erteilen, wenn die privaten Schulen in ihren Lehrzielen und Einrichtungen sowie in der wissenschaftlichen Ausbildung ihrer Lehrkräfte nicht hinter den öffentlichen Schulen zurückstehen und eine Sonderung der Schüler nach den Besitzverhältnissen der Eltern nicht gefördert wird. Die Genehmigung ist zu versagen, wenn die wirtschaftliche und rechtliche Stellung der Lehrkräfte nicht genügend gesichert ist.

(5) Eine private Volksschule ist nur zuzulassen, wenn die Unterrichtsverwaltung ein besonderes pädagogisches Interesse anerkennt oder, auf Antrag von Erziehungsberechtigten, wenn sie als Gemeinschaftsschule, als Bekenntnis- oder Weltanschauungsschule errichtet werden soll und eine öffentliche Volksschule dieser Art in der Gemeinde nicht besteht. ⇨ Privatschulgesetz

(6) Vorschulen bleiben aufgehoben.

Artikel 8

(1) Alle Deutschen haben das Recht, sich ohne Anmeldung oder Erlaubnis friedlich und ohne Waffen zu versammeln.

(2) Für Versammlungen unter freiem Himmel kann dieses Recht durch Gesetz oder aufgrund eines Gesetzes beschränkt werden.

Artikel 9

(1) Alle Deutschen haben das Recht, Vereine und Gesellschaften zu bilden.

(2) Vereinigungen, deren Zwecke oder deren Tätigkeit den Strafgesetzen zuwiderlaufen oder die sich gegen die verfassungsmäßige Ordnung oder gegen den Gedanken der Völkerverständigung richten, sind verboten.

(3) Das Recht, zur Wahrung und Förderung der Arbeits- und Wirtschaftsbedingungen Vereinigungen zu bilden, ist für jedermann und für alle Berufe gewährleistet. Abreden, die dieses Recht einschränken oder zu behindern suchen, sind nichtig, hierauf gerichtete Maßnahmen sind rechtswidrig. Maßnahmen nach den Artikeln 12a, 35 Abs. 2 und 3, Artikel 87a Abs. 4 und Artikel 91 dürfen sich nicht gegen Arbeitskämpfe richten, die zur Wahrung und Förderung der Arbeits- und Wirtschaftsbedingungen von Vereinigungen im Sinne des Satzes 1 geführt werden.

⇨ Beamt*innen (Allgemeines) Nr. 3; ⇨ Personalvertretungsgesetz (LPVG)

Artikel 12

(1) Alle Deutschen haben das Recht, Beruf, Arbeitsplatz und Ausbildungsstätte frei zu wählen. Die Berufsausübung kann durch Gesetz oder aufgrund eines Gesetzes geregelt werden.

(2) Niemand darf zu einer bestimmten Arbeit gezwungen werden, außer im Rahmen einer herkömmlichen allgemeinen, für alle gleichen öffentlichen Dienstleistungspflicht.

(3) Zwangsarbeit ist nur bei einer gerichtlich angeordneten Freiheitsentziehung zulässig.

Artikel 17

Jedermann hat das Recht, sich einzeln oder in Gemeinschaft mit anderen schriftlich mit Bitten oder Beschwerden an die zuständigen Stellen und an die Volksvertretung zu wenden.

Artikel 33

(1) Jeder Deutsche hat in jedem Lande die gleichen staatsbürgerlichen Rechte und Pflichten.

(2) Jeder Deutsche hat nach seiner Eignung, Befähigung und fachlichen Leistung gleichen Zugang zu jedem öffentlichen Amte.

(3) Der Genuß bürgerlicher und staatsbürgerlicher Rechte, die Zulassung zu öffentlichen Ämtern sowie die im öffentlichen Dienste erworbenen Rechte sind unabhängig von dem religiösen Bekenntnis. Niemandem darf aus seiner Zugehörigkeit oder Nichtzugehörigkeit zu einem Bekenntnisse oder einer Weltanschauung ein Nachteil erwachsen.

(4) Die Ausübung hoheitsrechtlicher Befugnisse ist als ständige Aufgabe in der Regel Angehörigen des öffentlichen Dienstes zu übertragen, die in einem öffentlich-rechtlichen Dienst- und Treueverhältnis stehen.

(5) Das Recht des öffentlichen Dienstes ist unter Berücksichtigung der hergebrachten Grundsätze des Berufsbeamtentums zu regeln und fortzuentwickeln.

⇨ Beamtengesetz (LBG) § 89; ⇨ Beamtenstatusgesetz § 3; ⇨ Einstellungserlass; ⇨ Funktionsstellen (Besetzung); ⇨ Tarifvertrag-Länder (TV-L) § 3; ⇨ Verfassung Art. 77

Artikel 34

Verletzt jemand in Ausübung eines ihm anvertrauten öffentlichen Amtes die ihm einem Dritten gegenüber obliegende Amtspflicht, so trifft die Verantwortlichkeit grundsätzlich den Staat oder die Körperschaft, in deren Dienst er steht. Bei Vorsatz oder grober Fahrlässigkeit bleibt der Rückgriff vorbehalten. Für den Anspruch auf Schadensersatz und für den Rückgriff darf der ordentliche Rechtsweg nicht ausgeschlossen werden.

⇨ Haftung und Versicherung

Artikel 140

Die Bestimmungen der Artikel 136, 137, 138, 139 und 141 der Deutschen Verfassung vom 11. August 1919 sind Bestandteil dieses Grundgesetzes.

Hinweis der Redaktion: Artikel 136 der Weimarer Reichsverfassung (WRV) ist oben bei Art. 4 GG abgedruckt.

⇨ Beamtengesetz (LBG) § 89; ⇨ Behinderungen (Förderbedarf); ⇨ Chancengleichheitsgesetz; ⇨ Diskriminierung (Sexuelle); ⇨ Einstellungserlass; ⇨ Eltern (Allgemeines); ⇨ Elternzeit (Allgemeines); ⇨ Funktionsstellen (Besetzung); ⇨ Geschlechtserziehung; ⇨ Gleichbehandlungsgesetz (AGG); ⇨ Haftung und Versicherung; ⇨ Mutterschutz (Verordnung); ⇨ Pädagogische Freiheit; ⇨ Personalvertretungsgesetz (LPVG) § 69; ⇨ Religion (Allgemeines); ⇨ Religionsunterricht (Teilnahme); ⇨ Religionsunterricht und kirchliche Lehrkräfte; ⇨ Schulbesuchsverordnung; ⇨ Schulgesetz § 32 ff.; ⇨ Schulpflicht (Ausländische Schüler*innen); ⇨ Sprachförderung; ⇨ Tarifvertrag-Länder (TV-L) § 3; ⇨ Verfassung Art. 18

Grundschule (Fremdsprachen)

Informationen der Redaktion zur Rechtslage und zur Verwaltungspraxis in Baden-Württemberg

1. An allen Grundschulen, im Bildungsgang Grundschule an SBBZ und in der Primarstufe der SBBZ Lernen wird in allen Klassenstufen im Umfang von zwei Wochenstunden Fremdsprachenunterricht erteilt. Der Unterricht soll abweichend von der Dauer einer Unterrichtsstunde in kleinere Zeiteinheiten aufgeteilt werden. In den SBBZ mit Förderschwerpunkt Lernen kann die Fremdsprache zu Beginn eines Schulhalbjahres mit Zustimmung der Eltern abgewählt werden.
2. Hierbei ist in Grenznähe zu Frankreich die Fremdsprache Französisch und zwar in folgenden Landesteilen:
   - im Landkreis Lörrach, mit Ausnahme der Gemeinden Hasel und Schwörstadt,
   - im Landkreis Breisgau-Hochschwarzwald, mit Ausnahme folgender Städte und Gemeinden: Breitnau, Hinterzarten, Feldberg, Titisee-Neustadt, Eisenbach, Friedenweiler, Lenzkirch, Schluchsee, Löffingen,
   - im Stadtkreis Freiburg,
   - im Landkreis Emmendingen,
   - im Ortenaukreis mit Ausnahme der Stadt Hornberg,
   - im Landkreis Rastatt,
   - im Stadtkreis Baden-Baden,
   - im Landkreis Karlsruhe in den nachfolgend genannten Städten und Gemeinden: Rheinstetten, Ettlingen, Malsch, Waldbronn, Karlsbad, Marxzell, Eggenstein-Leopoldshafen, Linkenheim/ Hochstetten, Dettenheim, Stutensee, Weingarten, Pfinztal,
   - im Stadtkreis Karlsruhe.
3. In den übrigen Landesteilen ist die Fremdsprache Englisch.

(Quelle: Verwaltungsvorschrift des Kultusministeriums vom 11.3.2003; K.u.U. S. 60)

Hinweise der Redaktion:

1. Der Fremdsprachenunterricht beginnt seit dem Schuljahr 2020/21 ab Klasse 3. Siehe hierzu: ⇨ Grundschule (Stundentafel).
2. In den Klassenstufen 3 und 4 wird die besondere Situation der mehrsprachig aufwachsenden Kinder und der noch zu unterstützende Sprachkompetenzerwerb in Englisch beziehungsweise Französisch bei der Notengebung pädagogisch angemessen berücksichtigt. In pädagogisch begründeten Einzelfällen kann die Note ausgesetzt und durch eine verbale Beurteilung ersetzt werden. Siehe hierzu: ⇨ Sprachförderung (Integration) 5.1

⇨ Grundschule (Stundentafel); ⇨ Grundschule (Versetzungsordnung); ⇨ Sprachförderung (Integration)

Grundschule (GanztagsgrundschulVO)

Verordnung des Kultusministeriums über die Ganztagsschulen an Grundschulen und Grundstufen von sonderpädagogischen Bildungs- und Beratungszentren mit Förderschwerpunkt Lernen (Ganztagsgrundschulverordnung – GTVO) vom 26. Juli 2019 (K.u.U. S. 168/2019)

§ 1
Genehmigungsverfahren

(1) Den Antrag auf Einrichtung einer Ganztagsschule an Grundschulen und in der Grundstufe von sonderpädagogischen Bildungs- und Beratungszentren mit Förderschwerpunkt Lernen (SBBZ mit Förderschwerpunkt Lernen) stellt der Schulträger.

⇨ Grundschule (GanztagsgrundschulVwV); ⇨ Schulgesetz § 4a

(2) Der Antrag ist über das Staatliche Schulamt, das den Antrag prüft und dazu eine Stellungnahme abgibt, an das Regierungspräsidium zu richten.

(3) Für den Antrag ist das vom Kultusministerium zur Verfügung gestellte Antragsformular zu verwenden. Dem Antrag des Schulträgers sind beizufügen:

1. Eine Bestätigung des Schulträgers, dass er die Kosten für die Bereitstellung des Mittagessens sowie für die Aufsichtsführung und Betreuung der Schülerinnen und Schüler beim Mittagessen trägt, ⇨ Aufsichtspflicht
2. das am Qualitätsrahmen Ganztagsschule Baden-Württemberg ausgerichtete pädagogische Konzept der Schule im Hinblick auf die Umsetzung des Ganztagsbetriebs,

   Hinweis der Redaktion: Der „Qualitätsrahmen Ganztagsschule Baden-Württemberg" ist online abrufbar unter http://ganztagsschule-bw.de. Ihm liegt der wissenschaftliche Erkenntnisstand zu lernwirksamen und entwicklungsförderlichen Lernumgebungen und zur Schule als lernender Organisation zugrunde. Der Qualitätsrahmen visualisiert die ko-konstruktive Zusammenarbeit aller Beteiligten, benennt die drei Qualitätsstufen von Ganztagsschule und gibt Anregungen und Hinweise zur Gestaltung der Ganztagsschule. Er soll Orientierung bei schulinternen Qualitätsprozessen im Ganztag bieten, Grundlage für Fortbildung und Beratung sein und die Schulaufsicht unterstützen.

3. eine Darstellung der räumlichen Voraussetzungen für den Ganztagsbetrieb und
4. der zustimmende Beschluss der Schulkonferenz.

(4) Der Antrag für das nächste Schuljahr ist bis zum 1. Oktober eines Jahres dem Staatlichen Schulamt vorzulegen, das den Antrag bis zum 1. November eines Jahres dem zuständigen Regierungspräsidium vorlegt.

(5) *(Verfahren auf Ebene RP/KM; nicht abgedruckt)*

(6) Die mit der Antragstellung verbundene Wahl für eines der vier gemäß § 4 a Absatz 1 Satz 2 SchG vorgesehenen Zeitmodelle kann keine Ablehnung des Antrags unter Berufung auf den Haushaltsvorbehalt begründen.

(7) Bei einer gemäß § 4 a SchG genehmigten Schule gelten die Absätze 1 bis 6 entsprechend für einen Antrag,

1. auf Änderung des Ganztagsbetriebs von sieben auf acht Zeitstunden oder von acht auf sieben Zeitstunden,
2. auf Änderung des Ganztagsbetriebs von drei auf vier Tagen oder von vier auf drei Tagen oder
3. auf Änderung des Ganztagsbetriebs von Wahlform auf verbindliche Form oder umgekehrt.

(8) Eine Aufhebung des Ganztagsbetriebs bedarf eines wichtigen Grundes. Der Antrag auf Aufhebung zum nächsten Schuljahr ist dem Staatlichen Schulamt bis spätestens 1. Oktober eines Jahres vorzulegen, das den Antrag dem zuständigen Regierungspräsidium zum 1. November eines Jahres zur Entscheidung vorlegt.

§ 2
Pädagogisches Konzept

(1) Grundlage für die Entwicklung des pädagogischen Konzepts ist der Qualitätsrahmen Ganztagsschule Baden-Württemberg. Die Pflichtelemente der Qualitätsstufe 1 sind zu berücksichtigen und umzusetzen. Das pädagogische Konzept der Ganztagsschule beinhaltet eine rhythmisierte Tages- und Unterrichtsgestaltung möglichst unter Einbeziehung von außerschulischen Kooperationspartnern. Als Teil des gesamten Schulkonzepts wird es gemäß § 45 Absatz 2 SchG von der Gesamtlehrerkonferenz nach Anhörung der Schulkonferenz gemäß § 47 Absatz 1 und 4 Nummer 1 Buchstabe a SchG beschlossen.

⇨ Konferenzordnung § 2; ⇨ Schulgesetz §§ 45, 47

(2) Grundlagen und pädagogische Gestaltungselemente für die Rhythmisierung sind die Kontingentstundentafeln der Grundschulen und SBBZ mit Förderschwerpunkt Lernen sowie die Stundentafel-Öffnungsverordnung in der jeweils geltenden Fassung. Sie eröffnen unter anderem die Möglichkeit, von der Dauer der Unterrichtsstunden von 45 Minuten bei der Stundenplanung und Unterrichtsgestaltung abzuweichen und damit auch Unterrichtsblöcke zu bilden sowie innerhalb dieser Unterrichtsblöcke zu rhythmisieren.

⇨ Stundentafel-Öffnungsverordnung

(3) Anforderungen an die Rhythmisierung sind:

1. die Unterrichtseinheiten sollen einschließlich der auf den Ganztagsbetrieb abgestimmten längeren Pausen ausgewogen auf den Vor- und Nachmittag verteilt sein.
2. Die Pausen werden zeitlich und inhaltlich variabel gestaltet; dabei sollen täglich eine gemeinsame Frühstückspause und mindestens eine Bewegungspause am Vormittag angeboten werden; die Pausenzeiten sollen so gestaltet sein, dass sie für die gesamte Schule gelten.
3. Die rhythmisierte Unterrichts- und Tagesgestaltung berücksichtigt Maßnahmen der individuellen Förderung, Lern-, Übungs- und Vertiefungseinheiten sowie die Erweiterung sozialer und personaler Kompetenzen und individueller Neigungen; das Lernen und die Entwicklung der

Schülerinnen und Schüler sollen ganzheitlich und umfassend gefördert werden.

4. Bei der Umsetzung der Rhythmisierung sind die örtlichen Besonderheiten zu berücksichtigen wie auch die räumlichen Möglichkeiten und die Fahrzeiten des öffentlichen Personennahverkehrs beziehungsweise die Organisation der Schülerbeförderung; die Rhythmisierung ist auch an Ganztagsschulen in der Wahlform für alle Schülerinnen und Schüler, welche am Ganztagsbetrieb teilnehmen, zu gewährleisten.
   ⇨ Schülerbeförderung
5. An der Ganztagsschule eingesetzte außerschulische Partner sind Teil des pädagogischen Konzepts; als außerschulische Partner kommen insbesondere gemeinnützige Vereine, Körperschaften des öffentlichen Rechts, Kirchen, Religionsgemeinschaften, Verbände, Organisationen, Jugendhilfe sowie Einzelpersonen aus Bereichen wie Sport, Musik, Kunst, Kultur, Jugendarbeit, Umwelt und Weiterbildung in Betracht; das Angebot der außerschulischen Partner kann auch außerhalb des Schulgeländes stattfinden, sofern damit insbesondere ein besonderer Mehrwert verbunden ist und die Gesamtverantwortung weiterhin bei der Schule liegt.
   ⇨ Jugendbegleiter*innen; ⇨ Lehrbeauftragte

§ 3
Durchführung des Ganztagsbetriebs

(1) Ganztagsgrundschulen und Grundstufen an SBBZ mit Förderschwerpunkt Lernen arbeiten an drei oder vier der Schultage pro Woche mit einem Umfang von sieben oder acht Zeitstunden. An einer Schule kann nur eines dieser vier Zeitmodelle stattfinden.

(2) Die Anmeldung einer Schülerin oder eines Schülers für den Ganztagsbetrieb in Wahlform gemäß § 4 a Absatz 2 SchG umfasst mindestens ein Schuljahr. Eine vorzeitige Abmeldung vom Ganztagsbetrieb während des laufenden Schuljahres ist nicht möglich. Über Ausnahmen in besonders gelagerten Einzelfällen entscheidet die Schulleitung.

(3) Der Ganztagsbetrieb kann an Grundschulen ab einer Mindestgruppengröße von 25 Schülerinnen und Schülern und an Grundstufen von SBBZ mit Förderschwerpunkt Lernen ab einer Mindestgruppengröße von zwölf Schülerinnen und Schülern eingerichtet werden. Eine Gruppe kann auch klassen- beziehungsweise jahrgangsübergreifend gebildet werden.

§ 4
Monetarisierung

(1) Schulen können zur Einbindung außerschulischer Partner bis zu 50 Prozent ihrer Lehrerwochenstunden-Zuweisung, die sie für den Ganztagsbetrieb erhalten, monetarisieren. Im Wege der Monetarisierung können die Schulen statt Lehrerwochenstunden Geldmittel erhalten, um Leistungen außerschulischer Partner für den Ganztagsbetrieb außerhalb der Mittagspause zu vergüten.

(2) Für jede gemäß § 4 a SchG eingerichtete Ganztagsgrundschule und Grundstufe der SBBZ mit Förderschwerpunkt Lernen mit Ganztagsbetrieb wird bei ihrem Schulträger ein Schulbudget für den Ganztagsbetrieb eingerichtet. Die Schule bewirtschaftet dieses Budget, das der Zweckbestimmung des Absatz 1 unterliegt, selbstständig.

⇨ Haushalt (Allgemeines – Budgetierung)

(3) Die Schule teilt jährlich bis spätestens zum 1. April für das folgende Schuljahr dem Staatlichen Schulamt mit, ob und in welchem Umfang sie von der Monetarisierung Gebrauch machen will. Das Staatliche Schulamt erfasst die Meldung der Schule im Rahmen der Bedarfsmitteilungen und meldet diese Daten bis spätestens zum 15. April jeden Jahres dem Regierungspräsidium weiter, welches das Kultusministerium unverzüglich, spätestens aber bis zum 30. April jeden Jahres, in Kenntnis setzt.

(4) Das Regierungspräsidium weist die Lehrerwochenstunden zu. Das Kultusministerium teilt der Landeskreditbank Baden-Württemberg mit, welche durch die Monetarisierung geschöpften Geldmittel an welchen Schulträger für welche Schule zu zahlen sind.

(5) Das jeweilige Jahresbudget wird auf ein beim Schulträger geführtes Konto in vier Raten zum 15. Oktober, 1. Dezember, 1. März sowie zum 1. Juni überwiesen. Die ersten beiden Raten umfassen fünf zwölftel, die zweiten beiden Raten umfassen sieben zwölftel des Jahresbudgets.

(6) Die Schulen haben die Grundsätze der Landeshaushaltsordnung zu beachten. Nicht verwendete Mittel sind jährlich bis spätestens zum 15. November an die Landeskreditbank Baden-Württemberg zurückzuzahlen.

(7) Die Schulen dürfen die Zuweisungen des Landes für den Ganztagsbetrieb, das heißt Lehrerwochenstunden und gegebenenfalls monetarisierte Mittel, nur für Angebote einsetzen, die für die Schüler unentgeltlich sind. Für die Teilnahme an entgeltpflichtigen gruppenbezogenen Angeboten außerhalb des Ganztagsbetriebs können Schüler von der in § 4 a Absatz 3 Satz 1 SchG bestimmten Schulpflicht befreit werden, sofern der besondere pädagogische Wert des Angebots dies rechtfertigt und die Befreiung mit dem Ganztagsbetrieb der Schule zu vereinbaren ist.

⇨ Arbeitszeit (Lehrkräfte-ArbeitszeitVO) § 1; ⇨ Aufsichtspflicht; ⇨ Ganztagsschulen; ⇨ Grundschule (GanztagsgrundschulVwV); ⇨ Haushalt (Allgemeines – Budgetierung); ⇨ Jugendbegleiter*innen; ⇨ Konferenzordnung § 2 Abs. 1 Nr. 8b; ⇨ Lehrbeauftragte; ⇨ Organisationserlass; ⇨ Pädagogische Assistent*innen; ⇨ Schulbau; ⇨ Schulfördervereine; ⇨ Schulgesetz; ⇨ Stundentafel-Öffnungsverordnung

Der „Qualitätsrahmen Ganztagsschule Baden-Württemberg" ist online abrufbar unter:
http://ganztagsschule-bw.de

Grundschule (GanztagsgrundschulVwV)

Verwaltungsvorschrift des KM zur Ganztagsgrundschule und zum Ganztagsbetrieb an Grundstufen von Sonderpädagogischen Bildungs- und Beratungszentren mit Förderschwerpunkt Lernen; VwV vom 6. Oktober 2014 (K.u.U. S. 140/2014) zuletzt geändert 26. Juli 2019 (K.u.U. S. 137/2019)

1 Entscheidung über den Antrag auf Einrichtung des Ganztagsbetriebs

Gehen mehr Anträge auf Einrichtung eines Ganztagsbetriebs gemäß § 4 a SchG ein als Haushaltsmittel zur Verfügung stehen, entscheidet das Regierungspräsidium nach pflichtgemäßem Ermessen. Insbesondere können dabei eine räumlich ausgewogene Verteilung, das pädagogische Konzept auf Grundlage des Qualitätsrahmens Ganztagsschule Baden-Württemberg, die Verbindung einer Grundschule mit einer bereits als Ganztagsschule genehmigten weiterführenden Schule und die bisherige Erfahrung einer Schule im Ganztagsbetrieb, die als Schulversuch gemäß § 22 SchG geführt wurde, berücksichtigt werden.

2 Mittagspause

2.1 Die Mittagspause besteht aus der Zeit des Mittagessens und der übrigen Mittagspausenzeit.

2.2 Schülerinnen und Schüler, die eine verbindliche Ganztagsschule besuchen oder die in der Wahlform am Ganztagsbetrieb angemeldet wurden, unterliegen in den Zeiten des Ganztagsbetriebs der Schulpflicht gemäß § 72 Absatz 3 SchG. Dies gilt nicht für die Zeit der Mittagspause.

⇨ Ganztagsschulen (Allgemeines); ⇨ Schulgesetz § 4

2.3 Während des Mittagessens im Speiseraum erfolgt an denjenigen Tagen, an denen ein Ganztagsbetrieb gemäß § 4 a SchG stattfindet, die Aufsichtsführung sowie die Betreuung der Schülerinnen und Schüler durch den Schulträger. Im Übrigen obliegt an diesen Tagen dem Land die Aufsichtsführung und Betreuung innerhalb des Ganztagsbetriebs; sie wird gemäß § 41 Absatz 1 SchG von der Schulleitung organisiert. Die Schule erhält hierfür seitens des Landes eine gesonderte Ressourcenzuweisung, die sich gemäß § 4 a Absatz 1 SchG errechnet. Damit sind keine Vorgaben verbunden, wie viele Aufsichtspersonen aufgrund der konkreten räumlichen Verhältnisse an der einzelnen Schule einzusetzen sind.

⇨ Aufsichtspflicht

Lehrerwochenstunden, welche die Schulen für die Durchführung des Ganztagsbetriebs gemäß der nachfolgenden Ziffer 3 dieser Verwaltungsvorschrift erhalten haben, dürfen nicht für die Aufsichtsführung außerhalb des Speiseraums verwendet werden.

3 Ressourcen des Ganztagsbetriebs

3.1 Die Ganztagsschulen erhalten für die Durchführung des Ganztagsbetriebs eine zusätzliche Ressourcenzuweisung.

3.2 Die Berechnungsgrundlage für die zusätzliche Lehrerwochenstundenzuweisung für Ganztagsschulen sind Gruppen. Die Gruppen können auch klassenübergreifend beziehungsweise jahrgangsübergreifend gebildet werden. Sie sind die rechnerische Grundlage für die Zuweisung von Lehrerwochenstunden für den Ganztagsbetrieb.

3.3 Die erste Gruppe wird rechnerisch für 25 Schülerinnen und Schüler gebildet.

Ab vier weiteren Schülerinnen und Schülern, also ab insgesamt 29 Schülerinnen und Schülern, erhält die Ganztagsschule rechnerisch zwei Gruppen. Sodann gilt, dass rechnerisch in 25er-Schritten Gruppen gebildet werden (ab 54 drei Gruppen, ab 79 vier Gruppen und so weiter).

3.4 Dabei steht der Schule die Organisation im Einzelnen frei, solange sichergestellt ist, dass die Lehrerwochenstundenzuweisung den gesamten Zeitrahmen für alle angemeldeten Schülerinnen Schüler ohne ein Entgelt abdeckt.

Sinkt die Anzahl der am Ganztagsbetrieb teilnehmenden Schülerinnen und Schüler zu einem späteren Schuljahr unter die Mindestgröße von 25 Schülerinnen und Schülern ab, hat dies zwar keinen Einfluss auf die bereits ausgesprochene Genehmigung des Ganztagsbetriebs, aber es entfällt die betreffende Ressourcenzuweisung.

3.5 Für die Grundstufen an Förderschulen finden Ziffer 3.1 bis 3.4 mit der Maßgabe Anwendung, dass eine Gruppe zwölf Schülerinnen und Schüler umfasst. Ab vier weiteren Schülerinnen und Schülern, also ab insgesamt 16 Schülerinnen und Schülern, erhält die Grundstufe der Förderschule rechnerisch zwei Gruppen. Sodann gilt, dass rechnerisch in 12er-Schritten Gruppen gebildet werden (ab 28 drei Gruppen, ab 40 vier Gruppen und so weiter).

3.6 Die Lehrerwochenstunden-Zuweisung pro Gruppe ist abhängig davon, an wie vielen Tagen und mit welchem zeitlichen Umfang die Ganztagsschule an der jeweiligen Grundschule oder Grundstufe der Förderschule umgesetzt wird. Die Schulen erhalten pro Gruppe die nachfolgend bestimmte Anzahl von Lehrerwochenstunden *(LWStd.)*:

drei Tage à sieben Zeitstunden:	sechs LWStd.
drei Tage à acht Zeitstunden:	neun LWStd.
vier Tage à sieben Zeitstunden:	acht LWStd.
vier Tage à acht Zeitstunden:	zwölf LWStd.

Basis der Ressourcenzuweisung ist eine Meldung der voraussichtlichen Anzahl der Gruppen, die bis spätestens zum 1. April des Jahres dem Staatlichen Schulamt gemeldet werden muss. […]

Sofern der Umfang der Monetarisierung mindestens zehn Lehrerwochenstunden beträgt, kann die Schulleitung für den zusätzlichen Aufwand im Zusammenhang mit der Monetarisierung aus dem für die Monetarisierung möglichen Budget eine Entlastungsstunde in Anspruch nehmen oder in diesem Umfang auch Mittel für eine Unterstützung durch Dritte einsetzen.

3.7 Im Übrigen gelten für die Arbeitszeit der Lehrkräfte die Bestimmungen der […] ⇨ Arbeitszeit (Lehrkräfte-ArbeitszeitVO) und die hierzu ergangenen Ausführungsbestimmungen.

⇨ Arbeitszeit (Lehrkräfte) VwV Anrechnungen

3.8 Gemäß § 4 a SchG genehmigte Schulen haben jedes Jahr bis zum 1. Dezember den Staatlichen Schulämtern eine Rückmeldung über die im laufenden Schuljahr im Ganztagsbetrieb befindlichen Schülerinnen und Schülern zu geben.

4
Verträge mit außerschulischen Partnern im Rahmen des Ganztagsbetriebs und zur Aufsichtsführung in der Mittagspause

4.1 Außerschulische Partner werden im Rahmen des Ganztagsbetriebs auf der Grundlage einer Kooperationsvereinbarung (Ziffer 4.2) oder auf der Grundlage einer ehrenamtlichen Beauftragung (Ziffer 4.3) tätig.

4.2 Die Zusammenarbeit mit gemeinnützigen Vereinen, Körperschaften, Kirchen, Religionsgemeinschaften, Verbänden und Organisationen als außerschulischen Partnern erfolgt auf der Basis einer schriftlichen Kooperationsvereinbarung. Entsprechende Formulare und Vorlagen für eine Kooperationsvereinbarung, werden den Schulleitungen vom Kultusministerium zur Verfügung gestellt.

4.3 Schulen können mit einzelnen Personen zusammenarbeiten, die Angebote für die Ausgestaltung des Ganztagsbetriebes machen. Grundlage ist eine schriftliche ehrenamtliche Beauftragung. Die ehrenamtlich beauftragte Person erklärt, dass sie in der Summe ihrer Einkünfte die Grenzen des § 3 Nr. 26 EStG nicht überschreitet.

Hinweis der Redaktion: Zur sogenannten „Übungsleiterpauschale" siehe ⇨ Grundschule (Verlässliche) Nr. 3.7.

Eine Vorlage für eine Beauftragung wird den Schulleitungen vom Kultusministerium zur Verfügung gestellt.

4.4 Vereinbarungen mit den in Ziffer 4.1 bis Ziffer 4.3 genannten außerschulischen Partnern und den einzelnen Personen schließen die Schulleiterin oder der Schulleiter namens und in Vertretung des Landes.

4.5 Für die Aufsichtsführung in der Mittagspause außerhalb des Speiseraums dürfen aus sozialversicherungsrechtlichen Gründen Einzelpersonen im Sinne der Ziffer 4.3 nicht eingesetzt werden. Im Übrigen gelten für Angebote in der Mittagspause außerhalb des Speiseraums die Ziffern 4.1 bis 4.4 entsprechend.

Hinweis der Redaktion: Informationen und Formulare sind abrufbar unter: http://ganztagsschule-bw.de/,Lde/Startseite/ > Service > Formulare und Mustervereinbarungen

5
Evaluation

5.1 Schulen, die nach den vorliegenden Regelungen Lehrerwochenstunden erhalten, sind verpflichtet, jedes erste Schulhalbjahr an einer Auswertung der durch die Monetarisierung finanzierten Tätigkeiten teilzunehmen und Angaben über die Verwendung der Mittel und die damit bezahlten Leistungen zu machen (Evaluation).

Bei der Evaluation werden gegebenenfalls auch Daten erhoben über Schülerzahlen, Gruppenzahlen, Zusammenarbeit mit außerschulischen Partnern und die Höhe der Monetarisierung.

5.2 Die Evaluation erfolgt durch das Kultusministerium beziehungsweise durch einen beauftragten Projektträger. ⇨ Datenschutz (Schulen)

6
Schulbezirkswechsel

Wenn für einen Schüler oder eine Schülerin der Wechsel aus dem Bezirk einer verbindlichen Ganztagsschule an eine Schule ohne verbindlichen Ganztagsbetrieb beantragt wird, stellt dies einen wichtigen Grund im Sinne des § 76 Absatz 2 Nummer 3 SchG dar. Das gleiche gilt für den Wechsel aus dem Schulbezirk einer Grundschule ohne Ganztagsbetrieb oder aus dem Bezirk einer Grundstufe einer Förderschule in den Schulbezirk einer Ganztagsschule. Für einen Wechsel an eine Grundschule im Verbund mit einer Gemeinschaftsschule gilt § 76 Absatz 2 Satz 2 SchG.

7
Überführung von bestehenden Schulversuchen gemäß § 22 SchG

Soweit eine Grundschule bisher als Schulversuch über § 22 SchG als sogenannte Ganztagsschule mit besonderer pädagogischer und sozialer Aufgabenstellung oder als sogenannte Ganztagsschule in offener Form betrieben wird, kann der kommunale Schulträger für diese unter Beachtung der Anforderungen des § 1 Ganztagsgrundschulverordnung einen Antrag auf Umwandlung in eine Ganztagsgrundschule gemäß § 4 a SchG stellen. – Sobald der Antrag auf Umwandlung in eine Ganztagsgrundschule gemäß § 4 a SchG wirksam genehmigt ist, gelten für den Ganztagsbetrieb die Bestimmungen des § 4 a SchG und die hierzu ergangenen Ausführungsbestimmungen; die Konditionen über den Ganztagsbetrieb im Schulversuch aus dem Einrichtungserlass gelten nicht mehr. Sofern der Schulträger für eine als Schulversuch bestehende Ganztagsgrundschule gemäß § 22 SchG keinen Antrag auf Umwandlung in eine Ganztagsgrundschule gemäß § 4 a SchG stellt, wird der Ganztagsbetrieb mit den im Einrichtungserlass des Schulversuchs genannten Konditionen fortgeführt.

⇨ Arbeitszeit (Lehrkräfte-ArbeitszeitVO); ⇨ Arbeitszeit (Lehrkräfte) Anrechnungen; ⇨ Datenschutz (Schulen); ⇨ GanztagsgrundschulVO; ⇨ Ganztagsschulen (Allgemeines); ⇨ Grundschule (Verlässliche); ⇨ Schulgesetz §§ 4, 4a, 22, 76

Grundschule (Leistungsbeurteilung GS und SBBZ)

Verordnung des Kultusministeriums über die Leistungsbeurteilung in Grundschulen und Sonderpädagogischen Bildungs- und Beratungszentren (LeistungsbeurteilungsVO GS) vom 19. April 2016 (GBl. S. 308/2016)

§ 1
Grundlagen der Leistungsbeurteilung

Kompetenzorientierung des Lernens verlangt entsprechende Formen der Leistungsbeurteilung. Kompetenzorientierte Rückmeldungen im Verlauf des Lernprozesses, z.B. auf der Grundlage von kompetenzbasierten Berichten, Beobachtungsbögen, Lernentwicklungsberichten, Lerntagebüchern, Portfolios geben Aufschluss darüber, wie weit das einzelne Kind auf dem Weg zu den anzustrebenden Kompetenzen am Ende eines Lernabschnitts bzw. bis zum Ende der Grundschulzeit fortgeschritten ist und sind Grundlage für die Leistungsbeurteilung. In Beratungs- und Lernentwicklungsgesprächen erhalten Kinder und Eltern regelmäßig Informationen, worin die nächsten Lernschritte bestehen sollten. Die Rückmeldungen an die Eltern und Kinder erfolgen nach transparenten Kriterien und verdeutlichen die individuellen Fortschritte und das erreichte Kompetenzniveau der Standards. Lehrkräfte machen Schülerinnen und Schüler altersentsprechend mit Instrumenten zur Selbsteinschätzung vertraut und stärken sie sukzessive in ihrer Selbstbeurteilungskompetenz. Die Gesamtlehrerkonferenz entwickelt ein motivationsförderliches Leistungsbeurteilungskonzept und befindet unter Beachtung von § 3 Absatz 5 und 7 nach Zustimmung der Schulkonferenz und nach Anhörung des Elternbeirats über die Anzahl der schriftlichen Arbeiten.

§ 2
Schulbericht in Klassen 1 und 2

(1) In den Klassen 1 und 2 wird ein Schulbericht erstellt. Der Schulbericht dient vor allem der Förderung der Schülerin oder des Schülers. Um das Zutrauen des Kindes in die eigenen Fähigkeiten zu erhalten und zu fördern, orientiert sich der Schulbericht in erster Linie an den Möglichkeiten der einzelnen Schülerin oder des einzelnen Schülers und nicht an denen anderer Schülerinnen und Schüler und deren Leistungen.

(2) Im Schulbericht werden sachliche Feststellungen zum Verhaltensbereich, zum Arbeitsbereich und zum Lernbereich getroffen, zum Ende des zweiten Schulhalbjahres der Klasse 2 unter Berücksichtigung der Projektpräsentation.

1. Im Verhaltensbereich werden Aussagen zum Verhalten gegenüber Mitschülerinnen und Mitschülern, gegenüber Lehrkräften und zum Umgang mit Sachen getroffen,
2. im Arbeitsbereich werden Aussagen zum Arbeitsverhalten in der Klasse, in der Gruppe und bei Einzelarbeit, zum Beispiel über Ausdauer, Engagement, Eigeninitiative, Aufmerksamkeit und Sorgfalt getroffen,
3. im Lernbereich werden Aussagen zur Leistungsfähigkeit, zum Beispiel bezüglich Sprachverständnis, Leseverständnis, Zuhören, Ausdruck und schriftlicher Darstellung, zu motorischen Kompetenzen, zu kreativen und kognitiven Leistungen getroffen. Einzelheiten zum Lernstand in den einzelnen Fächern ergänzen diesen Bereich.

Weiter können ergänzende Hinweise zum individuellen Bereich der Schülerin oder des Schülers gemacht werden. Im Schulbericht zum Ende des zweiten Schulhalbjahres der Klasse 2 sind für die Fächer Deutsch und Mathematik ganze Noten nach § 5 der ⇨ Notenbildungsverordnung im Lernbereich auszubringen.

(3) Zur Abfassung des Schulberichts sollen die von der Schülerin oder dem Schüler im Unterricht und als Hausaufgabe gefertigten schriftlichen und praktischen Arbeiten sowie die mündlichen Beiträge, Portfolios und Präsentationen sorgfältig beobachtet werden. Präsentationsergebnisse, Lern- und Entwicklungsdokumentationen oder kompetenzbasierte Berichte sind einzubeziehen.

(4) Die Schülerinnen und Schüler erhalten zum Ende der Klasse 1 sowie zum Ende des ersten und zweiten Schulhalbjahres der Klasse 2 einen Schulbericht. Die Gesamtlehrerkonferenz kann mit Zustimmung der Schulkonferenz und nach Anhörung des Elternbeirats beschließen, dass der Schulbericht zum Ende des ersten Schulhalbjahres der Klassenstufe 2 durch ein dokumentiertes Lernentwicklungsgespräch ersetzt wird, das die Klassenlehrkraft nach Beratung in der Klassenkonferenz mit den Erziehungsberechtigten und der Schülerin oder dem Schüler führt. Lehnen die Erziehungsberechtigten ein dokumentiertes Lernentwicklungsgespräch ab, wird ein Schulbericht erstellt.

(5) Der Schulbericht wird von der Klassenkonferenz erarbeitet und beschlossen. Die Klassenlehrkraft kann beauftragt werden, einen Entwurf zu fertigen.

§ 3
Leistungsfeststellung, Lernentwicklungsgespräche und Halbjahresinformation in den Klassen 3 und 4

(1) Halbjahresinformationen und Zeugnisse geben ein Bild von der individuellen Leistungsentwicklung sowie den Kompetenzen und eröffnen gleichzeitig eine ermutigende Perspektive für die weitere Entwicklung. Sie stützen sich auf sorgfältige Beobachtungen, mündliche Beiträge, schriftliche und praktische Arbeiten sowie Präsentationsergebnisse, Lern- und Entwicklungsdokumentationen oder kompetenzbasierte Berichte. Es werden der Verlauf und die gesamte Lernentwicklung berücksichtigt. Die Leistungsbewertung erfolgt in der pädagogischen Verantwortung der Lehrkraft.

(2) Zum Ende des ersten Schulhalbjahres der Klassen 3 und 4 erhalten die Schülerinnen und Schüler eine Halbjahresinformation. Die Gesamtlehrerkonferenz kann mit Zustimmung der Schulkonferenz und nach Anhörung des Elternbeirats beschließen, dass die Halbjahresinformation zum Ende des ersten Schulhalbjahres der Klasse 3 durch

ein dokumentiertes Lernentwicklungsgespräch ersetzt wird, das die Klassenlehrerin oder der Klassenlehrer nach Beratung in der Klassenkonferenz mit den Erziehungsberechtigten und der Schülerin oder dem Schüler führt. Lehnen die Erziehungsberechtigten ein dokumentiertes Lernentwicklungsgespräch ab, wird eine Halbjahresinformation erstellt.

(3) In den Klassen 3 und 4 werden in Deutsch und Mathematik schriftliche Arbeiten auch für die Lernkontrolle und den Leistungsnachweis angefertigt. Beim Umfang und bei der Beurteilung § 5 der Notenbildungsverordnung ist auf die Ausdauer und die Konzentrationsfähigkeit von Schülerinnen und Schülern dieses Alters besonders Rücksicht zu nehmen.

(4) Schriftliche Arbeiten sollen in den Klassen 3 und 4 in angemessenem Umfang bei der Leistungsbewertung einbezogen werden. Zu beachten sind die Besonderheiten der individuellen Förderung und eine motivationsförderliche Besprechung der Ergebnisse.

(5) In den Klassen 3 und 4 sind pro Schuljahr im Fach Deutsch nicht mehr als acht schriftliche Arbeiten und im Fach Mathematik nicht mehr als sechs schriftliche Arbeiten, die der Lernkontrolle und dem Leistungsnachweis dienen, anzufertigen. Sie sind gleichmäßig auf das gesamte Schuljahr zu verteilen. Bei allen schriftlichen Arbeiten sind Abweichungen von der Rechtschreibung sowie Ausdrucksmängel zu beachten und zur individuellen Förderung heranzuziehen.

(6) Am ersten Schultag nach einem zusammenhängenden Ferienabschnitt sowie an Montagen und dem auf einen gesetzlichen Feiertag folgenden Tag dürfen keine schriftlichen Arbeiten geschrieben werden, die der Lernkontrolle und dem Leistungsnachweis dienen. An einem Tag darf nur eine solche schriftliche Arbeit angefertigt werden.

(7) Mit Ausnahme der Fremdsprache können in allen Fächern praktische Arbeiten und Lerntagebücher sowie schriftliche Arbeiten, die Übungs- und Wiederholungscharakter haben, gefertigt werden. Diese können zur Sicherung der Notengebung herangezogen werden.

(8) Aus pädagogischen Gründen kann in besonders gelagerten Einzelfällen die Klassenkonferenz entscheiden, auf eine Leistungsbewertung durch Noten vorübergehend zu verzichten; die Erziehungsberechtigten sind vorher anzuhören.

(9) In der Fremdsprache sind schriftliche Arbeiten wie Nachschriften, Diktate, schriftliche Vokabeltests oder Übersetzungen ausgeschlossen. Die Notengebung beruht überwiegend auf der kriteriengestützten Beobachtung der Schülerleistung und der individuellen Lernfortschritte; die Feststellung des Leistungsstandes im Hör-Leseverstehen fließt in die Notengebung ein.

Hinweis der Redaktion: Der Bildungsplan GS für Klasse 3/4 Ziff. 3.2.1.3 hat das Ziel, dass Schüler*innen *„einfache isolierte Wendungen und Sätze schreiben „*können. Als Teilkompetenz sollen sie: *„einzelne, auch unbekannte Wörter, einfache Wendungen und Sätze weitgehend fehlerfrei abschreiben; nach vorgegebenen Mustern kurze Mitteilungen schreiben; in kurze Texte Wörter oder Satzteile einfügen"* können. Solche schriftlichen Arbeiten sind also verlangt und sollen auch korrigiert werden, dürfen aber nicht zur Leistungsbeurteilung herangezogen werden.

(10) Zum Ende des Schuljahres der Klasse 3 werden in den Fächern Deutsch und Mathematik zentrale Diagnosearbeiten gestellt, die nicht benotet werden.

⇨ Lernstandserhebungen

§ 4

Präsentation, Lern- und Entwicklungsdokumentation

(1) Im zweiten Schulhalbjahr der Klasse 2 und im ersten Schulhalbjahr der Klasse 4 wird jeweils eine Präsentation abgehalten. Eine der Präsentationen erfolgt im Fach Deutsch, die andere in der Regel in den Fächern Sachunterricht oder Mathematik. Die Präsentationen können in der Gruppe durchgeführt werden.

(2) Präsentationsergebnisse, Lern- und Entwicklungsdokumentationen oder kompetenzbasierte Berichte sind in die Leistungsbewertung einzubeziehen. Sie geben Aufschluss über die erreichten Kompetenzen.

§ 5

Schrift und Gestaltung in Klassen 3 und 4

In den Klassen 3 und 4 der Grundschule erhalten die Schülerinnen und Schüler in der Halbjahresinformation eine schriftliche Information und im Jahreszeugnis sowie im Abschlusszeugnis eine Note nach § 5 der Notenbildungsverordnung für Schrift und Gestaltung. Die Note ist nicht für die Versetzung maßgebend.

Hinweis der Redaktion: In den Sonderbestimmungen des § 6 ist festgelegt, dass diese Verordnung auf Schülerinnen und Schüler der SBBZ mit einem festgestellten Anspruch auf ein sonderpädagogisches Bildungsangebot mit dem Förderschwerpunkt Lernen oder geistige Entwicklung keine Anwendung.findet.

⇨ Aufnahmeverfahren; ⇨ Aufnahmeverordnung; ⇨ Ausländische Schüler*innen; ⇨ Behinderungen (Förderbedarf) Nr. 2.3.2; ⇨ Grundschule (Versetzungsordnung); ⇨ Notenbildungsverordnung §§ 3, 5, 11; ⇨ Grundschule (Leistungsbeurteilung GS und SBBZ); ⇨ Lernstandserhebungen; ⇨ Sprachförderung (Integration) Nr. 5; ⇨ Zeugnisse

Grundschule (Stundentafel)

§ 1 der Verordnung des Kultusministeriums über die Stundentafel der Grundschule vom 28. April 1994 (GBl. S. 283; K.u.U. S. 409/1994); zuletzt geändert 26. Juli 2018 (GBl. S. 280/2018)

§ 1
Stundentafel

Für die Grundschule gilt die als Anlage beigefügte Stundentafel.

§ 2
Übergangsbestimmungen (nicht abgedruckt)

Anlage (zu § 1)

Kontingentstundentafel für die Grundschule

Vorbemerkungen zur Stundentafel

Die Wochenstunden im Fach Religionslehre werden im Einvernehmen mit den obersten Kirchenbehörden unbeschadet der Rechtslage erteilt. Die Wochenstundenzahl im Fach Religionslehre wird unter Beteiligung der zuständigen kirchlichen Beauftragten festgelegt

Der Unterricht in der Fremdsprache beginnt in Klasse 3. Die genehmigten bilingualen Standorte können den Unterricht in der Fremdsprache im Rahmen der hierfür zur Verfügung gestellten Ressourcen ab Klasse 1 anbieten. Nach Entscheidung des Kultusministeriums ist die Fremdsprache in Grenznähe zu Frankreich in der Regel Französisch und im Übrigen in der Regel Englisch.

Die vorgesehenen Richtwerte, für Musik sechs Stunden und Kunst / Werken sieben Stunden, dienen der Orientierung, die konkrete Verteilung obliegt der Schule.

Die Stunden für Förderung und Vertiefung sind vorrangig in den Fächern Deutsch und Mathematik einzusetzen (verpflichtend für alle Schülerinnen und Schüler der Klassenstufe 1 und 2). Abweichungen davon setzen den Beschluss der Gesamtlehrerkonferenz, das Einverständnis der Schulkonferenz sowie eine Beratung durch das zuständige Staatliche Schulamt voraus und können nur für ein Schuljahr festgesetzt werden.

Hinweis der Redaktion: Das KM hat hierzu mitgeteilt: „Um der Schule eine Profilierung zu ermöglichen, sind maßvolle Abweichungen von den Richtwerten möglich." (Infodienst Schulleitung 257/Juni 2016) ⇨ Konferenzordnung § 2 Abs, 1 Nr. 1a

Kontingentstundentafel für die Grundschule	
	Klasse 1 - 4
Religionslehre	8
Deutsch	28
Fremdsprache	4
Mathematik	21
Sachunterricht	12
Musik	6
Kunst / Werken	7
Bewegung, Spiel und Sport	12
Stunden für Förderung und Vertiefung vorrangig in den Fächern Deutsch und Mathematik (für alle Schülerinnen und Schüler der Klassenstufe 1 und 2 verpflichtend)	4
Themenorientierte Projekte	integrativ innerhalb der Fächer
Gesamtkontingent	102

⇨ Einschulung und schulärztliche Untersuchung; ⇨ Grundschule (Fremdsprachen); ⇨ Grundschule (Verlässliche); ⇨ Grundschule (VersetzungsVO); ⇨ Konferenzordnung § 2 Abs, 1 Nr. 1a; ⇨ Grundschule (Leistungsbeurteilung)

Grundschule (Verlässliche Grundschule)

Informationen der Redaktion zur Rechtslage und zur Verwaltungspraxis in Baden-Württemberg

1.
Mindeststandards

Verlässliche Grundschule in Baden-Württemberg; Auszug aus den Vorgaben des KM (Schreiben an die Schulleitungen vom 15.12.1999; AZ: III/2-6662.01/325)

1. Optimierung des Stundenplans

Der Unterricht soll regelmäßig am Vormittag stattfinden. Nachmittagsunterricht soll weitgehend vermieden werden. Der Grundschule wird in diesem Zusammenhang bei der Hallenbelegung, dem Fachunterricht, den Lehraufträgen usw. Priorität eingeräumt. Die Staatlichen Schulämter unterstützen die Grundschulen hierbei. Die Grundschule öffnet 15 Minuten vor Unterrichtsbeginn (Aufsicht durch Lehrkräfte). Der Unterricht soll jeden Tag gleichmäßig beginnen (z.B. 8.30 Uhr) und möglichst gleichlange Unterrichtsblöcke umfassen.

Die Klassen 1 und 2 beginnen spätestens zur 2. Stunde, die Klassen 3 und 4 zur 1. Stunde. Von diesen Vorgaben darf nur aus zwingenden Gründen abgewichen werden. Dies gilt in besonderem Maße für die Klassen 1 und 2.

Hinweise der Redaktion: Über den Unterrichtsbeginn entscheidet die Schulkonferenz. Die GLK besitzt hierzu ein Beratungs- und Antragsrecht. ➪ Schulgesetz § 47 Abs. 3 Nr. 2

2. Verlässlichkeit der Unterrichtszeiten

Die Sicherung verlässlicher Unterrichtszeiten hat oberste Priorität. [...] Bei einem kurzzeitigen Ausfall einer Lehrkraft ist die Vertretung des Unterrichts durch die Lehrkräfte der Schule sicherzustellen bzw. mit anderen vorhandenen Möglichkeiten der Schule zu reagieren. [...] – Bei längerzeitigen Ausfällen von Lehrkräften muss die Vertretung durch die Schulverwaltung sichergestellt werden.

➪ Konferenzordnung § 2 Absatz 1, Nr. 9; ➪ Mehrarbeit

Hinweis der Red.: Teil 2 (Unterrichtsversorgung) beachten

3. Aktivpausen

Die Rhythmisierung zwischen Unterricht und Pausen muss ausgewogen und auf die Bedürfnislage der Kinder abgestimmt sein. Den Grundschulen wird empfohlen, als Element zur Rhythmisierung des Unterrichts am Vormittag eine zweite große Pause einzuführen. Die Kindheitsbedingungen haben sich auch im Hinblick auf die Bewegungs-, Sport- und Spielmöglichkeiten geändert. Deshalb sollten die bereits bestehenden Pausenzeiten zu Aktivpausen/ Bewegungspausen weiterentwickelt werden. Die Grundschulen erhalten hierzu Empfehlungen. [...]

[...] Zu dem dargestellten Mindeststandard kommt dann ggf. – entsprechend dem örtlichen Bedarf – ein Betreuungsangebot des Schulträgers oder eines privaten Trägers (z.B. Elternverein) hinzu. Damit kann den Kindern und Eltern eine verlässliche Öffnungszeit der Grundschule am Vormittag von bis zu 5 $^1/_2$ Stunden angeboten werden. Die Betreuungszeit kann vor oder nach dem Unterricht liegen oder den Unterricht als Gürtel umschließen. Bei Bedarf sollte eine Frühbetreuung z.B. ab 7.00 Uhr weitergeführt bzw. eingerichtet werden. Die Betreuung findet in der Regel in den Räumen der Schule statt.

Das Land bezuschusst die konkrete Betreuungszeit im Rahmen von durchschnittlich 5$^1/_2$Stunden (abzüglich der Unterrichtszeit und der Pausenzeit) am Vormittag mit 50 % der pauschal festgelegten Personalkosten. Eine Mindestgruppengröße wird zunächst nicht mehr vorgegeben. Die Betreuungszeit wird in der Regel von Erzieherinnen oder anderen in der Erziehung erfahrenen Kräften, die beim Schulträger angestellt sind, abgedeckt. Die Betreuung kann jedoch auch von einem Elternverein oder Förderverein organisiert werden. Die bisher bereits in der Kernzeitenbetreuung erfolgreich tätigen Betreuungskräfte sollen in das Betreuungsangebot im Rahmen der verlässlichen Grundschule integriert werden. [...]

Eine Beteiligung der Schule bei der Auswahl der Betreuungskräfte und eine enge Kooperation bei der Umsetzung der Betreuungsphase zwischen Schule und Schulträger ist anzustreben. Die Erfahrungen aus der Kernzeitenbetreuung zeigen, dass die Betreuungskräfte noch stärker in das schulische Leben einbezogen werden müssen, da deren pädagogische Kompetenz eine Bereicherung für die Schule darstellt. Die Verlässliche Grundschule erfordert ein neu strukturiertes pädagogisches Team. Die Schulleitung trägt Sorge dafür, dass sich Betreuung und Unterricht zu einem Gesamtkonzept ergänzen, das in einem pädagogischen Team entwickelt, umgesetzt und weiterentwickelt wird.

Die Schulleitungen werden gebeten, die schulischen Gremien über das Projekt zu informieren und frühzeitig in die Umsetzung einzubinden. In enger Kooperation mit dem Schulträger bzw. einem privaten Träger ist die Frage des ergänzenden Betreuungsangebotes zu klären. [...]

Hinweis der Redaktion: Nach Ziff. 4.2.1 und 4.2.2 der Förderrichtlinien über Zuwendungen an die Träger von Betreuungsangeboten (K.u.U. S. 51/2207; geändert 3. August 2020; K.u.U. S. 123/2020) beträgt der Zeitrahmen bis zu sechs Stunden einschließlich Unterricht und Pausen. Die Betreuungszeit endet spätestens um 14 Uhr.

2. Unterrichtsversorgung

Auszug aus dem Schreiben des KM vom 1.3.2000 (32-6662.01/366)

(Zur Sicherung der Unterrichtszeit und zur Vermeidung von Unterrichtsausfällen) [...] stehen folgende Instrumente [...] zusätzlich zur Verfügung:

1. Bei längerfristigen Ausfällen einer Lehrkraft wegen Krankheit stehen zusätzliche Nebenlehrermittel [...] in ausreichendem Umfang zur Verfügung, mit denen eine Vertretungskraft sofort eingestellt werden kann.
   ➪ Vertretungslehrkräfte
2. Entsprechendes gilt beim Ausscheiden einer Lehrkraft während des Schuljahres, z.B. wegen Elternzeit [...] oder vorzeitiger Zurruhesetzung.
3. Die fest installierte Lehrerreserve (Springer) wird [...] erhöht. Diese Lehrkräfte werden zu Beginn des Schuljahres einer Stammschule zugewiesen und können bei Bedarf kurzfristig an einer anderen Schule eingesetzt werden. [...]
5. Nicht zuletzt stehen ausreichend Mittel [...] für bezahlte Mehrarbeit zur Verfügung. Die Schulen entscheiden über das Ob und den Umfang der Mehrarbeit. [...] Wir empfehlen von der Möglichkeit der bezahlten Mehrarbeit verstärkt Gebrauch zu machen. ➪ Mehrarbeit

3. Zeitkontingent

Auszug aus den Handreichungen des KM für die Schulleitungen zur Vergabe des Zeitkontingents im Rahmen der Verlässlichen Grundschule (gilt unverändert seit dem Juli 2000)

Hinweis der Redaktion: Seit dem Schuljahr 2020/21 kann auch in der Sekundarstufe I das Instrument des Zeitkontingents genutzt werden. ➪ Organisationserlass Ziff. 1.6

1. [...] Das Zeitkontingent ist eines von mehreren Instrumenten, das den Schulen helfen soll, kurzzeitige Unterrichtsausfälle zu vermeiden.

2. [...] Jede Schule erhält [...] ein Zeitkontingent im Umfang von 70 Unterrichtsstunden pro Schuljahr. Der Verbrauch des Zeitkontingents ist von der Schulleitung in einem einfachen Nachweis festzuhalten.

Hinweis der Redaktion:
„Für kurzfristige Vertretungen in den Grundschulen oder den Grundschulstufen der sonderpädagogischen Bildungs- und Beratungszentren können Schulleitungen auf das zu diesem Zweck der Schule zugeordnete Stundenvolumen unter Beachtung der rechtlichen Rahmenbedingungen direkt Verträge abschließen."
Ausdrücklich hat das KM darauf hingewiesen, dass das Stundenvolumen, das die einzelnen Schulen zur Verfügung erhalten, begrenzt ist und dass die rechtlichen Rahmenbedingungen unbedingt zu beachten sind. (Info-Dienst Schulleitung 286 vom Mai 2019) ⇨ Organisationserlass 1.6

3. [...] Das Zeitkontingent kann auf der Grundlage einer nebenberuflichen Tätigkeit an eine Vertretungskraft (vgl. Nr. 4) vergeben werden. Der Abschluss eines schriftlichen Vertrages ist nicht erforderlich. Es genügt, wenn sich die Schulleitung und die Vertretungskraft insbesondere über den zeitlichen Rahmen, den Ort, die Klasse und die Höhe der Vergütung (vgl. Nr. 6) mündlich einig sind.

Hinweis der Redaktion: Die derart eingestellten Lehrpersonen werden als „Handschlaglehrkräfte" bezeichnet.

4. [...] Als Vertretungskraft kommt nur eine beamtete beurlaubte Lehrkraft oder eine ehemals beamtete Lehrkraft im Ruhestand in Betracht. Sie sollte die Befähigung für die Laufbahn des Grund- und Hauptschullehrers haben. Lehrkräfte mit anderen Lehrbefähigungen sind nicht ausgeschlossen. [...].

⇨ Vertretungslehrkräfte

5. [...] Die Schulleitung ist gegenüber der Vertretungskraft weisungsberechtigt. Für Schäden, die die Vertretungskraft im Rahmen, des Unterrichts verursacht oder erleidet, gelten die gleichen Regelungen wie für hauptamtliche Lehrkräfte.

6. [...] Die Vergütung richtet sich nach den Vergütungssatzrichtlinien [...] und zwar unabhängig von der jeweiligen Lehrbefähigung der Vertretungskraft. [...]

Hinweis der Redaktion: Siehe Hinweis nach Nr. 7.

7. [...] Die Vergütung ist gemäß § 3 Nr. 26 Einkommensteuergesetz steuerfrei, soweit der Freibetrag von insgesamt 1.848 Euro im Jahr *(ab 2021: 3.000 Euro)* nicht überschritten wird. Auch die Befreiung von der Sozialversicherungspflicht ist an die Einhaltung dieses Freibetrags gebunden [...].

Hinweis der Redaktion: Bei Überschreitung dieses Freibetrags verliert die „Übungsleiterpauschale" den Charakter einer steuerfreien Einnahme. **Der Freibetrag darf in keinem Fall überschritten werden**, da andernfalls ein faktisches unbefristetes Arbeitsverhältnis begründet wird. Tätigkeiten an mehreren Schulen, in verschiedenen Projekten oder eine zusätzliche nebenberufliche Übungsleitertätigkeit sind hierbei zusammenzuzählen. Der maßgebliche Zeitraum für die Ausschöpfung des Freibetrags ist das Kalenderjahr (nicht das Schuljahr!). (Quelle: KM; 20.11.2007; AZ: 14-0381.1-03/1) Bei der steuerfreien Höchstgrenze von 3.000 Euro pro Kalenderjahr kommt es darauf an, wann die Vergütung tatsächlich zufließt. Geleistete Stunden, die erst im Folgejahr vergütet werden, reduzieren den Steuerfreibetrag für das Kalenderjahr, in dem die Vergütung ausbezahlt wird. Steuerrechtlich kommt es nicht darauf an, dass die Leistung bereits im Vorjahr erbracht wurde. (Quelle: Infodienst Schulleitung 258/2016)

Die Vertretungskraft muss eine entsprechende Erklärung abgeben [...]. Diese Erklärung verbleibt bei der Schule.

Hinweis der Redaktion: Die Vergütung beträgt 29 EUR je erteilter Unterrichtsstunde. Auf dieser Basis können unabhängig davon, ob im Einzelfall Vertretungsunterricht an mehreren Schulen erteilt oder das Zeitkontingent an einer Schule erhöht wurde, im Kalenderjahr maximal 103 Stunden Unterricht erteilt werden. Soweit Vertretungslehrkräfte gleichzeitig einen Lehrauftrag im Rahmen des Lehrbeauftragtenprogramms gegen eine Aufwandsentschädigung von 7 EUR pro Unterrichtsstunde wahrnehmen, sind die insgesamt hierfür zu zahlenden Beträge wie auch alle anderen Einnahmen aus sonstigen begünstigten Tätigkeiten, z.B. als Übungsleiter in einem Sportverein, bei der Ausschöpfung des Freibetrags zu berücksichtigen.

Soweit es sich um eine „kurzfristige Beschäftigung" handelt (das Beschäftigungsverhältnis also auf längstens drei Monate oder 70 Arbeitstage im Jahr begrenzt ist), sind unabhängig von der Höhe der Einnahmen keine Sozialversicherungsbeiträge abzuführen. Dabei wird davon ausgegangen, dass jeder Vertretungsfall als gesondertes Beschäftigungsverhältnis betrachtet wird und die Beschäftigung nicht berufsmäßig ausgeübt wird. Bei Vertretungslehrkräften, die wiederholt von ein und demselben Arbeitgeber beschäftigt werden, liegt eine regelmäßige Beschäftigung so lange nicht vor, als vom voraussichtlichen Ende des jeweiligen Arbeitseinsatzes aus rückschauend betrachtet, innerhalb des letzten Jahres 70 Arbeitstage nicht überschritten werden. Falls es sich um keine kurzfristige Beschäftigung handelt, ist zu prüfen, ob die Beschäftigung geringfügig entlohnt ist. Dies ist dann der Fall, wenn wöchentlich unter 15 Zeitstunden gearbeitet wird und das Entgelt ggf. ohne die steuerfreien Einnahmen 450 EUR/Monat nicht übersteigt. Wird eine Lehrtätigkeit nebenberuflich ausgeübt, ist auch dann noch von einer geringfügigen Beschäftigung auszugehen, wenn das gesamte Entgelt den Betrag von 479 EUR im Monat nicht übersteigt.

(Quelle: KM 18.12.2002; AZ: 14-0341.53/33 und Schreiben des KM vom Sommer 2003; AZ: 14-0341.53/40)

⇨ Lehrbeauftragte

8. [...] Die Auszahlung der Vergütung für tatsächlich erteilte Unterrichtsstunden ist von der Schulleitung [...] direkt beim Landesamt für Besoldung [...] zu veranlassen. [...]

Die Verantwortung für die sachliche und rechnerische Richtigkeit der Höhe der Vergütung liegt allein bei der Schulleitung, eine Prüfung durch das Landesamt für Besoldung und Versorgung oder durch die Schulverwaltung erfolgt aus Gründen der Verfahrensvereinfachung nicht. Die Vergütung kann nur für jede tatsächlich erteilte Unterrichtsstunde gewährt werden. Nicht erteilte Stunden etwa wegen Krankheit dürfen nicht vergütet werden. Die Schulleitung muss daher im Bedarfsfall in der Lage sein, die tatsächlich im Rahmen des Vertretungsauftrages erteilten Unterrichtsstunden belegen zu können (z.B. durch einen Eintrag im Klassentagebuch). [...]

⇨ Grundschule (GanztagsgrundschulVO); ⇨ Grundschule (GanztagsgrundschulVwV); ⇨ Grundschule (Leistungsbeurteilung GS und SBBZ); ⇨ Grundschulförderklasse; ⇨ Lehrbeauftragte; ⇨ Mehrarbeit; ⇨ Mehrarbeit (Vergütung); ⇨ Nebenberufliche/nebenamtliche Lehrkräfte; ⇨ Organisationserlass Ziff. 1.6; ⇨ Vertretungslehrkräfte

Nutzen Sie das ausführliche alphabetische Schlagwortverzeichnis am Ende des Buches.

Grundschule (Versetzungsordnung)

Verordnung des Kultusministeriums über die Versetzung an Grundschulen (Grundschulversetzungsordnung) vom 30. Januar 1984 (K.u.U. S. 59); zuletzt geändert 21.6.2017 (K.u.U. S. 152 /2017)

Hinweise der Redaktion:

1. Alle Entscheidungen nach dieser VO werden von der Klassenkonferenz unter Vorsitz des/der Schulleiter*in getroffen. ➪ KonferenzVO § 4 Abs. 1 Nr. 4, § 12 Abs. 2 Ziff. 1
2. Zur Lese-Rechtschreib- und zur Rechenschwäche siehe: ➪ Behinderungen (Förderbedarf) Nr. 2.2 und 2.3

§ 1
Versetzungsanforderungen

(1) Von Klasse 1 nach Klasse 2 steigt ein Schüler ohne Versetzungsentscheidung auf. Im Übrigen werden nur die Schüler in die nächsthöhere Klasse versetzt, die aufgrund ihrer Leistungen den Anforderungen im laufenden Schuljahr im Ganzen entsprochen haben und die deshalb erwarten lassen, dass sie den Anforderungen der nächsthöheren Klasse gewachsen sind. Ein Schüler wird auch dann versetzt, wenn die Klassenkonferenz zu der Auffassung gelangt, dass seine Leistungen nur vorübergehend nicht für die Versetzung ausreichen, dass er aber nach einer Übergangszeit den Anforderungen der nächsthöheren Klasse voraussichtlich gewachsen sein wird.

(2) Die Voraussetzungen für eine Versetzung gemäß Absatz 1 Satz 2 liegen vor

1. von Klasse 2 nach Klasse 3, wenn der Schüler im Jahreszeugnis in keinem der Fächer Deutsch und Mathematik die Note „ungenügend“ und in nicht mehr als einem dieser Fächer die Note „mangelhaft“ erreicht hat;
2. von Klasse 3 nach Klasse 4, wenn der Schüler im Jahreszeugnis in den Fächern Deutsch und Mathematik sowie im Sachunterricht zweimal mindestens „ausreichend“ und einmal mindestens „mangelhaft“ erreicht hat.

(3) Die Versetzung oder Nichtversetzung eines Schülers ist im Zeugnis wie folgt zu vermerken: „Versetzt“ oder „Nicht versetzt“.

§ 2
Meldung versetzungsgefährdeter Schüler

(1) Wird in den Klassen 2 bis 4 eine Klasse in den Fächern Deutsch, Mathematik sowie ab Klasse 3 im Sachunterricht nur von einem Lehrer unterrichtet, hat dieser sechs Wochen vor Aushändigung der Jahreszeugnisse alle Schüler, bei denen die Versetzung gefährdet erscheint, dem Schulleiter schriftlich zu melden. Der Schulleiter oder ein von ihm beauftragter Lehrer hat sich von den Leistungen dieser Schüler im Unterricht einen ausreichenden Eindruck zu verschaffen, über den die Klassenkonferenz vor der Beschlussfassung zu unterrichten ist.

(2) An ein- und zweiklassigen Schulen ist die Meldung an das Staatliche Schulamt zu richten. Dieses oder ein von ihm Beauftragter verschafft sich von den Leistungen der Schüler im Unterricht einen ausreichenden Eindruck. Die Entscheidung über die Nichtversetzung ist erst nach Beratung mit dem Staatlichen Schulamt oder dessen Beauftragten zu treffen.

§ 3
Aussetzung der Versetzungsentscheidung

Die Klassenkonferenz kann die Entscheidung über die Versetzung längstens bis zum Ende des nächsten Schulhalbjahres aussetzen und von der Erteilung eines Zeugnisses absehen, wenn hinreichende Entscheidungsgrundlagen fehlen, weil die Leistungen des Schülers dadurch abgesunken sind, dass er im zweiten Schulhalbjahr

1. aus von ihm nicht zu vertretenden Umständen die Schule wechseln musste oder
2. wegen Krankheit länger als acht Wochen den Unterricht nicht besuchen konnte oder
3. durch sonstige besonders schwerwiegende von ihm nicht zu vertretende Gründe in seinem Leistungsvermögen erheblich beeinträchtigt war.

Auf dem Zeugnisformular ist anstelle der Noten der Vermerk anzubringen: „Versetzung ausgesetzt gemäß § 3 der Versetzungsordnung“. Bis zur endgültigen Entscheidung über die Versetzung nimmt der Schüler am Unterricht der nächsthöheren Klasse teil.

§ 4
Überspringen einer Klasse

In Ausnahmefällen können Schüler mit Einverständnis der Erziehungsberechtigten nach folgenden Maßgaben bis zu zwei Klassen überspringen:

1. Schüler, deren geistiger Entwicklungsstand so überdurchschnittlich ist, dass eine Einschulung in Klasse 1 pädagogisch nicht sinnvoll erscheint, können in Klasse 2 eingeschult werden. Die Entscheidung trifft der Schulleiter; er kann hierzu ein fachpsychologisches Gutachten einholen.
2. Schüler, deren Gesamtleistungen so überdurchschnittlich sind, dass ein Verbleiben in der bisherigen Klasse pädagogisch nicht sinnvoll erscheint, können in der Regel am Ende des ersten Schulhalbjahres der Klassen 1 bis 3 in die nächsthöhere Klasse oder zum Schuljahresende der Klassen 1 bis 2 in die übernächste Klasse überwechseln. Die Entscheidung trifft die Klassenkonferenz. An der Klassenkonferenz nehmen die Lehrer der Klasse, in die der Schüler übertreten soll, mit beratender Stimme teil.
3. Bei Schülern, deren Gesamtleistungen so überdurchschnittlich sind, dass ein Verbleiben in der Grundschule pädagogisch nicht sinnvoll erscheint, kann am Ende der Klasse 3 festgestellt werden, dass das Ziel der Abschlussklasse der Grundschule erreicht ist, und eine Grundschulempfehlung ausgesprochen werden. Die Entscheidung trifft die Klassenkonferenz. Die Regelungen der Aufnahmeverordnung gelten entsprechend.

§ 5
Freiwillige Wiederholung einer Klasse

(1) Schülerinnen und Schülern der Klassen 1 bis 4 wird auf Antrag der Erziehungsberechtigten einmal

während des Besuchs dieser Klassen gestattet, eine Klasse freiwillig zu wiederholen. Die freiwillige Wiederholung ist zulässig am Ende der Klasse 1, während der Klasse 2, in den Klassen 3 und 4 in der Regel nur zum Ende eines Schulhalbjahres; über Ausnahmen entscheidet der Schulleiter.

(2) Die freiwillige Wiederholung hat zur Folge, dass die zuletzt ausgesprochene Versetzung rückwirkend als nicht mehr getroffen gilt. Die freiwillige Wiederholung ist im Zeugnis mit „wiederholt freiwillig“ zu vermerken.

§ 6

Ziel der Abschlussklasse

Am Ende der Klasse 4 ist festzustellen, ob das Ziel der Abschlussklasse der Grundschule erreicht ist. Das Ziel der Grundschule haben Schüler erreicht, die aufgrund von § 1 Abs. 2 Nr. 2 dieser Versetzungsordnung versetzt werden können.

§ 7

Übergangsbestimmungen (nicht abgedruckt)

➪ Abschlüsse (Allgemeines); ➪ Aufnahmeverordnung; ➪ Befangenheit; ➪ Behinderungen (Förderbedarf) Nr. 2.3.2; ➪ Grundschule (Fremdsprachen); ➪ Grundschule (Leistungsbeurteilung GS und SBBZ); ➪ Multilaterale Versetzungsordnung; ➪ Notenbildungsverordnung; ➪ Schulbericht; ➪ Schulgesetz § 73 Abs. 1; ➪ Schulpflicht (Ausländische Schüler*innen); ➪ Sprachförderung (Integration); ➪ Zeugnisse

Grundschulförderklassen

Öffentliche Grundschulförderklassen; Verwaltungsvorschrift des Kultusministeriums vom 16. August 1991 (K.u.U. S. 399/1991); neu erlassen am 6.7.1998 (K.u.U. S. 208/1998)

I. Allgemeines

1.

Begriff der öffentlichen Grundschulförderklasse

Öffentliche Grundschulförderklassen werden als organisatorisch und pädagogisch eigenständige Einrichtungen von einer Gemeinde, einem Landkreis oder einem Zweckverband gemeinsam mit dem Land unterhalten. Die Lehrer und Erziehungskräfte (Erzieher und Fachlehrer) stehen im Dienst des Landes [...].

➪ Schulkindergärten

Die übrigen Grundschulförderklassen sind Grundschulförderklassen in freier Trägerschaft (private Grundschulförderklassen).

2.

Verfahren bei der Einrichtung

2.1 Grundsatz

Für die Einrichtung von Grundschulförderklassen gilt § 30 Abs. 1 SchG entsprechend.

2.2 Zuweisung von Erziehungskräften

Das Land weist Erziehungskräfte nur zu, wenn die Grundschulförderklasse die Bestimmungen dieser Verwaltungsvorschrift erfüllt und die haushaltsmäßigen Voraussetzungen vorliegen. Jede Förderklasse der Grundschulförderklasse wird von einer fachlich vorgebildeten Erziehungskraft betreut.

2.3 Größe

Eine Förderklasse kann in der Regel eingerichtet werden, wenn zu erwarten ist, dass sie auf Dauer von mindestens 15 vom Schulbesuch zurückgestellten Kindern besucht wird.

2.4 Elternbeirat

Ein Elternbeirat kann eingerichtet werden. Dem Elternbeirat der Grundschule wird empfohlen, den Elternbeirat der Grundschulförderklasse zu Sitzungen einzuladen, wenn Fragen besprochen werden, die die Grundschulförderklasse berühren.

➪ Schulgesetz § 59 Abs. 3

II. Aufgabe und Ausgestaltung der Grundschulförderklasse

1.

Aufgabe

Die Grundschulförderklasse hat die Aufgabe, schulpflichtige, aber gemäß § 74 Abs. 2 SchG vom Schulbesuch zurückgestellte Kinder zur Grundschulfähigkeit zu führen. Durch gezielte Förderung und freies Spiel sollen diese Kinder in ihrer geistigen, seelischen und körperlichen Entwicklung so gefördert werden, dass eine Aufnahme in die Grundschule möglich wird. Hierbei kommt dem sozialen Lernen innerhalb der Gruppe besondere Bedeutung zu. Es gehört jedoch nicht zu den Aufgaben der Grundschulförderklasse, die Lerninhalte des Anfangsunterrichts der Grundschule vorwegzunehmen.

Für zurückgestellte Kinder mit leichten sprachlichen Behinderungen können in der Grundschulförderklasse entsprechende sprachheilpädagogische Maßnahmen von besonders dafür ausgebildeten Lehrkräften (Zusammenarbeit mit sonderpädagogischen Beratungsstellen) durchgeführt werden.

Kinder mit Behinderungen, für die aufgrund ihres pädagogischen Förderbedarfs bei Schuleintritt voraussichtlich der Besuch der Sonderschule nach § 15 Abs. 1 SchG geeignet erscheint, werden nicht in die Grundschulförderklasse aufgenommen. Dasselbe gilt für Kinder, die Defizite ausschließlich im Beherrschen der deutschen Sprache haben. Für diese Kinder sind andere Fördermaßnahmen vorgesehen.

➪ Einschulung und schulärztliche Untersuchung

2.
Organisation und Arbeit

2.1 Aufgaben des Leiters

Grundschulförderklassen werden an Grundschulen geführt. Der Leiter der Grundschule ist zugleich Leiter der Grundschulförderklasse. Er leitet und verwaltet die Grundschulförderklasse und vertritt sie nach außen. Zu seinem Aufgabenbereich gehören insbesondere:

die Aufnahme der Kinder,

die Mitwirkung bei der Organisation der Beförderung der Kinder,

die Festlegung der Öffnungs- und Betreuungszeit sowie

die Anordnung der Vertretung von Erziehungskräften im Verhinderungsfall.

Die vom Schulträger für die Grundschulförderklassen bereitgestellten Mittel sind ausschließlich für diese zu verwenden (Ausgestaltung der Räume, Ausstattung, Materialien usw.).

Der Schulleiter nimmt diese Aufgaben in Abstimmung mit der Erziehungskraft der Förderklasse und den dort eingesetzten Lehrern wahr.

Hinsichtlich einer Anrechnung der Leitungs- und Verwaltungstätigkeit auf die Arbeitszeit des Leiters entspricht eine Grundschulförderklasse einer Klasse im Sinne von [...] *jetzt:* ⇨ Arbeitszeit (Lehrkräfte – VwV Anrechnungen) Nr. IV. 2.2.

Der Schulleiter kann einzelne Leitungsfunktionen auf eine Erziehungskraft der Grundschulförderklasse übertragen. Die damit beauftragte Erziehungskraft erhält dafür eine Anrechnungsstunde.

2.2 Aufgabe der Erziehungskraft

Die Erziehungskraft trägt die pädagogische Verantwortung für die Förderung und Betreuung der Kinder.

Sie wirkt bei der Aufnahme der Kinder mit. Sie sorgt für deren ganzheitliche Förderung und leitet erforderlichenfalls sonderpädagogische Maßnahmen ein.

Sie erstellt einen Förder- und Wochenplan.

Am Ende des Schuljahres erteilt sie auf Wunsch der aufnehmenden Schule Auskunft über den Entwicklungsstand der Kinder und gibt gegebenenfalls Empfehlungen zur weiteren Förderung der Kinder.

Die Erziehungskräfte arbeiten eng mit den Erziehungsberechtigten zusammen, insbesondere durch Elternsprechstunden und Elternabende. Die Erziehungskräfte sollen die Erziehungsberechtigten beraten, mit welchen Hilfen sie zur Förderung der Kinder beitragen können. Erforderlichenfalls können Hausbesuche durchgeführt werden. Die Erziehungskräfte arbeiten auch mit entsprechenden Institutionen (Kindergarten, Beratungsstellen u.a.) zusammen.

Die Erziehungskräfte nehmen an den Lehrerkonferenzen der Grundschule teil, wenn Fragen besprochen werden, die die Arbeit der Grundschulförderklasse berühren.

2.3 Mitarbeit der Lehrer

Aus pädagogischen und organisatorischen Gründen arbeiten Lehrer von Grundschulen stundenweise an der Grundschulförderklasse mit. Die Zuweisung der Lehrerstunden erfolgt durch das Staatliche Schulamt. Die Mitwirkung der Grundschullehrer an der Grundschulförderklasse gehört zu den ordentlichen Dienstaufgaben der Lehrer. Bei der Mitarbeit der Lehrer an der Grundschulförderklasse soll möglichst auf Kontinuität geachtet werden. Die Mitarbeit der Lehrer ist in regelmäßiger Absprache mit den Erziehungskräften den jeweiligen Erfordernissen der Grundschulförderklasse anzupassen und kann Einzel- und Gruppenförderung umfassen.

Die Erziehungskräfte der Grundschulförderklassen und die Lehrer, die bei der Betreuung und Förderung der Kinder mitwirken, sollen sich in regelmäßigen Besprechungen mit den Fortschritten sowie mit den Förder- und Betreuungsschwierigkeiten der einzelnen Kinder befassen und gemeinsame Vorschläge zur wirksamen Förderung dieser Kinder erarbeiten.

2.4 Klassengröße

Die Kinder sollen in Klassen von 15 bis 20 Kindern betreut werden.

3.
Förderungs- und Betreuungszeit

Die Förderungs- und Betreuungszeit für jedes Kind soll 22 Wochenstunden betragen. Die Grundschulförderklasse kann in einzelnen Stunden geteilt werden. Die gemeinsame Förderungs- und Betreuungszeit soll jedoch mindestens 13 bis 15 Stunden betragen.

Erforderlichenfalls können Kinder parallel zur Gruppenbetreuung durch Lehrer oder Erzieher zusätzlich noch einzeln gefördert werden. Die Einzelförderung sollte eine zeitlich begrenzte Maßnahme sein und für das einzelne Kind nicht mehr als 2 Wochenstunden betragen.

Für den Beginn der Betreuung am Vormittag sind die jeweils geltenden Regelungen über die Festsetzung der Unterrichtsstunden für die 1. Klasse der Grundschule maßgebend. Die Betreuung in der 6. Unterrichtsstunde soll möglichst vermieden werden.

Eine pädagogisch angemessene Stundenverteilung macht in der Regel eine Betreuung an mindestens zwei Nachmittagen erforderlich. Bei der Gestaltung des Stundenplans sind örtliche Gegebenheiten (z.B. Fahrwege für die Kinder) zu berücksichtigen.

Samstags werden die Kinder nicht betreut.

Hinweis der Redaktion: Die Grundschulförderklasse ist keine Schule und hat keinen Unterricht. Die Teilnahme ist daher freiwillig, ohne Verpflichtung. Insoweit gibt es auch keine Unterrichtszeiten, die abgedeckt werden müssen. Wenn an einem Standort, an dem die Grundschulförderklasse eingerichtet ist, auch ein Betreuungsangebot besteht, können die Kinder der Grundschulförderklasse mit Einverständnis des Trägers an diesem Betreuungsangebot teilnehmen. In solchen Fällen wäre eine Abstimmung der Öffnungszeiten der Grundschulförderklasse mit den Betreuungszeiten empfehlenswert.

(Quelle: Rundschreiben des SSA Nürtingen, 15.5.2000)

⇨ Grundschule (Verlässliche); ⇨ Mehrarbeit; ⇨ Organisationserlass 1.3

4.
Räumliche Unterbringung

Jede Grundschulförderklasse benötigt einen Raum. Daneben sollte ein Mehrzweckraum zur Verfügung stehen, z.B. durch Mitbenutzung eines Mehrzweckraumes der Grundschule. Ferner ist auf die altersgemäße Spielmöglichkeiten im Freien und ausreichende Benutzungsmöglichkeiten vorhandener Sportstätten zu achten.

III.
Besondere Fördermaßnahmen

Für zurückgestellte Kinder, die in zumutbarer Entfernung keine Grundschulförderklasse erreichen können, können an ausgewählten Grundschulen besondere Förderangebote durch Grundschullehrer erfolgen. Bei Kindern, die noch ein weiteres Jahr den Kindergarten besuchen, kann diese Förderung innerhalb des Kindergartens im Rahmen der Kooperation von Kindergarten und Grundschule erfolgen. [...]

⇨ Arbeitszeit (Lehrkräfte); ⇨ Einschulung und schulärztliche Untersuchung; ⇨ Haushalt (Kommunaler Finanzausgleich) § 18a; ⇨ Kooperation Kindertageseinrichtungen und Grundschule; ⇨ Mehrarbeit; ⇨ Organisationserlass 1.3 ⇨ Schulgesetz §§ 2 Abs. 1, 5a, 38, 59; ⇨ Schulkindergärten

Gymnasium (Abiturverordnung – AGVO)

Verordnung des Kultusministeriums über die Jahrgangsstufen sowie die Abiturprüfung an Gymnasien der Normalform und Gymnasien in Aufbauform (Abiturverordnung Gymnasien der Normalform – AGVO) vom 19.10.2018 (K.u.U. S. 194/2018), zuletzt geändert 18.6.2020 (GBl. S.577/2020)

Abschnitt 1
Allgemeines

§ 1
Geltungsbereich

Diese Verordnung gilt für die Gymnasien der Normalform und die Gymnasien in Aufbauform.

§ 2
Gliederung der gymnasialen Oberstufe

(1) Die gymnasiale Oberstufe umfasst gemäß § 8 Absatz 5 Nummer 1 des Schulgesetzes für Baden-Württemberg die Klasse 10 als Einführungsphase und die Jahrgangsstufen 11 und 12. Die beiden Jahrgangsstufen bilden die Qualifikationsphase.

⇨ Gymnasium (Schulversuch G 9); ⇨ Schulgesetz § 8

(2) In der Einführungsphase, der bei dem Übergang in die Qualifikationsphase eine Überleitungsfunktion zukommt, finden die allgemeinen Regelungen für Schülerinnen und Schüler des allgemeinbildenden Gymnasiums Anwendung; für die Qualifikationsphase, in der auf die Abiturprüfung vorbereitet wird, gilt dies vorbehaltlich der Regelungen dieser Verordnung.

(3) Bei den Gymnasien in Aufbauform bilden die Klasse 11 die Einführungsphase und die Jahrgangsstufen 12 und 13 die Qualifikationsphase der gymnasialen Oberstufe.

§ 3
Organisation der Qualifikationsphase

(1) Die Qualifikationsphase umfasst insgesamt vier Schulhalbjahre und bildet eine pädagogische Einheit. Eine Versetzung zwischen den Jahrgangsstufen findet nicht statt. Die einzelnen Fächer werden in jeweils halbjährigen Kursen als Basis- und Leistungsfächer unterrichtet. Die Kurse sind in der Regel an die Jahrgangsstufe gebunden; übergreifende Kurse sind möglich.

(2) Der Unterricht in der Qualifikationsphase vermittelt eine breite und vertiefte Allgemeinbildung und führt zur allgemeinen Studierfähigkeit. Er führt dazu in wissenschaftliche Methoden, Fragestellungen und Denkweisen ein. Die Kurse in den Basisfächern des Unterrichtsangebotes im Pflichtbereich sind auf eine allgemeine Orientierung im Bereich des Faches und auf die Sicherung einer breiten Grundbildung ausgerichtet; in den Leistungsfächern darüber hinaus auf die Vermittlung erweiterter und exemplarisch vertiefter Kenntnisse und Kompetenzen.

§ 4
Information und Beratung

Über das Kurssystem in den Jahrgangsstufen findet eine Beratung durch die Schule statt. Die Beratung umfasst insbesondere

1. die Arbeitsweise in den Kursen,
2. die Bildungs und Lehrpläne,
3. das voraussichtliche Kursangebot der Schule,
4. die verbindliche Kursbelegung und
5. die grundsätzlichen Regelungen für die Abiturprüfung und für die Feststellung der Gesamtqualifikation, die für die Zuerkennung der allgemeinen Hochschulreife maßgebend ist.

Eine angemessene Information über die Hochschulen, über Berufsfelder sowie Strukturen und Anforderungen des Studiums und der Berufs- und Arbeitswelt sind Teil der Beratung.

§ 5
Die Stellung der Tutorin und des Tutors

Jeder Schülerin und jedem Schüler steht in der Qualifikationsphase eine Lehrkraft als Tutorin oder Tutor zur Verfügung. Diese Lehrkraft erfüllt die Aufgaben, die bei einem Unterricht im Klassenverband der Klassenlehrerin oder dem Klassenlehrer obliegen. Sie nimmt an allen Konferenzen, die eine zu betreuende Schülerin oder einen zu betreuenden Schüler individuell betreffen, mit beratender Stimme teil, wenn nicht eine Mitgliedschaft in der jeweiligen Konferenz gegeben ist.

§ 6
Notengebung und Punktesystem

(1) In der Qualifikationsphase sowie in der Abiturprüfung werden die Leistungen mit den Noten nach der Skala von „sehr gut“ bis „ungenügend“ und den ihnen je nach Notentendenz zugeordneten Punkten bewertet. Dabei entspricht

die Note „sehr gut“	15/14/13 Punkten je nach Notentendenz
die Note „gut“	12/11/10 Punkten je nach Notentendenz
die Note „befriedigend“	9/8/7 Punkten je nach Notentendenz
die Note „ausreichend“	6/5/4 Punkten je nach Notentendenz
die Note „mangelhaft“	3/2/1 Punkten je nach Notentendenz
die Note „ungenügend“	0 Punkten.

Es werden nur ganze Noten und volle Punkte gegeben.

(2) Werden in Ausnahmefällen Teilbereiche eines Kurses von verschiedenen Lehrkräften unterrichtet, einigen diese sich über die gemeinsam zu bildende Zeugnisnote und die entsprechende Punktzahl.

(3) Im Fach Musik können besondere Leistungen in den Arbeitsgemeinschaften Chor und Orchester bei der Leistungsbewertung in den Kursen auf Antrag mitberücksichtigt werden; im Fach Sport gilt dies für Leistungen im Rahmen der Schulsportwettbewerbe „Jugend trainiert für Olympia“ und „Jugend trainiert für Paralympics“, wenn eine Leistungsbewertung durch eine Sportlehrkraft der Schule nach Maßgabe der Anforderungen der fachpraktischen Abiturprüfung im Fach Sport erfolgt ist.

§ 7
Klassenarbeiten und gleichwertige Feststellung von Leistungen

(1) In den Kursen der Leistungsfächer, außer im Fach Sport, sind in den ersten drei Schulhalbjahren jeweils mindestens je zwei Klassenarbeiten und im vierten Schulhalbjahr mindestens je eine Klassenarbeit anzufertigen. Im Kurs des Leistungsfaches Sport sind in allen Schulhalbjahren jeweils mindestens eine und in den beiden ersten Schulhalbjahren zusammen mindestens drei Klassenarbeiten anzufertigen.

(2) In den Kursen der Basisfächer, außer im Fach Sport, ist in allen Schulhalbjahren jeweils mindestens je eine Klassenarbeit anzufertigen. Die Klassenarbeit kann im Kurs des Faches Literatur und Theater im dritten und vierten Schulhalbjahr jeweils durch eine fachpraktische Arbeit und im Kurs des Vertiefungskurses Sprache im dritten Kurshalbjahr durch mehrere, höchsten jedoch fünf, schriftliche Hausarbeiten geringeren Umfangs ersetzt werden; im vierten Kurshalbjahr des Vertiefungskurses Sprache ist sie durch eine schriftliche Hausarbeit im Sinne von Absatz 3 Satz 1 zu ersetzen.

(3) Neben den Klassenarbeiten sind gleichwertige Feststellungen von Leistungen vorgesehen, die sich insbesondere auf schriftliche Hausarbeiten, Projekte, darunter auch experimentelle Arbeiten im naturwissenschaftlichen Bereich, Referate, mündliche, gegebenenfalls auch außerhalb der stundenplanmäßigen Unterrichtszeit terminierte Prüfungen oder andere Präsentationen beziehen. Diese Leistungen sind von jeder Schülerin und jedem Schüler in den ersten drei Schulhalbjahren in drei zu wählenden Fächern zu erbringen. Die Wahl der Fächer erfolgt spätestens innerhalb von sechs Wochen nach Beginn des Unterrichts im ersten Schulhalbjahr. Die Fachlehrkräfte sorgen für eine Koordination dieser Leistungsfeststellungen; sie bestimmen im Anschluss an die Wahl unter Beachtung pädagogischer und organisatorischer Gesichtspunkte über die Verteilung der zu erbringenden Leistungen auf die einzelnen Schulhalbjahre und teilen dies den Schülerinnen und Schülern unverzüglich mit. Darüber hinaus besteht das Recht zu einer gleichwertigen Leistungsfeststellung in einem weiteren Fach; die Wahl des Fachs erfolgt spätestens mit dem Eintritt in das vierte Schulhalbjahr.

Hinweis der Redaktion: Die GFS müssen im Schuljahr 2021/2022 nicht erbracht werden, können aber freiwillig abgelegt werden. *(Quelle:* *⇨ Corona-Pandemie-Prüfungsverordnung.)*

§ 8
Zeugnisse

(1) Für jedes Schulhalbjahr wird ein Zeugnis über die in den einzelnen Kursen erreichten Bewertungen und über Verhalten und Mitarbeit erteilt.

(2) Die Zeugnisse werden am Ende des jeweiligen Schulhalbjahres, für das vierte Schulhalbjahr spätestens mit der Bekanntgabe der Ergebnisse der schriftlichen Abiturprüfung ausgegeben. ⇨ Zeugnisse

Abschnitt 2
Kurssystem

§ 9
Unterrichtsangebot, Aufgabenfelder

(1) Das Unterrichtsangebot gliedert sich in einen Pflichtbereich und einen Wahlbereich.

(2) Das Unterrichtsangebot im Pflichtbereich umfasst

1. das sprachlich-literarisch-künstlerische Aufgabenfeld mit den Fächern Deutsch, Englisch, Französisch, Latein, Griechisch, Russisch, Italienisch, Spanisch, Portugiesisch, Chinesisch, Bildende Kunst und Musik,
2. das gesellschaftswissenschaftliche Aufgabenfeld mit den Fächern Geschichte, Geographie, Gemeinschaftskunde, Wirtschaft sowie den Fächern Religionslehre und Ethik,
3. das mathematisch-naturwissenschaftlich-technische Aufgabenfeld mit dem Fach Mathematik und den Fächern der Naturwissenschaften (Physik, Chemie, Biologie),
4. das Fach Sport.

(3) Das Unterrichtsangebot im Wahlbereich umfasst die Fächer Astronomie, Darstellende Geometrie, Vertiefungskurs Mathematik, Vertiefungskurs Sprache, Geologie, Informatik, Problemlösen mit einem Computer-Algebra-System, Literatur, Lite-

ratur und Theater, Philosophie und Psychologie sowie die spät beginnenden Fremdsprachen; letztere setzen einen Unterricht spätestens ab dem Eintritt in die Einführungsphase zumindest als Arbeitsgemeinschaft voraus.

(4) Das Kultusministerium kann weitere Fächer für den Pflicht- und Wahlbereich zulassen.

§ 10
Kursangebot

(1) Den Rahmen für das Angebot an Kursen bildet das der Schule nach Maßgabe der Verwaltungsvorschrift des Kultusministeriums zur Unterrichtsorganisation und Eigenständigkeit der Schulen (⇨ Organisationserlass) des jeweiligen Schuljahrs für die Qualifikationsphase zur Verfügung stehende Budget. Das Kursangebot wird von der Schulleitung unter Berücksichtigung der an der Schule geführten Profile, insbesondere nach den personellen, räumlichen und sächlichen Voraussetzungen der Schule gestaltet. Dabei haben die besuchs- und anrechnungspflichtigen Kurse Vorrang. Es wird eine größtmögliche Kontinuität angestrebt.

(2) Die Kurse sind vorbehaltlich der Sätze 2 und 3

1. in den Leistungsfächern fünfstündig,
2. in den Basisfächern Deutsch, Mathematik, der Fremdsprachen und der Naturwissenschaften dreistündig und
3. in den übrigen Basisfächern zweistündig.

Die Kurse in der spät beginnenden Fremdsprache sind nach Entscheidung der Schulleitung zwei-, drei- oder vierstündig; die Vorgaben für die besondere Lernleistung bleiben unberührt.

Die Kurse in der neu begonnenen zweiten Fremdsprache am Gymnasium in der dreijährigen Aufbauform sind vierstündig.

(3) Die Kurse in den Leistungsfächern werden getrennt neben den gegebenenfalls drei- oder zweistündigen Kursen des jeweiligen Basisfaches angeboten. In Ausnahmefällen können sie auch durch Zusatzkurse zu den Kursen eines Basisfaches gebildet werden. Kurse im Fach Wirtschaft werden nur als solche in einem Leistungsfach angeboten.

(4) Kurse im Basisfach Geographie werden im zweiten und dritten Schulhalbjahr, Kurse im Basisfach Gemeinschaftskunde im ersten und vierten Schulhalbjahr angeboten, soweit die Schule von der Bindung der Kurse an die Schulhalbjahre nicht abweicht.

(5) Das Angebot an Kursen wird rechtzeitig bekanntgegeben. Ein Anspruch auf das Angebot eines bestimmten Faches oder eines bestimmten Kurses besteht nicht.

§ 11
Allgemeine Hinweise zur Kurswahl; Kurswahl in Religionslehre

(1) Im Rahmen des Kursangebotes der Schule wählen die Schülerinnen und Schüler neben den zwölf Kursen in den Leistungsfächern mindestens 30 weitere Kurse in den Basisfächern, wobei der Seminarkurs im Umfang von zwei Kursen berücksichtigt werden kann. Es besteht die Pflicht, an den gewählten Kursen und Arbeitsgemeinschaften regelmäßig teilzunehmen. Kurse werden jeweils für eine Jahrgangsstufe belegt; § 10 Absatz 4 und §§ 12 bis 14 bleiben unberührt.

(2) Die Kurse in Religionslehre sind grundsätzlich entsprechend der jeweiligen Religionszugehörigkeit zu besuchen. Liegt eine Religionszugehörigkeit nicht vor oder wird an der jeweils besuchten Schule in dem betreffenden Schulhalbjahr keine der Religionszugehörigkeit entsprechende Religionslehre angeboten, ist der Besuch von Kursen in Religionslehre mit Zustimmung der hierfür verantwortlichen Religionsgemeinschaft möglich.

⇨ Religionsunterricht (Teilnahme)

(3) Werden Kurse im Sinne von Absatz 2 Satz 1 angeboten, können im Verlauf der Qualifikationsphase höchstens zwei Kurse in Religionslehre einer anderen Religionsgemeinschaft besucht werden, soweit nicht bereits in der Einführungsphase der Unterricht in Religionslehre einer anderen Religionsgemeinschaft besucht wurde. Voraussetzung ist die Zustimmung der eigenen sowie der Religionsgemeinschaft, welche für die Kurse, die besucht werden sollen, verantwortlich ist. Unter dieser Voraussetzung können im Übrigen in Härtefällen auch Kurse in Religionslehre einer anderen Religionsgemeinschaft besucht werden.

(4) Soweit nach dieser Verordnung in einer Fremdsprache Pflichtunterricht spätestens ab Klasse 8 vorausgesetzt wird, kann die obere Schulaufsichtsbehörde in besonders begründeten Einzelfällen hiervon Ausnahmen zulassen.

§ 12
Belegungspflicht für die Kurse in den Leistungsfächern

(1) In drei Leistungsfächern sind Kurse zu belegen. Die Belegung von Kursen in weiteren Leistungsfächern ist nicht möglich.

(2) Die Kombination der Kurse in den Leistungsfächern erfolgt

1. im Rahmen des schulischen Angebots und
2. unter der Maßgabe, dass
   a) zwei der drei Leistungsfächer die Fächer Deutsch, Mathematik, eine Fremdsprache oder eine Naturwissenschaft umfassen,
   b) als drittes Leistungsfach ein weiteres Fach aus dem Unterrichtsangebot im Pflichtbereich zu wählen ist und
   c) bei der Abiturprüfung die drei Aufgabenfelder des Unterrichtsangebots im Pflichtbereich und die Fächer Deutsch und Mathematik abgedeckt sind.

(3) In den Leistungsfächern sind in den vier Schulhalbjahren die aufeinanderfolgenden Kurse zu besuchen. Ein Wechsel im Verlauf der Qualifikationsphase ist nicht zulässig; § 14 Absatz 4 bleibt unberührt. Die Kurse in der Fremdsprache setzen hierbei jeweils Pflichtunterricht spätestens ab Klasse 8 voraus. Ein Kurs in Religionslehre oder Ethik kann

als Leistungsfach nur gewählt werden, wenn in der Einführungsphase Unterricht im jeweiligen Fach im Umfang von mindestens einem Schulhalbjahr besucht wurde. Wer vom Sportunterricht im Zeitpunkt der Kurswahl auch lediglich teilweise dauerhaft befreit ist, kann einen Kurs in diesem Fach nicht als Leistungsfach wählen.

§ 13
Belegungspflicht für die Kurse in den Basisfächern

(1) In den vier Schulhalbjahren der Qualifikationsphase sind neben den Kursen in den Leistungsfächern folgende Kurse in den Basisfächern zu belegen:

1. in Deutsch die vier Kurse,
2. in Mathematik die vier Kurse,
3. in mindestens einer Fremdsprache, die jeweils mindestens Pflichtunterricht ab Klasse 8 voraussetzt, die vier Kurse,
4. in einem der Fächer Bildende Kunst oder Musik die vier Kurse,
5. in Geschichte die vier Kurse,
6. in Geographie und Gemeinschaftskunde nach Maßgabe von § 10 Absatz 4 die insgesamt vier Kurse,
7. in Religionslehre oder Ethik die vier Kurse,
8. in mindestens einer der Naturwissenschaften die vier Kurse,
9. in Sport die vier Kurse;

darunter entweder in zwei Fremdsprachen oder in zwei Naturwissenschaften jeweils vier Kurse.

(1a) Wer in der Einführungsphase am Gymnasium der dreijährigen Aufbauform den Unterricht in der zweiten Fremdsprache neu begonnen hat, hat vier Kurse in der zweiten Fremdsprache zu belegen. Absatz 1 Nummer 3 bleibt unberührt.

(2) Der Verpflichtung zur Belegung von Kursen in den Basisfächern wird auch durch den Besuch von Kursen dieser Fächer in den Leistungsfächern entsprochen. In diesen Fällen kann das Fach nicht zusätzlich als Basisfach besucht werden. Wird das Leistungsfach Wirtschaft belegt, so sind jedenfalls das Basisfach Gemeinschaftskunde im ersten und das Basisfach Geographie im dritten Schulhalbjahr zu belegen; bei einer Abweichung gemäß § 10 Absatz 4 im Basisfach Gemeinschaftskunde das erste und im Basisfach Geographie das zweite Kurshalbjahr.

(3) In den Fächern Astronomie, Darstellende Geometrie, Problemlösen mit einem Computer-Algebra-System, Geologie, Literatur, Philosophie und Psychologie können im Verlauf der Qualifikationsphase nur zwei zweistündige Kurse besucht werden; der Besuch solcher Kurse in unterschiedlichen Schuljahren ist in der Regel nicht möglich.

(4) Wer keinen Kurs in Religionslehre besucht, hat stattdessen vorbehaltlich des schulischen Angebots Kurse im Fach Ethik zu besuchen.

(5) Wer die Belegungspflicht nach Absatz 1 aufgrund einer Befreiung im Basisfach Sport nicht erfüllt, hat an Stelle der in diesem Fach zu besuchenden Kurse zusätzlich in entsprechender Anzahl Kurse in anderen Basisfächern zu besuchen.

§ 14
Kurswahl

(1) Vor Eintritt in die Qualifikationsphase ist eine vollständige und korrekte Kurswahl vorzulegen. Für die zweite Jahrgangsstufe ist eine Nachwahl im Rahmen der Regelungen dieser Verordnung möglich. Der Zeitpunkt für Beginn und Abschluss der Wahl wird durch die Schulleitung festgesetzt. Der Zeitpunkt für den Abschluss der Wahl darf nicht früher als acht Wochen vor Ende des Unterrichts in der Einführungsphase liegen. Die vier Kurse im Basisfach Sport, die nach den von der Schule festgelegten Unterrichtsangeboten durchgeführt werden, sind vor Eintritt in die Qualifikationsphase zu wählen.

(2) Die Wahl bezieht sich nur auf das Fach und die Art des Kurses. Die Wahl eines Kurses in einem bestimmten Fach begründet keinen Anspruch auf Einrichtung dieses Kurses.

(3) Aufgrund der Wahl weist die Schulleitung die Schülerinnen und Schüler den einzelnen Kursen zu. Kommt ein angebotener Kurs nicht zustande oder ist die Teilnahme an einem gewählten Kurs aus organisatorischen Gründen nicht möglich, ist innerhalb einer von der Schulleitung bestimmten angemessenen Frist eine Ersatzwahl zu treffen.

(4) Nach Abschluss der Wahl oder der Ersatzwahl ist ein Wechsel der Kurse oder ein Austritt aus einem Kurs nur in besonders begründeten Ausnahmefällen zu Beginn des Schuljahres innerhalb von zwei Wochen nach Unterrichtsbeginn auf Antrag mit Zustimmung der Schulleitung zulässig, wenn dies aus pädagogischen und organisatorischen Gründen möglich ist.

§ 15
Besondere Lernleistung

(1) Nach Wahl ist im Rahmen des schulischen Unterrichtsangebotes eine besondere Lernleistung möglich. Die besondere Lernleistung besteht als Seminarkurs aus

1. der regelmäßigen Teilnahme an zwei halbjährigen, in der Regel dreistündigen Kursen mit fächerübergreifender Themenstellung,
2. einem Kolloquium, das pro Schülerin oder Schüler etwa 20 bis 30 Minuten dauert, und
3. einer schriftlichen Dokumentation.

Statt der Teilnahme an den Kursen kann auch eine den Anforderungen der Oberstufe und der Abiturprüfung genügende, geeignete Arbeit aus einem Wettbewerb, einem Schülerstudium sowie einem Praktikum oder aus einem gesellschaftlichen Engagement in Gremien eingebracht werden, die schulischen Referenzfächern zugeordnet werden kann. Beiträge zu Gruppenarbeiten können als besondere Lernleistung nur dann berücksichtigt werden, wenn Einzelleistungen zugeordnet und bewertet werden können.

(2) Für das Kolloquium bildet die Schulleitung einen Fachausschuss, dem die Schulleiterin oder

der Schulleiter oder eine an der besonderen Lernleistung vorher nicht beteiligte Lehrkraft als Leiterin oder Leiter und die an der besonderen Lernleistung beteiligten Lehrkräfte angehören. Die Regelungen zur Festsetzung des Ergebnisses und zur Protokollierung der mündlichen Abiturprüfung finden entsprechende Anwendung. Die Dokumentation und das Kolloquium sind keine Prüfungsleistungen im Sinne von § 30; auf die Dokumentation findet § 8 Absatz 6 der Notenbildungsverordnung entsprechende Anwendung.

(3) Für die besondere Lernleistung wird eine Gesamtnote ermittelt, für welche die beiden halbjährigen Kurse des Seminarkurses zusammen zur Hälfte, das Kolloquium und die Dokumentation zu je einem Viertel gewichtet werden. Dies gilt in den Fällen nach Absatz 1 Satz 3 entsprechend.

(4) Die in der besonderen Lernleistung erreichten Bewertungen werden in das Zeugnis des Schulhalbjahres aufgenommen, in dem die besondere Lernleistung abgeschlossen wird.

(5) Die besondere Lernleistung wird entsprechend ihrem inhaltlichen Schwerpunkt nach Entscheidung der beteiligten Fachlehrkräfte einem Aufgabenfeld nach § 9 Absatz 2 Nummer 1 bis 3 zugeordnet. Die Zuordnung setzt voraus, dass eine hierfür qualifizierte Fachlehrkraft beteiligt war.

(6) § 14 Absatz 4 findet auf die besondere Lernleistung als Seminarkurs entsprechende Anwendung.

Abschnitt 3
Gesamtqualifikation und ordentliche Abiturprüfung

§ 16
Allgemeines

Die Gesamtqualifikation, die für die Zuerkennung der allgemeinen Hochschulreife maßgebend ist, wird aus den Leistungen in den Kursen (Block I) und in der Abiturprüfung (Block II) ermittelt.

§ 17
Gesamtqualifikation

(1) Im Block I der Gesamtqualifikation können bis zu 600 Punkte erreicht werden. Hierzu müssen 40 Kurse angerechnet werden. Höchstens acht der angerechneten Kurse, darunter höchstens drei Kurse in den Leistungsfächern, dürfen mit jeweils weniger als 5 Punkten in einfacher Wertung und kein Kurs darf mit 0 Punkten bewertet sein. Die im Block I erreichte Punktzahl ist entsprechend der Anlage 1 zu ermitteln; für die besondere Lernleistung werden hierbei zwei Kurse zugrunde gelegt. Unabhängig von den Belegungspflichten in der Qualifikationsphase müssen sich unter den angerechneten Kursen befinden:

Anlage 1 (zu § 17 Absatz 1)

Ermittlung des Ergebnisses im Block I der Gesamtqualifikation

Im Block I werden 40 Kurse zur Anrechnung gebracht. Die Zahl 40 ist aufgrund der Doppelgewichtung der Kurse in zwei Leistungsfächern als Faktor zu benutzen. Somit ergibt sich folgende Formel für die Berechnung der Gesamtpunktzahl in Block I:

E I = (P : S) x 40

Dabei sind:

E I = (Gesamt-)Ergebnis Block I,

P = Summe der Punkte in den eingebrachten Fächern in vier Kurshalbjahren,

S = Anzahl der eingebrachten Kurshalbjahresergebnisse (doppelt gewichtete Fächer zählen auch hier doppelt).

Es wird in üblicher Weise auf eine volle Punktzahl gerundet.

Anlage 2 (zu § 17 Absatz 2 Nummer 2 Halbsatz 4)

Tabelle zur Ermittlung des Ergebnisses in Block II der Gesamtqualifikation bei schriftlicher und mündlicher Prüfung in einem Fach

Mündliche Prüfung			Schriftliche Prüfung															
		Noten	6	5 -	5	5 +	4 -	4	4 +	3 -	3	3 +	2 -	2	2 +	1 -	1	1 +
Noten		Punkte	0	1	2	3	4	5	6	7	8	9	10	11	12	13	14	15
6		0	0	3	5	8	11	13	16	19	21	24	27	29	32	35	37	40
5	-	1	1	4	7	9	12	15	17	20	23	25	28	31	33	36	39	41
5		2	3	5	8	11	13	16	19	21	24	27	29	32	35	37	40	43
5	+	3	4	7	9	12	15	17	20	23	25	28	31	33	36	39	41	44
4	-	4	5	8	11	13	16	19	21	24	27	29	32	35	37	40	43	45
4		5	7	9	12	15	17	20	23	25	28	31	33	36	39	41	44	47
4	+	6	8	11	13	16	19	21	24	27	29	32	35	37	40	43	45	48
3	-	7	9	12	15	17	20	23	25	28	31	33	36	39	41	44	47	49
3		8	11	13	16	19	21	24	27	29	32	35	37	40	43	45	48	51
3	+	9	12	15	17	20	23	25	28	31	33	36	39	41	44	47	49	52
2	-	10	13	16	19	21	24	27	29	32	35	37	40	43	45	48	51	53
2		11	15	17	20	23	25	28	31	33	36	39	41	44	47	49	52	55
2	+	12	16	19	21	24	27	29	32	35	37	40	43	45	48	51	53	56
1	-	13	17	20	23	25	28	31	33	36	39	41	44	47	49	52	55	57
1		14	19	21	24	27	29	32	35	37	40	43	45	48	51	53	56	59
1	+	15	20	23	25	28	31	33	36	39	41	44	47	49	52	55	57	60

(Tabellenwerte: vierfach gewertetes Prüfungsergebnis)

Der Tabelle liegt folgender Rechenvorgang zugrunde:

$$p = \frac{2s + m}{3} \cdot 4$$

Ergeben sich für P nicht ganzzahlige Werte, wird auf eine volle Punktzahl gerundet (Beispiel: 41,33 auf 41 Punkte; 42,66 Punkte auf 43 Punkte). Dabei sind:

P = vierfach gewertetes Prüfungsergebnis,

s = Punktzahl der schriftlichen Prüfung im Fach,

m = Punktzahl der mündlichen Prüfung im Fach.

1. die zwölf Kurse in den Leistungsfächern, wobei die Ergebnisse der Kurse in zwei Leistungsfächern doppelt gewichtet werden,
2. soweit nicht als Leistungsfach einzubringen,
   a) die vier Kurse in Deutsch,
   b) die vier Kurse in Mathematik,
   c) mindestens vier Kurse in einer Fremdsprache, die jeweils mindestens Pflichtunterricht ab Klasse 8 voraussetzt,
   d) mindestens vier Kurse in einer Naturwissenschaft,
   e) zwei Kurse in einem der Fächer Bildende Kunst oder Musik,
   f) die vier Kurse in Geschichte,
   g) die belegungspflichtigen Kurse in Geographie und Gemeinschaftskunde,
3. soweit nicht bereits nach Nummer 1 und 2 einzubringen, die Kurse in den mündlichen Prüfungsfächern.

Unter den angerechneten Kursen müssen sich entweder in zwei Fremdsprachen oder in zwei Naturwissenschaften jeweils vier Kurse befinden, worüber die Schülerinnen und Schüler, die Kurse in jeweils mindestens zwei Fremdsprachen und Naturwissenschaften belegt haben, spätestens am nächsten auf die Ausgabe des Zeugnisses für das vierte Schulhalbjahr folgenden Schultag zu entscheiden haben. Bis zu diesem Zeitpunkt ist auch über die gegebenenfalls weiteren anzurechnenden Kurse und über die beiden Leistungsfächer, deren Kurse im Block I doppelt gewichtet werden sollen, zu entscheiden sowie darüber, ob die Gesamtnote einer besonderen Lernleistung als zwei Kurse angerechnet werden soll.

(1a) In den Fällen des § 13 Absatz 1 a findet Absatz 1 mit der Maßgabe Anwendung, dass zusätzlich zwei Kurse in der neu begonnenen zweiten Fremdsprache angerechnet werden müssen.

(2) Im Block II der Gesamtqualifikation können bis zu 300 Punkte erreicht werden. Er besteht aus der Summe der in der Abiturprüfung erreichten Punkte. Dabei sind die Punkte der Abiturprüfung unbeschadet §§ 24 und 26 Absatz 7 wie folgt zu ermitteln:

1. wurde in einem Fach nur schriftlich oder nur mündlich geprüft, ist die in der Prüfung erreichte Punktzahl vierfach zu werten;
2. wurde in einem Fach schriftlich und mündlich geprüft, werden das zweifach gewertete Ergebnis der schriftlichen Prüfung und das einfach gewertete Ergebnis der mündlichen Prüfung addiert und die Summe durch drei geteilt; es wird nicht gerundet; das so ermittelte Ergebnis wird mit vier multipliziert, ein nicht ganzzahliges Ergebnis auf eine volle Punktzahl gerundet (siehe Tabelle in Anlage 2).

Die besondere Lernleistung kann nach Wahl statt der Anrechnung in Block I ein mündliches Prüfungsfach, das nicht Deutsch oder Mathematik ist, ersetzen und wird dann vierfach gewertet.

§ 18
Teile der Abiturprüfung

Die Abiturprüfung besteht aus der schriftlichen und der mündlichen Prüfung. Dabei wird in zwei Prüfungsfächern ausschließlich mündlich geprüft (mündliche Prüfungsfächer). In den übrigen drei Prüfungsfächern (schriftliche Prüfungsfächer) wird nur schriftlich oder schriftlich und mündlich geprüft. In den Fächern Bildende Kunst, Musik und Sport werden die schriftlichen und gegebenenfalls mündlichen Prüfungen durch fachpraktische Prüfungen, in den modernen Fremdsprachen die schriftlichen Prüfungen durch Kommunikationsprüfungen ergänzt.

§ 19
Ort und Termine der Abiturprüfung

(1) Die Abiturprüfung wird an den öffentlichen und an den staatlich anerkannten privaten Gymnasien abgehalten. ⇨ Gymnasium (Abitur – Termine)

(2) Die Abiturprüfung findet einmal jährlich statt; die Regelungen dieser Verordnung zur Durchführung einer Nachprüfung in Einzelfällen bleiben unberührt. Die Termine der schriftlichen Prüfung werden vom Kultusministerium, die der mündlichen oder fachpraktischen Prüfung von der oberen Schulaufsichtsbehörde und die der Kommunikationsprüfung von der Schulleitung festgesetzt.

(3) Falls die Sportstättensituation oder die Witterungsabhängigkeit einer Sportart es erfordern, kann mit der praktischen Prüfung im Fach Sport bereits im dritten Schulhalbjahr begonnen werden (vorgezogene praktische Prüfung). Die Teilnahme an der vorgezogenen praktischen Prüfung impliziert die Entscheidung über eines der beiden mündlichen Prüfungsfächer nach § 21 Absatz 3.

§ 20
Prüfungsausschuss, Fachausschüsse

(1) Für die Abiturprüfung wird an jedem Gymnasium ein Prüfungsausschuss gebildet. Diesem gehören an:

1. als vorsitzendes Mitglied eine Vertreterin oder ein Vertreter oder eine beauftragte Person der oberen Schulaufsichtsbehörde,
2. als stellvertretend vorsitzendes Mitglied die Schulleiterin oder der Schulleiter,
3. sämtliche Fachlehrkräfte der Schule, welche die an der Abiturprüfung teilnehmenden Schülerinnen und Schüler (Prüflinge) in den letzten beiden Schulhalbjahren unterrichtet haben,
4. gegebenenfalls weitere von der oberen Schulaufsichtsbehörde oder von dem vorsitzenden Mitglied des Prüfungsausschusses beauftragte Mitglieder oder von dem stellvertretend vorsitzenden Mitglied des Prüfungsausschusses mit der Führung des Protokolls beauftragte fachkundige Lehrkräfte.

Das vorsitzende Mitglied muss beide Staatsprüfungen für das gymnasiale Lehramt abgelegt haben oder über eine entsprechende Lehrbefähigung verfügen; in beiden Fällen muss die Lehrbefähigung für die gymnasiale Oberstufe vorliegen.

(2) Die Mitglieder des Prüfungsausschusses sind bei ihrer Prüfungstätigkeit unabhängig. Sie sind zur Amtsverschwiegenheit über alle Prüfungsangelegenheiten verpflichtet und vor Beginn der Prüfung hierüber zu belehren.

(3) Für die mündliche oder fachpraktische Prüfung in den einzelnen Fächern bildet das vorsitzende Mitglied des Prüfungsausschusses die erforderlichen Fachausschüsse. Jedem Fachausschuss gehören die nachfolgenden Personen an, die in dem jeweiligen Fach über die Lehrbefähigung für die gymnasiale Oberstufe verfügen oder das Fach in der Oberstufe unterrichtet haben sollen:

1. das vorsitzende Mitglied des Prüfungsausschusses oder ein von diesem bestimmtes Mitglied des Prüfungsausschusses als leitendes Mitglied, sofern die obere Schulaufsichtsbehörde nichts anderes bestimmt,
2. die Fachlehrkraft, welche den Prüfling im vierten Schulhalbjahr unterrichtet oder in den Fächern Geographie und Gemeinschaftskunde jeweils zuletzt unterrichtet hat, als prüfendes Mitglied,
3. ein weiteres fachkundiges Mitglied des Prüfungsausschusses, zugleich mit der Aufgabe, das Protokoll zu führen.

In Kursen, in denen von verschiedenen Fachlehrkräften für einzelne Fächer oder Teilbereiche unterrichtet wurde, gehören dem Fachausschuss die Fachlehrkräfte an, die in den zu prüfenden Fächern zuletzt unterrichtet haben. Sie sind jeweils für ihr Fach prüfendes Mitglied nach Satz 2 Nummer 2, im Übrigen weiteres Mitglied nach Satz 2 Nummer 3. Ist ein prüfendes Mitglied verhindert, wird vom vorsitzenden Mitglied des Prüfungsausschusses eine in dem betreffenden Fach in der Qualifikationsphase unterrichtende Lehrkraft als Ersatz bestellt.

(4) Das vorsitzende Mitglied des Prüfungsausschusses und die leitenden Mitglieder der Fachausschüsse sorgen für die ordnungsgemäße Durchführung der mündlichen oder fachpraktischen Prüfung. Dabei wird insbesondere darauf geachtet, dass die Bestimmungen dieser Verordnung eingehalten werden, nicht von unrichtigen Voraussetzungen oder sachfremden Erwägungen ausgegangen und nicht gegen allgemeine Bewertungsgrundsätze oder den Grundsatz der Gleichbehandlung aller Prüflinge verstoßen wird. Die Personen nach Absatz 1 Satz 2 Nummer 1 und 2 können bei allen Prüfungen und Beratungen der Fachausschüsse anwesend sein. Das vorsitzende Mitglied des Prüfungsausschusses kann darüber hinaus weitere Lehrkräfte oder Referendarinnen und Referendare als Zuhörerschaft bei der Prüfung und Beratung zulassen, sofern das Einverständnis des Prüflings vorliegt.

§ 21
Fächer der Abiturprüfung

(1) Schriftliche Prüfungsfächer sind die drei Leistungsfächer, mündliche Prüfungsfächer durch den Prüfling zu wählen. In den Fällen des § 26 Absatz 1 Satz 2 und 3 erstreckt sich die mündliche Prüfung auch auf die schriftlichen Prüfungsfächer.

(2) Für die Prüfungsfächer gelten folgende Bestimmungen:

1. die drei Aufgabenfelder des Unterrichtsangebots im Pflichtbereich und die Fächer Deutsch und Mathematik müssen abgedeckt sein,
2. in den Prüfungsfächern werden die vier Kurse durchgängig besucht; § 10 Absatz 4 und § 13 Absatz 2 Satz 3 bleiben unberührt,
3. die Anzahl von 40 im Block I anzurechnenden Kursen darf durch die Wahl der mündlichen Prüfungsfächer nicht überschritten werden,
4. Religionslehre kann als mündliches Prüfungsfach nur gewählt werden, wenn in der Einführungsphase Unterricht im Umfang von mindestens einem Schulhalbjahr besucht wurde oder in einer Überprüfung zu Beginn des ersten Schulhalbjahres durch die Fachlehrkraft entsprechende Kenntnisse nachgewiesen wurden; es sind die vier Kurse in Religionslehre entsprechend der eigenen Religionszugehörigkeit zu besuchen oder in den Ausnahmefällen nach dieser Verordnung vier Kurse in Religionslehre ein und derselben Religionsgemeinschaft,
5. Ethik kann nur dann als mündliches Prüfungsfach gewählt werden, wenn in der Einführungsphase Ethikunterricht im Umfang von mindestens einem Schulhalbjahr besucht wurde oder in einer Überprüfung zu Beginn des ersten Schulhalbjahres durch die Fachlehrkraft des Kurses entsprechende Kenntnisse nachgewiesen wurden,
6. bei der Wahl des Faches Sport als mündliches Prüfungsfach sind die gewählten Prüfungsteile zu benennen; bei einer auch lediglich teilweisen Befreiung vom Sportunterricht kommt die Wahl dieses Faches als mündliches Prüfungsfach nicht in Betracht,
7. liegen die Voraussetzungen der Nummern 1 bis 6 vor, kann auch eine spät beginnende Fremdsprache, Literatur und Theater, der Vertiefungskurs Mathematik, Vertiefungskurs Sprache oder Informatik sowie in den Fällen des § 13 Absatz 1 a die neu begonnene zweite Fremdsprache jeweils eines der mündlichen Prüfungsfächer sein; Informatik setzt hierbei Unterricht spätestens ab dem Eintritt in die Einführungsphase zumindest als Arbeitsgemeinschaft voraus, soweit nicht das Profilfach Informatik, Mathematik und Physik (IMP) besucht worden ist.

(3) Die Wahl der mündlichen Prüfungsfächer ist schriftlich spätestens einen Schultag nach Ausgabe des Zeugnisses für das dritte Schulhalbjahr verbindlich zu treffen. Die Möglichkeit, ein mündliches Prüfungsfach durch eine besondere Lernleistung zu ersetzen, bleibt unberührt. Bei einer Teilnahme an der vorgezogenen praktischen Prüfung bestimmt die Schulleitung oder eine von dieser beauftragte Lehrkraft den Wahltermin.

§ 22
Zulassung zur schriftlichen Prüfung

(1) An der schriftlichen Prüfung kann nur teilnehmen, wer zugelassen wurde.

(2) Für die Zulassung müssen folgende Voraussetzungen erfüllt sein oder durch den Besuch von Kursen im vierten Schulhalbjahr noch erfüllt werden können:

1. Besuch der belegungspflichtigen Kurse in den Leistungs- und Basisfächern, wobei kein Kurs mit 0 Punkten bewertet sein darf,
2. Einhaltung der Regelungen nach § 11 Absatz 1,
3. Einhaltung der für die Anrechnung nach § 17 Absatz 1 Satz 2 und 3 und für die Prüfungsfächer nach § 21 geltenden Regelungen,
4. Erreichbarkeit von mindestens 200 Punkten im Block I der Gesamtqualifikation.

(3) Über die Versagung der Zulassung entscheidet die Schulleitung nach Abschluss der Wahl der mündlichen Prüfungsfächer. Sie gilt als Nichtzuerkennung der allgemeinen Hochschulreife und ist unter Angabe der Gründe unverzüglich schriftlich mitzuteilen.

(4) An der vorgezogenen praktischen Prüfung kann unbeschadet der später erforderlichen Zulassung teilgenommen werden.

§ 23
Durchführung der schriftlichen Prüfung

(1) In der schriftlichen Prüfung werden eine oder mehrere Aufgaben aus verschiedenen Stoffgebieten gestellt. Die Bearbeitungszeit beträgt mindestens 240 Minuten und höchstens 315 Minuten.

Die Regelungen für die Prüfung in den Fächern Bildende Kunst, Musik und Sport und moderne Fremdsprachen bleiben unberührt.

(2) Die Prüfungsaufgaben werden vom Kultusministerium im Rahmen der Bildungs- und Lehrpläne für die Jahrgangsstufen der Qualifikationsphase landeseinheitlich gestellt.

(3) Die Leitung der schriftlichen Prüfung obliegt dem stellvertretend vorsitzenden Mitglied des Prüfungsausschusses, soweit die obere Schulaufsichtsbehörde nichts anderes bestimmt. Die Leitung umfasst die Verantwortung für die ordnungsgemäße Durchführung der Prüfung, insbesondere hinsichtlich der Prüfungsaufsicht.

(4) Über jede schriftliche Prüfung ist ein Protokoll zu fertigen, das von der Leiterin oder dem Leiter der Prüfung und den aufsichtführenden Lehrkräften zu unterschreiben ist. In dem Protokoll sind insbesondere die Prüfungszeit, die Namen der aufsichtführenden Lehrkräfte und besondere Vorkommnisse (wie Täuschungshandlungen) festzuhalten.

(5) Jede schriftliche Arbeit wird von der Fachlehrkraft der Schülerin oder des Schülers und von einer Fachlehrkraft einer anderen von der oberen Schulaufsichtsbehörde bestimmten Schule mit gymnasialer Oberstufe korrigiert und nach § 6 Absatz 1 bewertet. Ist die für die Korrektur zuständige Fachlehrkraft verhindert, bestimmt die Leiterin oder der Leiter der Prüfung die Lehrkraft, die an deren Stelle tritt. Weichen die Bewertungen um mehr als drei Punkte voneinander ab, muss eine von der oberen Schulaufsichtsbehörde beauftragte Person die beiden vorangegangenen Bewertungen überprüfen und die endgültige Bewertung für die schriftliche Prüfung festsetzen; dabei dürfen die vorangegangenen Bewertungen in der Regel nicht über- oder unterschritten werden. In der Regel gilt bei Abweichungen von bis zu drei Punkten der Durchschnittswert der beiden Bewertungen, der bei nicht ganzzahligem Mittelwert auf die volle Punktzahl aufzurunden ist, als endgültige Bewertung für die schriftliche Prüfung. Von den Regeln der Sätze 3 und 4 kann abgewichen werden, wenn bei den vorangegangenen Bewertungen der Beurteilungsspielraum durch rechtlich relevante Fehler überschritten wurde.

Hinweis der Redaktion: Die Schulleitungen an Gymnasien können für die Erstkorrektur bis zu zwei Tagen, für die Zweitkorrektur bis zu drei Tagen und für die Endbeurteilung bis zu zwei Tagen Entlastungen gewähren. ⇨ Korrekturtag

(6) Die in der schriftlichen Prüfung in den einzelnen Fächern erreichten Punkte werden etwa eine Woche vor der mündlichen Prüfung bekanntgegeben.

§ 24
Fachpraktische Prüfung, Kommunikationsprüfung

(1) In den Fächern Bildende Kunst, Musik und Sport besteht die schriftliche Prüfung aus einer besonderen Fachprüfung, welche schriftliche und fachpraktische Teile enthält, die gleich gewichtet werden. Die Bearbeitungszeit für die schriftlichen Teile beträgt mindestens 240 Minuten und höchstens 300 Minuten.

(2) In den modernen Fremdsprachen besteht die schriftliche Prüfung aus einem schriftlichen Teil und einer Kommunikationsprüfung, wobei die im schriftlichen Teil erreichte Punktzahl dreifach und die in der Kommunikationsprüfung erreichte Punktzahl einfach gewichtet werden. Die Bearbeitungszeit für den schriftlichen Teil beträgt 240 Minuten. Für die Kommunikationsprüfung gibt das Kultusministerium zentrale Prüfungsmaßstäbe vor. Sie wird im vierten Schulhalbjahr von der Fachlehrkraft der Schülerin oder des Schülers und einer weiteren von dem stellvertretend vorsitzenden Mitglied des Prüfungsausschusses bestimmten Fachlehrkraft abgenommen und dauert 15 Minuten pro Prüfling. Die Prüflinge werden einzeln oder zu zweit geprüft.

(3) Für die fachpraktische Prüfung und die Kommunikationsprüfung gelten die Regelungen zur Festsetzung des Ergebnisses und zur Protokollierung der mündlichen Abiturprüfung entsprechend. Die beiden Prüfungen müssen jeweils vor der Bekanntgabe des Ergebnisses der schriftlichen Prüfung abgeschlossen sein.

§ 25
Zulassung zur mündlichen Prüfung

(1) An der mündlichen Prüfung kann nur teilnehmen, wer zugelassen wurde.

(2) Für die Zulassung müssen folgende Voraussetzungen erfüllt sein:

1. die Voraussetzungen nach § 22 Absatz 2 müssen unter Berücksichtigung der Kurse des vierten Schulhalbjahres nunmehr gegeben sein,
2. in Block I der Gesamtqualifikation müssen mindestens 200 Punkte erreicht sein.

(3) An der vorgezogenen praktischen Prüfung kann unbeschadet der später erforderlichen Zulassung teilgenommen werden.

(4) Über die Versagung der Zulassung entscheidet die Schulleitung; sie gilt als Nichtzuerkennung der allgemeinen Hochschulreife und ist unter Angabe der Gründe unverzüglich schriftlich mitzuteilen.

§ 26
Durchführung der mündlichen Prüfung

(1) Die Prüflinge werden in den beiden gewählten mündlichen Prüfungsfächern mündlich geprüft. Sie können in den schriftlichen Prüfungsfächern auch mündlich geprüft werden; die Entscheidung trifft das vorsitzende Mitglied des Prüfungsausschusses. Soweit nicht bereits nach Satz 2 eine mündliche Prüfung erfolgt, werden die Prüflinge in schriftlichen Prüfungsfächern mündlich geprüft, insbesondere zur Vermeidung der Bewertung einzelner Teile der Abiturprüfung mit 0 Punkten, wenn sie diese Fächer spätestens am nächsten auf die Bekanntgabe der Ergebnisse der schriftlichen Prüfung folgenden Schultag schriftlich gegenüber dem stellvertretend vorsitzenden Mitglied des Prüfungsausschusses benennen. Benennt der Prüfling Fächer der schriftlichen Prüfung, die mit 0 Punkten bewertet worden sind, nicht oder nicht innerhalb der Frist nach Satz 3 und steht damit bereits fest, dass die Mindestqualifikation wegen § 27 Absatz 2 Nummer 3 nicht mehr erreicht werden kann, findet § 27 Absatz 3 entsprechende Anwendung.

(2) Innerhalb der Frist nach Absatz 1 Satz 3 hat der Prüfling zu entscheiden, ob statt der Teilnahme an der Prüfung in einem mündlichen Prüfungsfach, das nicht Deutsch oder Mathematik ist, eine besondere Lernleistung anzurechnen ist.

(3) Die Fächer Geographie oder Gemeinschaftskunde werden als mündliche Prüfungsfächer nur zusammen mit dem jeweils anderen Fach als ein mündliches Prüfungsfach geprüft.

(4) Für die mündliche Prüfung werden Prüfungsaufgaben im Rahmen der Bildungs- und Lehrpläne für die Jahrgangsstufen der Qualifikationsphase ohne Beschränkung auf die Sachgebiete eines Schulhalbjahres vom leitenden Mitglied des Fachausschusses aufgrund von Vorschlägen des prüfenden Mitglieds des Fachausschusses gestellt; die Prüfungsaufgaben werden schriftlich vorgelegt, wobei eine Zeit von in der Regel 20 Minuten zur Vorbereitung unter Aufsicht eingeräumt wird.

(5) Das leitende Mitglied des Fachausschusses bestimmt den Gang der Prüfung und kann selbst prüfen. Die mündlichen Prüfungen werden als Einzelprüfungen durchgeführt und dauern in der Regel 20 Minuten je Prüfungsfach und Prüfling.

(6) In der mündlichen Prüfung soll der Prüfling die Prüfungsaufgaben und deren Lösung in zusammenhängender Rede darstellen und in einem anschließenden Prüfungsgespräch zu weiteren Themen der Bildungs- und Lehrpläne geprüft werden. Im Prüfungsgespräch kann die Einordnung der Aufgabenstellung in größere fachliche Zusammenhänge verlangt werden. Eine mündliche Prüfung in einem schriftlichen Prüfungsfach darf darüber hinaus keine Wiederholung, sondern muss Ergänzung der schriftlichen Prüfung sein.

(7) Die mündliche Prüfung in den Fächern Bildende Kunst und Musik kann fachpraktische Elemente enthalten. Ist Sport oder Literatur und Theater mündliches Prüfungsfach, so besteht die Prüfung aus einem etwa 20 Minuten umfassenden mündlichen und einem fachpraktischen Teil, wobei die im mündlichen Teil erreichte Punktzahl einfach und die im fachpraktischen Teil erreichte Punktzahl zweifach gewichtet werden.

(8) Im Anschluss an die mündliche Prüfung des einzelnen Prüflings setzt der Fachausschuss das Ergebnis der mündlichen Prüfung nach § 6 Absatz 1 auf Vorschlag des prüfenden Mitglieds des Fachausschusses fest und teilt es dem Prüfling mit. Kann sich der Fachausschuss auf keine bestimmte Punktzahl einigen oder mehrheitlich mit der Stimme des leitenden Mitglieds für keine Punktzahl entscheiden, wird das Ergebnis aus dem auf die erste Dezimale errechneten Durchschnitt der Bewertungen aller Mitglieder gebildet, der in der üblichen Weise auf eine volle Punktzahl zu runden ist.

(9) Über die mündliche Prüfung des einzelnen Prüflings ist ein Protokoll zu fertigen, das die Zusammensetzung des Fachausschusses, die Prüfungsthemen und -aufgaben, die Dauer und den wesentlichen Verlauf der Prüfung sowie das Prüfungsergebnis festhält. Das Protokoll ist von allen Mitgliedern des Fachausschusses zu unterschreiben.

§ 27
Ergebnis der Abiturprüfung

(1) Im Anschluss an die mündliche Prüfung ermittelt das vorsitzende Mitglied des Prüfungsausschusses das Ergebnis der Abiturprüfung und stellt fest, wer die Mindestqualifikation erreicht hat.

(2) Die Mindestqualifikation der Abiturprüfung ist erreicht, wenn

1. in den fünf Prüfungsfächern zusammen mindestens 100 Punkte,
2. in drei Prüfungsfächern, darunter zwei schriftliche Prüfungsfächer, jeweils mindestens 20 Punkte und
3. in keinem der Prüfungsfächer weniger als vier Punkte

bei jeweils vierfacher Wertung erreicht wurden.

(3) Das Nichterreichen der Mindestqualifikation gilt als Nichtzuerkennung der allgemeinen Hochschulreife. Sie ist unter Angabe der Gründe unverzüglich schriftlich mitzuteilen.

Nutzen Sie das ausführliche alphabetische Schlagwortverzeichnis am Ende des Buches.

§ 28
Feststellung der Gesamtqualifikation, Zeugnis der allgemeinen Hochschulreife

(1) Das vorsitzende Mitglied des Prüfungsausschusses stellt die Gesamtqualifikation sowie nach der als Anlage 3 beigefügten Tabelle die Gesamtnote fest und erkennt den Prüflingen, die im Block I der Gesamtqualifikation mindestens 200 Punkte und in Block II mindestens 100 Punkte erreicht und auch die übrigen Voraussetzungen erfüllt haben, die allgemeine Hochschulreife zu.

(2) Über die Feststellung der Ergebnisse der Prüfung ist ein Protokoll zu fertigen, das vom vorsitzenden Mitglied des Prüfungsausschusses und dem Mitglied, von dem das Protokoll angefertigt wurde, zu unterschreiben ist.

(3) Die Protokolle über die einzelnen Prüfungsteile und die Feststellung der Ergebnisse der Prüfung sowie die Prüfungsarbeiten sind bei den Schulakten aufzubewahren. Die Prüfungsarbeiten sind nach Ablauf von fünf Jahren seit der Feststellung der Ergebnisse der Prüfung zu vernichten, sofern kein Antrag auf Aushändigung gestellt wurde.

§ 28 a
Erwerb der französischen Hochschulzugangsberechtigung neben der allgemeinen Hochschulreife an Gymnasien mit deutsch-französischer Abteilung (Abibac)

(1) Nach Maßgabe der folgenden Absätze kann an Gymnasien mit deutsch-französischer Abteilung (Abibac) neben der allgemeinen Hochschulreife gleichzeitig die französische Hochschulzugangsberechtigung erworben werden. Auf Schülerinnen und Schüler, die diese Abteilung nicht besuchen, finden diese Bestimmungen keine Anwendung.

(2) Für die Belegungspflichten gelten die Besonderheiten, dass entweder

1. Französisch und das bilinguale Fach Geschichte auf Französisch als Leistungsfächer oder
2. Französisch als Leistungsfach und das Fach Geschichte auf Französisch als dreistündiges bilinguales Basisfach

und jeweils die bilingualen Fächer Geographie und Gemeinschaftskunde auf Französisch zu belegen sind. Im Falle des Satz 1 Nummer 1 ist als drittes Leistungsfach eines der Fächer Deutsch, Mathematik oder eine Naturwissenschaft zu wählen.

(3) Für den Erwerb der französischen Hochschulzugangsberechtigung im Rahmen der Abiturprüfung wird für die jeweilige Schule ein Prüfungsausschuss gebildet, dem angehören

1. als vorsitzendes Mitglied eine beauftragte Person der zuständigen französischen Behörde oder dessen Stellvertreterin oder Stellvertreter,
2. die Schulleiterin oder der Schulleiter oder eine beauftragte Person der oberen Schulaufsichtsbehörde und
3. die Fachlehrkräfte der Schülerinnen und Schüler der jeweiligen in Absatz 2 Satz 1 genannten Fächer.

Im Übrigen gelten die Besonderheiten, dass

1. bei der schriftlichen Prüfung in Französisch
   a) die im schriftlichen Teil erreichte Punktzahl nach Beratung im Prüfungsausschuss durch das vorsitzende Mitglied in das französische Notensystem überführt wird; eine geringfügige Korrektur des Ergebnisses für die Wertung bei der französischen Hochschulzugangsberechtigung ist zulässig; das vorsitzende Mitglied des Prüfungsausschusses legt die Note in Absprache mit der Fachlehrkraft der Schülerin oder des Schülers fest;
   b) der mündliche Prüfungsteil, der als Einzelprüfung durchgeführt wird, 30 Minuten pro Prüfling dauert und hierbei
   aa) 15 Minuten auf die Kommunikationsprüfung entfallen, die sich aus einem monologischen Sprechen und einem dialogischen Sprechen mit der Fachlehrkraft zusammensetzt, deren zeitliche Anteile im Verhältnis von einem Drittel zu zwei Dritteln stehen,
   bb) in den weiteren 15 Minuten das vorsitzende Mitglied des Prüfungsausschusses prüft und
   cc) das vorsitzende Mitglied des Prüfungsausschusses ohne Bindung an die Ergebnisse der Kommunikationsprüfung die Note für die französische Hochschulzugangsberechtigung auf der Grundlage des gesamten mündlichen Prüfungsteils nach Beratung des Prüfungsausschusses bestimmt;

Anlage 3 (zu §§ 28 Absatz 1, 41 Absatz 3)

Umrechnung der Gesamtpunktzahl in eine Gesamtnote

Die Punktzahl der Gesamtqualifikation ist nach folgender Tabelle in eine Gesamtnote umzurechnen:

Gesamtpunktezahl	Gesamtnote	Gesamtpunktezahl	Gesamtnote	Gesamtpunktezahl	Gesamtnote	Gesamtpunktezahl	Gesamtnote
900 - 823	1,0	696 - 679	1,8	552 - 535	2,6	408 - 391	3,4
822 - 805	1,1	678 - 661	1,9	534 - 517	2,7	390 - 373	3,5
804 - 787	1,2	660 - 643	2,0	516 - 499	2,8	372 - 355	3,6
786 - 769	1,3	642 - 625	2,1	498 - 481	2,9	354 - 337	3,7
768 - 751	1,4	624 - 607	2,1	480 - 463	3,0	336 - 319	3,8
750 - 733	1,5	606 - 589	2,3	462 - 445	3,1	318 - 301	3,9
732 - 715	1,6	588 - 571	2,4	444 - 427	3,2	300	4,0
714 – 697	1,7	570 - 553	2,5	426 - 409	3,3		

2. bei der schriftlichen Prüfung im bilingualen Fach Geschichte auf Französisch die Note durch das vorsitzende Mitglied des Prüfungsausschusses in das französische Notensystem überführt wird und das vorsitzende Mitglied des Prüfungsausschusses die Note in Absprache mit der Fachlehrkraft der Schülerin oder des Schülers festlegt; die Möglichkeit einer zusätzlichen mündlichen Prüfung bleibt unberührt;
3. im Falle des Absatz 2 Satz 1 Nummer 2 im Fach Geschichte an einer zusätzlichen schriftlichen Prüfung im zeitlichen Zusammenhang mit der Abiturprüfung, deren Bearbeitungszeit 210 Minuten beträgt und vom Kultusministerium gestellt wird, teilzunehmen ist, wobei
   a) die in entsprechender Anwendung des § 23 Absatz 5 ermittelte Note durch das vorsitzende Mitglied des Prüfungsausschusses in das französische Notensystem überführt wird und das vorsitzende Mitglied des Prüfungsausschusses die Note in Absprache mit der Fachlehrkraft der Schülerin oder des Schülers festlegt; und
   b) das Ergebnis ausschließlich für den Erwerb der französischen Hochschulzugangsberechtigung von Bedeutung ist;

die Möglichkeit einer mündlichen Prüfung im Fach Geschichte auf Französisch als dreistündiges bilinguales Basisfach bleibt unberührt; §§ 29 und 30 finden auf die zusätzliche mündliche Prüfung entsprechende Anwendung;
4. die Prüfungssprache in dem bilingualen Fach Geschichte auf Französisch ausschließlich die französische Sprache ist;
5. der Prüfling die Prüfungssprache Deutsch oder Französisch für eine mündliche Prüfung gemäß § 26 Absatz 3 in den bilingualen Fächern Geographie und Gemeinschaftskunde auf Französisch wählt;
6. die Beratungen durch den Prüfungsausschuss, die Überführung von Ergebnissen in das französische Notensystem und die endgültige Notenfestlegung zu protokollieren sind; sonstige Protokollierungspflichten nach dieser Verordnung bleiben unberührt.

(4) Für den Erwerb der französischen Hochschulzugangsberechtigung sind neben der Erlangung der allgemeinen Hochschulreife jeweils die in das französische Notensystem überführten Ergebnisse des schriftlichen und des mündlichen Teils des schriftlichen Abiturs in Französisch, des schriftlichen Abiturs oder der zusätzlichen schriftlichen Prüfung im bilingualen Fach Geschichte auf Französisch sowie die Noten in den bilingualen Fächern Geographie und Gemeinschaftskunde auf Französisch jeweils im zuletzt besuchten Kurshalbjahr zu je gleichen Teilen maßgeblich.

(5) Für die Verleihung besonderer Auszeichnungen sind über die Ergebnisse im Sinne des Absatz 4 hinaus das jeweils in das französische Notensystem überführte Ergebnis der schriftlichen oder mündlichen Abiturprüfung im Fach Deutsch oder Mathematik, wobei die höhere Note zählt, und das Ergebnis eines weiteren Abiturprüfungsfachs maßgeblich.

§ 28 b
Gleichwertigkeit der allgemeinen Hochschulreife mit der italienischen Reifeprüfung an Gymnasien mit bilingualem Profil Deutsch-Italienisch (AbiStat)

(1) An Gymnasien mit bilingualem Profil Deutsch-Italienisch (AbiStat) kann eine allgemeine Hochschulreife zuerkannt werden, die unmittelbar auch zum Studium an einer Hochschule in der Republik Italien berechtigt. Es gelten die allgemeinen Bestimmungen dieser Verordnung mit den Besonderheiten der folgenden Absätze. Auf Schülerinnen und Schüler, die die Abteilung nicht besuchen, finden diese Bestimmungen keine Anwendung.

(2) Für die Belegungspflichten gelten die Besonderheiten, dass
1. Italienisch als Leistungsfach,
2. das Fach Geschichte auf Italienisch als dreistündiges bilinguales Basisfach und
3. das Fach Geographie auf Italienisch als einstündiges bilinguales Basisfach

zu belegen sind. Das Fach Geschichte gemäß Satz 1 Nummer 2 baut auf dem zweistündigen Basisfach Geschichte auf und umfasst eine zusätzliche Stunde in italienischer Sprache.

(3) Für die Gesamtqualifikation und die Abiturprüfung gelten die Besonderheiten, dass
1. der Seminarkurs auch bilingual auf Italienisch abgehalten werden kann und dabei eine auf Italien bezogene gesellschaftswissenschaftliche Themenstellung umfassen muss; Kolloquium und Dokumentation erfolgen in italienischer Sprache;
2. das Fach Italienisch schriftliches Prüfungsfach ist, das auch mündlich geprüft wird; § 27 Absatz 2 Satz 3 Nummer 2 findet Anwendung;
3. das Fach Geschichte auf Italienisch als mündliches Prüfungsfach zu wählen ist, wenn nicht der Seminarkurs gemäß Nummer 1 statt der Anrechnung im Block I der Gesamtqualifikation das mündliche Prüfungsfach Geschichte auf Italienisch ersetzt;
4. bei einer mündlichen Prüfung in den Fächern Geographie auf Italienisch und Gemeinschaftskunde gemäß § 26 Absatz 3 die Prüfung im Fach Geographie in italienischer Sprache erfolgt und im Fach Gemeinschaftskunde in deutscher Sprache;
5. eine von der zuständigen italienischen Behörde beauftragte Person bei der Durchführung der schriftlichen und mündlichen Prüfung im Leistungsfach Italienisch sowie bei der Durchführung der mündlichen Prüfungen und Beratungen der Fachausschüsse in den Fächern Geschichte auf Italienisch und in den Fächern Geographie auf Italienisch und Gemeinschaftskunde gemäß § 26 Absatz 3 anwesend sein darf;
6. Lehrkräfte, die im Dienst der der Italienischen Republik stehen und die unter Absatz 2

genannten Fächer unterrichten, Mitglieder des Prüfungsausschusses und bei einer mündlichen Prüfung Mitglieder des Fachausschusses sind und

7. dem Zeugnis der allgemeinen Hochschulreife eine Erklärung der zuständigen italienischen Behörde beigefügt wird, die die Gleichwertigkeit der allgemeinen Hochschulreife mit der italienischen Reifeprüfung bescheinigt.

§ 28 c
Internationales Abitur Baden-Württemberg, Bilinguales Zertifikat Kursstufe

(1) Für die Erlangung des Zertifikats »Internationales Abitur Baden-Württemberg« oder des »Bilingualen Zertifikats Kursstufe« an Gymnasien mit deutsch-englischer Abteilung gelten die Bestimmungen dieser Verordnung mit den nachfolgenden Besonderheiten.

(2) Die Fächer Biologie, Geschichte und Geographie können als dreistündige bilinguale Basisfächer auf Englisch und als bilinguale Leistungsfächer auf Englisch angeboten werden (bilinguale Sachfächer). Die Belegung bilingualer Sachfächer setzt bilingualen Pflichtunterricht in diesen Fächern ab Klasse 5 voraus.

(3) Der Seminarkurs kann auch bilingual auf Englisch abgehalten werden.

(4) Die Aufgaben der schriftlichen Prüfung in einem bilingualen Sachfach werden in englischer Sprache gestellt. Dies gilt für die Prüfungssprache mündlicher Prüfungen entsprechend.

(5) Die Voraussetzungen für die Erlangung des Zertifikats »Internationales Abitur Baden-Württemberg« richten sich nach Anlage 4, die für die Erlangung des »Bilingualen Zertifikats Kursstufe« nach Anlage 5.

§ 29
Nichtteilnahme, Rücktritt

(1) Wird ohne wichtigen Grund an einem der Prüfungsteile ganz oder teilweise nicht teilgenommen, gilt dies als Nichtzuerkennung der allgemeinen Hochschulreife; § 27 Absatz 3 Satz 2 gilt entsprechend. Über das Vorliegen eines wichtigen Grundes

Anlage 4 (zu § 28 c)

Voraussetzungen für die Erlangung des Zertifikats »Internationales Abitur Baden-Württemberg«*

<table>
<tr><th></th><th colspan="3">Kombinationen</th></tr>
<tr><td rowspan="3">Anforderungen (jeweils einfache Wertung)</td><td>1.</td><td colspan="2">Belegung von vier Kursen eines bilingualen Leistungsfachs:
- Durchschnitt von mindestens 5 Punkten in den letzten beiden Kurshalbjahren und
- mindestens 5 Punkte in der Abiturprüfung</td></tr>
<tr><td>2.(alternativ)</td><td>Belegung einer modernen Fremdsprache als Leistungsfach:
– Durchschnitt von mindestens 5 Punkten in den letzten beiden Kurshalbjahren und
– mindestens 5 Punkte in der Abiturprüfung</td><td>Belegung von zwei modernen Fremdsprachen (darunter Englisch) als Basisfächer:
– Durchschnitt von mindestens 5 Punkten in den letzten beiden Kurshalbjahren beider Fremdsprachen</td></tr>
<tr><td>3.</td><td colspan="2">Besuch einer bilingualen deutsch-englischen Abteilung ab Klasse 5 und Besuch des bilingualen Sachfachs in der Einführungsphase.</td></tr>
<tr><td colspan="4">* Niveau der erworbenen Kenntnisse im Fach Englisch entsprechend dem Gemeinsamen Europäischen Referenzrahmen für Sprachen (GER): C1</td></tr>
</table>

Anlage 5 (zu § 28 c)

Voraussetzungen für die Erlangung des »Bilingualen Zertifikats Kursstufe«*

<table>
<tr><th></th><th colspan="4">Kombinationen</th></tr>
<tr><td rowspan="3">Anforderungen (jeweils einfache Wertung)</td><td>1.</td><td>Besuch des bilingualen Seminarkurses:
– Durchschnitt von mindestens 5 Punkten in beiden Kurshalbjahren</td><td>Belegung von mindestens zwei Kursen eines bilingualen Basisfachs:
– Durchschnitt von mindestens 5 Punkten in beiden Kurshalbjahren</td><td>Belegung von vier Kursen eines bilingualen Leistungsfachs:
– Durchschnitt von mindestens 5 Punkten in den letzten beiden Kurshalbjahren und
– mindestens 5 Punkte in der Abiturprüfung</td></tr>
<tr><td>2.</td><td colspan="2">Belegung der Fremdsprache Englisch als Leistungsfach:
– Durchschnitt von mindestens 5 Punkten in den letzten beiden Kurshalbjahren und
– mindestens 5 Punkte in der Abiturprüfung</td><td>Belegung von vier Kursen im Fach Englisch:
– Durchschnitt von mindestens 5 Punkten in den letzten beiden Kurshalbjahren und</td></tr>
<tr><td>3.</td><td>Besuch einer bilingualen deutsch-englischen Abteilung ab Klasse 5.</td><td colspan="2">Besuch einer bilingualen deutsch-englischen Abteilung ab Klasse 5, Besuch des bilingualen Sachfachs in der Einführungsphase.</td></tr>
<tr><td colspan="5">* Niveau der erworbenen Kenntnisse im Fach Englisch entsprechend dem Gemeinsamen Europäischen Referenzrahmen für Sprachen (GER): C1</td></tr>
</table>

entscheidet bei der schriftlichen Prüfung und der Kommunikationsprüfung das stellvertretend vorsitzende Mitglied des Prüfungsausschusses, bei der mündlichen Prüfung das vorsitzende Mitglied des Prüfungsausschusses und bei der fachpraktischen Prüfung im Fach Sport das leitende Mitglied des Fachausschusses.

(2) Als wichtiger Grund gilt insbesondere eine krankheitsbedingte Prüfungsunfähigkeit. Ist eine prüfungsrelevante gesundheitliche Beeinträchtigung nicht offenkundig, kann das vorsitzende Mitglied des Prüfungsausschusses die Vorlage eines ärztlichen Zeugnisses verlangen, das eine konkrete Beschreibung dieser Beeinträchtigung beinhaltet. Lassen sich Zweifel am Vorliegen einer prüfungsrelevanten gesundheitlichen Beeinträchtigung auf andere Weise nicht ausräumen, kann das vorsitzende Mitglied des Prüfungsausschusses auch die Vorlage eines Satz 2 entsprechenden amtsärztlichen Zeugnisses verlangen. Wer sich in Kenntnis einer gesundheitlichen Beeinträchtigung oder eines anderen wichtigen Grundes der Prüfung unterzogen hat, kann dies nachträglich nicht mehr geltend machen. Der Kenntnis steht die fahrlässige Unkenntnis gleich; fahrlässige Unkenntnis liegt insbesondere dann vor, wenn beim Vorliegen einer gesundheitlichen Beeinträchtigung nicht unverzüglich eine Klärung herbeigeführt wird.

(3) Sofern und insoweit ein wichtiger Grund vorliegt, gilt die Prüfung als nicht unternommen. Die Teilnahme an einer Nachprüfung ist möglich. Hierbei bleiben die bereits erbrachten Prüfungsleistungen bestehen.

(4) Vor Beginn der Abiturprüfung ist auf diese Bestimmungen hinzuweisen.

§ 30
Täuschungshandlungen, Ordnungsverstöße

(1) Wer es unternimmt, das Prüfungsergebnis durch Täuschung oder Benutzung nicht zugelassener Hilfsmittel zu beeinflussen, oder nicht zugelassene Hilfsmittel nach Bekanntgabe der Prüfungsaufgaben mitführt oder Beihilfe zu einer Täuschung oder einem Täuschungsversuch leistet, begeht eine Täuschungshandlung.

(2) Wird während der Prüfung eine Täuschungshandlung oder ein entsprechender Verdacht festgestellt, ist der Sachverhalt von einer aufsichtführenden Lehrkraft zu protokollieren. Der Prüfling setzt die Prüfung bis zur Entscheidung über die Täuschungshandlung vorläufig fort.

(3) Liegt eine Täuschungshandlung vor, wird der Prüfling von der weiteren Teilnahme an der Prüfung ausgeschlossen; dies gilt als Nichtzuerkennung der allgemeinen Hochschulreife. § 27 Absatz 3 Satz 2 gilt entsprechend. In leichten Fällen kann stattdessen die Prüfungsleistung mit der Note „ungenügend" (0 Punkte) bewertet werden. Die Entscheidung trifft bei der schriftlichen Prüfung und der Kommunikationsprüfung das stellvertretend vorsitzende Mitglied des Prüfungsausschusses, bei der mündlichen Prüfung das vorsitzende Mitglied des Prüfungsausschusses und bei der fachpraktischen Prüfung in den Fächern Bildende Kunst, Musik und Sport das leitende Mitglied des Fachausschusses.

(4) Stellt sich eine Täuschungshandlung erst nach Aushändigung des Zeugnisses heraus, kann die obere Schulaufsichtsbehörde das Zeugnis einziehen und entweder ein anderes Zeugnis erteilen oder die Zuerkennung der allgemeinen Hochschulreife zurücknehmen, sofern seit der Ausstellung des Zeugnisses nicht mehr als zwei Jahre vergangen sind.

(5) Wer durch sein Verhalten die Prüfung so schwer behindert, dass es nicht möglich ist, die Prüfung ordnungsgemäß durchzuführen, wird von der Prüfung ausgeschlossen; dies gilt als Nichtzuerkennung der allgemeinen Hochschulreife. Absatz 3 Satz 3 und § 27 Absatz 3 Satz 2 gelten entsprechend.

(6) Vor Beginn der Abiturprüfung ist auf diese Bestimmungen hinzuweisen. ⇨ Handy-Nutzung

Abschnitt 4
Wiederholung, Entlassung

§ 31
Voraussetzungen für die Wiederholung

(1) Die Jahrgangsstufen der Qualifikationsphase können außer in den Fällen der Absätze 2 bis 4 nicht wiederholt werden.

Hinweis der Redaktion: Abweichungen hiervon sind gemäß § 2 der ⇨ Corona-Pandemie-Prüfungsverordnung möglich:

§ 2
Freiwillige Wiederholung, Wiederholung von Klassen- oder Jahrgangsstufen in der gymnasialen Oberstufe

(1) Die freiwillige Wiederholung einer Klasse im Schuljahr 2021/2022 gilt nicht als Wiederholung wegen Nichtversetzung der Klasse, die zuvor erfolgreich besucht worden ist. Versetzungsentscheidungen bleiben auch dann erhalten, wenn am Ende der wiederholten Klasse keine Versetzung erfolgt. Die Möglichkeit einer erneuten freiwilligen Wiederholung einer Klasse bleibt unberührt. Satz 3 findet auf die Verlängerung des Bildungsgangs in der Sekundarstufe I der Gemeinschaftsschule entsprechende Anwendung. [...]

(2) Die erste Jahrgangsstufe kann einmal wiederholen, wer nicht bereits die vorangehende Klasse wiederholt hat und eine entsprechende schriftliche Erklärung innerhalb einer Woche nach Erhalt des Zeugnisses für das zweite Schulhalbjahr abgibt.

(3) Wem die allgemeine Hochschulreife zum ersten Mal nicht zuerkannt wurde, kann einmal wiederholen, und zwar

1. bei Nichtzulassung zur schriftlichen Abiturprüfung
   a) das zweite und das dritte Schulhalbjahr oder
   b) die zweite Jahrgangsstufe insgesamt nach weiterem Besuch der zweiten Jahrgangsstufe bis zum Ende des Schuljahres oder
   c) das dritte Schulhalbjahr nach halbjähriger Unterbrechung des Schulbesuchs,
2. in den übrigen Fällen das dritte und vierte Schulhalbjahr.

(4) Wer das vierte Schulhalbjahr besucht und bei der oder dem zu erwarten ist, dass zum Ende des Schulhalbjahres die im Block I der Gesamtqualifikation erforderlichen Leistungen nicht erbracht werden, kann auf Antrag mit Zustimmung der Schulleitung nach Absatz 3 Nummer 1 einmal wiederholen. Dies

gilt als Nichtzuerkennung der allgemeinen Hochschulreife; § 27 Absatz 3 Satz 2 gilt entsprechend.

(5) Die Wiederholung lediglich einzelner Kurse ist nicht zulässig.

(6) Bei Zuerkennung der allgemeinen Hochschulreife ist weder eine Wiederholung der gymnasialen Oberstufe noch eine Wiederholung der Abiturprüfung zulässig.

§ 32
Kurswahl bei Wiederholung

(1) Bei einer Wiederholung sind im Rahmen des Kursangebots der Schule die Kurse neu zu wählen; für die Wahl der belegungspflichtigen Kurse in den Basis- und Leistungsfächern gilt dies nur, wenn die beiden ersten Schulhalbjahre wiederholt werden. Es besteht kein Anspruch darauf, dass Kurse angeboten werden, die der früheren Wahl entsprechen.

(2) Die beim ersten Durchgang besuchten Kurse werden nicht mehr berücksichtigt. Dies gilt auch für die im Rahmen des Seminarkurses besuchten Kurse einschließlich der Dokumentation und des Kolloquiums; wird bei der Wiederholung bestimmter Schulhalbjahre der Seminarkurs nur teilweise wiederholt, bleiben die in dem nicht wiederholten Teil erbrachten Leistungen erhalten und fließen in die für die besondere Lernleistung neu zu bildende Gesamtnote ein.

(3) Wer Kurse, die zum Erreichen der Mindestqualifikation erforderlich sind, nicht besuchen kann, hat sich ohne den Besuch von Unterrichtsveranstaltungen am Ende des Schulhalbjahres einer schriftlichen und mündlichen Leistungsfeststellung über den Unterrichtsstoff des betreffenden Kurses zu unterziehen, wobei die schriftlichen und mündlichen Leistungen je einfach zählen. Das Ergebnis der Leistungsfeststellung gilt als Ergebnis des entsprechenden Kurses. Die Leistungsfeststellung wird von einer von der Schulleitung beauftragten Fachlehrkraft vorgenommen, die die Schülerin oder den Schüler auch schon während der Selbstvorbereitung berät.

(4) Ergeben sich aus sonstigen Gründen von der Schule nicht behebbare Schwierigkeiten bei der Wiederholung, kann die obere Schulaufsichtsbehörde Sonderregelungen treffen.

§ 33
Entlassung

Das Gymnasium muss endgültig verlassen, bei wem am Ende des ersten oder zweiten Schulhalbjahres bereits feststeht, dass eine Zulassung zur schriftlichen Abiturprüfung nicht erfolgen könnte und die erste Jahrgangsstufe nicht wiederholt werden kann, oder wem zweimal die allgemeinen Hochschulreife nicht zuerkannt worden ist.

Hinweis der Redaktion: Siehe Hinweis bei § 31 Abs. 1.

Abschnitt 5
Abiturprüfung für Schulfremde

§ 34
Teilnahmeberechtigte

Wer das Zeugnis der allgemeinen Hochschulreife erwerben will, ohne Schülerin oder Schüler eines öffentlichen oder staatlich anerkannten privaten Gymnasiums zu sein, kann die Abiturprüfung als außerordentliche Teilnehmerin oder außerordentlicher Teilnehmer (Schulfremde) ablegen.

§ 35
Termin der Prüfung

Die Abiturprüfung für Schulfremde findet einmal jährlich zusammen mit der Abiturprüfung an den öffentlichen Gymnasien statt.

§ 36
Form der Prüfung, Prüfungsfächer

(1) Die Prüfung gliedert sich in zwei Teile. Der erste Teil umfasst vier Fächer, die schriftlich und mündlich geprüft werden. Der zweite Teil umfasst vier Fächer, die ausschließlich mündlich geprüft werden. Drei Fächer des ersten Teils der Prüfung werden nach den Anforderungen eines schriftlichen Prüfungsfaches, die Fächer des zweiten Teils der Prüfung nach den Anforderungen eines mündlichen Prüfungsfaches in der ordentlichen Abiturprüfung geprüft. Nach Wahl der oder des Schulfremden wird entweder das Fach Mathematik oder das Fach Deutsch schriftlich nach den Anforderungen eines mündlichen Prüfungsfaches in der ordentlichen Abiturprüfung geprüft.

(2) Prüfungsfächer können die Fächer des Unterrichtsangebotes im Pflichtbereich Deutsch, Englisch, Französisch, Latein, Griechisch, Russisch, Italienisch, Spanisch, Geschichte, Evangelische oder Katholische Religionslehre oder Ethik, Mathematik, die Fächer der Naturwissenschaften, Bildende Kunst, Musik, Wirtschaft sowie die Fächer Geographie und Gemeinschaftskunde sein. Die obere Schulaufsichtsbehörde kann im Einzelfall weitere Fächer, außer dem Fach Sport, zulassen. Sie soll sie zulassen, falls im Zeitpunkt der Entscheidung feststeht, dass sie in dem betreffenden Prüfungstermin mit den entsprechenden Anforderungen Gegenstand der ordentlichen Abiturprüfung sein werden.

(3) Aus den möglichen Prüfungsfächern sind bei der Bewerbung die jeweils vier Fächer der beiden Teile der Prüfung zu wählen.

Für die Wahl gelten folgende Bestimmungen:

1. Fächer des ersten Prüfungsteils sind
   a) Mathematik,
   b) Deutsch,
   c) eine Fremdsprache des Unterrichtsangebotes im Pflichtbereich,

d) ein weiteres Fach nach Absatz 2, wobei die Wahl einer weiteren Fremdsprache im Einzelfall aus Gründen der Prüfungsorganisation ausgeschlossen sein kann;

2. unter den Fächern des ersten und des zweiten Prüfungsteils müssen zwei Fremdsprachen des Unterrichtsangebotes im Pflichtbereich, eine Naturwissenschaft und eines der Fächer Geschichte, Geographie, Gemeinschaftskunde oder Wirtschaft sein. Wirtschaft kann ausschließlich als weiteres Fach im Sinne der Nummer 1 Buchstabe d gewählt werden.

§ 37
Meldung zur Prüfung

(1) Die Meldung ist bis zum 1. Oktober für die Prüfung im darauf folgenden Jahr an die obere Schulaufsichtsbehörde zu richten. Zuständig ist die obere Schulaufsichtsbehörde, in deren Bezirk

1. die Bewerberin oder der Bewerber den Wohnsitz hat,
2. bei einem Besuch eines staatlich genehmigten privaten Gymnasiums die Schule liegt oder
3. bei einer Teilnahme an einem Fernlehrgang zur Vorbereitung auf die Prüfung sich der Sitz der Veranstalterin oder des Veranstalters des Fernlehrgangs befindet; alternativ ist auch eine Bewerbung an der für den Wohnsitz nach Nummer 1 zuständigen oberen Schulaufsichtsbehörde zulässig.

(2) Der Meldung sind beizufügen:

1. ein Lebenslauf in tabellarischer Form mit Angaben über den bisherigen Bildungsweg und gegebenenfalls über die ausgeübte Berufstätigkeit,
2. die Geburtsurkunde (beglaubigte Abschrift oder Ablichtung) und ein Lichtbild in Passbildgröße,
3. die Abschluss oder Abgangszeugnisse der besuchten Schulen (beglaubigte Abschriften oder Ablichtungen), darunter der Nachweis über einen Realschulabschluss oder einem diesem Abschluss gleichwertigen Bildungsstand,
4. eine Erklärung darüber, ob und gegebenenfalls mit welchem Ergebnis schon einmal an einer Prüfung zum Erwerb der allgemeinen oder fachgebundenen Hochschulreife teilgenommen wurde,
5. eine Erklärung über die Wahl der Prüfungsfächer nach § 36 Absatz 3 einschließlich des gewählten Anforderungsniveaus für die Fächer Deutsch und Mathematik und
6. eine Darlegung und Nachweise über die Vorbereitung auf die Prüfung.

(3) Für Schulfremde, die ein staatlich genehmigtes privates Gymnasium besuchen, kann anstelle einzelner Meldungen die Sammelmeldung des Gymnasiums treten, die jeweils Vor- und Zuname, Geburtstag, Geburtsort und Anschrift enthalten muss. Der Sammelmeldung sind die Unterlagen nach Absatz 2 beizufügen. Dies gilt für Schulfremde, die an einem Fernlehrgang teilnehmen oder eine Ergänzungsschule besuchen, entsprechend.

§ 38
Voraussetzungen für die Zulassung

(1) Zur Prüfung wird nur zugelassen,

1. wer die Prüfung nicht eher ablegen wird, als es ihr oder ihm bei normalem Schulbesuch möglich wäre,
2. wem nicht bereits zweimal die Zuerkennung der allgemeinen oder fachgebundenen Hochschulreife versagt worden ist,
3. wer den Realschulabschluss oder einen diesem Abschluss gleichwertigen Bildungsstand erreicht hat,
4. wer nicht bereits anderweitig das Zeugnis der allgemeinen Hochschulreife erworben hat und
5. wer in dem Schuljahr, in dem die Prüfung abgenommen wird, nicht Schülerin oder Schüler

Stichwort: Rechtliche Aspekte der Digitalisierung

Der Einsatz digitaler Technologien in Schulen berührt unter anderem Fragen des Jugendmedienschutzes, des Datenschutzes, des Urheberrechts und des Strafrechts. So müssen zum Beispiel bei der Verwendung von Videos datenschutzrechtliche Einwilligungen eingeholt und das Urheberrechtsgesetz beachtet werden. ⇨ Datenschutz (Schule); ⇨ Jugendschutzgesetz; ⇨ Urheberrecht (Allgemeines)

Für alle digitalen Verfahren an einer Schule, bei welchen personenbezogene Daten verarbeitet werden, ist ein Verzeichnis der Verarbeitungstätigkeiten durch die Schulleitung zu führen. Werden hierfür IT-Dienstleitungen von Dritten erbracht, z.B. Server beim Schulträger, Cloud-Dienste oder Wartung der IT durch Dienstleister oder den Schulträger, so muss weiterhin grundsätzlich ein Vertrag zur Datenverarbeitung im Auftrag abgeschlossen werden. Die/Der Datenschutzbeauftragte der Schule berät hierzu.

Das Land stellt Informationen zum Thema Datenschutz und Urheberrecht in Form von Handreichungen und Hinweisen unter https://lehrerfortbildung-bw.de/st_recht sowie https://it.kultus-bw.de zur Verfügung. Weiterhin können Schulen die Vorlagen unter https://vvbw.kultus-bw.de für das Verzeichnis der Verarbeitungstätigkeiten nutzen.

Die Örtlichen Personalräte sollten an jeder Schule darauf achten, dass die in den von den Hauptpersonalräten mit dem Kultusministerium in den Rahmendienstvereinbarungen getroffenen Vereinbarungen eingehalten beziehungsweise für die jeweilige Schule konkretisiert werden.

⇨ Datenschutz (RDV - Bildungsplattform); ⇨ Datenschutz (RDV – Personaldaten)

eines öffentlichen oder eines staatlich anerkannten privaten Gymnasiums beziehungsweise einer Gemeinschaftsschule mit gymnasialer Oberstufe, eines Abendgymnasiums oder Kollegs war; dies gilt nicht im Fall der Schwangerschaft oder der Mutterschaft einer Bewerberin.

⇨ Schulbesuchsverordnung § 2 Abs. 3

(2) Zur Prüfung wird in der Regel nur zugelassen, wer in BadenWürttemberg den ständigen Wohnsitz hat oder an einem staatlich genehmigten privaten Gymnasium oder an einer sonstigen Unterrichtseinrichtung in Baden-Württemberg auf die Abiturprüfung für Schulfremde vorbereitet wurde.

§ 39
Entscheidung über die Zulassung

Die obere Schulaufsichtsbehörde entscheidet über die Zulassung und weist die Bewerberin oder den Bewerber einem öffentlichen Gymnasium zur Ablegung der Prüfung zu. Die obere Schulaufsichtsbehörde kann die Entscheidung dem Gymnasium übertragen.

§ 40
Durchführung der Prüfung

(1) Für die Prüfung der zugelassenen Schulfremden gelten im Übrigen §§ 20, 23 bis 25, 26 Absatz 3 bis 9, §§ 29 und 30 entsprechend mit folgender Maßgabe:

1. am zweiten Teil darf nur teilnehmen, wer den ersten Teil bestanden hat,
2. § 20 Absatz 1 Satz 3 findet auch auf sämtliche Mitglieder des Prüfungsausschusses Anwendung,
3. § 20 Absatz 3 Satz 2 findet keine Anwendung; das leitende Mitglied eines Fachausschusses muss, die übrigen Mitglieder sollen die beiden Staatsprüfungen für das gymnasiale Lehramt abgelegt haben oder über eine entsprechende Lehrbefähigung verfügen und die Lehrbefähigung für die gymnasiale Oberstufe und für das betreffende Fach besitzen,
4. Fachlehrkräfte im Sinne von § 20 Absatz 1 Satz 2 Nummer 3, Absatz 3 Satz 2 Nummer 2 und § 24 Absatz 2 Satz 4 sind die vom vorsitzenden Mitglied des Prüfungsausschusses und im Sinne von § 23 Absatz 5 Satz 1 die von der oberen Schulaufsichtsbehörde bestimmten Fachlehrkräfte eines öffentlichen Gymnasiums, in der Regel des Gymnasiums, dem die oder der Schulfremde zur Ablegung der Prüfung zugewiesen ist,
5. bei Schulfremden, die ein staatlich genehmigtes privates Gymnasium besuchen, kann die obere Schulaufsichtsbehörde zulassen, dass die Prüfung ganz oder teilweise im Gebäude der betreffenden Schule abgenommen wird; die Leitung und Beaufsichtigung regelt in diesem Fall die obere Schulaufsichtsbehörde,
6. bei der Prüfung einer Fremdsprache im ersten Prüfungsteil wird die mündliche Prüfung nach den für die Kommunikationsprüfung der ordentlichen Abiturprüfung geltenden zentralen Maßstäben durchgeführt; die Zusammensetzung des Fachausschusses nach § 20 bleibt unberührt.

(2) Die Schulfremden haben sich bei Beginn der Prüfung mit einem mit Lichtbild versehenen amtlichen Ausweis auszuweisen und diesen während der gesamten Prüfung bei sich zu führen und auf Verlangen vorzuzeigen.

§ 41
Ergebnis der Prüfung,
Zeugnis der allgemeinen Hochschulreife

(1) Nach Abschluss des ersten Teils der Prüfung stellt das vorsitzende Mitglied des Prüfungsausschusses fest, wer diesen Teil bestanden hat und am zweiten Teil teilnehmen darf. Das Nichtbestehen des ersten Teils gilt als Nichtzuerkennung der allgemeinen Hochschulreife.

(2) Nach Abschluss des zweiten Teils der Prüfung stellt das vorsitzende Mitglied des Prüfungsausschusses fest, wer diesen Teil bestanden hat. Das Nichtbestehen des zweiten Teils gilt als Nichtzuerkennung der allgemeinen Hochschulreife.

(3) Das vorsitzende Mitglied des Prüfungsausschusses stellt für diejenigen Schulfremden, die beide Teile der Prüfung bestanden haben, das Gesamtergebnis sowie die Gesamtnote nach der als Anlage 3 beigefügten Tabelle fest und erkennt die allgemeine Hochschulreife zu.

(4) Das Ergebnis der beiden Teile der Prüfung wird wie folgt ermittelt:

1. der erste Teil ist bestanden, wenn kein Fach mit 0 Punkten bewertet wurde und insgesamt in allen vier Prüfungsfächern mindestens 220 Punkte, darunter jeweils fünf Punkte bei einfacher Wertung in mindestens zwei Fächern, erreicht wurden; dabei werden die Punktzahlen der schriftlichen und mündlichen Prüfung jeweils mit 5,5 multipliziert und addiert; ergibt sich danach eine halbzahlige Punktzahl, wird das Gesamtergebnis in üblicher Weise gerundet,
2. der zweite Teil ist bestanden, wenn kein Fach mit 0 Punkten und mindestens zwei Fächer mit jeweils fünf Punkten in einfacher Wertung bewertet, sowie insgesamt in allen vier Prüfungsfächern mindestens 80 Punkte erreicht wurden; dabei werden die Punktzahlen in den einzelnen Fächern jeweils mit vier multipliziert.

(5) § 28 Absatz 2 und 3 gilt entsprechend.

(6) Schulfremde, denen die allgemeine Hochschulreife nicht zuerkannt wurde, können die Abiturprüfung einmal wiederholen. § 38 Absatz 1 Nummer 2 bleibt unberührt. [...]

⇨ Abschlüsse und Bildungswege; ⇨ Aufbaugymnasium (Allgemeinbildend und beruflich); ⇨ Fachhochschulreife; ⇨ Gymnasium (Abitur – Terminplan); ⇨ Gymnasium (Schulversuch G 9); ⇨ Gymnasium (Schultypen); ⇨ Gymnasium (Stundentafeln); ⇨ Gymnasium (Versetzungsordnung); ⇨ Handy-Nutzung; ⇨ Hochschulreife (Zugangsberechtigungen); ⇨ Korrekturtag; ⇨ Latinum, Graecum, Hebraicum; ⇨ Schulbesuchsverordnung § 2 Abs. 3; ⇨ Zeugnisse

Gymnasium (Abitur – Terminplan 2022)

Auszug aus Nr. 4 (Abiturprüfung) der Terminübersicht für die allgemeinbildenden Schulen im Schuljahr 2021/2022; Bekanntmachung des KM vom 21.8.2020 (K.u.U. S. 149/2020)

Abiturprüfung an den allgemeinbildenden Gymnasien und Gemeinschaftsschulen mit gymnasialer Oberstufe

4.1 Zulassung zur Abiturprüfung

Späteste Ausgabe der Zeugnisse für das 3. Schulhalbjahr — Freitag, 28. Januar 2022

Beginn des Unterrichts des 4. Schulhalbjahres — Montag, 31. Januar 2022

Wahl des mündlichen Prüfungsfaches — Montag, 31. Januar 2022

Späteste Zustellung der Nichtzulassung zur schriftlichen Abiturprüfung — Montag, 31. Januar 2022

4.2 Schriftliche Prüfung (Haupttermin)

Beginn der schriftlichen Prüfung — Montag, 25. April 2022

Ende der schriftlichen Prüfung — Dienstag, 10. Mai 2022

Wiederbeginn des Unterrichts — Mittwoch, 11. Mai 2022

4.3 Schriftliche Prüfung (Nachtermin)

Beginn der schriftlichen Prüfung — Mittwoch, 11. Mai 2022

Ende der schriftlichen Prüfung — Freitag, 27. Mai 2022

⇨ Gymnasium (Abitur – AGVO) § 17; ⇨ Korrekturtag

4.4 Der Unterricht endet am jeweiligen Tag der Bekanntgabe der Ergebnisse der schriftlichen Abiturprüfung.

4.5 Bekanntgabe der Ergebnisse

Erste Bekanntgabe der Ergebnisse der schriftlichen Prüfung — Montag, 20. Juni 2022

Letzte Bekanntgabe der Ergebnisse der schriftlichen Prüfung — Freitag, 1. Juli 2022

4.6 Mündliche Prüfungen

Erste mündliche Prüfung — Montag, 27. Juni 2022

Letzte mündliche Prüfung — Freitag, 8. Juli 2022

4.7 Ausgabe der Zeugnisse

Letzte Ausgabe der Zeugnisse der allgemeinen Hochschulreife — Freitag, 8. Juli 2022

4.8 Fachpraktische Prüfungen – Der Zeitraum, in dem die fachpraktische Prüfung in den Fächern Musik und Bildende Kunst durchgeführt wird, wird von den Regierungspräsidien festgelegt. Der erstmögliche Termin ist Montag, 31. Januar 2022. – Für die Terminierung der fachpraktischen Prüfung im Fach Sport wird auf § 19 Abs. 2 und 3 AGVO hingewiesen. ⇨ Gymnasium (Abitur – AGVO) § 17

4.9 Kommunikationsprüfung in den modernen Fremdsprachen – Der Zeitraum, in dem die Kommunikationsprüfung in den modernen Fremdsprachen durchgeführt wird, wird von den Schulen festgelegt. Der erstmögliche Termin ist Montag, 31. Januar 2022.

Gymnasium (Schultypen)

§ 1 der Verordnung des KM über die Schultypen des Gymnasiums vom 12. Juli 2000 (GBl. S. 551; K.u.U. S. 191); zuletzt geändert 12.3.2014 (GBl. S. 178; K.u.U. S. 53/2014)

§ 1
Schultypen des Gymnasiums

(1) Das allgemeinbildende Gymnasium der Normalform und der Aufbauform mit Heim gliedert sich in den naturwissenschaftlichen und den sprachlich-musischen Schultyp. In den Bildungsplänen sind in den beiden Schultypen entsprechende Differenzierungen spätestens ab Klasse 9 bis zum Beginn der Jahrgangsstufen erforderlich; in dem auf der 10. Klasse der Realschule aufbauenden Gymnasium sind entsprechende Differenzierungen in Klasse 11 erforderlich. Die altsprachliche Prägung eines Gymnasiums gilt dann als eigenständiger Schultyp, wenn als erste Fremdsprache ausschließlich Latein und als dritte Fremdsprache Altgriechisch angeboten werden.

(2) Das berufliche Gymnasium gliedert sich in den agrarwissenschaftlichen, biotechnologischen, ernährungswissenschaftlichen, sozial- und gesundheitswissenschaftlichen, technischen und wirtschaftswissenschaftlichen Schultyp.

⇨ Berufliches Gymnasium (Reformierte Oberstufe)

(3) In allen Schultypen kann Unterricht in bilingualer Form und im sprachlich-musischen Schultyp ein verstärkter Unterricht in den Fächern Musik, Bildende Kunst und Sport erteilt werden.

⇨ Abschlüsse und Bildungswege; ⇨ Aufbaugymnasium (Allgemeinbildend und beruflich); ⇨ Berufliches Gymnasium (Reformierte Oberstufe) ⇨ Gymnasium (Abitur – AGVO); ⇨ Gymnasium (Schulversuch G 9); ⇨ Gymnasium (Stundentafel); ⇨ Gymnasium (Versetzungsordnung); ⇨ Schulgesetz § 4

Unter ⇨ Termin-Checkliste finden Sie die wichtigsten Termine des Schuljahres.

Gymnasium (Schulversuch G 9)

Schulversuch „Zwei Geschwindigkeiten zum Abitur am allgemeinbildenden Gymnasium"; Auszug aus der Bekanntmachung des Kultusministeriums (ohne AZ und Datum; veröffentlicht in K.u.U. S. 121/2012)

Hinweis der Redaktion: Der Schulversuch an den ausgewählten Gymnasien dauert sieben Jahre (ein Durchgang durch die Klassen 5 bis 11), auslaufend für die während des Versuchszeitraums eingeschulten Schülerinnen und Schüler. Die Landesregierung hat am 25.4.2017 beschlossen, den bestehenden Schulversuch um fünf Jahre zu verlängern. Dadurch können die Schulen der ersten Runde (Beginn 2012/13) letztmals zum Schuljahr 2023/24, Schulen der zweiten Runde (Beginn Schuljahr 2013/14) letztmals zum Schuljahr 2024/25 neue Fünftklässler aufnehmen.

1. Aufnahme der Schülerinnen und Schüler

Die Entscheidung für den achtjährigen oder für den neunjährigen Bildungsgang am allgemeinbildenden Gymnasium treffen die Eltern bei der Anmeldung zur Klasse 5; diese Entscheidung ist verbindlich. Sie sind über die Schwierigkeit eines gegebenenfalls später notwendig werdenden Schulwechsels in geeigneter Weise zu informieren. Melden sich an der Schule mehr Schülerinnen und Schüler für den neunjährigen Zug als Kapazitäten vorhanden sind, werden für die Zuweisung in den achtjährigen Zug die Kriterien für den Klassenausgleich (vgl. § 88 Abs. 4 Satz 2 und 3 SchG) entsprechend angewendet.

2. Bildungsgang

Der neunjährige Bildungsgang umfasst die Klassenstufen 5 bis 11. Die Klasse 10 gehört im G9-Bildungsgang zur Sekundarstufe I; der mittlere Bildungsabschluss wird mit der Versetzung von der Klasse 10 in die Klasse 11 erworben. An die Einführungsphase der gymnasialen Oberstufe in Klasse 11 schließen sich die erste und zweite Jahrgangstufe (zweijährige Kursstufe) an. Für die Jahrgangsstufen des achtjährigen und des neunjährigen Bildungsgang am allgemeinbildenden Gymnasium gelten die gleichen Regelungen.

3. Bildungsplan

Inhaltliche Grundlage des neunjährigen Bildungsgangs am Gymnasium ist wie im achtjährigen Bildungsgang der Bildungsplan 2004 bzw. der jeweils gültige Bildungsplan mit allen Grundelementen der Bildungsplanreform (Kompetenzorientierung, Standards, Lernstandserhebungen).

Mögliche Modelle sind entweder eine Dehnung der Standards 6, 8,10 über den gesamten Bildungsgang der Klassen 5 bis 11, also eine durchgängige Entschleunigung, oder eine Dehnung der Standards 8 und 10 auf die Klassen 7 bis 11, also vorwiegend eine Entlastung der Mittelstufe. Das Kultusministerium kann weitere Modelle genehmigen. Fächer, mit denen im achtjährigen Bildungsgang ab Klasse 6 oder in einer höheren Klasse begonnen wird, können je nach Modell auch um ein Jahr versetzt eingeführt werden; dies gilt insbesondere für die zweite Fremdsprache (Klasse 7) und die Profilfächer (Klassen 9).

Die Umsetzung der notwendigen Dehnung der Standards je nach Modell liegt in der Verantwortung der Schulen; hierüber entscheidet die Gesamtlehrerkonferenz nach Anhörung des Elternbeirates und mit Zustimmung der Schulkonferenz.

4. Stundentafel

Der neunjährige Bildungsgang am Gymnasium bietet durch das zusätzliche Schuljahr mehr schulische Lernzeit. Für Zusatzstunden, insbesondere in Deutsch, Mathematik und Fremdsprachen, werden zusätzliche Ressourcen im Umfang von zwölf Lehrerwochenstunden pro Zug bereitgestellt. Damit erhöht sich der Umfang der Kontingentstundentafel von 194 auf 206 Jahreswochenstunden. Über die Verteilung dieser zusätzlichen Wochenstunden auf die einzelnen Fächer entscheidet die Gesamtlehrerkonferenz nach Anhörung des Elternbeirates und mit Zustimmung der Schulkonferenz.

Zusätzlich werden die Möglichkeiten zur individuellen Förderung der Schülerinnen und Schüler in der Unterstufe gestärkt. Dafür werden die Poolstunden generell, sowohl im neunjährigen als auch im achtjährigen Bildungsgang von zehn auf elf Poolstunden erhöht. Diese zusätzliche Poolstunde darf ausschließlich für individuelle Förder- und Differenzierungsmaßnahmen in den Klassen 5 und 6 eingesetzt werden. Eine Erhöhung der Unterrichtsbelastung der Schülerinnen und Schüler in G8- und G9-Zügen darf dadurch nicht erfolgen.

Alle übrigen 10 Poolstunden können in den G9-Zügen, abweichend von den Regelungen für das achtjährige Gymnasium, auch für Fachunterricht eingesetzt werden.

5. Versetzung

Es gilt die Versetzungsordnung Gymnasium mit den Maßgaben, dass eine Aussetzung der Versetzungsentscheidung nach § 3 und ein Überspringen einer Klasse nach § 5 für Schülerinnen und Schüler der Klassen 5 bis 10 möglich ist und dass Fächer um ein Jahr versetzt eingeführt werden können (siehe oben Abschnitt II. Nr. 3).

⇨ Gymnasium (Abitur – AGVO); ⇨ Gymnasium (Schultypen); ⇨ Gymnasium (Stundentafeln); ⇨ Gymnasium (Versetzungsordnung); ⇨ Schulgesetz §§ 8, 22

Nutzen Sie das ausführliche alphabetische Schlagwortverzeichnis am Ende des Buches.

Gymnasium (Stundentafeln)

VO des KM über die Stundentafeln der Klassen 5 bis 10 der Gymnasien der Normalform und der Klassen 7 bis 11 der Gymnasien in Aufbauform mit Internat vom 23.6.1999 (K.u.U. S. 179); zul. geänd. 18.6.2020 (GBl. S. 577/2020)

§ 1
Stundentafeln

(1) Für die Klassen 5 bis 10 der Gymnasien der Normalform gilt die als Anlage 1 beigefügte Stundentafel.

(2) Für die Klassen 7 bis 11 der Gymnasien in Aufbauform mit Internat gelten die als Anlage 2, 3 und 4 beigefügten Stundentafeln.

§ 2
Poolstunden, Pflichtwochenstunden, Nachmittagsunterricht

(1) In den Gymnasien der Normalform werden vier Poolstunden für alle Schüler verpflichtend ausgewiesen. Darüber hinaus werden sechs Poolstunden in den Klassen 5 bis 10 und nach Maßgabe der Abiturverordnung Gymnasien der Normalform auch in den Jahrgangsstufen für fachspezifische Förderungen eingesetzt, insbesondere für Fachunterricht in geteilten Klassen oder Kursen. 1,7 Poolstunden werden für zusätzliche individuelle Förder- und Differenzierungsmaßnahmen in den Klassen 5 und 6 ausgewiesen, zwei Poolstunden werden für zusätzliche individuelle Förder- und Differenzierungsmaßnahmen zur Vertiefung in den Fächern Deutsch, Mathematik und Fremdsprachen in der Klasse 10 eingesetzt. Die Stundenzahl in der Klasse 10 wird dadurch für die Schülerinnenund Schüler nicht erhöht.

(2) Auf Antrag der Schule kann das zuständige Regierungspräsidium in begründeten Einzelfällen auf Grundlage eines mit Zustimmung der Schulkonferenz und nach Anhörung des Elternbeirates gefassten Beschlusses der Gesamtlehrerkonferenz eine Ausnahme von den Regelungen des Absatzes 1 genehmigen.

(3) In den Gymnasien der Normalform sollen in den Klassen 5 und 6 in der Zeit von Montag bis Freitag mindestens drei, in den Klassen 7 bis 9 mindestens zwei Nachmittage in der Woche von Pflichtunterricht freigehalten werden. In den Klassen 5 und 6 soll der Pflichtunterricht auf jeweils 32 Wochenstunden begrenzt sein.

(4) Die Regelungen der Absätze 1 und 3 gelten nicht für Schülerinnen und Schüler, die auf die Profilfächer Kunst, Sport oder Musik hingeführt werden oder diese Profilfächer gewählt haben, die bilingual in dafür eingerichteten Abteilungen unterrichtet werden oder die ganztägig betreut werden.

(5) Soweit erforderlich, treffen für die Aufbaugymnasien die Regierungspräsidien Regelungen, die den Besonderheiten des jeweiligen Standortes angepasst sind und eine ausgewogene Stundenplanung sicherstellen.

§ 2 a
Übergangsbestimmungen

(1) Für Schülerinnen und Schüler, die im Schuljahr 2016/2017 die Klassen 7 bis 12 besuchen, gelten die Anlagen 1 bis 4 der Stundentafelverordnung Gymnasien in der am 31. Juli 2016 geltenden Fassung (abgedruckt im GEW-Jahrbuch 2016) bis zu deren Abschluss am Gymnasium weiter. Satz 1 gilt nicht für Schülerinnen und Schüler, die aufgrund einer Klassenwiederholung in eine Klasse wechseln, die sich im Schuljahr 2016/2017 in der Klassenstufe 5 oder 6 befand.

Hinweis der Redaktion: Das Profilfach IMP setzt den Besuch des Aufbaukurses Informatik voraus.

(2) Ethik wird erstmals im Schuljahr 2021/2022 in Klassenstufe 5 unterrichtet.

Vorbemerkung zu den Anlagen:

Für die folgende Beschreibung von Stundenanteilen (Gesamtkontingente) ist zwischen einzeln genannten Fächern, Fächerfeldern und Profilen zu unterscheiden.

Einzeln genannte Fächer sind: Deutsch, Mathematik, erste Pflichtfremdsprache, zweite Pflichtfremdsprache, Religionslehre, Ethik, Musik, Bildende Kunst, Sport, Aufbaukurs Informatik.

Dem gesellschaftswissenschaftlichen Fächerfeld gehören an: Geographie, Gemeinschaftskunde, Geschichte, Wirtschaft / Berufs- und Studienorientierung.

Dem naturwissenschaftlichen Fächerfeld gehören an: Physik, Chemie, Biologie, Fächerverbund: Biologie, Naturphänomene und Technik (BNT).

Profile (ab Klasse 8): Sprachliches Profil (dritte Fremdsprache), naturwissenschaftliches Profil (Naturwissenschaft und Technik oder Informatik, Mathematik und Physik [IMP]), künstlerisches Profil (Musik oder Bildende Kunst), sportliches Profil (Sport).

In den Klassen 5 bis 10 werden für Schüler, die nicht am Religionsunterricht teilnehmen, elf Kontingentstunden Ethik vorgesehen. Die Verteilung der Kontingentstunden in Religionslehre wird unter Beteiligung der zuständigen kirchlichen Beauftragten festgelegt.

Von den in den Klassen 5 und 6 zu unterrichtenden Fremdsprachen beginnt die erste zu Beginn der Klasse 5 und die zweite zu Beginn der Klasse 6. Ausnahmen sind die altsprachlichen Gymnasien und die Gymnasien mit deutsch-französischer Abteilung (Abibac), die weiterhin parallel mit zwei Fremdsprachen in der 5. Klasse beginnen können.

Beim Übergang von Grundschülerinnen und Grundschülern mit vier Jahren Französischunterricht soll die Überbrückung bis zur möglichen Weiterführung von Französich in Klasse 6 ermöglicht werden.

Sind Latein und Französisch erste und zweite Fremdsprache, so beginnt der Unterricht in Englisch nach Entscheidung der Schule in Klasse 7 oder 8. Der Unterricht im Fach Französisch wird frühestens am Ende der Klasse 7 abgeschlossen.

Die sechs Kontingentstunden des Fächerverbunds BNT werden wie folgt verteilt: Biologie vier Stunden, Physik eine Stunde, Chemie eine Stunde. Der Fächerverbund BNT wird in den Klassen 5 und 6 unterrichtet.

Die Naturwissenschaften, die im Fächerverbund BNT enthalten sind, werden als eigenständige Fächer wie folgt fortgesetzt: Biologie und Physik in Klasse 7, Chemie in Klasse 8.

Geschichte beginnt in Klasse 5 oder 6, Gemeinschaftskunde und Wirtschaft / Berufs- und Studienorientierung in Klasse 8. Der Aufbaukurs Informatik wird in Klasse 7 unterrichtet. Die übrigen Fächer beginnen in Klasse 5.

In Klasse 5 wird ein Basiskurs Medienbildung im Umfang von 35 Unterrichtsstunden durchgeführt, die aus dem Stundenvolumen der beteiligten Fächer entnommen werden. Die Gesamtlehrerkonferenz und die Schulkonferenz entscheiden über die am Basiskurs Medienbildung beteiligten Fächer und deren zeitlichen Anteil.

Anlage 1 (zu § 1 Absatz 1)

Kontingentstundentafel für die Klassen 5 bis 10 der Gymnasien der Normalform

Unterrichtsfach	Stundenkontingent
Religionslehre	11
Ethik	(11)
Deutsch	24
Erste Pflichtsprache	22
Zweite Pflichtsprache	18
Mathematik	24
Gesellschaftswissenschaftliches Fächerfeld	
Geschichte	10
Geographie	7
Gemeinschaftskunde	4
Wirtschaft/Berufs- und Studienorientierung	3
Naturwissenschaftliches Fächerfeld	
Fächerverbund Biologie, Naturphänomene und Technik	6
Physik	8
Chemie	6
Biologie	5
Aufbaukurs Informatik	1
Musik	9
Bildende Kunst	9
Sport	16
Profile (dritte Fremdsprache, Naturwissenschaft und Technik, IMP, gegebenenfalls Musik, Bildende Kunst oder Sport)	12
Physik (zusätzlich, nur wenn kein Profilfach in der Einführungsphase der gymnasialen Oberstufe fortgeführt werden kann)	1
Poolstunden (für alle Schüler verpflichtend)	4
Pool für Maßnahmen zur Differenzierung und Förderung	9,7

Die Kontingentstunden des Profilfachs IMP werden an Gymnasien der Normalform wie folgt verteilt: in Klasse 8 Informatik zwei Stunden, Mathematik und Physik jeweils eine Stunde; in Klasse 9 Physik zwei Stunden, Informatik und Mathematik jeweils eine Stunde; Klasse 10 Mathematik zwei Stunden, Informatik und Physik jeweils eine Stunde. An Gymnasien in Aufbauform mit Ausnahme des dreijährigen Aufbauzuges richtet sich die Verteilung der Kontingentstunden nach dem jeweiligen Dehnungsmodell der Schule.

Das Profilfach Sport, Musik oder Bildende Kunst setzt in den Klassen 5 bis 7 einen verstärkten Fachunterricht voraus; zur Hinführung auf das Profilfach stehen die in der Kontingentstundentafel ausgewiesenen Stunden für die Klassen 5 bis 7 zur Verfügung.

In Gymnasien, in denen der Unterricht in dafür eingerichteten Abteilungen in bilingualer Form

Anlage 2 (zu § 1 Absatz 2)

Kontingentstundentafel für die Klassen 7 bis 11 der Gymnasien in Aufbauform

Unterrichtsfach	Stundenkontingent
Religionslehre	9
Ethik	7
Deutsch	20
erste Pflichtsprache	16
zweite Pflichtsprache	18
Mathematik	20
Gesellschaftswissenschaftliches Fächerfeld	
Geschichte	10
Geographie	5
Gemeinschaftskunde	4
Wirtschaft/Berufs- und Studienorientierung	3
Naturwissenschaftliches Fächerfeld	
Physik	9
Chemie	6
Biologie	6
Aufbaukurs Informatik	1
Musik	7
Bildende Kunst	8
Sport	12
Profile (dritte Fremdsprache, Naturwissenschaft und Technik, IMT, gegebenenfalls Musik, Bildende Kunst oder Sport)	12
Physik (zusätzlich, nur wenn kein Profilfach in der Einführungsphase der gymnasialen Oberstufe fortgeführt werden kann)	1
Poolstunden	10

⇨ Aufbaugymnasium

erteilt wird, werden für deutsch-englische Abteilungen zusätzlich sechs Stunden und für deutsch-französische Abteilungen (Abibac) zusätzlich 15 Stunden zugewiesen; zudem werden für den bilingualen Unterricht der deutsch-englischen Abteilungen drei und der deutsch-französischen Abteilungen (AbiBac) vier Stunden aus den Poolstunden verwendet. An Gymnasien mit deutsch-englischer Abteilung belegen Schülerinnen und Schüler, die das von der Schule angebotene »Internationale Abitur Baden-Württemberg« ablegen oder das »Bilinguale Zertifikat Kursstufe« erlangen wollen, eines der Fächer Biologie, Geschichte oder Geographie in der Einführungsphase der Oberstufe als bilinguales Sachfach.

An Gymnasien mit deutsch-französischer Abteilung (Abibac) kann neben der allgemeinen Hochschulreife gleichzeitig die französische Hochschulzugangsberechtigung erworben werden. Schülerinnen und Schüler, die die französische Hochschulzugangsberechtigung erwerben wollen, besuchen

- in Klasse 7 das Fach Geographie, in Klasse 8 das Fach Geschichte und in Klasse 9 das Fach Gemeinschaftskunde jeweils bilingual in französischer Sprache und
- in der Einführungsphase der gymnasialen Oberstufe das Fach Französisch, das bilinguale Fach Geschichte auf Französisch sowie eines der bilingualen Fächer Gemeinschaftskunde oder Geographie auf Französisch.

Der Besuch des bilingualen Profils Deutsch-Italienisch (AbiStat) ab Klasse 8 setzt die Teilnahme an einem zweistündigen Vorbereitungskurs in der Form einer Italienisch-Arbeitsgemeinschaft in Klasse 7 voraus. In den Klassen 8 bis 10 unterschreitet der Unterricht in italienischer Sprache insgesamt nicht die Anzahl von sechs Wochenstunden; neben den regulären Stundenkontingenten entfällt in den Klassen 8 und 9 jeweils je eine Stunde auf Italienisch als dritte Fremdsprache und auf das bilinguale Fach Geschichte auf Italienisch und in Klasse 10 je eine Stunde auf die bilingualen Fächer Geschichte und Geographie auf Italienisch.

Am dreijährigen Aufbaugymnasium ist Unterricht in Französisch als zweite Fremdsprache fortzuführen, wenn in mindestens vier aufeinanderfolgenden Schuljahren Unterricht in dieser zweiten Fremdsprache besucht wurde, anderenfalls wird Unterricht in Französisch als zweite Fremdsprache neu begonnen.

Anlage 3 (zu § 1 Absatz 2) **Kontingentstundentafel für die Klassen 8 bis 11 der Gymnasien in Aufbauform Sechsjähriger Aufbauzug**

Unterrichtsfach	Stundenkontingent
Religionslehre	7
Ethik	7
Deutsch	15
erste Pflichtsprache	14
zweite Pflichtsprache	15
Mathematik	16
Gesellschaftswissenschaftliches Fächerfeld	
Geschichte	6
Geographie	3
Gemeinschaftskunde	4
Wirtschaft/Berufs- und Studienorientierung	3
Naturwissenschaftliches Fächerfeld	
Physik	7
Chemie	6
Biologie	4
Musik	5
Bildende Kunst	6
Sport	9
Profile (dritte Fremdsprache, Naturwissenschaft und Technik, IMP, gegebenenfalls Musik, Bildende Kunst oder Sport)	12
Physik (zusätzlich, nur wenn kein Profilfach in der Einführungsphase der gymnasialen Oberstufe fortgeführt werden kann)	1
Poolstunden	8

Anlage 4 (zu § 1 Absatz 2)

Kontingentstundentafel für die Klasse 11 der Gymnasien in Aufbauform

Unterrichtsfach	Stundenkontingent
Religionslehre	2
Ethik	2
Deutsch	4
Englisch	4
Französisch	4
Mathematik	4
Gesellschaftswissenschaftliches Fächerfeld	
Geschichte	2
Geographie	1
Gemeinschaftskunde	1
Wirtschaft/Berufs- und Studienorientierung	1
Naturwissenschaftliches Fächerfeld	
Physik	2
Chemie	2
Biologie	2
Musik	1
Bildende Kunst	1
Sport	2
Profile	2
Physik (zusätzlich, nur wenn kein Profilfach in der Einführungsphase der gymnasialen Oberstufe fortgeführt werden kann)	1
Poolstunden	0

⇨ Aufbaugymnasium

⇨ Abschlüsse (Allgemeines); ⇨ Aufbaugymnasium (Allgemeinbildend und beruflich); ⇨ Gymnasium (Abitur – AGVO); ⇨ Gymnasium (Schultypen); ⇨ Gymnasium (Schulversuch G 9); ⇨ Konferenzordnung

Gymnasium (Versetzungsordnung)

VO des KM über die Versetzung an Gymnasien der Normalform und an Gymnasien in Aufbauform mit Internat (Versetzungsordnung Gymnasien) vom 30.Januar 1984 (K.u.U. S. 63); zuletzt geändert 18. Juni 2020 (GBl. S.577/2020)

Hinweis der Redaktion: Alle Entscheidungen nach dieser Verordnung werden von der Klassenkonferenz unter Vorsitz der Schulleiterin bzw. des Schulleiters getroffen.

➪ Konferenzordnung § 4 Abs. 1 Nr. 4, § 12 Abs. 2 Ziff. 1

§ 1
Versetzungsanforderungen

(1) In die nächsthöhere Klasse werden nach Maßgabe der nachfolgenden Bestimmungen solche Schüler versetzt, die aufgrund ihrer Leistungen in den für die Versetzung maßgebenden Fächern den Anforderungen im laufenden Schuljahr im Ganzen entsprochen haben und die deshalb erwarten lassen, dass sie den Anforderungen der nächsthöheren Klasse gewachsen sind.

(2) Die Voraussetzungen nach Absatz 1 liegen vor, wenn im Jahreszeugnis

1. der Durchschnitt aus den Noten aller für die Versetzung maßgebenden Fächer 4,0 oder besser ist und
2. der Durchschnitt aus den Noten der Kernfächer 4,0 oder besser ist und
3. die Leistungen in keinem Kernfach mit der Note „ungenügend" bewertet sind und
4. die Leistungen in nicht mehr als einem für die Versetzung maßgebenden Fach geringer als mit der Note „ausreichend" bewertet sind; trifft dies in zwei Fächern zu, so ist der Schüler zu versetzen, wenn für beide Fächer ein sinnvoller Ausgleich gegeben ist. Ausgeglichen werden können
   a) die Note „ungenügend" in einem Fach, das nicht Kernfach ist, durch die Note „sehr gut" in einem anderen maßgebenden Fach oder die Note „gut" in zwei anderen maßgebenden Fächern,
   b) die Note „mangelhaft" in einem Kernfach durch mindestens die Note „gut" in einem anderen Kernfach,
   c) die Note „mangelhaft" in einem Fach, das nicht Kernfach ist, durch mindestens die Note „gut" in einem anderen maßgebenden Fach oder die Note „befriedigend" in zwei anderen maßgebenden Fächern.

Hinweis der Redaktion: In Nr. 5.2 i.V.m. Nr. 5.3 der VwV ➪ Sprachförderung (Integration) ist u.a. verfügt, dass bei Eintritt in die Klassen 7 bis 10 die Herkunftssprache eine vorgeschriebene Pflichtfremdsprache ersetzen kann, wenn es möglich ist, den Kenntnisstand der Schüler*innen in jedem Schuljahr schriftlich zu überprüfen. Das Ergebnis der Überprüfung ist als versetzungserhebliche Note in das Zeugnis aufzunehmen.

(3) Ausnahmsweise kann die Klassenkonferenz einen Schüler, der nach Absatz 2 nicht zu versetzen wäre, mit Zweidrittelmehrheit versetzen, wenn sie zu der Auffassung gelangt, dass seine Leistungen nur vorübergehend nicht für die Versetzung ausreichen und dass er nach einer Übergangszeit den Anforderungen der nächsthöheren Klasse voraussichtlich gewachsen sein wird. Diese Bestimmung darf nicht zwei Schuljahre hintereinander angewendet werden.

(4) Die Versetzung oder Nichtversetzung eines Schülers ist im Zeugnis mit „versetzt" oder „nicht versetzt" zu vermerken. Bei einer Versetzung nach Absatz 3 ist folgender Vermerk anzubringen: „Versetzt nach § 1 Abs. 3 der Versetzungsordnung".

(5) Wird ein Schüler am Ende der Klasse 5 oder 6 nicht versetzt, hat die Klassenkonferenz die Empfehlung auszusprechen, dass der Schüler in die Realschule oder in die Hauptschule überwechseln soll, es sei denn, sie gelangt zu der Auffassung, dass der Schüler nach der Wiederholung der Klasse voraussichtlich den Anforderungen des Gymnasiums gewachsen sein wird. Die Empfehlung ist im Jahreszeugnis zu vermerken. Für das Überwechseln gelten die Bestimmungen der multilateralen Versetzungsordnung.

(6) Die Klassenkonferenz kann im Einvernehmen mit dem Schulleiter nicht versetzten Schülern, welche die Klasse wiederholen können, für den Zeitraum von etwa vier Wochen die Aufnahme auf Probe in die nächsthöhere Klasse gestatten, wenn sie zu der Auffassung gelangt, dass die Schüler die Mängel in den unter ausreichend bewerteten Fächern in absehbarer Zeit beheben werden; dies gilt nicht für die Aufnahme in die Jahrgangsstufe. Die Aufnahme setzt eine Zielvereinbarung voraus. Zum Ende der Probezeit werden die Schüler in den für die Versetzung maßgebenden Fächern, in denen die Leistungen im vorausgegangenen Schuljahr geringer als mit der Note „ausreichend" bewertet worden sind, jeweils von einem vom Schulleiter beauftragten Lehrer schriftlich und mündlich geprüft. Die Prüfung erstreckt sich auf Unterrichtsinhalte der Probezeit und des vorangegangenen Schuljahres. Das Ergebnis ersetzt in dem entsprechenden Fach die Note des vorangegangenen Jahreszeugnisses. Wenn dieses Zeugnis unter Berücksichtigung der neuen Noten den Anforderungen nach Absatz 2 entspricht, ist der Schüler versetzt und die am Ende des vorangegangenen Schuljahres ausgesprochene Nichtversetzung gilt rückwirkend als nicht getroffen.

Hinweis der Redaktion: Es erfolgt eine rückwirkende Versetzungsentscheidung: Zunächst erteilt die prüfende Lehrkraft eine neue Beurteilung in Form von ganzen Noten in den betroffenen Fächern; diese Noten ersetzen die Zeugnisnoten des Vorjahres. Danach stimmt die Klassenkonferenz des zurückliegenden Schuljahres erneut über die Versetzung ab. Es wird ein neues Zeugnis (Bemerkung: „versetzt" oder „nicht versetzt") mit aktuellem Datum ausgestellt. Quelle: RP Stuttgart; Oktober 2018

➪ Klassenlehrkraft (Nr. 2); ➪ Multilaterale VersetzungsVO

§ 2
Maßgebende Fächer

(1) Maßgebende Fächer für die Versetzung sind, sofern sie in der schuleigenen Stundentafel für die jeweilige Klasse als Unterrichtsfächer ausgewiesen sind, Religionslehre, Ethik, Deutsch, Geographie, Geschichte, Gemeinschaftskunde, die Pflichtfremdsprachen, Mathematik, der Fächerverbund: Biologie, Naturphäno-

mene und Technik, Biologie, Physik, Chemie, der Aufbaukurs Informatik, Naturwissenschaft und Technik, Informatik, Mathematik und Physik (IMP), Wirtschaft / Berufs- und Studienorientierung, Sport, Musik und Bildende Kunst; dies gilt für bilingual unterrichtete Sachfächer entsprechend. Wäre eine Versetzung wegen der Fächer Sport, Musik und Bildende Kunst nicht möglich, ist von diesen Fächern nur das mit der besten Note für die Versetzung maßgebend; ist eines dieser Fächer Kernfach, gilt Halbsatz 1 nur für die beiden übrigen Fächer. Für Schüler, die während der Klasse 4 der Grundschule keinen Fremdsprachenunterricht in der in Klasse 5 fortgeführten Fremdsprache hatten, wird die Versetzungserheblichkeit dieses Faches in dieser Klassenstufe ausgesetzt, wenn andernfalls eine Versetzung nicht möglich wäre.

Hinweis der Redaktion: Gemäß § 9 a gilt § 2 Abs. 1 für Schüler*innen, die im Schuljahr 2016/2017 die Klassen 7 bis 12 besuchen, in der bis zum 31. Juli 2016 geltenden Fassung (abgedruckt im GEW-Jahrbuch 2016) weiter. Dies gilt nicht für Schüler*innen, die aufgrund einer Klassenwiederholung in eine Klasse wechseln, die sich im Schuljahr 2016/2017 in Klassenstufe 5 oder 6 befand.

(2) An den Gymnasien der Normalform sind unter den für die Versetzung maßgebenden Fächern Deutsch, die Pflichtfremdsprachen und Mathematik Kernfächer. Außerdem sind Kernfächer

1. im sprachlichen Profil ab Klasse 8 die dritte Fremdsprache,
2. im naturwissenschaftlichen Profil ab Klasse 8 Naturwissenschaft und Technik oder Informatik, Mathematik und Physik (IMP),
3. im künstlerischen Profil ab Klasse 8 Musik oder Bildende Kunst,
4. im Sportprofil ab Klasse 8 Sport,
5. Physik in der Einführungsphase der gymnasialen Oberstufe, soweit es anstelle des Profilfachs dreistündig belegt wird.

Im naturwissenschaftlichen Profil ist eine zusätzlich gewählte dritte Fremdsprache (Additum) kein Kernfach; werden die Leistungen geringer als mit der Note „ausreichend" bewertet, bleiben sie bei der Versetzungsentscheidung außer Betracht und die Klassenkonferenz kann den Schüler vom Unterricht in diesem Fach ausschließen. Wird in Klasse 5 die zweite Fremdsprache entsprechend der Jahrgangsstundentafel der Schule mit nicht mehr als zwei Wochenstunden unterrichtet, so ist sie nicht für die Versetzung maßgebend und nicht Kernfach.

(3) An den Gymnasien der Aufbauform mit Internat sind unter den für die Versetzung maßgebenden Fächern Deutsch, die Pflichtfremdsprachen und Mathematik Kernfächer. Außerdem sind Kernfächer

1. im naturwissenschaftlichen Profil ab Klasse 7 Naturwissenschaft und Technik oder Informatik, Mathematik und Physik (IMP),
2. im künstlerischen Profil ab Klasse 7 Musik, ab Klasse 9 Musik oder Bildende Kunst,
3. im Sportprofil ab Klasse 7 Sport,
4. im Realschulaufsetzer Musik oder Physik,
5. Physik in der Einführungsphase der gymnasialen Oberstufe, soweit es anstelle des Profilfachs dreistündig belegt wird.

Hinweis der Redaktion: Das Profilfach IMP setzt den Besuch des Aufbaukurses Informatik voraus.

§ 3
Aussetzung der Versetzungsentscheidung

(1) Die Klassenkonferenz kann bei Schülern der Klassen 5 bis 9 die Entscheidung über die Versetzung längstens bis zum Ende des nächsten Schulhalbjahres aussetzen und von der Erteilung eines Zeugnisses absehen, wenn hinreichende Entscheidungsgrundlagen fehlen, weil die Leistungen des Schülers dadurch abgesunken sind, dass er im zweiten Schulhalbjahr

1. aus von ihm nicht zu vertretenden Umständen die Schule wechseln musste oder
2. wegen Krankheit länger als acht Wochen den Unterricht nicht besuchen konnte.

Auf dem Zeugnisformular ist anstelle der Noten der Vermerk anzubringen: „Versetzung ausgesetzt gemäß § 3 der Versetzungsordnung". Bis zur endgültigen Entscheidung über die Versetzung nimmt der Schüler am Unterricht der nächsthöheren Klasse teil.

(2) Schüler der Klasse 10, bei denen die Voraussetzungen von Absatz 1 vorliegen, können nach Bestehen einer Aufnahmeprüfung in die Jahrgangsstufe 11 aufgenommen werden. Für die Prüfung gilt § 8 Abs. 3 entsprechend mit der Maßgabe, dass die Prüfung zu Beginn der Jahrgangsstufe 11 stattfindet.

(3) Ein Schüler, für den zum Ende der Klassen 5 bis 10 kein Zeugnis erteilt und damit keine Versetzungsentscheidung getroffen werden kann, weil er an einem längerfristigen Einzelschüleraustausch mit dem Ausland teilgenommen und dort die Schule besucht hat, wird auf Antrag der Erziehungsberechtigten, bei Volljährigkeit auf seinen Antrag ohne Versetzungsentscheidung in die nächsthöhere Klasse bzw. in die Jahrgangsstufe 11 aufgenommen. Abweichend von Satz 1 kann ein Schüler, bei dem die Voraussetzungen von Satz 1 am Ende der Klasse 10 vorliegen und der nicht die dem Unterricht in den Klassen 7 bis 9 entsprechenden Kenntnisse in einer zweiten Pflichtfremdsprache besitzt, nur nach Bestehen einer Feststellungsprüfung in der zweiten Pflichtfremdsprache in die Jahrgangsstufe 11 aufgenommen werden. Für diese Feststellungsprüfung gilt § 8 Abs. 3 entsprechend.

⇨ Schüleraustausch

§ 4
Versetzungsentscheidung bei Schulwechsel

Verlässt ein Schüler innerhalb von acht Wochen vor Beginn der Sommerferien die Schule und geht er auf ein anderes Gymnasium über, sind der Versetzungsentscheidung die an der früher besuchten Schule erteilten Noten zugrunde zu legen.

§ 5
Überspringen einer Klasse

(1) In Ausnahmefällen kann ein Schüler der Klassen 5 bis 9, dessen Gesamtleistungen so überdurchschnittlich sind, dass sein Verbleiben in der bisherigen Klasse pädagogisch nicht sinnvoll erscheint, auf Beschluss der Klassenkonferenz und mit Einverständnis der Erziehungsberechtigten zum Ende des ersten Schulhalbjahres in die nächsthöhere Klasse überwechseln oder zum Schuljahresende eine

Klasse überspringen. An der Klassenkonferenz nehmen die Lehrer der Kernfächer der Klasse, in die der Schüler übertreten soll, mit beratender Stimme teil.

(2) Wird der Schüler aus der neuen Klasse nicht versetzt oder wiederholt er freiwillig eine Klasse innerhalb eines Jahres nach dem Überwechseln in die nächsthöhere Klasse bzw. dem Überspringen, bleibt dies bei einer Entscheidung nach § 6 Abs. 1 außer Betracht.

§ 6
Mehrmalige Nichtversetzung

(1) Ein Schüler muss das Gymnasium verlassen, wenn er

1. aus einer Klasse des Gymnasiums, die er wiederholt hat, nicht versetzt wird,
2. nach Wiederholung einer Klasse des Gymnasiums auch aus der nachfolgenden nicht versetzt wird,
3. bereits zweimal eine Klasse des Gymnasiums wiederholt hat und wiederum nicht versetzt wird.

(2) Ein Schüler, der

1. mindestens 12 Unterrichtswochen beim ersten bzw. zweiten Besuch der Klasse wegen Krankheit den Unterricht nicht besuchen konnte, oder
2. mindestens 80 % schwerbehindert und dadurch hinsichtlich seiner schulischen Lern- und Leistungsfähigkeit erheblich beeinträchtigt ist, oder
3. bei der endgültigen Entscheidung gemäß § 3 nicht versetzt wurde und deshalb die Klasse wiederholt,

kann die Klasse ausnahmsweise ein weiteres Mal besuchen, wenn die Klassenkonferenz mit Zweidrittelmehrheit zu der Auffassung gelangt, dass er nach einem weiteren Besuch der Klasse voraussichtlich versetzt werden kann.

(3) Eine Klasse gilt als besucht, wenn der Schüler ihr länger als acht Wochen angehörte. Dies gilt nicht

1. für den Besuch der nächsthöheren Klasse, wenn er diese verlassen musste, weil er bei der endgültigen Entscheidung gemäß § 3 nicht versetzt wurde,
2. für den Besuch der Klasse, die der Schüler bei einer freiwilligen Wiederholung während eines Schuljahres verlassen hat.

§ 7 Freiwillige Wiederholung einer Klasse

Die freiwillige Wiederholung einer Klasse ist grundsätzlich nur zu Beginn eines Schulhalbjahres möglich; über Ausnahmen entscheidet der Schulleiter. Sie gilt als Wiederholung wegen Nichtversetzung der Klasse, die bereits zuvor erfolgreich besucht worden war mit der Folge, dass die am Ende dieser Klasse ausgesprochene Versetzung rückwirkend als nicht getroffen gilt. Die freiwillige Wiederholung ist im Zeugnis mit „wiederholt freiwillig" zu vermerken.

Ausnahme siehe: ➪ Corona-Pandemie-PrüfungsVO § 2

§ 8 Wiederaufnahme

(1) Ein Schüler, der das Gymnasium freiwillig verlassen hat und keine Hauptschule, Werkrealschule, Realschule oder Gemeinschaftsschule besucht, kann in die Klassen 5 bis 10 und in die Jahrgangsstufe 11 wieder aufgenommen werden

1. in die Klasse, die er zuletzt mit Erfolg besucht hat, während des ersten Schulhalbjahres und in den ersten acht Unterrichtswochen des zweiten Schulhalbjahres ohne Prüfung,
2. in die Klasse, in die er zuletzt versetzt wurde und die er noch nicht mit Erfolg besucht hat
   a) während des ersten Schulhalbjahres ohne Prüfung,
   b) während der ersten acht Unterrichtswochen des zweiten Schulhalbjahres nach Bestehen einer Aufnahmeprüfung,
3. in eine höhere Klasse als in die, in die er zuletzt versetzt wurde, nach Bestehen einer Aufnahmeprüfung, jedoch nur zu Beginn eines Schulhalbjahres und frühestens ein Jahr nach dem Verlassen des Gymnasiums. Die Aufnahme ist höchstens in die Klasse möglich, die der Schüler erreicht hätte, wenn er mit den anderen Schülern seiner Klasse regelmäßig weiterversetzt worden wäre.
4. Die erneute Aufnahme in eine bereits besuchte Klasse gilt als Wiederholung im Sinne von § 6 dieser Verordnung.
5. Abweichend von Nr. 1, 2 und 3 ist
   a) die Aufnahme in die Jahrgangsstufe 11 nur zu Beginn des Schuljahres,
   b) eine Wiederholung der Jahrgangsstufe 11 nur unter den Voraussetzungen von § 31 Abiturverordnung Gymnasien der Normalform

   zulässig.

(2) Ein Schüler, der das Gymnasium gemäß § 6 dieser Verordnung verlassen musste und keine Hauptschule, Werkrealschule, Realschule oder Gemeinschaftsschule besucht, kann frühestens nach einem Jahr und nur nach Bestehen einer Aufnahmeprüfung wieder in das Gymnasium aufgenommen werden. Die Aufnahme ist nur zum Schuljahresbeginn und nur in eine höhere, als die zuletzt besuchte Klasse möglich; Absatz 1 Nr. 3 letzter Satz findet Anwendung.

(3) Die Aufnahmeprüfung, die von der Schule abgenommen wird, richtet sich bei der Aufnahme in die Klassen 5 bis 10 nach den Anforderungen der Klasse, in die der Schüler aufgenommen werden soll, bei einer Aufnahme in die Jahrgangsstufe 11 danach, ob der Schüler nach seinen Leistungen den Anforderungen einer Versetzung am Ende der Klasse 10 entsprochen hätte. Der Schüler wird in den Kernfächern der entsprechenden Klasse schriftlich und mündlich geprüft; er kann zusätzlich in anderen maßgebenden Fächern dieser Klasse mündlich geprüft werden. Bei der Entscheidung über das Bestehen der Aufnahmeprüfung sind die Bestimmungen dieser Verordnung über die Versetzung sinngemäß anzuwenden.

(4) Die Aufnahme von Schülern, die das Gymnasium verlassen haben und eine Hauptschule, Werkrealschule, Realschule oder Gemeinschaftsschule besuchen, richtet sich nach der ➪ Multilateralen Versetzungsordnung [...].

➪ Abschlüsse (Allgemeines); ➪ Aufbaugymnasium (Allgemeinbildend und beruflich); ➪ Gymnasium (Abitur – AGVO); ➪ Gymnasium (Schulversuch G 9); ➪ Gymnasium (Schultypen); ➪ Multilaterale VersetzungsVO; ➪ Schüleraustausch

Haftung und Versicherung

Informationen der Redaktion zur Rechtslage und zur Verwaltungspraxis in Baden-Württemberg

1. Grundsätze des Haftungsrechts

Für Lehrkräfte an öffentlichen Schulen gelten die Grundsätze der Amtshaftung. § 839 BGB bestimmt:

„Verletzt ein Beamter vorsätzlich oder fahrlässig die ihm einem Dritten gegenüber obliegende Amtspflicht, so hat er dem Dritten den daraus entstehenden Schaden zu ersetzen. Fällt dem Beamten nur Fahrlässigkeit zur Last, so kann er nur dann in Anspruch genommen werden, wenn der Verletzte nicht auf andere Weise Ersatz zu erlangen vermag. [...]

(3) Die Ersatzpflicht tritt nicht ein, wenn der Verletzte vorsätzlich oder fahrlässig unterlassen hat, den Schaden durch Gebrauch eines Rechtsmittels abzuwenden.“

Die hierin begründete persönliche Haftung der Beamtinnen oder Beamten wird jedoch durch das ➪ Grundgesetz auf den Dienstherrn übergeleitet. Art. 34 GG bestimmt: *„Verletzt jemand in Ausübung eines ihm anvertrauten öffentlichen Amtes die ihm einem Dritten gegenüber obliegende Amtspflicht, so trifft die Verantwortlichkeit grundsätzlich den Staat oder die Körperschaft, in deren Dienst er steht. Bei Vorsatz oder grober Fahrlässigkeit bleibt der Rückgriff vorbehalten. [...].“*

Dies sichert die Ansprüche der Bürgerinnen und Bürger ab, da der Staat immer zahlungsfähig ist.

Die beamtenrechtlichen Regelungen über die Haftung bei Vorsatz oder grober Fahrlässigkeit sind näher im ➪ Beamtenstatusgesetz § 48 ausgeführt. Diese Bestimmungen gelten gemäß ➪ Tarifvertrag-Länder (TV-L) § 3 Abs. 7 auch für Tarifbeschäftigte. Einen gewissen Schutz vor der persönlichen Haftung für Amtspflichtverletzungen bietet auch, dass Schüler*innen während des Schulbesuchs durch die gesetzliche ➪ Unfallversicherung geschützt sind. Bitte hierzu auch die Ausführungen des KM im Beitrag ➪ Medikamentenabgabe an Schulen Nr. III beachten.

Hieraus ergibt sich für den Schulbereich:

Amtshaftung - Fahrlässigkeit

Lehrkräfte brauchen grundsätzlich nicht zu befürchten, von geschädigten Schüler*innen bzw. deren Eltern oder einem geschädigten Schulträger persönlich zur Kasse gebeten zu werden, unabhängig davon, ob die einzelne Lehrkraft verbeamtet oder angestellt ist. Diese Grundsätze gelten auch für andere Personen, die ein ihnen anvertrautes öffentliches Amt ausüben, z.B. die Mutter, die als Begleitperson eine Klasse auf dem Schulausflug beaufsichtigt.

Muss der Dienstherr in Fällen Schadenersatz leisten, in denen die gesetzliche Unfallversicherung nicht für den Schaden eintritt, kann er gegen die Lehrkraft Rückgriff nehmen (*Regress*), wenn diese vorsätzlich oder grob fahrlässig gehandelt hat.

➪ Beamtenstatusgesetz § 48; ➪ TV-L § 3 Abs. 7

Die Amtshaftung des Staates schützt die Lehrkräfte aber nur teilweise vor dem persönlichen Haftungsrisiko, denn bei leichter bzw. normaler Fahrlässigkeit haftet der Staat nicht; deshalb ist die Berufshaftpflichtversicherung der GEW so wichtig.

„Leichte Fahrlässigkeit“ liegt vor, wenn es sich um eine geringfügige und leicht entschuldbare Pflichtverletzung handelt, die jedem Beschäftigten unterlaufen könnte, *„mittlere (normale) Fahrlässigkeit“*, wenn der Beschäftigte ohne Vorwurf besonderer Schwere die erforderliche Sorgfalt außer Acht gelassen hat und der Schaden bei Anwendung der gebotenen Sorgfalt voraussehbar und vermeidbar gewesen wäre. Um *„grobe Fahrlässigkeit“* handelt es sich, wenn die erforderliche Sorgfalt nach den gesamten Umständen in ungewöhnlich hohem Maße verletzt und unbeachtet gelassen wurde, was im gegebenen Fall hätte einleuchten müssen. Es kommt also stets auf den Einzelfall an: In welcher konkreten Situation hat sich die Lehrkraft wie verhalten?

Bei unmittelbarer Schädigung des Dienstherrn ist zu unterscheiden:

1. Tritt der Schaden durch Verletzung einer Dienstpflicht in Ausübung des Amtes ein (z.B. Beschädigungen am Eigentum des Schulträgers durch die Lehrkraft, nachlässiger Umgang mit Lernmitteln oder Verlust eines Schulschlüssels), handelt es sich um *hoheitliche Tätigkeit.* In diesem Fall richtet sich die Haftung nach § 839 BGB i.V.m. Art. 34 GG (s.o), eine Ersatzpflicht besteht nur bei Vorsatz und grober Fahrlässigkeit.
2. Für einen Schaden, den die Lehrkraft dem Dienstherrn schuldhaft im Rahmen *nichthoheitlicher Betätigung* zufügt (z.B. falsche Angaben in Reisekostenabrechnungen oder Beihilfeanträgen), muss sie stets, also auch bei leichter Fahrlässigkeit, eintreten.

Sportunterricht

Das Bürgerliche Gesetzbuch (§ 680) sieht eine Haftung für „Nothelfer“, beispielsweise die Leistung von Erster Hilfe bei einem Unfall, nur bei grober Fahrlässigkeit vor. Der Bundesgerichtshof hat 2019 festgestellt, dass dieses „Haftungsprivileg“ bei einem Schülerunfall im Sportunterricht nicht gilt, denn es solle lediglich unbeteiligte Dritte im Fall einer spontanen Nothilfe davor schützen, für die nach ihren Kenntnissen notwendigen, aber möglicherweise falschen Hilfemaßnahmen haftbar gemacht zu werden. Eine Lehrkraft sei aber grundsätzlich kein unbeteiligter Dritter. Außerdem würden Sportlehrkräfte als Ersthelfer für Notfälle im Sportunterricht ausgebildet und die Schülerinnen und Schüler seien zur Teilnahme am Sportunterricht verpflichtet. Deshalb hafte die Lehrkraft beziehungsweise der Dienstherr grundsätzlich auch bei einfacher Fahrlässigkeit. (Quelle: BGH, 4.4.2019, AZ: III ZR 35/18)

Wir empfehlen Lehrkräften ohne einschlägige Ausbildung, gegen den dauerhaften oder vertretungsweisen Einsatz im Sportunterricht zu remonstrieren.

➪ Aufsicht (Schwimmunterricht); ➪ Remonstrationspflicht

Mitführen von Wertgegenständene

Schülerinnen und Schüler führen teilweise kostspielige Handys, Computer und Tablets, Schmuck, Uhren usw. mit sich. Sind diese für den Schulbesuch oder den Unterricht nicht erforderlich, erfolgt dies grundsätzlich auf eigene Gefahr. Da es bei Verlust oder Beschädigung immer wieder zu Schadenersatzforderungen kommt, ist Lehrkräften und Schulleitungen abzuraten, solche Geräte oder Wertsachen an sich zu nehmen oder gar zu verwahren. Müssen Gegenstände z.B. beim Sportunterricht, bei Leistungsmessungen oder Unterrichtsstörungen vorübergehend abgegeben werden, sind die Schüler*innen aufzufordern, sie an dem von der Schule vorgesehenen Ort zu deponieren. Die Schule stellt dafür Behältnisse bereit, die für die Schüler*innen stets zugänglich und einsehbar sind Die Schüler*innen müssen selbst dafür Sorge tragen, dass ihre Wertsachen nicht beschädigt werden oder abhanden kommen. ⇨ Handy-Nutzung

Die Schule sollte dieses Verfahren in ihrer ⇨ Hausordnung aufnehmen. ⇨ KonferenzVO § 2 Abs. 1 Nr. 3

2. Unfallversicherung für Kinder von Beschäftigten am Arbeitsplatz

Kinder, die wegen fehlender Betreuungsmöglichkeiten mit zur Arbeit gebracht werden, sind in der Unfallkasse Baden-Württemberg (UKBW) unfallversichert.

(Quelle: Pressemitteilung der UKBW vom 8.8.2019)

Der Aufenthalt des Kindes in der Schule bedarf jedoch der Zustimmung des Arbeitgebers (der Schulleitung). Auch wenn in den Räumen der Schule während der Lehrerkonferenzen mit Zustimmung der Schulleitung eine Kinderbetreuung durch Oberstufenschüler*innen angeboten wird, sind die betreuten Kinder unfallversichert. Es empfiehlt sich, mit der jeweiligen Betreuungskraft einen „Babysittervertrag" abzuschließen. Mustervorlagen unter: https://www.jobruf.de/ > Elternratgeber > Kinderbetreuungstipps > Vertrag Kinderbetreuung

3. Berufshaftpflichtversicherung der GEW

Die Berufshaftpflichtversicherung der GEW (durch den Mitgliedsbeitrag abgegolten) erstreckt sich auf den gesamten Bereich der dienstlichen Tätigkeit.

Höchstdeckungssumme je Schadensfall:

Im Rahmen der gesetzlichen Haftpflicht je Schadensereignis bis 5.000.000 Euro pauschal für Personen-, Sach- und Vermögensschäden. Schäden

- aus dem Abhandenkommen des Schul-/Dienstschlüssels, auch Codekarten, Transponder etc.
- aus an für die versicherte Tätigkeit (z.B. Unterricht) zur Verfügung gestellten Sachen

sind bis zur Höhe der genannten Sachschaden-Versicherungssumme versichert.

Wenn Dritte (Schulträger, geschädigte Schüler*innen) Forderungen stellen, sollten GEW-Mitglieder nicht auf eigene Faust handeln, sondern sofort den Schaden zusammen mit der Forderung über die zuständige GEW-Geschäftsstelle (Anschriften am Anfang des Buches) an die Versicherung melden. Keinesfalls sollten sie vorher Erklärungen oder Einlassungen abgeben, die einem Schuldanerkenntnis gleichkommen, oder gar Zahlungen versprechen oder leisten, denn die Versicherung dient der Abwehr von unberechtigten Ansprüchen und prüft zunächst, ob das Mitglied haftbar gemacht werden kann. Erst wenn dies feststeht und ein gesetzlicher Haftungsanspruch besteht, leistet sie Schadenersatz.

Nur wenn Forderungen begründet sind, werden sie von der Versicherung durch Leistung einer angemessenen Zahlung befriedigt. Ansonsten – dies ist in 90 % der Fälle so – wird für das Mitglied die in diesem Fall unberechtigte Forderung abgewehrt. Zu dieser Abwehr gehört auch die Führung eines etwa notwendigen Prozesses im Namen des Mitglieds und auf Kosten der Versicherung.

4. Private Haftpflichtversicherung für GEW-Mitglieder

Als Ergänzung zur Berufshaftpflichtversicherung hat die GEW mit der Deutschen Beamten Versicherung (DBV), einem Unternehmen der AXA Versicherung AG, einen Gruppentarif für eine Privathaftpflichtversicherung für einen Mehrpersonen-Haushalt/eine Familie vereinbart. Für GEW-Mitglieder beträgt die Jahresprämie 48 Euro (Stand: November 2020).

Die Versicherung deckt ohne Selbstbeteiligung u.a. Mietsachschäden, Abhandenkommen fremder, privater oder beruflich genutzter Schlüssel bis 50.000 Euro sowie Schäden ab, die bei der Ausübung ehrenamtlicher Tätigkeit entstehen. Mitversichert sind Ehepartner*innen sowie eingetragene Lebenspartner*innen, weitere dauerhaft im Haushalt des bzw. der Versicherungsnehmer*in lebende Personen und unverheiratete Kinder während der gesamten Ausbildung. Die Versicherungssumme beträgt für Personen-, Sach- und Vermögensschäden pauschal 20 Millionen Euro.

Das Risiko selbstgenutzter Immobilien und der dazu gehörigen ober- oder unterirdischen Heizöltanks bis 12.000 l/kg ist kostenfrei abgedeckt. Das Risiko vermieteter Wohnungen, Häuser, sowie Ferienwohnungen kann für einen Mehrbeitrag von 9,09 Euro mit dem Baustein „Vermietung" (für maximal 3 Objekte) eingeschlossen werden.

Der Versicherungsschutz kann um den Baustein „Premium" erweitert werden. Für einen Mehrbeitrag von 11,38 Euro wird die Versicherungssumme auf 50 Mio. Euro und beim Abhandenkommen von fremden Schlüsseln/Code-Cards auf 100.000 Euro erhöht.

Kontakt: AXA / DBV Geschäftsstelle Südteam oHG, Ottostr. 18, 76227 Karlsruhe. Ansprechpartner: Adrian Potempa FON: (0721) 183151 12, FAX: (0721) 183151 19, Email: adrian.potempa@dbv.de

⇨ Aufsichtspflicht; ⇨ Aufsicht (Schwimmunterricht); ⇨ Beamtenstatusgesetz § 48; ⇨ Erste Hilfe an Schulen; ⇨ Grundgesetz Art. 34; ⇨ Medikamentenabgabe; ⇨ Rechtsschutz; ⇨ Remonstrationspflicht; ⇨ Unfallversicherung

Handy-Nutzung in der Schule

Informationen der Redaktion zur Rechtslage und zur Verwaltungspraxis in Baden-Württemberg

Schülerinnen und Schülern kann nicht generell verboten werden, ein Handy in der Schule mitzuführen, da die Eltern ein berechtigtes Interesse daran haben können, ihre Kinder vor oder nach dem Unterricht zu erreichen.

(Quelle: Infodienst Schulleitung, April 2006)

Die Schule kann jedoch verlangen, dass das Handy während des Unterrichts ausgeschaltet bleibt, um eine Störung des Unterrichts zu vermeiden; sie kann ferner die Handybenutzung während der Pausen auf dem Schulhof zumindest einschränken (u.a. um zu vermeiden, dass zum Beispiel Horror- oder Gewaltszenen angesehen werden). Das Ansehen oder Vorführen von Gewalt- oder Pornovideos auf dem Pausenhof kann als Fehlverhalten mit Erziehungs- und Ordnungsmaßnahmen sanktioniert werden (⇨ Schulgesetz § 90). Hier sind auch strafrechtliche Konsequenzen zu erwarten!

Demnach kann nicht das Mitführen eines Handys, sondern nur dessen Nutzung während der Unterrichtszeit untersagt werden. Wenn die Schule ein Schüler-Handy einbehält, muss sie sich an den Verhältnismäßigkeitsgrundsatz halten: Die Wegnahme darf nur solange dauern, wie sie erforderlich und angemessen ist, um die Störung des Schulunterrichts durch das Mobiltelefon zu unterbinden. In der Regel wird die Schule das Handy also spätestens nach dem Ende des Unterrichts herausgeben müssen.

Ein Handyverbot bzw. der Einzug des Handys bei Verstößen stellt einen Eingriff in Grundrechte dar (freie Entfaltung der Persönlichkeit und Eigentumsrecht). Die hierfür erforderliche gesetzliche Rechtsgrundlage bietet das ⇨ Schulgesetz (§ 23 Abs. 2). Danach ist die Schule berechtigt, die zur Aufrechterhaltung der Ordnung des Schulbetriebs und zur Erfüllung der ihr übertragenen unterrichtlichen und erzieherischen Aufgaben erforderlichen Maßnahmen zu treffen und örtliche Schulordnungen, allgemeine Anordnungen und Einzelanordnungen zu erlassen und von Schüler*innen „schulordnungswidrig mitgeführte oder verwendete Sachen einzuziehen".

Zweckmäßigerweise wird das Verfahren an der einzelnen Schule durch eine Schul- oder Hausordnung geregelt, die von der Gesamtlehrerkonferenz beschlossen wird und die des Einverständnisses der Schulkonferenz bedarf.

⇨ Hausordnung / Pausenordnung; ⇨ Konferenzordnung § 2 Abs. 1 Nr. 3 i.V.m. ⇨ Schulgesetz § 47 Abs. 5

Die Benutzung von Handys und anderen kommunikationselektronischen Medien bei Prüfungen ist unzulässig. Bei Abschlussprüfungen stellt bereits das Mitführen eines Handys nach Bekanntgabe der Prüfungsaufgaben eine Täuschungshandlung dar. Die Schüler*innen müssen hierüber und über die nach der Prüfungsordnung vorgesehenen Folgen informiert werden. (Quelle: KM, 21.3.2000; 41-6610.0/17)

Auch in sonstigen Prüfungssituationen ist das Handy als „elektronischer Spickzettel" ein nicht zugelassenes Hilfsmittel. Die Notenbildungsverordnung sieht in § 8 Abs. 6 die Möglichkeit vor, eine Notensanktion auszusprechen, wenn bei schriftlichen Arbeiten Täuschungen oder Täuschungsversuche begangen werden. Auch bei Klassenarbeiten ist denkbar, dass den Schüler*innen verboten wird, beim Gang zur Toilette das Handy mitzuführen.

Zur schulinternen Nutzung von sozialen Netzwerken (social media) sowie „Mobilen Endgeräten" siehe: ⇨ Internet und Schule.

⇨ Internet und Schule; ⇨ Konferenzordnung § 2 Abs. 1 Nr. 3; ⇨ Notenbildungsverordnung; ⇨ Schulgesetz § 23 Abs. 2, § 47 Abs. 5, § 90

Stichwort: Eislaufen in der Schule

Das Kultusministerium hat auf folgende Regelungen zum Eislaufen hingewiesen:

- Eislaufen im Sportunterricht oder bei außerunterrichtlichen Aktivitäten ist nur mit einem geeigneten Helm (z. B. Ski-, Skater- oder Fahrradhelm) gestattet.
- Es müssen feste Handschuhe getragen werden, die Schnittverletzungen an den Händen vorbeugen (z. B. Lederhandschuhe, Skihandschuhe).
- Gegebenenfalls sind bei Anfängern Knie- oder Handprotektoren zu tragen.
- Insgesamt ist auf eine angemessene Bekleidung zu achten, die ein Überhitzen bzw. Auskühlen des Körpers verhindert.
- Je nach Könnensstand der Schülerinnen und Schüler sind bei Bedarf getrennte Übungsbereiche festzulegen.
- Zudem ist eine Laufrichtung vorzugeben, um Kollisionen zu vermeiden.
- Die Lehrkraft hat Erste-Hilfe-Material mitzuführen. ⇨ Erste Hilfe in Schulen
- Das Eislaufen ist im Kontext Schule nur auf gesicherten Eisbahnen gestattet.

(Quelle: Schreiben KM vom 31.Januar 2020, Az: 22-6860.0/1109)

Hauptschule (Abschlussprüfung)

Verordnung des KM über die Hauptschulabschlussprüfung (Hauptschulabschlussprüfungsordnung – HSAPO) vom 4. Juni 2019 (K.u.U. S. 141/2019); zuletzt geändert 3. Mai 2021 (K.u.U. S. 95/2021)

Abschnitt 1
Allgemeine Bestimmungen

§ 1
Zweck der Prüfung

Mit der Hauptschulabschlussprüfung soll nachgewiesen werden, dass das Ziel des Bildungsgangs erreicht und eine grundlegende Bildung erworben wurde.

§ 2
Teile der Prüfung

Die Abschlussprüfung besteht aus der schriftlichen Prüfung, der Kommunikationsprüfung, der Projektarbeit und nach Maßgabe von § 12 Absatz 1 der mündlichen Prüfung.

Hinweis der Redaktion: Projektarbeit gilt als Prüfungsfach und ist für alle Schülerinnen und Schüler verbindlich. Sie ist freiwillig für Schülerinnen und Schüler, die sich an Werkrealschulen/Hauptschulen für die Werkrealschulabschlussprüfung am Ende von Klasse 10 anmelden, wenn sie im Rahmen der freiwilligen Teilnahme an der Hauptschulabschlussprüfung in Klasse 9 teilnehmen. Dabei müssen sie alle Prüfungsteile absolvieren.

§ 3
Ort und Zeit der Prüfung

(1) Die Abschlussprüfung wird an den öffentlichen Schulen und an den staatlich anerkannten Schulen in freier Trägerschaft abgehalten, die zum Hauptschulabschluss führen.

(2) Die Abschlussprüfung findet einmal jährlich statt.

(3) Die Termine der schriftlichen Prüfung sowie der Zeitraum der Projektarbeit, der Kommunikationsprüfung und der mündlichen Prüfung werden vom Kultusministerium festgesetzt.

⇨ Hauptschule (Abschlussprüfung – Termine)

(4) Die mündliche Prüfung findet nach der schriftlichen Prüfung statt.

§ 4
Prüfungsausschuss, Fachausschüsse

(1) Für die Durchführung der Prüfung wird ein Prüfungsausschuss gebildet, der für die ordnungsgemäße Durchführung der Prüfung verantwortlich ist. Diesem gehören an:

1. als Vorsitzende oder Vorsitzender eine Beauftragte oder ein Beauftragter der unteren Schulaufsichtsbehörde,
2. als stellvertretende Vorsitzende oder stellvertretender Vorsitzender die Schulleiterin oder der Schulleiter,
3. die in den Prüfungsklassen unterrichtenden Lehrkräfte und weitere von der unteren Schulaufsichtsbehörde oder der oder dem Vorsitzenden bestellte Lehrkräfte.

(2) Für mündliche Prüfungen bildet die oder der Vorsitzende aus den Mitgliedern des Prüfungsausschusses Fachausschüsse. Jedem Fachausschuss gehören an:

1. die oder der Vorsitzende oder ein von ihr oder ihm bestelltes Mitglied des Prüfungsausschusses als Leiterin oder Leiter,
2. die Fachlehrkraft als Prüferin oder Prüfer,
3. ein weiteres fachkundiges Mitglied des Prüfungsausschusses, zugleich mit der Aufgabe, das Protokoll zu führen.

(3) Für die Kommunikationsprüfung und für die Präsentation und das Prüfungsgespräch zum Abschluss der Projektarbeit wird von der Schulleiterin oder dem Schulleiter ein Fachausschuss gebildet, dem neben der Fachlehrkraft als Leiterin oder Leiter eine weitere Lehrkraft angehört, letztere zugleich mit der Aufgabe, das Protokoll zu führen.

(4) Die oder der Vorsitzende und stellvertretende Vorsitzende des Prüfungsausschusses können bei allen Prüfungen und Beratungen der Fachausschüsse anwesend sein. Die oder der Prüfungsvorsitzende kann darüber hinaus weitere Lehrkräfte oder Lehramtsanwärterinnen oder Lehramtsanwärter als Zuhörer bei der Prüfung und Beratung zulassen, wenn der Prüfling sein Einverständnis erteilt hat.

§ 5
Teilnahme an der Prüfung

(1) In Klasse 9 und 10 der Werkrealschule oder Klasse 9 der Hauptschule nehmen jeweils die Schülerinnen und Schüler an der Hauptschulabschlussprüfung teil, die dieses Abschlussziel nach den Bestimmungen der Werkrealschulverordnung gewählt haben; die Projektarbeit wird in jedem Fall in Klasse 9 durchgeführt. Schülerinnen und Schüler, die den Werkrealschulabschluss am Ende von Klasse 10 anstreben, können in Klasse 9 an der Hauptschulabschlussprüfung teilnehmen.

(2) In Klasse 9 der Realschule nehmen die Schülerinnen und Schüler an der Hauptschulabschlussprüfung teil, die nach den Bestimmungen der Realschulversetzungsordnung dem grundlegenden, zum Hauptschulabschluss führenden Niveau zugewiesen sind.

(3) In Klasse 9 und 10 der Gemeinschaftsschule nehmen jeweils die Schülerinnen und Schüler an der Hauptschulabschlussprüfung teil, die dieses Abschlussziel nach den Bestimmungen der Gemeinschaftsschulverordnung gewählt haben; die Projektarbeit wird in jedem Fall in Klasse 9 durchgeführt.

§ 6
Nichtteilnahme, Rücktritt

(1) Die Teile der Prüfung, an denen der Prüfling ohne wichtigen Grund nicht teilnimmt, werden jeweils mit »ungenügend« bewertet. Über das Vorliegen eines wichtigen Grundes entscheidet die oder der Vorsitzende des Prüfungsausschusses, bei der schriftlichen Prüfung die Leiterin oder der Leiter.

Der wichtige Grund ist der Schule unverzüglich mitzuteilen.

(2) Als wichtiger Grund gilt insbesondere eine krankheitsbedingte Prüfungsunfähigkeit. Ist eine prüfungsrelevante gesundheitliche Beeinträchtigung nicht offenkundig, kann die oder der Vorsitzende des Prüfungsausschusses die Vorlage eines ärztlichen Zeugnisses verlangen, das eine konkrete Beschreibung dieser Beeinträchtigung beinhaltet. Lassen sich Zweifel am Vorliegen einer prüfungsrelevanten gesundheitlichen Beeinträchtigung auf andere Weise nicht ausräumen, kann die oder der Vorsitzende des Prüfungsausschusses auch die Vorlage eines Satz 2 entsprechenden amtsärztlichen Zeugnisses verlangen.

Wer sich in Kenntnis einer gesundheitlichen Beeinträchtigung oder eines anderen wichtigen Grundes der Prüfung unterzogen hat, kann diese Gründe nachträglich nicht mehr geltend machen. Der Kenntnis steht die fahrlässige Unkenntnis gleich; fahrlässige Unkenntnis liegt insbesondere dann vor, wenn bei Vorliegen einer gesundheitlichen Beeinträchtigung nicht unverzüglich eine Klärung herbeigeführt wurde.

(3) Sofern und soweit ein wichtiger Grund vorliegt, gilt die Prüfung als nicht unternommen. Die nicht abgelegten Prüfungsteile können in einem Nachtermin nachgeholt werden. Kann der Prüfling an der Nachprüfung aus wichtigem Grund ganz oder teilweise nicht teilnehmen, gilt die Prüfung als nicht unternommen; Absatz 1 Sätze 2 und 3 sowie Absatz 2 gelten entsprechend.

(4) Vor Beginn der Abschlussprüfung ist auf diese Bestimmungen hinzuweisen.

§ 7
Protokollführung

(1) Über die jeweilige Prüfung wird eine Niederschrift gefertigt.

(2) Die Niederschrift über die schriftliche Prüfung enthält insbesondere Angaben über

1. die aufsichtführenden Lehrkräfte,
2. den Beginn und das Ende der Prüfung,
3. das Verlassen des Prüfungsraums durch Prüflinge sowie
4. besondere Vorkommnisse.

Sie ist von der Leiterin oder dem Leiter der Prüfung und den aufsichtführenden Lehrkräften zu unterzeichnen.

(3) Die Niederschrift über die mündliche Prüfung des einzelnen Prüflings enthält insbesondere Angaben über

1. die Zusammensetzung des Fachausschusses,
2. die Prüfungsthemen und -aufgaben,
3. den Beginn, den wesentlichen Verlauf und das Ende der Prüfung sowie
4. das Prüfungsergebnis.

Sie ist von den Mitgliedern des Fachausschusses zu unterzeichnen.

(4) Für die Niederschrift über die Präsentation und das Prüfungsgespräch zum Abschluss der Projektarbeit sowie die Kommunikationsprüfung gilt Absatz 3 entsprechend.

§ 8
Täuschungshandlungen, Ordnungsverstöße

(1) Wer es unternimmt, das Prüfungsergebnis durch Täuschung oder Benutzung nicht zugelassener Hilfsmittel zu beeinflussen, oder wer nicht zugelassene Hilfsmittel nach Bekanntgabe der Prüfungsaufgaben mit sich führt oder Beihilfe zu einer Täuschung oder einem Täuschungsversuch leistet, begeht eine Täuschungshandlung. ⇨ Handy-Nutzung

(2) Wird während der Prüfung eine Täuschungshandlung oder ein entsprechender Verdacht festgestellt, ist der Sachverhalt von einer aufsichtführenden Lehrkraft zu protokollieren. Der Prüfling setzt die Prüfung bis zur Entscheidung über die Täuschungshandlung vorläufig fort.

(3) Stellt die oder der Vorsitzende des Prüfungsausschusses, bei der schriftlichen Prüfung die Leiterin oder der Leiter fest, dass eine Täuschungshandlung vorliegt, wird der Prüfling von der weiteren Teilnahme an der Prüfung ausgeschlossen; dies gilt als Nichtbestehen der Abschlussprüfung. In leichten Fällen kann stattdessen die Prüfungsleistung mit der Note »ungenügend« bewertet werden.

(4) Stellt sich eine Täuschungshandlung erst nach Aushändigung des Zeugnisses heraus, kann die untere Schulaufsichtsbehörde das Zeugnis einziehen und entweder ein anderes Zeugnis erteilen oder die Prüfung für nicht bestanden erklären, wenn seit der Ausstellung des Zeugnisses nicht mehr als zwei Jahre vergangen sind.

(5) Wer durch sein Verhalten die Prüfung so schwer stört, dass es nicht möglich ist, die Prüfung ordnungsgemäß durchzuführen, wird von der Prüfung ausgeschlossen; dies gilt als Nichtbestehen der Abschlussprüfung. Für die Zuständigkeit für die Entscheidung gilt Absatz 3 Satz 1, in leichten Fällen Absatz 3 Satz 2 entsprechend.

(6) Vor Beginn der Abschlussprüfung ist auf diese Bestimmungen hinzuweisen.

Abschnitt 2
Ordentliche Hauptschulabschlussprüfung

§ 9
Schriftliche Prüfung

(1) Die schriftliche Prüfung erstreckt sich auf die Fächer Deutsch, Mathematik und Englisch.

(2) Die Prüfungsinhalte folgen den Vorgaben des Bildungsplans für das zum Hauptschulabschluss führende Niveau. Sie umfassen die Bildungsstandards der Klassen 7 bis 9 sowie das erforderliche Grundlagenwissen.

Die Aufgaben werden vom Kultusministerium landeseinheitlich gestellt.

(3) Als Prüfungsaufgaben sind eine oder mehrere Aufgaben aus verschiedenen Kompetenzbereichen zu fertigen. Die Bearbeitungszeit beträgt in Deutsch und Mathematik jeweils mindestens 135 Minuten und höchstens 180 Minuten, im Fach Englisch mindestens 90 Minuten und höchstens 120 Minuten.

(4) Die Leitung der schriftlichen Prüfung obliegt der oder dem stellvertretenden Vorsitzenden des Prüfungsausschusses, soweit die untere Schulaufsichtsbehörde nichts anderes bestimmt. Die Leitung umfasst die Verantwortung für die ordnungsgemäße Durchführung der Prüfung, insbesondere hinsichtlich der Prüfungsaufsicht.

(5) Jede Prüfungsarbeit wird von der Fachlehrkraft der Klasse und anschließend von einer Fachlehrkraft einer anderen Schule (Zweitkorrektorin oder Zweitkorrektor) beurteilt und bewertet; hierbei kennt die Zweitkorrektorin oder der Zweitkorrektor die vorangegangene Beurteilung und Bewertung. Weichen die Bewertungen bis zu zwei Noten voneinander ab, gilt der Durchschnitt. Weichen die Bewertungen um mehr als zwei Noten voneinander ab und können sich die Fachlehrkraft und die Zweitkorrektorin oder der Zweitkorrektor nicht einigen, wird die Note von der oder dem Vorsitzenden des Prüfungsausschusses im Rahmen der Bewertungen festgelegt.

(6) Die Noten der schriftlichen Prüfung in den einzelnen Fächern werden der Schülerin oder dem Schüler in der Regel etwa eine Woche vor der mündlichen Prüfung in diesem Fach bekanntgegeben.

§ 10
Kommunikationsprüfung

(1) Im Fach Englisch wird eine mündliche Prüfung durchgeführt, für die das Kultusministerium zentrale Prüfungsmaßstäbe vorgibt (Kommunikationsprüfung).

(2) Die Schülerinnen und Schüler werden vom Fachausschuss einzeln oder zu zweit geprüft. Die Kommunikationsprüfung dauert etwa 15 Minuten je Schülerin oder Schüler.

(3) Im Anschluss an die Kommunikationsprüfung setzt der Fachausschuss die Note fest und teilt sie der Schülerin oder dem Schüler auf Wunsch mit. Können sich die beiden beteiligten Fachlehrkräfte auf keine Note einigen, so wird die Note aus dem auf die erste Dezimale errechneten Durchschnitt der Bewertungen beider Mitglieder gebildet.

§ 11
Projektarbeit

(1) Die Projektarbeit umfasst

1. die Vorbereitung mit der Themenfindung, Gruppenbildung und Projektbeschreibung,
2. die Durchführung in der Schule im Umfang von mindestens 16 Unterrichtsstunden sowie

Hinweis der Redaktion: Der für die Durchführung der Projektarbeit in der Schule vorgesehene Mindestumfang von mindestens 16 Unterrichtsstunden wird für das Schuljahr 2021/2022 wieder auf 12 Unterrichtsstunden reduziert. (Quelle: Anlage A Eckpunktepapier des KM vom 21. Juli 2021)

3. die Präsentation des Projektergebnisses durch die Gruppe sowie ein daran anschließendes Prüfungsgespräch; Präsentation und Prüfungsgespräch dauern insgesamt für jeden Prüfling etwa 15 Minuten, wobei die zeitlichen Anteile von Präsentation und Prüfungsgespräch annähernd gleich sind.

(2) Die Schülerinnen und Schüler schlagen das Thema der Projektarbeit vor, das die Schulleiterin oder der Schulleiter nach Vorlage der Projektbeschreibung im Benehmen mit den beiden beteiligten Lehrkräften genehmigt. Die Projektarbeit ist dem Fach Wirtschaft/Berufs- und Studienorientierung zugeordnet und muss einen mehrperspektivischen Ansatz mit Bezug zu einem weiteren Fach aufweisen; dabei soll eine Leitperspektive berücksichtigt werden.

(3) Die Projektarbeit ist als Gruppenarbeit durchzuführen, wobei jede Schülerin oder jeder Schüler eine individuelle Note erhält. Eine Schülergruppe umfasst in der Regel drei bis fünf Schülerinnen und Schüler. In begründeten Ausnahmefällen kann mit Genehmigung der Schulleiterin oder des Schulleiters die Projektarbeit auch als Einzelarbeit durchgeführt werden.

(4) Im Anschluss an das Prüfungsgespräch setzt der Fachausschuss die Note für die Projektarbeit fest und teilt sie der Schülerin oder dem Schüler auf Wunsch mit. Können sich die beiden beteiligten Fachlehrkräfte auf keine Note einigen, so wird die Note aus dem auf die erste Dezimale errechneten Durchschnitt der Bewertungen gebildet. Die Gesamtleistung für die Projektarbeit wird vom Fachausschuss ergänzend verbal beschrieben.

§ 12
Mündliche Prüfung

(1) Die mündliche Prüfung erstreckt sich auf die Fächer der schriftlichen Prüfung mit Ausnahme des Faches Englisch, welche

1. von der Schülerin oder dem Schüler spätestens am zweiten Unterrichtstag nach der Bekanntgabe der Noten der schriftlichen Prüfung gegenüber der Schulleiterin oder dem Schulleiter benannt oder
2. von der oder dem Vorsitzenden des Prüfungsausschusses festgelegt wurden. Die nach Nummer 2 festgelegten Prüfungsfächer werden der Schülerin oder dem Schüler in der Regel etwa eine Woche vor der mündlichen Prüfung bekanntgegeben.

(2) Die Aufgaben der mündlichen Prüfung werden von der Fachlehrkraft gestellt; die Leiterin oder der Leiter des Fachausschusses kann die Aufgaben erweitern oder einschränken.

(3) Die mündliche Prüfung kann als Einzel- oder Gruppenprüfung durchgeführt werden. Die Entscheidung trifft die oder der Vorsitzende des Prüfungsausschusses. Der Schülerin oder dem Schüler wird vor Beginn der Prüfung die Möglichkeit gegeben, ein Schwerpunktthema zu benennen. Das Schwerpunktthema wird in die mündliche Prüfung des jeweiligen Faches einbezogen. Jede Schülerin

Das „alte" Jahrbuch nicht sofort entsorgen

Immer wieder existieren „alte" und „neue" Vorschriften nebeneinander, wobei die Neuregelungen zunächst nur für bestimmte Schülerjahrgänge gelten. Man sollte deshalb sein „altes" Exemplar nicht in den Papierkorb werfen. Denn es ist zwar nicht mehr „aktuell", aber nach wie vor nützlich.

oder jeder Schüler wird je Fach etwa fünfzehn Minuten geprüft.

(4) Im Anschluss an die Prüfung setzt der Fachausschuss das Ergebnis der mündlichen Prüfung fest und teilt es dem Schüler oder der Schülerin auf Wunsch mit. Der Fachausschuss entscheidet mit Stimmenmehrheit. Kann sich der Fachausschuss auf keine Note einigen, so wird die Note aus dem auf die erste Dezimale errechneten Durchschnitt der Bewertungen der Mitglieder gebildet.

§ 13
Ermittlung des Prüfungsergebnisses, Zeugnis

(1) Die Jahresleistungen in den Prüfungsfächern sowie die Leistungen in sämtlichen Prüfungsteilen werden mit Zehntelnoten bewertet und gehen ungerundet in die Berechnung der Endergebnisse in den Prüfungsfächern ein.

(2) Die Endergebnisse in den Prüfungsfächern errechnen sich jeweils aus dem Durchschnitt der Jahres- und der Prüfungsleistung. Der Durchschnitt wird bis zu einem Zehntel berechnet, wobei in der üblichen Weise gerundet wird (Beispiel: 2,5 bis 3,4 befriedigend).

(3) Für die Berechnung der Prüfungsleistung in den Prüfungsfächern werden die Prüfungsteile wie folgt gewichtet.

1. die schriftliche Prüfung dreifach,
2. die Kommunikationsprüfung zweifach,
3. die mündliche Prüfung einfach.

(4) In den Fächern, in denen nicht geprüft wurde, gelten die Jahresleistungen als Endergebnisse. Das Gleiche gilt für die Note für die Projektarbeit, auch dann, wenn die Prüfung in Klasse 10 abgelegt wird.

(5) Die Endergebnisse in den einzelnen Prüfungsfächern ermittelt die oder der Vorsitzende des Prüfungsausschusses. Sie oder er stellt fest, wer die Prüfung bestanden hat. Die Prüfung ist bestanden, wenn

1. der Durchschnitt der Gesamtleistungen der maßgebenden Fächer besser als 4,5 ist,
2. die Gesamtleistungen in nicht mehr als einem Prüfungsfach geringer als mit der Note »ausreichend« bewertet sind; sind die Gesamtleistungen in zwei Prüfungsfächern geringer als mit der Note »ausreichend« bewertet, ist die Prüfung bestanden, wenn für eines dieser Fächer ein Ausgleich gegeben ist; ausgeglichen werden können
   a) die Note »ungenügend« in einem Prüfungsfach durch die Note »sehr gut« in einem Prüfungsfach oder die Note »gut« in zwei Prüfungsfächern,
   b) die Note »mangelhaft« in einem Prüfungsfach durch die Note »gut« in einem Prüfungsfach oder die Note »befriedigend« in zwei Prüfungsfächern, und
3. die Gesamtleistungen in nicht mehr als drei maßgebenden Fächern geringer als mit der Note »ausreichend« bewertet sind, wobei ein »ungenügend« wie zwei »mangelhaft« gewertet wird.

Für die Feststellung nach Satz 2 gilt die Projektarbeit als maßgebendes Fach und als Prüfungsfach; dies gilt auch, wenn die Prüfung in Klasse 10 abgelegt wird. Ist das Bestehen der Prüfung aufgrund der Gesamtleistung im Fach Englisch oder in der gewählten Wahlpflichtfremdsprache nicht möglich, kann auf Wunsch der Hauptschulabschluss ohne die jeweilige Fremdsprache erteilt werden; in diesem Fall wird für das Fach im Abschlusszeugnis keine Note ausgebracht. Ist das Bestehen der Prüfung aufgrund der Gesamtleistung im Fach Sport, Musik oder Bildende Kunst nicht möglich, ist von diesen Fächern nur das mit der besten Note für das Bestehen maßgebend.

⇨ Zeugnisse

(6) Über die Feststellung der Ergebnisse ist von der oder dem Vorsitzenden des Prüfungsausschusses eine Niederschrift zu fertigen.

(7) Wer die Abschlussprüfung bestanden hat, erhält ein Abschlusszeugnis mit den nach Absatz 4 und Absatz 5 Satz 1 ermittelten Endnoten. In das Abschlusszeugnis sind der Durchschnitt der Gesamtleistungen und die Gesamtnote aufzunehmen. Die Gesamtnote lautet

bei einem Durchschnitt bis 1,4 sehr gut,
bei einem Durchschnitt von 1,5 bis 2,4 gut,
bei einem Durchschnitt von 2,5 bis 3,4 befriedigend,
bei einem Durchschnitt von 3,5 bis 4,4 ausreichend.

§ 14
Wiederholung der Prüfung

Wird die Prüfung nicht bestanden, kann sie nach dem Besuch einer Klasse, in der die Prüfung abgelegt wird, einmal wiederholt werden.

Abschnitt 3
Hauptschulabschlussprüfung für Schulfremde

§ 15
Zweck der Prüfung

(1) Die Prüfung dient dem Erwerb des Zeugnisses über den Hauptschulabschluss für Bewerber und Bewerberinnen, die keine öffentliche oder staatlich anerkannte allgemeinbildende allgemeine Schule oder kein öffentliches oder staatlich anerkanntes sonderpädagogisches Bildungs und Beratungszentrum mit entsprechendem Bildungsgang besuchen.

(2) Wer den Hauptschulabschluss ohne Note in der Fremdsprache Englisch erworben hat, kann sich im Fach Englisch einer Prüfung unterziehen.

§ 16
Zeitpunkt der Prüfung

Die Abschlussprüfung für Schulfremde findet in der Regel einmal jährlich zusammen mit der ordentlichen Abschlussprüfung statt.

§ 17
Meldung zur Prüfung

(1) Die Meldung zur Abschlussprüfung ist bis zum 1. März jeden Jahres an die für den Wohnsitz des Bewerbers oder der Bewerberin zuständige untere Schulaufsichtsbehörde zu richten.

(2) Zur Prüfung wird zugelassen, wer

1. in Baden-Württemberg den ständigen Wohnsitz hat,

2. die Abschlussprüfung nicht eher ablegt, als es bei normalem Schulbesuch möglich wäre,
3. nicht bereits die ordentliche Hauptschulabschlussprüfung oder die entsprechende Abschlussprüfung für Schulfremde mit Erfolg abgelegt hat,
4. nicht mehr als einmal erfolglos an der ordentlichen Hauptschulabschlussprüfung oder der entsprechenden Abschlussprüfung für Schulfremde teilgenommen hat und
5. keine öffentliche oder staatlich anerkannte Hauptschule, Werkrealschule, Realschule oder Gemeinschaftsschule und kein öffentliches oder staatlich anerkanntes Gymnasium oder sonderpädagogisches Bildungs und Beratungszentrum mit entsprechendem Bildungsgang besucht.

Abweichend von Satz 1 Nummer 1 kann in besonders begründeten Einzelfällen zugelassen werden, wer an einer genehmigten Ersatzschule oder an einer sonstigen Unterrichtseinrichtung in Baden-Württemberg auf die Hauptschulabschlussprüfung für Schulfremde vorbereitet wurde. Abweichend von Satz 1 Nummer 5 werden Schülerinnen und Schüler der Klasse 9 des Gymnasiums zugelassen, wenn ihre Versetzung gefährdet ist und sie im Falle einer Nichtversetzung ihre bisherige Schule verlassen müssten.

(3) Der Meldung sind beizufügen

1. ein Lebenslauf mit Angaben über den bisherigen Bildungsgang und gegebenenfalls über die ausgeübte Berufstätigkeit,
2. ein von einer öffentlichen Stelle ausgestellter Identitätsnachweis, etwa ein Personalausweis, Reisepass oder eine Geburtsurkunde (beglaubigte Abschrift oder Ablichtung),
3. die Abgangs- oder Abschlusszeugnisse der besuchten Schulen (beglaubigte Abschriften oder Ablichtungen),
4. eine Erklärung darüber, ob und gegebenenfalls mit welchem Erfolg schon einmal an der Hauptschulabschlussprüfung teilgenommen wurde,
5. die Benennung des Wahlfachs der mündlichen Prüfung sowie die Benennung und Beschreibung des Themas der Präsentationsprüfung,
6. Angaben über die Art der Vorbereitung auf die Prüfung und
7. in Fällen des Absatzes 2 Satz 2 die letzte Halbjahresinformation und eine Bescheinigung der Schulleitung über die Versetzungsgefährdung.

§ 18
Zulassung zur Prüfung

(1) Die untere Schulaufsichtsbehörde entscheidet über die Zulassung zur Prüfung und unterrichtet die Bewerberin oder den Bewerber über die getroffene Entscheidung. Die Versagung der Zulassung ist schriftlich zu begründen.

(2) Wer zugelassen wurde, wird einer öffentlichen Schule zur Ablegung der Prüfung zugewiesen.

§ 19
Prüfungsgegenstände

(1) Die schriftliche Prüfung erstreckt sich auf die Fächer Deutsch, Mathematik und Englisch.

(2) Die mündliche Prüfung erstreckt sich auf die Fächer der schriftlichen Prüfung, im Fach Englisch in Form der Kommunikationsprüfung, sowie nach Wahl des Prüflings auf ein Fach aus den Naturwissenschaften (Biologie, Chemie oder Physik) oder ein gesellschaftswissenschaftliches Fach (Geschichte, Gemeinschaftskunde oder Geographie).

(3) Eine Präsentationsprüfung ersetzt die Projektarbeit und besteht aus folgenden Prüfungsteilen:

1. Hausarbeit,
2. Präsentation und
3. Prüfungsgespräch.

Das gewählte Thema der Hausarbeit reichen die Bewerberinnen und Bewerber über das Staatliche Schulamt ein. Das Fach Wirtschaft / Berufs- und Studienorientierung ist hierzu Leitfach. Das Thema muss einen mehrperspektivischen Ansatz mit Bezug zu einem weiteren Fach aufweisen und den Bildungsstandards der Klassen 7 bis 9 entnommen werden; dabei soll eine Leitperspektive berücksichtigt werden.

(4) Die Kommunikationsprüfung findet in der Schulfremdenprüfung nach der schriftlichen Prüfung statt. Die Prüflinge werden in der Regel einzeln geprüft. Die Kommunikationsprüfung dauert etwa 15 Minuten je Prüfling. Wer die Prüfung nur im Fach Englisch ablegt (§ 15 Absatz 2), wird in diesem Fach schriftlich und mündlich in Form der Kommunikationsprüfung geprüft.

(5) Vor Beginn der mündlichen Prüfungen wird den Prüflingen das Ergebnis der schriftlichen Prüfung im jeweiligen Fach mitgeteilt.

§ 20
Durchführung der Prüfung

(1) Für die Prüfung gelten die Regelungen für die ordentliche Hauptschulabschlussprüfung, soweit im Folgenden keine abweichenden Regelungen getroffen werden.

(2) Fachlehrkraft im Sinne dieser Regelungen ist die von der Leiterin oder dem Leiter der beauftragten Schule bestimmte Lehrkraft. Bei Schülerinnen und Schülern des sonderpädagogischen Bildungs- und Beratungszentrums wird der Fachausschuss für die Präsentationsprüfung und die mündlichen Prüfungen um eine vom sonderpädagogischen Bildungs- und Beratungszentrum zu benennende Lehrkraft erweitert.

(3) Bei der Festlegung des Prüfungsergebnisses zählen allein die Prüfungsleistungen nach § 19. Die Note in den Prüfungsfächern, in denen schriftlich und mündlich geprüft wurde, wird aus dem Durchschnitt der Noten für die schriftlichen und mündlichen Prüfungsleistungen gebildet.

(4) Die Prüfung ist bestanden, wenn

1. der Durchschnitt der Gesamtleistungen der geprüften Fächer sowie der Präsentationsprüfung besser als 4,5 ist und
2. die Gesamtleistungen in keinem der geprüften Fächer oder der Präsentationsprüfung mit der Note »ungenügend« bewertet sind und

3. die Gesamtleistungen in nicht mehr als einem der Fächer Deutsch, Mathematik und Englisch mit der Note »mangelhaft« bewertet sind.

Der Hauptschulabschluss kann auf Wunsch ohne Fremdsprache erteilt werden, wenn das Bestehen der Prüfung aufgrund der Gesamtleistung im Fach Englisch nicht möglich ist; in diesem Fall wird für das Fach Englisch im Abschlusszeugnis keine Note ausgebracht.

(5) Die Prüfung im Fach Englisch nach § 15 Absatz 2 ist bestanden, wenn aufgrund der schriftlichen und mündlichen Prüfung mindestens die Note »ausreichend« erreicht wurde, wobei diese aus dem Durchschnitt der Noten für die schriftliche und mündliche Prüfungsleistung gebildet wird.

(6) Wer die Prüfung nicht bestanden hat, kann sie einmal, frühestens nach einem Jahr, wiederholen. § 17 Absatz 2 Satz 1 Nummer 4 bleibt unberührt.

(7) Nehmen Schülerinnen und Schüler des sonderpädagogischen Bildungs- und Beratungszentrums an der Prüfung teil, hat der Fachausschuss vor der Präsentationsprüfung und der mündlichen Prüfung ein Informationsgespräch mit der Klassenlehrerin oder dem Klassenlehrer zu führen.

Abschnitt 4
Sonderbestimmungen

§ 21
Realschulen mit Französisch als Pflichtfremdsprache

Für Schülerinnen und Schüler, die in der Realschule ab Klasse 5 Französisch als Pflichtfremdsprache haben, tritt in der ordentlichen Hauptschulabschlussprüfung das Fach Französisch an die Stelle des Fachs Englisch; für die schriftliche Prüfung und die Kommunikationsprüfung im Fach Französisch gelten in diesem Fall die Bestimmungen für das Fach Englisch in Abschnitt 1 und 2 entsprechend. Satz 1 gilt nicht, falls die Schülerin oder Schüler in Klasse 9 innerhalb einer von der Schule bestimmten Frist erklärt, die Prüfung mit dem Fach Englisch abzulegen.

⇨ Handy-Nutzung ; ⇨ Hauptschule (Abschlussprüfung – Termine); ⇨ Schulgesetz § 6; ⇨ Werkrealschule (Abschlussprüfung); ⇨ Zeugnisse

Stichwort: Regeln für Klassenarbeiten und „Hausis“

Wer entscheidet eigentlich darüber, ob Hausaufgaben übers Wochenende oder über die Ferien aufgegeben werden dürfen? Gibt es für „Hausis“ und Klassenarbeiten verbindliche Regeln?

Für Klassenarbeiten, Wiederholungsarbeiten und Tests oder auch die Hausaufgaben ist die ⇨ Notenbildungsverordnung einschlägig. Vieles ist darin geregelt; für alles, was nicht genau bestimmt ist, bildet diese Verordnung einen Rahmen, innerhalb dessen die Gesamtlehrerkonferenz mit Zustimmung der Schulkonferenz ergänzende Regelungen treffen kann.

⇨ Konferenzordnung § 2 Abs. 1; ⇨ Schulgesetz § 45 Abs. 2 und § 47 Abs. 5

Solche „ergänzenden Regelungen“ können z.B. folgende Fragen betreffen:

- Darf an einem Tag neben einer Klassen- auch eine Wiederholungsarbeit geschrieben werden?
- Wie viele Klassenarbeiten dürfen in einer Woche geschrieben werden?
- Wie viele Klassenarbeiten dürfen je Fach in einem Schuljahr höchstens geschrieben werden?
- Muss eine Klassenarbeit wegen eines schlechten Ergebnisses (z.B. überproportionaler Anteil von mangelhaften und ungenügenden Ergebnissen) der Schulleitung vorgelegt werden?
- Muss neben der Note auch der Klassendurchschnitt oder ein Notenspiegel mitgeteilt werden?

Auch bei den Hausaufgaben ist nach § 10 Abs. 3 der ⇨ Notenbildungsverordnung ein Konferenzbeschluss über die „näheren Einzelheiten“ möglich, „insbesondere den zeitlichen Umfang sowie die Anfertigung von Hausaufgaben übers Wochenende und über Feiertage“ oder auch darüber, ob Hausaufgaben über die Ferien aufgegeben werden dürfen. ⇨ Hausaufgaben

Nach ihrem Beschluss sind solche „ergänzenden Regelungen“ für alle Lehrkräfte und die Schulleitung verbindlich. Sie sind den Eltern sowie den Schüler*innen bekanntzugeben.

Darüber hinaus kann die Schulkonferenz der Schulleitung und den Lehrerkonferenzen zu allgemeinen Fragen der Leistungserhebung und -beurteilung Vorschläge machen. ⇨ Schulgesetz § 47 Abs. 2

Kein Beschlussrecht besitzen die Konferenzen jedoch in der Frage der Leistungsbewertung selbst. In der Frage der Notengebung besitzt die Gesamtlehrerkonferenz lediglich ein Empfehlungsrecht.

Wenn an der Schule kein solcher Beschluss vorliegt, sind Hausaufgaben übers Wochenende oder über die Ferien zwar nicht komplett verboten, sie müssen aber pädagogisch begründet sein (das muss die Lehrkraft nicht etwa erst auf Befragen, sondern von sich aus tun) – etwa um sicherzustellen, dass die Schüler*innen etwas, das sie unmittelbar zuvor gelernt haben, nicht gleich wieder vergessen. Besser wäre es aber, wenn die Unterrichtseinheiten einschließlich der für den Lernerfolg unerlässlichen Übung und Wiederholung vor den Ferien abgeschlossen wären. Zudem dürfen die Hausaufgaben nicht so bemessen sein, dass die Erholungsfunktion der Ferien gefährdet wird.

Hauptschule (Abschlussprüfung – Terminplan 2022)

Auszug aus Nr. 3 (Abschlussprüfungen in der Sekundarstufe I) der Terminübersicht für die allgemeinbildenden Schulen im Schuljahr 2021/2022; Bekanntmachung des KM vom 21. August 2020 (K.u.U. S. 149/2020)

3.1 Hauptschulabschlussprüfung und Hauptschulabschlussprüfung für Schulfremde (HSAPO)

3.1.1 Schriftliche Prüfung

Haupttermin

Deutsch:	Dienstag, 17. Mai 2022
Mathematik:	Donnerstag, 19. Mai 2022
Englisch:	Dienstag, 24. Mai 2022

Nachtermin

Deutsch:	Dienstag, 21. Juni 2022
Mathematik:	Mittwoch, 22. Juni 2022
Englisch:	Donnerstag, 23.Juni 2022

⇨ Hauptschule (Abschlussprüfung); ⇨ Korrekturtag

3.1.2 Projektarbeit und Kommunikationsprüfung im Fach Englisch

Der Termin für die Projektarbeit wird von der Schule festgelegt. Die Kommunikationsprüfung soll im Zeitraum von Montag, 7. März 2022, bis Montag, 14. März 2022, stattfinden.

3.1.3 Mündliche Prüfung

Der Prüfungszeitraum für die mündliche Prüfung soll am Montag, 04. Juli 2022, beginnen und am Dienstag, 12. Juli 2022, beendet sein.

3.1.4 Entlassung der Schülerinnen und Schüler

Die Schülerinnen und Schüler, die die Schule verlassen, werden in der Regel am Freitag, 15. Juli 2022, entlassen.

Hausaufgaben

Informationen der Redaktion zur Rechtslage und zur Verwaltungspraxis in Baden-Württemberg

1. Allgemeines

Traditionell sind die Schüler*innen an den deutschen Schulen, die bislang überwiegend „Halbtagsschulen" sind, zur Erledigung von „Hausaufgaben" verpflichtet. Das KM hat in der ⇨ Notenbildungsverordnung (siehe insbesondere §§ 2 und 10) Vorschriften über deren Zweck und Bedeutung sowie das Verfahren bei der Stellung von Hausaufgaben erlassen. Danach dienen Hausaufgaben *„der Festigung der im Unterricht vermittelten Kenntnisse, zur Übung, Vertiefung und Anwendung der erworbenen Fähigkeiten und Fertigkeiten sowie zur Förderung des selbstständigen und eigenverantwortlichen Arbeitens"*. Die Gesamtlehrerkonferenz kann zu den Hausaufgaben mit Zustimmung der Schulkonferenz verbindliche Beschlüsse fassen.

An den Gemeinschaftsschulen, die als Ganztagsschulen geführt werden, gibt es keine Haus-, sondern *„Schulaufgaben"* (⇨ Gemeinschaftsschule (Verordnung) § 7). Auch an den übrigen Ganztagsschulen sollten keine Hausaufgaben gestellt, sondern die Arbeiten im Unterricht erledigt werden.

2. Schulbegleitende Hausaufgaben-, Sprach- und Lernhilfe (HSL-Richtlinie)

Auszug aus der VwV des KM über Zuwendungen zur Förderung von Maßnahmen der außerschulischen und außerunterrichtlichen (schulbegleitenden) Hausaufgaben-, Sprach- und Lernhilfe (HSL-Richtlinie) vom 25. Juli 2021 (K.u.U. S. 108 / 2021)

1 Zuwendungszweck, Zuwendungsziel, Rechtsgrundlage

1.1 Das Land Baden-Württemberg gewährt Zuwendungen für Sprachfördermaßnahmen im Rahmen von schulbegleitenden Hausaufgaben-, Sprach- und Lernhilfen für Schülerinnen und Schüler mit Bedarf an zusätzlicher Sprachförderung, insbesondere für Schülerinnen und Schüler mit Migrationshintergrund. ⇨ Migrationshintergrund

1.2 Die Maßnahmen ermöglichen und erleichtern den Schülerinnen und Schülern die Integration in das deutsche Schul- und Bildungssystem sowie das Einüben sozialen Verhaltens und ergänzen die schulischen Maßnahmen. Gefördert werden Schülerinnen und Schüler der Grundschulen sowie der Klassenstufen 5 und 6 der Werkreal- / Hauptschulen, der Gemeinschaftsschulen, der Sonderpädagogischen Bildungs- und Beratungszentren mit den entsprechenden Bildungsgängen sowie der Klassenstufen 5 und 6 der Sonderpädagogischen Bildungs- und Beratungszentren mit dem Förderschwerpunkt bzw. dem Bildungsgang Lernen.

Schülerinnen und Schüler anderer Klassenstufen können nur gefördert werden, wenn sie in eine Vorbereitungsklasse oder einen Vorbereitungskurs aufgenommen (Nummer 3.5) oder Seiteneinsteiger sind (Nummer 3.6). Schülerinnen und Schüler anderer Schularten können nur gefördert werden, sofern sie Seiteneinsteiger sind (Nummer 3.6).

1.3 Zuwendungen werden im Rahmen der im Staatshaushaltsplan verfügbaren Mittel [...] gewährt. Ein Rechtsanspruch auf Förderung besteht nicht.

2
Zuwendungsempfänger

2.1 Zuwendungsempfänger können sein

2.1.1 geeignete juristische Personen (z.B. Gemeinden, Kirchengemeinden, gemeinnützige Einrichtungen der Wohlfahrtspflege, eingetragene Vereine),

2.1.2 geeignete natürliche Personen (Privatpersonen).

Hinweis der Redaktion: Die Abschnitte 3 bis 7 sind hier nicht abgedruckt. Die vollständigen Richtlinien sowie Antragsformulare und aktuelle Informationen des KM für die Träger können von der Internetseite der für die Finanzierung zuständigen L-Bank heruntergeladen werden (www.l-bank.de, Suchbegriff „HSL" eingeben). Hier einige Hinweise auf die Inhalte:

Bei der Planung, Organisation und Durchführung der Sprachfördermaßnahmen ist eine enge Zusammenarbeit des Trägers mit der Schule erforderlich. Sprachfördermaßnahmen müssen grundsätzlich in den Räumen der Schule oder in ihrer räumlichen Nähe erfolgen. Die Förderung muss auf den Bildungsplan und den speziellen Sprachförderbedarf der Schülerin beziehungsweise des Schülers abgestimmt sein. Sie erfolgt überwiegend im Fach Deutsch nach einem ganzheitlichen Ansatz bzw. in den Fächern und Fächerverbünden zum Erwerb sprachlicher Kompetenz in Deutsch. Möglich ist auch die Anbindung der HSL-Förderung an ein schulisches Unterrichtsthema; Fremdsprachen sind von einer Förderung ausgeschlossen. HSL darf nicht anstelle oder während des regulären, stundenplanmäßig vorgeschriebenen Schulunterrichts erteilt werden. Die Schüler*innen dürfen nicht aus dem Unterricht herausgenommen werden.

Die Sprachfördermaßnahme erfolgen in Fördergruppen von drei bis sieben förderberechtigten Schülerinnen oder Schülern, die grundsätzlich dieselbe Schule besuchen; eine Maßnahme umfasst im Bewilligungszeitraum (Schuljahr) in der Regel mindestens 80 Zeitstunden. In Ausnahmefällen sind Förderumfänge ab 54 Zeitstunden förderfähig. Können Fördergruppen aufgrund der Besonderheiten in den Eingangsklassen 1 und 5 oder wegen neu hinzukommender Schülerinnen und Schüler nicht während der Regelantragsfrist (bis 30. November) gebildet und beantragt werden, so ist eine nachträgliche Gruppenbildung möglich und Förderumfänge ab 27 Zeitstunden förderfähig.

Wegen des besonders hohen Sprachförderbedarfs von Schülerinnen und Schülern aus Vorbereitungsklassen oder Vorbereitungskursen können an der betreffenden Schule für diese eigene Fördergruppen gebildet werden. Für Schülerinnen und Schüler, die in schulpflichtigem Alter aus dem Ausland zugezogen sind (Seiteneinsteiger), gelten Sonderregelungen.

Aufgrund der hohen Zahl an Flüchtlingen, Asylbewerbern und Zuwanderern passt das KM die HSL-Richtlinie laufend den sich verändernden Gegebenheiten an. So finden die Regelungen der HSL-Richtlinie zu den Vorbereitungsklassen und -kursen analog auch auf die Realschulen und Gymnasien Anwendung.

⇨ Ganztagsschulen; ⇨ Gemeinschaftsschule (Verordnung) § 7; ⇨ Migrationshintergrund (Integration); ⇨ Notenbildungsverordnung §§ 2 und 10

Hausbesuche

Informationen der Redaktion zur Rechtslage und zur Verwaltungspraxis in Baden-Württemberg

I.
Allgemeines

Der Besuch von Lehrkräften im Haushalt der Erziehungsberechtigten (sogenannter *„Hausbesuch"*) liegt im pflichtgemäßen dienstlichen Ermessen der einzelnen Lehrkraft. Hausbesuche sind grundsätzlich mit den Erziehungsberechtigten zu vereinbaren (also nicht nur anzukündigen; ein selbstständiges Zutrittsrecht von Lehrkräften in den elterlichen Haushalt gibt es nicht). ⇨ Ermessen

Hausbesuche können sich z.B. als sinnvoll bzw. notwendig erweisen, wenn ein Zugang zu den Erziehungsberechtigten anderweitig nicht möglich ist oder eine sonstige Kontaktaufnahme nicht erfolgt, wenn also die Eltern weder in den „Elternabend" (Klassenpflegschaft) noch in die angebotene Sprechstunde kommen, im Interesse des Kindes jedoch ein Kontakt zwischen Schule und Elternhaus dringend erforderlich erscheint. Dies kann z.B. bei Erziehungs- bzw. Disziplinarproblemen oder bei Lern- und Leistungsstörungen geboten sein.

In den Bildungsplänen sind Hausbesuche nicht vorgeschrieben. Lediglich in den SBBZen wird die Durchführung von Hausbesuchen teilweise vorausgesetzt, so wird beispielsweise im Bildungsplan der Förderschule (S. 11) ausgeführt: *„Eltern erhalten regelmäßig Gelegenheit mit Mitarbeiterinnen und Mitarbeitern der Schule, auch im Zusammenhang mit Hausbesuchen, ihre Erfahrungen zu Fragen von Erziehung und Bildung auszutauschen."*

II.
Reisekosten und Dienstunfallschutz

Führt eine Lehrkraft einen Hausbesuch durch, handelt es sich – unabhängig davon, ob er von der Schulleitung genehmigt oder angeordnet wurde – um ein „Dienstgeschäft". Dienstunfallschutz bzw. Anspruch auf Sachkostenersatz (z.B. im Falle eines Wegeunfalls) sind also in jedem Fall gegeben.

Falls bei Hausbesuchen ein Reisekostenanspruch entsteht, ist zu dessen Befriedigung die (vorherige!) Anordnung bzw. Genehmigung durch die Schulleitung erforderlich. Ausnahme: Bei Hausbesuchen, die im Bildungsplan der SBBZ und Sonderschulkindergärten verbindlich vorgeschrieben sind, sind Anordnung oder Genehmigung der Dienstreise oder des Dienstganges nicht erforderlich, weil sich die Notwendigkeit dieser Reise aus dem Wesen des Dienstgeschäfts ergibt.

⇨ Reisekosten (Genehmigung)

Wir raten für **alle** Hausbesuche dringend an, bei der vorgesetzten Stelle (Schulleitung) vorher immer eine schriftliche Notiz über die Absicht zu hinterlegen, wann und bei wem ein solcher Besuch beabsichtigt ist: Es sollte z.B. im Falle eines Unfalls mit dem privateigenen Pkw an einem Nachmittag oder Abend außerhalb der üblichen Unterrichtszeit beweisbar sein, dass man sich nicht auf einer Fahrt zum Supermarkt, sondern zu den Eltern von Schulkindern und damit bei der Erledigung eines Dienstgeschäfts befunden hat.

⇨ Beamtenversorgung (Unfallfürsorge); ⇨ Reisekostengesetz (LRKG); ⇨ Reisekosten (Genehmigung); ⇨ Sachschäden; ⇨ Unfälle (Arbeits- und Dienstunfälle);

Haushalt (Allgemeines – Budgetierung)

Informationen der Redaktion zur Rechtslage und zur Verwaltungspraxis in Baden-Württemberg

1. Grundsätze

In Baden-Württemberg werden die Kosten für das pädagogische Personal (Lehr- und Erziehungskräfte) der öffentlichen Schulen gemäß ➪ Schulgesetz § 48 vom Land getragen, die ➪ Schulträger (Stadt oder Gemeinde, Kreis oder Land) sind für die „Sachkosten" (einschließlich des nicht-pädagogischen Personals wie Hausmeisterdienste, Schulsekretariat, Sozialarbeiter*innen, Putzkräfte usw.) zuständig.
➪ Haushalt (Kommunaler Finanzausgleich) § 15.

Um unabhängig von der Finanzkraft des einzelnen Schulträgers in allen Teilen des Landes eine ausreichende und gleichwertige materielle Ausstattung der Schulen sicherzustellen, erhalten die Schulträger vom Land jährlich einen festen Betrag je Schüler*in zur Finanzierung der Sachkosten. Die Sachkosten für die Grundschulen und die Fachschulen sind von den Schulträgern allein zu tragen.

Der Schulträger entscheidet in seinem Haushaltsplan über die Zuweisung der Finanzmittel für den Sachbedarf (Lern- und Lehrmittel, Bau und Unterhaltung, Mobiliar und Geräte) sowie für das nicht-pädagogische Personal jeder einzelnen Schule.
➪ Haushalt (Sachkostenbeiträge); ➪ Schulträger

Die Aufstellung der kommunalen Haushalte erfolgt nach einheitlichen Richtlinien. Der Einzelhaushalt für die Schule kann bei der Gemeinde- bzw. Stadtverwaltung eingesehen werden; in der Regel stellt der Schulträger auf Anfrage auch Kopien zur Verfügung. Schulleitungen und Lehrkräfte sollten den „Einzelplan" ihrer Schule kennen. Da diese Zuweisungen des Landes nicht streng zweckgebunden sind, sollten sie darauf achten, dass der Schulträger sie nicht für nichtschulische Zwecke verwendet.

2. Budgetierung

a) Sachkosten

Viele Schulträger überlassen einen Teil dieser Mittel der Schule zur eigenen Bewirtschaftung („Budgetierung"). Die Schule kann in diesem Rahmen selbstständig Leistungen oder Waren bestellen und zur Zahlung anweisen. Mit Ausnahme einer Handkasse („Portokasse") erfolgen Zahlungen jedoch in der Regel nach wie vor über die Kasse des Schulträgers. Rechtsgrundlage hierfür ist ➪ Schulgesetz § 48 Abs. 2.

„Der Schulträger errichtet und unterhält die Schulgebäude und Schulräume, stellt die sonstigen für die Schule erforderlichen Einrichtungen und Gegenstände zur Verfügung, beschafft die Lehr- und Lernmittel und bestellt die Bediensteten, die nicht im Dienst des Landes stehen. Der Schulträger soll dem Schulleiter die zur Deckung des laufenden Lehrmittelbedarfs erforderlichen Mittel zur selbstständigen Bewirtschaftung überlassen."
➪ Haushalt (Kassenführung); ➪ Schulträger

Das Kultusministerium hat hierzu u.a. mitgeteilt:

2. *Die Zuständigkeit des Schulleiters soll auf die Beschaffung und Unterhaltung der mit dem Unterricht zusammenhängenden Gegenstände sowie auf Vorgänge des laufenden Schulbetriebs begrenzt bleiben. Hingegen soll sich die Budgetverantwortung nicht auf Baumaßnahmen und -unterhaltung sowie auf Personalbewirtschaftung erstrecken. Weitergehende Zuständigkeitsübertragungen sollen nur im Einzelfall versuchsweise erfolgen. Die Absprache über den Umfang erfolgt vor Ort zwischen Schulleiter und Schulträger.*
3. *Der Schulleiter handelt bei der Bewirtschaftung der Mittel für den Schulträger. Gegenüber dem Schulträger ist der Schulleiter verantwortlich. Es bedarf einer konkreten Ermächtigung des Schulleiters.*
4. *Seitens des Schulträgers können im Rahmen der kommunalen Organisationshoheit vor Ort Kontrollmechanismen geschaffen werden; die für den Schulträger geltenden haushaltsrechtlichen Prüfungsbestimmungen finden Anwendung.*

Quelle: KM, 25. Juli 1997 (AZ: III/2-6432.20/15)

b) Personalkosten

Die Schulen können für einen Teil der ihnen nach dem ➪ Organisationserlass zustehenden Lehrerwochenstunden zwischen der traditionellen Zuweisung von Stunden oder jener von Haushaltsmitteln wählen, mit denen sie z.B. zusätzliche Lehrkräfte oder sonstiges geeignetes Personal einstellen oder Dienstleistungs- oder Werkverträge abschließen können („Personalausgabenbudgetierung"). Damit dürfen aber nur „Landesaufgaben" finanziert werden, Wartungsverträge für Unterrichtscomputer bzw. schulische Netzwerke zählen zu den „Sachkosten". Ferner sind den Schulleitungen durch die „Monetarisierung" von Lehrerstellen zur Beschäftigung von Hilfskräften z.B. an der „verlässlichen Grundschule" oder an Ganztagsschulen Zuständigkeiten bei der Personaleinstellung übertragen worden.
➪ Ganztagsschulen; ➪ Grundschule (Verlässliche);
➪ Haushalt (Personalausgabenbudgetierung)

c) Beschaffung

Zur Beschaffung der Lehr- und Lernmittel sowie zur Verwendung von Drittmitteln bitte auch die Beiträge ➪ Lehrmittel und Schuleinrichtung sowie ➪ Lernmittelfreiheit (Allgemeines) Teil B und ➪ Sponsoring beachten.

3. Beteiligungsrechte der Konferenzen

a) Anforderung der Haushaltsmittel

Jede Schule sollte ihr Recht wahrnehmen, beim Schulträger die Aufnahme der von ihr benötigten Mittel in dessen Haushaltsplan zu beantragen. Diesen Antrag muss die Schule rechtzeitig vor der Haushaltsberatung im Beschlussgremium (Stadt-

oder Gemeinderat) beim Schulträger einreichen. Dabei sollten vor allem Abweichungen von den vorhergehenden Haushaltsplänen begründet werden, vor allem, wenn höhere oder zusätzliche Aufwendungen als üblich notwendig sind.

In Orten mit mehreren Schulen sollten sich die Schulen untereinander abstimmen (ggf. über die Geschäftsführenden Schulleiter*innen), um zu verhindern, dass die verschiedenen Schulen bzw. Schularten gegeneinander ausgespielt werden.

⇨ Schulleitung (Geschäftsführenden Schulleiter*innen)

Über diese *„Anforderung von Haushaltsmitteln gegenüber dem Schulträger“* entscheidet die Schulkonferenz. Die Schulleitung muss also einen Beschluss der Schulkonferenz herbeiführen, bevor sie einen Antrag an den Schulträger richtet. Dies muss in einer regulären Sitzung erfolgen (schriftliche Abstimmungen im Umlaufverfahren sind nicht zulässig).

⇨ Schulgesetz § 47 Abs. 3 Nr. 7; ⇨ Schulkonf.VO § 7

Die Gesamtlehrerkonferenz kann der Schulkonferenz hierzu Anregungen und Empfehlungen geben.

⇨ Konferenzordnung § 2 Abs. 2

Es ist deshalb folgendes Verfahren sinnvoll:

Erster Schritt

Die Schulleitung holt bei den Lehrkräften bzw. den Fachkonferenzen deren Wünsche und Vorschläge für die Mittel-Anforderung ein. Die Fachkonferenzen besitzen gegenüber der Schulleitung und der GLK ein Vorschlagsrecht. ⇨ KonferenzVO § 5 Abs. 2 Nr. 6

Zweiter Schritt

Die Schulleitung, alternativ oder ergänzend ein von der GLK eingesetzter „Haushaltsausschuss“ bzw. der „Wirtschaftsausschuss“ (s.u. Nr. 4), entwirft unter Berücksichtigung dieser Vorschläge einen Entwurf für den Haushaltsantrag und bringt ihn in die GLK ein.

Dritter Schritt

Die Gesamtlehrerkonferenz beschließt auf dieser Basis eine Empfehlung an die Schulkonferenz.

Vierter Schritt

Die Schulkonferenz beschließt den Haushaltsantrag, danach übermittelt ihn die Schulleitung an den Schulträger. Es ist geboten, den Entwurf den Mitgliedern der GLK bzw. der Schulkonferenz mindestens eine Woche vor der Sitzung zu übermitteln.

⇨ KonferenzVO § 12; ⇨ Schulkonferenzordnung § 5

b)
„Schulinterner Haushalt“

Nach dem Beschluss über seinen Haushalt (ggf. auch im Vorgriff) weist der Schulträger der Schule jene Mittel zu, über welche die Schulleitung selbstständig entscheiden darf. ⇨ Schulgesetz § 48 Abs. 2

Die Schulleitung kann hierüber jedoch erst verfügen, nachdem die GLK hierüber beschlossen hat: Denn laut § 2 Abs. 1 Nr. 7 der Konferenzordnung *„berät und beschließt“* (!) die GLK über die *„Verwendung der der Schule zur Verfügung gestellten Haushaltsmittel im Rahmen ihrer Zweckbestimmung“* und stellt damit den *„schulinternen Haushaltsplan“* auf. Es ist Dienstpflicht der Schulleitung, die Verwendung der der Schule zur Verfügung gestellten Haushaltsmittel unaufgefordert auf die Tagesordnung der GLK zu setzen. (Quelle: Landtagsdrucksache 10/5777)

Die GLK muss sich dabei an die vom Schulträger verfügte Zweckbestimmung der Mittel halten. Wenn der Schulträger eine *„gegenseitige Deckungsfähigkeit“* der einzelnen Haushaltsposten genehmigt hat, erlischt damit diese grundsätzliche Zweckbindung nicht; es wird aber für die Bewirtschaftung der Mittel eine größere Flexibilität ermöglicht (z.B. wenn sich Haushaltsreste ergeben). (Quelle: LT-Drucksache 12/2643)

Zu diesem Beschluss der GLK ist die Schulkonferenz anzuhören. ⇨ Schulgesetz § 47 Abs. 4 Nr. 1 b

Hieraus ergibt sich zwingend folgendes Verfahren:

Erster Schritt

Die GLK berät über den „schulinternen“ Haushalt. Die Fachkonferenzen besitzen hierbei ein Vorschlagsrecht. ⇨ Konferenzordnung § 5 Abs. 2 Nr. 6

Zweiter Schritt

Die Schulleitung beruft die Schulkonferenz ein und informiert sie über das Beratungsergebnis der GLK. Die Schulkonferenz kann hierzu eine Stellungnahme abgeben (muss dies aber nicht).

Dritter Schritt

Die Schulleitung informiert die GLK über die Stellungnahme der Schulkonferenz. Danach entscheidet die GLK abschließend über *„die Verwendung der der Schule zur Verfügung gestellten Haushaltsmittel im Rahmen ihrer Zweckbestimmung“*. Wenn die GLK beim ersten Schritt einen Vorbehaltsbeschluss fasst (*„vorbehaltlich der Anhörung der Schulkonferenz“*) und die Schulkonferenz beim zweiten Schritt keine Einwände erhebt, kann dieser dritte Schritt entfallen.

Insbesondere an größeren Schulen erfolgt im von der GLK gesetzten Rahmen eine Delegation von schulinternen Haushaltsentscheidungen auf die Ebene der Schulstufen, Abteilungen oder Fachbereiche. Dann wird der jeweiligen Ebene ein bestimmtes Budget zur Verfügung gestellt, über dessen Verwendung sie – unter Beteiligung der Stufen-, Abteilungs- oder Fachkonferenz und unbeschadet der Letztverantwortung der Schulleitung gemäß § 41 Schulgesetz – selbstständig entscheidet (z.B. Einführung neuer Lernmittel oder Beschaffung von Lehrmitteln bzw. Arbeitsmaterialien durch die Fachkonferenz).

4.
Beteiligungsrechte des Personalrats

An Schulen mit einem mindestens siebenköpfigen eigenen Personalrat (z.B. Gymnasien, berufliche Schulen, SBBZ mit Internat, Gesamtschulen) kann ein „Wirtschaftsausschuss“ eingesetzt werden, der die wirtschaftlichen Angelegenheiten der Schule berät und den Personalrat unterstützt. Hieraus können sich Vorschläge für die Haushaltsberatungen der GLK entwickeln. ⇨ Personalvertretungsgesetz (LPVG) § 72

⇨ Gebühren; ⇨ Haushalt (Kassenführung und Schulkonten); ⇨ Haushalt (Kommunaler Finanzausgleich); ⇨ Haushalt (Personalausgabenbudgetierung); ⇨ Haushalt (Sachkostenbeiträge); ⇨ Konferenzordnung § 2 Abs. 1 Nr. 7; ⇨ Personalvertretungsgesetz (LPVG) § 72; ⇨ Schulgesetz §§ 41, 47 Abs. 4 Nr. 1 b, 48; ⇨ Schulträger; ⇨ Sponsoring; ⇨ TV-L § 30

Haushalt (Kassenführung und Schulkonten)

Informationen der Redaktion zur Rechtslage und zur Verwaltungspraxis in Baden-Württemberg

1. Geldgeschäfte an Schulen

An den öffentlichen Schulen kommt es in einer Vielzahl von Fällen zum Umgang mit Geld in barer oder unbarer Form. Hierfür einige Beispiele:

1. Im Rahmen der *„Budgetierung"* bewirtschaftet die Schule jene Haushaltsmittel, die ihr der Schulträger zur Verfügung stellt, selbstständig. ⇨ Haushalt (Allgemeines); ⇨ Schulgesetz § 48,2
2. Auf dem Schulsekretariat wird für kleinere Ausgaben eine *„Portokasse"* geführt. Hier werden auch Einnahmen für ⇨ Beglaubigungen und ⇨ Gebühren für Zeugnis-Kopien verbucht.
3. Einer Schule fließen Sach- oder Bar-Mittel von Dritten zu (z.B. Spende des Schulfördervereins). ⇨ Haushalt (Kassenführung); ⇨ Sponsoring; ⇨ Schulfördervereine
4. Bei Schulfesten oder Schüler-Discos gibt es Einnahmen und Ausgaben (z.B. Kauf und Verkauf von Speisen und Getränken, Eintrittsgelder, Erlös einer Tombola; Gebühr an die GEMA). ⇨ Schülermitverantwortung §§ 19-20; ⇨ Urheberrecht (GEMA); zu Tombolas s: ⇨ Werbung Ziff. 2.2
5. In einer *„Klassenkasse"* wird Geld für klasseninterne Unternehmungen gesammelt (z.B. Ansparen für den Schullandheimaufenthalt, Einnahmen aus dem Klassenfest, Zuschuss des Fördervereins). ⇨ Außerunterrichtliche Veranstaltungen
6. Die Lehrkräfte haben eine „Freud- und Leid-Kasse" eingerichtet; aus ihr werden der Geburtstags-Blumenstrauß oder das Abschiedsgeschenk für ausscheidende Lehrkräfte finanziert.
7. Die Lehrkräfte einer Schule machen einen *„Betriebsausflug"*, besichtigen ein Museum und gehen gemeinsam essen. Dafür entrichten sie an den den Kollegen, der den Ausflug organisiert und die Rechnungen überweist, einen festen Betrag. Der Überschuss kommt in die „Freud- und Leid-Kasse". ⇨ Betriebsausflüge

2. Rechtliche Bewertung

In den Fällen 1 bis 6 geht es um öffentliche Mittel oder die dienstliche Verwendung der Gelder von Dritten. Hierbei sind folgende Regeln zu beachten.

a) Äußere Schulangelegenheiten (Fälle 1 bis 3)

Bei den Fällen 1 und 2 handelt es sich um *„äußere Schulangelegenheiten"*. Hierfür ist der Schulträger zuständig. Der Stadt- bzw. Gemeindekasse obliegt insbesondere die Erledigung von Kassengeschäften im Zusammenhang mit

- der Bewirtschaftung der Schulgebäude und sonstigen Schuleinrichtungen, der Vermietung von Schulräumen, der Beschaffung von Lehr- und Lernmitteln, dem Ersatz für Lernmittel, Verwaltungs- und Beglaubigungsgebühren oder Schulgeld, Stiftungen oder Schenkungen, ⇨ Schulgesetz § 48 Abs. 2
- der Abwicklung der Schülerbeförderungskosten, ⇨ Haushalt (Kommunaler Finanzausgleich)
- Aufwendungen des Schulträgers bei Schulveranstaltungen außerhalb des Lehrplans, z.B. bei Sportfesten, Theater- und Konzertaufführungen, Ausstellungen u.Ä. sowie Ersätze dafür.

Die Schulen sind bei der Verwaltung der Haushaltsmittel, die ihnen vom Schulträger zur Bewirtschaftung überlassen werden, an die Bestimmungen der Gemeindekassenverordnung sowie die Ausführungsbestimmungen des Schulträgers gebunden. Der Schulträger muss hierfür das erforderliche Personal zur Verfügung stellen (Schulsekretariat) bzw. an kleineren Schulen die Schulleitung bei der Abwicklung technisch/organisatorisch und personell unterstützen. ⇨ Verwaltungskräfte

Zur Abwicklung von Kassengeschäften können bei den Schulen Zahlstellen eingerichtet und der Schule (Schulleitung) „Handvorschüsse" gewährt werden (z.B. die sogenannte „Portokasse"). In diesem Fall sollten die notwendigen Einzelheiten in einer Dienstanweisung für das Schulsekretariat geregelt werden. Da diese Zahlstellen Teil der Gemeinde- bzw. Stadtkasse sind, gelten hier alle kassenrechtlichen Vorschriften über die Abwicklung des Zahlungsverkehrs. Einnahmen können dem praktischen Bedürfnis entsprechend bar oder unbar bewirkt werden; die Erteilung einer Quittung ist zwingend vorgeschrieben.

Zu Fall 3: Finanzielle Zuwendungen an die Schule von Dritten (*„Sponsoring"*) oder Zuwendungen eines Schulfördervereins sind als *„Stiftungen"* oder *„Schenkungen"* im Bereich der *„äußeren Schulangelegenheiten"* anzusehen, also über die Kasse des Schulträgers abzuwickeln. Im Rahmen der Budgetierung ist es grundsätzlich möglich, hierfür ein gesondertes (Schul-)Konto einzurichten. Dies sollte – auch wegen der haushaltsrechlich notwendigen Kassenprüfung – nur im Einvernehmen mit dem Schulträger geschehen.

Über die Verwendung dieser Mittel entscheidet die Schule durch Beschluss der Gesamtlehrerkonferenz

Bitte hierzu auch die Beiträge unter ⇨ Sponsoring und ⇨ Schulfördervereine beachten.

nach Anhörung der Schulkonferenz. Dies gilt auch dann, wenn eine Schule dem Spender (z.B. dem Förderverein) eine „Wunschliste" von Anschaffungen oder Vorhaben übermittelt, die aus den Spendenmitteln finanziert werden sollen.

Soweit Spenden zweckgebunden sind, ist diese Zweckbindung zu beachten; ggf. muss eine Spende von der Schule abgelehnt werden.

⇨ Haushalt (Kassenführung); ⇨ Konferenzordnung § 2 Abs. 1 Nr. 7; ⇨ Schulgesetz § 47; ⇨ Schulfördervereine; ⇨ Sponsoring; ⇨ Werbung (dort Hinweise auf Tombolas)

b)
Innere Schulangelegenheiten (Fälle 4 bis 6)

Zu den „inneren Schulangelegenheiten" gehören alle lehrplanmäßigen Veranstaltungen, die außerunterrichtlichen Veranstaltungen wie Schullandheimaufenthalte, Studienfahrten, Exkursionen usw. sowie beispielsweise Vorbereitungskurse zur Ablegung von Meisterprüfungen. Kassengeschäfte im Zusammenhang mit solchen Veranstaltungen gehören zum Verantwortungsbereich des Landes (also nicht des kommunalen Schulträgers).

Obwohl in Fall 4 die Schülermitverantwortung als Organisator der Schüler-Disco auftritt, handelt es sich doch um eine Schulveranstaltung, bei der die Schule, vertreten durch die Schulleitung, z.B. für die Gebührenzahlung an die GEMA haftet.

⇨ Urheberrecht (GEMA/Musik)

Sammelt und verwahrt eine Lehrkraft fremdes Eigentum (Fall 5), hat sie beim Umgang mit diesem *„nur für diejenige Sorgfalt einzustehen, welche sie in eigenen Angelegenheiten anzuwenden pflegt"* (BGB § 690). Bei Verlust oder Diebstahl tritt eine Amtshaftung nur bei Vorsatz oder Fahrlässigkeit ein; Berufshaftpflichtversicherungen treten bei bei Abhandenkommen von Bargeld übrigens gar nicht ein.

Bei Fall 6 nimmt die Schule eine Aufgabe für Dritte wahr; auch dies ist eine „innere" Schulangelegenheit.

c)
Privatwirtschaftliche Betätigung

Bei den Fällen 7 und 8 handelt es sich trotz der Verbindung mit dem Arbeitsplatz Schule um die privatwirtschaftliche Betätigung der Lehrkräfte.

3.
Kontoführung der Schulen

Schulen als rechtlich unselbstständige Anstalten können Kassengeschäfte, die zu den „inneren Schulangelegenheiten" gezählt werden,

- entweder über zweckgebundene Konten der Schule
- oder über ein „Schulkonto" bei der Stadt- bzw. Gemeindekasse

abwickeln. Keinesfalls sollten Lehrkräfte oder Schulleitungen ihnen anvertraute Finanzmittel der Schüler*innen bzw. der Eltern als Bargeld in der Schule oder gar privat zu Hause ansammeln und verwalten. Allenfalls kurzfristig dürfen geringfügige Barbeträge im schuleigenen Safe deponiert werden.

Wir empfehlen den Schulen, für die Abwicklung aller Finanzvorgänge auch im Bereich der „inneren Schulangelegenheiten" in Absprache mit dem Schulträger ein sogenanntes „Schulkonto" bei der Stadt- bzw. Gemeindekasse zu verwenden (§ 2 der Gemeindekassenverordnung). Durch die Einrichtung von Unterkonten kann eine saubere Trennung und Abwicklung der verschiedenen Fälle erfolgen.

Mit einer Erledigung durch die Gemeindekasse sind keine über die Vorschrift der GemKVO hinausgehenden Verpflichtungen der Kommune (z.B. Abdeckung von Fehlbeträgen) verbunden.

Zumindest bei allen Schulveranstaltungen, bei denen der Schulträger durch Aufwendungen mitbeteiligt ist (Schulveranstaltungen außerhalb des Lehrplans, z.B. Sportfeste, Theater- und Konzertaufführungen, Ausstellungen u.Ä.) oder auch bei der Abwicklung der Schüler-Unfallversicherung wird dies in vielen Fällen problemlos möglich sein. Dies empfiehlt sich auch für die Abwicklung der Erlöse von Schulfesten oder einer Tombola.

Wo dies nicht möglich ist , muss auf die vom KM in der VwV „Außerunterrichtliche Veranstaltungen" erwähnten *„Treuhandkonten"* zurückgegriffen werden (s.u.). Dabei tragen allerdings die beteiligten Lehrkräfte bzw. die Schulleiter*innen das private Risiko und – soweit diese Kosten nicht umgelegt werden können – die Kosten (Gebühren usw.).

4.
„Treuhandkonten" für außerunterrichtliche Veranstaltungen

Überwiegend werden *„außerunterrichtliche Veranstaltungen"* von den einzelnen Lehrkräften durchgeführt. Es handelt sich zwar um schulische Veranstaltungen (die deshalb auch der Genehmigung durch die Schulleitung bedürfen), aber die Organisation einschließlich der finanziellen Abwicklung obliegt der Lehrkraft.

Das Kultusministerium hat zur Kontoführung bei außerunterrichtlichen Veranstaltungen bestimmt: *„Die Kostenbeiträge der Schülerinnen, Schüler und Eltern sowie die sonstigen Einnahmen im Zusammenhang mit den außerunterrichtlichen Veranstaltungen werden von der beauftragten Lehrkraft verwaltet. Die Einnahmen und Ausgaben sollen über ein zweckgebundenes Treuhandkonto abgewickelt werden. Eine zeitnahe Prüfung des Nachweises über die ordnungsgemäße Mittelverwendung ist durch die Schulleitung sicherzustellen."*

⇨ Außerunterrichtliche Veranstaltungen Nr. II.9

Mehr wollte das KM erklärtermaßen nicht regeln. Zwar bewege sich, so das KM, die Praxis an den Schulen zum Teil in einem gewachsenen, rechtlich allerdings nicht geregelten Bereich; diese von Schule zu Schule verschiedene Praxis werde von den Beteiligten jedoch akzeptiert und habe sich alles in allem bewährt. Das KM räumt ein, dass eine klare Lösung der Probleme am ehesten durch die Einrichtung einer staatlichen Zahlstelle an den Schulen erreicht werden könnte. Dies hätte aber mit Blick auf die formalen Erfordernisse des staatlichen Haushalts- und Kassenrechts weitgehende Konsequenzen sowohl in verwaltungsmäßiger als auch personeller Hinsicht. Eine dahingehende Lösung erscheine vor allem im Interesse der Schulen und ihrer Aktivitäten weder sinnvoll noch praktikabel.

(Quelle: KM, 7.3.2000, AZ: 12-0442.21/20)

Bei der Einrichtung von derartigen „Treuhandkonten" muss u.a. gekärt werden, wer die Gebühren für die Kontoführung trägt, wie eventuelle Zinserträge zu behandeln sind und wie die Abgeltungssteuer von den privaten Verpflichtungen des Kontoinhabers zu trennen ist. Ferner ist die Zeichnungsberechtigung zu regeln.

Diese Fragen müssen von den Schulen „praxisnah" in eigener Verantwortung gelöst werden. Dabei gilt: „Schwarze Kassen" darf es nicht geben.

Empfehlungen der Redaktion

Häufig werden die Mittel für einen Schullandheimaufenthalt, eine Studienfahrt o.ä. langfristig auf einem „Klassenkonto" angespart, das von der Lehrkraft, die die Veranstaltung leitet, bei einem Kreditinstitut eingerichtet wird. Die Geldinstitute beraten nicht nur bei der Führung von solchen Treuhandkonten, teilweise stocken sie diese durch einen Zuschuss auf. Dabei ist die Weitergabe der Namen und Anschriften der Schüler*innen nur mit Einwilligung der Erziehungsberechtigten statthaft.

Eine Vermischung mit den Privatgeschäften der Lehrkraft muss konsequent vermieden werden; keinesfalls sollten deshalb Zahlungen über private Konten der Lehrkraft laufen. Wer mit seiner privaten Kreditkarte Zahlungen für die Klasse leistet und das Geld später wieder der Klassenkasse entnimmt, schafft einen finanziellen Transfer-Vorgang, der im Streitfall später problematisch erscheinen kann.

Eine Alternative besteht darin, dass das Konto von der Elternvertretung der Klasse eingerichtet und verwaltet wird. Dann braucht die Lehrkraft nur die Zahlungsbelege für alle von ihr getätigten Auslagen dort einzureichen (bzw. erhält für die Reise selbst einen Kassenvorschuss) und hat darüber hinaus mit der Kontoführung und Rechnungslegung nichts zu tun. Wo immer Eltern(vertretungen) vorhanden sind, die eine solche Aufgabe übernehmen wollen, sollte dieser Weg gewählt werden. Allerdings sollte auch hier konsequent das „Vier-Augen-Prinzip" beachtet und eine gemeinsame Zeichnungsberechtigung vorgesehen werden.

Da es sich um Gelder der Erziehungsberechtigten – bzw. bei volljährigen Schüler*innen um deren Eigentum – handelt (dies sind keine Mittel oder Einnahmen der Schule), ist den Erziehungsberechtigten/Eigentümern hierüber nach Abschluss der Reise Rechenschaft zu legen. Dies kann z.B. anlässlich einer Klassenpflegschaftssitzung oder durch einen schriftlichen Bericht erfolgen. Es empfiehlt sich, schon zu Beginn der Planungsarbeiten im ersten Rundschreiben an die Eltern festzulegen, was mit einem eventuellen Überschuss geschehen soll (z.B. Überführung in die normale „Klassenklasse" oder Zuwendung an den Schulförderverein).

Es sollte stets ein Elternteil bzw. ein volljähriger Schüler bzw. eine Schülerin als „Rechnungsprüfer" bestimmt und mit diesen die Schlussabrechnung durchgesprochen werden. Diese Person sollte auch von Anfang an mit einer Zeichnungsberechtigung für das Klassenkonto ausgestattet werden.

Es kommt immer wieder einmal vor, dass – bisweilen auch längere Zeit nach Abschluss einer Reise – Auseinandersetzungen mit Beherbungsbetrieben, Verkehrsunternehmen, einzelnen Eltern usw. stattfinden und auch die Endabrechnung des Klassenkontos (z.B. wegen der Zinsabrechnungen) mit Verzögerung erfolgt. Es ist deshalb dringend anzuraten, alle Unterlagen mindestens fünf Jahre nach Abschluss der Reise aufzubewahren (zweckmäßigerweise in der Schule / Sekretariat; dies gilt auch dann, wenn das Konto von Eltern geführt wurde).

⇨ Außerunterrichtliche Veranstaltungen; ⇨ Elternbeiratsverordnung § 28 Nr. 9b; ⇨ Gebühren; ⇨ Haushalt (Allgemeines – Budgetierung); ⇨ Haushalt (Kommunaler Finanzausgleich); ⇨ Haushalt (Personalausgabenbudgetierung); ⇨ Schulgesetz § 48 Abs. 2; ⇨ Sponsoring; ⇨ Schulfördervereine; ⇨ Schulträger; ⇨ Urheberrecht (GEMA/Musik); ⇨ Verwaltungskräfte; ⇨ Werbung (dort Hinweise auf Tombolas)

Haushalt (Kommunaler Finanzausgleich)

Auszug aus dem Gesetz über den kommunalen Finanzausgleich (Finanzausgleichsgesetz – FAG) in der Fassung vom 1. Januar 2000 (GBl. S. 14/2000); zuletzt geändert 12. November 2020 (GBl. S. 1043, 1045)

§ 15
Schullastenverteilung

(1) Das Land trägt die persönlichen Kosten für die in seinem Dienst stehenden Lehrer an den öffentlichen Schulen nach § 2 Abs. 1 Nummer 1 des Schulgesetzes für Baden-Württemberg.

(2) Die ⇨ Schulträger tragen die übrigen Schulkosten; ihnen verbleiben die Schulgeldeinnahmen. [...]

Hinweis der Redaktion: In § 1 der Schullastenverordnung ist abschließend definiert:

„Persönliche Kosten der Lehrkräfte an öffentlichen Schulen sowie der Lehrkräfte und Erziehungskräfte an Grundschulförderklassen und Schulkindergärten sind:

1. die Besoldung der beamteten Lehrkräfte und Erziehungskräfte gemäß [...] ⇨ Besoldungsgesetz (LBesGBW) § 1 Abs. 2-3
2. Vergütungen der vom Land bestellten nicht beamteten Lehrkräfte und Erziehungskräfte, Arbeitgeberbeiträge zur gesetzlichen Sozialversicherung, Zuwendungen, Jahressonderzahlungen, vermögenswirksame Leistungen, Zuschüsse nach § 257 des Fünften Buches Sozialgesetzbuch und nach § 25 des Tarifvertrags Altersversorgung sowie die Umlage nach der Satzung der Versorgungsanstalt des Bundes und der Länder und die auf die Umlage entfallenden pauschalen Steuern;
3. Vergütungen für nebenamtlichen und nebenberuflichen Unterricht; Unterrichtsvergütungen für Lehramtsanwärter;
4. Aufwendungen für die Versorgung der beamteten Lehrkräfte und Erziehungskräfte (Ruhegehalt, Unterhaltsbeitrag, Unfallfürsorge, Übergangsgeld, Hinterbliebenenversorgung);

5. Ersatz von Sachschäden;
6. Beihilfen und Unterstützungen;
7. Reisekostenvergütungen einschließlich Trennungsgeld [...]; ➪ Reisekostengesetz (LRKG) § 22
8. Umzugskostenvergütungen einschließlich Trennungsgeld (➪ Umzugskostengesetz (LUKG) § 12); Kosten für die Aus- und Fortbildung;
9. Kosten der Nachversicherung für ausgeschiedene Lehrkräfte;
10. Kosten der [...] durchzuführenden amts-, fach- und sonstigen ärztlichen Untersuchungen, Begutachtungen und stationären Beobachtungen, soweit diese nicht von den Lehrkräften zu tragen sind;
11. Kosten der betriebsärztlichen Betreuung;
12. Kosten für dienstlich notwendige Schutzimpfungen;
13. Schadensersatzleistungen für Amtspflichtverletzungen der Lehrkräfte und Erziehungskräfte abzüglich des von ihnen geleisteten Ersatzes;
14. Schadensersatzleistungen für entgangene Besoldung der beamteten Lehrkräfte und Erziehungskräfte und für entgangene Vergütungen der nicht beamteten Lehrkräfte und Erziehungskräfte;
15. Jubiläumsgaben, Jubiläumszuwendungen und sonstige Kosten für Ehrungen. ➪ Dienst- und Arbeitsjubiläen

Hinweis der Redaktion: Alle anderen Kosten, auch beispielsweise für die Bearbeitung von Personalangelegenheiten der Lehrkräfte (beispielsweise Formulare oder PC-Programme für deren dienstliche Beurteilung), sind vom Schulträger zu tragen.

§ 17
Sachkostenbeitrag

(1) Die Schulträger der unter § 4 Absatz 1 des Schulgesetzes für Baden-Württemberg fallenden öffentlichen Schulen erhalten für jede Schülerin und jeden Schüler einen Beitrag zu den laufenden Schulkosten (Sachkostenbeitrag). Dies gilt nicht für Schülerinnen und Schüler, die eine Grundschule, eine Fachschule oder eine Pflegeschule [...] besuchen.

(2) Die Höhe des Sachkostenbeitrags wird [...] so bestimmt, dass ein angemessener Ausgleich der laufenden Schulkosten geschaffen wird. Der Sachkostenbeitrag kann für jede Schulart, jeden Schultyp, jede Schulstufe sowie für Schulen mit Voll- und Teilzeitunterricht verschieden hoch festgesetzt werden. [...] Für Schülerinnen und Schüler ohne festgestellten Anspruch auf ein sonderpädagogisches Bildungsangebot, die ein sonderpädagogisches Bildungs- und Beratungszentrum besuchen, wird der Sachkostenbeitrag derjenigen allgemeinen Schule gewährt, nach deren Bildungsgang die Schülerinnen und Schüler unterrichtet werden.[...]

➪ Digitalisierung (Medienentwicklung); ➪ Haushalt (Sachkostenbeiträge)

§ 18
Beförderungskosten für Schülerinnen und Schüler

(1) Die Stadt- und Landkreise erstatten den Trägern öffentlicher Schulen und privater Ersatzschulen, für die das Kultusministerium oberste Schulaufsichtsbehörde ist, dem Träger der Europäischen Schule in Karlsruhe, den Trägern öffentlicher und privater Grundschulförderklassen und Schulkindergärten sowie den Wohngemeinden, wenn Schülerinnen und Schüler öffentliche oder private Schulen außerhalb Baden-Württembergs besuchen, die notwendigen Beförderungskosten. Satz 1 gilt nicht für Träger von Fachschulen. Maßgebend für die Zuordnung einer Schule zu einem Stadt- oder Landkreis ist der Schulort. Abweichend hiervon tragen die Stadt- und Landkreise die ihnen als Schulträger entstehenden Beförderungskosten selbst.

(2) Die Stadt- und Landkreise können durch Satzung bestimmen

1. Umfang und Abgrenzung der notwendigen Beförderungskosten einschließlich der Festsetzung von Mindestentfernungen;
2. Höhe und Verfahren der Erhebung eines Eigenanteils oder der Gewährung eines Zuschusses;
3. Pauschalen oder Höchstbeträge für die Kostenerstattung sowie Ausschlussfristen für die Geltendmachung von Erstattungsansprüchen;
4. Verfahren der Kostenerstattung zwischen Schülerinnen und Schülern beziehungsweise Eltern und Schulträger sowie zwischen Schulträger und Stadt- beziehungsweise Landkreis.

Abweichend von Nummer 3 können bei Schülerinnen und Schülern von sonderpädagogischen Bildungs- und Beratungszentren keine Höchstbeträge bestimmt werden. Übersteigen bei diesen Schülerinnen und Schülern die Beförderungskosten 2.600 Euro im Schuljahr, kann der Stadt- oder Landkreis den übersteigenden Betrag zu 75 Prozent von dem Stadt- oder Landkreis geltend machen, in dem die Schülerin oder der Schüler wohnt.

(3) Die Stadt- und Landkreise erhalten für die Kostenerstattung nach Absatz 1 pauschale Zuweisungen. Die Zuweisungen betragen jährlich 193,8 Millionen Euro [...] ➪ Schülerbeförderung

§ 18 a
Grundschulförderklassen, Schulkindergärten

(1) Auf die persönlichen Kosten des Landes für die in seinem Dienst stehenden Lehrkräfte sowie Erzieherinnen und Erzieher an Grundschulförderklassen und Schulkindergärten, die von einer Gemeinde, einem Landkreis oder einem Zweckverband unterhalten werden, findet § 15 Abs. 3 Anwendung.

(2) § 17 gilt entsprechend für Kinder in Grundschulförderklassen und Schulkindergärten, die von einer Gemeinde, einem Landkreis oder einem Zweckverband unterhalten werden.

§ 19
Schullastenausgleich für Schülerinnen und Schüler der Grundschulen und der Gemeinschaftsschulen

(1) Besucht eine Schulpflichtige oder ein Schulpflichtiger aufgrundvon § 76 Absatz 2 Sätze 2 und 3 des Schulgesetzes für Baden-Württemberg oder deshalb, weil die Wohnsitzgemeinde nur Träger einer Gemeinschaftsschule ist, die Grundschule eines anderen Schulträgers als desjenigen, in dessen Gebiet sie oder er wohnt, so hat der für den Wohnort zuständige Schulträger einen Beitrag zu den laufenden Schulkosten zu leisten, sofern die Schulträger nichts Abweichendes vereinbaren.. [...].

Hinweis der Redaktion: Dieser Beitrag beläuft sich laut § 4 ➪ Haushalt (Sachkostenbeiträge) auf 200 Euro jährlich.

➪ Haushalt (Allgemeines); ➪ Haushalt (Personalausgabenbudgetierung); ➪ Haushalt (Sachkostenbeiträge); ➪ Lernmittelfreiheit; ➪ Schülerbeförderung; ➪ Schulgesetz §§ 27-31, § 48, § 76; §§ 93-94; ➪ Schulträger; ➪ Verfassung Art. 14 Abs. 2

Haushalt (Personalausgabenbudgetierung – PAB)

Auszug aus der VwV des KM zur Personalausgabenbudgetierung (PAB) an Schulen einschließlich Schulkindergärten (VwV-PAB) vom 29. Oktober 2010 (K.u.U. S. 196/2010), zuletzt geändert 9. März 2021 (GABl S. 186/2021)

1.
Mittel statt Stellen

Den Schulleitungen der öffentlichen Schulen des Landes Baden-Württemberg wird zur weiteren Stärkung der Eigenständigkeit und Eigenverantwortung im Rahmen der in § 6 StHG festgelegten Grundsätze die Möglichkeit eingeräumt, auf Antrag anstelle der der Schule nach der Verwaltungsvorschrift [...] ➪ Organisationserlass [...] zugewiesenen Lehrerwochenstunden Haushaltsmittel zu erhalten. Diese Haushaltsmittel bilden das Budget einer Schule und werden von den Regierungspräsidien ausbezahlt. Das Budget wird der Schule für ein Schuljahr, bei Bedarf auch für zwei Schuljahre, zur Verfügung gestellt.

Die für die PAB vorgesehenen Stellen und Stellenanteile müssen im Bewilligungszeitraum verfügbar sein. Im Umfang der nicht zugewiesenen Lehrerwochenstunden werden Stellen beziehungsweise Stellenanteile gesperrt. – Die Anzahl der gesperrten Stellen beziehungsweise Stellenanteile multipliziert mit den jeweiligen einheitlichen festgelegten Pauschalsätzen für eine Stelle des gehobenen beziehungsweise höheren Dienstes ergibt den Mittelbetrag für das Budget.

Hinw. d. Red.: Auch Ganztagsgrundschulen können Lehrerstunden „monetarisieren". ➪ Grundschule (GanztagsgrundschulVO)

2.
Bemessungsgrundlage

Die insgesamt zugewiesenen Lehrerwochenstunden (Ist-Stunden einschließlich der Leitungszeit und des Allgemeinen Entlastungskontingentes) des aktuell statistisch erfassten Schuljahres (Lehrerbericht im Herbst) bilden die Bemessungsgrundlage für den Rahmen des Budgets für die einzelne Schule.

➪ Arbeitszeit (Lehrkräfte) – Anrechnungen IV.1

In das Budget sind von der einzelnen Schule mindestens vier Lehrerwochenstunden einzubringen. Als Obergrenze können bei Schulen, die insgesamt bis zu 200 Lehrerwochenstunden haben, höchstens zehn Stunden und bei Schulen, die insgesamt mehr als 200 Lehrerwochenstunden haben, höchstens fünf Prozent der gesamten Lehrerwochenstunden von der einzelnen Schule in das Budget eingebracht werden.

3.
Verwendung des Budgets

Das Budget darf von den Schulen nur für Landesaufgaben des Kultusbereichs eingesetzt werden. Hierzu gehört die Bereitstellung des Lehr- und Leitungspersonals sowie sonstigen Personals, sofern es ausschließlich Landesaufgaben an der Schule wahrnimmt. Weiter können von dem Budget durch die Schulen Sachausgaben für Landesaufgaben bestritten werden.

4.
Einstellung von Personal

Einstellungen sind nur im ohne Sachgrund befristeten Beschäftigtenverhältnis auf der Grundlage des Teilzeit- und Befristungsgesetzes insbesondere nach dem Tarifvertrag für den öffentlichen Dienst der Länder (TV-L) zulässig. Es gelten jeweils die aktuellen Hinweise des Finanzministeriums zum Arbeits- und Tarifrecht, die jeweils aktuellen Regelungen des Sozialgesetzbuches IX [...], sowie die jeweils aktuellen Regelungen des Landespersonalvertretungsgesetzes (LPVG), insbesondere hinsichtlich der Beteiligung der Personalvertretung. – Für die Einstellung von Lehrpersonal durch die Schulen gelten die jeweils aktuellen Regelungen zur Lehrereinstellung (insbesondere [...] ➪ Einstellungserlass, [...] ➪ Pädagogische Assistent*innen und [...] ➪ Lehrbeauftragte.

➪ Chancengleichheitsgesetz § 11; ➪ Personalvertretungsgesetz (LPVG) § 75 Abs. 1 Nr. 2; ➪ Schwerbehinderung (Inklusionsvereinbarung) Nr. 2; ➪ Tarifvertrag – Länder

5.
Sachausgaben

Die Schulleitungen entscheiden über den Einsatz der Mittel, sie werden dabei durch die Regierungspräsidien unterstützt. Die Regierungspräsidien schließen die Verträge (beispielweise Dienstleistungs- und Werkverträge) ausschließlich zur Erfüllung von Landesaufgaben ab, sofern es sich um sächliche Verwaltungsaufgaben handelt. Die Verwendung des Budgets für Investitionsausgaben ist ausgeschlossen. Hierfür gelten die jeweils aktuellen haushaltsrechtlichen und vergaberechtlichen Regelungen (insbesondere Landeshaushaltsordnung (LHO), Allgemeine Verwaltungsvorschriften zur Landeshaushaltsordnung (VV-LHO), Gesetz gegen Wettbewerbsbeschränkungen (GWB), Vergabeverordnung (VgV) und Finanzausgleichsgesetz (FAG).

Hinweis der Redaktion: Die VwV über die Vergabe öffentlicher Aufträge ist zu beachten. ➪ Lehrmittel und Schuleinrichtung

6.
Antragsverfahren

Der Antrag auf Teilnahme an der PAB für das kommende Schuljahr ist auf der Grundlage zuvor bei der zuständigen Schulaufsichtsbehörde durchgeführter Personalplanungsgespräche von der Schulleitung nach vorheriger Beratung in Gesamtlehrerkonferenz und Schulkonferenz bis spätestens 30. April eines Jahres auf dem Dienstweg beim zuständigen Regierungspräsidium schriftlich oder elektronisch zu stellen.

Hinweise der Redaktion:

1. Über die Verwendung der Mittel entscheidet die Gesamtlehrerkonferenz nach Anhörung der Schulkonferenz. ➪ Konferenzordnung § 2 Abs. 1 Nr. 7
2. Der örtliche Personalrat ist gemäß § 87 Abs. 1 Nr. 1 LPVG anzuhören, da es sich um eine Personalplanung der Schule handelt. Die Beauftrage für Chancengleichheit ist gemäß § 20 Abs. 1 ➪ Chancengleichheitsgesetz zu beteiligen.

Sofern Lehrerstellen im Rahmen des Lehrereinstellungsverfahrens zum Unterrichtsbeginn nicht besetzt werden konnten, besteht für die betroffenen Schulleitungen unter Berücksichtigung der unter Nummer 2 genannten Bemessungsgrundlage die Möglichkeit, einen Antrag auf Teilnahme an der

PAB beziehungsweise auf Erhöhung des Budgets bis spätestens 30. September eines Jahres zu stellen.

Die Genehmigung wird vom zuständigen Regierungspräsidium erteilt, wenn dem Antrag keine wichtigen Gründe entgegenstehen. Das Budget darf nicht zu einer Verschlechterung der Unterrichtsversorgung im Pflichtbereich führen. Die Regierungspräsidien beraten die Schulen hinsichtlich der bestehenden Möglichkeiten.

7.
Abschluss von Verträgen

Nach der Genehmigung des Antrags bereiten die Schulleitungen die Verträge vor. Sie werden dabei durch die Regierungspräsidien unterstützt. Die Regierungspräsidien schließen die Verträge ab. Die Schulen erhalten eine Mehrfertigung der jeweiligen Verträge. Die Verträge bedürfen der Schriftform.

8. Abwicklung

Das zuständige Regierungspräsidium veranlasst die Auszahlung durch das Landesamt für Besoldung und Versorgung beziehungsweise die Landesoberkasse. Das Budget ist verbindlich und verlässlich.

Die Schulleitungen sind dafür verantwortlich, dass das zugewiesene Budget nicht überschritten wird. In regelmäßigen Abständen werden die Schulleitungen von den Regierungspräsidien über den Mittelabfluss ihres Budgets informiert.

Die teilnehmenden Schulen haben Aufzeichnungen über die Budgetverwendung während des Schuljahres zu führen. Die Aufzeichnungen samt den begründenden Unterlagen sind zum Ende des Schuljahres dem zuständigen Regierungspräsidium zur Prüfung vorzulegen.

9.
Beratung

Die Regierungspräsidien beraten die an der PAB teilnehmenden Schulen.

Hinweis der Redaktion: Eine Handreichung für die Schulleitungen ist auf der KM-Homepage unter Service > Formulare und Merkblätter > Lehrkräfte und Schulleitungen abrufbar.

⇨ Arbeitszeit (Lehrkräfte) VwV Anrechnungen; ⇨ Arbeitszeit (PC-Betreuung); ⇨ Chancengleichheitsgesetz § 11; ⇨ Einstellungserlass; ⇨ Haushalt (Budgetierung – Allgemeines); ⇨ Lehrbeauftragte; ⇨ Pädagogische Assistent* innen; ⇨ Personalvertretungsgesetz (LPVG) § 75 Abs. 1 Nr. 2; ⇨ Schulträger; ⇨ Schwerbehinderung; ⇨ Tarifvertrag-Länder (TV-L)

Haushalt (Sachkostenbeiträge)

§ 2 der der Schullastenverordnung (zu § 17 Abs. 2, § 18 a Abs. 2 FAG) vom 21. Februar 2000 (GBl. S.181), zuletzt geändert 11. Oktober 2021 (GBl. S. 931/2021), gültig ab 1. Januar 2022; alle Beträge in Euro

Der Sachkostenbeitrag beträgt jährlich für jede Schülerin, für jeden Schüler oder für jedes Kind der

1. Hauptschulen, Werkrealschulen und der Klassen 5 bis 10 der Gemeinschaftsschulen 1.312,
2. Realschulen 1.027,
3. a) Gymnasien mit Ausnahme der Progymnasien und der beruflichen Gymnasien sowie der Klassen 11 bis 13 der Gemeinschaftsschulen 1.070,
   b) Progymnasien 1.043,
4. Schulen besonderer Art 1.027,
5. Berufsschulen, Berufsfachschulen sowie Berufskollegs in Teilzeitunterricht 662,
6. Berufsschulen sowie Berufsfachschulen und Berufskollegs in Vollzeitunterricht, Mittel- und Oberstufe der Berufsoberschulen, beruflichen Gymnasien 1.652,
7. Grundschulförderklassen 375,
8. sonderpädagogischen Bildungs- und Beratungszentren
   a) mit Förderschwerpunkt Lernen und der dem Förderschwerpunkt entsprechenden Schulkindergärten 2.677,
   b) mit Förderschwerpunkt geistige Entwicklung und der dem Förderschwerpunkt entsprechenden Schulkindergärten 6.867,
   c) mit Förderschwerpunkt Sehen und der dem Förderschwerpunkt entsprechenden Schulkindergärten 6.850,
   d) mit Förderschwerpunkt Hören und der dem Förderschwerpunkt entsprechenden Schulkindergärten 5.973,
   e) mit Förderschwerpunkt Sprache und der dem Förderschwerpunkt entsprechenden Schulkindergärten 2.539,
   f) mit Förderschwerpunkt körperliche und motorische Entwicklung und der dem Förderschwerpunkt entsprechenden Schulkindergärten 6.680,
   g) mit Förderschwerpunkt emotionale und soziale Entwicklung und der dem Förderschwerpunkt entsprechenden Schulkindergärten 4.242,
   h) mit dem Förderschwerpunkt Schüler in längerer Krankenhausbehandlung 1.751.

Hinweise der Redaktion:

1. Zu den Zuwendungen für die Grundschulen siehe ⇨ Haushalt (Kommunaler Finanzausgleich) § 19.
2. Die Sachkostenbeiträge sind pauschale Zuwendungen an die Schulträger; sie sind nicht unmittelbar für den Sachkosten- und Personalbedarf der Schulen zweckgebunden.

⇨ Haushalt (Allgemeines – Budgetierung); ⇨ Haushalt (Kommunaler Finanzausgleich); ⇨ Lernmittelfreiheit (Allgemeines); ⇨ Lernmittelverordnung; ⇨ Schulgesetz §§ 2, 104 und 105; ⇨ Schulträger

Hausordnung und Pausenordnung

Informationen der Redaktion zur Rechtslage und zur Verwaltungspraxis in Baden-Württemberg

1. Rechtsgrundlagen

Zu den Angelegenheiten von wesentlicher Bedeutung für die Schule, über die gemäß ➪ Schulgesetz § 45 Abs. 2 die Gesamtlehrerkonferenz unbeschadet der Zuständigkeit der Schulkonferenz berät und beschließt, gehören insbesondere auch der Erlass der *„Schul- und Hausordnung"* sowie der *„Pausenordnung"*. ➪ Konferenzordnung § 2 Abs. 1 Nr. 3

Das Schulgesetz (§ 89) ermächtigt das KM zwar, *„durch Rechtsverordnung Schulordnungen über Einzelheiten des Schulverhältnisses, Prüfungsordnungen und Internatsordnungen für die den Schulen angegliederten Schülerinternate zu erlassen"*, im Gegensatz zu anderen Bundesländern, die solche Fragen zentral regeln, überlässt Baden-Württemberg den Erlass von *„Schul- und Hausordnungen"* sowie der *„Pausenordnung"* also der einzelnen Schule. Dies ist durchaus sinnvoll, denn wegen der unterschiedlichen Art und Größe der Schulen, der notwendigen Altersangemessenheit der Bestimmungen sowie vor allem deswegen, weil nur beachtet wird, was vom gemeinsamen Willen der Beteiligten getragen wird, sollte jede Schule ihre individuellen Regelungen selbst definieren. In der Praxis erlassen die Schulen in aller Regel nur eine Hausordnung und ergänzen diese entweder um eine gesonderte Pausenordnung oder integrieren die Pausenregelungen in ihre Hausordnung.

In einer Hausordnung sowie in einer Pausenordnung überlagern sich drei Aufgabenbereiche:

- der Bildungs- und Erziehungsauftrag der Schule, ➪ Schulgesetz § 1; ➪ Verfassung Artikel 12
- die Obhutspflicht der Schule, ➪ Aufsichtspflicht
- der Schutz der Schülerinnen und Schüler durch die gesetzliche ➪ Unfallversicherung.

2. Hausordnung

Die Hausordnung wird von der Gesamtlehrerkonferenz erlassen. ➪ Konferenzordnung § 2 Abs. 1 Nr. 3

Dieser Beschluss bedarf der Zustimmung der Schulkonferenz. ➪ Schulgesetz § 47 Abs. 5 Nr. 1

Es ist sinnvoll, die Schülermitverantwortung in die Formulierung der Hausordnung einzubeziehen und die geltende Fassung immer wieder einmal mit der Schülervertretung zu erörtern.
➪ Schülermitverantwortung

Die Elternschaft der Schule besitzt über ihre gewählten Vertreter*innen ein Initiativrecht: Die Elternvertreter/innen in der Schulkonferenz können als „Elterngruppe" zusammentreten und zum Erlass der Hausordnung sowie zu ihrem Inhalt Anträge an die Gesamtlehrerkonferenz (GLK) richten; sie müssen dann zur GLK eingeladen werden und sind zu diesem Tagesordnungspunkt rede-, jedoch nicht stimmberechtigt. ➪ Konferenzordnung § 11 Abs. 4

Inhalte einer Hausordnung

In der Regel werden in der Hausordnung grundlegende Verhaltensnormen definiert (z.B. gewaltfreier, friedlicher, höflicher Umgang von Schüler*innen und Lehrkräften sowie der übrigen am Schulleben Beteiligten untereinander). Häufig geschieht das durch die Beschreibung eines die Schule prägenden „Leitbilds" in Form einer Präambel. Es empfiehlt sich, hierbei nicht nur das erwünschte Verhalten der Schüler*innen zu beschreiben, sondern auch die entsprechenden Verhaltensweisen der Lehrkräfte darzulegen. Nicht selten verpflichten sich auch die Eltern, die über die Schulkonferenz an der Beschlussfassung mitwirken und die Hausordnung im Elternbeirat sowie auf den Sitzungen der Klassenpflegschaft erörtern können bzw. sollten, in der Hausordnung zu einer positiven Beteiligung an der Erfüllung dieses Leitbilds.
➪ Schulgesetz § 56 Abs. 1 Nr 8, § 57 Abs. 1 Nr. 3

Im Einzelnen werden in der Hausordnung in der Regel die gewünschten Umgangsformen an der Schule beschrieben, beispielsweise Konfliktvermeidung und Konfliktlösung, sorgsamer Umgang mit Menschen und Sachen (Lernmitteln), Erfüllung der schulischen Pflichten wie Pünktlichkeit des Schulbesuchs und Verfahren bei „Entschuldigungen" und Urlaubsanträgen, Erledigung der Hausaufgaben, Sauberkeit der Schulgebäude und des Schulgeländes, Umweltverträglichkeit, Behandlung von ➪ Fundsachen, Verhalten bei Unfällen sowie bei Alarm usw. ➪ Schulbesuchsverordnung

In der Hausordnung können auch so heikle Fragen wie die Angemessenheit und Art der Bekleidung oder eines bestimmten Verhaltens geregelt werden (beispielsweise „Schuluniform", Verbot oder Gestattung von Kopfbedeckungen oder einer bestimmten Sport- bzw. Schwimmbekleidung, „Verkehrssprache" auf dem Pausenhof, Verbot von beleidigenden, verletzenden oder rassistischen Aufschriften und Symbolen auf der Kleidung). Dabei kommt es nicht nur auf die Gewährleistung von Toleranz und Vielfalt an, sondern auch auf die Beachtung der grundgesetzlich geschützten Meinungs- und Religionsfreiheit. Deshalb ist beispielsweise ein generelles Verbot von religiös begründeten Kopfbedeckungen wie Kopftüchern bei muslimischen Schülerinnen oder „Kippas" bei jüdischen Schülern unzulässig, während Baseballkappen im Unterricht abgenommen werden müssen. Es ist zweckmäßig, auch das Rauchverbot sowie das Verbot festzuhalten, gefährliche Gegenstände (Baseballschläger, Fahrtenmesser usw.) mitzubringen.

Unzulässig ist es auch, in einer Hausordnung Verhaltensweisen vorzuschreiben, die gegen die grundgesetzlich geschützte Würde des Menschen und die Freiheit der Person verstoßen. Die Landesverfassung bestimmt ausdrücklich, dass Kinder und Jugendliche als eigenständige Persönlichkeiten ein Recht auf Achtung ihrer Würde haben (Art. 2a).

Das KM hat mitgeteilt, dass eine Verpflichtung, die deutsche Sprache auch außerhalb des Unterrichts als verpflichtende Umgangssprache verbindlich einzuführen („Deutsch auf dem Pausenhof"), gegen diese Verfassungsgrundsätze verstieße.
(Quelle: LT-Drucksache 16 / 1526)

⇨ Rauchen in der Schule; ⇨ Waffen in der Schule

Zum Mitbringen von Wertgegenständen, insbesondere von elektronischen Geräten (Laptops, Handys, Tablets) und zur Handy-Nutzung in der Schule bitte auch die Beiträge ⇨ Haftung und Versicherung sowie ⇨ Handy-Nutzung beachten. Der Einzug von schulordnungswidrig mitgeführten Sachen findet in ⇨ Schulgesetz § 23 eine Rechtsgrundlage.

Es können auch die entsprechenden Sanktionen („Erziehungs- und Ordnungsmaßnahmen") aufgeführt werden, es verbietet sich aber jeder Automatismus; siehe ⇨ Schulgesetz § 90; Hinweis zu Abs. 3 Nr. 3.

3.
Pausenordnung

Während die Schul- und Hausordnung der Schule des Einverständnisses der Schulkonferenz bedürfen (Schulgesetz § 47 Abs. 5), bestimmt über die Pausenordnung die Gesamtlehrerkonferenz allein. Diese in der Konferenzordnung vorgegebene Trennung der Zuständigkeiten ist insofern sachfremd, als die Bestimmungen für beide Bereiche miteinander korrespondieren und die Schulen deshalb häufig gar keine getrennten Regelungen erlassen.

Die Schulkonferenz, der Elternbeirat und die SMV besitzen gegenüber der Gesamtlehrerkonferenz ein Vorschlagsrecht. Außerdem werden Vorschriften in der Regel nur akzeptiert, wenn sie vom Konsens der Beteiligten/Betroffenen getragen werden. Daher ist Schulen, die eine getrennte Pausenordnung erlassen wollen, anzuraten, unabhängig von der Allein-Zuständigkeit der GLK das Gespräch mit diesen Gremien zu suchen und ihre Zustimmung einzuholen.

Inhalte der Pausenordnung

In der Pausenordnung sollte insbesondere geregelt werden:

- Festlegung der Öffnungszeiten der Schule sowie der Pausenzeiten („große" und „kleine" Pausen, „Hofpausen", Mittagspause).

  ⇨ Stundenpläne, Pausen, Unterrichtsbeginn
- Definition des „Schulgeländes" und Beschreibung der Pausenbereiche.
- Aufenthalt im Schulgebäude sowie gegebenenfalls Verlassen des Schulgeländes während der „großen" Pausen („Hofpausen").
- Verhalten während der Hofpausen, Ordnungsdienste.
- Gegebenenfalls Festlegung von Sanktionen bei Verstößen (siehe hierzu auch die Ausführungen am Ende des Abschnitts „Hausordnung").

Volljährigkeit und Verlassen des Schulgeländes

Volljährige Schüler*innen dürfen das Schulgelände während der Pausen oder in Hohlstunden verlassen. Gesetzlicher Versicherungsschutz besteht auch im „Nahbereich" der Schule. Entfernen sich Schüler*innen vom Schulgelände oder vom „Nahbereich", so besteht nur dann Unfallversicherungsschutz, wenn sie Nahrungsmittel zum sofortigen Verzehr einkaufen. Verlassen sie diesen Bereich jedoch, um z.B. Süßigkeiten einzukaufen, oder zu einem Stadtbummel o.Ä., so besteht auf diesen Wegen kein Unfallversicherungsschutz. (Quelle: Württ. Unfallkasse, 9.4.2002; AZ: 311.1421) ⇨Volljährigkeit

Minderjährigen Schüler*innen darf wegen der Obhutspflicht der Schule das Verlassen der Pausenbereiche bzw. des Schulgeländes während der Schulpausen grundsätzlich nicht gestattet werden. Abweichungen hiervon sollten in der Pausenordnung eindeutig geregelt werden (beispielsweise Festlegung einer Altersgrenze, schriftliches Einverständnis der Erziehungsberechtigten, Ausweispflicht).

Sonderfall Mittagspause und Fahrschüler*innen

Die Regelungskompetenz der Schule beschränkt sich auf jene Phasen, in denen sich die Schüler*innen in ihrer Obhut befinden. So gehört die „Mittagspause" nur dann zum Zuständigkeitsbereich der Schule, wenn sie Teil des geregelten Schulbetriebs ist, beispielsweise an Ganztagsschulen (hier fällt ggf. ein Teil der Aufsichtspflicht der Schule, ein anderer dem Schulträger zu; siehe „Sonderfall Mittagessen und Betreuung" im Beitrag ⇨Aufsichtspflicht).

Findet jedoch an einer herkömmlichen „Halbtagsschule" vormittags und nachmittags Unterricht statt und verlassen die Schüler*innen in der Zeit dazwischen das Schulgelände, beispielsweise um daheim zu Mittag zu essen, so ist dies keine „Schulpause", sondern Teil des Schulwegs, auf dem sie zwar gesetzlich unfallversichert sind, aber die Aufsicht grundsätzlich ihren Erziehungsberechtigten obliegt.

Dies gilt im Grundsatz auch für „Fahrschüler*innen", die nicht (sofort) nach Hause zurückkehren können, sondern die Phase bis zum Wiederbeginn des Unterrichts oder die Wartezeit auf den Schulbus in der Schule (oder an einem Kiosk oder in einer Gaststätte) verbringen. Für sie muss die Schule zwar eine Aufenthaltsmöglichkeit anbieten (und dort auch mindestens eine stichprobenweise Aufsicht gewährleisten), aber rechtlich befinden sich die Schüler*innen in dieser Zeit nicht in der Obhut der Schule, sondern hierfür sind die Eltern zuständig. Schulen mit Fahrschüler*innen sollten in ihrer Pausenordnung jedoch zumindest die Aufenthaltsmöglichkeiten regeln.

4.
Bekanntgabe und Aufbewahrung

Die Hausordnung sowie die Pausenordnung gehören zu den Beschlüssen der Gesamtlehrerkonferenz, die auf Dauer angelegt und für einen ordentlichen Schulbetrieb so wichtig sind, dass sie nicht nur dokumentiert werden, sondern im Wortsinne „präsent" sein müssen. In § 15 Abs. 7 der ⇨ Konferenzordnung ist dazu bestimmt: *„Eine Sammlung der gültigen Konferenzbeschlüsse ist in der für die Schule üblichen Weise zur Einsichtnahme für alle zur Teilnahme an der Gesamtlehrerkonferenz Berechtigten auszulegen"*.

Zweckmäßigerweise werden die Hausordnung sowie die Pausenordnung an geeigneter Stelle ausgehängt (beispielsweise an „Schwarzen Brettern“ im Eingangsbereich der Schule sowie in den Klassen- und Fachräumen). Ferner werden sie den Erziehungsberechtigten von Schulneulingen ausgehändigt.

Die Bestimmungen der Hausordnung sowie der Pausenordnung sollten zu Beginn eines jeden Schuljahrs von der Klassenlehkraft mit den Schüler*innen besprochen werden. ➪ Klassenlehrkraft

➪ Haftung und Versicherung; ➪ Handy-Nutzung; ➪ Klassenlehrkraft; ➪ Konferenzordnung § 2; ➪ Schülermitverantwortung; ➪ SchulbesuchsVO; ➪ Schulgesetz; ➪ Stundenpläne, Pausen, Unterrichtsbeginn; ➪ Waffen in der Schule

Hausrecht

Informationen der Redaktion zur Rechtslage und zur Verwaltungspraxis in Baden-Württemberg

Die Schule (Schulgelände und Schulgebäude) ist kein für jedermann zugänglicher, sondern ein geschützter Raum. Er ist dem Zweck der Schule vorbehalten: der *„Erfüllung der ihr übertragenen unterrichtlichen und erzieherischen Aufgaben“* (§ 23 SchG).

Die Befugnis, über die Benutzung eines geschützten Raums zu verfügen (das *„Hausrecht“*) steht dem Eigentümer zu; dies ist der Schulträger (in der Regel die Stadt oder Gemeinde). Das Bürgerliche Gesetzbuch (BGB) bestimmt hierzu in § 903:

„Der Eigentümer einer Sache kann, soweit nicht das Gesetz oder Rechte Dritter entgegenstehen, mit der Sache nach Belieben verfahren und andere von jeder Einwirkung ausschließen. [...]“.

In § 1004 BGB ist zu dieser Frage ferner festgelegt:

„(1) Wird das Eigentum in anderer Weise als durch Entziehung oder Vorenthaltung des Besitzes beeinträchtigt, so kann der Eigentümer von dem Störer die Beseitigung der Beeinträchtigung verlangen. Sind weitere Beeinträchtigungen zu besorgen, so kann der Eigentümer auf Unterlassung klagen.

(2) Der Anspruch ist ausgeschlossen, wenn der Eigentümer zur Duldung verpflichtet ist.“

Ohne dass es hierzu einer gesonderten Vorschrift bedarf (z.B. ➪ Hausordnung oder Schulordnung), ist also das Betreten bzw. die sonstige Benutzung des Schulhofs und erst recht der Schulräume nur *„Befugten“* gestattet. Das sind zweifelsfrei die Schülerinnen und Schüler sowie die Lehrkräfte und die übrigen Schulbediensteten. Das sind auch die Eltern und alle sonstigen Personen, die ein berechtigtes Anliegen verfolgen (z.B. bei einer Lehrkraft oder der Schulleitung vorsprechen wollen, eine Reparatur auszuführen haben usw.). Wer kein solches „berechtigtes Interesse“ besitzt, ist „unbefugt“. Er hat auf dem Schulhof nichts zu suchen, außer er holt hierfür vorher beim Eigentümer oder dessen Vertreter eine Genehmigung ein.

Vertreter des Eigentümers ist der bzw. die Schulleiter*in. Bei der Entscheidung über die bestimmungsgemäße Benützung von Schulräumen und der entsprechenden *„Ausübung des Hausrechts“* (§ 41 SchG) sind diese an § 51 SchG gebunden:

„Räume und Plätze öffentlicher Schulen dürfen nicht für Zwecke verwendet werden, die den Belangen der Schule widersprechen. Über die Verwendung für andere als schulische Zwecke entscheidet der Schulträger im Benehmen mit dem Schulleiter. Ist der Schulleiter der Auffassung, dass die andere Verwendung schulischen Belangen widerspricht, entscheidet die Rechtsaufsichtsbehörde.“

➪ Schulgesetz § 41 und 51

Aktivitäten, die *„den Belangen der Schule widersprechen“*, darf die Schulleitung weder dulden noch gestatten. In der Verwaltungsvorschrift *„Werbung, Wettbewerbe und Erhebungen“* steht hierzu u.a.:

„Der Erziehungs- und Bildungsauftrag der Schule verbietet [...], dass in den Schulen Werbung für wirtschaftliche, politische, weltanschauliche oder sonstige Interessen betrieben, Waren vertrieben oder Sammlungen, Wettbewerbe und Erhebungen durchgeführt werden, soweit nachstehend nichts Abweichendes bestimmt ist. Für Einzelentscheidungen ist der Schulleiter zuständig, soweit keine anderweitige Regelung getroffen ist.“ ➪ Werbung

Den Belangen der Schule widerspricht z.B. auch, wenn erwachsene Besucher*innen auf dem Gelände oder in den Räumen der Schule rauchen oder Alkohol trinken. Auch dies ist zu unterbinden.

Das Hausrecht gibt der Schulleitung als Behördenleitung und Vertretung des Eigentümers die Befugnis, ein *„Hausverbot“* auszusprechen: Die öffentlichen Schulen sind berechtigt, die zur Aufrechterhaltung der Ordnung des Schulbetriebs und zur Erfüllung der ihr übertragenen unterrichtlichen und erzieherischen Aufgaben erforderlichen Maßnahmen zu treffen und allgemeine sowie Einzelanordnungen zu erlassen. ➪ Schulgesetz § 23

Wer eine solche Anweisung nicht unverzüglich befolgt, macht sich des Hausfriedensbruchs schuldig und kann strafrechtlich belangt werden. Das Strafgesetzbuch bestimmt hierzu in § 123 Abs. 1:

„Wer in die Wohnung, in die Geschäftsräume oder in das befriedete Besitztum eines anderen oder in abgeschlossene Räume, welche zum öffentlichen Dienst oder Verkehr bestimmt sind, widerrechtlich eindringt, oder wer, wenn er ohne Befugnis darin verweilt, auf die Aufforderung des Berechtigten sich nicht entfernt, wird mit Freiheitsstrafe bis zu einem Jahr oder mit Geldstrafe bestraft.“

Unmittelbar reicht zur Wirksamkeit eine mündliche Äußerung: *„Hiermit erteile ich Ihnen Hausverbot und fordere Sie auf, das Schulgelände zu verlassen“*.

Hierzu ist nicht nur die Schulleitung berechtigt und ggf. verpflichtet, sondern in ihrer Vertretung auch jede Lehrkraft, z.B. die aufsichtführende Lehrerin, die Autofahrer*innen vom Pausenhof oder Flugblattverteiler*innen vom Schulgrundstück weist, bzw. der Verbindungslehrer, der Fremde zum Verlassen einer SMV-Veranstaltung auffordert.

Das Hausrecht üben auch Personen aus, die mit Genehmigung der Schulleitung auf dem Schulgelände oder in Schulräumen Veranstaltungen durchführen, beispielsweise gewählte Elternvertreter*innen, die am Abend in einem Klassenzimmer eine Sitzung der Klassenpflegschaft („Elternabend") oder einer Elterngruppe leiten. Sie können Nicht-Berechtigte oder Störer zum Verlassen der Veranstaltung bzw. der Schule auffordern. Solange die Schulleitung oder eine Lehrkraft anwesend oder erreichbar sind, sollten sie dies nur im Benehmen mit diesen tun.

Kommen die nicht berechtigten Personen einer solchen Aufforderung nicht unverzüglich nach, so sollte man keine Selbsthilfemaßnahmen ergreifen, sondern die Polizei rufen und bei dieser Anzeige wegen Hausfriedensbruch erstatten. Die Polizei nimmt die Personalien der Störer*innen auf. Diesen kann die Schule dann förmlich (schriftlich) ein Hausverbot erteilen. Bei Störungen außerhalb des Schulgeländes (z.B. unerwünschte Flugblattverteilung vor dem Schulhof) greift das Hausrecht der Schule nicht. Es ist aber ein Platzverweis durch die Gemeinde (Ordnungsamt) möglich. Die Polizei kann Hausverbote und Platzverweise durch Zwangsmaßnahmen durchsetzen.

Bei außerunterrichtlichen Veranstaltungen außerhalb des Schulgeländes gilt: Werden einer Klasse z.B. von einem Beherbergungsbetrieb (Schullandheim, Jugendherberge usw.) Aufenthalts-, Unterrichts-, Speise- oder Schlafräume oder ein Gelände (Sportplatz usw.) zur Verfügung gestellt, so übt kraft des Beherbergungsvertrags die verantwortliche Lehrkraft oder auch Begleitperson im Bedarfsfall, also bei Gefahr im Verzuge, das Hausrecht unmittelbar aus (z.B. Verweis von Fremden vom Gelände).

Da man in der Regel die örtlichen Gegebenheiten und Personen nicht kennt, sollte man jedoch stets so schnell wie möglich den Eigentümer bzw. dessen Vertreter*in, also Heimleiter*in, Hausmeister oder sonstiges Personal, hinzuziehen, die dann das Hausrecht wahrnehmen können. Dies gilt in gleicher Weise auch, wenn man regulären Unterricht auf fremdem Gelände hält (z.B. Sport auf einem Vereins-Sportplatz) oder in einem öffentlichen Bad Schwimmunterricht erteilt.

⇨ Schulgesetz §§ 23 und 41; ⇨ Werbung, Wettbewerbe und Erhebungen

Hausunterricht

Auszug aus der VO des KM über den Hausunterricht (HausunterrichtsVO) vom 8. August 1983 (K.u.U. S. 625/1983)

§ 1
Voraussetzungen

(1) Hausunterricht anstelle des Unterrichts in der Schule sollen auf Antrag erhalten:

1. Kinder und Jugendliche, die in Baden-Württemberg wohnen und zum Besuch einer Sonderschule verpflichtet sind (§ 82 Abs. 2 SchG), für die jedoch die Pflicht zum Besuch einer Sonderschule aufgrund einer Entscheidung nach § 82 Abs. 3 SchG ruht.
2. Schulpflichtige Schüler einer öffentlichen Schule oder einer Schule in freier Trägerschaft, die in Baden-Württemberg wohnen und aufgrund einer Krankheit bereits länger als acht Wochen gehindert waren, die Schule zu besuchen. Ist absehbar, dass der Schüler mehr als acht Wochen der Schule fernbleiben muss, kann Hausunterricht schon vor Ablauf dieser Zeitspanne erteilt werden. Ein Schulbesuch an einzelnen Tagen während dieser Frist bleibt außer Betracht.

   Hinweis der Redaktion: Dies trifft z.B. auch auf Schülerinnen zu, die wegen ihrer Schwangerschaft die Schule nicht besuchen können oder wollen.
   ⇨ Schulbesuchsverordnung § 2 Abs. 3
3. Schulpflichtige, die in Baden-Württemberg wohnen und deren Krankheit bereits länger als acht Wochen dauert, wenn ihr Schulverhältnis durch Zeitablauf während der Krankheit geendet hat und die anschließend in eine andere Schulart bzw. einen anderen Schultyp aufgenommen worden wären. Nr. 2 Satz 2 und 3 gilt entsprechend.
4. Schulpflichtige Schüler einer öffentlichen Schule oder einer Schule in freier Trägerschaft, die in Baden-Württemberg wohnen und die wegen einer langdauernden Erkrankung, z.B. an fortgeschrittener chronischer Niereninsuffizienz (Präurämie bzw. Urämie), Leukämie oder malignen Tumoren, schwerer Hämophilie und schweren Blutungsübeln, den Unterricht an einzelnen Tagen versäumen müssen.

(2) Hausunterricht wird nur erteilt, wenn der Berechtigte aufgrund seines Gesundheitszustandes dazu in der Lage ist und wenn die Gesundheit des Lehrers dadurch nicht gefährdet wird.

(3) Hausunterricht nach dieser Verordnung ist ausgeschlossen, wenn Anspruch auf Hausunterricht nach anderen gesetzlichen oder privatrechtlichen Vorschriften (z.B. gesetzliche Schülerunfallversicherung) besteht. Solange ein solcher Anspruch nicht erfüllt wird, soll der Berechtigte Hausunterricht nach dieser Verordnung erhalten, falls er entsprechende Ersatzleistungen verfolgt und sich verpflichtet, diese an das Land Baden-Württemberg abzuführen, oder falls er auf Verlangen den Anspruch an das Land Baden-Württemberg abtritt.

§ 2
Ziel und Inhalt

Ziel des Hausunterrichts ist es, eine Erziehung und Ausbildung zu vermitteln, die in angemessenem Umfang an die Stelle des Schulunterrichts tritt. Der Hausunterricht orientiert sich grundsätzlich an den Lehrplänen der Schule, zu deren Besuch der Berechtigte verpflichtet ist oder die er besucht oder besuchen würde.

§ 3
Umfang

Beim Hausunterricht dürfen entsprechend seinem Ziel die nachfolgenden Wochenstunden nicht überschritten werden:

1. Grundschulen sowie entsprechende Sonderschulen
   Klassen 1 und 2 — 6 Wochenstunden
   Klassen 3 und 4 — 8 Wochenstunden
2. Hauptschulen, Realschulen, Gymnasien bis einschließlich Klasse 10 und Berufsfachschulen sowie entsprechende Sonderschulen — 10 Wochenstunden
3. Oberstufe der Gymnasien und Berufskollegs sowie entsprechende Sonderschulen — 12 Wochenstunden
4. Berufsschulen sowie entsprechende Sonderschulen — 6 Wochenstunden.

§ 4
Ort

Der Hausunterricht wird nur am Aufenthaltsort des Berechtigten erteilt. Hausunterricht in Krankenhäusern ist nur zulässig, wenn eine Verlegung des Berechtigten in ein Krankenhaus mit einer Schule in längerer Krankenhausbehandlung nicht möglich oder nicht zumutbar ist. Hausunterricht im Krankenhaus kann auch als Gruppenunterricht durchgeführt werden.

Hinweis der Redaktion: Gemäß § 21 ⇨ Schulgesetz ist der Einsatz informationstechnisch gestützter Systeme und die für seine Umsetzung erforderliche auch automatisierte Verarbeitung personenbezogener Daten zulässig.

§ 5
Genehmigungsverfahren

(1) Die Entscheidung über die Erteilung des Hausunterrichts trifft im Rahmen der zur Verfügung stehenden Deputate und Mittel

1. der Schulleiter bei Schülern von Schulen, für die das Oberschulamt unmittelbar zuständige Schulaufsichtsbehörde ist. Bei Schülern einer Schule in freier Trägerschaft entscheidet anstelle des Schulleiters das Oberschulamt.
2. das Oberschulamt, in dessen Bezirk der Schulpflichtige wohnt, bei Schulpflichtigen, die nur durch eine Krankheit an einem Wechsel an eine der in Nr. 1 genannten Schulen gehindert sind.
3. das Staatliche Schulamt in den übrigen Fällen.

Zusammen mit der Genehmigung sind die Lehrer zu beauftragen, die den Hausunterricht erteilen. Der Hausunterricht wird von beamteten und angestellten Lehrern des öffentlichen Dienstes im Rahmen des Regelstundenmaßes oder als Mehrarbeit und von sonst geeigneten Personen nebenberuflich erteilt.

(2) Die Erteilung von Hausunterricht setzt einen Antrag der Erziehungsberechtigten, bei Volljährigen des Berechtigten selbst, voraus. Dem Antrag sind folgende Unterlagen beizufügen:

1. Name, Vorname und Geburtsdatum, Adresse und ggf. besuchte Schule und Klasse des Schulpflichtigen.
2. Ein ärztliches Zeugnis über Art und voraussichtliche Dauer der Erkrankung, wegen der der Schüler die Schule nicht besuchen kann, sowie mit Aussagen darüber, ob Hausunterricht bei der vorliegenden Erkrankung im Hinblick auf den Berechtigten und den Lehrer möglich ist und bis zu welchem Umfang (§ 1 Abs. 2).
3. Im Falle des § 1 Abs. 1 Nr. 1 die Entscheidung der zuständigen Schulaufsichtsbehörde gemäß § 82 Abs. 2 und 3 SchG.
4. Ggf. die Benennung eines Lehrers, der bereit und geeignet ist, den Hausunterricht zu übernehmen.
5. Im Falle des § 1 Abs. 3 Satz 2 die Verpflichtungserklärung oder auf Verlangen die Abtretungserklärung.

⇨ Mehrarbeit; ⇨ Reisekostengesetz (LRKG); ⇨ Schulbesuchsverordnung § 2 Abs. 3; ⇨ Schulgesetz § 21

Stichwort: Klassenarbeiten am Montag?

Nur für die Klassen 1 bis 4 hat das KM ausdrücklich verfügt, dass Klassenarbeiten nach Sonn- und Feiertagen und am ersten Schultag nach einem zusammenhängenden Ferienabschnitt unzulässig sind.

⇨ Grundschule (Leistungsbeurteilung GS und SBBZ) § 2

Aus § 8 Abs. 1 der ⇨ Notenbildungsverordnung. ergibt sich aber für alle anderen Schularten ein faktisches Verbot: *„Klassenarbeiten geben Aufschluss über Unterrichtserfolg und Kenntnisstand einer Klasse und einzelner Schüler und weisen auf notwendige Fördermaßnahmen hin. Sie können daher in der Regel nur nach Abschluss einer Unterrichtseinheit, d.h. nach den Phasen der Erarbeitung, Vertiefung, Übung und Anwendung angesetzt werden. Klassenarbeiten sind in der Regel anzukündigen.“* Demnach müssen Klassenarbeiten in aller Regel vor den Ferien und dürfen nicht erst am Tag danach geschrieben werden, denn die Unterrichtseinheit ist entweder vor den Ferien abgeschlossen (dann ist es pädagogisch fragwürdig, eine Ferienpause bis zur Überprüfung einzulegen) oder sie erstreckt sich bis in die Zeit nach den Ferien (dann kann am ersten Tag nach den Ferien noch kein „Abschluss“ erreicht sein und erst danach wäre die Klassenarbeit sinnvoll).

Zu diesen Fragen kann im Übrigen die Gesamtlehrerkonferenz „ergänzende Regelungen“ (mit bindender Wirkung für alle Lehrkräfte der Schule) beschließen.

⇨ Notenbildungsverordnung § 2 Abs. 1

Hitzefrei

Informationen der Redaktion zur Rechtslage und zur Verwaltungspraxis in Baden-Württemberg

Vorbemerkung der Redaktion

Am 15.12.1975 (K.u.U. S. 112/1975) hatte das Kultusministerium eine Bekanntmachung zum *„Ausfall des Unterrichts an besonders heißen Sommertagen"* erlassen. Die KM hat im Juli 2017 hierzu folgende amtliche Mitteilung an die Schulleitungen gerichtet; im Juni 2018 hat es diese Mitteilung durch eine (nachstehend *in Kursivschrift* kenntlich gemachte) Erläuterung ergänzt.

Empfehlungen des Kultusministeriums zum Thema „Hitzefrei"

Mitteilung des KM im Infodienst Schulleitung Nr. 267; ergänzt durch Schreiben vom 20.6.2018 (AZ:31-6501.0/34)

Auch wenn vereinzelt landesweit zwingende Regelungen gefordert werden, werden wir weiterhin aus guten Gründen von einer generellen Vorgabe absehen: Denn Sie müssen je nach Situation vor Ort unter anderem Betreuungsfragen klären, die etwa Schülerinnen und Schüler betreffen, die aus dem Umland kommen und bei „Hitzefrei" nicht einfach nach Hause fahren können. Deshalb entscheiden die Schulleitungen nach wie vor in eigener Zuständigkeit, ob und unter welchen Voraussetzungen sie „Hitzefrei" geben. Entscheidend ist das körperliche Wohl der Schülerinnen und Schüler entsprechend der konkreten örtlichen Verhältnisse. *Hierbei sind die Schulen an die Rahmenvorgaben des Programms „Verlässliche Grundschule" bzw. der Zeiten für Ganztagsschulen gebunden, da es gerade für berufstätige Eltern wichtig ist, ihr Kind während des Zeitrahmens der Ganztagsschule in der Schule bzw. einer Betreuung zu wissen. Einvernehmliche Regelungen vor Ort sind zwingend.*

Wir empfehlen Ihnen dabei ausdrücklich, sich bei Ihrer Entscheidung an den aufgestellten Kriterien der Bekantmachung des Kultusministeriums aus dem Jahr 1975 zum „Ausfall des Unterrichts an besonders heißen Sommertagen" zu orientieren. Diese sind im Einzelnen:

- Die Außentemperatur beträgt um 11 Uhr mindestens 25 Grad Celsius im Schatten. (In der Bekanntmachung ist als Uhrzeit 10 Uhr genannt, hier gilt es jedoch die 1980 eingeführte Sommerzeit zu berücksichtigen.)
- „Hitzefrei" gibt es frühestens nach der vierten Stunde vom allgemeinen Unterrichtsbeginn der Schule an gerechnet.
- Benachbarte Schulen stimmen sich ab und entscheiden möglichst gleichmäßig.
- Die Entscheidung an der einzelnen Schule obliegt dem Schulleiter.
- Fahrschülerinnen und Fahrschülern müssen auch bei „Hitzefrei" bis zur Gelegenheit der Heimfahrt Aufenthaltsräume zur Verfügung stehen; solange müssen sie auch beaufsichtigt werden.
- Hitzefrei gibt es nicht für die beruflichen Schulen und nicht für die gymnasiale Oberstufe.

Wir empfehlen Ihnen außerdem, den Umgang an Ihrer Schule mit dem Thema „Hitzefrei" mit dem Elternbeirat und auch in der Schulkonferenz zu beraten, um die gewichtigen Interessen der Eltern zu berücksichtigen.

Hinweise der Redaktion zum Arbeits- und Gesundheitsschutz (Lehrkräfte)

Für Lehrkräfte ist die Schule „Arbeitsplatz". Arbeiten bei extremer Hitze kann zu Gesundheitsbelastungen führen. Der Arbeitgeber muss dafür den Arbeitsplatz so einrichten, dass keine Gefährdungen durch Hitze vom Arbeitsplatz ausgehen (§ 3a ArbStättV). Daher hat er auch bei hohen Temperaturen eine Fürsorgepflicht. Er muss für eine „gesundheitlich zuträgliche Raumtemperatur" sorgen. So steht es in Ziff. 3.5. des Anhangs zur Arbeitsstättenverordnung. Die „Technischen Regeln für Arbeitsstätten" (ASR A, Ziffer 3.5.) konkretisieren die Anforderungen der Arbeitsstättenverordnung. Diese sieht grundsätzlich eine Raumhöchsttemperatur von 26 Grad Celsius vor, beim Überschreiten einer Raumtemperatur von 26 Grad Celsius **sollen** zusätzliche Maßnahmen ergriffen werden. Erst wenn die Lufttemperatur im Raum über 30 Grad Celsius steigt, **muss** der Arbeitgeber wirksame Maßnahmen ergreifen, um die Belastung der Beschäftigten zu verringern. Erst bei einer Raumtemperatur von 35 Grad Celsius ist anzunehmen, dass in diesem Raum nicht mehr gearbeitet werden kann. Das heißt aber nicht automatisch, dass die/der Beschäftigte nach Hause gehen kann, sondern nur, dass in bestimmten Räumen nicht gearbeitet werden darf. Ein Recht auf Hitzefrei oder gar auf eigenmächtiges Fernbleiben vom Arbeitsplatz besteht nicht. Auch nicht bei extremen Temperaturen über 35 Grad Celsius. Außerdem muss der Arbeitgeber auf besonders gefährdete Beschäftigte wie Ältere, Schwangere oder stillende Mütter achten.

Für die sächliche Ausstattung der Schulen, also auch für Jalousien, Wärmedämmung etc., ist der Schulträger verantwortlich. Für die Einhaltung des Arbeits- und Gesundheitsschutzes ist gemäß §§ 3 und 13 ⇨ Arbeitsschutzgesetz die Schulleitung zuständig; sie übt die Arbeitgeberfunktion aus. Die Schulleitung muss sich gegebenenfalls mit dem Schulträger ins Benehmen setzen, um das Arbeiten in der Schule erträglich zu machen. Bei allen die Arbeitsräume betreffenden Maßnahmen bestimmt der Personalrat mit, denn hierbei geht es um den Gesundheitsschutz der Beschäftigten. ⇨ Personalvertretungsgesetz (LPVG)

⇨ Arbeitsschutzgesetz; ⇨ Aufsichtspflicht; ⇨ Ermessen; ⇨ Grundschule (Verlässliche); ⇨ Juristische Terminologie; ⇨ Konferenzordnung; ⇨ Personalvertretungsgesetz § 74 Abs. 2 Nr. 7, 8; ⇨ Schulgesetz § 47 Abs. 5; ⇨ Vorschriften

Hochbegabung

Informationen der Redaktion zur Rechtslage und zur Verwaltungspraxis in Baden-Württemberg

Schüler*innen mit Spezial- und/oder Hochbegabung sollen nach Möglichkeit in den Regelschulen im Rahmen der inneren und äußeren Differenzierung gefördert und bei ihrer Entwicklung unterstützt werden. Neben der vorzeitigen Aufnahme ist in der Grundschule auch das schnellere Absolvieren der „*Eingangsklasse*" aus Klasse 1 und 2 möglich. Die Grundschulempfehlung kann bereits am Ende von Klasse 3 erfolgen. In den Versetzungsordnungen ist die Möglichkeit vorgesehen, die Regelschulen durch Überspringen von Klassen schneller zu durchlaufen.

An ausgewählten Gymnasien gibt es Hochbegabten-Klassen. Der Besuch eines Hochbegabtenzugs eines allgemeinbildenden Gymnasiums setzt die erfolgreiche Teilnahme an einem mehrstufigen Aufnahmeverfahren voraus. ➩ Aufnahmeverfahren Ziff. 3.5

Hector-Kinderakademien

Die Hector-Kinderakademien bieten besonders begabten und hochbegabten Grundschulkindern zusätzlich zum regulären Schulunterricht ein für sie entwickeltes Förderprogramm an. Die Hector-Kinderakademien werden von der Hector-Stiftung II finanziert, vom Kultusministerium unterstützt und vom Hector-Institut für Empirische Bildungsforschung an der Universität Tübingen und vom Leibniz-Institut für Bildungsforschung und Bildungsinformation in Frankfurt wissenschaftlich begleitet. Kontakt: https://hector-kinderakademie.de

Landesgymnasium für Hochbegabte

In Schwäbisch Gmünd unterhält das Land ein „Landesgymnasium für Hochbegabte" mit Internat und Kompetenzzentrum. Die Schule nimmt auch externe Schüler*innen in den Klassen 7 bis 12 auf. ➩ Schulgesetz § 107d

Das angeschlossene Kompetenzzentrum steht für alle Fragen im Zusammenhang mit Hochbegabung zur Verfügung. Kontakt: Landesgymnasium, Universitätspark 21, 73525 Schwäbisch Gmünd, (07171) 10438-100, www.lgh-gmuend.de.

Beratung und weitere Informationen

Das Kultusministerium bietet unter der Adresse https://km-bw.de/startseite/schule/Begabtenfoerderung einen guten Überblick über die vielfältigen Angebote und Einrichtungen sowie Links zu den beteiligten Schulen und sonstigen Institutionen.

Bei der Diagnostik und der Beratung sowie bei der Schulwahl sind die Beratungslehrkräfte sowie die ➩ Schulpsychologischen Beratungsstellen behilflich.

Ferner beraten folgende Institutionen und Verbände:

- Landesverband Hochbegabung Baden-Württemberg e.V., www.lvh-bw.de
- Psychologisches Institut der Uni Tübingen, Dr. Aiga Stapf, www.tuebingerinstitut-hb.de
- Deutsche Gesellschaft für das hochbegabte Kind e.V. (DghK), www.dghk.de

➩ Aufnahmeverfahren Ziff. 3.5; ➩ Aufnahmeverordnung § 4; ➩ Bildungsberatung und Beratungslehrkräfte; ➩ Schulgesetz § 107d; ➩ Schulpsychologische Beratungsstelle

Hochschulreife (Zugangsberechtigungen)

Auszug aus dem Gesetz über die Hochschulen in Baden-Württemberg; (Landeshochschulgesetz - LHG) vom 1. Januar 2005; zuletzt geändert 17. Dezember 2020 (GBl. S. 1204)

§ 58

Zugang zu grundständigen Studiengängen

(1) Zu einem Studium in einem grundständigen Studiengang ist berechtigt, wer die dafür erforderliche Qualifikation besitzt, sofern keine Immatrikulationshindernisse vorliegen. Angehörige ausländischer Staaten und Staatenlose haben außerdem die für den Studiengang erforderlichen Sprachkenntnisse nachzuweisen.

(2) Die Qualifikation für ein Studium in einem grundständigen Studiengang wird nachgewiesen durch

1. die allgemeine Hochschulreife;

   sie berechtigt zu einem Studium aller Fachrichtungen an allen Hochschulen; sie wird nach den Bestimmungen des Schulgesetzes für Baden-Württemberg erworben,

2. die fachgebundene Hochschulreife;

   sie berechtigt zu einem Studium der entsprechenden Fachrichtung an einer Universität, einer Pädagogischen Hochschule, einer Kunsthochschule und an der DHBW sowie zum Studium aller Fachrichtungen an einer Hochschule für angewandte Wissenschaften; sie wird nach den Bestimmungen des Schulgesetzes für Baden-Württemberg erworben,

3. die Fachhochschulreife;

   sie berechtigt zu einem Studium an einer Hochschule für angewandte Wissenschaften und des Studiengangs Frühe Bildung und Erziehung (Elementarpädagogik) an einer Pädagogischen Hochschule; sie wird nach den Bestimmungen des Schulgesetzes für Baden-Württemberg erworben; der erfolgreiche Abschluss der letzten

Klasse einer Fachoberschule vermittelt die gleichen Berechtigungen,

4. eine schulische Qualifikation und eine Aufbauprüfung (Deltaprüfung);

   sie berechtigt zum Studium eines Bachelorstudiengangs an allen Hochschulen; zur Deltaprüfung wird zugelassen, wer eine fachgebundene Hochschulreife oder die Fachhochschulreife besitzt und die Aufnahme eines Studiums in einem Bachelorstudiengang anstrebt, zu dem die erworbene Hochschulreife nicht berechtigt; das Nähere zur Deltaprüfung regeln die Hochschulen durch Satzung nach Maßgabe des Absatzes 3,

   Hinweis der Redaktion: Absolvent*innen der beruflichen Gymnasien, der Oberstufe der Berufsoberschulen und der Aufbauzüge an Gymnasien und Gymnasien in Aufbauform mit Heim, die in Baden-Württemberg eine fachgebundene Hochschulreife erworben haben, erwerben durch eine Prüfung in einer zweiten Fremdsprache die allgemeine Hochschulreife, die zum Studium aller Fächer an den Hochschulen in Baden-Württemberg berechtigt.

5. eine anerkannte berufliche Aufstiegsfortbildungsprüfung;

   sie berechtigt zu einem Studium aller Fachrichtungen an allen Hochschulen; als Qualifikation anerkannt ist eine Meisterprüfung oder eine andere öffentlich-rechtlich geregelte berufliche Aufstiegsfortbildung, insbesondere nach dem Berufsbildungsgesetz, nach der Handwerksordnung oder nach § 14 des Schulgesetzes für Baden-Württemberg, die grundsätzlich auf einer mindestens zweijährigen Berufsausbildung aufbaut und deren Lehrgang mindestens 400 Unterrichtsstunden umfasst, oder ein Abschluss entsprechend der Rahmenvereinbarung über Fachschulen der Kultusministerkonferenz vom 7. November 2002 in der jeweils geltenden Fassung; daneben ist ein schriftlicher Nachweis über ein Beratungsgespräch an einer Hochschule nach § 2 Absatz 2 zu erbringen; das Wissenschaftsministerium kann im Einvernehmen mit dem Kultusministerium, dem Wirtschaftsministerium, dem Ministerium für Ländlichen Raum und Verbraucherschutz sowie dem Sozialministerium durch Rechtsverordnung weitere Voraussetzungen für die Feststellung der Gleichwertigkeit festlegen sowie sonstige berufliche Fortbildungen gleichstellen,

   Hinweis der Redaktion: Hierunter fallen zum Beispiel Absolvent*innen der Fachschule Sozialpädagogik (Erzieherverordnung) mit Erreichen der staatlichen Anerkennung.

6. eine berufliche Qualifikation und eine Eignungsprüfung;

   sie berechtigt zu einem Studium eines der Berufsausbildung und Berufserfahrung fachlich entsprechenden Studiengangs; zur Eignungsprüfung wird zugelassen, wer eine mindestens zweijährige, dem angestrebten Studiengang fachlich entsprechende Berufsausbildung abgeschlossen hat und einen schriftlichen Nachweis über ein Beratungsgespräch an einer Hochschule nach § 2 Absatz 2 erbringt; zur Zulassung zur Eignungsprüfung soll eine Berufserfahrung von bis zu drei Jahren in einem dem angestrebten Studiengang fachlich entsprechenden Bereich verlangt werden; in besonders begründeten Einzelfällen kann auch beim Nachweis einer mehrjährigen herausgehobenen oder inhaltlich besonders anspruchsvollen Tätigkeit zur Eignungsprüfung für ein Studium in einem dieser Tätigkeit fachlich entsprechenden Studiengang zugelassen werden; Einzelheiten über die Eignungsprüfung regeln die Hochschulen durch Satzung nach Maßgabe des Absatzes 3,

7. eine erfolgreiche Begabtenprüfung in geeigneten künstlerischen Studiengängen;

   sie berechtigt zu einem Studium künstlerischer Studiengänge an Kunsthochschulen und Hochschulen für angewandte Wissenschaften, mit Ausnahme von wissenschaftlichen Studiengängen und von Studiengängen, die mit einer Prüfung für ein staatliches Lehramt abschließen; Zulassungsvoraussetzungen für die Begabtenprüfung können die Hochschulen durch Satzung regeln; Einzelheiten über die Begabtenprüfung regeln sie durch Satzung nach Maßgabe des Absatzes 3,

   Hinweis der Redaktion: Die Prüfung findet einmal jährlich an einem vom Kultusministerium bestimmten Regierungspräsidium statt. Meldung beim Kultusministerium jeweils bis zum 1. August für die Prüfung im Folgejahr.

8. ein erfolgreich abgeschlossenes grundständiges Hochschulstudium;

   es berechtigt zu einem Studium aller Fachrichtungen an allen Hochschulen; ein erfolgreicher Abschluss eines künstlerischen Studiengangs berechtigt zu einem dem bisherigen Studium fachlich entsprechenden Studiengang an allen Hochschulen, darüber hinaus auch zu einem Studium aller Fachrichtungen an allen Hochschulen, wenn nach der jeweiligen Studien- und Prüfungsordnung wissenschaftliche oder nicht rein künstlerische Studienanteile erbracht wurden, die mindestens 45 Leistungspunkten entsprechen,

9. ein Jahr erfolgreiches Studium an einer Hochschule eines anderen Bundeslandes;

   es berechtigt zu einem Studium in dem gleichen oder in einem fachlich entsprechenden Studiengang an einer Hochschule derselben Hochschulart in Baden-Württemberg; ein Probestudium aufgrund beruflicher Qualifikation in anderen Ländern, zu dem abweichend von den Voraussetzungen zur Zulassung zur Eignungsprüfung nach Nummer 6 Teilsätze 3 und 4 zugelassen wurde, wird auf die Dauer des Studiums nicht angerechnet,

10. eine anerkannte ausländische Vorbildung;

    eine ausländische Vorbildung wird als Qualifikation für ein Hochschulstudium anerkannt, wenn kein wesentlicher Unterschied zu den anderen Qualifikationsnachweisen dieses Absatzes besteht; § 35 Absatz 1 Sätze 4 bis 6 gilt entsprechend; bei ausländischen oder staatenlosen Bewerberinnen und Bewerbern mit ausländischen Bildungsnachweisen entscheidet über die Anerkennung die Hochschule, bei deutschen Bewerberinnen und Bewerbern mit ausländischen Bildungsnachweisen kann das Kultusministerium im Einvernehmen mit dem Wissenschaftsministerium die Zuständigkeit für die Anerkennung auf die Hochschulen übertragen; eine Hochschule kann eine andere Hochschule damit beauftragen, über die Anerkennung ausländischer Bildungsnachweise zu entscheiden,

11. eine erfolgreiche Feststellungsprüfung an einem Studienkolleg nach Maßgabe des § 73 Absatz 2 Satz 2,
12. weitere in- und ausländische Vorbildungen, die das Kultusministerium anerkannt hat.

(3) Die Prüfungen nach Absatz 2 Nummern 4 und 6 dienen der Feststellung, ob die Person aufgrund ihrer Persönlichkeit, ihrer Vorkenntnisse, ihrer geistigen Fähigkeiten und Motivation für das Studium in dem gewählten Studiengang geeignet ist; die Prüfung nach Absatz 2 Nummer 7 dient dem Nachweis einer besonderen künstlerischen Begabung und einer für das Studium hinreichenden Allgemeinbildung. Das Nähere, insbesondere die Zulassung zur Prüfung, die Anforderungen in der Prüfung, die Art und den Umfang der Prüfungsleistungen, die Zusammensetzung der Prüfungskommission, das Prüfungsverfahren sowie die Folgen von Verstößen gegen Prüfungsvorschriften regeln die Hochschulen durch Satzung. Eine Hochschule kann eine andere Hochschule mit der Durchführung der Prüfung beauftragen oder vereinbaren, dass eine Hochschule mit Wirkung für alle an der Vereinbarung beteiligten Hochschulen die Eignungsprüfung abnimmt; § 6 Absatz 3 Satz 2 gilt entsprechend für die gemeinsame Durchführung der Prüfung. Die Prüfung nach Absatz 2 Nummer 6 besteht aus schriftlichen und mündlichen Prüfungsteilen und umfasst sowohl allgemeine als auch fachspezifische Prüfungsanteile. Auf die Berufserfahrung nach Absatz 2 Nummer 6 wird Familienarbeit mit selbstständiger Führung eines Haushalts und Verantwortung für mindestens eine erziehungs- oder pflegebedürftige Person bei fachlicher Entsprechung mit bis zu zwei Jahren angerechnet.

(4) In Studiengängen, die neben der Qualifikation nach Absatz 2 die Feststellung der fachspezifischen Studierfähigkeit erfordern, können die Hochschulen die erfolgreiche Teilnahme an einer Aufnahmeprüfung verlangen. Die Hochschule stellt die fachspezifische Studierfähigkeit anhand von mindestens zwei der folgenden Merkmale fest:

1. die Einzelnoten der Hochschulzugangsberechtigung, die über die Studierfähigkeit für den gewählten Studiengang besonderen Aufschluss geben,
2. die Art einer Berufsausbildung und Berufstätigkeit, die besonderen Vorbildungen, praktischen Tätigkeiten sowie außerschulischen Leistungen und Qualifikationen, die über die Studierfähigkeit für den gewählten Studiengang besonderen Aufschluss geben,
3. das Ergebnis eines fachspezifischen Studierfähigkeitstests oder
4. das Ergebnis eines Auswahlgesprächs, in dem die Studierfähigkeit für das gewählte Studium und für den angestrebten Beruf festgestellt wird.

Führt die Hochschule Studierfähigkeitstests oder Auswahlgespräche durch, kann sie eine Vorauswahl anhand der Durchschnittsnote der Hochschulzugangsberechtigung, eines Merkmals nach Satz 2 oder einer geeigneten Kombination dieser Vorauswahlkriterien vornehmen. Die Vorbereitung und die Durchführung der Aufnahmeprüfung obliegen einem Ausschuss, der an der jeweiligen Hochschule zu bilden ist. Die Entscheidung über das Vorliegen der fachspezifischen Studierfähigkeit trifft das Rektorat der Hochschule auf der Grundlage des vom Ausschuss festgestellten Ergebnisses der Aufnahmeprüfung; das Rektorat kann seine Zuständigkeit auf das Dekanat der Fakultät, welcher der Studiengang hauptsächlich zugeordnet ist, oder auf die Rektorin oder den Rektor der Studienakademie übertragen. Die Hochschulen regeln die weiteren Einzelheiten der Aufnahmeprüfung durch Satzung; in dieser kann auch festgelegt werden, dass der Studierfähigkeitstest nur einmal wiederholt werden darf. Zur Weiterentwicklung und Erprobung neuer Modelle der Feststellung der fachspezifischen Studierfähigkeit kann das Wissenschaftsministerium auf Antrag der Hochschule für einzelne Studiengänge in einer Satzung der jeweiligen Hochschule zu regelnde Abweichungen von den Sätzen 2 und 3 zulassen.

(5) Für das Studium im Fach Sport ist neben der Qualifikation nach Absatz 2 in einer Aufnahmeprüfung die Studierfähigkeit für den gewählten Studiengang nachzuweisen. Die Vorbereitung und die Durchführung der Aufnahmeprüfung obliegen einem Ausschuss, der an der jeweiligen Hochschule zu bilden ist. Das Nähere über die Zusammensetzung des Ausschusses, die Art und das Verfahren der Aufnahmeprüfung regeln die Hochschulen durch Satzung.

(6) Für das Studium in Studiengängen, die eine besondere künstlerische Begabung voraussetzen, ist neben der Qualifikation nach Absatz 2 Nummern 1 bis 6 und 8 bis 12 in einer Aufnahmeprüfung die Studierfähigkeit für den gewählten Studiengang nachzuweisen. Die Vorbereitung und die Durchführung der Aufnahmeprüfung obliegen einem Ausschuss, der an der jeweiligen Hochschule zu bilden ist. Das Nähere über die Zusammensetzung des Ausschusses, die Art und das Verfahren der Aufnahmeprüfung regeln die Hochschulen durch Satzung.

(7) Die Hochschulen können für einzelne Studiengänge durch Satzung bestimmen, dass neben der Qualifikation nach Absatz 2 eine abgeschlossene Ausbildung in einem Ausbildungsberuf und eine praktische Tätigkeit von bis zu zwei Jahren nachzuweisen sind, wenn diese praktische Tätigkeit im Hinblick auf das Studienziel erforderlich ist.

(8) Bei ausländischen Studierenden, die nur während eines bestimmten Abschnitts ihres Studiums

an einer deutschen Hochschule studieren wollen, kann die Rektorin oder der Rektor in begründeten Fällen Ausnahmen von den Absätzen 2, 4 und 6 zulassen. Dies gilt insbesondere für Studierende von ausländischen Hochschulen, mit denen Kooperationen über einen Studierendenaustausch bestehen.

Hinweis der Redaktion: Zusätzlich sind folgende, im Gültigkeitsverzeichnis des KM enthaltene Vorschriften einschlägig:

1. Verwaltungsvorschrift des Kultusministeriums über die Zuerkennung von Studienberechtigungen vom 4. Juli 2012 (K.u.U. S. 136), im Internet abrufbar unter: www.landesrecht-bw.de, in der Loseblattsammlung K.u.U. Nr. 6632-51,
2. Verordnung des Kultusministeriums über die Ergänzungsprüfung zum Erwerb der allgemeinen Hochschulreife für Inhaber einer fachgebundenen Hochschulreife vom 21. Juni 1983 (K.u.U. S. 508; GBl. S. 507), zuletzt geändert 4. August 1996 (GBl. S. 534; K.u.U. S. 678) , im Internet abrufbar unter: www.landesrecht-bw.de, in der Loseblattsammlung K.u.U. Nr. 6615-30,
3. Verordnung des Kultusministeriums über die Prüfung für den Hochschulzugang von besonders befähigten Berufstätigen (Begabtenprüfung) vom 16. Oktober 1984 (GBl. S. 621; K.u.U. S. 647), zuletzt geändert 19. Oktober 2018 (GBl. S. 388; K.u.U. S. 194), im Internet abrufbar unter: www.landesrecht-bw.de; in der Loseblattsammlung K.u.U. Nr. 6615-28.

⇨ Abschlüsse (HS/RS); ⇨ Abschlüsse (HS/RS – Gleichwertigkeit);⇨ Abschlüsse und Bildungswege; ⇨ Berufliches Gymnasium; ⇨ Berufsaufbau- und Berufsoberschule; ⇨ Fachhochschulreife; ⇨ Gymnasium (Abitur – AGVO)

Hygiene (Schulen)

Corona-Pandemie – Hygienehinweise des KM für die Schulen in Baden-Württemberg; gültig ab 16. Oktober 2020

Vorbemerkung

Die Aufnahme des Unterrichts in vollständigen Klassen oder Lerngruppen ohne Mindestabstand ist nur bei Einhaltung der Infektionsschutz- und Hygienemaßnahmen umsetzbar.

Schulen sind nach § 36 i.V.m. § 33 Infektionsschutzgesetz (IfSG) in der Regel verpflichtet, einen einrichtungsspezifischen Hygieneplan zu erstellen, in dem die wichtigsten Verfahrensweisen zur Infektionshygiene festgelegt sind, um durch ein hygieneorientiertes Verhalten und ein gesundheitsförderliches Umfeld zur Gesundheit der Schülerinnen und Schüler und aller an der Schule Beteiligten beizutragen. ⇨ Infektionsschutzgesetz

Die vorliegenden Hinweise dienen als Ergänzung zu dem von der einzelnen Schule erstellten Hygieneplan. Die Hinweise sind auch dann zu beachten, wenn für die Schule keine Verpflichtung zur Aufstellung eines Hygieneplans besteht, weil überwiegend volljährige Schülerinnen und Schüler am Unterricht teilnehmen. Schulleitungen sowie Pädagoginnen und Pädagogen gehen bezüglich der Hygiene mit gutem Beispiel voran und sorgen zugleich dafür, dass die Schülerinnen und Schüler die Hygienehinweise ernst nehmen und umsetzen. Alle Beschäftigten der Schulen, die Schulträger, alle Schülerinnen und Schüler sowie alle weiteren regelmäßig an den Schulen arbeitenden Personen sind darüber hinaus gehalten, sorgfältig die aktuellen Hygienehinweise der Gesundheitsbehörden, der Bundeszentrale für gesundheitliche Aufklärung (BZgA) bzw. des Robert Koch-Instituts (RKI) zu beachten.

Über die Hygienemaßnahmen sind das Personal, die Schülerinnen und Schüler und die Erziehungsberechtigten jeweils auf geeignete Weise zu unterrichten. Die Gesundheitsbehörden stellen hierfür Materialien zur Verfügung, z.B. unter https://sozialministerium.baden-wuerttemberg.de oder https://km-bw.de/Coronavirus.

Bei der individuellen Gestaltung der innerschulischen Verkehrswege müssen die Flucht- und Rettungswege aus Sicherheitsgründen freigehalten werden. Durch die Verwendung von Markierungen, Hinweisschildern o.ä. dürfen keine zusätzlichen Gefahrenstellen (z. B. Rutschgefahr, Stolperstellen, Brandlasten) geschaffen werden.

1.
Zentrale Hygienemaßnahmen

Das neuartige Coronavirus ist von Mensch zu Mensch übertragbar. Der Hauptübertragungsweg ist die Tröpfcheninfektion über die Atemwege. Darüber hinaus ist eine Infektionsübertragung auch indirekt über die Hände möglich, die dann mit Mund-, Nasenschleimhaut oder der Augenbindehaut in Kontakt kommen.

Die wichtigsten Maßnahmen im Überblick

- **Abstandsgebot:** Die Lehrkräfte, Eltern, Beschäftigten und andere Erwachsene haben in den Schulen untereinander das Abstandsgebot von 1,50 m einzuhalten. **Zu den und zwischen den Schülerinnen und Schülern gilt das Abstandsgebot nicht.** Für sie ist es besonders wichtig, die im Weiteren dargestellten Hygienemaßnahmen einzuhalten und umzusetzen, um das Infektionsrisiko dadurch zu reduzieren. Diese sind mit den Schülerinnen und Schülern deshalb ggf. altersentsprechend einzuüben und umzusetzen.
- **Konstante Gruppenzusammensetzungen:** Um im Bedarfsfall Infektionsketten nachvollziehen und unterbrechen zu können, sind möglichst konstante Gruppenzusammensetzungen erforderlich. Damit wird angestrebt, dass sich Quarantänebestimmungen im Infektionsfall nicht auf die gesamte Schule auswirken. Wo immer möglich, sollte sich deshalb der Unterricht auf die reguläre Klasse oder Lerngruppe beschränken. Sofern es schulorganisatorisch erforderlich ist, kann die Gruppe **auch innerhalb der Jahrgangsstufe klassen- oder lerngruppenübergreifend** gebildet werden. Eine jahrgangsübergreifende Gruppenbildung ist grundsätzlich nicht möglich. Einzelheiten und Ausnahmen von diesem Grundsatz sind in der ⇨ CoronaVO Schule geregelt.

- Es ist grundsätzlich angezeigt, übergreifende Kontakte soweit als möglich zu reduzieren, um im Bedarfsfall die Zahl der Quarantänefälle zu minimieren.
- **Gründliche Händehygiene** (z.B. nach dem Naseputzen, Husten oder Niesen; nach der Benutzung von öffentlichen Verkehrsmitteln; nach Kontakt mit Treppengeländern, Türgriffen, Haltegriffen etc., vor und nach dem Essen; vor dem Aufsetzen und nach dem Abnehmen einer Mund-Nasen-Bedeckung, nach dem Toiletten-Gang, vor und nach dem Sportunterricht) durch
  a) regelmäßiges **Händewaschen** mit hautschonender Flüssigseife für 20 – 30 Sekunden siehe: https://www.infektionsschutz.de/haendewaschen/ **oder, wenn dies nicht möglich ist**,
  b) **Händedesinfektion**: Das sachgerechte Desinfizieren der Hände ist dann sinnvoll, wenn ein gründliches Händewaschen nicht möglich ist. Dazu muss Desinfektionsmittel in ausreichender Menge in die trockene Hand gegeben und bis zur vollständigen Abtrocknung ca. 30 Sekunden in die Hände einmassiert werden. Dabei ist auf die vollständige Benetzung der Hände zu achten: https://www. infektionsschutz.de/hygienetipps/
- **Husten- und Niesetikette:** Husten und Niesen in die Armbeuge gehören zu den wichtigsten Präventionsmaßnahmen! Beim Husten oder Niesen größtmöglichen Abstand zu anderen Personen halten, am besten wegdrehen.
- **Mund-Nasen-Bedeckung (MNB)** bzw. **Mund-Nasen-Schutz (MNS)** tragen: Das Risiko, eine andere Person durch Husten, Niesen oder Sprechen anzustecken, kann so verringert werden (Fremdschutz). Im Unterricht ist das Tragen einer MNB oder eines MNS nicht erforderlich, gleichwohl aber zulässig.

  Für Schülerinnen und Schüler der auf der Grundschule aufbauenden Schulen, der beruflichen Schulen sowie der Sonderpädagogischen Bildungs- und Beratungszentren ab Beginn der Hauptstufe, ist das Tragen einer MNB oder eines MNS auf dem gesamten Schulgelände außerhalb des Klassenzimmers verpflichtend, sofern sie sich auf den Begegnungsflächen (z. B. Flure, Treppenhaus, Pausenhof, Toiletten, ...) aufhalten. Dies gilt entsprechend für das Personal an diesen Schulen. An den Grundschulen gilt diese Verpflichtung also nicht.

  Steigt die Anzahl der Neuinfektionen im landesweiten Durchschnitt der vergangenen sieben Tage auf über 35 pro 100.000 Einwohner, wird die Maskenpflicht durch die Corona-Verordnung Schule in den weiterführenden Schulen (ab Klasse 5) und in den beruflichen Schulen auf die Unterrichtsräume ausgeweitet. – Ferner können die örtlich zuständigen Behörden bei einem lokalen Überschreiten bestimmter Infektionszahlen durch eine Allgemeinverfügung über die Corona-Verordnung und die Corona-Verordnung Schule hinausgehende Festlegungen treffen, die dann z.B. innerhalb des Stadt- oder Landkreises für die Schulen zusätzlich verbindlich sind.

  Zu den Begegnungsflächen, auf denen die Verpflichtung zum Tragen einer nicht-medizinischen Alltagsmaske oder einer vergleichbaren Mund-Nasen-Bedeckung besteht, gehört auch das **Lehrerzimmer**.

  An **Verbundschulen**, z.B. Grund- und Werkrealschulen, besteht diese Verpflichtung auch für die an der Grundschule eingesetzten Lehrkräfte, es sei denn, Grundschule und weiterführende Schule haben keine gemeinsamen Begegnungsflächen, sind also räumlich voneinander getrennt. Für die Grundschülerinnen und Grundschüler besteht auch an Verbundschulen keine entsprechende Verpflichtung. Bei Tätigkeiten, bei denen eine körperliche Nähe nicht zu vermeiden ist (z. B. in Werkräumen oder Werkstätten), kann das Tragen einer MNB oder eines MNS sinnvoll sein.

  Für den richtigen Umgang mit der MNB hat das Sozialministerium Informationen zusammengestellt: Auch einfache Masken helfen: Ministerium für Soziales und Integration Baden-Württemberg
- Mit den Händen nicht das Gesicht, insbesondere nicht die Schleimhäute berühren, d.h. nicht an Mund, Augen oder Nase fassen.
- Keine Berührungen, Umarmungen und kein Händeschütteln praktizieren.
- Öffentlich zugängliche Handkontaktstellen wie Türklinken oder Fahrstuhlknöpfe möglichst nicht mit der Hand anfassen, z.B. Ellenbogen benutzen.
- Die Nahrungszubereitung mit Schülerinnen und Schülern ist im Unterricht zulässig, soweit sie in den entsprechenden Bildungs-/Lehrplänen vorgesehen ist. Es muss dabei jedoch eine nicht-medizinischen Alltagsmaske oder eine vergleichbaren Mund-Nasen-Bedeckung getragen werden.

2. Raumhygiene, Klassenräume, Fachräume, Aufenthaltsräume, Verwaltungsräume, Lehrerzimmer und Flure

Besonders wichtig ist das **regelmäßige und richtige Lüften aller Räume**, da dadurch die Innenraumluft ausgetauscht wird. Mehrmals täglich, **mindestens alle 20 Minuten für jeweils 3 bis 5 Minuten,** ist eine Querlüftung bzw. Stoßlüftung bei geöffneten Fenstern, ggf. auch Türe über mehrere Minuten vorzunehmen. Aus Sicherheitsgründen verschlossene Fenster müssen daher für die Lüftung unter Aufsicht einer Lehrkraft geöffnet werden. Können aufgrund baulicher Maßnahmen Fenster in einem Raum dauerhaft nicht geöffnet werden, ist er für den Unterricht nicht geeignet, es sei denn, es ist eine effektive raumlufttechnische Anlage (Lüftungsanlage) vorhanden.

Reinigung: Die DIN 77400 (Reinigungsdienstleistungen Schulgebäude – Anforderungen an die Reinigung) ist zu beachten. Sie definiert Grundsätze und Mindestanforderungen für eine vertragsgemäße, umweltbewusste und hygienische Schulreinigung unter Berücksichtigung aktueller

Entwicklungen hinsichtlich Technik und Methoden der Gebäudereinigung und rechtlicher Anforderungen durch das Infektionsschutzgesetz.

Ergänzend dazu gilt:

In der Schule steht die **Reinigung von Oberflächen** im Vordergrund. Dies gilt auch für Oberflächen, denen antimikrobielle Eigenschaften zugeschrieben werden müssen, da auch hier Sekrete und Verschmutzungen mechanisch entfernt werden sollen. Handkontaktflächen sollen besonders gründlich und in stark frequentierten Bereichen mindestens täglich, ggf. auch mehrmals täglich, mit einem tensidhaltigen Reinigungsmittel gereinigt werden (Das SARS-CoV-2- Virus ist ein behülltes Virus, dessen Lipidhülle durch die Tenside in Reinigungsmitteln inaktiviert wird, sodass eine sorgfältige Reinigung in diesem Kontext ausreichend ist):

- Türklinken und Griffe (z.B. Schubladen- und Fenstergriffe) sowie der Umgriff der Türen,
- Treppen- und Handläufe,
- Lichtschalter,
- Tische, Telefone, Kopierer (Handkontaktflächen),
- alle weiteren Griffbereiche, wie z.B. Computermäuse und Tastaturen.

3.
Hygiene im Sanitärbereich

In allen Toilettenräumen müssen ausreichend Flüssigseifenspender und Einmalhandtücher bereitgestellt und regelmäßig aufgefüllt werden. Entsprechende Auffangbehälter für Einmalhandtücher sind vorzuhalten. Unter Voraussetzung des sachgerechten Gebrauchs und bei entsprechender Wartung sind auch Stoffhandtuchrollen aus retraktiven Spendersystemen geeignet. Diese müssen unmittelbar nach Verbrauchen der Rolle nachgefüllt werden.

Damit sich nicht zu viele Schülerinnen und Schüler zeitgleich in den Sanitärräumen aufhalten, muss zumindest in den Pausen durch eine Lehrkraft eine Eingangskontrolle durchgeführt werden. Am Eingang der Toiletten muss durch gut sichtbaren Aushang darauf hingewiesen werden, dass sich in den Toilettenräumen stets nur einzelne Schülerinnen und Schüler (Zahl in Abhängigkeit von der Größe des Sanitärbereichs) aufhalten dürfen. Beispielsweise können entsprechende Abstandsmarkierungen in und vor den Toilettenräumen angebracht werden. Toilettensitze, Armaturen, Waschbecken und Fußböden sind täglich zu reinigen. Bei Verschmutzungen mit Fäkalien, Blut oder Erbrochenem ist nach Entfernung der Kontamination mit einem mit Flächendesinfektionsmittel getränkten Einmaltuch eine gezielte Desinfektion erforderlich. Dabei sind Handschuhe zu tragen, die flüssigkeitsdicht und beständig gegenüber dem Desinfektionsmittel sind. [...]

4.
Infekionsschutz in den Pausen

In den Pausenräumen und Kantinen/Mensen gilt abgesehen von der Nahrungsaufnahme generell ab Klasse 5 die Pflicht zum Tragen einer MNB bzw. MNS. Durch organisatorische Maßnahmen wird sichergestellt, dass sich die konstanten Schülergruppen auch in den Pausen möglichst wenig durchmischen. Insbesondere an den Grundschulen können versetzte Pausenzeiten vermeiden, dass zu viele Schülerinnen und Schüler zeitgleich die Sanitärräume aufsuchen. Aufsichtspflichten müssen ggf. im Hinblick auf veränderte Pausensituationen angepasst werden.

Bei der Benutzung von Pausenräumen und Kantinen/Mensen sollten sich die konstanten Schülergruppen ebenfalls möglichst wenig mischen, dies ist vor allem beim Verzehr von Speisen wichtig. Die Tische sind beim Schichtbetrieb zwischen den Schichten grundsätzlich zu reinigen.

Ggf. sind die Kantinen- und Essensausgabezeiten zu erweitern.

Pausen- oder Kioskverkauf ist wieder zulässig.

⇨ Hausordnung/Pausenordnung

5.
Risikogruppen für einen schweren Krankheitsverlauf

Eine generelle Festlegung zur Einstufung in eine Risikogruppe ist aufgrund der Vielfalt verschiedener potentiell prädisponierender Vorerkrankungen und ihrer Schweregrade (z.B. bereits bestehende Organschäden) sowie aufgrund der Vielzahl anderer Einflussfaktoren (z.B. Alter, Geschlecht, Gewicht, bestimmte Verhaltensweisen, adäquate medikamentöse/ therapeutische Einstellung) und deren individuelle Kombinationsmöglichkeiten nicht möglich. Nach Auffassung des Robert Koch-Instituts (RKI) ist eine personenbezogene Risiko-Bewertung, im Sinne einer (arbeits-)medizinischen Beurteilung, erforderlich [...].

Lehrkräfte, die ein erhöhtes Risiko für einen schweren COVID-19-Krankheitsverlauf durch eine ärztliche Bescheinigung nachweisen, sind vom Präsenzunterricht freigestellt. Im Übrigen nehmen auch diese Lehrkräfte Aufgaben im Fernunterricht sowie an der Schule (z. B. Teilnahme an Lehrerkonferenzen oder Prüfungen) wahr.

Verfahrensregelungen und Hinweise zu den weiteren Einsatzmöglichkeiten für diese Lehrkräfte können dem Schreiben des Kultusministeriums zur Entbindung von der Präsenzpflicht an der Schule vom 15. Juni 2020 entnommen werden.

Eine Schwerbehinderung allein ist kein Grund, dass diese Personen nicht als Lehrkräfte im Präsenzunterricht eingesetzt werden können.

Schwangere Lehrkräfte sind vom Präsenzunterricht freigestellt, ihr freiwilliger Einsatz ist jedoch auch in der Präsenz möglich.

Hinweis der Redaktion: Es genügt eine einfache schriftliche Erklärung gegenüber der Schulleitung, die zur Personalakte zu nehmen ist. Die Lehrerin kann selbst bestimmen, in welchem Umfang ihres Deputats ein Einsatz im Präsenzunterricht erfolgen soll. (Quelle: Schreiben KM 3.9.2020, AZ: 13-5421 1337)

Im Übrigen ist eine Präsenz an der Schule (z. B. Teilnahme an Lehrerkonferenzen oder Prüfungen) möglich, es sei denn, der Schulleitung wird ein ärztliches Beschäftigungsverbot vorgelegt, das dies ebenfalls ausschließt.

Bei minderjährigen Schülerinnen und Schülern können die Erziehungsberechtigten diese aufgrund einer relevanten Vorerkrankung unbürokratisch von der Teilnahme am Präsenzunterricht entschuldigen. Bei volljährigen Schülerinnen und Schülern erfolgt die Anzeige durch diese selbst. Ob der Schulbesuch im Einzelfall gesundheitlich verantwortbar ist, muss mit dem (Kinder-)Arzt geklärt werden. Dies gilt analog für schwangere Schülerinnen.

6. Wegeführung und Unterrichtsorganisation

Insbesondere in der Grundschule ist darauf zu achten, dass nicht alle Schülerinnen und Schüler gleichzeitig über die Gänge zu den Klassenzimmern und in die Schulhöfe gelangen. Die Schulen sind aufgefordert, ein jeweils den spezifischen räumlichen Gegebenheiten angepasstes Konzept zur Wegeführung zu entwickeln. Für räumliche Trennungen kann dies z.B. durch Abstandsmarkierungen auf dem Boden oder an den Wänden erfolgen. Möglichst sollen einzelne Pausenbereiche getrennt voneinander ausgewiesen werden.

Soweit die örtlichen Verhältnisse dies zulassen, wird zudem empfohlen, den Unterrichtsbeginn für die verschiedenen Klassen flexibel zu gestalten, damit die Stoßzeit zum Unterrichtsbeginn vermieden wird. Die Zeit des Unterrichtsbeginns soll möglichst entzerrt werden. Sofern sich im unmittelbaren Umkreis der Schule Warteplätze für den Schülerverkehr oder den öffentlichen Personennahverkehr befinden, muss nach Schulschluss durch geeignete Aufsichtsmaßnahmen dafür gesorgt werden, dass Abstands- und Hygieneregeln auch dort eingehalten werden. Ebenso ist zu beachten, dass die Schülerinnen und Schüler im öffentlichen Personennahverkehr eine MNB bzw. einen MNS zu tragen haben.

7. Besprechungen, Konferenzen und Veranstaltungen

Besprechungen und Konferenzen in Präsenz müssen auf das absolut notwendige Maß begrenzt werden. Dabei ist auf die Einhaltung des Abstandsgebotes zu achten. Bei Video- oder Telefonkonferenzen besteht für die Lehrkräfte Teilnahmepflicht.

Mehrtägige außerunterrichtliche Veranstaltungen sind im ersten Halbjahr des Schuljahres 2020/2021 untersagt. Andere außerunterrichtliche Veranstaltungen können stattfinden, sofern die jeweils geltenden Hygiene- und Abstandsregeln eingehalten werden.

Steigt die Anzahl der Neuinfektionen im landesweiten Durchschnitt der vergangenen sieben Tage auf über 35 pro 100.000 Einwohner, sind außerunterrichtliche Veranstaltungen untersagt.

Schulveranstaltungen, bei denen nicht alle Beteiligten der konstanten Gruppenzusammensetzung entsprechen, sind durch die Wahl geeigneter Räumlichkeiten und entsprechender Formate so zu gestalten, dass sie den Regelungen der Corona-Verordnung für Ansammlungen und Veranstaltungen (§§ 9 und 10) genügen.

8. Meldepflicht und Corona-Warn-App

In Schulen ist laut Infektionsschutzgesetz die Leitung der Einrichtung für die Sicherstellung der Hygiene verantwortlich. Aufgrund von § 6 und §§ 8, 36 IfSG ist sowohl der Verdacht einer Erkrankung als auch das Auftreten von COVID-19 Fällen in Schulen dem Gesundheitsamt zu melden. Zeitgleich ist auch die zuständige Schulaufsicht zu informieren.

[...] Die Nutzung der (Corona-Warn-)App soll allen am Schulleben Beteiligten empfohlen werden.

⇨ Außerunterrichtliche Veranstaltungen; ⇨ Elternbeiratsverordnung; ⇨ Hausordnung/Pausenordnung; ⇨ Infektionsschutzgesetz § 36; ⇨ Konferenzordnung; ⇨ Schulbau; ⇨ Unterrichtsversorgung (Organisationserlass)

Infektionsschutzgesetz

Auszug aus dem Infektionsschutzgesetz vom 20. Juli 2000 (BGBl. I S. 1045/2000); zuletzt geändert 27. September 2021 (BGBl. I S. 4530/2021)

§ 33
Gemeinschaftseinrichtungen

Gemeinschaftseinrichtungen im Sinne dieses Gesetzes sind Einrichtungen, in denen überwiegend minderjährige Personen betreut werden; dazu gehören insbesondere:

1. Kindertageseinrichtungen und Kinderhorte,
2. die nach § 43 Absatz 1 des Achten Buches Sozialgesetzbuch erlaubnispflichtige Kindertagespflege,
3. Schulen und sonstige Ausbildungseinrichtungen,
4. Heime und
5. Ferienlager.

§ 34
Gesundheitliche Anforderungen, Mitwirkungspflichten, Aufgaben des Gesundheitsamtes

(1) Personen, die an

1. Cholera
2. Diphtherie
3. Enteritis durch enterohämorrhagische E. coli (EHEC)
4. virusbedingtem hämorrhagischen Fieber
5. Haemophilus influenzae Typ b-Meningitis
6. Impetigo contagiosa (ansteckende Borkenflechte)
7. Keuchhusten
8. ansteckungsfähiger Lungentuberkulose
9. Masern
10. Meningokokken-Infektion
11. Mumps
12. Paratyphus
13. Pest
14. Poliomyelitis
14a. Röteln
15. Scharlach oder sonstigen Streptococcus pyogenes-Infektionen
16. Shigellose
17. Skabies (Krätze)
18. Typhus abdominalis
19. Virushepatitis A oder E
20. Windpocken

erkrankt oder dessen verdächtig oder die verlaust sind, dürfen in den in § 33 genannten Gemeinschaftseinrichtungen keine Lehr-, Erziehungs-, Pflege-, Aufsichts- oder sonstige Tätigkeiten ausüben, bei denen sie Kontakt zu den dort Betreuten haben, bis nach ärztlichem Urteil eine Weiterverbreitung der Krankheit oder der Verlausung durch sie nicht mehr zu befürchten ist. Satz 1 gilt entsprechend für die in der Gemeinschaftseinrichtung Betreuten mit der Maßgabe, dass sie die dem Betrieb der Gemeinschaftseinrichtung dienenden Räume nicht betreten, Einrichtungen der Gemeinschaftseinrichtung nicht benutzen und an Veranstaltungen der Gemeinschaftseinrichtung nicht teilnehmen dürfen. Satz 2 gilt auch für Kinder, die das 6. Lebensjahr noch nicht vollendet haben und an infektiöser Gastroenteritis erkrankt oder dessen verdächtig sind.

Hinweise der Redaktion:

1. Zum Befall durch Kopfläuse sind beim Landesgesundheitsamt Merkblätter für Eltern und Schulleitungen abrufbar unter: www.gesundheitsamt-bw.de/lga/de/fachinformationen/fachpublikationen/seiten/hygiene
2. § 28 Abs. 2 dieses Gesetzes bestimmt: „Wird festgestellt, dass eine Person in einer Gemeinschaftseinrichtung an Masern erkrankt, dessen verdächtig oder ansteckungsverdächtig ist, kann die zuständige Behörde Personen, die weder einen Impfschutz, der den Empfehlungen der Ständigen Impfkommission entspricht, noch eine Immunität gegen Masern durch ärztliche Bescheinigung nachweisen können, die in § 34 Absatz 1 Satz 1 und 2 genannten Verbote erteilen, bis eine Weiterverbreitung der Krankheit in der Gemeinschaftseinrichtung nicht mehr zu befürchten ist."
3. Zur verpflichtenden Masernschutzimpfung siehe die redaktionellen Hinweise nach Absatz 11.
4. Zu den Beschäftigungsverboten für Schwangere siehe ⇨ Mutterschutz (Allgemeines) und ⇨ Mutterschutz (Verordnung).

(2) Ausscheider von

1. Vibrio cholerae O 1 und O 139
2. Corynebacterium spp., Toxin bildend
3. Salmonella Typhi
4. Salmonella Paratyphi
5. Shigella sp.
6. enterohämorrhagischen E. coli (EHEC)

dürfen nur mit Zustimmung des Gesundheitsamtes und unter Beachtung der gegenüber dem Ausscheider und der Gemeinschaftseinrichtung verfügten Schutzmaßnahmen die dem Betrieb der Gemeinschaftseinrichtung dienenden Räume betreten, Einrichtungen der Gemeinschaftseinrichtung benutzen und an Veranstaltungen der Gemeinschaftseinrichtung teilnehmen.

(3) Absatz 1 Satz 1 und 2 gilt entsprechend für Personen, in deren Wohngemeinschaft nach ärztlichem Urteil eine Erkrankung an oder ein Verdacht auf

1. Cholera
2. Diphtherie
3. Enteritis durch enterohämorrhagische E. coli (EHEC)
4. virusbedingtem hämorrhagischem Fieber
5. Haemophilus influenzae Typ b-Meningitis
6. ansteckungsfähiger Lungentuberkulose
7. Masern
8. Meningokokken-Infektion
9. Mumps
10. Paratyphus
11. Pest
12. Poliomyelitis
12a. Röteln
13. Shigellose
14. Typhus abdominalis
15. Virushepatitis A oder E
16. Windpocken

aufgetreten ist.

(4) Wenn die nach den Absätzen 1 bis 3 verpflichteten Personen geschäftsunfähig oder in der Geschäftsfähigkeit beschränkt sind, so hat derjenige für die Einhaltung der diese Personen nach den Absätzen 1 bis 3 treffenden Verpflichtungen zu sorgen, dem die Sorge für diese Person zusteht. Die gleiche Verpflichtung trifft den Betreuer einer von Verpflichtungen nach den Absätzen 1 bis 3 verpflichteten Person, soweit die Sorge für die Person des Verpflichteten zu seinem Aufgabenkreis gehört.

(5) Wenn einer der in den Absätzen 1, 2 oder 3 genannten Tatbestände bei den in Absatz 1 genannten Personen auftritt, so haben diese Personen oder in den Fällen des Absatzes 4 der Sorgeinhaber der Gemeinschaftseinrichtung hiervon unverzüglich Mitteilung zu machen. Die Leitung der Gemeinschaftseinrichtung hat jede Person, die in der Gemeinschaftseinrichtung neu betreut wird, oder deren Sorgeberechtigte über die Pflichten nach Satz 1 zu belehren.

(6) Werden Tatsachen bekannt, die das Vorliegen einer der in den Absätzen 1, 2 oder 3 aufgeführten Tatbestände annehmen lassen, so hat die Leitung der Gemeinschaftseinrichtung das Gesundheitsamt, in dessen Bezirk sich die Gemeinschaftseinrichtung befindet, unverzüglich zu benachrichtigen und krankheits- und personenbezogene Angaben zu machen. Dies gilt auch beim Auftreten von zwei oder mehr gleichartigen, schwerwiegenden Erkrankungen, wenn als deren Ursache Krankheitserreger anzunehmen sind. Eine Benachrichtigungspflicht besteht nicht, wenn der Leitung ein Nachweis darüber vorliegt, dass die Meldung des Sachverhalts nach § 6 bereits erfolgt ist.

(7) Die zuständige Behörde kann im Einvernehmen mit dem Gesundheitsamt für die in § 33 genannten Einrichtungen Ausnahmen von dem Verbot nach Absatz 1, auch in Verbindung mit Absatz 3, zulassen, wenn Maßnahmen durchgeführt werden oder wurden, mit denen eine Übertragung der aufgeführten Erkrankungen oder der Verlausung verhütet werden kann.

(8) Das Gesundheitsamt kann gegenüber der Leitung der Gemeinschaftseinrichtung anordnen, dass das Auftreten einer Erkrankung oder eines hierauf gerichteten Verdachtes ohne Hinweis auf die Person in der Gemeinschaftseinrichtung bekanntgegeben wird.

(9) Wenn in Gemeinschaftseinrichtungen betreute Personen Krankheitserreger so in oder an sich tragen, dass im Einzelfall die Gefahr einer Weiterverbreitung besteht, kann die zuständige Behörde die notwendigen Schutzmaßnahmen anordnen.

(10) Die Gesundheitsämter und die in § 33 genannten Gemeinschaftseinrichtungen sollen die betreuten Personen oder deren Sorgeberechtigte gemeinsam über die Bedeutung eines vollständigen, altersgemäßen, nach den Empfehlungen der Ständigen Impf-

kommission ausreichenden Impfschutzes und über die Prävention übertragbarer Krankheiten aufklären.

(10a) Bei der Erstaufnahme in eine Kindertageseinrichtung haben die Personensorgeberechtigten gegenüber dieser einen schriftlichen Nachweis darüber zu erbringen, dass zeitnah vor der Aufnahme eine ärztliche Beratung in Bezug auf einen vollständigen, altersgemäßen, nach den Empfehlungen der Ständigen Impfkommission ausreichenden Impfschutz des Kindes erfolgt ist. Wenn der Nachweis nicht erbracht wird, benachrichtigt die Leitung der Kindertageseinrichtung das Gesundheitsamt, in dessen Bezirk sich die Einrichtung befindet, und übermittelt dem Gesundheitsamt personenbezogene Angaben. Das Gesundheitsamt kann die Personensorgeberechtigten zu einer Beratung laden. Weitergehende landesrechtliche Regelungen bleiben unberührt.

(11) Bei Erstaufnahme in die erste Klasse einer allgemeinbildenden Schule hat das Gesundheitsamt oder der von ihm beauftragte Arzt den Impfstatus zu erheben und die hierbei gewonnenen aggregierten und anonymisierten Daten über die oberste Landesgesundheitsbehörde dem Robert Koch-Institut zu übermitteln.

⇨ Einschulung

Hinweis der Redaktion: Zur verpflichtenden Masernschutzimpfung siehe die redaktionellen Hinweise am Ende des Beitrags.

§ 35
Belehrung für Personen in der Betreuung von Kindern und Jugendlichen

Personen, die in den in § 33 genannten Gemeinschaftseinrichtungen Lehr-, Erziehungs-, Pflege-, Aufsichts- oder sonstige regelmäßige Tätigkeiten ausüben und Kontakt mit den dort Betreuten haben, sind vor erstmaliger Aufnahme ihrer Tätigkeit und im Weiteren mindestens im Abstand von zwei Jahren von ihrem Arbeitgeber über die gesundheitlichen Anforderungen und Mitwirkungsverpflichtungen nach § 34 zu belehren. Über die Belehrung ist ein Protokoll zu erstellen, das beim Arbeitgeber für die Dauer von drei Jahren aufzubewahren ist. [...]

Hinweis der Redaktion: Für die Belehrung und deren Protokollierung sind die Schulleitungen zuständig; Schulleiter*innen werden durch die Schulaufsicht belehrt. Das KM hat in K.u.U. S. 62/2001 ein Merkblatt hierzu veröffentlicht. Das Protokoll der Belehrung wird als „Teilakte" im Sinne von § 88 LBG an der Schule geführt. (Quelle: KM, 23.2.2001; AZ: 15-zu 5421/28) Informationen zu den einzelnen Erkrankungen können im Mitarbeiterportal des KM abgerufen werden.

⇨ Beamtengesetz §§ 83 ff.; ⇨ Personalakten

§ 36
Infektionsschutz bei bestimmten Einrichtungen, Unternehmen und Personen; Verordnungsermächtigung

(1) Folgende Einrichtungen und Unternehmen müssen in Hygieneplänen innerbetriebliche Verfahrensweisen zur Infektionshygiene festlegen und unterliegen der infektionshygienischen Überwachung durch das Gesundheitsamt:

1. die in § 33 genannten Gemeinschaftseinrichtungen [...]

Hinweise der Redaktion:

1. Ein „Musterhygieneplan" ist abrufbar unter www.gesundheitsamt-bw.de („Hygieneplan").
2. Bei Schulfesten gelten die gleichen Regeln wie bei Vereinsfesten: Verderbliche Speisen müssen gekühlt gelagert, offene Speisen an Verkaufstheken mit einem „Spuckschutz" gesichert sein, um Infektionenskrankheiten zu verhindern, die beim Husten oder Niesen übertragen werden könnten. Für alle Personen muss mittels einer Heißwasserwaschgelegenheit die Möglichkeit gegeben sein, sich mit warmem Wasser und Seife die Hände zu waschen. Wer nur gelegentlich Veranstaltungen in begrenztem Umfang (insbesondere zu gemeinnützigen Zwecken) durchführt, also z.B. die Veranstalter von Schulfesten, gilt nicht als „Lebensmittelunternehmen". Die Kenntlichmachung von Zusatzstoffen oder Allergenen ist in einem solchen Rahmen nicht notwendig. Die Schule kann aber – vor allem aus Haftungsgründen – bei Kuchen- oder Salatspenden von den Spender*innen eine Zutatenliste anfordern.

   Vom Ministerium für Ländlichen Raum und Verbraucherschutz BW gibt es hierzu einen Leitfaden, abrufbar unter www.mlr.baden-wuerttemberg.de > Unser Service > Publikationen.

Hinweise der Redaktion zu ansteckenden Krankheiten und Impfungen

1.
Ansteckende Krankheiten

Wir raten grundsätzlich, bei jeder „Ersten Hilfe" Schutzhandschuhe zu tragen (sind in jedem Verbandskasten enthalten).

⇨ Erste Hilfe

Die Schulen müssen beim Auftreten von ansteckenden Krankheiten die Persönlichkeitsrechte der Betroffenen wahren (Datenschutz, Pflicht zur Diskretion, Schutz vor Bloßstellung) und jede „Panikmache" vermeiden. ⇨ Datenschutz (Schulen)

Das Lehrerkollegium ist durch die Schulleitung in geeigneter Weise zu informieren. Zwei Beispiele:

Hepatitis-B

Bei den in Schulen üblichen sozialen Kontakten und unter Beachtung der allgemeinen Hygienevorschriften geht durch Schülerinnen oder Schüler, die Träger nach einer Hepatitis B-Erkrankung sind, keine erhöhte Ansteckungsgefahr aus. Es ist je nach den Umständen des Einzelfalls eine Information der unterrichtenden Lehrkräfte erforderlich. Wenn – insbesondere an kleinen Schulen – jede Lehrkraft damit rechnen muss, den betreffenden Schüler*innen als Unterrichtende oder Erziehende gegenüberzutreten, können auch alle Lehrkräfte der Schule informiert werden.

Quelle: KM; 2.7.1999; VI/4-6520.1-080/892

Das Land trägt die Kosten einer Schutzimpfung gegen Hepatitis A und B für Lehrkräfte an Schulen für Geistigbehinderte einschließlich der entsprechenden Abteilungen anderer Sonderschultypen, Körperbehinderte und Kranke. Lehrkräfte an anderen Schularten, die einer Gefährdung ausgesetzt sind, können jedoch einen entsprechend begründeten Antrag stellen.

⇨ Arbeits- und Gesundheitsschutz (Allgemeines) Nr. 3

AIDS

Die Immunschwächekrankheit HIV (AIDS) ist keine ansteckende Krankheit im Sinne des Infektionsschutzgesetzes und deshalb nicht meldepflichtig. Die Schulen erfahren hiervon in der Regel nur, wenn die Erziehungsberechtigten sie informieren.

Auch bei einer AIDS-Erkrankung haben die Persönlichkeitsrechte der Betroffenen Vorrang. Das KM hält, *„nachdem von einem solchen Schüler keine Ansteckungsgefahr ausgeht, solange die üblichen hygienischen Regeln beachtet werden und soweit das Zusammenleben auf normale soziale Kontakte beschränkt bleibt,* [...] *eine Information der Eltern weiterhin nicht für notwendig* [...], *wohl aber der unterrichtenden Lehrer."*

(Quelle: KM, 10.11.1993; AZ: IV/6-6520.1-080)

2. Masern-Schutzimpfung

Alle Schulen, in denen überwiegend Minderjährige beschult werden, also praktisch alle allgemeinbildenden Schulen, fallen in den Anwendungsbereich des Masernschutzgesetzes (10.2.2020; BGBl. I S. 148).

a) Schülerinnen und Schüler

Schüler*innen bzw. deren Erziehungsberechtigte haben vor der Aufnahme in die Schule einen Nachweis darüber vorzulegen, dass sie ausreichend gegen Masern geimpft oder gegen Masern immun sind.

Der Nachweis kann erbracht werden durch

- einen Impfausweis („Impfpass") oder ein ärztliches Zeugnis (auch in Form einer Anlage zum Untersuchungsheft für Kinder) darüber, dass bei dem Kind ein ausreichender Impfschutz gegen Masern besteht, oder
- ein ärztliches Zeugnis darüber, dass bei dem Kind eine Immunität gegen Masern vorliegt, oder
- ein ärztliches Zeugnis darüber, dass das Kind aus medizinischen Gründen nicht geimpft werden kann (Kontraindikation), oder
- eine Bestätigung einer staatlichen Stelle oder der Leitung einer anderen vom Gesetz betroffenen Einrichtung darüber, dass ein Nachweis bereits vorgelegen hat.

Erstklässler erhalten künftig zur Vorlage bei der Schulleitung eine Bescheinigung des Gesundheitsamtes über den Masern-Impfstatus, der im Rahmen der Einschulungsuntersuchung kontrolliert wird. Wird der erforderliche Nachweis nicht vorgelegt, sind die Kinder oder Jugendlichen aber schulpflichtig, müssen sie von der Schule dennoch aufgenommen werden. Die Schulleitung muss unverzüglich das Gesundheitsamt benachrichtigen und diesem die personenbezogenen Angaben übermitteln. Das Gesundheitsamt kann die Erziehungsberechtigten zu einer Beratung einladen und entscheiden, ob eine Geldbuße ausgesprochen wird.

b) Beschäftigte

Alle Beschäftigten haben einen Nachweis über den bestehenden Masernschutz vorzulegen.

Die Nachweispflicht betrifft die Lehrkräfte, die Schulleitung, Referendar*innen, Lehramtsanwärter*innen, Studierende in der Praxisphase sowie alle anderen Personen, die an der Schule tätig sind. Für Lehrkräfte, die neu eingestellt bzw. zum Vorbereitungsdienst zugelassen werden, erfolgt die Überprüfung des Masernschutzes bei der regulären (Lehrer-) Einstellung durch die Regierungspräsidien. Hier ist von der Schulleitung also nichts zu veranlassen. Sofern jedoch Lehrkräfte nicht vom RP sondern z.B. im Rahmen des sogenannten „70-Stunden-Kontingents" an Grundschulen beauftragt werden, obliegt die Überprüfung der Schulleitung.

Wer unter die Impfpflicht fällt, hängt davon ab, ob die Person in der Schule regelmäßig (nicht nur für wenige Tage) und nicht nur zeitlich vorübergehend (nicht nur jeweils wenige Minuten, sondern über einen längeren Zeitraum) in der Einrichtung tätig ist. Dazu gehören neben den o.g. Personen in der Regel insbesondere auch Sekretariatskräfte, Jugendbegleiter*innen, Lehrbeauftragte, ehrenamtlich tätige Personen, Eingliederungshelfer*innen und Hausmeister*innen, Reinigungskräfte, Praktikant*innen, im Ganztagsbereich eingesetzte (beispielsweise in der Organisationshoheit der Schule mit der Essensausgabe oder der Aufsicht im Speiseraum betraute) Betreuungspersonen. Eine Person, die den angeforderten Nachweis nicht vorlegt, darf in der Schule nicht beschäftigt bzw. tätig werden. Bei neu in den kommunalen Betreuungsangeboten der Schule einzusetzenden Personen, die beim Schulträger oder anderen Arbeitgebern beschäftigt sind, hat der Arbeitgeber den Nachweis zu überprüfen.

c) Dokumentation und Archivierung

Wenn der Nachweis von schulpflichtigen Schüler*innen oder von Personen, die aufgrund eines Lieferengpasses trotzdem beschäftigt oder tätig werden dürfen, nicht vorgelegt wird oder wenn sich ergibt, dass ein Impfschutz gegen Masern erst zu einem späteren Zeitpunkt möglich ist oder vervollständigt werden kann, hat die Schulleitung unverzüglich das Gesundheitsamt zu benachrichtigen und diesem die folgenden personenbezogenen Angaben zu übermitteln: Namen und Vornamen, Geschlecht, Geburtsdatum, Anschrift sowie die Telefonnummer (soweit vorliegend).

Das Nachweisdokument (z.B. der Impfpass) wird an der Schule nicht archiviert; es wird den nachweispflichtigen Personen bzw. den Erziehungsberechtigten nach erfolgreicher Prüfung wieder ausgehändigt. Die Schule hat lediglich für jede Person die Art des Nachweises sowie das Datum der Vorlage zu dokumentieren. Für schülerbezogene Nachweise kann die Klassenlehrkraft damit beauftragt werden. Für jede nachweispflichtige Person ist die Dokumentation so lange aufzubewahren bzw. zur Schülerakte zu nehmen, bis sie die Schule verlässt.

Sofern Impfausweise oder andere (z.B. fremdsprachige) Dokumente nicht bewertet werden können, kann die Schule das zuständige Gesundheitsamt um Unterstützung bitten und, sofern erforderlich, eine Kopie des Nachweises zur Abklärung an diese Behörde schicken. Alternativ kann die Schule eine Bescheinigung eines niedergelassenen Arztes erbitten (dies ist allerdings in der Regel kostenpflichtig). Ein Merkblatt des Bundesgesundheitsministeriums zu Eintragungen im Impfausweis ist abrufbar unter: https://www.masernschutz.de.

Weitere Informationen auf der Internetseite des Bundesministeriums für Gesundheit:
https://www.bundesgesundheitsministerium.de > Themen > Prävention > Impfungen

d) Kosten

Die Masernschutzimpfung gehört zu den Schutzimpfungen, die aufgrund des Infektionsschutzgesetzes angeordnet sind. Daher sind die Aufwendungen hierfür beihilfefähig. Auch die gesetzlichen Krankenkassen bzw. die privaten Krankenversicherungen übernehmen die Kosten für diese Impfung.

Bei Unklarheiten über den Impfstatus kann eine Titer-Bestimmung Auskunft liefern. Die Bestimmung des Impftiters für Masern ist allerdings keine Leistung der Krankenversicherung oder der Beihilfe und muss selbst bezahlt werden.

⇨ Arbeitsschutz (Allgemeines); ⇨ Beamtengesetz § 83 ff.; ⇨ Beihilfeverordnung § 10 (Hinweis); ⇨ Corona-Verordnung Schule; ⇨ Einschulung und schulärztliche Untersuchung; ⇨ Hygiene (Schulen); ⇨ Lehrbeauftragte; ⇨ Mutterschutz (Verordnung); ⇨ Schulgesetz § 117

Informationsfreiheitsgesetz

Informationen der Redaktion zur Rechtslage und zur Verwaltungspraxis in Baden-Württemberg

Nach dem Gesetz zur Regelung des Zugangs zu Informationen in Baden-Württemberg (Landesinformationsfreiheitsgesetz – LIFG) vom 17.12.2015 (GBl. S. 1201/2015), zul. geänd. 12.6.2018 (GBl. S. 173, 185/2018), wird *„Antragsberechtigten"* freier Zugang zu amtlichen Informationen sowie die Verbreitung dieser Informationen gewährleistet, um die Transparenz der Verwaltung zu vergrößern und damit die demokratische Meinungs- und Willensbildung zu fördern. *„Informationspflichtig"* sind auch die öffentlichen Schulen (⇨ Schulgesetz § 2) sowie Ausbildungs- und Prüfungsbehörden; diese Pflicht besteht nicht, soweit Forschung, Kunst, Lehre, Leistungsbeurteilungen und Prüfungen betroffen sind.

„Antragsberechtigt" sind beispielsweise Lehrkräfte und ihre Berufsorganisationen, Eltern und Elternvertretungen. Auch Zeitungsredaktionen sind berechtigt, z.B. Informationen zum Unterrichtsausfall bei der einzelnen Schule abzufragen; diese kann die Auskunft aber ablehnen, wenn der Verwaltungsaufwand zu groß wäre oder bei ihr keine Daten vorhanden sind. Die antragstellende Person kann sich Notizen machen oder Kopien fertigen lassen, soweit und solange nicht der Schutz geistigen Eigentums nach § 6 Satz 1 LIFG entgegensteht.

⇨ Datenschutz (Schulen); Hinweis bei Nr.1.6

Als *„amtliche Information"* gilt jede bei einer informationspflichtigen Stelle bereits vorhandene, amtlichen Zwecken dienende Aufzeichnung, unabhängig von der Art ihrer Speicherung, außer Entwürfen und Notizen, die nicht Bestandteil eines Vorgangs werden sollen. Bei der Herausgabe von Informationen muss die amtliche Stelle die Persönlichkeitsrechte Dritter nach der Datenschutz-Grundverordnung beachten. „Antragstellende Personen", beispielsweise Eltern, können also nur Auskünfte über sich selbst oder ihre nicht volljährigen Kinder verlangen.

⇨ Datenschutz (EU-DSGVO)

Der Anspruch auf Informationszugang besteht u.a. nicht, soweit und solange das Bekanntwerden der Informationen nachteilige Auswirkungen auf die Kontroll-, Vollzugs- oder Aufsichtsaufgaben der Aufsichtsbehörden, den Verfahrensablauf eines Gerichts-, Ordnungswidrigkeiten- oder Disziplinarverfahrens sowie die Vertraulichkeit von leistungsbezogenen Daten einzelner öffentlicher Schulen haben kann. Im Fall der Einsichtnahme in amtliche Informationen kann sich die antragstellende Person Notizen machen oder Ablichtungen und Ausdrucke fertigen lassen, soweit und solange nicht der Schutz geistigen Eigentums nach § 6 Satz 1 LIFG entgegensteht. Für individuell zurechenbare öffentliche Leistungen nach diesem Gesetz können Gebühren und Auslagen erhoben werden. Im Geschäftsbereich des Kultusministeriums, also bei den öffentlichen Schulen, ist Nr. 19 des Gebührenverzeichnisses des KM maßgebend.

⇨ Gebühren

Empfehlungen zum Verfahren

Dieses Gesetz soll formal sicherstellen, dass alle öffentlichen Einrichtungen sich gegenüber der Öffentlichkeit transparent verhalten und den Bürger*innen hierauf einen verbrieften Anspruch geben. Für öffentliche Schulen ist diese zusätzliche Verpflichtung eigentlich überflüssig, da diese aufgrund der bisher schon für sie geltenden Vorschriften beispielsweise gegenüber den Eltern und ihren Vertretungen oder gegenüber der Presse auskunftspflichtig sind. Es kommt deshalb in der Praxis so gut wie nie vor, dass formale Anfragen unter Berufung auf dieses Gesetz an Schulen gerichtet werden; entsprechend fallen auch keine Gebühren für Auskünfte an.

⇨ Elternbeiratsverordnung §§ 3 u. 4; ⇨ Notenbildungsverordnung; ⇨ Presserecht; ⇨ Schulgesetz § 57 Abs. 3

Mit der Anwendung dieses Gesetzes dürften die öffentlichen Schulen aufgrund ihrer verwaltungstechnischen Ausstattung in der Regel überfordert sein. Wir empfehlen den Schulleitungen, sich an die für sie zuständige Schulaufsichtsbehörde mit der Bitte um Rat und Unterstützung zu wenden, wenn bei ihnen ein Antrag auf Auskünfte nach dem Informationsfreiheitsgesetz eingeht. Sie können sich ferner an den „Landesbeauftragten für die Informationsfreiheit“ wenden (dessen Aufgaben werden durch den Landesbeauftragten für den Datenschutz wahrgenommen; Link: www.baden-wuerttemberg.datenschutz.de

Nach § 12 LIFG können sich sowohl „Antragsberechtigte“ als auch „informationspflichtige Stellen“ an diese Stelle wenden und *„und sich über sie selbst betreffende Rechte und Pflichten nach diesem Gesetz beraten lassen“*.

➪ Datenschutz (EU-DSGVO); ➪ Datenschutz (Schulen); ➪ Elternbeiratsverordnung §§ 3 und 4; ➪ Gebühren; ➪ Notenbildungsverordnung; ➪ Presserecht; ➪ Schulgesetz § 57 Abs. 3

Inklusion (Allgemeines)

Informationen der Redaktion zur Rechtslage und zur Verwaltungspraxis in Baden-Württemberg

Rechtliche Grundlagen

Die Bundesrepublik hat sich 2006 durch ihre Zustimmung zur UN-Behindertenrechtskonvention zu Einführung eines „inklusiven“ Unterrichts verpflichtet: www.behindertenrechtskonvention.info/

Das Schulgesetz bestimmt seit 2015 in § 3 Abs. 3:

„In den Schulen wird allen Schülern ein barrierefreier und gleichberechtigter Zugang zu Bildung und Erziehung ermöglicht. Schüler mit und ohne Behinderung werden gemeinsam erzogen und unterrichtet (inklusive Bildung).“

In der Regel besuchen sie also eine allgemeinbildende Schule mit „zielgleichem“ Unterricht.

Die Schulaufsichtsbehörde stellt auf Grundlage der Ergebnisse einer sonderpädagogischen Diagnostik fest, ob und für welchen Förderschwerpunkt Schulpflichtige ein sonderpädagogisches Bildungsangebot benötigen. Das Feststellungsverfahren wird auf Antrag der Erziehungsberechtigten durchgeführt. Insbesondere wenn die allgemeine Schule dem individuellen Anspruch von Schulpflichtigen nicht ohne sonderpädagogische Bildung entsprechen kann oder wenn Bildungsrechte von Mitschüler*innen beeinträchtigt werden, kann das Verfahren auch von der Schulaufsichtsbehörde eingeleitet werden.

Wird ein Anspruch auf ein sonderpädagogisches Bildungsangebot festgestellt, besitzen die Erziehungsberechtigten im Anschluss an eine Beratung durch die Schulaufsichtsbehörde ein Wahlrecht, ob ihr Kind dieses Bildungsangebot an einer allgemeinen Schule erhalten oder ein sonderpädagogisches Bildungs- und Beratungszentrum besuchen soll.

Entscheiden sich die Erziehungsberechtigten für ein sonderpädagogisches Bildungsangebot an einer allgemeinen Schule, führt die Schulaufsichtsbehörde eine Bildungswegekonferenz durch und schlägt ein Bildungsangebot an einer allgemeinen Schule vor, ggf. mit zieldifferentem Unterricht. Die Behörde kann auch eine andere als die von den Eltern gewünschte Schule bestimmen oder den Besuch eines sonderpädagogischen Bildungs- und Beratungszentrums anordnen. ➪ Schulgesetz §§ 3, 15 und 82 ff.

Ausführungsvorschriften

Das KM hat zwar 2016 eine Verordnung ➪ Sonderpädagogik (SBBZ Bildungsangebote) erlassen und 2018 mit einer weiteren Verordnung ➪ Sonderpädagogik (SBBZ Schulentwicklung) die organisatorischen Voraussetzungen für die Inklusion definiert. Es hat jedoch seine VwV ➪ Behinderungen (Förderbedarf) noch nicht überarbeitet, die vor allem in den Ziffern 3 und 4 überholt ist, in denen die Umschulung in die Sonderschule geregelt wird. Bis zum Erlass neuer Vorschriften müssen die übrigen Bestimmungen dieser VwV unter Berücksichtigung der geänderten Rechtslage sinngemäß weiter angewandt werden.

Aufgrund des Gesetzes zum Ausgleich kommunaler Aufwendungen (GBl. S. 654/2015) sowie der VwV des KM über die Gewährung eines Aufwendungsersatzes für Umbauten infolge inklusiver Bildungsangebote an Schulen kommunaler Schulträger vom 14.3.2016 (K.u.U. S. 152/2016) trägt das Land die vollständigen Kosten für Umbauten, sofern diese für die Inklusion von Schüler*innen erforderlich und angemessen sind. Berücksichtigt werden können beispielsweise Umbauten, die der Barrierefreiheit dienen. Dazu zählen etwa Rampen, Aufzüge, Hebebühnen, Handläufe, aber auch hörakustische Raumausstattungen wie Schallschutzdecken oder speziell auf die Bedürfnisse von Menschen mit Behinderungen zugeschnittene Sanitärräume.

Inklusion schwerbehinderter Beschäftigter

Zur Inklusion schwerbehinderter sowie gleichgestellter Beschäftigter haben die Hauptpersonalräte mit dem KM eine Dienstvereinbarung abgeschlossen.

➪ Schwerbehinderung (Inklusionsvereinbarung)

➪ Behinderungen (Allgemeines); ➪ Behinderungen (Förderbedarf); ➪ Notenbildungsverordnung § 7 Hinweis Nr. 5; ➪ Schulgesetz §§ 3, 15, 72 ff., 83 Nr. 2 und 84; ➪ Schwerbehinderung (Inklusionsvereinbarung); ➪ Sonderpädagogik (SBBZ Bildungsangebote); ➪ Sonderpädagogik (SBBZ Schulentwicklung)

Internet und Schule

Informationen der Redaktion zur Rechtslage und zur Verwaltungspraxis in Baden-Württemberg

1. Urheber-, Personalvertretungs- und Strafrecht

Schulen sollten stets davon ausgehen, dass Medien aller Art (auch Schulbücher) sowie Internetangebote urheberrechtlichen Schutz genießen und Urheber*innen vor der Nutzung ihre Zustimmung erteilen muüssen. ⇨ Urheberrecht (Allgemeines)

Vor der Nutzung von Lern- und Kommunikationsplattformen wie „Moodle“ ist der Personalrat zu beteiligen. ⇨ Datenschutz (RDV - Bildungsplattform) § 6

Zur Verwendung von Bildern auf Internetseiten gibt es eine Handreichung auf der Intranetseite der Kultusverwaltung mit Hinweisen zu Vorgaben sowie Ausnahmen des Urheberrechts. Ferner sei auf https://lehrerfortbildung-bw.de/st_recht/urheber/ verwiesen (vgl. insbesondere die Checkliste im Hauptmenü). Das Strafgesetzbuch enthält Straftatbestände, die die Verbreitung bestimmter Inhalte jedermann untersagen, beispielsweise Verbreiten von Propagandamitteln oder Verwenden von Kennzeichen verfassungswidriger Organisationen (§§ 86, 86a StGB), Billigen von oder Aufrufung zu Straftaten (§ 130a StGB), Anleitung zu Straftaten (§§ 111, 140 StGB) Gewaltdarstellungen (§ 131 StGB), Gewalt-, Tier- und Kinderpornografie (§§ 184a und 184b StGB). ⇨ Jugendschutzgesetz

Bei der Nutzung der elektronischen Post ist auf die Einhaltung des Postgeheimnisses zu achten.

Für den Umgang mit Störungen während des Online-Unterrichts durch Schüler*innen oder Dritte oder bei Platzierung von strafrechtlich relevanten Inhalten in den Videokonferenzräumen hat das Landeskriminalamt ein Infoblatt herausgegeben. Bei schwerwiegenden Verstößen können, wie im Präsenzunterricht auch, Maßnahmen nach § 90 SchG notwendig werden. Weitere Beratungsangebote bietet die Medienpädagogische Beratungsstelle des Landesmedienzentrums (LMZ) an.

(Quelle: Infodienst Schulleitung 299/März 2021)

2. Soziale Netze und Datenschutz

Aufgrund datenschutzrechtlicher Bestimmungen ist die Verwendung von Sozialen Netzwerken für die dienstliche Verarbeitung personenbezogener Daten generell verboten. Hierunter fällt jegliche dienstlichen Zwecken dienende Kommunikation zwischen Schüler*innen und Lehrkräften sowie zwischen Lehrkräften untereinander, ferner das (Zwischen-)Speichern von personenbezogenen Daten jeder Art auf Sozialen Netzwerken. Im Rahmen des Unterrichts dürfen Soziale Netzwerke jedoch dazu genutzt werden, um Funktionsweise, Vorteile, Nachteile, Risiken usw. pädagogisch aufzuarbeiten.

(siehe auch: https://www.lmz-bw.de/medien-und-bildung/ > Medienwissen > Soziale Netzwerke > Soziale Netzwerke und Messenger im Vergleich)

Die vom Landeshochschulnetz „BelWü“ („*Baden-Württemberg extended Lan*“) angebotenen Basis-Internet-Dienste für „Moodle“ sowie „Homepage“ (zum Einrichten von Schulhomepages) sowie „E-Mail“ für den Einsatz im Unterricht wurden leider 2021 abgeschaltet. Eltern, Lehrkräfte und Schulen müssen abwarten, welche Alternativen angeboten werden.

Stichwort: Schülerfotos im Internet

Die Veröffentlichung von personenbezogenen Daten von Schüler*innen in Medien (Zeitungen oder Zeitschriften) oder im Internet ist nur mit schriftlicher Einwilligung der Betroffenen (bzw. bei Minderjährigen der Eltern) zulässig. Bei der Veröffentlichung von Einzel- bzw. Gruppenfotografien von Schüler*innen ist besondere Vorsicht geboten.

Es gibt keinen Grund, das private Fotografieren in Schulen oder auf dem Schulgelände generell zu untersagen. Fotos, die beispielsweise von den Eltern für den persönlichen oder familiären Gebrauch gemacht werden, fallen nicht in den Anwendungsbereich der Datenschutz-Grundverordnung. Hiervon sind zum Beispiel Fotos erfasst, die für die eigene Erinnerung auf einer Familienfeier oder einer Schulveranstaltung anlässlich der Einschlung oder einem Schulsportfest gemacht werden. Werden Fotos in einem geschützten Forum, zu dem nur ein begrenzter, definierter Personenkreis aus dem engeren sozialen Umfeld Zugang hat (zum Beispiel die Eltern einer Klasse), auch über das Internet zugänglich gemacht, so zählt dies noch als privater Gebrauch.

Werden diese Fotos aber frei ins Internet gestellt, wird eine kritische Grenze überschritten. Die Schule muss die Betroffenen zuvor über die Risiken aufklären und darauf hinweisen, dass die Verwendung der im Internet veröffentlichten personenbezogenen Daten in keiner Weise mehr nachzuverfolgen ist. Auf diese Daten kann weltweit zugegriffen werden und sie können Bestandteil von Datensammlungen von Internetnutzer*innen werden oder mit Daten aus anderen Zusammenhängen verknüpft werden.

Das Kultusministerium hat ausdrücklich verfügt, dass auf die Veröffentlichung von Namen minderjähriger Schülerinnen oder Schüler in Medien, insbesondere im Zusammenhang mit einem Foto, mit Ausnahme von begründeten Einzelfällen oder in einer Schülerzeitschrift, verzichtet werden sollte.

Mehr dazu finden Sie in den Beiträgen ⇨ Datenschutz (Schulen) Nr. 2.1.4 und ⇨ Internet und Schule.

3.
Sorgfaltspflichten

Schulen, die eigene Angebote ins Internet stellen, sind formal „Teledienste“. Sie müssen die journalistische Sorgfaltspflicht, das Gegendarstellungsrecht und die Impressumspflicht beachten: Name, Adresse und der/die Verantwortliche (die Schulleitung und ggf. Webmaster) sind anzugeben.

Für die Inhalte des Internetangebots einer Schule ist die Schulleitung verantwortlich (ggf. auch der von ihr beauftragte Webmaster). Eigene Inhalte sind nicht nur die selbst erstellten, sondern auch fremde Daten, wenn sie in Kenntnis ihres Inhalts ausgewählt und übernommen werden oder wenn man sich mit dem Inhalt fremder Daten identifiziert. Fremde Inhalte sollten daher als solche gekennzeichnet und unverfälscht dargestellt, Hyperlinks nicht ungeprüft gesetzt werden.

Beim Setzen von Links auf Schul-Homepages sollte ein Haftungsausschluss vermerkt werden (unter www.disclaimer.de/disclaimer.htm wird hierfür eine praktikable Hilfsfunktion angeboten).

Schulen, die personenbezogene Daten (Texte, Fotos usw.) in ihr Internetangebot einstellen, haben grundsätzlich zuvor die Einwilligung der Betroffenen (bzw. bei fehlender Einsichtsfähigkeit von den Erziehungsberechtigen) einzuholen. Dies gilt auch für Schüler- und Lehrkräftelisten oder Vertretungspläne. ⇨ Datenschutz (Schulen).

Das Landesbehindertengleichstellungsgesetz enthält u.a. Vorschriften zur Barrierefreiheit bei amtlichen Internetauftritten. Nach § 2 müssen *„öffentliche Stellen“* (also auch Schulen) ihre Webseiten einschließlich Apps und sonstigen Anwendungen für mobile Endgeräte sowie die von ihnen zur Verfügung gestellten grafischen Programmoberflächen, die mit Mitteln der Informationstechnik dargestellt werden, so gestalten, *„dass sie von Menschen mit Behinderungen grundsätzlich uneingeschränkt genutzt werden können“*. (vgl. „Barrierefreie-Informationstechnik-Verordnung“: https://www.gesetze-im-internet.de/bitv_2_0/index.html). Die Erklärung zur Barrierefreiheit ist auf der jeweiligen Webseite zu veröffentlichen. Ein Link zu dieser Erklärung soll an einer hervorgehobenen Stelle auf der Startseite oder auf jeder Unterseite der Webseite anzeigt werden. (§ 7 der VO des Sozialministeriums zur Durchführung des Landes-Behindertengleichstellungsgesetzes vom 11.12.2019, GBl. S. 551/2019)

4.
Jugendschutz

Schulen sind im Rahmen ihrer Aufsichtspflicht gehalten, Gefahren zu vermeiden und die Fürsorgepflicht gegenüber Schüler*innen wahrzunehmen:

- Schulleitung und Lehrkräfte haben die Schüler*innen auf Gefahren und den verantwortungsvollen Umgang mit dem Internet hinzuweisen, eine ausreichende Aufsicht sicherzustellen und bei Missbrauch angemessen zu reagieren.
- Die Schule hat Sicherheitsvorkehrungen zu treffen, z.B. Nutzung eines wirksamen Jugendschutzfilters. Eine Auswahl bietet die Kommission für Jugendschutz: https://www.kjm-online.de/

5.
Cyber-Mobbing

Lehrkräfte und Schüler*innen können Opfer verleumderischer Angriffe oder einer öffentlichen Bloßstellung im Internet werden (*„Cyber-Mobbing“*).

Der Schutz der einzelnen Person vor beleidigenden oder verleumderischen Äußerungen muss stets gegen das Recht auf freie Meinungsäußerung abgewogen werden. Zwar kann sich eine – gegebenenfalls unsachliche, aber noch hinzunehmende – Kritik an einer Lehrkraft durch die Verbreitung im Internet in gewisser Weise potenzieren, sodass die Veröffentlichung von den Betroffenen nicht hingenommen werden muss. Auf der anderen Seite kann auch eine zugespitzte, polemisch formulierte Kritik an einer Lehrkraft noch vom Recht auf freie Meinungsäußerung umfasst sein. Die Veröffentlichung ist dann nach der Entscheidung des Bundesgerichtshofs vom 23.6.2009 (VI ZR 196/08) zu www.spickmich.de trotz fehlender Einwilligung der Lehrkraft zulässig.

Im Fall von Persönlichkeitsverletzungen muss der Dienstherr die Beschäftigten bei der Einschaltung der Strafverfolgungsbehörden, der Wahrnehmung des Rechts auf Gegendarstellung und Unterlassung sowie der Geltendmachung von Schadensersatzansprüche unterstützen. GEW-Mitglieder werden vom GEW-Rechtsschutz beraten und unterstützt.“

⇨ Mobbing; ⇨ Sexuelle Gewalt und Belästigung

Die Schule kann Erziehungs- und Ordnungsmaßnahmen ergreifen (⇨ Schulgesetz § 90) und gemäß § 23 Abs. 2 SchG die *„erforderlichen Maßnahmen“* treffen (z.B. Anordnungen und Verbote im Einzelfall).

⇨ Datenschutz (RDV - Bildungsplattform); ⇨ Datenschutz (Schulen); ⇨ DigitalPakt Schule; ⇨ Digitalisierung/Medienentwicklung; ⇨ Haushalt; ⇨ Jugendschutzgesetz; ⇨ Mobbing; ⇨ Rechtsschutz; ⇨ Sexuelle Gewalt und Belästigung; ⇨ Schulgesetz §§ 23, 90, 93, 94; ⇨ Schulgesetz § 90; ⇨ Urheberrecht (Allgemeines); ⇨ Urheberrecht (GEMA / Musik)

Das „alte“ Jahrbuch nicht sofort entsorgen

Immer wieder existieren „alte“ und „neue“ Vorschriften nebeneinander, wobei die Neuregelungen zunächst nur für bestimmte Schülerjahrgänge gelten. Man sollte deshalb sein „altes“ Exemplar nicht in den Papierkorb werfen. Denn es ist zwar nicht mehr „aktuell“, aber nach wie vor nützlich.

Job-Rad und Job-Ticket

Informationen der Redaktion zur Rechtslage und zur Verwaltungspraxis in Baden-Württemberg

Job-Rad

Beamt*innen können im Rahmen der ⇨ Entgeltumwandlung Fahrräder, E-Bikes oder Pedelecs, die vom Dienstherrn geleast werden, privat nutzen (VwV JobBike BW, 31.8.2020, GABl. S. 728/2020). Der Dienstherr leistet keinen Zuschuss. Die Monatsrate für das Job-Rad wird während der 36-monatigen Laufzeit durch das Landesamt für Besoldung direkt vom Bruttogehalt abgezogen. Damit sinkt das zu versteuernde Bruttoeinkommen. Das Job-Rad bleibt im Besitz des Landes. Will man es am Ende der Leasingdauer übernehmen, muss der geldwerte Vorteil versteuert werden. Die Bestellung und die Abwicklung der Zahlungen an den „Leasinggeber" erfolgt über das Kundenportal des LBV. Informationen zum Angebot sind unter https://kultusministerium,Lde/startseite/Service/JobBike abrufbar.

Für Arbeitnehmer*innen des Landes ist eine Teilnahme am Job-Rad-Leasing nicht möglich. Die Nutzung der Entgeltumwandlung für ein „Job-Rad-Leasing" wäre für Tarifbeschäftigte ohne Zuschuss des Arbeitgebers auch nicht attraktiv, da die Entgeltumwandlung den sozialversicherungspflichtigen Bruttoverdienst verringert, was zur Minderung der Rentenansprüche sowie der Lohnfortzahlung im Krankheitsfall führt. Ohne Zuschuss des Landes werden die Gewerkschaften deshalb keinen Tarifvertrag abschließen.

Job-Ticket

Das JobTicket BW ist eine Fahrkarte für Fahrten zwischen Wohnung und Dienststelle. Es wird von den Nahverkehrsverbünden sowie von der Deutschen Bahn angeboten und ist ausschließlich im Jahresabonnement mit monatlicher Zahlungsweise erhältlich. Es kann je nach Anbieter unterschiedlich ausgestaltet sein (Preis, Mitnahmeregelung usw.).

Das Land zahlt seinen Beschäftigten mit den Dienstbezügen einen monatlichen Zuschuss von 25 Euro zum Erwerb eines JobTickets BW. Der Zuschuss und ggf. von den Verkehrsanbietern gewährte Rabatte stellen einkommensteuerrechtlich einen „Sachbezug" dar, der bis 44 Euro/Monat steuerfrei ist. Voraussetzung ist ein Antrag beim LBV unter: https://lbv.landbw.de/service/jobticket-bw.

Das JobTicket BW samt Zuschuss ist online für die DB (für verbundüberschreitende Zugverbindungen) sowie die Verkehrsverbünde DING, VVS und VPE über das Kundenportal des LBV buchbar (zum Einloggen wird die Personalnummer benötigt). Bei den übrigen Verkehrsverbünden ist es schriftlich zu beantragen.

⇨ Entgeltumwandlung

Jugendarbeit und Schule

Informationen der Redaktion zur Rechtslage und zur Verwaltungspraxis in Baden-Württemberg

Für die Förderung und Weiterentwicklung der Kooperation von Schulen und den Trägern der Jugendarbeit wurde die „Landesarbeitsstelle Kooperation (LAK) – Beratung und Vernetzung" eingerichtet. Ziel ist, die schulische Förderung und soziale Teilhabe von Kindern und Jugendlichen mit Behinderungen, Erkrankungen oder sozialen Problemen sicherzustellen und zu verbessern. Informationen unter: https://km-bw.de/Arbeitsstellen+Kooperation

In der Verwaltungsvorschrift über die Förderung der Jugendbildung sind vielfältige Fördermöglichkeiten der außerschulischen Jugendarbeit beschrieben. Ein Auszug daraus (Richtlinien für Internationale Schülerbegegnungen mit Staaten Mittel- und Osteuropas sowie für Gedenkstättenfahrten) sind abgedruckt unter: ⇨ Außerunterrichtliche Jugendbildung.

Landesjugendring

Der Landesjugendring (LJR) ist eine landesweite Kooperationsfachstelle für die Weiterentwicklung der Kooperationen von Jugendarbeit und Schule und die Beteiligung der Jugendarbeit am Ausbau der Ganztagesbildung. Info unter: www.ljrbw.de

⇨ Außerunterrichtliche Jugendbildung; ⇨ Außerunterrichtliche Veranstaltungen; ⇨ Jugendhilfe; ⇨ Schulsozialarbeit

Aktion Jugendschutz – ajs

Die Aktion Jugendschutz (ajs), der neben Wohlfahrtsverbänden, Kommunalen Spitzenverbänden, Kirchen usw. auch die GEW angehört, setzt sich für die Stärkung, den Schutz und die Rechte von Kindern und Jugendlichen ein. Schwerpunkte sind die Suchtprävention, Jugendmedienschutz und Medienpädagogik, Sexualerziehung, Gewaltprävention und gesetzliche Regelungen zum Schutz von Kindern und Jugendlichen.

Mit Informationsbroschüren, Arbeitsmaterialien und Fachliteratur sowie Fortbildungen, Tagungen und Projekten zu den genannten Themen unterstützt die ajs pädagogische Fachkräfte. Die ajs im Internet: www.ajs-bw.de.

Jugendarbeitsschutz (Kinderarbeit)

Informationen der Redaktion zur Rechtslage und zur Verwaltungspraxis in Baden-Württemberg

Nach § 5 Jugendarbeitsschutzgesetz ist die Beschäftigung von Kindern verboten. „Kind" im Sinne dieses Gesetzes ist, wer noch nicht 15 Jahre alt ist. Das Verbot gilt nicht für die Beschäftigung

1. zum Zwecke der Beschäftigungs- und Arbeitstherapie,
2. im Rahmen des Betriebspraktikums während der Vollzeitschulpflicht,
   ⇨ Berufliche Orientierung (Praxiserfahrungen)
3. in Erfüllung einer richterlichen Weisung.

Zulässig ist die Beschäftigung von Kindern über 13 Jahren, wenn die Personensorgeberechtigten einwilligen, soweit sie leicht und für Kinder geeignet ist. Die Beschäftigung ist ist „leicht", wenn sie aufgrund ihrer Beschaffenheit und der besonderen Bedingungen, unter denen sie ausgeführt wird,

1. die Sicherheit, Gesundheit und Entwicklung der Kinder,
2. ihren Schulbesuch, ihre Beteiligung an Maßnahmen zur Berufswahlvorbereitung oder Berufsausbildung, die von der zuständigen Stelle anerkannt sind, und
3. ihre Fähigkeit, dem Unterricht mit Nutzen zu folgen,

nicht nachteilig beeinflusst. Die Kinder dürfen nicht mehr als zwei Stunden täglich, in landwirtschaftlichen Familienbetrieben nicht mehr als drei Stunden täglich, nicht zwischen 18 und 8 Uhr, nicht vor dem Schulunterricht und nicht während des Schulunterrichts beschäftigt werden.

Das Verbot gilt ferner nicht für die Beschäftigung von Jugendlichen (das sind 15, aber noch nicht 18 Jahre alte Personen) während der Schulferien für höchstens vier Wochen im Kalenderjahr.

Zur Ausführung des Gesetzes hat die Bundesregierung die folgende Verordnung erlassen.

Kinderarbeitsschutzverordnung

Verordnung der Bundesregierung über den Kinderarbeitsschutz (Kinderarbeitsschutzverordnung – KindArbSchV) vom 23. Juni 1998 (BGBl. I S. 1508/1998)

§ 1
Beschäftigungsverbot

Kinder über 13 Jahre und vollzeitschulpflichtige Jugendliche dürfen nicht beschäftigt werden, soweit nicht das Jugendarbeitsschutzgesetz und § 2 dieser Verordnung Ausnahmen vorsehen.

§ 2
Zulässige Beschäftigungen

(1) Kinder über 13 Jahre und vollzeitschulpflichtige Jugendliche dürfen nur beschäftigt werden

1. mit dem Austragen von Zeitungen, Zeitschriften, Anzeigenblättern und Werbeprospekten,
2. in privaten und landwirtschaftlichen Haushalten mit
   a) Tätigkeiten im Haushalt und Garten,
   b) Botengängen,
   c) der Betreuung von Kindern und anderen zum Haushalt gehörenden Personen,
   d) Nachhilfeunterricht,
   e) der Betreuung von Haustieren,
   f) Einkaufstätigkeiten mit Ausnahme des Einkaufs von alkoholischen Getränken und Tabakwaren,
3. in landwirtschaftlichen Betrieben mit Tätigkeiten bei
   a) der Ernte und der Feldbestellung,
   b) der Selbstvermarktung landwirtschaftlicher Erzeugnisse,
   c) der Versorgung von Tieren,
4. mit Handreichungen beim Sport,
5. mit Tätigkeiten bei nichtgewerblichen Aktionen und Veranstaltungen der Kirchen, Religionsgemeinschaften, Verbände, Vereine und Parteien,

wenn die Beschäftigung nach § 5 Abs. 3 des Jugendarbeitsschutzgesetzes leicht und für sie geeignet ist.

(2) Eine Beschäftigung mit Arbeiten nach Absatz 1 ist nicht leicht und für Kinder über 13 Jahre und vollzeitschulpflichtige Jugendliche nicht geeignet, wenn sie insbesondere

1. mit einer manuellen Handhabung von Lasten verbunden ist, die regelmäßig das maximale Lastgewicht von 7,5 kg oder gelegentlich das maximale Lastgewicht von 10 kg überschreiten; manuelle Handhabung in diesem Sinne ist jedes Befördern oder Abstützen einer Last durch menschliche Kraft, unter anderem das Heben, Absetzen, Schieben, Ziehen, Tragen und Bewegen einer Last,
2. infolge einer ungünstigen Körperhaltung physisch belastend ist oder
3. mit Unfallgefahren, insbesondere bei Arbeiten an Maschinen und bei der Betreuung von Tieren, verbunden ist, von denen anzunehmen ist, dass Kinder über 13 Jahre und vollzeitschulpflichtige Jugendliche sie wegen mangelnden Sicherheitsbewusstseins oder mangelnder Erfahrung nicht erkennen oder nicht abwenden können.

Satz 1 Nr. 1 gilt nicht für vollzeitschulpflichtige Jugendliche.

(3) Die zulässigen Beschäftigungen müssen im Übrigen den Schutzvorschriften des Jugendarbeitsschutzgesetzes entsprechen.

⇨ Berufliche Orientierung (Praxiserfahrungen); ⇨ Jugendhilfe (Bundesrecht) / (Landesrecht); ⇨ Kinderrechte

Jugendbegleiter*innen

Hinweise der Redaktion (Quellen: Rundbrief des KM vom 9. März 2006 (AZ: 53-6977/96) und Internet-Recherche

Aufgabengebiete

Im Rahmen des „Jugendbegleiter-Programms" (JB- Programm) werden Jugendbegleiterinnen und Jugendbegleiter an offenen ➪ Ganztagsschulen *„im Sinne offener, von den Schülern freiwillig wahrgenommener Angebote"* für unterrichtsergänzende Bildungs- und Betreuungsaufgaben tätig. Jede öffentliche allgemeinbildende oder berufliche Schule kann im Primarbereich bzw. in der Sekundarstufe I am Jugendbegleiter-Programm teilnehmen.

Sie geben Hilfestellung bei der Verwirklichung von Eigeninitiativen der Schüler*innen (z.B. Schulsportinitiativen, Schülerbands, Bibelkreise, Theaterspiel etc.) und werden in der Regel von der Schule in Kooperation mit dem Schulträger sowie mit Organisationen (Vereinen, Kirchengemeinden, Schulfördervereinen, Weiterbildungsorganisationen usw.) eingesetzt.

Es können unterschiedliche inhaltliche Themenbereiche für die Jugend erschlossen werden: z.B. Sport, Musik (Gesang, Chor, Instrumentalmusik, Orchester), kulturelle Aktivitäten (Kunst, Medien, Theater, Tanz, Literatur, Heimat und Geschichte), Wirtschaft, Umwelt, Naturwissenschaften. Die Jugendbegleiter*innen können auch wertebezogene Angebote machen, sich hinsichtlich sozialer Tätigkeiten in die Schule einbringen, klassische Betreuungsaufgaben übernehmen sowie Themen aus der Arbeitswelt oder aus Umwelt- und Naturschutz zu ihrem Wirkungsfeld erklären. Beispiele sind: kirchliche Jugendarbeit, Streitschlichterschulung, Erste-Hilfe-Kurse, direktes soziales Engagement, interkulturelle Arbeit mit Kindern mit Migrationshintergrund, Hausaufgabenbetreuung, Betreuung während der Mittagspause/des Mittagessens usw. Auch „gebundene Ganztagsschulen" können am Programm teilnehmen.

Status und Fortbildung

Jugendbegleiter*in kann werden, wer sich für Schüler*innen engagieren möchte, insbesondere sind dies pädagogisch bereits qualifizierte Personen wie ausgebildete Übungsleiter*innen, Jugendgruppenleiter*innen, Musikschulpädagog*innen, Schüler- und Bürgermentor*innen, aber auch Fachleute aus der Wirtschaft und qualifizierte Einzelpersonen wie Eltern, Senior*innen oder Geschäftsleute aus dem schulischen Umfeld. Auch Schüler*innen können als „Junior-Jugendbegleiter*in" an der eigenen oder an anderen Schulen tätig werden, z.B. können Gymnasiast*innen Erfahrungen an Sonderpädagogischen Bildungs- und Beratungszentren sammeln und zur eigenen Berufsorientierung verwenden.

Die Tätigkeit erfordert eine Grundqualifikation, die neben pädagogischen Grundkenntnissen auch organisatorische und administrative Kompetenz umfasst. Jugendbegleiter*innen sollen kooperationsbereit und konfliktfähig sein.

Die Jugendbegleiter*innen sind ehrenamtlich tätig. Eine ehrenamtliche Vergütung kann vereinbart werden. Eine vereinbarte Vergütung wird von den Schulträgern an die Jugendbegleiter*innen ausgezahlt und von der Schulleitung dokumentiert.

Hinweis der Redaktion: Zur Vergütung der ehrenamtlich tätigen Jugendbegleiter*innen („Übungsleiterpauschale") siehe ➪ Grundschule (Verlässliche) Nr. 3.7.

Jugendbegleiter*innen sind, falls kein anderer Unfallversicherungs- oder Haftpflichtversicherungsschutz besteht, durch die Sammelversicherungsverträge des Landes für bürgerschaftlich und ehrenamtlich engagierte Menschen geschützt.

Finanzierung

Für jede teilnehmende Schule wird beim Schulträger ein Schulbudget eingerichtet und verwaltet, über das die Schulleitung letztverantwortlich entscheidet. In dieses Schulbudget fließen der Landeszuschuss, ggf. Mittel des Schulträgers, eventuell Elternbeiträge sowie mögliche Sponsorengelder. Die Schulen erhalten, abhängig von der Zahl der wöchentlichen Jugendbegleiter-Stunden, ein Förderbudget zwischen 2.500 und 7.000 Euro; abhängig von der Höhe ihres Grundbudgets können sie zusätzlich ein Kooperationsbudget zwischen 500 und 1.500 Euro zur Förderung von Jugendbegleiter-Angeboten in Zusammenarbeit mit außerschulischen gemeinnützigen Vereinen und Organisationen erhalten. Die Schulen können bis zu 20 % ihres Grundbudgets für den Bereich Qualifizierung und Programmkoordinierung verwenden. Die Ausgaben für diesen Bereich sind nun in das Grundbudget integriert. Außerdem erhalten die Schulen ab 41 Jugendbegleiter-Wochenstunden eine Deputatsstunde zur Programmverwaltung.

Hinweis der Redaktion: Diese Entlastungsstunde wird jeweils im Folge-Schuljahr wirksam.

Einsatz an der Schule

Die Jugendbegleiter*innen sollen keine Lehrkräfte ersetzen, sondern nur außerhalb des Unterrichts zur Betreuung eingesetzt werden, sie machen ein über den klassischen Unterricht hinausgehendes Angebot. Die Jugendbegleitung soll nicht vorrangig auf den Erwerb rein inhaltlichen Wissens abzielen, sondern durch vielfältige, teilweise ganzheitliche oder erlebnisorientierte Lernformen die gesunde Entwicklung von Kindern und Jugendlichen unterstützen. Das Angebot darf auch Freizeitcharakter haben, Spaß machen und entspannen.

Es wird den Schulen empfohlen, eine kleine Planungs- und Koordinierungsgruppe zu bilden, in die Vertreter*innen der Schule, der Elternschaft, der außerschulischen Partner und des Schulträgers einbezogen werden. Diese Gruppe sollte möglichst dem Schulprofil entsprechende Vorschläge für Angebote, personelle Besetzung sowie Nutzung von Räumen und anderen Lernorten innerhalb und außerhalb der Schule erarbeiten. Handlungsgrundlage für die

Koordinierungsgruppe ist die landesweite Rahmenvereinbarung. Die letzte Verantwortung für den Einsatz der Jugendbegleiter*innen wie auch die pädagogische, fachliche und organisatorische Aufsicht liegt bei der Schulleitung; diese trifft die Absprachen mit den Jugendbegleiter*innen (eine Muster-Vereinbarung steht im Internet unter: www.jugendbegleiter.de). Die Schule erstellt einen Wochenplan, aus dem die betreuten Gruppen, die Stunden, die Themenbereiche und die Betreuungspersonen ersichtlich sind. In der Aufbauphase umfasst die Planung mindestens einen ganzen Schultag.

Die Jugendbegleiter*innen garantieren zusammen mit der entsendenden lokalen Institution, dass das Betreuungsangebot zuverlässig über ein Schulhalbjahr stattfinden wird. Dies kann auch durch Team- oder durch Vertretungslösungen sichergestellt werden. Es ist auch möglich, dass sich mehrere Jugendbegleiter*innen für ein Angebot in diesem Zeitraum absprechen. Die wöchentliche Einsatzzeit richtet sich nach dem vereinbarten Wochenplan. Um ein zuverlässiges Angebot sicherzustellen, verpflichten sich Jugendbegleiter*innen für mindestens ein Schulhalbjahr.

Die Eltern werden an den Elternabenden über die Jugendbegleiter-Betreuung informiert. Sie wählen mit ihrem Kind Betreuungsangebote aus, an denen das Kind dann konsequent mindestens ein Schulhalbjahr lang teilnimmt.

Wie die Lehrkräfte können die Jugendbegleiter*innen ein Kurstagebuch führen, in dem sie Themen und Teilnehmende aufführen und das von der Schulleitung abgezeichnet wird. Bei Nichtteilnahme von Schülerinnen und Schülern sollte eine schriftliche Entschuldigung erfolgen.

Das Kultusministerium empfiehlt, dass die Jugendbegleiterinnen und Jugendbegleiter an einigen Konferenzen zusammen mit den Lehrkräften teilnehmen dürfen: *„Sie sollten keinen Exotenstatus haben, sondern so weit wie möglich in das Schulleben integriert werden."* Das KM betont ferner die Notwendigkeit *„einer deutlichen Wertschätzung der Jugendbegleiterinnen und Jugendbegleiter, die sich in Dank und in der Präsentation der Betreuungsarbeit nach außen und gegenüber den Eltern zeigen sollte"*.

Schulen können neben Jugendbegleiter*innen auch ⇨ Lehrbeauftragte für Betreuungsaufgaben einsetzen und die flexible Nachmittagsbetreuung fortführen sowie bereits bestehende Kooperationen in das Jugendbegleiter-Programm übertragen, wenn die Kriterien des Jugendbegleiter-Programms gewährleistet sind.

Weiterführende Informationen

Unter www.jugendbegleiter.de sind zu diesem Programm zahlreiche Informationen, die Rahmenvereinbarung sowie Anregungen und praktische Arbeits- und Planungshilfen abrufbar.

⇨ Ganztagsschulen; ⇨ Haushalt; ⇨ Lehrbeauftragte; ⇨ Pädagogische Assistent*innen

Jugendhilfe (Bundesrecht – SGB VIII)

Auszug aus dem Sozialgesetzbuch (SGB) VIII;
neu gefasst am 11.9.2012 (BGBl. I S. 2022/2012); zuletzt geändert am 10. August 2021 (BGBl. I S. 3424)

§ 1
Recht auf Erziehung, Elternverantwortung, Jugendhilfe

(1) Jeder junge Mensch hat ein Recht auf Förderung seiner Entwicklung und auf Erziehung zu einer eigenverantwortlichen und gemeinschaftsfähigen Persönlichkeit. ⇨ Behinderungen (Allgemeines)

(2) Pflege und Erziehung der Kinder sind das natürliche Recht der Eltern und die zuvörderst ihnen obliegende Pflicht. Über ihre Betätigung wacht die staatliche Gemeinschaft. ⇨ Grundgesetz Art. 6

(3) Jugendhilfe soll zur Verwirklichung des Rechts nach Absatz 1 insbesondere

1. junge Menschen in ihrer individuellen und sozialen Entwicklung fördern und dazu beitragen, Benachteiligungen zu vermeiden oder abzubauen,
2. jungen Menschen ermöglichen oder erleichtern, entsprechend ihrem Alter und ihrer individuellen Fähigkeiten in allen sie betreffenden Lebensbereichen selbstbestimmt zu interagieren und damit gleichberechtigt am Leben in der Gesellschaft teilhaben zu können,
3. Eltern und andere Erziehungsberechtigte bei der Erziehung beraten und unterstützen,
4. Kinder und Jugendliche vor Gefahren für ihr Wohl schützen,
5. dazu beitragen, positive Lebensbedingungen für junge Menschen und ihre Familien sowie eine kinder- und familienfreundliche Umwelt zu erhalten oder zu schaffen.

§ 2
Aufgaben der Jugendhilfe

(1) Die Jugendhilfe umfasst Leistungen und andere Aufgaben zugunsten junger Menschen und Familien.

(2) Leistungen der Jugendhilfe sind:

1. Angebote der Jugendarbeit, der Jugendsozialarbeit und des erzieherischen Kinder- und Jugendschutzes (§§ 11 bis 14),
2. Angebote zur Förderung der Erziehung in der Familie (§§ 16 bis 21),
3. Angebote zur Förderung von Kindern in Tageseinrichtungen und in Tagespflege (§§ 22 bis 25),

4. Hilfe zur Erziehung und ergänzende Leistungen (§§ 27 bis 35, 36, 37, 39, 40),
5. Hilfe für seelisch behinderte Kinder und Jugendliche und ergänzende Leistungen (§§ 35a bis 37, 39, 40),
6. Hilfe für junge Volljährige und Nachbetreuung (den §§ 41 und 41a). [...]

§ 4
Zusammenarbeit der öffentlichen Jugendhilfe mit der freien Jugendhilfe

(1) Die öffentliche Jugendhilfe soll mit der freien Jugendhilfe zum Wohl junger Menschen und ihrer Familien partnerschaftlich zusammenarbeiten. Sie hat dabei die Selbstständigkeit der freien Jugendhilfe in Zielsetzung und Durchführung ihrer Aufgaben sowie in der Gestaltung ihrer Organisationsstruktur zu achten.

(2) Soweit geeignete Einrichtungen, Dienste und Veranstaltungen von anerkannten Trägern der freien Jugendhilfe betrieben werden oder rechtzeitig geschaffen werden können, soll die öffentliche Jugendhilfe von eigenen Maßnahmen absehen. [...]

§ 5
Wunsch- und Wahlrecht

(1) Die Leistungsberechtigten haben das Recht, zwischen Einrichtungen und Diensten verschiedener Träger zu wählen und Wünsche hinsichtlich der Gestaltung der Hilfe zu äußern. Sie sind auf dieses Recht hinzuweisen.

(2) Der Wahl und den Wünschen soll entsprochen werden, sofern dies nicht mit unverhältnismäßigen Mehrkosten verbunden ist. Wünscht der Leistungsberechtigte die Erbringung einer in § 78a genannten Leistung in einer Einrichtung, mit deren Träger keine Vereinbarungen nach § 78b bestehen, so soll der Wahl nur entsprochen werden, wenn die Erbringung der Leistung in dieser Einrichtung im Einzelfall oder nach Maßgabe des Hilfeplans (§ 36) geboten ist.

Hinweis der Redaktion: § 36 ist abgedruckt bei: ⇨ Behinderungen (Allgemeines).

§ 6
Geltungsbereich

(1) Leistungen nach diesem Buch werden jungen Menschen, Müttern, Vätern und Personensorgeberechtigten von Kindern und Jugendlichen gewährt, die ihren tatsächlichen Aufenthalt im Inland haben. [...] Umgangsberechtigte haben unabhängig von ihrem tatsächlichen Aufenthalt Anspruch auf Beratung und Unterstützung bei der Ausübung des Umgangsrechts, wenn das Kind oder der Jugendliche seinen gewöhnlichen Aufenthalt im Inland hat.

(2) Ausländer können Leistungen nach diesem Buch nur beanspruchen, wenn sie rechtmäßig oder aufgrund einer ausländerrechtlichen Duldung ihren gewöhnlichen Aufenthalt im Inland haben. Absatz 1 Satz 2 bleibt unberührt.

(3) Deutschen können Leistungen nach diesem Buch auch gewährt werden, wenn sie ihren Aufenthalt im Ausland haben und soweit sie nicht Hilfe vom Aufenthaltsland erhalten. [...]

§ 7
Begriffsbestimmungen

(1) Im Sinne dieses Buches ist
1. Kind, wer noch nicht 14 Jahre alt ist, soweit nicht die Absätze 2 bis 4 etwas anderes bestimmen,
2. Jugendlicher, wer 14, aber noch nicht 18 Jahre alt ist,
3. junger Volljähriger, wer 18, aber noch nicht 27 Jahre alt ist,
4. junger Mensch, wer noch nicht 27 Jahre alt ist,
5. Personensorgeberechtigter, wem allein oder gemeinsam mit einer anderen Person nach den Vorschriften des Bürgerlichen Gesetzbuchs die Personensorge zusteht,
6. Erziehungsberechtigter, der Personensorgeberechtigte und jede sonstige Person über 18 Jahre, soweit sie aufgrund einer Vereinbarung mit dem Personensorgeberechtigten nicht nur vorübergehend und nicht nur für einzelne Verrichtungen Aufgaben der Personensorge wahrnimmt.

(2) Kinder, Jugendliche, junge Volljährige und junge Menschen mit Behinderungen im Sinne dieses Buches sind Menschen, die körperliche, seelische, geistige oder Sinnesbeeinträchtigungen haben, die sie in Wechselwirkung mit einstellungs- und umweltbedingten Barrieren an der gleichberechtigten Teilhabe an der Gesellschaft mit hoher Wahrscheinlichkeit länger als sechs Monate hindern können. Eine Beeinträchtigung nach Satz 1 liegt vor, wenn der Körper- und Gesundheitszustand von dem für das Lebensalter typischen Zustand abweicht. Kinder, Jugendliche, junge Volljährige und junge Menschen sind von Behinderung bedroht, wenn eine Beeinträchtigung nach Satz 1 zu erwarten ist.

(3) Kind im Sinne des § 1 Abs. 2 ist, wer noch nicht 18 Jahre alt ist.

(4) Werktage im Sinne der §§ 42a bis 42c sind die Wochentage Montag bis Freitag; ausgenommen sind gesetzliche Feiertage.

(5) Die Bestimmungen dieses Buches, die sich auf die Annahme als Kind beziehen, gelten nur für Personen, die das 18. Lebensjahr noch nicht vollendet haben.

§ 8
Beteiligung von Kindern und Jugendlichen

(1) Kinder und Jugendliche sind entsprechend ihrem Entwicklungsstand an allen sie betreffenden Entscheidungen der öffentlichen Jugendhilfe zu beteiligen. Sie sind in geeigneter Weise auf ihre Rechte im Verwaltungsverfahren sowie im Verfahren vor dem Familiengericht und dem Verwaltungsgericht hinzuweisen.

(2) Kinder und Jugendliche haben das Recht, sich in allen Angelegenheiten der Erziehung und Entwicklung an das Jugendamt zu wenden.

(3) Kinder und Jugendliche haben Anspruch auf Beratung ohne Kenntnis des Personensorgeberechtigten, wenn die Beratung aufgrund einer Not- und Konfliktlage erforderlich ist und solange durch die Mitteilung an den Personensorgeberechtigten der Be-

ratungszweck vereitelt würde. § 36 des Ersten Buches bleibt unberührt. Die Beratung kann auch durch einen Träger der freien Jugendhilfe erbracht werden; [...].

⇨ Sexuelle Gewalt, Missbrauch und Belästigung

Hinweis der Redaktion: Nach § 36 SGB I kann Anträge auf Sozialleistungen stellen und verfolgen sowie Sozialleistungen entgegennehmen, wer das fünfzehnte Lebensjahr vollendet hat. Der Leistungsträger soll zwar den gesetzlichen Vertreter über die Antragstellung und die erbrachten Sozialleistungen unterrichten. Die Ansprüche entstehen jedoch gemäß § 40 SGB I unabhängig vom Antrag. Es reicht demnach an sich aus, wenn die zuständige Behörde vom Bedarf erfährt – etwa im Rahmen der Kooperation zwischen Jugendhilfe und Schule; dabei ist der Datenschutz zu beachten. Insofern können betroffene Jugendliche auch Leistungen empfangen, ohne dass die Sorgeberechtigten hiervon erfahren müssen.

(4) Beteiligung und Beratung von Kindern und Jugendlichen nach diesem Buch erfolgen in einer für sie verständlichen, nachvollziehbaren und wahrnehmbaren Form.

§ 8a
Schutzauftrag bei Kindeswohlgefährdung

(1) Werden dem Jugendamt gewichtige Anhaltspunkte für die Gefährdung des Wohls eines Kindes oder Jugendlichen bekannt, so hat es das Gefährdungsrisiko im Zusammenwirken mehrerer Fachkräfte einzuschätzen. Soweit der wirksame Schutz dieses Kindes oder dieses Jugendlichen nicht in Frage gestellt wird, hat das Jugendamt die Erziehungsberechtigten sowie das Kind oder den Jugendlichen in die Gefährdungseinschätzung einzubeziehen und, sofern dies nach fachlicher Einschätzung erforderlich ist,

1. sich dabei einen unmittelbaren Eindruck von dem Kind und von seiner persönlichen Umgebung zu verschaffen sowie
2. Personen, die gemäß § 4 Absatz 3 des Gesetzes zur Kooperation und Information im Kinderschutz dem Jugendamt Daten übermittelt haben, in geeigneter Weise an der Gefährdungseinschätzung zu beteiligen.

Hält das Jugendamt zur Abwendung der Gefährdung die Gewährung von Hilfen für geeignet und notwendig, so hat es diese den Erziehungsberechtigten anzubieten.

⇨ Jugendschutz/Kinderschutz (Information – KKG)

(2) Hält das Jugendamt das Tätigwerden des Familiengerichts für erforderlich, so hat es das Gericht anzurufen; dies gilt auch, wenn die Erziehungsberechtigten nicht bereit oder in der Lage sind, bei der Abschätzung des Gefährdungsrisikos mitzuwirken. Besteht eine dringende Gefahr und kann die Entscheidung des Gerichts nicht abgewartet werden, so ist das Jugendamt verpflichtet, das Kind oder den Jugendlichen in Obhut zu nehmen.

(3) Soweit zur Abwendung der Gefährdung das Tätigwerden anderer Leistungsträger, der Einrichtungen der Gesundheitshilfe oder der Polizei notwendig ist, hat das Jugendamt auf die Inanspruchnahme durch die Erziehungsberechtigten hinzuwirken. Ist ein sofortiges Tätigwerden erforderlich und wirken die Personensorgeberechtigten oder die Erziehungsberechtigten nicht mit, so schaltet das Jugendamt die anderen zur Abwendung der Gefährdung zuständigen Stellen selbst ein. [...]

⇨ Schulgesetz §§ 85-86, 90

§ 8b
Fachliche Beratung und Begleitung zum Schutz von Kindern und Jugendlichen

(1) Personen, die beruflich in Kontakt mit Kindern oder Jugendlichen stehen, haben bei der Einschätzung einer Kindeswohlgefährdung im Einzelfall gegenüber dem örtlichen Träger der Jugendhilfe Anspruch auf Beratung durch eine insoweit erfahrene Fachkraft. [...]

⇨ Jugendschutz/Kinderschutz (Information – KKG)

§ 9
Grundrichtung der Erziehung, Gleichberechtigung von jungen Menschen

Bei der Ausgestaltung der Leistungen und der Erfüllung der Aufgaben sind

1. die von den Personensorgeberechtigten bestimmte Grundrichtung der Erziehung sowie die Rechte der Personensorgeberechtigten und des Kindes oder des Jugendlichen bei der Bestimmung der religiösen Erziehung zu beachten, ⇨ Religion (Allgemeines)
2. die wachsende Fähigkeit und das wachsende Bedürfnis des Kindes oder des Jugendlichen zu selbstständigem, verantwortungsbewusstem Handeln sowie die jeweiligen besonderen sozialen und kulturellen Bedürfnisse und Eigenarten junger Menschen und ihrer Familien zu berücksichtigen,
3. die unterschiedlichen Lebenslagen von Mädchen und Jungen sowie transidenten, nichtbinären und intergeschlechtlichen jungen Menschen zu berücksichtigen, Benachteiligungen abzubauen und die Gleichberechtigung der Geschlechter zu fördern.
4. die gleichberechtigte Teilhabe von jungen Menschen mit und ohne Behinderungen umzusetzen und vorhandene Barrieren abzubauen.

§ 13
Jugendsozialarbeit

(1) Jungen Menschen, die zum Ausgleich sozialer Benachteiligungen oder zur Überwindung individueller Beeinträchtigungen in erhöhtem Maße auf Unterstützung angewiesen sind, sollen im Rahmen der Jugendhilfe sozialpädagogische Hilfen angeboten werden, die ihre schulische und berufliche Ausbildung, Eingliederung in die Arbeitswelt und ihre soziale Integration fördern.

(2) Soweit die Ausbildung dieser jungen Menschen nicht durch Maßnahmen und Programme anderer Träger und Organisationen sichergestellt wird, können geeignete sozialpädagogisch begleitete Ausbildungs- und Beschäftigungsmaßnahmen angeboten werden, die den Fähigkeiten und dem Entwicklungsstand dieser jungen Menschen Rechnung tragen.

(3) Jungen Menschen kann während der Teilnahme an schulischen oder beruflichen Bildungsmaßnahmen oder bei der beruflichen Eingliederung Unterkunft in sozialpädagogisch begleiteten Wohnformen angeboten werden. [...]

(4) Die Angebote sollen mit den Maßnahmen der Schulverwaltung, der Bundesagentur für Arbeit, der Träger betrieblicher und außerbetrieblicher Ausbildung sowie der Träger von Beschäftigungsangeboten abgestimmt werden.

§ 13a Schulsozialarbeit

Hinweis der Redaktion: Zu § 13a (Schulsozialarbeit) bitte den Beitrag ➪ Schulsozialarbeit beachten.

§ 14
Erzieherischer Kinder- und Jugendschutz

(1) Jungen Menschen und Erziehungsberechtigten sollen Angebote des erzieherischen Kinder- und Jugendschutzes gemacht werden.

(2) Die Maßnahmen sollen

1. junge Menschen befähigen, sich vor gefährdenden Einflüssen zu schützen und sie zu Kritikfähigkeit, Entscheidungsfähigkeit und Eigenverantwortlichkeit sowie zur Verantwortung gegenüber ihren Mitmenschen führen,
2. Eltern und andere Erziehungsberechtigte besser befähigen, Kinder und Jugendliche vor gefährdenden Einflüssen zu schützen

Hinweis der Redaktion: Gemäß § 17 regelt das Landesrecht das Nähere über Inhalt und Umfang dieser Aufgaben und Leistungen. ➪ Jugendhilfe (Landesrecht)

§ 36
Mitwirkung, Hilfeplan

Hinweis der Redaktion: § 36 ist abgedruckt bei: ➪ Behinderungen (Allgemeines).

➪ Behinderungen (Allgemeines); ➪ Behinderungen (Förderbedarf); ➪ Grundgesetz Art. 6; ➪ Jugendarbeitsschutz (Kinderarbeit); ➪ Jugendhilfe (Landesrecht); ➪ Jugendschutz (Aktion Jugendschutz); ➪ Jugendschutz/Kinderschutz (Information – KKG); ➪ Jugendschutzgesetz; ➪ Kinderrechte; ➪ Polizei und Schule; ➪ Schulgesetz §§ 85-86, 90; ➪ Schulpflicht (Durchsetzung); ➪ Schulsozialarbeit

Jugendhilfe (Landesrecht – LKJHG)

Auszug aus dem Kinder- und Jugendhilfegesetz für Baden-Württemberg (LKJHG) in der Fassung vom 14. April 2005 (GBl. S. 376/2005); zuletzt geändert 19. März 2020 (GBl. S.149/2020)

§ 1
Örtliche Träger der öffentlichen Jugendhilfe

(1) Örtliche Träger der öffentlichen Jugendhilfe sind die Landkreise, die Stadtkreise und die nach § 5 zu örtlichen Trägern bestimmten kreisangehörigen Gemeinden. [...]

§ 12
Vorrangige Ziele der Jugendhilfe

(1) Jugendhilfe dient der Verwirklichung des Rechts der jungen Menschen auf Förderung ihrer Entwicklung und auf Erziehung zu einer eigenverantwortlichen und gemeinschaftsfähigen Persönlichkeit. Sie erbringt die Leistungen und erfüllt die anderen Aufgaben zugunsten von jungen Menschen und Familien nach § 2 SGB VIII.

(2) Jugendhilfe ist berechtigt und verpflichtet, sich für die Gestaltung einer positiven Lebenswelt für junge Menschen und ihre Familien, insbesondere für ein familien-, jugend- und kinderfreundliches Gemeinwesen, einzusetzen; Beeinträchtigungen und Gefahren für das Wohl junger Menschen und Familien wirkt Jugendhilfe entgegen.

(3) Die Träger der öffentlichen Jugendhilfe sollen als Träger öffentlicher Belange oder als Beteiligte bei Planungen und sonstigen Vorhaben anderer Träger die Belange von Kindern und Jugendlichen geltend machen.

(4) Unbeschadet der Rechtsstellung der Eltern achtet und stärkt Jugendhilfe das Recht auf Selbstbestimmung der jungen Menschen und beteiligt sie entsprechend ihrem Entwicklungsstand an allen sie betreffenden Entscheidungen.

(5) Jugendhilfe fördert Entwicklung und Integration behinderter, individuell beeinträchtigter oder sozial benachteiligter junger Menschen.

(6) Jugendhilfe trägt dazu bei, dass die besonderen sozialen und kulturellen Bedürfnisse ausländischer junger Menschen und ihrer Familien berücksichtigt werden.

(7) Jugendhilfe fördert die Gleichberechtigung von Mädchen und Jungen sowie von jungen Frauen und jungen Männern. Leistungen der Jugendhilfe berücksichtigen unterschiedliche Lebenszusammenhänge und bauen Benachteiligungen zwischen den Geschlechtern ab. Jugendhilfe stellt spezifische Angebote für Mädchen und Jungen bereit, unterstützt die jungen Menschen bei der ganzheitlichen Entfaltung ihrer Persönlichkeit und bereitet sie auf die partnerschaftliche Lösung der Aufgaben im Erwachsenenleben vor. Dazu gehören mädchen- und jungenbezogene Angebote zu einer Berufs- und Lebensplanung, die für beide Geschlechter grundsätzlich Erwerbstätigkeit und Familienaufgaben umfasst. Jugendhilfe trägt dazu bei, Gefährdungen und Schädigungen durch Misshandlung und sexuelle Gewalt mit differenzierten Hilfen für die betroffenen Mädchen und Jungen abzuwenden.

(8) Jugendhilfe wirkt darauf hin, dass Hemmschwellen abgebaut werden, die der Inanspruchnahme der Leistungen durch Kinder und Jugendliche sowie ihre Familien entgegenstehen, und setzt sich dafür ein, dass Kinder und Jugendliche sich an allen sie betreffenden Planungen und Entscheidungen beteiligen und sich in ihren Angelegenheiten an das Jugendamt oder an Jugendhilfedienste wenden können.

(9) Ziel der Jugendhilfe ist es, durch Stärkung des differenzierten außerstationären Hilfeangebots, wie Erziehungsberatung, sozialpädagogische Familienhilfe, Tagesgruppen, Vollzeitpflege und Maßnahmen der Suchtprophylaxe, stationäre Unterbrin-

gung auf das fachlich Erforderliche zu begrenzen. Im Verfahren nach dem Jugendgerichtsgesetz sorgt sie dafür, dass Leistungen, die ein Absehen von der Verfolgung oder eine Einstellung des Verfahrens ermöglichen (§§ 45 und 47 des Jugendgerichtsgesetzes [...]), rechtzeitig gewährt werden. [...]

➪ Behinderungen (Allgemeines)

§ 14
Jugendarbeit

(1) Die Jugendarbeit soll junge Menschen zu eigenverantwortlichem, gesellschaftlichem und politischem Handeln befähigen sowie jugendspezifische Formen von Lebens- und Freizeitgestaltung ermöglichen. Sie soll dazu beitragen, dass die Jugendlichen ihre persönlichen Lebensbedingungen und die ihnen zugrunde liegenden sozialen, ökonomischen und ökologischen Zusammenhänge erkennen und mitgestalten sowie kulturelle, soziale und politische Erfahrungen, Kenntnisse und Vorstellungen kritisch verarbeiten und einbringen.

(2) Die Jugendarbeit wendet sich als gleichrangiger Bildungs- und Erziehungsbereich in der Jugendhilfe mit ihren Angeboten in der Regel an alle jungen Menschen bis zum 27. Lebensjahr. Sie ist neben Familie, Schule und Beruf ein eigenständiges Sozialisationsfeld.

(3) Jugendarbeit ist durch Freiwilligkeit, Selbstorganisation, Ganzheitlichkeit, Wertorientierung und Ehrenamtlichkeit, durch demokratische Gliederung ihrer Verbände, Pluralität ihrer Träger und deren Eigenverantwortlichkeit gekennzeichnet.

(4) Jugendarbeit findet statt in Veranstaltungen, Diensten, Einrichtungen und Aktivitäten freier und öffentlicher Träger, insbesondere in örtlichen, regionalen und überregionalen Gruppen, Initiativen und Verbänden der Jugend und ihren Zusammenschlüssen.

(5) Eine wesentliche Verpflichtung der Jugendarbeit ist die Unterstützung und Förderung ehrenamtlicher Tätigkeiten, insbesondere bei den freien Trägern. Berufliche und ehrenamtliche Tätigkeiten der Jugendarbeit sind unverzichtbar und ergänzen einander. [...]

§ 15
Jugendsozialarbeit

(1) Jugendsozialarbeit wendet sich an sozial benachteiligte oder in ihrer individuellen Entwicklung beeinträchtigte junge Menschen, unabhängig davon, ob die Voraussetzungen für eine Hilfe zur Erziehung nach § 27 SGB VIII vorliegen. Aufgabe ist die Unterstützung beim Übergang von der Schule zum Beruf und die soziale Integration durch möglichst ortsnahe und lebensweltbezogene sozialpädagogische Hilfen, die dort ansetzen, wo sich die jungen Menschen aufhalten. Dazu gehört die Förderung ihrer schulischen und beruflichen Ausbildung und ihre Eingliederung in die Arbeitswelt.

(2) Über die Abstimmung mit der Schulverwaltung, der Bundesanstalt für Arbeit und den Trägern betrieblicher und außerbetrieblicher Ausbildung sowie von Beschäftigungsangeboten hinaus sollen Angebote im Verbund angestrebt werden. [...]

➪ Schulsozialarbeit

§ 16
Erzieherischer Kinder- und Jugendschutz

(1) Jungen Menschen und Erziehungsberechtigten sollen die erforderlichen und geeigneten Angebote des erzieherischen Kinder- und Jugendschutzes gemacht werden. Angebote sollen unter Berücksichtigung der unterschiedlichen Lebenslagen und Bedürfnisse von Mädchen und Jungen

1. junge Menschen befähigen, sich vor gefährdenden Einflüssen zu schützen und sie zur Kritikfähigkeit, Entscheidungsfähigkeit und Eigenverantwortlichkeit sowie zur Verantwortung gegenüber ihren Mitmenschen führen,
2. die Abwehrkräfte der jungen Menschen stärken gegen extremistische und rassistische Ideologien, destruktive Kulte, süchtiges Verhalten und gefährdende Anreize durch Werbung und Medien,
3. Eltern und andere Erziehungsberechtigte besser befähigen, Kinder und Jugendliche vor gefährdenden Einflüssen zu schützen und
4. zur Beseitigung gefährdender Einflüsse beitragen. [...]

§ 26
Zusammenarbeit von Jugendamt und Polizei

(1) Das Jugendamt berät und unterstützt die Polizeibehörden und den Polizeivollzugsdienst (Polizei) bei der Wahrnehmung von Aufgaben zum Schutze Minderjähriger und bei der vorbeugenden Bekämpfung der Suchtmittelabhängigkeit und der Jugendkriminalität. Die Polizei unterrichtet das Jugendamt in allen Fällen, in denen Maßnahmen zum Schutze Minderjähriger erforderlich erscheinen. Jugendamt und Polizei sollen dabei partnerschaftlich zusammenarbeiten. [...]

➪ Polizei und Schule; ➪ Schulpflicht (Durchsetzung)

§ 27
Überwachung der Vorschriften zum Schutze der Jugend

(1) Die zuständigen Behörden und der Polizeivollzugsdienst haben die Einhaltung der Vorschriften des Jugendschutzgesetzes zu überwachen. Die Bediensteten dieser Stellen sind befugt, die Räume der in Absatz 3 näher bezeichneten Betriebe während der Arbeits-, Betriebs- oder Geschäftszeit zu betreten, dort Prüfungen und Besichtigungen vorzunehmen und in die geschäftlichen Unterlagen Einsicht zu nehmen. Das Grundrecht der Unverletzlichkeit der Wohnung [...] wird insoweit eingeschränkt. [...]

(3) Der Überwachung nach den Absätzen 1 und 2 unterliegen Betriebe, die geschäftsmäßig Trägermedien

1. verbreiten,
2. öffentlich ausstellen, anschlagen, vorführen oder sonst zugänglich machen oder
3. herstellen, beziehen, liefern, vorrätig halten, anbieten, ankündigen oder anpreisen.

➪ Jugendarbeitsschutz (Kinderarbeit); ➪ Jugendhilfe (Bundesrecht); ➪ Jugendschutz (Aktion Jugendschutz); ➪ Jugendschutzgesetz; ➪ Jugendschutz/Kinderschutz (Information – KKG); ➪ Kinderrechte; ➪ Schulgesetz §§ 85, 86 und 90; ➪ Schulpflicht (Durchsetzung); ➪ Schulsozialarbeit

Jugendschutz (Aktion Jugendschutz)

Informationen der Redaktion zur Rechtslage und zur Verwaltungspraxis in Baden-Württemberg

Die Aktion Jugendschutz (ajs) ist ein Zusammenschluss von achtzehn Spitzenverbänden Baden-Württembergs (Wohlfahrtsverbände, Kommunale Spitzenverbände, Kirchen, GEW usw.). Die ajs setzt sich für die Stärkung, den Schutz und die Rechte von Kindern und Jugendlichen ein. Schwerpunktmäßig engagiert sich die ajs in den Fachgebieten Suchtprävention, Jugendmedienschutz und Medienpädagogik, Sexualerziehung, Gewaltprävention, gesetzliche Regelungen zum Schutz von Kindern und Jugendlichen.

Mit Informationsbroschüren, Arbeitsmaterialien und Fachliteratur sowie Fortbildungen, Tagungen und Projekten zu den genannten Themen unterstützt die ajs pädagogische Fachkräfte. Mit ihrer zweimal jährlich erscheinenden Fachzeitschrift „ajs-informationen" greift die ajs die Diskussion aktueller Themen aus der pädagogischen Praxis auf und gibt in einem Serviceteil Literaturtipps, Nachrichten und Veranstaltungshinweise weiter. Abo-Preis 10 Euro inkl. Versand, online-Abruf unter: www.ajs-bw.de/unsere-fachzeitschrift-ajs-informationen.html.

Für Multiplikator*innen und Pädagog*innen entwickelt und vermittelt die ajs pädagogische Konzepte und führt Fortbildungen, Tagungen und andere Fachveranstaltungen durch.

Die ajs beantwortet thematische Anfragen aus unterschiedlichsten Bereichen bzw. Berufsfeldern und nimmt Stellung zu wichtigen Themen.

Kontakt: Aktion Jugendschutz Landesarbeitsstelle Baden-Württemberg, Jahnstr. 12, 70597 Stuttgart, FON: (0711) 23737-0, FAX: –30, E-Mail: info@ajs-bw.de, Internet: www.ajs-bw.de

Jugendschutz/Kinderschutz (Kooperation und Information – KKG)

Auszug aus dem Gesetz zur Kooperation und Information im Kinderschutz (KKG)
vom 22. Dezember 2011 (BGBl. I S. 2975/2012); zuletzt geändert 3. Juni 2021 (BGBl. I S. 1444/2021)

§ 1
Kinderschutz und staatliche Mitverantwortung

(1) Ziel des Gesetzes ist es, das Wohl von Kindern und Jugendlichen zu schützen und ihre körperliche, geistige und seelische Entwicklung zu fördern.

(2) Pflege und Erziehung der Kinder und Jugendlichen sind das natürliche Recht der Eltern und die zuvörderst ihnen obliegende Pflicht. Über ihre Betätigung wacht die staatliche Gemeinschaft.

(3) Aufgabe der staatlichen Gemeinschaft ist es, soweit erforderlich, Eltern bei der Wahrnehmung ihres Erziehungsrechts und ihrer Erziehungsverantwortung zu unterstützen, damit

1. sie im Einzelfall dieser Verantwortung besser gerecht werden können,
2. im Einzelfall Risiken für die Entwicklung von Kindern und Jugendlichen frühzeitig erkannt werden und
3. im Einzelfall eine Gefährdung des Wohls eines Kindes oder eines Jugendlichen vermieden oder, falls dies im Einzelfall nicht mehr möglich ist, eine weitere Gefährdung oder Schädigung abgewendet werden kann.

(4) Zu diesem Zweck umfasst die Unterstützung der Eltern bei der Wahrnehmung ihres Erziehungsrechts und ihrer Erziehungsverantwortung durch die staatliche Gemeinschaft insbesondere auch Information, Beratung und Hilfe. Kern ist die Vorhaltung eines möglichst frühzeitigen, koordinierten und multiprofessionellen Angebots im Hinblick auf die Entwicklung von Kindern vor allem in den ersten Lebensjahren für Mütter und Väter sowie schwangere Frauen und werdende Väter (Frühe Hilfen).

§ 2
Information der Eltern über Unterstützungsangebote in Fragen der Kindesentwicklung (nicht abgedruckt)

§ 3
Rahmenbedingungen für verbindliche Netzwerkstrukturen im Kinderschutz (nicht abgedruckt)

§ 4
Beratung und Übermittlung von Informationen durch Geheimnisträger bei Kindeswohlgefährdung

(1) Werden [...]

3. Ehe-, Familien-, Erziehungs- oder Jugendberaterinnen oder -beratern [...]

6. staatlich anerkannten Sozialarbeiterinnen oder -arbeitern oder staatlich anerkannten Sozialpädagoginnen oder -pädagogen oder
7. Lehrerinnen oder Lehrern an öffentlichen und an staatlich anerkannten privaten Schulen

in Ausübung ihrer beruflichen Tätigkeit gewichtige Anhaltspunkte für die Gefährdung des Wohls eines Kindes oder eines Jugendlichen bekannt, so sollen sie mit dem Kind oder Jugendlichen und den Personensorgeberechtigten die Situation erörtern und, soweit erforderlich, bei den Personensorgeberechtigten auf die Inanspruchnahme von Hilfen hinwirken, soweit hierdurch der wirksame Schutz des Kindes oder des Jugendlichen nicht infrage gestellt wird.

(2) Die Personen nach Absatz 1 haben zur Einschätzung der Kindeswohlgefährdung gegenüber dem Träger der öffentlichen Jugendhilfe Anspruch auf Beratung durch eine insoweit erfahrene Fachkraft. Sie sind zu diesem Zweck befugt, dieser Person die dafür erforderlichen Daten zu übermitteln; vor einer Übermittlung der Daten sind diese zu pseudonymisieren.

(3) Scheidet eine Abwendung der Gefährdung nach Absatz 1 aus oder ist ein Vorgehen nach Absatz 1 erfolglos und halten die in Absatz 1 genannten Personen ein Tätigwerden des Jugendamtes für erforderlich, um eine Gefährdung des Wohls eines Kindes oder eines Jugendlichen abzuwenden, so sind sie befugt, das Jugendamt zu informieren; hierauf sind die Betroffenen vorab hinzuweisen, es sei denn, dass damit der wirksame Schutz des Kindes oder des Jugendlichen infrage gestellt wird. Zu diesem Zweck sind die Personen nach Satz 1 befugt, dem Jugendamt die erforderlichen Daten mitzuteilen.

Hinweise der Redaktion:

1. Die Lehrkräfte sind laut Gesetz „Geheimnisträger". Sie sind sowohl zur – pädagogisch stets gebotenen – Diskretion als auch zur Beachtung der Datenschutzvorschriften verpflichtet. Da sie bei einer Kindeswohlgefährdung weder diagnostisch noch therapeutisch tätig werden dürfen, sondern lediglich „Anhaltspunkte" an die zuständigen Institutionen weitergeben müssen, ist das Gebot der Erforderlichkeit bei der Erhebung, Speicherung und Weitergabe von Personaldaten zu beachten und auch schulintern – z.B. gegenüber nicht unmittelbar beteiligten Lehrkräften oder dem Schulsekretariat, dem Hausmeister usw. – äußerste Zurückhaltung geboten.
2. Das Gesetz konstituiert eine unmittelbare Handlungs- bzw. Meldepflicht der Lehrkräfte, also nicht der Institution Schule bzw. – für diese handelnd – der Schulleitung. Insofern kann sich die einzelne Lehrkraft direkt an das Jugendamt wenden; sie sollte jedoch im Regelfall die allgemeine Verantwortung der Schulleitung für alle Angelegenheiten der Schule beachten und diese vor der Information des Jugendamts unterrichten / einbeziehen. Die Einschaltung anderer Stellen (z.B. Polizei) obliegt der Schulleitung.
3. Die einschlägigen Behörden (z.B. das Jugendamt und die Schulaufsichtsbehörden) sind verpflichtet die „Geheimnisträger" zu beraten. Die Lehrkräfte und Schulleitungen sollten die Beratung in Anspruch nehmen, bevor sie handeln.
4. Es reicht zur Information des Jugendamts nicht aus, eine nicht zu dieser Behörde unmittelbar gehörende Person (z.B. einen Schulsozialarbeiter) zu unterrichten, sondern es muss eine Meldung direkt an das Jugendamt bzw. eine dort tätige Fachkraft erfolgen.

⇨ Datenschutz (Schulen); ⇨ Jugendarbeitsschutz (Kinderarbeit); ⇨ Jugendhilfe (Bundesrecht); ⇨ Jugendschutz (Aktion Jugendschutz); ⇨ Jugendschutzgesetz; ⇨ Kinderrechte; ⇨ Schulgesetz §§ 85-86, 90; ⇨ Schulpflicht (Durchsetzung); ⇨ Verschwiegenheitspflicht

Jugendschutzgesetz

Auszug aus dem Jugendschutzgesetz (JuSchG) vom 23. Juli 2002 (BGBl. I S. 2730), zuletzt geändert 9. April 2021 (BGBl. I S. 742/2021)

Abschnitt 1
Allgemeines

§ 1
Begriffsbestimmungen

(1) Im Sinne dieses Gesetzes
1. sind Kinder Personen, die noch nicht 14 Jahre alt sind,
2. sind Jugendliche Personen, die 14, aber noch nicht 18 Jahre alt sind,
3. ist personensorgeberechtigte Person, wem allein oder gemeinsam mit einer anderen Person nach den Vorschriften des Bürgerlichen Gesetzbuchs die Personensorge zusteht,
4. ist erziehungsbeauftragte Person, jede Person über 18 Jahren, soweit sie auf Dauer oder zeitweise aufgrund einer Vereinbarung mit der personensorgeberechtigten Person Erziehungsaufgaben wahrnimmt oder soweit sie ein Kind oder eine jugendliche Person im Rahmen der Ausbildung oder der Jugendhilfe betreut.

⇨ Aufsichtspflicht

(1a) Medien im Sinne dieses Gesetzes sind Trägermedien und Telemedien

(2) Trägermedien im Sinne dieses Gesetzes sind Medien mit Texten, Bildern oder Tönen auf gegenständlichen Trägern, die zur Weitergabe geeignet, zur unmittelbaren Wahrnehmung bestimmt oder in einem Vorführ- oder Spielgerät eingebaut sind. Dem gegenständlichen Verbreiten, Überlassen, Anbieten oder Zugänglichmachen von Trägermedien steht das elektronische Verbreiten, Überlassen, Anbieten oder Zugänglichmachen gleich, soweit es sich nicht um Rundfunk im Sinne des § 2 des Rundfunkstaatsvertrages handelt.

(3) Telemedien im Sinne dieses Gesetzes sind Medien, die nach dem Telemediengesetz übermittelt oder zugänglich gemacht werden. Als Übermitteln oder Zugänglichmachen im Sinne von Satz 1 gilt das Bereithalten eigener oder fremder Inhalte.

(4) *Versandhandel (nicht abgedruckt)*

(5) Die Vorschriften der §§ 2 bis 14 dieses Gesetzes gelten nicht für verheiratete Jugendliche. [...]

⇨ Jugendschutz/Kinderschutz (Information – KKG)

§ 2
Prüfungs- und Nachweispflicht

(1) Soweit es nach diesem Gesetz auf die Begleitung durch eine erziehungsbeauftragte Person ankommt, haben die in § 1 Abs. 1 Nr. 4 genannten Personen ihre Berechtigung auf Verlangen darzulegen. Veranstalter und Gewerbetreibende haben in Zweifelsfällen die Berechtigung zu überprüfen.

(2) Personen, bei denen nach diesem Gesetz Altersgrenzen zu beachten sind, haben ihr Lebensalter auf Verlangen in geeigneter Weise nachzuweisen. Veranstalter und Gewerbetreibende haben in Zweifelsfällen das Lebensalter zu überprüfen.

§ 3 Bekanntmachung der Vorschriften (nicht abgedruckt)

Abschnitt 2
Jugendschutz in der Öffentlichkeit

§ 4
Gaststätten

(1) Der Aufenthalt in Gaststätten darf Kindern und Jugendlichen unter 16 Jahren nur gestattet werden, wenn eine personensorgeberechtigte oder erziehungsbeauftragte Person sie begleitet oder wenn sie in der Zeit zwischen 5 Uhr und 23 Uhr eine Mahlzeit oder ein Getränk einnehmen. Jugendlichen ab 16 Jahren darf der Aufenthalt in Gaststätten ohne Begleitung einer personensorgeberechtigten oder erziehungsbeauftragten Person in der Zeit von 24 Uhr und 5 Uhr morgens nicht gestattet werden.

(2) Absatz 1 gilt nicht, wenn Kinder oder Jugendliche an einer Veranstaltung eines anerkannten Trägers der Jugendhilfe teilnehmen oder sich auf Reisen befinden.

(3) Der Aufenthalt in Gaststätten, die als Nachtbar oder Nachtclub geführt werden, und in vergleichbaren Vergnügungsbetrieben darf Kindern und Jugendlichen nicht gestattet werden.

(4) Die zuständige Behörde kann Ausnahmen von Absatz 1 genehmigen.

§ 5
Tanzveranstaltungen

(1) Die Anwesenheit bei öffentlichen Tanzveranstaltungen ohne Begleitung einer personensorgeberechtigten oder erziehungsbeauftragten Person darf Kindern und Jugendlichen unter 16 Jahren nicht und Jugendlichen ab 16 Jahren längstens bis 24 Uhr gestattet werden.

(2) Abweichend von Absatz 1 darf die Anwesenheit Kindern bis 22 Uhr und Jugendlichen unter 16 Jahren bis 24 Uhr gestattet werden, wenn die Tanzveranstaltung von einem anerkannten Träger der Jugendhilfe durchgeführt wird oder der künstlerischen Betätigung oder der Brauchtumspflege dient.

(3) Die zuständige Behörde kann Ausnahmen genehmigen.

§ 6
Spielhallen, Glücksspiele

(1) Die Anwesenheit in öffentlichen Spielhallen oder ähnlichen vorwiegend dem Spielbetrieb dienenden Räumen darf Kindern und Jugendlichen nicht gestattet werden.

(2) Die Teilnahme an Spielen mit Gewinnmöglichkeit in der Öffentlichkeit darf Kindern und Jugendlichen nur auf Volksfesten, Schützenfesten, Jahrmärkten, Spezialmärkten oder ähnlichen Veranstaltungen und nur unter der Voraussetzung gestattet werden, dass der Gewinn in Waren von geringem Wert besteht.

§ 7
Jugendgefährdende Veranstaltungen und Betriebe

Geht von einer öffentlichen Veranstaltung oder einem Gewerbebetrieb eine Gefährdung für das körperliche, geistige oder seelische Wohl von Kindern oder Jugendlichen aus, so kann die zuständige Behörde anordnen, dass der Veranstalter oder Gewerbetreibende Kindern und Jugendlichen die Anwesenheit nicht gestatten darf. Die Anordnung kann Altersbegrenzungen, Zeitbegrenzungen oder andere Auflagen enthalten, wenn dadurch die Gefährdung ausgeschlossen oder wesentlich gemindert wird.

§ 8
Jugendgefährdende Orte

Hält sich ein Kind oder eine jugendliche Person an einem Ort auf, an dem ihm oder ihr eine unmittelbare Gefahr für das körperliche, geistige oder seelische Wohl droht, so hat die zuständige Behörde oder Stelle die zur Abwendung der Gefahr erforderlichen Maßnahmen zu treffen. Wenn nötig, hat sie das Kind oder die jugendliche Person

1. zum Verlassen des Ortes anzuhalten,
2. der erziehungsberechtigten Person [...] zuzuführen oder, wenn keine erziehungsberechtigte Person erreichbar ist, in die Obhut des Jugendamtes zu bringen.

In schwierigen Fällen hat die zuständige Behörde oder Stelle das Jugendamt über den jugendgefährdenden Ort zu unterrichten.

§ 9
Alkoholische Getränke

(1) In Gaststätten, Verkaufsstellen oder sonst in der Öffentlichkeit dürfen

1. Bier, Wein, weinähnliche Getränke oder Schaumwein oder Mischungen von Bier, Wein, weinähnlichen Getränken oder Schaumwein mit nichtalkoholischen Getränken an Kinder und Jugendliche unter 16 Jahren,
2. andere alkoholische Getränke oder Lebensmittel, die andere alkoholische Getränke in nicht nur geringfügiger Menge enthalten, an Kinder und Jugendliche

weder abgegeben noch darf ihnen der Verzehr gestattet werden.

(2) Absatz 1 Nr. 1 gilt nicht, wenn Jugendliche von einer personensorgeberechtigten Person begleitet werden.

(3) In der Öffentlichkeit dürfen alkoholische Getränke nicht in Automaten angeboten werden. Dies gilt nicht, wenn ein Automat

1. an einem für Kinder und Jugendliche unzugänglichen Ort aufgestellt ist oder
2. in einem gewerblich genutzten Raum aufgestellt und durch technische Vorrichtungen oder durch ständige Aufsicht sichergestellt ist, dass Kinder und Jugendliche alkoholische Getränke nicht entnehmen können.

§ 20 Nr. 1 des Gaststättengesetzes bleibt unberührt.

(4) Alkoholhaltige Süßgetränke im Sinne des § 1 Abs. 2 und 3 des Alkopopsteuergesetzes dürfen gewerbsmäßig nur mit dem Hinweis „Abgabe an Personen unter 18 Jahren verboten, § 9 Jugendschutzgesetz" in den Verkehr gebracht werden. Dieser Hinweis ist auf der Fertigpackung in der gleichen Schriftart und in der gleichen Größe und Farbe wie

die Marken- oder Phantasienamen oder, soweit nicht vorhanden, wie die Verkehrsbezeichnung zu halten und bei Flaschen auf dem Frontetikett anzubringen. ⇨ Suchtprävention

§ 10
Rauchen in der Öffentlichkeit, Tabakwaren

(1) In Gaststätten, Verkaufsstellen oder sonst in der Öffentlichkeit dürfen Tabakwaren und andere nikotinhaltige Erzeugnisse und deren Behältnisse an Kinder oder Jugendliche weder abgegeben noch darf ihnen das Rauchen oder der Konsum nikotinhaltiger Produkte gestattet werden.

(2) In der Öffentlichkeit dürfen Tabakwaren und andere nikotinhaltige Erzeugnisse und deren Behältnisse nicht in Automaten angeboten werden. Dies gilt nicht, wenn ein Automat

1. an einem Kindern und Jugendlichen unzugänglichen Ort aufgestellt ist oder
2. durch technische Vorrichtungen oder durch ständige Aufsicht sichergestellt ist, dass Kinder und Jugendliche Tabakwaren und andere nikotinhaltige Erzeugnisse und deren Behältnisse nicht entnehmen können.

⇨ Rauchen in der Schule

(3) Tabakwaren und andere nikotinhaltige Erzeugnisse und deren Behältnisse dürfen Kindern und Jugendlichen weder im Versandhandel angeboten noch an Kinder und Jugendliche im Wege des Versandhandels abgegeben werden.

(4) Die Absätze 1 bis 3 gelten auch für nikotinfreie Erzeugnisse, wie elektronische Zigaretten oder elektronische Shishas, in denen Flüssigkeit durch ein elektronisches Heizelement verdampft und die entstehenden Aerosole mit dem Mund eingeatmet werden, sowie für deren Behältnisse.

Abschnitt 3
Jugendschutz im Bereich der Medien

§ 10a
Schutzziele des Kinder- und Jugendmedienschutzes

Zum Schutz im Bereich der Medien gehören

1. der Schutz vor Medien, die geeignet sind, die Entwicklung von Kindern oder Jugendlichen oder ihre Erziehung zu einer eigenverantwortlichen und gemeinschaftsfähigen Persönlichkeit zu beeinträchtigen (entwicklungsbeeinträchtigende Medien),
2. der Schutz vor Medien, die geeignet sind, die Entwicklung von Kindern oder Jugendlichen oder ihre Erziehung zu einer eigenverantwortlichen und gemeinschaftsfähigen Persönlichkeit zu gefährden (jugendgefährdende Medien),
3. der Schutz der persönlichen Integrität von Kindern und Jugendlichen bei der Mediennutzung und
4. die Förderung von Orientierung für Kinder, Jugendliche, personensorgeberechtigte Personen sowie pädagogische Fachkräfte bei der Mediennutzung und Medienerziehung; die Vorschriften des Achten Buches Sozialgesetzbuch bleiben unberührt.

§ 10b
Entwicklungsbeeinträchtigende Medien

(1) Zu den entwicklungsbeeinträchtigenden Medien nach § 10a Nummer 1 zählen insbesondere übermäßig ängstigende, Gewalt befürwortende oder das sozialethische Wertebild beeinträchtigende Medien.

(2) Bei der Beurteilung der Entwicklungsbeeinträchtigung können auch außerhalb der medieninhaltlichen Wirkung liegende Umstände der jeweiligen Nutzung des Mediums berücksichtigt werden, wenn diese auf Dauer angelegter Bestandteil des Mediums sind und eine abweichende Gesamtbeurteilung über eine Kennzeichnung nach § 14 Absatz 2a hinaus rechtfertigen.

(3) Insbesondere sind nach konkreter Gefahrenprognose als erheblich einzustufende Risiken für die persönliche Integrität von Kindern und Jugendlichen, die im Rahmen der Nutzung des Mediums auftreten können, unter Einbeziehung etwaiger Vorsorgemaßnahmen im Sinne des § 24a Absatz 1 und 2 angemessen zu berücksichtigen. Hierzu zählen insbesondere Risiken durch Kommunikations- und Kontaktfunktionen, durch Kauffunktionen, durch glücksspielähnliche Mechanismen, durch Mechanismen zur Förderung eines exzessiven Mediennutzungsverhaltens, durch die Weitergabe von Bestands- und Nutzungsdaten ohne Einwilligung an Dritte sowie durch nicht altersgerechte Kaufappelle insbesondere durch werbende Verweise auf andere Medien.

§ 11
Filmveranstaltungen

(1) Die Anwesenheit bei öffentlichen Filmveranstaltungen darf Kindern und Jugendlichen nur gestattet werden, wenn die Filme von der obersten Landesbehörde oder einer Organisation der freiwilligen Selbstkontrolle im Rahmen des Verfahrens nach § 14 Abs. 6 zur Vorführung vor ihnen freigegeben worden sind oder wenn es sich um Informations-, Instruktions- und Lehrfilme handelt, die vom Anbieter mit „Infoprogramm" oder „Lehrprogramm" gekennzeichnet sind.

(2) Abweichend von Absatz 1 darf die Anwesenheit bei öffentlichen Filmveranstaltungen mit Filmen, die für Kinder und Jugendliche ab zwölf Jahren freigegeben und gekennzeichnet sind, auch Kindern ab sechs Jahren gestattet werden, wenn sie von einer personensorgeberechtigten oder erziehungsbeauftragten Person begleitet sind.

(3) Unbeschadet der Voraussetzungen des Absatzes 1 darf die Anwesenheit bei öffentlichen Filmveranstaltungen nur mit Begleitung einer personensorgeberechtigten oder erziehungsbeauftragten Person gestattet werden

1. Kindern unter sechs Jahren,
2. Kindern ab sechs Jahren, wenn die Vorführung nach 20 Uhr beendet ist,
3. Jugendlichen unter 16 Jahren, wenn die Vorführung nach 22 Uhr beendet ist,
4. Jugendlichen ab 16 Jahren, wenn die Vorführung nach 24 Uhr beendet ist.

(4) Die Absätze 1 bis 3 gelten für die öffentliche Vorführung von Filmen unabhängig von der Art der Aufzeichnung und Wiedergabe. Sie gelten auch für Werbevorspanne und Beiprogramme. Sie gelten nicht für Filme, die zu nichtgewerblichen Zwecken hergestellt werden, solange die Filme nicht gewerblich genutzt werden.

(5) Werbefilme oder Werbeprogramme, die für alkoholische Getränke werben, dürfen unbeschadet der Voraussetzungen der Absätze 1 bis 4 nur nach 18 Uhr vorgeführt werden.

(6) Werbefilme oder Werbeprogramme, die für Tabakerzeugnisse, elektronische Zigaretten oder Nachfüllbehälter im Sinne des § 1 Absatz 1 Nummer 1 des Tabakerzeugnisgesetzes werben, dürfen nur im Zusammenhang mit Filmen vorgeführt werden, die

1. von der obersten Landesbehörde oder einer Organisation der freiwilligen Selbstkontrolle im Rahmen des Verfahrens nach § 14 Absatz 6 mit „Keine Jugendfreigabe“ nach § 14 Absatz 2 gekennzeichnet sind oder
2. nicht nach den Vorschriften dieses Gesetzes gekennzeichnet sind.

§ 12
Bildträger mit Filmen oder Spielen

(1) Zur Weitergabe geeignete, für die Wiedergabe auf oder das Spiel an Bildschirmgeräten mit Filmen oder Spielen programmierte Datenträger (Bildträger) dürfen einem Kind oder einer jugendlichen Person in der Öffentlichkeit nur zugänglich gemacht werden, wenn die Programme von der obersten Landesbehörde oder einer Organisation der freiwilligen Selbstkontrolle im Rahmen des Verfahrens nach § 14 Abs. 6 für ihre Altersstufe freigegeben und gekennzeichnet worden sind oder wenn es sich um Informations-, Instruktions- und Lehrprogramme handelt, die vom Anbieter mit „Infoprogramm“ oder „Lehrprogramm“ gekennzeichnet sind.

(2) Auf die Kennzeichnungen nach Absatz 1 ist auf dem Bildträger und der Hülle mit einem deutlich sichtbaren Zeichen hinzuweisen. Das Zeichen ist auf der Frontseite der Hülle links unten auf einer Fläche von mindestens 1 200 Quadratmillimetern und dem Bildträger auf einer Fläche von mindestens 250 Quadratmillimetern anzubringen. *(Ermächtigung; nicht abgedruckt)*

Anbieter von Telemedien, die Filme und Spielprogramme verbreiten, müssen auf eine vorhandene Kennzeichnung in ihrem Angebot deutlich hinweisen.

(3) Bildträger, die nicht oder mit „Keine Jugendfreigabe“ nach § 14 Abs. 2 von der obersten Landesbehörde oder einer Organisation der freiwilligen Selbstkontrolle im Rahmen des Verfahrens nach § 14 Abs. 6 oder nach § 14 Abs. 7 vom Anbieter gekennzeichnet sind, dürfen

1. einem Kind oder einer jugendlichen Person nicht angeboten, überlassen oder sonst zugänglich gemacht werden,
2. nicht im Einzelhandel außerhalb von Geschäftsräumen, in Kiosken oder anderen Verkaufsstellen, die Kunden nicht zu betreten pflegen, oder im Versandhandel angeboten oder überlassen werden.

(4) Automaten zur Abgabe bespielter Bildträger dürfen

1. auf Kindern oder Jugendlichen zugänglichen öffentlichen Verkehrsflächen,
2. außerhalb von gewerblich oder in sonstiger Weise beruflich oder geschäftlich genutzten Räumen oder
3. in deren unbeaufsichtigten Zugängen, Vorräumen oder Fluren

nur aufgestellt werden, wenn ausschließlich nach § 14 Abs. 2 Nr. 1 bis 4 gekennzeichnete Bildträger angeboten werden und durch technische Vorkehrungen gesichert ist, dass sie von Kindern und Jugendlichen, für deren Altersgruppe ihre Programme nicht nach § 14 Abs. 2 Nr. 1 bis 4 freigegeben sind, nicht bedient werden können.

(5) Bildträger, die Auszüge von Filme und Spielprogrammen enthalten, dürfen abweichend von den Absätzen 1 und 3 im Verbund mit periodischen Druckschriften nur vertrieben werden, wenn sie mit einem Hinweis des Anbieters versehen sind, der deutlich macht, dass eine Organisation der freiwilligen Selbstkontrolle festgestellt hat, dass diese Auszüge keine Jugendbeeinträchtigungen enthalten. Der Hinweis ist sowohl auf der periodischen Druckschrift als auch auf dem Bildträger vor dem Vertrieb mit einem deutlich sichtbaren Zeichen anzubringen. Absatz 2 Satz 1 bis 3 gilt entsprechend. [...]

§ 13
Bildschirmspielgeräte

(1) Das Spielen an elektronischen Bildschirmspielgeräten ohne Gewinnmöglichkeit, die öffentlich aufgestellt sind, darf Kindern und Jugendlichen ohne Begleitung einer personensorgeberechtigten oder erziehungsbeauftragten Person nur gestattet werden, wenn die Programme von der obersten Landesbehörde oder einer Organisation der freiwilligen Selbstkontrolle im Rahmen des Verfahrens nach § 14 Abs. 6 für ihre Altersstufe freigegeben und gekennzeichnet worden sind oder wenn es sich um Informations-, Instruktions- oder Lehrprogramme handelt, die vom Anbieter mit „Infoprogramm“ oder „Lehrprogramm“ gekennzeichnet sind.

(2) Elektronische Bildschirmspielgeräte dürfen

1. auf Kindern oder Jugendlichen zugänglichen öffentlichen Verkehrsflächen,
2. außerhalb von gewerblich oder in sonstiger Weise beruflich oder geschäftlich genutzten Räumen oder
3. in deren unbeaufsichtigten Zugängen, Vorräumen oder Fluren

nur aufgestellt werden, wenn ihre Programme für Kinder ab sechs Jahren freigegeben und gekennzeichnet oder nach § 14 Abs. 7 mit „Infoprogramm“ oder „Lehrprogramm“ gekennzeichnet sind.

(3) Auf das Anbringen der Kennzeichnungen auf Bildschirmspielgeräten findet § 12 Abs. 2 Satz 1 bis 3 entsprechende Anwendung.

§ 14
Kennzeichnung von Filmen und Spielprogrammen

(1) Filme und Spielprogramme dürfen nicht für Kinder und Jugendliche freigegeben werden, wenn sie für Kinder und Jugendliche in der jeweiligen Altersstufe entwicklungsbeeinträchtigend sind.

(2) Die oberste Landesbehörde oder eine Organisation der freiwilligen Selbstkontrolle im Rahmen des Verfahrens nach Absatz 6 kennzeichnet die Filme und Spielprogramme mit

1. „Freigegeben ohne Altersbeschränkung",
2. „Freigegeben ab sechs Jahren",
3. „Freigegeben ab zwölf Jahren",
4. „Freigegeben ab sechzehn Jahren",
5. „Keine Jugendfreigabe".

(2a) Die oberste Landesbehörde oder eine Organisation der freiwilligen Selbstkontrolle soll im Rahmen des Verfahrens nach Absatz 6 über die Altersstufen des Absatzes 2 hinaus Filme und Spielprogramme mit Symbolen und weiteren Mitteln kennzeichnen, mit denen die wesentlichen Gründe für die Altersfreigabe des Mediums und dessen potenzielle Beeinträchtigung der persönlichen Integrität angegeben werden. Die oberste Landesbehörde kann Näheres über die Ausgestaltung und Anbringung der Symbole und weiteren Mittel anordnen.

(3) Hat ein Film oder ein Spielprogramm nach Einschätzung der obersten Landesbehörde oder einer Organisation der freiwilligen Selbstkontrolle im Rahmen des Verfahrens nach Absatz 6 einen der in § 15 Abs. 2 Nr. 1 bis 5 bezeichneten Inhalte oder ist es in die Liste nach § 18 aufgenommen, wird es nicht gekennzeichnet. Die oberste Landesbehörde hat Tatsachen, die auf einen Verstoß gegen § 15 Abs. 1 schließen lassen, der zuständigen Strafverfolgungsbehörde mitzuteilen.

(4) Ist ein Film oder ein Spielprogramm mit einem in die Liste nach § 18 aufgenommenen Medium ganz oder im Wesentlichen inhaltsgleich, ist die Kennzeichnung ausgeschlossen. Über das Vorliegen einer Inhaltsgleichheit entscheidet die Prüfstelle für jugendgefährdende Medien. Satz 1 gilt entsprechend, wenn die Voraussetzungen für eine Aufnahme in die Liste vorliegen. In Zweifelsfällen führt die oberste Landesbehörde oder eine Organisation der freiwilligen Selbstkontrolle im Rahmen des Verfahrens nach Absatz 6 eine Entscheidung der Prüfstelle für jugendgefährdende Medien herbei.

(4a) Absatz 4 gilt nicht für Freigabeentscheidungen nach § 11 Absatz 1.

(5) Die Kennzeichnungen von Filmen gelten auch für die Vorführung in öffentlichen Filmveranstaltungen von inhaltsgleichen Filmen, wenn und soweit die obersten Landesbehörden nicht in der Vereinbarung zum Verfahren nach Absatz 6 etwas Anderes bestimmen. Die Kennzeichnung von Filmen für öffentliche Filmveranstaltungen können auf inhaltsgleiche Filme für Bildträger, Bildschirmspielgeräte und Telemedien übertragen werden; Absatz 4 gilt entsprechend.

(6) *(Ermächtigung; nicht abgedruckt)*

(6a) *(Ermächtigung; nicht abgedruckt)*

(7) Filme und Spielprogramme zu Informations-, Instruktions- oder Lehrzwecken dürfen vom Anbieter mit „Infoprogramm" oder „Lehrprogramm" nur gekennzeichnet werden, wenn sie offensichtlich nicht die Entwicklung oder Erziehung von Kindern und Jugendlichen beeinträchtigen. Die Absätze 1 bis 5 finden keine Anwendung. Die oberste Landesbehörde kann das Recht zur Anbieterkennzeichnung für einzelne Anbieter oder für besondere Filme und Spielprogramme ausschließen und durch den Anbieter vorgenommene Kennzeichnungen aufheben.

(8) Enthalten Filme, Bildträger oder Bildschirmspielgeräte neben den zu kennzeichnenden Filmen oder Spielprogrammen Titel, Zusätze oder weitere Darstellungen in Texten, Bildern oder Tönen, bei

Stichwort: Personalrat an der Schule

Nach dem Landespersonalvertretungsgesetz gibt es im Schulbereich eine „gespaltene" Personalvertretung: Während die „höheren" Schularten (Gymnasien und berufliche Schulen) sowie die Gesamtschulen und die SBBZ mit Internat einen „örtlichen Personalrat" an der Schule selbst haben (dem dann auch nur Kolleg*innen aus der Schule selbst angehören), gibt es für die Lehrkräfte an den „niederen" Schularten (den nicht selten recht kleinen Grund-, Haupt-/Werkreal-, Real-, Gemeinschafts- und Sonderschulen) keinen Personalrat an der Schule selbst, sondern stattdessen einen für alle GHWRGS-Schulen im Gebiet des Staatlichen Schulamts gemeinsamen Lehrkräfte-Personalrat, der seinen Sitz im Schulamt hat. Damit ist die Personalvertretung für diese Schularten weiter entfernt, also auch persönlich nicht so „nah" und „präsent" wie beim einem „örtlichen Personalrat" an der Schule selbst, wo man einander und die näheren Umstände beispielsweise in Konfliktfällen kennt.

Das ist vom Gesetzgeber so vorgesehen und (wie die Erfahrung der vergangenen Jahrzehnte zeigt) derzeit wohl kaum änderbar. Trotzdem kann auch der Lehrkräfte-Personalrat an der einzelnen GHWRGS-Schule „präsent" sein: Er kann beispielsweise (insbesondere an größeren Schulen) zu einer „Teilpersonalversammlung" einladen oder dort auch Sprechstunden abhalten. Die Initiative hierzu muss durchaus nicht (immer) vom Personalrat ausgehen, sondern die Lehrkräfte einer Schule können sich auch mit der Bitte an den PR wenden, dort einmal aufzutauchen – um zu informieren, zu beraten und gegebenenfalls auch zu schlichten. Das kann sich für alle Seiten – das Kollegium, die Schulleitung und den Personalrat – lohnen. ⇨ Personalvertretungsgesetz (LPVG) §§ 40, 49 Abs. 2 und 3

denen in Betracht kommt, dass sie die Entwicklung oder Erziehung von Kindern oder Jugendlichen beeinträchtigen, so sind diese bei der Entscheidung über die Kennzeichnung mit zu berücksichtigen.

(9) Die Absätze 1 bis 6 und 8 gelten für die Kennzeichnung von zur Verbreitung in Telemedien bestimmten und kennzeichnungsfähigen Filmen und Spielprogrammen entsprechend.

(10) *(Ermächtigung; nicht abgedruckt)*

§ 14a
Kennzeichnung bei Film- und Spielplattformen

(1) Film- und Spielplattformen sind Diensteanbieter, die Filme oder Spielprogramme in einem Gesamtangebot zusammenfassen und mit Gewinnerzielungsabsicht als eigene Inhalte zum individuellen Abruf zu einem von den Nutzerinnen und Nutzern gewählten Zeitpunkt bereithalten. Film- und Spielplattformen nach Satz 1 dürfen einen Film oder ein Spielprogramm nur bereithalten, wenn sie gemäß den Altersstufen des § 14 Absatz 2 mit einer entsprechenden deutlich wahrnehmbaren Kennzeichnung versehen sind, die

1. im Rahmen des Verfahrens des § 14 Absatz 6 oder
2. durch eine nach § 19 des Jugendmedienschutz-Staatsvertrages anerkannte Einrichtung der freiwilligen Selbstkontrolle oder durch einen von einer Einrichtung der freiwilligen Selbstkontrolle zertifizierten Jugendschutzbeauftragten nach § 7 des Jugendmedienschutz-Staatsvertrages oder,
3. wenn keine Kennzeichnung im Sinne der Nummer 1 oder 2 gegeben ist, durch ein von den obersten Landesbehörden anerkanntes automatisiertes Bewertungssystem einer im Rahmen einer Vereinbarung nach § 14 Absatz 6 tätigen Einrichtung der freiwilligen Selbstkontrolle

vorgenommen wurde. Die §§ 10b und 14 Absatz 2a gelten entsprechend.

(2) Der Diensteanbieter ist von der Pflicht nach Absatz 1 Satz 2 befreit, wenn die Film- oder Spielplattform im Inland nachweislich weniger als eine Million Nutzerinnen und Nutzer hat. Die Pflicht besteht zudem bei Filmen und Spielprogrammen nicht, bei denen sichergestellt ist, dass sie ausschließlich Erwachsenen zugänglich gemacht werden.

(3) Die Vorschrift findet auch auf Diensteanbieter Anwendung, deren Sitzland nicht Deutschland ist. Die §§ 2a und 3 des Telemediengesetzes bleiben unberührt.

§ 15
Jugendgefährdende Medien

(1) Medien, deren Aufnahme in die Liste jugendgefährdender Medien nach § 24 Abs. 3 Satz 1 bekannt gemacht ist, dürfen als Trägermedien nicht

1. einem Kind oder einer jugendlichen Person angeboten, überlassen oder sonst zugänglich gemacht werden,
2. an einem Ort, der Kindern oder Jugendlichen zugänglich ist oder von ihnen eingesehen werden kann, ausgestellt, angeschlagen, vorgeführt oder sonst zugänglich gemacht werden,
3. im Einzelhandel außerhalb von Geschäftsräumen, in Kiosken oder anderen Verkaufsstellen, die Kunden nicht zu betreten pflegen, im Versandhandel oder in gewerblichen Leihbüchereien oder Lesezirkeln einer anderen Person angeboten oder überlassen werden,
4. im Wege gewerblicher Vermietung oder vergleichbarer gewerblicher Gewährung des Gebrauchs, ausgenommen in Ladengeschäften, die Kindern und Jugendlichen nicht zugänglich sind und von ihnen nicht eingesehen werden können, einer anderen Person angeboten oder überlassen werden,
5. im Wege des Versandhandels eingeführt werden,
6. öffentlich an einem Ort, der Kindern oder Jugendlichen zugänglich ist oder von ihnen eingesehen werden kann, oder durch Verbreiten von Träger- oder Telemedien außerhalb des Geschäftsverkehrs mit dem einschlägigen Handel angeboten, angekündigt oder angepriesen werden,
7. hergestellt, bezogen, geliefert, vorrätig gehalten oder eingeführt werden, um sie oder aus ihnen gewonnene Stücke im Sinne der Nummern 1 bis 6 zu verwenden oder einer anderen Person eine solche Verwendung zu ermöglichen.

(1a) Medien, deren Aufnahme in die Liste jugendgefährdender Medien nach § 24 Absatz 3 Satz 1 bekannt gemacht ist, dürfen als Telemedien nicht an einem Ort, der Kindern oder Jugendlichen zugänglich ist oder von ihnen eingesehen werden kann, vorgeführt werden.

(2) Den Beschränkungen des Absatzes 1 unterliegen, ohne dass es einer Aufnahme in die Liste und einer Bekanntmachung bedarf, schwer jugendgefährdende Trägermedien, die

1. einen der in § 86, § 130, § 130a, § 131, § 184, § 184a, 184b oder § 184c des Strafgesetzbuches bezeichneten Inhalte haben,
2. den Krieg verherrlichen,
3. Menschen, die sterben oder schweren körperlichen oder seelischen Leiden ausgesetzt sind oder waren, in einer die Menschenwürde verletzenden Weise darstellen und ein tatsächliches Geschehen wiedergeben, ohne dass ein überwiegendes berechtigtes Interesse gerade an dieser Form der Berichterstattung vorliegt,

3a. besonders realistische, grausame und reißerische Darstellungen selbstzweckhafter Gewalt beinhalten, die das Geschehen beherrschen,

4. Kinder oder Jugendliche in unnatürlicher, geschlechtsbetonter Körperhaltung darstellen oder
5. offensichtlich geeignet sind, die Entwicklung von Kindern oder Jugendlichen oder ihre Erziehung zu einer eigenverantwortlichen und gemeinschaftsfähigen Persönlichkeit schwer zu gefährden.

(3) Den Beschränkungen des Absatzes 1 unterliegen auch, ohne dass es einer Aufnahme in die Liste und einer Bekanntmachung bedarf, Trägermedien, die mit einem Medium, dessen Aufnahme in die Liste bekannt gemacht ist, ganz oder im Wesentlichen inhaltsgleich sind.

(4) Die Liste der jugendgefährdenden Medien darf nicht zum Zweck der geschäftlichen Werbung abgedruckt oder veröffentlicht werden.

(5) Bei geschäftlicher Werbung für Trägermedien darf nicht darauf hingewiesen werden, dass ein Verfahren zur Aufnahme des Mediums oder eines inhaltsgleichen Mediums in die Liste anhängig ist oder gewesen ist. [...]

Hinweise der Redaktion:

1. Bei Verstößen gegen das Jugendschutzgesetz können gemäß §§ 27 und 28 Freiheitsstrafen bis zu einem Jahr oder Geldstrafen bzw. Geldbußen bis zu 50.000 EUR verhängt werden. Den umfangreichen Katalog der Straf- und Bußgeldvorschriften haben wir hier nicht abgedruckt. Wir weisen aber ausdrücklich auf § 28 hin, wonach ordnungswidrig handelt, wer als „Veranstalter" Kindern oder Jugendlichen den Verstoß gegen die Jugendschutzvorschriften erlaubt oder diesen gar fördert, beispielsweise das Rauchen, den Genuss alkoholhaltiger Getränke, den Aufenthalt in öffentlichen Gaststätten oder Spielhallen. Diese Bußgeldvorschriften sind beispielsweise für das Verhalten von Schulleitungen, Lehrkräften und Begleitpersonen (auch mithelfenden Eltern) anlässlich von außerunterrichtlichen Veranstaltungen, SMV-Veranstaltungen oder Schulfesten relevant. Sie können nicht nur dienstrechtlich wegen Verletzung ihrer Obhutspflicht zur Rechenschaft gezogen werden, sondern als „Veranstalter" auch wegen Verstoßes gegen das JSchG zur Zahlung eines Bußgelds verpflichtet werden.
2. Das Strafgesetzbuch (StGB) stellt u.a. unter Strafe:
   - das Verbreiten von Propagandamitteln verfassungswidriger Organisationen (§ 86) und die Störung des öffentlichen Friedens durch Androhung von Straftaten (§ 126)
   - in den §§ 130 - 131 die Volksverhetzung, die Anleitung zu Straftaten und die Gewaltdarstellung
   - in den §§ 184 - 184 e die Verbreitung pornografischer, gewalt- oder tierpornographischer Schriften, die Verbreitung, den Erwerb und Besitz kinderpornographischer und jugendpornographischer Schriften, das Zugänglichmachen pornographischer Inhalte mittels Rundfunk oder Telemedien; den Abruf kinder- und jugendpornographischer Inhalte mittels Telemedien und auch die Veranstaltung und den Besuch kinder- und jugendpornographischer Darbietungen.
3. Zur Überwachung der Vorschriften des Jugendschutzgesetzes siehe den Beitrag ⇨ Jugendhilfe (Landesrecht).

⇨ Jugendhilfe (LKJHG) § 27; ⇨ Jugendschutz (Aktion Jugendschutz); ⇨ Jugendschutz/Kinderschutz (Information – KKG); ⇨ Kinderrechte ; ⇨ Prävention und Gesundheitsförderung; ⇨ Rauchen in der Schule

Jugendzahnpflege

Auszug aus der Verordnung des Sozialmisteriums zur Durchführung der Jugendzahnpflege vom 8. Dezember 2011 (GBl. S. 559/2011)

§ 2
Zweck, Umfang, Durchführung und Häufigkeit der Jugendzahnpflege

(1) Die Jugendzahnpflege dient der Förderung der Zahngesundheit sowie der Vorbeugung und Erkennung von Zahnerkrankungen.

Hinweise der Redaktion:

1. Rechtsgrundlage für diese Verordnung ist § 8 des Gesundheitsdienstgesetzes (ÖGDG) vom 17.12.2015 (GBl. S. 1210/2015). Darin ist u.a. bestimmt:

   (3) Den Gesundheitsämtern obliegen Maßnahmen zur Erkennung und Verhütung von Zahnerkrankungen bei Kindern und Jugendlichen im Alter von null bis achtzehn Jahren, soweit diese nicht von anderen Stellen für die Gesundheitsämter oder aufgrund von Vereinbarungen durchgeführt werden (§ 21 des Fünften Buches Sozialgesetzbuch).
2. Die Einzelheiten sind in der Verwaltungsvorschrift des Sozialministeriums zur Durchführung der Einschulungsuntersuchung und der Jugendzahnpflege (VwV ESU und Jugendzahnpflege) vom 2.7.2019 geregelt (GABl. S. 252/2019).

   Darin ist u.a. ausgeführt, dass für Untersuchungen in Schulen Teilnahmepflicht besteht; die Teilnahme an Maßnahmen zur Zahnschmelzhärtung und die Teilnahme an den Untersuchungen in Kindertageseinrichtungen erfolgt freiwillig.

(2) Die Maßnahmen zur Jugendzahnpflege werden bei Kindern und Jugendlichen durchgeführt und erfolgen vorrangig in Gruppen (Gruppenprophylaxe). Sie erstrecken sich insbesondere auf die Untersuchung der Mundhöhle, Erhebung des Zahnstatus, Zahnschmelzhärtung, Ernährungsinformation und Mundhygiene.

(3) Die Erziehungs- und Lehrkräfte sowie die sorgeberechtigten Personen der Kinder und Jugendlichen sollen in die Maßnahmen zur Jugendzahnpflege einbezogen, informiert und beraten werden. [...]

(5) In Einrichtungen, in denen Untersuchungen [...] nicht durchgeführt werden können, kann den Kindern und Jugendlichen nach Ermessen des zuständigen Gesundheitsamtes eine zahnärztliche Vorsorgeuntersuchung bei einer niedergelassenen Zahnärztin oder einem niedergelassenen Zahnarzt empfohlen werden (Verweisungsverfahren).

(6) Für Kinder und Jugendliche mit besonders hohem Kariesrisiko werden Programme mit intensiverer Betreuung durchgeführt.

(7) Die Leistungen sind unentgeltlich.

§ 3
Mitwirkung der Kindertageseinrichtungen und Schulen

(1) Die Kindertageseinrichtungen und Schulen übermitteln den sorgeberechtigten Personen der Kinder und Jugendlichen, die ihre Einrichtungen besuchen, die ihnen von den in § 1 genannten Stellen zur Verfügung gestellten Vordrucke. Sie wirken auf eine rechtzeitige Rückgabe hin und leiten die Vordrucke soweit vorgesehen zu den festgesetzten Terminen an die in § 1 genannten Stellen zurück.

(2) Die Kindertageseinrichtungen und Schulen geben die zur ordnungsgemäßen Durchführung der Jugendzahnpflege notwendigen Auskünfte und Informationen; sie stellen die erforderlichen Räumlichkeiten zur Verfügung.

⇨ Datenschutz (Schulen); ⇨ Einschulung und schulärztliche Untersuchung

Juristische Terminologie

Informationen der Redaktion zur Rechtslage und zur Verwaltungspraxis in Baden-Württemberg

1. „Grundsätzlich“

Der allgemeine und der juristische Sprachgebrauch unterscheiden sich häufig sehr stark. So bedeutet beispielsweise im allgemeinen Sprachgebrauch: *„Ich wünsche grundsätzlich nicht, dass jemand seinen Schulranzen auf den Gang stellt!“* ein abschließendes, endgültiges Verbot. Wer dagegen verstößt, muss mit Sanktionen rechnen. Im juristischen Sprachgebrauch bedeutet „grundsätzlich“ hingegen: Im Normalfall ist so zu verfahren. Wenn jedoch besondere Umstände vorliegen, die ein Abweichen rechtfertigen, kann nach pflichtgemäßem dienstlichen ⇨ Ermessen auch anders gehandelt werden.

2. Offene und enumerative Aufzählung

In Gesetzen und sonstigen Vorschriften ist zwischen „offenen“ (erweiterbaren) und „enumerativen“ (inhaltlich abschließenden) Aufzählungen zu unterscheiden.

Hierfür zwei Beispiele:

a) „Enumerative“ Aufzählung

§ 3 Abs. 4 der ⇨ Notenbildungsverordnung lautet:

(4) Die Zeugnisse sind in der Regel auszugeben:

1. *das Halbjahreszeugnis in der Zeit vom 1. bis 10. Februar,*
2. *das Jahreszeugnis an einem der letzten sieben Unterrichtstage.*

Diese Punkte sind vollständig und abschließend. Die Zeugnisse müssen an einem dieser Tage ausgegeben werden, weder vorher noch nachher.

b) „Offene“ Aufzählung

§ 9 der ⇨ Elternbeiratsverordnung lautet:

Die Schulkonferenz kann für die Klassenpflegschaften eine Geschäftsordnung erlassen, die insbesondere das Nähere regelt über:

1. *Die Form und die Frist für die Einladungen; dabei kann bestimmt werden, dass die Einladung der Eltern über die Schüler erfolgen kann;*
2. *das Verfahren bei Abstimmungen, insbesondere darüber, ob geheim abzustimmen ist;*
3. *die Wahl des Schriftführers.*

Das einleitende Wörtchen *„insbesondere“* bewirkt, dass diese Aufzählung erweiterbar ist, die drei Punkte sind also unvollständig und beispielhaft; die Schulkonferenz darf in der Geschäftsordnung auch mehr regeln.

3. Schlüsselbegriffe für das Ermessen

Bei allen berechtigten Klagen über die Juristensprache, ist es doch einsichtig, dass Rechtsnormen nur dann sinnvoll ausgelegt werden können, wenn man sich darauf verständigt, dass bestimmten Schlüsselbegriffen eine ganz bestimmte Bedeutung zukommt – auch wenn diese Begriffe im Alltag teilweise mit einer weiteren Bedeutung verwendet werden. Von besonderer Bedeutung sind diejenigen Schlüsselbegriffe, die den Rechtsanwendern deutlich machen sollen, ob sie einen Spielraum haben und wie weit dieser reicht. So bedeutet

- *„ist“*, *„muss“*, *„darf nicht“*, dass ausnahmslos in der beschriebenen Art und Weise zu verfahren ist,
- *„kann“*, *„darf“*, *„ist befugt“*, *„braucht nicht“*, *„in der Regel“*, dass ein Ermessensspielraum sachgerecht auszufüllen ist; es gibt also keine einfache „Wenn-Dann-Regel“, sondern eine mehr oder weniger verbindliche Leitlinie oder eine Palette von Entscheidungsmöglichkeiten, aus denen die passende Alternative ausgewählt werden muss – es sei denn, dass im Einzelfall nur eine einzige ermessensfehlerfreie Entscheidung möglich ist. Ist Letzteres nicht der Fall, dann entscheidet die Verwaltung (die Lehrkraft, die Schulleitung) abschließend darüber, welche von mehreren rechtlich zulässigen Möglichkeiten dem vom Gesetz- oder Verordnungsgeber verfolgten Zweck am besten entspricht,
- *„sollen“* oder eben auch *„grundsätzlich“*, dass, falls irgend möglich, so zu verfahren ist; es sind also nur plausibel begründete Ausnahmen möglich, der Ermessensspielraum ist hier also enger.

Wenn es heißt: *„Es wird gebeten, künftig so zu verfahren“*, dann ist dies keine unverbindliche Äußerung, sondern es **muss** so verfahren werden.

Auch die Verwendung des Indikativs in juristischen Texten unterscheidet sich vom alltäglichen Gebrauch. So schreibt beispielsweise das Schulgesetz in § 57 Abs. 2 vor: *„Der Schulleiter unterrichtet den Elternbeirat über seine Rechte und Pflichten sowie alle Angelegenheiten, die für die Schule von allgemeiner Bedeutung sind, und erteilt die notwendigen Auskünfte. Der Elternbeirat soll gehört werden, bevor der Schulleiter Maßnahmen trifft, die für das Schulleben von allgemeiner Bedeutung sind.“* Der erste Satz lässt dem Schulleiter bzw. der Schulleiterin keinen Spielraum: Sobald sie erkennen, dass eine Angelegenheit *„für die Schule von allgemeiner Bedeutung“* ist, müssen sie den Elternbeirat hiervon unterrichten; es darf also nicht gewartet werden, bis der Elternbeirat sich nach dieser Angelegenheit erkundigt. Der zweite Satz hingegen (*„Der Elternbeirat soll gehört werden ...“*) erlaubt der Schulleitung, nach pflichtgemäßem dienstlichen Ermessen und nach sorgfältiger Abwägung des Für und Wider auf eine Anhörung zu verzichten.

Die Ermessensausübung kann von den Gerichten umfassend überprüft werden. Mehr hierzu steht im Beitrag ⇨ Ermessen.

⇨ Elternbeiratsverordnung; ⇨ Ermessen; ⇨ NotenbildungsVO; ⇨ Verwaltungsrecht (Allgemeines); ⇨ Vorschriften

Kindergeld

Informationen der Redaktion zur Rechtslage und zur Verwaltungspraxis in Baden-Württemberg

Nach dem Kindergeldgesetz (BKGG § 1) ist grundsätzlich kindergeldberechtigt, wer in Deutschland einen Wohnsitz oder seinen gewöhnlichen Aufenthalt hat oder im Ausland wohnt, aber in Deutschland entweder unbeschränkt einkommensteuerpflichtig ist oder entsprechend behandelt wird.

Als Kinder werden berücksichtigt

- eheliche, für ehelich erklärte, nichteheliche und adoptierte Kinder,
- Kinder des Ehegatten (Stiefkinder) und Enkelkinder, die der Antragsteller in seinen Haushalt aufgenommen hat,
- Pflegekinder, mit denen der Antragsteller durch ein familienähnliches, auf längere Dauer berechnetes Band verbunden ist, sofern er sie in seinen Haushalt aufgenommen hat und zu einem nicht unwesentlichen Teil auf seine Kosten unterhält. Sie müssen wie eigene Kinder zur Familie gehören.

Für ein und dasselbe Kind kann immer nur eine Person Kindergeld erhalten. Es wird dem Elternteil gezahlt, der das Kind in seinen Haushalt aufgenommen hat. Lebt das Kind nicht im Haushalt eines Elternteils, erhält das Kindergeld derjenige Elternteil, der dem Kind laufend den höheren Barunterhalt zahlt; andersartige Unterhaltsleistungen bleiben außer Betracht. Eltern, die nicht dauernd getrennt leben, können untereinander durch eine Berechtigtenbestimmung festlegen, wer von ihnen das Kindergeld für ihre gemeinsam im Haushalt lebenden Kinder erhalten soll; so können sie denjenigen Elternteil zum kindergeldberechtigten bestimmen, bei dem sich eventuell ein höherer Kindergeldanspruch ergibt.

Das Kindergeld beträgt seit 1.1.2021:

- für das erste und zweite Kind jeweils 219 Euro,
- für das dritte Kind 225 Euro,
- für jedes weitere Kind 250 Euro.

Kindergeld wird bis zur Vollendung des 18. Lebensjahres gezahlt; darüber hinaus bis zum 25. Lebensjahr nur, wenn bestimmte Voraussetzungen vorliegen.

Dazu gehören eine Schul- oder erstmalige Berufsausbildung, ein Erststudium oder eine bis zu viermonatige Übergangszeit zwischen zwei Ausbildungsabschnitten. Berücksichtigt wird auch, wenn sich die Ausbildung durch gesetzlich anerkannte Freiwilligendienste verlängert hat. Bis zum 21. Lebensjahr steht auch dann Kindergeld zu, wenn das Kind arbeitslos gemeldet ist. Jenseits des 18. Lebensjahres wird Einkommen des Kindes angerechnet, wenn das Kind bereits eine erstmalige Berufsausbildung oder ein Erststudium abgeschlossen hat. Keine Altersgrenze gilt dann, wenn das Kind wegen körperlicher, geistiger oder seelischer Behinderung außerstande ist, selbst für seinen Lebensunterhalt zu sorgen.

Das Kindergeld wird ab 2022 auch bei Beamtinnen und Beamten von der dafür zuständige Familienkasse (Bundesagentur für Arbeit) ausbezahlt.

Die beihilferechtliche Berücksichtigung von Kindern endet mit Ablauf des Kalenderjahres, in dem sie im Familienzuschlag nicht mehr berücksichtigungsfähig sind.

Auf der Homepage des LBV finden sich Erläuterungen zu allen Fragen rund ums Kindergeld: https://lbv.landbw.de/service/fachliche-themen/kindergeld.

⇨ Beihilfeverordnung; ⇨ Besoldung (Gehälter); ⇨ Landesamt für Besoldung

Kinderrechte (UN-Konvention)

Informationen der Redaktion zur Rechtslage und zur Verwaltungspraxis in Baden-Württemberg

Das Übereinkommen der Vereinten Nationen über die Rechte des Kindes ist am 5.4.1992 für Deutschland in Kraft getreten (BGBl. II S. 990).

Jeder Mensch, der das achtzehnte Lebensjahr noch nicht vollendet hat, besitzt danach ein angeborenes Recht auf Leben. Die Konvention erklärt das *„Wohl des Kindes"* zu einem *„Gesichtspunkt, der vorrangig zu berücksichtigen ist"*. Kinder haben ein Recht auf Bildung auf der Grundlage der Chancengleichheit sowie auf Schutz vor jeder Form körperlicher oder geistiger Gewaltanwendung, Schadenzufügung oder Misshandlung, vor Verwahrlosung oder Vernachlässigung, vor schlechter Behandlung oder Ausbeutung einschließlich des sexuellen Missbrauchs ohne jede Diskriminierung unabhängig von der Rasse, der Hautfarbe, dem Geschlecht, der Sprache, der Religion, der politischen oder sonstigen Anschauung, der nationalen, ethnischen oder sozialen Herkunft, des Vermögens, einer Behinderung, der Geburt oder des sonstigen Status des Kindes, seiner Eltern oder seines Vormunds.

Der Wahrung und Durchsetzung der Kinderrechte beziehungsweise der Umsetzung der UN-Kinderrechtskonvention in nationales Recht dienen zahlreiche Gesetze und Vorschriften, siehe hierzu beispielsweise folgende Beiträge im Jahrbuch:

⇨ Datenschutz (Schule); ⇨ Jugendarbeitsschutz (Kinderarbeit); ⇨ Jugendhilfe (Bundesrecht); ⇨ Jugendhilfe (Landesrecht) § 8a; ⇨ Jugendschutz / Kinderschutz (Information – KKG); ⇨ Jugendschutzgesetz;.⇨ Menschenrechte; ⇨ Migrationshintergrund; ⇨ Schulpflicht (Ausländische Schüler*innen); ⇨ Schulpflicht (Kinder von Reisenden)

Klassenbücher und Kurstagebücher

Hinweise der Redaktion zur Rechtslage und zur Verwaltungspraxis in Baden-Württemberg

I.
Analoges Klassentagebuch

Führen von Klassen- und Kurstagebüchern; Verwaltungsvorschrift des Kultusministeriums vom 10. Februar 1999 (K.u.U. S. 19/1999); zuletzt geändert 14. Juni 2001 (K.u.U. S. 273/2001)

1. Für jede Klasse der Grund-, Haupt-, Real- und Sonderschulen sowie der beruflichen Schulen sowie für die Klassen 5 bis 11 der Gymnasien ist ein Klassenbuch zu führen. In den Jahrgangsstufen 12 und 13 der Gymnasien ist für jeden Grund- und Leistungskurs ein Kurstagebuch zu führen.
2. In das Klassenbuch sind [...] für jeden Unterrichtstag einzutragen
   2.1 das Unterrichtsfach (Abkürzung)
   2.2 der Name des unterrichtenden Lehrers (Kurzzeichen)
   2.3 der Unterrichtsgegenstand
   2.4 die Hausaufgaben
   2.5 Unterrichtsversäumnisse der Schüler
   2.6 etwaige Bemerkungen.

Abweichend von Satz 1 können in den Förderschulen und den Schulen für Geistigbehinderte auch Klassenbücher verwendet werden, in die die Eintragungen wochenweise erfolgen.

3. In das Kurstagebuch sind einzutragen
   3.1 der Name des unterrichtenden Lehrers und die Namen der Schüler, die den Kurs besuchen
   3.2 der Unterrichtsgegenstand
   3.3 Unterrichtsversäumnisse der Schüler
   3.4 etwaige Bemerkungen.
4. Die Schulen können weitere Angaben aufnehmen. Falls in das Klassen- oder Kurstagebuch Schülerlisten aufgenommen werden, dürfen sie nur Name, Vorname, Geburtsdatum und Konfession des Schülers sowie bei beruflichen Schulen die Anschrift des Ausbildungs- oder Beschäftigungsbetriebes bzw. der Praxisstelle enthalten. ⇨ Grundgesetz (Art. 136 Abs. 3 WRV)
5. Die Schulleitung hat durch geeignete Maßnahmen sicherzustellen, dass Unbefugte keinen Zugriff auf die Klassen- und Kurstagebücher erhalten.
6. Klassen- und Kurstagebücher werden nach Ablauf der folgenden fünf Schuljahre vernichtet.

Hinweise der Redaktion:

1. Das Regierungspräsidium Stuttgart hat hierzu mitgeteilt: „Es wird [...] gebeten, bei der Anlage neuer Tagebücher darauf zu achten, dass so wenig personenbezogene Daten wie möglich im Tagebuch Eingang finden. *(Es)* ist für die Kontrolle der Anwesenheit der Schüler mittels Tagebuch ausreichend, dass dort der Name der Schüler enthalten ist, so dass sich dadurch zweifelsfrei die Anzahl und die namentliche Unterscheidbarkeit der Schülerinnen und Schüler einer Klasse für die jeweils unterrichtende Lehrkraft entnehmen lässt. Für **nicht** erforderlich halten wir deshalb die Wohnanschrift, Geburtsort und Geburtstag, Konfession, Name der Eltern bzw. Name des gesetzlichen Vertreters der Schüler. Auch Telefonnummern und Schülerfotos sehen wir dort kritisch."
   (Quelle: RP Stuttgart, 24. Juni 2010; AZ: 7 –0551.0/62)
2. Es dürfen keine schriftlichen Entschuldigungen im Klassentagebuch aufbewahrt werden. Sie gehören wegen der darin enthaltenen Angaben über die Art der Erkrankung oder über ärztliche Diagnosen unter Verschluss.
3. Unter „Bemerkungen" (Ziff. 2.6) fallen auch die sogenannten „Einträge". Ein „Eintrag" ist die schriftliche Dokumentation eines schulisch relevanten Vorgangs, z.B. des Fehlverhaltens von Schüler*innen. ⇨ Schulgesetz § 90 Abs. 2
4. Kinder von beruflich Reisenden haben ein Schultagebuch zu führen; siehe hierzu: ⇨ Schulpflicht (Kinder von Reisenden).

II.
Digitales Klassen- oder Kurstagebuch

Hinweise der Redaktion zur Rechtslage und zur Verwaltungspraxis in Baden-Württemberg

Zulässigkeit

Will eine Schule elektronische Klassen- oder Kurstagebücher einführen, muss sie mangels einer vom KM seit 2019 angekündigten, aber bisher (Oktober 2021) noch nicht erlassenen Regelung folgende gesetzliche Vorgaben beachten:

Die Einführung bedarf der Zustimmung des örtlichen Personalrats (ÖPR); dies ist bei den GHWRGS-Schulen der Lehrkräfte-Personalrat beim Staatlichen Schulamt, bei den beruflichen Schulen, Gymnasien sowie den SBBZ mit Internat der ÖPR an der Schule. Gemäß ⇨ Personalvertretungsgesetz (LPVG) § 75 Abs. 4 Nrn. 11, 12 und 14-17 besitzt der ÖPR Mitbestimmungsrechte u.a. bei der *„Einführung und Anwendung technischer Einrichtungen, die dazu geeignet sind, das Verhalten und die Leistung der Beschäftigten zu überwachen"* sowie der *„Gestaltung der Arbeitsplätze"*. Wurde die Beteiligung des ÖPR bisher unterlassen, ist sie nachzuholen. Die Einführung bedarf ferner der Zustimmung der Gesamtlehrerkonferenz und der Schulkonferenz.

Örtliche Gegebenheiten

Der Zugriff auf die Daten setzt eine sichere Internetverbindung (WLAN) in allen Klassenzimmern, Fachräumen sowie im Schwimmbad und dem Sportplatz voraus. Damit (beispielsweise im Brandfall) sofort geprüft werden kann, welche Schüler*innen anwesend sind, werden mobile Geräte (z.B. Tablets) benötigt. Die notwendigen Installationen und Geräte müssen vom Schulträger gestellt und regelmäßig gewartet werden. Diese zusätzliche Aufgabe ist im seitherigen Aufgabenkontingent von Netzwerkberater*innen (sofern es diese an der Schule gibt) nicht enthalten; wenn sie von Lehrkräften übernommen wird, bedarf es daher hierfür einer entsprechenden zusätzlichen Anrechnung. Die Akzeptanz des Verfahrens in einem Kollegium hängt auch von der einfachen Bedienbarkeit der Software und Geräte sowie davon ab, dass es Fortbildungen und Ansprechpartner*innen – am besten an der Schule – gibt.

Datenschutz

Die Maßgaben des Datenschutzes sind zu beachten.
⇨ Datenschutz (RDV - Personaldaten); ⇨ Datenschutz (Schulen)

Bei Eingabe im Klassenzimmer, ist zwingend eine Zwei-Wege-Authentifizierung notwendig. Die Zugriffsrechte und Rollenkonzepte müssen geklärt werden (Elternzugriff von außen). Alle Speichervorgänge, Hard- und Software-Voraussetzungen sind in das Verzeichnis der Verarbeitungstätigkeiten einzutragen und der/dem Landesdatenschutzbeauftragten zu melden. Mangels einer ministeriellen Regelung müssen derzeit regelmäßig, d.h. wöchentlich, Papier-Ausdrucke angefertigt werden – eine ausschließliche digitale Speicherung ist nicht zulässig.

⇨ Aufbewahrungsfristen und Archivierung; ⇨ Datenschutz (Schulen); ⇨ Datenschutz (RDV - Personaldaten); ⇨ Grundgesetz (Art. 136 Abs. 3 WRV); ⇨Konferenzordnung § 2; ⇨Personalvertretungsgesetz (LPVG) § 75; ⇨ Schulgesetz § 90

Klassenlehrkraft

Informationen der Redaktion zur Rechtslage und zur Verwaltungspraxis in Baden-Württemberg

1. Begriffsbestimmung und Aufgaben

Im baden-württembergischen Landesrecht, insbesondere im Schulgesetz fehlt eine Legaldefinition der Termini *„Klassenlehrerin“* bzw. *„Klassenlehrer“* oder des Begriffs *„Klassenlehrkraft*. Was hierunter zu verstehen ist, muss deshalb aus den Funktionszuschreibungen erschlossen werden.

In zahlreichen Vorschriften des KM werden *„Klassenlehrerinnen“* bzw. *„Klassenlehrer“* erwähnt; ihnen werden dabei regelmäßig Betreuungs- und Koordinierungsfunktionen gegenüber den Schüler*innen sowie den in der Klasse unterrichtenden Lehrkräften zugeordnet. Es ist deshalb allgemeine Praxis, dass für jede Klasse eine *„Klassenlehrerkraft“* bestellt wird; teilweise werden auch mehrere Lehrkräfte als Team mit dieser Aufgabe betraut. Bei der Bestellung durch die Schulleitung besitzt die Gesamtlehrerkonferenz ein allgemeines Empfehlungsrecht.
⇨ Konferenzordnung § 2 Abs. 1 Ziff. 9; ⇨ Schulgesetz § 41

Üblicherweise werden mit dieser Funktion „wissenschaftliche“ Lehrkräfte beauftragt. An Schulen für Geistig- und Körperbehinderte sind in der Regel die Fachlehrkräfte G bzw. K hierfür eingesetzt; auch an anderen SBBZ werden musisch-technische Fachlehrkräfte oder Technische Lehrkräfte mit dieser Aufgabe betraut. ⇨ Fachfremder Unterricht

Auf der Hompage des Kultusministeriums ist unter: https://km-bw.de/,Lde/Startseite/Service/Publikationen eine Broschüre „Klassenführung - Eine Handreichung für Lehrerinnen und Lehrer in Baden-Württemberg“ abrufbar.

Im Folgenden sind die wesentlichen Bestimmungen des KM aufgeführt, in denen die Funktion der *„Klassenlehrerin“* bzw. des *„Klassenlehrers“* genannt wird:

1. Die Klassenlehrkraft ist *Vorsitzende der Klassenkonferenz* (außer bei Zeugnis- und Versetzungsentscheidungen, bei der Beschlussfassung über den Schulbericht, die Halbjahresinformation und die Grundschulempfehlung, bei der Entscheidung über LRS-Förderbedürftigkeit sowie bei bestimmten Erziehungs- und Ordnungsmaßnahmen – hier führt die Schulleitung den Vorsitz) und insofern auch verantwortlich für die Umsetzung der Beschlüsse dieser Konferenz.
2. Unbeschadet der Verantwortung der Schulleitung für die Einhaltung der hierfür allgemein geltenden Grundsätze obliegt der Klassenlehrkraft die Koordination der Lehrkräfte bei der Zeugnis- und Notengebung. Sie hat den Kontakt mit den Erziehungsberechtigten im Falle einer drohenden Nichtversetzung zu halten; hierzu ⇨ Verwaltungsrecht Nr. II beachten. Ferner macht die Klassenlehrkraft einen Vorschlag für die *„Allgemeine Beurteilung“* in den Klassen 3-6; sie kann darüber hinaus beauftragt werden, einen Entwurf für den Schulbericht zu fertigen.
   ⇨ Aufnahmeverordnung § 4,5; ⇨ Behinderungen und Förderbedarf 2.3.2; ⇨ Grundschule (Schulbericht); ⇨ Konferenzordnung § 12,2; ⇨ Notenbildungsverordnung; ⇨ Schulgesetz § 41 Abs. 2
3. Der Klassenlehrkraft *„obliegen [...] besonders wichtige Aufgaben“* in der Orientierungsstufe.
   ⇨ Aufnahmeverfahren Ziff. IV.1
4. Die Klassenlehrkraft hat für *„eine zeitliche Abstimmung der Hausaufgaben der einzelnen Fachlehrer zu sorgen und auf die Einhaltung der bestehenden Regelungen zu achten“.*
   ⇨ Notenbildungsverordnung § 10, 4
5. Die Klassenlehrkraft ist *„verantwortlich“* für die Vorbereitung der Betriebs- und Sozialpraktika.
   ⇨ Berufliche Orientierung (Praxiserfahrungen)
6. Die Klassenlehrkraft kann bis zu zwei Stunden Nachsitzen als Ordnungsmaßnahme verhängen. Sie muss vor bestimmten Erziehungs- und Ordnungsmaßnahmen gehört werden.
   ⇨ Schulgesetz § 90
7. Die Klassenlehrkraft ist zuständig für die Beurlaubung von Schüler*innen bis zu zwei Unterrichtstagen. ⇨ Schulbesuchsverordnung § 4 Abs. 5

8. Der Klassenlehrkraft obliegt der stellvertretende Vorsitz der Klassenpflegschaft. Sie ist deshalb (mit-)verantwortlich für die Vorbereitung der „Elternabende" (z.B. Einladung der Fachlehrkräfte), für die erstmalige Einberufung sowie für die Umsetzung der Beschlüsse.
   ➪ Elternbeiratsverordnung § 8 Abs. 4 und § 17 Abs. 2; ➪ Schulgesetz § 56 Abs. 4
9. Die Klassenlehrkraft unterstützt die Klassenschülervertretung. ➪ Schülermitverantwortung § 6
10. Im Unterschied zu den weiterführenden Schulen ist an den Grundschulen *„Ganzheitlichkeit"* Unterrichtsprinzip; durch das *„Klassenlehrerprinzip"* sollen in der Primarstufe ein *„fächerverbindender, verzahnter Unterricht"* begünstigt sowie *„eine sichere und vertrauensvolle Bindung zwischen Kind und Bezugspersonen ermöglicht"* werden.
    (Quelle: Lehrkräftebegleitheft des KM zu den Bildungsplänen 2016 für allgemeinbildende Schulen)

2. Arbeitszeit

Besondere Arbeitszeitregelungen für Klassenlehrkräfte existieren nicht; insbesondere gibt es bislang weder eine „Verfügungsstunde" noch eine besondere Anrechnung auf die Unterrichtsverpflichtung.

Eine Berücksichtigung der Klassenlehrertätigkeit ist jedoch im Rahmen des „Allgemeinen Entlastungskontingents" möglich. Aus diesem *„Stundenpool"* ist eine Deputatsanrechnung für besonders belastende Klassenlehrertätigkeiten möglich; dies wird z.B. praktiziert, wenn eine Klassenlehrkraft mehrere Klassen an einer Schule leiten muss (sogenanntes „Doppelordinariat"); es besteht aber kein Rechtsanspruch hierauf. Die Gesamtlehrerkonferenz besitzt jedoch hierzu ein allgemeines Empfehlungsrecht.

➪ Arbeitszeit (Lehrkräfte) VwV Anrechnungen Nr. IV.1; ➪ Konferenzordnung § 2 Abs. 1 Nr. 9

➪ Arbeitszeit (Lehrkräfte – VwV Anrechnungen); ➪ Aufnahmeverfahren (Orientierungsstufe); ➪ Elternbeiratsverordnung (§ 8 Abs. 4 und § 17 Abs. 2); ➪ Fachfremder Unterricht; ➪ Grundschule (Leistungsbeurteilung GS und SBBZ); ➪ Konferenzordnung (§§ 2 und 12); ➪ Notenbildungsverordnung; ➪ Schulbesuchsverordnung; ➪ Schulgesetz (§§ 41, 56, 90); ➪ Schülermitverantwortung (§ 8); ➪ Versetzungsordnungen (bei den Schularten)

Koedukation

Informationen der Redaktion zur Rechtslage und zur Verwaltungspraxis in Baden-Württemberg

Der gemeinsame Unterricht beider Geschlechter (Koedukation) ist heute die Regel. Der Wandel vom geschlechtergetrennten zum koedukativen Unterricht erfolgte weitgehend ohne gesetzliche Regelungen oder behördliche Anordnungen; die Koedukation entsprach spätestens seit den sechziger Jahren dem gewandelten gesellschaftlichen Bewusstsein (Gleichberechtigung der Geschlechter) sowie dem Stand der pädagogischen Praxis und Wissenschaft.

Die Öffentlichkeit, der Landtag und das Kultusministerium gehen ohne Weiteres davon aus, dass der Unterricht grundsätzlich in allen Fächern gemeinsam erteilt wird. Es gibt auch keine ausdrückliche Regelung, unter welchen Umständen der Unterricht nach Geschlechtern getrennt zu erteilen ist. Eine Ausnahme bildet der Sportunterricht; allerdings gibt es hierzu keine generelle Regelung, sondern je nach den äußeren Bedingungen und den pädagogischen Zielen wird er in der Regel ab der Pubertät (spätestens ab Klasse 7) nicht mehr koedukativ erteilt. Im Bildungsplan 2016 für Gymnasien wird beispielsweise zum Fach Sport in den Klassen 5/6 ausgeführt: *„Der Unterricht wird je nach pädagogischer Zielsetzung koedukativ oder in getrennten Sportgruppen erteilt."* Zu Klasse 7/8 heißt es dort, der Sportunterricht werde so gestaltet, *„dass Mädchen und Jungen ihre Fähigkeiten ohne Benachteiligung entwickeln"* und dass *„die pädagogischen Chancen, die eine koedukative Erziehung bietet,"* im Rahmen von Projekten, Schullandheimaufenthalten und geeigneten Unterrichtsvorhaben genutzt werden könnten. Es bleibt den Schulen überlassen, die pädagogische Entscheidung zu treffen, ob und in welchen Fällen sie den Sportunterricht getrennt oder koedukativ erteilen. Wir empfehlen, den Sport- und Schwimmunterricht spätestens ab der 5. Klasse nach Geschlechtern getrennt organisieren. Diese Organisationsform ist auch zur Vermeidung von Konflikten mit Eltern zu empfehlen, die ihre Töchter aus religiösen Gründen vom Schwimmunterricht fernhalten wollen.

Das Fehlen von ausdrücklichen Vorgaben eröffnet den Schulen einen Spielraum, um auch in anderen Fächern vom Regelfall der Koedukation abzuweichen. So kann beispielsweise der Unterricht in den Naturwissenschaften – etwa im Rahmen der Profilbildung oder zur besseren Heranführung von Mädchen an typische „Jungenfächer" – nach Geschlechtern getrennt erfolgen. Es entscheidet stets die Gesamtlehrerkonferenz nach Anhörung der Schulkonferenz.

➪ Konferenzordnung § 2 Abs. 1 Nr. 1

So erfreulich dieser Freiraum sein mag, so handelt es sich bei der Koedukation an öffentlichen Schulen doch um eine Angelegenheit von so wesentlicher Bedeutung, dass der Gesetzgeber dies regeln und ggf. Öffnungsklauseln vorsehen müsste. Solange der Landtag bzw. das KM sich dieser Aufgabe entziehen, bleibt es bei der gegenwärtigen (Rechts-)Lage.

➪ Aufsichtspflicht (Schwimmunterrricht); ➪ Konferenzordnung § 2 Abs. 1 Nr. 1; ➪ Schulbesuchsverordnung (Hinweise); ➪ Schulgesetz § 47 Abs. 4

Kompetenzanalyse

Informationen der Redaktion zur Rechtslage und zur Verwaltungspraxis in Baden-Württemberg

Die Kompetenzanalyse Profil AC wird an Haupt-, Werkreal- und Realschulen sowie an SBBZ und beruflichen Schulen mit den Bildungsgängen Berufseinstiegsjahr und Vorqualifizierungsjahr Arbeit / Beruf verbindlich durchgeführt.

Das Verfahren ist ein schulartübergreifendes Konzept zur Erhebung von überfachlichen, berufsrelevanten Kompetenzen und Grundlage für ein schulartübergreifendes System zur individuellen Förderung.

Die Kompetenzanalyse und die anschließende individuelle Förderung unterstützen die Schülerinnen und Schüler bei ihrer Berufsorientierung und ihrem Weg zur Ausbildungsreife durch eine stetige Auseinandersetzung mit ihrem Potential und die Erweiterung ihrer Kompetenzen, die Wahrnehmung ihrer Stärken sowie den Einbezug ihrer Selbst- und Fremdeinschätzung.

Eingesetzt wird die vom Christlichen Jugenddorfwerk Deutschlands im Auftrag des Kultusministeriums entwickelte „Kompetenzanalyse Profil AC“. Die Abkürzung „AC“ bezieht sich auf die in der Wirtschaft zur Personalauswahl und -führung eingesetzten „Assessment-Center“ (das sind *„systematische und flexible Verfahren zur kontrollierten und qualifizierten Feststellung von Verhaltensleistungen und Verhaltensdefiziten“*).

In der Haupt-/Werkrealschule wird die Kompetenzanalyse nach § 3 Absatz 2 der Werkrealschulverordnung in Klasse 7 durchgeführt. Die individuelle Förderung schließt sich unmittelbar an. Hierfür sind zwei Stunden im Stundenkontingent ausgewiesen.

An den Realschulen sowie den Gemeinschaftsschulen ist die Kompetenzanalyse in der Stundentafel mit zwei Stunden in der Klasse 8 ausgewiesen.

An den SBBZ sieht das KM keine besondere Regelung vor, da es sich um eine berufsvorbereitende Maßnahme handle, die in hohem Maße der sonderpädädagogischen Förderung entspreche.

Im Bereich der beruflichen Schulen ist für das Berufseinstiegsjahr eine Stunde für die Kompetenzanalyse in der Stundentafel enthalten.

Während der Durchführung (jeweils ein bis drei Wochen) können die beteiligten Lehrkräfte (*„Anwender“*) analog der Verwaltungsvorschrift ➪ Berufliche Orientierung (Praxiserfahrungen) vom Unterricht in anderen Klassen freigestellt werden.

Für die Sachkosten im Rahmen der Analyse steht den Schulen ein besonderes Budget zur Verfügung.
(Quelle: KM, 5.2.2010, AZ: 34-6504.11-ESF-Haushalt/50)

Bei der Kompetenzanalyse werden personenbezogene Daten der Schüler*innen in einem automatisierten Verfahren verarbeitet. Der Landesdatenschutzbeauftragte führt bei den beteiligten Schulen stichprobenartige Kontrollen durch und verlangt den Nachweis, dass sie das Verfahrensverzeichnis gem. § 11 LDSG führen (darin wird u.a. verlangt, die Erfüllung der technischen und organisatorischen Maßnahmen nach § 9 LDSG nachzuweisen).
➪ Datenschutz (Schulen) 1.7.3.,1.13.2., 1.14.1.; Anlage 1

➪ Berufliche Orientierung (Praxiserfahrungen); ➪ Datenschutz (Schulen); ➪ Realschule (Stundentafel); ➪ Werkrealschule (Verordnung / Stundentafel); ➪Vorqualifizierungsjahr (VAB)

Stichwort: Schülertourismus und Luxusreisen

Die seit Jahrzehnten geltende Verwaltungsvorschrift des KM für ➪ Außerunterrichtliche Veranstaltungen der Schulen enthält in Nr. II.6 einen seit Anbeginn unveränderten Grundsatz: *„Die für Schüler entstehenden Kosten sind so niedrig wie möglich zu halten, müssen in einem vertretbaren Verhältnis zum Nutzen der Veranstaltung stehen und dürfen die Eltern nicht in unzumutbarem Maße belasten“*.

Angesichts der deutlicher werdenden Diskrepanz zwischen einem (kleineren) Teil gut verdienender Eltern und einem (steigenden) Anteil von Menschen in prekären Arbeits- und Lebensverhältnissen (Mini-Lohnbereich, „Hartz IV“ usw.) sollten die Lehrkräfte und die Schulen diesem Gesichtspunkt vermehrt Aufmerksamkeit schenken. Vor allem sollten sie beachten, dass über die *„Aufstellung der Grundsätze über die Durchführung von außerunterrichtlichen Veranstaltungen (z.B. Klassenfahrten, Schullandheimaufenthalte)“* die Gesamtlehrerkonferenz berät und beschließt. ➪ Konferenzordnung § 2 Abs. 1 Nr. 11

Das bedeutet: Die GLK kann mit verbindlicher Wirkung für alle Lehrkräfte der Schule bestimmen, dass bei außerunterrichtlichen Veranstaltungen ein bestimmter Pro-Kopf-Betrag je Schüler*in nicht überschritten werden darf. Da einschlägige GLK-Beschlüsse des Einverständnisses der Schulkonferenz bedürfen, sind auch die Eltern- und die Schülerschaft der Schule an der Beschlussfassung beteiligt. Die Schulleitung darf nach einem solchen Beschluss die Genehmigung von Klassenfahrten, Studienreisen usw. nur in diesem Rahmen erteilen. Was teurer ist, findet nicht statt.

Zwar haben Empfänger*innen von Sozialleistungen Anspruch auf Kostenerstattung für solche Fahrten (siehe ➪ Bildungspaket; hierauf sollten die Lehrkräfte die betroffenen Eltern aufmerksam machen), aber auch oberhalb dieser „Armutsschwelle“ gibt es in jeder Klasse Schülerinnen und Schüler, deren Eltern sich teure Reisen schlicht nicht leisten können.

Konferenzen (Allgemeines)

Informationen der Redaktion zur Rechtslage und zur Verwaltungspraxis in Baden-Württemberg

1. Die Rechte der Konferenzen

Die Schulverfassung in Baden-Württemberg ist gekennzeichnet durch ihre Mischform zwischen rein direktorialer Schulleitung (d.h. die Schulleitung entscheidet alle Angelegenheiten allein) und rein kollegialer Schulleitung (d.h. die Lehrkräfte entscheiden in Konferenzen durch Mehrheitsentscheidungen). Teilweise sind Konferenzbeschlüsse für alle Beteiligten bindend; dann steht der Schulleitung nur das Recht zur Prüfung der Rechtmäßigkeit zu.

Unbeschadet sonstiger – direktorialer – Befugnisse der Schulleiterin oder des Schulleiters (z.B. Anweisungs- und Beurteilungsrechte gemäß §§ 23 und 41 Schulgesetz) sind damit im Bereich der (öffentlichen) Schulen kollegiale Leitungsstrukturen konstituiert.

Die Beteiligungsrechte der Lehrerkonferenzen und der Schulkonferenz sind im Schulgesetz (§§ 44 bis 47) sowie der Konferenzordnung – KonfO – und der Schulkonferenzordung festgelegt. Diese Vorschriften gelten nur dann auch in privaten (Ersatz-)Schulen, wenn dies durch Betriebs- oder Dienstvereinbarung oder eine entsprechende andere verlässliche Regelung vereinbart wurde.

➪ Konferenzordnung; ➪ Schulgesetz §§ 23, 41, 44-47; ➪ Schulkonferenzordung

Dabei kommt der Gesamtlehrerkonferenz (GLK) eine besondere Bedeutung zu: § 41 Abs. 1 Schulgesetz bezeichnet als *„Aufgaben des Schulleiters"*:

„Der Schulleiter ist Vorsitzender der Gesamtlehrerkonferenz. Er leitet und verwaltet die Schule und ist, unterstützt von der Gesamtlehrerkonferenz, verantwortlich für die Besorgung aller Angelegenheiten der Schule [...]".

Einerseits muss die GLK die Schulleitung bei ihrer Arbeit unterstützen – diese Pflicht ergibt sich für die einzelnen Lehrkräfte unmittelbar auch aus dem Beamtenrecht (§ 35 BeamtStG: *„Beamtinnen und Beamte haben ihre Vorgesetzten zu beraten und zu unterstützen"*), dazu gehört, die Vorgesetzten vor falschen oder schädlichen Entscheidungen zu warnen; unrechtmäßigen Anordnungen müssen die Beamt*innen sogar widersprechen (*„Remonstrationspflicht"*).

➪ Beamtenstatusgesetz §§ 35 und 36

Auf der anderen Seite sind die Schulleiter*innen nicht nur verpflichtet, sich von der GLK unterstützen zu lassen, sondern sie müssen sich dieser Unterstützung durch aktives Handeln immer wieder neu versichern: Sie müssen das ganze Lehrerkollegium durch Information und Beratung einbeziehen.

2. Zuständigkeiten der Lehrerkonferenzen

Dieses ständige Zusammenwirken will das Kultusministerium u.a. dadurch sicherstellen, dass es

- eine Mindest-Sitzungsfrequenz vorschreibt (Sollvorschrift: mindestens viermal jährlich) und ➪ Konferenzordnung § 12 Abs. 1
- eine Fülle von Sachverhalten festgelegt hat, zu denen die GLK Beratungs-, Anhörungs-, Mitwirkungs- oder Mitbestimmungsrechte besitzt.

Im Schulgesetz steht hierzu eine Generalklausel:

„Es berät und beschließt, unbeschadet der Zuständigkeit der Schulkonferenz, die Gesamtlehrerkonferenz über Angelegenheiten, die für die Schule von wesentlicher Bedeutung sind" (Hervorhebung von der Redaktion).

➪ Schulgesetz § 45 Abs. 2

Viele dieser *Angelegenheiten* sind in § 2 KonfO in Form einer „offenen Aufzählung" aufgeführt.

Hinweis der Redaktion: Zur „offenen" und der „enumerativen" Aufzählung siehe ➪ Juristische Terminologie.

Einleitend wird der GLK eine Beschluss-Zuständigkeit in *allgemeinen Fragen der Erziehung und des Unterrichts an der Schule* sowie der *Festlegung der schuleigenen Stundentafel im Rahmen der Kontingentstundentafel und die Entwicklung schuleigener Curricula im Rahmen der jeweiligen Bildungspläne nach Anhörung des Elternbeirates und nach Zustimmung der Schulkonferenz* übertragen (§ 2 Abs. 1 Nr. 1 und 1a). Das bedeutet im Ergebnis: Grundlegende Entscheidungen in pädagogischen Fragen können ohne oder gar gegen die Gesamtlehrerkonferenz der Schule nicht getroffen werden.

Die Mitglieder der Gesamtlehrerkonferenz können die Beratung und Beschlussfassung über Sachverhalte, die in die Zuständigkeit der GLK fallen, auch gegen den Willen der Schulleitung durchsetzen: Gemäß § 12 Abs. 7 KonfO ist der Schulleiter als Vorsitzender der GLK verpflichtet, Anträge, die von einem stimmberechtigten Mitglied mindestens drei Unterrichtstage vor dem Sitzungstermin schriftlich bei ihm eingereicht werden, auf die Tagesordnung zu setzen und zu Beginn der Sitzung bekanntzugeben. (Das gleiche Recht besitzen auch die Mitglieder der *„Elterngruppen"* für Sachverhalte, die in ihre Zuständigkeit fallen; vgl. KonfO § 11 Abs. 3 und 4).

Dabei ist die Zuständigkeit der GLK weit zu fassen:

- In weiten Aufgabenbereichen besitzt die GLK originäre Entscheidungskompetenzen. Neben den Zuständigkeiten, die ihr durch Gesetz und Verordnung zustehen (§ 45 Abs. 2 SchG, § 2 KonfO), hat ihr das KM in einer Vielzahl von Einzelregelungen Beteiligungsrechte (Beratung und Beschlussfassung) zugewiesen. Vielfach handelt es sich dabei um Beteiligungsrechte der Schulkonferenz, aus denen sich allerdings eine sekundäre Zuständigkeit der GLK ableitet (s.u. Nr. 3 und 4). ➪ Schulkonferenzordnung
- Die Gesamtlehrerkonferenz ist jedoch nicht darauf beschränkt, sich mit den ihr ausdrücklich zugewiesenen Themen der Unterrichts- und Erziehungsarbeit zu befassen; auch Aufgaben, die in der Entscheidungskompetenz der Schulleitung

liegen, sind nicht in jedem Fall der Befassung durch die Gesamtlehrerkonferenz entzogen. Zwar gibt es Bereiche, in denen der GLK keinerlei Funktion zukommt, nämlich wenn ein Schulleiter primär als Behördenleiter und Vorgesetzter agiert, etwa bei Fragen der laufenden Materialbeschaffung oder bei der Beurteilung von Lehrkräften. Befasst sich die Schulleitung dagegen mit Angelegenheiten der Schule oder der Schularbeit, liegt die Entscheidung hierüber zwar grundsätzlich ebenfalls bei ihr; sie handelt dabei jedoch stets *„unterstützt von der Gesamtlehrerkonferenz"* (SchG § 41). Sobald sie also den rein verwaltungsinternen Bereich verlässt und insbesondere den Erziehungs- und Bildungsauftrag der Schule im weitesten Sinne berührt, besteht eine unterstützende Befassungskompetenz der GLK, um sich etwa auf eine einheitliche Sichtweise zu verständigen und entsprechende (unverbindliche) Empfehlungen an die Schulleitung auszusprechen.

In einem rechtskräftigen Urteil vom 21.4.2010 (2 K 1359/09, http://openjur.de/u/352667.html) hat das Verwaltungsgericht Freiburg u.a. festgestellt: *„Die Möglichkeit (und Verpflichtung) des Schulleiters, Anträge zur Tagesordnung abzulehnen, ist [...] beschränkt auf solche Anträge, die unter keinem denkbaren Gesichtspunkt in die Zuständigkeit der Gesamtlehrerkonferenz fallen."* Dies ist beispielsweise bei *„personalen und sozialen Angelegenheiten der Lehrer im Sinne des Landesbeamtengesetzes und des Landespersonalvertretungsgesetzes"* der Fall, denn diese *„dürfen von den Lehrerkonferenzen nicht erörtert werden"* (Konferenzordnung § 1 Abs. 2); die GLK besitzt jedoch in Arbeitszeitfragen Informations-, Beratungs- und Empfehlungsrechte. Deshalb muss die Schulleitung einen Antrag auf Behandlung solcher Fragen (z.B. Terminierung der Schulanfangs-Konferenz oder Zeitablauf des letzten Schultags vor Ferien) auf die Tagesordnung setzen.

⇨ Arbeitszeit (Lehrkräfte – Allgemeines)

Zum Beschlussrecht der GLK auch die Beiträge ⇨ Mehrarbeit; ⇨ Außerunterrichtliche Veranstaltungen, ⇨ Außerunterrichtliche Veranstaltungen (Reisekosten) und ⇨ Teilzeitbeschäftigung (Pflichten) beachten.

3.
Informationspflichten der Schulleitung

Sobald ein in den Vorschriften ausdrücklich aufgeführter oder ein im Sinne von § 45 SchG für die Schule *„wesentlicher"* Sachverhalt vorliegt, muss die Schulleitung die Beratung und ggf. Beschlussfassung in der GLK ermöglichen.

Unterrichtet sie die GLK über den Sachverhalt unter dem Tagesordnungspunkt *„Bericht der Schulleitung"*, oder unter *„Verschiedenes"*, kann hierüber zwar beraten werden, Beschlüsse fassen sollte die GLK in analoger Anwendung von § 12 Abs. 8 KonfO aber erst in der nächsten Sitzung. Besser ist es deshalb, das Thema förmlich auf die Tagesordnung der nächsten GLK zu setzen, dann kann beraten und beschlossen werden. ⇨ Konferenzordnung § 12

Es ist Pflicht der Schulleitung, der GLK (entsprechend auch der Schulkonferenz) alle für die Meinungsbildung und die Beschlussfassung erforderlichen Informationen zu geben, damit diese Konferenzen sachgerechte Entscheidungen treffen können. Dies sei am Beispiel des – häufig strittigen und für die Berufszufriedenheit der Lehrkräfte besonders wichtigen – Lehrereinsatzes dargestellt: Zwar liegt das Letztentscheidungsrecht über die *„Verteilung der Lehraufträge und sonstiger dienstlicher Aufgaben, für die Aufstellung der Stunden- und Aufsichtspläne sowie für die Anordnung von Vertretungen"* bei der Schulleitung (§ 41 Abs. 1 SchG); faktisch stellt die Schulleitung damit den ⇨ Geschäftsverteilungsplan der Schule auf. Die GLK besitzt aber das Recht, hierüber zu beraten und *„allgemeine Empfehlungen"* abzugeben.

⇨ Konferenzordnung § 2 Abs. 1 Nr. 9

Das KM hat den Schulleitungen ausdrücklich vorgeschrieben, die GLK über die Anrechnungen zu unterrichten (⇨ Arbeitszeit (Lehrkräfte – VwV) Nr. IV.1.5), und damit deutlich gemacht, dass nicht nur diese Aufgabenverteilung, sondern auch die damit verbundenen *„Deputatsnachlässe"* ein Beratungsthema sind.

⇨ Arbeitszeit (Lehrkräfte – Allgemeines).

Ähnlich ist es bei der Verwendung der aufgrund der *„flexiblen Unterrichtsorganisation"* erwirtschafteten Unterrichsstunden für *„unterrichtsbezogene Schulentwicklungsprojekte"*. Im ⇨ Organisationserlass Nr. 1.1, zweiter Absatz hat das KM angeordnet: *„Die hierfür erforderlichen Entscheidungen trifft der Schulleiter; die Gesamtlehrerkonferenz, Schulkonferenz und der Elternbeirat können ihm hierzu unbeschadet des § 41 Abs. 1 SchG allgemeine Empfehlungen abgeben"*.

4.
Verbindlichkeit der Beschlüsse

Empfehlende Konferenzbeschlüsse (beispielsweise allgemeine Empfehlungen für die Verteilung der Lehraufträge und sonstiger dienstlicher Aufgaben, für die Aufstellung der Stunden- und Aufsichtspläne sowie für die Anordnung von Vertretungen gemäß § 2 Abs. 1 Nr. 9 der Konferenzordnung) sind für die Schulleitung zwar nicht bindend, sie hat diese aber in ihre Entscheidungsfindung einzubeziehen. Hierzu ⇨ Arbeitszeit (Lehrkräfte – Allgemeines) beachten.

Hingegen sind Beschlüsse der Konferenzen zu Sachverhalten, für die sie eine Entscheidungskompetenz besitzen, bindend. Hierfür einige Beispiele:

- Ein Beschluss der Fachkonferenz über die Verwendung eines bestimmten Schulbuches verpflichtet alle hiervon betroffenen Lehrkräfte, dieses im Fachunterricht als *„hauptsächliches Arbeitsmittel"* einzusetzen (vgl. Bundesverwaltungsgericht, 28.1. 1994; AZ: 6 B 24/93). ⇨ KonferenzVO § 5 Abs. 2
- Beschließt die GLK, dass die Eltern für die Teilnahme ihrer Kinder an Schullandheimaufenthalten maximal mit einem bestimmtne Betrag belastet werden dürfen, so bindet dies alle Lehrkräfte und die Schulleitung (Letztere darf dann keine teureren Veranstaltungen genehmigen).

  ⇨ Konferenzordnung § 2 Abs. 1 Nr. 11
- Über die Versetzung in die nächsthöhere Klasse entscheidet die Klassen- bzw. Jahrgangsstufenkonferenz unter Vorsitz der Schulleitung mit bindender Wirkung. In solche Zeugnis- oder

Versetzungsentscheidungen darf die GLK nicht eingreifen.

➪ Konferenzordnung § 2 Abs. 4 und § 4 Abs. 4

- Über die Durchführung eines Pädagogischen Tags entscheidet die GLK; dieses Vorhaben ist mit der Schulkonferenz abzustimmen. Danach ist dieser Beschluss verbindlich.
  ➪ Fortbildung und Personalentwicklung Nr. II.5; ➪ Konferenzordnung § 2 Abs. 1 Nr. 7
- Bei der „Ausgangsschrift“ können die Grundschulen zwischen der Lateinischen und der Vereinfachten Ausgangsschrift sowie der Grundschrift wählen. Die Entscheidung wird von der GLK nach Anhörung der Schulkonferenz getroffen und gilt für alle Lehrkräfte der Schule.
  (Quelle: KM, 7.12.2016, AZ: 32-6521.-12-D130 und 33-6521.-12-D72511)

5. Gesamtlehrer- und Schulkonferenz

Die Schulkonferenz (im Folgenden: SK) ist das *„gemeinsame Organ“* der Schule; in ihr sind Schüler*innen und Schüler, Eltern, Lehrkräfte und gegebenenfalls die für die Berufserziehung Mitverantwortlichen paritätisch vertreten. ➪ Schulgesetz § 47

Da die GLK alle *„Angelegenheiten, über die die Schulkonferenz entscheidet, beraten und der Schulkonferenz Anregungen und Empfehlungen geben“* kann, fallen diese Sachverhalte stets auch in das Beratungs-, Beschluss- und Initiativrecht der Gesamtlehrerkonferenz; sie ist also entweder selbst entscheidungsberechtigt oder von der Schule (Schulleitung) zu beteiligen.

➪ Konferenzordnung § 2 Abs. 2

Die Rechte der Schulkonferenz stehen also in einem wechselseitigen Beziehungsverhältnis zu den Befugnissen der Lehrerkonferenzen. Wir haben in § 2 der Konferenzordnung durch eine unterschiedliche typografische Gestaltung dargestellt, zu welchen Gesamtlehrerkonferenz-Beschlüssen die Schulkonferenz ein Anhörungsrecht besitzt und welche GLK-Beschlüsse ihres Einverständnisses bedürfen.

Da die Gesamtlehrerkonferenz *„Angelegenheiten, über die die Schulkonferenz entscheidet, beraten und der Schulkonferenz Anregungen und Empfehlungen geben“* darf (KonfO § 2 Abs. 2), kann sie auch jene Angelegenheiten welche die Schulkonferenz abschließend <u>entscheidet</u> (z.B. Haushaltsfragen), nicht nur erörtern, sondern hierzu auch Beschlüsse fassen.

Es ist Pflicht der Schulleitung, die Schulkonferenz mindestens einmal im Schulhalbjahr einzuberufen. Gibt die Schulkonferenz der Schulleitung oder anderen Konferenzen Empfehlungen (§ 47 Abs. 2 SchG), so muss die Schulleitung die SK über die Erledigung bzw. das Beratungsergebnis unterrichten.

6. Zuständigkeiten der Schulkonferenz

Die SK besitzt zu vielen wesentlichen Angelegenheiten der Schule ein Anhörungsrecht, bestimmte Konferenzentscheidungen bedürfen ihres Einverständnisses und in einer Reihe von Angelegenheiten entscheidet die SK sogar allein und abschließend, siehe hierzu z.B. ➪ Haushalt (Allgemeines – Budgetierung) Nr. 2-3.

Die wichtigsten Rechte und Zuständigkeiten der SK sind im ➪ Schulgesetz § 47 aufgeführt, jedoch nicht abschließend definiert. Ihr sind darüber hinaus in anderen Vorschriften weitere Zuständigkeiten zugewiesen; sie ist z.B. in folgenden Angelegenheiten entscheidungsberechtigt bzw. von der Schule (Schulleitung) zu beteiligen:

1. Die SK nimmt Stellung zum Vorschlag der Auswahlkommission für die Besetzung der Schulleiterstelle. ➪ Schulgesetz § 40
2. Vor Einrichtung einer „Außenklasse“ sind die Schulkonferenzen der betroffenen Schulen zu beteiligen. ➪ Behinderungen (Förderbedarf) 5.2.2
3. Die SK kann für die Klassenpflegschaften eine ➪ Geschäftsordnung erlassen.
   ➪ Elternbeiratsverordnung § 9
4. Mit Einverständnis der SK können die Weihnachtsferien an beruflichen Schulen vorverlegt werden. ➪ Ferienverordnung § 2 Abs. 3
5. Pädagogische Tage sind in der SK zu beraten und mit ihr abzustimmen.
   ➪ Fortbildung und Personalentwicklung Nr. II Abs. 5
6. Die GLK kann mit Zustimmung der SK und nach Anhörung des Elternbeirats beschließen, dass der Schulbericht zum Ende des 1. Schulhalbjahres der Klassenstufe 2 durch ein Gespräch ersetzt wird.
   ➪ Leistungsbeurteilung (Grundschule) § 1 Abs. 4
7. Der Entwurf der SMV-Satzung ist vor der Inkraftsetzung u.a. der GLK und der SK zuzuleiten (Gelegenheit zur Stellungnahme).
   ➪ Schülermitverantwortung § 1 Abs. 7
8. Vor der Untersagung des Vertriebs einer Schülerzeitschrift auf dem Schulgrundstück muss eine Beratung in der SK erfolgen. ➪ Werbung Nr. 5.4.3
9. Bei Meinungsverschiedenheiten über Lernmittel, die nicht dem Zulassungsverfahren unterliegen, kann die Klassenpflegschaft die SK anrufen.
   ➪ Schulgesetz § 56 Abs. 2
10. Vor dem Ausschluss aus der Schule wird auf Wunsch des Schülers oder der Schülerin bzw. der Erziehungsberechtigten, die SK angehört.
    ➪ Schulgesetz § 90 Abs. 4
11. Für volljährige Schüler*innen kann eine „Raucherzone“ eingerichtet werden, wenn dies die GLK mit Zustimmung der SK und nach Anhörung des Elternbeirats und der SMV beschließt.
    a Rauchen in der Schule 12.
    Die SK beschließt über die ➪ Handynutzung.
13. Die Festlegung der schuleigenen Stundentafel und die Entwicklung schuleigener Curricula sowie die Entscheidung über den Beginn der zweiten Fremdsprache am Gymnasium bedürfen der Zustimmung der SK. ➪ Schulgesetz § 114
14. Die SK kann Vorschläge zu allgemeinen Fragen der Leistungserhebung und -beurteilung machen (§ 47 Abs. 2 SchG); Beschlüsse der GLK hierzu sowie zu den Hausaufgaben bedürfen ihrer Zustimmung. ➪ NotenbildungsVO §§ 2 und 10
15. Die SK ist von der Schulleitung über den Brand- und Katastrophenschutz an der Schule zu unterrichten. ➪ Gewaltvorfälle Nr. 2.1.1

16. Zu inhaltlichen Entscheidungen der Lehrerkonferenzen bei der Selbstevaluationen und der Fremdevaluationen ist die SK anzuhören.
17. Die SK kann zur flexiblen Unterrichtsorganisation Empfehlungen abgeben.
    ⇨ Organisationserlass Nr. 1.1
18. Der Antrag auf Teilnahme an der Personalausgabenbudgetierung (PAB) ist von der Schulleitung nach vorheriger Beratung in GLK und SK zu stellen. ⇨ Haushalt (Personalausgabenbudgetierung)
    Auch bei der Grundsatzentscheidung über die Beteiligung der Schule am „Lehrbeauftragtenprogramm" sowie bei der Bestellung von solchen Lehrbeauftragten muss die Schulleitung die schulischen Gremien rechtzeitig (!) beteiligen.
    ⇨ Lehrbeauftragte an Schulen Nr. A.3
19. Die Schulen können von der 45-Minuten-Unterrichtsstunde abweichen. GLK, Elternbeirat, die betroffenen Klassenpflegschaften und die SK besitzen ein Empfehlungsrecht.
    ⇨ Arbeitszeit (Lehrkräfte-ArbeitszeitVO) § 1; ⇨ Stundentafel-Öffnungsverordnung § 2
20. Beim Antrag auf Einrichtung einer Gemeinschaftsschule (auch durch eine Schulartänderung bestehender allgemeinbildender Schulen) bestimmen die Schulkonferenzen mit.
    ⇨ Schulgesetz § 8a Abs. und § 47 Abs. 5 Nr. 7
21. Bei der Einrichtung von Ganztagsschulen besitzt die SK faktisch ein Vetorecht: Bei GT-Schulen an Grund- und Förderschulen (Kl. 1-4) bedarf der Antrag des Schulträgers der Zustimmung der SK (⇨ Schulgesetz § 4a). Mit Ausnahme der Gemeinschafts- und der Gesamtschulen sind alle anderen GT-Schulen Schulversuche. Hierzu dürfen GLK und SK zwar nur eine Stellungnahme abgeben (⇨ Konferenzordnung § 2 Abs. 1 Nr. 8b); fällt diese jedoch ablehnend aus, genehmigt das Regierungspräsidium den Schulversuch nicht.
22. An Grundschulen und SBBZ entwickelt die GLK ein motivationsförderliches Leistungsbeurteilungskonzept und befindet unter Beachtung von § 2 Absatz 5 und 7 der VO ⇨ Leistungsbeurteilung (Grundschulen und SBBZ) nach Zustimmung der SK und nach Anhörung des Elternbeirats über die Anzahl der schriftlichen Arbeiten.

6.
Dienstbesprechungen und Konferenzen

Die Konferenzordnung bestimmt: *„Die Abhaltung von Dienstbesprechungen wird durch diese Konferenzordnung nicht berührt"* (§ 1 Abs. 3).

Unter *„Dienstbesprechung"* versteht man die Besprechung von Vorgesetzten mit Mitarbeiter*innen: Sie unterrichten diese dabei über Sachverhalte, ziehen Erkundigungen ein, nehmen Informationen entgegen, erteilen Anweisungen und holen deren Rat ein. Eine Dienstbesprechung besitzt – anders als schulische Konferenzen, für die es detaillierte Regelungen gibt – keinen institutionell vorgegebenen Charakter; so hängt z.B. von den Vorgesetzten ab, ob sie Abstimmungen zulassen und welche Konsequenzen sie hieraus ziehen.

Im Gegensatz zu anderen Behörden, wo „Dienstbesprechungen" und Weisungen dominieren, besitzt im Schulbereich das Konferenzrecht Vorrang: Zahlreiche Aufgaben und Zuständigkeiten sind den Lehrerkonferenzen sowie der Schulkonferenz zugeordnet. Diese Rechtsstruktur (das Konferenzrecht als „lex specialis") lässt nicht zu, über Angelegenheiten, die aufgrund des Schulgesetzes, der Schulkonferenzordnung, der Konferenzordnung sowie durch Anordnungen der Schulaufsichtsbehörden den Konferenzen zugewiesen sind, lediglich eine Dienstbesprechung abzuhalten. Dienstbesprechungen sind demnach lediglich **zusätzlich** zu den Konferenzen bzw. nur zu solchen Sachverhalten zulässig, die nicht ausdrücklich der Beratung und Beschlussfassung in der zuständigen Konferenz vorbehalten sind.

Hierfür zwei typische Beispiele:

Beispiel Nr. 1: Schullandheimaufenthalt

Fall A: GLK und Schulkonferenz beschließen, dass zuerst die 7. Klassen ins Schullandheim gehen sollen; die der Schule zugewiesenen Haushaltsmittel sollen vorrangig diesem Zweck zugute kommen.

Hierfür sind ausschließlich diese Konferenzen zuständig (⇨ Schulgesetz § 47 Abs.6 Ziff. 5 i.V.m. ⇨ Konferenzordnung § 2 Abs. 1 Ziff. 11).

Fall B: Ein Schulleiter ruft die am Schullandheimaufenthalt beteiligten Lehrkräfte zusammen. Er informiert sie über versicherungsrechtliche Probleme, unterrichtet sie über die Absprachen mit dem Omnibusbetrieb, erkundigt sich nach den vorgesehenen Maßnahmen für erste Hilfe bei Unfällen und erteilt Anweisungen, wie die Benachrichtigung der Schule bzw. der Erziehungsberechtigten im Fall von Komplikationen erfolgen soll.

Dies ist eine typische Dienstbesprechung.

Beispiel Nr. 2: Schulhaushalt

Eine Schulleiterin ruft die Vorsitzenden der Fachkonferenzen zu einer Dienstbeprechung zusammen und teilt ihnen mit, welche Haushaltsmittel den einzelnen Fachgruppen / Abteilungen im neuen Schuljahr zur Verfügung stehen. In der Gesamtlehrerkonferenz behandelt sie diese Frage nicht und stellt sie vor allem auch nicht zur Abstimmung.

Dies ist nicht zulässig: Über die Verwendung von Haushaltsmitteln im Rahmen ihrer Zweckbestimmung beschließt die Gesamtlehrerkonferenz (⇨ Konferenzordnung § 2 Abs. 1 Ziff. 7); hierzu ist ferner die Schulkonferenz anzuhören (⇨ Schulgesetz § 47 Abs. 3 Ziff. 7). Im Einzelnen ist dies unter ⇨ Haushalt (Allgemeines – Budgetierung) Nr. 3 dargestellt.

Das KM hat ausdrücklich bestätigt, dass es Dienstpflicht der Schulleitung ist, die Verwendung der der Schule zur Verfügung gestellten Haushaltsmittel unaufgefordert auf die Tagesordnung der GLK zu setzen, damit diese hierüber beraten und beschließen kann (vgl. Landtagsdrucksache 10/5777).

⇨ Außerunterrichtliche Veranstaltungen; ⇨ Beamtenstatusgesetz §§ 35, 36; ⇨ Beschwerden; ⇨ Haushalt (Allgemeines) Nr. 2-3; ⇨ Konferenzordnung; ⇨ Organisationserlass; ⇨ Schulgesetz §§ 41, 44 ff.; ⇨ Schulkonferenzordnung

Konferenzen und Gremien (Übersicht)

Von der Jahrbuch-Redaktion erstellte tabellarische Übersicht

Art des Gremiums Fundstelle (dort auch Zuständigkeiten)	**Schulkonferenz** Schulgesetz §§ 45,2 + 47 **Schaubild bei SchulKonfO beachten!**	**Gesamtlehrerkonferenz** Schulgesetz §§ 45, 2 + 47 KonferenzO §§ 2 + 10-17	**Schulart-/ Stufen-/ Abteilungskonferenz** SchG § 45, 2 KonferenzO §§ 3+6+10-17	**Klassen-/ Jahrgangsstufenkonferenz** SchG § 45, 2 KonferenzO §§ 3+4+10-17	**Fachkonferenz** Schulgesetz § 45, 2 KonferenzO §§ 3+5+10-17	**Klassenpflegschaft** Schulgesetz § 56 EBVO §§ 21-25	**Elternbeirat** Schulgesetz § 57 EBVO §§ 21-25
Wer gehört dem Gremium als Mitglied mit Stimmrecht an?	*Regelfall*[1]: Schulleiter*in, Elternbeiratsvorsitzende*r, Schülersprecher*in, 3 Lehrkräfte, 3 Eltern, 3 Schüler*innen (ab Kl. 7)	Schulleiter*in Lehrkräfte Erziehungskräfte Referendar*innen bzw. Anwärter*innen	Lehrkräfte Erziehungskräfte Referendar*innen bzw. Anwärter*innen der Schulart/ Stufe/Abteilung	Lehrkräfte Erziehungskräfte Referendar*innen bzw. Anwärter*innen der Klasse / Jahrgangsstufe	Lehrkräfte, Referendar- bzw. Anwärter*innen, die das Fach unterrichten bzw. die Lehrbefähigung hierfür besitzen	Eltern der Schüler*innen Lehrkräfte, Referendar*innen bzw. Anwärter*innen, die an der Klasse unterrichten	Klassenelternvertreter*innen und ihre Stellvertreter*innen
Ist Schulleiter*in teilnahmepflichtig?	ja	ja	ja, falls er/sie an der Schulart / Stufe / Abteilung unterrichtet	ja bei Entscheidung über Versetzung oder Grundschulempfehlung	ja, falls Unterricht im Fach oder Besitz der Lehrbefähigung	ja, falls als Klassen- oder Fachlehrkraft in der Klasse tätig	ja, sofern Einladung fristgerecht erfolgt ist
Wer ist außerdem teilnahmepflichtig?[2]	alle Mitglieder (s.o.)	alle Mitglieder (s.o.)	alle Mitglieder (s.o.)	alle Mitglieder (s.o.)	Nebenamt-/ -berufliche Lehrkräfte, falls die TO Teilnahme erfordert	Klassenlehrer*in ÜbrigeLehrkräfte, falls TO Teilnahme erfordert	niemand
Wer ist außerdem (ohne Stimme) teilnahmeberechtigt?	Verbindungslehrer*in SMV (beratende Stimme) bei allg. Angelegenheiten der SMV	Schulaufsicht „Elterngruppe" Konferenzordnung § 11,4	Schulleiter*in Vertreter*in der Schulaufsicht	Schulleiter*in Schulaufsicht „Elterngruppe" KonfO § 11,3	Schulleiter*in Vertreter*in der Schulaufsicht	Schulleiter*in Elternbeiratsvorsitzende Klassensprecher*in (bei geeigneter TO)	niemand
Wer kann zusätzlich (ohne Stimmrecht) eingeladen werden?	Schulträger (beratend) Gäste Schulkonferenzordnung § 9 Nr. 4	Sachverständige, Elternvertreter*innen, Schüler*innen, Schulträger	alle Lehrkräfte der Schule	Klassensprecher*in in 1. Klasse Grundschule auch Kindergärten	alle Lehrkräfte der Schule, SMV, in 1. Klasse Grundschule auch KiGä	Absprache zwischen Elternvertreter*in und Klassenlehrer*in	liegt im Ermessen der Elternbeiratsvorsitzenden
Wer führt den Vorsitz? (Stellvertreter*in in Klammern)	Schulleiter*in (Elternbeiratsvorsitzende*r vgl. SchG § 47,9,2)	Schulleiter*in (Stellvertretende*r Schulleiter*in)	Schulart- / Stufen- / Abteilungssprecher*in	Klassenlehrkraft; vgl. KonfO § 12 und SchG § 90	Gewählte Fachvertreter*in; vgl. § 12, 2 KonferenzO	Klassenelternvertreter*in (Klassenlehrerkraft)	Elternbeiratsvorsitzende*r (Stv. Elternbeiratsvorsitzende*r)
Tagt das Gremium öffentlich?	Nicht öffentlich[3] und <u>vertraulich</u> § 47, 11 SchG	Nicht öffentlich[4] und <u>vertraulich</u> KonfO § 14	Nicht öffentlich[4] und <u>vertraulich</u> KonfO § 14	Nicht öffentlich[4] und <u>vertraulich</u> KonfO § 14	Nicht öffentlich[4] und <u>vertraulich</u> KonfO § 14	Nicht öffentlich[4] EBVO § 8, 3	Keine Vorschrift
Wie häufig tagt das Gremium?	Mindestens einmal im Schulhalbjahr	Mindestens viermal im Schuljahr	Nach Bedarf	Mindestens einmal im Schulhalbjahr	Nach Bedarf	Mindestens einmal im Schulhalbjahr	Mindestens einmal im Schulhalbjahr

Nebenamt-/nebenberufliche Lehrkräfte sowie Anwärter- / Referendar/innen (sofern diese selbstständig Unterricht erteilen), nur wenn der Verhandlungsgegenstand ihre Teilnahme erfordert

1 bei mind.14 Lehrerstellen (das sind gem. § 2 Abs. 2 SchulKonfO der/die Schulleiter*in + wenigstens 13 Lehrkräfte mit je mindestens einem halben Lehrauftrag); zur Zusammensetzung der Schulkonferenz bei kleineren Schulen: ⇨ Schulgesetz § 47 und ⇨ Schulkonferenzordnung § 2 Abs. 3-5.

2 Teilnahmepflicht für Erziehungskräfte der Grundschulförderklasse bzw. des Schulkindergartens je nach Tagesordnung

3 Die Geschäftsordnung kann die Einladung von Nichtmitgliedern zulassen (⇨ Geschäftsordnung; ⇨ Schulkonferenzordnung § 9)

4 Die Hinzuziehung von Nichtmitgliedern zur Beratung ist möglich (⇨ Elternbeiratsverordnung § 8 Abs. 1; ⇨ Konferenzordnung § 11 Abs. 5)

Konferenzordnung

Konferenzordnung des Kultusministeriums; Verordnung vom 5. Juni 1984 (K.u.U. S. 375/1984); zuletzt geändert 11. April 2012 (K.u.U. S. 69/2012)

Sachverhalte, zu denen die Schulkonferenz **anzuhören** ist, sind in *kursiver Schrift* gedruckt.
➪ Schulgesetz § 47 Abs. 4
Sachverhalte, die des **Einverständnisses** der Schulkonferenz bedürfen, sind unterstrichen.
➪ Schulgesetz § 47 Abs. 5

I. Abschnitt
Allgemeines

§ 1
Grundsätze

(1) Die Lehrerkonferenzen erfüllen ihre Aufgaben als Organe der Schule im Rahmen der dieser übertragenen Eigenverantwortung.

(2) Personale und soziale Angelegenheiten der Lehrer im Sinne des Landesbeamtengesetzes und des Landespersonalvertretungsgesetzes dürfen von den Lehrerkonferenzen nicht erörtert werden.

(3) Die Abhaltung von Dienstbesprechungen wird durch diese Konferenzordnung nicht berührt.

➪ Beamtengesetz (LBG); ➪ Konferenzen (Allgemeines); ➪ Personalvertretungsgesetz (LPVG); ➪ Schulgesetz §§ 44, 46, 47

II. Abschnitt
1.
Bildung und Aufgaben der Lehrerkonferenzen

§ 2
Aufgaben

(1) Zu den Angelegenheiten von wesentlicher Bedeutung für die Schule, über die gemäß § 45 Abs. 2 des Schulgesetzes die Gesamtlehrerkonferenz unbeschadet der Zuständigkeit der Schulkonferenz berät und beschließt, gehören insbesondere

1. *allgemeine Fragen der Erziehung und des Unterrichts an der Schule;*

1a. die Festlegung der schuleigenen Stundentafel im Rahmen der Kontingentstundentafel und die Entwicklung schuleigener Curricula im Rahmen der jeweiligen Bildungspläne nach Anhörung des Elternbeirates und nach Zustimmung der Schulkonferenz;
Hinweis der Red.: § 16 Abs. 1, letzten Satz beachten.

2. Fragen der Fortbildung der Lehrer sowie Maßnahmen, die ihre Zusammenarbeit fördern und der gegenseitigen Unterstützung der Lehrer dienen; ➪ Fortbildung (Allgemeines); ➪ Fortbildung (Rahmendienstvereinbarung)

3. Erlass der Schul- und Hausordnung sowie der Pausenordnung; ➪ Hausordnung / Pausenordnung; ➪ Rauchen in der Schule; ➪ Waffen in der Schule

4. allgemeine Fragen der Klassenarbeiten und Hausaufgaben;
➪ Notenbildungsverordnung § 2 und § 10

5. Empfehlungen für einheitliche Maßstäbe bei Notengebung und Versetzung;
➪ Notenbildungsverordnung § 2

6. einheitliche Durchführung der Rechts- und Verwaltungsvorschriften an der Schule;

7. *Verwendung der der Schule zur Verfügung gestellten Haushaltsmittel im Rahmen ihrer Zweckbestimmung;*
➪ Haushalt (Allgemeines – Budgetierung) Nr. 3
➪ Haushalt (Kassenführung); ➪ Haushalt (Personalausgabenbudgetierung); ➪ Lernmittelfreiheit; ➪ Lernmittel (Zulassung); ➪ Schulgesetz § 48; ➪ Sponsoring
Hinweis der Redaktion: Es ist Dienstpflicht der Schulleitung, dieses Thema in der Gesamtlehrerkonferenz zu behandeln (Quelle: KM auf LT-Drucksache 10/5777).

8. *Stellungnahmen zur*
   a) Ausstattung und Einrichtung der Schule sowie zu Baumaßnahmen gegenüber dem Schulträger,
   b) Einrichtung oder Beendigung eines Schulversuchs,
   Hinweis der Redaktion: Die Einrichtung einer Ganztagsschule – mit Ausnahme der in § 4a SchG genannten Schulen sowie der Gemeinschaftsschulen – zählt als Schulversuch gem. § 22 SchG.
   c) Änderung der Schulart, der Schulform oder des Schultyps sowie der dauernden Teilung oder Zusammenlegung und der Erweiterung der Schule;
   Hinweis der Redaktion: Die Schließung einer Schule unterliegt der Mitwirkung des Personalrats (Bundesverwaltungsgericht, 24.2.2006; BVerG 6 P 4.05)
➪ Ganztagsschulen; ➪ Schulgesetz § 22, § 30 (dort weitere Hinweise der Redaktion)

9. allgemeine Empfehlungen für die Verteilung der Lehraufträge und sonstiger dienstlicher Aufgaben, für die Aufstellung der Stunden- und Aufsichtspläne sowie für die Anordnung von Vertretungen, unbeschadet § 41 Abs. 1 Schulgesetz;
➪ Aufsicht; ➪ Klassenlehrkraft; ➪ Stundenpläne

10. Aufstellung der Grundsätze über die Durchführung von besonderen Schulveranstaltungen, die die gesamte Schule berühren (z.B. Schulfeste);

11. Aufstellung der Grundsätze über die Durchführung von außerunterrichtlichen Veranstaltungen (z.B. Klassenfahrten, Schullandheimaufenthalte);
➪ Außerunterrichtliche Veranstaltungen; ➪ Schulpartnerschaften

12. Zusammenarbeit mit den Erziehungsberechtigten und den für die Berufserziehung der Schüler

Zu den Zuständigkeiten der Lehrerkonferenzen siehe auch ➪ Konferenzen (Allgemeines).
Zu Sitzungen unter Pandemiebedingungen siehe ➪ Geschäftsordnung.

Mitverantwortlichen im Rahmen der Schule;
⇨ Elternbeiratsverordnung (insbesondere § 3)

13. Beratung des Schulleiters bei der Zusammenarbeit mit dem Schulträger, den Religionsgemeinschaften, den Berufsausbildungsstätten sowie sonstigen außerschulischen Institutionen mit Erziehungsauftrag;
14. Geschäftsordnungen für die Lehrerkonferenzen der Schulen;
15. Wahl der Vertreter der Lehrer in der Schulkonferenz; dabei sind wählbar alle in der Gesamtlehrerkonferenz stimmberechtigten Lehrer;
⇨ Schulgesetz § 47; ⇨ Schulkonferenzordnung
16. Vorschläge für die Festsetzung der beweglichen Ferientage;
17. sonstige Angelegenheiten, die der Gesamtlehrerkonferenz aufgrund von Rechts- oder Verwaltungsvorschriften übertragen sind.

(2) Die Gesamtlehrerkonferenz kann Angelegenheiten, über die die Schulkonferenz entscheidet, beraten und der Schulkonferenz Anregungen und Empfehlungen geben.

(3) Die Gesamtlehrerkonferenz ist ferner zuständig für Aufgaben der Teilkonferenzen, sofern diese nicht eingerichtet sind, und für die Bildung der in § 3 Abs. 3 bis 7 genannten Teilkonferenzen, soweit diese nicht bindend vorgeschrieben sind. Sie kann mit Zustimmung der Schulaufsichtsbehörde bei Bedarf andere als die in § 3 Abs. 1 genannten Teilkonferenzen einsetzen und diesen im Rahmen ihrer Zuständigkeiten Aufgaben übertragen sowie die Zusammensetzung und den Vorsitz regeln.

(4) Die Gesamtlehrerkonferenz kann über Angelegenheiten bestehender Teilkonferenzen von sich aus oder auf deren Antrag entscheiden und auch deren Beschlüsse aufheben, wenn die Belange der Schule dies erfordern; dies gilt nicht für Zeugnis-, Versetzungs- und sonstige Entscheidungen, für die durch Rechts- oder Verwaltungsvorschriften ausdrücklich der Teilkonferenz die Zuständigkeit zugewiesen ist.

2.
Teilkonferenzen

§ 3
Bildung von Teilkonferenzen

(1) Teilkonferenzen sind insbesondere die Klassenkonferenz, die Fachkonferenz, die Abteilungskonferenz, die Berufsgruppenkonferenz, die Schulartkonferenz und die Stufenkonferenz.

(2) An allen Schulen besteht für jede Klasse eine Klassenkonferenz. Für die Jahrgangsstufen 12 und 13 der Gymnasien wird jeweils eine Jahrgangsstufenkonferenz gebildet.

(3) Fachkonferenzen sind an allen Schulen zu bilden, mit Ausnahme der Grund- und Sonderschulen, für die der Gesamtlehrerkonferenz die Entscheidung überlassen bleibt, ob sie zu bilden sind.

(4) Abteilungskonferenzen können für Schulen gebildet werden, die in Abteilungen gegliedert sind.

Hinweis der Redaktion: Ein Beschluss der Fachkonferenz über die Verwendung eines bestimmten Schulbuches verpflichtet alle hiervon betroffenen Lehrkräfte, dieses im Fachunterricht als „hauptsächliches Arbeitsmittel" einzusetzen. Daneben kann die einzelne Lehrkraft ergänzend weitere Lernmittel (z.B. selbst gefertigte Arbeitsblätter usw.) einsetzen; Vgl. Beschluss des Bundesverwaltungsgerichts vom 28.1.1994 (AZ: 6 B 24/93)

(5) Berufsgruppenkonferenzen können für Berufsschulen gebildet werden, an denen Berufsgruppen bestehen.

(6) Schulartkonferenzen können für Schulen gebildet werden, in denen gemäß § 16 des Schulgesetzes mehrere Schularten organisatorisch verbunden sind, für die nicht bereits gemäß Abs. 4 Abteilungskonferenzen gebildet werden können.

(7) Stufenkonferenzen können für Schulen gebildet werden, die mehrere Schulstufen, für die nicht bereits gemäß Abs. 4 Abteilungskonferenzen oder gemäß Abs. 6 Schulartkonferenzen gebildet werden können, umfassen.

(8) An Schulen mit weniger als drei hauptamtlichen Lehrern können Teilkonferenzen bei Bedarf eingerichtet werden.

§ 4
Klassenkonferenzen, Jahrgangsstufenkonferenzen

(1) Zu den Fragen von allgemeiner Bedeutung für die Erziehungs- und Unterrichtsarbeit der Klasse, über die gemäß § 45 Abs. 2 des Schulgesetzes die Klassenkonferenz berät und beschließt, gehören insbesondere

1. das Zusammenwirken der Lehrer der Klasse;
2. Koordinierung der Hausaufgaben und Klassenarbeiten im Rahmen der Grundsätze der Gesamtlehrerkonferenz;
3. gegenseitige Information über den Leistungsstand der Schüler;
4. Zeugnis- und Versetzungsentscheidungen;
5. Erziehungs- und Ordnungsmaßnahmen, soweit die Klassenkonferenz dafür zuständig ist;
6. Zuweisung von Schülern zu differenziert angebotenen Unterrichtsveranstaltungen unbeschadet eines Entscheidungsrechts der Erziehungsberechtigten und der Schüler;
7. Durchführung von Studienfahrten, Schullandheimaufenthalten, Schulausflügen, Wandertagen, Betriebsbesichtigungen u.Ä. im Rahmen der Grundsätze der Gesamtlehrerkonferenz sowie sonstiger Veranstaltungen für die Klasse;
8. Förderung der Schülermitverantwortung der Klasse;
9. Zusammenarbeit mit den Erziehungsberechtigten und den für die Berufserziehung der Schüler Mitverantwortlichen im Rahmen der Klassenpflegschaft;
10. sonstige Angelegenheiten, die der Klassenkonferenz aufgrund von Rechts- und Verwaltungsvorschriften übertragen sind.

(2) Für Jahrgangsstufenkonferenzen gilt Abs. 1 Nr. 1 bis 5 und Nr. 7 bis 10 entsprechend.

⇨ Aufnahmeverfahren Ziff. III.2.5; ⇨ Elternbeiratsverordnung § 5 ff.; ⇨ Klassenlehrkraft; ⇨ Schulgesetz § 56,1

Hinweis der Redaktion: Zum Konferenzvorsitz siehe § 12.

§ 5
Fachkonferenzen

(1) Die Gesamtlehrerkonferenz legt fest, für welche Fächer und Fächergruppen jeweils die Fachkonferenzen zuständig sind.

(2) Zu den besonderen Angelegenheiten, die ein Fach oder eine Fächergruppe betreffen, über die gemäß § 45 Abs. 2 des Schulgesetzes die Fachkonferenz berät und beschließt, gehören insbesondere

1. methodische und didaktische Fragen;
2. Verwendung von neuen Lehr- und Lernmitteln;
   ⇨ LernmittelVO § 1 Abs. 4
3. Beratung über die Verwirklichung der Lehr- und Bildungspläne, die Abstimmung der Stoffverteilungspläne sowie die Zusammenarbeit sich ergänzender Fächer;
4. Vorschläge für die Einrichtung von Arbeitsgemeinschaften und sonstigen freiwilligen Unterrichtsveranstaltungen;
5. Vorschläge für die Fortbildung der Lehrer;
   ⇨ Fortbildung und Personalentwicklung
6. Beratung des Schulleiters und der Gesamtlehrerkonferenz für die Anforderung und Verteilung der Haushaltsmittel sowie für die Ausstattung und Einrichtung der Schule, insbesondere für Sammlungen, Büchereien, Fach-, Übungs- und Werkräume;
7. fachspezifische Fragen der Notengebung;
8. sonstige Angelegenheiten, die der Fachkonferenz aufgrund von Rechts- oder Verwaltungsvorschriften übertragen sind.

§ 6
Abteilungskonferenzen

(1) Zu den Fragen von allgemeiner Bedeutung für die Abteilung, über die gemäß § 45 Abs. 2 des Schulgesetzes die Abteilungskonferenz berät und beschließt, gehören insbesondere

1. die Koordinierung der pädagogischen Arbeit der Abteilung;
2. organisatorische Angelegenheiten der Abteilung;
3. sonstige Angelegenheiten, die der Abteilungskonferenz aufgrund von Rechts- und Verwaltungsvorschriften übertragen sind.

(2) Bei den Beratungen und Beschlüssen der Abteilungskonferenzen sind die Belange der gesamten Schule zu wahren. Beschlüsse über Angelegenheiten, die über die Abteilung hinauswirken, sind der Gesamtlehrerkonferenz zur weiteren Veranlassung vorzulegen.

(3) Das Nähere regelt die Gesamtlehrerkonferenz.

§ 7
Berufsgruppen-, Schulart- und Stufenkonferenzen

Für Berufsgruppen-, Schulart- und Stufenkonferenzen gilt § 6 entsprechend.

§ 8
Gesamtkonferenz

(1) Für jedes Bildungszentrum kann mit Zustimmung aller Gesamtlehrerkonferenzen der in ihm zusammengefassten Schulen eine Gesamtkonferenz gebildet werden. ⇨ Schulgesetz § 17

(2) Die Gesamtkonferenz berät und beschließt über die gemeinsame Erledigung von Verwaltungsangelegenheiten, die gemeinsame Nutzung von schulischen Einrichtungen sowie sonstige Angelegenheiten der äußeren Schulorganisation, die zur Zuständigkeit der Gesamtlehrerkonferenzen gehören und für die eine gegenseitige Abstimmung angezeigt erscheint, insbesondere über

1. einheitliche Bestimmungen in den Schul-, Haus- und Pausenordnungen;
2. einheitliche Grundsätze für die Aufstellung der Aufsichtspläne;
3. grundsätzliche Fragen der Schülerbeförderung.

Die Zuständigkeit der Organe der in dem Bildungszentrum zusammengefassten Schulen bleibt unberührt.

(3) Mitglieder der Gesamtkonferenz sind die Schulleiter der in dem Bildungszentrum zusammengefassten Schulen sowie die Lehrer, die jeweils Mitglieder der Schulkonferenz ihrer Schule sind.

§ 9
Sonstige Konferenzen

(1) Die Vorsitzenden der sich jeweils entsprechenden Fachkonferenzen der in Bildungszentren zusammengefassten Schulen informieren sich gegenseitig und erörtern regelmäßig – wenigstens einmal im Schulhalbjahr – insbesondere folgende fachliche Fragen des Unterrichts an ihren Schulen:

1. Auswahl von Lehr- und Lernmitteln;
   ⇨ Lernmittel (Zulassung)
2. gemeinsame Nutzung von Fachräumen;
3. Ausstattung von Fachräumen.

Die Schulleiter und die betreffenden Fachkonferenzen der im Bildungszentrum zugesammengefassten Schulen werden über Gegenstand und Ergebnis der Besprechungen in geeigneter Weise unterrichtet.

(2) Bei Entscheidungen einer Klassenkonferenz über den Schulartwechsel eines Schülers durch Übergang in eine der anderen im Bildungszentrum zusammengefassten Schulen nehmen wenigstens zwei Lehrer der Schule beratend teil, die für die Aufnahme des Schülers in Betracht kommt. Sie werden hierzu von ihrem Schulleiter beauftragt. Dieser wird vom Vorsitzenden der Klassenkonferenz, von der die Entscheidung zu treffen ist, rechtzeitig über Gegenstand und Zeitpunkt der Beratung unterrichtet.

III. Abschnitt
Zusammensetzung, Verfahren

§ 10
Teilnahmepflicht

(1) Zur Teilnahme an den Gesamtlehrerkonferenzen, Klassenkonferenzen, Jahrgangsstufenkonferenzen, Abteilungskonferenzen, Berufsgruppenkonferenzen, Schulartkonferenzen und Stufenkonferenzen sind alle Lehrer, Erziehungskräfte mit überwiegender Lehrtätigkeit und der Schule zur Ausbildung für eine Lehrtätigkeit zugewiesenen Personen verpflichtet, die jeweils an der Schule, Klasse, Jahrgangsstufe bzw. innerhalb der betreffenden Abteilung, Berufsgruppe, Schulart

oder Schulstufe selbstständig unterrichten. Zur Teilnahme an Fachkonferenzen sind sie verpflichtet, wenn sie die Lehrbefähigung in den betreffenden Fächern besitzen oder in ihnen unterrichten. Dies gilt auch grundsätzlich für Lehrer, die schulartübergreifend an einer anderen Schule nur in begrenztem Umfang unterrichten. Jedoch besteht die Teilnahmepflicht für die nebenamtlichen und nebenberuflichen Lehrer sowie für die der Schule zur Ausbildung für eine Lehrtätigkeit zugewiesenen Personen nur insoweit, als der Verhandlungsgegenstand ihre Teilnahme erfordert. In Zweifelsfällen entscheidet darüber der Vorsitzende der Lehrerkonferenz.

(2) Fachlich vorgebildete Erziehungskräfte einer Grundschulförderklasse sind zur Teilnahme an den Lehrerkonferenzen der Grundschule, an der die Grundschulförderklasse geführt wird, bei Verhandlungsgegenständen verpflichtet, die die Arbeit der Grundschulförderklasse berühren; in Zweifelsfällen entscheidet darüber der Schulleiter. Fachlich vorgebildete Erziehungskräfte eines öffentlichen Schulkindergartens sind zur Teilnahme an den Lehrerkonferenzen der in ihrem Bezirk liegenden Sonderschulen bei Verhandlungsgegenständen verpflichtet, die die Arbeit des Schulkindergartens berühren; Satz 1 Halbsatz 2 gilt entsprechend. Der Schulleiter kann Erziehungskräfte, die an der Schule oder an einem mit der Schule verbundenen Heim beschäftigt sind, zur Teilnahme an der Beratung einzelner Verhandlungsgegenstände der Lehrerkonferenz verpflichten.

Hinweis der Redaktion: Zur Teilnahme von Pädagogischen Assistent*innen siehe ➩ Pädagogische Assistent*innen Teil A.1.

(3) Zur Teilnahme an den Gesamtkonferenzen verpflichtet sind ihre Mitglieder.

(4) Über die vorstehenden Bestimmungen hinausgehende Verpflichtungen zur Teilnahme an Lehrerkonferenzen aufgrund von Ausbildungs- oder Verwaltungsvorschriften bleiben unberührt.

Hinweis der Redaktion: Lehrkräfte dürfen nicht zur Teilnahme an einer GLK oder sonstigen dienstlichen Veranstaltungen verpflichtet werden, die vor ihrem Einstellungstermin stattfinden. Sie werden nicht bezahlt, haben kein Stimmrecht und vor dem Einstellungszeitpunkt besteht weder im Beamten- noch im Arbeitnehmerverhältnis Dienstunfallschutz. (Quelle: KM 16.11.2017, AZ: 15-6741.0/904/1)

§ 11
Teilnahmerecht

(1) Der Schulleiter sowie die Vertreter der Schulaufsichtsbehörden haben das Recht, an allen Lehrerkonferenzen teilzunehmen. Die in § 10 Abs. 1 Satz 4 genannten Personen sind berechtigt, an der betreffenden Lehrerkonferenz auch bei den Verhandlungsgegenständen teilzunehmen, bei denen sie dazu nicht verpflichtet sind. Im Übrigen steht allen in § 10 Abs. 1 genannten Personen ein Recht zur Teilnahme an sämtlichen Teilkonferenzen mit Ausnahme der Klassenkonferenz und der Jahrgangsstufenkonferenz auch dann zu, wenn sie nicht zum Kreis der dazu Verpflichteten gehören. Das Gleiche gilt für die der Schule zur Ausbildung für eine Lehrtätigkeit zugewiesenen Personen, die dort nicht selbstständig unterrichten.

➩ Schulkindergärten

(2) Fachkonferenzen sollen bei der Beratung von Verhandlungsgegenständen, die zum Aufgabengebiet der Schülermitverantwortung gemäß § 7 der Verordnung über die Einrichtung und Aufgaben der Schülermitverantwortung gehören, den danach zuständigen Schülervertretern Gelegenheit zur Teilnahme geben.

(3) Die Elterngruppe in der Klassenpflegschaft kann in den Angelegenheiten des § 56 Abs. 1 Nr. 1 bis 8 des Schulgesetzes der Klassenkonferenz Vorschläge zur Beratung und Beschlussfassung vorlegen, die auf die Tagesordnung der Klassenkonferenz zu setzen sind. Der Klassenelternvertreter und sein Stellvertreter haben das Recht, an der Beratung dieser Vorschläge in der Klassenkonferenz mitzuwirken. Entsprechendes gilt für Jahrgangsstufen.

➩ Schulgesetz § 56 Abs. 6

(4) Die Elterngruppe in der Schulkonferenz kann in den Angelegenheiten des § 47 Abs. 5 des Schulgesetzes der Gesamtlehrerkonferenz Vorschläge zur Beratung und Beschlussfassung vorlegen, die auf die Tagesordnung der Gesamtlehrerkonferenz zu setzen sind. Die Elterngruppe hat das Recht, an der Beratung dieser Vorschläge in der Gesamtlehrerkonferenz mitzuwirken.

➩ Schulgesetz § 47 Abs. 5

(5) Im Übrigen können alle Lehrerkonferenzen im Einzelfall andere als die in den vorstehenden Bestimmungen genannten Personen (z.B. Sachverständige, Vertreter der Eltern, Schüler, Vertreter der für die Berufserziehung der Schüler Mitverantwortlichen oder des Schulträgers) zur Beratung hinzuziehen.

§ 12
Leitung, Einberufung, Tagesordnung

(1) Die Lehrerkonferenzen treten nach Bedarf zusammen; die Gesamtlehrerkonferenz soll mindestens viermal – bei Schulen mit Abteilungs-, Schulart- oder Stufenkonferenz mindestens zweimal – im Schuljahr, die Klassenkonferenz und die Jahrgangsstufenkonferenz mindestens einmal im Schulhalbjahr zusammentreten. Die Sitzungen finden zu Zeiten statt, in denen keine für Schüler verbindliche Veranstaltungen der Schule angesetzt sind, wenn nicht zwingende Gründe dem entgegenstehen.

Hinweis der Redaktion: Zur Festlegung der Konferenztermine siehe ➩ Arbeitszeit (Lehrkräfte) – Allgemeines.

(2) Vorsitzender der Gesamtlehrerkonferenz und der Jahrgangsstufenkonferenzen ist der Schulleiter, Vorsitzender der Klassenkonferenz der Klassenlehrer. Bei anderen Teilkonferenzen obliegt der Vorsitz dem Lehrer, der durch Verwaltungsvorschriften dazu bestimmt ist; ist kein solcher Lehrer vorhanden, wählt die Teilkonferenz durch Abstimmung den Vorsitzenden aus dem Kreis der zur ständigen Teilnahme Verpflichteten. Der Schulleiter kann im Einzelfall in den Teilkonferenzen den Vorsitz übernehmen, wenn Bedarf für eine Sitzung einer Teilkonferenz besteht und kein Vorsitzender und kein stellvertretender Vorsitzender zur Verfügung steht. Abweichend von Satz 1 ist bei Zeugnis- und Versetzungsentscheidungen, bei der Beschlussfassung über den Schulbericht, über die Empfehlung zum Schulartwechsel zum Ende des zweiten Schulhalbjahres der Klassen 5 und 6

sowie bei der Beratung der Halbjahresinformation der Schulleiter Vorsitzender der Klassenkonferenz; er ist stimmberechtigt, bei Stimmengleichheit gibt seine Stimme den Ausschlag. In Konferenzen gemäß § 90 Abs. 3 des Schulgesetzes für Baden-Württemberg ist der Schulleiter Vorsitzender mit Stimmrecht.

⇨ Versetzungsordnungen (bei den Schularten)

Hinweise der Redaktion:

1. Die Schulleiterin oder der Schulleiter führt den Vorsitz auch bei der Entscheidung der Klassenkonferenz über die Grundschulempfehlung.⇨ Aufnahmeverordnung § 1 Abs. 5
2. An Schulen mit Abteilungsleiter*innen kann die Schulleitung diesen die Leitung von Fach- und Abteilungskonferenzen übertragen; siehe ⇨ Schulleitung (Abteilungsleiter/innen) Nr. 2. Ansonsten hat das KM den Vorsitz der in den §§ 5 bis 8 genannten Fach-, Abteilungs-, Berufsgruppen-, Schulart- und Stufenkonferenzen sowie für die Gesamtkonferenz (§ 9) nicht explizit geregelt; dies ist deshalb eine Wahlfunktion, über deren Besetzung durch Abstimmung der Teilnahmeberechtigten entschieden wird; der Schulleitung steht hier also kein Bestellungsrecht zu, selbst leiten darf sie diese Konferenzen nur bei Fehlen einer/eines gewählten Vorsitzenden.

(3) Der Vorsitzende der Lehrerkonferenz bereitet ihre Sitzungen vor, beruft dazu – wenn er nicht Schulleiter ist, im Benehmen mit diesem – ein und leitet sie nach den in öffentlichen Angelegenheiten üblichen Grundsätzen.

Hinweis der Redaktion: Damit sind die Verhandlungsgrundsätze angesprochen, die auch in anderen Gremien mit öffentlichen Aufgaben üblich sind und die dort in der Regel in der jeweiligen Geschäftsordnung konkretisiert werden. Hierzu zählen etwa: Eröffnung der Beratung durch den Vorsitzenden gemäß der Tagesordnung, Aufstellung einer Rednerliste entsprechend den Wortmeldungen, Vorziehen von Anträgen zur Geschäftsordnung, Zurückweisung eines ungebührlichen, z.B. beleidigenden Wortbeitrages, bei alternativen Anträgen zunächst Abstimmung über den weitergehenden Antrag. (Quelle: KM, 10.1.2000; AZ: 43-6453.0/13)

(4) Ist für die in einem Bildungszentrum zusammengefassten Schulen ein Schulleiter mit Koordinierungsaufgaben betraut, führt dieser den Vorsitz in der Gesamtkonferenz. Sonst wählt die Gesamtkonferenz aus der Mitte der ihr angehörenden Schulleiter den Vorsitzenden; die Amtszeit dauert in diesem Fall zwei Jahre, Wiederwahl ist zulässig.

(5) Die Lehrerkonferenz ist innerhalb von sieben Unterrichtstagen einzuberufen, wenn ein Viertel der Stimmberechtigten dies unter Angabe der Verhandlungsgegenstände schriftlich verlangt. Außerdem sind Teilkonferenzen auf Verlangen der Gesamtlehrerkonferenz oder des Schulleiters und alle Lehrerkonferenzen auf Verlangen der Schulaufsichtsbehörde einzuberufen.

(6) Die Einberufung ist in der für die Schule üblichen Weise unter Angabe von Zeit, Ort und Tagesordnung allen zur Teilnahme Verpflichteten und Berechtigten mindestens sechs Unterrichtstage vor dem Sitzungstermin bekanntzumachen. In dringenden Fällen, die der jeweilige Vorsitzende den Mitgliedern der Lehrerkonferenz gegenüber begründen muss, kann diese Frist verkürzt werden oder entfallen. Unterlagen für die Beratung sollen den Teilnehmern an der Lehrerkonferenz so rechtzeitig bekanntgegeben werden, dass sie sich mit ihnen vertraut machen können.

(7) Der Vorsitzende der Lehrerkonferenz setzt die Tagesordnung fest. Er ist verpflichtet, Anträge, die von einem Stimmberechtigten oder den Teilnahmeberechtigten nach § 11 Abs. 3 und 4 mindestens drei Unterrichtstage vor dem Sitzungstermin schriftlich bei ihm eingereicht werden, auf die Tagesordnung zu setzen und zu Beginn der Sitzung bekanntzugeben. Für später eingehende Anträge gilt Absatz 8 Satz 2 entsprechend.

Hinweis der Redaktion: Hierzu hat das Verwaltungsgericht Freiburg eine (rechtskäftige) Entscheidung getroffen (21.4.2010; AZ: 2 K 1359/09; http://openjur.de/u/352667.html); auszugsweise zitiert im Beitrag ⇨ Konferenzen (Allgemeines) Nr. 2.

(8) Jeder Teilnehmer an der Sitzung kann sich an der Beratung der Tagesordnungspunkte, für die ihm das Teilnahmerecht zusteht, beteiligen und nach Erledigen der Tagesordnung Angelegenheiten zur Sprache bringen, die zum Aufgabenbereich der Lehrerkonferenz gehören. Beschlüsse darüber sind in dieser Sitzung nicht zulässig, die Beratung muss unterbleiben, wenn die Mehrheit der anwesenden Stimmberechtigten widerspricht.

§ 13
Abstimmungen

(1) In der Lehrerkonferenz ist stimmberechtigt, wer zur Teilnahme an dem betreffenden Verhandlungsgegenstand gemäß § 10 Abs. 1 und Abs. 2 Satz 1 verpflichtet ist; bei Zeugnis- und Versetzungsentscheidungen, bei der Beschlussfassung über den Schulbericht, über die Empfehlung zum Schulartwechsel zum Ende des zweiten Schulhalbjahres der Klassen 5 und 6 sowie bei der Beratung über die Halbjahresinformation sind nur die Mitglieder der Klassenkonferenz stimmberechtigt, die den Schüler unterrichten. ⇨ Befangenheit

(2) Eine Übertragung des Stimmrechts ist nicht zulässig. Die Lehrerkonferenz ist beschlussfähig, wenn mehr als die Hälfte der Stimmberechtigten anwesend ist.

(3) Bei Abstimmungen entscheidet die einfache Mehrheit der abgegebenen gültigen Stimmen, sofern im Einzelfall nicht andere Vorschriften ein hiervon abweichendes Mehrheitsverhältnis vorschreiben. Stimmenthaltungen und ungültige Stimmen zählen bei der Berechnung der Mehrheit nicht mit. Bei Stimmengleichheit gilt der Antrag als abgelehnt.

(4) Auf Verlangen von mindestens einem Fünftel der anwesenden Stimmberechtigten ist geheim abzustimmen.

Hinweis der Redaktion: Es ist bei Wahlen *„angezeigt, auf Antrag eines stimmberechtigten Konferenzmitglieds geheim zu wählen"* (Quelle: KM, 18.7.1995 Nr. II/1-6452.0/8).

§ 14
Nichtöffentlichkeit

Die Verhandlungen der Lehrerkonferenzen sind nicht öffentlich. Sie unterliegen grundsätzlich der Pflicht zur Verschwiegenheit, insbesondere in Angelegenheiten, die einzelne Lehrer, Erziehungsberechtigte, Schüler oder sonstige an der Schule beschäftigte Bedienstete unmittelbar betreffen. Dies gilt nicht für den dienstlichen Verkehr und die Mitteilung von Tatsachen, die offenkundig sind oder ihrer Bedeutung nach keiner Geheimhaltung bedürfen.

⇨ Beamtengesetz (LBG) § 57; ⇨ Tarifvertrag-Länder (TV-L) § 3 Abs. 2; ⇨ Verschwiegenheitspflicht

§ 15
Niederschrift

(1) Über jede Sitzung einer Lehrerkonferenz fertigt der Schriftführer eine Niederschrift. Er wird von der Lehrerkonferenz bestimmt. Seine Aufgabe soll in angemessenem Wechsel mit Ausnahme des Vorsitzenden von allen zu ständiger Teilnahme an der Lehrerkonferenz Verpflichteten übernommen werden.

(2) Aus der Niederschrift müssen sich mindestens Zeit und Ort der Sitzung, die Teilnehmer, die Verhandlungsgegenstände sowie die Beschlüsse in ihrem Wortlaut ergeben. Bei Beschlüssen soll ferner die Beschlussfähigkeit und das Abstimmungsergebnis festgehalten werden.

(3) Jeder Stimmberechtigte kann nach offenen Abstimmungen dem Schriftführer eine Begründung seiner Stimmabgabe oder seiner abweichenden Meinung schriftlich zur Beifügung an die Niederschrift übergeben.

(4) Die Niederschrift ist vom Schriftführer und vom Vorsitzenden zu unterzeichnen. Der Schulleiter bestätigt durch Unterschrift die Kenntnisnahme der Niederschrift der Lehrerkonferenzen, an denen er nicht teilgenommen hat.

(5) Die Niederschrift ist in geeigneter Weise jedem insoweit zugänglich zu machen, als er an den Verhandlungsgegenständen teilzunehmen berechtigt war. Einwendungen sind dem Schriftführer schriftlich vorzulegen, der darüber im Einvernehmen mit dem Vorsitzenden entscheidet. Wird der Einwendung nicht stattgegeben, entscheidet die Lehrerkonferenz bei ihrer nächsten Sitzung.

(6) Die Niederschrift ist bei den Akten der Schule aufzubewahren.

⇨ Aufbewahrungsfristen; ⇨ Datenschutz (Schulen)

(7) Eine Sammlung der gültigen Konferenzbeschlüsse ist in der für die Schule üblichen Weise zur Einsichtnahme für alle zur Teilnahme an der Gesamtlehrerkonferenz Berechtigten auszulegen. Dies gilt nicht für Beschlüsse der Klassenkonferenzen gemäß § 4 Nr. 4 und 6.

§ 16
Ausführung der Beschlüsse

(1) Beschlüsse, mit denen eine Lehrerkonferenz im Rahmen ihrer Zuständigkeit Entscheidungen trifft, sind bindend für den Schulleiter, die Lehrer und alle anderen zur Teilnahme an der Lehrerkonferenz Verpflichteten unbeschadet ihrer Rechtswirkung für weitere Personen. Für die Ausführung der Beschlüsse der Lehrerkonferenzen ist der Schulleiter, für die Ausführung der Beschlüsse einer Teilkonferenz auch deren Vorsitzender verantwortlich. Beschlüsse zur Festlegung der schuleigenen Stundentafel (§ 2 Nr. 1a) einschließlich der Poolstunden und des Beginns der zweiten Fremdsprache (§ 2 und Vorbemerkung zu den Anlagen der Stundentafelverordnung Gymnasien) treten nach drei Jahren zum jeweiligen Schuljahresende außer Kraft.

(2) Ist der Schulleiter der Auffassung, dass ein Beschluss der Gesamtlehrerkonferenz gegen eine Rechtsvorschrift oder eine Verwaltungsanordnung verstößt oder dass er für die Ausführung des Beschlusses nicht die Verantwortung übernehmen kann (§ 44 Abs. 3 Satz 2 des Schulgesetzes), hat er die Gesamtlehrerkonferenz innerhalb von sieben Unterrichtstagen erneut einzuberufen. Für die Einberufung gilt § 12 Abs. 6 entsprechend mit der Maßgabe, dass die zweite Sitzung frühestens an dem auf die erste Sitzung folgenden Tag stattfinden darf. Hält die Gesamtlehrerkonferenz in der zweiten Sitzung den Beschluss nach nochmaliger Beratung aufrecht und bleibt der Schulleiter bei seiner Auffassung, hat er unverzüglich die Entscheidung der Schulaufsichtsbehörde einzuholen. Über deren Entscheidung, bis zu deren Ergehen der Beschluss nicht ausgeführt werden darf (§ 44 Abs. 3 letzter Satz des Schulgesetzes), sind die zur Teilnahme an der Gesamtlehrerkonferenz Berechtigten unverzüglich zu unterrichten.

(3) Für Beschlüsse der Teilkonferenz gilt Abs. 2 Satz 1 und 2 entsprechend mit der Maßnahme, dass an die Stelle des Schulleiters der Vorsitzende der Teilkonferenz tritt und dass es daneben dem Schulleiter obliegt, die erneute Einberufung binnen einer Woche nach Kenntnisnahme zu verlangen. Hält die Teilkonferenz in der zweiten Sitzung den Beschluss nach nochmaliger Beratung aufrecht und bleiben der Vorsitzende oder der Schulleiter bei ihrer Auffassung, ist der Beschluss unverzüglich der Gesamtlehrerkonferenz, sofern diese für seine Aufhebung zuständig ist, sonst der Schulaufsichtsbehörde zur Entscheidung vorzulegen. Abs. 2 Satz 4 gilt entsprechend.

§ 17
Ausschüsse

Jede Lehrerkonferenz kann zur Beratung bestimmter Fragen aus ihrem Aufgabenbereich ständige und nichtständige Ausschüsse einsetzen. Diese sind der betreffenden Lehrerkonferenz gegenüber zur Berichterstattung verpflichtet.

IV. Abschnitt

§ 18
Schlussbestimmungen

(1) Von dieser Konferenzordnung abweichende Bestimmungen über Versetzungen, Prüfungen sowie Erziehungs- und Ordnungsmaßnahmen bleiben unberührt. Dazu gehören auch die Vorschriften, die den Vorsitz in den entsprechenden Konferenzen regeln. [...]

⇨ Aufbewahrungsfristen; ⇨ Aufnahmeverfahren Ziff. III.2.5; ⇨ Aufsicht; ⇨ Außerunterrichtliche Veranstaltungen; ⇨ Beamtengesetz (LBG) § 57; ⇨ Beamtenstatusgesetz § 37; ⇨ Datenschutz (Schulen); ⇨ Elternbeiratsverordnung; ⇨ Fachberater*innen; ⇨ Fortbildung (Allgemeines); ⇨ Fortbildung und Personalentwicklung; ⇨ Ganztagsschulen; ⇨ Haushalt (Allgemeines – Budgetierung); ⇨ Haushalt (Kassenführung); ⇨ Hausordnung / Pausenordnung; ⇨ Klassenlehrkraft; ⇨ Konferenzen (Allgemeines); ⇨ Lernmittelfreiheit; ⇨ Lernmittel (Zulassung); ⇨ Personalvertretungsgesetz; ⇨ Schulgesetz; ⇨ Schulkonferenzordnung; ⇨ Schulleitung (Abteilungsleiter*innen); ⇨ Schulpartnerschaften, ⇨ Sponsoring; ⇨ Stundenpläne; ⇨ Verschwiegenheitspflicht; ⇨ Versetzungsordnungen (bei den Schularten)

Kooperation Kindertageseinrichtungen – Grundschulen

VwV des Kultusministeriums über die Kooperation zwischen Tageseinrichtungen für Kinder und Grundschulen (VwV Kooperation Kindertageseinrichtungen – Grundschulen) vom 15. Juli 2019 (K.u.U. S. 171/2019)

1.
Grundlagen und Ziele

Kinder durchlaufen individuelle Entwicklungs- und Bildungsprozesse, die in der Familie beginnen und sich in den Einrichtungen der frühkindlichen Bildung und in der Schule fortsetzen. Die Einrichtungen wirken durch die pädagogische Begleitung und Förderung der Kinder auf eine Kontinuität der individuellen Entwicklungs- und Bildungsprozesse hin. Dabei ist der Auftrag zur gemeinsamen Bildung und Erziehung von Schülerinnen und Schülern mit und ohne Behinderung in den Schulen zu berücksichtigen.

Gemeinsam mit den Eltern tragen die Kindertageseinrichtungen gemäß § 1 Absatz 2 bis 4 Kindertagesbetreuungsgesetz (KiTaG) und die Schulen die Verantwortung für einen erfolgreichen Übergang von der Kindertageseinrichtung in die Schule. Kindertageseinrichtungen und Schulen haben gemeinsame pädagogische Grundlagen, die in der Förderung der Gesamtpersönlichkeit des Kindes, seiner Selbsttätigkeit und Selbstständigkeit sowie im Aufbau tragfähiger sozialer Beziehungen liegen. Die Gesundheitsämter stellen im Rahmen der verbindlichen Einschulungsuntersuchungen sicher, dass frühzeitig Förderempfehlungen und medizinische Bedarfe ausgesprochen werden, so dass präventive und gesundheitsförderliche Maßnahmen eingeleitet werden können.

Die Zusammenarbeit von öffentlichem Gesundheitsdienst, pädagogischen Fachkräften und den für die Kooperation zuständigen Lehrkräften der Grundschulen (Kooperationslehrkräften) soll eine ganzheitliche Sicht auf die Entwicklung des einzelnen Kindes ermöglichen. Eine Unterstützung von elterlicher, pädagogischer und medizinischer Seite ist unverzichtbar, damit das Kind die erforderlichen Fähigkeiten, Fertigkeiten und Einstellungen für einen guten Start in die Schule erwirbt. Der Übergang von der Kindertageseinrichtung in die Schule wird so gestaltet und koordiniert, dass er die individuellen und familiären Voraussetzungen des Kindes berücksichtigt.

Die pädagogischen Grundsätze für die Kooperation zwischen Kindertageseinrichtung und Grundschule und für die Förderung der Kinder beim Übergang von der Kindertageseinrichtung in die Grundschule ergeben sich aus dem Orientierungsplan für Bildung und Erziehung für die baden-württembergischen Kindergärten und weiteren Kindertageseinrichtungen sowie aus dem Bildungsplan der Grundschule. Aufgrund ihrer aufeinander abgestimmten Bildungsinhalte ermöglichen sie anschlussfähige Bildungsprozesse. [...]

Hinweis der Redaktion: Durch den Pakt für gute Bildung und Betreuung stellt das Land zusätzliche Landesmittel bereit (ab 2020: 7,7 Mio. Euro jährlich), mit denen der Zeiteinsatz der pädagogischen Fachkräfte für die Intensivierung der Kooperation zwischen Kindertageseinrichtungen und Grundschulen abgegolten wird. Jede Kindertageseinrichtung in freier Trägerschaft erhält von der Standortgemeinde für diesen Zweck zusätzliche Mittel (mindestens 1.000 Euro pro Jahr).

2.
Erziehungs- und Bildungspartnerschaft mit den Eltern

In der Verantwortung für die Entwicklung der Kinder tragen Eltern und pädagogische Fachkräfte sowie Lehrkräfte gemeinsam dafür Sorge, dass alle Kinder optimale Bedingungen für ihre Entwicklung bekommen. Eltern bringen ihr Wissen über die Entwicklung ihres Kindes im familiären Umfeld als Erziehungs- und Bildungspartner in die Kooperation zwischen Kindertageseinrichtung und Grundschule ein. Sie tauschen sich mit den pädagogischen Fachkräften und den Lehrkräften über die jeweiligen Perspektiven für die Entwicklung ihres Kindes aus.

Die Eltern werden über die Ziele, Inhalte und Maßnahmen der Kooperation informiert. Die Kindertageseinrichtung erläutert den Eltern insbesondere das Konzept gemäß Nummer 4.1.

Allgemeine und spezifische Fragen des Übergangs werden im Rahmen einer gemeinsamen Veranstaltung von Kindertageseinrichtung und Grundschule, die im Kindergartenjahr vor der Einschulung stattfindet, erörtert.

3.
Die Mitwirkung der Gesundheitsämter

Die Gesundheitsämter untersuchen zur Schule angemeldete Kinder sowie Kinder, die bis zum 30. September des laufenden Schuljahrs das vierte Lebensjahr vollendet haben (Einschulungsuntersuchung). Die Untersuchung dient insbesondere der präventiven gesundheitlichen Beratung und der Veranlassung von gegebenenfalls erforderlichen Maßnahmen, die gesundheitlichen Einschränkungen und Entwicklungsverzögerungen entgegenwirken, die die Teilnahme am Unterricht gefährden können.

Die Kindertageseinrichtungen und Schulen geben den Gesundheitsämtern die zur ordnungsgemäßen Durchführung der Untersuchung und Maßnahmen notwendigen Auskünfte und Informationen, die zu deren Zweckerfüllung nach § 2 Absatz 1 und § 3 Absatz 1 Schuluntersuchungsverordnung notwendig sind.

Die Einschulungsuntersuchung wird in zwei Schritten durchgeführt. Schritt 1 erfolgt 24 bis 15 Monate vor der termingerechten Einschulung. In Schritt 2, der in den Monaten vor der Einschulung stattfindet, werden alle Kinder untersucht, die keine Kindertageseinrichtung besuchen. Bei Kindern, die eine Kindertageseinrichtung besuchen, werden zur Entscheidung über eine ärztliche Untersuchung in Schritt 2 herangezogen:

– die ärztliche Bewertung der Untersuchungsergebnisse aus Schritt 1,

- mit Einwilligung einer sorgeberechtigten Person die Entwicklungsbeobachtung in ausgewählten Dimensionen durch die Erzieherin oder den Erzieher und
- mit Einwilligung einer sorgeberechtigten Person die Beurteilung der Schulfähigkeit des Kindes durch die Kooperationslehrkraft.

Die Möglichkeit für die pädagogische Fachkraft und die Grundschule, einen Antrag auf eine ärztliche Untersuchung in Schritt 2 zu stellen, richtet sich nach der Verwaltungsvorschrift des Sozialministeriums zur Durchführung der Einschulungsuntersuchung und der Jugendzahnpflege (VwV ESU und Jugendzahnpflege).

Die Ärztinnen und Ärzte des Kinder- und Jugendgesundheitsdienstes beraten nach Maßgabe der VwV ESU und Jugendzahnpflege sowohl die Eltern als auch die Einrichtungen.

⇨ Einschulung und schulärztliche Untersuchung;
⇨ Jugendzahnpflege

4.
Bereiche der Zusammenarbeit zwischen Kindertageseinrichtung und Grundschule

Die Zusammenarbeit von Kindertageseinrichtung und Grundschule umfasst insbesondere folgende Bereiche:

4.1
Einrichtungsbezogene Zusammenarbeit

Die Kindertageseinrichtung und die Grundschule

- tauschen sich regelmäßig gegenseitig über die im elementaren und primären Bildungsbereich geltenden Regelungen sowie über die pädagogischen Grundlagen einschließlich der Förderangebote, Methoden und Arbeitsweisen der Kindertageseinrichtung und der Grundschule aus,
- verständigen sich auf ein in der Regel mehrjähriges Konzept, in dem die Ziele und die Schwerpunkte der Kooperation unter Berücksichtigung der örtlichen Gegebenheiten einschließlich der vor Ort umgesetzten Fördermaßnahmen beschrieben werden und
- erstellen jährlich auf der Grundlage dieses Konzepts einen gemeinsamen Arbeitsplan, der die einzelnen Termine für die in den Nummern 4.1 und 4.2 genannten Maßnahmen sowie die Zuständigkeiten festlegt; dieser wird jährlich gemeinsam reflektiert und bei Bedarf weiterentwickelt.

Die pädagogischen Fachkräfte und die Kooperationslehrkräfte erweitern ihre fachlichen Kenntnisse und beruflichen Erfahrungen zum Beispiel dadurch, dass sie

- gegenseitig in ihren Einrichtungen hospitieren,
- sich anhand von Fallbeispielen unter Beachtung der datenschutzrechlichen Bestimmungen fachlich austauschen und
- an gemeinsamen Fortbildungsveranstaltungen teilnehmen.

Die Kooperationslehrkraft nimmt an den Dienstbesprechungen der regionalen Ansprechpersonen für Kooperation teil.

4.2
Kindbezogene Zusammenarbeit

Die kindbezogene Zusammenarbeit beginnt in der Regel ein Jahr vor der Einschulung des Kindes.

Voraussetzung für die Maßnahmen gemäß Nummer 4.2.1 bis Nummer 4.2.3 ist sowohl die Einwilligung der Eltern in die Maßnahmen als auch die datenschutzrechtliche Einwilligung. Hierzu kann ein auf der Internetseite des Kultusministeriums abrufbares Muster verwendet werden.

Auf Wunsch ist den Eltern Gelegenheit zu geben, Fragen zu Ziel und Inhalt der Kooperation sowie zu Art und Umfang der zur Verarbeitung anstehenden personenbezogenen Daten zu stellen.

Auf die Anwendbarkeit der Verwaltungsvorschrift Datenschutz an öffentlichen Schulen sowie auf die Ausführungen in der Broschüre „Datenschutz in Kindertageseinrichtungen – zum Schutz des Kindes“ wird hingewiesen. ⇨ Datenschutz (Schulen)

Hinweis der Redaktion: Die Broschüre ist online abrufbar unter: www.kindergaerten-bw.de/,Lde/Startseite/Service/Datenschutz+in+Kitas.

4.2.1 Pädagogische Angebote

Kooperationslehrkräfte, pädagogische Fachkräfte oder ein Team, das aus einer Kooperationslehrkraft und einer pädagogischen Fachkraft besteht, führen pädagogische Angebote für die künftigen Schulanfängerinnen und Schulanfänger durch, um den jeweiligen Entwicklungsstand zu erfassen.

Pädagogische Angebote sind Lernanlässe, die geeignet sind, den Entwicklungsstand des Kindes im Hinblick darauf einzuschätzen, ob es bereit für die Schule ist. Dazu können Spiele, Bücher oder andere altersentsprechende Materialien eingesetzt werden.

Den Kindern wird ein Besuch in der Grundschule, der eine Teilnahme am Unterricht einschließt, ermöglicht.

4.2.2 Einschätzung des Entwicklungsstands und der Entwicklungsfortschritte

Die pädagogische Fachkraft und die Kooperationslehrkraft tauschen sich auf der Grundlage der Entwicklungseinschätzung und der Beobachtungen der pädagogischen Fachkraft zum Entwicklungsstand und den Entwicklungsfortschritten darüber aus, ob das jeweilige Kind bereit für die Schule ist. Gegebenenfalls beziehen sie die Ergebnisse der Einschulungsuntersuchung in ihre Abwägung ein; hierfür muss die datenschutzrechtliche Einwilligung der Eltern vorliegen. Die pädagogische Fachkraft und die Kooperationslehrkraft entscheiden gemeinsam, ob ein Beratungsgespräch mit den Eltern für erforderlich erachtet wird.

Die Kooperationslehrkraft schätzt den Entwicklungsstand des Kindes während der Durchführung der pädagogischen Angebote ein. Sie dokumentiert auf einem Einschätzungsbogen den Entwicklungsstand des Kindes im Hinblick auf seine Schulbereitschaft und erteilt der pädagogischen Fachkraft Einblick in die auf dem Reflexionsbogen dokumentierten Daten. Eine Vorlage zum Einschätzungsbogen des Entwicklungsstandes in Bezug auf die

Schulbereitschaft wird auf der Internetseite des Kultusministeriums zur Verfügung gestellt.

Der ausgefüllte Einschätzungsbogen wird im Rahmen der Schulanmeldung an die aufnehmende Schule weiter geleitet; eine Kopie davon wird den Eltern zusammen mit einem Begleitschreiben ausgehändigt. Ein Muster für ein Begleitschreiben wird auf der Internetseite des Kultusministeriums zur Verfügung gestellt.

4.2.3. Beratungsgespräch mit den Eltern

Ein Beratungsgespräch zum Entwicklungsstand und den Entwicklungsfortschritten des Kindes wird auf Wunsch der Eltern oder nach Entscheidung der pädagogischen Fachkraft und der Kooperationslehrkraft (Nummer 4.2.2 Satz 5) den Eltern des Kindes angeboten. Gegenstand dieses Gesprächs kann auch die kindbezogene Wirksamkeit der vom Kindergarten eingeleiteten Fördermaßnahmen sein. Gemeinsam mit den Eltern wird eine mögliche weitere Unterstützung des Kindes bis zum Schuleintritt einschließlich der Einbeziehung von Fachstellen erörtert. Die pädagogische Fachkraft und die Kooperationslehrkraft unterstützen die Eltern darin, Zugang zu weiteren Hilfen zu finden.

⇨ Behinderungen (Förderbedarf)

Das Beratungsgespräch wird von der Kindertageseinrichtung dokumentiert und von den teilnehmenden Personen unterzeichnet. Die Dokumentation über das Beratungsgespräch wird im Rahmen der Schulanmeldung an die aufnehmende Schule übermittelt. Auf Wunsch wird den Eltern eine Mehrfertigung der Dokumentation über das Beratungsgespräch ausgehändigt.

Ein Muster für die Dokumentation des Beratungsgesprächs wird auf der Internetseite des Kultusministeriums zur Verfügung gestellt.

4.3
Verantwortung

Die Schulleitung trägt Verantwortung für die Gestaltung und Durchführung der Kooperation auf schulischer Seite. Die Mitwirkung der Leitung der Tageseinrichtung obliegt dem Träger.

5.
Einleitung des Verfahrens zur Prüfung und Feststellung des Anspruchs auf ein sonderpädagogisches Bildungsangebot

Sofern konkrete Hinweise darauf bestehen, dass die Einleitung des Verfahrens zur Prüfung und Feststellung des Anspruchs auf ein sonderpädagogisches Bildungsangebotes gemäß § 82 Absatz 2 Schulgesetz (SchG) erforderlich ist, wirkt die Grundschule rechtzeitig vor der Einschulung darauf hin, dass dieser Antrag über sie beim Staatlichen Schulamt gestellt wird. Die Grundschule weist die Eltern darauf hin, dass der Antrag auch über die sonderpädagogischen Beratungsstellen für Frühförderung oder den Schulkindergarten gestellt werden kann.

⇨ Sonderpädagogische Bildungsangebote (Inklusion)

6.
Regionale Ansprechpersonen

Zur Förderung der Kooperation zwischen den Kindertageseinrichtungen und Grundschulen sowie zur Beratung der Grundschulförderklassen werden regionale Ansprechpersonen bestellt (Kooperationsbeauftragte).

Zu ihren Aufgaben gehören insbesondere

- die Beratung der Grundschulen einschließlich der Kooperationslehrkräfte und die Entwicklung von geeigneten Handlungsformen und Abläufen zur Umsetzung der Zusammenarbeit gemäß Nummer 4,
- die Koordinierung der örtlichen Kooperationsverbünde,
- die Mitwirkung an Fortbildungsveranstaltungen für Kooperationslehrkräfte und für die in ⇨ Grundschulförderklassen tätigen Personen sowie für pädagogische Fachkräfte aus Kindertageseinrichtungen, soweit die Zustimmung des Einrichtungsträgers vorliegt,
- die Zusammenarbeit mit den von den kommunalen, kirchlichen und freien Trägern bestellten sowie mit den für die Jugendämter tätigen Fachberaterinnen und Fachberatern. Diese dient der gegenseitigen Unterrichtung und Beratung und der gemeinsamen Planung und Durchführung von Fortbildungsveranstaltungen für die Kooperationslehrkräfte und die pädagogischen Fachkräfte, ⇨ Fortbildung
- die Zusammenarbeit mit weiteren für die Kooperation zuständigen Stellen aus dem schulischen und frühkindlichen Bereich,
- das Erstellen einer jährlichen Arbeitsplanung sowie eines jährlichen Berichts zu den Tätigkeiten auf dem Dienstweg an das Kultusministerium,
- die Zusammenarbeit mit den für die Feststellung des Anspruchs auf ein sonderpädagogisches Bildungsangebots zuständigen Personen des Staatlichen Schulamts sowie mit der Regionalen Arbeitsstelle Frühförderung und

- die Teilnahme an mindestens einer jährlichen Dienstbesprechung mit der zuständigen Stelle; dazu können weitere Partner der frühkindlichen Bildung, wie zum Beispiel die Vertreterinnen und Vertreter der Gesundheitsämter und der Trägerverbände, eingeladen werden; es können themenbezogen auch von den Trägern beziehungsweise den Trägerverbänden bestellte Fachberaterinnen und Fachberater teilnehmen.

Die regionalen Ansprechpersonen tragen dafür Sorge, dass Arbeitskreise zur Kooperation zwischen den Kindertageseinrichtungen, den Grundschulen und gegebenenfalls den Gesundheitsämtern eingerichtet beziehungsweise weitergeführt werden.

7.
Unfallversicherung

Kindergarten- und Schulkinder genießen bei der Teilnahme an den Maßnahmen Unfallversicherungsschutz. Beamtete Kooperationslehrkräfte erhalten im Rahmen der vorgesehenen Aufgaben und der Mitarbeit nach Maßgabe des Beamtenrechts Unfallfürsorgeschutz. Kooperationslehrkräfte und pädagogische Fachkräfte als Angestellte sind gesetzlich unfallversichert. ➪ Unfallversicherung

8.
Vorschriften für die Zusammenarbeit

Auf die Anwendbarkeit insbesondere folgender Regelungen wird hingewiesen:

- KiTaG, **Hinweis der Redaktion:** Kindertagesbetreuungsgesetz in der Loseblattsammlung von K.u.U. unter Nr. 6930-1.
- §§ 72 bis 76, 82, 83 und § 91 ➪ Schulgesetz
- Schuluntersuchungsverordnung [...] ➪ Einschulung und schulärztliche Untersuchung Teil B,
- VwV ➪ Jugendzahnpflege,
- VwV ➪ Einschulung und schulärztl. Untersuchung Teil C,
- VwV ➪ Sprachförderung (Integration)
- VwV ➪ Grundschulförderklassen und Verordnung ➪ Sonderpädagogische Bildungsangebote (Integration).

Hinweis der Redaktion: Online-Materialien zur Kooperation: www.kindergaerten-bw.de/,Lde/Startseite/Kooperationen/Material+_+Kooperation

➪ Behinderungen (Förderbedarf); ➪ Datenschutz (Allgemeines); ➪ Einschulung und schulärztliche Untersuchung; ➪ Grundschule (Verlässliche); ➪ Grundschulförderklassen; ➪ Organisationserlass; ➪ Schulgesetz § 74; ➪ Sonderpädagogik (Bildungsangebote – Inklusion); ➪ Sprachförderung (Integration); ➪ Unfallversicherung

Kooperation Schule – Verein

Informationen der Redaktion zur Rechtslage und zur Verwaltungspraxis in Baden-Württemberg

Das Land fördert die Kooperation von Schulen mit Vereinen (z.B. in den Bereichen Sport und Musik). Es werden neben Einzelprojekten auch musikalische „Dauer-Kooperationen" mit jährlich zwischen 250 und 2000 Euro gefördert (maximale Laufzeit fünf aufeinander folgende Jahre).

Das Kooperationsprogramm Schule/Sportverein fördert gemeinsam von Schule bzw. Kita und Sportvereindurchgeführte, langfristig angelegte Spiel-, Übungs- und Trainingsgruppen. Zuschüsse werden zu breitensport- und zu leistungssportorientierten Maßnahmen (Talentförderung) geleistet. In den Sportförderrichtlinien des KM (Loseblattsammlung K.u.U. Nr. 6811-51) ist unter Nr. 2.5 u.a. verfügt, dass auf Schuljahresdauer angelegte Maßnahmen mit bis zu 500 Euro pro Maßnahme und Jahr gefördert werden können. Für Modellprogramme der Sportbünde, wie zum Beispiel innovative und integrative Maßnahmen von Sportfachverbänden und Sportvereinen, können höhere Zuschüsse gewährt werden.

Über die Förderung von Sport-Kooperationsgruppen informieren Merkblätter der Landessportbünde, z.B. www.bsb-freiburg.de/foerderung/kooperation-schule-verein. Die Förderhöhe pro Maßnahme beträgt 360 Euro, bei Kooperationen mit Förderschulen 460 Euro (Stand: 2020). Alle gemeldeten grundsätzlich zuschussfähigen Kooperationsmaßnahmen erhalten Versicherungsschutz (auch nicht bezuschusste Maßnahmen). Auf den Internetseiten der Sportbünde können auch Zuschüsse für gemeinsame Projekte zur Unterstützung der schulischen und sozialen Integration geflüchteter Kinder und Jugendlicher beantragt werden. Träger und Zuschussempfänger ist jeweils der Sportverein. Antragsteller sind Schule und Verein gemeinsam. Anträge sind jährlich spätestens bis zum 1. Mai an den Sportbund zu richten.

Bei jeder Schulaufsichtsbehörde ist ein „Sportschulrat" für die Kooperation zuständig; außerdem gibt es Betreuungslehrkräfte (Regionalbetreuer), die hierfür eine Deputatsanrechnung erhalten.

Aktivitäten im Rahmen der Kooperation fallen nicht unter die Schulgeldfreiheit; hierfür werden teilweise Eigenbeiträge erhoben. Wie bei außerunterrichtlichen Veranstaltungen ist die Schule gehalten, die finanzielle Belastung der Schüler bzw. ihrer Eltern so niedrig wie möglich zu halten. Das sollte vor der Einleitung von Kooperationen in der Gesamtlehrerkonferenz besprochen und auch beschlossen werden.

➪ Außerunterrichtliche Veranstaltungen Nr. II.6; ➪ Konferenzordnung § 2 Abs. 1 Nr. 11

Nutzen Sie das ausführliche alphabetische Schlagwortverzeichnis am Ende des Buches.

Korrekturtag

Informationen der Redaktion zur Rechtslage und zur Verwaltungspraxis in Baden-Württemberg

A.
Abschlussprüfungen allgemein

Das KM hat am 1.8.1983 (Nr. IV-2-2231/761) „Vorgaben“ für eine einheitliche Regelung der Korrekturtage bei Abschlussprüfungen (Schulprüfungen) an allgemeinbildenden Schulen erlassen:

1. *Für Erstkorrekturen gibt es grundsätzlich keine Anrechnung.*
2. *Bei Zweitkorrekturen kann eine Freistellung vom Unterricht bis zu einem Tag erfolgen.*
3. *Bei extremen Belastungen z.B. durch eine besonders große Anzahl von zu korrigierenden Prüfungsarbeiten oder durch sehr knappe Zeitspannen für die Korrektur kann ausnahmsweise bei Erstkorrekturen bis zu einem Tag, bei Zweitkorrekturen bis zu zwei Tagen eine Freistellung gegeben werden.*

(Quelle: KM 30.7.1985; AZ: V 2300-3/55, und 22.2.2006; AZ: 31-6610.0/26)

Das KM hat der GEW zuletzt am 27.11.2018 bestätigt, dass diese Regelung weiterhin gilt, und erläutert: *„Die Entscheidung darüber, ob im Einzelfall eine solche Ausnahme gerechtfertigt ist (z.B. weil die Lehrkraft mehrere korrekturintensive Fächer unterrichtet), liegt in der Zuständigkeit der jeweiligen Schulleitung“.*

Diese Maßgaben gelten in gleicher Weise für berufliche Vollzeitschulen und für Lehrkräfte in Teilzeit.

B.
Abiturarbeiten und Abschlussprüfungen an Gymnasien, BG und BOS

Die Schulleitungen an Gymnasien können folgende Entlastungen für Korrekturen gewähren:

- *Erstkorrektur:* *bis zu zwei Tagen,*
- *Zweitkorrektur:* *bis zu drei Tagen,*
- *Endbeurteilung:* *bis zu zwei Tagen.*

(Quelle: KM, 29.5.1995, Landtags-Drucksache 11/5497)

Diese Regelung gilt analog für die Korrektur der Abiturarbeiten an beruflichen Gymnasien sowie für die Abschlussprüfung an Berufsoberschulen.

(Quelle: KM 4.3.2010; AZ: 45-0301.626/204 und 14.2.2011; AZ: 45-6625.20-P/69 sowie 24.07.2015; AZ 45-6624.03-P/265).

Hinweis der Redaktion: Das Kultusministerium hat den Schulleitungen der beruflichen Gymnasien sowie der Berufsoberschulen 2017 mitgeteilt:

„Im Hinblick auf die erhöhte Termindichte der Prüfungen weist das Ministerium für Kultus, Jugend und Sport nochmals darauf hin – auch unter Berücksichtigung der weiteren Prüfungen an der jeweiligen beruflichen Schule – von der eingeführten Regelung hinsichtlich der Korrekturtage angemessen und der besonderen Belastung der Lehrkräfte Rechnung tragend Gebrauch zu machen“.

(KM 17.2.2017; AZ: 44-6624.03-P/293)

⇨ Ermessen; ⇨ Juristische Terminologie; ⇨ Konferenzordnung § 2 Abs. 1 Ziff. 9; ⇨ Schulgesetz § 41

Krankenversicherung

Informationen der Redaktion zur Rechtslage und zur Verwaltungspraxis in Baden-Württemberg

A.
Arbeitnehmerinnen und Arbeitnehmer

1.
Pflichtversicherte Arbeitnehmer*innen

Versicherungspflichtig in der gesetzlichen Krankenversicherung (GKV) sind alle Arbeitnehmer*innen, deren Monatsdurchschnittsverdienst die „Jahresarbeitsentgeltgrenze“ (JAEG) nicht überschreitet. Die Beiträge für die Krankenkasse werden – bis zur „Beitragsbemessungsgrenze“ (BBG) – zu gleichen Teilen von Arbeitgebern und Arbeitnehmer*innen getragen. Familienmitglieder, deren Einkommen unter 470 Euro, bei einem Minijob unter 450 Euro liegt, können beitragsfrei in der Familienversicherung mitversichert sein. ⇨ Sozialversicherung (Beiträge)

Ausgeschlossen von der Familienversicherung sind insbesondere wegen der Höhe ihres Arbeitsentgeltes versicherungsfreie Beschäftigte (SGB V § 6 Abs. 1 Nr. 1), aktive und pensionierte Beamte oder beamtenähnlich bei Krankheit versorgte und abgesicherte Personen (SGB V § 6 Abs. 1 Nr. 2, 4 bis 8).

Ebenso ist für eine im Erziehungsurlaub befindliche Beamtin vom Bundessozialgericht Versicherungsfreiheit auch ohne Dienstbezüge bestätigt worden.

(BSG, Urteil v. 29.6.1993, 12 RK 91/92, BSGE 72 S. 298).

Dies gilt auch in den Fällen der Freistellung zur Kinderbetreuung ohne Dienstbezüge und trotz landesrechtlicher Regelungen, wonach in dieser Zeit Beihilfeansprüche nur nachrangig gegenüber einer Familienversicherung bestehen sollen.

(BSG, Urteil v. 18.3.1999, B 12 KR 13/98 R, USK 9902).

Hier wurde auf den Status und den damit verbundenen Krankenversicherungsschutz im System der beamtenrechtlichen (gesetzlichen) Beihilferegelungen abgestellt, nicht jedoch auf den vollständigen Tatbestand der Versicherungsfreiheit.

Ausgeschlossen sind auch die wegen Alters nach SGB V § 6 Abs. 3a versicherungsfreien Personen (über 55jährige, wenn sie in den vorangegangenen fünf Jahren nicht pflichtversichert waren).

2.
Freiwillig gesetzlich oder privat Versicherte

Arbeitnehmer*innen, deren Einkommen oberhalb der JAEG liegt, können sich in einer privaten Krankenversicherung (PKV) oder freiwillig bei einer gesetzlichen Krankenkasse (GKV) versichern.

a)
*Privat versicherte Arbeitnehmer*innen*

Das Einkommen spielt überhaupt keine Rolle! Die Prämien sind altersabhängig und sowohl personenbezogen als auch zwischen verschiedenen Versicherungsunternehmen unterschiedlich. Für bestimmte chronische Krankheiten können Risikozuschläge verlangt werden. Für jedes Familienmitglied muss eine separate Versicherung abgeschlossen werden.

Da ab der 7. Woche vom Arbeitgeber nur noch ein Zuschuss zum Krankengeld gezahlt wird, sollte man gleichzeitig eine Krankentagegeldversicherung abschließen. Weiterhin ist zu bedenken, dass Arbeitnehmer*innen beim Übergang in die Rente den Anspruch auf Zuschuss vom Arbeitgeber automatisch verlieren. Nur wer 9/10 der zweiten Hälfte seines Arbeitslebens Mitglied der GKV war (pflicht- oder freiwillig versichert), kann im Rentenalter in die günstige Pflicht-GKV der Rentner wechseln. Die Prüfung erfolgt durch die AOK. Der Krankenkassen-Zuschuss aus der gesetzlichen Rente deckt meist nicht die hälftigen Kosten der privaten Krankenversicherung.

Arbeitnehmer*innen, die vor 1997 eingestellt wurden, also noch beihilfeberechtigt sind und deswegen in der aktiven Dienstzeit nur eine Restkostenversicherung abgeschlossen haben, sollten rechtzeitig vor dem Übergang in die Rente für eine Vollversicherung (100 %) sorgen.

b)
*Freiwillig gesetzlich versicherte Arbeitnehmer*innen*

Zu den beitragspflichtigen Einnahmen gehören alle steuerpflichtigen Einkommen aus selbstständiger oder nichtselbstständiger Tätigkeit, Renten (auch private), Pension, Versorgung aus anderen Systemen, Einkünfte aus Kapitalvermögen, aus Vermietung und Verpachtung sowie Zins- und Pachteinnahmen. Liegen die beitragspflichtigen Einnahmen des Mitglieds unter der Hälfte der BBG (2021 = 2.418,75 EUR) oder sind sie wesentlich niedriger als die Einnahmen des nicht in der gesetzlichen Krankenversicherung versicherten Ehegatten/Lebenspartners, kann das Familieneinkommen angerechnet werden.

Angehörige können unter denselben Bedingungen, die für Angehörige gesetzlich versicherter Kassenmitglieder gelten, beitragsfrei in der Familienversicherung mitversichert sein. Kinder müssen bei demjenigen Ehepartner versichert sein, der eindeutig das höhere Einkommen hat. Die Prüfung erfolgt durch die gesetzliche Krankenkasse. Ausgeschlossen von der Familienversicherung ist der oben unter Abschnitt A 1. genannte Personenkreis.

Der Arbeitgeber leistet als Beitragszuschuss die Hälfte des Beitrags, der für versicherungspflichtig Beschäftigte bei der jeweiligen Krankenkasse vom Arbeitgeber zu tragen wäre, höchstens jedoch die Hälfte des Betrages, den sie bei der Anwendung des allgemeinen Beitragssatzes tatsächlich zu zahlen haben (SGB V § 257).

⇨ Sozialversicherung (Beiträge)

B.
Beamtinnen und Beamte

Beamt*innen erhalten Beihilfe zu den Kosten bei Krankheit, in Geburts- und Todesfällen sowie im Pflegefall. Diese Beihilfe deckt zwischen 50 % und 80 % der Kosten ab. Das „Restrisiko" muss privat durch Abschluss einer Krankenversicherung abgesichert werden.

⇨ Beihilfeverordnung

Diese „Restkostenversicherung" kann durch eine private Krankenversicherung oder – nur aus einer bestehenden Pflicht- oder freiwilligen Versicherung heraus – auch über eine freiwillige Weiterversicherung in der gesetzlichen Krankenversicherung erfolgen.

⇨ Beihilfe (Gesetzlich versicherte Beamt*innen)

Die private Krankenversicherung sollte auf die Beihilfevorschriften Baden-Württemberg abgestimmt sein („beihilfekonform"), damit bei Änderung der Beihilfeverordnung keine Lücken entstehen, und sie sollte eine Anpassungsklausel enthalten, damit Veränderungen des persönlichen Bemessungssatzes nicht zu einer neuen Tarifeinstufung führen.

Da ein Berufsleben in der Regel mehrere Jahrzehnte dauert, kann es sinnvoll sein, Sanatoriums- und Heilkuren mitzuversichern.

Durch die Zahlung von 22 Euro/Monat können Beihilfeberechtigte „Wahlleistungen" (Chefarztbehandlung, Zweibettzimmer) finanziell absichern (BVO § 6a Abs. 2). Der Betrag wird bei der Gehaltszahlung einbehalten. Andernfalls sind weder ärztliche Honorare noch die Kosten für ein Zweibettzimmer über die pauschalierten Sätze hinaus beihilfefähig. Dienstanfänger*innen müssen zur Teilnahme an diesem Zuzahlungsverfahren eine Ausschlussfrist von fünf Monaten ab der Einstellung beachten.

⇨ Beihilfe (Allgemeines) Nr. 1; ⇨ BeihilfeVO § 6a

Zum Beihilfeanspruch im Urlaub ohne Bezüge siehe ⇨ Beihilfe (Urlaub ohne Bezüge).

Ohne Bezüge und damit ohne Beihilfeanspruch beurlaubte Beamt*innen sowie Beamt*innen in

Ombudsmann für Kranken- und Pflegeversicherung

Der Ombudsmann für die Kranken- und Pflegeversicherung nimmt als außergerichtlicher Streitschlichter zu Meinungsverschiedenheiten kostenfrei, neutral und unabhängig Stellung. Zwar sind seine Empfehlungen nicht bindend, aber sie können hilfreich sein. Informationen unter: www.pkv-ombudsmann.de

Elternzeit können gemäß § 1 Abs. 1 LPartG in die Familienversicherung ihrer gesetzlich krankenversicherten Ehe- oder Lebenspartner*innen aufgenommen werden, wenn ihr steuerpflichtiges Einkommen unter 470 Euro liegt (Minijob: bis 450 Euro). Da die GKV die Mitversicherung von Partner*innen, die älter sind als 55 Jahre, ablehnen kann, ist das Sabbatjahr (mit Beihilfe!) einem Urlaub vor dem Ruhestand vorzuziehen. ⇨ Teilzeit (Freistellungsjahr)

In der Gesetzlichen Krankenversicherung freiwillig versicherte Beamt*innen

Beamt*innen bleiben, gleichgültig wie sie sich für den Fall der Krankheit absichern, beihilfeberechtigt. Sie erhalten vom Land keinen Zuschuss zu den Kosten des Kassenbeitrags. Sie müssen – im Unterschied zu den Arbeitnehmer*innen – nicht primär die Sachleistungen der Kasse in Anspruch nehmen. Sie können darauf verzichten und sich privat behandeln lassen. Die private Behandlung ist beihilfefähig. Gleiches gilt für Sehhilfen, Hörgeräte, zahnärztliche Implantate, Reha-Behandlungen und Kuren. Für die Beihilfeleistung gilt jedoch nur der individuelle Beihilfesatz.

In der freiwilligen gesetzlichen Krankenversicherung gilt für Beamt*innen ein ermäßigter Beitragssatz von 14,0 Prozent des Bruttoeinkommens, da für Beamt*innen im Krankheitsfall die Bezüge fortgezahlt werden und kein Krankegeld bezahlt werden muss. Hinzu kommt der kassenindividuelle Zusatzbeitrag. Dieser beträgt z.B. bei der AOK 1,1 Prozent (2021). Zu den beitragspflichtigen Einnahmen siehe Abschnitt A 2 b). Bezieht die Person im Alter Rente und Pension, gilt für beide Einkünfte der allgemeine Beitragssatz von 14,6 %. ⇨ Beihilfe (Gesetzlich versicherte Beamte)

C.
Studentische Krankenversicherung und Beihilfe

Für alle Studierenden besteht Versicherungspflicht in der „studentischen Krankenversicherung“. Sie haben dabei freie Wahl zwischen allen gesetzlichen Krankenkassen.

Der Studierendenbeitrag beträgt in der gesetzlichen Krankenversicherung 85,12 Euro, der Pflegeversicherungsbeitrag 22,94 Euro (Kinderlose ab dem 23. Lebensjahr 24,82 Euro) pro Monat. Diese Versicherung ist bis zum 14. Fachsemester, längstens bis zum vollendeten 30. Lebensjahr, möglich. Dabei gibt es zwei Ausnahmen:

1. Sind beide Eltern in der GKV versichert oder der gesetzlich versicherte Elternteil hat das höhere Einkommen, sind studierende Kinder, deren Einkommen 470 Euro im Monat (oder Minijob bis 450 Euro) nicht übersteigt, bis zum vollendeten 25. Lebensjahr beitragsfrei mitversichert und von der Versicherungspflicht in der studentischen Krankenversicherung befreit; ab dem 25. Lebensjahr ist eine freiwillige Weiterversicherung in der gesetzlichen Krankenversicherung möglich.
2. Kinder von Beamt*innen sind, solange die Eltern kindergeldberechtigt sind, beihilfeberechtigt (der Beihilfesatz beträgt 80 %). Die Befreiung von der studentischen Krankenversicherungspflicht muss innerhalb von drei Monaten nach Studienbeginn bei einer gesetzlichen Krankenkasse beantragt werden (bindend für den Rest des Studiums; nur bei eigener versicherungspflichtiger Berufstätigkeit während des Studiums ist ein Wechsel zurück in die GKV möglich).

BAföG-Bezieher*innen erhalten 109 Euro Zuschuss.

Überschreiten des 25. Lebensjahres

Das Kindergeld entfällt ab Vollendung des 25. Lebensjahres. ⇨ Kindergeld

- Damit entfällt die Beihilfe für das studierende Kind und
- zugleich kann sich der Bemessungssatz für die Eltern ändern. Bei zwei und mehr beihilfeberechtigten Kindern erhalten vor 2013 eingestellte Eltern selbst 70 % Beihilfe, fällt von zwei beihilfeberechtigten Kindern eines weg, müssen sich die Eltern wieder zu 50 % privat versichern.

Ein Studium dauert oft über die Vollendung des 25. Lebensjahres hinaus. Studierende sollten bereits am Anfang des Studiums eine Lösung wählen, die über das 25. Lebensjahr hinaus tragfähig ist. Die gesetzliche studentische Pflichtversicherung vom Studienbeginn an ist vor allem für Langzeit-Studierende eine gute Option, denn nach Ende des Kindergeldanspruchs muss die private Krankenversicherung von 20 % auf 100 % aufgestockt werden.

D.
Hinweise für Arbeitnehmer*innen und Beamt*innen

Wahl der Krankenkasse

Wer erstmals beihilfeberechtigt wird oder wer bisher pflichtversichert war und wegen Überschreitens der Jahresarbeitsentgeltgrenze in eine private Krankenversicherung wechseln kann, muss beachten, dass der Wechsel von der privaten zur gesetzlichen Krankenversicherung oder umgekehrt überwiegend unumkehrbar ist und dass sich die Leistungen erheblich unterscheiden. Es empfehlen sich ein genauer Vergleich der Versicherungsbedingungen sowie eine (meist kostenpflichtige) Individualberatung z.B. durch unabhängige Versicherungsmakler*innen. Versicherungsunternehmen, die sich an der Öffnungsaktion für Beamt*innen auf Widerruf, Beamtenanfänger*innen, gesetzlich versicherte Beamt*innen und deren Angehörige beteiligen, haben sich verpflichtet, Beamt*innen nicht wegen Gesundheitsrisiken abzulehnen, wenn innerhalb von sechs Monaten ab der Verbeamtung ein schriftlicher Aufnahmeantrag gestellt wird. Allerdings sind enge Fristen und Hürden für die Mitversicherung von Angehörigen zu beachten. Die Broschüre „Öffnungsaktion der PKV“ kann unter: https://www.pkv.de/positionen downgeloadet werden.

Basis-, Normal- und Standardtarif in der PKV

a) Basistarif

Der branchenweit einheitliche „Basistarif" steht allen Personen offen, die bei seiner Einführung (2009) nicht bereits anderweitig krankenversichert waren und für die mit der Gesundheitsreform 2007 eine Versicherungspflicht in der PKV begründet wurde.

b) (Beihilfekonformer) „Normaltarif"

Fast alle Beamt*innen sind in einem „beihilfekonformen" Normaltarif versichert; er ergänzt die Leistungen der Beihilfe (50, 70 oder 80 %) in der Regel auf 100 % der beihilfefähigen Kosten bzw. versicherten Leistungen. Dieser Tarif heißt bei jedem Versicherungsunternehmen anders und unterscheidet sich in den Leistungen.

c) Standardtarif

Der Standard-Tarif ist für besondere „Notfälle" bestimmt. Er ist nur für bestimmte, vom Gesetzgeber definierte Personengruppen geöffnet. Der Beitrag und die Leistungen ähneln jenen in der gesetzlichen Krankenversicherung.

Auslands-Krankenversicherung

Im Ausland entstehende Krankheitskosten sind nur soweit beihilfefähig, wie sie bei Entstehen im Inland beihilfefähig wären; z.B. ist eine Rückbeförderung aus dem Ausland nicht beihilfefähig. Wegen der hohen Kostenrisiken, insbesondere für Rettungsflüge, kann deshalb der Abschluss einer privaten Reisekrankenversicherung sinnvoll sein.

➪ Beihilfe (Arbeitnehmer*innen); ➪ Beihilfe (Gesetzlich versicherte Beamt*innen); ➪ Beihilfe (Urlaub ohne Bezüge); ➪ Beihilfeverordnung § 14 Abs. 1; ➪ Kindergeld; ➪ Pflegeversicherung; ➪ Sozialversicherung (Beiträge)

Krankmeldung (Abwesenheit von Lehrkräften)

Informationen der Redaktion zur Rechtslage und zur Verwaltungspraxis in Baden-Württemberg

I.
Abwesenheit bei Dienst- oder Arbeitsunfähigkeit sowie bei Arbeitsverhinderung von Lehrkräften

Teilzeit, Urlaub, Dienst- und Arbeitsunfähigkeit, Zuständigkeiten in der Kultusverwaltung; Teil C der VwV des KM vom 10. Juni 2014, AZ: 14-0311.40/233 (K.u.U. S. 104/2014)

Hinweis der Redaktion: Zu den Teilen A und B dieser Sammelvorschrift siehe die Beiträge ➪ Beamtenrecht (Zuständigkeiten im Schulbereich) und ➪ Tarifrecht (Zuständigkeiten im Schulbereich); Teil D ist unter ➪ Teilzeit / Urlaub (Beamtenrecht – VwV) abgedruckt. Bitte auch den Beitrag ➪ Urlaub (Lehrkräfte – Allgemeines) beachten (insbesondere die Vorbemerkung und Nr. 5 zur *„Unterrichtsverlegung"*).

I.
Abwesenheitsblatt

1. An der Schule ist über jede Lehrkraft ein Abwesenheitsblatt gemäß Anlage für jedes Kalenderjahr gesondert zu führen, soweit Zeiten der Abwesenheit anfallen. Eine elektronische Führung ist zulässig, wenn die Sicherung der Daten sichergestellt ist. Die Vorschriften des Landesbeamtengesetzes (LBG) zu Personalaktendaten sowie des Landesdatenschutzgesetzes (LDSG) sind entsprechend anzuwenden. ➪ Personalakten

   Hinweise der Redaktion:

   1. Auf diesem Blatt (Anlage zu dieser Verwaltungsvorschrift) sind die Anlässe aufgeführt, bei denen eine Dienstverhinderung in der Teilakte (s. Nr. I.2) zu dokumentieren ist: „Krankheit, Fortbildung, Urlaub/ Freistellung (soweit die Schulleitung für die Bewilligung zuständig ist), Prüfungen (z.B. Abnahme von Lehramtsprüfungen), sonstige Gründe".
   2. Keinesfalls darf dort die Art der Erkrankung vermerkt werden *(*KM 3.1.1997; AZ: I/5-0301.91/8).

2. Die Abwesenheitsblätter und die ärztlichen Bescheinigungen verbleiben an der Schule. Sie sind außerhalb des Nebendatenbestands als Teildatenbestand zu führen (vgl. § 88 Abs. 1 LBG).

   ➪ Beamtengesetz (LBG) § 88; ➪ Personalakten

3. Im Falle der Versetzung der Lehrkraft ist der Teildatenbestand der aufnehmenden Schule zu übermitteln.
4. Die Abwesenheitsblätter und die ärztlichen Bescheinigungen sind drei Jahre nach Ablauf des Jahres, in dem die Bearbeitung des Vorgangs abgeschlossen ist, zu löschen (vgl. § 86 Abs. 6 LBG). *(Anm. der Red.: gemeint ist wohl Abs. 5)*

II.
Dienst- oder Arbeitsunfähigkeit

1. Jede Dienst- oder Arbeitsunfähigkeit infolge Krankheit und deren voraussichtliche Dauer sind unverzüglich der Schulleiterin oder dem Schulleiter mitzuteilen. Dies gilt für Tarifbeschäftigte auch für die Zeiten während der Schulferien. Beamte haben während der Schulferien diese Mitteilung zu machen, soweit die Dienstunfähigkeit durch Unfall oder Dritte (mit-)verursacht wurde.

   ➪ Tarifvertrag – Länder § 44; ➪ Unfälle (Arbeits-, Dienst- und Privatunfälle)

   Hinweise der Redaktion:

   1. Für Tarifbeschäftige ist im TV-L (§ 44) verfügt: „Wird die Lehrkraft während der Schulferien durch Unfall oder Krankheit arbeitsunfähig, so hat sie dies unverzüglich anzuzeigen. Die Lehrkraft hat sich nach Ende der Schulferien oder, wenn die Krankheit länger dauert, nach Wiederherstellung der Arbeitsfähigkeit zur Arbeitsleistung zur Verfügung zu stellen."
   2. Wird die Meldung über die Wiederherstellung der Arbeits- bzw. Dienstfähigkeit versäumt, kann dies negative Rechtsfolgen haben (z.B. bei Arbeitnehmer*innen Krankengeld statt Gehalt oder bei Beamt*innen Anordnung einer amtsärztlichen Untersuchung).

3. Sind Beschäftigte innerhalb eines Jahres länger als sechs Wochen ununterbrochen oder wiederholt arbeitsunfähig, klärt der Arbeitgeber mit der Personalvertretung, bei schwerbehinderten Menschen außerdem mit der Schwerbehindertenvertretung, wie die Arbeitsunfähigkeit möglichst überwunden werden und mit welchen Leistungen oder Hilfen erneuter Arbeitsunfähigkeit vorgebeugt und der Arbeitsplatz erhalten werden kann. Mehr dazu steht im Beitrag ⇨ Eingliederungsmanagement (BEM).

2. Eine ärztliche Bescheinigung über das Bestehen der Dienst- oder Arbeitsunfähigkeit sowie deren voraussichtliche Dauer ist der Schulleiterin oder dem Schulleiter vorzulegen
   2.1 von Beamtinnen und Beamten, wenn die Dienstunfähigkeit länger als eine Woche dauert,
   2.2 von Tarifbeschäftigten, falls die Arbeitsunfähigkeit länger als drei Kalendertage dauert; dies gilt auch für Zeiten während der Schulferien (§ 5 Abs. 1 Entgeltfortzahlungsgesetz).

   Die ärztliche Bescheinigung ist spätestens am ersten dem Ablauf der genannten Fristen folgenden allgemeinen Arbeitstag vorzulegen; dieser kann auch innerhalb der Schulferien liegen.

   Hinweis der Redaktion: Krankmeldungen per WhatsApp werden bis auf Weiteres nicht akzeptiert.
   (Quelle: KM, 15.5.2019; AZ: 7-0300.0)

3. Die Schulleiterin oder der Schulleiter ist berechtigt, im Einzelfall die Vorlage der ärztlichen Bescheinigung früher zu verlangen. Dauert die Dienst- oder Arbeitsunfähigkeit länger als in der ärztlichen Bescheinigung angegeben, ist unverzüglich eine neue ärztliche Bescheinigung vorzulegen.

III.
Meldungen durch die Schulleiterin oder den Schulleiter an die Schulaufsicht und an das Landesamt für Besoldung und Versorgung

1. Die Abwesenheit einer Lehrkraft ist der oberen Schulaufsichtsbehörde auf dem Dienstweg zu melden, wenn
   1.1 die Vertretung der Lehrkraft nicht anderweitig geregelt werden kann,
   1.2 die Dienst- oder Arbeitsunfähigkeit durch Unfall oder Dritte (mit-)verursacht wurde; dies gilt auch für die Zeiten während der Schulferien, ⇨ Unfälle
   1.3 die Dienst- oder Arbeitsunfähigkeit häufiger auftritt oder bereits länger als sechs Wochen andauert.

   Hinweis der Redaktion: Hierfür ist das betriebliche ⇨ Eingliederungsmanagement (BEM) eingerichtet.

   Eine Kopie der ärztlichen Bescheinigung ist der Meldung anzuschließen.

2. Unabhängig von Nr. 1 ist bei tarifbeschäftigten Lehrkräften der Eintritt jeder Arbeitsunfähigkeit und Arbeitsverhinderung sowie die Wiederaufnahme der Arbeit dem Landesamt für Besoldung und Versorgung sowie der oberen Schulaufsichtsbehörde auf dem dafür vorgesehenen Vordruck bzw. auf dem dafür eingerichteten elektronischen Meldeweg zu melden. Dies gilt auch für die Zeiten während der Schulferien.

II.
Dienstliche Betätigung bei Krankheit und während gesetzlicher Schutzfristen

Informationen der Redaktion zur Rechtslage und zur Verwaltungspraxis in Baden-Württemberg

Während einer ärztlichen Krankschreibung oder während gesetzlicher Schutzfristen (z.B. Mutterschutzfrist) dürfen Beschäftigte grundsätzlich keinen Dienst tun. Es gibt jedoch Ausnahmen. Hierfür drei konkrete Beispiele:

1. Eine Lehrerin ist nach einem Beinbruch vom Arzt krankgeschrieben. Sie trägt einen Gehgips und möchte, da sie sich einsatzfähig fühlt, wenigstens ihre eigene Schulklasse unterrichten, den übrigen Unterricht aber ausfallen lassen.

   Diese Teil-Dienstleistung ist lediglich bei beamteten Lehrkräften im Rahmen der Wiedereingliederung zulässig. Ärztlich krankgeschriebene tarifbeschäftigte Lehrkräfte dürfen hingegen keinen Dienst tun. ⇨ Arbeitszeit (Wiedereingliederung)

2. Attestiert der Arzt hingegen: *„Frau X. ist bis zum 30. April dienstunfähig; sie kann jedoch eingeschränkt Unterricht – mit Ausnahme von Sport – erteilen; eine Belastung mit bis zu 14 Unterrichtsstunden in der Woche ist aus ärztlicher Sicht unbedenklich“*, entscheidet die Schulleitung, ob sie die Teil-Dienstleistung annimmt.

   Bescheinigt der Arzt: *„Frau X kann ab sofort wieder Dienst tun; sie darf jedoch in den nächsten vier Wochen keinen Sportunterricht erteilen“*, so darf die Schulleitung die Kollegin mit vollem Unterrichtsumfang einsetzen, muss jedoch den Sportunterricht hiervon ausnehmen.

3. Möchte eine Lehrerin nach Eintritt der Mutterschutzfrist ihre Klassen noch drei Wochen lang unterrichten, um sie gut auf eine Prüfung vorzubereiten und erklärt sie sich ausdrücklich hierzu bereit, kann die Schulleitung dies gestatten. Die Lehrerin kann ihre Erklärung jederzeit widerrufen. Nach der Entbindung gilt ein absolutes Beschäftigungsverbot.

   ⇨ Mutterschutz (Verordnung – AzUVO) §§ 32, 34

In den Fällen 2 bis 3 gibt es keinen Unterschied zwischen Beamt*innen und Arbeitnehmer*innen.

⇨ Arbeitszeit (Wiedereingliederung); ⇨ Beamtengesetz (LBG) § 75; ⇨ Beamtenrecht (Zuständigkeiten); ⇨ Beamtenstatusgesetz § 44; ⇨ Ermessen; ⇨ Eingliederungsmanagement (BEM); ⇨ Mutterschutz (Verordnung) §§ 32, 34; ⇨ Schwerbehinderung (Allgemeines); ⇨ Teilzeit / Urlaub (Arbeitnehmer); ⇨ Teilzeit / Urlaub (Beamtenrecht – VwV); ⇨ Teilzeit / Urlaub (Sabbatjahr); ⇨ Teilzeit (Pflichten und Rechte); ⇨ Tarifrecht (Zuständigkeiten im Schulbereich); ⇨ Tarifvertrag – Länder § 29; ⇨ Unfälle (Arbeits-, Dienst- und Privatunfälle); ⇨ Urlaub (Lehrkräfte – Allgemeines); ⇨ Urlaub (Pflegezeitgesetz); ⇨ Urlaub (Pflegezeit – AzUVO); ⇨ Urlaub (Prüfungen); ⇨ Urlaub (Verordnung)

Kultus und Unterricht (Amtsblatt)

Amtsblatt „Kultus und Unterricht"; Verwaltungsvorschrift des Kultusministeriums vom 22. Mai 2008 (K.u.U. S. 141/2008); zuletzt geändert 6. November 2018 (K.u.U. S. 194/2018)

1.

Das Amtsblatt „Kultus und Unterricht" erscheint in drei Ausgaben:

Ausgabe A: Bei dieser Ausgabe handelt es sich um das regelmäßig erscheinende Amtsblatt.

Ausgabe B: Diese Ausgabe erscheint als Loseblattausgabe. Sie enthält das Vorschriften- und das Bekanntmachungsverzeichnis des Kultusressorts sowie eine Textsammlung der Rechts- und Verwaltungsvorschriften des Kultusministeriums. Diese Ausgabe wird durch Ergänzungslieferungen laufend aktualisiert.

Ausgabe C: In dieser Ausgabe werden Bildungs- und Lehrpläne veröffentlicht. Die Lieferung erfolgt nach einem gesonderten Verteiler.

2.

Die Erfüllung des Bildungs- und Erziehungsauftrags durch die Schulen und eine ordnungsgemäße Verwaltungsführung setzen voraus, dass sich alle daran Beteiligten unverzüglich über die Rechts- und Verwaltungsvorschriften sowie die sonstigen Bekanntmachungen des Kultusministeriums informieren.

⇨ Vorschriften

Die nachgeordneten Behörden und Anstalten sowie die Schulen sind gehalten, sowohl die Ausgabe A als auch die Ausgabe B des Amtsblatts zu beziehen. Der Bezug der Ausgabe B kann auch in elektronischer Form, z.B. über den Rechtsinformationsdienst „Landesrecht BW" der juris GmbH, erfolgen. Der Bezug der Ausgabe C ist dann verpflichtend, wenn die betreffende Schule im Verteiler vorgesehen ist.

3.

Den Erziehungsberechtigten und den Schülerinnen und Schülern ist auf Nachfrage die Möglichkeit zu geben, die Ausgaben des Amtsblattes einzusehen. Den Schulen obliegt eine Aufbewahrungspflicht für das Amtsblatt von 10 Jahren. Noch ältere Ausgaben des Amtsblattes Kultus und Unterricht Ausgabe A stehen elektronisch im „Landesrecht BW" zur Verfügung.

Hinweis der Redaktion: Das Amtsblatt erscheint im Neckar-Verlag, Postfach 1820, 78008 Villingen-Schwenningen (Internet: https://neckar-verlag.de). Dort ist der Volltext der Ausgabe B auch als CD erhältlich. Die CD enthält neben den geltenden Vorschriften auch den Wortlaut der Bekanntmachungen des Kultusministeriums. Unter www.landesrecht-bw.de sind unter der Rechercheauswahl „Verkündungsblätter" alle Ausgaben von K.u.U. online abrufbar.

Ländertausch (Lehrkräfte)

Informationen der Redaktion zur Rechtslage und zur Verwaltungspraxis in Baden-Württemberg

Die Bundesländer haben sich verpflichtet, die Freigabe von Lehrkräften für den Wechsel in ein anderes Land – insbesondere zur Familienzusammenführung – unter Beachtung dienstlicher Interessen großzügig zu erteilen.

Beamtete und tarifbeschäftigte Lehrkräfte können

1. über das Bewerbungs- und Auswahlverfahren
2. oder über das Einigungs- / Tauschverfahren

in den Schuldienst eines anderen Bundeslandes wechseln. Es ist zulässig (und kann sinnvoll sein), sich parallel auf beiden Wegen hierum zu bemühen.

Rechtsgrundlage hierfür sind – neben den allgemeinen beamten- und tarifrechtlichen Vorschriften –

1. die Vereinbarung der Kultusministerkonferenz „Übernahme von Lehrkräften aus anderen Ländern" vom 10. Mai 2001; K.u.U. S. 285/2001,
2. die hierzu abgeschlossene „Verfahrensabsprache" i.d.F. vom 2.3.2012; K.u.U. S. 25/2013).

Beide Dokumente sowie weitere Informationen sind auf dem Kultusportal https://lehrer-online-bw.de > Versetzung abrufbar.

Für einen Wechsel in ein anderes Bundesland sind die Bewerbungs- und Einstellungsbedingungen (Altersgrenzen, ggf. erneute Gesundheitsprüfung, Probezeit, Beamten- oder Arbeitnehmerstatus, Teilzeit, Vollzeit), die Anerkennung der Lehrbefähigung sowie die Termine zuverlässig nur bei der Schulverwaltung (Einstellungsbehörde) des Ziel-Bundeslandes zu erfahren. In einigen Bundesländern werden Lehrkräfte als Kommunalbeamte geführt; ein Wechsel muss ggf. unmittelbar bei der dortigen Schulverwaltung beantragt werden.

Bei einem Länderwechsel sind finanzielle und statusrechtliche Einbußen nicht auszuschließen. So werden Tarifbeschäftigte beim Wechsel in ein anderes Bundesland nicht versetzt, sondern erhalten einen neuen Arbeitsvertrag. Bisherige „Berufserfahrungszeiten" können (müssen aber nicht) anerkannt werden. In Baden-Württemberg z.B. werden einschlägige Berufserfahrung und förderliche Zeiten nur im Einzelfall – z.B. bei besonderem Personalbedarf in Mangelfächern – und nur bis einschließlich Stufe 4 angerechnet, da der Wechsel in der Regel nicht aus Bedarfs-, sondern aus persönlichen Gründen erfolgt.

⇨ Tarifvertrag-Länder (TV-L) § 16

Bei Tauschanträgen nach Baden-Württemberg ist eine Übernahme unter gleichzeitiger Inanspruchnahme von Elternzeit in der Regel nur möglich, wenn die Lehrkraft mit mindestens einem Viertel des Regelstundenmaßes beschäftigt wird.

Hinweise zum Verfahren

Häufig kommt eine Versetzung erst nach mehrfacher Antragstellung zustande. Der Antrag muss zu jedem Versetzungstermin neu gestellt werden. Bei Erstanträgen soll die Personalakte von der Schulaufsichtsbehörde stets vollständig mitgeschickt werden.

Baden-württembergische Lehrkräfte müssen Tauschanträge online über das Portal www.lehrer-online-bw.de stellen. Sie erhalten von der Schulleitung einen Ausdruck des Antrags; ein Belegausdruck verbleibt in der Personalnebenakte der Schule. Für einen Wechsel zum Schuljahresbeginn ist Antragsschluss der Meldetermin für ⇨ Stellenwirksame Änderungsanträge. Für einen Tausch zum Schulhalbjahr (für Bayern, Berlin, Brandenburg, Hessen, Rheinland-Pfalz, Saarland, Sachsen und Schleswig-Holstein nicht möglich) ist der 31. Juli spätester Abgabetermin. ⇨ Personalakten

Wir empfehlen dringend, dem zuständigen Personalrat (HPR und BPR) des aufnehmenden und des abgebenden Landes eine Kopie des Antrags mit der Bitte um Unterstützung zukommen zu lassen. Weitere Informationen zur Unterstützung und Antragstellung können über den jeweiligen Hauptpersonalrat beim KM *(siehe Adressteil am Anfang des Buches)* eingeholt werden.

⇨ Auslandsschuldienst; ⇨ Beamtengesetz (LBG) § 24; ⇨ Beamtenstatusgesetz § 15; ⇨ Personalakten; ⇨ Stellenwirksame Änderungsanträge; ⇨ Tarifvertrag-Länder (TV-L) § 16; ⇨ Versetzungen / Abordnungen

Landesamt für Besoldung und Versorgung

Informationen der Redaktion zur Rechtslage und zur Verwaltungspraxis in Baden-Württemberg

Das Landesamt für Besoldung und Versorgung ist zuständig für die Gehalts- und Beihilfeleistungen an die Beschäftigen sowie die Versorgungsempfänger*innen des Landes.

Postanschrift (Briefsendungen):

Landesamt für Besoldung und Versorgung
70730 Fellbach (ohne Straße oder Postfach!)

Postanschrift (Paketsendungen):

Landesamt für Besoldung und Versorgung
Philipp-Reis-Str. 2, **70736 Fellbach**

In Schreiben an das Landesamt oder bei telefonischen Rückfragen soll stets die Personalnummer angegeben werden (sie befindet sich auf der letzten Gehaltsmitteilung; dort auch die Telefonnummer des/der zuständigen Sachbearbeiter*in).

Sprechzeiten des LBV (0711) 3426-0 bzw. der Beihilfeservicestelle (0711) 3426-3700 unter: www/lbv.landbw.de/das-lbv/kontakt/

Beihilfeunterlagen werden getrennt von den übrigen Personalakten geführt. Für Beihilfeangelegenheiten, für die Besoldung und den kinderbezogenen Familienzuschlag gibt es unterschiedliche Personalnummern (letzte drei Ziffern sowie Kennbuchstabe). ⇨ Personalakten

Das Landesamt stellt im Internet zahlreiche Informationen sowie viele Vordrucke zur Verfügung, darunter auch den Beihilfeantrag, der online ausgefüllt werden kann (https://lbv.landbw.de). Über das Kundenportal des Landesamts kann man seine Post auch elektronisch beziehen.

Mit der „Beihilfe -App" können Rezepte, Rechnungen und andere Belege zu Krankheits- und Pflegekosten per Smartphone oder Tablet digital erfasst und direkt an die Beihilfestelle des LBV übermittelt werden. (https://lbv.landbw.de/service/beihilfe-app)

Auf der Homepage des Landesamts ist eine Berechnung der voraussichtlichen Pension möglich.

⇨ Beamtenversorgung (Berechnung); ⇨ Beihilfeverordnung; ⇨ Personalakten

Landesschulbeirat

Informationen der Redaktion zur Rechtslage und zur Verwaltungspraxis in Baden-Württemberg

Zur Beratung des Kultusministeriums bei der Vorbereitung grundsätzlicher Maßnahmen auf dem Gebiet des Schulwesens wurde der Landesschulbeirat eingerichtet. Ihm gehören Vertreter der Eltern, der Lehrkräfte, der für die Berufserziehung der Schüler Mitverantwortlichen, der Schülerinnen und Schüler, der kommunalen Landesverbände, der Kirchen und anerkannten Religionsgemeinschaften, der Arbeitgeber- und Arbeitnehmerverbände sowie Personen an, die durch ihre Erfahrung in Bildungs- und Erziehungsfragen die Arbeit des Beirats besonders zu fördern vermögen. Die Mitglieder des Landesschulbeirats werden vom Kultusministerium berufen. Das Gremium ist berechtigt, dem KM Vorschläge und Anregungen zu unterbreiten.
⇨ Schulgesetz § 71

Die Landesschulbeiratsverordnung des Kultusministeriums vom 24. Februar 1999 (GBl. S. 121/1999) ist in der Loseblattsammlung von K.u.U. unter Nr. 6404-21 abgedruckt.

⇨ Schulgesetz § 71

Landtagsbesuche

Auszug aus den Richtlinien des Landtags über die Einführung von Schülern und anderen Jugendgruppen in die Parlamentsarbeit; Bekanntmachung des Kultusministeriums vom 22. November 2001 (K.u.U. S. 66/2002)

1
Gestaltung der Besuchsprogramme

Das Besuchsprogramm sieht eine Einführung in die Aufgaben und die Arbeitsweise des Landesparlaments vor; dabei werden audiovisuelle Medien – Diareihe, Tonbildschau und Filme – eingesetzt. Außerdem findet nach Möglichkeit ein Gespräch mit Abgeordneten oder mit Vertretern der Fraktionen statt. An Plenarsitzungstagen ist der Besuch der Landtagssitzung vorgesehen. Das Besuchsprogramm im Landtag dauert etwa 2 Stunden.

Die Besuchergruppen melden sich bei ihrem Eintreffen im Landtag an der Pforte. Die Gruppen kommen und gehen gemeinsam unter Führung der Begleitperson; sie bleiben auch während ihres Aufenthalts im Landtagsgebäude unter der Leitung der Aufsichtsperson beieinander. [...]

Hinweis der Redaktion: Wegen der Corona-Pandemie gelten Sonderbedingungen: Für Einzelklassen ab der 8. Klasse kann ein 45-minütiger digitaler Besuch von Plenarsitzungen gebucht werden. Das Ansehen des Livestreams ist in eine inhaltliche Vor- und Nachbereitung mit dem Besucherdienst eingebettet. Die Schüler*innen erfahren per Videokonferenz eine Einführung in die Arbeitsweise des Landtags. Es besteht die Möglichkeit zum unmittelbaren Austausch mit den Referent*innen des Besucherdienstes. Kontakt: (0711) 2063-2252 (Herr Seyffert). Für maximal 130 Schüler*innen gibt es ein zweistündiges Programm, das den Schüler*innen Aufgaben und Arbeitsweise des Landtags nahebringt. Es wird im Plenarsaal durchgeführt und bezieht die Schüler*innen aktiv in die Führung ein. Wichtiger Bestandteil dieses Programmes ist ein ausführliches Gespräch mit Abgeordneten des Wahlkreises oder deren Vertreter*innen (https://www.landtag-bw.de/home/besucher/schulbesuch-landtag.html). Die Anmeldung sollte ein Jahr vorher erfolgen.

2
Zuschussempfänger

a) Haupt- und Sonderschulen (ab dem zweiten Schulhalbjahr der 8. Klasse);
Realschulen (Klassen 9 und 10);
Gymnasien (ab Klasse 10);
ferner Schüler an beruflichen Schulen;

b) Studierende an Universitäten, an Pädagogischen Hochschulen, an Kunst- und Musikhochschulen, an Fachhochschulen, an Berufsakademien sowie Studierende an Einrichtungen für die Ausbildung der Lehrer;

c) Auszubildende und Anwärter;

d) sonstige Jugendgruppen. [...]

Ein Zuschuss wird für die genannten Gruppen gewährt, soweit das Einkommen der Teilnehmer regelmäßig den Betrag von 511 Euro monatlich (brutto) nicht überschreitet.

3
Fahrkostenzuschuss

Die unter Ziffer 2 genannten Besuchergruppen einschließlich der Begleitpersonen erhalten als Zuschuss die Fahrtkosten der Eisenbahn 2. Klasse nach Stuttgart und zurück ersetzt unter Berücksichtigung der von der Bundesbahn zugestandenen Fahrpreisermäßigungen für Schul- und Gesellschaftsfahrten. Die Teilnehmer (mit Ausnahme der Begleitpersonen) sind an den Fahrtkosten mit 3 Euro je Besucher zu beteiligen; Besucher, deren Fahrtkosten unter 3 Euro liegen, erhalten keinen Fahrtkostenzuschuss. – Bei Benutzung von Omnibussen können als Zuschuss nur die tatsächlichen Kosten erstattet werden, in der Regel höchstens jedoch in Höhe der Eisenbahnfahrtkosten.

Bezuschusst werden nur die aufgrund des Landtagsbesuchs anfallenden Kosten, im Falle eines Schullandheimaufenthalts also die Fahrtkosten ab dem Schullandheim. Soweit für den Besuch des Landtags gegebenenfalls noch andere Zuwendungen aus Mitteln des Landes in Anspruch genommen werden (z.B. aus dem Jugendplan), wird der Zuschuss des Landtags entsprechend gekürzt. – Bei Vorliegen berechtigter Gründe kann von einer Kürzung Abstand genommen werden. Es wird empfohlen, den Zuschussantrag am Besuchstag persönlich beim Besuchertag des Landtags unter Vorlage eines Nachweises über die entstandenen Fahrtkosten zu stellen.

4
Anmeldung eines Landtagsbesuchs

Der Besuch des Landtags sollte möglichst frühzeitig beim Landtag, Konrad-Adenauer-Str. 3, 70173 Stuttgart, angemeldet werden.

Für Schulklassen ist die Anmeldung in den ersten vier Wochen des laufenden Schuljahres vorzunehmen. Der Anmeldung sollte zu entnehmen sein, ob der Besuch an einem Plenarsitzungstag oder an einem anderen Tag gewünscht wird; die Entscheidung (Plenarsitzungstag, sonstiger Sitzungstag oder sitzungsfreier Tag) kann auch in das Ermessen der Landtagsverwaltung gestellt werden. Bei der Anmeldung ist die Besuchergruppe näher zu bezeichnen und die voraussichtliche Besucherzahl sowie Name und Beruf des Leiters der Besuchergruppe anzugeben. Die politischen Arbeitskreise der Schüler haben ihrer Anmeldung ferner eine Bestätigung des Schulleiters beizufügen, aus der sich ergibt, dass an der Schule ein politischer Arbeitskreis besteht und wer den Vorsitz führt. Wenn die Besuchergruppe nicht von einem Lehrer begleitet wird, soll sie unter der Führung einer anderen geeigneten Person – möglichst eines Erwachsenen – stehen, die die Verantwortung für die gründliche Vor- und Nachbereitung des Besuchs trägt. Die schriftliche Zusage für den Besuch des Landtags ist in jedem Fall abzuwarten.

Wenn die tatsächliche Besucherzahl um voraussichtlich 5 Personen oder mehr von der angemeldeten Personenzahl abweicht, muss dies der Landtagsverwaltung spätestens eine Woche vor dem Besuchstermin mitgeteilt werden.

5
Vor- und Nachbereitung des LT-Besuchs

Der Besuch des Landtags ist nur sinnvoll, wenn er vom Lehrer oder dem Leiter der Besuchergruppe gründlich vorbereitet wird. Insbesondere sollte hierbei die Bedeutung der Arbeit der Volksvertretung im Vordergrund stehen. Es wird erwartet, dass die Gruppen vor der Einführung in die Parlamentsarbeit mit den Grundbegriffen des Abschnittes I des Zweiten Hauptteils der Landesverfassung (Die Grundlagen des Staates) vertraut gemacht worden sind.

Nach dem Besuch des Landtags sollte das Erlebte im Unterricht oder in sonstigen Veranstaltungen besprochen und ausgewertet werden. [...]

Hinweis der Redaktion: Auch der Bundesrat gewährt Schüler- und Jugendgruppen, die den Bundesrat im Rahmen der politischen Bildung besuchen, Zuschüsse zu den Fahrkosten. Gehen mehr Anmeldungen ein, als dem Land Plätze zustehen, entscheidet ein Zufallsgenerator.

Infos unter: https://www.bundesrat.de/DE/service/ > Besuch beim Bundesrat > Schülergruppen. Anträge für Fahrten müssen in der Regel im Herbst des Vorjahres gestellt werden. Für (bezuschusste) Besuche des Bundestags empfiehlt sich die Kontaktaufnahme mit örtlichen Bundestagsabgeordneten.

⇨ Außerunterrichtliche Veranstaltungen; ⇨ Reisekostengesetz (LRKG)

Latinum, Graecum, Hebraicum

Informationen der Redaktion zur Rechtslage und zur Verwaltungspraxis in Baden-Württemberg

Die Begriffe „Latinum“, „Graecum“ und „Hebraicum“ bezeichnen den Nachweis von lateinischen, altgriechischen bzw. hebräischen Sprachkenntnissen, die für das Studium bestimmter Fächer/Fachrichtungen erforderlich sind. Das Latinum ist teilweise Voraussetzung für das Studium moderner Fremdsprachen, von Philosophie, Geschichte, Theologie und Archäologie, das Graecum zum Studium der evangelischen und katholischen Theologie sowie in allen altertumswissenschaftlichen Studienfächern, das Hebraicum für Theologie und Judaistik.

In Baden-Württemberg kann an den allgemeinbildenden Gymnasien neben dem „einfachen“ Latinum auch das „Große Latinum“ erworben werden. Die Voraussetzungen für den Erwerb des „Latinums“, des „Graecums“ und des „Hebraicums“ an den Gymnasien sind in einer Verwaltungsvorschrift des KM definiert; abgedruckt in der Loseblattsammlung des Amtsblattes K.u.U. unter Nr. 6615-51.

Wer diese Befähigungen nicht im Verlauf der Schulzeit erwerben konnte, kann sie nachträglich auf Grundlage der VO des KM über die Ergänzungsprüfungen zum Erwerb des Latinums, des Großen Latinums, des Graecums und des Hebraicums erreichen; diese ist abgedruckt in der Loseblattsammlung des Amtsblattes K.u.U. unter Nr. 6615-29.

Laufbahnverordnung (LVO-KM)

Verordnung des Kultusministeriums über die Laufbahnen seines Geschäftsbereichs (Laufbahnverordnung Kultusministerium – LVO-KM) vom 10. Januar 2012; zuletzt geändert 29. Januar 2020 (K.u.U. S. 33/2020)

§ 1
Allgemeine Grundsätze

(1) Die Laufbahnbefähigung nach § 16 Absatz 1 Nummer 1 LBG für die Lehrerlaufbahnen wird nach Maßgabe der vom Kultusministerium nach § 35 Absatz 3 des Schulgesetzes für Baden-Württemberg (SchG) und § 16 Absatz 2 LBG erlassenen Ausbildungs- und Prüfungsordnungen erworben.

⇨ Beamtengesetz (LBG) § 14 ff.; ⇨ Schulgesetz § 35

(2) Die Laufbahnbefähigung für eine Lehrerlaufbahn erwirbt auch, wer

1. außerhalb von Baden-Württemberg einen Bildungsabschluss erworben hat, der einer in der Ausbildungs- und Prüfungsordnung nach Absatz 1 oder in dieser Verordnung für die betreffende Lehrerlaufbahn festgelegten Bildungsvoraussetzung gleichwertig ist und
2.a) eine mindestens dreijährige, der Vorbildung entsprechende Berufstätigkeit als Lehrkraft in mindestens einem Unterrichtsfach (allgemeinbildende Schulen), einer beruflichen Fachrichtung (berufliche Schulen) oder einer sonderpädagogischen Fachrichtung (Sonderpädagogik) nachweist oder
2.b) eine laufbahnqualifizierende Zusatzausbildung abgeschlossen hat.

Die Gleichwertigkeit der Bildungsvoraussetzung nach Satz 1 Nummer 1 setzt voraus, dass sich diese auf zwei Unterrichtsfächer (allgemeinbildende Schulen), zwei berufliche Fachrichtungen oder eine berufliche Fachrichtung und ein Unterrichtsfach (berufliche Schulen) oder mindestens eine sonderpädagogische Fachrichtung und ein Unterrichtsfach (Sonderpädagogik) erstreckt. Die Berufstätigkeit nach Satz 1 Nummer 2 Buchstabe a und die laufbahnqualifizierende Zusatzausbildung nach Satz 1 Nummer 2 Buchstabe b müssen jeweils die Eignung zur selbstständigen Wahrnehmung eines Amtes der angestrebten Lehrerlaufbahn vermitteln.

Die Regelungen zum Laufbahnerwerb von Personen aus einem anderen Mitgliedstaat der Europäischen Union, einem anderen Vertragsstaat des Abkommens über den Europäischen Wirtschaftsraum oder aus einem Drittstaat, dem Deutschland und die Europäische Union vertraglich einen Anspruch auf Anerkennung von Berufsqualifikationen eingeräumt haben, bleiben hiervon unberührt.

⇨ Lehrerverordnung (EU-EWR)

(3) Laufbahnen pädagogischer Fachrichtung sind die Lehrerlaufbahnen nach Absatz 1, die nach dieser Verordnung eingerichteten Lehrerlaufbahnen sowie die Laufbahnen des außerschulischen Bereichs nach § 10 Absatz 1 bis 3.

(4) Wissenschaftliche Lehrkräfte im Sinne dieser Verordnung sind solche, für deren Laufbahn in der jeweiligen Ausbildungs- und Prüfungsordnung als Voraussetzung für die Zulassung zum Vorbereitungsdienst der Abschluss eines Studiengangs nach § 15 Absatz 1 Nummer 2 oder 3 LBG vorgeschrieben ist. Dazu gehören auch Lehrkräfte, die die Laufbahnbefähigung nach Absatz 2 erwerben und deren Bildungsvoraussetzungen denen einer wissenschaftlichen Lehrkraft im Sinne des Satzes 1 gleichwertig sind.

(5) Der horizontale Laufbahnwechsel nach § 21 LBG zwischen verschiedenen Lehrerlaufbahnen, die der gleichen Laufbahngruppe angehören, ist nur auf der Grundlage einer pädagogischen Nachqualifizierung möglich. ⇨ Beamtengesetz (LBG) § 21

(6) Die Befähigung für eine Lehrerlaufbahn und für die Laufbahnen des außerschulischen Bereichs kann über eine mindestens dreijährige, der Vorbildung entsprechende Berufstätigkeit im Sinne von § 16 Absatz 1 Nummer 2 Buchstabe b LBG nur nach Maßgabe dieser Verordnung erworben werden.

§ 2
Erwerb der Laufbahnbefähigung für Lehrkräfte durch eine laufbahnqualifizierende Zusatzausbildung

(1) Die Befähigung für die Laufbahn der wissenschaftlichen Lehrkraft erwirbt, wer nach Vorliegen der Bildungsvoraussetzungen eine laufbahnqualifizierende Zusatzausbildung erfolgreich abgeschlossen hat. Die laufbahnqualifizierende Zusatzausbildung beinhaltet eine zweijährige pädagogische Schulung und ein Jahr der Bewährung in der Schulpraxis der angestrebten Laufbahn. Auf das Bewährungsjahr im Anschluss an die Pädagogische Schulung kann verzichtet werden, wenn die Lehrkraft eine hauptberufliche Unterrichtspraxis von mindestens drei Jahren in der Laufbahn der Technischen Lehrkraft an beruflichen Schulen der gewerblichen Richtung nach Absatz 2 nachweisen kann.

(2) Die Befähigung für die Laufbahn der Technischen Lehrkraft an beruflichen Schulen der gewerblichen Richtung oder der landwirtschaftlichen Richtung besitzt, wer nach dem Bestehen der Meisterprüfung oder der staatlichen Prüfung für Techniker oder für Technische Assistenten oder einer vom Kultusministerium als gleichwertig anerkannten Abschlussprüfung mindestens fünf Jahre eine dieser Vorbildung entsprechende Tätigkeit ausgeübt und eine laufbahnqualifizierende Zusatzausbildung erfolgreich abgeschlossen hat. Die laufbahnqualifizierende Zusatzausbildung beinhaltet eine einjährige pädagogische Schulung.

⇨ Fortbildung (Rahmendienstvereinbarung)

(3) Die Befähigung für die Laufbahn der Technischen Lehrkraft an beruflichen Schulen der kaufmännischen Richtung oder der hauswirtschaftlichen Richtung besitzt, wer nach dem Bestehen der Abschlussprüfung der Fachschule für Bürowirtschaft in Baden-Württemberg oder des Berufskollegs für Ernährung und Hauswirtschaft II in Baden-Württemberg oder einer vom Kultusministerium als gleichwertig anerkannten Abschlussprüfung mindestens zwei Jahre eine dieser Vorbildung entsprechende Tätigkeit ausgeübt und eine laufbahnqualifizierende Zusatzausbildung erfolgreich abgeschlossen hat. Die laufbahnqualifizierende Zusatzausbildung beinhaltet eine einjährige pädagogische Schulung.

(4) Der erfolgreiche Abschluss der laufbahnqualifizierenden Zusatzausbildung wird durch eine Überprüfung in entsprechender Anwendung der formellen Prüfungsbestimmungen in der für die jeweilige Ziellaufbahn maßgeblichen Prüfungsordnung nachgewiesen. Für Technische Lehrkräfte an beruflichen Schulen der gewerblichen oder landwirtschaftlichen Richtung finden die formellen Prüfungsbestimmungen der Verordnung des Kultusministeriums über die Ausbildung und Prüfung der Technischen Lehrer an beruflichen Schulen (APrOTL) entsprechende Anwendung.

§ 2 a
Erwerb der Laufbahnbefähigung für den gehobenen Schuldienst durch eine laufbahnqualifizierende Zusatzausbildung

(1) Die Befähigung für die Laufbahn des gehobenen Schuldienstes für das Lehramt Grundschule nach der Grundschullehramtsprüfungsordnung erwirbt, wer

1. eine Laufbahnbefähigung für das Lehramt Gymnasium nach der Gymnasiallehramtsprüfungsordnung II oder für das Lehramt Werkreal-, Haupt- und Realschule nach der Werkreal-, Haupt- und Realschullehramtsprüfungsordnung II, der Realschullehrerprüfungsordnung II oder einer jeweils vorhergehenden Prüfungsordnung mit einem Gesamtnotendurchschnitt in der Zweiten Staatsprüfung von mindestens 3,5 erworben hat und
2. die Lehrbefähigung in mindestens einem Fach, das in der Grundschule unterrichtet wird oder einem in der Grundschule unterrichteten Fach inhaltlich zugeordnet werden kann, besitzt oder eine Vertretungstätigkeit an einer Grundschule mindestens ein Schuljahr erfolgreich wahrgenommen hat und
3. eine laufbahnqualifizierende Zusatzausbildung im Umfang von mindestens einem Schuljahr erfolgreich abgeschlossen hat.

(2) Die Befähigung für die Laufbahn des gehobenen Schuldienstes für das Lehramt Werkreal-,

Haupt- und Realschule nach der Werkreal-, Haupt- und Realschullehramtsprüfungsordnung II oder für das Lehramt Sekundarstufe I erwirbt, wer

1. eine Laufbahnbefähigung für das Lehramt Gymnasium nach der Gymnasiallehramtsprüfungsordnung II oder einer vorhergehenden Prüfungsordnung mit einem Gesamtnotendurchschnitt in der Zweiten Staatsprüfung von mindestens 3,5 erworben hat und
2. die Lehrbefähigung in mindestens zwei Fächern, die in den Schularten der Sekundarstufe I unterrichtet werden oder einem in den Schularten der Sekundarstufe I unterrichteten Fach inhaltlich zugeordnet werden können, besitzt und
3. eine laufbahnqualifizierende Zusatzausbildung im Umfang von mindestens einem Schuljahr erfolgreich abgeschlossen hat.

(3) Die laufbahnqualifizierende Zusatzausbildung beinhaltet eine pädagogische Schulung. Der erfolgreiche Abschluss der laufbahnqualifizierenden Zusatzausbildung wird durch eine Überprüfung in entsprechender Anwendung der formellen Prüfungsbestimmungen in der für die Ziellaufbahn maßgeblichen Prüfungsordnung und eine Bewertung durch den Schulleiter nachgewiesen.

⇨ Laufbahnwechsel

§ 3
Erwerb der Laufbahnbefähigung von Lehrkräften für untere Klassen durch Berufserfahrung

(1) Lehrkräfte mit einer nach dem Recht der ehemaligen Deutschen Demokratischen Republik erworbenen Lehrbefähigung als Lehrkraft für untere Klassen besitzen dann die Befähigung für die Laufbahn der Fachlehrkraft für musisch-technische Fächer, wenn

1. sie unbefristet im öffentlichen Schuldienst in einem Land der Bundesrepublik Deutschland stehen,
2. sich die Lehrbefähigung auf die Fächer Deutsch und Mathematik sowie ein Wahlfach erstreckt und
3. sie eine mindestens dreijährige, dieser Vorbildung entsprechenden Berufstätigkeit im öffentlichen Schuldienst in einem Land der Bundesrepublik Deutschland und davon eine hauptamtliche Unterrichtspraxis im öffentlichen Schuldienst von mindestens zwei Schulhalbjahren in mindestens einem Fach nachweisen können, das einem der Ausbildungsfächer der Ziellaufbahn entspricht.

(2) Lehrkräfte mit einer nach dem Recht der ehemaligen Deutschen Demokratischen Republik erworbenen Lehrbefähigung als Lehrkraft für untere Klassen besitzen dann die Befähigung für die Laufbahn des Lehramts an Grundschulen, wenn sie

1. die Voraussetzungen nach Absatz 1 Nummer 1 und 2 erfüllen und
2. eine mindestens dreijährige, dieser Vorbildung entsprechenden Berufstätigkeit im öffentlichen Schuldienst in einem Land der Bundesrepublik Deutschland und davon nach bestandener oder anerkannter Ergänzungsprüfung in einem Unterrichtsfach der Ziellaufbahn eine hauptamtliche Unterrichtspraxis im öffentlichen Schuldienst von mindestens zwei Schulhalbjahren in mindestens einem Fach nachweisen können, das einem der Ausbildungsfächer der Ziellaufbahn entspricht.

(3) Ein nach dem Recht der ehemaligen Deutschen Demokratischen Republik erworbener Abschluss als Lehrkraft für untere Klassen wird nach bestandener abschließender Prüfung einer ergänzenden Ausbildung in einem Unterrichtsfach der Ziellaufbahn als gleichwertig mit den Bildungsvoraussetzungen nach § 15 Absatz 1 Nummer 2 LBG für die Laufbahn des Lehramts an Grundschulen anerkannt.

§ 4
Erwerb der Laufbahnbefähigung für Diplomlehrkräfte durch Berufserfahrung

(1) Lehrkräfte mit einer nach dem Recht der ehemaligen Deutschen Demokratischen Republik erworbenen Lehrbefähigung zur Diplomlehrkraft besitzen dann die Befähigung für die nach der Vereinbarung über die Anerkennung und Zuordnung der Lehrerausbildungsgänge der ehemaligen DDR zu herkömmlichen Laufbahnen (Beschluss der Kultusministerkonferenz vom 7. Mai 1993) zugeordnete Laufbahn, wenn

1. sie unbefristet im öffentlichen Schuldienst in einem Land der Bundesrepublik Deutschland stehen,
2. sich die Lehrbefähigung auf zwei Unterrichtsfächer (allgemeinbildende Schulen), eine berufliche Fachrichtung sowie ein Unterrichtsfach (berufliche Schulen), oder eine sonderpädagogische Fachrichtung (Sonderschulen) erstreckt, die bei dem zugeordneten Lehramt in Baden-Württemberg jeweils zulässig sind beziehungsweise ist und
3. sie eine mindestens dreijährige, dieser Vorbildung und der Ziellaufbahn entsprechenden Berufstätigkeit im öffentlichen Schuldienst in der Bundesrepublik Deutschland in mindestens einem Fach nachweisen können, das einem der Ausbildungsfächer der Ziellaufbahn entspricht.

(2) Ein bei dem zugeordneten Lehramt in Baden-Württemberg nicht zulässiges Unterrichtsfach kann durch eine bestandene oder anerkannte Ergänzungsprüfung in einem zulässigen Unterrichtsfach und eine anschließende hauptamtliche Unterrichtspraxis im öffentlichen Schuldienst in der Bundesrepublik Deutschland in diesem Fach im Umfang von mindestens zwei Schulhalbjahren ersetzt werden.

§ 5
Erwerb der Laufbahnbefähigung für die Laufbahn des höheren Schuldienstes in der Fachrichtung Religionslehre durch Berufserfahrung

(1) Die Laufbahnbefähigung für den höheren Schuldienst in der Fachrichtung Religionslehre besitzt, wer

1. als ordinierter Geistlicher evangelischen Bekenntnisses oder als Geistlicher römisch-

katholischen Bekenntnisses, der die Priesterweihe empfangen hat, oder

2. als Laientheologe, der ein theologisches Hochschulstudium an einer Hochschule im Sinne von § 15 Absatz 1 Nummer 3 Buchstabe a LBG mit der Wissenschaftlichen Theologieprüfung abgeschlossen sowie danach einen dem staatlichen Vorbereitungsdienst entsprechenden Vorbereitungsdienst absolviert und eine der Laufbahnprüfung entsprechende kirchliche Pädagogische Prüfung oder die Ausbildung zum Pastoralreferenten absolviert und die Zweite Dienstprüfung als Pastoralreferent abgelegt hat und eine Berufstätigkeit nach § 16 Absatz 1 Nummer 2 Buchstabe b LBG nachweisen kann. Zeitdauer und Umfang der erforderlichen Unterrichtstätigkeit bestimmen sich durch die Vereinbarung mit den Kirchen. Der Vorbereitungsdienst nach Nummer 2, das Vikariat oder Zeiten des Pastoralkurses stellen eine der Vorbildung entsprechende Berufstätigkeit nach § 16 Absatz 1 Nummer 2 Buchstabe b LBG dar.

(2) Die Laufbahnbefähigung für den höheren Schuldienst an beruflichen Schulen in der Fachrichtung Evangelische Religionslehre besitzt auch, wer als graduierter Religionspädagoge ein Master-Aufbaustudium abgeschlossen hat und eine Berufstätigkeit nach § 16 Absatz 1 Nummer 2 Buchstabe b LBG nachweisen kann. Zeitdauer und Umfang der erforderlichen Unterrichtstätigkeit bestimmen sich durch die Vereinbarung mit den Kirchen.

§ 6
Erwerb der Laufbahnbefähigung für Laufbahnen der wissenschaftlichen Lehrkräfte des gehobenen Dienstes für Fachlehrkräfte und Technische Lehrkräfte

(1) Fachlehrkräfte und Technische Lehrkräfte können in die Laufbahn des gehobenen Schuldienstes für das Lehramt

1. Grundschule,
2. an Grund-, Haupt- und Werkrealschulen,
3. Werkreal-, Haupt- und Realschule,
4. Sonderpädagogik und
5. an beruflichen Schulen

ernannt werden, sofern sie sich im Endamt ihrer Laufbahn befinden, in einer hauptberuflichen Unterrichtspraxis von mindestens zwölf Jahren in der bisherigen Laufbahn mindestens mit der Note 1,5 beurteilt wurden, sich in einer zweijährigen Unterrichtspraxis in der angestrebten Laufbahn bewährt und eine entsprechende Nachqualifizierung an einem Seminar für Ausbildung und Fortbildung der Lehrkräfte absolviert haben. Der erfolgreiche Abschluss der Nachqualifizierung wird durch eine Überprüfung in entsprechender Anwendung der für die jeweilige Ziellaufbahn maßgeblichen Prüfungsordnung nachgewiesen. Die Feststellung der Bewährung erfolgt durch die Schulleitung.

(2) Fachlehrkräfte und Technische Lehrkräfte können in die Laufbahn des gehobenen Schuldienstes für das Lehramt

1. Grundschule
2. Werkreal-, Haupt- und Realschule und
3. Sonderpädagogik

ernannt werden, sofern sie den erfolgreichen Abschluss eines für diese Lehrämter geeigneten Studiums nachweisen, eine hauptberufliche Unterrichtspraxis von mindestens neun Jahren in der Laufbahn einer Fachlehrkraft oder Technischen Lehrkraft Sonderpädagogik oder einer diesen entsprechenden, vorhergehenden Laufbahn oder in der Laufbahn einer Fachlehrkraft für musisch-technische Fächer an einer öffentlichen Schule oder einer genehmigten oder anerkannten Ersatzschule vorweisen und sich dabei mindestens mit der Note 1,5 bewährt haben.

Hinweis der Redaktion: Die Betroffenen brauchen somit keinen Vorbereitungsdienst mehr zu absolvieren. ⇨ Laufbahnwechsel

§ 7
Erwerb der Laufbahnbefähigung für den höheren beruflichen oder gymnasialen Schuldienst durch Aufstieg

(1) Wissenschaftliche Lehrkräfte des gehobenen beruflichen und gymnasialen Schuldienstes können nach § 22 LBG in den höheren Schuldienst in ihren Schularten aufsteigen, wenn sie sich in mindestens einem Aufgabengebiet ihrer Laufbahn bewährt haben und durch eine Qualifizierungsmaßnahme (Aufstiegslehrgang) zusätzliche, über ihre Vorbildung und die bisherige Laufbahnbefähigung hinausgehende Kenntnisse und Fähigkeiten erworben haben, die ihnen die Wahrnehmung der Aufgaben der neuen Laufbahn ermöglichen.

(2) Für die Zulassung zu dem Aufstiegslehrgang müssen sich die Bewerberinnen und Bewerber zu Beginn der Qualifizierungsmaßnahme mindestens im vierten Dienstjahr befinden.

(3) Der dreijährige Aufstiegslehrgang wird berufsbegleitend angeboten. Er ist in zwei Phasen (erste Lehrgangsphase im ersten Jahr und zweite Lehrgangsphase im zweiten und dritten Jahr) unterteilt. Während der Qualifizierungsmaßnahme nehmen die Lehrkräfte eine Unterrichtsverpflichtung in Schularten oberhalb der Fachschulreife in einer Klasse des Berufskollegs, der Fachschule, des Beruflichen Gymnasiums, der Berufsoberschule oder der Oberstufe eines allgemeinbildenden Gymnasiums wahr. Diese Verpflichtung beträgt in der ersten Lehrgangsphase in der Regel vier Unterrichtsstunden pro Woche und in der zweiten Lehrgangsphase in der Regel acht Unterrichtsstunden pro Woche. Mit dieser Unterrichtsverpflichtung wird der Nachweis der mindestens einjährigen erfolgreichen Wahrnehmung von überwiegenden Aufgaben der nächsthöheren Laufbahn (§ 22 Absatz 1 Nummer 3 LBG) erbracht.

⇨ Fortbildung (Rahmendienstvereinbarung)

(4) Für wissenschaftliche Lehrkräfte des gehobenen beruflichen und gymnasialen Schuldienstes, die eine hauptberufliche Unterrichtspraxis von mindestens zehn Jahren in der bisherigen Laufbahn vorweisen können, wird berufsbegleitend ein einjähriger Aufstiegslehrgang angeboten. Im Anschluss daran haben sich die Lehrkräfte ein Jahr in der Schulpraxis der angestrebten Laufbahn zu bewähren. Die Unterrichtsverpflichtung im Bewährungsjahr muss über-

wiegend in Schularten oberhalb der Fachschulreife in einer Klasse des Berufskollegs, der Fachschule, des Beruflichen Gymnasiums, der Berufsoberschule oder der Oberstufe eines allgemeinbildenden Gymnasiums erbracht werden.

(5) Die Teilnahme am Lehrgang kann auf Antrag unterbrochen werden jeweils bis zu einem Jahr wegen Krankheit oder wegen Beurlaubung sowie insgesamt bis zu drei Jahre wegen Schwangerschaft, Eltern- oder Pflegezeiten. Dauert die Unterbrechung länger, wird die Teilnahme an dem Lehrgang abgebrochen; soll der Lehrgang fortgesetzt werden, ist eine erneute Bewerbung nötig.

(6) Der erfolgreiche Abschluss des Aufstiegslehrgangs wird durch eine Überprüfung in entsprechender Anwendung der formellen Prüfungsbestimmungen in der für die jeweilige Ziellaufbahn maßgeblichen Prüfungsordnung nachgewiesen.

(7) Die Absätze 1, 3 bis 6 finden auf Lehrkräfte mit der Laufbahnbefähigung für das Lehramt Werkreal-, Haupt- und Realschule und auf Lehrkräfte mit der Laufbahnbefähigung für das Lehramt Sonderpädagogik oder einer diesen entsprechenden, vorhergehenden Laufbahnbefähigung, die an Gymnasien oder an beruflichen Schulen eingesetzt sind, entsprechend Anwendung. Für die Zulassung zu dem Aufstiegslehrgang müssen sich die Bewerberinnen und Bewerber zu Beginn der Qualifizierungsmaßnahme mindestens im vierten Dienstjahr befinden und davon mindestens zwei Dienstjahre an einem Gymnasium oder an einer beruflichen Schule unterrichtet haben.

§ 8
Erwerb der Laufbahnbefähigung des gehobenen Schuldienstes für das Lehramt Werkreal-, Haupt- und Realschule und für das Lehramt Sonderpädagogik durch horizontalen Laufbahnwechsel

(1) Lehrkräfte mit der Laufbahnbefähigung für das Lehramt an Grund-, Haupt- und Werkrealschulen nach der Verordnung über den Vorbereitungsdienst und die Zweite Staatsprüfung für das Lehramt an Grund-, Haupt- und Werkrealschulen oder einer entsprechenden Laufbahnbefähigung nach einer vorhergehenden Prüfungsordnung, die

1. an einer Realschule Tätigkeiten einer Lehrkraft mit der Laufbahnbefähigung für das Lehramt an Realschulen nach der Realschullehrerprüfungsordnung II oder für das Lehramt Werkreal-, Haupt- und Realschule nach der Werkreal-, Haupt- und Realschullehramtsprüfungsordnung II ausüben,
2. für ein sonderpädagogisches Bildungs- und Beratungszentrum Tätigkeiten einer Lehrkraft mit der Laufbahnbefähigung für das Lehramt an Sonderschulen nach der Sonderschullehrerprüfungsordnung II oder für das Lehramt Sonderpädagogik nach der Sonderpädagogiklehramtsprüfungsordnung II ausüben,
3. an einer Gemeinschaftsschule in der Sekundarstufe I unterrichten oder
4. an einer Haupt- und Werkrealschule unterrichten und ab dem auf den Beginn des Lehrgangs nach Absatz 2 folgenden Schuljahr an einer Realschule Tätigkeiten einer Lehrkraft mit der Laufbahnbefähigung für das Lehramt Werkreal-, Haupt- und Realschule nach der Werkreal-, Haupt- und Realschullehramtsprüfungsordnung II ausüben oder an einer Gemeinschaftsschule in der Sekundarstufe I unterrichten sollen und mit den jeweiligen Tätigkeiten voraussichtlich dauerhaft, gemessen an der individuell festgesetzten, wöchentlichen Unterrichtsverpflichtung, überwiegend beschäftigt werden, können mit der erfolgreichen Teilnahme an einem Lehrgang nach Absatz 2 bei einer Beschäftigung mit Tätigkeiten nach Satz 1 Nummer 1, 3 und 4 die Laufbahnbefähigung für das Lehramt Werkreal-, Haupt- und Realschule nach der Werkreal-, Haupt- und Realschullehramtsprüfungsordnung II und bei einer Beschäftigung mit Tätigkeiten nach Satz 1 Nummer 2 die Laufbahnbefähigung für das Lehramt Sonderpädagogik nach der Sonderpädagogiklehramtsprüfungsordnung II erwerben (Ziellaufbahnen). Voraussetzung für die Lehrgangsteilnahme ist für Lehrkräfte nach Absatz 1 Satz 1 Nummer 1 bis 3, dass die Lehrkraft die Tätigkeiten, gemessen an der individuell festgesetzten, wöchentlichen Unterrichtsverpflichtung, überwiegend ausübt oder im Durchschnitt der vergangenen drei Jahre ausgeübt hat.

(2) Die Lehrgänge bestehen aus einer Einführung in die Aufgaben der neuen Laufbahn durch die Schulleitung der Realschule, des sonderpädagogischen Bildungs- und Beratungszentrums oder der Gemeinschaftsschule (Zielschularten) und einer Qualifizierungsmaßnahme nach § 1 Absatz 5. Für Rektorinnen und Rektoren sowie Konrektorinnen und Konrektoren soll die Einführung durch das Staatliche Schulamt erfolgen. Die Lehrgangsdauer beträgt für Lehrkräfte nach Absatz 1 Satz 1 Nummer 1 bis 3 ein Jahr. Für Lehrkräfte nach Absatz 1 Satz 1 Nummer 4 findet die Qualifizierungsmaßnahme nach § 1 Absatz 5 in der Regel während der Tätigkeit an der Haupt- und Werkrealschule statt, das Einführungsjahr beginnt mit der Aufnahme der Beschäftigung an der Realschule mit Tätigkeiten einer Lehrkraft mit der Laufbahnbefähigung für das Lehramt Werkreal-, Haupt- und Realschule nach der Werkreal-, Haupt- und Realschullehramtsprüfungsordnung II oder an der Gemeinschaftsschule in der Sekundarstufe I; der Lehrgang endet mit dem Ende des Einführungsjahres.

⇨ Fortbildung (Rahmendienstvereinbarung)

(3) Die Qualifizierungsmaßnahme nach Absatz 2 wird für Lehrkräfte nach Absatz 1 Satz 1 Nummer 2 durch das Bestehen eines fachdidaktischen Kolloquiums, für Lehrkräfte nach Absatz 1 Satz 1 Nummer 3 und 4 durch das Bestehen eines fachdidaktischen Kolloquiums und einer unterrichtspraktischen Prüfung abgeschlossen; die Vergabe einer Note erfolgt hierbei nicht. Die Durchführung des fachdidaktischen Kolloquiums und der unterrichtspraktischen Prüfung erfolgt in entsprechender Anwendung der für die jeweilige Ziellaufbahn maßgeblichen Prüfungsordnung.

(4) Lehrkräfte mit der Laufbahnbefähigung für das Lehramt an Grund-, Haupt- und Werkrealschulen nach der Verordnung über den Vorbereitungsdienst und die Zweite Staatsprüfung für das Lehramt an Grund-, Haupt- und Werkrealschulen oder einer entsprechenden Laufbahnbefähigung nach einer vorhergehenden Prüfungsordnung, die an Schulen besonderer Art nach § 107 SchG in schulartspezifischen Klassen (Sekundarstufe I) Tätigkeiten einer Lehrkraft mit der Laufbahnbefähigung für das Lehramt Werkreal-, Haupt- und Realschule nach der Werkreal-, Haupt- und Realschullehramtsprüfungsordnung II oder für das Lehramt an Realschulen nach der Realschullehrerprüfungsordnung II ausüben, können an dem Lehrgang für Lehrkräfte nach Absatz 1 Satz 1 Nummer 1 teilnehmen. Sind Lehrkräfte nach Satz 1 nicht in schulartspezifischen Klassen tätig, können sie an dem Lehrgang für Lehrkräfte nach Absatz 1 Satz 1 Nummer 3 teilnehmen. Absatz 1 Satz 2 gilt entsprechend.

(5) Lehrkräfte mit der Laufbahnbefähigung für das Lehramt an Grund-, Haupt- und Werkrealschulen nach der Verordnung über den Vorbereitungsdienst und die Zweite Staatsprüfung für das Lehramt an Grund-, Haupt- und Werkrealschulen oder einer entsprechenden Laufbahnbefähigung nach einer vorhergehenden Prüfungsordnung, die seit mindestens einem Jahr

1. als Ausbilderinnen und Ausbilder in der Qualifizierungsmaßnahme nach Absatz 2 eingesetzt sind,
2. als Ausbilderinnen und Ausbilder an einem Seminar für Ausbildung und Fortbildung der Lehrkräfte (Werkreal-, Haupt- und Realschulen) gemessen an ihrem dortigen Lehrauftrag überwiegend in der Ausbildung von Lehrkräften für das Lehramt Werkreal-, Haupt- und Realschule nach der Werkreal-, Haupt- und Realschullehramtsprüfungsordnung II eingesetzt sind,
3. a) als Fachberaterinnen und Fachberater für Unterrichtsentwicklung beziehungsweise Schulentwicklung,
   b) in der Schulaufsicht bei einem Staatlichen Schulamt, einem Regierungspräsidium oder dem Kultusministerium,
   c) in anderen Bereichen in der Schulverwaltung insbesondere dem Zentrum für Schulqualität und Lehrerbildung oder dem Institut für Bildungsanalysen Baden-Württemberg oder der Akademie Schloss Rotenfels überwiegend für die jeweilige Zielschulart eingesetzt sind oder
   d) beim Landesmedienzentrum
4. als Dozentinnen und Dozenten der Pädagogischen Hochschulen des Landes gemessen an ihrem dortigen Lehrauftrag überwiegend im Studiengang Sekundarstufe I oder in sonderpädagogischen Studiengängen eingesetzt sind,

können an einem der Lehrgänge nach Absatz 2 oder 6 für diejenige Zielschulart teilnehmen, für die sie eingesetzt sind. Die Einführung in die Aufgaben der neuen Laufbahnen nach Absatz 2 Satz 1 findet in den Fällen des Satzes 1 Nummer 1 und 2 durch die Seminarleitung, in den Fällen des Satzes 1 Nummer 3 Buchstabe a, b sowie d und 4 durch die Schulaufsicht sowie in den Fällen des Satzes 1 Nummer 3 Buchstabe c durch die jeweilige Leitung statt.

(6) Lehrkräfte mit der Laufbahnbefähigung für das Lehramt an Grund-, Haupt-und Werkrealschulen nach der Verordnung über den Vorbereitungsdienst und die Zweite Staatsprüfung für das Lehramt an Grund-, Haupt- und Werkrealschulen oder einer entsprechenden Laufbahnbefähigung nach einer vorhergehenden Prüfungsordnung, die an einer Haupt- und Werkrealschule oder einer Gemeinschaftsschule unterrichten und zukünftig als Lehrkraft mit der Befähigung für das Lehramt Sonderpädagogik eingesetzt werden sollen, können durch den erfolgreichen Abschluss eines zweijährigen Aufbaustudiums an einer Pädagogischen Hochschule des Landes für die zukünftige, voraussichtlich dauerhafte Beschäftigung als Lehrkraft mit der Laufbahnbefähigung für das Lehramt Sonderpädagogik nach der Sonderpädagogiklehramtsprüfungsordnung II die Laufbahnbefähigung für dieses Lehramt erwerben. Das Aufbaustudium findet in der Regel während der Tätigkeit an der Haupt- und Werkrealschule statt; die Einführung in die Aufgaben der neuen Laufbahn erfolgt im Rahmen dieses Aufbaustudiums an der Pädagogischen Hochschule. Inhalte und Abschluss des Aufbaustudiums werden in entsprechenden Studien- und Prüfungsordnungen der Pädagogischen Hochschulen geregelt.

(7) Die Teilnahme an den Qualifizierungsmaßnahmen nach Absatz 2 wird von den jeweiligen Seminaren für Ausbildung und Fortbildung der Lehrkräfte bescheinigt. Das Ergebnis der Prüfungen nach Absatz 3 Satz 1 wird durch das Landeslehrerprüfungsamt oder der Erwerb des Studienabschlusses nach Absatz 6 von den Pädagogischen Hochschulen mitgeteilt. Eine Empfehlung über die Befähigung für die neue Laufbahn wird bei den Lehrgängen nach Absatz 2 grundsätzlich von der für die Einführung zuständigen Person oder Stelle am Ende des Einführungsjahrs abgegeben. Auf Grundlage der jeweiligen Bescheinigung und gegebenenfalls der Mitteilung des Prüfungsergebnisses sowie bei den Lehrgängen nach Absatz 2 einer Empfehlung entscheidet der oder die Dienstvorgesetzte abschließend über den Erwerb der Befähigung für die neue Laufbahn.

(8) § 7 Absatz 5 gilt entsprechend.

(9) Wird die Befähigung für die neue Laufbahn am Ende der Einführung nach Absatz 2 mangels entsprechender Empfehlung nach Absatz 7 nicht festgestellt, kann der Lehrgang vom zuständigen Dienstvorgesetzten einmal um ein halbes Jahr verlängert werden. Am Ende des Verlängerungszeitraums wird eine erneute Empfehlung nach Absatz 7 abgegeben. Werden das fachdidaktische Kolloquium oder die unterrichtspraktische Prüfung nach Absatz 3 Satz 1 nicht bestanden, können diese einmal wiederholt werden; dazu kann der Lehrgang vom zuständigen Dienstvorgesetzten in Abstimmung mit dem Landeslehrerprüfungsamt längstens um ein

halbes Jahr verlängert werden. Bestandene Prüfungen nach Absatz 3 Satz 1 beziehungsweise eine positive Empfehlung nach Absatz 7 bleiben für den jeweiligen Lehrgang gültig. Werden das fachdidaktische Kolloquium oder die unterrichtspraktische Prüfung in der Wiederholung nicht bestanden beziehungsweise kann eine entsprechende Empfehlung am Ende des Verlängerungszeitraums nach Satz 1 nicht abgegeben werden, ist die jeweilige Laufbahnbefähigung nicht erworben und eine erneute Bewerbung für den jeweiligen Lehrgang notwendig.

⇨ Beamtengesetz (LBG) § 21

§ 9
Probezeit

(1) Abweichend von § 19 Absatz 5 Satz 1 LBG ist von Lehrkräften eine Mindestprobezeit von einem Jahr abzuleisten. ⇨ Probezeit (Beamtenverhältnis)

(2) Eine weit überdurchschnittliche Bewährung im Sinne von § 19 Absatz 2 Nummer 1 LBG liegt bei Lehrkräften dann vor, wenn die Leistungen in den Probezeitbeurteilungen jeweils mit mindestens der Note 1,5 bewertet wurden.

(3) Ein Erwerb der Laufbahnbefähigung mit hervorragendem Ergebnis im Sinne von § 19 Absatz 2 Nummer 2 LBG liegt bei Lehrkräften vor, sofern sie die Laufbahnprüfung mit mindestens der Note 1,4 abgelegt haben. ⇨ Beamtengesetz (LBG) § 19

Hinweise der Redaktion:

1. Diese Regelung ist sinngemäß auch dann anzuwenden, wenn die Laufbahnbefähigung nach § 2 der LVO-KM durch eine laufbahnqualifizierende Zusatzausbildung erworben wurde. Für die Direkteinsteiger nach § 2 Abs. 1 der LVO-KM sowie für die Technischen Lehrkräfte nach § 2 Abs. 2 und 3 LVO-KM ist eine Abkürzung der Probezeit also dann möglich, wenn die Laufbahnbefähigung mindestens mit der Note 1,4 erlangt wurde. Da bei den Technischen Lehrkräften keine Gesamtnote ausgewiesen wird, ist der Durchschnitt ohne Gewichtung der Einzelnoten zu ermitteln. (Quelle: KM, 24. Mai 2012)
2. Bei der Notenberechnung ist die kaufmännische Rundungsregel anzuwenden, d.h. bis einschließlich der Note 1,44 als Ergebnis der Laufbahnprüfung kann die Probezeit verkürzt werden. (Quelle: KM, 2.2.2012, AZ: 14-0312.3/25)

§ 10
Laufbahnen des außerschulischen Bereichs

(1) In die Laufbahnen der pädagogischen Fachrichtung des außerschulischen Bereichs

1. des Schulbauernhofs,
2. des Zentrums für Schulqualität und Lehrerbildung,
3. des Instituts für Bildungsanalysen Baden-Württemberg oder
4. des Landesmedienzentrums

kann ernannt werden, wer die Befähigung für eine Laufbahn der wissenschaftlichen Lehrkräfte an Schulen besitzt und sich nach Erwerb dieser Laufbahnbefähigung mindestens drei Jahre im Schuldienst bewährt hat.

(2) In die Laufbahnen der pädagogischen Fachrichtung des außerschulischen Bereichs der Seminare für Ausbildung und Fortbildung der Lehrkräfte kann ernannt werden, wer die Befähigung für eine Laufbahn der wissenschaftlichen Lehrkräfte an Schulen besitzt und sich nach Erwerb dieser Laufbahnbefähigung mindestens fünf Jahre im Schuldienst bewährt hat. Die Bestimmungen der Landesbesoldungsordnung A der Anlage 1 zu § 28 des Landesbesoldungsgesetzes Baden-Württemberg zu den Ämtern am Seminar für Ausbildung und Fortbildung der Lehrkräfte (Fachseminar für Sonderpädagogik und am Pädagogischen Fachseminar) bleiben davon unberührt.

(3) In die Laufbahnen der pädagogischen Fachrichtung der Schulaufsichtsbehörden kann ernannt werden, wer

1. die Befähigung für eine Laufbahn der wissenschaftlichen Lehrkräfte an Schulen besitzt,
2. sich nach Erwerb dieser Laufbahnbefähigung mindestens fünf Jahre im Schuldienst bewährt und
3. zwei Jahre erfolgreich Tätigkeiten der angestrebten Laufbahn wahrgenommen hat.

Fehlende Bewährungszeiten im Schuldienst können durch zusätzliche Zeiten nach Satz 1 Nummer 3 ausgeglichen werden. Auf die erforderlichen Zeiten nach Satz 1 Nummer 3 können Zeiten einer Tätigkeit als Schulleiter oder als stellvertretender Schulleiter höchstens bis zu 18 Monate und Zeiten einer Tätigkeit auf einer anderen Ebene der Schulaufsicht in vollem Umfang angerechnet werden.

(4) *Landwirtschaftlicher Direktor bei einem Schulbauernhof, Fachbereichsdirektor am Landesmedienzentrum und Stellvertretender Direktor am Landesinstitut für Schulentwicklung (hier nicht abgedruckt)*

§ 11
Erwerb der Laufbahnbefähigung für die Laufbahnen der höheren pädagogischen Fachrichtungen des außerschulischen Bereichs durch Aufstieg

Die Laufbahnvoraussetzungen von § 10 Absatz 1 bis 3 gelten abweichend von § 22 Absatz 1 Nummer 1 bis 3 LBG entsprechend für den Aufstieg der Lehrkräfte aus den Laufbahnen des gehobenen Dienstes in die Laufbahnen der pädagogischen Fachrichtung des außerschulischen Bereichs.

⇨ Beamtengesetz (LBG) §§ 15, 19, 20, 22; ⇨ Beförderung; ⇨ Beförderung (Stellensperre/Beförderungssperre); ⇨ Besoldung (Lehrkräfte – Eingruppierung); ⇨ Beurteilung (Lehrkräfte) III.1.2 und Hinweis nach IV.1.3; ⇨ Fortbildung (Rahmendienstvereinbarung); ⇨ Laufbahnwechsel; ⇨ Probezeit (Beamtenverhältnis); ⇨ Reisekostengesetz (LRKG)

Das „alte" Jahrbuch nicht sofort entsorgen

Immer wieder existieren „alte" und „neue" Vorschriften nebeneinander, wobei die Neuregelungen zunächst nur für bestimmte Schülerjahrgänge gelten. Man sollte deshalb sein „altes" Exemplar nicht in den Papierkorb werfen. Denn es ist zwar nicht mehr „aktuell", aber nach wie vor nützlich.

Laufbahnwechsel

Informationen der Redaktion zur Rechtslage und zur Verwaltungspraxis in Baden-Württemberg

Es gibt zwei Formen des Laufbahnwechsels:

1. Vertikaler Laufbahnwechsel (Aufstieg). Dies ist der Wechsel aus der gegenwärtigen Laufbahn einer bestimmten Laufbahngruppe (z.B. wissenschaftliche Lehrkraft an beruflichen Schulen des gehobenen Dienstes) in die Laufbahn derselben Fachrichtung, die der nächsthöheren Laufbahngruppe angehört (z.B. in den höheren Dienst).

   Auch einen „Abstieg“ in eine niedrigere Laufbahn vom höheren Dienst (Gymnasium) in den gehobenen Dienst (Grundschule oder Werkreal-, Haupt- und Realschule) ist möglich.
2. Horizontaler Laufbahnwechsel (HoLa). Hierbei findet kein Wechsel in eine andere Laufbahn mit anderer Fachrichtung statt, der/die Beamt*in bleibt in der bisherigen Laufbahngruppe (zum Beispiel Wechsel einer Lehrkraft mit der Befähigung Grund- und Hauptschule in das Lehramt Werkreal-, Haupt- und Realschule). Der Personalrat hat bei jedem horizontalen Laufbahnwechsel mitzubestimmen.

   ➪ Personalvertretungsgesetz (LPVG) §71 Abs. 1 Nr. 4

Wir geben hier einen Überblick über die gegenwärtig laufenden Maßnahmen. Interessent*innen sollten sich stets über den aktuellen Stand der Angebote unter https://lehrer-online-bw.de informieren.

➪ Beamtengesetz §§ 21,22; ➪ Laufbahnverordnung (LVO-KM)

1. Aufstieg in den höheren Dienst an beruflichen Schulen

Für wissenschaftliche Lehrkräfte des gehobenen beruflichen Schuldienstes gibt es zwei Möglichkeiten:

- den dreijährigen Aufstiegslehrgang nach einer Mindestdienstzeit von vier Jahren,
- den zweijährigen Aufstiegslehrgang nach einer mindestens zehnjährigen Dienstzeit.

Hinweis der Redaktion: Siehe hierzu den Beitrag „Aufstieg/Laufbahnwechsel“ im Sonderteil für berufliche Schulen.

2. Aufstieg für Fachlehrkräfte und Technische Lehrkräfte

Der Aufstieg kann nach einer zweijährigen Bewährungszeit festgestellt werden für Lehrkräfte mit der Befähigung für die Laufbahn

1. Fachlehrkraft für musisch-technische Fächer an Grundschulen für die Laufbahnbefähigung für das Lehramt Grundschule (A 12),
2. Fachlehrkraft für musisch-technische Fächer an Haupt-, Werkreal-, Real- und Gemeinschaftsschulen und Fachlehrkraft für musisch-technische Fächer an Grund-, Haupt-, Werkreal- und Gemeinschaftsschulen mit Einsatz in den Schularten der Sekundarstufe I für das Lehramt Werkreal-, Haupt- und Realschule (A 13),
3. Fachlehrkraft an SBBZ mit den Bildungsgängen der allgemeinbildenden Schulen oder dem Bildungsgang Lernen für die Laufbahn des Lehramtes Werkreal-, Haupt- und Realschule (A 13); Ausnahme: bei einem ausschließlichen Einsatz im Bildungsgang Grundschule für das Lehramt an Grundschulen (A12),
4. Fachlehrkraft an einem SBBZ mit Förderschwerpunkt körperliche und motorische Entwicklung oder geistige Entwicklung für die Laufbahn des Lehramts für Sonderpädagogik (A 13),
5. Technische Lehrkraft an einem SBBZ für geistige Entwicklung für das Lehramt Sonderpädagogik sowie Fachoberlehrer*innen als Leiter*in eines Schulkindergartens mit mehr als zwei Gruppen in A 11 + Amtszulage, sofern sie drei der erforderlichen 12 Jahre an einem SBBZ nachweisen können, für das Lehramt Sonderpädagogik (A 13).
6. Technische Lehrkraft der gewerblichen, kaufmännischen, haus- oder landwirtschaftlichen Richtung beruflicher Schulen für das Lehramt an Berufs- und Berufsfachschulen (A13).

Fachlehrkräfte an Gymnasien können am Aufstiegslehrgang nur teilnehmen, wenn sie vor Beginn des Lehrgangs an eine Grund-, Haupt-, Werkreal-, Gemeinschafts- oder berufliche Schule versetzt werden.

Zur zweijährigen Qualifizierung kann zugelassen werden, wer

- sich in einem Amt der Besoldungsgruppe A 11 mit Amtszulage bei den Fachlehrkräften bzw. A 12 bei den Technischen Lehrkräften befindet,
- eine hauptberufliche Unterrichtspraxis von mindestens zwölf Jahren in der entsprechenden Laufbahn sowie
- eine dienstliche Beurteilung mit mindestens der Note sehr gut bis gut vorweisen kann.

Während der zweijährigen Qualifizierung unterrichten die Lehrkräfte in der angestrebten Laufbahn. In dieser Zeit werden sie von Fachleiter*innen oder Lehrbeauftragten des Seminars für Ausbildung und Fortbildung der Lehrkräfte durch Unterrichtsmitschauen und Beratungsgespräche begleitet.

Die in Nr. 1 bis 4 genannten Lehrkräfte erhalten im zweiten Halbjahr ihrer Aufstiegsqualifizierung eine Deputatsermäßigung von 6 bzw. 7 Wochenstunden (in Ausnahmefällen kann sie auf das zweite und dritte Lehrgangshalbjahr aufgeteilt werden). In den übrigen Halbjahren wird in der Regel keine Deputatsermäßigung gewährt.

Für die unter Nr. 4 genannten Lehrkräfte wird die Unterrichtsverpflichtung im ersten und zweiten Halbjahr um einen Tag (sechs Unterrichtstunden) pro Woche reduziert.

Nach erfolgreichem Abschluss des Lehrgangs ist vor dem Aufstieg in die entsprechende Laufbahn eine persönliche Wartezeit von sechs Monaten zurückzulegen. ➪ Beförderung (Stellensperre/Beförderungssperre)

Das RP erstellt ein Ranking aller Bewerber*innen

und nimmt nach Beteiligung der Personal- und der Schwerbehindertenvertretung die Auswahl vor. Bei gleicher Eignung, Befähigung und fachlicher Leistung sind Hilfskriterien wie das Dienstalter oder die Beurteilungsanalyse heranzuziehen. Geringere aktive Dienst- oder Beschäftigungszeiten aufgrund der Betreuung von Kindern oder pflegebedürftigen Angehörigen dürfen bei gleicher Eignung, Befähigung und fachlicher Leistung nicht berücksichtigt werden. ⇨ Chancengleichheitsgesetz § 11 Abs. 3

Freigestellte oder teilfreigestellte Personalratsmitglieder oder Schwerbehindertenvertreter*innen können unter bestimmten Voraussetzungen teilnehmen. Tarifbeschäftigte, die die fachlichen und pädagogischen Voraussetzungen für die Übernahme in das Beamtenverhältnis auf Lebenszeit erfüllen, die entsprechenden laufbahnrechtlich vorgeschriebenen Ausbildungen erfolgreich abgeleistet haben und sich in der Funktionsstelle Fachoberlehrer*in als Fachbetreuer*in bzw. Technische Oberlehrer*in als Fachbetreuer*in befinden, können sich ebenfalls bewerben. Bewerbungen von Teilzeitbeschäftigten werden wie die von Vollbeschäftigten behandelt.

Nach Nr. 2.1 VwV ⇨ Beförderung (Stellensperre/Beförderungssperre) ist vor der Beförderung eine persönliche Wartezeit von sechs Monaten einzuhalten. Die Absolvent*innen können folglich die Ernennung für die angestrebte Laufbahn (GS, GHS, WHR oder Sonderpädagogik) erst sechs Monate nach Abschluss des Lehrgangs erhalten. Erst ab dann gilt für sie das Deputat des gehobenen Dienstes; sie können unabhängig hiervon jedoch bereits nach Abschluss der Qualifizierung und Erhalt der Teilnahmebescheinigung wissenschaftlichen Unterricht erteilen. Tarifbeschäftigte Absolvent*innen können analog zur Ernennung der Beamt*innen höhergruppiert werden.

3.
Horizontaler Laufbahnwechsel (HoLa) für Lehrkräfte mit der Lehrbefähigung für Grund- und Hauptschulen

Lehrkräfte mit der Befähigung für das Lehramt an Grund- und Hauptschulen können über die Teilnahme an einem Lehrgang die Laufbahnbefähigung für Werkreal-, Haupt- und Realschulen oder für das Lehramt Sonderpädagogik erwerben.
⇨ Beamtengesetz § 22; ⇨ Laufbahnverordnung (LVO-KM) § 8

Teilnehmen können nur GHS-Lehrkräfte, die in den nachfolgend beschriebenen Tätigkeitsfeldern derzeit eine entsprechende überhälftige Tätigkeit ausüben oder im Durchschnitt der vergangenen drei Jahre ausgeübt haben und perspektivisch weiterhin dort verbleiben; wer überwiegend an einer Haupt- oder Werkrealschule eingesetzt wird, bleibt von diesem Aufstiegsverfahren ausgeschlossen. An eine Privatschule beurlaubte Lehrkräfte können teilnehmen, sofern freie Plätze vorhanden sind. Für die Teilnahme an den Präsenzphasen werden Reisekosten gem. ⇨ Reisekostengesetz (LRKG) erstattet.

3.1.
Lehrkräfte, die bereits an Realschulen eingesetzt sind

Einjährige Qualifizierung an den Staatlichen Seminaren für Ausbildung und Fortbildung (WRS, HS und RS) und parallel eine einjährige Einführung in die Laufbahn an der Schule.

3.2.
Lehrkräfte, die bereits an sonderpädagogischen Bildungs- und Beratungszentren eingesetzt sind

Einjährige pädagogische Schulung (25 Tagesveranstaltungen) für einen sonderpädagogischen Förderschwerpunkt durch die Staatlichen Seminare für Ausbildung und Fortbildung (Gymnasien, Abteilung Sonderpädagogik) sowie im Bereich der sonderpädagogischen Diagnostik durch Lehrpersonal der Pädagogischen Hochschulen und parallel eine einjährige Einführung in die Laufbahn an der Schule. Deputatsermäßigung: 3 Wochenstunden.
(Quelle: KM 25.10.2016; AZ:25 - zu 6752.4100-00/1 17 sowie vom 15.11.2017; AZ: 15-6752.4100-00/158)

3.3.
Lehrkräfte, die bereits an GMS in der Sekundarstufe I eingesetzt sind oder perspektivisch dauerhaft an Real- oder Gemeinschaftsschulen eingesetzt werden

Einjährige Schulung durch die Staatlichen Seminare für Ausbildung und Fortbildung (WRS, HS und RS) und parallel eine einjährige Einführung in die Laufbahn an der Schule.

3.4.
An Haupt- und Werkrealschulen sowie an GMS eingesetzte Lehrkräfte, die perspektivisch an ein SBBZ wechseln werden

Qualifizierung in Form eines modifizierten zweijährigen Aufbaustudiums in den sonderpädagogischen Förderschwerpunkten „Lernen“, „emotionale und soziale Entwicklung“ sowie „körperliche und motorische Entwicklung“ durch die Pädagogischen Hochschulen. Deputatsermäßigung im 1. und 2. Semester 10, im 3. und 4. Semester 6 – Schwerbehinderte 8 – Stunden sowie gegebenenfalls ein 5. Semester.

Auch GHS-Lehrkräfte, die an einer GMS eingesetzt sind, ggf. inklusiv unterrichten und einen Versetzungswunsch an ein SBBZ äußern, können sich für die Teilnahme am modifizierten Aufbaustudium bewerben. Die Studiengebühren werden durch das KM übernommen. Eine kostenlose Teilnahme an den Lehrgängen ist nur für Lehrkräfte in der Zuständigkeit des KM vorgesehen. Andere Lehrkräfte können an den Lehrgängen teilnehmen, wenn der jeweilige Arbeitgeber die entsprechenden Kosten übernimmt.

Verbleibt die Lehrkraft an ihrer Schule, findet § 19 Abs. 3 Satz 1 Landesbeamtenversorgungsgesetz keine Anwendung, da es sich um eine gesetzliche Stellenhebung handelt. Die Bezüge aus der neuen Besoldungsgruppe werden mit der Ernennung im neuen Amt ruhegehaltfähig. Die Zweijahreswartefrist kommt hier nicht zum Tragen. (Quelle: KM, 29.3.2019; AZ: 15-0311.23/759)

Bewirbt sich die Lehrkraft hingegen auf eine ausgeschriebene Stelle im Rahmen der normalen Stellenausschreibung, so ist dies eine Ernennung und die neue Besoldungsgruppe ist erst nach zwei Jahren ruhegehaltfähig. Die sechsmonatige persönliche Wartezeit seit der Ernennung ist in allen Fällen einzuhalten.
⇨ Beförderung (Stellensperre/Beförderungssperre)

4.
Erwerb der Laufbahnbefähigung für den gehobenen Schuldienst durch Zusatzqualifikation

4.1. Lehramt Grundschule

Lehrkräfte mit der Laufbahnbefähigung für das Lehramt Gymnasium oder für das Lehramt Werkreal-, Haupt- und Realschule können die Befähigung für die Laufbahn des gehobenen Schuldienstes für das Lehramt Grundschule erwerben. Voraussetzungen:

1. Lehrbefähigung in mindestens einem Fach, das in der Grundschule unterrichtet wird oder das einem in der Grundschule unterrichteten Fach inhaltlich zugeordnet werden kann oder aber mindestens ein Jahr erfolgreiche Vertretungstätigkeit an Grundschulen,
2. Gesamtnotenschnitt in der Zweiten Staatsprüfung von mindestens 3,5,
3. eine laufbahnqualifizierende Zusatzausbildung im Umfang von mindestens einem Schuljahr.

Die Zusatzqualifikation erfolgt im Rahmen der Einstellung über Stellen an Grundschulen, die auch für Gymnasiallehrkräfte ausgeschrieben sind. Sie werden dort nachrangig berücksichtigt, Laufbahnbewerber*innen (GS oder GHS) werden vorrangig eingestellt. Die Einstellung erfolgt zunächst als tarifbeschäftigte Lehrkraft in Vergütungsgruppe EG11 TV-L. Es wird ein Arbeitsvertrag geschlossen mit der auflösenden Bedingung, dass die Qualifizierungsmaßnahme erfolgreich durchlaufen wird. Im Schuljahr 2018/19 eingestellte Bewerber*innen mit gymnasialem Lehramt erhalten die Zusage, nach bestandener Zusatzqualifizierung und erfolgreich absolvierter Probezeit in der Grundschule, frühestens aber nach dreijähriger Tätigkeit an einer Grundschule, ein Einstellungsangebot als Gymnasiallehrkraft (A 13) an einem Gymnasium, einer beruflichen Schule oder an einer Gemeinschaftsschule zu erhalten.

⇨ Tarifvertrag (Entgeltordnung Lehrkräfte)

Die wöchentliche Unterrichtsverpflichtung beträgt an der Grundschule 28 Lehrerwochenstunden. Während der Qualifizierung werden vier Ermäßigungsstunden gewährt.

- Teilzeit ist minimal mit 14 Stunden möglich.
- Bei Vorliegen der beamtenrechtlichen Voraussetzungen (z.B. Alter, gesundheitliche Eignung) erfolgt zum einheitlichen Einstellungstermin im September eine Übernahme in das Beamtenverhältnis auf Probe in der Laufbahn für das Lehramt Grundschule in der Besoldungsgruppe A 12.
- Nach erfolgreicher Beendigung der Probezeit (i. d. R. drei Jahre) erfolgt die Verbeamtung auf Lebenszeit in das Amt einer Grundschullehrkraft, sofern die persönlichen Voraussetzungen dafür vorliegen. ⇨ Probezeit
- Nach dem erfolgreichen Bestehen der einjährigen Zusatzqualifizierung muss eine mindestens dreijährige Tätigkeit in der Laufbahn für das Lehramt Grundschule abgeleistet werden. Während dieser Zeit können Bewerbungen für die Einstellung im gymnasialen Lehramt erfolgen.
- Die an der Grundschule geleistete Zeit wird bei Bewerbungen im Verfahren „Zusatzqualifikation" berücksichtigt. ⇨ Einstellungserlass Nr. 22
- Die Zeiten der in der Grundschule abgeleisteten Probezeit werden auf die Probezeit für die Übernahme in die Laufbahn für das gymnasiale Lehramt angerechnet.
- Während der gesamten Zeit können Bewerbungen für die Einstellung im gymnasialen Lehramt erfolgen. Bei einem Einstellungsangebot im gymnasialen Lehramt werden die Lehrkräfte freigegeben. Damit besteht keine zwingende dauerhafte Bindung an die Grundschule. Ein Wiedereinstieg in das Programm ist jedoch nicht möglich. ⇨ Laufbahnverordnung (LVO-KM) § 2a

Hinweis der Redaktion: Die Zusage für die Übernahme für das gymnasiale Lehramt an Gemeinschaftsschulen, beruflichen Schulen oder Gymnasien gilt 15 Jahre lang. (Quelle: KM 18.12.2020; AZ: A-0433/LEIN/GYan GS/Kö)

4.2. Lehramt Werkreal-, Haupt- und Realschule oder Lehramt Sekundarstufe I

Lehrkräfte mit der Laufbahnbefähigung für das Lehramt Gymnasium können die Befähigung für die Laufbahn des gehobenen Schuldienstes für das Lehramt Werkreal-, Haupt- und Realschule nach der Werkreal-, Haupt- und Realschullehramtsprüfungsordnung II oder für das Lehramt Sekundarstufe I erwerben. Voraussetzungen:

1. Eine Laufbahnbefähigung für das Lehramt Gymnasium nach der Gymnasiallehramtsprüfungsordnung II oder einer vorhergehenden Prüfungsordnung,
2. Gesamtnotendurchschnitt in der Zweiten Staatsprüfung von mindestens 3,5 und
3. die Lehrbefähigung in mindestens zwei Fächern, die in den Schularten der Sekundarstufe I unterrichtet werden oder einem in den Schularten der Sekundarstufe I unterrichteten Fach inhaltlich zugeordnet werden können, und
4. eine laufbahnqualifizierende Zusatzausbildung im Umfang von mindestens einem Schuljahr.

Die Bewerbung erfolgt im Rahmen des normalen Stellenausschreibungsverfahrens auf Stellen, die auch für Gymnasiallehrkräfte ausgeschrieben sind. Die Beschäftigung erfolgt auf der Basis eines TV-L-Vertrags in EG 13 mit auflösender Bedingung. Es gibt keine Einstellungszusage in das gymnasiale Lehramt. Es gibt keine Anrechnungsstunden. Wer die Zusatzqualifizierung durchlaufen hat, kann, sofern deren Abschluss und die angestrebte Verbeamtung innerhalb von zwei Jahren nach Ablegung der Zweiten Dienstprüfung stattfinden, einen ⇨ Gewährleistungsbescheid erhalten. Durch diesen Bescheid über die Gewährleistung einer späteren Versorgung entsteht Versicherungsfreiheit in der gesetzlichen Kranken- und Rentenversicherung. (Quelle: Entscheidung des LBV vom 23.3.2018; AZ: 0331.1-30/0334.5- GABl. 25.04.2018)

⇨ Beamtengesetz § 22; ⇨ Beförderung (Stellensperre/Beförderungssperre); ⇨ Chancengleichheitsgesetz § 11 Abs. 3; ⇨ Einstellung (Altersgrenze); ⇨ Einstellungserlass; ⇨ Gewährleistungsbescheid; ⇨ Laufbahnverordnung (LVO-KM); ⇨ Probezeit; ⇨ Reisekostengesetz § 2; ⇨ Tarifvertrag (Entgeltordnung – Lehrkräfte); ⇨ Tarifvertrag-Länder (TV-L)

Lehrbeauftragte an Schulen

Auszug aus den Handreichungen des KM für Schulleitungen zur Vergabe von Lehraufträgen an Lehrbeauftragte an Schulen (Stand: März 2021)

A. Allgemeines

1.
Grundsätze und Gegenstand von Lehraufträgen

Lehraufträge dienen der Bereicherung des über den Pflichtbereich nach der jeweiligen Stundentafel hinausgehenden Unterrichtsangebots. Der Unterricht im Pflichtbereich bleibt den hauptamtlichen Lehrkräften im öffentlichen Schuldienst vorbehalten.

Hinweis der Redaktion: Zur Abgrenzung der „Lehrbeauftragten an Schulen" von „Lehraufträgen" im Sinne von ⇨ Einstellungserlass Nr. 14.1 bitte den Beitrag ⇨ Vertretungslehrkräfte beachten.

Die Vergabe von Lehraufträgen in Eigenverantwortung der Schulen gibt diesen vielfältige Chancen zur Ausformung eines individuellen pädagogischen Leistungs- und Angebotsprofils und neue Perspektiven zur Öffnung der Schule gegenüber der gesellschaftlichen Wirklichkeit. Auf diesem Weg können Erfahrungen sowie Kompetenzen, die außerhalb der Schule vorhanden sind, für die schulische Erziehung nutzbar gemacht werden.

Lehraufträge kommen insbesondere für folgende freiwillige Unterrichtsangebote in Betracht:

- Arbeitsgemeinschaften (z.B. Schultheater, Sport, Computer, Sprachen)
- Chor, Orchester und Instrumentalgruppen
- Stütz- und Förderkurse
- Förderkurse im Rahmen der Fördermaßnahmen zur Eingliederung von ausländischen und ausgesiedelten Schülern, wenn eine gezielte Abstimmung mit dem Regelunterricht gewährleistet ist
- Erweitertes Bildungsangebot
- Einzelprojekte wie etwa Workshop „Ballett", Kurse über Grafik, Design, PC-Software und Sport.

Hinweis der Redaktion: Der volle Text, die Formulare und Ausfüllhilfe können im Intranet des KM heruntergeladen werden.

Eine Integration dieser Unterrichtsangebote in den Pflichtbereich ist ebenso unzulässig wie eine ergänzende Unterrichtserteilung anderer Lehrkräfte in diesen Veranstaltungen. Im Bereich der sonderpädagogischen Bildungs- und Beratungszentren ist aufgrund der besonderen strukturellen Verhältnisse auch der Einsatz eines Lehrbeauftragten neben einer Lehrkraft zulässig. Ein Lehrbeauftragter darf keinesfalls – auch nicht für kurze Vertretungen – im Pflichtunterricht eingesetzt werden. Die Eingrenzung auf freiwillige Unterrichtsangebote schließt sonstige schulische Tätigkeiten wie etwa die Verwaltung von Lehr- und Lernmitteln, Beratungsaufgaben sowie reine Betreuungsfunktionen, die Begleitung im Rahmen von Schullandheimaufenthalten, Hausaufgabenbetreuung, Betreuung von Theaterfahrten etc. aus.

2.
Rechtliche Rahmenbedingungen der Lehraufträge

Lehraufträge können zum einen an ehrenamtlich tätige Lehrbeauftragte, die eine Aufwandsentschädigung erhalten können, vergeben werden. Zum anderen können mit Lehrbeauftragten befristete TV-L-Verträge, verbunden mit einer Pauschalvergütung je Unterrichtsstunde, geschlossen werden. Die Erteilung eines Lehrauftrages an ehrenamtlich tätige Lehrbeauftragte ist mit einem geringen Aufwand verbunden und kann durch die Schulleitungen erfolgen, während dagegen der Abschluss eines befristeten TV-L-Arbeitsvertrages den Regierungspräsidien vorbehalten bleibt.

⇨ Tarifvertrag Länder (TV-L)

Im Falle der Aufwandsentschädigung bzw. eines Entgelts nach TV-L muss die Schulleitung zuvor mit der zuständigen Schulverwaltung (für Grund-, Haupt-, Werkreal-, Real-, und Gemeinschaftsschulen sowie sonderpädagogische Bildungs- und Beratungszentren die untere Schulaufsichtsbehörde, für Gymnasien und berufliche Schulen das Regierungspräsidium) klären, ob und in welcher Höhe Mittel im Verfügungsfonds vorhanden sind. **Für gleiche Zeiträume und gleiche Personen dürfen nicht Mittel aus dem Lehrbeauftragtenprogramm und gleichzeitig anderen Programmen wie z.B. der flexiblen Nachmittagsbetreuung oder dem Jugendbegleiterprogramm in Anspruch genommen werden.**

a) Ehrenamtlich tätige Lehrbeauftragte

Lehraufträge können durch die Schulleitung in eigener Verantwortung an ehrenamtlich tätige Lehrbeauftragte vergeben werden. Dies schließt – sofern der Wunsch beim Lehrbeauftragten besteht – eine Aufwandsentschädigung in Höhe von Euro 7 ein.

b) Vergabe von Lehraufträgen auf der Basis befristeter TV-L- Arbeitsverträge

Soweit die Schulleitung nicht auf ehrenamtliche Mitarbeiterinnen und Mitarbeiter zurückgreifen kann und die Bewerberin bzw. der Bewerber ein Entgelt erwartet, muss zwingend ein befristeter Arbeitsvertrag abgeschlossen werden; ein Dauerarbeitsverhältnis muss unter allen Umständen vermieden werden. Die Rechtsprechung geht bei einer Beschäftigung im Schuldienst als Lehrkraft regelmäßig von einer Dauerbeschäftigung aus. Deshalb bedarf es einer gesonderten rechtlichen Grundlage für eine wirksame Befristung eines Arbeitsvertrages im Schuldienst.

Gemäß § 14 Abs. 2 TzBfG (Gesetz über Teilzeitarbeit und befristete Arbeitsverträge) können Arbeitsverträge bei Neueinstellungen ohne Vorliegen eines sachlichen Grundes bis zur Dauer von zwei Jahren geschlossen werden; die Mindestdauer muss jedoch sechs Monate betragen, vgl. § 30 Abs. 3 Satz 1 TV-L. Innerhalb des Zweijahreszeitraums kann der Vertrag höchstens dreimal verlängert werden. Die Befristung ist nicht zulässig, wenn mit demselben Arbeitgeber bereits zuvor ein befristetes oder unbefristetes Arbeitsverhältnis bestanden hat. Dieser Sachverhalt sollte zuvor zwischen Schulleitung und künftigen Lehrbeauftragten klargestellt werden, um Enttäuschungen zu vermeiden (vgl. beigefügte [...] Erklärung, Anlage 1– *nicht abgedruckt*).

Lehrbeauftragte, mit denen ein befristeter TV-L-Arbeitsvertrag geschlossen wurde, erhalten an Grund-, Werkreal- und Hauptschulen eine Vergütung in Höhe von Euro 18 pro Unterrichtsstunde, an Real- und Gemeinschaftsschulen sowie an sonderpädagogischen Bildungs- und Beratungszentren eine Vergütung in Höhe von Euro 21 sowie an Gymnasien und beruflichen Schulen eine Vergütung in Höhe von Euro 25. Die Pauschalierung der Vergütung wird durch eine Nebenabrede im Arbeitsvertrag vereinbart.

In den Fällen, in denen die Schulleitung ein herausragendes Interesse an diesem Unterrichtsangebot hat und der Lehrbeauftragte auf einer Eingruppierung nach TV-L besteht, erfolgt die Vergütung nach TV-L entsprechend der jeweiligen Entgeltgruppe.

Auch Lehrbeauftragte, die bei **unterrichtsnahen Angeboten** (z.B. Stütz- und Förderkurse) eingesetzt werden, werden grundsätzlich nach TV-L eingestuft.

Für den Abschluss bzw. für die Verlängerung des Beschäftigungsverhältnisses mit dem Lehrbeauftragten ist ausschließlich das RP zuständig[1].

3.
Auswahl der Lehrbeauftragten

Die Auswahl geeigneter Bewerberinnen und Bewerber erfolgt in eigener Verantwortung der Schulleitung. Sie muss dafür sorgen, dass die Lehrbeauftragten, denen die Schülerinnen und Schüler anvertraut werden sollen, pädagogisch und nach ihrer Persönlichkeit qualifiziert sind. Soweit mehrere Bewerberinnen bzw. Bewerber an der Übernahme eines Lehrauftrages Interesse zeigen, ist der Grundsatz der Bestenauslese zu beachten. Bei unterrichtsnahen Angeboten werden vorzugsweise Bewerberinnen und Bewerber mit abgeschlossener Lehramtsausbildung berücksichtigt. Die Auswahl anderer Bewerberinnen und Bewerber ist zu begründen. Die Schulleitung informiert und beteiligt rechtzeitig die schulischen Gremien, auch bei der Entscheidung, das Lehrbeauftragtenprogramm in Anspruch zu nehmen. ⇨ KonferenzVO; ⇨ SchulkonferenzVO

Für aktiv im Schuldienst stehende Lehrkräfte **dürfen keine** Lehraufträge gegen Aufwandsentschädigung oder Vergütung vergeben werden. Für Lehramtsanwärter und Referendare ist dieses Programm **nicht** vorgesehen.

4.
Persönliche Voraussetzungen

Eine Einschränkung des Personenkreises bezüglich eines Qualifikationsnachweises – wie etwa eine abgeschlossene Lehramtsausbildung – wurde bewusst nicht vorgenommen. Die Qualifikation muss dem spezifischen Anforderungsprofil des Lehrauftrages entsprechen. So kann ein Choreograph einen Workshop „Ballett" für eine Schulfestaufführung leiten, ein Grafiker einen Kurs über neue Designtechniken anbieten, eine anerkannte Trainerin bzw. Sportlerin eine besondere Übungseinheit „Volleyball" abhalten oder z.B. ein Dirigent eines Orchesters mit dem Schulorchester arbeiten.

Gemäß den Bestimmungen des geänderten Infektionsschutzgesetzes (§ 20 IfSG) haben Personen, die nach dem 31. Dezember 1970 geboren sind und in Schulen tätig werden sollen, vor Beginn der jeweiligen Tätigkeit den Nachweis ihres Masernschutzes zu erbringen. Darüber hinaus ist von der Schulleitung eine Belehrung über die gesundheitlichen Anforderungen und Mitwirkungspflichten vorzunehmen. Beides ist an der Schule zu dokumentieren. ⇨ Infektionsschutzgesetz

Vor Aufnahme der Tätigkeit als Lehrbeauftragte oder Lehrbeauftragter **müssen** Personen, die ehrenamtlich an der Schule tätig werden wollen, der Schulleitung ein aktuelles erweitertes Führungszeugnis vorlegen. Die Einsichtnahme ist von der Schulleitung mit Datum und Ergebnis zu dokumentieren. Die Schulleitung ist dabei zur Verschwiegenheit verpflichtet. Nach längstens 5 Jahren ist die Vorlage eines aktualisierten erweiterten Führungszeugnisses erforderlich.

Enthält das erweiterte Führungszeugnis Einträge in Übereinstimmung mit den §§ des Strafgesetzbuches, die im § 72a SGB VIII genannt sind, verbietet sich eine Einstellung oder ehrenamtliche Beschäftigung.

5.
Umfang des Lehrauftrages

Lehraufträge dürfen nicht mehr als **8 Unterrichtsstunden pro Woche** umfassen und sind pro Jahr auf maximal 300 Stunden begrenzt. D.h. wird ein Lehrbeauftragter an mehreren Schulen tätig, so gelten die Stundenvorgaben in Summe für alle Tätigkeiten.

Bei Einhaltung dieser Stundenvorgaben kann bei **ehrenamtlich gegen Aufwandsentschädigung** übernommenen Lehraufträgen jährlich maximal der nach § 3 Nr. 26 Einkommensteuergesetz (EStG) angegebene Betrag *(2021: 3.000 Euro)* steuerfrei an die Lehrbeauftragten ausbezahlt werden. **Bei der Inanspruchnahme dieses Freibetrages sind allerdings auch alle anderen Einnahmen aus sonstigen begünstigten Tätigkeiten im Sinne des § 3 Nr. 26 EStG, z. B. als Lehrbeauftragte an anderen Schulen, als Jugendbegleiter, als Ubungsleiter in einem Sportverein oder als Vertretungskraft im Rahmen der Verlässlichen Grundschule, zu berücksichtigen.**

Bei Nichteinhaltung der vorgenannten Stundenvorgaben verliert der Lehrauftrag seinen Charakter als selbssttändige nebenberufliche Tätigkeit, so dass der vorgenannte Freibetrag des § 3 Nr. 26 EStG nicht in Anspruch genommen werden kann. Wird die wöchentliche und/oder kalenderjährliche Stundenvorgabe folglich überschritten, darf keine Zahlungsanweisung [...] an das LBV mehr erfolgen. Eine weitere Auszahlung kann dann nur noch unter Begründung eines Arbeitsvertrages veranlasst werden, mit der Folge, dass deshalb Steuern und – vorbehaltlich einer Überprüfung der Sozialversicherungspflicht im Einzelfall – auch Sozialversicherungsbeiträge einzubehalten sind. Die Hälfte dieser evtl. abzuführenden Sozialversicherungsbeiträge (rund 20 % des Stundensatzes) ist – neben der Steuer – vom Lehrbeauftragten selbst zu zahlen, die andere Hälfte geht zu Lasten der vom Land für das Lehrbeauftragtenprogramm bereitgestellten Haushaltsmittel. Ebenfalls zu Lasten dieser Haushaltsmittel gehen nach ggf. erfolgter Beurteilung als geringfügig entlohnter Beschäftigung

[1] Die vom zuständigen Regierungspräsidium abzuschließenden Arbeitsverträge unterliegen der Mitbestimmung des Bezirkspersonalrats.

zu entrichtende Pauschalbeträge zur Kranken- und Rentenversicherung. Nur die strikte Einhaltung der vorgegebenen Jahresstunden verhindert eine zweckentfremdete Verwendung dieser Haushaltsmittel.

Dies bedeutet, dass die Schulleitung einen ehrenamtlich tätigen Lehrbeauftragten mit Aufwandsentschädigung nur mit einem Umfang von maximal bis zu 8 Unterrichtsstunden pro Woche und 300 Unterrichtsstunden im Kalenderjahr bestellen darf und die Einhaltung dieser Stundenvorgaben auch eigenständig zu überwachen hat. Aus gegebenem Anlass wird darum gebeten, darauf bei der Veranlassung der Aufwandsentschädigung (vgl. B.2.) zu achten. Reicht ein Lehrauftrag über den Jahreswechsel hinaus, wird empfohlen, eine erste Veranlassung der Auszahlung zum Ende des Kalenderjahres einzuleiten. Das Landesamt für Besoldung und Versorgung wird aufgrund einer zu spät veranlassten Auszahlung und daher einem Zugang der Zahlung im nächsten Kalenderjahr diese in diesem Kalenderjahr veranschlagen. Wird der Lehrauftrag auch im nächsten Jahr fortgeführt, besteht dadurch konkret die Gefahr, dass der o.g. Freibetrag überschritten wird, mit den bekannten Folgen.

6. Stellung der Lehrbeauftragten

Für die bestellungsgemäße Erfüllung des Lehrauftrages trägt die Schulleitung die Verantwortung. Sie hat das gleiche Weisungsrecht gegenüber den Lehrbeauftragten wie gegenüber den hauptamtlichen Lehrkräften. Ob und in welchem Umfang sich aus der Natur des übernommenen Lehrauftrages eine Beteiligung an den Veranstaltungen der Schule (insbesondere Lehrerkonferenz, Schulkonferenz, Klassenpflegschaft, Elternsprechtage) ergibt, entscheidet die Schulleitung.

➪ Elternbeiratsverordnung; ➪ Konferenzordnung; ➪ Schulgesetz § 41

Lehrbeauftragte sind für Personenschäden, die sie im Rahmen ihrer Tätigkeit erleiden, versichert; für Sachschäden gelten die gesetzlichen Bestimmungen. ➪ Grundgesetz Art. 34; ➪ Haftung

B. Bestellung und Auszahlung der Aufwandsentschädigung bei Erteilung eines ehrenamtlichen Lehrauftrages

1. Bestellung

Für die Bestellung eines ehrenamtlich tätigen Lehrbeauftragten genügt es, wenn die Schulleitung das [...] Formschreiben **Erteilung eines ehrenamtlichen Lehrauftrages** – vollständig ausgefüllt und unterschrieben – dem Lehrbeauftragten aushändigt. Eine Kopie verbleibt bei der Schulleitung.

Wünscht hingegen der Lehrbeauftragte eine Aufwandsentschädigung, muss zuvor mit der zuständigen Schulverwaltung formlos geklärt werden, ob für das jeweilige Kalenderjahr noch genügend Mittel vorhanden sind. Für die Grund-, Werkreal-, Haupt-, Real- und Gemeinschaftsschulen sowie die sonderpädagogischen Bildungs- und Beratungszentren werden diese Mittel bei den unteren Schulaufsichtsbehörden verwaltet, für die Gymnasien und die beruflichen Schulen bei den Regierungspräsidien. Die Mittel im Staatshaushaltsplan sind für das Lehrbeauftragtenprogramm **je Kalenderjahr** (nicht Schuljahr) ausgebracht. Sind die Mittel vorhanden, so wird der Lehrauftrag mit Aushändigung des in Anlage 5 *(nicht abgedruckt)* beigefügten Formschreibens **Erteilung eines ehrenamtlichen Lehrauftrages mit Aufwandsentschädigung** – vollständig ausgefüllt und unterschrieben – wirksam. Zusätzlich muss der Lehrbeauftragte die in Anlage 6 *(nicht abgedruckt)* beigefügte **Erklärung des ehrenamtlich tätigen Lehrbeauftragten bezüglich der Steuerbefreiung der Aufwandsentschädigung** unterzeichnen. Die Erklärung verbleibt bei der Schule, sie ist rechtliche Voraussetzung für die abzugsfreie Auszahlung der Aufwandsentschädigung durch das Landesamt für Besoldung und Versorgung.

Hinweis der Redaktion: Zur Steuerpflicht siehe ➪ Grundschule (Verlässliche) Nr. 3.

2. Veranlassung der Auszahlung der Aufwandsentschädigung

Die Auszahlung der Aufwandsentschädigung für **tatsächlich** erteilte Unterrichtsstunden ist von der Schulleitung [...] direkt beim Landesamt für Besoldung und Versorgung zu veranlassen. [...] Die Vordrucke können [...] per E-Mail unter vordrucklager@lbv.bwl.de, Telefon (0711)3426-2720 oder per Fax unter (0711)3426-2725 angefordert werden. [...]

Weil die Mittel für das Lehrbeauftragtenprogramm **pro Kalenderjahr** etatisiert sind, wird für den Fall, dass ein Lehrauftrag über ein Kalenderjahr hinausreicht (z.B. Schuljahr oder 1. Schulhalbjahr), empfohlen, eine **erste Auszahlung** zum Ende des Kalenderjahres einzuleiten. Damit die Zahlung noch rechtzeitig im Kalenderjahr verbucht werden kann [...], sollte der Vordruck spätestens Ende November dem Landesamt für Besoldung und Versorgung zugegangen sein. Die zweite Zahlung ist nach Abschluss des Lehrauftrages im nächsten Kalenderjahr vorzunehmen. Die Verantwortung für die sachliche Richtigkeit der Höhe der Aufwandsentschädigung liegt allein bei der Schulleitung, eine Prüfung durch das Landesamt für Besoldung und Versorgung oder von der zuständigen Schulverwaltung erfolgt aus Gründen der Verfahrensvereinfachung nicht. Aufwandsentschädigung kann nur für jede tatsächlich erteilte Unterrichtsstunde gewährt werden, nicht erteilte Stunden etwa wegen Krankheit, Ferien, Feiertagen oder sonstiger Schulveranstaltungen dürfen nicht entschädigt werden.

Die Schulleitung muss daher im Bedarfsfalle in der Lage sein, die tatsächlich im Rahmen des Lehrauftrages erteilten Unterrichtsstunden belegen zu können [...].

C. Abschluss des Arbeitsvertrages durch das Regierungspräsidium

(nicht abgedruckt)

➪ Amtshaftung; ➪ Einstellungserlass; ➪ Elternbeiratsverordnung; ➪ Grundgesetz Art. 34; ➪ Haftung; ➪ Infektionsschutzgesetz; ➪ Jugenbegleiter*innen; ➪ Konferenzordnung; ➪ Organisationserlass; ➪ Pädagogische Assistent*innen; ➪ Personalvertretungsgesetz (LPVG) § 75 Abs. 1 Nr. 2; ➪ Tarifvertrag Länder (TV-L) § 30

Lehrerverordnung (EU-EWR)

§ 1 der Verordnung des Kultusministeriums zur Umsetzung allgemeiner Regelungen zur Anerkennung beruflicher Befähigungsnachweise für Lehrerberufe (EU-EWR-Lehrerverordnung) vom 15. August 1996 (GBl. S. 564/1996); zuletzt geändert 17. Dezember 2020 (GBl. S. 1250, 1253/2020)

§ 1
Anerkennung

(1) Eine in einem anderen Mitgliedstaat der Europäischen Union, in einem anderen Vertragsstaat des Abkommens über den Europäischen Wirtschaftsraum oder in einem durch Abkommen gleichgestellten Staat mit einem Diplom im Sinne der Richtlinie 2005/36/EG des Europäischen Parlamentes und des Rates vom 7. September 2005 erworbene oder anerkannte Befähigung für einen Lehrerberuf wird auf Antrag als Befähigung für die Ausübung des Lehrerberufs an öffentlichen Schulen in Baden-Württemberg anerkannt, wenn

1. die Antragstellerin oder der Antragsteller Staatsangehörige oder Staatsangehöriger eines Mitgliedstaats der Europäischen Union, eines anderen Vertragsstaates des Abkommens über den Europäischen Wirtschaftsraum oder eines durch Abkommen gleichgestellten Staates ist und
2. die für den Ausbildungsnachweis im Sinne der genannten Richtlinie erforderliche Ausbildung keine wesentlichen fachwissenschaftlichen, fachdidaktischen, erziehungswissenschaftlichen, fachlichen oder schulpraktischen Defizite gegenüber der Ausbildung in Baden-Württemberg aufweist.

(2) Entspricht der Ausbildungsinhalt nicht den Anforderungen nach Absatz 1 Nummer 2, können die vorhandenen wesentlichen Unterschiede ganz oder teilweise durch den Nachweis einschlägiger Berufserfahrung, sonstiger einschlägiger Qualifikationen oder sonstiger Befähigungsnachweise ausgeglichen werden. Ersetzen diese die Defizite nicht vollständig, so kann von der Antragstellerin oder vom Antragsteller verlangt werden, dass sie oder er nach ihrer oder seiner Wahl entweder einen Anpassungslehrgang durchläuft oder eine Eignungsprüfung ablegt.

(3) Das Kultusministerium überträgt die Zuständigkeiten für den Vollzug dieser Verordnung auf das Regierungspräsidium Tübingen.

Hinweis der Redaktion: Die Gebühr hierfür liegt zwischen 50 und 300 Euro, diese Investition kann sich aber im Hinblick auf eine höhere Eingruppierung lohnen.

(4) Das Berufsqualifikationsfeststellungsgesetz Baden-Württemberg findet mit Ausnahme des § 16 keine Anwendung.

➪ Einstellungserlass

Lehrmittel und Schuleinrichtung

Informationen der Redaktion zur Rechtslage und zur Verwaltungspraxis in Baden-Württemberg

Von den „**Lern**mitteln" (siehe ➪ Lernmittelfreiheit – Allgemeine Informationen) sind die „**Lehr**mittel" zu unterscheiden. Während die „**Lern**mittel" den Schülerinnen und Schülern im Rahmen der Lernmittelfreiheit unentgeltlich zur Verfügung gestellt werden müssen, gehören die „**Lehr**mittel" (z.B. Landkarten, Schautafeln, Foliensätze und sonstige Medien, Spiele, Computer-Software) zur Ausstattung der Schule und fallen unter die Schulgeldfreiheit. Im Gegensatz zu den „**Lern**mitteln" bedürfen **Lehr**mittel keiner Zulassung.

➪ Verfassung Art. 14 Abs. 2

Nicht als Lernmittel zählen ferner alle Gegenstände, die zur Einrichtung der Schule gehören, insbesondere der Fachräume, Werkräume, Werkstätten und Schulküchen (z.B. Kopiergeräte, EDV-Hardware, Musikinstrumente, naturwissenschaftliche Geräte und Versuchseinrichtungen, Werkzeuge, Maschinen, Bügeleisen, Scheren u.a.). Auch sie sind aufgrund der Schulgeldfreiheit vom Schulträger zu beschaffen. Eine Beteiligung der Schülerinnen oder Schüler bzw. der Eltern an den Kosten für Beschaffung oder Unterhaltung ist unzulässig.

In § 48 Abs. 2 und 3 ➪ Schulgesetz ist vorgeschrieben, dass der Schulträger die für die Schule erforderlichen Einrichtungen und Gegenstände zur Verfügung stellt, die Lehrmittel beschafft und dem Schulleiter die zur Deckung des laufenden Lehrmittelbedarfs erforderlichen Mittel zur selbstständigen Bewirtschaftung überlassen soll („Budgetierung").

➪ Haushalt (Allgemeines – Budgetierung

Über die „Verwendung" von Lehr- und Lernmitteln entscheidet die Fachkonferenz (➪ Konferenzordnung § 5 Abs. 2). Die Entscheidung über die Anschaffung wird von der Gesamtlehrerkonferenz getroffen (➪ Konferenzordnung § 2 Abs. 1 Nr. 7).

Bei der Beschaffung von Lehr- und Lernmitteln bzw. der Schuleinrichtung besteht ggf. eine Ausschreibungspflicht (siehe auch ➪ Lernmittelfreiheit (Allgemeines) Teil B). Die Schulträger bzw. die Schulen im Rahmen ihres Budgets müssen bei jeder Auftragserteilung die VwV über die Vergabe öffentlicher Aufträge vom 24.7.2018 (GABl. S. 490/2018) beachten. Diese VwV gilt für die entgeltliche Beschaffung von Liefer- und Dienstleistungen z.B. aufgrund von

Kauf-, Werk-, Werklieferungs- und Leasingverträgen. Beispielsweise muss bei der Beschaffung von Sportbekleidung und -artikeln (T-Shirts, Hosen, Schuhen, Bälle, Schläger usw.) und Spielwaren oder Billigprodukten aus Holz darauf geachtet werden, dass bei der Herstellung die „Kernarbeitsnormen" der Internationalen Arbeitsorganisation (ILO) eingehalten wurden: keine Zwangsarbeit, Sicherung der Vereinigungsfreiheit, keine Unterscheidung, Ausschließung oder Bevorzugung aufgrund der Rasse, der Hautfarbe, des Geschlechts, des Glaubensbekenntnisses, der politischen Meinung, der nationalen Abstammung oder der sozialen Herkunft, Gleichheit des Entgelts männlicher und weiblicher Arbeitskräfte für gleichwertige Arbeit, keine Kinderarbeit in ihren schlimmsten Formen.

⇨ Gebühren; ⇨ Haushalt (Allgemeines – Budgetierung); ⇨ Konferenzordnung; ⇨ Lernmittelfreiheit; ⇨ Schulgesetz §§ 48 und 93; ⇨ Schulträger; ⇨ Verfassung Art. 14 Abs. 2

Lernmittel (Zulassung)

Informationen der Redaktion zur Rechtslage und zur Verwaltungspraxis in Baden-Württemberg

1.
Allgemeines

Aufgrund von ⇨ Schulgesetz § 38 tragen die Lehrkräfte *„im Rahmen der in Grundgesetz, Verfassung des Landes Baden-Württemberg und § 1 des Schulgesetzes niedergelegten Erziehungsziele und der Bildungspläne sowie der übrigen für sie geltenden Vorschriften und Anordnungen die unmittelbare pädagogische Verantwortung für die Erziehung und Bildung der Schüler"*.

Sie sind deshalb auch unmittelbar für die Auswahl und den Einsatz der Lehr- und Lernmittel zuständig und verantwortlich, die sie im Rahmen ihres Unterrichts verwenden. Dies gilt in gleicher Weise auch für die Beteiligung weiterer Personen am Unterricht beziehungsweise an der Erziehung, Beaufsichtigung und Betreuung der Schülerinnen und Schüler, beispielsweise bei der Beteiligung von ⇨ Fachleuten aus der Praxis an Unterrichtsveranstaltungen oder beim Einsatz von Begleitpersonen bei ⇨ Außerunterrichtlichen Veranstaltungen: Stets liegt die Letztverantwortung bei der Lehrkraft.

Diese besitzt dabei jedoch keine absolute Verfügungsgewalt, sondern ihre „pädagogische Freiheit" ist stets an die in Verfassung und Gesetz niedergelegten Erziehungsziele, die Bildungspläne sowie an die *„übrigen für sie geltenden Vorschriften und Anordnungen"* gebunden. ⇨ Pädagogische Freiheit

In der Schulbuchzulassungsverordnung (s.u. Nr. 2) hat das Kultusministerium bestimmt, dass Schulbücher und ihnen gleichgestellte Druckwerke die in der ⇨ Lernmittelverordnung vorgesehen sind, an öffentlichen Schulen nur verwendet werden dürfen, wenn sie zum Gebrauch zugelassen wurden. Für die Zulassung hat das KM in der Schulbuchzulassungsverordnung (§ 5) genaue Kriterien aufgestellt.

Die Lehrkraft darf ein vom KM „zugelassenes" Schulbuch jedoch nicht bedenkenlos einsetzen, sondern sie muss u.a. prüfen, ob es dem Entwicklungsstand der Klasse angemessen ist, ob die konkret angestrebten Unterrichtsziele hiermit erreicht werden können, ob nicht andere Lernmittel besser geeignet sind oder ob an der Schule ein bestimmtes Lehrwerk eingeführt ist (z.B. im Fremdsprachenunterricht). So bindet beispielsweise ein Beschluss der Fachkonferenz über die Verwendung eines bestimmten Schulbuches alle hiervon betroffenen Lehrkräfte der Schule; sie sind verpflichtet, dieses Buch im Fachunterricht als „hauptsächliches Arbeitsmittel" einzusetzen. Die einzelne Lehrkraft hat zwar das Recht, ergänzend weitere Lernmittel (z.B. selbst gefertigte Arbeitsblätter usw.) einzusetzen. (Vgl. Bundesverwaltungsgericht 28.1.1994 (AZ: 6 B 24/93)

Zu den „weiteren Lernmitteln" gehören zunehmend auch Materialien, die den Schulen und Lehrkräften von Dritten (z.B. von Interessenverbänden) zur Verfügung gestellt werden. Diese Materialien sind nicht selten sehr attraktiv: Sie sind methodisch gut aufbereitet, erleichtern oder ersparen also die eigene Unterrichtsvorbereitung und sie werden kostenfrei angeboten, entlasten also den Etat der Schule.

Bei der Prüfung solcher Angebote, die in der Regel nicht aufgrund pädagogischer Hilfsbereitschaft, sondern aus handfestem Eigeninteresse in die Schulen drängen, obliegt den Lehrkräften eine besondere Sorgfaltspflicht: Die öffentliche Schule darf sich nicht zum Handlanger von Interessengruppen oder Lobbyisten machen, sondern sie hat sich weltanschaulich und politisch neutral zu verhalten.

Code of Conduct

Das Kultusministerium hat 2015 anlässlich der Einführung des Fachs „Wirtschaft, Berufs- und Studienorientierung" mit Vertretungen der Arbeitnehmer, Arbeitgeber, Wohlfahrtspflege, Sozialpartnern und Kammern einen Verhaltenskodex unterzeichnet und erklärt, es lege insbesondere großen Wert darauf, dass die Inhalte ausgewogen und multiperspektivisch dargestellt werden. Wir geben die Handlungshilfe des KM (Stand 23.11.2015) zu diesem „Code of Conduct" hier im Wortlaut wieder:

Mithilfe der folgenden Fragen kann überprüft werden, ob die Angebote (Materialien, Projekte, Kooperationen) den Vereinbarungen des Code of Conduct entsprechen:

- Steht das Angebot mit dem Bildungs- und Erziehungsauftrag im Einklang?

- Stimmen die Angebote mit den durch Grundgesetz, Landesverfassung und Schulgesetz vorgegebenen Bildungs- und Erziehungszielen überein?
- Stehen die Angebote in Einklang mit den Zielen, Kompetenzen und Inhalten des Bildungsplans?
- Basiert das Angebot auf fachwissenschaftlichen Erkenntnissen?
- Ist das Angebot altersangemessen aufbereitet und nimmt es Bezug auf die Lebenswelt der Schülerinnen und Schüler?
- Bietet das Angebot didaktische, methodische oder strukturelle Hilfestellungen für die Lehrkräfte?
- Ist deutlich ersichtlich, welche Autoren, Herausgeber und Unterstützer das Angebot machen und welcher Organisation sie ggf. angehören?
- Sind im Impressum oder einem direkten Link der Herausgeber sowie die sie unterstützenden Organisationen angegeben?
- Sind auch Informationen zu verbundenen Organisationen bzw. Trägerorganisationen leicht erkennbar, unmittelbar erreichbar und ständig verfügbar?
- Sind die Autorinnen und Autoren bzw. die redaktionell Verantwortlichen namentlich genannt?
- Beachtet das Angebot die Grundsätze des Beutelsbacher Konsenses?*

  * Kurz gefasst lauten die drei Elemente des Beutelsbacher Konsenses: Überwältigungsverbot (keine Indoktrination), Beachtung kontroverser Positionen im Unterricht (Kontroversitätsgebot) und Schülerorientierung; Link: https://www.bpb.de/die-bpb/51310/beutelsbacher-konsens
- Ermöglicht das Angebot, den Lerngegenstand plural, kontrovers, multiperspektivisch, vergleichend, unparteiisch und im gesamtgesellschaftlichen Kontext darzustellen?
- Versetzt das Angebot die Schülerinnen und Schüler in die Lage, ihre eigenen Interessen zu analysieren und daraus Handlungsmöglichkeiten abzuleiten?
- Hält das Angebot die Regeln für ⇨ Sponsoring und ⇨ Werbung an Schulen ein?
- Stehen die pädagogischen Ziele der Schule und der Bildungs- und Erziehungsauftrag der Schule im Vordergrund?
- Enthält das Angebot keine (Produkt-)Werbung oder tendenziöse Darstellungen?

2. Schulbuchzulassungsverordnung des KM

Auszug aus der Verordnung des Kultusministeriums über die Zulassung von Schulbüchern (Schulbuchzulassungsverordnung) vom 11. Januar 2007 (K.u.U.U S. 41/2007); zul. geänd. 19. Februar 2019 (GBl. S. 37 und K.u.U. S. 50/2019)

§ 1
Zulassung von Schulbüchern

(1) Schulbücher und ihnen gleichgestellte Druckwerke (§ 2 Abs. 2), die in der Lernmittelverordnung [...] vorgesehen sind, dürfen an öffentlichen Schulen nur verwendet werden, wenn sie zum Gebrauch zugelassen wurden und soweit in dieser Verordnung nichts anderes bestimmt ist.

(2) Zuständige Stelle für das Zulassungsverfahren und die Zulassung ist das Zentrum für Schulqualität und Lehrerbildung (ZSL)

(3) Diese Verordnung gilt nicht für die Zulassung von Schulbüchern für die Fächer Religionslehre. Diese werden von den zuständigen Religionsgemeinschaften zugelassen. ⇨ Lernmittelverordnung

§ 2
Schulbuch

(1) Schulbücher sind Druckwerke für die Hand der Schülerin oder des Schülers, die dazu dienen, die Bildungsstandards, die Niveaustufen, oder den Lehrplan eines Faches oder eines Fächerverbundes einer bestimmten Schulart oder eines bestimmten Schultyps nach dort benannten Zielen, Kompetenzen und Inhalten zu erfüllen. Schulbücher müssen in der Regel gebunden sein.

(2) Folgende Druckwerke sind den Schulbüchern gleichgestellt:

1. Textsammlungen,
2. für die Hand der Schülerinnen und Schüler bestimmte Materialien, die Schulbücher begleiten, ergänzen oder ersetzen,
3. Atlanten.

(3) Digitale Medien sind Druckwerken nach Absatz 1 und 2 gleichgestellt.

§ 3
Zulassungsfreiheit

(1) Der Zulassung bedürfen nicht

1. Schulbücher für die Schulen für Blinde, für Sehbehinderte, für Hörgeschädigte und für Geistigbehinderte;
2. Schulbücher für berufliche Schulen
   a) für den fachtheoretischen und fachpraktischen Unterricht an den beruflichen Schulen; ausgenommen die erziehungskundlichen Fächer bzw. Lern- oder Handlungsfelder mit pädagogischen, psychologischen und soziologischen Inhalten der Kinder- und Jugenderziehung sowie deren Didaktik und Methodik,
   b) für die Fremdsprachen,
   c) für die Fächer Mathematik, Physik, Chemie, Biologie, Datenverarbeitung, Musik, Bildende Kunst, Sport,
   d) für die wirtschaftskundlichen Fächer,
   e) für das Fach Deutsch in Bildungsgängen, deren Besuch einen mittleren Bildungsabschluss voraussetzt oder, falls dies nicht der Fall ist, insoweit, als dort die Fachhochschulreife vermittelt wird;
3. Schulbücher für die Oberstufe des 9-jährigen Bildungsgangs und der Jahrgangsstufen 11 und 12 des 8-jährigen Bildungsgangs der allgemeinbildenden Gymnasien für die Fächer Deutsch, Fremdsprachen, Mathematik, Biologie, Chemie, Physik, Musik, Bildende Kunst und Sport sowie

für die Fächer im Wahlbereich gemäß § 9 Abs. 3 der Abiturverordnung der Gymnasien der Normalform;

4. Arbeitshefte, soweit sie ein Lehrbuch begleiten;
5. Ganzschriften und für den Schulbereich aufbereitete (gekürzte oder kommentierte) Ganzschriften;
6. Textsammlungen mit literarischen Texten für das Fach Deutsch und die Fremdsprachen, sofern es sich nicht um Lesebücher handelt, die bestimmten Bildungsstandards, Klassenstufen oder Jahrgangsstufen zugeordnet sind;
7. Lernmittel, die im Lernmittelverzeichnis als Klassensätze ausgewiesen sind, mit Ausnahme von Lesebüchern oder Leseheften, Atlanten, nichtliterarischen Textsammlungen, literaturgeschichtlichen Werken und Arbeitsbüchern für das Fach Geschichte;
8. themenorientierte Hefte für die Förderschule;
9. ein- und zweisprachige Wörterbücher;
10. Aufgabensammlungen, Gesetzessammlungen, Formelsammlungen, Tafelwerke.

(2) Bei einzelnen Schularten oder Schultypen kann widerruflich aufgrund geringer Schülerzahlen auf ein Zulassungsverfahren verzichtet werden.

(3) Sofern Schulbücher oder Arbeitshefte, die nach den Absätzen 1 und 2 dem Zulassungsverfahren nicht unterworfen sind, oder Arbeitsmaterialien, die in der Lernmittelverordnung nicht enthalten sind (wie Unterrichtswerke für das schulische Curriculum), im Unterricht verwendet werden, müssen sie den in § 5 Abs. 1 genannten Voraussetzungen entsprechen; hierfür ist neben der Fachkonferenz auch die Schulleitung verantwortlich. Die in § 5 Abs. 1 genannten Voraussetzungen gelten auch, soweit die Lehrkraft weitere, darunter auch selbst entwickelte Unterrichtsmaterialien verwendet.

§ 4
Zulassungspflicht

(1) Schulbücher nach § 2, die nicht nach § 3 zulassungsfrei sind, bedürfen der Zulassung. Die Zulassung erfolgt, soweit nicht in Absatz 2 abweichend geregelt, im vereinfachten Verfahren aufgrund einer Erklärung des Verlages, mit der versichert wird, dass

1. das Schulbuch den Anforderungen des Bildungsplans für den jeweiligen Bildungsstandard, der Niveaustufe oder dem Lehrplan für die jeweilige Klasse oder für die jeweilige Jahrgangsstufe entspricht,
2. das Schulbuch vom Verlag sorgfältig geprüft worden ist und alle Zulassungsvoraussetzungen nach § 5 erfüllt und
3. die Regelungen zur Zulassung nach § 6 beachtet sind.

(2) Nachfolgende Schulbücher werden nach Begutachtung zugelassen:

1. Schulbücher der Werkrealschule und Hauptschule im Fächerverbund Welt – Zeit – Gesellschaft, in den Fächern Geschichte und Gemeinschaftskunde sowie im Fach Ethik;
2. Schulbücher der Realschule im Fächerverbund Erdkunde – Wirtschaftskunde – Gemeinschaftskunde sowie in den Fächern Geschichte, Gemeinschaftskunde und Ethik;
3. Schulbücher der Gemeinschaftsschule im Fächerverbund Erdkunde-Wirtschaftskunde-Gemeinschaftskunde sowie den Fächern Geschichte, Gemeinschaftskunde und Ethik;
4. Schulbücher der Förderschule im Fach Geschichte/ Gemeinschaftskunde;
5. Schulbücher der Schule für Sprachbehinderte in den Fächern Geschichte / Gemeinschaftskunde und Ethik;
6. Schulbücher der Schule für Erziehungshilfe in den Fächern Geschichte/Gemeinschaftskunde und Ethik;
7. Schulbücher des Gymnasiums im Fächerverbund Geographie – Wirtschaft – Gemeinschaftskunde sowie in den Fächern Geschichte, Gemeinschaftskunde und Ethik;
8. Schulbücher an beruflichen Schulen in den Fächern Geschichte, Gemeinschaftskunde, Ethik, Pädagogik einschließlich Erziehungslehre, Psychologie, Soziologie sowie Didaktik und Methodik der Kinder- und Jugenderziehung (erziehungskundliche Fächer).

(3) Für Schulbücher in einem die Fächer Gemeinschaftskunde oder Geschichte beinhaltenden Fächerverbund gilt, dass der Verlag für das Schulbuch insgesamt eine Zusage nach Absatz 1 abgibt. Zusätzlich wird bezogen auf das Fach Gemeinschaftskunde oder Geschichte eine Begutachtung nach Absatz 2 durchgeführt.

(4) Das Kultusministerium kann bestimmen, dass über Absatz 2 hinaus in weiteren Fällen, insbesondere bei Einführung neuer Fächer oder Fächerverbünde die Zulassung erst nach Begutachtung erfolgt. [...]

§ 5
Zulassungsvoraussetzungen

(1) Zulassungsvoraussetzungen sind:

1. Übereinstimmung mit den durch Grundgesetz, Landesverfassung und Schulgesetz vorgegebenen Erziehungszielen;
2. Übereinstimmung mit den Zielen, Kompetenzen und Inhalten des jeweiligen Bildungsstandards und der Niveaustufe oder des Lehrplans sowie angemessene didaktische Aufbereitung der Stoffe;
3. altersgemäße und dem Prinzip des Gender Mainstreaming Rechnung tragende Aufbereitung der Inhalte sowie Gestaltung der äußeren Form;
4. Einbindung von Druckbild, graphischer Gestaltung und Ausstattung in die jeweilige didaktische Zielsetzung;
5. Orientierung an gesicherten Erkenntnissen der Fachwissenschaft.

(2) Schulbücher müssen den Bildungsstandards, den Niveaustufen oder dem Lehrplan eines Faches oder Fächerverbundes entsprechen und sollen sich im Wesentlichen auf die dort ausgewiesenen

verbindlichen Vorgaben (Kerncurriculum) beschränken. Inhalte des Schulbuches, die wesentlich über diese verbindlichen Vorgaben hinausgehen, sind kenntlich zu machen. Ist ein Lehrbuch für einen Bildungsstandard, eine Niveaustufe oder einen Lehrplan zu umfangreich, können mehrere Teilbände hergestellt werden, sofern ein verbindliches Konzept nach § 6 Abs. 2 Nr. 3 vorliegt. Soweit im Lernmittelverzeichnis vorgesehen, können anstatt eines Lehrbuches auch Themenhefte zugelassen werden, die zusammen genommen den Anforderungen des betreffenden Bildungsstandards oder Lehrplans genügen müssen. Im Bereich der beruflichen Schulen, mit Ausnahme der beruflichen Gymnasien, sollen Schulbücher dem Lehrplan eines Faches oder eines Bildungsgangs für alle Klassenstufen entsprechen.

(3) Schulbücher müssen nach ihrer äußeren Beschaffenheit für einen mehrjährigen, in der Regel fünfjährigen Gebrauch geeignet sein.

§ 6
Zulassungsverfahren
(Abs. 1 bis 4 nicht abgedruckt)

(5) Der Landeselternbeirat kann durch Stellungnahme an der Zulassung von Schulbüchern mitwirken.

(6) Für die Zulassung im Bereich der beruflichen Schulen gilt:

1. In den Fächern, in denen gleiche Lehrpläne für verschiedene Bildungsgänge zugrunde liegen, wird nur ein Zulassungsverfahren durchgeführt.
2. In den allgemeinbildenden Fächern dürfen Schulbücher, die
   a) für eine der drei Schularten Berufsschule, Berufsfachschule oder Berufsoberschule (Mittelstufe) zugelassen sind, auch in den beiden anderen Schularten,
   b) für das berufliche Gymnasium oder für das Berufskolleg oder für die Berufsoberschule (Oberstufe) oder für die Fachschule zugelassen sind, auch in den anderen hier genannten Schularten verwendet werden.
3. In erziehungskundlichen Fächern dürfen Schulbücher, die für eine berufliche Schulart zugelassen sind, auch in den übrigen Schularten des beruflichen Bereichs verwendet werden.
4. Die unter die Nummern 2 und 3 fallenden Bücher dürfen in allen Zusatz-, Erweiterungs- und Stützprogrammen verwendet werden, unabhängig von der Schulart, an der diese Programme angeboten werden. Bei diesen Programmen ist das jeweilige Bildungsziel (zum Beispiel Fachhochschulreife) maßgebend.

(7) *(nicht abgedruckt)*

(8) Zugelassene Schulbücher werden nach entsprechendem Hinweis im Amtsblatt des Kultusministeriums über den Landesbildungsserver bekanntgemacht.

Hinweis der Redaktion: Die Schulbuchlisten für die einzelnen Schularten sind abrufbar unter: www.schulbuchlisten-bw.de

➪ Konferenzordnung § 5 Abs. 2 Ziff. 2; ➪ Lehrmittel und Schuleinrichtung; ➪ Lernmittelfreiheit (Allgemeines); ➪ Lernmittelverordnung; ➪ Pädagogische Freiheit; ➪ Schulgesetz §§ 35 a, 56 Abs. 1 Ziff. 5, 60, 94 und 98

Lernmittelfreiheit (Allgemeines)

Informationen der Redaktion zur Rechtslage und zur Verwaltungspraxis in Baden-Württemberg

A. Unentgeltlichkeit des Unterrichts und der Lernmittel

In Baden-Württemberg besitzt die Lernmittelfreiheit Verfassungsrang: *„Unterricht und Lernmittel an den öffentlichen Schulen sind unentgeltlich"*.

➪ Verfassung Art. 14 Abs. 2

Konkretisiert wird dies in § 94 Abs. 1 Schulgesetz:

„In den öffentlichen Grundschulen, Hauptschulen, Realschulen, Gymnasien, Gemeinschaftsschulen, Kollegs, Berufsschulen, Berufsfachschulen, Berufskollegs, Berufsoberschulen und sonderpädagogischen Bildungs- und Beratungszentren hat der Schulträger den Schülern alle notwendigen Lernmittel mit Ausnahme von Gegenständen geringen Wertes leihweise zu überlassen, sofern die Lernmittel nicht von den Erziehungsberechtigten oder den Schülern selbst beschafft werden; ausnahmsweise werden sie zum Verbrauch überlassen, wenn Art oder Zweckbestimmung des Lernmittels eine Leihe ausschließen. Gegenstände, die auch außerhalb des Unterrichts gebräuchlich sind, gelten nicht als Lernmittel." ➪ Schulgesetz § 94

Durch Verfassung und Schulgesetz ist allerdings nur die Unentgeltlichkeit des Unterrichts und damit der Lehr- und Lernmittel garantiert. Hingegen sind z.B. die Kosten für außerunterrichtliche Veranstaltungen (Unterkunft, Verpflegung, Eintrittsgebühren usw.) von den Erziehungsberechtigten zu tragen; dazu gehören auch die Beförderungskosten zu solchen Veranstaltungen. Die Beförderungskosten zur Schule werden von den Schulträgern – unter Anrechnung von Eigenanteilen oder bis zu bestimmten Höchstgrenzen – mitfinanziert. ➪ Schülerbeförderung

Um die Unentgeltlichkeit des Unterrichts landesweit ohne Rücksicht auf die Finanzlage der Schulträger (Städte und Gemeinden) sicherzustellen, erhalten diese (mit Ausnahme der Grundschulen) vom Land pauschale Zuweisungen je Schüler*in.

➪ Haushalt (Kommunaler Finanzausgleich) / (Sachkosten)

Der Verwaltungsgerichtshof Baden-Württemberg hat 2001 die maßgebende Auslegung der Lernmittelfreiheit vorgenommen (23.01.2001, AZ: 9 S 331/00):

1. *Lernmittel im Sinne des Schulgesetzes für Baden-Württemberg sind Gegenstände, die für den Unterricht nach*

Anordnung der Unterrichtsverwaltung notwendig und zur Nutzung durch den einzelnen Schüler bestimmt sind.

2. *Das Kultusministerium ist ermächtigt, durch Rechtsverordnung den Begriff des Lernmittels näher abzugrenzen sowie abstrakt festzulegen, welche Lernmittel je nach Schulart und -form, nach Typ und Zug (Profil) sowie in jeder Klassen- oder Jahrgangsstufe vorgesehen sind. Die für jeden Schüler konkret notwendigen Lernmittel zu bestimmen, obliegt – im Rahmen der Beschlüsse der Fachkonferenz sowie unter mitwirkender Beratung der Klassenpflegschaft – dem Fachlehrer.*

   ⇨ Konferenzordnung § 2 Abs. 1 Nr. 7
3. *Der Schulträger ist verpflichtet, die notwendigen Lernmittel zu beschaffen, ohne dass ihm das Recht zustünde, über die Notwendigkeit einzelner Lernmittel zu bestimmen oder mitzubestimmen. Durch die Regelungen der Lernmittelverordnung wird die Pflicht des Schulträgers hinsichtlich der „kleinen" Lernmittel nicht auf bestimmte Pauschbeträge begrenzt.*
4. *Das Gebot der Landesverfassung, dass Lernmittel unentgeltlich sind, umfasst nicht nur Schulbücher, sondern grundsätzlich alle Lernmittel.*
5. *Die Lernmittelfreiheit gilt nicht unmittelbar kraft Verfassung sofort; vielmehr ist der Gesetzgeber aufgerufen, sie stufenweise zu verwirklichen. Jedoch darf der Gesetzgeber eine einmal erreichte Stufe der Unentgeltlichkeit nicht wieder zurücknehmen. Das ließe sich auch nicht mit dem Hinweis auf immanente Grundrechtsschranken rechtfertigen.*
6. *Die Lernmittelfreiheit unterliegt nur einer Bagatellgrenze. Hiernach können Gegenstände auch ausgenommen werden, um einem Missbrauch vorzubeugen oder wenn ihre Beschaffung einen unverhältnismäßigen Verwaltungsaufwand verursachen würde.*

Die Grundsätze für die unentgeltliche Bereitstellung der Lernmittel sind in der 2016 neu gefassten ⇨ Lernmittelverordnung (LMVO) ausgeführt. Was im Einzelnen „notwendige Lernmittel" sind, hatte das KM bis 2016 in einem „Lernmittelverzeichnis" detailliert aufgelistet. Die aktuelle LMVO enthält kein Lernmittelverzeichnis mehr.

Nicht als *„Lernmittel"* zählen Gegenstände, die der *„gewöhnlichen Eigenausstattung der Schüler"* zuzuordnen und demnach von ihnen selbst bzw. den Eltern zu beschaffen sind (das sind alle Gegenstände, deren Verwendung die Schule den Schülerinnen und Schülern freistellt oder die sie ohnehin besitzen, z.B. Schulranzen, Mäppchen, Sport- oder Schwimmbekleidung). Hingegen zählen z.B. Zirkel oder auch Wörterbücher zu den unentgeltlich zu stellenden „Lernmitteln". Die Corona-Pandemie mit der Folge des vermehrten digitalen Unterrichts hat deutlich gemacht, dass den Schüler*innen auch die erforderlichen Geräte (beispielsweise Tablets) lernmittelfrei zur Verfügung gestellt werden müssen.

⇨ Schulgesetz § 94 Abs. 1 letzter Satz

Die Fachkonferenz entscheidet über die Einführung von Lernmitteln (besteht keine Fachkonferenz, entscheidet die Schulleitung nach Anhörung der Fachlehrkräfte). Diese Entscheidung muss für mindestens fünf Jahre gelten. Es dürfen nur zugelassene Lernmittel angeschafft werden, es sei denn, dass bestimmte Lernmittel keiner Zulassung bedürfen. Die Klassenpflegschaft besitzt ein Recht auf Unterrichtung und Aussprache über die in der Klasse verwendeten Lernmittel.

⇨ Konferenzordnung § 5; ⇨ Lernmittelverordnung § 1; ⇨ Schulgesetz § 56 Abs. 1

Dem Schulträger steht kein Recht zu, über die Notwendigkeit einzelner Lernmittel zu bestimmen oder mitzubestimmen. Er kann jedoch durch Auslegung des Begriffs *„Gegenstände geringen Werts"* (Schulgesetz § 94 Abs. 1) bestimmte Gegenstände von der Lernmittelfreiheit ausnehmen. Der Städtetag hat empfohlen, als Wertgrenze für *„Gegenstände geringen Werts"* 1 Euro anzusetzen. Das KM zählt hierzu *„insbesondere Papier, Hefte, Ordner, Schreib- und Malgeräte, also auch Blei- und Buntstifte sowie Farbkasten"*.

„Büchergeld" und „Kopiergeld"

Verbrauchs- und Arbeitsmaterialien (Arbeitshefte, die durch Einträge der Schüler*innen verbraucht werden, usw.) sind unentgeltlich zu überlassen. Dies gilt auch für sogenannte „Ganzschriften", also Bücher und Broschüren mit literarischen Texten und selbst dann, wenn zu erwarten ist, dass die Schüler*innen darin Notizen machen. Die Lernmittelfreiheit wird in diesem Bereich teilweise unterlaufen, indem die Schulen von den Eltern „freiwillige" Kostenanteile einziehen oder ihnen die Beschaffung ganz überlassen. Diese Entwicklung wird dadurch verstärkt, dass die Schulträger von der

Stichwort: Der Geist unserer Landesverfassung

Bisweilen spielen sich Lehrkräfte und Schulleitungen als Stellvertreter der Finanzministerin auf. Sie fragen, welche Schüler*innen beziehungsweise Eltern „bedürftig" sind – und diesen gewähren sie dann die Lernmittelfreiheit. Das ist ein klarer Verstoß gegen den Geist unserer Landesverfassung.

Die Schüler*innen besitzen einen Rechtsanspruch darauf, dass der Schulträger bzw. die Schule alle notwendigen Lernmittel kostenfrei (in der Regel leihweise) zur Verfügung stellen. Nur wenn die Eltern oder die Schüler*innen ein Lernmittel selbst beschaffen wollen oder bereits beschafft haben, muss es nicht zur Verfügung gestellt werden. Dieser Anspruch ist also an den Bedarf gebunden (Notwendigkeit des Lernmittels für den Unterricht) – unzulässig ist demnach jede Prüfung der „Bedürftigkeit" der Schüler*innen oder ihrer Erziehungsberechtigten. Denn schon die Frage nach der Bedürftigkeit stellt die Betroffenen bloß. Und genau das will die – in dieser Hinsicht bundesweit vorbildliche – Verfassung unseres Landes nicht. Sie verbietet jede Diskriminierung. ⇨ Verfassung Art. 11 und 14

Möglichkeit der Budgetierung Gebrauch machen und damit den Einsparungsdruck an die Schulen weitergeben. ⇨ Haushalt (Allgemeines – Budgetierung)

Die Behauptung, die Kommunen kämen mit dem Geld nicht aus, hat für die Lernmittelfreiheit keine Relevanz. Für den Fall, dass die Kosten für Schulbau, Schulausstattung und Lernmittel die Schulträger überfordern, stellt der Verwaltungsgerichtshof in der oben zitierten Entscheidung fest: *„Eine Entlastung der Kommunen hat durch das Land zu erfolgen, nicht durch die Schüler oder deren Eltern."*

Der Einzug pauschaler Eigenbeiträge bei den Eltern (sogenanntes *„Büchergeld"*) ist demnach unzulässig; dies gilt auch dann, wenn die Eltern auf dem Elternabend dies mehrheitlich billigen sollten, denn damit werden jene Erziehungsberechtigten, die sich diese Ausgabe nicht leisten können oder wollen, unzulässig unter Druck gesetzt.

Vervielfältigungen für Unterrichts- oder Prüfungszwecke (z.B. Arbeits- oder Testblätter) sowie für Verwaltungszwecke (z.B. Schülerlisten, Prüfungsaufgaben) fallen nicht unter die Lernmittel-, sondern unter die Schulgeldfreiheit. Auch sie müssen unentgeltlich, jedoch aus einem anderen rechtlichen Grund zur Verfügung gestellt werden. Auch die Erhebung sogenannter *„Kopiergelder"* ist deshalb unzulässig.

Das Kultusministerium hat jedoch zugelassen, dass Lernmittel, die nicht kostenfrei zur Verfügung gestellt werden müssen (also von Gegenständen, die der *„gewöhnlichen Eigenausstattung der Schüler"* zuzuordnen oder die *„geringen Werts"* sind), von der Schule über Sammelbestellungen beschafft werden dürfen. Dies (und das damit verbundene Inkasso bei den Schüler*innen bzw. Eltern) ist zulässig, soweit es von der Natur der Sache her notwendig ist (z.B. wenn der Kauf bestimmter Arbeitsmittel beim örtlichen Handel nicht möglich ist). ⇨ Werbung Ziff. 5.2

Auf dieser Grundlage stellen manche Schulen beispielsweise Arbeitsblätter für Klassenarbeiten, Tests usw. zur Verfügung und erheben hierfür ein *„Papiergeld"*. Weil dadurch den Erziehungsberechtigten der Kauf (teurerer!) Klassenarbeitshefte erspart wird, ist unseres Erachtens ein solches Verfahren vertretbar, wenn ein Beschluss der Schulkonferenz vorliegt und eine „Deckelung" dieses Eigenbeitrags erfolgt (im Jahr nicht mehr als zwei Euro).

Leihe und Bonus-System

Im Regelfall wird die Lernmittelfreiheit in Form der Leihe verwirklicht. Die Bücher haben deshalb eine mehrjährige Nutzungsdauer. Das Kultusministerium hat hierzu verfügt: *„Schulbücher müssen nach ihrer äußeren Beschaffenheit für einen mehrjährigen, in aller Regel fünfjährigen, Gebrauch geeignet sein"*.

⇨ Lernmittel (Zulassung) § 4

Daneben wird teilweise ein „Bonus-System" praktiziert: Dabei übernimmt der Schulträger einen Teil der Kosten, wenn die Eltern die Schulbücher selbst anschaffen. Da diese Schulbücher nach Gebrauch an nachfolgende Schüler-Generationen verkauft werden können, wird dem Grundsatz der Lernmittelfreiheit im Ergebnis Rechnung getragen. Allerdings tragen die Schüler bzw. ihre Eltern die volle Haftung bei Beschädigungen und Verlust. Zudem müssen sie in Vorleistung gehen und können – selbst bei Sammelbestellungen! – keine Rabatte in Anspruch nehmen (siehe Teil B).

Das Regierungspräsidium Stuttgart hat hierzu u.a. mitgeteilt (14.5. 2008; AZ: 7-6434.0/18-1): *Diese Kostenbeteiligung (auch „Bonus-System" genannt) erfordert aber als unabdingbare Voraussetzung, dass die Kostenbeteiligung freiwillig erfolgt. Darauf sind die Eltern und Schüler hinzuweisen. Insoweit ist auch sicherzustellen, dass weder von Seiten der Schule insgesamt noch von einzelnen Lehrkräften der Eindruck erweckt wird, dass ohne die Kostenbeteiligung der Eltern bzw. Schüler ein sachgerechter Unterricht nicht möglich sei. […] In diesem Zusammenhang wird auch auf § 47 Abs. 4 Nr. 1 b) Schulgesetz hingewiesen. Danach ist die Schulkonferenz anzuhören „zu Beschlüssen der Gesamtlehrerkonferenz über die Verwendung der der Schule zur Verfügung gestellten Haushaltsmittel im Rahmen ihrer Zweckbestimmung"*.

Existenzsicherungsleistungen („Bildungspaket")

Bedürftige Familien mit schulpflichtigen Kindern (auch Alleinerziehende) erhalten im Regelfall die „Grundsicherung für Arbeitssuchende" (Arbeitslosengeld II) sowie für Kinder das „Sozialgeld".

Für diese Familien wird die finanzielle Belastung durch die Beschaffung des Schulbedarfs, der nicht unter die Lernmittelfreiheit fällt, über das „Bildungspaket" ausgeglichen (§ 28 Abs. 3 SGB II; für Kinder von Sozialhilfeempfängern wurde in § 34 Abs. 3 SGB XII eine analoge Regelung getroffen): Bedürftige Schüler*innen, die das 25. Lebensjahr noch nicht vollendet haben, eine allgemein- oder berufsbildende Schule besuchen und keinen Anspruch auf Ausbildungsvergütung besitzen, erhalten jährlich zum Schuljahresbeginn 100 Euro und zum zweiten Schulhalbjahr weitere 50 Euro, wenn sie oder mindestens ein im Haushalt lebender Elternteil Anspruch auf Leistungen zur Sicherung des Lebensunterhalts haben.

Wer nachweist, dass die Pauschalen nicht ausreichen, kann zusätzliche Leistungen verlangen. Hierüber und über die sonstigen im „Bildungspaket" enthaltenen Leistungen (beispielsweise Nachhilfe, Vereinsbeiträge, Schulausflüge, Fahrkosten usw.) informiert der Beitrag ⇨ Bildungspaket.

Gute Hinweise, was man für bedürftige Kinder tun kann, finden sich auf der von allen Gewerkschaften unterstützten Homepage www.erwerbslos.de.

B. Beschaffung von Schulbüchern und Preisbindung

Die Beschaffung der unentgeltlich zur Verfügung gestellten Lernmittel ist grundsätzlich Sache des Schulträgers. Im Rahmen der Budgetierung übernimmt dies teilweise die einzelne Schule. Je nach finanziellem Volumen muss die Bestellung europaweit ausgeschrieben werden. Nach dem Buchpreisbindungsgesetz sind bei der Sammelbestellung von Büchern für den Schulunterricht, die zu Eigentum der öffentlichen Hand angeschafft werden, je nach Auftragsvolumen Nachlässe zwischen 8 und 15 % zulässig; soweit Schulbücher von den Schulen im Rahmen eigener Budgets angeschafft werden, ist stattdessen ein genereller Nachlass von 12 % für alle Sammelbestellungen zu gewähren (jeweils mindestens 11 Exemplare eines Titels). Dies gilt nur für Bücher, die unmittelbar im Schulunterricht Verwendung finden sollen (auch für Ganzschriften).

Schulbuchnachlässe dürfen nur bei echten Sammelbestellungen eingeräumt bzw. gefordert werden, bei Bestellungen also, die der Buchhändler durch eine Lieferung – wenn auch an verschiedene Lieferstellen – ausführen kann. Nachbestellungen können innerhalb von sechs Wochen nach Schuljahresbeginn noch als zur Schulbuchsammelbestellung gehörend angesehen werden. Bei Rahmenverträgen, bei denen der Buchhändler die Bücher nach und nach auf Abruf liefern soll, wird die Staffel nicht angewandt.

Von diesen im Gesetz verbindlich vorgeschriebenen Nachlässen darf nicht abgewichen werden. Es sind darüber hinaus weder Zugaben noch Prämien zulässig (nur *„Waren von geringem Wert oder Waren, die im Hinblick auf den Wert des gekauften Buches wirtschaftlich nicht ins Gewicht fallen"*, oder handelsübliche Serviceleistungen wie z.B. die kostenlose Anlieferung der Bücher oder die Rücknahme von Verpackung).

Voraussetzung ist, dass die öffentliche Hand Eigentum erwirbt. Deshalb dürfen z.B. Kaufexemplare im Rahmen eines Bonus-Systems oder Arbeitsmaterialien, die von den Schüler*nnen oder Eltern erworben werden, nicht mit Nachlässen geliefert werden.

Ein Nachlass darf auch nicht gewährt werden, wenn ein Förderverein Schulbücher kauft und sie der Schule schenkt, denn hierbei erfolgt zunächst ein Eigentumserwerb seitens des Fördervereins. Das KM hat folgende Alternative aufgezeigt: *„Möglich ist aber, dass der Förderverein dem Schulträger (bzw. der selbstständigen Schule) die für die Anschaffung erforderlichen finanziellen Mittel zur Verfügung stellt und dieser damit die Bücher zu Eigentum der Schule anschafft."*

(Quelle: Infodienst Eltern Nr. 29, März/April 2007)

Schülerbüchereien dürfen mit einem Nachlass von 10 % beliefert werden (Kann-Vorschrift), nicht jedoch Lehrerbüchereien, außer sie sind Teil einer *„jedermann zugänglichen kommunalen Bücherei"*.

Die Vorschriften über die Buchpreisbindung gelten nicht für gebrauchte Bücher. Ein Bücher-Flohmarkt ist also problemlos möglich.

Prüfstücke für Lehrkräfte

Da die Verlage beim Verkauf von Büchern *„an Lehrer zum Zwecke der Prüfung einer Verwendung im Unterricht"* von der Preisbindung abweichen dürfen (Buchpreisbindungsgesetz § 7 Abs. 1 Nr. 3), geben sie in engem Rahmen und in der Regel direkt an Fach-Lehrkräfte, die sich als solche ausweisen müssen, *„Prüfstücke"* zu günstigeren Konditionen ab. Rabatte sind für die Anschaffung von Lehrerexemplaren unzulässig (erlaubt ist ein Rabatt von 10 % jedoch bei der Beschaffung von Büchern für die Lehrerbibliothek, wenn sie Teil einer *„jedermann zugänglichen kommunalen Bücherei"* ist).

Mehrere Oberverwaltungsgerichte (OVG Münster, 31.10.2006; AZ: 6 B 1880/06, und 14.3.2013, AZ: 6 A 1760/11, OVG Koblenz, 26.2.2008; AZ: A 11 288/07.OVG) haben jedoch festgestellt, dass eine Lehrkraft die Schulbücher, die für ihre Tätigkeit erforderlich sind, nicht selbst finanzieren muss. Dies sind Lehrmittel bzw. Ausstattungsgegenstände, die vom Schulträger im Rahmen der Ausstattungspflicht nach § 48 SchG zu beschaffen sind. Diese Gegenstände müssen nicht zwingend im Eigentum der Lehrkraft stehen, sondern können Eigentum der Schule bzw. des Schulträgers bleiben.Dies gilt z.B. auch für „Leih-Laptops" für den Fernunterricht.

Zur Vermeidung von Missverständnissen sollten die Schulen die erforderlichen Mittel gesondert – z.B. unter „Lehrerbücherei" – in ihrem Haushaltsplan ausbringen (dieser interne Schuletat ist laut Schulgesetz § 47 von der Gesamtlehrerkonferenz zu beschließen, die Schulkonferenz ist anzuhören).

Auch eine „Vermischung" mit Geldern, die der Schule von den Eltern oder beispielsweise einem Schulförderverein für die Beschaffung der Lernmittel zur Verfügung gestellt werden, sollte vermieden werden.

➪ Haushalt (Allgemeines – Budgetierung); ➪ Schulförderverein; ➪ Schulgesetz § 47 Abs. 4 Nr. 1b

Die Klassenpflegschaft kann bei Meinungsverschiedenheiten über Lernmittel, die nicht dem Zulassungsverfahren des Kultusministeriums unterliegen, die Schulkonferenz zur Vermittlung anrufen. Ferner kann die Elterngruppe der Klassenpflegschaft der Klassenkonferenz Vorschläge zur Beratung und Beschlussfassung vorlegen. ➪ Eltern (Allgemeines) Teil E

➪ Gebühren; ➪ Haushalt (Allgemeines – Budgetierung); ➪ Haushalt (Kommunaler Finanzausgleich); ➪ Haushalt (Sachkostenbeiträge); ➪ Konferenzordnung § 5; ➪ Lehrmittel und Schuleinrichtung; ➪ Lernmittel (Zulassung); ➪ Lernmittelverordnung; ➪ Schulentwicklung; ➪ Schulförderverein; ➪ Schulgesetz § 35 a, § 56 Abs. 1 Ziff. 5, § 60, § 94, § 98; ➪ Schulträger; ➪ Urheberrecht (Kopien); ➪ Verfassung Art. 11 und 14

Stichwort: Daten zur Schulstatistik

Jährlich gibt das Statistische Landesamt eine CD „Das Bildungswesen" heraus – zuletzt 2021 mit bildungspolitischen Daten des Schuljahrs 2019/20. Die CD gibt einen umfassenden Überblick, kostet allerdings 51 Euro. Bezug beim Statistischen Landesamt, Böblinger Straße 68, 70199 Stuttgart oder online unter: https://www.statistik-bw.de/Service/Veroeff/Statistische_Daten/213421001.bs

Viele bildungsstatistische Daten sind kostenfrei verfügbar unter: www.statistik.baden-wuerttemberg.de

➪ Datenschutz (Schulen); ➪ Schulgesetz § 115; ➪ Statistik (Schulen)

Lernmittelverordnung

Auszug aus der Verordnung des Kultusministeriums über die notwendigen Lernmittel (Lernmittelverordnung – LMVO) vom 19. April 2016 (GBl. S. 308/2016)

§ 1
Notwendige Lernmittel

(1) Lernmittel sind Schulbücher und andere Sachen, die dazu bestimmt sind, von Schülerinnen und Schülern zum schulischen Lernen genutzt zu werden. ⇨ Lernmittelfreiheit (Allgemeines)

(2) Ausstattungsgegenstände der Schülerinnen und Schüler im Sinne von § 85 Absatz 1 Satz 2 des Schulgesetzes für Baden-Württemberg (SchG) sowie Lehrmittel als Unterrichtsmittel, die von den Lehrkräften für die Vorbereitung und Durchführung des Unterrichts benötigt werden, sind keine Lernmittel. Keine Lernmittel sind ferner Gegenstände, die zur Einrichtung der Schule, insbesondere der Fachräume, Werkräume, Werkstätten und Schulküchen gehören. ⇨ Schulgesetz

(3) Notwendige Lernmittel sind Lernmittel, die zur Erreichung der Bildungs- und Erziehungsziele des für den jeweiligen Bildungsgang gültigen Bildungs- bzw. Lehrplans sowie des Schulcurriculums erforderlich sind. Die Schulträger der in § 94 Absatz 1 SchG genannten Schulen statten die Schülerinnen und Schüler mit den notwendigen Lernmitteln aus, soweit diese nicht von den Erziehungsberechtigten oder den Schülerinnen und Schülern selbst beschafft werden. Soweit Lernmittel nach dem Gebrauch durch die Schülerin oder den Schüler nicht mehr durch andere Schülerinnen und Schüler weiterverwendet werden können, sind sie zum Verbrauch zu überlassen.

Hinweis der Redaktion: Teilweise werden Lernmittel, die nicht lernmittelfrei zur Verfügung gestellt werden, von der Schule über eine Sammelbestellung beschafft. Dies (und das damit verbundene Inkasso) ist zulässig, soweit es von der Natur der Sache her notwendig ist, z.B. wenn ein wesentlicher Kostenvorteil entsteht oder ein Lernmittel beim örtlichen Fachhandel nicht ohne weiteres verfügbar ist. ⇨ Werbung Ziff. 5.2

(4) Die Fachkonferenz bestimmt, ob und gegebenenfalls welche notwendigen Lernmittel für das jeweilige Unterrichtsfach verwendet werden. Besteht keine Fachkonferenz, entscheidet die Schulleiterin oder der Schulleiter nach Anhörung der Fachlehrerinnen und Fachlehrer. Die Entscheidung gilt bei Lehrbüchern grundsätzlich für mindestens fünf Jahre. Die Fachkonferenz und die Schulleiterin oder der Schulleiter haben bei ihrer Entscheidung Lernmethode, Bedürfnisse des Unterrichts im jeweiligen Fach, Art und Zweckbestimmung des Lernmittels sowie den Grundsatz der Wirtschaftlichkeit und Sparsamkeit zu berücksichtigen. ⇨ Konferenzordnung § 5 Abs. 2 Nr. 2

Hinweis der Redaktion: Ein Beschluss der Fachkonferenz über die Verwendung eines bestimmten Schulbuches verpflichtet alle hiervon betroffenen Lehrkräfte, dieses Buch im Fachunterricht als „hauptsächliches Arbeitsmittel" einzusetzen. Die einzelne Lehrkraft hat das Recht, ergänzend weitere Lernmittel (z.B. selbst gefertigte Arbeitsblätter) zu verwenden. Die Schule muss die Kopierkosten für diese Arbeitsblätter usw. tragen.
(Quelle: Bundesverwaltungsgericht 28.1.1994; AZ: 6 B 24/93)

(5) Lernmittel, bei denen die Möglichkeit des nicht zweckentsprechenden Gebrauchs besteht oder deren Beschaffung oder Kostenerstattung einen Verwaltungsaufwand verursacht, der in keinem Verhältnis zu dem Zweck der Lernmittelfreiheit steht, können vom Schulträger von der Lernmittelfreiheit ausgenommen werden.

(6) Die zum ständigen Gebrauch notwendigen Lernmittel sind in der Regel mindestens fünf Jahre zu verwenden. Dies gilt vor allem für Schulbücher und sonstige Druckwerke mit Ausnahme von Atlanten, die regelmäßig während der gesamten Schulzeit zu verwenden sind.

Hinweis der Redaktion: Gemäß § 2 gilt für Schüler*innen, die nach einem bereits vor 1.8.2016 geltenden Bildungs- oder Lehrplan unterrichtet wurden, die Lernmittelverordnung vom 19.4.2004 (GBl. S. 368, ber. S. 652) weiter (im Jahrbuch 2016 abgedruckt).

⇨ Konferenzordnung § 5 Abs. 2 Nr. 2; ⇨ Lernmittelfreiheit (Allgemeines); ⇨ Lehrmittel und Schuleinrichtung

Lernstandserhebungen

Verwaltungsvorschrift des Kultusministeriums zu den zentral angefertigten Lernstandserhebungen vom 20. Mai 2016 (K.u.U. S. 181/2016)

1.

Die zentral angefertigte Lernstandserhebung ist ein diagnostisches Instrument, das der Ermittlung des Lernstands von Klassen und von einzelnen Schülerinnen und Schülern in Bezug auf die Bildungsstandards dient und sich an den Anforderungen der länderübergreifend verbindlichen Bildungsstandards orientiert. Lernstandserhebungen werden nicht benotet und sind nicht Teil der Leistungsbewertung.

2.

Zentrale Lernstandserhebungen werden durchgeführt

a) in Klasse 3 der Grundschule in Deutsch und Mathematik mit dem bundesweiten Verfahren VERA 3,
b) in Klasse 5 der auf der Grundschule aufbauenden Schularten in Deutsch und Mathematik mit dem Verfahren Lernstand 5,
c) in Klasse 8 der auf der Grundschule aufbauenden Schularten in Deutsch und Mathematik sowie in einer Fremdsprache mit dem bundesweiten Verfahren VERA 8. Die Gesamtlehrerkonferenz entscheidet, in welcher Fremdsprache die Lernstandserhebung durchgeführt wird. Die Haupt-

schulen / Werkrealschulen, Realschulen und Gemeinschaftsschulen setzen die Testheftversion I und die Gymnasien die Testheftversion II ein.

3.

Die Ergebnisse der Lernstandserhebungen werden mit den Schülerinnen und Schülern, Erziehungsberechtigten und in den zuständigen Lehrer- bzw. Lerngruppenkonferenzen besprochen. Auf Wunsch werden die Lernstandserhebungen nach ihrer Auswertung den Schüler/innen zum Verbleib mitgegeben.

4.

Die Termine der Lernstandserhebungen werden vom Kultusministerium festgelegt.

Hinweis der Redaktion: Für die Durchführung der Lernstandserhebungen steht den Schulen ein landeseigenes Online-Portal zur Verfügung: www.lernstandserhebungen-bw.de.

⇨ Grundschule (Leistungsbeurteilung GS und SBBZ)⇨ Lernstandserhebungen (Termine); ⇨ Notenbildungsverordnung

Lernstandserhebungen (Termine Schuljahr 2021/22)

Terminübersicht für die allgemeinbildenden Schulen im Schuljahr 2021/2022;
Bekanntmachung des KM vom 20. Januar 2021 (K.u.U. S. 61/2021) sowie vom 27. April 2021 (K.u.U. S. 81/2021)

Grundschule (VERA 3 - Klasse 3)

Deutsch – Lesen:	Freitag, 6. Mai 2022
Deutsch – Orthografie:	Dienstag, 10. Mai 2022
Mathematik:	Donnerstag, 12. Mai 2022

Sekundarstufe I: Hauptschule/Werkrealschule, Realschule, Gemeinschaftsschule, Gymnasium (VERA 8 – Klasse 8)

Deutsch:	Freitag, 18. März 2022
Fremdsprache:	Montag, 21. März 2022
Mathematik:	Mittwoch, 23. März 2022

Lernstand 5 (Klasse 5, Deutsch und Mathematik) in der Sekundarstufe I (Werkrealschule/Hauptschule, Realschule, Gemeinschaftsschule, Gymnasium)

Zeitfenster für die Durchführung (zweite und dritte Schulwoche nach den Sommerferien):

19. September 2022 bis 30. September 2022

⇨ Lernstandserhebungen; ⇨ Notenbildungsverordnung § 9 Abs. 5

Lese-Rechtschreibschwäche und Rechenschwäche

Informationen der Redaktion zur Rechtslage und zur Verwaltungspraxis in Baden-Württemberg

Für die schulische Förderung der Betroffenen sowie für den „Nachteilsausgleich" bei Bestehen einer Lese-Rechtschreibschwäche (LRS / Legasthenie) bzw. einer Rechenschwäche (Dyskalkulie) hat das Kultusministerium in seiner Verwaltungsvorschrift ⇨ Behinderungen (Förderbedarf) unter Ziff. 2.2 und Ziff. 2.3.2 Regelungen getroffen.

Die Vorschrift ermöglicht es (Ziff. 2.3.1), bei einem verzögerten Schriftspracherwerb in den unteren Klassen im Lesen und Rechtschreiben – auch in den Fremdsprachen – von der Notengebung und damit von dem für alle geltenden Anforderungsprofil in Grenzen abzusehen und mehr auf die individuellen Fortschritte des einzelnen Schülers abzustellen.

Außerdem ist – auch bei einer Rechenschwäche – ein Nachteilsausgleich möglich, z.B. Anpassung der Arbeitszeit, die Nutzung von besonderen technischen oder didaktisch-methodischen Hilfen, veränderte Gewichtung der schriftlichen, mündlichen und praktischen Leistungen im Einzelfall usw.

Stichwort: Klassenarbeiten am ersten Schultag?

Nur für die Klassen 1 bis 4 hat das KM ausdrücklich verfügt, dass Klassenarbeiten nach Sonn- und Feiertagen und am ersten Schultag nach einem zusammenhängenden Ferienabschnitt unzulässig sind.

⇨ Grundschule (Leistungsbeurteilung GS und SBBZ) § 2

Aus § 8 Abs. 1 der ⇨ Notenbildungsverordnung. ergibt sich aber für alle anderen Schularten ein faktisches Verbot: *„Klassenarbeiten geben Aufschluss über Unterrichtserfolg und Kenntnisstand einer Klasse und einzelner Schüler und weisen auf notwendige Fördermaßnahmen hin. Sie können daher in der Regel nur nach Abschluss einer Unterrichtseinheit, d.h. nach den Phasen der Erarbeitung, Vertiefung, Übung und Anwendung angesetzt werden. Klassenarbeiten sind in der Regel anzukündigen."* Demnach müssen Klassenarbeiten in aller Regel vor den Ferien und dürfen nicht erst am Tag danach geschrieben werden, denn die Unterrichtseinheit ist entweder vor den Ferien abgeschlossen (dann ist es pädagogisch fragwürdig, eine Ferienpause bis zur Überprüfung einzulegen) oder sie erstreckt sich bis in die Zeit nach den Ferien (dann kann am ersten Tag nach den Ferien noch kein „Abschluss" erreicht sein und erst danach wäre die Klassenarbeit sinnvoll).

Zu diesen Fragen kann im Übrigen die Gesamtlehrerkonferenz „ergänzende Regelungen" (mit bindender Wirkung für alle Lehrkräfte der Schule) beschließen.

⇨ Notenbildungsverordnung § 2 Abs. 1

Medikamentenabgabe an Schulen

Verabreichung von Medikamenten bei chronischen Krankheiten in Schulen: Verwaltungsvorschrift des Kultusministeriums vom 4. Februar 2013 (K.u.U. S. 35/2013)

I. Allgemeine Grundsätze

1.

Die Schule hat aufgrund ihres Erziehungs- und Bildungsauftrages eine Fürsorgepflicht gegenüber den Schülern, so dass sie bei Unfällen oder in Notfällen auch ohne Rücksprache mit den Eltern eine erste Hilfe leisten und eine medizinische Versorgung veranlassen muss.

Es wird von medizinischer Seite darauf hingewiesen, dass manche Krankheiten zu einer Bewusstlosigkeit führen können, die ein schnelles Eingreifen noch vor Eintreffen des Notarztes notwendig werden lässt, so bei Diabetes, manchen Allergien oder bei Epilepsie. In solchen Fällen gilt das Prinzip, dass die Schule die Verantwortung übernehmen kann, die auch den Eltern als medizinischen Laien übertragen wird. Voraussetzung ist aber hier eine genaue schriftliche Anweisung seitens der Eltern und des Arztes, die auch die Aussage enthält, dass das Eintreffen des Notarztes nicht abgewartet werden kann.

2.

Eine in Einzelfällen notwendige ständige medizinische Versorgung mit Medikamenten, eine Überwachung der Medikamenteneinnahme oder eine ständige Kontrolle, ob eine Medikamentenverabreichung nötig ist, ist keine eigenständige Aufgabe der Schule. Soweit die Schule außerhalb von Unfällen oder Notfällen im medizinischen Bereich tätig wird, handelt sie nicht kraft ihres eigenständigen Erziehungs- und Bildungsauftrages, sondern im Auftrag der Eltern. Die Erfüllung eines solchen elterlichen Auftrages steht aber im Zusammenhang mit dem Erziehungs- und Betreuungsauftrag der Schule.

Im Gesundheitsrecht gilt der Grundsatz, dass Medikamente nur von medizinischen Fachkräften oder von den Personensorgeberechtigten verabreicht werden dürfen. Letztere können allerdings ihr Sorgerecht delegieren, so auch an die Schule. Daher ist eine Medikamentenverabreichung, eine Überwachung der Medikamenteneinnahme oder eine ständige Kontrolle, ob eine Medikamenteneinnahme nötig ist, durch die Schule zwar möglich, aber nur unter der Voraussetzung, dass der Auftrag der Eltern und eine Anweisung des Arztes vorliegen. Aus Gründen der Rechtssicherheit sieht die Schule hierfür die Schriftform vor.

3.

Die Schulen verfügen in der Regel nicht über medizinische Fachkräfte. Als medizinische Laien können die Lehrkräfte nur in den nachstehend beschriebenen Grenzen entsprechende Aufträge der Eltern annehmen:

a. Die Schule wird nur subsidiär tätig, d.h. nur, soweit die Medikamentenverabreichung durch die Eltern vor Unterrichtsbeginn oder nach Unterrichtsende nicht ausreicht und soweit die Schüler wegen ihres Alters oder wegen einer körperlichen oder geistigen Behinderung hierzu nicht selbst in der Lage sind. Für die Beschaffung der Medikamente bleiben die Eltern verantwortlich.

b. Die Schule wird nur im Rahmen der Zumutbarkeit tätig. Hierzu gehört, dass die Schüler selbst die Medikamentenverabreichung durch die Lehrkraft akzeptieren.

c. Die Schule wird nur im Rahmen der Möglichkeiten von medizinischen Laien tätig. Hier muss die Schule auf die unterschiedlichen Fähigkeiten der Lehrkräfte Rücksicht nehmen, auch auf das unterschiedliche Maß dessen, was sich die Lehrkräfte im medizinischen Bereich ggf. nach einer Fortbildung persönlich zutrauen.

Hinweis der Redaktion: Lehrkräfte können zwar nicht verpflichtet werden, kranken Schüler*innen während des Aufenthaltes in der Schule regelmäßig Medikamente zu verabreichen. Das Sozialgericht Dresden (2.7.2019, S 47 KR 1602/19 ER) stellte aber fest, dass sie Kindern, bei denen es gelegentlich unvorhersehbar zu lebensgefährlichen Zuständen kommen kann (beispielsweise Epilepsiepatienten oder Allergiker), in Notsituationen solche Medikamente geben müssen, die auch von medizinischen Laien angewandt werden können.

4.

Unter Berücksichtigung der in den Nummern 1 bis 3 formulierten Hinweise und Grenzen gilt unbeschadet der besonderen Regelung in Fällen von Diabetes (siehe unten II.) für die Medikamentenverabreichung Folgendes:

a. Generell kann von der Schule erwartet werden, dass sie Medikamente in Form von Tabletten, von Tropfen oder von einer Flüssigkeit oral verabreicht, wenn die Dosierung vom Arzt festgelegt und immer die gleiche ist.

b. Wenn mit der Verabreichung eine kleine medizinische Verrichtung verbunden ist (z.B. Augentropfen, Ohrentropfen), kann dies von einer einzelnen Lehrkraft gegen ihren Willen nicht verlangt werden.

c. Medikamentenverabreichungen, die in der Regel von Ärzten oder ärztlichem Hilfspersonal vorgenommen werden (z.B. das Verabreichen von Spritzen, außer in Notfällen, vgl. oben Ziff. 1 Absatz 2), dürfen von der Schule nicht durchgeführt werden. Es kann von der Schule auch nicht gefordert werden, dass umfangreiche oder sich nach dem akuten Gesundheitszustand des Schülers richtende Dosierungen vorgenommen werden. Hat die Schule Zweifel, ob sie eine schwierige Medikamentenverabreichung vornehmen kann, lässt sie sich eine Bestätigung des behandelnden Arztes vorlegen.

d. Der Schulleiter legt fest, wer von den Lehrkräften für die Verabreichung der Medikamente im Einzelfall verantwortlich ist, und regelt hierfür die Vertretung.

e. Sieht sich die Schule nicht in der Lage, im Einzelfall eine Medikamentenverabreichung weiterzuführen oder weiterhin zu überwachen, unterrichtet sie unverzüglich die Eltern.

II.
Besonderheiten bei Diabetes

1.
Medizinische Ausgangslage

Im Falle eines Diabetes produziert der Körper zu wenig Insulin. Insulin ist ein in der Bauchspeicheldrüse hergestelltes Hormon, ein chemischer Schlüssel, der den Blutzucker reguliert.

Eine Unterzuckerung liegt vor, wenn der Blutzuckerspiegel unter den Normalwerten liegt. In solchen Fällen muss der Diabetiker Nahrung aufnehmen, Traubenzucker oder süßer Fruchtsaft verschaffen eine schnelle Abhilfe. Ist wegen Unterzuckerung Bewusstlosigkeit' eingetreten, kann eine in der Regel vom Notarzt zu gebende Glukagonspritze Abhilfe schaffen. Eine Unterzuckerung ist für den Diabetiker gefährlich, in seltenen Ausnahmen auch lebensgefährlich.

Eine Überzuckerung liegt vor, wenn der Blutzuckerspiegel über den Normalwerten liegt. Sie ist ebenfalls, vor allem in Bezug auf die Langzeitfolgen, gefährlich, bei sehr hohen Blutzuckerspiegeln lebensgefährlich. Diabetiker müssen daher nach einem vom Arzt aufzustellenden und in bestimmten zeitlichen Abständen zu überprüfenden Plan dem Körper regelmäßig Insulin zuführen. Die jeweils notwendige Insulinmenge kann dabei auch stark von der konkreten Situation abhängen, vor allem von den körperlichen Aktivitäten. Auch eine infektiöse Krankheit kann einen Mehrbedarf an Insulin auslösen.

Daher sind Blutzuckermessungen notwendig. Hierzu wird mittels eines besonderen Gerätes („Stechhilfe“) aus dem Finger ein Tropfen Blut entnommen, der auf ein Teststäbchen aufgetragen wird, an Hand dessen mittels des Blutzuckertestgerätes der Blutzuckergehalt bestimmt wird.

Die notwendige Menge an Insulin setzt wegen ihrer Abhängigkeit von der konkreten Situation eine Einschätzung voraus und kann nicht rein arithmetisch an Hand der gemessenen Blutzuckerhöhe bestimmt werden. Eine überhöhte Zufuhr von Insulin löst beim Diabetiker eine (massive) Unterzuckerung aus.

Um das notwendige Insulin dem Körper zuzuführen werden in der modernen Praxis zwei Methoden angewandt:

a.
Insulinpumpe

Die Insulinpumpe führt dem Körper über eine subkutan (unter der Haut) angebrachte Kanüle kontinuierlich Mengen an Insulin zu und ist insofern gegenüber den herkömmlichen mehrfachen Injektionen pro Tag praktikabler. Ihre sachgerechte Anwendung setzt Folgendes voraus:

- Eine Blutzuckermessung, die von Kindern und Jugendlichen mit Diabetes bei Schuleintritt selbst oder von Lehrkräften durchgeführt werden kann. Bei Einhaltung der Hygieneanforderungen ist sie ungefährlich. Auf der Grundlage des Ergebnisses wird dann die abzugebende Insulinmenge an der Insulinpumpe eingestellt. Die Pumpe selbst kann dies nicht leisten, weil es um eine Einschätzungsfrage, nicht um eine Umrechnung des Blutzuckertestergebnisses in die dem Körper zuzuführende Menge an Insulin geht. Die Einschätzung hängt von der Person des Kindes oder Jugendlichen und von den in der Schule geplanten Aktivitäten (Sport, Wandertag, Stress usw.) ab und setzt Erfahrung z.B. auf der Grundlage einer Fortbildung voraus.
- In der Regel können die Schüler diese Einschätzung selbst leisten. Dies gilt aber nicht für jüngere Grundschüler (ohne Zahlenkenntnis) und für Schüler mit eingeschränkten intellektuellen Fähigkeiten. Auch kann es in Fällen der Unterzuckerung zu Notfällen, ggf. auch Bewusstlosigkeit kommen, so dass sich der betroffene, ansonsten nicht hilfebedürftige Schüler nicht selbst helfen kann (vgl. hierzu oben I. Ziff. 1 Absatz 2).

b.
Mehrfache tägliche Injektionen

Nach der herkömmlichen Methode erhalten die Schüler vor dem Schulbesuch zu Hause von ihren Eltern oder von sich selbst eine Injektion, die sich nach dem von dem behandelnden Facharzt aufgestellten Plan richtet. In der Schule sind dann Blutzuckermessungen notwendig, um zu entscheiden, ob die Zuführung von Traubenzucker, anderen Nahrungsmitteln oder von Insulin notwendig ist.

Für die Zuführung von Insulin sind sog. „Pens“ entwickelt worden, die einer Spritze nicht mehr ähnlich sehen, sondern einem Füller mit Insulinpatrone. Das macht die Verabreichung von Insulin weniger „spektakulär“. Die „Pens“ sind aber Spritzen gleichzusetzen.

2.
Folgerungen

a. Ein an Diabetes erkrankter Schüler hat einen verfassungsrechtlichen Anspruch auf Aufnahme in eine seiner Begabung entsprechende Schule.

b. Alle Lehrkräfte müssen informiert werden, wenn ein an Diabetes erkrankter Schüler in die Schule aufgenommen wurde und sie müssen wissen, dass es Anzeichen einer Unterzuckerung gibt, die individuell unterschiedlich sein können (Schwitzen, Blässe, Zittern, Müdigkeit, Schwäche, Heißhunger, ungewohnte Unaufmerksamkeit und Zerstreutheit, krakelige Schrift, plötzliche Wesensänderung wie Aggressivität, Weinerlichkeit, Alberei, besonders starke Anhänglichkeit). Die Schulen werden gebeten, dass sich im Falle eines Diabetes zumindest zwei Lehrkräfte des Kollegiums fortbilden. Dies gilt insbesondere für Lehrkräfte, welche die Verantwortung für körperliche Tätigkeiten der Schüler haben. Die Fortbildung dauert mindestens 3 Stunden, bei Pumpentherapie ist ein längerer Zeitraum anzusetzen.

c. Mit den Eltern muss eine Rufbereitschaft vereinbart werden. Auch muss insbesondere bei außerunterrichtlichen Veranstaltungen gewährleistet sein, dass jederzeit der Notarzt angerufen werden kann.

d. Diabetische Schüler dürfen jederzeit, auch während des Unterrichts, eine Blutzuckermessung durchführen und Nahrung aufnehmen.

e. Wie auch sonst in Fällen des Nachteilsausgleichs kann die Lehrkraft die Probleme von Diabetes und die damit notwendigen besonderen Ausnahmen für die betroffenen Schüler mit der Klasse besprechen.

f. Wenn Eltern ihre Kinder mit Insulinpumpe in die Schule schicken, gehört es grundsätzlich zu ihrer Ausstattungspflicht nach § 85 SchG, dafür zu sorgen, dass das Gerät auch sachgemäß bedient wird. Hierzu bietet sich an:
   - der Schüler lernt selbst, das Gerät zu bedienen,
   - die Eltern kommen regelmäßig in die Schule, um das Gerät situationsangemessen einzustellen,
   - der Arzt verordnet insoweit eine Behandlungspflege nach Nr. 11 der Richtlinien des Bundesausschusses der Ärzte und Krankenkassen über die Verordnung von „häuslicher Krankenpflege."

g. Es kann keiner Lehrkraft gegen ihren Willen zugemutet werden, mittels der Stechhilfe Blut aus dem Finger (vgl. oben Ziff. 1) abzunehmen. In aller Regel können dies die Schüler allerdings selbst leisten.

h. Es kann auch keiner Lehrkraft gegen ihren Willen zugemutet werden, die Insulinpumpe zu bedienen. Auch auf freiwilliger Grundlage kann eine Lehrkraft die Verantwortung für die sachgerechte Bedienung der Insulinpumpe nur dann übernehmen, wenn sie die hierfür notwendige Sachkunde hat, die sie in der Regel durch eine entsprechende Fortbildung erhält. Die Schule klärt mit den Eltern, wer diese Fortbildung anbieten kann. Gegebenenfalls kommt auch eine Vermittlung durch eine fachlich geeignete Krankenhausschule in Betracht.

i. Um bei der Bedienung der Insulinpumpe einem Schüler die Menge der zuzuführenden Menge als zutreffend zu bestätigen, müssen die oben in Buchstabe h aufgeführten Voraussetzungen erfüllt sein. Allerdings kann die Lehrkraft auch ohne diese Voraussetzungen eine Teilverantwortung insoweit übernehmen, indem sie den Schüler daran erinnert, den Blutzucker zu messen und die Insulinpumpe zur Abgabe von Insulin zu veranlassen.

III.
Haftungsregeln

Lehrkräfte, welche entsprechend den Maßgaben nach Abschnitt I und II Medikamente verabreichen oder die Insulinpumpe bedienen sind gemäß §§ 104 SGB VII vor Schadensersatzansprüchen wegen eines Personenschadens geschützt. Erleiden hierbei Schüler einen weiteren neuen Körperschaden, sind sie durch die gesetzliche Unfallversicherung gemäß § 2 Abs. 1 Nr. 8 b SGB VII abgesichert. Die Lehrkräfte sind in solchen Fällen von der direkten Haftung gegenüber dem Geschädigten freigestellt. Durch das sog. „Haftungsprivileg" in der gesetzlichen Unfallversicherung nach §§ 104 ff SGB VII sind Ansprüche von Schülern gegen Lehrkräfte für Körperschäden ausgeschlossen, die während des Besuchs der Schule verursacht werden. Auch Schmerzensgeldansprüche nach § 253 Abs. 2 BGB (neu) sind durch die Regelungen der §§ 104 ff SGB VII ebenso ausgeschlossen wie Amtshaftungsansprüche gegen das Land.

Das „Haftungsprivileg" wirkt nicht bei vorsätzlichen Handlungen und ist abhängig von der Anerkennung des schädigenden Vorfalls als Arbeitsunfall im Sinne des § 8 SGB VII durch den gesetzlichen Unfallversicherungsträger.

Bei vorsätzlichem und grob fahrlässigem Handeln der Lehrkraft besteht zudem ein Ersatzanspruch des Trägers der gesetzlichen Unfallversicherung nach § 110 SGB VII gegen die Schadensverursacher. Der Träger der gesetzlichen Unfallversicherung kann auf den Ersatzanspruch ganz oder teilweise verzichten (§ 110 Abs. 2 SGB VII).

➪ Aufsichtspflicht; ➪ Erste Hilfe; ➪ Haftung und Versicherung

Stichwort: Was tun beim Zeckenstich?

Die in der Verwaltungsvorschrift ➪ Medikamentenabgabe an Schulen beschriebenen Grundsätze für die Handlungen von Lehrkräften bzw. Schulpersonal im medizinischen Bereich gelten auch bei der ersten Hilfe im Fall von Zeckenstichen.

➪ Erste Hilfe

Die Deutsche Gesetzliche Unfallversicherung (DGUV) hat in Heft 1/2017 ihrer Zeitschrift „pluspunkt", die allen Schulen zugeht, die Maßnahmen zusammengestellt, die von der Schule im Vorgriff eingeleitet werden sollten, um im Fall eines Zeckenstichs (beispielsweise bei einem Schulausflug, auf dem Schulhof usw.) handeln zu können. Dazu gehört auch ein Formular, mit dem im Vorgriff das Einverständnis der Erziehungsberechtigten zur Entfernung einer Zecke durch Lehrkräfte oder das fachkundige Schulpersonal (z.B. den Hausmeister) eingeholt werden kann.

Allen Schulen ist zu empfehlen, dieses Merkblatt an die Eltern auszugeben und deren Einverständniserklärungen abrufbereit zu archivieren, damit sie im konkreten Fall sofort handeln können. Das Verfahren sollte in einer Gesamtlehrerkonferenz erörtert und auch mit dem Elternbeirat besprochen werden.

Die Zeitschrift ist abrufbar unter www.dguv-lug.de/magazin-dguv-pluspunkt/archiv/2017.

Mehrarbeit (Allgemeines)

Informationen der Redaktion zur Rechtslage und zur Verwaltungspraxis in Baden-Württemberg

I.
Unterrichtsausfall und Mehrarbeit

Zu Schuljahresbeginn ist in aller Regel die Unterrichtsversorgung nicht vollständig gewährleistet. Zudem treten im Lauf des Schuljahres ständig Ausfälle auf (in über 50 % wegen der Erkrankung von Lehrkräften, außerdem z.B. wegen Lehrerfortbildung, Teilnahme an dienstlichen Veranstaltungen, Prüfungen oder außerunterrichtlichen Veranstaltungen, wegen Mutterschutz sowie wegen des Übergangs in Teilzeit, Elternzeit oder Urlaub nach der Geburt von Kindern, Todesfällen usw.).

In diesem Fall müssen von der Schulleitung, der gem. § 41 SchG die Verteilung der Lehraufträge, die Aufstellung der Stunden- und Aufsichtspläne sowie die Anordnung von Vertretungen obliegen, Ausgleichsmaßnahmen getroffen werden.

Zum Ersatz ausgefallener Lehrkräfte hat das KM eine „Lehrerreserve" eingerichtet. Ihr Umfang und das Verfahren beim Einsatz sind im ➪ Organisationserlass (Nr. 1.4) beschrieben. Ferner können befristet ➪ Vertretungslehrkräfte eingestellt werden.
➪ Nebenamtliche/nebenberufliche Lehrkräfte

Beide Maßnahmen reichen aber bei weitem nicht aus, um die Ausfälle abzudecken. Das KM hat deshalb im Organisationserlass (Nr. 1.6) u.a. verfügt:

Bei Ausfällen von Lehrkräften während des Schuljahres muss vorrangig der Pflichtunterricht erfüllt werden. Erforderlichenfalls sind dazu die über den Pflichtbereich hinausgehenden Unterrichtsangebote zu kürzen. – Besondere Verantwortung tragen die Schulen für Maßnahmen bei kurzfristigen Ausfällen. Dabei ist vor allem die Einhaltung der Unterrichtszeiten im Rahmen der Verlässlichen Grundschule und in der Grundschulstufe der Sonderpädagogischen Bildungs- und Beratungszentren zu berücksichtigen. – Wenn zwingende dienstliche Verhältnisse dies erfordern, ist bei Lehrerausfällen vorrangig zu prüfen, ob diese Lücken durch Mehrarbeit ausgeglichen werden können. […]

II.
Rechtsgrundlagen für „Mehrarbeit" im Schulbereich

Rechtsgrundlage für die Anordnung oder Genehmigung von Mehrarbeitsunterricht – abgekürzt *„MAU"*, landläufig *„Überstunden"* – ist § 67 Abs. 3 LBG:

„Beamtinnen und Beamte sind verpflichtet, ohne Vergütung über die regelmäßige Arbeitszeit hinaus Dienst zu tun, wenn zwingende dienstliche Verhältnisse dies erfordern. Werden sie durch dienstlich angeordnete oder genehmigte Mehrarbeit mehr als fünf Stunden im Monat über die regelmäßige Arbeitszeit hinaus beansprucht, ist ihnen innerhalb eines Jahres für die über die regelmäßige Arbeitszeit hinaus geleistete Mehrarbeit entsprechende Dienstbefreiung zu gewähren; bei Teilzeitbeschäftigung vermindern sich die fünf Stunden entsprechend der Verringerung der Arbeitszeit. Ist Dienstbefreiung aus zwingenden dienstlichen Gründen nicht möglich, kann nach den Voraussetzungen des § 65 LBesGBW Mehrarbeitsvergütung gewährt werden."

Für Lehrkräfte im Schuldienst gilt als *„Bagatellgrenze"*, dass ihre Mehrarbeit drei Unterrichtsstunden im Kalendermonat übersteigt; es werden höchstens 288 Unterrichtsstunden im Kalenderjahr vergütet.
➪ Arbeitszeit (Lehrkräfte-ArbeitszeitVO); ➪ Beamtengesetz § 67 Abs. 3; ➪ Besoldungsgesetz (LBesGBW) § 65; ➪ Mehrarbeit (Vergütung)

Das Innenministerium BW erläutert dies so: *„Danach sind Beamtinnen und Beamte bei zwingenden dienstlichen Verhältnissen verpflichtet, ohne Vergütung über die regelmäßige Arbeitszeit hinaus Dienst zu leisten. Dies bedingt, dass es sich um ausnahmsweise und zeitlich begrenzt anfallende Sonderbelastungen handelt – mithin, dass es ‚brennt'. Es ist z.B. nicht zulässig, auf diese Weise längerfristig nicht ausreichendes Personal zu ersetzen. […]."* (Quelle: IM, 14.2.2011; AZ: 1-0300.1/38)

Diese Regelungen gelten auch für tarifbeschäftigte Lehrkräfte. ➪ Tarifvertrag-Länder (TV-L) § 44 i.V.m. § 6

Als Mehrarbeitsstunde gilt im Schuldienst die Unterrichtsstunde. Nach § 65 Landesbesoldungsgesetz kann eine Vergütung erhalten, wer *„im Schuldienst als Lehrkraft"* Mehrarbeit leistet, die schriftlich angeordnet oder genehmigt wurde und die aus zwingenden dienstlichen Gründen nicht durch Dienstbefreiung innerhalb von mindestens einem Jahr ausgeglichen werden kann. ➪ Besoldungsgesetz (LBesGBW) § 65

Zum Ausgleich bzw. zur Vergütung der Mehrarbeit von Lehrkräften siehe unten Abschnitt IV. Zur Vergütung siehe auch: ➪ Mehrarbeit (Vergütung).

Die Anordnung von Mehrarbeit, Bereitschaftsdienst (*„Präsenzpflicht"*) und Rufbereitschaft unterliegt der Mitbestimmung des Personalrats. Ferner besitzt hierzu die GLK ein allgemeines Empfehlungsrecht. Zu den Beteiligungsrechten siehe Nr. VII sowie ➪ Arbeitszeit (Lehrkräfte) Allgemeines Nr. 6; . ➪ Konferenzordnung § 2 Abs. 1 Nr. 9; ➪ Personalvertretungsgesetz (LPVG) § 74 Abs. 2 Nr. 4

III.
Erläuterungen zur Rechtslage

1.
Geltungsbereich

Diese Regelungen gelten für beamtete und tarifbeschäftigte Lehrkräfte im Landesdienst. Sollen sie auch an privaten Schulen gelten, ist dies durch Vertrag oder Dienstvereinbarung zu regeln.

2.
Was ist „Mehrarbeit" im Schulbereich?

Die Arbeitszeit der Lehrkräfte wird in Unterrichtsstunden gemessen (*„Unterrichtsverpflichtung"*). Nur Unterrichtsstunden, die über dieses „Deputat" hinaus geleistet werden, gelten als „Mehrarbeit". Die Lehrkräfte müssen die dem Dienstherrn/Arbeitgeber geschuldete Leistung zur Verfügung stellen. Sie haben deshalb nicht automatisch „frei", wenn ihre Klasse abwesend ist (z.B. im Schullandheim), sondern die Schulleitung kann ihnen in dieser Zeit Unterricht in einer anderen Klasse zuteilen. Dies ist jedoch keine „Mehrarbeit", sondern ein geänderter Einsatz im Rahmen der regelmäßigen Arbeitszeit. Es ist nicht zulässig, Ausfallstunden auf einem Stundenkonto als Minus-Stunden zu verbuchen und der Lehrkraft später mit der Begründung, sie habe die zu einem früheren Zeitpunkt geschuldete Leistung nicht erbracht, Mehrarbeit aufzuerlegen (siehe unten Abschnitt IV).

Wird eine Lehrkraft durch die Durchführung von außerunterrichtlichen Veranstaltungen (z.B. Schullandheimaufenthalt, Studienfahrt, Theaterbesuch) zusätzlich belastet, so ist dies rechtlich keine „Mehrarbeit". Teilzeitbeschäftigten Beamt*innen wird lediglich ein Anspruch auf „annähernden" (zeitlichen) Ausgleich der Mehrbelastung zugestanden

⇨ Teilzeit (Pflichten und Rechte)) Nr. 6

Im Arbeitnehmerverhältnis teilzeitbeschäftigte Lehrkräfte haben hingegen für ganztägige außerunterrichtliche Veranstaltungen außerhalb der Schule und mehrtägige Klassenfahrten/Schullandheimaufenthalte Anspruch auf Vergütung wie entsprechende vollbeschäftigte Lehrkräfte; siehe:

⇨ Außerunterrichtliche Veranstaltungen (Hinweise) Nr. 4

Ebenfalls keine „Mehrarbeit" im rechtlichen Sinne ist eine (zumutbare) Erschwerung der „normalen" Arbeitsbelastung. Ein Beispiel: Bei Ausfall einer Lehrkraft werden deren Schüler*innen vorübergehend auf andere Klassen verteilt. Unzumutbar ist dies, wenn der Klassenteiler überschritten wird oder Schülerarbeitsplätze fehlen. ⇨ Remonstrationspflicht

Wird die „normale" Arbeitsbelastung dauerhaft erhöht (beispielsweise durch die Übertragung einer doppelten Klassenlehreraufgabe oder durch die Häufung von sehr anspruchsvollen Lehraufträgen), besteht ggf. die Möglichkeit einer Anrechung aus dem Allgemeinen Entlastungskontingent.

⇨ Arbeitszeit (Lehrkräfte – VwV Anrechnungen) Nr. IV.1

Zu Aufsichtstätigkeiten siehe unten Abschn. VI Nr. 3.

Längerfristige Mehrarbeit gegen Vergütung bedarf der vorhergehenden Genehmigung bei GHWRGS-Schulen durch das Staatliche Schulamt, bei Gymnasien und beruflichen Schulen durch das Regierungspräsidium.

3. Was heißt „zwingende dienstliche Verhältnisse"? Minuskonten sind unzulässig

„*Mehrarbeit*" im Sinne von § 67 Abs. 3 LBG entsteht nicht erst beim Überschreiten der „*Bagatellgrenze*". Vielmehr muss die Schulleitung bei **jeder** Unterrichtsstunde, die einer Lehrkraft **zusätzlich** zum normalen Deputat auferlegt wird, sowie bei der Anordnung von „Bereitschaftsdienst" sorgfältig prüfen, ob tatsächlich ein „*zwingender dienstlicher Grund*" vorliegt, der die Anordnung „*erforderlich*" macht. Dazu hat das Bundesverwaltungsgericht festgestellt: „*Die Anordnung von Mehrarbeit ist [...] nur zulässig, wenn zwingende dienstliche Verhältnisse dies erfordern. Dies bedeutet, dass die Mehrarbeit dazu dienen muss, wichtige und unaufschiebbare dienstliche Aufgaben zu erledigen, die innerhalb der regelmäßigen Arbeitszeit nicht zu bewältigen sind. Diese Voraussetzung fehlt, wenn die Mehrarbeit des Beamten dazu dienen soll, in der Vergangenheit von ihm schuldlos nicht abgeleistete Arbeit nachzuholen, damit dem Besoldungsanspruch auch eine entsprechende Dienstleistung gegenübersteht*" (30.3.1992; BVerwG 2 B 27.92).

Deshalb ist zwar Mehrarbeit, die zum Ausgleich eines anderweitig nicht abdeckbaren Bedarfs geleistet wurde, mit einem späteren Unterrichtsausfall (z.B. wegen Abwesenheit einer Klasse) zu verrechnen; es ist jedoch unzulässig, die Unterrichtsverpflichtung im Vorgriff auf einen späteren Ausgleich zu erhöhen oder ausgefallene Unterrichtsstunden vorab auf einem „Minuskonto" zu verbuchen. Siehe hierzu Abschnitt IV Nr. 1. ⇨ Arbeitszeit (Minusstunden)

4. Wer darf und wer muss Mehrarbeit leisten?

Wie bei jeder Übertragung dienstlicher Aufgaben müssen Vorgesetzte auch bei Mehrarbeit im Rahmen ihres pflichtgemäßen ⇨ Ermessens prüfen,

- wer hierfür überhaupt infrage kommt; für bestimmte Personengruppen ist Mehrarbeit nicht oder nur eingeschränkt zulässig; insbesondere bei
  - schwangeren Lehrerinnen, Lehramtsanwärterinnen und Studienreferendarinnen,
    ⇨ Mutterschutz (Verordnung) § 35
  - Lehrkräften mit befristeten Arbeitsverträgen, oder in einer Wiedereingliederungsmaßnahme,
    ⇨ Arbeitszeit (Wiedereingliederung)
  - Schwerbehinderten (sie werden auf ihr Verlangen von Mehrarbeit freigestellt; dies gilt auch für „*Gleichgestellte*"; in den „Inklusionsvereinbarungen" ist überwiegend geregelt, dass dies für alle Lehrkräfte ab dem GdB 30 gilt).
    ⇨ Schwerbehinderung (Allgemeines); ⇨ Schwerbehinderung (Gesetz) § 151 § 207; ⇨ Schwerbehinderung (Inklusionsvereinbarung)
- wem diese Aufgabe am ehesten zugemutet werden kann (z.B. individuelle Belastung oder das Diskriminierungsverbot bei Teilzeitarbeit),
- ob die Gleichbehandlung und der Grundsatz von „*Schutz und Fürsorge*" gewahrt werden (es verbietet sich deshalb, einzelne Beschäftigte ohne sachlichen Grund übermäßig oder überhaupt nicht heranzuziehen oder die Bezahlung von Mehrarbeit planmäßig zu verhindern).
  ⇨ Beamtenstatusgesetz § 45

Grundsätzlich sind auch teilzeitbeschäftigte Lehrkräfte verpflichtet, bei „*zwingenden dienstlichen Verhältnissen*" Mehrarbeit zu leisten. Nach dem Chancengleichheitsgesetz sollen sie jedoch bei der Zumessung von „*teilbaren*" Dienstaufgaben (hierzu gehören Überstunden und Vertretungen) nur anteilig herangezogen werden. Keinesfalls dürfen Teilzeitbeschäftigte nur deshalb, weil sie leichter verfügbar sind, gegen ihren Willen in gleichem Maße wie Vollzeit-Lehrkräfte oder gar überproportional zu Mehrarbeit herangezogen werden. ⇨ Teilzeit (Pflichten und Rechte)

Bei mittel- oder langfristigem Bedarf sollte einer

zeitweisen Aufstockung des Teillehrauftrags der Vorzug vor der geringer vergüteten und nicht pensionswirksamen Mehrarbeit gegeben werden; auch die „unterjährige" Aufstockung von Teillehraufträgen ist zulässig. Beginnt die Deputatsaufstockung im dienstlichen Interesse vor dem 1. April, werden auch die Sommerferien mit erhöhtem Deputat bezahlt.

Im Vorbereitungsdienst/Referendariat ist die Anordnung von Mehrarbeit unzulässig. Lehrkräften im Vorbereitungsdienst kann jedoch nach Zustimmung des Seminars und des Personalrats über die Stunden hinaus, die im Rahmen der AusbildungsVO eigenständig abzuleisten sind, Unterricht genehmigt werden. Hierfür erhalten sie eine *„Unterrichtsvergütung"*.

⇨ Arbeitszeit (Lehramtsanwärter- und Referendar*innen);
⇨ Mehrarbeit (Anwärter*innen und Studienreferendar*innen)

IV.
Ausgleich von geleisteter Mehrarbeit

1.
Freizeit oder Vergütung?

Freizeitausgleich oder Vergütung sind nur für zusätzlich geleistete Unterrichtsstunden bzw. angeordneten „Bereitschaftsdienst" zulässig. Gesetzlich ist eine klare Rangfolge hierfür vorgegeben:

1. Bis zum Erreichen der *„Bagatellgrenze"* – im Schulbereich drei Unterrichtsstunden im (Kalender-)Monat, für Teilzeitbeschäftigte anteilig weniger, s.u. – erfolgt kein Ausgleich.
2. Sobald dieser Grenzwert im (Kalender-)Monat überschritten wird, erfolgt vorrangig ein Freizeitausgleich und zwar für alle in diesem (Kalender-)Monat geleisteten Mehrarbeitsstunden. Nach der Entscheidung des BVerwG (vom 17.11.2016, AZ: 2 C 21.15) zählt hierzu auch durch Bereitschaftsdienst entstandene Mehrarbeit. Siehe hierzu:
   ⇨ Arbeitszeit (Lehrkräfte) Allgemeines Nr. 6
3. Nur wenn in einem (Kalender-)Monat über die Bagatellgrenze hinaus Mehrarbeit geleistet wurde und hierfür nicht innerhalb von mindestens einem Jahr eine Dienstbefreiung möglich war, besteht ein Vergütungsanspruch, dann aber für alle in diesem Monat geleisteten und nicht durch Freizeit ausgeglichenen Mehrarbeitsstunden.

In der VwV zum Landesbesoldungsgesetz, Ziffer 65.2.3 letzter Abschnitt, ist vorgeschrieben: *„[...] Die Fälligkeit der Mehrarbeitsvergütung tritt nicht mit der Ableistung des Dienstes ein, sondern erst wenn feststeht, dass Mehrarbeitsvergütung zu gewähren ist, zum Beispiel wenn ein Freizeitausgleich nicht mehr möglich ist."*

Soweit überhaupt Mehrarbeit angeordnet werden muss (siehe hierzu Abschnitt V), ist sie also primär mit „Freizeit" zu verrechnen, z.B. wenn Unterricht aufgrund der Abwesenheit von Klassen (Schullandheimaufenthalte, Studienfahrten usw.) oder nach Abschlussprüfungen ausfällt. Im umgekehrten Fall (zeitlich fällt zuerst Unterricht aus und danach wird Mehrarbeit angeordnet), dürfen hingegen ausgefallene Stunden nicht mit nachfolgender Mehrarbeit verrechnet werden (siehe hierzu Abschnitt III Nr. 3). Sogenannte „Minuskonten" sind also unzulässig.

⇨ Arbeitszeit (Minusstunden)

Erfolgt der Freizeitausgleich in Form von Einzelstunden, so sollten diese stets vor oder nach dem regulären Unterricht der betroffenen Lehrkraft liegen („Randstunden") und nicht in Form von „Hohlstunden" erfolgen, denn dies wäre ein verkappter Bereitschaftsdienst und insofern keine „Freizeit".

Das Kultusministerium hat sich mehrfach deutlich ablehnend zu sogenannten Arbeitszeitkonten geäußert; z.B. hat es sich am 27.7.2005 (AZ: 14-0301.620/1303) dagegen ausgesprochen, *„dass an den Schulen Jahresarbeitszeitkonten, Verrechnungslisten oder Arbeitszeitblätter eingeführt werden"*, und an das allgemeine Empfehlungsrecht der GLK zu Arbeitszeitregelungen an der Schule erinnert (s.u. Teil VII). Arbeitszeitkonten können ohnehin an Schulen nicht geführt werden, da es hierfür keine Rechtsgrundlage gibt. ⇨ Konferenzordnung § 2 Abs. 1 Nr. 9

Da der Vergütungs- bzw. Freizeitanspruch je Kalendermonat besteht, muss jeder Monat mit Mehrarbeit einzeln betrachtet werden. Ein **Beispiel bei Vollzeit:**

Monat	Über die eigene Unterrichtsverpflichtung hinaus erteilter Unterricht (= Mehrarbeit)	Im eigenen Lehrauftrag entfallener Unterricht	Bagatellgrenze	Verbleibender Ausgleichs-/Vergütungsanspruch	**Saldo**
Sept	0	5	3	0	0
Okt	2	0	3	0	0
Nov	5	0	3	5	5
Dez	0	0	3	0	5
Jan	6	0	3	6	11
Feb	1	0	3	0	11
März	2	2	3	0	11
April	2	0	3	0	11
Mai	4	5	3	– 1	10
Juni	6	5	3	1	11
Juli	6	10	3	– 4	7

Auf das Schuljahr bezogen („Saldo" im Juli) verbleibt in diesem Beispielfall ein Ausgleichs- bzw. Vergütungsanspruch von 7 Unterrichtsstunden.

Beamtete Lehrkräfte sollen ihren Antrag auf Mehrarbeitsvergütung jeweils zum Schuljahresende vorlegen; das Landesamt bearbeitet aber auch „unterjährige" Anträge. Tarifbeschäftigte Lehrkräfte müssen ihren Anspruch auf Vergütung stets innerhalb von 6 Monaten nach Ableistung der vergütungspflichtigen Mehrarbeit geltend machen (tarifliche Ausschlussfrist); siehe: ⇨ Tarifvertrag –Länder (TV-L) § 37.

2.
Mehrarbeitsvergütung

Im Gegensatz zur Privatwirtschaft, wo es für Überstunden, soweit sie vergütet werden, einen Zuschlag auf das Gehalt gibt, liegt die Vergütung für Mehrarbeit bei Beamt*innen deutlich niedriger als das anteilige Gehalt. ⇨ Mehrarbeit (Vergütung)

Durch die MAU-Vergütung werden alle mit der Lehrtätigkeit verbundenen Aufgaben einer Lehrkraft abgegolten, insbesondere die Vor- und Nachbereitung des Unterrichts, die Teilnahme an Konferenzen und sonstigen schulischen Veranstaltungen sowie die Ausarbeitung, Abnahme und Bewertung von Leistungsnachweisen und Prüfungen.

a)
Teilzeitbeschäftigte Beamtinnen und Beamte

Bei teilzeitbeschäftigten Beamt*innen wird die Mindeststundenzahl („Bagatellgrenze") entsprechend dem Verhältnis der ermäßigten zur regelmäßigen Arbeitszeit angewandt. Hierfür einige **Beispiele**:

	Deputat	Berechnung		Grenze
A.	Deputat 14/28	3 Std. x 14/28	=	1,50 Std.
B.	Deputat 19/25	3 Std. x 19/25	=	2,28 Std.
C.	Deputat 27/28	3 Std. x 27/28	=	2,89 Std.
D.	Deputat 8,5/28	3 Std. x 8,5/28	=	0,90 Std.
E:	Deputat 9/26	3 Std. x 9/26	=	1,03 Std.

Wird die individuelle Grenze überschritten, so ist bereits die erste Stunde Mehrarbeit zu vergüten. In den Fällen A und E sind also ab der zweiten Überstunde alle im Kalendermonat erteilten MAU-Stunden zu vergüten, in den Fällen B und C alle ab der dritten, in Fall D alle ab der ersten Stunde.

(Quelle: KM, 8. Januar 2009; AZ: 14-0311.41/315)

Sobald die Summe von regulärem Unterricht plus Mehrarbeit das volle Deputat überschreitet, wird jede weitere MAU-Stunde wie die Mehrarbeit von Vollzeitbeschäftigten behandelt.

Beispiel: Eine Lehrkraft mit 27/28 Wochenstunden (Fall C) erteilt vier Überstunden im Kalendermonat. Alle vier Stunden werden zeitanteilig vergütet. Damit hat sie in diesem Kalendermonat das volle Deputat (28 WStd.) erreicht. Erteilt sie weitere Überstunden, werden die ersten drei, die das volle Deputat übersteigen, also die 5., 6. und 7. Überstunde im Kalendermonat, nicht vergütet. Mit der 8. Überstunde überschreitet sie die Bagatellgrenze für Vollzeitbeschäftigte (3 WStd./Kalendermonat); dann werden die ersten vier Stunden zeitanteilig und die folgenden vier wie „reguläre" Überstunden vergütet.

Die – zeitanteilige – Mehrarbeitsvergütung teilzeitbeschäftigter Beamt*innen wird individuell berechnet. Hierzu wird die Unterrichtsverpflichtung mit dem Faktor 4,348 multipliziert (dies ist die durchschnittliche Zahl der Wochen je Kalendermonat) und alle Bezügebestandteile, die bei Teilzeitbeschäftigung gekürzt werden (z.B. Strukturzulage, Familienzuschlag), in die Berechnung einbezogen.

Vereinfachtes Beispiel: Eine Lehrkraft mit einem Deputat von 27 Wochenstunden arbeitet in Teilzeit und hat daher hat Bruttobezüge in Höhe von 3.000,00 Euro/Monat. Die Rechnung lautet bei ihr:

3.000,00 Euro : (4,348 x 27) = 25,55 Euro.

Sie erhält also für jede zu vergütende Überstunde nicht die pauschale MAU-Vergütung, sondern individuell 25,55 Euro (falls die MAU-Vergütung im Einzelfall höher sein sollte, wird diese gezahlt).

⇨ Besoldungsgesetz § 65; ⇨ Mehrarbeit (Vergütung)

b)
Teilzeitbeschäftigte Arbeitnehmerinnen und Arbeitnehmer

Tarifbeschäftigte Lehrkräfte erhalten bei Überschreiten ihres Teilzeitdeputats ab der ersten Unterrichtsstunde bis zum vollen Deputat anteiliges Entgelt. Erst wenn ihre „Überstunden" den Vollzeitumfang überschreiten, gilt: MAU, wie bei den entsprechenden Beamten, sofern kein Freizeitausgleich erfolgt.

Bezahlte Mehrarbeit von Tarifbeschäftigten darf in der Arbeitsphase der Altersteilzeit die *„Geringfügigkeitsgrenze"* von 450 Euro (§ 8 SGB IV) nicht überschreiten, weil sonst der Anspruch des Arbeitgebers auf die Entgelt-Aufstockung durch die Arbeitsagentur ruht. Sobald dieser Anspruch mindestens 150 Tage ruht, wobei mehrere „Ruhenszeiträume" zusammenzurechnen sind, erlischt er sogar ganz.

V.
„Mehrarbeit" im Schulbereich vermeiden

1.
Maßnahmen beim Ausfall von Lehrkräften

Mehrarbeit ist nicht nur nach dem Willen des Gesetzgebers der letzte Ausweg, sondern sollte auch deshalb vermieden werden, weil jede Überstunde

- verschleiert, dass es zu wenige Planstellen gibt,
- die Einstellungschancen verringert,
- faktisch eine Erhöhung der ohnehin zu hohen Arbeitszeit der Lehrkräfte darstellt.

Es ist nicht Aufgabe der Schulleitung, den bestehenden Mangel an Planstellen durch die Mehrarbeit der vorhandenen Beschäftigten zu beheben.

Mehrarbeit sollte deshalb stets mit äußerster Zurückhaltung angeordnet oder genehmigt werden. Stattdessen sollten andere Maßnahmen zur Abdeckung von Ausfällen ergriffen werden. Schon aus Rechtsgründen muss die Schulleitung, bevor sie eine Überstunde anordnet, in jedem Einzelfall abwägen, ob nicht andere Möglichkeiten der Abhilfe gegeben sind. Dazu kann z.B. gehören, dass

- ein Ausfall durch andere Maßnahmen (z.B. klassenübergreifender Unterricht, Beaufsichtigung der Klasse durch eine benachbarte Lehrkraft usw.) behoben wird
- oder mangels Personals Unterricht ausfällt.

Tatsächlich spielt sich im Schulbereich – außer bei kurzfristig erforderlichen Notmaßnahmen, also wenn eine Lehrkraft überraschend ausfällt und kein Ersatz zur Verfügung steht – häufig ein anderer Vorgang ab als *„Mehrarbeit mit Freizeitausgleich"* bzw. gegen Bezahlung: Wenn eine Kollegin ausfällt und ihre Klasse deshalb unversorgt bliebe, nimmt die Schulleitung eine Änderung der Lehrauftragsverteilung und der Stundenpläne vor. Sie verteilt also das geminderte Stundenvolumen der Schule neu und weist andere Lehrkräfte an, in der verwaisten Klasse einen Teil des Unterrichts zu übernehmen. Dafür wird in anderen Klassen der Unterricht entsprechend gekürzt.

Die Schulleitung sollte hierbei sorgfältig auf eine rechtlich einwandfreie Formulierung achten. Die Anweisung an die Lehrkraft sollte lauten: *„Der Stundenplan für Klasse 4a und 4b wird ab morgen wie* *folgt geändert: ...“*. Dann handelt es sich um eine zeitweilige oder dauerhafte Neuverteilung der Arbeit bei unveränderter Arbeits- (= Unterrichts)-verpflichtung der beteiligten Lehrkräfte und nicht um Mehrarbeit.

Lautet die Anweisung jedoch: „Bitte halten Sie heute in Klasse 4a in der 5. Stunde zusätzlich eine Stunde Unterricht“, ohne dass zugleich eine Änderung des Stundenplans bzw. der Lehrauftragsverteilung erfolgt, so ist dies rechtlich die Anordnung von Mehrarbeit, denn das an der Schule vorhandene Unterrichtsvolumen wird um eine Stunde erhöht.

2.
Variables Deputat, „Bugwelle“ und Vorleistung

Die Anordnung von längerfristiger Mehrarbeit lässt sich auch durch

- die zeitweise Aufstockung von Teillehraufträgen,
- den variablen Einsatz der wöchentlichen Unterrichtsverpflichtung (das *„variable Deputat“)*,
- durch die ungleichmäßige Verteilung der wöchentlichen Unterrichtsverpflichtung oder
- durch eine freiwillige Vorgriffstunde

vermeiden. Alle diese Varianten sind rechtlich keine *„Mehrarbeit“*, sondern eine zeitweilige Deputatsänderung.

Durch das *„variable Deputat“* kann die Unterrichtsverpflichtung einer Lehrkraft um eine oder mehrere Stunden unter- oder überschritten werden; der Ausgleich ist spätestens im darauffolgenden Schuljahr vorzunehmen. ⇨ Arbeitszeit (Lehrkräfte – VwV Anrechnungen) Nr. II

In der Regel wird das *„variable Deputat“* als Aufstockung mit anschließender Rückgabe praktiziert. Es ist aber *„nicht gänzlich ausgeschlossen“*, dass eine Lehrkraft in einem Schuljahr im Umfang unterhalb ihres Deputats arbeitet und das entstandene Defizit im folgenden Schuljahr wieder ausgleicht. Eine solche „negative Bugwelle“ *(„Heckwelle“)* ist jedoch nach Möglichkeit zu vermeiden, soweit die Lehrkraft entsprechend ihres Deputats schulorganisatorisch und pädagogisch sinnvoll eingesetzt werden kann. Dies ist eingehend zu prüfen, wobei auch die Möglichkeiten einer effizienten, bedarfsgerechten Teilabordnung zu berücksichtigen sind. Ist eine „negative Bugwelle“ dennoch nicht zu umgehen, kann von dieser Gestaltungsvariante nur im Einvernehmen mit der betroffenen Lehrkraft Gebrauch gemacht werden. (Quelle: KM, 11.2.2016; AZ: 14-0301.620/1595)

Vor allem für berufliche Schulen und Gymnasien und nur für Pflicht- oder Wahlpflichtunterricht, gedacht ist die Möglichkeit der *„ungleichmäßigen Verteilung der wöchentlichen Unterrichtsverpflichtung“*. Dabei kann die Arbeitszeit über maximal zwei Schuljahre ungleichmäßig verteilt werden. Bereits zu Beginn ist ein verpflichtender schriftlicher Abbauplan erforderlich. Dieser soll sicherstellen, dass im Falle einer Verschiebung der Rückgabe aus dienstlichen Gründen der Zeitausgleich vollständig vor Beginn des Ruhestands erfolgt.
⇨ Arbeitszeit (Lehrkräfte-ArbeitszeitVO) § 2a

Weiterhin können Lehrkräfte bei dringendem dienstlichen Bedarf freiwillig ein Schuljahr lang eine *„Vorgriffstunde“* leisten, die im vierten darauffolgenden Jahr zurückgegeben wird. Auch hierfür muss die Schulleitung einen Rückgabeplan festlegen, der sonstige Anrechnungen, Ermäßigungen und Freistellungen auf die wöchentliche Unterrichtsverpflichtung berücksichtigt. Dieser muss von der zuständigen Schulaufsichtsbehörde genehmigt werden.
⇨ Arbeitszeit (Lehrkräfte-ArbeitszeitVO) § 3

VI.
Empfehlungen zum Umgang mit Mehrarbeit

Falls die Anordnung von *„Mehrarbeit“* unvermeidbar ist, weil ein vorübergehender, durch andere Maßnahmen nicht behebbarer, kurzfristiger Bedarf besteht, wenn also beispielsweise die Kinder auf dem Schulhof stehen und man sie nicht einfach nach Hause schicken kann, weil sich dies vom Alter der Schüler*innen her oder wegen des Schulbus-Fahrplans verbietet, sollten die Schulleitungen Folgendes beachten (siehe auch Abschnitt V).

1.
Vergütung hat Vorrang

Es gibt keine Vorschrift (auch keine Erwartung des KM), vor der Anordnung von Überstunden gegen Vergütung zunächst im Kollegium reihum „kostenlose“ Überstunden einzufordern. Das KM hat z.B. anlässlich der Einführung der *„verlässlichen Grundschule“* empfohlen, *„von der Möglichkeit der bezahlten Mehrarbeit verstärkt Gebrauch zu machen“* (16.3.2000, AZ: 32-6662.01/366), und damit klargestellt, dass es keinen Druck auf die Schulleitungen ausüben will, unbezahlte Mehrarbeit zu forcieren; vielmehr soll Mehrarbeit, wenn sie dienstlich zwingend notwendig (und damit zulässig) ist und sofern kein Zeitausgleich möglich ist, vergütet werden. Diese grundsätzliche Haltung des KM hat sich seitdem nicht geändert.

Wenn sie aus zwingenden dienstlichen Gründen Mehrarbeit anordnen muss, sollte die Schulleitung dafür sorgen, dass die betroffenen Lehrkräfte – deren Einverständnis vorausgesetzt – dann jeweils (mindestens) so viele Mehrarbeitsstunden im Kalendermonat erteilen, dass sie damit einen Anspruch auf Vergütung bzw. Freizeitausgleich erwerben.

Keinesfalls sollte die Schulleitung Lehrkräfte zu Vertretungs- oder Überstunden heranziehen und ihnen dann überlassen, die zusätzlichen Stunden auf eigene Faust „abzuhängen“ (also an anderer Stelle Unterricht einfach ausfallen zu lassen). Da die Regelung dieser Angelegenheit immer und in vollem Umfang Sache der Schulleitung ist, besteht angesichts der verstärkten Aufmerksamkeit der Öffentlichkeit, der Elternvertretungen und der Schulaufsicht die Gefahr, dass der einzelnen Lehrkraft eigenmächtiges und unzulässiges Handeln vorgeworfen wird und sie danach „im Regen steht“.

2.
Sorgfältig dokumentieren

Alle Anordnungen zur Arbeitszeit (Stundenplanänderungen usw.) sollten stets dokumentiert und bei den Akten der Schule aufbewahrt werden. Dies dient im Konfliktfall sowie bei der Überprüfung durch die Schulverwaltung dem Schutz der Lehrkräfte und der Schulleitung (ein unkorrekter Umgang mit Personalressourcen kann den Vorwurf eines Dienstvergehens nach sich ziehen). Dies gilt besonders für die Mehrarbeit: Deren Anordnung muss gemäß § 65 LBesGBW schriftlich erfolgen; ferner erfordert das Mitbestimmungsrecht der Personalvertretung die Schriftform. Dies sichert auch die Ansprüche der Lehrkräfte für den Fall, dass im laufenden Kalendermonat noch weitere Überstunden anfallen.

⇨ Personalvertretungsgesetz (LPVG) §§ 73 und 74 Abs. 1 Nr. 4. Siehe hierzu auch Abschnitt VII.

3.
Aufsicht und „Mitversehung"

Bei der Notversorgung verwaister Klassen wird bisweilen behauptet, *„Aufsichten"* müssten nicht ausgeglichen werden. Diese pauschale Aussage vermischt zwei unterschiedliche Arten von *„Aufsicht"*:

a)
Aufsicht ohne Unterrichtscharakter

Zur Arbeit der Lehrkräfte gehören viele Tätigkeiten mit *Aufsichts-*, aber ohne *Unterrichts*charakter, nämlich
- Arbeiten, die ohne besondere Anweisung zu erledigen sind, aber sich aus dem Erziehungsauftrag unmittelbar ergeben (beispielsweise wenn die Lehrkraft zur Schlichtung eines Streits auf dem Schulhof länger als vorgesehen in der Schule bleibt),
- Arbeiten, die ihnen aufgetragen werden, z.B.
  - Pausenaufsicht nach einem Aufsichtplan,
  - Prüfungsaufsicht im Rahmen von vorgeschriebenen Abschluss- oder Zwischenprüfungen,
  - vorübergehende Beaufsichtigung in der Nachbarklasse bei geöffneten Türen (das ist nur in einer akuten Notsituation zulässig und nur dann, wenn die für die Aufsichtsführung allgemein geltenden Grundsätze eingehalten werden können; deshalb scheidet eine *„Mitversehung"* in räumlich getrennten Gebäuden oder von *„Problemklassen"* in der Regel aus),
  - Aufsicht bei einem Schul- oder Sportfest.

Hierbei handelt es sich zwar jeweils um eine Mehrbelastung der Lehrkräfte, dies ist aber keine „Mehrarbeit" im rechtlichen Sinn. ⇨ Aufsichtspflicht

b)
Aufsicht mit Unterrichtscharakter

Werden Lehrkräfte hingegen über ihr Deputat hinaus zu *„Aufsichtsstunden"* in verwaiste Klassen geschickt, handelt es sich regelmäßig um die Anordnung von Mehrarbeit: Sobald die Lehrkraft nämlich mehr tun muss, als gelegentlich aus der Nachbarklasse oder dem Lehrerzimmer herüberzuschauen, ob kein Unfug getrieben wird, ist das nicht mehr *„Aufsicht"*, sondern *„Unterricht"*. Erhält eine Lehrkraft also den Auftrag, für eine abwesende Lehrkraft in deren Klasse bestimmte Tätigkeiten der Schüler*innen zu beaufsichtigen oder *„Gelegenheitsunterricht"* zu erteilen, so ist dies ein vollgültiger Unterricht; zur amtlichen Definition von *„Unterricht"* siehe den Hinweis bei ⇨ Arbeitszeit (Lehrkräfte-ArbeitszeitVO) § 2.

Wird hierfür kein Ausgleich gewährt, so ist dies der – unzulässige – Versuch, den Freizeitausgleich oder die Bezahlung von Mehrarbeit zu unterlaufen.

Auch das berufliche Selbstverständnis sollte Lehrkräften verbieten, bei Vertretungsunterricht bloße *„Aufsichtsperson"* zu sein. Sie sollten dies deshalb als Zumutung zurückweisen. ⇨ Remonstrationspflicht

4.
Hohlstundenpläne, Kooperationszeiten, Präsenzpflicht und Rufbereitschaften

Hierzu bitte den Beitrag ⇨ Arbeitszeit (Lehrkräfte) – Allgemeines sowie den Abschnitt VII beachten.

5.
Verlässliche Grundschule und Ganztagsschule

Mit der *„verlässlichen Grundschule"* und dem vermehrten Ganztagsbetrieb hat der Druck auf die Schulen zugenommen, den Stundenplan unter allen Umständen einzuhalten. Zur Sicherstellung der *„Verlässlichkeit"* können die Schulleitungen z.B. im Stundenplan eine „Doppelbelegung" vornehmen (parallele Ansetzung von Regelunterricht und Unterricht in kleineren Gruppen).

⇨ Grundschule (Verlässliche)

Die Belastung der Lehrkräfte hat dadurch deutlich zugenommen. Keinesfalls sollte der zunehmende Druck in Form einer Arbeitsverdichtung oder vermehrter Überstunden an die Lehrkräfte weitergegeben werden. Hier sollte das Kollegium nach verträglichen Lösungen suchen (siehe Abschnitt VII).

Ganztagsschulen bestreiten das außerunterrichtliche Programm auch mithilfe von außerschulischen Trägern. Beim Ausfall von deren Personal ist in der Regel kein Ersatz durch Mehrarbeit regulärer Lehrkräfte zulässig. In seinem Muster-Kooperationsvertrag stellt das KM hierzu fest: *„Der außerschulische Kooperationspartner ist dafür verantwortlich, dass die vertragsgemäße Aufgabenerledigung sichergestellt wird. Bei Erkrankung oder Verhinderung der eingesetzten Personen hat er die Schulleitung unverzüglich zu informieren sowie im Rahmen seiner Möglichkeiten geeignete Ersatzkräfte zu stellen. Sofern geeignete Personen nicht gestellt werden können, hat der Kooperationspartner die Schulleitung unverzüglich hiervon zu unterrichten. Kooperationspartner sollten immer Vertretungskräfte benennen können, damit das Ganztagsangebot stetig stattfinden kann. Ist dies im Ausnahmefall einmal nicht möglich, muss die Schule geeignete Maßnahmen für die betreffenden Schülerinnen und Schüler ergreifen (z.B. eine Vertretungskraft einsetzen)."* (Quelle: http://ganztagsschule-bw.de)

⇨ Ganztagsschulen (Allgemeines)

VII.
Beteiligungsrechte des Kollegiums und des Personalrats

Es ist an jeder Schule sinnvoll und notwendig, Regelungen für den kurzfristig und häufig auch überraschend eintretenden Ausfall von Lehrkräften zu treffen. Für solche Arbeitszeit- und Vertretungsregelungen muss eine auf die individuellen Bedingungen der einzelnen Schule passende Lösung gefunden werden, die sowohl die Interessen der Lehrkräfte berücksichtigt als auch einen ordentlichen Schulbetrieb ermöglicht.

Jede Regelung muss für die betroffenen Lehrkräfte unter Belastungs- und Gerechtigkeitsaspekten zumutbar sein. Zuständig für den Erlass solcher Regelungen ist die Schulleitung (§ 41 SchG). Sie muss dabei zwei Beteiligungsrechte der Lehrkräfte beachten:

1. Konferenzrecht

Nach der ➪ Konferenzordnung § 2 Abs. 1 Nr. 9 berät und beschließt die Gesamtlehrerkonferenz *„allgemeine Empfehlungen für die Verteilung der Lehraufträge und sonstiger dienstlicher Aufgaben, für die Aufstellung der Stunden- und Aufsichtspläne sowie für die Anordnung von Vertretungen, unbeschadet § 41 Abs. 1 Schulgesetz."*

Die GLK kann der Schulleitung z.B. empfehlen,

- alles zu tun, damit eine Arbeitsverdichtung (also eine über das reguläre Deputat hinausgehende Belastung der Lehrkräfte) vermieden wird,
- bei mittel- oder langfristigem Lehrerausfall stets bei der Schulverwaltung Ersatz (Krankheitsvertretung) anzufordern und dem „variablen Deputat" bzw. der Aufstockung von Teil-Lehraufträgen oder der (vorübergehenden) Neu-Festlegung der Lehraufträge und Stundenpläne den Vorrang vor der Anordnung von „Mehrarbeit" zu geben,
- vor der Anordnung von Mehrarbeit alle Vertretungs- und Überbrückungsmaßnahmen auszuschöpfen, z.B. Unterrichtsverlegung, Beaufsichtigung durch eine benachbarte Lehrkraft, Ausfall des Unterrichts usw.,
- keine Umgehungsstrategien zulasten der Lehrkräfte anzuwenden (z.B. keine „Aufsichtsstunden" anzuordnen, sondern stattdessen eine reguläre Unterrichts-Vertretung vorzusehen) sowie bei *„selbst organisiertem Lernen"*, *„Stillbeschäftigung"* oder ähnlichen Überbrückungsmaßnahmen eindeutig zu deklarieren, ob dies der Anwesenheit einer Lehrkraft bzw. einer Einweisung durch diese bedarf (also *„Unterricht"* = *„Mehrarbeit"* ist) oder ob es sich um die tatsächliche Selbstbeschäftigung der Schüler*innen ohne Lehrkraft handelt,
- falls sie dennoch Mehrarbeit anordnen muss,
  - Teilzeitbeschäftigte nur anteilig heranzuziehen (unterhälftig oder aus familiären Gründen Teilzeitbeschäftigte nur einvernehmlich),
  - auf die gleichmäßige Verteilung der Mehrbelastung auf die zur Verfügung stehenden Lehrkräfte zu achten; auf Wunsch soll den Betroffenen ermöglicht werden, dass sie durch Überschreitung der „Bagatellgrenze" einen Anspruch auf „Freizeitausgleich" oder auf Bezahlung erwerben,
  - vorzugsweise auf Lehrkräfte zurückzugreifen, die die Klasse, in der ausfallender Unterricht vertreten werden soll, selbst unterrichten,
- die Eltern und die Elternvertretung über die Unterversorgung an der Schule sachgerecht zu informieren, damit die Eltern bei der Schulverwaltung und in der Öffentlichkeit für die Belange der Schule eintreten können. ➪ Schulgesetz § 57

2. Personalvertretungsrecht

Die Anordnung von Mehrarbeit, Rufbereitschaft sowie von Bereitschaftsdienst unterliegt der Mitbestimmung des Personalrats. Die Schulleitung muss den PR vor der Anordnung *„vorhersehbarer"* Mehrarbeit von ihrer Absicht informieren und um Zustimmung bitten; als vorhersehbar gilt Mehrarbeit, wenn ihr Beginn mindestens drei Wochen entfernt ist. Für die Fälle der nicht vorhersehbaren Notwendigkeit von Mehrarbeit erstreckt sich die Mitbestimmung nur auf die Aufstellung von *„Dienstplänen"*.
➪ Personalvertretungsgesetz § 74 Abs. 2 Nr. 4 und Abs. 3.

Es ist sinnvoll und wird von der Schulverwaltung empfohlen, hierzu zwischen der „Dienststelle" und dem Personalrat Dienstvereinbarungen abzuschließen. An Gymnasien, beruflichen Schulen, Gesamtschulen sowie an Schulen mit Internat ist die einzelne Schule „Dienststelle". Hier besteht ein „örtlicher" Personalrat an der Schule; dieser kann durch sein Mitbestimmungsrecht gegen die Anordnung von Mehrarbeit tätig werden bzw. auf eine Reduzierung hinwirken. Für die GHWRGS-Schulen ist die „Dienststelle" das Staatliche Schulamt; schließt der für alle Schulen im Bereich des Schulamts zuständige Lehrkräfte-Personalrat mit diesem eine (Rahmen-) Dienstvereinbarung ab, so ist diese für alle Schulen im Bereich des Schulamts verbindlich. In zahlreichen Schulamtsbezirken gibt es inzwischen solche Rahmen-Dienstvereinbarungen, veröffentlicht sind sie in der Regel auf der Homepage des Personalrats.

In vielen Fällen besteht aufgrund dieser Rechtslage ein doppeltes Beteiligungsrecht des Kollegiums: Einmal ein grundsätzliches, empfehlendes Beschlussrecht der GLK und zweitens ein Mitbestimmungsrecht des vom Kollegium gewählten Personalrats. Eine Empfehlung der GLK liefe aber ins Leere, erfolgte sie erst nach der Beteiligung des Personalrats; zudem ist das Votum der Gesamtlehrerkonferenz eine wichtige Informationsgrundlage für dessen Entscheidung. Wir empfehlen deshalb, dass sich die GLK an jeder (!) Schule mit diesen Fragen beschäftigt und hierzu auch Beschlüsse fasst. Diese besitzen zwar nur empfehlenden Charakter; je einmütiger sie jedoch erfolgen, desto weniger kann sich die Schulleitung einem solchen Votum trotz ihres Letzt-Entscheidungsrechts entziehen. Denn sie ist vielfältig auf den guten Willen und die Einsatzbereitschaft des Kollegiums angewiesen – Zusammenarbeit ist keine Einbahnstraße! ➪ Konferenzen (Allgemeines)

Setzt die Schulleitung dieses Thema nicht von sich aus auf die Tagesordnung der GLK (das sollte jährlich einmal thematisiert und gegebenenfalls angepasst werden), so können dies auch die Lehrkräfte beantragen. ➪ Konferenzordnung § 12 Abs. 5 und 7

Existiert (noch) keine Dienstvereinbarung bzw. kein GLK-Beschluss und will die Schulleitung eine Regelung treffen, die der Mitbestimmung des Personalrats unterliegt (z.B. Einführung einer Rufbereitschaft oder eines „Hohlstundenplans"), so sollte sie ihre Absicht zunächst auf die Tagesordnung der GLK setzen und das Kollegium von ihren Absichten unterrichten.

Dies sollte in Schriftform und spätestens zusammen mit der Einladung zur GLK erfolgen. Da über die Konferenz eine Niederschrift gefertigt werden muss, dient dies auch der ordentlichen Protokollierung.

Nach der Beratung in der GLK fertigt die Schulleitung unter Berücksichtigung der GLK-Empfehlung die Endfassung der von ihr beabsichtigten Regelung und bittet den PR um Zustimmung.

- Stimmt der Personalrat zu, kann die Schulleitung die Regelung (schriftlich!) in Kraft setzen.
- Stimmt der PR nicht zu, so tritt sie nicht in Kraft oder es wird ein „Stufenverfahren" eingeleitet (Feststellung der Nichteinigung und Vorlage durch Personalrat oder Schulleitung beim RP. Das RP muss den Bezirkspersonalrat beteiligen.

Die Mitbestimmung des Personalrats kann durch eine GLK-Empfehlung nicht ersetzt werden, selbst durch einen einstimmigen Beschluss der Gesamtlehrerkonferenz nicht!

Die Schulleitung darf Mehrarbeit, „Präsenzpflichten" oder Rufbereitschaft ohne Zustimmung des Personalrats nicht anordnen. Tut sie es dennoch, sollten Betroffene umgehend Beschwerde gemäß § 70 Abs. 1 Nr. 4 LPVG beim Personalrat einreichen. Betroffene müssen (!) gegen diese rechtswidrige Anordnung *„remonstrieren"* (schriftlich Bedenken anmelden und sich gegebenenfalls an die Schulaufsicht wenden).

➪ Beamtenstatusgesetz § 36; ➪ Remonstrationspflicht

3. Personalversammlungen

Auch die Personalversammlungen haben das Recht, zur Arbeitsverteilung an der Schule Stellung zu nehmen. ➪ Personalvertretungsgesetz (LPVG) § 49 ff.

An Schulen mit eigenem Personalrat (z.B. Gymnasien, berufliche Schulen, Schulen mit Internat) kann die Personalversammlung den Willen des einzelnen Lehrerkollegiums, im Bereich der GHWRGS-Schulen mit schulübergreifendem Personalrat kann die Personalversammlung den Willen der Gesamtbelegschaft ausdrücken und damit den Personalrat unterstützen. Der Besuch der Personalversammlung ist im Gegensatz zur verpflichtenden GLK freiwillig. Beide Gremien sollten sich ergänzen; sie können einander jedoch nicht ersetzen.

➪ Arbeitszeit (Lehrkräfte) Allgemeines Nr. 6; ➪ Arbeitszeit (Lehrkräfte – VwV Anrechnungen); ➪ Arbeitszeit (Minusstunden) ➪ Außerunterrichtliche Veranstaltungen (Hinweise) Nr. 4; ➪ Beamtengesetz (LBG) § 67; ➪ Beamtenstatusgesetz § 36; ➪ Besoldungsgesetz (LBesGBW) § 65; ➪ Chancengleichheitsgesetz §§ 29 und 30; ➪ Ermessen; ➪ Grundschule (Verlässliche); ➪ Konferenzordnung § 2 Abs. 1 Ziff. 9; ➪ Fachfremder Unterricht; ➪ Mehrarbeit (Vergütung); ➪ Mutterschutz (Allgemeines); ➪ Mutterschutz (Verordnung); ➪ Organisationserlass; ➪ Personalvertretungsgesetz (LPVG) § 73 und § 74 Abs. 2 Nr. 4 und Abs 3; ➪ Remonstrationspflicht; ➪ Schwerbehinderung; ➪ Teilzeitbeschäftigung (Pflichten); ➪ Tarifvertrag-Länder (TV-L)

Mehrarbeit (Anwärter- und Referendar*innen)

Verordnung des KM über die Gewährung einer Unterrichtsvergütung für Anwärterinnen und Anwärter sowie Studienreferendarinnen und Studienreferendare (Unterrichtsvergütungsverordnung – UVergVO) vom 12. Dezember 2011 (K.u.U. S. 26/2011); zuletzt geändert 10. März 2021 (K.u.U S. 75/2021)

Vorbemerkung der Redaktion

Der Vorbereitungsdienst dient der Ausbildung der angehenden Lehrkräfte (Lehramtsanwärter*innen bzw. Referendar*innen). Auch die von diesen während des Vorbereitungsdienstes zu erteilenden Unterrichtsstunden dienen primär diesem Zweck. Die Anordnung von Mehrarbeit („Überstunden") an Lehramtsanwärter*innen bzw. Referendar*innen aller Schularten ist unzulässig. Unter bestimmten Voraussetzungen kann ihnen jedoch auf freiwilliger Basis und gegen eine Vergütung die Aufstockung ihres Lehrauftrags gestattet werden.

§ 1 Unterrichtsvergütung für Anwärter und Studienreferendare

Anwärterinnen und Anwärter auf das Lehramt einer Fachlehrkraft oder Technischen Lehrkraft sowie Anwärterinnen und Anwärter auf ein wissenschaftliches Lehramt und Studienreferendarinnen und Studienreferendare erhalten für zusätzlich selbständig erteilte Unterrichtsstunden eine Unterrichtsvergütung nach Maßgabe dieser Verordnung. Der Abschluss von Arbeitsverträgen im Rahmen einer Nebentätigkeit ist ausgeschlossen. ➪ Arbeitszeit (Anwärter*innen)

§ 2 Vergütungsfähige Unterrichtsstunden

(1) Vergütungsfähige Unterrichtsstunden sind solche, die in einer Kalenderwoche über die in der Ausbildungs- und Prüfungsordnung für die jeweiligen Schularten der Anwärterinnen und Anwärter bzw. Studienreferendarinnen und Studienreferendare vorgesehene Soll-Wochenstundenzahl hinaus selbstständig erteilt werden und von der Schulleitung vor der Erteilung schriftlich genehmigt wurden.

(2) Soweit in den jeweiligen Ausbildungs- und Prüfungsordnungen eine Obergrenze für den im Rahmen des Vorbereitungsdienstes zu erbringenden Unterricht vorgesehen ist, gilt diese als Soll-Wochenstundenzahl. Ist eine Regel-Unterrichtsverpflichtung festgelegt, so ist diese maßgeblich.

Hinweis der Redaktion: Siehe hierzu die Tabelle im Beitrag ➪ Arbeitszeit (Anwärter*innen).

(3) Bei der Ermittlung der tatsächlich geleisteten Unterrichtsstunden werden für Feiertage, unterrichtsfreie Tage sowie Ferientage die auf diese Tage entfallenden und im Rahmen der Ausbildung planmäßig selbstständig zu erteilenden Unterrichtsstunden angerechnet.

(4) Bei Unterrichtswochen, die sich über zwei Kalendermonate hinweg erstrecken, sind die insgesamt und zusätzlich innerhalb dieser überlappenden Kalenderwoche geleisteten Unterrichtsstunden nachrichtlich auch insoweit anzugeben, als sie nicht mehr in den Abrechnungsmonat fallen. Diese werden für die Ermittlung der je Kalendermonat vergütungsfähigen Unterrichtsstunden herangezogen.

(5) Die Unterrichtsvergütung wird für höchstens vierundzwanzig im Kalendermonat tatsächlich zusätzlich geleistete Unterrichtsstunden gewährt.

§ 3

Genehmigungsvoraussetzungen

(1) Die Genehmigung von zusätzlichen Unterrichtsstunden erfolgt durch die Schulleitung der Ausbildungsschule. Sie darf nur erteilt werden, wenn

1. die Versorgung mit Pflichtunterricht nicht auf andere Weise sichergestellt werden kann,
2. die Prüfungsteile der den Vorbereitungsdienst abschließenden Staatsprüfung erfolgreich bestanden wurden und
3. das Ausbildungsziel dadurch nicht gefährdet wird.

Soll der zusätzliche Unterricht an einer anderen als der Ausbildungsschule abgeleistet werden, erfolgt die Genehmigung durch die Schulleitung der Ausbildungsschule im Einvernehmen mit der Schulleitung der Einsatzschule. Die Zustimmung des zuständigen Regierungspräsidiums ist vor Erteilung der Genehmigung einzuholen.

(2) Ob die Erteilung von zusätzlichen Unterrichtsstunden das Ausbildungsziel gefährdet, entscheidet die Ausbildungsleitung (Seminarleitung) vor der Genehmigung im Einvernehmen mit der Schulleitung der Ausbildungsschule.

(3) Schwerbehinderte sollen nicht zu zusätzlichen Unterrichtsstunden herangezogen werden. Auf eigenen Wunsch kann dies im Ausnahmefall nach Rücksprache mit der Schulleitung der Ausbildungsschule und mit den Betroffenen von der Ausbildungsleitung genehmigt werden.

⇨ Schwerbehinderung (Allgemeines)

(4) Die Ableistung von zusätzlichen Unterrichtsstunden ist für Anwärterinnen und Anwärter sowie Studienreferendarinnen und Studienreferendare freiwillig. Verweigern sie die Ableistung, dürfen ihnen daraus keine Nachteile entstehen.

(5) Während der Prüfungszeiträume der Anwärterinnen und Anwärter sowie Studienreferendarinnen und Studienreferendare sollen keine zusätzlichen Unterrichtsstunden genehmigt werden.

§ 4

Höhe der Unterrichtsvergütung

Die Unterrichtsvergütung beträgt je Unterrichtsstunde 75 v.H. der [...] Mehrarbeitsvergütungssätze des Eingangsamtes im Schuldienst, das nach Abschluss des Vorbereitungsdienstes angestrebt wird.

⇨ Mehrarbeit (Vergütung)

§ 5 Verfahrensvorschriften

(1) Die Unterrichtsvergütung ist beim zuständigen Regierungspräsidium mit dem in Anlage 1 aufgeführten Vordruck *(hier nicht abgedruckt)* für jeden Kalendermonat separat zu beantragen. [...]

(2) Der Anspruch erlischt, wenn er nicht innerhalb von 6 Monaten nach Ablauf des Monats, in dem der selbstständige Unterricht erteilt wurde, beim zuständigen Regierungspräsidium geltend gemacht wird.

⇨ Arbeitszeit (Anwärter*innen); ⇨ Besoldung (Anwärterbezüge); ⇨ Mehrarbeit (Vergütung); ⇨ Nebenamtlicher/nebeberuflicher Unterricht; ⇨ Schwerbehinderung (Allgemeines)

Mehrarbeit (Vergütung)

Hinweise der Redaktion auf die Vergütungssätze; gültig für Lehrkräfte im Beamten- und im Arbeitnehmerverhältnis, auf Grundlage des Besoldungsanpassungsgesetzes vom vom 15. Oktober 2019 (GBl. S. 377/2019)

Vergütung von Beamt*innen bei Mehrarbeit im Schuldienst ab 1. Januar 2021 je Unterrichtsstunde von mindestens 45 Minuten.	
Beamt*innen des gehobenen Dienstes, deren Eingangsamt unterhalb der Bes.-Gr. A 12 liegt (z.B. Fachlehrkräfte)	20,57 Euro
Beamt*innen des gehobenen Dienstes mit dem Eingangsamt in Bes.-Gr. A 12 (z.B. Lehrkräfte an Grund- und Hauptschulen)	25,46 Euro
Beamt*innen des gehobenen Dienstes mit dem Eingangsamt in Bes.-Gr A 13 (z.B. Real- und Sonderschullehrkräfte, Gymnasial-/Handelsschulräte*rätinnen)	30,26 Euro
Beamt*innen des höheren Dienstes (z.B. Studien-/Oberstudienräte*rätinnen)	35,35 Euro

Diese Stundensätze gelten im Beamten- und im Arbeitnehmerbereich und auch für nebenamtlichen und nebenberuflichen Unterricht. Zur Vergütung teilzeitbeschäftigter Lehrkräfte siehe:

⇨ Mehrarbeit (Allgemeines) Nr. IV 2a Teilzeitbeschäftigung

Die Anwärter-Unterrichtsvergütung je Unterrichtsstunde beträgt 75 % der obigen Sätze; hierbei handelt es sich nicht um „Mehrarbeit"; sondern um freiwillig (!) erteilten zusätzlichen Unterricht.

Durch die Vergütung sind alle mit der Lehrtätigkeit verbundenen Aufgaben abgegolten, die sich aus § 38 Abs. 2 SchG ergeben, insbesondere die Vor- und Nachbereitung des Unterrichts, die Teilnahme an Konferenzen und sonstigen schulischen Veranstaltungen sowie die Ausarbeitung, Abnahme und Bewertung von Leistungsnachweisen.

Gegebenenfalls besteht auch Anspruch auf die Erstattung zusätzlich anfallender Reisekosten.

⇨ Arbeitszeit (Lehramtsanwärter*innen); ⇨ Besoldung (Gehälter); ⇨ Lehrbeauftragte; ⇨ Mehrarbeit (Allgemeines); ⇨ Mehrarbeit (Anwärter*innen und Studienreferendar*innen); ⇨ Reisekosten (Nebenamtlicher/-beruflicher Unterricht); ⇨ Schulgesetz § 38 Abs. 2; ⇨ Teilzeit (Pflichten)

Meldepflichten (Schulen und Lehrkräfte)

Informationen der Redaktion zur Rechtslage und zur Verwaltungspraxis in Baden-Württemberg

A
Dienstantrittsmeldung

Bei besoldungs- oder vergütungsrelevanten Veränderungen wird das geänderte Gehalt erst ab dem Datum des jeweiligen Dienstantritts gezahlt, z.B.

- wenn sich die Ist-Stundenzahl ändert (z.B. statt bisher 17/27 Std. auf 19/27 Std.),
- bei der Einstellung und beim Antritt besoldungsrelevanter Stellen (Schulleiter*in, Fachleiter*in,) oder von Ämtern mit Zulagen.

Deshalb muss die Schulleitung unmittelbar danach dem Regierungspräsidium schriftlich und auf dem Dienstweg eine Dienstantrittsmeldung erstatten. Dies gilt auch bei sonstigen Personalveränderungen, z.B.

- Ablauf einer befristeten Freistellung (Wiedereingliederung usw.),
- Rückkehr aus Mutterschutz oder Elternzeit, Urlaub ohne Dienstbezüge,
- Dienstantritt nach Versetzung an eine andere Schule,
- Dienstantritt bzw. -ende im Fall einer Abordnung an der „neuen" Schule bzw. Rückkehr an die Stammschule.

Bei Arbeitnehmer*innen sind wegen der Lohnfortzahlung im Krankheitsfall der Beginn und das Ende jeder Dienstverhinderung (Arbeitsunfähigkeit und Arbeitsverhinderung) direkt dem Landesamt zu melden – auch bei kürzerer krankheitsbedingter Abwesenheit und während der Schulferien!

➪ Arbeitszeit (Wiedereingliederung); ➪ Krankmeldung (Abwesenheit von Lehrkräften); ➪ Mutterschutz (Verordnung)

B
Weitere Meldepflichten der Schulen

1.
Diskriminierung / Antisemitismus

Öffentliche Schulen müssen antisemitische oder andere religiös oder ethnisch begründete diskriminierende Vorfälle an Schulen der Schulaufsichtsbehörde melden. Hat die Schule auf rassistisch, antisemitisch und anderweitig bedingten Diskriminierungen mit Maßnahmen nach § 90 SchulG reagiert oder die Strafverfolgungsbehörden informiert oder wird sie dies voraussichtlich tun, muss sie die zuständigen Schulaufsichtsbehörden davon in Kenntnis setzen. Bei schwerwiegenden Fällen muss sie vor Ergreifen von schulischen Maßnahmen Rücksprache mit der Schulaufsichtsbehörde halten.

(Quellen: https://stm.baden-wuerttemberg.de/ >Themen > Beauftragter gegen Antisemitismus und Schreiben des KM vom 26.11.2020; AZ: RA-7162.0/267)

➪ Diskriminierung; ➪ Mobbing

2.
Infektionsschutz, Masern-Impfpflicht, Corona

Tritt in einer Schule eine der im ➪ Infektionsschutzgesetz § 34 aufgeführten ansteckenden Krankheiten auf, muss die Schulleitung das zuständige Gesundheitsamt verständigen und krankheits- sowie personenbezogene Angaben machen.

Die Schulleitung muss alle Schüler*innen, die keinen Masernschutz nachweisen können, dem Gesundheitsamt melden. ➪ Einschulung

Meldepflichtig gemäß § 6 Abs. 1 Nr. 1 Buchst. t IfSG sind der Verdacht einer Erkrankung, die Erkrankung sowie der Tod in Bezug auf die Coronavirus-Krankheit. ➪ Infektionsschutzgesetz

3.
Jugendschutz / Kinderschutz

Beim Verdacht auf Kindeswohlgefährdung soll die Schule das Jugendamt unterrichten; in der Regel werden die Eltern vorher angehört. Ein zeitweiliger Ausschluss vom Unterricht kann, ein wiederholter zeitweiliger Ausschluss vom Unterricht soll dem Jugendamt von der Schule mitgeteilt werden; ein Ausschluss aus der Schule ist ihm mitzuteilen.

➪ Jugendschutz/Kinderschutz § 4 Abs. 3; ➪ Schulgesetz § 85 Abs. 3 und § 90 Abs. 5 und 8

4.
Katastrophen und Gewaltvorfälle

Die Schulleitung muss bei Gewaltvorfällen an Schulen sowie bei ernst zu nehmenden Androhungen von Gewalt im schulischen Kontext die Schulaufsichtsbehörde sowie das Kriseninterventionsteam beim RP sowie die Polizei verständigen. In solchen Fällen obliegt die Vertretung der Schule nach außen (Information der Presse; „Zusammenarbeit mit Medienvertretern") nicht der Schulleitung, sondern der Polizei und der Pressestelle der Schulaufsicht.

➪ Gewaltvorfälle und Schadensereignisse

5.
Schulunfälle und Gesundheitsschutz

Die Schulleitung muss der Unfallkasse alle Schulunfälle, bei denen ärztliche Behandlung in Anspruch genommen werden musste, sowie unfallbedingte Todesfälle innerhalb von drei Tagen, nachdem sie davon erfahren hat, anzeigen. Da die Unfallkasse entscheidet, ob im Einzelfall ein Schulunfall vorliegt und welche Leistungen zu gewähren sind, muss die Schule die Anzeige über jeden Unfall erstatten, der ein Schulunfall sein kann und bei dem Versicherungsleistungen infrage kommen können.

Die Schulleitung gilt bezüglich der Unfallverhütung und des Gesundheitsschutzes im inneren Schulbetrieb als „Unternehmer". Sie hat dem Schulträger Mängel an der Schulanlage oder einer sonstigen Einrichtung, die die Sicherheit des Unterrichtsbetriebs oder die Gesundheit der Schüler*innen gefährden können, unverzüglich anzuzeigen und auf deren Beseitigung hinzuwirken bzw. bei entsprechender Mittelbereitstellung durch den Sachkostenträger die Mängel zu beseitigen. ➪ Unfallversicherung

6.
Schulpflicht und Schulbesuchsrecht

Die Schulleitung ist verpflichtet, die Schüler*innen, die ihre Schule verlassen, aber weiterhin der Schulpflicht unterliegen, der jeweiligen „neuen" Schule zu melden. Das KM hat für den Übergang aus den allgemeinbildenden Schule in die berufliche Schule eine detaillierte Vorschrift erlassen: ➪ Schulpflicht (Berufliche Schulen – Übergabe). Für die übrigen Übergänge zwischen den Schulen gilt die Verwaltungsvorschrift ➪ Schulpflicht (Durchsetzung).

Unabhängig von der Schulpflicht besteht ein verfassungsrechtlich gesichertes „Schulbesuchsrecht" (➪ Verfassung Art. 11). Um sicherzustellen, dass dieses Schulbesuchsrecht beispielsweise von ausländischen Geflüchteten auch vor der erst nach sechs Monaten des Aufenthalts in Baden-Württemberg einsetzenden Pflicht zum Schulbesuch wahrgenommen werden kann, ist in der VwV ➪ Schulpflicht (Durchsetzung) festgelegt, dass die Meldebehörden den Schulen die Daten der schulpflichtigen Kinder und Jugendlichen ohne Rücksicht auf die Staatsangehörigkeit übermitteln und dass die Schulen die Erziehungsberechtigten über das Recht ihres derart gemeldeten Kindes auf Schulbesuch informieren müssen, wenn dieses wegen eines laufenden Asylverfahrens oder eines geduldeten Aufenthalts vor Ablauf von sechs Monaten nach dem Zuzug noch nicht schulpflichtig ist.

Umgekehrt besteht keine Meldepflicht: Schulen sind von der Verpflichtung ausgenommen, die Ausländerbehörde zu unterrichten, wenn sie „im Zusammenhang mit der Erfüllung ihrer Aufgaben", also dem Schulbesuch dieser Kinder, von deren illegalem Aufenthalt erfahren (Aufenthaltsgesetz § 87).

➪ Schulpflicht (Ausländische Schüler*innen)

C
Meldepflichten der Lehrkräfte

1.
Dienstunfähigkeit, Krankmeldung, Schwangerschaft

Lehrkräfte müssen ihre Dienstunfähigkeit (beispielsweise im Krankheitsfall) unverzüglich der Schulleitung melden. Die Meldung umfasst die Dauer der Erkrankung und auch die Information, wann sie voraussichtlich ihren Dienst wieder antreten. Die Schulleitung muss dann dem Regierungspräsidium eine Dienstantrittsmeldung erstatten (siehe oben).

Lehrerinnen müssen ihre Schwangerschaft zu ihrem eigenen Schutz unverzüglich anzeigen. Die Schulleitung leitet diese Meldung auf dem Dienstweg an das RP weiter. ➪ Mutterschutz (Allgemeines)

2.
Eigene Unfälle

Beschäftigte des öffentlichen Dienstes sind verpflichtet, ihrer personalverwaltenden Dienststelle (bei Lehrkräften an öffentlichen Schulen ist dies das jeweilige Regierungspräsidium) auf dem Dienstweg

- alle Arbeits- und Dienstunfälle (Unfälle im Zusammenhang mit der dienstlichen Tätigkeit, auch im Rahmen des versicherten Betriebssports bzw. von betrieblichen Gemeinschaftsveranstaltungen),
- alle Unfälle im privaten Bereich (Haushalt, Verkehr, Glatteis, Sport usw.),
- alle anderen schädigenden Ereignisse (z.B. ärztliche Fehlbehandlung, Körperverletzung bei einer tätlichen Auseinandersetzung)

unverzüglich zu melden und den Hergang zu schildern, damit die Behörde im Fall von Fremdverschulden die finanziellen Folgen mit dem Verursacher bzw. dessen Versicherung regulieren kann.

➪ Beamtenversorgung (Unfallfürsorge); ➪ Unfälle (Arbeitsunfälle, Dienstunfälle und Privatunfälle)

3.
Überlastungsanzeige

Nach den §§ 15 und 16 ArbSchG haben Beschäftigte u.a. auch die Pflicht, soweit es für sie selbst möglich ist, für ihre Sicherheit und Gesundheit bei der Arbeit Sorge zu tragen. Gegebenenfalls haben sie den Arbeitgeber deshalb auch darauf aufmerksam zu machen, dass Aufgaben oder Anordnungen sie überfordern, und um Abhilfe zu bitten (beispielsweise Entlastungsmaßnahmen vorzunehmen). Legen sie eine solche „Überlastungsanzeige" dem Personalrat vor, so hat dieser, sofern er dies als berechtigte Anregung oder Beschwerde ansieht, auf ihre Erledigung hinzuwirken. ➪ Beamtengesetz (LBG) § 49; ➪ Personalvertretungsgesetz (LPVG) § 70 Abs. 1 Nr. 4

4.
Schüler- und unterrichtsbezogene Meldungen

Lehrkräfte müssen die Schulleitung informieren, wenn sie in ihrer beruflichen Tätigkeit Kenntnis von einem der in Teil B aufgeführten Tatbestände erhalten, denn nur dann kann die Schulleitung die ihr gegebenenfalls obliegenden Meldepflichten erfüllen beziehungsweise die notwendigen Maßnahmen zur Gefahrenabwehr ergreifen.

Beim Suchtmittelmissbrauch durch Schüler*innen besteht eine Meldepflicht gegenüber der Schulleitung nur dann, wenn eine Gefährdung anderer, z.B. anderer Schüler*innen, anzunehmen ist. Dies liegt vor, wenn Schüler*innen mit hoher Wahrscheinlichkeit andere – aktiv oder passiv – zum Suchtmittelkonsum oder zu suchtgefährdendem Verhalten verleiten werden oder verleitet haben.

➪ Prävention und Gesundheitsförderung

5.
Nebentätigkeiten

Mit Ausnahme der genehmigungsfreien Nebentätigkeiten muss jede Nebentätigkeit angezeigt werden. Jede Änderung (auch eine Abweichung von noch vorläufigen, ungefähren Angaben) ist unverzüglich unaufgefordert schriftlich der Schulleitung anzuzeigen. ➪ Nebentätigkeiten (Allgemeines)

➪ Arbeitszeit (Wiedereingliederung); ➪ Beamtengesetz (LBG) § 49; ➪ Diskriminierung; ➪ Gewaltvorfälle und Schadensereignisse; ➪ Infektionsschutzgesetz; ➪ Jugend-/Kinderschutz; ➪ Krankmeldung; ➪ Mobbing; ➪ Mutterschutz (Verordnung); ➪ Nebentätigkeiten (Allgemeines); ➪ Prävention und Gesundheitsförderung; ➪ Schulpflicht

Menschenrechte

Auszug aus der „Allgemeinen Erklärung der Menschenrechte" der Vereinten Nationen vom 10.12.1948

Hinweise der Redaktion:

1. Der Volltext der „Allgemeinen Erklärung der Menschenrechte" vom 10.12.1948 ist online abrufbar unter: www.un.org/depts/german/menschenrechte/aemr.pdf. Der 10. Dezember wird als Tag der Menschenrechte begangen.
2. Die Empfehlung der Kultusministerkonferenz zur Demokratie- und Menschenrechtserziehung vom 11.10.2018 ist unter: www.kmk.org/presse/pressearchiv/ Suche: Demokratie braucht überzeugte und engagierte Demokraten abrufbar.

Artikel 1

Alle Menschen sind frei und gleich an Würde und Rechten geboren. Sie sind mit Vernunft und Gewissen begabt und sollen einander im Geiste der Brüderlichkeit begegnen.

Artikel 2

Jeder hat Anspruch auf alle in dieser Erklärung verkündeten Rechte und Freiheiten, ohne irgendeinen Unterschied, etwa nach Rasse, Hautfarbe, Geschlecht, Sprache, Religion, politischer oder sonstiger Anschauung, nationaler oder sozialer Herkunft, Vermögen, Geburt oder sonstigem Stand. [...]

Artikel 3

Jeder hat das Recht auf Leben, Freiheit und Sicherheit der Person.

Artikel 7

Alle Menschen sind vor dem Gesetz gleich und haben ohne Unterschied Anspruch auf gleichen Schutz durch das Gesetz. Alle haben Anspruch auf gleichen Schutz gegen jede Diskriminierung, die gegen diese Erklärung verstößt, und gegen jede Aufhetzung zu einer derartigen Diskriminierung.

Artikel 18

Jeder hat das Recht auf Gedanken-, Gewissens- und Religionsfreiheit; dieses Recht schließt die Freiheit ein, seine Religion oder seine Weltanschauung zu wechseln, sowie die Freiheit, seine Religion oder seine Weltanschauung allein oder in Gemeinschaft mit anderen, öffentlich oder privat durch Lehre, Ausübung, Gottesdienst und Kulthandlungen zu bekennen.

Artikel 19

Jeder hat das Recht auf Meinungsfreiheit und freie Meinungsäußerung; dieses Recht schließt die Freiheit ein, Meinungen ungehindert anzuhängen sowie über Medien jeder Art und ohne Rücksicht auf Grenzen Informationen und Gedankengut zu suchen, zu empfangen und zu verbreiten.

Artikel 20

1. Alle Menschen haben das Recht, sich friedlich zu versammeln und zu Vereinigungen zusammenzuschließen.
2. Niemand darf gezwungen werden, einer Vereinigung anzugehören.

Artikel 21

1. Jeder hat das Recht, an der Gestaltung der öffentlichen Angelegenheiten seines Landes unmittelbar oder durch frei gewählte Vertreter mitzuwirken.
2. Jeder hat das Recht auf gleichen Zugang zu öffentlichen Ämtern in seinem Lande.
3. Der Wille des Volkes bildet die Grundlage für die Autorität der öffentlichen Gewalt; dieser Wille muss durch regelmäßige, unverfälschte, allgemeine und gleiche Wahlen mit geheimer Stimmabgabe oder einem gleichwertigen freien Wahlverfahren zum Ausdruck kommen.

Artikel 22

Jeder hat als Mitglied der Gesellschaft das Recht auf soziale Sicherheit und Anspruch darauf, durch innerstaatliche Maßnahmen und internationale Zusammenarbeit sowie unter Berücksichtigung der Organisation und der Mittel jedes Staates in den Genuss der wirtschaftlichen, sozialen und kulturellen Rechte zu gelangen, die für seine Würde und die freie Entwicklung seiner Persönlichkeit unentbehrlich sind.

Artikel 23

1. Jeder hat das Recht auf Arbeit, auf freie Berufswahl, auf gerechte und befriedigende Arbeitsbedingungen sowie auf Schutz vor Arbeitslosigkeit.
2. Jeder, ohne Unterschied, hat das Recht auf gleichen Lohn für gleiche Arbeit.
3. Jeder, der arbeitet, hat das Recht auf gerechte und befriedigende Entlohnung, die ihm und seiner Familie eine der menschlichen Würde entsprechende Existenz sichert, gegebenenfalls ergänzt durch andere soziale Schutzmaßnahmen.
4. Jeder hat das Recht, zum Schutze seiner Interessen Gewerkschaften zu bilden und solchen beizutreten. ⇨ Grundgesetz Art. 9

Artikel 26

1. Jeder hat das Recht auf Bildung. Die Bildung ist unentgeltlich, zum mindesten der Grundschulunterricht und die grundlegende Bildung. Der Grundschulunterricht ist obligatorisch. Fach- und Berufsschulunterricht müssen allgemein verfügbar gemacht werden, und der Hochschulunterricht muss allen gleichermaßen entsprechend ihren Fähigkeiten offenstehen.
2. Die Bildung muss auf die volle Entfaltung der menschlichen Persönlichkeit und auf die Stärkung der Achtung vor den Menschenrechten und Grundfreiheiten gerichtet sein. Sie muss zu Verständnis, Toleranz und Freundschaft zwischen allen Nationen und allen rassischen oder religiösen Gruppen beitragen und der Tätigkeit der Vereinten Nationen für die Wahrung des Friedens förderlich sein.
3. Die Eltern haben ein vorrangiges Recht, die Art der Bildung zu wählen, die ihren Kindern zuteil werden soll.

⇨ Außerunterrichtliche Jugendbildung; ⇨ Erziehungsauftrag und politische Bildung; ⇨ Fachleute aus der Praxis; ⇨ Grundgesetz; ⇨ Kinderrechte; ⇨ Verfassung

Migrationshintergrund (Integration)

Informationen der Redaktion zur Rechtslage und zur Verwaltungspraxis in Baden-Württemberg

Begriffsbestimmung und Grundsätze

Mit dem Partizipations- und Integrationsgesetz (1.12.2015; GBl. S 1047/2015) will das Land dazu beitragen, die gleichberechtigte Teilhabe von Menschen mit und ohne Migrationshintergrund in allen Bereichen des gesellschaftlichen Lebens über soziale und ethnische Grenzen hinweg zu verwirklichen und auf diese Weise das friedliche Zusammenleben von Menschen aus unterschiedlichen Kulturen sowie den Zusammenhalt der Gesellschaft zu sichern.

„*Menschen mit Migrationshintergrund*" sind gemäß § 4:

1. alle zugewanderten und nicht zugewanderten Ausländerinnen oder Ausländer,
2. alle nach 1955 auf das heutige Gebiet der Bundesrepublik Deutschland zugewanderten Deutschen und
3. alle Deutschen mit zumindest einem nach 1955 auf das heutige Gebiet der Bundesrepublik Deutschland zugewanderten Elternteil.

Dies gilt für Deutsche mit zumindest einem nach 1955 auf das heutige Gebiet der Bundesrepublik Deutschland zugewanderten Großelternteil entsprechend, soweit sie in einzelnen Bereichen des gesellschaftlichen Lebens aus integrations- oder migrationsspezifischen Gründen noch nicht über gleiche Teilhabechancen verfügen.

Bei Maßnahmen zur Erreichung der Ziele sind gemäß § 3 folgende Grundsätze zu beachten:

1. Integration ist ein gesamtgesellschaftlicher Prozess, dessen Gelingen von der Mitwirkung aller Menschen abhängt. Anerkennung und gegenseitiger Respekt aller Menschen unterschiedlicher Herkunft sowie Offenheit für andere Kulturen wirken integrationsfördernd.
2. Das Land sieht in der Vielfalt der Kulturen, Ethnien, Sprachen und Religionen eine Bereicherung und erkennt die sozialen, kulturellen und ökonomischen Potenziale und Leistungen der in Baden-Württemberg lebenden Menschen mit Migrationshintergrund an. Es berücksichtigt die kulturellen Identitäten der hier lebenden Menschen.
3. Von allen hier lebenden Menschen wird neben der Einhaltung der Gesetze die Anerkennung der durch das Grundgesetz und die Landesverfassung geschützten gemeinsamen Grundwerte erwartet.
4. Die Einbürgerung von Ausländerinnen oder Ausländern, die die Voraussetzungen hierfür erfüllen, liegt prinzipiell im Interesse des Landes.
5. Art und Umfang der Teilhabemöglichkeiten und der Integrationsförderung richten sich nach dem persönlichen Bedarf der Menschen mit Migrationshintergrund und ihrem rechtlichen Status.
6. Die Möglichkeit, sich auf Deutsch verständigen zu können, ist für das Gelingen der Integration von zentraler Bedeutung. Das eigene Engagement beim Spracherwerb ist dabei unerlässlich. [...]

Aufgaben und Maßnahmen des Landes

Aufgabe des Landes ist nach § 5 dieses Gesetzes u.a.,

1. Menschen mit Migrationshintergrund beim Erlernen der deutschen Sprache zu fördern, [...]
3. die Entwicklung und Stärkung nachhaltiger Strukturen der Elternbeteiligung am Bildungsweg der Kinder und Jugendlichen mit Migrationshintergrund sowie die Zusammenarbeit der Eltern mit Akteuren und Einrichtungen im Bildungsbereich zu fördern,
4. Menschen mit Migrationshintergrund beim Zugang zu Ausbildung und Beschäftigung im Rahmen der geltenden Gesetze und des Grundgesetzes zu unterstützen.

Das Land soll ferner Maßnahmen zur Bekämpfung von Diskriminierung, Rassismus und anderen Formen gruppenbezogener Menschenfeindlichkeit ergreifen; dies soll insbesondere durch Sensibilisierung der Bevölkerung für diese Themen und die Förderung der Arbeit von Vernetzungsstellen und Antidiskriminierungsnetzwerken geschehen. Außerdem verpflichtet sich das Land, Bildung für Akzeptanz und Toleranz von kultureller und ethnischer Vielfalt an Schulen und im frühkindlichen Bereich zu unterstützen.

In § 6 verpflichtet sich das Land u.a., in der Landesverwaltung unter Beachtung des Vorrangs der in Artikel 33 Absatz 2 des Grundgesetzes festgelegten Grundsätze einen Anteil von Beschäftigten mit Migrationshintergrund zu erreichen, der dem Anteil der Menschen mit Migrationshintergrund an der Gesamtzahl der Erwerbstätigen im Land entspricht.

In § 8 wird Beschäftigten islamischen Glaubens das Recht eingeräumt, an bestimmten Feiertagen zum Besuch des Gottesdienstes von der Arbeit fernzubleiben; siehe: ⇨ Feiertage (Gesetzliche Regelungen). Zur Beurlaubung von Schüler*innen siehe: ⇨ Schulbesuchsverordnung.

Umsetzung in den Schulen

Das Schulgesetz bestimmt in § 3 Abs. 4: „*Die Verwirklichung gleicher Bildungschancen für alle Schüler unabhängig von ihren sozialen Verhältnissen oder einem Migrationshintergrund ist Aufgabe aller Schulen*". Ferner wurde in § 55 Absatz 1 vorgeschrieben: „*Die Schule fördert und unterstützt die Eltern bei der Wahrnehmung ihrer schulischen Elternrechte; dies gilt in besonderer Weise auch für Eltern mit Migrationshintergrund.*"

⇨ Eltern (Allgemeines); ⇨ Schulgesetz § 3 Abs. 4

Die gesetzliche Definition des „*Migrationshintergrunds*" in § 4 des PartIntG BW orientiert sich ausschließlich an der Staatsangehörigkeit bzw. der Herkunft oder Abstammung der Schüler*innen und wird damit dem Umstand nicht gerecht, dass ein zentraler Faktor für die Förderungsbedürftigkeit der Betroffenen häufig der fehlende familiäre Spracherwerb in der deutschen Sprache ist. Es ist deshalb in der schulischen Praxis zweckmäßig, sich nicht schematisch an der Herkunft zu orientieren, sondern weiterhin auch die bisherige Definition der Kultusministerkonferenz heranzuziehen, wonach *„Schüler*in mit Migrationshintergrund“* ist, wer mindestens eines der folgenden Merkmale erfüllt:

- Keine deutsche Staatsangehörigkeit
- Nichtdeutsches Geburtsland
- Nichtdeutsche Verkehrssprache in der Familie bzw. im häuslichen Umfeld (auch wenn der/die Schüler*in die deutsche Sprache beherrscht).

Zur schulischen Förderung dieser Schüler*innen hat das KM die Verwaltungsvorschrift ⇨ Sprachförderung (Integration) erlassen. Richtschnur ist die volle schulische Integration aller Kinder und Jugendlichen.

In dieser VwV (Ziff. 5 und 6) befinden sich u.a. Bestimmungen zur Benotung und Zeugnisgebung, zu Fremdsprachen und Prüfungen sowie Fördermaßnahmen bei Schüler*innen mit Migrationshintergrund. Ferner ist darin verfügt (Ziff. 7): *„Maßgeblichen Anteil am Gelingen der schulischen Eingliederung von Kindern und Jugendlichen mit nichtdeutscher Herkunftssprache und geringen Deutschkenntnissen haben die Erziehungsberechtigten. – Der intensiven Zusammenarbeit zwischen Bildungseinrichtungen und Erziehungsberechtigten kommt daher eine hohe Bedeutung zu. Die Erziehungsberechtigten werden bereits von den Fachkräften der Tageseinrichtungen für Kinder und den Lehrkräften der Schulen im Rahmen der Kooperation dieser Tageseinrichtungen mit den Grundschulen über mögliche Bildungsgänge beraten […]. – In den Schulen übernehmen Lehrkräfte und Schulleitungen die Aufgabe der Information und Beratung der Erziehungsberechtigten […].“*

Zur Hausaufgabenhilfe für Schülerinnen und Schüler mit Migrationshintergrund siehe ⇨ Hausaufgaben.

Die Beratung von Eltern und Lehrkräften sowie die Berücksichtigung von *„Besonderheiten in der Beratung ausländischer Schüler und Eltern“* gehören zum Auftrag der ⇨ Schulpsychologischen Beratungsstellen.

Aufnahme an berufliche Schulen

Für die Aufnahme und den Unterricht der betroffenen Jugendlichen an beruflichen Schulen hat das KM am 19.12.2016 Schulversuchsbestimmungen erlassen (K.u.U. S. 39/2017). Ihnen soll nach den Einstiegsklassen zum Spracherwerb neben dem Zugang zur dualen Ausbildung ein Anschluss in vollzeitschulische Bildungsgänge ermöglicht werden. Zugleich sollen alle Schüler*innen ihre Fähigkeiten stärken, mit Menschen verschiedener Sprachen und Kulturen zu leben und zu lernen. Für alle beruflichen Schularten gilt: Die Förderung der Sprachkompetenz ist pädagogisches Grundprinzip im gesamten Unterricht (integrierte Sprachförderung in allen Fächern). Sofern die fachbezogenen Kompetenzen der Schüler*innen aufgrund von nicht ausreichendem Sprachverständnis oder eingeschränkter Ausdrucksfähigkeit nicht umgesetzt werden können, kann dies im ersten Jahr des Bildungsganges bei der einzelnen Leistungsfeststellung und im Rahmen der pädagogisch-fachlichen Gesamtwertung unter besonderer Gewichtung der individuellen Lernfortschritte Berücksichtigung finden.

Zum Eintritt in vollzeitschulische Bildungsgänge der beruflichen Schulen müssen Bewerber*innen ohne inländische Zeugnisse die jeweiligen Aufnahmevoraussetzungen erfüllen, wobei eine Note im Fach „Deutsch“ nicht vorausgesetzt wird; für die Teilnahme am Unterricht sind hinreichende deutsche Sprachkenntnisse nachzuweisen. Wenn fluchtbedingt der Nachweis eines im Ausland erworbenen Bildungsabschlusses nicht möglich ist, kann die Erfüllung der jeweiligen Aufnahmevoraussetzungen durch die Glaubhaftmachung des Schulbesuchs im Ausland und das Bestehen einer Feststellungsprüfung nachgewiesen werden. Die Aufnahmebestimmungen des Beruflichen Gymnasiums bleiben hiervon unberührt. ⇨ Vorqualifizierungsjahr Arbeit und Beruf

Der Wortlaut dieser Schulversuchsbestimmungen ist im Sonderteil des Jahrbuchs für berufliche Schulen abgedruckt.

Bildungsbiographische Erfassung

Der Migrationshintergrund der Schülerschaft an den öffentlichen Schulen in Baden-Württemberg wird im Rahmen der amtlichen Schulstatistik erhoben; vgl. Verordnung über die Datenverarbeitung für statistische Erhebungen und schulübergreifende Verwaltungszwecke an Schulen (Loseblattsammlung K.u.U. Nr. 9530). ⇨ Datenschutz (Schule) II.3

Durch die „bildungsbiographische Erfassung“ (BBE) von bis zu 20-jährigen Flüchtlingen sollen die Schulen mit Eintreffen der Kinder und Jugendlichen in der Kommune erfahren, welche Bildungsbiographien diese aus ihren Herkunftsländern mitbringen. Neben persönlichen Angaben werden beispielsweise Kenntnisse im Lesen und Schreiben (Alphabetisierung), die Beherrschung von Sprachen, die Dauer des bisherigen Schulbesuchs sowie besonderer Unterstützungsbedarf (Sehen, Hören, Bewegung) erfasst, damit die Schulen entscheiden können, an welcher konkreten Schule, in welcher Vorbereitungsklasse (VKL) bzw. VABO-Klasse und mit welchen Fördermaßnahmen die Flüchtlinge, die ihnen von der Meldebehörde als zugezogen benannt werden bzw. die in den Schulen ankommen, ihren Bildungsweg in Baden-Württemberg fortsetzen können.

Auf diese Datensätze soll Zugriff erhalten, wer die Kinder und Jugendlichen auf VKL und VABO-Klassen verteilt bzw. diese in die Schule aufnimmt.

⇨ Datenschutz (Schulen) Nr.2.2.3; ⇨ Ermessen; ⇨ Hausaufgaben; ⇨ Jugendhilfe (Landesrecht) § 12; ⇨ Organisationserlass; ⇨ Schulpflicht (Ausländische Schüler*innen); ⇨ Schulpflicht (Durchsetzung); ⇨ Schulpsychologische Beratungsstellen; ⇨ Sprachförderung (Integration); ⇨ Vorqualifizierungsjahr Arbeit und Beruf

Nutzen Sie das Schlagwortverzeichnis am Ende des Jahrbuchs.

Mobbing

Informationen der Redaktion zur Rechtslage und zur Verwaltungspraxis in Baden-Württemberg

Einführung

Der Begriff „*Mobbing*“ (Englisch: to mob = anpöbeln, angreifen) umfasst vielfältige Formen der Schikane bis hin zum Psychoterror insbesondere am Arbeitsplatz und in Schulen. Von „Mobbing“ spricht man nicht bei gelegentlichen, einzelnen Handlungen, sondern bei andauernden und systematischen Aktionen gegen Einzelne innerhalb einer Organisation oder Institution. Dieser Beitrag befasst sich mit den institutionellen und rechtlichen Bedingungen und Maßnahmen, nicht jedoch mit den pädagogischen und zwischenmenschlichen Bedingungen im System „Schule“. Es sei angemerkt, dass ein von gegenseitiger Wertschätzung geprägtes, pädagogisch orientiertes Klima, in dem alle Beteiligten (Schüler*innen, Lehrkräfte, Eltern, Schulleitung, nicht-pädagogisches Personal ...) einander respektieren und wo man sich um jeden einzelnen Menschen kümmert, die beste Mobbing-Prävention darstellt.

Das ⇨ Gleichbehandlungsgesetz (AGG) spricht in § 3 von „*Belästigung*“ und führt eine Vielzahl von „*unerwünschten Verhaltensweisen*“ auf, die unter „Mobbing“ subsumiert werden können: Diese bezwecken oder bewirken, dass die Würde der betreffenden Person verletzt und ein von Einschüchterungen, Anfeindungen, Erniedrigungen, Entwürdigungen oder Beleidigungen gekennzeichnetes Umfeld geschaffen wird. Eine bedeutende Rolle spielt dabei die „*sexuelle Belästigung*“, wozu auch unerwünschte sexuelle Handlungen und Aufforderungen, sexuell bestimmte körperliche Berührungen, Bemerkungen sexuellen Inhalts sowie unerwünschtes Zeigen und sichtbares Anbringen von pornographischen Darstellungen zählen, mit denen bezweckt oder bewirkt wird, dass die Würde der betreffenden Person verletzt wird.

„Gemobbte“ Personen fühlen sich einem – oft als unerträglich empfundenen – Leidensdruck ausgesetzt, dem sie häufig nicht allein, sondern nur durch persönliche Hilfe von Dritten oder durch institutionelle Maßnahmen entgehen oder begegnen können. Dieser Druck kann bei den „Gemobbten“ zu Flucht- oder Ausweichverhalten, aber auch zu einer (Gegen-)Aggression führen.

Mobben kann sich sowohl horizontal, also unter rechtlich bzw. hierarchisch Gleichgestellten (im Schulbereich z.B. Schüler gegen Schüler oder Lehrerin gegen Lehrer oder Eltern gegen Lehrkraft) vollziehen als auch vertikal, also unter rechtlich bzw. hierarchisch Über- oder Untergeordneten (im Schulbereich z.B. Lehrkräfte gegen Schüler*innen, Schulleitung*in gegen Lehrkräfte). Dabei kann das Verhältnis auch umgekehrt sein, im Schulbereich z.B. Schüler*innen gegen Lehrer*innen oder Lehrkräfte gegen Schulleiter. Insofern kann jede/r ein Mobbing-Opfer werden.

„Täter“ und „Opfer“ können beim Mobbing sowohl Einzelne als auch Gruppen sein. Bei den Gemobbten wird durch die Erfahrung der Unterlegenheit und Hilflosigkeit häufig eine Spirale des wiederholten Opferseins in Gang gesetzt oder verstärkt.

Mobbing ist häufig schwer greif- bzw. beweisbar, da in der Regel Zeugen fehlen und/oder die Opfer bzw. die Zeugen von den Tätern abhängig und/oder eingeschüchtert und deshalb nicht aussagebereit sind. Mögliche Zeugen sind nicht selten durch vorheriges Wegsehen und Hinnehmen selbst indirekt an der Tat beteiligt. Zudem erscheinen die einzelnen Mobbing-Aktionen oft zunächst als relativ geringfügig; erst in der Summierung oder in der Kombination verschiedener Aktionen entsteht ein von den Opfern als unerträglich empfundener Druck.

Mobbing kommt vor allem in hierarchisch organisierten Gruppen mit schwach ausgeprägten Kontrollmechanismen vor. Kleinbetriebe mit hoher Abhängigkeit der einzelnen Mitarbeiter*innen von der Betriebsleitung und häufig ohne Betriebsrat sind deswegen besonders anfällig für Mobbing. Auch in Schulklassen bzw. gegenüber einzelnen Schüler*innen kommt Mobbing häufig vor, da auch hier aufsichtsfreie Räume bestehen bzw. Instanzen fehlen, die angerufen werden können oder durch ihre bloße Existenz bzw. durch konkretes Eingreifen Abhilfe schaffen können.

Mobbing am Arbeitsplatz Schule

Mobbing kommt auch am Arbeitsplatz Schule, also horizontal unter Lehrkräften oder vertikal in der Beziehung Schulleitung-Lehrkraft bzw. umgekehrt, vor. Nicht selten herrscht hierbei Gegenseitigkeit: Einerseits wirft ein „Opfer“ einem „Täter“ Mobbing vor, andererseits sieht dieser im „Opfer“ einen Querulanten, der den Betrieb stört oder gut gemeinte Initiativen negiert, und fühlt sich seinerseits hierdurch „gemobbt“. Auch hier gilt, dass der Begriff „Mobbing“ nur ein Syndrom bzw. eine Vielzahl, oft unterschiedlicher Handlungen umschreibt.

1. Nur ein Teil der möglichen Handlungen ist rechtlich relevant (hiergegen kann – mithilfe des GEW-Rechtsschutzes – auch rechtlich vorgegangen werden). Dabei ist zu unterscheiden zwischen dienst- bzw. arbeitsrechtlichen Vorfällen (z.B. Abmahnung oder Kündigung von Arbeitnehmer*innen, Versetzung oder Abordnung an eine andere Schule) und strafbewehrten Handlungen wie Tätlichkeiten, sexuelle Belästigung, üble Nachrede (§ 186 StGB) oder Beleidigung (§ 185 StGB), die übrigens nicht nur strafrechtlich, sondern ggf. auch disziplinarrechtlich geahndet werden können.
2. Der größere Teil der Mobbing-Handlungen am Arbeitsplatz „Schule“ ist rechtlich nicht oder kaum fassbar. Beispiele: die soziale Isolation einzelner Beschäftigter (oder des Chefs durch das Kollegium), das Vorenthalten von Infor-

mationen oder die Überschüttung damit, eine unangemessen intensive Kontrolle, kleinliche Kritik, ein ungünstiger individueller Stundenplan, vermehrte Aufsichten oder Überstunden, Tätigkeit in schwierigen Klassen, Häufung von Korrekturfächern, Nicht-Beachtung von Einsatzwünschen (Klassen, Fächer), passiver Widerstand in allen Formen, ...

Nur wenn die Mobbing-Aktionen je einzeln benannt und beschrieben werden können, ergibt sich in der Regel die Möglichkeit zum Eingreifen bzw. zur – ggf. disziplinar- oder sogar strafrechtlichen – Ahndung. Wer sich wegen „Mobbing" beschweren bzw. hiergegen vorgehen will, muss also konkrete Tatbestände vorbringen und belegen können. Hierzu kann ein „Mobbingtagebuch" dienen, in dem das Opfer den Verlauf der Mobbingsituation so genau wie möglich festhält (wann, wer, was, wie wurde gehandelt und wer kann dies bestätigen?).

Zum Mobbing am Arbeitsplatz Schule zählt auch die Anprangerung von Lehrkräften im Internet. Der Bundesgerichtshof hat am 23.6.2009 (VI ZR 196/08) über die Zulässigkeit einer Lehrerbewertung auf einer Homepage entschieden. Eine Lehrerin hatte einen Anspruch auf Löschung bzw. Unterlassung der Veröffentlichung ihres Namens, des Namens der Schule, der unterrichteten Fächer im Zusammenhang mit einer Gesamt- und Einzelbewertung und der Zitat- und Zeugnisseite durchsetzen wollen.

Der BGH hat dies trotz der fehlenden Einwilligung der Klägerin für zulässig gehalten. Die Bewertungen stellten Meinungsäußerungen dar, die die berufliche Tätigkeit der Klägerin betreffen, bei der der Einzelne grundsätzlich nicht den gleichen Schutz wie in der Privatsphäre genieße. Die Äußerungen seien weder schmähend noch der Form nach beleidigend. Dass die Bewertungen anonym abgegeben werden, mache sie nicht unzulässig, weil das Recht auf Meinungsfreiheit nicht an die Zuordnung der Äußerung an ein bestimmtes Individuum gebunden sei. Die Meinungsfreiheit umfasse grundsätzlich das Recht, das Verbreitungsmedium frei zu bestimmen. Der Rechtsstreit wird vor dem Bundesverfassungsgericht fortgesetzt.

Unterstützung durch den Dienstherrn und Pflichten von Vorgesetzten

Aus dem ➪ Grundgesetz (Art. 1 und 2: Würde des Menschen und Unverletzlichkeit der Person) ergibt sich für jeden Arbeitgeber/Vorgesetzten die Pflicht, das Persönlichkeitsrecht, die Gesundheit und die Ehre der Beschäftigen zu schützen und sie vor psychischer Belastung zu bewahren.

Der für das Beamtenrecht grundlegende Begriff „Schutz und Fürsorge", wonach Vorgesetzte den Beamten bei Ermessensentscheidungen *„gerecht und wohlwollend"* und unter *„gebührender Berücksichtigung der wohlverstandenen Interessen des Beschäftigten"* begegnen müssen (BVerwGE 15,7; 19,54), verpflichtet alle Vorgesetzten (Schulleitung bzw. Schulaufsicht), jedes Mobbing zu verhindern, also auch alle Maßnahmen zu ergreifen, damit es gar nicht erst hierzu kommt. Einschlägig ist § 45 des Beamtenstatusgesetzes:

„Der Dienstherr hat im Rahmen des Dienst- und Treueverhältnisses für das Wohl der Beamtinnen und Beamten und ihrer Familien, auch für die Zeit nach Beendigung des Beamtenverhältnisses, zu sorgen. Er schützt die Beamtinnen und Beamten bei ihrer amtlichen Tätigkeit und in ihrer Stellung." ➪ Beamtenstatusgesetz § 45

Das Allgemeine Gleichbehandlungsgesetz (AGG), das ausdrücklich auch für den Beamtenbereich gilt (§ 24) hat die Pflichten der Vorgesetzten noch einmal konkretisiert. Durch die darin definierten Beschwerdemöglichkeiten und die Einrichtung der Antidiskriminierungsstelle des Bundes (§ 25) sind auch die Abwehrmöglichkeiten gegen die vielfältigen Formen des Mobbings verbessert worden.

Sobald Arbeitgeber bzw. Vorgesetzte von Mobbing in ihrem Betrieb erfahren, müssen sie ihrer Fürsorgepflicht nachkommen und wirksam eingreifen (z.B. Mitarbeitergespräch, Wahrnehmung des Weisungsrechts, Abmahnung, Kündigung, Versetzung). Auch diese Pflichten haben im AGG ihren Niederschlag gefunden. ➪ Gleichbehandlungsgesetz (AGG) §§ 12, 24

Die GEW informiert im Internet unter: www.gew.de/gesundheit/internet-mobbing

Das Kultusministerium hat die Regierungspräsidien beauftragt, vom Mobbing durch Schüler*innen – vor allem im Internet – betroffene Lehrkräfte *„rechtlich zu beraten und, soweit die Angriffe Dritter strafbare Handlungen darstellen, von ihrem Recht Gebrauch zu machen, auf Wunsch der betroffenen Lehrkraft selbstständig Strafantrag zu stellen. – Unterstützung in zivilrechtlichen Verfahren kann von Seiten der Schulverwaltung nicht gewährt werden. [...]"*. Es hat sie ferner angewiesen, die Schulen bei der Durchführung von Verfahren nach § 90 SchG (Erziehungs- und Ordnungsmaßnahmen) zu beraten und zu unterstützen.

(Quelle: KM, 16. Juli 2007; AZ: 31-0302.9/20)

Hinweis der Redaktion: Rechtsschutz durch Übernahme der notwendigen Kosten ist nach den Grundsätzen der VwV zu § 98 LBG (alt) möglich. Siehe ➪ Rechtsschutz Nr. 2.

In der Handreichung „Handlungsmöglichkeiten bei Mobbing zum Nachteil von Lehrkräften im Internet" („Cyber-Mobbing") vom Mai 2009 informiert das KM über Möglichkeiten der Prävention im schulischen Bereich sowie über die rechtlichen Rahmenbedingungen: https://km-bw.de/,Lde/startseite/schule/Mobbing+im+Internet

Diese Handreichung stellt umfassend die Vielzahl von Möglichkeiten dar, wie die Schule auf Fehlverhalten von Schülerinnen und Schülern je nach Schwere der Rechtsverletzung pädagogisch angemessen reagieren kann. Dabei sind die „alltäglichen pädagogischen Erziehungsmaßnahmen" auf der Basis von § 23 Abs. 2 Schulgesetz von den in § 90 Schulgesetz aufgeführten förmlichen Erziehungs- und Ordnungsmaßnahmen zu unterscheiden, da diese in die individuelle Rechtssphäre der Schüler*innen eingreifen und aus rechtsstaatlichen Gründen an bestimmte Voraussetzungen und an ein förmliches Verfahren gebunden sind.

➪ Internet und Schule; ➪ Schulgesetz §§ 23 und 90

Bei der Anwendung von § 90 SchG muss es sich um schulbezogenes Fehlverhalten handeln. „Schulbezogen" ist jedes Fehlverhalten von Schüler*innen, das in den Schulbetrieb konkret feststellbar störend hineinwirkt; es ist daher nicht ausschließlich räumlich und zeitlich, sondern auch inhaltlich bestimmt; darunter fallen z.B. auch Internet-Mobbing oder Drohanrufe gegen einzelne Schüler oder Lehrkräfte.

Nach dem Grundsatz der Verhältnismäßigkeit muss eine Erziehungs- und Ordnungsmaßnahme in einem angemessenen Verhältnis zum Gewicht des Fehlverhaltens stehen. In Fällen der Beleidigung einer Lehrkraft durch einen Schüler hat die Rechtsprechung deshalb auch schon „Überreaktionen" von Schulen in Form eines endgültigen Schulausschlusses als unverhältnismäßig korrigiert: *„Wenn Flegeleien oder ein Ausrasten von Schülern pubertätsbedingt sind, wenn der Schüler kurz vor der Abschlussprüfung steht oder wenn seine Ausbildung gefährdet wird, kann ein Schulausschluss unverhältnismäßig sein, solange es sich nicht umeinen Wiederholungsfall handelt."* Dieser Grundsatz ist auch bei Reaktionen auf minder schwere Persönlichkeitsrechtsverletzungen im Internet zu beachten.

Weitere Informationen sind im Internet zu finden, z.B. unter: www.km-bw.de / www.konflikthotline-bw.de / www.mediaculture-online.de / www.lmz-bw.de / www.klicksafe.de / www.jugendnetz.de / www.ajs-bw.de / www.handysektor.de / www.polizei-bw.de.

Kontaktmöglichkeiten für Mobbing am Arbeitsplatz: https://www.dgb.de/mobbing-am-arbeitsplatz-was-tun-bei-mobbing-durch-chef-oder-kollegen

Weitere Handlungsmöglichkeiten

Zur Vermeidung bzw. Behebung einer Opfer-Täter-Situationen ist es bedeutsam, dass potenzielle Opfer den möglichen Täter*innen von Anfang an Grenzen setzen, soweit es ihnen möglich ist und sie sich in der dazu notwendigen seelischen Verfassung befinden. Ansonsten können sich Täter*innen bestätigt fühlen, weiter mobben zu können.

Eine der wichtigsten Abwehrmöglichkeiten ist die Zusammenarbeit mit anderen, seien sie selbst vom Mobbing betroffen oder „neutral". Wo immer innerhalb einer Organisation oder Institution die Kooperation – in der ganzen Breite der Einrichtung oder innerhalb von Untergruppen – gepflegt wird, haben es „Mobber" schwer. Rat und Hilfe bieten z.B. die örtliche Gliederung der GEW (Orts-/Kreisverband, Fachgruppe, Bezirksgeschäftsstelle, Rechtsschutzstelle oder die Schulgruppe der GEW).

Zu den Abwehrmaßnahmen gehört die Beschwerde bei übergeordneten oder „neutralen" Instanzen:

Dienstliche Beschwerde

Alle Beschäftigten besitzen ein ➪ Beschwerderecht bei ihren Vorgesetzten bzw. auch über diese:

„(1) Beamtinnen und Beamte können Anträge stellen und Beschwerden vorbringen; hierbei ist der Dienstweg einzuhalten. Richten sich Beschwerden gegen unmittelbare Vorgesetzte, so können sie bei den nächsthöheren Vorgesetzten unmittelbar eingereicht werden. Der Beschwerdeweg bis zur obersten Dienstbehörde steht offen.

(2) Beamtinnen und Beamte können die für sie zuständigen Gewerkschaften oder Berufsverbände mit ihrer Vertretung beauftragen, soweit gesetzlich nichts anderes bestimmt ist."

➪ Beamtengesetz (LBG) § 49; ➪ Dienstweg

Beschwerde bei der Personalvertretung

Die Personalräte haben darüber zu wachen, *„dass alle Angehörigen der Dienststelle nach Recht und Billigkeit behandelt werden, insbesondere, dass jede Benachteiligung von Personen aus rassistischen Gründen oder wegen ihrer ethnischen Herkunft, ihrer Abstammung oder sonstigen Herkunft, ihrer Nationalität, ihrer Religion oder Weltanschauung, ihrer Behinderung, ihres Alters, ihrer politischen oder gewerkschaftlichen Betätigung oder Einstellung oder wegen ihres Geschlechts oder ihrer sexuellen Identität unterbleibt."* ➪ Personalvertretungsgesetz (LPVG) § 69

Gemäß § 70 LPVG hat die Personalvertretung u.a. *„darüber zu wachen, dass die zugunsten der Beschäftigten geltenden Gesetze, Verordnungen, Tarifverträge, Dienstvereinbarungen, Verwaltungsanordnungen, Unfallverhütungsvorschriften und sonstigen Arbeitsschutzvorschriften durchgeführt werden,"* sowie Anregungen und Beschwerden von Beschäftigten entgegenzunehmen und, falls sie berechtigt erscheinen, durch Verhandlung mit dem Leiter der Dienststelle auf ihre Erledigung hinzuwirken. Zu diesen Gesetzen gehören u.a. das Chancengleichheitsgesetz und das Allgemeine Gleichbehandlungsgesetz.

➪ Chancengleichheitsgesetz; ➪ Gleichbehandlungsgesetz (AGG)

Bei der Anrufung des Personalrats ist zu beachten, dass dieser alle Beschäftigten der Dienststelle vertritt, also ggf. sowohl Täter und Opfer. Dies kann von Vorteil sein, weil bei manchen Mobbingfällen das Prinzip der Gegenseitigkeit herrscht, also beide Parteien einander mit Vorwürfen überziehen. Bisweilen muss der Personalrat beide Parteien zugleich vertreten, da alle Beschäftigten das Recht haben, sich mit der Bitte um Rat und Unterstützung an die Personalvertretung zu wenden; in diesem Fall kann der Personalrat eine vermittelnde Funktion im Sinne einer Mediation wahrnehmen.

Beratungsstellen

Die vom Land Baden-Württemberg und der Deutschen Rentenversicherung getragene Rehaklinik Glotterbad bietet unter (0180) 26622464 oder (0711) 892 44 300 eine landesweite Konflikthotline Baden-Württemberg an (Sprechzeiten und weitere Infos: www.konflikthotline-bw.de). Wer in Arbeitsplatzkonflikte verwickelt ist (auch Lehrkräfte), kann hier kostenlos und unverbindlich eine Erstberatung erhalten.

Auch die ➪ Schulpsychologischen Beratungsstellen sind beauftragt, den Schulen bzw. einzelnen Lehrkräften (auch betroffenen Schüler*innen bzw. deren Eltern) in Mobbingfällen beizustehen.

➪ Beamtenstatusgesetz § 45; ➪ Beschwerderecht; ➪ Chancengleichheitsgesetz; ➪ Erziehungsauftrag und politische Bildung, ➪ Gleichbehandlungsgesetz (AGG); ➪ Grundgesetz; ➪ Internet und Schule; ➪ Kinderrechte; ➪ Personalvertretungsgesetz (LPVG); ➪ Schulpsychologische Beratungsstellen; ➪ Verwaltungsrecht (Allgemeines)

Multilaterale Versetzungsordnung

Verordnung des KM über den Übergang zwischen Werkrealschulen/Hauptschulen, Realschulen, Gemeinschaftsschulen und Gymnasien der Normalform (Multilaterale Versetzungsordnung) vom 19. April 2016 (K.u.U. S. 308/2016); zuletzt geändert 9. April 2018 (GBl. S. 155/2018)

Abschnitt 1

§ 1
Anwendungsbereich und Grundlagen des Wechsels

(1) Die Verordnung regelt den Wechsel der Schülerinnen und Schüler zwischen den allgemeinbildenden Schularten der Sekundarstufe I sowie aus der Sekundarstufe I in die Oberstufe des allgemeinbildenden Gymnasiums der Normalform sowie der Gemeinschaftsschule. Sie ist nicht anwendbar für den Wechsel der Niveaustufe innerhalb einer Schulart.

Hinweis der Redaktion: Diese VO bezieht sich auf den Wechsel innerhalb des Regelschulwesens. Zum Wechsel aus Schulen besonderer Art (SchG § 107) in andere Schularten siehe ⇨ Gesamtschulen § 12. Bei anerkannten Ersatzschulen mit einem den öffentlichen Schulen vergleichbaren Zeugnis- und Beurteilungssystem sowie bei vergleichbaren Regelschulen anderer Bundesländer wird das Versetzungszeugnis der abgebenden Schule anerkannt. Beim Wechsel aus anderen Bildungssystemen – z.B. aus dem Ausland oder aus Waldorfschulen, die kein vergleichbares Zeugnis- und Beurteilungssystem verwenden – muss eine individuelle Leistungsüberprüfung durch die aufnehmende Schule erfolgen. ⇨ Schulpflicht (Ausländer/innen)

(2) Für den Wechsel nach Absatz 1 sind die Schularten und Niveaustufen folgenden Ebenen zugeordnet:

a) Ebene 1: Grundlegendes Niveau (G) an der Gemeinschaftsschule, Realschule Werkrealschule oder Hauptschule
b) Ebene 2: Mittleres Niveau (M) an der Gemeinschafsschule oder Realschule
c) Ebene 3: Erweitertes Niveau (E) an der Gemeinschaftsschule sowie am Gymnasium.

§ 2
Zeitpunkte innerhalb des Schuljahres

(1) Der Übergang zwischen den Schularten ist möglich zum Ende eines Schulhalbjahres oder Schuljahres. Abweichend hiervon ist der Wechsel in der Klasse 5 nur zum Ende des Schuljahres, der Wechsel in die Abschlussklassen einer Schulart nur zum Beginn des Schuljahres möglich.

(2) Abschlussklassen im Sinne dieser Verordnung sind für die Werkrealschule, Hauptschule, die Realschule sowie die Gemeinschaftsschule die Klassen 9 und 10, für das Gymnasium die Klasse 10.

§ 3
Klassenstufen

Der Wechsel zwischen den Ebenen ist innerhalb der Sekundarstufe I sowie nach Maßgabe des § 6 Absatz 2 Nummer 2 oder nach § 9 Absatz 3 Satz 2 von der Klasse 10 in die Einführungsphase der gymnasialen Oberstufe möglich. Die Einschränkungen für den Wechsel in die Abschlussklassen einer niedrigeren Ebene nach § 8 bleiben hiervon unberührt.

§ 4
Arten des Wechsels

(1) Zum Ende eines Schuljahres ist der Wechsel nach § 1 Absatz 1 Satz 1 in die nächsthöhere Klasse möglich, sofern die Schülerin oder der Schüler in die nächsthöhere Klasse versetzt wurde. Im Falle des Wechsels in eine niedrigere Ebene gilt dies auch dann, wenn nach der Versetzungsordnung der abgebenden Schulart oder Niveaustufe kein Wechsel in die nächsthöhere Klasse erfolgen konnte, die Versetzungsanforderungen der aufnehmenden Schulart oder Niveaustufe jedoch erfüllt würden. Zum Ende des Schuljahres ist der Wechsel nach § 1 Absatz 1 Satz 1 auch mit Wiederholung der bereits besuchten Klassenstufe möglich.

(2) Zum Schulhalbjahr ist der Wechsel in die bisher besuchte Klassenstufe möglich.

Abschnitt 2 – Wechsel der Schulart ohne Wechsel der Ebene

§ 5
Voraussetzungen für den Wechsel

Der Wechsel der Schulart ohne Wechsel der Ebene nach § 1 Absatz 2 ist dann möglich, wenn die Ebene an der bisherigen Schulart weiterhin besucht werden könnte. Für den Wechsel in das Gymnasium ist ab Klasse 7 zudem Voraussetzung, dass eine zweite Fremdsprache besucht wurde. Der Wechsel in die gymnasiale Oberstufe erfolgt in die Einführungsphase, für Schülerinnen und Schüler, die bereits eine Einführungsphase besucht haben, in die entsprechende Jahrgangsstufe.

Abschnitt 3
Wechsel in eine höhere Ebene

§ 6
Voraussetzungen für den Wechsel um eine Ebene

(1) Der Wechsel von der Ebene 1 in die Ebene 2 nach § 1 Absatz 2 ist möglich

1. in den Klassen 5 und 6, wenn in zwei der Fächer Deutsch, Mathematik und in der Pflichtfremdsprache mindestens die Note „gut“ und im dritten dieser Fächer mindestens die Note „befriedigend“ sowie in allen für die Versetzung maßgebenden Fächern und dem Fächerverbund Biologie, Naturphänomene und Technik mindestens ein Durchschnitt von 3,0 erreicht wurde,
2. ab Klasse 7, wenn in den Fächern Deutsch, Mathematik und in allen an der Zielschulart oder Niveaustufe unterrichteten Pflichtfremdsprachen mindestens jeweils die Note „gut“ sowie in allen für die Versetzung maßgebenden Fächern mindestens ein Durchschnitt von 3,0 erreicht wurde.

(2) Der Wechsel von der Ebene 2 in die Ebene 3 nach § 1 Absatz 2 ist möglich,

1. in den Klassen 5 und 6, wenn in den Fächern Deutsch, Mathematik und in einer Pflichtfremd sprache mindestens die Note „befriedigend“ sowie in allen für die Versetzung maßgebenden Fächern und dem Fächerverbund Biologie, Naturphänomene und Technik mindestens ein Durchschnitt von 3,0 erreicht wurde,

2. in den Klassen 7 bis 10, wenn in zwei der Fächer Deutsch, Mathematik und in einer Pflichtfremdsprache mindestens die Note „gut“ und im dritten dieser Fächer mindestens die Note „befriedigend“ sowie in allen für die Versetzung maßgebenden Fächern mindestens ein Durchschnitt von 3,0 sowie mindestens die Note „befriedigend“ in jeder Fremdsprache erreicht wurde, die in der Klasse der aufnehmenden Schulart ein für die Versetzung maßgebendes Fach ist.

(3) Sind die Notenvoraussetzungen nach Absatz 1 und 2 nicht erreicht, kann die Klassenkonferenz der abgebenden Schule ausnahmsweise mit Zweidrittelmehrheit eine Bildungsempfehlung für die Aufnahme auf Probe in die gewünschte Ebene aussprechen, wenn das Lern- und Arbeitsverhalten sowie die Art und Ausprägung der Leistungen in den übrigen Fächern und dem Fächerverbund erwarten lassen, dass die Schülerin oder der Schüler den Anforderungen der Schulart oder Niveaustufe gewachsen sein wird.

(4) Der Wechsel ist zudem nach Bestehen einer Aufnahmeprüfung möglich, die in den Klassen 5 und 6 nur zum Ende des Schuljahres an zentralen, von der zuständigen Schulaufsichtsbehörde bestimmten Schulen, im Übrigen an der aufnehmenden Schule abgelegt wird. Die Prüfung umfasst eine schriftliche Prüfung in Deutsch, Mathematik und den Pflichtfremdsprachen der aufnehmenden Schulart; auf Wunsch der Erziehungsberechtigten kann zusätzlich zur schriftlichen Prüfung auch mündlich geprüft werden. Für das Bestehen sind die nach der Versetzungsordnung der aufnehmenden Schulart für die Kernfächer geltenden Anforderungen maßgebend.

§ 7

Voraussetzungen für den Wechsel um zwei Ebenen

(1) Der Wechsel von der Ebene 1 in die Ebene 3 im Sinne von § 1 Absatz 2 ist in den Klassen 5 und 6 möglich, wenn die Schülerin oder der Schüler in den Fächern Deutsch, Mathematik und in den Pflichtfremdsprachen mindestens die Note „gut“ sowie in allen für die Versetzung maßgebenden Fächern und dem Fächerverbund Biologie, Naturphänomene und Technik mindestens einen Durchschnitt von 2,5 erreicht hat.

(2) Ab der Klasse 7 oder wenn in den Klassen 5 und 6 die Notenvoraussetzungen nach Absatz 1 nicht erfüllt sind, kann die Klassenkonferenz der abgebenden Schule ausnahmsweise mit Zweidrittelmehrheit eine Bildungsempfehlung für die Aufnahme auf Probe aussprechen, wenn das Lern- und Arbeitsverhalten sowie die Art und Ausprägung der Leistungen in den übrigen Fächern und dem Fächerverbund erwarten lassen, dass die Schülerin oder der Schüler die Anforderungen der angestrebten Ebene erfüllen kann.

(3) Der Wechsel ist zudem nach Bestehen einer Aufnahmeprüfung möglich, die in den Klassen 5 und 6 nur zum Ende des Schuljahres an zentralen, von der zuständigen Schulaufsichtsbehörde bestimmten Schulen, im Übrigen an der aufnehmenden Schule abgelegt wird. Die Prüfung umfasst eine schriftliche Prüfung in Deutsch, Mathematik und einer Pflichtfremdsprache, die in der aufnehmenden Schule zum Zeitpunkt des Überganges versetzungserheblich ist; auf Wunsch der Eltern kann zusätzlich zur schriftlichen Prüfung auch mündlich geprüft werden. Ab Klasse 7 erstreckt sich die Prüfung zusätzlich auf eine zweite, an der aufnehmenden Schule versetzungserhebliche Fremdsprache. Für das Bestehen sind die nach der Versetzungsordnung der aufnehmenden Schulart für die Kernfächer geltenden Anforderungen maßgebend.

Abschnitt 4
Voraussetzungen für den Wechsel in eine niedrigere Ebene

§ 8

Voraussetzungen für den Wechsel

(1) Wer auf seiner bisherigen Ebene nach § 1 Absatz 2 in die nächsthöhere Klassenstufe versetzt wurde, kann diese Klassenstufe auch auf einer niedrigeren Ebene besuchen.

(2) Eine Klasse kann auf einer niedrigeren Ebene auch dann wiederholt werden, wenn eine Wiederholung dieser Klasse auf der bisher besuchten Ebene nicht möglich wäre.

(3) Abweichend von Absatz 2 kann in die Klassen 9 oder 10 nur wechseln, wer diese Klasse auf dem bisherigen Niveau beziehungsweise in der bisherigen Schulart wiederholen könnte. Liegen diese Voraussetzungen nicht vor, ist eine Aufnahme nur im Einverständnis mit der aufnehmenden Schule möglich. Ein Anspruch auf Aufnahme besteht in diesem Fall nicht.

Abschnitt 5
Besondere Regeln für die Gemeinschaftsschule

§ 9

(1) An den Gemeinschaftsschulen werden für den Zweck des Wechsels auf eine andere Schulart Noten in allen Fächern einheitlich auf einer Niveaustufe ausgewiesen. Es wird die Niveaustufe ausgewiesen, die überwiegend für die Leistungsfeststellungen maßgeblich war.

(2) Soweit diese Verordnung für den Wechsel der Schulart und der danach zu besuchenden Klassenstufe darauf abstellt, ob eine Versetzung in die nächsthöhere Klasse an der bisher besuchten Schulart erfolgte, ist in den Fällen des Absatz 1 auf der Grundlage der festgelegten einheitlichen Niveaustufe eine fiktive Versetzungsentscheidung zu treffen. Bei dieser Entscheidung ist

1. für die Niveaustufe G die Werkrealschulverordnung,
2. für die Niveaustufe M die Realschulversetzungsordnung (Niveaustufe M),
3. für die Niveaustufe E die Versetzungsordnung Gymnasien

entsprechend anzuwenden. Die maßgebliche Feststellung, ob die Versetzungsvoraussetzungen erfüllt sind, trifft die Lerngruppenkonferenz der abgebenden Gemeinschaftsschule.

(3) Der Wechsel in die Sekundarstufe I einer Gemeinschaftsschule ist unter den gleichen Voraus-

Weiter nach der tabellarischen Übersicht

Multilaterale Versetzungsordnung (Übersicht)

Hinweise der Redaktion zur Anwendung der Verordnung des KM über den Übergang zwischen Werkrealschulen/Hauptschulen, Realschulen, Gemeinschaftsschulen und Gymnasien der Normalform (Multilaterale Versetzungsordnung)

Ebenen der Sekundarstufe I	Schulart
Ebene 1	G-Niveau an HS, WRS, RS, GMS
Ebene 2	M-Niveau an RS, GMS
Ebene 3	Gymnasium oder E-Niveau an GMS (§ 1)

Schulartwechsel – Grundsätze	
grundsätzlich	nur zum Halbjahres- oder Schuljahresende möglich
in Klasse 5	nur am Schuljahresende möglich
in Abschlussklassen und in Klasse 10 GYM	nur zum Schuljahres-anfang möglich (§ 2)
in die gleiche Ebene an einer anderen Schulart	Wechsel möglich, wenn die Ebene an der bisherigen Schulart weiterhin besucht werden könnte (§ 5)
Wechsel in die Sekundarstufe I einer GMS wird behandelt wie Wechsel in Ebene 1 (§ 9)	

Voraussetzungen für den Wechsel in eine höhere Ebene	Ebene 1 nach 2: von G-Niveau nach M-Niveau (§ 6)		Ebene 2 nach 3: von M-Niveau nach E-Niveau (§ 6)		Ebene 1 nach 3: von G-Niveau nach E-Niveau (§ 7)	
Klasse 5 + 6	2 x 2 und 1 x 3	D, E, M	3 x 3	D, E, M	3 x 2	D, E, M
	Durchschnitt 3,0	alle maßgeblichen Fächer	Durchschnitt 3,0	alle maßgeblichen Fächer	Durchschnitt 2,5	alle maßgeblichen Fächer
ab Klasse 7	3 x 2	D, E, M	2 x 2 und 1 x 3	D, E, M	Auf Beschluss der Klassenkonferenz mit 2/3-Mehrheit „Ausnahmsweise Bildungsempfehlung für die Aufnahme auf Probe" möglich. Die Probezeit dauert maximal ein halbes Jahr. Über das Bestehen entscheidet die Klassenkonferenz.	
	Durchschnitt 3,0	alle maßgeblichen Fächer	Durchschnitt 3,0	alle maßgeblichen Fächer		
			1 x 3	2. Fremdsprache		
			Wechsel in gymnasiale Oberstufe einer GMS mit RS-Abschluss auch ohne zweite Fremdsprache möglich (§ 9 i.V.m. § 11 GMS-VO)			

Wenn Noten nicht genügen	a) Auf Beschluss der Klassenkonferenz mit 2/3-Mehrheit „ausnahmsweise Bildungsempfehlung für die Aufnahme auf Probe" möglich. Probezeit maximal ein halbes Jahr, über Bestehen entscheidet die Klassenkonferenz (§ 6).
	b) Aufnahmeprüfung am Ende von Kl. 5 oder 6 zentral an vom SSA bestimmten Schulen, ab Kl. 7 an der aufnehmenden Schule (§ 6) möglich.

Voraussetzungen für Wechsel in eine niedrigere Ebene

Wenn versetzt (§ 8).

Wenn nicht versetzt
- aber die Versetzungsanforderungen der aufnehmenden Schulart/Niveaustufe erfüllt sind (§ 4).
- als Wiederholung möglich, auch wenn an bisheriger Schule keine Wiederholung möglich ist (§ 8).

Ausnahme Klassen 9 und 10: Wiederholung nur, wenn auf bisherigem Niveau/an bisheriger Schulart Wiederholung möglich. Über Ausnahmen entscheidet die aufnehmende Schule (§ 8).

Weitere Hinweise

Liegen die Voraussetzungen für einen Wechsel vor, haben Schüler*innen das Recht zu wechseln (§ 11).
Beim Wechsel zum Halbjahr wird für den Übergang ein Zeugnis mit ganzen Noten gebildet (§ 11).
Bei Schulartwechsel wird das Jahreszeugnis nur aus den Noten der aufnehmenden Schule gebildet (§ 11).
Die Klassen- bzw. Lerngruppenkonferenz zur Bildungsempfehlung findet unter Vorsitz von Schulleiter*in statt, dessen/deren Stimme bei Stimmengleichheit entscheidet (§ 11).
Zur Anwendung der MVO müssen GMS die Noten auf der Niveaustufe einheitlich ausweisen, auf der die Leistungen überwiegend festgestellt wurden. Bei Bedarf trifft die Lerngruppenkonferenz anhand dieser Noten eine fiktive Versetzungsentscheidung bzw. sie stellt fest, ob die Versetzungsvoraussetzungen erfüllt sind (§ 9).
Nur GYM Kl. 7-10: Klassenkonferenz kann schriftliche Schulartwechselempfehlung aussprechen, wenn Wiederholung voraussichtlich nicht für Versetzung reicht (§ 12).

setzungen möglich wie der Wechsel in die Ebene 1 nach § 1 Absatz 2 Nummer 1. Für Schülerinnen und Schüler mit einem Realschulabschluss oder einem gleichwertigen Bildungsstand ist der Wechsel in die gymnasiale Oberstufe einer Gemeinschaftsschule in entsprechender Anwendung des § 11 Satz 1 Nummer 2 der Gemeinschaftsschulverordnung möglich.

Abschnitt 6
Allgemeines

§ 10
Elternberatung und Kooperation

Der Übergang zwischen den Schularten erfordert eine Beratung der Erziehungsberechtigten und ein rechtzeitiges Zusammenwirken der abgebenden und der aufnehmenden Schule.

§ 11
Ergänzende Regelungen

(1) Liegen die Voraussetzungen für einen Wechsel nach den §§ 5 bis 8 vor, hat die Schülerin oder der Schüler das Recht zu wechseln. § 8 Absatz 3 Satz 3 bleibt unberührt.

(2) Für die Entscheidung, ob die Anforderungen der jeweiligen Versetzungsordnung erfüllt sind, sind die Noten im zuletzt besuchten Schuljahr maßgebend. Eine Prüfung richtet sich für Schülerinnen und Schüler der Klassen 5 und 6 hinsichtlich der Anforderungen nach der nächsthöheren Klasse der gewünschten Schulart und Niveaustufe, für Schülerinnen und Schüler ab Klasse 7 nach der Klasse, in die sie überwechseln wollen.

(3) Bildungsempfehlungen werden von der Klassenkonferenz oder Lerngruppenkonferenz unter Vorsitz der Schulleiterin oder des Schulleiters ausgesprochen. Bei Stimmengleichheit entscheidet die Stimme der Schulleiterin oder des Schulleiters

(4) Bei einer Bildungsempfehlung für eine Aufnahme auf Probe dauert die Probezeit höchstens ein Schulhalbjahr. Über das Bestehen der Probezeit entscheidet die Klassenkonferenz der aufnehmenden Schule nach Maßgabe der jeweiligen Versetzungsordnung; dabei bleibt eine Fremdsprache, in der die Schülerin oder der Schüler in der abgebenden Schule nicht oder erst beginnendin einer späteren Klassenstufe unterrichtet worden ist, außer Betracht.

(5) Wenn die Pflichtfremdsprache der abgebenden Schule nicht mit derjenigen der aufnehmenden Schule übereinstimmt oder erst beginnend in einer späteren Klassenstufe unterrichtet worden ist, legt die Fachlehrkraft der aufnehmenden Schule im Benehmen mit der Klassenlehrerin oder dem Klassenlehrer in diesem Fach eine Nachlernfrist fest, innerhalb derer die Schülerin oder der Schüler an der Leistungsmessung durch mündliche Prüfungen und schriftliche Arbeiten nur zur Probe teilnimmt. Die Länge dieser Frist trägt den Unterschieden der Schularten sowie Niveaustufen Rechnung und dauert bis zu einem Jahr. Während der Nachlernfrist ist die Versetzungserheblichkeit des Faches ausgesetzt.

(6) Beim Wechsel zum Schuljahresende sind die Noten des Jahreszeugnisses maßgebend. Beim Wechsel zum Schulhalbjahr wird für den Übergang ein Zeugnis mit ganzen Noten gebildet, das maßgebend ist.

(7) Beim Wechsel einer Schulart zum Schulhalbjahr werden die Noten des Jahreszeugnisses nur aus den Leistungen im zweiten Schulhalbjahr gebildet.

§ 12
Empfehlung für den Übergang

Wird eine Schülerin oder ein Schüler der Klassen 7 bis 10 des Gymnasiums nicht versetzt und gelangt die Klassenkonferenz zu der Überzeugung, dass sie oder er auch bei einer Wiederholung der Klasse voraussichtlich nicht zu versetzen wäre, kann sie die schriftliche Empfehlung aussprechen, in die Werkrealschule, Hauptschule, die Realschule oder die Gemeinschaftsschule zu wechseln.

⇨ Abschlüsse (Allgemeines); ⇨ Aufbaugymnasium (Allgemeinbildend und beruflich); ⇨ AufnahmeVO; ⇨ Aufnahmeverfahren; ⇨ Befangenheit; ⇨ Behinderungen (Förderbedarf) 2.3.2; ⇨ Gemeinschaftsschule (Verordnung); ⇨ Notenbildungsverordnung; ⇨ Versetzungsordnungen (bei den Schularten)

Mutterschutz (Allgemeines)

Informationen der Redaktion zur Rechtslage und zur Verwaltungspraxis in Baden-Württemberg

Allgemeine Schutzvorschriften

Werdende und stillende Mütter stehen unter besonderem rechtlichen Schutz. Für **Beamtinnen** ist dies in einer Verordnung festgelegt, siehe: ⇨ Mutterschutz (Verordnung); für **Arbeitnehmerinnen** gelten das Mutterschutzgesetz und die Verordnung zum Schutze der Mütter am Arbeitsplatz sowie das Arbeitszeitgesetz *(hier nicht abgedruckt)*.

Die Informationen und Merkblätter der Fachgruppe Mutterschutz bei den Regierungspräsidien „Schwanger im Berufsleben" sind bei allen Regierungspräsidien auf deren Homepage eingestellt.

Hinweis der Redaktion: Zum Mutterschutz für schwangere Schülerinnen siehe ⇨ Schulbesuchsverordnung § 2 Abs. 3.

Reguläre Mutterschutzfrist

Vor der Entbindung besteht ein Beschäftigungsverbot von sechs, nach der Entbindung von acht (bei Früh- und Mehrlingsgeburten zwölf) Wochen. Nach der Entbindung von einem Kind mit Behinderung kann die Schutzfrist von 8 auf 12 Wochen verlängert werden. Nach Vorlage einer ärztlichen Bescheinigung über das Bestehen einer Schwangerschaft darf die Lehrkraft in diesem Zeitraum nicht beschäftigt werden. Sie darf jedoch bis zur Entbindung weiter arbeiten, wenn sie dies ausdrücklich gegenüber der Schulleitung erklärt (jederzeit widerrufbar).

Individuelles Beschäftigungsverbot

Während der Schwangerschaft kann ein Beschäftigungsverbot bestehen, wenn nach ärztlichem Zeugnis Leben oder Gesundheit von Mutter oder Kind bei Fortdauer der Dienstleistung gefährdet sind. Ein solches Beschäftigungsverbot kommt in Betracht

- bei normalen Beschwerden der Schwangerschaft (z.B. frühmorgendliches Erbrechen, Übelkeit z.B. ausgelöst durch Gerüche, Rückenschmerzen),
- bei Komplikationen der Schwangerschaft, die (noch) keinen Krankheitswert haben wie z.B. Risiko einer Fehlgeburt bzw. Frühgeburt, Thromboseneigung sowie
- bei psychisch bedingtem Stress, der Leben und Gesundheit von Mutter und Kind gefährdet. Voraussetzung ist, dass der gefährdende Stress gerade durch die Fortdauer der Beschäftigung verursacht oder verstärkt wird.

(Quelle: Merkblatt der Regierungspräsidien, Fachgruppe Mutterschutz, zu individuellen Beschäftigungsverboten. Link siehe oben)

Generelle arbeitsplatzbezogene Beschäftigungsbeschränkungen und -verbote

Die Schulleitung muss für jeden einzelnen Arbeitsplatz – anlassunabhängig – prüfen, ob dort Gefahren für Schwangere oder Stillende hinsichtlich möglicher Gefährdungen (z.B. durch chemische Gefahrstoffe, biologische Arbeitsstoffe, physikalische Schadfaktoren, bestimmte Arbeitsbedingungen und Arbeitszeiten) auftreten. Auch das Risiko, durch eine Kinderkrankheit infiziert zu werden (am höchsten in der Grundschule und an SBBZ), oder die Infektion Schwangerer durch Erreger, die zu Schäden beim ungeborenen Kind führen können, zählen in diesem Sinne zu den Gefährdungen. Beim Auftreten der Erkrankung in der Einrichtung ist ein befristetes Beschäftigungsverbot für werdende Mütter mit fehlender oder ungeklärter Immunität auszusprechen (siehe Tabelle). Reichen eine Umgestaltung der Arbeitsbedingungen und/oder der Arbeitszeiten nicht aus oder ist eine Umsetzung auf einen geeigneten anderen Arbeitsplatz (z.B. Wechsel des Lehrauftrags oder der Klasse) nicht möglich, muss die Schulleitung die Lehrkraft teilweise oder völlig freistellen. Es sind hierfür weder ein ärztliches Attest noch eine Genehmigung durch die Schulaufsichtsbehörde erforderlich. Die Schulleitung muss den Vorgang jedoch der Behörde mitteilen, wenn sie den Ausfall der Lehrkraft nicht „mit Bordmitteln" kompensieren kann.

Gefährdungsbeurteilung und Beschäftigungsverbot

Bei der Schwangerschaftsmeldung einer Lehrerin ist an der Schule folgendes Verfahren zu beachten:

1. Die Schulleitung meldet die Schwangerschaft unverzüglich dem Regierungspräsidium (Fachgruppe Mutterschutz; mutterschutz@rps.bwl.de) als zuständiger Aufsichtsbehörde (§ 27 MuschG; § 36 Abs. 2 AzUVO neu).
2. Die Schulleitung ergreift ggf. Sofortmaßnahmen, bis eine Gefährdungsbeurteilung des Arbeitsplatzes der Schwangeren durchgeführt/aktualisiert worden ist (§ 10 MuSchG). Nötigenfalls ist ein vorläufiges Beschäftigungsverbot auszusprechen bzw. die Schwangere legt eine entsprechende ärztliche Bescheinigung vor.
3. Die Schwangere lässt beim betriebsärztlichen Dienst (betriebsarzt-schule-bw@bad-gmbh.de) oder ihrer Gynäkologin/ihrem Gynäkologen ihren Immunstatus gegen Infektionskrankheiten bestimmen und legt der Schulleitung einen Nachweis darüber vor.

   Hinweis der Redaktion: Dieser Nachweis ist nicht gleichzusetzen mit einem ärztlichen Beschäftigungsverbot (s. Nr. 7), d.h. die Schulleitung muss nötigenfalls auf der Basis des Nachweises der fehlenden Immunität und der betriebsärztlichen Empfehlung ein betriebliches Beschäftigungsverbot aussprechen (§ 13 Abs. 1 Nr. 3 MuSchG; § 36 Abs. 1 AzUVO neu).
4. Die Schulleitung erstellt unter Berücksichtigung des Ergebnisses der Immunitätsuntersuchung eine arbeitsplatz- und tätigkeitsbezogene Gefährdungsbeurteilung und teilt der Schwangeren das Ergebnis mit.

   ➪ Gefährdungsbeurteilung
5. Sofern die Beurteilung der Arbeitsbedingungen Gefährdungen ergeben hat, sind Schutzmaßnahmen nach folgender Rangfolge zu ergreifen:
   - Umgestaltung der Arbeitsbedingungen,
   - Umsetzung,
   - (teilweises) betriebliches Beschäftigungsverbot, d.h. Freistellung durch die Schulleitung.
6. Kann die Schwangere in der Schule nicht mehr gefahrlos beschäftigt werden und liegt kein generelles ärztliches Beschäftigungsverbot vor, erfolgt eine Meldung an die zuständige Schulaufsichtsbehörde (Staatliches Schulamt bzw. Regierungspräsidium, Abteilung 7) zur Prüfung eines anderweitigen Einsatzes z.B. in der Verwaltung.
7. Sofern es aufgrund der individuellen körperlichen Gegebenheiten der werdenden Mutter bzw. des ungeborenen Kindes zum Schutz vor einer Gefahr für Leben oder Gesundheit von Mutter und/oder Kind erforderlich ist, kann die Schwangere jederzeit auch ein Attest mit einem ärztlichen Beschäftigungsverbot (§ 16 MuSchG; § 34 AzUVO neu) vorlegen. Dieses Beschäftigungsverbot ist sowohl für den Arbeitgeber als auch für die Beschäftigte bindend.

(Quelle: Information des RP Stuttgart, Abteilung 72, Januar 2019 sowie Schreiben KM 6.11.2019, AZ:7-0304.2/1)

Formale Vorschriften und Bedingungen

Eine Schwangerschaft sowie der voraussichtliche Tag der Entbindung sind dem Regierungspräsidium (über die Schulleitung) unverzüglich mitzuteilen, damit die Maßnahmen zum Schutz der werdenden Mutter getroffen sowie die Vertretung während der Schutzfristen vorbereitet werden und die Meldungen an andere Behörden (z.B. Landesamt, Arbeitsagentur) erfolgen können und damit die Lehrkraft die vorgeschriebenen Merkblätter bzw. Vordrucke erhält. Nach der Geburt sind diese Formulare mit Geburtsurkunden einzureichen. Das RP kann eine Schwangerschaftsbescheinigung verlangen; die Kosten trägt das RP. Damit der Personalrat die Einhaltung der Schutzvorschriften überwachen kann, ist auch er, sofern die Lehrerin zustimmt, über die Schwangerschaft zu informieren.

➪ Personalvertretungsgesetz (LPVG) §§ 70 und 75 Abs. 2

Während der Mutterschutzfrist bleibt das Beschäftigungsverhältnis unverändert bestehen und die Bezüge werden unverändert weitergezahlt; auch der Arbeitsplatz an der Schule bleibt erhalten. Schließen jedoch eine Elternzeit oder ein Urlaub (§ 72 LBG bzw. § 28 TV-L) an das Beschäftigungsverbot an, besteht kein Anspruch auf Rückkehr an die Stammschule, die Schulverwaltung bemüht sich jedoch darum oder um einen Einsatz in der Nähe. Vor einer Versetzung bzw. Abordnung ist eine Anhörung vorgeschrieben. ➪ Versetzungen und Abordnungen

Mutterschaftsgeld

Soweit die Beschäftigungsverbote sowie der Entbindungstag in eine Elternzeit fallen und die Mutter während dieser Zeit nicht teilzeitbeschäftigt ist, erhält sie ein Mutterschaftsgeld (13 Euro je Kalendertag). Haben die maßgeblichen Bezüge vor Beginn der Elternzeit die Krankenversicherungspflichtgrenze überschritten (5.212,50 Euro; Stand: 1.11.2020), ist es auf insgesamt 210 Euro begrenzt. Beamtinnen erhalten das Mutterschaftsgeld vom Landesamt für Besoldung und Versorgung. Tarifbeschäftigte erhalten es auf Antrag von der gesetzlichen Krankenkasse, sind sie privat krankenversichert, vom Bundesversicherungsamt. Tarifbeschäftigte erhalten für den Zeitraum, in dem sie Anspruch auf Mutterschaftsgeld haben, vom LBV einen Zuschuss in Höhe des Unterschiedsbetrages zwischen Mutterschaftsgeld und dem durchschnittlichen Nettoeinkommen der letzten drei abgerechneten Kalendermonate.

Hinweis der Redaktion: Es empfiehlt sich in diesem Fall eine Elternzeit abzubrechen, um die (bezahlte) Mutterschutzfrist in Anspruch nehmen zu können, siehe nächster Absatz.

➪ Sozialversicherung (Beiträge)

Geburt weiterer Kinder in der Elternzeit

Wird während der Elternzeit (EZ) ein weiteres Kind geboren, kann (sollte) die Beschäftigte die EZ beenden, sobald die „Mutterschutzfrist" beginnt, oder sie unterbrechen und nach Ablauf der Mutterschutzfrist fortsetzen. Begründung: Während des Beschäftigungsverbotes wird wieder das vor der EZ zustehende Gehalt gezahlt. Nur wenn die Lehrkraft während der EZ eine Teilzeitbeschäftigung mit höherem Deputat als vor Beginn der EZ vereinbart hatte, ist diese höhere Teilzeit Bezugsgröße für die „Lohnfortzahlung" während der Mutterschutzfrist.

Arbeitsbedingungen und Mehrarbeit

Der Schulleitung obliegt gegenüber Schwangeren und Stillenden eine besondere Fürsorgepflicht. Sie muss deshalb in jedem Einzelfall abwägen, ob schwangere Lehrerinnen mit Pausenaufsicht, kurzfristigen Vertretungsstunden, Sport -und Schwimm-

Notwendige Gefährdungsbeurteilung in Bezug auf Krankheitserreger

Erreger	**Beschäftigungsverbot** bei Auftreten der Erkrankung bei den betreuten Kindern/Jugendlichen bis zum ... Tag
Mumps	bis zum 25. Tag nach dem letzten Erkrankungsfall – bei engem Körperkontakt zu den Kindern/ Jugendlichen während der gesamten Schwangerschaft; bei Auftreten der Erkrankung in der Einrichtung bis zum 21. Tag nach dem letzten Erkrankungsfall
Ringelröteln	bis zum 21. Tag nach dem letzten Erkrankungsfall
Keuchhusten	bis zum 21. Tag nach dem letzten Erkrankungsfall
Scharlach	bis zum 3. Tag nach dem letzten Erkrankungsfall
Hepatitis A	bis zum 50. Tag nach dem letzten Erkrankungsfall
Hepatitis B	ggf. bei möglichem Kontakt mit Blut oder Körpersekreten (anhand der Gefährdungsbeurteilung festzulegen). Dies kann z.B. bei Inklusion oder Verhaltensauffälligkeiten notwendig werden. Beschäftigungsverbot als Ersthelferin bzw. Tätigkeitsverbot bei der Notversorgung verletzter Personen. Diese Aufgaben müssen von anderen Beschäftigten übernommen werden.
Zytomegalie	Bei der Betreuung von Kindern ab 3 Jahren gelten strenge Hygienevorgaben. Grundsätzlich sollen schwangere Frauen vom Wickeln freigestellt werden. Engeren körperlichen Kontakt vermeiden; bei Risiko des Kontaktes mit Körperflüssigkeiten (Urin, Stuhl und Speichel) persönliche Schutzausrüstung tragen. Die Schwangere ist intensiv über die Infektionswege Urin, Stuhl und Speichel zu beraten.
Hand-Fuß-Mund-Krankheit	bis 30 Tage nach dem letzten Erkrankungsfall
Norovirus	bei Auftreten der Erkrankung in der Einrichtung bis zum 17. Tag nach dem letzten Erkrankungsfall
Rotavirus	bis zum 11. Tag nach dem letzten Erkrankungsfall
Virusgrippe **Hinweis der Redaktion:** Analog ist bei der Covid-19-Erkrankung zu verfahren.	Beschäftigungsverbot beim Auftreten der Erkrankung in der Einrichtung bis zum 4. Tag nach dem letzten Erkrankungsfall. Dies gilt sowohl für nicht geimpfte als auch für geimpfte Frauen. Bei regionalen Epidemien größeren Ausmaßes sollte unabhängig vom Auftreten einer Erkrankung in der Einrichtung in Absprache mit dem Betriebsarzt ein bis zum Abklingen der epidemischen Welle dauerndes Beschäftigungsverbot in Erwägung gezogen werden. Informationen zur Aktivität der Influenza sind auf der Webseite der Arbeitsgemeinschaft Influenza am Robert Koch-Institut zu finden (siehe https://influenza.rki.de) und in der Regel beim örtlichen Gesundheitsamt erhältlich.

Hinweis der Redaktion: Nach der Mitteilung über das Vorliegen einer Schwangerschaft bedarf es einer Überprüfung der Gefährdungsbeurteilung, damit die im Einzelfall erforderlichen Schutzmaßnahmen festgelegt werden können. Der Örtliche Personalrat sowie bei Schwerbehinderten die Örtliche Schwerbehindertenvertretung sind zu beteiligen. Solange der Immunstatus einer Schwangeren nicht bekannt ist, gilt er als nicht ausreichend. Eine Handreichung mit Informationen zur Mustergefährdungsbeurteilung und zum weiteren Vorgehen ist im Mitarbeiterportal der Kultusverwaltung unter der Rubrik: „Personal + Arbeitsschutz und Gesundheitsmanagement im Schulbereich" abrufbar. Hier abgedruckt ist nur Ziff. 1.1.1 dieser Mustergefährdungsbeurteilung: „Im Schulalter". Für Schulkindergärten, Kindergartenkooperationen etc. gelten noch strengere Regeln.

unterricht, Betreuung von aggressiven Kindern und Jugendlichen usw. betraut werden können; wenn sich die Schwangere dies jedoch zumuten will, kann sie auch solche Dienstaufgaben wahrnehmen. Schwangeren Lehrerinnen dürfen Pausenaufsichten gegen ihren Willen nicht übertragen werden. Der Sportunterricht ist so zu organisieren, dass ein körperliches Eingreifen nicht erforderlich ist. Beim Schwimmunterricht muss eine zweite rettungskundige Lehrkraft zugegen sein, die notfalls unter körperlichem Einsatz Hilfe leistet.

Da schwangere oder stillende Frauen zwischen 20.00 und 6.00 Uhr nicht beschäftigt werden dürfen, hat beispielsweise eine Sitzung der Klassenpflegschaft so zu beginnen, dass sie vor 20.00 Uhr beendet ist,oder die Schulleitung beauftragt eine andere Lehrkraft, die Klassenlehrerin auf der Sitzung ab 20.00 Uhr zu vertreten. Eine ausnahmsweise Bewilligung in besonders begründeten Einzelfällen von Ausnahmen vom Verbot der Mehrarbeit muss beim RP beantragt werden. ⇨ Mutterschutz (Verordnung) § 35 Abs. 3

Die Schutzvorschriften sind im Schulbereich vor allem in den technischen und naturwissenschaftlichen Fächern sowie beim Umgang mit behinderten Schüler*innen besonders relevant (Gefahrstoffe, gefährliche Arbeiten wie chemische Versuche usw., Tragen von Lasten und Bedienen von Maschinen).

Während ihrer Schwangerschaft und solange sie stillen, dürfen Beschäftigte nicht zur Mehrarbeit herangezogen werden. Als Mehrarbeit gilt eine Beschäftigung von mehr als 8,5 Stunden am Tag. Dies entspricht einem Unterrichtsumfang von fünf Wochenstunden (Lehrkräfte des höheren Dienstes und Lehramt an Sonderschulen) bzw. von sechs Stunden (übrige Lehrkräfte des gehobenen Dienstes). Diese Obergrenzen sind auch bei der Stundenplangestaltung zu beachten. Die Überschreitung bedarf der Genehmigung durch das RP.

Unterhalb dieser Schwelle ist die Anordnung oder Genehmigung von Mehrarbeit grundsätzlich möglich. Die Schulleitung muss jedoch (wie bei jeder Übertragung von Dienstaufgaben) stets unter allen infrage kommenden Lehrkräften abwägen, wem Mehrarbeit am ehesten zugemutet werden kann, und dabei die Tatsache der Schwangerschaft bzw. des Stillens (in letzterem Fall insbesondere auch die persönliche Tagesplanung der betreffenden Kollegin) angemessen berücksichtigen. Erfahrungsgemäß kommt deshalb im Schulbereich die Anordnung von Überstunden an schwangere oder stillende Kolleginnen praktisch nicht vor. Betroffene sollten sich gegebenenfalls an den Personalrat wenden. Siehe auch: www.sicher-gesund-schule-bw.de

Stillzeiten

Nach § 7 Mutterschutzgesetz ist stillenden Müttern auf ihr Verlangen die zum Stillen erforderliche Zeit, mindestens aber zweimal täglich eine halbe Stunde oder einmal täglich eine Stunde, freizugeben. Die ausfallende Arbeitszeit darf nicht vor- oder nachgearbeitet werden. Dies gilt gleichermaßen für beamtete Lehrkräfte. ⇨ Mutterschutz (Verordnung) § 33

Die Gerichte haben diese Bestimmung so ausgelegt, dass der Gesetzgeber die bezahlte Freistellung zum Stillen auf das erste Lebensjahr des Kindes beschränken wollte. Im Schulbereich muss dies sachgerecht umgesetzt werden. Dabei sind die Interessen der Lehrerin an der Betreuung ihres Kindes und die dienstlichen Belange gegeneinander abzuwägen; es muss also immer ein Kompromiss gefunden werden:

- Einerseits kann der Dienstherr/Arbeitgeber wegen seiner besonderen Fürsorgepflicht die für das Stillen erforderliche Zeit nicht beliebig bestimmen, sondern er muss sein Ermessen zugunsten der Lehrerin anwenden. ⇨ Ermessen
- Andererseits ist eine pauschalierte, abstrakte, vom Vorgang des Stillens losgelöste Pflichtstundenreduzierung rechtlich nicht durchsetzbar, da ein Anspruch auf Dienstbefreiung nur für die zum Stillen erforderliche Zeit besteht. Stillzeiten außerhalb der vorgesehenen Arbeitszeit (Unterrichtsstunden sowie andere dienstlich festgelegte Termine, z.B. eine Lehrerkonferenz) begründen keinen Anspruch auf entsprechende Verminderung der täglichen Arbeitszeit.
- Zwar entscheidet die Mutter, wann sie das Kind stillen will; sie kann ihr Wahlrecht jedoch nur so ausüben, dass sie die tägliche Stillzeit einheitlich und für einen längeren Zeitraum festlegt, weil sonst keine ordnungsgemäße Stundenplanung möglich ist.

Es ist deshalb sachgerecht und entspricht dem Grundsatz von Schutz und Fürsorge, den Stundenplan erst **nach** der Entscheidung der Lehrerin aufzustellen.

Beispiel: Eine vollbeschäftigte Lehrerin (Deputat: 27 Wochenstunden) geht an jedem Tag nach der zweiten Unterrichtsstunde zum Stillen heim. In der dritten Stunde wird ihre Klasse anderweitig versorgt (Fach- oder Vertretungsunterricht durch andere Lehrkräfte). Ihr Stundenplan sieht dann so aus:

	Mo	Di	Mi	Do	Fr
1	Unterricht	Unterricht	Unterricht	Unterricht	Unterricht
2	Unterricht	Unterricht	Unterricht	Unterricht	Unterricht
3	**Stillzeit**	**Stillzeit**	**Stillzeit**	**Stillzeit**	**Stillzeit**
4	Unterricht	Unterricht	Unterricht	Unterricht	Unterricht
5	Unterricht	Unterricht	Unterricht	Unterricht	Unterricht
6	Unterricht			Unterricht	

Muss die Lehrerin hingegen z.B. aufgrund ihrer Teilzeitbeschäftigung stundenplanmäßig an einem Unterrichtstag nur zwei oder drei Unterrichtsstunden halten, ist eine Freistellung zum Stillen nicht erforderlich, weil sie dies außerhalb der Unterrichtszeit erledigen kann. Entsprechendes gilt für den Nachmittagsunterricht von vollzeit- oder teilzeitbeschäftigten Lehrerinnen: Ein Anspruch auf Freistellung – wie am Vormittag – entsteht erst dann, wenn die stundenplanmäßig vorgesehene Unterrichtszeit zum Stillen unterbrochen werden muss.

⇨ Aufsicht (Schwimmunterricht); ⇨ Beamtenstatusgesetz; ⇨ Besoldungsgesetz (LBesGBW); ⇨ Einstellungserlass; ⇨ Chancengleichheitsgesetz; ⇨ Ermessen; ⇨ Gefährdungsbeurteilung; ⇨ Infektionsschutzgesetz; ⇨ Mehrarbeit; ⇨ Mutterschutz (Verordnung); ⇨ Personalvertretungsgesetz (LPVG) §§ 70 und 75 Abs. 2; ⇨ Versetzung und Abordnung

Mutterschutz (Verordnung)

Auszug aus Abschnitt 4 der VO über die Arbeitszeit, den Urlaub, den Mutterschutz, die Elternzeit [...] (Arbeitszeit- und Urlaubsverordnung – AzUVO) vom 12. November 2020 (GBl. S. 1050/2020)

§ 32
Schutzfristen vor und nach der Entbindung

(1) In den letzten sechs Wochen vor der Entbindung darf eine Beamtin nicht beschäftigt werden, es sei denn, dass sie sich zur Dienstleistung ausdrücklich bereit erklärt; die Erklärung kann jederzeit mit Wirkung für die Zukunft widerrufen werden. Entbindet eine Beamtin früher oder später als an dem voraussichtlichen Tag der Entbindung, so verkürzt oder verlängert sich die Frist nach Satz 1 entsprechend.

(2) In den ersten acht Wochen nach der Entbindung darf eine Beamtin nicht beschäftigt werden. Die Frist verlängert sich auf zwölf Wochen

1. bei Frühgeburten,
2. bei Mehrlingsgeburten,
3. wenn vor Ablauf von acht Wochen nach der Entbindung bei dem Kind eine Behinderung im Sinne von § 2 Absatz 1 Satz 1 SGB IX ärztlich festgestellt wird.

Bei vorzeitiger Entbindung verlängert sich die Schutzfrist nach Satz 1 oder nach Satz 2 um den Zeitraum der Verkürzung der Schutzfrist vor der Entbindung nach Absatz 1 Satz 2. Die Schutzfrist nach Satz 2 Nummer 3 verlängert sich nur, wenn die Beamtin dies beantragt.

(3) Eine Beamtin darf nach dem Tod ihres Kindes oder in sonstigen besonders begründeten Fällen bereits nach Ablauf der ersten zwei Wochen nach der Entbindung beschäftigt werden, wenn die Beamtin dies ausdrücklich verlangt und nach ärztlichem Zeugnis nichts dagegen spricht. Sie kann ihre Erklärung jederzeit mit Wirkung für die Zukunft widerrufen.

(4) Eine Beamtin auf Widerruf im Vorbereitungsdienst darf bereits in der Schutzfrist nach der Entbindung tätig werden, wenn sie dies ausdrücklich gegenüber ihrer ausbildenden Dienststelle oder ihrem Betrieb verlangt; sie kann ihre Erklärung jederzeit mit Wirkung für die Zukunft widerrufen. Dies gilt für Beamtinnen während einer Qualifizierungs- oder Aufstiegsmaßnahme nach den laufbahnrechtlichen Vorschriften sowie für Auszubildende in öffentlich-rechtlichen Ausbildungsverhältnissen nach § 16 Absatz 5 LBG entsprechend. ⇨ Mutterschutz (Allgemeines)

§ 33
Mitteilungspflichten, Nachweise und Freistellungen

(1) Sobald einer Beamtin bekannt ist, dass sie schwanger ist, soll sie dies dem Dienstvorgesetzten mitteilen und dabei den voraussichtlichen Tag der Entbindung angeben.

(2) Auf Verlangen des Dienstvorgesetzten ist die Schwangerschaft durch das Zeugnis einer Ärztin, eines Arztes, einer Hebamme oder eines Entbindungspflegers nachzuweisen; das Zeugnis soll den voraussichtlichen Tag der Entbindung angeben. Die Kosten für das Zeugnis trägt die Dienststelle der Beamtin.

⇨ Gefährdungsbeurteilung

(3) Die Beamtin ist vom Dienst freizustellen, soweit dies zur Durchführung von Untersuchungen im Rahmen der Schwangerschaftsüberwachung erforderlich ist und diese Untersuchungen während der Arbeitszeit stattfinden müssen.

(4) Eine stillende Beamtin soll ihrem Dienstvorgesetzten so früh wie möglich mitteilen, dass sie stillt. Sie ist auf ihr Verlangen während der ersten zwölf Monate nach der Entbindung für die zum Stillen erforderliche Zeit vom Dienst freizustellen. § 7 Absatz 2 des Mutterschutzgesetzes (MuSchG) gilt entsprechend.

§ 34
Ärztliches Beschäftigungsverbot

(1) Eine schwangere Beamtin darf nicht beschäftigt werden, soweit nach einem ärztlichen Zeugnis ihre Gesundheit oder die ihres Kindes bei Fortdauer der Beschäftigung gefährdet ist.

(2) Eine Beamtin, die in den ersten Monaten nach der Entbindung nach ärztlichem Zeugnis nicht voll leistungsfähig ist, darf nicht mit Tätigkeiten beschäftigt werden, die ihre Leistungsfähigkeit übersteigen.

§ 35
Verbot der Mehrarbeit, Ruhezeit, Nacht- und Sonntagsarbeit

(1) Eine Beamtin darf während ihrer Schwangerschaft und solange sie stillt nicht zur Mehrarbeit herangezogen werden. Mehrarbeit in diesem Sinne ist jede Dienstleistung, die

1. von jugendlichen Beamtinnen über acht Stunden täglich oder über 40 Stunden wöchentlich,
2. von sonstigen Beamtinnen über acht Stunden und 30 Minuten täglich oder über die regelmäßige wöchentliche Arbeitszeit (§ 4),
3. von teilzeitbeschäftigten Beamtinnen über die vereinbarte Arbeitszeit

hinaus geleistet wird.

(2) Nach Beendigung der täglichen Arbeitszeit ist der schwangeren oder stillenden Beamtin eine ununterbrochene Ruhezeit von mindestens elf Stunden zu gewähren.

(3) Eine schwangere oder stillende Beamtin darf nicht in der Nacht zwischen 20.00 Uhr und 6.00 Uhr beschäftigt werden. Für eine Beschäftigung bis 22.00 Uhr gilt § 28 MuSchG entsprechend.

(4) Für die Beschäftigung einer schwangeren oder stillenden Beamtin an Sonn- und Feiertagen gilt § 6 Absatz 1 MuSchG entsprechend mit der Maßgabe, dass § 7 Absatz 2 Satz 3 anstelle von § 10 des Arbeitszeitgesetzes Anwendung findet.

(5) Für Beamtinnen auf Widerruf im Vorbereitungsdienst, für Beamtinnen während einer Qualifizierungs- oder Aufstiegsmaßnahme nach den laufbahnrechtlichen Vorschriften sowie für Auszubildende in öffentlich-rechtlichen Ausbildungsverhältnissen nach § 16 Absatz 5 LBG gelten § 5 Absatz 2 und § 6 Absatz 2 MuSchG entsprechend. ⇨ Mehrarbeit (Allgemeines)

§ 36
Weitere Beschäftigungsverbote, Arbeitsbedingungen, unzulässige Tätigkeiten, Schutzmaßnahmen, Pflichten der Dienststelle, Überwachung und Kontrolle

(1) Die §§ 9 bis 14 MuSchG gelten entsprechend; dies gilt insbesondere für die Beschäftigungsverbote in § 10 Absatz 3 und § 13 Absatz 1 Nummer 3 MuSchG.

(2) Für die Mitteilungs- und Aufbewahrungspflichten der Dienststelle gelten § 27 Absatz 1 bis 5 MuSchG entsprechend.

(3) Für die Kontrolle und Überwachung der Einhaltung der dem Gesundheitsschutz dienenden mutterschutzrechtlichen Vorschriften gilt § 29 Absatz 1 bis 4 MuSchG entsprechend; die Regelungen des § 35 sind zu berücksichtigen.

(4) Die aufgrund § 31 Nummer 1 bis 5 und Nummer 7 MuSchG erlassenen Rechtsverordnungen gelten entsprechend." ⇨ Mutterschutz (Allgemeines)

§ 37
Entlassung

(1) Die Entlassung einer Beamtin nach § 23 Absatz 3 oder 4 BeamtStG oder § 30 Absatz 2 BeamtStG darf

1. während der Schwangerschaft,
2. bis zum Ablauf von vier Monaten nach einer Fehlgeburt nach der zwölften Schwangerschaftswoche oder
3. bis zum Ende der Schutzfrist nach der Entbindung, mindestens jedoch bis zum Ablauf von vier Monaten nach der Entbindung

gegen den Willen der Beamtin nicht ausgesprochen werden, wenn der für die Entlassung zuständigen Behörde die Schwangerschaft oder die Entbindung bekannt war.

Eine ohne diese Kenntnis ergangene Entlassungsverfügung ist zurückzunehmen, wenn die Schwangerschaft oder die Entbindung der nach Satz 1 zuständigen Behörde innerhalb von zwei Wochen nach der Zustellung mitgeteilt wird; das Überschreiten dieser Frist ist unschädlich, wenn die Beamtin oder frühere Beamtin dies nicht zu vertreten hat und die Mitteilung unverzüglich nachgeholt wird. Die Sätze 1 und 2 gelten entsprechend für Vorbereitungsmaßnahmen der nach Satz 1 zuständigen Behörde, die sie im Hinblick auf eine Entlassung trifft.
⇨ Beamtenstatusgesetz § 23

(2) Abweichend von Absatz 1 kann die Entlassung einer Beamtin auf Probe oder auf Widerruf ausgesprochen werden, wenn ein Sachverhalt vorliegt, bei dem eine Beamtin auf Lebenszeit durch ein Disziplinarverfahren aus dem Beamtenverhältnis zu entfernen wäre.

§ 38
Fortzahlung der Bezüge

(1) Durch die Beschäftigungsverbote nach §§ 32, 34 und § 36 Absatz 1, die Freistellung nach § 33 Absatz 3 und die Inanspruchnahme der Stillzeit nach § 33 Absatz 4 wird die Fortzahlung der Bezüge nicht berührt." [...]

(4) Im Fall der Beendigung einer Elternzeit nach § 44 Absatz 1 Satz 3 werden die Bezüge gezahlt, welche die Beamtin während einer Teilzeitbeschäftigung beim Dienstherrn in der Elternzeit erhalten hat, soweit diese höher sind als die Bezüge vor Beginn der Elternzeit.

§ 39
Mutterschaftsgeld

Soweit die Zeiten nach § 32 sowie der Entbindungstag in eine Elternzeit fallen, erhält die Beamtin ein Mutterschaftsgeld in Höhe von 13 Euro je Kalendertag, wenn sie während der Elternzeit nicht teilzeitbeschäftigt ist. Bei einer Beamtin, deren maßgebliche Bezüge vor Beginn der Elternzeit die Versicherungspflichtgrenze in der gesetzlichen Krankenversicherung (§ 6 Abs. 6 des Fünften Buches Sozialgesetzbuch) überschreiten, ist das Mutterschaftsgeld auf insgesamt 210 Euro begrenzt. Maßgebliche Bezüge sind die laufenden monatlichen Dienstbezüge nach § 1 Abs. 2 LBesGBW ohne Familienzuschlag und ohne Auslandsbesoldung sowie die Anwärterbezüge nach § 1 Abs. 3 Nr. 1 LBesGBW und die Unterhaltsbeihilfen nach § 88 LBesGBW. Befand sich die Beamtin vor Beginn der Elternzeit in Elternzeit für ein anderes Kind oder war sie ohne Dienstbezüge beurlaubt, so sind die zuletzt gezahlten Bezüge im Sinne des Satzes 3 sowie die zu diesem Zeitpunkt geltende Versicherungspflichtgrenze in der gesetzlichen Krankenversicherung maßgebend.

Hinweis der Redaktion: Elternzeit kann ohne Zustimmung der Behörde vorzeitig beendet werden, wenn Beschäftigungsverbote wegen einer weiteren Schwangerschaft eintreten (Quelle: IM, 27.7.2012; AZ:1-0301.8/307 und 275); die Mutter erhält während der Mutterschutzfrist wieder reguläre Bezüge.

§§ 40 bis 45 (Elternzeit)

Abgedruckt unter ⇨ Elternzeit (Beamt*innen)

⇨ Aufsicht (Schwimmunterricht); ⇨ Beamtenstatusgesetz; ⇨ Besoldungsgesetz (LBesGBW); ⇨ Einstellungserlass; ⇨ Chancengleichheitsgesetz; ⇨ Gefährdungsbeurteilung; ⇨ Infektionsschutzgesetz; ⇨ Mehrarbeit; ⇨ Mutterschutz (Allgemeines); ⇨ Personalvertretungsgesetz (LPVG) §§ 70 und 75 Abs. 2; ⇨ Versetzung und Abordnung

Nutzen Sie das ausführliche alphabetische Schlagwortverzeichnis am Ende des Buches.

Nachhilfe („Bildungspaket")

Informationen der Redaktion zur Rechtslage und zur Verwaltungspraxis in Baden-Württemberg

Das deutsche Bildungssystem ist nach wie vor stark selektiv. Zahlreiche wissenschaftliche Untersuchungen haben festgestellt, dass in kaum einem anderen vergleichbaren Land der Bildungserfolg so stark vom sozialen Status der Eltern abhängt wie hierzulande. Diese eklatante Schwäche unseres Bildungssystems manifestiert sich auch darin, dass neben den öffentlichen Schulen ein breites Angebot von privaten Lern- und Nachhilfeeinrichtungen besteht: Wer will, dass sein Kind besser lernt als die konkurrierenden Mitschülerinnen und Mitschüler, beziehungsweise wer die Mängel der öffentlichen Schulbildung ausgleichen will, kauft auf dem privaten Bildungsmarkt Nachhilfe ein.

Auch die Schulen orientieren sich zumindest teilweise an diesem System: Sie erwarten von den Eltern, dass sie die schulischen Defizite auf eigene Faust und eigene Kosten durch Nachilfe ausgleichen. Wir halten dies für einen Irrweg. Wir verlangen vielmehr, dass die öffentliche Schule so organisiert ist, dass eine private, kommerzielle Nachhilfe unnötig ist. Dazu können eine verbesserte Personalausstattung der Schulen sowie eine echte Ganztagesschule (also nicht nur eine nachmittägliche „Betreuung") beitragen.

Bildungspaket

Da die für das Schulwesen zuständigen Bundesländer bislang keinen chancengleichen Zugang aller Schülerinnen und Schüler zur Bildung gewährleisten, hat das Bundesverfassungsgericht im Rahmen seiner Entscheidung zu „Hartz IV" sozusagen ein Grundrecht auf Nachhilfe statuiert. Der Bundesgesetzgeber hat daraufhin ein „Bildungspaket" beschlossen: Danach wird bei Schülerinnen und Schülern, deren Eltern ein Recht auf Leistungen nach dem Sozialgesetzbuch II („Hartz IV") oder dem Asylbewerberleistungsgesetz haben oder deren Eltern den Kinderzuschlag oder Wohngeld beziehen, bis zum 25. Lebensjahr auf Antrag „eine schulische Angebote ergänzende angemessene Lernförderung berücksichtigt, soweit diese geeignet und zusätzlich erforderlich ist, um die nach den schulrechtlichen Bestimmungen festgelegten wesentlichen Lernziele zu erreichen" (§ 28 Abs. 5 Sozialgesetzbuch II).

Die Übernahme der Kosten für Nachhilfeunterricht durch die Leistungsträger (Stadt- bzw. Landkreise, Jobcenter) ist nur möglich, wenn keine vergleichbaren schulischen Angebote bestehen und die Schule bestätigt, dass dadurch die Versetzung in die nächste Klassenstufe bzw. das Bestehen der Abschlussprüfung erreicht werden können. Seit 2019 kann eine Lernförderung auch beansprucht werden, wenn die Versetzung nicht unmittelbar gefährdet ist.

Auf dem Formular zur Bestätigung des zusätzlichen Lernförderbedarfs muss die Schule u.a. angeben, ob die Leistungsschwäche auf unentschuldigte Fehlzeiten, anhaltendendes Fehlverhalten oder die Nichtteilnahme an außerschulischen Angeboten der Schule zurückzuführen ist. Ferner kann die Schule, falls erforderlich, besondere Anforderungen an die Art der Nachhilfe (z.B. Einzelunterricht) oder die Qualifikation der Nachhilfe erteilenden Person (z.B. besondere pädagogische oder didaktische Kompetenz) empfehlen und beschreiben. Die Nachhilfe erteilende Person kann von den Eltern (bzw. volljährigen Schülerinnen oder Schülern) oder vom Leistungsträger vorgeschlagen werden. Auch die Schule selbst kann Angebote machen (etwa Nachhilfe durch ältere Schülerinnen oder Schüler). Das kann über den Elternbeirat bzw. durch die Schulkonferenz angeregt werden. Damit kann gegebenenfalls auch eine bessere Förderung für alle Schülerinnen und Schüler erreicht werden.

Informationen zum „Bildungspaket" sind online unter www.bmas.de/bildungspaket sowie unter dem Stichwort „Bildungspaket"auf www. service-bw.de verfügbar.

⇨ Bildungspaket; ⇨ Migrationshintergrund (Integration); ⇨ Notenbildungsverordnung § 10

Nachrufe und Kranzspenden

Informationen der Redaktion zur Rechtslage und zur Verwaltungspraxis in Baden-Württemberg

Kosten für Kranzspenden und Nachrufe haben sich unter Berücksichtigung der dienstlichen Stellung der verstorbenen Person und unter Anpassung an die örtlichen Verhältnisse in einem engen Rahmen zu halten. Beim Ableben von Beamt*innen und Richter*innen im Ruhestand sowie von aus dem Arbeitsverhältnis zum Land ausgeschiedenen Arbeitnehmer*innen sind Nachrufe grundsätzlich nicht vorzusehen.

In der Regel sind für eine Kranzspende ein Betrag von 100 Euro und für einen Nachruf eine Größe von 96 x 80 mm als angemessen anzusehen. – Anstelle einer Kranzspende kann der dafür aufzuwendende Betrag auf ausdrücklichen Wunsch der oder des Verstorbenen oder ihrer oder seiner Hinterbliebenen als Spende an eine Organisation verwendet werden, die mildtätige, kirchliche, religiöse oder sonstige als besonders förderungswürdig anerkannte gemeinnützige Zwecke i. S. des Einkommensteuerrechts verfolgt.

(Quellen: VwV-Haushaltsvollzug 2006; GABl. S. 132/2006 und VwV-Haushaltsvollzug 2010; GABl. 142/2010)

Nationalsozialismus (Gedenktag)

Informationen der Redaktion zur Rechtslage und zur Verwaltungspraxis in Baden-Württemberg

Der Bundespräsident hat den 27. Januar (Datum der Befreiung des KZ Auschwitz durch die Rote Armee im Jahr 1945) zum Tag des Gedenkens an die Opfer des Nationalsozialimus erklärt. Am 27. Januar sind öffentliche Gebäude halbmast zu beflaggen.

Das KM veröffentlicht zu diesem Anlass jährlich einen Aufruf. Zuletzt hat es in K.u.U 1/2020 alle am Schulleben Beteiligten aufgefordert, den Tag zum Anlass zu nehmen, an die Verbrechen der Naziherrschaft zu erinnern und sich mit deren Vorgeschichte, Verlauf und Folgen auseinanderzusetzen. Gerade angesichts der Bedrohungen durch politischen und religiösen Extremismus, der Angst und des Schreckens durch internationalen Terrorismus sei es wichtig, die Frage nach unserer Verantwortung für die Gegenwart zu stellen. Wir dürften nicht zulassen, dass Menschen ausgegrenzt oder gegeneinander aufgebracht werden. Vielmehr müssten wir zusammenstehen und gemeinsam eintreten für Freiheit und Menschenrechte, für Rechtsstaatlichkeit und Demokratie, für Toleranz und Solidarität in einer offenen Gesellschaft.

Eine Handreichung zum Umgang mit Antisemitismus an Schulen ist über den Landesbildungsserver abrufbar: www.schule-bw.de/themen-und-impulse/extremismuspraevention-und-demokratiebildung/extremismuspraevention

⇨ Außerunterrichtliche Jugendbildung – dort Hinweise auf Gedenkstätten der NS-Zeit; ⇨ Beflaggung

Nebenamtliche/nebenberufliche Lehrkräfte

Informationen der Redaktion zur Rechtslage und zur Verwaltungspraxis in Baden-Württemberg

I.
Allgemeines

Der Begriff „nebenberufliche Lehrkraft" geht von der Annahme aus, dass die Lehrkräfte an öffentlichen Schulen ihre Tätigkeit in der Regel hauptberuflich ausüben, um damit ihren Lebensunterhalt zu bestreiten. Überwiegend befinden sich „hauptberufliche" Lehrkräfte in Baden-Württemberg im Beamtenverhältnis; zu einem geringeren Anteil sind sie tarifbeschäftigt. Als „hauptberuflich" gelten auch Teilzeitbeschäftigte (auch „unterhälftige" TZ) sowie beispielsweise auch die im Arbeitnehmerverhältnis befristet beschäftigten ⇨ Vertretungslehrkräfte.

⇨ Besoldung (Allgemeines); ⇨ Schulgesetz § 38;
⇨ Schulträger; ⇨ Tarifvertrag-Länder (TV-L)

Im Unterschied hierzu wird die Tätigkeit von sonstigen Personen, die an öffentlichen Schulen als ⇨ Lehrbeauftragte tätig oder als pädagogische Hilfskräfte beschäftigt sind (z.B. als Spezialist*innen im beruflichen Bereich), als „nebenberuflicher Unterricht" (NBU) bezeichnet. Anders als die hauptberuflichen können nebenberufliche Lehrkräfte nicht zu dauerhafter ⇨ Mehrarbeit herangezogen werden; erforderlichenfalls ist ihr vertraglicher Arbeitsumfang zu erhöhen.

Soweit diese nebenberuflich tätigen Lehrpersonen unter den ⇨ Tarifvertrag-Länder (TV-L) fallen, erhalten sie ein anteiliges Entgelt (siehe unten Nr. II.2.); als ⇨ Lehrbeauftragte erhalten sie eine – nach Lehramtsbefähigung gestaffelte – Vergütung. Sind sie „ehrenamtlich" tätig, erhalten sie eine Aufwandsentschädigung.

Vom neben<u>beruflichen</u> ist der neben<u>amtliche</u> Unterricht zu unterscheiden: Ist beispielsweise eine beamtete Lehrkraft neben ihrem Hauptamt an einer öffentlichen Schule noch im Nebenamt als Dozent*in an einer anderen öffentlichen Einrichtung (Verwaltungshochschule, Lehramtsseminar ...) tätig, gilt sie als aus dem Hauptamt *„versorgt"* und erhält im Nebenamt nur ein Zusatz-Honorar. Für nebenamtlichen Unterricht im Zuständigkeitsbereich des Kultusministeriums gilt die Verwaltungsvorschrift ⇨ Nebenamtlicher/nebenberuflicher Unterricht (Vergütung), bei Tätigkeiten an anderen Landesbehörden die VwV des Finanzministeriums vom 9.10.2020 (GABl. S. 759/2020; hier nicht abgedruckt.)

II.
Hinweise zum nebenberuflichen Unterricht

Je nach Vertragsgestaltung sind drei Gruppen von nebenberuflichen Lehrkräften zu unterscheiden:

1.
„Minijobs"

Befristet Beschäftigte, deren Bruttoverdienst höchstens 450 Euro/Monat beträgt oder die weniger als 3 Monate oder weniger als 70 Tage im Jahr beschäftigt werden, fallen nicht in den Geltungsbereich des Tarifvertrags Länder (TV-L). Diese Beschäftigung ist sozialversicherungsfrei. Für die Kündigungsfristen, den Urlaubsanspruch und die Lohnfortzahlung gelten lediglich die gesetzlichen Regelungen. Vor allem mit einmalig befristet eingestellten „geringfügig" Beschäftigten kann in einer Nebenabrede des Arbeitsvertrages auch ein Pauschalbetrag anstelle des tariflichen Entgelts vereinbart werden.

Zu den versicherungsrechtlichen Folgen von „Minijobs", „Ein-Euro-Jobs" und für „selbstständige" Lehrkräfte siehe ⇨ Sozialversicherung (Beiträge).

2.
Tarifbeschäftigte

Handelt es sich hingegen um eine Dauerbeschäftigung, so findet der TV-L Anwendung.
⇨ Tarifvertrag-Länder (TV-L) § 1.Abs. 2 i)

Die nebenberuflichen Tarifbeschäftigten haben Anspruch auf anteiliges Entgelt und auf weitere tarifvertragliche Leistungen, z.B. Erholungsurlaub oder Lohnfortzahlung von sechs Wochen plus Zuschuss zum Krankengeld bei entsprechend langer Beschäftigungsdauer (vorherige befristete Teilzeitbeschäftigungen werden anteilig einbezogen).

3.
„Selbstständige" (Honorar-)Lehrkräfte

Insbesondere an beruflichen Schulen sowie in der Erwachsenenbildung sind Lehrkräfte und Erzieher*innen auch „selbstständig" tätig (z.B. als Dozent*innen oder „Honorarlehrkräfte"). Für die Abgrenzung dieser „selbstständigen" Tätigkeit von tarifvertraglich beschäftigten „Nebenlehrkräften" ist entscheidend, wie intensiv sie in den Unterrichtsbetrieb eingebunden sind und in welchem Umfang sie den Unterrichtsinhalt, die Art und Weise seiner Erteilung, ihre Arbeitszeit und die sonstigen Umstände mitgestalten: Wer durch die Übernahme weiterer Nebenpflichten (z.B. Abnahme von Prüfungen, Erstellung von Beurteilungen, Führen von Klassenbüchern, Mitwirkung an schulischen Veranstaltungen und Konferenzen) in den Schulbetrieb eingegliedert ist und nicht nur stundenweise unterrichtet, ist abhängig beschäftigt und muss nach dem ⇨ Tarifvertrag Länder (TV-L) eingruppiert und bezahlt werden.

⇨ Lehrbeauftragte; ⇨ Nebenamtlicher/nebenberuflicher Unterricht (Vergütung); ⇨ Organisationserlass Teil 1.3; ⇨ Reisekosten (Nebenamtlicher/nebenberuflicher Unterricht); ⇨ Sozialversicherung (Beiträge); ⇨ Tarifvertrag-Länder (TV-L); ⇨ Vertretungslehrkräfte

Nebenamtlicher/nebenberuflicher Unterricht (Vergütung)

Verwaltungsvorschrift des Kultusministeriums über die Vergütungssätze außerhalb des schulischen Bereichs vom 11.11.2004 (K.u.U. S. 292/2004); zuletzt geändert am 3.11.2020 (K.u.U. S. 187/2020, ber. K.u.U. S. 27/2021)

1.

Bei der Durchführung von
- Vorbereitungsdiensten für Lehreranwärter und Studienreferendare
- Ausbildungen für Fachlehreranwärterinnen und -anwärter und Technische Lehreranwärterinnen und -anwärter
- Kursen des Zentrums für Schulqualität und Lehrerfortbildung Außenstelle Ludwigsburg (soweit nicht Nr. 2 angewandt wird)

werden *(ab 1. Januar 2022)* folgende nebenamtliche und nebenberufliche Vergütungen je Unterrichtsstunde (Lehrauftrag, Vorlesung) gezahlt:

1.1 **Wissenschaftlicher Unterricht von Anwärtern und Beamten**

1.1.1 des höheren Dienstes	34,50 Euro
1.1.2 des gehobenen Dienstes (einschließlich der Anwärter des gehobenen Dienstes mit dem Eingangsamt in Bes. Gr. A 13)	28,50 Euro
1.1.3 des mittleren Dienstes	22,90 Euro
1.2 Nichtwissenschaftlicher Unterricht und sonstiger Unterricht	19,60 Euro

1.3 Die Unterrichtsvergütung bezieht sich auf eine Unterrichtsstunde von mindestens 45 Minuten Dauer.

1.4 Durch die Vergütung sind alle mit der Lehrtätigkeit verbundenen Aufgaben abgegolten, insbesondere die Vor- und Nachbereitung des Unterrichts, individuelle Anleitungen, die Teilnahme an Konferenzen und sonstigen zum Unterricht gehörenden Veranstaltungen sowie die Ausarbeitung, Abnahme und Bewertung von Leistungsnachweisen, die nicht Bestandteil einer Prüfung im Sinne der Verwaltungsvorschrift des Ministeriums für Finanzen Baden-Württemberg über die Vergütung von nebenamtlichen / nebenberuflichen Prüfungstätigkeiten (PrüfVergVwV) sind.

1.5 Nehmen Anwärter und Beamte verschiedener Laufbahngruppen am Unterricht teil, so bemisst sich die Vergütung nach der Laufbahngruppe, die am stärksten vertreten ist.

1.6 Werden Arbeitnehmer aus- oder fortgebildet, sind die Entgeltgruppen den Laufbahngruppen nach Maßgabe der VwV-Haushaltsvollzug für das jeweilige Haushaltsjahr zuzuordnen.

1.7 Die nebenamtlichen und nebenberuflichen Fachleiter an den Seminaren für Ausbildung und Fortbildung der Lehrkräfte in Baden-Württemberg (Berufliche Schulen) sowie die nebenamtlichen und nebenberuflichen Lehrbeauftragten an den Seminaren für Ausbildung und Fortbildung der Lehrkräfte in Baden-Württemberg erhalten für jeden Unterrichtsbesuch mit anschließender Besprechung und Beratung mit dem Anwärter insgesamt eine Vergütung wie für zwei Unterrichtsstunden an den Seminaren.

1.8 Aufträge zur Erteilung von nebenamtlichem / nebenberuflichem Unterricht sind nur insoweit zulässig, als die hierfür erforderlichen Haushaltsmittel zur Verfügung stehen.

2.

Bei der Durchführung von

- überregionalen und zentralen ganztägigen oder mehrtägigen Veranstaltungen zur Lehrerfortbildung (insbesondere am Zentrum für Schulqualität und Lehrerbildung, soweit nicht Nr. 1 Anwendung findet),
- regionalen halbtägigen, ganztägigen oder mehrtägigen Veranstaltungen zur Lehrerfortbildung

werden folgende nebenamtliche und nebenberufliche Vergütungen gezahlt:

2.1 Überregionale und zentrale Veranstaltungen

2.1.1 Für die Leitung eines Lehrgangs insgesamt 30,00 Euro bis 80,00 Euro

2.1.2 Für Vorträge von mindestens 1 ½ Stunden Dauer über eigene Forschungsarbeiten mit anschließender Diskussion 80,00 Euro bis 160,00 Euro

2.1.3 Für sonstige Vorträge von mindestens 1 ½ Stunden Dauer sowie Unterrichtsdemonstrationen 40,00 Euro bis 80,00 Euro

2.1.4 Für die eingeplante Mitwirkung bei Podiumsdiskussionen 20,00 Euro bis 40,00 Euro

2.1.5 Für die Leitung von Arbeitsgruppen je nach Dauer und Belastung 10,00 Euro bis 20,00 Euro

2.2 Regionale Veranstaltungen

2.2.1 Für die Leitung einer Arbeitsgemeinschaft insgesamt 30,00 Euro

2.2.2 Für die inhaltliche Gestaltung (Vortrag oder Unterrichtsdemonstration, einschließlich Vorbereitung) je Unterrichtseinheit (mindestens 45 Minuten) durch einen einzelnen Referenten 20,00 Euro

Es dürfen jedoch höchstens 3 Unterrichtsstunden mit insgesamt 60,00 Euro vergütet werden.

Bei team-teaching kann dieselbe Vergütung für jeden Referenten gezahlt werden.

2.2.3 Für Vorträge von mindestens 1 ½ Stunden Dauer, die in besonderen Fällen gehalten werden 30,00 Euro bis 160,00 Euro

Die Rahmensätze in Nr. 2.1.2 bis 2.1.5 gelten entsprechend. Diese Beträge können auch für jede Veranstaltung innerhalb einer Arbeitsgemeinschaft gezahlt werden.

2.3 Die Höhe der Vergütungssätze richtet sich grundsätzlich nach der wissenschaftlichen Qualifikation der Referenten sowie der Dauer des Vortrags und dem Zeitaufwand für seine Vorbereitung. Bei kürzeren Beiträgen oder Vorträgen, die wiederholt gehalten werden, vermindern sich die Vergütungssätze entsprechend.

2.4 Mit der Vergütung für die Leitung ist die Planung, die Durchführung (hierzu gehört auch die Eröffnung mit der Begrüßung und kurzen Einführung der Teilnehmer) und der Abschluss (kurze Zusammenfassung der Ergebnisse und Verabschiedung der Teilnehmer) mit abgegolten.

2.5 Sind mehrere Leiter bestellt, so sind die in Nr. 2.1.1 und Nr. 2.2.1 genannten (Höchst-)Beträge auf diese Leiter aufzuteilen.

2.6 Bei Sonderveranstaltungen kann für einen Einzelvortrag von Fachkräften mit besonderer Qualifikation mit einer Vortragsdauer von mindestens eineinhalb Stunden ein Honorar bis zur Höhe von 302 Euro, gewährt werden. Die Honorarfestsetzung bedarf in diesem Fall einer auf den jeweiligen Einzelfall bezogenen schriftlichen Begründung unter Darlegung der Voraussetzungen und der Honorarhöhe. Über die Festsetzung entscheidet im Rahmen der verfügbaren Haushaltsmittel bei Veranstaltungen von Schulen und der Staatlichen Schulämter die vorgesetzte Dienstbehörde, bei Veranstaltungen der oberen Schulaufsichtsbehörden und des Zentrums für Schulqualität und Lehrerbildung sowie des Landesinstituts für Schulsport, Schulkunst und Schulmusik der Leiter der Dienststelle. Der Betrag von 302 Euro darf nur in besonders gelagerten Einzelfällen überschritten werden; dabei ist ein strenger Maßstab anzulegen. Soll ausnahmsweise ein Vortragshonorar über 500 Euro gewährt werden, bedarf dies ferner der Zustimmung des Ministeriums für Kultus, Jugend und Sport.

3.

Zur Ergänzung und Vertiefung des Lehr- und Fortbildungsangebots bei den in Nr. 1 genannten Veranstaltungen und Einrichtungen können

Gastvorträge (Einzelvorträge)

abgehalten werden. Gastvorträge sind grundsätzlich nur zulässig, wenn das Thema von besonderem fachlichem oder aktuellem Interesse ist. Zur Sicherstellung des nach den Ausbildungsplänen vorgesehenen und nach den Prüfungsordnungen vorgeschriebenen Lehrangebots dürfen Gastvorträge nicht vergeben werden. Die Höhe der Honorare richtet sich nach der wissenschaftlichen Qualifikation des Gastreferenten sowie der Dauer des Gastvortrags und dem Zeitaufwand für seine Vorbereitung.

Für einen Gastvortrag kann bei einer Vortragsdauer von mindestens 1½ Stunden ein Honorar von 30,00 Euro bis 160,00 Euro vereinbart werden.

Ein Honorar von über 80,00 Euro ist grundsätzlich nur für Vorträge zulässig, in denen die Ergebnisse eigener Forschungsarbeiten dargelegt werden.

Bei Gastvorträgen mit einer Dauer von weniger als 1 ½ Stunden vermindern sich die Honorare entsprechend.

⇨ Beamtengesetz (LBG); ⇨ Elterngeld/Elternzeit; ⇨ Mehrarbeit (Allgemeines); ⇨ Mehrarbeit (Anwärter*innen und Studienreferendar*innen); ⇨ Mehrarbeit (Vergütung); ⇨ Nebenamtliche/nebenberufliche Lehrkräfte; ⇨ Organisationserlass Teil 1.3; ⇨ Reisekostengesetz (LRKG); ⇨ Reisekosten (Nebenamtlicher/nebenberuflicher Unterricht); ⇨ Sozialversicherung (Beiträge); ⇨ Tarifvertrag-Länder (TV-L); ⇨ Teilzeit / Urlaub

Nebentätigkeiten

Informationen der Redaktion zur Rechtslage und zur Verwaltungspraxis in Baden-Württemberg

Vorbemerkung der Redaktion

Das Nebentätigkeitsrecht im öffentlichen Dienst ist nicht zuletzt deshalb eine schwierige Materie,

1. weil nebeneinander zumindest folgende Vorschriften zu beachten sind:
   - das ⇨ Beamtenstatusgesetz §§ 40 ff.,
   - das ⇨ Beamtengesetz (LBG) §§ 60 ff.,
   - die Landesnebentätigkeitsverordnung,
   - die Beamten-Verwaltungsvorschrift, ⇨ Beamtenrecht (BeamtVwV)
   - im Arbeitnehmerbereich der ⇨ Tarifvertrag-Länder (TV-L) § 3 Abs. 4,

   die jeweils bei der konkreten Anwendung auf die Situation an der einzelnen Schule „heruntergebrochen" werden müssen,
2. weil das Kultusministerium die Entscheidung über die Genehmigung und die Aufsicht über die vorschriftsmäßige Ausübung den Schulleitungen übertragen hat, die in der Regel juristisch nicht speziell geschult und bereits mit sonstigen (wichtigeren) Aufgaben überlastet sind.

   ⇨Beamtenrecht (Zuständigkeiten); ⇨Tarifrecht (Allgemeines) Nr. 2 – Zuständigkeiten

Das Kultusministerium hat zum Themenbereich „Entscheidung über die Genehmigung von Nebentätigkeiten" eine Handreichung für Schulleitungen veröffentlicht: https://km-bw.de/,Lde/Startseite/Service/ > Lehrkräfte und Schulleitungen)

Diese kann den Lehrkräften und Schulleitungen im Normalfall gute Dienste leisten. Wir drucken sie deshalb nachfolgend leicht gekürzt ab und ergänzen sie durch einige Hinweise und für die Entscheidungen wichtige Passagen aus der BeamtVwV. Volltext-Fassungen der Landesnebentätigkeitsverordnung und der Beamten-Verwaltungsvorschrift sind unter: www.landesrecht-bw.de abrufbar.

Entscheidung über die Genehmigung von Nebentätigkeiten

Handreichung des KM für die Schulleitungen (Stand: Juni 2020)

Das Recht der Nebentätigkeit ist für die Beamtinnen und Beamten in § 40 des Beamtenstatusgesetzes, im Landesbeamtengesetz §§ 60 ff. [...] sowie in der „Landesnebentätigkeitsverordnung" (LNTVO) geregelt. Für Lehrkräfte im Arbeitnehmerverhältnis gilt § 3 Abs. 4 des ⇨ Tarifvertrag-Länder (TV-L).

Hinweise der Redaktion:

1. Für Lehrkräfte im Arbeitnehmerverhältnis gibt es keine Pflicht zur vorherigen Genehmigung. Sie müssen aber jede Nebentätigkeit rechtzeitig vorher schriftlich anzeigen (siehe Nr. 5).
2. Mit Ausnahme von ⇨ Beamtengesetz (LBG) § 66 ist das Nebentätigkeitsrecht für pensionierte Lehrkräfte nicht relevant. Es gibt jedoch Anrechnungsvorschriften z.B. für das durch den Einsatz pensionierter Lehrkräfte an Schulen erzielte „Verwendungseinkommen" (⇨ Beamtenversorgung – Anrechnung).

1. Was ist eine Nebentätigkeit? (§ 60 LBG)

Nebentätigkeit ist jede nicht zum Hauptamt gehörende Tätigkeit innerhalb oder außerhalb des öffentlichen Dienstes.

- Die Wahrnehmung öffentlicher Ehrenämter gilt nicht als Nebentätigkeit. Die Übernahme solcher Tätigkeiten (z.B. Gemeinderat, Schöffe) ist der Schulleitung jedoch schriftlich anzuzeigen (§ 60 Abs. 2 Satz 1 Nr. 1 und § 60 Abs. 2 Satz 2 LBG).
- Die Ausübung ehrenamtlicher Tätigkeiten z.B. in Vereinen, Gewerkschaften, politischen Parteien oder Kirchengemeinden ist weder genehmigungs- noch anzeigepflichtig. Soweit für die Ausübung der ehrenamtlichen Tätigkeit eine Aufwandsentschädigung bezahlt wird, ist im Einzelfall zu prüfen, ob die Tätigkeit nach ihrer Art, ihrem Umfang und der Höhe der Aufwandsentschädigung als eine auf Erwerb ausgerichtete Tätigkeit anzusehen und damit als Nebentätigkeit zu qualifizieren ist. Bei der Beurteilung dieser Frage kann die in der LNTVO geregelte Geringfügigkeitsgrenze von 1.200 Euro im Kalenderjahr als Hilfskriterium herangezogen werden.
- Die Wahrnehmung einer unentgeltlichen Vormundschaft, Betreuung oder Pflegschaft gilt ebenfalls nicht als Nebentätigkeit, ist aber der Schulleitung vor der Aufnahme schriftlich anzuzeigen (§ 60 Abs. 2 Satz 1 Nr. 2 und § 60 Abs. 2 Satz 2 LBG).

Hinweis der Redaktion: Nicht als Nebentätigkeit gelten auch unentgeltliche Tätigkeiten im Rahmen der persönlichen Lebensgestaltung (Arbeiten in Haus und Garten, Familien- und Nachbarschaftshilfe, Hobbys, Betätigung in Bürgerinitiativen, sozialen Einrichtungen, die eigene Fort- und Weiterbildung, ein Studium, eine Promotion usw.).

2. Welche Nebentätigkeiten sind genehmigungspflichtig?

Die Übernahme einer Nebentätigkeit bedarf grundsätzlich der vorherigen schriftlichen Genehmigung (§ 62 Abs. 1 LBG). Die Lehrkraft hat vor Aufnahme der Nebentätigkeit bei der Schulleitung einen schriftlichen Antrag zu stellen und Angaben über Art und Umfang der Nebentätigkeit, die Person des Auftrag- bzw. Arbeitgebers sowie die Vergütung zu machen [...]. – Von dieser Regelung gibt es jedoch einige Ausnahmen: So sind manche Nebentätigkeiten „genehmigungsfrei" (2.1) oder gelten als „allgemein genehmigt" (2.2).

2.1 Genehmigungsfreie Nebentätigkeiten (§ 63 LBG)

Bestimmte Nebentätigkeiten sind in der Weise privilegiert, dass sie keiner Genehmigung bedürfen. Der

Katalog der genehmigungsfreien Nebentätigkeiten ist in § 63 Abs. 1 LBG abschließend geregelt.

Diese genehmigungsfreien Nebentätigkeiten müssen jedoch teilweise der Schulleitung vor ihrer Aufnahme „angezeigt" werden [...].

Genehmigungsfreie, aber anzeigepflichtige Nebentätigkeit

- Vortragstätigkeit

  Die Mitarbeit der Lehrkraft in der Weiterbildung (Erwachsenenbildung) z.B. ist genehmigungsfrei, wenn es sich um eine reine Vortragstätigkeit handelt. Dagegen bedarf die entgeltliche Lehr- und Unterrichtstätigkeit (etwa an Volkshochschulen) der Genehmigung. Lehr- und Unterrichtstätigkeit unterscheidet sich von der Vortragstätigkeit dadurch, dass von den Hörern ein Mitarbeiten verlangt wird, das in Fragen, im Unterrichtsgespräch, in schriftlichen Ausarbeitungen usw. seinen Ausdruck findet.
- Schriftstellerische, wissenschaftliche oder künstlerische Tätigkeit.

  Hinweis der Redaktion: Da hierunter nur die „Eigenproduktion" verstanden wird, also nicht die Herstellung zum Verkauf oder die Vermarktung, sollte man im Grenzbereich einen Antrag auf Genehmigung der Nebentätigkeit stellen.
- Tätigkeiten zur Wahrung der Berufsinteressen in Selbsthilfeeinrichtungen, soweit dafür eine Vergütung geleistet wird.

Die Anzeigepflicht besteht jedoch nicht, sofern die Vergütung insgesamt unter 1.200 Euro im Kalenderjahr bleibt und die zeitliche Beanspruchung nicht mehr als ein Fünftel der regelmäßigen wöchentlichen Arbeitszeit beträgt (§ 63 Abs. 3 LBG).

Auszug aus der BeamtVwV des IM

36.1 Wird für die in § 63 Absatz 2 Satz 1 LBG genannten *[oben aufgeführten]* nicht genehmigungspflichtigen Nebentätigkeiten eine Vergütung (§ 3 LNTVO) geleistet, besteht in jedem Einzelfall grundsätzlich eine vorherige Anzeigepflicht. [...]

36.3 [...] Eine überwiegend beratende Tätigkeit, beispielsweise „Coaching", ist in der Regel keine Vortragstätigkeit i.S.v. § 63 Absatz 1 Nummer 3 LBG. [...]

Bei der Anzeige sind Art und Umfang der Nebentätigkeit, die Person des Auftrag- oder Arbeitgebers sowie die voraussichtliche Höhe der Vergütung anzugeben. Bei regelmäßig wiederkehrenden gleichartigen Nebentätigkeiten genügt eine einmal jährlich zu erstattende Anzeige (§ 63 Abs. 2 i.V.m. § 62 Abs. 4 LBG).

Genehmigungsfreie und nicht anzeigepflichtige Nebentätigkeit (§ 63 Abs. 1 LBG)

- Tätigkeiten zur Wahrung der Berufsinteressen in Gewerkschaften, Berufsverbänden.
- Unentgeltliche Tätigkeiten, es sei denn, es wird beispielsweise eine gewerbliche Tätigkeit übernommen.
- Verwaltung des eigenen Vermögens.

Auszug aus der BeamtVwV des IM

36.3 Unter § 63 Absatz 1 Nummer 2 LBG kann der Betrieb von Anlagen zur Erzeugung erneuerbarer Energien, insbesondere auf dem eigenen Hausdach fallen. [...] In den Fällen des § 63 Absatz 1 Nummer 5 LBG besteht die Anzeigepflicht nur für eine Tätigkeit in Selbsthilfeeinrichtungen der Beamtinnen und Beamten, für die eine Vergütung geleistet wird, nicht für die übrigen Fallgruppen der Nummer 5. Dabei ist zu beachten, dass nach der Formulierung der Nummer 5 (Tätigkeiten in, nicht für, Selbsthilfeeinrichtungen der Beamtinnen und Beamten) nur solche Tätigkeiten genehmigungsfrei sind, die der Wahrung von Berufsinteressen dienen. [...] Die Tätigkeit in den Organen der Selbsthilfeeinrichtungen ist dagegen genehmigungsfrei. Sie ist allerdings anzeigepflichtig, wenn für sie eine Vergütung geleistet wird.

2.2 Allgemein genehmigte Nebentätigkeit (§ 62 Abs. 6 LBG)

Die zur Übernahme einer oder mehrerer Nebentätigkeiten erforderliche Genehmigung gilt allgemein als erteilt, wenn

- die Vergütungen für die Nebentätigkeit(en) 1.200 Euro im Kalenderjahr nicht übersteigen und
- die Nebentätigkeiten insgesamt ein Fünftel der regelmäßigen wöchentlichen Arbeitszeit nicht überschreiten und
- die Nebentätigkeiten in der Freizeit ausgeübt werden und
- kein gesetzlicher Versagungsgrund nach § 62 Abs. 2 LBG vorliegt.

Eine allgemein genehmigte Nebentätigkeit ist der Schulleitung vor Aufnahme der Nebentätigkeit schriftlich anzuzeigen, es sei denn, dass es sich um eine einmalige Nebentätigkeit im Kalenderjahr handelt und die Vergütung hierfür 200 Euro nicht überschreitet.

Bei der Anzeige ist die Art, die zeitliche Inanspruchnahme, die voraussichtliche Dauer der Nebentätigkeit sowie die Person des Auftrag- oder Arbeitgebers und die voraussichtliche Höhe der Vergütung mitzuteilen; auf Verlangen sind die erforderlichen Nachweise zu führen.

3. Welche Kriterien sind für die Entscheidung über die Genehmigung oder Versagung einer Nebentätigkeitsgenehmigung maßgeblich?

3.1 Der Vorrang des Hauptamtes bei genehmigungspflichtigen, genehmigungsfreien und anzeigepflichtigen Nebentätigkeiten

Jeder Bedienstete hat sich mit seiner vollen Arbeitskraft seinem Hauptamt zu widmen. Eine genehmigungspflichtige, genehmigungsfreie oder anzeigepflichtige Nebentätigkeit darf von einer Lehrkraft daher nur dann übernommen werden, wenn die Erfüllung der Dienstpflichten dadurch nicht gefährdet wird. Das Hauptamt hat insoweit Vorrang. Die Schulleitung hat dies im Einzelfall zu prüfen. Sofern nicht ein Versagungsgrund (vgl. Ziff. 3.2) gegeben ist, hat die Lehrkraft einen Rechtsanspruch auf Erteilung der Genehmigung.

3.2 In welchen Fällen muss die Nebentätigkeitsgenehmigung abgelehnt werden (§ 62 Abs. 2 und 7, § 63 Abs. 4 LBG)?

Die Genehmigung ist nach § 62 Abs. 2 LBG zu versagen, wenn zu besorgen ist, dass durch die Nebentätigkeit dienstliche Interessen beeinträchtigt werden. Eine bereits erteilte Genehmigung ist zu widerrufen (§ 62 Abs. 7 LBG). Auch genehmigungsfreie Nebentätigkeiten sind ganz oder teilweise zu untersagen, wenn die Lehrkraft durch ihre Ausübung ihre dienstlichen Pflichten verletzt (§ 63 Abs. 4 LBG).

Beanspruchung der Arbeitskraft

Eine Beeinträchtigung dienstlicher Interessen liegt z.B. dann vor, wenn die Nebentätigkeit die Arbeitskraft der Lehrerin oder des Lehrers so stark in Anspruch nimmt, dass die ordnungsgemäße Erfüllung der dienstlichen Pflichten behindert werden kann (§ 62 Abs. 3 LBG). Das Gesetz stellt hier die Vermutung auf, dass das Hauptamt durch eine Nebentätigkeit dann beeinträchtigt wird, wenn die zeitliche Beanspruchung durch eine oder mehrere Nebentätigkeiten in der Woche ein Fünftel der regelmäßigen wöchentlichen Arbeitszeit überschreitet. Hat eine Lehrkraft z.B. Schwierigkeiten, ihre Dienstpflichten zu erfüllen, sind Defizite im unterrichtlichen Bereich bekannt, ist hier ein strenger Maßstab anzulegen und die Ausübung der Nebentätigkeit gegebenenfalls zu versagen oder zu widerrufen.

Eine Lehrkraft, die für die Schulleitung erkennbar bereits mit ihren hauptamtlichen Belastungen im Grenzbereich angelangt ist, hat auch dann keinen Anspruch auf Genehmigung einer Nebentätigkeit, wenn sie mit dieser unterhalb der „Fünftelvermutung“ bleiben würde.

- Handelt es sich bei der Nebentätigkeit um eine unterrichtliche Nebentätigkeit (z.B. an Volkshochschulen), ist für die „Fünftelvermutung“ als Bezugsgröße die Unterrichtsverpflichtung des vollen Lehrauftrags zugrunde zu legen. (Die Grenze ist bei einer Unterrichtsverpflichtung von 27 Wochenstunden durch 6 Std. pro Woche Nebentätigkeit überschritten).
- Handelt es sich hingegen um eine nicht unterrichtliche Nebentätigkeit, ist bei Beamten die 41-Stunden-Woche maßgeblich (die Grenze ist bei einer Unterrichtsverpflichtung von 27 Wochenstunden also durch 9 Std./Woche Nebentätigkeit überschritten).

Höchstumfang der nach § 62 Abs. 6 LBG allgemein genehmigten Nebentätigkeiten bei teilzeitbeschäftigten Beamt*innen

Informationen der Redaktion zur Rechtslage und zur Verwaltungspraxis in Baden-Württemberg

Die ordnungsgemäße Erfüllung dienstlicher Pflichten ist in der Regel behindert, wenn die zeitliche Beanspruchung durch Nebentätigkeiten in der Woche ein Fünftel der regelmäßigen Arbeitszeit überschreitet (§ 62 Abs. 3 LBG).

Beispiel 1: Eine vollzeitbeschäftigte Realschullehrkraft (Regelstundenmaß 27/27) erreicht die Fünftelgrenze bei

- **schulischer** Nebentätigkeit (z.B als Lehrkraft an einer Abendrealschule) mit 1/5 x 27 = 5,4 <u>Unterrichts</u>stunden,
- **nichtschulischer** Nebentätigkeit (z.B als ehrenamtliche/r Geschäftsführer*in eines Sportvereins) mit 1/5 x 41 = 8,2 <u>Zeit</u>stunden.

Bei beurlaubten und teilzeitbeschäftigten Beamt*innen erhöht sich diese „Fünftelvermutung“ in dem Verhältnis, in dem die Arbeitszeit herabgesetzt ist, höchstens jedoch auf 12 Zeitstunden in der Woche (§ 62 Abs. 3 Satz 4 LBG). Im Schulbereich entsprechen diese 12 Zeitstunden je nach Lehramt zwischen 7,3 und 9,0 Unterrichtsstunden.

Beispiel 2: Ist diese Realschullehrkraft mit 20/27 teilzeitbeschäftigt, erhöht sich die Fünftelgrenze um das Verhältnis zwischen dem vollen und dem reduzierten Deputat, also um 7/27 = 25,9 %. Der maximal zulässige Umfang beträgt dann bei

- **schulischer** Nebentätigkeit 5,4 + (25,9 % von 5,4), also: 5,4 + 1,4 = 6,8 <u>Unterrichts</u>stunden,
- **nichtschulischer** Nebentätigkeit 8,2 + (25,9 % von 8,2), also: 8,2 + 2,1 = 10,3 <u>Zeit</u>stunden.

Maximal zulässige Zahl von Unterrichtsstunden (schulischer Bereich)

UV*	Umfang der genehmigungsfähigen Nebentätigkeit bei einem Deputat von ... Wochenstunden																							
	31	30	29	28	27	26	25	24	23	22	21	20	19	18	17	16	15	14	13	12	11	10	9	8	7
25							5,0	5,2	5,4	5,6	5,8	6,0	6,2	6,4	6,6	6,8	7,0	7,2	7,3	7,3	7,3	7,3	7,3	7,3	7,3
26						5,2	5,4	5,6	5,8	6,0	6,2	6,4	6,6	6,8	7,0	7,2	7,4	7,6	7,6	7,6	7,6	7,6	7,7	7,6	7,6
27					5,4	5,6	5,8	6,0	6,2	6,4	6,6	6,8	7,0	7,2	7,4	7,6	7,8	7,9	7,9	7,9	7,9	7,9	7,9	7,9	7,9
28				5,6	5,8	6,0	6,2	6,4	6,6	6,8	7,0	7,2	7,4	7,6	7,8	8,0	8,2	8,2	8,2	8,2	8,2	8,2	8,2	8,2	8,2
31	6,2	6,4	6,6	6,8	7,0	7,2	7,4	7,6	7,8	8,0	8,2	8,4	8,6	8,8	9,0	9,0	9,0	9,0	9,0	9,0	9,0	9,0	9,0	9,0	9,0

Maximal zulässige Zahl von Unterrichtsstunden (nichtschulischer Bereich)

UV*	Umfang der genehmigungsfähigen Nebentätigkeit bei einem Deputat von ... Wochenstunden																							
	31	30	29	28	27	26	25	24	23	22	21	20	19	18	17	16	15	14	13	12	11	10	9	8	7
25							8,2	8,5	8,8	9,1	9,5	9,8	10,1	10,4	10,8	11,1	11,4	11,8	12	12	12	12	12	12	12
26						8,2	8,5	8,8	9,1	9,4	9,7	10,1	10,4	10,7	11,0	11,3	11,6	12	12	12	12	12	12	12	12
27					8,2	8,5	8,8	9,1	9,4	9,7	10,0	10,3	10,6	10,9	11,2	11,8	12	12	12	12	12	12	12	12	12
28				8,2	8,5	8,8	9,1	9,4	9,6	9,9	10,2	10,5	10,8	11,1	11,4	11,7	12	12	12	12	12	12	12	12	12
31	8,2	8,4	8,7	8,9	9,2	9,5	9,8	10,0	10,3	10,6	10,8	11,1	11,4	11,6	11,9	12	12	12	12	12	12	12	12	12	12

* UV = Unterrichtsverpflichtung nach § 2 der Lehrkräfte-ArbeitszeitVO; vgl. ⇨ Arbeitszeit (Lehrkräfte)

- Ist mit der Nebentätigkeit nur vorübergehend eine stärkere zeitliche Inanspruchnahme verbunden, wie z.B. bei Prüfungen oder Veranstaltungen im Rahmen der Fortbildung, kann ausnahmsweise von der durchschnittlichen zeitlichen Belastung im Monat oder im Kalendervierteljahr ausgegangen werden.

Zu den relevanten Grenzen bei Urlaub und Teilzeitbeschäftigung siehe unten, Ziff. 3.3.

Konflikt mit der dienstlichen Tätigkeit (§ 62 Abs. 2 Nr. 1 LBG)

Auch wenn die Lehrkraft durch die Nebentätigkeit in einen Widerstreit mit ihren dienstlichen Pflichten gebracht werden kann, ist die Genehmigung der Nebentätigkeit zu versagen.

Beispiel: Die Lehrkraft erteilt eigenen Schülern Nachhilfeunterricht oder vertreibt bei den Eltern der Schüler Versicherungen.

Auszug aus der BeamtVwV des IM

35.2 Bei jedem Antrag ist zu prüfen, ob zu besorgen ist, dass durch die Nebentätigkeit dienstliche Interessen beeinträchtigt werden (§ 62 Absatz 2 Satz 1 LBG). Dies ist der Fall, wenn ein vernünftiger Grund für die Annahme besteht, dass die Gefahr einer solchen Beeinträchtigung besteht. Ganz fernliegende Gefahren genügen dafür nicht, andererseits muss die Gefahr der Beeinträchtigung aber auch nicht in absehbarer Zeit in hohem Maße wahrscheinlich sein. In § 62 Absatz 2 Satz 2 LBG werden beispielhaft die wichtigsten Versagungsgründe aufgezählt. Ein allgemeines öffentliches Interesse an der Untersagung einer Nebentätigkeit genügt jedoch nicht. [...]

Schaden für das Ansehen der öffentlichen Verwaltung (§ 62 Abs. 2 Nr. 4 LBG)

Der Beamte muss auch außerhalb des Dienstes der Achtung und dem Vertrauen gerecht werden, die sein Beruf erfordert. Mit diesem Gebot darf er auch durch die Nebentätigkeit nicht in Konflikt geraten.

➪ Beamtenstatusgesetz § 34

Beispiele:

- Die Lehrkraft betreibt als Geschäftsführer ein Reisebüro. Dadurch kann der Eindruck entstehen, dass die berufliche Belastung der Lehrkräfte so gering ist, dass sie noch einen „Zweitberuf" wahrnehmen können, der üblicherweise als Hauptberuf ausgeübt wird.
- Die Lehrkraft betreibt eine Videothek, in der auch gewaltverherrlichende Videos entliehen werden können.

Die Übernahme einer Nebentätigkeit darf nicht zu einer wesentlichen Einschränkung der künftigen dienstlichen Verwendbarkeit der Lehrkraft führen. Dies ist insbesondere der Fall, wenn die Nebentätigkeit in Zusammenhang mit einer Schule steht, an welche die Lehrkraft in absehbarer Zeit mit einiger Wahrscheinlichkeit versetzt oder abgeordnet werden soll.

3.3. Die Nebentätigkeit neben einer Teilzeitbeschäftigung oder Beurlaubung

Während einer Teilzeitbeschäftigung sowie während einer Beurlaubung dürfen nur solche Nebentätigkeiten ausgeübt werden, die dem Zweck der Teilzeitbeschäftigung bzw. der Beurlaubung nicht zuwiderlaufen (§ 62 Abs. 3 Satz 4 LBG).

Die relevante Größe erhöht sich in dem Verhältnis, in dem die Arbeitszeit herabgesetzt ist, höchstens jedoch auf zwölf Stunden in der Woche.

Hinweis der Redaktion: Siehe Tabelle bei Ziff. 2.2.

4. Welche Formalia sind bei der Entscheidung zu beachten?

Die Entscheidung über die Genehmigung bzw. Versagung einer Nebentätigkeit ist ein Verwaltungsakt. Eine Versagung ist deshalb entsprechend zu begründen. ➪ Verwaltungsrecht (Allgemeines)

Auszug aus der BeamtVwV des IM

35.1 Der Antrag auf Erteilung einer Nebentätigkeitsgenehmigung muss alle Angaben und Nachweise enthalten, die zur Beurteilung der Nebentätigkeit, insbesondere der Versagungsgründe, erforderlich sind (§ 62 Absatz 4 Satz 1 LBG). Beamtinnen und Beamte haben auf Verlangen die erforderlichen Nachweise zu führen (§ 62 Absatz 4 Satz 2 LBG). Sie haben eine Mitwirkungspflicht. Zweifel gehen zu ihren Lasten. Sind endgültige Nachweise zum Zeitpunkt der Antragstellung insbesondere hinsichtlich der Höhe der Vergütung noch nicht möglich, haben die Beamtinnen und Beamten wenigstens annähernde Angaben zu machen, zum Beispiel kurze Darstellung der vorgesehenen Vergütungsgrundsätze oder vorgesehene, bereits bezifferbare Abschlagszahlungen. Den Beamtinnen und Beamten ist in der Genehmigung zur Auflage zu machen, die ungefähren Angaben zu präzisieren, sobald dies möglich ist. Der Antrag kann auch elektronisch gestellt werden, sofern der Dienstvorgesetzte dies nach § 62 Absatz 4 Satz 3 LBG nicht ausgeschlossen hat.

Gegen die Ablehnung der Nebentätigkeitsgenehmigung kann die Lehrkraft Widerspruch einlegen. Der Schulleiter muss dann zunächst entscheiden, ob er diesem abhelfen kann, also die gewünschte Nebentätigkeitsgenehmigung erteilt. Hilft er dem Widerspruch nicht ab, legt er die Angelegenheit dem Regierungspräsidium als der zuständigen Widerspruchsbehörde vor.

4.1 Die Genehmigung der Nebentätigkeit

Die Genehmigung soll auf längstens 5 Jahre befristet werden und kann mit Auflagen oder Bedingungen versehen werden (§ 62 Abs. 5 LBG). Auflagen und Bedingungen schränken die Genehmigung ein.

- Beispiel: Einem Sonderschullehrer, der als Nebentätigkeit Sprachförderung anbietet, wird bei der Genehmigung zur Auflage gemacht, keine eigenen Schüler im Rahmen dieser Nebentätigkeit zu fördern.

Ergibt sich nach Erteilung der Genehmigung eine Beeinträchtigung dienstlicher Interessen, ist die Genehmigung zu widerrufen (§ 62 Abs. 7 LBG). [...]

4. 2. Ablehnung der Nebentätigkeitsgenehmigung

Versagt oder widerruft die Schulleitung die Wahrnehmung einer Nebentätigkeit, so hat der Personalrat ein eingeschränktes Mitbestimmungsrecht (§ 75 Abs. 3 Nr. 5 LPVG), sofern die Lehrkraft dessen Beteiligung beantragt.

➪ Personalvertretungsgesetz (LPVG) § 75 Abs. 3 Nr. 5

Hinweis der Redaktion: Die Schulleitung muss die Lehrkraft vor ihrer Entscheidung auf ihr Recht hinweisen, die Beteiligung des Personalrats zu beantragen.

Die Entscheidung darf also erst nach Durchführung des Beteiligungsverfahrens getroffen werden.

Wird der Lehrkraft eine Genehmigung widerrufen oder eine nicht genehmigungspflichtige Nebentätigkeit untersagt, soll ihr eine angemessene Frist zur Abwicklung der Nebentätigkeit eingeräumt werden, soweit die dienstlichen Interessen dies zulassen (§ 62 Abs. 7 Satz 2 LBG).

Auszug aus der BeamtVwV des IM

35.7 Der Widerruf einer Genehmigung nach § 62 Absatz 7 LBG ist nur innerhalb eines Jahres ab dem Zeitpunkt möglich, zu welchem dem Dienstherrn die für den Widerruf maßgeblichen Tatsachen bekanntgeworden sind (§ 49 Absatz 2 Satz 2, § 48 Absatz 4 LVwVfG).

5. Sonderregelungen für Lehrkräfte im Arbeitnehmerverhältnis

Lehrkräfte im Arbeitnehmerverhältnis müssen nach § 3 Abs. 4 TVL Nebentätigkeiten gegen Entgelt rechtzeitig vorher schriftlich anzeigen [...]. Anders als bei den Lehrkräften im Beamtenverhältnis ist eine Genehmigung der Nebentätigkeit nicht vorgesehen. ⇨ Tarifvertrag-Länder (TV-L) § 3 Abs. 4

Die Nebentätigkeit kann untersagt oder mit Auflagen versehen werden, wenn diese geeignet ist, die Erfüllung der arbeitsvertraglichen Pflichten der Beschäftigten oder berechtigte Interessen des Arbeitgebers zu beeinträchtigen. Insbesondere dürfen die Arbeitszeiten weder einzeln noch zusammengenommen die nach § 3 Arbeitszeitgesetz zulässige Höchstarbeitszeit, das sind werktäglich 8 Stunden, überschreiten. Die Arbeitszeit kann nach dieser Bestimmung auf bis zu zehn Stunden verlängert werden, wenn innerhalb von sechs Kalendermonaten oder innerhalb von 24 Wochen im Durchschnitt acht Stunden werktäglich nicht überschritten werden. Diese Regelung gilt aber nur für die Tätigkeit aufgrund eines Arbeitsvertrages, also z.B. nicht für die „selbstständige Tätigkeit" als Autor eines Lehrbuches.

Zu untersagen ist eine Nebentätigkeit darüber hinaus auch dann, wenn die Haupttätigkeit als Lehrkraft darunter leiden würde, z.B. weil sie durch die Arbeitsbelastung überfordert wäre oder die Haupttätigkeit aus anderen Gründen beeinträchtigt würde.

Für Lehrkräfte im Arbeitnehmerverhältnis ist eine Ablieferungspflicht entsprechend der für die Beamten des Landes geltenden Bestimmungen zur Auflage zu machen [...]. – Das Formular zur Ablieferungspflicht („Erklärung und Abrechnung nach § 8 LNTVO für das Jahr ...") ist vom Schulleiter der Lehrkraft auszuhändigen. Einzelheiten zur ablieferungspflichtigen Vergütung siehe unter Punkt 7.

6. Aufstellung der ausgeübten Nebentätigkeiten (§ 8 LNTVO)

Lehrkräfte haben jede Änderung (auch eine Abweichung von noch vorläufigen, ungefähren Angaben) unverzüglich unaufgefordert schriftlich der Schulleitung anzuzeigen (§ 64 Abs. 4 LBG).

Für alle nicht genehmigungspflichtigen Nebentätigkeiten gilt, dass die Schulleitung aus begründetem Anlass jederzeit nähere Auskünfte und ggf. entsprechende Nachweise über die Nebentätigkeit verlangen kann.

Die Schulleitung hat die Lehrkräfte alle zwei Jahre [...] aufzufordern, jeweils bis spätestens 1. Juli eines Jahres eine schriftliche Aufstellung von Nebentätigkeiten vorzulegen [...], die sich ggf. aus folgenden zwei Teilen zusammensetzt:

- der Erklärung über alle im Vorjahr ausgeübten genehmigungspflichtigen, anzeigepflichtigen und auf Verlangen des Dienstvorgesetzten übernommenen Nebentätigkeiten (Angabe über Art, zeitliche Inanspruchnahme sowie Dauer der Nebentätigkeit, über die Person des Auftrag- oder Arbeitgebers und die Höhe der Vergütung),
- der Abrechnung von ablieferungspflichtigen Nebentätigkeitsvergütungen i.S.v. § 64 Abs. 3 LBG (z.B. im öffentlichen Dienst ausgeübte oder auf Verlangen des Dienstvorgesetzten ausgeübte Nebentätigkeiten), wenn keine Ausnahme von der Ablieferungspflicht nach § 6 LNTVO besteht (z.B. Ausübung von Lehr- und Vortragstätigkeiten, Prüfungstätigkeiten).

Die Erklärung wird in die Teilakte der Lehrkraft, welche sich an der Schule befindet, aufgenommen. Die Vorlage an die Schulaufsichtsbehörde ist im Regelfall nicht erforderlich. ⇨ Personalakten

7. Abrechnung von ablieferungspflichtigen Nebentätigkeitsvergütungen (§ 5 Abs. 3 LNTVO i. V. m. § 64 Abs. 3 LBG)

Der Schulleiter hat aufgrund der von der Lehrkraft ausgefüllten Erklärung zu prüfen, ob Ablieferungspflicht besteht. Ablieferungspflicht besteht bei Vergütungen für

1. im öffentlichen Dienst ausgeübte oder
2. auf Verlangen des Dienstherrn ausgeübte oder
3. der Lehrkraft mit Rücksicht auf seine dienstliche Stellung übertragene Nebentätigkeit

sofern die Vergütungen für die in einem Kalenderjahr ausgeübten Nebentätigkeiten bei Beamten entsprechend den Besoldungsgruppen folgende Bruttobeträge übersteigen:

Besoldungsgruppe	Euro (Bruttobeträge)	
bis A 8	3.700,00 Euro	(gilt analog für Arbeitnehmer* innen)
A 9 bis A 12	4.300,00 Euro	
A 13 bis A 16	4.900,00 Euro	

Ablieferungspflicht besteht nicht bei folgenden Tätigkeiten (§ 6 LNTVO):

1. Lehr- und Vortragstätigkeiten,
2. Prüfungstätigkeiten,
3. Tätigkeiten auf dem Gebiet der wissenschaftlichen Forschung,
4. schriftstellerische Tätigkeiten und diesen vergleichbaren Tätigkeiten mit Mitteln des Films und Fernsehens,
5. künstlerische Tätigkeiten einschließlich künstlerische Darbietungen,
6. Tätigkeiten als gerichtlicher oder staatsanwaltschaftlicher Sachverständiger,

7. Tätigkeiten als Gutachter für juristische Personen des öffentlichen Rechts,
8. Verrichtung von Ärzten, Zahnärzten und Tierärzten, für die nach den Gebührenordnungen Gebühren zu zahlen sind,
9. Tätigkeiten, die während eines unter Fortfall der Dienstbezüge gewährten Urlaubs ausgeübt werden,
10. Tätigkeiten von Beamten auf Widerruf, die einen Vorbereitungsdienst ableisten oder die nur nebenbei verwendet werden, [...].

Sofern Ablieferungspflicht besteht, hat der Schulleiter die von der Lehrkraft ausgefüllte Erklärung („Erklärung und Abrechnung nach § 8 LNTVO für das Jahr …") an das ⇨ Landesamt [...] zur Abrechnung zu senden.

⇨ Beamtengesetz (LBG) §§ 60 ff.; ⇨ Beamtenversorgung (Anrechnungsvorschriften); ⇨ Landesamt; ⇨ Nebenamtlicher/nebenberuflicher Unterricht (Vergütung); ⇨ Personalakten; ⇨ Personalvertretungsgesetz (LPVG) § 75 Abs. 3 Nr. 5; ⇨ Tarifvertrag-Länder (TV-L) § 3 Abs. 4

Notenbildungsverordnung

Verordnung des Kultusministeriums über die Notenbildung (Notenbildungsverordnung, NVO) vom 5. Mai 1983 (K.u.U. S. 449/1983); zuletzt geändert 18. Juni 2020 (GBl. S. 577/2020)

Vorbemerkungen

Der Erziehungs- und Bildungsauftrag der Schule erfordert neben der Vermittlung von Kenntnissen, Fähigkeiten und Fertigkeiten auch die Vermittlung von Werten und Wertvorstellungen, wie sie im Grundgesetz, in der Landesverfassung und in § 1 des Schulgesetzes niedergelegt sind. Der Lehrer als Erzieher benötigt zur Verwirklichung seiner Aufgaben einen pädagogischen Freiraum, bei der Leistungsbeurteilung einen pädagogischen Beurteilungsspielraum. Dem tragen die nachfolgenden Regelungen zur Notenbildung dadurch Rechnung, dass sie sich auf ein Mindestmaß beschränken und insbesondere regeln, worauf im Interesse der Chancengerechtigkeit der Schüler nicht verzichtet werden kann. Dies erfordert andererseits, dass der Lehrer seinen pädagogischen Beurteilungsspielraum, den er im Interesse des Schülers hat, verantwortungsvoll nutzt.

Der gemeinsame Erziehungsauftrag von Elternhaus und Schule gebietet, dass Fragen der Leistungserhebung und -beurteilung zwischen den beiden Erziehungsträgern beraten werden. Soweit derartige Fragen die Schule insgesamt betreffen, sind sie in der Schulkonferenz (§ 47 SchG), soweit sie einzelne Klassen betreffen, in der Klassenpflegschaft (§ 56 SchG) zu behandeln. Falls die Gesamtlehrerkonferenz ergänzende Regelungen trifft, bedürfen sie der Zustimmung der Schulkonferenz.

Der gemeinsame Erziehungsauftrag von Elternhaus und Schule erfordert auch eine möglichst umfassende Information der Eltern über die schulische Entwicklung ihrer Kinder. Neben dem Gespräch zwischen Lehrern und Eltern dient dem insbesondere die Information der Eltern über die Leistungen ihrer Kinder im ersten Schulhalbjahr. Durch die Möglichkeit, die Notentendenz anzugeben und die Beurteilung durch zusätzliche Ausführungen zu erläutern, kann diese Information den Eltern wertvolle Hinweise für ihre Erziehungsarbeit geben. Entsprechendes gilt für die Möglichkeit, die Noten für Verhalten und Mitarbeit zu erläutern.

Hinweise der Redaktion:

1. Zu den Hausaufgaben und ihrer Bewertung bitte Hinweis 1 bei § 10 beachten.
2. An Gemeinschaftsschulen gilt die NotenbildungsVO nur eingeschränkt. ⇨ Gemeinschaftsschule (Verordnung) § 6
3. Zur Elterninformation auch § 4 Abs. 2 (Hinweis) beachten. ⇨ Informationsfreiheitsgesetz
4. ⇨ Corona-Pandemie-Prüfungsverordnung beachten.

1. Abschnitt Grundsätze

§ 1
Allgemeines

Der Erziehungs- und Bildungsauftrag der Schule erfordert neben der Vermittlung von Kenntnissen, Fähigkeiten und Fertigkeiten auch deren Feststellung zur Kontrolle des Lernfortschritts zum Leistungsnachweis. Als Kontrolle des Lernfortschritts soll sie Lehrern, Schülern, Erziehungsberechtigten und ggf. den für die Berufserziehung der Schüler Mitverantwortlichen den erzielten Erfolg bestätigen, ihnen Hinweise für den weiteren Lernfortgang geben und damit die Motivation des Schülers fördern. Als Leistungsnachweis stellt sie eine Entscheidungsgrundlage für den weiteren Bildungsgang des Schülers dar.

§ 2
Konferenzen, Klassenpflegschaft

(1) Die nachfolgenden Regelungen stellen einen Rahmen dar, innerhalb dessen die Gesamtlehrerkonferenz mit Zustimmung der Schulkonferenz ergänzende Regelungen treffen kann (§ 45 Abs. 2 SchG i.V.m. § 2 Abs. 1 Konferenzordnung und § 47 Abs. 5 SchG). Darüber hinaus kann die Schulkonferenz zu allgemeinen Fragen der Leistungserhebung und -beurteilung Vorschläge gegenüber dem Schulleiter und den Lehrerkonferenzen machen (§ 47 Abs. 2 SchG). ⇨ Pädagogische Freiheit

Hinweis der Redaktion: Die Notenbildungsverordnung bildet für die Leistungserhebung und -beurteilung einen verbindlichen Rahmen, dessen Ausfüllung der Gesamtlehrerkonferenz mit Zustimmung der Schulkonferenz obliegt.

Die in § 2 Abs. 1 erwähnten „ergänzenden Regelungen" können z.B. folgende Fragen der Leistungserhebung betreffen:

– Darf an einem Tag neben einer Klassenarbeit auch eine schriftliche Wiederholungsarbeit geschrieben werden?
– Wie viele Klassenarbeiten dürfen in einer Woche / je Fach / in einem Schuljahr geschrieben werden?
– Muss eine Klassenarbeit wegen eines schlechten Ergebnisses (Gesamtdurchschnitt oder überproportionaler Anteil von

mangelhaften und ungenügenden Ergebnissen) der Schulleitung vorgelegt werden?
– Muss bei Klassenarbeiten bzw. schriftlichen Wiederholungsarbeiten neben der Note auch der Klassendurchschnitt oder ein Notenspiegel mitgeteilt werden?

Dies gilt auch für die Regelung von „näheren Einzelheiten" bei den Hausaufgaben, „insbesondere den zeitlichen Umfang sowie die Anfertigung von Hausaufgaben übers Wochenende und über Feiertage" oder auch für die Frage, ob Hausaufgaben über die Ferien aufgegeben werden dürfen. ⇨ siehe unten § 10 Abs. 3

Nach dem Beschluss der GLK und der Zustimmung der Schulkonferenz sind solche „ergänzenden Regelungen" für alle Lehrkräfte der Schule verbindlich. Soweit die Notenbildungsverordnung in solchen Fragen keine Festlegungen trifft und von der GLK der Schule hierzu kein Beschluss gefasst wurde, können die einzelnen Lehrkräfte im Rahmen ihres pflichtgemäßen dienstlichen Ermessens und unter Beachtung der übrigen für sie geltenden Bestimmungen (§ 38 Schulgesetz) frei entscheiden.

In der Frage der Leistungsbewertung selbst kann die GLK hingegen lediglich (nicht verbindliche) „Empfehlungen für einheitliche Maßstäbe bei Notengebung und Versetzung" geben; vgl. ⇨ Konferenzordnung § 2 Abs. 1 Nr. 5.

(2) Die Klassenpflegschaft soll ihrer Aufgabe, der Unterrichtung der Eltern über den Entwicklungsstand der Klasse und die Grundsätze für Klassenarbeiten und Hausaufgaben sowie der Aussprache darüber, besondere Beachtung schenken (§ 56 Abs. 1 SchG).

⇨ Elternbeiratsverordnung; ⇨ Konferenzordnung

2. Abschnitt
Zeugnisse, Halbjahresinformation, Noten

§ 3
Zeugnisse

(1) Für jedes Schuljahr erhalten die Schüler, soweit nichts Abweichendes bestimmt ist, ein Zeugnis über ihre Leistungen in den einzelnen Unterrichtsfächern während des ganzen Schuljahres (Jahreszeugnis). Zusätzlich enthalten

a) das Jahreszeugnis der Klasse 3 der Grundschule, die Jahreszeugnisse der Klassen 5 und 6 der Werkrealschule und Hauptschule, der Realschule und des Gymnasiums, das Abschlusszeugnis der Grundschule sowie die Zeugnisse der entsprechenden Klassen der allgemeinbildenden Sonderschulen mit Ausnahme der Schulen für Geistigbehinderte eine allgemeine Beurteilung,
b) die übrigen Jahreszeugnisse Noten für Verhalten und Mitarbeit; abweichend davon werden in den Kollegs, den einjährigen zur Fachhochschulreife führenden Berufskollegs, in der Mittel- und Oberstufe der Berufsoberschulen und in den Fachschulen mit Ausnahme der Fachschulen für Sozialpädagogik sowie in den Abgangs-, Abschluss- und Prüfungszeugnissen keine Noten für Verhalten und Mitarbeit erteilt.

(2) In den Abschlussklassen erhalten die Schüler, soweit nichts Abweichendes bestimmt ist, außerdem ein Zeugnis über ihre Leistungen in den einzelnen Unterrichtsfächern im ersten Schulhalbjahr (Halbjahreszeugnis). Die Schüler der Klasse 4 der Grundschulen erhalten für das erste Schulhalbjahr eine Halbjahresinformation. ⇨ Zeugnisse

(3) Das erste Schulhalbjahr dauert bis zum 31. Januar, das zweite Schulhalbjahr bis zum 31. Juli.

(4) Die Zeugnisse sind in der Regel auszugeben:
1. das Halbjahreszeugnis in der Zeit vom 1. bis 10. Februar,
2. das Jahreszeugnis an einem der letzten sieben Unterrichtstage.

Die für die Ausgabe der Abgangs-, Abschluss- und Prüfungszeugnisse geltenden Bestimmungen bleiben unberührt. Dasselbe gilt, wenn in Prüfungsanforderungen Sonderbestimmungen für das Halbjahreszeugnis getroffen sind.

(5) Die für einzelne Schularten oder -typen der beruflichen Schulen aufgrund des § 26 Schulgesetz getroffenen abweichenden Regelungen über Beginn und Ende des Schuljahres und der Schulhalbjahre bleiben unberührt; die Zeugnisse sind an solchen Schulen abweichend von Absatz 4 in der Regel an einem der letzten sieben Unterrichtstage des Schulhalbjahres auszugeben. Bei beruflichen Schulen mit Teilzeitunterricht sind die Halbjahreszeugnisse abweichend von Absatz 4 Nr. 1 in der Regel am letzten Unterrichtstag des ersten Schulhalbjahres oder am ersten Unterrichtstag des zweiten Schulhalbjahres auszugeben.

(6) In den Klassen 7 und 8 der Werkrealschule und Hauptschule werden im Jahreszeugnis die Noten durch eine verbale Leistungsbeschreibung ergänzt, wenn dies insbesondere im Hinblick auf den späteren Übergang des Schülers in weitere Bildungs- oder Ausbildungsgänge notwendig ist.

§ 4
Halbjahresinformation

(1) Für das erste Schulhalbjahr erhalten die Schüler, soweit nichts Abweichendes bestimmt ist, eine schriftliche Information über ihre Leistungen in den einzelnen Unterrichtsfächern, wobei ganze Noten, ganze Noten mit Notentendenz (Plus oder Minus) und halbe Noten zulässig sind.

(2) Bei wesentlichen Veränderungen des Leistungsbildes und besonderen Vorkommnissen können ergänzende Aussagen gemacht werden. Falls ein Gespräch zwischen einzelnen Lehrern und den Erziehungsberechtigten angebracht erscheint, ist ein entsprechender Hinweis in die Halbjahresinformation aufzunehmen.

Hinweis der Redaktion: Ist die Versetzung einer Schülerin oder eines Schülers nach Auffassung der Klassenkonferenz gefährdet, hat die Schule die Eltern bzw. den volljährigen Schüler oder die volljährige Schülerin selbst durch einen Vermerk im vorausgehenden Halbjahreszeugnis zu benachrichtigen, bei späterem Leistungsabfall unverzüglich durch schriftliche Mitteilung („blauer Brief"). Die Nichtbeachtung dieser Formvorschriften hat jedoch keinen Anspruch auf Versetzung zur Folge, jedenfalls dann nicht, wenn die Schule auf andere geeignete Weise, z.B. durch mündliche Unterrichtung der Eltern, ihrer Informationspflicht nachgekommen ist.

⇨ Elternbeiratsverordnung § 3; ⇨ Volljährigkeit

(3) Die Halbjahresinformation ist vom Klassenlehrer, erforderlichenfalls nach Beratung in der Klassenkonferenz, zu fertigen. Für die Ausgabe gilt § 3 Abs. 4 Satz 1 Nr. 1, Satz 2 und 3 sowie Abs. 5 entsprechend. ⇨ Zeugnisse

§ 5
Leistungsnoten

(1) Die Leistungen der Schüler werden mit folgenden Noten bewertet:

sehr gut	(1)	gut	(2)
befriedigend	(3)	ausreichend	(4)
mangelhaft	(5)	ungenügend	(6)

(2) Die Noten haben folgende Bedeutung:

1. Die Note „sehr gut" soll erteilt werden, wenn die Leistung den Anforderungen im besonderen Maße entspricht.
2. Die Note „gut" soll erteilt werden, wenn die Leistung den Anforderungen voll entspricht.
3. Die Note „befriedigend" soll erteilt werden, wenn die Leistung im Allgemeinen den Anforderungen entspricht.
4. Die Note „ausreichend" soll erteilt werden, wenn die Leistung zwar Mängel aufweist, aber im Ganzen den Anforderungen noch entspricht.
5. Die Note „mangelhaft" soll erteilt werden, wenn die Leistung den Anforderungen nicht entspricht, jedoch erkennen lässt, dass die notwendigen Grundkenntnisse vorhanden sind und die Mängel in absehbarer Zeit behoben werden können.
6. Die Note „ungenügend" soll erteilt werden, wenn die Leistung den Anforderungen nicht entspricht und selbst die Grundkenntnisse so lückenhaft sind, dass die Mängel in absehbarer Zeit nicht behoben werden können.

(3) Bei der Bewertung von Schülerleistungen ist der Eigenart der verschiedenen Schularten und Schultypen sowie der Altersstufe des Schülers Rechnung zu tragen. Der Begriff „Anforderungen" in Absatz 2 bezieht sich auf die im Bildungsplan oder Lehrplan festgelegten Leitgedanken, Kompetenzen, Ziele und Inhalte, insbesondere auf den Umfang, auf die selbstständige, richtige und prozessorientierte Anwendung der geforderten Kenntnisse, Fähigkeiten und Fertigkeiten sowie auf die Art der Darstellung. § 9b bleibt unberührt.

⇨ Behinderungen (Förderbedarf) 2.3.2; ⇨ Sprachförderung (Integration)

Hinweis der Redaktion: Hinweise unter § 7 Abs. 2 beachten.

(4) In den Halbjahres- und Jahreszeugnissen sowie in den Abgangs-, Abschluss- und Prüfungszeugnissen sind nur ganze Noten zulässig.

(5) Die Absätze 1 bis 4 gelten entsprechend für schulfremde Teilnehmer an Prüfungen.

§ 6
Allgemeine Beurteilung, Noten für Verhalten und Mitarbeit, Bemerkungen

(1) Die allgemeine Beurteilung beinhaltet Aussagen zur Arbeitshaltung (z.B. Fleiß, Sorgfalt), zur Selbstständigkeit (z.B. Eigeninitiative, Verantwortungsbereitschaft) und zur Zusammenarbeit (z.B. Hilfsbereitschaft, Fairness) in der Klassen- und Schulgemeinschaft.

Hinweis der Redaktion: Das KM hat eine Arbeitshilfe mit Beispielen für gelungene allgemeine Beurteilungen erlassen (7.7.1995; K.u.U. S. 427/1995). Darin hat es u.a. ausgeführt:

Merkmale der „Arbeitshaltung" sind insbesondere: Fleiß, Sorgfalt, Lernbereitschaft, Ausdauer, Pünktlichkeit, Aufmerksamkeit.

Kennzeichen der „Selbstständigkeit" sind unter anderem: Eigeninitiative, Verantwortungsbereitschaft, Entschlussfreudigkeit, Informationen einholen und verarbeiten.

Kriterien für die Bestimmung der „Zusammenarbeit in der Klassen- und Schulgemeinschaft" sind unter anderem: Hilfsbereitschaft, Fairness, Arbeitsverhalten in der Gruppe, soziales Verhalten in der Klassen- und Schulgemeinschaft, Übernahme von Aufgaben und Pflichten für die Gemeinschaft, Kooperation mit dem Lehrer, Bereitschaft zum Gespräch, Rücksichtnahme und Toleranz, Einhaltung von Absprachen und Regeln, partnerschaftlicher Umgang, Lösung von Konflikten, Kompromissbereitschaft.

(2) Das Verhalten und die Mitarbeit der Schüler werden mit folgenden Noten bewertet:

sehr gut	gut
befriedigend	unbefriedigend.

Die Noten haben folgende Bedeutung:

1. Die Note „sehr gut" soll erteilt werden, wenn das Verhalten bzw. die Mitarbeit des Schülers besondere Anerkennung verdienen.
2. Die Note „gut" soll erteilt werden, wenn das Verhalten bzw. die Mitarbeit des Schülers den an ihn zu stellenden Erwartungen entspricht.
3. Die Note „befriedigend" soll erteilt werden, wenn das Verhalten bzw. die Mitarbeit des Schülers den an ihn zu stellenden Erwartungen im Ganzen ohne wesentliche Einschränkung entspricht.
4. Die Note „unbefriedigend" soll erteilt werden, wenn das Verhalten bzw. die Mitarbeit des Schülers den an ihn zu stellenden Erwartungen nicht entspricht.

Verhalten bezeichnet sowohl das Betragen im Allgemeinen als auch die Fähigkeit und tätige Bereitschaft zur Zusammenarbeit.

Mitarbeit bezieht sich vor allem auf den Arbeitswillen, der sich in Beiträgen zu den selbstständig oder gemeinsam mit anderen zu lösenden Aufgaben äußert.

(3) Die Noten für Verhalten und Mitarbeit sollen durch Bemerkungen zum Lern-, Arbeits- und Sozialverhalten des Schülers ergänzt werden, falls dies aus pädagogischen Gründen erforderlich ist.

⇨ Zeugnisse Nr. 9

(4) Unter Bemerkungen können Aussagen zu häufigen Fehlzeiten gemacht werden. Dies gilt nicht für Abgangs-, Abschluss- und Prüfungszeugnisse.

Hinweise der Redaktion:

1. Die Möglichkeit, Fehlzeiten in das Zeugnis einzutragen, soll dem Schuleschwänzen sowie missbräuchlichen Krankmeldungen entgegenwirken. Inhaltlich handelt es sich um eine Sanktion (bzw. deren Androhung) zur Durchsetzung der Schulbesuchspflicht. Die Lehrkräfte bzw. die Klassenkonferenz müssen eine Ermessensentscheidung im Einzelfall treffen. Dabei haben sie auch zu berücksichtigen, ob Fehlzeiten entschuldigt sind. Misstraut die Schule volljährigen Schülerinnen und Schülern, die sich selbst entschuldigen können, hat sie die Möglichkeit, ein ärztliches oder amtsärztliches Attest einzufordern. Ein „automatischer" Eintrag von Fehlzeiten ohne Feststellung und Wertung der Gründe dafür wäre rechtswidrig.

   ⇨ Ermessen; ⇨ Schulbesuchsverordnung; ⇨ Schulpflicht (Durchsetzung); ⇨ Zeugnisse Nr. 9

2. Der tatsächliche Eintrag ins Schulzeugnis stellt wegen der Außenwirkung (z.B. bei der Vorlage des Zeugnisses anlässlich der Bewerbung um einen Ausbildungs- oder Arbeitsplatz) einen schwerwiegenden Eingriff in die Freiheit der Berufswahl dar. Das Verbot des Eintrags in Abgangs-, Abschluss- oder Prüfungszeugnisse stellt keine Ermächtigung dar, solche Einträge in allen anderen Schulzeugnissen vorzunehmen, denn zumindest bei der Erst-Bewerbung müssen die Schüler*innen in der Regel auf das letzte Halbjahres- oder Jahreszeugnis als „Bewerbungszeugnis" zurückgreifen. Der Vermerk der Fehlzeiten im Zeugnis hätte dann eine Sanktionswirkung, die im Ergebnis stärker wäre als eine förmliche Erziehungs- und Ordnungsmaßnahme. Dafür bedürfte es aber einer Rechtsgrundlage im Schulgesetz.
3. Wenn überhaupt, dürfen Fehlzeiten also nur in ein sonstiges Zeugnis und nur dann eingetragen werden, wenn Schüler*innen lange Zeit bzw. sehr häufig unentschuldigt gefehlt haben; dabei sind die gleichen Maßgaben wie bei den Erziehungs- und Ordnungsmaßnahmen gemäß ➪ Schulgesetz § 90 anzuwenden: Vorrang „pädagogischer Erziehungsmaßnahmen", Übermaßverbot, Wahl des „mildesten Mittels". Es müssen also alle anderen Maßnahmen (beispielsweise Nachfrage/Anhörung, mündliche Ermahnung, Gesprächsangebot, schriftliche Ermahnung, Hausbesuch, Erziehungs- und Ordnungsmaßnahmen, Ordnungswidrigkeiten-Verfahren, Einschaltung des Jugendamts) gescheitert sein.

   ➪ Verwaltungsrecht (Allgemeines) Nr. IV.

(5) Die allgemeine Beurteilung, die Noten für Verhalten und Mitarbeit und die Bemerkungen werden als Teil des Zeugnisses gemäß § 4 Abs. 1 Nr. 4 Konferenzordnung von der Klassenkonferenz bzw. der Jahrgangsstufenkonferenz beraten und beschlossen; der Klassenlehrer hat für die allgemeine Beurteilung einen Vorschlag zu machen. ➪ Zeugnisse

3. Abschnitt
Feststellung von Schülerleistungen

§ 7
Allgemeines

(1) Grundlage der Leistungsbewertung in einem Unterrichtsfach sind alle vom Schüler im Zusammenhang mit dem Unterricht erbrachten Leistungen (schriftliche, mündliche und praktische Leistungen). Schriftliche Leistungen sind insbesondere die schriftlichen Arbeiten (Klassenarbeiten und schriftliche Wiederholungsarbeiten). Der Fachlehrer hat zum Beginn seines Unterrichts bekanntzugeben, wie er in der Regel die verschiedenen Leistungen bei der Notenbildung gewichten wird.

(2) Die Bildung der Note in einem Unterrichtsfach ist eine pädagogisch-fachliche Gesamtwertung der vom Schüler im Beurteilungszeitraum erbrachten Leistungen. ➪ Pädagogische Freiheit

Hinweise der Redaktion:

1. Die Bildung der Jahresnote ist „nicht das Ergebnis einer rein arithmetischen Rechnung, sondern eine ganzheitliche, pädagogisch-fachliche Gesamtwertung" (Quelle: Schreiben des KM vom 5.7.1996; IV/5-6615.21-96/7).
2. Nach den Versetzungsvorschriften gilt eine Klasse nur dann als „besucht", wenn die Schülerin oder der Schüler ihr mindestens acht Wochen lang angehört hat. Analog kann auf die Erteilung von Zeugnisnoten bei einer Unterrichtsteilnahme bzw. -dauer unterhalb dieser Mindestfrist verzichtet werden (z.B. nicht ersetzter Lehrerausfall oder längerfristige Krankheit / Beurlaubung von Schüler*innen).
3. Zur Bewertung von fachpraktischen Leistungen im Musikunterricht hat das KM eine Bekanntmachung erlassen (24.9.2012, K.u.U. S. 189/2012).
4. Zum „Nachteilsausgleich" bei Behinderungen (auch Lese-/Rechtschreibschwäche und Rechenschwäche – Legasthenie und Dyskalkulie) sowie zum „Notenschutz" siehe: ➪ Behinderungen (Förderbedarf) 2.2, 2.3.1 und 2.3.2 und ➪ Sprachförderung (Integration). Unter „Notenschutz" ist zu verstehen, dass Ausnahmen von dem für alle Schüler*innen gleichermaßen geltenden Anforderungsprofil erlaubt werden. Die VwV ➪ Behinderungen (Förderbedarf) Nr. 2.3.2 gestattet, bei Vorliegen einer Lese-Rechtschreibschwäche (LRS) *„im Hinblick auf die besonderen Probleme des Schriftspracherwerbs"* im Einzelfall vom Prinzip der gleichen Benotung bei gleichen Anforderungen abzuweichen. Allerdings muss in der Halbjahresinformation und im Zeugnis unter „Bemerkungen" festgehalten werden, dass die Note *„unter zurückhaltender Gewichtung für Rechtschreiben oder Lesen gebildet"* wurde, was zu einer Stigmatisierung der betroffenen Schüler*innen führen kann.

   In dieser VwV (Nr. 2.3.1) werden ferner verschiedene Formen eines „Nachteilsausgleichs" ohne Änderung des Anforderungsprofils beschrieben, beispielsweise durch eine Anpassung der Arbeitszeit, durch die Nutzung von besonderen technischen oder didaktisch-methodischen Hilfen, durch eine abweichende Gewichtung der schriftlichen, mündlichen und praktischen Leistungen oder durch die Anpassung der äußeren Rahmenbedingungen bei Prüfungen. Ein solcher Nachteilsausgleich wird nicht im Zeugnis vermerkt. Die Schulen müssen Schüler*innen und Eltern frühzeitig in die Entscheidungsfindung einbeziehen.

(3) Die allgemeinen für die Bewertung der Leistungen in den einzelnen Fächern oder Fächerverbünden maßgebenden Kriterien hat der Fachlehrer den Schülern und auf Befragen auch ihren Erziehungsberechtigten sowie den für die Berufserziehung der Schüler Mitverantwortlichen darzulegen.

(4) Der Fachlehrer hat dem Schüler auf Befragen den Stand seiner mündlichen und praktischen Leistungen anzugeben. Nimmt er eine besondere Prüfung vor, die er gesondert bewertet, hat er dem Schüler die Note bekanntzugeben. ➪ Befangenheit; ➪ Ermessen

§ 8
Klassenarbeiten, schriftliche Wiederholungsarbeiten

Hinweis der Redaktion: § 8 gilt gemäß § 11 nicht für Grundschulen und SBBZ; vgl. ➪ Grundschule (Leistungsbeurteilung GS und SBBZ) und ➪ Sonderpädagogische Bildungsangebote (Inklusion).

(1) Klassenarbeiten geben Aufschluss über Unterrichtserfolg und Kenntnisstand einer Klasse und einzelner Schüler und weisen auf notwendige Fördermaßnahmen hin. Sie werden daher in der Regel nach den Phasen der Erarbeitung, Vertiefung, Übung und Anwendung angesetzt. Klassenarbeiten sind in der Regel anzukündigen.

(2) Schriftliche Wiederholungsarbeiten geben Aufschluss über den erreichten Unterrichtserfolg der unmittelbar vorangegangenen Unterrichtsstunden einer Klasse und einzelner Schüler und weisen auf notwendige Fördermaßnahmen hin. Sie können auch als Nachweis dafür dienen, mit welchem Erfolg die Hausaufgaben bewältigt wurden. Für die Anfertigung einer schriftlichen Wiederholungsarbeit sind in der Regel bis zu 20 Minuten vorzusehen.

(3) Klassenarbeiten und schriftliche Wiederholungsarbeiten sind gleichmäßig auf das ganze Schuljahr zu verteilen. An einem Tag soll nicht mehr als eine Klassenarbeit geschrieben werden. In einer Woche sollen nicht mehr als drei Klassenarbeiten geschrieben werden. Vor der Rückgabe und Besprechung einer schriftlichen Arbeit oder am Tag der Rückgabe darf im gleichen Fach keine neue schriftliche Arbeit angesetzt werden.

(4) Versäumt ein Schüler entschuldigt die Anfertigung einer schriftlichen Arbeit, entscheidet der Fachlehrer, ob der Schüler eine entsprechende Arbeit nachträglich anzufertigen hat.

(5) Weigert sich ein Schüler, eine schriftliche Arbeit anzufertigen, oder versäumt er unentschuldigt die Anfertigung einer solchen Arbeit, wird die Note „ungenügend" erteilt.

Hinweis der Redaktion: Die Lehrkraft besitzt in diesem Fall kein ⇨ Ermessen.

(6) Begeht ein Schüler bei einer schriftlichen Arbeit eine Täuschungshandlung oder einen Täuschungsversuch, entscheidet der Fachlehrer, ob die Arbeit wie üblich zur Leistungsbewertung herangezogen werden kann. Ist dies nicht möglich, nimmt der Fachlehrer einen Notenabzug vor oder ordnet an, dass der Schüler eine entsprechende Arbeit nochmals anzufertigen hat. In Fällen, in denen eine schwere oder wiederholte Täuschung vorliegt, kann die Arbeit mit der Note „ungenügend" bewertet werden.

(7) Die Absätze 4 bis 6 gelten entsprechend für mündliche und praktische Leistungen.

⇨ Handy-Nutzung; ⇨ Notenbildungsverordnung § 9; ⇨ Schulgesetz § 47 Abs. 5 Nr. 2;

§ 9
Zahl der Klassenarbeiten und schriftlichen Wiederholungsarbeiten, gleichwertige Leistungen

Hinweis der Redaktion: § 9 gilt gem. § 11 nicht für Grundschulen und SBBZ sowie für die Jahrgangsstufen des Kurssystems der Gymnasien und Kollegs; zum Inhalt und zur Zahl der „schriftlichen Arbeiten" an Grundschulen und SBBZ vgl. ⇨ Grundschule (Leistungsbeurteilung GS und SBBZ) § 2 und ⇨ Sonderpädagogische Bildungsangebote (Inklusion).

(1) In den Werkrealschulen und Hauptschulen werden in den Klassen 5 bis 9 im Fach Deutsch im Schuljahr mindestens vier Klassenarbeiten gefertigt, darunter eine Nachschrift; in den Fächern Mathematik und Englisch sollen häufiger verschiedenartige, aber weniger umfangreiche schriftliche Arbeiten angefertigt werden. In der Klasse 10 sind in den Fächern Deutsch und Englisch jeweils mindestens vier Klassenarbeiten anzufertigen; im Fach Deutsch müssen darunter mindestens zwei Aufsätze sein. Im Fach Mathematik sind mindestens drei Klassenarbeiten anzufertigen. Diejenigen Schüler, die in dieser Klassenstufe nach den für den Hauptschulabschluss geltenden Anforderungen unterrichtet werden, fertigen im Fach Deutsch mindestens drei Klassenarbeiten; in den Fächern Mathematik und Englisch sollen häufiger verschiedenartige, aber weniger umfangreiche schriftliche Arbeiten angefertigt werden.

(2) In den Kernfächern der Gymnasien der Normalform und der Gymnasien in Aufbauform mit Internat sowie an den Realschulen in den Fächern Deutsch, Mathematik, Pflichtfremdsprache und ab der Klasse 7 in dem gewählten Fach des Wahlpflichtbereichs werden im Schuljahr mindestens vier Klassenarbeiten gefertigt, darunter im Fach Deutsch in den Klassen 5 bis 7 der Gymnasien und den Klassen 5 bis 9 der Realschulen eine Nachschrift. In den Fächern Alltagskultur, Ernährung, Soziales sowie Technik der Realschule können jeweils bis zu zwei Klassenarbeiten durch fachpraktische Arbeiten, darunter auch Jahresarbeiten ersetzt werden; das gleiche gilt in den Fächern Naturwissenschaft und Technik sowie Informatik, Mathematik und Physik (IMP) des Gymnasiums mit der Maßgabe, dass eine Klassenarbeit ersetzt werden kann. Abweichend von Satz 1 werden in den Gymnasien der Normalform und der Aufbauform mit Internat im Kernfach Sport im Schuljahr mindestens drei Klassenarbeiten angefertigt; an Gymnasien mit bilingualem Profil Deutsch-Italienisch (AbiStat) im Kernfach Italienisch im Schuljahr mindestens fünf Klassenarbeiten, wobei in Klasse 8 eine Klassenarbeit durch eine mündliche Prüfung ersetzt wird.

Hinweis der Redaktion: Hierzu § 11 a beachten.

(3) In den beruflichen Schulen sind in den Kernfächern, in der als Wahlpflichtfach oder Wahlfach in der Eingangsklasse der beruflichen Gymnasien der dreijährigen Aufbauform oder in den Klassen 1 und 2 der Oberstufe der Berufsoberschulen belegten Fremdsprache sowie, mit Ausnahme der beruflichen Gymnasien, in den sonstigen Fächern mit einer schriftlichen Abschluss- oder Zusatzprüfung im jeweiligen Schuljahr Klassenarbeiten nach folgenden Maßgaben anzufertigen:

1. bei Unterricht im Umfang von bis zu zwei Wochenstunden mindestens zwei Klassenarbeiten,
2. bei Unterricht im Umfang von drei bis zu fünf Wochenstunden mindestens vier Klassenarbeiten,
3. bei Unterricht im Umfang von sechs Wochenstunden mindestens fünf Klassenarbeiten,
4. bei Unterricht im Umfang von sieben oder mehr Wochenstunden mindestens sechs Klassenarbeiten.

In den Abschlussklassen sind in den genannten Fächern bei

1. bis zu zwei Wochenstunden mindestens zwei Klassenarbeiten,
2. bei drei bis fünf Wochenstunden mindestens drei Klassenarbeiten,
3. bei sechs Wochenstunden mindestens vier Klassenarbeiten,
4. bei sieben und mehr Unterrichtsstunden mindestens fünf Klassenarbeiten anzufertigen.

Maßgebend ist die Zahl der Wochenstunden, die in dem betreffenden Fach nach dem Stundenplan vorgesehen ist. Für Bildungsgänge, in denen der Unterricht in Gestalt von Handlungs- oder Lernfeldern erteilt wird, gelten die Sätze 1 bis 3 entsprechend. Abweichende Sonderregelungen einzelner Ausbildungs- und Prüfungsordnungen bleiben unberührt.

(4) In den übrigen Fächern, in denen keine Klassenarbeiten vorgeschrieben sind, dürfen höchstens vier schriftliche Arbeiten im Schuljahr angefertigt werden. In den Fächern, in denen der Unterricht in dafür eingerichteten Abteilungen der Schule in bilingualer Form erteilt wird, gilt diese Höchstzahl nicht für schriftliche Wiederholungsarbeiten zur Prüfung sprachlicher Fertigkeiten; diese Höchstzahl gilt auch dann nicht, wenn in Klasse 5 des Gymnasiums die 2. Fremdsprache kein Kernfach ist.

(5) Von den nach Absatz 3 vorgeschriebenen Klassenarbeiten können nach Entscheidung des Fachlehrers jeweils eine Klassenarbeit, bei mindestens sechs vorgeschriebenen Klassenarbeiten bis zu zwei Klassenarbeiten und in Bildungsgängen, in denen der Unterricht in Gestalt von Handlungs- oder Lernfeldern erteilt wird, bis zu drei, höchstens aber die Hälfte der vorgeschriebenen Klassenarbeiten durch jeweils eine gleichwertige Feststellung von Leistungen der Schüler der Klasse ersetzt werden; abweichend hiervon bleibt in den beruflichen Gymnasien die Zahl der vorgeschriebenen Klassenarbeiten von den gleichwertigen Leistungen unberührt. Diese Leistungsfeststellung bezieht sich insbesondere auf schriftliche Hausarbeiten, Jahresarbeiten, Projekte, darunter auch experimentelle Arbeiten im naturwissenschaftlichen Bereich, Freiarbeit, Referate, mündliche, gegebenenfalls auch außerhalb der stundenplanmäßigen Unterrichtszeit terminierte Prüfungen oder andere Präsentationen. Der Klassenlehrer sorgt, unterstützt von der Klassenkonferenz, für eine Koordinierung dieser Leistungsfeststellungen der einzelnen Fachlehrer. In den Werkrealschulen und Hauptschulen, Realschulen und Gymnasien gelten die Sätze 1 bis 3 entsprechend mit der Maßgabe, dass die vom Fachlehrer den Schülern der Klasse aufgegebenen gleichwertigen Leistungen die Zahl der vorgeschriebenen Klassenarbeiten unberührt lässt. Unbeschadet der Entscheidung des Fachlehrers nach Satz 1 ist jeder Schüler in den Hauptschulen, Werkrealschulen und Realschulen in den Klassen 8 und 9, in den Gymnasien der Normalform ab Klasse 7, in den beruflichen Gymnasien, in den Gymnasien der Aufbauform mit Internat ab Klasse 8 pro Schuljahr zu einer solchen Leistung in einem Fach seiner Wahl verpflichtet. In Klasse 10 der Realschule wird in den Wahlpflichtfächern und im Fächerverbund Naturwissenschaftliches Arbeiten während der stundenplanmäßigen Unterrichtszeit eine Prüfung durchgeführt, die gegenüber den übrigen Leistungen zu einem Drittel gewichtet wird (fachinterne Überprüfung). ⇨ Lernstandserhebungen

§ 9a
Projektarbeit

(1) In Klasse 9 der Werkrealschule und Hauptschule, der Realschule und der Gemeinschaftsschule führen alle Schülerinnen und Schüler eine Projektarbeit durch. Die dafür erteilte Note fließt in die Bewertung der Jahresleistung des Faches Wirtschaft/Berufs- und Studienorientierung ein und wird dabei gegenüber den übrigen Leistungen zur Hälfte gewichtet; im Jahreszeugnis wird eine entsprechende Bemerkung ausgebracht. Satz 2 gilt nicht für Schülerinnen und Schüler, die entweder in Klasse 9 oder in Klasse 10 an der Hauptschulabschlussprüfung teilnehmen.

(2) Für die Projektarbeit gelten im Übrigen die diesbezüglichen Bestimmungen der Hauptschulabschlussprüfungsordnung in der jeweils geltenden Fassung entsprechend.

§ 9b
Bewertung der deutschen Rechtschreibung

(1) In den auf der Grundschule aufbauenden Schulen und den sonderpädagogischen Bildungs- und Beratungszentren erfolgt die Bewertung von Verstößen gegen das amtliche Regelwerk der deutschen Rechtschreibung (Rechtschreibfehler) bei der schriftlichen Leistungsfeststellung im Fach Deutsch und den übrigen Unterrichtsfächern nach Maßgabe der folgenden Absätze. Für Schülerinnen und Schüler mit einem Anspruch auf ein sonderpädagogisches Bildungsangebot gilt Satz 1 insoweit, als es die im Rahmen der individuellen Lern- und Entwicklungsbegleitung festgelegten Entwicklungs- und Bildungsziele zulassen. ⇨ Rechtschreibung

(2) Im Fach Deutsch ist die Bildung zum normgerechten Schreiben wesentliches Ziel des Unterrichts. Die Vermittlung normgerechten Schreibens ist Aufgabe auch der übrigen Unterrichtsfächer.

(3) Die Bewertung der Rechtschreibung im Fach Deutsch richtet sich nach der Art der schriftlichen Leistung:

1. die Bewertung von Nachschriften ist nach einer Bewertungsskala vorzunehmen, die sich an der Schulart beziehungsweise der jeweiligen Niveaustufe, der Klassenstufe, der Übungsdauer sowie dem Umfang und dem Schwierigkeitsgrad der Nachschrift orientiert.
2. in Aufsätzen werden Rechtschreibfehler gekennzeichnet und in die Bewertung der Leistung einbezogen.
3. bei sonstigen schriftlichen Leistungen sind Rechtschreibfehler zu kennzeichnen und entsprechend dem Schwerpunkt der Aufgabe bei der Bewertung zu berücksichtigen.

(4) In den übrigen Fächern sind Rechtschreibfehler zu kennzeichnen. Schwerwiegende und gehäufte Rechtschreibfehler können bei der Bewertung der Leistung mit einem Notenabzug bis zu einer Note bewertet werden.

(5) Die Regelungen zu den Ausnahmen von den Anforderungen (Notenschutz) bei Schwierigkeiten im Lesen und Rechtschreiben bleiben unberührt.

Hinweise der Redaktion:

1. Bitte hierzu § 11 Abs. 3 beachten.
2. In der Primarstufe gelten die Bestimmungen der Verordnung ⇨ Grundschule (Leistungsbeurteilung GS und SBBZ) § 3 Abs. 5 Satz 3: Danach sind „bei allen schriftlichen Arbeiten Abweichungen von der Rechtschreibung sowie Ausdrucksmängel zu beachten und zur individuellen Förderung heranzuziehen“. Die Feststellung solcher „Abweichungen“ führt also nicht zu einer schlechteren Bewertung der Leistung bzw. einem Notenabzug.

§ 10
Hausaufgaben

(1) Hausaufgaben sind zur Festigung der im Unterricht vermittelten Kenntnisse, zur Übung, Vertiefung und Anwendung der vom Schüler erworbenen Fähigkeiten und Fertigkeiten sowie zur Förderung des selbstständigen und eigenverantwortlichen Arbeitens erforderlich.

(2) Die Hausaufgaben müssen in innerem Zusammenhang mit dem Unterricht stehen und sind so zu stellen, dass sie der Schüler ohne fremde Hilfe in angemessener Zeit erledigen kann.

(3) Die näheren Einzelheiten hat die Gesamtlehrerkonferenz mit Zustimmung der Schulkonferenz zu regeln, insbesondere den zeitlichen Umfang sowie die Anfertigung von Hausaufgaben übers Wochenende, über Feiertage und an Tagen mit Nachmittagsunterricht; an Tagen mit verpflichtendem Nachmittagsunterricht darf es in den Klassen 5 bis 10 keine schriftlichen Hausaufgaben von diesem auf den nächsten Tag geben. ➩ Schulgesetz § 47 Abs. 5 Nr. 2

(4) Der Klassenlehrer bzw. Tutor hat für eine zeitliche Abstimmung der Hausaufgaben der einzelnen Fachlehrer zu sorgen und auf die Einhaltung der bestehenden Regelungen zu achten.

Hinweise der Redaktion:

1. Hausaufgaben haben mit der Leistungsmessung sowie der Noten- und Zeugnisgebung nur am Rande zu tun, denn sie dienen vorrangig der Übung, Vertiefung und Anwendung des Gelernten. Sie zu benoten, ist u.a. auch deshalb problematisch, weil nicht sicher ist, dass es sich um eine eigenständige, den einzelnen Schüler*innen zurechenbare Leistung handelt.
   Die Nichterledigung von Hausaufgaben stellt deshalb keine „Leistungsverweigerung" i.S.v. § 8 Abs. 5 dar. Würde hierfür die Note „ungenügend" erteilt, wäre dies keine Leistungsbewertung, sondern der sachfremde und deshalb unzulässige Einsatz der Benotung als Sanktion für ein Fehlverhalten. Tragen Schülerinnen und Schüler hingegen zuhause Gelerntes – z.B. Vokabeln, Gedicht – im Unterricht vor, so handelt es sich nicht um die Erledigung einer „Hausaufgabe", sondern um eine mündliche Leistung im Unterricht. Die Bewertung und Benotung dieser Leistung ist zulässig bzw. geboten.
   Die Erteilung von Noten für Hausaufgaben ist also nur dann zulässig, wenn der Schüler oder die Schülerin die Möglichkeit hat, für gut gemachte Hausaufgaben auch eine positive (und für unzureichende eine negative) Bewertung zu erhalten. Werden Hausaufgaben benotet, muss die § 7 Abs. 3 und 4 der NotenbildungsVO beachtet werden. Sie müssen zur Benotung nicht unbedingt als Klassensätze eingesammelt werden, es sind auch Stichproben möglich. Am Ende des Schuljahres müssen dann jedoch von jedem Schüler und jeder Schülerin mehrere Hausaufgabennoten vorliegen.
2. Die Schulen können von der Vorgabe, dass es an Tagen mit verpflichtendem Nachmittagsunterricht keine schriftlichen Hausaufgaben von diesem auf den nächsten Schultag geben darf, nicht abweichen, auch nicht durch Beschluss der GLK.
3. Das KM hat vorgeschrieben: „Bei der Erteilung von Hausaufgaben berücksichtigen die Schulen die besonderen Bedürfnisse der Schülerinnen und Schüler mit nichtdeutscher Herkunftssprache und zusätzlichem Sprachförderbedarf."
   ➩ Sprachförderung (Integration) Nr. 3.4
4. Die Hausaufgaben sind auch ein Thema für die Klassenpflegschaft. Auf den „Elternabenden" sollen sich Eltern und Lehrkräfte „gegenseitig beraten sowie Anregungen und Erfahrungen austauschen. Dem dient insbesondere die Unterrichtung und Aussprache über [...] Grundsätze für Klassenarbeiten und Hausaufgaben [...].
   ➩ Schulgesetz § 56 Abs. 1 Nr. 4
5. An Gemeinschaftsschulen werden Hausaufgaben „unter Wahrung der in § 10 [...] vorgesehenen Ziele als Schulaufgaben durch individuelles und kooperatives Lernen" ersetzt.
   ➩ Gemeinschaftsschule (Verordnung) § 7
6. Zu den Sprachfördermaßnahmen im Rahmen von schulbegleitenden Hausaufgaben-, Sprach- und Lernhilfen für Kinder mit Bedarf an zusätzlicher Sprachförderung, insbesondere mit Migrationshintergrund, siehe ➩ Hausaufgaben.

4. Abschnitt
Sonderbestimmungen

§ 11
Sonderbestimmungen

(1) §§ 8 und 9 finden auf die Grund- und Sonderschulen keine Anwendung.

(2) § 9 findet in den beiden Jahrgangsstufen des Kurssystems der Gymnasien und Kollegs keine Anwendung.

(3) § 9b findet keine Anwendung

1. bei der Durchführung zentral angefertigter Lernstandserhebungen,
2. in den beiden Jahrgangsstufen der gymnasialen Oberstufe und
3. in den ordentlichen Abschlussprüfungen und den Abschlussprüfungen für Schulfremde.

➩ Befangenheit; ➩ Behinderungen (Förderbedarf) Nr. 2.3.2; ➩ Ermessen; ➩ Gemeinschaftsschule (Verordnung); ➩ Grundschule (Schulbericht); ➩ Gymnasium (Abitur – AGVO); ➩ Handy-Nutzung; ➩ Informationsfreiheitsgesetz; ➩ Lernstandserhebungen; ➩ Notenbildungsverordnung (Pandemieregelung); ➩ Pädagogische Freiheit; ➩ Schulgesetz §§ 47, 56; ➩ Sonderpädagogische Bildungsangebote (Inklusion); ➩ Sprachförderung (Integration); ➩ Verwaltungsrecht (Allgemeines); ➩ Zeugnisse

Stichwort: Bereitschaftsdienst und Rufbereitschaft

An manchen Schulen werden in den Stundenplänen der Lehrkräfte Zeiten unterrichtsfrei gehalten („*Hohlstundenplan*"), damit sie bei Ausfall anderer Lehrkräfte zur Vertretung eingesetzt werden können, oder sie müssen zu bestimmten Zeiten telefonisch abrufbar sein (sogenannte „*Präsenzpflicht*").

Hierfür gelten klare Regularien: Will eine Schulleitung einführen (also anordnen), dass Lehrkräfte zu bestimmten Zeiten für Vertretungen in der Schule „*dienstbereit*" sind, oder wird von den Lehrkräften verlangt, zuhause „*rufbereit*" zu sein, so unterliegen diese Regelungen der Mitbestimmung des Personalrats; sie sind also erst nach dessen Zustimmung zulässig, andernfalls wäre die Anordnung von „*Bereitschaftsdienst*" oder „*Rufbereitschaft*" rechtswidrig. ➩ Personalvertretungsgesetz § 74 Abs. 2 Nr. 4

Nach der Rechtsprechung des Europäischen Gerichtshofs sowie des Bundesverwaltungsgerichts (z.B. Entscheidung des BVerwG vom 17.11.2016, AZ: 2 C 21.15) ist Bereitschaftsdienst „Arbeitszeit" und muss bei Überschreitung der Höchstarbeitszeit im Verhältnis 1:1 mit Freizeit ausgeglichen werden.

Mehr dazu steht im Beitrag ➩ Arbeitszeit (Lehrkräfte – Allgemeines) Nr. 6 und 7.

Organisationserlass

Verwaltungsvorschrift des Kultusministeriums zur Unterrichtsorganisation und Eigenständigkeit der Schulen im Schuljahr 2021/2022 (Organisationserlass) vom 2. Februar 2021 (K.u.U. S. 39/2021)

Hinweis der Redaktion: Erläuterungen zum Organisationserlass werden vom KM jährlich als Anlage zum Infodienst Schulleitung veröffentlicht.

1 Allgemeines

1.1 Zweck des Organisationserlasses

Mit dieser Verwaltungsvorschrift wird die Verteilung der im Landeshaushalt für den Unterricht in Form von Stellen zur Verfügung gestellten Ressourcen auf die einzelnen Schulen geregelt. Ziel ist es, eine bedarfsgerechte, vergleichbare und transparente Zuweisung der Lehrkräfte zu gewährleisten.

1.2 Pflichtunterricht

Pflichtunterricht ist der Unterricht nach der Stundentafel der jeweiligen Schulart. Der Pflichtbereich wird zur Erfüllung des Pflichtunterrichts nach der jeweiligen Stundentafel zugewiesen. Er enthält auch die Lehrerwochenstunden (LWS) für die notwendigen Gruppenbildungen z.B. in Religionslehre und Ethik oder in Sport.

Die Schulleitung trägt die Verantwortung für den Beginn des Pflichtunterrichts zum 1. Schultag des neuen Schuljahres nach Stundenplan.

1.3 Direktzuweisung an allgemeinbildenden Schulen

Die Direktzuweisung umfasst

- die zur Erfüllung des Pflichtunterrichts erforderlichen Lehrerwochenstunden,
- die durch Einzelentscheidungen der obersten Schulaufsichtsbehörde verfügten Lehrerwochenstunden, insbesondere für Schulversuche,
- die Lehrerwochenstunden für genehmigte Ganztagsschulen und bilinguale Züge,
- das sonderpädagogische Budget, das den allgemeinen Schulen zur Durchführung inklusiver Bildungsangebote für Schülerinnen und Schüler mit einem festgestellten Anspruch auf ein sonderpädagogisches Bildungsangebot bedarfsgerecht von der unteren Schulaufsichtsbehörde zugewiesen wird. Die inklusiven Bildungsangebote an allgemeinen Schulen und die Bildungsangebote der sonderpädagogischen Bildungs- und Beratungszentren sollen jeweils über eine qualitativ vergleichbare Ausstattung verfügen,
- an sonderpädagogischen Bildungs- und Beratungszentren Lehrerwochenstunden zum Ausgleich pädagogischer, organisatorischer oder örtlicher Besonderheiten und zur Unterstützung inklusiver Bildungsangebote.

Für die Schulen besonderer Art gilt die Direktzuweisung entsprechend. Die oberen Schulaufsichtsbehörden entscheiden bei den Schulen besonderer Art auf der Grundlage der berechneten Bedarfe über die Verteilung der insgesamt erforderlichen Lehrerwochenstunden auf die Grundschule, die Orientierungs- und die Mittelstufe sowie die gymnasiale Oberstufe. Entsprechend werden Lehrkräfte mit den passenden Lehrbefähigungen zugewiesen.

➪ Gesamtschulen (Schulen besonderer Art)

Das Stundenvolumen der Direktzuweisung wird rechnerisch für jede Schule auf der Basis der Stundentafeln der einzelnen Schularten und der jeweils geltenden Parameter ermittelt.

Den Schulaufsichtsbehörden steht für ihren Bezirk für jede Schulart jeweils die Summe dieser errechneten Werte für die Direktzuweisung zur Verfügung. Sie können unter Berücksichtigung der örtlichen Bedingungen für die Einzelschule von den errechneten Werten für die Direktzuweisung abweichen. Die Gesamtsumme der im Bezirk für die jeweilige Schulart als Direktzuweisung zur Verfügung stehenden Lehrerwochenstunden darf nicht überschritten werden. Bei den sonderpädagogischen Bildungs- und Beratungszentren ist ein Ausgleich unter den Bezirken möglich.

Hinweis der Redaktion: Bei entsprechendem Einsatz der für den Direktbereich zugewiesenen Lehrerwochenstunden müssen keine Klassen mit einer Schülerzahl über dem Klassenteiler gebildet werden. Klassen mit einer Schülerzahl über dem Klassenteiler sind dennoch zulässig. Es besteht keine Pflicht, derartige Klassen zu teilen. Die Entscheidung für die Bildung von Klassen und Gruppen im Rahmen der zur Verfügung stehenden Ressourcen trifft die Schulleiterin bzw. der Schulleiter.

(Quelle: Infodienst Schulleitung Nr. 286, Mai 2019)

1.4 Vertretungsreserve

Im Landeshaushalt stehen insgesamt 1.895 Stellen für Vertretungen zur Verfügung. Aus dieser Vertretungsreserve weisen die Schulaufsichtsbehörden zum Beginn des Schuljahres Stammschulen Lehrerdeputate für Vertretungsfälle, die Lehrerreserve, zu. Die Stammschule hat diese Lehrerwochenstunden im Unterricht so einzuplanen, dass jederzeit in entsprechendem Umfang geeignete Vertretungslehrkräfte zur Verfügung gestellt werden können, die gegebenenfalls an andere Schulen abgeordnet werden. Die Dauer der Abordnungen soll in der Regel nicht unter drei Wochen liegen.

➪ Versetzungen und Abordnungen

An den einzelnen Schularten sind in folgendem Umfang Deputate für die Lehrerreserve einzusetzen:

- Grundschulen 431 Deputate
- Werkreal- und Hauptschulen 80 Deputate
- Realschulen 286 Deputate
- Gemeinschaftsschulen einschließlich auslaufender Züge Werkreal- und Hauptschule bzw. Realschule 168 Deputate
- Sonderpädagogische Bildungs- und Beratungszentren 170 Deputate
- Gymnasien 420 Deputate
- Berufliche Schulen 340 Deputate

Die unteren Schulaufsichtsbehörden können in begründeten Fällen für ihren Bereich im Rahmen der ihnen zugewiesenen Deputate Umschichtungen zwischen den Schularten vornehmen.

Die Vertretungsreserven in den einzelnen Schularten können darüber hinaus im Bedarfsfall auch schulartübergreifend eingesetzt werden.

1.5 Budget der Schulaufsichtsbehörden, Ergänzungsbereich

Lehrerwochenstunden, die über die Direktzuweisungen an die Schulen und die Vertretungsreserve hinaus zur Verfügung stehen, bilden das Budget der Schulaufsichtsbehörden.

Dazu werden den unteren Schulaufsichtsbehörden für Grund-, Haupt- und Werkrealschulen sowie Gemeinschaftsschulen jeweils für 23 Schüler im Schulaufsichtsbezirk bis zu zwei Lehrerwochenstunden, für Realschulen jeweils für 28 Schüler im Schulaufsichtsbezirk bis zu zwei Lehrerwochenstunden zugewiesen.

Den oberen Schulaufsichtsbehörden stehen für die allgemeinbildenden Gymnasien jeweils für 28 Schüler im Schulaufsichtsbezirk bis zu einer Lehrerwochenstunde zur Verfügung.

Die oberen beziehungsweise die unteren Schulaufsichtsbehörden können unter Berücksichtigung der gesamten Unterrichtssituation aus ihrem Budget weitere Deputate der Vertretungsreserve zuordnen.

Aus ihrem Budget können die Schulaufsichtsbehörden den Schulen gezielt aufgrund örtlicher schulischer Besonderheiten und zur Einrichtung zusätzlicher Unterrichtsangebote Lehrerwochenstunden zuweisen. Die Lehrerwochenstunden, die der Einzelschule auf diese Weise zugewiesen sind, bilden deren Ergänzungsbereich. Dieser zählt nicht zur Direktzuweisung.

1.6 Vertretungsregelungen

Bei Ausfällen von Lehrkräften während des Schuljahres muss vorrangig der Pflichtunterricht erfüllt werden. Erforderlichenfalls sind dazu die über den Pflichtunterricht hinausgehenden Unterrichtsangebote zu kürzen.

Besondere Verantwortung tragen die Schulen für Maßnahmen bei kurzfristigen Ausfällen. Dabei ist vor allem die Einhaltung der Unterrichtszeiten im Rahmen der Verlässlichen Grundschule, in der Grundschulstufe der sonderpädagogischen Bildungs- und Beratungszentren sowie im Rahmen der Ganztagsschule zu berücksichtigen.

Wenn zwingende dienstliche Verhältnisse dies erfordern, ist bei Lehrerausfällen vorrangig zu prüfen, ob diese Lücken durch Mehrarbeit ausgeglichen werden können. Diese ist nach § 67 Absatz 3 des Landesbeamtengesetzes vorrangig durch spätere Dienstbefreiung auszugleichen. Ist Dienstbefreiung aus zwingenden dienstlichen Gründen nicht möglich, kann nach den Voraussetzungen des § 65 des Landesbesoldungsgesetzes Mehrarbeitsvergütung gewährt werden.

⇨ Mehrarbeit (Allgemeines); ⇨ Besoldungsgesetz § 65

Für kurzfristige Vertretungen in den Grundschulen oder Grundschulstufen der sonderpädagogischen Bildungs- und Beratungszentren können Schulleitungen auf das zu diesem Zweck der Schule zugeordnete Stundenvolumen unter Beachtung der rechtlichen Rahmenbedingungen direkt Verträge abschließen. ⇨ Grundschule (Verlässliche)

Die Lehrerreserve ist gezielt bei längerfristigen (das heißt bei einer Dauer von mehr als drei Wochen) Abwesenheitszeiten z.B. wegen Krankheit, gegebenenfalls auch zur Vermeidung kurzfristiger Ausfälle in der Verlässlichen Grundschule und der Ganztagsschule einzusetzen.

Hinweis der Redaktion: Fällt eine Lehrkraft absehbar aus, kann die Schule bereits nach einer Woche eine Vertretungskraft anfordern.

Weiterhin können nach Maßgabe der vorhandenen Mittel Verträge für Vertretungslehrkräfte durch die oberen Schulaufsichtsbehörden abgeschlossen werden. Darüber hinaus können zur Gewinnung von längerfristig unabdingbar erforderlichen Vertretungsstunden auf Antrag im Rahmen freier Stellen Teilzeitbeschäftigungen erhöht und Beurlaubungen unterbrochen oder vorzeitig aufgehoben werden (vergleiche §§ 69 ff. ⇨ Beamtengesetz).

Die Organisation der Lehrerreserve obliegt der oberen beziehungsweise der unteren Schulaufsichtsbehörde. Ersatzanforderungen für längerfristige Bedarfsfälle sind von der vom Ausfall betroffenen Schule grundsätzlich elektronisch mit dem Verfahren „Vertretungspool Online“ an die zuständige Schulaufsichtsbehörde zu richten.

1.7 Eigenständigkeit der Schule, Lehrereinsatz

Die Schulen erhalten die Unterrichtsstunden als Schulbudget. Für die allgemeinbildenden Schulen setzt sich dieses Schulbudget zusammen aus der Direktzuweisung an die Schule, den Stellenanteilen der Lehrerreserve und den Zuweisungen aus dem Budget der unteren beziehungsweise der oberen Schulaufsichtsbehörde. Innerhalb des zugewiesenen Schulbudgets sind die Zahl der Klassen sowie gemäß ⇨ Stundentafel-Öffnungsverordnung […] die in den Stundentafeln ausgewiesenen Unterrichtsstunden variabel. Veränderungen der Variablen dürfen keinen Mehrbedarf an Deputaten auslösen. Soweit das Fach Religionslehre betroffen ist, sind die zuständigen kirchlichen Beauftragten zu beteiligen.

Die einzelnen Schulleiterinnen und Schulleiter sind für den regelkonformen Einsatz des Schulbudgets verantwortlich und tragen Sorge dafür, dass der Erziehungs- und Bildungsauftrag der Schule erfüllt und das Ziel der an der Schule bestehenden Bildungsgänge erreicht wird. Ergänzend wird auf die Konferenzordnungen hingewiesen.

⇨ Konferenzordnung (Allgemeines); ⇨ Konferenzordnung

Bei der Planung der Klassenbildung und der Lehraufträge auf der Grundlage der Lehrerzuweisung ist unter Berücksichtigung der Profilbildung vorrangig der Pflichtunterricht zu gewährleisten. Dies ist gegebenenfalls auch durch klassen- oder jahrgangsübergreifenden Unterricht sicherzustellen.

Hinweise der Redaktion:

1. Grundsätzlich sollen an Schulen mit Schüler*innen mit nichtdeutscher Herkunftssprache bzw. Förderbedarf in Deutsch gemischte Klassen gebildet werden. Bei der Bildung von Parallelklassen ist anzustreben, dass die Gruppe der Schüler*innen mit ausreichenden deutschen Sprachkenntnissen in den Klassen ausgewogen vertreten ist.
   ⇨ Migrationshintergrund; ⇨ Sprachförderung Nr. 4
2. Die Bildung von Klassen mit Schüler*innen nur einer Religionszugehörigkeit, z.B. zur Erleichterung der Stundenplangestaltung beim Religionsunterricht, ist unzulässig.

3. Schüler*innen, die keiner oder einer anderen Religionsgemeinschaft angehören, aber am Religionsunterricht teilnehmen, werden bei der Teilnehmerzahl für den RU berücksichtigt. (Quelle Hinweis 1 und 2: Infodienst Schulleitung Nr. 286, Mai 2019)Lehrkräfte mit Ausbildung in Engpassfächern sind überwiegend in diesen Fächern einzusetzen. Lehrkräfte mit dem Stufenschwerpunkt Hauptschule sind bei entsprechendem Bedarf überwiegend gemäß ihrem Schwerpunkt einzusetzen. Auf die besondere Bedeutung des Faches Religionslehre wird hingewiesen. ➪ Religion (Allgemeines)

Zusätzliche Unterrichtsangebote sind von der Schule im Rahmen des zugewiesenen Schulbudgets auszugestalten. Dabei haben besondere Förderangebote und musisch-kulturelle Aktivitäten in der Regel Vorrang vor anderen Angeboten, sofern die entsprechenden Lehrkräfte zur Verfügung stehen. Dafür sind Organisationsformen zu wählen, die einen effizienten Ressourceneinsatz durch Schwerpunktbildung ermöglichen.

Die aufgrund flexibler Unterrichtsorganisation innerhalb der Direktzuweisung erwirtschafteten Stunden verbleiben an der Schule. Sie sollten vorausschauend verplant werden, dürfen aber auch in angemessenem Umfang für unterrichtsbezogene Schulentwicklungsprojekte eingesetzt werden. Die hierfür erforderlichen Entscheidungen trifft die Schulleiterin oder der Schulleiter; die Gesamtlehrerkonferenz, Schulkonferenz und der Elternbeirat können hierzu unbeschadet des § 41 Absatz 1 Schulgesetz (SchG) allgemeine Empfehlungen abgeben. Diese Stunden sind in den Lehrerstundenplänen nachzuweisen und in den elektronischen Verfahren abzubilden. ➪ Konferenzordnung § 2 Abs. 1 Nr. 9

<u>1.8 Klassenausgleich</u>

Für alle Schularten prüft die jeweilige Schulaufsichtsbehörde anhand der Lehrerberichte auf der Basis von § 76 Absatz 2 und § 88 Absatz 4 SchG für die Eingangsklassen und an Werkrealschulen auch für die 10. Klassen, ob an benachbarten Schulen in zumutbarer Erreichbarkeit die entsprechenden Schülerplätze zur Verfügung stehen, so dass die Bildung einer weiteren Eingangsklasse wegen Überschreiten des Klassenteilers vermieden werden kann.

Die entsprechende Prüfung ist vorzunehmen, falls die Aufnahmekapazität einer Schule erschöpft ist oder durch Aufnahme von Schülern in einzelnen Klassenstufen zusätzliche Klassen, Gruppen oder Lerngruppen entstünden.

Auf die zusätzlichen Regelungen für die beruflichen Schulen (Nummer 8.3.3) wird verwiesen.

2 Grundschulen

Die Grundschulen erhalten für die errechneten Klassen und Gruppen als Direktzuweisung

- die Lehrerwochenstunden für den Unterricht nach Kontingentstundentafel je Zug,
- ggf. Differenzierungsstunden für jahrgangsübergreifenden Unterricht,
- ggf. Stunden für die Fortführung der Klassen von 1 nach 2 bzw. 3 nach 4,
- ggf. aufgrund von Erlassen (Schulversuche, Ganztagsbetrieb),
- ggf. Stunden für Vorbereitungsklassen,
  ➪ Sprachförderung (Stundentafeln VKL)
- ggf. Stunden des sonderpädagogischen Budgets für inklusive Maßnahmen.

Die beiden deutsch-französischen Grundschulen werden im Schuljahr 2021/2022 nach den bisher geltenden Regelungen versorgt.

Berechnungsgrundlage sind die folgenden Parameter zur Klassen- und Gruppenbildung:

Klassenart	Mindest-schülerzahl	Klassen-/ Gruppen-teiler
Regelklassen		
– jahrgangsbezogen	16	28
– jahrgangsübergreifend	16	25
Religionslehre, Sport		
– jahrgangsbezogen	8	28
– jahrgangsübergreifend	8	25
Vorbereitungsklassen	10	24
Sprachförderkurse	4	16
Muttersprachliche Klassen	12	25

Jahrgangsübergreifende Klassen sind verbindlich dann zu bilden, wenn die Mindestschülerzahl 16 für die Klassenbildung in zwei aufeinander folgenden Klassenstufen unter Berücksichtigung des Klassenteilers 25 unterschritten wird. Freiwillig gebildete jahrgangsübergreifende Klassen bedürfen der Genehmigung der unteren Schulaufsichtsbehörde.

Für jahrgangsübergreifende Klassen werden je nach Klassengröße zusätzlich Lehrerwochenstunden für Differenzierungsmaßnahmen zugewiesen, nämlich 2 Lehrerwochenstunden bei 16 bis 20 Schülern, 3 Lehrerwochenstunden bei mehr als 20 Schülern.

Die zuständigen Schulaufsichtsbehörden erhalten für jede genehmigte Vorbereitungsklasse an Grundschulen zwei Lehrerwochenstunden, die sie den Grundschulen bedarfsgerecht zuweisen.

Kurse zur Sprachförderung oder nachgehenden Sprachförderung können klassen-, jahrgangs- oder schulartübergreifend gebildet werden. Die zuständigen Schulaufsichtsbehörden weisen im Rahmen der zur Verfügung gestellten Stellen je Gruppe bis zu vier Lehrerwochenstunden zu.

Muttersprachliche Klassen erhalten die von Lehrkräften des Landes Baden-Württemberg erteilten Lehrerwochenstunden.

Für örtlich getrennte Außenstellen von Grundschulen sind die Lehrerwochenstunden wie für selbstständige Schulen zu berechnen.

Hinweis der Redaktion: Bei der Bildung von Eingangsklassen und dritten Klassen an Grundschulen ist darauf zu achten, dass stabile Schülerzahlen für die Klassenbildung über einen Zeitraum von zwei Jahren zugrunde gelegt werden. Sollten diese nach Klasse 1 oder Klasse 3 zurückgehen und dadurch der rechnerische Klassenteiler unterschritten werden, kann die untere Schulaufsichtsbehörde im Sinne einer pädagogischen Kontinuität im Einzelfall ein Stundenbudget zur Teilung in Fächern zuweisen. (Quelle: Infodienst Schulleitung Nr. 286, Mai 2019)

3
Werkreal- und Hauptschulen

Die Werkreal- und Hauptschulen erhalten für die errechneten Klassen und Gruppen als Direktzuweisung

- die Lehrerwochenstunden für den Unterricht nach Kontingentstundentafel je Zug,
- Stunden für teilnehmerbezogene Teilungen für Religionslehre / Ethik und Sport,
- Stunden für teilnehmerbezogene Teilungen für Wahlpflichtunterricht,
- den Teilungsstundenpool für die Klassen 5 bis 9 und für Klasse 10,
- ggf. Stunden für Schüler in Klasse 10 in Abhängigkeit von der Zahl derer, die die Hauptschulabschlussprüfung anstreben,
- ggf. zusätzliche Stunden für jahrgangsübergreifende Klassen,
- ggf. Stunden aufgrund von Erlassen (Schulversuche, Ganztagsbetrieb),
- ggf. Stunden für Vorbereitungsklassen,
  ⇨ Sprachförderung (Stundentafeln VKL)
- ggf. Stunden des sonderpädagogischen Budgets für inklusive Maßnahmen.

Berechnungsgrundlage sind die folgenden Parameter zur Klassen- und Gruppenbildung:

Klassenart	Mindest-schüler-zahl	Klassen-/ Gruppen-teiler
Regelklasse		
– jahrgangsbezogen	16	30
– jahrgangsübergreifend	16	28
Religionslehre, Ethik, Sport		
– jahrgangsbezogen	8	30
– jahrgangsübergreifend	8	28
Wahlpflichtfächer: Alltagskultur, Ernährung, Soziales (AES), Technik	12	30
Wahlfach Informatik	12	30
Vorbereitungsklassen	10	24
Sprachförderkurse	4	16

Jahrgangsübergreifende Klassen sind an Werkreal- und Hauptschulen dann einzurichten, wenn auf einer Stufe die Mindestschülerzahl 16 für die Klassenbildung unter Berücksichtigung des Klassenteilers 28 unterschritten wird.

Für jahrgangsübergreifende Klassen werden je nach Klassengröße zusätzlich Lehrerwochenstunden für Differenzierungsmaßnahmen zugewiesen, nämlich 3 Lehrerwochenstunden bei 16 bis 19 Schülern, 6 Lehrerwochenstunden bei 20 bis 23 Schülern und 8 Lehrerwochenstunden bei mehr als 23 Schülern.

Für die Klassenstufen 5 bis 9 erhalten die Werkreal- und Hauptschulen für die unter Berücksichtigung ihrer pädagogischen Schwerpunkte und der örtlichen Gegebenheiten gebildeten Gruppen im Fächerverbund, im Wahlpflichtbereich sowie für den Basiskurs Medienbildung einen Teilungsstundenpool von 18 Lehrerwochenstunden je Zug. Werkrealschulen erhalten für jede nach den oben genannten Parametern gebildete Klasse 10 einen zusätzlichen Teilungsstundenpool von vier Lehrerwochenstunden.

Falls Schüler der Klassenstufe 10 die Hauptschulabschlussprüfung anstreben, werden bei bis zu acht Schülern vier Lehrerwochenstunden, bei mehr als acht Schülern sechs Lehrerwochenstunden zusätzlich zugewiesen.

Kurse zur Sprachförderung oder nachgehenden Sprachförderung können klassen-, jahrgangs- oder schulartübergreifend gebildet werden. Die zuständigen Schulaufsichtsbehörden weisen im Rahmen der zur Verfügung gestellten Stellen je Gruppe bis zu vier Lehrerwochenstunden zu.

Die Zuweisung des sonderpädagogischen Budgets für inklusive Maßnahmen erfolgt bedarfsgerecht durch die untere Schulaufsichtsbehörde.

4
Realschulen

Die Realschulen erhalten für die errechneten Klassen und Gruppen als Direktzuweisung

- die Lehrerwochenstunden für den Unterricht nach Kontingentstundentafel je Zug,
- die Stunden für teilnehmerbezogene Teilungen für Religionslehre / Ethik und Sport,
- den Teilungsstundenpool,
- ggf. Stunden aufgrund von Erlassen (z.B. bilinguale Züge, Ganztagsbetrieb, Schulversuche),
- ggf. Stunden für Vorbereitungsklassen,
- ggf. Stunden des sonderpädagogischen Budgets für inklusive Maßnahmen.

Berechnungsgrundlage sind dabei die folgenden Parameter zur Klassen- und Gruppenbildung:

Klassenart	Mindest-schülerzahl	Klassen-/ Gruppenteiler
Regelklasse	16	30
Religionslehre, Ethik, Sport	8	30
Wahlfach Informatik	12	30
Vorbereitungsklassen	10	24
Sprachförderkurse	4	16

Für die Einrichtung bilingualer Unterrichtsangebote gilt an den genehmigten Realschulen die Mindestschülerzahl 22.

Die Realschulen erhalten für die unter Berücksichtigung ihrer pädagogischen Schwerpunkte und der örtlichen Gegebenheiten gebildeten Gruppen im Wahlpflichtbereich, im Fächerverbund Biologie, in Naturphänomene und Technik und für den Basiskurs Medienbildung einen Teilungsstundenpool von 22 Lehrerwochenstunden je Zug.

Kurse zur Sprachförderung oder nachgehenden Sprachförderung können klassen-, jahrgangs- oder schulartübergreifend gebildet werden. Die zuständigen Schulaufsichtsbehörden weisen im Rahmen der zur Verfügung gestellten Stellen je Gruppe bis zu vier Lehrerwochenstunden zu.

Die Zuweisung des sonderpädagogischen Budgets für inklusive Maßnahmen erfolgt bedarfsgerecht durch die untere Schulaufsichtsbehörde.

5 Gemeinschaftsschulen

5.1 Sekundarstufe I

Die Gemeinschaftsschulen erhalten für die errechneten Klassen und Gruppen in Sekundarstufe I als Direktzuweisung

- die Lehrerwochenstunden für den Unterricht nach Kontingentstundentafel je Zug,
- die Stunden für teilnehmerbezogene Teilungen für Religionslehre / Ethik und Sport,
- den Teilungsstundenpool,
- die Stunden für den Ganztagsbetrieb,
- ggf. Stunden in den ersten drei Jahren nach Errichtung der Schule,
- ggf. Stunden aufgrund von Erlassen (z.B. Schulversuche),
- ggf. Stunden für Vorbereitungsklassen,
  ⇨ Sprachförderung (Stundentafeln VKL)
- ggf. Stunden des sonderpädagogischen Budgets für inklusive Maßnahmen.

Berechnungsgrundlage sind die folgenden Parameter zur Klassen- und Gruppenbildung:

Klassenart	Mindestschülerzahl	Klassen-/ Gruppenteiler
Regelklasse	16	28
Religionslehre, Sport	8	28
2. Fremdsprache in Klassenstufe 6	12	28
Profilfächer:		
– 3. Fremdsprache	8	28
– Musik, Sport, Bildende Kunst	12	28
– NwT, IMP	12	28
Vorbereitungsklassen	10	24
Sprachförderkurse	4	16

Für die Sekundarstufe I erhalten die Gemeinschaftsschulen für die unter Berücksichtigung ihrer pädagogischen Schwerpunkte und der örtlichen Gegebenheiten gebildeten Gruppen im Wahlpflichtbereich, im Fächerverbund Biologie, Naturphänomene und Technik und für den Basiskurs Medienbildung sowie für NwT einen Teilungsstundenpool von 22 Lehrerwochenstunden je Zug.

Kurse zur Sprachförderung oder nachgehenden Sprachförderung können klassen-, jahrgangs- oder schulartübergreifend gebildet werden. Die zuständigen Schulaufsichtsbehörden weisen im Rahmen der zur Verfügung gestellten Stellen je Gruppe bis zu vier Lehrerwochenstunden zu.

Die Gemeinschaftsschulen erhalten in der Sekundarstufe I je errechneter Regelklasse für den verpflichtenden Ganztagsunterricht

- an vier Tagen fünf Lehrerwochenstunden,
- an drei Tagen zwei Lehrerwochenstunden.

Darüber hinaus erhalten die Gemeinschaftsschulen

- für jede errechnete Regelklasse 5 im ersten Jahr der Genehmigung der Schule einen einmaligen Zuschlag von drei Lehrerwochenstunden,
- für jede errechnete Regelklasse 6 im zweiten Jahr der Genehmigung der Schule einen einmaligen Zuschlag von zwei Lehrerwochenstunden,
- für jede errechnete Regelklasse 7 im dritten Jahr der Genehmigung der Schule einen einmaligen Zuschlag von einer Lehrerwochenstunde.

Die Zuweisung des sonderpädagogischen Budgets für inklusive Maßnahmen erfolgt bedarfsgerecht durch die untere Schulaufsichtsbehörde.

5.2 Sekundarstufe II

Die Gemeinschaftsschulen erhalten für die Klassenstufe 11 als Direktzuweisung

- die Lehrerwochenstunden für den Unterricht nach Stundentafel,
- die Stunden für teilnehmerbezogene Teilungen in Religionslehre / Ethik, Sport, in fortgeführter 2. Fremdsprache und neu beginnenden Fremdsprachen, in Profilfächern,
- gegebenenfalls Stunden aufgrund von Erlassen (z.B. Schulversuche),
- gegebenenfalls Stunden des sonderpädagogischen Budgets für inklusive Maßnahmen.

Berechnungsgrundlage sind die folgenden Parameter zur Klassen- und Gruppenbildung:

Klassenart	Mindestschülerzahl	Klassen-/ Gruppenteiler
Regelklasse	16	30
Religionslehre, Ethik, Sport	8	30
2. Fremdsprache		
– fortgeführt	8	30
– neu beginnend	12	30
Profilfächer:		
– 3. Fremdsprache	8	30
– Musik, Sport, Bildende Kunst	12	30
– NwT, IMP	12	30
Physik zusätzlich, wenn das Fach nicht fortgeführt werden kann	8	30

Nutzen Sie das ausführliche alphabetische Schlagwortverzeichnis am Ende des Buches.

Höchstwerte für Lehrerwochenstunden in den Jahrgangsstufen 1 und 2	
Zahl der Schüler je Jahrgangsstufe	Höchstwerte für die Zahl an Lehrerwochenstunden je Jahrgangsstufe 1) 2)
bis 59	Formel: L = 37 + S x 1,45
ab 60 bis 109	Formel: L = 43 + S x 1,35
ab 110	Formel: L = 5 + S x 1,70

1) Dezimalen werden aufgerundet.
2) L = Zahl der Lehrerwochenstunden
S = Gesamtschülerzahl in der Jahrgangsstufe

Diese Tabelle ist Grundlage der Einrichtung von Kursen; dabei gilt als Orientierung:

In den Jahrgangsstufen kann im Rahmen des Budgets bei der Bildung von Kursen rechnerisch von der Höchstschülerzahl 23 und einer durchschnittlichen Kursgröße von 18 ausgegangen werden.

6 Sonderpädagogische Bildungs- und Beratungszentren

6.1 Schulbudget und Direktzuweisung

Das Schulbudget jedes sonderpädagogischen Bildungs- und Beratungszentrums (SBBZ) setzt sich zusammen aus der Direktzuweisung, der Lehrerreserve, den Ressourcen für den sonderpädagogischen Dienst, für die sonderpädagogische Frühförderung und für sonderpädagogische Maßnahmen in Schulkindergärten sowie dem Ergänzungsbereich.

Die genannten Teilbereiche sind an jedem Sonderpädagogischen Bildungs- und Beratungszentrum jeweils getrennt zu verwalten.

Die Direktzuweisung an ein sonderpädagogisches Bildungs- und Beratungszentrum umfasst als Grundzuweisung die errechneten Lehrerwochenstunden für den entsprechenden Förderschwerpunkt, ggf. die für den Ganztagsbetrieb oder durch Einzelerlasse der obersten beziehungsweise oberen Schulaufsichtsbehörde verfügten Lehrerwochenstunden sowie zum Ausgleich pädagogischer, organisatorischer oder örtlicher Besonderheiten und zur Unterstützung inklusiver Bildungsangebote Lehrerwochenstunden aus dem Ausgleichsbudget der unteren Schulaufsichtsbehörde.

Für örtlich getrennte Außenstellen von sonderpädagogischen Bildungs- und Beratungszentren sind die Lehrerwochenstunden wie für selbstständige Schulen zu berechnen.

6.2 Grundzuweisung

Berechnungsgrundlage für die Höhe der Grundzuweisung sind die im Folgenden festgelegten Parameter *(siehe Tabelle in der rechten Spalte unten)*.

6.2.1 Kontingente bei Schülerinnen und Schülern mit schwerer Mehrfachbehinderung

Für Schülerinnen und Schüler mit schwerer Mehrfachbehinderung erhalten sonderpädagogische Bildungs- und Beratungszentren mit dem Förderschwerpunkt geistige Entwicklung und entsprechende Abteilungen anderer sonderpädagogischer Bildungs- und Beratungszentren einen Zuschlag von je zwei Lehrerwochenstunden einer Fachlehrkraft (geistige Entwicklung oder körperlich-motorische Entwicklung) und 0,5 Lehrerwochenstunden einer Lehrkraft mit Lehrbefähigung Sonderpädagogik.

Die Zahl der Schülerinnen und Schüler mit schwerer Mehrfachbehinderung ist im Einzelfall auf Vorschlag der Schule unter Anlegung eines strengen Maßstabes von der unteren Schulaufsichtsbehörde festzustellen.

6.2.2 Förderschwerpunkt Schüler in längerer Krankenhausbehandlung

Für die sonderpädagogischen Bildungs- und Beratungszentren mit dem Förderschwerpunkt Schüler in längerer Krankenhausbehandlung gilt die Verwaltungsvorschrift Organisatorischer Aufbau der Schule für Kranke in längerer Krankenhausbehandlung […] ⇨ Sonderpädagogik (SBBZ Krankenhausbehandlung)

--------- zu Nr. 6.2 (linke Spalte) ---------

Förderschwerpunkt		Grundzuweisung
Lernen	8 % der Zahl[1] der Grundschüler x 1,4 LWS	
	für bis zu ... Schüler	
Emotionale-soziale Entwicklung	12	35 LWS
Sehen 3)	10 2)	38 LWS
Hören 3)	10	38 LWS
Sprache	12	30 LWS
	Mittlere Gruppengröße	
Geistige Entwicklung	6	26 LWS Fachlehrkraft oder technische Lehrkraft sowie 8 LWS Lehrkraft Sonderpädagogik
körperliche und motorische Entwicklung	6	34 LWS Lehrkraft Sonderpädagogik Bewegungsförderung: 19 LWS Fachlehrkraft körperlich-motorische Entwicklung je errechneter Gruppe (einschließlich Bildungsgang G)

Fußnoten zu Ziff. 6.2 und 6.3

1) Nach Amtlicher Schulstatistik für das Schuljahr 2020/2021 im Schulbezirk des Sonderpädagogischen Bildungs- und Beratungszentrums mit dem Förderschwerpunkt Lernen.

2) Bei Klassen, in denen überwiegend Schülerinnen und Schüler mit Blindheit unterrichtet werden, erfolgt die Berechnung für bis zu acht Schülerinnen und Schüler.

3) Im Bildungsgang „Förderschwerpunkt geistige Entwicklung" gilt die Zuweisung des Sonderpädagogischen Bildungs- und Beratungszentrums mit dem Förderschwerpunkt geistige Entwicklung zuzüglich Bewegungsförderung des Sonderpädagogischen Bildungs- und Beratungszentrums mit dem Förderschwerpunkt körperliche und motorische Entwicklung.

6.3 Ausgleichsbudget

Den Schulaufsichtsbehörden wird jeweils für ihren Bereich ein Ausgleichsbudget zur Verteilung zur Verfügung gestellt. Sie weisen daraus den einzelnen sonderpädagogischen Bildungs- und Beratungszentren zum Ausgleich pädagogischer, organisatorischer oder örtlicher Besonderheiten und zur Unterstützung inklusiver Bildungsangebote Lehrerwochenstunden zu.

Das Gesamtvolumen des Ausgleichsbudgets für jeden Förderschwerpunkt im Bezirk wird nach folgender Tabelle ermittelt.

Förderschwerpunkt		**Bemessungsgrundlage**
Lernen		4,2 % der Zahl[1)] der 6- bis unter 15-Jährigen x 1,55 LWS abzüglich Direktzuweisung
für bis zu ... Schüler		
Emotionale-soziale Entwicklung	12	7 LWS
Sehen [3)]	10[2)]	7 LWS
Hören [3)]	10	7 LWS
Sprache	12	7 LWS
Mittlere Gruppengröße		
Geistige Entwicklung	6	11,22 LWS Fachlehrkraft (geistige Entwicklung oder körperlich-motorische Entwicklung)
Körperliche und motorische Entwicklung	6	
Fußnoten siehe unter der Tabelle zu Ziff. 6.2		

Die für die einzelnen Förderschwerpunkte errechneten Stunden können bei Bedarf mit Ausnahme des Kontingents Fachlehrkraft (geistige Entwicklung oder körperlich-motorische Entwicklung) auch an sonderpädagogischen Bildungs- und Beratungszentren mit anderen Förderschwerpunkten eingesetzt werden.

6.4 Ganztagsschulen und Internate

Die sonderpädagogischen Bildungs- und Beratungszentren mit den Förderschwerpunkten Lernen, emotionale-soziale Entwicklung oder Sprache, die Ganztagsschulen sind, erhalten die notwendigen Lehrerwochenstunden nach den jeweils geltenden Regelungen.

Mittagessen und Freizeitangebot, die an Sonderpädagogischen Bildungs- und Beratungszentren mit Internat durch Personal des Internatsbereichs erbracht werden, sind entsprechend der anderweitig notwendigen Lehrerwochenstunden vom Soll der Schule abzusetzen.

6.5 Sonderpädagogischer Dienst

Die Mindestzahl der Deputate für den sonderpädagogischen Dienst, die jede obere Schulaufsichtsbehörde erhält, wird vom Kultusministerium festgelegt.

Die oberen Schulaufsichtsbehörden weisen aus diesem Budget der jeweiligen unteren Schulaufsichtsbehörde die Lehrerwochenstunden für den sonderpädagogischen Dienst gesondert und zweckgebunden zu.

Über die Verteilung dieser Lehrerwochenstunden auf die sonderpädagogischen Bildungs- und Beratungszentren mit den Förderschwerpunkten Lernen, emotionale- und soziale Entwicklung, Sprache, geistige Entwicklung und Schüler in längerer Krankenhausbehandlung entscheidet die untere Schulaufsichtsbehörde im Zusammenwirken mit den entsprechenden sonderpädagogischen Bildungs- und Beratungszentren.

Über die so festgelegte Stundenzahl hinaus können je nach den örtlichen Verhältnissen aus dem Budget der unteren Schulaufsichtsbehörden den einzelnen Schulen weitere Lehrerwochenstunden zugewiesen werden, wobei ein Ausgleich zwischen den beteiligten Schularten anzustreben ist.

Für den sonderpädagogischen Dienst bei blinden, seh-, hör- oder körperbehinderten Schülerinnen und Schülern in allgemeinen Schulen kann den sonderpädagogischen Bildungs- und Beratungszentren für eine Beratungs- und Unterstützungseinheit pro Woche eine Lehrerwochenstunde zugewiesen werden.

Das gilt vergleichbar bei blinden, seh-, hör- oder körperbehinderten Schülerinnen und Schülern, die in einem zieldifferenten inklusiven Bildungsangebot an einer allgemeinen Schule unterrichtet werden, die die fachrichtungsspezifische Kompetenz Lernen oder geistige Entwicklung selbst vorhält oder von einem nahegelegenen sonderpädagogischen Bildungs- und Beratungszentrum mit dem Förderschwerpunkt Lernen oder geistige Entwicklung unterstützt wird.

6.6 Frühförderung durch die Beratungsstellen an sonderpädagogischen Bildungs- und Beratungszentren

Die Gesamtzahl der Lehrerwochenstunden für die sonderpädagogische Frühförderung wird vom Kultusministerium festgelegt. Über die oberen Schulaufsichtsbehörden wird den jeweiligen unteren Schulaufsichtsbehörden beziehungsweise dem jeweiligen sonderpädagogischen Bildungs- und Beratungszentrum mit Internat jeweils ein Teilkontingent gesondert zugewiesen.

Die untere Schulaufsichtsbehörde legt im Zusammenwirken mit den verschiedenen Beratungsstellen die Zahl der Lehrerwochenstunden für die einzelne Beratungsstelle fest.

Ist einem sonderpädagogischen Bildungs- und Beratungszentrum eine sonderpädagogische Beratungsstelle für die Frühförderung behinderter Kinder angeschlossen, so werden in einer Beratungsstelle für sprachbehinderte Kinder für je fünf Fördereinheiten (Förderung, Beratung und sonstige Aufgaben), in den übrigen Beratungsstellen für je vier Fördereinheiten pro Woche vier Lehrerwochenstunden eingesetzt.

6.7 Mitwirkung in Schulkindergärten

Für die notwendigen sonderpädagogischen Maßnahmen in Schulkindergärten erhalten die sonderpädagogischen Bildungs- und Beratungszentren, denen die Schulkindergärten zugeordnet sind, acht Lehrerwochenstunden je Gruppe zugewiesen. Die

Gruppenbildung ist geregelt in der VwV Öffentliche
➪ Schulkindergärten.

Für die Mitwirkung von Fachlehrern K (Physiotherapeuten) sind in Schulkindergärten für körperbehinderte Kinder 2,12 Lehrerwochenstunden je Kind vorzusehen. Diese Lehrerwochenstunden sind stellenmäßig dem Bereich der Schulkindergärten zuzuordnen.

6.8 Private sonderpädagogische Bildungs- und Beratungszentren

Für die privaten Sonderpädagogischen Bildungs- und Beratungszentren gelten die Regelungen der Verwaltungsvorschrift „Eigenständigkeit der Schulen und Unterrichtsorganisation im Schuljahr 2003/2004" vom 10. Januar 2003 (K.u.U. 2003, Seite 5) mit Ausnahme der Nummer 6.6 und 6.7 auch im Schuljahr 2021/2022 weiter.

➪ Behinderungen (Förderbedarf); ➪ Inklusion (Allgemeines); ➪ Sonderpädagogische Bildungsangebote (Inklusion); ➪ Sprachförderung (Integration)

7
Allgemeinbildende Gymnasien

7.1 Gymnasien der Normalform

Die Gymnasien erhalten für die errechneten Klassen und Gruppen als Direktzuweisung

- die Lehrerwochenstunden für den Unterricht nach Kontingentstundentafel je Zug,
- den Teilungsstundenpool,
- für die Jahrgangsstufen die Lehrerwochenstunden gemäß der nachstehenden Tabelle für die Berechnung der Höchstwerte,
- ggf. Stunden für die Stufe 11 des Modellversuchs G9, ➪ Gymnasium (Schulversuch G 9)
- ggf. Stunden aufgrund von Erlassen (z.B. bilinguale Züge, Ganztagsbetrieb, Schulversuche),
- gegebenenfalls Stunden für Vorbereitungsklassen, ➪ Sprachförderung (Stundentafeln VKL)
- ggf. Stunden des sonderpädagogischen Budgets für inklusive Maßnahmen.

Berechnungsgrundlage sind dabei die folgenden Parameter zur Klassen- und Gruppenbildung:

Klassenart	Mindestschülerzahl	Klassen-/ Gruppenteiler
Regelklasse (5-10 bzw. 11)	16	30
Religionslehre, Ethik, Sport	8	30
1. und 2. Fremdsprache	16	30
Profilfächer: 3. Fremdsprachen: - Latein, Russisch, Griechisch - andere Sprachen NwT, IMP	 8 12 12	 30 30 30
Physik zusätzlich, wenn in der Einführungsphase der Oberstufe das Profilfach nicht fortgeführt werden kann	8	30
Vorbereitungsklassen	10	24
Sprachförderkurse	4	16

Jedes allgemeinbildende Gymnasium erhält einen Teilungsstundenpool von sieben Lehrerwochenstunden je Zug. Diese Stunden sind vorrangig für Teilungen in den Fächern Biologie, Naturphänomene und Technik (BNT), NwT und IMP sowie für den Basiskurs Medienbildung vorgesehen.

Kurse zur Sprachförderung oder nachgehenden Sprachförderung können klassen-, jahrgangs- oder schulartübergreifend gebildet werden. Die zuständigen Schulaufsichtsbehörden weisen im Rahmen der zur Verfügung gestellten Stellen je Gruppe bis zu vier Lehrerwochenstunden zu.

Für die Stufe 11 des Modellversuchs G 9 werden den Versuchsschulen zugewiesen:

- 31 Wochenstunden je G9-Klasse 11,
- die Stunden für teilnehmerbezogene Teilungen in Religionslehre / Ethik, Sport, der 2. Fremdsprache und den Profilfächern.

Diese Tabelle ist Grundlage der Einrichtung von Kursen; dabei gilt als Orientierung:

Höchstwerte für Lehrerwochenstunden in der Jahrgangsstufe 1 (AGVO)	
Zahl der Schüler je Jahrgangsstufe	Höchstwerte für die Zahl an Lehrerwochenstunden je Jahrgangsstufe [1) 2)]
bis 59	Formel: L = 37 + S x 1,45
ab 60 bis 109	Formel: L = 43 + S x 1,35
ab 110	Formel: L = 5 + S x 1,70

1) Dezimalen werden aufgerundet.
2) L = Zahl der Lehrerwochenstunden
S = Gesamtschülerzahl in der Jahrgangsstufe

In den Jahrgangsstufen kann im Rahmen des Budgets bei der Bildung von Kursen von der Höchstschülerzahl 23 und einer durchschnittlichen Kursgröße von 18 ausgegangen werden.

Die Regierungspräsidien können im Rahmen des ihnen zur Verfügung stehenden Budgets in begründeten Einzelfällen Sonderzuweisungen zur Stärkung kleiner Gymnasien im ländlichen Raum vornehmen.

Die Zuweisung des sonderpädagogischen Budgets für inklusive Maßnahmen erfolgt bedarfsgerecht durch die untrere Schulaufsichtsbehörde.

7.2 Aufbaugymnasien mit Internat

Die bisherigen Regelungen für die Gymnasien in Aufbauform mit Internat bleiben erhalten.

8
Berufliche Schulen

8.1 Stundenbudget

Allen öffentlichen beruflichen Schulen steht ein Stundenbudget zur Unterrichtsorganisation zur Verfügung.

Zur Planung ihrer Unterrichtsorganisation erhalten sie zunächst ein vorläufiges Stundenbudget, das die obere Schulaufsichtsbehörde auf der Grundlage der in der Statistik des Schuljahres 2020/2021 ausgewiesenen Ist-Stunden in Absprache mit der Schule spätestens zum 1. Februar 2021 festgelegt hat.

Hinweis der Redaktion: Die Schulleitung soll die Auswirkungen der durch Flexibilisierungsmaßnahmen erwirtschafteten Stunden auf die Gesamtbelastung der betroffenen Lehrkräfte im Rahmen von § 67 Abs. 1 LPVG mit dem örtlichen Personalrat erörtern. (Quelle: Infodienst Schulleitung Nr. 256, April 2016)

Die Berechnungsgrundlagen aller Schulen bilden den Ausgangswert für die Verteilung der vorhandenen Ressourcen durch die oberen Schulaufsichtsbehörden. Den Schulen wird der entsprechende Anteil an den verfügbaren Ressourcen zugewiesen. Dabei berücksichtigt die obere Schulaufsichtsbehörde insbesondere auch die Versorgungssituation der jeweiligen Schule.

Zur Sicherstellung einer bedarfsgerechten Unterrichtsversorgung können die oberen Schulaufsichtsbehörden weitere Maßnahmen (zum Beispiel Zielvereinbarungen mit Schulen) ergreifen.

Das endgültige Stundenbudget wird durch die obere Schulaufsichtsbehörde auf der Basis der nachfolgenden Regelungen ermittelt.

8.2 Berechnungsgrundlage zur Ermittlung des Stundenbudgets

Die Berechnungsgrundlage umfasst für alle Bildungsgänge die zur Erfüllung des Pflichtbereichs der Stundentafeln (Pflicht- und Wahlpflichtunterricht) erforderlichen Lehrerwochenstunden unter Berücksichtigung der nachstehenden Parameter zur Klassen- und Gruppenbildung sowie für die Jahrgangsstufen der beruflichen Gymnasien die Lehrerwochenstunden gemäß der nachstehenden Tabelle für die Berechnung der Höchstwerte und die durch Einzelentscheidung der obersten Schulaufsichtsbehörde verfügten Lehrerwochenstunden.

Bei der Ermittlung des Stundenbudgets sind außerdem inklusive Bildungsangebote für Schülerinnen und Schüler mit einem fortbestehenden Anspruch auf ein sonderpädagogisches Bildungsangebot zu berücksichtigen. Maßgabe dabei ist, dass inklusive Bildungsangebote innerhalb der Regelbildungsgänge einer beruflichen Schule und Bildungsangebote beruflicher Schulen, die an den Förderschwerpunkten nach § 15 Abs. 1 Satz 4 SchG ausgerichtet sind, jeweils über eine qualitativ vergleichbare Ausstattung verfügen sollen. Aufgrund der Berechnungsgrundlage des Klassen-/Gruppenteilers zu viel gebildete Klassen sind dem Regierungspräsidium bis zum Ende der ersten Schulwoche anzuzeigen und genehmigen zu lassen.

Anlage zu 8.2 **Schulart** **Fächer / Fächergruppen**	**Mindest-schüler-zahl**	**Klassen-/ Gruppen-teiler**
Sonderberufsschulen (SBS) und Sonderberufsfachschulen (SBFS)[5]	8	16
Vorqualifizierungsjahr Arbeit und Beruf (VAB)[1], Berufsvorbereitungsjahr (BVJ), Berufseinstiegsjahr (BEJ) und Berufsschulklassen für Teilnehmerinnen/Teilnehmer an berufsvorbereitenden Bildungsmaßnahmen außerschulischer Maßnahmeträger	11	18
Berufsschulklassen mit Jugendlichen ohne Ausbildungsvertrag und Berufsschulklassen sowie Berufsfachschulklassen mit überwiegend Ausländern	12	24
Alle anderen Schularten	16	30
Praktische Fachkunde, Technologiepraktikum, Laborübungen, fachpraktischer Unterricht, Handlungskompetenz, Projektkompetenz mit Sozialkompetenz, individuelle Förderung[2]	8	16
Informatik, Datenverarbeitung, Computertechnik, Textverarbeitung, soweit der Unterricht in diesen Fächergruppen den Einsatz von Rechnern erforderlich macht[2]	8	16
Wahlpflichtfächer in Vollzeitklassen[2]	8	30[3]
Fachpraxis im landwirtschaftlichen Betrieb	-	4,5[4]
Religionslehre, Ethik, Sport	8	30
Zusatzunterricht zum Erwerb der Fachhochschulreife und zum schulischen Berufsabschluss	16	30
Sprachförderkurse[6]	4	16

1) Bei VABO-Klassen sind bei der Bedarfsplanung Mindestschülerzahl und Klassenteiler Richtwerte, von denen bei einer zu erwartenden Änderung der Schülerzahl durch die obere Schulaufsichtsbehörde abgewichen werden kann.

2) Für die Gruppenbildung in den grundsätzlich teilungsfähigen Fächern im VAB, BVJ, BEJ, in der SBS und in der SBFS wird keine Mindestschülerzahl und damit auch kein Mindestgruppenteiler zugrunde gelegt.

3) Bei praktischer Fachkunde, Technologiepraktikum, Laborübungen, fachpraktischem Unterricht, Handlungskompetenz, Projektkompetenz mit Sozialkompetenz oder individueller Förderung im Wahlpflichtbereich sind pro Klasse maximal zwei Gruppen zulässig.

4) Durchschnittliche Gruppengröße.

5) Gilt für den Förderschwerpunkt Lernen. Mindestschülerzahl und Klassenteiler bei besonderem Förderbedarf im Förderschwerpunkt Lernen oder in den anderen Förderschwerpunkten gemäß § 15 SchG orientieren sich an den entsprechenden Vorgaben für private SBBZ (siehe Nummer 6.8).

6) Schulart- und klassenübergreifende Gruppenbildung, je nach Sprachvorkenntnissen, Zuteilung in drei verschiedene Sprachniveaustufen möglich. Im Bereich der Berufsschule kann aus zwingenden schulorganisatorischen Gründen mit Genehmigung der oberen Schulaufsichtsbehörde vom Gruppenteiler abgewichen werden.

Höchstwerte für Lehrerwochenstunden in den Jahrgangsstufen der beruflichen Gymnasien je Dienststelle

Zahl der Schüler je Jahrgangsstufe	Höchstwerte für die Zahl an Lehrerwochenstunden je Jahrgangsstufe [1) 2)]
bis 110	Formel: L = 38 + S x 1,3
ab 111	Formel: L = S x 1,65

1) Dezimalen werden aufgerundet.
2) L = Zahl der Lehrerwochenstunden
S = Gesamtschülerzahl in der Jahrgangsstufe

In der Statistik für berufliche Schulen finden die in der Anlage zu den Erläuterungen zu dieser Verwaltungsvorschrift aufgeführten maximalen Lehrerwochensollstunden Anwendung.

8.3 Verwendung der Lehrerwochenstunden

8.3.1 Vorrang für duale und quasiduale Ausbildung

Die oberen Schulaufsichtsbehörden sowie die Schulleitungen haben darauf zu achten, dass bei der Verwendung der zur Verfügung stehenden Lehrerwochenstunden die dualen Ausbildungsgänge, die Erzieher- und Kinderpflegeausbildung (2BFHK, BFSAIT, 1BKSP, 2BKSP, BKSPT, BKSPIT, BKSPIL, BFQEE), die Altenpflegehilfeausbildung, die Pflegeausbildung sowie die das erste Lehrjahr ersetzenden Bildungsgänge vorrangig versorgt werden, im Übrigen für alle Schularten des beruflichen Schulwesens eine angemessene Unterrichtsversorgung gewährleistet ist.

An den Berufsschulen sind langfristig 13 Wochenstunden je Klasse (einschließlich Religionslehre und Praktische Fachkunde beziehungsweise Technologiepraktikum) anzustreben unter Ausgleich bei den einzelnen Schultypen und Schulen.

Der in den Stundentafeln festgelegte Berufsschulunterricht ist so zu organisieren, dass innerhalb der Gesamtarbeitszeit der Auszubildenden eine möglichst hohe Anwesenheitszeit in der Ausbildungsstätte erreicht wird.

8.3.2 Spielraum der Schulleitung

Die Stundentafeln der Vollzeitschulen und ihrer entsprechenden Teilzeitformen sind in angemessenem Umfang variabel. Nach Festlegung durch die Schulleitung können in diesem Rahmen Selbstlernsequenzen oder Unterricht ersetzende oder ergänzende betriebliche Praktika angeboten werden. Durch den Unterricht ersetzende oder ergänzende Maßnahmen oder durch Flexibilisierungen der Stundentafel dürfen mögliche Anrechnungen von Schulzeit auf die Ausbildungszeit nicht gefährdet werden.

8.3.3 Klassenbildung

Bei der Bildung von Eingangsklassen sind die Kooperationsmöglichkeiten, insbesondere an Berufsschulzentren und benachbarten Schulen, auszuschöpfen. Jede Erweiterung der Zahl der Eingangsklassen bedarf der Zustimmung der oberen Schulaufsichtsbehörde.

In den Jahrgangsstufen des Beruflichen Gymnasiums kann im Rahmen des Budgets bei der Bildung von Kursen von der Höchstschülerzahl 23 ausgegangen werden.

Kommt aufgrund zu geringer Schülerzahl keine Klasse beziehungsweise Gruppe zustande, sind die Schülerinnen und Schüler einer benachbarten Schule zuzuweisen.

In besonders gelagerten Einzelfällen, insbesondere
- zur Erhaltung des Bildungsangebots, vor allem im ländlichen Raum,
- für sonderpädagogische Maßnahmen in Klassen mit überwiegend lern- und leistungsschwachen Schülerinnen und Schülern oder aus anderen zwingenden pädagogischen Gründen,
- aus zwingenden Gründen der örtlichen Raumsituation,

sind Ausnahmen von den Mindestschülerzahlen und Klassenteilern möglich. Wurde die Mindestschülerzahl bereits im Schuljahr 2020/2021 unterschritten, ist ein besonders strenger Maßstab anzulegen. Ausnahmen von der Mindestschülerzahl sind dem Regierungspräsidium bis zum Ende der ersten Schulwoche anzuzeigen.

Der Unterricht in abweichend von der Mindestschülerzahl gebildeten Klassen ist so zu organisieren, dass die Schülerinnen und Schüler möglichst in allen Fächern, in denen es nach Stundentafel und Lehrplan vertretbar ist, klassenübergreifend zusammengefasst werden können. Dabei sind auch andere Schulen, insbesondere solche an Berufsschulzentren, einzubeziehen. [...]

➪ Behinderungen (Förderbedarf); ➪ Inklusion (Allgemeines); ➪ Konferenzordnung § 2 Abs. 1 Nr. 9; ➪ Mehrarbeit; ➪ Schulgesetz §§ 41, 57, 76 und 88; ➪ Sonderpädagogische Bildungsangebote (Inklusion); ➪ Sprachförderung

Orientierungsstufe

Informationen der Redaktion zur Rechtslage und zur Verwaltungspraxis in Baden-Württemberg

Mit dem Begriff „Orientierungsstufe" wird die Phase zwischen der Primarstufe (dies ist in Deutschland die – zumeist vierjährige – Grundschule) und der Sekundarstufe I („Mittelstufe") des allgemeinbildenden Schulwesens bezeichnet. In der allgemeinen Bildungspolitik steht der Begriff für ein integratives, die Schulartgrenzen überschreitendes Bildungssystem. Im Schulwesen Baden-Württembergs spielt die Orientierungsstufe hingegen eine untergeordnete Rolle, da das Land prinzipiell am gegliederten Schulwesen festhält, in dem die Schüler*innen ab Klasse 5 auf getrennte Schularten verteilt werden.

Im ➪ Schulgesetz §§ 4 und 7 Abs. 3 wird die Orientierungsstufe zwar erwähnt, aber nicht näher definiert. In den Vorschriften für die drei ➪ Gesamtschulen des Landes und in der Realschul-Versetzungsordnung wird die Orientierungsstufe zwar angesprochen, in den Bestimmungen für die Schularten Haupt-/Werkrealschule, Gymnasium und Gemeinschaftsschule taucht der Begriff jedoch überhaupt nicht auf.

Das KM hat die Ausführungsbestimmungen über die Orientierungsstufe vielmehr in der Verwaltungsvorschrift ➪ Aufnahmeverfahren (Nr. 4 f.) versteckt. Obwohl sich diese Vorschrift vornehmlich an die Lehrkräfte an den Grundschulen richtet, betrifft sie auch alle weiterführenden Schulen.

➪ Aufnahmeverfahren) Nr. 4; ➪ Bildungsberatung Nr. II.2; ➪ Gesamtschulen § 2; ➪ Realschule (Versetzungsordnung) § 2; ➪ Schulgesetz §§ 4 und 7 Abs. 3

Pädagogische Assistent*innen

Informationen der Redaktion zur Rechtslage und zur Verwaltungspraxis in Baden-Württemberg

A.
Handreichung des KM zu den Pädagogischen Assistentinnen und Assistenten

Auszug aus den Handreichungen des KM für öffentliche Schulen zu Pädagogischen Assistentinnen und Assistenten (Stand: Juni 2010) – abgedruckt werden nur die Passagen, die nicht auch in der VwV (s.u. Teil B) enthalten sind.

I.
Einsatz an der Schule und im Unterricht

Pädagogische Assistentinnen und Assistenten *(im Folgenden: PA; Anm.d.Red.)* werden an Werkreal- und Hauptschulen tätig sowie an Grundschulen mit hohem Migrantenanteil und sozialen Brennpunktschulen. Ihre **Hauptaufgabe ist es, Lehrkräfte im Unterricht zu unterstützen und zu entlasten.** Sie sind keine eigenverantwortlich im Unterricht tätigen Lehrpersonen, sondern arbeiten **im Auftrag** von Schulleitungen und Lehrkräften, denen sie zugeordnet sind. Die zentrale konzeptionelle Planung des Unterrichts sowie die Diagnose des Lern- und Leistungsstands der Schülerinnen und Schüler werden von den Lehrkräften erbracht.

Die PA unterstützen die Lehrkräfte bei ihren Tätigkeiten. Sie setzen z.B. im Unterricht Maßnahmen der Lehrkräfte im Rahmen der inneren und äußeren Differenzierung um. Hier helfen sie Lehrkräften, indem sie Einzelne oder Schülergruppen betreuen und mit ihnen arbeiten. Damit tragen sie dazu bei, den Lernerfolg der Schülerinnen und Schüler zu erhöhen.

Einsatzmöglichkeiten:

Die Assistenz erfolgt insbesondere in den folgenden Bereichen:

- Unterstützung der Lehrkräfte bei der gezielten Förderung von Schülerinnen/Schülern insbesondere in den beiden Kernfächern Deutsch und Mathematik. Beispiele: Betreuung und Beaufsichtigung von Schülerinnen/Schülern bei Gruppenarbeit, Unterstützung und Hilfestellung für Einzelne bei der Bearbeitung von unterrichtlichen Aufgabenstellungen, individuelle Hilfestellung für Schülerinnen und Schüler zur Aufarbeitung von Lernrückständen, Unterstützung von Schülerinnen und Schülern mit Migrationshintergrund,
- Unterstützung von Lehrkräften im Unterricht bei Projekten und in Arbeitsgemeinschaften,
- Mithilfe bei der Durchführung von Fördermodulen in Absprache mit Klassenlehrerin / Klassenlehrer oder Fachlehrkraft. Beispiele: Hilfestellung beim Erstellen und Einsatz gezielter Lernmaterialien, Unterstützung von Schülerinnen und Schülern mit besonderen Förderbedürfnissen bei der Umsetzung des von der Lehrkraft erstellten Förderplans und beim Einsatz gezielter Lernmaterialien insbesondere die Begleitung von Maßnahmen für die Lese-Rechtschreib-Förderung und Mathematikförderung, Begleitung von Schülerinnen und Schülern mit Deutsch als Zweitsprache und besonderem Sprachförderbedarf, Unterstützung auch in der Herkunftssprache der Schülerinnen und Schüler (je nach individuellen Voraussetzungen),
- Mitarbeit in kombinierten / jahrgangsübergreifenden Klassen. Beispiele: Unterstützung einzelner Schülerinnen / Schüler, Arbeit mit einzelnen Schülerinnen und Schülern oder Gruppen, Mitarbeit bei offenen Unterrichtsformen (Freiarbeit, Arbeit nach Wochenplan oder Lernstationen), Aufsicht und Präsenz an Lernstationen, Erklärung von Aufgabenstellungen, Kontrolle von Lernergebnissen,
- Unterstützung im Rahmen des gemeinsamen Unterrichts von Kindern mit und ohne Behinderung
- Assistenz der Lehrkraft im Unterricht insbesondere in großen Klassen,
- Unterstützung von Lehrkräften bei schwierigen Unterrichtssituationen,
- Hilfestellung bei Verhaltensauffälligkeiten im Unterricht und bei der Lösung von Konflikten, auch in der Zusammenarbeit mit Erziehungsberechtigten und Institutionen.

Hinweis der Redaktion: Auch Hausaufgabenbetreuung ist zulässig. (Quelle: KM, 11.9.2008; AZ: 14-0301.620/1371/3)

Außerunterrichtliche Tätigkeiten

PA können ggf. zusätzlich die Lehrkräfte auch bei außerunterrichtlichen Tätigkeiten im Verantwortungsbereich der Schule unterstützen wie z.B. Aufsicht, Begleitung beim Besuch von außerschulischen Lernorten, Teilnahme an Lerngängen, Mitwirkung bei Schulfesten, Erstellung von Unterrichtsmaterialien, Teilnahme an Sportfesten und Bundesjugendspielen. – **Nicht** vorgesehen ist die Teilnahme von PA an mehrtägigen außerunterrichtlichen Veranstaltungen (z.B. Schullandheimaufenthalte).

Konferenzen

Die PA sind nicht generell zur Teilnahme an Lehrerkonferenzen verpflichtet (§ 10 Abs. 1 ⇨ Konferenzordnung). Die Schulleiterin/der Schulleiter kann sie aber nach pflichtgemäßem Ermessen zur Teilnahme an der Beratung einzelner Verhandlungsgegenstände verpflichten (§ 10 Abs. 2 Satz 3 Konferenzordnung). Im Übrigen können alle Lehrerkonferenzen im Einzelfall PA zur Beratung hinzuziehen; diese sind daraufhin zur Teilnahme berechtigt, aber nicht verpflichtet (§ 11 Abs. 5 Konferenzordnung). Stimmberechtigt sind die PA in keinem Fall (§ 13 Abs. 1 Konferenzordnung). Sie können auch nicht Mitglied der Schulkonferenz sein und auch nicht zur Verbindungslehrerin / zum Verbindungslehrer gewählt werden.

Besonders zu beachten!

PA dürfen nicht als Lehrkräfte für Vertretungsunterricht eingesetzt werden, auch dann nicht, wenn sie eine anerkannte Lehramtsausbildung besitzen. Sie können daher schon wegen der unterschiedlichen Arbeitszeitregelungen (Zeit- statt Deputatsstunden) keinesfalls kurzfristig als Krankheitsstellvertretung eingesetzt werden. Dies gilt ebenfalls für selbstständigen Förderunterricht und Arbeitsgemeinschaften. PA dürfen außerdem keine Aufgaben wahrnehmen, die zum kommunalen Aufgabenbereich zählen (z.B. Jugendsozialarbeit an Schulen).

II.
Beschäftigungskonditionen

Die Tätigkeit der PA wird in Zeitstunden berechnet. Bei einer Vollzeitbeschäftigung haben sie eine regelmäßige wöchentliche Arbeitszeit nach Maßgabe des TV-L von derzeit 39,5 Stunden, d.h. sie haben kein Deputat, das z.B. Vor- und Nacharbeitszeiten oder die Teilnahme an Konferenzen u.a. abdeckt. Alle Tätigkeiten der PA, die im Rahmen der schulischen Aufgaben ausgeübt werden, sind daher auf die regelmäßige wöchentliche Arbeitszeit anzurechnen. Auch Zeiten einer dienstlich veranlassten Schulung und Fortbildung gelten als Arbeitszeit. Es ist deshalb empfehlenswert, dass die PA ein Arbeitszeitblatt führen. Wie sich die Arbeitszeit auf die einzelnen Wochentage verteilt, legt die Schulleitung zusammen mit der Bewerberin bzw. dem Bewerber fest. Teilzeitbeschäftigung ist möglich. Der Beschäftigungsumfang an der Schule darf das von der unteren Schulaufsichtsbehörde zugewiesene Volumen nicht übersteigen.

Bei einer Teilzeitbeschäftigung werden die Schulen gebeten – unter Berücksichtigung der pädagogischen Erfordernisse – die Bedürfnisse der Bewerberinnen und Bewerber bei der Verteilung der Arbeitszeit an den bzw. auf die Wochentage einzubeziehen. Die Festlegung des Beschäftigungsumfangs und der Verteilung der Arbeitszeit auf die Wochentage muss vor Abschluss des Arbeitsvertrags erfolgen.

Ggf. können auch Abordnungen an andere Schulen von einer Stammschule aus vorgenommen werden. In diesen Fällen ist auch die Fahrzeit zwischen den Dienststellen Arbeitszeit. Soweit sich die Wegezeit durch den Einsatz an einer weiteren Schule im Vergleich zum üblichen Aufwand für das Erreichen der Stammschule erhöht, ist auch das Arbeitzeit.

Die PA werden als Arbeitnehmer*in auf Basis des Tarifvertrags für den öffentlichen Dienst der Länder (TV-L) eingestellt und werden – unabhängig von ihrer Vorbildung – in die Entgeltgruppe S 8 a der Entgeltordnung SuE des TV-L eingruppiert. Bei einer Teilzeitbeschäftigung erhalten sie die entsprechende anteilige Vergütung. [...] ⇨ Tarifvertrag-Länder (TV-L) § 30

Hinweise der Redaktion:

1. Pädagogische Assistent*innen (PA) an Grundschulen und Haupt-/Werkrealschulen werden nach Teil II Abschnitt 20 Nr. 6 der Entgeltordnung zum TV-L dem Tätigkeitsmerkmal „Erzieher*in" zugeordnet und in Entgeltgruppe S 8 a eingruppiert. ⇨ Tarifvertrag (Entgeltordnung Erzieher*innen).
2. Die PA besitzen das Wahlrecht zum Lehrkräfte-Personalrat. ⇨ Personalvertretungsgesetz (LPVG) §§ 8, 9
3. Die PA haben unter Zugrundelegung einer 5-Tage-Woche in jedem Kalenderjahr 30 Arbeitstage Urlaub. Bei weniger als fünf Arbeitstagen pro Woche vermindert sich der Urlaubsanspruch entsprechend. ⇨ Tarifvertrag-Länder (TV-L) § 26
   In dem Umfang, in dem die tatsächliche Arbeitsbefreiung während der Schulferien und unterrichtsfreien Tage diesen Urlaubsanspruch übersteigt, wird dieser „Ferienüberhang" durch eine entsprechend höhere tatsächliche Arbeitszeit innerhalb eines Jahres ausgeglichen. Die Berechnung erfolgt jährlich zentral durch das KM (Schreiben des KM, 21.5.2015, AZ: 14-6703). Als Berechnungshilfe für die Umrechnung der Arbeitszeit steht eine Excel-Datei zur Verfügung (abgelegt im Mitarbeiterportal unter Dokumente-Formulare-Merkblätter/Schulleitungen und Lehrkräfte/Pädagogische Assistentinnen und Assistenten).
4. Eine besondere Pausenregelung für PA gibt es nicht. Die 5-Minuten-Pause und die „große Pause" sind Arbeitszeit, da hier PA oftmals durcharbeiten oder mit sonstigen schülerbezogenen Aufgaben beschäftigt sind, wäre hier das Herausrechnen von Ruhepausen nicht sachgerecht. (Quelle: E-Mail des KM vom 2.11.2011)
5. Da PA kein Deputat haben, besitzen schwerbehinderte PA nach § 208 SGB IX Anspruch auf einen Zusatzurlaub: Bei fünf Arbeitstagen/Woche sind dies fünf bezahlte zusätzliche Tage

Stichwort: Mängel an Gebäuden oder Ausstattung

In einigen Klassenzimmern fehlt es an ausreichendem Schallschutz. Selbst „ruhige" Schulklassen werden als unerträglich laut empfunden. In der Turnhalle fehlt immer noch ein für alle zugängliches Telefon für Unfallmeldungen. – Das sind nur zwei Beispiele für Bau- oder Ausstattungsmängel, durch welche die Gesundheit der Lehrkräfte und/oder der Schüler*innen gefährdet wird.

Wenn man mit guten Worten nichts erreicht, lohnt ein Blick ins Gesetz: *„Sind Beschäftigte aufgrund konkreter Anhaltspunkte der Auffassung, dass die vom Arbeitgeber getroffenen Maßnahmen und bereitgestellten Mittel nicht ausreichen, um die Sicherheit und den Gesundheitsschutz bei der Arbeit zu gewährleisten, und hilft der Arbeitgeber darauf gerichteten Beschwerden von Beschäftigten nicht ab, können sich diese an die zuständige Behörde wenden. Hierdurch dürfen den Beschäftigten keine Nachteile entstehen [...]"* (⇨ Arbeitsschutzgesetz § 17 Abs. 2). Dabei muss kein Dienstweg eingehalten werden, man sollte aber vorher den Personalrat einschalten, denn dieser besitzt bei allen im Zusammenhang mit dem Arbeitsschutz oder der Unfallverhütung stehenden Besichtigungen und Fragen und bei Unfalluntersuchungen ein Beteiligungsrecht. ⇨ Erste Hilfe; ⇨ Personalvertretungsgesetz (LPVG) § 74 Abs. 2 Nr. 7; ⇨ Unfallversicherung

„Zuständige Behörden" sind die Gewerbeaufsichtsämter sowie das Landesgesundheitsamt. Man kann sich auch direkt an die Unfallkasse wenden. Diese Instanzen sind dankbar für Hinweise auf Gefahren. Denn rechtzeitige Abhilfe ist billiger als die nachträgliche Regulierung von Gesundheitsschäden oder Unfällen. Die Fachleute der Unfallkasse kommen auch in die Schulen und sorgen gegebenenfalls für Abhilfe. Notfalls schicken sie dem Schulträger einen Bußgeldbescheid.

im Urlaubsjahr, bei weniger Arbeitstagen/Woche entsprechend weniger; bei einem GdB zwischen 30 und 50 gibt es drei Urlaubstage). Der (in den Ferien) durch Krankheit nicht genommene Urlaub ist daher in Freizeit nachzugewähren. Da PA grundlegend andere Arbeitszeitregelungen als Lehrkräfte haben und anders als diese auch keinen eigenverantwortlichen Unterricht erteilen, der bei einem Fehlen während der Unterrichtszeit ausfallen würde, sollte dies durch ganze freie Urlaubstage bzw. -wochen während der Unterrichtszeit ermöglicht werden, Wenn der verbliebene Urlaubsanspruch bis zum Ende des Beschäftigungsverhältnisses nicht mehr in Freizeit gewährt werden kann, ist eine finanzielle Abgeltung möglich. (Quelle: KM, 1.12.2009, AZ: 14-0381.1-06/1/1)

III.
Auswahl/Einstellung

(hier nicht abgedruckt; siehe Teil B)

Auflösung bzw. Kündigung von Verträgen

Lehramtsbewerber*innen, die als Pädagogische assistent*innen tätig sind, können bei einem Einstellungsangebot für den öffentlichen Schuldienst den befristeten Vertrag auflösen und das Einstellungsangebot annehmen. Ihnen steht es ebenso frei, ohne Einhaltung der tariflichen Fristen das Arbeitsverhältnis aus diesem Grund zu kündigen. Für die anderen Beschäftigten gelten die tariflichen bzw. gesetzlichen Bestimmungen. [...]

Probezeit

Die Probezeit beträgt sechs Wochen. Sollten Bedenken an der Eignung einer eingestellten PA bestehen, so ist deshalb vor Ablauf dieser Frist umgehend das Regierungspräsidium hierüber zu informieren.

IV.
Schulbezogene Stellenausschreibungen

(nicht abgedruckt; siehe Teil B)

B
Einstellung von Pädagogischen Assistentinnen und Assistenten

Auszug aus der Verwaltungsvorschrift des Kultusministeriums vom 23. Juni 2010 (K.u.U. S. 161/2010)

Einstellungsvoraussetzungen

2. Voraussetzungen für die Einstellung als PA sind:
   - Pädagogische Kompetenz, i.d.R. nachgewiesen durch einen entsprechenden Ausbildungsabschluss
   - Volljährigkeit
   - Bereitschaft zum flexiblen Einsatz an der Schule
   - Kooperationsfähigkeit und Kontaktfähigkeit.

   Die pädagogische Kompetenz erfüllen z.B. Personen mit Lehramtsausbildung, Sozialpädagoginnen und Sozialpädagogen, Erzieherinnen und Erzieher sowie Ausbilderinnen und Ausbilder in Betrieben. [...]

Hinweise der Redaktion:

1. In den Handreichungen (Teil A) führt das KM u.a. auf: nicht eingestellte Lehrkräfte, Pensionäre, Lehrkräfte in Elternzeit und Beurlaubungen, Absolvent*innen der Studiengänge Elementarpädagogik oder Pädagogik der Kindheit, Erzieher*innen, Personen ohne abgeschlossene oder anerkannte Lehramtsausbildung, Personen mit Erfahrung als Lehrbeauftragte.
2. Im Rahmen von „Teach First" werden auch „persönlich und fachlich herausragende Hochschulabsolvent*innen aller Fachrichtungen" (Fellows) vor ihrer beruflichen Tätigkeit für zwei Jahre als PA eingestellt.
3. Bei Bewerber*innen mit 1. oder 2. Staatsexamen oder vergleichbaren Abschlüssen hält das KM keine Eingangsqualifizierung für notwendig. Anderen Bewerber*innen wird zu Beginn eine fakultative fünftägige Grundqualifizierung an den Seminaren für Didaktik und Lehrerbildung (GHS) angeboten. Ab dem zweiten Einsatzjahr sind drei zusätzliche berufsbegleitende, bedarfsorientierte Tagesveranstaltungen vorgesehen.

Ausschreibung / Auswahlverfahren

Schulen können jederzeit Stellen für PA ausschreiben. Die PA werden in Anlehnung an das Verfahren der schulbezogenen Stellenausschreibung ausgewählt. ➪ Einstellungserlass Ziffer 26.3

3.1 Die zu besetzenden Stellen werden über: https://lehrer-online-bw.de/,Lde/Startseite/stellen/paedass ausgeschrieben. Die Entscheidungen, ob und in welchem Umfang eine Schule eine Stelle ausschreiben darf, treffen die zuständigen Schulaufsichtsbehörden.

3.2 Der Schulleiter bzw. die Schulleiterin informiert vor einer Ausschreibung die zuständige Lehrerkonferenz. Diese berät hierüber und kann ihm/ihr unbeschadet seiner/ihrer Zuständigkeit nach § 41 Abs. 1 Schulgesetz Empfehlungen, z.B. zur Zuordnung zu bestimmten Lehrkräften oder Klassen geben.

➪ KonferenzVO § 2 Abs.1 Nr. 9; ➪ SchulgesetzG § 41

Hinweis der Redaktion: Bei Ausscheiden einer PA erfolgt eine Neubesetzung der Stelle in der Regel nur dann, wenn die Schule zugunsten der Einstellung einer neuen PA in entsprechendem Umfang auf eine Lehrkraft verzichtet. Da dies nur in sehr wenigen Fällen der Fall sein wird, drucken wir die übrigen Einstellungsbedingungen (Auswahlverfahren usw.) hier nicht ab.

C
Fortbildung

Pädagogische Assistentinnen und Assistenten an Grund-, Werkreal-, und Hauptschulen (einschließlich auslaufender Werkrealschulen an aufbauenden Gemeinschaftsschulen) haben grundsätzlich die Möglichkeit, im Tandem mit Lehrkräften der eigenen Schule an allen regionalen Veranstaltungen der Lehrkräftefortbildung in den Staatlichen Schulämtern teilzunehmen. An den Regierungspräsidien und Staatlichen Schulämtern sind Ansprechpartner*innen benannt, an die sich die Pädagogischen Assistentinnen und Assistenten wenden können.

➪ Fortbildung (Rahmendienstvereinbarung)

In jedem RP finden jährlich einmal eine ganztägige Dienstbesprechung sowie eine halbtägige Fortbildung statt. (Quelle: KM 2.1.2018, AZ:33/25-6703/112)

➪ Chancengleichheitsgesetz; ➪ Einstellungserlass; ➪ Grundschule (Verlässliche); ➪ Konferenzordnung § 2 Abs. 1 Nr. 9 sowie 10-11; ➪ Lehrbeauftragte; ➪ Mehrarbeit (Allgemeines); ➪ Nebenamtliche/nebenberufliche Lehrkräfte; ➪ Personalvertretungsgesetz (LPVG) § 75 Abs. 1 Nr. 2; ➪ Schulgesetz § 41; ➪ Tarifvertrag-Länder (TV-L)

Pädagogische Freiheit

Informationen der Redaktion zur Rechtslage und zur Verwaltungspraxis in Baden-Württemberg

Der Begriff *„pädagogische Freiheit"* findet sich weder im Schulgesetz noch in anderen für die Schulen und Lehrkräfte maßgebenden Bestimmungen des Landes. Inhalt und Reichweite der *„pädagogischen Freiheit"* ergeben sich nur aus einer Gesamtschau der einschlägigen Rechtsvorschriften. Ausgangspunkt ist § 38 Abs. 6 SchG, in dem es heißt:

„Die Lehrkräfte tragen im Rahmen der in Grundgesetz, Verfassung des Landes Baden-Württemberg und § 1 dieses Gesetzes niedergelegten Erziehungsziele und der Bildungspläne sowie der übrigen für sie geltenden Vorschriften und Anordnungen die unmittelbare pädagogische Verantwortung für die Erziehung und Bildung der Schüler."

⇨ Grundgesetz Art. 7; ⇨ Schulgesetz §§ 1 und 38

Mit der Aussage, dass die Lehrkräfte an die Vorgaben des Grundgesetzes, der Landesverfassung und des Schulgesetzes gebunden sind, betont der Gesetzgeber zunächst eine Selbstverständlichkeit: Auch wenn es den Beteiligten des Schulverhältnisses nicht immer bewusst sein mag, sind Erziehung und Unterricht wegen der gesetzlichen Schulpflicht immer auch mit der Ausübung von Hoheitsgewalt verbunden, und selbst wenn diese beendet ist, besuchen die Schüler*innen den Unterricht in der Regel nicht nur aus freien Stücken, sondern um einen Bildungsabschluss zu erreichen, der wiederum Voraussetzung für den Zugang zu weiterführenden Bildungs- und Ausbildungsgängen ist.

Das gesamte Schulwesen steht unter Aufsicht des Staates (GG Art. 7 Abs. 1) und die gesamte Staatsgewalt – und damit auch die Schulen und die Lehrkräfte – ist an Gesetz und Recht gebunden.

⇨ Schulaufsicht; ⇨ Verfassung Art. 14 Abs. 1

Auf den ersten Blick geht § 38 Abs. 6 des Schulgesetzes sogar über die Bindung an Verfassung und Gesetz hinaus, da dort auch auf die *„übrigen für [die Lehrkräfte] geltenden Vorschriften und Anordnungen"* verwiesen wird. Damit sind nicht nur Rechtsvorschriften gemeint, sondern auch interne Vorgaben, wie die im Schulbereich oft als „Erlass" bezeichneten Verwaltungsvorschriften der Schulverwaltung oder die Anordnungen der Vorgesetzten. Damit scheint kaum noch Raum für tatsächlich eigenverantwortliche pädagogische Arbeit zu bleiben, denn die Lehrkräfte unterstehen wegen der beamtenrechtlichen Gehorsamspflicht oder aufgrund des für Lehrkräfte im Arbeitnehmerverhältnis einschlägigen Direktionsrechts des Arbeitgebers im Zweifel stets den Weisungen ihrer Vorgesetzten.

Unmittelbare pädagogische Verantwortung

Dies kann jedoch mit § 38 Abs. 6 des Schulgesetzes nicht gemeint sein, denn Verantwortung kann überhaupt nur tragen, wer eine Entscheidung tatsächlich getroffen hat. Der Begriff der *„unmittelbaren pädagogischen Verantwortung"* setzt demnach zwingend einen pädagogischen Freiraum der Lehrkräfte voraus, der auch durch Anordnungen der Vorgesetzten nicht beeinträchtigt werden kann beziehungsweise darf.

Dieser Freiraum ergibt sich aus einer Gesamtbetrachtung des Schulverhältnisses und insbesondere aus dem Umstand, dass die Gesetz- und Verordnungsgeber in den schulrechtlichen Bestimmungen viele unbestimmte Rechtsbegriffe verwenden sowie Entscheidungen ins Ermessen der Lehrkräfte gestellt und/oder von einer Prognose abhängig gemacht haben. Pädagogische Entscheidungen und andere Amtshandlungen der Schulen und Lehrkräfte können und müssen nicht nur daraufhin geprüft werden, ob sie <u>recht</u>mäßig sind, sondern auch auf ihre <u>Zweck</u>mäßigkeit. Während es im Rahmen der gerichtlichen Kontrolle schulischer Entscheidungen immer nur um die <u>Recht</u>mäßigkeit geht, kann und muss im Rahmen der verwaltungsinternen Kontrolle – etwa bei dem Widerspruchsverfahren gegen einen Verwaltungsakt der Schule, beispielsweise einen Schulverweis, oder der Bearbeitung einer Elternbeschwerde über eine Lehrkraft durch die Schulleitung – auch die <u>Zweck</u>mäßigkeit überprüft werden.

⇨ Beschwerderecht; ⇨ Verwaltungsrecht (Allgemeines)

Im Allgemeinen gilt hier der Grundsatz, dass die Vorgesetzten (Schulleitungen und Schulaufsichtsbehörden) eine umfassende Prüfungspflicht trifft. Wenn sie zu dem Ergebnis kommen, dass eine andere Entscheidung zweckmäßiger wäre, können sie die nachgeordnete Stelle (also die Lehrkraft) anweisen, ihre ursprüngliche Entscheidung noch einmal zu überprüfen bzw. zu ändern. Unter bestimmten Umständen können sie – etwa im Rahmen eines formellen Widerspruchverfahrens – sogar selbst eine andere Entscheidung treffen. (in Baden-Württemberg ist jedoch ein *„Selbsteintritt"* der Schulleitung oder der Schulaufsichtsbehörden rechtlich nicht vorgesehen).

⇨ Schulaufsicht

Weite Spielräume bleiben

Dass sich trotz dieser scheinbar engmaschigen Kontrolle Spielräume für die einzelne Lehrkraft ergeben, liegt zunächst daran, dass viele schulische Entscheidungen nicht in Form eines Verwaltungsaktes ergehen (und daher auch nicht im Wege eines formellen Widerspruchsverfahrens angegriffen werden können). Damit besteht für die Schulleitung und/oder die Schulaufsichtsbehörden in der Regel auch kein Anlass, sich mit der pädagogischen Zweckmäßigkeit einer bestimmten Entscheidung einer Lehrkraft auseinanderzusetzen.

Viel wichtiger für die „pädagogische Freiheit" ist der Umstand, dass die Lehrkräfte im Unterricht in der Regel mit den Schüler*innen allein sind und aufgrund einer konkreten Situation entscheiden müssen, die nicht bis ins Detail dokumentiert werden kann. Da es letzten Endes häufig auch entscheidend auf die höchstpersönliche Beziehung zwischen der einzelnen Lehrkraft und ihren Schüler*innen ankommt, müssen die Vorgesetzten auf die fachliche und pädagogische Kompetenz sowie auf das professionelle Handeln dieser Lehrkraft vertrauen. Dies enthebt Letztere jedoch nicht der Verpflichtung, ihre Maßnahmen gegenüber den Schüler*innen, den Erziehungsberechtigten oder ihren Vorgesetzten inhaltlich zu begründen. Die Formel, man habe *„aus pädagogischen Gründen"* so entschieden, reicht hierfür nicht aus. Die Lehrkraft muss beispielsweise darlegen können, welche Umstände vorlagen und welche Abwägungen sie getroffen hat. ⇨ Ermessen

Insofern ist das in § 38 Abs. 6 Schulgesetz erwähnte Anordnungsrecht der Vorgesetzten faktisch beschränkt: Die Lehrkräfte tragen überall dort die pädagogische Eigenverantwortung, wo die einschlägigen Rechtsvorschriften keine eindeutigen Vorgaben enthalten und aufgrund der Umstände keine Möglichkeit besteht, den konkreten Sachverhalt, in dem eine bestimmte Entscheidung getroffen wurde, mit hinreichender Sicherheit zu rekonstruieren. Aus diesem Grund hat das Kultusministerium für Prüfungen oder andere schwerwiegende Entscheidungen (beispielsweise Erziehungs- und Ordnungsmaßnahmen) Formvorschriften erlassen, die dazu dienen, den Sachverhalt zu dokumentieren und damit in jeder Hinsicht überprüfbar zu machen.

Ein konkretes Beispiel: Leistungserhebung und Leistungsbeurteilung

Die ⇨ Notenbildungsverordnung des KM bildet für die Leistungserhebung und -beurteilung einen verbindlichen Rahmen, dessen Ausfüllung der Gesamtlehrerkonferenz obliegt. Gemäß § 2 Abs. 1 dieser Verordnung kann die GLK *„ergänzende Regelungen"* zu Fragen der Leistungserhebung beschließen, beispielsweise ob an einem Tag neben einer Klassenarbeit auch eine schriftliche Wiederholungsarbeit zulässig ist, wie viele Klassenarbeiten in einer Woche oder je Fach in einem Schuljahr höchstens geschrieben werden dürfen. Die GLK kann auch entscheiden, dass Klassenarbeiten wegen eines schlechten Ergebnisses der Schulleitung vorgelegt werden oder bei Klassenarbeiten bzw. schriftlichen Wiederholungsarbeiten neben der Note auch der Klassendurchschnitt oder ein Notenspiegel mitgeteilt werden muss.

Nach dem Beschluss der GLK und der Zustimmung der Schulkonferenz sind solche *„ergänzenden Regelungen"* für alle Lehrkräfte der Schule verbindlich. Es obliegt der Schulleitung danach lediglich, die Einhaltung dieser *„Regelungen"* sowie der *„für die Notengebung allgemein geltenden Grundsätze"* (SchG § 41 Abs. 2) zu überwachen, sie besitzt jedoch in diesen Fragen keine eigenständige Regelungskompetenz – will sie beispielsweise erreichen, dass die Lehrkräfte bei jeder Klassenarbeit den Durchschnitt oder einen Notenspiegel mitteilen, so muss sie hierzu ein Votum der GLK und der Schulkonferenz einholen.

Wenn von der GLK keine *„ergänzenden Regelungen"* zu Fragen der Leistungserhebung beschlossen wurden, können die Lehrkräfte im Rahmen ihres pädagogischen Ermessens frei entscheiden.

Weitaus größer ist ihr Freiraum bei der Leistungsbewertung. Hier kann die GLK lediglich (nicht verbindliche) *„Empfehlungen für einheitliche Maßstäbe bei Notengebung und Versetzung"* geben (⇨ Konferenzordnung § 2 Abs. 1 Nr. 5). Denn bei der Einschätzung und Beurteilung von Leistungsbildern handelt es sich um einen *„höchstpersönlichen"* Vorgang, der sich normativ kaum steuern lässt. Für die Antwort auf die Frage, ob eine Leistung *„den Anforderungen in besonderem Maße entspricht"* und daher mit *„sehr gut"* zu bewerten ist oder ob sie ihnen (nur) *„voll"* entspricht und daher die Note *„gut"* verdient, kommt den persönlichen Einstellungen und Erfahrungen der beurteilenden Lehrkraft entscheidende Bedeutung zu.

Auch bei der Bewertung schulischer Leistungen sind jedoch bestimmte Verfahrensregelungen zu beachten. Da die Bewertung zwar auch auf subjektiven Einschätzungen beruhen mag, aber doch ein rationaler Vorgang ist, muss sie angemessen begründet werden können. Es muss auch dargelegt werden, nach welchen Kriterien die außer den schriftlichen Arbeiten herangezogenen sonstigen Leistungsnachweise je für sich bewertet und wie sie im Verhältnis zueinander gewichtet worden sind. In einem Rechtsstreit kann es zwar nur darum gehen, ob der von der Rechtsordnung vorgegebene Rahmen für pädagogisch-fachliche Einschätzungen eingehalten worden ist. Allerdings lässt sich beispielsweise die Richtigkeit fachlicher Aussagen (z.B. naturwissenschaftliche Erkenntnisse, geographische Gegebenheiten oder historische Daten) objektiv nachvollziehen, sodass eine hierauf gestützte Bewertung durchaus rechtlich überprüft werden kann. Zudem ist der Grundsatz der Chancengleichheit zu beachten, der gebietet, stets die gleichen Maßstäbe zugrunde zu legen.

Verwaltungsprozessrecht als Hindernis

Obwohl dieses Konzept der Aufgaben- und Verantwortungsteilung in der Schule an sich vernünftig und in sich logisch ist, haben sich die Verwaltungsgerichte seit jeher geweigert, die in der pädagogischen Verantwortung begründete pädagogische Freiheit der Lehrkräfte als *„subjektiv-öffentliches Recht"* anzuerkennen; dies wäre jedoch Voraussetzung für die Zulässigkeit jeder Klage einer Lehrkraft gegen eine dienstliche Anordnung. Die einzelne Lehrkraft hat daher derzeit nur die Möglichkeit, sich im konkreten Fall unter Berufung auf ihre Remonstrationspflicht zu weigern, einer unrechtmäßigen Anordnung nachzukommen. ⇨ Remonstrationspflicht

Da die Justitiabilität der pädagogischen Freiheit in der Rechtswissenschaft umstritten ist, besteht eine gewisse Hoffnung, dass die Gerichte ihre Haltung ändern werden – wenn sich denn nur Lehrkräfte finden, die bereit sind, sich gegen Anordnungen zu wehren, die ihren pädagogischen Freiraum übermäßig beeinträchtigen.Diese Bereitschaft kann häufig nicht erwartet werden; wenn Lehrkräfte sich dennoch gegen einen Eingriff in ihre unmittelbare Verantwortung wehren wollen, sollten sie dies nur in enger Abstimmung mit dem Rechtsschutz der GEW tun.

⇨ Beschwerderecht; ⇨ Ermessen ; ⇨ Grundgesetz Art. 7; ⇨ Notenbildungsverordnung § 2 Abs. 1; ⇨ Remonstrationspflicht; ⇨ Schulaufsicht; ⇨ Schulgesetz §§ 1 und 38; ⇨ Verfassung Art. 14 Abs. 1; ⇨ Verwaltungsrecht (Allgemeines)

Personalakten

Informationen der Redaktion zur Rechtslage und zur Verwaltungspraxis in Baden-Württemberg

1.
Allgemeines

Für jede Beamtin und jeden Beamten ist eine Personalakte zu führen. Zur Personalakte gehören alle Unterlagen, die die Beamtin oder den Beamten betreffen, soweit sie mit dem Dienstverhältnis in einem unmittelbaren inneren Zusammenhang stehen (Personalaktendaten). Die Personalakte ist vertraulich zu behandeln. Personalaktendaten dürfen nur für Zwecke der Personalverwaltung oder -wirtschaft verwendet werden, außer der/die Beschäftigte willigt in die anderweitige Verwendung ein.

➪ Beamtenstatusgesetz § 50

Die Detailvorschriften finden sich im Landesbeamtengesetz (LBG). ➪ Beamtengesetz (LBG) §§ 83 ff.

Diese Bestimmungen sind auf Personalaktendaten von Arbeitnehmerinnen und Arbeitnehmer entsprechend anzuwenden, es sei denn, dass besondere Rechtsvorschriften oder tarifliche Vereinbarungen vorgehen.

➪ Datenschutz(LDSG) § 15; ➪ Tarifvertrag-Länder (TV-L) § 3 Abs. 6

Der Dienstherr bzw. der öffentliche Arbeitgeber darf Personalaktendaten nur erheben, soweit dies zur Begründung, Durchführung, Beendigung oder Abwicklung des Dienstverhältnisses oder zur Durchführung innerdienstlich planerischer, organisatorischer, personeller, sozialer oder haushalts- und kostenrechnerischer Maßnahmen, insbesondere auch zu Zwecken der Personalplanung oder des Personaleinsatzes erforderlich ist oder eine Rechtsvorschrift dies erlaubt. Datensammlung auf Vorrat oder gar der Einsatz der Personalakte als Instrument der Disziplinierung sind unzulässig.

Die Personalakte soll ein möglichst vollständiges Bild über den beruflichen Werdegang und insoweit über die Persönlichkeit des Beschäftigten geben. Sie ist eine Sammlung von

- Personalunterlagen und dienstlichen Beurteilungen,
- Vorgängen, die den Inhalt des Dienstverhältnisses insgesamt oder einzelner aus ihm fließender Rechte und Pflichten bestimmen oder verändern,
- sowie von Unterlagen, aus denen die Art und Weise zu ersehen ist, in der die jeweilige Entscheidung vorbereitet worden ist, oder die Aufschluss über die Gesichtspunkte und Erwägungen geben, die für die einzelne das Dienstverhältnis berührende Maßnahme oder dafür, dass sie unterblieben ist, maßgebend waren (BVerwGE 67, 300).

Es kommt nicht darauf an, wie die Registrierung und Aufbewahrung erfolgen oder in welcher physischen Form Unterlagen vorliegen. Auch in Dateien gespeicherte Personalaktendaten sind Bestandteil der Personalakte.

Vorgänge, die allein die persönlichkeitsrechtlich geschützte Privatsphäre der Beschäftigten berühren, dürfen nicht zur Personalakte genommen werden. Hierzu gehören insbesondere Vorgänge über die politische und weltanschauliche Überzeugung der Beschäftigten und über die Mitgliedschaft in Gewerkschaften und Berufsverbänden.

Sind Vorgänge schwerpunktmäßig zu anderen als Personalzwecken eines bestimmten Beschätigten angelegt und liegt somit der Zweck außerhalb des durch das konkrete Dienst- oder Arbeitsverhältnis begründeten Rechte- und Pflichtenkreises, so sind sie keine Personal- sondern Sachakten.

Nicht zu den Personalakten gehören auch Vermerke und sonstige Aufzeichnungen, die lediglich führungsunterstützenden Charakter haben (Zielvereinbarungen, Maßnahmen zur Zielerreichung, Empfehlungen zur beruflichen Entwicklung u.ä.) und die ihrer Natur nach nur vorübergehend gelten.

Beschwerden, die sich ausschließlich gegen die sachliche Entscheidung eines Beschäftigten richten, sind nur zu den Sachakten zu nehmen, richten sie sich ausschließlich gegen das persönliche Verhalten und erweisen sie sich als ganz oder teilweise begründet, sind sie hingegen zur Personalakte zu nehmen. Auch wenn eine Lehrkraft gegen eine dienstliche Anordnung rechtliche Bedenken anmeldet (Remonstration gemäß ➪ Beamtenstatusgesetz § 36) und dies aktenkundig wird, erfolgt die Ablage üblicherweise in der (Sach-)Akte des Vorgangs, zu dem remonstriert wurde.

Behandlung von Personalaktendaten

Die Einzelheiten für die Speicherung, Veränderung, Nutzung und Übermittlung von Personalaktendaten sind in den §§ 84 und 85 LBG geregelt. Nach § 86 LBG sind Personalaktendaten zu löschen, wenn ihre Speicherung unzulässig ist oder wenn sie für die speichernde Stelle zur Erfüllung ihrer Aufgaben nicht mehr erforderlich sind, spätestens jedoch nach Ablauf von fünf Jahren. Personalaktendaten über Beschwerden, Behauptungen und Bewertungen, auf welche die Tilgungsvorschriften des Disziplinarrechts keine Anwendung finden, sind,

1. falls sie sich als unbegründet oder falsch erwiesen haben, mit Zustimmung der Beamtin oder des Beamten unverzüglich zu löschen,
2. falls sie für die Beamtin oder den Beamten ungünstig sind oder der Beamtin oder dem Beamten nachteilig werden können, nach zwei Jahren zu löschen; dies gilt nicht für dienstliche Beurteilungen.

Personalaktendaten über strafgerichtliche Verurteilungen und über andere Entscheidungen in Straf-, Bußgeld-, sonstigen Ermittlungs- und berufsgerichtlichen Verfahren, die keinen Anlass zu disziplinarrechtlichen Ermittlungen gegeben haben, sind mit

Zustimmung der Betroffenen nach zwei Jahren zu löschen. Personalaktendaten über Beihilfen, Heilfürsorgen, Heilverfahren, Unterstützungen, Urlaub, Erkrankungen, Umzugs- und Reisekosten sind drei Jahre nach Ablauf des Jahres zu löschen, in dem die Bearbeitung des einzelnen Vorgangs abgeschlossen wurde.

Nach ihrer Löschung dürfen Personalaktendaten bei Personalmaßnahmen nicht mehr berücksichtigt werden (Verwertungsverbot).

Einsichtsrecht, Anhörung und Mitteilung

Die Beschäftigten haben, auch nach Beendigung des Dienst- oder Arbeitsverhältnisses, grundsätzlich ein Einsichtsrecht in alle über sie gespeicherten Personalaktendaten. Bevollmächtigten – z.B. Gewerkschafts-, Personal- oder Schwerbehindertenvertreter*innen, Beauftragten für Chancengleichheit – ist Einsicht zu gewähren, soweit dienstliche Gründe nicht entgegenstehen. Das Begehren auf Einsicht in die Personalakte muss nicht begründet werden; es ist an die Behörde zu richten, bei der sie geführt wird. Hinterbliebene müssen ein berechtigtes Interesse glaubhaft machen. Die Akte ist ist in Anwesenheit eines mit der Bearbeitung von Personalangelegenheiten betrauten Beschäftigten bei dieser Behörde oder bei der von ihr bestimmten Stelle einzusehen.

⇨ Chancengleichheitsgesetz §§ 11 Abs. 4 und 18 Abs. 6; ⇨ Beamtengesetz (LBG) § 87; ⇨ Personalvertretungsgesetz § 70 Abs. 2, § 71 Abs. 1

Soweit dienstliche Gründe nicht entgegenstehen, können Abschriften, Kopien oder Ausdrucke gefertigt werden (auf eigene Kosten; auch Reisekosten werden nicht erstattet). Werden Daten automatisiert gespeichert, ist den Beschäftigten auf Verlangen ein Ausdruck der zu ihrer Person automatisiert gespeicherten Personalaktendaten sowie ein Verzeichnis über die zum Zugriff auf ihre Personalaktendaten berechtigten Stellen zu überlassen.

Die Beschäftigten sind zu Beschwerden, Behauptungen und Bewertungen, die für sie ungünstig sind oder ihnen nachteilig werden können, vor deren Speicherung als Personalaktendaten zu hören. Soweit eine Speicherung erfolgt, ist hierzu die Äußerung der Beschäftigten ebenfalls zu den Personalaktendaten zu speichern.

⇨ Verwaltungsrecht (dort Informationen zur Anhörung)

Bei erstmaliger Speicherung von Personalaktendaten in automatisierten Dateien ist den Beschäftigten die Art der zu ihrer Person gespeicherten Daten mitzuteilen, bei wesentlichen Änderungen sind sie zu benachrichtigen. In der VwV ⇨ Datenschutz (Schulen) II.2.5 ist bestimmt, dass die Schulleitung den Lehrkräften unaufgefordert in regelmäßigen Abständen einen Ausdruck aushändigen muss.

Bei der elektronischen Verarbeitung von Personaldaten besitzt der Personalrat Mitbestimmungsrechte.

⇨ Datenschutz (Dienstvereinbarung Personaldaten)

Bei länderübergreifender Versetzung soll bei Erstanträgen die Personalakte von der Schulaufsichtsbehörde stets vollständig mitgeschickt werden.

Gliederung und Zugriff

Personalaktendaten können in einen Grunddatenbestand und Teildatenbestände gegliedert werden. So sind Personalaktendaten über Beihilfe, Heilfürsorge und Heilverfahren als „Teildatenbestände“ beim Landesamt für Besoldung und Versorgung zu führen. Diese „Beihilfeakten“ sind von den Besoldungs- und Versorgungsakten getrennt. Deshalb haben die Beschäftigten mehrere, getrennte Personalnummern.

Nicht Bestandteil der Personalakte sind Unterlagen, die besonderen, von der Person und dem Dienstverhältnis sachlich zu trennenden Zwecken dienen, insbesondere Prüfungs-, Sicherheits- und Kindergeldakten. Letztere sind mit den Besoldungs- und Versorgungsakten verbunden und werden – von der übrigen Personalakte getrennt – vom Landesamt für Besoldung geführt.

⇨ Landesamt für Besoldung und Versorgung

Auch Personalaktendaten über Disziplinarverfahren sind getrennt von anderen Akten zu führen.

Gesundheitsdaten und BEM

Besondere Sorgfalt ist bei Personaldaten geboten, die sich auf die Gesundheit der Beschäftigten beziehen. So fallen z.B. im Rahmen einer Arbeitszeitermäßigung aufgrund einer Schwerbehinderung, eines betrieblichen Eingliederungsmanagements (BEM), eines Verfahrens aufgrund einer (Alkohol-) Sucht oder eines Zurruhesetzungsverfahrens sehr sensible Personaldaten an.

⇨ Ruhestand (Beamtenrecht); ⇨ Schwerbehinderung (Allgemeines); ⇨ Sucht (Dienstvereinbarung)

In die Personalakte aufgenommen werden z.B. das Angebot, ein betriebliches Eingliederungsmanagement durchzuführen und die Zustimmung oder Ablehnung des Angebots durch die Lehrkraft. Die weiteren Unterlagen aus dem betrieblichen Eingliederungsmanagement sind in einer gesonderten Akte („BEM-Akte“) zu führen, insbesondere die Gesprächsprotokolle. Ärztliche Zeugnisse, die im Zusammenhang mit solchen Verfahren von der Lehrkraft vorgelegt oder angefordert werden, sind nur dann in die Personalakte aufzunehmen, wenn sie Grundlage für konkrete Maßnahmen, wie z.B. eine Wiedereingliederung sind oder im Hinblick auf konkrete Entscheidungen, z.B. zur Überprüfung der Dienstfähigkeit, angefordert wurden. Die Aufbewahrung muss in einem verschlossenen Umschlag in der Personalakte erfolgen. Auf dem Umschlag dürfen nur der Inhalt in abstrakter Form mit der pauschalen gesundheitlichen Aussage, nicht aber einzelne Untersuchungsbefunde und -ergebnisse vermerkt werden. Der Zugriff auf diese Daten ist zu dokumentieren, also z.B. auch das Öffnen des verschlossenen Umschlags, in dem ärztliche Zeugnisse aufbewahrt werden.

Solche Daten bzw. Kopien davon gehören grundsätzlich nicht in die „Nebendatenbestände“ an der einzelnen Schule (s.u. Nr. 2). Dort werden lediglich die Einladung zu einem Gespräch im Rahmen der Dienstvereinbarung Sucht oder eine Aktennotiz, dass, wann und mit wem ein solches Gespräch geführt wurde, dokumentiert. ⇨ Sucht (Dienstvereinbarung) § 4

2. Zum Umgang mit Personalakten an der Schule

1. Teil- und Nebenpersonalakten der Lehrkräfte

Die Personalakten der Lehrkräfte bestehen aus mehreren Teilen: dem „Grunddatenbestand", den „Teildatenbeständen" und den „Nebendatenbeständen".

Der Grunddatenbestand wird vom Regierungspräsidium geführt.

An jeder Schule werden Teildatenbestände geführt, die nur hier und nicht bei der Schulaufsichtsbehörde bestehen; dies ist ein „ausgelagerter Teil" der Personalakte: z.B. das „Abwesenheitsblatt", das Protokoll der Belehrung nach dem Infektionsschutzgesetz, die Genehmigung einer Nebentätigkeit oder einer Schwerbehindertenermäßigung bis zu 4 Stunden.

➪ Infektionsschutzgesetz (§ 35); ➪ Krankmeldung (Abwesenheit von Lehrkräften) C.III

An jeder (!) Schule werden darüber hinaus noch weitere Personalunterlagen, die im Original zum „Grunddatenbestand" im Regierungspräsidium gehören, als „Nebendatenbestände" aufbewahrt, z.B. Kopien der Dienstantrittsmeldung, des Personalbogens, von dienstlichen Beurteilungen durch die Schulleitung usw.; auch die Staatlichen Schulämter führen „Nebendatenbestände" über die zu ihrem Bereich gehörenden Lehrkräfte.

Das KM hat mitgeteilt (3.1.1997; AZ: I/5-0301.91/8), *„dass im Falle einer Versetzung der Lehrkraft die Nebenakte nicht [...] an die aufnehmende Schule gesandt wird; die Nebenakte ist vielmehr von der abgebenden Schule aufzubewahren und zu vernichten [...] Der Schulleiter der aufnehmenden Schule kann sich die notwendigen Informationen über die neue Lehrkraft verschaffen, indem er sich von dieser Lehrkraft einen ausgefüllten Personalbogen [...] übergeben lässt. – Auf dem Abwesenheitsblatt darf keinesfalls die Art der Erkrankung vermerkt werden"*.

Gem. § 86 Abs. 5 LBG werden an der Schule geführte Nebendatenbestände ein Jahr nach dem Wegfall des Grundes für die mehrfache Speicherung vernichtet (z.B. Ausscheiden aus der Schule). Die an der Schule geführten Teildatenbestände hingegen sind der neuen Schule zu übersenden.

Unterhalb der mildesten Disziplinarmaßnahme („Verweis") sind missbiligende Äußerungen von Vorgesetzten gegenüber Beschäftigten möglich (schriftliche Beanstandung eines konkreten dienstpflichtwidrigen Verhaltens). Hierbei anfallende Vorgänge sind an der Schule als Teildatenbestände – getrennt von den Nebendatenbeständen – zu führen und spätestens nach zwei Jahren zu vernichten.

➪ Disziplinargesetz (LDG) § 27 (Hinweis), § 42

Zur Verarbeitung von Personaldaten der Lehrkräfte an Schulen hat das KM eine Verwaltungsvorschrift erlassen, in der auch die Bestimmungen des Landesdatenschutzgesetzes erläutert werden. In dieser VwV ist u.a. verfügt: Vor der erstmaligen Speicherung ihrer Daten sind die Lehrkräfte von der Schulleitung zu unterrichten und nach der Erfassung der Daten mit einem Ausdruck über die gespeicherten Daten zu informieren. Des Weiteren stellen die Schulleitungen bei automatisierter Datenverarbeitung im Interesse der Transparenz und der Richtigkeit der gespeicherten Daten ihrer Lehrkräfte unaufgefordert in regelmäßigen Abständen einen Ausdruck der über sie gespeicherten Daten und der damit durchgeführten systematischen Auswertungen zur Verfügung.

➪ Datenschutz (Schulen) Nr. III.2.5

2. Aufschriebe und Notizen der Schulleitung

An jeder Schule entstehen Unterlagen über Lehrkräfte, die gar nicht oder noch nicht an die Schulaufsicht geschickt werden sollen. Beispiele:

- Der Schulleiter bereitet einen Dienstbericht vor. Er macht sich hierzu Notizen, fertigt einen Entwurf, bespricht diesen mit der Lehrkraft und vernichtet nach Erstellung der Endfertigung pflichtgemäß die Notizen und Entwürfe.
- Die Schulleiterin führt ein „Beratungsgespräch" mit einer Lehrkraft. Hierfür (und für eine mögliche „Zielvereinbarung") gibt es zwar keine Formvorschriften, sie fertigt jedoch eine Aktennotiz, um den Zeitpunkt sowie ggf. wichtige Inhalte des Gesprächs festzuhalten, und gibt der Lehrkraft eine Mehrfertigung.

  ➪ Beurteilung (Lehrkräfte) Nr. III.11 und II
- Eine Schulleiterin oder ein Schulleiter ermahnt eine Lehrkraft schriftlich wegen häufiger Verletzungen der Dienstpflichten; die Lehrkraft muss eine Mehrfertigung abzeichnen.
- Ein Schulleiter führt das erste dienstliche Gespräch mit einer suchtkranken Kollegin. Hierüber erstellt er eine Notiz (Anlass, Ort, Zeit und Dauer sowie teilnehmende Personen).

  ➪ Sucht (Dienstvereinbarung)

Solche personenbezogenen Notizen und Entwürfe sind materiell (noch) keine „Personalakten" (auch keine „Nebenakten", denn in die darf nur hinein, was sich zugleich in der Grund- oder einer Teilakte befindet), sie müssen aber aufbewahrt werden, bis der Vorgang abgeschlossen ist.

Wir empfehlen, solche schriftlichen Unterlagen *vorübergehend* bei der Nebenakte der betreffenden Lehrkraft abzulegen und nach angemessener Zeit wieder zu entfernen sowie zuverlässig zu vernichten (Reißwolf). Aus ihnen ist nämlich inzwischen entweder ein „Vorgang" geworden, der an die Schulaufsichtsbehörde geschickt werden muss und dort in den „Grunddatenbestand" aufgenommen wird (z.B. als Bericht oder Beschwerde über Pflichtwidrigkeiten einer Lehrkraft), oder die Sache hat sich erledigt. Angemessen sind maximal zwei Jahre (vgl. § 86 LBG); beim „Sucht"-Gespräch ist die Vernichtung nach 12 Monaten vorgeschrieben. ➪ Beamtengesetz (LBG) § 86 Abs. 5

Die Schulleitung sollte den Lehrkräften dieses Verfahren bekanntgeben sowie darauf hinweisen, dass „erledigte" Vorgänge entfernt werden und Betroffene jederzeit Einsicht in diese Unterlagen nehmen können.

3.
Umgang mit Elternbeschwerden

Ein Beispiel: Nach einer Elternbeschwerde holt die Schulleitung zunächst eine Stellungnahme der Lehrkraft ein. Schulleitung und Lehrerin sprechen danach mit den Eltern; hierüber wird ein Protokoll angefertigt. Anschließend weist die Schulleitung die Vorwürfe in einem Brief an die Eltern teilweise zurück, teilweise kündigt sie Abhilfe an. Diese Unterlagen werden (z.B. unter dem Stichwort „Elternbeschwerden") in den Sachakten abgelegt.

Aus diesem Sachvorgang kann jedoch ein Personalvorgang werden, wenn die Schulleitung zur Einschätzung kommt, dass die Lehrkraft sich grob pflichtwidrig verhalten hat. Sie muss dann unter den Gesichtspunkten der Fürsorge für den/die Beschäftigte, des kooperativen Führungsstils und der geordneten Arbeit an der Schule prüfen, ob der Sachverhalt dem RP (bei GHWRGS-Schulen auf dem Dienstweg über das Schulamt) zu übermitteln ist oder ob dies unterbleiben kann. Eine Übermittlung ist z.B. dann geboten, wenn ein Sachverhalt geeignet ist, disziplinarische Ermittlungen gegen eine Lehrkraft einzuleiten. In letzterem Fall ist im RP ein gesonderter Teildatenbestand des/der Beschäftigten („Disziplinarakte") anzulegen.

Hierzu bitte auch den Beitrag ➪ Beschwerden beachten.

➪ Aktenvermerk; ➪ Beamtengesetz (LBG) §§ 83 ff.; ➪ Beamtenstatusgesetz § 50; ➪ Beschwerderecht; ➪ Beurteilung (Lehrkräfte) Nr. III.11 und II; ➪ Chancengleichheitsgesetz §§ 11 Abs. 4 und 18 Abs. 6; ➪ Datenschutz (LDSG) § 15; ➪ Datenschutz (RDV - Personaldaten); ➪ Datenschutz (Schulen); ➪ Disziplinarrecht (Allgemeines); ➪ Infektionsschutzgesetz (§ 35); ➪ Landesamt; ➪ Personalvertretungsgesetz (LPVG) § 70 Abs. 2; ➪ Sucht (Dienstvereinbarung); ➪ Krankmeldung (Abwesenheit); ➪ Verwaltungsrecht (dort Informationen zur Anhörung)

Personalversammlungen (GHWRGS)

Personalversammlungen im Bereich Grund-, Werkreal-, Haupt-, Real- und Sonderschulen; Ziff. 1 der Verwaltungsvorschrift des KM vom 26. Oktober 1981 (K.u.U. S. 1359/1981); zuletzt geändert 11. November2009 (K.u.U. S. 223/2009)

Personalversammlungen können grundsätzlich nicht in die Hauptunterrichtszeit am Vormittag gelegt werden. – Weil eine Personalversammlung im Bereich der Grund-, Werkreal-, Haupt-, Real- und Sonderschulen wegen längerer Anfahrtsstrecken für die Teilnehmerinnen und Teilnehmer zeitaufwendiger ist als in anderen Bereichen, kann hiervon wie folgt abgewichen werden: Personalversammlungen können in jedem zweiten Kalenderjahr einmal frühestens um 11.00 Uhr beginnen, sofern in dem Kalenderjahr nur eine Personalversammlung gemäß *(jetzt:)* § 52 Abs. 1 LPVG stattfindet.

Im Übrigen beginnen Personalversammlungen frühestens um 13.00 Uhr.

➪ Personalvertretungsgesetz (LPVG) § 52 Abs. 1

Personalvertretung (Allgemeines)

Informationen der Redaktion zur Rechtslage und zur Verwaltungspraxis in Baden-Württemberg

Für alle „Dienststellen" des Landes und der Kommunen, also auch für alle öffentlichen Schulen und Schulkindergärten sowie die staatliche Schulverwaltung, gilt das ➪ Personalvertretungsgesetz (LPVG). Für private Bildungseinrichtungen gilt das Betriebsverfassungsgesetz bzw. bei kirchlicher Trägerschaft die Mitarbeitervertretungsordnung.

Nach Maßgabe des LPVG werden auf den verschiedenen Verwaltungsebenen Personalräte gebildet. Diese *„Stufenvertretung"* orientiert sich an der Struktur der Verwaltung (mit *„örtlichen"* Personalräten, Bezirks- und Hauptpersonalräten; siehe Übersicht auf der nächsten Seite). Die Anschriften der GEW-Mitglieder in den Personalräten befinden sich im Adressenteil am Anfang des Jahrbuchs.

Zur Wahrung der Interessen der jeweils kleineren Beschäftigtengruppe wählen die „Gruppen" der Beamt*innen und jene der Arbeitnehmer*innen nach ihrem zahlenmäßigen Anteil an der Belegschaft jeweils eigene Vertreter*innen in den Personalrat.

Personalräte für öffentlichen Schulen

Für die Lehrkräfte an Grund-, Haupt-, Werkreal-, Real- und Gemeinschaftsschulen sowie die Sonderpädagogischen Bildungs- und Beratungszentren einschließlich Schulkindergärten gibt es keinen „örtlichen" Personalrat an der Schule selbst, sondern einen zentralen Lehrkräfte-Personalrat beim Schulamt. An den beruflichen Schulen, den SBBZ mit Internat und den Gymnasien wird hingegen ein Personalrat an der einzelnen Schule gewählt. An den Schulen ist nur das pädagogische Personal wahlberechtigt und wählbar, nicht aber die Beschäftigten des Schulträgers (Hausmeister, Sekretärin, Reinigungskräfte usw.; für diese ist der Personalrat des Schulträgers zuständig).

In der Praxis wichtigster Angelpunkt für die Personalvertretung sind neben den Mitbestimmungs- und Mitwirkungstatbeständen (§§ 68 ff.) die in §§ 73 ff. festgeschriebene allgemeine Überwachungspflicht des Personalrats gegenüber der Dienststelle sowie das allgemeine Beschwerderecht der Beschäftigten beim Personalrat. Der Gesetzesauftrag, die Behandlung aller Beschäftigten nach Recht und Billigkeit zu überwachen, ermöglicht dem Personalrat, sich in vielen Einzelfällen (von der Lehrauftragsverteilung oder die Mehrarbeit bis zur Übertragung sonstiger dienstlicher Aufgaben usw.) einzuschalten bzw. im Auftrag der Beschäftigten für diese tätig zu werden. Viele Angelegenheiten, die den Arbeitsplatz der Lehrkräfte berühren, unterliegen zusätzlich dem Beratungs- und Beschlussrecht der Lehrerkonferenzen, insbesondere der Gesamtlehrerkonferenz. ➩ Konferenzen (Allgemeines).

Der Personalrat besitzt ein Zugangsrecht zur Dienststelle und kann dort auch Sprechstunden abhalten.

Für die Interessenvertretung ist von Bedeutung, dass ein Personalratsmitglied im Auftrag bzw. nach Zustimmung durch die betroffenen Beschäftigten Einsicht in die Personalakten nehmen kann. Für Personalräte besteht über die allgemeine Verschwiegenheitspflicht hinaus eine besondere Schweigepflicht. ➩ Personalakten; ➩ Verschwiegenheitspflicht

Personalversammlungen

Von erheblicher Bedeutung ist das Recht des Personalrats, Personalversammlungen einzuberufen. Diese Versammlung aller (bzw. bei Teilversammlungen einer Gruppe von) Beschäftigten kann dem Personalrat Anträge unterbreiten und zu seinen Beschlüssen Stellung nehmen. Sie darf alle Angelegenheiten behandeln, die die Dienststelle oder ihre Beschäftigten unmittelbar betreffen, insbesondere Tarif-, Besoldungs- und Sozialangelegenheiten sowie Fragen der Gleichstellung von Frauen und Männern. Die Einzelheiten einschließlich des Teilnahmerechts (Dienstbefreiung) sind in §§ 49 ff. LPVG sowie unter ➩ Personalversammlungen (GHWRGS) geregelt.

➩ Konferenzen (Allgemeines); ➩ Personalversammlungen (GHWRGS); ➩ Personalvertretung (Aufbau); ➩ Personalvertretung (Sonderfälle); ➩ Personalvertretungsgesetz (LPVG)

Personalvertretung (Aufbau)

Vereinfachte Darstellung ohne Schulen besonderer Art (§ 107 Schulgesetz) und SBBZ mit Internat

Land (Kultusministerium)	**Kultusministerium (Oberste Schulaufsichtsbehörde)[1] mit BfC**		
	Hauptpersonalrat (HPR-GHWRGS)* für Grund-, Haupt-, Werkreal-, Real- und Gemeinschaftsschulen sowie für Sonderpädagogische Bildungs- und Beratungszentren	HPR für Gymnasien	HPR für berufliche Schulen
Bezirke (Regierungspräsidium – Abteilung 7)	**Vier Regierungspräsidien (Obere Schulaufsichtsbehörden)[1] mit BfC[2]**		
	Bezirkspersonalrat (BPR-GHWRGS)* für Grund-, Haupt-, Werkreal-, Real- und Gemeinschaftsschulen sowie für Sonderpädagogische Bildungs- und Beratungszentren	BPR für Gymnasien	BPR für berufliche Schulen
Kreise (Schulamt) beziehungsweise **Schulen** (soweit dem RP direkt unterstellt)	**21 Staatliche Schulämter[1] (Untere Schulaufsichtsbehörden) mit BfC[3]**	**Gymnasium[1,4]**	**Berufliche Schule[1,4]**
	Örtlicher Personalrat (ÖPR-GHWRGS)* für Grund-, Haupt-, Werkreal-, Real- und Gemeinschaftsschulen sowie für Sonderpädagogische Bildungs- und Beratungszentren beim Staatlichen Schulamt	Örtlicher Personalrat an dem einzelnen Gymnasium	Örtlicher Personalrat an der einzelnen beruflichen Schule

* Der HPR-GHWRGS, der BPR-GHWRGS und der ÖPR-GHWRGS ist jeweils auch für die Schulkindergärten zuständig.

Schulen (soweit dem Staatlichen Schulamt unterstellt)	**Grundschule[4,5]**	**Haupt-/Werkrealschule[4,5]**	**Gemeinschaftsschule[4,5]**	**Realschule[4,5]**	**SBBZ[4,5]**
	kein Personalrat an der Schule[3]	kein Personalrat an der Schule[3]	kein Personalrat an der Schule[3]	kein Personalrat an der Schule[3]	kein Personalrat an der Schule[3]

Anmerkungen:

1 Auf Landes-, Bezirks- und Kreisebene gibt es – parallel zum Personalrat – eine Schwerbehindertenvertretung. ➩ Schwerbehinderung (Allgemeines)

2 Der Chancengleichheitsbeauftragten beim Regierungspräsidium ist eine „fachliche Beraterin für den Bereich Schule" zugeordnet.

3 Zu den Beauftragten für Chancengleichheit an GHWRGS siehe: ➩ Beauftragte für Chancengleichheit (Schulen) im Adressenteil des Jahrbuchs.

4 Chancengleichheitsbeauftragte gibt es an der einzelnen Schule ab 50 Beschäftigten, sonst nur Ansprechpartnerin.

5 „Örtlicher Personalrat" für die Grund-, Haupt-, Werkreal-, Real- und Gemeinschaftsschulen sowie für die Sonderpädagogischen Bildungs- und Beratungszentren und die Schulkindergärten ist der Personalrat für GHWRGS-Schulen beim Staatlichen Schulamt.

Personalvertretung (Ausbildungspersonalräte)

Auszug aus der VO des KM über die Bildung von Ausbildungspersonalräten im Geschäftsbereich der Kultusverwaltung vom 7. März 1977 (GBl. S. 98/1977); zuletzt geändert 3. Dezember 2013 (GBl. S. 329/2013)

§ 1

(1) Für Lehramtsanwärter wird ein Ausbildungspersonalrat an jedem Seminar für Studienreferendare, jedem Institut für Reallehrer an einer Pädagogischen Hochschule, jedem Pädagogischen Fachseminar sowie [...] dem Fachseminar für Sonderpädagogik [...] gebildet.

Hinweise der Redaktion:

1. An den Seminaren für Ausbildung und Fortbildung GS und WHRS gibt es keine Ausbildungspersonalräte. Für die Lehramtsanwärter*innen GS und WHRS ist die jeweils zugewiesene Schule „Stammbehörde"; sie sind dort wahlberechtigt.
2. An den Pädagogischen Fachseminaren, an den Fachseminaren für Sonderpädagogik sowie an den Seminaren für Ausbildung und Fortbildung der Lehrkräfte für die wissenschaftlichen Lehrämter an Gymnasien und beruflichen Schulen bestehen Ausbildungspersonalräte.

⇨ Personalvertretungsgesetz (LPVG) § 8 (Hinweis)

§ 2

(1) Die Amtszeit der Ausbildungspersonalräte beträgt ein Jahr.

(2) Die regelmäßigen Wahlen zu den Ausbildungspersonalräten für die Lehramtsanwärter finden in der Zeit vom 1. August bis 31. Oktober [...] eines jeden Jahres statt. Für Lehramtsanwärter an Seminaren für Studienreferendare, an denen der Vorbereitungsdienst ausschließlich im Monat Januar beginnt, finden die regelmäßigen Wahlen in der Zeit vom 1. Februar bis 30. April eines jeden Jahres statt.

(3) Die Amtszeit endet mit Ablauf der Anfechtungsfrist für den neu gewählten Ausbildungspersonalrat, jedoch spätestens am 31. Oktober eines Jahres bei Ausbildungspersonalräten für Lehramtsanwärter [...]. Die Amtszeit der Ausbildungspersonalräte an Seminaren für Studienreferendare, an denen der Vorbereitungsdienst ausschließlich im Monat Januar beginnt, endet spätestens am 30. April eines Jahres.

§ 3

Die Ausbildungspersonalräte werden an den Maßnahmen beteiligt, die nach dem Landespersonalvertretungsgesetz der Mitbestimmung oder Mitwirkung unterliegen und von den in § 1 bezeichneten Dienststellen für die bei ihnen in Ausbildung befindlichen Anwärter getroffen werden. Sie haben insbesondere die in *(jetzt:)* §§ 68 und 71 des Landespersonalvertretungsgesetzes genannten Aufgaben, Rechte und Pflichten.

⇨ Personalvertretungsgesetz (LPVG) §§ 8 und § 59

Personalvertretung (Sonderfälle / Gesamtschulen)

Personalvertretung bei Schulen besonderer Art, Schulverbünden und Orientierungsstufen; Verwaltungsvorschrift des Kultusministeriums vom 31. Oktober 1988 (K.u.U. S. 778/1988); zul. geänd. 11. November 2009 (K.u.U. S. 223/2009)

1. An Schulen besonderer Art im Sinne von § 107 des Schulgesetzes sowie an Schulen, die in einen Verbund von Schularten einbezogen sind und eine gymnasiale Abteilung umfassen, wird ein gemeinsamer örtlicher Personalrat für alle dort unterrichtenden Lehrer gebildet.
2. Die Lehrer an den unter Nr. 1 bezeichneten Schulen wählen zu den Stufenvertretungen der Lehrer an Gymnasien, sofern sie eine Prüfung für das Lehramt an Gymnasien, für das Lehramt an Unter- und Mittelstufen der Gymnasien oder für das höhere Lehramt an beruflichen Schulen abgelegt haben oder die Amtsbezeichnung „Gymnasialrat" führen. Die übrigen Lehrer wählen zu den Stufenvertretungen der Lehrer an Grund-, Werkreal-, Haupt-, Real- und Sonderschulen.
3. Auf Orientierungsstufen als selbstständige Schulen mit einer gymnasialen Niveaugruppe und die dort unterrichtenden Lehrkräfte finden Nr. 1 und 2 entsprechende Anwendung.

⇨ Gesamtschulen (Schulen besonderer Art); ⇨ Personalvertretungsgesetz (LPVG) § 98; ⇨ Schulgesetz § 107

Stichwort: Mitbestimmung auf Antrag

Der Personalrat hat in Angelegenheiten der Beschäftigten in den Fällen nach § 74 sowie nach § 75 Abs. 1 und 2 ⇨ Personalvertretungsgesetz (LPVG) mitzubestimmen. In den Fällen des § 75 Abs. 3 bestimmt der Personalrat nur dann mit, wenn die Beschäftigten dies beantragen.

Hierzu gehören zum Beispiel: Verlängerung der Probezeit oder Entlassung in der Probezeit; Änderung der arbeitsvertraglichen Arbeitszeit über eine Dauer von mehr als zwei Monaten; Versagung oder Widerruf der Genehmigung einer Nebentätigkeit, Ablehnung eines Antrags auf Teilzeitbeschäftigung oder Urlaub ohne Dienstbezüge; Ablehnung eines Antrags auf Altersteilzeit; Ablehnung eines Antrags auf Hinausschiebung des Eintritts in den Ruhestand; Entlassung von Beamten auf Widerruf; ...

Die Kontaktdaten der GEW-Mitglieder in den Personalräten finden Sie auf den Seiten 14 – 19.

Personalvertretungsgesetz (LPVG)

Auszug aus dem Landespersonalvertretungsgesetz (LPVG) in der Fassung vom 12. März 2015 (GBl. S. 221/2015); zuletzt geändert am 15. Februar 2021 (GBl. S. 1106/2021)

Teil 1
Allgemeine Vorschriften

§ 1
Allgemeiner Grundsatz

In den Verwaltungen und Betrieben des Landes, der Gemeinden und Gemeindeverbände sowie der sonstigen Körperschaften, Anstalten und Stiftungen des öffentlichen Rechts, die der Aufsicht des Landes unterstehen, sowie in den Gerichten des Landes werden Personalvertretungen gebildet.

⇨ Beamtenstatusgesetz § 51; ⇨ Personalvertretung (Aufbau)

Hinweis der Redaktion: Zu öffentlichen Schulen siehe § 98.

§ 2
Aufgaben der Dienststelle, der Personalvertretung, der Gewerkschaften und der Arbeitgebervereinigungen

(1) Dienststelle und Personalvertretung arbeiten unter Beachtung der Gesetze und Tarifverträge partnerschaftlich, vertrauensvoll und im Zusammenwirken mit den in der Dienststelle vertretenen Gewerkschaften und Arbeitgebervereinigungen zum Wohle der Beschäftigten und zur Erfüllung der der Dienststelle obliegenden Aufgaben zusammen.

(2) Zur Wahrnehmung der in diesem Gesetz genannten Aufgaben und Befugnisse der in der Dienststelle vertretenen Gewerkschaften ist deren Beauftragten nach Unterrichtung der Dienststelle Zugang zu der Dienststelle zu gewähren, soweit dem nicht unumgängliche Notwendigkeiten des Dienstablaufs, zwingende Sicherheitsvorschriften oder der Schutz von Dienstgeheimnissen entgegenstehen.

(3) Die Aufgaben der Gewerkschaften und der Vereinigungen der Arbeitgeber, insbesondere die Wahrnehmung der Interessen ihrer Mitglieder, werden durch dieses Gesetz nicht berührt.

§ 3
Ausschluss abweichender Regelungen

Durch Tarifvertrag oder Dienstvereinbarung kann das Personalvertretungsrecht nicht abweichend von diesem Gesetz geregelt werden.

§ 4
Beschäftigte, Gruppen

(1) Beschäftigte im Sinne dieses Gesetzes sind Personen, die

1. weisungsgebunden in die Arbeitsorganisation der Dienststelle eingegliedert und innerhalb dieser tätig sind oder arbeitnehmerähnliche Personen im Sinne von § 12 a des Tarifvertragsgesetzes sind,

   Hinweis der Redaktion: Gemäß § 98 gehören im Schulbereich zu den „Beschäftigten" die Lehrkräfte und das „sonstige pädagogisch tätige Personal", also z.B. auch Pädagogische Assistent*innen oder kirchliche Religionslehrkräfte; ehrenamtliche Jugendbegleiter*innen gelten hingegen nicht als „Beschäftigte" (vgl. § 4 Abs. 2 Nr. 3).

2. sich in der Ausbildung für eine Beamtenlaufbahn oder in sonstiger beruflicher Ausbildung befinden,

unabhängig davon, ob sie in einem Dienst-, Arbeits- oder Ausbildungsverhältnis mit einer juristischen Person nach § 1 stehen. Beschäftigte sind auch Personen, die unter Fortsetzung eines bestehenden unmittelbaren Dienst- oder Arbeitsverhältnisses zur Dienststelle nach beamtenrechtlichen oder tariflichen Vorschriften zu einer anderen Stelle abgeordnet oder dieser zugewiesen sind oder dort ihre geschuldete Arbeitsleistung erbringen.

(2) Als Beschäftigte im Sinne dieses Gesetzes gelten nicht

1. Personen in einem öffentlich-rechtlichen Amtsverhältnis,
2. Richter sowie Staatsanwälte, es sei denn
   a) die Richter auf Lebenszeit oder Staatsanwälte auf Lebenszeit sind an eine andere Dienststelle als ein Gericht oder eine Staatsanwaltschaft abgeordnet,
   b) die Richter auf Probe oder die Richter kraft Auftrags sind einer anderen Dienststelle als einem Gericht oder einer Staatsanwaltschaft zur Verwendung zugewiesen,
3. Personen, die ehrenamtlich tätig sind, es sei denn, sie stehen in einem Ehrenbeamtenverhältnis,
4. Personen, die vorwiegend zu ihrer Heilung, Wiedereingewöhnung oder Erziehung beschäftigt werden,
5. Personen, die in der Dienststelle auf der Grundlage von Werk-, Werklieferungs- oder Geschäftsbesorgungsverträgen tätig sind; Absatz 1 Satz 1 Nummer 1 bleibt unberührt.

(3) Unter den Beschäftigten bilden die Beamten im Sinne der Beamtengesetze eine Gruppe. Als Beamte im Sinne dieses Gesetzes gelten auch Personen, die sich, ohne in ein Beamtenverhältnis berufen zu sein, in der Ausbildung für eine Beamtenlaufbahn in einem öffentlich-rechtlichen Ausbildungsverhältnis befinden oder als Richter oder Staatsanwälte nach Absatz 2 Nummer 2 verwendet werden.

(4) Die übrigen Beschäftigten bilden die Gruppe der Arbeitnehmer. Die dieser Gruppe angehörenden Beschäftigten gelten als Arbeitnehmer im Sinne dieses Gesetzes. ⇨ Tarifvertrag – Länder (Hinweis zu § 1 Abs. 4)

§ 5
Dienststellen

(1) Dienststellen im Sinne dieses Gesetzes sind die einzelnen Behörden, Stellen und Betriebe der in § 1 genannten juristischen Personen sowie die Gerichte, die Hochschulen, das Karlsruher Institut für Technologie (KIT) und die Schulen, soweit in diesem Gesetz nichts anderes bestimmt ist. [...]

Hinweis der Redaktion: Zu öffentlichen Schulen siehe § 98.

§ 6
Behinderungs-, Benachteiligungs- und Begünstigungsverbot, Unfallschutz

(1) Personen, die Aufgaben oder Befugnisse nach diesem Gesetz wahrnehmen, dürfen darin nicht behindert und wegen ihrer Tätigkeit nicht benachteiligt oder begünstigt werden; dies gilt auch für ihre berufliche Entwicklung.

(2) Erleiden Beamte, die Aufgaben oder Befugnisse nach diesem Gesetz wahrnehmen, dabei einen Unfall, der im Sinne der beamtenrechtlichen Unfallfürsorgevorschriften ein Dienstunfall wäre, oder erfahren sie einen Sachschaden, der nach § 80 des Landesbeamtengesetzes zu ersetzen wäre, so finden diese Vorschriften entsprechende Anwendung.

Hinweis der Redaktion: Für Arbeitnehmer*innen greift in solchen Fällen die gesetzliche Unfallversicherung (SGB VII).

⇨ Sachschäden

§ 7
Verschwiegenheitspflicht

(1) Personen, die Aufgaben oder Befugnisse nach diesem Gesetz wahrnehmen oder wahrgenommen haben, haben über die ihnen dabei bekanntgewordenen Angelegenheiten und Tatsachen Verschwiegenheit zu bewahren. Abgesehen von den Fällen des § 71 Absatz 1 Satz 3, des § 76 Absatz 4 und des § 94 gilt die Verschwiegenheitspflicht nicht

1. für Mitglieder der Personalvertretung und der Jugend- und Auszubildendenvertretung gegenüber den übrigen Mitgliedern der Vertretung und gegenüber den für Mitglieder eingetretenen Ersatzmitgliedern,
2. für die in Satz 1 bezeichneten Personen gegenüber der zuständigen Personalvertretung und der zuständigen Jugend- und Auszubildendenvertretung,
3. gegenüber der übergeordneten Dienststelle, der obersten Dienstbehörde oder dem anzurufenden obersten Organ oder einem Ausschuss dieses Organs,
4. gegenüber der bei der übergeordneten Dienststelle oder der obersten Dienstbehörde gebildeten Stufenvertretung,
5. gegenüber dem Gesamtpersonalrat,
6. gegenüber der anzuhörenden Personalvertretung,
7. für die Anrufung der Einigungsstelle,
8. für Mitglieder des Wirtschaftsausschusses gegenüber Mitgliedern der Personalvertretungen.

(2) Die Verschwiegenheitspflicht besteht nicht für Angelegenheiten oder Tatsachen, die offenkundig sind oder ihrer Bedeutung nach keiner Geheimhaltung bedürfen.

(3) Die Dienststelle kann im Einzelfall auf Antrag des Personalrats von der Verschwiegenheitspflicht entbinden; die Aussagegenehmigung nach beamtenrechtlichen oder entsprechenden tariflichen Vorschriften bleibt davon unberührt.

⇨ Beamtenstatusgesetz § 37; ⇨ Verschwiegenheitspflicht

Teil 2
Der Personalrat

Abschnitt 1 – Wahl und Zusammensetzung

§ 8
Wahlberechtigung

(1) Wahlberechtigt sind alle Beschäftigten, es sei denn, dass sie

1. infolge Richterspruchs das Recht, in öffentlichen Angelegenheiten zu wählen oder zu stimmen, nicht besitzen,
2. am Wahltag seit mehr als zwölf Monaten ohne Dienstbezüge oder Arbeitsentgelt beurlaubt sind,
3. eine Teilzeitbeschäftigung mit Freistellungsjahr ausüben und am Wahltag noch mehr als zwölf Monate vom Dienst freigestellt sind,
   ⇨ Teilzeit (Freistellungsjahr – Sabbatjahr)
4. Altersteilzeit im Blockmodell ausüben und sich am Wahltag in der Freistellung befinden.
   ⇨ Teilzeit (Altersteilzeit / Beamtenrecht); ⇨ Teilzeit (Altersteilzeit / Tarifvertrag)

(2) Auszubildende in öffentlich rechtlichen Ausbildungsverhältnissen, Beamte im Vorbereitungsdienst und Beschäftigte in einer dem Vorbereitungsdienst entsprechenden Berufsausbildung sind nur bei ihrer Stammbehörde wahlberechtigt, soweit sich aus § 58 nichts anderes ergibt. Sofern die Ausbildung bei mehreren Ausbildungsstellen erfolgt, bestimmt die oberste Dienstbehörde, welche Dienststelle Stammbehörde im Sinne dieses Gesetzes ist.

⇨ Personalvertretung (Ausbildungspersonalräte)

Hinweise der Redaktion:

1. Nach Nr. 3 der VwV zur Bestimmung der Stammbehörden vom 7.5.2018 (GABl. S. 338/2018) gilt als „Stammbehörde" der Lehamtsanwärter*innen für die Lehrämter an Grund-, Haupt- und Werkrealschulen, der Realschullehreranwärter*innen, der Lehramtsanwärter*innen für das Lehramt Grundschule, der Lehramtsanwärter*innen für das Lehramt Werkrealschule, Hauptschule und Realschule die Schule, denen diese zugewiesen sind. Für diese Anwärter*innen gibt es demnach keinen Ausbildungspersonalrat am Seminar; sie sind aber an ihrer „Stammschule" wahlberechtigt für die Personalvertretung an GHWRGS-Schulen (örtlicher Personalrat, Bezirks- und Hauptpersonalrat) sowie teilnahmeberechtigt an den Personalversammlungen im GHWRGS-Bereich.
2. An den Pädagogischen Fachseminaren, an den Fachseminaren für Sonderpädagogik sowie an den Seminaren für Didaktik und Lehrerbildung für die wissenschaftlichen Lehrämter an Gymnasien und beruflichen Schulen bestehen Ausbildungspersonalräte. Nach § 58 Abs. 4 LPVG besitzen die dortigen Referendar*innen weder das aktive noch das passive Wahlrecht zu den Personalräten der Lehrkräfte (weder örtlicher Personalrat noch Stufenvertretungen).

§ 9
Wählbarkeit

(1) Wählbar sind die wahlberechtigten Beschäftigten im Sinne von § 4 Absatz 1 Satz 1, die am Wahltag

1. seit zwei Monaten der Dienststelle angehören und
2. das 18. Lebensjahr vollendet haben.

(2) Nicht wählbar sind

1. Beschäftigte, die infolge Richterspruchs die Fähigkeit, Rechte aus öffentlichen Wahlen zu erlangen, nicht besitzen,

2. der Leiter der Dienststelle und sein ständiger Vertreter,
3. Beschäftigte, die zu selbstständigen Entscheidungen in Personalangelegenheiten der Dienststelle befugt sind,
4. die den Beschäftigten nach Nummer 3 zugeordneten unmittelbaren Mitarbeiter, die als Personalsachbearbeiter die Entscheidungen vorbereiten,
5. die Beauftragte für Chancengleichheit und ihre Stellvertreterin.

Beschäftigte, die nicht ständig selbstständige Entscheidungen in Personalangelegenheiten treffen oder vorbereiten, sind von der Wählbarkeit nach Satz 1 Nummer 3 und 4 nicht ausgeschlossen, wenn nur zu einem untergeordneten Teil der Gesamtaufgaben der Beschäftigten Personalangelegenheiten entschieden oder vorbereitet werden.

Hinweise der Redaktion:

1. Die Zuständigkeit, Urlaub oder Dienstbefreiung zu gewähren und dienstliche Beurteilungen abzugeben, stellt keine Befugnis zu selbstständigen Entscheidungen in Personalangelegenheiten dar. Die Wählbarkeit der jeweils entscheidungsbefugten Schulleiterinnen und Schulleiter an Grund-, Haupt-, Werkreal-, Real- und Gemeinschaftsschulen sowie Sonderpädagogischen Bildungs- und Beratungszentren (in den örtlichen Personalrat) wird dadurch nicht ausgeschlossen.
   (Quelle: Innenministerium, 25.10.2000; AZ: 1-0307.1/75)
2. Hingegen sind Schulleiter*innen, die einer „Dienststelle" im Sinne von § 9 i.V.m. § 93 vorstehen (z.B. Gymnasien, berufliche Schulen, Schulen mit Internat), für den örtlichen Personalrat ihrer Schule nicht wählbar, jedoch wahlberechtigt.
3. Für die Stufenvertretungen (Bezirks- bzw. Hauptpersonalrat) sind die Leiter*innen aller Schularten wählbar.
4. Diese Hinweise gelten auch für stellvertretende Schulleiter.
5. Wird einem Mitglied des Personalrats eine der in Abs. 2 Nr. 2-5 genannten Funktionen übertragen (z.B. Bestellung zur Beauftragten für Chancengleichheit), erlischt gemäß § 25 Abs. 1 Nr. 9 LPVG die Mitgliedschaft im Personalrat.

§ 10
Bildung von Personalräten, Zahl der Mitglieder

(1) In allen Dienststellen, die in der Regel mindestens fünf Wahlberechtigte beschäftigen, von denen drei Beschäftigte wählbar sind, werden Personalräte gebildet.

(2) Dienststellen, bei denen die Voraussetzungen des Absatzes 1 nicht vorliegen, werden von der übergeordneten Dienststelle im Einvernehmen mit der Stufenvertretung einer benachbarten Dienststelle zugeteilt, wenn die Mehrheit ihrer wahlberechtigten Beschäftigten in geheimer Abstimmung zustimmt.

(3) Der Personalrat besteht in Dienststellen mit in der Regel

fünf bis 14 wahlberechtigten Beschäftigten	aus einer Person,
15 wahlberechtigten Beschäftigten bis 50 Beschäftigten	aus drei Mitgliedern,
51 bis 150 Beschäftigten	aus fünf Mitgliedern,
151 bis 300 Beschäftigten	aus sieben Mitgliedern,
301 bis 600 Beschäftigten	aus neun Mitgliedern,
601 bis 1.000 Beschäftigten	aus elf Mitgliedern,
1001 bis 1500 Beschäftigten	aus 13 Mitgliedern,
1501 bis 2000 Beschäftigten	aus 15 Mitgliedern,
2001 bis 3000 Beschäftigten	aus 17 Mitgliedern,
3001 bis 4000 Beschäftigten	aus 19 Mitgliedern,
4001 bis 5000 Beschäftigten	aus 21 Mitgliedern,
5001 bis 7500 Beschäftigten	aus 23 Mitgliedern,
7501 bis 10000 Beschäftigten	aus 25 Mitgliedern,
10001 und mehr Beschäftigten	aus 27 Mitgliedern.

(4) Liegen in Dienststellen mit in der Regel 601 und mehr Beschäftigten Außenstellen, Nebenstellen oder Teile der Dienststelle räumlich vom Dienstort der Hauptdienststelle entfernt, erhöht sich die Zahl der Mitglieder nach Absatz 3 um

1. zwei Mitglieder, wenn mindestens ein Drittel der in der Regel Beschäftigten der Dienststelle,
2. vier Mitglieder, wenn mindestens die Hälfte der in der Regel Beschäftigten der Dienststelle

zum überwiegenden Teil ihrer Arbeitszeit an einem anderen als dem Dienstort der Hauptdienststelle beschäftigt ist.

(5) Maßgebend für die Ermittlung der Zahl der Mitglieder des Personalrats ist der zehnte Arbeitstag vor Erlass des Wahlausschreibens. Der Wahlvorstand legt dabei den zu dem Stichtag absehbaren Beschäftigtenstand zugrunde, der voraussichtlich über die Hälfte der Amtszeit des Personalrats in der Dienststelle vorhanden sein wird.

Hinweis der Redaktion: Zu öffentlichen Schulen siehe § 98.

§ 11
Vertretung nach Gruppen und Geschlechtern

(1) Besteht der Personalrat aus mindestens drei Mitgliedern, sollen im Personalrat Frauen und Männer entsprechend ihren Anteilen an den in der Regel Beschäftigten der Dienststelle vertreten sein. Sind in der Dienststelle Beamte und Arbeitnehmer beschäftigt, sollen Frauen und Männer in jeder Gruppe, der mehr als ein Sitz im Personalrat zusteht, entsprechend ihrem Anteil an den in der Regel beschäftigten Gruppenangehörigen vertreten sein.

(2) Besteht der Personalrat aus mindestens drei Mitgliedern und sind in der Dienststelle Beamte und Arbeitnehmer beschäftigt, so muss jede der Gruppen entsprechend der Zahl der in der Regel beschäftigten Gruppenangehörigen im Personalrat vertreten sein. Sind beide Gruppen gleich groß, entscheidet das Los. Macht eine Gruppe von ihrem Recht, im Personalrat vertreten zu sein, keinen Gebrauch, so verliert sie ihren Anspruch auf Vertretung für die Dauer der Amtszeit des Personalrats; die entsprechend zustehenden Sitze fallen der anderen Gruppe zu.

(3) Der Wahlvorstand stellt fest, wie hoch der Anteil der Frauen und der Männer an den in der Regel Beschäftigten insgesamt und innerhalb der Gruppen ist. Er errechnet nach den Grundsätzen der Verhältniswahl die Verteilung der Sitze

1. im Personalrat auf die Gruppen,
2. im Personalrat auf die Geschlechter,
3. innerhalb einer Gruppe, der mehr als ein Sitz im Personalrat zusteht, auf die Geschlechter.

(4) Eine Gruppe erhält mindestens bei in der Regel weniger als 101 Gruppenangehörigen einen Vertreter,

101 bis 300 Gruppenangehörigen zwei Vertreter,
301 bis 1000 Gruppenangehörigen drei Vertreter,
1001 bis 2500 Gruppenangehörigen vier Vertreter,
2501 bis 5000 Gruppenangehörigen fünf Vertreter,
5001 und mehr Gruppenangehörigen sechs Vertreter.

(5) Eine Gruppe, der in der Regel nicht mehr als fünf Beschäftigte angehören, erhält nur dann eine Vertretung, wenn sie mindestens ein Zwanzigstel der Beschäftigten der Dienststelle umfasst.

§ 12
Andere Gruppeneinteilung

(1) Die Verteilung der Mitglieder des Personalrats auf die Gruppen kann abweichend von § 11 geordnet werden, wenn die wahlberechtigten Angehörigen jeder Gruppe dies vor der Neuwahl in getrennten geheimen Vorabstimmungen beschließen. Der Beschluss bedarf der Mehrheit der Stimmen aller Wahlberechtigten jeder Gruppe.

(2) Für jede Gruppe können auch Angehörige der anderen Gruppe vorgeschlagen werden. Die Gewählten gelten als Vertreter derjenigen Gruppe, für die sie vorgeschlagen worden sind. Satz 2 gilt auch für Ersatzmitglieder.

§ 13
Wahl des Personalrats

(1) Der Personalrat wird in geheimer und unmittelbarer Wahl gewählt.

(2) Besteht der Personalrat aus mehr als einer Person, so wählen die Beamten und Arbeitnehmer ihre Vertreter je in getrennten Wahlgängen, es sei denn, dass eine Gruppe nach § 11 Absatz 5 keine Vertretung erhält oder die wahlberechtigten Angehörigen jeder Gruppe vor der Neuwahl in getrennten geheimen Vorabstimmungen die gemeinsame Wahl beschließen. Der Beschluss bedarf der Mehrheit der Stimmen aller Wahlberechtigten jeder Gruppe.

(3) Die Wahl wird nach den Grundsätzen der Verhältniswahl durchgeführt. Wird nur ein Wahlvorschlag eingereicht, so findet Mehrheitswahl statt. In Dienststellen, deren Personalrat aus einer Person besteht, wird dieser mit einfacher Stimmenmehrheit gewählt. Das gleiche gilt für Gruppen, denen nur ein Vertreter im Personalrat zusteht.

(4) Zur Wahl des Personalrats können die wahlberechtigten Beschäftigten und die in der Dienststelle vertretenen Gewerkschaften Wahlvorschläge machen. Jeder Wahlvorschlag der Beschäftigten muss von mindestens einem Zwanzigstel der wahlberechtigten Gruppenangehörigen unterzeichnet sein. In jedem Fall genügt die Unterzeichnung durch 50 wahlberechtigte Gruppenangehörige. Die nach § 9 Absatz 2 Satz 1 Nummer 3 und 4 in Verbindung mit Satz 2 nicht wählbaren Beschäftigten dürfen keine Wahlvorschläge machen oder unterzeichnen.

(5) Die Wahlvorschläge müssen mindestens so viele Bewerber enthalten, wie erforderlich sind, um die anteilige Verteilung der Sitze im Personalrat und innerhalb der Gruppen auf Frauen und Männer zu erreichen. Wahlvorschläge, die diesem Erfordernis nicht entsprechen, hat der Wahlvorstand nach näherer Maßgabe der Wahlordnung als gültig zuzulassen, wenn die Abweichung schriftlich begründet wird. Die Begründung ist mit dem Wahlvorschlag bekanntzugeben.

(6) Ist gemeinsame Wahl beschlossen worden, so muss jeder Wahlvorschlag der Beschäftigten von mindestens einem Zwanzigstel der wahlberechtigten Beschäftigten unterzeichnet sein; Absatz 4 Satz 3 und 4 gilt entsprechend.

(7) Werden bei gemeinsamer Wahl für eine Gruppe gruppenfremde Bewerber vorgeschlagen, muss der Wahlvorschlag der Beschäftigten von mindestens einem Zwanzigstel der wahlberechtigten Gruppenangehörigen unterzeichnet sein, für die sie vorgeschlagen werden. Absatz 4 Satz 3 und 4 gilt entsprechend.

(8) Jeder Beschäftigte kann nur auf einem Wahlvorschlag benannt werden.

§ 14
Zusammensetzung des Personalrats nach Beschäftigungsarten und Dienststellenteilen

(1) Der Personalrat soll sich aus Vertretern der verschiedenen Beschäftigungsarten und verschiedener Organisationseinheiten der Dienststelle zusammensetzen.

(2) Dem Personalrat beim Landratsamt sollen Beschäftigte des Landkreises und des Landes entsprechend ihren Anteilen an den in der Regel Beschäftigten des Landratsamts angehören. Dies gilt entsprechend für die Vertretung in den Gruppen im Personalrat.

§ 15
Wahlvorstand

(1) Der Wahlvorstand besteht aus drei wahlberechtigten Beschäftigten. Sind in der Dienststelle Angehörige verschiedener Gruppen beschäftigt, so muss jede Gruppe im Wahlvorstand vertreten sein. Beide Geschlechter sollen im Wahlvorstand vertreten sein.

(2) Ein Mitglied des Wahlvorstands wird zum Vorsitzenden sowie ein weiteres Mitglied zum stellvertretenden Vorsitzenden bestimmt.

(3) Für jedes Mitglied des Wahlvorstands können Ersatzmitglieder derselben Gruppe bestellt werden. Ein Ersatzmitglied tritt in den Wahlvorstand ein, wenn ein Mitglied aus dem Wahlvorstand ausscheidet oder ein Mitglied des Wahlvorstands zeitweilig verhindert ist.

(4) Ist der Vorsitzende des Wahlvorstands zeitweilig verhindert, vertritt ihn der stellvertretende Vorsitzende; scheidet der Vorsitzende aus dem Wahlvorstand aus, so ist der Vorsitz neu zu bestimmen. Unabhängig davon tritt jeweils das Ersatzmitglied nach Absatz 3 Satz 2 ein.

(5) § 41 Absatz 1 Satz 2, § 43 Absatz 2 Satz 2 und § 47 Absatz 1 Satz 1 und Absatz 2 sowie Absatz 4

gelten entsprechend für die Mitglieder des Wahlvorstands und Ersatzmitglieder, solange sie in den Wahlvorstand eingetreten sind.

§ 16
Bestellung oder Wahl des Wahlvorstands

(1) Spätestens zwölf Wochen vor Ablauf seiner Amtszeit bestellt der Personalrat den Wahlvorstand und bestimmt den Vorsitzenden und den stellvertretenden Vorsitzenden.

(2) Auf Antrag von mindestens drei wahlberechtigten Beschäftigten oder einer in der Dienststelle vertretenen Gewerkschaft beruft der Leiter der Dienststelle eine Personalversammlung zur Wahl des Wahlvorstands und zur Bestimmung des Vorsitzes ein, wenn

1. der Personalrat zehn Wochen vor Ablauf seiner Amtszeit keinen Wahlvorstand bestellt hat oder
2. in einer Dienststelle, die die Voraussetzungen des § 10 Absatz 1 erfüllt, kein Personalrat besteht.

Die Personalversammlung wählt einen Versammlungsleiter.

(3) Findet die einberufene Personalversammlung nicht statt oder wählt die Personalversammlung keinen Wahlvorstand, so bestellt ihn der Leiter der Dienststelle auf Antrag von mindestens drei wahlberechtigten Beschäftigten oder einer in der Dienststelle vertretenen Gewerkschaft.

§ 17
Einleitung und Durchführung der Wahl

(1) Der Wahlvorstand führt die Wahl des Personalrats durch. Er bestimmt den Tag, die Zeit und den Ort der Wahl. Dabei hat er auf die Belange der Beschäftigten und der Dienststelle Rücksicht zu nehmen.

(2) Der Wahlvorstand hat die Wahl spätestens zwei Monate vor dem vorgesehenen Wahltag einzuleiten. Die Wahl soll rechtzeitig vor dem Ablauf der Amtszeit des Personalrats stattfinden. Ist der Wahlvorstand durch die Personalversammlung gewählt, durch den Leiter der Dienststelle bestellt oder findet eine nicht regelmäßige Personalratswahl nach § 23 Absatz 1 statt, soll die Wahl spätestens zwei Monate nach der Wahl oder Bestellung des Wahlvorstands stattfinden.

(3) Kommt der Wahlvorstand den Verpflichtungen nach Absatz 1 Satz 1 und 2 und Absatz 2 nicht nach, so beruft der Leiter der Dienststelle eine Personalversammlung zur Wahl eines neuen Wahlvorstands ein. § 16 Absatz 2 Satz 2 und Absatz 3 gilt entsprechend.

(4) Bei einer Neubestellung des Wahlvorstands nach Absatz 3 gelten Absatz 1 Satz 2 und Absatz 2 mit der Maßgabe, dass der Wahlvorstand unverzüglich den Wahltag festzusetzen und die Wahl einzuleiten hat.

§ 18
Feststellung des Wahlergebnisses

Unverzüglich nach Abschluss der Wahl nimmt der Wahlvorstand öffentlich die Auszählung der Stimmen vor, stellt deren Ergebnis in einer Niederschrift fest und gibt es den Angehörigen der Dienststelle bekannt. Dem Leiter der Dienststelle, den in der Dienststelle vertretenen Gewerkschaften und den Vertretern der sonstigen gültigen Wahlvorschläge ist eine Abschrift der Niederschrift zu übersenden.

§ 19
Konstituierende Sitzung des Personalrats

Spätestens sechs Arbeitstage nach dem Wahltag beruft der Wahlvorstand die Mitglieder des Personalrats zur Vornahme der vorgeschriebenen Wahlen ein und leitet die Sitzung, bis der Personalrat aus seiner Mitte einen Wahlleiter bestellt hat.

§ 20
Freiheit der Wahl, Kosten

(1) Niemand darf die Wahl des Personalrats behindern oder in einer gegen die guten Sitten verstoßenden Weise beeinflussen. Insbesondere darf kein Wahlberechtigter in der Ausübung des aktiven und passiven Wahlrechts beschränkt werden. § 47 Absatz 1 Satz 1 und Absatz 2 sowie Absatz 4 gilt für Wahlbewerber entsprechend.

(2) Die Kosten der Wahl trägt die Dienststelle. Notwendiges Versäumnis von Arbeitszeit infolge der Ausübung des Wahlrechts, der Teilnahme an den in den § 16 Absatz 2 und § 17 Absatz 3 genannten Personalversammlungen oder der Betätigung im Wahlvorstand hat keine Minderung der Besoldung oder des Arbeitsentgelts zur Folge.

§ 21
Anfechtung der Wahl

(1) Mindestens drei Wahlberechtigte, jede in der Dienststelle vertretene Gewerkschaft oder der Leiter der Dienststelle können binnen einer Frist von zwölf Arbeitstagen, vom Tag der Bekanntgabe des Wahlergebnisses an gerechnet, die Wahl beim Verwaltungsgericht anfechten, wenn gegen wesentliche Vorschriften über das Wahlrecht, die Wählbarkeit oder das Wahlverfahren verstoßen worden und eine Berichtigung nicht erfolgt ist, es sei denn, dass durch den Verstoß das Wahlergebnis nicht geändert oder beeinflusst werden konnte.

(2) Ist die Wahl für ungültig erklärt, setzt der Vorsitzende der Fachkammer des Verwaltungsgerichts einen Wahlvorstand ein. Dieser hat unverzüglich die Wiederholungswahl einzuleiten, durchzuführen und das Ergebnis festzustellen. Der Wahlvorstand nimmt die dem Personalrat nach diesem Gesetz zustehenden Befugnisse und Pflichten bis zur Wiederholungswahl wahr.

Abschnitt 2 – Amtszeit

§ 22
Amtszeit, regelmäßiger Wahlzeitraum

(1) Die regelmäßige Amtszeit des Personalrats beträgt fünf Jahre. Sie beginnt mit dem Tag der Wahl oder, wenn zu diesem Zeitpunkt noch ein Personalrat besteht, mit dem Ablauf der Amtszeit dieses Personalrats. Die Amtszeit endet spätestens am 31. Juli des Jahres, in dem die regelmäßigen Personalratswahlen stattfinden.

(2) Ist am Tag des Ablaufs der Amtszeit ein neuer Personalrat nicht gewählt, führt der Personalrat die Geschäfte weiter, bis der neue Personalrat

gewählt ist, längstens bis zum Ablauf des 31. Juli. Der geschäftsführende Personalrat ist nicht befugt, Maßnahmen nach § 84 zu beantragen oder Dienstvereinbarungen zu schließen.

(3) Die regelmäßigen Personalratswahlen finden alle fünf Jahre in der Zeit vom 1. April bis 31. Juli statt. Fand außerhalb dieses Zeitraums eine Personalratswahl statt, so ist der Personalrat in dem auf die Wahl folgenden nächsten Zeitraum der regelmäßigen Personalratswahlen neu zu wählen, wenn die Amtszeit des Personalrats zu Beginn des für die regelmäßigen Personalratswahlen festgelegten Zeitraums mehr als ein Jahr betragen hat. War seine Amtszeit kürzer, so ist der Personalrat erst in dem übernächsten Zeitraum der regelmäßigen Personalratswahlen neu zu wählen.

§ 23
Vorzeitige Neuwahl

(1) Der Personalrat ist außerhalb des für die regelmäßigen Personalratswahlen festgelegten Zeitraums neu zu wählen, wenn

1. mit Ablauf von 20 Monaten oder 40 Monaten, vom Tag der Wahl gerechnet, die Zahl der in der Regel Beschäftigten um ein Drittel, mindestens aber um 50 gestiegen oder gesunken ist oder
2. die Gesamtzahl der Mitglieder des Personalrats auch nach dem Eintreten sämtlicher Ersatzmitglieder um mehr als ein Viertel der Mitgliederzahl nach § 10 Absatz 3 gesunken ist oder
3. der Personalrat mit der Mehrheit seiner Mitglieder seinen Rücktritt beschlossen hat oder
4. der Personalrat durch gerichtliche Entscheidung aufgelöst ist oder
5. die Wahl des Personalrats mit Erfolg angefochten worden ist oder
6. in der Dienststelle kein Personalrat besteht.

In den Fällen der Nummer 1 bis 3 führt der Personalrat die Geschäfte weiter, bis der neue Personalrat gewählt ist, längstens für vier Monate. § 22 Absatz 2 Satz 2 gilt entsprechend.

(2) Ist eine in der Dienststelle vorhandene Gruppe, die bisher im Personalrat vertreten war, auch nach dem Eintreten sämtlicher Ersatzmitglieder durch kein Mitglied des Personalrats mehr vertreten, so wählt diese Gruppe für den Rest der Amtszeit des Personalrats neue Vertreter. Die §§ 16 bis 18, 20 und 21 finden mit folgenden Maßgaben entsprechende Anwendung:

1. Eine Personalversammlung oder eine Gruppenversammlung zur Wahl eines Wahlvorstands findet nicht statt.
2. Die Bestellung des Wahlvorstands durch den Leiter der Dienststelle ist nur auf Antrag von drei wahlberechtigten Beschäftigten der Gruppe, für welche die Neuwahl stattfinden soll, möglich. Das Antragsrecht einer in der Dienststelle vertretenen Gewerkschaft bleibt unberührt.

§ 24
Ausschluss einzelner Mitglieder und Auflösung des Personalrats

(1) Auf Antrag eines Viertels der Wahlberechtigten oder einer in der Dienststelle vertretenen Gewerkschaft kann das Verwaltungsgericht den Ausschluss eines Mitglieds aus dem Personalrat oder die Auflösung des Personalrats wegen grober Vernachlässigung seiner gesetzlichen Befugnisse oder wegen grober Verletzung seiner gesetzlichen Pflichten beschließen. Der Personalrat kann aus den gleichen Gründen den Ausschluss eines Mitglieds beantragen. Der Leiter der Dienststelle kann den Ausschluss eines Mitglieds aus dem Personalrat oder die Auflösung des Personalrats wegen grober Verletzung seiner gesetzlichen Pflichten beantragen.

(2) Ist über den Antrag auf Ausschluss eines Mitglieds bis zum Ablauf der Amtszeit noch nicht rechtskräftig entschieden, so ist das Verfahren mit der Wirkung für die folgende Amtszeit fortzusetzen, wenn das Mitglied für die folgende Amtszeit wieder gewählt worden ist.

(3) Ist der Personalrat aufgelöst, so setzt der Vorsitzende der Fachkammer des Verwaltungsgerichts einen Wahlvorstand ein. Dieser hat unverzüglich die Neuwahl einzuleiten, durchzuführen und das Ergebnis festzustellen. Der Wahlvorstand nimmt bis zur Neuwahl die dem Personalrat nach diesem Gesetz zustehenden Befugnisse und Pflichten wahr.

§ 25
Erlöschen der Mitgliedschaft im Personalrat

(1) Die Mitgliedschaft im Personalrat erlischt durch

1. Ablauf der Amtszeit,
2. Niederlegung des Amts,
3. Rücktritt des gesamten Personalrats,
4. Beendigung des Dienst-, Arbeits- oder Ausbildungsverhältnisses,
5. Ausscheiden als Beschäftigter aus der Dienststelle,
6. Beurlaubung ohne Dienstbezüge oder Arbeitsentgelt, wenn diese länger als zwölf Monate gedauert hat; bei Mitgliedern, die bereits bei Beginn der Amtszeit beurlaubt sind, beginnt die Frist ab diesem Zeitpunkt,
7. Teilzeitbeschäftigung mit Freistellungsjahr, wenn dieses bis zum Ruhestand andauert, mit dem Beginn der Freistellung,
8. Altersteilzeit im Blockmodell mit dem Beginn der Freistellung,
9. Verlust der Wählbarkeit,
10. gerichtliche Entscheidung nach § 24 Absatz 1 Satz 1,
11. Feststellung nach Ablauf der in § 21 Absatz 1 bezeichneten Frist, dass der Gewählte nicht wählbar war.

(2) Die Mitgliedschaft im Personalrat wird durch einen Wechsel der Gruppenzugehörigkeit eines Mitglieds nicht berührt; dieses bleibt Vertreter der Gruppe, die es gewählt hat. [...]

§ 26
Ruhen der Mitgliedschaft im Personalrat

(1) Die Mitgliedschaft eines Beamten im Personalrat ruht, solange ihm die Führung der Dienstgeschäfte verboten oder er disziplinarrechtlich vorläufig des Dienstes enthoben ist.

(2) Die Mitgliedschaft der in § 8 Absatz 2 bezeichneten Beschäftigten im Personalrat ruht, solange sie entsprechend den Erfordernissen ihrer Ausbildung einen Ausbildungsabschnitt in einer anderen Dienststelle ableisten.

(3) Die Absätze 1 und 2 gelten sinngemäß für Arbeitnehmer. [...]

§ 27
Ersatzmitglieder

(1) Scheidet ein Mitglied aus dem Personalrat aus, so tritt ein Ersatzmitglied ein. Ist ein Mitglied des Personalrats zeitweilig verhindert oder ruht seine Mitgliedschaft, so tritt ein Ersatzmitglied für die Zeit der Verhinderung oder des Ruhens ein.

(2) Die Ersatzmitglieder werden der Reihe nach aus den nicht gewählten Beschäftigten derjenigen Vorschlagslisten entnommen, denen die zu ersetzenden Mitglieder angehören. Ist ein Mitglied nach Absatz 1 mit einfacher Stimmenmehrheit gewählt, so tritt der nicht gewählte Beschäftigte mit der nächsthöheren Stimmenzahl als Ersatzmitglied ein.

(3) § 25 Absatz 2 gilt entsprechend bei einem Wechsel der Gruppenzugehörigkeit vor dem Eintritt des Ersatzmitglieds in den Personalrat.

(4) In den Fällen des § 23 Absatz 1 Satz 1 Nummer 3 und 4 treten Ersatzmitglieder nicht ein.

Abschnitt 3 – Geschäftsführung

§ 28
Vorstand

(1) Der Personalrat bildet aus seiner Mitte den Vorstand. Diesem muss ein Mitglied jeder im Personalrat vertretenen Gruppe angehören. Die Vertreter jeder Gruppe wählen das auf sie entfallende Vorstandsmitglied.

(2) Der Personalrat kann aus seiner Mitte mit der Mehrheit der Stimmen aller Mitglieder zwei weitere Mitglieder in den Vorstand wählen. Sind Mitglieder des Personalrats aus Wahlvorschlägen mit verschiedenen Bezeichnungen gewählt worden und sind im Vorstand nach Absatz 1 Mitglieder aus dem Wahlvorschlag nicht vertreten, der die zweitgrößte Zahl aller von den Angehörigen der Dienststelle abgegebenen Stimmen erhalten hat, so ist eines der weiteren Vorstandsmitglieder aus diesem Wahlvorschlag zu wählen.

(3) Beide Geschlechter sollen im Vorstand vertreten sein.

(4) Der Vorstand führt die laufenden Geschäfte. Er kann dazu andere Mitglieder des Personalrats heranziehen.

§ 29
Vorsitz

(1) Der Personalrat bestimmt, welches Vorstandsmitglied nach § 28 Absatz 1 den Vorsitz übernimmt. Das Vorstandsmitglied der anderen Gruppe übernimmt den stellvertretenden Vorsitz, es sei denn, der Personalrat bestimmt dazu mit Zustimmung der Vertreter dieser Gruppe ein anderes Mitglied aus seiner Mitte. Ist nur eine Gruppe im Vorstand vertreten, bestimmt der Personalrat aus seiner Mitte ein Mitglied, das den stellvertretenden Vorsitz übernimmt.

(2) Der Vorsitzende vertritt den Personalrat im Rahmen der von diesem gefassten Beschlüsse. In Angelegenheiten, die nur eine Gruppe betreffen, vertritt der Vorsitzende, wenn er nicht selbst dieser Gruppe angehört, gemeinsam mit einem der Gruppe angehörenden Vorstandsmitglied den Personalrat.

§ 30
Anberaumung der Sitzungen

(1) Der Vorsitzende des Personalrats beraumt die Sitzungen an; dabei hat er auf die dienstlichen Erfordernisse Rücksicht zu nehmen. Er setzt die Tagesordnung fest und leitet die Verhandlung. Der Vorsitzende hat die Mitglieder des Personalrats, die Schwerbehindertenvertretung und das von der Jugend- und Auszubildendenvertretung nach § 32 Absatz 4 Satz 1 benannte Mitglied zu den Sitzungen rechtzeitig unter Mitteilung der Tagesordnung zu laden. Zu den Sitzungen sind ebenso zu laden

1. die weiteren Mitglieder der Jugend- und Auszubildendenvertretung,
2. Beauftragte von Stufenvertretungen,
3. Beauftragte des Gesamtpersonalrats,
4. die Beauftragte für Chancengleichheit,

soweit sie allgemein oder auf Beschluss des Personalrats berechtigt sind, an der Sitzung teilzunehmen.

(2) Der Leiter der Dienststelle ist vom Zeitpunkt der Sitzung unter Mitteilung der Tagesordnung rechtzeitig zu verständigen und zu Tagesordnungspunkten, an denen er teilnehmen soll, zu laden.

(3) Auf Antrag eines Viertels der Mitglieder des Personalrats, der Mehrheit der Vertreter einer Gruppe oder des Leiters der Dienststelle hat der Vorsitzende eine Sitzung anzuberaumen und den Gegenstand, dessen Beratung beantragt wird, auf die Tagesordnung zu setzen. Entsprechendes gilt in Angelegenheiten, die

1. besonders Beschäftigte im Sinne von § 59 betreffen, für die Mehrheit der Mitglieder der Jugend- und Auszubildendenvertretung;
2. schwerbehinderte Beschäftigte besonders betreffen, für die Schwerbehindertenvertretung;
3. besonders die Gleichstellung von Frauen und Männern betreffen, für die Beauftragte für Chancengleichheit.

(4) Der Leiter der Dienststelle oder im Verhinderungsfall eine von ihm beauftragte Person nimmt an den Sitzungen, die auf sein Verlangen anberaumt sind, und an den Sitzungen, zu denen er ausdrücklich eingeladen ist, teil.

(5) Der Personalrat kann von Fall zu Fall beschließen, dass Beauftragte von Stufenvertretungen und

Beauftragte des Gesamtpersonalrats berechtigt sind, mit beratender Stimme an einer Sitzung teilzunehmen. In diesem Fall kann die Ladung zur Sitzung nach Absatz 1 auch kurzfristig erfolgen.

§ 31
Gemeinsame Aufgaben von Personalrat, Richterrat und Staatsanwaltsrat (nicht abgedruckt)

§ 32
Durchführung der Sitzungen, Teilnahmerechte

(1) Die Sitzungen des Personalrats sind nicht öffentlich; sie finden in der Regel während der Arbeitszeit statt.

(2) Der Personalrat kann ihm zur Verfügung gestelltes Büropersonal zur Erstellung der Niederschrift hinzuziehen.

(3) Auf Antrag eines Viertels der Mitglieder oder der Mehrheit einer Gruppe des Personalrats kann von Fall zu Fall je eine beauftragte Person der im Personalrat vertretenen Gewerkschaften an einer Sitzung beratend teilnehmen. In diesem Fall sind der Zeitpunkt der Sitzung und die Tagesordnung den im Personalrat vertretenen Gewerkschaften rechtzeitig mitzuteilen. Nimmt der Leiter der Dienststelle oder die von ihm beauftragte Person an der Sitzung teil, kann er oder sie einen Vertreter der Arbeitgebervereinigung, der die Dienststelle angehört, hinzuziehen. Personelle und soziale Angelegenheiten einzelner Beschäftigter dürfen nur mit deren vorheriger Einwilligung in Anwesenheit von Beauftragten von Gewerkschaften oder der Arbeitgebervereinigung beraten werden.

(4) Ein Mitglied der Jugend- und Auszubildendenvertretung, das von dieser benannt wird, kann an allen Sitzungen des Personalrats beratend teilnehmen. [...]

(5) Die Schwerbehindertenvertretung kann an allen Sitzungen des Personalrats beratend teilnehmen.

(6) Die Beauftragte für Chancengleichheit kann an den Beratungen des Personalrats von einzelnen Gegenständen auf der Tagesordnung teilnehmen, wenn

1. der Gegenstand auf ihren Antrag auf die Tagesordnung gesetzt wurde oder
2. der Personalrat dies im Einzelfall beschließt.

Sie kann Anregungen zur Behandlung von Angelegenheiten geben, die besonders die Gleichstellung von Frauen und Männern betreffen.

(7) Der Personalrat kann nach vorheriger Unterrichtung des Leiters der Dienststelle sachverständige Personen aus der Dienststelle oder sonstige Auskunftspersonen aus der Dienststelle anhören, soweit dies zur Erfüllung seiner Aufgaben erforderlich ist. Die Teilnahme dieser Personen an Beratung und Beschlussfassung ist nicht zulässig.

(8) Der Personalrat kann nach vorheriger Unterrichtung des Leiters der Dienststelle in Mitbestimmungsangelegenheiten zu personellen Einzelmaßnahmen betroffene Beschäftigte anhören. Absatz 7 Satz 2 gilt entsprechend.

§ 33
Befangenheit

(1) Ein Mitglied des Personalrats darf weder beratend noch entscheidend mitwirken, wenn die Entscheidung einer Angelegenheit ihm selbst oder folgenden Personen einen unmittelbaren Vorteil oder Nachteil bringen kann:

1. dem Ehegatten oder dem Lebenspartner nach § 1 des Lebenspartnerschaftsgesetzes,
2. einem in gerader Linie oder in der Seitenlinie bis zum dritten Grad Verwandten,
3. einem in gerader Linie oder in der Seitenlinie bis zum zweiten Grad Verschwägerten oder als verschwägert Geltenden, solange die die Schwägerschaft begründende Ehe oder Lebenspartnerschaft nach § 1 des Lebenspartnerschaftsgesetzes besteht, oder
4. einer von ihm kraft Gesetzes oder Vollmacht vertretenen Person.

Satz 1 gilt nicht,

1. wenn die Entscheidung nur die gemeinsamen Interessen einer Berufs- oder Beschäftigtengruppe berührt,
2. für Wahlen, die vom Personalrat aus seiner Mitte vorgenommen werden müssen,
3. für Wahlen, die von den Gruppen aus ihrer Mitte vorgenommen werden müssen.

(2) Ein Mitglied des Personalrats darf ferner weder beratend noch entscheidend mitwirken, wenn es die zur Beschlussfassung anstehende Maßnahme als Beschäftigter der Dienststelle vorbereitet oder daran verantwortlich mitgewirkt hat.

(3) Das Mitglied des Personalrats, bei dem ein Tatbestand vorliegt, der Befangenheit zur Folge haben kann, hat dies vor Beginn der Beratung über diesen Gegenstand dem Vorsitzenden mitzuteilen. Ob ein Ausschließungsgrund vorliegt, entscheidet in Zweifelsfällen in Abwesenheit des Betroffenen der Personalrat. (4)
Wer an der Beratung und Entscheidung nicht mitwirken darf, muss die Sitzung verlassen.

(5) Ein Beschluss ist rechtswidrig, wenn bei der Beratung oder Beschlussfassung ein Mitglied trotz Befangenheit mitgewirkt hat. ⇨ Befangenheit

§ 34
Beschlussfassung

(1) Die Beschlüsse des Personalrats werden mit einfacher Stimmenmehrheit der anwesenden Mitglieder gefasst. Bei Stimmengleichheit ist ein Antrag abgelehnt.

(1a) Bei Vorliegen besonderer Umstände kann der Vorsitzende des Personalrats alle oder einzelne Mitglieder des Personalrats sowie sonstige teilnahmneberechtigte Personen zur Teilnahme mittels Video- oder Telefonkonferenztechnik an einer Sitzung zulassen, wenn

1. vorhandene Einrichtungen genutzt werden, die durch die Dienststelle zur dienstlichen Nutzung freigegeben sind und die datenschutzrechtlichen Voraussetzungen erfüllen, und

2. der Personalrat geeignete organisatorische Maßnahmen trifft, um sicherzustellen, dass Dritte vom Inhalt der Sitzung keine Kenntnis nehmen können,

Eine Aufzeichnung ist unzulässig. Personalratsmitglieder, die mittels Video- oder Telefonkonferenz an der Sitzung teilnehmen, gelten als anwesend. § 38 Absatz 1 Satz 3 findet mit der Maßgabe Anwendung, dass der Vorsitzende vor Beginn der Beratung die zugeschalteten Personalratsmitglieder feststellt und in die Anwesenheitsliste einträgt.

(2) Der Personalrat ist nur beschlussfähig, wenn mindestens die Hälfte seiner Mitglieder anwesend ist; Stellvertretung durch Ersatzmitglieder ist zulässig.

(3) In einfach gelagerten Angelegenheiten, die durch die Geschäftsordnung nicht anderweitig übertragen sind, kann der Vorsitzende im schriftlichen oder elektronischen Umlaufverfahren beschließen lassen, wenn kein Mitglied des Personalrats diesem Verfahren widerspricht. Die nähere Bestimmung einfach gelagerter Angelegenheiten und das Verfahren sind in der Geschäftsordnung zu regeln. Das Ergebnis des Umlaufbeschlusses ist dem Personalrat in der nächsten Sitzung bekanntzugeben.

(4) Die im Personalrat vertretenen Gruppen beraten und beschließen gemeinsam. In Angelegenheiten, die lediglich die Angehörigen einer Gruppe betreffen, beschließen nach gemeinsamer Beratung im Personalrat nur die Vertreter dieser Gruppe, wenn getrennte Beschlussfassung in der Geschäftsordnung allgemein festgelegt ist oder im Einzelfall die Mehrheit der Vertreter dieser Gruppe die alleinige Beschlussfassung beantragt.

§ 35
Ausschüsse des Personalrats

(1) In einem Personalrat mit elf und mehr Mitgliedern kann der Personalrat durch Regelung in der Geschäftsordnung zur Vorberatung seiner Beratungen und Vorbereitung von Beschlüssen aus seiner Mitte höchstens bis zum Ablauf seiner Amtszeit Ausschüsse bilden, in denen jeweils beide Gruppen vertreten sein müssen. Beide Geschlechter sollen im Ausschuss vertreten sein.

(2) Den Vorsitz in den Ausschüssen führt der Vorsitzende des Personalrats, soweit in der Geschäftsordnung des Personalrats nichts anderes bestimmt ist.

(3) Die § 30 Absatz 1, 2 und 4, § 32 Absatz 1, 2 und 4 Satz 1 sowie Absätze 5 bis 8, §§ 33, 34 Absatz 3 Satz 3 sowie Absatz 4 Satz 1 und § 38 gelten entsprechend. Das Weitere über die Zusammensetzung und das Verfahren regelt die Geschäftsordnung.

(4) Der Personalrat kann seine Befugnisse in einfach gelagerten Mitbestimmungsangelegenheiten und in Mitwirkungsangelegenheiten, mit Ausnahme der Fälle des § 81 Absatz 2, höchstens bis zum Ablauf seiner Amtszeit auf Ausschüsse übertragen. In welchem Umfang er die Ausübung seiner Befugnisse übertragen will, ist in der Geschäftsordnung zu bestimmen. Für die Beschlussfassung in den Ausschüssen gelten § 32 Absatz 4 Satz 2 und § 34 Absatz 1, 1a, 2 und 4 Satz 2 entsprechend. Der Personalrat ist über die Beschlüsse unverzüglich zu unterrichten.

(5) Eine einem Ausschuss übertragene Angelegenheit ist dem Personalrat zur Beratung und Beschlussfassung vorzulegen, wenn

1. der Ausschuss die Zustimmung zu einer beabsichtigten Maßnahme verweigern oder Einwendungen gegen eine beabsichtigte Maßnahme erheben will,
2. ein Ausschussmitglied einen Beschluss des Ausschusses als eine erhebliche Beeinträchtigung der Interessen der durch das Mitglied vertretenen Gruppe erachtet,
3. die Schwerbehindertenvertretung einen Beschluss des Ausschusses als erhebliche Beeinträchtigung wichtiger Interessen der schwerbehinderten Beschäftigten erachtet,
4. der Vertreter der Jugend- und Auszubildendenvertretung einen Beschluss des Ausschusses als eine erhebliche Beeinträchtigung wichtiger Interessen der Beschäftigten im Sinne von § 59 erachtet.

Die Vorlage an den Personalrat ist der Dienststelle schriftlich oder elektronisch mitzuteilen. In den Fällen des Satzes 1 verlängert sich die Frist zur Zustimmung oder Erhebung von Einwendungen um eine Woche, soweit mit der Dienststelle nichts anderes vereinbart ist.

§ 36
Übertragung von Befugnissen auf den Vorstand des Personalrats

(1) Der Personalrat kann seine Befugnisse in einfach gelagerten Mitbestimmungsangelegenheiten und in Mitwirkungsangelegenheiten, mit Ausnahme der Fälle des § 81 Absatz 2, höchstens bis zum Ablauf seiner Amtszeit auf den Vorstand übertragen. In welchem Umfang er die Ausübung seiner Befugnisse auf den Vorstand übertragen will, ist in der Geschäftsordnung zu bestimmen.

(2) § 32 Absatz 5, § 34 Absatz 1, 1a, 2 und 3 Satz 3 sowie Absatz 4 Satz 2, § 35 Absatz 4 Satz 4 und Absatz 5 Satz 1 Nummer 1 bis 3 sowie Satz 2 und 3 gelten entsprechend.

§ 37
Einspruch der Vertreter einer Gruppe, der Beschäftigten im Sinne von § 59 oder der schwerbehinderten Beschäftigten

(1) Erachtet die Mehrheit der Vertreter einer Gruppe, die Mehrheit der Mitglieder der Jugend- und Auszubildendenvertretung oder die Schwerbehindertenvertretung einen Beschluss des Personalrats als eine erhebliche Beeinträchtigung wichtiger Interessen der durch sie vertretenen Beschäftigten, so ist auf ihren Antrag der Beschluss auf die Dauer von einer Woche vom Zeitpunkt der Beschlussfassung an auszusetzen. In dieser Frist soll, gegebenenfalls mit Hilfe der unter den Mitgliedern des Personalrats vertretenen Gewerkschaften, eine Verständigung versucht werden. Bei Aussetzung eines Beschlusses nach Satz 1 und Unterrichtung der Dienststelle

verlängern sich Fristen nach diesem Gesetz um die Dauer der Aussetzung.

(2) Nach Ablauf der Frist ist über die Angelegenheit erneut zu beschließen. Wird der erste Beschluss bestätigt, so kann der Antrag auf Aussetzung nicht wiederholt werden.

§ 38
Niederschrift

(1) Über jede Verhandlung des Personalrats ist eine Niederschrift aufzunehmen, die mindestens den Wortlaut der Beschlüsse und die Stimmenmehrheit, mit der sie gefasst sind, enthält. Die Niederschrift ist vom Vorsitzenden und einem weiteren Mitglied zu unterzeichnen. Der Niederschrift ist eine Anwesenheitsliste beizufügen, in die sich jeder Teilnehmer eigenhändig einzutragen hat.

(2) Haben der Leiter der Dienststelle, die von ihm beauftragte Person oder Beauftragte von Gewerkschaften an der Sitzung teilgenommen, so ist ihnen der entsprechende Teil der Niederschrift abschriftlich oder elektronisch zuzuleiten. Einwendungen gegen die Niederschrift sind unverzüglich schriftlich oder elektronisch zu erheben und der Niederschrift beizufügen.

(3) Die Beauftragte für Chancengleichheit, die Schwerbehindertenvertretung, Mitglieder der Jugend- und Auszubildendenvertretung und Beauftragte von Stufenvertretungen und des Gesamtpersonalrats können in die Niederschrift über den Teil der Sitzung Einsicht nehmen, an dem sie teilgenommen haben. Entsprechende Abschriften können gefertigt werden.

§ 39
Geschäftsordnung

(1) Sonstige Bestimmungen über die Geschäftsführung können in einer Geschäftsordnung getroffen werden, die der Personalrat mit der Mehrheit der Stimmen seiner Mitglieder und in jeder Gruppe mit der Mehrheit der Stimmen der jeweiligen Gruppenmitglieder beschließt.

(2) Hat der Personalrat mindestens fünf Mitglieder, so soll er sicherstellen, dass er an den regelmäßigen Arbeitstagen der für Personalratsbeteiligungen zuständigen Verwaltung der Dienststelle, bei der er eingerichtet ist, für die Einleitung förmlicher Beteiligungsverfahren erreichbar ist. Andere Personalräte sollen die Dienststelle rechtzeitig vorher unterrichten, wenn absehbar ist, dass der Personalrat für mehrere zusammenhängende Arbeitstage nicht erreichbar ist. Personalrat und Dienststelle können für die Dauer der Amtszeit des Personalrats abweichende Vereinbarungen für die Erreichbarkeit treffen.

(3) Die Geschäftsordnung und Änderungen der Geschäftsordnung sind der Dienststelle zur Kenntnis zu geben.

➪ Geschäftsordnung

§ 40
Sprechstunden

(1) Der Personalrat kann Sprechstunden während der Arbeitszeit einrichten. Zeit und Ort bestimmt er im Einvernehmen mit dem Leiter der Dienststelle.

(2) Versäumnis von Arbeitszeit wegen des Aufsuchens der Sprechstunde des Personalrats oder sonstiger Inanspruchnahme des Personalrats hat keine Minderung der Besoldung oder des Arbeitsentgelts zur Folge. Soweit der Besuch der Sprechstunde aus dienstlichen Gründen außerhalb der Arbeitszeit stattfinden muss, ist Beschäftigten Dienstbefreiung in entsprechendem Umfang zu gewähren. Reisekosten, die durch den Besuch der Sprechstunde entstehen, werden in entsprechender Anwendung des Landesreisekostengesetzes erstattet.

➪ Reisekostengesetz (LRKG)

§ 41
Kosten

(1) Die durch die Tätigkeit des Personalrats entstehenden notwendigen Kosten trägt die Dienststelle. Mitglieder des Personalrats erhalten bei Reisen, die zur Erfüllung ihrer Aufgaben notwendig sind, Reisekostenvergütungen nach dem Landesreisekostengesetz.

➪ Reisekosten (Personalvertretung); ➪ Reisekostengesetz (LRKG)

(2) Für die Sitzungen, die Sprechstunden und die laufende Geschäftsführung hat die Dienststelle in erforderlichem Umfang Räume, Geschäftsbedarf, die üblicherweise in der Dienststelle genutzte Informations- und Kommunikationstechnik und Büropersonal zur Verfügung zu stellen.

(3) [1]Dem Personalrat werden in allen Dienststellen geeignete Plätze für Bekanntmachungen und Anschläge zur Verfügung gestellt und er kann erforderliche schriftliche Mitteilungen an die Beschäftigten verteilen. [2]Er kann die Beschäftigten auch über die üblicherweise in der Dienststelle genutzten Informations- und Kommunikationseinrichtungen unterrichten. [3]Die Kosten für erforderliche Informationsmedien des Personalrats trägt die Dienststelle.

Hinweis der Redaktion: Für die Kosten ist die Dienststelle zuständig, bei der der PR gebildet ist. „Dienststelle" im Sinne von Satz 1 und 2 ist im Falle der GHWRGS-Schulen das Staatliche Schulamt, ansonsten (Gymnasien, berufliche Schulen, Schulen mit Internat) die einzelne Schule.

§ 42
Verbot der Beitragserhebung

Der Personalrat darf für seine Zwecke von den Beschäftigten keine Beiträge erheben oder annehmen.

Abschnitt 4
Rechtsstellung der Personalratsmitglieder

§ 43
Allgemeines

(1) Die Mitglieder des Personalrats führen ihr Amt unentgeltlich als Ehrenamt.

(2) Versäumnis von Arbeitszeit, die zur ordnungsmäßigen Durchführung der Aufgaben des Personalrats erforderlich ist, hat keine Minderung der Besoldung oder des Arbeitsentgelts zur Folge. Werden Mitglieder des Personalrats durch die Erfüllung ihrer Aufgaben über ihre individuell maßgebliche Arbeitszeit hinaus beansprucht, so ist ihnen Dienstbefreiung in entsprechendem Umfang zu gewähren.

§ 44
Schulungs- und Bildungsmaßnahmen

(1) Die Mitglieder des Personalrats sowie die Ersatzmitglieder, die in absehbarer Zeit in den Personalrat eintreten werden oder regelmäßig zu Sitzungen des Personalrats hinzugezogen werden, sind unter Fortzahlung der Besoldung oder des Arbeitsentgelts für die Teilnahme an Schulungs- und Bildungsveranstaltungen vom Dienst freizustellen, soweit diese Kenntnisse vermitteln, die für die Tätigkeit im Personalrat erforderlich sind; dabei sind die dienstlichen Interessen angemessen zu berücksichtigen. § 43 Absatz 2 Satz 2 gilt entsprechend.

Hinweis der Redaktion: „Freistellung" zu Schulungs- und Bildungsveranstaltungen, die der Vermittlung von Kenntnissen dienen, die für die Tätigkeit als Personalrat erforderlich sind, bedeutet eine generelle Befreiung von der dienstlichen Tätigkeit; es müssen also weder der Unterricht noch andere dienstliche Verpflichtungen vor- oder nachgeholt werden.

(2) Der Vorsitzende des Personalrats sowie einer der stellvertretenden Vorsitzenden haben viermal im Jahr Anspruch auf Besoldungs- oder Entgeltfortzahlung anlässlich der Teilnahme an einer von der zuständigen Gewerkschaft einberufenen Konferenz der Vorsitzenden der Personalräte. Denselben Anspruch haben alle Mitglieder des Personalrats zweimal im Jahr zur Teilnahme an einer gleichen Konferenz. Die persönliche Teilnahme an einer dieser Konferenzen ist durch eine Bescheinigung der zuständigen gewerkschaftlichen Konferenzleitung nachzuweisen. Absatz 1 bleibt unberührt.

§ 45
Freistellung

(1) Mitglieder des Personalrats sind auf Antrag des Personalrats von ihrer dienstlichen Tätigkeit freizustellen, wenn und soweit es nach Umfang und Art der Dienststelle zur ordnungsgemäßen Durchführung ihrer Aufgaben erforderlich ist. Sie sind freizustellen in Personalräten mit

fünf Mitgliedern
für zwölf Arbeitsstunden in der Woche,
sieben Mitgliedern
für 24 Arbeitsstunden in der Woche,
neun Mitgliedern
im Umfang eines Vollzeitbeschäftigten,
elf Mitgliedern
im Umfang von zwei Vollzeitbeschäftigten,
13 Mitgliedern
im Umfang von drei Vollzeitbeschäftigten,
15 Mitgliedern
im Umfang von vier Vollzeitbeschäftigten,
17 Mitgliedern
im Umfang von fünf Vollzeitbeschäftigten,
19 Mitgliedern
im Umfang von sechs Vollzeitbeschäftigten,
21 Mitgliedern
im Umfang von sieben Vollzeitbeschäftigten,
23 Mitgliedern
im Umfang von acht Vollzeitbeschäftigten,
25 Mitgliedern
im Umfang von neun Vollzeitbeschäftigten,
27 Mitgliedern
im Umfang von zehn Vollzeitbeschäftigten.

Eine entsprechende Teilfreistellung mehrerer Mitglieder ist zulässig.

Hinweis der Redaktion: Die Freistellung der örtlichen Personalräte im Bereich der GHWRGS-Schulen (an den unteren Schulaufsichtsbehörden) richtet sich nach Absatz 1. Die Freistellung der Mitglieder der örtlichen Personalräte an den Gymnasien und beruflichen Schulen sowie der Haupt- und Bezirkspersonalräte im Schulbereich ist in der VwV ⇨ Arbeitszeit (Lehrkräfte) – VwV Anrechnungen geregelt.

(2) Personalrat und Dienststelle können abweichend von Absatz 1 Satz 2 höhere oder niedrigere Freistellungen für die Dauer der Amtszeit des Personalrats vereinbaren.

(3) Maßgebend für die Ermittlung der Freistellungen ist die Zahl der Mitglieder des Personalrats, welche nach § 10 Absatz 1, 3 und 4 einer zum Zeitpunkt der Antragstellung durchzuführenden Wahl des Personalrats zugrunde zu legen wäre. Würde sich nach der Freistellung die Zahl der Mitglieder des Personalrats im Falle einer Neuwahl um mehr als zwei Mitglieder verringern, ist eine aufgrund der bisherigen Mitgliederzahl bewilligte Freistellung zu verringern. Absatz 2 bleibt unberührt.

(4) Bei der Freistellung sind zunächst die von den Gruppenvertretern gewählten Vorstandsmitglieder, sodann die übrigen Vorstandsmitglieder zu berücksichtigen. Bei weiteren Freistellungen sind die im Personalrat vertretenen Wahlvorschläge nach den Grundsätzen der Verhältniswahl zu berücksichtigen; dabei sind die nach Satz 1 freigestellten Vorstandsmitglieder anzurechnen.

§ 46
Benachteiligungsverbot, Berufsbildung freigestellter Mitglieder des Personalrats

(1) Von ihrer dienstlichen Tätigkeit freigestellte Mitglieder des Personalrats dürfen in ihrem beruflichen Werdegang nicht benachteiligt werden.

(2) Von ihrer dienstlichen Tätigkeit freigestellte Mitglieder des Personalrats dürfen von Maßnahmen der Berufsbildung innerhalb und außerhalb der Verwaltung oder des Betriebs nicht ausgeschlossen werden. Innerhalb eines Jahres nach Beendigung der Freistellung eines Personalratsmitglieds ist diesem im Rahmen der Möglichkeiten der Dienststelle Gelegenheit zu geben, eine wegen der Freistellung unterbliebene verwaltungs- oder betriebsübliche Entwicklung nachzuholen. Für Mitglieder des Personalrats, die drei volle aufeinanderfolgende Amtszeiten von ihrer dienstlichen Tätigkeit freigestellt waren, erhöht sich der Zeitraum nach Satz 2 auf zwei Jahre.

§ 47
Schutz des Arbeitsplatzes

(1) Mitglieder des Personalrats dürfen gegen ihren Willen nur versetzt werden, wenn dies auch unter Berücksichtigung der Mitgliedschaft im Personalrat aus wichtigen dienstlichen Gründen unvermeidbar ist. Die Versetzung von Mitgliedern des Personalrats gegen ihren Willen bedarf der Zustimmung des Personalrats. Verweigert der Personalrat seine Zustimmung oder äußert er sich nicht innerhalb von drei Arbeitstagen nach Eingang des Antrags, so kann das Verwaltungsgericht die Zustimmung auf Antrag der Dienststelle ersetzen, wenn die Voraussetzungen des Satzes 1 vorliegen. In dem Verfahren vor dem

Verwaltungsgericht ist das Mitglied des Personalrats Beteiligter.

(2) Absatz 1 gilt entsprechend in den Fällen der Abordnung, der Zuweisung, der Personalgestellung und der mit einem Wechsel des Dienstorts verbundenen oder für eine Dauer von mehr als zwei Monaten vorgesehenen Umsetzung in derselben Dienststelle.

(3) Für Auszubildende in öffentlich-rechtlichen Ausbildungsverhältnissen, Beamte im Vorbereitungsdienst und Beschäftigte in einer dem Vorbereitungsdienst entsprechenden Berufsausbildung gelten die Absätze 1 und 2 sowie die §§ 15 und 16 des Kündigungsschutzgesetzes nicht. Die Absätze 1 und 2 gelten ferner nicht bei den dort genannten Personalmaßnahmen dieser Beschäftigten im Anschluss an den Vorbereitungsdienst oder das Ausbildungsverhältnis.

(4) Die außerordentliche Kündigung von Mitgliedern des Personalrats, die in einem Arbeitsverhältnis stehen, bedarf der Zustimmung des Personalrats. Verweigert der Personalrat seine Zustimmung oder äußert er sich nicht innerhalb von drei Arbeitstagen nach Eingang des Antrags, so kann das Verwaltungsgericht die Zustimmung auf Antrag der Dienststelle ersetzen, wenn die außerordentliche Kündigung unter Berücksichtigung aller Umstände gerechtfertigt ist. In dem Verfahren vor dem Verwaltungsgericht ist das Mitglied des Personalrats Beteiligter.

(5) Die Absätze 1, 2 und 4 gelten entsprechend für Ersatzmitglieder, solange sie nach § 27 Absatz 1 in den Personalrat eingetreten sind.

§ 48
Übernahme Auszubildender (nicht abgedruckt)

Teil 3
Die Personalversammlung

§ 49
Allgemeines

(1) Die Personalversammlung besteht aus den Beschäftigten der Dienststelle.

Hinweis der Redaktion: Die Lehramtsanwärter*innen an Grund-, Haupt-, Gemeinschafts- und Werkreal- und Realschulen sind teilnahmeberechtigt an der „allgemeinen" Personalversammlung wie die Lehrkräfte ihrer „Stammschule" (vgl. § 8).

(2) Kann nach den dienstlichen Verhältnissen, der Eigenart der Dienststelle oder anderen sachlichen Gegebenheiten eine gemeinsame Versammlung aller Beschäftigten nicht stattfinden, so sind Teilversammlungen abzuhalten.

(3) Der Personalrat kann ferner getrennte Versammlungen in bestimmten Verwaltungseinheiten der Dienststelle oder Versammlungen eines bestimmten Personenkreises durchführen.

(4) Auf Beschluss der zuständigen Personalräte kann zur Behandlung gemeinsamer Angelegenheiten eine gemeinsame Personalversammlung mehrerer Dienststellen stattfinden, wenn für sie ein Gesamtpersonalrat gebildet ist oder wenn Dienststellen derselben juristischen Person nach § 1 unter derselben Leitung stehen. Die Personalräte einigen sich zugleich, welcher Vorsitzende eines Personalrats die gemeinsame Personalversammlung leitet.

(5) § 68 Absatz 2 und § 69 Absatz 1 Satz 3 gelten für die Personalversammlung entsprechend.

Hinweis der Redaktion: Auch eine einzelne Schule ist eine „bestimmte Verwaltungseinheit"; der Personalrat GHWRGS bei der unteren Schulaufsichtsbehörde kann also z.B. auch an einer einzelnen Grundschule eine Teilpersonalversammlung für die dort beschäftigten Lehrkräfte (einschließlich der Schulleitung) durchführen. (Quelle: Verwaltungsgericht Stuttgart vom 15.3.1999; AZ: PL 21 K 5/99)

§ 50
Einberufung der Personalversammlung

(1) Der Personalrat beruft die Personalversammlung ein und legt die Tagesordnung fest. Der Vorsitzende des Personalrats lädt zur Personalversammlung ein und leitet sie.

(2) Der Personalrat ist auf Wunsch des Leiters der Dienststelle oder eines Viertels der wahlberechtigten Beschäftigten verpflichtet, eine Personalversammlung einzuberufen und den Gegenstand, dessen Beratung beantragt ist, auf die Tagesordnung zu setzen.

(3) Auf Antrag einer in der Dienststelle vertretenen Gewerkschaft muss der Personalrat vor Ablauf von drei Wochen nach Eingang des Antrags eine Personalversammlung einberufen, wenn im vorhergegangenen Kalenderjahr keine Personalversammlung und keine Teilversammlung durchgeführt worden sind.

§ 51
Durchführung der Personalversammlung

(1) Personalversammlungen finden während der Arbeitszeit statt, soweit nicht die dienstlichen Verhältnisse eine andere Regelung erfordern. Die Teilnahme an der Personalversammlung hat keine Minderung der Besoldung oder des Arbeitsentgelts zur Folge. Soweit Personalversammlungen aus dienstlichen Gründen außerhalb der Arbeitszeit stattfinden müssen, ist den Teilnehmern Dienstbefreiung in entsprechendem Umfang zu gewähren. § 43 Absatz 2 Satz 2 gilt entsprechend.

(2) Die Kosten, die durch die Teilnahme an Personalversammlungen entstehen, werden in entsprechender Anwendung des Landesreisekostengesetzes erstattet.

⇨ Personalversammlungen (GHWRGS)

§ 52
Angelegenheiten der Personalversammlung

(1) Der Personalrat soll einmal in jedem Kalenderjahr in einer Personalversammlung einen Tätigkeitsbericht erstatten.

(2) Die Personalversammlung kann alle Angelegenheiten behandeln, die die Dienststelle oder ihre Beschäftigten unmittelbar betreffen, insbesondere wirtschaftliche Angelegenheiten, Tarif-, Besoldungs- und Sozialangelegenheiten sowie Fragen der Gleichstellung von Frauen und Männern.

(3) Die Personalversammlung kann dem Personalrat Anträge unterbreiten und zu seinen Beschlüssen Stellung nehmen. In einer gemeinsamen Personalversammlung wird gemeinsam beraten, Anträge und Stellungnahmen an die Personalräte werden jedoch getrennt von den Beschäftigten der jeweiligen Dienststelle beschlossen.

(4) Der Personalrat unterrichtet die Beschäftigten über die Behandlung der Anträge und den Fortgang

der in der Personalversammlung behandelten Angelegenheiten.

§ 53
Nichtöffentlichkeit der Personalversammlung, Teilnahmerechte

(1) Die Personalversammlung ist nicht öffentlich.

(2) An der Personalversammlung können mit beratender Stimme teilnehmen:

1. je ein Beauftragter der in der Dienststelle vertretenen Gewerkschaften,
2. ein Beauftragter der Arbeitgebervereinigung, der die Dienststelle angehört,
3. ein beauftragtes Mitglied der Stufenvertretung,
4. ein Beauftragter der Dienststelle, bei der die Stufenvertretung besteht,
5. ein beauftragtes Mitglied des Gesamtpersonalrats,
6. die Schwerbehindertenvertretung,
7. ein beauftragtes Mitglied der Jugend- und Auszubildendenvertretung.

Der Vorsitzende des Personalrats hat die Einberufung der Personalversammlung den Teilnahmeberechtigten mitzuteilen. Die Teilnahmeberechtigten können Änderungen oder Ergänzungen der Tagesordnung beantragen.

(3) Der Personalrat kann der Personalversammlung vorschlagen, dass Beauftragte nach Absatz 2 Satz 1 Nummer 1 und 2 an der Personalversammlung nicht teilnehmen sollen. Über den Ausschluss entscheidet die Personalversammlung mit der Mehrheit der Stimmen der anwesenden Beschäftigten.

Hinweis der Redaktion: Der Personalrat ist berechtigt, zu seiner Unterstützung bei der Unterrichtung der Beschäftigten über Themen, die Gegenstand der Personalversammlung sein können, für die Dauer der Erörterung dieses Themas eine dienststellenfremde Auskunftsperson hinzuzuziehen, die sich sachkundig zu dem Thema äußert und ergänzende Fragen beantwortet (Bundesverwaltungsgericht, 6.9.1984, 6 P 17.82, PR 1985,44 zu BVwG 49,259).

(4) Der Leiter der Dienststelle kann an den Personalversammlungen teilnehmen. An den Personalversammlungen, die auf seinen Wunsch einberufen worden sind oder zu denen er ausdrücklich eingeladen worden ist, hat er teilzunehmen. Er kann einen Vertreter der Arbeitgebervereinigung, der die Dienststelle angehört, hinzuziehen; in diesem Fall kann auch je ein Beauftragter der in der Dienststelle vertretenen Gewerkschaften an der Personalversammlung teilnehmen. Der Leiter der Dienststelle kann sich durch einen Beauftragten in der Personalversammlung vertreten lassen, sofern die Personalversammlung nicht auf seinen Wunsch einberufen worden ist.

Teil 4
Gesamtpersonalrat und Stufenvertretungen, Arbeitsgemeinschaften

§ 54
Gesamtpersonalrat

(1) In den Fällen des § 5 Absatz 3 wird neben den einzelnen Personalräten ein Gesamtpersonalrat gebildet.

(2) Die Mitglieder des Gesamtpersonalrats werden von den Beschäftigten der Dienststellen gewählt, für die der Gesamtpersonalrat gebildet wird. Der Gesamtpersonalrat besteht bei

bis zu 500 in der Regel Beschäftigten
aus sieben Mitgliedern,

501 bis 1000 in der Regel Beschäftigten
aus neun Mitgliedern,

1001 bis 3000 in der Regel Beschäftigten
aus elf Mitgliedern,

3001 bis 5000 in der Regel Beschäftigten
aus 13 Mitgliedern,

5001 bis 7500 in der Regel Beschäftigten
aus 15 Mitgliedern,

7501 bis 10000 in der Regel Beschäftigten
aus 17 Mitgliedern,

10001 und mehr in der Regel Beschäftigten
aus 19 Mitgliedern.

(3) Im Gesamtpersonalrat erhält jede Gruppe mindestens einen Vertreter. Besteht der Gesamtpersonalrat aus mehr als neun Mitgliedern, erhält jede Gruppe mindestens zwei Vertreter. § 11 Absatz 5 gilt entsprechend.

(4) Für die Wahl, die Amtszeit und die Geschäftsführung des Gesamtpersonalrats gelten die §§ 8 bis 10 Absatz 2 und 5, § 11 Absatz 1 bis 3, §§ 12 bis 16 Absatz 1, § 17 Absatz 1, 2 und 4, §§ 18 bis 48 mit folgenden Maßgaben entsprechend:

1. Das Wahlrecht kann auch bei Zugehörigkeit zu mehreren Dienststellen, für die der Gesamtpersonalrat gebildet wird, nur einmal ausgeübt werden.
2. An Stelle einer Personalversammlung zur Bestellung des Wahlvorstands übt der Leiter der Dienststelle, bei der der Gesamtpersonalrat errichtet wird, die Befugnis zur Bestellung des Wahlvorstands nach § 16 Absatz 2 und 3 sowie § 17 Absatz 3 aus.
3. Eine beauftragte Person des Personalrats kann an den Sitzungen des Gesamtpersonalrats mit beratender Stimme teilnehmen, wenn Angelegenheiten behandelt werden, die Beschäftigte der Dienststelle betreffen, bei welcher der Personalrat gebildet ist. Die Einladung zu der Sitzung ist dem Personalrat zuzuleiten.

(5) Für die Befugnisse und Pflichten des Gesamtpersonalrats gelten die §§ 68 bis 90 entsprechend.

§ 55
Bezirkspersonalrat und Hauptpersonalrat (Stufenvertretungen)

(1) Für den Geschäftsbereich mehrstufiger Verwaltungen werden Stufenvertretungen gebildet, und zwar bei den Mittelbehörden Bezirkspersonalräte, bei den obersten Dienstbehörden Hauptpersonalräte. Mittelbehörde im Sinne dieses Gesetzes ist die einer obersten Dienstbehörde unmittelbar nachgeordnete Behörde, der andere Dienststellen nachgeordnet sind.

(2) Die Mitglieder des Bezirkspersonalrats werden von den zum Geschäftsbereich der Mittelbehörde,

die Mitglieder des Hauptpersonalrats von den zum Geschäftsbereich der obersten Dienstbehörde gehörenden Beschäftigten gewählt. Der Bezirkspersonalrat besteht bei

bis zu 500 in der Regel Beschäftigten aus drei Mitgliedern,
501 bis 1000 in der Regel Beschäftigten aus fünf Mitgliedern,
1001 bis 3000 in der Regel Beschäftigten aus sieben Mitgliedern,
3001 bis 5000 in der Regel Beschäftigten aus neun Mitgliedern,
5001 und mehr in der Regel Beschäftigten aus elf Mitgliedern.

Der Hauptpersonalrat besteht bei

bis zu 500 in der Regel Beschäftigten aus fünf Mitgliedern,
501 bis 1000 in der Regel Beschäftigten aus sieben Mitgliedern,
1001 bis 2000 in der Regel Beschäftigten aus neun Mitgliedern,
2001 bis 3000 in der Regel Beschäftigten aus elf Mitgliedern,
3001 bis 5000 in der Regel Beschäftigten aus 13 Mitgliedern,
5001 bis 10000 in der Regel Beschäftigten aus 15 Mitgliedern,
10001 bis 20000 in der Regel Beschäftigten aus 17 Mitgliedern,
20001 und mehr in der Regel Beschäftigten aus 19 Mitgliedern.

Hinweis der Redaktion: Die Freistellung der Mitglieder der Haupt- und Bezirkspersonalräte im Schulbereich ist in der VwV ⇨ Arbeitszeit (Lehrkräfte) – VwV Anrechnungen geregelt.

(3) Für die Wahl, die Amtszeit und die Geschäftsführung der Stufenvertretungen gelten die §§ 8 bis 10 Absatz 2 und 5, § 11 Absatz 1 bis 3, §§ 12 bis 16 Absatz 1, § 17 Absatz 1, 2 und 4, §§ 18 bis 45 Absatz 1 Satz 1 und Absatz 4, §§ 46 bis 48 und 54 Absatz 3 und 4 Nummer 1 bis 3 mit folgenden Maßgaben entsprechend:

1. § 9 Absatz 2 Satz 1 Nummer 2 bis 4 gilt nur für die leitenden Beschäftigten der Dienststelle, bei der die Stufenvertretung errichtet ist, sowie für die unmittelbaren Mitarbeiter dieser Beschäftigten, die als Personalsachbearbeiter Entscheidungen vorbereiten.
2. Die in § 9 Absatz 2 Satz 1 Nummer 2 bis 4 genannten Personen, die Beschäftigte einer nachgeordneten Dienststelle sind, dürfen als Mitglieder der Stufenvertretung an Personalangelegenheiten der eigenen Dienststelle weder beratend noch entscheidend mitwirken; § 33 Absatz 2 bleibt unberührt.
3. Bei der entsprechenden Anwendung des § 19 tritt an die Stelle der Frist von sechs Arbeitstagen die Frist von drei Wochen.
4. § 32 Absatz 5 gilt mit der Maßgabe, dass beim Bezirkspersonalrat die Bezirksschwerbehindertenvertretung, die für die Dienststelle, bei der der Bezirkspersonalrat gebildet ist, zuständig ist, zu beteiligen ist; dies gilt entsprechend für die Beteiligung der Hauptschwerbehindertenvertretung beim Hauptpersonalrat.
5. § 34 Absatz 3 gilt mit der Maßgabe, dass der Vorsitzende alle Angelegenheiten im schriftlichen oder elektronischen Umlaufverfahren beschließen lassen kann, wenn nicht im Einzelfall ein Drittel der Mitglieder dem schriftlichen oder elektronischen Umlaufverfahren widerspricht.
6. Der für die Reisekostenvergütungen nach § 41 Absatz 1 Satz 2 maßgebende Dienstort ist der Sitz der Dienststelle, der das Mitglied der Stufenvertretung angehört.

(4) Für die Befugnisse und Pflichten der Stufenvertretungen gelten die §§ 68 bis 90 entsprechend.

(5) Die Personalräte oder, wenn solche nicht bestehen, die Leiter der Dienststellen bestellen auf Ersuchen des Bezirks- oder Hauptwahlvorstands die örtlichen Wahlvorstände für die Wahl der Stufenvertretungen. Werden in einer Verwaltung die Personalräte und Stufenvertretungen gleichzeitig gewählt, so führen die bei den Dienststellen bestehenden Wahlvorstände die Wahlen der Stufenvertretungen im Auftrag des Bezirks- oder Hauptwahlvorstands durch. Für die Durchführung der Wahl der Stufenvertretungen bei den Landratsämtern ist der Wahlvorstand für die Wahl des Personalrats beim Landratsamt zuständig.

§ 56
Arbeitsgemeinschaften von Personalvertretungen

(1) Personalvertretungen derselben Verwaltungsstufe, desselben Verwaltungszweigs oder mehrerer Verwaltungen und Betriebe juristischer Personen nach § 1 können zur Behandlung gemeinsam betreffender Angelegenheiten eine Arbeitsgemeinschaft bilden, wenn dies der Wahrnehmung der Befugnisse und Pflichten der einzelnen Personalvertretung förderlich ist.

(2) Der Arbeitsgemeinschaft gehören jeweils der Vorsitzende oder ein anderes von der Personalvertretung bestimmtes Mitglied der beteiligten Personalvertretungen an. In begründeten Fällen ist im Einvernehmen mit der Dienststelle der entsendenden Personalvertretung eine Entsendung mehrerer Mitglieder zulässig.

(3) Die Arbeitsgemeinschaft bestimmt aus ihrer Mitte einen Vorsitzenden und Stellvertreter. Sie gibt sich eine Geschäftsordnung. Für die Rechte und Pflichten der Mitglieder von Personalvertretungen in Arbeitsgemeinschaften und für die Geschäftsführung der Arbeitsgemeinschaften gelten § 30 Absatz 1 Satz 1 und 2, § 32 Absatz 1, § 38 Absatz 1, §§ 42, 43, 67 Absatz 1, § 68 Absatz 2, § 69 Absatz 1 Satz 2 und 3 entsprechend. § 41 gilt mit der Maßgabe, dass die durch die Entsendung in die Arbeitsgemeinschaft entstehenden notwendigen Kosten von der Dienststelle der jeweils entsendenden Personalvertretung zu tragen sind. [...]

(5) Die Befugnisse und Aufgaben der Personalvertretungen nach diesem Gesetz bleiben unberührt; die §§ 73 bis 88 finden keine Anwendung.

§ 57
Arbeitsgemeinschaft der Vorsitzenden der Hauptpersonalräte

(1) Die Vorsitzenden der Hauptpersonalräte bei den obersten Landesbehörden bilden die Arbeitsgemeinschaft der Vorsitzenden der Hauptpersonalräte (ARGE-HPR). Besteht bei einer obersten Landesbehörde kein Hauptpersonalrat, ist der Vorsitzende des Personalrats bei der obersten Landesbehörde Mitglied in der Arbeitsgemeinschaft.

(2) An den Sitzungen der Arbeitsgemeinschaft können teilnehmen:

1. ein Vertreter der zu einer Arbeitsgemeinschaft zusammengeschlossenen Schwerbehindertenvertretungen bei den obersten Landesbehörden,
2. die Vorsitzenden der Personalräte der Dienststellen des Landtags von Baden-Württemberg.

(3) Die Arbeitsgemeinschaft ist anzuhören vor Entscheidungen

1. der Landesregierung, welche für die Beschäftigten des Landes in den Geschäftsbereichen der obersten Dienstbehörden unmittelbar belastende Regelungen enthalten,
2. oberster Dienstbehörden, welche auch Beschäftigte in den Geschäftsbereichen anderer oberster Dienstbehörden des Landes betreffen,

soweit die Entscheidungen in Angelegenheiten nach den §§ 74, 75, 81 und 87 mit Ausnahme von Maßnahmen in einzelnen personellen Angelegenheiten der Beteiligung des Personalrats unterliegen würden, wenn sie von einer Dienststelle für ihre Beschäftigten getroffen würden. Satz 1 gilt nicht, wenn nach beamtenrechtlichen Vorschriften die Spitzenorganisationen der zuständigen Gewerkschaften und Berufsverbände zu beteiligen sind. § 56 Absatz 5 gilt entsprechend.

(4) Die federführend zuständige oberste Dienstbehörde hört die Arbeitsgemeinschaft rechtzeitig und umfassend zu der beabsichtigten Maßnahme an. Der Arbeitsgemeinschaft sind die erforderlichen Unterlagen vorzulegen. Auf Verlangen der Arbeitsgemeinschaft ist die beabsichtigte Maßnahme mit ihr zu erörtern. Die Arbeitsgemeinschaft übermittelt ihre Stellungnahme der anhörenden obersten Dienstbehörde innerhalb von drei Wochen, sofern nicht einvernehmlich eine andere Frist vereinbart ist; § 91 Absatz 3 gilt sinngemäß.

(5) Die Arbeitsgemeinschaft kann grundsätzliche Angelegenheiten beraten, die für die Beschäftigten von allgemeiner Bedeutung sind und über den Geschäftsbereich einer obersten Dienstbehörde hinausgehen. Sie kann hierzu Vorschläge machen und Stellungnahmen abgeben. Dies gilt auch dann, wenn nach beamtenrechtlichen Vorschriften die Spitzenorganisationen der zuständigen Gewerkschaften und Berufsverbände zu beteiligen sind. Absatz 4 gilt entsprechend.

(6) § 56 Absatz 3 Satz 1 bis 3 gilt entsprechend. § 41 gilt mit der Maßgabe, dass die oberste Dienstbehörde, deren Geschäftsbereich der Vorsitzende der Arbeitsgemeinschaft angehört, die notwendigen Kosten für die Geschäftsstelle der Arbeitsgemeinschaft trägt.

Teil 5
Ausbildungspersonalrat

§ 58

(1) Für Auszubildende in öffentlich-rechtlichen Ausbildungsverhältnissen, Beamte im Vorbereitungsdienst und für Beschäftigte in dem Vorbereitungsdienst entsprechender Berufsausbildung kann das für die Ordnung der Ausbildung zuständige Ministerium im Einvernehmen mit dem Innenministerium durch Rechtsverordnung bestimmen, dass

1. Ausbildungspersonalräte für eine oder mehrere Dienststellen oder für einzelne Ausbildungsbereiche gebildet werden,
2. die Amtszeit abweichend von § 22 Absatz 1 auf eine kürzere Dauer als fünf Jahre, mindestens aber auf die Dauer von einem Jahr, festgesetzt und ein von § 22 Absatz 3 Satz 1 abweichender Zeitraum für die regelmäßigen Wahlen festgelegt wird,
3. von Beteiligungsangelegenheiten des Teils 8 Abschnitt 2 abgesehen werden kann, soweit dies mit Rücksicht auf eine sachgemäße Ausbildung oder sonst aus wichtigen Gründen erforderlich und gesetzlich nichts anderes bestimmt ist.

(2) Wahlberechtigt und wählbar zum Ausbildungspersonalrat sind die Auszubildenden in öffentlich-rechtlichen Ausbildungsverhältnissen, die Beamten im Vorbereitungsdienst und die Beschäftigten in dem Vorbereitungsdienst entsprechender Berufsausbildung der Dienststellen oder des Ausbildungsbereichs, für die der Ausbildungspersonalrat gebildet wird.

(3) Für die Wahl, die Amtszeit, die Geschäftsführung, die Rechte, Pflichten und Aufgaben des Ausbildungspersonalrats und seiner Mitglieder gelten § 8 Absatz 1, § 9 Absatz 1 Nummer 1 und Absatz 2 Nummer 1, § 10 Absatz 1, 3 und 5, §§ 11 bis 14 Absatz 1, §§ 15, 16 Absatz 1, § 17 Absatz 1 und 2, §§ 18 bis 23 Absatz 1 Satz 1 Nummer 2 bis 6, Satz 2 und 3, §§ 24 bis 30, 32 Absatz 1 bis 3, 5 bis 8, §§ 33, 34, 38 bis 44, 47 Absatz 1 und 2, §§ 49 bis 53, 68 bis 71 und 73 bis 88 entsprechend. An Stelle einer Personalversammlung zur Bestellung des Wahlvorstands übt der Leiter der Dienststelle, bei der der Ausbildungspersonalrat gebildet ist, die Befugnis zur Bestellung des Wahlvorstands nach § 16 Absatz 2 und 3 sowie § 17 Absatz 3 aus.

(4) Beschäftigte, die zu einem Ausbildungspersonalrat wahlberechtigt sind, besitzen nicht die Wahlberechtigung und die Wählbarkeit zum Personalrat, zum Gesamtpersonalrat, zu den Stufenvertretungen und zur Jugend- und Auszubildendenvertretung. [...]

(6) Eine Beteiligung bei der Gestaltung von Lehrveranstaltungen sowie bei der Auswahl der Lehrpersonen findet nicht statt.

Hinweis der Redaktion: Für die Lehramtsanwärter*innen an den Grund-, Werkreal- und Hauptschulen sowie den Realschulen wird kein Ausbildungspersonalrat an den Staatlichen Seminaren für Didaktik und Lehrerbildung gebildet; sie sind deshalb für die Personalvertretung an GHWRGS-Schulen wahlberechtigt (hierzu bitte § 8 dieses Gesetzes beachten).

⇨ Personalvertretung (Ausbildungspersonalräte)

Hinweis der Redaktion: Teil 6 (Jugend- und Auszubildendenvertretungen, Jugend- und Auszubildendenversammlung) ist hier nicht abgedruckt.

Teil 7
Datenschutz

§ 67

(1) Die Personalvertretungen haben bei der Verarbeitung personenbezogener Daten die datenschutzrechtlichen Vorschriften zu beachten und treffen die zu deren Einhaltung erforderlichen ergänzenden Regelungen für ihre Geschäftsführung in eigener Verantwortung. Der Dienststelle sind die getroffenen Maßnahmen auf Verlangen mitzuteilen.

(2) Die Personalvertretungen dürfen personenbezogene Daten speichern, soweit und solange dies zur Erfüllung ihrer Aufgaben erforderlich ist. Nach Abschluss der Maßnahme, an der die Personalvertretung beteiligt war, sind die ihr in diesem Zusammenhang zur Verfügung gestellten personenbezogenen Daten zu löschen und Unterlagen mit personenbezogenen Daten der Dienststelle zurückzugeben.

(3) Unabhängig von Absatz 2 dürfen Personalvertretungen zur Erfüllung ihrer Aufgaben Grunddaten der Beschäftigten speichern. Dazu zählen Namen, Funktion sowie ihre Bewertung, Besoldungs- oder Entgeltgruppe, Geburts-, Einstellungs- und Ernennungsdatum, Rechtsgrundlage und Dauer der Befristung des Arbeitsverhältnisses, Datum der letzten Beförderung, Höher- oder Rückgruppierung, Beurlaubung und Teilzeitbeschäftigung. Die Dienststelle stellt den Personalvertretungen diese Grunddaten auf aktuellem Stand zur Verfügung. Vorher zur Verfügung gestellte Grunddaten sind unverzüglich zu löschen.

(4) Personenbezogene Daten in Niederschriften sind spätestens am Ende des achten Jahres ab der Speicherung zu löschen.

⇨ Datenschutz (RDV - Bildungsplattform); ⇨ Datenschutz (Schulen)

Teil 8
Beteiligung des Personalrats
Abschnitt 1 – Allgemeines

§ 68
Zusammenarbeit zwischen Dienststelle und Personalvertretung

(1) Der Leiter der Dienststelle oder sein Beauftragter und die Personalvertretung treten mindestens einmal im Vierteljahr zu gemeinschaftlichen Besprechungen zusammen. In ihnen soll auch die Gestaltung des Dienstbetriebs behandelt werden, insbesondere alle Vorgänge, die die Beschäftigten wesentlich berühren. Der Leiter der Dienststelle und die Personalvertretung können einvernehmlich zweimal im Jahr von den gemeinschaftlichen Besprechungen absehen, wenn wirtschaftliche Angelegenheiten im Wirtschaftsausschuss ausreichend behandelt worden sind. Sofern in der Dienststelle kein Wirtschaftsausschuss besteht, soll die Dienststelle die Personalvertretung in den gemeinschaftlichen Besprechungen mindestens zweimal im Jahr über die von einem Wirtschaftsausschuss zu behandelnden Angelegenheiten unterrichten. Sie haben über strittige Fragen mit dem ernsten Willen zur Einigung zu verhandeln und Vorschläge für die Beilegung von Meinungsverschiedenheiten zu machen. Zu den gemeinschaftlichen Besprechungen sind beratend hinzuzuziehen:

1. die Schwerbehindertenvertretung,
2. ein Mitglied der Jugend- und Auszubildendenvertretung, das von dieser benannt wird, wenn Angelegenheiten behandelt werden, die besonders Beschäftigte im Sinne von § 59 betreffen,
3. die Beauftragte für Chancengleichheit, wenn Angelegenheiten behandelt werden, die besonders die Gleichstellung von Frauen und Männern betreffen.

(2) Dienststelle und Personalvertretung haben alles zu unterlassen, was geeignet ist, die Arbeit und den Frieden der Dienststelle zu beeinträchtigen. Insbesondere dürfen Dienststelle und Personalvertretung keine Maßnahmen des Arbeitskampfs gegeneinander durchführen. Arbeitskämpfe tariffähiger Parteien werden hierdurch nicht berührt.

(3) Außenstehende Stellen dürfen erst angerufen werden, wenn eine Einigung in der Dienststelle nicht erzielt worden ist.

§ 69
Allgemeine Grundsätze für die Behandlung der Beschäftigten

(1) Dienststelle und Personalvertretung haben darüber zu wachen, dass alle Angehörigen der Dienststelle nach Recht und Billigkeit behandelt werden, insbesondere, dass jede Benachteiligung von Personen aus rassistischen Gründen oder wegen ihrer ethnischen Herkunft, ihrer Abstammung oder sonstigen Herkunft, ihrer Nationalität, ihrer Religion oder Weltanschauung, ihrer Behinderung, ihres Alters, ihrer politischen oder gewerkschaftlichen Betätigung oder Einstellung oder wegen ihres Geschlechts oder ihrer sexuellen Identität unterbleibt. Dabei müssen sie sich so verhalten, dass das Vertrauen der Beschäftigten in die Objektivität und Neutralität ihrer Amtsführung nicht beeinträchtigt wird. Der Leiter der Dienststelle und die Personalvertretung haben jede parteipolitische Betätigung in der Dienststelle zu unterlassen; die Behandlung von Tarif-, Besoldungs- und Sozialangelegenheiten wird hierdurch nicht berührt.

⇨ Chancengleichheitsgesetz; ⇨ Gleichbehandlungsgesetz; ⇨ Grundgesetz Art. 3; ⇨ Mobbing; ⇨ Teilzeit (Pflichten und Rechte)

(2) Soweit sich Beschäftigte, die Aufgaben nach diesem Gesetz wahrnehmen, auch in der Dienststelle für ihre Gewerkschaft betätigen, gilt Absatz 1 Satz 2 und 3 entsprechend.

(3) Die Personalvertretung hat sich für die Wahrung der Vereinigungsfreiheit der Beschäftigten einzusetzen.

§ 70
Allgemeine Aufgaben der Personalvertretung

(1) Die Personalvertretung hat folgende allgemeine Aufgaben:

1. Maßnahmen zu beantragen, die der Dienststelle und ihren Angehörigen oder im Rahmen der Aufgabenerledigung der Dienststelle der Förderung des Gemeinwohls dienen,

2. darüber zu wachen, dass die zugunsten der Beschäftigten geltenden Gesetze, Verordnungen, Tarifverträge, Dienstvereinbarungen, Verwaltungsanordnungen, Unfallverhütungsvorschriften und sonstigen Arbeitsschutzvorschriften durchgeführt werden und Anforderungen an die Barrierefreiheit nachgekommen wird,
3. auf die Verhütung von Unfall- und Gesundheitsgefahren zu achten, die für den Arbeitsschutz zuständigen Behörden, die Träger der gesetzlichen Unfallversicherung und die übrigen in Betracht kommenden Stellen durch Anregungen, Beratung und Auskunft bei der Bekämpfung von Unfall- und Gesundheitsgefahren zu unterstützen und sich für den Arbeitsschutz einzusetzen,
   ⇨ Arbeits- und Gesundheitsschutz
4. Anregungen und Beschwerden von Beschäftigten und der Jugend- und Auszubildendenvertretung entgegenzunehmen und, falls sie berechtigt erscheinen, durch Verhandlung mit dem Leiter der Dienststelle auf ihre Erledigung hinzuwirken; der Personalrat hat die betroffenen Beteiligten über das Ergebnis der Verhandlungen zu unterrichten, ⇨ Remonstrationspflicht
5. im Zusammenwirken mit der Schwerbehindertenvertretung die Eingliederung und berufliche Entwicklung schwerbehinderter Beschäftigter und sonstiger Hilfsbedürftiger, insbesondere älterer Personen, in die Dienststelle zu fördern und für eine ihren Fähigkeiten und Kenntnissen entsprechende Beschäftigung zu sorgen,
6. an der Weiterentwicklung der interkulturellen Kompetenz der Verwaltung mitzuwirken und die Eingliederung von Beschäftigten mit Migrationshintergrund in die Dienststelle sowie das Verständnis zwischen Beschäftigten unterschiedlicher Herkunft zu fördern,
7. mit der Jugend- und Auszubildendenvertretung zur Förderung der Belange der Beschäftigten im Sinne von § 59 eng zusammenzuarbeiten,
8. Einrichtungen und Angebote der Dienststelle zur Kinderbetreuung anzuregen und vorzuschlagen,
9. Wahrung der Interessen der Beschäftigten in Telearbeit sowie auf einem sonstigen Arbeitsplatz außerhalb der Dienststelle,
10. Maßnahmen zu beantragen, die der Gleichstellung von Frauen und Männern dienen,
11. Maßnahmen zu beantragen, die dem Umweltschutz, dem Klimaschutz oder der sorgsamen Energienutzung in der Dienststelle dienen.

(2) Reicht die Personalvertretung schriftlich oder elektronisch Anträge oder Vorschläge nach Absatz 1 ein, soll der Leiter der Dienststelle innerhalb von drei Wochen schriftlich oder elektronisch Stellung nehmen oder, wenn die Einhaltung der Frist nicht möglich ist, einen schriftlichen oder elektronischen Zwischenbescheid erteilen. Die Ablehnung schriftlicher oder elektronischer Anträge und Vorschläge hat der Leiter der Dienststelle schriftlich oder elektronisch zu begründen.

⇨ Beamtengesetz §§ 83 ff.; ⇨ Personalakten; ⇨ Verwaltungsrecht (Allgemeines)

§ 71
Unterrichtungs- und Teilnahmerechte der Personalvertretung, Arbeitsplatzschutzangelegenheiten

(1) Die Personalvertretung ist zur Durchführung ihrer Aufgaben rechtzeitig und umfassend zu unterrichten. Ihr sind die hierfür erforderlichen Unterlagen vorzulegen. Personalaktendaten dürfen nur mit Einwilligung des Beschäftigten und nur von den von ihm bestimmten Mitgliedern der Personalvertretung eingesehen werden.

(2) Vor Organisationsentscheidungen, die beteiligungspflichtige Maßnahmen zur Folge haben, ist die Personalvertretung frühzeitig und fortlaufend zu unterrichten. An Arbeitsgruppen, die der Vorbereitung derartiger Entscheidungen dienen, können Mitglieder der Personalvertretung beratend teilnehmen.

(3) Bei Einstellungen von Beschäftigten sind der Personalvertretung auf Verlangen die Bewerbungsunterlagen aller Bewerber vorzulegen, soweit dem nicht berechtigte Belange der Bewerber entgegenstehen. An Vorstellungs- oder Eignungsgesprächen, welche die Dienststelle im Rahmen geregelter oder auf Übung beruhender Auswahlverfahren zur Auswahl unter mehreren Bewerbern durchführt oder durchführen lässt, kann ein Mitglied der Personalvertretung, das von dieser benannt ist, teilnehmen.

(4) An Personalgesprächen mit entscheidungsbefugten Vertretern der Dienststelle sowie an Beurteilungsgesprächen im Sinne von § 51 Absatz 2 Satz 1 des Landesbeamtengesetzes kann auf Verlangen des Beschäftigten ein Mitglied der Personalvertretung teilnehmen. An allgemeinen Besprechungen zur Abstimmung einheitlicher Beurteilungsmaßstäbe vor regelmäßigen Beurteilungen im Sinne von § 51 Absatz 1 des Landesbeamtengesetzes kann ein Mitglied der Personalvertretung, das von dieser benannt ist, teilnehmen. Die Gesamtergebnisse regelmäßiger Beurteilungen im Sinne von § 51 des Landesbeamtengesetzes sind der Personalvertretung anonymisiert mitzuteilen. Dienstliche Beurteilungen sind auf Verlangen des betroffenen Beschäftigten der Personalvertretung zur Kenntnis zu geben.

(5) Bei Prüfungen, die eine Dienststelle für Beschäftigte ihres Bereichs abnimmt, ist einem Mitglied der für diesen Bereich zuständigen Personalvertretung, das von dieser benannt ist, die Anwesenheit zu gestatten. Dies gilt nicht für die Beratung.

(6) Der Vorsitzende oder ein beauftragtes Mitglied der Personalvertretung hat jederzeit das Recht, nach vorheriger Unterrichtung des Leiters der Dienststelle, die Dienststelle zu begehen und, sofern die Beschäftigten zustimmen, diese an ihrem Arbeitsplatz aufzusuchen, wenn zwingende dienstliche Gründe nicht entgegenstehen.

(7) Die Dienststelle und die für den Arbeitsschutz zuständigen Behörden, die Träger der gesetzlichen Unfallversicherung und die übrigen in Betracht kommenden Stellen sind verpflichtet, bei allen im Zusammenhang mit dem Arbeitsschutz oder der Unfallverhütung stehenden Besichtigungen und Fragen und bei Unfalluntersuchungen die Personalvertretung oder die von ihr bestimmten

Mitglieder der Personalvertretung derjenigen Dienststelle hinzuzuziehen, in der die Besichtigung oder Untersuchung stattfindet. Die Dienststelle hat der Personalvertretung unverzüglich die den Arbeitsschutz oder die Unfallverhütung betreffenden Auflagen und Anordnungen der in Satz 1 genannten Stellen mitzuteilen. An den Besprechungen der Dienststelle mit den Sicherheitsbeauftragten nach § 22 Absatz 2 des Siebten Buches Sozialgesetzbuch nehmen von der Personalvertretung beauftragte Mitglieder der Personalvertretung teil. Die Personalvertretung erhält die Niederschriften über die Untersuchungen, Besichtigungen und Besprechungen, zu denen sie nach den Sätzen 1 und 3 hinzuzuziehen ist. Die Dienststelle hat der Personalvertretung eine Durchschrift der nach § 193 Absatz 5 Satz 1 des Siebten Buches Sozialgesetzbuch von der Personalvertretung mit zu unterschreibenden Unfallanzeige oder des nach beamtenrechtlichen Vorschriften zu erstattenden Berichts auszuhändigen.

Hinweis der Redaktion: Die schulischen Hauptpersonalräte haben mit dem KM Dienstvereinbarungen zur Gefährdungsbeurteilung der Arbeitsplätze der Lehrkräfte abgeschlossen (29.3.2001, K.u.U. S. 257/2001, 11.10.2001, K.u.U. S. 357/2001, sowie 24.7. 2001, K.u.U. S. 328/2001).

⇨ Arbeits- und Gesundheitsschutz (RDV)

§ 72
Wirtschaftsausschuss

(1) In Dienststellen ab einer Größe der Personalvertretung von mindestens sieben Mitgliedern soll auf Antrag der Personalvertretung ein Wirtschaftsausschuss gebildet werden. Der Wirtschaftsausschuss hat die Aufgabe, wirtschaftliche Angelegenheiten der Dienststelle zu beraten und die Personalvertretung zu unterrichten. Die Befugnisse und Aufgaben der Personalvertretungen nach diesem Gesetz bleiben unberührt.

(2) Die Dienststelle hat den Wirtschaftsausschuss rechtzeitig und umfassend über die wirtschaftlichen Angelegenheiten unter Vorlage der erforderlichen Unterlagen zu unterrichten, soweit dadurch nicht die Dienst- oder Betriebs- und Geschäftsgeheimnisse gefährdet werden, sowie die sich daraus ergebenden Auswirkungen auf die Personalplanung darzustellen.

(3) Zu den wirtschaftlichen Angelegenheiten im Sinne von Absatz 1 gehören insbesondere

1. die wirtschaftliche und finanzielle Lage der Dienststelle,
2. Veränderungen der Produktpläne,
3. beabsichtigte Investitionen,
4. beabsichtigte Partnerschaften mit Privaten,
5. die Stellung der Dienststelle in der Gesamtdienststelle,
6. beabsichtigte Rationalisierungsmaßnahmen,
7. Einführung neuer Arbeits- und Managementmethoden,
8. Fragen des Umweltschutzes, des Klimaschutzes oder der sorgsamen Energienutzung in der Dienststelle,
9. Verlegung von Dienststellen oder Dienststellenteilen,
10. Auflösung, Neugründung, Zusammenlegung oder Teilung der Dienststelle oder von Dienststellenteilen,
11. Zusammenarbeit mit anderen Dienststellen,
12. sonstige Vorgänge und Vorhaben, welche das wirtschaftliche Leben der Dienststelle und die Interessen der Beschäftigten der Dienststelle wesentlich berühren können.

(4) Der Wirtschaftsausschuss besteht aus mindestens drei und höchstens sieben Mitgliedern, die der Dienststelle angehören müssen, darunter mindestens einem Mitglied der Personalvertretung. Ersatzmitglieder können bestellt werden. Die Mitglieder des Wirtschaftsausschusses sollen die zur Erfüllung ihrer Aufgaben erforderliche fachliche und persönliche Eignung besitzen. Sie werden im Einvernehmen mit der Personalvertretung für die Dauer ihrer Amtszeit von der Dienststelle bestellt und können jederzeit abberufen werden. Der Vorsitzende der Personalvertretung beruft die Mitglieder des Wirtschaftsausschusses zur konstituierenden Sitzung ein und leitet die Sitzung, bis der Wirtschaftsausschuss aus seiner Mitte einen Vorsitzenden gewählt hat. § 43 Absatz 2 gilt für die Mitglieder des Wirtschaftsausschusses entsprechend.

(5) Der Wirtschaftsausschuss soll einmal im Vierteljahr zusammentreten.

(6) Der Leiter der Dienststelle oder eine von ihm beauftragte Person nimmt an den Sitzungen des Wirtschaftsausschusses teil; weitere sachkundige Beschäftigte können hinzugezogen werden. An den Sitzungen des Wirtschaftsausschusses können darüber hinaus beratend teilnehmen:

1. die Schwerbehindertenvertretung,
2. ein Mitglied der Jugend- und Auszubildendenvertretung, das von dieser benannt wird, wenn Angelegenheiten behandelt werden, die besonders Beschäftigte im Sinne von § 59 betreffen,
3. die Beauftragte für Chancengleichheit, wenn Angelegenheiten behandelt werden, die besonders die Gleichstellung von Frauen und Männern betreffen.

Abschnitt 2
Mitbestimmung, Mitwirkung und Anhörung

§ 73
Mitbestimmung

(1) Soweit eine Maßnahme der Mitbestimmung des Personalrats unterliegt, kann sie nur mit seiner Zustimmung getroffen werden. Eine Maßnahme im Sinne von Satz 1 liegt bereits dann vor, wenn durch eine Handlung eine mitbestimmungspflichtige Maßnahme vorweggenommen oder festgelegt wird.

(2) Der Personalrat kann seine Zustimmung zu Maßnahmen in zuvor festgelegten Einzelfällen oder für zuvor festgelegte Fallgruppen von Maßnahmen vorab erteilen. Die Bestimmung der Maßnahmen erfolgt für die Dauer der Amtszeit des Personalrats in der Geschäftsordnung; die Bestimmung kann jederzeit geändert oder widerrufen werden. Die Fälle, in denen die Vorabzustimmung in Anspruch

genommen worden ist, sind dem Personalrat jeweils in der nächsten Sitzung bekanntzugeben.

§ 74
Angelegenheiten der uneingeschränkten Mitbestimmung

(1) Der Personalrat hat mitzubestimmen über die

1. Gewährung von Unterstützungen, Vorschüssen, Darlehen und entsprechenden sozialen Zuwendungen,
2. allgemeine Festsetzung der Nutzungsbedingungen für Wohnungen, über die die Beschäftigungsdienststelle verfügt oder für die die Beschäftigungsdienststelle ein Vorschlagsrecht hat,
3. Zuweisung von Wohnungen nach Nummer 2,
4. Kündigung von Wohnungen nach Nummer 2,
5. Aufstellung des Urlaubsplans,
6. Festsetzung der zeitlichen Lage des Erholungsurlaubs für einzelne Beschäftigte, wenn zwischen dem Leiter der Dienststelle und den beteiligten Beschäftigten kein Einverständnis erzielt wird.

(2) Der Personalrat hat, soweit eine gesetzliche oder tarifliche Regelung nicht besteht, mitzubestimmen über

1. Regelungen der Ordnung in der Dienststelle und des Verhaltens der Beschäftigten,
2. Beginn und Ende der täglichen Arbeitszeit und der Pausen sowie die Verteilung der Arbeitszeit auf die einzelnen Wochentage,

   Hinweis der Redaktion: Hierzu zwei Beispiele

   Eine Mitbestimmung nach § 74 Abs. 2 Nr. 2 oder Mitwirkung nach § 81 Abs. 1 Nr. 1 LPVG kann im Einzelfall gegeben sein, wenn eine Teilnahmeverpflichtung an Kooperationen für alle Lehrkräfte, für Teile der Belegschaft oder für eine bestimmte Gruppe in Form einer abstrakt-generellen Regelung verbindlich festgelegt wird. Werden beispielsweise bestimmte Lehrergruppen (z.B. alle Deutschlehrkräfte einer Klassenstufe) von der Schulleitung dazu verpflichtet, an jedem ersten Donnerstag im Monat in der 9. Unterrichtsstunde einen fachlich-pädagogischen Austausch durchzuführen, wäre diese regelmäßig wiederkehrende und nach bestimmten Kriterien konkret bestimmte zeitliche Lage der Kooperation vorher mit dem Personalrat abzustimmen.

   ⇨ Arbeitszeit (Lehrkräfte) – Allgemeines

   (Quelle: KM, 23.2.2016; AZ: 14-0301.620/1584)

   Auch die Anordnung der Schulaufsichtsbehörde an alle Schulleitungen, regelmäßig an einem bestimmten Tag und einer bestimmten Stunde in der Schule anwesend zu sein („Präsenzpflicht"), wäre beteiligungspflichtig.

   Anders ist dies bei Stundenplänen; siehe § 81 Abs. 1 Nr. 7.

3. Einführung, Anwendung, wesentliche Änderung und Aufhebung von Arbeitszeitmodellen,
4. Anordnung von Mehrarbeit oder Überstunden, Bereitschaftsdienst und Rufbereitschaft,

Hinweise der Redaktion:

1. Zur Begrifflichkeit und den Beteiligungsrechten siehe ⇨ Arbeitszeit (Lehrkräfte) – Allgemeines Nr. 6. Mehr zum Verfahren steht unter ⇨ Mehrarbeit (Allgemeines) Teil VI.
2. Betrifft die Anordnung nicht eine einzelne Lehrkraft, sondern sollen hierzu an der Schule allgemein geltende Regelungen getroffen werden, so ist auch bei deren Erlass die Mitbestimmung des Personalrats zu beachten und gegebenenfalls eine Dienstvereinbarung abzuschließen (vgl. § 85).
3. Das Kultusministerium hat zur Umsetzung im schulischen Bereich mitgeteilt (13.4.2015, AZ: 14-0321.6/90; Paragrafennummerierung von der Redaktion aktualisiert):

„Aus § 74 Abs. 3 LPVG ergibt sich, dass § 74 Abs. 2 Nr. 4 LPVG nur die Anordnung der vorhersehbaren Mehrarbeit und Überstunden umfasst. Nur bei Anordnung vorhersehbarer Mehrarbeit hat der örtliche Personalrat also ein Mitbestimmungsrecht. Vorhersehbar ist die Mehrarbeit, wenn ihr Beginn mind. 3 Wochen entfernt ist (Bsp.: bekannter Termin des Beginns von Mutterschutz, Elternzeit etc.). Demgegenüber lassen sich bei Anordnung unvorhersehbarer Mehrarbeit (Bsp.: heute krank gemeldeter Lehrer ist zu vertreten) die Anordnung von Mehrarbeit und deren Ableistung zeitlich nicht voneinander trennen, so dass mangels zeitlicher Dispositionsmöglichkeit ein Mitbestimmungsrecht nicht besteht. Ist jedoch bereits bekannt, dass der Vertretungsbedarf länger (3 Wochen oder mehr) andauern wird oder wird dies bekannt, ist das Beteiligungsverfahren durchzuführen. Die Anordnung bleibt jedoch für die Dauer des Beteiligungsverfahrens (einschließlich eines etwaigen Stufenverfahrens) wirksam, da sie ursprünglich rechtmäßig ohne Personalratsbeteiligung angeordnet worden ist.

Nach § 74 Abs. 3 LPVG besteht ein Mitbestimmungsrecht für die Aufstellung von „Dienstplänen" für Fälle unvorhersehbarer Mehrarbeit. Die Einzelanordnung bleibt mitbestimmungsfrei, die Beteiligung verlagert sich auf die Aufstellung dieser Dienstpläne. Der ÖPR kann über sein Initiativrecht nach § 84 LPVG die Aufstellung solcher „Dienstpläne" anregen. Daneben besteht die Möglichkeit des Abschlusses von Dienstvereinbarungen zwischen Schulleiter und ÖPR zu Grundsätzen für die Anordnung von Mehrarbeit. Dort kann z.B. geregelt werden, für höchstens wie viele Stunden wöchentlich bzw. monatlich ein einzelner Mitarbeiter herangezogen werden kann, wie mit Teilzeitbeschäftigten verfahren wird."

⇨ Beschwerderecht; ⇨ Konferenzen (Allgemeines); ⇨ Remonstrationspflicht

5. Fragen der Gestaltung des Entgelts innerhalb der Dienststelle für Arbeitnehmer, insbesondere durch Aufstellung von Entgeltgrundsätzen, die Einführung und Anwendung von neuen Entgeltmethoden und deren Änderung sowie die Festsetzung der Akkord- und Prämiensätze und vergleichbarer leistungsbezogener Entgelte, sowie entsprechende Regelungen innerhalb der Dienststelle für Beamte,
6. Errichtung, Verwaltung, wesentliche Änderung und Auflösung von Sozialeinrichtungen ohne Rücksicht auf ihre Rechtsform,
7. Maßnahmen zur Verhütung von Dienst- und Arbeitsunfällen, Berufskrankheiten und sonstigen Gesundheitsschädigungen sowie von Gesundheitsgefährdungen,

   ⇨ Arbeitsschutzgesetz; ⇨ Unfallversicherung

8. Maßnahmen des behördlichen oder betrieblichen Gesundheitsmanagements einschließlich vorbereitender und präventiver Maßnahmen, allgemeine Fragen des behördlichen oder betrieblichen Eingliederungsmanagements, Maßnahmen aufgrund von Feststellungen aus Gefährdungsanalysen,

   ⇨ Eingliederungsmanagement (BEM)

9. Aufstellung von Sozialplänen einschließlich Plänen für Umschulungen zum Ausgleich oder zur Milderung von wirtschaftlichen Nachteilen, die den Beschäftigten infolge von Rationalisierungsmaßnahmen entstehen,

10. Grundsätze über die Bewertung von anerkannten Vorschlägen im Rahmen des behördlichen oder betrieblichen Vorschlagswesens.

➪ Vorschlagswesen

(3) Muss für Gruppen von Beschäftigten die tägliche Arbeitszeit nach Erfordernissen, die die Dienststelle nicht voraussehen kann, unregelmäßig und kurzfristig festgesetzt werden, so beschränkt sich die Mitbestimmung nach Absatz 2 Nummer 2 und 4 auf die Grundsätze für die Aufstellung der Dienstpläne.

Hinweis der Redaktion: Siehe *Hinweise bei § 74 Abs. 2 Nr. 4.*

§ 75
Angelegenheiten der eingeschränkten Mitbestimmung

Hinweise der Redaktion:

1. „Eingeschränkt" bedeutet, dass die Einigungsstelle im Falle einer Nichteinigung zwischen Hauptpersonalrat und Dienststelle Kultusministerium nicht abschließend entscheidet, sondern nur eine Empfehlung an die Dienststelle ausspricht. Für die konkrete Arbeit örtlicher Personalvertretungen ist die Unterscheidung zwischen „uneingeschränkter" und „eingeschränkter" Mitbestimmung unerheblich.
2. Bei Rektor*innen an Grund-, Haupt-, Werkreal-, Real- und Gemeinschaftsschulen sowie an entsprechenden SBBZ gilt in den Fällen des Abs. 1 nicht die eingeschränkte Mitbestimmung, sondern die Mitwirkung (vgl. Abs. 6 Nr. 1b).

(1) Der Personalrat hat mitzubestimmen in Personalangelegenheiten der Beschäftigten, die voraussichtlich länger als zwei Monate Beschäftigte sein werden, bei

1. Begründung des Beamtenverhältnisses, mit Ausnahme der Fälle, in denen das Beamtenverhältnis auf Widerruf nach Ablegung oder dem endgültigen Nichtbestehen der für die Laufbahn vorgeschriebenen Prüfung aufgrund von Rechtsvorschriften endet, ➪ Einstellungserlass

   Hinweis der Redaktion: Gilt nicht für die Begründung des Beamtenverhältnisses von Lehrkräften an allgemeinbildenden und beruflichen Schulen (vgl. Abs. 5 Nr. 2b).
2. Einstellung von Arbeitnehmern, Übertragung der auszuübenden Tätigkeit bei der Einstellung, Nebenabreden zum Arbeitsvertrag, Zeit- oder Zweckbefristung des Arbeitsverhältnisses,
3. Ein-, Höher-, Um- oder Rückgruppierung einschließlich Stufenzuordnung sowie Verkürzung und Verlängerung der Stufenlaufzeit nach Entgeltgrundsätzen, Bestimmung der Fallgruppe innerhalb einer Entgeltgruppe, soweit jeweils tarifvertraglich nichts anderes bestimmt ist, übertariflicher Eingruppierung,

   ➪ Besoldung (Gesetz - LBesG) §§ 31. f.;➪ Tarifvertrag (Entgeltordnung - Lehrkräfte)
4. Beförderung, horizontalem Laufbahnwechsel,

   ➪ Beförderung (Allgemeines)

Hinweis der Redaktion: Zur Personalratsbeteiligung bei der Besetzung von Funktionsstellen bitte die Schaubilder unter ➪ Funktionsstellen (Besetzung und Überprüfung) beachten.

5. Zulassung zum Aufstieg einschließlich der Zulassung zur Eignungsfeststellung für den Aufstieg,

   ➪ Laufbahnwechsel
6. zwei Monate überschreitender Übertragung von Dienstaufgaben eines Amtes mit höherem oder niedrigerem Grundgehalt,
7. zwei Monate überschreitender Übertragung einer Tätigkeit, die
   a) den Tätigkeitsmerkmalen einer höheren oder niedrigeren Entgeltgruppe entspricht als die bisherige Tätigkeit,
   b) einen Anspruch auf Zahlung einer Zulage auslöst, sowie Widerruf einer solchen Übertragung, ➪ Besoldung (Zulagen)
8. zwei Monate überschreitender Übertragung einer anderen Tätigkeit,
9. erneuter Übertragung von Dienstaufgaben eines Amtes oder der auszuübenden Tätigkeit nach Rückkehr aus der Beurlaubung von längerer Dauer,
10. wesentlicher Änderung des Arbeitsvertrags, ausgenommen der Änderung der arbeitsvertraglich vereinbarten Arbeitszeit,
11. Umsetzung innerhalb der Dienststelle, wenn sie mit einem Wechsel des Dienstorts verbunden ist,

    ➪ Versetzung und Abordnung

    Hinweis der Redaktion: Nr. 11 gilt nicht für Lehrkräfte im Arbeitnehmerverhältnis (vgl. Abs. 5 Nr. 3).
12. ordentlicher Kündigung durch die Dienststelle.

(2) Der Personalrat der abgebenden Dienststelle und, soweit dort bestehend, der Personalrat der aufnehmenden Dienststelle haben in Personalangelegenheiten jeweils mitzubestimmen bei

1. Versetzung von Beschäftigten, die voraussichtlich länger als zwei Monate Beschäftigte sein werden, zu einer anderen Dienststelle,
2. Abordnung für die Dauer von mehr als zwei Monaten, mit Ausnahme der Abordnung von Beamten für die Erfüllung von Aufgaben nach dem Landesdisziplinargesetz,

   ➪ Versetzungen und Abordnungen
3. Zuweisung für die Dauer von mehr als zwei Monaten,
4. Personalgestellung für die Dauer von mehr als zwei Monaten,
5. Abordnung auch für die Dauer von weniger als zwei Monaten, sofern sie sich unmittelbar an eine vorangegangene Abordnung anschließt; entsprechendes gilt für die Zuweisung oder Personalgestellung.

Hinweis der Redaktion: Bei Rektor*innen an Grund-, Haupt-, Werkreal-, Real- und Gemeinschaftsschulen sowie an entsprechenden SBBZ gilt in den Fällen des Abs. 2 nicht die eingeschränkte Mitbestimmung, sondern die Mitwirkung (vgl. Abs. 6 Nr. 1b).

(3) Der Personalrat bestimmt in Personalangelegenheiten der Beschäftigten nur auf deren Antrag mit bei

1. Verlängerung der Probezeit, ➪ Probezeit
2. Änderung der arbeitsvertraglich vereinbarten Arbeitszeit für die Dauer von mehr als zwei Monaten,

   Hinweis der Redaktion zu 1. und 2.: Bei Rektor*innen nur Mitwirkung (vgl. Abs. 6 Nr. 1b).
3. Anordnungen gegenüber Beschäftigten, welche die Freiheit in der Wahl der Wohnung beschränken,
4. Ablehnung eines Antrags auf Telearbeit oder auf Einrichtung eines Arbeitsplatzes außerhalb der

Dienststelle, sofern diese Arbeitsform tarifvertraglich oder durch Dienstvereinbarung besteht,

5. Versagung oder Widerruf der Genehmigung einer Nebentätigkeit, Erteilung von Auflagen zu Nebentätigkeitsgenehmigungen, Untersagung einer Nebentätigkeit,

Hinweis der Redaktion: Für Nebentätigkeiten ist bei Lehrkräften die Schulleitung zuständig. Bei Nebentätigkeiten von Rektor*innen nur Mitwirkungsrechte (vgl. Abs. 6 Nr. 1b).

⇨ Beamterecht (Zuständigkeiten; ⇨ Nebentätigkeiten (Allgemeines); ⇨ Tarifvertrag-Länder § 3 Abs. 4

6. Ablehnung eines Antrags auf Teilzeitbeschäftigung oder Urlaub ohne Dienstbezüge oder Arbeitsentgelt, Widerruf der Bewilligung,

Hinweis der Redaktion: Bei Rektor*innen nur Mitwirkung (vgl. Abs. 6 Nr. 1b). ⇨ Teilzeit / Urlaub

7. Ablehnung eines Antrags auf Altersteilzeit,

Hinweis der Redaktion: Bei Rektor*innen nur Mitwirkung (vgl. Abs. 6 Nr. 1b).

8. Herabsetzung der Anwärterbezüge oder Unterhaltsbeihilfe,
9. Geltendmachung von Ersatzansprüchen gegen Beschäftigte,
10. Entlassung von Beamten auf Probe oder auf Widerruf, wenn sie die Entlassung nicht selbst beantragt haben,
11. Abschluss von Aufhebungs- oder Beendigungsverträgen, wenn der Arbeitnehmer die Auflösung des Arbeitsverhältnisses nicht selbst beantragt hat; entsprechendes gilt für die Beendigung von öffentlich rechtlichen Ausbildungsverhältnissen,
12. Ablehnung des Antrags auf vorzeitige Versetzung in den Ruhestand oder vorzeitiger Versetzung in den Ruhestand, wenn der Beamte die Versetzung nicht selbst beantragt hat, ⇨ Beamtenversorgung (Allgemeines)
13. Feststellung der begrenzten Dienstfähigkeit, wenn der Beamte die Feststellung nicht selbst beantragt hat,
14. Ablehnung des Antrags auf Hinausschiebung des Eintritts in den Ruhestand wegen Erreichens der Altersgrenze.

Hinweis der Redaktion: Bei Rektor*innen nur Mitwirkung vgl. Abs. 6 Nr. 1b).

(4) Der Personalrat hat, soweit eine gesetzliche oder tarifliche Regelung nicht besteht, mitzubestimmen über

1. Bestellung und Abberufung von
   a) Vertrauens- und Betriebsärzten,
   b) behördlichen Datenschutzbeauftragten,
   c) Fachkräften für Arbeitssicherheit, Sicherheitsbeauftragten, Beauftragten für biologische Sicherheit, Fachkräften und Beauftragten für den Strahlenschutz,
   d) Hygienebeauftragten,
   e) Beauftragten des Arbeitgebers für schwerbehinderte Menschen,
2. Widerruf der Bestellung der Beauftragten für Chancengleichheit oder ihrer Stellvertreterin, ⇨ Chancengleichheitsgesetz § 17
3. Inhalt von Personalfragebögen, mit Ausnahme von solchen im Rahmen der Rechnungsprüfung, Inhalt von Fragebögen für Mitarbeiterbefragungen,
4. Beurteilungsrichtlinien, ⇨ Beurteilung (Lehrkräfte)

Hinweis der Redaktion: Für die Frage, ob Beteiligungsrechte des örtlichen Personalrats bei der Durchführung von Beratungs- bzw. Mitarbeitergesprächen gegeben sind, kommt es maßgeblich auf die Inhalte und die konkrete Ausgestaltung des Gesprächs an; die Bezeichnung als „Mitarbeitergespräch" bzw. als „Beratungsgespräch" ist im Hinblick auf Beteiligungsrechte unerheblich. Solange die Schulleitung sich im Rahmen der VwV ⇨ Beurteilung (Lehrkräfte) bewegt, kommt eine Beteiligung des Personalrats nicht in Betracht. Weicht sie von den vorgegebenen Regelungen des Kultusministeriums jedoch ab und erlässt eigene Vorgaben, so bedürfen diese der Mitbestimmung des Personalrats. Gibt der Schulleiter also beispielsweise einen von ihm erstellten Fragenkatalog mit der Maßgabe nach außen, dass dieser bei jedem Gespräch verwendet werden soll, muss vorher eine Beteiligung erfolgen. Konkretisiert er hingegen die o.g. VwV durch schlichtes Handeln im Einzelfall, kann darin keine mitbestimmungspflichtige Maßnahme gesehen werden. Bereitet sich der Schulleiter also beispielsweise auf ein einzelnes Gespräch vor, indem er sich hierfür Fragen und Themen überlegt, so löst dies keine Beteiligungsrechte der örtlichen Personalvertretung aus. (Quelle: KM, 2.1.2009; AZ: 14-0307.5/554)

5. Inhalt und Verwendung von Formulararbeitsverträgen,
6. Erlass von Richtlinien über die personelle Auswahl
   a) bei Einstellungen,
   b) bei Versetzungen,
   c) bei Höher-, Rück- oder Umgruppierungen,
   d) bei Kündigungen,
   e) für Beförderungen und horizontalen Laufbahnwechsel nach Absatz 1 Nummer 4,
   f) bei beförderungsähnlichen Übertragungen anderer Tätigkeiten und Übertragungen von Tätigkeiten, die einen Anspruch auf Zahlung einer Zulage auslösen,
   g) für die Zulassung zum Aufstieg einschließlich Zulassung zur Eignungsfeststellung für den Aufstieg,
7. Erlass von Richtlinien über Ausnahmen von der Ausschreibung von Dienstposten für Beamte und Aufstellung von allgemeinen Grundsätzen über die Durchführung von Stellenausschreibungen für Arbeitnehmer einschließlich Inhalt, Ort und Dauer,
8. Absehen von der Ausschreibung eines Dienstpostens für Beamte, der nach gesetzlichen Vorschriften, einer Richtlinie nach Nummer 7 oder einer Dienstvereinbarung auszuschreiben wäre,
9. allgemeine Fragen zur Durchführung der beruflichen Ausbildung mit Ausnahme der Gestaltung von Lehrveranstaltungen
   a) bei Arbeitnehmern einschließlich der Bestellung und Abberufung der Ausbilder und Ausbildungsleiter bei Ausbildungen im Sinne des Berufsbildungsgesetzes, des Krankenpflegegesetzes und des Hebammengesetzes,
   b) der Beamten einschließlich der Bestellung und Abberufung der Ausbilder und Ausbildungsleiter, [...]

10. allgemeine Fragen der beruflichen Fortbildung, Weiterbildung, Umschulung, Einführung in die Aufgaben einer anderen Laufbahn und Qualifizierungsmaßnahmen im Rahmen der Personalentwicklung, ⇨ Fortbildung (Allgemeines)

    Hinweis der Redaktion: Durch die Beschränkung der Mitbestimmung auf allgemeine Fragen sollen lediglich Einzelheiten bei der Gestaltung und Durchführung von Fortbildungsveranstaltungen der Mitbestimmung entzogen werden. Im Übrigen ist der Begriff der allgemeinen Fragen nicht eng auszulegen. Der Mitbestimmung sollen alle Regelungen unterworfen sein, die die Fortbildung grundlegend betreffen. Hierunter fallen insbesondere die allgemeine Festlegung des Teilnehmerkreises und der Auswahlgrundsätze, der zeitliche Umfang der Fortbildung, die Regelung der Zuständigkeit für Organisation und Auswahl und die Regelung der Teilnahmebedingungen [...]. Quelle: VGH BW, 31.3.1992 - 15 S 551/91 (rechtskräftig)

    ⇨ Fortbildung (Rahmendienstvereinbarung)
11. Einführung und Anwendung technischer Einrichtungen, die dazu geeignet sind, das Verhalten und die Leistung der Beschäftigten zu überwachen,

    ⇨ Datenschutz (RDV - Bildungsplattform); ⇨ Datenschutz (Schulen)
12. Gestaltung der Arbeitsplätze,
13. Einführung, Anwendung oder wesentliche Änderung oder wesentliche Erweiterung technischer Einrichtungen und Verfahren der automatisierten Verarbeitung personenbezogener Daten der Beschäftigten, mit Ausnahme der Einführung und Anwendung automatisierter Verfahren für amtliche Statistiken beim Statistischen Landesamt, soweit diese von Dienststellen außerhalb des Geltungsbereichs dieses Gesetzes erstellt und unter dortiger Mitbestimmung der Personalvertretung freigegeben worden sind,
14. Maßnahmen, die zur Hebung der Arbeitsleistung und Erleichterung des Arbeitsablaufs geeignet sind, sowie deren wesentliche Änderung oder wesentliche Ausweitung,
15. Einführung grundsätzlich neuer Arbeitsmethoden, wesentliche Änderung oder wesentliche Ausweitung bestehender Arbeitsmethoden,
16. Einführung, wesentliche Änderung oder wesentliche Ausweitung der Informations- und Kommunikationsnetze,

    ⇨ Datenschutz (RDV - Bildungsplattform) - Messenger
17. Einführung grundsätzlich neuer Formen der Arbeitsorganisation und wesentliche Änderungen der Arbeitsorganisation,
18. Anordnung von Urlaubssperren aus arbeitsorganisatorischen Gründen,
19. Erstellung und Anpassung des Chancengleichheitsplans. ⇨ Chancengleichheitsgesetz §§ 5 ff.

(5) Es gelten nicht

1. Absätze 1 bis 3 Nummer 1 bis 3, 5 bis 7, 10, 12, 14 für
   a) Beamtenstellen und Beamte der Besoldungsgruppe A 16 und höher, bei den obersten Dienstbehörden des Landes der Besoldungsgruppe B 3 und höher sowie jeweils für entsprechende Arbeitnehmerstellen und Arbeitnehmer, [...]
2. Absatz 1 Nummer 1 für die Begründung des Beamtenverhältnisses bei [...]
   b) Lehrern an allgemeinbildenden und beruflichen Schulen,
3. Absatz 1 Nummer 11 und Absatz 2 für nicht beamtete Lehrer.

(6) An die Stelle der Mitbestimmung tritt, soweit in Absatz 5 nichts anderes bestimmt ist, die Mitwirkung

1. in den Fällen der Absätze 1, 2 und 3 Nummer 2, 3, 5 bis 7 und 14 bei
   a) Leitern von Dienststellen im Sinne dieses Gesetzes,
   b) Rektoren an Grund-, Haupt-, Werkreal-, Real-, Gemeinschaftsschulen und entsprechenden sonderpädagogischen Bildungs- und Beratungszentren, [...]

(7) Wird trotz anderslautender Empfehlung der Einigungsstelle nach § 78 Absatz 4 eine ordentliche Kündigung ausgesprochen, ist dem Arbeitnehmer mit der Kündigung eine Abschrift der Empfehlung der Einigungsstelle zuzuleiten. Hat der Arbeitnehmer im Falle des Satzes 1 nach dem Kündigungsschutzgesetz Klage auf Feststellung erhoben, dass das Arbeitsverhältnis durch die Kündigung nicht aufgelöst ist, so muss die Dienststelle auf Verlangen des Arbeitnehmers diesen nach Ablauf der Kündigungsfrist bis zum rechtskräftigen Abschluss des Rechtsstreits bei unveränderten Arbeitsbedingungen weiterbeschäftigen. Auf Antrag der Dienststelle kann das Arbeitsgericht sie durch einstweilige Verfügung von der Verpflichtung zur Weiterbeschäftigung nach Satz 2 entbinden, wenn

1. die Klage des Arbeitnehmers keine hinreichende Aussicht auf Erfolg bietet oder mutwillig erscheint oder
2. die Weiterbeschäftigung des Arbeitnehmers zu einer unzumutbaren wirtschaftlichen Belastung der Dienststelle führen würde oder
3. die Verweigerung der Zustimmung des Personalrats offensichtlich unbegründet war.

(8) Tritt nach einer Rechtsvorschrift im Falle der ordentlichen Kündigung des Arbeitnehmers durch die Dienststelle an die Stelle der Mitbestimmung die Mitwirkung, so ist dem Arbeitnehmer mit der Kündigung eine Abschrift der Stellungnahme des Personalrats zuzuleiten, sofern der Personalrat nach § 82 Absatz 4 Satz 1 Einwendungen gegen die Kündigung erhoben hat, es sei denn, dass die Stufenvertretung nach Verhandlung nach § 83 Absatz 1 Satz 4 und 5 die Einwendungen nicht aufrechterhalten hat. Bis zur endgültigen Entscheidung der übergeordneten Dienststelle nach § 83 Absatz 1 Satz 4 und 5 oder der obersten Dienstbehörde nach § 83 Absatz 2 oder des nach § 89 Absatz 1 zuständigen Organs kann die Kündigung nicht ausgesprochen werden. Absatz 7 Satz 2 und 3 sowie § 76 Absatz 2 gelten entsprechend.

§ 76
Einleitung, Verfahren der Mitbestimmung

(1) Die Dienststelle unterrichtet den Personalrat von der beabsichtigten Maßnahme und beantragt seine Zustimmung.

(2) Der Personalrat bestimmt, soweit in § 75 Absatz 5 und 6 nichts anderes bestimmt ist, nur mit

1. in den Personalangelegenheiten nach § 75 Absatz 1 und 2 der
   a) in § 9 Absatz 2 Satz 1 Nummer 2 und 3 bezeichneten Beschäftigten,
   b) der Beamten auf Zeit,
   c) der Beschäftigten mit überwiegend wissenschaftlicher oder künstlerischer Tätigkeit,
2. in den Angelegenheiten des § 74 Absatz 1 Nummern 1 und 4,

wenn die betroffenen Beschäftigten es beantragen

(3) In den Fällen von Absatz 2 sowie von § 75 Absatz 3 sind die Beschäftigten von der beabsichtigten Maßnahme rechtzeitig vorher in Kenntnis zu setzen; gleichzeitig sind sie auf ihr Antragsrecht hinzuweisen.

(4) In den Angelegenheiten nach § 74 Absatz 1 Nummer 1 und 4 bestimmt auf Verlangen der betroffenen Beschäftigten nur der Vorstand mit.

(5) Der Personalrat kann verlangen, dass die Dienststelle die beabsichtigte Maßnahme begründet.

(6) Der Beschluss des Personalrats über die beantragte Zustimmung ist der Dienststelle innerhalb von drei Wochen mitzuteilen. In dringenden Fällen kann die Dienststelle diese Frist auf eine Woche abkürzen. Personalrat und Dienststelle können für die Dauer der Amtszeit des Personalrats abweichende Fristen vereinbaren.

(7) Die Dienststelle kann die Fristen im Einzelfall verlängern oder in begründeten Fällen im Einvernehmen mit dem Personalrat abkürzen.

(8) Aufgrund eines Beschlusses des Vorstands kann der Vorsitzende des Personalrats bei der Dienststelle im Einzelfall eine längere Frist beantragen. Dabei ist die Dauer der Fristverlängerung zu benennen und ihre Erforderlichkeit zu begründen. Soweit keine andere Frist bewilligt wird, verlängert sich die Frist um drei Arbeitstage. Entscheidet die Dienststelle nicht innerhalb von drei Arbeitstagen nach Zugang über den Antrag, gilt die Fristverlängerung im beantragten Umfang als bewilligt. Der Antrag kann nicht wiederholt werden.

(9) Die Maßnahme gilt als gebilligt, wenn nicht der Personalrat innerhalb der geltenden Frist die Zustimmung unter Angabe der Gründe schriftlich oder elektronisch verweigert oder die angeführten Gründe offenkundig keinen unmittelbaren Bezug zu den Mitbestimmungsangelegenheiten haben. Soweit dabei Beschwerden oder Behauptungen tatsächlicher Art vorgetragen werden, die für einzelne Beschäftigte ungünstig sind oder ihnen nachteilig werden können, hat die Dienststelle diesen Beschäftigten Gelegenheit zur Äußerung zu geben; die Äußerung ist aktenkundig zu machen.

(10) Kommt bei Arbeitnehmern in den Fällen des § 75 Absatz 3 Nummer 2 über die beantragte Verringerung der arbeitsvertraglich vereinbarten Arbeitszeit und in den Fällen des § 75 Absatz 3 Nummer 6 über die beantragte Teilzeitbeschäftigung eine Einigung nicht zustande, entscheidet die Dienststelle endgültig; die §§ 77 und 78 finden keine Anwendung.

§ 77
Stufenverfahren der Mitbestimmung

(1) Kommt eine Einigung nicht zustande, so kann die Dienststelle oder der Personalrat die Angelegenheit binnen drei Wochen auf dem Dienstweg der übergeordneten Dienststelle, bei der eine Stufenvertretung besteht, vorlegen. Legt die Dienststelle die Angelegenheit der übergeordneten Dienststelle vor, so teilt sie dies dem Personalrat unter Angabe der Gründe mit.

(2) Die übergeordnete Dienststelle hat die Angelegenheit der bei ihr gebildeten Stufenvertretung innerhalb von fünf Wochen vorzulegen. § 76 Absatz 1 und 5 bis 9 gilt entsprechend.

(3) Können sich die übergeordnete Dienststelle und die Stufenvertretung nicht einigen, so kann die übergeordnete Dienststelle oder die Stufenvertretung die Angelegenheit binnen drei Wochen der obersten Dienstbehörde vorlegen. Absatz 1 Satz 2 und Absatz 2 Satz 2 gelten entsprechend.

§ 78
Einigungsstellenverfahren

(1) Ergibt sich zwischen der obersten Dienstbehörde und der bei ihr bestehenden zuständigen Personalvertretung keine Einigung, so kann jede Seite die Einigungsstelle anrufen.

(2) In den Fällen des § 74 entscheidet die Einigungsstelle endgültig. Ihr Beschluss bindet die Beteiligten, soweit er eine Entscheidung im Sinne von § 79 Absatz 5 enthält. Die oberste Dienstbehörde kann einen Beschluss der Einigungsstelle, der im Einzelfall wegen seiner Auswirkungen auf das Gemeinwesen wesentlicher Bestandteil der Regierungsverantwortung ist, unverzüglich nach seiner Zustellung der Landesregierung zur endgültigen Entscheidung vorlegen. Der Einigungsstelle und der bei der obersten Dienstbehörde bestehenden zuständigen Personalvertretung ist Gelegenheit zu geben, innerhalb von zwei Wochen zu der Vorlage an die Landesregierung Stellung zu nehmen. Eine Stellungnahme ist der Landesregierung zur Kenntnis zu bringen. Die Entscheidung der Landesregierung ist den Beteiligten durch die oberste Dienstbehörde bekanntzugeben.

(3) An die Stelle der Landesregierung tritt in Angelegenheiten der Dienststellen des Landtags von Baden-Württemberg der Präsident des Landtags und in Angelegenheiten des Rechnungshofs Baden-Württemberg der Präsident des Rechnungshofs.

(4) In den Fällen des § 75 beschließt die Einigungsstelle, wenn sie sich nicht der Auffassung der obersten Dienstbehörde anschließt, eine Empfehlung an diese. Die oberste Dienstbehörde entscheidet sodann endgültig. Die Entscheidung ist zu begründen und der Einigungsstelle und den beteiligten Personalvertretungen bekanntzugeben.

§ 79
Einigungsstelle

(1) Die Einigungsstelle wird, soweit sich aus Absatz 2 nichts Abweichendes ergibt, von Fall zu Fall bei der obersten Dienstbehörde gebildet. Sie besteht aus je drei Beisitzern, die von der obersten Dienstbehörde und der bei ihr bestehenden zuständigen Personalvertretung bestellt werden, und einer unparteiischen Person für den Vorsitz, auf die sich beide Seiten einigen. Die Beisitzer sowie die Person für den Vorsitz sind innerhalb von zwei Wochen nach Anrufung der Einigungsstelle zu bestellen. Die Person für den Vorsitz muss die Befähigung zum Richteramt besitzen oder die Voraussetzungen des § 110 Satz 1 des Deutschen Richtergesetzes erfüllen. Kommt eine Einigung über die Person für den Vorsitz nicht zustande, so bestellt sie der Präsident des Verwaltungsgerichtshofs. Unter den Beisitzern, die von der Personalvertretung bestellt werden, muss sich je ein Beamter und ein Arbeitnehmer befinden, es sei denn, die Angelegenheit betrifft lediglich die Beamten oder die Arbeitnehmer.

(2) Aufgrund einer Dienstvereinbarung kann die Einigungsstelle auf Dauer, längstens bis zum Ablauf der Amtszeit der zuständigen Personalvertretung gebildet werden. Absatz 1 gilt mit der Maßgabe entsprechend, dass zwischen der obersten Dienstbehörde und der zuständigen Personalvertretung Einigung über die unparteiische Person für den Vorsitz für die vereinbarte Amtszeit erzielt wird.

(3) Die Verhandlung der Einigungsstelle ist nicht öffentlich. Der obersten Dienstbehörde und der zuständigen Personalvertretung ist Gelegenheit zur mündlichen Äußerung zu geben. Im Einvernehmen mit den Beteiligten kann die Äußerung schriftlich erfolgen.

(4) Die Einigungsstelle soll binnen zwei Monaten nach der Anrufung durch einen Beteiligten entscheiden. Die Einigungsstelle ist beschlussfähig, wenn die Person für den Vorsitz und mindestens drei Beisitzer anwesend sind. Bestellt eine Seite innerhalb der in Absatz 1 Satz 3 genannten Frist keine Beisitzer oder bleiben Beisitzer trotz rechtzeitiger Einladung der Sitzung fern, so entscheiden die Person für den Vorsitz und die erschienenen Beisitzer allein.

(5) Die Einigungsstelle entscheidet durch Beschluss. Sie kann den Anträgen der Beteiligten auch teilweise entsprechen. Der Beschluss wird mit einfacher Stimmenmehrheit gefasst; bei Stimmengleichheit entscheidet die Stimme der Person für den Vorsitz. Er muss sich im Rahmen der geltenden Rechtsvorschriften, insbesondere des Haushaltsgesetzes, halten. Der Beschluss ist den Beteiligten zuzustellen.

§ 80
Mitwirkung

Soweit der Personalrat an Entscheidungen mitwirkt, ist ihm die beabsichtigte Maßnahme rechtzeitig bekanntzugeben und auf Verlangen mit ihm zu erörtern.

⇨ Datenschutz (Schulen); ⇨ Datenschutz (RDV - Personaldaten); ⇨ Sucht (Dienstvereinbarung)

§ 81
Angelegenheiten der Mitwirkung

(1) Der Personalrat wirkt mit bei

1. Vorbereitung von Verwaltungsanordnungen einer Dienststelle für die innerdienstlichen, sozialen oder persönlichen Angelegenheiten der Beschäftigten ihres Geschäftsbereichs,

   Hinweis der Redaktion: Verwaltungsanordnungen im Sinne des LPVG sind alle aus dem Direktionsrecht der Dienststellenleitung entspringenden Weisungen, bei denen ein Tun oder Unterlassen verlangt wird oder Befugnisse eingeräumt oder entzogen werden. Davon ausgenommen sind Weisungen, die sich nur auf die Aufgaben und Befugnisse von bestimmten einzelnen Beschäftigten beziehen, sowie Weisungen, die die Aufgabenerfüllung der Dienststelle im Verhältnis zu Außenstehenden betrifft: Der Gesetzgeber wollte der Personalvertretung keine Einwirkungsmöglichkeiten auf die Erfüllung der der Dienststelle vom Gesetz oder auf gesetzlicher Grundlage übertragenen Aufgaben einräumen (vgl. BVerwG, Beschluss vom 6.2.1987; BVerwGE 71,1).

2. Auflösung, Einschränkung, Erweiterung, Verlegung oder Zusammenlegung von Dienststellen oder wesentlichen Teilen von ihnen,
3. nicht nur vorübergehender Übertragung wesentlicher Arbeiten oder wesentlicher Aufgaben, die bisher üblicherweise durch Beschäftigte der Dienststelle wahrgenommen werden, durch Vergabe oder Privatisierung,
4. Einrichtung von Telearbeitsplätzen oder sonstigen Arbeitsplätzen außerhalb der Dienststelle,
5. Auswahl der Beschäftigten zur Teilnahme an Maßnahmen der Berufsausbildung, an Fortbildungs- sowie Weiterbildungsveranstaltungen, an Qualifizierungsmaßnahmen im Rahmen der Personalentwicklung,

   ⇨ Fortbildung (Rahmen-DV);⇨ Fortbildung und Personalentwicklung

6. Grundsätzen der Personalplanung,
7. Arbeitsorganisation einschließlich der Planungs- und Gestaltungsmittel und der Zahl der einzusetzenden Beschäftigten, mit Ausnahme der Erstellung von Stundenplänen an allgemeinbildenden und beruflichen Schulen,

   Hinweis der Redaktion: Sofern und soweit an Schulen Organisations- und Geschäftsverteilungspläne erstellt werden, unterliegen diese der Mitwirkung der örtlichen Personalvertretungen gemäß § 81 Abs. 1 Nr. 7 LPVG. Arbeitsorganisation in diesem Sinne stellt die auf Dauer angelegte planmäßige Regelung der Arbeitsverfahren und/oder Arbeitsabläufe dar. Die Übertragung von dienstlichen Aufgaben im Einzelfall oder nur von begrenzter Dauer fällt nicht unter diesen Begriff. [...] Auch wenn Aufsichtsregelungen nicht im Einzelfall oder kurzfristig getroffen werden, sondern die Erstellung von Aufsichtsplänen z.B. im Schuljahresrhythmus erfolgt, ist eine Beteiligung nicht erforderlich, weil sie wegen des sachlichen und zeitlichen Zusammenhangs als Teil der Stundenpläne [...] zu betrachten sind. (KM, 29.10.1996; AZ: I/5-0307.0/93)

8. Grundsätzen der Arbeitsplatz- oder Dienstpostenbewertung.

(2) Der Personalrat wirkt auf Antrag der Beschäftigten mit bei

1. Erlass von Disziplinarverfügungen oder schriftlichen Missbilligungen gegen Beamte,

   Hinweis der Redaktion: Missbilligende Äußerungen eines Vorgesetzten (Zurechtweisungen, Ermahnungen, Rügen und dergl.), die nicht ausdrücklich als Verweis bezeichnet werden, sind keine Disziplinarmaßnahmen. Vor dem Ausspruch schriftlicher Missbilligungen (schriftliche Beanstandung eines konkreten dienstpflichtwidrigen Verhaltens) ist der/die Betroffene zu hören und auf das Beteiligungsrecht des Personalrats hinzuweisen. Dieser (und ggf. die Schwerbehindertenvertretung) ist auf Antrag des/der Betroffenen zu beteiligen. Die Missbilligung ist mit einer Rechtsmittelbelehrung zu versehen. Hierbei anfallende Vorgänge sind an der Schule als Teilakten – getrennt von den Nebenakten – zu führen. ⇨ Personalakten

2. Erteilung schriftlicher Abmahnungen gegen Arbeitnehmer.

§ 75 Absatz 5 Nummer 1 gilt entsprechend.

§ 82
Einleitung, Verfahren der Mitwirkung

(1) Die Dienststelle unterrichtet den Personalrat über die beabsichtigte Maßnahme.

(2) In den Fällen des § 81 Absatz 2 gilt § 76 Absatz 3 entsprechend, § 83 findet keine Anwendung.

(3) Der Personalrat kann verlangen, dass die Dienststelle die beabsichtigte Maßnahme begründet.

(4) Äußert sich der Personalrat nicht innerhalb von drei Wochen, hält er bei Erörterung seine Einwendungen oder Vorschläge nicht aufrecht oder haben sie offenkundig keinen unmittelbaren Bezug zu den Mitwirkungsangelegenheiten, so gilt die beabsichtigte Maßnahme als gebilligt. § 76 Absatz 6 Satz 2 und 3, Absatz 7 und 8 gilt entsprechend.

(5) Erhebt der Personalrat Einwendungen, so hat er der Dienststelle die Gründe mitzuteilen. § 76 Absatz 9 Satz 2 gilt entsprechend.

(6) Entspricht die Dienststelle den Einwendungen des Personalrats nicht oder nicht in vollem Umfang, so teilt sie dem Personalrat ihre Entscheidung unter Angabe der Gründe schriftlich oder elektronisch mit.

§ 83
Stufenverfahren der Mitwirkung

(1) Der Personalrat einer nachgeordneten Dienststelle kann die Angelegenheit binnen drei Wochen nach Zugang der Mitteilung der Dienststelle, dass Einwendungen nicht oder nicht in vollem Umfang berücksichtigt werden, auf dem Dienstweg der übergeordneten Dienststelle, bei der eine Stufenvertretung besteht, mit dem Antrag auf Entscheidung vorlegen. Der Personalrat leitet der Dienststelle eine Abschrift des Antrags zu. Die übergeordnete Dienststelle hat die Angelegenheit der Stufenvertretung innerhalb von fünf Wochen vorzulegen. Die übergeordnete Dienststelle entscheidet nach Verhandlung mit der Stufenvertretung. § 82 Absatz 1 und 3 bis 6 gilt entsprechend.

(2) Die Stufenvertretung kann die Angelegenheit binnen drei Wochen der obersten Dienstbehörde vorlegen. Absatz 1 Satz 2, 4 und 5 gilt entsprechend.

(3) Ist ein Antrag nach Absatz 1 oder 2 gestellt, so ist die beabsichtigte Maßnahme bis zur Entscheidung der angerufenen Dienststelle auszusetzen.

§ 84
Antrag des Personalrats

(1) Der Personalrat kann eine Maßnahme, die nach § 74 Absatz 1 Nummer 2, 5 und 6, Absatz 2 und 3, § 75 Absatz 4 und § 81 Absatz 1 seiner Mitbestimmung oder Mitwirkung unterliegt, schriftlich oder elektronisch beim Leiter der Dienststelle beantragen; der Antrag ist zu begründen. § 70 Absatz 2 Satz 1 gilt entsprechend.

(2) Entspricht der Leiter der Dienststelle dem Antrag nicht oder nicht in vollem Umfang, so teilt er dem Personalrat die Entscheidung unter Angabe der Gründe schriftlich oder elektronisch mit. Das weitere Verfahren bestimmt sich nach der Art der beantragten Maßnahme und dem dafür vorgesehenen Verfahren nach den §§ 77 bis 79 und 83.

(3) § 70 Absatz 1 bleibt unberührt.

§ 85
Dienstvereinbarungen

(1) Dienstvereinbarungen sind in allen Angelegenheiten der Mitbestimmung nach § 74 Absatz 1 Nummer 2, 5 und 6, Absatz 2 und 3, § 75 Absatz 4 und Mitwirkung nach § 81 Absatz 1 zulässig, soweit eine gesetzliche oder tarifliche Regelung nicht besteht. Sie sind ferner zulässig, soweit dieses Gesetz oder tarifvertragliche Vereinbarungen Dienstvereinbarungen vorsehen.

(2) Arbeitsentgelte und sonstige Arbeitsbedingungen, die durch Tarif geregelt sind oder üblicherweise geregelt werden, können nicht Gegenstand einer Dienstvereinbarung sein. Dies gilt nicht, wenn tarifvertragliche Vereinbarungen den Abschluss ergänzender Dienstvereinbarungen ausdrücklich zulassen.

(3) Dienstvereinbarungen werden durch Dienststelle und Personalrat gemeinsam beschlossen, sind schriftlich niederzulegen, von beiden Seiten zu unterzeichnen und in geeigneter Weise bekanntzumachen.

(4) Dienstvereinbarungen, die für einen größeren Bereich gelten, gehen Dienstvereinbarungen für einen kleineren Bereich vor.

(5) Sofern nichts anderes vereinbart ist, können Dienstvereinbarungen von beiden Seiten jederzeit mit einer Frist von drei Monaten gekündigt werden.

(6) In Angelegenheiten der uneingeschränkten Mitbestimmung nach § 74 Absatz 1 Nummer 2, 5 und 6 sowie Absatz 2 und 3 kann die Weitergeltung einer gekündigten oder abgelaufenen Dienstvereinbarung über eine bestimmte Dauer vereinbart werden. Ist keine Vereinbarung über die Dauer der Weitergeltung getroffen, endet die Weitergeltung mit Ablauf der Amtszeit des Personalrats, der zum Zeitpunkt der Kündigung oder des Auslaufens der Dienstvereinbarung amtiert hat.

(7) Weitergeltende Regelungen einer gekündigten oder abgelaufenen Dienstvereinbarung können jederzeit ganz oder teilweise aufgehoben werden,

soweit diese Regelungen wegen ihrer Auswirkungen auf das Gemeinwesen die Regierungsverantwortung wesentlich berühren. § 78 Absatz 2 Satz 3 bis 6 und Absatz 3 gilt entsprechend.

⇨ Datenschutz (RDV - Bildungsplattform); ⇨ Datenschutz (Rahmen-DV); ⇨ Fortbildung (Rahmen-DV)

§ 86
Anhörung des Personalrats

Soweit der Personalrat anzuhören ist, ist ihm die Angelegenheit rechtzeitig bekanntzugeben und ausreichend Gelegenheit zur Äußerung zu geben.

§ 87
Angelegenheiten der Anhörung

(1) Der Personalrat ist anzuhören

1. bei Personalplanungen,
2. bei Personalanforderungen zum Haushaltsvoranschlag vor der Weiterleitung; gibt der Personalrat einer nachgeordneten Dienststelle zu den Personalanforderungen eine Stellungnahme ab, so ist diese mit den Personalanforderungen der übergeordneten Dienststelle vorzulegen,
3. bei Raumbedarfsanforderungen für Neu-, Um- und Erweiterungsbauten von Diensträumen vor der Weiterleitung; Nummer 2 Halbsatz 2 gilt entsprechend,
4. bei Bauplanungsprojekten und Anmietungen,
5. bei räumlicher Auslagerung von Arbeit aus der Dienststelle,
6. bei Festlegung von Verfahren und Methoden von Wirtschaftlichkeits- und Organisationsuntersuchungen, mit Ausnahme von solchen im Rahmen der Rechnungsprüfung,
7. bei der Auswahl und Beauftragung von Gutachten für Wirtschaftlichkeits- und Organisationsuntersuchungen nach Nummer 6,
8. beim Abschluss von Arbeitnehmerüberlassungs- oder Arbeitnehmergestellungsverträgen,
9. vor Kündigungen von Arbeitsverhältnissen während der Probezeit, bei fristlosen Entlassungen und außerordentlichen Kündigungen.

(2) In den Fällen des Absatzes 1 Nummer 1 bis 8 gilt § 70 Absatz 2 mit der Maßgabe, dass anstelle der Schriftform auch die mündliche Unterrichtung in einer Sitzung des Personalrats erfolgen kann.

(3) In den Fällen des Absatzes 1 Nummer 9 hat die Dienststelle die beabsichtigte Maßnahme zu begründen. Hat der Personalrat Bedenken, so hat er sie unter Angabe der Gründe der Dienststelle unverzüglich, spätestens jedoch innerhalb von drei Arbeitstagen schriftlich oder elektronisch mitzuteilen. § 75 Absatz 5 Nummer 1 gilt entsprechend.

§ 88
Durchführung von Entscheidungen, vorläufige Regelungen

(1) Entscheidungen, an denen der Personalrat beteiligt war, führt die Dienststelle durch, es sei denn, dass im Einzelfall etwas anderes vereinbart ist.

(2) Wird eine Maßnahme, welcher der Personalrat zugestimmt hat, die durch den Personalrat als gebilligt gilt oder die auf Antrag des Personalrats zustande gekommen ist, von der Dienststelle nicht oder nicht in angemessener Zeit durchgeführt, unterrichtet diese den Personalrat unter Angabe der Gründe.

(3) Der Personalrat darf nicht durch einseitige Handlungen in den Dienstbetrieb eingreifen.

(4) Die Dienststelle kann bei Maßnahmen, die der Natur der Sache nach keinen Aufschub dulden, bis zur endgültigen Entscheidung vorläufige Regelungen treffen. Sie hat dem Personalrat die vorläufige Regelung mitzuteilen und zu begründen und unverzüglich das Verfahren

1. in Mitbestimmungsangelegenheiten nach §§ 76 bis 78 Absatz 1,
2. in Mitwirkungsangelegenheiten nach §§ 82 und 83

einzuleiten oder fortzusetzen.

§ 89 Zuständigkeit in nicht gestuften Verwaltungen (nicht abgedruckt)

§ 90
Verhältnis zu anderen Beteiligungsrechten

Die Personalvertretungen werden bei Maßnahmen, bei deren Vorbereitung nach § 53 des Beamtenstatusgesetzes und § 89 des Landesbeamtengesetzes die Spitzenorganisationen der zuständigen Gewerkschaften zu beteiligen sind, sowie beim Erlass von Rechtsverordnungen und Satzungen nicht beteiligt.

⇨ Beamtengesetz § 89; ⇨ Beamtenstatusgesetz § 53

Teil 9
Zuständigkeit des Personalrats, des Gesamtpersonalrats und der Stufenvertretungen

§ 91

(1) Der Personalrat wird an den Maßnahmen beteiligt, die die Dienststelle, bei der er gebildet ist, für ihre Beschäftigten trifft.

(2) In Angelegenheiten, in denen die Dienststelle nicht zur Entscheidung befugt ist, ist an Stelle des Personalrats die bei der zuständigen Dienststelle gebildete Stufenvertretung zu beteiligen.

(3) Vor einem Beschluss in Angelegenheiten, die einzelne Beschäftigte oder Dienststellen betreffen, gibt die Stufenvertretung dem Personalrat Gelegenheit zur Äußerung. In diesem Fall erhöhen sich die Beteiligungsfristen auf fünf Wochen; § 76 Absatz 6 Satz 2 findet Anwendung. § 76 Absatz 6 Satz 3 sowie Absatz 7 und 8 gilt entsprechend.

(4) Werden im Geschäftsbereich mehrstufiger Verwaltungen personelle oder soziale Maßnahmen von einer Dienststelle getroffen, bei der keine für eine Beteiligung zu diesen Maßnahmen zuständige Personalvertretung vorgesehen ist, so ist die Stufenvertretung bei der nächsthöheren Dienststelle, zu deren Geschäftsbereich die entscheidende Dienststelle und die von der Entscheidung Betroffenen gehören, zu beteiligen.

(5) Soweit der Ministerpräsident Maßnahmen für Beschäftigte des Geschäftsbereichs einer anderen obersten Dienstbehörde als des Staatsministeriums trifft, die der Beteiligung der Personalvertretung

unterliegen, wird die zuständige Personalvertretung beim Vorschlag der obersten Dienstbehörde an den Ministerpräsidenten beteiligt.

(6) Bei Einzelmaßnahmen, in denen die Entscheidung von einer Dienststelle getroffen wird, die zum Geschäftsbereich einer anderen obersten Dienstbehörde gehört als die, auf die sich die Maßnahme erstreckt, ist der Personalrat der Dienststelle, auf deren Beschäftigte sich die Maßnahme erstreckt, zu beteiligen. Erstreckt sich die Einzelmaßnahme auf mehrere Dienststellen, ist der Personalrat jeder dieser Dienststellen zu beteiligen. Erstreckt sich eine Maßnahme auf Dienststellen mehrerer oberster Dienstbehörden, wird bei der obersten Dienstbehörde, zu der die hauptnutzende Stelle gehört, eine gemeinsame Einigungsstelle gebildet.

(7) Ist eine Dienststelle neu errichtet und ist bei ihr ein Personalrat noch nicht gebildet worden, ist auf die Dauer von längstens sechs Monaten die bei der übergeordneten Dienststelle gebildete Stufenvertretung zu beteiligen.

(8) Besteht ein Gesamtpersonalrat, so ist dieser zu beteiligen, wenn die Maßnahme über den Bereich einer Dienststelle hinausgeht. Soweit der Gesamtpersonalrat zuständig ist, ist er an Stelle der Personalräte der Dienststellen zu beteiligen. Vor einem Beschluss in Angelegenheiten, die einzelne Beschäftigte oder Dienststellen betreffen, gibt der Gesamtpersonalrat dem Personalrat Gelegenheit zur Äußerung. Absatz 3 Satz 2 und 3 gilt entsprechend.

Teil 10
Gerichtliche Entscheidungen

§ 92

(1) Die Verwaltungsgerichte entscheiden außer in den Fällen der §§ 21, 24, 47 Absatz 1 und 4, § 48 Absatz 4 sowie § 64 Satz 2 über

1. Wahlberechtigung und Wählbarkeit,
2. Wahl, Amtszeit und Zusammensetzung der Personalvertretungen und der in § 59 genannten Vertretungen,
3. Zuständigkeit und Geschäftsführung der Personalvertretungen,
4. Bestehen oder Nichtbestehen von Dienstvereinbarungen.

(2) Die Vorschriften des Arbeitsgerichtsgesetzes über das Beschlussverfahren gelten entsprechend.

§ 93

(1) Für die nach diesem Gesetz zu treffenden Entscheidungen sind bei den Verwaltungsgerichten Fachkammern und beim Verwaltungsgerichtshof ein Fachsenat zu bilden.

(2) Die Fachkammer besteht aus einem Vorsitzenden und ehrenamtlichen Richtern, der Fachsenat aus dem Vorsitzenden, Richtern und ehrenamtlichen Richtern. Die ehrenamtlichen Richter müssen Beschäftigte des Landes oder einer der Aufsicht des Landes unterstehenden Körperschaft, Anstalt oder Stiftung des öffentlichen Rechts sein. Sie werden je zur Hälfte von

1. den unter den Beschäftigten vertretenen Gewerkschaften und
2. den obersten Landesbehörden oder den von diesen bestimmten Stellen und den kommunalen Landesverbänden

vorgeschlagen und vom Justizministerium berufen. Für die Berufung und Stellung der Beisitzer und ihre Heranziehung zu den Sitzungen gelten die Vorschriften des Arbeitsgerichtsgesetzes über Arbeitsrichter und Landesarbeitsrichter entsprechend.

(3) Die Fachkammer wird tätig in der Besetzung mit einem Vorsitzenden und je zwei nach Absatz 2 Satz 3 Nummer 1 und 2 vorgeschlagenen und berufenen ehrenamtlichen Richtern. Unter den in Absatz 2 Satz 3 Nummer 1 bezeichneten ehrenamtlichen Richtern muss sich je ein Beamter und ein Arbeitnehmer befinden.

(4) Der Fachsenat wird tätig in der Besetzung mit einem Vorsitzenden, zwei Richtern und je einem nach Absatz 2 Satz 3 Nummer 1 und 2 vorgeschlagenen und berufenen ehrenamtlichen Richter. Einer der ehrenamtlichen Richter muss Beamter und einer Arbeitnehmer sein.

Hinweis der Redaktion: Die Teile 11-13 (Vorschriften für die Behandlung von Verschlusssachen, Besondere Vorschriften für die Justizverwaltung, für die Polizei und für das Landesamt für Verfassungsschutz) sind hier nicht abgedruckt.

Teil 14
Besondere Vorschriften für Dienststellen, die bildenden, wissenschaftlichen und künstlerischen Zwecken dienen

§ 98
Personalvertretungen im Schulbereich

(1) Für Grund-, Haupt-, Werkreal-, Real-, Gemeinschafts- und entsprechende sonderpädagogische Bildungs- und Beratungszentren sowie Schulkindergärten mit Ausnahme der sonderpädagogischen Bildungs- und Beratungszentren mit Internat und der diesen angegliederten Schulkindergärten werden besondere Personalräte bei den unteren Schulaufsichtsbehörden gebildet. Für Lehrer an Schulen besonderer Art sowie an Schulen, die in einen Verbund von Schularten oder einen Schulversuch einbezogen sind, kann das Kultusministerium eine hiervon abweichende Regelung treffen, sofern an der Schule auch Lehrer der in Absatz 2 Satz 1 Nummer 2 oder 3 aufgeführten Schularten unterrichten. § 5 Absatz 3 findet keine Anwendung.

⇨ Personalvertretung (Sonderfälle/Gesamtschulen)

(2) Die beamteten und nichtbeamteten Lehrer der

1. Grund-, Haupt-, Werkreal-, Real-, Gemeinschafts- und entsprechenden sonderpädagogischen Bildungs- und Beratungszentren sowie Schulkindergärten,
2. Gymnasien und Kollegs,
3. beruflichen Schulen einschließlich der beruflichen Gymnasien

wählen je besondere Stufenvertretungen bei den oberen Schulaufsichtsbehörden und beim Kultusministerium. Absatz 1 Satz 2 gilt entsprechend. Die besonderen Stufenvertretungen können gemeinsam und zusammen mit der bei der Dienststelle gebildeten allgemeinen Stufenvertretung beraten, soweit alle jeweils gemeinsam beratenden Stufenvertretungen zu beteiligen sind; eine gemeinsame Beschlussfassung mehrerer Stufenvertretungen findet jedoch nicht statt.

(3) In Angelegenheiten der in Ausbildung zu einem Lehrerberuf stehenden Beschäftigten, in denen die Dienststelle nicht zur Entscheidung befugt ist, werden die entsprechenden Lehrerstufenvertretungen beteiligt.

(4) Das sonstige pädagogisch tätige Personal ist Lehrern im Sinne dieser Vorschrift gleichgestellt.

(5) Werden im Geschäftsbereich des Kultusministeriums Maßnahmen vom Zentrum für Schulqualität und Lehrerbildung oder vom Institut für Bildungsanalysen Baden-Württemberg getroffen, die sich auf Beschäftigte anderer Dienststellen erstrecken, wird der zuständige Hauptpersonalrat beteiligt. § 91 Absatz 1 und 4 finden keine Anwendung

Hinweis der Redaktion: Die Teile 15 bis 17 (Vorschriften für die Forstverwaltung und den Südwestrundfunk, Schlussvorschriften), § 113 (Übergangspersonalrat, Regelungen für Umbildungen von Dienststellen), und § 114 (Wahlordnung, Verwaltungsvorschriften) sind hier nicht abgedruckt; die Wahlordnung zum LPVG vom 12. März 2015 wurde im GBl. S. 260/2015 veröffentlicht.

§ 115

Religionsgemeinschaften

Dieses Gesetz findet keine Anwendung auf Religionsgemeinschaften und ihre karitativen und erzieherischen Einrichtungen, die kraft Satzung Teil einer Religionsgemeinschaft sind, ohne Rücksicht auf ihre Rechtsform; ihnen bleibt die selbstständige Ordnung eines Personalvertretungsrechts überlassen. [...]

⇨ Beamtenstatusgesetz § 51; ⇨ Chancengleichheitsgesetz; ⇨ Datenschutz (RDV - Bildungsplattform); ⇨ Datenschutz (RDV - Personaldaten); ⇨ Grundgesetz Art. 9; ⇨ Mobbing; ⇨ Personalakten; ⇨ Personalversammlungen (GHWRGS); ⇨ Personalvertretung (Aufbau); ⇨ Personalvertretung (Ausbildungspersonalräte); ⇨ Personalvertretung (Sonderfälle / Gesamtschulen (Schulen besonderer Art)); ⇨ Schulverwaltung (Zuständigkeiten); ⇨ Schwerbehinderung; ⇨ Verschwiegenheitspflicht; ⇨ Verwaltungsrecht (Allgemeines)

Pflegeversicherung

Hinweise der Redaktion auf das Elfte Buch Sozialgesetzbuch – Soziale Pflegeversicherung – (SGB XI)

Für die gesetzliche Pflegeversicherung (PfV) gilt der Grundsatz: „Pflegeversicherung folgt der Krankenversicherung". Der Leistungsumfang ist für alle Versicherten unabhängig von ihrem Status (Arbeitnehmer*innen oder Beamt*innen) gleich hoch. Die aktuellen Pflegesätze stehen in der ⇨ Beihilfeverordnung §§ 9 bis 9j.

Arbeitnehmer*innen (Tarifbeschäftigte)

Art und Umfang der Beiträge hängen davon ab,

- ob man **pflichtversichert** ist (gesetzliche Krankenversicherung – GKV)
- oder ob man **freiwillig versichert** ist (in der gesetzlichen Krankenversicherung bzw. bei einer privaten Krankenversicherung – PKV).

1.

*Krankenversicherungspflichtige Arbeitnehmer*innen*

Versicherungspflichtig sind alle Arbeitnehmer*innen, deren Monatsdurchschnittsverdienst die „Jahresarbeitsentgeltgrenze" zur ⇨ Krankenversicherung nicht überschreitet. Zum Höchstbetrag zählen: Tabellenentgelt + persönliche Zulage + 1/12 der Jahressonderzahlung + 1/12 einer eventuellen Einmalzahlung + Umlage zur VBL (Betriebsrente).

Pflichtversicherte sind automatisch Mitglieder der sozialen Pflegeversicherung bei ihrer Krankenkasse („Pflegekasse"). Sie erhalten die Leistungen der Pflegeversicherung analog zu den Leistungen ihrer Krankenkasse: „auf Krankenschein". Kinder sowie Ehegatten, die nicht selbst versicherungspflichtig sind, werden in der Pflegeversicherung für die Dauer der Familienversicherung beitragsfrei mitversichert.

Der Beitrag zur PfV wird hälftig von Arbeitgeber und Arbeitnehmer*in getragen und bei der Gehaltszahlung einbehalten. Er ist einkommensabhängig, darf aber den Höchstsatz der sozialen PfV nicht übersteigen. ⇨ Sozialversicherung (Beiträge)

2.

Privat Versicherte bzw. freiwillige Mitglieder der GKV

Arbeitnehmer*innen, die die „Jahresarbeitsentgeltgrenze" (s.o.) überschreiten, können wählen,

- ob sie sich freiwillig in der GKV oder
- privat in der PKV

versichern wollen. Die freiwillige gesetzliche oder private PfV kann nur zu 100 % abgeschlossen werden. Der Arbeitgeber erstattet die Hälfte der Versicherungsprämie, maximal aber den jährlich festgesetzten Höchstsatz. ⇨ Sozialversicherung (Beiträge)

Privat oder freiwillig gesetzlich versicherte Rentner*innen tragen ihren Beitrag zur PfV in voller Höhe allein. Auf Antrag gewährt die Rentenversicherung (DRV) einen Zuschuss. Nicht selbst versicherungspflichtige Kinder sind in beiden Varianten beitragsfrei mitversichert, Ehepartner*innen nur in der freiwilligen gesetzlichen, nicht aber in der privaten PfV.

Freiwillig Versicherte in der GKV nehmen die Leistungen der PfV wie die Leistungen der Krankenkasse in Anspruch: „auf Krankenschein". Ihr Beitrag orientiert sich an dem der Pflichtversicherten.

Sie können auf Antrag von der Versicherungspflicht befreit werden, wenn sie nachweisen, dass sie bei einem privaten Versicherungsunternehmen gegen Pflegebedürftigkeit versichert sind und die

Leistungen der Versicherung denen der sozialen Pflegeversicherung entsprechen. Der Antrag ist bei der zuständigen Pflegekasse innerhalb von drei Monaten nach Beginn der Versicherungspflicht zu stellen. Die Befreiung wirkt vom Beginn der Versicherungspflicht an und ist unwiderruflich.

Versicherte in der PKV sind verpflichtet, sich bei ihrer privaten Krankenversicherung oder einem anderen PKV-Unternehmen gegen Pflegebedürftigkeit zu versichern; das Wahlrecht muss innerhalb von sechs Monaten nach Eintritt der individuellen Versicherungspflicht ausgeübt werden. Der Vertrag muss Leistungen vorsehen, die denen der sozialen PfV entsprechen. Die Beiträge dürfen den Höchstsatz der sozialen PfV nicht überschreiten.

Wer aus der Versicherungspflicht ausscheidet und keine andere Versicherungspflicht begründet oder wessen Familienversicherung erlischt, kann sich bei Erfüllung bestimmter Vorversicherungszeiten in der sozialen PfV freiwillig weiterversichern. Der Antrag muss innerhalb von drei Monaten nach Beendigung der Versicherungspflicht bei der Pflegekasse gestellt werden.

Beamtinnen und Beamte

Wer nach beamtenrechtlichen Vorschriften bei Pflegebedürftigkeit Anspruch auf Beihilfe hat, ist verpflichtet, bei seiner privaten Krankenversicherung (dies ist die Regel) oder einem anderen PKV-Unternehmen eine ergänzende, beihilfekonforme PfV abzuschließen. ➪ Krankenversicherung

Die in der privaten Krankenversicherung (PKV) versicherten Beamt*innen sind von dem Grundsatz ausgenommen, dass der Arbeitgeber die Hälfte des Beitrages (der Prämie) trägt; an die Stelle dieses Beitragszuschusses tritt bei ihnen die Beihilfe.

Die Pflegeversicherung trägt deshalb bei Beamt*innen die Leistungen nur zur Hälfte, denn der restliche Leistungsumfang ist durch die Beihilfe abgedeckt. Die Träger der Pflege rechnen mit der privaten Krankenversicherung ab, die sich den Beihilfeanteil vom Landesamt für Besoldung zurückholt.

Der Beitrag in der privaten PfV ist altersabhängig, darf aber den Höchstsatz der sozialen Pflegeversicherung nicht überschreiten.

Kinder sowie Ehe-/Lebenspartner*innen der Beihilfeberechtigten werden in der privaten Pflegeversicherung mitversichert; für die Mitversicherung der Partner erhöht sich der Beitrag um die Hälfte des Höchstbetrags. ➪ Sozialversicherung (Beiträge)

Beratung im Pflegefall

Die privaten Pflegeversicherungen haben eine unabhängige, kostenfreie und neutrale Institution zur Beratung Pflegebedürftiger und ihrer Angehörigen/Betreuer eingerichtet: Die „compass"-Pflegeberatung informiert und berät bundesweit einheitlich am Telefon (gebührenfreie Servicenummer: 0800-101 88-00) und hilft bei der individuellen Planung und Versorgung Pflegebedürftiger. Nach Terminvereinbarung kommen Beratungskräfte auch ins Haus. Informationen unter www.compass-pflegeberatung.de.

➪ Beamtengesetz (LBG) § 75; ➪ Beihilfeverordnung §§ 9 bis 9jj; ➪ Krankenversicherung; ➪ Renten und Ruhestand (Arbeitnehmer*innen); ➪ Sozialversicherung (Beiträge); ➪ Urlaub (Pflegezeitgesetz)

Polizei und Schule

Informationen der Redaktion zur Rechtslage und zur Verwaltungspraxis in Baden-Württemberg

Bei jeder Zusammenarbeit der Schule mit Dritten (auch mit anderen Behörden) muss als oberster Grundsatz gelten, dass sie einen Bildungs- und Erziehungsauftrag zu erfüllen hat und in erster Linie den jungen Menschen bzw. deren Eltern verpflichtet ist. Alle Aktivitäten der einzelnen Lehrkräfte sowie der Schule haben deshalb in Kooperation mit den Erziehungsberechtigten zu erfolgen. Dies gilt um so mehr, je jünger die Schüler*innen sind, insbesondere vor Eintritt der Strafmündigkeit (14 Jahre).

Dies hat auch Maßstab für die Zusammenarbeit mit der Polizei zu sein, von der Verkehrserziehung über die Verhinderung von Schulpflichtverletzungen sowie die Gewalt- und Suchtprävention bis hin zur Verfolgung von Straftaten. Den Schulen ist anzuraten, sich z.B. bei Gewalt- und Suchtproblemen neben der Hilfe durch die Schulaufsicht auch der Beratung durch die Polizei und das Jugendamt zu bedienen. Bei der Polizei gibt es spezielle Jugendsachbearbeiter*innen sowie Spezialist*innen für die Suchtprävention. Es ist zu empfehlen, die Fachleute der Polizei und des Jugendamts schon im Vorfeld z.B. in Gesamtlehrerkonferenzen oder zu Pädagogischen Tagen einzuladen. Das hilft nicht nur bei der Kontaktaufnahme, sondern hier können auch Maßnahmen der Prävention erörtert und geplant werden.

Dabei sollte als Basis jeder Kooperation von Schule und Polizei gelten: So wie alle Maßnahmen der Schule ihrem Erziehungsauftrag dienen müssen, so haben das Jugendstrafrecht – und damit alle in diesem Zusammenhang ergriffenen polizeilichen Maßnahmen – dem Ziel der Erziehung der delinquenten oder gefährdeten Jugendlichen zu dienen. Insofern ziehen die Organisationen der Strafrechtspflege und die Institutionen mit einem Bildungs- bzw. Erziehungsauftrag am selben Strang.

Wenn Kinder und Jugendliche im Verdacht stehen, Straftaten begangen zu haben und diese im schulischen Zusammenhang stehen oder sonst ein Tätigwerden des Polizeivollzugsdienstes in der Schule erforderlich wird, richtet sich das Vorgehen der Polizeibeamt*innen an der Schule nach den

Bestimmungen der Polizeidienstvorschrift über die Bearbeitung von Jugendsachen (PDV 382).

➪ Amtshilfe; ➪ Jugendhilfe (Landes- / Bundesrecht); ➪ Schulpflicht (Durchsetzung); ➪ Verschwiegenheit

Gewaltprävention, Suchtgefahren und Straftaten

Das Kultusministerium hat sich grundlegend in der VwV ➪ Prävention zur Zusammenarbeit von Schule und Polizei geäußert: Aus dem pädagogischen Auftrag der Schule folge, dass ihr andere Aufgaben als Gerichten und Strafverfolgungsbehörden gestellt seien. Wie bei Drogenfällen sei auch bei anderen mutmaßlichen Straftaten die Verständigung der Kriminalpolizei aufgrund der pädagogischen Verantwortung in der Regel nur dann geboten, wenn es sich um schwere oder mehrfache Verstöße handle, die zum Schutz der anderen Schüler*innen eine Anzeige dringend gebieten. Es liege im ➪ Ermessen der Schulleitung, im Einzelfall zu entscheiden, ob der schulische Erziehungs- und Bildungsauftrag – möglicherweise auch nur im Hinblick auf den mutmaßlich straffällig gewordenen Schüler – ein Einschalten der Strafverfolgungsbehörden als angemessen erscheinen lasse.

Dies gilt allerdings nur im Fall von Delikten, bei denen die Schule in der Rolle des Geschädigten ist, z.B. Sachbeschädigungen (Farbschmierereien, Vandalismus) oder Diebstahl zum Nachteil der Schule. Handelt es sich jedoch um Eigentums- oder Gewaltdelikte gegen Mitschüler*innen oder Lehrkräfte (Diebstahl, Sachbeschädigung, Körperverletzung, Raub), liegt es beim Geschädigten zu entscheiden, ob er Anzeige erstattet, und nicht bei der Schule. Zudem ist das Ziel des strafrechtlichen Verfahrens zu beachten, das ggf. in ein pädagogisches Gesamtkonzept eingebunden ist (Erziehungsstrafrecht).

Eine gesetzliche Pflicht, Straftaten anzuzeigen, gibt es für Lehrkräfte und Schulleitungen nur dann, falls sie von dem Vorhaben oder der Ausführung eines „Kapitalverbrechens“ (§ 138 Strafgesetzbuch) glaubhaft erfahren. Eine rechtliche Verpflichtung zur Anzeige von „Drogendelikten“ (Straftaten nach dem Betäubungsmittelgesetz) besteht nur, wenn sich gleichzeitig der Verdacht auf ein „Kapitalverbrechen“ wie z.B. Mord, Totschlag, schwerer Menschenhandel, Menschenraub, Raub, gemeingefährliche Vergiftung, Geld-, Wertpapier- oder Euroscheckkartenfälschung aufdrängt. Aus der rechtlichen Stellung als Beamte folgt keine weitergehende rechtliche Pflicht, Straftaten anzuzeigen. Dabei ist stets zu beachten, dass die Schule nach innen und außen von der Schulleitung vertreten wird; eine Anzeige kann namens der Schule nur von dieser erstattet werden.

➪ Gewaltvorfälle; ➪ Schulgesetz § 41; ➪ Waffen

Hingegen verpflichtet das KKG (➪ Jugendschutz/ Kinderschutz – KKG) die einzelnen Lehrkräfte bzw. Schulen ggf. zur Einschaltung des Jugendamts.

In Baden-Württemberg wird mit dem schulartübergreifenden „Netzwerk gegen Gewalt an Schulen“ eine enge Zusammenarbeit von Schule, Polizei, Jugendämtern, Kommune, Eltern- und Schülervertretern etc. angestrebt, um bei jungen Menschen soziale Kompetenzen zu entwickeln, destruktives Verhalten abzubauen und einem Abgleiten in die Kriminalität entgegenzuwirken. Dazu gehören auch die gemeinsame Verständigung über Normen, Normverdeutlichung und Grenzziehung und die Erarbeitung von Konzepten gegen Gewalt im Rahmen des Schulalltags. Beim KM wurde hierfür ein „Kontaktbüro Prävention“ eingerichtet: http://praevention-in-der-schule-bw.de

In der Broschüre „Polizeiliche Prävention auf dem Stundenplan“ werden die Inhalte und Zielrichtungen von polizeilichen Präventionsveranstaltungen in der Schule vorgestellt: https://im.baden-wuerttemberg.de > Service > Publikationen.

Polizeiliche Vernehmungen in der Schule

Im Interesse eines ungestörten Schulbetriebes wie auch im Interesse der betroffenen Schüler*innen im Blick auf ihre Stellung in der Schule und zu ihren Mitschüler*innen sollen polizeiliche Vernehmungen in der Schule nur durchgeführt werden, wenn dies für die polizeiliche Ermittlungstätigkeit unerlässlich ist.

Die bundesweit geltende Polizeidienstvorschrift „Bearbeitung von Jugendsachen“ (PDV 382) regelt für den Polizeibereich abschließend die polizeilichen Ermittlungshandlungen in Schulen. Der Wortlaut der PDV 382 (Fassung 1995) ist in den üblichen Suchmaschinen (Bing, Google, ...) unter > Frag den Staat pdv 382 als pdf-Dokument online abrufbar. Danach ist die Vernehmung von Minderjährigen und Heranwachsenden in Schulen mit Rücksicht auf die schutzwürdigen Interessen der Betroffenen nur in Ausnahmefällen zulässig, z.B. wenn eine richterliche Anordnung vorliegt, wenn wegen der besonderen Tatumstände dort ermittelt werden muss oder wenn die Ermittlungen sonst erheblich erschwert würden oder der Ermittlungserfolg gefährdet wäre.

Die Polizei muss auf die Belange der Schule Rücksicht nehmen; sie muss einen Vertretungsberechtigten der Institution (in Schulen ist dies in der Regel die Schulleitung) darüber verständigen, dass sie den Minderjährigen sprechen möchte, nicht aber über den Grund oder den Gegenstand des Ermittlungsverfahrens. Grundsätzlich sind Polizeibeamt*innen in ziviler Bekleidung und Zivilfahrzeuge einzusetzen.

Den Erziehungsberechtigten und gesetzlichen Vertretern ist vor der Vernehmung eines Minderjährigen der Grund mitzuteilen, sofern kriminaltaktische Erwägungen nicht entgegenstehen; diese haben bei der Vernehmung ein Anwesenheitsrecht. Auch wenn Jugendliche als Beschuldigte vernommen werden sollen, haben Erziehungsberechtigte und gesetzliche Vertreter ein Recht auf Anwesenheit und Mitwirkung (§ 67 JGG). Über dieses Recht sind sie – soweit möglich – vor der Vernehmung zu unterrichten.

Schulleitungen oder Lehrkräfte können diese Rechte der Erziehungsberechtigten nicht stellvertretend wahrnehmen und auch deren Zustimmung zu einer Vernehmung nicht ersetzen. Die Schulleitung sollte deshalb die Erziehungsberechtigten unverzüglich telefonisch verständigen, wenn eine polizeiliche

Vernehmung in der Schule stattfinden soll und nicht erkennbar ist, dass die Polizei sie einbezogen hat. Die Einholung von Schulauskünften zur Beurteilung der Glaubwürdigkeit von minderjährigen Zeugen durch die Strafverfolgungsbehörden ist zulässig; die Beantwortung dieses Auskunftsverlangens durch die Schule stellt eine Datenübermittlung dar, deren Zulässigkeit sich nach dem Landesdatenschutzgesetz richtet.

⇨ Amtshilfe; ⇨ Datenschutz (LDSG); ⇨ Datenschutz (Schulen); ⇨ Gewaltvorfälle; ⇨ Jugendhilfe (Landesrecht); ⇨ Jugendhilfe (Bundesrecht); ⇨ Jugendschutz / Kinderschutz (Information – KKG); ⇨ Schulgesetz §§ 23, 41, 90; ⇨ Schulpflicht (Durchsetzung); ⇨ Prävention; ⇨ Verschwiegenheitspflicht; ⇨ Waffen

Prävention und Gesundheitsförderung

Prävention und Gesundheitsförderung der Schule;
Verwaltungsvorschrift des KM vom 10. Dezember 2014 (K.u.U. S. 33/2015)

1.
Bedeutung und Prinzipien der Prävention und Gesundheitsförderung für Schulen

Suchtmittelmissbrauch, Gewaltvorkommnisse und gesundheitliche Risiken (körperlicher oder psychischer Natur) wirken in die Schulen hinein und machen es erforderlich, dass Schulen mit präventiven und gesundheitsförderlichen Maßnahmen reagieren. Es ist Aufgabe jeder Lehrerin und jedes Lehrers, Kinder und Jugendliche in Zusammenarbeit mit den Eltern in ihrer individuellen Entwicklung hin zu körperlich und seelisch gesunden sowie sozial kompetenten Personen zu unterstützen und somit präventiv und gesundheitsförderlich zu arbeiten.

Hinweis der Redaktion: Zweifelsfrei fallen alle „illegalen" Drogen (Betäubungsmittelgesetz) unter den Begriff der „Suchtmittel". Aber auch der Genuss bzw. der Missbrauch „legaler Drogen" (Alkohol, Tabak, Medikamente oder „Legal Highs", also von Substanzen, die eine rauschähnliche Wirkung entfalten, ohne illegal zu sein ...) berühren den schulischen Erziehungsauftrag. Wir empfehlen deshalb, die VwV sinngemäß auch hierauf anzuwenden. Für den Alkoholgenuss in der Schule bzw. bei schulischen Veranstaltungen ist das ⇨ Jugendschutzgesetz einschlägig (§ 9). Zum Alkoholgenuss durch Lehrkräfte siehe: ⇨ Sucht (Dienstvereinbarung) § 3.

Die Vorschriften und Regelungen zum Gesundheitsschutz und zur Gesundheitsförderung von Lehrkräften bleiben hiervon unberührt.

⇨ Arbeits- und Gesundheitsschutz (Allgemeines)

Eltern im Sinne dieser Vorschrift sind alle Erziehungsberechtigten, denen die Sorge für die Person der Schülerin I des Schülers zusteht oder Personen, denen diese die Erziehung außerhalb der Schule anvertraut haben. Sofern in der Vorschrift nicht anders bestimmt, sollen Eltern volljähriger Schülerinnen und Schüler (Erziehungsberechtigte, denen die Sorge für die Person der Schülerin / des Schülers im Zeitpunkt des Eintritts der Volljährigkeit zustand) eingebunden werden.

1.1
Ziele und Definitionen schulischer Prävention

Prävention und Gesundheitsförderung in der Schule hat das umfassende Ziel, bei Kindern und Jugendlichen langfristig Schutzfaktoren zu entwickeln und zu fördern. Dazu gehören Einstellungen und Handlungskompetenzen, die zu konstruktiven Lösungen alltäglicher Lebensprobleme wie auch zur Bewältigung schwieriger Existenzfragen befähigen.

1.1.1 Ziel der Suchtprävention ist die Verhinderung von riskantem Konsum und süchtigem Verhalten. Schulische Suchtprävention legt den Schwerpunkt auf die universelle Prävention und richtet sich an alle Schülerinnen und Schüler. Sie stärkt Schutzfaktoren, z.B. durch strukturierte Präventionsprogramme wie Lebenskompetenzprogramme. Die Stärkung des Selbstwertgefühls, die Einübung des Widerstands gegen Gruppendruck und das kompetente Reagieren in Risikosituationen gehört hierzu, ebenso der Erwerb von Wissen über Suchtmittel und die Konsequenzen ihres Gebrauchs.

1.1.2 Gewaltprävention im schulischen Kontext unterliegt dem Grundsatz: Gewalt hat in der Schule keinen Platz. Schule muss ein sicherer Ort sein, an dem alle ohne Angst und Furcht leben, lernen und arbeiten können. – Gewaltprävention ist der Oberbegriff für Projekte und Maßnahmen, die Menschen bei der Vermeidung gewalttätiger Auseinandersetzungen helfen und den konstruktiven Umgang mit Konflikten einüben und verstetigen. – In einer pluralistischen Gesellschaft zählen Akzeptanz und Wertschätzung von Unterschiedlichkeit und die Gleichberechtigung der Mitmenschen zu unverzichtbaren Werten für ein friedliches Miteinander. – Ergänzend wird verwiesen auf Teil B des Rahmenkrisenplans zur Gemeinsamen Verwaltungsvorschrift ⇨ Gewaltvorfälle [...].

⇨ Erste Hilfe; ⇨ Mobbing

1.1.3 Gesundheitsförderung ist ein Prozess, der Menschen befähigt, mehr Selbstbestimmung über ihre Gesundheit zu erlangen und sie durch Beeinflussung verschiedener gesundheitlicher Faktoren zu verbessern. Die Selbstverantwortung für die eigene Gesundheit und die der Mitmenschen inner- und außerhalb der Schulgemeinschaft wird gestärkt.

1.2
Umsetzung von Prävention in der Schule

Prävention und Gesundheitsförderung in der Schule sind als kontinuierlicher und langfristiger Prozess anzulegen. Präventive und gesundheitsförderliche Maßnahmen finden im Rahmen der Qualitätsentwicklung statt und werden somit zielgerichtet, systematisch und nachhaltig im Schulleben verankert. Sie sind, um wirksam sein zu können, immer gleichzeitig auf drei sozialen Ebenen verankert: der Schulebene, der Klassenebene und der individuellen Ebene. Alle am Schulleben beteiligten

Personengruppen (Schülerschaft, Lehrkräfte, Eltern, Jugendsozialarbeit an Schulen) werden bei der Umsetzung des Präventionskonzepts einbezogen.

⇨ Jugendschutzgesetz; ⇨ Schulsozialarbeit

Dabei gilt es, sich regional mit Partnern innerhalb und außerhalb des Schulsystems zu vernetzen und mit ihnen zusammenzuarbeiten. Prävention und Gesundheitsförderung werden als fächerübergreifendes Schulthema im alltäglichen Umgang miteinander verwirklicht und wirken somit förderlich für Schülerinnen und Schüler wie auch für Lehrkräfte.

2. Unterstützung durch Präventionsbeauftragte

Die Präventionsbeauftragten der oberen Schulaufsichtsbehörden unterstützen Schulen bei der zielgerichteten und nachhaltigen Umsetzung des Konzeptes zu Prävention und Gesundheitsförderung. Sie werden nach einer entsprechenden Qualifizierung oder dieser gleichwertigen Ausbildung von den oberen Schulaufsichtsbehörden bestellt und arbeiten schulartübergreifend in regionalen Teams. Einsatz und Tätigkeit werden von den oberen Schulaufsichtsbehörden gesteuert.

Den Präventionsbeauftragten wird für ihre Tätigkeit durch die oberen Schulaufsichtsbehörden eine Anrechnung auf die Unterrichtsverpflichtung gewährt.

Aufgaben der Präventionsbeauftragten:

2.1 Die Präventionsbeauftragten unterstützen die Schulen beim Aufbau und bei der Weiterentwicklung eines Konzepts zur Prävention und Gesundheitsförderung dadurch, dass sie

- über Programme, Maßnahmen und deren Passung auf die schulischen Gegebenheiten informieren,
- begleitend bei Projekten beraten und Fortbildungen für alle am Schulleben Beteiligten zu Themen der Prävention und der Gesundheitsförderung durchführen,
- beratend Schulcurriculum und Aufbau präventiver Elemente an der Schule hinsichtlich ihrer Gelingensfaktoren und Implementierung begleiten,
- mit Unterstützungssystemen inner- und außerhalb des Schulsystems zusammenarbeiten und den Schulen außerschulische Partner vermitteln.

2.2 Die Präventionsbeauftragten leiten die Regionalen Arbeitskreise der Lehrkräfte für Prävention in den Schulen.

2.3 Die Präventionsbeauftragten wirken in Regionalen Netzwerken mit.

3. Lehrkräfte für Prävention an den Schulen

An jeder allgemeinbildenden und beruflichen Schule gibt es eine Lehrkraft für Prävention, um schulische Vorbeugungsmaßnahmen zu koordinieren und deren Wirksamkeit zu verbessern.

Aufgaben der Lehrkräfte für Prävention an der Schule:

- Sammlung und Weitergabe von Informationsmaterialien zur Prävention und Gesundheitsförderung innerhalb der Schule,
- bei Bedarf Weitergabe von Kontaktadressen beratender und therapeutischer Einrichtungen,
- Zusammenarbeit mit den Präventionsbeauftragten der oberen Schulaufsichtsbehörde.

Die Schulleitung benennt im Benehmen mit der Gesamtlehrerkonferenz eine geeignete, berufserfahrene Lehrkraft, weist sie in ihre Aufgaben ein und meldet sie an die zuständige Schulaufsichtsbehörde.

Die Schulaufsichtsbehörden stellen sicher, dass diese Lehrkräfte vorzugsweise an einschlägigen Informations- und Fortbildungsveranstaltungen teilnehmen können. Die Schulleitung unterstützt die Lehrkraft für Prävention in ihrer Arbeit und schafft die notwendigen Rahmenbedingungen.

Hinweis der Redaktion: Hierzu gehört gegebenenfalls auch die Gewährung einer Anrechnung.

⇨ Arbeitszeit (Lehrkräfte – VwV Anrechnungen) Nr. IV.1

4. Verhalten bei Auffälligkeiten

Ein transparentes und geregeltes Miteinander aller am Schulleben Beteiligten durch die Aufstellung unmissverständlicher Regeln sowie die Schaffung einer Kultur des Hinschauens und Handelns sind wichtige und wirksame Instrumente der Prävention und Intervention. ⇨ Hausordnung

Der gemeinsame Erziehungsauftrag von Schule und Elternhaus erfordert eine enge und vertrauensvolle Zusammenarbeit von Schule und Eltern. Deshalb informiert die Schule in geeigneter Weise die Eltern betroffener Schülerinnen und Schüler, wenn bekannt wird, dass diese durch ihr Verhalten bzw. durch Suchtmittel gefährdet sind, es sei denn, der wirksame Schutz der Schülerin oder des Schülers wird dadurch infrage gestellt.

Zur Abwendung einer Kindeswohlgefährdung arbeiten Schule und Jugendamt zusammen. Auf die Zusammenarbeit mit weiteren inner- und außerschulischen Partnern zur Unterstützung der Schülerin/des Schülers sowie der Schule wird hingewiesen.

⇨ Jugendschutz / Kinderschutz (Information – KKG)

Im Interesse des Gefährdeten und/oder zum Schutz der anderen Schülerinnen und Schüler kann die Schule auch zu Erziehungs- und Ordnungsmaßnahmen greifen. An erster Stelle steht jedoch die Unterstützung des gefährdeten Kindes oder Jugendlichen, soweit dies möglich ist und solange die Schule dies den anderen, ihr anvertrauten Schülerinnen und Schülern gegenüber verantworten kann.

⇨ Schulgesetz § 90

In Schulgebäuden und auf Schulgeländen sowie bei Schulveranstaltungen ist Rauchen untersagt (§ 2 Landesnichtraucherschutzgesetz). Entsprechendes gilt für E-Zigaretten und E-Shishas. Abweichend davon, kann die Gesamtlehrerkonferenz mit Zustimmung der Schulkonferenz und nach Anhörung des Elternbeirats und der Schülermitverantwortung für volljährige Schüler ab Klasse 11 oder der entsprechenden Klassen der beruflichen Schulen sowie für dort tätige Lehrkräfte Raucherzonen außerhalb von Schulgebäuden im Außenbereich des Schulgeländes jeweils für ein Schuljahr zulassen, wenn und soweit die Belange des Nichtraucherschutzes dadurch nicht beeinträchtigt werden.

Hinweise der Redaktion:

1. Die Bestimmungen des Landesnichtraucherschutzgesetzes sind abgedruckt unter ⇨ Rauchen in der Schule.
2. Das KM hat hierzu im Infodienst Schulleitung Nummer 98 vom Juli 2007 u.a. folgende Hinweise gegeben:

„Der Erziehungsauftrag der Schule und die Sorge um die Einhaltung dieses Auftrages erstrecken sich auf die gesamte Zeit, in der die Schüler und Schülerinnen unter der Obhut der Schule stehen. D.h. auch die Pausen zwischen den einzelnen Unterrichtseinheiten und alle schulischen Veranstaltungen unterliegen der Verantwortung der Schule. Schulische Veranstaltungen im Sinne des Gesetzes sind solche Veranstaltungen, die im Rahmen des Erziehungs- und Bildungsauftrages der Schule durchgeführt werden und bezüglich derer die Schule ein gewisses Mindestmaß an Aufsicht übernimmt. Nicht erforderlich ist, dass die Veranstaltung in Räumen der Schule oder an Schultagen stattfindet. So sind auch Projektwochen oder Schulfeste an schulfreien Tagen schulische Veranstaltungen. [...] An Schulen, die von keinen volljährigen Schülern besucht werden, *(dürfen)* auch keine Raucherzonen für Lehrkräfte zugelassen werden [...]. Die Raucherzonen auf dem Schulgelände sollten nach Möglichkeit so platziert und beschaffen sein, dass sie nur schwer einsehbar sind und damit ein negatives Vorbildverhalten, insbesondere für jüngere Schüler, vermieden wird. – Das Rauchverbot erstreckt sich auf das Schulgelände und auch auf Schulveranstaltungen außerhalb des Geländes. Die Schulveranstaltungen (z.B. Klassenfahrten) sind wesentlicher Bestandteil des Schulauftrages."

5. Besonderheiten bei Suchtmittelmissbrauch

Ein wichtiger Aspekt der Suchtprävention ist das Verhalten von Schulleitungen und Lehrkräften, wenn ihnen Schülerinnen und Schüler bekannt werden, die illegale Suchtmittel erwerben, konsumieren oder damit handeln, bzw. einen problematischen Konsum anderer Substanzen entwickelt haben oder bei denen die Gefahr von nicht substanzgebundenen Süchten besteht. Hier sind das Recht einzelner Schülerinnen und Schüler auf Bildung und auf Hilfe in individuellen Notlagen gegenüber dem Schutz der Schulgemeinschaft vor Gefährdung durch die betroffene Schülerin oder den betroffenen Schüler gegeneinander abzuwägen.

Bei allen Maßnahmen der Schule ist auf die Persönlichkeitsrechte der Schülerin und des Schülers so weit wie möglich Rücksicht zu nehmen. Sofern keine Gefährdung anderer gegeben ist, dürfen personenbezogene Daten der Schülerin oder des Schülers ohne ihre/seine Einwilligung oder die Einwilligung der Erziehungsberechtigten nicht weitergegeben/verarbeitet werden, es sei denn, dies ist zum Schutz lebenswichtiger Interessen des Betroffenen oder eines Dritten erforderlich und der Betroffene ist aus rechtlichen oder tatsächlichen Gründen nicht in der Lage, seine Einwilligung zu geben, oder dies ist zur Geltendmachung rechtlicher Ansprüche vor Gericht erforderlich. Die Regelung in Ziff. 4 bleibt unberührt.

5.1. Vorgehen an der Schule

Der betroffenen Schülerin oder dem betroffenen Schüler sollte Hilfe bei der Beendigung eines riskanten Konsums bzw. der Überwindung einer möglicherweise bestehenden psychischen oder körperlichen Abhängigkeit und der Bewältigung der ursächlichen oder begleitenden psychosozialen Probleme angeboten werden. Eine solche pädagogische und menschliche Hilfe der Lehrerin oder des Lehrers ist mit den Dienstpflichten vereinbar.

Es besteht erst dann eine Meldepflicht gegenüber der Schulleitung, wenn eine Gefährdung anderer, z.B. anderer Schülerinnen und Schüler, anzunehmen ist. Eine solche Gefährdung liegt vor, wenn eine Schülerin oder ein Schüler mit hoher Wahrscheinlichkeit andere – aktiv oder passiv – zum Suchtmittelkonsum oder zu suchtgefährdendem Verhalten verleiten wird oder bereits dazu verleitet hat. Die Schulleitung berät zusammen mit der Lehrkraft, der sich die Schülerin bzw. der Schüler anvertraut hat, sowie der Lehrerin bzw. dem Lehrer für Prävention, welche Maßnahmen erforderlich sind; auch, ob eine Beratung und Entscheidung mit Blick auf Erziehungs- und Ordnungsmaßnahmen geboten scheint. Sofern erforderlich kann die Klassenlehrerin oder der Klassenlehrer durch die Schulleitung hinzugezogen werden.

⇨ Verschwiegenheitspflicht

5.2. Kontaktaufnahme mit außerschulischen Stellen

Entsteht der Eindruck, dass die Schülerin oder der Schüler süchtig ist oder dass Unterstützung über die Schule hinaus notwendig wird, soll sich die Schulleitung oder eine autorisierte Lehrkraft mit psychosozialen Beratungs- und ambulanten Behandlungsstellen frühzeitig in Verbindung setzen. Über eine anonymisierte Falldarstellung soll das weitere Vorgehen der Schule in Bezug auf die betroffene Schülerin bzw. den betroffenen Schüler abgeklärt werden.

Die Verständigung der Polizei ist in der Regel dann geboten, wenn es sich um schwere oder mehrfache Verstöße handelt, die zum Schutz der anderen am Schulleben Beteiligten eine Anzeige dringend gebieten. Ein solcher Fall ist jedenfalls anzunehmen, wenn eine Schülerin oder ein Schüler nach den Feststellungen der Schule mit illegalen Drogen handelt.

⇨ Jugendschutz / Kinderschutz (Information – KKG);
⇨ Polizei und Schule

Es sind keine Disziplinarmaßnahmen zu befürchten, falls trotz sorgfältigen und verantwortungsbewussten Handelns in schwierigen Fällen Entscheidungen getroffen werden, die sich nachträglich als objektiv falsch herausstellen.

Hinweis der Redaktion: Das „Kontaktbüro Prävention" des KM informiert über Präventionsmaßnahmen, berät Schulen, bietet Anregungen für Schulentwicklungskonzepte zur Prävention, vermittelt Kooperationspartner und stellt Arbeitsmaterialien und Handreichungen zur Prävention und zu ⇨ Mobbing in der Schule zur Verfügung. www.kontaktbuero-praevention-bw.de.

⇨ Arbeitszeit (Lehrkräfte – VwV Anrechnungen) IV.1; ⇨ Beamtengesetz (LBG) § 83 ff.; ⇨ Bildungsberatung und Beratungslehrkräfte; ⇨ Jugendschutz / Kinderschutz (Information – KKG); ⇨ Jugendschutzgesetz; ⇨ Konferenzordnung; ⇨ Mobbing; ⇨ Polizei und Schule; ⇨ Rauchen in der Schule; ⇨ Schulgesetz § 90; ⇨ Schulpsychologische Beratungsstellen; ⇨ Schulsozialarbeit; ⇨ Sucht (Dienstvereinbarung); ⇨ Verschwiegenheitspflicht

Presserecht

Informationen der Redaktion zur Rechtslage und zur Verwaltungspraxis in Baden-Württemberg

Die Presse (Zeitungen, Zeitschriften, Funk und Fernsehen; rechtlich sind auch Schülerzeitungen „Presse") besitzt gegenüber Behörden besondere Informationsrechte. § 4 Landespressegesetz lautet:

(1) Die Behörden sind verpflichtet den Vertretern der Presse die der Erfüllung ihrer öffentlichen Aufgabe dienenden Auskünfte zu erteilen.

(2) Auskünfte können verweigert werden, soweit

1. *hierdurch die sachgemäße Durchführung eines schwebenden Verfahrens vereitelt, erschwert, verzögert oder gefährdet werden könnte oder*
2. *Vorschriften über die Geheimhaltung entgegenstehen oder*
3. *ein überwiegendes öffentliches oder schutzwürdiges privates Interesse verletzt würde oder*
4. *ihr Umfang ein zumutbares Maß überschreitet.*

(3) Anordnungen, die einer Behörde Auskünfte an die Presse allgemein verbieten, sind unzulässig.

Schulen sind „Behörden" (➪ Schulgesetz §§ 1, 23). Sie dürfen den Presseorganen Informationen nicht grundsätzlich vorenthalten; sie dürfen dabei jedoch nicht die ➪ Verschwiegenheitspflicht verletzten.

➪ Informationsfreiheitsgesetz

Für die „Presse- und Öffentlichkeitsarbeit" an der Schule sind die Schulleiter*innen verantwortlich: Nach § 41 Schulgesetz obliegt ihnen *„insbesondere [...] die Vertretung der Schule nach außen und die Pflege ihrer Beziehungen zu*(r) *[...] Öffentlichkeit.*" Die Leitung einer einzelnen Schule ist deshalb berechtigt und **verpflichtet**, für ihren Bereich (und nur hierüber!) gegenüber der Presse Auskunft zu geben. Nach der VwV ➪ Gewaltvorfälle und Schadensereignisse sind die einzelnen Schulen bei ihrer Pressearbeit jedoch Einschränkungen unterworfen.

Lehrkräfte dürfen hingegen der Presse und der Öffentlichkeit namens der Schule nur dann Auskünfte erteilen, wenn sie von der Schulleitung beauftragt oder ermächtigt wurden. Innerhalb ihre Aufgabenbereichs sind Lehrkräfte jedoch zur Erteilung von Auskünften befugt bzw. sogar verpflichtet (z.B. Unterrichtung der Eltern der Klasse über die Stundentafel und die Unterrichtsversorgung der Klasse oder über grundsätzliche Beschlüsse der Gesamtlehrerkonferenz). ➪ Schulgesetz § 56 Abs. 1

Nach § 57 Schulgesetz obliegt dem Elternbeirat u.a., *„an der Verbesserung der inneren und äußeren Schulverhältnisse mitzuarbeiten und das Verständnis der Öffentlichkeit für die Erziehungs- und Bildungsarbeit der Schule zu stärken"*. Die Elternvertretung der Schule besitzt deshalb das Recht, sich in deren Interesse (jedoch nicht in deren Namen als Institution!) auch über die Presse (örtliche Tageszeitung, „Amtsblatt" der Gemeinde usw.) an die Öffentlichkeit zu wenden.

➪ Beamtenstatusgesetz § 37; ➪ Gewaltvorfälle und Schadensereignisse; ➪ Informationsfreiheitsgesetz; ➪ Schulgesetz §§ 1, 23 und 57; ➪ Tarifvertrag-Länder (TV-L) § 3 Abs. 2; ➪ Verschwiegenheitspflicht; ➪ Verwaltungsrecht (Allgemeines)

Privatschulgesetz

Auszug aus dem Gesetz für die Schulen in freier Trägerschaft in der Fassung vom 1. Januar 1990 (K.u.U. S. 105/1990); zuletzt geändert durch das HHBeglG vom 23. September 2021

Hinweis der Redaktion: In das Gesetz sind Auszüge aus der Vollzugsverordnung zum Privatschulgesetz eingearbeitet (Fassung vom 20.7.1971; GBl. S. 347, zuletzt geändert 18.7.2019; GBl. S. 316/2019).

1. ABSCHNITT
Allgemeine Vorschriften

§ 1

Schulen in freier Trägerschaft dienen nach Maßgabe des Grundgesetzes der Bundesrepublik Deutschland und der Verfassung des Landes Baden-Württemberg der öffentlichen Aufgabe, als Ersatz- oder Ergänzungsschulen das Schulwesen des Landes zu bereichern. Sie ergänzen das Angebot freier Schulwahl und fördern das Schulwesen durch besondere Inhalte und Formen der Erziehung und des Unterrichts.

➪ Grundgesetz Art. 7; ➪ Schulgesetz ; ➪ Verfassung

§ 2

(1) Schulen in freier Trägerschaft können von natürlichen Personen und juristischen Personen des privaten oder des öffentlichen Rechts errichtet und betrieben werden.

(2) Sie müssen eine Bezeichnung führen, die eine Verwechslung mit öffentlichen Schulen ausschließt.

2. ABSCHNITT
Ersatzschulen

§ 3

(1) Eine Schule in freier Trägerschaft ist Ersatzschule, wenn im Lande entsprechende öffentliche Schulen bestehen.

(2) Die Freien Waldorfschulen als Schulen besonderer pädagogischer Prägung, die in einem einheitlichen Bildungsgang von Klasse 1 bis Klasse 12 Schüler unterschiedlicher Begabungsrichtungen nach dem Waldorflehrplan (Pädagogik Rudolf Steiner) zu den dort festgelegten Bildungszielen führen und die in ihrer Klasse 13 auf der Klasse 12 der Waldorfschule aufbauend auf die Hochschulreife vorbereiten, sind Ersatzschulen. Darüber hinaus

kann die Landesregierung, insbesondere für den Bereich der sonderpädagogischen Bildungs- und Beratungszentren und der Schulen zur Ausbildung für soziale und sozialpädagogische Berufe, durch Rechtsverordnung weitere Schulen in freier Trägerschaft zu Ersatzschulen erklären, wenn ein wichtiges öffentliches Interesse besteht.

§ 4

(1) Ersatzschulen dürfen nur mit Genehmigung der oberen Schulaufsichtsbehörde errichtet und betrieben werden. Die Genehmigung bedarf der Schriftform.

(1a) Errichtet und betreibt eine Ersatzschule einen weiteren Bildungsgang, bedarf dieser einer gesonderten Genehmigung nach Absatz 1.

(2) Mit der Genehmigung erhält die Schule das Recht, Kinder und Jugendliche zur Erfüllung ihrer Schulpflicht aufzunehmen; die für die Schulpflicht geltenden Bestimmungen sind zu beachten.

Aus der Vollzugsverordnung zum Privatschulgesetz:

4. Genehmigung

(1) Die Genehmigung einer Privatschule als Ersatzschule gemäß § 3 Absatz 1 PSchG setzt insbesondere voraus, dass

1. Lehrgegenstände, Lehrziel, Aufbau und Ausbildungsdauer mit denen einer im Land bestehenden entsprechenden öffentlichen Schule im Wesentlichen übereinstimmen;
2. Lehr- und Anschauungsmittel, Unterrichtsräume und Laboratorien für Versuche und praktische Übungen gegenüber denjenigen an entsprechenden öffentlichen Schulen im Wesentlichen gleichwertig sind.

(2) Bei Ersatzschulen gemäß § 3 Absatz 2 PSchG richten sich die Voraussetzungen des Absatzes 1 Ziffer 1 nach der für sie maßgeblichen Verordnung der Landesregierung, die Voraussetzungen des Absatzes 1 Ziffer 2 nach dem Erfordernis des Lehr- und Ausbildungsziels.

§ 5

(1) Die Genehmigung ist zu erteilen

a) für Schulen nach § 3 Abs. 1, wenn die Schule in ihren Lehrzielen und Einrichtungen sowie in der wissenschaftlichen Ausbildung ihrer Lehrkräfte nicht hinter den bestehenden öffentlichen Schulen zurücksteht,
b) für Schulen nach § 3 Abs. 2 Satz 1, wenn die Schule die Bildungsziele nach dem Waldorflehrplan erfüllt sowie der Unterricht grundsätzlich von Lehrkräften mit einer abgeschlossenen fachlichen und pädagogischen Ausbildung erteilt wird; dabei kann auf den Nachweis entsprechender Prüfungen verzichtet werden, wenn eine gleichwertige fachliche Ausbildung und pädagogische Eignung anderweitig nachgewiesen wird,
c) für Schulen nach § 3 Abs. 2 Satz 2, wenn die Schule die in der Rechtsverordnung geforderten Voraussetzungen erfüllt

und eine Sonderung der Schüler nach den Besitzverhältnissen der Eltern nicht gefördert wird.

Aus der Vollzugsverordnung zum Privatschulgesetz:

5. Schulgeld

Es wird vermutet, dass ein monatliches Schulgeld in Höhe von durchschnittlich über 160 Euro grundsätzlich geeignet ist, eine Sonderung der Schüler nach den Besitzverhältnissen der Eltern zu fördern. Dieser Betrag wird durch den vom Statistischen Landesamt Baden-Württemberg ermittelten Verbraucherpreisindex, beginnend ab dem Jahr 2018, fortgeschrieben. Die Schule kann diese Vermutung im Einzelfall widerlegen, wenn sie der oberen Schulaufsichtsbehörde nachweist, dass in einem angemessenen Umfang für finanzschwache Schüler wirksame wirtschaftliche Erleichterungen hinsichtlich des Schulgeldes und der sonstigen im Zusammenhang mit dem Besuch der Schule stehenden Kosten angeboten und gewährt werden. In jedem Fall hat die Schule nachweislich sowohl allgemein als auch gegenüber den jeweiligen Eltern anzubieten, dass diese ein nach einem prozentualen Anteil am Haushaltsnettoeinkommen berechnetes Schulgeld zahlen können, wobei dieses 5 Prozent des Haushaltsnettoeinkommens nicht übersteigen darf. Die Schule ist darüber hinaus verpflichtet, die Eltern in einem Beratungsgespräch auf alle von ihr angebotenen Möglichkeiten zur Vermeidung einer finanziellen Überforderung hinzuweisen und diesen Hinweis schriftlich zu dokumentieren. Entgelte für Sonder- und Profilleistungen, deren Inanspruchnahme für die Schüler und deren Eltern nicht verpflichtend ist, können unabhängig vom Schulgeld erhoben werden. [...]

(2) Abweichungen in der inneren und äußeren Gestaltung der Schule, in der Lehr- und Erziehungsmethode sowie im Lehrstoff stehen der Genehmigung nicht entgegen, sofern die Schule gegenüber den entsprechenden öffentlichen Schulen als gleichwertig betrachtet werden kann.

(3) Die Anforderungen an die wissenschaftliche Ausbildung der Lehrer sind erfüllt, wenn eine fachliche und pädagogische Ausbildung sowie Prüfungen nachgewiesen werden, die der Ausbildung und den Prüfungen der Lehrer an entsprechenden öffentlichen Schulen im Werte gleichkommen. Auf diesen Nachweis kann verzichtet werden, wenn die wissenschaftliche, künstlerische oder technische Ausbildung und die pädagogische Eignung des Lehrers anderweitig nachgewiesen wird.

Aus der Vollzugsverordnung zum Privatschulgesetz:

6. Ausbildung der Lehrer

(1) Die obere Schulaufsichtsbehörde entscheidet im Einzelfall, ob die Voraussetzungen des § 5 Absatz 3 PSchG erfüllt sind.

(2) Die wissenschaftliche, künstlerische oder technische Ausbildung im Sinne des § 5 Absatz 3 Satz 2 PSchG darf im Werte nicht hinter der in § 5 Absatz 3 Satz 1 PSchG geforderten Ausbildung zurückstehen.

(3) Der Nachweis der pädagogischen Eignung im Sinne von § 5 Absatz 3 Satz 2 PSchG kann auch im Rahmen der Tätigkeit an der Privatschule innerhalb einer von der oberen Schulaufsichtsbehörde zu bestimmenden Frist erbracht werden.

(4) Die Genehmigung setzt voraus, dass die zur Ersatzschule gehörenden Einrichtungen und Gebäude in einem hinreichend nahen räumlichen Zusammenhang stehen. Insbesondere müssen die Entfernungen zwischen den Einrichtungen und Gebäuden von Schülern sowie Lehrkräften im Verlauf des regelmäßigen Schulbetriebes zurückgelegt werden können.

§ 6

(1) Die Genehmigung zur Errichtung einer Ersatzschule darf einem Unternehmer nur erteilt werden, wenn er oder, falls der Unternehmer keine natürliche Person ist, seine Vertretungsberechtigten die für die verantwortliche Führung einer Schule erforderliche persönliche Zuverlässigkeit besitzen.

(2) Die Genehmigung ist zu versagen, wenn die wirtschaftliche und rechtliche Stellung der Lehrkräfte nicht genügend gesichert ist. [...]

Aus der Vollzugsverordnung zum Privatschulgesetz:

7. Wirtschaftliche und rechtliche Stellung der Lehrer

(1) Die wirtschaftliche und rechtliche Stellung der Lehrer ist als genügend gesichert anzusehen, wenn

1. ein schriftlicher Anstellungsvertrag abgeschlossen und darin der Gesamtumfang der dienstlichen Verpflichtungen und der Anspruch auf Urlaub festgelegt ist;
2. die Bezüge und Nebenleistungen nicht wesentlich hinter denen vergleichbarer Lehrer an öffentlichen Schulen zurückstehen;

   Hinweis der Redaktion: Die Bezahlung ist sittenwidrig, wenn sie weniger als 80 % der Vergütung der vergleichbaren Lehrkräfte an öffentlichen Schulen beträgt. (Bundesarbeitsgericht, Urteil vom 19. August 2015 – 5 AZR 500/14)
3. die Zahlung der Bezüge in regelmäßigen Zeitabständen erfolgt.

(2) Bei Ordenslehrkräften,[...]sowie bei nebenamtlichen und nebenberuflichen Lehrkräften bedarf die Sicherheit der wirtschaftlichen und rechtlichen Stellung keines Nachweises.

§ 7

(Erlöschen der Genehmigung; nicht abgedruckt)

§ 8

Die obere Schulaufsichtsbehörde kann Personen eine Tätigkeit als Schulleiter oder Lehrer an einer Ersatzschule untersagen, wenn Tatsachen vorliegen, die sie für die Ausübung einer solchen Tätigkeit ungeeignet erscheinen lassen.

§ 9

Die Bezeichnung der Ersatzschule muss unter Beachtung der für öffentliche Schulen geltenden Grundsätze eine Angabe über die Schulart enthalten; bei sonderpädagogischen Bildungs- und Beratungszentren kann anstelle der Schulart der Schultyp treten.

§ 10

(1) Die obere Schulaufsichtsbehörde verleiht einer Ersatzschule, welche die Gewähr dafür bietet, dass sie dauernd die aufgrund des Gesetzes an entsprechende öffentliche Schulen beziehungsweise an Schulen im Sinne des § 3 Abs. 2 gestellten Anforderungen erfüllt, die Eigenschaft einer anerkannten Ersatzschule.

(2) Die nach Absatz 1 gestellten Anforderungen werden unbeschadet des § 5 Absatz 2 erfüllt

1. von einer Ersatzschule im Sinne des § 3 Absatz 1, wenn
   a) dem Unterricht ein von der Schulaufsichtsbehörde genehmigter Lehrplan zugrunde liegt,
   b) das Lehrziel der entsprechenden öffentlichen Schule erreicht wird,
   c) der Übertritt eines Schülers von der Ersatzschule an die entsprechende öffentliche Schule und umgekehrt ohne besondere Schwierigkeiten möglich ist,
   d) die für die entsprechenden öffentlichen Schulen geltenden Aufnahme- und Versetzungsbestimmungen angewendet werden,
   e) die Schulleitung die für ihre Aufgabe erforderliche wissenschaftliche und pädagogische Eignung besitzt,
   f) die Lehrkräfte in der Regel die Anstellungsfähigkeit für das ihrer Tätigkeit entsprechende Lehramt an öffentlichen Schulen besitzen. Auf diese Voraussetzung kann in einem den besonderen Gegebenheiten der betreffenden Privatschule angemessenem Umfang verzichtet werden,
2. von einer Ersatzschule im Sinne des § 3 Absatz 2, wenn
   a) dem Unterricht ein von der Schulaufsichtsbehörde genehmigter Lehrplan zugrunde liegt,
   b) das Lehrziel entsprechend der Verordnung über die Freien Waldorfschulen erreicht wird,
   c) die Schulleitung die für ihre Aufgabe erforderliche wissenschaftliche und pädagogische Eignung besitzt,
   d) die Lehrkräfte die notwendige Lehrfähigkeit entsprechend der in Buchstabe b genannten Verordnung besitzen.

(3) Die Ersatzschule muss die in Absatz 2 gestellten Anforderungen grundsätzlich drei Jahre erfüllt haben, bevor angenommen werden kann, dass die Schule diese Anforderungen auf Dauer erfüllt. [...]

(4) Mit der Anerkennung erhält die Ersatzschule das Recht, nach den allgemein für öffentliche Schulen beziehungsweise für Schulen im Sinne des § 3 Abs. 2 geltenden Vorschriften Prüfungen abzuhalten und Zeugnisse zu erteilen. Die Schulaufsichtsbehörde bestimmt die Zusammensetzung der Prüfungsausschüsse. ⇨ Abschlüsse /Bildungswege

§ 11

(Beurlaubung von beamteten Lehrkräften)

ist im Beitrag ⇨ Urlaub (Privatschuldienst) abgedruckt.

§ 12 (aufgehoben)

3. ABSCHNITT
Ergänzungsschulen

§ 13

(1) Schulen in freier Trägerschaft, die nicht Ersatzschulen sind, sind Ergänzungsschulen. Sie dürfen keine Bezeichnung führen, die eine Verwechslung mit Ersatzschulen hervorrufen kann.

(2) Die Eröffnung einer Ergänzungsschule ist vor Aufnahme des Unterrichts der oberen Schulaufsichtsbehörde anzuzeigen. [...]

§ 14

(1) Die obere Schulaufsichtsbehörde kann die Fortführung einer Ergänzungsschule untersagen, wenn die Schule nicht den Anforderungen entspricht, die zum Schutz der Allgemeinheit vor Schäden und Gefahren zu stellen sind oder wenn der Unternehmer oder sein Vertretungsberechtigter im Sinne des § 6 Abs. 1 nicht die erforderliche Zuverlässigkeit besitzt.

(2) Die obere Schulaufsichtsbehörde kann Personen eine Tätigkeit als Schulleiter oder Lehrer an einer Ergänzungsschule untersagen, wenn Tatsachen vorliegen, die sie für die Ausübung einer solchen Tätigkeit ungeeignet erscheinen lassen.

§ 15

(1) Das zuständige Ministerium kann einer bewährten Ergänzungsschule, an der ein besonderes pädagogisches oder sonstiges staatliches Interesse besteht, die Eigenschaft einer anerkannten Ergänzungsschule verleihen, wenn sie den Unterricht nach einem von der Schulaufsichtsbehörde genehmigten Lehrplan erteilt.

(2) Mit der Anerkennung erhält die Ergänzungsschule das Recht, nach den von der oberen Schul-

aufsichtsbehörde genehmigten Prüfungsvorschriften Prüfungen abzuhalten. Für die Anforderungen der Prüfungsvorschriften gilt § 89 Abs. 3 des Schulgesetzes entsprechend. Die Schulaufsichtsbehörde bestimmt die Zusammensetzung der Prüfungsausschüsse. [...]

4. ABSCHNITT
Freie Unterrichtseinrichtungen

§ 16

Freie Unterrichtseinrichtungen, die nach ihren Unterrichtsgegenständen und -zielen sowie nach ihrer Organisationsform keinen schulischen Charakter tragen, dürfen keine Bezeichnung führen, die eine Verwechslung mit öffentlichen Schulen oder mit Ersatzschulen hervorrufen kann.

5. ABSCHNITT
Staatliche Finanzhilfe

§ 17

(1) Die als Ersatzschulen genehmigten Grundschulen, Hauptschulen, Werkrealschulen, Gemeinschaftsschulen, Realschulen, Gymnasien, sonderpädagogischen Bildungs- und Beratungszentren, Berufsschulen, Berufsfachschulen, Berufskollegs, Fachschulen, Freien Waldorfschulen (Einheitliche Volks- und Höhere Schulen), Abendrealschulen, Abendgymnasien, Kollegs, Schulen für Haus- und Familienpflege, Schulen für Erzieher (Fachrichtung Jugend- und Heimerziehung), Schulen für Heilerziehungspflege, Schulen für Arbeitserziehung, Schulen für Heilerziehungsassistenz und Schulen für Heilpädagogik erhalten auf Antrag Zuschüsse des Landes. Dies gilt nicht für Schulen für Berufe des Gesundheitswesens, deren Kosten nach § 17 a des Krankenhausfinanzierungsgesetzes im Pflegesatz berücksichtigt werden können sowie für Pflegeschulen, die nach den §§ 26 bis 36 des Pflegeberufegesetzes [...]finanziert werden.

(2) Auf gemeinnütziger Grundlage arbeitende private und als pädagogisch wertvoll anerkannte, einem öffentlichen Bedürfnis entsprechende und genehmigte Realschulen, Werkrealschulen, Gemeinschaftsschulen, Gymnasien mit Ausnahme der beruflichen Gymnasien sowie Freie Waldorfschulen hinsichtlich der Klassen 5 bis 13 haben einen Ausgleichsanspruch nach Artikel 14 Absatz 2 Satz 3 der Verfassung des Landes Baden-Württemberg. Entgelt für Unterricht und Lernmittel im Sinne des Artikels 14 Absatz 2 Satz 3 der Verfassung des Landes Baden-Württemberg ist Entgelt für solche Leistungen, deren Kosten bei einer öffentlichen Schule im öffentlichen Schulwesen entstehende Kosten im Sinne des § 18a sind. Soweit Schulen im Sinne des Satzes 1 auf ein Entgelt für Unterricht und Lernmittel ganz oder teilweise verzichten, erhalten sie auf Antrag einen Ausgleich in Höhe des nicht erhobenen Entgelts. Falls ein Entgelt für Unterricht und Lernmittel eine Sonderung der Schüler nach den Besitzverhältnissen der Eltern fördert, wird für einen teilweisen oder vollständigen Verzicht auf dieses Entgelt ein Ausgleich nicht gewährt. Absatz 4 findet auf den Ausgleich nach Satz 3 entsprechende Anwendung. Der jeweilige Ausgleich nach Satz 3 ist bei einem Verzicht gegenüber Schülern mit einem festgestellten Anspruch auf ein sonderpädagogisches Bildungsangebot begrenzt auf 10 Prozent der nach § 18a ermittelten, bei einer entsprechenden Schule im öffentlichen Schulwesen entstehenden Kosten. Der aus dem jeweiligen Ausgleich nach Satz 3 und dem jeweiligen Zuschuss nach Absatz 1 folgende Gesamtbetrag wird begrenzt auf 90 Prozent der nach § 18a ermittelten, bei einer entsprechenden Schule im öffentlichen Schulwesen entstehenden Kosten. Der jeweilige Ausgleich nach Satz 3 ist bei einemVerzicht gegenüber Schülern mit einem festgestellten Anspruch auf ein sonderpädagogisches Bildungsangebot begrenzt auf 10 Prozent der nach § 18a ermittelten, bei einer entsprechenden Schuleim öffentlichen Schulwesen entstehenden Kosten. Das Kultusministerium wird ermächtigt, das Nähere zum Verfahren der Ausgleichsgewährung durch Rechtsverordnung zu regeln.

(3) Nach Maßgabe des Staatshaushaltsplans können auf Antrag Zuschuss erhalten:

1. Schulkindergärten;
2. als Ergänzungsschulen anerkannte Schulen zur Ausbildung für soziale und sozialpädagogische Berufe;
3. als Ergänzungsschulen anerkannte Schulen für Berufe des Gesundheitswesens, deren Träger oder Mitträger nicht unter Absatz 1 Satz 2 fallen; die Ausbildung muss in Vollzeitform mit mindestens einjähriger Dauer erfolgen und mit einer Prüfung entsprechend einer staatlichen Prüfungsordnung oder einer gemäß § 15 Absatz 2 genehmigten Prüfungsordnung abschließen.
4. Internationale Schulen im Status einer Ergänzungsschule, an denen ein ›International Baccalaureate Diploma/Diplôme du Baccalauréat International‹ nach den Bestimmungen der International Baccalaureate Organization erworben werden kann, das der Vereinbarung der Kultusministerkonferenz über die Anerkennung des ›International Baccalaureate Diploma/ Diplôme du Baccalauréat International‹ in der jeweils geltenden Fassung entspricht.

[...]

⇨ Verfassung Art. 14

§ 18

(1) Die Zuschüsse nach § 17 Abs. 1 werden für die Schüler gewährt, die am Stichtag der amtlichen Schulstatistik die Schule besuchen. Das Kultusministerium kann wegen stark schwankender Schülerzahlen oder aus sonstigen besonderen Gründen durch Rechtsverordnung für bestimmte Bildungsgänge eine vom Stichtag der amtlichen Schulstatistik abweichende Stichtagsregelung treffen. Der Zuschuss wird höchstens für die Zahl von Schülern gewährt, die sich ergibt, wenn die Zahl der Klassen, für die die Schule Zuschüsse erhält, mit den für diese Klassen an öffentlichen Schulen jeweils geltenden Richtzahlen vervielfacht wird.

(2) Der Zuschuss je Schüler beträgt 80 Prozent der nach § 18a ermittelten, bei einer entsprechenden Schule im öffentlichen Schulwesen entstehenden Kosten. Maßgebend sind dabei die jeweils aktuellen

Berechnungen der Landesregierung über die Kosten des öffentlichen Schulwesens für den Bericht an den Landtag nach § 18a Absatz 1 Satz 3. Nach Vorlage des Berichts werden die jährlichen Zuschüsse nach Absatz 2a jeweils mit Wirkung zum 1. Januar des Folgejahres entsprechend angepasst.

(2a) Der jährliche Zuschuss je Schüler nach § 17 Absatz 1 beträgt bei Vollzeitform für

1) Grundschulen, die Klassen 1 bis 4 der Freien Waldorfschulen und die Klassen 1 bis 4 der Gemeinschaftsschulen 86,2 Prozent des Endgrundgehalts der Besoldungsgruppe des Eingangsamts für beamtete Lehrkräfte an Grundschulen;
2) Hauptschulen und Werkrealschulen 129,9 Prozent des Endgrundgehalts der Besoldungsgruppe des Eingangsamts für beamtete Lehrkräfte an Hauptschulen;
3) Realschulen 90,5 Prozent des Endgrundgehalts der Besoldungsgruppe des Eingangsamts für beamtete Lehrkräfte an Realschulen;
4) die Klassen 5 bis 12 der Freien Waldorfschulen 96,8 Prozent des Endgrundgehalts der Besoldungsgruppe des ersten Beförderungsamts für beamtete Lehrkräfte des höheren Dienstes an Gymnasien;
5) allgemeinbildende Gymnasien, die dreijährige gymnasiale Oberstufe der Gemeinschaftsschulen und die Klasse 13 der Freien Waldorfschulen 100,2 Prozent des Endgrundgehalts der Besoldungsgruppe des ersten Beförderungsamts für beamtete Lehrkräfte des höheren Dienstes an Gymnasien;
6) die Klassen 5 bis 10 der Gemeinschaftsschulen den Durchschnittsbetrag (arithmetischer Mittelwert) der sich aus den Nummern 2, 3 und 5 ergebenden Zuschussbeträge zuzüglich eines Zuschlags von 10 Prozent für den Ganztagsbetrieb an der Sekundarstufe I; Träger erstmals genehmigter Gemeinschaftsschulen erhalten darüber hinaus im ersten Jahr der Unterrichtsaufnahme einmalig einen zusätzlichen Zuschuss in Höhe von 11 600 Euro je Zug;
7) berufliche Gymnasien 109,6 Prozent des Endgrundgehalts der Besoldungsgruppe des ersten Beförderungsamts für beamtete Lehrkräfte des höheren Dienstes an Gymnasien;
8) Fachschulen für Sozialpädagogik (Berufskollegs), Fachschulen für Sozialwesen, Fachrichtung Jugend- und Heimerziehung (Berufskollegs) und Fachschulen für Sozialwesen, Fachrichtung für Heilerziehungspflege (Berufskollegs) 127,6 Prozent des Endgrundgehalts der Besoldungsgruppe des ersten Beförderungsamts für beamtete Lehrkräfte des höheren Dienstes an beruflichen Schulen;
9) Berufsschulen 109,3 Prozent des Endgrundgehalts der Besoldungsgruppe des Eingangsamts für beamtete Lehrkräfte an Realschulen;
10) technische Berufsfachschulen und technische Fachschulen 136,9 Prozent des Endgrundgehalts der Besoldungsgruppe des Eingangsamts für beamtete Lehrkräfte an Realschulen;
11) die übrigen Berufsfachschulen und die übrigen Fachschulen vorbehaltlich der in § 25 getroffenen Regelung 126,4 Prozent des Endgrundgehalts der Besoldungsgruppe des Eingangsamts für beamtete Lehrkräfte an Realschulen;
12) technische Berufskollegs 126,3 Prozent des Endgrundgehalts der Besoldungsgruppe des Eingangsamts für beamtete Lehrkräfte an Realschulen;
13) die übrigen Berufskollegs vorbehaltlich der in § 25 getroffenen Regelung 115,8 Prozent des Endgrundgehalts der Besoldungsgruppe des Eingangsamts für beamtete Lehrkräfte an Realschulen.
14) Schulen für Physiotherapie 125,7 Prozent des Endgrundgehalts der Besoldungsgruppe des Eingangsamts für beamtete Lehrkräfte an Realschulen;
15) Schulen für Logopädie 153 Prozent des Endgrundgehalts der Besoldungsgruppe des Eingangsamts für beamtete Lehrkräfte an Realschulen.

Die sich aus Satz 1 Nummern 1 bis 15 ergebenden Beträge erhöhen sich um den jeweiligen Prozentsatz des zustehenden ehebezogenen Teils des Familienzuschlags zuzüglich des kinderbezogenen Teils des Familienzuschlags für zwei Kinder; dies gilt nicht für den zusätzlichen Zuschuss nach Nummer 6.

(3) Die genehmigten sonderpädagogischen Bildungs- und Beratungszentren erhalten einen Zuschuss in Höhe der Personalkosten für den Schulleiter, die anerkannten wissenschaftlichen und technischen Lehrer sowie die anerkannten Fachlehrer; für Lehrer mit befristeter Unterrichtserlaubnis werden abweichend davon nur 50 Prozent der Personalkosten bezuschusst. Der Zuschuss richtet sich nach der Höhe des tatsächlichen Aufwands, höchstens jedoch nach den Beträgen, die sich bei Anwendung der im öffentlichen Dienst geltenden Bestimmungen ergeben würden, und wird für höchstens so viele Kräfte gewährt, wie an einem entsprechenden öffentlichen sonderpädagogischen Bildungs- und Beratungszentrum erforderlich wären. Ferner erhalten sie einen Sachkostenzuschuss in Höhe des Sachkostenbeitrags für ein öffentliches sonderpädagogisches Bildungs- und Beratungszentrum mit entsprechendem Förderschwerpunkt nach § 15 Absatz 1 Satz 4 SchG. Sätze 1 bis 3 gelten entsprechend für genehmigte Bildungsgänge an beruflichen Schulen, die an den Förderschwerpunkten nach § 15 Absatz 1 Satz 4 SchG ausgerichtet sind.

(4) Allgemeine Ersatzschulen, die Schüler mit einem festgestellten Anspruch auf ein sonderpädagogisches Bildungsangebot unterrichten, erhalten für die Schüler mit einem festgestellten Anspruch auf ein sonderpädagogisches Bildungsangebot keinen Zuschuss nach Absatz 2a, sondern einen Personalkostenzuschuss wie sonderpädagogische Bildungs- und Beratungszentren nach Absatz 3 Sätze 1 und 2. Abweichend von Absatz 3 Satz 2 wird bei der Ermittlung der Zahl der Kräfte, die an einem öffentlichen sonderpädagogischen

Bildungs- und Beratungszentrum des Typs, der dem Anspruch der Schüler auf ein sonderpädagogisches Bildungsangebot entspricht, erforderlich wären, nicht auf volle Gruppen oder Klassen auf- oder abgerundet. Darüber hinaus erhalten sie einen zusätzlichen Zuschuss in Höhe von fünf Prozent des Zuschusses nach Satz 1 und 2 zur Abgeltung des durch die Inklusion veranlassten Mehraufwands.

Ferner erhalten sie einen Sachkostenzuschuss in Höhe von 60 Prozent des Sachkostenbeitrags für dasjenige öffentliche sonderpädagogische Bildungs- und Beratungszentrum, das dem Anspruch der Schüler auf ein sonderpädagogisches Bildungsangebot entspricht.

(5) Genehmigte sonderpädagogische Bildungs- und Beratungszentren, die Schüler ohne festgestellten Anspruch auf ein sonderpädagogisches Bildungsangebot aufnehmen, erhalten für diese Schüler einen Zuschuss nach Absatz 2a. Der insgesamt gewährte Zuschuss darf nicht höher sein, als wenn die Schule die jeweils höchstmögliche Zahl der Schüler mit Anspruch auf ein sonderpädagogisches Bildungsangebot aufnimmt. Die Aufnahme von Schülern ohne Anspruch auf ein sonderpädagogisches Bildungsangebot darf nicht zur Abweisung von Schülern mit Anspruch auf ein sonderpädagogisches Bildungsangebot und nicht zur Bildung zusätzlicher Klassen führen. Sätze 1 bis 3 gelten entsprechend für genehmigte Bildungsgänge an beruflichen Schulen, die an den Förderschwerpunkten nach § 15 Absatz 1 Satz 4 SchG ausgerichtet sind.

(6) Die genehmigten sonderpädagogischen Bildungs- und Beratungszentren erhalten eine Erstattung der Personalkosten für Lehrkräfte, die von ihnen im mit dem Land vereinbarten Umfang für die Erfüllung des Anspruchs auf ein sonderpädagogisches Bildungsangebot von Schülerinnen und Schülern einer öffentlichen allgemeinen Schule eingesetzt werden. Darüber hinaus erhalten sie eine zusätzliche Erstattung in Höhe von 15 Prozent der Erstattung nach Satz 1 zur Abgeltung des durch den Einsatz verursachten Mehraufwands. Im Übrigen gilt Absatz 3 Satz 1 und 2 entsprechend; abweichend hiervon bemisst sich die Zahl der Kräfte nach der in Satz 1 genannten Vereinbarung. [...]

§ 18a
(Bruttokostenmodell; hier nicht abgedruckt)

§ 19

(1) Die als Ersatzschulen staatlich anerkannten Grundschulen, Hauptschulen, Werkrealschulen, Realschulen, Gymnasien, sonderpädagogischen Bildungs- und Beratungszentren, Berufsfachschulen, Berufskollegs, Fachschulen und Freien Waldorfschulen (Einheitliche Volks- und Höhere Schulen), die den Versorgungsaufwand ihrer Lehrer und deren Hinterbliebenen übernehmen, erhalten nach Eintritt des Versorgungsfalles auf Antrag einen Zuschuss des Landes von zwei Dritteln zu den tatsächlich gezahlten Versorgungsbezügen. Dies gilt nicht für Schulen für Berufe des Gesundheitswesens und Schulen für soziale und sozialpädagogische Berufe im Geschäftsbereich des Sozialministeriums. Der Zuschuss darf nicht mehr als zwei Drittel der Versorgungsbezüge eines vergleichbaren Lehrers im Ruhestand betragen.

(2) Der Zuschuss wird nur für die Lehrer gewährt, die spätestens bei Eintritt des Versorgungsfalles die beamtenrechtlichen Voraussetzungen für die lebenslängliche Anstellung als Lehrer an öffentlichen Schulen erfüllen. Der Zuschuss wird nur gewährt, wenn

a) der Lehrer innerhalb der letzten 15 Jahre vor Eintritt des Versorgungsfalles in einem Dienstverhältnis an den in Absatz 1 genannten Schulen oder im deutschen öffentlichen Dienst mindestens 10 Jahre einen vollen Lehrauftrag oder eine Teilzeitbeschäftigung nach dem Landesbeamtengesetz versehen hat,
b) das zuständige Ministerium im Einvernehmen mit dem Finanzministerium einer nach Vollendung des 45. Lebensjahres erfolgten Anstellung der Lehrkraft bezüglich einer künftigen Beteiligung des Landes an den Versorgungsbezügen vor der Anstellung zugestimmt hatte.

Der Zuschuss wird nicht für Lehrkräfte gewährt, die aufgrund einer von der Ersatzschule gewährleisteten Versorgungsanwartschaft von der Versicherungspflicht in der gesetzlichen Rentenversicherung frei sind oder befreit wurden.[1] [...]

[1] § 19 Abs 2 findet in der ab 14. März 2006 geltenden Fassung (zuletzt geändert durch Artikel 1 Nr. 4 des Gesetzes vom 7. März 2006, GBl. S. 71) für die Versorgungsanwartschaften, die vor dem 14. März 2006 begründet wurden, keine Anwendung.

§ 20

Die Lehrer an den in § 17 Abs. 1 und 3 genannten Ersatzschulen, welche die beamtenrechtlichen Voraussetzungen für die lebenslängliche Anstellung an öffentlichen Schulen erfüllen, können vom zuständigen Ministerium oder der von diesem durch Rechtsverordnung bestimmten Behörde das Recht erhalten, die der Amtsbezeichnung eines vergleichbaren Lehrers im öffentlichen Dienst entsprechende Bezeichnung zu führen. Die Bezeichnung kann frühestens in dem Zeitpunkt verliehen werden, in dem der Lehrer im öffentlichen Schuldienst zur Anstellung als Beamter auf Lebenszeit heranstehen würde. [...]

⇨ Beamtenversorgung (Allgemeines)

Aus der Vollzugsverordnung zum Privatschulgesetz:

27.
Verleihung der Bezeichnung der Lehrer

(1) Die Verleihung des Rechts zur Führung der Bezeichnung gemäß § 20 Privatschulgesetz obliegt bei Lehrern von Privatschulen, die fachlich dem Kultusministerium unterstehen, der oberen Schulaufsichtsbehörde, soweit dieses für die Ernennung zuständig wäre, im Übrigen dem Kultusministerium.

(2) Der Antrag kann von der Schule oder vom Lehrer selbst gestellt werden. Er ist bei der oberen Schulaufsichtsbehörde einzureichen, die ihn an die für die Verleihung zuständige Behörde weiterleitet, soweit sie nicht selbst zuständig ist.

⇨ Abschlüsse und Bildungswege; ⇨ Beamtenversorgung (Allgemeines); ⇨ Einstellungserlass; ⇨ Grundgesetz Art. 7; ⇨ Schulgesetz §§ 103 ff.; ⇨ Urlaub (Privatschuldienst); ⇨ Verfassung Art. 14

Probezeit (Arbeitnehmerverhältnis)

Informationen der Redaktion zur Rechtslage und zur Verwaltungspraxis in Baden-Württemberg

Bei Tarifbeschäftigten gelten die ersten sechs Monate der Beschäftigung als Probezeit, es sei denn, dass im Arbeitsvertrag hierauf verzichtet oder eine kürzere Probezeit vereinbart worden ist. In der Regel wird nach vier Monaten eine Beurteilung erstellt. Die Vorschriften über die dienstliche Beurteilung für Beamte gelten entsprechend.

Wird dabei mindestens die Note ausreichend erreicht, ist die Bewährung erbracht. Anders als im Beamtenrecht muss in der Probezeit nicht die *Eignung* unter Beweis gestellt werden, sondern zur erfolglosen Beendigung der Probezeit ist die definitive Feststellung der *Nicht-Eignung* erforderlich.

Eine weitere Probezeitbeurteilung findet nur bei Erfüller*innen und besten Nichterfüller*innen statt, die zum Zweck der Zuordnung zu einem Beförderungsjahrgang eine fiktive beamtenrechtliche Probezeit durchlaufen müssen.

➪ Beförderung (Allgemeines); ➪ Beförderung (Oberstudienrat*rätin); ➪ Beurteilung (Lehrkräfte); ➪ Tarifvertrag (Entgeltordnung) Abschnitt 1

Befristete Verträge

Befristete Verträge (z.B. Krankheits- oder Elternzeitvertretung) enden mit Ablauf der Zeit, für die sie geschlossen wurden, oder bei Wegfall des Befristungsgrundes (bei der Elternzeitvertretung z.B. in der Regel mit der Rückkehr der vertretenen Person, spätestens mit Ablauf des letzten Schultages vor den Sommerferien). Bei Verträgen ohne sachlichen Befristungsgrund gelten die ersten sechs Wochen als Probezeit. ➪ Tarifvertrag-Länder (TV-L) § 30

„Probearbeitsverhältnisse" zur Erprobung der Eignung (z.B. nach längerer Wartezeit auf Übernahme in den Schuldienst) können gem. § 14 Abs. 1 Nr. 5 des Teilzeit- und Befristungsgesetzes auf ein Jahr bzw. ein Schuljahr befristet werden, da innerhalb der tariflichen Probezeit von 6 Monaten zuverlässige Aussagen über die Eignung für den Schuldienst kaum möglich sind. Die gesamte Dauer dieses Beschäftigungsverhältnisses gilt als „Probezeit", weder § 2 noch § 30 TV-L sind anzuwenden. Auch ein „Probearbeitsverhältnis" endet mit Ablauf der Zeit, für die es geschlossen wurde. Eine dauerhafte Übernahme in den Schuldienst des Landes setzt einen erneuten Arbeitsvertrag oder die Übernahme ins Beamtenverhältnis voraus.

Im Fall einer direkt anschließenden weiteren befristeten oder unbefristeten Beschäftigung in derselben Tätigkeit kann keine erneute Probezeit vereinbart werden.

Bei „Direkteinsteiger*innen" an beruflichen Schulen (z.B. Diplom-Ingenieure) folgt bei Bewährung auf eine einjährige Probezeit ein unbefristetes Arbeitsverhältnis (mit obligatorischer unterrichtsbegleitender pädagogisch-didaktischer Schulung).

➪ Einstellungserlass Nr. 11 (Hinweis); ➪ TV-L §§ 2, 30

Rechtsschutz

Arbeitnehmer*innen können gegen dienstliche Beurteilungen Klage beim Arbeitsgericht erheben.

Bei Problemen während der Probezeit sollten sich die Betroffenen direkt an den für ihre Schulart zuständigen Bezirkspersonalrat wenden. Ferner ist eine Information des Personalrats an der Schule bzw. – bei GHWRGS-Schulen – beim Schulamt zu empfehlen. Der Personalrat hat zwar kein Mitbestimmungsrecht, kann sich aber im Rahmen seines Initiativrechts für den/die Beschäftigte/n einsetzen.

➪ Personalvertretungsgesetz (LPVG) § 70 Abs. 1 Nr. 4

GEW-Mitglieder sollten sich bei Problemen – nicht zuletzt wegen der Fristwahrung – zum frühestmöglichen Zeitpunkt an den ➪ Rechtsschutz der GEW wenden.

➪ Beförderung (Allgemeines); ➪ Beförderung (Oberstudienrat*rätin); ➪ Beurteilung (Lehrkräfte); ➪ Einstellungserlass Nr. 11; ➪ Personalvertretungsgesetz (LPVG) § 75 Abs. 3 Nr. 1; ➪ Rechtsschutz; ➪ Tarifvertrag (Entgeltordnung – Lehrkräfte); ➪ Tarifvertrag-Länder (TV-L) §§ 2 und 30

Probezeit (Beamtenverhältnis)

Informationen der Redaktion zur Rechtslage und zur Verwaltungspraxis in Baden-Württemberg

Vor der Übernahme in das Beamtenverhältnis auf Lebenszeit muss die (fachliche und gesundheitliche) Bewährung in einer Probezeit festgestellt werden.

➪ Beamtengesetz (LBG); besonders §§ 6-13, 19; ➪ Laufbahnverordnung (LVO-KM)

War bei der Einstellung als Beamt*in auf Widerruf das amtsärztlichen Zeugnis nicht eindeutig positiv, liegt eine Unterbrechung vor oder bestehen gesundheitliche Probleme so wird in der Regel ein neues ärztliches Attest eingefordert. Es ist den Lehramtsanwärter*innen sowie den Studienreferendar*innen dringend zu empfehlen, zu Beginn der Probezeit auch folgende Beiträge in diesem Buch zu beachten: ➪ Beamtenversorgung (Wartezeit); ➪ Beihilfe (Allgemeines); ➪ Beihilfeverordnung § 6a; ➪ Krankenversicherung.

Zur Probezeit bei der Beförderung auf Funktionsstellen siehe ➪ Funktionsstellen (Probezeit).

Dauer der Probezeit

Die Probezeit (§ 19 LBG) rechnet ab der Berufung in das Beamtenverhältnis auf Probe und dauert drei Jahre. Sie kann bis auf maximal fünf Jahre verlängert werden.

Auf die Probezeit angerechnet werden Verzögerungen im beruflichen Werdegang in bestimmten Fällen

1. aufgrund von Wehr- oder Zivildienst, oder
2. aufgrund einer Tätigkeit als Entwicklungshelfer*in.

Dieser Nachteilsausgleich erfolgt durch Anrechnung der tatsächlichen Verzögerung der Beamtenlaufbahn auf die Probezeit. Die Einzelheiten stehen im ➪ Beamtengesetz (LBG § 19 Abs. 3).

Hat sich die Einstellung in das Beamtenverhältnis auf Widerruf oder auf Probe wegen Betreuung oder Pflege eines Angehörigen verzögert oder wurden Elternzeit, Pflegezeit oder Urlaub nach § 72 Abs. 1 in Anspruch genommen oder wurde Bundesfreiwilligendienst nach dem Bundesfreiwilligendienstgesetz oder Jugendfreiwilligendienst nach dem Jugendfreiwilligendienstegesetz geleistet, können Verzögerungen im beruflichen Werdegang auf die Probezeit angerechnet werden. Verzögerungen nach Satz 1 und 2 sind im tatsächlichen Umfang, höchstens bis zu zwei Jahren, anrechenbar.

Der Umfang der regelmäßigen Arbeitszeit ist grundsätzlich unerheblich: Ein Jahr mit halbem Lehrauftrag zählt für die Dauer der Probezeit voll, auch eine unterhälftige Teilzeitbeschäftigung im Hauptberuf wird voll auf die Dauer der beamtenrechtlichen Probezeit angerechnet.

Zeiten einer Beurlaubung ohne Dienstbezüge gelten nicht als Probezeit. Mutterschutzfristen führen dagegen zu keiner Verlängerung der Probezeit, sondern werden voll auf diese angerechnet.

Da eine Verlängerung der Probezeit über fünf Jahre hinaus nach § 10 Satz 1 BeamtStG nicht möglich ist, gelten Zeiten einer Beurlaubung ohne Bezüge – auch wenn sie überwiegend dienstlichen Interessen oder öffentlichen Belangen dienen oder Beurlaubungen für die Tätigkeit in zwischenstaatlichen oder überstaatlichen Organisationen – grundsätzlich nicht als Probezeit. Das Regierungspräsidium kann jedoch im Einzelfall bestimmen, dass Zeiten einer solchen Beurlaubung als Probezeit gelten. Diese Festlegung muss im Bewilligungsbescheid vermerkt sein. Für Beurlaubungen zur Ableistung des Wehr- und Zivildienstes oder aus familiären Gründen (einschließlich Elternzeit und Pflegezeit) gelten die Anrechnungsmöglichkeiten gem. § 19 Abs. 3 LBG (s.o.), maximal aber zwei Jahre.

Zeiten im Arbeitnehmerverhältnis können auf die Probezeit angerechnet werden (§ 19 Abs. 4 LBG). Voraussetzung ist, dass diese Tätigkeit nach Art und Bedeutung mindestens der Tätigkeit in einem Amt der betreffenden Laufbahn entsprochen hat und die Beurteilung im Arbeitnehmerverhältnis mindestens mit der Note zwei erfolgte.

Bei Anrechnung von beim selben Dienstherrn zurückgelegten Zeiten kann die Mindestprobezeit unterschritten oder auf sie verzichtet werden, wenn nach dem Erwerb der Laufbahnbefähigung Tätigkeiten ausgeübt wurden, die in der Regel von Beamtinnen und Beamten derselben Laufbahn im Beamtenverhältnis wahrgenommen werden.

Für **Ersatzschulen** gilt: Zeiten, die an staatlich anerkannten Ersatzschulen in Baden-Württemberg abgeleistet werden, wurden bisher voll auf die Probezeit angerechnet (§ 49 Abs. 2 alte LVO), nach § 19 Abs. 4 LBG können Zeiten, die in einem der Ausbildung entsprechenden Beruf zurückgelegt wurden, angerechnet werden. Es ist davon auszugehen, dass die bisherige Praxis beibehalten wird.

Grundsätzlich ist die Probezeit an der Schulart abzuleisten, für die die Lehramtsbefähigung erworben wurde. In Ausnahmefällen (wenn keine geeigneten Lehrkräfte mit der passenden Lehramtsbefähigung zur Verfügung stehen) kann die Probezeit auch an allen anderen Schularten abgeleistet werden. Dies gilt auch für Lehrkräfte, die in den Privatschuldienst beurlaubt sind. ➪ Beurteilung (Lehrkräfte) Nr. III.2

Sollten bereits nach der ersten Probezeitbeurteilung Probleme entstehen, ist die Lehrkraft an der Schulart einzusetzen, für die sie die Lehramtsbefähigung besitzt.

Verkürzung der Probezeit

Die Probezeit kann für Beamt*innen, die sich in der bisher zurückgelegten Probezeit bewährt haben,

1. bei weit überdurchschnittlicher Bewährung,
2. bei Erwerb der Laufbahnbefähigung mit hervorragendem Ergebnis

um bis zu jeweils einem Jahr abgekürzt werden (Mindestprobezeit).

Hinweis der Redaktion: Eine „weit überdurchschnittliche Bewährung“ i.S.v. § 19 Abs. 2 Nr. 1 LBG liegt bei Lehrkräften dann vor, wenn die Leistungen in den Probezeitbeurteilungen jeweils mit mindestens der Note 1,5 bewertet wurden. Ein Erwerb der Laufbahnbefähigung mit hervorragendem Ergebnis i.S.v. § 19 Abs. 2 Nr. 2 LBG liegt bei Lehrkräften vor, sofern sie die zweite Staatsprüfung mit mindestens Note 1,44 abgelegt haben. Diese Regelung wird sinngemäß auch dann angewendet, wenn die Laufbahnbefähigung nach § 2 der LVO-KM durch eine laufbahnqualifizierende Zusatzausbildung erworben wurde. Für die Direkteinsteiger*innen nach § 2 Abs. 1 der LVO-KM sowie für Technische Lehrkräfte nach § 2 Abs. 2 und 3 LVO-KM ist eine Abkürzung der Probezeit also dann möglich, wenn die Laufbahnbefähigung mindestens mit der Note 1,4 erlangt wurde. Da bei den Technischen Lehrkräften keine Gesamtnote ausgewiesen wird, ist der Durchschnitt ohne Gewichtung der Einzelnoten zu ermitteln. Hierbei ist die kaufmännische Rundungsregel anzuwenden, d.h. die Probezeit kann bis einschließlich Note 1,44 in der Laufbahnprüfung verkürzt werden.

Feststellung der Bewährung

Zur Feststellung der Bewährung erfolgt in der Regel nach neun Monaten die erste dienstliche Beurteilung (ohne „Befähigungsbeurteilung“) durch die Schulleitung.

➪ Beurteilung (Lehrkräfte), Formular Nr. 1

Spätestens in den letzten drei Monaten vor Ablauf der Probezeit erfolgt die zweite dienstliche Beurteilung. Auch sie ist „einstufig“, wird also von dem/der Schulleiter/in vorgenommen, die Schulaufsichtsbehörde kann sich jedoch die Bildung des maßgebenden Gesamturteils im Einzelfall vorbehalten, wenn hierfür ein besonders dienstliches Bedürfnis besteht. Soweit beamtete Lehrkräfte an Privatschulen beurlaubt sind, wird das maßgebliche Gesamturteil grundsätzlich durch die Schulaufsicht festgesetzt. Die Schulaufsichtsbehörde bildet ihr Gesamturteil aufgrund der Beurteilung des Schulleiters und ihrer eigenen Erkenntnisse, insbesondere aufgrund von Unterrichtsbesuchen.

Während bei Beginn der Probezeit die dienstliche Beurteilung auch ohne Unterrichtsbesuch erstellt werden kann, wenn die Schulleitung hierzu aufgrund ihrer Kenntnisse von der Leistung der Lehrkraft in der Lage ist (ggf. unter Hinzuziehung von Erkenntnissen der Abteilungsleitung etc.), hat bei der abschließenden Probezeitbeurteilung grundsätzlich ein Unterrichtsbesuch vor Erstellung der dienstlichen Beurteilung stattzufinden, da die dienstliche Beurteilung Grundlage für die Entscheidung über die Übernahme der Lehrkraft in das Beamtenverhältnis auf Lebenszeit ist.

Die Schulleiter*innen sind in ihrem Ermessen frei, ob sie ihre Unterrichtsbesuche ankündigen (die einschlägige Verwaltungsvorschrift gilt nur für die Schulaufsicht). ➪ Beurteilung (Unterrichtsbesuche)

Die drei Faktoren der „Bewährung“ (Eignung, Befähigung, fachliche Leistung) überschneiden sich:

- „*Eignungs*“-relevant sind vor allem die allgemeine geistige Veranlagung, der Charakter, der Bildungsstand, die Belastbarkeit und das Sozialverhalten.
- „*Befähigung*“ umfasst die wesentlichen Fähigkeiten, Kenntnisse, und Fertigkeiten (gemeint ist die fachliche Eignung).
- Für Art und Ausmaß der „*fachlichen Leistung*“ ist das dienstliche Verhalten relevant.

Die Bewährung muss in allen drei Bereichen erbracht werden. Mängel in einem Bereich können also nicht durch gute oder besonders gute Leistungen in einem anderen Bereich kompensiert werden.

Die Bewährungsbeurteilung muss sich auf die gesamte Probezeit beziehen; den in einer Verlängerung der Probezeit erbrachten Leistungen kann ausschlaggebende Bedeutung beigemessen werden.

Zur „Eignung“ gehört auch eine für das Beamtenverhältnis auf Dauer ausreichende Gesundheit (festgestellt durch ein amtsärztliches Zeugnis). Zwar wird die gesundheitliche Eignung als Einstellungsvoraussetzung für die angestrebte Laufbahn bei Lehrkräften bereits vor der Berufung in das Beamtenverhältnis auf Widerruf (Vorbereitungsdienst/Referendariat) geprüft; vor der Berufung ins Beamtenverhältnis auf Probe ist eine weitere Untersuchung deshalb nur notwendig, wenn Anhaltspunkte dies nahelegen oder wenn die Art der Tätigkeit besondere Anforderungen an die Dienstfähigkeit stellt. Dennoch können ein Unfall oder eine gravierende Erkrankung in der Probezeit das Beamtenverhältnis auf Lebenszeit unerreichbar werden lassen, denn die Schulleitung muss dem RP nicht nur ihre Erkenntnisse über die dienstlich-fachliche Eignung mitteilen, sondern auch eine Stellungnahme zu erkennbaren gesundheitlichen Problemen abgeben. Werden solche Probleme signalisiert, fordert das RP erneut eine amtsärztliche Untersuchung an; dies geschieht auch bei längerer Unterbrechung der Probezeit z.B. durch eine Beurlaubung oder durch die Inanspruchnahme der Elternzeit. Dabei werden die gleichen Kriterien wie bei der Begründung des Beamtenverhältnisses angelegt.
➪ Beamtengesetz (LBG) § 44; ➪ Beamtenstatusgesetz §§ 4

Probezeit bei Laufbahnwechsel

Wird die Befähigung für eine weitere Laufbahn nach § 16 Abs. 1 Nr. 1, 2 oder 5 erworben, können Zeiten, die im Beamtenverhältnis auf Zeit oder in

Probezeit für Lehrkräfte im Beamtenverhältnis

<table>
<tr><td>Regelprobezeit</td><td colspan="2">3 Jahre</td></tr>
<tr><td rowspan="2">Anrechnungen auf die Regelprobezeit
(je nach Umfang der Verzögerung oder Tätigkeit)
➪ Beamtengesetz § 19 Abs. 3 und 4</td><td>Es <u>müssen</u> angerechnet werden:
Wehr- bzw. Zivildienst, Entwicklungshilfedienst, wenn sie tatsächlich zu einer beruflichen Verzögerung führten.</td><td rowspan="4">Zusammen können nicht mehr als zwei Jahre angerechnet werden; die Mindestprobezeit beträgt also ein Jahr.
➪ Laufbahnverordnung (KM) § 9 Abs. 1</td></tr>
<tr><td>Es <u>können</u> angerechnet werden:
– Inanspruchnahme von Pflegezeit oder Elternzeit,
– Bundesfreiwilligendienst oder Jugendfreiwilligendienst,
– Zeiten im öffentlichen Dienst bzw. Tätigkeiten, die der Lehramtsausbildung entsprechen (z.B. als Krankheitsvertretung, an anerkannten Ersatzschulen usw.)</td></tr>
<tr><td rowspan="2">Verkürzung der Regelprobezeit
(um maximal je ein Jahr; Kann-Regelung)</td><td>Weit überdurchschnittliche Bewährung in der bisher zurückgelegten Probezeit (Mindestnote 1,5 in der dienstlichen Beurteilung)
➪ Laufbahnverordnung (LVO-KM) § 9 Abs. 2</td></tr>
<tr><td>Hervorragendes Ergebnis (Mindestnote 1,4) in der zweiten Staatsprüfung ➪ Laufbahnverordnung (LVO-KM) § 9 Abs. 3</td></tr>
<tr><td>Verlängerung der Probezeit
(auf maximal fünf Jahre; Kann-Regelung)</td><td colspan="2">Voraussetzung: Die Bewährung konnte in der bisher zurückgelegten Probezeit – z.B. wegen Leistungsmängeln, behebbaren Gesundheitsproblemen, Mutterschutzfrist, Krankheit – noch nicht festgestellt werden (➪ Beamtengesetz § 19 Abs. 6); der Bezirkspersonalrat bestimmt bei der Verlängerung der Probezeit auf Antrag (!) mit (➪ Personalvertretungsgesetz (LPVG) § 75 Abs.3 Nr. 1).</td></tr>
</table>

der bisherigen Laufbahn im Beamtenverhältnis auf Probe oder auf Lebenszeit zurückgelegt wurden, auf die Probezeit in der neuen Laufbahn angerechnet werden, wenn die ausgeübten Tätigkeiten für die Aufgaben der neuen Laufbahn förderlich waren. Befindet sich die Beamtin oder der Beamte bereits in einem Beamtenverhältnis auf Lebenszeit, sollen Zeiten nach Satz 1 angerechnet werden. Bei einem Laufbahnwechsel nach § 21 oder einem Aufstieg nach § 22 ist eine Probezeit in der neuen Laufbahn nicht mehr abzuleisten.

Verlängerung der Probezeit

Nach § 19 Abs. 6 LBG kann die Probezeit verlängert werden, sofern Bedenken gegen die Übernahme ins Beamtenverhältnis auf Lebenszeit bestehen. Hierüber entscheidet der Dienstherr nach pflichtgemäßem Ermessen. ➪ Ermessen

Es kommt dabei nicht (mehr) nur darauf an, ob die Noten der dienstlichen Beurteilung „ausreichend“ sind, sondern darauf, „ob die Leistungen zur Feststellung der Bewährung ausreichen“ (Bundesverwaltungsgericht, 24.11.1988). Die Schulaufsichtsbehörde muss also die in der dienstlichen Beurteilung gegebene Ziffern-Note „ausreichend“ nicht als ausschlaggebend für die von ihm zu treffende Feststellung der Bewährung ansehen. Es kommt auch auf die verbale Formulierung der dienstlichen Beurteilung an. In der Regel erfolgt eine Verlängerung zunächst um ein Jahr. Insgesamt darf höchstens um zwei Jahre verlängert werden.

Die Verlängerung der Probezeit muss schriftlich unter Angabe der Gründe ausgesprochen werden. Maßgeblich für die Feststellung der fachlichen Bewährung ist die dienstliche Beurteilung in den letzten drei Monaten der Probezeit. Sofern die Schulverwaltung innerhalb der fünf Jahre (§ 8 LBG) versäumt, entweder die Bewährung während der Probezeit festzustellen oder die Entlassung zu verfügen, bleibt die Beamtin bzw. der Beamte im Landesdienst. Der Personalrat hat bei der Verlängerung der Probezeit – jedoch nur auf Antrag des/der Beschäftigten – ein Mitbestimmungsrecht.
➪ Personalvertretungsgesetz (LPVG) § 75 Abs. 3 Nr. 1

Entlassung aus dem Beamtenverhältnis auf Probe

Die folgenden Grundsätze gelten für Beamte und Beamtinnen auf Probe während der regulären Probezeit sowie in der verlängerten Probezeit.

Gesundheitliche Eignung

Der Beamte bzw. die Beamtin ist zu entlassen, wenn er oder sie dienstunfähig ist und das Beamtenverhältnis nicht durch Versetzung in den Ruhestand endet. Die Versetzung eines Beamten auf Probe in den Ruhestand ist jedoch nur dann möglich, *„wenn er infolge Krankheit, Verwundung oder sonstiger Beschädigung, die er sich ohne grobes Verschulden bei Ausübung oder aus Veranlassung des Dienstes zugezogen hat, dienstunfähig geworden ist“*, denn die gesundheitliche Eignung (Dienstfähigkeit) wird bereits bei der Übernahme in das Beamtenverhältnis auf Probe festgestellt. Die Probezeit kann nur dazu dienen, verbleibende Zweifel hieran auszuräumen. Tauchen in der Probezeit keine neuen Erkenntnisse auf, die der gesundheitlichen Eignung entgegenstehen (z.B. Krankheitsfehlzeiten), können bereits bei der Übernahme in das Beamtenverhältnis auf Probe bestehende gesundheitliche Probleme (z.B. auch ein Übergewicht) keine Entlassung mehr rechtfertigen.
➪ Beamtenstatusgesetz § 23; ➪ Beamtenversorgung (Wartezeit)

Weitere Entlassungsgründe

Der Beamte oder die Beamtin auf Probe ist zu entlassen, wenn er oder sie sich weigert, den Diensteid zu leisten (BeamtStG § 23), er bzw. sie kann entlassen werden, wenn eine Handlung vorliegt, die bei Lebenszeitbeamt*innen eine Disziplinarmaßnahme zur Folge hätte, die nur im förmlichen Disziplinarverfahren verhängt werden kann (BeamtStG § 23), mindestens also eine Gehaltskürzung z.B. nach einem Ladendiebstahl, nicht dagegen ein Verweis oder eine Geldbuße. Ferner kann entlassen werden, wer sich wegen mangelnder Eignung, Befähigung oder fachlicher Leistung nicht bewährt hat. Da sich die mangelnde Bewährung aus einer Vielzahl von Aspekten ergibt, lässt sich kein starrer Notenrahmen angeben, eine schlechtere Beurteilung als *„ausreichend“* bedeutet aber stets Nichtbewährung.

Verfahren

Die Rechtsprechung räumt dem Dienstherrn eine Überlegungsfrist (etwa drei Monate) am Ende der Probezeit ein, die sich an den einzelnen Tatbeständen (Dienstunfähigkeit / Dienstvergehen / mangelnde Eignung, Befähigung oder fachliche Leistung) zu orientieren hat. ➪ Disziplinarrecht (Allgemeines)

Vor der Entlassung ist der Probezeitbeamte / die Probezeitbeamtin zu hören (§ 28 Verwaltungsverfahrensgesetz); diese Anhörung kann sowohl mündlich wie schriftlich erfolgen (in der Regel schriftlich). Da Beamt*innen durch die Anhörung auf die Willensbildung der Behörde Einfluss nehmen können sollen, muss sie vor Erlass der Entlassungsverfügung erfolgen. ➪ Verwaltungsrecht (Allgemeines)

Personalvertretung und Rechtsschutz

Wir empfehlen, sich bei Problemen mit der Probezeit unverzüglich an die GEW-Bezirksrechtsschutzstelle sowie an den Personalrat zu wenden. Der Bezirkspersonalrat besitzt Beteiligungsrechte insbesondere bei der Verlängerung der Probezeit und der Entlassung; da er bei der Verlängerung der Probezeit sowie bei der Entlassung von Beamt*innen auf Probe oder auf Widerruf nur auf Antrag mitbestimmt, sollten Betroffene nach Mitteilung der entsprechenden Absicht auf jeden Fall formlos beim Regierungspräsidium die Beteiligung des Personalrats beantragen. Das RP muss dann die Entlassung rechtzeitig und eingehend mit dem Personalrat – mit dem Ziel einer Verständigung – erörtern.
➪ Personalvertretungsgesetz (LPVG) § 75 Abs. 3 Nr. 1 + 10

Erfolgt keine Beteiligung der Personalvertretung, obwohl vom Betroffenen ein Beteiligungsantrag gestellt wurde, ist die Entlassung fehlerhaft, jedoch nicht unwirksam, da dieser Mangel im Widerspruchsverfahren geheilt werden kann.

Die Entlassung stellt einen Verwaltungsakt dar und ist zu begründen (der Dienstherr hat die wesentlichen, tatsächlichen und rechtlichen Gründe mitzuteilen, die ihn zur Entlassung bewogen haben).

Zuständig für Rechtsstreitigkeiten wegen der Übernahme in das Beamtenverhältnis auf Lebenszeit sind die Verwaltungsgerichte. Betroffene müssen gegen die beabsichtigte Entlassung Widerspruch einlegen, erst nach Vorlage des Widerspruchsbescheides kann Klage erhoben werden. Widerspruch und Anfechtungsklage gegen eine Entlassungsverfügung haben aufschiebende Wirkung, die Maßnahmen sind also erst wirksam, wenn über Widerspruch und Klage endgültig entschieden ist. Die aufschiebende Wirkung entfällt, wenn der Dienstherr im öffentlichen Interesse die sofortige Vollziehung anordnet (bei Entlassung mangels Bewährung ist dies die Regel).

Hinweise der Redaktion:

1. Die Vorschriften über die dienstliche Beurteilung gelten auch für Lehrkräfte im Arbeitnehmerverhältnis. ➪ Beurteilung (Lehrkräfte)
2. An dem Beurteilungsgespräch ist auf Antrag ein Mitglied des Personalrats zu beteiligen.
3. Unter bestimmten Umständen (z.B. nach längerer vorhergehender Tätigkeit in einem Arbeitnehmerverhältnis) kann es vernünftiger sein, bei der Einstellung nicht das Beamten-, sondern stattdessen das Arbeitnehmerverhältnis zu wählen. Es empfiehlt sich die Beratung durch die GEW und die Rentenversicherung.➪ Renten und Ruhestand (Arbeitnehmer)

➪ Beamtengesetz (LBG) § 6; ➪ Beurteilung (Lehrkräfte); ➪ Disziplinarrecht (Allgemeines); ➪ Disziplinargesetz (LDG); ➪ Ermessen; ➪ Funktionsstellen (Probezeit); ➪ Laufbahnverordnung (LVO-KM); ➪ Mutterschutz (Verordnung); ➪ Personalvertretungsgesetz (LPVG) § 75; ➪ Probezeit (Arbeitnehmerverhältnis); ➪ Rechtsschutz; ➪ Verschwiegenheitspflicht

Probezeit (Schüler*innen)

Informationen der Redaktion zur Rechtslage und zur Verwaltungspraxis in Baden-Württemberg

Bei Schüler*innen, welche die für die Versetzung in eine höhere Klasse erforderlichen Leistungen (noch) nicht nachweisen, kann die Versetzungsentscheidung ausgesetzt werden. Sie nehmen bis zum endgültigen Beschluss der Klassenkonferenz am Unterricht der nächsthöheren Klasse auf Probe teil.

Die Aufnahme- und Prüfungsordnungen der beruflichen Schulen sehen durchweg, die multilaterale Versetzungsordnung sieht teilweise eine Probezeit nach der Aufnahme in die neue Schule vor. Zuständig für die Aufnahme ist stets die Schulleitung (Schulgesetz § 41), über die endgültige Aufnahme entscheidet die Klassenkonferenz unter Vorsitz der Schulleitung (Konferenzordnung § 12). Über den probeweisen Besuch eines SBBZ bzw. die Rückschulung entscheidet das Staatliche Schulamt.

➪ Behinderungen (Förderbedarf) Nr. 4.6-4.7; ➪ Multilaterale Versetzungsordnung § 14; ➪ Schulgesetz § 41

Bei Schüler*innen, die außerhalb der regulären Aufnahmeverfahren die Schule wechseln (z.B. Zuzug aus dem Ausland, Übergang aus einer Privatschule), erfolgt die Aufnahme aufgrund der vorgelegten bisherigen Schulzeugnisse und/oder einer Leistungsbesichtigung zunächst auf Probe.

Beim Übergang in eine andere Schule nach der Erziehungs- und Ordnungsmaßnahme des Ausschlussses kann eine Probezeit festgesetzt werden.

➪ Schulgesetz § 90 Abs. 4

➪ Behinderungen (Förderbedarf); ➪ Konferenzordnung § 12; ➪ Schulgesetz § 41 und § 90 Abs. 4; ➪ siehe Versetzungsordnungen der verschiedenen Schularten

Prüfungsakten (Einsicht)

Informationen der Redaktion zur Rechtslage und zur Verwaltungspraxis in Baden-Württemberg

Lehramtsbewerber*innen und Referendar*innen können ihre Prüfungsakten einsehen. Die vom KM erlassenen Vorschriften sind zwar erloschen, es wird jedoch weiterhin folgendes Verfahren praktiziert:

1. Eine Einsichtnahme in die Prüfungsakte ist innerhalb eines Jahres nach der (erfolgreich bestandenen) Zweiten Staatsprüfung möglich.
2. Gegen eine nicht bestandene Zweite Staatsprüfung kann innerhalb eines Monats nach Zustellung des Bescheids Widerspruch eingelegt werden (wegen der strengen Formvorschriften unbedingt den Rat der GEW einholen!). ➪ Rechtsschutz
3. Die Noten der mündlichen Prüfungen sowie der Prüfungslehrproben werden auf Wunsch unmittelbar im Anschluss an die Prüfung mitgeteilt. Bei Nichtbestehen kann man sofort – also vor Zustellung des Bescheids! – im Regierungspräsidium (Prüfungsamt) Einsicht in die Prüfungsakte nehmen. Wird dabei erkennbar, dass ein Widerspruch Aussicht auf Erfolg hat, annulliert das Prüfungsamt die Prüfung und setzt einen neuen Prüfungstermin fest; so kann eine Verlängerung des Vorbereitungsdienstes vermieden werden. Auch bei dieser Einsichtnahme sind der Rat und die Unterstützung durch die GEW zweckmäßig.

Rauchen in der Schule

Auszug aus dem Landesnichtraucherschutzgesetz (LNRSchG) vom 25. Juli 2007 (GBl. S. 337/2007); zuletzt geändert 3. März 2009 (GBl. S. 81/2009)

§ 1
Zweckbestimmung

(1) Dieses Gesetz hat zum Ziel, dass in Schulen sowie bei schulischen Veranstaltungen, in Jugendhäusern, in Tageseinrichtungen für Kinder, in Behörden, Dienststellen und sonstigen Einrichtungen des Landes und der Kommunen sowie in Krankenhäusern, Pflegeeinrichtungen und Gaststätten nicht geraucht wird. Die Regelungen dienen, insbesondere bei Kindern und Jugendlichen, dem Schutz vor den Gefahren des Passivrauchens. [...]

§ 2
Rauchfreiheit in Schulen

(1) In Schulgebäuden und auf Schulgeländen sowie bei Schulveranstaltungen ist das Rauchen untersagt. Auf Schulgeländen befindliche Wohnungen sind vom Rauchverbot nach Satz 1 ausgenommen.

Hinweis der Redaktion: Bei Satz 2 ist insbesondere an Hausmeisterwohnungen gedacht. (Quelle: Infodienst Schulleitung, Juli 2007)

(2) Abweichend von Absatz 1 kann die Gesamtlehrerkonferenz mit Zustimmung der Schulkonferenz und nach Anhörung des Elternbeirats und der Schülermitverantwortung für volljährige Schüler ab Klasse 11 oder der entsprechenden Klassen der beruflichen Schulen sowie für dort tätige Lehrkräfte Raucherzonen außerhalb von Schulgebäuden im Außenbereich des Schulgeländes jeweils für ein Schuljahr zulassen, wenn und soweit die Belange des Nichtraucherschutzes dadurch nicht beeinträchtigt werden. ➪ Jugendschutzgesetz § 10

(3) Die Bestimmungen der Absätze 1 und 2 gelten auch für Schulen in freier Trägerschaft.

Hinweise der Redaktion:

1. Zum Rauchen von E-Shishas sowie zur Einrichtung von Raucherecken an Schulen siehe ➪ Prävention und Gesundheitsförderung Nr. 4.
2. Das KM hat hierzu u.a. folgende Hinweise gegeben: „Die Raucherzonen auf dem Schulgelände sollten nach Möglichkeit so platziert und beschaffen sein, dass sie nur schwer einsehbar sind und damit ein negatives Vorbildverhalten, insbesondere für jüngere Schüler, vermieden wird.
   Das Rauchverbot erstreckt sich auf das Schulgelände und auch auf Schulveranstaltungen außerhalb des Geländes. Die Schulveranstaltungen (z.B. Klassenfahrten) sind wesentlicher Bestandteil des Schulauftrages.“ (Quelle: Infodienst Schulleitung vom Juli 2007; Nummer 98)

§ 5
Rauchfreiheit in Behörden, Dienststellen und sonstigen Einrichtungen des Landes und der Kommunen

(1) In den Behörden und Dienststellen des Landes oder der Kommunen [...] ist das Rauchen untersagt. § 2 Abs. 1 Satz 2 gilt entsprechend. Das Rauchverbot nach Satz 1 gilt auch in Dienstfahrzeugen. [...]

(2) Abweichend von Absatz 1 kann die Leitung der in Absatz 1 Satz 1 genannten Einrichtungen Ausnahmen vom Rauchverbot bei besonderen Veranstaltungen zulassen. Sie kann zudem das Rauchen in bestimmten abgeschlossenen Räumen gestatten, wenn und soweit die Belange des Nichtraucherschutzes dadurch nicht beeinträchtigt werden.

Hinweis der Redaktion: In der Begründung zu zu § 5 ihres Gesetzentwurfs hat die Landesregierung u.a. ausgeführt (LT-Drucksache 14 / 1359):

„Anders als bei Schulen, Jugendhäusern und Kindertagesstätten, wo vorrangig Kinder und Jugendliche geschützt werden sollen und daher wegen der Vorbildfunktion der dort Verantwortlichen ein möglichst ausnahmsloses Rauchverbot anzustreben ist, wird mit der Ausnahmeregelung nach Absatz 2 ein vertretbarer Handlungsspielraum für die Behörden, Dienstellen und sonstigen Einrichtungen des Landes und der Kommunen offen gehalten.“

Es ist demnach Wille des Gesetzgebers, dass Ausnahmen nur an den <u>sonstigen</u> Dienststellen möglich sind und dass an <u>Schulen</u> keine separaten Raucherzimmer für Lehrkräfte eingerichtet werden dürfen.

➪ CoronaVO Schule; ➪ Jugendschutzgesetz § 10; ➪ Konferenzordnung § 2; ➪ Prävention; ➪ Schulgesetz § 47

Stichwort: Alle Rechnungen eingereicht?

Beihilfe: *„Eine Beihilfe wird nur gewährt, wenn die Beihilfeberechtigten sie vor Ablauf der beiden Kalenderjahre beantragt haben, die auf das Jahr des Entstehens der Aufwendungen oder, wenn es sich nicht um Aufwendungen nach § 9 handelt, der ersten Ausstellung der Rechnung folgen. Für den Beginn der Frist ist bei Beihilfe nach § 9 und § 15 Abs. 4 jeder Pflegetag, nach § 11 Abs. 2 der Tag der Geburt oder der Annahme als Kind maßgebend. Sätze 1 und 2 gelten auch, wenn Adressat der Rechnung nicht der Beihilfeberechtigte selbst, sondern ein anderer Kostenschuldner ist. Bei Fristversäumnis erlischt der Anspruch.“* ➪ Beihilfeverordnung § 17 Abs. 10

Demnach erstattet das Landesamt beihilfefähige Aufwendungen nur dann, wenn die Beihilfe vor Ablauf der beiden Kalenderjahre beantragt wird, die auf das Jahr des Entstehens der Aufwendungen folgt. Aufwendungen, welche noch während der Beschäftigungszeit entstanden sind, können auch nach dem Ausscheiden aus dem Dienst geltend gemacht werden. ➪ Beihilfe (Allgemeines) Nr. 3

Reisekosten: Damit Reisekosten für eine Dienstreise erstattet werden können, müssen sie innerhalb einer Frist von sechs Monaten nach dem Ende der Dienstreise beantragt werden. Nach Ablauf dieser Frist ist der Anspruch auf Reisekosten erloschen. ➪ Reisekostengesetz (LRKG) § 3 Abs. 4

Realschule (Abschlussprüfung)

Verordnung des Kultusministeriums über die Realschulabschlussprüfung (Realschulabschlussprüfungsordnung – RSAPO) vom 4. Juni 2019 (K.u.U. S. 152/2019); zuletzt geändert 3. Mai 2021 (K.u.U. S. 96/2021)

Abschnitt 1
Allgemeine Bestimmungen

§ 1
Zweck der Prüfung

Mit der Realschulabschlussprüfung soll nachgewiesen werden, dass das Ziel des Bildungsgangs erreicht und eine erweiterte allgemeine Bildung erworben wurde.

§ 2
Teile der Prüfung

Die Abschlussprüfung besteht aus der schriftlichen Prüfung, der Kommunikationsprüfung in der Pflichtfremdsprache und der Wahlpflichtfremdsprache sowie nach Maßgabe von § 12 Absatz 1 der mündlichen Prüfung. In den Wahlpflichtfächern Technik sowie Alltagskultur, Ernährung, Soziales wird eine praktische Prüfung abgelegt.

§ 3
Ort und Zeit der Prüfung

(1) Die Abschlussprüfung wird an den öffentlichen Schulen und an den staatlich anerkannten Schulen in freier Trägerschaft abgehalten, die zum Realschulabschluss führen.

(2) Die Abschlussprüfung findet einmal jährlich statt.

(3) Die Termine der schriftlichen Prüfung sowie der Zeitraum der praktischen Prüfung, der Kommunikationsprüfung und der mündlichen Prüfung werden vom Kultusministerium festgesetzt.

⇨ Realschule (Abschlussprüfung – Terminplan)

(4) Die mündliche Prüfung findet nach der schriftlichen Prüfung statt.

§ 4
Prüfungsausschuss, Fachausschüsse

(1) Für die Durchführung der Prüfung wird ein Prüfungsausschuss gebildet, der für die ordnungsgemäße Durchführung der Prüfung verantwortlich ist. Diesem gehören an:

1. als Vorsitzende oder Vorsitzender eine Beauftragte oder ein Beauftragter der unteren Schulaufsichtsbehörde,
2. als stellvertretende Vorsitzende oder stellvertretender Vorsitzender die Schulleiterin oder der Schulleiter,
3. die in den Prüfungsklassen unterrichtenden Lehrkräfte und weitere von der unteren Schulaufsichtsbehörde oder der oder dem Vorsitzenden bestellte Lehrkräfte.

(2) Für mündliche Prüfungen bildet die oder der Vorsitzende aus den Mitgliedern des Prüfungsausschusses Fachausschüsse. Jedem Fachausschuss gehören an:

1. die oder der Vorsitzende oder ein von ihr oder ihm bestelltes Mitglied des Prüfungsausschusses als Leiterin oder Leiter,
2. die Fachlehrkraft als Prüferin oder Prüfer,
3. ein weiteres fachkundiges Mitglied des Prüfungsausschusses, zugleich mit der Aufgabe, das Protokoll zu führen.

(3) Für die Kommunikationsprüfung und für das Prüfungsgespräch zum Abschluss der praktischen Prüfung wird von der Schulleiterin oder dem Schulleiter ein Fachausschuss gebildet, dem neben der Fachlehrkraft als Leiterin oder Leiter eine weitere Lehrkraft angehört, letztere zugleich mit der Aufgabe, das Protokoll zu führen.

(4) Die oder der Vorsitzende und stellvertretende Vorsitzende des Prüfungsausschusses können bei allen Prüfungen und Beratungen der Fachausschüsse anwesend sein. Die oder der Prüfungsvorsitzende kann darüber hinaus weitere Lehrkräfte oder Lehramtsanwärterinnen oder Lehramtsanwärter als Zuhörer bei der Prüfung und Beratung zulassen, sofern der Prüfling sein Einverständnis erteilt hat.

§ 5
Teilnahme an der Prüfung

An der Realschulabschlussprüfung nehmen alle Schülerinnen und Schüler teil, die in der Sekundarstufe I im Abschlussjahr des Bildungsgangs auf dem Niveau unterrichtet werden, das zum Realschulabschluss führt.

§ 6
Nichtteilnahme, Rücktritt

(1) Die Teile der Prüfung, an denen der Prüfling ohne wichtigen Grund nicht teilnimmt, werden jeweils mit »ungenügend« bewertet. Über das Vorliegen eines wichtigen Grundes entscheidet die oder der Vorsitzende des Prüfungsausschusses, bei der schriftlichen Prüfung die Leiterin oder der Leiter. Der wichtige Grund ist der Schule unverzüglich mitzuteilen.

(2) Als wichtiger Grund gilt insbesondere eine krankheitsbedingte Prüfungsunfähigkeit. Ist eine prüfungsrelevante gesundheitliche Beeinträchtigung nicht offenkundig, kann die oder der Vorsitzende des Prüfungsausschusses die Vorlage eines ärztlichen Zeugnisses verlangen, das eine konkrete Beschreibung dieser Beeinträchtigung beinhaltet. Lassen sich Zweifel am Vorliegen einer prüfungsrelevanten gesundheitlichen Beeinträchtigung auf andere Weise nicht ausräumen, kann die oder der Vorsitzende des Prüfungsausschusses auch die Vorlage eines Satz 2 entsprechenden amtsärztlichen Zeugnisses verlangen. Wer sich in Kenntnis einer gesundheitlichen Beeinträchtigung oder eines anderen wichtigen Grundes der Prüfung unterzogen hat, kann diese Gründe nachträglich nicht mehr geltend machen. Der Kenntnis steht die fahrlässige Unkenntnis gleich; fahrlässige Unkenntnis liegt insbesondere dann vor, wenn bei Vorliegen einer gesundheitlichen Beeinträchtigung nicht unverzüglich eine Klärung herbeigeführt wurde.

(3) Sofern und soweit ein wichtiger Grund vorliegt, gilt die Prüfung als nicht unternommen. Die nicht abgelegten Prüfungsteile können in einem Nachtermin nachgeholt werden. Kann an der Nachprüfung aus wichtigem Grund ganz oder teilweise nicht teilgenommen werden, gilt die Prüfung als nicht unternommen; Absatz 1 Sätze 2 und 3 sowie Absatz 2 gelten entsprechend.

(4) Vor Beginn der Abschlussprüfung ist auf diese Bestimmungen hinzuweisen.

§ 7

Protokollführung

(1) Über die jeweilige Prüfung wird eine Niederschrift gefertigt.

(2) Die Niederschrift über die schriftliche Prüfung enthält insbesondere Angaben über

1. die aufsichtführenden Lehrkräfte,
2. den Beginn und das Ende der Prüfung,
3. das Verlassen des Prüfungsraums durch Prüflinge sowie
4. besondere Vorkommnisse.

Sie ist von der Leiterin oder dem Leiter der Prüfung und den aufsichtführenden Lehrkräften zu unterzeichnen.

(3) Die Niederschrift über die mündliche Prüfung des einzelnen Prüflings enthält insbesondere Angaben über

1. die Zusammensetzung des Fachausschusses,
2. die Prüfungsthemen und -aufgaben,
3. den Beginn, den wesentlichen Verlauf und das Ende der Prüfung sowie
4. das Prüfungsergebnis.

Sie ist von den Mitgliedern des Fachausschusses zu unterzeichnen.

(4) Für die Niederschrift über die praktische Prüfung und die Kommunikationsprüfung gilt Absatz 3 entsprechend.

§ 8

Täuschungshandlungen, Ordnungsverstöße

(1) Wer es unternimmt, das Prüfungsergebnis durch Täuschung oder Benutzung nicht zugelassener Hilfsmittel zu beeinflussen, oder wer nicht zugelassene Hilfsmittel nach Bekanntgabe der Prüfungsaufgaben mit sich führt oder Beihilfe zu einer Täuschung oder einem Täuschungsversuch leistet, begeht eine Täuschungshandlung. ⇨ Handy-Nutzung

(2) Wird während der Prüfung eine Täuschungshandlung oder ein entsprechender Verdacht festgestellt, ist der Sachverhalt von einer aufsichtführenden Lehrkraft zu protokollieren. Der Prüfling setzt die Prüfung bis zur Entscheidung über die Täuschungshandlung vorläufig fort.

(3) Stellt die oder der Vorsitzende des Prüfungsausschusses, bei der schriftlichen Prüfung die Leiterin oder der Leiter fest, dass eine Täuschungshandlung vorliegt, wird der Prüfling von der weiteren Teilnahme an der Prüfung ausgeschlossen; dies gilt als Nichtbestehen der Abschlussprüfung. In leichten Fällen kann stattdessen die Prüfungsleistung mit der Note »ungenügend« bewertet werden.

(4) Stellt sich eine Täuschungshandlung erst nach Aushändigung des Zeugnisses heraus, kann die untere Schulaufsichtsbehörde das Zeugnis einziehen und entweder ein anderes Zeugnis erteilen oder die Prüfung für nicht bestanden erklären, wenn seit der Ausstellung des Zeugnisses nicht mehr als zwei Jahre vergangen sind.

(5) Wer durch sein Verhalten die Prüfung so schwer stört, dass es nicht möglich ist, die Prüfung ordnungsgemäß durchzuführen, wird von der Prüfung ausgeschlossen; dies gilt als Nichtbestehen der Abschlussprüfung. Für die Zuständigkeit für die Entscheidung gilt Absatz 3 Satz 1, in leichten Fällen Absatz 3 Satz 2 entsprechend.

(6) Vor Beginn der Abschlussprüfung ist auf diese Bestimmungen hinzuweisen.

Abschnitt 2
Ordentliche Realschulabschlussprüfung

§ 9

Schriftliche Prüfung

(1) Die schriftliche Prüfung erstreckt sich auf die Fächer Deutsch, Mathematik, die Pflichtfremdsprache sowie das Wahlpflichtfach.

(2) Die Prüfungsinhalte folgen den Vorgaben des Bildungsplans für das zum Realschulabschluss führende Niveau. Sie umfassen die Bildungsstandards der Klassen 7 bis 10 sowie das erforderliche Grundlagenwissen. Die Aufgaben werden vom Kultusministerium landeseinheitlich gestellt.

(3) Als Prüfungsaufgaben sind eine oder mehrere Aufgaben aus verschiedenen Kompetenzbereichen zu fertigen. Die Bearbeitungszeit beträgt in Deutsch mindestens 210 Minuten und höchstens 240 Minuten, in Mathematik und in der Pflichtfremdsprache jeweils mindestens 150 Minuten und höchstens 210 Minuten, im Wahlpflichtfach mindestens 90 Minuten und höchstens 120 Minuten.

(4) Die Leitung der schriftlichen Prüfung obliegt der oder dem stellvertretenden Vorsitzenden des Prüfungsausschusses, soweit die untere Schulaufsichtsbehörde nichts anderes bestimmt. Die Leitung umfasst die Verantwortung für die ordnungsgemäße Durchführung der Prüfung, insbesondere hinsichtlich der Prüfungsaufsicht.

(5) Jede Prüfungsarbeit wird von der Fachlehrkraft der Klasse und anschließend von einer Fachlehrkraft einer anderen Schule (Zweitkorrektorin oder Zweitkorrektor) beurteilt und bewertet; hierbei kennt die Zweitkorrektorin oder der Zweitkorrektor die vorangegangene Beurteilung und Bewertung. Weichen die Bewertungen bis zu zwei Noten voneinander ab, gilt der Durchschnitt. Weichen die Bewertungen um mehr als zwei Noten voneinander ab und können sich die Fachlehrkraft und die Zweitkorrektorin oder der Zweitkorrektor nicht einigen, wird die Note von der oder dem Vorsitzenden des Prüfungsausschusses im Rahmen der Bewertungen festgelegt.

(6) Die Noten der schriftlichen Prüfung in den einzelnen Fächern werden der Schülerin oder dem Schüler in der Regel etwa eine Woche vor der mündlichen Prüfung in diesem Fach bekanntgegeben.

§ 10
Kommunikationsprüfung

(1) In der Pflichtfremdsprache und der Wahlpflichtfremdsprache wird eine mündliche Prüfung durchgeführt, für die das Kultusministerium zentrale Prüfungsmaßstäbe vorgibt (Kommunikationsprüfung).

(2) Die Schülerinnen und Schüler werden vom Fachausschuss einzeln oder zu zweit geprüft. Die Prüfungsaufgaben müssen sich auf die Bildungsstandards der Klasse 7 bis 10 beziehen. Die Kommunikationsprüfung dauert in der Pflichtfremdsprache etwa 15 Minuten je Schülerin oder Schüler, in der Wahlpflichtfremdsprache etwa zehn Minuten je Schülerin oder Schüler.

(3) Im Anschluss an die Kommunikationsprüfung setzt der Fachausschuss die Note fest und teilt sie der Schülerin oder dem Schüler auf Wunsch mit. Können sich die beiden beteiligten Fachlehrkräfte auf keine Note einigen, so wird die Note aus dem auf die erste Dezimale errechneten Durchschnitt der Bewertungen beider Mitglieder gebildet.

§ 11
Praktische Prüfung

(1) In den Wahlpflichtfächern Technik sowie Alltagskultur, Ernährung, Soziales wird eine praktische Prüfung durchgeführt, für die das Kultusministerium zentrale Prüfungsmaßstäbe vorgibt.

(2) Die Prüfung umfasst einen praktischen Teil sowie ein Prüfungsgespräch. Die Prüfungsaufgaben müssen sich auf die Bildungsstandards der Klasse 7 bis 10 beziehen. Der praktische Teil wird im Unterricht durchgeführt und umfasst sechs bis neun Unterrichtsstunden. Das Prüfungsgespräch dauert für jeden Prüfling etwa 15 Minuten und bezieht sich im Wesentlichen auf den praktischen Teil.

(3) Die Schülerinnen und Schüler werden vom Fachausschuss einzeln oder zu zweit geprüft. In begründeten Ausnahmefällen kann die Prüfung mit Genehmigung der Schulleiterin oder des Schulleiters als Gruppenprüfung durchgeführt werden, wobei jede Schülerin oder jeder Schüler eine individuelle Note erhält.

(3) Im Anschluss an das Prüfungsgespräch setzt der Fachausschuss die Note fest und teilt sie der Schülerin oder dem Schüler auf Wunsch mit. Können sich die beiden beteiligten Fachlehrkräfte auf keine Note einigen, so wird die Note aus dem auf die erste Dezimale errechneten Durchschnitt der Bewertungen beider Mitglieder gebildet.

§ 12
Mündliche Prüfung

(1) Die mündliche Prüfung erstreckt sich, mit Ausnahme der Pflichtfremdsprache und des Wahlpflichtfachs, auf die Fächer der schriftlichen Prüfung, die

1. von der Schülerin oder dem Schüler spätestens am zweiten Unterrichtstag nach der Bekanntgabe der Noten der schriftlichen Prüfung gegenüber der Schulleiterin oder dem Schulleiter benannt oder
2. von der oder dem Vorsitzenden des Prüfungsausschusses festgelegt

wurden. Die nach Nummer 2 festgelegten Prüfungsfächer werden der Schülerin oder dem Schüler etwa eine Woche vor der mündlichen Prüfung bekanntgegeben.

(2) Die Aufgaben der mündlichen Prüfung werden von der Fachlehrkraft gestellt; die Leiterin oder der Leiter des Fachausschusses kann die Aufgaben erweitern oder einschränken.

(3) Die mündliche Prüfung kann als Einzel- oder Gruppenprüfung durchgeführt werden. Die Entscheidung trifft die oder der Vorsitzende des Prüfungsausschusses. Der Schülerin oder dem Schüler wird vor Beginn der Prüfung die Möglichkeit gegeben, ein Schwerpunktthema zu benennen. Das Schwerpunktthema wird in die mündliche Prüfung des jeweiligen Faches einbezogen. Jede Schülerin oder jeder Schüler wird je Fach etwa 15 Minuten geprüft.

(4) Im Anschluss an die Prüfung setzt der Fachausschuss das Ergebnis der mündlichen Prüfung fest und teilt es der Schülerin oder dem Schüler auf Wunsch mit. Der Fachausschuss entscheidet mit Stimmenmehrheit. Kann sich der Fachausschuss auf keine Note einigen, so wird die Note aus dem auf die erste Dezimale errechneten Durchschnitt der Bewertungen der Mitglieder gebildet.

§ 13
Ermittlung des Prüfungsergebnisses, Zeugnis

(1) Die Jahresleistungen in den Prüfungsfächern sowie die Leistungen in sämtlichen Prüfungsteilen werden mit Zehntelnoten bewertet und gehen ungerundet in die Berechnung der Endergebnisse in den Prüfungsfächern ein.

(2) Die Endergebnisse in den Prüfungsfächern errechnen sich jeweils aus dem Durchschnitt der Jahres- und der Prüfungsleistung. Der Durchschnitt wird bis zu einem Zehntel berechnet, wobei in der üblichen Weise gerundet wird (Beispiel: 2,5 bis 3,4 befriedigend).

(3) Für die Berechnung der Prüfungsleistung in den Prüfungsfächern werden die Prüfungsteile wie folgt gewichtet.

1. die schriftliche Prüfung dreifach
2. die Kommunikationsprüfung und die praktische Prüfung zweifach,
3. die mündliche Prüfung einfach.

(4) In den Fächern, in denen nicht geprüft wurde, gelten die Jahresleistungen als Endergebnisse.

(5) Die Endergebnisse in den einzelnen Prüfungsfächern ermittelt die oder der Vorsitzende des Prüfungsausschusses. Sie oder er stellt fest, wer die Prüfung bestanden hat. Die Prüfung ist bestanden, wenn

1. der Durchschnitt aus den Noten der maßgebenden Fächer 4,0 oder besser ist,
2. der Durchschnitt aus den Noten in den Fächern der schriftlichen Prüfung 4,0 oder besser ist,
3. die Gesamtleistungen in keinem der Fächer der schriftlichen Prüfung mit der Note »ungenügend« bewertet sind und

4. die Gesamtleistungen in nicht mehr als einem der maßgebenden Fächer geringer als mit der Note »ausreichend« bewertet sind; trifft dies in höchstens drei Fächern zu, so ist die Prüfung bestanden, wenn für jedes dieser mit schlechter als »ausreichend« bewerteten Fächer ein sinnvoller Ausgleich gegeben ist; ausgeglichen werden können:
   a) die Note »ungenügend« in einem Fach durch die Note »sehr gut« in einem anderen maßgebenden Fach oder die Note »gut« in zwei anderen maßgebenden Fächern,
   b) die Note »mangelhaft« in einem Fach der schriftlichen Prüfung durch mindestens die Note »gut« in einem anderen Fach der schriftlichen Prüfung ,
   c) die Note »mangelhaft« in einem anderen Fach durch mindestens die Note »gut« in einem anderen maßgebenden Fach oder die Note »befriedigend« in zwei anderen maßgebenden Fächern.

Ist das Bestehen der Prüfung aufgrund der Gesamtleistung im Fach Sport, Musik oder Bildende Kunst nicht möglich, ist von diesen Fächern nur das mit der besten Note für das Bestehen maßgebend.

(6) Die oder der Vorsitzende des Prüfungsausschusses fertigt über die Feststellung der Ergebnisse der Prüfung eine Niederschrift.

(7) Wer die Abschlussprüfung bestanden hat, erhält ein Abschlusszeugnis mit den nach Absatz 4 und Absatz 5 Satz 1 ermittelten Endnoten. In das Abschlusszeugnis sind der Durchschnitt der Gesamtleistungen und die Gesamtnote aufzunehmen. Die Gesamtnote lautet

bei einem Durchschnitt bis 1,4	sehr gut,
bei einem Durchschnitt von 1,5 bis 2,4	gut,
bei einem Durchschnitt von 2,5 bis 3,4	befriedigend,
bei einem Durchschnitt von 3,5 bis 4,4	ausreichend.

§ 14

Wiederholung der Prüfung

Wer die Prüfung nicht bestanden hat, kann sie nach dem Besuch einer Klasse, in der die Prüfung abgelegt wird, einmal wiederholen.

Abschnitt 3
Realschulabschlussprüfung für Schulfremde

§ 15

Zweck der Prüfung

Die Prüfung dient dem Erwerb des Zeugnisses über den Realschulabschluss für Bewerberinnen und Bewerber, die keine öffentliche oder staatlich anerkannte allgemeinbildende allgemeine Schule und kein öffentliches oder staatlich anerkanntes sonderpädagogisches Bildungs und Beratungszentrum mit entsprechendem Bildungsgang besuchen (Schulfremde).

Unter ⇨ Termin-Checkliste finden Sie die wichtigsten Termine des Schuljahres.

§ 16

Zeitpunkt der Prüfung

Die Abschlussprüfung findet in der Regel einmal jährlich zusammen mit der ordentlichen Abschlussprüfung statt.

§ 17

Meldung zur Prüfung

(1) Die Meldung zur Abschlussprüfung ist bis zum 1. März jeden Jahres an die für den Wohnsitz der Bewerberin oder des Bewerbers zuständige untere Schulaufsichtsbehörde zu richten.

(2) Zur Prüfung wird zugelassen, wer
1. in Baden-Württemberg den ständigen Wohnsitz hat,
2. die Abschlussprüfung nicht eher ablegt, als es bei normalem Schulbesuch möglich wäre,
3. nicht bereits die ordentliche Realschulabschlussprüfung oder die entsprechende Abschlussprüfung für Schulfremde mit Erfolg abgelegt hat,
4. nicht mehr als einmal erfolglos an der ordentlichen Realschulabschlussprüfung oder der entsprechenden Abschlussprüfung für Schulfremde teilgenommen hat und
5. keine öffentliche oder staatlich anerkannte Hauptschule, Werkrealschule, Realschule oder Gemeinschaftsschule und kein öffentliches oder staatlich anerkanntes Gymnasium oder sonderpädagogisches Bildungs- und Beratungszentrum mit entsprechendem Bildungsgang besucht.

Abweichend von Satz 1 Nummer 1 kann in besonders begründeten Einzelfällen zugelassen werden, wer an einer genehmigten Ersatzschule oder an einer sonstigen Unterrichtseinrichtung in Baden-Württemberg auf die Realschulabschlussprüfung für Schulfremde vorbereitet wurde. Abweichend hiervon werden Schülerinnen und Schüler der Klasse 10 des Gymnasiums zugelassen, wenn ihre Versetzung gefährdet ist und sie im Falle einer Nichtversetzung ihre bisherige Schule verlassen müssten.

(3) Der Meldung sind beizufügen
1. ein Lebenslauf mit Angaben über den bisherigen Bildungsgang und gegebenenfalls über die ausgeübte Berufstätigkeit,
2. ein von einer öffentlichen Stelle ausgestellter Identitätsnachweis, etwa ein Personalausweis, Reisepass oder eine Geburtsurkunde (beglaubigte Abschrift oder Ablichtung),
3. die Abgangs- bzw. Abschlusszeugnisse der besuchten Schulen (beglaubigte Abschriften oder Ablichtungen),
4. eine Erklärung darüber, ob und gegebenenfalls mit welchem Erfolg schon einmal an der Realschulabschlussprüfung teilgenommen wurde,
5. die Benennung des Wahlpflichtfachs, in dem der Prüfling schriftlich, sowie der Fächer, in denen der Prüfling nach § 19 Absatz 2 Nummer 1 und 2 mündlich geprüft werden will,
6. Angaben über die Art der Vorbereitung auf die Prüfung,

7. in Fällen des Absatzes 2 Satz 2 die letzte Halbjahresinformation und eine Bescheinigung der Schulleitung über die Versetzungsgefährdung.

§ 18
Zulassung zur Prüfung

(1) Die untere Schulaufsichtsbehörde entscheidet über die Zulassung zur Prüfung und unterrichtet die Bewerberin oder den Bewerber über die getroffene Entscheidung. Die Versagung der Zulassung ist schriftlich zu begründen.

(2) Wer zugelassen wurde, wird einer öffentlichen Schule zur Ablegung der Prüfung zugewiesen.

§ 19
Prüfungsgegenstände

(1) Die schriftliche Prüfung erstreckt sich auf die Fächer Deutsch, Mathematik, die Pflichtfremdsprache sowie auf das gewählte Fach des Wahlpflichtbereichs (Technik oder Alltagskultur, Ernährung, Soziales oder Wahlpflichtfremdsprache).

(2) Die mündliche Prüfung erstreckt sich auf

1. eine der Naturwissenschaften Biologie, Chemie oder Physik,
2. eines der gesellschaftswissenschaftlichen Fächer Geographie, Geschichte oder Gemeinschaftskunde,
3. die Pflichtfremdsprache in Form der Kommunikationsprüfung,
4. ein weiteres vom Prüfling zu benennendes schriftliches Prüfungsfach, gegebenenfalls in der Wahlpflichtfremdsprache in Form der Kommunikationsprüfung und
5. auf Wunsch des Prüflings oder nach Entscheidung der oder des Vorsitzenden auf weitere schriftliche Prüfungsfächer.

(3) Die Kommunikationsprüfung findet in der Schulfremdenprüfung nach der schriftlichen Prüfung statt. Die Prüflinge werden in der Regel einzeln geprüft.

(4) Vor Beginn der mündlichen Prüfungen wird den Prüflingen das Ergebnis der schriftlichen Prüfung im jeweiligen Fach mitgeteilt. Spätestens am zweiten folgenden Unterrichtstag benennt der Prüfling die Prüfungsfächer nach Absatz 2 Nummer 4 und 5 schriftlich gegenüber der Schulleitung der beauftragten Schule.

§ 20
Durchführung der Prüfung

(1) Für die Prüfung gelten im Übrigen die Bestimmungen für die ordentliche Abschlussprüfung entsprechend mit folgenden Maßgaben:

1. Fachlehrkraft im Sinne der Bestimmungen für die ordentliche Abschlussprüfung ist die von der Leiterin oder vom Leiter der beauftragten Schule bestimmte Lehrkraft;
2. bei der Festlegung des Prüfungsergebnisses zählen allein die Prüfungsleistungen nach § 19;
3. die Note in den Prüfungsfächern, in denen schriftlich und mündlich geprüft wurde, wird aus dem Durchschnitt der Noten für die schriftlichen und mündlichen Prüfungsleistungen gebildet;
4. die Prüfung ist bestanden, wenn
   a) der Durchschnitt der Gesamtleistungen der geprüften Fächer 4,0 oder besser ist,
   b) die Gesamtleistungen in keinem der geprüften Fächer mit der Note »ungenügend« bewertet sind und
   c) die Gesamtleistungen in nicht mehr als einem der geprüften Fächer geringer als mit der Note »ausreichend« bewertet sind; trifft dies in höchstens drei Fächern zu, so ist die Prüfung bestanden, wenn für jedes dieser Fächer ein sinnvoller Ausgleich gegeben ist; ausgeglichen werden kann die Note »mangelhaft« durch die Note »gut« in einem geprüften Fach oder durch die Note »befriedigend« in zwei geprüften Fächern.

(2) Wer die Prüfung nicht bestanden hat, kann sie einmal, frühestens nach einem Jahr, wiederholen. § 17 Abs. 2 Satz 1 Nummer 4 bleibt unberührt.

⇨ Abschlüsse (HS/RS – Gleichwertigkeit); ⇨ Abschlüsse und Bildungswege; ⇨ Handy-Nutzung; ⇨ Multilaterale Versetzungsordnung; ⇨ Realschule (Abschlussprüfung – Terminplan 2020); ⇨ Realschule (Beratung); ⇨ Realschule (Stundentafel); ⇨ Realschule (Versetzungsordnung); ⇨ Zeugnisse

Realschule (Abschlussprüfung – Terminplan 2022)

Auszug aus Nr. 3 (Abschlussprüfungen in der Sekundarstufe I) der Terminübersicht für die allgemeinbildenden Schulen im Schuljahr 2021/2022; Bekanntmachung des KM vom 21. August 2020 (K.u.U. S. 149/2020)

3.3 Ordentliche Realschulabschlussprüfung und Prüfungstermine für Schulfremde (RSAPO)

3.3.1 Schriftliche Prüfung

Haupttermin

Deutsch: Dienstag, 17. Mai 2022
Mathematik: Donnerstag, 19. Mai 2022
Englisch (Pflichtfremdsprache): Dienstag, 24. Mai 2022
Französisch (Pflichtfremdsprache): Mittwoch, 25. Mai 2022
Wahlpflichtfach: Dienstag, 31. Mai 2022

Nachtermin

Deutsch: Dienstag, 21. Juni 2022
Mathematik: Mittwoch, 22. Juni 2022
Englisch (Pflichtfremdsprache): Donnerstag, 23. Juni 2022
Wahlpflichtfach: Freitag, 24. Juni 2022

Französisch (Pflichtfremdsprache):
Montag, 27. Juni 2022

3.3.2 Kommunikationsprüfung in der Pflichtfremdsprache

Die Kommunikationsprüfung soll im Zeitraum von Montag, 7. März 2022, bis Montag, 14. März 2022, stattfinden.

3.3.3 Praktische Prüfung in den Wahlpflichtfächern Technik und Alltagskultur, Ernährung, Soziales bzw. Kommunikationsprüfung in der zweiten Fremdsprache

Die praktische Prüfung in den Wahlpflichtfächern Technik und Alltagskultur, Ernährung, Soziales bzw. die Kommunikationsprüfung in der zweiten Fremdsprache soll im zweiten Halbjahr nach der Kommunikationsprüfung in der Pflichtfremdsprache stattfinden.

3.3.4 Mündliche Prüfung

Der Prüfungszeitraum für die mündliche Prüfung soll am Montag, 04. Juli 2022, beginnen und am Dienstag, 12. Juli 2022, beendet sein.

Der Beginn der mündlichen Prüfung für Abendrealschulen kann auf Montag, 27. Juni 2022, vorgezogen werden.

3.3.5 Entlassung der Schülerinnen und Schüler

Die Schülerinnen und Schüler, die die Schule verlassen, werden in der Regel am Freitag, 15. Juli 2022, entlassen.

➪ Realschule (Abschlussprüfung); ➪ Korrekturtag

Realschule (Beratung)

Verwaltungsvorschrift des Kultusministeriums über die Beratung der Erziehungsberechtigten an der Realschule (VwV Beratung Realschule) vom 11. Dezember 2018 (K.u.U. S. 10/2019)

1. Beratung während der Schullaufbahn

   Die Lehrkräfte der Realschule beraten die Erziehungsberechtigten während der Schullaufbahn kontinuierlich über die Lern- und Leistungsentwicklung ihres Kindes.

2. Beratungsgespräche und Schullaufbahnberatung

   Die unterschiedlichen Niveaustufen, der Wechsel der Niveaustufen sowie die daraus resultierenden unterschiedlichen Abschlüsse erfordern Beratungsgespräche.

2.1 Orientierungsstufe

2.1.1 In Klasse 5 kann nach der Halbjahresinformation als Rückmeldung und Beratung zum Lernstand 5 ein Beratungsgespräch angeboten werden.

2.1.2 In Klasse 6 wird den Erziehungsberechtigten versetzungsgefährdeter Schülerinnen und Schüler im zweiten Schulhalbjahr ein Beratungsgespräch angeboten. In diesem Gespräch werden die Kompetenzen der Schülerin oder des Schülers thematisiert sowie deren individuelle Lernentwicklung in den Blick genommen. Grundlagen für dieses Gespräch sind die Halbjahresinformation und die individuellen Lernfortschritte. Auf der Grundlage der Realschulversetzungsordnung werden die Erziehungsberechtigtenüber die unterschiedlichen Möglichkeiten im Falle einer Nichtversetzung beraten.

➪ Realschule (Versetzungsordnung)

2.2 Klasse 7 und 8

2.2.1 Vor jedem Wechsel der Niveaustufe wird den Erziehungsberechtigten ein Beratungsgespräch angeboten.

2.2.2 Im zweiten Schulhalbjahr der Klasse 8 wird den Erziehungsberechtigten, deren Kind die Klasse auf Niveau G besucht, ein Beratungsgespräch angeboten. Grundlagen für dieses Gespräch sind die Halbjahresinformation, die individuellen Lernfortschritte, gegebenenfalls die Ergebnisse der ➪ Lernstandserhebung VERA 8 und gegebenenfalls die Ergebnisse der Kompetenzanalyse Profil AC. Den Erziehungsberechtigten und Schülerinnen und Schülern werden die unterschiedlichen Abschlussmöglichkeiten aufgezeigt und die jeweiligen Anschlussmöglichkeiten erläutert. ➪ Kompetenzanalyse

2.3 Klasse 9

Im zweiten Schulhalbjahr der Klasse 9 wird den Erziehungsberechtigten, deren Kind die Klasse auf Niveau M besucht und versetzungsgefährdet ist, ein Beratungsgespräch angeboten. Den Erziehungsberechtigten und Schülerinnen und Schülern werden neben der Möglichkeit der Wiederholung auch die Möglichkeiten zur Erlangung des Hauptschulabschlusses sowie die Anschlussmöglichkeiten nach bestandenem Hauptschulabschluss aufgezeigt.

3. Dokumentation

   Jedes Beratungsgespräch wird schriftlich dokumentiert. Das Kultusministerium gibt hierfür verbindlich zu verwendende Vordrucke vor.

   Eine Mehrfertigung wird den Erziehungsberechtigten ausgehändigt und von der Klassenlehrkraft in der Schülerakte als Portfolio archiviert.

Hinweis der Redaktion: Das KM bietet eine Handreichung zur individuellen Förderung der Schüler*innen an der Realschule unter: https://km-bw.de/,Lde/startseite/schule/Realschule zum Download an.

➪ Kompetenzanalyse; ➪ Lernstandserhebung; ➪ Realschule (Versetzungsordnung)

Realschule (Stundentafel)

Verordnung des Kultusministeriums über die Stundentafel der Realschule
vom 28. April 1994 (K.u.U. S. 412/1994); zuletzt geändert 18. Juni 2020 (GBl. S. 577/2020)

§ 1 Stundentafel

Für die Realschule gilt die als Anlage beigefügte Stundentafel.

§ 2 Wahlpflichtbereich

(1) Der Schüler wählt aus den Fächern des Wahlpflichtbereichs ein Fach, das grundsätzlich bis Ende der Klasse 10 zu besuchen ist.

(2) Abweichend von Absatz 1 kann zum Ende des zweiten Schulhalbjahres der Klasse 6 anstelle des Wahlpflichtfaches Fremdsprache eines der beiden anderen Wahlpflichtfächer gewählt werden.

Hinweis der Redaktion: § 3 (Themenorientierte Projekte) ist aufgehoben; in § 3 a (Übergangsbestimmungen) ist bestimmt, dass Ethik erstmals im Schuljahr 2021/22 in Klassenstufe 5 unterrichtet wird.

Vorbemerkungen zur Stundentafel:

In Klasse 5 wird ein Basiskurs Medienbildung im Umfang von 35 Unterrichtsstunden durchgeführt, die aus dem Stundenvolumen der beteiligten Fächer entnommen werden. Die Gesamtlehrerkonferenz und die Schulkonferenz entscheiden über die am Basiskurs Medienbildung beteiligten Fächer und deren zeitlichen Anteil.

In den Klassen 5 bis 10 werden für Schüler, die nicht am Religionsunterricht teilnehmen, elf Kontingentstunden Ethik vorgesehen. Die Verteilung der Kontingentstunden in Religionslehre wird unter Beteiligung der zuständigen kirchlichen Beauftragten festgelegt.

Der Fächerverbund Biologie, Naturphänomene und Technik (BNT) wird in den Klassen 5 und 6 unterrichtet. Die 8 Kontingentstunden des Fächerverbunds BNT werden wie folgt verteilt: Biologie 4 Stunden, Physik 1 Stunde, Chemie 1 Stunde, Technik 2 Stunden.

Der Unterricht in der Pflichtfremdsprache beginnt in Klasse 5.

Die 2. Fremdsprache beginnt für die Schüler, die die 2. Fremdsprache wählen, in Klasse 6 mit 2 Kontingentstunden. Sie kann nur in Klasse 6 begonnen werden.

Wahlpflichtbereich Klasse 7 bis 10: Technik bzw. Alltagskultur, Ernährung, Soziales oder 2. Fremdsprache mit insgesamt 12 Kontingentstunden.

Schülerinnen und Schüler, die ab Klasse 5 Französisch als Pflichtfremdsprache haben, müssen ab Klasse 6 Englisch als zweite Fremdsprache wählen und ab Klasse 7 als Fach des Wahlpflichtbereichs fortführen.

Die Fächer Biologie, Physik, Gemeinschaftskunde und Wirtschaft/Berufs- und Studienorientierung beginnen in Klasse 7; das Fach Chemie beginnt in Klasse 7 oder 8.

Der Aufbaukurs Informatik wird in Klasse 7 unterrichtet. Das Wahlfach Informatik beginnt für Schüler, die dieses Fach freiwillig belegen, in Klasse 8 und ist grundsätzlich bis zum Ende der Klasse 10 zu besuchen, soweit nicht in besonders begründeten Einzelfällen zum Ende des ersten oder zweiten Schulhalbjahres der Klasse 8 eine Abwahl erfolgt.

Das Fach Geschichte beginnt in Klasse 5 oder 6. Die übrigen Fächer beginnen in Klasse 5.

Stundenkontingent für die Klassen 5 bis 10 der Realschule

Unterrichtsfach	Stundenkontingent
I. Pflichtbereich	
Religionslehre	11
Ethik	(11)
Deutsch	24
Pflichtfremdsprache	23
Mathematik	24
Gesellschaftswissenschaftliches Fächerfeld	
Geschichte	8
Geographie	7
Gemeinschaftskunde	5
Wirtschaft/Berufs- und Studienorientierung	5
Naturwissenschaftliches Fächerfeld	
Fächerverbund Biologie, Naturphänomene und Technik	8
Physik	6
Chemie	5
Biologie	5
Aufbaukurs Informatik	1
Musik	9
Bildende Kunst	9
Sport	17
Kompetenzanalyse mit individueller Förderung	2
II. Wahlpflichtfach	
Technik	12
Alltagskultur, Ernährung, Soziales	
zweite Fremdsprache	14
III. Wahlbereich	
Wahlfach Informatik	(3)
Pool für Maßnahmen zur Differenzierung und Förderung	18

Die ➪ Kompetenzanalyse wird verpflichtend in Klasse 8 durchgeführt. Die individuelle Förderung schließt sich unmittelbar an.

In den Klassen 9 und 10 sind alle Fächer zu unterrichten.

In Realschulen in Grenznähe zu Frankreich werden in den Klassenstufen 5 und 6 Arbeitsgemeinschaften Französisch eingerichtet.

Beim Übergang von Grundschülerinnen und Grundschülern mit vier Jahren Französischunterricht in eine 5. Klasse mit Englisch als Pflichtfremdsprache soll die Überbrückung bis zur möglichen Weiterführung von Französisch in Klasse 6 ermöglicht werden.

➪ Realschule (Abschlussprüfung)

Zur Umsetzung genehmigter bilingualer Züge an Realschulen werden jeder dieser Schulen insgesamt neun zusätzliche Unterrichtsstunden über die Direktzuweisung zur Verfügung gestellt. [...]

Hinweise der Redaktion:

1. Zusätzlich zu den in der Kontingentstundentafel ausgewiesenen Poolstunden erhalten die Realschulen von den Staatlichen Schulämtern bedarfsabhängig über den ➪ Organisationserlass (siehe dort) Poolstunden zugewiesen.
2. Das KM bietet eine Handreichung zur individuellen Förderung der Schüler*innen an der Realschule unter: https://km-bw.de/,Lde/startseite/schule/Realschule zum Download an.

Realschule (Versetzungsordnung)

Verordnung des Kultusministeriums über die Versetzung und den Wechsel der Niveaustufen an Realschulen vom 19. April 2016 (K.u.U. S. 183/2016); zuletzt geändert 27. Juni 2018 (GBl. S. 280/2018)

§ 1

Niveaustufen und Leistungsbewertung

(1) Maßstab für die Leistungsbewertung ist unbeschadet der Möglichkeit differenzierter und begabungsgerechter Lernangebote die Niveaustufe:

1. das grundlegende Niveau (Niveau G),
2. das mittlere Niveau (Niveau M).

(2) Abweichend von § 8 Absatz 1 und 2 der Notenbildungsverordnung werden dem jeweiligen Niveau angepasste schriftliche Arbeiten gefertigt.

(3) Soweit in dieser Verordnung für die Zuordnung und den Wechsel zwischen den Niveaustufen sowie für die Versetzungsentscheidung auf die maßgebenden Fächer abgestellt wird, gelten diese Bestimmungen gleichermaßen für den Fächerverbund Biologie, Naturphänomene und Technik.

(4) Wer die Voraussetzungen für eine Zuordnung zum Niveau M erfüllt, kann auch das Niveau G wählen. ➪ Realschule (Stundentafel)

§ 2

Leistungsbewertung in der Orientierungsstufe

(1) Die Klassen 5 und 6 bilden die Orientierungsstufe.

(2) Während der Orientierungsstufe erfolgt die Leistungsbewertung auf dem Niveau M.

(3) Von der Klasse 5 können alle Schülerinnen und Schüler ohne Versetzungsentscheidung in die Klasse 6 aufrücken. Die Klasse 5 kann freiwillig wiederholt werden.

§ 3

Erstmalige Zuordnung zu den Niveaustufen

(1) Die erstmalige Zuordnung zu einer Niveaustufe erfolgt am Ende der Klasse 6 auf der Grundlage eines Zeugnisses.

(2) Wer am Ende der Klasse 6 die Versetzungsanforderungen nach § 7 erfüllt, wird für die Klasse 7 dem Niveau M zugewiesen, wer die Versetzungsanforderungen nach § 7 nicht erfüllt, dem Niveau G.

➪ Corona-Pandemie-Prüfungsverordnung § 1 Abs. 5.

§ 4

Wechsel zwischen den Niveaustufen

(1) Die Schülerinnen und Schüler werden jeweils für die Dauer eines Schuljahres, im Falle des Absatz 2 für die Dauer eines Schulhalbjahres entweder auf Niveau G oder dem Niveau M unterrichtet. Die Leistungsbewertung erfolgt in allen Fächern auf der zugewiesenen Niveaustufe.

(2) Sind die Anforderungen für einen Wechsel der Niveaustufe nach den Absätzen 3 und 4 erfüllt, ist auf Antrag der Erziehungsberechtigten ein Niveauwechsel auch zum Schulhalbjahr möglich. In diesem Fall erfolgt die anschließende Versetzungsentscheidung ausschließlich auf der Grundlage der im zweiten Schulhalbjahr gezeigten Leistungen.

(3) Ein Wechsel vom Niveau G zum Niveau M ist möglich, sofern in den Fächern Deutsch, Mathematik und in der Pflichtfremdsprache mindestens die Note „gut" sowie in allen für die Versetzung maßgebenden Fächern mindestens ein Durchschnitt von 3,0 erreicht wurde. Ausnahmsweise kann die Klassenkonferenz mit einer Mehrheit von zwei Dritteln die Aufnahme in das Niveau M auf Probe beschließen, wenn sie zu der Auffassung gelangt, dass die Schülerin oder der Schüler nach einer Übergangszeit den Anforderungen des Niveaus M gewachsen sein wird. Die Dauer der Probezeit wird von der Klassenkonferenz festgelegt und dauert längstens ein Schulhalbjahr. Über das Bestehen der Probezeit entscheidet die Klassenkonferenz unter Vorsitz der Schulleiterin oder des Schulleiters nach Maßgabe des § 7.

(4) Wurden die Leistungen nach Niveau M bewertet und ist zum Ende eines Schuljahres nach den

Zum Niveauwechsel und den Versetzungsanforderungen bitte den Beitrag ➪ Realschule (Versetzungsordnung – Übersicht) beachten.

Anforderungen dieses Niveaus keine Versetzung in die nächsthöhere Klasse möglich, kann die Schülerin oder der Schüler entweder mit Wechsel auf das Niveau G in die nächsthöhere Klasse aufrücken oder die Klasse wiederholen. Die Klasse kann jedoch nicht auf Niveau M wiederholt werden, wenn die Schülerin oder der Schüler auf diesem Niveau bereits in der vorangehenden Klasse nicht versetzt wurde oder diese Klasse bereits auf Niveau M wiederholt hat. Wer die Versetzungsanforderungen des Niveaus M erfüllt, kann in die nächsthöhere Klasse auch mit einem freiwilligen Wechsel auf das Niveau G aufrücken. ⇨ Corona-Pandemie-PrüfungsVO § 1 (6)

(5) Der Wechsel von dem Niveau M auf das Niveau G zum Schulhalbjahr der Klasse 9 ist ausgeschlossen.

§ 5
Aufrücken in die nächsthöhere Klasse

Ab der Klasse 6 werden die Schülerinnen und Schüler nur dann in die nächsthöhere Klasse versetzt, wenn sie aufgrund ihrer Leistungen in den für die Versetzung maßgebenden Fächern und den Anforderungen im laufenden Schuljahr entsprochen haben und sie deshalb erwarten lassen, dass sie den Anforderungen der nächsthöheren Klasse gewachsen sind.

§ 6
Versetzungsanforderungen auf Niveau G

(1) In die nächsthöhere Klasse kann nicht versetzt werden, wenn die Leistungen neben

1. der Note „ungenügend" in einem oder
2. der Note „mangelhaft" in zwei der für die Versetzung maßgebenden Fächern,

in einem weiteren für die Versetzung maßgebenden Fächern geringer als mit der Note „ausreichend" bewertet sind und für diese weiteren Fächer kein sinnvoller Ausgleich nach Abs. 2 gegeben ist.

(2) Ausgeglichen werden können:

1. die Note „ungenügend" durch die Note „sehr gut" in einem anderen maßgebenden Fach oder durch die Note „gut" in zwei anderen maßgebenden Fächern,
2. die Note „mangelhaft" durch mindestens die Note „gut" in einem anderen maßgebenden Fach.

§ 7
Versetzungsanforderungen auf Niveau M

(1) In die nächsthöhere Klasse wird versetzt, wenn

1. der Durchschnitt aus den Noten aller für die Versetzung maßgebenden Fächer 4,0 oder besser ist und
2. der Durchschnitt aus den Noten der Kernfächer 4,0 oder besser ist und
3. die Leistungen in keinem Kernfach mit der Note „ungenügend" bewertet sind und
4. die Leistungen in höchstens einem für die Versetzung maßgebenden Fach geringer als mit der Note „ausreichend" bewertet sind; sind die Leistungen in höchstens drei Fächern schlechter als mit der Note „ausreichend" bewertet, so ist die Schülerin oder der Schüler zu versetzen, wenn für jedes dieser Fächer ein sinnvoller Ausgleich nach Absatz 2 gegeben ist.

(2) Ausgeglichen werden können

1. die Note „ungenügend" in einem Fach, das nicht Kernfach ist, durch die Note „sehr gut" in einem anderen maßgebenden Fach oder die Note „gut" in zwei anderen maßgebenden Fächern,
2. die Note „mangelhaft" in einem Fach, das nicht Kernfach ist, durch mindestens die Note „gut" in einem anderen maßgebenden Fach oder die Note „befriedigend" in zwei anderen maßgebenden Fächern,
3. die Note „mangelhaft" in einem Kernfach durch mindestens die Note „gut" in einem anderen Kernfach.

§ 8
Besondere Versetzungsentscheidungen

(1) Bei Nichterfüllung der in §§ 6 oder 7 genannten Voraussetzungen kann eine Versetzung erfolgen, wenn die Klassenkonferenz mit Zweidrittelmehrheit durch Beschluss feststellt, dass die Leistungen nur vorübergehend nicht für die Versetzung ausreichen und nach einer Übergangszeit die Anforderungen des jeweiligen Niveaus der nächsthöheren Klasse voraussichtlich erfüllt werden. Ein Beschluss nach Satz 1 darf nicht zwei Schuljahre hintereinander gefasst werden. Im Zeugnis ist folgender Vermerk anzubringen: »Versetzt nach § 8 Absatz 1 der Realschulversetzungsordnung«.

(2) Die Klassenkonferenz kann im Einvernehmen mit der Schulleiterin oder dem Schulleiter nicht versetzten Schülerinnen und Schülern, welche die Klasse auf ihrem Niveau wiederholen können, für einen Zeitraum von etwa vier Wochen die Aufnahme auf Probe in die nächsthöhere Klasse im bisherigen Niveau gestatten, wenn sie zu der Auffassung gelangt, dass diese die Mängel in den geringer als mit der Note „ausreichend" bewerteten Fächern in absehbarer Zeit beheben werden. Die Aufnahme setzt eine Zielvereinbarung voraus. Zum Ende der Probezeit wird die Schülerin oder der Schüler in den für die Versetzung maßgebenden Fächern, in denen die Leistungen im vorausgegangenen Schuljahr geringer als mit der Note „ausreichend" bewertet worden sind, jeweils von einer von der Schulleitung beauftragten Lehrkraft schriftlich und mündlich geprüft. Die Prüfung erstreckt sich auf Unterrichtsinhalte der Probezeit und des vorangegangenen Schuljahres. Das Ergebnis ersetzt in dem entsprechenden Fach die Note des vorangegangenen Jahreszeugnisses.

Wenn dieses Zeugnis unter Berücksichtigung der neuen Noten den Versetzungsanforderungen der jeweiligen Niveaustufe entspricht, ist die Schülerin oder der Schüler zu versetzen und die am Ende des vorangegangenen Schuljahres getroffene Entscheidung über die Nichtversetzung aufzuheben.

§ 9
Maßgebende Fächer

(1) Als maßgebende Fächer für die Versetzung in die nächsthöhere Klasse gelten, sofern sie in der schuleigenen Stundentafel für die jeweilige Klasse ausgewiesen sind, Religionslehre oder Ethik, Deutsch, Geschichte, Geographie, der Aufbaukurs Informatik, Biologie, Chemie, Physik, Wirtschaft/

Berufs- und Studienorientierung, Gemeinschaftskunde, Pflichtfremdsprache, Mathematik, Sport, Musik und Bildende Kunst, das gewählte Wahlpflichtfach, das Wahlfach Informatik, soweit es gewählt wurde, sowie in den Klassen 5 und 6 der Fächerverbund Biologie, Naturphänomene und Technik. Wäre eine Versetzung wegen der Versetzungserheblichkeit der Fächer Sport, Musik und Bildende Kunst nicht möglich, ist von diesen Fächern nur das mit der besten Note für die Versetzung maßgebend.

(2) Als Kernfächer im Sinne von § 7 gelten Deutsch, die Pflichtfremdsprache, Mathematik sowie ab Klasse 7 das gewählte Fach des Wahlpflichtbereichs.

(3) Ist die Versetzung am Ende der Klasse 6 nur wegen der Leistungen in der Wahlpflichtfremdsprache nicht möglich, kann eine Versetzung dennoch erfolgen, wenn die Erziehungsberechtigten für die Klasse 7 ein anderes Fach des Wahlpflichtbereichs wählen.

(4) Bei der Entscheidung über die Versetzung in die Klassen 9 und 10 bleiben die Leistungen im Wahlfach Informatik dann unberücksichtigt, wenn sie zur Nichtversetzung führen würden. Bei einer Versetzung nach Satz 1 ist im Zeugnis zu vermerken, dass ohne Berücksichtigung der Leistungen im Wahlfach Informatik versetzt wurde.

§ 10
Aussetzung der Versetzungsentscheidung

Die Klassenkonferenz kann die Versetzung längstens bis zum Ende des nächsten Schulhalbjahres aussetzen und von der Erteilung eines Zeugnisses absehen, wenn hinreichende Entscheidungsgrundlagen fehlen, weil die Leistungen der Schülerin oder des Schülers dadurch abgesunken sind, dass sie oder er im zweiten Schulhalbjahr

1. aus nicht zu vertretenden Umständen die Schule wechseln musste oder
2. wegen Krankheit länger als acht Wochen den Unterricht nicht besuchen konnte oder
3. durch sonstige besonders schwerwiegende nicht zu vertretende Gründe im Leistungsvermögen erheblich beeinträchtigt war.

Auf dem Zeugnisformular ist anstelle der Noten der Vermerk anzubringen: „Versetzung ausgesetzt gemäß § 10 der Realschulversetzungsordnung". Bis zur endgültigen Entscheidung über die Versetzung nimmt die Schülerin oder der Schüler am Unterricht der nächsthöheren Klasse teil.

§ 11
Versetzungsentscheidung bei Schulwechsel

Verlässt eine Schülerin oder ein Schüler innerhalb von acht Wochen vor Beginn der Sommerferien die Schule und geht sie oder er auf eine andere Realschule über, hat diese der Versetzungsentscheidung die in der früher besuchten Schule erzielten Noten zugrunde zu legen.

§ 12 Überspringen einer Klasse

(1) In Ausnahmefällen kann eine Schülerin oder ein Schüler der Klassen 5 bis 8 auf Beschluss der Klassenkonferenz und mit Einverständnis der Erziehungsberechtigten zum Ende des ersten Schulhalbjahres in die nächsthöhere Klasse überwechseln oder zum Schuljahresende eine Klasse überspringen, sofern die Gesamtleistungen auf dem Niveau M so überdurchschnittlich sind, dass ein Verbleiben in der bisherigen Klasse pädagogisch nicht sinnvoll erscheint. An der Klassenkonferenz nehmen die Lehrkräfte der Kernfächer der Klasse, in die die Schülerin oder der Schüler übertreten soll, mit beratender Stimme teil.

(2) Wird die Schülerin oder der Schüler aus der neuen Klasse nicht versetzt oder wiederholt sie oder er freiwillig eine Klasse innerhalb eines Jahres nach dem Überwechseln in die nächsthöhere Klasse beziehungsweise dem Überspringen, findet auf diese Wiederholung § 4 Absatz 4 Satz 2 keine Anwendung.

§ 13
Freiwillige Wiederholung einer Klasse

(1) Die freiwillige Wiederholung einer Klasse ist auf der gleichen Niveaustufe möglich. Schülerinnen und Schüler, die auf Niveau M unterrichtet wurden, können die Klasse auch freiwillig auf Niveau G wiederholen. Wurden die Leistungen nach Niveau G bewertet, kann die Klasse nicht auf Niveau M wiederholt werden.

(2) Die freiwillige Wiederholung ist grundsätzlich nur zu Beginn eines Schulhalbjahres zulässig; über Ausnahmen entscheidet die Schulleiterin oder der Schulleiter. Sie gilt als Wiederholung wegen Nichtversetzung der Klasse, die bereits zuvor erfolgreich besucht worden war, mit der Folge, dass die am Ende dieser Klasse ausgesprochene Versetzung rückwirkend als nicht mehr getroffen gilt. Die freiwillige Wiederholung ist im Zeugnis mit „wiederholt freiwillig" zu vermerken.

(3) Abweichend von Absatz 1 Satz 3 können Schülerinnen und Schüler, die den Hauptschulabschluss an der Realschule nach Klasse 9 erworben haben, die Klasse 9 freiwillig auf Niveau M wiederholen, sofern mindestens in zwei der Fächer Deutsch, Mathematik und Pflichtfremdsprache mindestens die Note »gut« und in einem dieser Fächer mindestens die Note »befriedigend« sowie in allen für die Versetzung maßgebenden Fächern mindestens ein Durchschnitt von 3,0 erreicht wurde. Die nach Satz 1 wiederholte Klasse kann nicht wiederholt werden. Der Hauptschulabschluss bleibt auch dann erhalten, wenn am Ende der wiederholten Klasse keine Versetzung erfolgt.

➪ Corona-Pandemie-Prüfungsverordnung § 2 Abs. 1

Hinweis der Redaktion: Schüler*innen, die den Anforderungen der Realschule auch im Niveau G nicht gewachsen sind, bleiben gegebenenfalls trotz mehrfacher Klassenwiederholung ohne Abschluss (und verlassen die Schule mit Abgangszeugnis). Nach insgesamt zehn Pflichtschuljahren kann die Schule (nach neun Jahren und auf Antrag der Erziehungsberechtigten das Schulamt) das Ende der Schulpflicht feststellen (➪ Schulgesetz § 75 Abs. 3). Alternativ können diese Schüler*innen nach Erfüllung der allgemeinen Schulpflicht an eine berufliche Schule wechseln und dort im ➪ Vorqualifizierungsjahr Arbeit/ Beruf oder in begründeten Einzelfällen im ➪ Berufseinstiegsjahr den Hauptschulabschluss machen oder über eine duale Berufsausbildung einen gleichwertigen Abschluss erwerben.

➪ Abschlüsse (Allgemeines); ➪ Behinderungen (Förderbedarf) 2.3.2; ➪ Konferenzordnung § 12 Abs. 1; ➪ Notenbildungsverordnung; ➪ Multilaterale Versetzungsverordnung; ➪ Sprachförderung; ➪ Zeugnisse

Realschule (Versetzungsordnung – Übersicht)

Von der Redaktion erstellte Übersicht auf Grundlage der Verordnung ➪ Realschule (Versetzungsordnung)

Für alle Versetzungsentscheidungen gilt: Bei BK, Musik, Sport zählt stets nur das beste Fach.

Klasse 5 keine Versetzungsentscheidung

Klasse 6 Versetzung mit Niveauzuordnung

Zuordnung auf M-Niveau nach den unten genannten M-Niveau-Regelungen für die Klassen 7-10.
Liegen diese Voraussetzungen nicht vor, wird auf G-Niveau zugeordnet.
Klasse 6 kann auf M-Niveau wiederholt werden oder Versetzung nach Klasse 7 G-Niveau.
Wäre die Versetzung nur wegen der Französisch-Note nicht möglich, kann sie trotzdem erfolgen, wenn ab Klasse 7 ein anderes Wahlpflichtfach (Technik oder Alltagskultur, Ernährung, Soziales) gewählt wird.

Klasse 7-10 Versetzung

M-Niveau	G-Niveau
Durchschnitt der Kernfächer (Deutsch, Englisch, Mathematik und Wahlpflichtfach) 4,0. Durchschnitt der maßgebenden Fächer mindestens 4,0. Keine 6 in einem Kernfach. Höchstens 1 x die Note 5 in einem für die Versetzung maßgebenden Fach. Diese eine 5 kann mit einer 3 in einem anderen für die Versetzung maßgebenden Fach ausgeglichen werden.	Kein Durchschnitt erforderlich. Keine Unterscheidung von Kernfach und Nebenfach. 1 x 6 oder 2 x 5 muss nicht ausgeglichen werden.

Ist die Leistung **in mehr als einem, aber höchstens in 3 Fächern** schlechter als „ausreichend", greifen **Ausgleichsregelungen** (§ 7 Abs. 1 Nr. 4 i.V.m. Abs. 2)

Note 5 oder 6 in Kernfächern und Nebenfächern (NF)

1 x 6	Kernfach	nicht versetzt
	Nebenfach	1 x 1 NF oder 2 x 2 NF
2 x 5	Kernfach	2 x 2 Kernfach
	Kernfach und Nebenfach	1 x 2 Kernfach und 1 x 2 oder 2 x 3 NF
	Nebenfach	2 x 2 NF oder 1 x 2 und 2 x 3 oder 4 x 3 NF
3 x 5	Kernfach	nicht versetzt
	2 x Kernfach und 1 x Nebenfach	2 x 2 Kernfach und 1 x 2 oder 2 x 3 NF
	1 x Kernfach und 2 x Nebenfach	1 x 2 Kernfach und 2 x 2 oder 1 x 2 und 2 x 3 oder 4 x 3 NF
	3 x Nebenfach	3 x 2 oder 2 x 2 und 2 x 3 oder 1 x 2 und 4 x 3 oder 6 x 3 NF
Note 5 oder 6 in weiteren Fächern		
1 x 6		1 x 1 oder 2 x 2 in weiterem Fach
1 x 5		1 x 2 in weiterem Fach

Wechsel der Niveaustufen

Am Jahresende (zum Halbjahr auf Antrag der Erziehungsberechtigten) und Wechsel zu Klasse 10 nach Hauptschulabschluss (notenabhängig).

Von M zu G

Bei Versetzung freiwillig oder bei Nichtversetzung auf M-Niveau kann entweder M-Niveau wiederholt oder auf G-Niveau in die nächsthöhere Klasse aufgerückt werden.

Von G zu M:

- D, E, M 3 x 2 und Durchschnitt der maßgebenden Fächer 3,0.
- 2/3-Mehrheit in der Klassenkonferenz: Aufnahme von G-Niveau zu M-Niveau auf Probe, maximale Probezeit ein Schulhalbjahr, Klassenkonferenz entscheidet über Bestehen.

Kein Wechsel von M-Niveau zu G-Niveau zum Schulhalbjahr der Klasse 9.

Wiederholungsoptionen und Ausnahmebeschlüsse in den Klassen 5 - 10

Freiwillige Wiederholung auf M-Niveau in Klassen 5-9 je einmal möglich, jedoch nicht zwei aufeinander folgende Klassenstufen; auf G-Niveau in Klassen 5-8 möglich. (Ausnahme: § 2 Abs.1 Corona-Pandemie-PrüfungsVO)

Auf M-Niveau ist eine Wiederholung nicht möglich, wenn in der vorhergehenden Klasse auf M-Niveau nicht versetzt oder dort bereits wiederholt wurde. **Ausnahme:** Nach bestandenem HS-Abschluss ist eine freiwillige Wiederholung der Klasse 9 auf M-Niveau möglich, um die mittlere Reife nach Klasse 10 zu erreichen, sofern in zwei der Fächer Deutsch, Mathematik und Pflichtfremdsprache mindestens die Note „gut" sowie im dritten Fach mindestens die Note „befriedigend" und in allen für die Versetzung maßgeblichen Fächern mindestens ein Durchschnitt von 3,0 erreicht wurde.

Ausnahmen auf Beschluss der Klassenkonferenz (mögliche Gründe siehe Versetzungsordnung § 8 und 10):

- Beschluss mit 2/3-Mehrheit: Ausnahmsweise „Versetzung gemäß § 8 Absatz 1 der Realschulversetzungsordnung" (dauerhaft). Nicht in zwei aufeinander folgenden Klassenstufen möglich.
- Beschluss mit Mehrheit im Einvernehmen mit der Schulleitung: „Probeweise Aufnahme gemäß § 8 Absatz 2 der Realschulversetzungsordnung" mit Zielvereinbarung: Nach 4 Wochen Nachprüfung; das Ergebnis der Nachprüfung ersetzt die Note des vorangegangenen Jahreszeugnisses.
- Beschluss mit Mehrheit: Aussetzung der Versetzungsentscheidung vorläufig ohne Erteilung von Zeugnisnoten maximal bis zum Ende des 1. Halbjahrs. Im Zeugnis wird anstelle der Noten vermerkt: „Versetzung ausgesetzt gemäß § 10 der Realschulversetzungsordnung".

Rechtschreibung

Informationen der Redaktion zur Rechtslage und zur Verwaltungspraxis in Baden-Württemberg

1. Amtliche Regelung

Regelung der deutschen Rechtschreibung in der Fassung von 2017; Auszug aus der Bekanntmachung des KM vom 14.8.2017 (K.u.U. S. 166/2017)

[...] Für den Umgang mit der deutschen Rechtschreibung gelten [...] mit Beginn des Schuljahres 2017/2018 die folgenden Bestimmungen:

1. Die Amtliche Regelung der deutschen Rechtschreibung in der Fassung von 2017 ist die verbindliche Grundlage des Unterrichts an allen Schulen.
2. In Zweifelsfällen werden Wörterbücher zugrunde gelegt, die nach den Erklärungen des Verlages der Amtlichen Regelung (Stand 2017) vollständig entsprechen.

Die jeweils gültigen Fassungen von Regeln und Wörterverzeichnis (Stand 2017) sind im Internet zugänglich und können abgerufen werden unter:

Hinweis der Redaktion: Der in der Bekanntmachung angegebene Link ist überholt. Aktueller Link: https://www.rechtschreibrat.com/regeln-und-woerterverzeichnis/

Schulbücher können weiter benutzt werden; sie werden im üblichen Erneuerungsturnus ausgetauscht.

Die Schulen werden gebeten, auch künftig die Beschlüsse des Rats für deutsche Rechtschreibung und darauf beruhende Wörterbücher zugrunde zu legen.

2. Rechtschreibrahmen und Notengebung

Hinweise der Redaktion

Im Fach Deutsch ist die Bildung zum normgerechten Schreiben wesentliches Ziel des Unterrichts. Die Vermittlung normgerechten Schreibens ist Aufgabe auch der übrigen Unterrichtsfächer.

Um die Rechtschreibkompetenz der Schüler*innen zu stärken, hat das Kultusministerium einen „Rechtschreibrahmen" entwickelt. Er ist die verbindliche Grundlage für den Rechtschreibunterricht in den Klassenstufen 1 bis 10 im Fach Deutsch an allen allgemeinbildenden Schulen.

Der Rechtschreibrahmen ist zu finden unter: https://km-bw.de/Publikationen/Rechtschreibrahmen

Die Regularien für die Bewertung von Rechtschreibfehlern sind in § 9b der ⇨ Notenbildungsverordnung festgelegt. Bei Schüler*innen mit einem Anspruch auf ein sonderpädagogisches Bildungsangebot sind die im Rahmen der individuellen Lern- und Entwicklungsleistung festgelegten Entwicklungs- und Bildungsziele zu beachten. Für Grundschulen und die Grundschulstufe der SBBZ gelten die Bestimmungen der Verordnung ⇨ Grundschule (Leistungsbeurteilung GS und SBBZ) § 3 Abs. 5 Satz 3.

⇨ Grundschule (Leistungsbeurteilung GS und SBBZ) § 3 Abs. 5 Satz 3; ⇨ Notenbildungsverordnung § 9b; ⇨ Sonderpädagogische Bildungsangebote (Inklusion)

Rechtsschutz

Hinweise der GEW-Landesrechtsschutzstelle und der Redaktion

Rechtsschutz der GEW

Die GEW finanziert ihre Arbeit und die Serviceleistungen ausschließlich aus den Beiträgen der Mitglieder. Rechtsberatung und Rechtsschutz werden deshalb auch nur Mitgliedern angeboten. Grundsätzlich findet die Betreuung und Beratung der Mitglieder in den GEW-Bezirksgeschäftsstellen statt. ⇨ Anschriften am Anfang des Adressenteils

Nach § 7 Rechtsdienstleistungsgesetz darf die GEW als Gewerkschaft ausschließlich Mitglieder und diese nur in rechtlichen Fragen beraten und ggf. vertreten, die direkt aus der beruflichen Tätigkeit im Satzungsbereich resultieren. Deshalb kann die GEW ihre Mitglieder z.B. in Fragen der Beihilfe unterstützen, nicht jedoch bei der Kostenerstattung durch die private Krankenversicherung (PKV).

Was tun bei Rechtsproblemen?

- Sammeln Sie Unterlagen, die Sie zu der strittigen Sache haben, z.B. das auslösende Schreiben Ihrer Behörde, den Brief eines aufgebrachten Schülervaters, Ihre Eingruppierungsunterlagen usw.
- Notieren Sie den Inhalt wichtiger Gespräche oder Telefonate, in denen Sie etwas rechtlich für Sie Beunruhigendes erfahren haben (Gedächtnisprotokoll). ⇨ Aktenvermerk
- Kopieren Sie die Schriftstücke, bewahren Sie die Originale sorgfältig auf und verschicken Sie nur Kopien.
- Achten Sie besonders auf einzuhaltende Fristen!

Hinweise zum Verhalten in Disziplinarfällen sind unter ⇨ Disziplinarrecht (Allgemeines) abgedruckt. Bitte auch den Beitrag ⇨ Beschwerderecht beachten.

Informationen zur Haftung und Haftpflichtversicherung finden Sie unter ⇨ Haftung und Versicherung.

Hinweise zur Arbeit der GEW-Rechtsschutzstelle

Mitglieder der GEW sollten unbedingt folgende Verfahrenshinweise beachten:

Melden Sie sich frühzeitig und vor der Einschaltung eines Rechtsanwaltes bei Ihrer GEW-Rechtsschutzstelle. Tragen Sie Ihr Anliegen und Ihre Sorgen vor.

Wenn Sie vor der Beratung durch die zuständige GEW-Rechtsschutzstelle einen Anwalt aufsuchen, darf Rechtsschutz nicht mehr gewährt werden!

Ihre GEW-Rechtsschutzstelle wird

- eine erste Einschätzung der Möglichkeiten vornehmen und Sie beraten,
- möglicherweise von weiterer rechtlicher Verfolgung des Anliegens abraten oder
- Ihnen das weitere Vorgehen erläutern,
- Ihnen rechtliche Schritte vorschlagen, die Sie selbst unternehmen können (z.B. die Formulierung eines Widerspruches),
- Sie bei der Behörde oder bei Gericht vertreten oder Ihnen eine in Ihrer Sache erfahrene Rechtsvertretung (DGB-Rechtsstelle oder Rechtsanwaltsbüro) benennen.

Recht haben und Recht bekommen

Leider lässt sich dies nicht immer in Übereinstimmung bringen. Die Auslegung rechtlicher Vorschriften und Gesetze kann zwischen Betroffenen und Behörden und auch zwischen Gerichten verschiedener Instanzen erheblich voneinander abweichen. Es gibt Rechtsfragen, bei denen sich die Rechtsprechung – d.h. die Auffassung vor allem der Obergerichte – in einer bestimmten Richtung verfestigt hat. Dies kann man nicht ändern, auch nicht durch immer neue Klagen vor Gericht. Es wäre Verschwendung von Mitgliedsbeiträgen, wenn wir unsere Mitglieder in solchen Streitfällen ohne völlig neue Argumente weiter prozessieren lassen würden.

Rechtsschutz für Landesbedienstete

Nach § 45 ➪ Beamtenstatusgesetz bzw. nach Nr. 42 der ➪ Beamtenrecht (BeamtVwV) können Beamt*innen, gegen die wegen einer dienstlichen Verrichtung oder eines Verhaltens, das mit einer dienstlichen Tätigkeit im Zusammenhang steht, ein Ermittlungsverfahren eingeleitet, die öffentliche Klage oder Privatklage erhoben, der Erlass eines Strafbefehls beantragt oder ein Bußgeldbescheid erlassen worden ist, zur Bestreitung der notwendigen Auslagen ihrer Rechtsverteidigung einen Vorschuss erhalten, wenn ein dienstliches Interesse an einer zweckentsprechenden Rechtsverteidigung besteht.

Auch bei der Durchsetzung dieser Ansprüche werden Mitglieder vom GEW-Rechtsschutz beraten.

➪ Anschriften der GEW-Rechtsschutzstellen am Anfang des Adressenteils; ➪ Beamtenstatusgesetz § 45; ➪ Beschwerderecht; ➪ Disziplinargesetz (LDG); ➪ Haftung; ➪ Verschwiegenheitspflicht; ➪ Verwaltungsrecht (Allgemeines)

Reisekosten (Allgemeines)

Informationen der Redaktion zur Rechtslage und zur Verwaltungspraxis in Baden-Württemberg

1. Dienstreise und Dienstgang

Das Reisekostengesetz unterscheidet zwischen Dienst<u>reise</u> und Dienst<u>gang</u>. Beide müssen in der Regel angeordnet oder genehmigt werden, es sei denn, dass eine Anordnung oder Genehmigung nach dem Amt der Dienstreisenden oder dem Wesen des Dienstgeschäfts nicht in Betracht kommt. Siehe: ➪ Reisekosten (Genehmigung). Im Unterschied zur Dienstreise, die zur Erledigung von Dienstgeschäften an einen Ort außerhalb des Dienst<u>ortes</u> führt, ist ein Dienstgang eine Reise zur Erledigung von Dienstgeschäften außerhalb der Dienst<u>stätte</u> am Dienst- oder Wohnort.

Bei Dienstgängen besteht kein Anspruch auf Tagegeld. ➪ Reisekostengesetz (LRKG) § 6 Abs. 3

Eine Dienstreise kann am Wohnort oder am Dienstort angetreten werden. Beschäftigte entscheiden dies unter Beachtung der Wirtschaftlichkeit und des Klimaschutzes selbst. Die Kosten für die Benutzung öffentlicher Verkehrsmittel der 2. Klasse werden immer erstattet.

2. Kilometergeld

Bei privater PKW-Nutzung (auch Mietwagen, Carsharing oder Taxi) beträgt die Wegstreckenentschädigung 30 Cent. Für Fahrrad, E-Bike oder Pedelec werden 25 Cent erstattet.

Wird für die Nutzung des privaten PKW ein *„erhebliches dienstliches Interesse“* anerkannt, so beträgt die Wegstreckenentschädigung 35 Cent.

Die Voraussetzungen, wann ein erhebliches dienstliches Interesse oder ein triftiger Grund vorliegen, sind in einer Verwaltungsvorschrift zum Landesreisekostengesetz (LRKGVwV) geregelt. Hierzu zählen auch auch Fahrgemeinschaften und bisher genehmigte Dienstfahrzeuge.

Siehe VwV 5.2 zum ➪ Reisekostengesetz (LRKG) § 5

3. Fortbildungsveranstaltungen

Reisen zu Fortbildungsveranstaltungen der allgemeinen dienstlichen Fortbildung sind Dienstreisen im Sinne von § 2 Abs. 2 LRKG mit voller Erstattung der Reisekostenvergütung. Deshalb können im Rahmen der allgemeinen dienstlichen Fortbildung keine Fortbildungsveranstaltungen ohne Reisekostenvergütung ausgeschrieben werden. Möglich ist, dass sich Arbeitskreise oder -gruppen selbst organisieren. Die Dienstreisegenehmigung für die Teilnahme an einer selbst organisierten Fortbildung erfolgt auf Antrag auf der Grundlage des § 11 Abs. 2 LRKG als Fortbildungsveranstaltung, die zumindest teilweise im dienstlichen Interesse liegt. Die Kosten können erstattet werden.

➪ Reisekostengesetz (LRKG) § 11 Abs. 2

4.
Abordnungen

Wer an einen Ort außerhalb des Dienst- oder Wohnortes abgeordnet wird, erhält für die dadurch entstehenden notwendigen Auslagen unter Berücksichtigung der häuslichen Ersparnis ein Trennungsgeld. Dies gilt auch für Beamt*innen auf Widerruf im Vorbereitungsdienst bei Abordnungen im Rahmen der Ausbildung sowie bei Abordnungen im Rahmen einer Ausbildungs- oder Einführungszeit, die zum Erwerb einer Laufbahnbefähigung notwendig sind.

5.
Fristen

Reisekosten müssen innerhalb einer Ausschlussfrist von sechs Monaten nach Beendigung der Dienstreise schriftlich oder elektronisch beantragt werden. Die Frist beginnt mit dem Tag nach Beendigung der Dienstreise.

Die zuständigen Stellen (in der Regel das Landesamt für Besoldung und Versorgung) können bis zum Ablauf von sechs Monaten nach Antragstellung die Vorlage der maßgeblichen Kostenbelege verlangen. Werden diese Belege auf Anforderung nicht innerhalb eines Monats vorgelegt, kann der Antrag auf Erstattung abgelehnt werden.

Dienstreisende sind verpflichtet, die Kostenbelege nach Erstattung der Reisekostenvergütung bis zum Ablauf eines Jahres für Zwecke der Rechnungsprüfung aufzubewahren und auf Verlangen vorzulegen.

➪ Fortbildung (Allgemeines); ➪ Reisekostengesetz (LRKG)

Reisekosten (Außerunterrichtliche Veranstaltungen)

Informationen der Redaktion zur Rechtslage und zur Verwaltungspraxis in Baden-Württemberg

Lehrkräfte und Begleitpersonen, die an genehmigten außerunterrichtlichen Veranstaltungen teilnehmen, haben Anspruch auf Reisekostenvergütung nach dem Landesreisekostengesetz (LRKG).
➪ Außerunterrichtliche Veranstaltungen Teil III; ➪ Reisekostengesetz (LRKG) § 3

Da bei außerunterrichtlichen Veranstaltungen *„erfahrungsgemäß geringere Aufwendungen für Verpflegung oder Unterkunft als allgemein entstehen“*, werden Lehrkräfte und Begleitpersonen gemäß § 9 Landesreisekostengesetz *„mit einer Aufwandsvergütung abgefunden“*. Die Höchstbeträge dieser (pauschalisierten) Aufwandsvergütung sind im Beitrag ➪ Außerunterrichtliche Veranstaltungen (Reisekosten) abgedruckt.

Das Bundesverwaltungsgericht hat festgestellt, dass die pauschale Abfindung für das Übernachtungsgeld einen Verstoß gegen den in Art. 33 Abs. 5 GG verankerten Fürsorgegrundsatz darstellt (23.10.2018, BVerwG 5 C 9.17); das Gericht hat einer Kollegin deshalb die volle Kostenerstattung zugesprochen. GEW-Mitglieder sollten sich zur Durchsetzung ihrer Ansprüche an den GEW-Rechtsschutz wenden.

Eine weitere Einschränkung ergibt sich daraus, dass die Mittel für außerunterrichtliche Veranstaltungen begrenzt sind und den Schulen nach einem bestimmten Schlüssel pauschal zugewiesen werden.

Die Gesamtlehrerkonferenz hat über die Grundsätze der im jeweiligen Schuljahr beabsichtigten außerunterrichtlichen Veranstaltungen zu beraten und zu beschließen. Dieser Beschluss bedarf gemäß § 47 Abs. 5 Schulgesetz des Einverständnisses der Schulkonferenz. Damit besitzen die Lehrerkonferenzen ein Mitentscheidungsrecht auch über die Verwendung der Reisekostenmittel. Hierzu und zum Verzicht auf Reisekosten den Beitrag ➪ Außerunterrichtliche Veranstaltungen (Reisekosten) beachten.

➪ Außerunterrichtliche Veranstaltungen Teil III; ➪ Außerunterrichtliche Veranstaltungen (Reisekosten); ➪ Reisekostengesetz (LRKG) § 9

Reisekosten (Auswärtige Dienstgeschäfte)

Informationen der Redaktion zur Rechtslage und zur Verwaltungspraxis in Baden-Württemberg

Unterrichten Lehrkräfte nicht nur an einer Schule (in einem Schulgebäude), sondern in räumlich entfernten Gebäuden oder Anlagen, an mehreren Schulen oder in verschiedenen Orten (landläufig: *„auswärtiger Unterricht“*) bzw. nehmen sie Schulleitungs- oder sonstige dienstliche Aufgaben außerhalb des Schulgebäudes wahr (z.B. Fahrten zu einer Außenstelle), so erhalten sie bei Dienstreisen oder Dienstgängen eine Wegstreckenentschädigung und gegebenenfalls ein Tagegeld. ➪ Reisekostengesetz (LRKG) §§ 2, 5 und 6

Dienstgänge sind Reisen zur Erledigung von Dienstgeschäften am Dienst- oder Wohnort außerhalb der Dienststätte, die von der oder dem zuständigen Vorgesetzten angeordnet oder genehmigt worden sind.

Für Dienstgänge besteht kein Anspruch auf Tagegeld. Nur bei Dienstgängen von mehr als acht Stunden Dauer werden die nachgewiesenen notwendigen Auslagen für Verpflegung bis zur Höhe des Tagegeldes bei einer Dienstreise erstattet.

➪ Reisekosten (Genehmigung); ➪ Reisekostengesetz (LRKG) § 6 Abs. 3

Bei einer entsprechenden Länge der Strecken bzw. bei ungünstigen öffentlichen Verkehrsverbindungen, wenn an der Nutzung des privaten PKW ein erhebliches dienstliches Interesse besteht, oder bei Bildung von Fahrgemeinschaften, kann die erhöhte Wegstreckenentschädigung von 35 Cent gezahlt werden. ➪ Reisekostengesetz (LRKG) § 5 Abs. 2

Auswärtiger Unterricht

Beim „auswärtigen Unterricht" ist zwischen zwei Fallgruppen zu unterscheiden:

1. Tätigkeit in getrennten Gebäuden/Abteilungen/ausgelagerten Teilen **einer** Schule oder
2. Tätigkeit an **verschiedenen** Schulen.

Fallgruppe 1: Getrennte Gebäude ein und derselben Schule

Muss die Lehrkraft zum Zurücklegen des Weges zu den anderen Gebäuden oder Anlagen öffentliche Verkehrsmittel oder den privateigenen Pkw benutzen, besitzt sie Anspruch auf Erstattung der notwendigen Reisekosten. Bei der Fahrt mit dem Pkw ohne *„dringendes dienstliches Interesse"* beträgt die Wegstreckenentschädigung je km 30 Cent. Ist die Lehrkraft dagegen auf die Benutzung des Pkw angewiesen (beispielsweise weil das andere Schulgebäude in einer Schulpause nur so erreicht werden kann oder wenn sperrige oder schwere Unterrichtsmaterialien transportiert werden müssen), so kann an der Benutzung eines Kraftfahrzeugs ein *„erhebliches dienstliches Interesse"* bestehen, die Wegstreckenentschädigung beträgt dann 35 Cent.

➪ Reisekostengesetz (LRKG) § 5 Abs. 2

Fallgruppe 2: Tätigkeit an verschiedenen Schulen

Wird das Deputat einer Lehrkraft auf verschiedene Schulen verteilt, so gilt eine davon als *„Stammschule"*. Beim Dienst an der anderen Schule handelt es sich dienstrechtlich um eine Abordnung. Dauert eine Abordnung mehr als zwei Monate, bestimmt der Personalrat mit.

➪ Organisationserlass 1.4; ➪ Personalvertretungsgesetz (LPVG) § 75 Abs. 1 Nr. 11 und Abs. 2; ➪ Versetzung und Abordnung

Beamt*innen, die ohne Zusage der Umzugskostenvergütung an einen Ort außerhalb des Dienst- oder Wohnortes abgeordnet werden, erhalten gemäß § 13 Abs. 1 ➪ Reisekostengesetz (LRKG) für die ihnen dadurch entstehenden notwendigen Auslagen unter Berücksichtigung der häuslichen Ersparnis ein Trennungsgeld. Dasselbe gilt für die vorübergehende Zuteilung aus dienstlichen Gründen zu einem anderen Teil der Beschäftigungsbehörde und der vorübergehenden dienstlichen Tätigkeit bei einer anderen Stelle als der Dienststelle.

In den ersten drei Monaten einer solchen Abordnung besteht, sofern die andere Schule im Einzugsgebiet des Dienstorts der Stammschule liegt, Anspruch auf Fahrkostenerstattung nach der Trennungsgeldverordnung (im *„Einzugsgebiet"* liegt eine Wohnung bzw. Dienststelle, wenn sie auf einer üblicherweise befahrenen Strecke weniger als 30 Kilometer von der anderen Dienststätte entfernt ist); danach gibt es gemäß § 1 letzter Satz dieser Verordnung – auch bei längeren, dienstlich veranlassten Mehr-Fahrten – keinen Reisekostenersatz!

➪ Organisationserlass 1.3; ➪ TrennungsgeldVO (LTGVO); ➪ Umzugskostengesetz (LUKG) § 3 Abs. 1 Nr. 1 Buchst. b

Wird weniger als die Hälfte der Arbeitsleistung außerhalb der Stammschule erbracht, wird dies landläufig als *„Teilabordnung"* bezeichnet.

Hinweise der Redaktion:

1. Das FM hat hierzu mitgeteilt (16.9.1985; AZ: P 1735/6-2/85): „Das Landesbeamtengesetz kennt den Begriff der *‚Teilabordnung'* nicht. Dies schließt jedoch grundsätzlich nicht aus, bei Vorliegen eines dienstlichen Bedürfnisses einen Beamten
   1. mit einem Teil seiner Arbeitskraft zu einer anderen Dienststelle ‚abzuordnen',
   2. unter gleichzeitiger teilweiser Rückabordnung (an die bisherige Dienststelle) an eine andere Dienststelle abzuordnen oder zu versetzen, wobei die dienstliche Tätigkeit entweder bei der bisherigen oder der neuen Dienststelle überwiegt. [...]

   Bewirkt die ‚Teilabordnung' keinen Wechsel des Schwerpunkts der dienstlichen Tätigkeit (der Bedienstete bleibt zu 50 v.H. oder zu mehr als 50 v.H. seiner Arbeitskraft bei der seitherigen Dienststelle tätig), so kann im Regelfall nicht von einer Abordnung im trennungsgeldrechtlichen Sinn gesprochen werden; für die Reisen zu der Dienststelle, zu der der Bedienstete ‚teilabgeordnet' ist, wird Reisekostenvergütung gewährt. Wenn die ‚Teilabordnung' den Wechsel des Schwerpunkts der dienstlichen Tätigkeit bewirkt (der Bedienstete wird zu mehr als 50 v.H. seiner Arbeitskraft bei der neuen Dienststelle tätig), so ist im Regelfall von einer Abordnung auszugehen; Trennungsgeldrecht ist anzuwenden. Für die Reisen zur seitherigen Dienststelle, an der der geringere Umfang der Tätigkeit liegt, ist Reisekostenvergütung zu gewähren. [...] Soweit Anspruch auf Reisekostenvergütung besteht, ist in der dienstrechtlichen Maßnahme der ‚Teilabordnung' die reisekostenrechtliche Anordnung oder Genehmigung von Dienstreisen oder Dienstgängen zu sehen."
2. Eine ‚Teilabordnung' ist personalvertretungsrechtlich einer vollständigen Abordnung gleichgestellt.
3. Bei erhöhter zeitlicher Beanspruchung ist eine Stundenanrechnung auf das Deputat möglich; siehe: ➪ Arbeitszeit (Lehrkräfte – VwV Anrechnungen) Nr. IV 2.7.

Pauschvergütung

Da es sich bei auswärtigem Unterricht (z.B. auch bei Abordnungen zur Krankheitsvertretung) um einen regelmäßig gleichen Mehraufwand handelt, kann eine Pauschvergütung gemäß § 9 Abs. 2 LRKG gezahlt werden. Sie wird nach dem Durchschnitt der in einem bestimmten Zeitraum ansonsten anfallenden Einzelvergütungen festgesetzt. Bei Benutzung des privaten Pkw werden in diesen Fällen das *„dringende dienstliche Interesse"* gemäß § 5 LRKG anerkannt.

➪ Arbeitszeit (Lehrkräfte – VwV Anrechnungen) Nr. IV. 2.7; ➪ Beamtengesetz (LBG) § 25; ➪ Organisationserlass 1.3; ➪ Personalvertretungsgesetz (LPVG) § 75 Abs. 2; ➪ Reisekosten (Genehmigung); ➪ Reisekostengesetz (LRKG); ➪ Trennungsgeldverordnung; ➪ Versetzungen und Abordnungen

Reisekosten (Genehmigung)

Informationen der Redaktion zur Rechtslage und zur Verwaltungspraxis in Baden-Württemberg

Vorbemerkung

Nach dem ⇨ Reisekostengesetz (LRKG) § 2 bedürfen Dienstreisen und Dienstgänge der Beschäftigten der schriftlichen bzw. elektronischen Anordnung oder Genehmigung durch die zuständigen Vorgesetzten.

Anordnung oder Genehmigung können jedoch unterbleiben, wenn sie *„nach dem Amt des Dienstreisenden oder dem Wesen des Dienstgeschäfts"* nicht in Betracht kommen. Zur Frage, welche Dienstreisen oder -gänge im Schulbereich hierunter fallen, hatte das KM eine Verwaltungsvorschrift erlassen (4.5.1981; K.u.U. S. 576/1981). Diese Verwaltungsvorschrift ist zwar Ende 1991 außer Kraft getreten, es wird aber in der Praxis von der Schulverwaltung weiterhin so verfahren. Die folgende Übersicht basiert auf der damaligen Verwaltungsvorschrift und stellt die derzeitige Verwaltungspraxis dar.

Eine Anordnung oder Genehmigung ist in folgenden Fällen nicht erforderlich:

Allgemeinbildende und berufliche Schulen

1. Schulleiter*innen für Dienstreisen und Dienstgänge zu Teilen von Schulen oder ausgelagerten Klassen sowie zu anderen Schulen im Rahmen der notwendigen Zusammenarbeit.
2. Schulleiter*innen für notwendige Dienstreisen oder -gänge zum Schulträger, den zuständigen Ausbildungsbetrieben, Innungen, Kammern und Fachverbänden, Erziehungs-, Beratungs- und Drogenberatungsstellen und Jugendämtern, soweit sie der Schulbetrieb erfordert.
3. Schulleiter*innen, die keiner unteren Schulaufsichtsbehörde unterstehen, für dienstlich notwendige Fahrten zum Regierungspräsidium; Schulleiter*innen, die einer unteren Schulaufsichtsbehörde unterstehen, für dienstlich notwendige Fahrten zum zuständigen Schulamt.
4. Schulleiter*innen und Lehrkräfte als ständige Vorsitzende von Prüfungskommissionen für notwendige Reisen in dieser Eigenschaft.
5. Leiter*innen von amtlichen Fortbildungsveranstaltungen für Dienstreisen und Dienstgänge zum Veranstaltungsort und zum Schulamt; Teilnehmer*innen an solchen Veranstaltungen für Dienstreisen und Dienstgänge zum Veranstaltungsort, wenn sie zur Teilnahme zugelassen sind bzw. nach direkter Einladung. Zu Reisen im Zusammenhang mit Veranstaltungen der Landesakademie für Lehrerfortbildung an den nachgeordneten Akademien siehe:
   ⇨ Fortbildung (Allgemeines)
6. Beratungslehrkräfte für Dienstgänge und -reisen innerhalb ihres Bereiches.
7. Lehrkräfte, die an mehreren Schulen des gleichen Ortes oder in mehreren Gemeinden unterrichten, für notwendige Dienstreisen/-gänge.
   ⇨ Reisekosten (Auswärtige Dienstgeschäfte)
9. Schulleiter*innen von SBBZ und Sonderschullehrkräfte für notwendige Fahrten zur Überprüfung von Kindern auf Sonderschulbedürftigkeit sowie zur Wahrnehmung der Aufgaben in Sonderschulkindergärten.
10. Lehrkräfte von SBBZ und Schulkindergärten für Hausbesuche, die im Bildungsplan verbindlich vorgeschrieben sind. ⇨ Hausbesuche
11. Lehrkräfte, die beauftragt wurden, Schulprüfungen vorzubereiten bzw. Aufgaben hierfür zu erstellen, für die Teilnahme an Sitzungen, zu denen sie schriftlich eingeladen wurden.
12. Schulleiter*innen und Lehrkräfte für notwendige Dienstreisen und Dienstgänge zu Informationsabenden für Eltern der Klasse 4 (Grundschule), bei denen sie im Rahmen des Aufnahmeverfahrens als Referent*innen mitwirken.
13. Lehrkräfte für Dienstreisen und Dienstgänge, die im Rahmen von genehmigten Betriebs- und Sozialpraktika notwendig werden.

Seminare für für Ausbildung und Fortbildung der Lehrkräfte

1. Leiter*innen für Fahrten zum Kultusministerium, zu den Regierungspräsidien und für solche Fahrten, die im Rahmen der Leitung des Seminars (einschließlich der Verantwortung für die Ausbildung) notwendig sind.
2. Lehrbeauftragte für erforderliche Unterrichtsbesuche und Unterrichtsbesprechungen sowie Dienstreisen und Dienstgänge zum Vorbereiten und Abhalten von Seminarveranstaltungen.
3. Mentor*innen an Schulen für notwendige Dienstreisen und Dienstgänge zur Teilnahme an Lehrveranstaltungen und zur Teilnahme an Dienstbesprechungen, zu denen die Seminarleitung schriftlich eingeladen hat.

4. Schulleiterinnen und Schulleiter der Ausbildungsschulen für Dienstreisen und Dienstgänge zu Besprechungen, die zur Klärung inhaltlicher und organisatorischer Fragen hinsichtlich der Durchführung des Vorbereitungsdienstes notwendig werden.
5. Fachberater*innen, Fachleiter*innen und Lehrbeauftragte für erforderliche Unterrichtsbesuche und Unterrichtsbesprechungen, Dienstreisen und Dienstgänge zum Vorbereiten und Abhalten von Lehrveranstaltungen sowie zum Abhalten des geforderten Unterrichts.

Allgemeine Hinweise und Empfehlungen

Wer als Lehrkraft über die hier aufgeführten Fälle hinaus dienstliche Wege zurücklegt – z.B. Fahrt zum Kreismedienzentrum, Vorbereitung einer außerunterrichtlichen Veranstaltung, Hausbesuch, Besprechungen mit Ausbildungsbetrieben, Erziehungs-, Beratungs- und Drogenberatungsstellen oder Jugendämtern usw. –, muss für diese Dienstgänge oder -reisen immer vorher mittels Online-Antragsformular in DRIVE-BW unter dem Menüpunkt „Dienstreise beantragen" einen Antrag stellen.

- Die Genehmigung einer Dienstreise ist Voraussetzung dafür, dass das LBV die Kosten, die durch die Dienstreise entstehen, erstatten kann.
- Bestimmte Reisearten, die über DRIVE-BW beantragt und abgerechnet werden, sind dort als genehmigungsfreie Reisearten hinterlegt, da hier aufgrund der jeweiligen Aufgabenerfüllung keine förmliche Genehmigung erforderlich ist. Diese Dienstreisen müssen nicht im Vorfeld genehmigt bzw. angeordnet werden. Man sollte jedoch genehmigungs- bzw. anordnungsfreie Reisen immer vor Antritt dokumentieren, z.B. durch Hinterlassung einer Notiz (Aktenvermerk) im Schulsekretariat, damit man im Falle eines Unfalls nachweisen kann, dass es sich um einen dienstlichen Anlass handelte.

Zum Dienstunfallschutz bei Dienstreisen auch den Beitrag ➪ Reisekosten (Schulträger / Versicherungsschutz) beachten. Zu den Reisen von Personalräten siehe ➪ Reisekosten (Personal-/ Schwerbehindertenvertretung).

➪ Hausbesuche; ➪ Reisekosten (Auswärtige Dienstgeschäfte); ➪ Reisekosten (Personal- / Schwerbehindertenvertretung); ➪ Reisekosten (Schulträger / Versicherungsschutz); ➪ Reisekostengesetz (LRKG) insbesondere § 5

Reisekosten (Nebenamtlicher / nebenberuflicher Unterricht)

Auszug aus der Verwaltungsvorschrift des Finanzministeriums über die Vergütung von nebenamtlichem/ nebenberuflichem Unterricht (UVergVwV) vom 9. Oktober 2007 (GABl. S. 536/2007)

2.5.1 Bei Unterrichtserteilung auf Verlangen, Vorschlag oder Veranlassung des Landes im Rahmen einer Nebentätigkeit im Sinne der LNTVO sind Reisekosten nach Maßgabe des § 3 Abs. 1 und 4 LRKG *(jetzt: § 5 Abs.3)* zu erstatten; § 17 LRKG *(jetzt: § 9 Abs. 1)* ist zu beachten.

➪ Beamtengesetz §§ 61 ff.; ➪ Nebentätigkeiten; ➪ Reisekostengesetz (LRKG)

2.5.2 Nebenberuflichen Lehrkräften, die im überwiegenden Interesse des Landes Unterricht erteilen und die regelmäßig im Hauptberuf einer anderen Erwerbstätigkeit nachgehen, können, soweit sich ihre Vergütung nach [...] Nummer 3 dieser Verwaltungsvorschrift richtet, Reisekosten in entsprechender Anwendung der Vorschriften des LRKG erstattet werden.

Hinweis der Redaktion: Nummer 3 dieser Verwaltungsvorschrift betrifft die Vergütung für Unterricht an Schulen.

➪ Mehrarbeit (Vergütung); ➪ Nebenamtlicher/nebenberuflicher Unterricht

2.5.3 Den von Nummer 2.5.2 nicht erfassten nebenberuflichen Lehrkräften, deren Vergütung sich nach Nummer 3 dieser Verwaltungsvorschrift richtet und die im überwiegenden Interesse des Landes außerhalb ihres Wohnorts Unterricht erteilen, kann nur in besonders gelagerten Fällen (zum Beispiel in Vertretungsfällen während einer Beurlaubung oder Erkrankung oder während des Mutterschutzes einer Lehrkraft) für Fahrten zwischen Wohnort und Unterrichtsort Fahrauslagenersatz in entsprechender Anwendung der §§ 5 und 6 LRKG *(jetzt §§ 4 und 5)* gewährt werden, wenn am Sitz der Bildungseinrichtung keine geeigneten Kräfte vorhanden sind oder gewonnen werden können. Dabei ist ein strenger Maßstab anzulegen. Andere Arten von Reisekosten dürfen nicht erstattet werden.

Unbeschadet vorstehender Regelung können den von Nummer 2.5.2 nicht erfassten nebenberuflichen Lehrkräften, deren Vergütung sich nach Nummer 3 dieser Verwaltungsvorschrift richtet, bei Reisen, die zur Erledigung von Unterrichtsveranstaltungen außerhalb der Bildungseinrichtung angeordnet oder genehmigt werden, Reisekosten in entsprechender Anwendung der Vorschriften des LRKG erstattet werden.

➪ Außerunterrichtliche Verranstaltungen; ➪ Beamtengesetz §§ 61 ff.; ➪ Beamtenstatusgesetz § 40; ➪ Job-Rad und Job-Ticket; ➪ Lehrbeauftragte; ➪ Mehrarbeit; ➪ Nebenamtliche/nebenberufliche Lehrkräfte; ➪ Nebenamtlicher/nebenberuflicher Unterricht (Vergütung); ➪ Reisekostengesetz (LRKG)

Reisekosten (Personal- / Schwerbehindertenvertretung)

Auszug aus der Verwaltungsvorschrift des Finanzministeriums zum Landesreisekostengesetz (LRKGVwV) vom 21. Juni 2021 (GABl. S. 311/2021) – zu § 1 LRKG

1.1.2 Mitglieder der Personalvertretungen erhalten nach § 41 Absatz 1 des Landespersonalvertretungsgesetzes (LPVG) bei Reisen, die zur Erfüllung ihrer Aufgaben notwendig sind, Reisekostenvergütung in sinngemäßer Anwendung des LRKG. In Erfüllung dieser Aufgaben durchgeführte Reisen und Reisen zu Schulungs- und Bildungsveranstaltungen nach § 44 Absatz 1 LPVG sind keine Dienstreisen; sie bedürfen deshalb keiner Anordnung oder Genehmigung durch die oder den zuständigen Vorgesetzten.

Reisen von Mitgliedern der Personalvertretungen, die im ausdrücklichen Auftrag der Dienststelle (zum Beispiel zur Vorbereitung eines Betriebsausflugs) durchgeführt werden, sind Dienstreisen.[...]

1.1.4 Die Mitglieder der Schwerbehindertenvertretungen erhalten nach § 179 Absatz 8 SGB IX in Verbindung mit § 41 LPVG bei Reisen, die der Erfüllung ihrer Aufgaben als Schwerbehindertenvertreter dienen, Reisekostenvergütung in entsprechender Anwendung des LRKG. Nummer 1.1.2 gilt entsprechend.

1.1.5 Für die Beauftragten für Chancengleichheit. gilt die Nummer 1.2.2 entsprechend

Hinweis der Redaktion: In der VwV-Haushaltsvollzug 2012 vom 15.3.2012 (AZ: 2-0430.0/38) ist u.a. verfügt (Nr. 9.11): „Die Übernahme der Kosten für Schulungs- und Bildungsveranstaltungen ist nur möglich, soweit die Teilnahme des Personalvertretungsmitgliedes objektiv und subjektiv erforderlich ist und die Veranstaltungsdauer angemessen erscheint. Die Entscheidung der Dienststelle über die Kostenübernahme unterliegt dem allgemein geltenden Gebot der sparsamen Verwendung öffentlicher Mittel, insbesondere in Bezug auf die Zahl der zu entsendenden Mitglieder und die Dauer der Schulung."

⇨ Personalvertretungsgesetz (LPVG) § 41 ff.; ⇨ Reisekosten (Genehmigung); ⇨ Reisekostengesetz (LRKG) § 1

Reisekosten (Schulträger / Versicherungsschutz)

Informationen der Redaktion zur Rechtslage und zur Verwaltungspraxis in Baden-Württemberg

Lehrkräfte sind nicht verpflichtet, für die kommunalen Schulträger Reisen durchzuführen bzw. Transportaufgaben zu erledigen. Das Land erstattet deshalb in der Regel keine Reisekosten und gewährt keinen Dienstunfallschutz. Hierfür einige Beispiele.

Fahrten zu Kreismedienzentren

Nach § 48 Abs. 2 ⇨ Schulgesetz beschafft der Schulträger die Lehr- und Lernmittel. Er ist daher grundsätzlich auch für den Transport von Medien zuständig. Zulasten des Landes können Dienstreisen von Lehrkräften nicht angeordnet werden, wenn es sich um reine Abhol- oder Bringdienste handelt. Wird eine Lehrkraft ausnahmsweise hierzu herangezogen, besteht jedoch Dienstunfallschutz.

Soweit sich jedoch aus ganz überwiegend pädagogischen Gründen die Fahrt einer Lehrkraft als notwendig erweist (z.B. zur Auswahl von Filmen), kann sie – auch wenn damit ein Zubringer- und Abholdienst verbunden ist – als Dienstreise genehmigt werden, zugleich ist damit Dienstunfallschutz gewährleistet. (Quelle: KM; LT-Drucksache Nr. 8/4532)

Sondermüllentsorgung

Das KM hat mitgeteilt, „*dass die Beförderung von Sondermüll der Schule zu den Schadstoffsammelstellen nicht zu den Dienstaufgaben der Lehrer gehört und somit für eine solche Tätigkeit kein Dienstunfallschutz besteht und daher gegebenenfalls auch kein Sachschadenersatz geleistet werden kann. Lehrkräfte dürfen für die Erledigung dieser Aufgabe nicht herangezogen werden. [...] Das Beseitigen von (Sonder)-Müll gehört zu den sächlichen Schulkosten, sodass dies in die Zuständigkeit des jeweiligen Schulträgers (Gemeinden, Landkreise) fällt.*"

(Quelle: KM, 8.2.1996; Nr. I/4-0331.4/75)

Schulische Veranstaltungen

Verantwortlich von der Schule durchgeführte Schulfeste sind als schulische Veranstaltungen einzustufen. Daher wird Lehrkräften, die im Zusammenhang damit zu Schaden kommen bzw. Sachschäden erleiden, grundsätzlich Dienstunfallschutz gewährt. Wenn sie z.B. mit ihrem privaten Pkw Spielgeräte, Geschirr und dgl. zum Veranstaltungsort transportieren, ist jedoch zu differenzieren: Die Benutzung des privaten Pkw im dienstlichen Zusammenhang bedarf der Genehmigung durch die Schulleitung. Liegen hierfür triftige Gründe vor, kommen die Regeln über die Gewährung von Sachschadensersatz zur Anwendung. Allerdings werden im Allgemeinen nur Unfallschäden ersetzt, nicht jedoch Begleitschäden, die z.B. beim Beladen des Fahrzeugs oder durch die transportierten Gegenstände selbst (Verrutschen der Ladung o.ä.) verursacht werden. ⇨ Landesbeamtengesetz § 80

Wirken Eltern in gleicher oder ähnlicher Weise im Auftrag der Schule bei der Durchführung von Schulfesten mit, besteht Versicherungsschutz im Rahmen der gesetzlichen Unfallversicherung. Handeln sie dagegen aus reiner Gefälligkeit, kann gesetzlicher Unfallschutz nicht gewährt werden.

(Quelle: KM, 14. Oktober 1998; AZ: 1/4-0331.4/86)

⇨ Landesbeamtengesetz § 80; ⇨ Reisekostengesetz (LRKG); ⇨ Reisekosten (Genehmigung); ⇨ Schulgesetz § 48

Reisekostengesetz (LRKG)

Auszug aus dem Landesreisekostengesetz (LRKG); Neufassung vom 4. Februar 2021 (GBl. S. 111/2021); dieses Gesetz tritt am 1. Januar 2022 in Kraft.

Vorbemerkung der Redaktion:
Die Verwaltungsvorschrift des Finanzministeriums zum Landesreisekostengesetz (LRKGVwV) vom 21. Juni 2021 (GABl. S. 309/2021) ist auszugsweise in den folgenden Text des LRKG eingearbeitet.

Hinweis der Redaktion: Nach der aktuellen Rechtsprechung des Bundesverwaltungsgerichts ist „Reisezeit" Teil der Arbeitszeit (23.10.2018 – BVerwG 5 C 9.17). Die Umsetzung in das Landesrecht bzw. die konkreten Konsequenzen für die Beschäftigten stehen noch aus.

§ 1
Geltungsbereich

(1) Dieses Gesetz regelt die Erstattung von Auslagen für Dienstreisen, Dienstgänge und für Reisen zum Zweck der Aus- oder Fortbildung (Reisekostenvergütung) der Beamtinnen und Beamten des Landes, [...] Es regelt auch die Erstattung von Auslagen aus Anlass der Abordnung (Trennungsgeld).

Auszug aus der LRKGVwV – zu § 1

1.1.1 Für die Beschäftigten im öffentlichen Dienst ist das Landesreisekostengesetz (LRKG) sinngemäß nach Maßgabe der jeweiligen tariflichen Vorschriften anzuwenden.
➪ Tarifvertrag-Länder (TV-L)

1.1.2 Mitglieder der Personalvertretungen erhalten nach § 41 Absatz 1 des Landespersonalvertretungsgesetzes (LPVG) bei Reisen, die zur Erfüllung ihrer Aufgaben notwendig sind, Reisekostenvergütung in sinngemäßer Anwendung des LRKG. In Erfüllung dieser Aufgaben durchgeführte Reisen und Reisen zu Schulungs- und Bildungsveranstaltungen nach § 44 Absatz 1 LPVG sind keine Dienstreisen; sie bedürfen deshalb keiner Anordnung oder Genehmigung durch die oder den zuständigen Vorgesetzten. Reisen von Mitgliedern der Personalvertretungen, die im ausdrücklichen Auftrag der Dienststelle (zum Beispiel zur Vorbereitung eines Betriebsausflugs) durchgeführt werden, sind Dienstreisen.

1.1.3 Bei Reisen von Mitgliedern der Richterräte und der Staatsanwälten gilt 1.1.2 entsprechend.

1.1.4 Die Mitglieder der Schwerbehindertenvertretungen erhalten nach § 179 Absatz 8 SGB IX in Verbindung mit § 41 LPVG bei Reisen, die der Erfüllung ihrer Aufgaben als Schwerbehindertenvertreter dienen, Reisekostenvergütung in entsprechender Anwendung des LRKG. Nummer 1.1.2 gilt entsprechend.

1.1.5 Für die Beauftragten für Chancengleichheit gilt die Nummer 1.1.2 entsprechend. [...]

1.1.7 Bei Vorstellungsreisen von Bewerberinnen und Bewerbern aus dem In- beziehungsweise Ausland für eine Beschäftigung oder Ausbildung im öffentlichen Dienst, die von einer Behörde des Landes zur Vorstellung aufgefordert werden, kann eine Auslagenerstattung in sinngemäßer Anwendung des LRKG bis zur Höhe des sich bei einer entsprechenden Dienstreise ergebenden Erstattungsbetrags gewährt werden, wenn an der Gewinnung dieser Bewerberinnen und Bewerber ein besonderes dienstliches Interesse besteht und die erforderlichen Haushaltsmittel verfügbar sind. Bewerberinnen und Bewerbern ist in der Aufforderung zur Vorstellung stets mitzuteilen, ob und gegebenenfalls in welcher Höhe ein solcher Auslagenersatz gewährt wird. Diese Regelung gilt nicht für angeordnete Vorstellungsreisen von Bewerberinnen und Bewerbern aus dem eigenen Geschäftsbereich der jeweiligen obersten Landesbehörde. Insoweit liegen Dienstreisen vor.

(2) Die Reisekostenvergütung umfasst
1. Fahr- und Flugkostenerstattung (§ 4),
2. Wegstreckenentschädigung (§ 5),
3. Tagegeld bei Dienstreisen (§ 6),
4. notwendige Mehraufwendungen bei Dienstgängen (§ 6),
5. Übernachtungsgeld (§ 7),
6. Auslagenerstattung bei längerem Aufenthalt am Geschäftsort (§ 8),
7. Aufwands- und Pauschvergütung (§ 9) und
8. Erstattung sonstiger Kosten (§ 10).

§ 2
Dienstreisen und Dienstgänge

(1) Dienstreisen im Sinne dieses Gesetzes sind Reisen zur Erledigung von Dienstgeschäften außerhalb des Dienstortes, die von der oder dem zuständigen Vorgesetzten angeordnet oder genehmigt worden sind, es sei denn, dass eine Anordnung oder Genehmigung nach dem Amt der Dienstreisenden oder dem Wesen des Dienstgeschäfts nicht in Betracht kommt. Die Anordnung oder Genehmigung hat schriftlich oder elektronisch zu erfolgen. Dienstreisen sind auch Reisen von einem dem vorübergehenden Aufenthalt dienenden Ort zum Dienstort, wenn im Übrigen die Voraussetzungen der Sätze 1 und 2 erfüllt sind. Dienstreisen sollen nur durchgeführt werden, wenn eine kostengünstigere Art der Erledigung des Dienstgeschäftes nicht möglich und sinnvoll ist.

(2) Dienstgänge sind Reisen zur Erledigung von Dienstgeschäften außerhalb der Dienststätte am Dienst- oder Wohnort, die von der oder dem zuständigen Vorgesetzten angeordnet oder genehmigt worden sind, es sei denn, dass eine Anordnung oder Genehmigung nach dem Amt der Dienstreisenden oder dem Wesen des Dienstgeschäfts nicht in Betracht kommt. Dem Wohnort steht ein dem vorübergehenden Aufenthalt dienender Ort gleich. [...]
➪ Reisekosten (Genehmigung)

Auszug aus der LRKGVwV – zu § 2

2.1 Dienststätte ist das Gebäude, in welcher die Dienststelle, welcher die oder der Bedienstete personalrechtlich zugeordnet ist, untergebracht ist. Befinden sich Teile oder Nebenstellen der Behörde oder Dienststelle in einem anderen Gebäude, so ist als Dienststätte der oder des Bediensteten der Ort anzusehen, in dem sie oder er längere Zeit hindurch ständig oder überwiegend Dienst leisten muss. Bei der Tätigkeit im Homeoffice findet keine Verlagerung der Dienststätte an den Wohnort statt.

2.2 Dienstort ist die politische Gemeinde, in der die Dienststätte der oder des Bediensteten gelegen ist.

2.3 Wohnort ist die politische Gemeinde, in welcher die oder der Dienstreisende tatsächlich wohnt.

2.4 Ein dem vorübergehenden Aufenthalt dienender Ort ist ein außerhalb des Wohnorts liegender Ort, an dem sich die oder der Dienstreisende aus persönlichen Gründen vorübergehend aufhält (zum Beispiel der Urlaubsort).

2.5 Geschäftsort ist die politische Gemeinde, in der das Dienstgeschäft erledigt wird.

2.6 Aus verwaltungsökonomischen Gründen können Dienstreisen und Dienstgänge vom zuständigen Dienstvorgesetzten auch allgemein genehmigt werden, insbesondere für Dienstreisende, die Dienstgeschäfte bestimmter Art an demselben Geschäftsort oder in demselben Bezirk in einem bestimmbaren Zeitraum zu erledigen haben.

§ 3
Anspruch auf Reisekostenvergütung

(1) Dienstreisende erhalten auf Antrag eine Vergütung der dienstlich veranlassten notwendigen Auslagen. Dies gilt auch bei Reisen zum Zweck der Ausbildung.

(2) Ausgangs- und Endpunkt einer Dienstreise sind von den Dienstreisenden unter Beachtung des Wirtschaftlichkeitsgrundsatzes grundsätzlich selbst zu bestimmen. Abweichend davon kann die oder der zuständige Dienstvorgesetzte die Dienststätte als Ausgangs- oder Endpunkt der Dienstreise anordnen, wenn die Fahrtstrecke unmittelbar an der Dienststätte vorbeiführt. Bei einer Dienstreise, die an der Wohnung angetreten oder beendet wird, bemisst sich die Fahrtkostenerstattung (§ 4) oder die Wegstreckenentschädigung (§ 5) nach der Entfernung von oder bis zur Wohnung, es sei denn, als Ausgangs- und/oder Endpunkt der Dienstreise wurde die Dienststätte angeordnet. Beim Vorliegen mehrerer Wohnungen oder Unterkünfte ist die der Dienststätte am nächsten gelegene Wohnung oder Unterkunft maßgebend.

(3) Die Dienstreisenden sind grundsätzlich in der Wahl der Beförderungsmittel frei. Bei der Wahl des Beförderungsmittels haben die Dienstreisenden neben wirtschaftlichen Gesichtspunkten insbesondere die Erfordernisse des Klimaschutzes zu beachten. Fahrtkosten werden nicht erstattet, wenn eine unentgeltliche Beförderungsmöglichkeit genutzt werden kann.

(4) Der Anspruch auf Reisekostenvergütung erlischt, wenn die Reisekostenvergütung nicht innerhalb einer Ausschlussfrist von sechs Monaten nach Beendigung der Dienstreise schriftlich oder elektronisch beantragt wird. Die Frist beginnt mit dem Tag nach Beendigung der Dienstreise, in den Fällen des § 10 Absatz 2 mit Ablauf des Tages, an dem die Dienstreise geendet hätte. Die zuständigen Stellen können bis zum Ablauf von sechs Monaten nach Antragstellung die Vorlage der maßgeblichen Kostenbelege verlangen. Werden diese Belege auf Anforderung nicht innerhalb eines Monats vorgelegt, kann der Vergütungsantrag insoweit abgelehnt werden. Die Dienstreisenden sind verpflichtet, die Kostenbelege nach Erstattung der Reisekostenvergütung bis zum Ablauf eines Jahres für Zwecke der Rechnungsprüfung aufzubewahren und auf Verlangen vorzulegen.

(5) Leistungen, die Dienstreisende ihres Amtes wegen von dritter Seite aus Anlass einer Dienstreise erhalten, sind auf die Reisekostenvergütung anzurechnen.

(6) Bei Dienstreisen für eine auf Verlangen, Vorschlag oder Veranlassung der zuständigen Behörde wahrgenommenen Nebentätigkeit haben die Dienstreisenden nach diesem Gesetz nur insoweit Anspruch auf Reisekostenvergütung, wie nicht eine andere Stelle Auslagenerstattung für dieselbe Dienstreise zu gewähren hat. Das gilt auch dann, wenn die Dienstreisenden auf ihren Anspruch gegen diese Stelle verzichtet haben.

⇨ Reisekosten (Nebenamtlicher / -beruflicher Unterricht)

(7) Auf Reisekostenvergütung und Auslagenerstattung kann ganz oder teilweise verzichtet werden. Der Verzicht ist schriftlich oder elektronisch zu erklären.

Auszug aus der LRKGVwV – zu § 3

3.2 Nach der Rechtsprechung des Bundesverwaltungsgerichts lässt sich die Frage, wo die Dienstreise nach reisekostenrechtlichen Gesichtspunkten anzutreten oder zu beenden ist, nur nach den konkreten Umständen des Einzelfalls beurteilen und entzieht sich damit einer generellen Regelung. Das Gebot der Sparsamkeit gilt dabei nicht uneingeschränkt, sondern findet in der Fürsorgepflicht des Dienstherrn seine Grenze. So lässt sich aus dem Gebot der Sparsamkeit nicht allgemein herleiten, dass ein Dienstreisender allein aus reisekostenrechtlichen Sparsamkeitserwägungen vor Beginn und zur Beendigung der Dienstreise jeweils die Dienststelle aufzusuchen hat. Lediglich in den Fällen, in denen die Fahrtstrecke unmittelbar an der Dienststätte vorbeiführt und somit die der privaten Lebenssphäre zuzuordnende Fahrt zwischen Wohnung und Arbeitsstelle ganz oder fast ausschließlich Teil der Strecke zwischen Wohnung und Geschäftsort ist, kann die oder der zuständige Dienstvorgesetzte aus Wirtschaftlichkeitsgründen als Ausgangs- oder Endpunkt der Dienstreise die Dienststätte anordnen. [...]

3.3.1 Für den Nachweis der Auslagen genügt grundsätzlich die pflichtgemäße Versicherung der oder des Dienstreisenden im Erstattungsantrag. Auf die Vorlage von Kostenbelegen soll in der Regel verzichtet werden. Soweit von den zuständigen Abrechnungsstellen verlangt, sind die maßgeblichen Kostenbelege grundsätzlich im Original vorzulegen. Maßgebliche Kostenbelege sind die Nachweise der dienstreisebedingten Auslagen, für die eine Erstattung beantragt wird. Die zuständigen Abrechnungsstellen können allgemein bestimmen, dass einzelne oder alle Kostenbelege zusammen mit dem Erstattungsantrag vorzulegen sind.

3.3.2 Für die Rückforderung zu viel gezahlter Reisekostenvergütung gelten die Vorschriften des Landesbesoldungsgesetzes über die Herausgabe einer ungerechtfertigten Bereicherung. Bei Beschäftigten im öffentlichen Dienst sind die tariflichen Sonderregelungen zu beachten.

⇨ Tarifvertrag – Länder (TV-L) § 37

§ 4
Fahrt- und Flugkostenerstattung

(1) Entstandene notwendige Kosten für Fahrten mit regelmäßig verkehrenden Beförderungsmitteln werden bis zur Höhe der Kosten der niedrigsten Beförderungsklasse erstattet. Die oberste Dienstbehörde oder die von ihr ermächtigte nachgeordnete Behörde kann für ihren Geschäftsbereich hiervon Ausnahmen zulassen. Ausnahmen sind zulässig, wenn besondere dienstliche Gründe vorliegen. Flugkosten sind erstattungsfähig, wenn die dienstlichen oder wirtschaftlichen Gründe für die Flugzeugbenutzung die Belange des Klimaschutzes überwiegen. Die Kosten für Ausgleichszahlungen für Flugreisen nach Absatz 4 sind bei der Wirtschaftlichkeitsberechnung einzubeziehen. Erstattet werden grundsätzlich die Kosten der niedrigsten Flugklasse. Das Finanzministerium kann hiervon durch Verwaltungsvorschrift Ausnahmen bestimmen.

(2) Dienstreisende, denen nach Absatz 1 die Fahrt- oder Flugkosten der niedrigsten Klasse zu erstatten

wären, werden bei einem Grad der Behinderung von mindestens 50 vom Hundert die Auslagen für die nächsthöhere Klasse erstattet. Dieselbe Vergünstigung kann anderen Dienstreisenden gewährt werden, wenn ihr körperlicher oder gesundheitlicher Zustand das Benutzen dieser Klasse rechtfertigt.

⇨ Schwerbehinderung (Allgemeines)

(3) Wurde aus triftigem Grund ein Mietwagen, ein Taxi oder ein Fahrzeug im Rahmen eines Carsharing-Modells benutzt, werden die entstandenen notwendigen Kosten erstattet. Liegt kein triftiger Grund vor, so darf keine höhere Reisekostenvergütung gewährt werden als beim Benutzen eines öffentlichen Verkehrsmittels. Bei Nutzung von Fahrzeugen im Rahmen eines Carsharing-Modells erfolgt keine Kürzung der Mitgliedsgebühr wegen eventueller privater Nutzung.

(4) Die obersten Dienstbehörden sind verpflichtet, zum Klimaausgleich für dienstlich veranlasste Flugreisen von Mitgliedern der Landesregierung und Bediensteten der Landesministerien sowie der jeweiligen nachgeordneten Behörden jährliche Ausgleichszahlungen auf der Grundlage der bestehenden Entscheidungen der Landesregierung zu leisten. Gleiches gilt für die staatlichen Hochschulen. Bei Flügen, die bei Projekten staatlicher Hochschulen aus Drittmitteln bezahlt werden, fällt eine Ausgleichszahlung an, sofern Vorgaben der Drittmittelgeber einer entsprechenden Verwendung nicht entgegenstehen.

Hinweis der Redaktion: Zum „Job-Ticket" und zum „Job-Rad" siehe: ⇨ Job-Rad und Job-Ticket.

Auszug aus der LRKGVwV – zu § 4

4.1.2 Benützen Dienstreisende ein öffentliches Verkehrsmittel und besitzen sie für die Reisestrecke oder eine Teilstrecke einen privaten Fahrausweis (zum Beispiel Zeit- oder Netzkarte beziehungsweise BahnCard 25 oder BahnCard 50), sind diese Vergünstigungen in Anspruch zu nehmen. Erstattungsfähig sind nur die tatsächlich aufgewendeten Fahrtkosten. Dienstreisende haben grundsätzlich keinen Anspruch auf anteilige Erstattung ihrer dienstlich genutzten privaten Fahrausweise, es sei denn, sie setzen eine privat erworbene BahnCard 100 für Dienstreisen ein. In diesen Fällen werden die Kosten für den fiktiven Fahrpreis einer Fahrkarte mit BahnCard 50 Ermäßigung erstattet Der Erstattungsbetrag darf insgesamt die tatsächlichen Anschaffungskosten der eingesetzten BahnCard 100 nicht übersteigen.

4.3 [...] Bei der Nutzung von Fahrzeugen mehrerer Carsharing-Firmen ist eine Erstattung nur insoweit möglich, als dies wirtschaftlich ist.

§ 5
Wegstreckenentschädigung

(1) Für Fahrten, die von den Dienstreisenden mit einem privaten Kraftfahrzeug zurückgelegt wurden, wird eine Wegstreckenentschädigung gewährt. Sie beträgt 30 Cent je Kilometer zurückgelegter Strecke.

(2) Besteht an der Benutzung eines Kraftfahrzeugs ein erhebliches dienstliches Interesse, beträgt die Wegstreckenentschädigung 35 Cent je Kilometer zurückgelegter Strecke. Zur Wegstreckenentschädigung nach Satz 1 kann mit Zustimmung der obersten Dienstbehörde ein Zuschlag gewährt werden, wenn aufgrund der Art der Dienstgeschäfte regelmäßig in größerem Umfang Fahrten auf unbefestigten Straßen oder schwer befahrbaren Feld- oder Waldwegen durchzuführen sind. Der Zuschlag beträgt 5 Cent je Kilometer.

Hinweis der Redaktion: Die Bildung von Fahrgemeinschaften ist im erheblichen dienstlichen Interesse und wird mit 35 Cent vergütet, so dass gegenüber der bisherigen Mitnahmeentschädigung ein deutlicherer Anreiz für die Bildung von Fahrgemeinschaften besteht. (Quelle: LT-DS 16/9448 vom 3.12.2020)

(3) Für Fahrten, die von den Dienstreisenden mit einem Fahrrad, E-Bike oder Pedelec zurückgelegt wurden, wird eine Wegstreckenentschädigung in Höhe von 25 Cent je Kilometer zurückgelegter Strecke gewährt.

Auszug aus der LRKGVwV – zu § 5

5.1 Für die Berechnung der Wegstreckenentschädigung ist grundsätzlich die kürzeste, verkehrsübliche Verbindung maßgeblich. Ausnahmsweise kann auch ein längerer Verkehrsweg maßgeblich sein, wenn dieser eine erhebliche Zeitersparnis ermöglicht.

5.2 Ein erhebliches dienstliches Interesse liegt beispielsweise vor bei Bediensteten, die überwiegend im Außendienst [...], bei Bildung von Fahrgemeinschaften und bei Dienstreisenden mit einem Grad der Behinderung von mindestens 50. Darüber hinaus können Dienststellen in ihrem Zuständigkeitsbereich das erhebliche dienstliche Interesse für die Kfz-Benutzung feststellen, wenn dienstliche Gründe hierfür vorliegen. Bei Dienstreisen, die einer Genehmigung bedürfen, muss im Vorfeld das erhebliche dienstliche Interesse festgestellt werden.

5.2.1 Wegstreckenentschädigung wird auch für die aus dienstlichem Grund am Dienst- oder Wohnort und am Geschäftsort zurückgelegten Strecken gewährt; das Gleiche gilt für Strecken von und zu der Unterkunft und zur Einnahme von Mahlzeiten.

§ 6
Tagegeld

(1) Zur Abgeltung der Mehraufwendungen für Verpflegung beträgt das Tagegeld für jeden vollen Kalendertag einer Dienstreise 24 Euro. Bei einer Dienstreise, die weniger als einen vollen Kalendertag dauert, für den Tag des Antritts und den Tag der Beendigung einer mehrtägigen Dienstreise, beträgt das Tagegeld bei einer Dienstreisedauer von mehr als 8 Stunden 6 Euro und bei einer Dienstreisedauer von mehr als 14 Stunden 12 Euro.

(2) Die Dauer der Dienstreise bestimmt sich nach der Abreise und Ankunft an der Wohnung, es sei denn, die Dienstreise beginnt oder endet an der Dienststätte oder Beginn oder Ende wurde an der Dienststätte angeordnet. Beim Vorliegen mehrerer Wohnungen oder Unterkünfte ist die der Dienststätte am nächsten gelegene Wohnung oder Unterkunft maßgebend.

(3) Für Dienstgänge besteht kein Anspruch auf Tagegeld nach Absatz 1. Bei Dienstgängen von mehr als acht Stunden Dauer werden die nachgewiesenen notwendigen Auslagen für Verpflegung bis zur Höhe des Tagegeldes bei einer Dienstreise von gleicher Dauer erstattet.

(4) Erhalten Dienstreisende ihres Amtes wegen unentgeltlich Verpflegung, werden von dem zustehenden Tagegeld nach Absatz 1 für das Frühstück 20 vom Hundert und für das Mittagessen und Abendessen je 40 vom Hundert des Tagegeldes für einen vollen Kalendertag einbehalten. Das Gleiche gilt, wenn von dritter Seite Verpflegung bereitgestellt

wird und hierfür das Entgelt in den erstattungsfähigen Fahrt-, Flug-, Übernachtungs- oder Nebenkosten enthalten ist. Die Sätze 1 und 2 sind auch dann anzuwenden, wenn die Dienstreisenden ihres Amtes wegen unentgeltlich bereitgestellte Verpflegung ohne triftigen Grund nicht in Anspruch nehmen.

Auszug aus der LRKGVwV – zu § 6

6.1 Bei Durchführung mehrerer Dienstreisen an einem Kalendertag wird für die Bemessung des Tagegeldes oder die Erstattung von notwendigen Mehraufwendungen für Verpflegung bei Dienstgängen die Dauer der einzelnen Dienstreisen beziehungsweise Dienstgänge an diesem Tag zusammengerechnet. Besteht für diesen Tag ein Anspruch auf Inlands- und Auslandstagegeld, bildet das Auslandstagegeld die Grundlage der Kostenerstattung.

6.2 Bei einer mehrtägigen Dienstreise ist das Tagegeld für den Tag der Abfahrt vom Beginn der Dienstreise bis 24 Uhr und für den Tag der Rückkehr von 0 Uhr bis zum Ende der Dienstreise zu berechnen, soweit nicht dieVoraussetzungen der Nummer 6.2.1 vorliegen.

6.2.1 Eine mehrtägige Dienstreise, die nach 16 Uhr begonnen und vor 8 Uhr des nachfolgenden Kalendertages beendet wird, ohne dass eine Übernachtung stattfindet, ist mit der gesamten Dienstreisedauer dem Kalendertag der überwiegenden Abwesenheit zuzurechnen.

6.3 Die Verpflegung (Frühstück, Mittag- und Abendessen) ist des Amtes wegen unentgeltlich bereitgestellt, wenn sie nicht wegen persönlicher Beziehungen durch Verwandte oder Bekannte zur Verfügung gestellt wird.

6.3.1 Ein triftiger Grund im Sinne des Absatzes 4 Satz 3 kann dienstlicher oder privater (zum Beispiel gesundheitlicher) Art sein. Hierunter fallen jedoch nicht unangemessene Ansprüche an die Verpflegung.

6.3.2 Die pauschale Kürzung nach Absatz 4 Satz 2 erfolgt stets dann, wenn in der Unterkunftsrechnung oder den erstattbaren sonstigen Kosten (zum Beispiel Tagungspauschale, Seminargebühr) der Anteil für die enthaltene Verpflegung nicht gesondert ausgewiesen ist (Inklusivpreis) oder die Verpflegung zwar gesondert ausgewiesen ist, aber als vom Dienstherrn gestellt angesehen werden kann. Zur Vermeidung von Nachteilen für die Dienstreisenden muss daher bei Buchung und Rechnungserstellung die Veranlassung durch den Arbeitgeber zum Ausdruck kommen, insbesondere muss die vom Beherbergungsbetrieb ausgestellte Rechnung über Unterkunft und Verpflegung auf den Dienstherrn lauten. Ist die Rechnung auf den Namen der oder des Dienstreisenden ausgestellt, sind folgende Regelungen zu beachten: Sofern die Übernachtungskosten inklusive Verpflegung lediglich als Gesamtbetrag (ohne Aufschlüsselung nach Kostenarten) abgerechnet werden, sind die Kosten für die Verpflegung nach Absatz 4 herauszurechnen. Sofern der Rechnungsbetrag hinsichtlich der Kostenarten aufgeschlüsselt ist, sind nur die ausgewiesenen Übernachtungs- oder sonstigen Kosten nach Maßgabe der Nummer 7.1 beziehungsweise 10.1.1 erstattungsfähig. Die Verpflegungskosten sind mit dem Tagegeld nach § 6 abgegolten.

§ 7
Übernachtungsgeld

(1) Für eine notwendige Übernachtung erhalten Dienstreisende pauschal 20 Euro im Inland und 30 Euro im Ausland. Höhere Übernachtungskosten werden im notwendigen Umfang erstattet. Durch Verwaltungsvorschrift wird bestimmt, bis zu welcher Höhe Übernachtungskosten notwendig sind.

(2) Übernachtungsgeld wird nicht gewährt

1. für die Dauer der Benutzung von Beförderungsmitteln,
2. für die Dauer des Aufenthalts in einer Wohnung der oder des Dienstreisenden,
3. bei unentgeltlicher Bereitstellung einer Unterkunft von Amtes wegen, auch wenn diese Unterkunft ohne triftigen Grund nicht genutzt wird oder
4. in den Fällen, in denen das Entgelt für die Unterkunft in den erstattungsfähigen Fahrt- oder sonstigen Kosten enthalten ist, es sei denn, dass eine Übernachtung aufgrund einer zu frühen Ankunft am Geschäftsort oder einer zu späten Abfahrt von diesem zusätzlich erforderlich wird.

Auszug aus der LRKGVwV – zu § 7

7.1 Als Übernachtungskosten werden die Kosten für ein Einzelzimmer inklusive Frühstück als notwendig anerkannt, wenn pro Übernachtung ein Betrag von bis zu 95 Euro im Inland nicht überschritten wird. Höhere Übernachtungskosten können in begründeten Fällen erstattet werden. Übernachtungskosten in Beherbergungsbetrieben, mit denen das Land Baden-Württemberg eine Rahmenvereinbarung abgeschlossen hat (Hotelliste des Landes Baden-Württemberg) gelten allgemein als notwendig und angemessen.

7.1.1 Zur Ermittlung der erstattungsfähigen Übernachtungskosten ist jede Übernachtung während der Dienstreise für sich zu betrachten. Innerhalb einer Dienstreise kann deshalb zum Beispiel für einzelne Übernachtungen das pauschale Übernachtungsgeld gewährt werden, während für die anderen Übernachtungen die nachgewiesenen Kosten nach Maßgabe der Nummer 7.1 erstattet werden können.

7.1.2 Bei gemeinsamer Übernachtung mehrerer Dienstreisender in einem Mehrbettzimmer sind die Übernachtungskosten gleichmäßig aufzuteilen. Übernachten Dienstreisende mit nicht erstattungsberechtigten Personen (zum Beispiel Ehegatte) in einem Zimmer, sind die Kosten bis zu dem Preis erstattungsfähig, der bei alleiniger Nutzung eines Einzelzimmers zu zahlen wäre; ohne einen entsprechenden Nachweis sind die Übernachtungskosten gleichmäßig nach Personen aufzuteilen.

§ 8
Auslagen bei längerem Aufenthalt am Geschäftsort

Dauert der Aufenthalt an demselben auswärtigen Geschäftsort länger als sieben Tage, so wird vom achten Tag an die gleiche Vergütung gewährt, die von diesem Tag an bei einer Abordnung zu gewähren wäre. Zu den Aufenthaltstagen zählen alle Tage zwischen dem Anreisetag und dem Abreisetag.

§ 9
Aufwands- und Pauschvergütung

(1) Dienstreisende, denen erfahrungsgemäß geringere Aufwendungen für Verpflegung und Unterkunft als allgemein entstehen, können nach näherer Bestimmung der obersten Dienstbehörde oder der von ihr ermächtigten nachgeordneten Behörde anstelle von Tagegeld, Übernachtungsgeld und Auslagenerstattung nach § 8 Satz 1 und 2 entsprechend den notwendigen Aufwendungen mit einer Aufwandsvergütung abgefunden werden.

(2) Die oberste Dienstbehörde oder die von ihr ermächtigte nachgeordnete Behörde kann bei regelmäßigen oder gleichartigen Dienstreisen anstelle der Reisekostenvergütung oder einzelner ihrer Bestandteile eine Pauschvergütung gewähren, die nach dem Durchschnitt der in einem bestimmten Zeitraum sonst anfallenden Einzelvergütungen zu bemessen ist.

⇨ Außerunterrichtliche Veranstaltungen; ⇨ Außerunterrichtliche Veranstaltungen (Reisekosten)

§ 10
Erstattung sonstiger Kosten

(1) Zur Erledigung des Dienstgeschäfts notwendige Auslagen, die nicht nach den §§ 4 bis 9 zu erstatten sind, werden als Nebenkosten erstattet.

(2) Entfallen Dienstreisen aus Gründen, die von den Dienstreisenden nicht zu vertreten sind, werden die durch die Vorbereitung entstandenen notwendigen, nach diesem Gesetz berücksichtigungsfähigen Auslagen erstattet.

(3) Werden Dienstreisen mit einer Urlaubsreise oder einer anderen privaten Reise verbunden, wird die Reisekostenvergütung so bemessen, als ob nur die Dienstreise durchgeführt worden wäre. Die Reisekostenvergütung nach Satz 1 darf die sich nach dem tatsächlichen Reiseverlauf ergebende Reisekostenvergütung nicht übersteigen.

(4) Wird angeordnet oder genehmigt, dass die Dienstreise am Urlaubsort anzutreten oder zu beenden ist, wird die Reisekostenvergütung abweichend von Absatz 3 nach der Abreise von oder der Ankunft an diesem Ort bemessen.

(5) Wird aus dienstlichen Gründen die vorzeitige Beendigung einer Urlaubsreise oder einer anderen privaten Reise angeordnet, gilt die Rückreise vom Urlaubs- oder Aufenthaltsort zur Dienststätte als Dienstreise, für die Reisekostenvergütung gewährt wird.

(6) Aufwendungen der Dienstreisenden und der sie begleitenden Personen, die durch die Unterbrechung oder die vorzeitige Beendigung einer Urlaubsreise oder einer anderen privaten Reise verursacht worden sind, werden in angemessenem Umfang erstattet. Dies gilt auch für Aufwendungen, die aus diesen Gründen nicht ausgenutzt werden konnten.

(7) Erkranken Dienstreisende und werden sie in ein Krankenhaus aufgenommen, werden für jeden vollen Kalendertag des Krankenhausaufenthalts die notwendigen Auslagen für die Unterkunft am Geschäftsort erstattet.

(8) Für Fahrten zwischen Wohnung und regelmäßiger Dienststätte aus besonderem dienstlichen Anlass können die entstandenen notwendigen Fahrtkosten erstattet werden.

Auszug aus der LRKGVwV – zu § 10

10.1 Sonstige Kosten im Sinne der Vorschrift sind Auslagen, die in unmittelbarem Zusammenhang mit dem zu erledigenden Dienstgeschäft stehen und notwendig sind, um den dienstlichen Auftrag überhaupt oder unter zumutbaren Bedingungen ausführen zu können.

10.1.1 Notwendige Auslagen einer oder eines schwerbehinderten Dienstreisenden für eine Begleitperson sind als sonstige Kosten zu erstatten, wenn die Dienstreise nur mit Hilfe dieser Begleitperson ausgeführt werden kann. Die notwendigen Auslagen für Verpflegung und Unterkunft der Begleitperson werden in Höhe der oder des Dienstreisenden für den gleichen Zeitraum zustehenden Tage- und Übernachtungsgeldes erstattet. Fahrtkosten für die Begleitperson werden in der Höhe erstattet, in der sie bei einer Dienstreise der zu begleitenden Person anfallen würden; eventuelle Fahrpreisermäßigungen für Begleitpersonen sind auszunutzen.

10.1.2 Sonstige Kosten sind notwendige Auslagen der oder des Dienstreisenden unter anderem für

a) das gesonderte Befördern oder Versenden des notwendigen dienstlichen oder persönlichen Gepäcks, soweit das Mitführen nicht möglich oder nicht zumutbar ist;

b) die Gepäckaufbewahrung und bei Vorliegen besonderer Umstände auch die Gepäckversicherung;

c) das Eintrittsgeld zum Besuch von Ausstellungen, Museen und dergleichen, sofern der Besuch oder die Teilnahme dienstlich notwendig ist;

d) das Entgelt für die Teilnahme an Tagungen oder Versammlungen (zum Beispiel technische Ausstattung, Raummiete), sofern der Besuch oder die Teilnahme dienstlich notwendig ist. Tagungspauschalen, die Verpflegung enthalten, sind insgesamt als sonstige Kosten erstattungsfähig. Bei der Festsetzung des zustehenden Tagegeldes ist die Verpflegung, die in der Tagungspauschale enthalten ist, als unentgeltliche Verpflegung zu berücksichtigen (§ 6). Dies gilt auch dann, wenn die Verpflegung gesondert ausgewiesen ist und bei Buchung und Rechnungsstellung die Veranlassung durch den Arbeitgeber zum Ausdruck kommt (vergleiche Nummer 6.3.2);

e) Post- und Fernsprechgebühren, WLAN-Gebühren, die durch die Ausführung des Dienstgeschäfts entstanden sind;

f) Parkgebühren;

g) die Kurtaxe.

10.1.3 Keine sonstigen Kosten sind insbesondere Auslagen für

a) Reiseausstattung (beispielsweise Koffer; Taschen);

b) Trinkgelder, Geschenke;

c) Ersatzbeschaffung oder Reparatur mitgeführter Kleidungs- und Reiseausstattungsstücke;

d) Reiserücktrittversicherung, da insoweit § 10 Absatz 2 greift.

10.2 Wird eine Dienstreise aus einem (dienstlichen oder zwingenden privaten) Grund, den die oder der Dienstreisende nicht zu vertreten hat, nicht ausgeführt, so hat die oder der Dienstreisende sich darum zu bemühen, die getroffenen Reisevorbereitungen so bald und so weitgehend wie möglich rückgängig zu machen und dadurch die Auslagen für die Vorbereitungen möglichst gering zu halten. Notwendige und erstattungsfähige Auslagen für Reisevorbereitungen können unter anderem sein: Auslagen für

a) die Zimmerbestellung oder -abbestellung;

b) den Schaden des Hotels aus einem nicht in Anspruch genommenen Zimmer;

c) Bearbeitungsgebühren für die Erstattung von Fahrtkosten, bzw. Kosten für eine nicht erstattungsfähige Fahrkarte.

⇨ Reisekosten (Allgemeines); ⇨ Reisekosten (Personal- / Schwerbehindertenvertretung)

§ 11
Bemessung der Reisekostenvergütung in besonderen Fällen

(1) Bei Dienstreisen aus Anlass der Versetzung, Abordnung oder Aufhebung einer Abordnung wird das Tagegeld (§ 6) für die Zeit bis zur Ankunft am neuen Dienstort gewährt. Das Tagegeld wird für die Zeit bis zum Ablauf des Ankunftstages gewährt, wenn die Dienstreisenden vom nächsten Tag an Trennungsgeld für auswärtiges Verbleiben erhalten; daneben wird Übernachtungsgeld (§ 7) gewährt.

(2) Für Reisen zum Zwecke der Fortbildung, die zumindest teilweise im dienstlichen Interesse liegen, können entstandene Kosten bis zur Höhe der für Dienstreisen zustehenden Reisekostenvergütung erstattet werden.[...]

(7) Erkranken Dienstreisende und werden sie in ein Krankenhaus aufgenommen, werden für jeden vollen Kalendertag des Krankenhausaufenthalts die notwendigen Auslagen für die Unterkunft am Geschäftsort erstattet.

(8) Für Fahrten zwischen Wohnung und regelmäßiger Dienststätte aus besonderem dienstlichen Anlass können die entstandenen notwendigen Fahrtkosten erstattet werden.

Auszug aus der LRKGVwV – zu § 11

11.1 Ist ein überwiegendes dienstliches Interesse an der Reise gegeben, so wird im Allgemeinen für die Teilnahme an der Aus- oder Fortbildungsveranstaltung eine Dienstreise zu genehmigen oder anzuordnen sein. Ein überwiegendes dienstliches Interesse an der Fortbildung ist dann anzunehmen, wenn eine unmittelbare Beziehung zu dem von der Beamtin oder dem Beamten wahrzunehmenden Aufgabengebiet besteht.

11.2 Für Aus- und Fortbildungsreisen, bei denen ein nicht überwiegendes dienstliches Interesse gegeben ist, kann die Höhe der Reisekosten durch die Dienststelle beschränkt werden.

11.3 Die Höhe der zu gewährenden Entschädigung richtet sich danach, in welchem Umfang neben dem persönlichen ein besonderes dienstliches Interesse an der Teilnahme der Beamtin oder des Beamten an der Fortbildung besteht. Die Höhe der Entschädigung ist zugleich mit der Teilnahmegenehmigung festzulegen.

§ 12
Auslandsdienstreisen

(1) Auslandsdienstreisen sind Dienstreisen zwischen dem Inland und dem Ausland sowie im Ausland. Dabei muss mindestens ein Geschäftsort im Ausland liegen.

(2) Für Auslandsdienstreisen gelten die Regelungen der §§ 1 bis 11 entsprechend.

(3) Abweichend von den §§ 6 und 7 werden Auslandstagegelder und Auslandsübernachtungsgelder nach Maßgabe der jeweils gültigen Fassung des § 3 der Auslandsreisekostenverordnung des Bundes (ARV) und der hierzu ergangenen allgemeinen Verwaltungsvorschrift über die Neufestsetzung der Auslandstage- und Auslandsübernachtungsgelder (ARVVwV) gewährt.

(4) Das Tage- und Übernachtungsgeld wird für das Land gewährt, das die Dienstreisenden vor Mitternacht Ortszeit zuletzt erreicht. Wird bei Auslandsdienstreisen das Inland vor Mitternacht zuletzt erreicht, wird Auslandstagegeld für das Land des letzten Geschäftsortes im Ausland gewährt.

(5) Bei Flugreisen gilt ein Land in dem Zeitpunkt als erreicht, in dem das Flugzeug dort landet. Zwischenlandungen bleiben unberücksichtigt, es sei denn, dass durch sie Übernachtungen notwendig werden. Bei Schiffsreisen gilt Satz 1 entsprechend.

(6) Dauert der Aufenthalt an demselben ausländischen Geschäftsort ohne Hin- und Rückreisetage länger als 14 Tage, ist das Auslandstagegeld nach Absatz 3 vom 15. Tag an um 25 vom Hundert zu ermäßigen. Die oberste Dienstbehörde oder die von ihr ermächtigte nachgeordnete Behörde kann in begründeten Fällen von der Ermäßigung absehen. Anstelle des pauschalen Übernachtungsgeldes werden ab dem 15. Tag die nachgewiesenen notwendigen Übernachtungskosten erstattet.

§ 13
Trennungsgeld

(1) Beamtinnen, Beamte, Richterinnen und Richter, die ohne Zusage der Umzugskostenvergütung an einen Ort außerhalb des Dienst- oder Wohnortes abgeordnet werden, erhalten für die ihnen dadurch entstehenden notwendigen Auslagen unter Berücksichtigung der häuslichen Ersparnis ein Trennungsgeld. Dasselbe gilt für die vorübergehende Zuteilung aus dienstlichen Gründen zu einem anderen Teil der Beschäftigungsbehörde und der vorübergehenden dienstlichen Tätigkeit bei einer anderen Stelle als der Dienststelle. Der Abordnung steht die Zuweisung nach § 20 des Beamtenstatusgesetzes gleich. Das Finanzministerium wird ermächtigt eine Rechtsverordnung zur Regelung des Trennungsgeldes zu erlassen.

(2) Absatz 1 gilt auch für Beamtinnen und Beamte auf Widerruf im Vorbereitungsdienst bei Abordnungen im Rahmen der Ausbildung. Der für die Ausbildung maßgebliche Dienstort wird von der obersten Dienstbehörde oder der von ihr ermächtigten nachgeordneten Behörde bestimmt. Satz 1 gilt auch bei Abordnungen im Rahmen des Ausbildungs- oder Einführungsdienstes, einer Ausbildungs- oder Einführungszeit, die zum Erwerb einer Laufbahnbefähigung notwendig sind.

Auszug aus der LRKGVwV – zu § 13

Bei einer Abordnung mit mehr als 50 Prozent des Beschäftigungsumfangs ist maßgebende Dienststelle diejenige, zu der die oder der Bedienstete abgeordnet ist.

§ 14
Ermächtigung, Verwaltungsvorschriften

(1) Das Finanzministerium wird ermächtigt, durch Rechtsverordnung die in den §§ 5 und 7 Absatz 1 festgesetzten Beträge veränderten wirtschaftlichen Verhältnissen anzupassen.

(2) Die allgemeinen Verwaltungsvorschriften zu diesem Gesetz erlässt das Finanzministerium.

Hinweis der Redaktion: Gemäß § 15 (Inkrafttreten) tritt dieses Gesetz am 1. Januar 2022 in Kraft. Für Dienstreisen, die bis zum 31. Dezember 2021 angetreten werden, gelten die Vorschriften des Landesreisekostengesetzes, der Auslandsreisekostenverordnung des Landes und die Verordnung des Finanzministeriums über die Reisekostenvergütung in besonderen Fällen jeweils in der Fassung vom 31. Dezember 2021 (abgedruckt im Jahrbuch 2021). Dies gilt auch, wenn die Dienstreise bis zum 31. Dezember 2021 angetreten wurde und über den Zeitpunkt des Inkrafttretens dieses Gesetzes hinaus andauert.

⇨ Außerunterrichtliche Veranstaltungen; ⇨ Außerunterrichtliche Veranstaltungen (Reisekosten); ⇨ Beamtenstatusgesetz; ⇨ Reisekosten (Allgemeines); ⇨ Reisekosten (Außerunterrichtliche Veranstaltungen); ⇨ Reisekosten (Auswärtige Dienstgeschäfte); ⇨ Reisekosten (Genehmigung); ⇨ Reisekosten (Nebenamtlicher/nebenberuflicher Unterricht); ⇨ Reisekosten (Personal- / Schwerbehindertenvertretung); ⇨ Reisekosten (Schulträger / Versicherungsschutz); ⇨ Trennungsgeldverordnung (LTGVO)

Religion (Allgemeines)

Informationen der Redaktion zur Rechtslage und zur Verwaltungspraxis in Baden-Württemberg

1.
Grundsätze der Religionsfreiheit und der Neutralität des Staates

Das Grundgesetz (Art. 4) erklärt die Freiheit des Glaubens, des Gewissens sowie des religiösen und weltanschaulichen Bekenntnisses für unverletzlich. Laut Art. 140 GG sind auch die *„Kirchenrechtsartikel"* der Weimarer Reichsverfassung (Art. 136-139 und Art. 141 WRV) Bestandteil des Grundgesetzes. Die Verfassung gewährleistet damit nicht nur die *„positive Religionsfreiheit"* (das Recht, eine Religion zu haben, sich zu ihr zu bekennen und sie auszuüben), sondern auch die *„negative Religionsfreiheit"* (das Recht, keine Religion zu haben und an keiner religiösen Handlung teilnehmen zu müssen). Artikel 136 WRV bestimmt: *„Niemand darf zu einer kirchlichen Handlung oder Feierlichkeit oder zur Teilnahme an religiösen Übungen oder zur Benutzung einer religiösen Eidesform gezwungen werden"*.

⇨ Grundgesetz Art. 4 und 140

Das Gesetz über die religiöse Kindererziehung bestimmt in § 5: *„Nach der Vollendung des vierzehnten Lebensjahrs steht dem Kind die Entscheidung darüber zu, zu welchem religiösen Bekenntnis es sich halten will. Hat das Kind das zwölfte Lebensjahr vollendet, so kann es nicht gegen seinen Willen in einem anderen Bekenntnis als bisher erzogen werden."*

⇨ Religionsunterricht (Teilnahme); ⇨ Schulgesetz § 100

Das Bundesverfassungsgericht hat am 14. Dezember 1965 zwar festgestellt: *„Das Grundgesetz legt durch Art. 4 Abs. 1, Art. 3 Abs. 3, Art. 33 Abs. 3 GG sowie durch Art. 136 Abs. 1 und 4 und Art. 137 Abs. 1 WRV in Verbindung mit Art. 140 GG dem Staat als Heimstatt aller Staatsbürger ohne Ansehen der Person weltanschaulich-religiöse Neutralität auf"* (BVerfGE 19, 206 (216). Dennoch herrscht in Deutschland keine strikte Trennung zwischen Staat und Religion. Insbesondere die christlichen Kirchen genießen traditionell und aufgrund von Staatskirchenverträgen (Konkordaten) bestimmte Privilegien. Diese Sonderstellung zeigt sich insbesondere an den öffentlichen Schulen, wo der Religionsunterricht *„ordentliches Lehrfach"* ist. Dabei trägt der Staat die Kosten, die inhaltliche Verantwortung liegt jedoch bei den Religionsgemeinschaften. In Baden-Württemberg ist diese Zuständigkeit der Kirchen für die Inhalte des Religionsunterrichts besonders ausgeprägt (siehe Nr. 3).

⇨ Schulgesetz §§ 96 ff.; ⇨ Verfassung Art. 18

Religionszugehörigkeit und Schulpflicht

Die Zugehörigkeit zu einer Religionsgemeinschaft entbindet nicht von der gesetzlichen Schulpflicht. Es ist jedoch in bestimmten Fällen eine Beurlaubung zur Teilnahme an religiösen Veranstaltungen und auch eine Befreiung aus religiösen Gründen von bestimmten Unterrichtsveranstaltungen möglich bzw. rechtlich geboten.

⇨ Schulbesuchsverordnung (Hinweise der Redaktion beachten); ⇨ Schul- und Schülergottesdienste Nr. 3

Religiöse Handlungen in Schulgebäuden

Der Religionsunterricht ist ein Bekenntnisfach; in diesem Unterricht sind religiöse Handlungen und sonstige Rituale (z.B. religiös bestimmte Kleidung) zulässig. Außerhalb des Religionsunterrichts sind öffentliche Schulen jedoch grundsätzlich zu weltanschaulicher Neutralität verpflichtet. Es ist zwar statthaft, *„Schulgottesdienste"* als schulische Veranstaltungen durchzuführen oder *„Schülergottesdienste"* als Veranstaltungen der Kirchen zu ermöglichen. Lehrkräfte und Schüler*innen sind jedoch nicht zur Teilnahme hieran verpflichtet (Lehrkräfte gegen ihren Willen auch nicht zur Aufsichtführung).

⇨ Schulgottesdienst und Schülergottesdienst

Nach der Rechtsprechung des Bundesverfassungsgerichts (16.10.1979; 1 BvR 647/70 und 7/74) ist ein *„freiwilliges überkonfessionelles Schulgebet"* außerhalb des Religionsunterrichts (z.B. zu Beginn oder am Ende des Unterrichts) *„grundsätzlich auch dann verfassungsrechtlich unbedenklich, wenn ein Schüler oder dessen Eltern der Abhaltung des Gebets widersprechen; deren Grundrecht auf negative Bekenntnisfreiheit wird nicht verletzt, wenn sie frei und ohne Zwänge über die Teilnahme am Gebet entscheiden können."* Die Freiwilligkeit sei nur dann nicht gesichert, wenn der Schüler *„nach den Umständen des Einzelfalls der Teilnahme nicht in zumutbarer Weise ausweichen"* könne. Es muss Schüler*innen, die nicht am gemeinsamen Gebet teilnehmen wollen, demnach lediglich ermöglicht werden, sich diesem z.B. durch Verlassen des Klassenzimmers zu entziehen (was aus Aufsichtsgründen allerdings problematisch ist). Auch Lehrkräfte müssen an einem solchen Gebet nicht teilnehmen.

Es ist jedem Menschen unbenommen, an einer öffentlichen Schule ein Gebet zu sprechen, solange die *„negative Religionsfreiheit"* Dritter dadurch nicht beeinträchtigt wird. Dies gilt insbesondere dann, wenn diese Gebete aufgrund der religiösen Vorschriften der jeweiligen Glaubensgemeinschaft zu bestimmten Tageszeiten gesprochen werden müssen. Allerdings darf und muss dies zu keiner Störung des Unterrichts führen: So sind gläubige Muslime zwar dazu verpflichtet, fünfmal am Tag zu beten. Die Gebetszeiten sind aber nicht auf die Minute genau festgelegt, sodass Schüler*innen gegebenenfalls die Schulpausen nutzen können. Die Schulen können den Schüler*innen für Gebete oder stille Andachten einen besonderen Raum zur Verfügung stellen (müssen dies aber nicht tun).

Religiöse Symbole in Schulgebäuden

Das Bundesverfassungsgericht hat 1995 für Recht erkannt: *„Die Anbringung eines Kreuzes oder Kruzifixes in den Unterrichtsräumen einer staatlichen Pflichtschule, die keine Bekenntnisschule ist, verstößt gegen Artikel 4, Absatz 1 des Grundgesetzes."* (16.5.95; I BvR 1087/91)

Zwar sind öffentliche Schulen teilweise nach wie vor mit Kreuzen oder Kruzifixen ausgestattet. Es ist seitdem jedoch unstrittig, dass auf Antrag von Erziehungsberechtigten oder volljährigen Schüler*innen ein Anspruch auf Entfernung dieser Symbole aus öffentlichen Unterrichtsräumen besteht.

Religiöse Bekleidungsvorschriften

a) Vorschriften für Schülerinnen und Schüler

Grundsätzlich dürfen sich Schüler*innen in der Schule gemäß den Vorschriften ihres Glaubens kleiden. Daher muss es z.B. muslimischen Schülerinnen oder jüdischen Schülern in der Regel gestattet werden, die von ihrer Religion vorgeschriebene Kopfbedeckung auch im Unterricht zu tragen (bei einer Muslima das Kopftuch, bei einem Juden das Käppchen – die „Kippa"). Jedoch ist Schüler*innen öffentlicher Schulen seit Ende 2020 die *„Verhüllung des Gesichts"* bei schulischen Veranstaltungen grundsätzlich untersagt; die Schulleitung kann Ausnahmen im Einzelfall aus schulischen oder gesundheitlichen Gründen zulassen (⇨ Schulgesetz § 72 Abs. 3a). Der Begriff der *„Verhüllung des Gesichts"* meint das *„vollständige Bedecken oder ein Bedecken wesentlicher Gesichtspartien. Das Tragen eines Kopftuches, welches das Gesicht von der unteren Kinnkante bis zur Stirn unverhüllt lässt, ist davon nicht umfasst"*.
(Quelle: Gesetzesbegründung; LT-Drucksache 16/9092)

Bei religionsmündigen Schüler*innen kommt es darauf an, ob ihr Verhalten auf ihrer eigenen Entscheidung beruht. Bei jugendlichen Schüler*innen reicht es daher nicht aus, wenn nur die Eltern bestimmte Sonderrechte geltend machen. Selbst wenn sich herausstellen sollte, dass die Schüler*innen lediglich dem Druck durch ihr soziales Umfeld nachgeben, darf ihnen das glaubensgeprägte Verhalten jedoch nicht ohne weiteres untersagt werden. Vielmehr ist hier Sensibilität gefragt; es muss ihnen ermöglicht werden, vor ihrer Familie das Gesicht zu wahren.
⇨ Religionsunterricht (Teilnahme) A.I.1.3; ⇨ Schulbesuchsverordnung (Hinweise)

Schüler*innen, die sich auch in der Schule den Geboten ihres Glaubens entsprechend verhalten, geraten leicht in Gefahr, wegen dieses Verhaltens von ihren Mitschülern ausgegrenzt zu werden. Solche Konflikte dürfen nicht dadurch gelöst werden, dass man die Betroffenen zur Anpassung zwingt. Vielmehr müssen die Lehrkräfte bei den Mitschüler*innen die Bereitschaft zur Toleranz wecken. Der Auftrag der Landesverfassung: *„In allen Schulen waltet der Geist der Duldsamkeit und der sozialen Ethik"* (Art. 17 Abs. 1) ist von den Schulen bzw. allen am Schulleben Beteiligten (Schüler*innen, Lehrkräften, Eltern, Hausmeister ...) aktiv zu verwirklichen.
⇨ Verfassung Art. 17 Abs. 1

b) Vorschriften für Lehrkräfte

Das Schulgesetz bestimmt seit 2004, dass Lehrkräfte an öffentlichen Schulen in der Schule keine politischen, religiösen, weltanschaulichen oder ähnliche *„äußeren Bekundungen"* abgeben dürfen, die geeignet sind, die Neutralität des Landes gegenüber Schülern und Eltern oder den politischen, religiösen oder weltanschaulichen Schulfrieden zu gefährden oder zu stören. Insbesondere sei ein *„äußeres Verhalten"* unzulässig, welches bei Schülern oder Eltern den Eindruck hervorrufen könne, dass eine Lehrkraft gegen die Menschenwürde, die Gleichberechtigung der Menschen, die Freiheitsgrundrechte oder die freiheitlich-demokratische Grundordnung auftrete. Damit wollte der Landesgesetzgeber muslimische Lehrerinnen am Tragen einer religiös bestimmten Kleidung, vor allem eines Kopftuchs, hindern. Zugleich bestimmte das Schulgesetz, dass die *„Darstellung christlicher und abendländischer Bildungs- und Kulturwerte oder Traditionen"* diesem Verhaltensgebot nicht widerspreche. ⇨ Schulgesetz § 38 Abs. 2

Das Bundesverfassungsgericht hatte im Januar 2015 über inhaltlich gleichlautende Formulierungen im Schulrecht des Landes Nordrhein-Westfalen zu entscheiden. Das Gericht stellte fest, dass ein pauschales Verbot religiöser Bekundungen in öffentlichen Schulen durch das äußere Erscheinungsbild von Pädagoginnen und Pädagogen mit deren Glaubens- und Bekenntnisfreiheit (Art. 4 Abs. 1 und 2 GG) nicht vereinbar ist. Die dem Staat gebotene weltanschaulich-religiöse Neutralität sei nicht als eine distanzierende im Sinne einer strikten Trennung von Staat und Kirche zu verstehen, sondern als eine offene und übergreifende, die Glaubensfreiheit für alle Bekenntnisse gleichermaßen fördernde Haltung. Dies gelte auch für den Bereich der Schule. Die bloße Sichtbarkeit religiöser oder weltanschaulicher Zugehörigkeit einzelner Lehrkräfte werde durch die weltanschaulich-religiöse Neutralität des Staates nicht ohne Weiteres ausgeschlossen. Die pauschale Schlussfolgerung sei verfehlt, schon das Tragen eines islamischen Kopftuchs oder einer anderen, auf eine Glaubenszugehörigkeit hindeutenden Kopfbedeckung sei schon für sich genommen ein Verhalten, das bei den Schülern oder den Eltern ohne Weiteres den Eindruck hervorrufen könne, dass die Person, die es trägt, gegen die Menschenwürde, die Gleichberechtigung nach Art. 3 GG, die Freiheitsgrundrechte oder die freiheitlich-demokratische Grundordnung auftrete.

Der staatliche Erziehungsauftrag (Art. 7 Abs. 1 GG), der unter Wahrung der Pflicht zu weltanschaulich-religiöser Neutralität zu erfüllen ist, stehe der Ausübung der positiven Glaubensfreiheit der Pädagoginnen durch das Tragen eines islamischen Kopftuchs nicht generell entgegen. Er könne ein Verbot solchen äußeren Verhaltens, das auf ein nachvollziehbar als imperativ verstandenes Glaubensgebot zurückgeht, erst dann rechtfertigen, wenn eine hinreichend konkrete Gefahr für den Schulfrieden oder die staatliche Neutralität feststellbar ist.

Das Land Baden-Württemberg hat den einschlägigen § 38 des Schulgesetzes dieser Rechtsprechung bisher nicht angepasst. Das KM hat der GEW hierzu u.a. mitgeteilt (30.4.2018; AZ: 15), dies bedeute nicht, dass das bisherige Kopftuchverbot weiterhin zur Anwendung komme. *„Vielmehr ist der Beschluss des Bundesverfassungsgerichts zu beachten. Dies bedeutet konkret, dass das Tragen z.B. eines Kopftuchs der Einstellung oder der Beschäftigung einer Lehrkraft grundsätzlich nicht entgegensteht. Das nach dem Wortlaut des § 38 Abs. 2 Satz 1* *und 2 SchG pauschale Verbot ist entsprechend den Vorgaben des Bundesverfassungsgerichts einschränkend auszulegen, d.h. dass ein Kopftuchverbot nur ausgesprochen werden kann, wenn eine hinreichend konkrete Gefährdung des Schulfriedens oder der Neutralität des Staates belegbar ist.“*

Das ➪ Beamtenstatusgesetz § 34 Abs. 2 schreibt u.a. vor: *„Religiös oder weltanschaulich konnotierte Merkmale des Erscheinungsbilds [...] können nur dann eingeschränkt oder untersagt werden, wenn sie objektiv geeignet sind, das Vertrauen in die neutrale Amtsführung der Beamtin oder des Beamten zu beeinträchtigen. [...] Die Verhüllung des Gesichts bei der Ausübung des Dienstes oder bei einer Tätigkeit mit unmittelbarem Dienstbezug ist stets unzulässig, es sei denn, dienstliche oder gesundheitliche Gründe erfordern dies.“*

Lehrkräfte an öffentlichen Schulen dürfen also im Dienst weder Burka noch Niqab tragen, da dies zu einer *„Verhüllung des Gesichts“* führt, das religiös motivierte Tragen eines Kopftuchs kann ihnen jedoch nur im Einzelfall untersagt werden. Eine Gesichtsverhüllung zum Gesundheitsschutz ist hingegen statthaft.

2. Bekenntnisschulen, christliche Gemeinschaftsschulen und Gemeinschaftsschulen

Die Landesverfassung schreibt zwar allen (öffentlichen und privaten) Schulen u.a. vor, die Jugend *„in der Ehrfurcht vor Gott, im Geiste der christlichen Nächstenliebe [...] zu erziehen“*. Trotz dieses Gottesbezugs besitzen die öffentlichen Schulen – mit Ausnahme der Grund- und Haupt-/Werkrealschulen sowie der „neuen“ Gemeinschaftsschulen (s.u. Sonderfall Nr. 2) – keinen konfessionellen oder religiösen *„Charakter“*: Die Schüler*innen werden in allen Fächern gemeinsam unterrichtet. Nur im Religionsunterricht wird nach Konfessionen, im Fach Sport wird teilweise nach Geschlechtern getrennt.

➪ Schulgesetz § 1; ➪ Verfassung Artikel 11, 12, 17, 21

Sonderfall Nr. 1: Grund- und Hauptschulen

In den Grund- und Haupt-/Werkrealschulen (früher: „Volksschulen“) erfolgt der Unterricht zwar ebenfalls in allen Fächern – außer Religion und teilweise Sport – gemeinsam, diese Schulen tragen jedoch die Bezeichnung *„christliche Gemeinschaftsschulen“*.

Das hat historische Gründe: Nach 1945 entstanden in Südwestdeutschland drei neue Länder. Diese erklärten ihre öffentlichen Volksschulen

- in (Süd-)Baden zu *„Simultanschulen mit christlichem Charakter im überlieferten badischen Sinn“* (damit griff man auf die seit 1876 in Baden obligatorische überkonfessionelle „Simultanschule“ zurück),
- im neu gebildeten Bundesland Württemberg-Baden zu *„christlichen Gemeinschaftsschulen“*,
- in Württemberg-Hohenzollern zu *„christlichen Schulen“* (teils evangelische bzw. katholische Bekenntnisschulen, ansonsten Gemeinschaftsschulen).

Damit wollten sich die neuen Länder von der *„unchristlichen“* NS-Zeit abgrenzen.

Nach der Vereinigung zum Land Baden-Württemberg (1952) galten in diesen drei Landesteilen zunächst die bisherigen Bestimmungen weiter. 1967 erhielten die Grund- und Hauptschulen im ganzen Land die Schulform der *„christlichen Gemeinschaftsschule nach den Grundsätzen und Bestimmungen, die am 9.12.1951 in Baden für die Simultanschule mit christlichem Charakter gegolten haben“*. ➪ Verfassung Artikel 15

Zu diesen *Grundsätzen und Bestimmungen* gehört: *„An allen Schulen sind beim Unterricht die religiösen Empfindungen aller zu achten. Der Lehrer hat in jedem Fach auf die religiösen und weltanschaulichen Empfindungen aller Schüler Rücksicht zu nehmen und die religiösen und weltanschaulichen Auffassungen sachlich darzulegen“* (Artikel 28 der Badischen Verfassung von 1948).

Abweichend hiervon durften im Regierungsbezirk Südwürttemberg-Hohenzollern (heute: Tübingen) bestehende Grund- und Hauptschulen auf Antrag der Erziehungsberechtigten in private Bekenntnisschulen umgewandelt werden; diese formal privaten Schulen werden finanziell wie öffentliche Schulen behandelt (Ersatz der persönlichen Kosten für die Lehrkräfte, der laufenden notwendigen sächlichen Schulkosten und der Kosten für die Beschaffung des als notwendig anerkannten Schulraums).

➪ Verfassung Art. 15 Abs. 2

Ferner wurde 1967 bestimmt, dass die Schüler*innen in den öffentlichen Grund- und Hauptschulen (dazu gehören auch die „Werkrealschulen“) *„auf der Grundlage christlicher und abendländischer Bildungs- und Kulturwerte erzogen“* werden (dies gilt nicht für die übrigen Schularten). ➪ Verfassung Artikel 16

Trotz dieses Sonder-Auftrags ist die *„christliche Gemeinschaftsschule“* verpflichtet, dass sie *„weltanschaulich-religiöse Zwänge so weit wie möglich ausschaltet sowie Raum für eine sachliche Auseinandersetzung mit allen religiösen und weltanschaulichen Auffassungen – wenn auch von einer christlich bestimmten Orientierungsbasis her – bietet und dabei das Toleranzgebot beachtet“* (Bundesverfassungsgericht, 17.12.1975, AZ: 41, 29).

Zusammenfassend führte das oberste deutsche Gericht in diesem *„Simultanschul-Urteil“* aus:

„Voraussetzung hierfür ist jedoch, dass die gewählte Schulform, soweit sie auf die Glaubens- und Gewissensentscheidungen der Kinder Einfluss gewinnen kann, nur das Minimum an Zwangselementen enthält. Die Schule darf daher keine missionarische Schule sein und keine Verbindlichkeit christlicher Glaubensinhalte beanspruchen; sie muss auch für andere weltanschauliche und religiöse Inhalte und Werte offen sein. Das Erziehungsziel einer solchen Schule darf – außerhalb des Religionsunterrichts, zu dessen Besuch niemand gezwungen werden kann – nicht christlich-konfessionell fixiert sein. Die Bejahung des Christentums in den profanen Fächern bezieht sich in erster Linie auf die Anerkennung des prägenden Kultur- und Bildungsfaktors, wie er sich in der abendländischen Geschichte herausgebildet hat, nicht auf die Glaubenswahrheit, und ist damit auch gegenüber dem Nichtchristen durch das Fortwirken geschichtlicher Gegebenheiten legitimiert. Zu diesem Faktor gehört nicht zuletzt der Gedanke der Toleranz für Andersdenkende. Deren Konfrontation mit einem Weltbild, in dem die prägende Kraft christlichen Denkens bejaht wird, führt jedenfalls solange nicht zu einer diskriminierenden Abwertung der dem Christentum nicht verbundenen Minderheiten und ihrer Weltanschauung, als es hierbei

nicht um den Absolutheitsanspruch von Glaubenswahrheiten, sondern um das Bestreben nach Verwirklichung der autonomen Persönlichkeit im weltanschaulich-religiösen Bereich gemäß der Grundentscheidung des Art. 4 GG geht. Eine solche Schule, die Raum für eine sachliche Auseinandersetzung mit allen weltanschaulich-religiösen Auffassungen, wenn auch von einer bestimmten weltanschaulichen Orientierungsbasis her bietet, führt Eltern und Kinder nicht in einen verfassungsrechtlich unzumutbaren Glaubens- und Gewissenskonflikt. Für die elterliche Erziehung bleibt in jeder weltanschaulich-religiösen Hinsicht genügend Raum, dem Kind den individuell für richtig erkannten Weg zu Glaubens- und Gewissensbindungen oder auch zu deren Verneinung zu vermitteln.“

Sonderfall Nr. 2: „Neue“ Gemeinschaftsschule

2012 wurde in Baden-Württemberg mit der „*Gemeinschaftsschule*“ eine weitere Schulart eingeführt, in der die Trennung der Schularten nach der „Begabung“ aufgehoben ist. Der Landtag beschloss auf Verlangen der Kirchen, dass diese Schulart „*als christliche Gemeinschaftsschule nach den Grundsätzen der Artikel 15 und 16 der Landesverfassung geführt*“ wird.

⇨ Schulgesetz § 8a Abs. 1 letzter Satz

Das Kultusministerium hat am 4.2.2013 (K.u.U. S. 30/2013) eine „*Bekanntmachung zu den Grundsätzen der christlichen Gemeinschaftsschule [...]*“ veröffentlicht..

3. Religionsunterricht an öffentlichen Schulen

Grundgesetz und Landesverfassung definieren den Religionsunterricht an den öffentlichen Schulen – mit Ausnahme der (in Baden-Württemberg nicht existierenden) „*bekenntnisfreien*“ Schulen – als „*ordentliches Lehrfach*“. Dies bedeutet, dass er den gleichen Status wie die anderen Unterrichtsfächer besitzt (z.B. Gleichbehandlung bei der Aufstellung des Stundenplans, gleichwertige Ausstattung mit Lehrkräften, Räumen und Lehr- bzw. Lernmitteln, gegebenenfalls Versetzungserheblichkeit).

Er wird gemäß Art. 18 der Landesverfassung nach den Grundsätzen der Religionsgemeinschaften und unbeschadet des allgemeinen Aufsichtsrechts des Staates von deren Beauftragten – kirchliche oder staatliche Lehrkräfte – erteilt und beaufsichtigt; diese müssen die kirchliche Lehrbefugnis besitzen (katholisch: „*Missio canonica*“ bzw. evangelisch: „*Vocatio*“). Keine Lehrkraft kann – selbst wenn sie die Lehrbefähigung für dieses Fach besitzt oder deswegen eingestellt wurde– zur Erteilung des Religionsunterrichts gezwungen werden.

Verfassungsrechtlich ist der Religionsunterricht eine „*res mixta*“ (gemischte Angelegenheit); die Zuständigkeiten des Staates und der Religionsgemeinschaften sind miteinander verknüpft: So sind z.B. die Religionslehrkräfte (auch die staatlichen) zugleich „*Beauftragte*“ ihrer Religionsgemeinschaft.

⇨ Grundgesetz Art. 7; ⇨ Schulgesetz §§ 96-100;
⇨ Verfassung Art. 18

Die Aufsicht des Staates beschränkt sich darauf, „*dass bei der Erteilung des Religionsunterrichts der Stundenplan beachtet, die Unterrichtszeit eingehalten und die Schulordnung gewahrt wird*“. Die fachliche Aufsicht wird „*durch religionspädagogisch erfahrene Beauftragte der Religionsgemeinschaften wahrgenommen*“ (bei den christlichen Kirchen den Schuldekanaten). Der Schulleitung (und der Schulaufsichtsbehörde) ist ein inhaltlicher Eingriff verwehrt. Zweifelt die Schulleitung an der fachlichen Leistung einer Religionslehrkraft, muss sie das Schuldekanat einschalten.

⇨ Beurteilung (Lehrkräfte) Nr. II.7.6; ⇨ Schulgesetz §§ 99

Teilnahmepflicht

Die bekenntnisangehörigen Schüler*innen – nur diese! – sind grundsätzlich zum Besuch des an einer öffentlichen Schule eingerichteten Religionsunterrichts verpflichtet. „Eingerichtet“ sind neben dem römisch-katholischen und dem evangelischen nur altkatholischer, jüdischer, orthodoxer sowie alevitischer RU. Evangelisch-methodistische Schüler*innen nehmen am evangelischen Religionsunterricht teil (⇨ Religionsunterricht – Teilnahme und Abmeldung Teil B Nr. 4). Zum altkatholischen, orthodoxen, jüdischen und islamischen RU siehe Nr. 4-7.

⇨ Grundgesetz Art. 7 Abs. 2; ⇨ Verfassung Art. 18

Nicht dazu verpflichtet sind die Angehörigen der sonstigen christlichen Konfessionen (z.B. evangelische Freikirchen, Zeugen Jehovas, Neuapostolische, Baptisten, Mormonen usw.) sowie die Angehörigen anderer Religionen (Hindus, Bahais, Buddhisten usw.), denn für sie ist kein Religionsunterricht „eingerichtet“, sowie alle Schüler*innen, die keinem religiösen Bekenntnis angehören. Nicht verpflichtet sind auch Kinder, die vom Religionsunterricht abgemeldet wurden, und Jugendliche, die sich selbst von diesem abgemeldet haben (siehe unten). Sie können jedoch mit Zustimmung der jeweiligen Religionsgemeinschaft auf Antrag an einem „eingerichteten“ Religionsunterricht teilnehmen.

Für das „*Bekenntnis*“ ist der Eintrag über die „*rechtliche Zugehörigkeit zu einer öffentlich-rechtlichen Religionsgemeinschaft*“ im staatlichen Melderegister maßgebend, nicht die nur „*kirchenrechtlich*“ relevante Taufe. Die Meldebehörde teilt der Schule die Zugehörigkeit zu einer öffentlich-rechtlichen Religionsgemeinschaft (z.B. anlässlich der Einschulung) mit. Das Bekenntnis ist ferner von der Schule bei den Eltern abzufragen.

⇨ Datenschutz (Schulen) Nr.2.2.1; ⇨ Schulpflicht (Melderordnung – Datenschutz)

Einen Nachweis müssen die Erziehungsberechtigten dabei nicht vorlegen. Eine Beendigung der Teilnahmepflicht ist danach nur durch den Kirchenaustritt oder die Abmeldung (s.u.) möglich.

Sofern ⇨ Ethikunterricht, der bisher nur ab Klasse 5 vorgesehen ist, an der betreffenden Schule erteilt wird, sind Schüler*innen, die an keinem „eingerichteten“ Religionsunterricht teilnehmen, zum Besuch dieses „Ersatzfachs“ verpflichtet.

Aufsicht in Hohlstunden usw.

Das KM hat auf Landtags-Drucksache 14/3498 u.a. mitgeteilt: „*Für Kinder, die nicht am Religionsunterricht teilnehmen und für die auch kein Ethikunterricht vorgesehen ist, besteht auch in einer dadurch entstehenden*

Hohlstunde eine Aufsichtspflicht der Schule. Zu der Art und Weise der Aufsicht hat das Kultusministerium keine detaillierte Regelung erlassen, weil die Verhältnisse vor Ort zu unterschiedlich sind. Soweit möglich, wird der Religionsunterricht auf die Randstunden verlegt. Darüber hinaus bieten sich Möglichkeiten der Aufsicht durch Hilfskräfte oder durch Einzelarbeit im Raum einer anderen Klasse. Bei älteren Schülerinnen und Schülern ist eine Präsenzaufsicht nicht in jedem Fall erforderlich. Hier kann es genügen, dass eine Lehrkraft jederzeit erreichbar ist."

Die Betreuung oder Beaufsichtigung von nicht zur Teilnahme Verpflichteten als „stille Hospitanten" im Religionsunterricht ist grundsätzlich nicht möglich.

(Quelle: https://km-bw.de/FAQ+Corona; dort: Fragen und Antworten zum Religionsunterricht; Stand: 7. Dezember 2020)

⇨ Aufsichtspflicht, Nr. 4

Abmelderecht

Die Abmeldung vom Religionsunterricht ist jeweils innerhalb von zwei Wochen nach Unterrichtsbeginn im Schulhalbjahr möglich. Zu den Formalitäten siehe ⇨ Religionsunterricht (Teilnahme und Abmeldung).

Es ist rechtswidrig, die Abmeldeerklärung vor dem Schuljahresende zu verlangen (also bevor bekannt ist, wer den Unterricht im Folgejahr erteilen wird).

Höchst problematisch (unseres Erachtens verfassungswidrig) ist die Vorschrift, dass religionsmündige Schüler*innen bei der Abmeldung *„Glaubens- und Gewissensgründe"* vorbringen müssen: Grundgesetz und Landesverfassung verlangen lediglich eine *„Willenserklärung"*; das Grundgesetz bestimmt zudem: *„Niemand ist verpflichtet, seine religiöse Überzeugung zu offenbaren"* (Art. 140 i.V.m. Art 136 WRV). Auch das Gesetz über die religiöse Kindererziehung verlangt keine Angabe von Gründen. Diese Bestimmung ist zudem mit dem Erziehungsauftrag der Schule nicht vereinbar, denn sie veranlasst die Betroffenen zum Lügen. Es genügt u.E. jedenfalls die Mitteilung an die Schule, dass *„Glaubens- und Gewissensgründe"* vorliegen; eine Spezifizierung ist nicht nötig.

Wenn die Eltern oder das religionsmündige Kind die freiwillige Teilnahme am Religionsunterricht beenden wollen, so genügt eine einfache Mitteilung an die Schule (es ist also – anders als bei bekenntnisangehörigen Kindern – keine „Abmeldung" erforderlich).

4.
Jüdischer Religionsunterricht

Erlass des KM vom 1.8.2005 (K.u.U. S. 107/2005)

Auf Antrag der Israelitischen Religionsgemeinschaften in Baden und in Württemberg wird ab dem Schuljahr 2005/2006 das Fach Jüdische Religionslehre aus der Versuchsform in ein ordentliches Unterrichtsfach im Sinne von Artikel 7 Absatz 3 des Grundgesetzes in Verbindung mit Artikel 18 der Landesverfassung und den §§ 96 bis 100 des Schulgesetzes überführt. Im Einzelnen wird dazu bestimmt:

Hinweis der Redaktion: Dieser Erlass hat keine Nr. 1.

2. Der jüdische Religionsunterreicht wird von jüdischen Religionslehrkräften erteilt, die von ihrer Religionsgemeinschaft angestellt sind oder die in einem Beschäftigungsverhältnis zum Land Baden- Württemberg stehen.
3. Der jüdische Religionsunterricht wird nach Möglichkeit entsprechend den jeweiligen Stundentafeln mit bis zu zwei Wochenstunden durchgeführt. Die Bestimmungen für die gymnasiale Oberstufe bleiben davon unberührt. Einzelabsprachen sind zwischen der Schule und der betreffenden Israelitischen Religionsgemeinschaft vorzunehmen.
4. Die Schülerinnen und Schüler (einzelner, mehrerer oder aller Klassen bzw. Jahrgangsstufen) an einer Schule sollen jeweils zu Gruppen von mindestens acht Schülerinnen oder Schülern zusammengefasst werden. Ausnahmsweise wird jedoch zugelassen, dass mangels Schülerinnen und Schülern auch Gruppen ab zwei Schülerinnen oder Schülern gebildet werden. Die Zusammenfassung von Schülerinnen und Schülern verschiedener Schulen und Schularten zu einer Gruppe wird ebenfalls zugelassen.
5. Der jüdische Religionsunterricht ist regelmäßig im Gebäude der Schule durchzuführen. Ausnahmsweise kann auf begründeten Antrag einer Israelitischen Religionsgemeinschaft der Religionsunterricht auch im Gemeindezentrum einer Jüdischen Gemeinde stattfinden. Dabei muss sichergestellt werden, dass die jeweilige Schulleitung jederzeit Zugang zu den Unterrichtsräumen hat.
6. Bei der Festlegung des jüdischen Religionsunterrichts im Stundenplan ist auf die besonderen Regelungen der Nummern 4 und 5 Rücksicht zu nehmen. Der über den Stundenplan genehmigte staatliche Unterrichtsauftrag kann von der Schulaufsichtsbehörde entzogen werden, wenn sich aus der Person oder der Unterrichtstätigkeit der Lehrkraft schwerwiegende Einwände gegen deren Verwendung ergeben haben. Vor der Entscheidung über die Entziehung des staatlichen Unterrichtsauftrags ist die jeweilige Israelitische Religionsgemeinschaft zu hören. Der Lehrkraft ist vor der Entscheidung über eine Entziehung des staatlichen Unterrichtsauftrags Gelegenheit zur Äußerung zu geben.
7. Die Entscheidung über die Teilnahme von Schülerinnen oder Schülern anderer Bekenntnisse oder ohne Bekenntnis am jüdischen Religionsunterricht trifft die betreffende jüdische Religionslehrkraft.
8. Jüdischer Religionsunterricht wird wie die übrigen Fächer benotet. Die von der jüdischen Religionslehrkraft erteilte Religionsnote ist in das Zeugnis bzw. die Halbjahresinformation unter dem Fach Religionslehre mit der Konfessionsangabe „jüdisch" auszubringen. Die Note ist nach Maßgabe der jeweiligen Versetzungs- oder Prüfungsordnung versetzungserheblich.
9. Die jüdischen Religionslehrkräfte nehmen nach Maßgabe der ⇨ Konferenzordnung an den Lehrerkonferenzen der Schule bzw. der Schulen teil, aus

denen die Schülerinnen und Schüler kommen.

10. Der jüdische Religionsunterricht wird unbeschadet des allgemeinen Aufsichtsrechts des Staates von religionspädagogisch erfahrenen Beauftragten der Israelitischen Religionsgemeinschaften beaufsichtigt.

5. Altkatholischer Religionsunterricht

Zum altkatholischen Religionsunterricht hat das KM am 12.4.2011 (K.u.U. S. 108/2011) bekanntgegeben: *„Die Anerkennung als Religionsunterricht i.S. von Artikel 7 Abs. 3 Grundgesetz und Artikel 18 Landesverfassung ist unabhängig von der Anzahl der Schülerinnen und Schüler.“* Der Unterricht findet in den Räumen der Schule statt.

Im Übrigen ist dieser Erlass des KM weitgehend analog zur Regelung für den jüdischen Religionsunterricht.

6. Orthodoxer Religionsunterricht

Formal „eingerichtet“ ist syrisch-orthodoxer Religionsunterricht an Schulen, an denen eine Mindestzahl von acht syrisch-orthodoxen Schüler*innen erreicht wird (Bekanntmachung des KM, 10.2.1994, K.u.U. S. 78). Für die übrigen, in der Orthodoxen Bischofskonferenz Deutschlands zusammengeschlossenen Religionsgemeinschaften (griechisch-, serbisch-, russisch-, bulgarisch-, georgisch-, rumänisch- und ukrainisch-orthodoxe Kirche) hat das KM „klargestellt“, dass Religionslehre „ordentliches Lehrfach“ ist (21.12.2016, K.u.U. S. 35/2017). Sobald an einer Schule entsprechende Schüler*innen gemeldet sind und die Religionsgemeinschaft eine Lehrkraft benennt, muss dort orthodoxer RU erteilt werden.

7. Islamischer Religionsunterricht

„Eingerichtet“ wird Religionsunterricht an öffentlichen Schulen vom Kultusministerium nur, wenn eine anerkannte Religionsgemeinschaft dies verlangt und die erforderlichen Rahmenbedingungen erfüllt sind (z.B. Vorlage eines Lehrplans, Vorhandensein und qualifizierte fachliche Ausbildung von bekenntnisangehörigen Lehrkräften, Stellung des Personals für die Aufsicht über den Religionsunterricht).

⇨ Religionsunterricht (Teilnahme); ⇨ Schulgesetz § 96

Beim Islam gibt es jedoch keine Behördenstruktur wie bei den christlichen Kirchen, es ermangelt also einer formellen *„islamischen Religionsgemeinschaft“*, die dem Staat als Verhandlungspartner gegenübersteht. Das für den RU zuständige Kultusministerium behilft sich deshalb mit Ersatzkonstruktionen. Es hat zwar Lehrpläne für sunnitischen und alevitischen Religionsunterricht in der Grundschule veröffentlicht (K.u.U. S. 308/2006) und alevitischen RU als ordentliches Lehrfach *„eingerichtet“*, seit 2019 ist auch islamischer RU sunnitischer Prägung faktisch eingerichtet (s.u.). Da die Zugehörigkeit zu einem muslimischen Bekenntnis jedoch nicht amtlich erhoben wird, sind nur jene Schüler*innen zur Teilnahme am RU verpflichtet, die von ihren Eltern gegenüber der Schule als dem jeweiligem Bekenntnis zugehörig gemeldet wurden. ⇨ Religionsunterricht (Teilnahme

Für Schiiten und andere Muslime, auch für selbstständige (sunnitische) Richtungen wie zum Beispiel die Ahmadiyya Muslim Jamaat, ist bisher kein islamischen Religionsunterricht an öffentlichen Schulen des Landes eingerichtet.

Alevitischer Religionsunterricht

Zum alevitischen RU hat das KM am 19.8.2014 (K.u.U. S. 14/2015) *„Regelungen“* bekanntgegeben. Danach ist *„alevitische Religionslehre“* unabhängig von der Anzahl der Schüler*innen *„ordentliches Unterrichtsfach“*. Das Fach kann schul- oder schulartübergreifend erteilt werden; es ist versetzungs- bzw. bestehenserheblich im Sinne der Versetzungs- und Prüfungsordnungen. Die Unterrichtssprache im alevitischen RU ist deutsch. Bei rituellen Gebeten (Salah) werden die Suren in arabischer Sprache gesprochen. Von den Schüler*innen wird nicht erwartet, dass arabisch gesprochen oder gelesen wird. Die alevitische Religionslehrkraft nimmt nach Maßgabe der ⇨ Konferenzordnung – ggf. mit Stimmrecht – an den Lehrerkonferenzen der Schulen teil, aus denen ihre Schülerinnen und Schüler stammen.

Sunnitischer Religionsunterricht

Der islamische Religionsunterricht sunnitischer Prägung, wird vom *„Sunnitischen Schulrat“* getragen. Diese Stiftung des öffentlichen Rechts *„tritt an die Stelle der derzeit nicht vorhandenen anerkannten islamischen Religionsgemeinschaft als Trägerin des Religionsunterrichts im Sinne des Art. 7 Abs. 3 Grundgesetz“* (Bekanntmachung des KM vom 23.10.2020; K.u.U. S. 188/2020). Sie beaufsichtigt den sunnitischen RU und verleiht die Lehrbefugnis bzw. „Idschaza“. Für diesen Religionsunterricht können Personen eingesetzt werden, „die über eine entsprechende Befähigung für eine Laufbahn als Lehrkraft an baden-württembergischen Schulen verfügen“.

Koranschulen und Religionskunde

Religionsunterricht, der nicht amtlich als ordentliches Lehrfach oder als Schulversuch *„eingerichtet“* wurde, ist an öffentlichen Schulen unzulässig. Dies gilt insbesondere auch für islamische „Koranschulen“. Hingegen findet mit Billigung des KM im Rahmen des muttersprachlichen Unterrichts, der in Verantwortung des türkischen Generalkonsulats – in der Regel in staatlichen Schulgebäuden – erteilt wird, teilweise eine religionskundliche *Unterweisung* (kein Religions<u>unterricht</u>!) für muslimische türkische Schüler*innen statt. ⇨ Sprachförderung (Integration) Nr. 8

⇨ Beurteilung (Lehrkräfte) Nr. III.7.6; ⇨ Ethikunterricht; ⇨ Feiertage; ⇨ Ferienverordnung; ⇨ Grundgesetz Art. 4, Art. 7 Abs. 2, Art. 140; ⇨ Lernmittel (Zulassung); ⇨ Religionsunterricht (Kirchliche Lehrkräfte); ⇨ Religionsunterricht (Teilnahme und Abmeldung); ⇨ Schulbesuchsverordnung (Hinweis zur Anlage); ⇨ Schulgesetz §§ 72, 85, 92; ⇨ Schulgottesdienst und Schülergottesdienst; ⇨ Sprachförderung (Integration) Nr. 8; ⇨ Verfassung

Religionsunterricht (Kirchliche Lehrkräfte)

Informationen der Redaktion zur Rechtslage und zur Verwaltungspraxis in Baden-Württemberg

An den öffentlichen Schulen sind zur Erteilung des Religionsunterrichts neben staatlichen auch „kirchliche Lehrkräfte" tätig, z.B.

- Pfarrer*innen, Priester oder Ordensleute und Katechet*innen; sie erteilen das Fach üblicherweise nebenberuflich und besitzen in der Regel nur eine auf diesen Lehrauftrag beschränkte pädagogische Ausbildung,
- hauptberufliche kirchliche Lehrkräfte (teilweise mit staatlichen Lehramtsprüfungen).

Voraussetzung ist die kirchliche Lehrbefugnis (die katholische „Missio canonica" bzw. die evangelische „Vocatio"). Diese Mitwirkung kirchlicher Lehrkräfte ist durch Staatskirchenverträge garantiert.

Für alle kirchlichen Lehrkräfte gilt eine gespaltene dienstliche Zuständigkeit:

1. Arbeitgeber („Dienstgeber") und damit weisungsbefugt ist die Religionsgemeinschaft. Für kirchlich angestellte Religionslehrkräfte ist der Dienstvertrag mit der Kirchenbehörde Rechtsgrundlage. Dienstlich und fachlich zuständige Behörde ist die anstellende Kirche.
2. „Vorgesetzter" im Sinne des Schulgesetzes bei der Ausübung des schulischen Lehrauftrags ist der jeweilige Schulleiter bzw. Schulleiterin; er bzw. sie besitzt insofern auch ein Weisungsrecht.

   ➪ Schulgesetz § 41 i.V.m. § 99 Abs. 2

Im Übrigen besitzen die kirchlichen Lehrkräfte an den Schulen alle Rechte und Pflichten von sonstigen Lehrkräften; sie sind also z.B. teilnahmepflichtig an Lehrerkonferenzen (mit vollem Stimmrecht), werden jedoch nicht als Klassenlehkraft eingesetzt. Bei der Zumessung von nicht-unterrichtlichen Aufgaben (z.B. Pausenaufsicht) sollten kirchliche Lehrkräfte, sofern sie nicht einen vollen Lehrauftrag an der jeweiligen Schule wahrnehmen, wie teilzeitbeschäftigte Lehrkräfte behandelt werden.

➪ Konferenzordnung § 10 Abs. 1; ➪ Teilzeit (Pflichten)

Kirchliche Lehrkräfte besitzen als „Beschäftigte" das aktive und passive Wahlrecht zur Personalvertretung und können sich in allen dienstrechtlichen Fragen (nicht in inhaltlichen Angelegenheiten des Religionsunterrichts!) an die Personalräte wenden und an den Personalversammlungen teilnehmen.

➪ Personalvertretungsgesetz (LPVG) § 4 Abs. 1

Bei der Beurteilung kirchlicher Religionslehrkräfte arbeiten die/der zuständige kirchliche Beauftragte (Schuldekan*in) und die Schulleitung zusammen. Die zuständige Kirchenbehörde fordert die Beurteilung durch die Schulleitung direkt bei der Schule an. Das RP erhält eine Mehrfertigung

(Quelle: KM, 19.4.2001; 14-zu 300.41/245)

Zur dienstlichen Beurteilung bitte auch den Beitrag ➪ Beurteilung (Lehrkräfte) Nr. 7.6 beachten.

Der „Dienstweg" für kirchliche Religionslehrkräfte

<table>
<tr><th>Beide Konfessionen:</th><th>Katholisch:</th><th>Evangelisch:</th><th>Katholisch:</th><th>Evangelisch:</th></tr>
<tr><td>Unmittelbare Zuständigkeit der Schulleitung</td><td>Über Schulleitung an das Ordinariat</td><td>Über Schuldekan an Oberkirchenrat Kopie: Schulleitung</td><td>Direkt an das Ordinariat</td><td>Über Schulleitung an den Oberkirchenrat</td></tr>
<tr><td>Insbesondere gilt dies für:
– Regelungen gemäß § 41 Schulgesetz,
– Vertretung und Aufsicht (zumutbar und angemessen),
– Freistellung vom Dienst,
– Entgegennahme der Meldung der Arbeitsunfähigkeit bis 3 Kalendertage*.
Hinweis der Redaktion:
In allen arbeitsrechtlichen Fragen berät nicht der (staatliche) Personalrat, sondern die (kirchliche) Mitarbeitervertretung (MAV).</td><td colspan="2">Insbesondere gilt dies für:
– Vorlage der ärztlichen Arbeitsunfähigkeitsbescheinigung ab dem 4. Krankheitstag*,
– Kurantrag,
– Antrag auf Deputatserhöhung,
– Antrag auf Zurruhesetzung,
– Versetzung,
– Kündigung des Dienstverhältnisses,
– Deputatsmeldungen,
– Freistellung vom Dienst, sofern nicht der Schulleitung übertragen.</td><td colspan="2">Insbesondere gilt dies für:
– Vorfragen im Hinblick auf event. Versetzungsabsichten,
– Stellungnahmen zu Unterrichtsbeurteilung und dienstlicher Beurteilung (DB durch die/den kirchlichen Beauftragte*n oder durch die Schulleitung; mit Kopie an die/den Beurteiler*in),
– Angelegenheiten zu Besoldung, vermögenswirksamen Leistungen, Eingruppierung/Höhergruppierung, Beihilfe...,
– inhaltliche Fragen zum Religionsunterricht und zum Selbstverständnis von kirchlichen Religionslehrer*innen.</td></tr>
<tr><td colspan="5">* bei Fehlzeiten von mehr als einer Woche ist von Lehrkräften an GHWRGS-Schulen zusätzlich die Schuldekanin bzw. der Schuldekan zu informieren.</td></tr>
</table>

➪ Beurteilung (Lehrkräfte); ➪ Dienstweg; ➪ Einstellungserlass Nr. 13; ➪ Ethikunterricht; ➪ Grundgesetz Art. 7 Abs. 2 und Weimarer Reichsverfassung Art. 137; ➪ Konferenzordnung; ➪ Personalvertretungsgesetz (LPVG) § 4 Abs. 1; ➪ Religion (Allgemeines); ➪ Religionsunterricht (Teilnahme); ➪ Schulgesetz §§ 96-100a; ➪ Teilzeit (Pflichten und Rechte); ➪ Urlaub (Lehrkräfte – Allgemeines); ➪ Verfassung Art. 18

Religionsunterricht (Teilnahme und Abmeldung)

Teilnahme am Religionsunterricht; Verwaltungsvorschrift des Kultusministeriums vom 21.12.2000 (K.u.U. S. 16/2001); zuletzt geändert 15. Mai 2009 (K.u.U. S. 77/2009)

A

1. *Teilnahmepflicht*

1.1 Der Religionsunterricht ist gemäß Artikel 7 Abs. 3 Grundgesetz, Artikel 18 Landesverfassung und § 96 Abs. 1 Schulgesetz für Baden-Württemberg (SchG) an allen öffentlichen Schulen des Landes ordentliches Lehrfach. Damit ist jeder Schüler, der in Baden-Württemberg eine öffentliche Schule besucht, grundsätzlich zur Teilnahme am Religionsunterricht seines Bekenntnisses verpflichtet.

Hinweis der Redaktion: Das Kultusministerium hat am 10.2.1989 bekanntgegeben (K.u.U. S. 39/1989):

1. Die Evangelisch-methodistische Kirche in Baden und Württemberg hat Folgendes mitgeteilt: „Nachdem zwischen der Evangelisch-methodistischen Kirche und den Evangelischen Landeskirchen in Baden und Württemberg Kanzel- und Abendmahlsgemeinschaft besteht, erklären wir die Lehrpläne für das Fach Evangelische Religionslehre in Baden-Württemberg als mit unseren Glaubensgrundsätzen übereinstimmend und anerkennen den im landeskirchlichen Auftrag erteilten Religionsunterricht als ordentliches Lehrfach für Kinder, die unserer Kirche angehören." Die Evangelischen Oberkirchenräte in Karlsruhe und Stuttgart haben hierzu ihre Zustimmung erteilt.

2. Dies bedeutet, dass der evangelische Religionsunterricht für die Schüler/innen, die der Evangelisch-methodistischen Kirche in Baden und Württemberg angehören, ordentliches Lehrfach ist. Diese Schüler/innen sind somit grundsätzlich zum Besuch des evangelischen Religionsunterrichts verpflichtet, unbeschadet des Abmelderechts nach § 100 Schulgesetz.

1.2 Ausnahmsweise kann ein Schüler in folgenden Fällen anstelle des Religionsunterrichts der eigenen Religionsgemeinschaft den einer anderen Religionsgemeinschaft mit gleichen Rechten und Pflichten besuchen, und zwar

1.2.1 im Verlauf der Eingangsklasse der gymnasialen Oberstufe sowie der ersten und zweiten Jahrgangsstufen insgesamt höchstens zwei Schulhalbjahre bzw. zwei Kurse mit Zustimmung der eigenen sowie der Religionsgemeinschaft, deren Religionsunterricht besucht werden soll;

1.2.2 wenn an der besuchten Schule überhaupt kein Religionsunterricht der eigenen Religionsgemeinschaft erteilt wird, mit Zustimmung der Religionsgemeinschaft, deren Religionsunterricht besucht werden soll;

1.2.3 wenn an der besuchten Schule in dem betreffenden Schuljahr kein Religionsunterricht der eigenen Religionsgemeinschaft stattfindet, mit Zustimmung der Religionsgemeinschaft, deren Religionsunterricht besucht werden soll;

1.2.4 in einzelnen Härtefällen mit Zustimmung der eigenen sowie der Religionsgemeinschaft, deren Religionsunterricht besucht werden soll;

1.2.5 im Falle eines konfessionell-kooperativen Religionsunterrichts nach Maßgabe der Vereinbarung [...] vom 1. März 2005 [...].

Hinweis der Redaktion: Siehe unten Teil C dieser VwV.

Schüler, die keiner Religionsgemeinschaft angehören, können mit Zustimmung der Religionsgemeinschaft, deren Religionslehre besucht werden soll, den Religionsunterricht besuchen. Die Zustimmung erteilt die jeweils von der Religionsgemeinschaft dafür bestimmte Stelle.

1.3 Über die Teilnahme am Religionsunterricht bestimmen die Erziehungsberechtigten. Nach Eintritt der Religionsmündigkeit steht das Recht, über die Teilnahme am Religionsunterricht zu bestimmen, aus Glaubens- und Gewissensgründen dem Schüler selbst zu. Gemäß § 5 Satz 1 des Gesetzes über die religiöse Kindererziehung (RKEG) [...] ist ein Schüler religionsmündig, wenn er das 14. Lebensjahr vollendet hat. Hat ein Schüler das 12. Lebensjahr vollendet, darf er gemäß § 5 Satz 2 RKEG nicht gegen seinen Willen in einem anderen Bekenntnis erzogen und damit auch nicht von seinen Erziehungsberechtigten gegen seinen Willen vom Religionsunterricht abgemeldet werden.

2. *Abmeldung*

Das Verfahren über die Abmeldung vom Religionsunterricht richtet sich nach § 100 SchG. Ergänzend gilt Folgendes:

2.1 Die Abmeldeerklärung für einen nicht religionsmündigen Schüler ist von demjenigen zu unterzeichnen, dem das Sorgerecht für den Schüler zusteht. Die Abmeldeerklärung muss daher in der Regel von beiden Elternteilen unterzeichnet sein.

2.2 Von einem Vormund oder einem Pfleger eines nicht religionsmündigen Schülers ist in entsprechender Anwendung von § 3 Abs. 2 RKEG die Genehmigung der Abmeldung durch das Vormundschaftsgericht nachzuweisen.

2.3 Die Abmeldeerklärung eines religionsmündigen Schülers ist nur wirksam, wenn Glaubens- und Gewissensgründe vorgebracht werden. Eine Überprüfung der angegebenen Glaubens- und Gewissensgründe ist nicht statthaft.

⇨ Religion (Allgemeines) Nr. 3

2.4 Die Abmeldung vom Religionsunterricht muss spätestens zwei Wochen nach Beginn des Unterrichts des Schulhalbjahres erklärt werden, zu dem sie wirksam werden soll.

2.5 Da das Recht auf Abmeldung vom Religionsunterricht ein höchstpersönliches Recht der Erziehungsberechtigten bzw. des religionsmündigen Schülers ist, ist es nicht zulässig, dass die Schule Schüler über eine beabsichtigte Abmeldung befragt oder für die schriftliche Abmeldung der Erziehungsberechtigten und der volljährigen Schüler oder die Ankündigung der persönlichen Erklärung der Abmeldung bei Schülern, die zwar das 14., aber noch nicht das 18. Lebensjahr vollendet haben, Formulare bereithält.

3.
Ethikunterricht

Schüler, die nicht am Religionsunterricht teilnehmen, haben an den Schulen, an denen das Fach Ethik eingeführt ist, den Unterricht in diesem Fach zu besuchen.

⇨ Ethikunterricht

B

Nachstehend gibt das Ministerium für Kultus und Sport die von den evangelischen und katholischen Kirchen in Baden-Württemberg zur Ausführung der Regelungen über den Besuch des Religionsunterrichts einer anderen alsder eigenen Religionsgemeinschaft geschlossene Vereinbarung bekannt:

Vereinbarung zwischen den evangelischen und katholischen Kirchen in Baden-Württemberg vom 31. März 1983

Zu Ziffer 1.2 der VwV *[...]* über die Teilnahme am Religionsunterricht wird Folgendes vereinbart:

1. Zu Ziffer 1.2.1

In diesen Fällen wird allgemein zugestimmt, dass evangelische bzw. katholische Schüler zwei Kurse bzw. zwei Schulhalbjahre den Religionsunterricht der anderen Kirchen besuchen können, sofern nicht in besonderen Fällen von den kirchlichen Oberbehörden Einwendungen bestehen.

2. Zu Ziffer 1.2.2

Der Fall, dass an der Schule kein evangelischer bzw. katholischer Religionsunterricht erteilt wird, tritt nicht auf. Für die Erteilung der Zustimmung zur Aufnahme von Schülern anderer Religionsgemeinschaften ist der Religionslehrer im Rahmen der jeweiligen kirchlichen Bestimmungen zuständig.

3. Zu Ziffer 1.2.3

Es besteht Übereinstimmung, dass dieser Fall für den evangelischen und katholischen Religionsunterricht möglichst nicht eintreten sollte. In erster Linie muss versucht werden, den Religionsunterricht jahrgangsübergreifend anzubieten. Wenn die Fortführung des Religionsunterrichts aus organisatorischen oder personellen Gründen nicht möglich erscheint, benachrichtigen die Schulen unmittelbar die zuständigen kirchlichen Oberbehörden. Wenn die Voraussetzungen von Ziffer 1.2.3 eintreten, wird allgemein die Zustimmung erteilt, dass evangelische bzw. katholische Schüler den Religionsunterricht der anderen Kirche besuchen können.

4. Zu Ziffer 1.2.4

Die Zustimmung ist von den zuständigen kirchlichen Oberbehörden zu erteilen.

C

Das Kultusministerium verweist ergänzend auf den folgenden Auszug aus der Vereinbarung zum konfessionell-kooperativen Religionsunterricht zwischen der Evangelischen Landeskirche in Baden, der Evangelischen Landeskirche in Württemberg, der Erzdiözese Freiburg und der Diözese Rottenburg-Stuttgart zur konfessionellen Kooperation im Religionsunterricht an allgemeinbildenden Schulen vom 1. März 2005:

„2.2 Der konfessionell-kooperativ erteilte Religionsunterricht

Der konfessionell-kooperativ erteilte Religionsunterricht ist konfessioneller Religionsunterricht im Sinne des Art. 7 Abs. 3 GG, für den die Lehren und Grundsätze der Evangelischen Kirche beziehungsweise der Katholischen Kirche maßgeblich sind.

Dieser Religionsunterricht zielt darauf, ein vertieftes Bewusstsein der eigenen Konfession zu schaffen, die ökumenische Offenheit der Kirchen erfahrbar zu machen und den Schülerinnen und Schülern beider Konfessionen die authentische Begegnung mit der anderen Konfession zu ermöglichen.

Es werden gemischt-konfessionelle Lerngruppen gebildet, die im Wechsel von einer Lehrkraft des Unterrichtsfaches Evangelische Religionslehre und Katholische Religionslehre unterrichtet werden. Dabei wird in qualifizierter Zusammenarbeit das konfessionelle Profil beider Kirchen in den Religionsunterricht eingebracht. Die Kirchen erstellen für diesen Unterricht auf der Basis der geltenden Bildungspläne jeweils einen schulartspezifisch verbindlichen Rahmen, dessen Verbindlichkeit durch übereinstimmende Erklärung der Schulverantwortlichen der Kirchen festgestellt wird.

Der konfessionell-kooperativ erteilte Religionsunterricht bedarf der Genehmigung durch den Evangelischen Oberkirchenrat Karlsruhe und das Erzbischöfliche Ordinariat Freiburg, bzw. durch den Evangelischen Oberkirchenrat Stuttgart und das Bischöfliche Ordinariat Rottenburg. Die Genehmigung kann nur erteilt werden, wenn bestimmte Qualitätserfordernisse erfüllt sind: Die Erarbeitung eines gemeinsamen Unterrichtsplans auf der Basis der Vorgaben der Bildungspläne für Evangelische Religionslehre und für Katholische Religionslehre und die Teilnahme der beteiligten Lehrkräfte an begleitender Fortbildung. Unbeschadet der über die Lehrkräfte durch die Kirchlichen Beauftragten ihrer Konfession wahrgenommenen Fachaufsicht wird die Aufsicht über die vereinbarte Kooperation von den Kirchlichen Beauftragten beider Kirchen gemeinsam wahrgenommen.

Genehmigungen werden nur befristet und für bestimmte Klassenstufen erteilt.

Näheres wird für die einzelnen Schularten in einem verbindlichen Rahmen durch die Schulverantwortlichen der Evangelischen Landeskirchen und der Diözesen geregelt."

Hinweis der Redaktion: Entspricht die Konfession der am kooperativen Religionsunterricht teilnehmenden Schüler*innen nicht jener der unterrichtenden Lehrkraft, ist jeweils die elterliche Zustimmung einzuholen; nach Eintritt der Religionsmündigkeit bestimmen hierüber die Schüler*innen selbst. Unterrichten Lehrkräfte unterschiedlicher Konfession, einigen sie sich über die gemeinsam zu bildende Zeugnisnote im Jahreszeugnis.
(Quelle: Infodienst Schulleitung, Juli 2009, Nummer 131)

⇨ Ethikunterricht; ⇨ Grundgesetz Art. 7 und 140; ⇨ Organisationserlass; ⇨ Religion (Allgemeines); ⇨ Schulbesuchsverordnung; ⇨ Schulgesetz § 100; ⇨ Schulgottesdienst; ⇨ Verfassung Art. 18

Remonstrationspflicht

Informationen der Redaktion zur Rechtslage und zur Verwaltungspraxis in Baden-Württemberg

Als „*Remonstrationsrecht*" wird die **Pflicht** (!) der Beamt*innen bezeichnet, jede dienstliche Weisung auf ihre Rechtmäßigkeit zu überprüfen und bei vermuteter Rechtswidrigkeit Bedenken vorzubringen.

Das ➪ Beamtenstatusgesetz § 36 stellt zunächst fest, dass Beamtinnen und Beamte für die Rechtmäßigkeit ihrer dienstlichen Handlungen die volle persönliche Verantwortung tragen und verpflichtet sie danach, Bedenken gegen die Rechtmäßigkeit dienstlicher Anordnungen unverzüglich auf dem Dienstweg bei ihren Vorgesetzten geltend machen.

Hält die anordnende Instanz bzw. Person (z.B. die Schulleitung) ihre Anordnung aufrecht, bestehen die Bedenken aber fort, muss sich der/die Beamt*in an die nächsthöhere Stelle wenden (Schulamt bzw. Regierungspräsidium). Bestätigt diese Behörde die Anordnung (auf Verlangen in Schriftform), sind betroffene Beschäftigte zur Ausführung verpflichtet, aber von der eigenen Verantwortung befreit. Diese Entlastung entfällt jedoch, wenn das aufgetragene Verhalten die Würde des Menschen verletzt oder strafbar oder ordnungswidrig ist und die Strafbarkeit oder Ordnungswidrigkeit erkennbar ist. In diesem Fall darf auch eine von der Schulaufsicht bestätigte Anordnung nicht befolgt werden.

Ein Beispiel für eine rechtswidrige Anordnung ist die Anordnung an eine Lehrkraft, Schwimmunterricht durchzuführen, obwohl sie keine „Rettungsfähigkeit" besitzt und sie dies der Schulleitung mitgeteilt hat.

➪ Aufsicht (Schwimmunterricht)

Aus dem ➪ Beamtenstatusgesetz § 35 ergibt sich ferner die Beamtenpflicht, die Vorgesetzten zu beraten; dies schließt die Pflicht ein, Bedenken gegen unzweckmäßige Handlungen vorzutragen und vorgesetzte Personen bzw. Behörden vor der Unterlassung zweckdienlicher Maßnahmen zu warnen.

Auch die Tarifbeschäftigten besitzen das Recht zur Verweigerung rechtswidriger Anordnungen.

GEW-Mitglieder sollten sich vor einer Remonstration von der GEW beraten lassen. ➪ Rechtsschutz

➪ Beamtenstatusgesetz § 36, ➪ Beschwerderecht; ➪ Pädagogische Freiheit; ➪ Rechtsschutz

Renten und Ruhestand (Arbeitnehmer*innen)

Informationen der Redaktion zur Rechtslage und zur Verwaltungspraxis in Baden-Württemberg

1. Rentenbeginn und Beendigung des Arbeitsverhältnisses

Anders als bei den **Beamtinnen und Beamten**, wo die Zurruhesetzung und der Beginn der Pensionszahlung zusammenfallen, sind bei den **Tarifbeschäftigten**

- die Beendigung des Arbeitsverhältnisses und
- der Beginn der Rentenzahlung

formal und zeitlich getrennt: Das auf einem Tarifvertrag beruhende **Arbeitsverhältnis** endet

- entweder mit Erreichen einer gesetzlichen Altersgrenze. Bei tarifbeschäftigten Lehrkräften gilt allerdings ➪ Tarifvertrag – Länder § 44 Nr. 4 und somit das Ende des Schulhalbjahres nach Erreichen der gesetzlichen Altersgrenze,
- oder im Einvernehmen zwischen Arbeitnehmer und Arbeitgeber
- oder durch Kündigung des Arbeitsvertrags seitens des Arbeitnehmers oder des Arbeitgebers.

Die gesetzliche **Rente** muss hingegen vom Arbeitnehmer beim Versicherungsträger beantragt werden.

Es ist also nicht automatisch sichergestellt, dass Arbeitsende und Rentenbeginn zum gleichen Zeitpunkt eintreten. Die Arbeitnehmer*innen müssen sich deshalb stets rechtzeitig um beides kümmern, weil sonst der Zustand eintreten kann, dass

- das Arbeitsverhältnis und damit der Anspruch auf Entgelt beendet ist, aber zu diesem Zeitpunkt noch kein Anspruch auf Rente besteht oder
- die Rente bewilligt wurde, aber das Arbeitsverhältnis (und damit die Arbeitsverpflichtung) fortdauern.

Hinweis der Redaktion: Zum Zusammentreffen von Renten mit der Beamtenversorgung siehe: ➪ Beamtenversorgung und Renten.

Rente und Altersgrenzen

Arbeitnehmerinnen und Arbeitnehmer haben bei Vorliegen der notwendigen Voraussetzungen (60 Beitragsmonate) Anspruch auf eine gesetzliche Rente der Deutschen Rentenversicherung.

Daneben gibt es für Arbeitnehmer*innen im öffentlichen Dienst eine tarifliche Betriebsrente („*Betriebliche Altersversorgung*") der Versorgungsanstalt des Bundes und der Länder (VBL); siehe Nr. 4; dort auch Anschrift und Kontaktmöglichkeiten der VBL.

In beiden Fällen beginnt die Rentenzahlung nicht automatisch (auch nicht bei Erreichen der gesetzlichen Altersgrenze!), sondern die Rente muss in jedem Fall von dem Rentenberechtigten rechtzeitig (!) bei der Rentenversicherung beantragt werden.

Für den Bezug der gesetzlichen Rente (DRV) sowie der Betriebsrente (VBL) gelten Altersgrenzen:

a)
Allgemeine Altersgrenze

Die allgemeine Altersgrenze in der gesetzlichen Rentenversicherung (Zeitpunkt für einen abschlagsfreien Rentenbeginn) wird ab Jahrgang 1947 schrittweise auf die Vollendung des 67. Lebensjahres angehoben

Jg.	Anhebung um	1960	66 + 4 Monate
1956	65 + 10 Monate	**1961**	66 + 6 Monate
1957	65 + 11 Monate	**1962**	66 + 8 Monate
1958	66	**1963**	66 + 10 Monate
1959	66 + 2 Monate	**1964**	67

Bei Renteneintritt vor der allgemeinen Altersgrenze wird ein Abschlag von 0,3 % für jeden Monat vor dem gesetzlichen Rentenalter abgezogen. Wird daneben ein Einkommen von mehr als 6.300 Euro/Jahr erzielt, werden bis zum Erreichen der Regelaltersgrenze vom übersteigenden Betrag 40 % von der Rente abgezogen und diese nur noch als „Teilrente" ausbezahlt.

b)
Altersgrenze für langjährig und besonders langjährig Versicherte

Langjährig Versicherte (Erfüllung der Wartezeit von 35 Jahren) können ab dem 63. Lebensjahr vorzeitig in Rente gehen. Je nach Geburtsmonat und -jahr sind jedoch Rentenabschläge in Kauf zu nehmen. Besonders langjährig Versicherte, die eine 45-jährige Wartezeit erfüllen, können je nach Jahrgang zwischen dem 63. und dem 65. Lebensjahr eine abschlagsfreie Rente beziehen (genaue Auskünfte bei der DRV und der VBL).

c)
Altersgrenze für Schwerbehinderte

Schwerbehinderte können nach dem 60. Geburtstag vorzeitig in Rente gehen, auch hier ab Geburtsjahrgang 1952 mit Abschlägen; diese Altersgrenze wird, wie die allgemeine Altersgrenze (siehe Buchst. a), schrittweise um zwei Jahre, also auf die Vollendung des 62. Lebensjahrs angehoben.

Flexirente

Eine Altersrente kann auch stufenlos als Teilrente in Anspruch genommen werden. Bei Inanspruchnahme einer Teilrente vor Erreichen der gesetzlichen Altersgrenze ist der Hinzuverdienst auf 6.300 Euro im Kalenderjahr begrenzt. Einkommen, das darüber hinausgeht, wird zu 40 % auf die Rente angerechnet.

Wird über die gesetzliche Altersgrenze hinaus ohne Rentenbezug weiter gearbeitet, müssen nur vom Arbeitgeber, nicht aber von dem/der Beschäftigten Rentenbeiträge entrichtet werden. Die Rente erhöht sich um 0,5 %/Monat.

Wird die gesetzliche Altersrente in Anspruch genommen und daneben weiter gearbeitet, so kann gegenüber dem Arbeitgeber erklärt werden, dass man Rentenversicherungsbeiträge entrichten will. Dann wird die Rente ein Mal jährlich erhöht.

Ende des Beschäftigungsverhältnises – Regelfall

Nach § 33 des Tarifvertrags für den öffentlichen Dienst der Länder (TV-L) endet das Arbeitsverhältnis - außer bei Lehrkräften - ohne Kündigung normalerweise mit Ablauf des **Monats**, in dem die bzw. der Beschäftigte das gesetzlich festgelegte Alter zum Erreichen einer abschlagsfreien Rente vollendet hat oder eine Teil- oder Erwerbsunfähigkeitsrente erhält.

Die Beendigung des Arbeitsverhältnisses nach Erreichen der gesetzlichen Altersgrenze erfolgt automatisch, es muss also keine Kündigung erfolgen; es genügt die Vorlage des Rentenbescheids beim Arbeitgeber (Regierungspräsidium). In allen Fällen der vorzeitigen Verrentung muss das Arbeitsverhältnis jedoch fristgerecht gekündigt, alternativ mit Auflösungsvertrag beendet werden, wenn man nicht neben dem Rentenbezug weiter arbeiten will (s.u.).

Ende des Beschäftigungsverhältnises – Sonderregelung für Lehrkräfte

Das Arbeitsverhältnis der Lehrkräfte im Arbeitnehmerverhältnis endet gemäß § 44 TV-L mit Ablauf des **Schulhalbjahres**, also am 31. Januar bzw. am 31. Juli **nach** Erreichen des gesetzlichen Rentenalters. Es endet also im Gegensatz zu den **beamteten** Lehrkräften, bei denen die gesetzliche Altersgrenze am Ende das Schuljahres vor Erreichen der gesetzlichen Altersgrenze liegt, erst am Ende des Schulhalbjahres **nach** Erreichen der gesetzlichen Altersgrenze.

Dies hat zur Folge, dass nur dann, wenn die gesetzlicher Regelaltersgrenze auf den 1. Februar oder 1. Juli fällt, der Rentenbeginn mit dem tariflichen Ende des Arbeitsverhältnisses zum Ende eines Schulhalbjahres (1.2. oder 1.8.) zusammenfällt, bei allen anderen Lehrkräften endet das Beschäftigungsverhältnis automatisch jedoch erst zum 1.2. bzw. 1.8. nach ihrem gesetzlichen Rentenbeginn.

➪ Tarifvertrag-Länder (TV-L) § 33 Abs. 1 b, § 34, § 44

In aller Regel haben Lehrkräfte aber ein Interesse daran, nicht länger zu arbeiten – vor allem, weil ihnen ja ab Erreichen der jeweiligen Altersgrenze bereits eine Rente zusteht. Sie streben deshalb überwiegend an, ihr Arbeitsverhältnis exakt zu dem Zeitpunkt zu beenden, an dem ihr Rentenanspruch beginnt.

Hierfür bieten sich zwei Möglichkeiten an:

- die fristgerechte Kündigung oder
- die Auflösung des Arbeitsverhältnisses im gegenseitigen Einvernehmen.

Die Kündigungsfristen des TV-L (§ 34) gelten auch im Schulbereich. Da diese Fristen aber ab dem ersten Beschäftigungsjahr quartalsbezogen sind, kommt für Lehrkräfte statt einer „ordentlichen" Kündigung meist der „Auflösungsvertrag" zum Tragen. Dabei erfolgt die Auflösung des Arbeitsverhältnisses im gegenseitigen Einvernehmen exakt zum Tag vor dem Rentenbeginn. Dann entsteht zwischen dem Ende des Arbeitsverhältnisses und dem Beginn der Rentenzahlung keine Lücke.

Es empfiehlt sich, den Auflösungsvertrag mit dem Regierungspräsidium unter dem Vorbehalt des Zugangs des Rentenbescheides zum Ende des

Monats abzuschließen, der vor dem 1. des Monats liegt, in dem man die Voraussetzungen für den Bezug einer Altersrente erfüllt (die Absicht ist dem RP auf dem Dienstweg spätestens zum Stichtag für ⇨ Stellenwirksame Änderungsanträge mitzuteilen).

Da der Arbeitgeber (RP) in der Regel von anderen Interessen geleitet wird als die Beschäftigten, ist in jedem Fall eine vorherige Beratung z.B. durch die GEW zu empfehlen. Grundsätzlich sollte man

- sich rechtzeitig vor dem Rentenantrag durch die DRV beraten und den „Versicherungsverlauf“ kontrollieren sowie
- spätestens vier Monate vor der Beendigung des Arbeitsverhältnisses bei der DRV einen Antrag auf Ausstellung des Rentenbescheids stellen.

Der Antrag auf die Betriebsrente bei der VBL (siehe Nr. 4) muss über den Arbeitgeber (RP) eingereicht werden, die Initiative muss dabei von dem bzw. der Arbeitnehmer*in ausgehen, der Antragstermin ist mit dem Arbeitgeber abzustimmen.

2.
Freistellung vor der Rente (Altersteilzeit, Sabbatjahr)

Schwerbehinderte Tarifbeschäftigte des Landes können der Beendigung ihres Arbeitsverhältnisses eine Altersteilzeitphase vorschalten. Dabei endet das Arbeitsverhältnis sowohl im Teilzeit- als auch im Blockmodell zu dem in der Altersteilzeit-Vereinbarung festgelegten Zeitpunkt; dies ist in der Regel der frühest mögliche Rentenbeginn ohne Abschlag. ⇨ Teilzeit (Altersteilzeit – Tarifvertrag)

Beim Sabbatjahr gelten für Tarifbeschäftigte die gleichen Bedingungen wie für Beamt*innen. Es ist für gesetzlich Krankenversicherte aber in der Regel nicht so attraktiv, da diese sich einfach ohne Entgelt beurlauben lassen können. Für privat Krankenversicherte sowie für Angestellte mit hoher Steuerbelastung kann das Sabbatjahr günstiger sein als eine Beurlaubung. Weiterhin darf das duchschnittliche Entgelt während des Sabbatmodells nicht unter 70% des Verdiensts der Jahre vo dem Sabbatmodell liegen. Vorher von der GEW beraten lassen!

⇨ Teilzeit/Urlaub (Arbeitnehmer); ⇨ Teilzeit/Urlaub (Beamtenrecht); ⇨ Teilzeit (Freistellungs-/Sabbatjahr)

3.
Hinzuverdienstgrenze

Erst nach Erreichen der gesetzlichen Altersgrenze können Rentner*innen unbeschränkt hinzuverdienen (z.B. aus Erwerbsarbeit).

Beim Bezug einer Rente wegen voller Erwerbsminderung ist ein Hinzuverdienst bis zu 450 Euro rentenunschädlich. Höhere Einkünfte werden angerechnet. Einkommen bis zu 6.300 Euro/Jahr ist unschädlich.

Bei der Rente auf Antrag ab vollendetem 63. Lebensjahr wird vom zu versteuernden Einkommen (Mieten, Zinsen, Honorare, ...) der Betrag, der 6.300 Euro übersteigt, durch 12 geteilt. Davon werden 40 % auf die Rente angerechnet.

Zu den Auswirkungen eines gleichzeitigen Bezugs von Rente und Beamtenpension siehe den Beitrag ⇨ Beamtenversorgung und Renten

In jedem Fall empfehlen wir die Beratung durch die DRV und die GEW.

4.
Betriebliche Altersversorgung (VBL)

Arbeitnehmer*innen des öffentlichen Dienstes sind bei der Versorgungsanstalt des Bundes und der Länder (VBL) pflichtversichert. Sie erhalten bei Erfüllung einer Wartezeit von 60 Beitrags- bzw. Umlage-Monaten und nach Eintritt des „Versorgungsfalls“ eine Betriebsrente.

Die Prüfung der Versicherungspflicht und die Meldung zur VBL obliegen dem Arbeitgeber (Regierungspräsidium). Der bzw. die Beschäftigte erhält jährlich einen Nachweis hierüber. Die Beiträge zahlt der Arbeitgeber, die Beschäftigten tragen einen kleinen Eigenanteil (seit 1.7.2018 1,81 % der Bruttovergütung).

Lehrkräfte im Arbeitnehmerverhältnis, die für nicht mehr als zwölf Monate eingestellt wurden, können grundsätzlich nicht bei der VBL versichert werden. Wird jedoch ein befristetes Arbeitsverhältnis über zwölf Monate hinaus verlängert oder unbefristet fortgesetzt, tritt die Versicherungspflicht rückwirkend ab Beginn des Arbeitsverhältnisses ein und die Eigenbeiträge werden rückwirkend fällig.

(Quelle: KM vom 13.12.2001; AZ: 15-0341.0/16)

Der „Versorgungsfall“ tritt in der Regel mit dem Beginn einer Rente aus der gesetzlichen Rentenversicherung ein. Maßgebend ist der Rentenbescheid der Rentenversicherung.

Analog zur gesetzlichen Rente führen bestimmte soziale Komponenten (z.B. Erwerbsminderung vor dem 60. Lebensjahr, gesetzliche Kindererziehungszeit, Pflegezeit) zu einer Erhöhung der Betriebsrente. Bei teilweiser Erwerbsminderung gibt es die Hälfte der Rente, die bei voller Minderung zu zahlen wäre. Bei vorzeitigem Ruhestand gelten Abschläge von 0,3 % pro Monat, maximal 10,8 %.

Arbeitnehmer*innen muss zu Beginn des Arbeitsverhältnisses vom Arbeitgeber die Satzung der VBL ausgehändigt werden. Bei der VBL können Merkblätter und Broschüren kostenlos angefordert werden (auch als Download: www.vbl.de).

5.
Private Zusatzversicherung / Riester-Rente

Die Renten aus der gesetzlichen Rentenversicherung sowie der Betriebsrente decken nicht in jedem Fall die Lebensbedürfnisse im Alter oder bei verzeitigem Ausscheiden aus dem Arbeitsverhältnis ab.

Zur Sicherung einer ausreichenden Altersversorgung ist es sinnvoll, eine private Zusatzversicherung abzuschließen. Arbeitnehmer*innen des öffentlichen Dienstes mit betrieblicher Altersversorgung zählen zum Kreis der Begünstigten bei der „Riester-Rente“. Für sie ist die Entgeltumwandlung zum Aufbau einer individuellen Zusatzversicherung möglich. Informationen (auch über geeignete Anbieter) stehen im Beitrag ➪ Entgeltumwandlung.

6. Erstattung und Weiterversicherung

Von Arbeitnehmer*innen entrichtete Beitragsanteile zur gesetzlichen Rentenversicherung können bei Beendigung der Versicherungspflicht erstattet werden. Dies kann z.B. für Lehrkräfte Bedeutung haben, die vor der Übernahme in das Beamtenverhältnis als Arbeitnehmer tätig waren. Voraussetzung ist, dass nach dem Ausscheiden aus der Versicherungspflicht kein Recht zur freiwilligen Weiterversicherung besteht und dass nicht bereits für mindestens 60 Kalendermonate Beiträge an einen Rentenversicherungsträger entrichtet wurden.

Der Erstattungsanspruch kann frühestens zwei Jahre seit dem Wegfall der Versicherungspflicht geltend gemacht werden; inzwischen darf keine neue versicherungspflichtige Beschäftigung oder Tätigkeit ausgeübt worden sein und es darf keine Beurlaubung vorliegen. Der Antrag muss sich auf den gesamten Zeitraum erstrecken, für den Beiträge entrichtet wurden. Ein Vordruck ist bei den örtlichen Beratungsstellen oder im Internet erhältlich.

Die GEW rät den Betroffenen, unabhängig von der Wartezeit, einen Erstattungsantrag erst nach einer Dienstzeit von fünf Jahren zu stellen (diese Frist gilt für Vollzeitbeschäftigung; bei Teilzeit entsprechend länger; auf sie wird die Zeit des Vorbereitungsdienstes voll angerechnet). Auch nach der Ernennung auf Lebenszeit kann es nämlich z.B. wegen Dienstunfähigkeit zur Entlassung aus dem Beamtenverhältnis kommen, wenn die fünfjährige Wartefrist noch nicht erfüllt ist. In diesem Fall muss das Land für die bisherige Dienstzeit die Beiträge zur Rentenversicherung nachentrichten. Durch diese Nachversicherung (für die Zeiten des Vorbereitungsdienstes sowie im Beamtenverhältnis auf Probe) kann gegebenenfalls zusammen mit den bereits erworbenen Beitragsleistungen ein Anspruch auf Berufs- bzw. Erwerbsunfähigkeitsrente entstehen (Voraussetzung: 60 Kalendermonate sind mit Beiträgen belegt). ➪ Beamtenversorgung (Wartezeit)

Wer in der gesetzlichen Rentenversicherung versicherungsfrei ist (z.B. als Beamt*in) und die Mindestwartezeit von fünf Beitragsjahren nicht erfüllt, kann sich – auf Antrag! – statt der Erstattung der Beiträge auch freiwillig weiterversichern und damit einen Rentenanspruch erwerben. Der Anspruch auf eine gesetzliche Rente kann jedoch zur Kürzung einer anderen Versorgung (z.B. der Beamtenpension) führen. Deshalb ist eine vorherige Beratung sinnvoll. Auskünfte erteilt die Deutsche Rentenversicherung.

Auch bei der VBL (betriebliche Altersversorgung) besteht Anspruch auf Beitragserstattung für beitragsfrei Versicherte, die die Wartezeit von 60 Umlage-/Beitragsmonaten nicht erfüllt haben. Dabei sind die vom Arbeitgeber gezahlten Umlagen nicht erstattungsfähig. ➪ Beamtenversorgung und Renten

7. Weiterarbeit nach der Regelaltersgrenze

Neben der „Teilrente“ gibt es zwei Möglichkeiten:

- Weiterarbeit <u>**ohne**</u> Rentenbezug. Dies muss dem Arbeitgeber 6 Monate vor Erreichen der Regelaltersgrenze schriftlich mitgeteilt werden. Vom Bruttoeinkommen werden den Arbeitnehmer*innen keine Rentenbeiträge mehr abgezogen, aber der Arbeitgeber muss Rentenbeiträge abführen Die spätere Rente erhöht sich um 0,5 % pro Monat, um den der Rentenbeginn nach der Regelaltersgrenze hinausgeschoben wird.
- Arbeiten nach der gesetzlichen Altersgrenze <u>**mit**</u> Rentenbezug. Bezieher*innen einer Altersvollrente oder einer Beamtenpension sind gemäß § 5 Abs. 2 SGB IV grundsätzlich rentenversicherungsfrei. Auf diese Rentenversicherungsfreiheit kann seit 1.1.2017 vom Arbeitnehmer / von der Arbeitnehmerin durch schriftliche Erklärung gegenüber dem Arbeitgeber verzichtet werden. Die Rente wird einmal im Jahr entsprechend erhöht.

8. Rechtzeitige Information und Beratung

Es ist allen Versicherten dringend zu empfehlen, sich rechtzeitig beraten zu lassen. Es empfiehlt sich ferner, alle Versicherungsunterlagen sorgfältig zu sammeln und aufzubewahren.

Beratung durch die Deutschen Rentenversicherung

Die Deutsche Rentenversicherung (DRV) hat zur Beratung der Versicherten Regionalzentren, Außenstellen und Beratungsstützpunkte eingerichtet. Für telefonische Auskünfte empfiehlt sich die landesweit geschaltete (kostenlose) Hotline der DRV Baden-Württemberg: (0800) 100 04 80 24. Internet: www.deutsche-rentenversicherung-bw.de

Auch ehrenamtliche Versichertenälteste beantworten alle Fragen rund um die Rentenversicherung und helfen beim Ausfüllen der Anträge.

Deren Adressen sind auf der DRV-Homepage über die Beratungsstellensuche zu finden.

Beratung durch die VBL

Die Versorgungsanstalt des Bundes und der Länder (VBL) ist unter folgender Anschrift erreichbar: VBL, 76128 Karlsruhe, (0721) 155-0, FAX: -666, E-Mail: info@vbl.de, www.vbl.de. Versicherte können bei der VBL eine Renten-vorausberechnung beantragen. Dazu sind die VBL-Versicherungsunterlagen und eine Kopie des DRV-Versicherungsverlaufs einzureichen.

Beratung durch die GEW

GEW-Mitglieder können die Beratung durch die Bezirksgeschäftsstellen in Anspruch nehmen (Anschriften am Anfang des Jahrbuchs).

➪ Entgeltumwandlung; ➪ Beamtenversorgung und Renten; ➪ Schwerbehinderung; ➪ Stellenwirksame Änderungsanträge; ➪ Tarifvertrag-Länder (TV-L) §§ 34 und 44; ➪ Teilzeit (Altersteilzeit – Tarifvertrag); ➪ Teilzeit/Urlaub (Arbeitnehmer*innen); ➪ Teilzeit/Urlaub (Beamtenrecht); ➪ Teilzeit (Freistellungs-/Sabbatjahr)

Ruhestand (Beamtenrecht)

Informationen der Redaktion zur Rechtslage und zur Verwaltungspraxis in Baden-Württemberg

A.
Formen und Fristen für die Zurruhesetzung von Lehrkräften im Beamtenverhältnis

1.
Gesetzlicher Ruhestand („Regel-Altersgrenze")

1. Beamtinnen und Beamte auf Lebenszeit treten, ohne dass es eines Antrags bedarf, mit Ablauf des Monats in den Ruhestand, in dem sie das **67. Lebensjahr** vollenden. ➪ Beamtengesetz § 36
2. Abweichend hiervon treten **Lehrkräfte an öffentlichen Schulen** kraft Gesetzes zum Ende des Schuljahres in den Ruhestand, in dem sie das **66. Lebensjahr** vollenden. Erster Tag des Ruhestands bei Lehrkräften ist also im Normalfall der 1. August. ➪ Beamtengesetz § 36 Abs. 2

Für die Geburtsjahrgänge 1948-1964 gelten Übergangsregelungen. ➪ Ruhestand (Übergangsregelungen)

2.
Vorzeitiger Ruhestand („Antragsruhestand")

1. Auf eigenen Antrag können Beamt*innen auf Lebenszeit in den Ruhestand versetzt werden, wenn sie das 63. Lebensjahr vollendet haben („Antragsaltersgrenze"). In diesem Fall wird ein Abschlag 0,3 % pro Monat vor Erreichen der Regelaltersgrenze fällig. Je nach Geburtsjahrgang und -monat kommt es somit zu Abschlägen zwischen 3,6 % pro Jahr und maximal 14,4 %. ➪ Beamtengesetz § 40 Abs. 1 Nr. 1; ➪ Beamtenversorgung (Abschläge)
2. Für Schwerbehinderte (mindestens GdB 50) gilt als Antragsaltersgrenze die Vollendung des 62. Lebensjahrs (überwiegend mit Versorgungsabschlag); sie wird für zwischen 1952 und 1968 geborene Schwerbehinderte analog zur „Regel-Altersgrenze" (s.o. Nr. 1) stufenweise angehoben. ➪ Beamtengesetz § 40 Abs. 1 Nr. 2; ➪ Ruhestand (Übergangsregelungen)
3. Der Versorgungsabschlag entfällt, wenn zum Zeitpunkt des Eintritts in den Ruhestand auf Antrag das 65. Lebensjahr vollendet und mindestens 45 Dienstjahre erreicht wurden. Neben Zeiten im Beamtenverhältnis zählen hierzu im Wesentlichen: Zeiten eines Wehr- bzw. Zivildienstes; maximal 5 Jahre als Arbeitnehmer*in, sofern durch diese Tätigkeit Fachkenntnisse erworben wurden, die für die Wahrnehmung des späteren Amtes förderlich sind sowie Zeiten als Lehrkraft nach Erwerb der Lehrbefähigung an einer staatlich anerkannten Ersatzschule (§ 23 Abs. 1). Der Versorgungsrechner des LBV überprüft bei Nutzer*innen ab dem 65. Lebensjahr auch die Erfüllung von 45 Dienstjahren, das heißt, ob die Voraussetzungen für den Wegfall der Minderung bei Eintritt in den Ruhestand vor der gesetzlichen Altersgrenze vorliegen.

Für Erwerbseinkommen neben dem Ruhegehalt gelten bis zum Erreichen der gesetzlichen Altersgrenze Höchstgrenzen.
➪ Beamtenversorgung (Anrechnungsvorschriften)

Die Zurruhesetzung von Lehrkräften auf Antrag erfolgt in der Regel zum 1. August nach Vollendung des entsprechenden Lebensjahres. Hiervon kann auf Antrag in folgenden Fällen abgewichen werden:

Fall 1: Schwerbehinderung

Schwerbehinderte Lehrkräfte können nicht nur am 1. August, sondern auch am 1. Februar des Jahres in den Antragsruhestand versetzt werden. (Quelle: KM, 21. Mai 2001; AZ: 14-0311.41/279)

Fall 2: Geburtstag in den Sommerferien

Lehrkräfte, die in den Sommerferien das Stichtags-Alter für den Antrags-Ruhestand erreichen, müssen nicht bis zum Ende des Folgejahres warten, sondern können auf Antrag noch während der Ferien in den Ruhestand treten („tagesscharf" am Geburtstag). Ein fälliger Versorgungsabschlag wird dann ebenfalls „tagesscharf" berechnet, also für alle Tage und Monate vor Erreichen des gesetzlichen Zurruhesetzungstermins. Dafür sind die Betroffenen aber auch fast ein Jahr früher von der Arbeit befreit und erhalten in dieser Zeit bereits eine Pension.

Fall 3: (Alters-)Urlaub bis zum Ruhestand

Lehrkräfte, die in jenem Schuljahr, in dem sie das 63. Lebensjahr vollenden, keinen Dienst mehr tun wollen, können die Zeit zwischen dem ersten Schultag nach den Sommerferien bis zum 63. Geburtstag durch einen Urlaub ohne Bezüge (§ 72 LBG) überbrücken. Dann sind sie nach den Sommerferien von der Dienstleistung frei und werden „tagesscharf" an ihrem 63. Geburtstag zur Ruhe gesetzt; bei mehr als 31 Kalendertagen Urlaub entfällt jedoch die Beihilfeberechtigung. ➪ Beihilfe (Urlaub ohne Bezüge)

Wer die Höchstdauer

a) von sechs Jahren für Urlaub aus sonstigen Gründen (§ 72 Abs. 2 Nr. 1 LBG) ausgeschöpft und keine familiären Gründe hat oder
b) von 15 Jahren (§ 73 Abs. 1 LBG)
   - für Urlaub aus familiären Gründen (§ 72 Abs. 1 LBG) allein oder
   - für die die Kombination von familiärer und sonstiger Beurlaubung oder
   - für unterhälftige Teilzeit aus familiären Gründen (§ 69 Abs. 2 LBG) oder
   - für die unterhälftige Teilzeit aus familiären Gründen in Kombination mit familiärer und sonstiger Beurlaubung

ausgeschöpft und das 55. Lebensjahr vollendet hat, kann die Zeit zwischen den Sommerferien und dem 63. Geburtstag auch durch Altersurlaub (§ 72 Abs. 2 Nr. 2 LBG) überbrücken; es dürfen dienstliche Belange jedoch nicht entgegenstehen (§ 72 Abs. 4 LBG). Während die Beurlaubung nach § 72 Abs. 1 LBG zu genehmigen ist (siehe ➪ Juristische

Terminologie), ist die Beurlaubung nach § 72 Abs. 2 eine Kann-Regelung. Wir empfehlen, dies rechtzeitig mit dem Regierungspräsidium (unter Mithilfe des Bezirkspersonalrats) abzuklären.

Fall 4:
Pensionierung im laufenden Schuljahr

In besonders begründeten Ausnahmefällen können Beamt*innen, die – ohne im gesetzlichen Sinne dienstunfähig zu sein – gesundheitlich so beeinträchtigt sind, dass auch eine kurzzeitige Verlängerung der aktiven Dienstzeit nicht zumutbar erscheint, auch im Laufe eines Schuljahres zur Ruhe gesetzt werden.

(Quelle: KM, 13.7.1998 (Nr. 1/5-0311.52/166).

➪ Beamtengesetz § 43

3. Ruhestand wegen Dienstunfähigkeit

Zum Begriff der Dienstunfähigkeit siehe ➪ Beamtengesetz §§ 43 und 44. Die Überprüfung der Dienstfähigkeit kann vom RP eingeleitet werden, wenn Zweifel an der vollen und nachhaltigen Dienstfähigkeit bestehen. Diese Zweifel sind stets gegeben, wenn der/die Betroffene innerhalb von sechs Monaten mindestens drei Monate dienstunfähig gemeldet ist. Vor einer Zurruhesetzung wird in der Regel überprüft, ob

- alle medizinischen Möglichkeiten ausgeschöpft wurden (z.B. Rehabilitation), ➪ Beihilfe (Kuren)
- eine Wiedereingliederung möglich ist, ➪ Arbeitszeit (Wiedereingliederung); ➪ Eingliederungsmanagement (BEM)
- eine andere Verwendung möglich ist (vgl. Nr. 5),
- eine Teildienstfähigkeit gegeben ist (vgl. Nr. 4).

Erst wenn alle Möglichkeiten ausgeschöpft sind, erfolgt die Pensionierung wegen Dienstunfähigkeit.

Soweit eine Dienstunfähigkeit nach § 43 LBG in der Zeit des Altersurlaubs eintritt, ist der bzw. die Beschäftigte in den Ruhestand zu versetzen, ohne dass zuvor geprüft werden muss, ob ein besonderer Härtefall vorliegt, der die Rückkehr aus dem Urlaub zulässt, wenn die Fortsetzung des Urlaubs nicht zuzumuten ist. Ein eigener Antrag ist in diesem Falle unbedingt empfehlenswert.

(Quelle: KM, 30.10.97; I/5-0311.42/56)

Bei der Zurruhesetzung wegen Dienstunfähigkeit ist bei Beamt*innen, deren Ruhegehaltssatz unter 66,97 % liegt und die eine Anwartschaft in der gesetzlichen Rentenversicherung besitzen (z.B. aus Tätigkeiten vor dem Beamtenverhältnis), gemäß § 28 LBeamtVG auf eigenen Antrag eine vorübergehende Erhöhung des Ruhegehalts bis zum Rentenbezug möglich. ➪ Beamtenversorgung (Allgemeines)

Wurde eine Lehrkraft nach langer Erkrankung wegen Dienstunfähigkeit pensioniert und konnte sie im betreffenden Kalenderjahr nicht wenigstens den Mindesturlaub von 20 Tagen in Anspruch nehmen, so werden die nicht in Anspruch genommenen Urlaubstage finanziell abgegolten. ➪ Urlaub (Verordnung) § 21

a) Verfahren bei der Zurruhesetzung von Amts wegen

Das Regierungspräsidium teilt dem/der Betroffenen seine Vermutung der dauernden Dienstunfähigkeit mit und ordnet eine amtsärztliche Untersuchung durch die entsprechende Gutachterstelle an. Auf Veranlassung des Regierungspräsidiums wird die Schulleitung vom Gesundheitsamt gebeten, in einem Fragebogen ergänzende Beobachtunen mitzuteilen. Hier sind lediglich eigene und belegbare Beobachtungen weiterzugeben, keinesfalls medizinische Diagnosen. Dagegen sind konkrete Vorschläge, wie die Lehrkraft an der Schule weiter eingesetzt werden könnte, bzw. welche Hilfsmittel oder Unterstützungen (bis zu baulichen Veränderungen) nötig wären, hilfreich. Der Lehrkraft ist diese Stellungnahme grundsätzlich vor der Weiterleitung an das Gesundheitsamt zur Einsicht vorzulegen.

(Quelle: Schreiben SSA Stuttgart vom 19. Oktober 2016)

Der Amtsarzt erstellt darauf ein Gutachten (siehe Buchstabe B – Ergänzende Hinweise zum Verfahren). Wenn aus diesem zweifelsfrei hervorgeht, dass mit der Wiederherstellung der Dienstfähigkeit innerhalb der nächsten sechs Monate nicht zu rechnen ist, wird in der Regel ein Zurruhesetzungsverfahren eingeleitet. Dies erfolgt durch ein Schreiben des RP an die Lehrkraft mit Begründung sowie dem Hinweis, dass diese die Beteiligung des Personalrats beantragen kann.

➪ Beamtengesetz § 53; ➪ Beamtenstatusgesetz § 9

Die Einspruchsfrist (auch für den Antrag auf Beteiligung des Bezirkspersonalrats) beträgt in der Regel einen Monat ab Aushändigung dieses Schreibens. Wird ein Antrag auf Beteiligung des Personalrats gestellt, erfolgt ein Beteiligungsverfahren. Erst danach kann dem/der Beschäftigten die Zurruhesetzung förmlich mitgeteilt werden; anschließend werden die Bezüge auf das Ruhegehalt umgestellt.

b) Verfahren bei der Zurruhesetzung auf eigenen Antrag

Das Landesbeamtengesetz sieht einen eigenen Antrag auf Feststellung der Dienstunfähigkeit formal nicht vor. Beamtinnen und Beamte können aber – auch über www.lehrer-online-bw.de/stewi – einen Antrag in eigener Sache stellen (§ 49 Abs. 1 LBG) und so das Verfahren einleiten. Dies ist nicht sinnvoll, wenn man sich zwar dienstunfähig fühlt, aber noch nicht alle Behandlungsmöglichkeiten ausgeschöpft hat.

Nach Eingang des Antrags ordnet das RP eine amtsärztliche Untersuchung an. Danach läuft das Verfahren analog zur Zurruhesetzung von Amts wegen. Wichtig: Zieht die Lehrkraft den Antrag zurück, weil die medizinische Gutachterstelle nur eine begrenzte Dienstfähigkeit feststellt (s.u.), kann die Behörde das Ergebnis der amtsärztlichen Untersuchung nicht ignorieren: Das Verfahren auf Herabsetzung der Arbeitszeit wegen begrenzter Dienstfähigkeit wird dann von Amts wegen fortgeführt.

4. Begrenzte Dienstfähigkeit (Teildienstfähigkeit)

Mit der „begrenzten Dienstfähigkeit" (§ 43 LBG) soll die Zahl der vorzeitigen Zurruhesetzungen vermindert sowie jenen Beschäftigten, die weiter im Beruf tätig sein wollen, jedoch nicht mehr voll einsatzfähig sind, eine Chance gegeben werden.

➪ Beamtengesetz § 43; ➪ Eingliederungsmanagement

4.1 Verfahren bei begrenzter Dienstfähigkeit

Voraussetzung: Es muss eine dauerhaft eingeschränkte Dienstfähigkeit vorliegen, bei welcher die verbleibende Dienstfähigkeit mindesten 50 % beträgt; das Fortbestehen ist regelmäßig zu überprüfen.

Das RP leitet wie bei Ziff. 3 a) zunächst eine amtsärztliche Untersuchung ein. Die medizinische Gutachterstelle erstellt ein Gutachten, in dem im Grundsatz Dienstunfähigkeit, aber auch die Tatsache festgestellt wird, dass und in welchem Umfang noch eine begrenzte Dienstfähigkeit vorliegt. Das RP teilt der Lehrkraft die beabsichtigte Maßnahme mit Begründung mit. Die Einspruchsfrist (auch für die Beteiligung des Bezirkspersonalrats) beträgt in der Regel einen Monat.

4.2 Ausgestaltung des Dienstverhältnisses bei begrenzter Dienstfähigkeit

a) Arbeitszeit

Die Arbeitszeit wird von Amts wegen entsprechend der Minderung der Dienstfähigkeit herabgesetzt (mindestens muss ein halbes Deputat erteilt werden; aus Gründen der Fürsorge sollen teildienstfähige Lehrkräfte vom „variablen Deputat" ausgenommen werden). Alters- und Schwerbehindertenermäßigung werden nur wie bei Teilzeitbeschäftigten bewilligt.

(Quelle: KM, 8.8.2000; AZ: 14 0310.31/116).

Wird im amtsärztlichen Zeugnis eine prozentuale Minderung und nicht eine Wochenstundenzahl angegeben, ist der Deputatsfaktor dem Prozentsatz anzupassen. Dabei ist auf halbe Stunden aufzurunden.

(Quelle: KM, 11.7.2003; AZ: 14-0301.625/108)

b) Besoldung

Begrenzt Dienstfähige erhalten zu den anteiligen Dienstbezügen einen Zuschlag in Höhe der Hälfte des Unterschiedsbetrags zwischen den gekürzten Dienstbezügen und den Dienstbezügen, die sie bei Vollzeitbeschäftigung erhalten würden. Beispiele:

Begrenzte Dienst-fähigkeit	Besoldung, ruhe-gehaltfähig	Zuschlag, nicht ruhe-gehaltfähig	Gesamt-gehalt
50 %	50 %	25 %	75 %
60 %	60 %	20 %	80 %
70 %	70 %	15 %	85 %
80 %	80 %	10 %	90 %
90 %	90 %	5 %	95 %

Der Zuschlag bei begrenzt Dienstfähigen, die ihre amtlich festgestellte Teildienstfähigkeit freiwillig mittels Teilzeitbeschäftigung auf Antrag weiter reduzieren, wird im Verhältnis der tatsächlichen Arbeitszeit zur herabgesetzten Arbeitszeit der begrenzten Dienstfähigkeit reduziert.

⇨ Besoldungsgesetz (LBesGBW) § 72

Beispiel: Begrenzte Dienstfähigkeit mit 80 %. Die Lehrkraft reduziert freiwillig auf 50 %. Der Zuschlag (10 % siehe Tabelle) wird um 50/80 gekürzt, beträgt demnach 6,25 %. Das Gesamtgehalt beträgt 56,25 %.

c) Ruhegehalt

Die Zeit begrenzter Dienstfähigkeit ist nur zu dem Teil ruhegehaltfähig, der dem Verhältnis der ermäßigten zur regelmäßigen Arbeitszeit entspricht, mindestens aber in der Höhe, die bei Versetzung in den Ruhestand wegen Dienstunfähigkeit (gegebenenfalls unter Berücksichtigung der Zurechnungszeit zu 2/3, siehe ⇨ Beamtenversorgung (Allgemeines) Abschnitt II B. Nr. 4c) zustehen würde. Der Zuschlag zur Besoldung ist nicht ruhegehaltfähig

d) Altersteilzeit

Altersteilzeit auf Grundlage der Hälfte der noch zu leistenden Arbeitszeit ist auch für begrenzt dienstfähige Beamt*innen, dann aber nur im Blockmodell gemäß § 70 Abs. 2 Nr. 2 LBG möglich.

⇨ Beamtengesetz § 72 Abs. 2 Nr. 2; ⇨ Teilzeit (Altersteilzeit – Beamtenrecht); ⇨ Teilzeit / Urlaub (Beamtenrecht) Nr. V.

e) Wiedereingliederung

Die Wiedereingliederung mit verringertem Deputat unter Fortzahlung der Bezüge in der Höhe vor der Erkrankung (*Rekonvaleszenz*) setzt die positive Prognose der Wiederherstellung der vollen Dienstfähigkeit nach einer Übergangszeit voraus; andernfalls sind die Regelungen über die begrenzte Dienstfähigkeit anzuwenden. ⇨ Arbeitszeit (Wiedereingliederung)

f) Nebentätigkeiten

Die Regelgrenze für Nebentätigkeiten wird bei begrenzter Dienstfähigkeit anteilig angewandt: Sie verringert sich in dem Verhältnis, in dem die Arbeitszeit herabgesetzt ist.

⇨ Beamtengesetz § 62; ⇨ Nebentätigkeiten (Allgemeines)

5. Anderweitige Verwendung / Reaktivierung

Lehrkräfte, die für den Bereich „Unterricht" als dienstunfähig anzusehen sind, können anderweitig eingesetzt werden (Abordnung oder Versetzung); in der Regel an Dienststellen der Schulverwaltung. Die Personalräte besitzen hierbei Mitbestimmungsrechte.

Die Betroffenen bleiben dabei in ihrem Amt als Lehrkräfte und erhalten weiterhin das entsprechende Gehalt. Die Arbeitszeit richtet sich jedoch nach jener in der Landesverwaltung (bei Vollzeitbeschäftigung 41 Stunden/Woche). Die Alters- oder Schwerbehindertenermäßigung der Lehrkräfte entfällt. Schwerbehinderte erhalten in der Verwaltung fünf Arbeitstage Zusatzurlaub, Gleichgestellte drei Tage.

⇨ Beamtenstatusgesetz § 26 Abs. 2; ⇨ Personalvertretungsgesetz (LPVG) § 75 Abs. 2

Wenn im ersten amtsärztlichen Gutachten nicht zweifelsfrei ausgeführt wurde, dass dies nicht sinnvoll ist, erfolgt üblicherweise alle zwei Jahre eine Nachuntersuchung.

Bis einschließlich des 62. Lebensjahrs können pensionierte Beamt*innen „reaktiviert" werden.

6. Weitere Formen des früheren Ausstiegs

Ein vorzeitiges Ausscheiden auf Antrag durch Entlassung aus dem Beamtenverhältnis ist jederzeit möglich, sollte jedoch nie ohne eingehende Beratung erfolgen. ⇨ Beamtenversorgung (Altersgeld)

Neben dem Antragsruhestand gibt es nur wenige Möglichkeiten, ganz oder zeitweise aus der Tätigkeit auszuscheiden. Zu nennen sind:

1. Urlaub ohne Dienstbezüge (Freistellung),
   ⇨ Beamtengesetz § 72; ⇨ Urlaub (Verordnung)
2. Freistellungsjahr („Sabbatjahr“), ⇨ Beamtengesetz § 69 Abs. 5; ⇨ Teilzeit (Freistellungsjahr – Sabbatjahr)
3. „Blockmodell“-Phase in der Altersteilzeit (nur für Schwerbehinderte möglich).
   ⇨ Beamtengesetz § 70; ⇨ Teilzeit/Urlaub (Beamtenrecht – Altersteilzeit)

Beim „Sabbatjahr“ und der Altersteilzeit handelt es sich um eine andere Verteilung der Arbeitszeit. Formal ist dies also keine vorzeitige Zurruhesetzung, sondern eine Freistellung von der Dienstleistung.

7.
Beschäftigung über die Altersgrenze hinaus

Der Ruhestand kann auf eigenen Antrag und bei dienstlichem Bedarf jeweils um ein Jahr, bei Lehrkräften längstens bis zum 31. Juli nach dem 69. Geburtstag hinausgeschoben werden (§ 39 LBG), Der Personalrat bestimmt nur bei Ablehnung des Antrags und nur auf Antrag des Beschäftigten mit.

⇨ Beamtengesetz § 39; ⇨ Personalvertretungsgesetz (LPVG) § 75 Abs. 3, Ziffer 14

Das Land kann bei Bedarf mit einer kraft Gesetzes (§ 36 LBG) pensionierten Lehrkraft einen Arbeitsvertrag abschließen. Dann besteht Versicherungsfreiheit in der gesetzlichen Kranken- und Rentenversicherung.

Das hieraus erzielte *„Verwendungseinkommen“* wird von der Pension abgezogen, wenn die Summe aus Versorgung und Verwendungseinkommen 100 % der ruhegehaltfähigen Dienstbezüge übersteigt. Ausnahmen hiervon bestehen bei besonderem dienstlichen Interesse, siehe: ⇨ Beamtenversorgung (Anrechnungsvorschriften); ⇨ Tarifvertrag Länder § 30

8.
Anrechnung von Einkommen und Renten

Bis zum Erreichen der gesetzlichen Altersgrenze wird Einkommen, mit Ausnahme von *„Verwendungseinkommen“*, aus nichtselbstständiger Arbeit, aus selbstständiger Arbeit, aus einem Gewerbebetrieb, aus Land- und Fortswirtschaft abzüglich der Werbungskostenpauschale nach dem Einkommenssteuergesetz auf die Pension angerechnet; überschreitet die Summe aus Einkommen und Pension die jeweilige Höchstgrenze wird die Pension gekürzt. Siehe hierzu: ⇨ Beamtenversorgung (Anrechnungsvorschriften).

Wer beispielsweise bei der Deutschen Rentenversicherung oder der VBL einen Rentenanspruch erworben hat, muss (!) diesen in jedem Fall geltend machen. Bei Überschreiten der jeweiligen Höchstgrenzen wird an der Beamtenpension gekürzt. Hierzu bitte den Beitrag ⇨ Beamtenversorgung und Renten beachten.

B.
Ergänzende Hinweise zum Verfahren im Falle der Dienstunfähigkeit

1.
Amtsärztliche Untersuchung

Die amtsärztliche Untersuchung von Beamt*innen ist im Beamtenstatusgesetz geregelt.

⇨ Beamtengesetz §§ 44, 53; ⇨ Beamtenstatusgesetz §§ 4, 9

Die medizinische Gutachterstelle muss beim Verdacht auf Dienstunfähigkeit dem Regierungspräsidium auf folgende Fragen antworten:

1. Liegt derzeit eine Dienstunfähigkeit vor?

Wird diese Frage im Gutachten verneint, fordert das RP den/die Betroffene/n zum Dienstantritt auf.

2. Ist bei möglichen Behandlungen innerhalb von sechs Monaten wieder mit Dienstfähigkeit zu rechnen?

Wird diese Frage bejaht, fordert das RP den/die Betroffene/n auf, sich diesen Behandlungen – ggf. auch stationär – zu unterziehen. Wird sie verneint, liegt im Grundsatz dauernde Dienstunfähigkeit vor.

3. Erscheint eine Verwendung in einer anderen Tätigkeit – z.B. in einer Verwaltung – möglich?

Wird diese Frage bejaht, wird das RP versuchen, eine anderweitige Verwendung der Betroffenen im Verwaltungsbereich zu finden und leitet ggf. eine Versetzung dorthin ein.

4. Kann der/die Betroffene im Rahmen einer „begrenzten Dienstfähigkeit“ mit wenigstens noch einem halben Deputat weiter verwendet werden?

Wird diese Frage im Gutachten bejaht, ist mit einem Verfahren zur Feststellung der *„begrenzten Dienstfähigkeit“* und zur Herabsetzung der Arbeitszeit auf die vom Amtsarzt festgestellte Wochenstundenzahl zu rechnen. Ist die Antwort „Nein“, leitet das

Stichwort: Zum Abschied (k)eine schöne Geste

Im Gegensatz zu den meisten Arbeitgebern der privaten Wirtschaft, die ihre Beschäftigten in der Regel feierlich und freundlich (und auf Kosten des Betriebes) in den Ruhestand verabschieden, verhält sich der öffentliche Dienstherr ausgesprochen schofel: Für Abschiedsfeiern sind im Staatshaushalt keine Mittel eingeplant, nicht einmal für einen Blumenstrauß. Bisweilen wird die amtliche Dankurkunde für treue Dienste sehr unförmlich übergeben (ein „feuchter Händedruck“ genügt, soll ein früherer Kultusminister gesagt haben). Erfreulicherweise kümmern sich die Kolleg*innen, der Personalrat oder die Schulleitung vielfach darum, trotzdem einen würdigen Abschied zu organisieren. Danke dafür!

Oft laden die ausscheidenden Lehrkräfte ihr Kollegium auf eigene Kosten zu einem Umtrunk ein. Bewirtungskosten für Kollegen*innen anlässlich der Verabschiedung in den Ruhestand sind nach einer Entscheidung des Bundesfinanzhofs steuerlich absetzbar, da sie überwiegend beruflich veranlasst sind (Az: VI R 52/03, BStBl. 2007 II S. 317). Übrigens: Dies gilt nicht anlässlich von Geburtstagsfeiern.

Regierungspräsidium das förmliche Zurruhesetzungsverfahren ein bzw. setzt es fort.

Das Gesundheitsamt muss der untersuchten Person eine Kopie des der anfordernden Dienststelle erteilten amtsärztlichen Zeugnisses übermitteln.

Durch eine vertrauensvolle Zusammenarbeit mit den behandelnden Ärzten, mit der Personal- und der Schwerbehindertenvertretung ist es möglich, das Ergebnis der amtsärztlichen Untersuchung sowie das Zurruhesetzungsverfahren zu den eigenen Gunsten zu beeinflussen. Die Amtsärzte sind wegen der Bandbreite der „Fälle", in denen sie tätig werden, auf die Befunde der Haus- und Fachärzte angewiesen und deshalb in der Regel dankbar, wenn ihnen diese vor der amtsärztlichen Untersuchung zugeleitet werden.

Wer wegen gesundheitlicher Probleme mit einer vorzeitigen Zurruhesetzung rechnen muss, sollte sich bewusst sein, dass die Amtsärzte nicht nur den aktuellen Gesundheitszustand in den Blick nehmen, sondern auch den bisherigen Krankheitsverlauf. Die krankheitsbedingten Fehlzeiten, die Frequenz und Intensität der vorhergehenden ärztlichen Bemühungen, Kuraufenthalte und Rehabilitationsmaßnahmen können Indikatoren für den Schweregrad der Erkrankung sein. Mit anderen Worten: Wer aus Pflichtbewusstsein in den letzten zehn Jahren nie fehlte und nie zum Arzt ging, wird kaum eine schwere, chronische Erkrankung geltend machen können.

In klaren Fällen (z.B. bei unheilbaren Leiden oder nach schweren Operationen) und bei über 55-Jährigen erfolgt häufig eine Zurruhesetzung innerhalb eines Jahres nach Beginn der Krankheit. Auch bei (teilweise) dienstlichem Interesse an einer Pensionierung (z.B. bei Lehrkräften oder Schulleiter*innen, die in ihren Aufgaben überfordert sind) erfolgt diese nicht selten zügiger. Bei Erkrankungen von unter 55-Jährigen erfolgt eine Zurruhesetzung oftmals erst nach zwei oder mehr Jahren ununterbrochener Krankheitsdauer, wenn alle Rehabilitationsmaßnahmen erfolglos blieben. Die Behörde muss immer den Grundsatz „Rehabilitation vor Versorgung" beachten.

2.
Schwerbehinderung

Bei einer längerfristigen oder sehr schweren Erkrankung sollte man beim Versorgungsamt einen Antrag auf Schwerbehinderung stellen (ggf. bereits aus dem Krankenhaus). Erfahrungsgemäß dauert die Bearbeitung mehrere Monate. ➪ Schwerbehinderung

3.
Rechtsschutz und Rechtsberatung

Damit die Personalvertretung auf den Ablauf einer vorzeitigen Zurruhesetzung Einfluss nehmen kann, sollten Betroffene stets beim Regierungspräsidium die Beteiligung des Bezirkspersonalrats beantragen, denn dieser wirkt ausschließlich auf Antrag mit. ➪ Personalvertretungsgesetz (LPVG) § 75 Abs. 3 Nr. 12-14

GEW-Mitglieder wenden sich mit nicht zufriedenstellenden Bescheiden des Gesundheitsamts oder des RP in jedem Falle sofort an die zuständige GEW-Bezirksgeschäftsstelle. Sie sollten dort insbesondere in Fällen, die vom Regel-Ruhestand abweichen (z.B. Antragsruhestand, Dienstunfähigkeit, Sabbatjahr, Altersteilzeit), ihr voraussichtliches Ruhegehalt berechnen und sich individuell beraten lassen.

➪ Beamtenversorgung (Berechnung); ➪ Rechtsschutz

Sie sollten den Bescheid über die Festsetzung der Versorgungsbezüge, der in der Regel schon vor der Pensionierung zugestellt wird, nicht nur sofort genau prüfen, sondern ihn, sofern das Höchstruhegehalt von 71,75 % nicht erreicht wird, unter Angabe von eventuellen Unstimmigkeiten und mit den entsprechenden Unterlagen an die GEW-Bezirksgeschäftsstelle zur Überprüfung senden sowie beim LBV zunächst formlos „fristwahrend" Widerspruch einlegen (die Frist beträgt nur einen Monat!). Bei der GEW weiß man, welche Fragen strittig sind und wo es im Hinblick auf laufende Rechtsverfahren im Einzelfall sinnvoll ist, Widerspruch einzulegen.

➪ Beamtengesetz § 36 ff.; ➪ Beamtenversorgung (Allgemeines); ➪ Beamtenversorgung (Anrechnungsvorschriften); ➪ Beamtenversorgung (Berechnung); ➪ Beamtenversorgung (Hinterbliebene); ➪ Beamtenversorgung (Wartezeit); ➪ Beamtenversorgung und Renten; ➪ Besoldungsgesetz (LBesGBW) § 70; ➪ Personalvertretungsgesetz (LPVG); ➪ Rechtsschutz; ➪ Ruhestand (Beamtenrecht – Übergangsregelungen); ➪ Schwerbehinderung; ➪ Teilzeit (Freistellungsjahr – Sabbatjahr); ➪ Teilzeit / Urlaub (Beamtenrecht – VwV)

Ruhestand (Beamtenrecht – Übergangsregelungen für Lehrkräfte)

Informationen der Redaktion zur Rechtslage und zur Verwaltungspraxis in Baden-Württemberg

1.
Allgemeine Altersgrenze

Die allgemeine Altersgrenze aller Beamt*innen wird von der Vollendung des 65. Lebensjahres stufenweise auf das 67. Lebensjahr angehoben. Analog hierzu wird die **allgemeine Altersgrenze für beamtete Lehrkräfte** des Landes gemäß § 36 Abs. 2 LBG auf das Schuljahresende nach der Vollendung des **66.** Lebensjahres angehoben (früher: **64.** Lebensjahr).

➪ Beamtengesetz § 36; ➪ Ruhestand (Beamtenrecht) A.

Lehrkräfte der Geburtsjahrgänge bis 1964 haben deshalb nicht nur einen tatsächlichen, sondern auch noch einen fiktiven Geburtstag: „realer Geburtstag plus x Monate". Je nachdem, in welchem

weiter auf der übernächsten Seite =>

Allgemeine Altersgrenze und Antragsaltersgrenze der Lehrkräfte

Beamtinnen und Beamte – L.i.A. siehe Renten und Ruhestand (Arbeitnehmer*innen)

1. Geburtsjahrgänge 1956 bis 1958 (ohne Schwerbehinderte)

Wer in diesem Zeitraum geboren wurde, ...	... wird von Amts wegen ohne Abschlag zur Ruhe gesetzt am 1. August	... kann auf Antrag mit Abschlag vorzeitig in den Ruhestand treten am 1. August		am 1. August	
		Jahr	Abschlag	Jahr	Abschlag
2.11.1956 – 31.12.1956	2022	2021	2,7 %	2020	6,3 %
1.1.1957 – 1.8.1957	2022	2021	3,0 %	2020	6,6 %
2.8.1957 – 1.10.1957	2022	2022	0 %	2021	3,6 %
2.10.1957 – 31.12.1957	2023	2022	3,0 %	2021	6,6 %
1.1.1958 – 1.8.1958	2023	2022	3,3 %	2021	6,9 %
2.8.1958 – 1.9.1958	2023	2023	0 %	2022	3,6 %
2.9.1958 – 31.12.1958	2024	2023	3,3 %	2022	6,9 %

2. Geburtsjahrgänge 1959 bis 1.8.1965 (ohne Schwerbehinderte)

Wer in diesem Zeitraum geboren wurde, ...	... wird von Amts wegen ohne Abschlag zur Ruhe gesetzt am 1. August	... kann auf Antrag mit Abschlag vorzeitig in den Ruhestand treten am 1. August					
		Jahr	Abschlag	Jahr	Abschlag	Jahr	Abschlag
1.1.1959 – 1.8.1959	2024	–		2023	3,6 %	2022	7,2 %
2.8.1959 – 31.12.1959	2025	–		2024	3,6 %	2023	7,2 %
1.1.1960 – 1.6.1960	2025	–		2024	3,6 %	2023	7,2 %
2.6.1960 – 1.8.1960	2026	2025	0,6 %	2024	4,2 %	2023	7,8 %
2.8.1960 – 31.12.1960	2026	–		2025	3,6 %	2024	7,2 %
1.1.1961 – 1.4.1961	2026	–		2025	3,6 %	2024	7,2 %
2.4.1961 – 1.8.1961	2027	2026	1,2 %	2025	4,8 %	2024	8,4 %
2.8.1961 – 31.12.1961	2027	–		2026	3,6 %	2025	7,2 %
1.1.1962 – 1.2.1962	2027	–		2026	3,6 %	2025	7,2 %
2.2.1962 – 1.8.1962	2028	2027	1,8 %	2026	5,4 %	2025	9,0 %
2.8.1962 – 31.12.1962	2028	–		2027	3,6 %	2026	7,2 %
1.1.1963 – 1.8.1963	2029	2028	2,4 %	2027	6,0 %	2026	9,6 %
2.8.1963 – 1.12.1963	2029			2028	3,6 %	2027	7,2 %
2.12.1963 – 31.12.1963	2030	2029	2,4 %	2028	6,0 %	2027	9,6 %
1.1.1964 – 1.8.1964	2030	2029	3,0 %	2028	6,6 %	2027	10,2 %
2.8.1964 – 1.10.1964	2030	–		2029	3,6 %	2028	7,2 %
2.10.1964 – 31.12.1964	2031	2030	3,0 %	2029	6,6 %	2028	10,2 %
1.1.1965 – 1.8.1965	2031	2030	3,6 %	2029	7,2 %	2028	10,8 %
Ab 2.8.1965 und alle weiteren Jahrgänge	am 1.8. nach dem 66. Geburtstag	1 Jahr früher	3,6 %	2 Jahre früher	7,2 %	3 Jahre früher	10,8 %

Ein konkreter Beispielfall zur Anwendung dieser Tabellen (siehe umrandete Zeile)

Eine am 13. April 1961 geborene Lehrkraft wäre nach „altem" Recht am 1. August nach ihrem 64. Geburtstag, also am 1.8.2025, von Amts wegen zur Ruhe gesetzt worden. Nach jetzt geltendem Recht wird sie erst am 1.8.2027 von Amts wegen pensioniert werden. Diese Kollegin hat jetzt folgende Optionen:

1. Sie wird am 1. August 2027 von Amts wegen ohne Abschlag zur Ruhe gesetzt
2. oder sie tritt mit einem Abschlag
   - von 1,2 % am 1. August 2026,
   - von 4,8 % am 1. August 2025,
   - von 8,4 % am 1. August 2024

   in den Antragsruhestand.
3. Sie kann aber auch ab den Sommerferien 2023 Urlaub ohne Bezüge nehmen und „tagesscharf" an ihrem 63. Geburtstag (13. April 2024) in den Antragsruhestand treten. Ihr individueller, tagesscharf berechneter Abschlag beträgt in diesem Fall 9,48 %.

Fortsetzung von der vorletzten Seite

Monat die Lehrkraft geboren ist, hat das entweder gar keine oder dramatische Auswirkungen auf den gesetzlichen, abschlagsfreien Ruhestands-Beginn.

Die Einzelheiten sind im Landesbeamtenversorgungsgesetz Baden-Württemberg geregelt. Wer es genau wissen will, findet den Gesetzestext unter www.landesrecht-bw.de. Die dort abgedruckten Übergangsvorschriften (§ 99 ff.) sind jedoch so kompliziert, dass sie nur von Fachleuten zuverlässig dargestellt und kommentiert werden können.

Wir haben deshalb die Folgen der Anhebung für Lehrkräfte der Geburtsjahrgänge bis 1964 in Tabellenform dargestellt (siehe linke Seite).

2.
Antragsaltersgrenzen

Die Antragsaltersgrenze (Zurruhesetzung auf eigenen Antrag ohne Vorliegen einer Dienstunfähigkeit gem. § 40 LBG Abs. 1 Nr. 1) wurde nicht erhöht. Sie bleibt für beamtete Lehrkräfte im Landesdienst (außer für Schwerbehinderte, s.u.) **unverändert** beim Schuljahresende nach Vollendung des **63. Lebensjahres**. ➪ Beamtengesetz § 40 Abs. 1 Nr. 1

Da sich durch den Anstieg der allgemeinen Altersgrenze der Abstand zur Antragsaltersgrenze schrittweise vergrößert, können künftig viele Betroffene zwischen mehreren Terminen für ihren vorzeitigen Ruhestand wählen (siehe Tabellen). Entsprechend müssen sie hierfür auch unterschiedliche Versorgungsabschläge in Kauf nehmen. Die Stichtagsregelung (1. August) kann sogar dazu führen, dass bis zum Geburtsjahrgang 1958 für bestimmte Gruppen von Lehrkräften trotz der Anhebung der Altersgrenze gar kein Versorgungsabschlag anfällt (z.B. für zwischen 2.8. und 1.9.1958 Geborene).

Antragsaltersgrenze für Schwerbehinderte

Die Antragsaltersgrenze für Schwerbehinderte (GdB ab 50) wird von der Vollendung des **60.** Lebensjahres stufenweise auf das **62.** Lebensjahr erhöht.

Bei nach dem 31. Dezember 1951 und vor dem 1. Januar 1969 Geborenen wird die Antragsaltersgrenze

- der Jahrgänge 1952-1963 um einen Monat,
- ab Jahrgang 1964 in Zwei-Monats-Schritten

angehoben; der Versorgungsabschlag (0,3 % / Monat) wird individuell berechnet.

Nach dem 31.12.1968 geborene Schwerbehinderte können nach Vollendung des 62. Lebensjahres ausscheiden. Allerdings mit einem Abschlag von 10,8 %

Erst ab der Vollendung des 65. Lebensjahrs können sie ohne Versorgungsabschlag ausscheiden.

Da für den Antragsruhestand Schwerbehinderter das Schuljahr **und** das Geburtsjahr (= Kalenderjahr) maßgebend sind, können der Abschlag sowie der **früheste Termin für das abschlagfreie Ausscheiden** (in der Regel drei Jahre nach dem frühesten Termin für den Antragsruhestand) nur individuell ermittelt werden.

3.
Zurruhesetzung wegen Dienstunfähigkeit

Auch für die Versorgung nach einer Pensionierung wegen Dienstunfähigkeit gelten hinsichtlich des Versorgungsabschlags Übergangsvorschriften.

Wir raten Lehrkräften, die wegen einer vermuteten Dienstunfähigkeit zur Ruhe gesetzt werden sollen oder dies selber anstreben, rechtzeitig den Rat der zuständigen GEW-Geschäftsstelle und/oder der Schwerbehindertenvertretung in Anspruch zu nehmen.

➪ Beamtengesetz §§ 36 ff.; ➪ Beamtenversorgung (Abschläge); ➪ Beamtenversorgung (Berechnung); ➪ Beihilfe (Urlaub); ➪ Ruhestand (Beamtenrecht)

Sachschäden

Informationen der Redaktion zur Rechtslage und zur Verwaltungspraxis in Baden-Württemberg

Bei der Beschädigung oder Zerstörung (nicht beim Verlust!) von privateigenen Gegenständen anlässlich der Dienstausübung gibt es nach dem Beamtenrecht zwei Fallgruppen von Sachschadensersatz:

1. Tritt bei einem Dienstunfall zugleich ein Sachschaden ein, greift § 47 des Beamtenversorgungsgesetzes. ➪ Beamtenversorgung (Unfallfürsorge)
2. Wenn zwar kein Körperschaden eingetreten, der Schaden jedoch durch „plötzliche äußere Einwirkung gegen die Person“ eingetreten ist, greift das ➪ Beamtengesetz (LBG) § 80.

Daneben ist bei Parkschäden am Pkw Ersatz möglich, ohne dass ein Körperschaden vorliegt oder eine Einwirkung gegen die Person erfolgte.

1.
Sachschäden bei Dienstunfällen mit Körperschaden (Beamtenversorgungsgesetz)

Auszug aus dem Landesbeamtenversorgungsgesetz vom 27.10.2010 (GBl. S. 793), zuletzt geändert 15. Oktober 2020 (GBl. S. 914, 922)

§ 47
Erstattung von Sachschäden und besonderen Aufwendungen

Sind bei einem Dienstunfall Kleidungsstücke oder sonstige Gegenstände, die der Beamte mit sich geführt hat, beschädigt oder zerstört worden oder abhanden gekommen, kann dafür Ersatz geleistet werden. Anträge auf Gewährung von Sachschadenersatz nach Satz 1 sind innerhalb einer Ausschlussfrist von drei Monaten zu stellen. Sind durch die erste Hilfeleistung nach dem Unfall besondere Kosten entstanden, ist dem Beamten der nachweisbar notwendige Aufwand zu ersetzen.

➪ Beamtenversorgung (Unfallfürsorge)

2.
Sachschäden bei Dienstunfällen ohne Körperschaden (Landesbeamtengesetz)

Auszug aus dem Landesbeamtengesetz

§ 80
Ersatz von Sachschaden

(1) Sind durch plötzliche äußere Einwirkung in Ausübung oder infolge des Dienstes Kleidungsstücke oder sonstige Gegenstände, die Beamtinnen oder Beamte mit sich geführt haben, beschädigt oder zerstört worden oder abhanden gekommen, ohne dass ein Körperschaden entstanden ist, kann den Beamtinnen und Beamten dafür Ersatz geleistet werden. § 45 Abs. 1 Satz 2 und Abs. 2 Satz 1 und 2 LBeamtVGBW gilt entsprechend.

Hinweis der Redaktion: Diese Bestimmungen werden auch auf Arbeitnehmer*innen angewandt. ⇨ Tarifvertrag-Länder (TV-L) § 3 Abs. 7

(2) Ersatz kann auch geleistet werden, wenn ein während einer Dienstreise oder eines Dienstganges abgestelltes, aus triftigem Grund benutztes Kraftfahrzeug im Sinne des § 6 Abs. 1 oder 2 Satz 1 *(ab 2022 § 5 Abs. 2)* des Landesreisekostengesetzes durch plötzliche äußere Einwirkung beschädigt oder zerstört worden oder abhanden gekommen ist und sich der Grund zum Verlassen des Kraftfahrzeuges aus der Ausübung des Dienstes ergeben hat. Satz 1 gilt entsprechend, wenn das Kraftfahrzeug für den Weg nach und von der Dienststelle benutzt wurde und dessen Benutzung wegen der Durchführung einer Dienstreise oder eines Dienstganges mit diesem Kraftfahrzeug am selben Tag erforderlich gewesen ist.

Schadenersatz an Kraftfahrzeugen

Tabellarische Übersicht der Redaktion

A. Wegeunfall (Unfall auf dem Weg zwischen Wohnung und Dienststelle)	
Voraussetzungen	1. Schwerwiegende Gründe für die Benützung eines Kfz; Beispiele: – Schlechte Verkehrsverbindung mit öffentlichen Verkehrsmitteln – Beförderung von schweren oder sperrigen Gegenständen, die für die dienstliche Tätigkeit benötigt werden – Erhebliche Zeitersparnis – Körperbehinderung der/des Beschäftigten 2. Körperverletzung oder körperliche Gefährdung der/des Beschäftigten
Begrenzung der Ersatzleistungen	– Höchstens 300 Euro (Ersatz durch Kaskoversicherung wird angerechnet) – Kürzung bei Mitverschulden (Fahrlässigkeit) – Kein Ersatz bei grober Fahrlässigkeit und Vorsatz
Ersatz für abgestelltes Kfz	Bei Wegeunfällen kein Ersatz für Parkschäden (Ausnahme: Verbindung mit Dienstreise oder Dienstgang; siehe unten Buchst. B).
B. Unfall bei Dienstreise oder Dienstgang	
Voraussetzungen	1. Triftige Gründe für die Benützung eines Kfz (Beispiele: wie bei Wegeunfall) 2. Körperverletzung oder körperliche Gefährdung der/des Beschäftigten (Ausnahme: abgestelltes Kfz)
Ersatz für abgestelltes Kfz	Ersatz ist unter folgenden Voraussetzungen möglich: 1. Kfz wurde während einer Dienstreise oder eines Dienstgangs abgestellt. 2. Es liegen triftige Gründe für die Kfz-Benützung vor. Grund zum Verlassen des Kfz ergibt sich aus der Ausübung des Dienstes. oder: Kfz wird wegen einer am selben Tag durchzuführenden Dienstreise /eines Dienstganges notwendigerweise für die Fahrt nach und von der Dienststelle benutzt und Benutzung aus triftigem Grund wurde angeordnet/genehmigt. Die Meldung eines Schadens am abgestellten Kfz muss innerhalb einer Ausschlussfrist von einem Monat erfolgen.
Begrenzung der Ersatzleistungen	– Grundsätzlich keine Begrenzung der Höhe der Ersatzleistung. – Die Kaskoversicherung muss in Anspruch genommen werden, wenn der Schaden durch die Rückstufung in der Versicherung + die Selbstbeteiligung kleiner ist als der entstandene Schaden am Kfz[1] – Kein Ersatz bei grober Fahrlässigkeit und Vorsatz.

[1] Beispiel: Ersatz bei bestehender Voll-/Teilkaskoversicherung. Bei einer Selbstbeteiligung von 325 Euro in der Kaskoversicherung und einem Rabattverlust von 100 Euro (Rückstufungsschaden) können maximal 425 Euro erstattet werden, auch wenn der tatsächliche Schaden am Kfz (Reparaturkosten) höher ist.

(3) Ersatz wird nur geleistet, soweit Ersatzansprüche gegen Dritte nicht bestehen oder nicht verwirklicht werden können. Ersatz wird nicht geleistet, wenn die Beamtin oder der Beamte

1. den Schaden vorsätzlich herbeigeführt hat oder
2. das Schadensereignis nicht innerhalb einer Ausschlussfrist von drei Monaten, im Fall des Absatzes 2 von einem Monat nach seinem Eintritt beim Dienstvorgesetzten oder bei der für die Festsetzung der Ersatzleistung zuständigen Stelle gemeldet hat. [...]

Hinweis der Redaktion: Diese Ausschlussfristen sind von Amts wegen zu beachten. Mit Eintritt der Ausschlussfrist sind Leistungen nicht mehr zulässig. Entsprechende Anträge müssen deshalb abgelehnt werden; der Unfallfürsorgestelle (für Lehrkräfte dem Regierungspräsidium) steht kein Ermessensspielraum zu. Der Sachverhalt sowie die etwaige Höhe des Sachschadenersatzes sollten deshalb dem RP stets sofort gemeldet werden, auch wenn noch nicht alle Unterlagen (Rechnungen usw.) vorliegen. Wichtig ist, dass die Meldung rechtzeitig eingegangen ist. Sie kann in dringenden Fällen auch ohne Einhaltung des Dienstweges unmittelbar beim Regierungspräsidium eingereicht werden.

§ 80 a
Erfüllungsübernahme von Schmerzensgeldansprüchen gegen Dritte

(1) Hat eine Beamtin oder ein Beamter wegen eines tätlichen rechtswidrigen Angriffs, den sie oder er in Ausübung des Dienstes oder außerhalb des Dienstes wegen der Eigenschaft als Beamtin oder Beamter erleidet, einen Vollstreckungstitel über einen Anspruch auf Schmerzensgeld gegen einen Dritten erlangt, kann der Dienstherr auf Antrag die Erfüllung dieses Anspruchs bis zur Höhe des festgestellten Schmerzensgeldbetrags übernehmen.

(2) Der Dienstherr kann die Erfüllungsübernahme verweigern, wenn aufgrund desselben Sachverhalts eine einmalige Unfallentschädigung nach § 59 LBeamtVGBW oder ein Unfallausgleich nach § 50 LBeamtVGBW gezahlt wird.

(3) Die Erfüllung durch den Dienstherrn erfolgt Zug um Zug gegen Vorlage einer öffentlich beglaubigten Abtretungserklärung über den titulierten Anspruch in der Höhe, in der die Erfüllung vom Dienstherrn übernommen wird. Der Übergang des Anspruchs kann nicht zum Nachteil der oder des Geschädigten geltend gemacht werden.

(4) Der Antrag kann innerhalb einer Ausschlussfrist von zwei Jahren nach Eintritt der Rechtskraft oder der Unwiderruflichkeit des Vollstreckungstitels nach Absatz 1 Satz 1 schriftlich oder elektronisch gestellt werden. Die Entscheidung über die Erfüllungsübernahme und die Durchsetzung des übergegangenen Anspruchs obliegen der nach § 62 Absatz 3 Satz 2 LBeamtVGBW zuständigen Behörde. Für Versorgungsberechtigte des Landes ist die für die Zahlung der Versorgungsbezüge bestimmte Behörde zuständig.

Für Fallgruppe 2 (LBG § 80) drei Beispiele

- Die Lehrkraft legt ihre Brille auf eine schräge Ablagefläche; die Brille rutscht herunter und wird beschädigt. Es gibt keinen Sachschadenersatz, da keine plötzliche äußere Einwirkung vorliegt.
- Jemand stößt – aus Absicht oder Versehen – die Brille vom Tisch herunter. Es gibt keinen Sachschadenersatz, da die „plötzliche äußere Einwirkung" nicht gegen die Person gerichtet ist.
- Ein Schüler schlägt – aus Absicht oder Versehen – der Lehrkraft die Brille von der Nase, ohne dass dabei eine Körperverletzung erfolgt. In diesem Fall besteht Anspruch auf Sachschadenersatz.

Nach übereinstimmender Rechtsprechung besteht ein Anspruch auf Sachschadenersatz nur für Sachen (Kleidung oder sonstige Gegenstände), welche die Lehrkraft in Ausübung des Dienstes üblicherweise im Dienst mitführt.

In Abgrenzung zu den *„üblicherweise mitgeführten"* Sachen besteht ein Sachschadenersatzanspruch bei anderen privaten Gegenständen (z.B. einer privateigenen Gitarre, die für Unterrichtszwecke mitgebracht wird) nur dann, wenn deren Verwendung vorher ausdrücklich angeordnet oder schriftlich genehmigt worden ist. Beim „Abhandenkommen" von privat mitgeführten Gegenständen gibt es grundsätzlich keinen Schadenersatz. Wir raten deshalb, sich die dienstliche Verwendung privater Gegenstände zu Unterrichtszwecken vorher von der Schulleitung schriftlich genehmigen zu lassen und andernfalls auf deren Einsatz zu verzichten.

Auch wenn Schüler*innen Gegenstände in den Unterricht mitbringen (z.B. die wertvolle Briefmarkensammlung des Vaters) und diese zerstört oder beschädigt werden, besteht selbst dann, wenn die Lehrkraft zum Mitbringen aufgefordert hat, kein rechtlich durchsetzbarer Anspruch auf Schadenersatz gegen die Schule (den Schulträger). Nur bei Vorsatz oder grober Fahrlässigkeit der Lehrkraft kann über das RP Regress gefordert werden. Hiergegen schützt ggf. die Berufshaftpflichtversicherung der GEW (jedoch nicht beim Abhandenkommen von Gegenständen!). ⇨ Haftung und Versicherung

Zu den Reisekosten und dem Sachschadenersatz beim Transport von schulisch benötigten Materialien usw. durch Lehrkräfte mit dem privateigenen Pkw siehe auch ⇨ Reisekosten (Schulträger).

Wir empfehlen bei Sachschäden die Beratung durch den ⇨ Rechtsschutz der GEW.

⇨ Beamtengesetz (LBG); ⇨ Beamtenversorgung (Unfallfürsorge); ⇨ Haftung und Versicherung; ⇨ Rechtsschutz; ⇨ Reisekostengesetz (LRKG); ⇨ Reisekosten (Schulträger); ⇨ Unfälle (Arbeits-, Dienst- und Privatunfälle)

Unter ⇨ Termin-Checkliste finden Sie die wichtigsten Termine des Schuljahres.

Schulaufsicht und Schulverwaltung

Informationen der Redaktion zur Rechtslage und zur Verwaltungspraxis in Baden-Württemberg

Aufgaben der staatlichen Schulaufsicht

Im ➩ Grundgesetz Art. 7 Abs. 1 ist verfügt: *„Das gesamte Schulwesen steht unter der Aufsicht des Staates."* Die Landesverfassung (Art. 17 Abs. 2) bestimmt hierzu ergänzend: *„Die Schulaufsicht wird durch fachmännisch vorgebildete, hauptamtlich tätige Beamte ausgeübt"*. Ferner bestimmt das Grundgesetz in Art. 17: *„Jedermann hat das Recht, sich einzeln oder in Gemeinschaft mit anderen schriftlich mit Bitten oder Beschwerden an die zuständigen Stellen und an die Volksvertretung zu wenden"*. ➩ Verfassung

Diese Verfassungsbestimmungen sind eine Antwort auf die Willkürherrschaft des monarchischen bzw. des totalitär verfassten Staates früherer Zeiten und anderer Länder dieser Erde: Der Staat (im demokratischen Rechtsstaat das Parlament bzw. in dessen Auftrag und unter dessen Kontrolle die insofern „neutralen" staatlichen Behörden) und nicht mehr der Ortsgeistliche oder der Dorfbürgermeister, der Elternbeirat oder etwa eine politische Partei wachen darüber, dass es in den Schulen mit rechten Dingen zugeht. § 4 der ➩ Elternbeiratsverordnung bestimmt ausdrücklich, dass Elternvertreter*innen nicht berechtigt sind, gegen Schulen, Schulaufsichtsbehörden und sonstige Behörden Untersuchungen wegen ihres dienstlichen Verhaltens zu führen; unberührt hiervon bleibt das Informations- und Beschwerderecht der Eltern. ➩ Beschwerderecht

Diese Rechtslage führt dazu, dass alle Handlungen und Unterlassungen dieser staatlichen Institution und der dort Beschäftigten auf den Prüfstand gestellt werden können und gegebenenfalls auch müssen: Die Lehrkräfte üben ihr Amt zwar in *„unmittelbarer pädagogischer Verantwortung"* aus, aber ihre ➩ Pädagogische Freiheit ist durch die Verfassung, die Gesetze und die für sie geltenden Vorschriften begrenzt. Nicht nur die (im Schulbereich eher seltenen) Verwaltungsakte, sondern auch das alltägliche administrative und pädagogische Handeln der im Schulwesen Tätigen müssen rechtsstaatlichen Erfordernissen entsprechen, sie müssen sachlich und fachlich begründbar sein und sie sind nicht nur gegenüber den zuständigen Vorgesetzten zu rechtfertigen, sondern sie müssen auch den gesetzlichen Vertretungen der Eltern und der Schülerschaft dargelegt und erklärt werden können. ➩ Ermessen

Dies bedeutet zugleich, dass die zuständigen Vorgesetzten verpflichtet sind, Beschwerden und Beanstandungen in gehöriger Weise nachzugehen: Sie müssen

- ungerechtfertigte Interventionen (beispielsweise erkennbar unwahre oder aus persönlicher Abneigung entstandene Denunziationen) zurückweisen,
- Tatsachenbehauptungen verifizieren,
- die Betroffenen/Angeschuldigten anhören,
- Missstände abstellen,
- Fehlhandlungen – gegebenenfalls disziplinarrechtlich – sanktionieren und
- den Beschwerdeführer*innen das Ergebnis ihrer Untersuchungen mitteilen.

➩ Beschwerderecht; ➩ Disziplinarrecht (Allgemeines); ➩ Ermessen; ➩ Verwaltungsrecht

Die Schulaufsichtsbehörden üben die Dienst- und Fachaufsicht über die Schulen und die Lehrkräfte aus. Die staatliche Schulaufsicht beschränkt sich nicht auf eine reine Kontrollfunktion, sondern sie ist eine Gestaltungsaufsicht: Sie erstreckt sich auf die Planung und Leitung, Ordnung und Förderung des gesamten Schulwesens und umfasst das Bestimmungsrecht über die Unterrichts- und Erziehungsarbeit der öffentlichen Schulen, die Schulentwicklung und alle damit zusammenhängenden Angelegenheiten. Die bis 2019 laut ➩ Schulgesetz § 32 ausdrücklich der Schulaufsicht zugewiesene Beratungsaufgabe ist seitdem auf das Zentrum für Schulqualität und Lehrerbildung (ZSL) übergegangen.

➩ Schulentwicklung; ➩ Verwaltungsrecht (Allgemeines)

Die Schulaufsichtsbehörden sind verpflichtet, nicht nur die Schulen, sondern auch die Eltern sowie die Elternvertretungen zu beraten, zu unterstützen und zu informieren. Beim KM sowie den Schulaufsichtsbehörden gibt es – auch für Telefonauskünfte – „Bürgerreferent*innen". Zur Beratung und Information stehen auch das ZSL sowie die Schulpsychologischen Beratungsstellen zur Verfügung.

➩ Bildungsberatung und Beratungslehrkräfte § 34; ➩ Elternbeiratsverordnung § 34; ➩ Schulentwicklung; ➩ Schulpsychologische Beratungsstellen

Struktur der Schulverwaltung in Baden-Württemberg

Die Verwaltung der öffentlichen Schulen obliegt in Baden-Württemberg dem Ministerium für Kultus, Jugend und Sport (amtliche Abkürzungen: „Kultusministerium" und „KM") als *„oberste Schulaufsichtsbehörde"* und seinen nachgeordneten Behörden:

- Die vier Regierungspräsidien (Abt. 7 – Schule und Bildung) sind als *„obere Schulaufsichtsbehörden"* tätig, zugleich sind sie zuständig für die Aufsicht über die Gymnasien, die beruflichen Schulen, die Schulen mit Internat und die Schulen besonderer Art (Gesamtschulen); ferner obliegt ihnen die Schulaufsicht über die privaten Schulen.
- Die 21 Staatlichen Schulämter sind als *„untere Schulaufsichtsbehörden"* für die Grund-, Haupt-, Werkreal-, Real- und Gemeinschaftschulen sowie die Sonderpädagogischen Bildungs- und Beratungszentren (außer SBBZ mit Internat) einschließlich der Schulkindergärten zuständig.

„Vorgesetzte" der Lehrkräfte sind die Schulleiter*innen sowie (bei GHWRGS-Schulen) das jeweilige Staatliche Schulamt; Vorgesetzte der Schulleiter*innen sind die jeweils übergeordneten

Schulaufsichtsbehörden. Das jeweilige Regierungspräsidium ist beamtenrechtlich „Dienstvorgesetzter“ der Lehrkräfte und Schulleiter*innen.

Auf der folgenden Seite befindet sich eine Landkarte von Baden-Württemberg mit den Schulamtsbezirken (gleichzeitig den „Einstellungsbezirken“ für die Einstellung von Lehrkräften in den öffentlichen Schuldienst). ⇨ Einstellungserlass

Eine Übersicht über die Struktur der Schulverwaltung, der Personalvertretung und der Beauftragten für Chancengleichheit steht unter ⇨ Personalvertretung (Allgemeines). Die Adressen der Schulaufsichtsbehörden sind unter www.km-bw.de auffindbar.

Obere und untere Schulaufsichtsbehörden in Baden-Württemberg

Regierungspräsidium Freiburg

79083 Freiburg i. Br., poststelle@rpf.bwl.de

Sitz in	*Zuständig für GHWRGS-Schulen in*
Freiburg	Stadtkreis Freiburg, Landkreise Breisgau-Hochschwarzwald, Emmendingen
Konstanz	Landkreise Konstanz, Tuttlingen
Lörrach	Landkreise Lörrach, Waldshut
Offenburg	Landkreis Ortenaukreis
Donaueschingen	Landkreise Rottweil, Schwarzwald-Baar-Kreis

Regierungspräsidium Karlsruhe

76247 Karlsruhe, poststelle@rpk.bwl.de

Sitz in	*Zuständig für GHWRGS-Schulen in*
Karlsruhe	Stadt- und Landkreis Karlsruhe
Mannheim	Stadtkreise Mannheim, Heidelberg, Landkreise Rhein-Neckar-Kreis, Neckar-Odenwald-Kreis
Pforzheim	Stadtkreis Pforzheim, Landkreise Enzkreis, Calw
Rastatt	Stadtkreis Baden-Baden, Landkreise Freudenstadt, Rastatt

Regierungspräsidium Stuttgart

Ruppmannstr. 21, 70565 Stuttgart, poststelle@rps.bwl.de

Sitz in	*Zuständig für GHWRGS-Schulen in*
Böblingen	Landkreis Böblingen
Nürtingen	Landkreis Esslingen
Göppingen	Landkreise Göppingen, Heidenheim, Ostalbkreis
Heilbronn	Stadt- und Landkreis Heilbronn
Künzelsau	Landkreise Hohenlohekreis, Schwäb. Hall, Main-Tauber-Kreis
Ludwigsburg	Landkreis Ludwigsburg
Stuttgart	Stadtkreis Stuttgart
Backnang	Landkreis Rems-Murr-Kreis

Regierungspräsidium Tübingen

K.-Adenauer-Str. 20, 72072 Tübingen, poststelle@rpt.bwl.de

Sitz in	*Zuständig für GHWRGS-Schulen in*
Biberach	Stadtkreis Ulm, Landkreise Biberach, Alb-Donau-Kreis
Albstadt	Landkreise Zollernalbkreis, Sigmaringen
Markdorf	Landkreise Bodenseekreis, Ravensburg
Tübingen	Landkreise Tübingen, Reutlingen

Nachgeordnete Behörden und digitale Verwaltung im Kultusbereich

Zentrum für Schulqualität und Lehrerbildung (ZSL)

Das ZSL als Landesoberbehörde mit Regionalstellen in Stuttgart, Schwäbisch Gmünd, Karlsruhe, Heidelberg, Freiburg und Tübingen ist zuständig für:

- Personalentwicklung und Führungskräftequalifizierung;
- Konzeptentwicklung, Steuerung der Durchführung und Qualitätssicherung für die Aus- und Fortbildung zu pädagogischen Querschnittsthemen sowie für die fächer- und schulartspezifische Lehrkräfteausbildung und ⇨ Fortbildung;
- Konzeption von unterrichtsbezogenen Unterstützungsangeboten;
- Bildungsplanarbeit und Schulbuchzulassung;
- internationale Kooperationsprojekte in der Lehrerbildung;
- Entwicklung, dezentrale Bereitstellung und Qualitätssicherung von Beratungsangeboten, z.B. im Bereich der Schullaufbahn, beruflichen Orientierung, zusätzlichen Förderbedarfe und speziellen Begabungen, schulpsychologischen Dienste, der Prävention und der Qualitätsentwicklung, ⇨ Berufliche Orientierung; ⇨ Prävention
- fachliche Steuerung der Seminare für Ausbildung und Fortbildung der Lehrkräfte und
- Steuerung der schulpsychologischen Beratungsstellen. ⇨ Schulpsychologische Beratungsstellen

Die Regionalstellen des ZSL sind für die öffentlichen allgemeinbildenden und beruflichen Schulen in ihrer Region zuständig. An jeder Regionalstelle besteht eine Leitstelle pädagogische Unterstützung (LPU) als Kontaktstelle für Anliegen von Schulen im Rahmen der gesetzlichen Aufgaben des ZSL.

Link: https://zsl-bw.de

Institut für Bildungsanalysen Baden-Württemberg (IBBW)

Im IBBW wird ein strategisches Bildungsmonitoring aufgebaut (datengestützte Qualitätsentwicklung vom Kultusministerium bis hin zu den Schulen). Link: https://ibbw.kultus-bw.de. Dazu gehören

- statistische Erhebungen und Auswertungen und zentrale IT-Fachverfahren im Bereich des KM,
- Entwicklung von Konzepten, Aufgaben und Instrumenten zur Diagnose und Förderung von Kompetenzen, Erstellung von zentralen Prüfungen,
- Erfassung, Auswertung und Aufbereitung von

steuerungsrelevanten Daten auf unterschiedlichen Ebenen des Bildungssystems,

- Entwicklung von Konzepten und Instrumenten zur Evaluation der Unterrichts- und Schulqualität sowie die Durchführung von Evaluationen von öffentlichen Schulen und
- Entwicklung, Begleitung und Evaluation von Konzepten, z.B. zu bildungspolitischen Reformvorhaben, Forschungskooperation und Wissenschaftstransfer, Unterstützung des ZSL bei der evidenzbasierten Entwicklung von Standards.
- Unterstützung des ZSL bei der evidenzbasierten Entwicklung von Standards, die Forschungskooperation und der Wissenschaftstransfer.

⇨ Schulentwicklung und Qualitätskonzept

Amtliche Schulverwaltung BW (ASV-BW)

Mit der (ab 1.8.2022 für alle Schulen obligatorischen) Verwaltungssoftware ASV-BW werden die Schüler- und Lehrerverwaltung organisiert und Listen, Formulare und Zeugnisvorlagen bereitgestellt; die Statistik kann elektronisch abgegeben werden. Mit der Notenerfassung Online (NEO) können Noten und Beurteilungen online, z.B. von zuhause aus, eingegeben werden. ⇨ Datenschutz (Schulen); ⇨ Schulgesetz § 116

Schulverwaltung (mit Einstellungsbezirken)

Zuordnung der Stadt- und Landkreise zu den Regierungspräsidien (Einstellungsbehörde).
Die Staatlichen Schulämter sind in der Regel jeweils für mehrere Kreise zuständig

Die Kennziffern müssen bei Onlineanträgen verwendet werden (Beispiel: Alb-Donau-Kreis: 425).

⇨ Berufliche Orientierung; ⇨ Beschwerderecht; ⇨ Bildungsberatung und Beratungslehrkräfte; ⇨ Datenschutz (Schulen); ⇨ Disziplinarrecht (Allgemeines); ⇨ Elternbeiratsverordnung § 34; ⇨ Ermessen; ⇨ Erziehungsauftrag und politische Bildung; ⇨ Fachleute; ⇨ Fortbildung; ⇨ Grundgesetz Art. 7 Abs. 1; ⇨ Pädagogische Freiheit; ⇨ Personalvertretung (Allgemeines); ⇨ Prävention; ⇨ Schulentwicklung; ⇨ Schulgesetz §§ 32 ff., 115-116; ⇨ Schulpsychologische Beratungsstellen; ⇨ Schulträger; ⇨ Statistik (Schulen); ⇨ Verfassung Art. 17 Abs. 2; ⇨ Verwaltungsrecht (Allgemeines)

Schulbau (Bau und Ausstattung von Schulen)

Informationen der Redaktion zur Rechtslage und zur Verwaltungspraxis in Baden-Württemberg

Allgemeines

Für Bau und Unterhaltung der Schulgebäude sind die ➪ Schulträger zuständig (§ 27 SchG). Zur Ausführung des Gesetzes über die Förderung des Schulhausbaus wurde die *Verwaltungsvorschrift Schulbauförderung* erlassen, abgedruckt in K.u.U. Nr. 17/2020; sie wird durch die Verwaltungsvorschrift über die Gewährung eines Aufwendungsersatzes für Umbauten infolge inklusiver Bildungsangebote an Schulen kommunaler Schulträger (GABL S.249/2016) ergänzt. Darin sind auch Vorgaben für die Zahl und Größe der Schulräume festgelegt. Weitere Informationen, z.B. Flächenbedarf-Schemata, unter: http://km-bw.de/,Lde/Startseite/schulebw/Schulhausbau

➪ Schulgesetz § 27

Auf der Homepage der DGUV finden sich viele Informationen zu allen Fragen der Schulraumgestaltung: https://www.sichere-schule.de/lernraumunterrichtsraum/lernraum-unterrichtsraum/raumgrosse-flexible_raumnutzung.

➪ Unfallversicherung

Die Gesamtlehrerkonferenz und die Schulkonferenz besitzen zur Ausstattung der Schule, zum Bau und zum Umbau der Schulgebäude ein Recht auf Stellungnahme gegenüber dem Schulträger.

➪ Konferenzordnung § 2 Abs. 1 Ziff. 8a; ➪ Schulgesetz § 30 (dort weitere Hinweise), § 47 Abs. 4 Ziff. 6

Bei Neu-, Um- und Erweiterungsbauten von Diensträumen ist der Personalrat vor Weiterleitung der Raumbedarfsanforderungen zu hören. Bei der Gestaltung der Arbeitsplätze (z.B. Verlegung oder Umbau von Räumen bzw. technische Ausstattung) ist der Personalrat mitbestimmungsberechtigt.

➪ Personalvertretungsgesetz (LPVG) § 75 Abs. 4 Nr. 12

Die folgenden Hinweise basieren auf „Checklisten" zur Sicherheit in Schulgebäuden aus der Zeitschrift „Pluspunkt" des Bundesverbands der Unfallkassen.

Checkliste Ergonomie (Auszug)

Raumklima

- Werden die Klassenräume während des Unterrichts ausreichend belüftet?
- Ist gewährleistet, dass an den Plätzen der Schüler in den Klassenräumen keine Zugluft (< 0,15 m/s) herrscht?
- Herrscht in den Klassenräumen während des Unterrichts an allen Plätzen eine Raumtemperatur von 20–26° C?
- Herrschen in den anderen Räumlichkeiten der Schule die geforderten Temperaturen (Pausenräume > 21° C; Flure, Treppenräume > 18° C)?
- Beträgt die Luftfeuchtigkeit in den Klassenräumen während des Unterrichts zwischen 30 und 65% (relative Luftfeuchte)?
- Können die Fenster gegen direkte Sonneneinstrahlung abgeschirmt werden?

Beleuchtung

- Haben die Klassenräume ausreichend große Fenster, um genügend Tageslicht einzulassen und die Sichtverbindung nach draußen zu gewährleisten?
- Beträgt die Stärke künstlicher Beleuchtungsquellen in den Klassenräumen mindestens 300 Lux (Nennbeleuchtungsstärke)?
- Sind die Lampen in den Klassenräumen mit Blenden versehen, die verhindern, dass die Schüler geblendet werden (frei strahlende Leuchtstofflampen sind nicht zulässig)?
- Besitzen die Lampen die empfohlenen Lichtfarben und Farbwiedergabestufen?
- Sind die Hauptwandtafel in Unterrichtsräumen und etwaige Demonstrationstische mit einer Zusatzbeleuchtung ausgerüstet?
- Besitzen das Mobiliar und die Wandflächen der Unterrichtsräume die empfohlenen Reflexionsgrade, um ein ausgewogenes Beleuchtungsniveau im Raum zu gewährleisten?

Lärmschutz

- Sind die Fenster, Wände und Türen so gut schallisoliert, dass Außengeräusche ausreichend gemindert werden?
- Sind die Wände schallschluckend ausgeführt, sodass im Klassenraum entstehende Geräusche nicht zu stark hallen?
- Liegt der Schallpegel im leeren Klassenzimmer (im Mittel über eine Unterrichtsstunde) zwischen 30 und 40 dB (A) und während des Unterrichts nicht über 55 dB (A)?
- Wird beim Kauf von Geräten und Maschinen (z.B. für den Physik-Unterricht) eine Information über den abgestrahlten Lärm verlangt und dann das leiseste Gerät ausgesucht?
- Werden bei vorhandenen Geräten, die zu starke Lärmemissionen verursachen, schallmindernde Maßnahmen durchgeführt?

Mobiliar

- Sind die Stühle unterschiedlich hoch oder höhenverstellbar?
- Sind die Sitzflächen der Stühle drehbar gelagert, um zu vermeiden, dass die Schüler den Körper verdrehen?
- Sind die Tische unterschiedlich hoch oder höhenverstellbar?
- Haben die Tische eine bis ca. 15° schräg stellbare Tischplatte?
- Ist die Unterseite der Tischplatte frei von Einbauten (z.B. Ablagen für Schultaschen), damit die Schüler die Beine frei bewegen können?
- Wird dafür gesorgt, dass an Zweiertischen in etwa gleich große Schüler sitzen?

- Wird darauf geachtet, dass die Schüler*innen nicht unnötig oft ihren Platz im Klassenraum wechseln (ohne Tisch und Stuhl mitzunehmen) oder dass sie in andere Klassenräume wechseln?
- Ist durch ein entsprechendes Prüf- und Kontrollsystem gewährleistet, dass das Mobiliar in den Klassenräumen nach den Erfordernissen richtig verteilt wird?
- Ist der Lehrerarbeitsplatz richtig eingerichtet?
- Werden die Lehrer über die Zusammenhänge zwischen Körpergröße, Mobiliar und Sitzhaltung informiert?
- Wird auf Elternabenden das Thema „richtig sitzen" behandelt?
- Werden die Schüler*innen über die richtige Nutzung der Tische und Stühle informiert?

Richtig sitzen

Wenn schon sitzen, dann so, dass [...]

- die Füße im Sitzen den Boden mit der ganzen Sohle berühren,
- die Oberschenkel waagerecht auf der Sitzfläche aufliegen,
- der Winkel zwischen Unter- und Oberschenkel etwa 90° beträgt,
- die Kniekehlen die Vorderkante der Sitzfläche nicht berühren,
- die Oberschenkel sich beim Sitzen frei bewegen können,
- die Lehne den Rücken in Zuhörhaltung unterhalb der Schulterblätter abstützt,
- die Lehne den Rücken in Schreibhaltung am Beckenrand abstützt,
- die Ellbogenspitzen sich in Tischplattenhöhe befinden,
- die Unterarme auf der Tischplatte liegen, die Schultern entspannt sind,
- auch dynamisches Sitzen möglich ist*.

Auf den Zusammenhang zwischen falschem Sitzverhalten und Rückenbeschwerden werden die Schülerinnen und Schüler regelmäßig hingewiesen.

* Das bedeutet auch, dass während des Unterrichts das Sitzen durch Bewegung unterbrochen wird. Auch sollten wechselnde Sitzhaltungen im Unterricht toleriert oder sogar angeregt werden, wie z.B. das „Lümmeln" auf dem Tisch.

Checkliste Sporthalle (Auszug)

- Einrichtungen und Geräte für den Schulsport werden vor der ersten Inbetriebnahme und regelmäßig mindestens jährlich durch Sachkundige auf sicheren Zustand und äußerlich erkennbare Mängel geprüft.
- Sportgeräte, die nicht mehr funktionssicher sind, werden sofort für jede weitere Benutzung gesperrt und so verwahrt, dass sie nicht irrtümlicherweise wieder benutzt werden können (Kennzeichnung des defekten Gerätes und Mängelmeldung an Sachkostenträger).
- Der Sporthallenboden ist nachgiebig und trittsicher. Er weist keine schadhaften Stellen auf. Bodenöffnungen sind durch nicht verschiebbare, bündige Abdeckungen gesichert. Der Boden wird mit geeigneten Reinigungs- und Pflegemitteln behandelt (Herstellerhinweise beachten).
- Spielfeldmarkierungen müssen einen hindernisfreien Sicherheitsabstand zur Wand berücksichtigen.
- Die Trittsicherheit des Fußbodens ist auch in den Umkleide-, Wasch- und Duschräumen gewährleistet (rutschhemmender Bodenbelag für nassbelastete Barfußbereiche).
- Die Hallenwände sind ballwurfsicher und bis in zwei Meter Höhe glatt, splitterfrei, geschlossen und frei von vorstehenden Teilen.
- An den Hallenstirnwänden ist bis in zwei Meter Höhe Prallschutz vorhanden.
- Kletterwände (Boulder- und Toprope- oder Vorstiegswände) sind gegen unbefugte Benutzung gesichert.
- Verglasungen und Decken sind ballwurfsicher.

Stichwort: Schwere Ranzen – krummer Rücken

Als Empfehlung für das Tragegewicht eines Schulranzens inklusive Inhalt nennt die DIN 58124 zehn bis 12,5 Prozent des Körpergewicht des Kindes, wobei das Leergewicht nicht mehr als 1,5 kg, in den ersten beiden Grundschuljahren nicht mehr als 1,2 kg betragen sollte. Ranzen müssen unter anderem haltbar, wasserabweisend, leicht, körpergerecht und ausreichend mit Reflektoren versehen sein. Das Leergewicht des Schulranzens ist auf dem Ranzen anzugeben. Bei der Unfallkasse gibt es ein Faltblatt „Schulranzen – kinderleicht!" (www.kuvb.de/fileadmin/daten/dokumente/GBII/i-8010.pdf).

Der Ranzen sollte auf dem Rücken getragen werden, gepolsterte, mindestens vier Zentimeter breite Schultergurte haben und beide Schultern gleich belasten. Er sollte sicher und angenehm sitzen und eng am Rücken anliegen; die Oberkante sollte mit der Schulterhöhe eine Linie bilden.

Lehrkräfte sollten zur Gewichts- (und Kosten-) Reduzierung nicht mehr als ein Heft/Mappe/Ordner je Fach verlangen und darauf achten, dass Bücher und andere Gegenstände, die nicht zur Anfertigung der Hausaufgaben oder zum häuslichen Lernen benötigt werden, in der Schule deponiert werden können. Zu den Maßnahmen, die eine zu hohe Belastung vermeiden helfen, zählen ferner die Einrichtung von Schließfächern, damit Bücher in der Schule deponiert werden können, die Bereitstellung zusätzlicher Bücher in der Schule (beispielsweise kann ein Förderverein die Beschaffung eines zweiten Büchersatzes unterstützen, der in der Schule benutzt werden kann) sowie die Einrichtung eines Trinkbrunnens oder die gemeinsame Beschaffung und Deponie von Mineralwasser im Klassenraum.

- Tore für Ballspiele sind durch feste Verankerung gegen Kippen gesichert.
- Die Hallenbeleuchtung ist ausreichend, gleichmäßig und blendungsfrei.
- Die Geräteraumtore ragen beim Öffnen und Schließen nicht in die Halle hinein.
- Die Geräte sind übersichtlich im Geräteraum aufbewahrt und gegen Umkippen oder Herunterfallen gesichert.
- Es ist mindestens ein ausreichend bestückter Verbandkasten C nach DIN 13157 an einer zentralen Stelle vorhanden.
- Notruftelefon und Notrufnummernverzeichnis sind vorhanden und ggf. schnell erreichbar.
- Die Notausgangstüren sind gekennzeichnet, freigehalten und jederzeit von innen leicht zu öffnen.

⇨ Arbeitsschutzgesetz; ⇨ Elternbeiratsverordnung; ⇨ Erste Hilfe; ⇨ Konferenzordnung § 2 Abs. 1 Ziff. 8a; ⇨ Schulgesetz § 47 Abs. 4 Ziff. 6; ⇨ Schulträger; ⇨ Unfallversicherung (dort unter Ziff. 3.4 Hinweis auf die Sicherheitsbeauftragten)

Schulbesuchsverordnung

Verordnung des KM über die Pflicht zur Teilnahme am Unterricht und an den sonstigen Schulveranstaltungen (Schulbesuchsverordnung) vom 21. März 1982 (K.u.U. S. 387); zuletzt geändert 27. Juni 2018 (GBl. S.280/2018)

§ 1
Teilnahmepflicht und Schulversäumnis

(1) Jeder Schüler ist verpflichtet, den Unterricht und die übrigen verbindlichen Veranstaltungen der Schule regelmäßig und ordnungsgemäß zu besuchen und die Schulordnung einzuhalten. Bei minderjährigen Schülern haben die Erziehungsberechtigten und diejenigen, denen Erziehung oder Pflege des Kindes anvertraut ist, bei berufsschulpflichtigen Schülern außerdem die für die Berufserziehung der Schüler Mitverantwortlichen (Ausbildende, Dienstherren, Leiter von Betrieben) oder deren Bevollmächtigte dafür zu sorgen, dass die Schüler diesen Verpflichtungen Folge leisten.

(2) Der Schüler ist auch bei freiwilligen Unterrichtsveranstaltungen so lange zur Teilnahme verpflichtet, als er nicht ordnungsgemäß abgemeldet ist. Bei den freiwilligen Unterrichtsveranstaltungen, die sich über einen längeren Zeitraum erstrecken, kann die Schule vor der Anmeldung des Schülers den Zeitpunkt festlegen, vor dem eine Abmeldung nicht zulässig ist; eine Abmeldung zum Schuljahresende ist jedoch uneingeschränkt zulässig.

(3) Ein Schulversäumnis liegt vor, wenn ein Schüler seiner Teilnahmepflicht nicht nachkommt, ohne an der Teilnahme verhindert (§ 2), von der Teilnahmepflicht befreit (§ 3) oder beurlaubt (§§ 4 und 5) zu sein.

(4) Für den Konfirmandenunterricht halten die Schulen in der Klassenstufe 8 den ganzen Mittwochnachmittag unterrichtsfrei; nach örtlicher Absprache kann dieser Nachmittag zusätzlich in Klasse 7 freigehalten werden.

Hinweis der Redaktion: Bei Ganztagsschulen in verpflichtender Form kann es zu einer zeitlichen Kollision mit dem Konfirmandenunterricht kommen. Sollte das nach § 1 Abs. 4 vorgesehene Verfahren nicht möglich sein, müssen Lösungen vor Ort gefunden werden. Eine Beurlaubung der Schüler*innen nach § 4 Absatz 3 Nummer 9 Schulbesuchsverordnung ist möglich (Beurlaubung aus einem wichtigen persönlichen Grund) und muss erfolgen, wenn andernfalls der Besuch des Konfirmandenunterrichts verwehrt würde. Es empfiehlt sich, auf den Mittwochnachmittag in Klasse 8 und ggf. Klasse 7 weniger Unterricht nach der Pflichtstundentafel zu legen als beispielsweise AG-Angebote und Ähnliches.

(Quelle: Infodienst Schulleitung Nr. 273 / März 2018)

§ 2
Verhinderung der Teilnahme

(1) Ist ein Schüler aus zwingenden Gründen (z.B. Krankheit) am Schulbesuch verhindert, ist dies der Schule unter Angabe des Grundes und der voraussichtlichen Dauer der Verhinderung unverzüglich mitzuteilen (Entschuldigungspflicht). Entschuldigungspflichtig sind für minderjährige Schüler die Erziehungsberechtigten und diejenigen, denen Erziehung oder Pflege eines Kindes anvertraut ist, volljährige Schüler für sich selbst. Die Entschuldigungspflicht ist spätestens am zweiten Tag der Verhinderung mündlich, fernmündlich, elektronisch oder schriftlich zu erfüllen. Im Falle elektronischer oder fernmündlicher Verständigung der Schule ist die schriftliche Mitteilung binnen drei Tagen nachzureichen.

(2) Bei einer Krankheitsdauer von mehr als zehn, bei Teilzeitschulen von mehr als drei Unterrichtstagen kann der Klassenlehrer vom Entschuldigungspflichtigen die Vorlage eines ärztlichen Zeugnisses verlangen. Lassen sich bei auffällig häufigen Erkrankungen Zweifel an der Fähigkeit des Schülers, der Teilnahmepflicht gemäß § 1 nachzukommen, auf andere Weise nicht ausräumen, kann der Schulleiter vom Entschuldigungspflichtigen die Vorlage eines ärztlichen Zeugnisses verlangen. In diesen Fällen und unter den gleichen Voraussetzungen bei langen Erkrankungen kann der Schulleiter auch die Vorlage eines amtsärztlichen Zeugnisses verlangen.

Hinweis der Redaktion: Die Kosten hierfür (Honorierung nach der GOÄ) sind ggf. von den Schüler*innen bzw. ihren Eltern zu tragen (bei einer Krankheitsdauer von mehr als zehn Unterrichtstagen ist ohnehin angezeigt, dass sie einen Arzt aufsuchen, zusätzliche Kosten sind demnach sehr begrenzt). Bei auffallend häufigen Krankheiten kann von der Schule ein ärztliches Zeugnis nur verlangt werden, wenn zusätzlich ein Glaubwürdigkeitsproblem vorliegt. (Quelle: KM, 1.4.2010; AZ: 31-5493/36/1)

(3) Auf Schülerinnen, die schwanger sind, ein Kind geboren haben oder stillen, findet das Mutterschutzgesetz (MuSchG) vom 23. Mai 2017 (BGBI. S. 1228), mit Ausnahme der §§ 17 bis 24, in der jeweils geltenden Fassung Anwendung. Eine Schülerin, die wegen ihrer Schwangerschaft die Schule nicht besuchen kann oder will, ist bis zum Beginn der

Schutzfrist vor der Entbindung gemäß § 3 Absatz 1 MuSchG (sechs Wochen vor Entbindung) wie eine Schülerin zu behandeln, die wegen Krankheit den Unterricht nicht besuchen kann; § 7 Absatz 1 und § 16 Absatz 1 MuSchG bleiben unberührt. Mit der Erfüllung der Entschuldigungspflicht gilt diese Schülerin solange als aus zwingenden Gründen am Unterricht verhindert, bis eine Erklärung zur Wiederaufnahme des Schulbesuchs erfolgt. Für Schülerinnen der Berufsschule gilt dies nur insoweit, als sie wegen ihrer Schwangerschaft nicht mehr in ihrer Ausbildungs- oder Arbeitsstätte tätig sind.

Hinweise der Redaktion:

1. Für schwangere Schülerinnen gelten dieselben Mutterschutzregelungen wie für schwangere oder stillende Lehrerinnen: Die Schule (Schulleitung) muss bei einer Lehrerin unabhängig davon, ob sie beschäftigt wird, im Rahmen der allgemeinen arbeitsschutzrechtlichen Beurteilung der Arbeitsbedingungen auch Gefährdungen prüfen, denen diese oder ihr Kind ausgesetzt ist oder sein kann; sie muss ermitteln, ob mutterschutzrechtliche Schutzmaßnahmen erforderlich sind. Vor diesem Hintergrund kann die Schulleitung bei Schülerinnen grundsätzlich auf die Gefährdungsbeurteilungen für schwangere oder stillende Lehrerinnen zurückgreifen. (Quelle: Schreiben des KM an den Landesschulbeirat, 28.6.2018, AZ: 31-6521 -INF/86)
2. Im Einzelfall besteht Anspruch auf ➪ Hausunterricht.

(4) Beim Auftreten übertragbarer Krankheiten bleiben die Vorschriften des Infektionsschutzgesetzes [...] unberührt.

Hinweis der Redaktion: Dies gilt auch beim Auftreten von Kopfläusen. ➪ Infektionsschutzgesetz

§ 3
Befreiung vom Unterricht in einzelnen Fällen oder von sonstigen einzelnen Schulveranstaltungen

(1) Schüler werden vom Sportunterricht teilweise oder ganz befreit, wenn es ihr Gesundheitszustand erfordert. Von der Teilnahme am Unterricht in einzelnen anderen Fächern oder von sonstigen verbindlichen Schulveranstaltungen können Schüler nur in besonders begründeten Ausnahmefällen vorübergehend oder dauernd ganz oder teilweise befreit werden; für Berufsschulpflichtige gilt dies nur dann, wenn der Gesundheitszustand die Teilnahme nicht zulässt.

(2) Befreiung wird nur auf rechtzeitigen Antrag gewährt. Für minderjährige Schüler können Anträge schriftlich von den Erziehungsberechtigten, für volljährige Schüler von diesen selbst gestellt werden. In dringenden Fällen können auch minderjährige Schüler mündliche Anträge auf Befreiung stellen. Eines schriftlichen Antrages bedarf es ferner nicht, wenn eine Erkrankung oder körperliche Beeinträchtigung des Schülers die Teilnahme am Unterricht oder den sonstigen verbindlichen Schulveranstaltungen offensichtlich nicht zulässt.

(3) Der Antrag auf Befreiung ist zu begründen. Werden gesundheitliche Gründe geltend gemacht, ist für Befreiung bis zu sechs Monaten ein ärztliches Zeugnis vorzulegen. Bei längeren oder auffällig häufigen Erkrankungen gilt § 2 Abs. 2 Satz 3 entsprechend. Im Fall des Abs. 2 Satz 4 ist ein ärztliches Zeugnis nicht vorzulegen. Die Befreiung wird jeweils längstens für die Dauer eines Schuljahres ausgesprochen und kann mit Auflagen verbunden werden.

(4) Über die Befreiung von einer Unterrichtsstunde sowie in den Fällen des Abs. 2 Satz 4 entscheidet der Fachlehrer, von einer sonstigen verbindlichen Schulveranstaltung der Klassenlehrer. In den übrigen Fällen entscheidet über Befreiungen der Schulleiter. ➪ Ermessen

Hinweise der Redaktion:

1. Von der Teilnahme an „sonstigen verbindlichen Schulveranstaltungen"– dazu gehört an der verbindlichen Ganztagsschule auch die Mittagspause – können Schüler*innen auf Antrag der Eltern befreit werden, wenn diese schriftlich erklären, dass sie für den Zeitraum ab dem Verlassen des Schulgeländes die Aufsichtsverantwortung übernehmen, dass sie darüber informiert wurden, dass der Schutz der Schülerunfallversicherung nach dem Verlassen des Schulgeländes nur auf dem unmittelbaren Weg nachhause besteht, im Regelfall jedoch nicht für andere Tätigkeiten in der Mittagspause, und dass die Befreiung keine Ansprüche auf Schülerbeförderung begründet. (Quelle: KM, 17.4.2018, AZ: 35-6503.10/109/8)
2. In § 4 Absatz 2 der Rahmenvereinbarung vom 27.4.2015 zwischen dem KM und den Kirchen über die Zusammenarbeit im Rahmen der Ganztagsschule gem. § 4 a Schulgesetz ist verfügt: „Sofern außerschulische kirchliche Angebote, beispielsweise Vorbereitungsgruppen auf die Erstkommunion bzw. Angebote im Rahmen von „Konfi 3" während der Ganztagszeiten stattfinden, können daran teilnehmende Schülerinnen bzw. Schüler für diesen Zeitraum von der Schulpflicht befreit werden."
3. Nehmen Schülerinnen und Schüler an einem parallel zur Ganztagsschule stattfindenden Angebot „muttersprachlichen Unterrichts" (➪ Sprachförderung – Integration – Nr. 8) teil, kann die Schulleitung auf Antrag entsprechende Befreiungen von der Schulpflicht erteilen. (Quelle: KM, 8.5.2015; Landtags-Drucksache 15 / 6737).

➪ Zeugnisse (Allgemeinbildende Schulen) Nr. 9

§ 4 Beurlaubung

(1) Eine Beurlaubung vom Besuch der Schule ist lediglich in besonders begründeten Ausnahmefällen und nur auf rechtzeitigen schriftlichen Antrag möglich. Der Antrag ist vom Erziehungsberechtigten, bei volljährigen Schülern von diesen selbst zu stellen.

(2) Als Beurlaubungsgründe werden anerkannt:

1. Kirchliche Veranstaltungen nach Nr. I der Anlage. Die Bestimmungen des § 4 Abs. 3 des Gesetzes über die Sonntage und Feiertage [...], nach der Schüler an den kirchlichen Feiertagen ihres Bekenntnisses das Recht haben, zum Besuch des Gottesdienstes dem Unterricht fernzubleiben, bleiben unberührt. ➪ Ferien (Ferienverordnung)
2. Gedenktage oder Veranstaltungen von Religions- oder Weltanschauungsgemeinschaften nach Nr. II-VI der Anlage *(siehe übernächste Seite)*. Dem Antrag muss, soweit die Zugehörigkeit zu der Religions- oder Weltanschauungsgemeinschaft nicht auf andere Weise nachgewiesen ist, eine schriftliche Bestätigung beigefügt sein.

Hinweis der Redaktion: Da im Bereich des Islam keine den Kirchenbehörden vergleichbaren Strukturen vorhanden sind, wird auch eine einfache mündliche Erklärung der Erziehungsberechtigten über die Zugehörigkeit als ausreichend akzeptiert. (Quelle: KM, 15.10.1997 Nr. IV/1-6601.520/87)

(3) Als Beurlaubungsgründe können außerdem insbesondere anerkannt werden:

1. Heilkuren oder Erholungsaufenthalte, die vom Staatlichen Gesundheitsamt oder vom Vertrauensarzt einer Krankenkasse veranlasst oder befürwortet worden sind;

2. Teilnahme am internationalen Schüleraustausch sowie an Sprachkursen im Ausland;

Hinweis der Redaktion: Diese Bestimmung wird auch auf den befristeten Besuch einer Schule im Ausland angewandt (beispielsweise wenn die Eltern sich zeitweise beruflich dort aufhalten). Voraussetzung ist ein rechtzeitiger Antrag unter Vorlage einer Schulbesuchsbescheinigung der Schule im Ausland. Der Antrag wird grundsätzlich genehmigt, wenn die Beurlaubungsdauer maximal ein Jahr beträgt und keine triftigen pädagogisch-fachlichen oder organisatorischen Gründe der Beurlaubung entgegenstehen. Bei Beurlaubungsanträgen von über einem Jahr sollte Rücksprache mit dem RP gehalten werden. Beim Besuch einer anerkannten deutschen Schule im Ausland, können die dort erbrachten Leistungen und Versetzungsentscheidungen grundsätzlich anerkannt werden, bei allen anderen Schulen sollten die Leistungsnachweise und Regularien für die Wiedereingliederung in die deutsche Schule bereits vor der Ausreise abgeklärt werden. ⇨ Schüleraustausch

3. Teilnahme an den von der Landeszentrale für politische Bildung durchgeführten zweitägigen Politischen Tagen für die Klassen 10 bis 13;
4. Teilnahme an wissenschaftlichen oder künstlerischen Wettbewerben;
5. die aktive Teilnahme an sportlichen Wettkämpfen und an Lehrgängen überregionaler oder regionaler Trainingszentren sowie an überregionalen Veranstaltungen von Musik- und Gesangvereinen, anerkannten Jugendverbänden und sozialen Diensten, soweit die Teilnahme vom jeweiligen Verband befürwortet wird;
6. die Ausübung eines Ehrenamts bei Veranstaltungen von Sport-, Musik- und Gesangvereinen, anerkannten Jugendverbänden und sozialen Diensten, sofern dies vom jeweiligen Verband befürwortet wird;
7. Teilnahme an Veranstaltungen der Arbeitskreise der Schüler (§ 69 Abs. 4 SchG), soweit es sich um Schulveranstaltungen handelt (§ 18 SMV-Verordnung), sowie an Sitzungen des Landesschulbeirats (§ 70 SchG) und des Landesschülerbeirats (§ 69 Abs. 1 bis 3 SchG);
8. die Vollendung des 18. Lebensjahres während des 1. Schuljahres der Berufsschulpflichtigen, die nicht in einem Berufsausbildungsverhältnis stehen oder eine Stufenausbildung fortsetzen für eine Beurlaubung für das zweite Schuljahr (§ 78 Abs. 1 Satz 2 in Verbindung mit Abs. 2 Satz 1 SchG);
9. wichtiger persönlicher Grund; als wichtiger persönlicher Grund gelten insbesondere Eheschließung der Geschwister, Hochzeitsjubiläen der Erziehungsberechtigten, Todesfall in der Familie, Wohnungswechsel, schwere Erkrankung von zur Hausgemeinschaft gehörenden Familienmitgliedern, sofern der Arzt bescheinigt, dass die Anwesenheit des Schülers zur vorläufigen Sicherung der Pflege erforderlich ist.

Hinweis der Redaktion: Das KM empfiehlt, Lehrkräfte und Schüler*innen für die Teilnahme am Deutschen Evangelischen Kirchentag und am Deutschen Katholikentag zu beurlauben, sofern keine dienstlichen bzw. pädagogischen Gründe entgegenstehen. Quelle: KM vom 26.4.1985 (K.u.U. S. 299/1985 sowie Infodienst Schulleitung 262/2017).

(4) Für das Fernbleiben der Schüler vom Unterricht aufgrund einer Beurlaubung tragen die Erziehungsberechtigten, volljährige Schüler für sich selbst die Verantwortung. Die Schulen beraten erforderlichenfalls die Erziehungsberechtigten und den Schüler über die Auswirkungen der beantragten Beurlaubung. Die Beurlaubung kann davon abhängig gemacht werden, dass der versäumte Unterricht ganz oder teilweise nachgeholt wird.

Hinweis der Redaktion: Vom Unterricht beurlaubte Schüler*innen müssen den versäumten Unterrichtsstoff selbstständig nacharbeiten. (Quelle: LT-Drucksache Nr. 12/1077; 25.2.1997)

(5) Zuständig für die Entscheidung über Beurlaubungen ist in den Fällen des Absatzes 2 sowie bis zu zwei unmittelbar aufeinander folgenden Unterrichtstagen in den Fällen des Absatzes 3 der Klassenlehrer, in den übrigen Fällen der Schulleiter.

§ 5
Beurlaubung aus betrieblichen Gründen

(1) Bei Berufsschülern können als Beurlaubungsgründe außerdem anerkannt werden:

1. Schulungs- und Bildungsveranstaltungen im Sinne des § 37 Abs. 7 des BetrVerfG für Mitglieder des Betriebsrates oder der Jugendvertretung;
2. berufliche oder überbetriebliche Ausbildungslehrgänge, sofern der ausfallende Unterricht nicht verlegt werden kann und nachgewiesen wird, dass der Lehrgang nicht in den Schulferien stattfinden kann;
3. Zwischenprüfung nach dem Berufsbildungsgesetz und der Ausbildungsverordnung;
4. besondere Zwangs- oder Notlage im Betrieb;
5. betriebliche Gemeinschaftsveranstaltungen, die in angemessenem Umfang auch der beruflichen Ausbildung dienen, bis zur Dauer einer Woche, sofern nachgewiesen wird, dass die Veranstaltung nicht in den Schulferien stattfinden kann.

(2) § 4 Abs. 1 und 4 gilt für die Beurlaubung aus betrieblich bedingten Gründen entsprechend mit folgender Maßgabe:

1. Der Antrag kann auch von einem der für die Berufserziehung der Schüler Mitverantwortlichen gestellt werden.
2. Vor der Abschlussprüfung im letzten Schulhalbjahr der schulischen Ausbildung sowie bei Blockunterricht ist eine Beurlaubung nach Abs. 1 Nr. 1, 2, 4 und 5 nicht zulässig.
3. Die Gesamtdauer der Beurlaubung nach Abs. 1 Nr. 1 und 2 darf vier Wochen während der gesamten Berufsschulzeit nicht überschreiten.

(3) Zur Teilnahme an Austauschmaßnahmen mit dem Ausland und an Auslandspraktika von mehr als drei Wochen und höchstens neun Monaten können Berufsschüler, sofern die Veranstaltung nicht in den Schulferien oder bei Blockunterricht in der blockfreien Zeit erfolgen kann, dann beurlaubt werden, wenn

1. Berufsschule, Ausbildungsbetrieb und zuständige Stelle übereinstimmend festgestellt haben, dass die vorübergehend in das Ausland verlagerte Ausbildung überwiegend den inhaltlichen Anforderungen der Ausbildung entspricht, und
2. sichergestellt ist, dass die im Ausland verbrachten Ausbildungsabschnitte durch die zuständige Stelle auf die Berufsausbildung angerechnet werden.

Im letzten Schulhalbjahr der schulischen Ausbildung ist eine Beurlaubung vor der Abschlussprüfung nicht zulässig. § 4 Abs. 3 Nr. 2 bleibt unberührt.

(4) Zuständig für die Entscheidung über Beurlaubungen ist der Schulleiter. Aus wichtigem Anlass kann er über Absatz 1 hinaus weitere betrieblich bedingte Gründe anerkennen sowie Abweichungen von Absatz 2 zulassen.

(5) Die Absätze 1 bis 4 gelten für die Schüler von Berufskollegs mit Teilzeitunterricht entsprechend. [...]

Anlage zu § 4 Abs. 2 Nr. 1 und 2

I. Für folgende kirchliche Veranstaltungen werden die Schüler beurlaubt:
   1. Konfirmanden am Montag nach der Konfirmation;
   2. Erstkommunikanten am Montag nach der Erstkommunion;
   3. Firmlinge am Tag ihrer Firmung; wenn die Firmung an einem schulfreien Tag stattfindet, am unmittelbar danach folgenden Schultag;
   4. Schüler der Klasse 9 der Hauptschulen, der Klassen 10 der Realschulen und Gymnasien, der Jahrgangsstufen 13 der Gymnasien, der Abschlussklassen der Berufsfachschulen, der Berufskollegs mit Ausnahme des einjährigen zur Fachhochschulreife führenden Berufskollegs, der Fachschulen für Sozialpädagogik sowie Schüler der entsprechenden Klassen der Sonderschulen für zwei Tage der Besinnung und Orientierung.

   Hinweis der Redaktion: Am Buß- und Bettag sind Schüler*innen, die während der Unterrichtszeit an einem von der örtlichen Kirchengemeinde getragenen Gottesdienst teilnehmen wollen, hierfür vom Unterricht zu beurlauben.

   ⇨ Schul- und Schülergottesdienst Nr. 3

II. Schüler der Religionsgemeinschaft Zeugen Jehovas werden einmal im Jahr für die Teilnahme an einer Bezirks- oder Hauptversammlung ihrer Religionsgemeinschaft zeitweise oder für die Dauer der Versammlung beurlaubt.

III. Schüler der Freireligiösen Gemeinde werden am Montag nach ihrer Jugendweihe beurlaubt.

IV. Schüler der jüdischen Religionsgemeinschaft sowie der Gemeinschaft der „Siebenten-Tags-Adventisten" werden an Samstagen ganz oder für die Dauer des Gottesdienstes vom Schulbesuch beurlaubt.

V. Schüler der jüdischen Religionsgemeinschaft werden am jüdischen Neujahrsfest zwei Tage, am Versöhnungsfest einen Tag, am Laubhüttenfest zwei Tage, am Beschlussfest zwei Tage, am Passahfest die zwei ersten und zwei letzten Tage und am jüdischen Pfingstfest zwei Tage beurlaubt. Die jüdischen Feiertage können datenmäßig nicht festgelegt werden, da sie sich nicht nach dem allgemeinen Kalender richten. ⇨ Feiertage

VI. Schüler, die der islamischen Religion angehören, werden am Fest des Fastenbrechens sowie am Opferfest einen Tag beurlaubt. Die Feiertage der islamischen Religion können datenmäßig nicht festgelegt werden, da sie sich nicht nach dem allgemeinen Kalender richten. ⇨ Feiertage

VII. **Hinweis der Redaktion:** Schüler*innen, die der Bahá'í-Religionsgemeinschaft angehören, werden an folgenden Festtagen vom Schulbesuch beurlaubt: Naw-Rúz (Neujahr), 1.,9. und 12. Ridván-Tag, Verkündung des Báb, Hinscheiden des Bahá'u'llás, Märtyrertod des Báb, Geburt des Báb, Geburt Bahá'u'llás. Die gültigen Termine bis zum Jahr 2026 sind im Infodienst Schule Nr. 108 abrufbar unter:
https://km-bw.de/,Lde_DE/Startseite/Service/Infodienst+Schule.

VIII. Schüler, die der griechisch-orthodoxen Religionsgemeinschaft angehören, werden am Karfreitag und Ostermontag des griechisch-orthodoxen Osterfestes beurlaubt. ⇨ Feiertage

Hinweis der Redaktion: Das KM hat mitgeteilt (14.4.1998; AZ: IV/1-6610.2/51): „Aus rechtlichen Gründen sind [...] auch die Mitglieder anderer Religions- und Weltanschauungsgemeinschaften, die bisher nicht in der Anlage zu § 4 Abs. 2 Nr. 1 und 2 der Schulbesuchsverordnung aufgeführt sind, an den Festtagen ihrer Religionsgemeinschaft vom Unterricht zu beurlauben". Serbisch-orthodoxe Schüler*innen sollen an folgenden Tagen beurlaubt werden: Weihnachten: 7. Januar / Heiliger Sava: 27. Januar / Karfreitag* / Ostermontag* / Schutzpatronsfeiertag*.

* Diese Feiertage fallen jährlich auf wechselnde Tage.

Hinweise der Redaktion zur Freistellung aus religiösen Gründen

1.

Die Befreiung vom Unterricht oder von sonstigen verbindlichen Schulveranstaltungen ist nur *„in besonders begründeten Ausnahmefällen"* statthaft (§ 3 Abs. 2). Die Lehrkraft bzw. die Schulleitung muss also auch beim Vorbringen religiöser Gründe stets eine Ermessensentscheidung treffen. ⇨ Ermessen

Das Kultusministerium hat hierzu ausgeführt:

„Aufgrund der gesetzlich bestehenden Schulpflicht sind grundsätzlich alle Schüler zur Teilnahme am verbindlich vorgeschriebenen Unterricht verpflichtet. Allerdings muss es aufgrund des verfassungsrechtlichen Grundsatzes der Verhältnismäßigkeit möglich sein, aus wichtigen Gründen vom Unterricht im Einzelfall befreit zu werden. Ein wichtiger Grund kann im höherrangigen Recht wie z.B. der Religionsfreiheit liegen. Diese Rechte können in Konflikt zum staatlichen Bildungs- und Erziehungsauftrag nach Art. 7 Abs. 1 GG treten. Da beide Rechte einander gleichgeordnet sind, muss nach dem Prinzip der Konkordanz ein möglichst schonender Ausgleich zwischen beiden unter Berücksichtigung des grundgesetzlichen Gebots der Toleranz erfolgen. Dies bedeutet, dass die Beurlaubung genehmigt werden muss, wenn der Schüler glaubhaft geltend macht und darlegt, anderenfalls in einen für ihn unlösbaren Gewissenskonflikt zu geraten."

(Quelle: KM, 30.1.1995; Nr. IV-6601.520/64)

2.

Das KM hat zur Freistellung von muslimischen Mädchen vom Schwimmunterricht u.a. mitgeteilt:

„Mit seinem Urteil vom 11.09.2013 (6 C 25.12) hat das Bundesverwaltungsgericht [...] nicht nur entschieden, dass ‚einer Schülerin muslimischen Glaubens die Teilnahme am koedukativen Schwimmunterricht in einer Badebekleidung zumutbar ist, die muslimischen Bekleidungsvorschriften entspricht' (sog. Burkini) sondern hat zugleich eine rechtliche Argumentation entwickelt, die über den konkret entschiedenen Fall deutlich hinausreicht.

Die staatliche Pflicht zur Rücksichtnahme auf Glaubensvorstellungen und weltanschauliche Überzeugungen ist nach der Entscheidung des Bundesverwaltungsgerichts ‚insbesondere auch aufgrund der Integrationsfunktion der Schule' begrenzt. In einem bestimmten Umfang sind Beeinträchtigungen der religiösen Überzeugungen als typische, von der Verfassung von vornherein einberechnete Begleiterscheinung des staatlichen Bildungs- und Erziehungsauftrags und der seiner Umsetzung dienenden Schulpflicht hinzunehmen. Für die Entscheidung über Befreiungsanträge ist deshalb nun von folgenden [...] Grundsätzen auszugehen

- *Nach wie vor gilt, dass das Verlangen, aus Glaubensgründen vom Unterricht befreit zu werden, begründet werden muss. Es besteht eine entsprechende ‚Darlegungslast' für den Konflikt zwischen Glauben und Schulpflicht.*
- *Ein entsprechender Antrag auf Befreiung vom Unterricht kann deshalb auch nicht ‚pauschal' ohne Würdigung der im Einzelfall vorgebrachten Glaubensgründe bewilligt oder abgelehnt werden. Im jeden Fall muss Gelegenheit zur Anhörung der Glaubensgründe gegeben werden.*
- *In einem bestimmten Umfang sind Beeinträchtigungen der religiösen Überzeugungen als typische, von der Verfassung von vornherein einberechnete Begleiterscheinung des staatlichen Bildungs- und Erziehungsauftrags und der seiner Umsetzung dienenden Schulpflicht hinzunehmen.*
- *Es ist nicht entscheidend, ob das Befreiungsverlangen einzelne Unterrichtsstunde oder eine überschaubare Zahl von Unterrichtseinheiten betrifft.*
- *Die Einschränkung des für eine Schülerin als verbindlich erachteten Gebots, den Körper gegenüber Angehörigen des männlichen Geschlechts weitgehend zu bedecken, kann im Regelfall durch das Tragen eines Burkinis auf ein hinnehmbares Maß zurückgestuft werden. Gegen eine solche spezielle Schwimmkleidung bestehen auch aus sportfachlicher Sicht keine Bedenken, soweit sie nicht funktionswidrig ist. In den meisten Schwimmbädern ist das Tragen einer solchen Badebekleidung zwischenzeitlich auch zulässig. Im Regelfall kann solchen Anträgen auf Befreiung vom Schwimmunterricht also nicht mehr stattgegeben werden.*
- *Auch wenn die Schülerin nicht vom Schwimmunterricht befreit werden kann, ist zu überlegen, welche Rücksichtnahme auf die Glaubensvorstellungen möglich und erforderlich ist. Beispielsweise sollten Lehrkräfte darauf achten, dass von den Mädchen ungewollte körperliche Berührungen vermieden bzw. unterbunden werden."*

(Quelle: KM, 31.10.2014, AZ: 31-6601.511/103/1)

3.

Von der Teilnahme an der Sexualerziehung ist keine Befreiung aus religiösen Gründen möglich; es ist jedoch zu dulden und nicht zu sanktionieren, wenn Schüler*innen fernbleiben oder ferngehalten werden. ⇨ Geschlechtserziehung (Hinweise)

⇨ Aufsichtspflicht (Schwimmunterricht); ⇨ Behinderungen (Förderbedarf); ⇨ Ermessen; ⇨ Feiertage; ⇨ FerienVO; ⇨ Geschlechtserziehung; ⇨ Grundgesetz Art. 3; ⇨ Klassentagebücher; ⇨ Religion (Allgemeines); ⇨ Religionsunterricht und kirchliche Lehrkräfte; ⇨ Religionsunterricht (Teilnahme); ⇨ Schulgesetz §§ 72, 85, 92; ⇨ Schul- und Schülergottesdienst; ⇨ Schulpflicht (Berufliche Schulen); ⇨ Schulpflicht (Durchsetzung); ⇨ Verfassung

Schulentwicklung und Qualitätskonzept

Informationen der Redaktion zur Rechtslage und zur Verwaltungspraxis in Baden-Württemberg

Äußere und innere Schulentwicklung

Der inhaltlichen und organisatorischen Weiterentwicklung des Schulwesens dienen verschiedene Verfahren der *„Schulentwicklung"*. ⇨ Schulgesetz § 22

Die *„regionale Schulentwicklung"* soll eine strukturelle Reform des Schulwesens durch das Land und die kommunalen Schulträger zur *„nachhaltigen Sicherung eines regional ausgewogenen, alle Bildungsabschlüsse umfassenden Bildungsangebots in zumutbarer Erreichbarkeit"* bewirken. ⇨ Schulgesetz § 30a ff.

Für den beruflichen Bereich gibt es eine *„Verordnung des Kultusministeriums zur regionalen Schulentwicklung an beruflichen Schulen"* (26.3.2015; K.u.U. S. 94/2015).

Im Bereich der Sonderpädagogischen Bildungs- und Beratungszentren gilt eine eigene Verordnung: ⇨ Sonderpädagogische Bildung (Schulentwicklung).

Die öffentlichen Schulen sind aufgrund des Schulgesetzes (§ 114) zur systematischen Qualitätsentwicklung und Qualitätssicherung verpflichtet. Zu diesem Zweck müssen sie ihre Schul- und Unterrichtsqualität in regelmäßigen Abständen evaluieren. Diese Selbstevaluation kann durch reguläre oder anlassbezogene Evaluationen ergänzt werden (Fremdevaluation). Die Lehrkräfte sind zur Mitwirkung verpflichtet. ⇨ Evaluation

Online-Informationen zur Evaluation:
https://ibbw-bw.de/,Lde/Startseite/Systemanalysen/Datengestuetzte+Qualitaetsentwicklung

Zu *„unterrichtsbezogenen Schulentwicklungsprojekten"*: ⇨ Organisationserlass Nr. 1.1, zweiter Absatz.

Qualitätskonzept

Institut für Bildungsanalysen Baden-Württemberg (IBBW)

Das Institut für Bildungsanalysen Baden-Württemberg (IBBW) ist für den Aufbau und die Durchführung eines strategischen Bildungsmonitorings verantwortlich, das eine datengestützte Qualitätsentwicklung auf allen Ebenen des Bildungssystems unterstützen soll. Dazu gehören

1. der Aufbau eines systematischen Bildungsmonitorings zur Unterstützung einer datengestützten Qualitätsentwicklung auf allen Ebenen des Bildungssystems,
2. statistische Erhebungen und Auswertungen und zentrale IT-Fachverfahren im Geschäftsbereich des Kultusministeriums,
3. die Entwicklung von Konzepten, Aufgaben und Instrumenten zur Diagnose und Förderung von Kompetenzen sowie die Erstellung von zentralen Prüfungen für die öffentlichen Schulen,
4. die aufgabenbezogene beziehungsweise systematische und wissenschaftsbasierte Erfassung, Auswertung und adressatengerechte Aufbereitung von steuerungsrelevanten Daten wie Bildungsindikatoren und Trends auf unterschiedlichen Ebenen des Bildungssystems,
5. die Entwicklung von Konzepten und Instrumenten zur Evaluation der Unterrichts- und Schulqualität sowie die Durchführung von Evaluationen von öffentlichen Schulen und
6. die Entwicklung, Begleitung und Evaluation von Konzepten, beispielsweise zu bildungspolitischen Reformvorhaben, auf der Grundlage der empirischen Bildungsforschung, Forschungskooperation und Wissenschaftstransfer sowie die Unterstützung des Zentrums für Schulqualität und Lehrerbildung bei der evidenzbasierten Entwicklung von Standards.

Zentrum für Schulqualität und Lehrerbildung (ZSL)

Das ZSL verfügt über eine Zentrale und Außenstellen, darunter sechs Regionalstellen. Zu den Aufgaben des ZSL gehören

1. die Personalentwicklung und die Führungskräftequalifizierung,
2. die Konzeptentwicklung, Steuerung der Durchführung und Qualitätssicherung für die Aus- und Fortbildung der Lehrkräfte zu pädagogischen Querschnittsthemen,
3. die Konzeptentwicklung, Steuerung der Durchführung und Qualitätssicherung der fächer- und schulartspezifischen Aus- und Fortbildung der Lehrkräfte,
   ➪ Fortbildung (Allgemeines); ➪ Fortbildung (Rahmendienstvereinbarung)
4. die Konzeption von unterrichtsbezogenen Unterstützungsangeboten,
5. die Bildungsplanarbeit, ➪ Bildungspläne
6. die Schulbuchzulassung, ➪ Lernmittel (Zulassung)
7. internationale Kooperationsprojekte in der Lehrerbildung,
8. die Entwicklung, dezentrale Bereitstellung und Qualitätssicherung von Beratungsangeboten, beispielsweise im Bereich der Schullaufbahn, beruflichen Orientierung, zusätzlichen Förderbedarfe und speziellen Begabungen, schulpsychologischen Dienste, der Prävention und der Qualitätsentwicklung,
   ➪ Berufliche Orientierung; ➪ Prävention
9. die fachliche Steuerung der Seminare für Ausbildung und Fortbildung der Lehrkräfte und
10. die Steuerung der schulpsychologischen Beratungsstellen.

Die Regionalstellen des ZSL sind für die öffentlichen allgemeinbildenden und beruflichen Schulen in ihrer Region zuständig. An jeder Regionalstelle wird eine Leitstelle pädagogische Unterstützung (LPU) als Kontaktstelle für Anliegen von Schulen im Rahmen der gesetzlichen Aufgaben des ZSL eingerichtet.

Die Regionalstellen sind zuständig für die Zurverfügungstellung der zentral entwickelten Angebote und Dienstleistungen für Ausbildung, Fortbildung und Beratung aller Schularten. Ihnen obliegt die fachliche Steuerung der Seminare für Ausbildung und Fortbildung der Lehrkräfte, die ihren Sitz in der Region der jeweiligen Regionalstelle haben. Die schulpsychologischen Beratungsstellen sind Teil einer Regionalstelle.

➪ Schulpsychologische Beratungsstellen

Beteiligungsrechte

Bei der örtlichen Umsetzung von Schulentwicklungsprozessen (z.B. strukturelle Änderungen, Schulversuche) bestehen Beteiligungsrechte der Lehrkräfte, Eltern sowie der Schülerinnen und Schüler. Bei der Evaluation der einzelnen Schulen ist gesetzlich vorgeschrieben, dass *„alle am Schulleben Beteiligten, insbesondere Schüler und Eltern, miteinbezogen"* werden; dies gilt auch für die vom IBBW durchgeführte Fremdevaluation.

➪ Schulgesetz §§ 30 und 114

Die Evaluation und die Schulentwicklung gehören als *„allgemeine Fragen der Erziehung und des Unterrichts"* zu den *„Angelegenheiten von wesentlicher Bedeutung für die Schule"*, über welche die Gesamtlehrerkonferenz unbeschadet der Zuständigkeit der Schulkonferenz berät und beschließt. Inhaltliche Entscheidungen treffen also die GLK oder die entsprechenden Teilkonferenzen. Die Schulkonferenz ist anzuhören.

➪ Konferenzordnung §§ 2 Abs. 1 Nr. 1 und 3 bis 8; ➪ Schulgesetz § 45 Abs. 2 und § 47 Abs. 4 Nr. 1a

➪ Berufliche Orientierung; ➪ Bildungspläne; ➪ Datenschutz (Schulen); ➪ Evaluation; ➪ Fortbildung (Allgemeines); ➪ Fortbildung (Rahmendienstvereinbarung); ➪ Konferenzordnung §§ 2 Abs. 1 Nr. 1 und 3 bis 8; ➪ Lernmittel (Zulassung); ➪ Lernstandserhebungen; ➪ Prävention; ➪ Schulaufsicht und Schulverwaltung; ➪ Schulgesetz §§ 30a ff., § 45 Abs. 2, § 47 Abs. 4 Nr. 1a und § 114 ; ➪ Sonderpädagogische Bildung (Schulentwicklung)

Nutzen Sie das ausführliche alphabetische Schlagwortverzeichnis am Ende des Buches.

Schüleraustausch

Informationen der Redaktion zur Rechtslage und zur Verwaltungspraxis in Baden-Württemberg

1. Grundsatz

Die Schulbesuchsverordnung erlaubt die Beurlaubung von Schüler*innen zur Teilnahme am Schüleraustausch sowie zu Sprachkursen im Ausland. In der Regel ist dies mit dem Besuch einer Schule im Gastland verbunden. Link: https://km-bw.de/,Lde/Startseite/Jugend_Sport/Internationale+Jugendbildung.

Die Schulbesuchsverordnung ermöglicht auch den befristeten Besuch einer Schule im Ausland aus anderen Gründen (beispielsweise wenn die Eltern sich zeitweise beruflich dort aufhalten).

➪ Schulbesuchsverordnung (§ 4 Abs. 3 Nr. 2)

2. Kurzfristiger Schüleraustausch

Baden-württembergische Schülerinnen und Schüler haben die Möglichkeit, je nach Land zwischen drei Wochen und drei Monaten im Ausland zur Schule zu gehen. Dieser Schüleraustausch wird im Auftrag des Kultusministeriums vom AFS Interkulturelle Begegnungen e.V. durchgeführt; er ist auf Gegenseitigkeit angelegt: Besuch im Gastland und Aufenthalt des Austauschpartners in Deutschland.

Teilnehmen können Schüler*innen aller Schularten zwischen 14 und 17 Jahren. Es werden Austauschprogramme mit wechselnden Ländern angeboten. Im Aufnahmeland leben die Schüler*innen bei der Familie ihrer Austauschpartner und erhalten so einen natürlichen Einblick in die Kultur und Sitten ihrer Gastgeber. Die Teilnehmenden und ihre Familien werden von AFS vorbereitet und betreut. Programminformationen – Bewerbungstermine, Teilnahmevoraussetzungen, Checklisten usw. – stehen im Internet unter www.schueleraustausch-bw.de. Kontakt: AFS Regionalbüro Süd, FON: (0711) 80607690, E-Mail: regionalbuero@afs.org.

Die deutsch-französische Schülerbegegnungsstätte Breisach (Vorortstelle für den deutsch-französischen Schüleraustausch) wickelt insbesondere das Austauschprogramm *„Brigitte Sauzay"* ab (zwei- bis dreimonatiger Aufenthalt in einer französischen Gastfamilie mit Schulbesuch). Die Bewerbung läuft über die Schule. Kontakt: Deutsch-Französische Schülerbegegnungsstätte, Jahnstraße 1, 79206 Breisach, FON: (07667) 906288, Mail: drittort@dfsbegegnung.org,

Internet: https://sbsbreisach.blogspot.com/

3. Längerer Schulbesuch im Ausland

Es ist auch möglich, ein ganzes Schuljahr, nach Rücksprache mit dem RP auch länger, im Ausland zu verbringen (kein Austauschprogramm, auf Schüler*innen an Gymnasien ausgelegt). Hierüber informiert der Arbeitskreis gemeinnütziger Jugendaustausch (Link: https://aja-org.de).

Ein Austauschjahr kann auf Antrag der Erziehungsberechtigten bzw. des volljährigen Schülers von der Schule angerechnet werden, wenn der regelmäßige Schulbesuch und dabei erzielte Leistungen nachgewiesen werden. Nach den Versetzungsordnungen der Gymnasien und der beruflichen Gymnasien ist eine Aussetzung der Versetzungsentscheidung für Schüler möglich, die an einem längerfristigen Einzelschüleraustausch mit dem Ausland teilgenommen und dort die Schule besucht haben. In den anderen Schulen sind solche Ausnahmen in der jeweiligen Versetzungsordnung nicht vorgesehen.

Möglich ist auch ein eingeschobenes Auslandsschuljahr ohne Anerkennung auf den Bildungsgang. Dabei müssen alle Schulhalbjahre der Qualifikationsphase (Jahrgangsstufen 11 und 12) besucht werden; hier ist lediglich eine Beurlaubung möglich.

Beim Besuch einer anerkannten deutschen Schule im Ausland können die dort erbrachten Leistungen und Versetzungsentscheidungen anerkannt werden, bei allen anderen Schulen sollten die Leistungsnachweise und Regularien für die Wiedereingliederung in die deutsche Schule mit der jeweiligen Schulleitung bereits vor der Ausreise abgeklärt werden.

Angebote für Auslandsaufenthalte gibt es z.B. bei AFS Interkulturelle Begegnungen e.V. (infogermany@afs.org), bei Youth For Understanding Komitee e.V. (info@yfu.de), bei Experiment e.V. (info@experiment-ev.de), bei Open Door International e.V. (info@opendoorinternational.de), bei Partnership International (office@partnership.de) und beim Rotary Jugenddienst Deutschland e.V. (info@rotary-jd.de).

Die Aktion Bildungsinformation e.V. stellt Informationen für den Schüleraustausch bzw. Gastaufenthalte von Jugendlichen in zahlreichen Ländern bereit und prüft auch die Leistungen gewerblicher Anbieter: ABI e.V., Lange Str. 51, 70174 Stuttgart, 70173 Stuttgart, FON: (0711) 220216-30, FAX:–40, E-Mail: info@abi-ev.de, https://www.abi-ev.de

Das KM hat im Infodienst Schulleitung (Nr. 192) u.a. auf www.international.jugendnetz.de aufmerksam gemacht.

4. Schülerbegegnungen mit Staaten Mittel- und Osteuropas

Nach Nr. 17 der Richtlinien des KM zur Förderung der außerschulischen Jugendbildung können für internationale Schülerbegegnungen mit Staaten Mittel- und Osteuropas Zuschüsse gewährt werden.

➪ Außerunterrichtliche Jugendbildung

➪ Außerunterrichtliche Jugendbildung; ➪ Außerunterrichtliche Veranstaltungen; ➪ Konferenzordnung § 2; ➪ Schulbesuchsverordnung §§ 3,4,5; ➪ Schulpartnerschaften

Schülerbeförderung

Informationen der Redaktion zur Rechtslage und zur Verwaltungspraxis in Baden-Württemberg

Aus der gesetzlichen Schulpflicht ergibt sich unmittelbar die Verpflichtung, die jeweilige Schule aufzusuchen. Gemäß ⇨ Schulgesetz § 85 haben die *„Erziehungsberechtigten und diejenigen, denen Erziehung oder Pflege eines Kindes anvertraut ist, [...] dafür Sorge zu tragen, dass der Schüler am Unterricht und an den übrigen verbindlichen Veranstaltungen der Schule regelmäßig teilnimmt [...]“.*

Der Weg von und zur Schule sowie die Finanzierung eventueller Beförderungskosten fallen demnach grundsätzlich in die Zuständigkeit der Eltern. Solange sich der/die Schüler*in in Obhut der Erziehungsberechtigten befinden (also auch auf dem Weg von der Wohnung bis zum Schulgrundstück), obliegt den Eltern die Aufsichtspflicht. Ab dem Betreten des Schulgrundstücks geht diese Aufgabe auf die Schule über. Die Aufsichtspflicht der Schule endet, sobald der/die Schüler*in den Heimweg antritt. Die Schule ist somit auch für die Aufsicht über die Wege (und damit in Zusammenarbeit mit dem ⇨ Schulträger für die Organisation des Transports) zuständig, die ihre Schüler*innen während der Unterrichtszeit zurücklegen müssen, also auch zu weiter entfernten Sport- oder Schwimmstätten usw. Findet der schulische Schwimmunterricht jedoch als separate Veranstaltung statt, kehren also die Schüler*innen zunächst nach Hause zurück und begeben sich nach der Mittagspause zur Schwimmhalle, so liegt dieser Weg und zurück nach Hause wieder in Verantwortung der Eltern. Siehe hierzu die Beiträge ⇨ Aufsichtspflicht und ⇨ Schulweg.

Dies alles setzt voraus, dass sich das Schulgebäude oder die Sportstätte in „zumutbarer“ Entfernung befinden, also zu Fuß und ohne unvertretbare Gefährdungen und zumindest ohne einen nennenswerten finanziellen Aufwand erreichbar sind. Dies ist in vielen Teilen des Landes nicht (mehr) gegeben: Viele fußläufig erreichbare „Zwergschulen“ sind im Zuge der Schulentwicklungspläne geschlossen worden; infolge der demografischen Entwicklung schreitet dieser Konzentrationsprozess auch heute fort.

Deshalb müssen die ⇨ Schulträger jedenfalls dann den größten Teil der Kosten für die Fahrt zur und von der Schule tragen, wenn die Schule nicht ohne weiteres fußläufig erreichbar ist. Gemeindeübegreifend sind für die Organisation und Kostenregelung die Stadt- und Landkreise zuständig. Diese erhalten hierfür pauschale Zuweisungen vom Land (2020 waren dies 193,8 Mio. Euro); die darüber hinausgehenden Kosten müssen sie selbst tragen. Deshalb besteht eine – zunehmende – Diskrepanz zwischen den bereitgestellten Mitteln und dem tatsächlichen Bedarf. Dies ändert nichts an der Leistungspflicht der Schulträger. Allenfalls ist zu fragen, ob und wie die Kommunen Ansprüche gegen das Land geltend machen können, wenn sie die Kosten der Schülerbeförderung trotz aller Rationalisierungsbemühungen und einer angemessenen Beteiligung der Schüler bzw. Eltern nicht mehr finanzieren können. ⇨ Haushalt (Kommunaler Finanzausgleich) § 18

Dennoch verlangen Schulträger von den Schüler*innen bzw. ihren Eltern, dass sie sich an den Kosten für die Schülerbeförderung beteiligen bzw. diese ganz übernehmen. Seit 2019 ist dieser Eigenanteil jedoch für Schüler*innen entfallen, deren Eltern ein Recht auf Leistungen nach dem Sozialgesetzbuch II („Hartz IV“) oder dem Asylbewerberleistungsgesetz haben oder deren Eltern den Kinderzuschlag oder Wohngeld beziehen.

Dabei ist zwischen den verschiedenen Anlässen für solche Fahrten zu unterscheiden.

1.
Fahrten zur und von der Schule

Ist für den Besuch einer Pflichtschule zur Erfüllung der gesetzlichen Schulpflicht die Benutzung von Verkehrsmitteln erforderlich, so sind die Kosten vom Schulträger zu tragen bzw. hat sich dieser an den Kosten angemessen zu beteiligen. Die Frage, was „angemessen“ ist, ist heftig umstritten; die Gerichte halten u.a. eine Differenzierung nach Schularten für zulässig. Die Schulträger handeln hierfür vielfach mit den Verkehrsunternehmen besondere Tarife aus (Schülerfahrkarten). Insbesondere wenn diese Fahrkarten auch über die reinen Schulweg-Fahrten hinaus benutzt werden können, ist eine angemessene Eigenbeteiligung vertretbar.

Die Stadt- und Landkreise haben relativ einheitlich in ihren Satzungen festgelegt, dass die notwendigen Beförderungskosten zum Besuch des stundenplanmäßigen Unterrichts erstattet/bezuschusst werden:

- Bei Schulkindergärten, Grundschulförderklassen (auch Sonderschulkindergärten), SBBZ (bei SBBZ Lernen und SBBZ emotionale und soziale Entwicklung nur bis Klasse 4) tragen sie die vollen Kosten ohne Rücksicht auf die Entfernung zwischen Wohnung und Schulkindergarten bzw. Schule.
- Bei Grundschulen, Hauptschulen, Werkrealschulen, Gemeinschaftsschulen, Realschulen, Gymnasien, Waldorfschulen, Förderschulen und Schulen für Erziehungshilfe (ab Klasse 5), Kollegs, Berufsfachschulen, Berufskollegs, Berufsoberschulen, Abendrealschulen, Abendgymnasien, Vollzeitunterricht des Berufsgrundbildungsjahres und des Berufsvorbereitungsjahres tragen sie die Kosten ab einer Mindestentfernung von 3 km (bei Berufsschulen ab 20 km) zwischen Wohnung und Schule, verlangen jedoch einen Eigenanteil. Schüler*innen mit Anspruch auf Leistungen aus dem ⇨ Bildungspaket erhalten die Kosten der Schülermonatskarte erstattet.

2.
Schulische Pflichtveranstaltungen

Aufgrund der Schulgeld- und Lernmittelfreiheit dürfen die Kosten für die Fahrt zu schulischen Pflichtveranstaltungen nicht auf die Eltern oder

Schüler*innen abgewälzt werden, denn sie sind notwendige Voraussetzung für die Teilnahme am Unterricht. Die Stadt- und Landkreise schließen jedoch teilweise die *„Beförderungskosten zu außerhalb der Schule gelegenen Unterrichtsstätten (innerer Schulbetrieb)“* von der Erstattung aus. Dies ändert aber nicht ihre Verantwortung, den Transport zu und von den Unterrichtsstätten zu organisieren und zu finanzieren.

Wo dies zu konkreten Problemen führt (z.B. eine Schwimmstätte steht der Schule für den Unterricht nur am Vormittag zur Verfügung, sie ist zu weit entfernt oder oder der Weg ist mit unzumutbaren Gefahren verbunden), ist den Schulen folgendes Verfahren anzuraten: Die Schulleitung beantragt – nach vorheriger Beratung in den schulischen Gremien (Gesamtlehrerkonferenz, Schulkonferenz, Elternbeirat) – beim Schulträger die Einrichtung eines „Schwimmbusses“ bzw. bei einer guten Nahverkehrsverbindung die Übernahme der Fahrkosten. Wird diesem Antrag nicht stattgegeben, informiert die Schulleitung die schulischen Gremien über dieses Ergebnis. Falls die Schule unter diesen Umständen trotzdem Schwimmunterricht durchführt, bleibt den betroffenen Eltern der individuelle Antrag auf Fahrkostenerstattung und gegebenenfalls der Klageweg gegen den Schulträger.

3.
Außerunterrichtliche Veranstaltungen

Da nur die Unentgeltlichkeit des Unterrichts garantiert ist, obliegt die Finanzierung von außerunterrichtlichen Veranstaltungen (z.B. Schullandheimaufenthalt, Jahresausflug, Museums- oder Theaterbesuch) einschließlich der Fahrkosten den Erziehungsberechtigten; dies sind zwar schulische Veranstaltungen, es besteht aber keine Teilnahmepflicht.

Schüler*innen mit Anspruch auf Leistungen aus dem ➪ Bildungspaket bekommen die Kosten erstattet.

➪ Außerunterrichtliche Veranstaltungen III; ➪ Außerunterrichtliche Veranstaltungen (Hinweise) Nr. 8-10; ➪ Bildungspaket; ➪ Haushalt (Kommunaler Finanzausgleich) § 18; ➪ Schülerbeförderung (Mitwirkung der Schulen); ➪ Schulträger; ➪ Schulweg; ➪ Verkehrserziehung

Schülerbeförderung (Mitwirkung der Schulen)

Mitwirkung der Schulen bei der Schülerbeförderung;
Auszug aus der Bekanntmachung des KM vom 23. August 1994 (K.u.U. S. 478/1994)

Für eine reibungslose, sichere und wirtschaftliche Schülerbeförderung ist ein enges Zusammenwirken aller Beteiligten (Schulträger, Stadt- und Landkreise, Schulen und Verkehrsunternehmen) von besonderer Bedeutung. Die Schülerbeförderung funktioniert dort besonders gut, wo diese enge Zusammenarbeit auf lokaler Ebene tatsächlich erfolgt. [...]

Die Schulen unterstützen den Schulträger; sie teilen ihm auf dessen Anforderung insbesondere die Schülerzahlen, die Wohnorte der Schüler, den Unterrichtsbeginn und das Unterrichtsende so früh wie möglich mit. In vielen Fällen empfiehlt es sich darüber hinaus, dass die Beteiligten vor Ort ihre Anliegen gemeinsam erörtern (u.a. sich die Schulen bei der Festlegung der beweglichen Ferientage und der drei unterrichtsfreien Tage aus der Arbeitszeitverkürzung der Lehrer, der Entscheidung über den unterrichtsfreien Samstag sowie bei der Ausgestaltung der Stundenpläne abstimmen).

Außerdem teilen die Schulen kurzfristig eintretende, für die Schülerbeförderung wichtige Änderungen hinsichtlich des Unterrichts (z.B. Stundenplanänderungen, früheres Unterrichtsende, Schulveranstaltungen usw.) möglichst frühzeitig mit.

Für die notwendige optimale Ausnutzung der vorhandenen Beförderungskapazitäten und zur Minimierung von Wartezeiten ist es wichtig, dass die Stundenpläne und Unterrichtszeiten der Schulen sowie die Fahrpläne und Fahrzeiten der Verkehrsunternehmen gut aufeinander abgestimmt werden. Im Rahmen der bestehenden Möglichkeiten sollen die Schulen einen gestaffelten Unterrichtsbeginn einrichten, um Verkehrsspitzen zu vermeiden. [...]

➪ Haushalt (Kommunaler Finanzausgleich) § 18; ➪ Schulträger; ➪ Schulweg; ➪ Verkehrserziehung

Schülerlotsen

Schülerlotsen; Bekanntmachung des Kultusministeriums vom 3. Februar 1984 (K.u.U. S. 81/1984)

Um die Sicherheit der Schüler auf dem Schulweg zu erhöhen, wird ein Schülerlotsendienst für Grund- und Hauptschulen, Realschulen, Sonderschulen und Gymnasien als freiwillige Einrichtung empfohlen.

Die Schülerlotsen *(jetzt: Verkehrshelfer)* haben insbesondere die Aufgabe, ihren Mitschülern beim Überqueren verkehrsgefährdeter Straßen in der Nähe der Schule zu helfen. Die Schülerlotsen wirken bei ihrer Tätigkeit auf die Beachtung der bestehenden Verkehrsregeln hin. Sie haben keine polizeilichen Befugnisse.

Wenn der Schülerlotsendienst durchgeführt wird, ist er eine schulische Angelegenheit des Landes. Er wird organisatorisch von der Landesverkehrswacht Baden-Württemberg e.V. für das Land vorgenommen. Vor Einrichtung des Schülerlotsendienstes sind der Elternbeirat und der Schülerrat der Schule zu hören.

Voraussetzung für die freiwillige Tätigkeit als Schülerlotse ist in der Regel ein Mindestalter von 13 Jahren, persönliche Eignung und schriftliches Einverständnis der Erziehungsberechtigten.

Die Tätigkeit als Schülerlotse unterliegt der gesetzlichen Unfallversicherung [...]. Zuständiger Träger des Unfallversicherungsschutzes ist das Land [...]. Die Lotsentätigkeit stellt eine Fürsorgeaufgabe dar. Bei Drittschäden kommt die Amtshaftung des Landes nach Art. 34 GG i.V. mit § 839 BGB in Frage.

Die Landesverkehrswacht Baden-Württemberg e.V. unterhält ergänzend eine Unfallversicherung und eine Haftpflichtversicherung. Die Deutsche Verkehrswacht und die Landesverkehrswacht Baden-Württemberg e.V. stellen Ausrüstung der Schülerlotsen sowie Unterrichtsmaterial im Rahmen der gegebenen Möglichkeiten zur Verfügung und übernehmen die örtliche Organisation.

⇨ Schulgesetz § 57; ⇨ Schulweg; ⇨ Unfallversicherung und Unfallverhütung; ⇨ Verkehrserziehung

Schülermitverantwortung (SMV-Verordnung)

Verordnung des KM über Einrichtung und Aufgaben der Schülermitverantwortung (SMV-Verordnung) vom 8. Juni 1976 (K.u.U. S. 1196/1976), zuletzt geändert 25. Juni 2019 (K.u.U. S. 162/2019)

I. Allgemeines

§ 1
Grundsätze

(1) Der Schwerpunkt der Schülermitverantwortung (SMV) liegt an der einzelnen Schule. Damit sie ihre Aufgaben erfüllen kann, müssen Schulleiter, Lehrer, Eltern und Schüler, die sich in der Schule mit unterschiedlichen Rechten, Pflichten, Aufgaben und Interessen begegnen, zusammenarbeiten (§ 62 des Schulgesetzes).

(2) Die Schülermitverantwortung ist von allen am Schulleben Beteiligten und den Schulaufsichtsbehörden zu unterstützen.

(3) Art und Umfang der Mitwirkung der Schüler am Leben und an der Arbeit der Schule sowie der Grad der Selbstständigkeit und Verantwortlichkeit bei der Wahrnehmung ihrer Aufgaben hängen von ihrer Entwicklung ab. Schüler mit Behinderungen erhalten hierzu an allen Schulen altersgemäße und individuelle Hilfe.

(4) Schüler der Grundschulen sollen auf die Arbeit und die Aufgaben der Schülermitverantwortung dadurch vorbereitet werden, dass ihre Selbstverantwortung und ihre Selbstständigkeit möglichst früh im Unterricht und durch Übertragung ihnen angemessener Aufgaben entwickelt und gefördert werden.

(5) Schüler dürfen wegen ihrer Tätigkeit in der SMV weder bevorzugt noch benachteiligt werden. Das Amt als Schülervertreter nach § 3 Absatz 1 wird im Zeugnis ohne Wertung vermerkt, soweit nicht der Schüler in angemessener Zeit vor der Ausgabe des Zeugnisses hiergegen widerspricht; eine Bescheinigung über das Amt auf Antrag in anderer geeigneter Form ohne Wertung ist zulässig. Für die aktive Tätigkeit in der SMV, ohne Schülervertreter zu sein, gilt Satz 2 entsprechend; die Klassenkonferenz berücksichtigt bei ihrer Entscheidung die Vorschläge des Verbindungslehrers und der Schülervertreter.

(6) Der Schülerrat erlässt im Rahmen des Schulgesetzes und dieser Verordnung eine Satzung, in der außer den in dieser Verordnung ausdrücklich vorgesehenen Vorschriften nähere Bestimmungen über Aufgaben und Arbeit der Schülermitverantwortung der jeweiligen Schule geregelt werden können (SMV-Satzung). Sie bedarf keiner Bestätigung durch ein Organ der Schule; jedoch ist vor ihrer Inkraftsetzung dem Schulleiter und den Verbindungslehrern der Schule sowie der Gesamtlehrerkonferenz und der Schulkonferenz Gelegenheit zur Stellungnahme zu geben.

§ 2
Ergänzende Hinweise

(1) Das Recht der Schüler, außerhalb der Schule Vereinigungen zu bilden oder ihnen beizutreten, bleibt unberührt. Schülervereinigungen (z.B. mit politischen, sportlichen, kulturellen, konfessionellen, gesellschaftlichen oder fachlichen Zielen) sind keine Schülervertretungen im Sinne dieser Verordnung.

(2) Die Rechte der Erziehungsberechtigten werden durch diese Verordnung nicht berührt.

II. Bildung der Organe der SMV

§ 3
Organe

(1) Organe der Schülermitverantwortung sind die Schülervertreter (Klassensprecher, Kurssprecher, Jahrgangsstufensprecher, Schülerrat und Schülersprecher) sowie die Klassenschülerversammlung, in den beiden Jahrgangsstufen am allgemeinbildenden Gymnasium die Kursschülerversammlung in den Kursen des Leistungs- und Basisfachs Deutsch, am Beruflichen Gymnasium die Kursschülerversammlung im Profilfach.

⇨ Gemeinschaftsschule (Verordnung) § 10

(2) Die Klassenschülerversammlung besteht aus allen Schülern der Klasse. Die Kursschülerversammlung besteht aus allen Schülern eines Kurses gemäß Absatz 1.

(3) Die Wahl des Klassensprechers und seines Stellvertreters gemäß § 65 Abs. 1 SchG soll spätestens bis zum Ablauf der dritten Unterrichtswoche im Schuljahr stattfinden, bei Teilzeitunterricht in Blöcken bis zum Ablauf der zweiten Unterrichtswoche des ersten Unterrichtsblocks im Schuljahr.

(4) In den beiden Jahrgangsstufen wählen die Schüler am allgemeinbildenden Gymnasium in den

Kursen des Leistungs- und Basisfachs Deutsch, am Beruflichen Gymnasium im Profilfach, aus ihrer Mitte zu Beginn des Schuljahres einen Kurssprecher und seinen Stellvertreter; sie treten an die Stelle des Klassensprechers und seines Stellvertreters. Für den Zeitpunkt der Wahl gilt Absatz 3 entsprechend.

(5) Die nach Absatz 4 gewählten Kurssprecher und Stellvertreter sind Mitglied des Schülerrats. Sie haben die gleichen Rechte und Pflichten wie die übrigen Mitglieder bzw. stellvertretenden Mitglieder des Schülerrats.

(6) Der Schülerrat soll binnen zweier Wochen nach der Wahl aller seiner Mitglieder, spätestens jedoch in der fünften Unterrichtswoche im Schuljahr, erstmals zusammentreten; dies gilt auch dann, wenn noch nicht alle Wahlen gemäß Absätze 3 bis 5 durchgeführt sind. Spätestens binnen zweier weiterer Wochen soll die Wahl des Schülersprechers und seines oder seiner Stellvertreter gemäß § 67 Abs. 1 SchG stattfinden. Die Gültigkeit dieser Wahlen wird nicht dadurch beeinträchtigt, dass sie bzw. der erste Zusammentritt des Schülerrats nicht fristgemäß erfolgen.

(7) In Berufsschulklassen können die Klassensprecher, die jeweils an den gleichen Wochentagen Unterricht haben, aus ihrer Mitte ihre Tagessprecher und deren Stellvertreter wählen.

(8) Die SMV-Satzung kann vorsehen, dass der Schülersprecher von allen Schülern der Schule oder von den Klassensprechern und ihren Stellvertretern gewählt wird; sie kann auch regeln, dass ein Stellvertreter von allen Schülern der Schule aus deren Mitte oder aus der Mitte der Klassensprecher und ihrer Stellvertreter direkt gewählt wird, weitere Stellvertreter können nur von den Klassensprechern und ihren Stellvertretern aus ihrer Mitte gewählt werden; die Gewählten sind Mitglieder des Schülerrats. Die SMV-Satzung kann weiter vorsehen, dass die Kurssprecher einer Jahrgangsstufe aus ihrer Mitte einen Jahrgangsstufensprecher und seinen Stellvertreter wählen können, dem die Aufgaben der einzelnen Kurssprecher der Jahrgangsstufe übertragen werden, soweit sie die gesamte Jahrgangsstufe betreffen.

§ 4
Wahl, Wählbarkeit

(1) Schülervertreter, deren Amtszeit abgelaufen ist, versehen ihr Amt bis zur Neuwahl geschäftsführend weiter, wenn sie noch wählbar sind. Die Dauer der geschäftsführenden Tätigkeit kann durch die SMV-Satzung begrenzt werden.

(2) Der geschäftsführende Amtsinhaber lädt die Wahlberechtigten zur Neuwahl ein und bereitet die Wahl vor. Ist kein geschäftsführender Amtsinhaber vorhanden oder ist er verhindert, so sorgt dafür sein Stellvertreter. Die SMV-Satzung kann abweichende Bestimmungen treffen; sie soll für den Fall, dass kein Stellvertreter vorhanden oder dass auch dieser verhindert ist, Vorsorge treffen. Steht niemand zur Verfügung, dem die Aufgaben gemäß Satz 1 übertragen sind, veranlasst der Verbindungslehrer für die Wahl der Kurssprecher und des Schülersprechers und der Klassenlehrer für die Wahl des Klassensprechers das Erforderliche; letzteres gilt auch für neugebildete Klassen, sofern in der SMV-Satzung keine anderen Bestimmungen getroffen sind.

(3) Wahlberechtigt und wählbar ist, wer im Zeitpunkt der Wahl die Schule als Schüler besucht. Das Amt eines Schülervertreters erlischt vor Ablauf seiner bis zum Ende des Schuljahres dauernden Amtszeit mit dem Verlust der Wählbarkeit für dieses Amt oder seinem Rücktritt. Für die Einladung zu der in diesen Fällen erforderlichen Neuwahl gilt Abs. 2 entsprechend.

§ 5
Wahlverfahren, Abwahl

(1) Die Wahl ist geheim. Die Aufstellung und Wahl der Kandidaten bedürfen keiner Bestätigung. Im übrigen muss die Wahl aller Schülervertreter den Grundsätzen entsprechen, die für demokratische Wahlen gelten, insbesondere also allgemein, frei, gleich und unmittelbar sein.

(2) Gewählt ist, wer die meisten gültigen Stimmen erhält. Bei Stimmengleichheit ist ein weiterer Wahlgang erforderlich.

(3) Ein Schülervertreter kann aus seinem Amt vor Ablauf seiner Amtszeit nur dadurch abberufen werden, dass von der Mehrheit der Wahlberechtigten ein Nachfolger für den Rest der laufenden Amtszeit gewählt wird. Die wahlberechtigten Schüler müssen zur Wahl eines Nachfolgers eingeladen werden, wenn ein Drittel der Wahlberechtigten schriftlich darum nachsucht. Für die Einladung gilt § 4 Abs. 2 entsprechend mit der Maßgabe, dass der betreffende Amtsinhaber als verhindert gilt.

§ 6
Ergänzende Wahlordnungsvorschriften

Die SMV-Satzung regelt das Nähere über das Verfahren bei der Wahl der Schülervertreter, insbesondere über die Form und Frist für die Einladung und die Leitung der Wahl. Dabei kann die SMV-Satzung für den ersten Wahlgang eine qualifizierte Mehrheit festlegen sowie das Nähere für etwaige weitere Wahlgänge regeln. Sie trifft ferner nähere Bestimmungen

1. für den Fall, dass Tagessprecher gemäß § 3 Abs. 7 gewählt werden, welche Klassensprecher jeweils einen Tagessprecher wählen;
2. für die Wahl der Vertreter der Schüler in der Schulkonferenz.

III.
Aufgaben

§ 7
Aufgaben der SMV

(1) Die Schülermitverantwortung ist – unbeschadet der besonderen Aufgabe der Schülervertreter – Sache aller Schüler der gesamten Schule.

(2) Die Schülermitverantwortung und ihre Organe stellen sich ihre Aufgaben selbst, soweit sie nicht durch das Schulgesetz oder sonstige Rechtsvorschriften festgelegt sind. Dazu gehören insbesondere:

1. Gemeinschaftsaufgaben der Schüler. Insbesondere soll die Schülermitverantwortung die fachlichen, sportlichen, kulturellen, sozialen und

politischen Interessen der Schüler fördern. Sie kann dafür eigene Veranstaltungen und Projekte durchführen. Diese müssen allen zugänglich sein und dürfen nicht einseitig den Zielsetzungen bestimmter politischer, konfessioneller oder weltanschaulicher Gruppen dienen;

2. die Aufgabe der Organe der Schülermitverantwortung, sich aus dem Schulleben ergebende Interessen der Schüler zu vertreten.

(3) Der SMV ist Gelegenheit zu geben, in allen dafür geeigneten Aufgabenbereichen der Schule mitzuarbeiten. Dies schließt die Vertretung der Schüler in der Schulkonferenz ein. Außerdem können dazu mit ihrem Einverständnis gehören:

1. Anregungen und Vorschläge für die Gestaltung des Unterrichts im Rahmen der Bildungspläne einschließlich der Erprobung neuer Unterrichtsformen;
2. Beteiligung an Verwaltungs- und Organisationsaufgaben der Schule. Dabei soll den Schülern nach Möglichkeit Gelegenheit gegeben werden, Eigeninitiative zu entfalten;
3. Teilnahme von Schülervertretern an Teilkonferenzen im Rahmen der Konferenzordnung.

(4) Im Rahmen der SMV haben die Schülervertreter insbesondere folgende Rechte: Das Anhörungs- und Vorschlagsrecht (§ 10 Abs. 1), das Beschwerderecht (§ 10 Abs. 1), das Vermittlungs- und Vertretungsrecht (§ 10 Abs. 2), das Informationsrecht (§ 11 Abs. 2).

Hinweise der Redaktion:

1. Zu den Schülerzeitschriften siehe: ⇨ Werbung (Nr. 5).
2. Zum Postversand an Schülervertretungen hat das KM am 30.4.1983 u.a. bekanntgegeben: Post an die SMV wird grundsätzlich weitergegeben. – Ausnahme: Bei Schriften von radikalen politischen Gruppen, Jugendsekten etc. kann die Schulleitung vor der Weitergabe ein Gespräch mit der SMV führen. Für die Weitergabe von Schriften oder Flugblättern auf dem Schulgelände ist die Genehmigung der Schulleitung erforderlich (§ 15 SMV-VO). Die Ablehnung ist zu begründen. Bezüglich des Öffnens von SMV-Post durch die Schulleitung oder einen von ihm Beauftragten ist zu unterscheiden, ob die Post an die Schule oder an die SMV direkt adressiert wurde. Falls die Post an die Schule adressiert wurde, wird sie wie üblich von der Schulleitung geöffnet und dann weitergeleitet. Die direkt an die Schülermitverantwortung adressierte Post darf hingegen nicht vom Schulleiter oder der Schulleiterin oder deren Mitarbeiter*innen geöffnet werden, falls er oder sie nicht im Einzelfall oder generell hierzu ermächtigt wurde.

§ 8
Klassenschülerversammlung

(1) Die Schülermitverantwortung baut auf der Arbeit in den einzelnen Klassen auf. Dazu gehört es auch, dass die einzelnen Schüler ihre Anregungen, Vorschläge und Wünsche, die das Schulleben und den Unterricht betreffen, und ihre Einwände, wenn sie sich ungerecht beurteilt fühlen, mit den einzelnen Lehrern besprechen.

(2) Der Klassensprecher beruft, soweit erforderlich mit Unterstützung des Klassenlehrers, die Klassenschülerversammlung ein und leitet sie. Soweit dies im Rahmen eines geordneten Unterrichts möglich ist, soll ihm Gelegenheit gegeben werden, wichtige Angelegenheiten der Schülermitverantwortung auch unter Inanspruchnahme eines Teils einer Unterrichtsstunde in seiner Klasse zu behandeln und insbesondere die Klassenschülerversammlung über Angelegenheiten, die für sie von allgemeiner Bedeutung sind (§ 65 Abs. 2 des Schulgesetzes), zu unterrichten; in diesem Fall bedarf die Abhaltung der Klassenschülerversammlung der Zustimmung des zuständigen Lehrers.

(3) Die Klasse, die eine Besprechung über schulische und unterrichtliche Fragen wünscht, erhält auf Antrag des Klassensprechers beim Klassenlehrer anstelle einer Unterrichtsstunde eine Verfügungsstunde, die im Allgemeinen in Anwesenheit des Klassenlehrers oder eines anderen Lehrers stattfindet. Im Antrag ist das Beratungsthema anzugeben und zu begründen. Im Schulhalbjahr, bei Teilzeitunterricht im Schuljahr, kann eine Klasse bis zu zwei Verfügungsstunden erhalten; dabei darf an einem Schultag nicht mehr als eine Verfügungsstunde gewährt werden.

(4) Der Klassensprecher ist für die Durchführung rechtmäßiger Beschlüsse der Klassenschülerversammlung verantwortlich. Er ist ihr Rechenschaft für seine Tätigkeit in der SMV schuldig. Im Übrigen sorgt der Klassensprecher im Rahmen seiner Möglichkeiten dafür, dass die Klassenschülerversammlung die ihr obliegenden Aufgaben (§ 64 Abs. 1 des Schulgesetzes) erfüllen kann. Die Lehrer der Klasse unterstützen ihn dabei.

(5) Für die beiden Jahrgangsstufen gelten die Absätze 1 bis 4 entsprechend mit der Maßgabe, dass an die Stelle der Klassenschülerversammlung am allgemeinbildenden Gymnasium die Kursschülerversammlung in den Kursen des Leistungs- und Basisfachs Deutsch, am Beruflichen Gymnasium die Kursschülerversammlung im Profilfach, an die Stelle des Klassensprechers der Kurssprecher und an die Stelle des Klassenlehrers der Lehrer des betreffenden Kurses tritt.

§ 9
Schülerrat und Schülersprecher

(1) Der Schülersprecher beruft den Schülerrat ein und leitet ihn.

(2) Der Schülersprecher ist für die Durchführung rechtmäßiger Beschlüsse des Schülerrats verantwortlich. Er ist ihm Rechenschaft für seine Tätigkeit in der SMV schuldig. Im Übrigen sorgt er im Rahmen seiner Möglichkeiten dafür, dass der Schülerrat die ihm obliegenden Aufgaben (§ 66 Abs. 2 des Schulgesetzes) erfüllen kann. Der Schulleiter sowie der Verbindungslehrer und die übrigen Lehrer der Schule unterstützen ihn dabei.

⇨ Arbeitszeit (Lehrkräfte-VwV Anrechnungen) IV.1.

§ 10
Besondere Rechte

(1) Die Klassensprecher und der Schülersprecher haben das Recht, gegenüber den Lehrern, dem Schulleiter oder den Elternvertretern Anregungen, Vorschläge und Wünsche einzelner Schüler, Klassen oder der Schülerschaft insgesamt zu vertreten sowie Beschwerden allgemeiner Art und solche, die ihr Amt betreffen, vorzubringen.

(2) Die Klassensprecher, die Kurssprecher und der Schülersprecher können einzelne Schüler auf deren

Wunsch bei der Wahrnehmung von Rechten, die diese der Schule gegenüber selbst ausüben können, beraten und ihnen darin beistehen. Dazu zählt auch das Recht des Schülers, gehört zu werden, bevor über ihn betreffende Erziehungs- und Ordnungsmaßnahmen entschieden wird.

§ 11
Unterstützung der SMV

(1) Der Schulleiter sorgt im Rahmen des Möglichen dafür, dass für die Veranstaltungen der Schülermitverantwortung geeignete Räume und dass für ihre Arbeit die erforderliche Zeit zur Verfügung stehen. Der Stundenplan der Schule ist, wenn es stundenplantechnisch nicht unmöglich ist, so zu gestalten, dass zur Durchführung von SMV-Veranstaltungen regelmäßig eine Stunde von Unterrichtsveranstaltungen freigehalten wird.

(2) Zu den Angelegenheiten von allgemeiner Bedeutung, über die der Schulleiter den Schülerrat gemäß § 66 Abs. 2 Satz 2 des Schulgesetzes zu unterrichten hat, gehören sowohl solche der Schule als auch entsprechende Erlasse der Schulaufsichtsbehörde, soweit sie nicht der Amtsverschwiegenheit unterliegen. Der Schulleiter kann dieser Verpflichtung zur Unterrichtung des Schülerrats mündlich in einer dessen Sitzungen, über den Schülersprecher oder in schriftlicher Form nachkommen; er kann damit auch seinen Stellvertreter betrauen. Dem Wunsch des Schülerrats auf Teilnahme des Schulleiters an einer Sitzung soll entsprochen werden, soweit dies im Hinblick auf seine anderen dienstlichen Verpflichtungen möglich ist.

(3) Schulleiter, Verbindungslehrer und Schülersprecher sprechen untereinander Zeitpunkt und Ablauf der regelmäßigen Informationsgespräche gemäß § 67 Abs. 2 des Schulgesetzes ab, die im Allgemeinen monatlich stattfinden sollen. Eine Tagesordnung hierfür ist nicht erforderlich.

§ 12
Freistellung von Berufsschulpflichtigen

Zum Besuch der Berufsschule gehört auch die Wahrnehmung der Aufgaben der Schülermitverantwortung als Schülervertreter. Den gewählten Schülervertretern ist deshalb vom Betrieb über die Teilnahme am Pflichtunterricht hinaus die Möglichkeit zu geben, ihren Verpflichtungen im Rahmen der schulrechtlichen Bestimmungen nachzukommen. Die Schulleitung oder ein von ihr beauftragter Verbindungslehrer hat die Namen der zu Schülervertretern gewählten Berufsschüler unter Angabe ihrer Funktion in der SMV unverzüglich dem jeweiligen Ausbildenden bzw. Arbeitgeber mitzuteilen. Die Einladungen zu SMV-Veranstaltungen sind dem Ausbildenden bzw. Arbeitgeber auf Anforderung durch eine Bestätigung der Schulleitung oder des damit beauftragten Verbindungslehrers nachzuweisen. Die Beanspruchung eines Schülervertreters über den Pflichtunterricht hinaus soll fünf Tage bzw. zehn Halbtage im Schuljahr nicht überschreiten.

§ 13
Ergänzende Geschäftsordnungsvorschriften

Die SMV-Satzung regelt das Nähere über die Arbeitsweise der Schülermitverantwortung. Sie kann dabei insbesondere Bestimmungen treffen

1. über die ⇨ Geschäftsordnung für die Klassenschülerversammlung, die Kursschülerversammlung am allgemeinbildenden Gymnasium in den Kursen des Leistungs- und Basisfachs Deutsch, am Beruflichen Gymnasium die Kursschülerversammlung im Profilfach und den Schülerrat einschließlich deren Einberufung, der Voraussetzungen, unter denen einzuberufen ist, der Tagesordnung, der Beschlussfähigkeit und des Verfahrens bei Abstimmungen sowie Protokollführung;
2. darüber, ob und unter welchen Voraussetzungen Schüler, die keine gewählten Schülervertreter sind, zu Sitzungen des Schülerrats mit beratender Stimme zugezogen werden können;
3. über die Bildung von Ausschüssen; dabei kann auch festgelegt werden, dass die Klassensprecher einzelner Schularten, Abteilungen, Schulstufen oder die Kurssprecher der beiden Jahrgangsstufen des Gymnasiums besondere Ausschüsse bilden; in diesem Fall muss die SMV-Satzung Bestimmungen über die Aufgaben der Ausschüsse und ihre Zusammenarbeit mit dem Schülerrat enthalten;
4. über die Aufgaben der Tagessprecher gemäß § 3 Abs. 7 und ihre Zusammenarbeit mit den Klassensprechern;
5. über die angemessene Berücksichtigung von Schülern verschiedener Schularten bzw. des Vollzeit- und Teilzeitbereichs in den Organen der Schule;
6. über die Wahl des Jahrgangsstufensprechers und seines Stellvertreters.

§ 14
Veranstaltungen

(1) Die Veranstaltungen der SMV, die auf dem Schulgelände stattfinden, sind Schulveranstaltungen. Als solche genießen sie Schutz und Förderung der Schule, unterliegen aber auch ihrer Aufsicht. Das Gleiche gilt für Veranstaltungen der SMV außerhalb des Schulgeländes, die vom Schulleiter ausdrücklich als Schulveranstaltung anerkannt worden sind.

(2) Alle Veranstaltungen der SMV, die als Schulveranstaltungen stattfinden sollen, sind rechtzeitig vorher dem Schulleiter anzuzeigen. Dieser hat bei Veranstaltungen innerhalb des Schulgeländes, die nach Art, Ausmaß oder Zeitpunkt den üblichen Schulbetrieb erheblich überschreiten, den Schulträger zu hören. Der Schulleiter muss der Durchführung der Veranstaltung als Schulveranstaltung unter Angabe von Gründen mit bindender Wirkung widersprechen, wenn

1. Inhalt und Ziel der Veranstaltung gegen die bestehende Rechtsordnung gerichtet sind;
2. die Veranstaltung mit einer besonderen Gefahr für die Schüler verbunden ist;
3. eine schwere Beeinträchtigung der Aufgaben der Schule oder eine unzumutbare Belastung des Schulträgers zu befürchten ist;

4. für hinreichende Aufsicht nicht gesorgt werden kann; ⇨ Aufsichtspflicht
5. eine ordnungsgemäße Finanzierung nicht gesichert erscheint. ⇨ Urheberrecht (GEMA / Musik)

(3) Die Ausübung der Aufsicht richtet sich nach der Art der Veranstaltung sowie nach Alter und Reife der Schüler. Soweit nicht die Aufsichtsführung durch einen Lehrer erforderlich ist, kann den Schülern die selbstverantwortliche Durchführung der Veranstaltung übertragen werden. In diesem Fall betraut der Schulleiter auf Vorschlag der für die Veranstaltung verantwortlichen Schüler mit der Aufsicht ihm geeignet erscheinende Schüler, die mindestens 16 Jahre alt sein sollen. Ihre Erziehungsberechtigten müssen sich damit einverstanden erklären.

(4) Die Aufsichtsführung durch einen Lehrer ist erforderlich, wenn es die Art der Veranstaltung – insbesondere im Hinblick auf das Alter der daran teilnehmenden Schüler oder wenn sie erhöhte Gefahren mit sich bringt – gebietet. Die hierfür bestimmten Lehrer können sich bei ihrer Aufsicht der Mithilfe geeigneter Schüler bedienen.

(5) Werden Schüler mit der Führung der Aufsicht betraut oder zur Mithilfe bei der Aufsichtsführung herangezogen, ist ihrer innerhalb ihrer Befugnisse erteilten Anordnungen von den anderen Schülern Folge zu leisten.

(6) Die Absätze 1 bis 5 gelten für Projekte der SMV entsprechend.

§ 15
Bekanntmachungen

(1) Den Organen der SMV und den Arbeitskreisen der Schüler (§ 18) ist in angemessenem Umfang die Möglichkeit für ihre Bekanntmachungen an einem „Schwarzen Brett" zu geben. Soweit möglich, soll der SMV ein eigenes „Schwarzes Brett" zur Verfügung gestellt werden. Sonstige Anschläge der SMV bedürfen der vorherigen Genehmigung des Schulleiters; das Gleiche gilt für die Verteilung von Schriften und Flugblättern auf dem Schulgrundstück. Der Schulleiter muss die Ablehnung der Genehmigung begründen.

(2) Der Schulleiter kann Bekanntmachungen entfernen lassen, wenn er der Auffassung ist, dass der Inhalt oder die Art der Bekanntmachung gegen ein Gesetz, eine Schulordnung oder eine Verwaltungsanordnung verstößt oder die Erfüllung der Aufgaben der Schule ernsthaft gefährdet. Der Schulleiter muss diese Entscheidung begründen. ⇨ Werbung Nr. 5

IV. Verbindungslehrer

§ 16
Wahl und Tätigkeit

(1) Der Schülerrat wählt für die Dauer eines Schuljahres oder zweier Schuljahre je nach Art und Größe der Schule einen oder mehrere, höchstens jedoch drei Verbindungslehrer (§ 68 des Schulgesetzes). Der Schulleiter und der stellvertretende Schulleiter sowie Lehrer mit weniger als einem halben Lehrauftrag können nicht zum Verbindungslehrer gewählt werden. Das Einverständnis des zur Wahl vorgeschlagenen Lehrers ist vor der Wahl einzuholen. Die Wiederwahl ist zulässig.

(2) Die Übernahme des Amtes des Verbindungslehrers ist freiwillig. Seine Tätigkeit gilt als Dienst. Die Verbindungslehrer sollen von allen am Schulleben Beteiligten tatkräftig unterstützt werden, um ihre Aufgabe gemäß § 68 Abs. 2 des Schulgesetzes wirksam erfüllen zu können; insbesondere obliegt diese Aufgabe dem Schulleiter und den übrigen Lehrern. Mehrere Verbindungslehrer an einer Schule regeln unter sich im Benehmen mit dem Schülerrat die Verteilung der Aufgaben.

(3) Für die Abwahl der Verbindungslehrer gilt § 5 Abs. 3 Satz 1 und 2 entsprechend.

(4) Die Verbindungslehrer sind rechtzeitig zu den Sitzungen der Schülervertreter einzuladen. Der zuständige Verbindungslehrer ist über alle anderen Veranstaltungen der SMV – an denen er gemäß § 68 Abs. 2 des Schulgesetzes beratend teilnehmen kann – rechtzeitig zu unterrichten, ferner ist ihm Gelegenheit zur Beratung zu geben.

⇨ Arbeitszeit (Lehrkräfte) – VwV Anrechnungen Nr. IV.1

§ 17
Ergänzende Wahl- und Geschäftsordnungsvorschriften

Die SMV-Satzung regelt das Nähere

1. über die Zahl der Verbindungslehrer;
2. darüber, ob die Amtszeit ein Schuljahr oder zwei Schuljahre dauert;
3. darüber, ob die Wahl am Ende oder am Anfang eines Schuljahres stattfindet;
4. über das Wahlverfahren.

V. Arbeitskreise der Schüler

§ 18
Arbeitskreise

(1) Die Arbeitskreise der Schüler mehrerer Schulen gemäß § 69 Abs. 4 des Schulgesetzes wählen nach den Grundsätzen von § 5 Abs. 1 aus ihrer Mitte jeweils einen Vorsitzenden und seinen Stellvertreter. § 9 Abs. 1 und Abs. 2 Satz 2 gelten entsprechend. Im Übrigen können sich die Arbeitskreise eine Geschäftsordnung geben, die insbesondere das Nähere über die Aufgaben, die Mitgliedschaft und die Wahl von Schülern, denen besondere Aufgaben übertragen werden, regeln kann. Die Geschäftsordnung muss demokratischen Grundsätzen entsprechen.

(2) Die Schülersprecher der am Arbeitskreis beteiligten Schulen teilen ihrem Schulleiter die Teilnahme am Arbeitskreis mit und nennen ihm den Vorsitzenden, seine Stellvertreter und die beteiligten Schulen. Der Vorsitzende des Arbeitskreises teilt dies der zuständigen Schulaufsichtsbehörde mit.

(3) Die Verbindungslehrer der beteiligten Schulen sprechen sich untereinander über die Teilnahme an den Sitzungen ab.

(4) Die Veranstaltungen können als Schulveranstaltungen durchgeführt werden, wenn sie mehrheitlich von den Schulleitern der beteiligten Schulen sowie gegebenenfalls von dem Schulleiter der Schule, auf deren Schulgelände sie stattfinden sollen, als solche ausdrücklich anerkannt worden sind. Im Übrigen gilt § 14 entsprechend.

(5) Die Befreiung vom Unterricht zur Teilnahme an Sitzungen eines Arbeitskreises der Schüler richtet sich nach § 4 Abs. 3 Nr. 7 der ⇨ SchulbesuchsVO.

VI.
Finanzierung und Kassenführung

§ 19
Finanzierung

(1) Die SMV einer Schule kann im Benehmen mit dem Elternbeirat der Schule zur Deckung ihrer notwendigen Kosten freiwillige, einmalige und laufende Beiträge von den Schülern ab Klasse 5 erheben.

(2) Die SMV darf keine Zuwendungen annehmen, deren Zweckbestimmung der Aufgabe und dem Wesen der Schule und der SMV widersprechen. Die Annahme von Zuwendungen des Schulträgers und sonstiger öffentlich-rechtlicher Körperschaften sowie der Elternschaft der Schule ist ohne weiteres zulässig. Vor der Annahme sonstiger Zuwendungen ist der ist der Verbindungslehrer zu hören; hat er Bedenken und können diese nicht ausgeräumt werden, entscheidet der Schulleiter.

§ 20
Kassenführung

(1) Für die Verwaltung und Führung der Kasse wählt der Schülerrat für die Dauer eines Jahres einen Kassenverwalter.

(2) Die Mittel der SMV dürfen nur für deren Zwecke verwendet werden. Sie müssen nach den Grundsätzen einer geordneten Kassenführung verwaltet werden. Die Kassengeschäfte sind über ein Konto bei einem Geldinstitut abzuwickeln; die dafür geltenden Vorschriften sind zu beachten.

(3) Alle Beschlüsse der SMV mit finanziellen Auswirkungen bedürfen, soweit die Schülervertreter nicht voll geschäftsfähig sind, der Zustimmung des Verbindungslehrers. Er kann die Zustimmung nur verweigern, wenn der Beschluss gegen Abs. 2 Satz 1 verstößt oder wenn die finanzielle Deckung nicht gewährleistet ist.

(4) In jedem Schuljahr wird die Kasse des Schülerrats durch zwei Kassenprüfer geprüft, von denen mindestens einer der Erziehungsberechtigte eines Schülers der Schule sein muss. Sie werden vom Schülerrat im Einvernehmen mit dem Elternbeirat bestimmt. Soweit keine Einigung auf Kassenprüfer zustande kommt, die zur Übernahme der Aufgabe bereit sind, obliegt die Bestimmung dem Schulleiter. Die Kassenprüfer haben das Recht, jederzeit weitere Kassenprüfungen vorzunehmen. Sie berichten dem Schulleiter, dem Elternbeirat und dem Schülerrat über das Ergebnis der Kassenprüfung. ⇨ Haushalt (Kassenführung)

VII. Landesschülerbeirat

§ 21
Aufgaben

Aufgaben und Rechte des Landesschülerbeirats ergeben sich aus § 69 Abs. 1 und 2 SchG.

§ 22
Mitglieder

Der Landesschülerbeirat besteht aus 28 gewählten Mitgliedern, und zwar aus jeweils einem Vertreter für

die Werkrealschule und Hauptschule,
die Realschule,
das Gymnasium,
die Gemeinschaftsschule,
die Berufsschule, die Berufsfachschule und die Fachschule,
das Berufskolleg, die Berufsoberschule und das berufliche Gymnasium,
das Sonderpädagogische Bildungs- und Beratungszentrum

aus dem Bezirk jeder oberen Schulaufsichtsbehörde. Daneben gehören dem Landesschülerbeirat zwei Vertreter der staatlich anerkannten Ersatzschulen an, die allgemeinbildend sind oder die den beruflichen Schularten nach Satz 1 entsprechen.

§ 23
Amtszeit und Fortführung der Geschäfte

(1) Die Amtszeit des Landesschülerbeirats beginnt am 1. April des Jahres, in dem die Amtszeit des bisherigen Landesschülerbeirats abläuft, und dauert zwei Jahre. Er führt die Geschäfte bis zum Zusammentritt des neuen Landesschülerbeirats fort.

(2) Ein Mitglied und sein Stellvertreter scheiden nur vorzeitig aus dem Landesschülerbeirat aus, wenn sie den Wohnsitz in Baden-Württemberg aufgeben und keine Schule in Baden-Württemberg mehr besuchen.

(3) Scheidet ein Mitglied vorzeitig aus dem Landesschülerbeirat aus, rückt als Mitglied sein Stellvertreter nach und an dessen Stelle, wer bei der Wahl des Stellvertreters die nächsthöhere Stimmenzahl erreicht hat. Das Gleiche gilt für das Ausscheiden des jeweils Nachrückenden.

§ 24
Wahl des Vorsitzenden

(1) Der Vorsitzende und dessen Stellvertreter (§ 69 Abs. 3 SchG) werden aus der Mitte des Landesschülerbeirats innerhalb von zwei Monaten nach Beginn der Amtszeit des Landesschülerbeirats gewählt. Eine Übertragung des Stimmrechts ist nicht zulässig.

(2) Die Wahl des Vorsitzenden und dessen Stellvertreters erfolgt in getrennten Wahlgängen und ist geheim.

(3) Als Vorsitzender oder als Stellvertreter ist gewählt, wer im ersten Wahlgang mehr als die Hälfte der Stimmen der Wahlberechtigten erhält. Wird ein zweiter Wahlgang erforderlich, ist gewählt, wer die meisten Stimmen erhält. Bei Stimmengleichheit wird ein dritter Wahlgang erforderlich; Satz 2 gilt entsprechend. Bei erneuter Stimmengleichheit entscheidet das Los.

(4) Der Vorsitzende und dessen Stellvertreter können vor Ablauf der Amtszeit dadurch abberufen werden, dass die Mehrheit der Wahlberechtigten einen Nachfolger für den Rest der laufenden Amtszeit wählt. Die Wahl muss erfolgen, wenn ein Drittel der Wahlberechtigten schriftlich darum nachsucht.

§ 25
Geschäftsordnung

(1) Der Landesschülerbeirat gibt sich im Benehmen mit dem Kultusministerium gemäß § 70 Abs. 1 Nr. 4 SchG eine Geschäftsordnung. Diese regelt insbesondere das Nähere über

1. das Verfahren bei der Wahl des Vorsitzenden und dessen Stellvertreter;
2. die Form und die Frist für die Einladungen;
3. eine Neuwahl für den Fall, dass der Vorsitzende und dessen Stellvertreter vor Ablauf ihrer Amtszeit aus ihren Ämtern ausscheiden;
4. das Verfahren bei Abstimmungen, insbesondere darüber, ob geheim abzustimmen und ob eine Abstimmung im Wege der Umfrage in Textform zulässig ist;
5. die Voraussetzungen, unter denen der Vorsitzende verpflichtet ist, den Landesschülerbeirat einzuberufen;
6. die Beschlussfähigkeit des Landesschülerbeirats.

(2) Die Geschäftsordnung gilt fort, bis sie aufgehoben oder abgeändert wird. ⇨ Geschäftsordnung

§ 26
Wahl und Wählbarkeit der Mitglieder

(1) Die Mitglieder des Landesschülerbeirats und deren Stellvertreter werden in den einzelnen Bezirken der oberen Schulaufsichtsbehörden von Wahlausschüssen spätestens bis zum 31. März des Jahres gewählt, in dem die Amtszeit des bestehenden Landesschülerbeirats abläuft. Gewählt ist, wer die meisten Stimmen erhält, bei Stimmengleichheit erfolgt ein zweiter Wahlgang; bei erneuter Stimmengleichheit entscheidet das Los. Im übrigen gilt § 24 Abs. 1 Satz 2 und Abs. 2 entsprechend.

(2) Wählbar ist, wer zur Zeit der Wahl im Lande Mitglied des Schülerrats einer Schule der Schulart/des Schultyps ist, die der Gewählte im Landesschülerbeirat vertreten soll.

(3) Die Wahl eines Vertreters für mehrere Schularten/Schultypen ist nur zulässig, soweit diese nach § 22 zusammengefasst sind; dabei soll darauf geachtet werden, dass verschiedene Schularten/Schultypen bei der Wahl berücksichtigt werden.

(4) Für die Wahl der Mitglieder nach § 22 Satz 2 gelten die Absätze 1 und 2 entsprechend mit der Maßgabe, dass sie aus der Mitte eines auf Landesebene gebildeten Wahlausschusses gewählt werden.

§ 27
Wahlausschüsse

(1) Im Bezirk jeder oberen Schulaufsichtsbehörde werden folgende Wahlausschüsse gebildet:

1. ein Wahlausschuss für die Wahl der Vertreter für die Werkrealschule und Hauptschule;
2. ein Wahlausschuss für die Wahl der Vertreter für die Realschule;
3. ein Wahlausschuss für die Wahl der Vertreter für das Gymnasium;
4. ein Wahlausschuss für die Wahl der Vertreter für die Gemeinschaftsschule;
5. ein gemeinsamer Wahlausschuss für die Wahl der Vertreter für die Berufsschule, die Berufsfachschule und die Fachschule;
6. ein gemeinsamer Wahlausschuss für die Wahl der Vertreter für das Berufskolleg, die Berufsoberschule und das berufliche Gymnasium;
7. ein Wahlausschuss für die Wahl der Vertreter für das Sonderpädagogische Bildungs- und Beratungszentrum.

(2) Den Wahlausschüssen gemäß Absatz 1 gehören die Schülersprecher der Schulen der jeweiligen Schularten/Schultypen an.

(3) Dem Wahlausschuss nach § 26 Absatz 4 gehören aus jedem Regierungsbezirk vier gewählte Vertreter der staatlich anerkannten Ersatzschulen an, die allgemeinbildend sind oder die den beruflichen Schularten nach § 22 Satz 1 entsprechen. Wahlberechtigt zur Wahl dieser Vertreter sind die Schülersprecher der entsprechenden Schulen im jeweiligen Regierungsbezirk, die in einem Wahlverfahren gewählt wurden, das den Vorgaben des § 5 Absatz 1 entspricht; wählbar ist, wer zur Zeit der Wahl in einer Schule nach § 22 Satz 2 Schülervertreter ist, der in einem den Vorgaben des § 5 Absatz 1 entsprechenden Wahlverfahren gewählt wurde.

§ 28
Durchführung der Wahl

(1) Die oberen Schulaufsichtsbehörden sorgen für die rechtzeitige und ordnungsgemäße Durchführung der Wahlen. Die oberste Schulaufsichtsbehörde sorgt für die rechtzeitige und ordnungsgemäße Durchführung der Wahl im Wahlausschuss nach § 26 Absatz 4.

(2) Schülersprechern, die an den Wahlveranstaltungen teilnehmen, werden auf Antrag die notwendigen Reisekostenvergütungen in sinngemäßer Anwendung des Landesreisekostengesetzes erstattet.

⇨ Reisekostengesetz (LRKG)

§ 29
Wahlanfechtung

(1) Jeder Wahlberechtigte kann binnen einer Woche nach Bekanntgabe des Wahlergebnisses die Wahl eines Mitglieds des Wahlausschusses nach § 26 Abs. 4 oder des Landesschülerbeirats beim bisherigen Landesschülerbeirat anfechten, wenn gegen wesentliche Vorschriften über das Wahlrecht, die Wählbarkeit oder das Wahlverfahren verstoßen worden ist, es sei denn, dass durch den Verstoß das Wahlergebnis nicht geändert oder beeinflusst werden konnte. Eine Wahl kann nicht deshalb angefochten werden, weil sie nach dem spätesten Wahltermin durchgeführt wurde.

(2) Über Einsprüche gegen die Wahl eines Mitglieds des Wahlausschusses nach § 26 Abs. 4 entscheidet der bisherige Landeschülerbeirat nach Beratung durch die jeweilige obere Schulaufsichtsbehörde. Über Einsprüche gegen die Wahl eines Mitglieds des Landesschülerbeirats entscheidet der neugewählte Landesschülerbeirat nach Beratung durch das Kultusministerium. Der Vertreter der Schüler, dessen Wahl angefochten ist, hat bei der Entscheidung kein

Stimmrecht. Er sowie der Anfechtende können sich in der Sitzung vor der Entscheidung äußern. Sie sind zu der Sitzung rechtzeitig zu laden.

(3) Der Vorsitzende des Landesschülerbeirats teilt die Entscheidung dem Anfechtenden sowie dem Vertreter der Schüler, dessen Wahl angefochten wurde, unter Angabe der wesentlichen Gründe schriftlich mit.

§ 30

Ehrenamtliche Tätigkeit

(1) Die Tätigkeit des Landesschülerbeirats ist ehrenamtlich.

Hinweis der Redaktion: Die Schule kann als besondere Anerkennung an Schüler*innen das „Qualipass-Zertifikat für die Schülermitverantwortung" vergeben. Es steht unter www.qualipass.info > Erwachsenenbereich/Jugendbereich > Download als pdf-Datei zur Verfügung.

(2) Den Mitgliedern werden auf Antrag für die Teilnahme an Sitzungen des Landesschülerbeirats die notwendigen Reisekostenvergütungen in sinngemäßer Anwendung des Landesreisekostengesetzes erstattet. ➪ Reisekostengesetz (LRKG)

§ 32

Übergangsvorschrift

Hinweis der Redaktion: Im Falle des gesetzlich vorgesehenen Schulverbunds der Gemeinschaftsschule während der Aufbauphase mit der bisherigen, auslaufenden Schulart (§ 8 a Absatz 5 Satz 1 Nummer 2 des Schulgesetzes) sind die Mitglieder des Schülerrats, die diese Schulart besuchen, als Vertreter für diese Schulart oder für die Gemeinschaftsschule wählbar.

➪ Arbeitszeit (Lehrkräfte) – VwV Anrechnungen Nr. IV.1; ➪ Haushalt (Kassenführung); ➪ Reisekostengesetz (LRKG); ➪ Schulbesuchsverordnung; ➪ Schülermitverantwortung (Landesschülerbeirat); ➪ Schülermitverantwortung (Postgeheimnis); ➪ Schulgesetz §§ 62-67; ➪ Volljährigkeit; ➪ Wahlkampf und Schule; ➪ Werbung

Schülermitverantwortung (Landesschülerbeirat)

Informationen der Redaktion zur Rechtslage und zur Verwaltungspraxis in Baden-Württemberg

Gemäß ➪ Schulgesetz § 69 vertritt der aus gewählten Vertretern der Schülerinnen und Schüler bestehende Landesschülerbeirat (LSchB) in allgemeinen Fragen des Erziehungs- und Unterrichtswesens die Anliegen der Schülerschaft des Landes gegenüber dem Kultusministerium.

Der Landesschülerbeirat kann dem KM Vorschläge und Anregungen unterbreiten. Das KM unterrichtet den LSchB über die wichtigen allgemeinen Angelegenheiten und erteilt ihm die notwendigen Auskünfte. Das KM soll dem LSchB allgemeine, die Gestaltung und Ordnung des Schulwesens betreffende Regelungen vor ihrem Inkrafttreten zuleiten.

Der Landesschülerbeirat besteht aus 24 gewählten Mitgliedern, jeweils einem Vertreter für die

- Hauptschule/Werkrealschule,
- die Realschule,
- das Gymnasium,
- die Gemeinschaftsschule,
- die Berufsschule, die Berufsfachschule und die Fachschule,
- das Berufskolleg, die Berufsoberschule und das berufliche Gymnasium,
- das SBBZ

aus jedem Regierungspräsidium. Im Einzelnen sind Zusammensetzung, Wahlverfahren und Geschäftsordnung in der Verordnung des Kultusministeriums zur ➪ Schülermitverantwortung geregelt.

Geschäftsstelle: Landesschülerbeirat, Silberburgstr. 158, 70178 Stuttgart, post@lsbr.de, https://lsbr.de

➪ Schülermitverantwortung; ➪ Schulgesetz § 69

Schülermitverantwortung (Postgeheimnis)

Postversand an und von Schülervertretungen über die Schulen (Quelle: Schreiben des KM vom 30.4.1983)

Das Kultusministerium bittet, Folgendes zu beachten [...]:

b) Post an SMV – Post an die SMV wird grundsätzlich weitergegeben. – Ausnahme: Bei Schriften von radikalen politischen Gruppen, Jugendsekten etc. kann der Schulleiter vor der Weitergabe ein Gespräch mit der SMV führen. [...]

d) Post der SMV an Schüler – Für die Weitergabe von Schriften oder Flugblättern auf dem Schulgelände ist die Genehmigung des Schulleiters erforderlich [...]. Die Ablehnung ist zu begründen.

Bezüglich des Öffnens von SMV-Post durch den Schulleiter oder einen von ihm Beauftragten ist zu unterscheiden, ob die Post an die Schule oder an die SMV direkt adressiert wurde. Falls die Post an die Schule adressiert wurde, wird sie wie üblich vom Schulleiter geöffnet und dann weitergeleitet. Die direkt an die Schülermitverantwortung adressierte Post darf hingegen nicht vom Schulleiter oder einem seiner Mitarbeiter geöffnet werden, falls er nicht im Einzelfall oder generell hierzu ermächtigt wurde.

➪ Schülermitverantwortung § 16

Schulfeste und Sportfeste

Informationen der Redaktion zur Rechtslage und zur Verwaltungspraxis in Baden-Württemberg

Zu den *„Angelegenheiten von wesentlicher Bedeutung für die Schule"*, über welche die Gesamtlehrerkonferenz berät und beschließt, gehört *„insbesondere* (die) *Aufstellung der Grundsätze über die Durchführung von besonderen Schulveranstaltungen, die die gesamte Schule berühren (z.B. Schulfeste)"*.

⇨ Konferenzordnung § 2 Abs. 1 Nr. 10

Diesbezügliche Beschlüsse der GLK müssen in der Schulkonferenz beraten werden und bedürfen ihres Einverständnisses. ⇨ Schulgesetz § 47 Abs. 5

Die Lehrerschaft und (über die Schulkonferenz) die Eltern sowie die Schüler*innen entscheiden also gemeinsam über allgemeine Grundsätze für Schulfeste, Tage der Offenen Tür, Schulsportfeste usw.

Derartige Veranstaltungen beeinflussen das Leben und die Arbeit der gesamten Schule (häufig sogar sehr intensiv). Deshalb ist auch die Einzelfallentscheidung über die Durchführung einer solchen Veranstaltung eine *„Angelegenheit von wesentlicher Bedeutung für die Schule"*. Hierüber berät und beschließt die GLK, die hiermit auch einen Ausschuss beauftragen kann. ⇨ Konferenzordung § 2 Abs. 1

Die Schulkonferenz ist von dem Beschluss zu unterrichten und besitzt ein Beratungsrecht (§ 47 Abs. 1 SchG). Die Schulleitung muss auch den Elternbeirat informieren und ihm die notwendigen Auskünfte erteilen (§ 57 Abs. 2 SchG). Es ist sinnvoll, hierüber auch in der Klassenschülerversammlung zur beraten. Dies gilt vor allem dann, wenn (beispielsweise bei Schulfesten) die Elternschaft und die Schülervertretung an der Durchführung der Veranstaltung beteiligt sind.

Da Teilnahmepflicht für die Schüler*innen nur bei verbindlichen Veranstaltungen der Schule besteht, empfiehlt es sich, die Veranstaltung – sofern sie nicht ausdrücklich auf der Basis der Freiwilligkeit angeboten werden soll – förmlich als verbindlich zu erklären. ⇨ Schulbesuchsverordnung § 1

Es sollte auch rechtzeitig klargestellt werden, ob die Veranstaltung für alle Lehrkräfte der Schule „Dienst" ist bzw. für wen Teilnahmepflicht besteht. Dabei ist die Vorgabe des KM zu beachten: *„Die Belange der Teilzeitbeschäftigten sind bei der Verteilung der außerunterrichtlichen Tätigkeiten zu berücksichtigen"*.

⇨ Schulbesuchsverordnung § 1; ⇨ Teilzeit/Urlaub (Beamtenrecht) D.II.1; ⇨ Teilzeitbeschäftigung (Pflichten)

Das Landesinstitut für Schulsport, Schulkunst und Schulmusik (*jetzt* Zentrum für Schulqualität und Lehrerbildung (ZSL) Außenstelle Ludwigsburg http://lis-in-bw.de) bietet Informationen über Schulsportfeste, Sporttage und Schulsportwettbewerbe sowie über die einzelnen Sportarten und Veranstaltungsformen an. Dort findet man auch aktuelle und weiterführende Informationen der Stiftung Sport in der Schule; ferner ist auf die Kooperation Schule – Sportverein zu verweisen.

⇨ Kooperation Schule – Verein

Bei von der GLK bzw. der Schulkonferenz beschlossenen Schulfesten, Schulsportfesten sowie schulischen Bundesjugendspielen usw. handelt es sich um schulische Veranstaltungen. Deshalb sind die Teilnehmenden durch die gesetzliche Unfallversicherung geschützt. ⇨ Unfallversicherung

Bei Schulfesten mit Bewirtung sind die hygienischen Vorschriften zu beachten; siehe: ⇨ Infektionsschutzgesetz § 36 (Hinweis). Fallen beispielsweise beim Verkauf von Speisen und Getränken Erlöse an oder soll eine Verlosung (Tombola) von gespendeten Waren stattfinden, sind rechtzeitig die steuerlichen Vorschriften zu klären (hierzu gibt es Informationen in den Beiträgen ⇨ Sponsoring sowie ⇨ Haushalt (Kassenführung und Schulkonten) sowie ⇨ Werbung, Wettbewerbe, Erhebungen). Vor musikalischen Vorführungen sollte man die GEMA konsultieren: ⇨ Urheberrecht (GEMA/Musik). Bei öffentlich zugänglichen Veranstaltungen ist die Zusammenarbeit mit örtlichen Organisationen für ⇨ Erste Hilfe zu empfehlen.

⇨ Erste Hilfe; ⇨ Haushalt (Kassenführung und Schulkonten); ⇨ Infektionsschutzgesetz § 36 (Hinweis); ⇨ Konferenzordnung § 2 Abs. 1 Nr. 10; ⇨ Schulbesuchsverordnung § 1; ⇨ Schulgesetz § 47 Abs. 5, § 57 Abs. 5 und § 72 Abs. 3; ⇨ Sponsoring; ⇨ Unfallversicherung; ⇨ Urheberrecht (GEMA/Musik); ⇨ Werbung

Schulfördervereine

Informationen der Redaktion zur Rechtslage und zur Verwaltungspraxis in Baden-Württemberg

Schulfördervereine verfolgen gemeinsam mit den Schulen das Ziel, Schülerinnen und Schüler zu einem erfolgreichen Schulabschluss zu begleiten. Dabei können sie mit individuell abgestimmten Maßnahmen Schülerinnen und Schüler direkt fördern.

Schulfördervereine unterstützen die Schulen bzw. deren Schülerinnen und Schüler längst nicht mehr nur finanziell, sondern sind mittlerweile wichtige Partner der Schulen und Schulträger bei der Umsetzung der Ganztagesbetreuung. Sie sind mit eigenen Angeboten in der Betreuung aktiv, organisieren die Schulverpflegung, betreiben Mensen und übernehmen zunehmend auch Arbeitgeberfunktionen für haupt- und ehrenamtliche Betreuungskräfte. Daneben sind sie auch Träger der Schulsozialarbeit und bieten im Rahmen der Unterstützung von Schülerinnen und Schülern u.a. auch Sprachförderung an.

Schulfördervereine können auch bedürftige Schülerinnen und Schüler unterstützen (wobei staatliche Leistungen wie die Lernmittelfreiheit Vorrang haben müssen). Allerdings darf die Schule dem Verein keine schützenswerten Daten (z.B. Namen von Bedürftigen) überlassen. Da eine sachgerechte Entscheidung Kenntnisse über die individuelle Bedürftigkeit voraussetzt, ist es sinnvoll, dass der Verein der Schule finanzielle Mittel zur Verfügung stellt und dieser deren Verteilung überlässt.

Schulfördervereine sollten nicht eingesetzt werden, um Aufgaben, die an sich dem Schulträger obliegen, auf die Eltern oder Dritte zu delegieren. So gehört beispielsweise die Sanierung baufälliger Schulanlagen nicht zu den Aufgaben eines Fördervereins (dies ist eine Pflichtaufgabe des Schulträgers) – andererseits kann ein Schulförderverein wertvolle Hilfe bei der Organisation schulischer Projekte leisten, in deren Rahmen z.B. die Außenanlagen der Schule umgebaut werden oder eine Schulklasse ihr Klassenzimmer in Eigenarbeit renoviert.

Organisation und Struktur

Der Schulförderverein als eingetragener Verein bildet durch seine körperschaftliche Struktur mit Mitgliederversammlung und Vorstand eine klare Verteilung von Verantwortung und Kompetenz. Dadurch besitzt er auch eine gute organisatorische Basis für seine Aufgaben und Projekte.

Das Vereinsrecht ist im Bürgerlichen Gesetzbuch (BGB) in den §§ 21-79 geregelt. Ein Schulförderverein ist als „Idealverein“ dafür ausgerichtet, keinen wirtschaftlichen Geschäftsbetrieb zu bezwecken oder Gewinne zu erzielen (§§ 21 und 22 BGB). Jedoch kann er begrenzt Rücklagen bilden (Abgabenordnung § 62). Aus diesem Grund sollte die Satzung eines Schulfördervereins stets in Abstimmung mit dem örtlich zuständigen Finanzamt entworfen werden. Nach Anerkennung der Gemeinnützigkeit des Vereins durch das Finanzamt können Spenden an den Schulförderverein steuerlich abgesetzt werden. Rechtsfähig wird der Verein durch Eintragung ins Vereinsregister; er trägt fortan den Zusatz „e.V.“ zu seinem Namen. Die Haftung des Vereinsvorstands nach außen und innen regelt § 31a BGB; sie ist auf Vorsatz oder grobe Fahrlässigkeit beschränkt.

Der Schulförderverein ist eine selbstständige juristische Person. Seine Mitglieder erfüllen im Ehrenamt die satzungsgemäßen Aufgaben des Schulfördervereins zum Wohle der Schülerinnen und Schüler in Abstimmung mit der Schule. Verlässliche Strukturen und eine Zusammenarbeit auf Augenhöhe mit allen Partnern in der Schule sind dafür wichtig und wünschenswert.

Schulen (Schulleitung und Lehrkräfte) sollten bei der Initiierung sowie bei der persönlichen Beteiligung an Schulfördervereinen darauf achten, dass die Unabhängigkeit der Schule von wirtschaftlichen und sonstigen Interessen Dritter gewahrt wird und insbesondere keine Vermischung mit der Kassenführung der Schule bzw. des Schulträgers stattfindet. Es empfiehlt sich deshalb, dass die Leitung sowie vor allem die finanzielle Verantwortung in der Hand von Personen liegt, die nicht Beschäftigte der Schule sind.

⇨ Haushalt (Kassenführung); ⇨ Sponsoring;
⇨ Werbung, Wettbewerbe und Erhebungen

Weitere Informationen und Unterstützung

Wer einen Schulförderverein gründen will oder Unterstützung bei der laufenden Vereinsarbeit benötigt, findet im Landesverband der Schulfördervereine Baden-Württemberg e.V. (LSFV BW) einen kompetenten Ansprechpartner. Der LSFV BW bietet ein breit gefächertes Fortbildungsprogramm, um die ehrenamtlich Aktiven für die steigenden Anforderungen an ihre Arbeit zu qualifizieren. Zudem bietet er einen günstigen Versicherungsschutz über einen attraktiven Gruppenversicherungsvertrag (Vereinshaftpflicht-, Unfall-, Dienstreisefahrzeug- und Rechtschutzversicherung mit der WGV/BGV). Weiterhin steht den Mitgliedern des LSFV BW eine Online-Datenbank für die eigene Mitgliederverwaltung zur Verfügung. Der Mitgliedsbeitrag für einen Schulförderverein beträgt 50 Euro pro Jahr (Stand: 2021). Weitere Informationen unter https://lsfv-bw.de.

Kontakt: Landesverband der Schulfördervereine Baden-Württemberg e.V., Silberburgstraße 158, 70178 Stuttgart, FON: (0711) 62011060, E-Mail: info@lsfv-bw.de.

⇨ Haushalt (Kassenführung); ⇨ Schulentwicklung; ⇨ Sponsoring; ⇨ Werbungen

Schulgesetz

Schulgesetz für Baden-Württemberg (SchG) in der Fassung vom 1. August 1983 (GBl. S. 397); zuletzt geändert am 17. Dezember 2020 (K.u.U. S. 36/2021)

1. Teil: Das Schulwesen

A. Auftrag der Schule

§ 1

Erziehungs- und Bildungsauftrag der Schule

(1) Der Auftrag der Schule bestimmt sich aus der durch das Grundgesetz der Bundesrepublik Deutschland und die Verfassung des Landes Baden-Württemberg gesetzten Ordnung, insbesondere daraus, dass jeder junge Mensch ohne Rücksicht auf Herkunft oder wirtschaftliche Lage das Recht auf eine seiner Begabung entsprechende Erziehung und Ausbildung hat und dass er zur Wahrnehmung von Verantwortung, Rechten und Pflichten in Staat und Gesellschaft sowie in der ihn umgebenden Gemeinschaft vorbereitet werden muss.

(2) Die Schule hat den in der Landesverfassung verankerten Erziehungs- und Bildungsauftrag zu verwirklichen. Über die Vermittlung von Wissen, Fähigkeiten und Fertigkeiten hinaus ist die Schule insbesondere gehalten, die Schüler

in Verantwortung vor Gott, im Geiste christlicher Nächstenliebe, zur Menschlichkeit und Friedensliebe, in der Liebe zu Volk und Heimat, zur Achtung der Würde und der Überzeugung anderer, zu Leistungswillen und Eigenverantwortung sowie zu sozialer Bewährung zu erziehen und in der Entfaltung ihrer Persönlichkeit und Begabung zu fördern,

zur Anerkennung der Wert- und Ordnungsvorstellungen der freiheitlich-demokratischen Grundordnung zu erziehen, die im Einzelnen eine Auseinandersetzung mit ihnen nicht ausschließt, wobei jedoch die freiheitlich-demokratische Grundordnung, wie in Grundgesetz und Landesverfassung verankert, nicht infrage gestellt werden darf,

auf die Wahrnehmung ihrer verfassungsmäßigen staatsbürgerlichen Rechte und Pflichten vorzubereiten und die dazu notwendige Urteils- und Entscheidungsfähigkeit zu vermitteln,

auf die Mannigfaltigkeit der Lebensaufgaben und auf die Anforderungen der Berufs- und Arbeitswelt mit ihren unterschiedlichen Aufgaben und Entwicklungen vorzubereiten.

(3) Bei der Erfüllung ihres Auftrages hat die Schule das verfassungsmäßige Recht der Eltern, die Erziehung und Bildung ihrer Kinder mitzubestimmen, zu achten und die Verantwortung der übrigen Träger der Erziehung und Bildung zu berücksichtigen.

⇨ Erziehungsauftrag und politische Bildung; ⇨ ElternbeiratsVO; ⇨ Grundgesetz; ⇨ Verfassung Art. 11, 12, 17, 21

(4) Die zur Erfüllung der Aufgaben der Schule erforderlichen Vorschriften und Maßnahmen müssen diesen Grundsätzen entsprechen. Dies gilt insbesondere für die Gestaltung der Bildungs- und Lehrpläne sowie für die Lehrerfortbildung.

B. Geltungsbereich

§ 2

Geltungsbereich des Gesetzes

(1) Das Gesetz gilt für die öffentlichen Schulen. Öffentliche Schulen sind Schulen, die

1. von einer Gemeinde, einem Landkreis, einem Regionalverband oder einem Schulverband gemeinsam mit dem Land oder
2. vom Land allein getragen werden.

(2) Schulen, die nicht unter Absatz 1 fallen, sind Schulen in freier Trägerschaft (Privatschulen). Auf sie findet das Gesetz nur Anwendung, soweit dies ausdrücklich bestimmt ist; im Übrigen gilt für sie das Privatschulgesetz. ⇨ Privatschulgesetz

(3) Das Gesetz findet keine Anwendung auf Verwaltungsschulen und Schulen für Jugendliche und Heranwachsende im Strafvollzug. Es findet ebenfalls keine Anwendung auf Pflegeschulen, soweit auf diese das Krankenhausfinanzierungsgesetz Anwendung findet, und auf Schulen für sonstige Berufe des Gesundheitswesens, ausgenommen Schulen für pharmazeutisch-technische Assistenten.

C. Gliederung des Schulwesens (§§ 3-15)

§ 3

Einheit und Gliederung des Schulwesens, inklusive Bildung

(1) Das Schulwesen des Landes gliedert sich, unbeschadet seiner im gemeinsamen Erziehungs- und Bildungsauftrag begründeten Einheit, in verschiedene Schularten; sie sollen in allen Schulstufen jedem jungen Menschen eine seiner Begabung entsprechenden Ausbildung ermöglichen.

(2) Bei der Gestaltung, Ordnung und Gliederung des Schulwesens ist sowohl auf die verschiedenartigen Begabungsrichtungen und die Mannigfaltigkeit der Lebens- und Berufsaufgaben als auch auf die Einheit des deutschen Schulwesens, den organischen Aufbau des Schulwesens mit Übergangsmöglichkeiten unter den Schularten und Schulstufen, die Lebens- und Arbeitsfähigkeit der einzelnen Schulen und die Angemessenheit der Schulkosten Bedacht zu nehmen.

(3) In den Schulen wird allen Schülern ein barrierefreier und gleichberechtigter Zugang zu Bildung und Erziehung ermöglicht. Schüler mit und ohne Behinderung werden gemeinsam erzogen und unterrichtet (inklusive Bildung).

(4) Die Verwirklichung gleicher Bildungschancen für alle Schüler unabhängig von ihren sozialen Verhältnissen oder einem Migrationshintergrund ist Aufgabe aller Schulen. ⇨ Migrationshintergrund

§ 4

Schularten, Schulstufen

(1) Die Schularten haben als gleichzuachtende Glieder des Schulwesens im Rahmen des gemeinsamen Erziehungs- und Bildungsauftrags ihre eigenständige Aufgabe. Sie können in Schultypen

gegliedert sein. Das Kultusministerium kann neue Schultypen durch Rechtsverordnung, die der Zustimmung des Landtags bedarf, einrichten.

Schularten sind

die Grundschule,
das Gymnasium,
die Gemeinschaftsschule,
die Berufsfachschule,
die Fachschule,
die Hauptschule und die Werkrealschule,
das Kolleg,
das Berufskolleg,
das sonderpädagogische Bildungs- und Beratungszentrum,
die Realschule,
die Berufsschule,
die Berufsoberschule.

(2) Die Schulstufen entsprechen der Gliederung der Bildungswege in aufeinander bezogene Abschnitte, die sich aus dem organischen Aufbau des Schulwesens und ihrer Anpassung an die altersgemäße Entwicklung der Schüler ergeben; an ihrem Ende ist in der Regel nachzuweisen, dass bestimmte Bildungsziele erreicht worden sind. Schulstufen sind:

die Primarstufe,
die Sekundarstufe I mit Orientierungsstufe,
die Sekundarstufe II.

(3) Soweit dies der eigenständige Bildungsauftrag der einzelnen Schularten zulässt, sollen besonders innerhalb der Schulstufen, die differenzierten Bildungsgänge sowie ihre Abschlüsse aufeinander abgestimmt und sachgerechte Übergänge unter den Schularten ermöglicht werden.

§ 4 a
Ganztagsschulen an Grundschulen sowie den Grundstufen der sonderpädagogischen Bildungs- und Beratungszentren mit Förderschwerpunkt Lernen

(1) Ganztagsschulen an Grundschulen sowie den Grundstufen der sonderpädagogischen Bildungs- und Beratungszentren mit Förderschwerpunkt Lernen fördern die Schüler individuell und ganzheitlich und stärken sie in ihrer Persönlichkeitsentwicklung und im sozialen Miteinander. Sie verbinden an drei oder vier Tagen der Woche mit sieben oder acht Zeitstunden in einer rhythmisierten Tagesstruktur Unterricht, Übungsphasen und Förderzeiten, Bildungszeiten, Aktivpausen und Kreativzeiten zu einer pädagogischen und organisatorischen Einheit. Dabei sollen sie mit außerschulischen Partnern zusammenarbeiten.

⇨ Grundschule (GanztagsgrundschulVwV)

(2) Ganztagsschulen können auf Antrag des Schulträgers im Rahmen der hierfür zur Verfügung gestellten Ressourcen auf der Basis eines pädagogischen Konzepts in der verbindlichen Form oder in der Wahlform eingerichtet werden, sofern die dafür notwendigen Voraussetzungen vorliegen. In der verbindlichen Form nehmen alle Schüler der Schule am Ganztagsbetrieb teil. In der Wahlform besteht an der Schule die Möglichkeit der Teilnahme. Die Einführung der Ganztagsschule kann aufwachsend beginnend ab der Klassenstufe 1 erfolgen; für die noch nicht in der verbindlichen Form oder in der Wahlform eingerichteten Klassenstufen kann bis zum Abschluss des Ausbaus die Ganztagsschule in der jeweils anderen Form oder in der bisherigen Form auslaufend eingerichtet werden.

(3) Für Schüler, die eine verbindliche Ganztagsschule besuchen oder in der Wahlform am Ganztagsbetrieb angemeldet wurden, unterliegen die Zeiten des Ganztagsbetriebs nach Absatz 1 Satz 2 mit Ausnahme der Mittagspause einschließlich des Mittagessens der Schulpflicht nach § 72 Absatz 3. Für die Zeiten des Ganztagsbetriebs gilt die Schulgeldfreiheit nach § 93 Absatz 1 Satz 1 entsprechend. Für das Mittagessen kann ein Entgelt erhoben werden.

(4) Die Bereitstellung des Mittagessens sowie die Aufsichtsführung und Betreuung der Schüler beim Mittagessen obliegen dem Schulträger. Die darüber hinausgehende Betreuung und Aufsichtsführung in der Mittagspause wird vom Land wahrgenommen. Die Gemeinden beteiligen sich an den Kosten des Landes in Form eines pauschalen Ausgleichs. Der Ausgleichsbetrag bemisst sich nach den pauschalierten Kosten für das Aufsichtspersonal. Für jeweils 80 Schüler wird dabei eine Aufsichtsperson eingerechnet, wobei für jede Schule rechnerisch ein Sockel von mindestens zwei Aufsichtspersonen gilt. Die Zahl der Aufsichtspersonen errechnet sich aus der Zahl der Schüler und der Zahl der Schulen an dem für die Schulstatistik maßgebenden Tag des vorangegangenen Jahres. Für jede Aufsichtsperson und Stunde sind 15 Euro zugrunde zu legen. Dieser Betrag wird entsprechend der Beamtenbesoldung im mittleren Dienst dynamisiert.

(5) Über die Einrichtung von Ganztagsschulen entscheidet die obere Schulaufsichtsbehörde. Der Antrag des Schulträgers auf Einrichtung einer Ganztagsschule bedarf der Zustimmung der Schulkonferenz.

⇨ Ganztagsschulen

(6) *(Ermächtigung; nicht abgedruckt)*

Hinweise der Redaktion:

1. Bitte Hinweise zur Einrichtung bei § 30 beachten.
2. Vor Inkrafttreten des § 4a bereits eingerichtete Ganztagsschulen an Grundschulen und an Grundstufen der Förderschulen können nach Maßgabe der Einrichtungserlasse fortgeführt werden.

§ 5
Grundschule

(1) Die Grundschule ist die gemeinsame Grundstufe des Schulwesens. Sie vermittelt Grundkenntnisse und Grundfertigkeiten. Ihr besonderer Auftrag ist gekennzeichnet durch die allmähliche Hinführung der Schüler von den spielerischen Formen zu den schulischen Formen des Lernens und Arbeitens. Dazu gehören die Entfaltung der verschiedenen Begabungen der Schüler in einem gemeinsamen Bildungsgang, die Einübung von Verhaltensweisen für das Zusammenleben sowie die Förderung der Kräfte des eigenen Gestaltens und des schöpferischen Ausdrucks. Die Grundschule umfasst vier Schuljahre.

(2) Die Grundschule berät die Erziehungsberechtigten, welche der auf ihr aufbauenden Schularten für das Kind geeignet ist. Hierbei werden neben dem Leistungsstand auch die soziale und psychische Reife sowie das Entwicklungspotenzial des Kindes betrach-

tet. Es wird über die möglichen Angebote aufgeklärt und die Auswirkungen der Entscheidung der Erziehungsberechtigten werden dargelegt. Die Grundschule erteilt eine Empfehlung, welche weiterführende Schulart das Kind aus pädagogisch-fachlicher Sicht besuchen soll (Grundschulempfehlung). Die Erziehungsberechtigten legen als Teil der Anmeldung die Grundschulempfehlung der weiterführenden Schule vor. Die freie Entscheidung der Erziehungsberechtigten für eine der auf der Grundschule aufbauenden Schularten bleibt hiervon unberührt.

Hinweis der Redaktion: Zur Deutsch-Französischen Grundschule § 107a beachten.

⇨ Aufnahmeverfahren; ⇨ Aufnahmeverordnung; ⇨ Einschulung und schulärztliche Untersuchung; ⇨ GanztagsgrundschulVO; ⇨ Grundschule (Stundentafel); ⇨ Grundschule (Verlässliche); ⇨ Grundschule (Versetzungsordnung)

§ 5a
Grundschulförderklassen

(1) Für Kinder, die vom Schulbesuch zurückgestellt werden, sollen Förderklassen eingerichtet werden. Sie haben die Aufgabe, die zurückgestellten Kinder auf den Besuch der Grundschule vorzubereiten.

(2) Die Förderklassen werden an Grundschulen geführt. Der Schulleiter der Grundschule ist zugleich Leiter der Förderklasse. Für die Einrichtung gilt § 30 entsprechend.

⇨ Grundschule (Verlässliche); ⇨ Grundschulförderklassen

§ 6
Werkrealschule, Hauptschule

(1) Die Werkrealschule vermittelt eine grundlegende und eine erweiterte allgemeine Bildung, die sich an lebensnahen Sachverhalten und Aufgabenstellungen orientiert. Sie fördert in besonderem Maße praktische Begabungen, Neigungen und Leistungen und stärkt die Schüler in ihrer Persönlichkeitsentwicklung. Sie ermöglicht den Schülern entsprechend ihrer Leistungsfähigkeit und ihren Neigungen eine individuelle Schwerpunktbildung insbesondere bei der beruflichen Orientierung. Sie schafft die Grundlage für eine Berufsausbildung und für weiterführende, insbesondere berufsbezogene schulische Bildungsgänge.

(2) Die Werkrealschule baut auf der Grundschule auf und umfasst sechs Schuljahre. Sie schließt mit einem Abschlussverfahren ab und vermittelt nach fünf oder sechs Schuljahren einen Hauptschulabschluss oder nach sechs Schuljahren einen dem Realschulabschluss gleichwertigen Bildungsstand. Das Führen eines sechsten Schuljahrs setzt voraus, dass eine Mindestschülerzahl erreicht wird; sie wird vom Kultusministerium durch Verwaltungsvorschrift festgelegt. Das sechste Schuljahr kann auch an zentralen Werkrealschulen angeboten werden. Soweit Schulen das sechste Schuljahr nicht anbieten und auch nicht mit einer das sechste Schuljahr anbietenden Schule nach Satz 1 kooperieren, führen sie die Schulartbezeichnung „Hauptschule".

(3) *(aufgehoben)*

⇨ Werkrealschule (Informationsveranstaltungen); ⇨ Werkrealschule (Verordnung); ⇨ Werkrealschule (Verordnung / Stundentafel)

§ 7
Realschule

(1) Die Realschule vermittelt vorrangig eine erweiterte allgemeine, aber auch eine grundlegende Bildung, die sich an lebensnahen Sachverhalten und Aufgabenstellungen orientiert. Soweit sie eine erweiterte allgemeine Bildung vermittelt, führt dies zu deren theoretischer Durchdringung und Zusammenschau. Sie schafft die Grundlage für eine Berufsausbildung und für weiterführende, insbesondere berufsbezogene schulische Bildungsgänge.

(2) Die Realschule baut in der Normalform auf der Grundschule auf und umfasst fünf oder sechs Schuljahre; in der Aufbauform baut sie auf dem dritten Schuljahr der Sekundarstufe I auf.

(3) Die Schuljahre 1 und 2 werden in Form einer Orientierungsstufe geführt, bei der am Ende des ersten Schuljahres keine Versetzungsentscheidung getroffen wird.

(4) Nach der Orientierungsstufe führt die Realschule entsprechend der Leistungsfähigkeit der Schüler zu den in Absatz 6 genannten Bildungszielen. Der unterschiedlichen Leistungsfähigkeit entspricht sie durch individuelle Förderung in binnendifferenzierender Form und in leistungsdifferenzierenden Gruppen oder Klassen. Die Entscheidung über die Versetzung erfolgt auf der Grundlage der dem jeweiligen Bildungsniveau entsprechenden Versetzungsanforderungen.

(5) Ein Wechsel des Bildungsniveaus ist zum Ende des jeweiligen Schulhalbjahrs möglich; das Kultusministerium wird ermächtigt, die hierfür notwendigen Bestimmungen zu erlassen.

(6) Jeweils nach Maßgabe der hierfür geltenden Regelungen erwerben die Schüler am Ende des sechsten Schuljahrs den Realschulabschluss oder am Ende des fünften Schuljahrs den Hauptschulabschluss.

⇨ Realschule (Abschlussprüfung); ⇨ Realschule (Stundentafel); ⇨ Realschule (Versetzungsordnung)

§ 8
Gymnasium

(1) Das Gymnasium vermittelt Schülern mit entsprechenden Begabungen und Bildungsabsichten eine breite und vertiefte Allgemeinbildung, die zur Studierfähigkeit führt. Es fördert insbesondere die Fähigkeiten, theoretische Erkenntnisse nachzuvollziehen, schwierige Sachverhalte geistig zu durchdringen sowie vielschichtige Zusammenhänge zu durchschauen, zu ordnen und verständlich vortragen und darstellen zu können.

(2) Das Gymnasium in seinen verschiedenen Typen baut

1. in der Normalform auf der Grundschule auf und umfasst acht Schuljahre;
2. in der Aufbauform auf einer auf der Grundschule aufbauenden Schule auf und umfasst auf der
   a) 6. Klasse aufbauend sieben Schuljahre.
   b) 7. Klasse aufbauend sechs Schuljahre und
   c) 10. Klasse aufbauend nach Erlangung eines mittleren Bildungsabschlusses oder der

Versetzung in die gymnasiale Oberstufe drei Schuljahre.

In die Aufbauform nach Buchstabe b) auch Schüler nach Versetzung in die Klasse 10 des Gymnasiums oder der Realschule, in die Aufbauform nach Buchstabe b) auch Schüler einer entsprechenden Klasse des Gymnasiums oder mit Fachschulreife oder einem gleichwertigen Bildungsstand zugelassen werden.

➪ Aufbaugymnasium (Allgemeinbildend und Beruflich); ➪ Gymnasium (Schultypen) / (Schulversuch G9)

(3) Das Gymnasium kann auch berufsorientierte Bildungsinhalte vermitteln und zu berufsbezogenen Bildungsgängen führen; die Typen der beruflichen Gymnasien können zusätzlich zu berufsqualifizierenden Abschlüssen hinführen.

➪ Berufliches Gymnasium

(4) Ein nicht ausgebautes Gymnasium führt die Bezeichnung Progymnasium.

(5) Für die Oberstufe des Gymnasiums aller Typen gelten folgende Regelungen:

1. Die Oberstufe umfasst die Klasse 10 als Einführungsphase und die Jahrgangsstufen 11 und 12. Ihr Besuch dauert in der Regel drei Jahre.
2. In den Jahrgangsstufen wird in halbjährigen Kursen unterrichtet. Diese wählt der Schüler aus dem Pflicht- und Wahlbereich aus. Dabei sind bestimmte Kurse verbindlich festgelegt; die Wahlmöglichkeit kann eingeschränkt werden.
3. Der Pflichtbereich umfasst das sprachlich-literarisch-künstlerische Aufgabenfeld, das gesellschaftswissenschaftliche Aufgabenfeld und das mathematisch-naturwissenschaftlich-technische Aufgabenfeld. Hinzu kommen Religionslehre, Ethik und Sport. Religionslehre und Ethik können einem Aufgabenfeld zugeordnet werden. Der Sachfachunterricht kann in bestimmten Kursen fremdsprachlich erteilt werden; dies gilt für die Leistungsbewertung in diesen Kursen entsprechend.
4. Die Oberstufe schließt mit der Abiturprüfung ab.
5. Die Hochschulreife wird durch eine Gesamtqualifikation erworben. Sie berechtigt zum Studium an einer Hochschule.
6. *(Verordnungsermächtigung; hier nicht abgedruckt)*

➪ Berufliches Gymnasium; ➪ Fachhochschulreife; ➪ Gymnasium (AGVO); ➪ Gymnasium (Schultypen); ➪ Gymnasium (Stundentafel); ➪ Gymnasium (Versetzungsordnung); ➪ Hochschulreife (Zugangsberechtigungen)

§ 8 a
Gemeinschaftsschule

(1) Die Gemeinschaftsschule vermittelt in einem gemeinsamen Bildungsgang Schülern der Sekundarstufe I je nach ihren individuellen Leistungsmöglichkeiten eine der Hauptschule, der Realschule oder dem Gymnasium entsprechende Bildung. Den unterschiedlichen Leistungsmöglichkeiten der Schüler entspricht sie durch an individuellem und kooperativem Lernen orientierten Unterrichtsformen. Die Gemeinschaftsschule bildet nach pädagogischen Gesichtspunkten Lerngruppen. Leitend für die Bildung von Lerngruppen sind nicht schulartspezifische, sondern pädagogische Gesichtspunkte. Die Gemeinschaftsschule wird als christliche Gemeinschaftsschule nach den Grundsätzen der Artikel 15 und 16 der Landesverfassung geführt.

➪ Gemeinschaftsschule (Allgemeines); ➪ Gemeinschaftsschule (Schullaufbahnentscheidung); ➪ Gemeinschaftsschule (Verordnung); ➪ Verfassung Art. 11, 15, 16

Hinweis der Redaktion: Zu den „Schulen besonderer Art" (Gesamtschulen) § 107 beachten.

(2) Die Gemeinschaftsschule ist mindestens zweizügig. Sie kann auch eine Grundschule nach § 5 und im Anschluss an Klasse 10 eine dreijährige gymnasiale Oberstufe nach § 8 Absatz 5 führen; sie führt auch in diesen Fällen die Schulartbezeichnung Gemeinschaftsschule.

(3) Die Gemeinschaftsschule wird in Sekundarstufe I an vier, auf Antrag des Schulträgers und mit Zustimmung der Schulkonferenz an drei Tagen in der Woche als eine für Schüler und Eltern verbindliche (§ 72 Abs. 3) Ganztagsschule in einem Umfang von acht Zeitstunden pro Tag geführt.

(4) Jeweils nach Maßgabe der hierfür geltenden Regelungen erwerben die Schüler in der Sekundarstufe I im fünften oder sechsten Schuljahr den Hauptschulabschluss oder im sechsten Schuljahr den Realschulabschluss oder einen dem Realschulabschluss gleichwertigen Bildungsstand durch die Versetzung in die Eingangsklasse der gymnasialen Oberstufe; dabei müssen dem Unterricht in dem jeweiligen Abschlussjahr für die betroffenen Schüler in allen Fächern und Fächerverbünden die jeweiligen Anforderungen der in Absatz 1 genannten Schularten zugrunde liegen.

(5) Die Gemeinschaftsschulen entstehen auf Antrag der Schulträger nach Zustimmung des Kultusministeriums

1. durch die Einrichtung einer neuen Schule oder
2. mit Zustimmung der Schulkonferenz durch eine Schulartänderung bestehender auf der Grundschule aufbauender Schulen.

§ 30 Abs. 2 findet keine Anwendung.

➪ hierzu auch § 16 und § 47 Abs. 5 Nr. 7 beachten

(6) *(Ermächtigung; nicht abgedruckt)*

§ 9
Kolleg

Das Kolleg hat als Institut zur Erlangung der Hochschulreife die Aufgabe, nach der Fachschulreife, dem Realschulabschluss oder einem gleichwertigen Bildungsstand und einer abgeschlossenen Berufsausbildung oder einem gleichwertigen beruflichen Werdegang eine auf der Berufserfahrung aufbauende allgemeine Bildung zu vermitteln. Es umfasst mindestens zweieinhalb Schuljahre und führt zur Hochschulreife.

Für das Kurssystem, den Pflicht- und Wahlbereich und für die Abiturprüfung gilt § 8 Abs. 5, ausgenommen Nummer 3 Sätze 2 und 3, entsprechend.

§ 10
Berufsschule

(1) Die Berufsschule hat die Aufgabe, im Rahmen der Berufsausbildung oder Berufsausübung vor allem

fachtheoretische Kenntnisse zu vermitteln und die allgemeine Bildung zu vertiefen und zu erweitern. Sie ist hierbei gleichberechtigter Partner und führt über eine Grundbildung und eine darauf aufbauende Fachbildung gemeinsam mit Berufsausbildung oder Berufsausübung zu berufsqualifizierenden oder berufsbefähigenden Abschlüssen. Bei Schülern mit Hochschulreife kann anstelle der Vermittlung allgemeiner Bildungsinhalte eine zusätzliche Vermittlung fachtheoretischer Kenntnisse treten. Die Berufsschule kann durch Zusatzprogramme den Erwerb weiterer Berechtigungen ermöglichen.

(2) Die Grundbildung wird in der Grundstufe, die Fachbildung in den Fachstufen vermittelt. Der Unterricht wird als Teilzeitunterricht, auch als Blockunterricht, erteilt. Die Grundstufe kann als Berufsgrundbildungsjahr, und zwar in der Form des Vollzeitunterrichts oder in Kooperation mit betrieblichen oder überbetrieblichen Ausbildungsstätten, durchgeführt werden.

(3) Die Berufsschule wird in den Typen der gewerblichen, kaufmännischen, hauswirtschaftlich-pflegerisch-sozialpädagogischen oder landwirtschaftlichen Berufsschule geführt. In einheitlich geführten Berufsschulen sind für die einzelnen Typen Abteilungen einzurichten.

(4) Fachklassen werden in der Regel in der Grundstufe für Berufsfelder und in den Fachstufen für Berufsgruppen oder für einzelne oder eng verwandte Berufe gebildet.

(5) Die Berufsschule soll für Jugendliche, die zu Beginn der Berufsschulpflicht ein Berufsausbildungsverhältnis nicht nachweisen, als einjährige Vollzeitschule (Berufsvorbereitungsjahr) geführt werden.

⇨ Schulpflicht (Berufliche Schulen); ⇨Vorqualifizierungsjahr (VAB)

§ 11
Berufsfachschule

Die Berufsfachschule vermittelt je nach Dauer eine berufliche Grundbildung, eine berufliche Vorbereitung oder einen Berufsabschluss und fördert die allgemeine Bildung; in Verbindung mit einer erweiterten allgemeinen Bildung kann sie zur Prüfung der Fachschulreife führen. Die Berufsfachschule kann durch Zusatzprogramme den Erwerb weiterer Berechtigungen ermöglichen. Sie wird in der Regel als Vollzeitschule geführt und umfasst mindestens ein Schuljahr; sie kann im pflegerischen Bereich in Kooperation mit betrieblichen Ausbildungsstätten auch in Teilzeitunterricht geführt werden. Ihr Besuch setzt eine berufliche Vorbildung nicht voraus; im Übrigen richten sich die Voraussetzungen für den Besuch nach Dauer oder Bildungsziel der Berufsfachschule. ⇨ Berufsfachschule

§ 12
Berufskolleg

Das Berufskolleg baut auf der Fachschulreife, dem Realschulabschluss, einem gleichwertigem Bildungsstand oder auf der Klasse 9 des Gymnasiums im achtjährigen Bildungsgang auf; einzelne Bildungsgänge können auf der Hochschulreife aufbauen. Es vermittelt in ein bis drei Jahren eine berufliche Qualifikation. Bei mindestens zweijähriger Dauer kann es integrativ oder durch zusätzlichen Unterricht und eine Zusatzprüfung zur Fachhochschulreife führen. Nach abgeschlossener Berufsausbildung oder einer entsprechenden beruflichen Qualifikation kann die Fachhochschulreife auch in einem einjährigen Bildungsgang erworben werden. Das Berufskolleg wird in der Regel als Vollzeitschule geführt; es kann in einzelnen Typen in Kooperation mit betrieblichen Ausbildungsstätten auch in Teilzeitunterricht durchgeführt werden. ⇨ Berufskolleg ⇨ Fachhochschulreife

§ 13
Berufsoberschule

Die Berufsoberschule baut auf der Berufsschule und auf einer praktischen Berufsausbildung oder Berufsausübung auf und vermittelt auf der Grundlage des erworbenen Fachwissens vor allem eine weitergehende allgemeine Bildung. Sie gliedert sich in Mittelstufe (Berufsaufbauschule) und Oberstufe. Die Berufsaufbauschule umfasst mindestens ein Schuljahr und führt zur Fachschulreife. Die Oberstufe umfasst mindestens zwei Schuljahre und führt zur fachgebundenen oder allgemeinen Hochschulreife.

⇨ Berufsoberschule / Berufsaufbauschule

§ 14
Fachschule

Die Fachschule hat die Aufgabe, nach abgeschlossener Berufsausbildung und praktischer Bewährung oder nach einer geeigneten beruflichen Tätigkeit von mindestens fünf Jahren eine weitergehende fachliche Ausbildung im Beruf zu vermitteln. Die Ausbildung kann in aufeinander aufbauenden Ausbildungsabschnitten durchgeführt werden. Der Besuch der Fachschule dauert, wenn sie als Vollzeitschule geführt wird, in der Regel ein Jahr, bei Abend- oder Wochenendunterricht entsprechend länger. Die Fachschule kann auch den Erwerb weiterer Berechtigungen ermöglichen und im Einvernehmen mit den nach dem Berufsbildungsgesetz fachlich zuständigen Stellen Weiterbildungskurse anbieten. ⇨ Fachschule

§ 15
Sonderpädagogische Beratungs-, Unterstützungs- und Bildungsangebote in allgemeinen Schulen und sonderpädagogischen Bildungs- und Beratungszentren

(1) Die Erziehung, Bildung und Ausbildung von Schülern mit einem Anspruch auf ein sonderpädagogisches Beratungs-, Unterstützungs- und Bildungsangebot ist Aufgabe aller Schulen. Diese Schüler werden zu den Bildungszielen der allgemeinen Schulen geführt, soweit der besondere Anspruch der Schüler nicht eigene Bildungsziele erfordert. Sonderpädagogische Beratung, Unterstützung und Bildung zielt auch auf die bestmögliche berufliche Integration. Schwerpunkte sonderpädagogischer Beratung, Unterstützung und Bildung (Förderschwerpunkte) sind insbesondere

1. Lernen,
2. Sprache,
3. emotionale und soziale Entwicklung,
4. Sehen,

5. Hören,
6. geistige Entwicklung,
7. körperliche und motorische Entwicklung,
8. Schüler in längerer Krankenhausbehandlung.

(2) Die sonderpädagogische Beratung, Unterstützung und Bildung findet in den allgemeinen Schulen statt, soweit Schüler mit Anspruch auf ein sonderpädagogisches Bildungsangebot kein sonderpädagogisches Bildungs- und Beratungszentrum besuchen. Die sonderpädagogischen Bildungs- und Beratungszentren unterstützen die allgemeinen Schulen bedarfsgerecht bei der sonderpädagogischen Beratung, Unterstützung und Bildung. Sie werden in der Regel in Typen geführt, die den Förderschwerpunkten nach Absatz 1 entsprechen.

(2 a) Soweit der Auftrag nach Absatz 2 Satz 2 durch sonderpädagogische Bildungs- und Beratungszentren in freier Trägerschaft wahrgenommen wird, können deren Lehrkräfte eingesetzt werden, um den Anspruch auf ein sonderpädagogisches Bildungsangebot der Schüler einer öffentlichen allgemeinen Schule zu erfüllen. Die Einsatzsteuerung sowie das Weisungsrecht in Bezug auf die eingesetzten Lehrkräfte liegen beim Träger der Privatschule.

(3) Wenn die besondere Aufgabe des sonderpädagogischen Bildungs- und Beratungszentrums eine Internatsunterbringung der Schüler erfordert, ist der Schule ein Internat anzugliedern, in dem die Schüler Unterkunft, Verpflegung und eine familiengemäße Betreuung erhalten (sonderpädagogisches Bildungs- und Beratungszentrum mit Internat).

(4) Besuchen Schüler mit Anspruch auf ein sonderpädagogisches Bildungsangebot eine allgemeine Schule, können die Bildungsziele und Leistungsanforderungen von denen der besuchten Schule abweichen (zieldifferenter Unterricht); für die gymnasiale Oberstufe und die Bildungsgänge beruflicher Schulen in der Sekundarstufe II gelten die allgemeinen Regelungen.

(5) Gemeinsamer Unterricht für Schüler mit und ohne Anspruch auf ein sonderpädagogisches Bildungsangebot kann auch an sonderpädagogischen Bildungs- und Beratungszentren stattfinden, wenn die personellen und sächlichen Voraussetzungen erfüllt sind.

(6) Die Schulaufsichtsbehörde kann im Einvernehmen mit den beteiligten Schulträgern kooperative Organisationsformen des gemeinsamen Unterrichts an allgemeinen Schulen und sonderpädagogischen Bildungs- und Beratungszentren einrichten.

⇨ Behinderungen (Allgemeines) / (Förderbedarf); ⇨ Schulpflicht (MeldeVO); ⇨ Sonderpädagogik (Bildungsangebote – Inklusion); ⇨ Sonderpädagogik (SBBZ Geistige Entwicklung) / (SBBZ Körperliche und motorische Entwicklúng) / (SBBZ Lernen) / (SBBZ Lernen – Stundentafel) / (SBBZ Sprache) / (Hören) / (Sehen) / (Krankenhausbehandlung); ⇨ Sonderpädagogik (SBBZ Schulentwicklung);

D. Schulverbund (§§ 16-18)

§ 16
Verbund von Schularten

Mehrere Schularten können organisatorisch in einer Schule verbunden sein. Schularten nach den §§ 10 bis 14 und Typen der beruflichen Gymnasien sowie die entsprechenden sonderpädagogischen Bildungs- und Beratungszentren sollen organisatorisch in einer Schule verbunden sein, soweit dies von der Aufgabenstellung ihrer Typen und ihrem räumlichen Zusammenhang her möglich ist.

§ 17
Bildungszentren

(1) In Bildungszentren arbeiten räumlich zusammengefasste selbstständige Schulen pädagogisch und organisatorisch zusammen.

(2) Die Zusammenarbeit dient im Rahmen der Rechts- und Verwaltungsvorschriften insbesondere der Abstimmung in Lernangebot, Lehrverfahren sowie Lehr- und Lernmittel und fördert die Durchlässigkeit zwischen den beteiligten Schulen; sie erleichtert den schulartübergreifenden Lehrereinsatz, die gemeinsame Erledigung von Verwaltungsangelegenheiten und die gemeinsame Nutzung von schulischen Einrichtungen. ⇨ Konferenzordnung § 8

(3) Selbstständige Schulen, an denen Schularten nach den §§ 10 bis 14 und Typen der beruflichen Gymnasien geführt werden, sollen in geeigneten Fällen zu Bildungszentren zusammengefasst werden (Berufsschulzentren). Ihnen können überbetriebliche Ausbildungsstätten unter Aufrechterhaltung der bestehenden Trägerschaft angegliedert werden.

(4) *(Verordnungsermächtigung; hier nicht abgedruckt)*

(5) Für die Einrichtung, Änderung und Aufhebung von Bildungszentren gelten die Vorschriften des § 30 entsprechend.

§ 18
Regionaler Verbund

(1) Benachbarte Schulen, die nicht in einem Bildungszentrum zusammengefasst sind, sollen pädagogisch zusammenarbeiten. Die Zusammenarbeit dient vor allem der Koordinierung pädagogischer Maßnahmen, insbesondere des Unterrichtsangebots, der Lehr- und Lernmittel sowie der Verteilung der Schüler bei der Aufnahme in Schulen desselben Schultyps im Rahmen des § 88 Abs. 4.

(2) Mit Genehmigung der Schulaufsichtsbehörde können Schüler mehrerer Schulen in einzelnen gemeinsamen Unterrichtsveranstaltungen einer dieser Schulen zusammengeführt werden.

E. Ergänzung und Weiterentwicklung des Schulwesens (§§ 19-22)

§ 19
Bildungsberatung

(1) Die Bildungsberatung soll in allen Schularten gewährleistet und stufenweise ausgebaut werden. Zu ihren Aufgaben gehören insbesondere die Information und Beratung der Schüler und Erziehungsberechtigten über die für die Schüler geeigneten Bildungsgänge (Schullaufbahnberatung) sowie die Beratung bei Schulschwierigkeiten in Einzelfällen.

Die Einrichtungen der Bildungsberatung unterstützen die Schulen und Schulaufsichtsbehörden in psychologisch-pädagogischen Fragen und tragen dadurch zur Weiterentwicklung des Schulwesens bei.

(2) Die Aufgaben der Bildungsberatung werden unbeschadet des Erziehungs- und Bildungsauftrags der einzelnen Lehrer durch die überörtlich einzurichtenden schulpsychologische Beratungsstellen und an den Schulen vornehmlich durch Beratungslehrer erfüllt.

(3) Soweit die Bildungsberatung auf Ersuchen von Schülern oder Erziehungsberechtigten tätig wird, bedarf es für die Untersuchung der Einwilligung der Berechtigten.

(4) Beratungslehrer und schulpsychologische Beratungsstellen arbeiten untereinander und mit anderen Beratungsdiensten, insbesondere mit den für die Berufs- und Studienberatung zuständigen Stellen zusammen.

⇨ Bildungsberatung und Beratungslehrkräfte

§ 20
Schulkindergarten

Für Kinder, die unter § 82 Absatz 1 Satz 1 fallen und vom Schulbesuch zurückgestellt werden oder vor Beginn der Schulpflicht förderungsbedürftig erscheinen, sollen Schulkindergärten eingerichtet werden. ⇨ Schulkindergärten

§ 21
Hausunterricht

Schulpflichtigen Kindern und Jugendlichen, die infolge einer längerfristigen Erkrankung die Schule nicht besuchen können, soll Hausunterricht in angemessenem Umfang erteilt werden. Der Einsatz informationstechnisch gestützter Systeme und die für seine Umsetzung erforderliche auch automatisierte Verarbeitung personenbezogener Daten sind zulässig. ⇨ Hausunterricht; ⇨ Datenschutz (Schule)

§ 22
Weiterentwicklung des Schulwesens

(1) Wenn die Entwicklung des Bildungswesens, veränderte Lebens- und Berufsaufgaben oder die Wahrnehmung der Einheit des deutschen Schulwesens es notwendig machen, können Schulversuche eingerichtet werden. Das gilt insbesondere zur Entwicklung und Erprobung neuer pädagogischer und schulorganisatorischer Erkenntnisse, insbesondere

1. neuer Organisationsformen für Unterricht und Erziehung sowie für die Verwaltung der Schulen,
2. wesentlicher inhaltlicher Änderungen,
3. neuer Lehrverfahren und Lehrmittel.

(2) Schulversuche können durchgeführt werden

1. durch Einrichtung von Versuchsschulen,
2. dadurch, dass die oberste Schulaufsichtsbehörde einer bestehenden Schule Eigenschaften und Aufgaben einer Versuchsschule überträgt; falls damit für den Schulträger Mehrbelastungen verbunden sind, bedarf es dessen Zustimmung.

Hinweis der Redaktion: Zu den Beteiligungsrechten der Schule vgl. Hinweise bei § 30 Abs. 4. Bei der Einrichtung einer Ganztagsschule, die nicht unter § 4a fällt, handelt es sich um einen Schulversuch.

⇨ Behinderungen (Förderbedarf); ⇨ Ganztagsschulen; ⇨ Konferenzordnung § 2 Abs. 1 Nr. 8b; ⇨ Schulentwicklung und Qualitätskonzept; ⇨ Schulgesetz § 47 Abs. 4 Nr. 2

2. Teil: Die Schule

§ 23
Rechtsstellung der Schule

(1) Die öffentlichen Schulen sind nicht rechtsfähige öffentliche Anstalten. Sie erfüllen ihre Aufgaben im Rahmen eines öffentlich-rechtlichen Rechtsverhältnisses (Schulverhältnis).

(2) Die Schule ist im Rahmen der Vorschriften dieses Gesetzes berechtigt, die zur Aufrechterhaltung der Ordnung des Schulbetriebs und zur Erfüllung der ihr übertragenen unterrichtlichen und erzieherischen Aufgaben erforderlichen Maßnahmen zu treffen und örtliche Schulordnungen, allgemeine Anordnungen und Einzelanordnungen zu erlassen und von Schülerinnen und Schülern schulordnungswidrig mitgeführte oder verwendete Sachen einzuziehen. Inhalt und Umfang der Regelungen ergeben sich aus Zweck und Aufgabe der Schule.

Hinweis der Redaktion: Sofern die Schule in ihrer Schulordnung beispielsweise das Mitführen oder Verwenden eines Handys untersagt, kann dieses bei einem Verstoß eingezogen werden, muss aber am selben Tag wieder zurückgegeben werden.

⇨ Hausordnung und Pausenordnung

(3) Soweit die Schule auf dem Gebiet der inneren Schulangelegenheiten einen Verwaltungsakt erlässt, gilt sie als untere Sonderbehörde im Sinne des Landesverwaltungsgesetzes.

⇨ Verwaltungsrecht (Allgemeines)

§ 24
Name der Schule

(1) Jeder öffentlichen Schule gibt der Schulträger einen Namen, der die Schulart und den Schulort angibt und die Schule von den anderen am selben Ort bestehenden Schulen unterscheidet; bei sonderpädagogischen Bildungs- und Beratungszentren kann an die Stelle der Schulart der Schultyp treten. Soweit in einer Schule mehrere Schularten verbunden sind, kann anstelle der Schularten eine die Schularten umfassende Bezeichnung aufgenommen werden.

(2) Bei Schulen nach § 2 Abs. 1 Nr. 1 ist die Schulaufsichtsbehörde von der beabsichtigten Namensgebung zu unterrichten. Die obere Schulaufsichtsbehörde kann die Führung des Namens untersagen, wenn pädagogische Gründe oder öffentliche Belange es geboten erscheinen lassen.

⇨ Konferenzordnung § 2 Abs. 1; ⇨ Schulgesetz § 47 Abs. 3 Ziff 6c

§ 25
Schulbezirk

(1) Jede Grundschule, Berufsschule und jedes sonderpädagogische Bildungs- und Beratungszentrum mit Ausnahme der sonderpädagogischen Bildungs- und Beratungszentren mit Internat hat einen Schulbezirk.

Hinweise der Redaktion: Gemäß § 76 Abs. 2 besteht für Schulpflichtige, die eine Gemeinschaftsschule oder eine Schule in freier Trägerschaft besuchen, keine Pflicht zum Besuch der Schule im Schulbezirk.

(2) Schulbezirk ist das Gebiet des Schulträgers. Wenn in diesem Gebiet mehrere Schulen derselben Schulart bestehen, bestimmt der Schulträger die Schulbezirke.

(3) Bei Berufsschulen kann der Schulträger auch für einzelne Typen, Berufsfelder und Fachklassen besondere Schulbezirke festlegen. Entsprechendes gilt für die Typen des sonderpädagogischen Bildungs- und Beratungszentrums.

(4) Das Gebiet einer Körperschaft, die für die Erfüllung der Schulpflicht aller oder eines Teils ihrer Schulpflichtigen durch eine öffentlich-rechtliche Vereinbarung mit einer anderen Körperschaft sorgt (§ 31), ist in deren Schulbezirk nach Maßgabe der Vereinbarung einzubeziehen.

§ 26
Schuljahr

Das Schuljahr beginnt am 1. August und endet am 31. Juli des folgenden Kalenderjahres. Das Kultusministerium kann durch Rechtsverordnung für einzelne Schularten oder Schultypen abweichende Regelungen treffen, soweit dies aus schulorganisatorischen Gründen erforderlich ist.

⇨ Ferienverordnung; ⇨ NotenbildungsVO § 3

3. Teil: Errichtung und Unterhaltung von Schulen

§ 27
Grundsätze

(1) Als Schulträger gilt, wer die sächlichen Kosten der Schule trägt.

(2) Die Schulträger sind berechtigt und verpflichtet, öffentliche Schulen einzurichten und fortzuführen, wenn ein öffentliches Bedürfnis hierfür besteht.

(3) Bei der Einrichtung, Änderung, Aufhebung und bei der Unterhaltung der Schulen nach § 2 Abs. 1 Nr. 1 wirken das Land und der Schulträger nach den Vorschriften dieses Gesetzes zusammen.

§ 28
Gemeinden und Landkreise als Schulträger

(1) Die Gemeinden sind Schulträger der Grund-, Haupt- und Werkrealschulen, der Realschulen, der Gymnasien, der Gemeinschaftsschulen und der entsprechenden sonderpädagogischen Bildungs- und Beratungszentren.

(2) Die Landkreise können unter den Voraussetzungen des § 2 Abs. 1 der Landkreisordnung Schulträger von Realschulen, Gymnasien, der Gemeinschaftsschulen und sonderpädagogischen Bildungs- und Beratungszentren sein. Sie können auch Schulträger aller Schulen eines Bildungszentrums sein, wenn die Voraussetzungen des Satzes 1 nur auf eine dieser Schulen zutreffen. Wird eine Regelung nach § 31 Abs. 1 nicht getroffen, tritt an die Stelle einer Gemeinde der Landkreis, wenn

1. eine Nachbarschaftsschule für zum Besuch der Hauptschule verpflichtete Schüler aus mehreren Gemeinden einzurichten ist; der Landkreis legt den Aufwand auf die Gemeinden um, deren Gebiet in den Schulbezirk einbezogen ist;
2. nach Feststellung der obersten Schulaufsichtsbehörde eine Realschule, ein Gymnasium oder ein sonderpädagogisches Bildungs- und Beratungszentrum wesentliche überörtliche Bedeutung hat oder die Leistungsfähigkeit einer solchen Schule sonst nicht gewährleistet ist; die Feststellung dieser überörtlichen Bedeutung wird bei bestehenden Schulen nur auf Antrag des Schulträgers getroffen.

In den Fällen der Sätze 1, 2 und 3 Nr. 2 hat der Landkreis Gemeinden, die am Aufwand von Schulen derselben Schulart, bei sonderpädagogischen Bildungs- und Beratungszentren desselben Schultyps, beteiligt sind, auf Antrag einen angemessenen Ausgleich zu gewähren.

(3) Die Landkreise und die Stadtkreise sind Schulträger der Typen der beruflichen Gymnasien, der Berufsschulen, der Berufsfachschulen, der Berufskollegs, der Berufsoberschulen, der Fachschulen und der entsprechenden sonderpädagogischen Bildungs- und Beratungszentren.

⇨ Schulgesetz § 48

§ 29
Das Land als Schulträger

(1) Das Land ist Schulträger der Gymnasien in Aufbauform mit Internat, der Kollegs und der sonderpädagogischen Bildungs- und Beratungszentren mit Internat.

(2) Das Land kann Schulträger von Versuchsschulen und von Schulen besonderer pädagogischer Prägung oder besonderer Bedeutung sein, sowie von Schulen, die zwar diese Voraussetzungen nicht erfüllen, deren Schulträger jedoch bisher das Land allein war.

§ 30
Einrichtung, Errichtung, Änderung und Aufhebung von Schulen

(1) Der Beschluss eines Schulträgers über die Einrichtung einer öffentlichen Schule bedarf der Zustimmung der obersten Schulaufsichtsbehörde. Vor der Entscheidung über die Zustimmung ist eine regionale Schulentwicklung nach § 30 a bis § 30 e durchzuführen. Die Schule ist errichtet, wenn die Schulaufsichtsbehörde feststellt, dass der Schulbetrieb aufgenommen worden ist.

Hinweis der Redaktion: Mit Ausnahme der Maßnahmen zur Weiterentwicklung des Schulwesens nach § 22 SchG hat das KM die Befugnis zur Einrichtung und Aufhebung von Grund-, Haupt-, Werkreal- und Gemeinschaftsschulen sowie die Befugnisse für die Änderung bestehender Schulen aller Schularten mit Ausnahme der Änderung der Schulart oder des Schultyps und die diesbezüglichen Entscheidungen über eine Änderung der Schulträgerschaft sowie Entscheidungen zur Einrichtung beziehungsweise Aufhebung von Schulverbünden auf die Regierungspräsidien übertragen. Die allgemeinen aufsichtsrechtlichen Befugnisse des Kultusministeriums bleiben hiervon unberührt. (Quelle: § 1 der Verordnung des KM über die Zuständigkeit für schulorganisatorische Maßnahmen, siehe Loseblattsammlung K.u.U. Nr. 6400-23)

(2) Stellt die oberste Schulaufsichtsbehörde fest, dass ein öffentliches Bedürfnis für die Einrichtung einer öffentlichen Schule besteht und erfüllt der Schulträger die ihm nach § 27 Abs. 2 obliegende Verpflichtung nicht, trifft die Rechtsaufsichtsbehörde die notwendigen Maßnahmen nach den Vorschriften der Gemeindeordnung; der Schulträger ist vorher zu hören.

⇨ Schulentwicklung; ⇨ Sonderpädagogische Bildung (Schulentwicklung)

(3) Absatz 1 gilt entsprechend für die Aufhebung einer öffentlichen Schule.

(4) Die Vorschriften über die Einrichtung und Aufhebung einer öffentlichen Schule gelten entsprechend für die Änderung einer öffentlichen Schule. Als Änderung einer Schule sind die Änderung der Schulart, der Schulform (Normalform oder Aufbauform) oder des Schultyps sowie die dauernde Teilung oder Zusammenlegung, die Verlegung, die Erweiterung bestehender Schulen, die Einrichtung von Außenstellen sowie die Verteilung der Klassen auf Schulen mit Außenstellen zu behandeln. Eine Aufteilung der Klassen oder Lerngruppen auf verschiedene Standorte erfolgt nur in Ausnahmefällen und nur zwischen einzelnen Klassen- oder Jahrgangsstufen (horizontale Teilung), nicht jedoch innerhalb einzelner Klassen- oder Jahrgangsstufen (vertikale Teilung). Satz 3 gilt nicht für Schulen nach § 5.

Hinweis der Redaktion: Die Gesamtlehrerkonferenz (GLK) besitzt das Recht zur Abgabe einer Stellungnahme zur

a) Ausstattung und Einrichtung der Schule sowie zu Baumaßnahmen gegenüber dem Schulträger,
b) Einrichtung oder Beendigung eines Schulversuchs,
c) Änderung der Schulart, der Schulform oder des Schultyps sowie der dauernden Teilung oder Zusammenlegung und der Erweiterung der Schule.

⇨ Konferenzordnung § 2 Abs. 1 Nr. 8

Hierzu ist die Schulkonferenz anzuhören (§ 47 Abs. 4). Diese kann der GLK und der Schulleitung Anregungen und Empfehlungen geben, besitzt also ein Initiativrecht (§ 47 Abs. 2).

Vor der Einleitung der entsprechenden Maßnahme muss die jeweilige Behörde (Schulträger, Schulaufsichtsbehörde) die Schule über ihre Absicht informieren. Die Schulleitung hat dies dann auf die Tagesordnung der Gesamtlehrerkonferenz sowie der Schulkonferenz zu setzen.

Die GLK kann sich gegenüber dem Schulträger und der Schulaufsichtsbehörde äußern. Sie besitzt auch ein Initiativrecht, sie kann den Schulträger oder die Schulaufsicht auffordern, Maßnahmen einzuleiten (sobald diese ihre Planungen abgeschlossen haben, sind die GLK und die Schulkonferenz erneut zu einer Stellungnahme berechtigt bzw. anzuhören).

Ferner muss die Schulleitung den Elternbeirat hierüber informieren (nach § 57 Abs. 2 SchG unterrichtet der Schulleiter den Elternbeirat über alle Angelegenheiten, die für die Schule von allgemeiner Bedeutung sind; der Elternbeirat soll gehört werden, bevor der Schulleiter Maßnahmen trifft, die für das Schulleben von allgemeiner Bedeutung sind).

Bei der **Einrichtung von Ganztagsschulen** besitzt die Schulkonferenz faktisch ein Vetorecht:

1. Bei Ganztagsschulen an Grundschulen oder der Grundstufe von Förderschulen bedarf der Antrag des Schulträgers der Zustimmung der Schulkonferenz (SchG § 4a).
2. Alle anderen Ganztagsschulen sind Schulversuche. Hierzu dürfen GLK und Schulkonferenz zwar nur eine Stellungnahme abgeben; fällt diese jedoch ablehnend aus, genehmigt die Schulaufsichtsbehörde den Schulversuch nicht.

Die Einrichtung einer Ganztagsschule ist gem. ⇨ Personalvertretungsgesetz (LPVG) § 71 Abs. 2 eine Organisationsentscheidung, die beteiligungspflichtige Maßnahmen zur Folge hat. Hierüber ist der Personalrat frühzeitig und fortlaufend zu unterrichten.

Die **Schließung einer Schule** unterliegt der Mitwirkung des zuständigen Personalrats (Bundesverwaltungsgericht, 24.2.2006; BVerG 6 P 4.05). Zuständig ist grundsätzlich der Hauptpersonalrat beim Kultusministerium; bei der Einrichtung von Werkrealschulen und der damit verbundenen Schließung vorhandener Hauptschulen hat das KM diese Befugnis auf die Regierungspräsidien delegiert, sodass der jeweilige Bezirkspersonalrat GHWRGS zu beteiligen ist.

⇨ Personalvertretungsgesetz §§ 72 Abs. 3, 75 Abs. 3 Nr. 12

30 a
Ziel und Anlass der regionalen Schulentwicklung

(1) Die regionale Schulentwicklung dient der nachhaltigen Sicherung eines regional ausgewogenen, alle Bildungsabschlüsse umfassenden Bildungsangebots in zumutbarer Erreichbarkeit. Die regionale Schulentwicklung dient außerdem der nachhaltigen Sicherung und Weiterentwicklung eines bedarfsdeckenden sonderpädagogischen Beratungs-, Unterstützungs- und Bildungsangebots. Sie unterstützt notwendige Entwicklungen bei den allgemeinen beruflichen Schulen. Bildungsabschlüsse im Sinne des Satzes 1 sind die in den Schularten nach § 4 Absatz 1 in Verbindung mit den §§ 6 bis 15 genannten Abschlüssen.

(2) Anlässe für eine regionale Schulentwicklung sind

1. der Antrag eines öffentlichen Schulträgers auf Zustimmung zu einer schulorganisatorischen Maßnahme nach § 30, oder
2. die Initiative einer Gemeinde oder eines Landkreises, sofern ein berechtigtes Interesse besteht, oder
3. die Unterschreitung einer Mindestschülerzahl.

⇨ Schulentwicklung; ⇨ Sonderpädagogische Bildung (Schulentwicklung)

§ 30 b
Regionale Schulentwicklung an auf der Grundschule aufbauenden Schulen

(1) Für die Erteilung einer Zustimmung nach § 30 Absatz 1 Satz 1 ist es erforderlich, dass im Rahmen der Feststellung des öffentlichen Bedürfnisses nach § 27 Absatz 2

1. für eine Schule nach §§ 6, 7 und 8 a Absatz 1 die Mindestschülerzahl von 40 in den Eingangsklassen,
2. bei Gymnasien nach § 8 Absatz 2 Nummer 1 die Mindestschülerzahl von 60 in den Eingangsklassen,
3. für die dreijährige gymnasiale Oberstufe nach § 8 a Absatz 2 Satz 2 für Klassenstufe 11 auf der Grundlage der Schülerzahl in Klassenstufe 9 die Mindestschülerzahl von 60 langfristig prognostiziert werden kann.

Hinweis der Redaktion: Für den beruflichen Bereich hat das KM eine „Verordnung zur regionalen Schulentwicklung an beruflichen Schulen" erlassen (26.3.2015; K.u.U. S. 94/2015); abgedruckt in der Sonderausgabe des Jahrbuchs für berufliche Schulen.

(2) Unterschreitet eine in Absatz 1 Nummer 1 und 2 genannte Schule die Mindestschülerzahl von 16 in der Eingangsklasse, wird der Schulträger durch die Schulaufsichtsbehörde hierauf hingewiesen und aufgefordert, eine regionale Schulentwicklung nach § 30 a Absatz 2 Nummer 1 durchzuführen. Der Hinweis und die Aufforderung erfolgen ausnahmsweise dann nicht, wenn die oberste Schulaufsichtsbehörde zuvor festgestellt hat, dass im Falle einer Aufhebung der Schule ein entsprechender Bildungsabschluss von einer anderen öffentlichen Schule in zumutbarer Erreichbarkeit nicht mehr angeboten wird. Die Feststellung der zumutbaren Erreichbarkeit eines entsprechenden Bildungsabschlusses ist unabhäng davon, ob es sich um eine Schule handelt, die als Ganztagsschule geführt wird. Im allgemeinen beruflichen Schulwesen erwerbbare allgemeinbildende Abschlüsse gelten nicht als entsprechende Bil-

dungsabschlüsse im Sinne von Satz 2. Wird in zwei unmittelbar aufeinander folgenden Schuljahren die Mindestschülerzahl von 16 in der Eingangsklasse nicht erreicht und wird kein Antrag auf eine schulorganisatorische Maßnahme nach § 30 gestellt, ist die Schule durch die oberste Schulaufsichtsbehörde zum darauf folgenden Schuliahr aufzuheben: Satz 2 gilt für die Aufhebung entsprechend. Der Schulträger ist vor einer Aufhebung zu hören.

(3) Für im Schulverbund nach § 16 Satz 1 und 2 geführte Schularten ist Absatz 2 auf jede Schulart gesondert anzuwenden. Verbleibt in einem bisherigen Schulverbund nach Aufhebung einer oder mehrerer im Schulverbund enthaltenen Schularten nur noch eine Schulart, ist der Schulverbund kraft Gesetzes aufgehoben; im Übrigen besteht er mit den verbleibenden Schularten weiter.

§ 30 c
Verfahren der regionalen Schulentwicklung

(1) Für die Einleitung einer regionalen Schulentwicklung nach § 30 a Absatz 2 Nummer 1 ist der Beschluss eines öffentlichen Schulträgers erforderlich.

(2) Der Schulträger benennt vor der Antragstellung nach § 30 ein Gebiet für die regionale Schulentwicklung (Raumschaft), auf das sich sein Antrag bezieht und beteiligt die vom Antrag berührten weiteren Gemeinden und Landkreise und andere von der schulorganisatorischen Maßnahme Berührten; hierbei müssen insbesondere die Belange der Schülerbeförderung einbezogen werden. § 47 Absatz 4 Nummer 3, § 47 Absatz 5 Nummer 7 sowie die Elternbeiratsverordnung bleiben unberührt. Bei schulorganisatorischen Maßnahmen im Bereich der allgemeinbildenden Schulen sind die Auswirkungen auf das allgemeine berufliche Schulwesen mit einzubeziehen. Bei Bildungsgängen der Berufsschule sind sowohl bei der Festlegung der Raumschaft als auch bei der Konsensbildung über eine schulorganisatorische Maßnahme die Belange der Wirtschaft einzubeziehen. Das Ergebnis der Beteiligung ist im Rahmen der Darlegung des öffentlichen Bedürfnisses nach § 27 Absatz 2 darzustellen. Die Beteiligung ist vom Schulträger darauf auszurichten, einen Konsens über die vorgesehene schulorganisatorische Maßnahme zu erreichen.

(3) Die Schulaufsichtsbehörde berät den Schulträger auf seinen Wunsch vor der Antragstellung nach § 30 insbesondere zur Benennung der Raumschaft und zur Schülerzahlentwicklung und bei allgemeinen beruflichen Schulen auch zur Struktur des Bildungsangebots des jeweils betroffenen Schulstandorts.

(4) Die Festlegung der Raumschaft erfolgt durch die obere Schulaufsichtsbehörde unter Berücksichtigung der vom Schulträger benannten Raumschaft. Hat der Schulträger die in Absatz 2 vorgesehene Beteiligung nicht durchgeführt, so erfolgt diese durch die obere Schulaufsichtsbehörde. Absatz 2 Satz 5 gilt entsprechend. Wird ein Konsens erreicht, entscheidet die Schulaufsichtsbehörde über die Zustimmung nach § 30.

(5) Ist kein Konsens über die beabsichtigte schulorganisatorische Maßnahme zwischen den vom Antrag Berührten nach Absatz 2 zu erreichen, führt die obere Schulaufsichtsbehörde eine Schlichtung durch. Wird auch hier kein Konsens erreicht, entscheidet die oberste Schulaufsichtsbehörde.

(6) Für die Einleitung einer regionalen Schulentwicklung nach § 30 a Absatz 2 Nummer 2 ist ein Beschluss des Hauptorgans der Gemeinde oder des Landkreises erforderlich. Der oberen Schulaufsichtsbehörde ist im Rahmen der Geltendmachung eines berechtigten Interesses eine Raumschaft zu benennen, auf die sich die regionale Schulentwicklung beziehen soll. Stellt die obere Schulaufsichtsbehörde ein berechtigtes Interesse fest, informiert diese die betroffenen Schulträger. Die Schulaufsichtsbehörde berät diese auf Wunsch; sie kann Empfehlungen für schulorganisatorische Maßnahmen nach § 30 geben.

§ 30 d
Zuständige Schulaufsichtsbehörde bei der regionalen Schulentwicklung

(1) Soweit in den Absätzen 2 und 3, §§ 30 a bis 30 c oder in einer Verordnung nach § 30 e oder § 35 Absatz 5 keine abweichenden Regelungen getroffen sind, bestimmt sich die zuständige Schulaufsichtsbehörde in Anwendung der §§ 33 bis 35 danach, welche Schularten von der regionalen Schulentwicklung betroffen sind.

(2) Sind von einem Antrag auf eine schulorganisatorische Maßnahme nach § 30 a Absatz 2 Nummer 1 mehrere Schulaufsichtsbehörden betroffen, müssen diese zusammenwirken. Die Zuständigkeit verbleibt bei der nach § 30 Absatz 1 zuständigen Schulaufsichtsbehörde, bei der der Antrag auf Zustimmung zu stellen ist.

(3) Das nach § 30 a Absatz 2 Nummer 2 und § 30 c Absatz 6 erforderliche berechtigte Interesse ist gegenüber der für die benannte Raumschaft zuständigen oberen Schulaufsichtsbehörde geltend zu machen. Sofern die benannte Raumschaft im Bereich mehrerer oberer Schulaufsichtsbehörden liegt, ist diejenige zuständig, in deren Bezirk die überwiegende Zahl der Einwohner der Raumschaft mit Erstwohnsitz gemeldet ist.

§ 30 e Verordnungsermächtigung
(nicht abgedruckt)

§ 31
Schulverband

(1) Gemeinden, Zweckverbände, Landkreise und Regionalverbände können mit Zustimmung der oberen Schulaufsichtsbehörde zur gemeinsamen Erfüllung der ihnen als Schulträger obliegenden Aufgaben Schulverbände bilden oder öffentlich-rechtliche Vereinbarungen abschließen. Sie sind hierzu verpflichtet, wenn die oberste Schulaufsichtsbehörde feststellt, dass ein dringendes öffentliches Bedürfnis hierfür besteht. Erfüllen Gemeinden und Landkreise die ihnen nach Satz 2 obliegende Verpflichtung nicht, trifft die Rechtsaufsichtsbehörde die notwendigen Maßnahmen.

(2) Im Übrigen finden die Vorschriften des Zweckverbandsrechts Anwendung.

4. Teil: Schulaufsicht

§ 32

Grundsätze

Bitte hierzu das Schaubild unter ➪ Personalvertretung (Allgemeines) sowie die Informationen zur Schulverwaltung beachten. ➪ Schulaufsicht und Schulverwaltung

(1) Die staatliche Schulaufsicht umfasst

1. die Planung und Leitung, Ordnung und Förderung des gesamten Schulwesens,
2. das Bestimmungsrecht über die Unterrichts- und Erziehungsarbeit der öffentlichen Schulen und alle damit zusammenhängenden Angelegenheiten,
3. die Fachaufsicht über die Schulen, nämlich
   a) die Aufsicht über die schulfachlichen Angelegenheiten und
   b) die Aufsicht über die Rechts- und Verwaltungsangelegenheiten, soweit sie nicht unter Nummer 5 fallen,
4. die Dienstaufsicht über die Schulleiter und Lehrer,
5. die Aufsicht über die Erfüllung der dem Schulträger obliegenden Angelegenheiten nach Maßgabe des § 36,
6. die Aufsicht über die den Gymnasien in Aufbauform und sonderpädagogischen Bildungs- und Beratungszentren mit Internat angegliederten Schülerinternate.

Die Schulaufsicht schließt die Aufsicht über die datengestützte Qualitätsentwicklung der Schulen ein, die insbesondere eine regelmäßige Information der Schulaufsichtsbehörden und eine Auswertung qualitätsrelevanter Daten der einzelnen Schulen erfordert. Die Schulaufsichtsbehörden werden bei der datengestützten Aufsicht durch das Institut für Bildungsanalysen Baden-Württemberg und das Zentrum für Schulqualität und Lehrerbildung beratend unterstützt. Das Kultusministerium wird ermächtigt, durch Rechtsverordnung für Inhalt und Verfahren der datengestützten Qualitätsentwicklung nähere Bestimmungen zu erlassen.

➪ Schulaufsicht und Schulverwaltung; ➪ Schulentwicklung; ➪ Schulpsychologische Beratungsstellen

(2) Die Schule und die jeweils zuständige Schulaufsichtsbehörde führen im Rahmen der datengestützten Qualitätsentwicklung im Sinne des Absatz 1 regelmäßig Statusgespräche, deren wesentliche Grundlage die vom Institut für Bildungsanalysen Baden-Württemberg bereitgestellten Datenauswertungen auf Einzelschulebene nach § 114 Absatz 2 und die für die Schule vorhandenen Ergebnisse von internen und externen Evaluationen nach § 114 Absatz 1 sind. Statusgespräche münden in eine Ziel- und Leistungsvereinbarung zwischen Schule und Schulaufsichtsbehörde. Das Kultusministerium wird ermächtigt, durch Rechtsverordnung zu den Statusgesprächen mit Ziel- und Leistungsvereinbarungen nähere Bestimmungen zu erlassen.

(3) Der Umfang der Schulaufsicht über die Schulen in freier Trägerschaft wird nach Artikel 7 des Grundgesetzes und nach dem Privatschulgesetz bestimmt.

(4) Mit der Ausübung der Schulaufsicht über die schulfachlichen Angelegenheiten sind fachlich vorgebildete, hauptamtlich tätige Beamte zu beauftragen.

➪ Evaluation; ➪ Privatschulgesetz; ➪ Schulentwicklung; ➪ Verfassung Art. 17; ➪ Verwaltungsrecht

§ 33

Untere Schulaufsichtsbehörde

(1) Untere Schulaufsichtsbehörde für alle in ihrem Schulaufsichtsbezirk liegenden Grund-, Haupt-, Werkreal- und Realschulen, der Gemeinschaftsschulen sowie die entsprechenden sonderpädagogischen Bildungs- und Beratungszentren mit Ausnahme der sonderpädagogischen Bildungs- und Beratungszentren mit Internat ist das Staatliche Schulamt.

(2) Die untere Schulaufsichtsbehörde führt

1. die Fachaufsicht mit Ausnahme der Fachaufsicht über die gymnasiale Oberstufe der Gemeinschaftsschulen,
2. die Dienstaufsicht über die Schulleiter und Lehrer,
3. die Aufsicht über die Erfüllung der dem Schulträger obliegenden Angelegenheiten, soweit nicht Aufgaben der Schulaufsicht einer anderen Schulaufsichtsbehörde durch Gesetz, Rechts- oder Verwaltungsvorschrift nach § 35 Abs. 3 zugewiesen sind.

§ 34

Obere Schulaufsichtsbehörde

(1) Obere Schulaufsichtsbehörde ist das Regierungspräsidium.

(2) Die obere Schulaufsichtsbehörde führt

1. die Fachaufsicht über die Schulen,
2. die Dienstaufsicht über die Schulleiter und Lehrer,
3. die Aufsicht über die Erfüllung der dem Schulträger obliegenden Angelegenheiten, soweit nicht die untere Schulaufsichtsbehörde zuständig ist,
4. die Dienst- und Fachaufsicht über die unteren Schulaufsichtsbehörden

soweit nicht Aufgaben der Schulaufsicht einer anderen Schulaufsichtsbehörde durch Rechtsvorschrift zugewiesen sind.

§ 35

Oberste Schulaufsichtsbehörde

(1) Oberste Schulaufsichtsbehörde ist das Kultusministerium.

(2) Die oberste Schulaufsichtsbehörde ist für alle Angelegenheiten der Schulaufsicht zuständig, die nicht durch Gesetz anderen Behörden zugewiesen sind. Sie führt im Rahmen ihres Geschäftsbereichs die Fachaufsicht über die oberen Schulaufsichtsbehörden sowie die Dienstaufsicht über die Bediensteten des schulpädagogischen Dienstes.

(3) Die oberste Schulaufsichtsbehörde regelt insbesondere

1. die Aufgaben und Ordnungen jeder Schulart,
2. die Bildungs- und Lehrpläne sowie die Stundentafeln, ➪ Bildungspläne und Bildungsstandards
3. das Aufnahmeverfahren für die Schulen,
4. die Versetzungs- und Prüfungsordnungen,
5. die Anerkennung außerhalb des Landes erworbener schulischer Abschlüsse und Berechtigungen,

6. die Ausbildung, Prüfung und Fortbildung der Lehrerinnen und Lehrer; für die Lehramtsprüfungen im Fach Theologie (Religionspädagogik) können die jeweiligen Religionsgemeinschaften eine Beauftragte oder einen Beauftragten als eine Prüferin oder einen Prüfer benennen,
7. die Aufgaben der unteren und oberen Schulaufsichtsbehörden,
8. die Aufgaben des Zentrums für Schulqualität und Lehrerbildung sowie des Instituts für Bildungsanalysen Baden-Württemberg und
9. die Ferienordnung

und erlässt die hierfür erforderlichen Rechts- und Verwaltungsvorschriften.

(4) Grundlage für Unterricht und Erziehung bilden die Bildungs- und Lehrpläne sowie die Stundentafeln, in denen Art und Umfang des Unterrichtsangebotes einer Schulart oder einer Niveaustufe festgelegt sind. Niveaustufen sind das grundlegende, das mittlere sowie das erweiterte Niveau. Das grundlegende Niveau führt zum Hauptschulabschluss und mit einer Phase der Vertiefung zum Werkrealschulabschluss, das mittlere Niveau zum Realschulabschluss, das erweiterte Niveau zur Hochschulreife. Soweit ein Bildungsplan für mehrere Schularten gilt, sind für den Unterricht die Niveaustufen maßgeblich, die zu den an der Schulart angebotenen Abschlüssen führen. Bildungs- und Lehrpläne sowie Stundentafeln richten sich nach dem durch die Verfassung des Landes Baden-Württemberg, durch § 1 und die jeweilige Schulart vorgegebenen Erziehungs- und Bildungsauftrag; sie haben die erzieherische Aufgabe der Schule und die entsprechend der Schulart angestrebte Vermittlung von Wissen, Fähigkeiten und Fertigkeiten zu berücksichtigen. Die Bildungs- und Lehrpläne werden im Amtsblatt des Kultusministeriums bekanntgemacht oder öffentlich zugänglich in elektronischer Form unter einer im Amtsblatt veröffentlichten Internetadresse. In den Fällen des § 8 Absatz 5 Nummer 6 Satz 5, §§ 107b und107c treten neben die allgemeinen Bildungs- und Lehrpläne im erforderlichen Umfang besondere Bildungs- und Lehrpläne, die der Freigabe durch das Kultusministerium unterliegen.

⇨ Bildungspläne; ⇨ Kultus und Unterricht

(5) *(Ermächtigung; nicht abgedruckt)*

§ 35a

Zulassung von Lehr- und Lernmitteln

(1) Das Kultusministerium kann die Verwendung von Lehr- und Lernmitteln, insbesondere die Verwendung der Schulbücher, durch Rechtsverordnung von seiner Zulassung abhängig machen, wenn und soweit dies zur Erfüllung des Erziehungs- und Bildungsauftrags der Schule sowie der eigenständigen Aufgaben der jeweiligen Schulart oder zur Sicherung der jeweiligen Niveaustufe erforderlich ist.

(2) Zulassungsvoraussetzungen sind insbesondere:
1. Übereinstimmung mit den durch Grundgesetz, Landesverfassung und Schulgesetz vorgegebenen Erziehungszielen,
2. Übereinstimmung mit den Zielen und Inhalten des entsprechenden Bildungs- und Lehrplans sowie angemessene didaktische Aufbereitung der Stoffe.
3. Altersgemäßheit bei der Aufbereitung der Inhalte sowie die sprachliche Form,
4. Einbindung von Druckbild, graphischer Gestaltung und Ausstattung in die jeweilige didaktische Zielsetzung.

⇨ Lernmittel (Zulassung)

§ 36

Aufsicht über die Erfüllung der dem Schulträger obliegenden Angelegenheiten

Für die Aufsicht über die Erfüllung der dem Schulträger nach diesem Gesetz obliegenden Aufgaben sind, soweit gesetzlich nichts anderes bestimmt ist, die Rechtsaufsichtsbehörde und die Schulaufsichtsbehörde zuständig mit der Maßgabe, dass das Informationsrecht nach § 120 der Gemeindeordnung beiden Behörden zusteht und dass Maßnahmen nach §§ 121 bis 124 der Gemeindeordnung von der Rechtsaufsichtsbehörde im Einvernehmen mit der Schulaufsichtsbehörde getroffen werden.

§ 37

Besondere Schulaufsichtsbeamte

Das Kultusministerium und mit seiner Ermächtigung die oberen Schulaufsichtsbehörden können im öffentlichen Schuldienst stehende Lehrer, welche die Voraussetzungen nach § 32 Abs. 4 erfüllen, für besondere Aufgaben der Schulaufsicht bestellen; soweit für diese Aufgaben eine schulpsychologische Beratung erforderlich ist, können auch Schulpsychologen bestellt werden.

⇨ Fachberater*innen; ⇨ Schulleitung (Abteilungsleiter*innen); ⇨ Schulpsychologische Beratungsstellen

5. Teil: Lehrkräfte, Schulleitung; Lehrerkonferenzen, Schulkonferenz; örtliche Schulverwaltung

A. Lehrkräfte, Schulleitung (§§ 38-43)

§ 38

Lehrkräfte

1) Die Lehrkräfte an den öffentlichen Schulen stehen im Dienst des Landes.

(2) Lehrkräfte an öffentlichen Schulen nach § 2 Abs. 1 dürfen in der Schule keine politischen, religiösen, weltanschaulichen oder ähnliche äußeren Bekundungen abgeben, die geeignet sind, die Neutralität des Landes gegenüber Schülern und Eltern oder den politischen, religiösen oder weltanschaulichen Schulfrieden zu gefährden oder zu stören. Insbesondere ist ein äußeres Verhalten unzulässig, welches bei Schülern oder Eltern den Eindruck hervorrufen kann, dass eine Lehrkraft gegen die Menschenwürde, die Gleichberechtigung der Menschen nach Artikel 3 des Grundgesetzes, die Freiheitsgrundrechte oder die freiheitlich-demokratische Grundordnung auftritt. Die Wahrnehmung des Erziehungsauftrags nach Artikel 12 Abs. 1, Artikel 15 Abs. 1 und Artikel 16 Abs. 1 der Verfassung des Landes Baden-Württemberg und die entsprechende Darstellung christlicher und abendländischer Bildungs- und Kulturwerte oder Traditionen wider-

spricht nicht dem Verhaltensgebot nach Satz 1. Das religiöse Neutralitätsgebot des Satzes 1 gilt nicht im Religionsunterricht nach Artikel 18 Satz 1 der Verfassung des Landes Baden-Württemberg.

Hinweis der Redaktion: Der Regelungsgehalt von § 38 Abs. 2 Satz 3 SchG ist vom Bundesverfassungsgericht am 27.1.2015 für nichtig erklärt worden (1 BvR 471/10, 1 BvR 1181/10). Dies bedeutet, dass das Tragen eines Kopftuchs an sich grundsätzlich weder ein Hinderungsgrund für die Einstellung noch für die Ausübung der Tätigkeit einer Lehrerin an einer öffentlichen Schule ist. Das Land Baden-Württemberg hat § 38 Schulgesetz dieser Rechtsprechung noch nicht angepasst. Das ➪ Beamtenstatusgesetz § 34 Abs. 2 schreibt allerdings vor: *„Religiös oder weltanschaulich konnotierte Merkmale des Erscheinungsbilds [...] können nur dann eingeschränkt oder untersagt werden, wenn sie objektiv geeignet sind, das Vertrauen in die neutrale Amtsführung der Beamtin oder des Beamten zu beeinträchtigen. [...] Die Verhüllung des Gesichts bei der Ausübung des Dienstes oder bei einer Tätigkeit mit unmittelbarem Dienstbezug ist stets unzulässig, es sei denn, dienstliche oder gesundheitliche Gründe erfordern dies."* Mehr dazu steht im Beitrag ➪ Religion (Allgemeines).

(3) Die Ernennung eines Bewerbers nach § 8 des Beamtenstatusgesetzes für eine Tätigkeit an öffentlichen Schulen nach § 2 Abs. 1 setzt als persönliches Eignungsmerkmal voraus, dass er die Gewähr für die Einhaltung des Absatzes 2 in seiner gesamten, voraussichtlichen Dienstzeit bietet. Für die Versetzung einer Lehrkraft eines anderen Dienstherrn in den baden-württembergischen Schuldienst gilt Satz 1 entsprechend. ➪ Beamtenstatusgesetz § 8

(4) Für die Ableistung des Vorbereitungsdienstes für ein Lehramt können auf Antrag Ausnahmen von den Absätzen 2 und 3 im Einzelfall vorgesehen werden, soweit die Ausübung der Grundrechte es zwingend erfordert und zwingende öffentliche Interessen an der Wahrung der amtlichen Neutralität und des Schulfriedens nicht entgegenstehen.

(5) Absätze 2 bis 4 gelten entsprechend für Lehrkräfte im Angestelltenverhältnis.

(6) Die Lehrkräfte tragen im Rahmen der in Grundgesetz, Verfassung des Landes Baden-Württemberg und § 1 dieses Gesetzes niedergelegten Erziehungsziele und der Bildungspläne sowie der übrigen für sie geltenden Vorschriften und Anordnungen die unmittelbare pädagogische Verantwortung für die Erziehung und Bildung der Schüler. Sie entscheiden in diesem Rahmen auch über den Einsatz informationstechnisch gestützter Systeme.

➪ Erziehungsauftrag und politische Bildung; ➪ Lernmittel (Zulassung) Nr. 1; ➪ Pädagogische Freiheit

Hinweis der Redaktion: Für die Anfertigung von „Stoffverteilungsplänen" gibt es keine formelle Regelung. Es ist jedoch unstrittig, dass die Vorbereitung des Unterrichts (individuell oder in Kooperation mit Kolleginnen und Kollegen) zu den Dienstpflichten der Lehrkräfte gehört und dass der pädagogische Freiraum der Lehrkraft nicht dem Recht der Schulleitung bzw. der Schulaufsicht entgegensteht, im Einzelfall zur Verbesserung des Unterrichts die Vorlage eines Stoffverteilungsplanes zu verlangen.

§ 39
Schulleiter

(1) Für jede Schule ist ein Schulleiter zu bestellen, der zugleich Lehrer an der Schule ist.

(2) Zum Schulleiter kann nur bestellt werden, wer die Befähigung zum Lehramt einer Schulart besitzt, die an der Schule besteht, und für die mit der Schulleitung verbundenen Aufgaben geeignet ist. An Gemeinschaftsschulen und Schulen besonderer Art kann zum Schulleiter bestellt werden, wer die Befähigung für das wissenschaftliche Lehramt einer der in §§ 5 bis 8 oder in § 15 genannten Schularten besitzt.

Hinweise der Redaktion:

1. Diese Voraussetzung wird von Fachlehrkräften und Technischen Lehrkräften nicht erfüllt; in Einzelfällen sind HHT-Lehrerinnen zur Schulleiterin ernannt worden. ➪ Besoldung (Lehrkräfte– Eingruppierung)
2. Auf die Stelle eines Gemeinschaftsschulrektors beziehungsweise einer Gemeinschaftsschulrektorin können sich auch Lehrkräfte des höheren Dienstes sowie Lehrkräfte mit der Lehrbefähigung Sonderschule (ohne Einschränkung hinsichtlich der studierten Fachrichtung) bewerben (vgl. § 39 Abs. 2 Satz 2). Eine Lehrkraft des höheren Dienstes, die sich auf eine Schulleitungsstelle an einer Gemeinschaftsschule bewirbt, wechselt nicht die Laufbahn. Sollte sie die Funktionsstelle aufgeben, fällt sie in ihr vorheriges Amt zurück. Das KM verfährt so auch bei der Besetzung der Stellen von Gemeins chaftsschulkonrektor*innen.
3. Tarifbeschäftigte Lehrkräfte des Landes können, sofern sie die gesetzlichen Voraussetzungen erfüllen, mit der Leitung oder stellvertretenden Leitung einer Schule beauftragt werden. Sie werden in die entsprechende Entgeltgruppe nach TV-L eingruppiert. Gemäß EntgO-L erhalten Tarifbeschäftigte eine entsprechende Entgeltgruppenzulage, die der besoldungsrechtlichen Zulage entspricht. Die entsprechenden Amtsbezeichnungen (z.B. „Rektor" bzw. „Konrektor") können für Tarifbeschäftigte nicht verwendet werden, sie werden als „Schulleiter"/„Schulleiterin" bzw. „stellvertretende Schulleiter/in" bezeichnet. (Quelle: KM, 2.8.2007; AZ: 14-0321.30 /103/1) ➪ Tarifvertrag (Entgeltordnung Lehrkräfte)
4. Das KM hat ein für alle Schularten geltendes „Anforderungsprofil Schulleiterinnen und Schulleiter" veröffentlicht (K.u.U. S. 161/2012). Darin ist u.a. ausgeführt: „Der Schulleiterin/dem Schulleiter kommt die zentrale Leitungs- und Steuerungsfunktion und damit die Verantwortung für die nachhaltige Qualitätsentwicklung und -sicherung der Schule zu. Sie/er pflegt einen kooperativen und situativ-partizipativen Führungsstil. Die vertrauensvolle Zusammenarbeit mit allen am Schulleben Beteiligten ist ihr/ihm wichtig, ebenso der gute Kontakt zu den außerschulischen Partnern. Die Sicherstellung von Nachhaltigkeit und Chancengleichheit sind wesentliche Handlungsprinzipien." Link: https://km-bw.de/,Lde/startseite/schule/Anforderungsprofil+Schulleitungen

(3) Der Schulleiter wird von der Schulaufsichtsbehörde in sein Amt eingeführt.

(4) Bis zur ordnungsmäßigen Wiederbesetzung einer frei gewordenen Schulleiterstelle kann die Schulaufsichtsbehörde einen beauftragten Schulleiter bestellen. Die Stelle soll innerhalb von sechs Monaten wieder besetzt werden.

➪ Besoldungsgesetz § 62a (Vertretungszulage); ➪ Funktionsstellen (Besetzung und Überprüfung) / (Probezeit); ➪ Schulleitung (Aufgaben und Stellvertretung)

§ 40
Mitwirkung der Schulkonferenz und des Schulträgers bei der Besetzung der Schulleiterstelle

(1) Über die Besetzung der Schulleiterstelle wird im Rahmen eines Überprüfungsverfahrens nach Eignung, Befähigung und fachlicher Leistung auf der Basis eines Besetzungsvorschlags einer Auswahlkommission entschieden. Die Einzelheiten des Überprüfungsverfahrens werden durch eine Verwaltungsvorschrift geregelt. Bei der Besetzung der Schulleiterstelle an den Schulen wirken mit:

1. Die Schulkonferenz, mit Ausnahme der Schüler-

vertreter, die das 16. Lebensjahr noch nicht vollendet haben, bei Schulen mit mindestens vier Lehrerstellen. An den Schulen mit Elternbeirat und Schülerrat treten an die Stelle der Schüler, die das 16. Lebensjahr noch nicht vollendet haben, Stellvertreter, die das 16. Lebensjahr vollendet haben oder, soweit keine vorhanden sind, in entsprechender Zahl weitere gemäß § 47 Abs. 10 Satz 1 gewählte Vertreter der Eltern.

Hinw.d.Red.: Als „Lehrerstelle" gilt jede Lehrkraft mit mindestens 1/2 Lehrauftrag (➪ SchulkonferenzVO § 1).

2. der Schulträger.

(2) Die Auswahlkommission besteht aus zwei Vertretern der Schulaufsichtsbehörde und jeweils einem Vertreter der Schulkonferenz und des Schulträgers. Die Schulkonferenz soll nicht durch den Schulleiter in der Auswahlkommission vertreten sein. Die Auswahlkommission wird von der für die Besetzung der Schulleiterstelle zuständigen Schulaufsichtsbehörde gebildet und erarbeitet einen Besetzungsvorschlag. Die Vertreter der Schulkonferenz und des Schulträgers können am Überprüfungsverfahren als Beobachter teilnehmen und haben dann ein Stimmrecht in der Auswahlkommission bei der Entscheidung über den Besetzungsvorschlag. Benennen Schulträger oder Schulkonferenz oder beide keine Vertreter für die Auswahlkommission, so wird diese aus den übrigen Mitgliedern gebildet.

➪ Funktionsstellen (Besetzung und Überprüfung)

(3) Nach der Beschlussfassung der Auswahlkommission unterrichtet die obere Schulaufsichtsbehörde die Schulkonferenz und den Schulträger über alle eingegangenen Bewerbungen und den Besetzungsvorschlag der Auswahlkommission. Sie hat über alle Bewerber weitere für die Frage der Eignung sachdienliche Informationen zu erteilen. Unterrichtung und Erklärung können schriftlich erfolgen. Die obere Schulaufsichtsbehörde kann damit die untere Schulaufsichtsbehörde beauftragen.

(4) Die Schulkonferenz und der Schulträger können zum Besetzungsvorschlag der Auswahlkommission Stellung nehmen. Bei sonst gleichen Qualifikationen der Bewerber sind sie gehalten, dem Bewerber den Vorzug zu geben, der der Schule nicht angehört. Schulkonferenz und Schulträger geben ihre Stellungnahme innerhalb von vier Wochen nach Eingang des Besetzungsvorschlags ab.

(5) Nach der Befassung der Schulkonferenz und des Schulträgers gemäß Absatz 4 entscheidet die zuständige Schulaufsichtsbehörde über die Besetzung der Schulleiterstelle. Weicht das Votum der Schulkonferenz oder des Schulträgers vom Besetzungsvorschlag der Auswahlkommission ab, entscheidet die oberste Schulaufsichtsbehörde über die Besetzung der Schulleiterstelle. Unabhängig hiervon erfolgt die Besetzung der Schulleiterstelle nach den dienstrechtlichen Bestimmungen.

(6) Absatz 1 Nr. 1 gilt nicht für neu einzurichtende Schulen, solange Gesamtlehrerkonferenz und Elternbeirat nicht bestehen.

(7) Im Übrigen gelten die Vorschriften des § 47 Abs. 9 Satz 2, Abs. 11 und 13 entsprechend.

§ 41
Aufgaben des Schulleiters

(1) Der Schulleiter ist Vorsitzender der Gesamtlehrerkonferenz. Er leitet und verwaltet die Schule und ist, unterstützt von der Gesamtlehrerkonferenz, verantwortlich für die Besorgung aller Angelegenheiten der Schule und für eine geordnete und sachgemäße Schularbeit, soweit nicht aufgrund dieses Gesetzes etwas anderes bestimmt ist. Insbesondere obliegen ihm

die Aufnahme und die Entlassung der Schüler,
➪ Behinderungen (Förderbedarf)

die Sorge für die Erfüllung der Schulpflicht,
➪ Schulpflicht (Durchsetzung)

die Verteilung der Lehraufträge sowie die Aufstellung der Stunden- und Aufsichtspläne,
➪ Fachfremder Unterricht; ➪ KonferenzVO § 2 Abs. 1 Nr. 9; ➪ Teilzeit (Pflichten und Rechte)

die Anordnung von Vertretungen,
➪ Konferenzordnung § 2 Abs. 1 Nr. 9; ➪ Mehrarbeit

die Vertretung der Schule nach außen und die Pflege ihrer Beziehungen zu Elternhaus, Kirchen, Berufsausbildungsstätte, Einrichtungen der Jugendhilfe und Öffentlichkeit, ➪ Presserecht

die Aufsicht über die Schulanlage und das Schulgebäude,

die Ausübung des Hausrechts und die Verwaltung und Pflege der der Schule überlassenen Gegenstände; dabei sind die Anordnungen des Schulträgers, die nicht in den inneren Schulbetrieb eingreifen dürfen, für den Schulleiter verbindlich. ➪ Haushalt; ➪ Hausrecht

(2) Der Schulleiter ist in Erfüllung seiner Aufgaben weisungsberechtigt gegenüber den Lehrern seiner Schule. Er ist verantwortlich für die Einhaltung der Bildungs- und Lehrpläne und der für die Notengebung allgemein geltenden Grundsätze sowie ermächtigt, Unterrichtsbesuche vorzunehmen und dienstliche Beurteilungen über die Lehrer der Schule für die Schulaufsichtsbehörde abzugeben.

➪ Beurteilung; ➪ Beurteilung (Unterrichtsbesuche)

Hinweise der Redaktion:

1. Der/die Schulleiter*in leitet ggf. auch die Grundschulförderklasse (vgl. § 5a).
2. Zu den Obliegenheiten sowie den Weisungsrechten der Schulleitung auch § 23 SchG beachten!
3. Zum Begriff des Vorgesetzten und des Dienstvorgesetzten siehe ➪ Beamtengesetz (LBG) § 3.

(3) Für den Schulträger führt der Schulleiter die unmittelbare Aufsicht über die an der Schule tätigen, nicht im Dienst des Landes stehenden Bediensteten; er hat ihnen gegenüber die aus der Verantwortung für einen geordneten Schulbetrieb sich ergebende Weisungsbefugnis.

(4) Nähere Vorschriften erlässt das Kultusministerium durch Dienstordnung für die Schulleiter.

Hinweis der Redaktion: Eine Dienstordnung für die Schulleitung wurde nicht erlassen.

➪ Dienstordnungen; ➪ Gefährdungsbeurteilung; ➪ Konferenzordnung; ➪ Schulkonferenzordnung; ➪ Schulleitung (Aufgaben)

§ 42
Stellvertretender Schulleiter und weitere Funktionsträger

(1) Der Stellvertretende Schulleiter ist der ständige und allgemeine Vertreter des Schulleiters. Falls ein Stellvertretender Schulleiter nicht vorhanden oder ebenfalls verhindert ist, wird der Schulleiter vom dienstältesten Lehrer der Schule vertreten. Die Schulaufsichtsbehörde kann anstelle des dienstältesten Lehrers einen anderen Vertreter bestimmen.

Hinweise der Redaktion:
1. Auch Lehrkräfte im Arbeitnehmerverhältnis (Tarifbeschäftigte) können, sofern sie die gesetzlichen Voraussetzungen hierfür erfüllen, mit der stellvertretenden Leitung einer Schule beauftragt werden; vgl. Hinweis bei § 39.
2. Hierzu auch den Hinweis Nr. 2 bei § 41 Abs. 2 beachten.
3. Beamtenrechtlich ist „dienstälteste Lehrkraft", wer das nächsthöhere (Beförderungs-)Amt innehat und die Lehrbefähigung für eine an der Schule bestehende Schulart besitzt; bei mehreren amtsgleichen Lehrkräften entscheidet der Zeitpunkt der Bestellung, danach das Lebensalter.

(2) Der Stellvertretende Schulleiter und die Funktionsträger zur Koordinierung schulfachlicher Aufgaben an Gymnasien und beruflichen Schulen sowie gegebenenfalls die von der Schulaufsichtsbehörde bestellten Lehrer aller Schularten mit vergleichbaren Funktionen unterstützen den Schulleiter bei der Erfüllung seiner Aufgaben. Das Nähere regelt das Kultusministerium durch Dienstordnung.

Hinweise der Redaktion: Eine Dienstordnung für die stellv. Schulleiter*innen wurde nicht erlassen. Für die Aufgaben der Fachleiter*innen und Fachberater*innen an Gymnasien und beruflichen Schulen gilt die VwV ➪ Schulleitung (Abteilungsleiter*innen).

➪ Dienstordnungen; ➪ Funktionsstellen (Besetzung); ➪ Schulleitung (Aufgaben und Stellvertretung)

§ 43
Geschäftsführender Schulleiter

(1) Die Schulaufsichtsbehörde kann für die Schulen einer Schulart oder mehrerer Schularten im Gebiet eines Schulträgers aus dem Kreis der Schulleiter einen geschäftsführenden Schulleiter bestellen, der alle Angelegenheiten, die eine einheitliche Behandlung erfordern oder ihm durch besondere Anordnung übertragen werden, zu besorgen hat.

(2) Die geschäftsführenden Schulleiter im Gebiet eines Schulträgers haben bei der Besorgung von Angelegenheiten, die mit Rücksicht auf die Einheit des örtlichen Schulwesens einheitlich geregelt werden müssen, das gegenseitige Einvernehmen herzustellen, bei allen übrigen verschiedene Schularten berührenden Angelegenheiten sich miteinander ins Benehmen zu setzen.

➪ Besoldung (Zulagen); ➪ FerienVO; ➪ Hitzefrei; ➪ Schulleitung (Geschäftsführende Schulleiter*innen)

B.
Lehrerkonferenzen, Schulkonferenz (§§ 44-47)

§ 44
Allgemeines

(1) Die Lehrerkonferenzen beraten und beschließen alle wichtigen Maßnahmen, die für die Unterrichts- und Erziehungsarbeit der Schule notwendig sind und ihrer Art nach ein Zusammenwirken der Lehrer erfordern. Sie fördern die Zusammenarbeit und dienen auch der gegenseitigen Unterstützung der Lehrer sowie dem Austausch von Erfahrungen und Anregungen.

➪ Konferenzordnung; ➪ Konferenzen (Allgemeines); ➪ Konferenzen und Gremien (Übersicht)

(2) Die einzelnen Lehrerkonferenzen beachten bei ihrer Arbeit und ihren Beschlüssen den durch Rechtsvorschriften und Verwaltungsanordnungen gesetzten Rahmen sowie die pädagogische Verantwortung des einzelnen Lehrers, die Verantwortlichkeit des Schulleiters und die Aufgaben der anderen Lehrerkonferenzen, der Schulkonferenz sowie anderweitig begründete Zuständigkeiten.

➪ Pädagogische Freiheit

(3) Die Beschlüsse der Gesamtlehrerkonferenz sind für Schulleiter und Lehrer bindend. Ist der Schulleiter der Auffassung, dass ein Konferenzbeschluss gegen eine Rechtsvorschrift oder eine Verwaltungsanordnung verstößt, oder dass er für die Ausführung des Beschlusses nicht die Verantwortung übernehmen kann, hält aber die Gesamtlehrerkonferenz in einer zweiten Sitzung den Beschluss aufrecht, so hat der Schulleiter die Entscheidung der Schulaufsichtsbehörde einzuholen. Bis zu dieser Entscheidung darf der Beschluss nicht ausgeführt werden.

Hinweis der Redaktion: Die Konferenzen können z.B. die Freiheit einzelner Lehrkräfte einschränken, über die Benutzung von Schulbüchern zu entscheiden: Beschließt die Fachkonferenz, ein bestimmtes Schulbuch im betreffenden Fach zu verwenden, sind alle Lehrkräfte der Schule verpflichtet, dieses im Fachunterricht als „hauptsächliches Arbeitsmittel" einzusetzen. Daneben kann die einzelne Lehrkraft weitere Lernmittel (z.B. selbst gefertigte Arbeitsblätter usw.) einsetzen.
(Quelle: Bundesverwaltungsgericht, 28.1.1994; AZ: 6 B 24/93)

§ 45
Arten, Einrichtungen
und Aufgaben der Lehrerkonferenzen

(1) Lehrerkonferenzen sind die Gesamtlehrer- und Teilkonferenzen. Die Gesamtlehrerkonferenz besteht an jeder Schule. Teilkonferenzen sind insbesondere die Klassenkonferenz, die Fachkonferenz und für Schulen, die in Abteilungen gegliedert sind, die Abteilungskonferenz.

(2) Es berät und beschließt, unbeschadet der Zuständigkeit der Schulkonferenz,

die Gesamtlehrerkonferenz über Angelegenheiten, die für die Schule von wesentlicher Bedeutung sind,

die Klassenkonferenz über Fragen von allgemeiner Bedeutung für die Erziehungs- und Unterrichtsarbeit der Klasse,

die Fachkonferenz über besondere Angelegenheiten, die ein Fach oder eine Fächergruppe betreffen,

die Abteilungskonferenz über Fragen von allgemeiner Bedeutung für die Abteilung.

(3) Für Bildungszentren und für Schulen im Regionalen Verbund können Konferenzen, denen Lehrer der beteiligten Schulen angehören, gebildet werden, die über gemeinsame, der Abstimmung bedürfende Angelegenheiten beraten und beschließen.

➪ Konferenzordnung; ➪ Konferenzen (Allgemeines)

§ 46
Konferenzordnungen (Ermächtigung; nicht abgedruckt)

§ 47
Schulkonferenz

Hinweis der Redaktion: § 47 nennt nur einen Teil der Zuständigkeiten der Schulkonferenz. Bitte hierzu die Beiträge ➩ Konferenzen (Allgemeines) und ➩ Konferenzordnung § 2 beachten.

(1) Die Schulkonferenz ist das gemeinsame Organ der Schule. Sie hat die Aufgabe, das Zusammenwirken von Schulleitung, Lehrern, Eltern, Schülern und der für die Berufserziehung Mitverantwortlichen zu fördern, bei Meinungsverschiedenheiten zu vermitteln sowie über Angelegenheiten, die für die Schule von wesentlicher Bedeutung sind, zu beraten und nach Maßgabe der Absätze 2 bis 5 zu beschließen.

➩ Konferenzen und Gremien; ➩ Schulkonferenzordnung

(2) Die Schulkonferenz kann gegenüber dem Schulleiter und anderen Konferenzen Anregungen und Empfehlungen geben. Eine Empfehlung muss auf der nächsten Sitzung der zuständigen Konferenz beraten werden.

(3) Die Schulkonferenz entscheidet nach Maßgabe dieses Gesetzes über:

1. Die Vereinbarung von Schulpartnerschaften,
2. die Verteilung des Unterrichts auf fünf oder sechs Wochentage, den Unterrichtsbeginn und den Tag der Einschulung in die Grundschule,
3. allgemeine Angelegenheiten der Schülermitverantwortung,
4. die Stellungnahme der Schule gegenüber dem Schulträger zur
   a) Namensgebung der Schule,
   b) Änderung des Schulbezirks,
5. Stellungnahmen der Schule zur Durchführung der Schülerbeförderung,
6. Grundsätze über die Einrichtung freiwilliger Arbeitsgemeinschaften, die nicht generell vorgesehen sind und die zu keinen Berechtigungen führen,
7. die Anforderung von Haushaltsmitteln gegenüber dem Schulträger.

(4) Die Schulkonferenz ist anzuhören:

1. Zu Beschlüssen der Gesamtlehrerkonferenz
   a) zu allgemeinen Fragen der Erziehung und des Unterrichts an der Schule,
   b) über die Verwendung der der Schule zur Verfügung gestellten Haushaltsmittel im Rahmen ihrer Zweckbestimmung,
2. vor Einrichtung oder Beendigung eines Schulversuchs, ➩ Konferenzordnung § 2 Nr. 8b
3. vor Änderung der Schulart, der Schulform oder des Schultyps sowie der dauernden Teilung oder Zusammenlegung und der Erweiterung oder Aufhebung der Schule,
4. vor Genehmigung von wissenschaftlichen Forschungsvorhaben an der Schule,
5. bei Entscheidungen über Erziehungs- und Ordnungsmaßnahmen nach Maßgabe von § 90 Abs. 4,
6. zu Stellungnahmen der Schule gegenüber dem Schulträger zur Ausstattung und Einrichtung der Schule sowie Baumaßnahmen.

(5) Folgende Angelegenheiten werden in der Schulkonferenz beraten und bedürfen ihres Einverständnisses:

1. Erlass der Schul- und ➩ Hausordnung,
2. Beschlüsse zu allgemeinen Fragen der Klassenarbeiten und Hausaufgaben,
3. Beschlüsse zur einheitlichen Durchführung der Rechts- und Verwaltungsvorschriften an der Schule,
4. Grundsätze über die Durchführung von besonderen Schulveranstaltungen, die die gesamte Schule berühren,
5. Grundsätze über die Durchführung von außerunterrichtlichen Veranstaltungen (z.B. Klassenfahrten, Schullandheimaufenthalte).
6. Festlegung der schuleigenen Stundentafel im Rahmen der Kontingentstundentafel und Entwicklung schuleigener Curricula im Rahmen des Bildungsplanes. Für das Fach Religionslehre bleibt die Beteiligung der Beauftragten der Religionsgemeinschaften unberührt.
7. die Zustimmung zu einer Änderung der Schulart in eine Gemeinschaftsschule.

↔ **Querverweis:** § 16 und § 8a Abs. 5 Nr. 2 beachten.

(6) Bei Angelegenheiten, die den Schulträger berühren, ist ihm Gelegenheit zu geben, beratend mitzuwirken.

(7) Die Beschlüsse der Schulkonferenz nach Absatz 3 sind für Schulleiter und Lehrer bindend. Ist der Schulleiter der Auffassung, dass ein Beschluss der Schulkonferenz gegen eine Rechtsvorschrift oder eine Verwaltungsanordnung verstößt oder dass er für die Ausführung des Beschlusses nicht die Verantwortung übernehmen kann, hält aber die Schulkonferenz in einer zweiten Sitzung den Beschluss aufrecht, so hat der Schulleiter die Entscheidung der Schulaufsichtsbehörde einzuholen. Bis zu dieser Entscheidung darf der Beschluss nicht ausgeführt werden.

(8) Verweigert die Schulkonferenz in den in Absatz 5 genannten Angelegenheiten ihr Einverständnis und hält die zuständige Lehrerkonferenz nach nochmaliger Beratung an ihrem Beschluss fest, hat der Schulleiter die Entscheidung der Schulaufsichtsbehörde einzuholen.

(9) Der Schulkonferenz gehören bei Schulen mit mindestens 14 Lehrerstellen an

Hinweis der Redaktion: Als „Lehrerstelle" gilt jede Lehrkraft mit mindestens halbem Lehrauftrag (vgl. ➩ Schulkonferenzordnung § 1).

1. der Schulleiter als Vorsitzender,
2. an Schulen, für die ein Elternbeirat vorgesehen ist, der Elternbeiratsvorsitzende als stellvertretender Vorsitzender,

Hinweise der Redaktion:

1. Bei Verhinderung des Schulleiters oder der Schulleiterin nimmt zwar als Vertretung der oder die stellvertretende Schulleiter*in an der Sitzung teil (bzw. falls sie/er gewähltes Mitglied der Schulkonferenz ist, eine gewählte Stellvertretung; vgl. Abs. 10), die Leitung der Sitzung erfolgt jedoch durch den Vorsitz des Elternbeirats. ➩ Schulkonferenzordnung § 6.

2. Die Elternvertreter*innen in der Schulkonferenz können als „Elterngruppe" gesondert beraten und in Angelegenheiten des § 47 Abs. 5 SchulG Anträge an die Gesamtlehrerkonferenz richten; bei der Behandlung in der GLK haben sie beratende Stimme. ⇨ Konferenzordnung § 11 Abs. 4

3. an Schulen, für die ein Schülerrat vorgesehen ist, der Schülersprecher,
4. zusätzlich an Schulen, für die
   a) ein Elternbeirat und ein Schülerrat vorgesehen sind, jeweils drei Vertreter der Lehrer, der Eltern und der Schüler,
   b) kein Schülerrat vorgesehen ist, jeweils fünf Vertreter der Lehrer und der Eltern,
   c) kein Elternbeirat vorgesehen ist, jeweils fünf Vertreter der Lehrer und der Schüler,

Hinweis der Redaktion: Zum Schülerrat an Sonderpädagogischen Bildungs- und Beratungszentren siehe §§ 63 und 66.

5. an Schulen mit Berufsschule, einem sonstigen Bildungsgang, in dem neben der schulischen Ausbildung ein Berufsausbildungsvertrag geschlossen wird, oder entsprechender Sonderschule vier weitere Vertreter aus dem Kreis der für die Berufserziehung der Schüler Mitverantwortlichen,
6. ein Verbindungslehrer mit beratender Stimme bei allgemeinen Angelegenheiten der Schülermitverantwortung.

Die Vertreter der Schüler müssen mindestens der siebten Klasse angehören. Für Schulen mit weniger als 14 Lehrerstellen regelt das Kultusministerium durch Rechtsverordnung die Zahl der Vertreter der einzelnen Gruppen in der Schulkonferenz, wobei das Verhältnis der einzelnen Gruppen zueinander Satz 1 entsprechen muss.

Hinweis der Redaktion: Eine tabellarische Übersicht über die Zusammensetzung der Schulkonferenz steht unter ⇨ Konferenzen (Allgemeines).

⇨ Konferenzen (Allgemeines); ⇨ Schülermitverantwortung § 16; ⇨ Schulkonferenzordnung § 2 Abs. 2-5

(10) Die Gesamtlehrerkonferenz, der Elternbeirat, der Schülerrat und die Vertretung der für die Berufserziehung der Schüler Mitverantwortlichen wählen jeweils ihre Vertreter und Stellvertreter. Stellvertreter des Schulleiters ist unbeschadet der Bestimmungen über den Vorsitz sein Vertreter gemäß § 42 Abs. 1; ist dieser gewähltes Mitglied der Schulkonferenz, tritt an seine Stelle insoweit ein gewählter Stellvertreter. Die Mitglieder der Schulkonferenz sind bei der Ausübung ihres Stimmrechts an Weisungen und Aufträge nicht gebunden.

(11) Die Beratungen der Schulkonferenz sind nicht öffentlich. Sie sind vertraulich, soweit es sich um Tatsachen handelt, die ihrer inhaltlichen Bedeutung nach der Vertraulichkeit bedürfen. Tatsachen, deren Bekanntgeben ein schutzwürdiges Interesse von Schülern, Eltern, Lehrern oder anderen Personen verletzen könnten, bedürfen der vertraulichen Behandlung. Die Schulkonferenz kann darüber hinaus die Vertraulichkeit einzelner Beratungsgegenstände feststellen. Für die Verletzung der Verschwiegenheitspflicht der Lehrer gelten die beamten- und tarifrechtlichen Vorschriften. Verletzt ein sonstiger Vertreter die Vertraulichkeit, so kann er durch Beschluss der Schulkonferenz mit zwei Dritteln der Stimmen der anwesenden Mitglieder zeitweilig oder ganz von der weiteren Teilnahme ausgeschlossen werden. An seine Stelle tritt der Stellvertreter.

⇨ Beamtengesetz (LBG) § 57; ⇨ Beamtenstatusgesetz § 37; ⇨ Tarifvertrag-Länder (TV-L) § 3 Abs. 2

(12) Die Schulkonferenz tritt mindestens einmal im Schulhalbjahr zusammen. Eine Sitzung ist einzuberufen, wenn dies mindestens ein Drittel ihrer Mitglieder, die Elterngruppe oder die Schülergruppe unter Angabe der Verhandlungsgegenstände beantragt. ⇨ Konferenzordnung § 11 Abs. 4

(13) *(Ermächtigung; nicht abgedruckt)*

C.
Örtliche Schulverwaltung (§§ 48-54)

§ 48
Örtliche Schulverwaltung

(1) Die Gemeinden, die Landkreise und die Schulverbände verwalten die ihnen als Schulträger obliegenden Angelegenheiten als Pflichtaufgaben.

(2) Der Schulträger errichtet und unterhält die Schulgebäude und Schulräume, stellt die sonstigen für die Schule erforderlichen Einrichtungen und Gegenstände zur Verfügung, beschafft die Lehr- und Lernmittel und bestellt die Bediensteten, die nicht im Dienst des Landes stehen. Der Schulträger soll dem Schulleiter die zur Deckung des laufenden Lehrmittelbedarfs erforderlichen Mittel zur selbstständigen Bewirtschaftung überlassen.

⇨ Haushalt (Allgemeines – Budgetierung)

(3) Das Kultusministerium erlässt im Einvernehmen mit dem Innenministerium und im Benehmen mit den kommunalen Landesverbänden Richtlinien über die Ausstattung der Schule mit Lehrmitteln und Verwaltungskräften.

⇨ Haushalt (Kommun. Finanzausgleich); ⇨ Konferenzordnung § 2 Abs. 1 Ziff. 8a; ⇨ Lehrmittel und Schuleinrichtung; ⇨ Lernmittelverordnung / Lernmittelverzeichnis; ⇨ Reisekosten (Schulträger); ⇨ Verwaltungskräfte

§ 49
Schulbeirat

Der Schulträger nach § 2 Abs. 1 Nr. 1 hört in allen wichtigen Schulangelegenheiten Vertreter der Schulleiter, der Lehrer, der Eltern, der Schüler und Vertreter der Religionsgemeinschaften, die an einer seiner Schulen Religionsunterricht erteilen, bei beruflichen Schulen auch Vertreter der für die Berufserziehung der Schüler Mitverantwortlichen. Der Schulträger kann zur Wahrnehmung dieser Aufgabe einen Schulbeirat als beschließenden oder beratenden Ausschuss bilden.

§ 50 (aufgehoben)

§ 51
Benützung von Schulräumen

Räume und Plätze öffentlicher Schulen dürfen nicht für Zwecke verwendet werden, die den Belangen der Schule widersprechen. Über die Verwendung für andere als schulische Zwecke entscheidet der Schulträger im Benehmen mit dem Schulleiter. Ist der Schulleiter der Auffassung, dass die andere Verwendung schulischen Belangen widerspricht, so entscheidet die Rechtsaufsichtsbehörde im Einvernehmen mit der Schulaufsichtsbehörde.

⇨ Infektionsschutzgesetz

§§ 52 – 54 (aufgehoben)

6. Teil: Mitwirkung der Eltern und der für die Berufserziehung der Schüler Mitverantwortlichen an der Gestaltung des Lebens und der Arbeit der Schule; Schülermitverantwortung; Landesschulbeirat

A. Klassenpflegschaft, Elternbeiräte (§§ 55-61)

§ 55 *Eltern und Schule*

(1) Die Eltern haben das Recht und die Pflicht, an der schulischen Erziehung mitzuwirken. Die gemeinsame Verantwortung der Eltern und der Schule für die Erziehung und Bildung der Jugend fordert die vertrauensvolle Zusammenarbeit beider Erziehungsträger. Schule und Elternhaus unterstützen sich bei der Erziehung und Bildung der Jugend und pflegen ihre Erziehungsgemeinschaft. Die Schule fördert und unterstützt die Eltern bei der Wahrnehmung ihrer schulischen Elternrechte; dies gilt in besonderer Weise auch für Eltern mit Migrationshintergrund.

⇨ Migrationshintergrund (Integration)

(2) Das Recht und die Aufgabe, die Erziehungsarbeit der Schule zu fördern und mitzugestalten, nehmen die Eltern

1. in der Klassenpflegschaft,
2. in den Elternvertretungen und
3. in der Schulkonferenz wahr.

(3) Unbeschadet der Rechte volljähriger Schüler können deren Eltern die Aufgaben nach Absatz 2 wahrnehmen. ⇨ Eltern (Allgemeines); ⇨ Volljährigkeit

Die Schule kann ihnen auch personenbezogene Auskünfte erteilen oder Mitteilungen machen, wenn kein gegenteiliger Wille der volljährigen Schüler erkennbar ist oder wenn eine Gefahr für wesentlich überwiegende Rechtsgüter wie Leben, Leib, Freiheit oder Eigentum zu befürchten ist und die Auskunft oder Mitteilung angemessen ist, die Gefahr abzuwenden oder zu verringern. Dies gilt auch, wenn der Ausschluss aus der Schule angedroht wird oder ein Schüler die Schule gegen seinen Willen verlassen muss. Volljährige Schüler sind über die Möglichkeit personenbezogener Auskünfte und Mitteilungen an die Eltern, wenn kein gegenteiliger Wille der volljährigen Schüler erkennbar ist, allgemein oder im Einzelfall zu belehren. ⇨ Volljährigkeit

(4) Angelegenheiten einzelner Schüler können die Elternvertretungen nur mit der Zustimmung von deren Eltern behandeln.

(5) Die Elternvertreter üben ein Ehrenamt aus.

⇨ Elternbeiratsverordnung; ⇨ Grundgesetz Art. 6;
⇨ Verfassung Art. 12, 17

§ 56 *Klassenpflegschaft*

(1) Die Klassenpflegschaft dient der Pflege enger Verbindungen zwischen Eltern und Schule und hat die Aufgabe, das Zusammenwirken von Eltern und Lehrern in der gemeinsamen Verantwortung für die Erziehung der Jugend zu fördern. Eltern und Lehrer sollen sich in der Klassenpflegschaft gegenseitig beraten sowie Anregungen und Erfahrungen austauschen. Dem dient insbesondere die Unterrichtung und Aussprache über

1. Entwicklungsstand der Klasse (z.B. Leistung, Verhalten, besondere Probleme);
2. Stundentafel und differenziert angebotene Unterrichtsveranstaltungen (z.B. Fächerwahl, Kurse, Arbeitsgemeinschaften);
3. Kriterien und Verfahren zur Leistungsbeurteilung;
4. Grundsätze für Klassenarbeiten und Hausaufgaben sowie Versetzungsordnung und für Abschlussklassen Prüfungsordnung;
5. in der Klasse verwendete Lernmittel einschließlich Arbeitsmittel;
6. Schullandheimaufenthalte, Schulausflüge, Wandertage, Betriebsbesichtigungen u.Ä. im Rahmen der beschlossenen Grundsätze der Gesamtlehrerkonferenz sowie sonstige Veranstaltungen für die Klasse;
7. Förderung der Schülermitverantwortung der Klasse, Durchführung der Schülerbeförderung;
8. grundsätzliche Beschlüsse der Gesamtlehrerkonferenz, der Schulkonferenz, des Elternbeirats und des Schülerrats.

Außerdem sollen die Lehrer im Rahmen des Möglichen auf Fragen zu besonderen methodischen Problemen und Unterrichtsschwerpunkten zur Verfügung stehen.

(2) Bei Meinungsverschiedenheiten über Lernmittel,die nicht dem Zulassungsverfahren des Kultusministeriums unterliegen, kann die Klassenpflegschaft die Schulkonferenz anrufen.

(3) Die Klassenpflegschaft besteht aus den Eltern der Schüler und den Lehrern der Klasse. Der Vorsitzende der Klassenpflegschaft lädt den Klassensprecher und dessen Stellvertreter zu geeigneten Tagesordnungspunkten ein; erweist sich ein Tagesordnungspunkt als nicht geeignet, setzt die Klassenpflegschaft die Behandlung des Tagesordnungspunktes ohne Schülervertreter fort.

(4) Vorsitzender der Klassenpflegschaft ist der Klassenelternvertreter, Stellvertreter der Klassenlehrer.

Hinweis der Redaktion: Zur Stellvertretung bitte den Beitrag ⇨ Elternabend und Klassenpflegschaft beachten.

(5) Die Klassenpflegschaft tritt mindestens einmal im Schulhalbjahr zusammen. Eine Sitzung muss stattfinden, wenn ein Viertel der Eltern, der Klassenlehrer, der Schulleiter oder der Elternbeiratsvorsitzende darum nachsuchen.

Grundsätzliche Ausführungen zum Schulrecht und zum elterlichen Erziehungsrecht befinden sich im Beitrag ⇨ Eltern (Allgemeines).

(6) Die Elterngruppe in der Klassenpflegschaft kann in den Angelegenheiten des Absatzes 1 Nr. 1 bis 8 der Klassenkonferenz Vorschläge zur Beratung und Beschlussfassung vorlegen und an deren Beratung durch ihre gewählten Vertreter mitwirken; entsprechendes gilt für Jahrgangsstufen.

Hinweis der Redaktion: Die Eltern einer Klasse können außerhalb der Klassenpflegschaftssitzung und ohne Anwesenheit der Lehrkräfte zusammenkommen; die Schule muss ggf. geeignete Räumlichkeiten zur Verfügung stellen.

⇨ Elternbeiratsverordnung § 5 ff.; ⇨ Konferenzordnung § 4 und § 11 Abs. 4; ⇨ Konferenzen (Allgemeines)

§ 57
Elternbeirat

(1) Der Elternbeirat ist die Vertretung der Eltern der Schüler einer Schule. Ihm obliegt es, das Interesse und die Verantwortung der Eltern für die Aufgaben der Erziehung zu wahren und pflegen, der Elternschaft Gelegenheit zur Information und Aussprache zu geben, Wünsche, Anregungen und Vorschläge der Eltern zu beraten und der Schule zu unterbreiten, an der Verbesserung der inneren und äußeren Schulverhältnisse mitzuarbeiten und das Verständnis der Öffentlichkeit für die Erziehungs- und Bildungsarbeit der Schule zu stärken. Er wird von Schule und Schulträger beraten und unterstützt. Im Rahmen seiner Aufgabe obliegt es dem Elternbeirat insbesondere

1. die Anteilnahme der Eltern am Leben und an der Arbeit der Schule zu fördern;
2. Wünsche und Anregungen aus Elternkreisen, die über den Einzelfall hinaus von allgemeiner Bedeutung sind, zu beraten und an die Schule weiterzuleiten;
3. das Verständnis der Erziehungsberechtigten für Fragen des Schullebens und der Unterrichtsgestaltung sowie der Erziehungsberatung zu fördern;
4. für die Belange der Schule beim Schulträger, bei der Schulaufsichtsbehörde und in der Öffentlichkeit einzutreten, soweit die Mitverantwortung der Eltern es verlangt;
5. an der Beseitigung von Störungen der Schularbeit durch Mängel der äußeren Schulverhältnisse mitzuwirken;
6. bei Maßnahmen auf dem Gebiet des Jugendschutzes und der Freizeitgestaltung soweit sie das Leben der Schule berühren, mitzuwirken;
7. Maßnahmen, die eine Erweiterung oder Einschränkung der Schule oder eine wesentliche Änderung ihres Lehrbetriebs bewirken, zu beraten; dazu gehört auch die Änderung des Schultyps, die Teilung einer Schule oder ihre Zusammenlegung mit einer anderen Schule sowie die Durchführung von Schulversuchen;
8. die Festlegung der schuleigenen Stundentafel im Rahmen der Kontingentstundentafel und die Entwicklung schuleigener Curricula im Rahmen des Bildungsplanes zu beraten.

(2) Der Schulleiter unterrichtet den Elternbeirat über seine Rechte und Pflichten sowie alle Angelegenheiten, die für die Schule von allgemeiner Bedeutung sind, und erteilt die notwendigen Auskünfte. Der Elternbeirat soll gehört werden, bevor der Schulleiter Maßnahmen trifft, die für das Schulleben von allgemeiner Bedeutung sind.

Hinweis der Redaktion: Eine Landtagsfraktion hatte die Elternbeiräte über die Schuladressen zur Unterrichtsversorgung befragt. Hierzu hat das KM am 30.5.2000 (AZ: 41-6680/) ausgeführt:

1. Die Schule muss Briefe an die Elternbeiratsvorsitzenden weiterleiten.
2. Der bzw. die Schulleiter/in unterrichtet den Elternbeirat über alle Angelegenheiten, die für die Schule von allgemeiner Bedeutung sind und erteilt die notwendigen Auskünfte (vgl. § 57 Abs. 2 SchG). Das Kultusministerium hat daher die Schulen gebeten, die zum Unterrichtsausfall erstellten schulischen Statistiken den Elternvertretern zur Kenntnis zu geben. Die Schulleitung ist nicht verpflichtet, zusätzliches Zahlenmaterial statistisch aufzubereiten.

(3) Die Eltern der Schüler einer Klasse wählen aus ihrer Mitte einen Klassenelternvertreter und dessen Stellvertreter. Die Klassenelternvertreter und ihre Stellvertreter bilden den Elternbeirat der Schule.

(4) Der Elternbeirat wählt aus seiner Mitte den Vorsitzenden und dessen Stellvertreter. Er gibt sich eine ⇨ Geschäftsordnung.

⇨ ElternbeiratsVO § 24 ff.; ⇨ Konferenzen (Allgemeines)

§ 58
Gesamtelternbeirat, Arbeitskreise

(1) Die Vorsitzenden und je ein stellvertretender Vorsitzender der Elternbeiräte aller Schulen eines Schulträgers bilden den Gesamtelternbeirat. An ihrer Stelle und auf ihren Wunsch kann der Elternbeirat aus seiner Mitte andere Vertreter entsenden. Im Falle der Verhinderung der Mitglieder im Gesamtelternbeirat kann der Elternbeirat einer Schule Stellvertreter entsenden. Der Gesamtelternbeirat ist im Rahmen der in § 57 Abs. 1 bezeichneten Aufgaben für alle über den Bereich einer Schule hinausgehenden Angelegenheiten zuständig.

(2) Elternvertretungen können sich zu überörtlichen Arbeitskreisen zusammenschließen, um im Rahmen ihrer Zielsetzung Erfahrungen und Meinungen auszutauschen, gemeinsam Veranstaltungen durchzuführen und gemeinsame Stellungnahmen zu erarbeiten. Die Schulaufsichtsbehörden beraten und unterstützen solche Arbeitskreise.

§ 59
Sonderregelungen

(1) Für Berufsschulen und sonstige schulische Bildungsgänge, in denen neben der schulischen Ausbildung ein Berufsausbildungsvertrag geschlossen wird, sowie für die entsprechenden sonderpädagogischen Bildungs- und Beratungszentren gelten die Vorschriften der §§ 55 bis 57 mit folgender Maßgabe:

1. anstelle von Klassenpflegschaften können Berufsgruppen- und Abteilungspflegschaften gebildet werden,
2. die für die Berufserziehung der Schüler Mitverantwortlichen gehören den Pflegschaften an, um die Erziehungsgemeinschaft zwischen Schule, Elternhaus und Berufsausbildungsstätte zu fördern.

(2) An den Kollegs, an den einjährigen Berufskollegs zum Erwerb der Fachhochschulreife, an den Berufsoberschulen und an den Fachschulen mit

Ausnahme der Fachschulen für Sozialpädagogik nach dem Gesetz zur Ausbildung der Fachkräfte an Kindergärten werden Klassenpflegschaften und Elternvertretungen nicht gebildet.

(3) An den Grundschulförderklassen und den Schulkindergärten werden Vertretungen der Eltern gebildet; § 55 Abs. 1 gilt entsprechend.

§ 60
Landeselternbeirat

(1) Der aus gewählten Vertretern der Eltern bestehende Landeselternbeirat berät das Kultusministerium in allgemeinen Fragen des Erziehungs- und Unterrichtswesens, insbesondere bei der Gestaltung der Bildungs- und Lehrpläne und der Zulassung der Schulbücher.

⇨ Bildungspläne und Bildungsstandards

(2) Der Landeselternbeirat kann dem Kultusministerium Vorschläge und Anregungen unterbreiten. Das Kultusministerium unterrichtet den Landeselternbeirat über die wichtigen allgemeinen Angelegenheiten und erteilt ihm die notwendigen Auskünfte. Auch soll das Kultusministerium dem Landeselternbeirat allgemeine, die Gestaltung und Ordnung des Schulwesens betreffende Regelungen vor ihrem Inkrafttreten zuleiten.

(3) Der Landeselternbeirat wählt aus seiner Mitte den Vorsitzenden und dessen Stellvertreter und gibt sich eine Geschäfts- und Wahlordnung.

⇨ Elternbeiratsverordnung § 36 ff.

§ 61 Ausführungsvorschriften (hier nicht abgedruckt)

B.
Schülermitverantwortung (§§ 62-70)

§ 62
Aufgaben

(1) Die ⇨ Schülermitverantwortung dient der Pflege der Beteiligung der Schüler an der Gestaltung des Schullebens, des Gemeinschaftslebens an der Schule, der Erziehung der Schüler zu Selbstständigkeit und Verantwortungsbewusstsein.

(2) Der Wirkungsbereich der Schülermitverantwortung ergibt sich aus der Aufgabe der Schule. Die Schüler haben in diesem Rahmen die Möglichkeit, ihre Interessen zu vertreten und durch selbstgewählte oder übertragene Aufgaben eigene Verantwortung zu übernehmen. Schüler mit Behinderungen erhalten hierzu an allen Schulen altersgemäße und individuelle Hilfe.

(3) Die Schülermitverantwortung ist von allen am Schulleben Beteiligten und den Schulaufsichtsbehörden zu unterstützen.

⇨ Gemeinschaftsschule (Verordnung) § 10

§ 63
Klassenschülerversammlung, Schülervertreter

(1) Die Schüler wirken in der Schule mit durch:

1. die Klassenschülerversammlung;
2. die Schülervertreter.

Schülervertreter sind die Klassensprecher, der Schülerrat und der Schülersprecher.

(2) An allen Schulen wählen die Schüler ab Klasse 5 nach den Grundsätzen, die für demokratische Wahlen gelten, ihre Schülervertreter. Soweit an einem sonderpädagogischen Bildungs- und Beratungszentrum Schülervertreter nicht gewählt werden können, müssen die Schüler entsprechend ihren Möglichkeiten an der Gestaltung des Schullebens beteiligt werden.

(3) Klassenschülerversammlung und Schülervertreter haben kein politisches Mandat.

§ 64
Klassenschülerversammlung

(1) Die Klassenschülerversammlung hat die Aufgabe, in allen Fragen der Schülermitverantwortung, die sich bei der Arbeit der Klasse ergeben, zu beraten und zu beschließen. Sie fördert die Zusammenarbeit mit den Lehrern der Klasse.

(2) An Klassen, für die keine Klassenpflegschaft gebildet wird, kann die Klassenschülerversammlung die Befugnisse der Eltern in der Klassenpflegschaft gemäß § 56 Abs. 1 und 2 wahrnehmen.

§ 65
Klassensprecher

(1) Von Klasse 5 an wählen die Schüler jeder Klasse aus ihrer Mitte zu Beginn des Schuljahres einen Klassensprecher und seinen Stellvertreter.

(2) Der Klassensprecher vertritt die Interessen der Schüler der Klasse und unterrichtet die Klassenschülerversammlung über alle Angelegenheiten, die für sie von allgemeiner Bedeutung sind.

§ 66
Schülerrat

(1) Dem Schülerrat gehören an

1. der Schülersprecher und seine Stellvertreter;
2. die Klassensprecher und ihre Stellvertreter, abweichend hiervon an beruflichen Schulen die Klassensprecher.

Hinweis der Redaktion: Alle öffentlichen Schulen sind ab Klasse 5 grundsätzlich zur Bildung eines Schülerrats verpflichtet. Nur sonderpädagogische Bildungs- und Beratungszentren (SBBZ), die ausschließlich Kinder mit schweren Behinderungen beschulen und an denen deshalb keine Schülervertretung gewählt werden können, sind von dieser Pflicht entbunden. Diese SBBZ sind aber gemäß § 63 Abs. 2 zur Beteiligung der Schüler*innen an der Gestaltung des Schullebens verpflichtet. Ein SBBZ muss deshalb die Entscheidung, seine Schüler*innen von der Mitarbeit in der Schulkonferenz auszuschließen, explizit begründen können.

(2) Der Schülerrat ist für alle Fragen der Schülermitverantwortung zuständig, welche die Schule in ihrer Gesamtheit angehen. Der Schulleiter unterrichtet den Schülerrat über Angelegenheiten, die für die Schülermitverantwortung von allgemeiner Bedeutung sind.

(3) Der Schülerrat erlässt Regelungen, in denen insbesondere das Nähere über die Arbeitsweise der Schülermitverantwortung an der Schule und das Verfahren für die Wahl ihrer Schülervertreter festgelegt werden (SMV-Satzung).

§ 67
Schülersprecher

(1) Die Klassensprecher und ihre Stellvertreter wählen aus den Schülern ihrer Schule den Schülersprecher und aus ihrer Mitte einen oder mehrere Vertreter. Die SMV-Satzung kann vorsehen, dass

der Schülersprecher und ein Stellvertreter von den Schülern der Schule direkt gewählt werden.

(2) Der Schülersprecher ist Vorsitzender des Schülerrats. Er vertritt die Interessen der Schüler der Schule.

(3) Der Schülersprecher, der Schulleiter und der Verbindungslehrer (§ 68) sollen in regelmäßigen Abständen zusammentreffen, um die Angelegenheiten der Schülermitverantwortung zu besprechen und um sich gegenseitig zu informieren.

§ 68
Verbindungslehrer

(1) Der Schülerrat wählt einen oder mehrere, höchstens jedoch drei Verbindungslehrer mit deren Einverständnis.

(2) Die Verbindungslehrer beraten die Schülermitverantwortung, unterstützen sie bei der Erfüllung ihrer Aufgaben und fördern ihre Verbindung zu den Lehrern, dem Schulleiter und den Eltern. Sie können an allen Veranstaltungen der Schülermitverantwortung, insbesondere auch an den Sitzungen der Schülervertreter beratend teilnehmen.

§ 69
Landesschülerbeirat, Arbeitskreise der Schüler

(1) Der aus gewählten Vertretern der Schüler bestehende Landesschülerbeirat vertritt in allgemeinen Fragen des Erziehungs- und Unterrichtswesens die Anliegen der Schüler gegenüber dem Kultusministerium.

➪ Schülermitverantwortung (Landesschülerbeirat)

(2) Der Landesschülerbeirat kann dem Kultusministerium Vorschläge und Anregungen unterbreiten. Das Kultusministerium unterrichtet den Landesschülerbeirat über die wichtigen allgemeinen Angelegenheiten und erteilt ihm die notwendigen Auskünfte. Auch soll das Kultusministerium dem Landesschülerbeirat allgemeine, die Gestaltung und Ordnung des Schulwesens betreffende Regelungen vor ihrem Inkrafttreten zuleiten.

(3) Der Landesschülerbeirat wählt aus seiner Mitte den Vorsitzenden und dessen Stellvertreter.

(4) Im Rahmen der Schülermitverantwortung können sich Schüler mehrerer Schulen zu Arbeitskreisen zusammenschließen, um Erfahrungen auszutauschen und gemeinsame Veranstaltungen durchzuführen. Über die Beteiligung an einem solchen Arbeitskreis entscheidet der Schülerrat der einzelnen Schule. An den Sitzungen kann ein Verbindungslehrer der beteiligten Schulen mit beratender Stimme teilnehmen.

§ 70 Ausführungsvorschriften, Sonderregelungen (nicht abgedruckt)

C. Landesschulbeirat

§ 71
Landesschulbeirat

(1) Der Landesschulbeirat berät das Kultusministerium bei der Vorbereitung grundsätzlicher Maßnahmen auf dem Gebiet des Schulwesens. Er ist berechtigt, dem Kultusministerium Vorschläge und Anregungen zu unterbreiten.

(2) Dem Landesschulbeirat gehören an Vertreter der Eltern, der Lehrer, der für die Berufserziehung der Schüler Mitverantwortlichen, der Schüler, der kommunalen Landesverbände, der Kirchen und anerkannten Religionsgemeinschaften, der Arbeitgeber- und Arbeitnehmerverbände sowie Personen, die durch ihre Erfahrung in Bildungs- und Erziehungsfragen die Arbeit des Beirats besonders zu fördern vermögen.

(3) Die Mitglieder des Landesschulbeirats werden vom Kultusministerium berufen. Sie wählen aus ihrer Mitte den Vorsitzenden und dessen Stellvertreter. Der Vorsitzende führt die Geschäfte des Landesschulbeirats und vertritt ihn nach außen.

(4) Die Amtszeit des Landesschulbeirats dauert drei Jahre.

(5) Der Landesschulbeirat gibt sich eine ➪ Geschäftsordnung. [...]

Hinweis der Redaktion: Fundstelle für die Landesschulbeiratsverordnung: K.u.U. Loseblattsammlung AZ 6404-21

7. Teil: Schüler

A. Schulpflicht

§ 72
Schulpflicht, Pflichten der Schüler

(1) Schulpflicht besteht für alle Kinder und Jugendlichen, die im Land Baden-Württemberg ihren Wohnsitz oder gewöhnlichen Aufenthalt oder ihre Ausbildungs- oder Arbeitsstätte haben. Die Schulaufsichtsbehörde kann ausländische Jugendliche, die mindestens vierzehn Jahre alt sind, auf Antrag in besonderen Härtefällen von der Pflicht zum Besuch einer auf der Grundschule aufbauenden Schule und der Berufsschule zeitweilig oder auf Dauer befreien, insbesondere wenn wegen der Kürze der verbleibenden Schulbesuchszeit eine sinnvolle Förderung nicht erwartet werden kann. Schulpflichtig im Sinne des Satzes 1 ist auch, wem aufgrund eines Asylantrags der Aufenthalt in Baden-Württemberg gestattet ist oder wer hier geduldet wird, unabhängig davon, ob er selbst diese Voraussetzungen erfüllt oder nur ein Elternteil; die Schulpflicht beginnt sechs Monate nach dem Zuzug aus dem Ausland und besteht bis zur Erfüllung der Ausreisepflicht.

Hinweis der Redaktion: Die Befreiung von der Schulpflicht wird nur auf Antrag und nur in Härtefällen angewandt, in denen eine sinnvolle Förderung der betroffenen Schüler*innen nicht erwartet werden kann. Um eine restriktive Anwendung sicherzustellen, liegt die Entscheidung bei der Schulaufsichtsbehörde. Ihr Ermessen ist durch die VwV ➪ Sprachförderung (Integration) gebunden, die sie auf eine Integrierung der ausländischen Kinder und Jugendlichen verpflichtet (Quelle: KM, 25.3.1999 Nr. IV/1-6601.0/259). Unabhängig von der Schulpflicht besitzen Kinder und Jugendliche ab ihrer Einreise ein Recht auf Schulbesuch.

➪ Verfassung Art. 11; ➪ Schulpflicht (Ausländische Schüler*innen); ➪ Schulpflicht (Kinder von Reisenden); ➪ Sprachförderung (Integration)

(2) Die Schulpflicht gliedert sich in

1. die Pflicht zum Besuch der Grundschule und einer auf ihr aufbauenden Schule,
2. die Pflicht zum Besuch der Berufsschule.

Die Schulpflicht wird auch durch den Besuch eines sonderpädagogischen Bildungs- und Beratungszentrums erfüllt.

(3) Die Schulpflicht erstreckt sich auf den regelmäßigen Besuch des Unterrichts und der übrigen verbindlichen Veranstaltungen der Schule sowie auf

die Einhaltung der Schulordnung. Dasselbe gilt für Schüler, die nicht schulpflichtig sind.

(3a) Schülerinnen und Schülern öffentlicher Schulen ist die Verhüllung des Gesichts bei schulischen Veranstaltungen untersagt, es sei denn, dies ist zur Erfüllung einer durch Gesetz oder Rechtsverordnung angeordneten Rechtspflicht erforderlich. Die Schulleiterin oder der Schulleiter kann Ausnahmen von Satz 1 1. Halbsatz im Einzelfall aus schulischen oder gesundheitlichen Gründen zulassen.

Hinweis der Redaktion: Der Begriff der „Verhüllung des Gesichts" meint das „vollständige Bedecken oder ein Bedecken wesentlicher Gesichtspartien. Das Tragen eines Kopftuches, welches das Gesicht von der unteren Kinnkante bis zur Stirn unverhüllt lässt, ist davon nicht umfasst".
(Quelle: Gesetzesbegründung; LT-Drucksache 16/9092)

(4) Die Schulpflicht ist durch den Besuch einer deutschen Schule zu erfüllen. Über Ausnahmen entscheidet die Schulaufsichtsbehörde.

(5) Schulpflichtige im Jugendstrafvollzug haben die dort eingerichteten Schulen zu besuchen.

(6) Völkerrechtliche Abkommen und zwischenstaatliche Vereinbarungen bleiben unberührt.

⇨ Behinderungen (Förderbedarf); ⇨ Diskriminierung;
⇨ SchulbesuchsVO; ⇨ Schulpflicht (Durchsetzung);
⇨ Schulpflicht (Meldeverordnung – Datenschutz)

B.

Pflicht zum Besuch der Grundschule und einer auf ihr aufbauenden Schule (§§ 73-76)

§ 73
Beginn der Schulpflicht

(1) Mit dem Beginn des Schuljahres sind alle Kinder, die bis 30. Juni des laufenden Kalenderjahres das sechste Lebensjahr vollendet haben, verpflichtet, die Grundschule zu besuchen. Dasselbe gilt für die Kinder, die bis zum 30. Juni des folgenden Kalenderjahres das sechste Lebensjahr vollendet haben und von den Erziehungsberechtigten in der Grundschule angemeldet wurden.

(2) Nach Abschluss der Grundschule sind alle Kinder verpflichtet, eine auf ihr aufbauende Schule zu besuchen. ⇨ Schulpflicht (Durchsetzung)

§ 74
Vorzeitige Aufnahme und Zurückstellung

(1) Auf Antrag der Erziehungsberechtigten können Kinder, die gemäß § 73 Abs. 1 noch nicht schulpflichtig sind, zu Beginn des Schuljahres in die Schule aufgenommen werden, wenn aufgrund ihres geistigen und körperlichen Entwicklungsstandes zu erwarten ist, dass sie mit Erfolg am Unterricht teilnehmen werden. Die Entscheidung über den Antrag trifft die Schule; bestehen Zweifel am hinreichenden geistigen und körperlichen Entwicklungsstand des Kindes, zieht die Schule ein Gutachten des Gesundheitsamtes bei. Wird dem Antrag stattgegeben, beginnt die Schulpflicht mit der Aufnahme in die Schule.

(2) Kinder, von denen bei Beginn der Schulpflicht aufgrund ihres geistigen oder körperlichen Entwicklungsstandes nicht erwartet werden kann, dass sie mit Erfolg am Unterricht teilnehmen, können um ein Jahr vom Schulbesuch zurückgestellt werden; mit Zustimmung der Erziehungsberechtigten können auch Kinder zurückgestellt werden, bei denen sich dies während des ersten Schulhalbjahres zeigt. Die Entscheidung trifft die Schule unter Beiziehung eines Gutachtens des Gesundheitsamtes. Die Zeit der Zurückstellung wird auf die Dauer der Pflicht zum Besuch der Grundschule nicht angerechnet.

(3) Kinder, die vorzeitig eingeschult oder vom Schulbesuch zurückgestellt werden sollen, sind verpflichtet, sich auf Verlangen der Schule bzw. der Schulaufsichtsbehörde an einer pädagogisch-psychologischen Prüfung (Schuleignungsprüfung und Intelligenztest) zu beteiligen und vom Gesundheitsamt untersuchen zu lassen.

⇨ Bildungsberatung und Beratungslehrkräfte;
⇨ Einschulung

§ 75
Dauer der Schulpflicht

(1) Die Pflicht zum Besuch der Grundschule dauert mindestens vier Jahre. Der Übergang in eine auf der Grundschule aufbauende Schule ist erst zulässig, wenn das Ziel der Abschlussklasse der Grundschule erreicht ist; dies gilt nicht im Falle eines zieldifferenten Unterrichts nach § 15 Absatz 4.

(2) Die Pflicht zum Besuch einer Schule gemäß § 73 Abs. 2 dauert fünf Jahre. Für Kinder, die in dieser Zeit den Hauptschulabschluss nicht erreicht haben, kann die Schule die Schulpflicht um ein Jahr verlängern.

Hinweis der Redaktion: § 75 SchG kann auf den Fall, dass jemand die Schule freiwillig weiter besuchen will, nicht angewandt werden (Verwaltungsgericht Stuttgart 14.9.1990; AZ: 10 K 2558/90). Die Schulbehörde darf Schüler*innen der Hauptschule, welche ihre Schulpflicht erfüllt haben, jedenfalls bis zur Ablegung der ersten Wiederholungsprüfung (der Hauptschulabschlussprüfung) den weiteren Schulbesuch nicht untersagen, sondern sie besitzen einen Anspruch darauf, die Schule auf Wunsch weiter besuchen zu können und zwar ohne besondere Zulassung und selbst dann, wenn keine begründete Aussicht auf einen erfolgreichen Hauptschulabschluss besteht.

(3) Für Schüler, die nach zehnjährigem Schulbesuch die Schulpflicht nach den Absätzen 1 und 2 noch nicht erfüllt haben, kann die Schule die Beendigung der Schulpflicht feststellen. Die Schulaufsichtsbehörde kann diese Feststellung auf Antrag der Erziehungsberechtigten nach neunjährigem Schulbesuch treffen, insbesondere, wenn von einem weiteren Schulbesuch eine sinnvolle Förderung des Schülers nicht erwartet werden kann.

⇨ Schulpflicht (Ausländische Schüler*innen);
⇨ Behinderungen (Förderbedarf); ⇨ Volljährigkeit

§ 76
Erfüllung der Schulpflicht

(1) Zum Besuch der in § 72 Abs. 2 Nr. 1 bezeichneten Schulen sind alle Kinder und Jugendlichen verpflichtet, soweit nicht für ihre Erziehung und Unterrichtung in anderer Weise ausreichend gesorgt ist. Anstelle des Besuchs der Grundschule darf anderweitiger Unterricht nur ausnahmsweise in besonderen Fällen von der Schulaufsichtsbehörde gestattet werden. ⇨ Schulpflicht (Kinder von Reisenden)

(2) Der Schulpflichtige hat die Schule zu besuchen, in deren Schulbezirk er wohnt. Dies gilt nicht für

Schulpflichtige, die eine Gemeinschaftsschule, eine Deutsch-Französische Grundschule gemäß § 107a oder eine Schule in freier Trägerschaft besuchen; Satz 1 gilt weiterhin nicht für Schulpflichtige, für die ein Anspruch auf ein sonderpädagogisches Bildungsangebot festgestellt wurde und die eine allgemeine Schule besuchen. Die Schulaufsichtsbehörde kann

1. bis zu einer Regelung nach den §§ 28, 30 und 31 aus Gründen einer im öffentlichen Interesse liegenden Verbesserung der Schulverhältnisse nach Anhören der beteiligten Schulträger oder
2. zur Bildung annähernd gleich großer Klassen, Gruppen oder Lerngruppen im jeweiligen Schulaufsichtsbezirk, bei Erschöpfung der Aufnahmekapazität einer Schule, zur Vermeidung der Bildung einer weiteren Eingangsklasse oder zusätzlicher Klassen, Gruppen oder Lerngruppen im jeweiligen Schulaufsichtsbezirk oder
3. in sonstigen Fällen, wenn wichtige Gründe vorliegen,

Abweichungen von Satz 1 zulassen oder anordnen. In den Fällen von Nr. 2 und 3 hört die Schulaufsichtsbehörde vor der Entscheidung die Eltern der betroffenen Schüler an. Die Schulaufsichtsbehörde kann in den Fällen von Satz 3 Nr. 2 und 3 die Zuständigkeit für die Anhörung und die Entscheidung auf den geschäftsführenden Schulleiter übertragen.

⇨ Schulbesuchsverordnung; ⇨ Schulgesetz § 25

(3) Soweit nicht ein sonderpädagogisches Bildungs- und Beratungszentrum nach Absatz 2 Satz 1 zuständig ist, haben die Erziehungsberechtigten das Recht, unter den für ihre schulpflichtigen Kinder geeigneten sonderpädagogischen Bildungs- und Beratungszentren zu wählen. Die Schulaufsichtsbehörde kann aus wichtigen Gründen in Abweichung von Satz 1 Schulpflichtige einem geeigneten sonderpädagogischen Bildungs- und Beratungszentrum zuweisen.

⇨ Schulbesuchsverordnung; ⇨ Schulgesetz § 25

C.
Pflicht zum Besuch der Berufsschule (§§ 77-81)

§ 77
Beginn der Berufsschulpflicht

Die Pflicht zum Besuch der Berufsschule beginnt mit dem Ablauf der Pflicht zum Besuch einer Schule gemäß § 73 Abs. 2.

⇨ Schulpflicht (Ausländische Schüler*innen) / (Berufliche Schulen) /(Durchsetzung) / (Meldeverordnung)

§ 78
Dauer der Berufsschulpflicht

(1) Die Berufsschulpflicht dauert drei Jahre. Sie endet mit dem Ablauf des Schuljahres, in dem der Berufsschulpflichtige das 18. Lebensjahr vollendet; auf Antrag können volljährige Berufsschulpflichtige für das zweite Schulhalbjahr beurlaubt werden. Darüber hinaus kann die Berufsschule freiwillig mit den Rechten und Pflichten eines Berufsschulpflichtigen bis zum Ende des Schuljahres besucht werden, in dem das 20. Lebensjahr vollendet wird.

(2) Auszubildende, die vor Beendigung der Berufsschulpflicht nach Absatz 1 ein Berufsausbildungsverhältnis beginnen oder eine Stufenausbildung fortsetzen, sind bis zum Abschluss der Ausbildung berufsschulpflichtig. Beträgt die Ausbildungszeit weniger als drei Jahre, dauert die Berufsschulpflicht mindestens zwei Schuljahre, sofern nach der Stundentafel das Bildungsziel einer Berufsschule von drei Jahren Dauer erreicht wird. Wer nach Beendigung der Berufsschulpflicht nach Absatz 1 ein Berufsausbildungs- oder Umschulungsverhältnis beginnt oder die Stufenausbildung fortsetzt, kann die Berufsschule bis zum Abschluss mit den Rechten und Pflichten eines Berufsschulpflichtigen besuchen.

(3) Wird vor Beendigung der Berufsschulpflicht nach Absatz 1 ein neues Berufsausbildungsverhältnis begonnen oder eine Stufenausbildung fortgesetzt, kann die Schule bereits abgeleisteten Besuch der Berufsschule teilweise oder ganz auf die Berufsschulpflicht anrechnen.

⇨ Schulpflicht (Berufliche Schulen – Übergabe)

§ 78a
Berufsvorbereitungsjahr

(1) Die Pflicht zum Besuch des Berufsvorbereitungsjahres (§ 10 Abs. 5) dauert ein Jahr. Danach ist der Schüler von der weiteren Berufsschulpflicht (§ 78 Abs. 1) befreit. Wird während des Berufsvorbereitungsjahres oder danach ein Berufsausbildungsverhältnis begonnen, richtet sich die Berufsschulpflicht nach § 78 Abs. 2 und 3.

⇨Vorqualifizierungsjahr (VAB)

(2) Das Kultusministerium stellt bei Vorliegen der personellen und sächlichen Voraussetzungen durch Rechtsverordnung fest, ab welchem Zeitpunkt in den einzelnen Schulbezirken das Berufsvorbereitungsjahr zu besuchen ist. Zuvor sind die betroffenen Schulträger zu hören.

§ 79
Erfüllung der Berufsschulpflicht

(1) Die Berufsschulpflicht wird durch den Besuch derjenigen Berufsschule erfüllt, in deren Schulbezirk der Ausbildungs- oder Beschäftigungsort, bei Berufsschulpflichtigen ohne Berufsausbildungs- oder Beschäftigungsverhältnis sowie bei im Ausland beschäftigten Berufsschulpflichtigen der Wohnort liegt.

(2) Die Schule kann, wenn wichtige Gründe in der Person des Berufsschulpflichtigen vorliegen, den Besuch einer anderen als der zuständigen Berufsschule gestatten.

(3) Die Schulaufsichtsbehörde kann aus Gründen einer im öffentlichen Interesse liegenden Verbesserung der inneren oder äußeren Schulverhältnisse, zur fachgerechten Ausbildung der Berufsschüler oder aus anderen wichtigen Gründen die Schüler eines Berufsfeldes, einer Berufsgruppe oder eines Einzelberufs oder einzelne Schüler ganz oder für einzelne Unterrichtsfächer einer anderen als der örtlich zuständigen Berufsschule oder einer Bundesfachklasse zuweisen. Wenn sich die Maßnahme auf die Bezirke von mehreren oberen Schulauf-

sichtsbehörden erstreckt, ist für die Zuweisung die Schulaufsichtsbehörde zuständig, in deren Bezirk die zunächst zuständige Berufsschule liegt. Die Schulaufsichtsbehörde hat sich vor der Zuweisung mit den beteiligten Schulträgern und nach dem Berufsbildungsgesetz für die Berufsbildung der Auszubildenden zuständigen Stellen ins Benehmen zu setzen, soweit es sich nicht um die Zuweisung einzelner Schüler handelt.

§ 80
Ruhen der Berufsschulpflicht

Die Berufsschulpflicht ruht, solange der Berufsschulpflichtige

1. eine öffentliche Schule gemäß § 73 Abs. 2, eine Berufsfachschule, ein Berufskolleg oder eine entsprechende Ersatzschule in freier Trägerschaft besucht;
2. mit mindestens im Umfang des Unterrichts an einer vergleichbaren öffentlichen Schule am Unterricht einer Berufsfachschule oder eines Berufskollegs in freier Trägerschaft teilnimmt, die Ergänzungsschule ist und von der Schulaufsichtsbehörde als ausreichender Ersatz für den Berufsschulunterricht anerkannt ist;
3. eine Hochschule, die Filmakademie, die Popakademie oder die Akademie für Darstellende Kunst besucht;
4. als Beamter im Vorbereitungsdienst für eine Laufbahn des einfachen, mittleren oder gehobenen Dienstes steht, es sei denn, die oberste Schulaufsichtsbehörde stellt im Benehmen mit dem beteiligten Ministerium fest, dass der Vorbereitungsdienst dem Berufsschulunterricht nicht gleichwertig ist. Das Gleiche gilt für Dienstanfänger im Sinne der beamtenrechtlichen Bestimmungen;
5. das freiwillige soziale oder ökologische Jahr leistet, es sei denn, die oberste Schulaufsichtsbehörde stellt fest, dass die einführende und begleitende Betreuung nicht den Anforderungen der Berufsschule entspricht;
6. Wehrdienst oder den Bundesfreiwilligendienst leistet.

§ 81
Vorzeitige Beendigung der Berufsschulpflicht

(1) Die oberste Schulaufsichtsbehörde kann feststellen, dass durch den Besuch bestimmter Bildungsgänge die Berufsschulpflicht ganz oder teilweise erfüllt und damit vorzeitig beendet ist. Die gleiche Feststellung kann die Schule für einzelne Berufsschulpflichtige treffen, wenn

1. die bisherige Ausbildung des Berufsschulpflichtigen den Besuch der Berufsschule ganz oder teilweise entbehrlich macht oder
2. im Hinblick auf das Ausbildungsziel und die Ausbildung des Berufsschulpflichtigen der Besuch der Berufsschule nicht sinnvoll erscheint.

(2) Die Berufsschulpflicht einer Schülerin endet vorzeitig, wenn diese bei Mutterschaft nach Vollendung des 16. Lebensjahres die Beendigung beantragt. Satz 1 gilt für die Berufsschulpflicht eines männlichen Schülers entsprechend. Die zeitgleiche Beendigung der Berufsschulpflicht beider Eltern nach Satz 1 und 2 ist ausgeschlossen.

D.
Besondere Regelungen für Schüler mit Anspruch auf ein sonderpädagogisches Bildungsangebot (§§ 82-84 a)

§ 82
Feststellung des Anspruchs

(1) Die Schulaufsichtsbehörde stellt auf der Grundlage der Ergebnisse einer sonderpädagogischen Diagnostik fest, ob ein Anspruch auf ein sonderpädagogisches Bildungsangebot besteht, und legt nach Maßgabe von § 15 Absatz 1 Satz 4 den Förderschwerpunkt fest. Sie stellt auch fest, ob der Anspruch eine Internatsunterbringung nach § 15 Absatz 3 umfasst. Der Anspruch auf ein sonderpädagogisches Bildungsangebot besteht nicht, wenn der Schüler mithilfe sonderpädagogischer Beratung und Unterstützung dem Bildungsgang der allgemeinen Schule folgen kann. ⇨ Inklusion (Allgemeines)

(2) Das Verfahren zur Prüfung und Feststellung des Anspruchs auf ein sonderpädagogisches Bildungsangebot (Feststellungsverfahren) wird auf Antrag der Erziehungsberechtigten eingeleitet; die allgemeine Schule wirkt hieran mit. Bei Vorliegen konkreter Hinweise, insbesondere dass dem individuellen Anspruch des Kindes beziehungsweise Jugendlichen ohne sonderpädagogische Bildung nicht entsprochen werden kann oder die Bildungsrechte von Mitschülern beeinträchtigt werden, kann das Feststellungsverfahren von der Schulaufsichtsbehörde auch ohne Antrag eingeleitet werden. Auf Verlangen der Schulaufsichtsbehörde haben sich Kinder und Jugendliche an der sonderpädagogischen Diagnostik (einschließlich Schulleistungsprüfung und Intelligenztest) zu beteiligen und vom Gesundheitsamt untersuchen zu lassen.

(3) Der Anspruch entfällt, wenn von der Schulaufsichtsbehörde festgestellt wird, dass seine Voraussetzungen nach Absatz 1 nicht mehr gegeben sind.

⇨ Behinderungen (Förderbedarf); ⇨ Schulpflicht (Durchsetzung); ⇨ Sonderpädagogik (SBBZ Bildungsangebote)

§ 83
Erfüllung des Anspruchs auf ein sonderpädagogisches Bildungsangebot, Elternwahl in der Primarstufe und in der Sekundarstufe I

(1) Wird ein Anspruch auf ein sonderpädagogisches Bildungsangebot festgestellt, berät die Schulaufsichtsbehörde die Erziehungsberechtigten umfassend über schulische Angebote sowohl an allgemeinen Schulen als auch an sonderpädagogischen Bildungs- und Beratungszentren.

(2) Im Anschluss an die Beratung nach Absatz 1 wählen die Erziehungsberechtigten, ob der Anspruch auf ein sonderpädagogisches Bildungsangebot in der Primarstufe oder in der Sekundarstufe I an einer allgemeinen Schule oder einem sonderpädagogischen Bildungs- und Beratungszentrum erfüllt werden soll.

(3) Melden die Erziehungsberechtigen den Wunsch nach Besuch einer allgemeinen Schule an, führt die Schulaufsichtsbehörde rechtzeitig eine Bildungswegekonferenz durch. Die Beratung der Erziehungsberechtigen erfolgt hierbei auf der Grundlage einer raumschaftsbezogenen Schulangebotsplanung, die mit den von der Erfüllung des Anspruchs berührten Schulen, Schulträgern und Leistungs- und Kostenträgern (berührte Stellen) abgestimmt wird. Ausgehend vom Wunsch der Erziehungsberechtigten schlägt ihnen die Schulaufsichtsbehörde ein Bildungsangebot an einer allgemeinen Schule vor, das im Falle eines zieldifferenten Unterrichts nach § 15 Absatz 4 grundsätzlich gruppenbezogen zu organisieren ist. Hierbei ist das Einvernehmen mit den Erziehungsberechtigen und den berührten Stellen anzustreben. Das Wahlrecht der Erziehungsberechtigten besteht nicht im Hinblick auf eine Internatsunterbringung nach § 15 Absatz 3 sowie den organisatorischen Aufbau der allgemeinen Schule insbesondere in Bezug auf den Aufbau, Inhalt und Umfang der schulischen Tagesstruktur.

(4) Die Schulaufsichtsbehörde kann festlegen, dass abweichend von der nach der Bildungswegekonferenz erfolgten Wahl der Erziehungsberechtigten der Anspruch auf ein sonderpädagogisches Bildungsangebot an einer anderen allgemeinen Schule erfüllt wird, wenn an der gewählten Schule auch mit besonderen und angemessenen Vorkehrungen der berührten Stellen die fachlichen, personellen und sächlichen Voraussetzungen zur Erfüllung des Anspruchs nicht geschaffen werden können; sie kann in besonders gelagerten Einzelfällen festlegen, dass der Anspruch an einem sonderpädagogischen Bildungs- und Beratungszentrum erfüllt wird. Satz 1 gilt auch, wenn sich die Erziehungsberechtigten an dem Beratungsverfahren nach Absatz 3 nicht beteiligen. Können Schüler mit einem Anspruch auf ein sonderpädagogisches Bildungsangebot einem Bildungsgang einer allgemeinen Schule folgen (zielgleicher Unterricht), kann sich die Festlegung nach Satz 1 nicht auf einen von der Wahl der Erziehungsberechtigten abweichenden Bildungsgang erstrecken.

(5) Die Erziehungsberechtigten sind verpflichtet, bei der Anmeldung die allgemeine Schule auf den festgestellten Anspruch hinzuweisen und ihr den Vorschlag der Schulaufsichtsbehörde nach Absatz 3 oder die Festlegung nach Absatz 4 mitzuteilen.

(6) Besteht der Anspruch fort, üben die Erziehungsberechtigten ihr Wahlrecht zudem aus

1. vor jeder Anmeldung an einer allgemeinen Schule, hierzu zählt auch der Übergang von einem sonderpädagogischen Bildungs- und Beratungszentrum auf eine allgemeine Schule,
2. vor dem Übergang von der Grundschule auf eine auf sie aufbauende Schule oder
3. auf eigenen Antrag oder Antrag der Schulaufsichtsbehörde im Falle einer wesentlichen Änderung der Verhältnisse seit dem letzten Vorschlag der Schulaufsichtsbehörde nach Absatz 3 oder der Festlegung nach Absatz 4. Die Absätze 2 bis 4 sind entsprechend anzuwenden.

(7) Vor dem Übergang auf eine berufliche Schule, in eine Berufsausbildung oder eine Berufsvorbereitung wird von der Schulaufsichtsbehörde in einer Berufswegekonferenz unter Beteiligung der Jugendlichen, der Erziehungsberechtigten, der Schulträger sowie der notwendigen Leistungs- und Kostenträger der für die Jugendlichen mit Blick auf ihre individuellen beruflichen Perspektiven und Wünsche am besten geeignete Bildungsweg und -ort festgelegt, um die bestmögliche berufliche Integration zu erreichen. Hierbei ist das Einvernehmen mit den Erziehungsberechtigten und den berührten Stellen anzustreben.

⇨ Sonderpädagogik (SBBZ Schulentwicklung)

§ 84
Besondere Regelungen zur Schulpflicht bei Anspruch auf ein sonderpädagogisches Bildungsangebot, Begrenzung des Schulbesuchs

(1) Für Schüler mit Anspruch auf ein sonderpädagogisches Bildungsangebot mit dem Förderschwerpunkt Sehen, Hören oder körperliche und motorische Entwicklung, deren Anspruch an einer allgemeinen Schule erfüllt wird, kann die Pflicht zum Besuch der Grundschule im Einvernehmen mit den Erziehungsberechtigten über die in § 75 Absatz 1 Satz 1 bestimmte Zeit hinaus um ein Jahr verlängert werden, wenn anzunehmen ist, dass dadurch das Ziel des Anspruchs besser erreicht werden kann. Wird der Anspruch an einem sonderpädagogischen Bildungs- und Beratungszentrum erfüllt, dauert diese Pflicht fünf Jahre.

(2) Für Schüler mit Anspruch auf ein sonderpädagogisches Bildungsangebot mit dem Förderschwerpunkt Sehen, Hören, geistige Entwicklung oder körperliche und motorische Entwicklung kann die Pflicht zum Besuch einer auf der Grundschule aufbauenden Schule im Einvernehmen mit den Erziehungsberechtigten über die in § 75 Absatz 2 Satz 1 bestimmte Zeit hinaus bis zur Dauer von insgesamt zwei Jahren verlängert werden, wenn anzunehmen ist, dass sie dadurch das Ziel des Anspruchs besser erreichen können. Aus dem gleichen Grund kann für diese Schüler die Pflicht zum Besuch der Berufsschule über die in § 78 Absatz 1 Satz 1und Absatz 2 Satz 2 bestimmte Zeit um ein Jahr verlängert werden.

(3) Besuchen Schüler mit Anspruch auf ein sonderpädagogisches Bildungsangebot eine allgemeine Schule, kann die Schulaufsichtsbehörde nach Anhörung der Erziehungsberechtigten mit Ablauf der Schulpflicht nach § 75 Absatz 1 oder § 75 Absatz 2 Satz 1 das Ende des Rechts zum weiteren Besuch der Grundschule oder einer auf ihr aufbauenden Schule anordnen. Satz 1 gilt nach Ablauf einer Verlängerung der Schulpflicht nach Absatz 1 oder 2 entsprechend.

⇨ Sonderpädagogik (SBBZ Bildungsangebote); ⇨ Sonderpädagogik (SBBZ Schulentwicklung)

§ 84 a Ausführungsvorschriften (nicht abgedruckt)

E.
Sonstige Vorschriften (§§ 85-92)

§ 85
Verantwortlichkeit für die Erfüllung der Schul- und Teilnahmepflicht, Informierung des Jugendamtes, verpflichtendes Elterngespräch

(1) Die Erziehungsberechtigten und diejenigen, denen Erziehung oder Pflege eines Kindes anvertraut ist, haben die Anmeldung zur Schule vorzunehmen und dafür Sorge zu tragen, dass der Schüler am Unterricht und an den übrigen verbindlichen Veranstaltungen der Schule regelmäßig teilnimmt und sich der Schulordnung fügt. Sie sind verpflichtet, den Schüler für den Schulbesuch in gehöriger Weise auszustatten, die zur Durchführung der Schulgesundheitspflege erlassenen Anordnungen zu befolgen und dafür zu sorgen, dass die in diesem Gesetz vorgesehenen pädagogisch-psychologischen Prüfungen und amtsärztlichen Untersuchungen ordnungsgemäß durchgeführt werden können.

(2) Die für die Berufserziehung der Schüler Mitverantwortlichen (Ausbildende, Dienstherren, Leiter von Betrieben) oder deren Bevollmächtigte haben den Berufsschulpflichtigen unverzüglich zur Schule anzumelden, ihm die zur Erfüllung der Pflicht zum Besuch der Berufsschule erforderliche Zeit zu gewähren und ihn zur Erfüllung der Berufsschulpflicht anzuhalten. ➪ Schulbesuchsverordnung; ➪ Volljährigkeit

(3) Die Schule soll das Jugendamt unterrichten, wenn gewichtige Anhaltspunkte dafür vorliegen, dass das Wohl eines Schülers ernsthaft gefährdet oder beeinträchtigt ist; in der Regel werden die Eltern vorher angehört. Zur Abwendung einer Kindeswohlgefährdung arbeiten Schule und Jugendamt zusammen. Diese Bestimmung gilt auch für Schulen in freier Trägerschaft.

(4) Nimmt bei einem dringenden Aussprachebedarf kein Elternteil eine Einladung des Klassenlehrers oder Schulleiters zum Gespräch wahr und stellt die Klassenkonferenz unter Vorsitz des Schulleiters gewichtige Anhaltspunkte für die Gefährdung des Wohls des Schülers fest, kann die weitere Einladung zum Gespräch mit dem Hinweis verbunden werden, dass bei Nichtbefolgen das Jugendamt unterrichtet wird.

§ 86
Zwangsgeld, Schulzwang

(1) Kommen die Erziehungsberechtigten oder diejenigen, denen Erziehung und Pflege eines Kindes anvertraut ist, ihrer Pflicht nach § 85 Abs. 1 nicht nach, kann die obere Schulaufsichtsbehörde nach Maßgabe des Landesverwaltungsvollstreckungsgesetzes ein Zwangsgeld festsetzen.

(2) Schulpflichtige, die ihre Schulpflicht nicht erfüllen, können der Schule zwangsweise zugeführt werden. Die Zuführung wird von der für den Wohn- oder Aufenthaltsort der Schulpflichtigen zuständigen Polizeibehörde angeordnet. Wenn die Erziehungsberechtigten oder diejenigen, denen Erziehung und Pflege eines Kindes anvertraut ist, schulpflichtige Kinder trotz Aufforderung nicht vorstellen, kann das Amtsgericht auf Antrag der zuständigen Polizeibehörde eine Durchsuchung von deren Wohnung anordnen.

➪ Jugendhilfe (Bundesrecht – SGB VIII) § 8a; ➪ Schulbesuchsverordnung; ➪ Schulpflicht (Durchsetzung)

§ 87 Ausführungsvorschriften (aufgehoben)

§ 88
Wahl des Bildungswegs

(1) Über alle weiteren Bildungswege nach der Grundschule entscheiden die Erziehungsberechtigten. Volljährige Schüler entscheiden selbst.

(2) In die Hauptschule und Werkrealschule, die Realschule, das Gymnasium, das Kolleg, die Berufsfachschule, das Berufskolleg, die Berufsoberschule und die Fachschule kann nur derjenige Schüler aufgenommen werden, der nach seiner Begabung und Leistung für die gewählte Schulart geeignet erscheint.

(3) Schüler, welche nach Begabung oder Leistung die Voraussetzungen für den erfolgreichen Besuch einer der in Absatz 2 genannten Schulen nicht erfüllen, werden aus der Schule entlassen; sie haben, falls sie noch schulpflichtig sind, eine Schule der ihrer Begabung entsprechenden Schulart zu besuchen. Satz 1 gilt nicht im Falle eines zieldifferenten Unterrichts nach § 15 Absatz 4.

(4) Die Aufnahme eines Schülers in eine der in Absatz 2 genannten Schulen oder in eine Gemeinschaftsschule darf nicht deshalb abgelehnt werden, weil der Schüler nicht am Schulort wohnt; die Aufnahme in eine Schule gemäß § 73 Absatz 2 nicht deshalb, weil die Entscheidung der Erziehungsberechtigten für eine der auf der Grundschule aufbauenden Schularten nicht der Grundschulempfehlung entspricht. Ein Anspruch auf Aufnahme in eine bestimmte Schule besteht nicht, solange der Besuch einer anderen Schule desselben Schultyps möglich und der Schülerin oder dem Schüler zumutbar ist; die Schulaufsichtsbehörde kann Schülerinnen und Schüler einer anderen Schule desselben Schultyps zuweisen, wenn

1. dies zur Bildung annähernd gleich großer Klassen, Gruppen oder Lerngruppen im jeweiligen Schulaufsichtsbezirk,
2. bei Erschöpfung der Aufnahmekapazität einer Schule oder
3. zur Vermeidung der Bildung einer weiteren Eingangsklasse einer Schule oder zusätzlicher Klassen, Gruppen oder Lerngruppen im jeweiligen Schulaufsichtsbezirk erforderlich und der Schülerin oder dem Schüler zumutbar ist.

Die Schulaufsichtsbehörde hört vor der Entscheidung die Eltern der betroffenen Schüler an.

➪ Abschlüsse und Bildungswege; ➪ AufnahmeVO; ➪ Bildungsberatung und Beratungslehrkräfte; ➪ Multilaterale VersetzungsVO

§ 89
Schul-, Prüfungs- und Heimordnungen (Verordnungsermächtigung; hier nicht abgedruckt)

§ 90
Erziehungs- und Ordnungsmaßnahmen

(Hierzu die Tabelle auf der nächsten Seite beachten)

(1) Erziehungs- und Ordnungsmaßnahmen dienen der Verwirklichung des Erziehungs- und Bildungsauftrags der Schule, der Erfüllung der Schulbesuchspflicht, der Einhaltung der Schulordnung und dem Schutz von Personen und Sachen innerhalb der Schule. ⇨ Mobbing; ⇨ Schulpflicht (Durchsetzung)

Hinweis der Redaktion: Erziehungs- und Ordnungsmaßnahmen sind nur bei schulbezogenem Fehlverhalten zulässig. „Schulbezogen" ist jedes Verhalten, das in den Schulbetrieb konkret feststellbar störend hineinwirkt; das Fehlverhalten ist also nicht ausschließlich räumlich und zeitlich, sondern auch inhaltlich bestimmt. So bleiben Auseinandersetzungen innerhalb der Klasse (z.B. Mobbing) auch dann „schulbezogen", wenn sie außerhalb der Schule auf dem Schulweg oder am Nachmittag stattfinden beziehungsweise fortgesetzt werden, und fallen unter den Schutzbereich von § 90 SchG.

(2) Erziehungs- und Ordnungsmaßnahmen kommen nur in Betracht, soweit pädagogische Erziehungsmaßnahmen nicht ausreichen; hierzu gehören auch Vereinbarungen über Verhaltensänderungen des Schülers mit diesem und seinen Erziehungsberechtigten. Bei allen Erziehungs- und Ordnungsmaßnahmen ist der Grundsatz der Verhältnismäßigkeit zu beachten. Die Schule kann von Erziehungs- und Ordnungsmaßnahmen absehen, wenn der Schüler durch soziale Dienste Wiedergutmachung leistet.

Hinweise der Redaktion:

1. Zu den „pädagogischen Erziehungsmaßnahmen" unterhalb der Schwelle von „Erziehungs- und Ordnungsmaßnahmen" gehören vielfältige Formen der Einwirkung auf Schülerinnen oder Schüler und deren Eltern (vgl. § 85) – vom Gespräch, der Ermahnung oder dem Tadel bis hin zum sogenannten „Eintrag" in das Klassentagebuch (schriftlicher Tadel) oder zur sofortigen Wiedergutmachung eines angerichteten Schadens. Ein „Eintrag" ist die schriftliche Fixierung (Dokumentation) eines schulisch relevanten Vorgangs, z.B. des Fehlverhaltens eines Schülers bzw. einer Schülerin. Rechtlich ist ein „Eintrag" – obwohl er eine ähnliche Wirkung entfaltet und deshalb häufig auch zum Zweck der Disziplinierung eingesetzt wird – keine „Erziehungs- und Ordnungsmaßnahme", sondern eine davor liegende „pädagogische Erziehungsmaßnahme".
2. Statt der Verhängung von „Erziehungs- und Ordnungsmaßnahmen" im Sinne von § 90 SchG können Schülerinnen und Schüler auch zu Aufräum- oder Reinigungsarbeiten in der Schule oder zur Arbeit in sozialen Einrichtungen usw. herangezogen werden (sogenannte „soziale Strafen"). Dies ist jedoch nur im Einvernehmen mit den Erziehungsberechtigten möglich. Werden Schülerinnen oder Schüler zur unmittelbaren Wiedergutmachung eines von ihnen angerichteten Schadens herangezogen (z.B. Reinigung einer von ihnen verschmutzten Sache), so liegt ebenfalls keine „Erziehungs- und Ordnungsmaßnahme" im Sinne von § 90 SchG vor, sondern eine „pädagogische Erziehungsmaßnahme", die keines besonderen (vorherigen) Einverständnisses der Eltern bedarf.
3. „Kollektivstrafen" sind unzulässig. Es ist nicht statthaft, in die Rechte aller Mitschüler*innen einzugreifen, wenn man nur einen treffen will. Eine strafende Maßnahme darf nur gegen eine Person ergriffen werden, die schuldhaft (vorsätzlich oder fahrlässig) fehlgehandelt hat.

(3) Folgende Erziehungs- und Ordnungsmaßnahmen können getroffen werden:

1. Durch den Klassenlehrer oder durch den unterrichtenden Lehrer: Nachsitzen bis zu zwei Unterrichtsstunden;
2. durch den Schulleiter:
   a) Nachsitzen bis zu vier Unterrichtsstunden,
   b) Überweisung in eine Parallelklasse desselben Typs innerhalb der Schule,
   c) Androhung des zeitweiligen Ausschlusses vom Unterricht,
   d) Ausschluss vom Unterricht bis zu fünf Unterrichtstagen, bei beruflichen Schulen in Teilzeitform Ausschluss für einen Unterrichtstag,

   nach Anhörung der Klassenkonferenz oder Jahrgangsstufenkonferenz, soweit deren Mitglieder den Schüler selbstständig unterrichten:

   e) einen über den Ausschluss vom Unterricht nach Buchstabe d) hinausgehenden Ausschluss vom Unterricht bis zu vier Unterrichtswochen,
   f) Androhung des Ausschlusses aus der Schule,
   g) Ausschluss aus der Schule.

Im Rahmen von Nachsitzen können auch Maßnahmen zur Schadenswiedergutmachung und aus dem Fehlverhalten begründete Tätigkeiten angeordnet werden. Nachsitzen gemäß Nummer 2 Buchst. a oder die Überweisung in eine Parallelklasse kann mit der Androhung des zeitweiligen Ausschlusses vom Unterricht verbunden werden; der zeitweilige Ausschluss vom Unterricht kann mit der Androhung des Ausschlusses aus der Schule verbunden werden. Die aufschiebende Wirkung von Widerspruch und Anfechtungsklage entfällt. Die körperliche Züchtigung ist ausgeschlossen.

Hinweise der Redaktion:

1. Der Katalog in § 90 Abs. 3 ist abschließend, nur diese Erziehungs- und Ordnungsmaßnahmen sind zulässig. Andere Sanktionen, z.B. „reduzierter Unterricht" (zeitweilige Unterrichtung von Schüler*innen nur in den Kernfächern bzw. die Androhung dieser Maßnahme), greifen stärker als nur eine pädagogische Erziehungsmaßnahme(§ 90 Abs. 2 SchG) in den Anspruch des Schülers oder der Schülerin auf eine seiner Begabung entsprechende Erziehung und Ausbildung ein und sind deshalb unzulässig. ⇨ Juristische Terminologie; ⇨ Verfassung Art. 11
2. „Automatische" oder katalogmäßige Sanktionen (z.B. „Dreimal keine Hausaufgaben = 1 Stunde Nachsitzen" oder: „Sechsmal keine Hausaufgaben = 3 Tage Unterrichtsausschluss") sind unzulässig. Es muss jeweils ein konkretes Fehlverhalten festgestellt und hierauf eine einzelfallbezogene, pädagogisch angemessene Reaktion gefunden werden.
3. Erziehungs- und Ordnungsmaßnahmen nach § 90 Abs. 3 Ziffer 2 SchG dürfen – außer bei Verhinderung – nur vom Schulleiter bzw. der Schulleiterin selbst verhängt werden. Eine ständige Übertragung der Zuständigkeit auf stellvertretende Schulleiter *innen oder Abteilungsleiter*innen ist nicht möglich. (Quelle: RP Stuttgart; 4.4.2008; AZ: 7-6602.0/10)
4. In Konferenzen gemäß § 90 Abs. 3 ist die Schulleiterin bzw. der Schulleiter Vorsitzender mit Stimmrecht (vgl. ⇨ Konferenzordnung § 2 Abs. 2).
5. Ein kurzzeitiger Unterrichtsausschluss in der Form des „Vor-die-Türe-Stellens" ist nicht als Erziehungs- und Ordnungsmaßnahme, sondern als pädagogische Maßnahme zu werten, die in die Zuständigkeit der unterrichtenden Lehrkraft fällt. Werden Schülerinnen oder Schüler hingegen heim- oder (bei beruflichen Schulen) in den Betrieb geschickt, stellt dies einen zeitweiligen Unterrichtsausschluss dar, der in die Zuständigkeit der Schulleiterin bzw. des Schulleiters fällt. (Quelle: KM; 7.12.2005; LT-Drucksache 13/4705)
   Hierzu auch den Beitrag ⇨ Aufsichtspflicht beachten.
6. Das Bürgerliche Gesetzbuch (BGB § 1631 Abs. 2) bestimmt: „Kinder haben ein Recht auf gewaltfreie Erziehung. Kör-

Schulgesetz (Erziehungs- und Ordnungsmaßnahmen)

Stets gilt:	Maßnahme	Wer entscheidet?	Anhörung	Mitteilung
„Pädagogische Erziehungsmaßnahmen“ oder Vereinbarungen reichen nicht aus. Anwendung des *„mildesten Mittels“* und der Verhältnismäßigkeit. Bei Wiedergutmachung durch soziale Dienste kann von Erziehungs- und Ordnungsmaßnahmen abgesehen werden.	Nachsitzen bis zu zwei Unterrichtsstunden	Klassenlehrkraft bzw. unterrichtende Lehrkraft	Eine Anhörung des Schülers bzw. der Schülerin reicht aus.	
	Nachsitzen bis zu vier Unterrichtsstunden*)	Schulleiter*in		
	Überweisung in eine Parallelklasse *)	Schulleiter*in	Schulleiter bzw. Schulleiterin muss Schüler*in sowie (bei Minderjährigen) auch Erziehungsberechtigten Gelegenheit zur Äußerung geben (Anhörung); diese können einen Beistand hinzuziehen. Bei <u>Schulausschluss</u> (nicht bei <u>Unterrichtsausschluss!</u>): Auf Wunsch der Erziehungsberechtigten bzw. volljährige/r Schüler*in Anhörung der Schulkonferenz. ***)	
	Androhung des zeitweiligen Ausschlusses vom Unterricht	Schulleiter*in		Die Androhung wird dem Betrieb mitgeteilt.
Zusätzlich gilt: Die Maßnahme ist nur zulässig, wenn Schüler*innen durch schweres oder wiederholtes Fehlverhalten ihre Pflichten verletzen und dadurch die Erfüllung der Aufgabe der Schule oder die Rechte anderer gefährden.	Ausschluss vom Unterricht bis zu 5 Unterrichtstagen; bei beruflichen Teilzeitschulen für 1 Unterrichtstag **)	Schulleiter*in		Zeitweiliger Unterrichtsausschluss <u>kann</u>, mehrfacher zeitweiliger Unterrichtsausschluss <u>soll</u>, ein Schulausschluss <u>muss</u> dem Jugendamt mitgeteilt werden. Schule und Jugendamt sollen hierbei ein Gespräch führen. Der Ausschluss wird dem Betrieb mitgeteilt.
	Ausschluss vom Unterricht bis zu vier Unterrichtswochen**)	Schulleiter*in nach Anhörung von Klassen- bzw. Jahrgangsstufenkonferenz. In dringenden Fällen kann die Schulleitung vorläufig den Schulbesuch auch ohne Konferenzbeteiligung, aber nach Anhörung der Klassenlehrkraft untersagen – bis zu fünf Tagen, wenn ein zeitweiliger Ausschluss vom Unterricht – bis zu zwei Wochen, wenn ein Ausschluss aus der Schule zu erwarten ist.		
	Androhung des Ausschlusses aus der Schule			
Zusätzlich gilt: Das Verbleiben des Schülers oder der Schülerin in der Schule muss eine Gefahr für die Erziehung und Unterrichtung, die sittliche Entwicklung, Gesundheit oder Sicherheit der Mitschüler*innen befürchten lassen.	Ausschluss aus der Schule Die „neue“ Schule kann die Aufnahme von einer Vereinbarung über eine Verhaltensänderung abhängig machen und eine Probezeit bis zu sechs Monaten festlegen; vgl. § 90 Abs. 4 Satz 2.			
	Ausweitung des Ausschlusses auf alle Schulen des Schulorts, des Landkreises, des Regierungsbezirks oder des Landes	Regierungspräsidium (bei Ausschluss aus allen Schulen des Landes: Kultusministerium)	Die Anhörung erfolgt durch die für den Ausschluss zuständige Behörde.	Der Ausschluss wird dem Jugendamt und dem Betrieb mitgeteilt.

* Diese Maßnahme kann mit der Androhung des Ausschlusses vom Unterricht verbunden werden.

** Diese Maßnahme kann mit der Androhung des Ausschlusses aus der Schule verbunden werden.

*** Auf dieses Recht sind der/die Schüler*in bzw. die Erziehungsberechtigten vor der Entscheidung hinzuweisen. Bei Minderjährigen sind auch die Erziehungsberechtigten zu hören.

Erziehungs- und Ordnungsmaßnahmen (Schulgesetz § 90) sind Verwaltungsakte. Widerspruch und Anfechtungsklage hiergegen haben keine aufschiebende Wirkung. ⇨ Verwaltungsrecht (Allgemeines)

⇨ Ermessen; ⇨ Schulgesetz § 90; zum „Schulschwänzen“ siehe ⇨ Schulpflicht (Durchsetzung)

perliche Bestrafungen, seelische Verletzungen und andere entwürdigende Maßnahmen sind unzulässig". Das BGB regelt nur das elterliche Erziehungsrecht; aufgrund der in Art. 1 GG enthaltenen Verpflichtung des Staates zum Schutz der Menschenwürde sind entwürdigende Erziehungsmaßnahmen jedoch auch in der Schule in jedem Fall verboten, also nicht nur die körperliche Züchtigung. Dieser Grundsatz des 1631 BGB lässt sich, auch wenn er auf das Schulverhältnis nicht unmittelbar anwendbar ist, zumindest indirekt auf den Schulbereich anwenden, da er ein Auslegungsmaßstab für die Rechte und Pflichten der Lehrkräfte ist. Aufgrund dessen darf keinesfalls mehr oder härter bestraft werden als durch die Eltern.

7. Die Schule ist verpflichtet, der Schulaufsichtsbehörde Fälle von rassistisch, antisemitisch und anderweitig bedingten Diskriminierungen zu melden, auf die sie mit Maßnahmen nach § 90 SchulG reagiert hat oder voraussichtlich reagieren wird oder auf die hin Strafverfolgungsbehörden informiert wurden oder informiert werden sollen. Bei schwerwiegenden Fällen müssen die Schulen vor Ergreifen von schulischen Maßnahmen Rücksprache mit den zuständigen Schulaufsichtsbehörden halten. (Quelle: KM 26.11.2020; AZ: RA-7162.0/267)

(4) Vor dem Ausschluss aus der Schule wird auf Wunsch des Schülers, bei Minderjährigkeit auf Wunsch der Erziehungsberechtigten, die Schulkonferenz angehört. Nach dem Ausschluss kann die neu aufnehmende Schule die Aufnahme von einer Vereinbarung über Verhaltensänderungen des Schülers abhängig machen und eine Probezeit von bis zu sechs Monaten festsetzen, über deren Bestehen der Schulleiter entscheidet.

Hinweise der Redaktion:

1. In der amtlichen Begründung zur Änderung des § 90 Abs. 4 Satz 2 (LT-Drucksache 13/1424) wird zur Probezeit mitgeteilt:
   „Nach dem Schulausschluss stellt sich die Frage, in welcher Schule der Schüler Aufnahme finden soll. Hier ist es wichtig, in der neuen Schule schulinterne Widerstände zu relativieren, andererseits dem Schüler aber auch vor Augen zu führen, dass sein Neuanfang an der neuen Schule mit einer Änderung seines bisherigen Verhaltens verbunden sein muss. [...] Da der Schulleiter gemäß § 41 SchG über die Aufnahme entscheidet, muss er auch für die Entscheidung über das Bestehen der Probezeit zuständig sein. [...] Die Aufnahme des Schülers steht also während der Probezeit unter dem Vorbehalt, dass er sich kein weiteres Fehlverhalten zu Schulden kommen lässt. Bei einem weiteren Fehlverhalten liegt es in der Entscheidung des Schulleiters, die Aufnahme zurückzunehmen; hierzu bedarf es [...] nicht der Beteiligung der Klassen-, Jahrgangsstufen- oder Schulkonferenz. Da die Rücknahme der Aufnahme während der Probezeit in der sozialen Wirklichkeit einem Schulausschluss nahe kommt, gelten im Prinzip die Kriterien des Absatzes 6. Allerdings ist die Probezeit zugleich eine Bewährungsfrist. Dem Schüler kann also bei einem neuen Fehlverhalten auch sein früheres Fehlverhalten an der Schule, die er zuvor besucht hat, zugerechnet werden. Daher kann der Schulleiter die Probezeit auch wegen eines solchen, neuen Fehlverhaltens als nicht bestanden ansehen, das für sich allein noch keinen Ausschluss rechtfertigen würde."
2. Stellt die aufnehmende Schule zum Ablauf der Probezeit fest, dass die notwendige Bewährung nicht erreicht wurde, so muss die Schülerin oder der Schüler auch diese Schule verlassen.
3. Bei der – im Einzelfall schwierigen – Auswahl der neuen Schule muss die „abgebende" Schule aufgrund der gemeinsamen Erziehungsverantwortung von Elternhaus und Schule (§ 55 SchG) die Erziehungsberechtigten unterstützen. Bleibt die Suche nach einer aufnahmebereiten Schule erfolglos, entscheidet die Schulaufsichtsbehörde.

(5) Die obere Schulaufsichtsbehörde kann den Ausschluss aus der Schule auf alle Schulen des Schulorts, des Landkreises oder ihres Bezirks, die oberste Schulaufsichtsbehörde kann den Ausschluss, außer bei Schülern mit einem Anspruch auf ein sonderpädagogisches Bildungsangebot, auf alle Schulen des Landes ausdehnen. Die Ausdehnung des Ausschlusses wird dem Jugendamt mitgeteilt.

⇨ Jugendhilfe (Landesrecht – LJKG)

(6) Ein zeitweiliger Ausschluss vom Unterricht, seine Androhung oder eine Androhung des Ausschlusses aus der Schule sind nur zulässig, wenn ein Schüler durch schweres oder wiederholtes Fehlverhalten seine Pflichten verletzt und dadurch die Erfüllung der Aufgabe der Schule oder die Rechte anderer gefährdet. Ein Ausschluss aus der Schule ist zulässig, wenn es einem Mitschüler wegen Art und Schwere der Beeinträchtigungen und deren Folgen nicht zumutbar ist, mit dem Schüler weiter dieselbe Schule zu besuchen, oder einer Lehrkraft, ihn weiter zu unterrichten; dem Schutz des Opfers gebührt Vorrang vor dem Interesse dieses Schülers am Weiterbesuch einer bestimmten Schule. Im Übrigen ist ein Ausschluss aus der Schule nur zulässig, wenn neben den Voraussetzungen des Satzes 1 das Verbleiben des Schülers in der Schule eine Gefahr für die Erziehung und Unterrichtung, die sittliche Entwicklung, Gesundheit oder Sicherheit der Mitschüler befürchten lässt.

(7) Vor der Entscheidung nachzusitzen genügt eine Anhörung des Schülers. Im Übrigen gibt der Schulleiter dem Schüler, bei Minderjährigkeit auch den Erziehungsberechtigten, Gelegenheit zur Anhörung; Schüler und Erziehungsberechtigte können einen Beistand hinzuziehen.

(8) Ein zeitweiliger Ausschluss vom Unterricht kann, ein wiederholter zeitweiliger Ausschluss vom Unterricht soll dem Jugendamt mitgeteilt werden; ein Ausschluss aus der Schule wird dem Jugendamt mitgeteilt. Hierbei soll ein Gespräch zwischen dem Jugendamt und der Schule stattfinden. Ein zeitweiliger Ausschluss vom Unterricht, seine Androhung, ein Ausschluss aus der Schule oder seine Androhung wird den für die Berufserziehung des Schülers Mitverantwortlichen mitgeteilt.

(9) Der Schulleiter kann in dringenden Fällen einem Schüler vorläufig bis zu fünf Tagen den Schulbesuch untersagen, wenn ein zeitweiliger Ausschluss vom Unterricht zu erwarten ist oder er kann den Schulbesuch vorläufig bis zu zwei Wochen untersagen, wenn ein Ausschluss aus der Schule zu erwarten ist. Zuvor ist der Klassenlehrer zu hören. Absatz 3 Satz 4 gilt entsprechend.

Hinweis der Redaktion: Geben Schüler*innen wegen vorhergegangener erheblicher Störungen Anlass zur Sorge, dass sie den Erfolg der Veranstaltung konkret gefährden, können sie hiervon ausgeschlossen und für diese Zeit einer Parallelklasse zugewiesen werden (VG Karlsruhe, 23.6.1992; AZ: 8 K 345/92). Dies ist dann keine „Erziehungs- und Ordnungsmaßnahme" gem. § 90 Abs. 3 Nr. 2 b SchG, also keine Sanktion für vorausgegangenes Fehlverhalten, sondern eine präventive Maßnahme gem.§ 23 Abs. 2 i.V.m. § 41 SchG zur Aufrechterhaltung der Ordnung des Schulbetriebs und zur Erfüllung der ihr übertragenen unterrichtlichen und erzieherischen Aufgaben. Es ist geboten, vor einer solchen einschneidenden Maßnahme zunächst die pädagogischen Erziehungsmaßnahmen sowie die „Erziehungs- und Ordnungsmaßnahmen" gem. § 90 auszuschöpfen sowie die Schülerin oder den Schüler bzw. die Erziehungsberechtigten und die Klassen- bzw. Jahrgangsstufenkonferenz zu hören.

⇨ Ermessen; ⇨ Jugendhilfe (LJKG); ⇨ Klassenlehrkraft; ⇨ Konferenzordnung § 4; ⇨ SchulkonferenzVO

§ 91
Schulgesundheitspflege

(1) Die Schüler sind verpflichtet, sich im Rahmen der Schulgesundheitspflege durch das Gesundheitsamt beraten und untersuchen zu lassen.

(2) Die Pflicht zur Untersuchung besteht nach Beginn des Schuljahres auch für Kinder, die bis zum 30. September des laufenden Kalenderjahres das vierte Lebensjahr vollendet haben; für diese Kinder wird in begründeten Fällen eine Sprachstandsdiagnose durchgeführt. [...] Darüber hinaus besteht in begründeten Fällen die Pflicht zur Untersuchung für die zur Schule angemeldeten Kinder.

(3) Die Pflicht zur Untersuchung besteht nach Beginn des Schuljahres auch für die Kinder, die bis zum 30. September des laufenden Kalenderjahres das vierte Lebensjahr vollendet haben; für diese Kinder führt das Gesundheitsamt in begründeten Fällen eine Sprachstandsdiagnose durch, [...]. Darüber hinaus besteht in begründeten Fällen die Pflicht zur Untersuchung für die zur Schule angemeldeten Kinder.

⇨ Einschulung und schulärztliche Untersuchung;
⇨ Jugendzahnpflege

§ 92
Ordnungswidrigkeiten

(1) Ordnungswidrig handelt, wer vorsätzlich oder fahrlässig

1. den Verpflichtungen nach § 72 Abs. 3 oder 3 a nicht nachkommt oder die ihm nach § 85 obliegenden Pflichten verletzt,
2. die aufgrund des § 87 zur Durchführung der Schulpflicht erlassenen Rechtsvorschriften oder als Erziehungsberechtigter die ihm nach der Schulordnung obliegenden Pflichten verletzt, sofern auf die Bußgeldbestimmung dieses Gesetzes ausdrücklich verwiesen wird.

(2) Die Ordnungswidrigkeit kann mit einer Geldbuße geahndet werden.

(3) Verwaltungsbehörde im Sinne des § 36 Abs. 1 Nr. 1 des Gesetzes über Ordnungswidrigkeiten ist die untere Verwaltungsbehörde. ⇨ Schulbesuchsverordnung

8. Teil: Schulgeld- und Lernmittelfreiheit, Erziehungsbeihilfen

§ 93
Schulgeldfreiheit

(1) Der Unterricht an den öffentlichen Grundschulen, Hauptschulen, Werkrealschulen, Realschulen, Gymnasien, Gemeinschaftsschulen, Kollegs, Berufsschulen, Berufsfachschulen, Berufskollegs, Berufsoberschulen und sonderpädagogischen Bildungs- und Beratungszentren ist unentgeltlich. Dies gilt auch für den Unterricht in den im Lehrplan vorgesehenen wahlfreien Fächern und Kursen.

(2) Für den Besuch sonstigen Unterrichts kann Schulgeld erhoben werden.

(3) Ausländische Schüler stehen den einheimischen gleich.

⇨ Haushalt; ⇨ Lehrmittel; ⇨ Lernmittelfreiheit (Allgemeine Informationen); ⇨ Urheberrecht (Kopien)

§ 94
Lernmittelfreiheit

(1) In den öffentlichen Grundschulen, Hauptschulen, Werkrealschulen, Realschulen, Gymnasien, Gemeinschaftsschulen, Kollegs, Berufsschulen, Berufsfachschulen, Berufskollegs, Berufsoberschulen und sonderpädagogischen Bildungs- und Beratungszentren hat der Schulträger den Schülern alle notwendigen Lernmittel mit Ausnahme von Gegenständen geringen Wertes leihweise zu überlassen, sofern die Lernmittel nicht von den Erziehungsberechtigten oder den Schülern selbst beschafft werden; ausnahmsweise werden sie zum Verbrauch überlassen, wenn Art oder Zweckbestimmung des Lernmittels eine Leihe ausschließen. Gegenstände, die auch außerhalb des Unterrichts gebräuchlich sind, gelten nicht als Lernmittel.

(2) Das Kultusministerium bestimmt durch Rechtsverordnung, welche Lernmittel notwendig und welche davon zum Verbrauch zu überlassen sind.

(3) Ausländische Schüler stehen den einheimischen gleich.

⇨ Haushalt; ⇨ Lehrmittel und Schuleinrichtung;
⇨ Lernmittel (Zulassung); ⇨ Lernmittelfreiheit;
⇨ Lernmittelverordnung; ⇨ Urheberrecht (Allgemeines);
⇨ Urheberrecht (GEMA / Musik); ⇨ Verfassung Art. 14

§ 95
Erziehungsbeihilfen

(1) Schüler in öffentlichen Schulen und Schulen in freier Trägerschaft können Erziehungsbeihilfen im Rahmen der zur Verfügung stehenden Haushaltsmittel erhalten, soweit nicht ein Anspruch auf Förderung nach bundesrechtlichen oder anderen landesrechtlichen Vorschriften besteht oder ausgeschlossen ist. ⇨ Verfassung Art. 11

(2) Ziel der Förderung ist es, Schülern, die nach ihrer Begabung und Leistung eine Erziehungsbeihilfe rechtfertigen, einen Zuschuss zum Lebensunterhalt zu leisten, wenn die hierfür erforderlichen Mittel anderweitig nicht zur Verfügung stehen. [...].

9. Teil: Religionsunterricht

§ 96
Grundsätze

(1) Der Religionsunterricht ist ordentliches Lehrfach an allen öffentlichen Schulen.

(2) Der Religionsunterricht wird, nach Bekenntnissen getrennt, in Übereinstimmung mit den Lehren und Grundsätzen der betreffenden Religionsgemeinschaft von deren Beauftragten erteilt und beaufsichtigt.

(3) Für eine religiöse Minderheit von mindestens acht Schülern an einer Schule ist Religionsunterricht einzurichten.

Hinweis der Redaktion: „Eingerichtet" im Sinne von § 96 SchG ist in Baden-Württemberg altkatholischer, evangelischer, jüdischer, römisch-katholischer, alevitischer und orthodoxer Religionsunterricht; im islamischen Bereich laufen Versuche; siehe ⇨ Religion (Allgemeines) Nr. 3. „Eingerichtet" ist Religionsunterricht auch dann, wenn er (wie z.B. bei jüdischen Schülerinnen und Schülern) außerhalb des Schulgebäudes und der allgemeinen Unterrichtszeiten stattfindet. In letzterem Fall bescheinigt die Religionsgemeinschaft die Teilnahme und teilt der Schule die Noten für das Fach Religionslehre zum Eintrag in das Zeugnis mit.

(4) Wird für eine religiöse Minderheit von weniger als acht Schülern religiöse Unterweisung erteilt, hat der Schulträger den Unterrichtsraum unentgeltlich zur Verfügung zu stellen.

Hinweis der Redaktion: Auch „religiöse Unterweisung" ist lehrplanmäßiger, „eingerichteter" Religionsunterricht, jedoch für eine Gruppe unterhalb der sonst üblichen Mindestgröße.

⇨ Ethikunterricht; ⇨ Grundgesetz Art. 7 und 140; ⇨ Religion (Allgemeines); ⇨ Religionsunterricht (Teilnahme); ⇨ Schul- und Schülergottesdienst; ⇨ Verfassung Art. 18

§ 97
Religionslehrer

(1) Zur Erteilung des Religionsunterrichts und zur religiösen Unterweisung können neben Geistlichen und staatlich ausgebildeten Lehrern, Diplomtheologen und graduierten Religionspädagogen, die zur Erteilung des Unterrichts bereit und von der Religionsgemeinschaft dazu bevollmächtigt sind, nur solche Personen zugelassen werden, die eine katechetische Ausbildung erhalten haben.

(2) Die Voraussetzungen für die Bevollmächtigung der Lehrer zur Erteilung des Religionsunterrichts und zur religiösen Unterweisung werden von den Religionsgemeinschaften bestimmt. Die Richtlinien für die Ausbildung und den Nachweis der Eignung und Lehrbefähigung der kirchlich ausgebildeten Religionslehrer werden zwischen dem Kultusministerium und den Religionsgemeinschaften vereinbart.

Hinweis der Redaktion: Religionslehrkräfte im Dienst des Landes dürfen an der gleichen Schule nicht gleichzeitig sowohl im Ethik- als auch im Religionsunterricht eingesetzt werden. Über mögliche Folgen des Einsatzes einer Religionslehrkraft in Ethik für die kirchliche Bevollmächtigung informiert ausschließlich die Kirche. (Quelle: K.u.U. S. 201/2008)

(3) *(Ermächtigung; nicht abgedruckt)*

⇨ Beurteilung (Lehrkräfte) Nr. II.7.6; ⇨ Religionsunterricht (Kirchliche Lehrkräfte)

§ 98
Lehrplan und Schulbücher

Die Religionsgemeinschaft stellt den Lehrplan für den Religionsunterricht auf und bestimmt die Religionsbücher für die Schüler; die Bekanntgabe besorgt das Kultusministerium. § 94 Abs. 2 bleibt unberührt.

§ 99
Aufsicht über den Religionsunterricht

(1) Die Aufsicht der Religionsgemeinschaften über den Religionsunterricht wird durch religionspädagogisch erfahrene Beauftragte der Religionsgemeinschaften wahrgenommen.

(2) Die allgemeine Aufsicht des Staates erstreckt sich darauf, dass bei der Erteilung des Religionsunterrichts der Stundenplan beachtet, die Unterrichtszeit eingehalten und die Schulordnung gewahrt wird.

§ 100
Teilnahme am Religionsunterricht

(1) Über die Teilnahme am Religionsunterricht bestimmen die Erziehungsberechtigten. Nach Eintritt der Religionsmündigkeit steht dieses Recht aus Glaubens- und Gewissensgründen dem Schüler zu.

Hinw.d.Red.: Das Gesetz über die religiöse Kindererziehung bindet das Bestimmungsrecht der Erziehungsberechtigten mit Vollendung des 12. Lebensjahres an die Zustimmung des Kindes (negative Religionsmündigkeit); ab dem 14. Lebensjahr entscheidet das Kind selbst (positive Religionsmündigkeit).

(2) Die Erklärung über die Abmeldung vom Religionsunterricht ist gegenüber dem Schulleiter schriftlich, von einem minderjährigen religionsmündigen Schüler persönlich abzugeben. Zum Termin zur Abgabe der persönlichen Erklärung des religionsmündigen Schülers sind die Erziehungsberechtigten einzuladen.

(3) Die Abmeldung vom Religionsunterricht ist nur zu Beginn eines Schulhalbjahres zulässig.

⇨ Grundgesetz Art. 140; ⇨ Religionsunterricht (Teilnahme)

10. Teil: Ethikunterricht, Geschlechtserziehung

§ 100 a
Ethikunterricht

(1) Für Schüler, die nicht am Religionsunterricht teilnehmen, wird das Fach Ethik als ordentliches Unterrichtsfach eingerichtet.

(2) Ethikunterricht dient der Erziehung der Schüler zu verantwortungs- und wertbewusstem Verhalten. Sein Inhalt orientiert sich an den Wertvorstellungen und den allgemeinen ethischen Grundsätzen, wie sie in Verfassung und im Erziehungs- und Bildungsauftrag des § 1 niedergelegt sind. Der Unterricht soll diese Vorstellungen und Grundsätze vermitteln sowie Zugang zu philosophischen und religionskundlichen Fragestellungen eröffnen.

(3) Das Kultusministerium stellt bei Vorliegen der personellen und sächlichen Voraussetzungen durch Rechtsverordnung fest, ab welchem Zeitpunkt der Unterricht im Fach Ethik in den einzelnen Schularten und Klassen zu besuchen ist. ⇨ Ethikunterricht

§ 100 b
Familien- und Geschlechtserziehung

(1) Unbeschadet des natürlichen Erziehungsrechts der Eltern gehört Familien- und Geschlechtserziehung zum Erziehungs- und Bildungsauftrag der Schule. Sie wird unter Wahrung der Toleranz für unterschiedliche Wertauffassungen fächerübergreifend durchgeführt. ⇨ Geschlechtserziehung

(2) Ziel der Familien- und Geschlechtserziehung ist es, die Schüler altersgemäß mit den biologischen, ethischen, kulturellen und sozialen Tatsachen und Bezügen der Geschlechtlichkeit des Menschen vertraut zu machen. Die Familien- und Geschlechtserziehung soll das Bewusstsein für eine persönliche Intimsphäre und für partnerschaftliches Verhalten in persönlichen Beziehungen und insbesondere in Ehe und Familie entwickeln und fördern.

(3) Die Erziehungsberechtigten sind zuvor über Ziel, Inhalt und Form der Geschlechtserziehung sowie über die hierbei verwendeten Lehr- und Lernmittel zu informieren.

(4) Das Kultusministerium erlässt Richtlinien über die Familien- und Geschlechtserziehung in den einzelnen Schularten und Klassen.

11. Teil
Staatliche sonderpädagogische Bildungs- und Beratungszentren mit Internat und sonderpädagogische Bildungs- und Beratungszentren mit Internat in freier Trägerschaft

§ 101
Sonderpädagogische Bildungs- und Beratungszentren mit Internat in freier Trägerschaft

(1) Sonderpädagogische Bildungs- und Beratungszentren mit Internat in freier Trägerschaft bedürfen der Genehmigung der oberen Schulaufsichtsbehörde.

(2) Für die sonderpädagogischen Bildungs- und Beratungszentren mit Internat in freier Trägerschaft gelten das Privatschulgesetz und die hierzu ergangenen Vollzugsvorschriften mit der Maßgabe, dass die §§ 6, 7 und 8 ⇨ Privatschulgesetz auch auf Ergänzungsschulen und § 8 Privatschulgesetz auch auf Erziehungskräfte Anwendung finden.

(3) Die vor dem Inkrafttreten dieses Gesetzes erteilten Genehmigungen bleiben in Kraft.

§ 102 Kosten der Heimunterbringung
(aufgehoben)

§ 103
Lehrer an sonderpädagogischen Bildungs- und Beratungszentren mit Internat in freier Trägerschaft

(1) Lehrer an öffentlichen Schulen können zur Dienstleistung an sonderpädagogischen Bildungs- und Beratungszentren mit Internat in freier Trägerschaft im Lande beurlaubt werden. [...]

§ 104
Versorgungsberechtigung

(1) Die ständigen wissenschaftlichen und technischen Lehrer an genehmigten sonderpädagogischen Bildungs- und Beratungszentren mit Internat in freier Trägerschaft erhalten, wenn sie die im öffentlichen Schuldienst für die Übernahme ins Beamtenverhältnis auf Lebenszeit gestellten beamtenrechtlichen Voraussetzungen erfüllen, auf Antrag die Versorgungsberechtigung eines entsprechenden Lehrers an öffentlichen Schulen. Über den Antrag entscheidet die für die Ernennung eines entsprechenden Lehrers an öffentlichen Schulen zuständige Behörde. Mit der Versorgungsberechtigung erhalten die Lehrer die Befugnis, die der Amtsbezeichnung eines vergleichbaren Lehrers im öffentlichen Beamtenverhältnis entsprechende Bezeichnung zu führen. Durch die Versorgungsberechtigung entsteht kein Anspruch auf Beihilfe nach den beamtenrechtlichen Vorschriften gegenüber dem Land Baden-Württemberg.

Hinweis der Redaktion: Die Inhaber*innen von Versorgungsberechtigungen werden keine Ruhestandsbeamte, sondern nur Versorgungsempfänger*innen, die bei Eintritt des Versorgungsfalles (Ruhestand) keinen Anspruch auf Beihilfe nach beamtenrechtlichen Vorschriften gegenüber dem Land Baden-Württemberg haben. Es besteht auch kein Anspruch auf Beitragszuschuss zur Krankenversicherung seitens des Landes. Bis zum 31.12.2007 eingestellte Privatschullehrkräfte, denen bis zu diesem Zeitpunkt eine Versorgungsberechtigung verliehen wurde, erhalten unabhängig vom Lebensalter im Zeitraum der Inanspruchnahme der Versorgungsberechtigung Beihilfe, auch wenn sie zu 100 % privat oder gesetzlich krankenversichert sind. (Quelle: KM, 9.12.2010; AZ: 14-0374.1/13)

(2) Die Zahl der mit Versorgungsberechtigung an einem sonderpädagogischen Bildungs- und Beratungszentrum mit Internat in freier Trägerschaft verwendeten Lehrer darf nicht höher sein als die Zahl der an einer vergleichbaren öffentlichen Schule planmäßig angestellten Lehrer.

(3) Die Versorgungsberechtigung erlischt

1. mit dem Aufhören der Schule; der Lehrer soll jedoch, wenn nicht in diesem Zeitpunkt die Voraussetzungen für die Versetzung in den Ruhestand vorliegen, in den öffentlichen Schuldienst übernommen werden,
2. mit dem freiwilligen Austritt aus der Schule oder mit dem Aufhören der hauptberuflichen Tätigkeit an ihr,
3. mit der Entlassung aus dem Dienst der Schule,
4. wenn der Lehrer zu einer Strafe rechtskräftig verurteilt wird, die bei einem Beamten den Verlust des Amts zur Folge hätte.

(4) Die Versorgungsberechtigung kann von der nach Absatz 1 für die Ernennung zuständigen Behörde widerrufen werden, wenn Umstände vorliegen, die bei einem Beamten die Entfernung aus dem Beamtenverhältnis rechtfertigen würden.

(5) Nach Eintritt des Versorgungsfalles erlischt der Anspruch auf Versorgung, wenn bei einem Berechtigten die Voraussetzungen vorliegen, unter denen ein Ruhestandsbeamter oder ein Witwen- oder Waisengeldberechtigter den Anspruch auf Ruhegeld bzw. Witwen- oder Waisengeld kraft Gesetzes verlieren würde. Die Zahlung der Versorgungsbezüge kann eingestellt oder die Versorgungsbezüge können gekürzt werden, wenn Umstände vorliegen, die bei einem Ruhestandsbeamten die Aberkennung oder Kürzung des Ruhegehalts rechtfertigen würden.

(6) Der Schulträger hat die obere Schulaufsichtsbehörde von dem Eintritt der Voraussetzungen der Absätze 3-5 unverzüglich zu benachrichtigen und die Gründe des Austritts oder der Entlassung mitzuteilen.

(7) Für die Berechnung der ruhegehaltfähigen Dienstzeit und der Versorgungsbezüge gelten die Vorschriften des des Landesbeamtenversorgungsgesetzes Baden-Württemberg sinngemäß. Die Versorgungsbezüge dürfen nicht höher sein als die, die ein Lehrer mit entsprechender Tätigkeit im öffentlichen Schuldienst erhält.

(8) Diese Vorschriften gelten entsprechend auch für die Schulleiter sowie für diejenigen Internatsleiter, die aus dem Schuldienst hervorgegangen sind; ihr Übertritt von der Schule an das Internat fällt nicht unter Absatz 3 Nr. 2 und 3.

§ 105
Zuschuss zu den Personalkosten der sonderpädagogischen Bildungs- und Beratungszentren mit Internat in freier Trägerschaft

(1) Die genehmigten sonderpädagogischen Bildungs- und Beratungszentren mit Internat in freier Trägerschaft erhalten die Personalkosten für den Schulleiter und die anerkannten wissenschaftlichen und technischen Lehrer einschließlich der anerkannten Ausbilder vom Land auf Antrag als

Zuschuss. Der Zuschuss richtet sich nach der Höhe des tatsächlichen Aufwands, höchstens jedoch nach den Beträgen, die sich bei Anwendung der im öffentlichen Dienst geltenden Bestimmungen ergeben würden, und wird für höchstens so viele Kräfte gewährt, wie an einer entsprechenden staatlichen Einrichtung angestellt wären. [...]

§ 106
Zuschüsse zu den Sachkosten der sonderpädagogischen Bildungs- und Beratungszentren mit Internat in freier Trägerschaft

Die Schulträger der sonderpädagogischen Bildungs- und Beratungszentren mit Internat in freier Trägerschaft erhalten für jeden Schüler, der am 15. Februar des laufenden Schuljahres die Schule besucht hat, einen Zuschuss des Landes in Höhe des Sachkostenbeitrags für ein öffentliches sonderpädagogisches Bildungs- und Beratungszentrum mit entsprechendem Förderschwerpunkt des § 15 Absatz 1 Satz 4.

12. Teil Schlussvorschriften

§ 107
Schulen besonderer Art

(1) Die Staudinger-Gesamtschule Freiburg im Breisgau, die Internationale Gesamtschule Heidelberg und die Integrierte Gesamtschule Mannheim-Herzogenried können in den Klassenstufen 5 bis 10 als Schulen besonderer Art ohne Gliederung nach Schularten geführt werden. Der Unterricht kann in Klassen und in Kursen stattfinden, die nach der Leistungsfähigkeit der Schüler gebildet werden. Die Schulen führen nach der Klasse 9 zum Hauptschulabschluss und nach der Klasse 10 zum Realschulabschluss oder zur Berechtigung zum Übergang in die Oberstufe oder in die Jahrgangsstufe 11 des Gymnasiums.

(2) *(Verordnungsermächtigung; hier nicht abgedruckt)*

§ 107a Deutsch-Französische Grundschulen

(1) Deutsch-Französische Grundschulen sind Grundschulen gemäß § 5. Die Schulen bereiten auf den Besuch einer auf der Grundschule aufbauenden Schule im Sinne dieses Gesetzes oder nach dem französischen Schulsystem vor. Der Unterricht kann von Lehrkräften erteilt werden, die im Dienst der Französischen Republik stehen und der Schulaufsicht der französischen Behörden unterliegen; § 38 findet insoweit keine Anwendung. Die stellvertretende Schulleiterin oder der stellvertretende Schulleiter wird von der Französischen Republik vorgeschlagen und bestellt.

(2) Die Deutsch-Französische Grundschule in Freiburg im Breisgau und die Deutsch-Französische Grundschule Stuttgart-Sillenbuch in Stuttgart, die eine deutsche und eine französische Abteilung führt, sind Schulen gemäß Absatz 1. In Abweichung von § 5 Absatz 1 Satz 5 können die Deutsch-Französische Grundschule in Freiburg im Breisgau und die französische Abteilung der Deutsch-Französischen Grundschule Stuttgart-Sillenbuch in Stuttgart fünf Schuljahre umfassen.

(3) *(Verordnungsermächtigung; hier nicht abgedruckt)*

§ 107 b Deutsch-französische Abteilung mit Sektion „Französisch als Muttersprache" am Gymnasium in der Normalform

Der Besuch der deutsch-französischen Abteilung mit Sektion „Französisch als Muttersprache" eines Gymnasiums in der Normalform ermöglicht Schülerinnen und Schülern mit und ohne Vorkenntnisse in der französischen Sprache nach acht Schuljahren neben der Hochschulreife gleichzeitig den Erwerb der französischen Hochschulzugangsberechtigung. Dem unterschiedlichen Kenntnisstand wird durch eine auch äußere Differenzierung im Fach Deutsch in den Klassen 5 und 6 sowie im Fach Französisch in den Klassen 5 bis 9 und eine Anpassung der Stundentafel Rechnung getragen. Für Schülerinnen und Schüler mit entsprechenden Vorkenntnissen wird Unterricht in der französischen Sprache auf muttersprachlichem Niveau erteilt. [...] *(Verordnungsermächtigung; hier nicht abgedruckt)*

§ 107c Bilinguales Profil Deutsch-Italienisch am Gymnasium in der Normalform

Das bilinguale Profil Deutsch-Italienisch am Gymnasium in der Normalform führt beginnend in Klasse 8 nach fünf Schuljahren zum Erwerb der Hochschulreife im Sinne des § 8 Absatz 5, die unmittelbar auch zum Studium an einer Hochschule in der Republik Italien berechtigt; Unterricht kann in einzelnen Fächern von Lehrkräften erteilt werden, die im Dienst der Republik Italien stehen. [...] *(Verordnungsermächtigung; hier nicht abgedruckt)*

§ 107d Landesgymnasium für Hochbegabte mit Internat

(1) Das Landesgymnasium für Hochbegabte mit Internat in Schwäbisch Gmünd führt geeignete hochbegabte Schülerinnen und Schüler beginnend mit Klasse 7 in einem sechsjährigen Bildungsgang oder ab Klasse 10 in einem dreijährigen Bildungsgang im Ganztagsbetrieb zur Hochschulreife. Das besondere pädagogische Konzept des Landesgymnasiums für Hochbegabte mit Internat in Schwäbisch Gmünd umfasst insbesondere eine klassenübergreifende und leistungsdifferenzierende Lerngruppenbildung, die Bildung jahrgangsübergreifender Lerngruppen beim fächerübergreifenden Unterricht sowie die Vermittlung von Bildungsinhalten in kürzerer Zeit als sonst üblich und deren Erweiterung und Vertiefung durch Zusatzangebote. In den Klassen 7 bis 10 gliedern sich die Schuljahre in Trimester.

(2) Das Landesgymnasium für Hochbegabte mit Internat in Schwäbisch Gmünd besteht aus den Abteilungen

1. Gymnasium für Hochbegabte,
2. Internat und
3. Kompetenzzentrum für Hochbegabtenförderung.

Träger des Gymnasiums und des Internats ist der Schulverband Landesgymnasium für Hochbegabte Schwäbisch Gmünd mit Sitz in Schwäbisch Gmünd. Träger des Kompetenzzentrums ist das Land. Die drei Abteilungen stehen unter der Leitung der Schulleiterin oder des Schulleiters. Die Schulleiterin oder der Schulleiter ist Vorgesetzte oder Vorgesetzter der Abteilungsleiterinnen und Abteilungsleiter sowie der Lehrkräfte; § 41 Absatz 3 bleibt unberührt.

§ 107e Werkgymnasium Heidenheim

Das Werkgymnasium Heidenheim ist ein achtjähriges allgemeinbildendes Gymnasium in der Normalform gemäß § 8 mit besonderer praktisch-naturwissenschaftlicher Ausrichtung. Das Werkgymnasium wird in der Sekundarstufe I an vier Tagen der Woche als eine für Schüler und Eltern verbindliche Ganztagsschule geführt.

§ 108
Fortgeltung der Rechtsstellung

Schulen, die bisher als öffentliche Schulen behandelt wurden, gelten auch nach Inkrafttreten dieses Gesetzes als öffentliche Schulen im Sinne des Gesetzes. In Zweifelsfällen entscheidet das Kultusministerium.

§ 109 (aufgehoben)

§ 110
Besondere Schulaufsichtsbehörden

(1) Für die Fachschulen für Landwirtschaft (Landwirtschaftsschulen) ist obere Schulaufsichtsbehörde das Regierungspräsidium, oberste Schulaufsichtsbehörde das Ministerium für Ernährung, Landwirtschaft, Umwelt und Forsten. Das Gleiche gilt für die Staatlichen Fachschulen in der Staatlichen Lehr- und Versuchsanstalt für Gartenbau Heidelberg, der Staatlichen Lehr- und Versuchsanstalt für Wein- und Obstbau Weinsberg, der Staatlichen Milchwirtschaftlichen Lehr- und Forschungsanstalt – Dr.-Oskar-Farny-Institut – Wangen im Allgäu und die Staatliche Fachschule für ländlich-hauswirtschaftliche Berufe Kupferzell.

(2) *(aufgehoben)*

(3) *(Verordnungsermächtigung; hier nicht abgedruckt)*

§ 111
Ausbildungsschulen der Pädagogischen Hochschulen

(1) Zur schulpraktischen Einführung der Studierenden in den lehrerbildenden Studiengängen ordnet das Kultusministerium den Pädagogischen Hochschulen Ausbildungsschulen und Ausbildungsklassen zu.

(2) Für die Ausbildungsschulen und Ausbildungsklassen gelten die Vorschriften dieses Gesetzes, soweit sich nicht aus den besonderen Aufgaben dieser Schulen Abweichungen ergeben.

(3) Die Ausbildungsschulen und Ausbildungsklassen werden vom Land und den Schulträgern nach den Vorschriften dieses Gesetzes unterhalten, soweit nicht nach Absatz 4 besondere Vorschriften erlassen werden. ⇨ Besoldung (Zulagen)

(4) *(Ermächtigung; hier nicht abgedruckt)*

§ 112 Lehrkräfte an Höheren Mädchenschulen /
§ 113 Aufhebung von Schulstiftungen und Schulpfründen (hier nicht abgedruckt)

§ 114
Datengestützte Qualitätsentwicklung an Schulen

(1) Die öffentlichen Schulen sind zur datengestützten Qualitätsentwicklung und Qualitätssicherung verpflichtet. Hierzu evaluieren die Schulen ihre Schul- und Unterrichtsqualität in regelmäßigen zeitlichen Abständen (interne Evaluation). Evaluationen nach Satz 2 können durch anlassbezogene oder reguläre Evaluationen ergänzt werden, die vom Institut für Bildungsanalysen durchgeführt werden (externe Evaluation). Die Schulen unterstützen das Institut für Bildungsanalysen Baden-Württemberg bei der Durchführung von externen Evaluationen. Bei der Evaluation werden alle am Schulleben Beteiligten, insbesondere Schülerinnen und Schüler sowie Eltern, miteinbezogen. Lehrkräfte sind zur Mitwirkung an Evaluationen verpflichtet. Sofern eine formale Zertifizierung nach anerkannten Standards angestrebt wird, kann eine externe Evaluation nach Wahl der Schule und mit Zustimmung des Kultusministeriums in Absprache mit dem Institut für Bildungsanalysen Baden-Württemberg abweichend von Satz 3 auch durch einen akkreditierten Drittanbieter erfolgen.

(2) Im Rahmen eines systematischen Bildungsmonitorings führt das Institut für Bildungsanalysen Baden-Württemberg schulstatistische Daten, Schülerleistungsdaten und weitere bildungsbezogene Daten zusammen und wertet diese aufgabenbezogen gemäß § 2 Absatz 2 Nummer 4 des Gesetzes über das Institut für Bildungsanalysen für Baden-Württemberg aus. Individuelle Schülerdaten dürfen für diesen Zweck in pseudonymisierter Form verarbeitet werden; Bildungsbiografien müssen nachvollzogen werden können. Schulen und Schulaufsichtsbehörden wirken bei der Datenerhebung im Rahmen des systematischen Bildungsmonitorings mit. Das Institut für Bildungsanalysen Baden-Württemberg stellt Schulen und jeweils zuständigen Schulaufsichtsbehörden regelmäßig Datenauswertungen auf Einzelschulebene zur Verfügung.

(3) Das Kultusministerium kann Schülerinnen und Schüler sowie Lehrkräfte verpflichten, an Lernstandserhebungen von internationalen, nationalen oder landesweiten Vergleichsuntersuchungen teilzunehmen, die schulbezogene Tatbestände beinhalten und Zwecken der Schulverwaltung oder der Bildungsplanung dienen; die Erhebung kann sich auch auf weitere außerschulische Bildungsdeterminanten beziehen, soweit es den Schülerinnen und Schülern und Lehrkräften zumutbar ist. [...]

⇨ Datenschutz (Schulen) Nr.4; ⇨ Evaluation; ⇨ Schulentwicklung

§ 115
Datenverarbeitung, Statistik

(1) Das Kultusministerium oder das Institut für Bildungsanalysen Baden-Württemberg können mit Wirkung für die Schulen eine oder mehrere Stellen beauftragen, die zu schulübergreifenden Verwaltungszwecken, insbesondere bei Schulwechsel, Schulkooperationen oder zur Feststellung von Mehrfachbewerbungen erforderlichen personenbezogenen Daten von Schülern, Erziehungsberechtigten und denjenigen, denen Erziehung oder Pflege eines Schülers anvertraut ist, und die zu statistischen Zwecken erforderlichen personenbezogenen Daten von Schülern zu verarbeiten; die Schulen werden von der Auftragserteilung unterrichtet. Die Schulen bleiben für diese Daten verantwortlich; sie sind ver-

pflichtet, sie an die beauftragte Stelle weiterzugeben.

➪ Statistik (Schulen)

Der Auftrag kann vorsehen, dass

1. die für die statistischen Zwecke erforderlichen Daten in pseudonymisierter Form automatisiert an das Kultusministerium oder das Institut für Bildungsanalysen Baden-Württemberg übermittelt werden; diese Daten können durch das Kultusministerium, das Institut für Bildungsanalysen Baden-Württemberg, die Schulaufsichtsbehörden und das Statistische Landesamt zu statistischen Zwecken verarbeitet werden,
2. über Satz 1 hinaus für die Schulen die Möglichkeit besteht, auch weitere zur Aufgabenerfüllung der Schule erforderliche Daten von Schülern, Erziehungsberechtigten und denjenigen, denen Erziehung oder Pflege eines Schülers anvertraut ist, durch die beauftragte Stelle verarbeiten zu lassen. ➪ Schulaufsicht und Schulverwaltung

(2) *(Ermächtigung; nicht abgedruckt)*

(3) Eine Schule ist berechtigt, zu schulübergreifenden Verwaltungszwecken personenbezogene Daten von Schülern, deren Erziehungsberechtigten und denjenigen, denen Erziehung oder Pflege eines Schülers anvertraut ist, bei einer anderen Schule zu erheben.

(3a) Zur Erfüllung des Erziehungs- und Bildungsauftrages können Bild- und Tonaufnahmen der Schülerinnen und Schüler hergestellt und weiterverarbeitet werden. Im Rahmen der Leistungsfeststellung gilt dies nur, wenn die jeweilige Aufzeichnung die zu bewertende Schülerarbeit ist. Aufzeichnungen nach Satz 1 und 2 sind spätestens am Ende des darauffolgenden Schuljahres zu löschen.

(4) Im Übrigen gilt für die Verarbeitung von personenbezogenen Daten durch Schulen und Schulaufsichtsbehörden, soweit durch Rechtsvorschrift nichts anderes bestimmt ist, das Landesdatenschutzgesetz.

➪ Bildungsberatung und Beratungslehrkräfte; ➪ Datenschutz (LDSG); ➪ Datenschutz (Personaldaten/RDV); ➪ Datenschutz (Schulen); ➪ Migrationshintergrund

§ 116
Schulverwaltungssoftware, Amtliche Schulverwaltung Baden- Württemberg (ASV-BW)

Hinweis der Redaktion: Paragraf 116 tritt am 1.8.2022 in Kraft.

(1) Die öffentlichen Schulen sind verpflichtet, die Module der Schulverwaltungssoftware „Amtliche Schulverwaltung Baden- Württemberg (ASV-BW)" zu nutzen und für die Durchführung der amtlichen Schulstatistik ASV-BW einzusetzen. Soweit für bestimmte Verwaltungsaufgaben in ASV-BW keine Funktionalitäten bereitgestellt werden, ist insoweit auch die Nutzung anderer Software zulässig.

(2) Die Schulen in freier Trägerschaft stellen die Daten, zu deren Übermittlung an die Kultusverwaltung sie durch Gesetz oder Rechtsverordnung verpflichtet sind, entweder über ASV-BW oder über ein sonstiges vom Land eingerichtetes Verfahren zur Verfügung. ➪ Schulaufsicht und Schulverwaltung

§ 117
Einschränkung von Grundrechten

Das Grundrecht der körperlichen Unversehrtheit (Artikel 2 Abs. 2 Satz 1 des Grundgesetzes) wird nach Maßgabe dieses Gesetzes eingeschränkt.

§ 117 a
Übergangsbestimmungen

Die vor Inkrafttreten des § 4 a bereits eingerichteten Ganztagsschulen an Grundschulen und den Grundstufen der sonderpädagogischen Bildungs- und Beratungszentren mit Förderschwerpunkt Lernen können nach Maßgabe der Einrichtungserlasse fortgeführt werden.

§ 118
Inkrafttreten

(Abs. 1 und 2 hier nicht abgedruckt)

(3) Rechte und Pflichten, die sich aus Verträgen mit der evangelischen und katholischen Kirche ergeben, bleiben von den Vorschriften dieses Gesetzes unberührt.

➪ Behinderungen (Förderbedarf); ➪ Besoldung (Zulagen); ➪ Beurteilung (Lehrkräfte) Nr. II.7.6; ➪ Bildungsberatung und Beratungslehrkräfte; ➪ Datenschutz(LDSG); ➪ Datenschutz (Personaldaten/RDV); ➪ Datenschutz (Schulen); ➪ Einschulung und schulärztliche Untersuchung; ➪ Ermessen; ➪ Evaluation; ➪ Ethikunterricht; ➪ Geschlechtserziehung; ➪ Grundgesetz Art. 7 und 140; ➪ Haushalt; ➪ Jugendhilfe (LJKG); ➪ Jugendzahnpflege; ➪ Juristische Terminologie; ➪ Klassenlehrkraft; ➪ Konferenzordnung § 4; ➪ Lehrmittel und Schuleinrichtung; ➪ Lernmittelfreiheit; ➪ Lernmittel (Zulassung); ➪ Lernmittelverordnung; ➪ Migrationshintergrund; ➪ Privatschulgesetz; ➪ Religion (Allgemeines); ➪ Religionsunterricht (Kirchliche Lehrkräfte); ➪ Schulaufsicht und Schulverwaltung; ➪ Schulentwicklung; ➪ SchulkonferenzVO; ➪ Schulpflicht (Durchsetzung); ➪ Sonderpädagogik (SBBZ – Bildungsangebote); ➪ Statistik (Schulen); ➪ Urheberrecht (Allgemeines); ➪ Urheberrecht (GEMA / Musik); ➪ Verfassung Art. 11, 14

Schulgottesdienst und Schülergottesdienst

Schul- und Schülergottesdienst, Buß- und Bettag; Verwaltungsvorschrift des Kultusministeriums vom 31. Juli 2001 (K.u.U. S. 306/2001); zuletzt geändert 11. November 2009 (K.u.U. S. 223/2009)

Schul- und Schülergottesdienste leisten einen wesentlichen Beitrag zur Verwirklichung des Erziehungs- und Bildungsauftrags der Schule. Sie dienen neben dem Religionsunterricht der religiösen Erziehung der Schülerinnen und Schüler. Dies gilt nicht nur für die Grund-, Haupt- und Werkrealschulen, die nach Artikel 15 Landesverfassung christliche Gemeinschaftsschulen sind, sondern entsprechend dem Auftrag von Grundgesetz, Landesverfassung und Schulgesetz für alle Schularten. Dies erfordert, dass Schul- und Schülergottesdienste im Rahmen der Unterrichtszeit am Vormittag möglich sind. Sie können auch im Schulgebäude abgehalten werden.

➪ Religion (Allgemeines); ➪ Verfassung Art. 15 u. 18

1. Schulgottesdienste

Den Schulen wird empfohlen, zu Beginn und Ende eines Schuljahres, vor oder nach größeren Ferienabschnitten (Weihnachtsferien, Osterferien) sowie am Buß- und Bettag in Absprache mit den örtlichen Kirchenbehörden Schulgottesdienste anzubieten. Dabei soll der Charakter dieser Gottesdienste als Veranstaltung der Schule deutlich werden. Die Teilnahme für Lehrkräfte, Schülerinnen und Schüler ist freiwillig. Der Schulgottesdienst kann auch ökumenisch gestaltet werden.

2. Schülergottesdienste

Schülergottesdienste liegen in der Verantwortung der jeweiligen Religionsgemeinschaft. Es ist jedoch Aufgabe der Schule, ihre Durchführung zu unterstützen. Auf Antrag einer örtlichen Kirchenbehörde haben die allgemeinbildenden Schulen sowie die beruflichen Vollzeitschulen eine Unterrichtsstunde in der Woche während der Unterrichtszeit am Vormittag für den Schülergottesdienst freizuhalten. Dies gilt, wenn und solange die aufgrund der Anzahl nicht teilnehmender Schülerinnen und Schüler entstehenden organisatorischen Schwierigkeiten in vertretbarem Rahmen bleiben. In strittigen Fällen führen die kirchlichen Oberbehörden im Zusammenwirken mit der zuständigen Schulaufsichtsbehörde eine Entscheidung herbei. Wo kein regelmäßiger Schülergottesdienst eingerichtet wird, sollten verstärkt Schulgottesdienste oder Schülergottesdienste in bestimmten Abständen oder zu besonderen Anlässen abgehalten werden (z.B. katholische Gottesdienste am Aschermittwoch oder Allerseelen).

3. Beurlaubung für die Teilnahme an Gottesdiensten am Buß- und Bettag

Schülerinnen und Schüler, die während der Unterrichtszeit an einem von der örtlichen Kirchengemeinde getragenen Gottesdienst teilnehmen wollen, sind hierfür vom Unterricht zu beurlauben.

Hinweise der Redaktion:

1. Versicherungsschutz

Schulgottesdienste sind schulische Veranstaltungen und unterfallen deshalb (mit Hin- und Rückweg) der gesetzlichen Unfallversicherung, auch wenn sie in kirchlichen Räumen stattfinden. Schülergottesdienste sind hingegen Veranstaltungen der Religionsgemeinschaften; diese sind haftungsrechtlich verantwortlich. Es besteht aber gesetzlicher Versicherungsschutz auf dem Weg vom Gottesdienst zur Schule, wenn dieser nicht erheblich länger ist als der normale Schulweg und der Aufenthalt beim Gottesdienst mindestens 30 Minuten beträgt. Ist der Schülergottesdienst fester Bestandteil des stundenplanmäßigen Religionsunterrichts, so besteht, auch wenn er in kirchlichen Räumen stattfindet, gesetzlicher Versicherungsschutz (auch für direkten Hin- und Rückweg).

➪ Unfallversicherung

2. Aufsicht

Die Aufsichtspflicht beim Schulgottesdienst obliegt der Schule. Da weder Schülerinnen und Schüler noch Lehrkräfte zur Teilnahme an dieser religiösen Veranstaltung verpflichtet sind („negative Bekenntnisfreiheit"), können Lehrkräfte nur mit ihrer Zustimmung zur Aufsicht eingesetzt werden.

➪ Aufsichtspflicht; ➪ Grundgesetz Art. 140 i.V.m Weimarer Reichsverfassung Art. 136 Abs. 4

Beim Schülergottesdienst sind die Religionsgemeinschaften für die Aufsicht verantwortlich.

Für Schülerinnen und Schüler, die nicht am Schul- oder Schülergottesdienst teilnehmen, sich aber (z.B. als Fahrschüler) in der Schule aufhalten, obliegt dieser die Aufsichtspflicht; die Schule muss ferner für eine geeignete Unterbringung sorgen (z.B. Aufenthaltsraum; auch die Zuweisung zu einer anderen Klasse ist möglich, dadurch darf jedoch die negative Bekenntnisfreiheit der Schülerinnen und Schüler nicht eingeschränkt werden).

➪ Aufsichtspflicht; ➪ Grundgesetz Art. 140; ➪ Religion (Allgemeines); ➪ Religionsunterricht (Teilnahme); ➪ Stundenpläne; ➪ Unfallversicherung; ➪ Verfassung Art. 15 u. 18

Das „alte" Jahrbuch nicht sofort entsorgen

Immer wieder existieren „alte" und „neue" Vorschriften nebeneinander, wobei die Neuregelungen zunächst nur für bestimmte Schülerjahrgänge gelten. Man sollte deshalb sein „altes" Exemplar nicht in den Papierkorb werfen. Denn es ist zwar nicht mehr „aktuell", aber nach wie vor nützlich.

Schulkindergärten

Öffentliche Schulkindergärten; Auszug aus der Verwaltungsvorschrift des Kultusministeriums vom 24.7.1984 (K.u.U. S. 479); geändert am 16. August 1991 (K.u.U. S. 399/1991)

A. Allgemeines

I.
Begriff des öffentlichen Schulkindergartens

Öffentliche Schulkindergärten sind – neben den vom Land getragenen Schulkindergärten an Heimsonderschulen – die Schulkindergärten, die von einer Gemeinde, einem Landkreis oder einem Zweckverband unterhalten werden und deren Lehrer und Erzieher im Dienst des Landes stehen (vgl. § 18a des Gesetzes über den Kommunalen Finanzausgleich).

Die übrigen Schulkindergärten sind Schulkindergärten in freier Trägerschaft (private Schulkindergärten).

➪ Haushalt (Komm. Finanzausgleich); ➪ Schulgesetz § 20

II.
Verfahren bei der Einrichtung

Das Land weist Lehrer und Erziehungskräfte nur zu, wenn und solange eine Einrichtung die in diesen Richtlinien genannten Voraussetzungen erfüllt. [...]

B. Aufgabe und Ausgestaltung der Schulkindergärten

I.
Der allgemeine Schulkindergarten *(aufgehoben)*

Hinweis der Redaktion: Die „allgemeinen Schulkindergärten" heißen seit 1991 „Grundschulförderklassen", die im folgenden Text als „**Sonder**schulkindergarten" ausgewiesenen Einrichtungen tragen seitdem die Bezeichnung „Schulkindergarten".

➪ Grundschulförderklassen; ➪ Schulgesetz § 20

II.
Die Sonderschulkindergärten

1. Allgemeines

a) Aufgabe

Die Sonderschulkindergärten betreuen behinderte Kinder, die bei Beginn der Schulpflicht voraussichtlich unter § 15 Abs. 1 SchG fallen und deshalb vor Beginn der Schulpflicht förderungsbedürftig erscheinen. Körperbehinderte Kinder können nach dem vollendeten zweiten Lebensjahr, die übrigen behinderten Kinder nach dem vollendeten dritten Lebensjahr aufgenommen und auch während der Zeit einer etwa erforderlichen Zurückstellung vom Schulbesuch gemäß § 74 Abs. 2 SchG gefördert werden. Soweit erforderlich, ist die Förderung in der Gruppe zu ergänzen, gegebenenfalls durch Einzelförderung. Eine enge Zusammenarbeit mit den Eltern ist unerlässlich. Besuche der Eltern im Sonderschulkindergarten sind ebenso förderlich wie Hausbesuche durch die Erziehungskräfte.

Die Kinder werden in den ihrer Behinderung entsprechenden Sonderschulkindergarten aufgrund eines sonderpädagogischen Gutachtens aufgenommen. In der Regel ist eine amtsärztliche Untersuchung zu veranlassen. Für die Zuweisung von Kindern mit mehrfacher Behinderung zu einem Sonderschulkindergarten ist entscheidend, in welchem Typ des Sonderschulkindergartens das Kind am besten gefördert werden kann. Über die Aufnahme, die auch während des Schuljahres erfolgen kann, entscheidet das Staatliche Schulamt.

b) Organisation

Der Sonderschulkindergarten steht unter der Leitung einer fachlich vorgebildeten Erziehungskraft, deren Ausbildung vom Ministerium für Kultus und Sport als ausreichend anerkannt worden ist. Der Leiter des Schulkindergartens soll sich in wöchentlichen Besprechungen mit den Erziehungskräften, die die Kinder in den Gruppen betreuen und deren Arbeit er überwacht, nach den Fortschritten und Betreuungsschwierigkeiten einzelner Kinder erkundigen und Anregungen für förderliche Einwirkungen geben. Er muss um die gesundheitliche Überwachung der Kinder besorgt sein und darauf achten, dass ärztliche, sprachpflegerische, gymnastische und sonderpädagogische Ratschläge berücksichtigt werden. Er betreut gleichzeitig eine Gruppe.

Hinweise der Redaktion:

1. Leitungsstellen an öffentlichen Schulkindergärten werden im Rahmen der standortscharfen Stellenausschreibung für die Fachlehrkräfte an Schulen für Geistigbehinderte und für Körperbehinderte ausgeschrieben und nach Maßgabe des hierfür vorgesehenen Verfahrens besetzt. Die Auswahlentscheidung erfolgt durch die untere Schulaufsichtsbehörde im Zusammenwirken mit der amtierenden Leitung des Schulkindergartens. ➪ Einstellungserlass

   Nachrangig können auch Erziehungskräfte mit anderer sonderpädagogischer Zusatzausbildung oder auch Sozialpädagog*innen beauftragt werden. Auswahl und Besetzung erfolgen in diesem Fall im Zusammenwirken mit dem RP.
2. Die Leiter*innen von Schulkindergärten dürfen für ihre Mitarbeiter*innen [...] dienstliche Beurteilungen erstellen. Die Regelungen der [...] VwV ➪ Beurteilung (Lehrkräfte) sind entsprechend anzuwenden. [...]. (Quelle: KM, 11.1.2006, AZ: 14-0323.1/18, und RP Stuttgart, 15. Februar 2006, AZ: 74 - 6007/569)

Der Sonderschulkindergarten wird vom Oberschulamt einer Sonderschule desselben Typs, die in der Regel in dessen Einzugsbereich liegt, in der Weise zugeordnet, dass der Leiter des Sonderschulkindergartens seine Aufgaben in Zusammenarbeit und Abstimmung mit dem Leiter der Sonderschule wahrnimmt. Hierzu gehören insbesondere die Mitwirkung bei der Aufnahme der Kinder und die Organisation der Schülerbeförderung, die Organisation des Betriebs des Sonderschulkindergartens und die Festlegung der Betreuungszeit, die Regelung der Vertretung von Erziehungskräften im Verhinderungsfall und die Ausgestaltung des Sonderschulkindergartens. Die Erziehungskräfte des Sonderschulkindergartens nehmen an der Lehrerkonferenz der Sonderschule, der der Sonderschulkindergarten zugeordnet ist, mit beratender Stimme teil, wenn Fragen besprochen werden, die die Arbeit des Sonderschulkindergartens berühren. Darüber hinaus kann der Leiter des Sonderschulkindergartens auf Einladung an Lehrerkonferenzen der übrigen Sonderschulen im Einzugsbereich des Sonderschulkindergartens teilnehmen.

➪ Konferenzordnung

Außerdem arbeitet der Sonderschulkindergarten mit den zuständigen Frühberatungsstellen an Sonderschulen, den umliegenden [...] *(jetzt: Grundschulförderklassen),* Kindergärten sowie gegebenenfalls mit der Grundschule zusammen. Die Kinder werden in Gruppen betreut, die von fachlich vorgebildeten Erziehungskräften geführt werden.

Ergänzend arbeiten Lehrer der Sonderschule, der der Sonderschulkindergarten zugeordnet ist, mit. Die Mitwirkung dieser Sonderschullehrer wird durch den Schulleiter mit Zustimmung des zuständigen Staatlichen Schulamts, bei Sonderschulkindergärten an Heimsonderschulen durch den Schulleiter, geregelt. Sie gehört zu den ordentlichen Dienstaufgaben der Sonderschullehrer und wird auf deren Regelstundenmaß voll angerechnet. Der Umfang dieser Tätigkeit darf einen halben Lehrauftrag nicht übersteigen, damit die Verbindung der Sonderschullehrer zu Schule und Unterricht nicht abreißt.

Hinweis der Redaktion: Der Einsatz der Sonderschullehrkräfte ist keine Abordnung, sondern eine ordentliche Dienstaufgabe. Diese Lehrkräfte nehmen die Aufgaben am Sonderschulkindergarten im Rahmen ihres Stundenplans wahr. Vorgesetzter aller im Schulkindergarten tätigen Bediensteten und für die Dauer der Tätigkeit der Sonderschullehrkräfte am Schulkindergarten weisungsbefugt ist der/die Leiterin dieser Einrichtung. Dazu gehört auch die Regelung der Vertretung von Erziehungskräften im Verhinderungsfall. Wer für eine Vertretung einer Gruppenleiterin die bestgeeignete Person ist, kann nur im Einzelfall von den dafür zuständigen Personen entschieden werden. Dies kann ggf. auch eine Sonderschullehrkraft im Rahmen der zugewiesenen Dienstaufgaben sein. (Quelle: KM, 11.8.2003; AZ: 14-6742.17/203)

Die Sonderschullehrer geben dem Leiter des Sonderschulkindergartens und den Erziehungskräften Hinweise auf Art und Ursache der Behinderung und besprechen mit ihnen notwendige Maßnahmen, durch die die Auswirkung der jeweils gegebenen Behinderung auf den Erziehungs- und Entwicklungsprozess positiv beeinflusst werden können. Sie sorgen durch ihre praktische Mitarbeit für die Kooperation zwischen dem Sonderschulkindergarten und der Sonderschule, der der Sonderschulkindergarten zugeordnet ist. Die Lehrer haben ferner die Aufgabe, im Sinne einer Langzeitdiagnose Grundlagen für die spätere Entscheidung über die richtige schulische Zuordnung der Kinder zu erarbeiten.

c) Betreuungszeit

Die Sonderschulkindergärten sind in der Regel Ganztageseinrichtungen, deren Betreuungszeit sich nach dem Schulbetrieb der Sonderschule, der der Sonderschulkindergarten zugeordnet ist, richtet. Sofern der Sonderschulkindergarten nicht als Ganztageseinrichtung geführt wird, soll die tägliche Betreuung der Kinder sechs Zeitstunden nicht überschreiten; in der Regel ist die Zeit von 8.00 bis 12.00 und von 14.00 bis 16.00 Uhr als Betreuungszeit anzusetzen. Samstags werden die Kinder nicht betreut.

d) Räumliche Unterbringung

Dem Sonderschulkindergarten sollte neben dem für jede Gruppe erforderlichen Raum ein zusätzlicher größerer Raum zur Verfügung stehen, der bei mehreren Gruppen auch wechselseitig benützt werden kann. Hinzu sollte je ein kleinerer Raum für den Leiter und das übrige Personal, ein Garderobenraum, eine Teeküche und die notwendigen sanitären Einrichtungen kommen, ferner ein Gymnastikraum und ein Spielrasen.

Zusätzlich sollten vorhanden sein:

aa) beim Sonderschulkindergarten für gehörlose bzw. schwerhörige Kinder ein Raum für Einzelförderung.

bb) beim Sonderschulkindergarten für geistigbehinderte Kinder ein Testraum, der zugleich Sprachtherapieraum ist,

cc) beim Sonderschulkindergarten für körperbehinderte Kinder ein Raum für Krankengymnastik und Sprachtherapie, der auch als Mehrzweckraum dient,

dd) beim Sonderschulkindergarten für besonders förderungsbedürftige (lernbehinderte) Kinder ein Testraum, der zugleich Sprachtherapieraum ist,

ee) beim Sonderschulkindergarten für sprachbehinderte Kinder ein Sprachtherapieraum (Einzelförderung) und

ff) beim Sonderschulkindergarten für verhaltensgestörte Kinder ein Testraum, der zugleich als Therapieraum verwendet werden kann.

2.

Die einzelnen Typen der Sonderschulkindergärten

a) <u>Der Sonderschulkindergarten für blinde bzw. sehbehinderte Kinder</u>

Aufgabe und Arbeit

Der Sonderschulkindergarten für blinde bzw. sehbehinderte Kinder hat die Aufgabe, blinde bzw. sehbehinderte Kinder mithilfe der besonderen Methoden der Blinden- und Sehbehindertenpädagogik zu fördern und insbesondere auf die Entwicklung der Funktionen hinzuarbeiten, die zur Bewältigung der Anforderungen der Schule für Blinde bzw. der Schule für Sehbehinderte notwendig sind In geeigneten Fällen sind die Kinder, soweit möglich, auf den Besuch der Grundschule vorzubereiten.

Größe

Ein Sonderschulkindergarten für blinde bzw. sehbehinderte Kinder kann in der Regel eingerichtet werden, wenn zu erwarten ist, dass dauernd mindestens sechs Kinder ihn besuchen werden.

Betreuung in Gruppen

Die Kinder sollen in Gruppen von etwa sechs Kindern betreut werden. Eine Gruppe soll nicht mehr als acht Kinder haben. Gruppen für Kinder mit zusätzlichen Behinderungen sollen aus nicht mehr als fünf Kindern bestehen.

b) <u>Der Sonderschulkindergarten für gehörlose bzw. schwerhörige Kinder</u>

Aufgabe und Arbeit

Der Sonderschulkindergarten für gehörlose bzw. schwerhörige Kinder hat die Aufgabe, gehörlose bzw. schwerhörige Kinder mit den besonderen Methoden der Hörgeschädigtenpädagogik zu fördern und sie auf den Besuch der Schule für Gehörlose bzw. der Schule für Schwerhörige und, soweit möglich, der Grundschule vorzubereiten. Er hat hierbei insbesondere das sprachlose oder spracharme Kind durch die Entwicklung des passiven und aktiven Sprach- und Wortschatzes zu einem angemessenen Gebrauch der Lautsprache zu führen und ist somit im Rahmen der Frühbetreuung ein integrierender Bestandteil der gesamten Gehörlosen- und Schwerhörigenbildung mit dem Auftrag der Erstsprachanbildung. Diese obliegt in erster Linie den mitwirkenden Sonderschullehrern. Der Sonderschulkindergarten für gehörlose bzw. schwerhörige Kinder betreut gehörlose Kinder, Kinder mit Hörresten, schwerhörige Kinder und hörende Kinder, die trotz Hörfähigkeit die Sprache auf natürlichem Wege nicht zu erlernen vermögen (zentralsprachgeschädigte Kinder).

Größe

Ein Sonderschulkindergarten für gehörlose bzw. schwerhörige Kinder kann in der Regel eingerichtet werden, wenn zu erwarten ist, dass dauernd mindestens zehn Kinder ihn besuchen werden.

Betreuung in Gruppen

Die Kinder sollen in Gruppen von etwa acht Kindern betreut werden. Eine Gruppe soll nicht mehr als zehn Kinder haben. Gruppen für Kinder mit zusätzlichen Behinderungen sollen aus nicht mehr als sechs Kindern bestehen.

c) Der Sonderschulkindergarten für geistigbehinderte Kinder

Aufgabe und Arbeit

Der Sonderschulkindergarten für geistigbehinderte Kinder hat die Aufgabe, bei geistigbehinderten Kindern die Grundlagen in der Regel für die Bildung und Erziehung in der Schule für Geistigbehinderte zu schaffen. Er hat ferner die Aufgabe, die Erziehungsbemühungen der Eltern angesichts der besonderen Schwierigkeiten zu unterstützen und zu ergänzen, die Kinder entsprechend ihrem speziellen Bedarf systematisch in allen Bereichen ihrer Persönlichkeit zu fördern, ihnen eine ihren Möglichkeiten angemessene Spielgemeinschaft zu bieten und sie auf den Übergang in die Schule vorzubereiten. Dazu gehört auch, den Kindern Freiraum zur persönlichen Gestaltung zu geben und einen Raum der Geborgenheit zu schaffen.

Größe

Ein Sonderschulkindergarten für geistigbehinderte Kinder kann in der Regel eingerichtet werden, wenn zu erwarten ist, dass dauernd mindestens zehn Kinder ihn besuchen werden.

Betreuung in Gruppen

Die Kinder sollen in Gruppen von etwa sechs Kindern betreut werden. Eine Gruppe soll nicht mehr als acht Kinder haben. Die stundenweise Mitwirkung eines Krankengymnasten/Gymnastiklehrers ist vorzusehen.

d) Der Sonderschulkindergarten für körperbehinderte Kinder

Aufgabe und Arbeit

Der Sonderschulkindergarten für körperbehinderte Kinder hat die Aufgabe, körperbehinderte Kinder zu fördern und sie insbesondere auf den Besuch der Schule für Körperbehinderte vorzubereiten. In geeigneten Fällen sind die Kinder, soweit möglich, auf den Besuch der Grundschule vorzubereiten. Hierbei hat der Sonderschulkindergarten auf die Förderung der Bewegungsfähigkeit und auf die Funktionsschulung, auf die Erweiterung der Selbstständigkeit, den Aufbau grundlegender Denkstrukturen, auf die Entwicklung der Sinne und des Sprachvermögens sowie auf die Erweiterung der Möglichkeiten zur Eingliederung in die Gruppe hinzuarbeiten. Er betreut körperbehinderte Kinder ohne Rücksicht auf die Ursache der Körperbehinderung, auch körperbehinderte Kinder mit zusätzlichen Behinderungen, insbesondere körperbehinderte und zugleich geistigbehinderte Kinder.

Größe

Ein Sonderschulkindergarten für körperbehinderte Kinder kann in der Regel eingerichtet werden, wenn zu erwarten ist, dass dauernd mindestens acht Kinder ihn besuchen werden.

Betreuung in Gruppen

Die Kinder sollen in Gruppen von sechs bis acht Kindern betreut werden; bei Kindern mit zusätzlichen Behinderungen, insbesondere bei körperbehinderten und zugleich geistigbehinderten Kindern, soll die Gruppengröße vier bis sechs Kinder betragen. Je Gruppe sind 1,5 Erziehungskräfte erforderlich. Die Mitwirkung von Krankengymnasten ist erforderlich.

e) Der Sonderschulkindergarten für besonders förderungsbedürftige (lernbehinderte) Kinder

Aufgabe und Arbeit

Der Sonderschulkindergarten für besonders förderungsbedürftige (lernbehinderte) Kinder nimmt Kinder auf, bei denen aufgrund ihrer deutlich erkennbaren Entwicklungsverzögerung oder ihrer unzureichenden Lebens- und Erziehungsbedingungen zu erwarten ist, dass sie bei Beginn der Schulpflicht als lernbehindert erscheinen werden.

Kinder mit Sprachbehinderungen und Verhaltensstörungen können, sofern regional kein entsprechender Sonderschulkindergarten eingerichtet ist, ebenfalls aufgenommen werden.

Aufgabe des Sonderschulkindergartens für besonders förderungsbedürftige (lernbehinderte) Kinder ist es, die Kinder in allen Bereichen so gut wie möglich zu fördern und die Eltern bei der Erziehung dieser Kinder zu beraten. Ziel der Förderung ist es, einer späteren Lernbehinderung vorzubeugen oder ihren Schweregrad zu mildern. Im Bedarfsfalle ist die Förderung in der Gruppe durch sprachheilpädagogische Maßnahmen und Bewegungsförderung zu ergänzen. Für jedes Kind wird nach Abschluss einer sechswöchigen Beobachtungsphase ein individueller Förderplan erstellt. Die Förderung in der Gruppe erfolgt nach einem Plan, der jeweils den Förderbedürfnissen der Kinder entsprechend erstellt ist. Kinder, die so weit gefördert werden können, dass ein erfolgreicher Besuch der Grundschule zu erwarten ist, sollen im Laufe des letzten Jahres vor ihrer Einschulung möglichst einem Kindergarten bzw. einem Allgemeinen Schulkindergarten überwiesen werden.

Größe

Ein Sonderschulkindergarten für besonders förderungsbedürftige (lernbehinderte) Kinder kann in der Regel eingerichtet werden, wenn zu erwarten ist, dass dauernd mindestens 20 Kinder ihn besuchen werden.

Betreuung in Gruppen

Die Kinder sollen in Gruppen von etwa zehn Kindern betreut werden. Eine Gruppe soll nicht mehr als 15 Kinder haben.

f) Der Sonderschulkindergarten für sprachbehinderte Kinder

Aufgabe und Arbeit

Der Sonderschulkindergarten für sprachbehinderte Kinder hat die Aufgabe, Kinder mit erheblichen Sprachstörungen mit den besonderen Methoden der Sprachheilpädagogik zu fördern und sie insbesondere auf den Besuch der Schule für Sprachbehinderte vorzubereiten. In geeigneten Fällen sind die Kinder, soweit möglich, auf den Besuch der Grundschule vor zubereiten.

Leichter sprachbehinderte Kinder werden nicht in den Sonderschulkindergarten aufgenommen. Soweit erforderlich, werden für diese Kinder sprachheilpädagogische Maßnahmen durch die Beratungsstellen an Sonderschulen durchgeführt.

Größe

Ein Sonderschulkindergarten für sprachbehinderte Kinder kann in der Regel eingerichtet werden, wenn zu erwarten ist, dass dauernd mindestens zehn Kinder ihn besuchen werden.

Betreuung in Gruppen

Die Kinder sollen in Gruppen von zehn Kindern betreut werden.

Eine Gruppe soll nicht mehr als 15 Kinder haben.

g) Der Sonderschulkindergarten für verhaltensgestörte Kinder

Aufgabe und Arbeit

Der Sonderschulkindergarten für verhaltensgestörte Kinder hat die Aufgabe, besonders förderungsbedürftige Kinder zu betreuen und die Eltern bei der Erziehung dieser Kinder zu beraten. Ziel der Förderung ist es, einer drohenden späteren Verhaltensstörung vorzubeugen und vorhandene Verhaltensstörungen nach Möglichkeit abzubauen oder ihren Schweregrad zu mildern. Für die Aufnahme in einen Sonderschulkindergarten für verhaltensgestörte Kinder kommen nur solche förderungsbedürftige Kinder in Frage, die aufgrund erheblich von der Norm abweichender Verhaltensweisen sonst nicht hinreichend gefördert werden können. Für jedes Kind wird nach Abschluss einer sechswöchigen Beobachtungsphase ein individueller Förderplan erstellt, nach dem auch die Förderung in der Gruppe erfolgt. Kinder, deren Verhalten so weit stabilisiert werden kann, dass ein erfolgreicher Besuch der Grundschule möglich erscheint, sollen noch im Laufe des letzten Jahres vor ihrer Einschulung an einen allgemeinen Schulkindergarten überwiesen werden.

Größe

Ein Sonderschulkindergarten für verhaltensgestörte Kinder kann in der Regel eingerichtet werden, wenn zu erwarten ist, dass dauernd mindestens zehn Kinder ihn besuchen werden.

Betreuung in Gruppen

Die Kinder sollen in Gruppen von etwa zehn Kindern betreut werden. Eine Gruppe soll nicht mehr als zwölf Kinder haben.

⇨ Arbeitszeit (Lehrkräfte – VwV Anrechnungen) Nr. C Nr. IV 2.2; ⇨ Behinderungen (Förderbedarf); ⇨ Grundschulförderklassen; ⇨ Kooperation Kindergarten – Grundschule; ⇨ Schulgesetz §§ 20 und 74; ⇨ Sonderpädagogik (SBBZ Geistige Entwicklung) / Sonderpädagogik (SBBZ Geistige Entwicklung – Schulpflicht); ⇨ Sonderpädagogik (SBBZ Krankenhausbehandlung); ⇨ Sonderpädagogik (SBBZ Lernen)

Schulkonferenz (Bestellung der Schulleitung)

Informationen der Redaktion zur Rechtslage und zur Verwaltungspraxis in Baden-Württemberg

Die Auswahl des Schulleiters bzw. der Schulleiterin erfolgt nach Eignung, Befähigung und fachlicher Leistung. Die Feststellung bzw. Bewertung obliegt der zuständigen Schulaufsichtsbehörde. Der Ablauf des Verfahrens bei der Besetzung von Schulleitungs- und weiteren Funktionsstellen im Schulbereich ist unter ⇨ Funktionsstellen (Besetzung und Überprüfung) im Einzelnen dargestellt.

Bei der Besetzung der Schulleitungsstelle wirken auch der ⇨ Schulträger (Stadt/Gemeinde, Landdkreis) sowie die Schulkonferenz, also Vertreter*innen der Eltern, des Lehrerkollegiums, gegebenenfalls der Schüler*innen sowie – im beruflichen Bereich – der für die Berufsausbildung Mitverantwortlichen mit. Die Mitwirkung der Schulkonferenz entfällt bei neu einzurichtenden Schulen oder bei der Zusammenlegung bestehender Schulen, weil und solange an ihnen noch keine Gesamtlehrerkonferenz und kein Elternbeirat bestehen). Falls der Schulkonferenz Schülervertreter*innen angehören, die das 16. Lebensjahr noch nicht vollendet haben, werden diese durch ältere Stellvertreter*innen ersetzt, ersatzweise durch Elternvertreter*innen.

⇨ Schulgesetz §§ 40, 47; ⇨ Schulkonferenzordnung § 4a

Hinweis der Redaktion: Die folgenden Ausführungen basieren auf einem Merkblatt (Stand: 2016; AZ: 13-0305.38/216), das die Schulaufsichtsbehörde der Schulkonferenz und dem Schulträger (im Folgenden: „Gremien") bzw. den von diesen entsandten Vertreter*innen („Gremienvertreter*innen") übermittelt.

Erster Schritt: Besetzungsvorschlag

Für das Besetzungs- und Überprüfungsverfahren wird eine Auswahlkommission eingerichtet, die auf der Grundlage der dienstlichen Beurteilungen der Bewerber*innen, ihres Statusamtes und ihrer Leistungen im Überprüfungsverfahren einen Vorschlag erstellt. Der Kommission gehören zwei

Vertreter*innen der Schulaufsicht sowie je ein/e Vertreter*in der Schulkonferenz und des Schulträgers an. Die Schulkonferenz soll in diese Kommission nicht den/die (bisherigen) Schulleiter*in, sie kann aber beispielsweise eine/n Elternvertreter*in entsenden.

Die Gremienvertreter*innen können an dem Überprüfungsverfahren (Unterrichtsanalyse mit Beratung, Bewerbungsgespräch, Präsentation, Bearbeitung einer schwierigen schulischen Alltagssituation) als Beobachter*innen teilnehmen und besitzen beim anschließenden Besetzungsvorschlag ein Stimmrecht. Bei der Beratung sind aus beamtenrechtlichen Gründen nur solche Äußerungen maßgeblich, die im Hinblick auf Eignung, Befähigung und fachliche Leistung („Bestenauslese") der Bewerber*innen relevant sind. Das Land ist als Dienstherr an diese beamtenrechtlichen Vorgaben zwingend gebunden. Beispiel: Die Tatsache, dass man ein/e Bewerber*in schon länger kennt und man diese*r deswegen den Vorzug geben möchte, wäre kein leistungsbezogenes und damit kein relevantes Kriterium. Kommt es bei dieser Abstimmung zu einer Pattsituation, entscheidet die Schulaufsicht.

Zweiter Schritt: Gremienbeteiligung

Steht der Besetzungsvorschlag der Auswahlkommission fest, wird dieser der Schulkonferenz und dem Schulträger (im Folgenden: „Gremien") zusammen mit weiteren sachdienlichen Informationen zu Eignung, Befähigung und fachlicher Leistung der Bewerber*innen (Bewerberübersicht) zugeleitet. Beide Gremien können innerhalb von vier Wochen nach Eingang hierzu Stellung nehmen. Bei sonst gleichen Qualifikationen sind sie gehalten, Bewerber*innen den Vorzug zu geben, die der Schule nicht angehören. Sie können die Bewerber*innen auch zu einem Vorstellungsgespräch einladen; diese müssen der Einladung aber nicht folgen.

Sollten die Gremien den Besetzungsvorschlag ablehnen, legt die Schulaufsichtsbehörde die Besetzungssache dem Kultusministerium zur Entscheidung vor. Bei Schulleiterstellen im gymnasialen und beruflichen Bereich wird die Besetzungssache immer dem KM vorgelegt.

Anschließend entscheidet die zuständige Schulaufsichtsbehörde über die Besetzung der Schulleiterstelle. Weicht das Votum von Schulkonferenz oder Schulträger vom Besetzungsvorschlag ab, entscheidet das KM.

Verschwiegenheitspflicht

Im Merkblatt des KM wird u.a. nachdrücklich auf die ⇨ Verschwiegenheitspflicht aufmerksam gemacht. Im Hinblick auf den Schutz der Persönlichkeitsrechte und der persönlichen Daten der Bewerber*innen und der weiteren am Verfahren beteiligten Personen (z.B. Lehrkräfte sowie Schüler*innen im Rahmen der Unterrichtsanalyse) sind alle ihnen im Rahmen des Stellenbesetzungsverfahrens bekannt gewordenen Informationen oder Angaben über persönliche und sachliche Verhältnisse, die nicht offenkundig sind, sind unbedingt vertraulich zu behandeln, auch nach Abschluss des Besetzungsverfahrens. Die Gremienvertreter*innen müssen eine Verschwiegenheitserklärung unterschreiben und werden auf mögliche Folgen einer Zuwiderhandlung hingewiesen.

Die Gremienvertreter*innen dürfen ihr Gremium jedoch in einer nichtöffentlichen Sitzung, bei der die besondere Vertraulichkeit des Beratungsgegenstands vorab festgelegt wurde, über das Auswahlverfahren und das Zustandekommen des Besetzungsvorschlags informieren, da dies im Sinne der Transparenz erwünscht sei und kein rechtliches Risiko bedeute, denn auch die Mitglieder der Gremien seien gesetzlich zur Verschwiegenheit verpflichtet.

⇨ Funktionsstellen; ⇨ Schulgesetz §§ 40, 47; ⇨ Schulkonferenzordnung; ⇨ Schulträger; ⇨ Verschwiegenheitspflicht

Schulkonferenzordnung

Informationen der Redaktion zur Rechtslage und zur Verwaltungspraxis in Baden-Württemberg

1. Vorbemerkung der Redaktion

Die Schulkonferenz ist das *„gemeinsame Organ"* der Schule; in ihr sind unter Vorsitz der Schulleitung die Lehrkräfte, die Schüler*innen und die Eltern vertreten (*„Drittelparität"*). Im beruflichen Schulwesen herrscht wegen der für die Berufserziehung Mitverantwortlichen *„Viertelparität"*. ⇨ Schulgesetz § 47

Die Schulkonferenz besitzt zu vielen wesentlichen Angelegenheiten der Schule ein Anhörungsrecht (SchG § 47 Abs. 4), andere Entscheidungen bedürfen ihres Einverständnisses (§ 47 Abs. 5) und in einer Reihe von Fällen entscheidet die Schulkonferenz sogar abschließend (§ 47 Abs. 3). Zahlreiche weitere Zuständigkeiten der Schulkonferenz sind im Beitrag ⇨ Konferenzen(Allgemeines) aufgelistet.

Diese Rechte stehen in einem wechselseitigen Beziehungsverhältnis zu den Befugnissen der Lehrerkonferenzen. Da die Gesamtlehrerkonferenz *„Angelegenheiten, über die die Schulkonferenz entscheidet, beraten und der Schulkonferenz Anregungen und Empfehlungen geben"* darf (⇨ Konferenzordnung § 2 Abs. 2), kann sie auch jene Angelegenheiten welche die Schulkonferenz abschließend entscheidet (z.B. Haushaltsfragen), nicht nur erörtern, sondern hierzu auch Beschlüsse fassen.

Die Schulleitung muss die Schulkonferenz mindestens einmal im Schulhalbjahr einberufen und ihr alle für die Meinungsbildung und Beschlussfassung erforderlichen Informationen erteilen. Gibt die Schulkonferenz der Schulleitung oder anderen Konferenzen – z.B. der GLK – Empfehlungen (SchG § 47 Abs. 2), so muss die Schulleitung sie über deren Erledigung bzw. das Beratungsergebnis unterrichten.

2. Schulkonferenzordnung

Verordnung des KM für Schulkonferenzen an öffentlichen Schulen (Schulkonferenzordnung) vom 8. Juni 1976 (K.u.U. S. 1151); zuletzt geändert am 29. Juli 2014 (GBl. S. 365/2014)

§ 1
Lehrerstellen

Die Lehrerstellen im Sinne des § 47 Abs. 9 SchG errechnen sich aus der Schulleiterstelle und der Zahl der Lehrer, die zu Beginn des Schuljahres an der Schule mit mindestens einem halben Lehrauftrag unterrichten.

§ 2
Mitglieder der Schulkonferenz

(1) Für Schulen mit vierzehn und mehr Lehrerstellen gilt § 47 Absatz 9 SchG.

(2) An Schulen mit weniger als 14 Lehrerstellen gehören der Schulkonferenz an

1. der Schulleiter als Vorsitzender,
2. an Schulen, für die ein Elternbeirat vorgesehen ist, der Elternbeiratsvorsitzende als stellvertretender Vorsitzender,
3. an Schulen, für die ein Schülerrat vorgesehen ist, der Schülersprecher, der mindestens der Klasse 7 angehören muss,
4. bei allgemeinen Angelegenheiten der Schülermitverantwortung tritt ein Verbindungslehrer mit beratender Stimme hinzu.

Im Übrigen sind die einzelnen Gruppen nach Maßgabe der Absätze 3 bis 5 vertreten.

(3) An Schulen mit mindestens sieben Lehrerstellen gehören der Schulkonferenz zusätzlich an:

1. jeweils zwei Vertreter der Lehrer, der Eltern und der Schüler;
2. bei Schulen, für die
   a) kein Schülerrat vorgesehen ist, jeweils drei Vertreter der Lehrer und der Eltern,
   b) kein Elternbeirat vorgesehen ist, jeweils drei Vertreter der Lehrer und der Schüler,
3. an Schulen mit Berufsschulen oder entsprechenden Sonderschulen drei Vertreter der für die Berufserziehung der Schüler Mitverantwortlichen.

(4) An Schulen mit mindestens drei, aber weniger als sieben Lehrerstellen gehören der Schulkonferenz zusätzlich an:

1. jeweils ein Vertreter der Lehrer, Eltern und der Schüler,
2. bei Schulen, für die
   a) kein Schülerrat vorgesehen ist, jeweils zwei Vertreter der Lehrer und der Eltern,
   b) kein Elternbeirat vorgesehen ist, jeweils zwei Vertreter der Schüler und der Lehrer.

(5) Bei Schulen mit weniger als 3 Lehrerstellen gehören der Schulkonferenz zusätzlich an

1. jeweils ein Vertreter der Lehrer, Eltern und der Schüler,
2. bei Schulen, für die
   a) kein Schülerrat vorgesehen ist, jeweils ein Vertreter der Lehrer und der Eltern
   b) kein Elternbeirat vorgesehen ist, jeweils ein Vertreter der Schüler und der Lehrer.

Hinweis der Redaktion: Öffentliche Schulen sind grundsätzlich ab Klasse 5 zur Bildung eines Schülerrats verpflichtet. Nur sonderpädagogische Bildungs- und Beratungszentren, die ausschließlich Schüler*innen mit schweren Behinderungen beschulen und an denen deshalb keine Schülervertreter*innen gewählt werden können, sind hiervon entbunden. Diese SBBZ sind aber gem. § 63 Abs. 2 SchG, zur Beteiligung der Schüler*innen an der Gestaltung des Schullebens verpflichtet. Ein SBBZ muss deshalb die Entscheidung, seine Schüler*innen von der Mitarbeit in der Schulkonferenz auszuschließen, explizit begründen können.

§ 3 Wahl

(1) Für die Wahl der Vertreter der Lehrer und ihrer Stellvertreter gilt § 2 Abs. 1 Nr. 15 der Konferenzordnung. Für die Wahl der Vertreter der Eltern und ihrer Stellvertreter gelten die Vorschriften für die Wahl des Vorsitzenden des Elternbeirats entsprechend; gleiches gilt für die Wahl der Vertreter der für die Berufserziehung der Schüler Mitverantwortlichen und ihrer Stellvertreter mit der Maßgabe, dass wahlberechtigt nur die Vertreter der für die Berufserziehung der Schüler Mitverantwortlichen sind. Für die Wahl der Vertreter der Schüler und ihrer Stellvertreter gelten die Vorschriften für die Wahl des Schülersprechers mit der Maßgabe, dass auch die Stellvertreter der Klassensprecher wählbar sind. Gewählt ist, wer die meisten Stimmen erhält; bei Stimmengleichheit erfolgt Stichwahl, bei weiterer Stimmengleichheit entscheidet das Los.

Hinweis der Redaktion: Beurlaubte Lehrkräfte sind passiv wahlberechtigt (Quelle: KM, 30.1.1997; AZ: IV/6680.0/78)

(2) Im Verhinderungsfalle werden die Mitglieder von ihren Vertretern in der Reihenfolge der erreichten Stimmenzahl vertreten. Beim Ausscheiden eines Mitglieds aus der Schulkonferenz gilt für das Nachrücken Satz 1 entsprechend. Ein Mitglied scheidet aus, wenn es die Wählbarkeit für die Schulkonferenz verliert.

Hinweis der Redaktion:

1. Sind in einem Wahlgang mehrere Personen zu wählen, ist es zweckmäßig ein Wahlverfahren wie bei den Kommunalwahlen vorzuschreiben (ein Wahlgang, jeder Stimmberechtigte hat so viele Stimmen, wie Personen zu wählen sind; bei Stimmengleichheit erfolgt eine Stichwahl, bleibt diese ohne Ergebnis, entscheidet das Los).
2. Es ist zur Ermittlung der Stellvertreter*innen erforderlich, das Wahlergebnis im Protokoll des wählenden Gremiums (z.B. der Gesamtlehrerkonferenz) festzuhalten; vgl. § 8.

(3) Sind weniger Lehrerstellen vorhanden, als die Zahl der Vertreter und Stellvertreter beträgt, kann die Gesamtlehrerkonferenz die Reihenfolge der Vertreter auch anders als durch Wahl bestimmen.

§ 4 Amtszeit

(1) Die Amtszeit beginnt mit der Annahme der Wahl und dauert bis zum Ende des laufenden Schuljahres. Wiederwahl ist zulässig, solange die Wählbarkeit besteht.

(2) Die Schulkonferenz kann die Amtszeit durch Geschäftsordnung um höchstens ein Schuljahr verlängern.

(3) Die Schulkonferenz führt nach Ablauf der Amtszeit die Geschäfte bis zum Zusammentritt der neuen Schulkonferenz fort.

§ 4a
Mitwirkung bei der Besetzung der Schulleiterstelle

(1) Bei der Besetzung der Schulleiterstelle sind gemäß § 40 Absatz 1 Satz 1 Nummer 1 SchG Schülervertreter, die das 16. Lebensjahr noch nicht vollendet haben, nicht mitwirkungsberechtigt. An ihre Stelle treten die gemäß § 3 Absatz 1 Satz 3 gewählten Stellvertreter, die das 16. Lebensjahr vollendet haben oder, soweit solche nicht oder nicht in entsprechender Zahl vorhanden sind, die gemäß § 3 Absatz 1 Satz 2 gewählten Elternstellvertreter.

(2) Nehmen Schüler- oder Elternvertreter als Vertreter der Schulkonferenz an der Auswahlkommission nach § 40 Absatz 2 SchG teil, kann ihnen Fahrkostenerstattung oder Wegstrecken- und Mitnahmeentschädigung nach den Bestimmungen des Landesreisekostengesetzes gewährt werden.

⇨ Funktionsstellen (Besetzung); ⇨ Reisekostengesetz (LRKG); ⇨ Schulgesetz § 40; ⇨ Schulkonferenz (Bestellung der Schulleitung)

§ 5
Einberufung der Sitzungen, Teilnahmepflicht

(1) Der Vorsitzende beruft nach Abstimmung mit seinem Stellvertreter die Schulkonferenz unter Angabe von Zeit, Ort und Tagesordnung ein. Die Einladungsfrist beträgt mindestens eine Woche. In dringenden Fällen kann die Frist auf einen Unterrichtstag verkürzt werden. Unterlagen für die Beratung sollen den Mitgliedern der Schulkonferenz so rechtzeitig bekanntgegeben werden, dass sie sich mit ihnen vertraut machen können.

(2) Die Schulkonferenz tritt mindestens einmal im Schulhalbjahr zusammen. Sie ist unverzüglich einzuberufen, wenn es 1/3 aller Mitglieder beantragt; sie soll einberufen werden, wenn dies 1/5 aller Mitglieder beantragt. Der Antrag muss die Angabe des Verhandlungsgegenstandes enthalten; dieser muss zum Aufgabengebiet der Schulkonferenz gehören.

(3) Die Mitglieder sind verpflichtet, an den Sitzungen der Schulkonferenz teilzunehmen. Im Verhinderungsfalle haben sie rechtzeitig den Stellvertreter zu benachrichtigen.

§ 6
Verhandlungsleitung, Geschäftsgang

(1) Der Vorsitzende eröffnet, leitet und schließt die Sitzungen und übt das Sitzungsrecht aus. Bei Ordnungsverstößen kann er ein Mitglied von der weiteren Teilnahme an der Sitzung ausschließen.

Hinweis der Redaktion: Der Vorsitz der Schulkonferenz obliegt dem bzw. der Schulleiter*in. Bei deren Verhinderung obliegen die Sitzungsleitung und die Abwicklung der damit verbundenen Geschäfte dem/der Elternbeiratsvorsitzenden. Dies gilt auch bei längerfristiger Verhinderung, es sei denn, die Schulverwaltung bestellt förmlich eine kommissarische Schulleitung. Bei der Beratung und Beschlussfassung über die Neubesetzung einer Funktionsstelle (§ 40 Schulgesetz) kann eine Stellvertretung auch wegen Befangenheit des/der bisherigen Schulleiter*in erforderlich sein. Beim Ausfall des/der Schulleiter*in, z.B. wegen Krankheit oder wegen Befangenheit, geht deren Stimmrecht in der Schulkonferenz nicht verloren; dieses nimmt der bzw. die stellvertretende Schulleiter*in wahr (diese besitzen dann jedoch nur Teilnahme- und Stimmrecht, aber keine Leitungsbefugnis).

⇨ Befangenheit; ⇨ Schulgesetz §§ 40, 47 Abs. 9 Nr. 2

(2) Der Vorsitzende der Schulkonferenz setzt die Tagesordnung fest. Er ist verpflichtet, Anträge, die von einem Mitglied mindestens 3 Unterrichtstage vor dem Sitzungstermin schriftlich bei ihm eingereicht werden, auf die Tagesordnung zu setzen und zu Beginn der Sitzung bekanntzugeben.

(3) Jedes Mitglied der Schulkonferenz kann nach Erledigung der Tagesordnung Angelegenheiten zur Sprache bringen, die zum Aufgabenbereich der Schulkonferenz gehören. Beschlüsse darüber sind in dieser Sitzung nicht zulässig; die Beratung muss unterbleiben, wenn die Mehrheit der anwesenden Mitglieder widerspricht.

§ 7
Beschlussfassung

(1) Die Schulkonferenz kann nur in einer ordnungsgemäß einberufenen und geleiteten Sitzung beschließen. Sie ist beschlussfähig, wenn mehr als die Hälfte der Mitglieder anwesend ist. Bei einer wegen Beschlussunfähigkeit erneut einberufenen Sitzung ist die Schulkonferenz auch dann beschlussfähig, wenn weniger als die Hälfte der Mitglieder anwesend ist.

(2) Die Schulkonferenz beschließt durch Abstimmung. Sie stimmt in der Regel offen ab. Auf Antrag von mindestens zwei Mitgliedern ist in geheimer Abstimmung mit Stimmzetteln abzustimmen. Die Beschlüsse werden mit Stimmenmehrheit gefasst; Stimmenthaltungen bleiben hierbei unberücksichtigt. Bei Stimmengleichheit ist der Antrag abgelehnt.

(3) Über Gegenstände einfacher Art kann im Wege der schriftlichen Umfrage beschlossen werden, wenn kein Mitglied widerspricht. Ein hierbei gestellter Antrag ist angenommen, wenn die Mehrheit der Mitglieder schriftlich ihre Zustimmung erteilt.

Hinweis der Redaktion: Die Elternmitglieder in der Schulkonferenz können als „Elterngruppe" gesondert zusammentreten und im Rahmen des § 47 Abs. 5 Schulgesetz Anträge an die Gesamtlehrerkonferenz richten; bei deren Behandlung in der Konferenz besitzen sie beratende Stimme.

⇨ Konferenzordnung § 11 Abs. 4; ⇨ Schulgesetz § 47 Abs. 5

§ 8
Niederschrift

Über jede Sitzung ist eine Niederschrift zu fertigen. Diese muss den Namen des Vorsitzenden, die Namen der Anwesenden und die Zahl der abwesenden Mitglieder, die Tagesordnung, die Anträge, die Abstimmungsergebnisse und den Wortlaut der Beschlüsse enthalten. Die Niederschrift ist vom Vorsitzenden und vom Schriftführer zu unterzeichnen und allen Mitgliedern zuzusenden.

§ 9
Geschäftsordnung

Die Schulkonferenz kann sich zur Geschäftsordnung weitere Bestimmungen geben und insbesondere regeln: ⇨ Geschäftsordnung

1. die Bestellung eines Schriftführers,
2. die Bildung von Ausschüssen,
3. Behandlung von Wortmeldungen, Redezeit,
4. Einladung von Nichtmitgliedern zu den Sitzungen,

5. die Verlängerung der Amtszeit gemäß § 4 Abs. 2,
6. die Geschäftsordnung für die Klassenpflegschaft gemäß § 9 der Elternbeiratsverordnung,
7. die Bildung von Berufsgruppen- und Abteilungspflegschaften gemäß § 10 der Elternbeiratsverordnung.

Hinweis der Redaktion: Es empfiehlt sich, in der Geschäftsordnung analog zu § 12 Abs. 5 der ⇨ Konferenzordnung die Verhandlungsgrundsätze zu beachten, die auch in anderen Gremien mit öffentlichen Aufgaben üblich sind. Hierzu zählen etwa: Eröffnung der Beratung durch die/den Vorsitzende*n gemäß der Tagesordnung, Aufstellung einer Rednerliste entsprechend den Wortmeldungen, Vorziehen von Anträgen zur Geschäftsordnung, Zurückweisung eines ungebührlichen, z.B. beleidigenden Wortbeitrages, bei alternativen Anträgen zunächst Abstimmung über den weitergehenden Antrag.

§ 10
Heimschulen

Für die Gymnasien in Aufbauform mit Heim gelten hinsichtlich der Zusammensetzung der Schulkonferenz die Vorschriften des § 47 Abs. 9 SchG und die Vorschriften dieser Verordnung entsprechend. Gleiches gilt für die Heimsonderschulen und Sonderschulen mit folgenden Maßgaben:

1. Die Schüler sind zu beteiligen, soweit es ihre Möglichkeiten und das Bildungsziel der Schule zulassen.
2. In den Heimsonderschulen tritt an die Stelle eines Lehrers ein von den Erziehungskräften des Heims aus ihrer Mitte gewählter Vertreter. Für die Wahl des Vertreters gilt § 3 Abs. 1 Satz 4 und Abs. 2 entsprechend.

⇨ Funktionsstellen (Besetzung und Überprüfung); ⇨ Geschäftsordnung; ⇨ Konferenzordnung; ⇨ Konferenzen (Allgemeines); ⇨ Schulgesetz § 47; ⇨ Schulkonferenz (Bestellung der Schulleitung)

Schulkonferenz (Zusammensetzung)

Schaubild der Redaktion auf Basis des § 47 Abs. 9 SchG i.V.m § 2 ⇨ Schulkonferenzordnung

* „Lehrerstelle" = Schulleiter/in + Zahl der Lehrkräfte mit mindestens halbem Lehrauftrag	Lehrerstellen* an der Schule				Vorsitz (V) und Stellv. Vorsitz (SV)
	bis zu 2	3 bis 6	7 bis 13	ab 14	
Schule mit Elternbeirat und Schülerrat (z.B. Haupt-/Werkreal-, Gemeinschafts-, Realschule, Gymnasium)	1 SL 1 EBV 1 SP 1 Lehrer 1 Schüler 1 Eltern	1 SL 1 EBV 1 SP 1 Lehrer 1 Schüler 1 Eltern	1 SL 1 EBV 1 SP 2 Lehrer 2 Schüler 2 Eltern	1 SL 1 EBV 1 SP 3 Lehrer 3 Schüler 3 Eltern	V: Schulleiter SV: Elternbeiratsvorsitzender
Schule ohne Elternbeirat (Kolleg)	1 SL 1 SP 1 Lehrer 1 Schüler	1 SL 1 SP 2 Lehrer 2 Schüler	1 SL 1 SP 3 Lehrer 3 Schüler	1 SL 1 SP 5 Lehrer 5 Schüler	V: Schulleiter SV: Stellv. Schulleiter
Schule ohne Schülerrat (z.B. Grundschule)	1 SL 1 EBV 1 Lehrer 1 Eltern	1 SL 1 EBV 2 Lehrer 2 Eltern	1 SL 1 EBV 3 Lehrer 3 Eltern	1 SL 1 EBV 5 Lehrer 5 Eltern	V: Schulleiter SV: Elternbeiratsvorsitzender
Berufliche Schule (und entsprechendes SBBZ) mit Elternbeirat und Schülerrat	1 SL 1 EBV 1 SP 1 Lehrer 1 Schüler 1 Eltern	1 SL 1 EBV 1 SP 1 Lehrer 1 Schüler 1 Eltern	1 SL 1 EBV 1 SP 2 Lehrer 2 Schüler 2 Eltern 3 für die Berufserziehung Mitverantwortliche	1 SL 1 EBV 1 SP 3 Lehrer 3 Schüler 3 Eltern 4 für die Berufserziehung Mitverantwortliche	V: Schulleiter SV: Elternbeiratsvorsitzender

Abkürzungen und weitere Hinweise:

SL = Schulleiter*in (Mitglied kraft Amtes)
EBV = Elternbeiratsvorsitzende*r (Mitglied kraft Amtes)
SP = Schülersprecher*in (Mitglied kraft Amtes)

Die Vertreter der Schüler*innen müssen mindestens der 7. Klasse angehören.

Bei allgemeinen Angelegenheiten der SMV nimmt der/die Verbindungslehrer*in mit beratendem Stimmrecht teil (§ 2 Abs. 2 Nr. 4)

Bei Angelegenheiten, die den Schulträger berühren, kann dieser beratend mitwirken.

Die Schulkonferenz kann weitere Personen zu ihren Sitzungen einladen (Schulkonferenzordnung § 9 Nr. 4).

Zumindest an Schulen, bei denen die stellvertretende Sitzungsleitung dem stellvertretenden Schulleiter obliegt, sollte dieser immer als Gast hinzugezogen werden, soweit er der Schulkonferenz nicht als gewählter Vertreter der Lehrerschaft angehört.

Schulleitung (Abteilungsleiter*innen)

Aufgaben und Stellung der Studiendirektor*innen zur Koordinierung schulfachlicher Aufgaben an allgemeinbildenden und an beruflichen Schulen (VwV Abteilungsleiterinnen und Abteilungsleiter); Anhörungsfassung (AZ 31-6451.4/34)

1. Geltungsbereich

Diese Verwaltungsvorschrift gilt für die Abteilungsleiterinnen und die Abteilungsleiter zur Koordinierung schulfachlicher Aufgaben an allgemeinbildenden und beruflichen Schulen. Dies sind

a) die Abteilungsleiterinnen und Abteilungsleiter an den Realschulen und Gemeinschaftsschulen ohne Sekundarstufe II und

b) die Abteilungsleiterinnen und Abteilungsleiter an allgemein bildenden Gymnasien, beruflichen Schulen und Gemeinschaftsschulen mit Sekundarstufe II.

2. Stellung und Aufgaben

2.1 Allgemeines

Die Abteilungsleiterin oder der Abteilungsleiter ist Teil des Schulleitungsteams, unterstützt die Schulleiterin oder den Schulleiter bei der Erfüllung ihrer oder seiner Aufgaben und leitet eine schulische Abteilung. Die Schulleiterin oder der Schulleiter ist Vorgesetzte oder Vorgesetzter der Abteilungsleiterin oder des Abteilungsleiters und trägt die Gesamtverantwortung für die Arbeit der Abteilungsleiterin oder des Abteilungsleiters. Die Abteilungsleiterin oder der Abteilungsleiter ist der Schulleitung gegenüber rechenschaftspflichtig. Die Schulleiterin oder der Schulleiter legt unter Beachtung eines an der Schule vorhandenen Leitbildes beziehungsweise pädagogischen Programmes die Aufgabenbereiche der Abteilungsleiterin oder des Abteilungsleiters und die Formen der Zusammenarbeit fest und bildet die schulischen Abteilungen, deren Zahl grundsätzlich der Zahl der Stellen für Abteilungsleiterinnen und Abteilungsleiter entspricht, die der Schule zur Verfügung stehen. Die Abteilungsleiterin oder der Abteilungs leiter ist dafür verantwortlich, dass die ihrem oder seinem Aufgabenbereich zugehörenden Aufgaben erfüllt werden. Sie oder er ist berechtigt, die hierfür erforderlichen Weisungen zu geben und ist insoweit Vorgesetzte oder Vorgesetzter der Lehrkräfte. Sie oder er arbeitet selbstständig und eigenverantwortlich und ist als Führungskraft auf die Grundregeln des kooperativen Führungsstils verpflichtet. Sofern an der Schule ein Leitbild beziehungsweise ein pädagogisches Programm formuliert ist, richtet sie oder er seine Arbeit daran aus.

2.2 Aufgabenbereiche

Den Abteilungsleiterinnen und Abteilungsleitern können insbesondere Aufgaben aus den folgenden Bereichen übertragen werden:

- Lehren und Lernen, Organisation und Entwicklung von Lernprozessen,
- Schulorganisation und -verwaltung,
- Kommunikation und Kooperation mit allen am Schulleben Beteiligten, einschließlich Leitung von Konferenzen (Fach- und Abteilungskonferenzen) und Dienstbesprechungen,
- Personalführung und Personalentwicklung, Unterstützung der Schulleiterin oder des Schulleiters bei der Lehrereinstellung, der Ausbildung der Lehramtsbewerberinnen und Lehramtsbewerber sowie der Beurteilung und Beratung der Lehrkräfte,
- Fortbildungsmanagement und
- Qualitätssicherung und -entwicklung, Evaluation.

3. Anforderungsprofil

Von Abteilungsleiterinnen und Abteilungsleitern wird erwartet, Führungs- und Leitungsaufgaben zu übernehmen. Dies erfordert vor allem

- Aufgeschlossenheit für Innovationen,
- Eigeninitiative,
- kommunikative Kompetenzen,
- Fähigkeit und Bereitschaft, sich rasch in Fragen der Verwaltung, der Schulentwicklung, der schulischen Evaluation und Lehreraus- und -fortbildung einzuarbeiten,
- besondere Qualifikationen im fachlichen, pädagogischen, didaktisch-methodischen und organisatorischen Bereich sowie in der Personalführung im Sinne des des Leitbildes der Landesverwaltung des Landes Baden-Württemberg vom 11. Dezember 1995 (K. u. U. 1996 S. 81) und
- Bereitschaft zur Fortbildung im Sinne des Aufgabenprofils.

⇨ Arbeitszeit (Lehrkräfte – VwV Anrechnungen) Nr. IV.2.3; ⇨ Beförderung; ⇨ Beförderung (Oberstudienrat*rätin); ⇨ Besoldung (Zulagen); ⇨ Bildungsberatung und Beratungslehrkräfte; ⇨ Evaluation; ⇨ Fachberater*innen; ⇨ Fortbildung (Allgemeines); ⇨ Fortbildung und Personalentwicklung Nr. II Abs. 5; ⇨ Funktionsstellen; ⇨ Schulgesetz § 37; ⇨ Schulleitung (Aufgaben und Stellvertretung)

Stichwort: Schulmilch, Schulobst, Schulgemüse

Mit dem EU-Schulprogramm erfahren Kinder, dass Obst, Gemüse und Milch nicht nur gesund sind, sondern auch lecker schmecken. Die Kinder erhalten regelmäßig pro Woche kostenlos jeweils maximal eine Extraportion Schulobst und -gemüse und Schulmilch.
Mehr Infos unter: https://mlr.baden-wuerttemberg.de/de/unsere-themen/ernaehrung/eu-schulprogramm/

Schulleitung (Aufgaben und Stellvertretung)

Informationen der Redaktion zur Rechtslage und zur Verwaltungspraxis in Baden-Württemberg

Die Schulleitung besitzt in Baden-Württemberg traditionell sowohl eine kollegiale als auch eine direktoriale Komponente. Im *„Anforderungsprofil“* (K.u.U. Heft 15-16a/2012) führt das KM u.a. aus: *„Der Schulleiterin/dem Schulleiter kommt die zentrale Leitungs- und Steuerungsfunktion und damit die Verantwortung für die nachhaltige Qualitätsentwicklung und -sicherung der Schule zu. Sie/er pflegt einen kooperativen und situativ-partizipativen Führungsstil.“*

Der Schulleiter bzw. die Schulleiterin

- muss die Lehrbefähigung für eine an der Schule vorhandene Schulart besitzen (§ 39 SchG) und ist als Lehrkraft an der Schule Mitglied des Lehrerkollegiums sowie der schulischen Gremien,
- leitet die Gesamtlehrerkonferenz, die Schulkonferenz und dieVersetzungskonferenzen,
- ist Behördenleiter sowie Vorgesetzter der Lehrkräfte an der Schule; zu Begriff und Aufgaben des *„Vorgesetzten“* bzw. *„Dienstvorgesetzten“* siehe:
  ➪ Beamtengesetz (LBG) § 3 (Kasten); ➪ Schulgesetz § 41; ➪ Verwaltungsrecht (Allgemeines) Nr. 1
- ist „Unternehmer“ im Sinne der Arbeitsschutz- und Unfallverhütungsvorschriften.
  ➪ Arbeitsschutz (Allgemeines); ➪ Gefährdungsbeurteilung; ➪ Unfallversicherung

Während in anderen Behörden das Direktionsrecht der Leitung in der Regel uneingeschränkt wirkt, sind Schulleiter*innen an die Beschlüsse der schulischen Gremien gebunden (teilweise entscheiden die Gesamtlehrerkonferenz und/oder die Schulkonferenz sogar abschließend). Zudem besitzen die Lehrkräfte eine originäre Handlungs- und Entscheidungskompetenz (➪ Pädagogische Freiheit bzw. Verantwortung).
➪ Konferenzen (Allgemeines); ➪ Schulgesetz § 38

Diese Verschränkung der Aufgaben und Zuständigkeiten wird z.B. dadurch ausgedrückt, dass der bzw. die Schulleiter*in, *„unterstützt von der Gesamtlehrerkonferenz, verantwortlich für die Besorgung aller Angelegenheiten der Schule“* ist (§ 41 SchG).

Die Aufgaben der Schulleitung ergeben sich auch aus dem Recht der Schule, *„die zur Aufrechterhaltung der Ordnung des Schulbetriebs und zur Erfüllung der ihr übertragenen unterrichtlichen und erzieherischen Aufgaben erforderlichen Maßnahmen zu treffen und örtliche Schulordnungen, allgemeine Anordnungen und Einzelanordnungen zu erlassen. [...]“*. ➪ Schulgesetz § 23 Abs. 2

Obwohl im Schulgesetz vorgesehen (§§ 41 Abs. 4 bzw. 42 Abs. 2), gibt es keine ➪ Dienstordnung für die Schulleitung; dies gibt ihr Raum, Ermessensentscheidungen in eigener Verantwortung zu treffen.
➪ Ermessen; ➪ Verwaltungsrecht (Allgemeines)

Was der Schulleitung durch Verfassung, Gesetz oder Vorschrift (auch Weisung) zur Erledigung übertragen ist, hat diese selbst – allerdings *„unterstützt von der Gesamtlehrerkonferenz“* (s.o.) – zu tun und zu verantworten. Dies gilt auch für die Vertretung der Schule nach außen (z.B. gegenüber der Öffentlichkeit). Ist die vorgesetzte Behörde mit den Amtshandlungen der Schulleitung nicht einverstanden, so kann sie diese beanstanden, die Angelegenheit zur erneuten Entscheidung an die Schule zurückverweisen und ggf. auch disziplinarische Maßnahmen einleiten. Sie darf sich aber nicht einfach an deren Stelle setzen: In der öffentlichen Verwaltung verbietet sich in der Regel ein „Selbsteintritt” – eine Ersatzvornahme durch Vorgesetzte ist nur bei Gefahr im Verzuge möglich.
➪ Presserecht; ➪ Verwaltungsrecht (Allgemeines)

Die Arbeitszeit der Schulleitungen gliedert sich in eine „Leitungszeit“ und ihre Unterrichtsverpflichtung. ➪ Arbeitszeit (Lehrkräfte-ArbeitszeitVO) § 2

Hieraus ergibt sich keine Präsenzpflicht der Leitungsperson an der Schule – auch für Schulleiter*innen gilt die 41-Stunden-Woche. Die Schulleitung muss jedoch aufgrund ihrer Obhutspflicht für die Schüler*innen dafür sorgen, dass sie selbst oder eine von ihr autorisierte Lehrkraft während der „Schulbetriebs“-Zeit erreichbar ist und die notwendigen Maßnahmen ergreifen kann (vgl. hierzu auch die Beiträge ➪ Aufsichtspflicht und ➪ Gewaltvorfälle und Schadensereignisse Nr. 1.1).

Kommissarische Schulleitung

Die Schulverwaltung kann bei Vorliegen besonderer Umstände (z.B. längerfristige Vakanz, tiefgehendes Zerwürfnis im Lehrerkollegium, absehbare Auflösung einer Schule) eine andere Person – auf Zeit – mit der kommissarischen Schulleitung beauftragen (dies ist formal zu unterscheiden von der *„Verhinderungsstellvertretung“* durch den bzw. die stellvertretende Leiter*in einer Schule; siehe unten). Kommissarische Schulleitungen nehmen die Leitungsaufgaben in vollem Umfang und mit allen Rechten und Pflichten wahr; sie haben Anspruch auf die vollständige „Leitungszeit“. Sie erhalten für die Dauer der Wahrnehmung dieses „höherwertigen Amtes“, längstens fünf Jahre lang, eine nicht ruhegehaltfähige „Vertretungszulage“.
➪ Besoldungsgesetz (LBesGBW) § 62a

Aufgaben und Arbeitszeit der weiteren Mitglieder der Schulleitung

An jeder Schule nehmen ein Stellvertreter bzw. eine Stellvertreterin deren *ständige und allgemeine Vertretung* wahr (Ausnahme: Bei der Leitung der Schulkonferenz obliegt die Stellvertretung dem bzw. der Elternbeiratsvorsitzenden).
➪ Schulgesetz § 42; ➪ SchulkonferenzVO § 2 Abs. 2

Ab einer Mindestschülerzahl ist hierfür an der Schule eine Funktionsstelle ausgebracht (z.B. Konrektor*in, Studiendirektor*in) siehe ➪ Besoldung (Eingruppierung).
Ist keine Person mit der Stellvertretung betraut oder vorhanden (z.B. an kleineren Schulen) oder ist auch sie verhindert, obliegt diese Aufgabe der dienstältesten Lehrkraft an der Schule. *„Dienstälteste Lehrkraft“* ist die wissenschaftliche Lehrkraft mit dem nächsthöheren (Beförderungs-) Amt an der Schule. ➪ Schulgesetz § 42 Abs. 1

Je nach konkretem Bedarf kann die Schulleiterin bzw. der Schulleiter weitere Lehrkräfte beauftragen, an der Leitung der Schule mitzuwirken.

Aufgabenverteilung und Arbeitszeit

Das KM geht von einer ständigen Aufgabenverteilung innerhalb der Schulleitung und einer entsprechenden Zuteilung von Anrechnungsstunden an die stellvertretenden Schulleitungen – im Maße ihrer Beanspruchung – aus. Auch weitere Lehrkräfte, die an der Leitung der Schule mitzuwirken, können Leitungsstunden erhalten. Die konkrete Aufteilung ist zu vereinbaren, wobei dem Schulleiter bzw. der Schulleiterin gem. § 41 SchG ein Letzt-Entscheidungsrecht zusteht. Die Arbeitsaufteilung sollte an der Schule durch einen ➪ Geschäftsverteilungsplan bekanntgemacht werden. ➪ Arbeitszeit (Lehrkräfte) – Allgemeines)

Zu den Gymnasien und beruflichen Schulen siehe: ➪ Schulleitung (Abteilungsleiter*innen).

Verhinderungsstellvertretung

Bei Verhinderung der Schulleiterin oder des Schulleiters übernimmt der bzw. die Stellvertreter*in alle Leitungsaufgaben; hierzu gehört auch die dienstliche Beurteilung der Lehrkräfte. Für die Leitungsgeschäfte steht dieser Person ein Arbeitszeitausgleich zu:

a) Bei kürzerer Abwesenheit der Schulleitung (z.B. wegen einer auswärtigen Dienstbesprechung oder kurzfristiger Erkrankung) erfolgt kein besonderer Zeitausgleich – allerdings muss die stellvertretende Person den Unterricht, den sie wegen der Leitungstätigkeit nicht halten kann, nicht nachholen, denn sie nimmt statt dieser dienstlichen Verpflichtung eine andere wahr.
b) Bei längerfristiger bzw. umfangreicher Vertretung (z.B. Todesfall oder Zurruhesetzung) hat die stellvertretende Leitungsperson gemäß ➪ Arbeitszeit (Lehrkräfte-ArbeitszeitVO) § 3 Anspruch auf die Schulleitungs-Anrechnung. In diesem Fall ist
   - entweder ihr Lehrauftrag so zu ändern, dass sie im zustehenden Umfang freigestellt wird,
   - oder es ist ein Deputatsausgleich möglich.

   ➪ Arbeitszeit (Lehrkräfte – VwV Anrechnungen) Nr. II

Beispiel: Die dienstälteste Lehrerin an einer kleineren Schule, an der die Schulleitungsanrechnung 10 Stunden beträgt, nimmt drei Kalendermonate lang (einschließlich der Ferien) die Dienstgeschäfte der Schulleitung wahr. Damit hat sie – auf das Jahr bezogen – Anspruch auf ein Viertel der Schulleiteranrechnung, hier: auf zweieinhalb Unterrichtsstunden. Dafür erhält sie eine entsprechende Deputatsreduzierung im nächsten Schulhalbjahr oder Schuljahr.

Erteilt die stellvertretende Leitungsperson Unterricht, den sie wegen der ihr zustehenden Anrechnung eigentlich nicht halten müsste, besitzt sie hierfür Anspruch auf Mehrarbeitsvergütung bzw. – falls sie teilzeitbeschäftigt ist – auf anteilige Bezahlung. Anspruch auf eine Vertretungszulage gemäß ➪ Besoldungsgesetz (LBesGBW) § 62a besteht nur, wenn der/die „Verhinderungsstellvertreter*in" von der Schulaufsichtsbehörde förmlich mit der „kommissarischen Schulleitung" (s.o.) beauftragt wird.

➪ Arbeitszeit (Lehrkräfte – VwV Anrechnungen) Nr. II; ➪ Dienstordnung; ➪ Ermessen; ➪ Geschäftsverteilungsplan; ➪ Mehrarbeit; ➪ Schulgesetz §§ 23 und 41-42; ➪ Schulleitung (Abteilungsleiter*innen); ➪ Verwaltungsrecht

Schulleitung (Geschäftsführende Schulleiter*innen)

Informationen der Redaktion zur Rechtslage und zur Verwaltungspraxis in Baden-Württemberg

Für die Schulen einer oder mehrerer Schularten im Gebiet eines ➪ Schulträgers kann gem. ➪ Schulgesetz § 43 eine Person aus dem Kreis der Schulleiter*innen zur Geschäftsführenden Schulleiter*in bestellt werden. Sie besorgt alle Angelegenheiten, die eine einheitliche Behandlung erfordern oder die ihr durch besondere Anordnung übertragen werden. Dazu gehören u.a. die

- Entscheidung über Abweichung vom Schulbezirk (sofern ihnen die Zuständigkeit hierfür übertragen wurde). ➪ Schulgesetz § 76 Abs. 2 Satz 5
- Herbeiführung der Entscheidung über die Festlegung der beweglichen Ferientage.
  ➪ Ferienverordnung § 3 Abs. 3 Satz 5
- Genehmigung von Erhebungen, die sich auf das Gebiet des Schulträgers beschränken.
  ➪ Werbung, Wettbewerbe, Erhebungen Nr. 4
- Überwachung der Berufsschulpflicht.
  ➪ Schulpflicht (Berufliche Schulen – Übergabe)

Sie erhält eine Anrechnung auf die Unterrichtsverpflichtung sowie eine nicht ruhegehaltfähige Stellenzulage.
➪ Arbeitszeit (Lehrkräfte – VwV Anrechnungen) IV.2.1; ➪ Besoldung (Zulagen); ➪ Besoldungsgesetz § 57

Gibt es im Gebiet eines Schulträgers mehrere Geschäftsführende Schulleiter*innen, haben diese bei der Besorgung der o.g. Angelegenheiten das Einvernehmen herzustellen, bei allen übrigen Angelegenheiten, die verschiedene Schularten berühren, haben sie sich miteinander ins Benehmen zu setzen.

Die Bestellung erfolgt grundsätzlich getrennt für

- GHWRGS-Schulen (Voraussetzung: mindestens vier selbstständige Schulen dieser Schularten; bei erhöhtem Koordinierungsbedarf mehrere geschäftsführende Personen für einzelne Schularten),
- Gymnasien (Voraussetzung: mindestens drei voll ausgebaute oder – bei nicht ausgebauter Oberstufe – mindestens vier selbstständige Schulen; bei Unterschreitung dieses Schwellenwerts und Koordinierungsbedarf Mitbetreuung durch Geschäftsführende/n Schulleiter*in GHWRGS,
- beruflichen Schulen (Voraussetzung: mindestens drei selbstständige berufliche Schulen).

Es wird folgendes Verfahren praktiziert: Sämtliche Schulleitungen der betreffenden Schularten im Gebiet eines Schulträgers werden durch Ausschreibung oder direkte Information zur Bewerbung aufgefordert. Zugleich wird der Schulträger informiert.

Danach wählt die Schulaufsichtsbehörde die am besten geeignete Person aus. Im GHWRGS-Bereich wirkt der Personalrat gemäß LPVG § 75 mit.

Vor der Bestellung wird der Schulträger informiert und gebeten, sich zu der beabsichtigten Entscheidung zu äußern.

⇨ Arbeitszeit (Lehrkräfte – VwV Anrechnungen) IV.2.1; ⇨ Besoldung (Zulagen) Teil I; ⇨ Besoldungsgesetz (LBesGBW); ⇨ Ferienverordnung § 3 Abs. 3 Satz 5; ⇨ Personalvertretungsgesetz (LPVG) § 75 Abs. 1 Nr. 7b i.V.m. Abs. 6; ⇨ Schulgesetz § 43 und § 76 Abs. 2 Satz 5; ⇨ Schulpflicht (Berufliche Schulen – Übergabe); ⇨ Schulpflicht (Meldeverordnung) § 2; ⇨ Werbung Nr. 4

Schulpartnerschaften

Auszug aus den Leitsätzen des KM für die Förderung von Schulpartnerschaften an allgemeinbildenden Schulen (AZ: 43-6492.21/100); Stand: 30. Januar 2001

1. Eine Schulpartnerschaft setzt eine langfristig und auf Gegenseitigkeit angelegte Kooperation voraus. Sie sollte durch eine klare Absichtserklärung der Schulen (Partnerschaftsabkommen o.ä.) belegt sein. Auf beiden Seiten sollen Partnerschaftsbeauftragte benannt sein, die eine Gewähr für die Kontinuität des Programms bieten.
⇨ Schulgesetz § 47 Abs. 3 Nr. 1
2. Eine Partnerschaft soll gekennzeichnet sein durch ein Spektrum gemeinsamer Aktivitäten, z.B. Briefkontakte, Austausch von Materialien, Fernwettbewerbe, fachliche Kontakte auf Lehrerebene, gemeinsame Projekte, Eröffnung von Hospitationsaufenthalten. Eine ausschließlich auf persönliche Beziehungen ausgerichtete Kooperation fällt nicht unter den Begriff Schulpartnerschaft. Einmalige oder reine Austauschvorhaben (Schüler-, Lehreraustausch) gelten, wenn eine Dauerbindung nicht ersichtlich ist, nicht als Schulpartnerschaften.
3. Nach Maßgabe verfügbarer Mittel können bei Schulpartnerschaften als freiwillige Leistung des Landes bezuschusst werden:

3.1 Aufenthalte ausländischer Schüler und Schülerinnen die sich durch besonders gute Leistungen im Fach Deutsch ausgezeichnet haben, sowie deren Begleitlehrkräfte, können im Einzelfall bezuschusst werden. Die Mindestaufenthaltsdauer von zwei Wochen sollte nicht unterschritten werden.

3.2 Ausländische Lehrkräfte mit guten Deutschkenntnissen können Zuschüsse zu Hospitationsaufenthalten erhalten. Die Förderung ist auf höchstens zwei Monate begrenzt. Die Hospitation muss mindestens drei Wochen dauern. Am Ende der Hospitation ist zusammen mit der Abrechnung ein Bericht in deutscher Sprache vorzulegen.

3.3 Baden-württembergische Lehrkräfte und Angehörige der Schulverwaltung können Zuschüsse zu Initiativen bzw. Veranstaltungen zur Anbahnung bzw. Vorbereitung von Schulpartnerschaften erhalten (z.B. Reisekosten für Schulleiter bzw. Partnerschaftsbeauftragte, vorbereitende Tagungen/Seminare im Einzelfall).

3.4 Hospitationsaufenthalte im Ausland durch baden-württembergische Lehrkräfte, die Deutsch unterrichten, können gefördert werden, wenn sie an der ausländischen Partnerschule Deutschunterricht erteilen. Sie müssen sich verpflichten, dem Regierungspräsidium nach Beendigung des Hospitationsaufenthalts einen Erfahrungsbericht vorzulegen. Der Hospitationsaufenthalt muss in die Partnerschaftsbeziehung eingebettet sein. Eine Förderung ist nicht möglich, soweit eine Bezuschussung nach der VwV „Lehrer- und Assistentenaustausch" [...] oder anderweitige Fördermittel in Anspruch genommen werden, z.B. des Pädagogischen Austauschdienstes, Bonn.
⇨ Auslandsschuldienst (Ergänzender Hinweis Nr. 3)

3.5 Bezuschusst werden kann die Bereitstellung von Informations- bzw. Unterrichtsmaterialien oder methodisch-didaktischer Hilfen in deutscher Sprache zur ergänzenden Ausstattung der ausländischen Partnerschule.

3.6 Projekte, die von den Partnerschulen gemeinsam durchgeführt werden, können bezuschusst werden. Am Ende der Maßnahme ist zusammen mit der Abrechnung ein Projektbericht vorzulegen.

3.7 Schülerinnen und Schüler aus Baden-Württemberg können nach diesen Richtlinien nicht gefördert werden. Auf etwaige Fördermöglichkeiten nach der VwV ⇨ Außerunterrichtliche Jugendbildung wird hingewiesen.

4. Für die Förderung von Schulpartnerschaften ist das Regierungspräsidium Stuttgart – Vorortstelle für den internationalen Schüleraustausch – zuständig. Zuschussanträge für das Folgejahr müssen bis zum 30. November eines Jahres vom Schulleiter der deutschen Schule unter Verwendung des [...] Formblatts *(hier nicht abgedruckt)* an das Regierungspräsidium Stuttgart, Abteilung 7 Schule und Bildung, Internationaler Schüleraustausch, Postfach 10 36 42, 70031 Stuttgart, gestellt werden. Der Termin ist unbedingt einzuhalten. Es können nur Zuschüsse für Maßnahmen, die in den hier vorliegenden Leitsätzen genannt sind, beantragt werden. Pro Schule und Jahr kann nur ein Antrag auf Bezuschussung einer Maßnahme gestellt werden. [...]

Hinweis der Redaktion: Zum EU-Bildungprogramm für Lebenslanges Lernen, Aktion ERASMUS gehören auch multi- und bilaterale Schulpartnerschaften. Antragsberechtigt sind vorschulische Einrichtungen, allgemeinbildende und berufliche Schulen. Infos unter: www.erasmusplus.de/erasmus/bildungsbereiche/schulbildung/ sowie unter www.kmk-pad.org.

⇨ Außerunterrichtliche Jugendbildung; ⇨ Außerunterrichtliche Veranstaltungen; ⇨ Konferenzordnung § 2; ⇨ Reisekostengesetz (LRKG); ⇨ Schüleraustausch; ⇨ Schulgesetz § 47 Abs. 3 Nr. 1

Schulpflicht (Ausländische Schüler*innen)

Informationen der Redaktion zur Rechtslage und zur Verwaltungspraxis in Baden-Württemberg

Schulpflicht

Schulpflicht besteht in Baden-Württemberg für alle Kinder und Jugendlichen, die im Land ihren Wohnsitz oder gewöhnlichen Aufenthalt oder ihre Ausbildungs- oder Arbeitsstätte haben (➪ Schulgesetz § 72 Abs. 1). Diese Pflicht besteht unabhängig von der Herkunft bzw. Staatsangehörigkeit. Schulpflichtig ist auch, wem aufgrund eines Asylantrags der Aufenthalt in Baden-Württemberg gestattet ist oder wer hier geduldet wird, unabhängig davon, ob er selbst diese Voraussetzungen erfüllt oder nur ein Elternteil. Die Schulpflicht beginnt sechs Monate nach dem Zuzug aus dem Ausland und besteht bis zur Erfüllung der Ausreisepflicht fort. ➪ Migrationshintergrund

Auf aus dem Ausland einreisende Kinder und Jugendliche lassen sich die Schulpflichtbestimmungen oft nur mit Schwierigkeiten anwenden, da sie teilweise keine oder keine vergleichbaren Zeugnisse vorlegen können. Die Feststellung, ob die Schulpflicht bereits erfüllt wurde, obliegt der Schulleitung nach pflichtgemäßem ➪ Ermessen: Es ist anzunehmen, dass sie die allgemeine Schulpflicht erfüllt haben, wenn sie mindestens 15 Jahre alt sind. Ihre Berufsschulpflicht endet, falls das BVJ / Vorqualifizierungsjahr besucht wurde, ggf. schon vor Vollendung des 18. Lebensjahrs. Es empfiehlt sich, bei „Seiteneinsteigern", die bereits einen schulischen Abschluss im Ausland erreicht haben könnten, das entsprechende Zeugnis dem zentral zuständigen Regierungspräsidium Stuttgart (anerkennungsstelle@rps.bwl.de) zur Prüfung bzw. zur Feststellung der Gleichwertigkeit vorzulegen.

Zwar können ausländische Jugendliche auf Antrag in besonderen Härtefällen von der Schulpflicht befreit werden, insbesondere wenn wegen der Kürze der verbleibenden Schulbesuchszeit eine sinnvolle Förderung nicht erwartet werden kann (➪ Schulgesetz § 81). Um eine restriktive Anwendung sicherzustellen, obliegt diese Entscheidung aber nicht der Schule, sondern der Schulaufsichtsbehörde. Deren Ermessen ist durch die VwV ➪ Sprachförderung (Integration) gebunden. (Quelle: KM, 25.3.1999 Nr. IV/1-6601.0/259)

Recht auf Schulbesuch

Unabhängig von der Schulpflicht besitzt *„jeder junge Mensch [...] ohne Rücksicht auf Herkunft oder wirtschaftliche Lage das Recht auf eine seiner Begabung entsprechende Erziehung und Ausbildung"*. ➪ Verfassung Artikel 11

Auch die UN-Kinderrechtskonvention (Art. 28 KRK) garantiert das Recht auf Schulbesuch ohne Rücksicht auf den aufenthaltsrechtlichen Status.

Außer wenn bereits bei Beginn des Aufenthaltes mit hinreichender Sicherheit feststeht, dass die Betroffenen kurzfristig wieder tatsächlich ausreisen werden, ist dieses Schulbesuchsrecht – vom ersten Tag ihres Aufenthalts an! – auch für Kinder und Jugendliche im schulpflichtigen Alter zu gewährleisten, die zunächst in Erstaufnahmestellen untergebracht sind oder die von den Meldebehörden nicht erfasst sind.

Dies gilt auch, wenn sich Kinder oder Jugendliche illegal in Deutschland aufhalten und Zugang zum Schulwesen begehren: Nach dem Aufenthaltsgesetz (§ 87) sind *„Schulen sowie Bildungs- und Erziehungseinrichtungen"* von der Verpflichtung ausgenommen, die Ausländerbehörde zu unterrichten, wenn sie *„im Zusammenhang mit der Erfüllung ihrer Aufgaben"*, also dem Schulbesuch dieser Kinder, von deren illegalem Aufenthalt erfahren.

Um sicherzustellen, dass dieses Schulbesuchsrecht auch vor der erst nach sechs Monaten einsetzenden Pflicht zum Schulbesuch wahrgenommen werden kann, ist in der VwV ➪ Schulpflicht (Durchsetzung) festgelegt, dass die Meldebehörden den Schulen die Daten der schulpflichtigen Kinder und Jugendlichen ohne Rücksicht auf die Staatsangehörigkeit übermitteln müssen und dass die Schule die Erziehungsberechtigten über das Recht ihres derart gemeldeten Kindes auf Schulbesuch informieren muss, wenn es wegen eines laufenden Asylverfahrens oder eines geduldeten Aufenthalts vor Ablauf von 6 Monaten nach dem Zuzug noch nicht schulpflichtig ist.

Werden diese Kinder oder Jugendlichen bei der Schule angemeldet bzw. begehren sie als Volljährige die Aufnahme, besuchen sie die Schule mit allen Rechten und Pflichten. Sie sind deshalb beispielsweise unfallversichert und haben Anspruch auf Lernmittelfreiheit, müssen aber auch alle Pflichten erfüllen und können hierzu ggf. durch Erziehungs- und Ordnungsmaßnahmen angehalten werden.

Vorbereitungsklassen und -Kurse

In der VwV ➪ Sprachförderung (Integration) wird die Schule auf die Integration der ausländischen Kinder und Jugendlichen verpflichtet. Darin ist u.a. festgelegt: *„Kinder und Jugendliche mit nichtdeutscher Herkunftssprache besuchen so weit wie möglich die ihrem Alter und ihrer Leistung entsprechende Klasse der in Betracht kommenden Schulart"*. Soweit sie nicht wegen fehlender Deutschkenntnisse oder aufgrund besonderer Sprachschwierigkeiten Vorbereitungsklassen und -kurse besuchen, die jedoch nach bestimmter Frist in den regulären Schulbesuch einmünden, haben sie also Anspruch auf den Besuch des Unterrichts in regulären Schulklassen; die Aufnahme erfolgt nach der analog anzuwendenden Multilateralen Versetzungsordnung oder ggf. einer individuellen Leistungsfeststellung. Es ist unzulässig, sie ohne Ansehen ihrer Bildungsvoraussetzungen dauerhaft in Vorbereitungsklassen und ähnliche Maßnahmen „abzuschieben". ➪ Multilaterale Versetzungsordnung

➪ Ermessen; ➪ Migrationshintergrund; ➪ NotenbildungsVO; ➪ Schulgesetz § 72 ff.; ➪ Schulpflicht (Berufliche Schulen); ➪ Schulpflicht (Durchsetzung); ➪ Schulpflicht (Meldeverordnung); ➪ Sprachförderung (Integration); ➪ Sprachförderung (Stundentafeln VKL); ➪ Verfassung Art. 11; ➪ Vorqualifizierungsjahr Arbeit und Beruf (VAB)

Schulpflicht (Berufliche Schulen)

Dauer und Erfüllung der Berufsschulpflicht; Verwaltungsvorschrift des Kultusministeriums vom 9. November 1994 (K.u.U. S. 534/1994); neu in Kraft gesetzt 14. November 2001 (K.u.U. S. 75/2002)

I.
Allgemeines

Die Pflicht zum Besuch der Berufsschule ist in den §§ 77 ff. des Schulgesetzes (SchG) geregelt. Nachstehende ergänzende Regelungen ergehen zur Klärung von Einzelfragen.

II.
Freiwilliger Besuch der Berufsschule

1. Jugendliche, die nach § 78 Abs. 1 Satz 3 oder Abs. 2 Satz 3 SchG die Berufsschule freiwillig besuchen, haben die gleichen Rechte und Pflichten wie berufsschulpflichtige Schüler. Sie haben insbesondere den nach der Stundentafel vorgesehenen Unterricht grundsätzlich in vollem Umfang zu besuchen.
2. Schüler, die die Hochschulreife oder die Fachhochschulreife besitzen, können zu Beginn des Schuljahres auf Antrag in einzelnen Fächern des allgemeinen Lernbereiches ausnahmsweise vom Unterricht freigestellt werden, sofern dies aus pädagogischen Gründen (z.B. mangels Differenzierungsmöglichkeiten im Unterricht) zweckmäßig ist. Auf Antrag kann der Schüler an der Abschlussprüfung in einem solchen Fach teilnehmen; in diesem Fall zählen für die Feststellung des Prüfungsergebnisses nur die Prüfungsleistungen.
3. Bei einer Zweitausbildung gilt Ziffer 2 entsprechend.

III.
Vorzeitige Beendigung der Berufsschulpflicht

Gemäß § 81 Abs. 1 Satz 1 SchG wird die vorzeitige Beendigung der Berufsschulpflicht festgestellt:

1. bei Schülern mit einem Realschulabschluss oder einem dem Realschulabschluss gleichwertigen Bildungsstand, die die Berufsschule zwei Jahre besucht haben;
2. bei Schülern, die die Klasse 11 eines Gymnasiums durchlaufen und die Berufsschule ein Jahr besucht haben;
3. bei Schülern, die mindestens ein Jahr eine öffentliche berufliche Vollzeitschule oder eine entsprechende Ersatzschule besucht haben; wenn nach den Feststellungen der Schulaufsichtsbehörde die Voraussetzungen nach § 80 Nr. 2 SchG vorliegen, gilt dies auch für Schüler einer Ergänzungsschule mit Vollzeitunterricht.

IV.
Berufsvorbereitungsjahr

1. Jugendliche, die innerhalb der Probezeit gemäß § 13 BBiG das Ausbildungsverhältnis aufgeben, und Jugendliche, die innerhalb der ersten drei Monate nach Schuljahresbeginn eine berufliche Vollzeitschule verlassen, haben das Berufsvorbereitungsjahr zu besuchen.

   ⇨ Vorqualifizierungsjahr (VAB)
2. Jugendliche, die nach der Probezeit das Ausbildungsverhältnis aufgeben, und Jugendliche, die später als drei Monate nach Schuljahresbeginn eine berufliche Vollzeitschule verlassen, können nach ihrer Wahl ein Berufsvorbereitungsjahr, eine geeignete Fachklasse der Berufsschule oder eine Berufsfachschule besuchen. Sie sind entsprechend zu beraten und dabei über die in Betracht kommenden Bildungsgänge zu informieren. Danach ist unverzüglich über die Einschulung in einer geeigneten Klasse zu entscheiden. Die Wahl kann bis zum Ende der vierten Unterrichtswoche nach der Einschulung einmal geändert werden.
3. Für Schüler, die das Berufsvorbereitungsjahr freiwillig besuchen wollen, gilt Ziff. 2 entsprechend.

⇨ Berufsschule; ⇨ Schulpflicht (Meldeverordnung – Datenschutz); ⇨ Schulgesetz §§ 41, 72 f., 85-86; ⇨ Schulpflicht (Ausländische Schüler*innen); ⇨ Schulpflicht (Berufliche Schulen); ⇨ Vorqualifizierungsjahr (VAB)

Schulpflicht (Berufliche Schulen – Übergabe)

Übergabe von Berufsschulpflichtigen und Aufnahmeverfahren der beruflichen Vollzeitschulen; Verwaltungsvorschrift des Kultusministeriums vom 7. Dezember 2001 (K.u.U. S. 145/2002)

I.
Übergabe von Berufsschulpflichtigen

Die Übergabe von berufsschulpflichtigen Schülerinnen und Schülern der allgemeinbildenden Schulen an die beruflichen Schulen und von Schülerinnen und Schülern der beruflichen Schulen untereinander erfolgt nach folgenden Grundsätzen:

1 Geltungsbereich

Ein Übergabeverfahren ist für jede Berufsschulpflichtige und jeden Berufsschulpflichtigen durchzuführen. Es findet nicht statt bei Schülerinnen und Schülern, die nicht berufsschulpflichtig sind oder ihre Berufsschulpflicht bereits erfüllt haben oder bei denen die vorzeitige Beendigung der Berufsschulpflicht festgestellt wurde.

2 Übertritt von einer allgemeinbildenden Schule an eine berufliche Schule

2.1 Die abgebende Schule meldet die Abgabe dem Geschäftsführenden Schulleiter oder der Geschäftsführenden Schulleiterin (im Folgenden: Geschäftsführender Schulleiter) für berufliche Schulen mit Formular (vgl. Anlage – *hier nicht abgedruckt*). Die Meldungen sollen spätestens vor Beginn der Sommerferien erfolgt sein.

Bei Schülerinnen und Schülern, die nach § 72 Abs. 1 Satz 2 Schulgesetz (SchG) vom Besuch der abgebenden Schule befreit wurden und bei Schülern, für die eine Beendigung der Schulpflicht nach § 75 Abs. 3 SchG festgestellt wurde, ist die Meldung unverzüglich abzugeben.

2.2 Der Geschäftsführende Schulleiter für berufliche Schulen leitet das Formular an die aufnehmende Schule, wenn diese nicht bekannt ist, an den zuständigen Geschäftsführenden Schulleiter weiter.

3 Wechsel zwischen beruflichen Schulen

Bei einem Wechsel von einer beruflichen Schule an eine andere berufliche Schule gilt Nummer 2 mit der Maßgabe, dass die Meldung über die Abgabe unmittelbar an die für die Aufnahme zuständige Schule, wenn diese der abgebenden Schule bekannt ist, in den übrigen Fällen an den zuständigen Geschäftsführenden Schulleiter erfolgt.

4 Überwachung der Berufsschulpflicht

Der Schulleiter der aufnehmenden Schule überwacht die Erfüllung der Berufsschulpflicht. Eine Rückmeldung an den Geschäftsführenden Schulleiter bzw. an die abgebende berufliche Schule erfolgt nur, wenn die Schülerin oder der Schüler an der zur Aufnahme vorgesehenen Schule nicht eingeschult worden ist.

5 Formular

Für das Übergabeverfahren ist das als Anlage beigefügte Formular zu verwenden. [...] Soweit eine elektronische Datenübermittlung technisch und in Ansehung datenschutzrechtlicher Vorschriften möglich ist, kann das Formular entsprechend angepasst werden.

II.
Aufnahme in berufliche Vollzeitschulen

1 Bewerbung

Einheitlicher Schlusstermin für die Abgabe der Bewerbung um Aufnahme in eine berufliche Vollzeitschule oder eine nicht der Berufsschule zugeordnete berufliche Teilzeitschule, deren Bildungsgänge spätestens am 1. Oktober beginnen, ist jeweils der 1. März eines Jahres für die Aufnahme zum kommenden Schuljahr.

Nach diesem Termin eingegangene Bewerbungen können nur dann berücksichtigt werden, wenn die Aufnahme weiterer Bewerberinnen und Bewerber unter Berücksichtigung aller termingerechter Bewerbungen noch möglich ist.

Den einzureichenden Bewerbungsunterlagen ist das für die Aufnahme maßgebende Zeugnis beizufügen. Sofern dieses noch nicht vorliegt, ist das letzte Halbjahreszeugnis bzw. die letzte Halbjahresinformation vorzulegen.

2 Aufnahmeverfahren

2.1 Benachbarte Schulen klären unverzüglich nach Ablauf des Anmeldetermins für die beruflichen Schulen ihre Aufnahmefähigkeit ab und weisen erforderlichenfalls Bewerberinnen und Bewerber auf noch freie Plätze hin (§ 18 Abs. 1 und § 88 Abs. 4 Schulgesetz).

2.2 Nachdem die Schule die im Rahmen der Festlegung der [...] VwV ⇨ Organisationserlass geplante Klassenbildung mit dem Oberschulamt abgestimmt hat, erteilt sie den Bewerberinnen und Bewerbern in der Zeit vom 20. bis 25. März des jeweiligen Jahres entweder eine Aufnahmezusage oder – sofern noch keine eindeutigen Aussagen möglich sind – informiert sie über ihre Aufnahmeaussichten. Dabei ist Folgendes zu beachten:

2.2.1 Eine Aufnahmezusage ist zu erteilen, wenn aufgrund der eingegangenen Bewerbungen kein Auswahlverfahren stattfinden muss und die Aufnahmevoraussetzungen nach der Ausbildungs- und Prüfungsordnung des jeweiligen Bildungsganges erfüllt sind.

2.2.2 Wenn aufgrund der eingegangenen Bewerbungen ein Auswahlverfahren durchgeführt werden muss, ist unter Berücksichtigung der vorhandenen Plätze, der eingegangenen Bewerbungen und der danach voraussichtlich erforderlichen Notendurchschnitte zu ermitteln, ob die Bewerberin oder der Bewerber mit der Aufnahme rechnen kann oder nicht.

Kann mit hoher Wahrscheinlichkeit mit der Aufnahme gerechnet werden, so ist eine Aufnahmezusage zu erteilen. Soweit aufgrund des (Halbjahres-)Zeugnisses bzw. der Halbjahresinformation mit hoher Wahrscheinlichkeit keine Aussicht auf Aufnahme besteht, ist dies der Bewerberin oder dem Bewerber mit dem Hinweis mitzuteilen, dass die Bewerbung für erledigt angesehen wird, wenn binnen zwei Wochen keine gegenteilige Erklärung eingeht.

Die übrigen Bewerberinnen und Bewerber sind über ihre Aufnahmeaussichten zu informieren.

2.3 Aufnahmezusagen sind mit der Bedingung zu erteilen, dass die Aufnahmevoraussetzungen durch Vorlage des nach der Aufnahmeordnung maßgebenden Zeugnisses, auch hinsichtlich des erforderlichen Notendurchschnitts, nachgewiesen werden und – bei bisher einzügig geführten Bildungsgängen – die für die Klassenbildung erforderliche Mindestschülerzahl nach der Verwaltungsvorschrift zur Unterrichtsorganisation erreicht wird. ⇨ Organisationserlass

Die Wirksamkeit der Zusage kann außerdem davon abhängig gemacht werden, dass die Bewerberin oder der Bewerber die Annahme des Angebots bis zu einem von der Schule festzusetzenden Termin schriftlich erklärt.

⇨ Berufsschule; ⇨ Organisationserlass; ⇨ Schulgesetz § 77 ff.; ⇨ Schulpflicht (Ausländische Schüler*innen); ⇨ Vorqualifizierungsjahr (VAB)

Schulpflicht (Durchsetzung)

Gemeinsame VwV des Kultusministeriums und des Innenministeriums zur Durchsetzung der Schulpflicht vom 1. September 2015; K.u.U. S. 367/2015)

1. Mitteilungen der Meldebehörden an die Schulen

1.1 Nach § 6 Abs. 1 Meldeverordnung (MVO) [...] übermitteln die Meldebehörden den zuständigen Grundschulen oder Gemeinschaftsschulen im Verbund mit einer Grundschule jährlich rechtzeitig vor Schuljahresbeginn, in der Regel bis zum 31. Dezember des Vorjahres, die Daten der Kinder, die erstmals schulpflichtig werden. Diese Mitteilungspflicht erstreckt sich auf alle Kinder, die bis zum 30. September des laufenden Kalenderjahres das sechste Lebensjahr vollendet haben, ohne Rücksicht auf die Staatsangehörigkeit. Die Mitteilungen sind an die Schulen zu richten, in deren Schulbezirk die Kinder wohnen.

⇨ Schulpflicht (MeldeVO / Datenschutz) § 6

1.2 Die Meldebehörden übermitteln außerdem nach § 6 Abs. 1 MVO den zuständigen Schulen nach Nummer 1.1 jährlich rechtzeitig vor Schuljahresbeginn, in der Regel bis zum 31. Dezember des Vorjahres, auch die Daten derjenigen Kinder, die nach dem 30. September und bis zum 31. Dezember des laufenden Kalenderjahres das sechste Lebensjahr vollendet haben.

1.3 Zusätzlich übermitteln nach § 6 Abs. 1 Satz 1 die Meldebehörden den zuständigen Schulen nach Nummer 1.1 unmittelbar nach Zuzug in den Schulbezirk die Daten der Kinder, die nach der Einschulung aus dem Inland und aus dem Ausland in den Schulbezirk zugezogen sind und noch nicht das zehnte Lebensjahr vollendet haben.

1.4 Ferner übermitteln nach § 6 Absatz 2 Satz 2 MVO die Meldebehörden unmittelbar nach Zuzug Daten von schulpflichtigen Kindern und Jugendlichen, die aus dem Ausland zugezogen sind und das zehnte, aber noch nicht das 15. Lebensjahr vollendet haben.

Diese Daten werden der geschäftsführenden Schulleitung für Werkreal- und Hauptschulen übermittelt. Ist ein solcher oder eine solche nicht bestellt, ergeht die Mitteilung an die zuständige Werkrealschule oder Hauptschule oder Gemeinschaftsschule. Hierzu gilt:

1.4.1 Wenn der Schulträger einen Schulbezirk nach § 25 SchG festgelegt hat, erfolgt die Datenübermittlung durch die Meldebehörde an die Werkrealschule, falls eine solche nicht besteht, an die Hauptschule, in deren Bezirk das zugezogene Kind gemeldet ist.

1.4.2 Besteht kein Schulbezirk und gibt es am Ort nur eine Werkrealschule oder Hauptschule oder Gemeinschaftsschule, erfolgt die Meldung an diese Schule.

1.4.3 Besteht kein Schulbezirk und gibt es am Ort mehrere Werkreal- oder Hauptschulen oder Gemeinschaftsschulen, so erfolgt die Datenübermittlung an die der gegenwärtigen Anschrift des zugezogenen Kindes nächstgelegene Schule.

1.4.4 Besteht kein Schulbezirk und gibt es am Ort keine Werkreal- oder Hauptschule oder Gemeinschaftsschule, erfolgt die Datenübermittlung durch die Meldebehörde an eine vom Staatlichen Schulamt zu bestimmende Werkreal- oder Hauptschule oder Gemeinschaftsschule.

1.5 Die Mitteilung der Meldebehörde ist bei Jugendlichen, die das 15., aber noch nicht das 18. Lebensjahr vollendet haben, an die geschäftsführende Schulleitung für das berufliche Schulwesen zu richten.

2. Verfahren bei den Schulen

2.1 Die zuständigen Schulen nach Nummer 1.1 prüfen nach Ablauf der Anmeldefrist für das neue Schuljahr, ob sämtliche in der Mitteilung der Meldebehörde nach § 6 Abs. 1 MVO aufgeführten Kinder bei ihnen angemeldet worden sind. Kann die zuständige Schule nicht feststellen, ob Kinder zum Schulbesuch angemeldet oder zurückgestellt worden sind, fordert sie die Erziehungsberechtigten[1)] unter Hinweis auf die Schulpflicht unverzüglich schriftlich auf

- mitzuteilen, ob sie ihr Kind an einer anderen Schule, und wenn ja an welcher, angemeldet haben oder
- die Anmeldung nachzuholen oder
- einen Antrag auf Zurückstellung vom Schulbesuch zu stellen.

[1)] „Erziehungsberechtigte" im Sinne dieser Verwaltungsvorschrift sind auch diejenigen, denen Erziehung oder Pflege eines Kindes oder Jugendlichen anvertraut sind.

Kommen die Erziehungsberechtigten dieser Aufforderung nicht bis zum Schuljahresbeginn nach, klärt die Schule in Zweifelsfällen bei der Meldebehörde, von der sie die Mitteilung nach § 6 Abs. 1 MVO erhalten hat, ob das betreffende Kind noch bei ihr gemeldet ist. Bestehen Anhaltspunkte dafür, dass die Schulpflicht verletzt wird, unterrichtet die Schule die untere Verwaltungsbehörde, damit diese gegen die Erziehungsberechtigten ein Bußgeldverfahren wegen Verletzung der Schulpflicht nach § 92 SchG einleiten kann. Teilt die Meldebehörde den Zuzug eines Grundschulkindes aus dem Ausland mit und ist dieses nach Kenntnis der Schule gemäß § 72 Absatz 1 Satz 3 SchG noch nicht schulpflichtig (Asylbeantragung oder geduldeter Aufenthalt vor Ablauf von 6 Monaten nach dem Zuzug), informiert die Schule die Erziehungsberechtigten über das Recht auf Schulbesuch.

⇨ Schulgesetz § 92

2.2 Die zuständigen Schulen nach Nummer 1.1 informieren alle Erziehungsberechtigten von Kindern, die nach dem 30. September und bis zum 31. Dezember des laufenden Kalenderjahres das sechste Lebensjahr vollendet haben, über die Regelung des § 73 Abs. 1 Satz 2 SchG. Danach werden auch diese Kinder mit dem Beginn des Schuljahres schulpflichtig, wenn sie von den Erziehungsberechtigten in der Grundschule angemeldet wurden. Die insoweit von der Meldebehörde übermittelten Daten dürfen nur zur Information der Erziehungsberechtigten genutzt werden. Wenn die Erziehungsberechtigten von ihrem Recht nach § 73 Abs. 1 Satz 2 SchG keinen Gebrauch machen, sind diese Daten alsbald zu löschen, spätestens zum Beginn des neuen Schuljahres.

2.3 Erhält die zuständige Schule nach Nummer 1.4 oder 1.5 eine Mitteilung der Meldebehörde über den Zuzug von Schulpflichtigen aus dem Ausland gemäß § 6 Abs. 2 MVO, gleicht sie die ihr zugegangene Mitteilung ggf. mit den weiterführenden Schulen der Sekundarstufe I bzw. II ab, bei denen ebenfalls eine Anmeldung in Betracht kommt.

Kann nicht festgestellt werden, ob eine Anmeldung erfolgt ist, fordert die Schule die Erziehungsberechtigten, volljährige Schulpflichtige selbst, schriftlich auf, für die Erfüllung der Schulpflicht Sorge zu tragen bzw. der Schulpflicht nachzukommen.

Wird dieser Aufforderung nicht Folge geleistet und ist der Schule auch nicht bekannt, dass der oder die Schulpflichtige eine andere Schule besucht oder vom Schulbesuch befreit oder beurlaubt ist, verfährt die Schule entsprechend Nummer 2.1 Satz 3 und 4. Dasselbe gilt in den Fällen, in denen Schulpflichtige ohne Abmeldung und ohne die nach der Schulbesuchsverordnung anerkannten Beurlaubungs- und Entschuldigungsgründe die Schule nicht mehr besuchen. Teilt die Meldebehörde der Schule den Zuzug eines oder einer über zehn Jahre alten Minderjährigen aus dem Ausland mit und ist dieser oder diese nach Kenntnis der Schule gemäß § 72 Absatz 1 Satz 3 SchG noch nicht schulpflichtig (Asylbeantragung oder geduldeter Aufenthalt vor Ablauf von 6 Monaten nach dem Zuzug), informiert die Schule die Erziehungsberechtigten über das Recht auf Schulbesuch. ⇨ Schulbesuchsverordnung

2.4 Erhält die Schule von der Meldebehörde gemäß § 6 Abs. 1 Nr. 5 MVO Kenntnis über eine einen gesetzlichen Vertreter betreffende Auskunftssperre nach § 51 Bundesmeldegesetz, hat sie dafür Sorge zu tragen, dass die Daten der geschützten Person von ihr nicht an den anderen gesetzlichen Vertreter oder an Dritte weitergegeben werden oder der Schutzzweck in sonstiger Weise gefährdet wird.

3. Maßnahmen der unteren Verwaltungsbehörden und der Ortspolizeibehörden

3.1 Die untere Verwaltungsbehörde belehrt im Rahmen des Bußgeldverfahrens die Erziehungsberechtigten, volljährige Schulpflichtige selbst, über Inhalt und Bedeutung der Schulpflicht und über die Rechtsfolgen bei Verletzung der Schulpflicht. Dabei ist auch auf die Möglichkeit der zwangsweisen Zuführung zur Schule nach § 86 SchG hinzuweisen. Die untere Verwaltungsbehörde unterrichtet die Schule über den Ausgang des Bußgeldverfahrens.

3.2 Die zwangsweise Zuführung zur Schule im Wege des Schulzwanges nach § 86 SchG soll von der Ortspolizeibehörde in der Regel erst angeordnet werden, wenn ein Bußgeldverfahren wegen Verletzung der Schulpflicht durchgeführt worden ist und die Schulpflicht nach Mitteilung der Schule die Schulpflicht weiterhin nicht oder nicht regelmäßig erfüllt wird. Wenn die Erziehungsberechtigten oder diejenigen, denen Erziehung und Pflege eines Kindes anvertraut sind, schulpflichtige Kinder trotz Aufforderung der zuständigen Schule nicht vorstellen, wird vor der Anordnung der zwangsweisen Zuführung zur Schule die Durchführung eines Bußgeldverfahrens nicht abgewartet.

4. Antreffbericht

Wenn der Polizeivollzugsdienst während der üblichen Schulzeit Kinder oder Jugendliche antrifft, bei denen der Verdacht einer Schulpflichtverletzung besteht, unterrichtet er [...] die Schule und die Erziehungsberechtigten. ⇨ Polizei und Schule

Hinweise der Redaktion zum „Schulschwänzen"

1. Zu den typischen Verhaltensmustern von „Schulschwänzerinnen" und „Schulschwänzern" zählen das Fehlen im Unterricht zu bestimmten Zeiten, das häufige Zuspätkommen, das vorzeitige Verlassen des Unterrichts, der Missbrauch von Entschuldigungen, die vorgetäuschte Krankheit, das Fehlen unmittelbar vor und nach Ferienabschnitten sowie in letzter Konsequenz Schulverweigerung und Schulabbruch.
2. Der Polizeivollzugsdienst übersendet den Antreffbericht bei eindeutiger Sachlage gleichzeitig den Erziehungsberechtigten und der Schule. Kann nicht abschließend geklärt werden, ob ein Fall des Schulschwänzens vorliegt, geht der Bericht nur an die Schule. Wenn die Prüfung eine Schulpflichtverletzung ergibt, werden die Erziehungsberechtigten zu einem Gespräch gebeten und erhalten in der Folge den Antreffbericht. Der „Antreffbericht" ist als Anlage zu dieser Verwaltungsvorschrift in K.u.U. S. 367/2015 veröffentlicht
3. Das KM hat eine Handreichung zum „Schulabsentismus" unter https://km-bw.de/,Lde/startseite/service/Publikationen pulldown-Menü „Schulartübergreifend" und dort beim Stichwort'" Prävention". Sie enthält auch eine Mustereinladung zum Gespräch mit Eltern.

⇨ Behinderungen (Förderbedarf); ⇨ Polizei und Schule; ⇨ Schulbesuchsverordnung; ⇨ Schulgesetz §§ 41, 72 f., 85, 86, 92; ⇨ Schulpflicht (Ausländische Schüler*innen); ⇨ Schulpflicht (Berufliche Schulen); ⇨ Schulpflicht (Kinder von Reisenden); ⇨ Schulpflicht (Meldeverordnung / Datenschutz); ⇨ Sonderpädagogik (Schulpflicht)

Schulpflicht (Kinder von Reisenden)

Informationen der Redaktion zur Rechtslage und zur Verwaltungspraxis in Baden-Württemberg

Kinder „beruflich Reisender" (beispielsweise Binnenschiffer-, Zirkus- und Schaustellerfamilien, die sich nur in der kalten Jahreszeit an einem festen Ort aufhalten), unterliegen auch auf der Reise der Schulpflicht und besitzen das gleiche Recht auf Bildung und individuelle Förderung wie alle anderen Kinder. Der Unterricht erfolgt grundsätzlich am Wohnort bzw. am „Winterstandort"; während der Reise besuchen sie eine „Stützpunktschule" in möglichst unmittelbar Nähe des Arbeitsortes ihrer Eltern.

Die „Stützpunktschulen" beziehungsweise die dortigen Lehrkräfte werden durch „Bereichslehrkräfte" unterstützt, die (teilweise schulamtsübergreifend) an den Staatliche Schulämtern bestellt sind (Link: https://km-bw.de/,Lde/Startseite/Schule/Schule+unterwegs_).

Die Unterstützung erfolgt unterrichtsbegleitend zum Regelunterricht schwerpunktmäßig in den Fächern Deutsch, Mathematik und Englisch. Die Bereichslehrkräfte sind auch Ansprechpartner für alle schulischen oder erzieherischen Problemstellungen. Sie nehmen Kontakt auf und beraten beruflich Eltern und Kinder zu Schulbesuch, Unterrichtsteilnahme, Lernförderung, Schulleistung und Bildungsabschlüssen.

Diese müssen auf der Reise ein Schultagebuch führen. Darin werden ihr Lernstand und ihre Lernfortschritte dokumentiert, welche maßgebend für Leistungsbewertungen bzw. Ausstellung von Zeugnissen durch die Stammschule sind. Ab dem Schuljahr 2019/20 wird ein digitales Schultagebuch eingeführt.

Die Lernplattform DigLu („Digitales Lernen unterwegs"; Link: www.diglu.de) ist eine online basierte Lernplattform und Schulorganisationssoftware; sie ermöglicht über das einzelne Bundesland hinweg die individuelle Begleitung der Kinder durch die eingebundenen Schulen und die zuständigen Lehrkräfte. Die Schüler*innen weisen sich bei der Vorstellung an der Schule mit einer „DigLu Card" aus beziehungsweise führen weiterhin das analoge Schultagebuch.

⇨ Klassenbücher und Kurstagebücher; ⇨ Schulbesuchsverordnung; ⇨ Schulgesetz §§ 41, 72 f., 85-86; ⇨ Schulpflicht (Ausländische Schüler*innen); ⇨ Schulpflicht (Meldeverordnung/Datenschutz)

Schulpflicht (Meldeverordnung / Datenschutz)

Verordnung des Innenministeriums zur Durchführung des Meldegesetzes (Meldeverordnung – MVO) vom 28. September 2015 (GBl. S. 853/2008); zuletzt geändert 10. März 2016 (GBl. S. 223/2016)

§ 6

Datenübermittlungen an die Schulen

(1) Die Meldebehörde übermittelt der zuständigen Grundschule oder Gemeinschaftsschule, soweit sie eine Grundschule umfasst, zur Verwirklichung ihres Erziehungs- und Bildungsauftrags folgende Daten der erstmals schulpflichtig werdenden Kinder aus dem Melderegister:

1. Familienname,
2. Vornamen unter Kennzeichnung des gebräuchlichen Vornamens (Rufname),
3. Geburtsdatum und Geburtsort sowie bei Geburt im Ausland auch den Staat,
4. Geschlecht,
5. zum gesetzlichen Vertreter: Familienname, Vornamen, Doktorgrad, Anschrift, Geburtsdatum, Auskunftssperren nach § 51 BMG
6. derzeitige Staatsangehörigkeiten,
7. rechtliche Zugehörigkeit zu einer öffentlich-rechtlichen Religionsgemeinschaft,

Hinweis der Redaktion: Hierzu ⇨ Datenschutz (Schulen) Nr.2.3.1.2 beachten.

8. derzeitige Anschrift, im Falle mehrerer Wohnungen die Anschrift der Hauptwohnung,
9. Auskunftssperren nach § 51 BMG.

Dasselbe gilt für die Kinder, die bis zum Ende des laufenden Kalenderjahres das sechste Lebensjahr vollendet haben.

(2) Zur Durchsetzung der Schulpflicht übermittelt die Meldebehörde der zuständigen Grundschule oder Gemeinschaftsschule, soweit sie eine Grundschule umfasst, die in Absatz 1 genannten Daten von Kindern bis zum vollendeten zehnten Lebensjahr, die nach der Einschulung zugezogen sind, aus dem Melderegister. Ferner übermittelt die Meldebehörde die in Absatz 1 genannten Daten von schulpflichtigen Kindern und Jugendlichen, die aus dem Ausland zugezogen sind, aus dem Melderegister. Diese Mitteilung ist bei Kindern, die das zehnte, aber noch nicht das 15. Lebensjahr vollendet haben, an die geschäftsführende Schulleitung für Werkreal- und Hauptschulen zu richten; ist eine solche nicht bestellt, ergeht die Mitteilung an die zuständige Werkrealschule oder Hauptschule oder Gemeinschaftsschule. Bei Jugendlichen, die das 15., aber noch nicht das 18. Lebensjahr vollendet haben, ist diese Mitteilung an die geschäftsführende Schulleitung für das berufliche Schulwesen zu richten.

(3) Nähere Regelungen ergeben sich aus der [...] Verwaltungsvorschrift [...] ⇨ Schulpflicht (Durchsetzung).

⇨ Behinderungen (Förderbedarf); ⇨ Datenschutz (Schulen); ⇨ Schulpflicht (Ausländische Schüler*innen); ⇨ Schulpflicht (Durchsetzung); ⇨ Schulpflicht (Kinder von Reisenden)

Schulpsychologische Beratungsstellen

Informationen der Redaktion zur Rechtslage und zur Verwaltungspraxis in Baden-Württemberg

Allgemeines

Laut Schulgesetz werden die Aufgaben der Bildungsberatung unbeschadet des Erziehungs- und Bildungsauftrags der einzelnen Lehrkräfte durch überörtlich einzurichtende schulpsychologische Beratungsstellen und an den Schulen vornehmlich durch Beratungslehrkräfte erfüllt. ➪ Schulgesetz § 19

Zum Status und den Aufgaben der Schulpsychologischen Beratungsstellen siehe: ➪ Bildungsberatung und Beratungslehrkräfte.

Die Zuständigkeiten der Regierungspräsidien für

- die **psychologische Schulberatung** (Lösung von Personal- und Schulkonflikten, Krisenintervention, Coaching von Führungskräften, Supervision der Prozessbegleiter*innen, Mitwirkung bei der Entwicklung präventiver Programme, pädagogisch-psychologische Fortbildung) sowie für
- die **pädagogischen Beratungsfachkräfte** (Beratungslehrkräfte, Gewaltpräventionsberater*innen, Prozessbegleiter*innen, Fachberater*innen, Suchtpräventionslehrkräfte und Suchtbeauftragte)

sind 2019 auf das Zentrum für Schulqualität und Lehrerbildung (ZSL) übergegangen. Zum Status und den Aufgaben des ZSL siehe: ➪ Schulentwicklung und Qualitätskonzept und ➪ Schulgesetz §§ 32 und 114.

Regionale Beratungsstellen

An jeder Regionalstelle des ZSL wird eine Leitstelle pädagogische Unterstützung (LPU) als Kontaktstelle für Anliegen von Schulen im Rahmen der gesetzlichen Aufgaben des ZSL eingerichtet. Die regionalen Schulpsychologischen Beratungsstellen sind Teil der Regionalstellen des ZSL (Internmet: http://kompetenzzentrum-schulpsychologie-bw.de).

Aufgaben dieser regionalen Beratungsstellen bzw. der dort tätigen Schulpsycholog*innen sind:

1.
*Beratung von Schüler*innen und Eltern bei*

- Lern- und Leistungsproblemen,
- Arbeitsstörungen, Konzentrations- und Motivationsproblemen,
- Beziehungsproblemen in der Schule,
- Verhaltensauffälligkeiten im schulischen Umfeld
- Prüfungsangst und Schulverweigerung,
- Fragen der Schullaufbahn und des Zweiten Bildungswegs, Studien- und Berufsberatung.

Schulpsycholog*innen verwenden dazu wissenschaftlich erprobte Untersuchungs- und Beratungsmethoden. Sind längerfristige therapeutische Maßnahmen notwendig, können die Berater*innen über therapeutische Hilfen entsprechender Einrichtungen informieren. ➪ Mobbing

2.
Unterstützung und Begleitung von Schulen und Lehrkräften im Umgang mit aktuellen Schulproblemen, z.B. bei

- Problemen im Lern- und Arbeitsverhalten,
- der Bewältigung von Lehrer-Schüler-Konflikten,
- dem Umgang mit schwierigem Schülerverhalten,
- der Erstellung von Lernstandsdiagnosen,
- der Auseinandersetzung von Lehrkräften und Schulleitungen mit beruflichen Anforderungen (Rollenklärung, Zielsetzungen und Berufszufriedenheit, Zeitmanagement und Stressbewältigung, Führungs- und Leitungskompetenz),
- der Weiterentwicklung von Schulen, vor allem bei der Vermittlung von Kompetenzen (Offenheit, Bereitschaft zur Innovation, Lernfähigkeit)
- Gesprächsführung und Kooperation,
- dem konstruktiven Umgang mit Konflikten,
- der Evaluation von Schulentwicklungsprozessen,
- Besonderheiten in der Beratung ausländischer Schüler und Eltern.

Die Beratungsstellen unterstützen die Kriseninterventionsteams der Regierungspräsidien bei der Bewältigung schulischer Krisen, insbesondere bei Todesfällen. ➪ Gewaltvorfälle und Schadensereignisse

Diese Aufgaben werden praktisch umgesetzt durch

- Teilnahme und Leitung von schulinternen Veranstaltungen (Teams, Lehrerkonferenzen, Pädagogische Tage) und regionalen Fortbildungsangeboten, überregionalen Seminaren und Akademieveranstaltungen,
- Aus- und Fortbildung von Lehrkräften mit spezifischen Aufgaben (z.B Aus- und Fortbildung sowie Supervision der Beratungslehrkräfte).

Dazu setzen die Schulpsycholog*innen vielfältige Arbeitsmethoden ein (Informationsvermittlung, Moderation, Mediation, Supervision, Coaching, etc.). Sie arbeiten eng mit den an den Schulen tätigen Beratungs-Lehrkräften zusammen.

➪ Bildungsberatung und Beratungslehrkräfte; ➪ Fortbildung (Allgemeines); ➪ Fortbildung und Personalentwicklung

Die Arbeit der Schulpsychologischen Beratungsstelle ist für die Ratsuchenden kostenlos und es gilt der **Grundsatz der Vertraulichkeit**.

Auf Wunsch und mit Einverständnis der Ratsuchenden kooperieren die Schulpsycholog*innen mit anderen Einrichtungen wie z.B. mit psychologischen Beratungsstellen, dem Sozialamt und dem Jugendamt, sozialen und therapeutischen Einrichtungen sowie Ärzt*innen und Therapeut*innen.

➪ Bildungsberatung und Beratungslehrkräfte; ➪ Fachberater*innen; ➪ Fortbildung (Allgemeines); ➪ Fortbildung und Personalentwicklung; ➪ Gewaltvorfälle; ➪ Mobbing; ➪ Prävention; ➪ Schulaufsicht und Schulverwaltung

Schulsozialarbeit

Informationen der Redaktion zur Rechtslage und zur Verwaltungspraxis in Baden-Württemberg

Die öffentlichen Schulen stoßen mit *„pädagogisch"* orientierten Formen der schulischen Erziehung und Ausbildung (Vermittlung von Kenntnissen, Fertigkeiten und Fähigkeiten durch Unterricht) häufig an Grenzen. Sie werden damit den Bedürfnissen ihrer Schüler*innen, insbesondere jener mit ➪ Migrationshintergrund sowie in prekären Verhältnissen, oft nicht (mehr) gerecht. Viele Schulen versuchen zwar, sich gegenüber dem „Leben" zu „öffnen" und die herkömmlichen Formen des schulischen Lernens zu überwinden bzw. diese zu ergänzen. Aber trotz der inzwischen verbesserten Ausbildung der Lehrkräfte sind diese häufig nicht in der Lage, neben ihrem Lehrauftrag auch „Sozialarbeit" zu leisten, also Arbeitsansätze, Handlungsformen und Zielbestimmungen der Jugendhilfe in der Schule zu realisieren.

„Jugendhilfe" soll gemäß Sozialgesetzbuch (SGB) VIII insbesondere

1. junge Menschen in ihrer individuellen und sozialen Entwicklung fördern und dazu beitragen, Benachteiligungen zu vermeiden oder abzubauen,
2. Eltern und andere Erziehungsberechtigte bei der Erziehung beraten und unterstützen,
3. Kinder und Jugendliche vor Gefahren für ihr Wohl schützen,
4. dazu beitragen, positive Lebensbedingungen für junge Menschen und ihre Familien sowie eine kinder- und familienfreundliche Umwelt zu erhalten oder zu schaffen.

➪ Jugendhilfe (Bundesrecht) § 1

Neben dem Staat (Städte, Gemeinden, Landkreise) wird die Jugendhilfe von „freien Trägern" organisiert und betrieben. Als Fachkräfte sind vor allem Sozialarbeiter*innen und Sozialpädagog*innen tätig.

In der *Schulsozialarbeit* wirken die Institutionen der Jugendhilfe und die Schule bzw. diese Fachkräfte und die Lehrkräfte zusammen. Das Sozialministerium B-W definiert dies in den *„Grundsätzen zur Förderung der Jugendsozialarbeit an öffentlichen Schulen"* so: *„Unter Jugendsozialarbeit an Schulen [...] ist die ganzheitliche, lebensweltbezogene und lebenslagenorientierte Förderung und Hilfe für Schülerinnen und Schüler im Zusammenwirken mit der Schule zu verstehen. Die Schulsozialarbeit leistet eine wertvolle Unterstützung ergänzend zum Bildungs- und Erziehungsauftrag der Schule und hat positive Auswirkungen auf das Schulleben insgesamt. Schulsozialarbeit ist ein Leistungsangebot der Jugendhilfe an der Schule. Mit dem differenzierten Instrumentarium der Schulsozialarbeit, die auch Eltern erreicht und einbindet, können soziale Benachteiligungen ausgeglichen und individuelle Problemlagen besser bewältigt werden. Schulsozialarbeit trägt so zur Stabilisierung des Schulerfolgs, zur Eingliederung in die Arbeitswelt und zur gesellschaftlichen Integration bei. Die Schulsozialarbeit muss an der Schule verortet sein. Mit dem Schulträger, dem Jugendamt und der Schule muss eine Kooperation erfolgen."*

Nach den §§ 13 und 79 Abs. 1 SGB VIII liegt die grundsätzliche Verantwortung für die Planung, Bereitstellung und Förderung der Schulsozialarbeit bei den örtlichen Trägern der öffentlichen Jugendhilfe (Städte, Gemeinden, Landkreise). Unabhängig davon wird sie durch Landesmittel mitfinanziert. Förderfähig sind Personalkosten für Schulsozialarbeiter*innen an öffentlichen Schulen.

Für den Erfolg der Schulsozialarbeit ist eine intensive Kooperation der Schule mit den Trägern der Jugendhilfe und dem Jugendamt maßgebend. Da Lehrkräfte und Schulsozialarbeiter*innen sich aufgrund ihrer unterschiedlichen Ausbildung, Aufgabenstellung und Arbeitsweisen verschiedener „Sprachen" bedienen, kommt es nicht nur auf eine enge institutionelle Verbindung, sondern auch auf eine intensive persönliche Zusammenarbeit an. Die Einführung der Schulsozialarbeit an einer Schule sollte deshalb gründlich vorbereitet werden. Da dies eine *„Angelegenheit von wesentlicher Bedeutung für die Schule"* ist (vgl. KonfVO § 2 Abs. 1), berät und beschließt hierüber die Gesamtlehrerkonferenz.

Die Schulsozialarbeiter*innen besitzen eine berufsspezifische ➪ Verschwiegenheitspflicht, auch gegenüber der Schulleitung und den Lehrkräften der von ihnen betreuten Schüler*innen. Als Beschäftigte des Schulträgers bzw. eines „freien Trägers" werden sie der Schule zur Dienstleistung zugewiesen und unterliegen deshalb in gleicher Weise wie z.B. Hausmeister oder Mitarbeiter*innen des Schulsekretariats nur einem eingeschränkten Weisungsrecht der Schulleitung: *„Für den Schulträger führt der Schulleiter die unmittelbare Aufsicht über die an der Schule tätigen, nicht im Dienst des Landes stehenden Bediensteten; er hat ihnen gegenüber die aus der Verantwortung für einen geordneten Schulbetrieb sich ergebende Weisungsbefugnis"* (§ 41 Abs. 3 SchG). Die Schulleitung besitzt also kein inhaltliches Weisungsrecht und auch keine Beurteilungsbefugnis. Die Schulsozialarbeiter*innen besitzen kein Wahlrecht zu den schulischen Personalräten, sondern zur Personalvertretung ihres Anstellungsträgers. Sie sollten an Lehrerkonferenzen teilnehmen; sie sind nach Einladung zur Teilnahme berechtigt, aber nicht verpflichtet; sie besitzen jedoch kein Stimmrecht und können weder in die Schulkonferenz noch als Verbindungslehrkräfte gewählt werden. ➪ Konferenzordnung §§ 10 ff.

Weitere Informationen unter: https://www.kvjs.de/forschung/abgeschlossene-vorhaben/schulsozialarbeit. Dort sind auch die Fördergrundsätze des SM sowie eine Broschüre *„Schulsozialarbeit in Baden-Württemberg"* abrufbar.

➪ Jugendhilfe (Bundesrecht); ➪ Jugendhilfe (Landesrecht); ➪ Konferenzordnung; ➪ Migrationshintergrund

Schulträger

Informationen der Redaktion zur Rechtslage und zur Verwaltungspraxis in Baden-Württemberg

Grundsätze

Bei öffentlichen Schulen des Landes Baden-Württemberg gibt es für die Aufgaben und Finanzierung sowie deren Personal nicht eine übergeordnete Instanz, die allein verantwortlich ist, sondern eine geteilte Zuständigkeit:

- Sie haben jeweils einen *„Schulträger"*, dem es als *„Pflichtaufgabe"* obliegt, sie *„einzurichten"* und *„fortzuführen"* sowie ihre *„sächlichen Kosten" zu* tragen (vom Bau und der Unterhaltung der Gebäude und Einrichtungen sowie der Finanzierung der Lehr- und Lernmittel bis zur Stellung des nicht-pädagogischen Personals, beispielsweise des Hausmeisters), ⇨ Schulgesetz § 27 ff.; § 48
- und sie stehen inhaltlich unter der Aufsicht des Landes, das die Bildungspläne und Stundentafeln erlässt sowie die Fach- und Dienstaufsicht über die Schulleitungen und Lehrkräfte ausübt und deren Personalkosten trägt.

⇨ Schulaufsicht/-verwaltung; ⇨ Schulgesetz § 32 ff.

Bei nicht-öffentlichen Schulen ist der Schulträger stets die private oder kirchliche Einrichtung, die die Schule betreibt. ⇨ Privatschulgesetz

An öffentlichen Schulen ist für die Grund-, Haupt- und Werkrealschulen, die Realschulen, Gymnasien, Gemeinschaftsschulen sowie für die sonderpädagogischen Bildungs- und Beratungszentren in der Regel die Kommune (Stadt, Gemeinde), in deren Gebiet sich die Schule befindet, der *„Schulträger"*. Bei Schulen, deren Einzugsbereich sich über das Gebiet mehrerer Kommunen erstreckt („Nachbarschaftsschulen"), kann der Landkreis die Trägerschaft ausüben; die Landkreise sind in der Regel auch Träger der beruflichen Schulen. Bei Schulen mit überörtlicher Bedeutung kann auch das Land Schulträger sein. So z.B. für Gymnasien in Aufbauform mit Internat, Kollegs und sonderpädagogische Bildungs- und Beratungszentren mit Internat.

Die einzelne Schule hat es deshalb stets mit zwei für sie unmittelbar zuständigen Behörden zu tun: mit dem „Schulträger"– in der Regel vertreten durch die Gemeindeverwaltung, in den größeren Städten häufig durch ein Schulverwaltungsamt oder den „Schulbürgermeister" – oder dem Kreistag und auf der anderen Seite mit der Schulverwaltung des Landes, vertreten durch das Staatliche Schulamt beziehungsweise das Regierungspräsidium (Abteilung 7).

Die Prüfung, ob die Schulträger ihre Pflichten ordnungsgemäß erfüllen, unterliegt der staatlichen Aufsicht. Hierbei arbeiten die Rechtsaufsichtsbehörde (bei den Gemeinden der Landkreis, bei den kreisfreien Städten und privaten Bildungsträgern das Regierungspräsidium) und die Schulaufsicht (Staatliches Schulamt bzw. Abteilung 7 des RP) einvernehmlich zusammen. ⇨ Schulgesetz § 36

Bei der *„Schulentwicklung"*, insbesondere bei der Einrichtung, Errichtung, Änderung und Aufhebung von Schulen auf regionaler Ebene, ist eine enge Zusammenarbeit der kommunalen Schulträger mit dem Land (dem Kultusministerium und seinen nachgeordneten Schulaufsichtsbehörden) gesetzlich vorgeschrieben. ⇨ Schulgesetz § 30 ff.

Der Schulträger wirkt auch bei der Besetzung der Schulleitung mit. ⇨ Schulgesetz § 40

Finanzierung

Die *„Unterhaltung"* der Schulen, also die Bestreitung der *„sächlichen"* Schulkosten, bleibt nicht den mit unterschiedlichem Steueraufkommen ausgestatteten Städten oder Gemeinden überlassen. Zur Sicherung der verfassungsrechtlich vorgeschriebenen „Gleichwertigkeit der Lebensverhältnisse" hat das Land einen *„kommunalen Finanzausgleich"* eingeführt: Mit Ausnahme der Primarstufe (Grundschulen), für die jede Kommune aus eigener Kraft aufkommen muss, erhalten die Schulträger für die von ihnen unterhaltenen öffentlichen Schulen *„Sachkostenbeiträge"*, nach Schularten gestaffelte, jährliche Pro-Kopf-Zuschüsse aus dem Landeshaushalt. So soll verhindert werden, dass „reiche" Kommunen mit vielen ertragreichen Industrie- und Gewerbebetrieben aus dem Vollen schöpfen und kleine Landgemeinden ihre Schulen nur ärmlich ausstatten können.

In die Berechnung des rund 80-prozentigen Bruttokosten-Zuschusses an Privatschulen fließt neben den Personalkosten auch dieser Sachkostenbeitrag ein.

⇨ Haushalt (Kommunaler Finanzausgleich); ⇨ Haushalt (Sachkostenbeiträge); ⇨ Privatschulgesetz § 18

In § 48 Schulgesetz ist u.a. bestimmt: *„Der Schulträger soll dem Schulleiter die zur Deckung des laufenden Lehrmittelbedarfs erforderlichen Mittel zur selbstständigen Bewirtschaftung überlassen"*. Diese Bestimmung bedeutet nicht, dass *„dem Schulleiter"* als Person das alleinige und abschließende Bestimmungsrecht über diese Gelder zusteht. Vielmehr entscheidet die Schulkonferenz, für welchen Zweck und in welcher Höhe die Schule Finanzmittel beim Schulträger anfordert. Auch was mit dem vom Schulträger bewilligten Geld an der Schule konkret gemacht wird (also die Aufstellung des „schulinternen" Haushalts), unterliegt der Beteiligung der schulischen Gremien: Es entscheidet die Gesamtlehrerkonferenz und hierzu muss die Schulkonferenz angehört werden. Damit sind auch die Eltern an den Haushaltsentscheidungen beteiligt. Im Einzelnen ist dies im Beitrag ⇨ Haushalt (Allgemeines – Budgetierung) dargestellt.

„Selbstständige Bewirtschaftung" bedeutet nicht, dass die Schule eine eigene Kasse führt, sondern dass die von der Schule beschlossenen Aufträge und Anschaffungen - in der Regel von der Stadt-/Gemeindeverwaltung - bestellt und bezahlt werden.

⇨ Haushalt (Allgemeines – Budgetierung); ⇨ Haushalt (Kommunaler Finanzausgleich); ⇨ Haushalt (Sachkostenbeiträge); ⇨ Lernmittelfreiheit (Allgemeines); ⇨ Schulaufsicht/-verwaltung; ⇨ Schulgesetz

Schulweg

Informationen der Redaktion zur Rechtslage und zur Verwaltungspraxis in Baden-Württemberg

Allgemeines

Die Verantwortung für den „Schulweg", also den Weg von der häuslichen Wohnung zum Schulgebäude/Schulgelände beziehungsweise zu schulischen Veranstaltungen und zurück, liegt bei den Erziehungsberechtigten; dieser Schulweg fällt unter den Schutz der gesetzlichen ⇨ Unfallversicherung.

Hingegen ist die Schule für die Aufsicht über die Schüler*innen während der Unterrichtszeit und damit auch für die Organisation der „Unterrichtswege" verantwortlich, also jener Strecken, die zwischen verschiedenen Unterrichtsorten (beispielsweise vom Klassenzimmer zur Schwimmhalle außerhalb des Schulgeländes) zurückgelegt werden. Siehe dazu die Beiträge ⇨ Aufsichtspflicht und ⇨ Schülerbeförderung;.

Der Schule sowie dem ⇨ Schulträger obliegt, im Zusammenwirken mit der Elternvertretung und den Verkehrsträgern sowie der Polizei, alle in ihrem Zuständigkeitsbereich möglichen Maßnahmen zur Erleichterung und Sicherung des Schulwegs zu treffen (z.B. Aufstellung von Schulwegplänen, Erziehung der Schüler*innen zu richtigem Verhalten, Planung der Verkehrsströme und Abstimmung der Fahrpläne, Einrichtung von Schulbushaltestellen und Aufenthaltsräumen, Schülerlotsendienste usw.).

Bei der Organisation der Schülerbeförderung ist darauf zu achten, dass kurze Wartezeiten entstehen und der Weg von und zur Schule in vertretbarer Zeit zurückgelegt werden kann. In den Satzungen der für die Schülerbeförderung zuständigen Stadt- und Landkreise ist dies unterschiedlich geregelt; es ist zumeist verfügt, dass die Benutzung von öffentlichen Verkehrsmitteln und Schülerfahrzeugen zumutbar ist, wenn die Ankunft oder Abfahrt am Schulort in der Regel innerhalb von 45 bis 60 Minuten vor Beginn oder nach Ende des Unterrichts erfolgt. Bei Fahrten zu Berufsschulen ist eine Wartezeit von 75 Minuten zumutbar.

Aktion „Sicherer Schulweg"

Die jährliche Aktion *„Sicherer Schulweg"* gibt Hinweise zur Umsetzung (Medien, Informationen, Angebote für die Verkehrserziehung). Die Polizei soll besonders zum Schuljahresbeginn verstärkt Verkehrsüberwachung im Bereich von Schulen und Schulwegen durchführen und Verstöße konsequent ahnden.

Zur Beratung und Abstimmung vor Ort wird die Einrichtung eines – ggf. schulübergreifenden – Verkehrsausschusses empfohlen (Zusammensetzung: Schulleitung, Verkehrsbeauftragte, SMV, Elternbeirat, Schülermentor*innen Verkehrserziehung, Schulbus-/Schulwegbegleiter, Busunternehmen, Ordnungsamt, Polizei und lokale Verkehrsverbände ...).

An den Schulen soll möglichst jährlich ein Verkehrssicherheitstag für die 8. Klassen durchgeführt werden (Themen sind u.a.: Verkehrsteilnahme auf dem Schulweg zu Fuß, mit dem Rad, mit öffentlichen Verkehrsmitteln, sicheres Inline-Skaten).

An allen Grundschulen müssen „Geh-Schulwegpläne", an den allgemeinbildenden weiterführenden Schulen „Geh- und Rad-Schulwegpläne" vorhanden sein; diese sind jeweils zum Ende des Schuljahres auf ihre Aktualität zu überprüfen. Bei der Erstellung sollen vom Schulträger neben der Straßenverkehrsbehörde und der Polizei auch die Verkehrsausschüsse der Schulen, schulische Gremien, ggf. verkehrssicherheitsberatende Institutionen sowie Schüler*innen mit einbezogen werden. Mithilfe der Geoinformationssoftware WebGIS-Tool können die Schulen online unter www.schulwegplaner-bw.de die Datenerhebung für Radschulwegpläne digital durchführen und diese dem Schulträger für die Erstellung der Schulwegpläne zur Verfügung stellen. Weitere Informationen sind abrufbar unter: http://lis-in-bw.de/,Lde/Startseite/ > Programme >Fahrrad+und+Schule.

⇨ Aufsichtspflicht; ⇨ Schülerbeförderung; ⇨ Schülerbeförderung (Mitwirkung der Schulen); ⇨ Schülerlotsen; ⇨ Schulträger; ⇨ Unfallversicherung

Stichwort: Erste Hilfe bei Sportunfällen

Der Bundesgerichtshof hat klargestellt, dass Sportlehrkräfte verpflichtet sind, in Notfällen rechtzeitig und in ordnungsgemäßer Weise die ihnen zumutbaren Maßnahmen zur Ersten Hilfe zu ergreifen. Diese Verpflichtung gehöre zwar nicht zu den Hauptaufgaben einer Sportlehrkraft, nämlich die Schüler*innen zu unterrichten und zu erziehen, jedoch treffe die Lehrkraft die Nebenpflicht, bei Unfällen das ihr Mögliche zu tun, um schädliche Folgen zu vermeiden. Deshalb hafte die Lehrkraft, genau genommen ihr Dienstherr, grundsätzlich auch bei einfacher Fahrlässigkeit.

(Quelle: BGH 4. April 2019, AZ: III ZR 35/18)

Sollen Lehrkräfte ohne einschlägige Ausbildung zum Unterricht oder zur Vertretung im Sport- oder Schwimmunterricht eingesetzt werden, so sollten sie schriftlich remonstrieren: Sie müssen die Schulleitung darauf aufmerksam machen, dass sie die nötige Rettungskompetenz nicht besitzen und daher jegliche Verantwortung im Falle eines Unfalls ablehnen. ⇨ Remonstrationspflicht

⇨ Aufsichtspflicht (Schwimmunterricht); ⇨ Erste Hilfe; ⇨ Haftung und Versicherung; ⇨ Rechtsschutz

Schwerbehinderung (Allgemeines)

Informationen der Redaktion zur Rechtslage und zur Verwaltungspraxis in Baden-Württemberg

A. Rechtliche Grundlagen

1. Das Grundgesetz bestimmt: *„Niemand darf wegen seiner Behinderung benachteiligt werden."* Im Allgemeinen Gleichbehandlungsgesetz wird dieser Grundsatz präzisiert.
   ➪ Gleichbehandlungsgesetz (AGG) §§ 1 und 2; ➪ Grundgesetz Artikel 3 Absatz 2
2. Der Begriff der *„Behinderung"*, die Rechte der Behinderten, ihre Integration und der *„Nachteilsausgleich"* sind im Sozialgesetzbuch IX (SGB IX) definiert. Ab einem vom Versorgungsamt festgestellten Grad der Behinderung (GdB) von 50 liegt eine Schwerbehinderung vor. Leichter Behinderte (GdB 30 oder 40) können durch die Agentur für Arbeit „gleichgestellt" werden (s.u. Teil D). ➪ Schwerbehinderung (Gesetz) § 2 Abs. 3

Das SGB IX (§ 167) verpflichtet alle Arbeitgeber zum *„betrieblichem Eingliederungsmanagement"* (BEM), d.h. zu gezielter Hilfestellung und Umsetzungsangeboten für erkrankte Beschäftigte.

➪ Eingliederungsmanagement (BEM)

3. Die Schwerbehinderten-Verwaltungsvorschrift (SchwbVwV) vom 6.9.2016 und die Handreichung des Sozialministeriums zur SchwbVwV vom 15.9.2009 regeln die Anwendung des Schwerbehindertenrechts in der Landesverwaltung. Link: http://sozialministerium.baden-wuerttemberg.de/de/soziales/menschen-mit-behinderungen
   ➪ Schwerbehinderung (Inklusionsvereinbarung)
4. **Zusätzlich** ist die VwV zur Durchführung beamtenrechtlicher Vorschriften (BeamtVwV), zu beachten. Die für Schwerbehinderte einschlägigen Bestimmungen der BeamtVwV sind an folgenden Stellen abgedruckt:
   - Zur Einstellung (Bewerberauslese) bei: ➪ Beamtengesetz (LBG) § 18; ➪ Beamtenstatusgesetz § 9
   - zur Zurruhesetzung: ➪ Beamtengesetz (LBG) § 36 ff.
   - zu Versetzung und Abordnung bei: ➪ Beamtengesetz (LBG) §§ 24 und 25
   - zur Arbeitszeit bei: ➪ Beamtengesetz (LBG) § 67
   - zur Altersteilzeit bei: ➪ Beamtengesetz (LBG) § 70, ➪ Teilzeit (Altersteilzeit / Tarifvertrag) und ➪ Teilzeit (Altersteilzeit / Beamt*innen)
   - zum Urlaub mit Bezügen: ➪ Beamtenstatusgesetz § 44 und ➪ Urlaub (Sonderurlaub)
   - zur Führung von Personalakten bei: ➪ Beamtengesetz (LBG) § 83 f.
5. Zu behinderten Kindern und Jugendlichen siehe: ➪ Behinderungen (Allgemeines) sowie ➪ Behinderungen (Förderbedarf).

Das Landes-Behindertengleichstellungsgesetz schreibt u.a. für öffentliche Einrichtungen die Schaffung von Barrierefreiheit vor (siehe hierzu auch: ➪ Internet und Schule). Zur Durchsetzung der Gleichberechtigung von Frauen und Männern sind die besonderen Belange von Frauen mit Behinderungen zu berücksichtigen. Wenn ein Mensch mit Behinderung Sachverhalte oder Tatsachen beweist, die eine Benachteiligung aufgrund einer Behinderung vermuten lassen, ist diese Vermutung im Streitfalle von der Gegenseite zu widerlegen („Beweislastumkehr").

B. Schutzvorschriften (Nachteilsausgleich)

Hier ein Überblick über die sowie Erläuterungen zu den innerdienstlichen Schutzvorschriften im Schulbereich (ohne allgemeine *„Nachteilsausgleiche"* – z.B. Steuerfreibetrag); bitte auch Teil D beachten:

Inklusionsvereinbarungen

§ 166 SGB IX schreibt den Abschluss von Inklusionsvereinbarungen zwischen dem Personalrat und der Dienststelle vor. Darin werden Regelungen zugunsten der schwerbehinderten und der leichter behinderten Lehrkräfte (GdB 30 und 40) getroffen. Siehe hierzu den Beitrag ➪ Schwerbehinderung (Inklusionsvereinbarung);.

Behinderte Lehrkräfte sollten sich auf die für ihre Schule geltende Inklusionsvereinbarung berufen.

Einstellung

Schwerbehinderte werden in der Regel verbeamtet, wenn mit hinreichender Sicherheit eine Zurruhesetzung innerhalb von fünf Jahren ab der Einstellung ausgeschlossen werden kann. Das Bundesverwaltungsgericht (AZ: BVerwG 2 C 12.11 und 2 C 18.12) hat im Juli 2013 entschieden, dass „gegenwärtig leistungsfähigen" Bewerber*innen bei Vorliegen *„tatsächlicher Anknüpfungspunkte"* eine Einstellung nur verwehrt werden kann, wenn ihre vorzeitige Pensionierung vor Erreichen der Altersgrenze überwiegend wahrscheinlich ist. ➪ Beamtenstatusgesetz § 9

Arbeitszeit und Deputatsermäßigung, Mehrarbeit

Schwerbehinderte Lehrkräfte (GdB ab 50) erhalten auf Antrag (!) eine Deputatsermäßigung zwischen einer bis zu sechs Wochenstunden. Zu den Einzelheiten siehe: ➪ Arbeitszeit (Lehrkräfte-AZVO) § 5; ➪ Arbeitszeit (Schwerbehinderung); ➪ Arbeitszeit (Wiedereingliederung); Nach § 207 SGB IX sind Schwerbehinderte auf Verlangen von Mehrarbeit/Überstunden freizustellen.

Nach schweren Erkrankungen ist für alle Beschäftigten (nicht nur für Schwerbehinderte) eine Wiedereinglie-

Zentrale Info-Homepage: www.schwerbehindertenvertretung-schule-bw.de

derung bei vermindertem Deputat unter Fortzahlung der Bezüge bzw. mit Krankengeld möglich.

➪ Arbeitszeit (Wiedereingliederung)

Zusatzurlaub

Bei schwerbehinderten Lehrkräften ist der gesetzliche Anspruch auf fünf Tage Zusatzurlaub (§ 208 SGB IX) durch die Schwerbehindertenermäßigung abgegolten. Nicht lehrende Schwerbehinderte (z.B. Erzieher*innen, Päd. Assistent*innen, hauptamtliche Lehrbeauftragte oder in den außerschulischen Bereich Abgeordnete) haben Anspruch auf diese 5 Tage, bei einem GdB von 30 oder 40 auf 3 Tage.

➪ Arbeitszeit (Lehrkräfte-ArbeitszeitVO) § 6; ➪ Urlaub (Verordnung – AzUVO) §§ 21 und 23

Reisekosten

Bei Dienstreisen werden Schwerbehinderten (ab GdB 50), denen die Fahrkosten der niedrigsten Klasse zu erstatten wären, die Reiseauslagen für die nächsthöhere Klasse (also die 1. Klasse) erstattet.

➪ Reisekostengesetz (LRKG) § 4 Abs. 2

Zurruhesetzung

Für die (vorzeitige) Zurruhesetzung Schwerbehinderter ab GdB 50 gelten besondere Bestimmungen:

➪ Beamtengesetz (LBG) § 36 ff.; ➪ Renten und Ruhestand (Arbeitnehmer*innen); ➪ Ruhestand (Beamtenrecht)

Weiterbeschäftigung nach Erwerbsminderung mit Rentenbescheid

Kann eine tarifbeschäftigte schwerbehinderte Lehrkraft nach vom Rentenversicherungsträger festgestellter Erwerbsminderung mit Rentenbescheid im Schuldienst nicht mehr unterrichten und der Arbeitgeber hat dem/der Beschäftigten mitgeteilt, dass das Arbeitsverhältnis endet, dann kann sie innerhalb von zwei Wochen einen Weiterbeschäftigungsantrag gemäß § 33 Abs. 3 TV-L gegenüber dem zuständigen Regierungspräsidium stellen. Bei schwerbehinderten Menschen besteht gemäß § 164 Abs. 5 Satz 3 i. V. m. Abs. 4 Satz 1 Sozialgesetzbuch IX die Verpflichtung, ein Weiterbeschäftigungsverlangen auch während des Ruhens des Arbeitsverhältnisses zu prüfen. Der Weiterbeschäftigung dürfen dringende dienstliche Bedürfnisse nicht entgegenstehen. ➪ Tarifvertrag-Länder § 33

C. Anerkennung und Schwerbehindertenausweis

1. Anerkennungsverfahren

Zur Anerkennung als *„schwerbehindert“* bzw. *„gleichgestellt“* (§ 2 SGB IX) ist ein Antrag beim Versorgungsamt zu stellen. Dieses holt bei den im Antrag benannten Ärzten oder Kliniken Befunde bzw. Gutachten über die gesundheitliche Situation ein und erlässt einen Bescheid über den *„Grad der Behinderung“* (GdB). Beträgt dieser mindestens 50, so entspricht dies einer *„Schwerbehinderung“*.

Betroffene sollten sich vor einem Antrag gründlich von der Schwerbehindertenvertretung, von sachkundigen Personalratsmitgliedern und/oder von der zuständigen GEW-Geschäftsstelle beraten zu lassen. Es empfiehlt sich, dies mit den behandelnden Ärzten sorgfältig vorzubereiten, da deren Gutachten die Entscheidung stark beeinflussen kann. Man sollte im Antrag alle (!) gesundheitlichen Beeinträchtigungen anführen, die behandelnden Ärzte und Kliniken angeben und vor allem auch die bestehenden Funktionseinschränkungen im alltäglichen Leben stichwortartig anführen und durch ärztliche Atteste, Gutachten und Befunde belegen. Abschlussberichte von Anschlussheilbehandlungen, Rehabehandlungen und Kuren sind hierfür oft ungeeignet, da diese in der Regel dazu dienen, die erzielten Verbesserungen (und nicht die weiterhin bestehenden Einschränkungen) zu dokumentieren. Man sollte Kopien aller Unterlagen aufbewahren (wichtig für ein eventuelles Widerspruchsverfahren). Ferner sollte dem Antrag ein Passfoto (für den Schwerbehindertenausweis) beigefügt werden.

Die Anerkennung durch das Versorgungsamt erfolgt auf der Basis von *„Anhaltspunkten für die ärztliche Gutachtertätigkeit“* der „Versorgungsmedizin-Verordnung“ (www.gesetze-im-internet.de/versmedv/anlage.html).

Von Interesse sind auch die allerdings nicht mehr gültigen „Anhaltspunkte für die ärztliche Gutachtertätigkeit“ (Fundstelle: https://www.bmas.de > Soziales > Versorgungsmedizin > Anhaltspunkte für die ärztliche Gutachtertätigkeit), da sie hilfreiche Hinweise zum Ablauf des Verfahrens enthalten. Die behandelnden Fach- bzw. Hausärzt*innen sollten diese amtlichen Vorgaben bei der Erstellung ihrer Gutachten berücksichtigen.

Mit dem Antrag sollten Gutachten aller behandelnden Ärzte eingereicht werden, da das Versorgungsamt nicht immer bei allen im Antrag benannten Ärzten ein Gutachten einholt.

2. Schwerbehindertenausweis

Wer als Schwerbehinderte*r anerkannt wurde, sollte dies umgehend dem Regierungspräsidium anzeigen, damit dieser Tatbestand z.B. im Fall einer Bewerbung oder sonstiger Personalmaßnahmen (z.B. Laufbahn-Aufstieg) berücksichtigt werden kann. Es genügt eine beglaubigte Kopie; der Ausweis enthält keine Diagnose! Diese Meldung sollte auf dem Dienstweg erfolgen, damit auch die Schulleitungen bzw. die Staatlichen Schulämter die Schutzrechte für Behinderte beachten können, z.B. Gewährung der Schwerbehindertenermäßigung oder Rücksichtnahme bei der Anordnung von Aufsichten, Vertretungen oder Mehrarbeit.

➪ Beglaubigungen; ➪ Beurteilung (Unterrichtsbesuche); ➪ Mehrarbeit

Eine beglaubigte Kopie des Ausweises sollte an das Finanzamt geschickt werden. Mit der Steuererklärung können Freibeträge geltend gemacht werden (gestaffelt nach dem GdB). Die Behinderung wird für das Kalenderjahr berücksichtigt, es sollte ggf. beim Finanzamt auch eine Neufestsetzung des Steuerbescheids für das Vorjahr beantragt werden.

Die Schwerbehindertenausweise sind befristet. Wenn jedoch keine wesentliche Änderung in den gesundheitlichen Verhältnissen zu erwarten ist, die für die Feststellung maßgebend gewesen sind, kann der Ausweis auch unbefristet ausgestellt werden. Auch die Verlängerung des Ausweises ist dem RP auf dem Dienstweg mitzuteilen.

D. Gleichstellung

Das Sozialgesetzbuch IX (SGB IX) schreibt in § 2 Abs. 3 vor: *„Schwerbehinderten Menschen gleichgestellt werden sollen behinderte Menschen mit einem Grad der Behinderung von weniger als 50, aber wenigstens 30, [...] wenn sie infolge ihrer Behinderung ohne die Gleichstellung einen geeigneten Arbeitsplatz [...] nicht erlangen oder nicht behalten können [...].“*

Anders als für die Anerkennung einer Schwerbehinderung und die Zuerkennung eines GdB ist für die Gleichstellung nicht das Versorgungsamt, sondern die Agentur für Arbeit zuständig (die Zuständigkeit richtet sich in beiden Fällen nach dem Wohnort).

Für leichter Behinderte (GdB 30 oder 40) kann es sinnvoll sein, rechtzeitig vor einer Bewerbung um Einstellung in den Schuldienst die Gleichstellung zu beantragen. Bei Gleichgestellten muss sich die positive Prognose der Dienstfähigkeit nicht auf die Dienstzeit bis zum Ruhestand, sondern nur auf fünf Jahre erstrecken; ferner nehmen die Betroffenen dann am besonderen Schwerbehinderten-Einstellungsverfahren teil. ⇨ Einstellungserlass Nr. 7

Voraussetzung ist, dass ein Ursachenzusammenhang zwischen Behinderung und Notwendigkeit der beantragten Gleichstellung besteht (konkrete Situation).

Auch für bereits im Schuldienst befindliche Lehrkräfte gibt es eine Reihe von Gründen, diesen Status zu erlangen. Er kann nützlich sein bei

- Versetzung wegen Auflösung der Dienststelle (z.B. Schulschließungen),
- behinderungsbedingter Versetzung auf einen nicht gleichwertigen Arbeitsplatz,
- Anordnung einer amtsärztlichen Untersuchung zur Überprüfung der Dienstfähigkeit bzw. bei beabsichtigter Versetzung in den Ruhestand wegen Dienstunfähigkeit,
- Vermeidung einer Benachteiligung bei der Bewerberauswahl anlässlich der Regelbeförderung oder der Bewerbung um Funktionsstellen,
- Beendigung des Beschäftigungsverhältnisses (Tarifbeschäftigte).

Die Vorschrift des § 207 SGB IX, dass Schwerbehinderte auf Verlangen von Mehrarbeit/Überstunden freizustellen sind, gilt gemäß § 151 Abs. 3 auch für Gleichgestellte. In den Inklusionsvereinbarungen ist überwiegend geregelt, dass diese Regelung und auch viele andere „Nachteilsausgleiche“ nicht nur für die förmlich gleichgestellten, sondern generell für alle Lehrkräfte mit dem GdB 30 und 40 gelten.

⇨ Schwerbehinderung (Inklusionsvereinbarung) Nr. 2

Für die Anerkennung gilt folgendes Verfahren

1. Es ist ein formloser Antrag auf Gleichstellung an die Agentur für Arbeit zu richten.
2. Die Agentur für Arbeit übersendet dem/der Antragssteller*in ein Antragsformular.
3. Nach Eingang des Antrags hört die Agentur für Arbeit den Arbeitgeber an (Regierungspräsidium; dieses beteiligt die Bezirkschwerbehindertenvertretung und den Bezirkspersonalrat).
4. Die Agentur für Arbeit erteilt dem/der Antragsteller*in einen Bescheid über die Bewilligung. Im Fall der Ablehnung empfiehlt sich nach Beratung durch die Schwerbehindertenvertretung gegebenenfalls ein Widerspruch. GEW-Mitglieder sollten das Widerspruchsverfahren keinesfalls selbst führen, sondern sich sofort nach Eingang des Bescheids an die GEW-Rechtsschutzstelle wenden; die Widerspruchsfrist beträgt nur 4 Wochen!
5. Der/Die Antragssteller*in übergibt der Schulleitung Kopien des Gleichstellungsbescheids sowie des Bescheids über den GdB zur Aufnahme in die an der Schule geführten Personalakten sowie zur Weiterleitung an die Schulaufsicht (Schulamt und/oder Regierungspräsidium).

Unbedingt beachten

Wer vom Versorgungsamt nur einen GdB von 30 oder 40 erhalten hat, sollte vor der Beantragung einer Gleichstellung immer erst prüfen, ob nicht zunächst ein Widerspruch gegen die Entscheidung des Versorgungsamts eingelegt werden sollte bzw. ob wegen inzwischen eingetretener gesundheitlicher Probleme ein Antrag auf Erhöhung des GdB („Verschlimmerungsantrag“) beim Versorgungsamt gestellt werden kann. Denn nur mit einem GdB ab 50 können die Stundenermäßigungen, die Altersteilzeit oder der frühere Antragsruhestand als Entlastung genutzt werden. Hierzu sollte man die Beratung durch die (Bezirks-)Schwerbehindertenvertretung bzw. die GEW in Anspruch nehmen.

⇨ Arbeitszeit (Lehrkräfte-ArbeitszeitVO) § 6; ⇨ Arbeitszeit (Schwerbehinderung); ⇨ Arbeitszeit (Wiedereingliederung); ⇨ Beamtengesetz (LBG); ⇨ Beamtenstatusgesetz; ⇨ Behinderungen (Allgemeines); ⇨ Eingliederungsmanagement (BEM); ⇨ Mehrarbeit; ⇨ Personalvertretungsgesetz (LPVG); ⇨ Rechtsschutz; ⇨ Schwerbehinderung (Gesetz – SGB IX); ⇨ Schwerbehinderung (Inklusionsvereinbarung); ⇨ Teilzeit (Altersteilzeit); ⇨ Unterrichtsbesuche; ⇨ Urlaub (Verordnung) § 29

Schwerbehinderung (Gesetz – SGB IX)

Auszug aus dem Sozialgesetzbuch (SGB) Neuntes Buch (IX) – Rehabilitation und Teilhabe behinderter Menschen – (Artikel 1 des Gesetzes v. 19. Juni 2001, BGBl. I S. 1046); zuletzt geändert 4. Mai 2021 (BGBl. I S. 882)

§ 1
Selbstbestimmung und Teilhabe am Leben in der Gesellschaft

Behinderte oder von Behinderung bedrohte Menschen erhalten Leistungen nach diesem Buch *(gemeint ist das SGB IX)* und den für die Rehabilitationsträger geltenden Leistungsgesetzen, um ihre Selbstbestimmung und gleichberechtigte Teilhabe am Leben in der Gesellschaft zu fördern, Benachteiligungen zu vermeiden oder ihnen entgegenzuwirken. Dabei wird den besonderen Bedürfnissen behinderter und von Behinderung bedrohter Frauen und Kinder Rechnung getragen.

Hinweis der Redaktion: Nach dem ⇨ Grundgesetz (Art. 3 Abs. 2) gehört zu den unveräußerlichen Grundrechten: „Niemand darf wegen seiner Behinderung benachteiligt werden".

§ 2
Behinderung

(1) Menschen sind behindert, wenn ihre körperliche Funktion, geistige Fähigkeit oder seelische Gesundheit mit hoher Wahrscheinlichkeit länger als sechs Monate von dem für das Lebensalter typischen Zustand abweichen und daher ihre Teilhabe am Leben in der Gesellschaft beeinträchtigt ist. Sie sind von Behinderung bedroht, wenn die Beeinträchtigung zu erwarten ist. ⇨ Behinderungen

(2) Menschen sind im Sinne des Teils 3 schwerbehindert, wenn bei ihnen ein Grad der Behinderung von wenigstens 50 vorliegt und sie ihren Wohnsitz, ihren gewöhnlichen Aufenthalt oder ihre Beschäftigung auf einem Arbeitsplatz im Sinne des § 156 rechtmäßig im Geltungsbereich dieses Gesetzbuches haben.

(3) Schwerbehinderten Menschen gleichgestellt werden sollen behinderte Menschen mit einem Grad der Behinderung von weniger als 50, aber wenigstens 30, bei denen die übrigen Voraussetzungen des Absatzes 2 vorliegen, wenn sie infolge ihrer Behinderung ohne die Gleichstellung einen geeigneten Arbeitsplatz im Sinne des § 156 nicht erlangen oder nicht behalten können (gleichgestellte behinderte Menschen).

Hinweis der Redaktion:

1. „Arbeitsplätze" im Sinne des SGB IX Teil 3 (§ 156) sind alle Stellen, auf denen Arbeitnehmer*innen, Beamt*innen, Richter*innen sowie Auszubildende und andere zu ihrer beruflichen Bildung Eingestellte beschäftigt werden.
2. Gemäß § 151 SGB IX werden auf Gleichgestellte die besonderen Regelungen für Schwerbehinderte mit Ausnahme des Zusatzurlaubs (§ 208) sowie der unentgeltlichen Beförderung im öffentlichen Personenverkehr angewandt.

§ 3
Vorrang von Prävention

(1) Die Rehabilitationsträger und die Integrationsämter wirken bei der Aufklärung, Beratung, Auskunft und Ausführung von Leistungen im Sinne des Ersten Buches sowie im Rahmen der Zusammenarbeit mit den Arbeitgebern nach § 167 darauf hin, dass der Eintritt einer Behinderung einschließlich einer chronischen Krankheit vermieden wird. [...]

§ 4
Leistungen zur Teilhabe

(1) Die Leistungen zur Teilhabe umfassen die notwendigen Sozialleistungen, um unabhängig von der Ursache der Behinderung

1. die Behinderung abzuwenden, zu beseitigen, zu mindern, ihre Verschlimmerung zu verhüten oder ihre Folgen zu mildern,
2. Einschränkungen der Erwerbsfähigkeit oder Pflegebedürftigkeit zu vermeiden, zu überwinden, zu mindern oder eine Verschlimmerung zu verhüten sowie den vorzeitigen Bezug anderer Sozialleistungen zu vermeiden oder laufende Sozialleistungen zu mindern,
3. die Teilhabe am Arbeitsleben entsprechend den Neigungen und Fähigkeiten dauerhaft zu sichern oder
4. die persönliche Entwicklung ganzheitlich zu fördern und die Teilhabe am Leben in der Gesellschaft sowie eine möglichst selbstständige und selbstbestimmte Lebensführung zu ermöglichen oder zu erleichtern. [...]

§ 164
Pflichten des Arbeitgebers und Rechte schwerbehinderter Menschen

(1) Die Arbeitgeber sind verpflichtet zu prüfen, ob freie Arbeitsplätze mit schwerbehinderten Menschen, insbesondere mit bei der Agentur für Arbeit arbeitslos oder arbeitssuchend gemeldeten schwerbehinderten Menschen, besetzt werden können. [...] Bei der Prüfung nach Satz 1 beteiligen die Arbeitgeber die Schwerbehindertenvertretung nach § 178 Abs. 2 und hören die in § 176 genannten Vertretungen an. Erfüllt der Arbeitgeber seine Beschäftigungspflicht nicht und ist die Schwerbehindertenvertretung oder eine in § 176 genannte Vertretung mit der beabsichtigten Entscheidung des Arbeitgebers nicht einverstanden, ist diese unter Darlegung der Gründe mit ihnen zu erörtern. Dabei wird der betroffene schwerbehinderte Mensch angehört. Alle Beteiligten sind vom Arbeitgeber über die getroffene Entscheidung unter Darlegung der Gründe unverzüglich zu unterrichten. Bei Bewerbungen schwerbehinderter Menschen ist die Schwerbehindertenvertretung nicht zu beteiligen, wenn der schwerbehinderte Mensch die Beteiligung der Schwerbehindertenvertretung ausdrücklich ablehnt.

(2) Arbeitgeber dürfen schwerbehinderte Beschäftigte nicht wegen ihrer Behinderung benachteiligen. Im Einzelnen gelten hierzu die Regelungen des Allgemeinen Gleichbehandlungsgesetzes.

⇨ Gleichbehandlungsgesetz (AGG)

(3) Die Arbeitgeber stellen durch geeignete Maßnahmen sicher, dass in ihren Betrieben und Dienststellen wenigstens die vorgeschriebene Zahl schwerbehinderter Menschen eine möglichst dauerhafte behinderungsgerechte Beschäftigung finden kann. [...]

Hinweis der Redaktion: Das KM stellt jährlich Planstellen für schwerbehinderte Bewerber*innen zur Verfügung, die keine Einstellung über das Ausschreibungs- und Listenverfahren erhalten haben. ⇨ Einstellungserlass Nr. 7.1

(4) Die schwerbehinderten Menschen haben gegenüber ihren Arbeitgebern Anspruch auf

1. Beschäftigung, bei der sie ihre Fähigkeiten und Kenntnisse möglichst voll verwerten und weiterentwickeln können,
2. bevorzugte Berücksichtigung bei innerbetrieblichen Maßnahmen der beruflichen Bildung zur Förderung ihres beruflichen Fortkommens,
3. Erleichterungen im zumutbaren Umfang zur Teilnahme an außerbetrieblichen Maßnahmen der beruflichen Bildung,
4. behinderungsgerechte Einrichtung und Unterhaltung der Arbeitsstätten einschließlich der Betriebsanlagen, Maschinen und Geräte sowie der Gestaltung der Arbeitsplätze, des Arbeitsumfeldes, der Arbeitsorganisation und der Arbeitszeit, unter besonderer Berücksichtigung der Unfallgefahr,
5. Ausstattung ihres Arbeitsplatzes mit den erforderlichen technischen Arbeitshilfen unter Berücksichtigung der Behinderung und ihrer Auswirkungen auf die Beschäftigung. [...]

(5) Die Arbeitgeber fördern die Einrichtung von Teilzeitarbeitsplätzen. [...] Schwerbehinderte Menschen haben einen Anspruch auf Teilzeitbeschäftigung, wenn die kürzere Arbeitszeit wegen Art oder Schwere der Behinderung notwendig ist [...].

§ 166
Inklusionsvereinbarung

(1) Die Arbeitgeber treffen mit der Schwerbehindertenvertretung und den in § 176 genannten Vertretungen in Zusammenarbeit mit dem Beauftragten des Arbeitgebers (§ 181) eine verbindliche Inklusionsvereinbarung. Auf Antrag der Schwerbehindertenvertretung wird unter Beteiligung der in § 176 genannten Vertretungen hierüber verhandelt. [...]

(2) Die Vereinbarung enthält Regelungen im Zusammenhang mit der Eingliederung schwerbehinderter Menschen, insbesondere zur Personalplanung, Arbeitsplatzgestaltung, Gestaltung des Arbeitsumfelds, Arbeitsorganisation, Arbeitszeit sowie Regelungen über die Durchführung in den Betrieben und Dienststellen. Dabei ist die gleichberechtigte Teilhabe schwerbehinderter Menschen am Arbeitsleben bei der Gestaltung von Arbeitsprozessen und Rahmenbedingungen von anfang an zu berücksichtigen. Bei der Personalplanung werden besondere Regelungen zur Beschäftigung eines angemessenen Anteils von schwerbehinderten Frauen vorgesehen.

⇨ Beurteilung (Lehrkräfte) Nr. II

(3) In der Vereinbarung können insbesondere auch Regelungen getroffen werden

1. zur angemessenen Berücksichtigung schwerbehinderter Menschen bei der Besetzung freier, frei werdender oder neuer Stellen,
2. zu einer anzustrebenden Beschäftigungsquote, einschließlich eines angemessenen Anteils schwerbehinderter Frauen,
3. zu Teilzeitarbeit, [...]
5. zur Durchführung der betrieblichen Prävention (betriebliches Eingliederungsmanagement) und zur Gesundheitsförderung,
6. über die Hinzuziehung des Werks- oder Betriebsarztes auch für Beratungen über Leistungen zur Teilhabe sowie über besondere Hilfen im Arbeitsleben.

Hinweis der Redaktion: Zur Anwendung im Schulbereich siehe ⇨ Schwerbehinderung (Inklusionsvereinbarung).

(4) In den Versammlungen schwerbehinderter Menschen berichtet der Arbeitgeber über alle Angelegenheiten im Zusammenhang mit der Eingliederung schwerbehinderter Menschen.

§ 167
Prävention

Hinweis der Redaktion: Da § 167 nicht nur für Schwerbehinderte gilt, ist dieser Paragraf samt Erläuterungen unter ⇨ Eingliederungsmanagement (BEM) abgedruckt. Hierzu auch ⇨ Schwerbehinderung (Inklusionsvereinbarung) 4.9 beachten.

§ 176
Aufgaben des Betriebs-, Personal-, Richter-, Staatsanwalts- und Präsidialrates

Betriebs-, Personal-, Richter-, Staatsanwalts- und Präsidialrat fördern die Eingliederung schwerbehinderter Menschen. Sie achten insbesondere darauf, dass die dem Arbeitgeber [...] obliegenden Verpflichtungen erfüllt werden; sie wirken auf die Wahl der Schwerbehindertenvertretung hin.

§ 177
Wahl und Amtszeit der Schwerbehindertenvertretung

(1) In Betrieben und Dienststellen, in denen wenigstens fünf schwerbehinderte Menschen nicht nur vorübergehend beschäftigt sind, werden eine Vertrauensperson und wenigstens ein stellvertretendes Mitglied gewählt, das die Vertrauensperson im Falle der Verhinderung vertritt. [...]

(2) Wahlberechtigt sind alle in dem Betrieb oder der Dienststelle beschäftigten schwerbehinderten Menschen.

(3) Wählbar sind alle in dem Betrieb oder der Dienststelle nicht nur vorübergehend Beschäftigten, die am Wahltage das 18. Lebensjahr vollendet haben und dem Betrieb oder der Dienststelle seit sechs Monaten angehören; [...]. Nicht wählbar ist, wer kraft Gesetzes dem [...] *(Personalrat)* nicht angehören kann.

(5) Die regelmäßigen Wahlen finden alle vier Jahre in der Zeit vom 1. Oktober bis 30. November statt. [...]

(7) Die Amtszeit der Schwerbehindertenvertretung beträgt vier Jahre. [...]

Hinweise der Redaktion:

1. Außerdem werden gemäß § 180 SGB IX Bezirks- und Hauptschwerbehindertenvertretungen gewählt (Kontaktdaten für den schulischen Bereich im Adressenteil des Jahrbuchs).

Zur konkreten Anwendung im Schulbereich finden Sie zahlreiche nützliche Informationen auf der zentralen Info-Homepage: www.schwerbehindertenvertretung-schule-bw.de

2. Die Vertrauenspersonen werden entsprechend der Anzahl der zu betreuenden Schwerbehinderten vom Dienst freigestellt. ➩ Arbeitszeit (Lehrkräfte – VwV Anrechnungen)

§ 178
Aufgaben der Schwerbehindertenvertretung

(1) Die Schwerbehindertenvertretung fördert die Eingliederung schwerbehinderter Menschen in den Betrieb oder die Dienststelle, vertritt ihre Interessen in dem Betrieb oder der Dienststelle und steht ihnen beratend und helfend zur Seite. Sie erfüllt ihre Aufgaben insbesondere dadurch, dass sie

1. darüber wacht, dass die zugunsten schwerbehinderter Menschen geltenden Gesetze, Verordnungen, Tarifverträge, Betriebs- oder Dienstvereinbarungen und Verwaltungsanordnungen durchgeführt, insbesondere auch die dem Arbeitgeber nach den §§ 71, 72 und 81 bis 84 obliegenden Verpflichtungen erfüllt werden,

   Hinweis der Redaktion: In den §§ 154, 155, 164-165 sind die Pflichten der Arbeitgeber zur Beschäftigung schwerbehinderter Menschen (§ 154), die Beschäftigung besonderer Gruppen schwerbehinderter Menschen (§ 155), die Pflichten des Arbeitgebers und Rechte schwerbehinderter Menschen (§ 164), und die besonderen Pflichten der öffentlichen Arbeitgeber (§ 165) geregelt.

2. Maßnahmen, die den schwerbehinderten Menschen dienen, insbesondere auch präventive Maßnahmen, bei den zuständigen Stellen beantragt,
3. Anregungen und Beschwerden von schwerbehinderten Menschen entgegennimmt und, falls sie berechtigt erscheinen, durch Verhandlung mit dem Arbeitgeber auf eine Erledigung hinwirkt; sie unterrichtet die schwerbehinderten Menschen über den Stand und das Ergebnis der Verhandlungen.

Die Schwerbehindertenvertretung unterstützt Beschäftigte auch bei Anträgen an die [...] *(Versorgungsämter)* auf Feststellung einer Behinderung, ihres Grades und einer Schwerbehinderung sowie bei Anträgen auf Gleichstellung an die Agentur für Arbeit. [...]

(2) Der Arbeitgeber hat die Schwerbehindertenvertretung in allen Angelegenheiten, die einen einzelnen oder die schwerbehinderten Menschen als Gruppe berühren, unverzüglich und umfassend zu unterrichten und vor einer Entscheidung anzuhören; er hat ihr die getroffene Entscheidung unverzüglich mitzuteilen. Die Durchführung oder Vollziehung einer ohne Beteiligung nach Satz 1 getroffenen Entscheidung ist auszusetzen, die Beteiligung ist innerhalb von sieben Tagen nachzuholen; sodann ist endgültig zu entscheiden. Die Kündigung eines schwerbehinderten Menschen, die der Arbeitgeber ohne eine Beteiligung nach Satz 1 ausspricht, ist unwirksam. Die Schwerbehindertenvertretung hat das Recht auf Beteiligung am Verfahren nach § 164 Abs. 1 und beim Vorliegen von Vermittlungsvorschlägen der Bundesagentur für Arbeit nach § 164 Abs. 1 oder von Bewerbungen schwerbehinderter Menschen das Recht auf Einsicht in die entscheidungsrelevanten Teile der Bewerbungsunterlagen und Teilnahme an Vorstellungsgesprächen.

➩ Einstellungserlass 2.7; ➩ Funktionsstellen; ➩ Versetzungen und Abordnungen

(3) Der schwerbehinderte Mensch hat das Recht, bei Einsicht in die über ihn geführte Personalakte oder ihn betreffende Daten des Arbeitgebers die Schwerbehindertenvertretung hinzuzuziehen. Die Schwerbehindertenvertretung bewahrt über den Inhalt der Daten Stillschweigen, soweit sie der schwerbehinderte Mensch nicht von dieser Verpflichtung entbunden hat.

(4) Die Schwerbehindertenvertretung hat das Recht, an allen Sitzungen des Personal-[...]rates und deren Ausschüssen sowie des Arbeitsschutzausschusses beratend teilzunehmen; sie kann beantragen, Angelegenheiten, die einzelne oder die schwerbehinderten Menschen als Gruppe besonders betreffen, auf die Tagesordnung der nächsten Sitzung zu setzen. Erachtet sie einen Beschluss des [...] *(Personalrates)* als eine erhebliche Beeinträchtigung wichtiger Interessen schwerbehinderter Menschen oder ist sie entgegen Absatz 2 Satz 1 nicht beteiligt worden, wird auf ihren Antrag der Beschluss für die Dauer von einer Woche vom Zeitpunkt der Beschlussfassung an ausgesetzt; die Vorschriften des [...] Personalvertretungsrechtes über die Aussetzung von Beschlüssen gelten entsprechend. Durch die Aussetzung wird eine Frist nicht verlängert. [...].

➩ Arbeitsschutzgesetz § 14 (VwV „Arbeitsschutz" Nr. 12); ➩ Personalvertretungsgesetz (LPVG) § 37

(5) Die Schwerbehindertenvertretung wird zu Besprechungen [...] zwischen dem Arbeitgeber und den in Absatz 4 genannten Vertretungen hinzugezogen. ➩ Personalvertretungsgesetz (LPVG) § 68 Abs. 1

(6) Die Schwerbehindertenvertretung hat das Recht, mindestens einmal im Kalenderjahr eine Versammlung schwerbehinderter Menschen im Betrieb oder in der Dienststelle durchzuführen. Die für Betriebs- und Personalversammlungen geltenden Vorschriften finden entsprechende Anwendung. [...]

(8) Die Schwerbehindertenvertretung kann an [...] Personalversammlungen in Betrieben und Dienststellen teilnehmen, für die sie als Schwerbehindertenvertretung zuständig ist, und hat dort ein Rederecht, auch wenn die Mitglieder der Schwerbehindertenvertretung nicht Angehörige des Betriebes oder der Dienststelle sind. ➩ Personalvertretungsgesetz (LPVG) §§ 49 ff.

§ 207
Mehrarbeit

Schwerbehinderte Menschen werden auf ihr Verlangen von Mehrarbeit freigestellt. ➩ Mehrarbeit

Hinweis der Redaktion: Nach § 151 Abs. 3 ist diese Regelung auch auf gleichgestellte Behinderte mit dem Grad 30 und 40 anzuwenden. Zur Anwendung im Schulbereich siehe auch ➩ Schwerbehinderung (Inklusionsvereinbarung) Nr. 4.6.

➩ Arbeitszeit (Lehrkräfte-ArbeitszeitVO) § 6; ➩ Arbeitszeit (Lehrkräfte – VwV Anrechnungen) Nr. .VI; ➩ Arbeitszeit (Wiedereingliederung); ➩ Arbeitszeit (Schwerbehinderung); ➩ Beamtengesetz (LBG); ➩ Behinderungen (Allgemeines); ➩ Beurteilung (Unterrichtsbesuche); ➩ Mehrarbeit; ➩ Personalvertretungsgesetz (LPVG); ➩ Rechtsschutz; ➩ Schwerbehinderung (Allgemeines); ➩ Schwerbehinderung (Inklusionsvereinbarung); ➩ Teilzeit (Altersteilzeit / Beamtenrecht)

Schwerbehinderung (Inklusionsvereinbarung)

Auszug aus der Rahmen-Inklusionsvereinbarung zur Eingliederung schwerbehinderter Lehrkräfte sowie pädagogischer Assistentinnen und pädagogischer Assistenten nach (jetzt:) § 166 SGB IX; Stand: Januar 2018

Hinweis der Redaktion: Das SGB IX schreibt den Abschluss von *Inklusionsvereinbarungen* zwischen dem Personalrat und der Dienststelle vor. ➪ Schwerbehinderung (Gesetz) § 166
„Dienststelle" ist für GHWRGS-Schulen das Staatliche Schulamt, zuständig ist der dort bestehende Lehrkräfte-Personalrat, die übrigen Schularten sind eigene „Dienststellen"; dort ist der an der Schule bestehende Personalrat zuständig. Behinderte Lehrkräfte können sich unmittelbar auf die für ihre Schule geltende örtliche Vereinbarung berufen. Sie ist in der Regel auf der Homepage des Schulamts abrufbar sowie bei den Schwerbehinderten-Vertrauensleuten erhältlich.

1
Präambel

vgl. Art. 3 Absatz 3 Satz 2 Grundgesetz, Artikel 2a Landesverfassung Baden-Württemberg

Niemand darf wegen seiner Behinderung benachteiligt werden.

Die Grundlagen für die Beschäftigung schwerbehinderter Menschen im Öffentlichen Dienst bilden unter anderem

- das Grundgesetz für die Bundesrepublik Deutschland (GG) ➪ Grundgesetz
- das Übereinkommen der Vereinten Nationen über die Rechte von Menschen mit Behinderungen – UN-Behindertenrechtskonvention
- das Sozialgesetzbuch [...] – Rehabilitation und Teilhabe behinderter Menschen (SGB IX) ➪ Schwerbehinderung (Gesetz – SGB IX)
- Landesverfassung (LV) ➪ Landesverfassung
- das Allgemeine ➪ Gleichbehandlungsgesetz (AGG)
- das Landesgesetz zur Gleichstellung von Menschen mit Behinderung [...]
- das Landesbeamtengesetz (LBG) mit der VwV [...] zur Durchführung beamtenrechtlicher Vorschriften (BeamtVwV) ➪ Beamtengesetz (LBG)
- die Gemeinsame Verwaltungsvorschrift aller Ministerien und des Rechnungshofs über die Beschäftigung schwerbehinderter Menschen in der Landesverwaltung (SchwbVwV)
- die Verordnung der Landesregierung über die Arbeitszeit der beamteten Lehrkräfte an öffentlichen Schulen (Lehrkräfte-ArbeitszeitVO) ➪ Arbeitszeit (Lehrkräfte-ArbeitszeitVO)
- die Verwaltungsvorschrift des Kultusministeriums Anrechnungsstunden und Freistellungen für Lehrkräfte an öffentlichen Schulen [...] ➪ Arbeitszeit (Lehrkräfte – VwV Anrechnungen))

Ziel der Inklusionsvereinbarung ist es, bei allen Beteiligten das Bewusstsein für die Belange schwerbehinderter Menschen im Schuldienst zu stärken und den gesetzlichen Auftrag aus den vorgenannten Gesetzen und Verwaltungsvorschriften zu ergänzen und für Fragen des schulischen Alltags zu konkretisieren. Mit der Inklusionsvereinbarung wird ein aktiver Beitrag zur Inklusion im Arbeitsleben geleistet.

Die dauerhafte berufliche Integration behinderter Menschen ist eine wesentliche Voraussetzung für die selbstbestimmte und gleichberechtigte Teilhabe am gesellschaftlichen Leben und somit zugleich eine wichtige gesellschaftspolitische Aufgabe. Das berufliche Fortkommen und der Aufstieg schwerbehinderter Menschen werden unterstützt und gefördert.

Auswirkungen von Behinderungen auf die Arbeitsplatzsituation werden im offenen Dialog zwischen allen Beteiligten einer sachlichen und fachgerechten Lösung in partnerschaftlicher Zusammenarbeit zugeführt.

Schwerbehinderte Menschen, die im Geltungsbereich dieser Vereinbarung beschäftigt sind bzw. sich um eine Einstellung bewerben, dürfen darauf vertrauen, dass ihnen aufgrund ihrer Behinderung keine Nachteile und Ausgrenzungen erwachsen.

Die Umsetzung der Inklusionsvereinbarung dient ferner der Prävention. Sie soll dazu beitragen, dass sich der Gesundheitszustand der behinderten Menschen stabilisiert bzw. die Auswirkungen der Behinderung abgemildert werden. Auch soll die Prävention eine vorzeitige Zurruhesetzung bzw. eine begrenzte Dienstfähigkeit vermeiden helfen.

2
Geltungsbereich

vgl. Ziffer 1.1, 1.2 SchwbVwV

Die Regelungen dieser Vereinbarung gelten gemäß § 2 Absatz 2 und 3 SGB IX und § 151 Absatz 4 SGB IX für schwerbehinderte Lehrkräfte. Schwerbehinderte Lehrkräfte im Sinne dieser Inklusionsvereinbarung sind auch schwerbehinderte pädagogische Assistentinnen und pädagogische Assistenten sowie Lehrkräfte mit einem Grad der Behinderung von 30 und 40, sofern Letztere nicht ausgenommen sind.

Die Regelungen zur Unterrichtsverpflichtung, zum Stundenplan und zum Deputat sind auf die schwerbehinderten pädagogischen Assistentinnen und pädagogischen Assistenten sinngemäß anzuwenden.

Für die Gymnasien und Beruflichen Schulen sind die Punkte 4.10 und 4.11 nicht Bestandteil der Inklusionsvereinbarung, sondern dienen lediglich der Information der Schule, da die Regierungspräsidien zuständig sind.

Ausnahmen sind in den jeweiligen Gliederungspunkten genannt.

Das „alte" Jahrbuch nicht sofort entsorgen

Immer wieder existieren „alte" und „neue" Vorschriften nebeneinander, wobei die Neuregelungen zunächst nur für bestimmte Schülerjahrgänge gelten. Man sollte deshalb sein „altes" Exemplar nicht in den Papierkorb werfen. Denn es ist zwar nicht mehr „aktuell", aber nach wie vor nützlich.

3
Zusammenarbeit der Beteiligten

vgl. §§ 166 Absatz 1 S. 1, 178 Absatz 2, 181, 182 SGB IX

Zur Sicherstellung eines frühzeitigen und zielgerichteten Handelns arbeiten die Untere Schulaufsichtsbehörde bzw. die Schulleitung, der/die Inklusionsbeauftragte des Arbeitgebers, die Schwerbehindertenvertretung und der Personalrat eng zusammen.

Die Schwerbehindertenvertretung ist in allen Angelegenheiten, die eine einzelne schwerbehinderte Lehrkraft oder die schwerbehinderten Lehrkräfte als Gruppe berühren, unverzüglich und umfassend zu unterrichten und vor einer Entscheidung anzuhören. Die getroffene Entscheidung ist ihr unverzüglich mitzuteilen. Die Durchführung oder Vollziehung einer ohne Beteiligung getroffenen Entscheidung ist auszusetzen und die Beteiligung innerhalb von sieben Tagen nachzuholen. Danach ist endgültig zu entscheiden.

4
Maßnahmen zur beruflichen Integration im schulischen Bereich

4.1
Einstellungen und Beförderungen

vgl. §§ 164,165 SGB IX, Ziffer 3.5.,5.6 SchwbVwV

Bei allen Stellenausschreibungen ist darauf hinzuweisen, dass schwerbehinderte Menschen bei gleicher Eignung und Befähigung vorrangig berücksichtigt werden.

Liegen Bewerbungen von schwerbehinderten Menschen vor, soll ihnen bei insgesamt gleicher Eignung der Vorzug vor nicht schwerbehinderten Bewerberinnen und Bewerbern gegeben werden, auch wenn einzelne Eignungsmerkmale behinderungsbedingt schwächer ausgeprägt sind.

Bei der Besetzung freier oder neu eingerichteter Dienstposten oder Arbeitsplätze, die einem Beförderungsamt zugeordnet sind oder die Übertragung einer höherwertigen Tätigkeit ermöglichen, sind, unter Beachtung des Artikels 33 Absatz 2 des GG, solche schwerbehinderte Bewerberinnen und Bewerber nach Möglichkeit bevorzugt zu berücksichtigen, die bereits in der betreffenden Dienststelle oder in einer Dienststelle des Geschäftsbereichs auf geringer bewerteten Dienstposten oder Arbeitsplätzen mit niederwertigeren Tätigkeiten eingesetzt sind.

Liegt die Bewerbung mindestens eines schwerbehinderten Menschen vor, so ist die Schwerbehindertenvertretung hierüber unmittelbar nach Eingang zu unterrichten und zu allen Vorstellungs- und Auswahlgesprächen (auch bei den nicht schwerbehinderten Bewerberinnen und Bewerbern) einzuladen. Die Schwerbehindertenvertretung hat das Recht, an den Gesprächen teilzunehmen und Einsicht in die entscheidungsrelevanten Bewerbungsunterlagen aller Bewerberinnen und Bewerber zu erhalten. Die Beteiligung der Schwerbehindertenvertretung am Vorstellungs- und Auswahlgespräch entfällt, wenn der schwerbehinderte Mensch dies ausdrücklich ablehnt. Über die getroffene Entscheidung ist die Schwerbehindertenvertretung zu unterrichten. Die Rechte und Pflichten nach § 178 SGB IX bleiben hiervon unberührt.

Das gilt nur für schwerbehinderte und gleichgestellte Menschen i. S. v. § 2 Absatz 2 und 3 SGB IX.

4.2
Unterrichtsverpflichtung der schwerbehinderten Lehrkräfte

4.2.1 Teilhabegespräch

Im Rahmen der Fürsorgepflicht ist die Untere Schulaufsichtsbehörde bzw. die Schulleitung verpflichtet, sich über die Gesamtsituation der schwerbehinderten Lehrkräfte zu informieren und ihnen rechtzeitig vor der Erstellung der Deputats- oder Stundenpläne ein Gespräch über deren Arbeitsplatzsituation mit dem Ziel anzubieten, die besonderen Bedürfnisse zu erfahren und bei der Planung des Schuljahres zu berücksichtigen. Auf Wunsch der schwerbehinderten Lehrkraft ist die zuständige Schwerbehindertenvertretung zu diesem Gespräch hinzuzuziehen. Über die Ergebnisse ist ein Protokoll anzufertigen, eine Kopie ist der schwerbehinderten Lehrkraft auszuhändigen.

4.2.2 Ruhepausen Ziffer 4.4 SchwbVwV

Die für die einzelne schwerbehinderte Lehrkraft notwendigen Ruhepausen (z.B. bei der Terminierung von Konferenzen) sind zu ermöglichen.

4.2.3 Deputats- und Stundenplanerstellung, Klassenleitung, Aufsichtsführung und Kooperationszeit

Bei der Deputats- und Stundenplanerstellung, der zeitweisen Klassenzusammenlegung, dem Unterrichten von Parallelklassen, der Klassenleitung, der Aufsichtsführung und der Teilnahme an der Kooperationszeit sind die berechtigten Belange der schwerbehinderten Lehrkräfte zu berücksichtigen.

4.2.4 Krankheitsvertretung

Schwerbehinderte Lehrkräfte können nur mit ihrem ausdrücklichen Einverständnis zur Krankheitsvertretung eingesetzt werden.

4.2.5 Flexibler Deputatseinsatz

Eine auch nur zeitweilige Überschreitung des Deputats (z.B. bei Fächerverbünden) ist nur in besonderen Ausnahmefällen und nur mit Zustimmung der schwerbehinderten Lehrkraft möglich.

Die Ausführungen zum flexiblen Deputatseinsatz gelten nicht für pädagogische Assistentinnen und pädagogische Assistenten.

4.3 – Arbeitsumfeld

4.3.1 Barrierefreiheit
vgl. § 39 Landesbauordnung (LBO)

Es ist zu vermeiden, dass die Einstellung und Beschäftigung von schwerbehinderten Lehrkräften an baulichen oder technischen Hindernissen scheitert. Die Untere Schulaufsichtsbehörde bzw. die Schulleitung wirkt deshalb darauf hin, dass die Vorschriften der Landesbauordnung zur Barrierefreiheit baulicher Anlagen durch den Schulträger umgesetzt werden und informiert rechtzeitig vor Beginn von Sanierungs-, Umbau- und Neubaumaßnahmen die Schwerbehindertenvertretung.

4.3.2 Parkmöglichkeiten
vgl. § 3 L-BGG, Ziffer 7.3 SchwbVwV

Soweit bei einer Dienststelle Parkmöglichkeiten vorhanden sind, ist auf schwerbehinderte Lehrkräfte, die wegen der Art und Schwere der Behinderung auf den Gebrauch eines Kraftfahrzeugs angewiesen sind, besondere Rücksicht zu nehmen. Hierzu gehört in erster Linie die Bereitstellung von geeigneten Parkplätzen nach Möglichkeit in der Nähe des Arbeitsplatzes.

4.4
Außerunterrichtliche Veranstaltungen

4.4.1 Studienreisen, mehrtägige Schulausflüge und Schullandheimaufenthalte

Bei Studienreisen, mehrtägigen Schulausflügen und Schullandheimaufenthalten können schwerbehinderte Lehrkräfte nur mit ihrem Einverständnis eingesetzt werden.

Schwerbehinderte pädagogische Assistentinnen und pädagogische Assistenten sind vom Einsatz bei mehrtägigen Veranstaltungen ausgeschlossen.

4.4.2 Wandertage, Schulfeste, Sport- und andere schulische Veranstaltungen

Bei Wandertagen, Schulfesten, Sport- und anderen schulischen Veranstaltungen sind die berechtigten Belange der schwerbehinderten Lehrkräfte zu berücksichtigen. ⇨ Außerunterrichtliche Veranstaltungen

4.5
Versetzungen und Abordnungen

vgl. § 178 Absatz 2 Satz 1 SGB IX, Ziffer 5.4 SchwbVwV

Für schwerbehinderte Lehrkräfte ist es je nach Art und Schwere der Behinderung schwieriger als für andere Beschäftigte, sich auf einen neuen Arbeitsplatz umzustellen. Sie sollen daher gegen ihren Willen nur aus dringenden dienstlichen Gründen versetzt/abgeordnet werden, wenn ihnen hierbei mindestens gleichwertige oder bessere Arbeitsbedingungen oder berufliche Entwicklungsmöglichkeiten geboten werden. Bei Versetzungen und Abordnungen von schwerbehinderten Lehrkräften ist die Schwerbehindertenvertretung zu unterrichten und vor einer Entscheidung zu hören. Die Entscheidung ist ihr unverzüglich mitzuteilen.

Anträgen schwerbehinderter Lehrkräfte auf Versetzung oder Abordnung soll möglichst entsprochen werden. ⇨ Versetzungen und Abordnungen

4.6
Mehr- und Nacharbeit

vgl. §§ 207, 151 Absatz. 3 SGB IX, § 67 Absatz 3 LBG, § 65 Landesbesoldungsgesetz (LBesGBW), Ziffer. 4.4 SchwbVwV

Stichwort: Inklusion schwerbehinderter Lehrkräfte

Das Kultusministerium hat amtliche Hinweise zur Förderung der Inklusion behinderter Lehrkräfte bekanntgegeben (KM 17.9.2019; AZ: 14-5114117011). In diesem Erlass heißt es u.a.:

Gemeinsam mit den Hauptschwerbehindertenvertretungen setzt sich das Kultusministerium für die Förderung der Inklusion ein; es soll ein Beitrag zur Beseitigung von unsichtbaren Barrieren erkrankter Lehrkräfte geleistet werden.

Oft bestehen Ängste, einen ausgestellten Schwerbehindertenausweis, die Bescheinigung einer Gleichstellung mit schwerbehinderten Menschen oder ganz grundsätzlich einen Grad der Behinderung (GdB) offenzulegen, weil Vorbehalte befürchtet werden. Es ist uns ein großes Anliegen, dass eine gleichberechtigte Teilhabe von behinderten (mit einem GdB von 30 und 40), schwerbehinderten (ab dem GdB von 50) und ihnen gleichgestellten (durch die Agentur für Arbeit) Lehrkräften in der Schule gelingt. Die amtlich bestätigte Eigenschaft einer Behinderung stellt in keiner Weise ein Einstellungs- oder Beförderungshindernis dar und mit Hilfe von geeigneten Maßnahmen (Nachteilsausgleichen) soll die Leistungsfähigkeit und die Arbeitszufriedenheit dieser Lehrkräfte erhalten und gefördert werden.

Schwerbehinderte, den Schwerbehinderten gleichgestellte (im Folgenden: gleichgestellte) und behinderte Kolleginnen und Kollegen sind ein wichtiger Bestandteil eines jeden Kollegiums. Die Arbeit, die diese Lehrkräfte trotz ihrer gesundheitlichen Einschränkungen erbringen, wird von allen Beteiligten wertgeschätzt.

Das Kultusministerium ist [...] bestrebt, alles Notwendige in die Wege zu leiten, um die die gesetzliche Mindestquote für die Beschäftigung schwerbehinderter und gleichgestellter Menschen sicherzustellen *(Hinweis der Redaktion: Diese Quote wird im Kultusbereich bislang nicht erreicht).* [...]

Eine umfassende Unterstützung erfahren die schwerbehinderten und gleichgestellten Lehrkräfte in der schulischen Inklusionsvereinbarung, in der darüber hinaus auch die Lehrkräfte mit einem GdB von 30 und 40 ohne Gleichstellung mit den schwerbehinderten Lehrkräften in fast allen Punkten mit einbezogen und diverse Nachteilsausgleiche gewährt werden. [...]

⇨ Schwerbehinderung (Inklusionsvereinbarung)

Scheuen Sie sich daher nicht, bei längerer Erkrankung die Anerkennung der Schwerbehinderteneigenschaft zu beantragen. Sie entlasten sich damit selbst im täglichen Arbeitsprozess in der Schule und leisten auch einen erheblichen Beitrag zur Teilhabe behinderter Menschen in der Arbeitswelt Schule.

Schwerbehinderte und gleichgestellte behinderte Lehrkräfte sind auf ihr Verlangen von Mehrarbeit freizustellen.

Die besonderen Belange von Behinderten mit dem Grad von 30 und 40 sind bei der Erteilung von Mehrarbeit zu berücksichtigen.

Mehrarbeit im Schuldienst liegt vor, wenn über die regelmäßige Unterrichtsverpflichtung hinaus Unterricht erteilt wird. Bei Lehrkräften, deren Unterrichtspflichtzeit ermäßigt wurde, liegt Mehrarbeit vor, wenn die herabgesetzte Unterrichtszeit überschritten wird. Als Mehrarbeitsstunde gilt im Schuldienst die gehaltene Unterrichtsstunde, die u.a. in der Krankheitsvertretung erteilt wird. Auf Antrag können schwerbehinderte Lehrkräfte auch von Bereitschaftsdienst und Rufbereitschaft befreit werden.

Nacharbeit (Zeitweiliges Unterdeputat mit späterem Ausgleich; Heckwelle) ist nur im Einvernehmen mit der Lehrkraft möglich. ➪ Mehrarbeit

4.7 Dienstliche Beurteilung

vgl. Ziffer 5.7 SchwbVwV

Vor jeder Beurteilung hat sich die beurteilende Person über die behinderungsbedingten Auswirkungen auf Leistung, Befähigung und Einsatzmöglichkeit kundig zu machen. Sie führt hierzu mit der schwerbehinderten Lehrkraft ein Gespräch, an dem auf Wunsch der schwerbehinderten Lehrkraft die Schwerbehindertenvertretung zu beteiligen ist. Eine etwaige Minderung der Arbeits- und Verwendungsfähigkeit durch die Behinderung ist besonders zu berücksichtigen und in der die Beurteilung abschließenden Gesamtwürdigung zu vermerken. Eine quantitative Minderung der Leistungsfähigkeit darf nicht zum Nachteil angerechnet werden. An die Qualität der Bewältigung des Arbeitspensums sind hingegen die allgemeinen Beurteilungsmaßstäbe anzulegen. ➪ Beurteilung (Lehrkräfte)

4.8 Fort- und Weiterbildung

vgl. § 164 SGB IX, Ziffer 5.6 SchwbVwV

Schwerbehinderte Lehrkräfte haben Anspruch auf bevorzugte Berücksichtigung bei innerbetrieblichen Maßnahmen der beruflichen Bildung zur Förderung ihres beruflichen Fortkommens sowie Erleichterungen im zumutbaren Umfang zur Teilnahme an außerbetrieblichen Maßnahmen der beruflichen Bildung.
➪ Fortbildung

4.9 Prävention, Betriebliches Eingliederungsmanagement (BEM) für alle Lehrkräfte

vgl. § 167 Absatz 1 und 2 SGB IX, Ziffer 6.2, 6.3 SchwbVwV

Die Untere Schulaufsichtsbehörde bzw. die Schulleitung schaltet bei Eintreten von personen-, verhaltens- oder betriebsbedingten Schwierigkeiten im Beschäftigungsverhältnis, die zur Gefährdung dieses Verhältnisses führen können, möglichst frühzeitig die Schwerbehindertenvertretung und den Örtlichen Personalrat sowie das Integrationsamt ein. Mit ihnen werden alle Möglichkeiten und alle zur Verfügung stehenden Hilfen zur Beratung und mögliche finanzielle Leistungen erörtert, mit denen die Schwierigkeiten beseitigt werden können und das Beschäftigungsverhältnis möglichst dauerhaft fortgesetzt werden kann. ➪ Eingliederungsmanagement (BEM)

Das Ziel, Menschen gesund und arbeitsfähig zu erhalten, betrifft nicht nur die schwerbehinderten, sondern alle länger oder wiederholt arbeitsunfähigen Lehrkräfte. Sind Lehrkräfte innerhalb eines Jahres länger als sechs Wochen ununterbrochen oder wiederholt arbeitsunfähig, klärt die Untere Schulaufsichtsbehörde bzw. die Schulleitung mit dem Örtlichen Personalrat, bei schwerbehinderten Lehrkräften außerdem mit der Schwerbehindertenvertretung, mit Zustimmung und Beteiligung der betroffenen Person die Möglichkeiten, wie die Arbeitsunfähigkeit möglichst überwunden werden und mit welchen Leistungen oder Hilfen erneuter Arbeitsunfähigkeit vorgebeugt und der Arbeitsplatz erhalten werden kann (Betriebliches Eingliederungsmanagement). Der Örtliche Personalrat und die Schwerbehindertenvertretung wachen darüber, dass die Untere Schulaufsichtsbehörde bzw. Schulleitung die ihr nach dieser gesetzlichen Vorgabe obliegenden Verpflichtungen erfüllt. Den Ablauf des BEM-Verfahrens hat das Kultusministerium zusammen mit den Hauptvertrauenspersonen für die schwerbehinderten Lehrkräfte sowie in Abstimmung mit den Hauptpersonalräten entwickelt.

Hinweis: Die BEM-Informationen und Ablaufpläne sind im Intranet unter http://intranet.kv.bwl.net/cms/Betriebliches_Eingliederungsmanagement-10545622.html eingestellt. Internet: www.schwerbehindertenvertretung-schule-bw.de dort > Themen und Materialien > Betriebliches Eingliederungsmanagement.

4.10 Gestufte Wiederaufnahme des Dienstes/ stufenweise Wiedereingliederung

vgl. § 68 Absatz 3 LBG, Nummer 41.3 BeamtVwV

Für alle Lehrkräfte, die nach schweren oder langen Erkrankungen, nach Schüben bei chronischen Erkrankungen, nach Operationen oder Unfällen aus fachärztlicher Sicht noch der Schonung bedürfen, also nicht voll dienstlich belastbar sind, gibt es die Möglichkeit der befristeten Deputatsermäßigung im Rahmen der gestuften Wiederaufnahme des Dienstes für Beamtinnen und Beamte bzw. der stufenweisen Wiedereingliederung für Tarifbeschäftigte. Auf Wunsch von Erkrankten kann auch während der akuten Phase ein entsprechender Antrag gestellt werden, sofern keine Krankschreibung vorliegt. Dabei ist eine Wiederaufnahme des Dienstes im bisherigen Beschäftigungsumfang noch nicht möglich, aber absehbar. ➪ Arbeitszeit (Wiedereingliederung)

Beamtinnen und Beamte: Die Dauer der gestuften Wiederaufnahme kann bis zur Höchstdauer von zwölf Monaten vereinbart werden. Voraussetzung ist in jedem Fall, dass nach dieser Übergangszeit die Aussicht auf eine volle Wiederherstellung der Dienstfähigkeit besteht. Ist eine Wiederaufnahme des Dienstes im bisherigen Beschäftigungsumfang danach nicht möglich, ist die Zurruhesetzung wegen Dienstunfähigkeit oder die Verwendung in begrenzter Dienstfähigkeit oder eine anderweitige Verwendung zu prüfen.

Die Ermäßigung führt bei Beamtinnen und Beamten nicht zu einer Kürzung des Gehalts.

Für die Höhe der Deputatsermäßigung ist allein die medizinische Notwendigkeit maßgebend. Die zu unterrichtende Stundenzahl kann deshalb auch unterhälftig sein. In einem fachärztlichen Bericht muss bescheinigt sein, dass die Phase der Behandlung zu Ende geht und die Lehrkraft wieder dienstfähig, aber noch nicht voll belastbar ist. Dem fachärztlichen Bericht ist ein Vorschlag beizufügen, wie ein gestufter Wiedereinstieg in den Dienst erfolgen soll. Soweit medizinisch möglich, soll die Umsetzung an der Schule sinnvollerweise von Ferienabschnitt zu Ferienabschnitt erfolgen.

Um den Erfolg der Wiedereingliederung nicht zu gefährden, kann in der Zeit der gestuften Wiederaufnahme des Dienstes von den vom Facharzt bzw. vom Amtsarzt vorgegebenen Deputatsstunden und deren Verteilung auf die Wochentage grundsätzlich nicht abgewichen werden. Auch ist bei der Lehrauftragsverteilung und der Stundenplangestaltung darauf zu achten, dass diese einer erfolgreichen Wiedereingliederung nicht zuwiderlaufen.

Tarifbeschäftigte: Für Tarifbeschäftigte kann eine stufenweise Wiedereingliederung nach § 74 SGB V eingeleitet werden.

4.11
Gewährung von befristeten zusätzlichen Ermäßigungsstunden nach § 5 Absatz 4 der Lehrkräfte-ArbeitszeitVO

In besonderen Ausnahmefällen kann das Staatliche Schulamt bzw. das Regierungspräsidium auf Antrag der schwerbehinderten Lehrkraft eine befristete zusätzliche Deputatsermäßigung in Höhe von bis zu zwei Wochenstunden gewähren (§ 5 Absatz 4 der Lehrkräfte-ArbeitszeitVO). Dem Antrag ist ein fachärztliches Gutachten beizufügen, aus dem hervorgeht, dass die als Schwerbehinderung anerkannte Erkrankung sich im Lehrerberuf besonders gravierend auswirkt. ⇨ Arbeitszeit (Lehrkräfte-ArbeitszeitVO) § 5

Solch ein besonderer Ausnahmefall im Sinne des § 5 Absatz 4 der Lehrkräfte-ArbeitszeitVO kann dann angenommen werden, wenn der Grad der Behinderung die Beeinträchtigungen im Lehrerberuf nicht zutreffend ausdrückt, weil sich die Erkrankung für eine Lehrkraft deutlich mehr auswirkt als im allgemeinen Erwerbsleben.

Die bei der Schwerbehinderung anerkannten Beeinträchtigungen können insbesondere im Bereich des Sprechens, Hörens, Schreibens, Sehens, Gehens, Stehens oder psychischer Erkrankungen liegen (besondere Ausnahmefälle). Die zusätzlichen Deputatsermäßigungsstunden werden grundsätzlich – längstens fünf Jahre – jeweils befristet gewährt. Dies gilt auch bei einem unbefristet ausgestellten Schwerbehindertenausweis.

Sollten nach Ablauf des Befristungszeitraums die Auswirkungen der lehrerspezifischen Behinderung weiterhin bestehen bzw. durch erneute Erkrankungen, Krankheitsverschlechterungen und Schübe die zusätzliche Ermäßigung wieder bzw. weiter notwendig sein, so ist dies bei einem erneuten Antrag in einem fachärztlichen Bericht, der die Notwendigkeit der zusätzlichen Deputatsermäßigung bescheinigt, darzulegen.

Der Antrag einer schwerbehinderten Lehrkraft auf diese zusätzliche Deputatsermäßigung bzw. seine Ablehnung führt nicht automatisch zu einem Verfahren zur Herabsetzung der Arbeitszeit im Rahmen der begrenzten Dienstfähigkeit.

Dieses wird nur dann eingeleitet werden, wenn der ggf. gegen die Ablehnung eingelegte Widerspruch zurückgewiesen wurde und die Lehrkraft nicht bereit ist, im Umfang ihres Deputats (= individuelles Deputat minus Schwerbehindertenermäßigung) Dienst zu leisten bzw. ihn tatsächlich für eine Zeitdauer von mindestens 8 Wochen nicht leistet und keine Aussicht besteht, dass die Lehrkraft in absehbarer Zeit wieder voll dienstfähig wird.

4.12
Amtsärztliche Untersuchung bei Beamtinnen und Beamten bzw. Untersuchung durch den Betriebsärztlichen Dienst bei Tarifbeschäftigten / Beteiligung der Schwerbehindertenvertretung nach § 178 Absatz 2 Satz 1 SGB IX

Der Arbeitgeber hat die Schwerbehindertenvertretung in allen Angelegenheiten, die einen einzelnen oder die schwerbehinderten Menschen als Gruppe berühren, unverzüglich und umfassend zu unterrichten und vor einer Entscheidung anzuhören.

Die zuständige Schwerbehindertenvertretung wird rechtzeitig informiert, bevor die amtsärztliche Begutachtung eines behinderten Beamten/einer Beamtin bzw. Untersuchung einer behinderten Tarifbeschäftigten/eines Tarifbeschäftigten durch den Betriebsärztlichen Dienst (BAD) vom Staatlichen Schulamt bzw. vom Regierungspräsidium angeordnet wird.

Rechtzeitig vor der Einleitung von Maßnahmen, die sich auf das Ergebnis der amtsärztlichen Untersuchung bzw. der Untersuchung durch den BAD stützen, erhält die Schwerbehindertenvertretung die erforderlichen Informationen sowie die Möglichkeit, eine Stellungnahme abzugeben.

Hinweis der Redaktion: Die Nummern 5 („Überprüfung des Umsetzungsstandes der Integrationsvereinbarung") und 6 („Inkrafttreten, Kündigung, Schlussbestimmungen") sind hier nicht abgedruckt.

⇨ Arbeitszeit (Lehrkräfte); ⇨ Arbeitszeit (Wiedereingliederung); ⇨ Arbeitszeit (Schwerbehinderung); ⇨; Außerunterrichtliche Veranstaltungen; ⇨ Beamtengesetz (LBG) §§ 20, 24, 25, 50, 68, ⇨ Beamtenstatusgesetz §§ 44, 83ff.; ⇨ Beförderung (Allgemeines); ⇨ Beförderung (Oberstudienrat*rätin); ⇨ Beurteilung (Lehrkräfte); ⇨ Beurteilung (Unterrichtsbesuche); ⇨ Eingliederungsmanagement (BEM); ⇨ Gleichbehandlungsgesetz (AGG); ⇨ Mehrarbeit; ⇨ Personalvertretungsgesetz; ⇨ Schwerbehinderung (Allgemeines); ⇨ Schwerbehinderung (Gesetz); ⇨ Versetzungen und Abordnungen

Sexuelle Gewalt und Belästigung

Informationen der Redaktion zur Rechtslage und zur Verwaltungspraxis in Baden-Württemberg

Bei sexueller Belästigung sowie beim sexuellen Missbrauch handelt es sich – ähnlich wie bei einer ➪ Diskriminierung wegen der Geschlechtszugehörigkeit oder beim ➪ Mobbing – um die Ausübung von Macht / Gewalt durch (in der Regel männliche) Ausbilder, Kollegen oder Vorgesetzte gegenüber vermeintlich oder tatsächlich unterlegenen (in der Regel weiblichen) Opfern. Die körperliche sexuelle Belästigung ist ein Straftatbestand, der jedoch (außer beim Vorliegen besonderen öffentlichen Interesses an der Strafverfolgung) nur auf Antrag verfolgt wird:

„Wer eine andere Person in sexuell bestimmter Weise körperlich berührt und dadurch belästigt, wird mit Freiheitsstrafe bis zu zwei Jahren oder mit Geldstrafe bestraft, wenn nicht die Tat in anderen Vorschriften mit schwererer Strafe bedroht ist. (Strafgesetzbuch – StGB – § 184i)

Bei den meisten anderen *„Straftaten gegen die sexuelle Selbstbestimmung"*, beispielsweise dem sexuellen Missbrauch von Kindern (§ 176 StGB) oder von schutzbefohlenen Jugendlichen unter 16 Jahren (§ 174 StGB handelt es sich hingegen strafrechtlich um *„Offizialdelikte"*, die von Amts wegen zu verfolgen sind.

Eine sexuelle Belästigung liegt jedoch nicht nur dann vor, wenn jemand durch Berührungen übergriffig wird, sondern sie besteht häufig (nicht selten als Vorform von körperlichen Handlungen) in verbalen oder nonverbalen „Anzüglichkeiten" mit sexuellem Inhalt. Diese können strafrechtlich relevant sein, wenn sie eine Beleidigung (§ 185 StGB) darstellen, wenn also eine andere Person durch eine ehrverletzende Äußerung oder durch schlüssiges Handeln herabgewürdigt wird. Auch Beleidigungen werden in der Regel nur auf Antrag verfolgt. Die Gerichte tun sich bei der Abgrenzung zwischen als verletzend empfundenen Bemerkungen und strafbewehrten, herabwürdigenden Äußerungen oder Gesten schwer. Die Rechtsprechung räumt der Meinungsfreiheit bei Beleidigungsklagen einen hohen Stellenwert ein. Selbst obszöne Äußerungen können als gerechtfertigt betrachtet werden.

Hinweis der Redaktion: Kontakt zu Beratungsstellen bietet die Website www.kein-kind-alleine-lassen.de. Hilfestellung gibt es beim Kinder- und Jugendtelefon (116111) und beim Hilfetelefon Sexueller Missbrauch (0800 22 55 530) sowie unter: https://nina-info.de/save-me-online. Anregungen und Handreichungen unter: https://www.schule-gegen-sexuelle-gewalt.de/

Schutz der Beschäftigten

Das Allgemeine ➪ Gleichbehandlungsgesetz (AGG) untersagt die *„Benachteiligung"* von Beschäftigten. § 3 Abs. 4 AGG bestimmt: *„Eine sexuelle Belästigung ist eine Benachteiligung […], wenn ein unerwünschtes, sexuell bestimmtes Verhalten, wozu auch unerwünschte sexuelle Handlungen und Aufforderungen zu diesen, sexuell bestimmte körperliche Berührungen, Bemerkungen sexuellen Inhalts sowie unerwünschtes Zeigen und sichtbares Anbringen von pornographischen Darstellungen gehören, bezweckt oder bewirkt, dass die Würde der betreffenden Person verletzt wird, insbesondere wenn ein von Einschüchterungen, Anfeindungen, Erniedrigungen, Entwürdigungen oder Beleidigungen gekennzeichnetes Umfeld geschaffen wird."*

Nach dem AGG gelten also auch rein verbale sexuelle Angebote oder Anzüglichkeiten, zweideutige Witze, Sprüche oder Gesten als „sexuelle Belästigungen".

Analog zum Betriebsverfassungsgesetz (§ 75 Abs. 1) bestimmt das Landespersonalvertretungsgesetz:

„Dienststelle und Personalvertretung haben darüber zu wachen, dass alle Angehörigen der Dienststelle nach Recht und Billigkeit behandelt werden, insbesondere, dass jede Benachteiligung von Personen […] wegen ihres Geschlechts oder ihrer sexuellen Identität unterbleibt."

➪ Personalvertretungsgesetz (LPVG) § 69 Abs. 1

Die Beschäftigten können sich an die Vorgesetzten (Schulleitung), die Schulaufsichtsbehörde, an den Personal-/Betriebsrat oder auch den GEW-Rechtsschutz wenden. ➪ Beschwerderecht

Sexuelle Belästigung von Schutzbefohlenen

An Schulen, Hochschulen, Kitas usw. kommen sexuelle Belästigungen auch im Verhältnis des dortigen Personals zu den „Klienten" (Kinder, Jugendliche, Auszubildende, Studierende) vor.

Hierzu gibt es in Baden-Württemberg außer dem für alle geltenden Strafrecht keine Spezialvorschriften, sondern aufgrund der Schulpflicht beziehungsweise wegen der Abhängigkeit der ihnen anvertrauten „Klienten" obliegt den ausbildenden, erziehenden und lehrenden Institutionen unmittelbar eine Schutzpflicht. Eine Garantenpflicht besteht insbesondere gegenüber Minderjährigen.

Diese Pflicht wahrzunehmen, ist Teil der pädagogischen Professionalität des Personals. Als Maßstab kann gelten, was zum Schutz der Beschäftigten im AGG bestimmt ist (s.o.). Es ist ist beispielsweise als unzulässig anzusehen, wenn sexuell anzügliche Unterrichtsmaterialien verwendet werden. Ein unnötiger Körperkontakt, insbesondere im Sportunterricht, ist zu vermeiden, die Nutzung oder Verbreitung sexistischer Darstellungen darf nicht geduldet und die Schamgrenzen von Schüler*innen insbesondere in der Pubertät dürfen nicht verletzt werden. Auch die sexuelle Belästigung von Schutzbefohlenen durch andere „Klienten" der Einrichtungen muss unterbunden und gegebenenfalls sanktioniert werden.

Von sexueller Belästigung oder Gewalt Betroffene (z.B. Schüler*innen oder deren Eltern) können sich an die Schulleitung, Schulsozialabeiter*innen (soweit vorhanden) und die Schulaufsicht wenden. Die amtlichen Stellen sind verpflichtet, der Beschwerde nachzugehen und unzulässige Handlungen abzustellen bzw. zu verfolgen; sie müssen gegebenenfalls die Strafverfolgungsbehörden einschalten.

➪ Beschwerderecht; ➪ Schulsozialarbeit

Werden Lehrkräften bei ihrer Berufsausübung gewichtige Anhaltspunkte für die Gefährdung des Wohls eines Kindes oder Jugendlichen bekannt, sollten sie mit diesem und den Personensorgeberechtigten die Situation erörtern und, soweit erforderlich, auf die Inanspruchnahme von Hilfen hinwirken; ggf. sollten sie das Jugendamt informieren.

Dienst- und arbeitsrechtliche Konsequenzen

Verstöße gegen Gesetze oder Dienstpflichten erfüllen bei Beamt*innen stets die Voraussetzungen für disziplinarrechtliche Untersuchungen und führen gegebenenfalls zu entsprechenden Maßnahmen (Sanktionen).

⇨ Disziplinarrecht (Allgemeines); ⇨ Disziplinargesetz

Arbeitsrechtlich kommt beispielsweise in Fällen, die dem Betrieb oder der Behörde eine weitere Beschäftigung von Mitarbeiter*innen unzumutbar machen, auch eine fristlose Kündigung aus verhaltensbedingten Gründen in Betracht.

⇨ Beschwerderecht; ⇨ Diskriminierung (Sexuelle Orientierung); ⇨ Disziplinarrecht (Allgemeines); ⇨ Disziplinargesetz (LDG); ⇨ Gleichbehandlungsgesetz (AGG) § 3; ⇨ Jugendschutz / Kinderschutz (Information) § 4; ⇨ Mobbing; ⇨ Personalvertretungsgesetz (LPVG) § 69; ⇨ Rechtsschutz; ⇨ Schulsozialarbeit

Sonderpädagogik (SBBZ – Ärztinnen und Ärzte)

VwV des KM zur Mitarbeit von Ärztinnen und Ärzten an sonderpädagogischen Bildungs- und Beratungszentren Förderschwerpunkt körperliche und motorische Entwicklung und an den entsprechenden Schulkindergärten; vom 14. Dezember 1998 (K.u.U. S. 2/1999); zuletzt geändert 21. Mai 2021 (K.u.U. S. 100/2021)

1. Aufgabenrahmen der Ärztinnen und Ärzte

In den sonderpädagogischen Bildungs- und Beratungszentren (SBBZ) Förderschwerpunkt körperlich-motorische Entwicklung und den entsprechenden Schulkindergärten arbeiten im Interesse der notwendigen Interdisziplinarität und der medizinischen Aufsicht beziehungsweise Anleitung der Fachlehrkräfte Sonderpädagogik Förderschwerpunkt körperliche und motorische Entwicklung (Physiotherapeuten/Krankengymnasten und Beschäftigungstherapeuten) Ärztinnen und Ärzte mit. Nachfolgender Aufgabenrahmen wird unter Berücksichtigung der gegebenen Personalkapazität vorgesehen. Für die unter den Nummern 1.1 bis 1.3 bezeichneten Aufgaben ist die Einverständniserklärung der Erziehungsberechtigten vorab einzuholen (siehe Anlage; *hier nicht abgedruckt*).

1.1 Für die Erstellung unterrichtlicher Förderpläne und deren Umsetzung sowie anderer schulischer Maßnahmen klärt die Ärztin beziehungsweise der Arzt die medizinisch-bedeutsamen Voraussetzungen der Schülerinnen und Schüler. Sie kooperieren dabei eng mit der behandelnden Ärztin oder dem Arzt der Schülerin oder des Schülers und bringen die medizinischen Befunde in die Zusammenarbeit des Lehrerteams ein und interpretieren sie. Hierbei sind grundsätzlich die Erziehungsberechtigten und die Schülerinnen und Schüler einzubeziehen.

1.2 Die Ärztin beziehungsweise der Arzt trägt dafür Sorge, dass die Förderpläne der Fachlehrkräfte Sonderpädagogik an den SBBZ Förderschwerpunkt körperliche und motorische Entwicklung (Physiotherapeuten/Krankengymnasten und Beschäftigungstherapeuten) medizinisch fachgerecht erstellt und umgesetzt werden. Bei der Weiterentwicklung und Fortschreibung der medizinisch-therapeutischen Anteile des Förderplans geben sie entsprechende Hilfen. Sie prüfen die medizinischen Ergebnisse der Förderung unter Berücksichtigung der übrigen Ergebnisse des Entwicklungsprozesses und im Hinblick auf die individuellen Fördermöglichkeiten. Mit den Fachlehrkräften wird ein System der Erfassung von notwendigen medizinisch-therapeutischen Informationen zum innerdienstlichen Gebrauch vereinbart.

1.3 Zu den Aufgaben gehört die Beratung (z.B. Hilfsmittelversorgung) der Schülerinnen und Schüler, Lehrkräfte und Erziehungsberechtigten. Die Beratung bezieht Absichten und Vorstellungen der Ärztin beziehungsweise des Arztes ein, die oder der die Schülerin oder den Schüler außerhalb der Schule behandelt. In Zusammenarbeit mit den beteiligten Lehrkräften fertigen sie eventuell notwendig werdende Stellungnahmen. Ebenso übernehmen sie Beratungsaufgaben gegenüber der Schulaufsichtsbehörde und dem Schulträger.

1.4 Zusammen mit der Schulleitung wirken sie bei der notwendigen Einführung neu eingestellter Fachlehrkräfte mit. Sie übernehmen Teile der innerschulischen Fortbildung, die sich auf medizinische Themen und Fragestellungen beziehen.

1.5 Im Zusammenhang mit der Beurteilung der einzelnen Fachlehrkraft nehmen sie fachspezifische Aufgaben wahr. Bei Unterrichtsbesuchen können sie hinzugezogen werden. Beim Ausscheiden einzelner Fachlehrkräfte kann deren Rat zur Erstellung des Dienstzeugnisses eingeholt werden.

Hinweis der Redaktion: Nummer 2 (Personalrahmen und Vergütung der Ärztinnen und Ärzte) ist hier nicht abgedruckt.

⇨ Schulgesetz § 15; ⇨ Schulkindergärten

Zur Nomenklatur der bisherigen „Sonderschulen" (jetzt: SBBZ) siehe Informationskasten bei ⇨ Sonderpädagogik (SBBZ – Lernen).

Sonderpädagogik (SBBZ Bildungsangebote)

Verordnung des KM über die Feststellung und Erfüllung des Anspruchs auf ein sonderpädagogisches Bildungsangebot (Verordnung über sonderpädagogische Bildungsangebote – SBA-VO) vom 8. März 2016 (K.u.U. S. 154/2016)

Teil 1
Allgemeine Bestimmungen

§ 1
Erziehungs- und Bildungsauftrag der Schulen, Geltungsbereich

Der Anspruch auf ein sonderpädagogisches Bildungsangebot kann an einer allgemeinen Schule (inklusives Bildungsangebot) oder an einem sonderpädagogischen Bildungs- und Beratungszentrum erfüllt werden. Für Kinder und Jugendliche ohne Anspruch auf ein sonderpädagogisches Bildungsangebot gilt diese Verordnung nur, soweit dies ausdrücklich bestimmt ist. Bestimmungen über die schulische Bildung von Kindern und Jugendlichen mit besonderem, aber nicht sonderpädagogischem Förderbedarf bleiben unberührt.

⇨ Behinderungen (Förderbedarf); ⇨ Inklusion (Allgemeines); ⇨ Schulgesetz §§ 15, 82 ff.; ⇨ Schulträger; ⇨ Sonderpädagogische Bildung (Schulentwicklung)

§ 2
Zuständige Schulaufsichtsbehörde

Für Aufgaben und Entscheidungen nach dieser Verordnung ist für alle Schularten das Staatliche Schulamt die zuständige Schulaufsichtsbehörde.

§ 3
Auskunftsrecht der Erziehungsberechtigten

Die Erziehungsberechtigten können die ihr Kind betreffenden Unterlagen der Schulaufsichtsbehörde einsehen. Sie können Auszüge aus den Unterlagen anfertigen, abfotografieren, einscannen oder von der Schulaufsichtsbehörde kostenpflichtige Fotokopien erstellen lassen.

Teil 2
Feststellung des Anspruchs auf ein sonderpädagogisches Bildungsangebot

Abschnitt 1
Erstmaliges Feststellungsverfahren

§ 4
Antrag der Erziehungsberechtigten

(1) Die Erziehungsberechtigten können für ihr Kind über die von ihm besuchte Schule die Prüfung des Anspruchs auf ein sonderpädagogisches Bildungsangebot (Einleitung des Verfahrens) bei der Schulaufsichtsbehörde beantragen. Die Schule erstellt zu dem Antrag einen pädagogischen Bericht.

(2) Die Schule beschreibt im pädagogischen Bericht die bisher durchgeführten Fördermaßnahmen. Sie soll insbesondere darlegen, ob und gegebenenfalls weshalb die Schülerin oder der Schüler auch mithilfe sonderpädagogischer Beratung und Unterstützung die Bildungsziele der allgemeinen Schule voraussichtlich nicht erreichen kann; hierbei bezieht sie in der Regel eine Lehrkraft für Sonderpädagogik ein. Mit Einverständnis der Erziehungsberechtigten können im pädagogischen Bericht Angaben über die frühkindliche oder außerschulische Bildung und Betreuung gemacht werden.

(3) Stellen die Erziehungsberechtigten den Antrag ohne Mitwirkung der Schule, ist diese von der Schulaufsichtsbehörde nachträglich zu beteiligen. Absatz 1 Satz 2 und Absatz 2 gelten entsprechend.

(4) Für Kinder, die eingeschult werden sollen, gelten die Absätze 1 bis 3 entsprechend; die Mitwirkung erfolgt durch die für die Einschulung zuständige Grundschule oder auf Wunsch der Erziehungsberechtigten durch die Stellen der sonderpädagogischen Beratung, Frühförderung und Bildung.

§ 5
Verfahren ohne Antrag der Erziehungsberechtigten

(1) Liegen der allgemeinen Schule konkrete Hinweise auf einen Anspruch auf ein sonderpädagogisches Bildungsangebot vor und wird von den Erziehungsberechtigten kein Antrag auf Einleitung des Verfahrens gestellt, ist der Antrag von der allgemeinen Schule bei der Schulaufsichtsbehörde zu stellen. Die Erziehungsberechtigten sollen vorher einbezogen werden.

(2) Der Antrag setzt konkrete Hinweise auf eine drohende Beeinträchtigung des Erziehungs- und Bildungsauftrags der Schule voraus. Die Hinweise können sich aus dem Bildungsrecht der Schülerin oder des Schülers, auf die oder den sich der Antrag bezieht, oder aus den Bildungsrechten der Mitschülerinnen oder Mitschüler ergeben. Im Übrigen gelten die Anforderungen an den pädagogischen Bericht nach § 4 Absatz 2 entsprechend.

Hinweis der Redaktion: Mangelnde Kenntnisse in der deutschen Sprache sind kein Kriterium für Sonderschulbedürftigkeit. Bei den entsprechenden Überprüfungen kann auf Wunsch der Erziehungsberechtigten eine geeignete Lehrkraft der jeweiligen Herkunftssprache hinzugezogen werden; auf diese Möglichkeit sollen die Erziehungsberechtigten durch die meldende Schule hingewiesen werden. Dieser Hinweis wird im Bericht der meldenden Schule vermerkt. ⇨ Sprachförderung Nr. 3.2.4

(3) Für Kinder, die eingeschult werden sollen, gelten die Absätze 1 und 2 sowie § 4 Absatz 4 Halbsatz 2 entsprechend. ⇨ Einschulung

§ 6
Einleitung des Verfahrens, sonderpädagogische Diagnostik

(1) Die Schulaufsichtsbehörde leitet das Feststellungsverfahren ein, falls ihr konkrete Hinweise auf einen Anspruch auf ein sonderpädagogisches Bildungsangebot vorliegen. Grundlage hierfür ist ein Antrag nach §§ 4 oder 5.

(2) Mit der Einleitung des Verfahrens beauftragt die Schulaufsichtsbehörde eine Lehrkraft für Sonderpädagogik mit der sonderpädagogischen Diagnostik, die eine pädagogisch-psychologische Prüfung einschließlich Schulleistungsprüfung und Intelligenztest beinhalten kann. Die mit der Begutachtung beauftragte Lehrkraft bezieht hierbei gegebenenfalls vorliegende Erkenntnisse aus

Diagnose- und Fördermaßnahmen außerhalb der Schule ein; § 82 Absatz 2 Satz 3 des Schulgesetzes für Baden-Württemberg (SchG) bleibt unberührt. Die beauftragte Lehrkraft ist bei der Begutachtung inhaltlich nicht an Weisungen gebunden. Sie soll am Verfahren bisher nicht beteiligt gewesen sein; auf Wunsch der Erziehungsberechtigten kann davon abgewichen werden.

(3) Die sonderpädagogische Diagnostik soll Aussagen treffen zu den Voraussetzungen und Vorkehrungen, welche für die Erfüllung des Anspruchs auf ein sonderpädagogisches Bildungsangebot insbesondere an allgemeinen Schulen notwendig sind. Auf Wunsch der Erziehungsberechtigten hält die mit der Begutachtung beauftragte Lehrkraft Vorstellungen der Erziehungsberechtigten über die Erfüllung eines Anspruchs auf ein sonderpädagogisches Bildungsangebot zur Information für die Schulaufsichtsbehörde fest; die Zuständigkeit der Schulaufsichtsbehörde für die Anspruchsfeststellung sowie das darauf aufbauende Verfahren bleibt unberührt.

(4) Die Erziehungsberechtigten sind über die Einleitung des Verfahrens und die damit verbundene sonderpädagogische Diagnostik zu unterrichten. Sie sind verpflichtet, die Durchführung der sonderpädagogischen Diagnostik zu unterstützen und soweit erforderlich mitzuwirken (Mitwirkungspflicht).

(5) Lehnt die Schulaufsichtsbehörde die Einleitung eines von den Erziehungsberechtigten nach § 4 beantragten Verfahrens ab, gibt sie ihre Entscheidung den Erziehungsberechtigten unter Angabe der Gründe bekannt.

§ 7
Anspruchsfeststellung

(1) Die Schulaufsichtsbehörde stellt auf der Grundlage der Ergebnisse der sonderpädagogischen Diagnostik fest, ob ein Anspruch auf ein sonderpädagogisches Bildungsangebot besteht, und legt den Förderschwerpunkt (§ 15 Absatz 1 Satz 4 SchG) fest; erstreckt sich der Anspruch auf mehrere Förderschwerpunkte, bestimmt sie den vorrangigen Förderschwerpunkt. Mit der Feststellung des Anspruchs auf ein sonderpädagogisches Bildungsangebot wird nicht festgelegt, an welcher Schulart oder Schule dieser Anspruch erfüllt werden soll.

(2) Die Schulaufsichtsbehörde stellt auch fest, ob der Anspruch auf ein sonderpädagogisches Bildungsangebot eine Internatsunterbringung nach § 15 Absatz 3 SchG umfassen würde. Mit dieser Feststellung ist kein Anspruch auf eine diesbezügliche Kostenübernahme durch die Träger der Sozialhilfe oder der Jugendhilfe verbunden; § 14 Absatz 2 bleibt unberührt. Die Schulaufsichtsbehörde bezieht die zuständigen Träger der Sozialhilfe oder der Jugendhilfe frühzeitig in das Verfahren ein; bei Bedarf ist die Einbeziehung des öffentlichen Gesundheitsdienstes abzustimmen.

(3) Die Schulaufsichtsbehörde kann auf der Grundlage eines Antrags nach § 4 in einem vereinfachten Verfahren ohne Beauftragung einer Lehrkraft nach § 6 Absatz 2 Satz 1 den Anspruch auf ein sonderpädagogisches Bildungsangebot feststellen, falls beim pädagogischen Bericht eine Lehrkraft für Sonderpädagogik einbezogen wurde und auch ohne die Beauftragung zweifelsfrei feststeht, dass der Anspruch besteht. Absatz 2 bleibt unberührt.

(4) Die Anspruchsfeststellung ist den Erziehungsberechtigten vor deren Beratung nach § 11 bekanntzugeben.

(5) Lehnt die Schulaufsichtsbehörde die Anspruchsfeststellung ab, gilt § 6 Absatz 5 entsprechend.

(6) Die Schulaufsichtsbehörde übermittelt nach der Entscheidung über den Bildungsort der Schule die Ergebnisse der sonderpädagogischen Diagnostik, soweit die Schule diese für die Erfüllung des Anspruchs auf ein sonderpädagogisches Bildungsangebot benötigt.

§ 8
Befristung, Aussetzung

(1) Die Schulaufsichtsbehörde kann die Dauer des Anspruchs auf ein sonderpädagogisches Bildungsangebot bei der Feststellung oder im Nachhinein befristen; die Frist soll grundsätzlich ein Schuljahr nicht unterschreiten. Wird der Anspruch auf ein sonderpädagogisches Bildungsangebot zu Beginn oder während der Primarstufe festgestellt und wird er in einem inklusiven Bildungsangebot erfüllt, wird er in der Regel bis zum Ende der Primarstufe befristet. § 9 Absatz 2 Satz 1 bleibt unberührt.

(2) Die Schulaufsichtsbehörde kann die Erfüllung eines festgestellten Anspruchs auf ein sonderpädagogisches Bildungsangebot für einen bestimmten Zeitraum aussetzen, wenn dies im Hinblick auf das Bildungsrecht der Schülerin oder des Schülers, für die oder den der Anspruch festgestellt wurde, oder im Hinblick auf die Bildungsrechte der Mitschülerinnen und Mitschüler vertretbar erscheint. § 9 Absatz 4 Satz 3 bleibt unberührt.

Abschnitt 2
Überprüfung, Aufhebung und wiederholte Feststellung eines Anspruchs auf ein sonderpädagogisches Bildungsangebot

§ 9
Überprüfung und Aufhebung

(1) Die Feststellung des Anspruchs auf ein sonderpädagogisches Bildungsangebot ist von der Schulaufsichtsbehörde aufzuheben, sobald die Bildungsziele der allgemeinen Schule auch mithilfe anderer Fördermaßnahmen, insbesondere auch mithilfe sonderpädagogischer Beratung und Unterstützung erreicht werden können.

(2) Liegen der Schule konkrete Hinweise darauf vor, dass die Voraussetzungen für eine Aufhebung gegeben sind, hat sie diese bei der Schulaufsichtsbehörde zu beantragen. Wird der Anspruch auf ein sonderpädagogisches Bildungsangebot in der Primarstufe oder in der Sekundarstufe I in einem inklusiven Bildungsangebot erfüllt, sind rechtzeitig vor Ablauf des Schuljahrs vor der jeweiligen Abschlussklasse die Voraussetzungen für eine Anspruchsaufhebung zu prüfen.

(3) Für die Überprüfung eines Anspruchs auf ein sonderpädagogisches Bildungsangebot vor dem

Übergang auf eine berufliche Schule der Sekundarstufe II, in eine Berufsausbildung oder eine Berufsvorbereitung gelten die besonderen Bestimmungen des vierten Teils.

(4) Stellen die Erziehungsberechtigten den Antrag auf Anspruchsaufhebung ohne Mitwirkung der besuchten Schule, ist diese von der Schulaufsichtsbehörde nachträglich zu beteiligen. Für die Anspruchsaufhebung gelten im Übrigen die Vorschriften über das erstmalige Feststellungsverfahren entsprechend. Die Schulaufsichtsbehörde kann die Anspruchsaufhebung mit der Festlegung eines Zeitraums verbinden, vor dessen Ablauf die allgemeine Schule zu prüfen hat, ob die Voraussetzungen eines Antrags der Schule nach § 5 Absatz 1 vorliegen.

(5) Für die Festlegung eines anderen Förderschwerpunktes gelten die Vorschriften über das erstmalige Feststellungsverfahren entsprechend.

§ 10
Wiederholte Feststellung

Für das Verfahren und die Entscheidung der Schulaufsichtsbehörde über die wiederholte Feststellung eines Anspruchs auf ein sonderpädagogisches Bildungsangebot gelten die Vorschriften über das erstmalige Feststellungsverfahren entsprechend. Für den pädagogischen Bericht der Schule gilt § 4 Absatz 2 entsprechend mit der Maßgabe, dass hierbei eine für die Erfüllung des Anspruchs auf ein sonderpädagogisches Bildungsangebot verantwortliche Lehrkraft für Sonderpädagogik einzubeziehen ist; der Antrag soll der Schulaufsichtsbehörde bis zum 1. Dezember des Schuljahrs, in dem die Anspruchsfeststellung enden wird, vorgelegt werden.

Teil 3
Erfüllung des Anspruchs auf ein sonderpädagogisches Bildungsangebot

Abschnitt 1
Wahlrecht der Erziehungsberechtigten

§ 11
Beratung der Erziehungsberechtigten

(1) Nach Feststellung des Anspruchs auf ein sonderpädagogisches Bildungsangebot werden die Erziehungsberechtigten zur Vorbereitung der Ausübung ihres Wahlrechts nach § 12 von der Schulaufsichtsbehörde umfassend über die möglichen Bildungsangebote an allgemeinen Schulen und sonderpädagogischen Bildungs- und Beratungszentren beraten. Die Beratung bezieht die Vorstellungen der Erziehungsberechtigten über die Erfüllung des Anspruchs ein. Sie erfolgt unabhängig von der Trägerschaft der schulischen Angebote unter Einbeziehung von Angeboten der Schulen in freier Trägerschaft. In der Beratung werden die Erziehungsberechtigten über die möglichen weiteren Verfahrensschritte nach Ausübung des Wahlrechts unterrichtet.

(2) Die Schulaufsichtsbehörde trägt für eine möglichst frühzeitige Beratung der Erziehungsberechtigten Sorge. Im Verfahren über die wiederholte Feststellung eines Anspruchs auf ein sonderpädagogisches Bildungsangebot soll die Beratung bis zum Ende des ersten Schulhalbjahrs durchgeführt werden.

§ 12
Wahlrecht der Erziehungsberechtigten

(1) Im Anschluss an die Beratung nach § 11 wählen die Erziehungsberechtigten, ob der Anspruch auf ein sonderpädagogisches Bildungsangebot in der Primarstufe oder in der Sekundarstufe I in einem inklusiven Bildungsangebot oder einem sonderpädagogischen Bildungs- und Beratungszentrum erfüllt werden soll (Wahlrecht). Zur Sekundarstufe I gehören auch die Klassen 8 bis 10 der beruflichen Gymnasien der sechsjährigen Aufbauform.

(2) Das Wahlrecht besteht nicht im Hinblick auf eine Internatsunterbringung nach § 15 Absatz 3 SchG sowie den organisatorischen Aufbau der allgemeinen Schule insbesondere in Bezug auf den Aufbau, Inhalt und Umfang der schulischen Tagesstruktur (§ 83 Absatz 3 Satz 5 SchG); die Erziehungsberechtigten können nicht verlangen, dass die für die Anspruchserfüllung notwendige Internatsunterbringung oder der für die Anspruchserfüllung notwendige Aufbau, Inhalt und Umfang der schulischen Tagesstruktur in einem inklusiven Bildungsangebot ermöglicht wird.

§ 13
Ausübung des Wahlrechts

(1) Die Erziehungsberechtigten üben ihr Wahlrecht durch eine Erklärung gegenüber der Schulaufsichtsbehörde aus. Falls sie diese Erklärung nicht bereits im Rahmen der Beratung nach § 11 abgeben, werden sie von der Schulaufsichtsbehörde im Anschluss hierzu aufgefordert. Die Schulaufsichtsbehörde soll den Erziehungsberechtigten eine Frist für die Abgabe der Erklärung setzen.

(2) Nehmen die Erziehungsberechtigten trotz mehrfachem Anbieten die Beratung nach § 11 nicht wahr oder geben sie trotz mehrfacher Aufforderung keine Erklärung nach Absatz 1 ab, legt die Schulaufsichtsbehörde die Schule fest, an welcher der festgestellte Anspruch auf ein sonderpädagogisches Bildungsangebot erfüllt wird (Bildungsort), und veranlasst die Aufnahme in diese Schule. Dabei bezieht sie die Vorstellungen der Erziehungsberechtigten, soweit sie erkennbar sind, mit ein. Bei der Festlegung des für das Kind oder den Jugendlichen am besten geeigneten Bildungsorts gelten im Übrigen die Vorschriften für das Bildungswegekonferenzverfahren und das anschließende Verfahren nach §§ 15 und 16. § 8 Absatz 2 bleibt unberührt.

Abschnitt 2
Entscheidung über den Bildungsort

Unterabschnitt 1
Aufnahme in ein sonderpädagogisches Bildungs- und Beratungszentrum

§ 14
Verfahren der Schulaufnahme

(1) Erklären die Erziehungsberechtigten, dass der Anspruch auf ein sonderpädagogisches Bildungsangebot an einem sonderpädagogischen Bildungs- und Beratungszentrum erfüllt werden soll, teilt ihnen die Schulaufsichtsbehörde nach § 76 SchG mit, an welchem sonderpädagogischen Bildungs- und Beratungs-

zentrum der Anspruch unter Beachtung von Absatz 2 erfüllt werden kann. Die Erziehungsberechtigten melden ihr Kind an der nach § 76 SchG zuständigen oder gewählten oder zugewiesenen Schule an. Diese bestätigt die Aufnahme gegenüber der Schulaufsichtsbehörde. Die Sätze 1 bis 3 gelten auch bei Besuch des Bildungsangebots eines sonderpädagogischen Bildungs- und Beratungszentrums in kooperativer Organisationsform nach § 15 Absatz 6 SchG.

(2) Eine Internatsunterbringung nach § 15 Absatz 3 SchG setzt das Einvernehmen mit den Erziehungsberechtigen sowie dem zuständigen Träger der Sozialhilfe oder der Jugendhilfe voraus. Das Gleiche gilt für die Aufnahme in ein sonderpädagogisches Bildungs- und Beratungszentrum mit Förderschwerpunkt emotionale und soziale Entwicklung, welches an ein Heim im Sinne von § 28 Absatz 1 des Kinder- und Jugendhilfegesetzes für Baden-Württemberg angegliedert ist.

(3) Die Absätze 1 und 2 gelten entsprechend, falls von der Schulaufsichtsbehörde nach § 16 Absatz 1 bis 3 ein sonderpädagogisches Bildungs- und Beratungszentrum als Bildungsort festgelegt wurde.

Unterabschnitt 2
Aufnahme in ein inklusives Bildungsangebot

§ 15
Bildungswegekonferenzverfahren

(1) Erklären die Erziehungsberechtigten, dass der Anspruch auf ein sonderpädagogisches Bildungsangebot in einem inklusiven Bildungsangebot erfüllt werden soll, führt die Schulaufsichtsbehörde eine Bildungswegekonferenz durch. Sie erörtert hierbei mit den Erziehungsberechtigten die bestehenden und herstellbaren inklusiven Bildungsangebote und schlägt ihnen abschließend eine allgemeine Schule als Bildungsort vor; § 83 Absatz 4 SchG bleibt unberührt. Die Schulaufsichtsbehörde berücksichtigt dabei insbesondere die raumschaftsbezogene Schulangebotsplanung nach Absatz 2 sowie die Belange der berührten kommunalen Stellen nach Absatz 4 Satz 1; hierfür berücksichtigt sie die bestehenden und für das inklusive Bildungsangebot voraussichtlich erforderlichen personellen und sächlichen Voraussetzungen an den jeweiligen Schulstandorten sowie die voraussichtliche Notwendigkeit von Schülerlenkungsmaßnahmen. Falls mit der Erfüllung des Anspruchs ein zieldifferenter Unterricht nach § 15 Absatz 4 SchG verbunden ist, ist das inklusive Bildungsangebot grundsätzlich gruppenbezogen anzulegen.

(2) Die Erörterung mit den Erziehungsberechtigten beruht auf einer raumschaftsbezogenen Schulangebotsplanung der Schulaufsichtsbehörde in Bezug auf inklusive Bildungsangebote. Dabei sind auch Angebote von privaten allgemeinen Schulen einzubeziehen. Die raumschaftsbezogene Schulangebotsplanung ist mit den betroffenen Schulen, Schulträgern und weiteren Leistungs- und Kostenträgern abzustimmen.

(3) Die Bildungswegekonferenz steht unter der Leitung der Schulaufsichtsbehörde. Die Erziehungsberechtigten können hierzu eine Person ihres Vertrauens hinzuziehen. Ziel der Bildungswegekonferenz ist es, mit den Erziehungsberechtigten Einvernehmen über den künftigen Bildungsort zu erzielen. Soweit die Erziehungsberechtigten und die berührten kommunalen Stellen nach Maßgabe von Absatz 4 Satz 4 und 5 auf die Teilnahme an der Bildungswegekonferenz verzichten, kann die Schulaufsichtsbehörde das Bildungswegekonferenzverfahren auch schriftlich oder in anderer Form durchführen.

(4) Die Schulen, Schulträger und weitere Kosten- und Leistungsträger sind zur Bildungswegekonferenz als Beteiligte hinzuzuziehen, soweit sie von der Einrichtung inklusiver Bildungsangebote betroffen sein können (berührte Stellen); hierzu gehört gegebenenfalls auch der zuständige Träger der Sozialhilfe oder der Jugendhilfe. Die Erörterung von inklusiven Bildungsangeboten an Gymnasien erfolgt im Zusammenwirken mit dem Regierungspräsidium. Das Einvernehmen mit den berührten kommunalen Stellen ist anzustreben; dazu informiert sie die Schulaufsichtsbehörde rechtzeitig vor der Bildungswegekonferenz darüber, inwiefern in Betracht gezogene inklusive Bildungsangebote Kostenfolgen für sie auslösen könnten. Die berührten kommunalen Stellen können auf der Grundlage dieser Unterrichtung gegenüber der Schulaufsichtsbehörde ihr Einvernehmen erklären und von einer Teilnahme absehen; die für die Kosten- und Leistungsträger geltenden gesetzlichen Bestimmungen bleiben unberührt. Die Schulaufsichtsbehörde kann mit den Schulträgern und weiteren Kosten- und Leistungsträgern in ihrem Zuständigkeitsbereich weitere Vereinbarungen über das Bildungswegekonferenzverfahren treffen; dabei kann bei einvernehmlich festgelegten Sachverhalten vorgesehen werden, dass das Einvernehmen allgemein erteilt wird.

§ 16
Entscheidungen der Schulaufsichtsbehörde im Anschluss an die Bildungswegekonferenz

(1) Die Schulaufsichtsbehörde teilt den Erziehungsberechtigten im Anschluss an die Bildungswegekonferenz ihren Vorschlag zum Bildungsort nach § 15 Absatz 1 Satz 2 schriftlich mit und fordert sie zur Anmeldung ihres Kindes an dieser Schule auf.

(2) Sind die Erziehungsberechtigten mit der Entscheidung der Schulaufsichtsbehörde nach Absatz 1 nicht einverstanden, teilen sie dies der Schulaufsichtsbehörde unter Angabe des von ihnen gewünschten Bildungsorts mit. Handelt es sich bei diesem Bildungsort um eine allgemeine Schule, entscheidet die Schulaufsichtsbehörde abschließend über den Bildungsort, im Falle einer vom Elternwunsch abweichenden Festlegung nach § 83 Absatz 4 SchG. Angemessene Vorkehrungen nach § 83 Absatz 4 SchG berücksichtigen auch den erforderlichen Mitteleinsatz der berührten Stellen. Die Schulangebotsplanung in einer Raumschaft nach § 15 Absatz 2 sowie die gegebenen und herstellbaren Voraussetzungen an erreichbaren allgemeinen Schulen finden Berücksichtigung. Bei einer von der Entscheidung nach Absatz 1 abweichenden Festlegung einer allgemeinen Schule durch die Schulaufsichtsbehörde ist das Einvernehmen der berührten kommunalen Stellen anzustreben.

(3) Nehmen die Erziehungsberechtigten trotz mehrfacher Aufforderung nicht am Bildungswegekonferenzverfahren teil, entscheidet die Schulaufsichtsbehörde über den Bildungsort. Absatz 2 Satz 2 bis 5 gilt entsprechend.

(4) Führt die Entscheidung der Schulaufsichtsbehörde nach Absatz 1 bis 3 zu einem Schulwechsel, bestimmt diese, dass der Anspruch auf ein sonderpädagogisches Bildungsangebot im Interesse eines geordneten Unterrichts in der Regel am Anfang des folgenden Schulhalbjahrs erfüllt wird.

(5) Die berührten Stellen werden von der Entscheidung der Schulaufsichtsbehörde nach Absatz 1 bis 3 informiert, soweit ihre rechtlichen Interessen bei ihrer Aufgabenerfüllung von dieser Entscheidung betroffen sind.

§ 17
Besondere Bestimmungen für die Schulaufnahme an Schulen mit inklusivem Bildungsangebot

(1) Die Erziehungsberechtigten melden ihr Kind unter Vorlage der Entscheidung der Schulaufsichtsbehörde nach § 16 Absatz 1 bis 3 bei der dort benannten allgemeinen Schule an. Die so angemeldeten Schülerinnen und Schüler nehmen nicht an Schülerlenkungsmaßnahmen oder Auswahlentscheidungen für die Schüleraufnahme teil. Die Schule unterrichtet die Schulaufsichtsbehörde über die Anmeldung sowie die Aufnahme dieser Schülerinnen und Schüler.

(2) Die Erziehungsberechtigten sind nach § 83 Absatz 5 SchG verpflichtet, bei der Anmeldung ihres Kindes mit einem festgestellten Anspruch auf ein sonderpädagogisches Bildungsangebot an einer allgemeinen Schule auf die Anspruchsfeststellung hinzuweisen und der Schule die Entscheidung der Schulaufsichtsbehörde nach § 16 Absatz 1 bis 3 vorzulegen. Liegt für die Schülerin oder den Schüler keine Entscheidung der Schulaufsichtsbehörde zum Besuch dieser allgemeinen Schule vor, hat die Schule die Anmeldung der Schulaufsichtsbehörde zur Entscheidung über das weitere Verfahren vorzulegen.

Abschnitt 3
Erneutes Beratungs- und Entscheidungsverfahren bei fortbestehendem Anspruch

§ 18
Veränderungen im bestehenden inklusiven Bildungsangebot

(1) Wird der Anspruch auf ein sonderpädagogisches Bildungsangebot in einem inklusiven Bildungsangebot erfüllt, ist

1. vor jeder Aufnahme an eine andere allgemeine Schule,
2. vor dem Übergang von der Grundschule auf eine auf sie aufbauende Schule oder
3. auf Antrag der Erziehungsberechtigen oder der Schulaufsichtsbehörde im Falle einer wesentlichen Änderung der Verhältnisse seit der letzten Entscheidung der Schulaufsichtsbehörde nach § 16 Absatz 1 bis 3

über die weitere Erfüllung dieses Anspruchs nach §§ 11 bis 17 zu entscheiden, sobald feststeht, dass der Anspruch auf ein sonderpädagogisches Bildungsangebot fortbestehen wird. Für den Übergang auf eine berufliche Schule der Sekundarstufe II, in eine Berufsausbildung oder eine Berufsvorbereitung gelten die besonderen Bestimmungen des vierten Teils.

(2) Als wesentliche Änderung der Verhältnisse nach Absatz 1 Satz 1 Nummer 3 gilt insbesondere die wesentliche Veränderung oder der Wegfall eines gruppenbezogenen inklusiven Bildungsangebots nach § 15 Absatz 1 Satz 4.

§ 19
Späterer Übergang in ein inklusives Bildungsangebot

Wird der Anspruch auf ein sonderpädagogisches Bildungsangebot in der Primarstufe oder der Sekundarstufe I an einem sonderpädagogischen Bildungs- und Beratungszentrum erfüllt, können die Erziehungsberechtigen bei der Schulaufsichtsbehörde eine erneute Beratung nach § 11 beantragen. Für das weitere Verfahren gelten die Bestimmungen der §§ 12 bis 17.

Teil 4
Übergang auf eine berufliche Schule, in eine Berufsausbildung oder eine Berufsvorbereitung

§ 20
Berufswegekonferenz

(1) In dem Schuljahr vor dem Übergang auf eine berufliche Schule der Sekundarstufe II, in eine Berufsausbildung oder eine Berufsvorbereitung ist für Schülerinnen und Schüler,

1. bei denen der Anspruch auf ein sonderpädagogisches Bildungsangebot im Anschluss an die Sekundarstufe I fortbesteht oder
2. die nach dem Übergang im Hinblick auf eine Behinderung besondere Vorkehrungen durch die Schule, die Berufsberatung der Agentur für Arbeit, den Integrationsfachdienst oder den Träger der Sozialhilfe oder der Jugendhilfe benötigen, rechtzeitig eine Berufswegekonferenz durchzuführen.

(2) In einer Berufswegekonferenz wird von der Schulaufsichtsbehörde unter Berücksichtigung der individuellen beruflichen Perspektiven und Wünsche der Schülerinnen und Schüler der für sie am besten geeignete Bildungsweg und -ort festgelegt, um die bestmögliche berufliche Integration zu erreichen.

(3) Die Berufswegekonferenz wird unter Beteiligung der Schülerinnen und Schüler, der Erziehungsberechtigten, der berührten Schulen und Schulträger sowie der notwendigen Leistungs- und Kostenträger durchgeführt. Ziel ist eine einvernehmliche Entscheidung aller Beteiligten.

(4) Die Schulaufsichtsbehörde regelt die weiteren Einzelheiten des Verfahrens der Berufswegekonferenz im Zusammenwirken mit dem Regierungspräsidium.

§ 21
Fortbestehen des Anspruchs auf ein sonderpädagogisches Bildungsangebot

Bestünde der Anspruch auf ein sonderpädagogisches Bildungsangebot mit den Förderschwerpunkten geistige Entwicklung, Sehen, Hören oder körperliche und motorische Entwicklung in der Sekundarstufe II bei Besuch eines sonderpädagogischen Bildungs- und Beratungszentrums oder einer allgemeinbildenden allgemeinen Schule fort, stellt die Schulaufsichtsbehörde fest, dass der Anspruch auch nach dem Übergang auf eine berufliche Schule, in eine Berufsausbildung oder eine Berufsvorbereitung fortbesteht. Für die Prüfung der Voraussetzungen nach Satz 1 gilt unabhängig von einem Antrag der Erziehungsberechtigten § 7 Absatz 3 entsprechend.

§ 22
Erstmalige Feststellung des Anspruchs auf ein sonderpädagogisches Bildungsangebot im beruflichen Bereich

Wird in begründeten Einzelfällen die erstmalige Feststellung eines Anspruchs auf ein sonderpädagogisches Bildungsangebot in den in § 21 Satz 1 genannten Förderschwerpunkten an beruflichen Schulen notwendig, gelten die Bestimmungen des zweiten Teils entsprechend.

Teil 5
Erziehung und Bildung in inklusiven Bildungsangeboten

§ 23
Bildungsziele in inklusiven Bildungsangeboten

(1) Die schulische Erziehung und Bildung der Schülerinnen und Schüler mit einem Anspruch auf ein sonderpädagogisches Bildungsangebot orientiert sich in inklusiven Bildungsangeboten an den im Rahmen der individuellen Lern- und Entwicklungsbegleitung festgelegten Entwicklungs- und Bildungszielen, am Bildungsplan der allgemeinen Schule sowie am Bildungsplan des entsprechenden sonderpädagogischen Bildungs- und Beratungszentrums.

(2) Absatz 1 gilt auch für Schülerinnen und Schüler in inklusiven Bildungsangeboten, die in der Primarstufe und der Sekundarstufe I nach § 15 Absatz 4 SchG zieldifferent unterrichtet werden. Grundlage für die schulische Erziehung und Bildung sind insbesondere auch die Bildungspläne für den jeweils festgestellten Förderschwerpunkt Lernen oder geistige Entwicklung.

(3) Besondere Bestimmungen für Schülerinnen und Schüler mit einem Anspruch auf ein sonderpädagogisches Bildungsangebot in den Schul- und Prüfungsordnungen für die einzelnen Schularten bleiben unberührt.

§ 24
Aufnahmeverfahren für die auf der Grundschule aufbauenden Schularten

Schülerinnen und Schüler in inklusiven Bildungsangeboten nehmen an der Grundschule am Aufnahmeverfahren für die auf der Grundschule aufbauenden Schularten teil; dies gilt nicht für Schülerinnen und Schüler, die in der Abschlussklasse zieldifferent unterrichtet werden. Für die Entscheidung über den Bildungsort in der Sekundarstufe I gilt für Schülerinnen und Schüler mit fortbestehendem Anspruch auf ein sonderpädagogisches Bildungsangebot § 18 Absatz 1 Satz 1 Nummer 2.

⇨ Aufnahmeverfahren; ⇨ Aufnahmeverordnung

§ 25
Leistungsbewertung und Aufsteigen bei zieldifferentem Unterricht

(1) Die Leistungsbewertung für Schülerinnen und Schüler, die zieldifferent unterrichtet werden, orientiert sich an den im Rahmen der individuellen Lern- und Entwicklungsbegleitung festgelegten Entwicklungs- und Bildungszielen auf der Grundlage der in § 23 Absatz 2 Satz 2 genannten Bildungspläne.

(2) Die Verordnung des Kultusministeriums über die Leistungsbeurteilung in Grundschulen und sonderpädagogischen Bildungs- und Beratungszentren gilt nicht für Schülerinnen und Schüler, die zieldifferent unterrichtet werden; eine Orientierung an der im ersten Halbsatz genannten Verordnung im Rahmen der individuellen Lern- und Entwicklungsbegleitung ist möglich. § 8 und § 9 der Notenbildungsverordnung finden auch in der Sekundarstufe I auf Schülerinnen und Schüler, die zieldifferent unterrichtet werden, keine Anwendung.

⇨ Grundschule (Leistungsbeurteilung GS und SBBZ);
⇨ Notenbildungsverordnung

(3) Schülerinnen und Schüler, die zieldifferent unterrichtet wurden, steigen in die nächsthöhere Klassenstufe auf, es sei denn, nach einem Beschluss der Klassenkonferenz ist in der nächsthöheren Klassenstufe auf der Grundlage der individuellen Entwicklungs- und Bildungsziele eine weitere erfolgreiche Entwicklung nicht zu erwarten. Vor einem solchen Beschluss wird die Schulaufsichtsbehörde frühzeitig beteiligt; § 18 bleibt unberührt.

(4) Über einen Antrag der Erziehungsberechtigten, von einem Aufsteigen in die nächsthöhere Klassenstufe abzusehen, ist nach § 84 Absatz 1 Satz 1 und Absatz 2 SchG zu entscheiden. Absatz 3 Satz 2 gilt entsprechend.

§ 26
Dauer und Abschluss inklusiver Bildungsangebote in der Sekundarstufe I bei zieldifferentem Unterricht

Schülerinnen und Schüler, die zieldifferent unterrichtet werden, können das inklusive Bildungsangebot bis zum Ende der Sekundarstufe I an der jeweiligen allgemeinen Schule besuchen. Sie können die allgemeine Schule davor verlassen, wenn sie im unmittelbaren Anschluss auf eine berufliche Schule der Sekundarstufe II, in eine Berufsausbildung oder eine Berufsvorbereitung übergehen; für den Übergang gelten im Übrigen die Bestimmungen des vierten Teils.

§ 27
Zeugnis der allgemeinen Schule bei zieldifferentem Unterricht

(1) Wurden Schülerinnen und Schüler zieldifferent unterrichtet, ist im jeweiligen Zeugnis der besuchten allgemeinen Schule auszuweisen, welcher Bildungsplan diesem Unterricht und der Beschreibung und Bewertung ihrer Leistungen zugrunde gelegt wurde. Satz 1 gilt entsprechend für Halbjahresinformationen, Schulberichte sowie andere schriftliche Informationen oder Rückmeldungen über die erbrachten Leistungen in den einzelnen Fächern oder Fächerverbünden zum Schulhalbjahr oder am Ende des Schuljahrs.

(2) Das Zeugnis der allgemeinen Schule weist, insbesondere in der jeweiligen Abschlussklasse, gegebenenfalls besondere Ziele oder Kompetenzen aus, die sich aus dem Bildungsplan nach Absatz 1 Satz 1 ergeben und mit Abschluss der Klasse erreicht oder erworben wurden. ➪ Zeugnisse

➪ Aufnahmeverfahren; ➪ Aufnahmeverordnung; ➪ Behinderungen (Förderbedarf); ➪ Einschulung und schulärztliche Untersuchung; ➪ Inklusion (Allgemeines); ➪ Grundschule (Leistungsbeurteilung GS und SBBZ); ➪ Notenbildungsverordnung; ➪ Schulgesetz §§ 15 und 82 ff.; ➪ Schulkindergärten; ➪ Sonderpädagogik (Ärztinnen und Ärzte); ➪ Sonderpädagogik (SBBZ Geistige Entwicklung); ➪ Sonderpädagogik (SBBZ Krankenhausbehandlung); ➪ Sonderpädagogik (SBBZ Lernen); ➪ Sonderpädagogik (SBBZ Lernen – Stundentafel); ➪ Sonderpädagogik (SBBZ Lernen – Versetzungsordnung); ➪ Sonderpädagogik (SBBZ Sprache); ➪ Zeugnisse

Sonderpädagogik (SBBZ Geistige Entwicklung)

Organisatorischer Aufbau der Schule für Geistigbehinderte (Sonderschule) [*jetzt: SBBZ mit Förderschwerpunkt geistige Entwicklung*]; Verwaltungsvorschrift des Kultusministeriums vom 3. August 2009; K.u.U. S. 199/2009

I. Größe

Eine Schule für Geistigbehinderte sollte in der Regel mindestens drei Klassen bilden können.

II. Aufbau

Die Schule für Geistigbehinderte gliedert sich in eine Grundstufe, eine Hauptstufe und eine Berufsschulstufe. – Die Klassen werden grundsätzlich nach Stufen getrennt eingerichtet. Sie werden unter Berücksichtigung pädagogisch-psychologischer Kriterien gebildet. Schülerinnen und Schüler (im Folgenden: Schüler) mit intensivem Förderbedarf sollen nicht auf Dauer in eigenen Klassen zusammengefasst werden.

Basis für die Klassenbildung ist das der Schule nach *(dem)* [...] ➪ Organisationserlass für das jeweilige Schuljahr zur Verfügung stehende Budget.

III. Dauer des Schulbesuchs

In der Schule für Geistigbehinderte wird die Schulpflicht gemäß § 75 Abs. 1 und 2 und § 83 SchG in der vierjährigen Grundstufe und der fünfjährigen Hauptstufe erfüllt. Diese Schulpflicht kann im begründeten Einzelfall entsprechend den Regelungen des Schulgesetzes bis zu drei Jahre auf höchstens zwölf Jahre verlängert werden.

Die Pflicht zum Besuch der dreijährigen Berufsschulstufe gemäß § 83 Nr. 2 Satz 2 SchG kann im begründeten Einzelfall um ein Jahr verlängert werden. Darüber hinaus kann die Berufsschulstufe entsprechend dem Regelungsgedanken des § 83 Nr. 2 Satz 2 in Verbindung mit § 78 Abs. 1 Satz 3 SchG freiwillig weitere zwei Jahre besucht werden.

IV. Unterrichtszeit

Die Schule für Geistigbehinderte ist eine Ganztagesschule. – Die Schüler durchlaufen unabhängig von Art und Schwere der Behinderung in der Regel alle Schulstufen. Die im Bildungsplan ausgewiesenen Bildungsbereiche sind unter Beachtung des individuellen Förderbedarfs der einzelnen Schüler gleichwertig auf allen Stufen und in allen Formen des Unterrichts zu berücksichtigen. Schwerpunktbildungen sind im Rahmen der örtlichen Schulkonzeption durch Stufenprofile möglich. – Unabhängig davon sind jedoch zwei Wochenstunden Religion in allen Stufen und die örtlich festgelegten Wochenstunden für den Bildungsbereich Bewegung gesondert auszuweisen. Die Angebote aus dem Bildungsbereich Bewegung sollten regelmäßig an mehreren Wochentagen erfolgen.

Die Unterrichtszeit beträgt insgesamt durchschnittlich 34 Unterrichtsstunden pro Woche. Sie wird entsprechend den örtlichen Gegebenheiten auf fünf Schultage verteilt. Die Entscheidung über die Verteilung trifft die Schulkonferenz im Einvernehmen mit dem Schulträger.

Die Schultage werden in Unterrichtsblöcken gegliedert. Zwischen den einzelnen Unterrichtsblöcken sind Pausen vorzusehen; an Tagen mit acht Unterrichtsstunden insgesamt mindestens 45 Minuten. Das Mittagessen in der Schule ist Unterrichtszeit.

Hinweis der Redaktion: Nomenklatur der Sonderschulen / SBBZ

Die Bezeichnung der „*Sonderschule*“ lautet seit 2015 „*Sonderpädagogisches Bildungs- und Beratungszentrum*“ *(SBBZ)*; vgl. ➪ Schulgesetz §§ 15. Diese SBBZ sind nach „*Förderschwerpunkten*“ gegliedert; es gibt seitdem also

- SBBZ mit Förderschwerpunkt Lernen
- SBBZ mit Förderschwerpunkt Sprache
- SBBZ mit Förderschwerpunkt Hören
- SBBZ mit Förderschwerpunkt Sehen
- SBBZ mit Förderschwerpunkt körperliche und motorische Entwicklung
- SBBZ mit Förderschwerpunkt geistige Entwicklung
- SBBZ mit Förderschwerpunkt emotionale und soziale Entwicklung
- SBBZ mit Förderschwerpunkt Schüler in längerer Krankenhausbehandlung
- SBBZ mit Internat.

Das Kultusministerium hat jedoch bisher (Ende 2021) noch nicht alle einschlägigen Vorschriften novelliert.

V.
Lehrerinnen und Lehrer

Lehrerinnen und Lehrer (im Folgenden: Lehrer) an den Schulen für Geistigbehinderte sind

- Sonderschullehrer
- Fachlehrer an Schulen für Geistigbehinderte oder bei entsprechendem Bedarf ersatzweise Fachlehrer an Schulen für Körperbehinderte
- Technische Lehrer an Schulen für Geistigbehinderte
- sonstige Lehrkräfte (zum Beispiel Fachlehrer für musisch-technische Fächer, kirchliche Lehrer).

Die Wahrnehmung aller im Bildungsplan der Schule für Geistigbehinderte geforderten Aufgaben ist nur durch eine enge und ständige Zusammenarbeit der Lehrkräfte möglich.

Die Vielschichtigkeit der wahrzunehmenden Aufgaben an einer Schule für Geistigbehinderte verlangt eine sorgfältige Arbeitsteilung zwischen allen Lehrkräften an der Schule. Unbeschadet dieser Feststellung übernehmen Fachlehrer / Technische Lehrer und Sonderschullehrer grundsätzlich in gleicher Weise Unterrichtsaufgaben wie Unterricht in den Klassen, in Leistungs- und Neigungsgruppen oder in der Einzelförderung. Ferner gehören zu den gemeinsam verantworteten Aufgaben die Umsetzung des Bildungsplans, die Zusammenarbeit mit den Eltern und den allgemeinen Schulen sowie den anderen Partnern der Schule. Angebote der Frühförderung sind ebenso Aufgabe der Schule.

Sonderschullehrer nehmen sich in besonderer Weise unter anderem folgenden Aufgaben an:

- Koordinationsaufgaben bei der Umsetzung des Bildungsplans
- Klärung diagnostischer Fragestellungen und Erstellung diagnostischer Gutachten
- Koordination und ggf. Initiierung kollegialer Beratung und Qualifizierung.

VI.
Sonstiges Personal

Die Einstellung des sonstigen Personals, insbesondere der erforderlichen betreuenden Kräfte, obliegt dem Schulträger (§ 48 Abs. 1 und 2 SchG).

⇨ Behinderungen (Allgemeines); ⇨ Behinderungen (Förderbedarf); ⇨ Schulgesetz §§ 15, 20, 27, 48; 78, 83 ⇨ Schulkindergärten; ⇨ Sonderpädagogik (Bildungsangebote –Inklusion); ⇨ Sonderpädagogik (SBBZ Schulentwicklung)

Sonderpädagogik (SBBZ Krankenhausbehandlung)

Organisatorischer Aufbau der Schule für Kranke in längerer Krankenhausbehandlung
[*jetzt: SBBZ Förderschwerpunkt Schülerinnen und Schüler in längerer Krankenhausbehandlung*];
Verwaltungsvorschrift des Kultusministeriums vom 28. Juli 1988 (K.u.U. S. 755/1988)

I.
Aufgabe der Schule für Kranke in längerer Krankenhausbehandlung

Die Krankenhausschule hat die Aufgabe, kranken Schülern einer öffentlichen Schule oder einer privaten Ersatzschule, die sich voraussichtlich mindestens vier Wochen im Krankenhaus befinden oder deren Genesungsverlauf voraussichtlich insgesamt sechs Wochen übersteigt und die deshalb ihre Schule nicht besuchen können, so zu unterrichten und zu fördern, dass die Voraussetzungen für eine erfolgreiche leistungsmäßige und soziale Wiedereingliederung nach Möglichkeit in den bisher besuchten Klassen geschaffen werden.

Im Falle schwerer Folgen von Erkrankungen oder Verletzungen kann der Krankenhausschule die Aufgabe zukommen, die für schulisches Lernen notwendigen Grundlagen wieder zu entwickeln.

II.
Organisation

1. Größe und Lehrer-Schüler-Relation

Eine Krankenhausschule kann in der Regel dann eingerichtet werden, wenn auf Dauer mindestens sechs Schüler zu betreuen sind. Die Krankenhausschule wird grundsätzlich als selbstständige Schule eingerichtet. Sofern weniger als zwei Lehrerdeputate benötigt werden, soll die Schule mit einer anderen bestehenden Schule gemäß § 16 SchG verbunden werden. Der Lehrerstundenbedarf richtet sich nach den Voraussetzungen der zu unterrichtenden Schüler und nach der Klinikstruktur. Für jeweils sechs bis neun Schüler ist in der Regel ein Lehrerdeputat vorzusehen.

2.

Eine Krankenhausschule kann ein oder mehrere Krankenhäuser, auch Krankenhäuser in privater Trägerschaft, im Gebiet des Schulträgers betreuen.

III.
Unterricht

1. Unterrichtszeit

Als Richtwert ist anzunehmen, dass die durchschnittliche Unterrichtszeit des Schülers einer Krankenhausschule zwölf Stunden pro Woche beträgt. Je nach den Verhältnissen des Einzelfalls ist die Unterrichtszeit jedoch insbesondere vom Alter und von der Schwere der Krankheit des Schülers abhängig. Der Zeitpunkt der Aufnahme und der Umfang des Unterrichts sind im Benehmen mit dem behandelnden Arzt festzulegen.

2. Unterrichtsformen

Der Unterricht wird als Einzelunterricht oder als Gruppen- bzw. Klassenunterricht erteilt.

3. Unterrichtsort

Der Unterricht wird in Räumen des jeweiligen Krankenhauses erteilt.

4. Durchführung des Unterrichts

Der Unterricht orientiert sich an den Bildungsplänen der vom Schüler bisher besuchten bzw. künftig zu besuchenden Schule und berücksichtigt emotionale und soziale Auswirkungen der Krankheit Die Unterrichtsfächer und deren Inhalte sind unter dem Ziel der Wiedereingliederung des Schülers in die von ihm besuchte Schule ggf. unter dem Ziel der Grundlegungen für eine andere schulische Eingliederung im Einzelfall auszuwählen. Auch musische Fächer sollen im Unterricht in angemessenem Umfang vertreten sein. – Überforderung und Leistungsdruck müssen unbedingt vermieden werden.

5. Bildungsgänge

Die Festlegung der angebotenen Bildungsgänge erfolgt, sofern erforderlich, nach den Bedürfnissen des Einzelfalls im Rahmen des Zustimmungsverfahrens nach § 30 Abs. 1 SchG.

6. Zusammenarbeit zwischen der vom Schüler bisher besuchten Schule und der Krankenhausschule

Die Krankenhausschule nimmt den Kontakt zur vom einzelnen Schüler bisher besuchten bzw. künftig zu besuchenden Schule auf und erhält ihn während der Verweildauer des Schülers im Krankenhaus aufrecht. – Die bisher besuchte bzw. künftig zu besuchende Schule stellt alle erforderlichen Unterlagen zur Verfügung. Hierzu gehören insbesondere Informationen über die bisher behandelten bzw. geplanten Lernziele und Unterrichtsinhalte und über die Voraussetzungen des Schülers.

Die während der Verweildauer erarbeiteten Unterrichtsinhalte und die festgestellten Lernergebnisse sind schriftlich festzuhalten. Sie bilden die Grundlage für den Abschlussbericht, der in der Regel der nach der Krankenhausbehandlung zu besuchenden Schule zugeleitet wird.

IV. Lehrer

Im Unterricht an einer Krankenhausschule sind hierfür besonders geeignete Lehrer einzusetzen.

Aufgabe und Besonderheiten des Unterrichts erfordern vom Lehrer insbesondere

- die Fähigkeit, in pädagogisch-psychologischer und didaktisch-methodischer Hinsicht den Belangen kranker Schüler Rechnung zu tragen;
- eine flexible, auf die Persönlichkeit des Schülers, seine Krankheit und Therapie sowie auf die Notwendigkeiten des Krankenhausbetriebs eingehende Unterrichtsgestaltung;
- Bereitschaft und Fähigkeit zur schülerbezogenen Zusammenarbeit mit den Erziehungsberechtigten und allen am Heil- und Pflegeprozess und schulischen Eingliederungsprozess Beteiligten.

V. Zusammenarbeit zwischen Krankenhaus und Schule

Die Unterrichtung von kranken Schülern im Krankenhaus erfordert die einvernehmlich organisatorische Abstimmung des Krankenhausbetriebs und des Unterrichtsbetriebs unter Berücksichtigung der Aufgaben und Erfordernisse der beiden Einrichtungen.

Um eine optimale Wirksamkeit von Krankenhausbehandlung und Unterricht zu erreichen, bedarf es der Zusammenarbeit von Lehrern und behandelnden wie betreuenden Fachkräften. Durch gegenseitige Information und entsprechende Koordination zu treffender Maßnahmen sind die notwendigen Voraussetzungen für einen Therapie- und Unterrichtsplan gegeben, der der Situation des Schülers entspricht. Dabei sind auch Informationen über die Besonderheiten des Krankheitsbildes, der geistig-seelischen Situation des Patienten und seiner Umweltprobleme notwendig.

In die Zusammenarbeit sind die Erziehungsberechtigten mit einzubeziehen.

VI. Ferien

Die Ferienverteilung an den Krankenhausschulen richtet sich nach der [...] Ferienordnung [...]. Abweichungen hiervon bedürfen der Zustimmung des Ministeriums.

⇨ Ferien

⇨ Behinderungen (Förderbedarf); ⇨ Ferien; ⇨ Ferienverordnung; ⇨ Hausunterricht; ⇨ Jugendhilfe (Bundesrecht); ⇨ Jugendhilfe (Landesrecht); ⇨ Schulpflicht (Meldeverordnung – Datenschutz); ⇨ Schulgesetz § 15; ⇨ Sonderpädagogik (SBBZ Bildungsangebote); ⇨ Sonderpädagogik (SBBZ Schulentwicklung)

Hinweis der Redaktion: Nomenklatur der Sonderschulen / SBBZ

Die Bezeichnung der *„Sonderschule"* lautet seit 2015 *„Sonderpädagogisches Bildungs- und Beratungszentrum" (SBBZ)*; vgl. ⇨ Schulgesetz §§ 15. Diese SBBZ sind nach *„Förderschwerpunkten"* gegliedert; es gibt seitdem also

- SBBZ mit Förderschwerpunkt Lernen
- SBBZ mit Förderschwerpunkt Sprache
- SBBZ mit Förderschwerpunkt Hören
- SBBZ mit Förderschwerpunkt Sehen
- SBBZ mit Förderschwerpunkt körperliche und motorische Entwicklung
- SBBZ mit Förderschwerpunkt geistige Entwicklung
- SBBZ mit Förderschwerpunkt emotionale und soziale Entwicklung
- SBBZ mit Förderschwerpunkt Schüler in längerer Krankenhausbehandlung
- SBBZ mit Internat.

Das Kultusministerium hat jedoch bisher (Ende 2021) noch nicht alle einschlägigen Vorschriften novelliert.

Sonderpädagogik (SBBZ Lernen)

Organisatorischer Aufbau der Förderschule (Sonderschule) *[jetzt: SBBZ mit Förderschwerpunkt Lernen]*; VwV des KM vom 23. Mai 2008 (K.u.U. S. 115/2008)

Bei der Gestaltung der Förderschulen ist nach folgenden Grundsätzen zu verfahren:

I. Aufbau

1. Die Förderschule umfasst die Klassen 1 bis 9. Sie gliedert sich in zwei Stufen:
   a) die Grundstufe (Klassen 1 bis 4),
   b) die Hauptstufe (Klassen 5 bis 9),
2. In der Förderschule können Schuljahrgänge in einer Klasse zusammengefasst werden; der Unterricht kann auch in Jahrgangsklassen erfolgen. Die Klassenbildung richtet sich nach pädagogischen Kriterien. Basis hierfür ist das der Schule nach dem [...] ➪ Organisationserlass für das jeweilige Schuljahr zur Verfügung stehende Budget.

II. Lehrer

Lehrer an der Förderschule sind

1. Sonderschullehrer sowie geeignete Grund- und Hauptschullehrer, solange nicht genügend Sonderschullehrer zur Verfügung stehen;
2. sonstige Lehrer, wie z.B. Lehrer für Textiles Werken, Lehrer für Hauswirtschaft und Sport, Katecheten sowie musisch-technische Fachlehrer; diese sind bei Bedarf auch stundenweise einzusetzen.

➪ Behinderungen (Förderbedarf; ➪ Grundschule (GanztagsgrundschulVO); ➪ Grundschule (Ganztagsgrundschul-VwV); ➪ Grundschule (Leistungsbeurteilung GS und SBBZ); ➪ Organisationserlass; ➪ Schulgesetz § 15; ➪ Sonderpädagogik (SBBZ Lernen – Stundentafel); ➪ Sonderpädagogik (SBBZ Lernen – Versetzungsordnung); ➪ Schulkindergärten; ➪ Sonderpädagogik (SBBZ Bildungsangebote); ➪ Sonderpädagogik (SBBZ Schulentwicklung)

Sonderpädagogik (SBBZ Lernen – Stundentafel)

Verordnung des Kultusministeriums über die Stundentafel für die Förderschule (Sonderschule) *[jetzt: SBBZ mit Förderschwerpunkt Lernen]* vom 17. Juli 2008 (K.u.U. S. 143/2008), berichtigt K.u.U. S. 193/2008

§ 1
Stundentafel

Für die Förderschule (Sonderschule) gilt die als Anlage beigefügte Stundentafel.

§ 2
Fremdsprachenunterricht

Mit Einwilligung der Eltern kann die Fremdsprache zu Beginn eines Schulhalbjahres abgewählt werden.

§ 3
Hauptschulabschlussprüfung für Schulfremde

Das Stundenvolumen für die Durchführung der Projektprüfung nach § 16 Abs. 4 der Hauptschulabschlussprüfungsordnung umfasst mindestens 16 Unterrichtsstunden und wird aus dem Stundenvolumen der beteiligten Fächer entnommen.

Kontingentstundentafel für die Förderschule

Grundstufe Klasse 1 – 4	
Religionslehre*	8
Sprache – Deutsch / moderne Fremdsprache Mathematik Bewegung – Spiel – Sport** Mensch – Natur – Kultur	100
Hauptstufe Klasse 5 – 9	
Sprache – Deutsch/moderne Fremdsprache Mathematik Musik – Spiel – Gestalten*** Natur – Technik Welt – Zeit – Gesellschaft Wirtschaft – Arbeit – Gesundheit	177
Gesamtstundenkontingent 295 zuzüglich 4 Poolstunden (Verwendung nach Entscheidung der Schule in der Grundstufe und Hauptstufe) und 6 Wochenstunden für Arbeitsgemeinschaften (Verwendung nach Entscheidung der Schule in der Hauptstufe) ****	

Fördermaßnahmen – sind die im Erziehungs- und Bildungsauftrag der Schule beschriebenen Zielsetzungen, die in den Bildungsbereichen und den Fächern und Fächerverbünden ausgewiesenen Kompetenzen und die im Rahmen der individuellen Lern- und Entwicklungsbegleitung vereinbarten Förderziele. Das hierfür ausgewiesene Gesamtstundenkontingent ist die Basis für von der Schule für alle Klassen zu erarbeitende Stundentafeln. Hierbei wird davon ausgegangen, dass die Fächer und Fächerverbünde in den Stundentafeln der Klassen in einem ausgewogenen Verhältnis zueinander stehen.

Fußnoten zur Kontingentstundentafel

* Im Einvernehmen mit den obersten Kirchenbehörden werden unbeschadet der Rechtslage zwei Stunden Religionslehre erteilt.

** Um verlässliche Bewegungs-, Spiel- und Sportzeiten zu garantieren, sind mindestens 12 Wochenstunden aus dem Gesamtstundenkontingent im Fächerverbund Bewegung – Spiel – Sport auszuweisen.

*** Unter Berücksichtigung physiologischer und trainingswissenschaftlicher Erkenntnisse bilden verlässliche Bewegungs- und Sportzeiten in allen Klassenstufen an mehreren Wochentagen einen unverzichtbaren Bestandteil des Fächerverbundes.

**** Grundlage sonderpädagogischen Unterrichts in der Förderschule – einschließlich der spezifischen sonderpädagogischen

➪ Sonderpädagogik (SBBZ Lernen); ➪ Sonderpädagogik (SBBZ Lernen – Versetzungsordnung)

Sonderpädagogik (SBBZ Lernen – Versetzungsordnung)

Verordnung des Kultusministeriums über die Versetzung an Förderschulen (Versetzungsordnung Förderschulen) vom 18. Juni 1984 (K.u.U. S. 419, 1984); zuletzt geändert 17. Juli 2008 (K.u.U. S. 143/2008)

§ 1
Versetzungsanforderungen

(1) Von Klasse 1 nach Klasse 2 steigt ein Schüler ohne Versetzungsentscheidung auf. Im Übrigen werden nur die Schüler versetzt, die aufgrund ihrer Leistungen den Anforderungen im laufenden Schuljahr im Ganzen entsprochen haben und die deshalb erwarten lassen, dass sie den Anforderungen der nächsthöheren Klasse gewachsen sind. Ein Schüler wird auch dann versetzt, wenn die Klassenkonferenz zu der Auffassung gelangt, dass seine Leistungen nur vorübergehend nicht für die Versetzung ausreichen, dass er aber nach einer Übergangszeit den Anforderungen der nächsthöheren Klasse voraussichtlich gewachsen sein wird.

(2) Die Voraussetzungen für eine Versetzung nach Absatz 1 Satz 2 liegen vor, wenn die Leistungen des Schülers im Jahreszeugnis in keinem der Fächer Deutsch oder Mathematik mit der Note „ungenügend" bewertet sind, oder wenn die ungenügende Leistung in einem dieser Fächer auf einer partiellen Leistungsschwäche bei sonst zufriedenstellenden Leistungen beruht.

(3) Die Versetzung oder Nichtversetzung eines Schülers ist im Zeugnis wie folgt zu vermerken: „Versetzt" oder „Nicht versetzt".

⇨ Klassenlehrkraft (Nr. 2); ⇨ Verwaltungsrecht Nr. II

§ 2
Aussetzung der Versetzungsentscheidung

Die Klassenkonferenz kann die Entscheidung über die Versetzung bis zum Ende des nächsten Schulhalbjahres aussetzen und von der Erteilung eines Zeugnisses absehen, wenn hinreichende Entscheidungsgrundlagen fehlen, weil die Leistungen des Schülers dadurch gesunken sind, dass er im zweiten Schulhalbjahr

1. aus von ihm nicht zu vertretenden Umständen die Schule wechseln musste oder
2. wegen Krankheit länger als acht Wochen den Unterricht nicht besuchen konnte, oder
3. durch sonstige besonders schwerwiegende von ihm nicht zu vertretende Gründe in seinem Leistungsvermögen erheblich beeinträchtigt war.

Auf dem Zeugnisformular ist anstelle der Noten der Vermerk anzubringen: „Versetzung ausgesetzt gemäß § 2 Versetzungsordnung". Bis zur endgültigen Entscheidung über die Versetzung nimmt der Schüler am Unterricht der nächsthöheren Klasse teil.

§ 3
Überspringen einer Klasse

In Ausnahmefällen kann ein Schüler auf Beschluss der Klassenkonferenz und mit Einverständnis der Erziehungsberechtigten in eine höhere Klasse überwechseln. Das Überspringen ist nur zum Ausgleich einer oder mehrerer Klassenwiederholungen zulässig. Dabei kann höchstens in die Klasse übergewechselt werden, die der Schüler ohne Wiederholung besuchen würde.

§ 4
Freiwillige Wiederholung der Klasse

Einem Schüler wird auf Antrag der Erziehungsberechtigten gestattet, einmal in der Grundstufe sowie einmal in der Hauptstufe eine Klasse freiwillig zu wiederholen, wenn zu erwarten ist, dass dadurch eine bessere Förderung des Schülers erreicht werden kann. Die freiwillige Wiederholung einer Klasse ist grundsätzlich nur zu Beginn eines Schulhalbjahres zulässig; über Ausnahmen entscheidet der Schulleiter. Die freiwillige Wiederholung einer Klasse hat zur Folge, dass die zuletzt ausgesprochene Versetzung rückwirkend als nicht mehr getroffen gilt. Die freiwillige Wiederholung ist in diesem Zeugnis mit „Wiederholt freiwillig" zu vermerken.

Hinweis der Redaktion: Alle Entscheidungen nach dieser Verordnung werden von der Klassenkonferenz unter Vorsitz der Schulleiterin bzw. des Schulleiters getroffen.

⇨ Konferenzordnung § 4 Abs. 1 Nr. 4, § 12 Abs. 2 Ziff. 1

⇨ Befangenheit; ⇨ Behinderungen (Förderbedarf); ; ⇨ Konferenzordnung § 12 Abs. 2,1; ⇨ Multilaterale VersetzungsVO; ⇨ NotenbildungsVO; ⇨ Schulpflicht (Ausländische Schüler*innen); ⇨ Sonderpädagogik (SBBZ Lernen; ⇨ Sonderpädagogik (SBBZ Lernen – Stundentafel); ⇨ Sonderpädagogik (SBBZ Schulentwicklung); ⇨ Zeugnisse

Stichwort: „Hygieneplan" an jeder Schule Pflicht

Nach dem Infektionsschutzgesetz muss jede Schule in einem „Hygieneplan" innerbetriebliche Verfahrensweisen zur Infektionshygiene festlegen. ⇨ Infektionsschutzgesetz § 36

Verantwortlich hierfür ist die Schulleitung, unterstützt von der Gesamtlehrerkonferenz (⇨ Schulgesetz § 41). Der Hygieneplan sollte auch mit dem Elternbeirat erörtert werden (Anhörung).

Bitte auch die Ausführungen zur Gefährdungsbeurteilung im Beitrag ⇨ Arbeits- und Gesundheitsschutz (Allgemeines) Nr. 2 sowie im Beitrag ⇨ Gefährdungsbeurteilung beachten.

Das Landesgesundheitsamt Baden-Württemberg hat einen Musterhygieneplan für Schulen und ähnliche Gemeinschaftseinrichtungen erarbeitet. Er bietet Hilfe bei der Erstellung des individuellen Hygieneplans und enthält beispielhaft tabellarische Kurzhygienepläne. Die aktuelle Auflage steht online unter www.gesundheitsamt-bw.de zur Verfügung (Suchwort „Hygieneplan" eingeben).

Sonderpädagogik (SBBZ Schulentwicklung)

Verordnung des KM über die regionale Schulentwicklung an sonderpädagogischen Bildungs- und Beratungszentren (Verordnung über die regionale Schulentwicklung an SBBZ – RSE-SBBZ-VO) vom 19.10.2018 (K.u.U. S. 191/2018)

§ 1
Allgemeine Planungsgesichtspunkte

(1) Besteht im Bereich der sonderpädagogischen Bildungs- und Beratungszentren einer der in § 30 a Absatz 2 Nummer 1 bis 3 SchG genannten Anlässe für eine regionale Schulentwicklung, sind zur Erreichung der in § 30 a Absatz 1 Satz 1 und 2 SchG bestimmten Ziele insbesondere folgende Planungsgesichtspunkte zu berücksichtigen:

1. Zumutbare Erreichbarkeit der Angebote an sonderpädagogischen Bildungs- und Beratungszentren, wenn diese von den Erziehungsberechtigten nach § 83 Absatz 2 SchG für die Erfüllung eines festgestellten Anspruchs auf ein sonderpädagogischen Bildungsangebot gewählt werden;
2. bedarfsdeckende Sicherung und Weiterentwicklung des Unterstützungsauftrags der sonderpädagogischen Beratungs- und Unterstützungsangebote nach § 15 Absatz 2 Satz 2 SchG, insbesondere im Bereich der Frühförderung, der sonderpädagogischen Dienste und der Unterstützung der Schulkindergärten, im Rahmen einer systematischen und institutionenbezogenen Zusammenarbeit mit allgemeinen Schulen und Kindertageseinrichtungen;
3. Gestaltung von fachlich und organisatorisch aufeinander abgestimmten Angeboten sonderpädagogischer Beratung, Unterstützung und Bildung in den Förderschwerpunkten nach § 15 Absatz 1 Satz 4 SchG und den Bildungsabschlüssen nach Absatz 3 innerhalb der Raumschaft, die einen bedarfsdeckenden, sachgerechten und wirtschaftlichen Einsatz von Personal und Sachmitteln erlauben.

Die Angebote der staatlich anerkannten sonderpädagogischen Bildungs- und Beratungszentren und der sonderpädagogischen Bildungs- und Beratungszentren mit Internat sind einzubeziehen.

⇨ Schulgesetz §§ 15, 30a ff. und 82 ff.; ⇨ Sonder-pädagogik (SBBZ Bildungsangebote)

(2) Zur Bildung von Klassen vergleichbarer Größe, Optimierung des Bildungsangebots sowie Stärkung leistungsfähiger kleiner Standorte sind insbesondere folgende Maßnahmen zu prüfen und bei der Planung abzuwägen:

1. Konzentration von Bildungsangeboten innerhalb der Raumschaft;
2. Einrichtung überregionaler sonderpädagogischer Bildungs- und Beratungszentren, erforderlichenfalls mit Internat;
3. Schaffung wohnortnäherer Bildungsangebote durch Dezentralisierung;
4. Möglichkeit alternativer Unterrichtsorganisationsformen wie jahrgangs- und bildungsgangübergreifende Klassenbildungen;
5. förderschwerpunkt- und standortübergreifende Kooperationen. Absatz 1 Satz 2 gilt entsprechend.

(3) Bildungsabschlüsse im Sinne von § 30 a Absatz 1 Satz 1 SchG sind an sonderpädagogischen Bildungs- und Beratungszentren neben den Bildungszielen der allgemeinen Schulen im jeweiligen Förderschwerpunkt auch die Bildungsziele in den Förderschwerpunkten Lernen und geistige Entwicklung. Die Bildungsgänge führen zu diesen Bildungsabschlüssen.

§ 2
Einrichtung von Bildungsgängen

(1) Im Rahmen der Feststellung des öffentlichen Bedürfnisses nach § 27 Absatz 2 SchG ist erforderlich, dass die folgende Mindestschülerzahl insgesamt im Bildungsgang langfristig prognostiziert werden kann:

1. für den Bildungsgang Förderschwerpunkt Lernen 18;
   nur Grundstufe oder Hauptstufe dieses Bildungsganges 12;
2. für den Bildungsgang Förderschwerpunkt geistige Entwicklung 27;
3. für den Bildungsgang Werkrealschule, Hauptschule 15;
4. für den Bildungsgang Realschule 15;
5. für den Bildungsgang Gemeinschaftsschule (ohne gymnasiale Oberstufe) 15;
6. für den Bildungsgang Gemeinschaftsschule (mit gymnasialer Oberstufe) 27;
7. für den Bildungsgang allgemeinbildendes Gymnasium 27;
8. für den Bildungsgang berufliches Gymnasium 18;
9. für den Bildungsgang Berufskolleg 15;
10. für den Bildungsgang Berufsfachschule 12;
11. für den Bildungsgang Berufsschule 12.

(2) Im Rahmen der Feststellung des öffentlichen Bedürfnisses nach § 27 Absatz 2 SchG können die in Absatz 1 genannten Mindestschülerzahlen ausnahmsweise unterschritten werden, wenn

1. für die sonderpädagogische Beratung, Unterstützung und Bildung mit dem entsprechenden Förderschwerpunkt und Bildungsgang in der Raumschaft ein Bedarf, der nicht von einem anderen öffentlichen oder staatlich anerkannten sonderpädagogischen Bildungs- und Beratungszentrum erfüllt werden kann, langfristig prognostiziert werden kann oder
2. Schülerinnen und Schüler mit Anspruch auf ein sonderpädagogisches Bildungsangebot kein anderes öffentliches sonderpädagogisches Bildungs- und Beratungszentrum mit demselben Förderschwerpunkt und Bildungsgang in zumutbarer Erreichbarkeit besuchen können.

Die Planungsgesichtspunkte nach § 1 Absatz 1 und 2 sind zu berücksichtigen.

(3) Schülerinnen und Schüler ohne Anspruch auf ein sonderpädagogisches Bildungsangebot werden im Rahmen der Feststellung des öffentlichen Bedürfnisses nach Absatz 1 und 2 nicht berücksichtigt.

§ 3
Aufhebung von Bildungsgängen

(1) Wird insgesamt in einem Bildungsgang die Mindestschülerzahl nach Absatz 2 unterschritten, weist die obere Schulaufsichtsbehörde den Schulträger hierauf hin und fordert ihn auf, eine regionale Schulentwicklung nach § 30 a Absatz 2 Nummer 1 SchG durchzuführen. Für das Verfahren gilt § 30 b Absatz 2 Satz 2 und 3 und Absatz 3 SchG entsprechend mit der Maßgabe, dass die Mindestschülerzahlen nach Absatz 2 zugrunde zu legen sind und dass der Bildungsgang Förderschwerpunkt Lernen, Förderschwerpunkt geistige Entwicklung, Werkrealschule, Hauptschule, Gemeinschaftsschule, Berufsschule und Berufsfachschule erst aufgehoben wird, wenn in drei aufeinander folgenden Schuljahren die Mindestschülerzahl nicht erreicht wird.

(2) Die Mindestschülerzahl im Bildungsgang insgesamt beträgt:

1. für den Bildungsgang Förderschwerpunkt Lernen 12;
   nur Grundstufe oder Hauptstufe dieses Bildungsganges 8;
2. für den Bildungsgang Förderschwerpunkt geistige Entwicklung 21;
3. für den Bildungsgang Werkrealschule, Hauptschule 9;
4. für den Bildungsgang Realschule 9;
5. für den Bildungsgang Gemeinschaftsschule (ohne gymnasiale Oberstufe) 9;
6. für den Bildungsgang Gemeinschaftsschule (mit gymnasialer Oberstufe) 21;
7. für den Bildungsgang allgemeinbildendes Gymnasium 21;
8. für den Bildungsgang berufliches Gymnasium 15;
9. für den Bildungsgang Berufskolleg 12;
10. für den Bildungsgang Berufsfachschule 8;
11. für den Bildungsgang Berufsschule 8.

Schülerinnen und Schüler ohne Anspruch auf ein sonderpädagogisches Bildungsangebot, die nach § 15 Absatz 5 SchG ein sonderpädagogisches Bildungs- und Beratungszentrum besuchen, werden mit 50 Prozent und höchstens für ein Drittel der Mindestschülerzahlen berücksichtigt.

(3) Die Aufhebung erfolgt ausnahmsweise dann nicht, wenn Schülerinnen und Schüler mit Anspruch auf ein sonderpädagogisches Bildungsangebot kein anderes öffentliches sonderpädagogisches Bildungs- und Beratungszentrum mit demselben Förderschwerpunkt und Bildungsgang in zumutbarer Erreichbarkeit besuchen können. Von der Aufhebung kann ausnahmsweise abgesehen werden, wenn ansonsten in der Raumschaft ein bedarfsdeckendes Angebot sonderpädagogischer Beratung, Unterstützung und Bildung im jeweiligen Förderschwerpunkt und Bildungsgang nicht gewährleistet werden kann.

(4) Die Planungsgesichtspunkte nach § 1 Absatz 1 und 2 sind zu berücksichtigen.

§ 4
Beteiligungsverfahren, Raumschaft

(1) Bei der Beteiligung der von der schulorganisatorischen Maßnahme berührten Stellen sind auch die Belange der Schulträger der sonderpädagogischen Bildungs- und Beratungszentren in privater Trägerschaft und der Träger der Sozial- und Jugendhilfe einzubeziehen.

(2) Die jeweilige Raumschaft ist im Hinblick auf den Schulbezirk oder den Aufgabenbereich des von der schulorganisatorischen Maßnahme betroffenen sonderpädagogischen Bildungs- und Beratungszentrums festzulegen. Dabei sind insbesondere die Planungsgesichtspunkte nach § 1 Absatz 1 und 2 zu berücksichtigen.

(3) Im Übrigen gelten die Vorschriften des Schulgesetzes über das Verfahren der regionalen Schulentwicklung. Darüber hinaus kann die obere Schulaufsichtsbehörde im Interesse einer kontinuierlichen Optimierung der regionalen Schulentwicklung Regionalkonferenzen für die erforderlichen Abstimmungsprozesse durchführen. Sie kann damit im Einzelfall die untere Schulaufsichtsbehörde beauftragen.

⇨ Behinderungen (Förderbedarf); ⇨ Inklusion (Allgemeines); ⇨ Schulgesetz §§ 15 und 82 ff.; ⇨ Sonderpädagogik (SBBZ Bildungsangebote); ⇨ Sonderpädagogik (SBBZ Schulentwicklung)

Stichwort: Daten zur Schulstatistik

Jährlich gibt das Statistische Landesamt eine CD „Das Bildungswesen“ heraus – zuletzt 2020 mit bildungspolitischen Daten des Schuljahrs 2018/19. Die CD gibt einen umfassenden Überblick, kostet allerdings 51 Euro. Bezug beim Statististischen Landesamt, Postfach 10 60 33, 70049 Stuttgart, E-Mail: vertrieb@stala.bwl.de.

Viele bildungsstatistische Daten sind kostenfrei auf der Website des Statistischen Landesamts verfügbar: www.statistik.baden-wuerttemberg.de.

⇨ Datenschutz (Schulen); ⇨ Schulgesetz § 115; ⇨ Statistik (Schulen)

Sozialversicherung (Beiträge)

Informationen der Redaktion zur Rechtslage und zur Verwaltungspraxis in Baden-Württemberg

I. Jahresarbeitsentgeltgrenze (JAEG) 2022

- allgemein 64.350 Euro/Jahr
- für am 31.12.2002 privat Versicherte 58.050 Euro/Jahr

Durchschnittsentgelt aller Versicherten *(vorläufig, ergibt 1 Entgeltpunkt in der Rente)* 38.901 Euro

Hinweis der Redaktion: Arbeitnehmer*innen, deren regelmäßiges Entgelt die JAEG (auch „Versicherungspflichtgrenze" genannt) überschreitet, sind von der Versicherungspflicht in der GKV befreit. Sie können eine freiwillige gesetzliche Krankenversicherung abschließen oder sich privat versichern.

II. Beitragsbemessungsgrenzen (BBG) 2022

1. Gesetzliche Renten- und Arbeitslosenversicherung: 7.050 Euro/Monat
2. Gesetzliche Kranken- und Pflegeversicherung: 4.837,50 Euro/Monat

Hinweis der Redaktion: Nur bis zu diesen Einkommensgrenzen müssen Beiträge abgeführt werden.

III. Beitragssätze 2022

– Rentenversicherung (RV)	18,6 %
– Arbeitslosenversicherung (AloV)	2,4 %
– Pflegeversicherung (PfV)	3,05 %
(für Kinderlose zusätzlich 0,35 %)	3,4 %
– Gesetzliche Krankenversicherung (GKV)	14,6 %
ermäßigter Beitrag	14,0 %
durchschnittlicher Zusatzbeitrag	1,3 %
Höchstzuschussbeitrag PKV	
– mit Krankengeldanspruch	384,58 Euro
– ohne Krankengeldanspruch	370,07 Euro
Höchstzuschussbeitrag PflV	73,77 Euro
Gesamteinkommensgrenze für den Anspruch auf Familienversicherung	470,00 Euro

IV. Sachbezugswerte 2022

Frühstück	1,87 Euro
Mittag- oder Abendessen	3,57 Euro

V. Geringfügige Beschäftigung (Minijobs)

Minijobs sind geringfügige Beschäftigungen mit höchstens 450 Euro monatlichem Arbeitsentgelt oder einem Arbeitseinsatz von maximal drei Monaten oder 70 Tagen pro Kalenderjahr. Für sie gilt der gesetzliche Mindestlohn. Die Verdienstgrenze beträgt 450 Euro/Monat. Der Arbeitgeber führt 18,6 % des Arbeitsentgelts an die Rentenversicherung ab, davon trägt der Arbeitgeber 15 % und der/die Minijobber*in 3,6 %. Für diesen geringfügigen Eigenanteil erwerben Minijobber vollwertige Pflichtbeitragszeiten und damit Ansprüche auf den vollen Leistungsumfang der Rentenversicherung. Minijobber können sich von der Rentenversicherungspflicht befreien lassen und verzichten damit auf die Versicherungsleistungen. Hierfür müssen sie dem Arbeitgeber schriftlich mitteilen, dass sie die Befreiung von der Versicherungspflicht wünschen; dann zahlt nur der Arbeitgeber den Pauschalbetrag von 15 %. Wer bereits vor dem 1.1.2013 als Minijobber*in versicherungsfrei in der Rentenversicherung ware, bleibt es weiterhin. Mankann aber jederzeit auf die Versicherungsfreiheit verzichten und mit 3,6 % Eigenanteil Anspruch auf alle Leistungen der Rentenversicherung erwerben.

Lehrkräfte im Ruhestand sind bei Aufnahme eines Minjobs rentenversicherungsfrei; der Arbeitgeber muss für sie die 15 %-Pauschale nicht abführen.

VI. Gesetzlicher Mindestlohn

ab 1.1.2022	9,82 Euro
ab 1.7.2022	10,45 Euro

VII. Mindestlohn in der Weiterbildung

ab 1.1.2021	Niveau 1 – unter DQR 6	16,68 Euro
	Niveau 2 – über DQR 6	17,02 Euro

VIII. Selbstständige Lehrkräfte

Selbstständig tätige Lehrkräfte und Erzieher*innen (sogenannte *„Honorarlehrkräfte"*) sind rentenversicherungspflichtig, wenn ihr Arbeitsentgelt aus dieser Beschäftigung regelmäßig 400 Euro übersteigt (SGB VI § 2). Bei mindestens 15 Stunden wöchentlich ist die freiwillige Versicherung in der Arbeitslosenversicherung – bei vollem Beitragssatz – möglich. Honorarlehrkräfte unterliegen nicht der Krankenversicherungspflicht; sie müssen sich zu 100 % selbst krankenversichern.

⇨ Krankenversicherung; ⇨ Lehrbeauftragte; ⇨ Nebenamtliche/nebenberufliche Lehrkräfte; ⇨ Pflegeversicherung

Sponsoring

Auszug aus der Gemeinsamen Anordnung der Ministerien zur Förderung von Tätigkeiten des Landes durch Leistungen Privater (AnO Sponsoring) vom 13. Januar 2015 (K.u.U. S. 73/2015)

1 Anwendungsbereich

1.1 Diese Anordnung gilt für die Zuwendung von Geld-, Sach- oder Dienstleistungen im Rahmen von Sponsoring durch juristische oder natürliche Personen mit wirtschaftlichem Interesse an Behörden [...].

1.3 Die nachfolgenden Regelungen gelten für Werbeverträge mit Behörden des Landes sowie unentgeltliche Zuwendungen an die Landesverwaltung wie Spenden und sonstige Schenkungen, bei denen eine etwaige Werbeabsicht zurücktritt, sinngemäß.

2 Begriffe

2.1 Sponsoring ist die direkte Förderung einer Verwaltungseinheit bei der Erledigung ihrer Aufgaben durch Bereitstellung von Geld-, Sachmitteln oder Dienstleistungen durch einen Sponsor, wobei dieser vertraglich festgelegte, öffentlich wirksame kommunikative Ziele verfolgt. Nicht erfasst sind davon allgemeine wirtschaftliche Beziehungen von Wirtschaftsunternehmen oder Privatpersonen mit den Verwaltungseinheiten.

2.2 Eine Schenkung ist eine freiwillige, unentgeltliche und ohne vertragliche Vereinbarung einer Gegenleistung erfolgte Zuwendung.

2.3 Eine Spende ist eine freiwillige, unentgeltliche und ohne vertragliche Vereinbarung einer Gegenleistung erfolgte Zuwendung zur Förderung mildtätiger, kirchlicher, religiöser, wissenschaftlicher und der als besonders förderungswürdig anerkannten gemeinnützigen Zwecke.

2.4 Unter Werbung sind Zuwendungen eines Unternehmens für die Verbreitung seiner Werbebotschaft durch die öffentliche Verwaltung zu verstehen, wenn es diesem ausschließlich um die Erreichung eigener Kommunikationsziele und nicht unmittelbar um die Förderung der Verwaltungseinheit geht.

⇨ Werbung

3 Zulässigkeit

3.1 Vom Sponsoring ausgeschlossene Bereiche:

3.1.1 Sponsoring [...] ist ausgeschlossen, wenn der Anschein entstehen könnte, Verwaltungshandeln würde durch die Sponsoringleistung beeinflusst werden. Ein solcher Anschein liegt insbesondere bei Sponsoring im unmittelbaren Zusammenhang mit folgenden, überwiegend hoheitlichen Kernaufgaben der Behörden des Landes vor:

a) Vornahme ordnungsrechtlicher Maßnahmen oder Erteilung von Genehmigungen sowie Ausübung sonstiger eingriffsverwaltender Tätigkeiten
b) Ausübung aufsichtsrechtlicher Befugnisse
c) Vergabe von Fördermitteln,
d) Vergabe öffentlicher Aufträge,
e) Durchführung öffentlicher Planungsaufgahen,
f) Vergabe von Leistungen öffentlicher Träger der Wohlfahrtspflege,
g) Durchführung berufsbezogener Prüfungen oder Eignungsprüfungen und
h) Wahrnehmung der Aufgaben der Verfassungsschutzbehörden.

3.1.2 Die dauerhafte Finanzierung von öffentlichen Bediensteten und die dauerhafte Überlassung von Personal an die öffentliche Verwaltung durch Sponsoren sind ausgeschlossen.

3.1.3 Sponsoring ist ausgeschlossen, wenn der Haushaltsgesetzgeber erkennbar nicht mit der Durchführung der Aufgabe einverstanden ist.

3.2 Im Übrigen ist das Einwerben und Annehmen von Sponsoringmitteln zulässig, wenn folgende Grundsätze beachtet werden:

3.2.1 Die Integrität und das Ansehen der öffentlichen Verwaltung müssen gewahrt bleiben.

3.2.2 Das Budgetrecht der Parlamente und der Vertretungen der Körperschaften des öffentlichen Rechts ist zu beachten.

3.2.3 Eine vollständige Transparenz bei der Finanzierung öffentlicher Aufgaben ist sicherzustellen.

3.2.4 Jeder Form der Korruption und unzulässiger Beeinflussung ist vorzubeugen.

3.2.5 Öffentliche Aufgaben sind grundsätzlich durch öffentliche Mittel über den Haushaltsgesetzgeber zu finanzieren. Sponsoring kommt daher nur ergänzend in Betracht.

3.2.6 Sponsoring ist nur zulässig, wenn die Finanzierung der Folgekosten gewährleistet ist. Dies ist entsprechend zu dokumentieren.

3.2.7 Bereichsspezifische Regelungen wie zum Beispiel Regelungen für Drittmitteleinnahmen der Hochschulen, für Schulen und Einrichtungen der Kinder- und Jugendhilfe sowie für das Sponsoring in Verbindung mit der Polizei, bleiben unberührt.

⇨ Belohnungen und Geschenke; ⇨ Werbung

4 Verfahren

4.1 Vor der Annahme von Sponsoringleistungen ist stets zu prüfen, ob Aufgaben nach Nummer 3.1.1 beeinflusst werden können oder ob der Anschein einer solchen Beeinflussung entstehen kann. Insbesondere dürfen keine Bindungen entstehen, durch die die Rechtmäßigkeit des Verwaltungshandelns in Zweifel gezogen werden könnte. Bei Sponsoring im Zusammenhang mit sonstigen Verwaltungsaufgaben ist Nummer 3.2 zu beachten.

4.2 Die Entscheidung für einen Sponsor muss objektiv und neutral getroffen werden und auf sachgerechten und nachvollziehbaren Erwägungen beruhen. Maßstab für die Entscheidung können insbesondere die individuelle Zuverlässigkeit, die finanzielle Leistungsfähigkeit, die Geschäftspraktiken und -grundsätze. sowie die Kunden- und Medienprofile der Sponsoren sein. Die Wettbewerbs- und Chancengleichheit potenzieller Sponsoren muss gewährleistet werden.

4.3 Die Annahme von angebotenen oder eingeworbenen Sponsoringleistungen bedarf der Einwilligung der Behördenleiterin beziehungsweise des Behördenleiters (Behördenleitung). Die Behördenleitung kann die Befugnis innerhalb der Behörde delegieren. Bei vorgesehener Einwerbung von Sponsoringleistungen ist vor konkreten Absprachen mit möglichen Sponsoren die Entscheidung der Behördenleitung oder der von ihr bestimmten Stelle einzuholen.

4.4 Sponsoringmaßnahmen sind durch Sponsoringvertrag oder durch eine Dokumentation der Vereinbarungen vollständig und abschließend aktenkundig zu machen. Bei Abschluss des Sponsoringvertrags ist darauf hinzuwirken, dass eine den Voraussetzungen des § 4 Landesdatenschutzgesetz genügende datenschutzrechtliche Einwilligung des Sponsors zur Veröffentlichung seiner die Zuwendung betreffenden personenbezogenen Daten im nach den Maßgaben von Nummer 5 zu erstellenden Bericht der Landesregierung über erhaltene Zuwendungen erteilt wird. Der Sponsor ist darauf hinzuweisen, dass er die Erteilung der datenschutzrechtlichen Einwilligung verweigern kann.

4.5 Bei Sponsoringmaßnahmen sind die haushaltsrechtlichen Bestimmungen zu beachten.

5
Bericht der Landesregierung über erhaltene Zuwendungen *(nicht abgedruckt)*

6
Steuerliche Behandlung

Bei Sponsoringmaßnahmen sind die steuerrechtlichen Bestimmungen zu prüfen und zu beachten. Zweifelsfragen sollten im Vorfeld der geplanten Sponsoringmaßnahme mit dem örtlich zuständigen Finanzamt abgestimmt werden.

Einnahmen aus Sponsoring können insbesondere der Umsatz- und der Körperschaftsteuer unterliegen. Maßgebend ist insbesondere, ob die gesponserte Organisationseinheit nach dem Steuerrecht bereits einen Betrieb gewerblicher Art (BgA) darstellt oder durch das Sponsoring zu einem solchen wird; letzteres hängt von Art und Umfang der zu erbringenden werbewirksamen Gegenleistung ab.

7
Schlussbestimmungen

7.1 Beispiele für Bereiche, in denen Sponsoring in der Regel möglich ist, sind in der Anlage zu dieser Anordnung aufgeführt. Nummer 3 bleibt unberührt. [...]

Anlage: Beispiele für Bereiche, in denen Sponsoring in der Regel möglich ist

- Veranstaltungen und Maßnahmen im Rahmen der Öffentlichkeitsarbeit und Repräsentation
- Veranstaltungen und Maßnahmen zur Förderung des Umweltschutzes
- Veranstaltungen und Maßnahmen zur Förderung des allgemeinen Gesundheitsbewusstseins, der Beschäftigungsfähigkeit, zur Förderung präventiver Hilfen für Kinder, Familien, Frauen, Ältere und Menschen mit Behinderung sowie des demographischen Wandels
- Vollständige oder teilweise Übernahme der Herstellungskosten von Publikationen und Fachinformationen in Form verschiedener Medien, dazu gehören auch webbasierte Anwendungen und multimediale Präsentationen
- Fachveranstaltungen und Fachkongresse
- kulturelle Veranstaltungen wie beispielsweise Aufführungen in den Bereichen Theater, Tanz, Musik sowie Ausstellungen in Archiven, Bibliotheken und Museen inklusive Kunstkäufe
- Engagement der Eltern im Rahmen schulischer Veranstaltungen
- Maßnahmen im Rahmen der Schulgesundheitspflege.

⇨ Belohnungen und Geschenke

Hinweise der Redaktion zum Sponsoring im Schulbereich

Das Kultusministerium hat die AnO Sponsoring im Amtsblatt mit einem erläuternden Vorspann bekanntgegeben, in dem es darauf hinweist, dass *„bereichsspezifische Regelungen"* von dieser Anordnung unberührt bleiben: *„Das bedeutet, dass die Verwaltungsvorschrift des Kultusministeriums über Werbung, Wettbewerbe und Erhebungen in Schulen [...] weiterhin Anwendung findet, die AnO Sponsoring also entsprechend ergänzt."* ⇨ Werbung, Wettbewerbe und Erhebungen

Das KM fordert damit die Schulen zur Zurückhaltung beim „Sponsoring" auf. In der VwV „Werbung" wird zwar bestimmt: *„Für Einzelentscheidungen ist der Schulleiter zuständig, soweit keine anderweitige Regelung getroffen ist"*, bei der Grundsatzentscheidung, ob eine Schule überhaupt „Sponsoring" betreibt bzw. zulässt, handelt es sich aber um eine der *„Angelegenheiten von wesentlicher Bedeutung für die Schule, über die gemäß § 45 Abs. 2 des Schulgesetzes die Gesamtlehrerkonferenz unbeschadet der Zuständigkeit der Schulkonferenz berät und beschließt"* (⇨ Konferenzordnung § 2 Abs. 1). Wegen der Auswirkungen auf die Schüler*innen sollte dies auch mit dem Elternbeirat erördert werden.

Die Entscheidungsbefugnis über sächliche Schulangelegenheiten (z.B. Veränderung der baulichen Substanz der Schulanlagen) liegt beim kommunalen Schulträger; das Land (die Schule / Schulleitung) ist nur für die inneren (pädagogischen) Schulangelegenheiten zuständig. Da Sponsoring jedoch stets Auswirkungen auf den Erziehungs- und Bildungsauftrag der Schule hat, ist z.B. beim Anbringen von Werbeträgern auf dem Schulgelände die Herstellung des Einvernehmens zwischen Schulträger und Schule geboten.

Zuwendungen an die Schule sind als „Stiftungen" oder „Schenkungen" im Bereich der „äußeren Schulangelegenheiten" anzusehen, die über die Kasse des Schulträgers abzuwickeln sind. Im Rahmen der Budgetierung ist es grundsätzlich möglich, hierfür ein gesondertes (Schul-)Konto einzurichten. Dies sollte – auch wegen der aus haushaltsrechlichten Gründen notwendigen Kassenprüfung – aber nur im Einvernehmen mit dem Schulträger geschehen.

⇨ Haushalt (Allgemeines – Budgetierung) / (Kassenführung); ⇨ Schulfördervereine; ⇨ Werbung (dort die Anmerkung zur Veranstaltung von Tombolas beachten)

Da Lehr- und Lernmittel einen pädagogischen Nutzen haben, fällt ihr Sponsoring in den Kompetenzbereich der Schule. Sind gespendete oder aus Zuwendungen erworbene Sachmittel nicht direkt für Schüler*innen bestimmt (z.B. Sporthemden), sondern für die Schule (z.B. Computer), werden sie Eigentum des Schulträgers. Bei Sachmitteln, die Folgekosten verursachen und Haftungsfragen aufwerfen, muss vorab dessen Zustimmung eingeholt werden. Die Vertretungsbefugnis des Schulleiters kann vom Schulträger erweitert werden; dieser kann also die Schulleitung ermächtigen, auch im Bereich der sächlichen Schulangelegenheiten für ihn tätig zu werden.

Fließen einer Schule Sach- oder Bar-Mittel von Dritten zu (z.B. von einem Schulförderverein oder auf dem Wege des „Sponsoring"), so muss die Schule auf diese Mittel – auch wenn sie auf einem gesonderten Konto geführt werden – die Bestimmungen der Konferenzordnung anwenden: Über die Verwendung entscheidet die Schule durch Beschluss der Gesamtlehrerkonferenz nach Anhörung der Schulkonferenz. Eines solchen Beschlusses bedarf es auch dann, wenn eine Schule den Spendern eine „Wunschliste" von Anschaffungen oder Vorhaben übermittelt, die finanziert werden sollen. Soweit Spenden der Schule zweckgebunden zugewandt werden sind, ist diese Zweckbindung zu beachten; ist die Zweckbindung mit dem Erziehungsauftrag nicht vereinbar, muss eine Spende ggf. von der Schule abgelehnt werden.

⇨ Konferenzordnung § 2 Abs. 1 Nr. 7; ⇨ Schulgesetz § 47

Bei jeder Form von Sponsoring muss darauf geachtet werden, dass keine strafbare Vorteilsannahme entsteht (§ 331 StGB). Damit ist nicht nur die persönliche Bereicherung gemeint, sondern auch der Fall, dass ein Amtsträger (z.B. die Schulleitung oder ein Elternbeirat in Ausübung seiner ehrenamtlichen Funktion) für die Dienstausübung einen Vorteil für die Schule fordert, sich versprechen lässt oder annimmt. Es muss schon der Anschein vermieden werden, eine Spende könne mit dem dienstlichen Handeln in Zusammenhang stehen (z.B. kann eine Sach-Spende eines Schulartikel-Lieferanten für ein Schulfest problematisch sein, wenn die Schule Kunde dieses Lieferanten ist, also über die Vergabe von geschäftlichen Aufträgen entscheidet; ebenso ist es fragwürdig, wenn Lehrkräfte bei außerunterrichtlichen Veranstaltungen „Freiplätze" für sich in Anspruch nehmen, denn sie treten gegenüber den Reise- und Beherbungsunternehmen als Auftraggeber auf).

Schulleitungen müssen bei jeder Auftragserteilung auch die Verwaltungsvorschrift über die Vergabe öffentlicher Aufträge vom 24.7.2018 beachten (GABl. S. 494/2018, zuletzt geändert 5.6.2019, GABl. S. 217/2019). Diese VwV gilt für die entgeltliche Beschaffung von Liefer- und Dienstleistungen durch alle Landesbehörden beispielsweise aufgrund von Kauf-, Werk-, Werklieferungs- und Leasingverträgen.

⇨ Lehrmittel und Schuleinrichtung

Schulen sind zwar nicht rechtsfähig, sie sind jedoch ermächtigt, bei „inneren Schulangelegenheiten" selbst Entscheidungen mit Wirkung für das Land zu treffen (z.B. Förderung eines Unterrichtsprojektes oder einer Schulveranstaltung). Die Schulleitung kann dann eine Spendenbescheinigung ausstellen; es ist nicht erforderlich den Schulträger einzuschalten. Solche „Zuwendungsbescheinigungen" müssen nach einem verbindlichen amtlichen Muster ausgestellt werden (Link zum Finanzministerium Baden-Württemberg: https://fm.baden-wuerttemberg.de/ > Service > Publikationen > Zuwendungsbestätigung).

⇨ Belohnungen und Geschenke; ⇨ Haushalt (Kassenführung); ⇨ Konferenzordnung § 2 Abs. 1 Nr. 7; ⇨ Lehrmittel und Schuleinrichtung.; ⇨ Schulentwicklung; ⇨ Schulgesetz §§ 29, 47; ⇨ Schulfördervereine; ⇨ Werbung

Sprachförderung (Integration)

Grundsätze zum Unterricht für Kinder und Jugendliche mit nichtdeutscher Herkunftssprache und geringen Deutschkenntnissen an allgemeinbildenden und beruflichen Schulen; VwV des KM vom 31. Mai 2017 (K.u.U. S. 95)

1. Vorbemerkung

Sprache ist das wesentliche Kommunikationsmittel und eine wichtige Voraussetzung zur Teilnahme in Gesellschaft und Schule. Ihre Beherrschung ist die Grundlage für den schulischen Erfolg und damit auch dafür, sich nachhaltig für das Leben in Gesellschaft und Beruf zu qualifizieren. Der Erwerb und die Beherrschung der deutschen Sprache bilden das Fundament zur Integration von Kindern und Jugendlichen mit nichtdeutscher Herkunftssprache und geringen Deutschkenntnissen.

⇨ Migrationshintergrund; ⇨ Nachhilfe

Sprachkenntnisse zu vermitteln ist ein zentrales Aufgabenfeld der Tageseinrichtungen für Kinder, aller Schularten sowie Auftrag aller am Erziehungs- und Bildungsprozess Beteiligten. Kinder und Jugendliche mit verschiedenen Herkunftssprachen bringen unterschiedliche kulturelle und sprachliche Erfahrungen mit, die Bereicherung und Herausforderung zugleich darstellen und differenzierende Maßnahmen erfordern. Über eine abgestimmte sprachliche Förderung wird die Möglichkeit eröffnet, die Gesamtpersönlichkeit von Kindern und Jugendlichen in ihrer aktuellen Lebens- und Lernwirklichkeit zu berücksichtigen. Voraussetzung hierfür ist ein schulisches Förderkonzept, das den Bildungsplan zur Grundlage hat und sich flexibel an der Bedürfnislage der Schülerinnen und Schüler orientiert. Ziel ist dabei die volle schulische und berufliche Integration aller Kinder und Jugendlichen.

Die Koordination der Sprachfördermaßnahmen für Kinder und Jugendliche mit nichtdeutscher Herkunftssprache und geringen Deutschkenntnissen gehört zum Aufgabenbereich der Schulleitung; mit der Wahrnehmung der Koordination kann eine Lehrkraft beauftragt werden. Die Koordination umfasst insbesondere die Erarbeitung und Weiterentwicklung einer entsprechenden Förderkonzeption sowie eine differenzierte Sprachstandserhebung und Feststellung des individuellen Sprachförderbedarfs.

Soweit die Schulen bei der Sprachförderung personenbezogene Daten verarbeiten, sind die datenschutzrechtlichen Regelungen (insbesondere Verwaltungsvorschrift „Datenschutz an öffentlichen Schulen" […]) zu beachten. ⇨ Datenschutz (Schulen)

2. Geltungsbereich

Diese Verwaltungsvorschrift gilt unbeschadet Nummer 8 für Kinder und Jugendliche mit nichtdeutscher Herkunftssprache und geringen Deutschkenntnissen, unabhängig von ihrer Staatsangehörigkeit und ihrem aufenthaltsrechtlichen Status. Fehlende Deutschkenntnisse stehen geringen Deutschkenntnissen im Sinne dieser Verwaltungsvorschrift gleich.

Geringe Deutschkenntnisse im Sinne dieser Verwaltungsvorschrift sind solche, die nicht auf einen sonderpädagogischen Förderbedarf zurückzuführen sind.

3. Aufnahme und Schulpflicht

Gemäß § 72 Absatz 1 des Schulgesetzes für Baden-Württemberg (SchG) besteht Schulpflicht für Kinder und Jugendliche, die in Baden-Württemberg ihren Wohnsitz oder gewöhnlichen Aufenthalt oder ihre Ausbildungs- oder Arbeitsstätte haben.

Schulpflichtig ist auch, wem aufgrund eines Asylantrags der Aufenthalt in Baden-Württemberg gestattet ist oder wer hier geduldet wird. Die Schulpflicht beginnt sechs Monate nach dem Zuzug aus dem Ausland und besteht bis zur Erfüllung der Ausreisepflicht.

⇨ Einschulung / Sprachstandsdiagnose; ⇨ Schulgesetz § 72; ⇨ Schulpflicht (Ausländer/innen); ⇨ Verfassung Art. 11

3.1 *Allgemeinbildende Schulen*

Kinder und Jugendliche mit nichtdeutscher Herkunftssprache und geringen Deutschkenntnissen besuchen im Bereich der allgemeinbildenden Schulen die ihrem Alter und ihrer Leistung entsprechende Klasse der in Betracht kommenden Schulart. Sofern dies aufgrund mangelnder Kenntnisse der deutschen Sprache nicht möglich ist, nehmen sie an besonderen Sprachfördermaßnahmen teil. Sprachförderung kann dabei stattfinden in eigens gebildeten Klassen (Vorbereitungsklassen), in einem Kurssystem oder durch sonstige organisatorische Maßnahmen (zum Beispiel Teilungsstunden, Förderunterricht) der Schule (siehe Nummer 4).

Eine Aufnahme in die Regelklasse eines Gymnasiums und das Niveau M einer Realschule ist ohne den vorherigen Besuch einer Vorbereitungsklasse auf Probe möglich, wenn die Schule zur Auffassung gelangt, dass die Schülerin oder der Schüler in absehbarer Zeit die Anforderungen des Bildungsgangs in Bezug auf einen ausreichenden Kenntnisstand der deutschen Sprache erfüllen wird. Die Probezeit dauert längstens ein Jahr. An deren Ende entscheidet die Klassenkonferenz unter Vorsitz der Schulleiterin oder des Schulleiters über den Verbleib in der Regelklasse nach Maßgabe der Anforderungen des Bildungsgangs. Ist nach Entscheidung der Klassenkonferenz die vollständige Integration in eine Regelklasse zunächst noch nicht möglich, richtet sich die weitere schulische Sprachförderung nach Nummer 4. Für die Realschulen gilt dies entsprechend für solche Klassenstufen, die ausschließlich auf den mittleren Abschluss vorbereiten. Die Verbindung zu Sprache und Kultur des Herkunftslands soll gewahrt werden (siehe Nummer 8).

3.2 *Berufliche Schulen*

Gemäß § 77 SchG sind Jugendliche, die ihre allgemeine Schulpflicht gemäß § 75 SchG erfüllt haben und keine weiterführende allgemeinbildende Schule besuchen, berufsschulpflichtig. Dies ist in der Regel ab einem Alter von 15 beziehungsweise 16 Jahren der Fall. Die Berufsschulpflicht besteht bis zur Vollendung des 18. Lebensjahrs. Schülerinnen und Schüler ohne Ausbildungsplatz, die im Alter von 18 oder 19 Jahren sind, können die Berufsschule freiwillig mit den Rechten und Pflichten eines Berufsschulpflichtigen bis zum Endes des Schuljahrs besuchen, in dem das 20. Lebensjahr vollendet wird (§ 78 Absatz 1 Satz 3 SchG).

Der Anspruch kann durch eine Anfrage nach einem Schulplatz geltend gemacht werden. Im Rahmen der Pflicht beziehungsweise des Rechts, die Berufsschule zu besuchen, wird, sofern kein Ausbildungsverhältnis besteht, in der Regel eine der hierfür vorgesehenen Klassen des Vorqualifizierungsjahres Arbeit / Beruf mit Schwerpunkt Erwerb von Deutschkenntnissen besucht.

Die Regelungen zur Aufnahme in die weiteren Bildungsgänge beruflicher Schulen bleiben hiervon unberührt.

Berufsschulpflichtige und berufsschulberechtigte junge Menschen können zum Spracherwerb auch in eine allgemeinbildende Schule aufgenommen werden, insofern dort keine zusätzlichen Klassen entstehen.

4. Fördermaßnahmen

Vorrangiges Ziel der schulischen Sprachförderung ist, Schülerinnen und Schülern ausreichende deutsche Sprachkenntnisse zu vermitteln, um sie in die Klassen der verschiedenen Schularten und Bildungsgänge einzugliedern, damit sie einen schulischen

Abschluss beziehungsweise einen Berufsabschluss erreichen und ein selbstständiges Leben als aktives Mitglied in der Gesellschaft führen können. Bei der Eingliederung in die Regelklassen sollen grundsätzlich gemeinsame Klassen mit Schülerinnen und Schülern deutscher und nichtdeutscher Herkunftssprache gebildet werden.

Die Ergebnisse der Potenzialanalyse für neu Zugewanderte zur Erhebung der fachlichen und überfachlichen Kompetenzen der Schülerinnen und Schüler geben Hinweise zum Lern- und Leistungsstand der beziehungsweise des Einzelnen und zur Steuerung des weiteren schulischen beziehungsweise beruflichen Integrationsprozesses.

Folgende Fördermaßnahmen sind vorgesehen:

Schulorganisatorische Maßnahmen (siehe Nr. 4.1),

Vorbereitungsklassen (siehe Nummer 4.2),

Vorbereitungskurse im Bereich der allgemeinbildenden Schulen (siehe Nummer 4.3),

Vorqualifizierungsjahr Arbeit/ Beruf mit Schwerpunkt Erwerb von Deutschkenntnissen (VABO) (siehe Nummer 4.4),

Sonstige Maßnahmen (siehe Nummer 4.5).

4.1
Schulorganisatorische Maßnahmen

Ein integratives Förderkonzept im Bereich Sprache und Spracherwerb, das Kinder und Jugendliche mit nichtdeutscher Herkunftssprache und geringen Deutschkenntnissen beim Besuch der Regelklasse in der sprachlichen Entwicklung unterstützt, nutzt die schulischen Gestaltungsmöglichkeiten von Bildungsplan oder Lehrplan, Stundentafeln und Schulcurriculum. Den Schulen im Rahmen des zugewiesenen Gesamtbudgets zur Verfügung stehende Lehrerstunden sollen auch für Maßnahmen der Sprachförderung von Kindern und Jugendlichen mit nichtdeutscher Herkunftssprache und geringen Deutschkenntnissen verwendet werden.

Über flexible Organisationsmodelle (zum Beispiel zeitweilige differenzierende Angebote, Sprachförderangebote im Rahmen des Ganztagesrhythmus, innere und äußere Differenzierungen) kann der Freiraum vor Ort gestaltet werden. Der Wechsel zwischen der Teilnahme am Unterricht der Regelklasse und einer Fördermaßnahme soll dabei organisatorisch flexibel erfolgen und orientiert sich am jeweiligen Sprachstand und dem individuellen Förderbedarf. Benachbarte Schulen arbeiten nach Möglichkeit im Rahmen der Sprachförderung für Kinder und Jugendliche mit nichtdeutscher Herkunftssprache und geringen Deutschkenntnissen bei Bedarf zusammen.

4.2
Vorbereitungsklassen

4.2.1 Einrichtung von Vorbereitungsklassen

Für Kinder und Jugendliche mit nichtdeutscher Herkunftssprache und geringen Deutschkenntnissen ist in den allgemeinbildenden Schularten bereits ab Klasse 1 (Grund-, Haupt- und Werkrealschulen, Realschulen, Gemeinschaftsschulen, Gymnasien) die Einrichtung einer Vorbereitungsklasse möglich. Maßgebend für die Einrichtung und Klassenbildung ist der Organisationserlass in der jeweiligen Fassung. Die Vorbereitungsklasse wird als Jahrgangsklasse oder als jahrgangsübergreifende Klasse geführt. Ausgangspunkt für die Arbeit in Vorbereitungsklassen sind individuelle, altersstufengemäße Sprachstandserhebungen, die unter anderem die Bereiche Wortschatz, Satzbau, Ausdrucksfähigkeit und Leseverständnis umfassen. ⇨ Organisationserlass

Der Unterricht in der Vorbereitungsklasse dient vorwiegend dem Erlernen der deutschen Sprache, des Fachwortschatzes sowie schulischer Techniken und Arbeitsweisen. Er bereitet auf den Unterricht und die Integration in die Regelklasse vor und ist mit diesem eng verzahnt. Es sollen in Bezug auf die Bundesrepublik Deutschland auch Kompetenzen in Landeskunde und Gemeinschaftskunde erworben werden, sowie lebensweltbezogene Kompetenzen und Handlungskompetenzen zur Alltagsbewältigung.

Die sprachlichen Fortschritte der Schülerinnen und Schüler werden in geeigneter Form erhoben und insbesondere für den Wechsel in die Regelklasse dokumentiert. Der Wechsel in die Regelklasse soll nach Möglichkeit im ersten Jahr erfolgen, andernfalls nach längstens zwei Jahren. Er ist innerhalb dieses Zeitraums an keinen festen Zeitpunkt gebunden und kann gestuft mit sich erhöhenden Stundenanteilen in der Regelklasse entsprechend dem Zuwachs der Sprachkompetenz erfolgen.

Zur Koordination der Sprachförder- und Integrationsmaßnahmen erhält die Schule je gebildeter Vorbereitungsklasse eine Entlastungsstunde. Das schulische Leben wird unabhängig davon so gestaltet, dass gegenseitige Kontakte von Schülerinnen und Schülern verschiedener Herkunftssprachen regelmäßig gepflegt werden können.

⇨ Arbeitszeit (Lehrkräfte) – VwV Anrechnungen

Hinweis der Redaktion: Diese Stunde wird, so wie die Stunden des Allgemeinen Entlastungskontingent gemäß ⇨ Arbeitszeit (Lehrkräfte) – VwV Anrechnungen Abschnitt IV verteilt; die GLK kann hierzu Empfehlungen verabschieden ⇨ Konferenzordnung § 2 Abs. 1 Nr. 9. Wie bei der Vorgängerregelung sollte diese Stunde zur Entlastung der Leiter*innen der Vorbereitungsklassen eingesetzt werden.

Die Unterrichtsorganisation soll dabei flexibel und nicht ausschließlich im Klassenverband erfolgen, damit den Kindern und Jugendlichen mit nichtdeutscher Herkunftssprache und geringen Deutschkenntnissen eine zeitweilige Teilnahme am Unterricht der Regelklasse möglich ist. Dabei muss die Regelklasse nicht identisch mit der Regelklasse sein, die für eine spätere Zuweisung infrage kommt.

Die Vorbereitungsklassen an Grundschulen können mit Zustimmung der Schulaufsichtsbehörde auch für Schülerinnen und Schüler benachbarter Schulbezirke eingerichtet werden. In diesem Fall entscheidet die Schulaufsichtsbehörde nach Anhörung der Erziehungsberechtigten der betroffenen Schülerinnen und Schüler und nach Rücksprache mit den Schulleitungen über die Aufnahme in eine Vorbereitungsklasse.

4.2.2 Integration in eine Regelklasse

Der Zeitpunkt der Integration in eine Regelklasse wird von den unterrichtenden Lehrkräften mit Zustimmung der Schulleitung der aufnehmenden Schule flexibel und individuell im Rahmen der Regel- beziehungsweise Ausnahmefristen von einem Jahr beziehungsweise zwei Jahren festgelegt. Eine unterjährige Integration in eine Regelklasse ist dabei ausdrücklich in den Blick zu nehmen, wenn die Voraussetzungen hierfür gegeben sind. Leistungsstand, Leistungsvermögen und Motivation entscheiden über die Zuweisung in die jeweilige Klassenstufe und Schulart. Hierbei kann auch berücksichtigt werden, welche Schulart im Herkunftsland zuletzt besucht worden ist.

Entspricht die Zuweisung zu einer bestimmten Schulart nicht dem Willen der Erziehungsberechtigten, entscheidet die Schulleitung der gewünschten Schule auf der Grundlage einer Feststellungsprüfung über die Aufnahme.

Dem Wechsel von der Vorbereitungsklasse in die Regelklasse können, nach dem jeweiligen Umfang der sprachlichen Fortschritte, Probephasen von unterschiedlicher Dauer und in unterschiedlichen Fächern und Schularten beziehungsweise Bildungsgängen vorgeschaltet werden.

4.3

Vorbereitungskurse im Bereich der allgemeinbildenden Schulen

An den Grund-, Haupt- und Werkrealschulen, Realschulen, Gemeinschaftsschulen und Gymnasien kann für mindestens vier Kinder und Jugendliche mit nichtdeutscher Herkunftssprache und geringen Deutschkenntnissen ein zeitlich befristeter zusätzlicher Sprachförderunterricht (Vorbereitungskurs) mit bis zu acht Wochenstunden eingerichtet werden, wenn die Schülerinnen und Schüler noch größere Sprachschwierigkeiten beziehungsweise Verständnisschwierigkeiten in einzelnen Fächern haben, die auf die geringen Deutschkenntnisse zurückzuführen sind. Dieses Kursangebot dient vorrangig dem Erlernen der deutschen Sprache.

Verbunden damit wird auch gezielt sachbezogener Unterricht zum Erwerb eines Fachwortschatzes und von Basiskompetenzen erteilt.

4.4

Vorqualifizierungsjahr Arbeit / Beruf mit Schwerpunkt Erwerb von Deutschkenntnissen (VABO)

Berufsschulpflichtige und zum Besuch der Berufsschule berechtigte Jugendliche und junge Erwachsene mit nicht deutscher Herkunftssprache und geringen Deutschkenntnissen besuchen Klassen des Vorqualifizierungsjahrs Arbeit / Beruf mit Schwerpunkt Erwerb von Deutschkenntnissen (VABO) mit dem Ziel, ausreichende Deutschkenntnisse zu erwerben, um anschließend schnellstmöglich eine Ausbildung aufnehmen oder andere Schularten besuchen zu können. Schülerinnen und Schüler des VABO sollen stundenweise den Unterricht anderer Bildungsgänge besuchen oder weitere Angebote zur Integration nutzen. ⇨ Vorqualifizierungsjahr Arbeit und Beruf

Die Schulen können für VABO-Klassen Lehrerwochenstunden für erhöhten Organisations- und Koordinationsaufwand einsetzen im Rahmen der Vorgaben der Stundentafel.

4.5

Sprachförderkurse an beruflichen Schulen

Zur sprachlichen Förderung von Jugendlichen und jungen Erwachsenen mit nichtdeutscher Herkunftssprache und geringen Deutschkenntnissen in Klassen außerhalb des VABO entwickeln die beruflichen Schulen eigene Konzepte zur integrierten Sprachförderung, die auf die Prinzipien der individuellen Förderung ausgerichtet sind.

Hierauf aufbauend setzen sie im Rahmen der Stundentafeln oder von Förderkursen zusätzliche Sprachförderung um. Die Förderkurse sind gegebenenfalls klassen- und schulartübergreifend zu organisieren. Die Sprachförderung wird in enger Zusammenarbeit aller betroffenen Fachlehrkräfte gemeinsam entwickelt und umgesetzt. Für die Förderkurse gelten die vom Kultusministerium festgelegten Vorgaben für den Einsatz an Schüler- und Lehrerwochenstunden und Gruppengrößen.

Die Förderkurse unterstützen den notwendigen weiteren Spracherwerb der zugewanderten Jugendlichen und jungen Erwachsenen, die eine berufliche Regelklasse besuchen. Sie können in begründeten Einzelfällen auch für VABO-Schülerinnen und -Schüler mit besonderen Problemlagen wie beispielsweise Analphabetismus zeitlich befristet eingesetzt werden.

Zur sprachlichen Förderung von Jugendlichen und jungen Erwachsenen mit nichtdeutscher Herkunftssprache und geringen Deutschkenntnissen in Berufsschulklassen und Berufsfachschulklassen können außerdem gemäß dem Organisationserlass in der jeweils geltenden Fassung die vom Kultusministerium gesondert festgelegten Mindestschülerzahlen und Klassenteiler angewandt werden.

Hinweis der Redaktion: Für die Aufnahme und den Unterricht an beruflichen Schulen für Schüler*innen mit Migrationshintergrund, deren Muttersprache oder Herkunftssprache nicht Deutsch ist, sowie die Leistungsfeststellung und Leistungsbeurteilung in den ersten Jahren des Aufenthalts in Deutschland hat das KM am 19.12.2016 Schulversuchsbestimmungen erlassen. Sie ergänzen die Aufnahmebestimmungen in den jeweiligen Ausbildungs- und Prüfungsordnungen sowie die hier abgedruckte Verwaltungsvorschrift. Ihr Wortlaut ist bei den beruflichen Schulen einsehbar (K.u.U. S. 39/2017).

4.6

Sonstige Maßnahmen

Für eine eventuelle Feststellung des Anspruchs auf ein sonderpädagogisches Bildungsangebot gelten die allgemeinen Bestimmungen, insbesondere die Verordnung über sonderpädagogische Bildungsangebote […]. Dabei ist zu beachten, dass mangelnde Kenntnisse in der deutschen Sprache allein kein Kriterium für den Anspruch auf ein sonderpädagogisches Bildungsangebot sind. Bei den entsprechenden Überprüfungen kann auf Wunsch der Erziehungsberechtigten eine geeignete Lehrkraft oder eine andere geeignete Person der jeweiligen Herkunftssprache hinzugezogen werden; auf diese

Möglichkeit sollen die Erziehungsberechtigten durch die meldende Schule beziehungsweise bei Antrag der Erziehungsberechtigten vom Staatlichen Schulamt hingewiesen werden.

⇨ Sonderpädagogische Bildungsangebote (Inklusion)

Über Formen der sonderpädagogischen Förderung von Schülerinnen und Schülern mit nichtdeutscher Herkunftssprache und geringen Deutschkenntnissen an allgemeinen Schulen wird gemäß der Verwaltungsvorschrift „Kinder und Jugendliche mit besonderem Förderbedarf und Behinderungen“ […] entschieden. ⇨ Behinderungen (Förderbedarf)

5. Fremdsprachenregelung

An den Schulen sind die besondere Situation der mehrsprachig aufwachsenden Kinder und Jugendlichen und der noch zu unterstützende Sprachkompetenzerwerb zu würdigen. Für Kinder und Jugendliche mit nichtdeutscher Herkunftssprache und geringen Deutschkenntnissen, die erstmals im Seiteneinstieg in die Regelklasse einer Grundschule oder einer weiterführenden Schulart aufgenommen werden, gelten im Einzelnen die nachfolgenden Regelungen (unabhängig davon, ob zuvor eine Vorbereitungsklasse besucht worden ist oder nicht):

5.1 Grundschule

In den Klassenstufen 3 und 4 wird die besondere Situation der mehrsprachig aufwachsenden Kinder und der noch zu unterstützende Sprachkompetenzerwerb in Englisch beziehungsweise Französisch bei der Notengebung pädagogisch angemessen berücksichtigt. In pädagogisch begründeten Einzelfällen kann die Note ausgesetzt und durch eine verbale Beurteilung ersetzt werden.

5.2 Hauptschule, Werkrealschule, Realschule, Gemeinschaftsschule

Die Schülerinnen und Schüler sollen durch individuelle Förderung in der Pflichtfremdsprache auf einen Kenntnisstand gebracht werden, der es ihnen ermöglicht, am Unterricht der von ihnen besuchten Klasse teilzunehmen.

Bezüglich der Jahrgangsstufen der gymnasialen Oberstufe an der Gemeinschaftsschule wird auf die Regelung für das Gymnasium in Nummer 5.3 verwiesen.

5.3 Gymnasium

Bei Eintritt in die Klassen 7 bis 10 des Gymnasiums kann die Herkunftssprache eine der vorgeschriebenen Pflichtfremdsprachen ersetzen, wenn es aus organisatorischen und personellen Gründen möglich ist, den Kenntnisstand der Schülerinnen und Schüler in jedem Schuljahr schriftlich zu überprüfen. Das Ergebnis der Überprüfung ist als versetzungserhebliche Note in das Zeugnis aufzunehmen.

Die Schülerinnen und Schüler sind im Hinblick auf die Prüfungsvorbereitung in geeigneter Form über die Prüfungsanforderungen zu unterrichten.

In den Jahrgangsstufen der gymnasialen Oberstufe ist der Ersatz einer Fremdsprache durch die Herkunftssprache ausgeschlossen; dies gilt auch in der Abiturprüfung.

6. Zeugnisse und Leistungsbeurteilungen

6.1 Bei Besuch der Vorbereitungsklasse

Schülerinnen und Schüler, die eine Vorbereitungsklasse an einer allgemeinbildenden Schule besuchen, erhalten Halbjahresinformationen und Zeugnisse nach den für die jeweilige Klassenstufe und Schulart geltenden Vorgaben. Noten werden nur erteilt, sofern der Kenntnisstand der Schülerinnen und Schüler dies in Bezug auf die Bildungsziele beziehungsweise erreichten Kompetenzen zulässt. Eine verbale Beurteilung mit Ausführungen zu den erworbenen Kompetenzen unter anderem etwa im Sprechen, Schreiben, Lesen kann die Notengebung ergänzen oder ersetzen. ⇨ Notenbildungsverordnung

6.2 Bei erstmaligem Besuch der Regelklasse

Bei dem erstmaligen Besuch der Regelklasse einer allgemeinbildenden Schule nehmen die Schulen in der Leistungsbeurteilung auf die sprachlich bedingten Erschwernisse des Lernens bei Kindern und Jugendlichen mit nichtdeutscher Herkunftssprache und geringen Deutschkenntnissen Rücksicht.

Noten können durch eine Verbalbeurteilung ersetzt werden. Halbjahresinformationen und Zeugnissen kann eine Leistungsbeschreibung mit Hinweisen zur Lernentwicklung und einer Aussage (Verbalbeurteilung) über die mündliche und schriftliche Ausdrucks- und Verständigungsfähigkeit beigelegt werden. ⇨ Zeugnisse (Allgemeinbildende Schulen)

Nicht ausreichende Leistungen im Fach Deutsch und den Fremdsprachen können bei der ersten und zweiten Versetzungsentscheidung außer Betracht bleiben. Die jeweiligen schulartspezifischen Regelungen zur Versetzung in Ausnahmefällen bleiben unberührt.

6.3 Bei Besuch der Vorbereitungsklasse oder der Regelklasse einer Gemeinschaftsschule

Für die Gemeinschaftsschulen gelten die vorgenannten Ausführungen unter Berücksichtigung der Vorgaben der Verordnung des Kultusministeriums über die Sekundarstufe I und die gymnasiale Oberstufe der Gemeinschaftsschule […] entsprechend. Dies betrifft insbesondere die schriftliche Information über die Leistungen der Schülerinnen und Schüler zum Schulhalbjahr und am Ende des Schuljahres (Lernentwicklungsbericht).

⇨ Gemeinschaftsschule (Verordnung)

6.4 Bei Besuch einer beruflichen Schule

Für die beruflichen Schulen gelten die jeweiligen Ausbildungs- und Prüfungsordnungen. Zur Leistungsfeststellung und zur Leistungsbeurteilung sowie zur Verwendung von Wörterbüchern werden für die beruflichen Schulen gesonderte Bestimmungen erlassen.

7.
Zusammenarbeit mit den Erziehungsberechtigten

Maßgeblichen Anteil am Gelingen der schulischen Eingliederung von Kindern und Jugendlichen mit nichtdeutscher Herkunftssprache und geringen Deutschkenntnissen haben die Erziehungsberechtigten. – Der intensiven Zusammenarbeit zwischen Bildungseinrichtungen und Erziehungsberechtigten kommt daher eine hohe Bedeutung zu. Die Erziehungsberechtigten werden bereits von den Fachkräften der Tageseinrichtungen für Kinder und den Lehrkräften der Schulen im Rahmen der Kooperation dieser Tageseinrichtungen mit den Grundschulen über mögliche Bildungsgänge beraten (siehe VwV ⇨ Kooperation Kindertageseinrichtungen-Grundschulen […].

In den Schulen übernehmen Lehrkräfte und Schulleitungen die Aufgabe der Information und Beratung der Erziehungsberechtigten von Kindern und Jugendlichen mit nichtdeutscher Herkunftssprache und geringen Deutschkenntnissen.

8.
Muttersprachlicher Zusatzunterricht und Zertifizierungen durch die Generalkonsulate und Konsulate

Zur Förderung der Kinder und Jugendlichen in der nichtdeutschen Herkunftssprache kann das jeweilige Generalkonsulat beziehungsweise Konsulat Unterrichtskurse in eigener Verantwortung durchführen (Muttersprache, Geschichte, Landeskunde).

Hinweis der Redaktion: Im Infodienst Schulleitung 270/2017 (abrufbar im Internet) findet sich ein Link zu den im Intranet veröffentlichten Hinweisen des KM zur Zusammenarbeit zwischen den öffentlichen Schulen und dem muttersprachlichen Zusatzunterricht in Verantwortung der Generalkonsulate.

Diese Kurse werden im Rahmen des Möglichen von der Schulverwaltung organisatorisch unterstützt, unterliegen aber nicht deren Aufsicht.

Eine enge Zusammenarbeit der deutschen Schulbehörden und Schulen mit den Vertretungen und Lehrkräften der Herkunftsländer ist anzustreben.

Die Erziehungsberechtigten entscheiden in eigener Verantwortung über die Teilnahme ihrer Kinder an den freiwilligen Angeboten zur muttersprachlichen Bildung in der Herkunftssprache.

Die muttersprachlichen Unterrichtskurse umfassen in der Regel bis zu fünf Wochenstunden; die Teilnahme ist freiwillig. Vor ihrer Einrichtung sind die Kurse dem Kultusministerium mitzuteilen, möglichst in elektronischer Form. Die Schulträger werden gebeten, Schulräume für den muttersprachlichen Zusatzunterricht kostenlos zur Verfügung zu stellen. Die Schulen und die Generalkonsulate bzw. Konsulate stimmen sich im Rahmen des Möglichen mit dem Ziel ab, zeitliche Kollisionen von muttersprachlichem Unterricht und schulischen Angeboten zu vermeiden. Dies gilt auch im Hinblick auf die Ausgestaltung von Ganztagsangeboten. Vom Land können im Rahmen der verfügbaren Haushaltsmittel Zuschüsse für die muttersprachlichen Unterrichtskurse an die Generalkonsulate beziehungsweise Konsulate gewährt werden, sofern mindestens zwölf Schülerinnen und Schüler am Unterricht teilnehmen.

Soweit Schülerinnen und Schüler den von den Generalkonsulaten beziehungsweise Konsulaten veranstalteten muttersprachlichen Zusatzunterricht besuchen, wird im Zeugnis beziehungsweise Lernentwicklungsbericht unter „Bemerkungen" oder durch eine Anlage folgender Hinweis aufgenommen, sofern der Schule ein entsprechender Nachweis vorliegt: „Nach Mitteilung des ... Generalkonsulats beziehungsweise Konsulats in ... hat die Schülerin beziehungsweise der Schüler an dem vom Generalkonsulat beziehungsweise Konsulat veranstalteten muttersprachlichen Zusatzunterricht teilgenommen und dabei in den nachfolgenden Fächern die folgenden Noten beziehungsweise Punktzahlen erzielt: ...". Dieser Hinweis auf den Besuch des muttersprachlichen Zusatzunterrichts beziehungsweise auf die Benotung hat auf Wunsch der Erziehungsberechtigten beziehungsweise der volljährigen Schülerinnen und Schüler zu unterbleiben. Auf die Ausbringung der Fächer und Noten beziehungsweise Punktzahlen kann verzichtet werden. Stattdessen kann auch ein Zeugnis oder eine Bescheinigung des Generalkonsulats beziehungsweise Konsulats beigefügt werden.

Zertifizierungsangebote der Generalkonsulate beziehungsweise Konsulate, die das Sprachniveau ausweisen, werden von der Schulverwaltung im Rahmen des Möglichen organisatorisch unterstützt (zum Beispiel durch Beratung, Bereitstellung von Räumlichkeiten). Nehmen Schülerinnen und Schüler solche Zertifizierungsangebote der Generalkonsulate beziehungsweise Konsulate wahr, besteht die Möglichkeit, im Zeugnis beziehungsweise im Lernentwicklungsbericht unter „Bemerkungen" folgenden Hinweis aufzunehmen:

„Nach Mitteilung des ... Generalkonsulats beziehungsweise Konsulats in ... ist das Sprachniveau der Schülerin beziehungsweise des Schülers in deren beziehungsweise dessen Herkunftssprache ... gemäß beziehungsweise analog dem Gemeinsamen europäischen Referenzrahmen für Sprachen durch das Generalkonsulat beziehungsweise Konsulat geprüft und zertifiziert worden. Die Schülerin beziehungsweise der Schüler hat dabei folgende Punktzahl erzielt: ...".

Hinweis der Redaktion: Für Kinder und Jugendliche mit nichtdeutscher Herkunftssprache, die vor dem Ablauf des 31. Juli 2017 erstmals als Seiteneinsteiger in eine Grundschule oder weiterführende Schulart aufgenommen worden sind, gilt Nummer 3.3 der VwV „Grundsätze zum Unterricht für Kinder und Jugendliche mit Sprachförderbedarf an allgemeinbildenden und beruflichen Schulen" (abgedruckt unter „Sprachförderung" im Jahrbuch 2017) bis zu der Beendung der Grundschule oder dem Abschluss an der weiterführenden Schule weiter.

⇨ Einschulung und schulärztliche Untersuchung; ⇨ Migrationshintergrund (Integration); ⇨ Nachhilfe; ⇨ NotenbildungsVO; ⇨ Organisationserlass; ⇨ SchulbesuchsVO; ⇨ Schulgesetz § 72; ⇨ Schulpflicht (Ausländische Schüler*innen); ⇨ Schulpflicht (Berufliche Schulen); ⇨ Verfassung Art. 11; ⇨ Sprachförderung (Stundentafeln VKL)

Sprachförderung (Stundentafeln VKL)

Verordnung des Kultusministeriums zur Regelung der Stundentafeln für die Vorbereitungsklassen allgemeinbildender Schulen vom 21. Juni 2017 (K.u.U. S. 153/ 2017)

§ 1
Begriff der Vorbereitungsklasse

(1) Sprachförderung von Kindern und Jugendlichen mit nichtdeutscher Herkunftssprache und geringen Deutschkenntnissen kann an der Grundschule, der Werkrealschule, der Hauptschule, der Realschule, der Gemeinschaftsschule und dem Gymnasium in hierfür einzurichtenden Klassen stattfinden (Vorbereitungsklassen).

(2) Der Unterricht in der Vorbereitungsklasse hat für den anschließenden Besuch der Regelklasse vorbereitende Funktion. Der Schwerpunkt des Unterrichts liegt auf der Vermittlung von Kenntnissen in der deutschen Sprache. Daneben sollen insbesondere auch Inhalte mit Bezug zur freiheitlich-demokratischen Grundordnung nach dem Grundgesetz für die Bundesrepublik Deutschland vermittelt werden.

(3) Die Einzelheiten zu der Fördermaßnahme Vorbereitungsklasse hat das Kultusministerium in einer Verwaltungsvorschrift bestimmt; auf die entsprechenden Bestimmungen der Verwaltungsvorschrift ⇨ Sprachförderung (Integration) [...] wird verwiesen. ⇨ Migrationshintergrund

§ 2
Stundentafel

(1) Für die Vorbereitungsklassen der Grundschule und die Klassen 1 bis 4 der Gemeinschaftsschule gilt die Stundentafel nach Anlage 1.

(2) Für die Vorbereitungsklassen der Werkrealschule/Hauptschule, der Realschule sowie jeweils der Klassen 5 bis 10 der Gemeinschaftsschule und des Gymnasiums der Normalform im neunjährigen Bildungsgang beziehungsweise der Klassen 5 bis 9 des Gymnasiums der Normalform gilt die Stundentafel nach Anlage 2.

Anlage 1 (zu § 2 Absatz 1)

Kontingentstundentafel für die Vorbereitungsklassen der Grundschule und die Klassen 1 bis 4 der Gemeinschaftsschule

Bereiche	Anzahl Lehrerwochenstunden
Pflichtbereich	12
Deutsch	10
Demokratiebildung	2
Zusatzbereich[1]	6
Mathematik, Musik, Kunst/Werken, Bewegung, Spiel und Sport, Sachunterricht und Englisch oder Französisch[3]	
Summe:	18[2]

[1] Unterricht ist auch integrativ in Regelklassen möglich. Eine frühzeitige stundenweise Integration in Regelklassen ist anzustreben.

[2] Kontingent von 18 Lehrerwochenstunden pro Vorbereitungsklasse, davon 6 Lehrerwochenstunden für bedarfsgerechte Verteilung durch das Staatliche Schulamt für Vorbereitungsklassen oder Sprachfördergruppen. Die Unterrichtsverpflichtung der Schülerinnen und Schüler kann durch Integration in die Regelklasse über 18 Wochenstunden hinausgehen.

[3] Die Fachbezeichnungen orientieren sich am Bildungsplan 2016. Für Klassen, die nach dem Bildungsplan 2004 unterrichtet werden, sind die entsprechenden Bezeichnungen hieraus maßgeblich.

⇨ Migrationshintergrund; ⇨ Sprachförderung (Integration)

Anlage 2 (zu § 2 Absatz 2)

Kontingentstundentafel für die Vorbereitungsklassen der Werkrealschule, Hauptschule, der Realschule, sowie jeweils der Klassen 5 bis 10 der Gemeinschaftsschule und des Gymnasiums der Normalform im achtjährigen Bildungsgang

Bereiche	Anzahl Lehrerwochenstunden
Pflichtbereich	16
Deutsch	12
Demokratiebildung	4
Zusatzbereich[1]	9[2]
Mathematik, Naturwissenschaftliches Fächerfeld, Gesellschaftswissenschaftliches Fächerfeld, Musik, Bildende Kunst, Sport, Fremdsprachen, Wahlpflichtfach und Profilfach[4]	
Summe:	25[3]

[1] Unterricht ist auch integrativ in Regelklassen möglich. Eine frühzeitige stundenweise Integration in Regelklassen ist anzustreben.

[2] Zuweisung durch das Staatliche Schulamt beziehungsweise Regierungspräsidium im Rahmen der insgesamt für Vorbereitungsklassen zur Verfügung stehenden Ressourcen.

[3] Kontingent von 25 Lehrerwochenstunden pro Vorbereitungsklasse, davon 9 Lehrerwochenstunden für bedarfsgerechte Verteilung durch das Staatliche Schulamt beziehungsweise Regierungspräsidium für Vorbereitungsklassen oder Sprachfördergruppen. Die Unterrichtsverpflichtung der Schülerinnen und Schüler kann durch Integration in die Regelklassen über 18 Wochenstunden hinausgehen.

[4] Die Fachbezeichnungen orientieren sich am Bildungsplan 2016. Für Klassen, die nach dem Bildungsplan 2004 bzw. 2012 unterrichtet werden, sind die entsprechenden Bezeichnungen hieraus maßgeblich.

Statistik (Schulen)

Informationen der Redaktion zur Rechtslage und zur Verwaltungspraxis in Baden-Württemberg

Das ⇨ Schulgesetz § 115 ermächtigt den Staat zur Erhebung und Verarbeitung schulstatistischer Daten (und damit zum Eingriff in die Rechte der Erzie- hungsberechtigten bzw. der Schüler*innen). Die Einzelheiten sind in der Verordnung über statistische Erhebungen und schulübergreifende Verwaltungszwecke an Schulen geregelt (Loseblattsammlung Nr. 9530).

Jährlich legt das Statistische Landesamt einen umfassenden Überblick über das Bildungswesen in einer CD-ROM vor. Preis 51 Euro. Bezug beim Statististischen Landesamt, Postfach 10 60 33, 70049 Stuttgart, E-Mail: vertrieb@stala.bwl.de. Die aktuelle Ausgabe »Das Bildungswesen 2020« basiert auf den Daten des Schuljahres 2018/19. Darüber hinaus sind viele – auch aktuellere – bildungsstatistische Daten kostenfrei im Internet verfügbar: www. statistik-bw.de.

Wir geben unten den „Gesamtüberblick" des Statistischen Landesamts über die allgemeinbildenden Schulen im Schuljahr 2019/20 wieder. Die Ergebnisse für 2020/21 waren bei Drucklegung dieses Jahrbuchs noch nicht veröffentlicht.

⇨ Datenschutz (Schulen); ⇨ Migrationshintergrund; ⇨ Schulgesetz § 115; ⇨ Schulaufsicht und Schulverwaltung

Gesamtüberblick über Baden-Württemberg im Schuljahr 2019/20 nach Schularten

Schulart ö = öffentlich p = privat		Schulen[1]	Klassen	Schüler/-innen					Schüler/-innen je Klasse[3]
				insgesamt	Veränderung in %[2]	weiblich	mit Migrationshintergrund insgesamt	darunter ausländisch	
Grundschulen	ö	2 331	18 681	369 990	+ *0,4*	181 392	114 055	53 798	19,8
	p	107	553	11 398	+ *2,9*	5 607	1 661	765	20,6
darunter									
Grundschulen im Verbund mit	ö	224	2 373	48 420	– *1,2*	23 826	15 876	7 409	20,4
einer Gemeinschaftsschule	p	9	57	1 313	+ *0,9*	640	113	82	23,0
Werkreal-/Hauptschulen	ö	345	2 322	45 040	– *15,1*	19 156	23 295	15 315	19,4
	p	36	196	3 449	– *1,6*	1 590	487	341	17,6
SBBZ[4]	ö	399	3 903	35 417	+ *3,2*	13 397	15 290	8 672	8,7
	p	162	2 136	16 474	+ *1,5*	4 619	3 982	1 979	7,2
darunter									
Förderschwerpunkt Lernen	ö	242	1 578	17 117	+ *4,2*	6 823	8 050	5 086	10,8
	p	11	34	326	– *1,8*	134	45	18	9,6
Realschulen	ö	412	7 891	196 558	– *0,9*	93 635	56 015	20 886	24,9
	p	75	688	16 414	+ *2,8*	9 468	1 275	653	23,9
Gymnasien	ö	377	8 124	258 772	– *1,2*	134 208	40 384	14 912	25,4
	p	80	1 149	35 411	+ *0,1*	20 951	3 416	1 734	23,8
Gemeinschaftsschule –	ö	305	3 848	80 203	+ *8,0*	36 452	28 484	16 584	20,8
Sekundarstufe I	p	15	92	1 932	+ *23,8*	895	158	140	21,0
Gemeinschaftsschule –	ö	3	6	224	+ *166,7*	115	33	6	23,2
Sekundarstufe II	p	1	1	27	+ *58,8*	11	6	5	13,0
Schulen besonderer Art	ö	3	149	4 005	– *2,6*	1 994	1 455	513	24,8
Freie Waldorfschulen	p	57	1 089	23 122	+ *0,1*	12 049	1 996	743	21,2
Allgemeinbildende Schulen	ö	3 547	44 924	990 209	– *0,4*	480 349	279 011	130 686	20,8
zusammen[1]	p	412	5 904	108 227	+ *1,3*	55 190	12 981	6 360	16,8
Abendrealschulen	p	26	61	870	– *12,8*	349	442	259	14,3
Abendgymnasien[5]	p	22	57	1 694	– *7,8*	829	770	453	16,0
Kollegs	ö	1	1	44	+ *51,7*	20	7	4	22,0
	p	4	5	244	+ *6,6*	122	45	19	21,6
Allgemeinbildende Schulen	**ö**	**3 548**	**44 925**	**990 253**	**–** ***0,4***	**480 369**	**279 018**	**130 690**	**20,8**
insgesamt[1]	**p**	**462**	**6 027**	**111 035**	**+** ***1,0***	**56 490**	**14 238**	**7 091**	**16,8**
Insgesamt		**4 010**	**50 952**	**1 101 288**	**–** ***0,3***	**536 859**	**293 256**	**137 781**	**20,4**

1) Organisatorische Einheiten, die mehrere Schularten führen, werden bei jeder Schulart gezählt, jedoch bei "Allgemeinbildende Schulen" insgesamt nur einfach. – 2) Veränderung gegenüber dem Vorjahr. – 3) Ohne Berücksichtigung von Schülerinnen und Schülern und Klassen in den Jahrgangstufen 1 und 2 (Kursphase) der Gymnasien, Gemeinschaftsschulen Sekundarstufe II, Schulen besonderer Art, Abendgymnasien und Kollegs, sowie den Schulen für Kranke in längerer Krankenhausbehandlung. – 4) Sonderpädagogische Bildungs- und Beratungszentren (Bis 2014/15 Sonderschulen). – 5) Einschließlich 321 Schülerinnen und Schüler der Vorkurse in Abendgymnasien.

Seit dem Schuljahr 2018/19 gibt es die Schulartunabhängige Orientierungsstufe nicht mehr.

(Quelle: Statistisches Landesamt Baden-Württemberg, 4.2.2021, Artikel-Nr. 3231 19001)

Stellenwirksame Änderungsanträge

Frühzeitige Bekanntgabe von stellenwirksamen Änderungswünschen der Lehrerinnen und Lehrer für Sommer 2021, Bekanntmachung des KM vom 15. September 2021 (K.u.U. S. 159/2021)

I.

Für die Personalplanung und für die Einstellungsentscheidungen im Jahr 2022, insbesondere im Zusammenhang mit Stellenausschreibungen, ist es wiederum erforderlich, dass die Kultusverwaltung möglichst frühzeitig vor dem Einstellungstermin die Zahl der zur Besetzung frei werdenden Stellen kennt.

Aus diesem Grund werden alle Lehrkräfte gebeten, personelle Veränderungswünsche, soweit diese stellenwirksam werden können, möglichst frühzeitig anzuzeigen. Für das kommende Schuljahr müssen entsprechende Anträge

bis spätestens **10. Januar 2022** den Schulleitungen

bis spätestens **14. Januar 2022**

- bei Grund-, Haupt-, Werkreal-, Real- und Gemeinschaftsschulen sowie den Sonderpädagogischen Bildungs- und Beratungszentren den Staatlichen Schulämtern
- bei den Gymnasien und beruflichen Schulen den Regierungspräsidien

vorliegen. Sofern Schulen die Weihnachtsferien durch bewegliche Ferientage verlängert haben, verlängert sich der Abgabetermin für die Lehrkräfte bis zum jeweiligen ersten Unterrichtstag nach den Ferien. Die weiteren Termine gelten unverändert.

Die Staatlichen Schulämter müssen Anträge aus Schulen in ihrer Zuständigkeit bearbeiten und bis spätestens **21. Januar 2022** dem Regierungspräsidium zuleiten.

Für die Abwicklung der Versetzungsanträge sowie der Anträge auf Beurlaubung, Teilzeitbeschäftigung, Elternzeit, Pflegezeit sowie Ruhestand bzw. Beendigung des Dienstverhältnisses stehen Online-Verfahren zur Verfügung.

Die entsprechenden Anträge sind daher online über die Internetseiten www.lehrer-online-bw.de/liv, beziehungsweise www.lehrer-online-bw.de/stewi zu stellen. Der Belegausdruck der Online-Antragsstellung ist unterschrieben bis zu dem genannten Termin bei der Schulleitung abzugeben.

Die Vorlagetermine gelten insbesondere für

- Anträge auf vorzeitige Zurruhesetzung und auf Hinausschiebung der Altersgrenze.

  Durch das Dienstrechtsreformgesetz werden die Altersgrenzen schrittweise angehoben. Vor der Antragstellung sollten sich die Lehrkräfte deshalb orientieren, inwieweit sie von dieser Anhebung betroffen sind und welche Veränderungen sich dadurch für den Versorgungsabschlag ergeben (Artikel 62, § 3 DRG, § 100 LBeamtVG).

  ⇨ Ruhestand (Beamtenrecht)

  Für Lehrkräfte im Arbeitnehmerverhältnis besteht bei Vorliegen eines dringenden dienstlichen Bedürfnisses die Möglichkeit, über die Regelaltersgrenze hinaus weiterbeschäftigt zu werden. Unter bestimmten Voraussetzungen können Lehrkräfte im Arbeitnehmerverhältnis vor Erreichen der Regelaltersgrenze eine Rente (in der Regel mit Abschlägen) beziehen. Vor der Antragstellung empfiehlt es sich, sich beim zuständigen Rentenversicherungsträger zu informieren.

  ⇨ Renten und Ruhestand

  Hinweis der Redaktion: Für Lehrkräfte im Arbeitnehmerverhältnis gibt es bei den GEW-Geschäftsstellen ein Informationsblatt: „Erna geht in Rente".

- Anträge auf Versetzungen (www.lehrer-online-bw.de/liv),einschließlich Lehreraustauschverfahren (www.lehrer-online-bw.de/ltv) zwischen den Bundesländern zum Schuljahresbeginn. Ausgenommen sind Versetzungen im Rahmen des schulbezogenen Stellenausschreibungsverfahrens.

  Es wird darauf hingewiesen, dass eine Versetzung auch aufgrund einer erfolgreichen Bewerbung im Rahmen des schulbezogenen Stellenausschreibungsverfahrens erfolgen kann. Voraussetzung für eine Einbeziehung in das jeweilige Auswahlverfahren ist eine Freigabe durch die zuständige Schulaufsichtsbehörde. Die Ausschreibungen werden auf der Internetseite www.lehrer-online-bw.de präsentiert. Lehrkräfte, die eine Versetzung über das schulbezogene Stellenausschreibungsverfahren erreichen wollen, werden gebeten, diesen Versetzungswunsch, soweit möglich, schon über eine Antragsstellung im landesinternen Versetzungsverfahren zum Ausdruck zu bringen. Dies erleichtert die Personalplanung. Bei Ausschreibungen für die Einstellung zum Halbjahreseinstellungstermin im Februar (derzeit ausgesetzt) und im Rahmen des Nachrückverfahrens im Juli können keine Versetzungsbewerberinnen und -bewerber berücksichtigt werden.

- Anträge auf Entfristung von langjährig im öffentlichen Schuldienst bewährten Personen ohne anerkannte Lehrbefähigung bei dauerhaftem Bedarf (www.lehrer-online-bw.de/Entfristung).
- Beurlaubungsgesuche von längerer Dauer (z.B. Beurlaubungen aus familiären und anderen Gründen, Aufbaustudien, persönliche Gründe, Auslandsschuldienst, Privatschuldienst, Entwicklungshilfe usw.)
- Anträge auf Verlängerung ablaufender Beurlaubungen bzw. auf vorzeitige Beendigung von Beurlaubungen
- Anträge auf Teilzeitbeschäftigung aus familiären und sonstigen Gründen sowie Freistellungsjahr („Sabbatjahr") einschließlich der Anträge auf unterhälftige Teilzeitbeschäftigung aus familiären Gründen
- Anträge auf Verlängerungen, Änderungen und vorzeitige Beendigung von Teilzeitbeschäftigungen
- Entlassungsgesuche, Kündigungen (Entlassungsfristen und Kündigungsfristen nach § 34 TV-L bleiben davon unberührt)
- Anträge von schwerbehinderten Lehrkräften auf Inanspruchnahme von Altersteilzeit im Teilzeitmodell, sofern der Beginn auf den ersten Unterrichtstag nach den Sommerferien festgelegt werden soll. Bei der Altersteilzeit im Blockmodell sind die Termine nicht einzuhalten, sofern

Forsetzung übernächste Seite

Stellenwirksame Änderungsanträge („Stewi“)

Diese Übersichtstabelle der Redaktion stellt dar, welche „stellenwirksamen Änderungsanträge“ online auf der Internetseite www.stewi.lobw.de zu stellen sind. Alle anderen Anträge sind formlos zu stellen.

1. Menüpunkte (Beamt*innen) in www.lehrer-online-bw.de/stewi

<table>
<tr><th>Urlaub</th><th>Elternzeit</th><th>Teilzeit</th><th>Pflegezeit</th><th>Ruhestand</th><th>Rückkehr in Vollzeit</th></tr>
<tr><td rowspan="3">Urlaub aus familiären Gründen § 72 Abs. 1 LBG</td><td rowspan="3">Elternzeit § 76 LBG</td><td>Teilzeit aus familiären Gründen § 69 Abs. 1 LBG</td><td rowspan="3">Pflegezeit bis zur Dauer von sechs Monaten § 74 Abs. 2 LBG</td><td rowspan="2">Versetzung in den Ruhestand ohne Nachweis der Dienstunfähigkeit (Antragsruhestand) § 40 LBG</td><td rowspan="8">Vorzeitige Rückkehr aus Teilzeit, Elternzeit, Pflegezeit oder Urlaub mit vollem Deputat</td></tr>
<tr><td>Teilzeit während der Elternzeit § 69 Abs. 3 LBG</td></tr>
<tr><td>Unterhälftige Teilzeit außerhalb der Elternzeit § 69 Abs. 2 LBG</td><td rowspan="2">Hinausschiebung der Altersgrenze gem. § 39 LBG i.V.m § 3 Abs. 1 Artikel 62 DRRG</td></tr>
<tr><td rowspan="2">Urlaub aus anderen Gründen § 72 Abs. 2 LBG</td><td rowspan="5">Vorzeitige Beendigung der Elternzeit bei Schwangerschaft zur Inanspruchnahme von Mutterschutz</td><td>Teilzeit aus sonstigen Gründen § 69 Abs. 4 LBG</td><td rowspan="5">Teilzeitbeschäftigung während der Pflegezeit § 74 Abs. 2 Satz 2 LBG</td></tr>
<tr><td>Altersteilzeit § 70 LBG (Teilzeitmodell)</td><td rowspan="2">Versetzung in den Ruhestand wegen Dienstunfähigkeit § 43 LBG</td></tr>
<tr><td rowspan="3">Urlaub aus sonstigen Gründen § 31 AzUVO</td><td>Altersteilzeit § 70 LBG (Blockmodell)</td></tr>
<tr><td>Unterhälftige Teilzeit während der Pflegezeit § 74 Abs. 2 Satz 2 LBG</td><td rowspan="2">Eintritt in den Ruhestand kraft Gesetzes (kein Antrag nötig)</td></tr>
<tr><td>Freiwillige Vorgriffstunde gem. § 3 Lehrkräfte-Arbeitszeitverordnung</td></tr>
</table>

2. Menüpunkte (Tarifbeschäftigte) in www.lehrer-online-bw.de/stewi

<table>
<tr><th>Urlaub</th><th>Elternzeit</th><th>Teilzeit / Freistellungsjahr / Altersteilzeit</th><th>Pflegezeit</th><th>Beendigung des Beschäftigungsverhältnisses</th><th>Rückkehr in Vollzeit</th></tr>
<tr><td rowspan="2">Sonderurlaub § 28 TV-L</td><td rowspan="2">Elternzeit gemäß Elternzeitgesetz</td><td>Teilzeitbeschäftigung aus familiären Gründen § 11 Abs. 1 TV-L</td><td rowspan="2">Pflegezeit bis zur Dauer von sechs Monaten</td><td rowspan="2">Beendigung / Ruhen des Arbeitsverhältnisses wegen Erwerbsminderungsrente gemäß § 33 TV-L</td><td rowspan="3">Rückkehr in die Vollbeschäftigung</td></tr>
<tr><td>Teilzeitbeschäftigung aus sonstigen Gründen § 11 Abs. 2 TV-L</td></tr>
<tr><td rowspan="6"></td><td rowspan="5">Vorzeitige Beendigung der Elternzeit bei Schwangerschaft zur Inanspruchnahme von Mutterschutz § 16 Abs. 3 BEEG</td><td>Teilzeitbeschäftigung während der Elternzeit § 15 BEEG</td><td rowspan="4">Unterhälftige Teilzeitbeschäftigung während der Pflegezeit §§ 3, 4 Pflegezeitgesetz</td><td>Beendigung des Beschäftigungsverhältnisses durch Kündigung gem. § 34 TV-L</td></tr>
<tr><td>Freistellungsjahr analog § 69 Abs. 5-8 LBG</td><td rowspan="2">Beendigung des Beschäftigungsverhältnisses mit Auflösungsvertrag gemäß § 33 Abs. 1 b TV-L</td><td rowspan="5"></td></tr>
<tr><td>Inanspruchnahme des Freistellungsjahrs bei bereits geleisteter Ansparphase</td></tr>
<tr><td>Altersteilzeit für schwerbehinderte Tarifbeschäftigte (Teilzeitmodell)</td><td rowspan="3">Ende des Beschäftigungsverhältnisses per Tarifvertrag zum 1.2. oder 1.8 nach Erreichen der gesetzlichen Altersgrenze (kein Antrag nötig)</td></tr>
<tr><td>Altersteilzeit für schwerbehinderte Tarifbeschäftigte (Blockmodell)</td><td rowspan="2"></td></tr>
<tr><td></td><td>Freiwillige Vorgriffstunde gemäß § 3 Lehrkräfte-ArbeitszeitVO</td></tr>
</table>

Forsetzung der Bekanntmachung des KM

sind die Termine nicht einzuhalten, sofern sich durch den Antritt der Altersteilzeit der Beschäftigungsumfang um nicht mehr als drei Deputatsstunden verändert.

Ausnahmen von diesen Terminen können nur bei Anträgen auf Teilzeitbeschäftigung und Beurlaubung aus familiären Gründen gemacht werden, **wenn die dafür maßgeblichen Umstände nicht vorhersehbar waren**. Lehrkräfte, die erst nach dem Vorlagetermin einen Bescheid des Landratsamtes mit Anerkennung der Schwerbehinderteneigenschaft erhalten und sich dann für die Altersteilzeit oder für einen Antrag auf Versetzung in den Ruhestand ohne Nachweis der Dienstunfähigkeit entscheiden, gelten ebenfalls als Ausnahme, sofern sie die jeweiligen Voraussetzungen erfüllen.

Ansonsten werden Ausnahmen grundsätzlich nur bei dienstlichen Gründen zugelassen.

Hinweis der Redaktion: Auch zur Kompensation von Ausfällen beantragte Teilzeiterhöhungen werden nach dem Ausschlusstermin bewilligt. ➪ Mehrarbeit IV.

II.

Die Schulleiterinnen und Schulleiter werden gebeten, die Lehrkräfte in geeigneter Weise, z.B. im Rahmen einer Gesmtlehrerkonferenz auf diese Bekanntmachung und die Online-Antragsstellung hinzuweisen. Lehrkräften, die privat keinen PC mit Internetanschluss haben, ist die Antragsstellung an einem PC der Schule zu ermöglichen, da die Schulbehörden grundsätzlich keine Papieranträge mehr bearbeiten. Über weitere Einzelheiten geben die Regierungspräsidien Auskunft.

Hinweise der Redaktion:

1. Das KM hat zu den im Wesentlichen textgleichen Vorgänger-Bekanntmachungen ergänzend mehrfach mitgeteilt:

   „Die schulischen Hauptpersonalräte hatten der Terminverlegung auf den ersten Unterrichtstag nach den Weihnachtsferien [...] zugestimmt. Sie hatten jedoch gebeten, darauf hinzuweisen, dass der vorgezogene Termin nicht als Ausschlusstermin gesehen werden sollte. Auch in Fällen, in denen sich die Situation der Lehrkraft nach dem Termin noch ändert, sollte flexibel und pragmatisch reagiert werden. Ebenso hatten die Personalvertretungen gebeten, dafür Sorge zu tragen, dass die Schulen den Abgabetermin nicht intern auf die Zeit vor den Weihnachtsferien vorziehen. [...]“
2. Die Schulleitung bzw. das Schulamt dürfen Anträge nicht eigenmächtig wegen Fristüberschreitung abweisen, sondern müssen sie trotzdem dem Regierungspräsidium vorlegen. Wir empfehlen bei verspätet vorgelegten Anträgen grundsätzlich, den jeweils zuständigen Bezirkspersonalrat um Unterstützung zu bitten (Anschriften im Adressenteil).
3. Da das Sabbatjahr (zunächst) nicht *„stellenwirksam“* ist (es führt erst im *„Jahr der vollen Freistellung“* zu einer Verminderung des Unterrichtsvolumens), bewilligen die Regierungspräsidien erfahrungsgemäß auch Anträge, die nach dem Stichtag eingereicht wurden, wenn die Verspätung plausibel begründet wird und mit dem Sabbatjahr keine Deputatsänderung verbunden ist.
4. Das KM weist darauf hin, dass Anträge auf Beurlaubung aus anderen bzw. aus sonstigen Gründen sowie Teilzeitanträge auf Absenkung des Beschäftigungsumfangs aus sonstigen Gründen in den vom Lehrkräftemangel betroffenen Lehrämtern und Regionen im Einzelfall sehr sorgfältig zu prüfen sind und - sofern mit Blick auf die Unterrichtsversorgung dienstliche Gründe entgegenstehen - abgelehnt werden sollen. (Quelle: KM, 29.9.2020; AZ: LUB-6740.0/860)

➪ Beamtengesetz (LBG) §§ 24-25; ➪ Ländertausch (Lehrkräfte); ➪ Personalvertretungsgesetz (LPVG) § 75 Abs. 3 Nr. 6; ➪ Ruhestand (Beamtenrecht); ➪ Teilzeit / Urlaub (Beamtenrecht – VwV) Nr. VII.; ➪ Teilzeit (Freistellungsjahr); ➪ Tarifvertrag-Länder (TV-L) § 4; ➪ Urlaub (Verordnung); ➪ Versetzungen und Abordnungen

Stundenpläne, Pausen und Unterrichtsbeginn

Informationen der Redaktion zur Rechtslage und zur Verwaltungspraxis in Baden-Württemberg

Vorgaben des Kultusministeriums

Für die Dauer oder den Beginn der täglichen Unterrichtszeit, für die Aufstellung der Stundenpläne sowie die Lage und Dauer der Pausen gibt es nur wenige zentrale Vorschriften. Das Kultusministerium hat lediglich für den Grundschulbereich, die Mittelstufe des Gymnasiums sowie für Ganztagsschulen hierzu Vorgaben erlassen.

➪ Grundschule (Verlässliche Grundschule); ➪ Grundschule (GanztagsgrundschulVO); ➪ Ganztagsschulen; ➪ Gymnasien (Stundentafeln) § 2 Abs. 3

Ferner hat das KM bestimmt, dass am letzten Unterrichtstag vor den Sommerferien der Unterricht nach der vierten Unterrichtsstunde endet und dass am letzten Unterrichtstag vor den Weihnachtsferien der Unterricht nach der vierten Unterrichtsstunde schließen darf. ➪ Ferienverordnung § 2 Abs. 5

Im ➪ Organisationserlass hat das KM außerdem unter Ziff. 1.2 verfügt: *„Die Schulleitung trägt die Verantwortung für den Beginn des Pflichtunterrichts zum 1. Schultag des neuen Schuljahres nach Stundenplan.“*.

Stichwort: Vor Teilzeit und Urlaub beraten lassen

Wer sich beurlauben lassen will oder eine Teilzeitbeschäftigung in Erwägung zieht, sollte sich nicht ungeprüft in einen neuen Lebensabschnitt stürzen, denn oft gibt es verschiedene Varianten. Bisweilen geht es dabei um recht viel Geld. GEW-Mitglieder sollten deshalb die Erfahrung und Kompetenz unserer Bezirksgeschäftsstellen nutzen und sich beraten lassen. Die GEW rechnet beispielsweise die Auswirkungen auf die späteren Versorgungsbezüge aus und gibt Tipps für die Antragstellung.

Die Anschriften der Bezirksgeschäftsstellen stehen im Adressenteil des Jahrbuchs.

Zuständigkeiten an der Schule

Im Rahmen dieser Vorgaben entscheidet die Schule über die Terminregelungen selbst. Obwohl durch die Lehrauftragsverteilung und die Schüler-Stundenpläne zugleich auch die Arbeitszeit der Lehrkräfte bestimmt wird, handelt es sich hierbei im Wesentlichen um pädagogische Angelegenheiten, die sich primär an den Interessen der Schülerschaft orientieren müssen; deshalb besitzt beispielsweise der Personalrat bei der Aufstellung der Lehrer-Stundenpläne kein Mitwirkungsrecht.

⇨ Personalvertretungsgesetz (LPVG) § 81 Abs. 1 Nr. 7

Verantwortlich für die Verteilung der Lehraufträge sowie für die Aufstellung der Stunden- und Aufsichtspläne ist die Schulleitung. Die Gesamtlehrerkonferenz besitzt hierzu ein allgemeines Empfehlungsrecht.

⇨ Konferenzen (Allgemeines); ⇨ Konferenzordnung § 2 Abs. 1 Nr. 9; ⇨ Schulgesetz § 41 Abs. 1

Solche Konferenzempfehlungen sind für die Schulleitung nicht verbindlich, müssen aber von dieser bei der Entscheidungsfindung im Rahmen ihres dienstlichen ⇨ Ermessens berücksichtigt werden.

Ferner muss die Schulleitung die Bestimmungen des ⇨ Chancengleichheitsgesetzes (§ 28 ff.) über die familiengerechte Arbeitszeit sowie die Vorgaben in den Chancengleichheitsplänen berücksichtigen; siehe hierzu ⇨ Teilzeit (Pflichten und Rechte)).

Die Entscheidungen über die Lehraufträge und Stundenpläne berühren immer auch die pädagogische Gesamtstruktur der Schule und können deshalb nicht nur direktorial verordnet werden, sondern müssen vom Lehrerkollegium sowie den anderen schulischen Gremien gemeinsam gewollt und getragen werden. An den Ganztags- und den Gemeinschaftsschulen hat dies unter den Stichworten „*Rhythmisierung*" und „*Schulkonzept*" bereits einen Niederschlag in ministeriellen Vorschriften gefunden.

So ist beispielsweise in der ⇨ Grundschule (GanztagsgrundschulVO) § 2 Abs.1 vorgeschrieben, dass das „*pädagogische Konzept*" mit der „*rhythmisierten Tages- und Unterrichtsgestaltung*" gemäß § 45 Absatz 2 SchG von der Gesamtlehrerkonferenz nach Anhörung der Schulkonferenz gemäß § 47 Abs. 1 und 4 Nr. 1a SchG beschlossen wird.

Über die Verteilung des Unterrichts auf fünf oder sechs Wochentage, den (täglichen) Unterrichtsbeginn und den Tag der Einschulung in die Grundschule entscheidet die Schulkonferenz. Die Gesamtlehrerkonferenz kann der Schulkonferenz hierzu Anregungen und Empfehlungen geben.

⇨ Konferenzordnung § 2 Abs. 2; ⇨ Schulgesetz § 47 Abs. 3 Nr. 2; ⇨ Unterrichtsfreier Samstag

⇨ Aufsichtspflicht; ⇨ Ermessen; ⇨ Ferienverordnung; ⇨ Grundschule (GanztagsgrundschulVO) § 2 Abs. 1; ⇨ Ganztagsschulen; ⇨ Grundschule (Verlässliche Grundschule); ⇨ Gymnasien (Stundentafeln) § 2 Abs. 3; ⇨ Konferenzordnung; ⇨ Organisationserlass; ⇨ Schulgesetz §§ 41 und 47; ⇨ Schulkonferenzordnung; ⇨ Teilzeit (Pflichten und Rechte); ⇨ Unterrichtsfreier Samstag

Stundentafeln (Allgemeines)

Informationen der Redaktion zur Rechtslage und zur Verwaltungspraxis in Baden-Württemberg

Grundlage für Unterricht und Erziehung an den öffentlichen Schulen des Landes bilden neben den Bildungs- und Lehrplänen die vom Kultusministerium erlassenen Stundentafeln, in denen der Umfang des Unterrichtsangebotes einer Schulart oder einer Niveaustufe in „Wochenstunden" mit einer Dauer von je 45 Minuten festgelegt wird. Von dieser Normal-Dauer kann die einzelne Schule nach Maßgabe der ⇨ Stundentafel-Öffnungsverordnung oder der ⇨ Arbeitszeit (Lehrkräfte-Arbeitszeit-VO) abweichen.

⇨ Bildungspläne; ⇨ Schulgesetz § 35 Abs. 4

Im Bereich der allgemeinbildenden Schulen erlässt das Kultusministerium sogenannte „Kontingentstundentafeln", in denen es die Stundenanteile der verschiedenen Schulfächer summarisch für die Schulart festlegt. Über die Aufteilung dieser Stundenkontingente auf die einzelnen Klassenstufen der Schule („*schulinterne Stundentafel*") entscheidet die Gesamtlehrerkonferenz nach Anhörung des Elternbeirats und nach Zustimmung der Schulkonferenz.

⇨ KonfVO § 2 Abs. 1 Nr. 1a; ⇨ Schulgesetz § 47 Abs. 5 Nr. 6

Diese Grundsatzentscheidung betrifft auch die Verteilung der flexibel einsetzbaren „Poolstunden", für Differenzierungsmaßnahmen usw. auf die Klassenstufen. Die „situationsbezogene Zuweisung" im einzelnen Schuljahr obliegt dann der Schulleitung und muss nicht jährlich von den Gremien neu entschieden werden. Die Schulleitung sollte jedoch den betroffenen Klassenkonferenzen die Möglichkeit geben, ihre Vorstellungen einzubringen.

(Quelle: KM 22.3.2016, AZ: 36-6511.-15/99)

Der Elternbeirat besitzt zur Festlegung der schuleigenen Stundentafel im Rahmen der Kontingentstundentafel ein Beratungsrecht.

⇨ Schulgesetz § 57 Abs. 4 Nr. 8

Die Stundentafel wird auch in der Klassenpflegschaft erörtert. ⇨ Schulgesetz § 56 Abs. 1 Nr. 2

Die Stundentafeln sind in diesem Buch bei den Bestimmungen für die jeweilige Schulart abgedruckt; also beispielsweise die Stundentafel für die Grundschule unter ⇨ Grundschule (Stundentafel).

⇨ Bildungspläne; ⇨ Grundschule (Stundentafel); ⇨ Konferenzordnung § 2 Abs. 1 Nr. 1a; ⇨ Schulgesetz; ⇨ Stundentafel-Öffnungsverordnung

Stundentafel-Öffnungsverordnung

VO des KM über Öffnungsklauseln zu den Stundentafeln der allgemeinbildenden Schulen und beruflichen Schulen (Stundentafel-Öffnungsverordnung) vom 27.6.1998 (K.u.U. S. 143/1998); zul. geändert 18.6.2020 (GBl. S. 577/2020)

§ 1
Öffnungsklauseln

(1) Der in den Stundentafeln der allgemeinbildenden und beruflichen Schulen vorgesehene Unterrichtsumfang in den einzelnen Fächern kann bei der Stundenplanung nach den folgenden Maßgaben über- oder unterschritten werden:

1. *Epochenunterricht.* Die Fächer können innerhalb des Schuljahres im Epochenunterricht erteilt werden. Hierzu werden Unterrichtsstunden zur Bildung von Unterrichtsschwerpunkten innerhalb des Schuljahres zusammengezogen. Im Schuljahr insgesamt ist in etwa dem Zeitanteil der Stundentafel entsprechend zu unterrichten.
2. *Schuljahrübergreifende Verlegung.* Nach der Stundentafel vorgesehene Unterrichtsstunden können in einzelnen Fächern um ein Jahr vorgezogen oder um ein Jahr verschoben werden.
3. *Fächerübergreifende Verlegung.* Die Zahl der nach der Stundentafel vorgesehenen Unterrichtsstunden in einem Fach kann erhöht werden, wenn sie in einem anderen Fach entsprechend vermindert wird.
4. *Klassenübergreifende Verlegung.* Die Zahl der nach der Stundentafel vorgesehenen Unterrichtsstunden einer Klasse kann erhöht werden, wenn sie in einer anderen Klasse entsprechend vermindert wird.

Hinweis der Redaktion: Auch für die Klassenstufen 9 und 10 der HWRS, RS und GMS - mit Ausnahme der Schüler*innen auf E-Niveau an GMS, gelten die genannten Möglichkeiten. Verschiebungen zugunsten der Prüfungsfächer (Mathematik, Deutsch, Englisch, ggfs. Wahlpflichtfach) müssen nicht in einem späteren Schuljahr kompensiert werden. (Quelle: Eckpunktepapier des KM vom 21. Juli 2021, Anlage A)

(2) Voraussetzung für Maßnahmen nach Absatz 1 ist, dass durch sie aufgrund besonderer Gegebenheiten der Bildungsplan insgesamt oder einzelne Lehrpläne besser erfüllt werden können. Lehrplanziele können hierbei um ein Jahr vorgezogen oder um ein Jahr verschoben werden; Lehrplanziele können nicht von Klassenstufen verschoben werden, in denen ein Bildungsabschluss möglich ist. Bei den beruflichen Schulen darf eine fächer- oder klassenübergreifende Verlegung nicht die nach den jeweiligen Anrechnungsverordnungen mögliche Anrechnung von Schulzeiten auf die Ausbildungszeit gefährden.

(2a) In den Klassen 5 bis 10 der allgemeinbildenden Gymnasien in der Normalform mit eingerichtetem Hochbegabtenzug wird in diesem Zug der in der Stundentafel für die Vermittlung der Inhalte des Bildungsplans vorgesehene Wochenstundenumfang zum Zwecke der Hochbegabtenförderung im Umfang von zwei oder drei Stunden unterschritten. Für die Umsetzung des Bildungsplans nicht in Anspruch genommene Stunden sind für den Unterricht eines schulspezifischen Wahlpflichtangebots zur Hochbegabtenförderung einzusetzen, das die Inhalte des Unterrichts nach dem Bildungsplan in Breite oder Tiefe ergänzt.

(3) Von der Dauer der Unterrichtsstunden von 45 Minuten kann bei der Stundenplanung und Unterrichtsgestaltung abgewichen werden. Im Schuljahr insgesamt hat die Unterrichtszeit jedoch den bei der Lehrauftragsverteilung festgelegten Umfang zu erreichen. ⇨ Arbeitszeit (Lehrkräfte-ArbeitszeitVO) § 1

§ 2
Entscheidungszuständigkeit

Die erforderlichen Entscheidungen nach § 1 Abs. 1 und 2 bis 2a trifft der Schulleiter. Die Gesamtlehrerkonferenz, die Schulkonferenz, der Elternbeirat und die betroffenen Klassenpflegschaften geben ihm hierzu unbeschadet des § 41 Abs. 1 SchG Empfehlungen. Soweit das Fach Religionslehre betroffen ist, sind die zuständigen kirchlichen Beauftragten zu beteiligen.

⇨ Arbeitszeit (Lehrkräfte – Allgemeines); ⇨ Arbeitszeit (Lehrkräfte-ArbeitszeitVO) § 1; ⇨ Grundschule (Verlässliche); ⇨ Konferenzordnung; ⇨ Schulgesetz § 41; ⇨ Schulkonferenzordnung; ⇨ Stundentafeln (Allgemeines); ⇨ Versetzungsordnungen (bei den Schularten)

Sucht (Dienstvereinbarung)

Rahmendienstvereinbarung des KM mit den Hauptpersonalräten über die Gesundheitsvorsorge und -fürsorge für suchtgefährdete und suchtkranke Beschäftigte vom 10. Dezember 2015 (K.u.U. S. 26/2016)

(Amtliche) Vorbemerkung:

Das Kultusministerium und die Hauptpersonalräte sowie die Schwerbehindertenvertretung und die Beauftragte für Chancengleichheit sind sich darin einig, dass die Vorbeugung und die Behandlung der Alkoholabhängigkeit und der anderen Suchtkrankheiten im besonderen Maße zur Fürsorgepflicht des Dienstherrn und Arbeitgebers gehören. Vor arbeitsbzw. disziplinarrechtlichen Verfahren sind die anderen Maßnahmen dieser Dienstvereinbarung anzuwenden. Die Vorschriften des Landesbeamtengesetzes und der Landesdisziplinarordnung bleiben unberührt.

Hinweis der Redaktion: Zum Rauchen von Beschäftigten in der Schule siehe ⇨ Rauchen in der Schule. Zum Alkoholgenuss siehe auch den Hinweis zu Ziff. I des Beitrags ⇨ Prävention.

Ziele und Grundsätze der Rahmendienstvereinbarung:

– Dem Suchtmittelmissbrauch, insbesondere dem Alkoholmissbrauch, soll vorgebeugt, ihm entgegengetreten und dadurch die Gesundheit und die Arbeitsfähigkeit der Beschäftigten erhalten werden.

- Alkohol- und anderen Suchtkranken und Suchtgefährdeten soll so früh wie möglich durch Beratung, durch Motivation zur Hilfeannahme und durch Nachsorge ein Hilfsangebot unterbreitet werden.
- Die vereinbarten Maßnahmen sollen
  - Kolleginnen, Kollegen und Vorgesetzte zu angemessenem Umgang mit Suchtgefährdeten und Suchtkranken anleiten,
  - einen Beitrag zur Arbeitssicherheit leisten und
  - die betroffenen Beschäftigten vor sozialem Abstieg bewahren.

§ 1
Geltungsbereich

Die Dienstvereinbarung gilt für alle Behörden, Institute, Anstalten, Seminare, Schulen, Schulkindergärten und Grundschulförderklassen, die zum Zuständigkeitsbereich des Kultusministeriums gehören (nachfolgend Institutionen genannt) sowie deren Mitarbeiterinnen und Mitarbeiter. [...]

§ 2
Alkohol in Einrichtungen und Räumen sowie bei Veranstaltungen der Institutionen

1. In den Räumen und Einrichtungen der Institutionen ist während der Dienstzeit die Einnahme von Alkohol grundsätzlich unzulässig. Soweit ausnahmsweise während der Dienstzeit bzw. in den Räumen und Einrichtungen der Institutionen bei Veranstaltungen auch aus privatem Anlass (z.B. Geburtstag, Dienstjubiläum, Verabschiedung) alkoholische Getränke konsumiert werden, sind immer auch alkoholfreie Getränke anzubieten.
2. Auf die Verwendung von Alkohol bei der Zubereitung von Speisen soll generell verzichtet werden. Sofern dennoch Alkohol Verwendung findet, ist deutlich darauf hinzuweisen und eine alkoholfreie Alternativspeise anzubieten.
3. Soweit das Kultusministerium und/oder die nachgeordneten Institutionen als Veranstalter unter Beteiligung von Beschäftigten tätig werden, wenden sie diese Bestimmungen entsprechend an.
4. In Institutionen, in denen Beschäftigte beherbergt und verpflegt werden, darf außerhalb der Dienstzeit Alkohol angeboten werden. Absatz 1 Satz 2 gilt entsprechend.
5. In den Dienststellen dürfen weder in den dort befindlichen Verkaufseinrichtungen (incl. Getränkeautomaten), noch durch Verkaufsaktionen, Sammelbestellungen o.ä. alkoholische Getränke angeboten werden.

§ 3
Mitarbeit psychosozialer Dienste

(1) Die Förderung der Krankheitseinsicht und der Therapiebereitschaft Betroffener erfordert die Beteiligung Fachkundiger am Verfahren. Psychosoziale Dienste oder eine andere fachkundige Beratungsstelle/Person (Fachkraft) sind deshalb so früh wie möglich einzuschalten. Für die Betroffenen dürfen insoweit keine Kosten entstehen.

(2) Die Leitung der Institution legt im Einvernehmen mit dem örtlichen Personalrat, der örtlichen Schwerbehindertenvertretung sowie der Beauftragten für Chancengleichheit allgemein fest, welche Einrichtungen oder fachkundige Personen die Aufgabe eines psychosozialen Dienstes für die Institution übernehmen können.

(3) Ohne Mitarbeit einer Fachkraft und/oder der Betriebsärztin/des Betriebsarztes sollen die in § 4 Abs. 2 und 3 beschriebenen Maßnahmen nicht eingeleitet werden. Die Nichtbeteiligung ist schriftlich zu begründen.

§ 4
Verfahren

(1) Erste Stufe – Gesprächsankündigung, erstes Dienstgespräch

Besteht der durch Tatsachen begründete Eindruck, dass eine Beschäftigte/ein Beschäftigter suchtgefährdet oder schon abhängig ist, muss die bzw. der zuständige unmittelbare Vorgesetzte sie/ihn unter Nennung der Thematik unverzüglich zu einem ersten Dienstgespräch einladen und dafür einen festen Termin innerhalb von 2 Wochen ansetzen.

Die Betroffene/der Betroffene kann zum ersten Dienstgespräch ein Mitglied des örtlichen Personalrats oder eine Person ihres/seines Vertrauens an ihrer/seiner Dienststelle hinzuziehen. Auf diese Möglichkeit ist die Betroffene/der Betroffene bei der Einladung zum ersten Dienstgespräch hinzuweisen.

Beim ersten Dienstgespräch händigt die/der Vorgesetzte der/dem Betroffenen ein Exemplar der Dienstvereinbarung Sucht und erstes Informationsmaterial aus, empfiehlt eine Suchtberatungsstelle bzw. einen psychosozialen Dienst aufzusuchen oder mit einem Helferkreis für Suchtkranke (vgl. § 11) Kontakt aufzunehmen, und zeigt – ggf. nach fachlicher Beratung durch eine Fachkraft – Wege zur Hilfe auf.

Die bzw. der Vorgesetzte prüft – soweit notwendig – dabei auch, ob innerbetriebliche Maßnahmen in Betracht kommen, die geeignet sind, der/dem Betroffenen eine positive Verhaltensänderung – insbesondere die Abstinenz – zu erleichtern (z.B. anderes Aufgabenfeld, anderer Lehrauftrag, veränderte Stundenplangestaltung).

Gleichzeitig teilt sie bzw. er der/dem Betroffenen mit, dass bei fortgesetzter Auffälligkeit die bzw. der zuständige nächsthöhere Vorgesetzte und der für das zweite Gespräch vorgesehene Personenkreis eingeschaltet wird und die Familie verständigt werden kann. – Ferner klärt sie bzw. er die/den Betroffene(n) über eventuelle dienst- bzw. arbeitsrechtliche Konsequenzen, insbesondere die gem. § 4 Abs. 2 möglichen Maßnahmen auf.

Über dieses Gespräch wird Stillschweigen bewahrt und keine inhaltliche Aktennotiz gefertigt. Es werden lediglich der Grund und der Zeitpunkt des Gesprächs festgehalten. Die bzw. der Betroffene erhält eine Mehrfertigung der Notiz.

Wird kein zweites Gespräch nötig, ist die Aufzeichnung nach einem Jahr zu vernichten. Im

Kultusministerium kann das Dienstgespräch von einer Vertreterin/einem Vertreter des Amtschefs geführt werden.

(2) Zweite Stufe – zweites Dienstgespräch – erste Maßnahmen

Ist spätestens nach zwei Monaten im Verhalten der/des Betroffenen keine positive Veränderung festzustellen, so ist mit ihr/ihm umgehend ein weiteres Gespräch zu führen.

An diesem Gespräch nehmen teil:

- die/der unmittelbare Vorgesetzte,
- eine Vertreterin/ein Vertreter der zuständigen nächsthöheren, vorgesetzten Behörde(n), nämlich:
  - GHW-RGS je eine Vertreterin / ein Vertreter des [...] Staatlichen Schulamts und des Regierungspräsidiums,
  - BS eine Vertretung aus dem Regierungspräsidium,
  - Gym eine Vertretung aus dem Regierungspräsidium,
  - asB eine Vertretung aus dem Regierungspräsidium bzw. dem Ministerium,
- ein/e Vertreter/in des örtlichen Personalrats,
- eine Fachkraft (vgl. § 3 Abs.1),
- die zuständige Betriebsärztin/der zuständige Betriebsarzt,
- gegebenenfalls die örtliche Schwerbehindertenvertretung,
- gegebenenfalls die/der zuständige Beauftragte für Chancengleichheit,

  auf Antrag der/des Betroffenen
- eine weitere Person ihres/seines Vertrauens,

Auf das Antragsrecht ist die/der Betroffene hinzuweisen.

Der Teilnahme einer Vertreterin/eines Vertreters des örtlichen Personalrats, der zuständigen Betriebsärztin/des zuständigen Betriebsarztes, einer Vertreterin/eines Vertreters der Schwerbehindertenvertretung sowie der/des zuständigen Beauftragten für Chancengleichheit kann die/der Betroffene jeweils widersprechen.

In diesem Gespräch wird die/der Betroffene nachdrücklich zu einer Behandlung der Suchtkrankheit aufgefordert. Sie/er erhält Adressen von Suchtberatungsstellen, Selbsthilfegruppen, Fachkliniken sowie Informationsmaterial über Therapiemöglichkeiten und deren Finanzierung.

Die bzw. der Betroffene kann in dem Gespräch eine Person benennen, die ihre bzw. seine Familienangehörigen über die Situation informieren soll.

Ferner ist sie bzw. er über die nächsten Verfahrensschritte (siehe Stufe 3 und die weiteren Maßnahmen des § 4 Abs. 3) und über eventuelle dienst- bzw. arbeitsrechtliche Konsequenzen aufzuklären.

Solche Konsequenzen können sein:

1. Verpflichtung zur Vorlage eines ärztlichen Attests bei jeder Fehlzeit;
2. Verpflichtung zur Vorlage eines amtsärztlichen Attests, auch bei kurzen Fehlzeiten;
3. Auflage, sich einer amtsärztlichen Untersuchung zu unterziehen (bzw. alternativ die behandelnden Ärztinnen/Ärzte von der Schweigepflicht gegenüber den dienstlichen Vorgesetzten zu entbinden);
4. amtsärztliche Überwachung;
5. Auflage, in regelmäßigen Abständen ärztlich kommentierte Laborbefunde vorzulegen;
6. Widerruf einer Nebentätigkeitsgenehmigung;
7. Entzug bestimmter dienstlicher Funktionen;
8. Auflage, sich einer stationären Entgiftung sowie einer Therapie zu unterziehen und dies schriftlich gegenüber der Schulaufsichtsbehörde nachzuweisen;
9. Auflage, ambulante Hilfsangebote wahrzunehmen und/oder an Selbsthilfegruppen teilzunehmen, und dies in der Regel schriftlich gegenüber der Schulaufsichtsbehörde nachzuweisen;
10. Abmahnung im Arbeitnehmerinnen- bzw. Arbeitnehmerverhältnis;
11. bei Arbeitnehmerinnen und Arbeitnehmern: Unterbrechung des leistungsorientierten Stufenaufstiegs, nach einer Abmahnung: Änderungskündigung, Kündigung;
12. bei Beamtinnen und Beamten: Verhängung einer Disziplinarstrafe nach § 55 LDG (Verweis, Geldbuße, Gehaltskürzung, Zurückstufung und Entfernung aus dem Beamtenverhältnis) und/oder Feststellung der Dienstunfähigkeit mit der Folge eines Zurruhesetzungsverfahrens.

Hinweis der Redaktion: Der Katalog ist eine beispielhafte Aufzählung von Maßnahmen. Weitergehende Maßnahmen können einvernehmlich vereinbart werden. (Quelle: KM 29.8.2003; AZ: LBD-zu 0302.2/89) ➩ Disziplinargesetz (LDG) §§ 25 ff.

Im Anschluss an das Gespräch werden Maßnahmen nach den Ziffern 1-5 und 8-9 angeordnet.

Ferner können Konsequenzen nach den Ziffern 6, 7 und 10-12 angedroht werden.

(3) Dritte Stufe – weitere Maßnahmen

Nach weiteren zwei Monaten hat die bzw. der jeweilige unmittelbare Vorgesetzte dem Regierungspräsidium, im außerschulischen Bereich dem Regierungspräsidium bzw. dem Kultusministerium, auf dem Dienstweg über das zwischenzeitliche Verhalten der bzw. des Betroffenen schriftlich zu berichten.

Ist im Verhalten der bzw. des Betroffenen immer noch keine positive Veränderung festzustellen, werden die auf der zweiten Stufe angedrohten Maßnahmen (§ 4 Abs. 2 Ziffer 6, 7, 10-12) umgesetzt.

Die bzw. der Betroffene erhält, ggf. erneut, schriftlich die Auflage, ein konkretes Hilfsangebot nach Ziffer 8 bzw. 9 wahrzunehmen und erhält dafür zwei Wochen Bedenkzeit. Sie/Er wird darauf hingewiesen, dass bei Ablehnung des Hilfsangebots bei Beschäftigten in einem Arbeitsverhältnis die Abmahnung, Änderungskündigung oder Kündigung, bei Beschäftigten im Beamtenverhältnis das Diszi-

Beachten Sie hierzu die tabellarische Übersicht auf der nächsten Seite.

Sucht (Verfahren nach der Dienstvereinbarung)

Von der Redaktion erstellte Übersicht über das Verfahren nach § 4 der Dienstvereinbarung im Schulbereich

1. Gesprächsankündigung und erstes Dienstgespräch

Der/die zuständige unmittelbare Vorgesetzte (Schulleiter*in) gewinnt den durch Tatsachen begründeten Eindruck, dass die betroffene Person suchtgefährdet oder abhängig ist.

Der/die Schulleiter*in lädt die betroffene Person unter Nennung der Thematik unverzüglich zu einem vertraulichen Gespräch ein (fester Termin innerhalb von 2 Wochen). Der/die Betroffene kann eine Person des Vertrauens (z.B. Personalrat) hinzuziehen.

Bei diesem Gespräch händigt der bzw. die Schulleiter*in der betroffenen Person die Dienstvereinbarung Sucht sowie erstes Informationsmaterial aus und empfiehlt ihr, eine Suchtberatungsstelle bzw. einen psychosozialen Dienst aufzusuchen oder mit einem Helferkreis für Suchtkranke Kontakt aufzunehmen. Der/die Vorgesetzte zeigt Wege zur Hilfe auf. Grund und Termin des Gesprächs werden protokolliert (Kopie an betroffene Person; folgt kein zweites Gespräch: Tilgung aus der Personalakte nach 12 Monaten).

2. Zweites Dienstgespräch – erste Maßnahmen

Falls spätestens nach zwei Monaten keine positive Veränderung, umgehend weiteres Gespräch mit betroffener Person.

Teilnehmer: Schulleiter*in, Fachkraft, Betriebsarzt*ärztin, Person des Vertrauens (auf Antrag), je ein Vertreter*in von Schulaufsicht, Personalrat, ggf. Schwerbehindertenvertretung, Beauftragte für Chancengleichheit.

Inhalt: Nachdrückliche Aufforderung zur Behandlung der Suchtkrankheit. Übergabe einschlägiger Adressen und Informationsmaterial über Therapiemöglichkeiten und Finanzierung. Aufklärung über die nächsten Verfahrensschritte und über eventuelle dienst- bzw. arbeitsrechtliche Konsequenzen.

Im Anschluss an das Gespräch werden Maßnahmen nach den Ziffern 1-5 und 8-9 angeordnet (siehe Kasten rechts).

Ferner können Konsequenzen nach den Ziffern 6, 7 und 10-11 angedroht werden (siehe Kasten rechts).

Mögliche dienst- und arbeitsrechtliche Konsequenzen:

1. Ärztliches Attest bei jeder Fehlzeit
2. Amtsärztliches Attest, auch bei kurzen Fehlzeiten
3. Amtsärztliche Untersuchung (alternativ: Entbindung der behandelnden Ärzte bzw. Ärztinnen von der Schweigepflicht)
4. Amtsärztliche Überwachung
5. Auflage zur Vorlage ärztlich kommentierter Laborbefunde
6 Widerruf von Nebentätigkeitsgenehmigung
7. Entzug bestimmter dienstlicher Funktionen
8. Auflage zur stationären Entgiftung und Therapie mit Nachweis an Schulaufsicht
9. Auflage zur Wahrnehmung ambulanter Hilfsmaßnahmen oder Selbsthilfegruppe
10. *Bei Arbeitnehmerinnen und Arbeitnehmern:*
    Abmahnung, Unterbrechung des Stufenaufstiegs, Änderungskündigung, Kündigung
11. *Bei Beamtinnen und Beamten:*
    Disziplinarstrafe nach § 55 ff. LDG (z.B. Verweis, Geldbuße, Gehaltskürzung, Zurückstufung, Entfernung aus dem Beamtenverhältnis) und/oder Zurruhesetzung wegen Dienstunfähigkeit

3. Weitere Maßnahmen

Nach weiteren zwei Monaten berichtet die/der Schulleiter*in dem Regierungspräsidium schriftlich auf dem Dienstweg über das zwischenzeitliche Verhalten der/des Betroffenen.

Ist keine positive Veränderung festzustellen, erfolgt die Auflage an die betroffene Person, ein konkretes Hilfsangebot anzunehmen: Entgiftung und Therapie sowie ambulante Hilfsmaßnahmen oder Selbsthilfegruppe (siehe Kasten Ziffer 8 und 9) – zwei Wochen Bedenkzeit. Ankündigung, dass andernfalls bei Arbeitnehmer*innen eine Abmahnung, Änderungskündigung oder Kündigung bzw. bei Beamt*innen disziplinarische Ermittlungen oder ein Zurruhesetzungsverfahren wegen Dienstunfähigkeit folgen.

Falls der/die Betroffene nicht binnen 3 Wochen schriftlich mitteilt, wo und wann die Auflage erfüllt wird, werden die angedrohten Maßnahmen umgesetzt (Nr. 6, 7 und 10-11).

plinarverfahren oder ein Verfahren zur Überprüfung der Dienstfähigkeit mit den entsprechenden Rechtsfolgen eingeleitet werden. Die für die / den Betroffene(n) bisher zuständige Fachkraft (§ 3 Abs. 1) erhält eine Mehrfertigung dieses Schreibens mit der Bitte, die / den Betroffene(n) zu unterstützen.

Die / der Betroffene hat ihrem/seinem unmittelbaren Vorgesetzten und dem Regierungspräsidium schriftlich mitzuteilen, bei welcher Einrichtung und ab wann die Auflage erfüllt wird. Die Mitteilung muss innerhalb von 3 Wochen beim unmittelbaren Vorgesetzten und beim Regierungspräsidium, im außerschulischen Bereich beim Regierungspräsidium bzw. beim Kultusministerium, eingegangen sein. Liegt diese Mitteilung nicht rechtzeitig vor, wird die arbeits-/dienstrechtliche Konsequenz förmlich eingeleitet, welche der/dem Betroffenen im vorstehend genannten Schreiben mitgeteilt wurde.

§ 5
Ergänzende Regelungen

(1) Das in § 4 geregelte Verfahren ist grundsätzlich in allen Fällen durchzuführen, in denen der Verdacht auf Suchtgefährdung bzw. -abhängigkeit besteht. Sofern sinnvoll und zweckmäßig, können weitere Gespräche zwischen der/dem Vorgesetzten und der/dem Betroffenen stattfinden, wobei beide Seiten initiativ werden können. Die genannten Verfahrenshöchstfristen können sich durch dazwischen liegende Ferien- / Urlaubsabschnitte verlängern.

(2) In begründeten Einzelfällen kann von der personalverwaltenden Stelle bzw. mit deren Zustimmung nach pflichtgemäßem Ermessen von den genannten Verfahrensschritten und -fristen des § 4 aus rechtlichen, medizinischen, persönlichen und sozialen Gründen abgewichen werden. Vor Abweichungen aus medizinischen oder sozialen Gründen ist die Fachkraft anzuhören. Die Gründe für ein Abweichen sind aktenkundig zu machen.

(3) Die Einbindung von Personalratsmitgliedern und/oder Schwerbehindertenvertretern sowie der/des Beauftragten für Chancengleichheit in das beschriebene Verfahren ersetzt nicht die gesetzlich vorgegebene Beteiligung bei der Umsetzung von Einzelmaßnahmen.

(4) Die Vertrauenspersonen der Schwerbehinderten beraten die Personalvertretung und die Vorgesetzten.

Hinweise der Redaktion:

1. Die obere Schulaufsichtsbehörde (Regierungspräsidium) ist nicht an den in § 4 beschriebenen Verfahrensablauf gebunden, da hinsichtlich der Einleitung von disziplinarischen Ermittlungen das Legalitätsprinzip gilt: Danach hat der Dienstvorgesetzte Ermittlungen zu veranlassen, wenn Tatsachen bekannt werden, die den Verdacht eines verfolgbaren Dienstvergehens rechtfertigen. Das Regierungspräsidium kann also je nach Schwere des Falles gegebenenfalls auch sofort disziplinarrechtlich tätig werden.
2. Der/die Betroffene ist arbeits- bzw. dienstrechtlich verpflichtet, an den Gesprächen teilzunehmen. Kommt er/sie dieser Verpflichtung nicht nach, ist dies Verhalten so zu bewerten, als wenn er/sie im Verfahren keine positive Verhaltensveränderung zeigt. Dies führt zur Fortsetzung des Verfahrens in der nächsthöheren Stufe. Ein ärztliches Attest ist nur dann als entschuldigtes Nichterscheinen zu bewerten, wenn das Attest die Verhandlungsunfähigkeit des/der Betroffenen bestätigt. Gibt es berechtigte Zweifel an dem Attest, kann die nächsthöhere Stufe eingeleitet oder eine amtsärztliche Untersuchung verlangt werden.
3. Der/die Betroffene kann bereits zu dem Erstgespräch einen Anwalt hinzuziehen, der in dieser Stufe des Verfahrens zur Wahrnehmung der Interessen des/der Betroffenen – allerdings nur schweigend – anwesend sein darf, da ein Vieraugen-Gespräch in dieser Stufe vorgesehen ist. Bei den (folgenden) Gesprächen [...] kann die oder der Betroffene auf eigenen Wunsch die Teilnahme einer Person seines oder ihres Vertrauens beanspruchen. Dies kann nach der Entscheidung der Lehrkraft auch ein Rechtsanwalt sein.
   ⇨ Verwaltungsrecht (Allgemeines) Nr. II und VII
4. Dienstrechtliche Maßnahmen zur Sicherstellung des Unterrichts sind in jeder Stufe des Verfahrens zulässig. Es können ggf. also Auflagen zur Sicherstellung eines ordentlichen Unterrichts erteilt werden (z.B. Vorlage von Unterrichtsvorbereitungen und Stoffverteilungsplänen usw.). (Quelle zu Ziff. 1-4: KM, 29.9.2003; LBD-zu 0302.2/86)
5. Eine Verkürzung der Fristen ist immer zulässig (insbesondere bei akuten Vorkommnissen); auch eine Verlängerung ist möglich (z.B. bei laufenden Therapiemaßnahmen). Die Entscheidung über eine Abweichung von den Höchstfristen trifft die Schulverwaltung nach pflichtgemäßem Ermessen sowie nach Rücksprache mit der Fachkraft.

(Quelle: KM, 29.8.2003; AZ: LBD-zu 0302.2/89)

§ 6
Nachgehende Hilfe

Nach erfolgter Therapie wird den betroffenen Beschäftigten die regelmäßige Inanspruchnahme von ambulanten Hilfsangeboten und/oder die Teilnahme an Selbsthilfegruppen und deren Nachweis in der Regel schriftlich zur Auflage gemacht, um ihnen eine suchtmittelfreie Lebensweise zu erleichtern und eine Neugestaltung der sozialen Beziehungen zu ermöglichen.

Hinweis der Redaktion Eine Liste mit Einrichtungen der Suchthilfe befindet sich unter https://lss-bw.de/beratung/#kontaktlisten. Informationsmaterial kann (meist kostenfrei) bei örtlichen Beratungsstellen, Krankenkassen, der Deutschen Hauptstelle gegen die Suchtgefahren etc. bezogen werden.

§ 7
Schriftliche Unterlagen

Wenn nach erfolgreicher Therapie kein Rückfall erfolgt, sind unbeschadet der beamtenrechtlichen Personalaktenvorschriften alle schriftlichen Unterlagen über das suchtmittelbedingte Verhalten der/des Betroffenen spätestens nach Ablauf von 5 Jahren ab dem Zeitpunkt der Dienstaufnahme zu vernichten.

⇨ Personalakten

§ 8
Verfahren bei Rückfällen

Bei Rückfällen ist entsprechend § 4 zu verfahren. Das Verfahren beginnt in der Regel mit § 4 (2). Auf die in § 4 (3) genannten Möglichkeiten wird hingewiesen.

§ 9
Wiedereinstellung

Unbefristet beschäftigten Arbeitnehmerinnen und Arbeitnehmern, denen wegen Suchtmittelmissbrauchs gekündigt werden musste, bietet die Dienststelle im Falle eines nachhaltigen Therapieerfolgs (nachgewiesen über mindestens 2 Jahre) im Rahmen entsprechender freier und besetzbarer Stellen eine Wiedereinstellung an. Beschäftigte im Beamtenverhältnis, die wegen Suchtmittelmissbrauchs zur Ruhe gesetzt werden mussten, werden im Fall der Wiederherstellung der Dienstfähigkeit nach Maßgabe von § 29 Beamtenstatusgesetz reaktiviert.

§ 10

Informations- und Schulungsmaßnahmen

- Die effektive Umsetzung dieser Dienstvereinbarung erfordert eine umfassende und qualifizierte Fortbildung von Vorgesetzten, Personalratsmitgliedern, Schwerbehindertenvertretern und Beauftragten für Chancengleichheit sowie Beschäftigten der Institutionen.
- Das bestehende Fortbildungskonzept wird vom Kultusministerium bei Bedarf unter Einbeziehung der Erfahrungen von Einrichtungen oder Fachkräften der Suchtkrankenhilfe unter Beteiligung der Personalvertretung gemäß den Vorschriften des LPVG für alle Ebenen weiterentwickelt.
- Die konkreten Fortbildungsmaßnahmen sollen gemeinsam mit den oben aufgeführten Einrichtungen möglichst unter Einbeziehung von Betroffenen bzw. Selbsthilfegruppen gestaltet werden.
- Unabhängig davon informieren die oberen bzw. die unteren Schulaufsichtsbehörden in mehrjährigen Abständen alle Beschäftigten über die Alkohol- und sonstige Suchtproblematik einschließlich Co-Alkoholismus am Arbeitsplatz und über Hilfsmöglichkeiten. Das Kultusministerium stellt zu diesem Zweck schriftliche Informationen zur Verfügung.

§ 11

Regionale Helferkreise

In räumlicher Anlehnung an die Einzugsbereiche der unteren Schulaufsichtsbehörden wird – in Abstimmung bzw. in Kooperation mit anderen Einrichtungen – die Arbeit von „Helferkreisen für Suchtkranke“ unterstützt bzw. initiiert.

Zusätzliche Unterstützungsmaßnahmen sind u.a.:

- Ministerium, obere bzw. untere Schulaufsichtsbehörden stellen den ihnen nachgeordneten Institutionen sowie den Personalvertretungen Adressverzeichnisse und Hinweise auf geeignete Hilfemöglichkeiten in ca. jährlichen Abständen (Rundschreiben und/oder Aushang) zur Verfügung.
- Ehemaligen Suchtkranken wird ermöglicht, durch Fortbildung zur Suchtkrankenhelferin/zum Suchtkrankenhelfer (Helferausbildung) die regionale psychosoziale Betreuung von Kolleginnen und Kollegen zu unterstützen. Für diese Tätigkeit erhalten sie ggf. eine angemessene Freistellung von der Unterrichts- bzw. Dienstverpflichtung.
- Den Angehörigen der Helferkreise obliegen keine Melde- oder Anzeigeverpflichtungen gegenüber den Schulaufsichtsbehörden oder den Vorgesetzten. Sie beraten sie jedoch auf freiwilliger Basis. Bei der Beratung und Betreuung von Suchtkranken bekanntgewordene Angelegenheiten und Tatsachen sind vertraulich zu behandeln.

➪ Beamtengesetz (LBG) § 83 ff.; ➪ Disziplinarrecht (Allgemeines); ➪ Disziplinargesetz (LDG); ➪ Nebentätigkeiten (Allgemeines); ➪ Personalvertretungsgesetz (LPVG); ➪ Rauchen in der Schule; ➪ Prävention; ➪ Verwaltungsrecht (Allgemeines) Nr. II und VII

Tarifrecht (Allgemeines)

Informationen der Redaktion zur Rechtslage und zur Verwaltungspraxis in Baden-Württemberg

1. Tarifbeschäftigte und beamtete Lehrkräfte

Das Land Baden-Württemberg beschäftigt die Lehrkräfte an öffentlichen Schulen traditionell überwiegend im Beamtenverhältnis. Nur zu einem kleineren Teil werden sie im Arbeitnehmerverhältnis beschäftigt (vor allem beim Fehlen laufbahnrechtlicher Voraussetzungen, wegen Überschreitens der Altersgrenze, aber auch auf eigenen Wunsch). Ferner beschäftigt das Land anstelle einer ausreichenden, fest installierten Vertretungsreserve jährlich mehrere Tausend Lehrkräfte nur deshalb im Arbeitnehmerverhältnis, weil es sie nicht dauerhaft, sondern befristet beschäftigen will.

In Bezug auf die konkrete Ausübung ihrer Berufstätigkeit unterliegen die tarifbeschäftigten Lehrkräfte den gleichen Vorschriften wie ihre beamteten Kolleginnen und Kollegen, nämlich dem Schulgesetz und den sonstigen schulrechtlichen Bestimmungen.

Während beamtete Lehrkräfte in einem öffentlich-rechtlichen Dienst- und Treueverhältnis stehen und einem besonderen Disziplinarrecht unterliegen, stehen tarifbeschäftigte Lehrkräfte in einem Vertragsverhältnis zum Land. Für sie gilt ebenso wie für alle anderen Arbeitnehmer*innen des Landes seit 2006 der Tarifvertrag für den öffentlichen Dienst der Länder (TV-L). ➪ Tarifvertrag-Länder (TV-L)

Viele dienstrechtliche Bestimmungen für die beamteten Lehrkräfte werden analog auf die tarifbeschäftigten Lehrkräfte angewandt; dies ist beispielsweise bezüglich ihrer Arbeitszeit auch tarifvertraglich vereinbart. ➪ Tarifvertrag-Länder (TV-L) § 44

Die Gruppe der tarifbeschäftigten Lehrkräfte ist jedoch bezüglich der (Netto-)Vergütung und der sozialen Absicherung im Alter ihren beamteten Kolleginnen und Kollegen nicht gleichgestellt, sondern die Gehälter und Renten liegen trotz gleicher Arbeitsleistung deutlich niedriger.

Zu den Rechtsverhältnissen der „nebenberuflich“ oder „nebenamtlich“ beschäftigten Lehrpersonen siehe ➪ Nebenamtliche/nebenberufliche Lehrkräfte; zum nicht-lehrenden schulischen Personal siehe ➪ Lehrbeauftragte und ➪ Pädagogische Assistent*innen.

Da schulische Vorgesetzte in der Regel mit dem Tarifrecht kaum vertraut sind, empfiehlt sich die Beratung durch die GEW oder die GEW-Arbeitnehmervertreter*innen in den Personalräten.

2.
Zuständigkeiten im Schulbereich

In der anschließenden Übersicht sind die in der schulischen Praxis wichtigsten Zuständigkeiten für tarifbeschäftigte Lehrkräfte und Schulleitungen dargestellt.

Gesonderte Zuständigkeits- und Verfahrensregelungen gelten für

- die Abwesenheit wegen Krankheit: ⇨ Krankmeldung (Abwesenheit von Lehrkräften)
- sowie die dienstliche ⇨ Beurteilung (Lehrkräfte).

Für die Bewilligung von Sonderurlaub gemäß ⇨ Tarifvertrag-Länder (TV-L) § 28 ist das Regierungspräsidium zuständig. Die für den Beamtenbereich erlassene Verwaltungsvorschrift ⇨ Teilzeit / Urlaub (Beamtenrecht) ist entsprechend auch auf tarifbeschäftigte Lehrkräfte anzuwenden.

Ferner ist nach Ablauf des Lohnfortzahlungszeitraums sowie im Falle einer Wiedereingliederungsmaßnahme die Krankenkasse (mit) zuständig.

In folgenden Angelegenheiten nimmt die Aufgabe des Arbeitgebers wahr: RP = Regierungspräsidium; SL = Schulleiter*in; SSA = Schulamt Bei schulartübergreifendem Einsatz (z.B. GHWRGS + Gymnasium oder GHWRGS + BS) ist die Schulart mit dem überwiegenden Stundenanteil maßgebend, bei hälftiger Abordnung die Stammschule.	**Grund,- Haupt-, Werkreal-, Gemeinschafts-, Realschulen und SBBZ**		**Gymnasien, berufliche Schulen, SBBZ mit Internat (Heimsonderschulen)**	
	Lehrkräfte	**Schulleiter*innen**	**Lehrkräfte**	**Schulleiter*innen**
Arbeitsbefreiung bis zur Dauer von fünf Arbeitstagen ⇨ Tarifvertrag-Länder (TV-L) § 29	SL	SSA	SL	RP
Bewilligung von Sonderurlaub und Arbeitsbefreiung für die Dauer von sechs bis zehn Arbeitstagen ⇨ Tarifvertrag-Länder (TV-L) §§ 28 und 29	SSA	SSA	RP	RP
Sonderurlaub für Jugendleiter*innen – bis zu 5 Arbeitstage – von 6 bis 10 Arbeitstage ⇨ Urlaub (Jugendleiter*innen)	SL SSA	SSA SSA	SL RP	RP RP
Befreiung von der Arbeitsleistung zur Beaufsichtigung, Betreuung und Pflege eines erkrankten Kindes abweichend zu § 29 Abs. 1 e) bb) TV-L ⇨ Tarifvertrag-Länder (TV-L) § 29; ⇨ Urlaub (Lehrkräfte) Nr. 2	SL	SSA	SL	RP
Gewährung von Freizeit gegen Vorarbeiten bzw. Nachholen des Unterrichts und sonstiger Dienstpflichten – bis zur Dauer von 3 Tagen – mehr als 3 Tage ⇨ Urlaub (Lehrkräfte) Nr. 5 („Unterrichtsverlegung“)	SL SSA	SSA SSA	SL RP	RP RP
Elternzeit ⇨ Elternzeit (Gesetz) §§ 15, 16	SSA	SSA	RP	RP
Festlegung der Mutterschutzfrist ⇨ Mutterschutzgesetz §§ 3, 4 und 6	SSA	SSA	RP	RP
Annahme von Belohnungen und Geschenken ⇨ Tarifvertrag-Länder (TV-L) § 3 Abs. 3	SL	SSA	SL	RP
Nebentätigkeiten ⇨ Tarifvertrag-Länder (TV-L) § 3 Abs. 4	SL	SSA	SL	RP
Festlegung der Schwerbehindertenermäßigung nach dem Grad der Behinderung ⇨ Arbeitszeit (Lehrkräfte-ArbeitszeitVO) § 5	SL	SSA	SL	RP
Bewilligung einer zusätzlichen Schwerbehindertenermäßigung ⇨ Arbeitszeit (Lehrkräfte-AZVO) § 5 Abs. 4	SSA	SSA	RP	RP
Bewilligung Wiedereingliederung ⇨ Eingliederungsmanagement	RP	RP	RP	RP

Aktuelle Informationen für Tarifbeschäftigte

Auf der Homepge der GEW gibt es monatlich aktuelle und wichtige Informationen für Lehrkräfte im Arbeitnehmerverhältnis: www.gew-bw.de/tarif/publikationen-tarif/publikationen/list

3. Abweichende Regelungen für Lehrkräfte im TV-L

§ 44 TV-L enthält Sonderregelungen für Lehrkräfte (nur gültig für Lehrkräfte an öffentlichen Schulen im Sinne des Schulgesetzes, nicht z.B. für Lehrkräfte an Musik- oder an Krankenpflegeschulen). Diese Sonderregelungen sind in den Text des Beitrags
⇨ Tarifvertrag-Länder (TV-L) eingearbeitet

Insbesondere die §§ 6-10 TV-L (regelmäßige Arbeitszeit, Sonderformen der Arbeit wie Bereitschaftsdienst, Rufbereitschaft, Mehrarbeit und Überstunden sowie Arbeitszeitkonten) gelten nicht für Lehrkräfte; auf sie werden die Bestimmungen für die entsprechenden Beamtinnen und Beamten angewandt. Lehrkräfte können auch die Lage des Urlaubs nicht frei wählen, er ist durch die Schulferien abgegolten. Zwar gelten die allgemeinen Kündigungsfristen des § 34 TV-L, doch endet das Arbeitsverhältnis nicht automatisch mit Erreichen der gesetzlichen Altersgrenze, sondern mit Ablauf des Schulhalbjahres, in dem das gesetzliche Alter zum Erreichen einer Regelaltersrente vollendet wird.

4. Tarifvertrag Entgeltordnung Lehrkräfte

Die Eingruppierung der tarifbeschäftigten Lehrkräfte in die Entgeltgruppen des TV-L erfolgte bis 2015 nach den – vom Finanzministerium einseitig erlassenen – *„Eingruppierungsrichtlinien"* vom 27.1.2012. Diese *„ERL"* sind im GEW-Jahrbuch 2015 abgedruckt.

Seit dem 1.8.2015 ist die Eingruppierung von Lehrkräften in der Anlage *„Entgeltordnung Lehrkräfte" (EntgO Lehrkräfte)* geregelt, der ein *„Tarifvertrag über die Eingruppierung und die Entgeltordnung für die Lehrkräfte der Länder (TV EntgO-L)"* vom 28.3.2015 zugrunde liegt. ⇨ Tarifvertrag (Entgeltordnung Lehrkräfte)

Die Zuordnung zu einer Entgeltgruppe erfolgt in der *EntgO Lehrkräfte* nicht – wie sonst im TV-L – nach Tätigkeitsmermal und Qualifikation, sondern sie ordnet die tarifbeschäftigten Lehrkräfte den Besoldungsgruppen der vergleichbaren Beamt*innen zu.

Der Tarifvertrag *„TV EntgO-L* und die zugehörige *EntgO Lehrkräfte"* gelten nur für die Mitglieder der tarifschließenden Parteien. Die Länder haben jedoch – einseitig – beschlossen, ihn auf alle Lehrkräfte im Arbeitnehmerverhältnis anzuwenden. Er gilt für alle seit 1.8.2015 neu eingestellten Lehrkräfte. Für alle bereits vor diesem Datum vorhandenen Beschäftigten gilt er nur auf deren Antrag, sonst verbleiben diese in der Entgeltgruppe, in der sie sich vor dem 1.8.2015 befanden.

Die sogenannten *„besten Nichterfüller"* (Lehrkräfte mit Lehramtsstudium, aber ohne Referendariat) können zwar höhergruppiert werden. Dafür gelten – aber nur für seit 1.8.2015 Neueingestellte – verlängerte Stufenlaufzeiten.

Die EntgO-Lehrkräfte unterscheidet bei der Eingruppierung und den Aufstiegsmöglichkeiten zwei Kategorien:

1. Lehrkräfte, welche die fachlichen und pädagogischen Voraussetzungen für die Übernahme in das Beamtenverhältnis auf Lebenszeit erfüllen (sogenannte *„Erfüller*innen"*),
2. Lehrkräfte, welche diese Voraussetzungen nicht erfüllen (sogenannte *„Nichterfüller*innen"*); hierzu gehören beispielsweise verschiedene Fachlehrkräfte sowie Lehrkräfte in Schulkindergärten.

*„Erfüller*innen"* können auch Leitungsfunktionen übernehmen (beispielsweise eine Schulleitung). Würden sie die Voraussetzungen für eine „Regelbeförderung" erfüllen (beispielsweise zur Fachoberlehrer*in oder zur Oberstudienrat*rätin) und hätte eine Beschäftigung im Beamtenverhältnis zu einer Beförderung geführt, können sie höhergruppiert werden.

⇨ Beförderung (Allgemeines); ⇨ Beförderung (OStR)

Lehrkräfte, die die Voraussetzungen für ein von der Zuweisung einer Funktion unabhängiges Beförderungsamt erfüllen würden, werden in die Entgeltgruppe der nach Abschnitt 1 der EntgO Lehrkräfte vergleichbaren beamteten Lehrkraft eingruppiert; im Einzelfall ist von den für vergleichbare Beamte maßgebenden Beförderungswartezeiten auszugehen. ⇨ Tarifvertrag (Entgeltordnung Lehrkräfte)

Lehrkräfte, denen eine Funktion übertragen ist, für die die Besoldungsordnung die Einstufung in eine höhere Besoldungsgruppe vorsieht, werden in die dieser Bes.-Gr. nach Abschnitt 1 der EntgO Lehrkräfte entsprechende Entgeltgruppe eingruppiert. Entscheidend ist hierbei im Einzelfall, dass die Lehrkraft bei fiktiver Zugrundelegung eines Beamtenverhältnisses alle erforderlichen Voraussetzungen für eine entsprechende Beförderung erfüllen würde.

Lehrkräften, die durch ausdrückliche Anordnung zur Schulleitung oder deren ständigen Vertretung bestellt sind, wird eine Zulage in der Höhe gezahlt, wie sie vergleichbaren beamteten Lehrkräften in dieser Funktion in der entsprechenden Besoldungsgruppe als Amtszulage nach dem Besoldungsrecht zusteht. Gleiches gilt für die Verhinderungs-Vertretung von Funktionsstelleninhaber*innen.

⇨ Besoldung Lehrkräfte (Eingruppierung); ⇨ Besoldungsgesetz § 62a

Wer die fachlichen und pädagogischen Voraussetzungen für das Beamtenverhältnis auf Lebenszeit nicht erfüllt (*„Nichterfüller*innen"*), wird entsprechend der Abschnitte 2 bis 4 des TV-EntgO Lehrkräfte eingruppiert und einer Entgeltgruppe nach TV-L zugeordnet.

Der TV EntgO–Lehrkräfte ist extrem kompliziert. Er setzt die Kenntnis des Laufbahnrechts für Beamtinnen und Beamte voraus, viele Sachverhalte blieben ungeregelt; sie müssen nachträglich mithilfe von Durchführungsrichtlinien geklärt werden.

5. Abweichende Regelungen für Beschäftigte im Sozial- und Erziehungsdienst

§ 52 TV-L enthält Sonderregelungen für Beschäftigte im Sozial- und Erziehungsdienst (SuE). Zu dieser Gruppe gehören zum Beispiel die Erzieherinnen und Erzieher an Sonderpädagogischen Bildungs- und Beratungszentren mit Internat, die Pädagogischen Assistentinnen und Assistenten sowie Schulsozialarbeiterinnen und Sozialarbeiter im Landesdienst. Für sie gilt der ⇨ Tarifvertrag (Entgeltordnung Erzieher*innen).

6. Beschäftigte im Programm „Lernen mit Rückenwind“

Dem Einsatz der Personalräte und der GEW ist es zu verdanken, dass es in diesem Projekt zumindest tariflich bezahlte, wenn auch nur befristete Beschäftigungen gibt. Obwohl das Programm über zwei Jahre laufen wird, werden die Verträge nur bis zum Schulhalbjahr (1. Februar), längstens bis zum Schuljahresende (31. Juli) geschlossen. Das bedeutet bei Beginn nach den Herbstferien 2021 eine Beschäftigung für maximal neun Monate mit anschließender Sommerferien-Arbeitslosigkeit.

Infrage kommender Personenkreis

- **Bestandslehrkräfte** für den Einsatz an der eigenen Schule (Meldung direkt über die Schulleitung), Abrechnung über MAU (Mehrarbeit für Unterrichtsvertretung und „Rückenwind“-Stunden werden zusammengerechnet).

  Nur teilzeitbeschäftigte Arbeitnehmer*innen erhalten bis zum Erreichen des Vollzeit-Deputats die anteilige TV-L-Vergütung. Bei teilzeitbeschäftigten Beamt*innen wird die Bagatellgrenze entsprechend des Beschäftigungsumfangs herabgesetzt. Ab der Vollzeitgrenze gilt für Beamt*innen und Arbeitnehmer*innen die „Bagatellgrenze“ von drei Unterrichtsstunden, d.h. ein Ausgleich erfolgt erst ab der vierten „Überstunde“! Da allerdings ein Zeitausgleich aus zwingenden dienstlichen Gründen nicht möglich ist, kann die Abrechnung auch in kürzeren Zeitabständen erfolgen (zum Beispiel quartalsweise). ⇨ Mehrarbeit (Allgemeines).
- Auch unbefristet beschäftigte **Pädagogische Assistent*innen** können sich direkt über ihre Schule bewerben. Sie können für den Zeitraum des Projektes zusätzlich zur bisherigen Tätigkeit Aufgaben, gegebenenfalls auch an einer anderen Schule, übernehmen.
- **pensionierte Lehrkräfte** sowie **Personen mit einem abgeschlossenen Fachstudium** können als Krankheitsvertretung (KV) deutlich besser bezahlt werden. Sie werden nach dem ⇨ Tarifvertrag (Entgeltordnung –Lehrkräfte) eingruppiert. Das RP muss vor Abschluss des Arbeitsvertrags das dringende dienstliche Interesse zuerkennen, damit die Einnahmen aus dieser Tätigkeit nicht als „Verwendungseinkommen“ auf die Pension angerechnet werden.

  ⇨ Beamtenrecht (Anrechnungen)
- **Ehrenamtliche** im Rahmen bestehender Programme. Sie erhalten einen befristeten Vertrag und werden wie ⇨ Pädagogische Assistent*innen eingruppiert. Sie haben weder ein „Deputat“, noch ein Arbeitszeitkonto wie die Pädagogischen Assistent*innen. Für sie gilt die normale tarifliche Arbeitszeit.

Interessent*innen können sich auf der Startseite des KM: https://km-bw.de/,Lde/startseite/ > Sonderseiten > Unterstützungskräfte gesucht! eintragen.

Auch Weiterbildungsträger, Vereine, Stiftungen, Nachhilfeinstitute und weitere Organisationen wie Bildungsträger etc. können sich registrieren lassen.

(Quelle: Handreichung zum Personaleinsatz im Rahmen des Förderprogramms von „Lernen mit Rückenwind“ Stand: 18. Oktober 2021, im KM-Intranet unter: Anwendungen / Online-Bereitstellungen / Informationen für Schulen und Schulverwaltung zum Förderprogramm Lernen mit Rückenwind / Informationen und Materialien zur Umsetzung des Förderprogramms Lernen mit Rückenwind für Schulen.)

Beteiligung der Personalvertretung

Die Hauptpersonalräte (GHWRGS, BS und Gym) waren bei der Erstellung der Rahmenregelungen beteiligt. Im Falle der Einstellung von befristet Beschäftigten und Ehrenamtlichen wählt die Schulleitung eigenständig unter Beteiligung des örtlichen Personalrats bzw. bei Schulen ohne eigenen ÖPR unter Beteiligung einer in der GLK gewählten Lehrkraft die in Frage kommende(n) Person(en) aus. Wenn darunter schwerbehinderte oder ihnen gleichgestellte Menschen sind, ist die Schwerbehindertenvertretung vorab zu unterrichten und zu beteiligen.

Der Bezirkspersonalrat ist bei der Einstellung und Eingruppierung in der Mitbestimmung.

⇨ Personalvertretungsgesetz (LPVG) § 75 Abs. 1 Nr. 2

7. Eingruppierung und Entgelt

Für Erzieher*innen an SBBZ mit Internat, Pädagogische Assistent*innen sowie Ehrenamtliche im Rahmen des Projekts „Lernen mit Rückenwind“ gilt der ⇨ Tarifvertrag (Entgeltordnung Erzieher*innen) sowie die dazugehörige „S-Tabelle“.

Für Lehrkräfte gilt die normale Entgelttabelle zum Tarifvertrag-Länder. Die Zuordnung der tarifbeschäftigten Lehrkräfte zu den Entgeltgruppen erfolgt nach dem ⇨ Tarifvertrag (Entgeltordnung Lehrkräfte).

⇨ Außerunterrichtliche Veranstaltungen (Hinweise) Nr. 6; ⇨ Beförderung (Oberstudienrat*rätin); ⇨ Entgeltumwandlung; ⇨ Kindergeld; ⇨ Mehrarbeit; ⇨ Pädagogische Assistent*innen); ⇨ Personalvertretungsgesetz (LPVG); ⇨ Tarifvertrag (Entgelt); ⇨ Tarifvertrag (Entgelt SuE); ⇨ Tarifvertrag (Entgeltordnung Erzieher*innen); ⇨ Tarifvertrag (Entgeltordnung Lehrkräfte); ⇨ Tarifvertrag-Länder; ⇨ Urlaub (Lehrkräfte)

Tarifvertrag (Entgelt)

Hinweise der Redaktion auf die Monatsentgelte für Arbeitnehmer*innen des Landes („Tarifbeschäftigte")

Die Zuordnung der tarifbeschäftigten Lehrkräfte zu den Entgeltgruppen richtet sich nach der „Entgeltordnung Lehrkräfte" (EntgO Lehrkräfte).

➪ Tarifvertrag (Entgeltordnung Lehrkräfte)

Die Zuordnung der Erzieher*innen und Pädagogischen Assistent*innen richtet sich nach § 52 TV-L und der Anlage G („S-Tabelle")

➪ Tarifvertrag (Entgelttabellen SuE)

Die Tabellen auf den folgenden Seiten zeigen die tariflichen Monatsentgelte in Euro (Grundentgelte und Erfahrungsstufen; „EG" = Entgeltgruppe).

Stufen

Sofern keine einschlägige Berufserfahrung vorliegt erfolgt bei erstmaliger Einstelung in den Landesdienst die Zuordnung in die Stufe 1. Das Referendariat bzw. der Vorbereitungsdienst wird mit 6 Monaten auf die Laufzeit der Stufe 1 angerechnet. Waren Beschäftigte zuvor bereits beim selben Arbeitgeber beschäftigt, werden diese Zeiten der Berufserfahrung angerechnet. Verfügen Beschäftigte über eine mindestens dreijährige einschlägige Berufserfahrung bei einem anderen Arbeitgeber, so erfolgt die Zuordnung in Stufe 3. Zur Deckung des Personalbedarfs können Zeiten einer vorherigen beruflichen Tätigkeit ganz oder teilweise angerechnet werden. Diese Kann-Regelung wird in Baden-Württemberg nur bei bestimmten Mangelfächern im Bereich der beruflichen Schulen sowie bei der Einstellung als befristet beschäftigte Vertretungslehrkraft angewendet.

Die Stufenlaufzeit beträgt nach § 16 Abs. 3 TV-L ein Jahr in Stufe 1, zwei Jahre in Stufe 2, drei Jahre in Stufe 3, vier Jahre in Stufe 4 und fünf Jahre in Stufe 5. Bei Lehrkräften nach Abschnitt 2 Nr. 1 („beste Nichterfüller*innen"), die ab 1.8.2015 eingestellt wurden, beträgt die Stufenlaufzeit zwei Jahre in Stufe 1 und fünf Jahre in Stufe 2. Entsprechend erfolgt in diesen Fällen die Zuordnung bei der Einstellung auch erst nach nach 7 Jahren einschlägiger Berufserfahrung in Stufe 3.

Die Stufenlaufzeit in der S-Tabelle beträgt ein Jahr in Stufe 1, drei Jahre in Stufe 2, vier Jahre in Stufe 3, vier Jahre in Stufe 4, fünf Jahre in Stufe 5. Für die Entgeltgruppen S 8b gelten Sonderregelungen.

➪ Tarifvertrag (Entgelt Sozial- und Erziehungsdienst)

Die Regelung des § 17 Abs. 2, die beinhaltet, dass die Verweildauer in den Stufen 4 bis 6 bei Leistungen erheblich über dem Durchschnitt verkürzt, sowie bei festgestellten Leistungsmängeln verlängert werden kann, wird allerdings im Schulbereich nicht angewandt.

Das Endgehalt einer Entgeltgruppe wird in der Regel nach 15 Jahren erreicht.

Jahressonderzahlung („Weihnachtsgeld")

Wenn ein Beschäftigungsverhältnis am 1. Dezember besteht, erhält man eine tarifliche Jahressonderzahlung (früher: „Weihnachtsgeld"). Sie beträgt in den

- Entgeltgruppen 1 bis 8 95 %
- Entgeltgruppen 9a bis 11 80 %
- Entgeltgruppen 12 und 13 50 %
- Entgeltgruppen 14 und 15 35 %

des jeweiligen Septemberentgelts, bei unregelmäßiger Verteilung der Arbeitszeit des Durchschnitts der Monate Juli bis September. Dabei müssen alle Zeiten berücksichtigt werden, die man im laufenden Kalenderjahr beim selben Arbeitgeber verbracht hat (z.B. bei mehreren Fristverträgen).

Die Jahressonderzahlung wurde 2019 für vier Jahre „eingefroren". 2022 sollen wieder die Prozent-Werte von 2018 gelten.

Vermögenswirksame Leistungen

Tarifbeschäftigte Lehrkräfte erhalten im Unterschied zu Beamtinnen und Beamten nach wie vor ➪ Vermögenswirksame Leistungen.

Entgelttabelle für die Entgeltgruppen (EG) 7 bis 15 zum Tarifvertrag-Länder

Monatsbeträge in Euro, gültig ab 1. Januar 2021*						
EG	**Stufe 1**	**Stufe 2**	**Stufe 3**	**Stufe 4**	**Stufe 5**	**Stufe 6**
15	4.880,65	5.247,42	5.441,24	6.129,64	6.650,92	6.850,45
14	4.418,91	4.752,85	5.026,88	5.441,24	6.076,14	6.258,43
13	4.074,30	4.385,28	4.619,20	5.073,66	5.701,88	5.872,94
12	3.672,04	3.930,82	4.478,85	4.960,05	5.581,59	5.749,03
11	3.553,15	3.792,20	4.064,48	4.478,85	5.080,35	5.232,76
10	3.427,65	3.662,23	3.930,82	4.204,82	4.726,15	4.867,94
9b	3.051,16	3.277,32	3.424,65	3.831,78	4.178,10	4.303,46
9a	3.051,16	3.277,32	3.326,44	3.424,65	3.831,78	3.945,49
8	2.866,21	3.087,04	3.209,79	3.326,44	3.455,35	3.535,15
7	2.696,84	2.912,50	3.074,75	3.197,52	3.295,75	3.381,67

* die Tarifrunde 2022 war zum Zeitpunkt der Drucklegung noch nicht abgeschlossen

Zulagen (Monatsbeträge in Euro)

Amts- und Funktionszulage

Erhalten Lehrkräfte im Beamtenverhältnis für die Ausübung eines Amtes oder einer Funktion eine Zulage, so erhalten tarifbeschäftigte Lehrkräfte der Abschnitte 1 und 2 Nr. 1 TV-EntgO-L diese Zulagen entsprechend. ⇨ Besoldung (Zulagen)

Angleichungszulage

Bestimmte im TV-EntgO benannte Lehrkräfte unterhalb der EG 13 erhalten eine Angleichungszulage in Höhe von 105 Euro, höchstens jedoch den Betrag, der als Höhergruppierungsgewinn bei entsprechender Anwendung des § 29a Absatz 3 Satz 2 und 3 TVÜ-Länder in der Fassung des § 11 TV EntgO-L zustehen würde.

⇨ Tarifvertrag (Entgeltordnung Lehrkräfte)

Daher gibt es in der EG 9a keine Zulage in den Stufen 1 und 2, da das Tabellenentgelt in diesen Stufen gleich hoch ist, wie in EG 9b. In der Stufe 3 wird die Zulage auf die Differenz von EG 9a Stufe 3 zu EG 9b Stufe 3 in Höhe von 98,21 Euro „begrenzt". Nur in den Stufen 4, 5 und 6 kommt die volle Angleichungszulage zum Tragen.

Zulage gemäß § 16 Abs. 5 TV-L

Direkteinsteigerinnen und Direkteinsteiger in das wissenschaftliche Lehramt an beruflichen Schulen erhalten drei Jahre lang eine monatliche Zulage; bei folgenden Ausbildungsfächern eine erhöhte Zulage:

- Bereich **Elektrotechnik**: Energie- und Automatisierungstechnik sowie System- und Informationstechnik
- Bereich **Metalltechnik**: Fertigungstechnik, Fahrzeugtechnik, Metallbautechnik, Sanitär-, Heizungs- und Klimatechnik.

Stufe	EG 11 normale Zulage	EG 11 mit Elektro- bzw. Metalltechnik	EG 12 normale Zulage	EG 12 mit Elektro- bzw. Metalltechnik
2	50	595	350	895
3	300	850	150	950
4	300	800	150	600
5	300	300	150	150
6	150	150	150	150

Garantiebeträge (Monatsbeträge in Euro) gemäß § 17 Abs. 4

a) Entgeltgruppen EG 2 bis EG 8: 100 Euro

b) Entgeltgruppen EG 9a bis EG 15: 180 Euro

Jahressonderzahlung gemäß § 20 TV-L

Grundlage ist das durchschnittliche monatliche Entgelt der Monate Juli, August und September.

Zum Zeitpunkt der Drucklegung waren die Tarifverhandlungen noch nicht abgesechlossen und es war noch nicht klar, ob die Jahressonderzahlung weiterhin abgesenkt bleibt (siehe GEW-Jahrbuch 2021) oder wieder gemäß § 20 TV-L ausbezahlt wird.

Siehe Protokollnotiz zu ⇨ § 20 Abs. 2 Tarifvertrag – Länder (TV-L)

Tarifvertrag (Entgelt Sozial- und Erziehungsdienst – SuE)

Auszug für Beschäftigte des Abschnitts 20 Unterabschnitt 6;
Monatsbeträge in Euro, gültig 1.1.2021 bis 31.12.2021**

Entgelt-gruppe	Grundentgelt		Entwicklungsstufen			
	Stufe 1	Stufe 2 nach einem Jahr in Stufe 1	Stufe 3 nach drei Jahren in Stufe 2	Stufe 4 nach vier Jahren in Stufe 3	Stufe 5 nach vier Jahren in Stufe 4	Stufe 6 nach fünf Jahren in Stufe 5
S 9	2.930,78	3.209,16	3.464,95	3.837,03	4.185,85	4.453,29
S 8b*	2.930,78	3.209,16	3.464,95	3.837,03	4.185,85	4.453,29
S 8a	2.889,05	3.139,39	3.360,31	3.569,61	3.773,07	3.985,28
S 7	2.819,68	3.056,50	3.263,94	3.471,33	3.626,92	3.859,03
S 4	2.669,59	2.920,36	3.101,88	3.225,03	3.341,72	3.523,48
S 3	2.497,32	2.747,95	2.922,31	3.082,42	3.155,67	3.243,18

* Bei Entgeltgruppe S 8b wird Stufe 5 nach sechs Jahren in Stufe 4 und Stufe 6 nach acht Jahren in Stufe 5 erreicht.

Für die Höhe der Jahressonderzahlung siehe: Tabelle bei ⇨ Tarifvertrag (Entgelt) und ⇨ Tarifvertrag-Länder (TV-L) § 52 Nr. 4

** die Tarifrunde 2022 war zum Zeitpunkt der Drucklegung noch nicht abgeschlossen

⇨ Entgeltumwandlung; ⇨ Außerunterrichtliche Veranstaltungen (Hinweise) Nr. 6; ⇨ Tarifrecht (Allgemeines);
⇨ Tarifvertrag (Entgeltordnung Lehrkräfte); ⇨ Tarifvertrag-Länder (TV-L)

Tarifvertrag (Entgeltordnung Erzieher*innen)

Abschnitt 20 Unterabschnitt 6 (Erzieherinnen, Kinderpflegerinnen) der Entgeltordnung zum TV-L
vom 2. März 2019, gültig ab 1. Januar 2020

Vorbemerkung

(1) Beschäftigte, die nach diesem Unterabschnitt eingruppiert sind, erhalten für die Dauer der Tätigkeit in einem Erziehungsheim, einem Kinder- oder einem Jugendwohnheim oder einer vergleichbaren Einrichtung (Heim)

a) eine monatliche Zulage in Höhe von 61,36 Euro, wenn in dem Heim überwiegend behinderte Menschen im Sinne des § 2 SGB IX oder Kinder und/oder Jugendliche mit wesentlichen Erziehungsschwierigkeiten zum Zwecke der Erziehung, Ausbildung oder Pflege ständig untergebracht sind;

b) eine monatliche Zulage in Höhe von 30,68 Euro, wenn nicht überwiegend solche Personen ständig untergebracht sind.[...]

(2) Absatz 1 gilt nicht für Beschäftigte der Entgeltgruppe 8 Fallgruppe 1.

Entgeltgruppe S 9

1. Beschäftigte mit fachlich koordinierenden Aufgaben für mindestens acht Beschäftigte mindestens der Entgeltgruppe S 8a.
2. Erzieherinnen, Heilerziehungspflegerinnen und Heilerzieherinnen mit staatlicher Anerkennung und jeweils entsprechender Tätigkeit sowie sonstige Beschäftigte, die aufgrund gleichwertiger Fähigkeiten und ihrer Erfahrungen entsprechende Tätigkeiten ausüben,

   mit fachlich koordinierenden Aufgaben für mindestens drei Beschäftigte mindestens der Entgeltgruppe S 8b.

   (Hierzu Protokollerklärungen Nrn. 1 und 2)

Entgeltgruppe S 8b

Erzieherinnen, Heilerziehungspflegerinnen und Heilerzieherinnen mit staatlicher Anerkennung und entsprechender Tätigkeit sowie sonstige Beschäftigte, die aufgrund gleichwertiger Fähigkeiten und ihrer Erfahrungen entsprechende Tätigkeiten ausüben, mit besonders schwierigen fachlichen Tätigkeiten.

(Stufe 5 nach sechs Jahren in Stufe 4 und Stufe 6 nach acht Jahren in Stufe 5)

(Hierzu Protokollerklärungen Nr. 1, 2 und 3)

Entgeltgruppe S 8a

Erzieherinnen, Heilerziehungspflegerinnen und Heilerzieherinnen mit staatlicher Anerkennung und entsprechender Tätigkeit sowie sonstige Beschäftigte, die aufgrund gleichwertiger Fähigkeiten und ihrer Erfahrungen entsprechende Tätigkeiten ausüben.

(Hierzu Protokollerklärungen Nr. 1 und 2)

Entgeltgruppe S 4

1. Kinderpflegerinnen mit staatlicher Anerkennung oder mit staatlicher Prüfung und entsprechender Tätigkeit sowie sonstige Beschäftigte, die aufgrund gleichwertiger Fähigkeiten und ihrer Erfahrungen entsprechende Tätigkeiten ausüben, mit schwierigen fachlichen Tätigkeiten.

   (Hierzu Protokollerklärung Nr. 4)
2. Beschäftigte in der Tätigkeit von Erzieherinnen, Heilerziehungspflegerinnen oder Heilerzieherinnen mit staatlicher Anerkennung.

   (Keine Stufen 5 und 6);

   (Hierzu Protokollerklärung Nr. 1)

Entgeltgruppe S 3

Kinderpflegerinnen mit staatlicher Anerkennung oder mit staatlicher Prüfung und entsprechender Tätigkeit sowie sonstige Beschäftigte, die aufgrund gleichwertiger Fähigkeiten und ihrer Erfahrungen entsprechende Tätigkeiten ausüben. [...]

Protokollerklärungen:

Nr. 1

Als entsprechende Tätigkeit von Erzieherinnen gilt auch die Tätigkeit in Schulkindergärten, Vorklassen oder Vermittlungsgruppen für nicht schulpflichtige Kinder und die Betreuung von über 18-jährigen Personen (z.B. in Einrichtungen für Menschen mit Behinderung im Sinne des § 2 SGB IX oder für Obdachlose).

Nr. 2

Nach diesem Tätigkeitsmerkmal sind auch

a) Kindergärtnerinnen und Hortnerinnen mit staatlicher Anerkennung oder staatlicher Prüfung,

b) Gesundheits- und Kinderkrankenpflegerinnen, die in Kinderkrippen tätig sind,

c) Beschäftigte mit einem Bachelorabschluss „Kindheitspädagogik“ bzw. „Elementarpädagogik“, wenn sie in der Erziehung von Kindern und Jugendlichen eingesetzt sind,

eingruppiert.

Nr. 3

Besonders schwierige fachliche Tätigkeiten sind z.B. die

a) Tätigkeiten in Integrationsgruppen (Erziehungsgruppen, denen besondere Aufgaben in der gemeinsamen Förderung behinderter und nicht behinderter Kinder zugewiesen sind) mit einem Anteil von mindestens einem Drittel von Menschen mit Behinderung im Sinne des § 2 SGB IX in Einrichtungen der Kindertagesbetreuung,

b) Tätigkeiten in Gruppen von Menschen mit Behinderung im Sinne des § 2 SGB IX oder von Kindern und/oder Jugendlichen mit wesentlichen Erziehungsschwierigkeiten,

c) Tätigkeiten in Jugendzentren/Häusern der offenen Tür,

d) Tätigkeiten in geschlossenen (gesicherten) Gruppen,

e) fachlichen Koordinierungstätigkeiten für mindestens vier Beschäftigte mindestens der Entgeltgruppe S 8a,

f) Tätigkeiten einer Facherzieherin mit einrichtungsübergreifenden Aufgaben.

Nr. 4

Schwierige fachliche Tätigkeiten sind z.B.

a) Tätigkeiten in Einrichtungen für Menschen mit Behinderung im Sinne des § 2 SGB IX und in psychiatrischen Kliniken,

b) die allein verantwortliche Betreuung von Gruppen z.B. in Randzeiten,

c) Tätigkeiten in Integrationsgruppen (Erziehungsgruppen, denen besondere Aufgaben in der gemeinsamen Förderung behinderter und nicht behinderter Kinder zugewiesen sind) mit einem Anteil von mindestens einem Drittel von Menschen mit Behinderung im Sinne des § 2 SGB IX in Einrichtungen der Kindertagesbetreuung,

d) Tätigkeiten in Gruppen von Menschen mit Behinderung im Sinne des § 2 SGB IX oder in Gruppen von Kindern und/oder Jugendlichen mit wesentlichen Erziehungsschwierigkeiten,

e) Tätigkeiten in geschlossenen (gesicherten) Gruppen.

➪ Tarifvertrag (Entgelt SuE); ➪ Entgeltumwandlung; ➪ Tarifvertrag-Länder (TV-L)

Tarifvertrag (Entgeltordnung Lehrkräfte)

Tarifvertrag über die Eingruppierung und die Entgeltordnung für die Lehrkräfte der Länder (TV EntgO-L) vom 28. März 2015, geändert durch den Änderungstarifvertrag Nr. 3 vom 2. März 2019

Vorbemerkungen der Redaktion:

Zur Einführung in das Tarifrecht sowie zur inhaltlichen und rechtlichen Problematik der Entgeltordnung für Lehrkräfte siehe: ➪ Tarifrecht (Allgemeines).

Für die Lehrkräfte des Landes im Arbeitnehmerverhältnis gelten der „Tarifvertrag über die Eingruppierung und die Entgeltordnung für die Lehrkräfte der Länder" (TV EntgO-L) vom 28.3.2015 sowie die „Entgeltordnung Lehrkräfte" (EntgO Lehrkräfte).

Am 31.7.2015 vorhandene tarifbeschäftigte Lehrkräfte des Landes wurden unter Beibehaltung der bisherigen Entgeltgruppe und ohne weitere Überprüfung der Eingruppierung übergeleitet. Sie verbleiben für die Dauer der unverändert auszuübenden Tätigkeit in ihrer bisherigen Entgeltgruppe. Tabellenentgelte und Zulagen werden entsprechend der aktuellen Fassung des TV-L unverändert weitergezahlt. Zur Höhe des Entgelts siehe: ➪ Tarifvertrag (Entgelt).

Präambel

Die Tarifvertragsparteien bekennen sich zum hohen gesellschaftlichen Wert der schulischen Bildung und Erziehung. Zur Gewährleistung der bestehenden hohen Unterrichtsqualität in den Ländern halten sie auch für die tarifvertraglich beschäftigten Lehrkräfte grundsätzlich eine vollständige Lehrerausbildung, die auch den erfolgreich abgeschlossenen Vorbereitungsdienst einschließt, für erforderlich.

Abschnitt I
Allgemeine Vorschriften

§ 1 Geltungsbereich

Dieser Tarifvertrag gilt für Lehrkräfte an allgemeinbildenden und berufsbildenden Schulen, die unter den Geltungsbereich des § 44 Tarifvertrag für den öffentlichen Dienst der Länder (TV-L) fallen.

➪ Tarifvertrag-Länder (TV-L)

§ 2

Maßgaben zum TV-L und zum TVÜ-Länder

(1) Für die Eingruppierung der Lehrkräfte gilt der TV-L mit den Maßgaben in Abschnitt II.

(2) Für die Überleitung der am 31. Juli 2015 vorhandenen Lehrkräfte in die Entgeltordnung Lehrkräfte (Anlage zum TV EntgO-L) gilt der Tarifvertrag zur Überleitung der Beschäftigten in den TV-L und zur Regelung des Übergangsrechts (TVÜ-Länder) mit den Maßgaben in Abschnitt III.

Abschnitt II
Maßgaben zum TV-L

Hinweise der Redaktion:

1. Die in den §§ 3 bis 7 definierten Maßgaben sind in den Text des TV-L bei dessen §§ 12, 13, 14, 16 und 17 eingearbeitet. ➪ Tarifvertrag-Länder (TV-L)
2. Die Überleitungsvorschriften sind hier nicht abgedruckt.

Anlage zum TV EntgO-L

Entgeltordnung Lehrkräfte

Vorbemerkungen zu allen Abschnitten der Entgeltordnung Lehrkräfte

1.

(1) Für das Verhältnis der Abschnitte zueinander gelten die Regelungen der Absätze 2 bis 8.

(2) Für Lehrkräfte in der Tätigkeit von Lehrkräften mit abgeschlossenem Lehramtsstudium an einer wissenschaftlichen Hochschule und mit abgeschlossenem Referendariat oder Vorbereitungsdienst gelten nur die Abschnitte 1 und 2.

(3) Für Lehrkräfte in der Tätigkeit von Fachlehrern im Sinne der Vorbemerkungen zu Abschnitt 3 gelten nur die Abschnitte 1 und 3.

(4) Für Lehrkräfte, die herkunftssprachlichen Ergänzungsunterricht erteilen, gilt nur Abschnitt 4 Unterabschnitt 1.

(5) Für pädagogische und heilpädagogische Unterrichtshilfen und sonderpädagogische Fachkräfte, die nach landesrechtlichen Vorschriften Lehrkräfte sind oder nach landesrechtlichen Vorschriften Lehrkräften gleichgestellt sind, gelten nur Abschnitt 1 und Abschnitt 4 Unterabschnitt 2.

(6) Für Lehrkräfte in Schulkindergärten oder in Vorschulklassen für schulpflichtige Kinder gilt nur Abschnitt 4 Unterabschnitt 3. [...]

2.

Die Lehrkraft, die Tätigkeiten aus verschiedenen Abschnitten bzw. Unterabschnitten nicht nur vorübergehend auszuüben hat, ist nach der Tätigkeit eingruppiert, die zeitlich mindestens zur Hälfte anfällt. Für die Feststellung, welche Tätigkeit mindestens zur Hälfte anfällt, ist von der für die jeweilige Tätigkeit geltenden Pflichtstundenzahl auszugehen.

3. und 4. *(nicht abgedruckt)*

Abschnitt 1.
Lehrkräfte, bei denen die fachlichen und pädagogischen Voraussetzungen für die Übernahme in das Beamtenverhältnis erfüllt sind

Vorbemerkungen

1. Dieser Abschnitt gilt für Lehrkräfte, bei denen die fachlichen und pädagogischen Voraussetzungen für die Übernahme in das Beamtenverhältnis erfüllt sind.

   Hinweis der Redaktion: Lehrkräfte sind nur dann „Erfüller*innen", wenn sie in der Schulart unterrichten, für deren Lehramt sie auch qualifiziert sind. Z.B. fällt eine Lehrkraft mit gymnasialer Lehramtsausbildung, die an einer Grundschule unterrichtet, nicht unter 1.1.

2. Die Lehrkraft, die ihre Tätigkeit an verschiedenen Schulformen nicht nur vorübergehend auszuüben hat, ist nach der Tätigkeit eingruppiert, die zeitlich mindestens zur Hälfte anfällt. Für die Feststellung, welche Tätigkeit mindestens zur Hälfte anfällt, ist von der für die jeweilige Schulform geltenden Pflichtstundenzahl auszugehen. Die Sätze 1 und 2 gelten entsprechend, wenn die Lehrkraft ihre Tätigkeit
   a) in mehreren Schulzweigen oder
   b) in mehreren Schul- bzw. Klassenstufen
   auszuüben hat.

(1) Die Lehrkraft ist in der Entgeltgruppe eingruppiert, die nach Satz 3 der beim Arbeitgeber geltenden Besoldungsgruppe entspricht, in welche sie eingestuft wäre, wenn sie unter Zugrundelegung ihrer fachlichen und pädagogischen Voraussetzungen im Beamtenverhältnis stünde. Sind in dem beim Arbeitgeber geltenden Besoldungsgesetz Beförderungsämter in einer höheren Besoldungsgruppe als dem Eingangsamt ausgebracht, erfolgt eine Höhergruppierung unter denselben Voraussetzungen wie eine Beförderung bei einer vergleichbaren beamteten Lehrkraft.

⇨ Besoldung (Lehrkräfte / Eingruppierung)

Es entspricht

der Besoldungsgruppe	die Entgeltgruppe
A 9	9a **)
A 10	9b**)
A 11	10**)
A 12, 12a	11**)
A 13	13
A 14	14
A 15	15.

** Lehrkräfte in dieser Entgeltgruppe erhalten eine monatliche Angleichungszulage gemäß Anhang 1

(2) Hat die Lehrkraft ihre Tätigkeit an einer anderen als ihrer Lehramtsbefähigung entsprechenden Schulform auszuüben und wäre sie bei einem Einsatz entsprechend ihrer Lehramtsbefähigung nach Absatz 1 Satz 3 einer höheren Entgeltgruppe zuzuordnen als eine Lehrkraft mit einer dieser anderen Schulform entsprechenden Lehramtsbefähigung, ist für die Zuordnung nach Absatz 1 Satz 3 die Lehramtsbefähigung zugrunde zu legen, die dieser anderen Schulform entspricht.

Sind in dem beim Arbeitgeber geltenden Besoldungsgesetz für die Laufbahn, die der Schulform entspricht, an der die Lehrkraft ihre Tätigkeit auszuüben hat, Beförderungsämter in einer höheren Besoldungsgruppe als dem Eingangsamt ausgebracht, erfolgt eine Höhergruppierung in die nach Absatz 1 Satz 3 entsprechende Entgeltgruppe unter denselben Voraussetzungen wie eine Beförderung bei einer vergleichbaren beamteten Lehrkraft an dieser Schulform.

Die Sätze 1 und 2 gelten entsprechend, wenn die Lehrkraft ihre Tätigkeit
a) in einem anderen als ihrer Lehramtsbefähigung entsprechenden Schulzweig oder

b) in einer anderen als ihrer Lehramtsbefähigung entsprechenden Schul- bzw. Klassenstufe

auszuüben hat. Die Sätze 1 bis 3 gelten nicht für Lehrkräfte mit der Befähigung

a) für das Lehramt an Förderschulen/Sonderschulen,

b) für das Lehramt für Sonderpädagogik,

die sonderpädagogische Fördermaßnahmen durchführen.

(3) Hat die Lehrkraft ihre Tätigkeit an einer anderen als ihrer Lehramtsbefähigung entsprechenden Schulform auszuüben und wäre sie bei einem Einsatz entsprechend ihrer Lehramtsbefähigung nach Absatz 1 Satz 3 einer niedrigeren Entgeltgruppe zuzuordnen als eine Lehrkraft mit einer dieser anderen Schulform entsprechenden Lehramtsbefähigung, sind für die Zuordnung nach Absatz 1 Satz 3 die erworbene Lehramtsbefähigung und eine entsprechende Tätigkeit zugrunde zu legen.

Sind in dem beim Arbeitgeber geltenden Besoldungsgesetz für die Laufbahn, die der Lehramtsbefähigung der Lehrkraft entspricht, Beförderungsämter in einer höheren Besoldungsgruppe als dem Eingangsamt ausgebracht, erfolgt eine Höhergruppierung unter denselben Voraussetzungen wie eine Beförderung bei einer in vergleichbarer Tätigkeit beamteten Lehrkraft an der Schulform, an der die Lehrkraft ihre Tätigkeit auszuüben hat; für die Zuordnung nach Absatz 1 Satz 3 ist das Beförderungsamt für die Laufbahn zugrunde zu legen, die der Lehramtsbefähigung der Lehrkraft entspricht.

Die Sätze 1 und 2 gelten entsprechend, wenn die Lehrkraft ihre Tätigkeit

a) in einem anderen als ihrer Lehramtsbefähigung entsprechenden Schulzweig oder

b) in einer anderen als ihrer Lehramtsbefähigung entsprechenden Schul- bzw. Klassenstufe

auszuüben hat.

(4) Die Lehrkraft erhält eine Entgeltgruppenzulage, wenn sie – stünde sie im Beamtenverhältnis – nach dem beim Arbeitgeber geltenden Besoldungsrecht in ihrer Besoldungsgruppe Anspruch auf eine Zulage hätte. Satz 1 gilt nicht für

a) Zulagen, die unabhängig davon zustehen können, ob die Beamtin oder der Beamte als Lehrkraft tätig ist, sowie

b) die allgemeine Stellenzulage nach Nr. 27 der Vorbemerkungen zu den Bundesbesoldungsordnungen A und B (Anlage I des Bundesbesoldungsgesetzes) in der am 30. Juni 2009 geltenden Fassung oder einer vergleichbaren landesrechtlichen Regelung.

Hinweis der Redaktion: Das ist die „Strukturzulage" für Fachlehrkräfte und Studienräte*rätinnen. ⇨ Besoldung (Zulagen)

Soweit die besoldungsrechtliche Zulage als Beförderungsamt gewährt wird, gilt für die Gewährung der Entgeltgruppenzulage Absatz 1 Satz 2 entsprechend. Die Höhe der Entgeltgruppenzulage entspricht der Höhe der Zulage nach dem beim Arbeitgeber geltenden Besoldungsrecht. Die Entgeltgruppenzulage ist nicht zusatzversorgungspflichtig, soweit die entsprechende besoldungsrechtliche Zulage nicht ruhegehaltfähig ist.

(5) In den Fällen von Absatz 2 Satz 1 und 3 gilt Absatz 4 mit der Maßgabe, dass von der Besoldungsgruppe auszugehen ist, in welche die Lehrkraft mit der dieser Schulform, diesem Schulzweig bzw. dieser Schul- bzw. Klassenstufe entsprechenden Lehramtsbefähigung und entsprechender Tätigkeit eingestuft wäre. Satz 1 gilt nicht für Lehrkräfte mit der Befähigung

a) für das Lehramt an Förderschulen/Sonderschulen,

b) für das Lehramt für Sonderpädagogik,

die sonderpädagogische Fördermaßnahmen durchführen.

(6) In den Fällen von Absatz 3 Satz 1 und 3 gilt Absatz 4 mit der Maßgabe, dass von der Besoldungsgruppe auszugehen ist, in welche die Lehrkraft mit der erworbenen Lehramtsbefähigung und entsprechender Tätigkeit eingestuft wäre.

Protokollerklärungen:

Nr. 1 Soweit im jeweiligen Landesrecht anstelle des Begriffs „Schulform" der Begriff „Schulart" verwendet wird, ist dem Begriff „Schulform" der Begriff „Schulart" gleichgestellt.

Nr. 2-5 nicht abgedruckt

Abschnitt 2.
Lehrkräfte, bei denen die fachlichen und pädagogischen Voraussetzungen für die Übernahme in das Beamtenverhältnis nicht erfüllt sind, in der Tätigkeit von Lehrkräften mit abgeschlossenem Lehramtsstudium an einer wissenschaftlichen Hochschule und mit abgeschlossenem Referendariat oder Vorbereitungsdienst

Vorbemerkungen

1. Dieser Abschnitt gilt für Lehrkräfte, bei denen die fachlichen und pädagogischen Voraussetzungen für die Übernahme in das Beamtenverhältnis nicht erfüllt sind, in der Tätigkeit von Lehrkräften mit abgeschlossenem Lehramtsstudium an einer wissenschaftlichen Hochschule und mit abgeschlossenem Referendariat oder Vorbereitungsdienst.

   (Hierzu Protokollerklärungen Nrn. 1 und 2)

2. Die Lehrkraft, die ihre Tätigkeit an verschiedenen Schulformen nicht nur vorübergehend auszuüben hat, ist nach der Tätigkeit eingruppiert, die zeitlich mindestens zur Hälfte anfällt. Für die Feststellung, welche Tätigkeit mindestens zur Hälfte anfällt, ist von der für die jeweilige Schulform geltenden Pflichtstundenzahl auszugehen. Die Sätze 1 und 2 gelten entsprechend, wenn die Lehrkraft ihre Tätigkeit

   a) in mehreren Schulzweigen oder

b) in mehreren Schul- bzw. Klassenstufen auszuüben hat.

(Hierzu Protokollerklärung Nr. 3)

Unterabschnitt 2.1.

(1) Die Lehrkraft mit abgeschlossenem Lehramtsstudium an einer wissenschaftlichen Hochschule, die aufgrund ihres Studiums die fachlichen Voraussetzungen zum Unterrichten in mindestens zwei Fächern hat, ist in der Entgeltgruppe eingruppiert, die nach Satz 4 der beim Arbeitgeber geltenden Besoldungsgruppe entspricht, in welche sie eingestuft wäre, wenn sie nach Maßgabe von Satz 2 und 3 im Beamtenverhältnis stünde. Für die Ermittlung dieser Besoldungsgruppe ist das Beamtenverhältnis zugrunde zu legen, in das die Lehrkraft übernommen werden könnte, wenn sie nach Abschluss ihres Lehramtsstudiums zur Vorbereitung auf den Lehrerberuf das Referendariat oder den Vorbereitungsdienst abgeschlossen hätte. Sind in dem beim Arbeitgeber geltenden Besoldungsgesetz Beförderungsämter in einer höheren Besoldungsgruppe als dem Eingangsamt ausgebracht, erfolgt eine Höhergruppierung in die nach Satz 4 entsprechende Entgeltgruppe unter denselben Voraussetzungen wie eine Beförderung bei einer vergleichbaren beamteten Lehrkraft, wobei sich die jeweils geltende beamtenrechtliche Beförderungswartezeit um fünf Jahre verlängert. Es entspricht

der Besoldungsgruppe	die Entgeltgruppe
A 12, 12a	11*) **)
A 13	13*)
A 14	14*)
A 15	15*).

* Für ab 1. August 2015 neu zu begründende Arbeitsverhältnisse: Stufe 2 nach 2 Jahren in Stufe 1, Stufe 3 nach 5 Jahren in Stufe 2

** Lehrkräfte in dieser Entgeltgruppe erhalten eine monatliche Angleichungszulage gemäß Anhang 1

Hinweis der Redaktion: Personen mit nicht bestandenem zweiten Staatsexamen werden nicht beschäftigt. Sie erhalten in VPO den Vermerk „abgelehnt wg. nicht bestandener Prüfung".

(2) Hat die Lehrkraft ihre Tätigkeit an einer anderen als ihrem Lehramtsstudium entsprechenden Schulform auszuüben und wäre sie bei einem Einsatz entsprechend ihrem Lehramtsstudium nach Absatz 1 Satz 4 einer höheren Entgeltgruppe zuzuordnen als eine Lehrkraft mit einem dieser anderen Schulform entsprechenden Lehramtsstudium, ist für die Zuordnung nach Absatz 1 Satz 4 das Lehramtsstudium zugrunde zu legen, das dieser anderen Schulform entspricht.

Hinweis der Redaktion: Eine an der Grundschule eingesetzte Gymnasiallehrerin wird also wie eine Grundschullehrerin eingruppiert.

Sind in dem beim Arbeitgeber geltenden Besoldungsgesetz für die Laufbahn, die der Schulform entspricht, an der die Lehrkraft ihre Tätigkeit auszuüben hat, Beförderungsämter in einer höheren Besoldungsgruppe als dem Eingangsamt ausgebracht, erfolgt eine Höhergruppierung in die nach Absatz 1 Satz 4 entsprechende Entgeltgruppe unter denselben Voraussetzungen wie eine Beförderung bei einer vergleichbaren beamteten Lehrkraft an dieser Schulform, wobei sich die jeweils geltende beamtenrechtliche Beförderungswartezeit um fünf Jahre verlängert.

Die Sätze 1 und 2 gelten entsprechend, wenn die Lehrkraft ihre Tätigkeit

a) in einem anderen als ihrem Lehramtsstudium entsprechenden Schulzweig oder

b) in einer anderen als ihrem Lehramtsstudium entsprechenden Schul- bzw. Klassenstufe

auszuüben hat. Die Sätze 1 bis 3 gelten nicht für Lehrkräfte mit einem abgeschlossenen Studium

a) für das Lehramt an Förderschulen/Sonderschulen,

b) für das Lehramt für Sonderpädagogik,

die sonderpädagogische Fördermaßnahmen durchführen.

(3) Hat die Lehrkraft ihre Tätigkeit an einer anderen als ihrem Lehramtsstudium entsprechenden Schulform auszuüben und wäre sie bei einem Einsatz entsprechend ihrem Lehramtsstudium nach Absatz 1 Satz 4 einer niedrigeren Entgeltgruppe zuzuordnen als eine Lehrkraft mit einem dieser anderen Schulform entsprechenden Lehramtsstudium, sind für die Zuordnung nach Absatz 1 Satz 4 das von ihr abgeschlossene Lehramtsstudium und eine entsprechende Tätigkeit zugrunde zu legen.

Hinweis der Redaktion: Eine an einem SBBZ eingesetzte Grundschullehrerin wird also wie eine Grundschullehrerin eingruppiert.

Sind in dem beim Arbeitgeber geltenden Besoldungsgesetz für die Laufbahn, die dem Lehramtsstudium der Lehrkraft entspricht, Beförderungsämter in einer höheren Besoldungsgruppe als dem Eingangsamt ausgebracht, erfolgt eine Höhergruppierung unter denselben Voraussetzungen wie eine Beförderung bei einer in vergleichbarer Tätigkeit beamteten Lehrkraft an der Schulform, an der die Lehrkraft ihre Tätigkeit auszuüben hat, wobei sich die jeweils geltende beamtenrechtliche Beförderungswartezeit um fünf Jahre verlängert; für die Zuordnung nach Absatz 1 Satz 4 ist das Beförderungsamt für die Laufbahn zugrunde zu legen, die dem Lehramtsstudium der Lehrkraft entspricht.

Die Sätze 1 und 2 gelten entsprechend, wenn die Lehrkraft ihre Tätigkeit

a) in einem anderen als ihrem Lehramtsstudium entsprechenden Schulzweig oder

b) in einer anderen als ihrem Lehramtsstudium entsprechenden Schul- bzw. Klassenstufe

auszuüben hat.

(4) Die Lehrkraft im Sinne von Absatz 1 Satz 1erhält eine Entgeltgruppenzulage, wenn sie – stünde sie im Beamtenverhältnis – nach dem beim Arbeitgeber geltenden Besoldungsrecht in ihrer Besoldungsgruppe Anspruch auf eine Zulage hätte. Satz 1 gilt nicht für

a) Zulagen, die unabhängig davon zustehen können, ob die Beamtin oder der Beamte als Lehrkraft tätig ist, sowie

b) die allgemeine Stellenzulage nach Nr. 27 der Vorbemerkungen zu den Bundesbesoldungsordnungen A und B (Anlage I des Bundesbesoldungsgesetzes) in der am 30. Juni 2009 geltenden Fassung oder einer vergleichbaren landesrechtlichen Regelung.

Soweit die besoldungsrechtliche Zulage als Beförderungsamt gewährt wird, gilt für die Gewährung der Entgeltgruppenzulage Absatz 1 Satz 3 entsprechend. Die Höhe der Entgeltgruppenzulage entspricht der Höhe der Zulage nach dem beim Arbeitgeber geltenden Besoldungsrecht. Die Entgeltgruppenzulage ist nicht zusatzversorgungspflichtig, soweit die entsprechende besoldungsrechtliche Zulage nicht ruhegehaltfähig ist.

(5) In den Fällen von Absatz 2 Satz 1 und 3 gilt Absatz 4 mit der Maßgabe, dass von der Besoldungsgruppe auszugehen ist, in welche die Lehrkraft mit dem dieser Schulform, diesem Schulzweig bzw. dieser Schul- bzw. Klassenstufe entsprechenden Lehramtsstudium und entsprechender Tätigkeit eingestuft wäre. Satz 1 gilt nicht für Lehrkräfte mit der Befähigung

a) für das Lehramt an Förderschulen/Sonderschulen,
b) für das Lehramt für Sonderpädagogik, die sonderpädagogische Fördermaßnahmen durchführen.

(6) In den Fällen von Absatz 3 Satz 1 und 3 gilt Absatz 4 mit der Maßgabe, dass von der Besoldungsgruppe auszugehen ist, in welche die Lehrkraft mit dem von ihr abgeschlossenen Lehramtsstudium und entsprechender Tätigkeit eingestuft wäre.

(Hierzu Protokollerklärungen Nrn. 1, 2, 3, 4, 5, 6 und 12)

Unterabschnitt 2.2.

Die Lehrkraft, die

a) eine wissenschaftliche Hochschulbildung oder
b) ein Studium an einer Hochschule für Kunst oder Musik oder an einer vergleichbaren Einrichtung mit einem Mastergrad oder mit einem vergleichbaren Abschluss

abgeschlossen hat, und die aufgrund ihres Studiums die fachlichen Voraussetzungen zum Unterrichten in mindestens einem Schulfach hat, ist in der Entgeltgruppe eingruppiert, die nach Satz 3 der beim Arbeitgeber geltenden Besoldungsgruppe entspricht, in welche sie im Eingangsamt eingestuft wäre, wenn sie nach Maßgabe von Satz 2 im Beamtenverhältnis stünde. Für die Ermittlung dieser Besoldungsgruppe ist das Beamtenverhältnis zugrunde zu legen, in das eine Lehrkraft übernommen werden könnte, wenn sie

a) aufgrund eines einschlägigen abgeschlossenen Lehramtsstudiums an einer wissenschaftlichen Hochschule die Fähigkeit zum Unterrichten in mindestens zwei Fächern hätte und
b) zur Vorbereitung auf den Lehrerberuf das Referendariat oder den Vorbereitungsdienst abgeschlossen hätte;

das Lehramtsstudium ist nur dann einschlägig, wenn es der auszuübenden Tätigkeit entspricht. Es entspricht

der Besoldungsgruppe	die Entgeltgruppe
A 12, 12a	10**)
A 13	12.

** Lehrkräfte in dieser Entgeltgruppe erhalten eine monatliche Angleichungszulage gemäß Anhang 1

(Hierzu Protokollerklärungen Nrn. 1, 2, 3, 5, 7, 8, 10, 11 und 12)

Unterabschnitt 2.3.

Die Lehrkraft, die

a) eine Hochschulbildung oder
b) ein Studium an einer Hochschule für Kunst oder Musik oder an einer vergleichbaren Einrichtung mit einem Bachelorgrad oder mit einem vergleichbaren Abschluss

abgeschlossen hat, und die aufgrund ihres Studiums die fachlichen Voraussetzungen zum Unterrichten in mindestens einem Schulfach hat, ist in der Entgeltgruppe eingruppiert, die nach Satz 2 der beim Arbeitgeber geltenden Besoldungsgruppe entspricht, in welche sie im Eingangsamt eingestuft wäre, wenn sie nach Maßgabe von Ziffer 2 Satz 2 im Beamtenverhältnis stünde. Es entspricht

der Besoldungsgruppe	die Entgeltgruppe
A 12, 12a	10
A 13	11.

(Hierzu Protokollerklärungen Nrn. 1, 2, 3, 5, 8, 9, 10, 11 und 12)

Unterabschnitt 2.4.

Die Lehrkraft, die nicht mindestens die Voraussetzungen von Ziffer 3 Satz 1 erfüllt, ist in der Entgeltgruppe eingruppiert, die nach Satz 2 der beim Arbeitgeber geltenden Besoldungsgruppe entspricht, in welche sie im Eingangsamt eingestuft wäre, wenn sie nach Maßgabe von Ziffer 2 Satz 2 im Beamtenverhältnis stünde. Es entspricht

der Besoldungsgruppe	die Entgeltgruppe
A 12, 12a	9b
A 13	10.

(Hierzu Protokollerklärungen Nrn. 1, 2, 3, 5 und 12)

Protokollerklärungen:

Nr. 1 Wissenschaftliche Hochschulen sind Universitäten, Technische Hochschulen sowie andere Hochschulen, die nach Landesrecht als wissenschaftliche Hochschulen anerkannt sind.

Nr. 2 Ein abgeschlossenes Lehramtsstudium an einer wissenschaftlichen Hochschule liegt vor, wenn das Studium lehramtsbezogen ist und mit einer ersten Staatsprüfung, mit einer Diplomprüfung oder mit einer Masterprüfung beendet worden ist.

Nr. 3 Soweit im jeweiligen Landesrecht anstelle des Begriffs „Schulform" der Begriff „Schulart" verwendet wird, ist dem Begriff „Schulform" der Begriff „Schulart" gleichgestellt.

Nr. 4 Ein Abschluss an einer ausländischen Hochschule gilt als abgeschlossenes Lehramtsstudium, wenn er von der zuständigen staatlichen Anerkennungsstelle als dem deutschen Hochschulabschluss gleichwertig anerkannt wurde.

Nr. 5 Ein Lehramtsstudium entspricht der auszuübenden Tätigkeit, wenn es dem Lehramt für die Schulform entspricht, in der die Tätigkeit auszuüben ist. Soweit in Schulformen Lehrämter nach Schulzweigen unterschieden werden, entspricht ein Lehramtsstudium der auszuübenden Tätigkeit, wenn es dem Lehramt für den Schulzweig entspricht, in dem die Tätigkeit auszuüben ist. Soweit in Schulformen Lehrämter nach Schul- bzw. Klassenstufen unterschieden werden, entspricht ein Lehramtsstudium der auszuübenden Tätigkeit, wenn es dem Lehramt für die Schul- bzw. Klassenstufe entspricht, in der die Tätigkeit auszuüben ist.

Nr. 6 Besoldungsrechtliche Ausgleichszulagen gelten auch dann als Zulagen im Sinne von Absatz 4 Satz 2 Buchstabe a, wenn ihre Voraussetzungen an einen lehrkräftespezifischen Sachverhalt anknüpfen, z.B.

a) § 13 Absatz 1 Satz 1 Nr. 4 Bundesbesoldungsgesetz in der Fassung der Bekanntmachung vom 6. August 2002 (BGBl. I S. 3020), zul. geändert durch Art. 3 des Gesetzes vom 12. Juli 2006 (BGBl. I S. 1466), und

b) § 58 Absatz 1 Satz 1 Nr. 4 Besoldungsgesetz Schleswig-Holstein vom 26. Januar 2012 (GVOBl. S. 153).

Nr. 7

(1) Eine abgeschlossene wissenschaftliche Hochschulbildung liegt vor, wenn das Studium mit einer ersten Staatsprüfung oder mit einer Diplomprüfung oder mit einer Masterprüfung oder mit einer Magisterprüfung beendet worden ist. Diesen Prüfungen steht eine Promotion nur in den Fällen gleich, in denen die Ablegung einer ersten Staatsprüfung oder einer Diplomprüfung oder einer Masterprüfung oder einer Magisterprüfung nach den einschlägigen Ausbildungsvorschriften nicht vorgesehen ist. Eine abgeschlossene wissenschaftliche Hochschulbildung liegt auch vor, wenn der Mastergrad an einer Fachhochschule erlangt wurde und den Zugang zur Laufbahn des höheren Dienstes bzw. zur entsprechenden Qualifikationsebene eröffnet; dies setzt voraus, dass der Masterstudiengang das Akkreditierungsverfahren erfolgreich durchlaufen hat, solange dies nach dem jeweils geltenden Landesbeamtenrecht für den Zugang zur Laufbahn des höheren Dienstes bzw. zur entsprechenden Qualifikationsebene gefordert ist.

(2) Eine abgeschlossene wissenschaftliche Hochschulbildung setzt voraus, dass die Abschlussprüfung in einem Studiengang abgelegt wird, der seinerseits mindestens das Zeugnis der Hochschulreife (allgemeine Hochschulreife oder einschlägige fachgebundene Hochschulreife) oder eine andere landesrechtliche Hochschulzugangsberechtigung als Zugangsvoraussetzung erfordert, und für den Abschluss eine Mindeststudienzeit von mehr als sechs Semestern – ohne etwaige Praxissemester, Prüfungssemester o. Ä. – vorgeschrieben ist. Ein Bachelorstudiengang erfüllt diese Voraussetzung auch dann nicht, wenn mehr als sechs Semester für den Abschluss vorgeschrieben sind.

Nr. 8

(1) Einer Hochschule für Kunst oder Musik vergleichbare Einrichtungen sind

a) entsprechende Hochschulinstitute,

b) Hochschulen bzw. Hochschulinstitute für Kirchenmusik,

c) Konservatorien und Musikakademien,

d) Kunstakademien,

soweit sie nicht bereits Hochschulen nach Landesrecht sind.

(2) Einem Mastergrad vergleichbar ist z.B. die Ablegung der A-Prüfung für Kirchenmusik.

(3) Einem Bachelorgrad vergleichbar ist z.B. die Ablegung der B-Prüfung für Kirchenmusik.

Nr. 9

(1) Eine abgeschlossene Hochschulbildung liegt vor, wenn von einer Hochschule im Sinne des § 1 Hochschulrahmengesetz (HRG) ein Diplomgrad mit dem Zusatz „Fachhochschule" („FH"), ein anderer nach § 18 HRG gleichwertiger Abschlussgrad oder ein Bachelorgrad verliehen wurde.

(2) Der Bachelorstudiengang muss nach den Regelungen des Akkreditierungsrats akkreditiert sein. Dem gleichgestellt sind Abschlüsse in akkreditierten Bachelorausbildungsgängen an Berufsakademien.

(3) Eine abgeschlossene Hochschulbildung setzt voraus, dass die Abschlussprüfung in einem Studiengang abgelegt wird, der seinerseits mindestens das Zeugnis der Hochschulreife (allgemeine Hochschulreife) oder eine andere landesrechtliche Hochschulzugangsberechtigung als Zugangsvoraussetzung erfordert, und für den Abschluss eine Mindeststudienzeit von sechs Semestern - ohne etwaige Praxissemester, Prüfungssemester o. Ä. - vorgeschrieben ist.

Nr. 10 Ein Abschluss an einer ausländischen Hochschule gilt als

a) abgeschlossene wissenschaftliche Hochschulbildung,

b) mit einem Mastergrad abgeschlossenes Studium an einer Hochschule für Kunst oder Musik,

c) abgeschlossene Hochschulbildung,

d) mit einem Bachelorgrad abgeschlossenes Studium an einer Hochschule für Kunst oder Musik,

wenn er von der zuständigen staatlichen Anerkennungsstelle als dem deutschen Hochschulabschluss gleichwertig anerkannt wurde.

Nr. 11 Eine Lehrkraft, die ein pädagogisches oder erziehungswissenschaftliches Studium abgeschlossen hat und an einer Förderschule eingesetzt wird oder sonderpädagogische Fördermaßnahmen durchzuführen hat, gilt als Lehrkraft, die aufgrund ihres Studiums die fachlichen Voraussetzungen zum Unterrichten in mindestens einem Schulfach hat.

Nr. 12 nicht abgedruckt

Abschnitt 3.
Lehrkräfte, bei denen die fachlichen und pädagogischen Voraussetzungen für die Übernahme in das Beamtenverhältnis nicht erfüllt sind, in der Tätigkeit von Fachlehrern

Vorbemerkungen

1.

Dieser Abschnitt gilt für Lehrkräfte, bei denen die fachlichen und pädagogischen Voraussetzungen für die Übernahme in das Beamtenverhältnis nicht erfüllt sind, in der Tätigkeit von

- Fachlehrern,
- Fachoberlehrern,
- Fachschullehrern,
- Fachschuloberlehrern,
- Förderlehrern,
- Lehrern für Fachpraxis,
- Lehrkräften für gestaltendes Werken und Technik,
- Lehrkräften für Hauswirtschaft,
- technischen Lehrern,
- Lehrern für technische Fächer,
- Lehrkräften für musisch-technische Fächer,
- Lehrkräften für textiles Gestalten,
- Lehrkräften für Werken,
- Werkstattlehrern oder
- Werkmeistern sowie
- vergleichbaren Lehrkräften

im Sinne des beim Arbeitgeber geltenden Besoldungsrechts bzw. – soweit entsprechende Ämter nicht ausgebracht sind – im Sinne der beim Arbeitgeber geltenden Regelungen. Dieser Abschnitt gilt darüber hinaus für die in den Unterabschnitten 4 und 5 ausdrücklich aufgeführten Beschäftigten.

2.

Soweit in diesem Abschnitt der Begriff „Fachlehrer" verwendet wird, sind auch die weiteren in Nr. 1 aufgeführten Lehrkräfte erfasst.

Unterabschnitt 3.1
Lehrkräfte in der Tätigkeit von beamteten Fachlehrern mit abgeschlossener Hochschulbildung

Hinweis der Redaktion: In Baden-Württemberg gibt es kein Amt der Fachlehrkraft oder der Technischen Lehrkraft mit abgeschlossener Hochschulausbildung.

Unterabschnitt 3.2
Lehrkräfte in der Tätigkeit von beamteten Fachlehrern mit abgeschlossener fachspezifischer, mindestens dreijähriger Berufsausbildung und abgeschlossener Aufstiegsfortbildung

Vorbemerkung

Dieser Unterabschnitt gilt für Lehrkräfte in der Tätigkeit von beamteten Fachlehrern mit abgeschlossener fachspezifischer, mindestens dreijähriger Berufsausbildung und abgeschlossener Aufstiegsfortbildung. (Hierzu Protokollerklärungen Nrn. 1 und 2)

1.

Die Lehrkraft mit abgeschlossener fachspezifischer, mindestens dreijähriger Berufsausbildung und abgeschlossener Aufstiegsfortbildung ist in der Entgeltgruppe eingruppiert, die nach Satz 3 der beim Arbeitgeber geltenden Besoldungsgruppe entspricht, in welche sie im Eingangsamt eingestuft wäre, wenn sie nach Maßgabe von Satz 2 im Beamtenverhältnis stünde. Für die Ermittlung dieser Besoldungsgruppe ist das Beamtenverhältnis zugrunde zu legen, in das die Lehrkraft übernommen werden könnte, wenn sie über ihre abgeschlossene Ausbildung und Aufstiegsfortbildung hinaus alle weiteren laufbahnrechtlich vorgeschriebenen Voraussetzungen erfüllen würde. Es entspricht

der Besoldungsgruppe	die Entgeltgruppe
A 9	9a**)
A 10	9b**)
A 11	10**).

** Lehrkräfte in dieser Entgeltgruppe erhalten eine monatliche Angleichungszulage gemäß Anhang 1

Hinweis der Redaktion: Als erforderliche „Berufsausbildung" gelten das Bestehen der Meisterprüfung, der staatlichen Prüfung für Techniker*innen oder technische Assistent*innen sowie das Bestehen der Prüfung als staatlich anerkannte/r Erzieher*in.

Eine „abgeschlossene Aufstiegsfortbildung" besitzen:

- Meister*innen im Handwerk nach §§ 45, 51a, 122 Handwerksordnung (HwO),
- Inhaber*innen von Fortbildungsabschlüssen, für die Prüfungsregelungen nach §§ 53, 54 Berufsbildungsgesetz (BBiG), §§ 42, 42a HwO bestehen, sofern die Lehrgänge mindestens 400 Unterrichtsstunden umfassen,
- Inhaber*innen vergleichbarer Qualifikationen im Sinne des Seemannsgesetzes (staatliche Befähigungszeugnisse für den nautischen oder technischen Schiffsdienst),
- Inhaber*innen von Abschlüssen von Fachschulen entsprechend der „Rahmenvereinbarung über Fachschulen" der KMK in der jeweils geltenden Fassung (z.B. staatlich geprüfte/r Techniker*in oder staatlich anerkannte/r Erzieher*in) oder
- Inhaber*innen von Abschlüssen vergleichbarer landesrechtlicher Fortbildungsregelungen für Berufe im Gesundheitswesen sowie im Bereich der sozialpflegerischen und sozialpädagogischen Berufe.

Dies gilt entsprechend für Inhaber*innen von Abschlüssen

- der Berufskollegs für technische Assistent*innen,
- der Fachschule für Bürowirtschaft in Baden-Württemberg oder
- des BK für Ernährung und Hauswirtschaft II (in BaWü)

2.

Die Lehrkraft mit abgeschlossener fachspezifischer, mindestens dreijähriger Berufsausbildung ist in der Entgeltgruppe eingruppiert, die nach Satz 3 der beim Arbeitgeber geltenden Besoldungsgruppe entspricht, in welche sie im Eingangsamt eingestuft wäre, wenn sie nach Maßgabe von Satz 2 im Beamtenverhältnis stünde. Für die Ermittlung dieser Besoldungsgruppe ist das der auszuübenden Tätigkeit entsprechende Beamtenverhältnis zugrunde zu legen, in das eine Lehrkraft übernommen werden könnte, wenn sie über eine abgeschlossene Ausbildung und Aufstiegsfortbildung hinaus alle weiteren laufbahnrechtlich vorgeschriebenen Voraussetzungen erfüllen würde. Es entspricht

der Besoldungsgruppe	die Entgeltgruppe
A 9	8**)
A 10	9a**)
A 11	9b**).

** Lehrkräfte in dieser Entgeltgruppe erhalten eine monatliche Angleichungszulage gemäß Anhang 1

3.

Die Lehrkraft, die nicht mindestens die Voraussetzungen von Ziffer 2 Satz 1 erfüllt, ist in der Entgeltgruppe eingruppiert, die nach Satz 2 der beim Arbeitgeber geltenden Besoldungsgruppe entspricht, in welche sie im Eingangsamt eingestuft wäre, wenn sie nach Maßgabe von Ziffer 2 Satz 2 im Beamtenverhältnis stünde. Es entspricht

der Besoldungsgruppe	die Entgeltgruppe
A 9	7**)
A 10	8**)
A 11	9a**).

** Lehrkräfte in dieser Entgeltgruppe erhalten eine monatliche Angleichungszulage gemäß Anhang 1

Protokollerklärungen:

Nr. 1 Eine Tätigkeit von beamteten Fachlehrern mit abgeschlossener fachspezifischer, mindestens dreijähriger Berufsausbildung und abgeschlossener Aufstiegsfortbildung liegt vor, wenn es sich um eine Tätigkeit handelt, die beamtete Fachlehrer einer Laufbahn bzw. Qualifikationsebene auszuüben haben, für deren Zugang nach dem beim Arbeitgeber geltenden Laufbahnrecht zumindest auch eine abgeschlossene fachspezifische, mindestens dreijährige Berufsausbildung und eine abgeschlossene Aufstiegsfortbildung erforderlich sind.

Nr. 2 Eine abgeschlossene Aufstiegsfortbildung liegt vor, wenn die Lehrkraft eine Meisterprüfung oder eine andere nach dem Beschluss der Kultusministerkonferenz vom 6. März 2009 vergleichbare berufliche Aufstiegsfortbildung abgeschlossen hat.

Unterabschnitt 3.3
Lehrkräfte in der Tätigkeit von sonstigen beamteten Fachlehrern

Vorbemerkung

Dieser Unterabschnitt gilt für Lehrkräfte in der Tätigkeit von beamteten Fachlehrern, die nicht unter die Unterabschnitte 1 oder 2 fallen.

Die Lehrkraft ist in der Entgeltgruppe eingruppiert, die nach Satz 3 der beim Arbeitgeber geltenden Besoldungsgruppe entspricht, in welche sie im Eingangsamt eingestuft wäre, wenn sie nach Maßgabe von Satz 2 im Beamtenverhältnis stünde. Für die Ermittlung dieser Besoldungsgruppe ist das

Beamtenverhältnis zugrunde zu legen, in das die Lehrkraft übernommen werden könnte, wenn sie alle laufbahnrechtlich vorgeschriebenen Voraussetzungen erfüllen würde. Es entspricht

der Besoldungsgruppe	die Entgeltgruppe
A 9	8**)
A 10	9a**).

** Lehrkräfte in dieser Entgeltgruppe erhalten eine monatliche Angleichungszulage gemäß Anhang 1

Unterabschnitt 3.4
Lehrkräfte in der Tätigkeit von Fachlehrern an allgemeinbildenden Schulen, für die in dem beim Arbeitgeber geltenden Besoldungsrecht kein Amt ausgebracht ist

Vorbemerkungen

1.

Dieser Unterabschnitt gilt für Lehrkräfte in der Tätigkeit von Fachlehrern an allgemeinbildenden Schulen, soweit für die Tätigkeit der Lehrkraft in dem beim Arbeitgeber geltenden Besoldungsrecht

a) das Amt eines Fachlehrers nicht ausgebracht ist oder

b) das Amt eines Fachlehrers zwar ausgebracht ist, jedoch eine tatsächliche Möglichkeit der Übernahme in das Beamtenverhältnis im Zeitpunkt der Eingruppierung aufgrund einer zwischenzeitlichen Schließung der Laufbahn nicht besteht.

2.

Die Lehrkraft, die ihre Tätigkeit an verschiedenen Schulformen nicht nur vorübergehend auszuüben hat, ist nach der Tätigkeit eingruppiert, die zeitlich mindestens zur Hälfte anfällt. Für die Feststellung, welche Tätigkeit mindestens zur Hälfte anfällt, ist von der für die jeweilige Schulform geltenden Pflichtstundenzahl auszugehen. Die Sätze 1 und 2 gelten entsprechend, wenn die Lehrkraft ihre Tätigkeit

a) in mehreren Schulzweigen oder

b) in mehreren Schul- bzw. Klassenstufen

auszuüben hat.

(hierzu Protokollerklärung Nr. 1)

Protokollerklärung

Nr. 1 Soweit im jeweiligen Landesrecht anstelle des Begriffs „Schulform“ der Begriff „Schulart“ verwendet wird, ist dem Begriff „Schulform“ der Begriff „Schulart“ gleichgestellt.

Entgeltgruppe 9b

1. Fachlehrer mit Lehrbefähigung oder mit Unterrichtserlaubnis für mindestens zwei Fächer.
2. Erzieher, Ergotherapeuten, Physiotherapeuten mit entsprechender staatlicher Prüfung oder staatlicher Anerkennung und anerkannter mindestens einjähriger sonderpädagogischer Zusatzausbildung als Fachlehrer an Förderschulen/Sonderschulen.
   (Hierzu Protokollerklärung Nr. 2) [...]

Entgeltgruppe 9a

1. Lehrkräfte für Werken sowie Lehrkräfte für Gestaltendes Werken und Technik mit Lehrbefähigung für Werkarbeit an Grund-, Haupt- und höheren Schulen, wenn die Ausbildung den Abschluss einer Realschule und ein mindestens viersemestriges Studium an einem staatlichen oder einem staatlich anerkannten Ausbildungsinstitut voraussetzt.
2. Lehrkräfte für Textverarbeitung und Informationstechnologie sowie Lehrkräfte für Textverarbeitung und Kurzschrift.
3. Erzieher, Ergotherapeuten, Physiotherapeuten mit entsprechender staatlicher Prüfung oder staatlicher Anerkennung als Fachlehrer an Förderschulen/Sonderschulen.
   (Hierzu Protokollerklärung Nr. 2)

Entgeltgruppe 8

Fachlehrer mit Lehrbefähigung oder mit Unterrichtserlaubnis für ein Fach.

Entgeltgruppe 7

Fachlehrer.

Protokollerklärungen

Nr. 2 Das Tätigkeitsmerkmal gilt nur im Land Baden-Württemberg.

Unterabschnitt 3.5
Lehrkräfte in der Tätigkeit von Fachlehrern an berufsbildenden Schulen, für die in dem beim Arbeitgeber geltenden Besoldungsrecht kein Amt ausgebracht ist

Vorbemerkung

(1) Dieser Unterabschnitt gilt für Lehrkräfte in der Tätigkeit von Fachlehrern an berufsbildenden Schulen, soweit für die Tätigkeit der Lehrkraft in dem beim Arbeitgeber geltenden Besoldungsrecht

a) das Amt eines Fachlehrers nicht ausgebracht ist oder

b) das Amt eines Fachlehrers zwar ausgebracht ist, jedoch eine tatsächliche Möglichkeit der Übernahme in das Beamtenverhältnis im Zeitpunkt der Eingruppierung aufgrund einer zwischenzeitlichen Schließung der Laufbahn nicht besteht.

(2) Für Lehrkräfte im Sinne von Absatz 1 gelten

a) auch das Tätigkeitsmerkmal in Entgeltgruppe 9a Fallgruppe 2 [...]

des Unterabschnitts 4.

Entgeltgruppe 10

Lehrkräfte mit abgeschlossener wissenschaftlicher Hochschulbildung, die aufgrund ihres Studiums die fachlichen Voraussetzungen zum Unterrichten in mindestens einem Schulfach haben, in der Tätigkeit von Fachlehrern.

(Hierzu Protokollerklärungen Nrn. 1, 3 und 5)

Entgeltgruppe 9b

Lehrkräfte mit abgeschlossener Hochschulbildung die aufgrund ihres Studiums die fachlichen Voraussetzungen zum Unterrichten in mindestens einem Schulfach haben, in der Tätigkeit von Fachlehrern.

(Hierzu Protokollerklärungen Nrn. 2, 4 und 5)

Entgeltgruppe 9a

Lehrkräfte mit abgeschlossener fachspezifischer Ausbildung und Aufstiegsfortbildung in der Tätigkeit von Fachlehrern.

Entgeltgruppe 8

Lehrkräfte mit abgeschlossener fachspezifischer, mindestens dreijähriger Ausbildung in der Tätigkeit von Fachlehrern.

Entgeltgruppe 7

Lehrkräfte in der Tätigkeit von Fachlehrern.

Protokollerklärungen:

Nr. 1

(1) Eine abgeschlossene wissenschaftliche Hochschulbildung liegt vor, wenn das Studium mit einer ersten Staatsprüfung oder mit einer Diplomprüfung oder mit einer Masterprüfung oder mit einer Magisterprüfung beendet worden ist. Diesen Prüfungen steht eine Promotion nur in den Fällen gleich, in denen die Ablegung einer ersten Staatsprüfung oder einer Diplomprüfung oder einer Masterprüfung oder einer Magisterprüfung nach den einschlägigen Ausbildungsvorschriften nicht vorgesehen ist. Eine abgeschlossene wissenschaftliche Hochschulbildung liegt auch vor, wenn der Mastergrad an einer Fachhochschule erlangt wurde und den Zugang zur Laufbahn des höheren Dienstes bzw. zur entsprechenden Qualifikationsebene eröffnet; dies setzt voraus, dass der Masterstudiengang das Akkreditierungsverfahren erfolgreich durchlaufen hat, solange dies nach dem jeweils geltenden Landesbeamtenrecht für den Zugang zur Laufbahn des höheren Dienstes bzw. zur entsprechenden Qualifikationsebene gefordert ist.

(2) Eine abgeschlossene wissenschaftliche Hochschulbildung setzt voraus, dass die Abschlussprüfung in einem Studiengang abgelegt wird, der seinerseits mindestens das Zeugnis der Hochschulreife (allgemeine Hochschulreife oder einschlägige fachgebundene Hochschulreife) oder eine andere landesrechtliche Hochschulzugangsberechtigung als Zugangsvoraussetzung erfordert, und für den Abschluss eine Mindeststudienzeit von mehr als sechs Semestern – ohne etwaige Praxissemester, Prüfungssemester o. Ä. – vorgeschrieben ist. Ein Bachelorstudiengang erfüllt diese Voraussetzung auch dann nicht, wenn mehr als sechs Semester für den Abschluss vorgeschrieben sind.

Nr. 2

(1) Eine abgeschlossene Hochschulbildung liegt vor, wenn von einer Hochschule im Sinne des § 1 Hochschulrahmengesetz (HRG) ein Diplomgrad mit dem Zusatz „Fachhochschule" („FH"), ein anderer nach § 18 HRG gleichwertiger Abschlussgrad oder ein Bachelorgrad verliehen wurde.

(2) Der Bachelorstudiengang muss nach den Regelungen des Akkreditierungsrats akkreditiert sein. Dem gleichgestellt sind Abschlüsse in akkreditierten Bachelorausbildungsgängen an Berufsakademien.

(3) Eine abgeschlossene Hochschulbildung setzt voraus, dass die Abschlussprüfung in einem Studiengang abgelegt wird, der seinerseits mindestens das Zeugnis der Hochschulreife (allgemeine Hochschulreife) oder eine andere landesrechtliche Hochschulzugangsberechtigung als Zugangsvoraussetzung erfordert, und für den Abschluss eine Mindeststudienzeit von sechs Semestern – ohne etwaige Praxissemester, Prüfungssemester o. Ä. vorgeschrieben ist. [...]

Nr. 5 Ein Abschluss an einer ausländischen Hochschule gilt als

a) abgeschlossene wissenschaftliche Hochschulbildung,

b) abgeschlossene Hochschulbildung,

wenn er von der zuständigen staatlichen Anerkennungsstelle als dem deutschen Hochschulabschluss gleichwertig anerkannt wurde.

Nr. 6 Eine abgeschlossene Aufstiegsfortbildung liegt vor, wenn die Lehrkraft eine Meisterprüfung oder eine andere nach dem Beschluss der Kultusministerkonferenz vom 6. März 2009 vergleichbare berufliche Aufstiegsfortbildung abgeschlossen hat.

Abschnitt 4.
Lehrkräfte, die herkunftssprachlichen Ergänzungsunterricht erteilen; pädagogische Unterrichtshilfen, die nach landesrechtlichen Vorschriften Lehrkräfte sind oder nach landesrechtlichen Vorschriften Lehrkräften gleichgestellt sind; Lehrkräfte in Schulkindergärten oder in Vorschulklassen für schulpflichtige Kinder

Unterabschnitt 4.1
Lehrkräfte, die herkunftssprachlichen Ergänzungsunterricht erteilen

Vorbemerkung

Dieser Unterabschnitt gilt für Lehrkräfte, die herkunftssprachlichen Ergänzungsunterricht nach landesrechtlichen Vorschriften erteilen.

Entgeltgruppe 10

Lehrkräfte

a) mit abgeschlossenem Lehramtsstudium an einer wissenschaftlichen Hochschule oder

b) mit abgeschlossener wissenschaftlicher Hochschulbildung.

(Hierzu Protokollerklärungen Nrn. 1, 2, 3 und 5)

Entgeltgruppe 9b

Lehrkräfte mit abgeschlossener Hochschulbildung.

(Hierzu Protokollerklärungen Nrn. 4 und 5)

Entgeltgruppe 8

Lehrkräfte mit anderweitiger abgeschlossener fachspezifischer, mindestens dreijähriger Berufsausbildung.

(Hierzu Protokollerklärung Nr. 6)

Entgeltgruppe 7

Lehrkräfte, die nicht mindestens die Voraussetzungen der Entgeltgruppe 8 erfüllen.

Protokollerklärungen:

Nr. 1 Wissenschaftliche Hochschulen sind Universitäten, Technische Hochschulen sowie andere Hochschulen, die nach Landesrecht als wissenschaftliche Hochschulen anerkannt sind.

Nr. 2 Ein abgeschlossenes Lehramtsstudium an einer wissenschaftlichen Hochschule liegt vor, wenn das Studium lehramtsbezogen ist und mit einer ersten Staatsprüfung, mit einer Diplomprüfung oder mit einer Masterprüfung beendet worden ist.

Nr. 3

(1) Eine abgeschlossene wissenschaftliche Hochschulbildung liegt vor, wenn das Studium mit einer ersten Staatsprüfung oder mit einer Diplomprüfung oder mit einer Masterprüfung oder einer Magisterprüfung beendet worden ist. Diesen Prüfungen steht eine Promotion nur in den Fällen gleich, in denen die Ablegung einer ersten Staatsprüfung oder einer Diplomprüfung oder einer Masterprüfung oder einer Magisterprüfung nach den einschlägigen Ausbildungsvorschriften nicht vorgesehen ist. Eine abgeschlossene wissenschaftliche Hochschulbildung liegt auch vor, wenn der Mastergrad an einer Fachhochschule erlangt wurde und den Zugang zur Laufbahn des höheren Dienstes bzw. zur entsprechenden Qualifikationsebene eröffnet; dies setzt voraus, dass der Masterstudiengang das Akkreditierungsverfahren erfolgreich durchlaufen hat, solange dies nach dem jeweils geltenden Landesbeamtenrecht für den Zugang zur Laufbahn des höheren Dienstes bzw. zur entsprechenden Qualifikationsebene gefordert ist.

(2) Eine abgeschlossene wissenschaftliche Hochschulbildung setzt voraus, dass die Abschlussprüfung in einem Studiengang abgelegt wird, der seinerseits mindestens das Zeugnis der Hochschulreife (allgemeine Hochschulreife oder einschlägige fachgebundene Hochschulreife) oder eine andere landesrechtliche Hochschulzugangsberechtigung als Zugangsvoraussetzung erfordert, und für den Abschluss eine Mindeststudienzeit von mehr als sechs Semestern – ohne etwaige Praxissemester, Prüfungssemester o. Ä. – vorgeschrieben ist. Ein Bachelorstu-

diengang erfüllt diese Voraussetzung auch dann nicht, wenn mehr als sechs Semester für den Abschluss vorgeschrieben sind.

Nr. 4

(1) Eine abgeschlossene Hochschulbildung liegt vor, wenn von einer Hochschule im Sinne des § 1 Hochschulrahmengesetz (HRG) ein Diplomgrad mit dem Zusatz „Fachhochschule" („FH"), ein anderer nach § 18 HRG gleichwertiger Abschlussgrad oder ein Bachelorgrad verliehen wurde.

(2) Der Bachelorstudiengang muss nach den Regelungen des Akkreditierungsrats akkreditiert sein. Dem gleichgestellt sind Abschlüsse in akkreditierten Bachelorausbildungsgängen an Berufsakademien.

(3) Eine abgeschlossene Hochschulbildung setzt voraus, dass die Abschlussprüfung in einem Studiengang abgelegt wird, der seinerseits mindestens das Zeugnis der Hochschulreife (allgemeine Hochschulreife oder einschlägige fachgebundene Hochschulreife) oder eine andere landesrechtliche Hochschulzugangsberechtigung als Zugangsvoraussetzung erfordert, und für den Abschluss eine Mindeststudienzeit von sechs Semestern – ohne etwaige Praxissemester, Prüfungssemester o. Ä. – vorgeschrieben ist.

Nr. 5 Ein Abschluss an einer ausländischen Hochschule gilt als

a) abgeschlossenes Lehramtsstudium,
b) abgeschlossene wissenschaftliche Hochschulbildung,
c) abgeschlossene Hochschulbildung,

wenn er von der zuständigen staatlichen Anerkennungsstelle als dem deutschen Hochschulabschluss gleichwertig anerkannt wurde. Eine Gleichstellung nach Satz 1 ist nicht erforderlich, wenn stattdessen eine volle ausländische Lehrbefähigung nachgewiesen wird.

Nr. 6 Eine Lehrkraft, die eine mindestens dreijährige pädagogische Ausbildung abgeschlossen hat, gilt als Lehrkraft mit anderweitiger abgeschlossener fachspezifischer, mindestens dreijähriger Berufsausbildung.

Unterabschnitt 4.2
Pädagogische und heilpädagogische Unterrichtshilfen und sonderpädagogische Fachkräfte

Hinweis der Redaktion: Nicht abgedruckt; diese Gruppen kommen an öffentlichen Schulen in Baden-Württemberg nicht vor.

Unterabschnitt 4.3
Lehrkräfte in Schulkindergärten oder in Vorschulklassen für schulpflichtige Kinder

Entgeltgruppe 10

Leiter eines Schulkindergartens oder einer Vorschulklasse einer Sonderschule oder einer vergleichbaren Schulform

a) mit einem Abschluss als Sozialarbeiter/Sozialpädagoge mit staatlicher Anerkennung oder
b) mit einem Abschluss als Kindheitspädagoge mit staatlicher Anerkennung oder
c) mit anderweitiger abgeschlossener einschlägiger Hochschulbildung mit staatlicher Anerkennung

(Hierzu Protokollerklärungen Nrn. 1, 2, 3 und 4)

Entgeltgruppe 9b

1. Leiter eines Schulkindergartens oder einer Vorschulklasse
   a) mit einem Abschluss als Sozialarbeiter/Sozialpädagoge mit staatlicher Anerkennung oder
   b) mit einem Abschluss als Kindheitspädagoge mit staatlicher Anerkennung oder
   c) mit anderweitiger abgeschlossener einschlägiger Hochschulbildung mit staatlicher Anerkennung.

   (Hierzu Protokollerklärung Nrn. 1, 2, 3 und 4)
2. Leiter eines Schulkindergartens oder einer Vorschulklasse

   mit einem Abschluss als Erzieher, Freundschaftspionierleiter, Heilerziehungspfleger, Hortner, Kindergärtner, Ergotherapeut, Logopäde oder Physiotherapeut mit entsprechender staatlicher Anerkennung und mindestens einjähriger sonderpädagogischer Zusatzausbildung.

   (Hierzu Protokollerklärung Nr. 2)

Entgeltgruppe 9a

Erzieher, Freundschaftspionierleiter, Heilerziehungspfleger, Hortner, Kindergärtner, Ergotherapeuten, Logopäden oder Physiotherapeuten mit entsprechender staatlicher Anerkennung in einem Schulkindergarten oder in einer Vorschulklasse.

Protokollerklärungen:

Nr. 1 Hierunter fallen auch Diplomerzieher und Diplomvorschulerzieher im Sinne der Nr. 2 des Beschlusses der Kultusministerkonferenz vom 7. Oktober 1994 zur Feststellung der Gleichwertigkeit von Bildungsabschlüssen im Sinne des Artikels 37 Absatz 1 des Einigungsvertrages – Hochschulbereich –.

Nr. 2 *(hier nicht abgedruckt, betrifft nur Nordrhein-Westfalen)*

Nr. 3

(1) Eine abgeschlossene Hochschulbildung liegt vor, wenn von einer Hochschule im Sinne des § 1 Hochschulrahmengesetz (HRG) ein Diplomgrad mit dem Zusatz „Fachhochschule" („FH"), ein anderer nach § 18 HRG gleichwertiger Abschlussgrad oder ein Bachelorgrad verliehen wurde.

(2) Der Bachelorstudiengang muss nach den Regelungen des Akkreditierungsrats akkreditiert sein. Dem gleichgestellt sind Abschlüsse in akkreditierten Bachelorausbildungsgängen an Berufsakademien.

(3) Eine abgeschlossene Hochschulbildung setzt voraus, dass die Abschlussprüfung in einem Studiengang abgelegt wird, der seinerseits mindestens das Zeugnis der Hochschulreife (allgemeine Hochschulreife) oder eine andere landesrechtliche Hochschulzugangsberechtigung als Zugangsvoraussetzung erfordert, und für den Abschluss eine Mindeststudienzeit von sechs Semestern – ohne etwaige Praxissemester, Prüfungssemester o. Ä. – vorgeschrieben ist.

(4) Ein Abschluss an einer ausländischen Hochschule gilt als abgeschlossene Hochschulbildung, wenn er von der zuständigen staatlichen Anerkennungsstelle als dem deutschen Hochschulabschluss gleichwertig anerkannt wurde.

Nr. 4 Eine abgeschlossene einschlägige Hochschulbildung liegt z.B. vor bei einem Abschluss des Bachelor-Studiengangs „Frühkindliche und Elementarbildung" an der PH Heidelberg [...].

Anhang 1 zu Anlage 1
Angleichungszulage

Die Angleichungszulage im Sinne der Entgeltordnung Lehrkräfte wird ab 1. August 2016 gewährt. Sie beträgt ab dem 1. Januar 2019 105 Euro, höchstens jedoch den Betrag, der als Höhergruppierungsgewinn bei entsprechender Anwendung des § 29a Absatz 3 Satz 2 und 3 TVÜ-Länder in der Fassung des § 11 TV EntgO-L zustehen würde. Siehe auch: ⇨ Tarifvertrag (Entgelt) Zulagen.

⇨ Beförderung (Allgemeines); ⇨ Besoldung (Lehrkräfte / Eingruppierung); ⇨ Besoldung (Zulagen); ⇨ Tarifrecht (Allgemeines); ⇨ Tarifvertrag (Entgelt); ⇨ Tarifvertrag (Entgeltordnung Erzieher*innen); ⇨ Tarifvertrag-Länder (TV-L)

Tarifvertrag-Länder (TV-L)

Auszug aus dem Tarifvertrag für den öffentlichen Dienst der Länder (TV-L) vom 1. November 2006; Stand nach dem Änderungstarifvertrag Nr. 11 vom 2. März 2019 in der Fassung für den Schulbereich

Hinweise der Redaktion

In den Text des TV-L sind die Sonderregelungen für Beschäftigte als Lehrkräfte (siehe Auflistung bei § 44), Auszüge aus dem Tarifvertrag über die Eingruppierung und die Entgeltordnung für die Lehrkräfte der Länder (TV EntgO-L) vom 28.3.2015 sowie Auszüge aus den Durchführungshinweisen des Finanzministeriums vom 1.1.2008 zum TV-L und zu den Änderungstarifverträgen zum TV-L vom 17.2.2017 eingearbeitet.

Abschnitt I
Allgemeine Vorschriften

§ 1
Geltungsbereich

(1) Dieser Tarifvertrag gilt für Arbeitnehmerinnen und Arbeitnehmer (Beschäftigte), die in einem Arbeitsverhältnis zu einem Arbeitgeber stehen, der Mitglied der Tarifgemeinschaft deutscher Länder (TdL) oder eines Mitgliedverbandes der TdL ist.

⇨ Tarifrecht (Allgemeines)

Hinweise der Redaktion:

1. Das Land Baden-Württemberg ist Mitglied der TdL.
2. Die früheren „Angestellten" werden seit Inkrafttreten des TV-L amtlich als „Tarifbeschäftigte" (im TV-L selbst als „Beschäftigte") bezeichnet, teilweise wird auch die Bezeichnung „Lehrkräfte im Arbeitnehmerverhältnis" verwandt.

(2) Dieser Tarifvertrag gilt nicht für [...]

i) geringfügig Beschäftigte im Sinne von § 8 Absatz 1 Nr. 2 SGB IV, [...]

Auszug aus den Durchführungshinweisen des Finanzministeriums vom 1.1.2008

Bei geringfügigen Beschäftigungsverhältnissen nach § 8 Absatz 1 Nr. 1 SGB IV, also bei Dauerbeschäftigungsverhältnissen, bei denen das Arbeitsentgelt aus dieser Beschäftigung regelmäßig *(jetzt:) 450* Euro im Monat nicht übersteigt, findet der TV-L hingegen Anwendung.

(3) Dieser Tarifvertrag gilt ferner nicht für

a) Hochschullehrerinnen und Hochschullehrer,

b) wissenschaftliche und künstlerische Hilfskräfte,

c) studentische Hilfskräfte,

d) Lehrbeauftragte an Hochschulen, Akademien und wissenschaftlichen Forschungseinrichtungen.

e) Auszubildende, Schülerinnen/Schüler, Volontärinnen/Volontäre und Praktikantinnen/Praktikanten.

(4) Neben den Regelungen des Allgemeinen Teils (§§ 1 bis 39) gelten Sonderregelungen für nachstehende Beschäftigtengruppen:

a) Beschäftigte an Hochschulen und Forschungseinrichtungen (§ 40), [...]

e) Beschäftigte als Lehrkräfte (§ 44), [...] *(hierzu bitte die Sonderregelungen nach diesem Absatz beachten)*

m) Beschäftigte im Sozial- und Erziehungsdienst (§ 52) [...]

Die Sonderregelungen sind Bestandteil des TV-L.

Sonderregelungen für Beschäftigte als Lehrkräfte Nr. 1

In § 44 ist zu § 1 – Geltungsbereich – bestimmt:

Diese Sonderregelungen gelten für Beschäftigte als Lehrkräfte an allgemeinbildenden Schulen und berufsbildenden Schulen (zum Beispiel Berufs-, Berufsfach- und Fachschulen). Sie gelten nicht für Lehrkräfte an Schulen und Einrichtungen der Verwaltung, die der Ausbildung oder Fortbildung von Angehörigen des öffentlichen Dienstes dienen, sowie an Krankenpflegeschulen und ähnlichen der Ausbildung dienenden Einrichtungen, soweit es sich nach den in den Ländern jeweils geltenden landesrechtlichen Regelungen nicht um berufsbildende Schulen handelt.

§ 2
Arbeitsvertrag, Nebenabreden, Probezeit

(1) Der Arbeitsvertrag wird schriftlich abgeschlossen.

(2) Mehrere Arbeitsverhältnisse zu demselben Arbeitgeber dürfen nur begründet werden, wenn die jeweils übertragenen Tätigkeiten nicht in einem unmittelbaren Sachzusammenhang stehen. Andernfalls gelten sie als ein Arbeitsverhältnis.

(3) Nebenabreden sind nur wirksam, wenn sie schriftlich vereinbart werden. Sie können gesondert gekündigt werden, soweit dies einzelvertraglich vereinbart ist.

(4) Die ersten sechs Monate der Beschäftigung gelten als Probezeit, soweit nicht eine kürzere Zeit vereinbart ist. [...]

⇨ Beurteilung (Lehrkräfte), Teil IV. Ziff. 1.2; ⇨ Probezeit

§ 3
Allgemeine Arbeitsbedingungen

(1) Die arbeitsvertraglich geschuldete Leistung ist gewissenhaft und ordnungsgemäß auszuführen. Die Beschäftigten müssen sich durch ihr gesamtes Verhalten zur freiheitlich demokratischen Grundordnung im Sinne des Grundgesetzes bekennen.

Auszug aus den Durchführungshinweisen des Finanzministeriums vom 1.1.2008

Die Teilnahme an Bestrebungen, die sich gegen die freiheitliche demokratische Grundordnung richten, ist unvereinbar mit den Pflichten eines Beschäftigten des öffentlichen Dienstes. Dabei ist es ohne Bedeutung, ob diese Bestrebungen im Rahmen einer Organisation oder außerhalb einer solchen verfolgt werden. Bewerber für den öffentlichen Dienst, die an verfassungsfeindlichen Bestrebungen teilnehmen oder sie unterstützen, dürfen nicht eingestellt werden. Beschäftigte, die gegen diese Grundsätze verstoßen, müssen in diesen Fällen mit arbeitsrechtlichen Sanktionen, von der Abmahnung bis zur außerordentlichen Kündigung, rechnen.

Hinweis der Redaktion: Das Verpflichtungsgesetz vom 2.3.1974, zuletzt geändert am 15.8.1974 (BGBl. I S. 1942), schreibt vor:

§ 1

(1) Auf die gewissenhafte Erfüllung seiner Obliegenheiten soll verpflichtet werden, wer, ohne Amtsträger (§ 11 Abs. 1 Nr. 2 des Strafgesetzbuches) zu sein,

1. bei einer Behörde oder bei einer sonstigen Stelle, die Aufgaben der öffentlichen Verwaltung wahrnimmt, beschäftigt oder für sie tätig ist, […] .

(2) Die Verpflichtung wird mündlich vorgenommen. Dabei ist auf die strafrechtlichen Folgen einer Pflichtverletzung hinzuweisen.

(3) Über die Verpflichtung wird eine Niederschrift aufgenommen, die der Verpflichtete mit unterzeichnet. Er erhält eine Abschrift der Niederschrift [...].

§ 2

(1) Wer, ohne Amtsträger zu sein,

1. als Arbeitnehmer des öffentlichen Dienstes nach einer tarifrechtlichen Regelung […]

zur gewissenhaften Erfüllung seiner Obliegenheiten verpflichtet worden ist, steht einem nach § 1 Verpflichteten gleich, wenn die Voraussetzungen des § 1 Abs. 2 erfüllt sind. [...]

Hinweis der Redaktion: Zu den arbeitsvertraglich geschuldeten Leistungen gehört neben der Erbringung der Arbeitsleistung im engeren Sinne auch die Erfüllung sogenannter Nebenpflichten: Aufgrund von § 611 i.V.m. §§ 241, 242 BGB sind Beschäftigte u.a. verpflichtet, den Arbeitgeber vor drohenden oder voraussehbaren Schäden zu bewahren bzw. vor deren Eintritt zu warnen. Nach §§ 15, 16 ArbSchG haben Beschäftigte auch die Pflicht, soweit es für sie selbst möglich ist, für ihre Sicherheit und Gesundheit bei der Arbeit Sorge zu tragen. Gegebenenfalls haben sie den Arbeitgeber deshalb auch darauf aufmerksam zu machen, dass Aufgaben oder Anordnungen sie überfordern (sogenannte Überlastungsanzeige) und um Abhilfe zu bitten (beispielsweise Entlastungsmaßnahmen vorzunehmen). Hierfür ist neben der mündlichen Mitteilung der ➪ Aktenvermerk geeignet. Legen Beschäftigte eine solche Überlastungsanzeige dem Personalrat vor, so hat dieser, sofern er diese als berechtigte Anregung oder Beschwerde ansieht, gemäß § 70 Abs. 1 Nr. 4 LPVG mit der Leitung der Dienststelle auf ihre Erledigung hinzuwirken.

➪ Arbeitsschutzgesetz §§ 15, 16; ➪ Beschwerderecht; ➪ Personalvertretungsgesetz (LPVG) § 70 Abs. 1 Nr. 4

(2) Die Beschäftigten haben über Angelegenheiten, deren Geheimhaltung durch gesetzliche Vorschriften vorgesehen oder vom Arbeitgeber angeordnet ist, Verschwiegenheit zu wahren; dies gilt auch über die Beendigung des Arbeitsverhältnisses hinaus.

➪ Verschwiegenheitspflicht

(3) Die Beschäftigten dürfen von Dritten Belohnungen, Geschenke, Provisionen oder sonstige Vergünstigungen mit Bezug auf ihre Tätigkeit nicht annehmen. Ausnahmen sind nur mit Zustimmung des Arbeitgebers möglich. Werden den Beschäftigten derartige Vergünstigungen angeboten, haben sie dies dem Arbeitgeber unverzüglich anzuzeigen.

➪ Belohnungen und Geschenke

(4) Nebentätigkeiten gegen Entgelt haben die Beschäftigten ihrem Arbeitgeber rechtzeitig vorher schriftlich anzuzeigen. Der Arbeitgeber kann die Nebentätigkeit untersagen oder mit Auflagen versehen, wenn diese geeignet ist, die Erfüllung der arbeitsvertraglichen Pflichten der Beschäftigten oder berechtigte Interessen des Arbeitgebers zu beeinträchtigen. Für Nebentätigkeiten im öffentlichen Dienst kann eine Ablieferungspflicht nach den Bestimmungen, die beim Arbeitgeber gelten, zur Auflage gemacht werden.

Auszug aus den Durchführungshinweisen des Finanzministeriums vom 1.1.2008

Im TV-L wurde für die große Mehrheit der Arbeitnehmer in Bezug auf die Ausübung von Nebentätigkeiten bewusst eine Abkehr vom beamtenrechtlichen Nebentätigkeitsrecht vollzogen.[…]

(5) Der Arbeitgeber ist bei begründeter Veranlassung berechtigt, Beschäftigte zu verpflichten, durch ärztliche Bescheinigung nachzuweisen, dass sie zur Leistung der arbeitsvertraglich geschuldeten Tätigkeit in der Lage sind. Bei dem beauftragten Arzt kann es sich um einen Betriebsarzt, Personalarzt oder Amtsarzt handeln, soweit sich die Betriebsparteien nicht auf einen anderen Arzt geeinigt haben. Die Kosten dieser Untersuchung trägt der Arbeitgeber.

Hinweis der Redaktion: Ist die tarifbeschäftigte Lehrkraft arbeitsunfähig gemeldet und es bestehen seitens der personalverwaltenden Stelle Zweifel hieran, so scheidet eine Untersuchung durch den Betriebsarzt/die Betriebsärztin aus. Vielmehr sollte hier im Einzelfall eine Untersuchung durch den Medizinischen Dienst der Krankenkassen (MDK) vorgenommen werden. Der MDK arbeitet im Auftrag der gesetzlichen Krankenkassen und Pflegekassen und [...] kann folglich nicht direkt um eine Untersuchung der jeweiligen Lehrkraft gebeten werden. Der Weg führt vielmehr über die jeweilige gesetzliche Krankenkasse. Dort müssen gem. § 275 SGB V Zweifel an der Arbeitsunfähigkeit des Beschäftigten angemeldet und eine medizinische Untersuchung beantragt werden.

Besteht hingegen bei einer längerfristigen Erkrankung der tarifbeschäftigten Lehrkraft Anlass zu der Annahme, dass die Lehrkraft dauerhaft nicht in der Lage sein wird, ihre Arbeit im vollen Umfang wieder aufzunehmen, und wurde kein Rentenantrag gestellt, ist zur Beendigung des Arbeitsverhältnisses nach § 33 Abs. 4 i.V.m. Abs. 2 und 3 TV-L ein amtsärztliches Gutachten einzuholen. Anders als in den anderen Konstellationen ist die Untersuchung hier Dienstaufgabe des Gesundheitsamts, wenn die Beschäftigungsdienststelle ein Zeugnis des Gesundheitsamts anfordert. (vgl. VwV des Sozialministeriums über amtsärztliche Untersuchungen im öffentlichen Dienst, Ziff. 1.2.2.3)

In diesen Fällen kann also weiterhin vom Gesundheitsamt ein amtsärztliches Gutachten auch für Tarifbeschäftigte verlangt werden. Andere Ärzte i. S. d. § 33 Abs. 4 i. V. m. § 3 Abs. 5 S. 2 TV-L haben wir mit den Personalvertretungen bisher nicht bestimmt. (Quelle: KM, 6. April 2011, AZ: 14-5493/37)

➪ Infektionsschutzgesetz

(6) Die Beschäftigten haben ein Recht auf Einsicht in ihre vollständigen Personalakten. Sie können das Recht auf Einsicht auch durch eine/n hierzu schriftlich Bevollmächtigte/n ausüben lassen. Sie können Auszüge oder Kopien aus ihren Personalakten erhalten. Die Beschäftigten müssen über Beschwerden und Behauptungen tatsächlicher Art, die für sie ungünstig sind oder ihnen nachteilig werden können, vor Aufnahme in die Personalakten gehört werden. Ihre Äußerung ist zu den Personalakten zu nehmen.

➪ Personalakten

(7) Für die Schadenshaftung der Beschäftigten finden die Bestimmungen, die für die Beamten des jeweiligen Landes jeweils gelten, entsprechende Anwendung.

Auszug aus den Durchführungshinweisen des Finanzministeriums vom 1.1.2008

Sofern es sich um eine Amtspflichtverletzung in Ausübung eines dem Beschäftigten anvertrauten öffentlichen Amtes handelt, haftet der Beschäftigte selbst nicht, da nach Art. 34 Satz 1 GG unter den Voraussetzungen des § 839 BGB die Verantwortlichkeit grundsätzlich den Staat oder die Körperschaft trifft, in deren Dienst der Beschäftigte steht; nach Art. 34 Satz 2 GG i.V.m. § 3 Abs. 7 bleibt bei Vorsatz und grober Fahrlässigkeit der Rückgriff vorbehalten.

Das Finanzministerium ist weiter wie bisher damit einverstanden, dass den Beschäftigten wie den Beamten in den Fällen des (jetzt:) § 80 LBG Ersatz von Schäden an Kleidungsstücken oder sonstigen mitgeführten Gegenständen gewährt wird; Entsprechendes gilt für Schadensereignisse, bei denen ein Körperschaden entstanden ist, also bei Arbeitsunfällen (bei Beamten Dienstunfällen) [...].

➪ Haftung und Versicherung; ➪ Beamtengesetz § 80

§ 4
Versetzung, Abordnung, Zuweisung, Personalgestellung

(1) Beschäftigte können aus dienstlichen oder betrieblichen Gründen versetzt oder abgeordnet werden. Sollen Beschäftigte an eine Dienststelle oder einen Betrieb außerhalb des bisherigen Arbeitsortes versetzt oder voraussichtlich länger als drei Monate abgeordnet werden, so sind sie vorher zu hören.

➪ Personalvertretungsgesetz (LPVG) § 75 Abs. 5

Protokollerklärungen zu § 4 Absatz 1:

1. Abordnung ist die vom Arbeitgeber veranlasste vorübergehende Beschäftigung bei einer anderen Dienststelle oder einem anderen Betrieb desselben oder eines anderen Arbeitgebers unter Fortsetzung des bestehenden Arbeitsverhältnisses.
2. Versetzung ist die vom Arbeitgeber veranlasste, auf Dauer bestimmte Beschäftigung bei einer anderen Dienststelle oder einem anderen Betrieb desselben Arbeitgebers unter Fortsetzung des bestehenden Arbeitsverhältnisses.

(2) Beschäftigten kann im dienstlichen/betrieblichen oder öffentlichen Interesse mit ihrer Zustimmung vorübergehend eine mindestens gleich vergütete Tätigkeit bei einem Dritten zugewiesen werden. Die Zustimmung kann nur aus wichtigem Grund verweigert werden. Die Rechtsstellung der Beschäftigten bleibt unberührt. Bezüge aus der Verwendung nach Satz 1 werden auf das Entgelt angerechnet.

Protokollerklärung zu § 4 Absatz 2:

Zuweisung ist – unter Fortsetzung des bestehenden Arbeitsverhältnisses – die vorübergehende Beschäftigung bei einem Dritten im In- und Ausland, bei dem der TV-L nicht zur Anwendung kommt.

(3) Werden Aufgaben der Beschäftigten zu einem Dritten verlagert, ist auf Verlangen des Arbeitgebers bei weiter bestehendem Arbeitsverhältnis die arbeitsvertraglich geschuldete Arbeitsleistung bei dem Dritten zu erbringen (Personalgestellung). § 613a BGB sowie gesetzliche Kündigungsrechte bleiben unberührt.

Protokollerklärung zu § 4 Absatz 3:

Personalgestellung ist – unter Fortsetzung des bestehenden Arbeitsverhältnisses – die auf Dauer angelegte Beschäftigung bei einem Dritten [...]

§ 5
Qualifizierung

(1) Ein hohes Qualifikationsniveau und lebenslanges Lernen liegen im gemeinsamen Interesse von Beschäftigten und Arbeitgebern. Qualifizierung dient der Steigerung von Effektivität und Effizienz des öffentlichen Dienstes, der Nachwuchsförderung und der Steigerung von beschäftigungsbezogenen Kompetenzen. Die Tarifvertragsparteien verstehen Qualifizierung auch als Teil der Personalentwicklung.

(2) Vor diesem Hintergrund stellt Qualifizierung nach diesem Tarifvertrag ein Angebot dar. Aus ihm kann für die Beschäftigten kein individueller Anspruch außer nach Absatz 4 abgeleitet werden. Es kann durch freiwillige Betriebsvereinbarung wahrgenommen und näher ausgestaltet werden. Entsprechendes gilt für Dienstvereinbarungen im Rahmen der personalvertretungsrechtlichen Möglichkeiten. Weitergehende Mitbestimmungsrechte werden dadurch nicht berührt.

➪ Fortbildung (Allgemeines); ➪ Personalvertretungsgesetz § 75 Abs. 4 Nr. 10

(3) Qualifizierungsmaßnahmen sind

a) die Fortentwicklung der fachlichen, methodischen und sozialen Kompetenzen für die übertragenen Tätigkeiten (Erhaltungsqualifizierung),
b) der Erwerb zusätzlicher Qualifikationen (Fort- und Weiterbildung),
c) die Qualifizierung zur Arbeitsplatzsicherung (Qualifizierung für eine andere Tätigkeit; Umschulung) und
d) die Einarbeitung bei oder nach längerer Abwesenheit (Wiedereinstiegsqualifizierung).

Die Teilnahme an einer Qualifizierungsmaßnahme wird dokumentiert und den Beschäftigten schriftlich bestätigt.

(4) Beschäftigte haben – auch in den Fällen des Absatzes 3 Satz 1 Buchstabe d – Anspruch auf ein regelmäßiges Gespräch mit der jeweiligen Führungskraft. In diesem wird festgestellt, ob und welcher Qualifizierungsbedarf besteht. Dieses Gespräch kann auch als Gruppengespräch geführt werden. Wird nichts anderes geregelt, ist das Gespräch jährlich zu führen.

➪ Beurteilung (Lehrkräfte) Nr. II

(5) Zeiten von vereinbarten Qualifizierungsmaßnahmen gelten als Arbeitszeit.

(6) Die Kosten einer vom Arbeitgeber veranlassten Qualifizierungsmaßnahme – einschließlich Reisekosten – werden grundsätzlich vom Arbeitgeber getragen, soweit sie nicht von Dritten übernommen werden. Ein möglicher Eigenbeitrag wird in einer Qualifizierungsvereinbarung geregelt. Die Betriebsparteien sind gehalten, die Grundsätze einer fairen Kostenverteilung unter Berücksichtigung des betrieblichen und individuellen Nutzens zu regeln. Ein Eigenbeitrag der Beschäftigten kann in Geld und/oder Zeit erfolgen.

(7) Für eine Qualifizierungsmaßnahme nach Absatz 3 Buchstabe b oder c kann eine Rückzahlungspflicht der Weiterbildungskosten in Verbindung mit der Bindung des Beschäftigen an den Arbeitgeber vereinbart werden. Dabei kann die/der Beschäftigte verpflichtet werden, dem Arbeitgeber Aufwendungen oder Teile davon für eine Weiterbildung zu ersetzen, wenn das Arbeitsverhältnis auf Wunsch der/des Beschäftigten endet. Dies gilt nicht, wenn die/der Beschäftigte nicht innerhalb von sechs Monaten entsprechend der erworbenen Qualifikation durch die Weiterbildungsmaßnahme beschäftigt wird, oder wenn die Beschäftigte wegen Schwangerschaft oder Niederkunft gekündigt oder einen Auflösungsvertrag geschlossen hat. Die Höhe des Rückzahlungsbetrages und die Dauer der Bindung an den Arbeitgeber müssen in einem angemessenen Verhältnis stehen.

(8) Gesetzliche Förderungsmöglichkeiten können in die Qualifizierungsplanung einbezogen werden.

(9) Für Beschäftigte mit individuellen Arbeitszeiten sollen Qualifizierungsmaßnahmen so angeboten werden, dass ihnen eine gleichberechtigte Teilnahme ermöglicht wird.

Abschnitt II
Arbeitszeit

§ 6
Regelmäßige Arbeitszeit

(1) Die durchschnittliche regelmäßige wöchentliche Arbeitszeit ausschließlich der Pausen

a) wird für jedes Bundesland im Tarifgebiet West auf der Grundlage der festgestellten tatsächlichen durchschnittlichen wöchentlichen Arbeitszeit im Februar 2006 ohne Überstunden und Mehrarbeit (tariflich und arbeitsvertraglich vereinbarte Arbeitszeit) von den Tarifvertragsparteien nach den im Anhang zu § 6 festgelegten Grundsätzen berechnet, [...]

c) Für die Beschäftigten beziehungsweise Beschäftigtengruppen, welche die Tarifvertragsparteien in Absatz 2 Satz 2 festgelegt haben, beträgt die durchschnittliche regelmäßige wöchentliche Arbeitszeit ausschließlich der Pausen 38,5 Stunden.

Hinweise der Redaktion: Die durchschnittliche regelmäßige wöchentliche Arbeitszeit in Baden-Württemberg beträgt 39 Stunden und 30 Minuten. Beschäftigte im Sinne des Absatzes 1 Buchstabe c sind Beschäftigte in Einrichtungen für schwerbehinderte Menschen (Schulen, Heime) und in heilpädagogischen Einrichtungen.

Auszug aus den Durchführungshinweisen des Finanzministeriums vom 1.1.2008

[...] als Einrichtungen für schwerbehinderte Menschen kommen nach dem tariflichen Klammerzusatz Schulen und Heime in Betracht. Die Worte „Einrichtungen für ..." verdeutlichen, dass die Einrichtung aufgrund ihrer Aufgabenstellung speziell für die Aufnahme von schwerbehinderten Menschen bestimmt sein muss (...). Den Einrichtungen für schwerbehinderte Menschen tariflich gleichgestellt sind heilpädagogische Einrichtungen. Aufgabe der heilpädagogischen Einrichtungen ist es, Menschen mit Behinderung, Störung und Verhaltensauffälligkeiten heilpädagogisch zu fördern. Es muss sich dabei nicht immer um schwerbehinderte Menschen im Sinne des SGB IX handeln. ⇨ Arbeitszeit (Lehrkräfte)

Sonderregelungen für Beschäftigte als Lehrkräfte Nr. 2

In § 44 ist zu Abschnitt II – Arbeitszeit – bestimmt:

Die §§ 6 bis 10 finden keine Anwendung. Es gelten die Bestimmungen für die entsprechenden Beamten in der jeweils geltenden Fassung. Sind entsprechende Beamte nicht vorhanden, so ist die Arbeitszeit im Arbeitsvertrag zu regeln.

Hinweis der Redaktion: Die Paragrafen: § 7 Sonderformen der Arbeit (Wechselschicht, Schicht, Bereitschaftsdienst, Rufbereitschaft, Nachtarbeit, Mehrarbeit, Überstunden); § 8 Ausgleich für Sonderformen der Arbeit, § 9 Bereitschaftszeiten, § 10 Arbeitszeitkonto sind hier nicht abgedruckt.

§ 11
Teilzeitbeschäftigung

(1) Mit Beschäftigten soll auf Antrag eine geringere als die vertraglich festgelegte Arbeitszeit vereinbart werden, wenn sie

a) mindestens ein Kind unter 18 Jahren oder

b) einen nach ärztlichem Gutachten pflegebedürftigen sonstigen Angehörigen

tatsächlich betreuen oder pflegen und dringende dienstliche beziehungsweise betriebliche Belange nicht entgegenstehen.

Die Teilzeitbeschäftigung nach Satz 1 ist auf Antrag auf bis zu fünf Jahre zu befristen. Sie kann verlängert werden; der Antrag ist spätestens sechs Monate vor Ablauf der vereinbarten Teilzeitbeschäftigung zu stellen. Bei der Gestaltung der Arbeitszeit hat der Arbeitgeber im Rahmen der dienstlichen beziehungsweise betrieblichen Möglichkeiten der besonderen persönlichen Situation der/des Beschäftigten nach Satz 1 Rechnung zu tragen.

⇨ Teilzeit (Altersteilzeit / Tarifvertrag); ⇨ Teilzeit (Pflichten und Rechte)

(2) Beschäftigte, die in anderen als den in Absatz 1 genannten Fällen eine Teilzeitbeschäftigung vereinbaren wollen, können von ihrem Arbeitgeber verlangen, dass er mit ihnen die Möglichkeit einer Teilzeitbeschäftigung mit dem Ziel erörtert, zu einer entsprechenden Vereinbarung zu gelangen.

(3) Ist mit früher Vollbeschäftigten auf ihren Wunsch eine nicht befristete Teilzeitbeschäftigung vereinbart worden, sollen sie bei späterer Besetzung eines Vollzeitarbeitsplatzes bei gleicher Eignung im Rahmen der dienstlichen beziehungsweise betrieblichen Möglichkeiten bevorzugt berücksichtigt werden.

Hinweise der Redaktion:

1. Die Regelungen für beamtete Lehrkräfte sind entsprechend auch auf Lehrkräfte im Arbeitnehmerverhältnis anzuwenden, soweit nicht Sonderregelungen gelten.
   ⇨ Teilzeit / Urlaub (Beamtenrecht – VwV)
2. Aufgrund des Teilzeit- und Befristungsgesetzes gilt unabhängig von § 11 TV-L:
   a) Aus familiären Gründen teilzeitbeschäftigte Lehrkräfte im Arbeitnehmerverhältnis besitzen grundsätzlich einen Anspruch auf eine weitere Reduzierung ihrer Arbeitszeit über den ursprünglich vereinbarten Umfang hinaus.
   b) Bei der Teilzeitbeschäftigung aus sonstigen Gründen muss das Arbeitsverhältnis bereits neun Monate bestanden haben. Der Arbeitgeber muss den Antrag auf jeden Fall mit dem/der Antragsteller*in ernsthaft mit dem Ziel erörtern, zu einer entsprechenden Vereinbarung zu gelangen.
   c) Der Arbeitgeber muss eine teil- oder vollzeitbeschäftigte Lehrkraft im Arbeitnehmerverhältnis, die ihm den Wunsch nach Verlängerung der vertraglichen Vertragsdauer angezeigt hat, bei der Besetzung eines entsprechenden freien Arbeitsplatzes bei gleicher Eignung bevorzugen, soweit nicht dringende betriebliche Gründe oder Arbeitszeitwünsche anderer teilzeitbeschäftigter Lehrkräfte entgegenstehen. (Quelle: KM, 13.12.2001; AZ: 15-0341.0/16)
3. Es ist bei einer Reduzierung der Vollzeitarbeit stets eine zeitliche Befristung zu empfehlen, weil andernfalls das Arbeitsverhältnis dauerhaft als Teilzeitarbeitsverhältnis gilt.
4. Zur Vergütung teilzeitbeschäftigter Arbeitnehmer*innen bei außerunterrichtlichen Veranstaltungen siehe: ⇨ Außerunterrichtliche Veranstaltungen (Hinweise) Nr. 4
5. Teilzeitbeschäftigte erhalten das volle Jubiläumsgeld (§ 23 Abs. 2 Satz 2).
6. Zeiten einer Teilzeitbeschäftigung werden gem.§ 34 Abs. 3 Satz 1 voll auf die Beschäftigungszeit und gem. § 17 Abs. 3 Satz 4 voll auf die Stufenlaufzeit angerechnet.
7. Ist die regelmäßige Arbeitszeit im Bemessungszeitraum (i.d.R. Kalendermonate Juli bis September) herabgesetzt, verringert sich die Jahressonderzahlung entsprechend.

Im Kalenderjahr der Geburt eines Kindes gilt dies nicht im Falle einer bei demselben Arbeitgeber ausgeübten elterngeldunschädlichen Teilzeitbeschäftigung

⇨ Renten und Ruhestand (Arbeitnehmer*innen);
⇨ Teilzeit/Urlaub (Arbeitnehmer*innen)

Abschnitt III
Eingruppierung, Entgelt und sonstige Leistungen

§ 12
Eingruppierung

(1) Die Eingruppierung der/des Beschäftigten richtet sich nach den Tätigkeitsmerkmalen der Entgeltordnung (Anlage A). Die/Der Beschäftigte erhält Entgelt nach der Entgeltgruppe, in der sie/er eingruppiert ist. Die/Der Beschäftigte ist in der Entgeltgruppe eingruppiert, deren Tätigkeitsmerkmalen die gesamte von ihr/ihm nicht nur vorübergehend auszuübende Tätigkeit entspricht. Die gesamte auszuübende Tätigkeit entspricht den Tätigkeitsmerkmalen einer Entgeltgruppe, wenn zeitlich mindestens zur Hälfte Arbeitsvorgänge anfallen, die für sich genommen die Anforderungen eines Tätigkeitsmerkmals oder mehrerer Tätigkeitsmerkmale dieser Entgeltgruppe erfüllen. Kann die Erfüllung einer Anforderung in der Regel erst bei der Betrachtung mehrerer Arbeitsvorgänge festgestellt werden (z.B. vielseitige Fachkenntnisse), sind diese Arbeitsvorgänge für die Feststellung, ob diese Anforderung erfüllt ist, insoweit zusammen zu beurteilen. Werden in einem Tätigkeitsmerkmal mehrere Anforderungen gestellt, gilt das in Satz 4 bestimmte Maß, ebenfalls bezogen auf die gesamte auszuübende Tätigkeit, für jede Anforderung. Ist in einem Tätigkeitsmerkmal ein von Satz 4 oder 6 abweichendes zeitliches Maß bestimmt, gilt dieses. Ist in einem Tätigkeitsmerkmal als Anforderung eine Voraussetzung in der Person der/des Beschäftigten bestimmt, muss auch diese Anforderung erfüllt sein.

Hinweis der Redaktion: Gemäß Nr. 4 der Vorbemerkung zu allen Teilen der Entgeltordnung gilt diese nicht für Beschäftigte, die als Lehrkräfte – auch wenn sie nicht unter § 44 TV-L fallen – beschäftigt sind, soweit nicht ein besonderes Tätigkeitsmerkmal vereinbart ist. ⇨ Tarifvertrag (Entgeltordnung Lehrkräfte)

Sonderregelungen für Beschäftigte als Lehrkräfte Nr. 1

In § 44 ist zu § 12-14, 16 und 17 bestimmt:

Die §§ 12 bis 14, 16 und 17 finden Anwendung nach Maßgabe der §§ 3 bis 7 des Tarifvertrages über die Eingruppierung und die Entgeltordnung für die Lehrkräfte der Länder (TV EntgO-L) in der jeweils geltenden Fassung.

TV EntgO Lehrkräfte § 12 Eingruppierung

(1) Die Eingruppierung der Lehrkraft richtet sich nach den Eingruppierungsregelungen der Entgeltordnung Lehrkräfte (Anlage zum TV EntgO-L). Die Lehrkraft erhält Entgelt nach der Entgeltgruppe, in der sie eingruppiert ist. Die Lehrkraft ist in der Entgeltgruppe eingruppiert, die sich für die gesamte von ihr nicht nur vorübergehend auszuübende Tätigkeit aus den Eingruppierungsregelungen ergibt.

(2) Die Entgeltgruppe der Lehrkraft ist im Arbeitsvertrag anzugeben.

(2) Die Entgeltgruppe der/des Beschäftigten ist im Arbeitsvertrag anzugeben.

§ 13
Eingruppierung in besonderen Fällen

Ist der/dem Beschäftigten eine andere, höherwertige Tätigkeit nicht übertragen worden, hat sich aber die ihr/ihm übertragene Tätigkeit (§ 12 Absatz 1 Satz 3) nicht nur vorübergehend derart geändert, dass sie den Tätigkeitsmerkmalen einer höheren als ihrer/seiner bisherigen Entgeltgruppe entspricht (§ 12 Absatz 1 Satz 4 bis 8), und hat die/der Beschäftigte die höherwertige Tätigkeit ununterbrochen sechs Monate lang ausgeübt, ist sie/er mit Beginn des darauffolgenden Kalendermonats in der höheren Entgeltgruppe eingruppiert. Für die zurückliegenden sechs Kalendermonate gilt § 14 sinngemäß. Ist die Zeit der Ausübung der höherwertigen Tätigkeit durch Urlaub, Arbeitsbefreiung, Arbeitsunfähigkeit, Kur- oder Heilverfahren oder Vorbereitung auf eine Fachprüfung für die Dauer von insgesamt nicht mehr als sechs Wochen unterbrochen worden, wird die Unterbrechungszeit in die Frist von sechs Monaten eingerechnet. Bei einer längeren Unterbrechung oder bei einer Unterbrechung aus anderen Gründen beginnt die Frist nach der Beendigung der Unterbrechung von neuem. Wird der/dem Beschäftigten vor Ablauf der sechs Monate wieder eine Tätigkeit zugewiesen, die den Tätigkeitsmerkmalen ihrer/seiner bisherigen Entgeltgruppe entspricht, gilt § 14 sinngemäß.

TVEntgO Lehrkräfte § 4
Maßgabe zu § 13 TV-L
Eingruppierung in besonderen Fällen

§ 13 TV-L findet keine Anwendung.

Hinweis der Redaktion: Soweit der an einer Universität erworbene Magisterabschluss den Zugang zum höheren Dienst eröffnet, kann [...] die [...] Anforderung der abgeschlossenen wissenschaftlichen Hochschulbildung über den Tarifwortlaut hinaus als erfüllt angesehen werden. Voraussetzung ist jedoch stets, dass an den wissenschaftlichen Hochschulen für den Hochschulabschluss eine Mindeststudienzeit von mehr als sechs Semestern (ohne etwaige Praxis- oder Prüfungssemester) vorgeschrieben ist und für den Studiengang mindestens die allgemeine oder einschlägige fachgebundene Hochschulreife als Zugangsvoraussetzung gefordert ist. Unter diesen Bedingungen gilt das tarifliche Merkmal „abgeschlossene wissenschaftliche Hochschulausbildung" als erfüllt. Die sonstigen inhaltlichen Beschränkungen im Zusammenhang mit dem Magisterabschluss gelten unter den o.g. Voraussetzungen nicht mehr.

⇨ Tarifvertrag (Entgeltordnung Lehrkräfte); ⇨ Tarifvertrag (Entgelt); ⇨ Tarifvertrag (Entgeltordnung Erzieher*innen)

§ 14 Vorübergehende Übertragung einer höherwertigen Tätigkeit (hier nicht abgedruckt)

TV EntgO Lehrkräfte § 5
Maßgabe zu § 14 TV-L – Vorübergehende Übertragung einer höherwertigen Tätigkeit –

§ 14 TV-L gilt in folgender Fassung:

„§ 14
Vorübergehende Übertragung einer höherwertigen Tätigkeit

(1) Wird einer unter Abschnitt 1 der Entgeltordnung Lehrkräfte (Anlage zum TV EntgO-L) fallenden Lehrkraft vorübergehend eine Tätigkeit übertragen, die einer höheren Entgeltgruppe zugeordnet ist, erhält sie eine persönliche Zulage, wenn die Voraussetzungen – stünde sie im Beamtenverhältnis – für die Zahlung einer Zulage nach dem beim Arbeitgeber geltenden Besoldungsrecht bei vorübergehender

Übertragung der Aufgaben eines höherwertigen Amtes erfüllt wären.

Hinweis der Redaktion: In Baden-Württemberg findet diese Regelung zum Beispiel bei der kommissarischen Schulleitung Anwendung.

(2) Die persönliche Zulage bemisst sich aus dem Unterschiedsbetrag zu dem Betrag, der sich für die Lehrkraft bei dauerhafter Übertragung nach § 17 Absatz 4 Satz 1 bis 3 ergeben hätte."

§ 15
Tabellenentgelt

(1) Die/Der Beschäftigte erhält monatlich ein Tabellenentgelt. Die Höhe bestimmt sich nach der Entgeltgruppe, in die sie/er eingruppiert ist, und nach der für sie/ihn geltenden Stufe.

Niederschriftserklärung zu § 15:

Als Tabellenentgelt gilt auch das Entgelt aus der individuellen Zwischenstufe und der individuellen Endstufe.

⇨ Tarifvertrag (Entgelt)

§ 16
Stufen der Entgelttabelle

(1) Die Entgeltgruppen 2 bis 15 umfassen jeweils sechs Stufen. Die Abweichungen von Satz 1 sind sind in den jeweiligen Tätigkeitsmerkmalen in der Entgeltordnung geregelt.

(2) Bei der Einstellung werden die Beschäftigten der Stufe 1 zugeordnet, sofern keine einschlägige Berufserfahrung vorliegt. Verfügen Beschäftigte über eine einschlägige Berufserfahrung von mindestens einem Jahr aus einem vorherigen befristeten oder unbefristeten Arbeitsverhältnis zum selben Arbeitgeber, erfolgt die Stufenzuordnung unter Anrechnung der Zeiten der einschlägigen Berufserfahrung aus diesem vorherigen Arbeitsverhältnis. Ist die einschlägige Berufserfahrung von mindestens einem Jahr in einem Arbeitsverhältnis zu einem anderen Arbeitgeber erworben worden, erfolgt die Einstellung in die Stufe 2, beziehungsweise – bei Einstellung nach dem 31. Januar 2010 und Vorliegen einer einschlägigen Berufserfahrung von mindestens drei Jahren – in Stufe 3. Unabhängig davon kann der Arbeitgeber bei Neueinstellungen zur Deckung des Personalbedarfs Zeiten einer vorherigen beruflichen Tätigkeit ganz oder teilweise für die Stufenzuordnung berücksichtigen, wenn diese Tätigkeit für die vorgesehene Tätigkeit förderlich ist.

Hinweis der Redaktion: Der Personalrat hat bei der Ein-, Höher-, Um- oder Rückgruppierung einschließlich Stufenzuordnung sowie Verkürzung und Verlängerung der Stufenlaufzeit nach Entgeltgrundsätzen, Bestimmung der Fallgruppe innerhalb einer Entgeltgruppe und, soweit jeweils tarifvertraglich nichts anderes bestimmt ist, übertariflicher Eingruppierung, mitzubestimmen.

⇨ Personalvertretungsgesetz (LPVG) § 75 Abs. 1 Nr. 3

Protokollerklärungen zu § 16 Absatz 2:

1. Einschlägige Berufserfahrung ist eine berufliche Erfahrung in der übertragenen oder einer auf die Aufgabe bezogen entsprechenden Tätigkeit.
2. Ein Berufspraktikum nach dem Tarifvertrag über die vorläufige Weitergeltung der Regelungen für die Praktikantinnen/Praktikanten beziehungsweise nach dem Tarifvertrag über die Regelung der Arbeitsbedingungen der Praktikantinnen/Praktikanten der Länder gilt grundsätzlich als Erwerb einschlägiger Berufserfahrung.
3. Ein vorheriges Arbeitsverhältnis im Sinne des Satzes 2 besteht, wenn zwischen dem Ende des vorherigen und dem Beginn des neuen Arbeitsverhältnisses ein Zeitraum von längstens sechs Monaten liegt; bei Wissenschaftlerinnen/Wissenschaftlern ab der Entgeltgruppe 13 verlängert sich der Zeitraum auf längstens zwölf Monate.

Hinweis der Redaktion: Bei Lehrkräften ist gemäß der Festlegung des FM eine Unterbrechung „unschädlich", wenn sie ausschließlich durch die Sommerferien bedingt ist. D.h. in dieser Fallkonstellation werden die Beschäftigungszeiten monatsgenau zusammengezählt und nicht nur für eine Einstufung auf den Stufenbeginn der Stufe 2 (mindestens ein Jahr Berufserfahrung) bzw. Stufe 3 (mindestens 3 Jahre Berufserfahrung) bewertet. (Quelle: FM, 7.11.2007, AZ: 1-0381.1-23/2 und 9.11.2012)

(2a) Der Arbeitgeber kann bei Einstellung von Beschäftigten im unmittelbaren Anschluss an ein Arbeitsverhältnis im öffentlichen Dienst (§ 34 Absatz 3 Satz 3 und 4) die beim vorherigen Arbeitgeber nach den Regelungen des TV-L, des TVÜ-Länder oder eines vergleichbaren Tarifvertrages erworbene Stufe bei der Stufenzuordnung ganz oder teilweise berücksichtigen; Absatz 2 Satz 4 bleibt unberührt.

Auszug aus den Durchführungshinweisen des Finanzministeriums vom 1.1.2008

Auch bei Vorliegen förderlicher Zeiten haben die Beschäftigten keinen tarifvertraglichen Anspruch darauf, dass diese Zeiten bei der Stufenzuordnung zu ihren Gunsten berücksichtigt werden. Die Anerkennung ist vielmehr eine einzelfallbezogene Entscheidung des Arbeitgebers und unterliegt nicht der Mitbestimmung des Personalrates. Dies gilt auch für die Frage, ob förderliche Zeiten in vollem Umfang oder teilweise auf die Stufenlaufzeit angerechnet werden.

TV EntgO Lehrkäfte § 6
Maßgaben zu § 16 TV-L – Stufen der Entgelttabelle –

(1) § 16 Absatz 1 Satz 2 TV-L und § 16 Absatz 3 Satz 2 TV-L gelten mit der Maßgabe, dass Entgeltordnung im Sinne der Vorschrift die Entgeltordnung Lehrkräfte (Anlage zum TV EntgO-L) ist.

(2) Anstelle von § 44 Nr. 2a TV-L gilt Folgendes:

1. Bei Anwendung des § 16 Absatz 2 Satz 2 TV-L gilt:

   Für ab 1. März 2009 neu zu begründende Arbeitsverhältnisse von Lehrkräften wird die zur Vorbereitung auf den Lehrerberuf abgeleistete Zeit des Referendariats oder des Vorbereitungsdienstes im Umfang von sechs Monaten auf die Stufenlaufzeit der Stufe 1 angerechnet. Für ab 1. August 2015 neu zu begründende Arbeitsverhältnisse von Lehrkräften im Sinne von Abschnitt 2 Ziffer 1 der Entgeltordnung Lehrkräfte (Anlage zum TV EntgO-L) beträgt die Stufenlaufzeit in Stufe 1 zwei Jahre und in Stufe 2 fünf Jahre.

Hinweise der Redaktion:

1. Einschlägige Berufserfahrung ist nach der Definition des FM ausschließlich eine Lehrtätigkeit nach Abschluss des 2. Staatsexamens. Bei Beschäftigten, die vor ihrer Einstellung bereits in einem Arbeitsverhältnis zum selben Arbeitgeber standen, werden die früheren Zeiten berücksichtigt.
2. Einschlägige Berufserfahrung von mindestens 3 Jahren, die in einem Arbeitsverhältnis zu einem anderen Arbeitgeber erworben wurde, kann unter den Voraussetzungen des § 16 Abs. 2 Satz 3 bei Neueinstellungen mit einer Zuordnung sofort zur Stufe 3 berücksichtigt werden. Eine noch höhere Einstufung schon bei Einstellung ist nur unter der Heranziehung der „Kann-Regelung" des Satzes 4 des § 16 Abs. 2 bei Vorliegen „förderlicher Zeiten" möglich (vgl. Hinw.Nrn. 2.6 ff.).
3. Es können auch Zeiten einer Berufserfahrung aus einem vorherigen Arbeitsverhältnis beim Arbeitgeber Land Baden-Württemberg von weniger als einem Jahr berücksichtigt werden. Die Unterbrechung des Beschäftigungsverhältnisses durch die reinen Sommerferien ist grundsätzlich unschädlich. In diesen Fällen kann dem Entgelt aus der Anschlussbeschäftigung nach Erreichen einer tatsächlichen Beschäftigungsdauer von 1 Jahr (also unter Ausklammerung der Zeit der Sommerferien) die Stufe 2 zugrunde gelegt werden.

   (Quelle: FM, 7.11.2007, AZ: 1-0381.1-23/2 und 9.11.2012)

4. Zur Deckung des Personalbedarfs kann der Arbeitgeber bei neueingestellten Beschäftigten Zeiten einer vorherigen beruflichen Tätigkeit ganz oder teilweise für die Stufenzuordnung berücksichtigen, wenn diese Tätigkeit für die vorgesehene Tätigkeit förderlich ist (§ 16 Abs. 2 Satz 4). Im Ergebnis können neueingestellte Beschäftigte auf diesem Wege auch der Stufe 3 oder einer höheren Stufe zugeordnet werden. Hiernach ist sowohl nach § 16 Absatz 2 Satz 4 TV-L als auch nach § 16 Abs. 2a TV-L entscheidend, ob die Einstellung zur Deckung des Personalbedarfs erforderlich ist. Dies wäre der Fall, sofern der Personalbedarf andernfalls quantitativ oder qualitativ nicht hinreichend abgedeckt werden kann. Die Möglichkeit, höhere Stufen bei vorhandenen Beschäftigten zuzuerkennen, besteht nur nach Maßgabe des § 16 Abs. 5 und des § 17 Abs. 2 Satz 1. (Quelle: KM, 13.2.2017, Az: 0381.1-14/11)
5. Im Einzelfall können Zeiten eines Beamtenverhältnisses als Zeiten im Sinne dieser Tarifvorschrift gleichgestellt werden, wenn die sonstigen Voraussetzungen vorliegen (u.a. im wesentlichen unveränderte Fortsetzung der früheren Tätigkeit innerhalb von 6 Monaten). Zur Gewinnung pensionierter Lehrkräfte als Nebenlehrkräfte, die sich aufgrund eines besonderen Engpasses bereit erklärt haben, in Mangellehrfächern vertretungsweise noch einige Stunden zu unterrichten, jedoch wegen Überschreitung des unschädlichen Unterbrechungszeitraums von 6 Monaten von dieser Ausnahmeregelung nicht erfasst werden, wird zur Sicherung der Unterrichtsversorgung bis auf Weiteres das Einverständnis zur Anerkennung förderlicher Zeiten durch die Regierungspräsidien bis einschließlich der Stufe 5 erteilt. (Quelle: FM, 11.9.2007, AZ:1-0381.1-23/2)
6. Bei der Neueinstellung von „Seiteneinsteigern" ohne Lehramtsstudium in Mangelfächern an Gymnasien und beruflichen Schulen können die Regierungspräsidien vor dem Vorbereitungsdienst liegende Zeiten der beruflichen Tätigkeit als förderliche Zeiten bis einschließlich Stufe 4 berücksichtigen. Diese Regelung gilt auch für Bewerber, die erst nach Inkrafttreten des TV-L mit dem Vorbereitungsdienst begonnen haben. Sie kann auch Anwendung auf Lehrkräfte mit erster und zweiter Staatsprüfung, d.h. sog. Erfüller im Sinne der Eingruppierungsrichtlinien, finden, soweit diese in einem der Seiteneinstiegsfächer und damit einem Mangelfach eingestellt werden sollen. (Quelle: KM, 13.12.2007; AZ: 14-0381.1-12/1/2)
7. Die Anrechnung förderlicher Zeiten setzt nach § 16 Abs. 2 Satz 4 TV-L voraus, dass Schwierigkeiten bei der Personalgewinnung bestehen. Der Personalbedarf muss andernfalls quantitativ oder qualitativ nicht hinreichend abgedeckt werden können. Mit der Regelung soll erreicht werden, etwaigen Personalgewinnungsschwierigkeiten flexibel zu begegnen. Diese Voraussetzungen sind bei der Personengruppe der Fachlehrer im Hinblick auf Absolventen- und Einstellungszahlen nicht gegeben. Eine Anrechnung förderlicher Zeiten kommt daher [...] grundsätzlich nicht in Betracht. Das gleiche gilt derzeit auch für Technische Lehrkräfte an Sonderschulen. Im Bereich der beruflichen Schulen [...] ist ein besonderer Personalbedarf an Technischen Lehrkräften aktuell nur im gewerblichen Bereich gegeben. Deshalb ist in diesen Fällen auch ein sog. Direkteinstieg in den öffentlichen Schuldienst möglich. In den übrigen Bereichen des beruflichen Schulwesens besteht hingegen derzeit kein besonderer Personaldeckungsbedarf an Technischen Lehrkräften.(Quelle: KM, 14.2.2010; LT-Drucksache 14/5675)
8. Ländertausch: Der Arbeitgeber kann bei Einstellung von Beschäftigten im unmittelbaren Anschluss an ein Arbeitsverhältnis im öffentlichen Dienst (§ 34 Abs. 3 Satz 3 u.4) die beim vorherigen Arbeitgeber nach den Regelungen des TV-L, des TVÜ-Länder oder eines vergleichbaren Tarifvertrages erworbene Stufe bei der Stufenzuordnung ganz oder teilweise berücksichtigen. (Quelle: KM, 2.11.2009)

(3) Die Beschäftigten erreichen die jeweils nächste Stufe – von Stufe 3 an in Abhängigkeit von ihrer Leistung gemäß § 17 Absatz 2 – nach folgenden Zeiten einer ununterbrochenen Tätigkeit innerhalb derselben Entgeltgruppe bei ihrem Arbeitgeber (Stufenlaufzeit):

Stufe 2
nach einem Jahr in Stufe 1,
Stufe 3
nach zwei Jahren in Stufe 2,
Stufe 4
nach drei Jahren in Stufe 3,
Stufe 5
nach vier Jahren in Stufe 4 und
Stufe 6
nach fünf Jahren in Stufe 5.

Die Abweichungen von Satz 1 sind sind in den jeweiligen Tätigkeitsmerkmalen in der Entgeltordnung geregelt.

Hinweise der Redaktion:

1. EG 9 mit längeren Stufenlaufzeiten ist jetzt EG 9a mit normalen Stufenlaufzeiten. Die „große" EG 9 ist jetzt EG 9b.
2. Für ab 1.8.2015 neu zu begründende Arbeitsverhältnisse von Lehrkräften im Sinne von Abschnitt 2 Ziffer 1 der Entgeltordnung Lehrkräfte (Anlage zum TV EntgO-L) beträgt die Stufenlaufzeit in Stufe 1 zwei Jahre und in Stufe 2 fünf Jahre.
3. Zeiten eines freiwilligen Wehrdienstes stehen ebenso wie Zeiten eines Bundesfreiwilligendienstes den Zeiten einer ununterbrochenen Tätigkeit im Sinne des § 16 Abs. 3 Satz 1 TV-L gleich und sind in vollem Umfang bei der Stufenlaufzeit nach § 17 TV-L zu berücksichtigen (diese läuft während dieser Dienste weiter).

Sonderregelungen für Beschäftigte als Lehrkräfte

In § 44 TV-L ist zu § 16 (3) bestimmt:

Für ab dem 1. April 2011 begründete Arbeitsverhältnisse werden im Rahmen des § 16 Abs. 2 Satz 2 TV-L Zeiten von mehreren Arbeitsverhältnissen zum selben Arbeitgeber (zuzüglich sechs Monate des Referendariats oder Vorbereitungsdienstes) zusammengerechnet. Die Nr. 3 der Protokollerklärungen zu § 16 Absatz 2 TV-L bleibt unberührt

(4) Die Entgeltgruppe 1 umfasst fünf Stufen. Einstellungen erfolgen zwingend in der Stufe 2 (Eingangsstufe). Die jeweils nächste Stufe wird nach vier Jahren in der vorangegangenen Stufe erreicht; § 17 Absatz 2 bleibt unberührt.

(5) Zur regionalen Differenzierung, zur Deckung des Personalbedarfs, zur Bindung von qualifizierten Fachkräften oder zum Ausgleich höherer Lebenshaltungskosten kann Beschäftigten abweichend von der tarifvertraglichen Einstufung ein bis zu zwei Stufen höheres Entgelt ganz oder teilweise vorweg gewährt werden. Beschäftigte mit einem Entgelt der Endstufe können bis zu 20 v.H. der Stufe 2 zusätzlich erhalten. Die Zulage kann befristet werden. Sie ist auch als befristete Zulage widerruflich.

Auszug aus den Durchführungshinweisen des Finanzministeriums vom 16.6.2009

Zur **Deckung des Personalbedarfs** kann der Arbeitgeber, wenn und soweit dies zwingend erforderlich ist, bei Neueinstellungen Zeiten einer vorherigen beruflichen Tätigkeit ganz oder teilweise für die Stufenzuordnung berücksichtigen, wenn diese Tätigkeit für die vorgesehene Tätigkeit **förderlich ist.** Im Ergebnis können Beschäftigte bei Neueinstellungen auf diesem Wege auch der Stufe 3 oder einer höheren Stufe zugeordnet werden. Erfasst sind nur Neueinstellungen. Auf Hinw. Nr. 2.10 wird in diesem Zusammenhang besonders hingewiesen. [...] – Inhaltlich kommen als förderliche Zeiten in erster Linie gleichartige und gleichwertige Tätigkeiten, die von dem Bewerber bei einem anderen öffentlichen oder privaten Arbeitgeber ausgeübt wurden, in Betracht. Sie können insbesondere vorliegen, wenn die frühere Tätigkeit mit der auszuübenden Tätigkeit in sachlichem Zusammenhang steht und Kenntnisse, Fertigkeiten und Erfahrungen für die Erfüllung der auszuübenden Tätigkeit offenkundig von Nutzen sind. In Verbindung mit dem Merkmal der Deckung des Personalbedarfs müssen diese Zeiten letztlich Voraussetzung für die Entscheidung zur Einstellung des Beschäftigten gewesen sein. – Ausbildungszeiten sind keine Zeiten beruflicher Tätigkeit und können deshalb nicht als förderliche Zeiten angerechnet werden.

Die „vorherige berufliche Tätigkeit" muss nicht unmittelbar vor der Einstellung liegen; die Protokollerklärung Nr. 3 zu § 16 Abs. 2 gilt nur für die Anwendung des Satzes 2, nicht aber auch des Satzes 4 des § 16 Abs. 2.

Hinweise der Redaktion:

1. Um angesichts der Konkurrenz mit der Privatwirtschaft den Direkteinstieg für Lehrkräfte an beruflichen Schulen in den Fächern Elektro- und Metalltechnik finanziell attraktiver zu gestalten, wird in diesen Mangelbereichen ein höheres Entgelt in Form einer Zulage gezahlt, ohne dass sich damit die Stufenzuordnung der Beschäftigten ändert. Wenn 10 Jahre oder mehr an „förderlichen Zeiten" nachgewiesen werden, werden diese Beschäftigten anstelle der sonst höchstmöglichen Stufe 4 der Stufe 5 zugeordnet; auch in diesen Fällen wird eine zusätzliche Zulage gezahlt. Damit erreichen die Betroffenen im Vergleich zu den sonstigen „Direkteinsteigern" teilweise eine Erhöhung der monatlichen Bruttobezüge im gehobenen Dienst um bis zu 600 Euro, im höheren Dienst um bis zu 800 Euro. ⇨ Tarifvertrag (Entgelt)
2. Das Finanzministerium ist im Interesse einer Verbesserung dieser Situation ab sofort damit einverstanden, dass über die mit Rundschreiben vom 16. Juni 2009 getroffene Regelung hinaus zur Gewinnung von qualifizierten IT-Fachkräften mit einschlägiger Fachhochschul-/Hochschulausbildung bzw. mit gleichwertigen Kenntnissen oder zur Gewinnung von Fachinformatikern der Entgeltgruppen 9 bis 15 TV-L von der tarifvertraglichen „Kann-Regelung" des § 16 Abs. 5 Sätze 2 bis 4 TV-L in eigener Zuständigkeit der personalverwaltenden Dienststellen Gebrauch gemacht werden darf, wenn dies zur Deckung des Personalbedarfs im begründeten Einzelfall notwendig ist. – Danach kann solchen Bewerbern (mit als förderlich anerkannten Zeiten einer vorherigen Tätigkeit in dem für eine Zuordnung zu der Endstufe erforderlichen Umfang) erforderlichenfalls zusätzlich zu dem Entgelt nach der Endstufe eine befristete, widerrufliche Zulage in Höhe von bis zu 20. v.H. der Stufe 2 ihrer Entgeltgruppe geboten werden, längstens jedoch für die Dauer von 5 Jahren. Die Notwendigkeit für die Bewilligung einer solchen Zulage zum Zwecke der Gewinnung ist im jeweiligen Einzelfall so zu dokumentieren, dass eine Überprüfung durch die Rechnungsprüfung ohne weitere Recherchen und Nachfragen möglich ist. (FM, 30.8.2009, AZ: 1-0381.1-23/152)

§ 17
Allgemeine Regelungen zu den Stufen

(1) Die Beschäftigten erhalten das Tabellenentgelt nach der neuen Stufe vom Beginn des Monats an, in dem die nächste Stufe erreicht wird.

(2) Bei Leistungen der Beschäftigten, die erheblich über dem Durchschnitt liegen, kann die erforderliche Zeit für das Erreichen der Stufen 4 bis 6 jeweils verkürzt werden. Bei Leistungen, die erheblich unter dem Durchschnitt liegen, kann die erforderliche Zeit für das Erreichen der Stufen 4 bis 6 jeweils verlängert werden. Bei einer Verlängerung der Stufenlaufzeit hat der Arbeitgeber jährlich zu prüfen, ob die Voraussetzungen für die Verlängerung noch vorliegen. Für die Beratung von schriftlich begründeten Beschwerden von Beschäftigten gegen eine Verlängerung nach Satz 2 beziehungsweise 3 ist eine betriebliche Kommission zuständig. Die Mitglieder der betrieblichen Kommission werden je zur Hälfte vom Arbeitgeber und vom Betriebs-/Personalrat benannt; sie müssen dem Betrieb/der Dienststelle angehören. Der Arbeitgeber entscheidet auf Vorschlag der Kommission darüber, ob und in welchem Umfang der Beschwerde abgeholfen werden soll.

Protokollerklärung zu § 17 Absatz 2:

Die Instrumente des § 17 Absatz 2 unterstützen die Anliegen der Personalentwicklung.

Protokollerklärung zu § 17 Absatz 2 Satz 6:

Die Mitwirkung der Kommission erfasst nicht die Entscheidung über die leistungsbezogene Stufenzuordnung.

Hinweis der Redaktion: Diese Regelungen werden im Bereich der öffentlichen Schulen derzeit (Stand: 1/2020) in der Regel nicht angewandt. Ausnahme: § 17 Abs. 2 Satz 1 im Einzelfall.

(3) Den Zeiten einer ununterbrochenen Tätigkeit im Sinne des § 16 Absatz 3 Satz 1 stehen gleich:

a) Schutzfristen nach dem Mutterschutzgesetz,
b) Zeiten einer Arbeitsunfähigkeit nach § 22 bis zu 39 Wochen,
c) Zeiten eines bezahlten Urlaubs,
d) Zeiten eines Sonderurlaubs, bei denen der Arbeitgeber vor dem Antritt schriftlich ein dienstliches beziehungsweise betriebliches Interesse anerkannt hat,
e) Zeiten einer sonstigen Unterbrechung von weniger als einem Monat im Kalenderjahr,
f) Zeiten der vorübergehenden Übertragung einer höherwertigen Tätigkeit.

Zeiten der Unterbrechung bis zu einer Dauer von jeweils drei Jahren, die nicht von Satz 1 erfasst werden, und Elternzeit sowie Zeiten einer Unterbrechung bei Beschäftigten, die für eine jahreszeitlich begrenzte regelmäßig wiederkehrende Tätigkeit in einem Beschäftigungsverhältnis stehen (Saisonbeschäftigte), sind unschädlich; sie werden aber nicht auf die Stufenlaufzeit angerechnet.

Bei einer Unterbrechung von mehr als drei Jahren erfolgt eine Zuordnung zu der Stufe, die der vor der Unterbrechung erreichten Stufe vorangeht, jedoch nicht niedriger als bei einer Neueinstellung; die Stufenlaufzeit beginnt mit dem Tag der Arbeitsaufnahme. Zeiten, in denen Beschäftigte mit einer kürzeren als der regelmäßigen wöchentlichen Arbeitszeit eines entsprechenden Vollbeschäftigten beschäftigt waren, werden voll angerechnet.

Auszug aus den Durchführungshinweisen des Finanzministeriums vom 1.1.2008

Das Finanzministerium ist jedoch damit einverstanden, dass ein Sonderurlaub zur Kinderbetreuung von mehr als drei Jahren ebenfalls als unschädlich gilt, wenn die Voraussetzungen für einen Antrag auf Teilzeitbeschäftigung nach § 11 Abs. 1 Satz 1 Buchst. a TV-L gegeben sind und der Sonderurlaub die Höchstdauer eines entsprechenden Sonderurlaubs eines Beamten/einer Beamtin des Landes nach §§ 153 b, 153 d LBG (jetzt: §§ 69 ff.) nicht überschreitet.

(4) Bei Eingruppierung in eine höhere Entgeltgruppe werden die Beschäftigten derjenigen Stufe zugeordnet, in der sie mindestens ihr bisheriges Tabellenentgelt erhalten, mindestens jedoch der Stufe

2; bei Eingruppierung über mehr als eine Entgeltgruppe wird die Zuordnung zu den Stufen so vorgenommen, als ob faktisch eine Eingruppierung in jede der einzelnen Entgeltgruppen stattgefunden hätte. Beträgt der Unterschiedsbetrag zwischen dem derzeitigen Tabellenentgelt und dem Tabellenentgelt nach Satz 1 weniger als 100 Euro in den Entgeltgruppen 2 bis 8 beziehungsweise weniger als 180 Euro in den Entgeltgruppen 9a bis 15, so erhält die/der Beschäftigte während der betreffenden Stufenlaufzeit anstelle des Unterschiedsbetrags einen Garantiebetrag von monatlich 100 Euro (Entgeltgruppen 2 bis 8) beziehungsweise 180 Euro (Entgeltgruppen 9a bis 15); steht der/dem Beschäftigten neben dem bisherigen und/oder neuen Tabellenentgelt eine Entgeltgruppenzulage oder eine Besitzstandszulage nach § 9 oder § 17 Absatz 5 Satz 2 TVÜ-Länder zu, wird für die Anwendung des Halbsatzes 1 die Entgeltgruppenzulage bzw. Besitzstandszulage dem jeweiligen Tabellenentgelt hinzugerechnet und anschließend der Unterschiedsbetrag ermittelt. Ist der Garantiebetrag höher als der Unterschiedsbetrag bei stufengleicher Zuordnung, wird als Garantiebetrag der Unterschiedsbetrag gezahlt. ⇨ Tarifvertrag (Entgelt)

Die Stufenlaufzeit in der höheren Entgeltgruppe beginnt mit dem Tag der Höhergruppierung. Bei einer Eingruppierung in eine niedrigere Entgeltgruppe ist die/der Beschäftige der in der höheren Entgeltgruppe erreichten Stufe zuzuordnen. Die/Der Beschäftigte erhält vom Beginn des Monats an, in dem die Veränderung wirksam wird, das entsprechende Tabellenentgelt aus der in Satz 1 oder Satz 5 festgelegten Stufe der betreffenden Entgeltgruppe, ggf. einschließlich des Garantiebetrags.

TV EntgO Lehrkräfte § 7 / Maßgabe zu § 17 TV-L – Allgemeine Regelung zu den Stufen –

Die Protokollerklärung zu § 17 Absatz 4 Satz 1 2. Halbsatz TV-L gilt in folgender Fassung:

Protokollerklärung zu § 17 Absatz 4 Satz 1 2. Halbsatz:

Für nachstehend aufgeführte Lehrkräfte im Sinne der Entgeltordnung Lehrkräfte (Anlage zum TV EntgO-L) gelten folgende Höhergruppierungen nicht als „Eingruppierung über mehr als eine Entgeltgruppe“:

- Lehrkräfte nach Abschnitt 1 von der Entgeltgruppe 11 in die Entgeltgruppe 13,
- Lehrkräfte nach Abschnitt 2 Ziffer 1 von der Entgeltgruppe 11 in die Entgelt-gruppe 13,
- Lehrkräfte nach Abschnitt 2 Ziffer 2 von der Entgeltgruppe 10 in die Entgeltgruppe 12,
- Lehrkräfte nach Abschnitt 5 Ziffer 1 von der Entgeltgruppe 11 in die Entgeltgruppe 13.

Satz 1 findet keine Anwendung bei einer Höhergruppierung, die aufgrund des Inkrafttretens der Entgeltordnung Lehrkräfte auf Antrag gemäß § 29a Absatz 3 und 4 TVÜ-Länder in der Fassung des § 11 TV EntgO-L erfolgt. Hat die Lehrkraft nach der Überleitung in die Entgeltordnung Lehrkräfte einen Antrag nach § 29a Absatz 3 TVÜ-Länder in der Fassung des § 11 TV EntgO-L nicht gestellt, gilt im Falle einer späteren Höhergruppierung die bisherige Entgeltgruppe (Protokollerklärung zu § 29a Absatz 2 Satz 1 und 2 TVÜ-Länder in der Fassung des § 11 TV EntgO-L) als Entgeltgruppe nach Satz 1, von der aus die Höhergruppierung erfolgt.

§ 18 Leistungsentgelt (entfallen)

§ 19 Erschwerniszuschläge (nicht abgedruckt)

§ 20 Jahressonderzahlung

(1) Beschäftigte, die am 1. Dezember im Arbeitsverhältnis stehen, haben Anspruch auf eine Jahressonderzahlung.

(2) Die Jahressonderzahlung beträgt bei Beschäftigten in den Entgeltgruppen

	im Kalenderjahr		
EG	2018	2019-2021	2022
1 bis 8	95 v.H.	abgesenkt	siehe Protokollerklärung
9a bis 11	80 v.H.		
12 und 13	50 v.H.		
14 und 15	35 v.H.		

der Bemessungsgrundlage nach Absatz 3. Für die Anwendung des Satzes 1 werden Beschäftigte der Entgeltgruppe 13 Ü bei einem Bezug des Tabellenentgelts aus den Stufen 2 und 3 der Entgeltgruppe 13, im Übrigen der Entgeltgruppe 14 zugeordnet.

Protokollerklärung zu § 20 Absatz 2:

Entsprechend der Absenkung der Bemessungssätze für die Kalenderjahre 2019, 2020 und 2021 nach § 20 Absatz 2 werden die Tarifvertragsparteien in Umsetzung der Tarifeinigung vom 2. März 2019 sicherstellen, dass auch die Jahressonderzahlung für das Kalenderjahr 2022 auf dem Niveau des Jahres 2018 eingefroren bleibt.

(3) Bemessungsgrundlage im Sinne des Absatzes 2 Satz 1 ist das monatliche Entgelt, das den Beschäftigten in den Kalendermonaten Juli, August und September durchschnittlich gezahlt wird; unberücksichtigt bleiben hierbei das zusätzlich für Überstunden und Mehrarbeit gezahlte Entgelt (mit Ausnahme der im Dienstplan vorgesehenen Mehrarbeits- oder Überstunden), Leistungszulagen, Leistungs- und Erfolgsprämien. Der Bemessungssatz bestimmt sich nach der Entgeltgruppe am 1. September. Bei Beschäftigten, deren Arbeitsverhältnis nach dem 31. August begonnen hat, tritt an die Stelle des Bemessungszeitraums der erste volle Kalendermonat des Arbeitsverhältnisses; anstelle des Bemessungssatzes der Entgeltgruppe am 1. September tritt die Entgeltgruppe des Einstellungstages. In den Fällen, in denen im Kalenderjahr der Geburt des Kindes während des Bemessungszeitraums eine erziehungsgeldunschädliche Teilzeitbeschäftigung ausgeübt wird, bemisst sich die Jahressonderzahlung nach dem Beschäftigungsumfang am Tag vor dem Beginn der Elternzeit.

(4) Der Anspruch nach den Absätzen 1 bis 3 vermindert sich um ein Zwölftel für jeden Kalendermonat, in dem Beschäftigte keinen Anspruch auf Entgelt oder Fortzahlung des Entgelts nach § 21 haben. Die Verminderung unterbleibt für Kalendermonate, für die Beschäftigte kein Tabellenentgelt erhalten haben wegen

a) Ableistung von Grundwehrdienst oder Zivildienst, wenn sie diesen vor dem 1. Dezember beendet und die Beschäftigung unverzüglich wieder aufgenommen haben,

b) Beschäftigungsverboten nach § 3 Absätze 1 und 2,

c) Inanspruchnahme der Elternzeit nach dem Bundeserziehungsgeldgesetz bis zum Ende des Kalenderjahres, in dem das Kind geboren ist, wenn am Tag vor Antritt der Elternzeit Anspruch auf Entgelt oder auf Zuschuss zum Mutterschaftsgeld bestanden hat.

Die Verminderung unterbleibt ferner für Kalendermonate, in denen Beschäftigten Krankengeldzuschuss gezahlt wurde oder nur wegen der Höhe des zustehenden Krankengelds oder einer entsprechenden gesetzlichen Leistung ein Krankengeldzuschuss nicht gezahlt worden ist.

Hinweis der Redaktion: Endet ein Beschäftigungsverhältnis als Lehrkraft mit dem Beginn der Sommerferien und schließt sich nach dem Ende dieser Ferien unmittelbar ein weiteres Beschäftigungsverhältnis als Lehrkraft zum selben Arbeitgeber an, wird für die Anwendung der Kürzungsbestimmung des § 20 Abs. 4 TV-L von einem unmittelbaren Anschluss zwischen den beiden Beschäftigungsverhältnis ausgegangen; die Unterbrechungszeit selbst wird nicht angerechnet. (Quelle: KM, 15. August 2007, AZ: 1-0381.1-35/3)

(5) Die Jahressonderzahlung wird mit dem Tabellenentgelt für November ausgezahlt. Ein Teilbetrag der Jahressonderzahlung kann zu einem früheren Zeitpunkt ausgezahlt werden.

(6) Beschäftigte, die bis zum 20. Mai 2006 Altersteilzeitarbeit vereinbart haben, erhalten die Jahressonderzahlung auch dann, wenn das Arbeitsverhältnis wegen Rentenbezugs vor dem 1. Dezember endet. In diesem Falle treten an die Stelle des Bemessungszeitraums gemäß Absatz 3 die letzten drei Kalendermonate vor Beendigung des Arbeitsverhältnisses.

§ 21
Bemessungsgrundlage für die Entgeltfortzahlung

In den Fällen der Entgeltfortzahlung nach § 22 Absatz 1, § 26 und § 27 werden das Tabellenentgelt sowie die sonstigen in Monatsbeträgen festgelegten Entgeltbestandteile weitergezahlt. Nicht in Monatsbeträgen festgelegte Entgeltbestandteile werden als Durchschnitt auf Basis der letzten drei vollen Kalendermonate, die dem maßgebenden Ereignis für die Entgeltfortzahlung vorhergehen (Berechnungszeitraum), gezahlt. Ausgenommen hiervon sind das zusätzlich gezahlte Entgelt für Überstunden und Mehrarbeit (mit Ausnahme der im Dienstplan vorgesehenen Mehrarbeits- oder Überstunden sowie etwaiger Überstundenpauschalen), Leistungsentgelte, Jahressonderzahlungen sowie besondere Zahlungen nach § 23.

Protokollerklärungen zu § 21 Satz 2 und 3:

1. Volle Kalendermonate im Sinne der Durchschnittsberechnung nach Satz 2 sind Kalendermonate, in denen an allen Kalendertagen das Arbeitsverhältnis bestanden hat. Hat das Arbeitsverhältnis weniger als drei Kalendermonate bestanden, sind die vollen Kalendermonate, in denen das Arbeitsverhältnis bestanden hat, zugrunde zu legen. Bei Änderungen der individuellen Arbeitszeit werden die nach der Arbeitszeitänderung liegenden vollen Kalendermonate zugrunde gelegt.
2. Der Tagesdurchschnitt nach Satz 2 beträgt 1/65 aus der Summe der zu berücksichtigenden Entgeltbestandteile, die für den Berechnungszeitraum zugestanden haben, wenn die regelmäßige wöchentliche Arbeitszeit durchschnittlich auf fünf Tage verteilt ist. Maßgebend ist die Verteilung der Arbeitszeit zu Beginn des Berechnungszeitraums. Bei einer abweichenden Verteilung der Arbeitszeit ist der Tagesdurchschnitt entsprechend Satz 1 und 2 zu ermitteln. Sofern während des Berechnungszeitraums bereits Fortzahlungstatbestände vorlagen, bleiben bei der Ermittlung des Durchschnitts nach Satz 2 die für diese Ausfalltage auf Basis des Tagesdurchschnitts zustehenden Beträge sowie die Ausfalltage selbst unberücksichtigt.
3. Liegt zwischen der Begründung des Arbeitsverhältnisses oder der Änderung der individuellen Arbeitszeit und dem maßgeblichen Ereignis für die Entgeltfortzahlung kein voller Kalendermonat, ist der Tagesdurchschnitt anhand der konkreten individuellen Daten zu ermitteln. Dazu ist die Summe der zu berücksichtigenden Entgeltbestandteile, die für diesen Zeitraum zugestanden haben, durch die Zahl der tatsächlich in diesem Zeitraum erbrachten Arbeitstage zu teilen.
4. Tritt die Fortzahlung des Entgelts nach einer allgemeinen Entgeltanpassung ein, sind die berücksichtigungsfähigen Entgeltbestandteile, die vor der Entgeltanpassung zustanden, um 90 v.H. des Vomhundertsatzes für die allgemeine Entgeltanpassung zu erhöhen. [...]

§ 22
Entgelt im Krankheitsfall

(1) Werden Beschäftigte durch Arbeitsunfähigkeit infolge Krankheit an der Arbeitsleistung verhindert, ohne dass sie ein Verschulden trifft, erhalten sie bis zur Dauer von sechs Wochen das Entgelt nach § 21. Bei erneuter Arbeitsunfähigkeit infolge derselben Krankheit sowie bei Beendigung des Arbeitsverhältnisses gelten die gesetzlichen Bestimmungen. Als unverschuldete Arbeitsunfähigkeit im Sinne der Sätze 1 und 2 gilt auch die Arbeitsverhinderung im Sinne von § 3 Absatz 2, 3a und des § 9 Entgeltfortzahlungsgesetz.

Protokollerklärung zu § 22 Absatz 1 Satz 1:

Ein Verschulden liegt nur dann vor, wenn die Arbeitsunfähigkeit vorsätzlich oder grob fahrlässig herbeigeführt wurde.

(2) Nach Ablauf des Zeitraums gemäß Absatz 1 erhalten die Beschäftigten für die Zeit, für die ihnen Krankengeld oder entsprechende gesetzliche Leistungen gezahlt werden, einen Krankengeldzuschuss in Höhe des Unterschiedsbetrags zwischen den tatsächlichen Barleistungen des Sozialleistungsträgers und dem Nettoentgelt. Nettoentgelt ist das um die gesetzlichen Abzüge verminderte Entgelt im Sinne des § 21; bei freiwillig in der gesetzlichen Krankenversicherung versicherten Beschäftigten ist dabei deren Gesamtkranken- und Pflegeversicherungsbeitrag abzüglich Arbeitgeberzuschuss zu berücksichtigen. Bei Beschäftigten, die in der gesetzlichen Krankenversicherung versicherungsfrei oder die von der Versicherungspflicht in der gesetzlichen Krankenversicherung befreit sind, sind bei der Berechnung des Krankengeldzuschusses diejenigen Leistungen zugrunde zu legen, die ihnen als Pflichtversicherte in der gesetzlichen Krankenversicherung zustünden. ⇨ Krankenversicherung

Protokollerklärung zu § 22 Absatz 2:

Im Falle der Arbeitsverhinderung nach § 3a Entgeltfortzahlungsgesetz stehen den tatsächlichen Barleistungen des Sozialversicherungsträgers das Krankengeld nach § 44a SGB V oder die tatsächlichen Leistungen des privaten Krankenversicherungsträgers oder des Beihilfeträgers gleich.

(3) Der Krankengeldzuschuss wird bei einer Beschäftigungszeit (§ 34 Absatz 3)

a) von mehr als einem Jahr längstens bis zum Ende der 13. Woche und

b) von mehr als drei Jahren längstens bis zum Ende der 39. Woche

seit dem Beginn der Arbeitsunfähigkeit infolge derselben Krankheit gezahlt. Maßgeblich für die Berechnung der Fristen nach Satz 1 ist die Beschäftigungszeit, die im Laufe der krankheitsbedingten Arbeitsunfähigkeit vollendet wird. Innerhalb eines Kalenderjahres kann das Entgelt im Krankheitsfall nach Absatz 1 und 2 insgesamt längstens bis zum Ende der in Absatz 3 Satz 1 genannten Fristen bezogen werden; bei jeder neuen Arbeitsunfähigkeit besteht jedoch mindestens der sich aus Absatz 1 ergebende Anspruch.

(4) Entgelt im Krankheitsfall wird nicht über das Ende des Arbeitsverhältnisses hinaus gezahlt; § 8 Entgeltfortzahlungsgesetz bleibt unberührt. Krankengeldzuschuss wird zudem nicht über den Zeitpunkt hinaus gezahlt, von dem an Beschäftigte eine Rente oder eine vergleichbare Leistung aufgrund eigener Versicherung aus der gesetzlichen Rentenversicherung, aus einer zusätzlichen Alters- und Hinterbliebenenversorgung oder aus einer sonstigen Versorgungseinrichtung erhalten, die nicht allein aus Mitteln der Beschäftigten finanziert ist. Überzahlter Krankengeldzuschuss und sonstige Überzahlungen gelten als Vorschuss auf die in demselben Zeitraum zustehenden Leistungen nach Satz 2; die Ansprüche der Beschäftigten gehen insoweit auf den Arbeitgeber über. Der Arbeitgeber kann von der Rückforderung des Teils des überzahlten Betrags, der nicht durch die für den Zeitraum der Überzahlung zustehenden Bezüge im Sinne des Satzes 2 ausgeglichen worden ist, absehen, es sei denn, die/der Beschäftigte hat dem Arbeitgeber die Zustellung des Rentenbescheids schuldhaft verspätet mitgeteilt.

§ 23
Besondere Zahlungen

(1) Einen Anspruch auf vermögenswirksame Leistungen nach Maßgabe des Vermögensbildungsgesetzes in seiner jeweiligen Fassung haben Beschäftigte, deren Arbeitsverhältnis voraussichtlich mindestens sechs Monate dauert. Für Vollbeschäftigte beträgt die vermögenswirksame Leistung für jeden vollen Kalendermonat 6,65 Euro. Der Anspruch entsteht frühestens für den Kalendermonat, in dem die/der Beschäftigte dem Arbeitgeber die erforderlichen Angaben schriftlich mitteilt, und für die beiden vorangegangenen Monate desselben Kalenderjahres; die Fälligkeit tritt nicht vor acht Wochen nach Zugang der Mitteilung beim Arbeitgeber ein. Die vermögenswirksame Leistung wird nur für Kalendermonate gewährt, für die den Beschäftigten Tabellenentgelt, Entgeltfortzahlung oder Krankengeldzuschuss zusteht. Für Zeiten, für die Krankengeldzuschuss zusteht, ist die vermögenswirksame Leistung Teil des Krankengeldzuschusses. Die vermögenswirksame Leistung ist kein zusatzversorgungspflichtiges Entgelt.

Hinweis der Redaktion: Anträge können per Formblatt direkt beim Landesamt für Besoldung und Versorgung gestellt werden.

(2) Beschäftigte erhalten ein Jubiläumsgeld bei Vollendung einer Beschäftigungszeit (§ 34 Absatz 3)

a) von 25 Jahren in Höhe von 350 Euro,
b) von 40 Jahren in Höhe von 500 Euro.

Teilzeitbeschäftigte erhalten das Jubiläumsgeld in voller Höhe. ⇨ Dienst- und Arbeitsjubiläen

Hinweis der Redaktion: Außerdem gibt es gem. § 29 Abs. 1 Buchstabe d) einen Tag Arbeitsbefreiung.

(3) Beim Tod von Beschäftigten, deren Arbeitsverhältnis nicht geruht hat, wird der Ehegattin/dem Ehegatten oder den Kindern ein Sterbegeld gewährt; der Ehegattin/dem Ehegatten steht die Lebenspartnerin/der Lebenspartner im Sinne des Lebenspartnerschaftsgesetzes gleich. Als Sterbegeld wird für die restlichen Tage des Sterbemonats und – in einer Summe – für zwei weitere Monate das Tabellenentgelt der/des Verstorbenen gezahlt. Die Zahlung des Sterbegeldes an einen der Berechtigten bringt den Anspruch der Übrigen gegenüber dem Arbeitgeber zum Erlöschen; die Zahlung auf das Gehaltskonto hat befreiende Wirkung.

(4) Für die Erstattung von Reise- und Umzugskosten sowie Trennungsgeld finden die Bestimmungen, die für die Beamtinnen und Beamten des Arbeitgebers jeweils gelten, entsprechende Anwendung.

⇨ Reisekostengesetz (LRKG); ⇨ Trennungsgeldverordnung (LTGVO); ⇨ Umzugskostengesetz (LUKG)

§ 24
Berechnung und Auszahlung des Entgelts

(1) Bemessungszeitraum für das Tabellenentgelt und die sonstigen Entgeltbestandteile ist der Kalendermonat, soweit tarifvertraglich nicht ausdrücklich etwas Abweichendes geregelt ist. Die Zahlung erfolgt am letzten Tag des Monats (Zahltag) für den laufenden Kalendermonat auf ein von der/dem Beschäftigten benanntes Konto innerhalb eines Mitgliedstaats der Europäischen Union. Fällt der Zahltag auf einen Samstag oder auf einen Wochenfeiertag, gilt der vorhergehende Werktag, fällt er auf einen Sonntag, gilt der zweite vorhergehende Werktag als Zahltag Entgeltbestandteile, die nicht in Monatsbeträgen festgelegt sind, sowie der Tagesdurchschnitt nach § 21 sind am Zahltag des zweiten Kalendermonats, der auf ihre Entstehung folgt, fällig.

Protokollerklärungen zu § 24 Absatz 1:

1. Teilen Beschäftigte ihrem Arbeitgeber die für eine kostenfreie beziehungsweise kostengünstigere Überweisung in einen anderen Mitgliedstaat der Europäischen Union erforderlichen Angaben nicht rechtzeitig mit, so tragen sie die dadurch entstehenden zusätzlichen Überweisungskosten.
2. Soweit Arbeitgeber die Bezüge am 15. eines jeden Monats für den laufenden Monat zahlen, können sie jeweils im Dezember eines Kalenderjahres den Zahltag vom 15. auf den letzten Tag des Monats gemäß Absatz 1 Satz 1 verschieben.

(2) Soweit tarifvertraglich nicht ausdrücklich etwas anderes geregelt ist, erhalten Teilzeitbeschäftigte das Tabellenentgelt (§ 15) und alle sonstigen Entgeltbestandteile in dem Umfang, der dem Anteil ihrer individuell vereinbarten durchschnittlichen Arbeitszeit an der regelmäßigen Arbeitszeit vergleichbarer Vollzeitbeschäftigter entspricht.

(3) Besteht der Anspruch auf das Tabellenentgelt oder die sonstigen Entgeltbestandteile nicht für alle Tage eines Kalendermonats, wird nur der Teil gezahlt, der auf den Anspruchszeitraum entfällt. Be-

steht nur für einen Teil eines Kalendertags Anspruch auf Entgelt, wird für jede geleistete dienstplanmäßige oder betriebsübliche Arbeitsstunde der auf eine Stunde entfallende Anteil des Tabellenentgelts sowie der sonstigen in Monatsbeträgen festgelegten Entgeltbestandteile gezahlt. Zur Ermittlung des auf eine Stunde entfallenden Anteils sind die in Monatsbeträgen festgelegten Entgeltbestandteile durch das 4,348-fache der regelmäßigen wöchentlichen Arbeitszeit (§ 6 Absatz 1 und entsprechende Sonderregelungen) zu teilen.

(4) Ergibt sich bei der Berechnung von Beträgen ein Bruchteil eines Cents von mindestens 0,5, ist er aufzurunden; ein Bruchteil von weniger als 0,5 ist abzurunden. Zwischenrechnungen werden jeweils auf zwei Dezimalstellen gerundet. Jeder Entgeltbestandteil ist einzeln zu runden.

(5) Entfallen die Voraussetzungen für eine Zulage im Laufe eines Kalendermonats, gilt Absatz 3 entsprechend.

(6) Einzelvertraglich können neben dem Tabellenentgelt zustehende Entgeltbestandteile (z.B. Zeitzuschläge, Erschwerniszuschläge, Überstundenentgelte) pauschaliert werden.

§ 25
Betriebliche Altersversorgung

Die Beschäftigten haben Anspruch auf eine zusätzliche Alters- und Hinterbliebenenversorgung unter Eigenbeteiligung. Einzelheiten bestimmt der [...] Tarifvertrag Altersversorgung [...].

Abschnitt IV
Urlaub und Arbeitsbefreiung

Sonderregelungen für Beschäftigte als Lehrkräfte Nr. 3
In § 44 ist zu Abschnitt IV – Urlaub und Arbeitsbefreiung – bestimmt:

(1) Der Urlaub ist in den Schulferien zu nehmen. Wird die Lehrkraft während der Schulferien durch Unfall oder Krankheit arbeitsunfähig, so hat sie dies unverzüglich anzuzeigen. Die Lehrkraft hat sich nach Ende der Schulferien oder, wenn die Krankheit länger dauert, nach Wiederherstellung der Arbeitsfähigkeit zur Arbeitsleistung zur Verfügung zu stellen.

(2) Für eine Inanspruchnahme der Lehrkraft während der den Urlaub in den Schulferien übersteigenden Zeit gelten die Bestimmungen für die entsprechenden Beamten. Sind entsprechende Beamte nicht vorhanden, regeln dies die Betriebsparteien.

⇨ Tarifrecht (Allgemeines) Nr. 5

Hinweise der Redaktion:

1. Verträge zur Krankheitsvertretung sollen möglichst mindestens einen längeren Ferienabschnitt beinhalten, sodass die Beschäftigten die Möglichkeit haben, den ihnen tarifvertraglich zustehenden Urlaubsanspruch wahrzunehmen. Sofern Beschäftigte den tariflich zustehenden Urlaub nicht während der Dauer ihres Vertrages nehmen können, wird er finanziell abgegolten. (Quelle: KM, 8.7.2009; AZ: 14-0381.1-39/4)
2. Da Pädagogische Assistent*innen keine Lehrkräfte sind, müssen sie die den Urlaubsanspruch übersteigende Ferienzeit während der Schulwochen „hereinarbeiten".

§ 26
Erholungsurlaub

(1) Beschäftigte haben in jedem Kalenderjahr Anspruch auf Erholungsurlaub unter Fortzahlung des Entgelts (§ 21). Bei Verteilung der wöchentlichen Arbeitszeit auf fünf Tage in der Kalenderwoche beträgt der Urlaubsanspruch in jedem Kalenderjahr 30 Arbeitstage. Arbeitstage sind alle Kalendertage, an denen die Beschäftigten dienstplanmäßig oder betriebsüblich zu arbeiten haben oder zu arbeiten hätten, mit Ausnahme der auf Arbeitstage fallenden gesetzlichen Feiertage, für die kein Freizeitausgleich gewährt wird. Bei einer anderen Verteilung der wöchentlichen Arbeitszeit als auf fünf Tage in der Woche erhöht oder vermindert sich der Urlaubsanspruch entsprechend. Verbleibt bei der Berechnung des Urlaubs ein Bruchteil, der mindestens einen halben Urlaubstag ergibt, wird er auf einen vollen Urlaubstag aufgerundet; Bruchteile von weniger als einem halben Urlaubstag bleiben unberücksichtigt. Der Erholungsurlaub muss im laufenden Kalenderjahr gewährt werden; er kann auch in Teilen genommen werden.

(2) Im Übrigen gilt das Bundesurlaubsgesetz mit folgenden Maßgaben:

a) Im Falle der Übertragung muss der Erholungsurlaub in den ersten drei Monaten des folgenden Kalenderjahres angetreten werden. Kann der Erholungsurlaub wegen Arbeitsunfähigkeit oder aus betrieblichen/dienstlichen Gründen nicht bis zum 31. März angetreten werden, ist er bis zum 31. Mai anzutreten.

b) Beginnt oder endet das Arbeitsverhältnis im Laufe eines Jahres, steht als Erholungsurlaub für jeden vollen Monat des Arbeitsverhältnisses ein Zwölftel des Urlaubsanspruchs nach Absatz 1 zu; § 5 Bundesurlaubsgesetz bleibt unberührt.

c) Ruht das Arbeitsverhältnis, so vermindert sich die Dauer des Erholungsurlaubs einschließlich eines etwaigen tariflichen Zusatzurlaubs für jeden vollen Kalendermonat um ein Zwölftel.

d) Das Entgelt nach Absatz 1 Satz 1 wird zu dem in § 24 genannten Zeitpunkt gezahlt.

⇨ Urlaub (Lehrkräfte – Allgemeines)

§ 27
Zusatzurlaub

(1) Für die Gewährung eines Zusatzurlaubs gelten die für die Beamten des jeweiligen Landes jeweils maßgebenden Bestimmungen für Grund und Dauer sinngemäß. [...]

§ 28
Sonderurlaub

Beschäftigte können bei Vorliegen eines wichtigen Grundes unter Verzicht auf die Fortzahlung des Entgelts Sonderurlaub erhalten.

⇨ Urlaub (Lehrkräfte – Allgemeines) Nr. 2 und 4

§ 29
Arbeitsbefreiung

(1) Nur die nachstehend aufgeführten Anlässe gelten als Fälle nach § 616 BGB, in denen Beschäftigte

unter Fortzahlung des Entgelts in dem angegebenen Ausmaß von der Arbeit freigestellt werden:

a) Niederkunft der Ehefrau/der Lebenspartnerin im Sinne des Lebenspartnerschaftsgesetzes 1 Arbeitstag

b) Tod der Ehegattin/des Ehegatten, der Lebenspartnerin/des Lebenspartners im Sinne des Lebenspartnerschaftsgesetzes, eines Kindes oder Elternteils 2 Arbeitstage

c) Umzug aus dienstlichem oder betrieblichen Grund an einen anderen Ort 1 Arbeitstag

d) 25- und 40-jähriges Arbeitsjubiläum 1 Arbeitstag

e) schwere Erkrankung

aa) einer/eines Angehörigen, soweit sie/er in demselben Haushalt lebt, 1 Arbeitstag im Kalenderjahr;

bb) eines Kindes, das das 12. Lebensjahr noch nicht vollendet hat, wenn im laufenden Kalenderjahr kein Anspruch nach § 45 SGB V besteht oder bestanden hat, bis zu 4 Arbeitstage im Kalenderjahr;

cc) einer Betreuungsperson, wenn Beschäftigte deshalb die Betreuung ihres Kindes, das das 8. Lebensjahr noch nicht vollendet hat oder wegen körperlicher, geistiger oder seelischer Behinderung dauernd pflegebedürftig ist, übernehmen müssen, bis zu 4 Arbeitstage im Kalenderjahr.

Eine Freistellung nach Buchstabe e erfolgt nur, soweit eine andere Person zur Pflege oder Betreuung nicht sofort zur Verfügung steht und die Ärztin/der Arzt in den Fällen der Doppelbuchstaben aa und bb die Notwendigkeit der Anwesenheit der/des Beschäftigten zur vorläufigen Pflege bescheinigt. Die Freistellung darf insgesamt fünf Arbeitstage im Kalenderjahr nicht überschreiten.

f) Ärztliche Behandlung von Beschäftigten, wenn diese während der Arbeitszeit erfolgen muss, erforderliche nachgewiesene Abwesenheitszeit einschließlich erforderlicher Wegezeiten.

Hinweis der Redaktion: Die Bestimmungen für Lehrkräfte über die Dienstbefreiung aus persönlichen Gründen stehen unter ⇨ Urlaub (Lehrkräfte – Allgemeines) Nr. 2.

(2) Bei Erfüllung allgemeiner staatsbürgerlicher Pflichten nach deutschem Recht besteht der Anspruch auf Fortzahlung des Entgelts, wenn die Arbeitsbefreiung gesetzlich vorgeschrieben ist und soweit die Pflichten nicht außerhalb der Arbeitszeit, gegebenenfalls nach ihrer Verlegung, wahrgenommen werden können; soweit die Beschäftigten Anspruch auf Ersatz des Entgelts geltend machen können, besteht kein Anspruch auf Entgeltfortzahlung.

Hinweis der Redaktion: Nur wenn die allgemeinen staatsbürgerlichen Pflichten in einem Gesetz normiert sind, ist die Voraussetzung der Tarifvorschrift erfüllt. Als solche Pflichten sind z.B. die Pflicht zur Beteiligung an Wahlausschüssen und zur Mitarbeit in Wahlvorständen zu sehen. Das Gleiche gilt für die Mitglieder entsprechender Wahlorgane. Für die öffentlichen Ehrenämter des Schöffen oder des ehrenamtlichen Richters ergibt sich ein Freistellungsanspruch unmittelbar aus dem jeweiligen Gesetz. (Quelle: K.u.U. S. 73/1997)

Das fortgezahlte Entgelt gilt in Höhe des Ersatzanspruchs als Vorschuss auf die Leistungen der Kostenträger. Die Beschäftigten haben den Ersatzanspruch geltend zu machen und die erhaltenen Beträge an den Arbeitgeber abzuführen.

(3) Der Arbeitgeber kann in sonstigen dringenden Fällen Arbeitsbefreiung unter Fortzahlung des Entgelts bis zu drei Arbeitstagen gewähren. In begründeten Fällen kann bei Verzicht auf das Entgelt kurzfristige Arbeitsbefreiung gewährt werden, wenn die dienstlichen oder betrieblichen Verhältnisse es gestatten. ⇨ Tarifrecht (Allgemeines) / (Zuständigkeiten)

Protokollerklärung zu § 29 Absatz 3 Satz 2:

Zu den „begründeten Fällen“ können auch solche Anlässe gehören, für die kein Anspruch auf Arbeitsbefreiung besteht (z.B. Umzug aus persönlichen Gründen).

(4) Auf Antrag kann den gewählten Vertreterinnen/Vertretern der Bezirksvorstände, der Landesbezirksvorstände, der Landesfachbereichsvorstände, der Bundesfachbereichsvorstände, der Bundesfachgruppenvorstände sowie des Gewerkschaftsrates beziehungsweise entsprechender Gremien anderer vertragsschließender Gewerkschaften zur Teilnahme an Tagungen Arbeitsbefreiung bis zu acht Werktagen im Jahr unter Fortzahlung des Entgelts erteilt werden; dringende dienstliche oder betriebliche Interessen dürfen der Arbeitsbefreiung nicht entgegenstehen. Zur Teilnahme an Tarifverhandlungen mit der TdL oder ihren Mitgliedern kann auf Anfordern einer der vertragsschließenden Gewerkschaften Arbeitsbefreiung unter Fortzahlung des Entgelts ohne zeitliche Begrenzung erteilt werden.

(5) Zur Teilnahme an Sitzungen von Prüfungs- und von Berufsbildungsausschüssen nach dem Berufsbildungsgesetz sowie für eine Tätigkeit in Organen von Sozialversicherungsträgern kann den Mitgliedern Arbeitsbefreiung unter Fortzahlung des Entgelts gewährt werden, sofern nicht dringende dienstliche oder betriebliche Interessen entgegenstehen.

Stichwort: Gehaltsmitteilung prüfen

Bei Tarifbeschäftigten ist vieles anders. Nach jeder Tarifrunde gibt es Änderungen. Oft dauert es lange, bis das Landesamt für Besoldung und Versorgung (LBV) die Neuregelungen des Tarifergebnisses umsetzen kann. Da kann auch mal eine Berechnung falsch sein! Hier ist die Ausschlussfrist von Bedeutung. Sowohl für den Arbeitgeber, als auch für die Arbeitnehmer*innen gilt, dass Ansprüche aus dem Arbeitsverhältnis verfallen, wenn sie nicht spätestens binnen sechs Monaten seit Fälligkeit geltend gemacht wurden. ⇨Tarifvertrag–Länder § 37.

„Geltend machen“ heißt schriftlich beim LBV einfordern. Die GEW hilft gerne bei der Formulierung.

(6) In den Fällen der Absätze 1 bis 5 werden das Tabellenentgelt sowie die sonstigen Entgeltbestandteile, die in Monatsbeträgen festgelegt sind, weitergezahlt.

Abschnitt V
Befristung und Beendigung des Arbeitsverhältnisses

§ 30
Befristete Arbeitsverträge

(1) Befristete Arbeitsverträge sind zulässig auf Grundlage des Teilzeit- und Befristungsgesetzes sowie anderer gesetzlicher Vorschriften über die Befristung von Arbeitsverträgen. Für Beschäftigte, auf welche die Regelungen des Tarifgebiets West Anwendung finden und deren Tätigkeit vor dem 1. Januar 2005 der Rentenversicherung der Angestellten unterlegen hätte, gelten die Besonderheiten in den Absätzen 2 bis 5; dies gilt nicht für Arbeitsverhältnisse, für die die §§ 57a ff. Hochschulrahmengesetz beziehungsweise gesetzliche Nachfolgeregelungen unmittelbar oder entsprechend gelten.

Hinweise der Redaktion:

A. Zulässigkeit und Dauer der Befristung

Eine Befristung ist nur in sehr engem Rahmen zulässig: Es muss ein sachlicher Grund vorliegen, dieser muss im Arbeitsvertrag angegeben sein. Befristete Verträge mit Sachgrund können im Prinzip beliebig oft hintereinander abgeschlossen werden. Bei jedem neuen Vertrag ist – von Fall zu Fall immer strenger – die Erfordernis von § 30 Abs. 3 zu prüfen, dass bei der Besetzung von unbefristeten Stellen vorrangig befristet Beschäftigte zu berücksichtigen sind, wenn deren Leistung dem geforderten Profil entspricht. – Zu den „sachlichen Gründen" im Einzelnen:

1. Ein **sachlicher Grund** ist z.B. die Vertretung einer erkrankten Lehrkraft oder die Elternzeitvertretung. Kein „sachlicher Grund" ist nach Auffassung der GEW die Vertretung einer beurlaubten Lehrkraft oder die Vertretung einer Lehrkraft, die ein Aufbaustudium absolviert oder als Fachlehrerin zum Pädagogischen Fachseminar zugelassen wurde (in diesen Fällen ist ein Ersatz durch dauerhaft beschäftigte Lehrkräfte geboten).
2. Eine „sachgrundlose Befristung" nach § 14 Abs. 2 **Teilzeit- und Befristungsgesetz** (TzBfG) muss im Arbeitsvertrag angegeben sein. Nach dem TzBfG darf innerhalb von zwei Jahren nur dreimal befristet werden. Nach Ablauf der Zwei-Jahresfrist kann nicht mehr nach dem TzBfG weiter befristet beschäftigt werden – wohl aber mit einem gültigen Sachgrund. Lag bereits zuvor beim selben Arbeitgeber ein befristetes oder unbefristetes Beschäftigungsverhältnis vor, kann nicht mehr nach dem TzBfG befristet werden.
3. Befristung aufgrund von **befristet zur Verfügung gestellten Haushaltsmitteln** (§ 14 Abs. 1 Satz 2 Nr. 7 TzBfG).
4. Befristung aus persönlichen Gründen / **Probearbeitsverhältnisse.** Bei dieser Variante liegt der Befristungsgrund nicht in der Sache, sondern in der Person begründet. Derartige Verträge, bei denen de facto das ganze Jahr als Probezeit gilt, werden nicht selten mit lebensälteren Bewerber*innen geschlossen, deren 2. Staatsexamen sehr lange zurückliegt und bei denen in der Zwischenzeit keine Unterrichtstätigkeit nachgewiesen werden kann. Auch bei Einstellungen über die Härtefall- und Schwerbehindertenregelung werden die Verträge zum Teil auf ein Jahr zur Erprobung abgeschlossen. Theoretisch kann ein Vertrag auch auf Wunsch des/der Beschäftigten befristet abgeschlossen werden. Dies kommt aber in der Praxis so gut wie nie vor. ⇨ Einstellungserlass Nrn. 4 und 7
5. Arbeitsverträge mit **Übernahmegarantie.** Dies sind keine befristeten Verträge, sondern unbefristete Arbeitsverhältnisse, deren Besonderheit allein darin liegt, dass den Bewerber*innen zugesichert wird, nach einer bestimmten Frist eine Beamtenstelle zu erhalten. Diese Arbeitnehmer*innen können dann im Prinzip frei wählen, ob sie verbeamtet werden oder ihr unbefristetes Beschäftigungsverhältnis behalten wollen. Für die unbefristete Weiterbeschäftigung im Arbeitnehmerverhältnis bedarf es eines Antrags. ⇨ Einstellungserlass Nr. 4

B. Beginn des Arbeitsverhältnisses

Beginnt das befristete Arbeitsverhältnis laut Arbeitsvertrag erst am ersten Unterrichtstag nach den Sommerferien, gehört es noch nicht zu den arbeitsvertraglichen Pflichten der Lehrkraft, in der letzten Ferienwoche schon an einer GLK teilzunehmen. (Quelle: KM, 25.2.2011, AZ: 14-0381.2-71/26)

C. Meldefrist bei drohender Arbeitslosigkeit

Lehrkräfte mit einem befristeten Vertrag müssen sich bei drohender Arbeitslosigkeit spätestens **drei Monate vor Vertragsende** bei der Bundesagentur für Arbeit arbeitslos melden, da andernfalls kein Anspruch auf Leistungen besteht.

D. Möglichkeit eines dauerhaften Beschäftigungsverhältnisses

Sofern ein personeller dauerhafter Bedarf nicht durch Bewerber*innen mit anerkannter Lehrbefähigung abgedeckt werden kann, können befristet Beschäftigte, die mindestens 36 Monate befristet beschäftigt waren, ein unbefristetes Beschäftigungsverhältnis erhalten. Voraussetzung ist, dass die letzte dienstliche Beurteilung zwischen gut und sehr gut war.

Aktuelle Infos und Antragstellung unter: https://lehrer-online-bw.de/,Lde/Startseite/lobw/ Entfristung

(2) Kalendermäßig befristete Arbeitsverträge mit sachlichem Grund sind nur zulässig, wenn die Dauer des einzelnen Vertrages fünf Jahre nicht übersteigt; weitergehende Regelungen im Sinne von § 23 Teilzeit- und Befristungsgesetz bleiben unberührt. Beschäftigte mit einem Arbeitsvertrag nach Satz 1 sind bei der Besetzung von Dauerarbeitsplätzen bevorzugt zu berücksichtigen, wenn die sachlichen und persönlichen Voraussetzungen erfüllt sind.

(3) Ein befristeter Arbeitsvertrag ohne sachlichen Grund soll in der Regel zwölf Monate nicht unterschreiten; die Vertragsdauer muss mindestens sechs Monate betragen. Vor Ablauf des Arbeitsvertrages hat der Arbeitgeber zu prüfen, ob eine unbefristete oder befristete Weiterbeschäftigung möglich ist.

(4) Bei befristeten Arbeitsverträgen ohne sachlichen Grund gelten die ersten sechs Wochen und bei befristeten Arbeitsverträgen mit sachlichem Grund die ersten sechs Monate als Probezeit. Innerhalb der Probezeit kann der Arbeitsvertrag mit einer Frist von zwei Wochen zum Monatsschluss gekündigt werden.

(5) Eine ordentliche Kündigung nach Ablauf der Probezeit ist nur zulässig, wenn die Vertragsdauer mindestens zwölf Monate beträgt. Nach Ablauf der Probezeit beträgt die Kündigungsfrist in einem oder mehreren aneinander gereihten Arbeitsverhältnissen bei demselben Arbeitgeber von insgesamt

mehr als sechs Monaten — vier Wochen,
mehr als einem Jahr — sechs Wochen
zum Schluss eines Kalendermonats,

mehr als zwei Jahren — drei Monate,
mehr als drei Jahren — vier Monate
zum Schluss eines Kalendervierteljahres.

Eine Unterbrechung bis zu drei Monaten ist unschädlich, es sei denn, dass das Ausscheiden von der/ dem Beschäftigten verschuldet oder veranlasst war. Die Unterbrechungszeit bleibt unberücksichtigt.

Protokollerklärung zu § 30 Absatz 5:

Bei mehreren aneinander gereihten Arbeitsverhältnissen führen weitere vereinbarte Probezeiten nicht zu einer Verkürzung der Kündigungsfrist.

(6) Die §§ 31 und 32 bleiben von den Regelungen der Absätze 3 bis 5 unberührt.

§ 31
Führung auf Probe

(1) Führungspositionen können als befristetes Arbeitsverhältnis bis zur Gesamtdauer von zwei Jahren vereinbart werden. Innerhalb dieser Gesamtdauer ist eine höchstens zweimalige Verlängerung des Arbeitsvertrages zulässig. Die beiderseitigen Kündigungsrechte bleiben unberührt.

(2) Führungspositionen sind die ab Entgeltgruppe 10 auszuübenden Tätigkeiten mit Weisungsbefugnis.

(3) Besteht bereits ein Arbeitsverhältnis mit demselben Arbeitgeber, kann der/dem Beschäftigten vorübergehend eine Führungsposition bis zu der in Absatz 1 genannten Gesamtdauer übertragen werden. Der/Dem Beschäftigten wird für die Dauer der Übertragung eine Zulage in Höhe des Unterschiedsbetrags zwischen den Tabellenentgelten nach der bisherigen Entgeltgruppe und dem sich bei Höhergruppierung nach § 17 Absatz 4 Satz 1 bis 3 ergebenden Tabellenentgelt gewährt. Nach Fristablauf endet die Erprobung. Bei Bewährung wird die Führungsfunktion auf Dauer übertragen; ansonsten erhält die/der Beschäftigte eine der bisherigen Eingruppierung entsprechende Tätigkeit.

Hinweis der Redaktion: Bei der Prüfung der Bewährung von tarifbeschäftigten Schulleiter*innen in der Probezeit legt die Schulaufsicht insbesondere das „Anforderungsprofil Schulleitung" (vgl. K.u.U. 2012, Heft 15-16a, S. 161 ff.), die in § 41 SchG festgelegten Aufgaben und ggf. spezifische Anforderungen der Schule zugrunde. ⇨ Funktionsstellen (Probezeit)

§ 32 Führung auf Zeit (nicht abgedruckt)

§ 33
Beendigung des Arbeitsverhältnisses ohne Kündigung

1) Das Arbeitsverhältnis endet ohne Kündigung

a) mit Ablauf des Monats, in dem die/der Beschäftigte das gesetzlich festgelegte Alter zum Erreichen der Regelaltersrente vollendet hat,

b) jederzeit im gegenseitigen Einvernehmen (Auflösungsvertrag).

> *Sonderregelungen für Beschäftigte als Lehrkräfte Nr. 4*
> *In § 44 ist zu Abschnitt V bestimmt:*
>
> Das Arbeitsverhältnis endet, ohne dass es einer Kündigung bedarf, mit Ablauf des Schulhalbjahres (31. Januar beziehungsweise 31. Juli), in dem die Lehrkraft das gesetzlich festgelegte Alter zum Erreichen einer abschlagsfreien Regelaltersrente vollendet hat.

(2) Das Arbeitsverhältnis endet ferner mit Ablauf des Monats, in dem der Bescheid eines Rentenversicherungsträgers (Rentenbescheid) zugestellt wird, wonach die/der Beschäftigte voll oder teilweise erwerbsgemindert ist. Die/Der Beschäftigte hat den Arbeitgeber von der Zustellung des Rentenbescheids unverzüglich zu unterrichten. Beginnt die Rente erst nach der Zustellung des Rentenbescheids, endet das Arbeitsverhältnis mit Ablauf des dem Rentenbeginn vorangehenden Tages. Liegt im Zeitpunkt der Beendigung des Arbeitsverhältnisses eine nach § 175 SGB IX erforderliche Zustimmung des Integrationsamtes noch nicht vor, endet das Arbeitsverhältnis mit Ablauf des Tages der Zustellung des Zustimmungsbescheids des Integrationsamtes. Das Arbeitsverhältnis endet nicht, wenn nach dem Bescheid des Rentenversicherungsträgers eine Rente auf Zeit gewährt wird. In diesem Fall ruht das Arbeitsverhältnis für den Zeitraum, für den eine Rente auf Zeit gewährt wird; beginnt die Rente rückwirkend, ruht das Arbeitsverhältnis ab dem ersten Tag des Monats, der auf den Monat der Zustellung des Rentenbescheids folgt.

(3) Im Falle teilweiser Erwerbsminderung endet beziehungsweise ruht das Arbeitsverhältnis nicht, wenn die/der Beschäftigte nach ihrem/seinem vom Rentenversicherungsträger festgestellten Leistungsvermögen auf ihrem/seinem bisherigen oder einem anderen geeigneten und freien Arbeitsplatz weiterbeschäftigt werden könnte, soweit dringende dienstliche beziehungsweise betriebliche Gründe nicht entgegenstehen und die/der Beschäftigte innerhalb von zwei Wochen nach Zugang des Rentenbescheids ihre/seine Weiterbeschäftigung schriftlich beantragt.

Hinweis der Redaktion: Entgegen dem Wortlaut des § 33 Abs. 3 wird der Fristbeginn nicht mit Zugang des Rentenbescheids in Lauf gesetzt, sondern erst durch die Mitteilung des Arbeitgebers, dass das Arbeitsverhältnis enden werde (Entscheidung des Bundesarbeitsgerichts vom 23.7.2014 – 7 AZR 771/12).

(4) Verzögert die/der Beschäftigte schuldhaft den Rentenantrag oder bezieht sie/er Altersrente nach § 236, § 236a oder § 236b SGB VI oder ist sie/er nicht in der gesetzlichen Rentenversicherung versichert, so tritt an die Stelle des Rentenbescheids das Gutachten einer Amtsärztin/eines Amtsarztes oder einer/eines nach § 3 Absatz 5 Satz 2 bestimmten Ärztin/Arztes. Das Arbeitsverhältnis endet in diesem Fall mit Ablauf des Monats, in dem der/dem Beschäftigten das Gutachten bekanntgegeben worden ist.

(5) Soll die/der Beschäftigte, deren/dessen Arbeitsverhältnis nach Absatz 1 Buchstabe a geendet hat, weiterbeschäftigt werden, ist ein neuer schriftlicher Arbeitsvertrag abzuschließen. Das Arbeitsverhältnis kann jederzeit mit einer Frist von vier Wochen zum Monatsende gekündigt werden, wenn im Arbeitsvertrag nichts anderes vereinbart ist.

Hinweis der Redaktion: Auf Antrag noch während des laufenden Beschäftigungsverhältnisses ist eine Weiterbeschäftigung über die jeweils maßgebliche Regelaltersgrenze hinaus möglich, wenn hierfür ein dringendes dienstliches Interesse besteht.

§ 34
Kündigung des Arbeitsverhältnisses

(1) Die Kündigungsfrist beträgt bis zum Ende des sechsten Monats seit Beginn des Arbeitsverhältnisses zwei Wochen zum Monatsschluss. Im Übrigen beträgt die Kündigungsfrist bei einer Beschäftigungszeit (Absatz 3 Satz 1 und 2)

bis zu einem Jahr	ein Monat zum Monatsschluss,
von mehr als einem Jahr	6 Wochen,
von mindestens 5 Jahren	3 Monate,
von mindestens 8 Jahren	4 Monate,

von mindestens 10 Jahren 5 Monate,
von mindestens 12 Jahren 6 Monate
zum Schluss eines Kalendervierteljahres.

(2) Arbeitsverhältnisse von Beschäftigten, die das 40. Lebensjahr vollendet haben und unter die Regelungen des Tarifgebiets West fallen, können nach einer Beschäftigungszeit (Abs. 3 Satz 1 und 2) von mehr als 15 Jahren durch den Arbeitgeber nur aus einem wichtigen Grund gekündigt werden. Soweit Beschäftigte nach den bis zum 31. Oktober 2006 geltenden Tarifregelungen unkündbar waren, bleiben sie unkündbar.

(3) Beschäftigungszeit ist die Zeit, die bei demselben Arbeitgeber im Arbeitsverhältnis zurückgelegt wurde, auch wenn sie unterbrochen ist. Unberücksichtigt bleibt die Zeit eines Sonderurlaubs gemäß § 28, es sei denn, der Arbeitgeber hat vor Antritt des Sonderurlaubs schriftlich ein dienstliches oder betriebliches Interesse anerkannt. Wechseln Beschäftigte zwischen Arbeitgebern, die vom Geltungsbereich dieses Tarifvertrages erfasst werden, werden die Zeiten bei dem anderen Arbeitgeber als Beschäftigungszeit anerkannt. Satz 3 gilt entsprechend bei einem Wechsel von einem anderen öffentlich-rechtlichen Arbeitgeber.

Hinweise der Redaktion:

1. Für die Berechnung der Kündigungsfrist ist nur Abs. 3 Satz 1 und 2 (Zeiten beim selben Arbeitgeber) relevant. Der gesamte Absatz 3 gilt hingegen für die Berechnung des Zuschuss zum Krankengeld (§ 22 Abs.3) und für das Jubiläumsgeld (§ 23 Abs. 2).
2. Wenn ein Beschäftigter freiwilligen Wehrdienst leistet, gilt die Zeit der Unterbrechung zur Ableistung des freiwilligen Wehrdienstes als Beschäftigungszeit. Auch die Zeit eines abgeleisteten Bundesfreiwilligendienstes wird übertariflich als Beschäftigungszeit angerechnet.
3. Bei der Berechnung der Beschäftigungszeit werden Zeiten, die in einem Beamtenverhältnis zurückgelegt wurden, nicht berücksichtigt (LAG Hamm, Urteil vom 7.4.2016, AZ: 11 Sa 1468/15).

⇨ Personalvertretungsgesetz (LPVG) § 75 Abs. 1 Nr. 12 und Abs. 7-8, § 87 Abs. 1 Nr. 9

§ 35
Zeugnis

(1) Bei Beendigung des Arbeitsverhältnisses haben die Beschäftigten Anspruch auf ein schriftliches Zeugnis über Art und Dauer ihrer Tätigkeit; es muss sich auch auf Führung und Leistung erstrecken (Endzeugnis).

(2) Aus triftigen Gründen können Beschäftigte auch während des Arbeitsverhältnisses ein Zeugnis verlangen (Zwischenzeugnis).

(3) Bei bevorstehender Beendigung des Arbeitsverhältnisses können die Beschäftigten ein Zeugnis über Art und Dauer ihrer Tätigkeit verlangen (vorläufiges Zeugnis).

(4) Die Zeugnisse gemäß den Absätzen 1 bis 3 sind unverzüglich auszustellen. ⇨ Arbeitszeugnis / Dienstzeugnis

Abschnitt VI
Übergangs- und Schlussvorschriften

§ 37
Ausschlussfrist

(1) Ansprüche aus dem Arbeitsverhältnis verfallen, wenn sie nicht innerhalb einer Ausschlussfrist von sechs Monaten nach Fälligkeit von den Beschäftigten oder vom Arbeitgeber schriftlich geltend gemacht werden. Für denselben Sachverhalt reicht die einmalige Geltendmachung des Anspruchs auch für später fällige Leistungen aus. [...]

B.
Sonderregelungen

§ 44
Sonderregelungen für Beschäftigte als Lehrkräfte

Hinweis der Redaktion: Die Sonderregelungen für Lehrkräfte sind in den Text des TV-L eingearbeitet:
- Nr. 1 bei § 1 (Geltungsbereich)
- Nr. 2 bei Abschnitt II (Arbeitszeit)
- Nr. 2a bei § 16 Abs. 2 und 3
- Nr. 3 bei Abschnitt IV (Urlaub und Arbeitsbefreiung)
- Nr. 4 bei Abschnitt V (Befristung und Beendigung des Arbeitsverhältnisses)

§ 52
Sonderregelungen für Beschäftigte im Sozial- und Erziehungsdienst,
Nr. 4 Zuordnung der Entgeltgruppen

Soweit in diesem Tarifvertrag auf bestimmte Entgeltgruppen der Anlage B Bezug genommen wird, entspricht:

die Entgeltgruppe	der Entgeltgruppe
S 2	2
S 3	4
S 4	5
S 5 (nicht besetzt)	6
S 6 (nicht besetzt)	
S 7, S 8a, S 8b	8
S 9, S 10, S 11a	9a
S 11b, S 12, S 13, S 14	9b
S 15, S 16	10
S 17	11
S 18	12

⇨ Arbeitszeugnis / Dienstzeugnis; ⇨ Entgeltumwandlung; ⇨ Krankenversicherung; ⇨ Nebenamtlicher/nebenberuflicher Unterricht; ⇨ Personalvertretungsgesetz (LPVG); ⇨ Renten und Ruhestand (Arbeitnehmer*innen); ⇨ Tarifrecht (Zuständigkeiten im Schulbereich); ⇨ Tarifrecht (Allgemeines); ⇨ Tarifvertrag (Entgeltordnung Lehrkräfte); ⇨ Tarifvertrag (Entgelt); ⇨ Tarifvertrag (Entgeltordnung Erzieher*innen); ⇨ Teilzeit/Urlaub (Arbeitnehmer*innen); ⇨ Teilzeit (Altersteilzeit / Tarifvertrag); ⇨ Teilzeit/Urlaub (Pflichten und Rechte); ⇨ Verwaltungsrecht (Allgemeines)

Teilzeit / Urlaub (Arbeitnehmer*innen)

Informationen der Redaktion zur Rechtslage und zur Verwaltungspraxis in Baden-Württemberg

A. Rechtsgrundlagen

1. Allgemeines

Auf Lehrkräfte im Arbeitnehmerverhältnis ist die VwV ➪ Teilzeit / Urlaub (Beamtenrecht – VwV) entsprechend anzuwenden. Teilzeit in Form eines Freistellungsjahres (Sabbatmodell) ist für Arbeitnehmer*innen unter den selben Vorgaben, wie für Beamt*innen möglich. Bei der Ablehnung eines Antrags auf Teilzeitbeschäftigung oder Urlaub ohne Arbeitsentgelt sowie beim Widerruf einer Bewilligung und bei der Ablehnung eines Antrags auf Altersteilzeit bestimmt der Personalrat mit, sofern der/die Beschäftigte dessen Beteiligung beantragt. Außer bei familiär begründeten Anlässen oder bei Anträgen auf Elternzeit oder Pflegezeit gilt auch für Lehrkräfte im Arbeitnehmerverhältnis der allgemeine stellenwirksame Antragstermin nach den Weihnachtsferien.

Hinweis der Redaktion: Das KM weist auf seiner Homepage darauf hin, dass Anträge auf Beurlaubung aus anderen bzw. aus sonstigen Gründen sowie Teilzeitanträge auf Absenkung des Beschäftigungsumfangs aus sonstigen Gründen in den vom Lehrkräftemangel betroffenen Lehrämtern und Regionen im Einzelfall sehr sorgfältig zu prüfen sind und – sofern mit Blick auf die Unterrichtsversorgung dienstliche Gründe entgegenstehen – abgelehnt werden sollen.

➪ Personalvertretungsgesetz (LPVG) § 75 Abs. 3 Nr. 6

2. Teilzeitbeschäftigung

Arbeitnehmer*innen („Tarifbeschäftigte“) besitzen aus § 11 des Tarifvertrags (Länder) – TV-L – sowie aus dem Teilzeit- und Befristungsgesetz (TzBfG) einen Rechtsanspruch auf eine Teilzeitbeschäftigung; der Arbeitgeber muss einem entsprechenden Antrag also stattgeben. ➪ Tarifvertrag-Länder (TV-L) § 11

Bei Teilzeit aus familiären Gründen ist § 11 Abs. 1 TV-L insoweit günstiger als als § 8 Abs. 4 TzBfG, weil er eine befristete Verminderung der Arbeitszeit vorsieht und ein Antrag nur abgelehnt werden kann, wenn dringende dienstliche bzw. betriebliche Belange entgegenstehen.

Anders als bei Beamt*innen gilt für die Teilzeit von Tarifbeschäftigten keine Mindest-Stundenzahl, allerdings unterliegt ein Bruttoeinkommen von weniger als 451 Euro/Monat nicht der vollen Sozialversicherungspflicht.

➪ Sozialversicherung (Beiträge); ➪ Teilzeit / Urlaub (Beamtenrecht – VwV); ➪ Teilzeit (Altersteilzeit / Tarifvertrag)

Zur Vergütung für tarifbeschäftigte Teilzeit-Lehrkräfte bei außerunterrichtlichen Veranstaltungen siehe:

➪ Außerunterrichtliche Veranstaltungen (Hinweise) Nr. 6

3. Urlaub

Über eine Beurlaubung ohne Entgelt (Sonderurlaub aus „wichtigen Gründen“; § 28 TV-L) entscheidet der Arbeitgeber (Regierungspräsidium). Liegt ein wichtiger Grund vor (z.B. Betreuung von Kindern und pflegebedürftigen Angehörigen) und gestatten die dienstlichen Verhältnisse die Beurlaubung, so hat der Arbeitgeber Sonderurlaub nach billigem Ermessen zu erteilen. Gemäß Hinweis des Finanzministeriums Nr. 1.2 vom Juli 2011 kann Arbeitnehmer*innen Sonderurlaub auch in den Fällen gewährt werden, in denen Beamte ohne Bezüge beurlaubt werden könnten. Im Unterschied zu Beamten ist bei Tarifbeschäftigten eine Beurlaubung für den Dienst an einer Privatschule nicht möglich. In diesem Fall muss das Arbeitsverhältnis mit dem Land beendet werden.

➪ Beamtengesetz (LBG) §§ 69 ff.; ➪ Tarifvertrag (L) § 28

Die Inanspruchnahme von Elternzeit richtet sich nach dem Bundeselterngeld- und Elternzeitgesetz, jene von Pflegezeit nach dem Pflegezeitgesetz.

➪ Elternzeit (Gesetz); ➪ Urlaub (Pflegezeitgesetz)

B. Rechtsfolgen einer Beurlaubung oder Teilzeitbeschäftigung

1. Sozialversicherung

a) Urlaub

Nach § 7 Abs. 3 SGB IV gilt eine Beschäftigung gegen Arbeitsentgelt in allen Zweigen der Sozialversicherung (Kranken-, Pflege, Renten- und Arbeitslosenversicherung) längstens für einen Monat als fortbestehend, sofern das Beschäftigungsverhältnis ohne Anspruch auf Arbeitsentgelt fortdauert und keine Entgeltersatzleistung (z.B. Arbeislosengeld) bezogen wird. Dies gilt nicht, wenn Beschäftigten in unmittelbarem Anschluss an die Elternzeit Sonderurlaub unter Verzicht auf die Fortzahlung des Entgelts nach § 28 TV-L gewährt wird. In diesem Fall endet das sozialversicherungspflichtige Beschäftigungsverhältnis grundsätzlich mit dem Beginn der Elternzeit.

Gesetzlich oder freiwillig gesetzlich krankenversicherte Arbeitnehmer*innen können sich während der Zeit des unbezahlten Urlaubs in der gesetzlichen Krankenversicherung freiwillig weiterversichern. Dies gilt jedoch nur für Personen, die als Mitglied der gesetzlichen Krankenkasse aus der Versicherungspflicht ausgeschieden sind und in den letzten fünf Jahren vor dem Ausscheiden mindestens 24 Monate oder unmittelbar vor dem Ausscheiden ununterbrochen mindestens zwölf Monate versichert waren (§ 9 Abs. 1 Nr. 1 SGB V). Der Arbeitgeber trägt bei einer freiwilligen Versicherung keinen Arbeitgeberanteil und leistet auch keinen Zuschuss zur freiwilligen oder privaten Krankenversicherung.

Auch in der gesetzlichen Rentenversicherung können sich Arbeitnehmer*innen freiwillig versichern

(§ 7 Abs. 1 SGB VI). Die Beiträge haben die Versicherten selbst zu tragen (§ 171 SGB VI). Versicherte haben grundsätzlich nur dann einen Anspruch auf Rente wegen teilweiser oder voller Erwerbsminderung, wenn sie neben der Erfüllung der allgemeinen Wartezeit in den letzten fünf Jahren vor Eintritt der Erwerbsminderung drei Jahre Pflichtbeiträge für eine versicherte Beschäftigung entrichtet haben (§ 43 SGB VI). Ein Urlaub ohne Bezüge kann daher zum Wegfall der Anspruchsvoraussetzungen für die Erwerbsminderungsrente führen. Man sollte dies rechtzeitig mit der Deutschen Rentenversicherung klären. ⇨ Renten und Ruhestand (Arbeitnehmer*innen)

b)
Teilzeitbeschäftigung

Teilzeitbeschäftigte Arbeitnehmer*innen sind in allen Zweigen der gesetzlichen Sozialversicherung beitragspflichtig. Nur wenn sie die Voraussetzungen einer geringfügigen Beschäftigung (§ 8 SGB IV) erfüllen, sind sie in der Regel versicherungsfrei. Nach § 8 Abs. 1 Nr. 3 SGB V können Arbeitnehmer*innen, die bislang die Versicherungspflichtgrenze überschritten haben und die dadurch krankenversicherungspflichtig werden, dass sie ihre Arbeitszeit auf die Hälfte oder weniger als die Hälfte der regelmäßigen Wochenarbeitszeit vergleichbarer vollbeschäftigter Arbeitnehmer*innen reduzieren, auf Antrag von der gesetzlichen Krankenversicherungspflicht befreit werden, wenn sie seit mindestens 5 Jahren wegen Überschreitens der Jahresarbeitsentgeltgrenze versicherungsfrei waren. ⇨ Krankenversicherung

2. Vermögenswirksame Leistungen

a)
Urlaub

Für Kalendermonate, für die Arbeitnehmer*innen kein Entgelt zusteht, besteht kein Anspruch auf vermögenswirksame Leistungen des Arbeitgebers.

b)
Teilzeitbeschäftigung

Teilzeitbeschäftigte erhalten von dem Betrag, der ihnen zustehen würde, wenn sie vollbeschäftigt wären, den Teil, der dem Maß der vereinbarten regelmäßigen wöchentlichen Arbeitszeit entspricht.
⇨ Vermögenswirksame Leistungen

3. Betriebliche Altersversorgung (VBL)

a)
Urlaub

Während einer Beurlaubung ohne Entgelt bleibt die Pflichtversicherung bei der Versorgungsanstalt des Bundes und der Länder (VBL) bestehen. Da während dieser Zeit kein laufendes zusatzversorgungspflichtiges Entgelt gezahlt wird, ist in dieser Zeit auch kein Eigenanteil an die VBL zu entrichten.
⇨ Renten und Ruhestand (Arbeitnehmer*innen)

Eine Anwartschaft auf Betriebsrente der VBL bleibt auch dann erhalten, wenn eine bis zum Eintritt des Versicherungsfalles dauernde Beurlaubung (sog. Altersurlaub) ausgesprochen wird.

Der Versicherungsfall tritt am Ersten des Monats ein, von dem an der Anspruch auf gesetzliche Rente wegen Alters als Vollrente bzw. wegen teilweiser oder voller Erwerbsminderung besteht (§ 5 Satz 1 ATV). Erfüllen demnach beurlaubte Arbeitnehmer*innen trotz Eintritts der Erwerbsminderung nicht die Voraussetzungen für den Bezug der Rente wegen teilweiser oder voller Erwerbsminderung, haben sie auch keinen Anspruch auf Betriebsrente der VBL.

Da während der Beurlaubung ohne Entgelt kein zusatzversorgungspflichtiges Entgelt anfällt, werden auch keine diesbezüglichen Versorgungspunkte erworben. Allerdings nehmen die bis zur Beurlaubung erreichten Anwartschaften wegen der fortbestehenden Pflichtversicherung an der Verteilung der Bonuspunkte (§ 19 ATV) teil und bleiben somit dynamisch. Arbeitnehmer*innen haben im Übrigen die Möglichkeit, sich mit eigenen Beiträgen bei der VBL im Rahmen der steuerlich geförderten kapitalgedeckten Altersvorsorge („Riester-Rente") freiwillig zu versichern (§ 26 ATV). ⇨ Beamtenversorgung (Wartezeit)

b)
Teilzeitbeschäftigung

Die Pflicht zur VBL-Versicherung besteht bei Vorliegen der übrigen Voraussetzungen auch für teilzeitbeschäftigte Arbeitnehmer*innen. Da sich die Höhe des zusatzversorgungspflichtigen Entgelts nach dem Maß der vereinbarten durchschnittlichen regelmäßigen wöchentlichen Arbeitszeit richtet, wirkt sich der Beschäftigungsumfang auch auf die Höhe der Betriebsrente im Punktemodell aus.

4. Beschäftigungszeit (§ 34 Abs. 3 TV-L)

a)
Urlaub

Die Zeit eines Sonderurlaubs aus familiären Gründen nach § 28 TV-L gilt nicht als Beschäftigungszeit, weil dafür ein dienstliches oder betriebliches Interesse nicht anerkannt werden kann.

Eine Eltern- oder Pflegezeit zählt dagegen als Beschäftigungszeit, weil das Arbeitsverhältnis durch sie nur ruht und nicht unterbrochen wird. Der TV-L schließt die Berücksichtigung dieser Zeiten – anders als beim Sonderurlaub – nicht aus.

b)
Teilzeitbeschäftigung

Zeiten einer Teilzeitbeschäftigung werden wie bei Vollzeit voll auf die Beschäftigungszeit angerechnet.

Aktuelle Infos für tarifbeschäftigte GEW-Mitglieder

Lehrkräfte i.A. erhalten monatlich aktuelle Infos für Arbeitnehmer*innen per E-Mail zugesandt. Alle Infos sind auch auf der Homepage der GEW eingestellt unter: www.gew-bw.de/tarif/publikationen.

5.
Stufenlaufzeit (§§ 16-17 TV-L)

a)
Urlaub

Ein Sonderurlaub nach § 28 TV-L wird auf die Stufenlaufzeit nur angerechnet, wenn der Arbeitgeber vor dem Antritt schriftlich ein dienstliches bzw. betriebliches Interesse anerkannt hat; für Sonderurlaub aus familiären Gründen trifft dies nicht zu.

Sonderurlaub aus familiären Gründen ist bis zur Dauer von drei Jahren für die Stufenlaufzeit insoweit unschädlich, als die davor erreichte Stufe bestehen bleibt. Die Zeit dieses Sonderurlaubs ist aber nicht auf die Stufenlaufzeit anrechenbar. Bei einem längeren Sonderurlaub aus familiären Gründen erfolgt bei Wiederaufnahme der Arbeit eine Rückstufung (grundsätzlich eine Stufe, jedoch nicht niedriger als bei einer Neueinstellung). Die neue Stufenlaufzeit beginnt mit dem Tag der Wiederaufnahme der Arbeit.

Beim Sonderurlaub zur Kinderbetreuung von mehr als drei Jahren erlaubt das Finanzministerium eine Ausnahme: Er gilt als „unschädlich“, wenn die Voraussetzungen für einen Antrag auf Teilzeitbeschäftigung nach § 11 Abs. 1 Satz 1 Buchst. a TV-L gegeben sind und der Urlaub die Höchstdauer eines entsprechenden Sonderurlaubs eines Beamten des Landes nach § 73 LBG nicht überschreitet.

Eine Eltern- oder Pflegezeit (bei vollständiger Freistellung von der Arbeit) ist für die Stufenlaufzeit insoweit unschädlich, als die vor dieser Zeit erreichte Stufe bestehen bleibt. Dies gilt auch für eine Elternzeit, die länger als drei Jahre dauert.

b)
Teilzeitbeschäftigung

Zeiten einer kürzeren als der regelmäßigen Arbeitszeit werden voll auf die Stufenlaufzeit angerechnet

6.
Jahressonderzahlung (§ 20 TV-L)

a) Urlaub

Die Jahressonderzahlung vermindert sich um ein Zwölftel für jeden vollen Kalendermonat eines Sonderurlaubs nach § 28 TV-L. Schließt eine Beurlaubung den 01.12. eines Kalenderjahres ein, wird im fraglichen Jahr keine Jahressonderzahlung gezahlt. Bei einer Elternzeit oder Pflegezeit unterbleibt die Verminderung für die Kalendermonate der Elternzeit bis zum Ende des Kalenderjahres, in dem das Kind geboren ist, wenn am Tag vor Antritt der Elternzeit Anspruch auf Entgelt oder Zuschuss zum Mutterschaftsgeld bestanden hat.

b) Teilzeitbeschäftigung

Ist die regelmäßige Arbeitszeit im Bemessungszeitraum (in der Regel sind dies die Kalendermonate Juli bis September) herabgesetzt, verringert sich die Jahressonderzahlung entsprechend. Im Kalenderjahr der Geburt des Kindes gilt dies nicht im Falle einer bei demselben Arbeitgeber ausgeübten, für das Elterngeld unschädlichen Teilzeitbeschäftigung.

⇨ Beihilfeverordnung; ⇨ Beihilfe (Arbeitnehmer*innen); ⇨ Krankenversicherung; ⇨ Personalvertretungsgesetz (LPVG); zur Wahlberechtigung im Blockmodell siehe insbesondere § 25 Nr. 8; ⇨ Renten und Ruhestand (Arbeitnehmer*innen); ⇨ Sozialversicherung (Beiträge); ⇨ Teilzeit (Pflichten und Rechte)

Teilzeit / Urlaub (Beamtenrecht – VwV)

Teil D der Verwaltungsvorschrift des KM „Teilzeit, Urlaub, Dienst- und Arbeitsunfähigkeit, Zuständigkeiten in der Kultusverwaltung“ vom 10.6.2014, AZ: 14-0311.40/233 (K.u.U. S. 104/2014)

Vorbemerkung der Redaktion zu dieser Sammelvorschrift

In seiner Verwaltungsvorschrift *„Teilzeit, Urlaub, Dienst- und Arbeitsunfähigkeit, Zuständigkeiten in der Kultusverwaltung“* regelt das KM sehr unterschiedliche Sachverhalte. Wir haben diese Sammelvorschrift zur leichteren Auffindbarkeit im Jahrbuch deshalb aufgeteilt:

- Die in Teil A und B enthaltenen Zuständigkeitsregelungen sind unter ⇨ Beamtenrecht (Zuständigkeiten im Schulbereich) und ⇨ Tarifrecht (Zuständigkeiten im Schulbereich) tabellarisch dargestellt.
- Teil C ist unter ⇨ Krankmeldung (Abwesenheit von Lehrkräften) wiedergegeben.
- Teil D dieser Verwaltungsvorschrift (*Teilzeitbeschäftigung und Urlaub)* ist unten abgedruckt.

Teil D
Teilzeitbeschäftigung und Urlaub von längerer Dauer ohne Dienstbezüge

Hinweise der Redaktion:

1. Diese Verwaltungsvorschrift wird entsprechend auf tarifbeschäftigte Lehrkräfte angewandt (siehe Nr. VII.).
2. Bei der Ablehnung eines Antrags auf Teilzeitbeschäftigung oder Urlaub ohne Dienstbezüge oder Arbeitsentgelt sowie beim Widerruf einer Bewilligung und bei der Ablehnung eines Antrags auf Altersteilzeit bestimmt der Personalrat auf Antrag des bzw. der Beschäftigten mit. ⇨ Personalvertretungsgesetz (LPVG) § 75 Abs. 3 Nr. 6

I.
Urlaub von längerer Dauer ohne Dienstbezüge

1. Die Bewilligung richtet sich nach §§ 72 und 73 LBG. ⇨ Beamtengesetz (LBG) §§ 69 ff.

   Hinweis der Redaktion: Hinweis Nr. 1 zu Nr. II beachten.

2. Inhaberinnen und Inhabern von Funktionsstellen kann grundsätzlich nur Urlaub nach § 72 Absatz 2 Nummer 2 LBG (sog. Altersurlaub) bewilligt werden.

II.
Teilzeitbeschäftigung

1. Teilzeitbeschäftigung ist in jeder Zwischenstufe von mindestens einem halben Deputat bis zu einem um eine Wochenstunde gekürzten vollen Deputat möglich, soweit in Nr. 4 nichts anderes bestimmt ist. Deputate können auch mit halben Wochenstunden bewilligt werden. Die Belange der Teilzeitbeschäftigten sind bei der Verteilung der außerunterrichtlichen Tätigkeiten zu berücksichtigen.
2. Die Bewilligung einer unterhälftigen Teilzeitbeschäftigung von mindestens *(jetzt: 25 %)* eines Deputats zur Betreuung und Pflege richtet sich nach § 69 Abs. 1 i.V.m. § 69 Absatz 2 LBG. Dienstliche Belange dürfen nicht entgegenstehen. Für die Berechnung des Mindestumfangs der Teilzeitbeschäftigung werden Bruchteile von Wochenstunden auf halbe oder ganze Wochenstunden aufgerundet. Im Übrigen gilt Nummer 1 entsprechend.
3. Die Bewilligung einer unterhälftigen Teilzeitbeschäftigung in Elternzeit richtet sich nach § 69 Absatz 3 LBG i.V.m. § 42 Absatz 1 Satz 2 und 3 AzUVO. Eine Bewilligung über das Ende der Elternzeit hinaus ist nur nach Nummer 2 zulässig. Für die Berechnung des Mindestumfangs der Teilzeitbeschäftigung werden Bruchteile von Wochenstunden auf halbe oder ganze Wochenstunden aufgerundet.

   Im Übrigen gilt Nummer 1 entsprechend.

   ⇨ Elternzeit (Verordnung – AzUVO) § 42
4. Schulleiterinnen und Schulleiter, stellvertretende Schulleiterinnen und Schulleiter, Fachberaterinnen und Fachberater sowie Abteilungsleiterinnen und Abteilungsleiter zur Koordinierung schulfachlicher Aufgaben an Gymnasien und beruflichen Schulen reduzieren bei einer Teilzeitbeschäftigung ihre Unterrichtsverpflichtung, hingegen nicht die mit der Funktion verbundenen Aufgaben. Die Funktionsaufgaben müssen in vollem Umfang wahrgenommen werden. Schulleiterinnen und Schulleiter stellen die für einen geordneten Schulbetrieb erforderliche Präsenz der Schulleitung sicher. Job-Sharing ist bei den in Satz 1 genannten Funktionen grundsätzlich möglich.

   ⇨ Teilzeit (Pflichten und Rechte))

Hinweise der Redaktion:

1. Auf Anordnung des KM sind Anträge auf Beurlaubung aus anderen bzw. aus sonstigen Gründen sowie Teilzeitanträge auf Absenkung des Beschäftigungsumfangs aus sonstigen Gründen in den vom Lehrkräftemangel betroffenen Lehrämtern und Regionen im Einzelfall sehr sorgfältig zu prüfen und sollen – sofern mit Blick auf die Unterrichtsversorgung dienstliche Gründe entgegenstehen – abgelehnt werden.

   ⇨ Beamtengesetz (LBG) § 69 Nr. 4; ⇨ Personalvertretungsgesetz (LPVG) § 75 Abs. 3 Nr. 6; ⇨ Urlaub (Verordnung) § 31
2. Funktionsstelleninhaber*innen müssen sich zeitlich abstimmen und sich verpflichten, die Teilzeitbeschäftigung während des „Job-Sharings" beizubehalten.
3. Am Job-Sharing-Modell können nur Beschäftigte teilnehmen, die auf ein halbes Gehalt verzichten. Als materiellen Puffer lässt das KM zu, dass sie zusätzlich eine Nebentätigkeit im Umfang bis zu 1/5 Lehrauftrag übernehmen. Dies kann auch (zusätzlich bezahlter) Unterricht an der eigenen Schule sein (je nach Schulart 5 bis 6 Wochenstunden). Dabei erfolgt die

Teilzeit in der Elternzeit (EZ) oder familiäre Teilzeit (TZ)?

	Familiäre Teilzeit gemäß § 69 Abs. 1 LBG	Unterhälftige* familiäre** Teilzeit gemäß § 69 Abs. 2 LBG	Teilzeit in der Elternzeit gemäß § 69 Abs. 3 LBG i.V.m. AzUVO § 42	Unterhälftige* Teilzeit in der Elternzeit gemäß § 69 Abs. 3 LBG
Voraussetzung	Ein Kind unter 18 Jahren oder nach ärztlichem Gutachten pflegebedürftige Angehörige		Elternzeit muss bewilligt sein; siehe ⇨ Elternzeit (Gesetz – Arbeitnehmer*innen) und ⇨ Elternzeit (Beamt*innen – AzUVO)	
Teilzeitumfang	Mindestens 50 % bis maximal eine Stunde unter vollem Deputat	Zwischen 25 % und unter 50 % des Deputats	Mindestens 50 % bis max. 30/32 Stunden bzw. entsprechendem Deputat*	Zwischen 25 % und unter 50 % des Deputats
Antragsfrist	Antragsschluss in der Regel am ersten Unterrichtstag im Januar (Ausschlussfrist); Ausnahme: Antragstellung im Anschluss an die Mutterschutzfrist oder die Elternzeit		<u>Elternzeit:</u> 7 Wochen vor Beginn; für den Zeitraum zwischen dem 3. und 8. Lj. des Kindes: 13 Wochen <u>Teilzeit in der Elternzeit</u> soll 6 Monate vor Beginn der Teilzeit beantragt werden	
Bewilligung	**Muss** bewilligt werden, wenn dienstliche Gründe nicht entgegenstehen	**Kann** bewilligt werden, wenn dienstliche Gründe nicht entgegenstehen	**Kann** bewilligt werden, wenn dienstliche Gründe nicht entgegenstehen	**Kann** bewilligt werden, wenn es **im Interesse des Dienstherrn** liegt
Ruhegehaltfähige Dienstzeit	Teilzeitbeschäftigung in der Elternzeit zählt für die Wartezeit ⇨ Beamtenversorgung (Wartezeit) voll; für die ruhegehaltfähige Dienstzeit ⇨ Beamtenversorgung (Berechnung) zählt sie anteilig.			
Probezeit	Zeit zählt voll			
Vorzeitige Beendigung	Mit triftiger Begründung ist eine vorzeitige Beendigung möglich. Danach sind eine Beurlaubung ohne Bezüge, Elternzeit oder Vollzeitbeschäftigung mit entsprechender Besoldung möglich.		Teilzeit kann zugunsten der bezahlten Mutterschutzfrist eines weiteren Kindes beendet werden. Bezugsgröße für die Besoldung während dieser Mutterschutzfrist ist die Zeit vor Beginn der Elternzeit, es sei denn, die Bezüge in der Teilzeit in der EZ waren höher, als vor Beginn der Elternzeit***	

* Mindestdeputate bei unterhälftiger Teilzeit und maximales Deputat in der Elternzeit siehe ⇨ Elternzeit (Allgemeines)

** Urlaub gem. § 72 LBG und unterhälftige Teilzeit aus familiären Gründen dürfen insgesamt 15 Jahre nicht übersteigen.

*** Wird nur die Teilzeit in der Elternzeit abgebrochen, bleibt die bewilligte Elternzeit bestehen und muss nicht neu beantragt werden.

Eingruppierung in die Entgeltgruppe, die der Besoldungsgruppe einer vergleichbaren beamteten Lehrkraft entspricht. [...] (Quelle: KM, 19.5.2000; 15-zu 0311.41/243)

III. Dauer der Teilzeitbeschäftigung und Beurlaubung

1. Die beantragte Dauer der Teilzeitbeschäftigung nach Abschnitt II Nummern 2 und 3 oder Beurlaubung nach Abschnitt I muss im Regelfall ein ganzes Schuljahr umfassen (Mindestbewilligungszeitraum), soweit in § 72 Absatz 2 Nr. 2 LBG (sogenannter Altersurlaub) und § 74 Absatz 2 Satz 2 (Teilzeitbeschäftigung in Pflegezeit) nichts anderes bestimmt ist. Bei einer Teilzeitbeschäftigung oder Beurlaubung aus familiären Gründen, die während des Schuljahres beginnt, verkürzt sich der Zeitraum bis zum Ende dieses oder einem der nächsten Schuljahre entsprechend. § 69 Absatz 9 und § 72 Absatz 3 LBG gelten entsprechend.
2. Eine Teilzeitbeschäftigung aus sonstigen Gründen ist im Regelfall „bis auf weiteres" zu beantragen und zu bewilligen.
3. Soweit abweichend von Nummer 1 oder Nummer 2 eine kürzere bzw. zeitlich begrenzte Teilzeitbeschäftigung oder Beurlaubung beantragt wird, ist dies zu begründen.
4. Sofern eine Teilzeitbeschäftigung oder Beurlaubung von mehrjähriger Dauer oder „bis auf weiteres" bewilligt worden ist, kann sie auf Antrag nachträglich jeweils zum Ende eines Schuljahres abgekürzt bzw. in ihrem Umfang verändert werden. § 69 Absatz 10 und § 72 Absatz 4 bleiben unberührt.

   Hinweis der Redaktion: Solchen Anträgen soll stattgegeben werden, „wenn ein nachvollziehbarer Grund vorliegt". (Quelle: KM, 9.1.1998 Nr. I/5-0311.40/176).
5. Der Beginn einer Teilzeitbeschäftigung oder Beurlaubung nach § 69 Absatz 4 und § 72 Absatz 2 LBG ist grundsätzlich auf den ersten Unterrichtstag nach den Sommerferien und das Ende grundsätzlich auf den Tag vor dem Unterrichtsbeginn nach den Sommerferien festzulegen.

IV. Freistellungsjahr

1. Lehrkräften wird auf der Grundlage des § 69 Absatz 5 LBG die Möglichkeit einer Teilzeitbeschäftigung in der Weise eröffnet, dass der Teil, um den die regelmäßige Arbeitszeit im Einzelfall ermäßigt ist, zu einem zusammenhängenden Zeitraum von einem Jahr (Freistellungsjahr) zusammengefasst wird. Der gesamte Bewilligungszeitraum muss mindestens drei und darf höchstens acht Jahre betragen. Das Freistellungsjahr ist grundsätzlich direkt im Anschluss an die Ansparphase zu gewähren. Es kann auf Antrag der Lehrkraft auch für einen späteren Zeitraum bewilligt werden. Der Bewilligungszeitraum (Ansparphase bis Abschluss Rückgabephase) darf die Gesamtdauer von acht Jahren nicht überschreiten. ➪ Teilzeit (Freistellungsjahr – Sabbatjahr)

   Abschnitt III Nummer 5 gilt entsprechend.

   Hinweise der Redaktion:
   1. Ein Freistellungsjahr in der hier beschriebenen Form kann nur Lehrkräften an Schulen bewilligt werden. Lehrkräften, die in den außerschulischen Bereich abgeordnet sind, kann es bewilligt werden, wenn das Jahr der vollen Freistellung erst nach Beendigung der Abordnung in den außerschulischen Bereich in Anspruch genommen wird. Die Ansparphase kann damit im Zeitraum der Abordnung in den außerschulischen Bereich liegen.
   2. Im Einzelfall kann für einen befristeten Zeitraum von der Achtjahreshöchstgrenze abgewichen werden. Die Rückgabephase (das Freistellungsjahr) muss zum Ablauf des Schuljahrs 2024/25 beendet sein, die Verschiebung muss der Unterrichtsversorgung zugute kommen und die Lehrerbedarfsplanung darf dadurch nicht beeinträchtigt werden. Es sollen nur Lehrkräfte von der Erweiterung Gebrauch machen dürfen, die ihre Ansparphase bereits beendet haben, und diejenigen, deren Ansparphase spätestens mit Ablauf des Schuljahres 2021/22 endet. (Quelle: KM 21. Februar 2021 AZ 14-0311.411358)
2. Für teilzeitbeschäftigte Lehrkräfte nach den allgemeinen Regelungen gilt Nummer 1 sinngemäß. Die Hälfte des Regelstundenmaßes darf im Durchschnitt des Bewilligungszeitraumes nicht unterschritten werden.
3. Inhaberinnen und Inhaber von Funktionsstellen sind von dieser Form der Teilzeitbeschäftigung (Freistellungsjahr) grundsätzlich ausgenommen. Eine Ausnahmebewilligung kann insbesondere dann erteilt werden, wenn sich der Eintritt in den Ruhestand an das Freistellungsjahr unmittelbar anschließt (Ruhestand kraft Gesetzes) oder sich die Versetzung in den Ruhestand nach dem erklärten Willen der Lehrkraft unmittelbar anschließen soll (Antragsruhestand).

   ➪ Ruhestand (Beamtenrecht)
4. Für den Zeitraum, in dem die Lehrkräfte vollbeschäftigt sind, gelten für die Alters- und Schwerbehindertenermäßigung die Regelungen für vollbeschäftigte Lehrkräfte. Bei Lehrkräften, die nach den allgemeinen Regelungen teilzeitbeschäftigt sind, gelten für die Alters- und Schwerbehindertenermäßigung die Regelungen für teilzeitbeschäftigte Lehrkräfte.

   ➪ Arbeitszeit (Lehrkräfte-ArbeitszeitVO) §§ 4-5

V. Altersteilzeit

1. Der Beginn einer Altersteilzeit nach § 70 Absatz 2 Nummer 1 LBG (Teilzeitmodell) ist entweder auf den ersten Unterrichtstag nach den Sommerferien oder den 1. Februar und das Ende auf den Tag vor Beginn des Ruhestands in den Sommerferien oder den 31. Januar festzulegen.
2. Der Beginn einer Altersteilzeit nach § 70 Absatz 2 Nummer 2 LBG (Blockmodell) ist so festzulegen, dass die Freistellungsphase am 1. Februar, am 1. August oder am 1. September beginnt. Ist mit dem Antritt der Altersteilzeit eine Änderung von über drei Stunden des bisherigen Beschäftigungsumfangs verbunden ist, ist der Beginn der Altersteilzeit entweder auf den ersten Unterrichtstag nach den Sommerferien oder den 1. Februar festzulegen. Sofern mit dem Antritt der Altersteilzeit keine Änderung bzw. eine Änderung von nicht mehr als drei Stunden des

Übersichtstabelle der Redaktion zu Teilzeitbeschäftigung und Urlaub im Beamtenrecht (§§ 69-72 LBG)

Bitte beachten Sie:

Diese Übersicht stellt nur die „normalen“ Teilzeit- und Urlaubsfälle dar. Informationen zum **Freistellungsjahr („Sabbatjahr“)** als Sonderform der Teilzeit finden Sie unter ⇨ Beamtengesetz (LBG) § 69 Abs. 5 und ⇨ Teilzeit (Freistellungsjahr), zur **Pflegezeit** unter ⇨ Beamtengesetz (LBG) § 74 und ⇨ Urlaub (Pflegezeit – Beamt*innen), zur **Elternzeit** unter ⇨ Elternzeit (Gesetz – Arbeitnehmer*innen) und ⇨ Elternzeit (Beamt*innen – AzUVO).

<table>
<tr><th>Art der Freistellung</th><th>Arbeitsumfang</th><th>Voraussetzungen</th><th>Bewilligung</th><th>Nebentätigkeit</th><th>Höchstdauer</th></tr>
<tr><td>Teilzeit
(§ 69 Abs. 4 LBG)</td><td>Mindestens 50 % der regelmäßigen Arbeitszeit</td><td>keine*</td><td>Kann bewilligt werden, soweit dienstliche Belange nicht entgegenstehen*</td><td rowspan="5">Darf dem Zweck der Arbeitszeitermäßigung nicht zuwiderlaufen und darf – je nach Teilzeitumfang – 8/41 bis maximal 12/41 der regelmäßigen Arbeitszeit (Deputat) nicht überschreiten.</td><td>Unbeschränkt</td></tr>
<tr><td>Unterhälftige Teilzeit in der Elternzeit
(§ 69 Abs. 3 LBG)</td><td>Zwischen 25 % und unter 50 % der regelmäßigen Arbeitszeit</td><td>Bewilligte und angetretene Elternzeit (unter bestimmten Voraussetzungen auch für Großeltern)</td><td>Kann bewilligt werden, wenn es im Interesse des Dienstherrn liegt</td><td>Solange die Voraussetzungen (Elternzeit) vorliegen.</td></tr>
<tr><td>Altersteilzeit
(§ 70 LBG)</td><td>60 % der regelmäßigen, maximal 60 % der bisherigen Arbeitszeit</td><td>Schwerbehindert (mind. GdB 50), Vollendung des 55. Lebensjahres, von den letzten fünf Dienstjahren drei mindestens teilzeitbeschäftigt</td><td>Kann bewilligt werden, soweit dienstliche Belange nicht entgegenstehen</td><td>Bis zum Beginn des Ruhestands</td></tr>
<tr><td>Teilzeit aus familiären Gründen
(§ 69 Abs. 1 LBG)</td><td>Mindestens 50 % der regelmäßigen Arbeitszeit</td><td rowspan="3">Tatsächliche Betreuung oder Pflege eines Kindes unter 18 Jahren oder eines nach ärztlichem Gutachten pflegebedürftigen Angehörigen</td><td>Muss bewilligt werden, wenn zwingende dienstliche Belange nicht entgegenstehen</td><td>Solange die Voraussetzungen (Betreuung oder Pflege) vorliegen.</td></tr>
<tr><td>Unterhälftige Teilzeit aus familiären Gründen
(§ 69, 2 LBG)</td><td>Zwischen 25 % und unter 50 % der regelmäßigen Arbeitszeit</td><td>Kann bewilligt werden, wenn dienstliche Belange nicht entgegenstehen</td><td rowspan="2">Zusammen höchstens bis zur Dauer von 15 Jahren</td></tr>
<tr><td>Urlaub aus familiären Gründen
(§ 72 Abs. 1 LBG)</td><td>entfällt</td><td>Muss bewilligt werden, wenn zwingende dienstliche Belange nicht entgegenstehen</td><td rowspan="3">Wie bei Teilzeitbeschäftigung, die Obergrenze liegt stets bei 12/41 der regelmäßigen Arbeitszeit (Deputat)</td></tr>
<tr><td>Urlaub aus anderen Gründen
(§ 72 Abs. 2 Nr. 1 LBG)</td><td>entfällt</td><td>keine*</td><td rowspan="2">Kann bewilligt werden, soweit dienstliche Belange nicht entgegenstehen*; keine Ausübung von Erwerbstätigkeit oder vergleichbarer Tätigkeit.</td><td>Maximal sechs Jahre</td></tr>
<tr><td>Altersurlaub
(§ 72 Abs. 2 Nr. 2 LBG)</td><td>entfällt</td><td>Nach Vollendung des 55. Lebensjahrs, bis zum Beginn des Ruhestands</td><td>Mehr als 15 Jahre, wenn Rückkehr zu Voll- oder Teilzeitarbeit nicht zumutbar</td></tr>
</table>

* restriktive Einzelfallprüfung; entscheidend ist die Versorgung der konkreten Schule.

tatsächlichen Beschäftigungsumfangs verbunden ist, kann der Beginn der Altersteilzeit abweichend festgelegt werden.

3. Die Altersteilzeit erstreckt sich bis zum Eintritt in den gesetzlichen Ruhestand.

3.1 Beim Eintritt in der Ruhestand auf Antrag nach § 40 Absatz 1 LBG kann im Falle der Altersteilzeit

3.1.1 im Teilzeitmodell der Eintritt in den Ruhestand zum Ende des Schulhalbjahres oder zum Schuljahresende erfolgen,

3.1.2 im Blockmodell der Eintritt in den Ruhestand mit dem Abschluss der Freistellungsphase zu einem beliebigen Zeitpunkt erfolgen.

4. Für die Bewilligung von Altersteilzeit im Teilzeitmodell von Schulleiterinnen und Schulleitern sowie stellvertretenden Schulleiterinnen und Schulleitern gelten Abschnitt II Nummer 4 Sätze 1 bis 3 entsprechend.

5. Altersermäßigung und Schwerbehindertenermäßigung richten sich nach dem tatsächlichen Beschäftigungsumfang.

⇨ Teilzeit (Altersteilzeit / Beamtenrecht); ⇨ Teilzeit (Altersteilzeit / Tarifvertrag)

VI.
Zeitpunkt der Antragstellung

1. Durch Bekanntmachung im Amtsblatt Kultus und Unterricht wird der Zeitpunkt mitgeteilt, wann Anträge auf Teilzeit und Beurlaubung bzw. Abkürzungs- und Änderungsanträge hiervon für das folgende Schuljahr der Schulleitung und den oberen Schulaufsichtsbehörden vorliegen müssen. ⇨ Stellenwirksame Änderungsanträge

2. Dies gilt nicht für Anträge auf Teilzeit und Beurlaubung nach § 69 Absätze 1 bis 3 und § 72 Absatz 1 LBG, sofern die dafür maßgeblichen Umstände nicht vorhersehbar waren. In diesen Fällen ist der Antrag unverzüglich, bei Elternzeit grundsätzlich spätestens sechs Monate vor ihrem Ablauf zu stellen.

VII.
Tarifbeschäftigte Lehrkräfte

Die Regelungen dieses Teils *(gemeint ist der hier abgedruckte Teil D der VwV; Anm.d.Red.)* sind entsprechend auch auf Lehrkräfte im Beschäftigtenverhältnis anzuwenden, soweit nicht abweichende tarifvertragliche und gesetzliche Regelungen bestehen.

Hinweis der Redaktion: Auch Tarifbeschäftigte können eine „unterhälftige" Teilzeitbeschäftigung ausüben. Über Anträge ist nach § 11 TV-L und dem Teilzeit- und Befristungsgesetz zu entscheiden. Das Tarifrecht enthält zum zeitlichen Umfang keine Vorgaben, es ist deshalb in erster Linie Sache der Lehrkraft, diesen zu bestimmen. Normale, vor allem teilzeittypische Belange reichen nicht aus, um einen Antrag negativ zu bescheiden. Der Arbeitgeber ist nach § 8 Abs. 3 TzBfG stets verpflichtet, die von einer Lehrkraft gewünschte Verringerung der Arbeitszeit mit dem Ziel einer Vereinbarung zu erörtern.

⇨ Teilzeit (Altersteilzeit / Tarifvertrag); ⇨ Teilzeit / Urlaub (Arbeitnehmer*innen); ⇨ Tarifvertrag-Länder § 11

Hinweise der Redaktion auf die Folgen der Freistellung von Beamtinnen und Beamten

1.
Laufbahnrechtliche Folgen

Eine Teilzeitbeschäftigung hat grundsätzlich keine laufbahnrechtlichen Auswirkungen. Die vorgeschriebenen Wartezeiten für Beförderungen verlängern sich nicht. Auch das „Jahr der vollen Freistellung" beim Sabbatjahr gilt in diesem Sinne als Dienstzeit.

Zeiten einer Dienstbefreiung gelten grundsätzlich nicht als Probezeit, wenn nicht etwas anderes festgestellt worden ist. Erfolgte die Dienstbefreiung jedoch zur Betreuung oder Pflege eines minderjährigen Kindes oder zur Pflege einer oder eines nach ärztlichem Gutachten pflegebedürftigen Angehörigen oder wurde Elternzeit oder Pflegezeit in Anspruch genommen, können tatsächlich eingetretene Verzögerungen im beruflichen Werdegang bis zu zwei Jahren auf die Probezeit angerechnet werden.

2.
Rechtliche Einschränkungen

Bei allen Freistellungen gem. § 69 ff. LBG gelten Einschränkungen für die Ausübung von Nebentätigkeiten (siehe Schaubild).

⇨ Besoldungsgesetz (LBesGBW) § 69

Diese Einschränkungen gelten auch für die Phase der vollen Freistellung im Freistellungsjahr.

⇨ Teilzeitbeschäftigung (Sabbatjahr)

Zu den Rechten und Pflichten von Teilzeitbeschäftigten: ⇨ Teilzeit (Pflichten und Rechte)).

Für den ⇨ Mutterschutz Teilzeitbeschäftigter gelten die gleichen Regelungen wie für Vollzeitbeschäftigte.

3.
Sonstige Folgen der Teilzeitbeschäftigung

Besoldung und Kindergeld

Das Grundgehalt, Zulagen, Vergütungen, Zuschläge und sonstige im LBesGBW geregelte Bestandteile, die Auslandsbesoldung sowie die Anwärterbezüge werden bei einer Teilzeitbeschäftigung grundsätzlich im gleichen Verhältnis wie die Arbeitszeit verringert. ⇨ Besoldungsgesetz (LBesGBW) § 8

Abweichend hiervon wird der Familienzuschlag behandelt, wenn der Ehegatte oder – bezüglich des Familienzuschlags für Kinder – ein anderer Kindergeldberechtigter ebenfalls im öffentlichen Dienst mit Anspruch auf Familienzuschlag oder eine entsprechende Leistung beschäftigt oder Versorgungsempfänger*in ist. Erreichen in solchen Fällen beide Berechtigte zusammen insgesamt mindestens die regelmäßige Arbeitszeit der Vollzeitbeschäftigten oder ist der eine Teil Versorgungsempfänger*in wird der Familienzuschlag so gezahlt, als ob beide Berechtigten im öffentlichen Dienst vollbeschäftigt wären. Es wird dann der ehebezogene Teil des Familienzuschlags je zur Hälfte gezahlt, der kinderbezogene Teil des Familienzuschlags wird ungekürzt an die Person gezahlt, die das Kindergeld bezieht.

Zu den Bezügen in einer Altersteilzeit siehe: ⇨ Besoldung (G) § 69; ⇨ Teilzeit (Altersteilzeit / Beamtenrecht)

Das Aufsteigen in den Stufen des Grundgehalts wird durch die Teilzeit nicht berührt. Sofern es im Besoldungsrecht auf Mindestdienstzeiten ankommt (z.B. bei der Ruhegehaltfähigkeit von Stellenzulagen oder einer Bleibeverpflichtung im Zusammenhang mit Anwärterbezügen oder Anwärtersonderzuschlägen) zählen Teilzeit-Zeiten voll.

Während eines Erholungs- oder Sonderurlaubs unter Fortzahlung der Bezüge, einer vorübergehenden Dienstunfähigkeit oder Inanspruchnahme von Mutterschutz werden die verringerten Dienstbezüge weitergezahlt. Der Anspruch auf Kindergeld bleibt erhalten.

Beihilfe

Der Beihilfeanspruch bleibt in vollem Umfang bestehen. Dies gilt auch für eine Teilzeitbeschäftigung während einer Eltern- oder Pflegezeit und während des Jahres der völligen Freistellung (Sabbatjahr).

Versorgung

Die in Teilzeitbeschäftigung verbrachte Dienstzeit zählt für die Wartezeit voll, für die ruhegehaltfähige Dienstzeit aber nur anteilig. Ein Freistellungsjahr führt im Ergebnis zu einer Verringerung der ruhegehaltfähigen Dienstzeit um ein Jahr.

➪ Beamtenversorgung (Allgemeines); ➪ Beamtenversorgung (Wartezeit)

Alters- und Schwerbehindertenermäßigung

Diese Ermäßigungen werden bei Teilzeit anteilig gewährt. Auch das Sabbatjahr ist formal eine Teilzeitbeschäftigung. In der Arbeitsphase gilt:

- Ist die Lehrkraft tatsächlich vollbeschäftigt, gelten für sie die Regelungen für Vollbeschäftigte.
- Ist die Lehrkraft in dieser Phase teilzeitbeschäftigt, gelten die Regelungen für Teilzeitbeschäftigte.

➪ Arbeitszeit (Lehrkräfte -ArbeitszeitVO) §§ 4 und 5

Benachteiligungsverbot

Teilzeitbeschäftigung darf das berufliche Fortkommen nicht beeinträchtigen. Eine unterschiedliche Behandlung ist nur zulässig, wenn zwingende sachliche Gründe dieses rechtfertigen. Dies gilt auch für Schwangerschaft, Mutterschutz, Elternzeit, Pflegezeit und Urlaub von längerer Dauer.

➪ Chancengleichheitsgesetz

4. Folgen der Beurlaubung

Besoldung, Kindergeld

Während eines Urlaubs von längerer Dauer aus familiären oder anderen Gründen entfallen die Dienstbezüge; dies gilt grundsätzlich auch für Urlaub aus sonstigen Gründen nach § 31 AzUVO.

➪ Urlaub (Verordnung – AzUVO) § 31

Zeiten eines Urlaubs ohne Dienstbezüge verzögern grundsätzlich das Aufsteigen in den Stufen des Grundgehalts. Das gilt nicht für Kindererziehungszeiten bis zu drei Jahren je Kind.

Zeiten einer Beurlaubung (außer Elternzeit und Pflegezeiten nach § 74 Absatz 2 LBG) führen bei Beamtinnen und Beamten, denen Anwärterbezüge oder Anwärtersonderzuschläge unter der Auflage gewährt wurden, dass sie im Anschluss an ihre Ausbildung nicht vor Ablauf einer Mindestdienstzeit aus dem öffentlichen Dienst ausscheiden, zur Verlängerung der Mindestdienstzeit. Kindergeld wird weitergewährt. ➪ Beamtengesetz (LBG) § 74

Beihilfe

Während eines Urlaubs ohne Bezüge wird keine Beihilfe gewährt; dies gilt grundsätzlich auch für Urlaub aus sonstigen Gründen nach § 31 AzUVO. Bei Urlaub von längstens 31 Kalendertagen bleibt der Anspruch auf Beihilfe bestehen.

➪ Urlaub (Verordnung – AzUVO) § 31; ➪ Beihilfe (Urlaub ohne Bezüge); ➪ Krankenversicherung.

Elternzeit

Während der Elternzeit wird Krankenfürsorge entsprechend den Beihilfevorschriften gewährt. Der monatliche Betrag für Wahlleistungen entfällt. Eine Elternzeit kann zugunsten der Inanspruchnahme einer Mutterschutzfrist abgebrochen werden.

Pflegezeiten

Während des Fernbleibens vom Dienst ohne Dienst- oder Anwärterbezüge bis zu zehn Tagen zur Organisation oder Sicherstellung einer pflegerischen Versorgung nach § 74 Absatz 1 LBG wird Beihilfe gewährt (§ 2 Absatz 2 Satz 3 der BVO).

Während einer Pflegezeit von bis zu sechs Monaten nach § 74 Absatz 2 Satz 1 LBG wird Krankenfürsorge entsprechend den Beihilfe- und Heilfürsorgevorschriften gewährt. Der monatliche Betrag für Wahlleistungen entfällt während der Pflegezeit.

Krankenversicherungsbeiträge in Eltern- und Pflegezeit

Sofern die Bezüge vor der Eltern- bzw. Pflegezeit die Versicherungspflichtgrenze in der gesetzlichen Krankenversicherung nicht überschritten haben, werden die Beiträge für die private Kranken- und Pflegeversicherung der Beamt*innen sowie ihrer Kinder teilweise erstattet. Anträge sind an das LBV zu richten, der Vordruck ist abrufbar unter: https://lbv.landbw.de/vordrucke#.

Zurruhesetzung und Versorgung

Zur Pensionierung im Altersurlaub siehe ➪ Ruhestand (Beamtenrecht). Die Zeit einer Beurlaubung ist nur ruhegehaltfähig, wenn das dienstliche Interesse bei Beginn der Beurlaubung schriftlich zugebilligt wurde.

Dienstliche Betätigung im Urlaub

Da beurlaubte Beamtinnen keine Beschäftigung ausüben, sind die Bestimmungen des Mutterschutzes nicht anzuwenden.

Für beurlaubte Lehrkräfte, die an amtlichen Fortbildungsmaßnahmen zur Wiedereingliederung oder an Lehrerkonferenzen teilnehmen, die das nächste Schuljahr vorbereiten, besteht Dienstunfallschutz.

➪ Beamtengesetz (LBG) §§ 69 ff.; ➪ Beamtenversorgung (Allgemeines); ➪ Beihilfe (Urlaub ohne Bezüge); ➪ Besoldung (Gehälter); ➪ Chancengleichheitsgesetz; ➪ Kindergeld; ➪ Personalvertretungsgesetz (LPVG) § 75 Abs. 3 Nr. 6 und 7; ➪ Reisekosten (Allgemeines); ➪ Schwerbehinderung; ➪ Tarifvertrag-Länder (TV-L); ➪ Teilzeit / Urlaub (Arbeitnehmer); ➪ Teilzeit (Altersteilzeit / Beamtenrecht); ➪ Teilzeit (Altersteilzeit / Tarifvertrag); ➪ Teilzeit (Freistellungs-/Sabbatjahr); ➪ Teilzeit (Pflichten und Rechte); ➪ Urlaub (Lehrkräfte – Allgemeines)

Teilzeit (Altersteilzeit / Beamtenrecht)

Informationen der Redaktion zur Rechtslage und zur Verwaltungspraxis in Baden-Württemberg

Schwerbehinderten im Beamtenverhältnis kann eine Altersteilzeit (ATZ) bis zum Beginn des Ruhestands unter folgenden Voraussetzungen bewilligt werden:

- Grad der Behinderung (GdB) mindestens 50.
- Vollendung des 55. Lebensjahres.
- In den letzten 5 Jahren vor der ATZ muss man mindestens drei Jahre lang beschäftigt gewesen sein (Teilzeit – auch unterhälftig – zählt hier als „Beschäftigung", nicht aber eine Beurlaubung).
- Dienstliche Belange dürfen nicht entgegenstehen.

➪ Beamtengesetz (LBG) § 70

Das Verfahren bei der Bewilligung ist in der VwV ➪ Teilzeit / Urlaub (Beamtenrecht – VwV) Nr. V geregelt.

Die Arbeitszeit beträgt 60 % der Arbeitszeit vor Beginn der ATZ, maximal jedoch 60 % des Durchschnitts der individuellen Arbeitszeit der letzten zwei Jahre). Hierfür ein Beispiel:

- Schuljahr 2018/19: Deputat 14/28,
- Schuljahr 2019/20: Deputat 20/28.
- Arbeitszeit in der ATZ:
  60 % von (14 + 20) : 2 = Deputat 17/28

Entstehen bei der Berechnung Nachkommastellen, wird ab x,25 bis x,75 auf x,5 und ab x,76 bis x,24 auf x,0 gerundet (z.B. 15,6 entspricht 15,5).

Altersteilzeitbeschäftigte erhalten während der gesamten Laufzeit rund 80 % der Nettobezüge vor der Beginn der ATZ. Freibeträge und sonstige individuelle steuerliche Merkmale werden bei der Berechnung des Altersteilzeit-Nettos, nicht aber bei der fiktiven Nettobesoldung berücksichtigt. Die ATZ-Besoldung besteht aus dem Netto für 60 % Arbeitsleistung plus einem Aufstockungsbetrag, der sich aus der Differenz aus 80 % der fiktiven Nettobesoldung und dem ATZ-Netto auf Basis von 60 % des Vollzeit-Bruttos errechnet. Der ATZ-Zuschlag wird steuerfrei ausbezahlt, aber im Rahmen der Einkommenssteuerveranlagung berücksichtigt. Die steuerpflichtigen Bezüge werden mit dem Steuersatz besteuert, der sich ergeben würde, wenn die Bezüge einschließlich ATZ-Zuschlag zu versteuern wären.

Für die Versorgung wird nur die geleistete Dienstzeit (60% der durchschnittlichen ruhegehaltfähigen Dienstzeit der letzten 24 Monate vor Antragsstellung) angerechnet. ➪ Besoldungsgesetz (LBesGBW) § 69

Es stehen zwei ATZ-Modelle zur Auswahl:

1. Teilzeitmodell

Während des gesamten Bewilligungszeitraums leisten die Beschäftigten Teilzeitarbeit mit 60 % der bisherigen Arbeitszeit.

Beginn: Jeweils zum 1. Februar oder zum ersten Unterrichtstag nach den Sommerferien.

2. Blockmodell

Während der ersten 60 % des Bewilligungszeitraumes arbeiten die Beschäftigten weiter wie bisher (voll oder Teilzeit), während der letzten 40 % sind sie völlig vom Dienst freigestellt.

Der Beginn ist auch während des Schuljahres möglich, wenn sich dadurch das Deputat nicht um mehr als drei Deputatsstunden verändert.

Die Freistellungsphase muss zum 1. Februar, zum 1. August oder zum 1. September beginnen.

Der Bewilligungszeitraum muss sich bis zum Ruhestand erstrecken; wer den Antragsruhestand anstrebt, muss den entsprechenden Antrag beifügen.

Teilzeitbeschäftigte in der Altersteilzeit

Lehrkräfte mit einer Deputatsreduzierung von bis zu 10 % (= höchstens drei Deputatsstunden) können zwischen den beiden Modellen wählen; diese sind aber nicht miteinander kombinierbar.

Teilzeitbeschäftigte Lehrkräfte mit mehr als drei Wochenstunden Deputatsreduzierung können nur das Blockmodell in Anspruch nehmen, sie müssen aber in der Arbeitsphase vor der vollen Freistellung mindestens im Umfang der bisherigen Teilzeitbeschäftigung Dienst leisten; dabei bleiben geringfügige Unterschreitungen des notwendigen Umfangs der Arbeitszeit außer Betracht.

Sonstige Bedingungen

Eine eventuelle Alters- und/oder Schwerbehindertenermäßigung richtet sich nach dem tatsächlichen Beschäftigungsumfang. Dies bedeutet: Nur wer tatsächlich mit vollem Deputat im Blockmodell arbeitet, bekommt die volle Alters- und Schwerbehindertenermäßigung. Alle anderen werden wie Teilzeitbeschäftigte behandelt.

➪ Arbeitszeit (Lehrkräfte-ArbeitszeitVO) §§ 4 und 5

Nebentätigkeiten dürfen in der Regel nicht mehr als 1/5 des Deputats betragen und dürfen dem Zweck der Ermäßigung nicht zuwiderlaufen.

➪ Beamtengesetz (LBG) § 69 Abs. 9 Satz 6 i.V.m. §§ 60-65; ➪ Nebentätigkeit (Allgemeines)

Die Alterteilzeit muss jeweils auf die individuellen Bedürfnisse und Voraussetzungen zugeschnitten werden. Es ist dringend zu empfehlen, sich rechtzeitig vor der Antragstellung durch die Schwerbehindertenvertretung und die GEW beraten zu lassen. Die GEW erteilt auch Auskunft über die Höhe der Dienstbezüge und die Folgen für die Versorgung.

Die Schwerbehindertenvertretung wirkt bei der Bewilligung mit; der Bezirkspersonalrat bestimmt bei der Ablehnung eines ATZ-Antrags auf Antrag mit. Man sollte deshalb eine Kopie des Antrags an die Bezirksvertrauensperson und an den BPR senden.

➪ Personalvertretungsgesetz (LPVG) § 75 Abs. 3 Nr. 6

➪ Arbeitszeit (Lehrkräfte-ArbeitszeitVO) §§ 4-5; ➪ Beamtengesetz (LBG) § 70; ➪ Ruhestand (Beamtenrecht); ➪ Ruhestand (Übergangsregelungen); ➪ Teilzeit / Urlaub (Beamtenrecht – VwV) Nr. V

Teilzeit (Altersteilzeit / Tarifvertrag)

Tarifvertrag zur Regelung der Altersteilzeitarbeit für den Bereich des Arbeitgeberverbandes des öffentlichen Dienstes des Landes Baden-Württemberg (TV ATZ BW) in der Fassung des Änderungst arifvertrags Nr. 2 vom 4.9.2020

§ 1

Geltungsbereich

Dieser Tarifvertrag gilt für die Beschäftigten des Landes Baden-Württemberg und der übrigen Mitglieder des AVdöD Land BW, wenn diese Beschäftigten unter den Geltungsbereich des Tarifvertrages für den öffentlichen Dienst der Länder (TV-L) fallen.

Protokollerklärung: Die in diesem Tarifvertrag verwendete Personen- und Funktionsbezeichnung umfasst männliche und weibliche Beschäftigte gleichermaßen.

§ 2

Voraussetzungen der Altersteilzeitarbeit

(1) Der Arbeitgeber kann mit Beschäftigten, bei denen die Schwerbehinderteneigenschaft im Sinne des § 2 Abs. 2 des Neunten Buches Sozialgesetzbuch festgestellt ist, und die

a) das 55. Lebensjahr vollendet haben,

b) eine Beschäftigungszeit von fünf Jahren vollendet haben und

c) innerhalb der letzten fünf Jahre vor Beginn der Altersteilzeitarbeit mindestens 1.080 Kalendertage in einer versicherungspflichtigen Beschäftigung nach dem Dritten Buch Sozialgesetzbuch gestanden haben,

die Änderung des Arbeitsverhältnisses in ein Altersteilzeitarbeitsverhältnis auf der Grundlage des Altersteilzeitgesetzes vereinbaren; das Altersteilzeitarbeitsverhältnis muss ein versicherungspflichtiges Beschäftigungsverhältnis im Sinne des Dritten Buches Sozialgesetzbuch sein.

Hinweise der Redaktion:

1. Für eine Schwerbehinderung i.S.v. § 2 Abs. 2 SGB IX muss ein Grad der Behinderung (GdB) von wenigstens 50 vorliegen.
2. Das Finanzministerium ist allgemein damit einverstanden, dass auch im Anwendungsbereich der Kannvorschrift des § 2 Abs. 1 TV ATZ BW Altersteilzeitarbeit so vereinbart werden darf wie im Anwendungsbereich des § 2 Abs. 2 TV ATZ BW. Ob hiervon Gebrauch gemacht werden soll, hat die personalverwaltende Stelle (Regierungspräsidium) nach den Gegebenheiten ihres Bereiches zu entscheiden.

(2) Schwerbehinderte Beschäftigte, die das 60. Lebensjahr vollendet haben und die übrigen Voraussetzungen des Absatzes 1 erfüllen, haben Anspruch auf Vereinbarung eines Altersteilzeitarbeitsverhältnisses. Der Beschäftigte hat den Arbeitgeber drei Monate vor dem geplanten Beginn des Altersteilzeitarbeitsverhältnisses über die Geltendmachung des Anspruchs zu informieren; von dem Fristerfordernis kann einvernehmlich abgewichen werden.

(3) Der Arbeitgeber kann die Vereinbarung eines Altersteilzeitarbeitsverhältnisses ablehnen, soweit dringende dienstliche bzw. betriebliche Gründe entgegenstehen.

(4) Das Altersteilzeitarbeitsverhältnis soll mindestens für die Dauer von zwei Jahren vereinbart werden. Es kann nur vereinbart werden, sofern zum Zeitpunkt seines Beginns mit vergleichbaren Beamtinnen und Beamten entsprechend den beamtenrechtlichen Regelungen des Landes Baden-Württemberg eine Altersteilzeit mit Altersteilzeitzuschlag zu den jeweiligen Dienstbezügen vereinbart werden kann. Das Altersteilzeitarbeitsverhältnis muss vor dem 1. Januar 2026 beginnen. Es muss sich auf die Zeit erstrecken, bis eine Rente wegen Alters beansprucht werden kann.

Hinweis der Redaktion: Die Bezirksschwerbehindertenvertretung wirkt bei der Bewilligung mit; der Bezirkspersonalrat bestimmt auf Antrag (nur bei der Ablehnung eines Antrags) mit. Man sollte deshalb eine Kopie des Antrags an die Bezirksvertrauensperson und an den Bezirkspersonalrat senden.

➪ Personalvertretungsgesetz (LPVG) § 71 Abs. 2 Nr.6

§ 3

Reduzierung und Verteilung der Arbeitszeit

(1) Die durchschnittliche wöchentliche Arbeitszeit während des Altersteilzeitarbeitsverhältnisses beträgt die Hälfte der bisherigen wöchentlichen Arbeitszeit. Als bisherige wöchentliche Arbeitszeit ist die wöchentliche Arbeitszeit zugrunde zu legen, die mit dem Beschäftigten vor dem Übergang in die Altersteilzeitarbeit vereinbart war. Zugrunde zu legen ist höchstens die Arbeitszeit, die im Durchschnitt der letzten 24 Monate vor dem Übergang in die Altersteilzeitarbeit vereinbart war. Bei der Ermittlung der durchschnittlichen Arbeitszeit nach Satz 2 dieses Unterabsatzes bleiben Arbeitszeiten, die die tarifliche regelmäßige wöchentliche Arbeitszeit überschritten haben, außer Betracht. Die ermittelte durchschnittliche Arbeitszeit kann auf die nächste volle Stunde gerundet werden.

(2) Die während der Gesamtdauer des Altersteilzeitarbeitsverhältnisses zu leistende Arbeit kann so verteilt werden, dass sie

a) in der ersten Hälfte des Altersteilzeitarbeitsverhältnisses geleistet und der Beschäftigte anschließend von der Arbeit unter Fortzahlung der Bezüge nach Maßgabe der §§ 4 und 5 freigestellt wird (Blockmodell) oder

b) durchgehend geleistet wird (Teilzeitmodell).

(3) Der Beschäftigte kann vom Arbeitgeber verlangen, dass sein Wunsch nach einer bestimmten Verteilung der Arbeitszeit mit dem Ziel einer einvernehmlichen Regelung erörtert wird.

§ 4

Höhe des Entgelts

(1) Der Beschäftigte erhält während der Gesamtdauer des Altersteilzeitarbeitsverhältnisses das Tabellenentgelt und alle sonstigen Entgeltbestandteile in Höhe der sich für entsprechende Teilzeitbeschäftigte nach § 24 Abs. 2 TV-L ergebenden Beträge mit der Maßgabe, dass die nicht in Monatsbeträgen festgelegten Entgeltbestandteile (§ 21 Satz 2 TV-L) sowie Wechselschicht- und Schichtzulagen entsprechend dem Umfang der tatsächlich geleisteten Tätigkeit berücksichtigt werden.

(2) Als Entgelt im Sinne des Absatzes 1 gelten auch Einmalzahlungen (z.B. Jahressonderzahlung, Jubiläumszuwendung) und vermögenswirksame Leistungen. § 20 TV-L bleibt unberührt.

Protokollerklärung zu Absatz 1:
Die im Blockmodell über die regelmäßige wöchentliche Arbeitszeit hinaus geleisteten Arbeitsstunden gelten bei Vorliegen der übrigen tariflichen Voraussetzungen als Überstunden.

§ 5
Aufstockungsleistungen

(1) Das dem Beschäftigten nach § 4 zustehende Entgelt zuzüglich des darauf entfallenden sozialversicherungspflichtigen Teils der vom Arbeitgeber zu tragenden Umlage zur Zusatzversorgungseinrichtung werden um 20 v.H. dieses Entgelts aufgestockt (Aufstockungsbetrag). Bei der Berechnung des Aufstockungsbetrages bleiben steuerfreie Entgeltbestandteile, Entgelte für Mehrarbeits- und Überstunden, Bereitschaftsdienste und Rufbereitschaften unberücksichtigt; diese werden, soweit sie nicht unter Absatz 2 Unterabs. 2 und 3 fallen, neben dem Aufstockungsbetrag gezahlt.

(2) Der Aufstockungsbetrag muss so hoch sein, dass der Beschäftigte 83 v.H. des Nettobetrages des bisherigen Arbeitsentgelts erhält (Mindestnettobetrag). Als bisheriges Arbeitsentgelt ist anzusetzen das gesamte, dem Grunde nach beitragspflichtige Arbeitsentgelt, das der Beschäftigte für eine Arbeitsleistung bei bisheriger wöchentlicher Arbeitszeit § 3 Abs. 1 Unterabs. 2) zu beanspruchen hätte; der sozialversicherungspflichtige Teil der vom Arbeitgeber zu tragenden Umlage zur Zusatzversorgungseinrichtung bleibt unberücksichtigt. [...]

Hinweis der Redaktion: Der Aufstockungsbetrag ist nicht steuer-, sozial- und zusatzversicherungspflichtig. Er wird jedoch im Rahmen der Einkommensteuerveranlagung bei der Ermittlung des Steuersatzes berücksichtigt, dem das übrige steuerpflichtige Einkommen unterliegt (sogenannter Progressionsvorbehalt). Hierdurch kann es bei der Veranlagung durch das Finanzamt zu Steuernachforderungen kommen.

(3) Für die Berechnung des Mindestnettobetrages nach Absatz 2 gelten die Vorschriften zum Leistungsentgelt des Dritten Buches Sozialgesetzbuch entsprechend.

(4) Neben den vom Arbeitgeber zu tragenden Sozialversicherungsbeiträgen für die nach § 4 zustehenden Entgelte entrichtet der Arbeitgeber gemäß § 3 Abs. 1 Nr. 1 Buchst. b des Altersteilzeitgesetzes zusätzliche Beiträge zur gesetzlichen Rentenversicherung in Höhe des Beitrags, der auf 80 v.H. des Regelarbeitsentgelts für die Altersteilzeitarbeit, begrenzt auf den Unterschiedsbetrag zwischen 90 v.H. der monatlichen Beitragsbemessungsgrenze und dem Regelarbeitsentgelt, entfällt, höchstens bis zur Beitragsbemessungsgrenze.

(5) Ist der Beschäftigte von der Versicherungspflicht in der gesetzlichen Rentenversicherung befreit, erhöht sich der Zuschuss des Arbeitgebers zu einer anderen Zukunftssicherung um den Betrag, den der Arbeitgeber nach Absatz 4 bei Versicherungspflicht in der gesetzlichen Rentenversicherung zu entrichten hätte.

(6) Beschäftigte, die nach Inanspruchnahme der Altersteilzeitarbeit eine Rentenkürzung wegen einer vorzeitigen Inanspruchnahme der Rente zu erwarten haben, erhalten für je 0,3 v.H. Rentenminderung eine Abfindung in Höhe von 5 v.H. des Tabellenentgelts und der in Monatsbeträgen festgelegten Zulagen, das bzw. die ihnen im letzten Monat vor dem Ende des Altersteilzeitarbeitsverhältnisses zugestanden hätte, wenn sie mit der bisherigen wöchentlichen Arbeitszeit (§ 3 Abs. 1 Unterabs. 2) beschäftigt gewesen wären. Die Abfindung wird zum Ende des Altersteilzeitarbeitsverhältnisses gezahlt.

Hinweise der Redaktion:

1. Die Abfindung ist steuerpflichtiger Arbeitslohn, nicht aber Arbeitsentgelt im Sinne der Sozialversicherung.
2. Für privat Krankenversicherte wird der Zuschuss zu den Kosten der privaten Krankenversicherung nur auf der Basis der hälftigen Arbeitszeit berechnet und nicht aufgestockt.
3. Die Aufstockungsleistungen nach § 5 Abs. 1 und 2 werden gemäß § 8 Abs. 1 Unterabs. 1 längstens bis zum Ablauf der Fristen für die Zahlung des Krankengeldzuschusses, also längstens bis zum Ablauf der 39. Woche der Arbeitsunfähigkeit, gezahlt.

§ 6
Nebentätigkeit

Der Beschäftigte darf während des Altersteilzeitarbeitsverhältnisses keine Beschäftigungen oder selbstständigen Tätigkeiten ausüben, die die Geringfügigkeitsgrenze des § 8 Vierten Buches Sozialgesetzbuch überschreiten, es sei denn, diese Beschäftigungen oder selbstständigen Tätigkeiten sind bereits innerhalb der letzten fünf Jahre vor Beginn des Altersteilzeitarbeitsverhältnisses ständig ausgeübt worden. Bestehende tarifliche Regelungen über Nebentätigkeiten bleiben unberührt.

§ 7
Urlaub

Für den Beschäftigten, der im Rahmen der Altersteilzeitarbeit im Blockmodell (§ 3 Abs. 2 Buchst. a) beschäftigt wird, besteht kein Urlaubsanspruch für die Zeit der Freistellung von der Arbeit. Im Kalenderjahr des Übergangs von der Beschäftigung zur Freistellung hat der Beschäftigte für jeden vollen Beschäftigungsmonat Anspruch auf ein Zwölftel des Jahresurlaubs.

§ 8
Nichtbestehen bzw. Ruhen von Aufstockungsleistungen

(1) In den Fällen krankheitsbedingter Arbeitsunfähigkeit besteht der Anspruch auf die Aufstockungsleistungen (§ 5) längstens für die Dauer der Entgeltfortzahlung (§ 22 Abs. 1 TV-L), der Anspruch auf die Aufstockungsleistungen nach § 5 Abs. 1 und 2 darüber hinaus längstens bis zum Ablauf der Fristen für die Entgeltzahlung im Krankheitsfall (Entgeltfortzahlung und Krankengeldzuschuss). Für die Zeit nach Ablauf der Entgeltfortzahlung wird der Aufstockungsbetrag in Höhe des kalendertäglichen Durchschnitts des nach § 5 Abs. 1 und 2 in den letzten drei abgerechneten Kalendermonaten maßgebenden Aufstockungsbetrages gezahlt; Einmalzahlungen bleiben unberücksichtigt.

(2) Ist der Beschäftigte, der die Altersteilzeitarbeit im Blockmodell ableistet, während der Arbeitsphase über den Zeitraum der Entgeltfortzahlung

(§ 22 Abs. 1 TV-L) hinaus arbeitsunfähig erkrankt, verlängert sich die Arbeitsphase um die Hälfte des den Entgeltfortzahlungszeitraum übersteigenden Zeitraums der Arbeitsunfähigkeit; in dem gleichen Umfang verkürzt sich die Freistellungsphase.

(3) Der Anspruch auf die Aufstockungsleistungen ruht während der Zeit, in der der Beschäftigte eine unzulässige Beschäftigung oder selbstständige Tätigkeit im Sinne des § 6 ausübt oder über die Altersteilzeitarbeit hinaus Mehrarbeit und Überstunden leistet, die den Umfang der Geringfügigkeitsgrenze des § 8 SGB IV überschreiten. Hat der Anspruch auf die Aufstockungsleistungen mindestens 150 Kalendertage geruht, erlischt er; mehrere Ruhenszeiträume werden zusammengerechnet.

§ 9
Ende des Arbeitsverhältnisses

(1) Das Arbeitsverhältnis endet zu dem in der Altersteilzeitvereinbarung festgelegten Zeitpunkt.

(2) Das Arbeitsverhältnis endet unbeschadet der sonstigen tariflichen Beendigungstatbestände

a) mit Ablauf des Kalendermonats vor dem Kalendermonat, für den der Beschäftigte eine Rente wegen Alters oder, wenn er von der Versicherungspflicht in der gesetzlichen Rentenversicherung befreit ist, eine vergleichbare Leistung einer Versicherungs-oder Versorgungseinrichtung oder eines Versicherungsunternehmens beanspruchen kann; dies gilt nicht für Renten, die vor dem für den Versicherten maßgebenden Rentenalter in Anspruch genommen werden können oder

b) mit Beginn des Kalendermonats, für den der Beschäftigte eine Rente wegen Alters, eine Knappschaftsausgleichsleistung, eine ähnliche Leistung öffentlich-rechtlicher Art oder, wenn er von der Versicherungspflicht in der gesetzlichen Rentenversicherung befreit ist, eine vergleichbare Leistung einer Versicherungs-oder Versorgungseinrichtung oder eines Versicherungsunternehmens bezieht.

(3) Endet bei einem Beschäftigten, der im Rahmen der Altersteilzeitarbeit im Blockmodell (§ 3 Abs. 2 Buchst. a) beschäftigt wird, das Arbeitsverhältnis vorzeitig, hat er Anspruch auf eine etwaige Differenz zwischen den nach den §§ 4 und 5 erhaltenen Entgelten und Aufstockungsleistungen und den Entgelten für den Zeitraum seiner tatsächlichen Beschäftigung, die er ohne Eintritt in die Altersteilzeitarbeit erzielt hätte. Bei Tod des Beschäftigten steht dieser Anspruch seinen Erben zu.

§ 10
Mitwirkungspflicht

(1) Der Beschäftigte hat Änderungen der ihn betreffenden Verhältnisse, die für den Anspruch auf Aufstockungsleistungen erheblich sind, dem Arbeitgeber unverzüglich mitzuteilen.

(2) Der Beschäftigte hat dem Arbeitgeber zu Unrecht gezahlte Leistungen, die die im Altersteilzeitgesetz vorgesehenen Leistungen übersteigen, zu erstatten, wenn er die unrechtmäßige Zahlung dadurch bewirkt hat, dass er Mitwirkungspflichten nach Absatz 1 verletzt hat.

⇨ Arbeitszeit (Lehrkräfte) – Allgemeines; ⇨ Personalvertretungsgesetz (LPVG) § 71 Abs. 2 Nr. 6; ⇨ Renten und Ruhestand (Arbeitnehmer*innen); ⇨ Schwerbehinderung (Allgemeines); ⇨ Tarifvertrag-Länder (TV-L); ⇨ Teilzeit / Urlaub (Beamtenrecht – VwV) Nr. V; ⇨ Teilzeit (Altersteilzeit / Beamtenrecht)

Teilzeit (Freistellungsjahr – Sabbatjahr)

Informationen der Redaktion zur Rechtslage und zur Verwaltungspraxis in Baden-Württemberg

Das Freistellungsjahr („Sabbatjahr“) ist eine besondere Form der Teilzeitbeschäftigung, bei der alle Teilzeitanteile zunächst nicht in Anspruch genommen, sondern angespart und zu einem zusammenhängenden Zeitraum von einem Jahr zusammengefasst werden (*„Jahr der vollen Freistellung“*). In diesem Jahr ist man zwar im Dienst und deshalb auch beihilfeberechtigt, muss aber nicht mehr arbeiten. ⇨ Beamtengesetz (LBG) § 69 Abs. 5

Lehrkräfte können alle Varianten zwischen dem 2/3-Modell (zwei Jahre Arbeit, ein Jahr Freistellung) und dem 7/8-Modell (sieben Jahre Arbeit, ein Jahr Freistellung) wählen. Ein Beispiel: Beim 4/5-Modell erhält man in der Laufzeit von insgesamt fünf Jahren durchgehend 4/5 des Gehalts, muss aber nur in den ersten vier Jahren weiter arbeiten und ist im fünften *„Jahr der vollen Freistellung“* vom Dienst freigestellt.

Lehrkräften, die aufgrund einer Abordnung im außerschulischen Bereich tätig sind, kann ein Freistellungsjahr bewilligt werden, wenn es erst nach Beendigung der Abordnung in den außerschulischen Bereich in Anspruch genommen wird. Die Ansparphase kann damit im Zeitraum der Abordnung in den außerschulischen Bereich liegen.

Eine Rückkehr an die bisherige Schule nach dem *„Jahr der vollen Freistellung“* wird nicht zugesichert. Die Schulverwaltung bemüht sich jedoch darum, dass die Stelle dort reserviert bleibt (andernfalls handelt es sich um eine Versetzung oder Abordnung mit Anhörung und Beteiligung des Personalrats).

⇨ Versetzungen und Abordnungen

Die rechtlichen Bestimmungen für das Freistellungsjahr stehen im Landesbeamtengesetz § 69 Abs. 5 und in der VwV des KM über Freistellungen von längerer Dauer. Diese Regelungen gelten entsprechend auch für tarifbeschäftigte Lehrkräfte (Einzelheiten stehen am Ende dieses Beitrags).

⇨ Beamtengesetz (LBG) § 69 Abs. 5; ⇨ Teilzeit/Urlaub (Beamtenrecht – VwV) Nr. IV

In der Anspar-(= Arbeits-)phase des Freistellungsjahrs gelten die Regelungen für die Alters- und die Schwerbehindertenermäßigung. Auch eine Wiedereingliederung ist in dieser Phase möglich.

➪ Arbeitszeit (Lehrkräfte-ArbeitszeitVO) §§ 4-5;
➪ Arbeitszeit (Wiedereingliederung)

Kumulierung

Im Laufe des Berufslebens kann mehrfach ein Freistellungsjahr bewilligt werden. Im Regelfall muss dabei das *„Jahr der vollen Freistellung"* direkt im Anschluss an die die Ansparphase genommen werden. Man kann das Freijahr aber auch erst zu einem späteren Zeitpunkt in Anspruch nehmen. Allerdings darf der gesamte Bewilligungszeitraum eines Freistellungsjahres maximal 8 Jahre betragen. Dadurch ist auch eine Kumulierung mehrer Freijahre möglich. Maximal ist dreimal das 2/3-Modell oder einmal das 4/5- plus einmal das 3/4-Modell möglich. Ein Beispiel für die Kumulierung von Sabbatjahren steht unten auf der nächsten Seite.

Hinweis der Redaktion: Im Einzelfall kann eine Abweichung von der Achtjahreshöchstgrenze zugelassen werden. Dabei muss die Rückgabephase (das „Jahr der vollen Freistellung") zum Ablauf des Schuljahrs 2024/25 beendet sein. Die Verschiebung muss der Unterrichtsversorgung zugute kommen und die Lehrerbedarfsplanung darf dadurch nicht beeinträchtigt werden. Das KM beabsichtigt die Regelung zum Freistellungsjahr in der Verwaltungsvorschrift ➪ Teilzeit/Urlaub (Beamtenrecht – VwV) Nr. IV um entsprechende Ausnahmen zu ergänzen.

(Quelle: KM 6.8.2018, AZ:15-0311.41/355 sowie KM 30.3.2021, AZ: 14-0311.41/358)

Funktionsstelleninhaber*innen

Funktionsstelleninhaber*innen sind vom Freistellungsjahr grundsätzlich ausgenommen. Als „Funktionsstelleninhaber" in diesem Sinne gelten Schulleiter*innen und stellvertretende Schulleiter*innen, Fachberater*innen und Fachabteilungsleiter*innen an beruflichen Schulen und Gymnasien, Fachberater*innen im höheren Dienst in der Schulaufsicht sowie Fachberater*innen als Fachleiter an den Seminaren für die Lehrerausbildung.

Sabbatjahr-Optionen für eine am 1. Mai 1960 geborene Lehrkraft

Dargestellt wird ein 4/5-Sabbatjahr: In den vier Ansparjahren arbeitet die Lehrkraft jeweils mit dem Deputat wie bisher, erhält aber nur 4/5 (80 %) der Dienstbezüge; im fünften Jahr ist sie vom Dienst freigestellt, erhält in diesem Freijahr aber weiterhin 80 % ihres Gehalts. Diese Lehrkraft hat fünf Optionen (A–E):

	Schuljahr								Regel-Altersgrenze: 1.8.2025
	2017/18	2018/19	2019/20	2020/21	2021/22	2022/23	2023/24	2024/25	→→
A	Arbeit wie bisher	Arbeit wie bisher	Arbeit wie bisher	Arbeit wie bisher	Arbeit wie bisher	Arbeit wie bisher	Arbeit wie bisher	Arbeit wie bisher	Ab 1.8.2025 Ruhegehalt abschlagfrei
B	Arbeit wie bisher	Arbeit wie bisher	Arbeit wie bisher	1. Anspar-jahr	2. Anspar-jahr	3. Anspar-jahr	4. Anspar-jahr	Frei-jahr	Ab 1.8.2025 Ruhegehalt abschlagfrei
C	Arbeit wie bisher	Arbeit wie bisher	1. Anspar-jahr	2. Anspar-jahr	3. Anspar-jahr	4. Anspar-jahr	Frei-jahr	Ab 1.8.2024 Ruhegehalt mit 3,6 % Abschlag	
D	Arbeit wie bisher	1. Anspar-jahr	2. Anspar-jahr	3. Anspar-jahr	4. Anspar-jahr	Frei-jahr	Ab 1.8.2023 Ruhegehalt mit 7,2 % Abschlag		
E	1. Anspar-	2. Anspar-jahr	3. Anspar-jahr	4. Anspar-jahr	Frei-jahr jahr	Ur-laub*	Ab 1.5.2023 Ruhegehalt mit 8,1 % Abschlag		

* Urlaub ab Schulbeginn im September 2022 bis 30.4.2023 – 63. Geburtstag am 1.5.2023

In Fall A bleibt die Lehrkraft bis zum Erreichen der für sie geltenden Regel-Altersgrenze („gesetzliche Altersgrenze") im Dienst. Sie will jedoch schon vorher „aussteigen" und hierfür ein „4/5-Sabbatjahr" nutzen. In Fall B legt sie das Jahr der vollen Freistellung („Freijahr") unmittelbar vor den gesetzlichen Ruhestand, in den Fällen C und D vor den Eintritt in den Antragsruhestand (dieser beginnt im Regelfall am 1. August nach Vollendung des 63. Lebensjahres). Ihr Pensionsanspruch besteht jedoch grundsätzlich bereits am 63. Geburtstag, bei ihr also am 1.5.2023. In den Fällen B bis D überlappt sich dieser Pensionsanspruch mit dem Jahr der vollen Freistellung („Freijahr"). In Fall E überbrückt sie die Phase zwischen dem Freijahr un ihrem 63. Geburtstag mit einem Urlaub ohne Bezüge. Es empfiehlt sich eine genaue Prüfung welche Variante individuell am günstigsten ist. Beispielsweise verzichtet die Lehrkraft in Fall B auf die ihr in der Zeit des Freijahrs bereits zustehende Pension, um den Versorgungsabschlag zu vermeiden, der beim Antragsruhestand fällig würde, andererseits finanziert sie das Freijahr aus eigener Tasche vor.

Ausnahmen von diesem grundsätzlichen Verbot werden insbesondere dann bewilligt, wenn sich an das Freistellungsjahr unmittelbar der Eintritt in den Ruhestand anschließt (Ruhestand kraft Gesetzes) oder der/die Antragsteller*in erklärt, dass unmittelbar an das Sabbatjahr der Antragsruhestand anschließen soll. Eine Kumulierung ist jedoch nicht möglich. Die Wiederbesetzung der Stelle kann allerdings erst mit Beginn des Ruhestands der ausscheidenden Person erfolgen.

Nicht als „Funktionsstelleninhaber*innen" gelten die Fachberater*innen an den GHWRGS-Schulen, die Fachoberlehrer*innen als Fachbetreuer, die Technischen Oberlehrer*innen als Fachbetreuer sowie die Fachbetreuer*innen. Ihnen steht das Freistellungsjahr einschließlich der Kumulierungsmöglichkeit offen. (Quelle: KM, 26. Juni 2006; AZ: 14-0300.41/275)

Teilzeitbeschäftigung im Sabbatjahr

Das Sabbatjahr kann, obwohl es selbst eine Teilzeitbeschäftigung ist, mit einer Teilzeitbeschäftigung gekoppelt werden. Wer z.B. ein Teilzeitdeputat von 18/25 hat und zugleich ein Sabbatjahr nach dem 4/5-Modell macht, erhält während der gesamten Laufzeit von fünf Jahren 18/25 x 4/5 = 72/125 (57,6%) der Dienstbezüge. Durchschnittlich darf dabei die Hälfte der Unterrichtsverpflichtung („*Deputat*") nicht unterschritten werden (siehe Tabelle unten rechts). Eine eventuelle Alters- oder Schwerbehinderten-Ermäßigung oder sonstige dienstlichen Anrechnungen, Arbeitsbefreiungen oder Freistellungen werden hiervon nicht berührt.

Antrags-Ruhestand mit zwei vorgeschalteten Freijahren

Schuljahr 2026/27 **0,0 % Arbeit – 80% Gehalt**	**Fünftes Jahr des 4/5-Sabbatjahres („Jahr der vollen Freistellung")**	
Schuljahr 2025/26 **0,0 % Arbeit – 66,67% Gehalt**	Drittes Jahr des 2/3-Sabbatjahres („Jahr der vollen Freistellung")	
Schuljahr 2024/25 100 % Arbeit – 66,67% Gehalt	Zweites Jahr des 2/3-Sabbatjahres	**Zweite** Ansparphase
Schuljahr 2023/24 100 % Arbeit – 66,67% Gehalt	Erstes Jahr des 2/3-Sabbatjahres	
Schuljahr 2022/23 100 % Arbeit – 80% Gehalt	Viertes Jahr des 4/5-Sabbatjahres	**Erste** Ansparphase
Schuljahr 2021/22 100% Arbeit – 80% Gehalt	Drittes Jahr des 4/5-Sabbatjahres	
Schuljahr 2020/21 100 % Arbeit – 80 % Gehalt	Zweites Jahr des 4/5-Sabbatjahres	
Schuljahr 2019/2020 100 % Arbeit – 80 % Gehalt	Erstes Jahr des 4/5-Sabbatjahres	

Anders als bei anderen Formen der Teilzeitarbeit kann das einmal gewählte Deputat während der Ansparphase grundsätzlich nicht verändert werden! Die Schulverwaltung lässt jedoch auf Antrag – insbesondere bei schulischem Bedarf – auch zu, das Deputat in den Ansparjahren zu verändern. Dann richten sich die Bezüge im Jahr der vollen Freistellung nach dem Durchschnitt der Zahlung in den Ansparjahren. Beispiel: Sabbatmodell mit 21 Wochenstunden, Laufzeit 5 Jahre, davon ein Jahr 21/28, zwei Jahre 21/27, ein Jahr 21/25 Wochenstunden. Das Gehalt im Jahr der vollen Freistellung beträgt: 4 x 21 : (28+27+27+25) = 84/107 x 4/5 = 62,8 %.

Das Sabbatjahr als „Vorruhestand"

Das „*Jahr der vollen Freistellung*" kann auch als eine Art von „Vorruhestand" eingesetzt werden, indem es unmittelbar vor die Zurruhesetzung gelegt wird.

Je nach Geburtsjahrgang schwanken die Abschläge bei vorzeitiger Zurruhesetzung zwischen 3,6 % und 10,8 %. Wer vor der Vollendung des 63. Lebensjahres aus dem Schuldienst ausscheiden möchte, legt selbstverständlich ein oder mehrere Sabbatjahre vor den 63. Geburtstag. Wer sich aber einen hohen Abschlag nicht leisten kann oder will, muss jonglieren. Hierzu einige Hinweise:

- Bei Abschlag von weniger als ca. 5 % lohnt es nicht, das „*Freijahr*" unmittelbar vor den Eintritt in den gesetzlichen Ruhestand zu legen. Man vermeidet dadurch zwar den Versorgungsabschlag, aber man verschenkt de facto ein Jahr Pension und dies rechnet sich erst nach etwa 25 Jahren Pensionsbezug.
- Da sich der Prozentsatz des Versorgungsabschlags nach der Anzahl der Monate von der Antrags-Zurruhesetzung bis zur der Regel-Altersgrenze richtet und der Abschlag real von der Höhe der Pension abhängt, sollte man vor der Entscheidung sorgfältig abwägen, welche der möglichen Varianten man wählt.
- Eine zeitliche Lücke zwischen dem Freijahr und dem Antragsruhestand oder zwischen Schuljahresende und dem 63. Geburtstag kann durch einen Urlaub geschlossen werden (s.u.).
- Für Menschen mit einem Versorgungsausgleich nach Scheidung kann das Sabbatjahr eine weitere Auswirkung haben. Dem Ehepartner, der an den anderen abgeben muss, wird der zu zahlende Versorgungsausgleich erst abgezogen, wenn er selbst als Pensionär/in Versorgungsbezüge erhält. Er sollte deshalb so lange wie möglich im „aktiven"

Mindeststundenzahl bei Teilzeitbeschäftigung*

Deputat	Mindeststundenzahl (Wochenstunden)					
	2/3-Modell	3/4-Modell	4/5-Modell	5/6-Modell	6/7-Modell	7/8-Modell
25	19	17	16	15	15	14,5
26	19,5	17,5	16,5	16	15,5	15
27	20,5	18	17	16,5	16	15,5
28	21	19	17,5	17	16,5	16
31	23,5	21	19,5	19	18,5	18

* gilt nur für Beamt*innen

Beamtenverhältnis bleiben, denn im Sabbatjahr wird noch kein Scheidungsausgleich abgezogen. Anders ist es, wenn man vom anderen Ehepartner einen Ausgleich erhält. Den zustehenden Eheanteil aus dem Versorgungsausgleich erhält man erst, wenn man selber in Pension ist. In diesem Fall sollte man also das Sabbatjahr keinesfalls in das Schuljahr nach dem 63. Lebensjahr, sondern in jedem Fall vor die Antragspension legen und so früh als möglich Pensionär*in werden.

Wir empfehlen eine individuelle Vergleichsberechnung und die Beratung durch die GEW.

Bei der Planung eines Sabbatjahres kommt es auch auf die exakte Terminierung von Einstiegs- und Ausstiegsdatum an. Denn anders als bei sonstigen Formen der Teilzeitbeschäftigung kann beim Sabbatjahr vom Grundsatz, dass der Beginn auf den ersten Unterrichtstag nach den Sommerferien und das Ende auf den letzten Tag vor dem Unterrichtsbeginn nach den Sommerferien festgelegt werden muss, abgewichen werden.

Wählt man als Beginn der Ansparphase den ersten Schultag nach den Sommerferien dann zählen diese Sommerferien sowohl für die Dienstbezüge als auch für die Berechnung der Versorgung noch als „normale" Dienstzeit. Für den „Ausstieg" nach dem *„Freijahr"* bieten sich folgende Varianten an:

Fall 1:

Das *„Jahr der vollen Freistellung"* liegt in dem Schuljahr vor dem 63. Geburtstag (*„Vollendung des 63. Lebensjahrs"*), mündet also nicht unmittelbar in den Antragsruhestand.

Als Ende des *„Freijahrs"* sollte man in diesem Fall den letzten Tag der Sommerferien beantragen. Für die Phase ab dem ersten Schultag danach bis zum Ablauf des Tages vor dem 63. Geburtstag nimmt man Urlaub ohne Bezüge. Am 63. Geburtstag tritt man „tagesscharf" in den Ruhestand.

Fall 2:

Das *„Jahr der vollen Freistellung"* liegt in dem Schuljahr, in dem das 63. Lebensjahr vollendet wird. Dann überlappen sich das – durch Gehaltsverzicht vorfinanzierte – *„Freijahr"* und das letzte Arbeitsjahr.

Wir empfehlen, in diesem Fall den 1. August als Tag der Pensionierung zu wählen. Dann bricht zwar das *„Jahr der vollen Freistellung"* rund sechs Wochen vor seinem nominellen Ende am letzten Tag der Sommerferien ab und es entsteht ein Überhang an angesparter Arbeitszeit. Für die Differenz vom 1. August bis zum letzten Ferientag erhält man aber vom Land einen finanziellen Ausgleich. Da man ab dem 1. August pensionsberechtigt ist, ist diese Lösung trotz des Versorgungsabschlags finanziell die günstigste Variante.

Urlaub kann günstiger sein!

Ein Urlaub ohne Bezüge kann in bestimmten Konstellationen attraktiver sein als das Sabbatjahr. So ist das Sabbatjahr nach seinem Antritt kaum veränderbar, während ein Urlaub flexibel nach den individuellen Bedürfnissen gehandhabt werden und das angesparte Kapital gegebenenfalls sogar Zinsen erbringen kann. Einerseits verringert sich im Sabbatjahr das laufende Einkommen, andererseits wirkt sich diese Reduzierung vor allem bei „Doppelverdienern" steuerlich günstig aus; außerdem erhält man im Freijahr nicht die bis dahin tatsächlich „angesparten" Gehaltsanteile, sondern das anteilige Gehalt richtet sich nach der dann geltenden (in der Regel höheren) Besoldung. Für die Versorgung „kostet" beides gleich viel (ein Jahr weniger Dienstzeit). Das Sabbatjahr hat zwar den Vorteil der Beihilfeberechtigung; wer aber im Urlaub z.B. als Ehepartner beihilfeberechtigt ist (die Einkommensgrenze gem. Beihilfeverordnung § 5 Abs. 4 Nr. 4 beachten), fährt mit einem Urlaub gegebenenfalls besser als mit dem engen Sabbatjahr.

⇨ Beihilfe (Urlaub ohne Dienstbezüge)

„Störfälle" und Rückabwicklung

Das Freistellungsjahr lässt sich nur in Ausnahmefällen verändern bzw. vorzeitig beenden. Die Bewilligung kann jedoch – für den gesamten Bewilligungszeitraum – widerrufen werden („Rückabwicklung"). Von Amts wegen geschieht dies bei Beendigung des Beamtenverhältnisses (z.B. durch Tod oder Eintritt in den Ruhestand), bei Dienstherrnwechsel (z.B. Versetzung in ein anderes Bundesland) sowie bei Bewilligung von Altersurlaub und Altersteilzeit.

Auf Antrag der Lehrkraft wird dies bewilligt, wenn ihr die Fortsetzung der Teilzeitbeschäftigung nicht mehr zuzumuten ist. Als Härtefälle gelten z.B.:

- Der Partner der Lehrkraft wird arbeitslos,
- die Ehe der Lehrkraft wird geschieden,
- die Lehrkraft erkrankt schwer,
- Versetzung in ein anderes Bundesland,
- Zusage für den Auslandsschuldienst.

Die bis zum Beginn der Rückabwicklung „angesparten" Bezüge (Unterschiedsbetrag zum vollen Gehalt) werden zinslos nachgezahlt. Die ruhegehaltfähige Dienstzeit wird auf der Basis der tatsächlich gearbeiteten Zeit berechnet.

Auch wenn eine Lehrkraft für begrenzt dienstfähig erklärt wird (§ 43 LBG i.V.m. § 27 BeamtStG), ist auf Antrag ein Widerruf möglich; die Freistellung kann aber auch fortgesetzt werden. Hierzu gibt es Regelungen des KM (25.7.2002; AZ: 14-0311.41/288).

Wird während des Sabbatjahrs z.B. wegen Geburt eines Kindes langfristig Urlaub (Elternzeit oder Urlaub aus familiären Gründen) bewilligt, so verlängert sich der Bewilligungszeitraum entsprechend.

⇨ Beamtengesetz (LBG) § 43; ⇨ Beamtenstatusgesetz § 27

Sabbatjahr für Tarifbeschäftigte

Auch tarifbeschäftigte Lehrkräfte können ein Sabbatmodell in Anspruch nehmen. Es ist für sie aber meist unattraktiv, da sie sich ohne Entgelt beurlauben lassen und sich in dieser Zeit freiwillig gesetzlich krankenversichern können. Für privat Versicherte oder Tarifbeschäftigte mit hoher Steuerbelastung ist das „Sabbatjahr" hingegen attraktiv, da der Arbeitgeberzuschuss zur privaten Krankenversicherung in der Freistellungsphase erhalten bleibt und die

Steuerersparnis gegenüber einer Beurlaubung bis zu 6 Prozent betragen kann. ➪ Krankenversicherung

Im Unterschied zu Beamt*innen können Tarifbeschäftigte aus sozialversicherungsrechtlichen Gründen die Ansparphase und Freistellungsphase nicht durch ein normales Jahr in Vollzeit unterbrechen. Da das Arbeitsverhältnis während der Freistellungsphase weiter besteht, bleibt die Beschäftigungs- und Dienstzeit unberührt. Dies kann für die Anzahl der Beitragsmonate in der Rentenversicherung wichtig werden. Anders als bei einer Beurlaubung sind die Monate im Jahr der vollen Freistellung Pflichtbeitragsmonate. Die Rente richtet sich maßgeblich nach der Höhe der durch Beiträge versicherten Arbeitsentgelte. Da Teilzeitarbeit zur anteiligen Reduzierung der Vergütung führt, verringern sich diese Beiträge. Dies mindert die Höhe der Rente und entsprechend auch die Betriebsrente (Zusatzversorgung).

➪ Renten; ➪ Teilzeit (Arbeitnehmer*innen) Teil A

Verfahren und Fristen

Der Antrag muss im Rahmen der ➪ Stellenwirksamen Änderungsanträge bei der Schulleitung eingereicht werden; die Bewilligung erfolgt in der Regel vom ersten Unterrichtstag nach den Sommerferien bis zum letzten Tag der Sommerferien. Das Sabbatjahr ist jedoch (zunächst) nicht *„stellenwirksam"*, denn es führt erst im *„Jahr der vollen Freistellung"* zu einer Verminderung des Unterrichtsvolumens.

Insbesondere bei Kumulierungsanträgen und der Koppelung mit dem Antragsruhestand (s.o.), empfiehlt es sich, die online über das „Stewi-Verfahren" (Stewi = „Stellenwirksame Anträge") eingegebenen Einzelanträge als Papierausdruck zusammen mit einem Erläuterungsbrief der Schulleitung zur Weiterleitung auf dem Dienstweg zu übergeben.

➪ Stellenwirksame Änderungsanträge

➪ Beamtengesetz (LBG) §§ 43 und 70; ➪ Beamtenstatusgesetz § 27; ➪ Beihilfeverordnung § 5 Abs. 4 Nr. 4; ➪ Renten und Ruhestand (Arbeitnehmer*innen); ➪ Ruhestand (Beamtenrecht); ➪ Stellenwirksame Änderungsanträge; ➪ Teilzeit (Arbeitnehmer*innen) Teil A; ➪ Teilzeit/Urlaub (Beamtenrecht – VwV) Nr. IV

Teilzeit (Pflichten und Rechte)

Informationen der Redaktion zur Rechtslage und zur Verwaltungspraxis in Baden-Württemberg

1 Beamtenrecht

Unabhängig vom Beschäftigungsumfang schulden alle Beamtinnen und Beamten dem Dienstherrn *„vollen persönlichen Einsatz"*.

Dieser *„volle Einsatz"* darf von den Vorgesetzten jedoch nur unter dem Gesichtspunkt von *„Fürsorge und Schutz"* (➪ Beamtenstatusgesetz § 45) eingefordert werden: Sie haben die Beamt*innen *„mit Gerechtigkeit zu behandeln, ihnen die Erfüllung ihrer Dienste nach Möglichkeit zu erleichtern und ihre Belange wohlwollend zu berücksichtigen und zu wahren"* (vgl. z.B. BVerfG, 2 BvR 841/73; zit. BVerwG 2 B 51.12). Bei der Verteilung von Dienstaufgaben muss deshalb auch der Status (Voll- oder Teilzeitbeschäftigung) berücksichtigt werden.

Bei Teilzeitbeschäftigung aus familiären Gründen (zur Betreuung von Kindern unter 18 Jahren oder von nach ärztlichem Zeugnis pflegebedürftigen Angehörigen) darf die Verteilung der Arbeitszeit nicht dem Zweck der Bewilligung zuwiderlaufen. Deshalb kann z.B. eine Lehrkraft, deren Kind nur morgens in einer Kindertagesstätte betreut wird, zum Vormittagsunterricht eingesetzt werden, es verbietet sich jedoch, diese Lehrkraft nachmittags einzuplanen, wenn dadurch die Betreuung des Kindes gefährdet wird. ➪ Beamtengesetz (LBG) § 69

Zusätzlich ist dabei das Benachteiligungsverbot des LBG (§ 76) zu beachten: *„Teilzeitbeschäftigung darf das berufliche Fortkommen nicht beeinträchtigen; eine unterschiedliche Behandlung von Beamtinnen und Beamten mit ermäßigter Arbeitszeit gegenüber Beamtinnen und Beamten mit regelmäßiger Arbeitszeit ist nur zulässig, wenn zwingende sachliche Gründe dies rechtfertigen."*

➪ Beamtengesetz (LBG) § 76

2. Tarifvertrag-Länder (TV-L)

Für Tarifbeschäftigte in Teilzeit ist im Tarifvertrag vorgeschrieben: *Bei der Gestaltung der Arbeitszeit hat der Arbeitgeber im Rahmen der dienstlichen beziehungsweise betrieblichen Möglichkeiten der besonderen persönlichen Situation der/des Beschäftigten [...] Rechnung zu tragen.* ➪ Tarifvertrag-Länder (TV-L) § 11

Zur Vergütung tarifbeschäftigter Teilzeit-Lehrkräfte bei außerunterrichtlichen Veranstaltungen siehe:

➪ Außerunterrichtliche Veranstaltungen (Hinweise) Nr. 4

3. Beteiligungsrecht der GLK

In der (für beamtete und tarifbeschäftigte Lehrkräfte geltenden) VwV ➪ Teilzeit / Urlaub (Beamtenrecht – VwV) Teil D.II.1 hat das KM ausdrücklich verfügt: *„Die Belange der Teilzeitbeschäftigten sind bei der Verteilung der außerunterrichtlichen Tätigkeiten zu berücksichtigen"*

Nach § 41 Schulgesetz obliegen die Verteilung der Lehraufträge, die Aufstellung der Stundenpläne sowie die Verteilung sonstiger dienstlicher Aufgaben dem bzw. der Schulleiter*in (Weisungsrecht).

➪ Arbeitszeit (Lehrkräfte) – Allgemeines; ➪ Schulgesetz §§ 41 und 44

Die Gesamtlehrerkonferenz kann hierzu jedoch allgemeine Empfehlungen an die Schulleitung beschließen; diese Empfehlungen müssen von der Schulleitung im Rahmen des pflichtgemäßen Ermessens berücksichtigt (d.h. geprüft und gegebenenfalls umgesetzt) werden, sie entfalten aber keine unmittelbare Bindungswirkung.

➪ Ermessen; ➪ Konferenzordnung § 2 Abs. 1 Nr. 9

4. Chancengleichheitsgesetz

Dabei ist die Schulleitung jedoch immer an die geltenden Vorschriften gebunden. So muss sie z.B. die Bestimmungen über die familiengerechte Arbeitszeit und über die Teilzeitbeschäftigung im ➪ Chancengleichheitsgesetz §§ 29 und 30 beachten: *Die Dienststellen können auf Antrag über die gleitende Arbeitszeit hinaus eine familiengerechte Gestaltung der täglichen und wöchentlichen Arbeitszeit einräumen, wenn dies nachweislich zur Betreuung von mindestens einem Kind unter 18 Jahren oder einer nach ärztlichem Zeugnis pflegebedürftigen angehörigen Person erforderlich ist und dienstliche Belange nicht entgegenstehen. Ist beabsichtigt, dem Antrag einer oder eines Beschäftigten nicht zu entsprechen, ist die Beauftragte für Chancengleichheit zu beteiligen. Die Ablehnung des Antrags ist von der Dienststelle schriftlich zu begründen.*

Diese Regelung gilt für Vollzeit- und Teilzeitbeschäftigte sowie für Männer und Frauen. Die Schulleitung muss die Beauftragte für Chancengleichheit (BfC) also stets von sich aus beteiligen, wenn sie einem Antrag nicht entsprechen will.

„Beteiligen" bedeutet, dass die Schulleitung der BfC die beabsichtigte Begründung für die Ablehnung des Antrags übermitteln, deren Stellungnahme abwarten und diese bei ihrer endgültigen Entscheidung berücksichtigen muss. Falls die Schulleitung trotz eines anderslautenden Votums der BfC bei ihrer Entscheidung bleibt, muss sie diese der Lehrkraft schriftlich mit Begründung mitteilen.

An Schulen ohne BfC (weniger als 50 Beschäftigte) wendet sich die Schulleitung direkt – ohne Dienstweg! – an die BfC bei der nächsthöheren Schulaufsichtsbehörde. An diesen Schulen ist die Schulleitung zwar nicht ausdrücklich verpflichtet, die dortige Frauen-Ansprechpartnerin zu beteiligen – es ist jedoch zu empfehlen, schon vorher im Gespräch mit dieser an der Schule selbst eine Lösung zu finden, welche die betroffene Lehrkraft zufriedenstellt und die es erübrigt, die BfC bei der Schulaufsichtsbehörde zu beteiligen.

5. Vereinbarkeit von Familie und Beruf (Chancengleichheitspläne)

Es gibt bei jedem der vier Regierungspräsidien Chancengleichheitspläne für die beruflichen Schulen, die GHWRGS-Schulen sowie die Gymnasien.

➪ Chancengleichheitsgesetz § 5; ➪ Chancengleichheitsplan

Bis auf geringfügige Nuancen sind die Vorgaben dieser insgesamt 12 Pläne identisch. Wir geben hier als Beispiel Auszüge aus dem Kapitel *„Maßnahmen für Teilzeitbeschäftigte und Maßnahmen zur Vereinbarkeit von Familie und Beruf"* des Chancengleichheitsplans für den GHWRGS-Bereich des Regierungspräsidiums Stuttgart vom 30.6.2014 wieder:

„Die Berücksichtigung der Belange der Familienarbeit Leistenden bei der Gestaltung des Stundenplans sowie die Rücksichtnahme auf Teilzeitbeschäftigte bei der Verteilung außerunterrichtlicher Aufgaben ist Aufgabe der Schulleitung und gehört größtenteils schon heute zum Alltag im Schulbetrieb. Da die Bedingungen von Ort zu Ort und Schulart zu Schulart sehr unterschiedlich sein können, können familienfreundliche Rahmenbedingungen nicht allgemeingültig festgeschrieben werden. Die Schulleitung weist auf die Möglichkeit, einen Antrag auf einen familienfreundlichen Stundenplan stellen zu können, hin. Die Arbeitszeitgestaltung für Teilzeitbeschäftigte und Familienarbeit Leistende darf sich nicht nachteilig für diese auswirken und dem Sinn der Teilzeitbeschäftigung zuwiderlaufen. Die Gesamtlehrerkonferenz kann allgemeine Empfehlungen für die Verteilung der Lehraufträge und sonstiger dienstlicher Aufgaben geben.

➪ Konferenzordnung § 2 Abs. 1 Nr. 9

Hilfreich ist die Unterscheidung zwischen unteilbaren Dienstaufgaben (z.B. Konferenzteilnahme, Fortbildung) und teilbaren Dienstaufgaben. Zu den ‚teilbaren' Dienstaufgaben gehören viele außerunterrichtliche Aufgaben und Veranstaltungen wie z.B. Aufsichten, Verwaltungsarbeiten, Klassenfahrten, Schullandheimaufenthalte. Hier ist die Rücksichtnahme auf Teilzeitbeschäftigte und Familienarbeit Leistende ebenso geboten wie bei der Verteilung der Unterrichtsstunden auf die Wochentage. Das Gleiche gilt auch für die Anordnung von Mehrarbeit und Vertretungen. Dabei bietet sich eine Konzentration dergestalt an, dass sich ein unterrichtsfreier Tag ergibt, sofern pädagogische und allgemeine dienstliche Belange dem nicht entgegenstehen. ➪ Mehrarbeit (Allgemeines)

Die Teilzeitmöglichkeiten für schulische Funktionsstelleninhaberinnen und -inhaber wurden schon bislang kontinuierlich verbessert. Alle schulischen Funktionsstelleninhaberinnen und -inhaber können ihr Amt auf Antrag in Teilzeit zwischen 50 % und 100 % ausüben. Während der dreijährigen Elternzeit ist auch eine unterhälftige Beschäftigung möglich. Funktionsstelleninhaberinnen und -inhaber mit Familienpflichten sollen dadurch Familie und Beruf besser vereinbaren können und in der Funktion gehalten werden. Wie bisher erfolgt die Reduzierung bei der Unterrichtsverpflichtung, die mit der Funktion verbundenen Aufgaben müssen in vollem Umfang wahrgenommen werden. Schulleiterinnen und Schulleiter stellen außerdem die für den Betrieb der Schule erforderliche Präsenz der Schulleitung sicher. Job-Sharing ist daneben weiterhin möglich. Regierungspräsidium und Staatliche Schulämter werden in Dienstbesprechungen mit den Schulleiterinnen und Schulleitern auch künftig auf diese wichtige Thematik hinweisen und im Rahmen ihrer schulaufsichtlichen Verantwortung die Umsetzung familienfreundlicher Rahmenbedingungen einfordern. […]"

Hinweis der Redaktion: Die entsprechenden Regelungen für die beruflichen Schulen sind im Sonderteil für die beruflichen Schulen abgedruckt.

6. Außerunterrichtliche Veranstaltungen

Hierzu hat die Kultusministerin u.a. ausgeführt: *„Mir liegt sehr daran, dass teilzeitbeschäftigte Lehrerinnen und Lehrer nicht benachteiligt werden. In Bezug auf Studienfahrten und Schullandheimaufenthalte steht es in der pädagogischen Verantwortung jeder Lehrerin und jedes Lehrers, an dieser Veranstaltung teilzunehmen. Ich gehe davon aus, dass die Schulleiterinnen und Schulleiter nicht in erster Linie* *und ohne Not teilzeitbeschäftigte Lehrerinnen und Lehrer auf die Teilnahme an Studienfahrten und Schullandheimen ansprechen. In Kollegien mit einem hohen Anteil teilzeitbeschäftigter Lehrerinnen und Lehrer kann dieses Prinzip nicht immer aufrechterhalten werden. Nehmen Teilzeitbeschäftigte an Studienfahrten oder Schullandheimaufenthalten teil, sollte im Gespräch mit der Schulleitung nach Möglichkeiten eines innerschulischen Ausgleichs gesucht werden.“*

(Quelle: KM, 17.10.2000, AZ: 14-0311.41/267)

Sowohl teilzeitbeschäftigte Lehrkräfte im Beamten- als auch im Arbeitnehmerverhältnis haben Anspruch auf *„annähernden“* (zeitlichen) Ausgleich der Mehrbelastung bei außerunterrichtliche Veranstaltungen. Dieser kann z.B. durch eine *„Reduzierung von über die Unterrichtsverpflichtung hinausgehenden sonstigen Dienstaufgaben wie beispielsweise Vertretungen, Aufsichtsführung, Sprechstunden, Sprechtage, Projektwochen oder sonstigen Schulveranstaltungen“* erfolgen.

(Quelle: OVG Lüneburg, 3.6.2013; 5LA78/13)

Anders als Teilzeitbeschäftigte im Arbeitnehmerverhältnis besitzen beamtete Teilzeit-Lehrkräfte bei mindestens ganztägigen außerunterrichtliche Veranstaltungen jedoch keinen Anspruch auf das volle Gehalt oder Mehrarbeitsvergütung. Siehe hierzu:
⇨ Außerunterrichtliche Veranstaltungen (Hinweise) Nr. 4 und ⇨ Mehrarbeit (Allgemeines) Nr. III.2.

7.
Rahmenregelungen an der Schule

Die in den Chancengleichheitsplänen erwähnten *„Rahmenregelungen“* an der Schule können von der Gesamtlehrerkonferenz im Einvernehmen mit der BfC bzw. der Ansprechpartnerin beschlossen werden. Sie sollen gewährleisten, dass die Arbeitszeitgestaltung dem Sinn der Teilzeitbeschäftigung nicht zuwiderläuft und dass außerunterrichtliche Verpflichtungen proportional zur reduzierten Unterrichtsverpflichtung festgelegt werden. Darin sollten z.B. folgende Fragen geregelt werden:

Teilbare außerunterrichtliche Aufgaben, die von teilzeitbeschäftigten Lehrkräften nur anteilig oder alternierend wahrgenommen werden:

- Aufsichten (Pausen- und Busaufsichten)
- Prüfungen (Zweitkorrekturen, Präsenz bzw. Aufsicht bei Prüfungen)
- Klassenleitung (alternierend oder im Team)
- Vertretungen und Mehrarbeit
- Teilnahme an Kooperationen und Teambesprechungen, Mitarbeit an der Schulentwicklung
- Wandertage und Schullandheimaufenthalte
- Präsenz bei schulischen Veranstaltungen (Schulfest, Disco, Projekttage, Bundesjugendspiele etc.)
- Sprechstunden und Elternsprechtage.

Unteilbare außerunterrichtliche Verpflichtungen, die zu einer im Verhältnis zu Vollzeitbeschäftigten stärkeren Belastung der Teilzeitbeschäftigten führen:

- Lehrer-, Fach-, und Klassenkonferenzen, soweit sie als Beratungs- und Beschlussgremium für die im Schulgesetz benannten Aufgaben zusammentreten und diese die Teilzeitkräfte betreffen.
- Schulkonferenzen, soweit die betreffende Lehrkraft Mitglied in diesem Gremium ist.

Beispiele für Maßnahmen zur Verbesserung der Arbeitsbedingungen teilzeitbeschäftigter Lehrkräfte:

- Auf teilzeitbeschäftigte Lehrkräfte mit Kindern unter 18 Jahren und/oder pflegebedürftigen Angehörigen wird bei der Stundenplangestaltung auf Antrag gemäß § 29 ChancenG vorrangig Rücksicht genommen (anteilige Belastung).
- Bei der Verteilung der Unterrichtsstunden auf die Wochentage wird Teilzeitbeschäftigten mit bis zu 3/4 der regelmäßigen Unterrichtsverpflichtung auf ihren Wunsch ein unterrichtsfreier Tag ermöglicht. Ist dies nicht für alle Teilzeitbeschäftigten möglich, wird für einen Wechsel im nächsten Schulhalbjahr/Schuljahr gesorgt.
- An Wochentagen, an denen Zeitfenster für Kooperation und Teamarbeit festgelegt sind, werden unterrichtsfreie Tage für Teilzeitbeschäftigte nach Möglichkeit vermieden. Ansonsten gilt Satz 2 des vorhergehenden Punktes.
- Bei einer Häufung von Konferenzen (z.B. durch die Arbeit am Schulcurriculum) werden Teilzeitbeschäftigte an anderer Stelle von außerunterrichtlichen Aufgaben entlastet.
- Der Einsatz mit weniger als zwei Unterrichtsstunden am Tag sowie der Einsatz am Vor- und Nachmittag desselben Tages wird bei Teilzeitbeschäftigten mit bis zu 3/4 der regelmäßigen Unterrichtsverpflichtung vermieden (Ausnahme: ausdrücklicher anderer Wunsch der Betroffenen).
- Zur Übernahme einer besonderen zusätzlichen Aufgabe (z.B. Fachschaftsleitung, Sammlungen, Lehr- und Lernmittel) ohne Entlastung in der Unterrichtsverpflichtung werden Teilzeitlehrkräfte nicht gegen ihren Willen verpflichtet.
- Vor der Anordnung von Vertretungen oder von Mehrarbeit aus zwingenden dienstlichen Gründen oder vor einer Änderung der Stundenzahl nach dem „variablen Deputat“ werden Teilzeitbeschäftigte von der Schulleitung gefragt bzw. sie werden frühzeitig benachrichtigt.
  ⇨ Arbeitszeit (Lehrkräfte) – VwV Anrechnungen Nr. II
- Bei unvermeidbaren Versetzungen oder Abordnungen aus dienstlichen Gründen wird ein Einsatzort angeboten, der dem Anliegen der Teilzeit nicht zuwiderläuft.

8.
Beteiligung der Personalvertretung

Es obliegt dem Personalrat, über die Durchführung der zugunsten der Beschäftigten geltenden Vorschriften zu wachen sowie Beschwerden von Beschäftigten entgegenzunehmen. Betroffene können sich direkt an den Personalrat wenden (wichtig insbesondere bei kleinen Schulen ohne eigene BfC).
⇨ Mehrarbeit; ⇨ Personalvertretungsgesetz (LPVG) § 70

⇨ Außerunterrichtliche Veranstaltungen; ⇨ Beamtengesetz (LBG) § 72 ff.; ⇨ Beamtenstatusgesetz §§ 34, 45; ⇨ Chancengleichheitsgesetz §§ 29 und 30; ⇨ Chancengleichheitsplan; ⇨ Fortbildung (Allgemeines); ⇨ Konferenzordnung § 2 Abs. 1 Nr. 9; ⇨ Mehrarbeit; ⇨ Reisekosten (Aus-/Fortbildung) Nr. 3; ⇨ Tarifvertrag-Länder (TV-L) § 37

Termin-Checkliste

Diese Übersicht nennt die wichtigsten Termine für Lehrkräfte und Schulleitungen (ggf. den letzten Tag einer Frist). Die Prüfungstermine der allgemeinbildenden Schulen sind bei den Schularten, die Termine für den Übergang von der Grundschule auf die weiterführenden Schulen sind unter ➪ Aufnahmeverfahren (Termine), die Termine für Lernstandserhebungen sind unter ➪ Lernstandserhebungen (Termine) abgedruckt.

Termin	Was ist zu erledigen?	Einschlägige Vorschrift
Freitag vor dem ersten Schultag*	Einstellung der Dienstanfänger*innen	➪ Einstellungserlass Nr. 28
Erster Schultag	Unterrichtsbeginn nach (vorläufigem) Stundenplan und Inkraftsetzen des (vorläufigen) Aufsichtsplans	➪ Aufsichtspflicht
Zu Beginn des Schuljahres (in der Regel im September)	Meldung nicht angemeldeter, aber schulpflichtiger Schüler*innen an die Meldebehörde (BS/GS/WRS)	➪ Schulpflicht (Durchsetzung) II. 1
	Meldung des Dienstantritts (z.B. bei Einstellung / Versetzung) bzw. sonstiger Personalveränderungen (z.B. Deputatsumfang) an Schulaufsichtsbehörden	➪ Dienstantrittsmeldung (wichtig wegen kontinuierlicher Gehaltszahlung)
	Hinweis auf Unfallverhütungsvorschriften usw.	➪ Arbeitsschutz (Allgemeines)
	Berufung des schulinternen Krisenteams und Alarmprobe; Aktualisierung des Krisenplans	➪ Gewaltvorfälle und Schadensereignisse
Standard-Themen der ersten Gesamtlehrerkonferenz im neuen Schuljahr	Geschäftsverteilung der Schule (Information über funktionsbezogene Deputatsanrechnungen, Ermäßigungen, Freistellungen und Arbeitsbefreiungen)	➪ Schulgesetz § 41 i.V.m. ➪ Arbeitszeit (Lehrkräfte) – VwV Anrechnungsstunden IV.1.5
	Beratung und Beschlussfassung über Grundsätze für außerunterrichtliche Veranstaltungen im Schuljahr (einschließlich Verteilung der Reisekosten)	➪ Konferenzordnung § 2 1.11 i.V.m. ➪ Außerunterrichtliche Veranstaltungen II.1
	Beratung und Beschlussfassung über die Fortbildung der Lehrkräfte	➪ Konferenzordnung § 2 1.2 ➪ Fortbildung/Personalentwicklung
	Wahl der Vertreter*innen des Lehrerkollegiums in der Schulkonferenz	➪ Schulkonferenzordnung i.V.m. ➪ KonfO § 2 Abs. 1 Nr. 15
	Wahl der Fremdsprache (Lernstandserhebungen/Gymn.)	➪ Lernstandserhebungen Nr. II.3
2 Wo. nach dem ersten Schultag	Spätestens: Abmeldung vom Religionsunterricht für das 1. Schulhalbjahr (Ausschlussfrist)	➪ Religionsunterricht (Abmeldung) A 2.4
3 Wo. nach dem ersten Schultag	Wahl des Klassensprechers bzw. der Klassensprecherin und der Stellvertretung (außer GS)	➪ Schülermitverantwortung § 3 Abs. 3
bis Ende September	Anträge und Änderungen für vermögenswirksame Leistungen ans Landesamt für Besoldung schicken	➪ Vermögenswirksame Leistungen
4 Wo. nach dem ersten Schultag	Entscheidung über Erfolg einer Aufnahme auf Probe in die nächsthöhere Klasse	➪ Versetzungsordnungen
5 Wo. nach dem ersten Schultag	Konstituierung des Schülerrats (außer Grundschule)	➪ Schülermitverantwortung § 3 Abs. 6
6 Wo. nach dem ersten Schultag	Wahl des Klassenelternvertreters bzw. der Klassenelternvertreterin	➪ Elternbeiratsverordnung § 14 Abs. 1
7 Wo. nach dem ersten Schultag	Wahl des Schülersprechers bzw. der Schülersprecherin und der Stellvertretung (außer GS)	➪ Schülermitverantwortung § 3 Abs. 6
9 Wo. nach dem ersten Schultag	Wahl des bzw. der Elternbeiratsvorsitzenden	➪ Elternbeiratsverordnung § 26 Abs. 3
im November bzw. rechtzeitig vor dem Stichtag	Beratung und ggf. Beschluss der GLK über schulbezogene Stellenausschreibung (Verfahren von Dez. bis Juli (https://lehrer-online-bw.de/,Lde/Startseite/lobw)	➪ Einstellungserlass Nr. 26
31. Dezember	Ausschlusstermin für Beihilfe aus dem Vor-Vorjahr	➪ BeihilfeVO § 17 Abs. 10
	Antragsschluss für Besoldungsansprüche aus dem laufenden Kalenderjahr (z.B. Mehrarbeitsvergütung)	➪ Mehrarbeit; ➪ Mehrarbeit (Vergütung)

Termin-Checkliste (bitte hierzu das Kalendarium unter dem Schlagwort „Ferien" beachten)

Termin	Was ist zu erledigen?	Einschlägige Vorschrift
1. Schultag im Januar	Schlusstermin für die Abgabe von stellenwirksamen Änderungsanträgen bei der Schulleitung	⇨ Stellenwirksame Änderungs-anträge
bis 15. Januar	Antrag auf schulbezogene Stellenausschreibung (nach Information und ggf. Empfehlung der GLK)	⇨ Einstellungserlass Nr. 26
bis 31. Januar	Entscheidung über Zurückstellung vom Schulbesuch während des ersten Grundschuljahres	⇨ Schulgesetz § 74 Abs. 2
	Entscheidung über ausgesetzte Versetzung und freiwillige Wiederholung einer Klasse	⇨ Versetzungsordnungen der verschiedenen Schularte
	Entscheidung über Übergang in eine andere Schulart zum Schulhalbjahr	⇨ Multilaterale Versetzungsordnung
1. bis 10. Februar	Ausgabe der (Halbjahres-)Informationen/-Zeugnisse	⇨ NotenbildungsVO § 3 Abs. 4
bis 15. Februar	Spätestens: Abmeldung vom Religionsunterricht für das 2. Schulhalbjahr (Ausschlussfrist)	⇨ Religionsunterricht (Teilnahme) Buchst. A 2.4
1. März	Schlusstermin für Schüler*innen zur Anmeldung bei beruflichen Vollzeitschulen	⇨ Schulpflicht (Berufliche Schulen – Übergabe) II.1
Termin wird örtlich festgesetzt	Anmeldung der Schulanfänger*innen; Entscheidung über vorzeitige Aufnahme bzw. Zurückstellung; nach Anmeldefrist Prüfung, ob alle angemeldet wurden	⇨ Schulgesetz §§ 73-74 ⇨ Schulpflicht (Durchsetzung)
bis Anfang Mai	Meldung der versetzungsgefährdeten Grundschüler*innen an die Schulleitung	⇨ Versetzungsordnung Grundschulen § 2
letzte 7 Schultage	Zeugnisausgabe	⇨ NotenbildungsVO § 3 Abs. 4
vor Beginn der Sommerferien	Übergabe der Schüler*innen an die beruflichen Schulen	⇨ Schulpflicht (Berufliche Schulen – Übergabe) I.2.1
vgl. Kalendarium	Letzter Schultag (Ende nach der 4. Stunde)	⇨ Ferienverordnung § 2 Abs. 5
Bis Schuljahres-ende (31. Juli); möglichst vor den Sommerferien	Entscheidung über freiwillige Wiederholung	⇨ Versetzungsordnungen
	Entscheidung über Verlängerung der Schulpflicht bzw. über Beendigung der Schulpflicht (Berufliche Schulen bzw. Haupt-/Werkrealschule)	⇨ Schulgesetz § 75 Abs. 2; ⇨ Schulgesetz §§ 75, 3 und 81 ⇨ Schulpflicht (Berufl. Schulen)
Vor Beginn des neuen Schuljahres (spätestens im Juli) (die nebenstehend aufgeführten Themen sind regelmäßig einmal im Schuljahr von der GLK zu beraten)	Beratung und Beschlussfassung von GLK und Schulkonferenz über den Haushaltsplan der Schule	⇨ Konferenzordnung § 2, 1 Ziff. 7 ⇨ Schulgesetz § 47 Abs. 3 Nr. 7
	Planung für das nächste Schuljahr. Information der GLK über Grund und Umfang von Deputatsnachlässen (ggf. Beschluss der GLK über Empfehlungen für die Verteilung der Lehraufträge und sonstiger dienstlicher Aufgaben, Kooperationszeiten usw.)	⇨ Schulgesetz § 41 Abs 1 ⇨ Konferenzordnung § 2, 1.9 ⇨ Arbeitszeit (Lehrkräfte) – VwV Anrechnungen (Nr. IV.1.5 beachten!)
	Beratung/Beschluss der Gesamtlehrerkonferenz über den Vorschlag an die Schulleitung zur Festlegung der beweglichen Ferientage sowie der „unterrichtsfreien Tage" (für das nächste Schuljahr)	⇨ Ferienverordnung § 3 i.V.m. ⇨ Konferenzordnung § 2, 1.16 ⇨ Arbeitszeit (Lehrkräfte-ArbeitszeitVO) § 7
Mindestens einmal im Schuljahr	Besprechung mit dem/der Sicherheitsbeauftragten (ggf. mit dem Personalrat) über Unfallverhütung und Arbeitsschutz; Unterrichtung der Schüler*innen und Lehrkräfte über getroffene Maßnahmen	⇨ Unfallverhütung ⇨ PersonalvertretungsG § 83 ⇨ Arbeitschutzgesetz ⇨ Gewaltvorfälle
	Entscheidung über Beibehaltung einer Raucherzone (nur Schulen, wo Raucherzonen zulässig sind)	⇨ Rauchen in der Schule
Alle zwei Jahre	Belehrung über das Infektionsschutzgesetz	⇨ Infektionsschutzgesetz § 35
In regelmäßigen Abständen	Die Lehrkräfte sollten einen Ausdruck der über sie an der Schule gespeicherten Daten und der damit durchgeführten systematischen Auswertungen erhalten.	⇨ Datenschutz (Schulen) 3.1.5

Trennungsgeldverordnung (LTGVO)

VO des FM über das Trennungsgeld bei Abordnungen und Versetzungen (Landestrennungsgeldverordnung – LTGVO) vom 12. Dezember 1985 (K.u.U. S. 21/1986); zul. geänd. 26. Mai 2021 (GBl. S.502/2021), gültig ab 1.1.2022

§ 1
Geltungsbereich

(1) Trennungsgeldberechtigte nach dieser Verordnung sind

1. Landesbeamtinnen und Landesbeamte [...].

(2) Anspruch auf Trennungsgeld entsteht aus Anlass der

1. Versetzung aus dienstlichen Gründen,
2. Aufhebung einer Versetzung aus dienstlichen Gründen nach einem Umzug mit Zusage der Umzugskostenvergütung,
   ⇨ Umzugskostengesetz (LUKG)
3. Verlegung der Beschäftigungsbehörde,
4. nicht nur vorübergehenden Zuteilung aus dienstlichen Gründen zu einem anderen Teil der Beschäftigungsbehörde, [...]
6. Abordnung, auch im Rahmen der Ausbildung,
7. Zuweisung nach § 20 des Beamtenstatusgesetzes,
8. vorübergehenden Zuteilung aus dienstlichen Gründen zu einem anderen Teil der Beschäftigungsbehörde,
   ⇨ Reisekosten (Auswärtige Dienstgeschäfte)
9. vorübergehenden dienstlichen Tätigkeit bei einer anderen Stelle als einer Dienststelle,
10. Aufhebung oder Beendigung einer Maßnahme nach den Nummern 6 bis 9 nach einem Umzug mit Zusage der Umzugskostenvergütung,
11. Einstellung mit Zusage der Umzugskostenvergütung,
12. Einstellung ohne Zusage der Umzugskostenvergütung bei vorübergehender Dauer des Dienstverhältnisses oder der vorübergehenden Verwendung am Einstellungsort, vorbehaltlich der Zustimmung der obersten Dienstbehörde oder der von ihr ermächtigten nachgeordneten Behörde,
13. Räumung einer Dienstwohnung auf dienstliche Weisung, solange der zur Führung eines Haushalts notwendige Teil der Wohnungseinrichtung untergestellt werden muss.

(3) Trennungsgeld wird nur gewährt, wenn bei Maßnahmen nach Absatz 2 der neue Dienstort ein anderer als der bisherige Dienstort ist und die Wohnung nicht im Einzugsgebiet (§ 3 Absatz 1 Nummer 1 Buchstabe c LUKG) der neuen Dienststätte liegt. Beim Vorliegen besonderer dienstlicher Gründe kann bei Maßnahmen nach Absatz 2 Nummer 6 bis 9 auch dann Trennungsgeld gewährt werden, wenn die Wohnung im Einzugsgebiet (§ 3 Absatz 1 Nummer 1 Buchstabe c LUKG) der neuen Dienststelle liegt. Das Vorliegen besonderer dienstlicher Gründe ist von der Diensstelle im Rahmen der personalrechtlichen Verfügung festzustellen.

Hinweis der Redaktion: Im „Einzugsgebiet" gem. § 3 Abs. 1 Nr. 1 Buchst. c LUKG liegt die Wohnung, wenn sie auf einer üblicherweise befahrenen Strecke weniger als 30 Kilometer von der neuen Dienststätte entfernt ist.

§ 2
Trennungsgeld nach Zusage der Umzugskostenvergütung

(1) Ist Umzugskostenvergütung zugesagt, steht Trennungsgeld zu, wenn Trennungsgeldberechtigte seit dem Tag des Wirksamwerdens der Zusage oder, falls für sie günstiger, der Maßnahme nach § 1 Abs. 2 uneingeschränkt umzugswillig sind und solange sie wegen Wohnungsmangels am neuen Dienstort und in dessen Einzugsgebiet nicht umziehen können. Uneingeschränkt umzugswillig ist, wer sich unter Ausschöpfung aller Möglichkeiten nachweislich fortwährend um eine Wohnung bemüht und den Umzug nicht durch unangemessene Ansprüche an die Wohnung oder aus anderen nicht in Absatz 2 genannten Gründen verzögert. Unangemessen ist eine Wohnung, soweit die Zahl der Zimmer die Zahl der nach § 6 Abs. 3 Satz 2 und 3 LUKG berücksichtigungsfähigen Personen um mehr als zwei übersteigt. Bei unverheirateten oder nicht nach dem Lebenspartnerschaftsgesetz verpartnerten Trennungsgeldberechtigten ohne Wohnung nach § 10 Abs. 4 LUKG gilt als angemessene Wohnung auch ein möbliertes Zimmer oder eine bereitgestellte Gemeinschaftsunterkunft.

(2) Vom Vorliegen der Voraussetzungen des Absatzes 1 ist von dem Tag an abzusehen, an dem Trennungsgeldberechtigte aus einem der folgenden Gründe vorübergehend an einem Umzug gehindert sind:

1. vorübergehende schwere Erkrankung der trennungsgeldberechtigten Person oder einer zur häuslichen Gemeinschaft gehörenden Person nach § 6 Abs. 3 Satz 2 und 3 LUKG bis zur Dauer von einem Jahr;
2. Beschäftigungsverbot nach den Vorschriften über den Mutterschutz für die Trennungsgeldberechtigte oder eine zur häuslichen Gemeinschaft gehörenden Person nach § 6 Abs. 3 Satz 2 und 3 LUKG;
3. Schul- oder Berufsausbildung eines Kindes nach § 6 Abs. 3 Satz 2 und 3 LUKG bis zum Ende eines Schul- oder Ausbildungsjahres. Befindet sich das Kind in der vorletzten Jahrgangsstufe einer Schule, so verlängert sich der Zeitraum bis zum Ende des folgenden Schuljahres; befindet sich das Kind im vorletzten Ausbildungsjahr eines Berufsausbildungsverhältnisses, so verlängert sich der Zeitraum bis zum Ende des folgenden Ausbildungsjahres;
4. Schul- oder Berufsausbildung eines schwerbehinderten Kindes nach § 6 Abs. 3 Satz 2 und 3 LUKG bis zur Beendigung der Ausbildung, solange diese am neuen Dienst- oder Wohnort oder in erreichbarer Entfernung davon wegen der Behinderung nicht fortgesetzt werden kann;

5. akute lebensbedrohende Erkrankung eines Elternteils der trennungsgeldberechtigten Person oder ihrer Ehegattin oder ihres Ehegatten oder ihrer Lebenspartnerin oder ihres Lebenspartners nach dem Lebenspartnerschaftsgesetz, wenn dieser in hohem Maße Hilfe des Ehegatten, des Lebenspartners nach dem Lebenspartnerschaftsgesetz,
6. Schul- oder erste Berufsausbildung der Ehegattin oder des Ehegatten oder der Lebenspartnerin oder des Lebenspartners nach dem Lebenspartnerschaftsgesetz in entsprechender Anwendung der Nummer 3.

Liegt bei Wegfall des Hinderungsgrundes ein neuer Hinderungsgrund im Sinne des Satzes 1 vor, ist vom Vorliegen der Voraussetzungen des Absatzes 1 längstens bis zu einem weiteren Jahr abzusehen. Wenn der neue Hinderungsgrund erst später eintritt, bleibt er unberücksichtigt.

(3) Ist Umzugskostenvergütung zugesagt, wird das Trennungsgeld nach einer Bezugszeit von sechs Monaten um 50 vom Hundert gekürzt und steht nach weiteren sechs Monaten nicht mehr zu. Die jeweilige Bezugszeit verlängert sich in den Fällen des Absatzes 2 um den Zeitraum, für den vom Vorliegen der Voraussetzungen des Absatzes 1 abgesehen wird. Die oberste Dienstbehörde kann auf Antrag in außergewöhnlichen Härtefällen von der Kürzung absehen und die Bezugszeit bis zu einem weiteren Jahr verlängern.

(4) Ist ein Umzug, für den Umzugskostenvergütung zugesagt ist, aus Anlass einer Maßnahme nach § 1 Abs. 2 vor deren Wirksamwerden durchgeführt, kann Trennungsgeld in sinngemäßer Anwendung dieser Verordnung bis zum Tag vor der Dienstantrittsreise, längstens für zwölf Monate, gewährt werden.

(5) Wird die Zusage der Umzugskostenvergütung außerhalb des Rechtsbehelfsverfahrens aufgehoben, wird dadurch ein Trennungsgeldanspruch nicht begründet; ein erloschener Trennungsgeldanspruch lebt nicht wieder auf.

§ 3
Trennungsgeld beim auswärtigen Verbleiben

(1) Trennungsgeldberechtigte, die nicht täglich zum Wohnort zurückkehren und denen die tägliche Rückkehr nicht zuzumuten oder aus dienstlichen Gründen nicht gestattet ist, erhalten für die ersten sieben Tage nach beendeter Dienstantrittsreise als Trennungsgeld die gleiche Vergütung wie bei Dienstreisen (Trennungsreisegeld). Die tägliche Rückkehr zum Wohnort ist in der Regel nicht zuzumuten, wenn beim Benutzen öffentlicher Verkehrsmittel die Abwesenheit von der Wohnung mehr als zwölf Stunden oder die benötigte Zeit für das Zurücklegen der Strecke zwischen Wohnung und Dienststätte und zurück mehr als drei Stunden beträgt. Sollte das Benutzen öffentlicher Verkehrsmittel nicht möglich oder nicht zumutbar sein, kann für die o.g. Zeitgrenzen auch das tatsächliche benutzte Beförderungsmittel zugrundegelegt werden. Auf das Tagegeld des Trennungsreisegeldes ist die für eine Dienstreise oder einen Dienstgang von weniger als 24 Stunden Dauer zustehende Reisekostenvergütung für Verpflegungsmehraufwand anzurechnen.

(2) Vom achten Tag wird unter der Voraussetzung, dass eine Wohnung oder Unterkunft am bisherigen Wohnort beibehalten wird, als Trennungsgeld Trennungstagegeld und Trennungsübernachtungsgeld nach Maßgabe der Absätze 3 und 4 gewährt. Trennungstagegeld wird nach Beginn der Maßnahme von § 1 Absatz 2 LTGVO längstens für drei Monate gewährt.

(3) Als Trennungsgeld wird für jeden Tag der Anwesenheit am neuen Dienstort ein Betrag in Höhe der Summe der nach § 2 Absatz 1 Satz 2 und Absatz 6 der Sozialversicherungsentgeltverordnung maßgebenden Sachbezugswerte für Frühstück, Mittagessen und Abendessen gewährt. Davon ausgenommen sind Urlaubstage und Tage des Arbeitszeitausgleichs sowie Aufenthaltstage in einem Krankenhaus oder einer Reha-Einrichtung. Ebenfalls davon ausgenommen sind allgemein dienstfreie Tage, sofern sie aus Gründen nach Satz 2 eingeschlossen sind (gefangene Tage). Erhalten Trennungsgeldberechtigte ihres Amtes wegen unentgeltliche Verpflegung, ist das Trennungstagegeld für jede bereitgestellte Mahlzeit um den Sachbezugswert nach § 2 Absatz 1 Satz 2 und Absatz 6 der Sozialversicherungsentgeltverordnung zu kürzen. Das gleiche gilt, wenn Verpflegung von dritter Seite bereitgestellt wird und das Entgelt für sie in den erstattungsfähigen Fahr- und Nebenkosten enthalten ist oder wenn die Trennungsgeldberechtigten ihres Amtes wegen unentgeltlich bereitgestellte Verpflegung ohne triftigen Grund nicht in Anspruch nehmen.

(4) Als Trennungsübernachtungsgeld werden die nachgewiesenen, notwendigen zu zahlenden Kosten für eine wegen einer Maßnahme nach § 1 Absatz 2 bezogene, angemessene Unterkunft erstattet. Zu den Unterkunftskosten gehören auch die unmittelbar mit der Nutzung der Unterkunft zusammenhängenden und verbrauchsunabhängigen Nebenkosten. Erhalten Berechtigte ihres Amtes wegen unentgeltliche Unterkunft, wird ein Trennungsübernachtungsgeld nicht gewährt.

(5) Ändert sich der neue Dienstort aufgrundeiner Maßnahme nach § 1 Absatz 2 für längstens drei Monate, werden nachgewiesene notwendige Kosten für das Beibehalten der Unterkunft erstattet. Bei tatsächlicher oder zumutbarer täglicher Rückkehr wird neben dem Trennungsgeld nach § 3 eine Entschädigung nach § 5 Absatz 1, 3 und 4 gewährt.

⇨ Sozialversicherung (Beiträge) IV; ⇨ Reisekostengesetz (LRKG)

§ 4
Reisebeihilfe für Heimfahrten

(1) Trennungsgeldberechtigte, die

1. mit ihrer Ehegattin oder ihrem Ehegatten oder Lebenspartnerin oder Lebenspartner nach dem Lebenspartnerschaftsgesetz in häuslicher Gemeinschaft leben oder
2. mit einer oder einem Verwandten bis zum vierten Grad, einer oder einem Verschwägerten bis zum zweiten Grad, einem Pflegekind oder Pflegeeltern

in häuslicher Gemeinschaft leben und ihnen aus gesetzlicher oder sittlicher Verpflichtung nicht nur vorübergehend Unterkunft und Unterhalt ganz oder überwiegend gewähren oder

3. mit einer Person in häuslicher Gemeinschaft leben, deren Hilfe sie aus beruflichen oder nach ärztlichem, im Zweifel nach amtsärztlichem Zeugnis aus gesundheitlichen Gründen nicht nur vorübergehend bedürfen oder
4. das 18. Lebensjahr noch nicht vollendet haben,

erhalten für jeden Kalendermonat zwei Reisebeihilfen. Ab dem vierten Monat wird für jede Woche eine Reisebeihilfe gewährt. Die übrigen Trennungsgeldberechtigten erhalten eine Reisebeihilfe für jeden Kalendermonat. Ab dem vierten Kalendermonat werden für jeden Kalendermonat zwei Reisebeihilfen gewährt. Darüber hinaus können Fahrtkosten für Heimfahrten bis zur Höhe des dadurch ersparten Trennungstage- und Trennungsübernachtungsgeldes nach § 3 Absatz 3 und 4 erstattet werden.

(2) Beginnt die Maßnahme nach § 1 Absatz 2 innerhalb eines Kalendermonats, wird für jeden halben Monat dieses Kalendermonats eine Reisebeihilfe gewährt. Das gleiche gilt für den Kalendermonat, in dem der Trennungsgeldanspruch endet.

(3) Anstelle einer Reise der Trennungsgeldberechtigten kann auch eine Reise der Ehegattin oder des Ehegattens bzw. der Lebenspartnerin oder des Lebenspartners nach dem Lebenspartnerschaftsgesetz oder eines Kindes berücksichtigt werden.

(4) Als Reisebeihilfe werden die entstandenen notwendigen Fahrauslagen bis zur Höhe der Kosten der allgemein niedrigsten Klasse eines öffentlichen Verkehrsmittels vom Dienstort zum bisherigen Wohnort oder, wenn dieser im Ausland liegt, bis zum inländischen Grenzort und zurück erstattet. Bei Kraftfahrzeugnutzung werden 30 Cent je Entfernungskilometer erstattet.

(5) Die oberste Dienstbehörde kann in Fällen, in denen die kürzeste Entfernung vom Dienstort zum Wohnort mehr als 500 km beträgt, bei Trennungsgeldberechtigten, welche die Voraussetzungen des Absatzes 2 Satz 1 erfüllen, für jede Woche eine Reisebeihilfe zulassen, im Übrigen zwei Reisebeihilfen je Kalendermonat.

§ 5
Trennungsgeld bei täglicher Rückkehr zum Wohnort

(1) Trennungsgeldberechtigte, die täglich an den Wohnort zurückkehren, erhalten als Trennungsgeld Fahrkostenersatz bis zur Höhe der beim Benutzen öffentlicher Verkehrsmittel entstehenden notwendigen Fahrkosten nach § 4 Absatz 1 LRKG; benutzen sie ein nicht öffentliches Verkehrsmittel aus triftigem Grund, wird Wegstreckenentschädigung nach § 5 Absatz 1 und 3 LRKG oder Fahrkostenerstattung nach § 4 Absatz 3 LRKG gewährt. Hierauf sind die Fahrauslagen anzurechnen, die für das Zurücklegen der Strecke zwischen Wohnung und der bisherigen, bei einer Kette von Maßnahmen nach § 1 Absatz 2 der ursprünglichen Dienststätte entstanden wären. Dabei ist ein Betrag von 10 Cent je Entfernungskilometer und Arbeitstag zugrunde zulegen. Die Anrechnung unterbleibt, wenn die Entfernung weniger als fünf Kilometer beträgt, oder wenn die Berechtigten nachweisen, dass sie bei Fahrten zwischen Wohnung und bisheriger Dienststätte üblicherweise keinen entsprechenden Aufwand hätten.

(2) Zusätzlich wird längstens für drei Monate ein Verpflegungszuschuss von 2 Euro je Arbeitstag gewährt, wenn die notwendige Abwesenheit von der Wohnung mehr als elf Stunden beträgt, es sei denn, dass Anspruch auf Reisekostenvergütung für Verpflegungsmehraufwand besteht.

(3) Muss aus dienstlichen Gründen am Dienstort übernachtet werden, werden die dadurch entstandenen notwendigen Mehraufwendungen erstattet.

(4) Das Trennungsgeld nach den Absätzen 1 und 2 darf in einem Kalendermonat den Betrag von 500 Euro nicht übersteigen. In besonderen Fällen kann die oberste Dienstbehörde Ausnahmen hiervon zulassen.

§ 6
Sonderfälle

(1) Anspruch auf Trennungsgeld besteht weiter, wenn sich aus Anlass einer neuen Maßnahme nach § 1 Abs. 2 der neue Dienstort nicht ändert.

(2) Nach einem Umzug, für den Umzugskostenvergütung nicht zugesagt ist, darf das Trennungsgeld nicht höher sein als vor dem Umzug.

(3) Das Trennungsgeld kann ganz oder teilweise versagt werden, wenn die Führung der Dienstgeschäfte verboten ist oder infolge einer vorläufigen Dienstenthebung oder einer gesetzmäßig angeordneten Freiheitsentziehung der Dienst nicht ausgeübt werden kann. Das gilt nicht, wenn die Trennungsgeldberechtigten aufgrund einer dienstlichen Weisung am Dienstort bleiben.

(4) Trennungsgeld steht nur zu, solange Anspruch auf Besoldung besteht.

§ 7
Ende des Trennungsgeldanspruchs

(1) Das Trennungsgeld wird bis zum Wegfall der maßgebenden Voraussetzungen gewährt.

(2) Bei einem Umzug mit Zusage der Umzugskostenvergütung wird Trennungsgeld längstens gewährt bis vor dem Tag, für den die Trennungsgeldberechtigten Reisekostenerstattung nach § 7 Absatz 1 LUKG erhalten, im Übrigen bis zum Tag des Umzugs.

(3) Bei einer neuen dienstlichen Maßnahme nach § 1 Absatz 2 wird Trennungsgeld bis zu dem Tag gewährt, an dem der Dienstort verlassen wird, bei Gewährung von Reisekostenvergütung für diesen Tag bis zu dem vorausgehenden Tag.

§ 8
Verfahrensvorschriften

(1) Das Trennungsgeld ist innerhalb einer Ausschlussfrist von sechs Monaten schriftlich oder elektronisch zu beantragen. Die Frist beginnt jeweils mit Ablauf des Kalendermonats, für den das Trennungsgeld zusteht. Das Trennungsgeld wird monatlich nachträglich gezahlt. Die zuständigen Abrechnungsstellen können bis zum Ablauf von sechs Monaten nach Antragstellung die Vorlage der maßgeblichen Belege verlangen. Werden diese

Belege auf Anforderung nicht innerhalb eines Monats vorgelegt, kann der Erstattungsantrag insoweit abgelehnt werden. Die Trennungsgeldberechtigten sind verpflichtet, die Kostenbelege nach Erstattung des Trennungsgeldes bis zum Ablauf eines Jahres für Zwecke der Rechnungsprüfung aufzubewahren und auf Verlangen vorzulegen.

(2) Die Trennungsgeldberechtigten haben nachzuweisen, dass die Voraussetzungen für die Trennungsgeldgewährung vorliegen, insbesondere haben sie das fortwährende Bemühen um eine Wohnung gemäß § 2 Abs. 1 zu belegen.

(3) Die oberste Dienstbehörde bestimmt die Behörde, die das Trennungsgeld gewährt. [...]

⇨ Beamtengesetz §§ 24 und 25; ⇨ Sozialversicherung (Beiträge) IV; ⇨ Reisekosten (Auswärtige Dienstgeschäfte); ⇨ Reisekostengesetz (LRKG); ⇨ Umzugskostengesetz (LUKG) § 15; ⇨ Versetzungen und Abordnungen

Umzugskostengesetz (LUKG)

Auszug aus dem Landesumzugskostengesetz (LUKG) vom 4. März 1975 in der Fassung des Änderungsgesetzes vom 12. Februar 1996 (GBl. S. 127/1996); zuletzt geändert am 9. März 2020 (GBl. S. 914, 923)

Hinweis der Redaktion: Zum LUKG gibt es eine Verwaltungsvorschrift (24.11.2014; GABl. S. 930/2014).

§ 1
Anwendungsbereich

(1) Dieses Gesetz regelt Art und Umfang der Erstattung von Auslagen aus Anlass der in den §§ 3 und 4 bezeichneten Umzüge und der in § 12 genannten Maßnahmen. Berechtigte sind:

1. Landesbeamte [...],

Hinweis der Redaktion: Das Gesetz gilt auch für Arbeitnehmerinnen und Arbeitnehmer.

3. Beamte [...] (Nrn. 1 und 2) im Ruhestand,
4. frühere Beamte [...] (Nummern 1 und 2), die wegen Dienstunfähigkeit oder Erreichens der Altersgrenze entlassen worden sind,
5. Hinterbliebene der in den Nummern 1 bis 4 bezeichneten Personen.

(2) Hinterbliebene sind der Ehegatte, der Lebenspartner nach dem Lebenspartnerschaftsgesetz, Verwandte bis zum vierten Grade, Verschwägerte bis zum zweiten Grade, Pflegekinder und Pflegeeltern, wenn diese Personen zur Zeit des Todes zur häuslichen Gemeinschaft des Verstorbenen gehört haben.

(3) Eine häusliche Gemeinschaft im Sinne dieses Gesetzes setzt ein Zusammenleben in gemeinsamer Wohnung oder in enger Betreuungsgemeinschaft in demselben Hause voraus.

Hinweis der Redaktion: In der VwV zum LUKG vom 24.11.2014 (GABl. S. 930/2014) ist unter Nr.3.2 verfügt: „Bei einer Versetzung, die aufgrund einer Bewerbung um eine ausgeschriebene Stelle erfolgt, liegt im Regelfall eine Versetzung aus dienstlichen Gründen vor."

§ 2
Anspruch auf Umzugskostenvergütung

(1) Voraussetzung für den Anspruch auf Umzugskostenvergütung ist die schriftliche Zusage. Sie soll gleichzeitig mit der den Umzug veranlassenden Maßnahme erteilt werden.

(2) Die Umzugskostenvergütung wird nach Beendigung des Umzuges gewährt. Sie ist innerhalb einer Ausschlussfrist von einem Jahr bei der Beschäftigungsbehörde, von den in § 1 Abs. 1 Satz 2 Nr. 3 und 4 bezeichneten Berechtigten bei der letzten Beschäftigungsbehörde und von den Hinterbliebenen (§ 1 Abs. 1 Satz 2 Nr. 5) bei der letzten Beschäftigungsbehörde des Verstorbenen schriftlich oder elektronisch zu beantragen. Die Frist beginnt mit dem Tag nach Beendigung des Umzuges, in den Fällen des § 11 Satz 1 mit dem Tag nach der Bekanntgabe des Widerrufs. Die zuständigen Abrechnungsstellen können bis zum Ablauf von sechs Monaten nach Antragstellung die Vorlage der maßgeblichen Kostenbelege verlangen. Werden diese Belege auf Anforderung nicht innerhalb von einem Monat vorgelegt, kann der Erstattungsantrag insoweit abgelehnt werden. Der Berechtigte ist verpflichtet, die Kostenbelege nach Erstattung der Umzugskostenvergütung bis zum Ablauf eines Jahres für Zwecke der Rechnungsprüfung aufzubewahren und auf Verlangen vorzulegen.

(3) Umzugskostenvergütung wird nur gewährt, wenn der Umzug innerhalb von fünf Jahren nach Wirksamwerden der Zusage der Umzugskostenvergütung durchgeführt wird oder bis zu einem späteren Umzug ein durchgängiger Anspruch auf Trennungsgeld besteht. ⇨ Trennungsgeldverordnung (LTGVO)

§ 3
Zusage der Umzugskostenvergütung

(1) Die Umzugskostenvergütung ist zuzusagen für Umzüge aus Anlass

1. der Versetzung aus dienstlichen Gründen an einen anderen Ort als den bisherigen Dienstort, es sei denn, dass
   a) mit einer baldigen weiteren Versetzung an einen anderen Dienstort zu rechnen ist,
   b) der Umzug aus besonderen Gründen nicht durchgeführt werden soll oder
   c) die Wohnung im neuen Dienstort oder in dessen Einzugsgebiet liegt. Im Einzugsgebiet liegt die Wohnung, wenn sie auf einer üblicherweise befahrenen Strecke weniger als 30 Kilometer von der neuen Dienststätte entfernt ist,
2. der Anweisung des Dienstvorgesetzten, die Wohnung innerhalb bestimmter Entfernung von der Dienststelle zu nehmen,
3. der Aufhebung einer Versetzung nach einem Umzug mit Zusage der Umzugskostenvergütung.

Hinweis der Redaktion: Auch bei einer Versetzung aufgrund einer schulscharfen Stellenausschreibung von Nichtfunktionsträger*innen bzw. der Ausschreibung aufgabenbezogener Stellen ist eine Umzugskostenvergütung nach § 3 Abs. 1 Nr. 1 LUKG zuzusagen, sofern die übrigen Voraussetzungen erfüllt sind. Bewerbungen aus anderen Ländern um eine ausgeschriebene Stelle sind zu behandeln wie eine Einstellung. Die Zusage einer Umzugskostenvergütung käme hier lediglich analog § 4 Abs. 1 Nr. 1 LUKG in Betracht, wenn ein besonderes dienstliches Interesse an der Gewinnung des bestimmten Bewerbers besteht (z.B. Spezialist für ein bestimmtes Arbeitsgebiet).
(Quelle: KM, 18. September 2007; AZ :14-0372.1/9/5)

(2) Absatz 1 Nr. 1 gilt entsprechend für Umzüge aus Anlass

1. der Verlegung der Beschäftigungsbehörde,
2. der nicht nur vorübergehenden Zuteilung aus dienstlichen Gründen zu einem anderen Teil der Beschäftigungsbehörde, [...].

§ 4
Zusage der Umzugskostenvergütung in besonderen Fällen

(1) Die Umzugskostenvergütung kann in entsprechender Anwendung des § 3 Abs. 1 Nr. 1 zugesagt werden für Umzüge aus Anlass

1. der Einstellung bei Vorliegen eines besonderen dienstlichen Interesses an der Einstellung,

   Hinweis der Redaktion: Bei der Einstellung von Lehrkräften an beruflichen Schulen kann die obere Schulaufsichtsbehörde Umzugskostenvergütung zusagen. Dies gilt nicht für Technische Lehrkräfte. (Quelle: KM, 15.2.2002; 14-0372.1/6) ➪ Einstellungserlass Nr. 12

2. der Abordnung, auch im Rahmen der Ausbildung,
3. der Zuweisung nach § 20 des Beamtenstatusgesetzes,
4. der vorübergehenden Zuteilung aus dienstlichen Gründen zu einem anderen Teil der Beschäftigungsbehörde,
5. der vorübergehenden dienstlichen Tätigkeit bei einer anderen Stelle als einer Dienststelle,
6. der Aufhebung oder Beendigung einer Maßnahme nach Nummer 2 bis 5 nach einem Umzug mit Zusage der Umzugskostenvergütung,
7. der Räumung einer im Eigentum oder im Besetzungsrecht eines öffentlich-rechtlichen Dienstherrn im Geltungsbereich des Landesbeamtengesetzes stehenden Mietwohnung, wenn sie auf dienstliche Veranlassung hin im dienstlichen Interesse geräumt werden soll.

➪ Beamtenstatusgesetz

(2) Die Zusage der Umzugskostenvergütung kann in den Fällen des Absatzes 1 der Höhe nach oder auf einzelne Erstattungstatbestände (§ 5 Abs. 1) beschränkt werden.

§ 5
Arten der Umzugskostenvergütung

(1) Die Umzugskostenvergütung umfasst die Erstattung der

1. Beförderungsauslagen (§ 6),
2. Reisekosten (§ 7) *(ab 2022: § 5 ff.)*,
3. Mietentschädigung (§ 8),
4. Maklergebühren (§ 9),
5. Pauschvergütung für sonstige Umzugsauslagen (§ 10),
6. Auslagen für Umzugsvorbereitung (§ 11).

(2) Zuwendungen, die für denselben Umzug von einer anderen Dienst- und Beschäftigungsstelle gewährt werden, sind auf die Umzugskostenvergütung insoweit anzurechnen, als für denselben Zweck Umzugskostenvergütung nach diesem Gesetz gewährt wird.

(3) Die aufgrund einer Zusage nach § 4 Abs. 1 Nr. 1 gewährte Umzugskostenvergütung ist zurückzuzahlen, wenn der Berechtigte vor Ablauf von zwei Jahren nach Beendigung des Umzuges aus einem von ihm zu vertretenden Grunde aus dem Dienst seines bisherigen Dienstherrn ausscheidet. Die oberste Dienstbehörde kann hiervon Ausnahmen zulassen, wenn der Berechtigte unmittelbar in einem Dienst- und Beschäftigungsverhältnis zu einem anderen öffentlich-rechtlichen Dienstherrn in der Bundesrepublik Deutschland oder zu einer in § 40 Abs. 7 Satz 2 und 3 des Bundesbesoldungsgesetzes bezeichneten Einrichtung übertritt.

§ 6
Beförderungsauslagen

(1) Die notwendigen Auslagen für das Befördern des Umzugsgutes von der bisherigen zur neuen Wohnung werden erstattet. In den Fällen des § 3 Abs. 1 Nr. 3 und § 4 Abs. 1 Nr. 7 werden höchstens die Beförderungsauslagen erstattet, die bei einem Umzug für eine Entfernung von 30 Kilometer entstanden wären.

(2) Auslagen für das Befördern von Umzugsgut, das sich außerhalb der bisherigen Wohnung befindet, werden höchstens insoweit erstattet, als sie beim Befördern mit dem übrigen Umzugsgut erstattungsfähig wären.

(3) Umzugsgut sind die Wohnungseinrichtung und im angemessenem Umfang andere bewegliche Gegenstände und Haustiere, die sich am Tage vor dem Einladen des Umzugsgutes im Eigentum, Besitz oder Gebrauch des Berechtigten oder anderer Personen befinden, die mit ihm in häuslicher Gemeinschaft leben. Andere Personen im Sinne des Satzes 1 sind der Ehegatte oder der Lebenspartner nach dem Lebenspartnerschaftsgesetz sowie die ledigen Kinder, Stief- und Pflegekinder. Es gehören ferner dazu die nicht ledigen in Satz 2 genannten Kinder und Verwandte bis zum vierten Grade, Verschwägerte bis zum zweiten Grade und Pflegeeltern, wenn der Berechtigte diesen Personen aus gesetzlicher oder sittlicher Verpflichtung nicht nur vorübergehend Unterkunft und Unterhalt gewährt, sowie Hausangestellte und solche Personen, deren Hilfe der Umziehende aus beruflichen oder gesundheitlichen Gründen nicht nur vorübergehend bedarf.

§ 7
Reisekosten

(1) Die Auslagen für die Reise des Berechtigten und der zur häuslichen Gemeinschaft gehörenden Personen (§ 6 Abs. 3 Satz 2 und 3) von der bisherigen zur neuen Wohnung werden wie bei Dienstreisen des Berechtigten erstattet. Übernachtungsgeld wird für den Tag des Ausladens des Umzugsgutes

nur gewährt, wenn eine Übernachtung außerhalb der neuen Wohnung notwendig gewesen ist.

(2) Absatz 1 Satz 1 gilt entsprechend für zwei Reisen einer Person oder eine Reise von zwei Personen zum Suchen oder Besichtigen einer Wohnung. Eine Erstattung wird je Reise für höchstens zwei Reise- und Aufenthaltstage gewährt.

(3) Für eine Reise des Berechtigten zur bisherigen Wohnung zur Vorbereitung und Durchführung des Umzuges werden Fahrauslagen wie bei einer Dienstreise erstattet. Die Fahrauslagen einer anderen Person für eine solche Reise werden im gleichen Umfang erstattet, wenn sich zur Zeit des Umzuges am bisherigen Wohnort weder der Berechtigte noch eine andere Person (§ 6 Abs. 3 Satz 2 und 3) befunden hat, der die Vorbereitung und Durchführung des Umzuges zuzumuten war. Wird der Umzug vor dem Wirksamwerden einer Maßnahme nach den §§ 3 und 4 Abs. 1 durchgeführt, so werden Fahrauslagen des Berechtigten für die Rückreise von der neuen Wohnung zur Dienst- oder Beschäftigungsstelle wie bei einer Dienstreise erstattet.

(4) § 6 Abs. 1 Satz 2 gilt entsprechend.

§ 8
Mietentschädigung

(1) Miete für die bisherige Wohnung wird bis zu dem Zeitpunkt, zu dem das Mietverhältnis frühestens gelöst werden konnte, längstens jedoch für sechs Monate, erstattet, wenn für dieselbe Zeit Miete für die neue Wohnung gezahlt werden musste. Ferner werden die notwendigen Auslagen für das Weitervermieten der Wohnung innerhalb der Vertragsdauer bis zur Höhe der Miete für einen Monat erstattet. Die Sätze 1 und 2 gelten auch für die Miete einer Garage.

(2) Miete für die neue Wohnung, die nach Lage des Wohnungsmarktes für eine Zeit gezahlt werden musste, während der die Wohnung noch nicht benutzt werden konnte, wird längstens für drei Monate erstattet, wenn für dieselbe Zeit Miete für die bisherige Wohnung gezahlt werden musste. Entsprechendes gilt für die Miete einer Garage.

(3) Miete nach den Absätzen 1 und 2 wird nicht für eine Zeit erstattet, in der die Wohnung oder die Garage ganz oder teilweise anderweitig vermietet oder benutzt worden ist.

§ 9
Maklergebühren

Die notwendigen ortsüblichen Maklergebühren für die Vermittlung einer Mietwohnung und einer Garage oder die entsprechenden Auslagen bis zu dieser Höhe für eine eigene Wohnung werden erstattet.

§ 10
Pauschvergütung für sonstige Umzugsauslagen

(1) Berechtigte, die am Tage vor dem Einladen des Umzugsgutes eine Wohnung hatten und eine solche nach dem Umzug wieder eingerichtet haben, erhalten eine Pauschvergütung für sonstige Umzugsauslagen. Sie beträgt für verheiratete oder in einer eingetragenen Lebenspartnerschaft lebende Angehörige der Besoldungsgruppen

A 6 bis A 8	20,2 vom Hundert,
A 9 bis A 12	21,4 vom Hundert,
A 13 bis A 16 [...]	24,1 vom Hundert, [...]

des Endgrundgehaltes der Besoldungsgruppe A 13 nach Anlage VI des Landesbesoldungsgesetzes. Ledige erhalten 50 vom Hundert des Betrags nach Satz 2. Für die Zuteilung zu den Besoldungsgruppen ist maßgebend

1. bei Beamten auf Widerruf im Vorbereitungsdienst
die Eingangsbesoldungsgruppe ihrer Laufbahn,
2. bei den übrigen Beamten [...]
die Besoldungsgruppe, in der sie sich am Tage vor dem Einladen des Umzugsgutes befinden,
3. bei Beamten und Richtern im Ruhestand und früheren Beamten und Richtern
die Besoldungsgruppe, der sie bei Beendigung des Dienstverhältnisses angehört haben, oder, wenn dies günstiger ist, die Besoldungsgruppe, nach der sich ihre Versorgungsbezüge bemessen,
4. bei Hinterbliebenen
die Besoldungsgruppe, der der Verstorbene zuletzt angehört hat, oder, wenn dies günstiger ist, die Besoldungsgruppe, nach der sich ihre Versorgungsbezüge bemessen.

Die Rückwirkung der Einweisung in eine Planstelle bleibt unberücksichtigt.

(2) Die Beträge nach Absatz 1 Satz 2 und 3 erhöhen sich für jede in § 6 Abs. 3 Satz 2 und 3 bezeichnete Person mit Ausnahme des Ehegatten oder des Lebenspartners nach dem Lebenspartnerschaftsgesetz um 6,3 vom Hundert des Endgrundgehaltes der Besoldungsgruppe A 13 nach Anlage VI des Landesbesoldungsgesetzes Baden-Württemberg, wenn sie auch nach dem Umzug mit dem Umziehenden in häuslicher Gemeinschaft lebt.

(3) Verheirateten stehen Verwitwete und Geschiedene sowie diejenigen gleich, deren Ehe aufgehoben oder für nichtig erklärt ist, ferner Ledige, die auch in der neuen Wohnung Verwandten bis zum vierten Grade, Verschwägerten bis zum zweiten Grade, Pflegekindern oder Pflegeeltern aus gesetzlicher oder sittlicher Verpflichtung nicht nur vorübergehend Unterkunft und Unterhalt gewährt, sowie Ledige, die auch in der neuen Wohnung eine andere Person aufgenommen haben, deren Hilfe sie aus beruflichen oder gesundheitlichen Gründen nicht nur vorübergehend bedürfen. Satz 1 gilt für eingetragene Lebenspartnerschaften entsprechend.

(4) Eine Wohnung im Sinne des Absatzes 1 besteht aus einer geschlossenen Einheit von mehreren Räumen, in der ein Haushalt geführt werden kann, darunter stets eine Küche oder ein Raum mit Kochgelegenheit. Zu einer Wohnung gehören außerdem Wasserver- und -entsorgung sowie Toilette.

(5) Sind die Voraussetzungen des Absatzes 1 Satz 1 nicht gegeben, so beträgt die Pauschvergütung bei Verheirateten oder in einer eingetragenen Lebenspartnerschaft Lebenden 30 vom Hundert, bei Ledigen 20 vom Hundert des Betrages nach Absatz 1 Satz 2 oder 3. Die volle Pauschvergütung wird gewährt, wenn das Umzugsgut aus Anlass einer vorange-

gangenen Auslandsverwendung untergestellt war.

(6) Ist innerhalb von fünf Jahren ein Umzug mit Zusage der Umzugskostenvergütung nach §§ 3 und 4 Abs. 1 Nr. 2 bis 6 vorausgegangen, so wird ein Häufigkeitszuschlag in Höhe von 50 vom Hundert der Pauschvergütung nach Absatz 1 gewährt, wenn beim vorausgegangenen und beim abzurechnenden Umzug die Voraussetzungen des Absatzes 1 Satz 1 vorgelegen haben.

(7) Stehen für denselben Umzug mehrere Pauschvergütungen zu, wird nur eine davon gewährt; sind die Pauschvergütungen unterschiedlich hoch, so wird die höhere Pauschvergütung gewährt.

§ 11
Auslagen für Umzugsvorbereitungen

Wird die Zusage der Umzugskostenvergütung aus von dem Berechtigten nicht zu vertretenden Gründen widerrufen, so werden die durch die Vorbereitung des Umzuges entstandenen notwendigen Auslagen im Rahmen der §§ 6 bis 9 erstattet. Sonstige Umzugsauslagen sind bei Nachweis bis zur Höhe der Pauschvergütung nach § 10 erstattungsfähig. Muss in diesem Fall ein anderer Umzug durchgeführt werden, so wird dafür Umzugskostenvergütung gewährt; Satz 1 bleibt unberührt. Die Sätze 1 bis 3 gelten entsprechend, wenn die Zusage der Umzugskostenvergütung zurückgenommen oder anderweitig aufgehoben wird oder sich auf andere Weise erledigt.

§ 12
Trennungsgeld

(1) Ein Beamter oder Richter erhält

1. in den Fällen des § 3 Abs. 1 Nr. 1 und 4 sowie Abs. 2, ausgenommen bei Vorliegen der Voraussetzungen des § 3 Abs. 1 Nr. 1 Buchst. c,
   Hinweis der Redaktion: In § 3 Abs. 1 gibt es keine Nr. 4.
2. in den Fällen des § 3 Abs. 1 Nr. 3 und,
3. in den Fällen des § 4 Abs. 1 Nr. 1 bis 6 bei Zusage der Umzugskostenvergütung,

für die ihm durch die getrennte Haushaltsführung, das Beibehalten der Wohnung oder der Unterkunft am bisherigen Wohnort oder das Unterstellen des zur Führung eines Haushalts notwendigen Teils der Wohnungseinrichtung entstandenen notwendigen Auslagen unter Berücksichtigung der häuslichen Ersparnis ein Trennungsgeld. [...]

⇨ Trennungsgeldverordnung (LTGVO)

(2) Beamten auf Widerruf im Vorbereitungsdienst steht bei Abordnungen im Rahmen der Ausbildung 50 vom Hundert der nach Absatz 1 zu gewährenden Entschädigung zu. Satz 1 gilt auch bei Abordnungen von Beamten im Rahmen des Ausbildungs- oder Einführungsdienstes, einer Ausbildungs- oder Einführungszeit, die zum Erwerb einer Laufbahnbefähigung führen, mit Ausnahme der Reisebeihilfe für Familienfahrten bei Verheirateten, Lebenspartnern nach dem Lebenspartnerschaftsgesetz und diesen gleichgestellten Beamten.

(3) Ist dem Trennungsgeldberechtigten die Umzugskostenvergütung zugesagt worden, so darf Trennungsgeld nur gewährt werden, wenn er uneingeschränkt umzugswillig ist und nachweislich wegen Wohnungsmangels am neuen Dienstort einschließlich dessen Einzugsgebietes (§ 3 Abs. 1 Nr. 1 Buchst. c) nicht umziehen kann. Diese Voraussetzungen müssen seit dem Tage erfüllt sein, an dem die Umzugskostenvergütung zugesagt worden oder, falls für den Trennungsgeldberechtigten günstiger, die Maßnahme nach Absatz 1 wirksam geworden ist.

(4) Vom Vorliegen der Voraussetzungen des Absatzes 3 ist von dem Tag an abzusehen, an dem der Trennungsgeldberechtigte aus einem der folgenden Gründe vorübergehend an einem Umzug gehindert ist:

1. vorübergehende schwere Erkrankung des Trennungsgeldberechtigten oder einer zur häuslichen Gemeinschaft gehörenden Person (§ 6 Abs. 3 Satz 2 und 3) bis zur Dauer von einem Jahr;
2. Beschäftigungsverbot nach den Vorschriften über den Mutterschutz für die Trennungsgeldberechtigte oder für eine zur häuslichen Gemeinschaft gehörende Person (§ 6 Abs. 3 Satz 2 und 3);
3. Schul- oder Berufsausbildung eines Kindes (§ 6 Abs. 3 Satz 2 und 3) bis zum Ende des Schul- oder Ausbildungsjahres. Befindet sich das Kind in der Jahrgangsstufe 12 einer Schule, so verlängert sich der Zeitraum bis zum Ende des folgenden Schuljahres; befindet sich das Kind im vorletzten Ausbildungsjahr eines Berufsausbildungsverhältnisses, so verlängert sich der Zeitraum bis zum Ende des folgenden Ausbildungsjahres;
4. Schul- oder Berufsausbildung eines schwerbehinderten Kindes (§ 6 Abs. 3 Satz 2 und 3) bis zur Beendigung der Ausbildung, solange diese am neuen Dienst- oder Wohnort oder in erreichbarer Entfernung davon wegen der Behinderung nicht fortgesetzt werden;
5. akute lebensbedrohende Erkrankung eines Elternteils des Trennungsgeldberechtigten oder seines Ehegatten oder des Lebenspartners nach dem Lebenspartnerschaftsgesetz, wenn dieser in hohem Maße Hilfe des Ehegatten, seines Lebenspartners nach dem Lebenspartnerschaftsgesetz oder einer zur häuslichen Gemeinschaft gehörenden Person (§ 6 Abs. 3 Satz 2 und 3) erhält;
6. Schul- oder erste Berufsausbildung des Ehegatten oder des Lebenspartners nach dem Lebenspartnerschaftsgesetz in entsprechender Anwendung der Nummer 3.

Liegt bei Wegfall des Hinderungsgrundes ein neuer Hinderungsgrund im Sinne des Satzes 1 vor, ist vom Vorliegen der Voraussetzungen des Absatzes 3 längstens bis zu einem weiteren Jahr abzusehen. Wenn der Hinderungsgrund erst später eintritt, bleibt er unberücksichtigt.

§ 13
Auslandsumzüge

Für Auslandsumzüge gelten die Sondervorschriften des Bundes entsprechend.

⇨ Auslandsschuldienst; ⇨ Organisationserlass 1.3; ⇨ Reisekostengesetz (LRKG); ⇨ Trennungsgeld

Unfälle (Arbeitsunfälle, Dienstunfälle, Privatunfälle)

Informationen der Redaktion zur Rechtslage und zur Verwaltungspraxis in Baden-Württemberg

1. Allgemeine Unfall-Meldepflicht

Bei Personenschäden, die in einem dienstlichen Zusammenhang entstanden sind, handelt es sich

- im **Beamten**bereich um einen „**Dienst**unfall".
  ➪ Beamtenversorgung (Unfallfürsorge) § 45
- **im Tarif**bereich um einen „**Arbeits**unfall".

Beschäftige des öffentlichen Dienstes sind verpflichtet, ihrer personalverwaltenden Dienststelle

- **alle** Arbeits- und Dienstunfälle (Unfälle im Zusammenhang mit der dienstlichen Tätigkeit, auch im Rahmen des versicherten Betriebssports bzw. von betrieblichen Gemeinschaftsveranstaltungen),
- **alle** Unfälle im privaten Bereich (Haushalt, Verkehr, Glatteis, Sport usw.),
- **alle** anderen schädigenden Ereignisse (z.B. ärztliche Fehlbehandlung, Körperverletzung bei einer tätlichen Auseinandersetzung)

unverzüglich zu melden und den Hergang zu schildern. Dies gilt unabhängig davon, ob der/die Beschäftige vom Arzt krankgeschrieben wird und auch bei Unfällen im Urlaub oder in den Ferien.

„Personalverwaltende Dienststelle" ist im Schulbereich das Regierungspräsidium. Die Meldepflicht von privaten Unfällen wird von Arbeitnehmer*innen sowie von Beamt*innen durch die Erstattung der amtlichen Unfallanzeige auf dem Dienstweg erfüllt; Ruhestandsbeamt*innen müssen private Unfälle direkt dem Landesamt für Besoldung und Versorgung melden. Persönliche Ansprüche (z.B. Schmerzensgeld) gegenüber Schädigern sind hiervon nicht betroffen. Auch eine auf einen Unfall zurückgehende dauernde oder vorübergehende Dienstunfähigkeit und deren Grund sind dem RP zu melden.

➪ Krankmeldung (Abwesenheit von Lehrkräften)

Diese Meldepflicht besteht, weil für Gesundheitsschäden aufgrund von Arbeitsunfällen bei Arbeitnehmer*innen nicht die Krankenkasse aufkommt, sondern die Berufsgenossenschaft. Bei Beamt*innen treten bei Dienstunfällen nicht die Beihilfe und die private Krankenversicherung ein, Beamt*innen erhalten „Unfallfürsorge".

➪ Beamtenversorgung (Unfallfürsorge)

Zur Durchsetzung von Schadenersatzansprüchen des Landes bzw. der Berufsgenossenschaft gegen eventuelle Schädiger (Unfallverursacher bzw. deren Versicherungen) müssen die Unfallumstände und die Beteiligten bekannt sein. Nach dem Entgeltfortzahlungsgesetz (§ 7) darf der Arbeitgeber die Fortzahlung des Arbeitsentgelts verweigern, solange der Arbeitnehmer keine ärztliche Bescheinigung vorlegt oder den Übergang eines Schadensersatzanspruchs auf den Arbeitgeber verhindert.

Auch bei Personenschäden, die ohne länger dauernde Folgen zu sein scheinen, ist die – sofortige – Meldung als „Dienst-" bzw. „Arbeitsunfall" oder von privaten Unfällen wichtig: Sogenannte „Spätschäden" können Folgen für die Altersversorgung haben!

2. Arbeits- und Dienstunfälle

Für die Anerkennung als Arbeits- bzw. Dienstunfall müssen folgende Voraussetzungen vorliegen:

1. **Körperschaden** durch ein plötzliches, zeitlich bestimmbares, äußeres Ereignis und
2. **dienstliche bzw. betriebsbedingte Tätigkeit** (auch z.B. Weg zur Schule oder Hausbesuche).

Auch Sachschäden – z.B. die unfallbedingte Zerstörung einer Brille – können ersetzt werden. Vorher müssen eventuelle Ansprüche an den Schädiger bzw. an Versicherungen gestellt worden sein.

➪ Sachschäden (dort auch Landesbeamtengesetz § 80)

Krankheitsbedingte Beeinträchtigungen der Gesundheit gelten in der Regel nicht als Dienst- oder Arbeitsunfälle (Ausnahme: Erkrankungen aufgrund gesundheitsschädigender Arbeitsbedingungen; führt jedoch beispielsweise ein Allergie-Anfall zu einem Sturz im Dienst und tritt dabei ein Körperschaden ein, so gilt dies als Folge der Erkrankung). Keine Leistungspflicht besteht bei vorsätzlich herbeigeführten Unfällen (z.B. bei Alkoholeinfluss, sofern der Alkoholgenuss ursächlich für den Unfall ist)!

Der Unfall einer Lehrkraft kann dann als Dienstunfall angesehen werden, wenn das Ereignis in Ausübung des Dienstes eingetreten ist. Der dienstunfallrechtlich geschützte Bereich ist dabei nicht durch die Dienstzeit und den Dienstort begrenzt. Lehrkräfte können und müssen Dienstaufgaben in unterschiedlichem Umfang außerhalb der Dienststelle und außerhalb der regelmäßigen Arbeitszeit erledigen, denn sie haben nicht nur während der festgelegten Stunden Unterricht zu erteilen, sondern einen pädagogischen Gesamtauftrag zu erfüllen (BVerwG 51, 220; OVG Koblenz IÖD 1995, 9). Wenn sich der Unfall außerhalb der Dienststunden und des Dienstortes ereignete, müssen jedoch *„besondere objektive Umstände"* vorliegen, die den Schluss rechtfertigen, die Tätigkeit sei dem dienstlichen Bereich zuzuordnen. Die Tätigkeit muss dem Berufsbild entsprechen und davon entscheidend geprägt sein (OVG Lüneburg, AZ: 2 L 1645/92, 8.2.1995).

Folgt eine Lehrkraft beispielsweise einer allgemein gehaltenen Einladung des KM zu einer Informationsveranstaltung über bildungspolitische Neuerungen und erleidet dabei einen Unfall, ist dies kein Arbeits- oder Dienstunfall. Nimmt sie jedoch im Auftrag der Schule und / oder mit deren Genehmigung teil, besteht im Rahmen der gesetzlichen Bestimmungen Dienstunfallschutz.

Auch eine betriebsbezogene (schulisch relevante) Tätigkeit am häuslichen Arbeitsplatz kann ein Dienst- oder Arbeitsunfall sein. Beispiel: Verletzung bei der Vorbereitung von Unterrichtsmaterialien.

Tätigkeiten von Lehrkräften, die nicht zu ihrem Aufgabenbereich gehören, fallen jedoch nicht unter den Dienstunfallschutz (z.B. die Abholung von Medien beim Kreismedienzentrum oder die Entsorgung von Sondermüll aus dem Chemieunterricht; dies ist Pflichtaufgabe des Schulträgers). Siehe hierzu: ➪ Reisekosten (Schulträger). Je nach den Umständen des Einzelfalls kann jedoch die Beschaffung von Material, das zum Einsatz im Unterricht bestimmt ist, nicht generell mit dem Argument vom Dienstunfallschutz ausgeschlossen worden, dies sei Aufgabe des Schulträgers, denn dies ist eine seit Jahrzehnten geübte Praxis und wurde vom Land als Dienstherrn auch nicht untersagt. Oftmals gibt es hierzu auch keine Alternative, weil

- die pädagogisch-fachliche Auswahl nur von der Lehrkraft vorgenommen werden kann, die auch die Anforderungen ihres Unterrichts kennt; das Material muss dabei für die Durchführung des Unterrichts sinnvoll und angemessen sein,
- organisatorisch die Materialbeschaffung für alle Lehrkräfte der Schule nicht anders bewältigt werden kann; wenn jedoch an der Schule eine zentrale Beschaffung für das betreffende Material organisiert ist, gehört der Einkauf nicht zu den Dienstaufgaben der einzelnen Lehrkraft.

Erfolgt die Beschaffung im Rahmen privater Aktivitäten, steht dies nur ausnahmsweise dann unter Dienstunfallschutz, wenn der private („eigenwirtschaftliche") Anteil von so geringer Bedeutung ist, dass die dienstlichen Anforderungen die Aktivität ganz wesentlich und überwiegend prägen.

Da es bei der Prüfung des Anspruchs auf den exakten Wortlaut ankommt, sollten Mitglieder vor der Einreichung einer Dienstunfallanzeige den Rat der GEW einholen.

3.
Wegeschutz / Unfallschutz bei mobilem Arbeiten und im Homeoffice

In der gesetzlichen Unfallversicherung wurde der Unfallschutz der Arbeitnehmer*innen im Mai 2021 um das mobile Arbeiten erweitert. Demnach ist die Ausübung der dienstlichen Tätigkeit im Homeoffice der Ausübung im Unternehmen gleichgestellt. Auch der Weg vom Homeoffice zur Kinderbetreuungseinrichtung ist hiermit abgesichert. Diese Regelung gilt für alle Tarifbeschäftigten des Landes und der Kommunen, die über die Unfallkasse Baden-Württemberg in der gesetzlichen Unfallversicherung abgesichert sind. Das Finanzministerium Baden-Württemberg wird durch eine entsprechende Anpassung des § 45 Landesbeamtenversorgungsgesetz die Beamt*innen diesbezüglich gleichstellen. Um einstweilige Ungleichbehandlungen oder rechtliche Graubereiche bis zum Abschluss des Gesetzgebungsverfahrens zu vermeiden, werden die obersten Dienststellen gebeten bereits im Vorgriff auf das geplante Gesetzgebungsverfahren die oben genanten Änderungen im Einzelfall anzuwenden.

(Quelle: Schreiben FM, 16. Juli 2021, AZ: FM1-0331.4-3/38)

4.
Verfahren bei Beamtinnen und Beamten

Dienstunfälle sind dem Regierungspräsidium innerhalb von zwei Jahren auf dem Dienstweg zu melden (amtliche Formulare im Internet abrufbar; siehe Stichwort ➪ Schulaufsicht und Schulverwaltung). Bei Halswirbel-, Rücken-, Gelenk-, Bänder-, Sehnen und Muskelverletzungen ist eine fachärztliche Bescheinigung vorzulegen, aus der hervorgeht, ob der Unfall wesentlich ursächlich für den Körperschaden war und ob eine Veranlagung hierzu bzw. eine Vorschädigung besteht (Bescheinigung in verschlossenem Umschlag beifügen). Dem Personalrat ist eine Kopie zu übermitteln (§ 71 Abs. 7 LPVG). Für den Sachschadenersatz beträgt die Meldefrist drei Monate, bei Pkw-Beschädigung nur einen Monat (Ausschlussfrist!).

➪ Personalvertretungsgesetz (LPVG) § 71; ➪ Sachschäden

5.
Verfahren bei Tarifbeschäftigten

Arbeitsunfälle, die zu einer Arbeitsunfähigkeit von mehr als drei Kalendertagen führen, sind bei Beschäftigten des Landes über den online-Dienst https://www.ukbw.de/ der Unfallkasse Baden-Württemberg innerhalb von drei Tagen anzuzeigen, nachdem die Schulleitung Kenntnis von dem Unfall erhalten hat; schwere Unfälle sind sofort zu melden. Der Personalrat erhält eine Kopie (§ 71 Abs. 7 LPVG).

➪ Unfallversicherung

Auch die rückwirkende Meldung eines Arbeitsunfalls oder einer Berufskrankheit ist möglich; nach § 45 SGB I verjähren Enschädigungsansprüche jedoch vier Jahre nach Ablauf des Kalenderjahres, in dem sie entstanden sind.

Beim Arztbesuch müssen Arbeitnehmer*innen unbedingt angeben, dass es sich um einen Unfall handelt; die behandelnden Ärzte bzw. Krankenhäuser rechnen dann die Behandlungskosten direkt mit der Berufsgenossenschaft (Unfallkasse) ab.

➪ Arbeits- und Gesundheitsschutz (Allgemeines); ➪ Arbeitsschutzgesetz; ➪ Beamtengesetz (LBG) § 81; ➪ Beamtenversorgung (Unfallfürsorge) § 45; ➪ BeihilfeVO; ➪ Landesamt; ➪ Personalvertretungsgesetz (LPVG) § 71 Abs. 7; ➪ Reisekosten (Schulträger / Versicherungsschutz); ➪ Sachschäden (dort auch LBG § 80); ➪ Tarifvertrag-Länder (TV-L)

Das „alte" Jahrbuch nicht sofort entsorgen

Immer wieder existieren „alte" und „neue" Vorschriften nebeneinander, wobei die Neuregelungen zunächst nur für bestimmte Schülerjahrgänge gelten. Man sollte deshalb sein „altes" Exemplar nicht in den Papierkorb werfen. Denn es ist zwar nicht mehr „aktuell", aber nach wie vor nützlich.

Unfallversicherung und Unfallverhütung

Gesetzliche Schülerunfallversicherung, Unfallverhütung und Gesundheitsschutz für Schülerinnen und Schüler in Schulen; VwV des KM vom 13.10.1998 (K.u.U. S. 308/1998); zuletzt geändert 9.3.2021 (GABL. S. 186/2021)

I. Gesetzliche Schülerunfallversicherung

1. Für Schülerinnen und Schüler besteht bei Schulunfällen gesetzlicher Unfallversicherungsschutz nach den Bestimmungen des Siebten Buches Sozialgesetzbuch Gesetzliche Unfallversicherung.
2. Ein Schulunfall liegt vor, wenn sich dieser
   - während des Schulbesuchs einschließlich der Pausen oder
   - bei schulischen Veranstaltungen, wie z.B. Ausflügen, Wanderungen, Schullandheimaufenthalten, Besichtigungen, oder
   - bei Veranstaltungen, die in den organisatorischen Verantwortungsbereich der Schule fallen (z.B. Betriebspraktika), oder
   - bei Betreuungsmaßnahmen, die im Zusammenwirken mit der Schule durchgeführt werden (z.B. Kernzeitenbetreuung), oder
   - auf dem Schulweg bzw. auf dem Weg zu oder von einer der o.g. Veranstaltungen

   ereignet hat. ⇨ Berufliche Orientierung
3. Die Schulleitung hat Schulunfälle, bei denen ein Schüler ärztliche Behandlung in Anspruch nehmen musste oder getötet wurde, unter Benutzung der dafür vorgesehenen Vordrucke innerhalb von drei Tagen, nachdem sie davon erfahren hat; dem Unfallversicherungsträger anzuzeigen. Unfälle mit Todesfolge und Ereignisse, bei denen mehr als drei Personen gesundheitlich geschädigt wurden, sind dem Unfallversicherungsträger außerdem sofort fernmündlich oder über Telefax mitzuteilen. ⇨ Erste Hilfe

   Daneben ist jede Erste-Hilfe-Leistung, die keine ärztliche Behandlung nach sich zieht, in dem dafür vorgesehenen Verbandbuch zu vermerken.

   Die im Vordrucksatz über die Unfallanzeige vorgesehene Mehrfertigung ist der Schulaufsichtsbehörde vorzulegen.

   Hinweis der Redaktion: Das KM hat dies in das pflichtgemäße Ermessen der Schulleitung gestellt. Die Vorlage <u>muss</u> erfolgen, wenn der Schulunfall möglicherweise auf eine Aufsichtspflichtverletzung zurückzuführen oder wenn mit Regressansprüchen zu rechnen ist. (Quelle: KM, 23.7.1999; AZ: IV/1-6600.1/196; laut KM (17.8.2009) weiterhin gültig)

   Die Entscheidung darüber, ob im Einzelfall ein Schulunfall vorliegt und welche Leistungen zu gewähren sind, trifft der Unfallversicherungsträger. Die Schule hat deshalb über jeden Unfall, der ein Schulunfall sein kann und bei dem Versicherungsleistungen infrage kommen können, die Unfallanzeige zu erstatten.
4. Zuständiger Unfallversicherungsträger in Baden-Württemberg ist die Unfallkasse [...].

   Hinweis der Redaktion: Die Kontakdaten der UKBW Karlsruhe (zuständig für die Regierungspräsidien Freiburg und Karlsruhe) und der UKBW Stuttgart (zuständig für RP Stuttgart und Tübingen) sind unter www.ukbw.de abrufbar.
5. Der Unfallversicherungsträger gewährt nach einem Schulunfall die nach SGB VII vorgesehenen Leistungen wie Heilbehandlung, Berufshilfe (Schulhilfe, Rehabilitation) und Verletztenrente. Die Inanspruchnahme von ärztlichen oder zahnärztlichen Leistungen für Schulunfälle erfolgt formlos. Der behandelnde Arzt oder Zahnarzt ist jedoch darauf aufmerksam zu machen, dass es sich um einen Schulunfall handelt. Die ärztlichen oder zahnärztlichen Leistungen werden vom Arzt unmittelbar mit dem Unfallversicherungsträger abgerechnet.

Stichwort: Lücken in der Unfallversicherung

Die gesetzliche Unfallversicherung deckt nicht alle Schülerunfälle ab. Ihr Schutzbereich ist beschränkt auf den organisatorischen Verantwortungsbereich der Schule. Dieser wird verlassen, wenn eine Einwirkung durch schulische Aufsichtsmaßnahmen nicht mehr gewährleistet ist.

Kein gesetzlicher Unfallversicherungsschutz besteht z.B. bei *„eigenwirtschaftlichen Tätigkeiten"*, die für jeden Menschen ein Grundbedürfnis darstellen, hinter welches schulische Belange regelmäßig zurücktreten, z.B. das Essen in der Schulmensa, die Nahrungsaufnahme selbst, das Verrichten der Notdurft oder Wege, die aus privaten Gründen zurückgelegt oder mehr als zwei Stunden unterbrochen werden (Gaststättenbesuche, Einkaufsbummel oder das Besorgen der Schülerfahrkarte).

Versichert sind zwar die unter schulischer Aufsicht durchgeführten Klassenfahrten, Schullandheimaufenthalte und sonstigen Schulveranstaltungen von der Ab- bis zur Rückfahrt, nicht aber jede Betätigung während der gesamten Dauer der Veranstaltung. Kein Versicherungsschutz besteht demnach, wenn sich Schüler*innen zur Unfallzeit rein persönlichen, von der versicherten Tätigkeit nicht mehr beeinflussten Belangen widmen (z.B. Essen, Trinken, Schlafen, Verrichten der Notdurft, Waschen, Beschaffung von persönlich benötigten Medikamenten, Rauchen, Disco-Besuch). Dies gilt entsprechend für die Teilnahme an Praktika zur Berufsorientierung (⇨ Berufliche Orientierung Nr. 6.2).

Einige ⇨ Schulträger, so die Landeshauptstadt Stuttgart, haben für ihre Schüler*innen eine zusätzliche Versicherung abgeschlossen. Ansonsten obliegt die Abdeckung dieses Risikos den Eltern.

II.
Unfallverhütung und Gesundheitsschutz in den Schulen

1.
Unfallversicherungsträger

Der Unfallversicherungsträger hat mit allen geeigneten Mitteln Arbeitsunfälle und Berufskrankheiten sowie arbeitsbedingte Gesundheitsgefahren zu verhüten. Ihm obliegt

- der Erlass von Unfallverhütungsvorschriften und Regeln für Sicherheit und Gesundheitsschutz;
- die Überwachung der Durchführung der Maßnahmen zur Verhütung von Arbeitsunfällen, Berufskrankheiten, arbeitsbedingten Gesundheitsgefahren und einer wirksamen ersten Hilfe durch ihre Aufsichtspersonen;
- die Beratung und Aufklärung der Schulleitung, Lehrkräfte und Schüler über alle mit der Unfallverhütung zusammenhängenden Fragen;
- die Fortbildung der mit dem Unfall- und Gesundheitsschutz beauftragten Personen in Abstimmung mit den Schulaufsichtsbehörden.

Hierzu werden von dem Unfallversicherungsträger Schriften herausgegeben, die von diesem zu beziehen sind. ⇨ Erste Hilfe

Hinweise der Redaktion:

1. Das Regelwerk und die Informationen der Unfallkassen sind abrufbar unter: www.dguv.de Stichwort „Schule"
2. Die Unfallkasse Baden-Württemberg bietet zusätzlich Informationen an unter: http://www.ukbw.de/informationen-service/service/mediathek/#16
3. Hinweise für Lehrkräfte zur Sicherheit in der Schule sind abrufbar unter: https://zsl-bw.de/,Lde/Startseite/ >übergreifende themen > Sicherheit im Unterricht grundschule

2.
Schulträger

Für die Sicherheit der Schulgebäude, Schulräume, Anlagen und Einrichtungen im Schulbereich sowie der für die Schule erforderlichen Gegenstände, Lehr- und Lernmittel ist der Schulträger (Sachkostenträger) verantwortlich. ⇨ Schulträger

3.
Schule

Hinweise der Redaktion:

1. Bitte hierzu die Beiträge ⇨ Arbeits- und Gesundheitsschutz (Allgemeines) Nr. 2 und ⇨ Gefährdungsbeurteilung/GefahrstoffVO beachten.
2. In Baden-Württemberg müssen Lehrkräfte in den letzten zwei Jahren vor der Zulassung zum Vorbereitungsdienst an einer Ausbildung in Erster Hilfe (mindestens neun Unterrichtseinheiten) teilgenommen haben. ⇨ Haftung und Versicherung

3.1 Die Schule soll mit den ihr zur Verfügung stehenden pädagogischen Mitteln und Maßnahmen das Sicherheitsbewusstsein der Schüler auf allen Gebieten wecken und fördern.

Die in den Lehrplänen enthaltenen Unterrichtsziele zur Sicherheitserziehung, Unfallverhütung und dem Gesundheitsschutz sind umzusetzen.

3.2 Die Schulaufsicht hat in enger Zusammenarbeit mit dem Unfallversicherungsträger die Durchführung der Maßnahmen zur Verhütung von Schülerunfällen, des Gesundheitsschutzes sowie einer wirksamen ersten Hilfe zu veranlassen und zu überwachen. Bei allen Dienststellen der Schulaufsicht wird ein Ansprechpartner für den Bereich der Prävention bestimmt.

3.3 Die Durchführung der Unfallverhütung und des Gesundheitsschutzes im inneren Schulbetrieb wird auf den Schulleiter übertragen. Er gilt insoweit als Unternehmer. Seine Aufgaben sind insbesondere,

- dem Schulträger Mängel an der Schulanlage oder einer sonstigen Einrichtung, die die Sicherheit des Unterrichtsbetriebs oder die Gesundheit der Schüler gefährden können, unverzüglich anzuzeigen und auf deren Beseitigung hinzuwirken bzw. bei entsprechender Mittelbereitstellung durch den Sachkostenträger die Mängel zu beseitigen;
- Lehrkräfte und Schüler über die vom Unfallversicherungsträger allgemein oder für besondere Unterrichtsbereiche erlassenen Regelungen sowie über die Sicherheitsbestimmungen der Schulverwaltung zu unterrichten;
- die für einen sicherheitsgemäßen Ablauf des Schulbetriebs erforderlichen besonderen Anweisungen zu geben;
- die Einhaltung der Sicherheitsmaßnahmen zu überwachen;
- die Lehrkräfte in regelmäßigen Zeitabständen darauf hinzuweisen, die Erziehung der Schüler zu sicherheitsbewusstem Denken und Handeln in den Unterricht mit einzubeziehen;
- im Zusammenwirken mit dem Schulträger und der Schulaufsichtsbehörde eine wirksame erste Hilfe bei Unfällen sicherzustellen;
- Unfälle in Zusammenarbeit mit dem Sicherheitsbeauftragten zu untersuchen und daraufhin zu prüfen, ob diese Anlass zu Unfallverhütungsmaßnahmen geben.

3.4 An allen Schulen sind vom Schulleiter schriftlich oder elektronisch Sicherheitsbeauftragte für innere Schulangelegenheiten zu bestellen, und zwar an Schulen mit bis zu 1 000 Personen

= 1 Sicherheitsbeauftragter und

mit mehr als 1 000 Personen

= 2 Sicherheitsbeauftragte.

An kleineren Schulen mit bis zu 200 Schülern kann der Schulleiter die Aufgaben des Sicherheitsbeauftragten selbst wahrnehmen. Werden mehrere Sicherheitsbeauftragte bestellt, sollte mindestens einer von ihnen das Fach Sport unterrichten.

⇨ Arbeitsschutzgesetz § 10 Abs. 2 vorl. Satz und § 14 Abs. 2; ⇨ Gefährdungsbeurteilung; ⇨ Personalvertretungsgesetz (LPVG) § 71 Abs. 7; ⇨ Schulbau

3.4.1 Für die Bestellung kommen in erster Linie Lehrkräfte in Betracht, die über besondere Erfahrung auf dem Gebiet der Unfallverhütung verfügen und die die Tätigkeit des

Sicherheitsbeauftragten voraussichtlich für längere Zeit an der Schule ausüben können.

3.4.2 Die Namen der bestellten Sicherheitsbeauftragten sind der Schulaufsichtsbehörde und auf Anfrage dem Unfallversicherungsträger mitzuteilen.

3.4.3 Der Sicherheitsbeauftragte soll den Schulleiter bei der Durchführung der Unfallverhütung, des Gesundheitsschutzes und der Sicherheitserziehung unterstützen; er soll sich fortlaufend von der Wirksamkeit der organisatorischen Schutzmaßnahmen, dem Vorhandensein und der ordnungsgemäßen Benutzung der vorgeschriebenen Schutzvorrichtungen sowie dem sicherheitsgerechten Verhalten der Schüler überzeugen. Der Sicherheitsbeauftragte trägt als solcher weder eine zivilrechtliche noch eine strafrechtliche Verantwortung in dem Sinne, dass er für einen durch Verstoß gegen die Sicherheitsbestimmungen eingetretenen Schaden verantwortlich gemacht werden könnte. Er hat weder Aufsichtsfunktion noch Weisungsbefugnisse.

3.4.4 Die Ausbildung der Sicherheitsbeauftragten obliegt dem Unfallversicherungsträger. [...] Für die Ausbildungsveranstaltungen [...] wird Freistellung von der Unterrichtsverpflichtung gewährt. Die Reisekosten für die Sicherheitsbeauftragten trägt der Unfallversicherungsträger.

Hinweise der Redaktion zu dieser Vorschrift des Kultusministeriums

1. Der Unfallversicherungsschutz umfasst neben der Teilnahme am Unterricht und an Schulveranstaltungen auch die damit unmittelbar zusammenhängenden Wege. Er erstreckt sich auch auf die Teilnahme an Betreuungsmaßnahmen, die unmittelbar vor oder nach dem Unterricht von der Schule oder im Zusammenwirken mit ihr durchgeführt werden. Die Frühförderung steht nicht unter Unfallversicherungsschutz. Zu Gottesdiensten siehe ⇨ Schul- und Schülergottesdienst.
(Quelle: Württ. Unfallkasse Info 2/2006)
2. Volljährige Schüler*innen dürfen das Schulgelände während der Pausen oder in Hohlstunden verlassen. Gesetzlicher Versicherungsschutz besteht auch im „Nahbereich" der Schule. Entfernen sie sich vom Schulgelände oder vom „Nahbereich", so besteht nur dann Unfallversicherungsschutz, wenn sie Nahrungsmittel zum sofortigen Verzehr einkaufen. Verlassen sie diesen Bereich jedoch, um z.B. Süßigkeiten einzukaufen, oder zu einem Stadtbummel o.Ä., so besteht auf diesen Wegen kein Unfallversicherungsschutz. ⇨ Volljährigkeit
(Quelle: Württ. Unfallkasse, 9.4.2002; AZ: 311.1421)
3. Sofern Schüler*innen im Auftrag der Lehrkraft während oder außerhalb der Unterrichtszeit Unterrichtsmaterial besorgen, das für die Fortführung des Unterrichts notwendig ist, besteht während der Besorgung und auf den notwendigen Wegen gesetzlicher Unfallversicherungsschutz.
4. Während beispielsweise eine schultypische Rauferei unter Grundschülern auf dem Schulhof unter Versicherungsschutz steht, entfällt dieser bei einer privat motivierten Schulhof-Schlägerei unter volljährigen Schüler*innen.
(Quelle zu Nr. 3 und 4: Pluspunkt Nr. 1 / 2014)
5. Das Tragen von Uhren und Schmuckstücken (einschließlich gepiercter Schmuckstücke) kann sowohl für die Schüler selbst, als auch für die

Hinweise der Redaktion zum Verhalten bei Unfällen

	Was ist zu tun?	Wer tut's?
1	Erste Hilfe leisten	Lehrkraft oder Ersthelfer*in
2	(Falls erforderlich) Notruf absetzen (112) beziehungsweise Transport zum Arzt oder zur Klinik veranlassen	Lehrkraft oder Begleitperson (notfalls auch Schüler*in)
3	Unfallstelle sichern[1)] und Klassenaufsicht regeln	Lehrkraft oder Begleitperson
4	Schulleitung benachrichtigen	Lehrkraft oder Begleitperson (notfalls auch Schüler*in)
5	Eltern verständigen	Lehrkraft oder Schulleitung
6	Krisenteam/Schulaufsicht[2)] und Sicherheitsbeauftragte/n der Schule benachrichtigen	Schulleitung
7	a) Unfallmeldung oder b) Verbandbucheintrag[3)]	a) Schulleitung b) Lehrkraft

1) Je nach Lage (z.B. Verkehrsunfall auf stark befahrener Straße) kann es erforderlich sein, vor allen anderen Maßnahmen die Unfallstelle zu sichern, um Folgeunfälle zu vermeiden.

2) Bei größeren Unfällen, Gewalt- und Katastrophenfällen sind das schulinterne Krisenteam sowie die Schulaufsichtsbehörde unverzüglich zu benachrichtigen. Der*Die Sicherheitsbeauftragte der Schule ist insbesondere dann zu informieren, wenn der Unfall mit äußeren Faktoren (z.B. Baumängel am Schulgebäude oder am Schulinventar) zusammenhängt. In diesem Fall ist auch der Schulträger zu verständigen.

3) Unfälle, die eine ärztliche Behandlung erforderlich machen, sind der Unfallkasse innerhalb von drei Tagen zu melden (bei Todesfall sowie bei gesundheitlicher Schädigung von mehr als drei Personen unverzügliche Vorab-Meldung per Telefon/Fax; in diesen Fällen ist auch die Schulaufsicht sofort zu informieren). Erste-Hilfe-Leistungen ohne ärztliche Behandlung sind im Verbandbuch zu vermerken.

Ist das Unfallopfer an der Schule beschäftigt (z.B. Lehrkraft), muss eine Kopie der Unfallmeldung dem zuständigen Personalrat übermittelt werden.

Diese Checkliste der Redaktion sowie ein Merkblatt, das die Schulleitung jeder Lehrkraft vor einer außerunterrichtlichen Veranstaltung aushändigen sollte, gehören zum Lieferumfang der „Aushanggesetze" (Bestellschein am Ende des Jahrbuchs). ⇨ Erste Hilfe

Mitschüler eine Gefahr darstellen; es ist zu verbieten. Bei welcher sportlichen Betätigung eine Gefährdung im Einzelfall besteht, kann nur die Lehrkraft vor Ort entscheiden, sie hat dann entsprechende Anordnungen zu treffen. Um Unfälle zu vermeiden, müssen in Abhängigkeit der Stundeninhalte/Sportarten die Schmuckstücke und Uhren im Sportunterricht abgelegt werden. Kleinere Schmuckstücke (z.B. gepiercte Ohr- oder Nasenringe), die nicht abgelegt werden können, sind ggf. mit Heftpflaster o.ä. abzukleben. Eltern und Schüler*innen müssen darüber informiert werden, dass eine Missachtung des Schmuckverbotes im Einzelfall bis zum Ausschluss vom Sportunterricht und somit zu einer fehlenden Leistungsfeststellung führen kann.

(Quelle: Württembergischer Gemeindeunfallversicherungsverband, 13.10.1998) ➪ Haftung und Versicherung

6. Mit der Beteiligung von Schulen an „Müllsammelaktionen" ist eine besondere Fürsorgepflicht sowie Organisationsverantwortung der Schulleitung verbunden. Ein direkter Kontakt der sammelnden Personen mit Abfällen muss sicher ausgeschlossen werden, mögliche Gefahren durch Fahrzeugverkehr sind zu beachten. Von Sammelaktionen an stark befahrenen Straßen wird grundsätzlich abgeraten. Es ist unabdingbar, dass die Schüler*innen durch die verantwortlichen Lehrkräfte über mögliche Gefahren und über festgelegte Schutzmaßnahmen unterrichtet werden und während der Aktionen eine Aufsicht erfolgt. (Quelle: Infodienst Schulleitung / Mai 2009)
7. Ein „Abi-Scherz" und ähnliche Veranstaltungen von Schüler*innen zum Schulabschluss fallen nicht unter den Schutz der gesetzlichen Schülerunfallversicherung. (Quelle: Pluspunkt Nr. 3 / 2009)
8. Zur Unfallverhütung beim Turnen am kleinen (Minitrampolin) und großen Trampolin (Tischtrampolin) hat das Kultusministerium eine Bekanntmachung erlassen (K.u.U. S. 25/2008).
9. Eislaufen im Sportunterricht oder bei außerunterrichtlichen Aktivitäten ist nur mit einem geeigneten Helm (z.B. Ski-, Skater- oder Fahrradhelm) gestattet. Es müssen feste Handschuhe getragen werden, die Schnittverletzungen an den Händen vorbeugen (z.B. Lederhandschuhe, Skihandschuhe). Gegebenenfalls sind bei Anfängern Knie- oder Handprotektoren zu tragen. Insgesamt ist auf eine angemessene Bekleidung zu achten, die ein Überhitzen bzw. Auskühlen des Körpers verhindert. Je nach Könnensstand der Schülerinnen und Schüler sind bei Bedarf getrennte Übungsbereiche festzulegen. Zudem ist eine Laufrichtung vorzugeben, um Kollisionen zu vermeiden. Die Lehrkraft hat Erste-Hilfe-Material mitzuführen. Das Eislaufen ist im Kontext Schule nur auf gesicherten Eisbahnen gestattet. (Quelle: KM, 31.1.2020; AZ: 22-6860.0/1109)
10. Von der Unfallkasse werden auch die Transportkosten zum Arzt/Krankenhaus erstattet. Im Falle von „Bagatellverletzungen" kann auch ein Taxi als Ersatz für einen Notarzt- beziehungsweise Krankenwagen ausreichend sein. Die Schule kann nur eine Erstversorgung leisten und die Schwere einer Erkrankung/Verletzung nicht immer erkennen. Wenn Zweifel verbleiben, ob ein Notarzt- bzw. Krankenwagen erforderlich oder ein Taxi angemessen ist, darf nicht der Spargedanke im Vordergrund stehen, sondern die Fürsorgepflicht für die Schüler*innen. Die Abrechnung erfolgt über einen „Taxifahrauftrag" der Unfallkasse. Er wird der Begleitperson des Verletzten mitgegeben, die sie dem/der Taxifahrer*in übergibt. Diese/r rechnet direkt mit der Unfallkasse ab. Informationen und Taxigutscheine sind abrufbar unter: www.ukbw.de/informationen-service/service/formulare/taxifahrauftrag/kinder-schueler.
11. Auf Formblättern und in Begleitschreiben sollte auf Darstellungen des Unfallhergangs verzichtet werden, die einem Schuldanerkenntnis gleichkommen oder aus denen eine Fahrlässigkeit bei der Aufsichtsführung abgeleitet werden kann.

➪ Arbeits- und Gesundheitsschutz (Allgemeines); ➪ Aufsichtspflicht; ➪ Aufsichtspflicht (Schwimmunterricht); ➪ Außerunterrichtliche Veranstaltungen; ➪ Erste Hilfe; ➪ Gefährdungsbeurteilung; ➪ Gewaltvorfälle und Schadensereignisse; ➪ Haftung und Versicherung; ➪ Personalvertretungsgesetz (LPVG) § 71 Abs. 7; ➪ Schulbau; ➪ Schulträger; ➪ Volljährigkeit

Urheberrecht (Allgemeines)

Informationen der Redaktion zur Rechtslage und zur Verwaltungspraxis in Baden-Württemberg

1.
Urheberrechtsgesetz

Auszug aus dem Urheberrechtsgesetz vom 26.7.2007 (BGBl. I S. 2513); zul. geänd. 23.6.2021 (BGBl. I S. 1858)

§ 53
Vervielfältigungen zum privaten und sonstigen eigenen Gebrauch

(1) Zulässig sind einzelne Vervielfältigungen eines Werkes durch eine natürliche Person zum privaten Gebrauch auf beliebigen Trägern, sofern sie weder unmittelbar noch mittelbar Erwerbszwecken dienen, soweit nicht zur Vervielfältigung eine offensichtlich rechtswidrig hergestellte oder öffentlich zugänglich gemachte Vorlage verwendet wird. Der zur Vervielfältigung Befugte darf die Vervielfältigungsstücke auch durch einen anderen herstellen lassen, sofern

dies unentgeltlich geschieht oder es sich um Vervielfältigungen auf Papier oder einem ähnlichen Träger mittels beliebiger photomechanischer Verfahren oder anderer Verfahren mit ähnlicher Wirkung handelt.

(2) Zulässig ist, einzelne Vervielfältigungsstücke eines Werkes herzustellen oder herstellen zu lassen

1. *(aufgehoben)*
2. zur Aufnahme in ein eigenes Archiv, wenn und soweit die Vervielfältigung zu diesem Zweck geboten ist und als Vorlage für die Vervielfältigung ein eigenes Werkstück benutzt wird,
3. zur eigenen Unterrichtung über Tagesfragen, wenn es sich um ein durch Funk gesendetes Werk handelt,
4. zum sonstigen eigenen Gebrauch,
   a) wenn es sich um kleine Teile eines erschienenen Werkes oder um einzelne Beiträge handelt, die in Zeitungen oder Zeitschriften erschienen sind,
   b) wenn es sich um ein seit mindestens zwei Jahren vergriffenes Werk handelt.

Dies gilt nur, wenn zusätzlich

1. die Vervielfältigung auf Papier oder einem ähnlichen Träger mittels beliebiger photomechanischer Verfahren oder anderer Verfahren mit ähnlicher Wirkung vorgenommen wird oder
2. eine ausschließlich analoge Nutzung stattfindet.

(3) *(aufgehoben)*

(4) Die Vervielfältigung

a) graphischer Aufzeichnungen von Werken der Musik,
b) eines Buches oder einer Zeitschrift, wenn es sich um eine im wesentlichen vollständige Vervielfältigung handelt,

ist, soweit sie nicht durch Abschreiben vorgenommen wird, stets nur mit Einwilligung des Berechtigten zulässig oder unter den Voraussetzungen des Absatzes 2 Satz 1 Nr. 2 oder zum eigenen Gebrauch, wenn es sich um ein seit mindestens zwei Jahren vergriffenes Werk handelt.

(5) Die Absätze 1 und 2 Satz 1 Nr. 2 bis 4 finden keine Anwendung auf Datenbankwerke, deren Elemente einzeln mithilfe elektronischer Mittel zugänglich sind.

(6) Die Vervielfältigungsstücke dürfen weder verbreitet noch zu öffentlichen Wiedergaben benutzt werden. Zulässig ist jedoch, rechtmäßig hergestellte Vervielfältigungsstücke von Zeitungen und vergriffenen Werken sowie solche Werkstücke zu verleihen, bei denen kleine beschädigte oder abhanden gekommene Teile durch Vervielfältigungsstücke ersetzt worden sind.

(7) Die Aufnahme öffentlicher Vorträge, Aufführungen oder Vorführungen eines Werkes auf Bild- oder Tonträger, die Ausführung von Plänen und Entwürfen zu Werken der bildenden Künste und der Nachbau eines Werkes der Baukunst sind stets nur mit Einwilligung des Berechtigten zulässig.

§ 60 a
Unterricht und Lehre

(1) Zur Veranschaulichung des Unterrichts und der Lehre an Bildungseinrichtungen dürfen zu nicht kommerziellen Zwecken bis zu 15 Prozent eines veröffentlichten Werkes vervielfältigt, verbreitet, öffentlich zugänglich gemacht und in sonstiger Weise öffentlich wiedergegeben werden

1. für Lehrende und Teilnehmer der jeweiligen Veranstaltung,
2. für Lehrende und Prüfer an derselben Bildungseinrichtung sowie
3. für Dritte, soweit dies der Präsentation des Unterrichts, von Unterrichts- oder Lernergebnissen an der Bildungseinrichtung dient.

(2) Abbildungen, einzelne Beiträge aus derselben Fachzeitschrift oder wissenschaftlichen Zeitschrift, sonstige Werke geringen Umfangs und vergriffene Werke dürfen abweichend von Absatz 1 vollständig genutzt werden.

(3) Nicht nach den Absätzen 1 und 2 erlaubt sind folgende Nutzungen:

1. Vervielfältigung durch Aufnahme auf Bild- oder Tonträger und öffentliche Wiedergabe eines Werkes, während es öffentlich vorgetragen, aufgeführt oder vorgeführt wird,
2. Vervielfältigung, Verbreitung und öffentliche Wiedergabe eines Werkes, das ausschließlich für den Unterricht an Schulen geeignet, bestimmt und entsprechend gekennzeichnet ist, an Schulen sowie
3. Vervielfältigung von grafischen Aufzeichnungen von Werken der Musik, soweit sie nicht für die öffentliche Zugänglichmachung nach den Absätzen 1 oder 2 erforderlich ist.

(4) Bildungseinrichtungen sind frühkindliche Bildungseinrichtungen, Schulen, Hochschulen sowie Einrichtungen der Berufsbildung oder der sonstigen Aus- und Weiterbildung. Satz 1 ist nur anzuwenden, wenn Lizenzen für diese Nutzungen leicht verfügbar und auffindbar sind, den Bedürfnissen und Besonderheiten von Bildungseinrichtungen entsprechen und Nutzungen nach Satz Nr. 1 bis 3 erlauben. [...]

§ 60 b
Unterrichts- und Lehrmedien

(1) Hersteller von Unterrichts- und Lehrmedien dürfen für solche Sammlungen bis zu 10 Prozent eines veröffentlichten Werkes vervielfältigen, verbreiten und öffentlich zugänglich machen.

(2) § 60a Absatz 2 und 3 ist entsprechend anzuwenden.

(3) Unterrichts- und Lehrmedien im Sinne dieses Gesetzes sind Sammlungen, die Werke einer größeren Anzahl von Urhebern vereinigen und ausschließlich zur Veranschaulichung des Unterrichts und der Lehre an Bildungseinrichtungen (§ 60a) zu nicht kommerziellen Zwecken geeignet, bestimmt und entsprechend gekennzeichnet sind.

§ 60 h
Angemessene Vergütung der gesetzlich erlaubten Nutzungen

(1) Für Nutzungen nach Maßgabe dieses Unterabschnitts hat der Urheber Anspruch auf Zahlung einer angemessenen Vergütung. Vervielfältigungen sind nach den §§ 54 bis 54c zu vergüten.

(2) Folgende Nutzungen sind abweichend von Absatz 1 vergütungsfrei:

1. die öffentliche Wiedergabe für Angehörige von Bildungseinrichtungen und deren Familien nach § 60a Absatz 1 Nummer 1 und 3 sowie Absatz 2 mit Ausnahme der öffentlichen Zugänglichmachung, [...]

2. Hinweis der Redaktion auf den Gesamtvertrag zur Vervielfältigung an Schulen

Die Länder haben mit den Rechteinhabern (Verlage, Verwertungsgesellschaften usw.) am 20.12.2018 einen „Gesamtvertrag" abgeschlossen.

In § 2 gewähren die Rechteinhaber den Ländern das Recht, urheberrechtlich geschützte Werke sowie Unterrichtswerke im Rahmen von § 60a Abs. 1 Nr. 1 bis 3 UrhG zu vervielfältigen, das Recht zur digitalen Vervielfältigung von ab 2005 erschienenen analogen Unterrichtswerken ist eingeschlossen. Die Vervielfältigungen dürfen nur von Lehrkräften für ihren eigenen Unterrichtsgebrauch hergestellt und an ihre eigenen Schüler*innen verteilt werden, dies darf nur durch die Schulen, nicht aber durch externe Dienstleister vorgenommen werden.

In § 3 gewähren die Rechteinhaber für Lehrkräfte an Schulen, soweit nicht bereits nach § 60a Abs.1 UrhG gesetzlich erlaubt, das Recht, nach § 2 hergestellte digitale Vervielfältigungen für ihren eigenen Unterrichtsgebrauch zu nutzen, indem sie diese

- digital per E-Mail an ihre Schüler für den Unterrichtsgebrauch (einschließlich der Unterrichtsvor- und -nachbereitung) weitergeben,
- ausdrucken und die Ausdrucke ggf. an die Schüler*innen verteilen,
- für ihre Schüler*innen über PCs, Whiteboards und/oder Beamer wiedergeben und
- im jeweils erforderlichen Umfang abspeichern, wobei auch ein Abspeichern auf mehreren Speichermedien der Lehrkraft gestattet wird (PC, Whiteboard, iPad, Laptop, etc.), jedoch Zugriffe Dritter durch effektive Schutzmaßnahmen verhindert werden müssen (Passwort etc.).

Diese Rechtseinräumung umfasst keine Änderungen und Bearbeitungen der Werke oder Werkteile und erfasst – soweit nicht nach Abs. 1 erlaubt – nicht ihre öffentliche Zugänglichmachung oder Wiedergabe.

§ 4 dieses Gesamtvertrags hat folgenden Wortlaut:

1. *Die vertragsgegenständlichen Werke dürfen im Umfang von höchstens 15 Prozent genutzt werden, jedoch nicht mehr als 20 Seiten.*
2. *Folgende Werke dürfen vollständig genutzt werden:*
   - *Noten im Umfang von maximal 6 Seiten;*
   - *Schriftwerke, mit Ausnahme von Unterrichtswerken, im Umfang von maximal 20 Seiten;*
   - *Pressebeiträge;*
   - *Bilder, Fotos und sonstige Abbildungen;*
   - *vergriffene Werke.*

   Unterrichtswerke dürfen niemals vollständig genutzt werden. Für diese Werke gilt ausschließlich Absatz 1.
3. *Pro Schuljahr und Schulklasse darf ein Werk maximal in dem in Absatz 1 oder Absatz 2 festgelegten Umfang vervielfältigt werden.*
4. *Bei einer Nutzung von Werken ist stets die Quelle anzugeben.*

3. Erläuterungen der Redaktion zur Rechtslage und deren Folgen

Unerlaubtes Kopieren kann außer dienstrechtlichen Konsequenzen auch strafrechtliche Folgen und/oder hohe Kosten nach sich ziehen (Schadensersatz, Abmahn-, Anwaltskosten). Die Rechte-Inhaber (z.B. die Schulbuchverlage) überwachen die Einhaltung dieser Grenzen; den Schulen ist deshalb anzuraten, vor jeder hierüber hinausgehenden Nutzung deren Einverständnis einzuholen. Auch bei fremden Internetangeboten ist immer davon auszugehen, dass diese Werke Urheberrechtsschutz genießen.

⇨ Internet und Schule

Rechte von Schüler*innen und Lehrkräften

Auch Texte, Bilder, Zeichnungen, Ausstellungsstücke, Unterrichtsmaterialien, Kopiervorlagen und Modelle, schriftliche Ausarbeitungen, literarische Eigentexte, selbst erstellte Software, Lehrproben usw., die von Lehrkräften, Referendar*innen oder Schüler*innen in der Schule, für den Schulgebrauch oder in der Lehreraus- und -fortbildung hergestellt wurden, sind urheberrechtlich geschützte „Werke", sofern sie eine eigene persönliche geistige Schöpfung darstellen. Die Urheberrechte stehen grundsätzlich nur der Person zu, die das Werk geschaffen hat. Ideen selbst können nicht geschützt werden. Die Urheberrechte (z.B. das Recht auf Nennung des Urhebers) können nicht auf eine Institution (Schule, Seminar) übertragen werden.

Wird das Werk in urheberrechtlich relevanter Art und Weise weiterverwertet (z.B. Vervielfältigung oder Online-Abrufbarkeit), sind beim Urheber die Nutzungsrechte einzuholen. Dabei ist zu beachten:

- Kinder unter 7 Jahren sind geschäftsunfähig; nur die gesetzlichen Vertreter (in der Regel die Eltern) können in deren Vertretung eine Nutzungsrechtevereinbarung mit der Schule schließen.
- Minderjährige zwischen 7 und einschließlich 17 Jahren sind beschränkt geschäftsfähig; von ihnen abgeschlossene Rechtsgeschäfte sind „schwebend unwirksam", wenn sie für den Minderjährigen einen rechtlichen Nachteil mit sich bringen; dies ist bei einer Nutzungsrechtevereinbarung der Fall. Das Rechtsgeschäft hängt deshalb davon ab,

ob ihm die Erziehungsberechtigten zustimmen (also der Nutzungsrechtevereinbarung im Vorfeld zustimmen oder sie nachträglich genehmigen)

Quelle: https://lehrerfortbildung-bw.de/st_recht/urheber/urh/nutz/minder/

Auch die Aufgaben für schulische Abschlussprüfungen (z.B. das Abitur) können urheberrechtlich geschützte Werke Dritter enthalten. Stellt eine Lehrkraft ihren Schüler*innen zur Vorbereitung auf die Prüfung „alte“ Aufgaben analog oder digital zur Verfügung, muss sie (beispielsweise durch Passwörter) sicherzustellen, dass der für die geschlossene Klasse, den Kurs oder die Lerngruppe eröffnete Zugang nicht missbraucht wird; er ist deshalb nach bestimmter Zeit wieder zu schließen. Die Schüler*innen sind darauf hinzuweisen, dass eine Weitergabe der Aufgaben an Dritte nicht zulässig ist.

(Quelle: RP Stuttgart, 23.03.2020)

➪ Datenschutz (Schulen) Nr. 2.1.4; ➪ Haushalt; ➪ Internet und Schule; ➪ Jugendschutzgesetz; ➪ Lernmittelfreiheit; ➪ Lernmittel (Zulassung); ➪ Schulgesetz §§ 23, 90, 93, 94; ➪ Urheberrecht (GEMA / Musik)➪ Datenschutz (Schulen) Nr. 2.1.4; ➪ Haushalt; ➪ Internet und Schule; ➪ Jugendschutzgesetz; ➪ Lernmittelfreiheit; ➪ Lernmittel (Zulassung); ➪ Schulgesetz §§ 23, 90, 93, 94; ➪ Urheberrecht (GEMA / Musik)

Urheberrecht (GEMA / Musik)

Informationen der Redaktion zur Rechtslage und zur Verwaltungspraxis in Baden-Württemberg

1. Rechtliche Grundlagen

Eine öffentliche Aufführung von Werken der Musik bedarf in der Regel der Einwilligung der Urheber bzw. Berechtigten und der Entrichtung einer angemessenen Vergütung. Die Rechteinhaber der Musik werden in Deutschland von der GEMA (Gesellschaft für musikalische Aufführungs- und mechanische Vervielfältigungsrechte) vertreten.

Eine Ausnahme von der vorherigen Einwilligung des Urhebers gilt bei der öffentlichen Wiedergabe eines erschienenen Werkes,

- wenn die Wiedergabe keinem Erwerbszweck des Veranstalters (hier: der Schule) dient,
- die Teilnehmenden ohne Entgelt zugelassen werden und
- im Falle des Vortrags oder der Aufführung des Werks keiner der ausübenden Künstler eine besondere Vergütung erhält.

Einem „Erwerbszweck“ dient eine Veranstaltung in der Regel schon dann, wenn sie nach wirtschaftlichen Gesichtspunkten geplant oder durchgeführt wird. „Entgelte“ sind nicht nur Eintrittsgelder, sondern auch Spenden, Programmgebühren oder sonstige Unkostenbeiträge.

Für die öffentliche Wiedergabe ist grundsätzlich eine angemessene Vergütung zu zahlen. Die Vergütungspflicht entfällt u.a. für Schulveranstaltungen, sofern sie nach ihrer sozialen oder erzieherischen Zweckbestimmung nur einem „bestimmt abgegrenzten Kreis von Personen“ zugänglich sind (§ 52 Abs. 1 Satz 3 UrhG). Ein Beispiel ist das eintrittsfreie Vorspiel des Schulorchesters für die Schüler*innen und die Lehrkräfte in der Schulaula. Eine Disco der SMV oder ein Schulfest mit Tanzabend fallen nicht unter diese Ausnahmeregel, da hier in der Regel ein Eintrittsgeld erhoben wird und kein *„bestimmt abgegrenzter Kreis von Personen“* vorliegt. Das KM hat unter https://it.kultus-bw.de ein Merkblatt zur öffentlichen Wiedergabe von Werken bei Schulveranstaltungen herausgegeben.

2. Vergütungen und Pauschalabkommen

Schulträger können für schulische Musikdarbietungen einem Pauschalabkommen mit der GEMA beitreten. Mit einer jährlichen Pauschalvergütung je Schüler / Teilzeitschüler werden dann die Ansprüche für die Wiedergabe und Vervielfältigung geschützter Musik aus dem Repertoire der GEMA bei nicht gemäß § 52 Abs. 1 Satz 3 UrhG privilegierten Schulveranstaltungen abgegolten, bei denen kein Eintrittsgeld oder sonstiger Unkostenbeitrag von mehr als 2,60 Euro erhoben wird. Dies gilt jedoch ausschließlich bei Veranstaltungen, die in der Schule, auf Plätzen und Straßen oder in Räumlichkeiten durchgeführt werden, die der Schule kostenfrei zur Verfügung gestellt werden, und bei denen lediglich Erlöse aus Eigenbewirtung erzielt werden.

Für Veranstaltungen, die weder unter den § 52 UrhG fallen noch durch den Pauschalvertrag abgegolten sind, stellt die GEMA bei vorheriger Meldung eine Rechnung nach bundesweit einheitlichen Vergütungssätzen. Bei zu späten oder falschen Meldungen kann die GEMA zusätzlich zu den Vergütungssätzen Schadenersatzansprüche geltend machen.

Schulen sollten die Frage, ob eine Veranstaltung oder sonstige Musiknutzung im Rahmen der Schule (z.B. auch Pausenhallenbeschallung, Internet-Auftritt mit musikalischer Untermalung, Musik in der Telefonwarteschleife) kostenpflichtig ist, mit ihrem Schulträger abklären beziehungsweise im Voraus von der GEMA prüfen lassen: GEMA-Bezirksdirektion Stuttgart, Herdweg 63, 70174 Stuttgart, Postfach 10 17 53, 70015 Stuttgart, E-Mail: bd-s@gema.de.

➪ Außerunterrichtliche Veranstaltungen (Hinweise) Nr. 15; ➪ Urheberrecht (Allgemeines)

Nutzen Sie das ausführliche alphabetische Schlagwortverzeichnis am Ende des Buches.

Urlaub (Jugendleiter*innen)

Informationen der Redaktion zur Rechtslage und zur Verwaltungspraxis in Baden-Württemberg

In Organisationen der Jugendarbeit ehrenamtlich tätigen Personen, die in einem Dienst- oder Arbeitsverhältnis stehen, ist eine unbezahlte Freistellung bis zu zehn Arbeitstage im Kalenderjahr zu gewähren. Dies gilt z.B. für:

1. Tätigkeit in Zeltlagern, Jugendherbergen usw. sowie bei sonstigen Veranstaltungen, bei denen Kinder und Jugendliche betreut werden,
2. Teilnahme an Aus- und Fortbildungslehrgängen, Tagungen und Schulungsveranstaltungen der öffentlichen und anerkannten freien Träger der Jugendhilfe,
3. Leitung von internationalen Jugendbegegnungen, die aus dem Kinder- und Jugendplan des Bundes oder des Landes gefördert werden,
4. Teilnahme an Aus- und Fortbildungslehrgängen für Übungsleiter und Trainer im Jugendbereich des Sports.

Einzelheiten stehen im Gesetz zur Stärkung des Ehrenamtes in der Jugendarbeit vom 20.11.2007 (K.u.U. S. 32/2008). Anträge sind mindestens einen Monat vor Beginn der Freistellung von der jeweiligen Organisation zu stellen. Zuständig für die Bewilligung ist bei Lehrkräften die Schulleitung, bei Schulleiter*innen die Schulaufsichtsbehörde.

Zur Legitimation und als Qualifikationsnachweis der Urlaubsberechtigten ist die die Jugendleiter/In-Card geeignet. Die „Juleica“ ist der bundesweit einheitliche Ausweis für ehrenamtliche Mitarbeiter*innen in der Jugendarbeit: www.juleica.de.

➪ Beamtenrecht (Zuständigkeiten im Schulbereich); ➪ Tarifrecht (Zuständigkeiten im Schulbereich); ➪ Urlaub (Verordnung – AzUVO § 29); ➪ Urlaub (Verordnung) § 29

Urlaub (Lehrkräfte – Allgemeines)

Informationen der Redaktion zur Rechtslage und zur Verwaltungspraxis in Baden-Württemberg

1. Allgemeines und Rechtsgrundlagen

Rechtsgrundlagen für den Urlaub bzw. die Freistellung vom Dienst / Arbeitsbefreiung der Lehrkräfte und Funktionsstelleninhaber*innen sind

- das Beamtenstatus- und das Landesbeamtengesetz,
  ➪ Beamtengesetz (LBG) § 71 ff. ➪ Beamtenstatusgesetz § 44
- die Arbeitszeit- und Urlaubsverordnung,
  ➪ Urlaub (Verordnung – AzUVO); bei § 29 sind auch Nrn. 46 und 47 der BeamtVwV eingearbeitet
- das Pflegezeitgesetz,
  ➪ Beamtengesetz (LBG) § 74; ➪ Urlaub (Pflegezeit – Beamt*innen); ➪ Urlaub (Pflegezeitgesetz)
- der Tarifvertrag-Länder (TV-L),
  ➪ Tarifvertrag-Länder (TV-L) § 26 ff. und § 44
- das Sozialgesetzbuch V § 45 (siehe Kasten nach Nr. 3 dieses Beitrags).

Im Unterschied zu den übrigen Beschäftigten des öffentlichen Dienstes ist der **Erholungsurlaub** der Lehrkräfte im Beamten- und im Arbeitnehmerverhältnis durch die Schulferien abgegolten.

In den außerschulischen Bereich abgeordnete Lehrkräfte haben für den Teil der Arbeitszeit, mit dem sie abgeordnet sind, Anspruch auf anteiligen Erholungsurlaub.

➪ Tarifvertrag (Lehrkäfte) § 44; ➪ Urlaub (Verordnung) § 21

Der Anspruch schwerbehinderter sowie gleichgestellter Beschäftigter auf einen **Zusatzurlaub** (§ 208 SGB IX bzw. ➪ Urlaub (Verordnung) § 23) gilt bei Lehrkräften durch die Schwerbehindertenermäßigung als abgegolten. Arbeitszeit (Lehrkräfte-AZVO) § 5

Dienstlich anerkannte Anlässe für die Freistellung von Lehrkräften mit Bezügen sind z.B. verschiedene Formen von **Sonderurlaub** u.a. anlässlich von Dienstjubiläen, für Familienheimfahrten bei Versetzungen und Abordnungen, zur Teilnahme an Tagungen, Lehrgängen usw. sowie aus wichtigem persönlichen Anlass (Geburten und Todesfälle, Krankheit und Pflegebedürftigkeit von Angehörigen, Umzug; siehe hierzu unten Nr. 2), für ehrenamtliche Tätigkeiten und zur Wahrnehmung von Mandaten in Kommunalparlamenten usw. Zur Freistellung beziehungsweise Unterrichtsverlegung für andere Anlässe siehe unten Nr. 4 und Nr. 5.

➪ Dienstjubiläen; ➪ Fortbildung (Allgemeines); ➪ Tarifvertrag (Länder) § 29; ➪ Urlaub (Verordnung) §§ 27-31

Zur Dienstbefreiung für die Vorbereitung auf die zweite Staatsprüfung siehe ➪ Urlaub (Prüfungen).

Im Rahmen des „Lehrerprogramms“ in der Weiterbildung oder für die Beurlaubung an Privat- oder Auslandsschulen erfolgt die Freistellung ohne Bezüge.

➪ Auslandsschuldienst; ➪ Einstellungserlass Nr. 16; ➪ TrennungsgeldVO (LTGVO) § 5; ➪ Urlaub (Weiterbildung)

Durch die Vielzahl der Tatbestände und Regelungen wird die Materie sehr unübersichtlich. Wir versuchen im Folgenden, einen in der Praxis handhabbaren Überblick zu geben, verweisen aber immer auch auf die geltenden Originalvorschriften.

Wir haben die Zuständigkeiten für die Genehmigung von Urlaub und Freistellungen im Schulbereich unter ➪ Beamtenrecht (Zuständigkeiten im Schulbereich) und ➪ Tarifrecht (Zuständigkeiten im Schulbereich) tabellarisch zusammengefasst.

Im Regelfall gelten für beamtete und für tarifbeschäftigte Lehrkräfte identische Verfahrensregeln.

Im Folgenden geht es nur um kurzfristige Beurlaubungen (Freistellung bzw. Arbeitsbefreiung). Zu den Freistellungen von längerer Dauer ohne Dienstbezüge sowie für längere Pflegezeiten siehe ➪ Beamtengesetz (LBG) § 71 ff; ➪ Teilzeit / Urlaub (Beamtenrecht – VwV); ➪ Urlaub (Pflegezeit / Arbeitnehmer*innen); ➪ Urlaub (Pflegezeit – Beamt*innen).

2.
Sonderurlaub unter Belassung der Bezüge

Zum Sonderurlaub mit Bezügen für Beamt*innen und Tarifbeschäftigte bitte den „Stichwort"-Kasten nach Nr. 4 dieses Beitrags beachten.

a)
Tarifbeschäftigte Lehrkräfte

Für Tarifbeschäftigte ist dieser Sonderurlaub aus persönlichen Gründen mit Fortzahlung der Bezüge tarifvertraglich geregelt. ➪ Tarifvertrag-Länder (TV-L) § 29

b)
Beamtete Lehrkräfte

Für beamtete Lehrkräfte gilt die VwV zum Landesbeamtengesetz. ➪ Beamtenrecht (BeamtVwV)

Die Bestimmungen dieser BeamtVwV zum Sonderurlaub aus wichtigem persönlichen Grund (Nr. 46.4) sind in vollem Wortlaut unter ➪ Urlaub (Verordnung) nach § 29 Abs. 4 abgedruckt. Darin ist verfügt:

„Aus folgenden wichtigen persönlichen Anlässen gilt Sonderurlaub [...] allgemein als notwendig und gegenüber möglicherweise entgegenstehenden dienstlichen Gründen vorrangig. Er soll im nachstehend genannten Ausmaß ohne Verweis auf die Verlegung der Arbeitszeit bewilligt werden:

- *Niederkunft der Ehefrau / Lebenspartnerin im Sinne des Lebenspartnerschaftsgesetzes 1 Arbeitstag;*
- *Tod der Ehegattin oder des Ehegatten, der Lebenspartnerin oder des Lebenspartners im Sinne des Lebenspartnerschaftsgesetzes, eines Kindes oder Elternteils 2 Arbeitstage;*
- *Umzug aus dienstlichem Grund an einen anderen Ort 1 Arbeitstag.*

In diesen Fällen ist es nicht erforderlich, dass der Sonderurlaub am Tag des Anlasses selbst gewährt wird. Der Sonderurlaub muss jedoch in einem nahen zeitlichen Zusammenhang mit diesem Anlass stehen.

- *schwere Erkrankung*
  - *eines Kindes, das das 12. Lebensjahr noch nicht vollendet hat, bis zu 4 Arbeitstage im Kalenderjahr;*
  - *einer oder eines Angehörigen, soweit sie oder er in demselben Haushalt lebt, 1 Arbeitstag im Kalenderjahr;*

  jeweils wenn die Ärztin oder der Arzt die Notwendigkeit der Anwesenheit der Beamtin oder des Beamten zur vorläufigen Pflege oder Betreuung bescheinigt;
  - *einer Betreuungsperson, wenn die Beamtin oder der Beamte deshalb die Betreuung ihres oder seines Kindes, welches das 8. Lebensjahr noch nicht vollendet hat oder wegen körperlicher, geistiger oder seelischer Behinderung dauernd pflegebedürftig ist, selbst übernehmen muss, bis zu 4 Arbeitstage im Kalenderjahr.*

Sonderurlaub wegen schwerer Erkrankung wird nur bewilligt, soweit eine andere Person zur Pflege oder Betreuung nicht sofort zur Verfügung steht. Dieser Sonderurlaub soll insgesamt, auch bei mehrmaliger Inanspruchnahme, fünf Arbeitstage im Kalenderjahr nicht überschreiten."

Zur Freistellung bei einem notwendigen Arztbesuch enthält die BeamtVwV (im Gegensatz zum ➪ Tarifvertrag – Länder § 29) keine Bestimmung.

3.
Kranke Kinder unter 12 Jahren

a)
Beamtete Lehrkräfte

Zusätzlich zu den im obigen Katalog genannten bis zu vier Arbeitstagen für ein schwer erkranktes Kind unter 12 Jahren gewährt die AzUVO eine weitere Freistellung:

„Zur Beaufsichtigung, Betreuung oder Pflege eines erkrankten Kindes, welches das 12. Lebensjahr noch nicht vollendet hat oder behindert und auf Hilfe angewiesen ist, ist für die notwendige Dauer der Abwesenheit Sonderurlaub unter Belassung der Bezüge zu bewilligen".
➪ Urlaub (Verordnung – AzUVO) § 29 Abs. 2

Dieser zusätzliche Anspruch besteht längstens für zehn Arbeitstage im Kalenderjahr für jedes Kind, jedoch insgesamt für nicht mehr als 25 Tage. Für alleinerziehende Beamt*innen besteht er maximal für 20 Arbeitstage je Kind, jedoch insgesamt für nicht mehr als 50 Tage im Kalenderjahr. In der AzUVO ist vorgesehen: Die Beaufsichtigungs-, Betreuungs- oder Pflegebedürftigkeit ist auf Verlangen durch ein ärztliches Zeugnis nachzuweisen; dieses ist stets vorzulegen, wenn die Dauer der Krankheit voraussichtlich eine Woche übersteigen wird, es sei denn, dass auf die Vorlage ausnahmsweise verzichtet wird.

Für neun Zehntel der genannten Tage wird der Sonderurlaub unter Belassung der Bezüge bewilligt. Hierzu ist in der BeamtVwV (Nr. 46.4) verfügt:

„Sonderurlaub nach § 29 Absatz 2 AzUVO ist in den dort genannten Fällen und dem dort eingeräumten Ausmaß vorrangig zu bewilligen, die Bewilligung von Sonderurlaub bei schwerer Erkrankung ist dadurch aber nach § 29 Absatz 2 Satz 5 AzUVO nicht ausgeschlossen."

Demnach kann beispielsweise eine alleinerziehende Beamtin im Kalenderjahr für ein krankes Kind unter 12 Jahren neun Zehntel von 20 = 18 bezahlte (plus zwei unbezahlte) Freistellungstage aus der AzUVO plus vier Tage aus der BeamtVwV, zusammen also 24 (davon 22 bezahlte) Tage in Anspruch nehmen. Sind beide Elternteile Landesbeamte und wechseln sie sich ab, stehen jedem von beiden je Kind 10+4 = 14 Tage (davon 13 bezahlte), beide zusammen also 28 (davon 26 bezahlte) Freistellungstage zu.

Das Gleiche gilt beim zweiten Kind unter 12 Jahren; bei weiteren Kindern greift die Obergrenze gemäß § 29 Abs. 2 AzUVO: Insgesamt dürfen es im Kalenderjahr nicht mehr als 50 (davon 45 bezahlte) Tage aus der AzUVO plus 4 Tage aus der BeamtVwV sein.

Urlaub **mit Bezügen** für beamtete Lehrkräfte

Anspruch auf Sonderurlaub und Freistellung von der Arbeit mit Bezügen zur Betreuung bzw. Pflege von Angehörigen; der Beihilfeanspruch bleibt bestehen. Bitte die „Lesehilfe" im Kasten auf der nächsten Seite beachten.

<table>
<tr><th>Anlass</th><th colspan="2">Dauer</th><th>Rechtsgrundlage</th></tr>
<tr><td rowspan="2">Krankes Kind unter 12 Jahren</td><td colspan="2">Jeder Elternteil im Beamtenverhältnis 10* Tage je Kind, bei mehreren Kindern maximal 25* Tage im Kalenderjahr. Alleinerziehende 20* Tage je Kind, bei mehreren Kindern maximal 50* Tage</td><td>⇨ Urlaub (Verordnung / AzUVO) § 29 Abs. 2</td></tr>
<tr><td>Jeder Elternteil zusätzlich je Kind bis zu 4 Tage</td><td rowspan="3">Zusammen nicht mehr als 5 Tage je Elternteil</td><td>⇨ Urlaub (VO) § 29 Abs. 1 Nr. 1 i.V.m. BeamtVwV Nr. 46.4</td></tr>
<tr><td>Kind unter 8 Jahren oder dauernd pflegebedürftig</td><td>Jeder Elternteil bis zu 4 Tage je betroffenenem Kind, wenn dessen Pflege- oder Betreuungsperson wegen eigener schwerer Erkrankung ausfällt</td><td>⇨ Urlaub (VO) § 29 Abs. 1 Nr. 1 i.V.m. BeamtVwV Nr. 46.4</td></tr>
<tr><td>Kranke Angehörige im selben Haushalt</td><td>Pflegende/betreuende Person je 1 Tag</td><td>⇨ Urlaub (VO) § 29 Abs. 1 Nr. 1 i.V.m. BeamtVwV Nr. 46.4</td></tr>
<tr><td>Pflegebedürftige Angehörige</td><td colspan="2">Beamtinnen und Beamte 10 Tage* zur Organisation bzw. Sicherstellung der Pflege</td><td>⇨ Beamtengesetz (LBG) § 74 Abs. 1 i.V.m. ⇨ Urlaub (Pflegezeit – Beamt*innen)</td></tr>
</table>

* Für neun Zehntel dieser Tage wird Urlaub unter Belassung der Bezüge bewilligt. Das bedeutet: Bei einem Kind 9 von 10 Tagen, bei zwei Kindern 18 von 20 Tagen, bei 3 Kindern 22,5 von 25 Tagen. Bei Alleinerziehenden mit einem Kind sind es 18 von 20 Tagen, mit zwei Kindern 36 von 40 Tagen, mit drei Kindern 45 von 50 Tagen. Der Pflegeurlaub ist auf insgesamt 10 Tage für denselben Angehörigen begrenzt, auch wenn sich mehrere Personen die Pflege teilen.

Urlaub **mit Bezügen** für tarifbeschäftigte Lehrkräfte

Anspruch auf Arbeitsbefreiung mit Entgelt bzw. Krankengeld zur Pflege bzw. Betreuung von Angehörigen

<table>
<tr><th>Anlass</th><th colspan="2">Dauer</th><th>Rechtsgrundlage</th></tr>
<tr><td>Krankes Kind unter 12 Jahren (nur wenn in gesetzlicher Krankenkasse versichert)</td><td colspan="2">Jeder Elternteil 10 Tage je Kind (bei mehreren Kindern maximal 25 Tage), Alleinerziehende 20 Tage je Kind, bei mehreren Kindern maximal 50 Tage (in dieser Zeit erhalten sie kein Entgelt vom Arbeitgeber, sondern Krankengeld von der Krankenkasse)</td><td>⇨ § 45 Sozialgesetzbuch V (siehe Kasten am Ende dieses Beitrags)</td></tr>
<tr><td>Krankes Kind unter 12 Jahren</td><td>Jeder Elternteil je Kind bis zu 4 Tage (nur falls Kind nicht gesetzlich krankenversichert; sonst Leistungen gemäß § 45 SGB V)</td><td rowspan="3">Zusammen nicht mehr als 5 Tage je Elternteil</td><td>⇨ Tarifvertrag-Länder § 29 Abs. 1 Buchstabe e, Unterbuchst. bb</td></tr>
<tr><td>Kind unter 8 Jahren oder dauernd pflegebedürftig</td><td>Jeder Elternteil bis zu 4 Tage je betroffenem Kind, wenn dessen Pflege- oder Betreuungsperson wegen eigener schwerer Erkrankung ausfällt</td><td>⇨ Tarifvertrag-Länder § 29 Abs. 1 Buchst. e, Unterbuchstabe cc</td></tr>
<tr><td>Kranke Angehörige im selben Haushalt</td><td>Pflegende/betreuende Person je 1 Tag</td><td>⇨ TV-L § 29 Abs. 1 Buchstabe e, Unterbuchst. aa</td></tr>
<tr><td>Pflegebedürftige Angehörige</td><td colspan="2">10 Tage (mit Pflegeunterstützungsgeld) zur Organisation bzw. Sicherstellung der Pflege (nur falls kein anderer Anspruch besteht, z.B. Leistungen gemäß § 45 SGB V für gesetzlich krankenversichertes Kind)</td><td>⇨ Urlaub (Pflegezeitgesetz – Arbeitnehmer*innen)</td></tr>
</table>

Urlaub **ohne Bezüge** zur Pflege von Angehörigen

(Beamtete und tarifbeschäftigte Lehrkräfte)

<table>
<tr><th>Anlass</th><th>Dauer</th><th>Rechtsgrundlage</th></tr>
<tr><td rowspan="2">Pflegebedürftige Angehörige</td><td rowspan="2">bis zu sechs Monaten</td><td>⇨ Urlaub (Verordnung) § 31 Abs. 1; ⇨ Urlaub (Pflegezeitgesetz) §§ 3 und 4</td></tr>
<tr><td>⇨ Beamtengesetz (LBG) § 74 Abs. 2*; ⇨ Urlaub (Pflegezeit – Beamt*innen) § 48</td></tr>
</table>

* Während der Pflegezeit nach § 74 Abs. 2 LBG erhalten Beamt*innen im Krankheitsfall Leistungen wie in der Elternzeit entsprechend ⇨ Elternzeit-Verordnung (Beamt*innen) §§ 46 und 47. Zur Krankenversicherung während eines Urlaubs ohne Dienstbezüge siehe ⇨ Krankenversicherung.

„Tage" = Arbeitstage je Kalenderjahr; die Notwendigkeit der Betreuung ist durch ärztliches Zeugnis nachzuweisen.

b)
Tarifbeschäftigte Lehrkräfte

Bei tarifbeschäftigten Erziehungsberechtigten von Kindern bis zur Vollendung des 12. Lebensjahres ist der Versicherungsstatus des Kindes maßgebend:

- Ist das Kind gesetzlich krankenversichert, müssen die Eltern primär die Arbeitsbefreiung gemäß § 45 SGB V in Anspruch nehmen (siehe nächste Seite). Die Eltern erhalten dann kein Entgelt, sondern Krankengeld von der Krankenkasse.
- Ist das Kind privat versichert, besteht dieser Anspruch nicht. Nur in diesem Fall greift der tarifliche Anspruch auf bezahlte Arbeitsbefreiung je Kind bis zu 4 Arbeitstagen im Kalenderjahr sofort. ⇨ Tarifvertrag (L) § 29 Abs. 1 Buchst. e (bb)

c)
Beamtete und tarifbeschäftigte Lehrkräfte

Ist das erkrankte Kind zugleich *„Angehöriger in demselben Haushalt"*, steht Vater und Mutter ggf. ein weiterer Freistellungsstag im Kalenderjahr zu.

4.
Weitere Freistellungsmöglichkeiten

Kurzfristiger Pflegeurlaub

In einer akut aufgetretenen Pflegesituation besitzen die Beschäftigten zur Organisation bzw. Sicherstellung der Pflege von pflegebedürftigen Angehörigen bei ärztlich festgestellter Notwendigkeit Anspruch auf eine bezahlte Freistellung von 10 Tagen (davon bei Beamt*innen 9 Tage mit Bezügen).

⇨ Beamtengesetz (LBG) § 74; ⇨ Urlaub (Pflegezeit – Beamt*innen); ⇨ Urlaub (Pflegezeitgesetz / Arbeitnehmer)

Urlaub in anderen „dringenden Fällen"

*Am Ende des oben unter Nr. 2 zitierten Katalogs der Sonderurlaubstatbestände für Beamt*innen heißt es:*

„Aus anderen wichtigen persönlichen Anlässen oder in größerem Ausmaß als nach vorstehenden Bestimmungen darf Sonderurlaub für die notwendige Dauer der Abwesenheit vom Dienst bei Vorliegen besonderer Umstände im Einzelfall bewilligt werden, sofern nicht dienstliche Gründe entgegenstehen."

Für Tarifbeschäftigte bestimmt § 29 Abs. 3 des Tarifvertrags (Länder): „Der Arbeitgeber kann in sonstigen dringenden Fällen Arbeitsbefreiung unter Fortzahlung des Entgelts bis zu drei Arbeitstagen gewähren. [...]". ⇨ Ermessen

Zur Anwendung dieser Bestimmungen für Beamt*innen und Tarifbeschäftigte siehe Kasten links.

5.
Unterrichtsverlegung

Da ihr Erholungsurlaub durch die Ferien abgegolten ist, können Lehrkräfte außer in bisher dargestellten Fällen in der Regel keinen Urlaub unter Fortzahlung der Dienstbezüge für sonstige persönliche Anlässe erhalten (z.B. Todesfälle, Familienfeiern). Stattdessen können sie auf Antrag ihren Unterricht „verlegen": Das KM hat in Teil B.III.2 der Verwaltungsvorschrift ⇨ Teilzeit/Urlaub (Beamtenrecht) die *„Gewährung von Freizeit gegen Vorarbeiten bzw. Nachholen des Unterrichts und sonstiger Dienstpflichten"* für zulässig erklärt.

Mit der Formulierung: *„sonstiger Dienstpflichten"* lässt das KM explizit auch die Verrechnung dieser „Unterrichtsverlegung" mit außerunterrichtlichen Tätigkeiten zu. Einige Beispiele:

- Eine Lehrkraft wirkt nachmittags an der Aufnahme der Schulneulinge mit;
- eine Lehrkraft bereitet in einer Arbeitsgruppe mit Eltern das jährliche Schulfest vor;
- eine Lehrkraft organisiert die schulinterne Lehrerfortbildung (Pädagogischer Tag usw.);
- die Verbindungslehrerin wendet viel Zeit für die

„Lesehilfe" zu diesen Tabellen auf der vorhergehenden Seite

Lesehilfe zu den Tabellen auf der vorhergehenden Seite

Der Fall: Ein siebenjähriges Kind erkrankt und muss laut ärztlichem Attest zuhause betreut werden. Die Mutter ist Hausfrau, ist aber – ebenfalls laut ärztlichem Attest – selber so erkrankt, dass sie die Betreuung nicht übernehmen kann.

Die Frage: In welchem Umfang steht dem Vater zur Betreuung seines erkrankten Kindes bezahlter Sonderurlaub (Freistellung) **im Kalenderjahr** zu?

Fall 1: Der Vater ist beamteter Lehrer.

1. Der Vater hat Anspruch auf eine Freistellung von bis zu **10 Arbeitstagen**, davon 9 bezahlt.
2. Außerdem hat er Anspruch auf eine bezahlte Freistellung von bis zu **4 Arbeitstagen**.
3. Da das Kind unter 8 Jahre alt und ist und die Betreuungsperson (die Mutter) laut ärztlicher Bescheinigung ausfällt, hat der Vater zusätzlich Anspruch auf eine bezahlte Freistellung von bis zu **4 Arbeitstagen**.

Die Freistellungen nach Nr. 2 und 3 dürfen jedoch zusammen nicht mehr als 5 Arbeitstage im Kalenderjahr umfassen, deshalb sind diese 4 + 4 Tage bei **5 Arbeitstagen** gedeckelt.

Das bedeutet in der Summe: Für dieses kranke Kind hat der Vater Anspruch auf eine Freistellung von bis zu **10** (davon 9 bezahlt) **+ 5 = 15 Arbeitstagen im Kalenderjahr**.

Fall 2: Der Vater ist tarifbeschäftigter Lehrer.

a) Das Kind ist gesetzlich krankenversichert.

1. Der Vater hat Anspruch auf eine Freistellung von bis zu **10 Arbeitstagen** und erhält in dieser Zeit Krankengeld.
2. Da das Kind unter 8 Jahre alt und ist und die Betreuungsperson (z.B. die Mutter) laut ärztlicher Bescheinigung ausfällt, hat der Vater zusätzlich Anspruch auf eine bezahlte Arbeitsbefreiung von bis zu **4 Arbeitstagen**.
3. Da die erkrankte Mutter im gleichen Haushalt lebt, kommt noch **1 Arbeitstag** hinzu.

Zusammen sind das : **10 + 4 + 1 = 15 Arbeitstage.**

b) Das Kind ist privat krankenversichert.

Hier wären es **4 + 4 + 1 Arbeitstage.** Wegen der Obergrenze von 5 Arbeitstagen je Kalenderjahr sind es zusammen jedoch nur **5 Arbeitstage**.

Schülermitverantwortung (SMV) auf, erhält aber keine Anrechnung aus dem „Stundenpool",
- eine Lehrkraft vertritt die Schule bei einer Besprechung mit einer anderen Einrichtung.

Wir raten grundsätzlich, Anträge auf Unterrichtsverlegung immer schriftlich vorzulegen, die Bewilligung schriftlich festzuhalten und aufzuschreiben, wann und in welcher Form das Vorarbeiten bzw. Nachholen stattgefunden hat. ➪ Aktenvermerk

Der ➪ Tarifvertrag-Länder § 29 Abs. 3 bestimmt: *„In begründeten Fällen kann bei Verzicht auf das Entgelt kurzfristige Arbeitsbefreiung gewährt werden, wenn die dienstlichen oder betrieblichen Verhältnisse es gestatten."*

Ein Beispiel hierfür ist laut Protokollnotiz zu TV-L § 29 Abs. 3 ein *„Umzug aus persönlichen Gründen"*.

Auch einer beamteten Lehrkraft kann gemäß ➪ Beamtengesetz (LBG) § 72 Abs. 2 Nr. 2 bei Bedarf ein ein- oder mehrtägiger Urlaub ohne Bezüge bewilligt werden. Wegen des hohen bürokratischen Aufwands wird jedoch in der Regel statt einer Freistellung mit Gehaltsabzug eine Unterrichtsverlegung gewählt, also der ausgefallene Unterricht wird vor- bzw. nachgearbeitet oder durch Erfüllung anderer Dienstpflichten ersetzt.

6. Zuständigkeiten (Genehmigung und Ermessensspielraum)

Zuständig für die Genehmigung von Freistellungen (Sonderurlaub) bis zu einer Dauer von fünf Tagen ist bei Lehrkäften die Schulleitung, bei Schulleiter*innen bzw. bei mehr als fünf Tagen entscheidet die Schulaufsichtsbehörde; bei einer Unterrichtsverlegung beträgt die Obergrenze drei Tage.
➪ Beamtenrecht (Zuständigkeiten im Schulbereich);
➪ Tarifrecht (Zuständigkeiten im Schulbereich)

Die jeweils zuständigen Vorgesetzten besitzen bei
- dem Katalog der Anlässe, in denen Beschäftigte von der Arbeit freigestellt werden (s.o. Nr. 2b)
- der Freistellung von kranken Kindern unter 12 Jahren (s.o. Nr. 3) und
- dem kurzfristigen Pflegeurlaub (s.o. Nr. 4a)

keinen Ermessenspielraum – wenn der entsprechende Sachverhalt vorliegt, müssen sie den Antrag also genehmigen. ➪ Ermessen; ➪ Juristische Terminologie

Bei den unter Nr. 4 und 5 aufgeführten Möglichkeiten handelt es sich zwar um „Kann-Bestimmungen"; diese sollten jedoch zugunsten der Beschäftigten angewandt werden, denn sie bieten, so das KM, *„Ermessensraum für eine am Einzelfall orientierte Entscheidung"*. (Quelle: KM, 21.11. 1996; AZ: I/5-0301.80/42)

➪ Aktenvermerk; ➪ Auslandsschuldienst; ➪ Beamtengesetz (LBG) § 75; ➪ Beamtenstatusgesetz § 44; ➪ Ermessen; ➪ Einstellungserlass Nr. 16; ➪ Krankmeldung (Abwesenheit von Lehrkräften); ➪ Teilzeit / Urlaub (Arbeitnehmer*innen); ➪ Teilzeit / Urlaub (Beamtenrecht); ➪ Teilzeit / Urlaub (Sabbatjahr); ➪ Teilzeit (Pflichten und Rechte); ➪ Tarifvertrag-Länder (TV-L) § 29; ➪ Urlaub (Jugendleiter*innen); ➪ Urlaub (Pflegezeitgesetz); ➪ Urlaub (Prüfungen); ➪ Urlaub (Verordnung – AzUVO § 29)

SGB V § 45: Arbeitsbefreiung mit Krankengeld (siehe Nr. 3b)

§ 45

(1) Versicherte haben Anspruch auf Krankengeld, wenn es nach ärztlichem Zeugnis erforderlich ist, dass sie zur Beaufsichtigung, Betreuung oder Pflege ihres erkrankten und versicherten Kindes der Arbeit fernbleiben, eine andere in ihrem Haushalt lebende Person das Kind nicht beaufsichtigen, betreuen oder pflegen kann und das Kind das zwölfte Lebensjahr noch nicht vollendet hat oder behindert und auf Hilfe angewiesen ist. § 10 Abs. 4 und § 44 Abs. 1 Satz 2 gelten.

Hinweis der Red.: Als „Kinder" gelten auch Stiefkinder und Enkel, die der/die Versicherte überwiegend unterhält, sowie Pflegekinder. Kinder, die mit dem Ziel der Annahme als Kind in die Obhut des Annehmenden aufgenommen sind und für die die zur Annahme erforderliche Einwilligung der Eltern erteilt ist, gelten als Kinder des Annehmenden und nicht mehr als Kinder der leiblichen Eltern. Stiefkinder im Sinne des Satzes 1 sind auch die Kinder des Lebenspartners.

(2) Anspruch auf Krankengeld nach Absatz 1 besteht in jedem Kalenderjahr für jedes Kind längstens für 10 Arbeitstage, für alleinerziehende Versicherte längstens für 20 Arbeitstage. Der Anspruch nach Satz 1 besteht für Versicherte für nicht mehr als 25 Arbeitstage, für alleinerziehende Versicherte für nicht mehr als 50 Arbeitstage je Kalenderjahr.

(3) Versicherte mit Anspruch auf Krankengeld nach Absatz 1 haben für die Dauer dieses Anspruchs gegen ihren Arbeitgeber Anspruch auf unbezahlte Freistellung von der Arbeitsleistung, soweit nicht aus dem gleichen Grund Anspruch auf bezahlte Freistellung besteht. Wird der Freistellungsanspruch nach Satz 1 geltend gemacht, bevor die Krankenkasse ihre Leistungsverpflichtung nach Absatz 1 anerkannt hat, und sind die Voraussetzungen dafür nicht erfüllt, ist der Arbeitgeber berechtigt, die gewährte Freistellung von der Arbeitsleistung auf einen späteren Freistellungsanspruch zur Beaufsichtigung, Betreuung oder Pflege eines erkrankten Kindes anzurechnen. Der Freistellungsanspruch nach Satz 1 kann nicht durch Vertrag ausgeschlossen oder beschränkt werden.

(4) Versicherte haben ferner Anspruch auf Krankengeld, wenn sie zur Beaufsichtigung, Betreuung oder Pflege ihres erkrankten und versicherten Kindes der Arbeit fernbleiben, sofern das Kind das zwölfte Lebensjahr noch nicht vollendet hat oder behindert und auf Hilfe angewiesen ist und nach ärztlichem Zeugnis an einer Erkrankung leidet,

a) die progredient verläuft und bereits ein weit fortgeschrittenes Stadium erreicht hat,
b) bei der eine Heilung ausgeschlossen und eine palliativ-medizinische Behandlung notwendig oder von einem Elternteil erwünscht ist und
c) die lediglich eine begrenzte Lebenserwartung von Wochen oder wenigen Monaten erwarten lässt.

Der Anspruch besteht nur für ein Elternteil. Absatz 1 Satz 2 und Absatz 3 gelten entsprechend.

(5) Anspruch auf unbezahlte Freistellung nach den Absätzen 3 und 4 haben auch Arbeitnehmer, die nicht Versicherte mit Anspruch auf Krankengeld nach Absatz 1 sind.

Urlaub (Pflegezeit – Beamt*innen)

Auszug aus der VO über die Arbeitszeit, den Urlaub, den Mutterschutz, die Erziehungszeit, [...] (Arbeitszeit- und Urlaubsverordnung – AzUVO) vom 29.11.2005 (GBl. S. 716); zuletzt geändert 12.11.2020 (GBl. S. 1050/2020)

§ 48
Fernbleiben vom Dienst, Urlaub und Teilzeitbeschäftigung

(1) Die Voraussetzungen für das Fernbleiben vom Dienst nach § 74 Abs. 1 LBG sind auf Verlangen durch ein ärztliches Zeugnis über die Pflegebedürftigkeit oder die Erforderlichkeit der Maßnahmen nach § 74 Abs. 1 LBG nachzuweisen. Als pflegebedürftig im Sinne von § 74 Abs. 1 LBG gelten Personen, die die Voraussetzungen nach den §§ 14 und 15 des Elften Buches Sozialgesetzbuch erfüllen oder voraussichtlich erfüllen werden.

➪ Beamtengesetz (LBG) § 74

(2) Bei Urlaub nach § 74 Absatz 2 LBG oder Teilzeitbeschäftigung nach § 74 Absatz 2 und 3 LBG haben Beamtinnen und Beamte die Pflegebedürftigkeit der oder des nahen Angehörigen durch Vorlage einer Bescheinigung der Pflegekasse oder des Medizinischen Dienstes der Krankenversicherung nachzuweisen. Bei in der privaten Pflege-Pflichtversicherung versicherten Pflegebedürftigen ist ein entsprechender Nachweis zu erbringen. Als pflegebedürftig im Sinne von § 74 Abs. 2 und 3 LBG gelten Personen, die die Voraussetzungen nach den §§ 14 und 15 des Elften Buches Sozialgesetzbuch erfüllen.

(3) Zur Inanspruchnahme von Urlaub oder Teilzeitbeschäftigung nach § 74 Absatz 4 LBG ist die Erkrankung naher Angehöriger durch ärztliches Zeugnis nachzuweisen.

(4) Der Urlaub oder die Aufnahme einer Teilzeitbeschäftigung nach § 74 Absatz 2 bis 4 LBG sind spätestens zwei Wochen vor Beginn schriftlich zu verlangen oder zu beantragen. Bei Vorliegen dringender Gründe ist ausnahmsweise eine angemessene kürzere Frist möglich. Dabei ist gleichzeitig zu erklären, für welchen Zeitraum und in welchem Umfang der Urlaub oder die Teilzeitbeschäftigung in Anspruch genommen werden sollen. Im Falle eines Antrags auf Teilzeitbeschäftigung ist auch die gewünschte Verteilung der Arbeitszeit anzugeben.

§ 48a
Krankenfürsorge, Erstattung von Kranken- und Pflegeversicherungsbeiträgen

Während eines Urlaubs unter Wegfall der Bezüge nach § 74 werden Leistungen entsprechend den §§ 46 und 47 gewährt.

Hinweis der Redaktion: Der Beihilfeanspruch bleibt demnach entsprechend ➪ Elternzeit (Beamt*innen) §§ 46-47 erhalten.

§ 48b
Änderung der Inanspruchnahme von Pflegezeiten

(1) Der Urlaub oder die Teilzeitbeschäftigung nach § 74 Absatz 2 LBG können bis längstens sechs Monate, eine Teilzeitbeschäftigung nach § 74 Absatz 3 LBG bis längstens 24 Monate, insgesamt jedoch nur bis zur Höchstdauer von 24 Monaten, für jede pflegebedürftige nahe Angehörige oder jeden pflegebedürftigen nahen Angehörigen in Anspruch genommen werden. Für einen kürzeren Zeitraum in Anspruch genommener Urlaub oder in Anspruch genommene Teilzeitbeschäftigung kann bis zur Höchstdauer verlängert werden. Auf die Verlängerung besteht ein Anspruch, wenn ein vorgesehener Wechsel in der pflegenden Person aus einem wichtigen Grund nicht erfolgen kann.

(2) Ist die Pflegebedürftigkeit entfallen oder ist die häusliche Pflege, die häusliche oder außerhäusliche Betreuung nach § 74 Absatz 2 und 3 LBG oder die Begleitung nach § 74 Absatz 4 LBG unmöglich oder unzumutbar geworden, endet der Urlaub oder die Teilzeitbeschäftigung nach § 74 Absatz 2 bis 4 LBG vier Wochen nach Eintritt der veränderten Umstände. Die Bewilligungsbehörde ist über die veränderten Umstände unverzüglich zu unterrichten. Die Rückkehr aus dem Urlaub, der Übergang zur Vollzeitbeschäftigung oder eine Änderung des Umfangs der Teilzeitbeschäftigung ist auf Antrag zuzulassen, wenn der Beamtin oder dem Beamten die Fortsetzung des Urlaubs oder der Teilzeitbeschäftigung nicht zugemutet werden kann und dienstliche Belange nicht entgegenstehen.

➪ Beamtengesetz (LBG) § 74; ➪ Elternzeit (Beamt*innen) § 46-47; ➪ Urlaub (Lehrkräfte – Allgemeines)

Stichwort: Rente durch Pflege auch für Beamt*innen

Nicht nur Lehrkräfte im Arbeitnehmerverhältnis, sondern auch Beamt*innen können in der Rentenversicherung einen Rentenanspruch erwerben oder vorhandene Rentenzeiten auffüllen, wenn sie bei der Pflegekasse als pflegende Person von Angehörigen mit mindestens Pflegestufe 2 angemeldet sind. Diese „Pflegezeit" zählt als Beitragszeit in der Rentenversicherung und wird für die sogenannte Wartezeit (z.B. für die Regelaltersrente 60 Beitragsmonate) angerechnet. Auf diese Weise können beispielsweise Lehrkräfte, die vor der Verbeamtung als Arbeitnehmer*in tätig waren, aber bisher die 60-Monats-Frist nicht erfüllen, in den Genuss einer gesetzlichen Rente kommen.

Die Pflegekasse oder private Pflegeversicherung des Pflegebedürftigen muss Rentenversicherungsbeiträge für die pflegende Person zahlen. Das Rentenplus, das sich später daraus ergibt, liegt für ein Jahr Pflege nach derzeitigen Werten (2021) zwischen 5 Euro und 30 Euro im Monat.

➪ Renten und Ruhestand (Arbeitnehmer*innen); ➪ Beamtenversorgung und Renten

Urlaub (Pflegezeitgesetz – Arbeitnehmer*innen)

Informationen der Redaktion zur Rechtslage und zur Verwaltungspraxis in Baden-Württemberg

A.
Vorbemerkung der Redaktion

Durch das Pflegezeitgesetz (2008) sowie durch das Familienpflegezeitgesetz (2015) wurden zwei – inhaltlich miteinander gekoppelte – Möglichkeiten zur Entlastung von Beschäftigten geschaffen, die pflegebedürftige nahe Angehörige betreuen. Beide Gesetze beziehen sich nur auf eine – nicht erwerbsmäßige – Pflege naher Angehöriger von Arbeitnehmer*innen im häuslichen Bereich. Die Regelungen für Beamtinnen und Beamte sind unter ⇨ Urlaub (Pflegezeit – Beamt*innen) abgedruckt.

1.
Pflegezeitgesetz

Lehrkräfte im Arbeitnehmerverhältnis an öffentlichen Schulen besitzen nach dem Pflegezeitgesetz (s.u. Teil B) einen Anspruch, sich in akuten Pflegesituationen bis zu 10 Tage sowie im Anschluss daran für maximal sechs Monate von der Arbeit freistellen zu lassen oder in Teilzeit zu arbeiten, um einen pflegebedürftigen nahen Angehörige zu betreuen.

2.
Familienpflegezeitgesetz

Das Familienpflegezeitgesetz (6.12.2011, BGBl. I S. 2564; zuletzt geändert 23.12.2014, BGBl. I S. 2462) ermöglicht auf Antrag den Beschäftigten, die wegen der Pflege von nahen Angehörigen für maximal 24 Monate ihre Arbeitszeit auf bis zu 15 Wochenstunden reduzieren, ihr Einkommen durch einen Entgeltvorschuss aufzustocken und anschließend bei reduziertem Gehalt wieder voll zu arbeiten, bis die durch den Vorschuss vorab vergütete Arbeitszeit nachgearbeitet ist. Diese Variante ist für Lehrkräfte im Arbeitnehmerverhältnis an öffentlichen Schulen nicht sehr attraktiv, denn im öffentlichen Dienst bestehen bessere Möglichkeiten zur Freistellung. Wir drucken deshalb in Teil B nur die für Lehrkräfte im Arbeitnehmerverhältnis an öffentlichen Schulen einschlägigen Bestimmungen des Pflegezeitgesetzes ab.

B.
Pflegezeitgesetz

Auszug aus dem Pflegezeitgesetz vom 28.5.2008 (BGBl. I S. 874/2008); zul. geändert 29.3.2021 (BGBl. I S. 370)

§ 2
Kurzzeitige Arbeitsverhinderung

(1) Beschäftigte haben das Recht, bis zu zehn Arbeitstage der Arbeit fernzubleiben, wenn dies erforderlich ist, um für einen pflegebedürftigen nahen Angehörigen in einer akut aufgetretenen Pflegesituation eine bedarfsgerechte Pflege zu organisieren oder eine pflegerische Versorgung in dieser Zeit sicherzustellen.

(2) Beschäftigte sind verpflichtet, dem Arbeitgeber ihre Verhinderung an der Arbeitsleistung und deren voraussichtliche Dauer unverzüglich mitzuteilen. Dem Arbeitgeber ist auf Verlangen eine ärztliche Bescheinigung über die Pflegebedürftigkeit des nahen Angehörigen und die Erforderlichkeit der in Absatz 1 genannten Maßnahmen vorzulegen.

(3) Der Arbeitgeber ist zur Fortzahlung der Vergütung nur verpflichtet, soweit sich eine solche Verpflichtung aus anderen gesetzlichen Vorschriften oder aufgrund einer Vereinbarung ergibt. Ein Anspruch der Beschäftigten auf Zahlung von Pflegeunterstützungsgeld richtet sich nach § 44a Absatz 3 des Elften Buches Sozialgesetzbuch.

Hinweise der Redaktion:

1. Mit „anderen gesetzlichen Vorschriften" ist beispielsweise die Bestimmung gemeint, dass gesetzlich Krankenversicherte gem. § 45 SGB V Anspruch auf Krankengeld haben, wenn es nach ärztlichem Zeugnis erforderlich ist, dass sie zur Beaufsichtigung, Betreuung oder Pflege ihres erkrankten und versicherten Kindes kurzfristig der Arbeit fernbleiben. ⇨ Urlaub (Lehrkräfte – Allgemeines)
2. Das „Pflegeunterstützungsgeld" ist eine Lohnersatzleistung. Sie beträgt brutto 90 % des ausgefallenen Nettoarbeitsentgelts bzw. 100 % des ausgefallenen Nettoarbeitsentgelts, wenn in den letzten 12 Kalendermonaten vor der Freistellung eine beitragspflichtige Einmalzahlung erfolgte. Das Pflegeunterstützungsgeld darf das Höchstkrankengeld von 105,88Euro pro Tag (Stand: 2019) nicht übersteigen.
3. „Arbeitgeber" im Sinne dieses Gesetzes ist für Lehrkräfte an öffentlichen Schulen das Regierungspräsidium. Damit wird die Mindest-Beschäftigtenzahl gem § 3 überschritten.

§ 3
Pflegezeit

(1) Beschäftigte sind von der Arbeitsleistung vollständig oder teilweise freizustellen, wenn sie einen pflegebedürftigen nahen Angehörigen in häuslicher Umgebung pflegen (Pflegezeit). Der Anspruch nach Satz 1 besteht nicht gegenüber Arbeitgebern mit in der Regel 15 oder weniger Beschäftigten.

(2) Die Beschäftigten haben die Pflegebedürftigkeit des nahen Angehörigen durch Vorlage einer Bescheinigung der Pflegekasse oder des Medizinischen Dienstes der Krankenversicherung nachzuweisen. Bei in der privaten Pflege-Pflichtversicherung versicherten Pflegebedürftigen ist ein entsprechender Nachweis zu erbringen.

(3) Wer Pflegezeit beanspruchen will, muss dies dem Arbeitgeber spätestens zehn Arbeitstage vor Beginn schriftlich ankündigen und gleichzeitig erklären, für welchen Zeitraum und in welchem Umfang die Freistellung von der Arbeitsleistung in Anspruch genommen werden soll. Wenn nur teilweise Freistellung in Anspruch genommen wird, ist auch die gewünschte Verteilung der Arbeitszeit anzugeben. [...]

(4) Wenn nur teilweise Freistellung in Anspruch

genommen wird, haben Arbeitgeber und Beschäftigte über die Verringerung und die Verteilung der Arbeitszeit eine schriftliche Vereinbarung zu treffen. Hierbei hat der Arbeitgeber den Wünschen der Beschäftigten zu entsprechen, es sei denn, dass dringende betriebliche Gründe entgegenstehen. [...]

(6) Beschäftigte sind zur Begleitung eines nahen Angehörigen von der Arbeitsleistung vollständig oder teilweise freizustellen, wenn dieser an einer Erkrankung leidet, die progredient verläuft und bereits ein weit fortgeschrittenes Stadium erreicht hat, bei der eine Heilung ausgeschlossen und eine palliativmedizinische Behandlung notwendig ist und die lediglich eine begrenzte Lebenserwartung von Wochen oder wenigen Monaten erwarten lässt. Beschäftigte haben diese gegenüber dem Arbeitgeber durch ein ärztliches Zeugnis nachzuweisen. Absatz 1 Satz 2, Absatz 3 Satz 1 und 2 und Absatz 4 gelten entsprechend. § 45 des Fünften Buches Sozialgesetzbuch bleibt unberührt.

(7) Ein Anspruch auf Förderung richtet sich nach den §§ 3, 4, 5 Absatz 1 Satz 1 und Absatz 2 sowie den §§ 6 bis 10 des Familienpflegezeitgesetzes.

Hinweis der Redaktion: In der Regel werden die Beiträge für pflegende Angehörige in die Rentenversicherung (RV) durch die Pflegeversicherung entrichtet, die RV bleibt dann bestehen und Entgeltpunkte werden gutgeschrieben. Die pflegenden Angehörigen sind über die Familienversicherung in der Krankenversicherung abgesichert. Ist keine Familien-Mitversicherung möglich, muss man sich freiwillig in der GKV versichern (in der Regel mit dem Mindestbeitrag). Beschäftigte, die nach § 3 PflegeZG von der Arbeitsleistung ganz freigestellt werden, können auf Antrag einen Zuschuss zur Kranken- und Pflegeversicherung nach § 44a Abs. 1 SGB XI erhalten (auch wenn aufgrund der Teil-Freistellung ein Arbeitsentgelt erzielt wird, das 450 Euro monatlich nicht übersteigt). Beschäftigte, die eine Pflegezeit gemäß § 3 PflegeZG in Anspruch nehmen, sind auch in der Arbeitslosenversicherung versichert. Die Beiträge werden von der Pflegekasse der zu pflegenden Person übernommen; ist diese privat versichert, trägt die private Versicherung die Beiträge.

§ 4
Dauer der Inanspruchnahme

(1) Die Pflegezeit nach § 3 beträgt für jeden pflegebedürftigen nahen Angehörigen längstens sechs Monate (Höchstdauer). Für einen kürzeren Zeitraum in Anspruch genommene Pflegezeit kann bis zur Höchstdauer verlängert werden, wenn der Arbeitgeber zustimmt. Eine Verlängerung bis zur Höchstdauer kann verlangt werden, wenn ein vorgesehener Wechsel in der Person des Pflegenden aus einem wichtigen Grund nicht erfolgen kann. Pflegezeit und Familienpflegezeit nach § 2 des Familienpflegezeitgesetzes dürfen gemeinsam die Gesamtdauer von 24 Monaten je pflegebedürftigem nahen Angehörigen nicht überschreiten. Die Pflegezeit wird auf Berufsbildungszeiten nicht angerechnet.

(2) Ist der nahe Angehörige nicht mehr pflegebedürftig oder die häusliche Pflege des nahen Angehörigen unmöglich oder unzumutbar, endet die Pflegezeit vier Wochen nach Eintritt der veränderten Umstände. Der Arbeitgeber ist über die veränderten Umstände unverzüglich zu unterrichten. Im Übrigen kann die Pflegezeit nur vorzeitig beendet werden, wenn der Arbeitgeber zustimmt.

(3) [...] Für die Freistellung nach § 3 Absatz 6 gilt eine Höchstdauer von drei Monaten je nahem Angehörigen. Für die Freistellung nach § 3 Absatz 6 gelten Absatz 1 Satz 2, 3 und 5 sowie Absatz 2 entsprechend; [...]

§ 5 (Kündigungsschutz) und
§ 6 (Befristete Verträge) hier nicht abgedruckt

§ 7
Begriffsbestimmungen

(1) Beschäftigte im Sinne dieses Gesetzes sind

1. Arbeitnehmerinnen und Arbeitnehmer, [...]

(3) Nahe Angehörige im Sinne dieses Gesetzes sind

1. Großeltern, Eltern, Schwiegereltern, Stiefeltern,
2. Ehegatten, Lebenspartner, Partner einer eheähnlichen oder lebenspartnerschaftsähnlichen Gemeinschaft, Geschwister, Schwägerinnen und Schwäger,
3. Kinder, Adoptiv- oder Pflegekinder, die Kinder, Adoptiv- oder Pflegekinder des Ehegatten oder Lebenspartners, Schwiegerkinder und Enkelkinder.

(4) Pflegebedürftig im Sinne dieses Gesetzes sind Personen, die die Voraussetzungen nach den §§ 14 und 15 des Elften Buches Sozialgesetzbuch erfüllen. Pflegebedürftig im Sinne von § 2 sind auch Personen, die die Voraussetzungen nach den §§ 14 und 15 des Elften Buches Sozialgesetzbuch voraussichtlich erfüllen.

§ 8
Unabdingbarkeit

Von den Vorschriften dieses Gesetzes kann nicht zuungunsten der Beschäftigten abgewichen werden.

⇨ Teilzeit/Urlaub (Beamtenrecht); ⇨ Tarifvertrag-Länder (TV-L) § 28; ⇨ Urlaub (Lehrkräfte – Allgemeines); ⇨ Urlaub (Pflegezeit – Beamt*innen)

Stichwort: Vor Teilzeit und Urlaub beraten lassen

Wer sich beurlauben lassen will oder eine Teilzeitbeschäftigung in Erwägung zieht, sollte sich nicht ungeprüft in einen neuen Lebensabschnitt stürzen, denn oft gibt es verschiedene Varianten. Bisweilen geht es dabei um recht viel Geld. GEW-Mitglieder sollten deshalb die Erfahrung und Kompetenz unserer Bezirksgeschäftsstellen nutzen und sich beraten lassen. Die GEW rechnet beispielsweise die Auswirkungen auf die späteren Versorgungsbezüge aus und gibt Tipps für die Antragstellung.

Die Anschriften der Bezirksgeschäftsstellen stehen im Adressenteil des Jahrbuchs.

Urlaub (Privatschuldienst)

Informationen der Redaktion zur Rechtslage und zur Verwaltungspraxis in Baden-Württemberg

Beamtete Lehrkräfte des Landes können bis zu 15 Jahre für den Dienst an Privatschulen (Ersatzschulen und Freie Waldorfschulen) in Baden-Württemberg (!) beurlaubt werden. Eine Verlängerung ist insbesondere möglich, wenn die Lehrkraft

- mit Ablauf der Höchstbeurlaubungsdauer das 55. Lebensjahr vollendet hat,
- an der Privatschule eine Funktionsstelle inne hat,
- in einer Schulart/einem Schultyp/einem Förderschwerpunkt unterichtet, für die/den es in der Raumschaft kein öffentliches Angebot gibt,
- an keiner öffentlichen Schule eingesetzt werden kann oder
- ein besonderes Landesinteresse vorliegt.

Tarifbeschäftigte des Landes können nicht für den Dienst an Privatschulen beurlaubt werden. Sie müssen das Arbeitsverhältnis mit dem Land beenden.

(Quelle: KM 4.12.2018; AZ: 13-0301.81/31)

Gesetzliche Grundlage (§ 11 PSchG)

Der einschlägige § 11 des Privatschulgesetzes (PSchG) hat den folgenden Wortlaut:

(1) Beamtete Lehrkräfte im Landesdienst können für eine Gesamtdauer von bis zu 15 Jahren zur Dienstleistung an Ersatzschulen im Land beurlaubt werden. Die Beurlaubung kann auf Antrag verlängert werden. Die Zeit, während der eine beurlaubte Lehrkraft an einer Ersatzschule tätig ist, ist entsprechend einer Tätigkeit an einer öffentlichen Schule ruhegehaltfähig.

(2) Für Lehrkräfte, die vom Land nach Absatz 1 erstmalig zur Dienstleistung an den in § 18 Absatz 2a genannten Ersatzschulen beurlaubt werden, hat der Träger der Ersatzschule eine Versorgungsabgabe an das Land zu entrichten. Die Versorgungsabgabe beträgt je Lehrkraft und je Monat, für den die Lehrkraft zur Dienstleistung an der Ersatzschule beurlaubt ist, pauschal 20 Prozent der Endstufe der Entgeltgruppe 13 TV-L unter Berücksichtigung der jeweils geltenden Entgelttabelle. [...]

(3) Eine Beurlaubung an eine Ersatzschule eines anderen Schulträgers steht einer erstmaligen Beurlaubung gleich. Endet die Beurlaubung und kehrt die Lehrkraft in den öffentlichen Schuldienst zurück, so steht eine erneute Beurlaubung nach Absatz 1 einer erstmaligen Beurlaubung gleich. Wird während der Beurlaubung ein Urlaub nach § 72 Absatz 1 des Landesbeamtengesetzes gewährt und wird die Beurlaubung nach Absatz 1 in unmittelbarem Anschluss an diesen Urlaub beim selben Schulträger fortgesetzt, gilt dies als Fortsetzung der erstmaligen Beurlaubung. ➪ Privatschulgesetz

Aus der Vollzugsverordnung zum Privatschulgesetz:

13. Beurlaubung staatlicher Lehrer

(2) Für die Beurlaubung an andere als die in § 11 PSchG genannten Privatschulen gelten die allgemeinen Urlaubsbestimmungen.

14. Anrechnung der Dienstzeiten (§§ 11 und 12 PSchG)

Bei der Festsetzung [...] der ruhegehaltsfähigen Dienstzeit sind die an Ersatzschulen innerhalb des Landes verbrachten Dienstzeiten wie bei einer Verwendung als Beamter im Landesdienst zu berücksichtigen. Die besoldungsrechtliche Bewertung der Tätigkeit richtet sich nach der Art der Tätigkeit und danach, ob der Beamte die Anstellungsfähigkeit für das seiner Tätigkeit entsprechende Lehramt an öffentlichen Schulen hatte. [...]

Hinweise der Redaktion:

1. Damit die Zeit an der Privatschule ruhegehaltfähig ist, muss zusammen mit der Urlaubsbewilligung auch das dienstliche Interesse schriftlich anerkannt werden.
2. Tarifbeschäftigten Lehrkräften können bei einer anschließenden Beschäftigung im Landesdienst Zeiten einer Tätigkeit an einer Privatschule nach Maßgabe von ➪ Tarifvertrag-Länder (TV-L) § 16, 17 für die Stufenzuordnung angerechnet werden.
3. Bei der Einstellung in das Beamtenverhältnis werden maximal 10 Jahre im Angestelltenverhältnis an einer privaten Ersatzschule für die Stufenzuordnung im Beamtenverhältnis angerechnet. ➪ Beamtenbesoldungsgesetz § 32
4. Funktionsstelleninhaber*innen können grundsätzlich nur dann an Privatschulen, Kirchen und sonstige Einrichtungen beurlaubt, freigestellt bzw. zugewiesen werden, wenn sie sich zuvor in ein Ausgangsamt rückernennen lassen. Neben versorgungsrechtlichen Fragen und der für eine Nachbesetzung erforderlichen Ausbringung einer Leerstelle im Staatshaushaltsplan ist hierfür maßgebend, dass ihnen nicht die Rückkehr in eine entsprechende Funktion im Staatsdienst und an einen bestimmten Standort zugesagt werden kann. Versorgungsrechtlich entstehen den Zurückernannten keine Nachteile, wenn sie an der Privatschule eine Funktionsstelle übernehmen und die betreffende Einrichtung zusichert, dass sie den Differenzbetrag zwischen der staatlichen Versorgung aus dem durch Rückernennung niederwertigen Amt und dem ausgeübten (höherwertigen) Amt übernimmt; so wird beispielsweise verfahren, wenn ein Studiendirektor das Amt eines Schuldekans im Kirchendienst übernimmt.

Weitere Informationen zum Dienst an privaten Ersatzschulen

Beschäftigungsbedingungen und Vergütung

Beurlaubte Beamt*innen unterliegen während der Dienstzeit an der Privatschule den bei dem privaten Träger geltenden Beschäftigungs- und Vergütungsbedingungen. Für die Dauer der Beurlaubung erfolgt keine Besoldung durch das Land und es besteht kein Beihilfeanspruch. Die Vergütung und die Absicherung im Krankheitsfall sowie die sonstigen Arbeitsbedingungen werden ausschließlich mit der Privatschule im Rahmen eines privatrechtlichen Arbeitsverhältnisses vereinbart. Die einzelne Schule entscheidet selbst, welche Regelungen des öffentlichen Schuldiensts an ihr gelten. Da nach ➪ Privatschulgesetz § 17 ff. nur staatlich anerkannten SBBZ die volle Personalkostenrefinanzierung zusteht, hat man ausschließlich an dieser Schulart die Garantie, das gleiche Einkommensniveau wie im Staatsdienst zu haben. Gehälter und Arbeitsbedingungen an allen anderen Schularten können von denen des Staatsdienstes abweichen. Das Bundesarbeitsgericht hat entschieden, dass erst bei einer Bezahlung von weniger als 75 % einer vergleichbaren Lehrkraft im öffentlichen Schuldienst eine sittenwidrige Arbeitsvergütung vorliegt (BAG 26.04.2006 – 5 AZR 549/05).

Mit der Beendigung des Vertragsverhältnisses mit der Privatschule endet auch die Beurlaubung. Der/die betreffende Beamt*in kehrt mit sofortiger Wirkung in den Landesdienst zurück. Umgekehrt ist mit dem Ende der Beurlaubung nicht automatisch die Beendigung des Vertragsverhältnisses mit der Privatschule verbunden, sondern hierfür gelten die im Dienst- oder Arbeitsvertrag mit dem privaten Träger geregelten Kündigungsfristen.

Für an private Gymnasien oder private berufliche Schulen beurlaubte Lehrkräfte werden zum Ausgleich für die fehlenden Ausschreibungsstellen an Privatschulen im Beförderungsverfahren stets weitere jüngere Beförderungsjahrgänge geöffnet, um eine gleichartige Beförderungssituation zu schaffen. Im Rahmen des Ausschreibungsverfahrens für A 14-Stellen können beurlaubte Lehrkräfte nur dann berücksichtigt werden, wenn sie ihre Beurlaubung zur Privatschule aufgeben und sich auf eine Stelle an einer Schule im Landesdienst bewerben. Gleiches gilt für Absolvent*innen von HoLa-Lehrgängen.

⇨ Beförderung (Oberstudienrat*rätin); Laufbahnwechsel Ziff. 4

Kranken- und Rentenversicherung

An Privatschulen beurlaubte Beamt*innen sind gem. SGB V § 6 Nr. 5 von der Krankenversicherungspflicht befreit. Von der Rentenversicherungspflicht können sie befreit werden, wenn

1. das Land ihnen eine Anwartschaft auf lebenslängliche Versorgung und auf Hinterbliebenenversorgung i.S.v. § 5 Abs. 1 Satz 1 Nr. 2 SGB VI i.V.m. § 5 Abs. 1 Satz 2 SGB VI in dieser Beschäftigung zusichert ⇨ Gewährleistungsbescheid
   und
2. der private Arbeitgeber zusichert, dass er im Falle einer späteren Nachversicherung in der gesetzlichen Rentenversicherung (z.B. im Falle einer Entlassung aus dem Beamtenverhältnis) dem Land die vollen Kosten erstattet.

Ruhegehaltfähigkeit von Beurlaubungszeiten

Eine Beurlaubung für den Dienst an einer staatlich anerkannten Ersatzschule ist nur im Rahmen des Amtes, aus dem man beurlaubt ist – auch wenn man an der Privatschule mehr oder weniger verdient oder eine Funktionsstelle inne hat – ruhegehaltfähige Dienstzeit. Die Anerkennung des dienstlichen Interesses muss bereits mit der schriftlichen Urlaubsgenehmigung erfolgen.

Bei Beamtinnen, Beamten, [...] des Landes [...] sind Zeiten einer Beurlaubung ohne Dienstbezüge [...] zur Wahrnehmung einer Lehrtätigkeit bei einer als Ersatz für eine öffentliche Schule staatlich genehmigten Privatschule, [...] unter dem Vorbehalt ruhegehaltfähig, dass aus der während der Beurlaubung ausgeübten Tätigkeit keine Versorgung, Rente oder ähnliche Leistung gewährt wird. Dieser Vorbehalt entfällt, wenn während der Beurlaubung eine Versorgungsleistung erworben wird, die im Rahmen der §§ 54 bis 56 BeamtVG zu berücksichtigen ist, oder nicht höher ist als der Unterschied zwischen den beamtenrechtlichen Versorgungsbezügen und den entsprechenden Versorgungsbezügen eines Beamten mit ruhegehaltfähigen Dienstbezügen in Höhe der zuletzt während der Beurlaubung gezahlten Vergütung. [...]Der/die Beurlaubte ist bei einer Teilzeitbeschäftigung verpflichtet, dem Landesamt für Besoldung und Versorgung Baden-Württemberg einen entsprechenden Nachweis vorzulegen, aus dem Art und Dauer der Teilzeitbeschäftigung und der Umfang der geleisteten sowie der regelmäßigen wöchentlichen Arbeitszeit ersichtlich sind. Die Zeit eines evtl. Urlaubs ohne Arbeitsentgelt aus persönlichen Gründen während der Tätigkeit (z.B. Elternzeit oder Urlaub aus familiären Gründen) ist nicht ruhegehaltfähig. Der/die Beurlaubte ist verpflichtet, dem Landesamt [...] einen Nachweis über Art und Dauer des Urlaubs vorzulegen. [...] (Quelle: Landesamt, 9.2.2009; AZ: 0331.1-30/0334.5)

Beginnt die Lehrkraft ihren Dienst an der Privatschule und wird erst danach verbeamtet, so ist die im Arbeitnehmerverhältnis an der Privatschule verbrachte Zeit nur im Umfang von maximal fünf Jahren ruhegehaltfähig. Zeiten, für die ein Anspruch in der Rentenversicherung besteht, sind nicht ruhegehaltfähig.

Einstellung in den Landesdienst bei gleichzeitiger Beurlaubung

Lehrkräfte, die noch nicht im Dienst des Landes stehen, können sich um eine Einstellung in den Landesdienst bei gleichzeitiger Beurlaubung in den Privatschuldienst bewerben, wenn

- sie einen unbefristeten Arbeitsvertrag – ggfls. mit der aufschiebenden Bedingung, dass eine Beurlaubung in den Privatschuldienst erfolgt – mit einer in Baden-Württemberg gelegenen staatlich anerkannten Privatschule nachweisen,
- entsprechende freie und besetzbare Stellen im Hauptverfahren zur Verfügung stehen,
- sie im Listenauswahlverfahren die Leistungskriterien für eine Einstellung in den öffentlichen Schuldienst erfüllen und
- sie die sonstigen Voraussetzungen zur Übernahme in das Beamtenverhältnis erfüllen und
- die Bescheinigung der Privatschule bezüglich der Zustimmung zur Beurlaubung fristgerecht vorgelegt wird. ⇨ Einstellungserlass Nr. 15

Vertretung der Beschäftigten / Mitbestimmung

Lehnt das RP einen Antrags auf Beurlaubung ab, so ist der schulische Bezirkspersonalrat nur auf Antrag des/der Beschäftigten zu beteiligen.

⇨ Personalvertretungsgesetz (LPVG) § 75 Abs. 3 Nr. 6

Für beurlaubte Beamt*innen ist die staatliche Personalvertretung – außer in Angelegenheiten der Rückkehr in den Landesdienst – nicht zuständig; sie besitzen bei den Personalratswahlen im Schulbereich des Landes weder das aktive noch das passive Wahlrecht. Sie werden in der Zeit ihrer Beurlaubung vom Betriebsrat oder der Mitarbeitervertretung des Privatschulträgers vertreten (zu diesen Gremien besitzen sie das volle aktive und passive Wahlrecht).

⇨ Beamtenbesoldungsgesetz § 32; ⇨ Einstellungserlass Nr. 16; ⇨ Gewährleistungsbescheid; ⇨ Laufbahnwechsel Ziff. 4
⇨ Personalvertretungsgesetz (LPVG) § 75; ⇨ Privatschulgesetz; ⇨ Tarifvertrag-Länder (TV-L) § 16, 17

Urlaub (Prüfungen)

Dienstbefreiung im Vorbereitungsdienst für die Zweite Staatsprüfung bzw. die Laufbahnprüfung; Verwaltungsvorschrift des Kultusministeriums vom 21. Oktober 2002 (K.u.U. S. 343/2002)

Studienreferendarinnen und Studienreferendare sowie Lehramtsanwärterinnen und Lehramtsanwärter sind an folgenden Tagen von ihren weiteren dienstlichen Verpflichtungen befreit:

1. am Tage einer Prüfung,
2. an insgesamt zwei weiteren Tagen nach ihrer Aufteilung. Diese Tage müssen unmittelbar vor einem Prüfungstag liegen.

Hinweis der Redaktion: Soweit die Prüfungsordnung regelt, dass die Prüfungskommission über das Thema der Lehrprobe/Unterrichtssequenz entscheidet, darf die Inanspruchnahme der Freistellung gemäß Nr. 1 unmittelbar vor einer Lehrprobe/Unterrichtssequenz nicht Ursache für eine Änderung des festgesetzten Stundenthemas sein. Gegebenenfalls kann die Freistellung nur für einen anderen Prüfungsteil in Anspruch genommen werden. Im Falle der Inanspruchnahme der Freistellung unmittelbar vor einer Lehrprobe/Unterrichtssequenz teilt die Schulleitung dieses unverzüglich dem Vorsitzenden der jeweiligen Prüfungskommission mit.

„An insgesamt zwei weiteren Tagen nach ihrer Aufteilung" bedeutet, dass der Anwärter zwei Schultage (ohne Samstage, Sonn- und Feiertage) einzeln oder zusammenhängend in Anspruch nehmen kann. Diese zwei Tage müssen unmittelbar vor einem Prüfungstag liegen. Ist die Prüfung z.B. an einem Montag, kann sich der Referendar/Anwärter nicht am Donnerstag und Freitag freistellen lassen, da diese Tage nicht unmittelbar vor der Prüfung liegen. Er kann diese zwei Freistellungstage vielmehr vor anderen Prüfungsteilen einsetzen. (Quelle: KM, 21.10.2002)

⇨ Urlaub (Lehrkräfte – Allgemeines)

Urlaub (Verordnung)

Auszug aus der VO über die Arbeitszeit, den Urlaub, den Mutterschutz, die Erziehungszeit, [...] (Arbeitszeit- und Urlaubsverordnung – AzUVO) vom 29.11.2005 (GBl. S. 716); zuletzt geändert 20. November 2020 (GBl. S. 1050/2020)

3. Abschnitt – Urlaub

1. Unterabschnitt Erholungsurlaub

§ 21
Dauer des Jahresurlaubs

(1) Der Jahresurlaub beträgt für Beamtinnen und Beamte, deren Arbeitszeit in der Regel auf fünf Tage in der Kalenderwoche verteilt ist, 30 Arbeitstage. [...]

(4) Für beamtete Lehrkräfte und für Beamtinnen und Beamte in Ausbildung während eines Studiums wird der Erholungsurlaub durch die Ferien abgegolten. Bleibt infolge einer dienstlichen Inanspruchnahme während der Ferien die Zahl der verbleibenden dienstfreien Ferientage hinter der Zahl der Urlaubstage zurück, werden nur die dienstfreien Ferientage auf den Erholungsurlaub angerechnet.[...]

Hinweise der Redaktion:

1. Auch tarifbeschäftigte Lehrkräfte müssen den Urlaub in den Ferien nehmen.
2. In den außerschulischen Bereich abgeordnete Lehrkräfte haben für den Teil, mit dem sie abgeordnet sind, Anspruch auf anteiligen Erholungsurlaub, sofern mit dem jeweiligen Dienstherrn keine andere Regelung vereinbart wurde.

⇨ Tarifvertrag-Länder (TV-L) § 44

§ 23
Zusatzurlaub in sonstigen Fällen (nicht abgedruckt)

Hinweis der Redaktion: Schwerbehinderte (ab GdB 50) haben nach § 208 SGB IX Anspruch auf einen jährlichen Zusatzurlaub von 5 Arbeitstagen, gleichgestellte Beamt*innen (ab GdB 30) haben gem. § 23 AzUVO Anspruch auf 3 Arbeitstage. Bei Lehrkräften gilt dieser Anspruch durch die Schwerbehindertenermäßigung als abgegolten.

⇨ Arbeitszeit (Lehrkräfte-ArbeitszeitVO) § 5; ⇨ Schwerbehinderung (Allgemeines) Abschnitt B

§ 25 a
Vergütung für bis zur Beendigung des Dienstverhältnisses nicht erfüllten Urlaubsanspruch

(1) Aus dem Dienstverhältnis ausgeschiedenen Beamtinnen und Beamten sind von Amts wegen nicht verfallene Tage an Jahresurlaub zu vergüten, die sie bis zur Beendigung des Dienstverhältnisses tatsächlich nicht nehmen konnten. Zu vergüten sind danach im Kalenderjahr 20 Urlaubstage vermindert um die in dem jeweiligen Kalenderjahr genommenen und aus demselben Kalenderjahr oder aus einem vorangegangenen Kalenderjahr stammenden Tage an Jahresurlaub. Bei einer Verteilung der Arbeitszeit im jeweiligen Kalenderjahr auf in der Regel mehr oder weniger als fünf Tage in der Kalenderwoche erhöht oder vermindert sich die Anzahl der nach Satz 2 zu vergütenden Urlaubstage für jeden zusätzlichen Arbeitstag oder arbeitsfreien Tag um vier Tage, bei einer Änderung der Anzahl der in der Regel in der Kalenderwoche zu leistenden Arbeitstage während des Kalenderjahres entsprechend anteilig für jeden dadurch begründeten Zeitabschnitt. § 21 Absatz 3 Satz 1 bis 3 und § 24 Absatz 3 bis 5 gelten entsprechend.

Hinweis der Redaktion: Bei Lehrkräften greift diese Regelung nur, wenn in dem Kalenderjahr, in dem die Erkrankung begann, die zur Beendigung des Dienstverhältnisses führte, weniger als 20 Ferientage vor der Erkrankung lagen.

(2) Ein Urlaubstag wird mit einem Dreizehntel der Summe der Bezüge für die letzten drei Monate vor der Beendigung des Dienstverhältnisses vergütet, geteilt durch die Anzahl der Arbeitstage in der Kalenderwoche, die sich aus der regelmäßigen Verteilung der Arbeitszeit auf die Wochenarbeitstage ergibt. Geht ein zu vergütender Urlaubstag auf den

Zur Anwendung der verschiedenen „Fälle" nach dieser Verordnung siehe: ⇨ Urlaub (Lehrkräfte – Allgemeines).

anteiligen Urlaubsanspruch aus einem Zeitabschnitt zurück, in dem bis zur Änderung der Arbeitszeit höhere Bezüge gezahlt wurden, tritt dieser Zeitpunkt an die Stelle der Beendigung des Dienstverhältnisses. § 4 Absatz 4 LBesGBW gilt entsprechend.

⇨ Besoldungsgesetz (LBesGBW) § 4

(3) Der Vergütungsanspruch entsteht mit dem Ablauf des Tages, an dem die Beamtin oder der Beamte aus dem Dienstverhältnis ausscheidet. § 6 LBesGBW gilt entsprechend. ⇨ Besoldungsgesetz (LBesGBW) § 6

(4) Ausgeschiedenen beamteten Lehrkräften sind im Kalenderjahr 20 Urlaubstage zu vergüten. Ferientage sind anzurechnen, sofern die Lehrkraft an diesen Tagen dienstfähig war und nicht zum Dienst herangezogen wurde; eine Heranziehung zum Dienst während der Ferien im Sinne dieser Vorschrift liegt vor, wenn diese ausdrücklich angeordnet wurde. Die Absätze 1 bis 3 finden mit der Maßgabe entsprechende Anwendung, dass sich die Anzahl der Arbeitstage pro Kalenderwoche nach der regelmäßigen Verteilung der Unterrichtstage der Lehrkraft auf die Tage in der Kalenderwoche bestimmt. [...]

2. Unterabschnitt Sonderurlaub

§ 27
Dienstjubiläen

Die Beamtin oder der Beamte erhält in dem Kalenderjahr ihres oder seines 25-, 40-, und 50-jährigen Dienstjubiläums jeweils einen Tag Sonderurlaub unter Belassung der Bezüge. § 3 Abs. 2 Satz 2 und § 4 der Jubiläumsgabenverordnung gelten entsprechend.

⇨ Beamtengesetz (LBG) § 82; ⇨ Dienstjubiläen;
⇨ Krankmeldung (Abwesenheit von Lehrkräften)

§ 28
Familienheimfahrten

Für Familienheimfahrten im Sinne von § 5 Abs. 1 der Landestrennungsgeldverordnung kann bei Vorliegen besonderer Gründe im Kalenderjahr bis zu zwei Tage Sonderurlaub unter Belassung der Bezüge bewilligt werden.

⇨ TrennungsgeldVO (LTGVO); ⇨ Urlaub (Lehrkräfte)

§ 29
Sonderurlaub aus verschiedenen Anlässen

(1) Sofern dienstliche Gründe nicht entgegenstehen, kann der Beamtin oder dem Beamten für die notwendige Dauer der Abwesenheit Sonderurlaub unter Belassung der Bezüge bewilligt werden

1. aus wichtigem persönlichem Anlass,
2. zur Ausübung ehrenamtlicher Tätigkeit im öffentlichen Leben,
3. zur Teilnahme an Tagungen, Lehrgängen und Veranstaltungen, soweit sie
   a) staatsbürgerlichen Zwecken dienen oder
   b) von Organisationen, deren Tätigkeit im öffentlichen Interesse liegt, durchgeführt werden und an den Tagungen, Lehrgängen und Veranstaltungen ein öffentliches Interesse besteht oder
   c) fachlichen Zwecken dienen und im dienstlichen Interesse liegen.

Hinweis der Redaktion: Zur Freistellung von GEW-Funktionär*innen für gewerkschaftliche Zwecke gem. § 71 Nr. 2 LBG i.V.m. § 29 Abs. 1 Nr. 3 AzUVO wie z.B. Vertrauensleutekonferenzen bitte unten den Auszug aus der BeamtVwV Nr.46.6 zweiter Spiegelstrich beachten. ⇨ Fortbildung (Allgemeines)

(2) Zur Beaufsichtigung, Betreuung oder Pflege eines erkrankten Kindes, welches das 12. Lebensjahr noch nicht vollendet hat oder behindert und auf Hilfe angewiesen ist, ist für die notwendige Dauer der Abwesenheit Sonderurlaub zu bewilligen. Der Anspruch besteht längstens für zehn Arbeitstage im Kalenderjahr für jedes Kind, jedoch für nicht mehr als 25 Arbeitstage im Kalenderjahr. Für alleinerziehende Beamtinnen und Beamte besteht der Anspruch längstens für 20 Arbeitstage im Kalenderjahr für jedes Kind, jedoch für nicht mehr als 50 Arbeitstage im Kalenderjahr. Für neun Zehntel der in Satz 2 und 3 genannten Tage wird der Sonderurlaub unter Belassung der Bezüge bewilligt. Die Beaufsichtigungs-, Betreuungs- oder Pflegebedürftigkeit des Kindes ist auf Verlangen durch ein ärztliches Zeugnis nachzuweisen; ein ärztliches Zeugnis ist stets vorzulegen, wenn die Dauer der Krankheit voraussichtlich eine Woche übersteigen wird, es sei denn, dass auf die Vorlage des ärztlichen Zeugnisses ausnahmsweise verzichtet wird. Absatz 1 Nr. 1 bleibt unberührt.

Hinweis der Redaktion: Demnach wird das Gehalt beim Höchstumfang von 10 Arbeitstagen an den ersten 9 Tagen weitergezahlt, bei 20 Arbeitstagen an den ersten 18 Tagen, bei 25 Tagen an den ersten 22,5 Tagen und bei der maximalen Dauer von 50 Arbeitstagen an 45 Tagen. Erst nach Überschreiten dieser Grenzen erfolgt für die restlichen Tage eine Kürzung der Dienstbezüge. ⇨ Krankmeldung (Abwesenheit von Lehrkräften)

(3) Abweichend von Absatz 1 Nr. 2 ist Sonderurlaub unter Belassung der Bezüge zu bewilligen, wenn er zur Ausübung einer ehrenamtlichen Tätigkeit

1. im Gemeinderat, im Kreistag oder im entsprechenden Vertretungsorgan einer sonstigen der Aufsicht des Landes unterstehenden Körperschaft, Anstalt oder Stiftung des öffentlichen Rechts, im Bezirksbeirat oder im Ortschaftsrat oder
2. als gerichtlich bestellte Betreuerin oder bestellter Betreuer

erforderlich ist.

(4) Der Sonderurlaub nach Absatz 1 Nr. 3 soll fünf Arbeitstage im Kalenderjahr nicht überschreiten; er darf höchstens zehn Arbeitstage betragen. Die oberste Dienstbehörde kann in besonders begründeten Fällen Ausnahmen von der Höchstdauer zulassen.

⇨ Beamtengesetz (LBG) § 71

Auszug aus der BeamtVwV

⇨ Beamtenrecht (BeamtVwV)

Die Nummern 46 und 47 BeamtVwV sind Ausführungsbestimmungen zu § 71 LBG und zu § 29 der AzUVO. Sie lauten:

BeamtVwV Nr. 46
Sonderurlaub aus verschiedenen Anlässen
(zu § 71 Nummer 2 LBG)

46.1 Sonderurlaub ist rechtzeitig vor Antritt zu beantragen. Er wird für einen konkreten Anlass und für eine bestimmte Zeitdauer bewilligt. Im Rahmen der Bewilligung ist zu prüfen, ob ein Widerruf des Sonderurlaubs vorzubehalten ist, um den Ersatzanspruch nach § 49 Absatz 6 LVwVfG auszuschließen.

Bei wiederkehrenden Anlässen kann Sonderurlaub für einen befristeten Zeitraum allgemein im Voraus bewilligt werden. Die Bewilligung soll in diesem Fall mit der Auflage verbunden werden, dass die tatsächliche Inanspruchnahme des Sonderurlaubs der oder dem von der Dienststelle bestimmten Vorgesetzten rechtzeitig vorher anzuzeigen ist.

Auf Verlangen der bewilligenden Stelle sind Nachweise zum Anlass des Sonderurlaubs vorzulegen.

46.2 § 29 AzUVO ermächtigt zu Pflichten- und Interessenkollisionen auflösenden Freistellungen vom Dienst. Danach kann Beamtinnen und Beamten bei einem zeitlichen Zusammenfallen eines Anlasses nach § 29 Absatz 1 AzUVO mit dem Dienst Sonderurlaub gewährt werden.

⇨ Urlaub (Verordnung – AzUVO) § 29 Abs. 1 Nr. 1

- Der Sonderurlaub soll in der Regel für ganze Arbeitstage bewilligt werden. Voraussetzung ist eine ganztägige notwendige Abwesenheit vom Dienst, mindestens in der Zeit von Beginn bis Ende der an dem Tag von der Beamtin oder dem Beamten zu leistenden Arbeitszeit. Als Arbeitszeit in diesem Sinne gelten die festgelegten Dienststunden (§ 10 Absatz 1 und 2, § 14 Satz 1 AzUVO) oder bei gleitender Arbeitszeit die Funktionszeit (§ 12 Absatz 1 AzUVO). Für ganztägigen Sonderurlaub wird die von den Beamtinnen und Beamten an dem jeweiligen Tag regelmäßig zu leistende Arbeitszeit gutgeschrieben. Für teilzeitbeschäftigte Beamtinnen und Beamte sind die nach § 14 AzUVO im Einzelfall festgelegten täglichen Arbeitszeiten maßgebend. Wegezeiten, die unmittelbar mit dem Anlass des Sonderurlaubs zusammenhängen, sowie vorgeschriebene Ruhezeiten sind einzubeziehen.

  Ganztägiger Sonderurlaub ist nicht durch eine geringfügige Unterschreitung der vorgenannten Arbeitszeiten ausgeschlossen.
- Liegen die Voraussetzungen für die Bewilligung von ganztägigem Sonderurlaub nur deshalb nicht vor, weil nicht eine ganztägige Abwesenheit vom Dienst notwendig ist, kann Beamtinnen und Beamten Sonderurlaub unter entsprechender Anrechnung auf die Arbeitszeit auch stundenweise bewilligt werden. Die Dienststelle entscheidet mit Blick auf die Gesamtumstände, besonders bei Teilzeitbeschäftigten, im Einzelfall. Hierbei soll berücksichtigt werden, inwieweit die Beamtin oder der Beamte zur Ausübung der ehrenamtlichen Tätigkeit während des Dienstes verpflichtet ist. Regelungen für Beamtinnen und Beamte, deren Arbeitszeit sich nach besonderen Bestimmungen oder Vereinbarungen richtet, bleiben unberührt.

46.3 Ist mehrtägiger Sonderurlaub beantragt, liegt die Notwendigkeit der Abwesenheit aber nicht für den gesamten Zeitraum vor, zum Beispiel bei Reisen und Veranstaltungen mit Begleitprogramm, darf Sonderurlaub nur für eine angemessene Zeitdauer der Abwesenheit bewilligt werden. Die Möglichkeit, bei derartigen Kombinationen auf Antrag der Beamtinnen und Beamten für den verbleibenden Zeitraum Urlaub aufgrund anderer Rechtsgrundlagen zu bewilligen, bleibt unberührt.

46.4 Um Beamtinnen und Beamte und Tarifbeschäftigte des Landes bei Vorliegen eines wichtigen persönlichen Anlasses möglichst gleich zu behandeln, soll Sonderurlaub nach § 29 Absatz 1 Nummer 1 AzUVO, was Anlass und Ausmaß betrifft, in der Regel in Anlehnung an die Arbeitsbefreiung nach § 29 des Tarifvertrags für den öffentlichen Dienst der Länder bewilligt werden.

⇨ Tarifvertrag-Länder (TV-L) § 29

Aus folgenden wichtigen persönlichen Anlässen gilt Sonderurlaub deshalb allgemein als notwendig und gegenüber möglicherweise entgegenstehenden dienstlichen Gründen vorrangig. Er soll im nachstehend genannten Ausmaß ohne Verweis auf die Verlegung der Arbeitszeit bewilligt werden:

- Niederkunft der Ehefrau oder der Lebenspartnerin im Sinne des Lebenspartnerschaftsgesetzes — 1 Arbeitstag;
- Tod der Ehegattin oder des Ehegatten, der Lebenspartnerin oder des Lebenspartners im Sinne des Lebenspartnerschaftsgesetzes, eines Kindes oder Elternteils — 2 Arbeitstage;
- Umzug aus dienstlichem Grund an einen anderen Ort — 1 Arbeitstag.

  In diesen Fällen ist es nicht erforderlich, dass der Sonderurlaub am Tag des Anlasses selbst gewährt wird. Der Sonderurlaub muss jedoch in einem nahen zeitlichen Zusammenhang mit diesem Anlass stehen.
- schwere Erkrankung
- eines Kindes, das das 12. Lebensjahr noch nicht vollendet hat, — bis zu 4 Arbeitstage im Kalenderjahr;
- einer oder eines Angehörigen, soweit sie oder er in demselben Haushalt lebt, — 1 Arbeitstag im Kalenderjahr;

  jeweils wenn die Ärztin oder der Arzt die Notwendigkeit der Anwesenheit der Beamtin oder des Beamten zur vorläufigen Pflege oder Betreuung bescheinigt;
- einer Betreuungsperson, wenn die Beamtin oder der Beamte deshalb die Betreuung ihres oder seines Kindes, welches das 8. Lebensjahr noch nicht vollendet hat oder wegen körperlicher, geistiger oder seelischer Behinderung dauernd pflegebedürftig ist, selbst übernehmen muss, — bis zu 4 Arbeitstage im Kalenderjahr.

Sonderurlaub wegen schwerer Erkrankung wird nur bewilligt, soweit eine andere Person zur Pflege oder Betreuung nicht sofort zur Verfügung steht. Dieser Sonderurlaub soll insgesamt, auch bei mehrmaliger Inanspruchnahme, fünf Arbeitstage im Kalenderjahr nicht überschreiten.

Sonderurlaub nach § 29 Absatz 2 AzUVO ist in den dort genannten Fällen und dem dort eingeräumten Ausmaß vorrangig zu bewilligen, die Bewilligung von Sonderurlaub bei schwerer Erkrankung ist dadurch aber nach § 29 Absatz 2 Satz 5 AzUVO nicht ausgeschlossen.

Hinweis der Redaktion: Die Freistellungen wegen der Erkrankung von Kindern nach § 29 Abs. 1 AzUVO i.V.m. der BeamtVwV und nach § 29 Abs. 2 AzUVO dürfen also addiert (kumuliert) und müssen nicht gegeneinander aufgerechnet werden.

Aus anderen wichtigen persönlichen Anlässen oder in größerem Ausmaß als nach vorstehenden Bestimmungen darf Sonderurlaub für die notwendige Dauer der Abwesenheit vom Dienst bei Vorliegen besonderer Umstände im Einzelfall bewilligt werden, sofern nicht dienstliche Gründe entgegenstehen.

⇨ Urlaub (Lehrkräfte – Allgemeines) Teil 2

46.5 Beamtinnen und Beamten soll nach § 29 Absatz 1 Nummer 2 AzUVO Sonderurlaub bewilligt werden für ihren Einsatz durch eine Organisation der Katastrophenhilfe, der zivilen Verteidigung oder durch anerkannte Hilfs- und Rettungsdienste für humanitäre Hilfen bei Katastrophen, zur Rettung von Menschenleben oder zu vergleichbar humanitären Zwecken, auch im Ausland, soweit jene Einsätze nicht unter den Geltungsbereich vorgehender Rechtsvorschriften über Freistellungen fallen, jedoch ein besonderes öffentliches Interesse besteht.

46.6 Sonderurlaub zur Teilnahme an Tagungen, Lehrgängen und Veranstaltungen kann Beamtinnen und Beamten unter den Voraussetzungen des § 29 Absatz 1 Nummer 3 bewilligt werden zur Teilnahme an:

- Veranstaltungen, insbesondere Parteitagen, der politischen Parteien;
- Tagungen und Lehrgängen, die Zwecken der Gewerkschaften oder der Berufsverbände dienen, auf Anforderung der Gewerkschaft oder des Berufsverbands;
- Veranstaltungen, insbesondere Kirchentagen, Synoden oder vergleichbaren Versammlungen der Kirchen und öffentlich-rechtlichen Religionsgemeinschaften, auf

Anforderung der Kirchenleitung oder der Leitung der Religionsgemeinschaft;

- Tagungen, Lehrgängen und Veranstaltungen zur staatsbürgerlichen Bildung, unabhängig von der Förderungswürdigkeit, wenn die staatsbürgerliche Zielsetzung im Mittelpunkt steht; die Vermittlung nur allgemeiner Kenntnisse über die politischen und sozialen Gegebenheiten anderer Staaten als insbesondere Mitgliedstaaten der Europäischen Union erfüllt diese Voraussetzung in der Regel nicht; bei Studienreisen ist insbesondere wegen des touristischen Charakters oder der Befriedigung eines allgemeinen Bildungsbedürfnisses Nummer 46.3 Satz 2 zu berücksichtigen;
- Lehrgängen (Übungsveranstaltungen, Aus- und Fortbildungsveranstaltungen) der Organisationen der Katastrophenhilfe, der zivilen Verteidigung und der anerkannten Hilfs- und Rettungsdienste, die der Vorbereitung auf Einsätze dieser Organisationen dienen und nicht bereits von anderen Rechtsvorschriften erfasst sind. Ausgenommen sind Lehr- und Vortragstätigkeiten, für die Beamtinnen und Beamte einen Anspruch auf Vergütung oder Ersatz von Verdienstausfall geltend machen können.

In anderen als den vorgenannten Fällen kann Sonderurlaub zur Teilnahme an Tagungen, Lehrgängen und Veranstaltungen bewilligt werden, wenn insbesondere völkerverständigende, gewerkschaftliche, kirchliche, familien-, gesundheits- oder behindertenpolitische, karitative, wissenschaftliche, kulturelle oder sportliche Zwecke von internationalem, nationalem oder überregionalem Rang ein öffentliches Interesse begründen.

BeamtVwV Nr. 47
Urlaub und Freistellungen nach Sondervorschriften

47.1 Besteht außerhalb des Anwendungsbereichs des § 29 AzUVO nach einer anderen Rechtsnorm ein Anspruch auf Sonderurlaub oder Freistellung vom Dienst, zum Beispiel nach § 45 Absatz 1a Satz 2 des Deutschen Richtergesetzes, § 15 Absatz 1 des Feuerwehrgesetzes, § 13 Absatz 1 des Landeskatastrophenschutzgesetzes, § 3 Absatz 1 des THW-Gesetzes, § 1 Absatz 1 des Bildungszeitgesetzes, § 1 des Gesetzes zur Stärkung des Ehrenamtes in der Jugendarbeit, richtet sich die Freistellung nach diesen Bestimmungen. Sofern diese Bestimmungen keine abschließenden Regelungen treffen, sollen die vorstehenden Bestimmungen ergänzend angewandt werden. Im Übrigen sind nach den folgenden Nummern Sonderregelungen zu beachten.

47.2 Für die Ausübung einer ehrenamtlichen Tätigkeit als Mitglied in kommunalen Vertretungsorganen (nach § 32 Absatz 2 der Gemeindeordnung, § 26 Absatz 2 der Landkreisordnung oder gesetzlichen Vorschriften, die diese Bestimmungen für Mitglieder von Vertretungsorganen für entsprechend anwendbar erklären) gilt ausschließlich die Sonderregelung nach § 29 Absatz 3 Nummer 1 AzUVO, die einen Anspruch der Beamtinnen und Beamten auf Bewilligung von Sonderurlaub unabhängig von dienstlichen Gründen gewährt.

Der Anspruch auf Sonderurlaub im notwendigen Umfang besteht hiernach für die Teilnahme als Mitglied an den Sitzungen

- des Gemeinderats, des Bezirksbeirats oder des Ortschaftsrats einer Gemeinde in Baden-Württemberg,
- des Kreistags eines Landkreises in Baden-Württemberg,
- des Kollegialorgans einer sonstigen der Aufsicht des Landes Baden-Württemberg unterstehenden Körperschaft, Anstalt oder Stiftung des öffentlichen Rechts,
- der beschließenden oder beratenden Ausschüsse der genannten Vertretungsorgane,
- des Ältestenrats und der Fraktionen oder vergleichbarer Gruppierungen zur Vorbereitung der Sitzungender genannten Vertretungsorgane; ferner für die Wahrnehmung der Stellvertretung als ehrenamtliche stellvertretende Bürgermeisterin oder ehrenamtlicher stellvertretender Bürgermeister aus der Mitte des Gemeinderats (§ 48 Absatz 1 der Gemeindeordnung).

Ist die Abwesenheit vom Dienst nicht ganztägig im Sinne von Nummer 46.2, erster Spiegelstrich notwendig, erfolgt die Bewilligung von Sonderurlaub stundenweise für die notwendige Abwesenheit innerhalb der festgelegten Dienststunden oder, sofern solche wie etwa bei gleitender Arbeitszeit nicht verbindlich gelten, entsprechend den in § 10 Absatz 1 AzUVO bezeichneten Dienststunden.

Für teilzeitbeschäftigte Beamtinnen und Beamte geltende Arbeitszeitvereinbarungen oder Regelungen für Beamtinnen und Beamte, deren Arbeitszeit sich nach besonderen Bestimmungen richtet, beispielsweise beamtete Lehrkräfte im öffentlichen Schuldienst, bleiben hiervon unberührt. Darüber hinaus wird unter Anrechnung auf die Arbeitszeit Sonderurlaub bewilligt, soweit die Beamtin oder der Beamte eine Kollision mit der Dienstleistungspflicht außerhalb der vorgenannten Dienststunden im Einzelfall nachweist.

Kein Anspruch auf Sonderurlaub gewährt § 29 Absatz 3 Nummer 1 AzUVO für

- die Entsendung in Organe wirtschaftlicher Unternehmen, denn dies stellt nach § 63 Absatz 1 Nummer 1 Buchstabe b LBG eine genehmigungspflichtige Nebentätigkeit dar, ⇨ Beamtengesetz (LBG) § 63
- sonstige Tätigkeiten, die mit der Ausübung der ehrenamtlichen Tätigkeit in einem Vertretungsorgan nur in mittelbarem Zusammenhang stehen, zum Beispiel Bürgersprechstunde, Repräsentationspflichten, Fortbildung, Wahlkampf.

Hierfür oder für andere ehrenamtliche Tätigkeiten im kommunalen Leben kann Sonderurlaub nur unter den Voraussetzungen des § 29 Absatz 1 Nummer 2 AzUVO bewilligt werden. ⇨ Urlaub (Verordnung)

47.3 Für Beamtinnen und Beamte, die als Betreuerinnen oder Betreuer gerichtlich bestellt sind, gewährt die abschließende Sonderregelung nach § 29 Absatz 3 Nummer 2 AzUVO einen Anspruch auf Bewilligung von Sonderurlaub während des Dienstes nach Nummer 47.2 unabhängig von möglicherweise entgegenstehenden dienstlichen Gründen.

47.4 Die Regelungen über Freistellungen vom Dienst zur Ausübung ehrenamtlicher Tätigkeiten in Organisationen der Jugendarbeit nach § 1 des Gesetzes zur Stärkung des Ehrenamts in der Jugendarbeit gehen dem allgemeinen Sonderurlaubstatbestand nach § 29 Absatz 1 Nummer 2 AzUVO vor. Beamtinnen und Beamten in entsprechender Tätigkeit werden die Bezüge belassen, sofern sie keinen Anspruch auf Vergütung oder Ersatz von Verdienstausfall geltend machen können.
⇨ Urlaub (Jugendleiter*innen)

Für nicht unter den Anwendungsbereich des Gesetzes fallende ehrenamtliche Tätigkeiten in der Jugendarbeit kann Sonderurlaub nach den allgemeinen Bestimmungen bewilligt werden.

§ 30
Kuren

Sonderurlaub unter Belassung der Bezüge wird bewilligt, für

1. Kuren, die als beihilfefähig anerkannt sind oder für die beamtenrechtliche Heilfürsorge oder Unfallfürsorge genehmigt worden ist,
2. medizinische Vorsorge- oder Rehabilitationsmaßnahmen, die ein Träger der gesetzlichen Renten-, Kranken- oder Unfallversicherung, ein Versorgungs- oder sonstiger Sozialleistungsträger bewilligt hat und die in einer Einrichtung der medizinischen Vorsorge oder Rehabilitation durchgeführt werden.

⇨ Beihilfe (Kuren); ⇨ Beihilfeverordnung §§ 7 und 8

Bei der Festlegung des Beginns des Sonderurlaubs soll auf dienstliche Belange Rücksicht genommen werden. Die Beurlaubung erfolgt für die als beihilfefähig anerkannte oder vom Leistungsträger bewilligte Dauer; für Nachkuren oder Schonungszeiten wird kein Sonderurlaub bewilligt.

3. Unterabschnitt
Urlaub aus sonstigen Gründen

§ 31

(1) Urlaub aus sonstigen Gründen kann bis zu sechs Monaten bewilligt werden, wenn dienstliche Gründe nicht entgegenstehen. Die oberste Dienstbehörde kann in Ausnahmefällen die Bewilligung von Urlaub über sechs Monate hinaus zulassen; bei Beamtinnen und Beamten des Landes in der Regel nur, wenn besondere Landesinteressen dies rechtfertigen. [...] Die Beurlaubung von Beamtinnen und Beamten des Landes zur Beschäftigung im Arbeitnehmerverhältnis beim Land gegen eine höhere Bezahlung ist nicht zulässig. Zum Zwecke der Aufnahme einer Tätigkeit bei einem anderen Dienstherrn ist eine Beurlaubung von Beamtinnen und Beamten des Landes nur ausnahmsweise im Rahmen besonderer haushaltsrechtlicher Ermächtigungen oder mit Zustimmung des Finanzministeriums zulässig.

⇨ Privatschulgesetz § 11; ⇨ Urlaub (Privatschuldienst)

(2) Abweichend von Absatz 1 kann Beamtinnen und Beamten zur Ausübung einer Tätigkeit bei einer privatrechtlich organisierten Einrichtung der öffentlichen Hand, die öffentliche Aufgaben wahrnimmt, oder einer öffentlich-rechtlich organisierten Einrichtung ohne Dienstherrneigenschaft langfristig Urlaub unter Wegfall der Bezüge bewilligt werden, wenn

1. die Beurlaubung dienstlichen Interessen dient,
2. eine Zuweisung nach den Vorschriften des § 20 des Beamtenstatusgesetzes (BeamtStG) ausscheidet oder für den Dienstherrn insgesamt mit höheren Kosten verbunden wäre und
3. der Beamtin oder dem Beamten die Entlassung aus dem Beamtenverhältnis nicht zumutbar ist.

Eine Rückkehr aus dem Urlaub kann zugelassen werden, wenn der Beamtin oder dem Beamten die Fortsetzung des Urlaubs nicht zugemutet werden kann und dienstliche Belange nicht entgegenstehen.

Hinweise der Redaktion:

1. Ein besonderes Landesinteresse kann in folgenden Fallgruppen angenommen werden: Auslandsschuldienst, Entwicklungshilfe, Sport-, Kultur- und Kunstförderung, Kirchen, Lehrstuhlvertretung an Hochschulen. Bei Beurlaubungen aus anderen Anlässen ist im Einzelfall zu prüfen, ob ein besonderes Landesinteresse vorliegt. Es fehlt insbesondere bei Beurlaubungen über sechs Monate zur beruflichen Umorientierung oder zur Begleitung der Ehepartnerin/des Ehepartners ins Ausland. (Quelle: KM, 1.12.2000 u. 6.4.2001, 14-0311.42/62)
   Die unter ⇨ Urlaub (Privatschuldienst) dargestellte Ruhegehaltfähigkeit des Urlaubs gilt auch zur Wahrnehmung
   – von Aufgaben der Entwicklungszusammenarbeit als Entwicklungshelfer*in oder als integrierte Fachkraft,
   – einer Tätigkeit als Fachkraft für Aufgaben der Entwicklungszusammenarbeit bei der Deutschen Gesellschaft für internationale Zusammenarbeit (GiZ, früher GTZ) oder entsprechenden Einrichtungen (entsandte Fachkraft),
   – einer Lehrtätigkeit bei einer als Ersatz für eine öffentliche Schule staatlich genehmigten Privatschule,
   – einer Lehrtätigkeit im Auslandsschuldienst einschließlich einer Tätigkeit als Fachberater*in beim Goethe-Institut,
   – einer Tätigkeit als Ortslehrkraft an einer deutschen Auslandsschule,
   – einer Professurvertretung an Hochschulen des Landes Baden-Württemberg.
2. In den ⇨ Auslandsschuldienst können Lehrkräfte bis zur Dauer von sechs Jahren, in Ausnahmefällen bis zu acht Jahren beurlaubt werden. Gleiches gilt für die Beurlaubung zur Übernahme einer Tätigkeit als Ortslehrkraft. Die Höchstdauer von acht Jahren gilt insgesamt; eine Beurlaubung als Ortslehrkraft im Anschluss an die Zeit als Auslandslehrkraft ist nach Ausschöpfung der Höchstbeurlaubungsdauer von acht Jahren ausgeschlossen. (Quelle: KM, 2. Juli 2008; AZ: 14-0301.82/25)
3. Teilweise wird Urlaub gemäß § 31 auch ohne Anerkennung des „dienstlichen Interesses" genehmigt (z.B. für eine einjährige Tätigkeit an einer Schule im Ausland). In diesem Fall ist die Beurlaubungszeit nicht ruhegehaltfähig (vgl. Abs. 3).
4. Eine Beurlaubung von Lehrkräften zu einer Ausbildung für ein weiteres Lehramt kommt nur auf der Grundlage von § 153 c Abs. 1 LBG (jetzt: § 72 Abs. 2 LBG; Anm.d.Red.) oder § 31 Abs. 1 ⇨ Urlaub (Verordnung) in Betracht. Für eine Beurlaubung nach § 31 Abs. 1 UrlVO ist Voraussetzung, dass die mit der Ausbildung verbundene Zusatzqualifikation im besonderen Landesinteresse liegt. Dieses kann u.a. angenommen werden, wenn mit der Zusatzqualifikation die Lehrerinnen und Lehrer in größerem Umfang einsetzbar sind. Dies ist im Einzelfall zu prüfen. (Quelle: KM, 24.1.2001; AZ: 14-0311.42/64)
5. Funktionsstelleninhaber*innen können grundsätzlich nur dann an Privatschulen, Kirchen und sonstige Einrichtungen beurlaubt, freigestellt bzw. zugewiesen werden, wenn sich der bzw. die Antragsteller*in zuvor in ein Ausgangsamt rückernennen lässt. Neben versorgungsrechtlichen Fragen und der für eine Nachbesetzung erforderlichen Ausbringung einer Leerstelle im Staatshaushaltsplan ist hierfür ein maßgebender Gesichtspunkt, dass ihnen nicht die Rückkehr in eine entsprechende Funktion im Staatsdienst und an einen bestimmten Standort zugesagt werden kann. Versorgungsrechtlich entstehen ihnen keine Nachteile, wenn sie an der Privatschule eine Funktionsstelle übernehmen und die Einrichtung zusichert, dass sie den Differenzbetrag zwischen der staatlichen Versorgung aus dem durch Rückernennung niederwertigen Amt und dem ausgeübten (höherwertigen) Amt übernimmt; so wird beispielsweise verfahren, wenn ein Studiendirektor das Amt eines Schuldekans im Kirchendienst übernimmt.

(3) Urlaub, der lediglich persönlichen Belangen der Beamtin oder des Beamten dient, wird unter Wegfall der Bezüge bewilligt.

⇨ Beihilfe (Allgemeines), 5; ⇨ Urlaub (Lehrkräfte) Nr. 2

(4) Dient Urlaub nach Absatz 1 auch dienstlichen Interessen, können die Bezüge bis zur Dauer von sechs Monaten, für die sechs Wochen übersteigende Zeit jedoch nur in halber Höhe, belassen werden. Die oberste Dienstbehörde kann in Ausnahmefällen zulassen, dass die Bezüge in größerem Umfang belassen werden. [...]

⇨ Auslandsschuldienst; ⇨ Beamtengesetz (LBG) § 71; ⇨ Beihilfe (Kuren); ⇨ Beihilfeverordnung § 8; ⇨ Dienstjubiläen; ⇨ Elternzeit (Beamt*innen – AzUVO); ⇨ Krankmeldung (Lehrkräfte / Abwesenheit); ⇨ Lehrbefähigung; ⇨ Tarifvertrag-Länder (TV-L) § 44; ⇨ Urlaub (Lehrkräfte) Nr. 2; ⇨ Urlaub (Pflegezeitgesetz); ⇨ Urlaub (Privatschuldienst); ⇨ Urlaub (Prüfungen); ⇨ Urlaub (Weiterbildung / Lehrerprogramm)

Nutzen Sie das ausführliche alphabetische Schlagwortverzeichnis am Ende des Buches.

Urlaub (Weiterbildung / Lehrerprogramm)

Informationen der Redaktion zur Rechtslage und zur Verwaltungspraxis in Baden-Württemberg

Lehrkräfte aller Schularten des Landes (auch Teilzeitbeschäftigte) können für eine Tätigkeit im planerisch-organisatorischen Bereich an Weiterbildungseinrichtungen zugewiesen werden, die dem Gesetz zur Förderung der Weiterbildung und des Bibliothekswesens entsprechen und deren Träger im Landeskuratorium für Weiterbildung vertreten sind. Die Zuweisung erfolgt unter Fortzahlung der Bezüge, wobei die Weiterbildungseinrichtungen dem Land 50 % der Personalkosten zu erstatten haben; das Beamtenverhältnis bleibt bestehen.

Voraussetzung ist in jedem Einzelfall das Einverständnis der Lehrerin oder des Lehrers und des Trägers. Die Entscheidung über die Zuweisung liegt bei der Schulverwaltung; dabei werden schulische Belange entsprechend berücksichtigt. Die Zuweisung ist grundsätzlich befristet, in der Regel für bis zu sechs Jahre. Eine Verlängerung um zwei Jahre ist in begründeten Einzelfällen möglich.

Die Teilnahme ist in der Regel frühestens drei Jahre nach erfolgreicher Beendigung der Probezeit möglich; die Rückkehr in die Schule sollte spätestens mit dem 50. Lebensjahr erfolgen. Die Schulverwaltung ist gehalten, die in der „Weiterbildungszeit" erworbene Qualifikation bei der Bewerbung um Funktionsstellen zu berücksichtigen. Ein Merkblatt ist abrufbar unter https://km-bw.de/,Lde/startseite/ > Kultur&Weiterbildung > Weiterbildungsförderung

⇨ Beurteilung (Lehrkräfte); ⇨ Urlaub (Lehrkräfte – Allgemeines); ⇨ Urlaub (Verordnung) § 31

Verfassung

Auszug aus der Verfassung des Landes Baden-Württemberg vom 11. November 1953 (GBl. S. 173); zuletzt geändert 26. Mai 2020 (GBl. S. 305/2020)

Artikel 2

(1) Die im Grundgesetz für die Bundesrepublik Deutschland festgelegten Grundrechte und staatsbürgerlichen Rechte sind Bestandteil dieser Verfassung und unmittelbar geltendes Recht. ⇨ Grundgesetz

(2) Das Volk von Baden-Württemberg bekennt sich darüber hinaus zu dem unveräußerlichen Menschenrecht auf die Heimat. ⇨ Menschenrechte

Artikel 2a

Kinder und Jugendliche haben als eigenständige Persönlichkeiten ein Recht auf Achtung ihrer Würde, auf gewaltfreie Erziehung und auf besonderen Schutz.

Artikel 2b

Niemand darf wegen seiner Behinderung benachteiligt werden.

⇨ Behinderungen (Allgemeines) / (Förderbedarf);
⇨ Gleichbehandlungsgesetz (AGG); ⇨ Schulgesetz § 15;
⇨ Schwerbehinderung (Allgemeines)

Artikel 3

(1) Die Sonntage und die staatlich anerkannten Feiertage stehen als Tage der Arbeitsruhe und der Erhebung unter Rechtsschutz. Die staatlich anerkannten Feiertage werden durch Gesetz bestimmt. Hierbei ist die christliche Überlieferung zu wahren.

(2) Der 1. Mai ist gesetzlicher Feiertag. Er gilt dem Bekenntnis zu sozialer Gerechtigkeit, Frieden, Freiheit und Völkerverständigung.

⇨ Feiertage (Gesetzliche Regelungen); ⇨ FerienVO

Artikel 3a

(1) Der Staat schützt auch in Verantwortung für die künftigen Generationen die natürlichen Lebensgrundlagen im Rahmen der verfassungsmäßigen Ordnung durch die Gesetzgebung und nach Maßgabe von Gesetz und Recht durch die vollziehende Gewalt und die Rechtsprechung.

(2) Der Staat fördert gleichwertige Lebensverhältnisse, Infrastrukturen und Arbeitsbedingungen im gesamten Land.

Artikel 3b

Tiere werden als Lebewesen und Mitgeschöpfe im Rahmen der verfassungsmäßigen Ordnung geachtet und geschützt.

Artikel 3c

(1) Der Staat, die Gemeinden und die Gemeindeverbände fördern den ehrenamtlichen Einsatz für das Gemeinwohl, das kulturelle Leben und den Sport unter Wahrung der Autonomie der Träger.

(2) Die Landschaft sowie die Denkmale der Kunst, der Geschichte und der Natur genießen öffentlichen Schutz und die Pflege des Staates und der Gemeinden.

Artikel 4

(1) Die Kirchen und die anerkannten Religions- und Weltanschauungsgemeinschaften entfalten sich in der Erfüllung ihrer religiösen Aufgaben frei von staatlichen Eingriffen.

(2) Ihre Bedeutung für die Bewahrung und Festigung der religiösen und sittlichen Grundlagen des menschlichen Lebens wird anerkannt.

Artikel 5

Für das Verhältnis des Staates zu den Kirchen und den anerkannten Religions- und Weltanschauungsgemeinschaften gilt Artikel 140 des Grundgesetzes für die Bundesrepublik Deutschland. Er ist Bestandteil dieser Verfassung. ⇨ Grundgesetz Artikel 140

Artikel 8

Rechte und Pflichten, die sich aus Verträgen mit der evangelischen und katholischen Kirche ergeben, bleiben von dieser Verfassung unberührt.

Artikel 11

(1) Jeder junge Mensch hat ohne Rücksicht auf Herkunft oder wirtschaftliche Lage das Recht auf eine seiner Begabung entsprechende Erziehung und Ausbildung. ➪ Migrationshintergrund

(2) Das öffentliche Schulwesen ist nach diesem Grundsatz zu gestalten.

(3) Staat, Gemeinden und Gemeindeverbände haben die erforderlichen Mittel, insbesondere auch Erziehungsbeihilfen, bereitzustellen.

(4) Das Nähere regelt ein Gesetz. ➪ Schulgesetz § 95

Artikel 12

(1) Die Jugend ist in Ehrfurcht vor Gott, im Geiste der christlichen Nächstenliebe, zur Brüderlichkeit aller Menschen und zur Friedensliebe, in der Liebe zu Volk und Heimat, zu sittlicher und politischer Verantwortlichkeit, zu beruflicher und sozialer Bewährung und zu freiheitlicher demokratischer Gesinnung zu erziehen.

➪ Erziehungsauftrag und politische Bildung; ➪ Schulgesetz § 1

(2) Verantwortliche Träger der Erziehung sind in ihren Bereichen die Eltern, der Staat, die Religionsgemeinschaften, die Gemeinden und die in ihren Bünden gegliederte Jugend.

Artikel 13

Kinder und Jugendliche sind gegen Ausbeutung, Vernachlässigung und gegen sittliche, geistige, körperliche und seelische Gefährdung zu schützen. Staat, Gemeinden und Gemeindeverbände schaffen die erforderlichen Einrichtungen. Ihre Aufgaben können auch durch die freie Wohlfahrtspflege wahrgenommen werden. ➪ Jugendschutzgesetz; ➪ Kinderrechte

Artikel 14

(1) Es besteht allgemeine Schulpflicht.

(2) Unterricht und Lernmittel an den öffentlichen Schulen sind unentgeltlich. Die Unentgeltlichkeit wird stufenweise verwirklicht. Auf gemeinnütziger Grundlage arbeitende private mittlere und höhere Schulen, die einem öffentlichen Bedürfnis entsprechen, als pädagogisch wertvoll anerkannt sind und eine gleichartige Befreiung gewähren, haben Anspruch auf Ausgleich der hierdurch entstehenden finanziellen Belastung. Den gleichen Anspruch haben auf gemeinnütziger Grundlage arbeitende private Volksschulen nach Artikel 15 Abs. 2. [...]

(3) Das Land hat den Gemeinden und Gemeindeverbänden den durch die Schulgeld- und Lernmittelfreiheit entstehenden Ausfall und Mehraufwand zu ersetzen. Die Schulträger können an dem Ausfall und Mehraufwand beteiligt werden. [...]

➪ Haushalt (Kommun. Finanzausgleich); ➪ Lernmittelfreiheit; ➪ LernmittelVO; ➪ Schulgesetz §§ 72 ff., 93, 94

Artikel 15

(1) Die öffentlichen Volksschulen (Grund- und Hauptschulen) haben die Schulform der christlichen Gemeinschaftsschule nach den Grundsätzen und Bestimmungen, die am 9. Dezember 1951 in Baden für die Simultanschule mit christlichem Charakter gegolten haben.

➪ Religion (Allgemeines) Nr. 2; ➪ Schulgesetz § 8a

(2) Öffentliche Volksschulen (Grund- und Hauptschulen) in Südwürttemberg-Hohenzollern, die am 31. März 1966 als Bekenntnisschulen eingerichtet waren, können auf Antrag der Erziehungsberechtigten in staatlich geförderte private Volksschulen desselben Bekenntnisses umgewandelt werden. [...]

(3) Das natürliche Recht der Eltern, die Erziehung und Bildung ihrer Kinder mitzubestimmen, muss bei der Gestaltung des Erziehungs- und Schulwesens berücksichtigt werden.

➪ Elternbeiratsverordnung; ➪ Schulgesetz § 55 ff.

Artikel 16

(1) In christlichen Gemeinschaftsschulen werden die Kinder auf der Grundlage christlicher und abendländischer Bildungs- und Kulturwerte erzogen. Der Unterricht wird mit Ausnahme des Religionsunterrichts gemeinsam erteilt.

Hinweis der Redaktion: Außerhalb des Religionsunterrichts ist die Bildung von Klassen nach konfessionellen Kriterien unzulässig. Dies gilt für alle Schularten.

➪ Religion (Allgemeines) Nr. 2; ➪ Religionsunterricht (Teilnahme und Abmeldung)

(2) Bei der Bestellung der Lehrer an den Volksschulen ist auf das religiöse und weltanschauliche Bekenntnis der Schüler nach Möglichkeit Rücksicht zu nehmen. Bekenntnismäßig nicht gebundene Lehrer dürfen jedoch nicht benachteiligt werden.

Hinweis der Redaktion: Satz 1 wird nicht mehr angewandt.

(3) Ergeben sich bei der Auslegung des christlichen Charakters der Volksschule Zweifelsfragen, so sind sie in gemeinsamer Beratung zwischen dem Staat, den Religionsgemeinschaften, den Lehrern und den Eltern zu beheben.

Artikel 17

(1) In allen Schulen waltet der Geist der Duldsamkeit und der sozialen Ethik.

(2) Die Schulaufsicht wird durch fachmännisch vorgebildete, hauptamtlich tätige Beamte ausgeübt.

(3) Prüfungen, durch die eine öffentlich anerkannte Berechtigung erworben werden soll, müssen vor staatlichen oder staatlich ermächtigten Stellen abgelegt werden.

(4) Die Erziehungsberechtigten wirken durch gewählte Vertreter an der Gestaltung des Lebens und der Arbeit der Schule mit. Näheres regelt ein Gesetz.

Hinweis der Redaktion: Art. 17 Abs. 4 gilt auch für private Ersatzschulen. Diese müssen hierfür nicht das System der Elternbeiratsverordnung übernehmen, sondern können auch ein anderes System demokratischer Wahlen vorsehen. Wenn sie im Gesamtelternbeirat vertreten sein oder an der Wahl des Landeselternbeirates mitwirken wollen, müssen sie jedoch die §§ 31 Abs. 1 und 42 Abs. 7 der ElternbeiratsVO anwenden.

➪ Elternbeiratsverordnung; ➪ Schulgesetz §§ 55-61

Artikel 18

Der Religionsunterricht ist an den öffentlichen Schulen ordentliches Lehrfach. Er wird nach den Grundsätzen der Religionsgemeinschaften und unbeschadet des allgemeinen Aufsichtsrechts des Staates von deren Beauftragten erteilt und beaufsichtigt. Die Teilnahme am Religionsunterricht und an religiösen Schulfeiern bleibt der Willenserklärung der Erziehungsberechtigten, die Erteilung des Religionsunterrichts der des Lehrers überlassen.

➪ Ethikunterricht; ➪ Grundgesetz Art. 140; ➪ Religion (Allgemeines); ➪ Religionsunterricht (Teilnahme); ➪ Religionsunterricht (Kirchliche Lehrkräfte); ➪ Schulgesetz §§ 96-100

Artikel 19

(1) Die Ausbildung der Lehrer für die öffentlichen Grund- und Hauptschulen muss gewährleisten, dass die Lehrer zur Erziehung und zum Unterricht gemäß den in Artikel 15 genannten Grundsätzen befähigt sind. An staatlichen Einrichtungen erfolgt sie mit Ausnahme der in Absatz 2 genannten Fächer gemeinsam.

(2) Die Dozenten für Theologie und Religionspädagogik werden im Einvernehmen mit der zuständigen Kirchenleitung berufen.

Artikel 21

(1) Die Jugend ist in den Schulen zu freien und verantwortungsfreudigen Bürgern zu erziehen und an der Gestaltung des Schullebens zu beteiligen.

(2) In allen Schulen ist Gemeinschaftskunde ordentliches Lehrfach.

➪ Erziehungsauftrag und politische Bildung; ➪ Schülermitverantwortung

Artikel 77

(1) Die Ausübung hoheitsrechtlicher Befugnisse ist als ständige Aufgabe in der Regel Angehörigen des öffentlichen Dienstes zu übertragen, die in einem öffentlich-rechtlichen Dienst- oder Treueverhältnis stehen.

(2) Alle Angehörigen des öffentlichen Dienstes sind Sachwalter und Diener des ganzen Volkes.

➪ Beamtengesetz § 89; ➪ Grundgesetz Art. 33 Abs. 4

Artikel 78

Jeder Beamte leistet folgenden Amtseid: „Ich schwöre, dass ich mein Amt nach besten Wissen und Können führen, Verfassung und Recht achten und verteidigen und Gerechtigkeit gegen jedermann üben werde. So wahr mir Gott helfe."

Der Eid kann auch ohne religiöse Beteuerung geleistet werden.

➪ Behinderungen (Allgemeines); ➪ Erziehungsauftrag und politische Bildung; ➪ Gleichbehandlungsgesetz (AGG); ➪ Grundgesetz; ➪ Jugendschutzgesetz; ➪ Kinderrechte; ➪ Menschenrechte; ➪ Pädagogische Freiheit; ➪ Religion (Allgemeines); ➪ Schulgesetz; ➪ Schwerbehinderung (Allgemeines)

Verkehrserziehung (Beauftragte)

Beauftragte für Verkehrserziehung an Grund-, Haupt-, Real- und Sonderschulen sowie allgemeinbildenden Gymnasien; Auszug aus der VwV des KM v. 1. Januar 1996 (K.u.U. S. 9); neu erlassen 5. August 2003 (K.u.U. S. 258/2003)

[...] An jeder Grundschule, Hauptschule, Realschule Sonderschule, an jedem allgemeinbildenden Gymnasium und an jeder beruflichen Schule ist ein Lehrer als Beauftragter für Verkehrserziehung durch den Schulleiter zu benennen. Der Schulleiter kann, insbesondere an kleineren Schulen, die Aufgaben des Beauftragten für Verkehrserziehung auch selbst übernehmen. An allgemeinbildenden Gymnasien kommen hierfür in der Regel die Fachleiter in Betracht.

Beauftragte für Verkehrserziehung haben folgende Aufgaben:

- Unterstützung des Schulleiters bei der Koordinierung der Beiträge der einzelnen Fächer zur Verkehrserziehung, insbesondere in Fachkonferenzen und Klassenkonferenzen;
- Beratung der Lehrer in den didaktischen und methodischen Fragen der Verkehrserziehung sowie Weitergabe aktueller Informationen;
- Information über Medien zur Verkehrserziehung und Betreuung von in der Schule vorhandenen Medien zur Verkehrserziehung;
- Pflege und Vermittlung von Kontakten zu außerschulischen mit dem Verkehr befassten Institutionen und Verbänden;
- Zusammenarbeit mit den Elternvertretungen und Beratung einzelner Eltern in Fragen der Verkehrserziehung;
- Behandlung des Themas Schulwegsicherheit, insbesondere in Elternabenden, ggf. Erstellung eines Schulwegplanes (Klassen 1 und 5);
- Anregung und ggf. Durchführung von Sonderveranstaltungen zur Verkehrserziehung für Klassen oder Klassenstufen (z.B. praxisnahe Lernangebote, Unterrichtsprojekte, Aktionen, Podiumsveranstaltungen).

➪ Arbeitzeit (Lehrkräfte-VwV Anrechnungen) IV, 1; ➪ Fachberaterinnen und Fachberater; ➪ Schulweg

Unter ➪ Termin-Checkliste finden Sie die wichtigsten Termine des Schuljahres.

Verkehrserziehung (Radfahrausbildung)

Radfahrausbildung in der schulischen Verkehrserziehung (VwV -Radfahrausbildung); Gemeinsame Verwaltungsvorschrift des IM und des KM vom 16. August 2017 (K.u.U. S. 180/2017)

1. Allgemeines und Ziel

Das Fahrrad ist ein modernes und vielseitiges Fortbewegungsmittel. Für Kinder hat das Fahrrad zunächst als Spielgerät, dann im zunehmenden Alter als Verkehrsmittel einen hohen Stellenwert. Die Nutzung des Fahrrades im öffentlichen Straßenverkehr erfordert neben einer sicheren Beherrschung des Fahrzeugs Kenntnisse über die wichtigsten Verkehrsvorschritten.

Vor diesem Hintergrund soll die theoretische und praktische Radfahrausbildung alle Kinder zu einer eigenständigen sowie sicheren Teilnahme am Straßenverkehr befähigen und motivieren,

Die Radfahrausbildung ist in der Klassenstufe 4 der Grundschulen und in Klassenstufe 5 der sonderpädagogischen Bildungs- und Beratungszentren mit Förderschwerpunkt Lernen eine verpflichtende schulische Veranstaltung. Sie wird in Kooperation zwischen den Schulen und der Polizei Baden-Württemberg umgesetzt. Dabei übernimmt die Schule die theoretische Ausbildung, während die praktische Ausbildung durch die Polizei in mobilen oder stationären Jugendverkehrsschulen mit Unterstützung der Schulen durchgeführt wird.

2. Durchführung

2.1 Voraussetzungen und frühe motorische Förderung

Für die Teilnahme an der Radfahrausbildung sollten die Kinder das Fahrrad bereits sicher beherrschen. Die notwendigen motorischen Fertigkeiten und Fähigkeiten der Kinder sollen durch die Schulen bereits frühzeitig ab den Klassenstufen 1 und 2 gefördert werden. Hierzu können die Schulen in Kooperation mit Vereinen, Verbänden und Trägern der Verkehrssicherheit Fahrradaktionstage durchführen, die mit einem Kurs- und Trainingsprogramm die Radkompetenz der Kinder stärken.

2.2 Planung (nicht abgedruckt)

2.3 Ausbildungsdauer

Die Ausbildungsdauer umfasst neben einer schulischen Vorbereitung im Unterricht einen viermaligen Besuch der Jugendverkehrsschule von mindestens 90-minütiger Dauer. Die Besuche sollen in einem überschaubaren zeitlichen Zusammenhang erfolgen.

2.4 Ausbildungsort

Die praktische Ausbildung wird grundsätzlich außerhalb des öffentlichen Verkehrsraums im Schonraum an den mobilen oder stationären Jugendverkehrsschulen durchgeführt.

Die Jugendverkehrsschulen bieten Übungsflächen, die den realen Verkehrsflächen nachgebildet sind. Die bauliche Ausgestaltung und Ausstattung von Jugendverkehrsschulen soll sich an den Empfehlungen und Musterplänen (siehe Anlage 1-3; *die Anlagen sind hier nicht abgedruckt*) orientieren.

Schulungsplätze für die Unterrichtung im Schonraum müssen zur Gewährleistung einer gemeinsamen Beschulung des gesamten Klassenverbandes ausreichend groß dimensioniert und verkehrssicher sein. Diese Anforderungen können insbesondere an stationären Jugendverkehrsschulen optimal umgesetzt werden.

Die Schulungsplätze sollten für die gesamte Schulungsdauer frei von störenden Einflüssen sein, um den didaktischen Ablauf des Unterrichts nicht zu unterbrechen. Deshalb sind Schonräume auf Schul- oder Pausenhöfen grundsätzlich nicht für die Radfahrausbildung geeignet. Gleiches gilt für Störungen durch erheblichen Verkehrs-, Arbeits- oder Baulärm.

2.5 Ausbildungsinhalte

Die Ausbildungsinhalte orientieren sich am Schulungsprogramm in der jeweils gültigen Fassung. Der theoretische Unterricht in der Schule und die praktischen Übungen sind aufeinander abzustimmen.

Die praktische Ausbildung wird in allen Übungseinheiten grundsätzlich durch zwei geschulte Angehörige der Polizei Baden-Württemberg sowie in Anwesenheit und unter Mitwirkung der jeweiligen Lehrerinnen oder Lehrer geleitet. Sie soll möglichst erst nach Absolvierung der theoretischen Lernzielkontrolle erfolgen.

Der öffentliche Verkehrsraum kann unter Beachtung der Rahmenbedingungen gemäß Nummer 3 in die praktische Ausbildung einbezogen werden.

Bei den fahrpraktischen Übungen tragen alle Rad fahrenden Beteiligten einen intakten und korrekt eingestellten Fahrradhelm.

Die Radfahrausbildung wird mit einer theoretischen und praktischen Lernzielkontrolle abgeschlossen. Bei den Lernzielkontrollen handelt es sich um eine Momentaufnahme, die den Schülerinnen und Schülern sowie den Erziehungsberechtigten eine Rückmeldung über die erlangten Fähigkeiten und den gegebenenfalls individuellen Förderbedarf vermitteln soll.

2.6 Informationen für Erziehungsberechtigte

Die Erziehungsberechtigten sind von der Schule durch einen Brief, dessen Erhalt sie schriftlich bestätigen müssen, über die Radfahrausbildung und insbesondere über die Übungen im öffentlichen Verkehrsraum in Kenntnis zu setzen sowie über den Versicherungsschutz zu informieren. Dies soll darüber hinaus bei einem Klassenpflegschaftsabend erläutert werden. Das Ergebnis der Radfahrausbildung ist den Erziehungsberechtigten schriftlich durch die Schule mitzuteilen (siehe Anlage 4; *nicht abgedruckt*).

⇨ Elternbeiratsverordnung § 5, ⇨ Schulgesetz § 56

2.7
Datenverarbeitung

Zur Durchführung der praktischen Ausbildung erhält die Polizei eine Liste mit Vor- und Nachnamen der teilnehmenden Schülerinnen und Schüler. In diesem Zusammenhang wird auf die Verwaltungsvorschrift ➪ Datenschutz (Schulen) [...] verwiesen.

3. Rahmenbedingungen für die Ausbildung im öffentlichen Verkehrsraum

Die Radfahrausbildung kann unter Einhaltung der nachfolgenden Rahmenbedingungen frühestens ab der dritten Übungseinheit im öffentlichen Verkehrsraum durchgeführt werden:

a) Disziplin und Leistungsvermögen der Schulklasse müssen eine geordnete Schulung möglich erscheinen lassen.
b) Der Straßenraum muss sich innerorts in einem übersichtlichen und verkehrsarmen Gebiet befinden.
c) Die Gruppenstärke soll zehn Kinder nicht überschreiten.
d) Jede Gruppe muss von einer ausreichenden Anzahl an Erwachsenen, beispielsweise Lehrkräften, Polizeibeamtinnen und Polizeibeamten, Erziehungsberechtigten, begleitet werden. Die genaue Anzahl ist mit den verantwortlichen Lehrkräften abzustimmen.
e) Die Erziehungsberechtigten müssen der Ausbildung im öffentlichen Verkehrsraum schriftlich zugestimmt haben.
f) Die Kinder sollen mindestens acht Jahre alt sein.
g) Die Fahrräder müssen den verkehrsrechtlichen Bestimmungen entsprechen.

Die Planung und Durchführung der Radfahrausbildung im öffentlichen Verkehrsraum obliegt den eingesetzten Polizeibeamtinnen und Polizeibeamten.

4. Radfahrausbildung in sonderpädagogischen Bildungs- und Beratungszentren, in inklusiven Bildungsangeboten und kooperativen Organisationsformen

Grundsätzlich soll allen jungen Menschen, unabhängig von einer Behinderung, Beeinträchtigung oder chronischen Erkrankung, der Zugang zur Radfahrausbildung ermöglicht werden.

Sofern ein Kind mit Behinderung ein inklusives Bildungsangebot an einer allgemeinen Schule besucht und an der Radfahrausbildung teilnehmen soll, sind die hierfür gegebenenfalls erforderlichen Vorkehrungen im Einzelfall mit der jeweiligen Lehrkraft abzustimmen.

5. Versicherungsschutz

5.1.
Schülerinnen und Schüler

Schülerinnen und Schüler sind bei Unfällen während der Radfahrausbildung im Rahmen der gesetzlichen Unfallversicherung versichert. Die gesetzliche Unfallversicherung entschädigt den Schaden, der dem Versicherten selbst (oder seinen Hinterbliebenen) durch einen Unfall bei einer versicherten Tätigkeit entstanden ist.

Für mögliche darüber hinausgehende Schadenseintritte gegenüber Dritten werden grundsätzlich die Überprüfung und gegebenenfalls die Anpassung des privaten Haftpflichtversicherungsschutzes sowie der Abschluss einer freiwilligen Schülerzusatzversicherung empfohlen.

Hinweis der Redaktion: Bitte auch den Informationskasten bei ➪ Unfallversicherung beachten.

5.2
Lehrkräfte und Begleitpersonen

Für beamtete Lehrerinnen und Lehrer sowie Polizeibeamtinnen und Polizeibeamte gelten bei der Durchführung der Radfahrausbildung die beamtenrechtlichen Unfallfürsorgevorschriften. Angestellte Lehrkräfte staatlicher Schulen sowie Begleitpersonen, die im Auftrag der Schule tätig werden, stehen unter dem Schutz der gesetzlichen Unfallversicherung.

Begleitpersonen handeln als Hilfskräfte zur Durchführung der Radfahrausbildung hoheitlich. Für Schäden zum Nachteil Dritter haftet das Land wie bei Lehrkräften und Polizeibeamten nach den Grundsätzen des Amtshaftungsrechts. Bei der Haftung gegenüber dem Land sind die Begleitpersonen den Lehrern und Polizeibeamten gleichgestellt.

➪ Haftung und Versicherung; ➪ Schulweg; ➪ Unfallversicherung; ➪ Verkehrserziehung (Beauftragte)

Vermögenswirksame Leistungen

Informationen der Redaktion zur Rechtslage und zur Verwaltungspraxis in Baden-Württemberg

Beschäftigte können einen Teil des Gehalts / Entgelts vermögenswirksam anlegen. Dies wird gegebenenfalls durch vermögenswirksame Leistungen des Arbeitgebers unterstützt; bis zu bestimmten Einkommensgrenzen ist eine Arbeitnehmersparzulage möglich.

2013 wurden die vermögenswirksamen Leistungen für die Landesbeamt*innen im gehobenen und höheren Dienst (und damit für alle beamteten Lehrkräfte) abgeschafft.

Für tarifbeschäftigte Lehrkräfte sieht der ➪ Tarifvertrag-Länder (TV-L) § 23 unverändert vermögenswirksame Leistungen des Arbeitgebers vor.

➪ Entgeltumwandlung; ➪ Tarifvertrag-Länder (TV-L) § 23

Verschwiegenheitspflicht

Informationen der Redaktion zur Rechtslage und zur Verwaltungspraxis in Baden-Württemberg

1. Amtsverschwiegenheit

Wer unbefugt ein zum persönlichen Lebensbereich eines anderen gehörendes Geheimnis offenbart, das ihm als Amtsträger anvertraut wurde, kann sich gemäß § 203 Abs. 2 Strafgesetzbuch strafbar machen.

Für Beamtinnen und Beamte ist ferner bestimmt:

„Beamtinnen und Beamte haben über die ihnen bei oder bei Gelegenheit ihrer amtlichen Tätigkeit bekanntgewordenen dienstlichen Angelegenheiten Verschwiegenheit zu bewahren. Dies gilt auch über den Bereich eines Dienstherrn hinaus sowie nach Beendigung des Beamtenverhältnisses.“

⇨ Beamtenstatusgesetz § 37 Abs. 1

Für Tarifbeschäftigte ist zusätzlich vorgeschrieben:

„Die Beschäftigten haben über Angelegenheiten, deren Geheimhaltung durch gesetzliche Vorschriften vorgesehen oder vom Arbeitgeber angeordnet ist, Verschwiegenheit zu wahren; dies gilt auch über die Beendigung des Arbeitsverhältnisses hinaus.“ ⇨ Tarifvertrag-Länder (TV-L) § 3 Abs. 2

Das Datenschutzrecht verpflichtet die Behörden, also auch die öffentlichen Schulen, insbesondere zum Schutz von persönlichen Daten der Beschäftigten und der „Klienten“ (Schüler*innen, Eltern). In deren „informationelles Selbstbestimmungsrecht“ darf nur durch ein Gesetz oder aufgrund eines Gesetzes eingegriffen werden. ⇨ Datenschutz (Schulen)

In bestimmten Gesetzen oder in Vorschriften des KM wird die allgemeine Verschwiegenheitspflicht ausdrücklich betont und damit verstärkt. So unterliegen z.B. die Beratungen der Schulkonferenz der Vertraulichkeit. ⇨ Schulgesetz § 47 Abs. 11

Besondere Verschwiegenheitspflichten bestehen beispielsweise für Personalräte, Fachberater*innen und Mitarbeiter*innen in der Bildungsberatung. In den Prüfungsordnungen werden Mitglieder der Prüfungsausschüsse regelmäßig zur Amtsverschwiegenheit über alle Prüfungsangelegenheiten verpflichtet.

⇨ Personalvertretungsgesetz (LPVG) § 7, ⇨ Bildungsberatung und Beratungslehrkräfte; ⇨ Fachberater/innen Nr. II.1

Die Pflicht zur Verschwiegenheit besteht jedoch regelmäßig nicht für *„Tatsachen [...], die offenkundig sind oder ihrer Bedeutung nach keiner Geheimhaltung bedürfen“*. ⇨ Beamtenstatusgesetz § 37 Abs. 1

Es gibt aber auch Mitteilungspflichten: So muss die Schulleitung beispielsweise die GLK über die an der Schule vergebenen Anrechungsstunden oder den Elternbeirat über alle Angelegenheiten informieren, die für die Schule von allgemeiner Bedeutung sind.

⇨ Arbeitszeit (Lehrkräfte – VwV Anrechnungen) Nr. IV.1.5; ⇨ Schulgesetz § 57 Abs. 2

Die Frage, ob ein Sachverhalt der Verschwiegenheit unterliegt, ist am einfachsten von den schutzwürdigen Interessen her zu beantworten: Wird durch die (öffentliche bzw. innerdienstliche) Wieder- oder Weitergabe einer Information ein höherrangiges, schutzwürdiges Interesse verletzt? Dies ist in der Regel bei Informationen über Einzelpersonen der Fall (z.B. Leistungen oder Verhalten von Schüler*innen, persönliche Verhältnisse der Lehrkräfte oder Eltern, dienstliche Beurteilung einer Lehrkraft).

2. Weitergabe von Daten und Amtshilfe

Volljährige Schüler*innen verfügen zwar über ihre persönlichen Daten selbst. Dennoch darf die Schule Informationen an ihre Eltern weitergeben: Gemäß § 55 Abs. 3 Schulgesetz kann die Schule den Eltern personenbezogene Auskünfte erteilen oder Mitteilungen machen, wenn kein gegenteiliger Wille der volljährigen Schüler*innen erkennbar ist oder wenn eine Gefahr für wesentlich überwiegende Rechtsgüter wie Leben, Leib, Freiheit oder Eigentum zu befürchten ist und die Auskunft oder Mitteilung angemessen ist, die Gefahr abzuwenden oder zu verringern. ⇨ Schulgesetz § 55 Abs. 3

Die Datenweitergabe innerhalb der Schule an andere, zuständige Lehrkräfte bzw. die Schulleitung sowie die Weitergabe an Dritte, z.B. Jugendamt oder Polizei, ist jedoch zulässig, wenn dies zur Erfüllung des gesetzlichen Erziehungs- bzw. Schutzauftrags der Schule erforderlich ist. ⇨ Datenschutz (Schulen)

Lehrkräfte sind als Beschäftigte des öffentlichen Dienstes zur Amtshilfe verpflichtet, müssen also ggf. ihre dienstlich erworbenen Kenntnisse an andere Berechtigte weitergeben (z.B. an das Jugendamt). Dies ist teilweise (z.B. bei bestimmten Erziehungs- und Ordnungsmaßnahmen) oder zum Schutz der Kinder sogar vorgeschrieben. Nach § 4 des Gesetzes zur Kooperation und Information im Kinderschutz (KKG) sollen Lehrkräfte, denen in Ausübung ihres Berufes gewichtige Anhaltspunkte für die Gefährdung des Wohls eines Kindes oder eines Jugendlichen bekannt werden, mit diesem und den Personensorgeberechtigten die Situation erörtern und, soweit erforderlich, auf die Inanspruchnahme von Hilfen hinwirken; gegebenenfalls dürfen sie das Jugendamt informieren. Zum KKG im Einzelnen siehe: ⇨ Jugendschutz / Kinderschutz (Information).

⇨ Amtshilfe; ⇨ Schulgesetz § 90 Abs. 8; ⇨ Sexuelle Gewalt und Belästigung

Nicht zur Amtshilfe zählt eine außergerichtliche oder gerichtliche Aussage von Beamt*innen über dienstliche Angelegenheiten. Hierzu ist die Genehmigung des Dienstvorgesetzten erforderlich.

⇨ Beamtenstatusgesetz § 37 Abs. 3-4

Auch zwischen dem Informationsanspruch der Öffentlichkeit (Presse) gegenüber Behörden und der Verschwiegenheit in dienstlichen Angelegenheiten kann eine Kollision auftreten. Beispielsweise ist offenkundig, dass an der Schule Lehrermangel besteht. Auskünfte namens der Behörde „Schule“ darf jedoch nur deren Vorstand (Schulleitung) erteilen. Bisweilen besitzt nur die Schulaufsichtsbehörde ein Informationsrecht. ⇨ Gewaltvorfälle; ⇨ Presserecht

3. „Flucht an die Öffentlichkeit"

Über seine eigenen Angelegenheiten darf man in der Regel selbst verfügen, insbesondere (und im Prinzip uneingeschränkt) beim Verkehr mit

- der Gewerkschaft (insbesondere ➪ Rechtsschutz)
- der Personalvertretung (insbesondere bei der Inanspruchnahme des Beschwerderechts und der Personalakteneinsicht gem. § 71 LPVG).

➪ Personalvertretungsgesetz § 7 Abs. 2, und § 71,1

Hierzu bitte auch ➪ Beschwerderecht beachten.

Verschwiegenheit ist jedoch grundsätzlich bei Angelegenheiten zu wahren, die von der Behörde als *„vertraulich"* eingestuft werden. So ist z.B. in der VwV ➪ Beurteilung (Lehrkräfte) unter Nr. III.11 *(Geschäftsmäßige Behandlung der dienstlichen Beurteilung)* verfügt: *„Dienstliche Beurteilungen sind vertraulich zu behandeln."* Dies ist jedoch im Wesentlichen eine Vorschrift in Richtung auf jene, die mit der Beurteilung „geschäftsmäßig" umgehen (Schulleitung, Schulaufsichtsbehörde, Sekretariatsbeschäftigte ...), und kein Verbot, über die eigene dienstliche Beurteilung mit Kolleg*innen zu sprechen. Weil die Möglichkeit eines Vorwurfs besteht, dies sei eine *„Flucht an die Öffentlichkeit"*, empfiehlt sich trotzdem ein Höchstmaß an Sachlichkeit und Zurückhaltung.

Das Beamtenrecht geht nämlich von der Fiktion aus, es bestehe ein besonderes Vertrauensverhältnis zwischen dem Dienstherrn (den Vorgesetzten) und den Beschäftigten. Streitigkeiten seien innerhalb dieses Vertrauensverhältnisses zu lösen; dabei sei zwar die Anrufung der Gerichte zulässig, nicht aber die Einbeziehung unbeteiligter Dritter (*„Flucht an die Öffentlichkeit"*). Wer öffentlich (auch ein Lehrerzimmer gilt als *„öffentlich"*) über seinen eigenen Disziplinarfall berichtet, setzt sich der Gefahr aus, dass ihm dies – zusätzlich – als Dienstvergehen vorgehalten wird, was ebenfalls zu einer disziplinarischen Bestrafung führen kann.

Nach dem ➪ Disziplinargesetz ist die Disziplinarverhandlung selbst jedoch öffentlich wie jede andere Gerichtsverhandlung (ein Ausschluss der Öffentlichkeit muss vom Gericht jeweils im Einzelfall beschlossen werden). Die im öffentlichen Verfahren erörterten Sachverhalte unterliegen anschließend also keiner Vertraulichkeit (mehr). Wir empfehlen dennoch dringend, vor jeder Äußerung im Zusammenhang mit einem Disziplinarverfahren und bei dienstrechtlichen Auseinandersetzungen im Vorfeld des Disziplinarrechts den Rat der GEW einzuholen.

Vorsicht ist auch bei der Besprechung des eigenen Personalfalls auf einer Personalversammlung geboten. Zwar stellt die Personalversammlung *„als Organ der Personalvertretung keine ‚Öffentlichkeit' im Sinne dieses disziplinaren Vorwurfs dar. [...] Es muss daher möglich sein, im Rahmen einer Diskussion über das Beurteilungswesen aus der eigenen dienstlichen Beurteilung ein Beispiel zu geben"* (Verwaltungsgericht Karlsruhe, 24.1.1994; AZ: DK 16/92). Dabei finde jedoch die – grundsätzlich nicht pflichtwidrige – Kritik des Beamten gegenüber Vorgesetzten ihre Grenze, wenn sie in unsachlicher oder beleidigender Form vorgetragen werde.

➪ Personalvertretungsgesetz (LPVG) § 7 Abs. 2

4. Pädagogische Diskretion wahren

Bei Lehrkräften tritt zu der Amtsverschwiegenheit noch eine spezifische, pädagogisch begründete Pflicht zur Diskretion: Der Aufbau und der Erhalt eines Vertrauensverhältnisses mit Schüler*innen bzw. Erziehungsberechtigten ist schlechterdings nicht möglich, ohne dass ein Mindestmaß an Vertraulichkeit herrscht und die Gewissheit besteht, dass diese Diskretion auch gewahrt wird. Insofern gehört die (pädagogische) Diskretion zu den Grund-Tugenden der Lehrerinnen und Lehrer.

Im Rahmen ihrer Obhutspflicht für die ihnen anvertrauten Kinder und Jugendlichen müssen Lehrkräfte diese Diskretion im pädagogisch vertretbaren und notwendigen Umfang auch gegenüber der Polizei wahren und sie ggf. auch vor einer Einvernahme durch die Polizei schützen. ➪ Polizei und Schule

Im Rahmen der Drogenprävention besitzen Lehrkräfte ein Recht auf Vertrauensschutz für betroffene Schüler*innen. Es besteht hier aber kein gesetzliches Recht wie bei der ärztlichen Schweigepflicht.

➪ Prävention

5. Elternvertretungen

Elternvertreter*innen unterliegen keiner förmlichen „Amtsverschwigenheit", müssen sich aber in Bezug auf Informationen, die ihnen im Rahmen ihres auf gesetzlicher Grundlage ausgeübten Ehrenamts zugänglich werden, so verhalten wie die hauptberuflichen „Amtsträger*innen" (s.o. Nr. 1). Diese Verschwiegenheitspflicht gilt vor allem auch für alle personenbezogenen Daten. Für bestimmte Gremien der Elternarbeit (z.B. die Klassenpflegschaft) ist die Nichtöffentlichkeit vorgeschrieben, für die Schulkonferenz beziehungsweise für die in diese entsandten Elternvertreter*innen ist ausdrücklich die Pflicht zur Vertraulichkeit verfügt.

Andererseits ist der Elternbeirat der Schule gemäß ➪ Schulgesetz § 57 Absatz 1 berechtigt und verpflichtet, *„an der Verbesserung der inneren und äußeren Schulverhältnisse mitzuarbeiten und das Verständnis der Öffentlichkeit für die Erziehungs- und Bildungsarbeit der Schule zu stärken"*. Hieraus resultiert ein selbstständiges Recht des Elternbeirats, sich zu Angelegenheiten der Schule gegenüber der Schulöffentlichkeit, aber auch gegenüber der Presse zu äußern. Dies darf er jedoch nicht namens der Schule tun (dies obliegt allein der Schulleitung beziehungsweise den von dieser beauftragten Personen), sondern nur namens der Elternschaft der Schule. ➪ Presserecht

➪ Amtshilfe; ➪ Beamtenstatusgesetz § 37 Abs. 1; ➪ Beschwerderecht; ➪ Beurteilung (Lehrkräfte); ➪ Bildungsberatung Nr. IV.2; ➪ Datenschutz (Schulen); ➪ Disziplinargesetz (LDG); ➪ Fachberater*innen Nr. II.1; ➪ Jugendschutz/Kinderschutz (Information – KKG); ➪ Personalvertretungsgesetz (LPVG); ➪ Polizei und Schule; ➪ Prävention Nr. IV.; ➪ Presserecht; ➪ Rechtsschutz; ➪ Tarifvertrag-Länder § 3 Abs. 2; ➪ Verwaltungsrecht (Allgemeines); ➪ Volljährigkeit

Versetzungen und Abordnungen (Lehrkräfte)

Informationen der Redaktion zur Rechtslage und zur Verwaltungspraxis in Baden-Württemberg

Begriffsbestimmungen und Formalien

Lehrkräfte an öffentlichen Schulen können
- aus **persönlichen Gründen** (eigener Antrag)
- aus **dienstlichen Gründen** (auf Veranlassung der zuständigen Behörde)

an eine andere Schule / Dienststelle versetzt oder abgeordnet werden. **Beamtenrechtlich** ist eine
- **Versetzung** *die auf Dauer angelegte Übertragung eines anderen Amtes bei einer anderen Dienststelle desselben oder eines anderen Dienstherrn*
- **Abordnung** *die vorübergehende Übertragung einer dem Amt des/der Beamt*in entsprechenden Tätigkeit bei einer anderen Dienststelle desselben oder eines anderen Dienstherrn unter Beibehaltung der Zugehörigkeit zur bisherigen Dienststelle.* Die Abordnung kann auf Antrag oder aus dienstlichen Gründen ganz oder teilweise erfolgen („Teilabordnung").

⇨ Beamtengesetz (LBG) §§ 24, 25; ⇨ Beamtenstatusgesetz § 15

Auf Arbeitnehmer*innen werden diese Begriffe entsprechend angewandt. ⇨ Tarifvertrag-Länder (TV-L) § 4

Einer Versetzung steht gleich, wenn sich im Dienst des Landes stehende beamtete oder tarifbeschäftigte Lehrkräfte mit Erfolg um eine im Rahmen der *„schulbezogenen Stellenausschreibung"* ausgeschriebene Stelle bewerben. ⇨ Einstellungserlass Nr. 26

Die für die Versetzung bzw. Abordnung zuständige Behörde muss vor der Einleitung dieser Maßnahme die dienstlichen und die persönlichen Voraussetzungen der Betroffenen im Rahmen des pflichtgemäßen dienstlichen Ermessens abwägen. ⇨ Ermessen

Vor jeder Versetzung oder Abordnung aus dienstlichen Gründen ist der bzw. die Betroffene zu hören.

Die Anhörung kann von der Schulaufsichtsbehörde auf die Schulleitung delegiert werden. Die Beschäftigten haben das Recht, hierzu eine (schriftliche) Stellungnahme abzugeben; diese wird in die Personalakten aufgenommen. Verfahrensrechtlich gelten Abordnungen und Versetzungen als Verwaltungsakte. Bei förmlichen Auseinandersetzungen (Widerspruch beim RP und ggf. Klage vor dem Verwaltungsgericht – beides ohne aufschiebende Wirkung) empfehlen wir die vorherige Beratung durch die GEW.

⇨ Personalakten; ⇨ Verwaltungsrecht Nr. II und VIII

Versetzungsanträge sind bis zum jährlichen Ausschlusstermin online über www.lehrer-online-bw.de/liv zu stellen. Versetzungswillige sollten sich parallel auch auf ausgeschriebene Stellen bewerben.

⇨ Dienstweg; ⇨ Einstellungserlass Nr. 26; ⇨ Stellenwirksame Änderungsanträge

Bei Versetzungswünschen über das Land Baden-Württemberg hinaus ist das Ländertauschverfahren zu beachten. ⇨ Auslandsschuldienst; ⇨ Ländertausch

Bei dienstlich notwendigen Abordnungen oder Versetzungen kann ein Anspruch auf Umzugskosten bzw. Trennungsgeld entstehen. Eine Umzugskostenvergütung darf nur gewährt werden, wenn die Umzugskostenzusage gemäß ⇨ Umzugskostengesetz (LUKG) § 2 Abs.1 vor dem Umzug schriftlich gegeben wurde.

⇨ Trennungsgeldverordnung (LTGVO)

Bei einer Versetzung, die aufgrund einer Bewerbung um eine ausgeschriebene Stelle erfolgt, liegt im Regelfall eine Versetzung aus dienstlichen Gründen vor (VwV vom 24.11.2014; GABl. S. 930/2014).

Bei sogenannten „Teilabordnungen" ergänzen sich der „normale" Reisekostenanspruch nach dem LRKG sowie der Anspruch nach der Trennungsgeldverordnung; die Folge ist, dass während der gesamten Dauer einer Teilabordnung Reisekosten gewährt werden.

⇨ Reisekosten (Auswärtige Dienstgeschäfte)

Anders ist dies bei der vollständigen Abordnung an eine andere Schule: Liegt diese im Einzugsbereich der Stammschule, so entsteht nur für 3 Monate ein Reisekostenanspruch nach der ⇨ Trennungsgeldverordnung (LTGVO); nach 3 Monaten gibt es gemäß § 1 letzter Satz der Trennungsgeldverordnung – auch bei längeren, dienstlich veranlassten Mehr-Fahrten – keinen Reisekostenersatz mehr!

⇨ Reisekosten (Auswärtige Dienstgeschäfte)

In den außerschulischen Bereich abgeordnete Lehrkräfte haben für den Teil der Arbeitszeit, mit dem sie abgeordnet sind, Anspruch auf anteiligen Jahresurlaub. ⇨ Urlaub (Verordnung) § 21

Abordnungen sind in der Regel befristet. Grundsätzlich soll bei nicht nur vorübergehendem Bedarf keine Abordnung, sondern eine Versetzung erfolgen. Teilweise erfolgen jedoch auch Langfrist-Abordnungen, z.B. verbleiben Lehrkräfte, die aus Schulen an Seminare für Didaktik und Lehrerbildung und an Fachseminare abgeordnet werden, dort in der Regel acht Jahre (Verlängerung um vier Jahre ist möglich).

Nach Ablauf einer Abordnung befindet sich die Lehrkraft wieder an ihrer „Stammschule"; es bedarf also keiner „Rück-Versetzung". Soll die Lehrkraft – z.B. aus dienstlichen Gründen – nicht an die „Stammschule" zurückkehren oder will sie dies nicht, so bedarf es zum Ende der Abordnung eines neuen Personalvorgangs (Versetzung oder erneute Abordnung) einschließlich der notwendigen Formalien (Anhörung und ggf. Personalratsbeteiligung).

Zur Bewältigung des Bewerbermangels und zur besseren Gesamtsteuerung bildet die Schulbehörde auch „Versetzungsketten" (gezielte Versetzung von Lehrkräften in mehreren Zügen von gut versorgten Regionen in schlechter versorgte Bereiche, auch über Schulamtsbezirke und Regierungsbezirke hinweg).

Sonderfälle

a) Bleibeverpflichtung

Lehrkräfte verbleiben nach der Einstellung in der Regel mindestens drei Jahre an ihrem ersten Dienstort. In dieser Zeit werden Versetzungsanträge innerhalb des Landes im Rahmen des regulären Versetzungsverfahrens – von triftig begründeten Ausnahmefällen abgesehen – nicht berücksichtigt.

(Quelle: Online-Plattform des KM www.lehrer-online-bw.de).

b) Lehramtsanwärterinnen und -anwärter

Zu den Schulen, an denen ein Teil der Unterrichtsversorgung durch selbstständigen Unterricht von Lehramtsanwärter*innen abgedeckt wird, hat das KM ausgeführt: *„Wenn es der Schulverwaltung trotz aller Umsicht nicht gelingen sollte, die Anwärter und Referendare so auf die Schulstandorte zu verteilen, dass Abordnungen oder Versetzungen vermieden werden können, werden ggf. notwendige Teilabordnungen jedoch nicht gegen den Willen der betroffenen Lehrkräfte ausgesprochen. Auf diese Weise werden Teillehraufträge an verschiedenen Schulstandorten, die für betroffene Lehrkräfte erfahrungsgemäß belastend sind, vermieden.“* (Quellen: KM, 20.2.2007; AZ: 22-6740.0/551 und 6.7.2007; AZ: 21-6701.7/380)

c) Veränderung der Schülerzahlen und Schulschließungen

Versetzungen und Abordnungen wegen Veränderungen der Schülerzahlen sowie der regionalen Schulentwicklung werden immer wieder erforderlich.

Bei der Auflösung von Schulen ist für schwerbehinderte und gleichgestellte Lehrkräfte vorrangig eine Unterbringung bei einer Schule am bisherigen Dienstort oder in Wohnortnähe anzustreben (SchwerbehindertenVwV Nr. 5.3).

Im Bereich der beruflichen Schulen haben die Bezirkspersonalräte teilweise (z.B. BPR BS beim RP Stuttgart) mit der Dienststelle Vereinbarungen über die Berücksichtigung sozialer Kriterien abgeschlossen. Auskunft erteilen die Personalräte.

Zu Funktionsträgern an Haupt- und Werkrealschulen hat das KM u.a. bekanntgegeben:

„Künftige Verwendung von Lehrkräften und Funktionsträgerinnen sowie Funktionsträgern an Haupt- und Werkrealschulen

Bei der Versetzung oder Abordnung von Lehrkräften werden die Wünsche der Lehrkräfte so weit wie möglich berücksichtigt.

Im Einvernehmen mit der Lehrkraft bestehen aus rein rechtlicher Betrachtung keine Einschränkungen hinsichtlich des künftigen Einsatzes von Haupt- und Werkrealschullehrkräften. Das heißt, ein Einsatz ist sowohl an Grund-, Haupt-, Werkreal-, Real-, Gemeinschaftsschulen und SBBZ als auch an Beruflichen Schulen sowie in begründeten Einzelfällen an Gymnasien möglich. Ob dies auch pädagogisch sinnvoll ist, muss im Einzelfall geklärt werden.

Ist die Weiterbeschäftigung einer Lehrkraft an der bisherigen Schule nicht mehr möglich, gehen die Staatlichen Schulämter möglichst frühzeitig auf die betroffenen Schulen und deren Lehrkräfte zu und prüfen stets einzelfallbezogen, wo konkrete Verwendungsmöglichkeiten für diese Lehrkräfte bestehen. Dabei gilt es grundsätzlich, eine sachgerechte Einzelfallentscheidung zu treffen, bei der die Belange aller Beteiligten abgewogen werden. Im Vordergrund sollte dabei stets eine pädagogisch sinnvolle Entscheidung stehen. Die Personalvertretungen, die Vertrauenspersonen der schwerbehinderten Menschen und die Beauftragen für Chancengleichheit sind bei den Entscheidungen wie üblich zu beteiligen.

Vorrangig kommt der Einsatz einer Haupt- und Werkrealschullehrkraft an einer nahegelegenen Haupt- oder Werkrealschule in Betracht. Für diese Abordnung oder Versetzung ist ein Einverständnis der Lehrkraft bzw. der aufnehmenden Schule nicht zwingend erforderlich.

Ist eine Abordnung oder Versetzung an eine Haupt- oder Werkrealschule z.B. aufgrund des mangelnden Bedarfes oder einer unzumutbaren Entfernung zum Wohnort nicht möglich, prüft das Staatliche Schulamt den Einsatz an einer anderen Schulart, wobei vor allem der Einsatz an einer Gemeinschaftsschule in Betracht kommt. Da Gemeinschaftsschulen eine eigene Personalauswahl treffen, ist ein Einsatz an der neuen Schule nur im ausdrücklichen Einverständnis mit der aufnehmenden Schule und der betroffenen Lehrkraft möglich.

Rechtlich unbedenklich ist auch der Einsatz an einer Grund- oder Realschule. Für eine Abordnung oder Versetzung an eine Grund- oder Realschule ist ein Einverständnis der Lehrkraft bzw. der aufnehmenden Schule nicht zwingend erforderlich.

Auch die Versetzung oder Abordnung an ein SBBZ – hier kommt insbesondere der Einsatz an einem SBBZ Lernen in Betracht – ist rechtlich unbedenklich. Der Einsatz an einem SBBZ sollte allerdings grundsätzlich nur mit Zustimmung der betroffenen Lehrkraft erfolgen.

Aus rechtlicher Sicht ist auch ein Einsatz in bestimmten Bildungsgängen der an beruflichen Schulen denkbar, vor allem im Vorqualifizierungsjahr Arbeit und Beruf (VAB) und im Berufseinstiegsjahr (BEJ).

Auch ein Einsatz an Gymnasien ist rechtlich möglich. Dieser sollte aber nur in Ausnahmefällen und im Einvernehmen mit der Lehrkraft und der Schulleitung erfolgen.

Wie bei Personalmaßnahmen üblich, wird auch bei der Suche nach Weiterbeschäftigungsmöglichkeiten für die betroffenen Haupt- und Werkrealschullehrkräfte, soweit möglich, das Alter bzw. eine absehbare Pensionierung der betroffenen Lehrkraft berücksichtigt. Auch hier gilt, dass eine pädagogisch sinnvolle Entscheidung, bei der die Belange aller Beteiligten abgewogen werden, nur getroffen werden kann, wenn dieser eine einzelfallbezogene Prüfung vorangeht.

Besoldung der betroffenen Haupt- und Werkrealschullehrkräfte

Unabhängig von ihrer künftigen Beschäftigung behalten die 2009 nach A 13 beförderten Werkrealschullehrkräfte ihr Beförderungsamt bei. Allerdings ist zu beachten, dass bei diesen Lehrkräften ein Einsatz an einer Grund- und Haupt-/Werkrealschule nur erfolgen kann, wenn diese überwiegend in Hauptschul- oder Werkrealschulbildungsgängen eingesetzt werden.

Lehrkräfte in A 12, die an eine Realschule abgeordnet bzw. versetzt werden, bleiben in A 12.

➪ Besoldung (Stellenhebungen und Abgruppierung)

Künftige Verwendung von Funktionsträgerinnen und Funktionsträgern an Haupt- und Werkrealschulen

[...] Da Funktionsträgerinnen und Funktionsträger einen Anspruch auf einen ihrem Amt entsprechenden künftigen Einsatz haben, sind Versetzungsmöglichkeiten auf ihrem Status entsprechende frei werdende Funktionen anzustreben und zu prüfen. Sind statusgleiche Versetzungen nicht möglich, wird auch ein Einsatz auf niedriger dotierten Funktionsstellen geprüft. Liegt dieser im dienstlichen Interesse, erhalten die Funktionsträgerinnen und Funktionsträger Besitzstand nach § 22 Absatz 1 LBesGBW. Überzählige Funktionsträgerinnen und Funktionsträger können sich auf freie bzw. frei werdende gleich oder höher dotierte Funktionen bewerben.

Sind die genannten Optionen im Einzelfall nicht möglich, werden in der Regel Interimslösungen gesucht (z.B. vorübergehender Einsatz als funktionslose Lehrkraft bis eine geeignete Stelle frei wird oder sofern der Ruhestand absehbar ist bis zum Ruhestand). In Ausnahmefällen gibt es auch haushaltsrechtliche Möglichkeiten (Ausbringen eines Bezugsvermerks im nächsten Staatshaushaltsplan – ‚Personalisten').

Regelmäßig erfolgen hierzu Gespräche mit den betroffenen Funktionsstelleninhaberinnen und -inhabern, in denen die Möglichkeiten offen gelegt und besprochen werden. Es werden einvernehmliche Lösungen angestrebt."

(Quelle: KM 14.4.2014 (AZ: 14-0305.38/200)

Beteiligung des Personalrats und der Schwerbehindertenvertretung

a)
Personalrat

Bei der Prüfung der Frage, ob ein Beteiligungstatbestand vorliegt, ist die vom Beamtengesetz und dem TV-L abweichende Nomenklatur des LPVG zu beachten: Während dienstrechtlich nur von *„Versetzungen"* und *„Abordnungen"* gesprochen wird, gibt es personalvertretungsrechtlich auch die *„Umsetzung"*, die *„Zuweisung"* und die *„Personalgestellung"*. Bei Tarifbeschäftigten besteht kein Mitbestimmungsrecht.

➪ Personalvertretungsgesetz (LPVG) § 75 Abs. 1 Nr. 11, Abs. 2 Nr. 1-5 i.V.m. § 75 Abs. 5 Nr. 3

Bei der Versetzung von Beamt*innen bestimmen der abgebende und der aufnehmende Personalrat mit. Dies gilt auch für die über zwei Monate hinausgehende Abordnung von Beamt*innen (auch Teilabordnung, z.B. *„auswärtiger Unterricht"*) sowie für kürzere, unmittelbar anschließende Abordnungen.

➪ Arbeitszeit (Lehrkräfte – VwV Anrechnungen) Nr. IV. 2.7; ➪ Reisekosten (Auswärtige Dienstgeschäfte)

Mitbestimmung bei *„Umsetzung"* innerhalb der Dienststelle besteht nur bei Wechsel des Dienstorts.

➪ Personalvertretungsgesetz (LPVG) § 75 Abs. 1 Nr. 11, Abs. 2 Nr. 1-5

Hinzuweisen ist ferner auf die *„allgemeine Überwachungspflicht"* sowie auf das Informationsrecht der Personalvertretung und das Beschwerderecht von Beschäftigten beim Personalrat (§ 70 Abs. 1 LPVG).

b)
Schwerbehindertenvertretung

Die Schwerbehindertenvertretung ist bei Versetzungen und Abordnungen unverzüglich und umfassend zu unterrichten und vor einer Entscheidung anzuhören. ➪ Schwerbehinderung (Gesetz) § 178 Abs. 2

➪ Auslandsschuldienst; ➪ Beamtengesetz (LBG) §§ 24 und 25; ➪ Beamtenstatusgesetz § 15; ➪ Dienstweg; ➪ Einstellungserlass Ziff. 10; ➪ Ernennungsgesetz; ➪ Ländertausch (Lehrkräfte); ➪ Personalvertretungsgesetz (LPVG); ➪ Reisekostengesetz (LRKG); ➪ Schwerbehinderung (Gesetz) § 178 Abs. 2; ➪ Stellenwirksame Änderungsanträge; ➪ Trennungsgeld; ➪ Tarifvertrag-Länder (TV-L) § 4; ➪ Umzugskostengesetz (LUKG); ➪ Versetzungen und Abordnungen (Lehrkräfte); ➪ Verwaltungsrecht (Allgemeines)

Vertretungslehrkräfte

Informationen der Redaktion zur Rechtslage und zur Verwaltungspraxis in Baden-Württemberg

Um nicht vorhersehbare gravierende Unterrichtsausfälle während des Schuljahres zu vermeiden, dürfen gemäß ➪ Einstellungserlass Nr. 14.1 befristete „Lehraufträge" erteilt werden. Als „Sachgrund" für die Befristung gelten:

- Vertretung einer erkrankten Lehrkraft,
- Mutterschafts- und Elternzeitvertretung,
- Befristung nach dem Teilzeit- und Befristungsgesetz (TzBfG),
- Gründe, die in der Person des/der Arbeitnehmer*in liegen (Probearbeitsverhältnis).

Der Grund der Befristung muss im Arbeitsvertrag angegeben werden. Der Arbeitsvertrag muss ab dem ersten Tag der Beschäftigung vorliegen, ansonsten ist die Befristung unwirksam.

Mit „Sachgrund" befristete Verträge können im Prinzip beliebig oft hintereinander abgeschlossen werden. 2013 ist es mit GEW-Rechtsschutz erstmals gelungen, einer Lehrkraft nach 14 befristeten Verträgen zu einer unbefristeten Anstellung zu verhelfen. Seither hat sich wenig geändert. Es gibt einzelne gerichtliche Entscheidungen, die 8 bis 10 Befristungen als grenzwertig bzw. unzulässig erklärt haben.

Grundsätzlich kann sich jede Person für solche befristeten Vertretungen bewerben. Lange Zeit hatten nur Menschen mit abgeschlossener Lehramtsausbildung eine Chance. Seit es nicht mehr genügend Bewerber*innen gibt, hat sich die Situation geändert. Die Beschäftigung erfolgt auf der Basis des ➪ Tarifvertrag-Länder (TV-L). Vertretungslehrkräfte sollen nicht zur dauerhaften ➪ Mehrarbeit herangezogen werden, da ansonsten der Befristungsgrund nicht mehr gültig und eine Klage auf „Entfristung" möglich wäre.

Es gibt nur geringe Chancen, anschließend einen unbefristeten Vertrag zu bekommen. Im Schuljahr 2020/21 gab es hierfür nur 50 Stellen. Die Voraussetzungen für eine dauerhafte Einstellung von Personen ohne anerkannte Lehramtsbefähigung sind:

- aktuell befristete Beschäftigung im öffentlichen Schuldienst des Landes Baden-Württemberg,
- langjährig und erfolgreich ausgeübte Vertretungstätigkeiten (derzeitige Mindestbeschäftigungsdauer: 3 Schuljahre oder 36 Monate – dabei wird jeder angefangene Vertragsmonat jeweils voll mitgezählt),
- sehr gute bis gute Beurteilung, festgestellt durch die Schule und durch die Schulverwaltung,
- unabweisbarer, nicht anders zu deckender dauerhafter Bedarf.

Bewerbungen sind über https://lobw.kultus-bw.de/lobw/Vpo möglich.

Auch beurlaubte Beamt*innen und Pensionär*innen werden für diese kurzfristigen Vertretungen eingesetzt. Sie werden ebenfalls nur befristet beschäftigt und bezahlt wie Arbeitnehmer*innen, sind allerdings von der Renten- und Krankenversicherungspflicht befreit. Hierzu bitte den Beitrag ➪ Beamtenversorgung (Anrechnungsvorschriften) beachten.

Probezeit und Unterrichtsbesuche

Die Probezeit beträgt sechs Monate. Nur innerhalb der Probezeit kann der Arbeitsvertrag mit einer Frist von zwei Wochen zum Monatsschluss gekündigt werden. Ansonsten endet der Vertrag mit der im Arbeitsvertrag angegebenen Frist.

Zur Feststellung der Bewährung in der Probezeit erfolgt – in der Regel nur im ersten befristeten Arbeitsverhältnis – eine Beurteilung durch die Schulleitung. Hierzu sind Unterrichtsbesuche zwar zulässig, dem Grunde nach aber nicht notwendig. Im Normalfall wird nach ca. 4 Monaten eine dienstliche Beurteilung von der Schulleitung angefertigt, häufig mit der Begründung, man wolle feststellen, ob die Vertretungslehrkraft für künftige Verträge „geeignet" sei. Solche Besuche sollten hingenommen werden, insbesondere kann es für die Verkürzung einer eventuell folgenden beamtenrechtlichen Probezeit hilfreich sein, wenn man als Arbeitnehmer*in bereits einen guten Eindruck hinterlassen hat. Ist die Note mindestens „ausreichend", ist die Bewährung erbracht.

Urlaubsansprüche bei Fristverträgen

Der Urlaubsanspruch beträgt 1/12 des Jahresurlaubsanspruchs von 30 Tagen für jeden angefangenen Monat. Je nach Lage und Dauer des befristeten Beschäftigungsverhältnisses innerhalb eines Schuljahres oder bei Erkrankung in den Ferien kann die Anzahl der Ferientage den individuellen Urlaubsanspruch unterschreiten. Der im Kalenderjahr zustehende Erholungsurlaub ist zu ermitteln und in Relation zu dem Beschäftigungszeitraum zu setzen. Durch Schulferien gewährte Urlaubstage sind davon abzuziehen. Gesetzliche Feiertage, an denen folglich unterrichtsfrei ist, gelten bei der Berechnung nicht als bereits gewährte Urlaubstage. Verbleiben bei dieser individuellen Berechnung noch nicht realisierte Urlaubstage, sind diese von der Schulleitung dem LBV mitzuteilen, das dann eine entsprechende Auszahlung veranlassen wird. (Quelle: KM, 8.7.2009; AZ: 14-0381.1-39/4)

Lehrbeauftragte

Von den „Vertretungslehrkräften", die regulären Unterricht erteilen, zu unterscheiden sind die vom KM als ➪ Lehrbeauftragte an Schulen bezeichneten Personen, die nur außerhalb des „Pflichtbereichs" Unterricht erteilen und keine regulären Lehrkräfte vertreten dürfen.

Lehrkräfte in VKL-Klassen

Auch Lehrkräfte in Vorbereitungsklassen sind keine „Vertretungslehrer*innen", sondern sie werden zur Erfüllung einer zeitlich befristeten Aufgabe beschäftigt. Sie dürfen deshalb ebenfalls nicht zur Vertretung fehlender Lehrkräfte in anderen Klassen / Fächern / Bereichen eingesetzt werden. ➪ Sprachförderung (Integration) Nr. 4.2

Ihre Verträge sind in der Regel nach dem Teilzeit- und Befristungsgesetz befristet. Siehe ➪ Tarifvertrag-Länder (TV-L) § 30 (Hinweis Nr. A.2) und § 30 Abs. 4.

➪ Beamtenversorgung (Anrechnungsvorschriften); ➪ Einstellungserlass Nr. 14.1; ➪ Mehrarbeit; ➪ Organisationserlass; ➪ Tarifvertrag-Länder (TV-L)

Verwaltungskräfte

Informationen der Redaktion zur Rechtslage und zur Verwaltungspraxis in Baden-Württemberg

Nach § 48 Abs. 3 des Schulgesetzes erlässt das Kultusministerium Richtlinien über die Ausstattung der Schule mit Verwaltungskräften.

➪ Schulgesetz § 48 Abs. 3

Solche Richtlinien gibt es seit dem 1. Januar 1997 nicht mehr. Dadurch ist die Pflicht der Schulträger zur Ausstattung der Schulen mit Verwaltungskräften nicht geringer geworden; sie ergibt sich jedoch nicht (mehr) aus einer Vorschrift, sondern unmittelbar aus § 48 Schulgesetz. Daraus folgt nach wie vor, dass die Schulträger den Schulen zur Erledigung von Schreib-, Büro- und Verwaltungsarbeiten das erforderliche Personal zur Verfügung zu stellen oder in anderer Weise dafür zu sorgen haben, dass diese Arbeiten ohne Belastung pädagogischer Kräfte ordnungsgemäß erledigt werden.

In den Fällen, in denen einzelne Schulen ihre Ausstattung mit Verwaltungskräften für unzureichend halten, empfiehlt es sich, durch Einschaltung der Schulaufsichtsbehörde im Einzelfall ein befriedigendes Ergebnis anzustreben.

(Quelle: KM vom 2.7.1985 (AZ: I 4406-33.1/23)

➪ Haushalt (Allgemeines – Budgetierung); ➪ Haushalt (Kommunaler Finanzausgleich); ➪ Reisekosten (Schulträger); ➪ Schulgesetz § 48 Abs. 2

Verwaltungsrecht (Allgemeines)

Informationen der Redaktion zur Rechtslage und zur Verwaltungspraxis in Baden-Württemberg

I. Die Schule als Teil der öffentlichen Verwaltung

Alle öffentlichen Schulen sind „nicht rechtsfähige öffentliche Anstalten" (Behörden) und damit Teil der öffentlichen Verwaltung. ➪ Schulgesetz § 23

Wie jede staatliche Behörde ist auch die Schule bei ihrer gesamten Tätigkeit an Recht und Gesetz gebunden. Maßgebend ist neben dem Schulgesetz das Landesverwaltungsverfahrensgesetz (LVwVfG). Werden dessen Maßgaben für die rechtmäßige Abwicklung schulischer Verwaltungsvorgänge nicht beachtet, so können diese rechtlich angefochten werden bzw. sind unwirksam (hierzu Nr. II). Im Falle eines Widerspruchs gegen schulische Verwaltungsakte ist die Verwaltungsgerichtsordnung (VwGO) maßgebend. ➪ Pädagogische Freiheit

Die folgenden Ausführungen beziehen sich auf

- das Verwaltungshandeln von öffentlichen Schulen gegenüber den von ihren Entscheidungen „Betroffenen" (Schüler*innen bzw. Erziehungsberechtigte) und
- verbeamtete Lehrkräfte in ihrem Verhältnis zum Land als Dienstherr (für das Arbeitsverhältnis von Arbeitnehmer*innen ist gegebenenfalls das Tarif- und Arbeitsrecht maßgebend).

Grundsätzliche Ausführungen zum Verhältnis zwischen staatlichem und elterlichem Erziehungsrecht finden sich im Beitrag ➪ Eltern (Allgemeines).

Weiter auf der übernächsten Seite

Auszug aus dem Landesverwaltungsverfahrensgesetz (LVwVfG)

Landesverwaltungsverfahrensgesetz – LVwVfG) in der Fassung vom 12. April 2005; zuletzt geändert 4. Februar 2021 (GBl. S. 181/2021)

§ 14
Bevollmächtigte und Beistände

(1) Ein Beteiligter kann sich durch einen Bevollmächtigten vertreten lassen. Die Vollmacht ermächtigt zu allen das Verwaltungsverfahren betreffenden Verfahrenshandlungen, sofern sich aus ihrem Inhalt nicht etwas anderes ergibt. Der Bevollmächtigte hat auf Verlangen seine Vollmacht schriftlich nachzuweisen. [...]

(3) Ist für das Verfahren ein Bevollmächtigter bestellt, so soll sich die Behörde an ihn wenden. Sie kann sich an den Beteiligten selbst wenden, soweit er zur Mitwirkung verpflichtet ist. Wendet sich die Behörde an den Beteiligten, so soll der Bevollmächtigte verständigt werden. [...]

(4) Ein Beteiligter kann zu Verhandlungen und Besprechungen mit einem Beistand erscheinen. Das von dem Beistand Vorgetragene gilt als von dem Beteiligten vorgebracht, soweit dieser nicht unverzüglich widerspricht. [...]

(6) Bevollmächtigte und Beistände können vom Vortrag zurückgewiesen werden, wenn sie hierzu ungeeignet sind; vom mündlichen Vortrag können sie nur zurückgewiesen werden, wenn sie zum sachgemäßen Vortrag nicht fähig sind. Nicht zurückgewiesen werden können Personen, die nach § 67 Abs. 2 Satz 1 und 2 Nr. 3 bis 7 der Verwaltungsgerichtsordnung zur Vertretung im verwaltungsgerichtlichen Verfahren befugt sind.

Hinweis der Redaktion: Nicht zurückgewiesen werden können demnach z.B. Rechtsanwälte, Vertreter von Gewerkschaften und Mitglieder der Schwerbehindertenvertretung. Außer diesen Personen können auch Personalräte die Vertretung – im eng begrenzten Umfang der Aufgaben nach dem ➪ Personalvertretungsgesetz (LPVG) – wahrnehmen.

Verwaltungsrecht (Widerspruchsverfahren)

Hinweise der Redaktion auf die Bestimmungen der Verwaltungsgerichtsordnung (VwGO)

Ein Schüler/eine Schülerin (bzw. die Erziehungsberechtigten) sind mit einem Verwaltungsakt (z.B. einer Nichtversetzung oder einer Erziehungs- und Ordnungsmaßnahme) oder einer sonstigen Entscheidung der Schule (z.B. Einzelnote) nicht einverstanden. Am Anfang sollte immer ein Gespräch mit der Lehrkraft bzw. – erst danach! – mit der Schulleitung stehen. Bleibt dies erfolglos, können die unten dargestellten Schritte unternommen werden. Wichtig: Ein Widerspruch gegen Erziehungs- und Ordnungsmaßnahmen hat keine aufschiebende Wirkung! ⇨ Schulgesetz § 90 Abs. 3 letzter Satz

A. Verwaltungsakte

(z.B. Versetzung / Abschlussprüfung / Schulausschluss)

Hiergegen kann auf zwei Wegen vorgegangen werden:[1]

Der / die Schüler*in (bzw. die Erziehungsberechtigten) wenden sich direkt ans Schulamt[2] oder Regierungspräsidium. Ohne Rücksicht auf die Form ist dies ein Widerspruch (§ 68 VwGO).

Das Regierungspräsidium[2] legt die Beschwerde zunächst der Schule zur Prüfung vor, ob Abhilfe möglich ist.

Der Schüler / die Schülerin (bzw. Erziehungsberechtigte) beantragen bei der Schule[2], die Entscheidung zu ändern. Ohne Rücksicht auf die Form ist dies ein Widerspruch (§ 68 VwGO)[3].

Die Schule[2] prüft den Sachverhalt unter rechtlichen und tatsächlichen Aspekten. Danach einigt sie sich mit den Beschwerdeführenden oder trifft eine neue Entscheidung.

Die Schule schafft keine Abhilfe. Sie gibt den Widerspruch mit einer Stellungnahme an das Regierungspräsidium weiter (bzw. zurück).

Nach Prüfung der Sach- und Rechtslage bescheidet das RP den Widerspruch und vollzieht eine der folgenden Alternativen:

Das Regierungspräsidium weist den Widerspruch zurück (§ 73 VwGO; gebührenpflichtig[4]).

Das Regierungspräsidium hebt den Verwaltungsakt auf und trifft eine neue Entscheidung (gebührenfrei[4]).

Das Regierungspräsidium weist die Schule an, ihre Entscheidung zu ändern (gebührenfrei[4]).

Nach der Abweisung des Widerspruchs ist innerhalb einer Frist von einem Monat eine Klage beim Verwaltungsgericht möglich (§§ 40, 42 VwGO).

B. Sonstige Entscheidungen

(z.B. Einzelnote)

Gleiche Verfahrenswege wie beim Verwaltungsakt.

Wenn die Schule keine Abhilfe schafft, ist jedoch danach kein formelles Rechtsmittelverfahren möglich.

Die Schule schafft Abhilfe.

Die Schule ändert ihre Entscheidung (Verwaltungsakt) oder hebt sie auf (gebührenfrei).

1 Bei bestimmten Entscheidungen – z.B. Versetzung, Abschlussprüfung, Schulausschluss – kann es zur raschen Klärung sinnvoll oder sogar geboten sein, neben dem Widerspruch ein Verfahren auf einstweiligen Rechtsschutz beim Verwaltungsgericht einzuleiten.

2 Die Schule handelt als untere Sonderbehörde (§ 23 SchG); Widerspruchsbehörde ist das Regierungspräsidium (RP) als obere Schulaufsichtsbehörde.

3 Erging die Entscheidung mit Rechtsmittelbelehrung, so muss ein Widerspruch innerhalb eines Monats nach Zustellung erfolgen, sonst innerhalb eines Jahres.

4 Eine Gebühr fällt in der Regel nur an, wenn der Widerspruch zumindest teilweise erfolglos bleibt. ⇨ Gebühren; ⇨ Verwaltungsrecht (Allgemeines) Nr. II-V

Fortsetzung Verwaltungsrecht (Allgemeines)

II.
Verwaltungsakt und Anhörung

Ein „Verwaltungsakt“ ist *„jede Verfügung, Entscheidung oder andere hoheitliche Maßnahme, die eine Behörde zur Regelung eines Einzelfalls auf dem Gebiet des öffentlichen Rechts trifft und die auf unmittelbare Rechtswirkung nach außen gerichtet ist“* (LVwVfG § 35). Verwaltungsakte sind zu begründen (§ 39 LVwVfG).

Bei Lehrkräften sind dies z.B. dienstliche Beurteilungen oder Beihilfebescheide. Auch Schulen können als *„untere Sonderbehörden“* in inneren Schulangelegenheiten Verwaltungsakte erlassen (z.B. Erziehungs- und Ordnungsmaßnahmen, Versetzungsentscheidungen). ➪ Schulgesetz § 23 Abs. 3

Vor dem Erlass eines Verwaltungsaktes sind die Beteiligten anzuhören (§ 28 LVwVfG). Die Beteiligten können sich vertreten lassen (§ 14 LVwVfG; auszugsweise im Kasten unten abgedruckt).

Die Anhörungspflicht dient der Vermeidung unnötiger Rechtsstreitigkeiten; das Ziel ist eine Einigung. Unterbleibt die Anhörung, kann sie bis zum Abschluss des Gerichtsverfahrens nachgeholt werden.

„Anhörung“ bedeutet, dass den „Beteiligten“ (also z.B. den Schüler*innen bzw. deren Erziehungsberechtigten) die beabsichtigte Maßnahme mitgeteilt und Gelegenheit gegeben wird, sich zu den für die Entscheidung erheblichen Tatsachen zu äußern.

Bei schulischen Versetzungs- und anderen Entscheidungen, die auf einer Leistungsbeurteilung beruhen, besteht gemäss § 2 Abs. 3 Nr. 2 LVwVfG zwar keine Pflicht, ein formelles Anhörungsverfahren durchzuführen, und auch keine formelle Begründungspflicht. Dennoch muss die Schule aufgrund ihrer Verpflichtung, das elterliche Erziehungsrecht zu respektieren und mit den Erziehungsberechtigten zu kooperieren, diese über eine drohende Nichtversetzung informieren. Dies hat den Zweck, die Eltern anzuhalten, das Ihre für die Versetzung ihres Kindes zu tun. Hierfür gibt es keine Formvorschriften (es muss also nicht der „blaue Brief“ sein, sondern dies kann z.B. in einer Elternsprechstunde geschehen – dies wäre im Übrigen pädagogisch auch sinnvoller).

➪ Klassenlehrkraft (Nr. 2); ➪ Elternbeiratsverordnung § 3

III.
Widerspruch gegen Verwaltungsakte

Gegen Verwaltungsakte können die Betroffenen Widerspruch einlegen. Behörden (auch Schulen) müssen Schreiben gegen Verwaltungsakte oder amtliche Bescheide ohne Rücksicht auf die Form, also auch die formlose Beschwerde von Eltern gegen die Nichtversetzung ihres Kindes, als Widerspruch behandeln und entsprechend bescheiden.

Vor dem Gang zum Gericht ist ein Vorverfahren durchzuführen, das eine Überprüfung des angefochtenen Verwaltungsaktes ermöglichen soll. Es beginnt nach § 69 VwGO mit der Erhebung des Widerspruchs bei der Stelle, die den Bescheid erlassen hat (bei Bescheiden mit einer Rechtsmittelbelehrung innerhalb von vier Wochen; sollte die Rechtsmittelbelehrung fehlen, kann innerhalb eines Jahres Widerspruch eingelegt werden). Eine Rechtsmittelbelehrung hat etwa den folgenden Wortlaut: *„Gegen diesen Bescheid kann innerhalb eines Monats nach Bekanntgabe/Zustellung bei* (Behörde, die den Verwaltungsakt erlassen hat) *oder bei* (Behörde, die den Widerspruch zu bescheiden hat) *schriftlich oder zur Niederschrift Widerspruch eingelegt werden.“* Die Frist beginnt mit der Zustellung des Bescheids. Die Einlegung des Widerspruchs bei der Dienststelle, die über den Widerspruch zu entscheiden hat, wahrt ebenfalls die festgesetzte Frist – nicht dagegen die Einlegung bei einer anderen Behörde.

Bei belastenden Verwaltungsakten, z.B. dem Ausschluss von einer Klassenfahrt, haben der Widerspruch und die Anfechtungsklage „aufschiebende Wirkung“: Der Verwaltungsakt kann erst dann durchgesetzt werden, wenn das Rechtsschutzverfahren abgeschlossen ist. Von diesem Grundsatz gelten zahlreiche Ausnahmen: So greift die aufschiebende Wirkung bei Erziehungs- und Ordnungsmaßnahmen (§ 90 SchG) oder bei beamtenrechtlichen Versetzungen und Abordnungen nicht ohne Weiteres. Wollen Betroffene die Vollziehung verhindern, müssen sie im Wege des Eilrechtsschutzes einen entsprechenden Antrag beim Verwaltungsgericht stellen. Das Gericht entscheidet dann aufgrund einer summarischen Prüfung der Rechtslage und einer Abwägung der Interessen der Beteiligten. Die Nichtversetzung ist hingegen kein *„belastender“*, sondern die Versagung eines *„begünstigenden“* Verwaltungsaktes, nämlich der von dem/der Schüler*in begehrten Versetzung. Ein Widerspruch hiergegen besitzt keine aufschiebende Wirkung; der/die Betroffene kann die höhere Klasse bis zum Abschluss des Verfahrens nicht besuchen.

Die Behörde, die den Verwaltungsakt erlassen hat, muss aufgrund eines Widerspruchs ihren früheren Bescheid schnellstens nochmals überprüfen (zum Ablauf dieses verwaltungsinternen Kontrollverfahrens siehe Kapitel IV). Hält sie den Widerspruch für begründet, so hilft sie ihm ab. Erfolgt dies nicht, so hat die nächsthöhere Behörde – nach erneuter Prüfung der Sach- und Rechtslage – einen Widerspruchsbescheid zu erlassen. § 73 Abs. 3 VwGO schreibt zwingend vor, dass der Widerspruchsbescheid zu begründen und ebenfalls mit einer Rechtsmittelbelehrung zu versehen ist (z.B.: *„Innerhalb eines Monats nach Zustellung dieses Widerspruchsbescheids kann bei dem Verwaltungsgericht XY schriftlich oder zur Niederschrift des Urkundsbeamten der Geschäftsstelle Klage erhoben werden“*).

Wird ein Widerspruchsbescheid erlassen, so beträgt die Frist für die Einlegung der Klage einen Monat nach Bekanntgabe des Bescheids. Dagegen ist eine Klage <u>ohne</u> Vorliegen eines Widerspruchsbescheids möglich, wenn über den Widerspruch ohne zureichenden Grund nicht in angemessener Frist sachlich entschieden worden ist (im Regelfall sind 3 Monate noch als angemessen anzusehen; § 75 VwGO).

Dienstliche Beurteilungen der Lehrkräfte und die Bewertung von Schülerleistungen sind vor den Verwaltungsgerichten nur beschränkt nachprüfbar. Ferner bewertet die Rechtsprechung dienstliche Beurteilungen nicht in jedem Fall als durch Widerspruch angreifbare Bescheide. Hingegen ist ein Widerspruch gegen eine versagte Beförderung aufgrund einer als falsch angesehenen Beurteilung möglich. Es ist deshalb zunächst zu klären, ob Begehren auf Beseitigung, Änderung oder fehlerfreie Neubeurteilung unmittelbar durch Widerspruch oder zuerst durch einen (förmlichen) Antrag im Verwaltungsverfahren verfolgt werden müssen. GEW-Mitglieder sollten sich bei Auseinandersetzungen über dienstliche Beurteilungen stets an den ⇨ Rechtsschutz wenden.

IV. Verwaltungsinternes Kontrollverfahren

Als Ausgleich für die beschränkte gerichtliche Überprüfbarkeit von Leistungsbeurteilungen verlangt die Rechtsprechung eine – in der Wirkung nicht zu unterschätzende – verwaltungsinterne Kontrolle: Eine Remonstration der Erziehungsberechtigten gegen eine als unzutreffend oder ungerecht empfundene Benotung oder einer Lehrkraft gegen ihre dienstliche Beurteilung führt zunächst zur Überprüfung

Worauf Schulen im Widerspruchsfall achten müssen

Für das verwaltungsinterne Kontrollverfahren bei Prüfungs- und Versetzungsentscheidungen hat das frühere Oberschulamt Stuttgart (heute: RP) 1995 folgende Hinweise gegeben; sie sind auch auf die Behandlung von Widersprüchen gegen andere schulische Verwaltungsakte (z.B. Erziehungs- und Ordnungsmaßnahmen) anwendbar.

„Zunächst hat das für die angefochtene Entscheidung zuständige Organ (bei Versetzungsentscheidungen die Klassenkonferenz, im Übrigen die Schulleitung) darüber zu entscheiden, ob dem Widerspruch abgeholfen werden kann, d.h. die angefochtene Entscheidung von dem zuständigen Organ selbst abgeändert wird. Zur Vorbereitung sind den Mitgliedern der Organe, deren Entscheidungen beanstandet werden, die konkreten Einwendungen des Widerspruchsführers zur Kenntnis zu geben und eine Stellungnahme von ihnen dazu einzuholen. Wird dem Widerspruch nicht abgeholfen, so ist der Widerspruch zusammen mit den erforderlichen Unterlagen unverzüglich über die untere Schulaufsichtsbehörde der oberen Schulaufsichtsbehördevorzulegen. Für die Entscheidung der oberen Schulaufsichtsbehörde sind insbesondere folgende Unterlagen erforderlich:

- *Das Protokoll der Sitzung der Klassenkonferenz bzw. die Stellungnahme des Schulleiters, mit der über die Behandlung des Widerspruchs entschieden wurde.*
- *Die Klassenarbeiten einschließlich aller Korrekturunterlagen, gegen deren Bewertung der Widerspruchsführer Einwendungen vorgebracht hat.*
- *Bei Widersprüchen gegen Versetzungsentscheidungen, die Mitteilung sämtlicher Noten des Schülers einschließlich einer Darstellung, wie diese Noten zustandegekommen sind.*
- *Bei Widersprüchen gegen die Benotung einzelner Fächer ist eine Auflistung sämtlicher Einzelnoten der Klassenarbeiten, mündlichen Leistungen und sonstiger Leistungen vorzulegen einschließlich der Angabe, in welchem Verhältnis zueinander die einzelnen Leistungselemente gewichtet wurden und wann dies den Schülern bekanntgegeben wurde.*
- *Werden Einwendungen gegen das Nichtbestehen einer Aufnahmeprüfung in eine weiterführende Schule vorgebracht, so sind die gesamten schriftlichen Prüfungsunterlagen des Schülers und wenn sich die Einwendungen gegen eine mündliche Prüfung richten das Prüfungsprotokoll vorzulegen. Ferner ist eine Begründung der Bewertung durch die Mitglieder des Prüfungsausschusses vorzulegen.*
- *Bei Widersprüchen gegen Versetzungsentscheidungen ist das Protokoll der Schlusssitzung bzw. der Sitzung der Klassenkonferenz vorzulegen.*
- *Diese Unterlagen werden in den jeweiligen Fällen stets gebraucht. Im Einzelfall kann die Vorlage weiterer Unterlagen erforderlich sein:*
- *Wird vom Widerspruchsführer beanstandet, dass zu Unrecht das Vorliegen eines wichtigen Grundes für die Nichtteilnahme an der Prüfung verneint oder eine Leistungsverweigerung wegen unentschuldigten Unterrichtsversäumnisses angenommen worden sei, sind alle diesbezüglichen Unterlagen (z.B. eingegangene Entschuldigungsschreiben, Vermerke über fernmündliche Entschuldigung usw.) ggfs. Stellungnahmen der damit befassten Personen (Klassenlehrer, Schulsekretärin usw.) vorzulegen.*
- *Im Falle eines wiederholten Nichtbestehens bzw. Nichtversetzungsentscheidung sind auch die entsprechenden Unterlagen über den ersten Prüfungsdurchgang vorzulegen."*

Es kommt auf die Wortwahl an

Das RP Stuttgart hat ferner beanstandet, in schulrechtlichen Verfahren werde immer wieder versäumt, *„zeitnah eine klare, tragfähige Tatsachenbasis unter konkreter Angabe der Geschehnisse, des Zeitpunkts und der beteiligten Personen zu schaffen und hierzu verwertungsfähige Protokolle zu erstellen. [...] Soweit von den Schulen Ermessensentscheidungen getroffen werden (z.B. bei Maßnahmen nach § 90 SchG, bei ausnahmsweisen Versetzungen, bei der Gestattung einer Aufnahme auf Probe in die nächsthöhere Klasse, bei der Aussetzung einer Versetzungsentscheidung) muss aus der Entscheidung deutlich werden, dass die Schule ihr Ermessen erkannt hat und aufgrund welcher Gesichtspunkte sie wie geschehen entschieden hat. Es sind daher Formulierungen zu vermeiden, die darauf hindeuten könnten, dass die Schule von einer gebundenen Entscheidung ausgegangen ist (z.B. ‚haben wir keine andere Möglichkeit gesehen als ...', ‚mussten wir...', ‚sehen wir uns gezwungen ...' etc). – Bei der Beschreibung von Fehlverhaltensweisen der Schüler reichen allgemeine Umschreibungen wie z.B. ‚verhält sich unangemessen', ‚ist unverschämt', ‚stört den Unterricht' etc. nicht aus. Vielmehr müssen die Verhaltensweisen konkret, wenn es um Äußerungen geht möglichst in genauem Wortlaut (ggf. auch Umgangssprache oder Dialekt) wiedergegeben werden."*

(29.8.2011; AZ: 7-6400.4/25)

dieser Bewertung innerhalb der Verwaltung. Die Schulaufsichtsbehörde verlangt von der Schule zu diesem Zweck die Vorlage aller Unterlagen (siehe Kasten auf der vorhergehenden Seite). Die Kontrolle kann – muss aber nicht – durch die ursprünglichen Prüfer erfolgen (in Baden-Württemberg gibt es bei schulischen Leistungsbewertungen – abweichend von anderen Bundesländern – keinen Anspruch auf Nachkorrektur durch unabhängige Gutachter). Dies ist ein heikler Punkt im Prüfungsrecht: Einerseits kennt nur die Lehrkraft den Leistungsstand der Klasse und der Schüler*innen, andererseits ist nicht zu erwarten, dass sie ihre ursprüngliche Bewertung abändert. ➪ Pädagogische Freiheit

Allerdings haben die Gerichte das Recht der Schulleitung anerkannt, bei einem Verstoß gegen die für die Notengebung allgemein geltenden Grundsätze (§ 41 Abs. 2 SchG) gegebenenfalls anstelle einer Lehrkraft entscheiden zu dürfen.

V.
Weitere Informationen

Bei einem Widerspruchsverfahren fallen Gebühren an; nur bei erfolgreichen Widersprüchen hat das Land den Aufwand zu tragen. Wird der Widerspruch jedoch zurückgewiesen oder ziehen die Beschwerdeführenden einen bereits formell eingelegten Widerspruch im Laufe des Verfahrens zurück, so kann dies teuer werden. Zur Gebührenverordnung des KM bitte den Beitrag ➪ Gebühren beachten.

Zu Dienstaufsichtsbeschwerden gegen Schulen bzw. Lehrkräfte, zu Beschwerden von Beschäftigten, zur Verschwiegenheitspflicht und zur „Flucht an die Öffentlichkeit“ steht mehr unter ➪ Beschwerderecht.

➪ Beamtengesetz (LBG) §§ 83 ff.; ➪ Beamtenstatusgesetz § 38; ➪ Beschwerderecht; ➪ Beurteilung (Lehrkräfte); ➪ Dienstweg; ➪ Disziplinargesetz (LDG); ➪ Disziplinarrecht (Allgemeines); ➪ Ermessen; ➪ Juristische Terminologie; ➪ Pädagogische Freiheit; ➪ Personalakten; ➪ Personalvertretungsgesetz (LPVG) § 71 Abs. 1; ➪ Rechtsschutz; ➪ Schulgesetz § 32 ff.

Volljährigkeit

Informationen der Redaktion zur Rechtslage und zur Verwaltungspraxis in Baden-Württemberg

Der Eintritt der Volljährigkeit beeinträchtigt das Schulverhältnis grundsätzlich nicht: Volljährige üben ihre Rechte selbst aus und müssen alle Pflichten ausschließlich und im vollen Umfang selbst übernehmen (z.B. Anmeldung oder Abmeldung von der Schule). Die Schulpflicht wird durch die (in der freiwilligen Entscheidung, das Schulverhältnis fortzusetzen, begründete) Pflicht zur Teilnahme am Unterricht ersetzt. Mit dieser Entscheidung unterwerfen sich volljährigen Schüler*innen den Schulordnungen, beispielsweise der Schulbesuchsverordnung. Sie besitzen deshalb zwar ein Selbstentschuldigungsrecht, allerdings nur im Rahmen der auch sonst zulässigen Gründe.

➪ SchulbesuchsVO; ➪ Schulgesetz § 55 und §§ 72-76

Die Zeugnisse müssen weder von den Eltern noch den volljährigen Schülern und Schülerinnen unterschrieben werden. Die z.B. bei Erziehungs- und Ordnungmaßnahmen vorgesehene Anhörung oder Mitwirkung der Erziehungsberechtigten entfällt. Das kollektive Mitwirkungsrecht der Eltern bleibt jedoch erhalten (SchG § 55 Abs. 3).

Bei Auskünften der Schule an die Eltern wird das Einverständnis der volljährigen Schüler*innen vorausgesetzt, wenn nicht eine ausdrückliche anderslautende Erklärung der Betroffenen vorliegt. Gem. § 55 Abs. 3 SchG kann die Schule den Eltern auch personenbezogene Auskünfte erteilen oder Mitteilungen machen, wenn kein gegenteiliger Wille der volljährigen Schüler erkennbar ist oder wenn eine Gefahr für wesentlich überwiegende Rechtsgüter wie Leben, Leib, Freiheit oder Eigentum zu befürchten ist und die Auskunft oder Mitteilung angemessen ist, die Gefahr abzuwenden oder zu verringern. Dies gilt auch, wenn ein Schulausschluss angedroht wird oder ein Schüler die Schule gegen seinen Willen verlassen muss. Volljährige sind über die Möglichkeit personenbezogener Auskünfte und Mitteilungen an die Eltern allgemein oder im Einzelfall zu belehren.

Es besteht gegenüber volljährigen Schüler*innen keine Aufsichtspflicht der Schule im üblichen Sinne, jedoch die allgemeine Verkehrssicherungspflicht und die sich aus dem Schulverhältnis ergebende Fürsorgepflicht der Schule.

➪ Aufsichtspflicht; ➪ Elternbeiratsverordnung § 1 Abs. 2; ➪ Eltern (Allgemeines); ➪ Schulbesuchsverordnung § 4; ➪ Schulgesetz § 55 Abs. 3, §§ 72-76; ➪ Unfallversicherung (Hinweise); ➪ Verschwiegenheitspflicht

Vorbereitungsdienst (Sozialpunkte/Seminarzuweisung)

Zulassung zu den Vorbereitungsdiensten für die Lehrämter; Vergabe von Sozialpunkten für die Ortszuweisung; Erlass des KM (AZ: 21-6712.7-4/24, Stand: Mai 2003)

Jedem Seminar können nur so viele Bewerberinnen und Bewerber zugewiesen werden, wie Ausbildungsplätze vorhanden sind. Übersteigt die Zahl der Bewerberinnen und Bewerber für ein Seminar die Zahl der dort verfügbaren Ausbildungsplätze, werden die Ortswünsche nach dem Sozialrang erfüllt. Für den Sozialrang sind bestimmend der Familienstand (verheiratet, Zahl der Kinder usw.) sowie besondere Umstände, die eine Zuweisung an ein bestimmtes Seminar dringlich erscheinen lassen. Es sind daher alle Umstände, die für den Sozialrang von Bedeutung sein können, bei Einreichung des Zulassungsantrags schriftlich geltend zu machen und nachzuweisen.

Ein Anspruch auf Zuweisung an ein bestimmtes Seminar oder eine bestimmte Schule besteht nicht. Nachträgliche Änderungen erfolgter Seminarzuweisungen sind in der Regel ausgeschlossen.

Bewerberinnen und Bewerber für die Vorbereitungsdienste erhalten Sozialpunkte für die Ortszuweisung nach Maßgabe des nachstehenden Kataloges, wenn besondere Bindungen an eine bestimmte Region mit Ablauf der Bewerbungsfrist beim Oberschulamt *(jetzt: Regierungspräsidium)* geltend gemacht und nachgewiesen sind. Fehlt die Schlüssigkeit im Bezug auf den an erster Präferenz genannten Ortswunsch, werden keine Sozialpunkte vergeben (Beispiel: Ein zusammen mit seiner Familie in Norddeutschland lebender Bewerber erhält keine Sozialpunkte).

Bei Bewerber*innen, die im Grenzbereich zweier Seminare wohnen, kann Schlüssigkeit für beide in Betracht kommenden Seminare angenommen werden.

Die nachstehend genannten Punktzahlen dienen auch als Anhaltswerte für nicht genannte Fallgestaltungen, die jeweils individuell bewertet werden müssen. Kumulierungen (mehrere Gründe liegen vor) sind möglich.

In folgenden Fällen dürfen keine Sozialpunkte vergeben werden:

1. Es sind keine Nachweise vorgelegt.
2. Die vorgelegten Nachweise reichen nicht aus.
3. Die vorgetragenen und nachgewiesenen Gründe rechtfertigen die Vergabe von Sozialpunkten nicht (z.B. einfache Mitgliedschaft in einem Sportverein).

Hinweis der Redaktion: Es ist durchgängige Verwaltungspraxis, dass alle Bewerberinnen und Bewerber, die mindestens 5 Sozialpunkte zuerkannt bekommen, grundsätzlich ihrem Erstwunschseminar zugewiesen werden.

Sozialpunkte		Fallgestaltung	Erläuterungen
a)	20	Gesundheitliche Gründe binden zwingend an einen Ort	ärztliches Attest
b)	7	– Bewerber*in ist verheiratet[1] – Bewerber*in ist verpartnert[1] – Bewerber*in ist alleinerziehend[2]	[1] Urkunde des Standesamts [2] Geburtsurkunde(n)
c)	5	Bewerber*in hat ein zu versorgendes Kind (für jedes weitere Kind werden 2 zusätzliche Punkte vergeben).	Geburtsurkunde(n)
d)	5	Bewerberin ist schwanger	ärztliches Attest
e)	5	Bewerber*n versorgt allein oder zumindest überwiegend alleine pflegebedürftige(n) nahe(n) Verwandte(n)	Nachweis der Pflegebedürftigkeit und Bescheinigung des Arztes, dass Bewerber*in (überwiegend) alleine pflegt
f)	5	Bewerber*in sorgt für sonst unversorgte minderjährige Geschwister, mit denen er/sie in häuslicher Gemeinschaft lebt	Bescheinigung des Jugendamts oder des Vormundschafts- *(jetzt: Betreuungs-)*gerichts
g)	5	Bewerber*in ist vom Vormundschaftsgericht als ehrenamtliche(r) Betreuer*in gem. §§ 1896 ff. BGB bestellt	Bescheinigung des Vormundschafts- (*jetzt: Betreuungs-*) gerichts
h)	2	Für die Berücksichtigung des Ortswunsches besteht (zumindest auch) ein gewisses öffentliches Interesse Beispiel: Trainerfunktion in einem Verein	Bestätigung der Institution, bei der die Funktion ausgeübt wird; bei mehreren Funktionen darf [...] nicht kumuliert werden

⇨ Beamtengesetz (LBG) §§ 16 ff.; ⇨ Vorbereitungsdienst (Zulassung)

Vorbereitungsdienst (Zulassung / Numerus clausus)

Verordnung des Kultusministeriums über die Zulassung zu den Vorbereitungsdiensten für Lehrämter vom 25.10.1994 (GBl. S. 599/1994); zuletzt geändert am 28. Mai 1999 (GBl. S. 260/1999)

§ 1
Geltungsbereich

Diese Verordnung gilt für die Zulassung zu den Vorbereitungsdiensten für die Lehrämter an Gymnasien, beruflichen Schulen, Realschulen, Grund- und Hauptschulen und Sonderschulen, sofern die Zahl der höchstens aufzunehmenden Bewerber (Zulassungszahl) festgesetzt wird.

§ 2
Beschränkung der Zulassung, Festsetzung von Quoten

Die Zulassungszahlen und die Quoten für die Vergabe der Ausbildungsplätze nach Eignung und Leistung, Wartezeit und Härte werden längstens für die im Zeitraum des folgenden Jahres bevorstehenden Zulassungstermine durch gesonderte Rechtsverordnung festgesetzt.

§ 3
Antragsfristen, Termine, Zulassungsantrag

(1) Der Antrag auf Zulassung zu den mit dem Schuljahr beginnenden Vorbereitungsdiensten ist bis zum 1. März des betreffenden Jahres zu stellen. Der Antrag auf Zulassung zu den mit dem Schulhalbjahr beginnenden Vorbereitungsdiensten ist bis zum 1. September des Vorjahres zu stellen.

(2) Der Zulassungsantrag ist unter Verwendung des amtlichen Vordrucks bei dem Oberschulamt einzureichen, in dessen Bezirk die in erster Linie gewünschte Stätte der theoretischen Ausbildung liegt. Dem Zulassungsantrag ist das Zeugnis über die für die Zulassung zum Vorbereitungsdienst geforderte Prüfung in amtlich beglaubigter Ablichtung beizufügen.

(3) Zulassungsanträge, die verspätet eingehen, die der Form des Absatzes 9 nicht entsprechen oder denen das Zeugnis nicht beiliegt, werden in das Auswahlverfahren nicht einbezogen. Form- und fristgerecht gestellte Zulassungsanträge von Bewerbern, die zu den in Absatz 1 genannten Terminen in Baden-Württemberg die Erste Staatsprüfung noch nicht abgeschlossen haben, werden noch in das Auswahlverfahren einbezogen, wenn die Prüfungsergebnisse dem Oberschulamt bis zum 15. Juni des betreffenden Jahres oder 15. November des Vorjahres vorliegen. Für den Bereich der beruflichen Schulen müssen dem Oberschulamt die Ergebnisse der Ersten Staatsprüfung, der Diplomhandelslehrerprüfung, der Diplomgewerbelehrerprüfung oder der Hochschulabschlussprüfung bis zum 30. Juni des betreffenden Jahres vorliegen.

(4) Dem Zulassungsantrag sind ferner beizufügen

1. von Bewerbern, die einen Härteantrag stellen,
   Nachweise über die Tatsachen, mit denen sie das Vorliegen eines besonderen persönlichen oder sozialen Härtefalls begründen,
2. von Bewerbern, die eine Dienstpflicht nach Artikel 12a Abs. 1 oder 2 des Grundgesetzes erfüllt oder eine mindestens zweijährige Tätigkeit als Entwicklungshelfer im Sinne des Entwicklungshelfergesetzes geleistet oder
   das freiwillige soziale Jahr im Sinne des Gesetzes zur Förderung eines freiwilligen sozialen Jahres oder
   das freiwillige ökologische Jahr im Sinne des Gesetzes zur Förderung eines freiwilligen ökologischen Jahres abgeleistet haben,
   entsprechende amtliche Nachweise
3. von Bewerberinnen, die für sich die Rechte aus § 125 b des Beamtenrechtsrahmengesetzes geltend machen,
   entsprechende amtliche Nachweise
4. von Bewerbern, die Tatsachen für eine besondere Dringlichkeit für die Zuweisung an einen bestimmten Ausbildungsort geltend machen,
   entsprechende Nachweise über diese Tatsachen.

Soweit die Nachweise nach Nummer 1 bis 4 bis zu den in Absatz 1 genannten Terminen nicht vorliegen, werden sie nicht berücksichtigt.

§ 4
Auswahlkriterien

(1) Für die Auswahl nach Eignung und Leistung gilt Folgendes:

1. Beim Vorbereitungsdienst für das Lehramt an Gymnasien ist die Durchschnittsnote maßgebend, die sich aus den Noten in den Fächern ergibt, in denen die Prüfung abgelegt werden muss, um in Baden-Württemberg zum Vorbereitungsdienst zugelassen zu werden. Bei Bewerbern mit aus schulischen Gründen erwünschten Fächerverbindungen aus drei Fächern ist die Durchschnittsnote aus diesen Fächern maßgebend. Besteht dabei die Fächerverbindung aus Hauptfächern und Beifächern, so zählen Hauptfachnoten doppelt und Beifachnoten einfach. Bei Bewerbern mit der Künstlerischen Prüfung für das Lehramt an Gymnasien zählt die Note für die praktische Prüfung doppelt, die Note für Kunstbetrachtung oder Musikgeschichte und die Note für das Wissenschaftliche Beifach einfach. Bewerber, die eine Erweiterungsprüfung in einem weiteren Unterrichtsfach mit Hauptfachanforderungen abgelegt haben, können bis zum Bewerbungsschluss die Fächerverbindung benennen, in der sie den Vorbereitungsdienst für das Lehramt an Gymnasien und die Zweite Staatsprüfung für das Lehramt an Gymnasien abgelegen wollen.
2. Beim Vorbereitungsdienst für das Lehramt an beruflichen Schulen haben die Bewerber Vorrang die eine Lehramtsprüfung abgelegt haben oder nach Maßgabe der für sie geltenden Prüfungsordnung auch in Erziehungswissenschaft ausgebildet wurden.

Im Übrigen ist maßgebend

a) bei Bewerbern mit einer ersten Staatsprüfung die Durchschnittsnote, die sich aus den Noten in den Fächern ergibt, in denen der Bewerber die Prüfung abgelegt haben muss, wenn er in Baden-Württemberg zum Vorbereitungsdienst zugelassen werden will,

b) bei Bewerbern mit der Diplomhandelslehrerprüfung oder der Diplomgewerbelehrerprüfung die Durchschnittsnote, die sich aus den Noten in den Fächern, in denen die Bewerber auszubilden sind, und aus der Note in Erziehungswissenschaft ergibt,

c) bei Bewerbern mit einer Diplomprüfung die Gesamtnote.

3. Bei den Vorbereitungsdiensten für das Lehramt an Realschulen, an Grund- und Hauptschulen und an Sonderschulen ist die Gesamtnote der ersten Staatsprüfung maßgebend. Bei Bewerbern mit mehr als drei Unterrichtsfächern sind bei der Berechnung der Gesamtnote der Ersten Staatsprüfung die drei Unterrichtsfächer zu berücksichtigen, für die die Zulassung beantragt wird.

(2) Bei Auswahl nach Wartezeit wird die nach Abs. 1 maßgebende Note zugrunde gelegt, die für jede aus Mangel an Ausbildungsplätzen erfolglose Bewerbung um 0,25 verbessert wird.

(3) Vor der Durchführung des Losverfahrens nach § 23 Abs. 4 Satz 3 LBG werden die Bewerber ausgewählt, die bei gleichem oder unmittelbar nachstehendem Rang in ihrer Fächerkombination die wenigsten Fächer haben, bei denen die Bewerberzahl die Zahl der Ausbildungsplätze übersteigt.

§ 5

Nachrückverfahren

(1) Bei Nichtantreten des zugewiesenen Ausbildungsplatzes zu Beginn des Vorbereitungsdienstes wird die Zulassung unwirksam, sofern nicht auf Antrag von dem zuständigen Oberschulamt vor Beginn des Vorbereitungsdienstes gestattet wurde, zu einem späteren Zeitpunkt in den Vorbereitungsdienst einzutreten.

(2) Das Auswahlverfahren für die Besetzung frei gebliebener oder frei gewordener Ausbildungsplätze ist spätestens eine Woche nach Beginn des jeweiligen Vorbereitungsdienstes abzuschließen.

⇨ Beamtengesetz (LBG) §§ 16 ff.; ⇨ Grundgesetz Art. 12; ⇨ Vorbereitungsdienst (Sozialpunkte)

Vorqualifizierungsjahr Arbeit und Beruf (VAB)

Informationen der Redaktion zur Rechtslage und zur Verwaltungspraxis in Baden-Württemberg

Wer den Besuch einer allgemeinbildenden Schule beendet und keinen der Tatbestände erfüllt, die das Ruhen der Berufsschulpflicht bewirken (z.B. unmittelbar anschließender Besuch einer beruflichen Vollzeitschule oder Antreten eines freiwilligen Dienstes; vgl. SchG § 80), ist zum Besuch der Berufsschule verpflichtet. Für berufsschulpflichtige Jugendliche, die kein Berufsausbildungsverhältnis nachweisen können, sieht ⇨ Schulgesetz § 10 Abs. 5 vor, dass die Berufsschule als einjährige Vollzeitschule (Berufsvorbereitungsjahr – BVJ) geführt werden soll.

An die Stelle des BVJ ist der Schulversuch „Vorqualifizierungsjahr Arbeit und Beruf (VAB)" getreten. Die einschlägigen Vorschriften des KM sind im Sonderteil Berufliche Schulen abgedruckt.

Das VAB bereitet die Jugendlichen auf eine berufliche Ausbildung oder eine berufliche Tätigkeit vor. Dabei werden auf der Grundlage einer umfassenden Verzahnung von Theorie und Praxis sowie von individualisierten Lernprozessen Basisqualifikationen der allgemeinen und berufsbezogenen Bildung vermittelt und vertieft. Im Rahmen eines handlungsorientierten und projektbasierten Unterrichts in berufs- und lebensweltbezogenen Arbeitsfeldern erwerben die Jugendlichen berufliches Vorwissen und praktische Grundfertigkeiten in bis zu drei beruflichen Bereichen. Dies verbessert die Ausbildungsreife, unterstützt die berufliche Orientierung und stärkt die Fähigkeit zur Alltagsbewältigung.

Für Jugendliche, die über keine oder unzureichende Deutschkenntnisse verfügen, werden im Vorqualifizierungsjahr Arbeit und Beruf mit Schwerpunkt Erwerb von Deutschkenntnissen sogenannte VABO-Klassen eingerichtet. Die Ausbildung dauert ein Schuljahr. Mit Zustimmung der oberen Schulaufsichtsbehörde kann das VAB auch am ersten Unterrichtstag des zweiten Schulhalbjahres beginnen.

Die pädagogische Ausgestaltung der Ausbildung erfolgt auf der Basis einer individuellen Förder- und Berufswegeplanung. Grundprinzip des Unterrichts ist die individuelle Förderung der Schüler, die in eine Individualisierung der Lernprozesse mündet.

Zur fundierten Erfassung der vorhandenen überfachlichen Kompetenzen wird für alle Schüler*innen eine ⇨ Kompetenzanalyse durchgeführt. Sie mündet in mindestens zwei Zielvereinbarungsgespräche, die von der Schule mit den Schüler*innen und deren Erziehungsberechtigten zu führen sind.

Innerhalb des in der Stundentafel ausgewiesenen Bereichs „Individuelle Förderung" werden unterrichtsergänzende Maßnahmen zur individuellen Förderung der Schüler umgesetzt. Eine Leistungsbewertung erfolgt in diesem Bereich nicht.

Das VAB kann entweder mit einem dem Hauptschulabschluss gleichwertigen Bildungsstand oder ohne einen solchen Bildungsstand erfolgreich abgeschlossen werden.

⇨ Abschlüsse und Bildungswege; ⇨ Abschlüsse (Berufsausbildung / HS / RS / „9+3"); ⇨ Ausbildungsvorbereitung (AVdual); ⇨ Berufseinstiegsjahr; ⇨ Kompetenzanalyse; ⇨ Schulgesetz §§ 10 und 77 ff.

Vorschlagswesen

Informationen der Redaktion zur Rechtslage und zur Verwaltungspraxis in Baden-Württemberg

Aufgrund der Verwaltungsvorschrift über die Auszeichnung von Vorschlägen zur Verbesserung der Landesverwaltung („VwV Vorschlagswesen“) vom 15.1.2018 (GABl. S. 68/2018) können Vorschläge der Mitarbeiter*innen zur Verbesserung der Organisationsstrukturen, des Arbeitsplatzes und der Aufgabenerledigung prämiert werden, soweit die Ideen auf Eigeninitiative beruhen und über das Maß hinausgehen, das bei einer pflichtgemäßen Erledigung der Dienstaufgaben erwartet werden kann. Sie sollen auf dem Dienstweg und in offener Form an die zuständige Stelle (im Schulbereich das Regierungspräsidium) weitergeleitet werden; behördenübergreifende Vorschläge können direkt beim Ausschuss für das Vorschlagswesen beim KM eingereicht werden. Auch Gruppenvorschläge und „anonyme“ Vorschläge sind möglich.

Für jeden angenommenen Vorschlag gibt es eine Geldprämie, eine Sachprämie oder bis zu drei Tagen Dienst- bzw. Arbeitsbefreiung. Auch abgelehnte Vorschläge, die aufwändig erarbeitet wurden oder außergewöhnlich kreativ und innovativ sind, können mit einer besonderen Anerkennung gewürdigt werden.

Vorschriften

Informationen der Redaktion zur Rechtslage und zur Verwaltungspraxis in Baden-Württemberg

A. Einführung

Im Rechtssystem der Bundesrepublik bedarf jeder Eingriff des Staates in die Persönlichkeits- und Freiheitsrechte der Bürger*innen einer Ermächtigung durch die Volksvertretung (Gesetzesvorbehalt).

Deshalb bedürfen alle Regelungen, die von den Schülerinnen und Schülern bzw. deren Erziehungsberechtigten ein Tun oder Unterlassen fordern, der Legitimation durch das Parlament, entweder direkt durch eine Verfassungs- bzw. Gesetzesbestimmung oder indirekt durch eine Rechtsverordnung einer Behörde, wobei der Gesetzgeber wiederum den Rahmen (Form, Zweck und Ausmaß) vorgegeben haben muss.

Diese Hierarchie der Normen sei am Beispiel der Schulpflicht dargestellt:

- Das **Grundgesetz**, also die Verfassung der Bundesrepublik, unterstellt das gesamte Schulwesen der Aufsicht des Staates. Das umfasst neben der Kontrolle auch die Gestaltung des Schulwesens.
  ⇨ Grundgesetz Art. 7
- Laut **Grundgesetz** entscheidet der Bund über die Berufsausbildung und (mit dem Bundesberufsbildungsgesetz) über die Pflicht zum Besuch der Berufsschule; ansonsten gilt Landesrecht.
  ⇨ Grundgesetz Art. 12
- In der **Verfassung** des Landes Baden-Württemberg ist die allgemeine Schulpflicht verfügt.
  ⇨ Verfassung Art. 14
- Im **Schulgesetz** werden die einzelnen Schularten und und ihre Aufgaben im Einzelnen definiert; das Kultusministerium wird ermächtigt, Ausführungsvorschriften (Rechtsverordnungen) zu erlassen.
  ⇨ Schulgesetz §§ 72-87
- Dies geschieht z.B. durch die **Verordnung** über die Abschlussprüfung an Werkrealschulen.
  ⇨ Werkrealschule (Abschlussprüfung)
- Zur Regelung des Verfahrens nach dem Schulabschluss erlässt das KM **Verwaltungsvorschriften**, z.B. die VwV über die Erfüllung der Berufsschulpflicht. ⇨ Schulpflicht (Berufliche Schulen)
- Zur Pflicht der Schulen, die Erziehungsberechtigten über die Bildungswege zu informieren hat das KM eine **Bekanntmachung** erlassen.
  ⇨ Werkreal-/Hauptschule (Informationsveranstaltungen)

Diese Texte sind einander hierarchisch über- bzw. untergeordnet. Eine „untere“ Stufe darf den „höherrangigen“ Vorschriften nicht widersprechen; zwar geht eine Spezialregelung der allgemeinen vor, aber sie muss immer auf ihre Vereinbarkeit mit höherrangigen Normen geprüft werden.

Bekanntmachungen und Verwaltungsvorschriften wirken grundsätzlich nicht nach außen, sondern binden nur die Verwaltung. So richtet sich z.B. die Verwaltungsvorschrift zur Eigenständigkeit der Schulen und Unterrichtsorganisation nur an die Schule (sagt ihr also, was sie tun soll). Hingegen definiert die Schulbesuchsverordnung die Rechte und Pflichten der Schüler*innen bzw. Eltern, hat also Außenwirkung.

Bei bestimmten Vorschriften und Gesetzen (z.B. Arbeitsschutz- und Unfallverhütungsvorschriften) obliegt der Schulleitung eine Auslagepflicht.

Nutzen Sie das ausführliche alphabetische Schlagwortverzeichnis am Ende des Buches.

B.
Die Verwaltungsvorschrift „Regelungen"

Die Verwaltungsvorschrift der Landesregierung zur Erarbeitung von Regelungen („VwV Regelungen") vom 27.7.2010 (GABl. S. 277/2010, geänd. 12.12.2017; K.u.U. 2018 S. 44) bindet unmittelbar die Regierung sowie die Landesministerien. Wir empfehlen den Schulen, insbesondere die Anlage 1 (s.u.) bei ihrem Schriftverkehr sowie bei eigenen Veröffentlichungen (z.B. bei Bekanntmachungen an Eltern und die Öffentlichkeit) zu beachten.

Anlage 1: Geschlechtsneutrale Sprache

In Anlage 1 der VwV Regelungen ist verfügt:

„*1.6.5 Die Gleichberechtigung von Frauen und Männern soll auch in der Rechtssprache zum Ausdruck kommen. Dies soll vorrangig durch geschlechtsneutrale Formulierungen geschehen, etwa durch die Verwendung*

– *geschlechtsneutraler Substantive*

  Beispiele: Person, Mitglied, Bildungen mit -kraft (zum Beispiel Lehrkraft), Ableitungen auf -ung, (zum Beispiel Leitung, Vertretung) oder Zusammensetzungen auf -ling (zum Beispiel Prüfling, Flüchtling), sofern dadurch nicht der Sinn verändert wird

– *eines Adjektivs oder Adverbs*

  Beispiel: statt »Approbationsordnung für Ärzte« »ärztliche Approbationsordnung«

– *von Substantivierungen im Plural*

  Beispiele: die Erwerbslosen, Minderjährigen, Jugendlichen, Berufstätigen, Beschäftigten, Angehörigen, Teilnehmenden, Abgeordneten

– *des Passivs*

  Beispiel: statt »Bei der Zulassung zur Staatlichen Prüfung haben die Schülerin und der Schüler ... nachzuweisen« kann formuliert werden »Bei der Zulassung zur Staatlichen Prüfung muss ... nachgewiesen werden« oder »ist ... nachzuweisen«

– *des Fragepronomens »wer«*

  Beispiel: statt »Der Kandidat, der die Prüfung nicht bestanden hat, kann sie einmal wiederholen« kann formuliert werden »Wer die Prüfung nicht bestanden hat, ... «

Sind geschlechterneutrale Bezeichnungen für Personen nicht möglich oder rechtlich unzulässig, sollten vor allem im Singular weibliche und männliche Personenbezeichnungen verwendet werden. Die Verwendung männlicher und weiblicher Personenbezeichnungen in ausgeschriebener Form kommt namentlich an Textstellen in Betracht, wo es um Funktionen, Rechte und Pflichten einzelner Personen geht.

Beispiele: »Die Präsidentin oder der Präsident«, »die Beamtin oder der Beamte«

Bei Regelungen, die ausschließlich Frauen betreffen, sind Personenbezeichnungen in der weiblichen Form zu verwenden.

Männliche Personenbezeichnungen mit verallgemeinernder Bedeutung (sogenannte generische Maskulina) kommen nur in Fällen, in denen das Geschlecht nicht bekannt oder für den jeweiligen Zusammenhang unwichtig ist, in Betracht, wenn geschlechterneutrale Formulierungen nicht möglich sind und Klarheit, Bestimmtheit und notwendige Kürze einer Regelung bei durchgehender Verwendung von weiblichen und männlichen Personenbezeichnungen leiden würden. Generalklauseln, in denen ausgeführt wird, dass Frauen zwar mit gemeint sind, aus Gründen der Lesbarkeit eines Textes auf die weibliche Form jedoch verzichtet wird, sind nicht geschlechtergerecht.

Schreibungen mit großem »I« inmitten eines Wortes, mit Schrägstrich oder mit Klammer sind nicht erlaubt.

Unberührt bleibt die grundsätzlich gebotene, erheblich weitergehende Verwendung männlicher und weiblicher Personenbezeichnungen in Vordrucken, Urkunden, amtlichen Mitteilungen und der sonstigen sich unmittelbar an die Betroffenen richtende Amtssprache."

Kein automatisches Außerkrafttreten

Verwaltungsvorschriften, die nicht bereits eine festgelegte Geltungsdauer besitzen, verfallen zwar grundsätzlich nach spätestens sieben Jahren; diese Automatik entfällt jedoch bei Verwaltungsvorschriften, *„die in jedermann zugänglichen, ständig fortgeschriebenen Textausgaben amtlich herausgegeben werden"* (Nr. 4.5.3 und 4.5.4 der VwV Regelungen). Dazu zählt auch die Loseblatt-Sammlung von K.u.U. Ausgabe B („Gelbe Ordner") des Kultusministeriums. Die dort veröffentlichten Verwaltungsvorschriften des KM gelten also so lange, bis sie förmlich aufgehoben werden (dies wird jeweils im Amtsblatt K.u.U. bekanntgegeben); spätestens nach sieben Jahren werden sie aber vom KM auf ihre Notwendigkeit überprüft.

Auch Gesetze, Verordnungen (zu letzteren zählt beispielsweise die ⇨ Konferenzordnung) und Bekanntmachungen fallen nicht unter die Verfallsautomatik.

C.
Zur aktuellen Vorschriftenpraxis des Kultusministeriums

Verwaltungsvorschriften der Landesregierung und der Ministerien sind in dem jeweiligen Amtsblatt zu veröffentlichen. Im Kultusbereich ist dies das Amtsblatt Kultus und Unterricht (K.u.U.).

⇨ Kultus und Unterricht

Im „amtlichen Teil" der **Ausgabe A** dieses Amtsblattes werden die vom Kultusministerium federführend bearbeiteten bzw. erlassenen

– Gesetze (z.B. das ⇨ Schulgesetz),
– Verordnungen (z.B. die ⇨ Konferenzordnung),
– Verwaltungsvorschriften (z.B. die VwV ⇨ Außerunterrichtliche Veranstaltungen) und
– Bekanntmachungen (z.B. ⇨ Hitzefrei)

sowie sonstige für den Kultusbereich relevante Vorschriften abgedruckt. Ferner nutzt das Kultusministerium die elektronischen Medien. Der Infodienst Schule sowie der Infodienst Eltern können auf der Homepage des KM eingesehen und abgerufen werden.: http://www.km-bw.de/,Lde/Startseite/Service/ > Die neuen Infodienste

Ausgabe B des Amtsblatts ist eine Loseblattsammlung („gelbe Ordner"), in der alle geltenden und veröffentlichten Verwaltungsvorschriften des KM aufgeführt sind; dies ist zugleich das amtliche „Gültigkeitsverzeichnis" des Kultusministeriums. Diese „gelben Ordner" müssen in jeder Schule vorhanden sein (Pflichtabonnement); Erziehungsberechtigten und volljährigen Schüler*innen ist auf Verlangen Einsicht zu gewähren.

Das Kultusministerium unterscheidet unterhalb von Gesetzen und Verordnungen zwischen

- „*Verwaltungsvorschriften*" (sie enthalten „*generell-abstrakte Weisungen mit verbindlicher Wirkung*")
- und „*Bekanntmachungen*" (dies sind „*Informationen, Hinweise, Erläuterungen oder Empfehlungen in pädagogischen oder administrativen Angelegenheiten, ohne dass dadurch eine verbindliche Regelung im Sinne einer Vorschrift getroffen wird*").

Zur Form und dem Charakter dieser Bekanntmachungen hat das Kultusministerium mitgeteilt:

1. „*Bekanntmachungen [...], die auf Dauer angelegt sind, werden in ein laufend fortgeschriebenes Verzeichnis aufgenommen (Bekanntmachungsverzeichnis)*".
   Das Vorschriftenverzeichnis des KM enthält auch „*Bekanntmachungen ohne Vorschriftencharakter*". Ein Beispiel hierfür ist die Bekanntmachung ➪ Schülerbeförderung (Mitwirkung der Schulen).
2. „*Bekanntmachungen [...], die vor dem Stichtag der neuesten Ergänzungslieferung veröffentlicht wurden und im Bekanntmachungsverzeichnis nicht enthalten sind, müssen nicht mehr berücksichtigt werden. Es steht den nachgeordneten Dienststellen aber frei, sich bei ihrer Entscheidungsfindung im Einzelfall die Inhalte solcher früherer Bekanntmachungen zu eigen zu machen; sie dürfen jedoch diese Bekanntmachungen nicht mehr zitieren.*"

Um die „*Erlassflut*" zu reduzieren, fasst das KM häufig mehrere Vorschriften zusammen. Das verringert zwar die Zahl der „Erlasse", erschwert aber inhaltlich den Zugang. So enthält z.B. die ➪ Notenbildungsverordnung auch Regelungen über Hausaufgaben.

➪ „Einführung in den Gebrauch" (am Anfang des Buches); ➪ Ermessen; ➪ Juristische Terminologie; ➪ Verwaltungsrecht

Vorschüsse

Informationen der Redaktion zur Rechtslage und zur Verwaltungspraxis in Baden-Württemberg

Beamt*innen und Arbeitnehmer*innen mit Bezügen höchstens aus Besoldungsgruppe A 10 / Entgeltgruppe TV-L EG 9 b, die durch besondere Umstände ungewöhnlicher Art zu unabwendbaren Ausgaben genötigt sind, die sie aus den laufenden Bezügen nicht bestreiten können, können auf Antrag unverzinsliche Gehaltsvorschüsse bis zu 2.600 Euro erhalten. Ein Rechtsanspruch hierauf besteht nicht. Die Einzelheiten sind in den Vorschussrichtlinien vom 28.1.2008 (GABl. S. 84/2008) geregelt.

Stichwort: Innerschulisches Gesetzbuch

Manche Beschlüsse der Gesamtlehrerkonferenz sind auf Dauer angelegt und für alle Lehrkräfte und einen ordentlichen Schulbetrieb so wichtig, dass sie nicht nur vollständig dokumentiert werden, sondern im Wortsinne „präsent" sein müssen. Das übliche (vorgeschriebene!) Protokoll reicht dafür nicht aus, denn darin werden auch viele Angelegenheiten notiert, die nicht dauerhaft bedeutsam sind.

Zu diesen maßgebenden Konferenzentscheidungen gehören beispielsweise die Hausordnung, die Schulordnung, die Pausenregelung, die Geschäftsordnung der Lehrerkonferenzen und der Schulkonferenz, schulinterne Beschlüsse zum Curriculum oder zu den Stundentafeln, zu allgemeinen Fragen der Leistungsmessung und Notengebung oder den Hausaufgaben (➪ Notenbildungsverordnung § 2), zum Haushalt der Schule (➪ Haushalt – Allgemeines), zu ➪ Außerunterrichtlichen Veranstaltungen, zur ➪ Evaluation, zur ➪ Fortbildung oder auch Empfehlungen zur Verteilung der Lehraufträge oder zur ➪ Mehrarbeit und und und. Siehe hierzu auch: ➪ Konferenzen (Allgemeines).

In § 15 Abs. 7 der ➪ Konferenzordnung ist dazu bestimmt: „*Eine Sammlung der gültigen Konferenzbeschlüsse ist in der für die Schule üblichen Weise zur Einsichtnahme für alle zur Teilnahme an der Gesamtlehrerkonferenz Berechtigten auszulegen*". An vielen Schulen steht dieses „innerschulische Gesetzbuch" in Form eines handelsüblichen DIN A4-Ordners im Lehrerzimmer; es kann auch elektronisch auf den für die Lehrkräfte zugänglichen Computern der Schule abgespeichert werden.

Wer möchte, dass die vom Kollegium beschlossenen (und für alle Lehrkräfte sowie die Schulleitung verbindlichen) Regelungen auch Wirkung zeigen, sollte sie in Form eines handlichen Kompendiums zusammenzustellen und allen Lehrkräften aushändigen (wer neu an die Schule kommt, erhält ein Exemplar zur Begrüßung). Diese Sammlung sollte jährlich aktualisiert werden.

Waffen in der Schule

Hinweise der Redaktion auf das Gesetz zur Neuregelung des Waffenrechts vom 11.10.2002 (BGBl.I S. 3970, 4592/2002 und 26. März 2008; BGBl. I S. 426/2008); zuletzt geändert 17. Juli 2009 (BGBl. I S. I2062/2009)

Das Mitführen von Waffen jeder Art in der Schule oder bei außerunterrichtlichen Veranstaltungen ist wegen der Gefährdung bzw. Beeinträchtigung des Erziehungsauftrags der Schule sowie der Gefährdung der Schüler/innen nicht hinnehmbar. Dies gilt auch für volljährige Schüler/innen.

Dieser Grundsatz gilt ohne dass es zusätzlicher schulischer Vorschriften bedarf, für alle Waffen, die unter die strafbewehrten Verbote des Waffenrechts fallen. Dazu gehören z.B. Schlagringe, Stahlruten, Totschläger, „Molotow-Cocktails", Schießkugelschreiber, Stockdegen, Gürtelschnallenmesser, Würgehölzer, Präzisionsschleudern, Fall-, Spring-, Faust- und „Butterfly"-Messer, Wurfsterne und Pump-Guns. Es kann auch bestraft werden, wer mit einer Schreckschuss-, Reizstoff- und Signalwaffe angetroffen wird und nicht im Besitz eines „kleinen Waffenscheins" ist. Der Erwerb und der Besitz einer solchen Waffe ist zwar ab 18 Jahren ohne ausdrückliche waffenrechtliche Erlaubnis frei. Verboten ist jedoch das Führen einer solchen Waffe ohne Besitz des „Kleinen Waffenscheins" außerhalb des „befriedeten Besitztums" (Wohnung bzw. Haus und Grundstück). Auch das Führen von „Anscheinswaffen" sowie von Einhandmessern (mit einhändig feststellbarer Klinge) sowie von feststehenden Messern mit einer Klingenlänge über 12 cm ist verboten. Das Gesetz sanktioniert ferner den Besitz von nicht angemeldeter, verbotener Munition, wie z.B. Geschosse mit Betäubungsstoffen oder nicht zugelassenen Reizstoffen, Leuchtspur-, Brand- oder Hartkernmunition oder sogenannte „Patronen ohne Vergangenheit".

Ausnahmen gelten z.B. für Signalwaffen beim Bergsteigen (nicht beim Bergwandern!), für verantwortliche Führer eines Bootes/Wasserfahrzeugs auf dem Fahrzeug oder bei (regulären) Not- und Rettungsübungen, für Schreckschuss- oder Signalwaffen zur Abgabe von Start- oder Beendigungszeichen bei Sportveranstaltungen, wenn dabei optische oder akustische Signalgebung erforderlich ist. So sind z.B. Startpistolen waffenscheinfrei.

Es ist zweckmäßig, das Verbot des Mitbringens von gefährlichen Gegenständen, auch solcher, die nicht unter das Waffengesetz fallen (zum Beispiel Baseballschläger), in einer Schul- oder Hausordnung festzuhalten. So ist z.B. ein „Fahrtenmesser" mit einer Klingenlänge unter 12 cm keine „Waffe" im Sinne des Waffengesetzes, aber es ist ein gefahrlicher Gegenstand. Auf Klassenfahrten in Ausland kann es zum Anlass für einen Gefängnisaufenthalt für einen Schüler werden. In Großbritannien z.B. ist der Besitz von Schreckschusswaffen und Munition, Reizstoffsprühgeräten, Schlagringen, Pistolenattrappen, aber auch Messern, die in Deutschland nicht unter das Waffenrecht fallen, verboten und wird rigoros geahndet.

⇨ Hausordnung; ⇨ Konferenzordnung § 2 Abs. 1 Nr. 3

Auch ohne eine Schul- oder Hausordnung läuft das Mitführen von Waffen oder Munition (z.B. im Wald gefundene Patronen) durch Schüler*innen dem Zweck der Schule zuwider – sie muss deshalb von jeder Lehrkraft, die einen solchen Fall entdeckt, unterbunden werden. Die Gegenstände sind einzuziehen, die Schüler*innen sind zu belehren bzw. zu verwarnen; ggf. sind Erziehungs- und Ordnungsmaßnahmen (SchulG § 90) anzuwenden. Eingezogene Gegenstände sollten den Erziehungsberechtigten übergeben werden; volljährigen Schüler*innen ist der Gegenstand unter Hinweis auf die schuldisziplinarischen Konsequenzen nach Unterrichtsende wieder auszuhändigen. Waffen sollten der Polizei übergeben werden, wo sie von den berechtigten Eigentümern abgeholt werden können.

Lehrkräfte dürfen Schüler*innen (des eigenen Geschlechts) durchsuchen, wenn der begründete Verdacht besteht, dass von ihnen eine akute Gefahr für andere Personen ausgeht (beispielsweise bei Verdacht, dass ein Schüler eine Waffe zum möglichen Gebrauch mit sich führt).

⇨ Außerunterrichtliche Veranstaltungen; ⇨ Gewaltvorfälle; ⇨ Hausordnung / Pausenordnung; ⇨ Polizei und Schule; ⇨ Schulgesetz § 90

Stichwort: Störenfriede auf dem Schulhof

Auf Schulhöfen kann es vorkommen, dass irgendwelche Leute Flugblätter oder Werbezettel mit obskuren Inhalten verteilen. Muss die Schule unsere Kinder nicht davor schützen? Ja! Das Hausrecht gibt der Schulleitung als Vertretung des Eigentümers die Befugnis, zur Aufrechterhaltung der Ordnung des Schulbetriebs und zur Erfüllung der ihr übertragenen unterrichtlichen und erzieherischen Aufgaben ein „Hausverbot" auszusprechen.

⇨ Schulgesetz § 23

Wer eine solche Anweisung nicht unverzüglich befolgt, macht sich des Hausfriedensbruchs schuldig und kann strafrechtlich belangt werden (StGB § 123 Abs. 1). Zu einem Hausverbot ist in Vertretung der Schulleitung auch die auf dem Schulhof aufsichtführende Lehrkraft berechtigt, die flugblattverteilende Personen vom Schulgrundstück weist, im Auftrag der Schulleitung auch der/die Hausmeister*in.

Mehr dazu steht im Beitrag ⇨ Hausrecht.

Wahlkampf und Schule

Informationen der Redaktion zur Rechtslage und zur Verwaltungspraxis in Baden-Württemberg

Vorbemerkungen der Redaktion

1. Das Kultusministerium hat bekanntgegeben: *„Die Schule kann im Hinblick auf ihre parteipolitische Neutralität nicht mit Parteien gemeinsame Veranstaltungen durchführen"*. Das KM befürwortet jedoch, dass Vertreter*innen der im Bundestag und im Landtag vertretenen Parteien bei geeigneten Anlässen als ➪ Fachleute aus der Praxis in den Unterricht einbezogen werden. Dabei dürften die Schulen jedoch *„keine einseitige Auswahl vornehmen"*. (Quelle: Landtags-Drucksache 15/828)
2. Das KM hat die Schulen in der Bekanntmachung ➪ Fachleute aus der Praxis angewiesen, *„von der Mitwirkung von Abgeordneten und anderen Personen des politischen Lebens im Rahmen des Unterrichts an den Schulen [...] in den letzten acht Wochen vor Landtagswahlen in Baden-Württemberg, Bundestagswahlen sowie Wahlen zum Europaparlament abzusehen."*
3. Zur Teilnahme von öffentlich Bediensteten an Wahlkampfveranstaltungen siehe ➪ Beamtenstatusgesetz § 33 (Hinweise Nr. 2 und 3 beachten).

Schule und Wahlkampf

Mitteilung des KM im Info-Dienst Schulleitung 301/ Juni 2021

Die Schule ist zur parteipolitischen Neutralität verpflichtet, soll aber den lebendigen Kontakt zu der außerschulischen Wirklichkeit herstellen, wozu auch der Gedankenaustausch mit Abgeordneten gehört. Daneben unterliegt die Schule als Teil der Exekutive der demokratischen Kontrolle des Landtags; auch hieraus können sich Kontakte der Schule zu Abgeordneten ergeben.

Deshalb bittet Sie das Kultusministerium, [...] eine achtwöchige Karenzzeit einzuhalten, [...].

Ganzjährig, das heißt auch während und außerhalb der Karenzzeit, zulässig sind:

- Pluralistisch besetzte Podiumsdiskussionen: Die Schülermitverantwortung (SMV) kann auch während der Karenzzeit öffentliche Diskussionsveranstaltungen mit den Kandidaten der Parteien durchführen. Angesichts der Vielzahl der zu den Wahlen zugelassenen Parteien ist für die Einladung der Kandidatinnen und Kandidaten eine Auswahl zu treffen, die sich an der Bedeutung ihrer Partei zu orientieren hat. Entscheidend für die Bedeutung einer Partei in diesem Sinne sind nach der Rechtsprechung:
  1. die Ergebnisse vorausgegangener Wahlen zu Volksvertretungen,
  2. die aktuellen Prognosen beziehungsweise die damit verbundenen konkreten Aussichten für die Wahlen.

  Zur Klarstellung wird darauf hingewiesen, dass diese Kriterien nicht nur die bereits im Parlament vertretenen Parteien erfüllen können.
- Weitergabe von Post: Die Schulleitung ist verpflichtet, verschlossene persönliche Briefe, die an Lehrkräfte, Elternvertretungen, insbesondere Elternbeiratsvorsitzende oder die SMV gerichtet sind, weiterzuleiten. Dies gilt auch für Briefe von Abgeordneten. Die Pflicht zur Weiterleitung von Post gilt allerdings nicht für Postwurfsendungen, Drucksachen, Flugblätter und Ähnliches.
- Anfragen von Abgeordneten: Abgeordnete können direkt bei den Schulen Informationen einholen. Bei politisch bedeutsamen Vorgängen kann sich das Kultusministerium die Beantwortung vorbehalten. In diesen Fällen beantwortet die Schule die Fragen des Abgeordneten nicht und dessen Informationsrecht wird gewahrt, indem das Kultusministerium die erbetenen Informationen gibt. Die Schulen sind nicht verpflichtet, aufgrund von solchen Anfragen zusätzliche Statistiken zu erstellen.
- Überlassung von Schulräumen: Die Schulträger können den Parteien Schulräume für Veranstaltungen außerhalb der Unterrichtszeit überlassen. Hierbei sind die aktuellen Vorgaben der Corona-Verordnung sowie der ➪ Corona-Verordnung Schule zu beachten.

Während der Karenzzeit gelten folgende Einschränkungen:

Abgeordnete dürfen als Fachleute auch dann nicht in den Unterricht eingeladen werden, wenn es sich um eine Veranstaltung des kontinuierlichen Unterrichts handelt, für den die Lehrkräfte verantwortlich bleiben. Die Möglichkeit der Abgeordneten des Wahlkreises und Gremien des Landtags, sich vor Ort durch Schulbesuche zu informieren, besteht während der Karenzzeit nicht, um jedem Anschein entgegenzuwirken, dass die Schule eine Plattform für Wahlwerbung bieten würde. Sie können in dieser Zeit mit der Schulleitung, mit Lehrkräften und Eltern oder den Schülervertretern keine Gespräche und keine presseöffentlichen Veranstaltungen durchführen. Einladungen von Fraktionen des Landtags zu Fraktionsveranstaltungen dürfen während der Karenzzeit nicht an Schülerinnen und Schüler, Eltern oder Lehrerinnen und Lehrer an den Schulen verteilt werden.

Hinweis der Redaktion: In der oben zitierten Mitteilung weist das KM auch darauf hin, dass ministerielle Informationsschriften weder von Parteien noch von deren Kandidat*innen oder Helfer*innen während eines Wahlkampfes zum Zweck der Wahlwerbung verwendet werden dürfen. Missbräuchlich ist insbesondere die Verteilung bei Wahl-Veranstaltungen, an Informationsständen der Parteien sowie das Einlegen, Aufdrucken oder Aufkleben parteipolitischer Informationen oder Werbemittel.

➪ Beamtenstatusgesetz § 33; ➪ Corona-Verordnung Schule; ➪ Dienstordnungen Nr. 3.4.3; ➪ Fachleute aus der Praxis; ➪ Schülermitverantwortung

Weltlehrertag

Informationen der Redaktion zur Rechtslage und zur Verwaltungspraxis in Baden-Württemberg

Der Weltlehrertag wird seit 1994 jährlich am 5. Oktober begangen, im Gedenken an die „Charta zum Status der Lehrerinnen und Lehrer", die 1966 von der UNESCO und der Internationalen Arbeitsorganisation angenommen wurde. Ziel des Welttags ist es, auf die verantwortungsvolle Aufgabe von Lehrkräften aufmerksam zu machen und deren Ansehen weltweit zu steigern. Sie auch: www.unesco.de/bildung/bildungsbiografie/schulbildung/welttag-der-lehrerin-und-des-lehrers

Werbung, Wettbewerbe und Erhebungen

Werbung, Wettbewerbe und Erhebungen in Schulen; Verwaltungsvorschrift des Kultusministeriums vom 21.9.2002 (K.u.U. S. 309/2002); zuletzt geändert 28. Oktober 2005 (K.u.U. S. 167/2005)

1. Allgemeines

Die Schule ist verpflichtet, ihren Erziehungs- und Bildungsauftrag in vertrauensvoller Zusammenarbeit mit den Eltern zu verwirklichen. Die Eltern, die ihre Kinder in die Obhut der Schule geben, müssen darauf vertrauen können, dass der Rahmen des Erziehungs- und Bildungsauftrages der Schule eingehalten und alles von der Schule ferngehalten wird, was die Verwirklichung dieses Zieles beeinträchtigen könnte.

Der Erziehungs- und Bildungsauftrag der Schule verbietet demnach, dass in den Schulen Werbung für wirtschaftliche, politische, weltanschauliche oder sonstige Interessen betrieben, Waren vertrieben oder Sammlungen, Wettbewerbe und Erhebungen durchgeführt werden, soweit nachstehend nichts Abweichendes bestimmt ist. Für Einzelentscheidungen ist der Schulleiter zuständig, soweit keine anderweitige Regelung getroffen ist.

➪ Belohnungen; ➪ Wahlkampf und Schule

Hinweise der Redaktion:

1. Kommerzielle Unternehmen, politische oder weltanschauliche Interessengruppen, Vereine und Verbände versuchen häufig, über eine Sponsorentätigkeit auf sich aufmerksam zu machen, also durch die Bereitstellung von finanziellen Mitteln oder eine logistische Unterstützung zugunsten der Schule verdeckt Werbung für ihre Produkte oder Anliegen in die Schulen hineinzutragen. Siehe hierzu die Beiträge ➪ Schulfördervereine und ➪ Sponsoring.
2. Jeglicher Anschein einer Förderung kommerzieller Interessen durch die Schule ist zu vermeiden. Es sind von dem Verbot beispielsweise auch kostenlose Sehtests umfasst, die von einer Krankenkasse in Kooperation mit einem Optiker an öffentlichen Schulen durchgeführt werden (Quelle: RP Stuttgart, 9.9.2010). Unzulässig ist auch die Entgegennahme von Provisionen durch Lehrkräfte (z.B. für die Vermittlung von Zeitschriftenabonnements oder von Freiplätzen bei außerunterrichtlichen Veranstaltungen, es sei denn diese kommen ausschließlich den Schüler*innen zugute, z.B. als Einnahme für die Klassenkasse oder als Verbilligung der Fahrt-, Eintritts- oder Unterkunftskosten für die Schüler*innen). Ebenso sind Werbeaktionen an Schulen wie der folgende Fall unzulässig, über den der Bundesgerichtshof zu entscheiden hatte (12.7.2007, AZ: I ZR 82/05): Ein Lebensmittelkonzern hatte Sammeltaler angeboten, die man gegen Sportmaterialien für die Schule eintauschen konnte. Dadurch würde, so der BGH, eine Art Gruppenzwang ausgelöst; die Kinder würden dadurch gleichsam zum verlängerten Arm des werbenden Unternehmens gegenüber ihren Eltern, weil sie innerhalb der Klasse um gesammelte Punkte wetteiferten.
3. Die Schulen können zwar gewerblich tätigen Fotografen das Anfertigen von Klassenfotos und Fotos einzelner Schüler*innen (für Schülerausweise) im Schulbereich gestatten, soweit dieses pädagogisch wünschenswert ist. Lehrkräfte können in die Abwicklung des Bestellvorgangs einbezogen werden, dürfen aber keine persönlichen Vorteile hieraus in Anspruch nehmen. (Quelle: KM, AZ: IV/1-6499.10/313). Finanzielle Zuwendungen sowie Sachzuwendungen von Schulfotografen dürfen jedoch auch als Gegenleistung für den Organisationsaufwand der Schulen bei der Durchführung von Schulfotoaktionen nicht entgegengenommen werden (BGH, Urteil vom 26.5.2011 3 StR 492/10). Dies gilt unabhängig davon, ob die Zuwendung an einzelne Personen, „die Schule" oder eine Klassenkasse geleistet wird. (Quelle: Merkblatt des KM ➪ Belohnungen und Geschenke). Gewerbliche Fotografen dürfen Schülerfotos nur mit Einwilligung der Schüler*innen bzw. deren Eltern anfertigen. Von der Weitergabe personenbezogener Daten an gewerbliche Fotounternehmen ist abzusehen. (Quelle: Infodienst Schulleitung Nr. 2/1999).

   ➪ Datenschutz (Schulen) Nr. 2.3; ➪ Internet und Schule
4. Es ist nicht gestattet, Elternadressen an private Firmen zu gewerblichen Zwecken herauszugeben. Die Schule holt auch keine Einwilligung zu einer solchen Übermittlung ein (siehe VwV a Datenschutz – Schulen Nr. 2.3). Auch von einer Verteilung von Gutscheinen, welche von den Eltern nur gegen Bekanntgabe der Privatadresse eingelöst werden können, ist abzusehen. (Quelle: Infodienst Schulleitung, 195/2012)
5. Werbung in Schulturnhallen ist nur im Rahmen dieser VwV zulässig. In Turnhallen, die auch öffentlichen Zwecken dienen, ist Werbung jedoch nicht ausgeschlossen, Werbung für gesundheitsschädliche Produkte, die sich an Schüler als Adressaten richtet, ist aber auch hier unzulässig. (Quelle: LT-Drucksache Nr. 10/4397 vom 27.11.1990)

5. Lehrkräften, auch Beratungslehrkräften, steht es nicht zu, einzelne private Beratungsstellen oder Nachhilfeinstitute gezielt weiterzuempfehlen. Sie verstoßen damit gegen die ihnen obliegende Pflicht zur Neutralität. Bei Beratungsbedarf über die Eignung außerschulischer Förderangebote stehen u.a. die Schulpsychologischen Beratungsstellen sowie die Aktion Bildungsinformation zur Verfügung.
   (Quelle: RP Stuttgart, 4.10.2011, AZ: 74-0300.8/336/6)
   ➪ Schulpsychologische Beratungsstellen
6. Schulen müssen bei der Veranstaltung einer <u>öffentlichen</u> „Tombola" das Lotteriegesetz beachten. Eine schulische Tombola ist in der Regel „öffentlich", da die Schule über den engeren Kreis der Schüler*innen und Eltern hinaus an Dritte herantritt (Verwandte und Freund*innen der Schüler*innen, örtliche Bevölkerung), um durch den Verkauf von Losen an diese einen höheren Erlös zu erzielen als dies z.B. bei einem völlig schulinternen Elternabend möglich wäre. Im Zusammenhang mit der Ausspielung darf

keine Wirtschaftswerbung betrieben werden, die über die Ausstellung von Sachgewinnen hinausgeht. Für „öffentliche" Schul-Tombolas gilt in der Regel die „allgemeine Erlaubnis" gem. § 8 Lotteriegesetz; in aller Regel muss für sie keine Lotteriesteuer entrichtet werden, der Veranstalter muss jedoch jede Lotterie oder Ausspielung vor Beginn bei dem zentral zuständigen Finanzamt Karlsruhe, Prinzessinnenstr. 2, 76227 Karlsruhe, anmelden. Die amtlichen Vordrucke (erhältlich bei den Städten und Gemeinden) enthalten Informationen zur „allgemeinen Erlaubnis" und zur Steuerbefreiung. Werden Lotterien oder Ausspielungen rechtzeitig angemeldet, kann das Finanzamt bereits im Vorfeld auf Fehler aufmerksam machen, die sonst zur Versagung der Steuerbefreiung führen könnten. Die Rennwett- und Lotteriesteuerstelle erteilt auch telefonische Auskünfte (FON: 0721/994-2160 / -2161 / -2162).

7. Zur Inanspruchnahme von „Freiplätzen" durch Lehrkräfte siehe ⇨ Außerunterrichtliche Veranstaltungen (Reisekosten).

2. Werbung und Bekanntmachungen

2.1 Auf Veranstaltungen, die geeignet sind, den Erziehungs- und Bildungsauftrag der Schule wesentlich zu fördern und nicht einseitigen Zielen dienen, kann durch Plakate oder sonstige Druckwerke hingewiesen werden. Die Entscheidung, ob und in welcher Form dies geschehen kann, trifft der Schulleiter.

2.2 Spenden können durch die Schulen entgegengenommen werden, wenn sie pädagogischen Zwecken dienen und demgegenüber eine etwaige Werbung deutlich zurücktritt und nur einen geringen Umfang hat.

2.3 Berufskundliche Informationen, die sachgerecht informieren und pädagogisch wertvoll sind, können auch dann verteilt werden, wenn sie Werbung für Ausbildungsstellen enthalten.

2.4 Berufsverbände der Lehrer dürfen Mitteilungen an Lehrer verteilen oder an einem ihnen im Lehrerzimmer zur Verfügung gestellten Schwarzen Brett aushängen, wenn es sich um spezifisch koalitionsgemäße Informationen im Rahmen des Art. 9 Abs. 3 Grundgesetz handelt.

⇨ Beamtenstatusgesetz § 52; ⇨ Grundgesetz

2.5 Die Personalräte dürfen im Rahmen ihres Aufgabenbereichs und ihrer Zuständigkeit Mitteilungen an die Lehrer verteilen oder an einem ihnen im Lehrerzimmer zur Verfügung gestellten Schwarzen Brett aushängen.

⇨ Personalvertretungsgesetz (LPVG) § 69 Abs. 3

2.6 Schüler dürfen Abzeichen, Anstecknadeln, Aufkleber oder ähnliche Zeichen tragen, wenn dadurch nicht die Erfüllung des Erziehungs- oder Bildungsauftrages der Schule, der Schulfriede, der geordnete Schulbetrieb oder das Recht der persönlichen Ehre anderer gefährdet wird.

2.7 Werbende Anzeigen in Schülerzeitschriften sind gestattet, soweit der Erziehungsauftrag der Schule nicht beeinträchtigt wird.

3. Beteiligung der Schulen an Wettbewerben

3.1 Eine Beteiligung der Schulen liegt vor:

3.1.1 wenn Arbeiten im Rahmen der Schule angefertigt werden sollen,

3.1.2 wenn die Schulverwaltung oder die Schulen bei der Abwicklung in irgendeiner Form beteiligt sind (z.B. dadurch, dass sie auf den Wettbewerb hinweisen oder einen Hinweis in der Schule gestatten).

3.2 Eine Beteiligung der Schulen an Wettbewerben kann geeignet sein, den Erziehungs- und Bildungsauftrag der Schule zu fördern. Wettbewerbe, die einseitigen Zielen dienen oder ohne schulischen Bezug sind, sowie eine Häufung von Wettbewerben können den Erziehungs- und Bildungsauftrag der Schule beeinträchtigen. Die Beteiligung einer Schule an Wettbewerben und die Durchführung von Wettbewerben der Schule innerhalb der Schule oder mit anderen Schulen bedürfen der Genehmigung des Schulleiters.

Für die Genehmigung gilt Folgendes:

3.2.1 Eine Genehmigung ist zu versagen;
- wenn der Durchführung des Wettbewerbs schulische Belange entgegenstehen oder der Unterricht in nicht vertretbarer Weise beeinträchtigt wird,
- wenn der Wettbewerb in erster Linie kommerziellen Zwecken dient,
- wenn der Wettbewerb mit werbendem Charakter für politische Parteien oder Organisationen verbunden ist.

3.2.2 Bei sonstigen Wettbewerben mit werbendem Charakter ist zu prüfen, ob der Wettbewerb trotz des grundsätzlichen Werbeverbots in der Schule in Anbetracht der wesentlichen Förderung des Erziehungs- und Bildungsauftrages der Schule vertretbar ist.

3.2 Die Anfertigung von Wettbewerbsarbeiten im Unterricht ist nur zulässig, wenn sich diese im Rahmen der Ziele und Inhalte des Bildungsplans halten.

4. Erhebungen

4.1 Erhebungen, insbesondere Umfragen und wissenschaftliche Untersuchungen in Schulen durch Personen oder Institutionen außerhalb der Schulverwaltung bedürfen der Genehmigung. Die Genehmigung kann erteilt werden, wenn für die Erhebung ein erhebliches pädagogisch-wissenschaftliches Interesse anzuerkennen ist und sich die Belastung für Schule, Schüler und Lehrer in zumutbarem Rahmen hält. Sie ist mit den erforderlichen Auflagen zu verbinden, insbesondere hinsichtlich der Information, der Zustimmung und der Anonymität der zu Befragenden oder ihrer Eltern sowie des Datenschutzes. Personenbezogene Daten von Schülern dürfen nur mit Einwilligung der Eltern oder der volljährigen Schüler erhoben werden. Zuständig für die Erteilung der Genehmigung für eine beantragte Erhebung ist
- an einer einzelnen Schule der Schulleiter,
- bei mehreren Schulen der geschäftsführende Schulleiter im Benehmen mit den betroffe-

nen Schulleitern, falls sich alle Schulen auf dem Gebiet eines Schulträgers befinden, ansonsten die obere Schulaufsichtsbehörde,

- bei Erhebungen, die über den Bereich einer oberen Schulaufsichtsbehörde hinaus stattfinden sollen, das Kultusministerium.

4.2 Dies gilt nicht für Erhebungen, die Schulträger im Rahmen ihrer Aufgaben durchführen. Die Verordnung des Kultusministeriums über statistische Erhebungen an Schulen [...] bleibt unberührt.

5.
Warenvertrieb

5.1 Das Vertriebsverbot gilt nicht für Mensen und Cafeterias. Ferner kann der Vertrieb einfacher Speisen und Lebensmittel gestattet werden. Der Vertrieb alkoholischer Getränke ist nicht gestattet.

5.2 Sammelbestellungen von Lernmitteln, die von den Schülern bzw. ihren Erziehungsberechtigten zu bezahlen sind, sind zulässig, wenn dies von der Natur der Sache her notwendig ist.

5.3 Sammelbestellungen von Zeitschriften für Kinder und Jugendliche ist nur zulässig, wenn die Zeitschrift nach ihrer literarischen Qualität, ihrer graphischen Gestaltung und der Altersgemäßheit ihres Leseangebots pädagogisch besonders empfehlenswert ist und keine Werbung enthält.

5.4.1 Der Vertrieb der Schülerzeitschrift auf dem Schulgelände bedarf keiner Genehmigung der Schule. Die Schüler können nicht verpflichtet werden, die Schülerzeitschrift zu erwerben.

5.4.2 Soll die Schülerzeitschrift auf dem Schulgelände vertrieben werden, ist dem Schulleiter auf sein Verlangen jeweils ein Exemplar mindestens drei Tage vor der beabsichtigten Verteilung zugänglich zu machen. Er kann den Vertrieb der einzelnen Ausgabe der Schülerzeitschrift auf dem Schulgelände untersagen, soweit er der Auffassung ist, dass der Inhalt oder die Art des Vertriebs der Schülerzeitschrift

a) gegen ein Gesetz, insbesondere gegen Strafgesetze oder das Gesetz über die Verbreitung jugendgefährdender Schriften verstößt, ⇨ Jugendschutzgesetz

b) oder eine schwere Beeinträchtigung der Aufgaben der Schule zu befürchten ist.

5.4.3 Vor der endgültigen Entscheidung des Schulleiters ist eine Beratung in der Schulkonferenz über die Untersagung des Vertriebs der Ausgabe der Schülerzeitschrift auf dem Schulgelände erforderlich. ⇨ Schulgesetz § 47

5.4.4 Ist eine Beratung der Schulkonferenz vor dem für den Beginn des Vertriebs vorgesehenen Zeitpunkt nicht möglich, kann der Schulleiter den Vertrieb der Ausgabe der Schülerzeitschrift auf dem Schulgelände bis zur endgültigen Entscheidung untersagen. Er hat die endgültige Entscheidung so rasch wie möglich zu treffen und die dafür erforderliche Beratung in der Schulkonferenz unverzüglich zu veranlassen.

Hinweis der Redaktion: Für Schul- und Schülerzeitungen gilt das Landespressegesetz. ⇨ Presserecht

6.
Sammlungen, Schulsparen

6.1 Die Sammlung des Jugendherbergsgroschens, Sammlungen des Elterbeirats sowie Sammlungen, die Schüler in eigener Verantwortung im Rahmen der Schülermitverantwortung durchführen, sind in der Schule zulässig.

6.2 Bei außerschulischen Sammlungen ist es Aufgabe der Organisationen und Verbände, Schüler als Sammler zu gewinnen. Die Schule darf sich dabei nicht als Mittler betätigen. Am Schwarzen Brett kann auf Sammlungen für gemeinnützige Zwecke hingewiesen werden.

Hinweise der Redaktion:

1. Unzulässig ist danach die Mitwirkung von Schulen an (außerschulischen) Sammlungen, bei denen die Lehrkräfte Schüler*innen anhalten, für bestimmte Zwecke Dritter Geldmittel einzutreiben. Unerheblich ist, ob die Mittel vollständig oder partiell an die Schulen ausgekehrt werden oder ob den Schulen für ihre Tätigkeit ein sonstiger (materieller) Vorteil zufließt.
(Quelle: Infodienst Schulleitung Nr. 276 / Mai 2018)
2. Das Sammlungsgesetz B-W wurde zwar zum 1.1.2013 aufgehoben. Sein Inhalt sollte trotzdem weiterhin beachtet werden. § 8 des Sammlungsgesetzes B-W lautete:

   (1) Kinder unter 14 Jahren dürfen zum Sammeln nicht herangezogen werden. [...]

   (2) Jugendliche vom 14. bis zum 18. Lebensjahr dürfen nur bei Straßensammlungen und nur bis zum Eintritt der Dunkelheit eingesetzt werden.

   (3) Die Erlaubnisbehörde kann im Einzelfall Ausnahmen zulassen, wenn eine Gefährdung der Kinder und Jugendlichen nicht zu befürchten ist.

   Das Verbot in § 8 Abs. 1 des Sammlungsgesetzes galt auch für „Haussammlungen", die eine Vereinigung unter ihren Angehörigen oder ein sonstiger Veranstalter innerhalb eines mit ihm durch persönliche Beziehungen verbundenen Personenkreis durchführt, sowie Sammlungen von Kirchen, Religionsgemeinschaften und weltanschaulichen Gemeinschaften und ihren Gliederungen – auch bei eigenen Veranstaltungen und auf ihrem Gelände.

6.3 Die Durchführung des Schulsparens kann gestattet werden; jedoch darf jeweils nur ein Geldinstitut an der Schule tätig werden.

⇨ Beamtenstatusgesetz § 52; ⇨ Datenschutz (EU-DSGVO); ⇨ Datenschutz (LDSG); ⇨ Fachleute aus der Praxis; ⇨ Grundgesetz Art. 9; ⇨ Jugendschutzgesetz; ⇨ Personalvertretungsgesetz (LPVG) § 69 Abs. 3; ⇨ Schulfördervereine; ⇨ Sponsoring; ⇨ Wahlkampf und Schule

Das „alte" Jahrbuch nicht sofort entsorgen

Immer wieder existieren „alte" und „neue" Vorschriften nebeneinander, wobei die Neuregelungen zunächst nur für bestimmte Schülerjahrgänge gelten. Man sollte deshalb sein „altes" Exemplar nicht in den Papierkorb werfen. Denn es ist zwar nicht mehr „aktuell", aber nach wie vor nützlich.

Werkrealschule (Abschlussprüfung)

Verordnung des Kultusministeriums über die Werkrealschulabschlussprüfung (Werkrealschulabschlussprüfungsordnung – WRSAPO) vom 4. Juni 2019 (K.u.U. S. 147/2019); zuletzt geändert 3. Mai 2021 (K.u.U. S. 95/2021)

Abschnitt 1 – Allgemeine Bestimmungen

§ 1
Zweck der Prüfung

Mit der Werkrealschulabschlussprüfung soll nachgewiesen werden, dass ein dem Realschulabschluss gleichwertiger Bildungsstand erreicht ist.

§ 2
Teile der Prüfung

Die Abschlussprüfung besteht aus der schriftlichen Prüfung, der Kommunikationsprüfung und nach Maßgabe von § 12 Absatz 1 der mündlichen Prüfung. In den Wahlpflichtfächern Technik sowie Alltagskultur, Ernährung, Soziales wird eine praktische Prüfung abgelegt.

§ 3
Ort und Zeit der Prüfung

(1) Die Abschlussprüfung wird an den öffentlichen Schulen und an den staatlich anerkannten Schulen in freier Trägerschaft abgehalten, die zum Werkrealschulabschluss führen.

(2) Die Abschlussprüfung findet einmal jährlich statt.

(3) Die Termine der schriftlichen Prüfung sowie der Zeitraum der praktischen Prüfung, der Kommunikationsprüfung und der mündlichen Prüfung werden vom Kultusministerium festgesetzt.

➪ Werkreal-/Hauptschule (Abschlussprüfung – Termine)

(4) Die mündliche Prüfung findet nach der schriftlichen Prüfung statt.

§ 4
Prüfungsausschuss, Fachausschüsse

(1) Für die Durchführung der Prüfung wird ein Prüfungsausschuss gebildet, der für die ordnungsgemäße Durchführung der Prüfung verantwortlich ist. Diesem gehören an:

1. als Vorsitzende oder Vorsitzender eine Beauftragte oder ein Beauftragter der unteren Schulaufsichtsbehörde,
2. als stellvertretende Vorsitzende oder stellvertretender Vositzender die Schulleiterin oder der Schulleiter,
3. die in den Prüfungsklassen unterrichtenden Lehrkräfte und weitere von der unteren Schulaufsichtsbehörde oder der oder dem Vorsitzenden bestellte Lehrkräfte.

(2) Für mündliche Prüfungen bildet die oder der Vorsitzende aus den Mitgliedern des Prüfungsausschusses Fachausschüsse. Jedem Fachausschuss gehören an:

1. die oder der Vorsitzende oder ein von ihr oder ihm bestelltes Mitglied des Prüfungsausschusses als Leiterin oder Leiter,
2. die Fachlehrkraft als Prüferin oder Prüfer,
3. ein weiteres fachkundiges Mitglied des Prüfungsausschusses, zugleich mit der Aufgabe, das Protokoll zu führen.

(3) Für die Kommunikationsprüfung und für das Prüfungsgespräch zum Abschluss der praktischen Prüfung wird von der Schulleiterin oder dem Schulleiter ein Fachausschuss gebildet, dem neben der Fachlehrkraft der Klasse als Leiterin oder Leiter eine weitere Lehrkraft angehört, letztere zugleich mit der Aufgabe, das Protokoll zu führen.

(4) Die oder der Vorsitzende und stellvertretende Vorsitzende des Prüfungsausschusses können bei allen Prüfungen und Beratungen der Fachausschüsse anwesend sein. Die oder der Prüfungsvorsitzende kann darüber hinaus weitere Lehrkräfte oder Lehramtsanwärterinnen oder Lehramtsanwärter als Zuhörer bei der Prüfung und Beratung zulassen, wenn der Prüfling sein Einverständnis erteilt hat.

§ 5
Teilnahme an der Prüfung

An der Werkrealschulabschlussprüfung nehmen alle Schülerinnen und Schüler teil, die dieses Abschlussziel nach den Bestimmungen der Werkrealschulverordnung gewählt haben.

§ 6
Nichtteilnahme, Rücktritt

(1) Die Teile der Prüfung, an denen der Prüfling ohne wichtigen Grund nicht teilnimmt, werden jeweils mit »ungenügend« bewertet. Über das Vorliegen eines wichtigen Grundes entscheidet die oder der Vorsitzende des Prüfungsausschusses, bei der schriftlichen Prüfung die Leiterin oder der Leiter. Der wichtige Grund ist der Schule unverzüglich mitzuteilen.

(2) Als wichtiger Grund gilt insbesondere eine krankheitsbedingte Prüfungsunfähigkeit. Ist eine prüfungsrelevante gesundheitliche Beeinträchtigung nicht offenkundig, kann die oder der Vorsitzende des Prüfungsausschusses die Vorlage eines ärztlichen Zeugnisses verlangen, das eine konkrete Beschreibung dieser Beeinträchtigung beinhaltet. Lassen sich Zweifel am Vorliegen einer prüfungsrelevanten gesundheitlichen Beeinträchtigung auf andere Weise nicht ausräumen, kann die oder der Vorsitzende des Prüfungsausschusses auch die Vorlage eines Satz 2 entsprechenden amtsärztlichen Zeugnisses verlangen. Wer sich in Kenntnis einer gesundheitlichen Beeinträchtigung oder eines anderen wichtigen Grundes der Prüfung unterzogen hat, kann diese Gründe nachträglich nicht mehr geltend machen. Der Kenntnis steht die fahrlässige Unkenntnis gleich; fahrlässige Unkenntnis liegt insbesondere dann vor, wenn bei Vorliegen einer gesundheitlichen Beeinträchtigung nicht unverzüglich eine Klärung herbeigeführt wurde.

(3) Sofern und soweit ein wichtiger Grund vorliegt, gilt die Prüfung als nicht unternommen. Die nicht abgelegten Prüfungsteile können in einem Nachtermin nachgeholt werden. Kann an der Nachprüfung aus wichtigem Grund ganz oder teilweise nicht teilgenommen werden, gilt die Prüfung als nicht unternommen; Absatz 1

Sätze 2 und 3 sowie Absatz 2 gelten entsprechend.

(4) Vor Beginn der Abschlussprüfung ist auf diese Bestimmungen hinzuweisen.

§ 7
Protokollführung

(1) Über die jeweilige Prüfung wird eine Niederschrift gefertigt.

(2) Die Niederschrift über die schriftliche Prüfung enthält insbesondere Angaben über

1. die aufsichtführenden Lehrkräfte,
2. den Beginn und das Ende der Prüfung,
3. das Verlassen des Prüfungsraums durch Prüflinge sowie
4. besondere Vorkommnisse.

Sie ist von der Leiterin oder dem Leiter der Prüfung und den aufsichtführenden Lehrkräften zu unterzeichnen.

(3) Die Niederschrift über die mündliche Prüfung des einzelnen Prüflings enthält insbesondere Angaben über

1. die Zusammensetzung des Fachausschusses,
2. die Prüfungsthemen und aufgaben,
3. den Beginn, den wesentlichen Verlauf und das Ende der Prüfung sowie
4. das Prüfungsergebnis.

Sie ist von den Mitgliedern des Fachausschusses zu unterzeichnen.

(4) Für die Niederschrift über die praktische Prüfung und die Kommunikationsprüfung gilt Absatz 3 entsprechend.

§ 8
Täuschungshandlungen, Ordnungsverstöße

(1) Wer es unternimmt, das Prüfungsergebnis durch Täuschung oder Benutzung nicht zugelassener Hilfsmittel zu beeinflussen, oder wer nicht zugelassene Hilfsmittel nach Bekanntgabe der Prüfungsaufgaben mit sich führt oder Beihilfe zu einer Täuschung oder einem Täuschungsversuch leistet, begeht eine Täuschungshandlung.

⇨ Handy-Nutzung

(2) Wird während der Prüfung eine Täuschungshandlung oder ein entsprechender Verdacht festgestellt, ist der Sachverhalt von einer aufsichtführenden Lehrkraft zu protokollieren. Der Prüfling setzt die Prüfung bis zur Entscheidung über die Täuschungshandlung vorläufig fort.

(3) Stellt die oder der Vorsitzende des Prüfungsausschusses, bei der schriftlichen Prüfung die Leiterin oder der Leiter fest, dass eine Täuschungshandlung vorliegt, wird der Prüfling von der weiteren Teilnahme an der Prüfung ausgeschlossen; dies gilt als Nichtbestehen der Abschlussprüfung. In leichten Fällen kann stattdessen die Prüfungsleistung mit der Note »ungenügend« bewertet werden.

(4) Stellt sich eine Täuschungshandlung erst nach Aushändigung des Zeugnisses heraus, kann die untere Schulaufsichtsbehörde das Zeugnis einziehen und entweder ein anderes Zeugnis erteilen oder die Prüfung für nicht bestanden erklären, wenn seit der Ausstellung des Zeugnisses nicht mehr als zwei Jahre vergangen sind.

(5) Wer durch sein Verhalten die Prüfung so schwer stört, dass es nicht möglich ist, die Prüfung ordnungsgemäß durchzuführen, wird von der Prüfung ausgeschlossen; dies gilt als Nichtbestehen der Abschlussprüfung. Für die Zuständigkeit für die Entscheidung Absatz 3 Satz 1, in leichten Fällen Absatz 3 Satz 2 entsprechend.

(6) Vor Beginn der Abschlussprüfung ist auf diese Bestimmungen hinzuweisen.

Abschnitt 2 – Ordentliche Werkrealschulabschlussprüfung

§ 9
Schriftliche Prüfung

(1) Die schriftliche Prüfung erstreckt sich auf die Fächer Deutsch, Mathematik, Englisch sowie das Wahlpflichtfach.

(2) Die Prüfungsinhalte folgen den Vorgaben des Bildungsplans für das zum Werkrealschulabschluss führende Niveau. Sie umfassen die Bildungsstandards der Klassen 7 bis 10 sowie das erforderliche Grundlagenwissen. Die Aufgaben werden vom Kultusministerium landeseinheitlich gestellt.

(3) Als Prüfungsaufgaben sind eine oder mehrere Aufgaben aus verschiedenen Kompetenzbereichen zu fertigen. Die Bearbeitungszeit beträgt in Deutsch mindestens 210 Minuten und höchstens 240 Minuten, in Mathematik und in Englisch jeweils mindestens 150 Minuten und höchstens 210 Minuten, im Wahlpflichtfach mindestens 90 Minuten und höchstens 120 Minuten.

(4) Die Leitung der schriftlichen Prüfung obliegt der oder dem stellvertretenden Vorsitzenden des Prüfungsausschusses, soweit die untere Schulaufsichtsbehörde nichts anderes bestimmt. Die Leitung umfasst die Verantwortung für die ordnungsgemäße Durchführung der Prüfung, insbesondere hinsichtlich der Prüfungsaufsicht.

(5) Jede Prüfungsarbeit wird von der Fachlehrkraft der Klasse und anschließend von einer Fachlehrkraft einer anderen Schule (Zweitkorrektorin oder Zweitkorrektor) beurteilt und bewertet; hierbei kennt die Zweitkorrektorin oder der Zweitkorrektor die vorangegangene Beurteilung und Bewertung. Weichen die Bewertungen bis zu zwei Noten voneinander ab, gilt der Durchschnitt. Weichen die Bewertungen um mehr als zwei Noten voneinander ab und können sich die Fachlehrkraft und die Zweitkorrektorin oder der Zweitkorrektor nicht einigen, wird die Note von der oder dem Vorsitzenden des Prüfungsausschusses im Rahmen der Bewertungen festgelegt.

(6) Die Noten der schriftlichen Prüfung in den einzelnen Fächern werden der Schülerin oder dem Schüler in der Regel etwa eine Woche vor der mündlichen Prüfung in diesem Fach bekanntgegeben.

§ 10
Kommunikationsprüfung

(1) Im Fach Englisch wird eine mündliche Prüfung durchgeführt, für die das Kultusministerium zentrale Prüfungsmaßstäbe vorgibt (Kommunikationsprüfung).

(2) Die Schülerinnen und Schüler werden vom Fachausschuss einzeln oder zu zweit geprüft. Die Prüfungsaufgaben müssen sich auf die Bildungsstandards der Klasse 7 bis 10 beziehen. Die Kommunikationsprüfung dauert etwa 15 Minuten je Schülerin oder Schüler.

(3) Im Anschluss an die Kommunikationsprüfung setzt der Fachausschuss die Note fest und teilt sie der Schülerin oder dem Schüler auf Wunsch mit. Können sich die beiden beteiligten Fachlehrkräfte auf keine Note einigen, so wird die Note aus dem auf die erste Dezimale errechneten Durchschnitt der Bewertungen beider Mitglieder gebildet.

§ 11
Praktische Prüfung

(1) Im Wahlpflichtfach wird eine praktische Prüfung durchgeführt, für die das Kultusministerium zentrale Prüfungsmaßstäbe vorgibt.

(2) Die Prüfung umfasst einen praktischen Teil sowie ein Prüfungsgespräch. Die Prüfungsaufgaben müssen sich auf die Bildungsstandards der Klasse 7 bis 10 beziehen. Der praktische Teil wird im Unterricht durchgeführt und umfasst sechs bis neun Unterrichtsstunden. Das Prüfungsgespräch dauert für jeden Prüfling etwa 15 Minuten und bezieht sich im Wesentlichen auf den praktischen Teil.

(3) Die Schülerinnen und Schüler werden vom Fachausschuss einzeln oder zu zweit geprüft. In begründeten Ausnahmefällen kann die Prüfung mit Genehmigung der Schulleiterin oder des Schulleiters als Gruppenprüfung durchgeführt werden, wobei jede Schülerin oder jeder Schüler eine individuelle Note erhält.

(4) Im Anschluss an das Prüfungsgespräch setzt der Fachausschuss die Note fest und teilt sie der Schülerin oder dem Schüler auf Wunsch mit. Können sich die beiden beteiligten Fachlehrkräfte auf keine Note einigen, so wird die Note aus dem auf die erste Dezimale errechneten Durchschnitt der Bewertungen beider Mitglieder gebildet.

§ 12
Mündliche Prüfung

(1) Die mündliche Prüfung erstreckt sich, mit Ausnahme des Faches Englisch und des Wahlpflichtfachs, auf die Fächer der schriftlichen Prüfung, die

1. von der Schülerin oder dem Schüler spätestens am zweiten Unterrichtstag nach der Bekanntgabe der Noten der schriftlichen Prüfung gegenüber der Schulleiterin oder dem Schulleiter benannt oder
2. von der oder dem Vorsitzenden des Prüfungsausschusses festgelegt

wurden. Die nach Nummer 2 festgelegten Prüfungsfächer werden der Schülerin oder dem Schüler in der Regel etwa eine Woche vor der mündlichen Prüfung bekanntgegeben.

(2) Die Aufgaben der mündlichen Prüfung werden von der Fachlehrkraft gestellt; die Leiterin oder der Leiter des Fachausschusses kann die Aufgaben erweitern oder einschränken.

(3) Die mündliche Prüfung kann als Einzel- oder Gruppenprüfung durchgeführt werden. Die Entscheidung trifft die oder der Vorsitzende des Prüfungsausschusses. Der Schülerin oder dem Schüler wird vor Beginn der Prüfung die Möglichkeit gegeben, ein Schwerpunktthema zu benennen. Das Schwerpunktthema wird in die mündliche Prüfung des jeweiligen Faches einbezogen. Jede Schülerin oder jeder Schüler wird je Fach etwa 15 Minuten geprüft.

(4) Im Anschluss an die Prüfung setzt der Fachausschuss das Ergebnis der mündlichen Prüfung fest und teilt es der Schülerin oder dem Schüler auf Wunsch mit. Der Fachausschuss entscheidet mit Stimmenmehrheit. Kann sich der Fachausschuss auf keine Note einigen, so wird die Note aus dem auf die erste Dezimale errechneten Durchschnitt der Bewertungen der Mitglieder gebildet.

§ 13
Ermittlung des Prüfungsergebnisses, Zeugnis

(1) Die Jahresleistungen in den Prüfungsfächern sowie die Leistungen in sämtlichen Prüfungsteilen werden mit Zehntelnoten bewertet und gehen ungerundet in die Berechnung der Endergebnisse in den Prüfungsfächern ein.

(2) Die Endergebnisse in den Prüfungsfächern errechnen sich jeweils aus dem Durchschnitt der Jahres und der Prüfungsleistung. Der Durchschnitt wird bis zu einem Zehntel berechnet, wobei in der üblichen Weise gerundet wird (Beispiel: 2,5 bis 3,4 befriedigend).

(3) Für die Berechnung der Prüfungsleistung in den Prüfungsfächern werden die Prüfungsteile wie folgt gewichtet:

1. die schriftliche Prüfung dreifach,
2. die Kommunikationsprüfung und die praktische Prüfung zweifach,
3. die mündliche Prüfung einfach.

(4) In den Fächern, in denen nicht geprüft wurde, gelten die Jahresleistungen als Endergebnisse.

(5) Die Endergebnisse in den einzelnen Prüfungsfächern ermittelt die oder der Vorsitzende des Prüfungsausschusses. Sie oder er stellt fest, wer die Prüfung bestanden hat. Die Prüfung ist bestanden, wenn

1. der Durchschnitt aus den Noten der maßgebenden Fächer 4,0 oder besser ist,
2. der Durchschnitt aus den Noten in den Fächern der schriftlichen Prüfung 4,0 oder besser ist,
3. die Gesamtleistungen in keinem der Fächer der schriftlichen Prüfung mit der Note »ungenügend« bewertet sind und
4. die Gesamtleistungen in nicht mehr als einem der maßgebenden Fächer geringer als mit der Note »ausreichend« bewertet sind. Trifft dies in höchstens drei Fächern zu, so ist die Prüfung bestanden, wenn für jedes dieser mit schlechter als »ausreichend« bewerteten Fächer ein sinnvoller Ausgleich gegeben ist; ausgeglichen werden können:
   a) die Note »ungenügend« in einem Fach durch die Note »sehr gut« in einem anderen maßgebenden Fach oder die Note »gut« in zwei anderen maßgebenden Fächern,

b) die Note »mangelhaft« in einem Fach der schriftlichen Prüfung durch mindestens die Note »gut« in einem anderen Fach der schriftlichen Prüfung,

c) die Note »mangelhaft« in einem anderen Fach durch mindestens die Note »gut« in einem anderen maßgebenden Fach oder die Note »befriedigend« in zwei anderen maßgebenden Fächern.

Ist das Bestehen der Prüfung aufgrund der Gesamtleistung im Fach Sport, Musik oder Bildende Kunst nicht möglich, ist von diesen Fächern nur das mit der besten Note für das Bestehen maßgebend.

(6) Über die Feststellung der Ergebnisse der Prüfung ist von der Vorsitzenden oder vom Vorsitzenden des Prüfungsausschusses eine Niederschrift zu fertigen.

(7) Wer die Abschlussprüfung bestanden hat, erhält ein Abschlusszeugnis mit den nach Absatz 4 und Absatz 5 Satz 1 ermittelten Endnoten. In das Abschlusszeugnis sind der Durchschnitt der Gesamtleistungen und die Gesamtnote aufzunehmen. Die Gesamtnote lautet

bei einem Durchschnitt bis 1,4	sehr gut,
bei einem Durchschnitt von 1,5 bis 2,4	gut,
bei einem Durchschnitt von 2,5 bis 3,4	befriedigend,
bei einem Durchschnitt von 3,5 bis 4,4	ausreichend.

(8) In die Klasse 10 versetzte Schülerinnen und Schüler, die an der Werkrealschulabschlussprüfung nicht oder nur teilweise teilgenommen oder diese nicht bestanden haben, erhalten ein Zeugnis mit den in Klasse 9 erzielten Jahresleistungen, mit dem bescheinigt wird, dass die Werkrealschule oder Hauptschule nach Klasse 9 erfolgreich abgeschlossen und damit ein dem Hauptschulabschluss gleichwertiger Bildungsstand erreicht wurde. Satz 1 kommt nicht zur Anwendung, falls eine Schülerin oder ein Schüler bereits mit Erfolg an der Hauptschulabschlussprüfung teilgenommen hat.

§ 14
Wiederholung der Prüfung

Wird die Prüfung nicht bestanden, kann sie nach dem Besuch einer Klasse, in der die Prüfung abgelegt wird, einmal wiederholt werden.

Abschnitt 3 – Werkrealschulabschlussprüfung für Schulfremde

§ 15
Zweck der Prüfung

Die Prüfung dient dem Erwerb des Zeugnisses über den Werkrealschulabschluss für Bewerber und Bewerberinnen, die keine öffentliche oder staatlich anerkannte allgemeinbildende allgemeine Schule oder kein öffentliches oder staatlich anerkanntes sonderpädagogisches Bildungs und Beratungszentrum mit entsprechendem Bildungsgang besuchen (Schulfremde).

§ 16
Zeitpunkt der Prüfung

Die Abschlussprüfung für Schulfremde findet in der Regel einmal jährlich zusammen mit der ordentlichen Abschlussprüfung statt.

§ 17
Meldung zur Prüfung

(1) Die Meldung zur Abschlussprüfung ist bis zum 1. März jeden Jahres an die für den Wohnsitz der Bewerberin oder des Bewerbers zuständige untere Schulaufsichtsbehörde zu richten.

(2) Zur Prüfung wird zugelassen, wer

1. in Baden-Württemberg den ständigen Wohnsitz hat,
2. die Abschlussprüfung nicht eher ablegt, als es bei normalem Schulbesuch möglich wäre,
3. nicht bereits die ordentliche Werkrealschulabschlussprüfung oder die entsprechende Abschlussprüfung für Schulfremde mit Erfolg abgelegt hat,
4. nicht mehr als einmal erfolglos an der ordentlichen Werkrealschulabschlussprüfung oder der entsprechenden Abschlussprüfung für Schulfremde teilgenommen hat und
5. keine öffentliche oder staatlich anerkannte Hauptschule, Werkrealschule, Realschule oder Gemeinschaftsschule und kein öffentliches oder staatlich anerkanntes Gymnasium oder sonderpädagogisches Bildungs und Beratungszentrum mit entsprechendem Bildungsgang besucht.

Abweichend von Satz 1 Nummer 1 kann in besonders begründeten Einzelfällen zugelassen werden, wer an einer genehmigten Ersatzschule oder an einer sonstigen Unterrichtseinrichtung in Baden-Württemberg auf die Werkrealschulabschlussprüfung für Schulfremde vorbereitet wurde.

(3) Der Meldung sind beizufügen

1. ein Lebenslauf mit Angaben über den bisherigen Bildungsgang und gegebenenfalls über die ausgeübte Berufstätigkeit,
2. ein von einer öffentlichen Stelle ausgestellter Identitätsnachweis, etwa ein Personalausweis, Reisepass oder eine Geburtsurkunde (beglaubigte Abschrift oder Ablichtung),
3. die Abgangs- oder Abschlusszeugnisse der besuchten Schulen (beglaubigte Abschriften oder Ablichtungen),
4. eine Erklärung darüber, ob und gegebenenfalls mit welchem Erfolg schon einmal an der Werkrealschulabschlussprüfung teilgenommen wurde,
5. die Benennung des Wahlpflichtfachs, in dem der Prüfling schriftlich, sowie der Fächer, in denen der Prüfling nach § 19 Absatz 2 Nummer 1 und 2 mündlich geprüft werden will, sowie
6. Angaben über die Art der Vorbereitung auf die Prüfung.

§ 18
Zulassung zur Prüfung

(1) Die untere Schulaufsichtsbehörde entscheidet über die Zulassung zur Prüfung und unterrichtet die Bewerberin oder den Bewerber über die getroffene Entscheidung. Die Versagung der Zulassung ist schriftlich zu begründen.

(2) Wer zugelassen wurde, wird einer öffentlichen Schule zur Ablegung der Prüfung zugewiesen.

§ 19
Prüfungsgegenstände

(1) Die schriftliche Prüfung erstreckt sich auf die Fächer Deutsch, Mathematik, Englisch sowie auf das gewählte Fach des Wahlpflichtbereichs (Technik oder Alltagskultur, Ernährung, Soziales).

(2) Die mündliche Prüfung erstreckt sich auf
1. eine der Naturwissenschaften Biologie, Chemie oder Physik,
2. eines der gesellschaftswissenschaftlichen Fächer Geographie, Geschichte oder Gemeinschaftskunde,
3. das Fach Englisch in Form der Kommunikationsprüfung,
4. ein weiteres vom Prüfling zu benennendes schriftliches Prüfungsfach und
5. auf Wunsch des Prüflings oder nach Entscheidung der oder des Vorsitzenden auf weitere schriftliche Prüfungsfächer.

(3) Die Kommunikationsprüfung findet in der Schulfremdenprüfung nach der schriftlichen Prüfung statt. Die Prüflinge werden in der Regel einzeln geprüft. Die Kommunikationsprüfung dauert etwa 15 Minuten je Prüfling.

(4) Vor Beginn der mündlichen Prüfungen wird den Prüflingen das Ergebnis der schriftlichen Prüfung im jeweiligen Fach mitgeteilt. Spätestens am zweiten folgenden Unterrichtstag benennt der Prüfling die Prüfungsfächer nach Absatz 2 Nummer 4 und 5 schriftlich gegenüber der Schulleitung der beauftragten Schule.

§ 20
Durchführung der Prüfung

(1) Für die Prüfung gelten die Bestimmungen für die ordentliche Abschlussprüfung entsprechend mit folgenden Maßgaben:
1. Fachlehrkraft im Sinne der Bestimmungen für die ordentliche Abschlussprüfung ist die von der Leiterin oder dem Leiter der beauftragten Schule bestimmte Lehrkraft;
2. bei der Festlegung des Prüfungsergebnisses zählen allein die Prüfungsleistungen nach § 19;
3. die Note in den Prüfungsfächern, in denen schriftlich und mündlich geprüft wurde, wird aus dem Durchschnitt der Noten für die schriftlichen und mündlichen Prüfungsleistungen gebildet;
4. die Prüfung ist bestanden, wenn
a) der Durchschnitt der Gesamtleistungen der geprüften Fächer 4,0 oder besser ist,
b) die Gesamtleistungen in keinem der geprüften Fächer mit der Note »ungenügend« bewertet sind und
c) die Gesamtleistungen in nicht mehr als einem der geprüften Fächer geringer als mit der Note »ausreichend« bewertet sind; trifft dies in höchstens drei Fächern zu, so ist die Prüfung bestanden, wenn für jedes dieser Fächer ein sinnvoller Ausgleich gegeben ist; ausgeglichen werden kann die Note »mangelhaft« durch die Note »gut« in einem geprüften Fach oder durch die Note »befriedigend« in zwei geprüften Fächern.

(2) Wer die Prüfung nicht bestanden hat, kann sie einmal, frühestens nach einem Jahr, wiederholen. § 17 Absatz 2 Nummer 4 bleibt unberührt.

➪ Abschlüsse (Allgemeines); ➪ Berufsfachschule; ➪ Handy-Nutzung; ➪ Hauptschulabschlussprüfung; ➪ Kompetenzanalyse; ➪ Schulgesetz § 6; ➪ Werkrealschule (Abschlussprüfung – Termine) ; ➪ Werkreal-/Hauptschule (Informationsveranstaltung); ➪ Werkrealschule (Verordnung / Stundentafel); ➪ Zeugnisse

Werkrealschule (Abschlussprüfung – Terminplan 2022)

Auszug aus Nr. 3 (Abschlussprüfungen in der Sekundarstufe I) der Terminübersicht für die allgemeinbildenden Schulen im Schuljahr 2021/2022; Bekanntmachung des KM vom 21. August 2020 (K.u.U. S. 149/2020)

3.2 Werkrealschulabschlussprüfung und Werkrealschulabschlussprüfung für Schulfremde (WRSAPO)

3.2.1 Schriftliche Prüfung

Haupttermin

Deutsch:	Dienstag, 17. Mai 2022
Mathematik:	Donnerstag, 19. Mai 2022
Englisch:	Dienstag, 24. Mai 2022
Wahlpflichtfach:	Dienstag, 31. Mai 2022

Nachtermin

Deutsch:	Dienstag, 21. Juni 2022
Mathematik:	Mittwoch, 22. Juni 2022
Englisch:	Donnerstag, 23. Juni 2022
Wahlpflichtfach:	Freitag, 24. Juni 2022

3.2.2 Kommunikationsprüfung im Fach Englisch
Die Kommunikationsprüfung soll im Zeitraum von Montag, 7. März 2022, bis Montag, 14. März 2022, stattfinden.

3.2.3 Praktische Prüfung im Wahlpflichtfach
Die praktische Prüfung im Wahlpflichtfach soll im zweiten Halbjahr nach der Kommunikationsprüfung stattfinden.

3.2.4 Mündliche Prüfung
Der Prüfungszeitraum für die mündliche Prüfung soll am Montag, 04. Juli 2022, beginnen und am Dienstag, 12. Juli 2022, beendet sein.

3.2.5 Entlassung der Schülerinnen und Schüler
Die Schülerinnen und Schüler, die die Schule verlassen, werden in der Regel am Freitag, 15. Juli 2022, entlassen.

➪ Korrekturtag; ➪ Werkrealschule (Abschlussprüfung); ➪ Werkrealschule (Verordnung)

Werkrealschule (Verordnung)

Verordnung des KM über die Ausbildung an Werkrealschulen (Werkrealschulverordnung – WRSVO) vom 4. Juni 2019 (K.u.U. S. 141, 258/2019); zuletzt geändert 18. Juni 2020 (GBl. S. 577, 583/2020)

§ 1
Dauer der Ausbildung, Bezeichnungen

(1) Die Werkrealschule umfasst die Klassen 5 bis 10. Sie führt nach sechs Schuljahren zu einem dem Realschulabschluss gleichwertigen Bildungsstand (Werkrealschulabschluss) und bietet darüber hinaus die Möglichkeit, den Hauptschulabschluss nach Klasse 9 oder Klasse 10 zu erwerben.

(2) In einem durchgängigen sechsjährigen Bildungsgang werden die Schülerinnen und Schüler individuell gefördert und in der Persönlichkeitsbildung unterstützt. Der Bildungsgang umfasst einen Pflichtbereich, einen Wahlpflichtbereich und ergänzende Angebote. Zum pädagogischen Profil gehört die kontinuierliche Berufswegeplanung in allen Klassenstufen.

(3) Diese Verordnung gilt nach Maßgabe der nachfolgenden Bestimmungen auch für den Unterricht und die Versetzung an Hauptschulen im Sinne von § 6 Absatz 2 Satz 5 des Schulgesetzes für Baden-Württemberg (SchG).

⇨ Schulgesetz §§ 6, 25 Abs. 1, 76 Abs. 2

§ 2
Bildungspläne, Stundentafel

Der Unterricht an der Werkrealschule und an der Hauptschule richtet sich nach vom Kultusministerium erlassenen Bildungsplänen und der als Anlage beigefügten Stundentafel.

⇨ Werkrealschule (Stundentafel)

§ 3
Unterricht und versetzungserhebliche Fächer

(1) Als maßgebende Fächer für die Versetzung in die nächsthöhere Klasse gelten, sofern sie in der schuleigenen Stundentafel für die jeweilige Klasse ausgewiesen sind, Religionslehre oder Ethik, Deutsch, Geschichte, Geographie, der Aufbaukurs Informatik, Biologie, Chemie, Physik, Wirtschaft/ Berufs- und Studienorientierung, Gemeinschaftskunde, Englisch, Mathematik, Sport, Musik und Bildende Kunst, das gewählte Wahlpflichtfach (Alltagskultur, Ernährung, Soziales oder Technik), das Wahlfach Informatik, soweit es gewählt wurde, sowie in den Klassen 5 und 6 der Fächerverbund Biologie, Naturphänomene und Technik. Wäre eine Versetzung wegen der Versetzungserheblichkeit der Fächer Sport, Musik und Bildende Kunst nicht möglich, ist von diesen Fächern nur das mit der besten Note für die Versetzung maßgebend.

(2) Zur gezielten Unterstützung der Berufsorientierung wird in Klasse 7 eine Kompetenzanalyse mit daran anschließender individueller Förderung durchgeführt. ⇨ Kompetenzanalyse

(3) In allen Klassenstufen finden schulisch begleitete Praktika statt, die entsprechend der örtlichen Situation organisiert und zeitlich strukturiert durchgeführt werden können. ⇨ Berufliche Orientierung

(4) Die Schülerinnen und Schüler nehmen nach ihrer Wahl unter Berücksichtigung des schulischen Angebots an einem der im Wahlpflichtbereich der Stundentafel genannten Fächer teil. Ein Wechsel des Wahlpflichtfachs ist in begründeten Ausnahmefällen innerhalb von vier Wochen nach Unterrichtsbeginn der Klasse 7 auf Antrag mit Zustimmung der Schulleiterin oder des Schulleiters möglich.

(5) In Klasse 10 werden diejenigen Schülerinnen und Schüler, die den Hauptschulabschluss anstreben (§ 9 Absatz 1 Satz 1 Nummer 2), weiterhin nach den Anforderungen für den Hauptschulabschluss unterrichtet. Abweichend von § 8 Absatz 1 und 2 der Notenbildungsverordnung in der jeweils geltenden Fassung werden in Klasse 10 innerhalb des Klassenverbandes unterschiedliche, dem jeweiligen Bildungsziel der Schüler angepasste schriftliche Arbeiten gefertigt. ⇨ Notenbildungsverordnung

§ 4
Versetzungsanforderungen

(1) Schülerinnen und Schüler der Klassen 5 bis 9 werden nur dann in die nächst höhere Klasse versetzt, wenn sie aufgrund ihrer Leistungen in den für die Versetzung maßgebenden Fächern und Fächerverbünden den Anforderungen im laufenden Schuljahr im Ganzen entsprochen haben und deshalb erwarten lassen, dass sie den Anforderungen der nächsthöheren Klasse gewachsen sind.

(2) Die Voraussetzungen nach Absatz 1 liegen vor, wenn im Jahreszeugnis die Leistungen neben

1. der Note“ ungenügend“ in einem oder
2. der Note „mangelhaft“ in zwei der für die Versetzung maßgebenden Fächern oder Fächerverbünden

in keinen weiteren für die Versetzung maßgebenden Fächern oder Fächerverbünden geringer als mit der Note „ausreichend“ bewertet sind oder für diese weiteren Fächer oder Fächerverbünde ein sinnvoller Ausgleich gegeben ist. Ausgeglichen werden können:

1. die Note „ungenügend“ durch die Note „sehr gut“ in einem anderen maßgebenden Fach oder Fächerverbund oder durch die Note „gut“ in zwei anderen maßgebenden Fächern oder Fächerverbünden,
2. die Note „mangelhaft“ durch mindestens die Note „gut“ in einem anderen maßgebenden Fach oder Fächerverbund.

(3) Ausnahmsweise kann die Klassenkonferenz eine Schülerin oder einen Schüler, der nach Absatz 2 nicht zu versetzen wäre, mit Zweidrittelmehrheit versetzen, wenn sie zu der Auffassung gelangt, dass ihre oder seine Leistungen nur vorübergehend nicht für die Versetzung ausreichen, und dass sie oder er nach einer Übergangszeit den Anforderungen der nächsthöheren Klasse voraussichtlich gewachsen

sein wird. Diese Bestimmung darf nicht zwei Schuljahre hintereinander angewendet werden.

(4) Für Schülerinnen und Schüler, die während der Klasse 4 der Grundschule keinen Fremdsprachenunterricht in der in Klasse 5 fortgeführten Fremdsprache hatten, wird die Versetzungserheblichkeit dieses Faches in dieser Klassenstufe ausgesetzt, wenn andernfalls eine Versetzung nicht möglich wäre. Bei der Entscheidung über die Versetzung in die Klassen 6 bis 9 bleiben die Leistungen im Fach Englisch, bei der Entscheidung über die Versetzung in die Klassen 9 und 10 die Leistungen im Wahlfach Informatik dann unberücksichtigt, wenn sie zur Nichtversetzung führen würden.

(5) Die Versetzung oder Nichtversetzung einer Schülerin oder eines Schülers ist im Zeugnis mit „versetzt" oder „nicht versetzt" zu vermerken. Bei einer Versetzung nach Absatz 3 ist folgender Vermerk anzubringen: „Versetzt nach § 4 Absatz 3 WRSVO". Bei einer Versetzung nach Absatz 4 Satz 1 oder 2 ist zu vermerken, dass ohne Berücksichtigung der Leistungen im jeweils betroffenen Fach versetzt wurde.

(6) Die Klassenkonferenz kann im Einvernehmen mit der Schulleiterin oder dem Schulleiter nicht versetzten Schülerinnen und Schülern für einen Zeitraum von etwa vier Wochen die Aufnahme auf Probe in die nächsthöhere Klasse gestatten, wenn sie zu der Auffassung gelangt, dass die Schülerinnen und Schüler die Mängel in den geringer als mit der Note „ausreichend" bewerteten Fächern oder Fächerverbünden in absehbarer Zeit beheben werden. Die Aufnahme setzt eine Zielvereinbarung voraus. Zum Ende der Probezeit werden die Schülerinnen und Schüler in den für die Versetzung maßgebenden Fächern oder Fächerverbünden, in denen die Leistungen im vorausgegangenen Schuljahr geringer als mit der Note „ausreichend" bewertet worden sind, jeweils von einer von der Schulleiterin oder dem Schulleiter beauftragten Lehrkraft schriftlich und mündlich geprüft. Die Prüfung erstreckt sich auf Unterrichtsinhalte der Probezeit und des vorangegangenen Schuljahres. Das Ergebnis ersetzt in dem entsprechenden Fach die Note des vorangegangenen Jahreszeugnisses. Wenn dieses Zeugnis unter Berücksichtigung der neuen Noten den Anforderungen nach Absatz 2 entspricht, ist die Schülerin oder der Schüler versetzt und die am Ende des vorangegangenen Schuljahres ausgesprochene Nichtversetzung gilt rückwirkend als nicht getroffen.

§ 5
Aussetzung der Versetzungsentscheidung

In den Klassen 5 bis 8 kann die Klassenkonferenz die Versetzung längstens bis zum Ende des nächsten Schulhalbjahres aussetzen und von der Erteilung eines Zeugnisses absehen, wenn hinreichende Entscheidungsgrundlagen fehlen, weil die Leistungen der Schülerin oder des Schülers dadurch abgesunken sind, dass er im zweiten Schulhalbjahr

1. aus von ihm nicht zu vertretenden Umständen die Schule wechseln musste,
2. wegen Krankheit länger als acht Wochen den Unterricht nicht besuchen konnte oder
3. durch sonstige besonders schwerwiegende, von ihr oder ihm nicht zu vertretende Gründe in ihrem oder seinem Leistungsvermögen erheblich beeinträchtigt war.

Auf dem Zeugnisformular ist anstelle der Noten der Vermerk anzubringen: „Versetzung ausgesetzt nach § 5 WRSVO". Bis zur endgültigen Entscheidung über die Versetzung nimmt die Schülerin oder der Schüler am Unterricht der nächsthöheren Klasse teil.

⇨ Corona-Pandemie-Prüfungsverordnung; ⇨ Probezeit (Schüler*innen)

§ 6
Versetzungsentscheidung bei Schulwechsel

Verlässt eine Schülerin oder ein Schüler innerhalb von acht Wochen vor Beginn der Sommerferien die Schule und geht sie oder er auf eine andere Werkrealschule oder Hauptschule über, sind der Versetzungsentscheidung die in der früher besuchten Schule erzielten Noten zugrunde zu legen.

§ 7
Überspringen einer Klasse

In Ausnahmefällen kann eine Schülerin oder ein Schüler der Klassen 5 bis 8, deren oder dessen Gesamtleistungen so überdurchschnittlich sind, dass ihr oder sein Verbleiben in der bisherigen Klasse pädagogisch nicht sinnvoll erscheint, auf Beschluss der Klassenkonferenz und mit Einverständnis der Erziehungsberechtigten zum Ende des ersten Schulhalbjahres in die nächsthöhere Klasse überwechseln oder zum Schuljahresende eine Klasse überspringen. An der Klassenkonferenz nehmen die Lehrkräfte der Klasse, in die die Schülerin oder der Schüler übertreten soll, mit beratender Stimme teil.

§ 8
Freiwillige Wiederholung einer Klasse

(1) Eine Schülerin oder ein Schüler kann während des Besuchs der Klassen 5 bis 9 insgesamt einmal eine Klasse freiwillig wiederholen. In Klasse 9 gilt dies nicht für Schülerinnen und Schüler, die den Hauptschulabschluss am Ende der Klasse 9 oder 10 anstreben.

(2) Die freiwillige Wiederholung einer Klasse ist grundsätzlich nur zu Beginn eines Schulhalbjahres möglich; über Ausnahmen entscheidet die Schulleiterin oder der Schulleiter. Die freiwillige Wiederholung gilt als Wiederholung wegen Nichtversetzung der Klasse, die bereits zuvor erfolgreich besucht worden war, mit der Folge, dass die am Ende dieser Klasse ausgesprochene Versetzung rückwirkend als nicht getroffen gilt. Sie ist im Zeugnis mit „wiederholt freiwillig" zu vermerken.

§ 9
Besondere Bestimmungen für Versetzung und Übergang in die Klasse 10

(1) Zum Ende des ersten Schulhalbjahres der Klasse 9 ist eine Erklärung abzugeben, ob

1. der Hauptschulabschluss am Ende der Klasse 9,
2. der Hauptschulabschluss am Ende der Klasse 10 oder
3. der Werkrealschulabschluss am Ende der Klasse 10 angestrebt wird. Vor dieser Erklärung erfolgt

eine Beratung durch die Schule über die Anforderungen dieser Bildungswege.

(2) Schülerinnen oder Schüler, die den Hauptschulabschluss am Ende von Klasse 10 anstreben (Erklärung nach Absatz 1 Satz 1 Nummer 2), gehen ohne Versetzungsentscheidung nach Klasse 10 über. Sie erhalten am Ende von Klasse 9 durch die Klassenlehrkraft eine schriftliche Rückmeldung über ihren Leistungsstand. Diese soll mit einem Gespräch mit den Erziehungsberechtigten und der Schülerin beziehungsweise dem Schüler verbunden werden, das auch individuelle Aspekte des Lern-, Arbeits- und Sozialverhaltens zum Gegenstand hat.

(3) Schülerinnen oder Schüler, die den Werkrealschulabschluss anstreben (Erklärung nach Absatz 1 Satz 1 Nummer 3), werden nach Maßgabe der Anforderungen von § 4 in die Klasse 10 versetzt.

§ 10
Halbjahreszeugnis in Klasse 9

In Klasse 9 wird ein Halbjahreszeugnis nur für diejenigen Schülerinnen und Schüler erteilt, für die eine Erklärung nach § 9 Absatz 1 Satz 1 Nummer 1 abgegeben wurde. ➪ Zeugnisse

§ 11
Wechsel des Abschlusszieles

(1) Falls eine Schülerin oder ein Schüler in Klasse 9 die Hauptschulabschlussprüfung erfolgreich abgelegt hat, kann bis zum Schuljahresende erklärt werden, dass sie oder er den Werkrealschulabschluss am Ende von Klasse 10 anstrebt. In diesem Fall gilt die Schülerin oder der Schüler als in die Klasse 10 versetzt; Absatz 3 kommt nicht zur Anwendung. Bei Vorliegen besonderer Umstände, die die Schülerin oder der Schüler nicht zu vertreten hat, kann die Schulleiterin oder der Schulleiter Ausnahmen von der Frist nach Satz 1 zulassen.

(2) Falls eine Schülerin oder ein Schüler nicht in die Klasse 10 versetzt wird, kann in Klasse 9 bis zum Schuljahresende erklärt werden, den Hauptschulabschluss am Ende von Klasse 10 anzustreben. § 9 Absatz 2 Satz 1 gilt entsprechend.

(3) Falls eine Schülerin oder ein Schüler in Klasse 10 den Werkrealschulabschluss anstrebt, kann in dieser Klassenstufe innerhalb von vier Wochen nach Unterrichtsbeginn beantragt werden, für die restliche Unterrichtszeit des Schuljahres nach den Anforderungen für den Hauptschulabschluss unterrichtet zu werden.

§ 11 a
Übergangsbestimmung

Ethik wird erstmals im Schuljahr 2021/2022 in Klassenstufe 5 unterrichtet.

➪ Abschlüsse (Allgemeines); ➪ Berufsfachschule; ➪ Hauptschule; ➪ Kompetenzanalyse; ➪ Korrekturtag; ➪ Probezeit (Schüler*innen); ➪ Schulgesetz § 6, § 25 Abs. 1, § 30, § 76 Abs. 2; ➪ Werkreal-/Hauptschule (Informationsveranstaltung); ➪ WerkrealschulVO (Stundentafel); ➪ Zeugnisse

Werkrealschule (Verordnung / Stundentafel)

Stundenkontingent für die Werkrealschule; Anlage zu § 2 der Werkrealschulverordnung

Vorbemerkungen zur Stundentafel:

Der Unterricht von Schülerinnen und Schülern mit dem Bildungsziel Werkrealschulabschluss und dem Bildungsziel Hauptschulabschluss findet in Klasse 10, sofern schulorganisatorisch möglich und angemessen, in der Regel gemeinsam statt.

In Klasse 5 wird ein Basiskurs Medienbildung im Umfang von 35 Unterrichtsstunden durchgeführt, die aus dem Stundenvolumen der beteiligten Fächer entnommen werden. Die Gesamtlehrerkonferenz und die Schulkonferenz entscheiden über die am Basiskurs Medienbildung beteiligten Fächer und deren zeitlichen Anteil. ➪ Konferenzordnung § 2 Nr. 1 a

In den Klassen 5 bis 10 werden für Schülerinnen und Schüler, die nicht am Religionsunterricht teilnehmen, elf Kontingentstunden Ethik vorgesehen. Die Verteilung der Kontingentstunden in Religionslehre wird unter Beteiligung der zuständigen kirchlichen Beauftragten festgelegt.

Der Fächerverbund Biologie, Naturphänomene und Technik (BNT) wird in den Klassen 5 und 6 unterrichtet. Die acht Kontingentstunden des Fächerverbunds Biologie, Naturphänomene und Technik (BNT) werden wie folgt verteilt: Biologie vier Stunden, Physik eine Stunde, Chemie eine Stunde, Technik zwei Stunden.

Der Unterricht in der Pflichtfremdsprache Englisch beginnt in Klasse 5.

Der Wahlpflichtbereich wird in den Klassen 7 bis 10 unterrichtet: Technik beziehungsweise Alltagskultur, Ernährung, Soziales mit insgesamt zwölf Kontingentstunden.

Der Aufbaukurs Informatik wird in Klasse 7 unterrichtet. Das Wahlfach Informatik beginnt für Schülerinnen und Schüler, die dieses Fach freiwillig belegen, in Klasse 8 und ist grundsätzlich bis zum Ende der Klasse 10 zu besuchen, soweit nicht in besonders begründeten Einzelfällen zum Ende des ersten oder zweiten Schulhalbjahres der Klasse 8 eine Abwahl erfolgt.

Die Fächer Biologie, Physik, Gemeinschaftskunde und Wirtschaft/Berufs- und Studienorientierung beginnen in Klasse 7; das Fach Chemie beginnt in Klasse 7 oder 8.

Der Unterricht im Fach Geschichte beginnt in Klasse 5 oder 6.

Die übrigen Fächer beginnen in Klasse 5.

Die Kompetenzanalyse wird verpflichtend in Klasse 7 durchgeführt. Die individuelle Förderung schließt sich unmittelbar an.

In den Klassen 9 und 10 sind alle Fächer zu unterrichten.

Für Haupt- und Werkrealschulen in Grenznähe zu Frankreich ist Zusatzunterricht in Französisch an genehmigten Standortschulen ab Klasse 5 pro Schuljahr bis zu drei Kontingentstunden vorzusehen. Für Schülerinnen und Schüler der Klasse 10 mit Ziel Hauptschulabschluss sind Betriebspraktika im Umfang von sechs Zeitstunden wöchentlich an einem Tag oder an zwei Halbtagen vorzusehen. Auch eine entsprechende Blockbildung ist möglich.

Stundenkontingent für die Werkrealschule

Unterrichtsfach	Stundenkontingent
I. Pflichtbereich	
Religionslehre	11
Ethik	(11)
Deutsch	27
Pflichtfremdsprache	25
Mathematik	27
Gesellschaftswissenschaftliches Fächerfeld	
Geschichte	8
Geographie	7
Gemeinschaftskunde	5
Wirtschaft/Berufs- und Studienorientierung	5
Naturwissenschaftliches Fächerfeld	
Fächerverbund Biologie, Naturphänomene und Technik	8
Physik	6
Chemie	5
Biologie	5
Aufbaukurs Informatik	1
Musik	9
Bildende Kunst	9
Sport	17
Kompetenzanalyse mit individueller Förderung	2
II. Wahlpflichtfach	
Technik Alltagskultur, Ernährung und Soziales	12
III. Wahlbereich	
Wahlfach Informatik	(3)
Pool für Maßnahmen zur Differenzierung und Förderung	10

⇨ Werkrealschule (Verordnung)

Werkreal-/Hauptschule (Informationsveranstaltungen)

Werkrealschule/Hauptschule (Informationsveranstaltungen);
Bekanntmachung des Kultusministeriums vom 13. Juli 2012 (K.u.U. S. 150/2012)

Für Schülerinnen und Schüler der Klasse 7 der Werkrealschule und Hauptschule und deren Eltern finden Informationsveranstaltungen über die weiteren Bildungswege statt. Diese Informationsveranstaltungen werden unter der Leitung der jeweiligen Werkrealschule/Hauptschule unter Beteiligung einer Beruflichen Schule und der Berufsberatung durchgeführt. Folgende Struktur ist vorgegeben:

Inhalte der Veranstaltung	Leitung	Referenten	Teilnehmer
Bildungswege der Werkrealschule/Hauptschule Bildungswege der Beruflichen Schulen Regionale Angebote der Beruflichen Schulen Regionaler Ausbildungsstellenmarkt	Schulleiterin/Schulleiter der Werkrealschule/Hauptschule	Schulleiterin/Schulleiter der Werkrealschule/Hauptschule Vertreter der Beruflichen Schule Ggf. auf Schulamtsebene benannte Ansprechpartner Berufsorientierung Berufsberaterin/Berufsberater	Schulleiterin/Schulleiter der Werkrealschule/Hauptschule Vertreter der Beruflichen Schule Ggf. auf Schulamtsebene benannte Ansprechpartner Berufsorientierung Berufsberaterin/Berufsberater

Zeitpunkt und Ziel der Durchführung

Die Informationsveranstaltungen werden im Rahmen der Berufsorientierung durchgeführt. Während der Zeit einer intensivierten Berufswegeplanung setzen sich Eltern und Schüler direkt mit Fragen weiterer schulischer bzw. beruflicher Bildungswege auseinander. Eine zeitliche Nähe zur Kompetenzanalyse in Klasse 7 ist zu empfehlen.

Folgende Themenbereiche sind in der Veranstaltung anzusprechen:

- Bildungsgang Werkrealschule mit dem Ziel des Mittleren Schulabschlusses,
- Bildungsgang Hauptschule mit dem Ziel des Hauptschulabschlusses nach Klasse 9 oder Klasse 10,
- Erkenntnisse der Kompetenzanalyse aus Klasse 7 für die Berufsorientierung,
- Bedeutung der Wahlpflichtfächer in den Klassen 8, 9 und 10,
- Information über alternative Bildungsangebote (z.B. Kooperationsklasse Werkrealschule / Hauptschule – Berufliche Schule, Berufsvorbereitende Bildungsgänge der beruflichen Schulen),
- Information über die Anschlussmöglichkeiten nach Klasse 9 bzw. Klasse 10 mit Hauptschulabschluss oder nach Abschluss der Werkrealschule mit Mittlerem Schulabschlusses (Schwerpunkt Duale Ausbildung, aber auch weiterführende Bildungsgänge der beruflichen Schulen, z.B. 2-jährige Berufsfachschule, Berufskollegs).

Die Informationsveranstaltungen in Klasse 7 dienen – unter besonderer Berücksichtigung regionaler Angebote – der allgemeinen Information über die weiterführenden Bildungswege, in die die Werkrealschule / Hauptschule eingebettet ist. Zu den Informationen der Werkrealschule / Hauptschule und der beruflichen Schule bekommt der Einbezug der Berufsberatung in dieser Informationsveranstaltung vor allem im Hinblick auf den regionalen Ausbildungsstellenmarkt eine besondere Bedeutung.

Vorbereitung und Durchführung der Informationsveranstaltungen

Die inhaltliche und organisatorische Vorbereitung erfolgt unter Leitung der Schulleitung der Werkrealschule / Hauptschule unter Beteiligung einer Beruflichen Schule und der Berufsberatung der Agentur für Arbeit. Für die Einladung der Teilnehmer und die ordnungsgemäße Durchführung der Veranstaltung ist die Werkrealschule / Hauptschule verantwortlich.

⇨ Abschlüsse und Bildungswege; ⇨ Abschlüsse (HS/RS – Gleichwertigkeit); ⇨ Abschlüsse (HS/WRS – Mittlere Reife); ⇨ Kompetenzanalyse; ⇨ Werkrealschule (Verordnung)

Zeugnisse (Allgemeinbildende Schulen)

Verwaltungsvorschrift des Kultusministeriums über Zeugnisse, Halbjahresinformation, Lernentwicklungsbericht und Schulbericht (VwV Zeugnisse) vom 21. Februar 2019 (K.u.U. S. 27/2019); geändert am 28. Mai 2020 (K.u.U. S. 67/2020)

Hinweise der Redaktion:

1. Die grundlegenden Bestimmungen für die Zeugnisgebung befinden sich in der ⇨ Notenbildungsverordnung (§§ 3-4).
2. Versetzungsentscheidungen sowie Abschlusszeugnisse sind Verwaltungsakte; sie werden nach einem Jahr bestandskräftig. Zum förmlichen Widerspruch gegen ein Zeugnis siehe ⇨ Verwaltungsrecht (Allgemeines). Die Halbjahresinformation ist hingegen kein Verwaltungsakt; gegen sie ist kein förmlicher Widerspruch möglich, da sie nur der Information der Eltern dient und keine „Außenwirkung" entfaltet; das Gespräch mit der Lehrkraft bzw. der Schulleitung ist jedoch stets möglich.

1. Geltungsbereich

1.1 Die nachfolgende Verwaltungsvorschrift gilt für Grundschulen, Hauptschulen, Werkrealschulen, Realschulen, Gemeinschaftsschulen, Gymnasien der Normalform und Gymnasien in Aufbauform, Kollegs sowie für die sonderpädagogischen Bildungs- und Beratungszentren (SBBZ). Für die Schulen besonderer Art gelten die Bestimmungen dieser Verwaltungsvorschrift entsprechend.

1.2 Sie gilt auch, wenn ein Anspruch auf ein sonderpädagogisches Bildungsangebot in einer allgemeinen Schule oder in einer kooperativen Organisationsform des gemeinsamen Unterrichts erfüllt wird oder gemeinsamer Unterricht für Schülerinnen und Schüler mit und ohne Anspruch auf ein sonderpädagogisches Bildungsangebot an SBBZ stattfindet.

1.3 Auf Abendrealschulen, allgemeinbildende Abendgymnasien und staatlich anerkannte Freie Waldorfschulen findet diese Verwaltungsvorschrift nur Anwendung, soweit dies ausdrücklich bestimmt ist.

2. Zeugnisse, Halbjahresinformation, Lernentwicklungsbericht, Schulbericht und sonstige Bescheinigungen

2.1 Amtliche Muster

Die amtlichen Muster der Zeugnisse (Jahres-, Halbjahres-, Abschluss-, Abgangs-, Prüfungs- und sonstige Zeugnisse), Halbjahresinformation, des Lernentwicklungsberichts, des Schulberichts und der sonstigen Bescheinigungen (beispielsweise Testate und Zertifikate) gemäß dieser Verwaltungsvorschrift sind allgemein zugänglich über die Internetseite „Amtliche Schulverwaltung Baden-Württemberg" (ASV-BW) abrufbar. Die von dieser Verwaltungsvorschrift erfassten Schulen haben das jeweilige amtliche Muster zu verwenden, soweit nicht schuleigene Beiblätter verwendet werden können. Öffentliche Schulen, die ASV-BW nutzen, erhalten die aktualisierten Vorlagen als Direktsynchronisation der Software an der jeweiligen Dienststelle. Die übrigen Schulen haben auf die Muster durch eine Verlinkung im Intranet der Schulverwaltung

Zugriff (Einstiegsseite: Intranet - Anwendungen - SCS-WDB, Unterpunkt: ASV-BW / ASV-BW Zeugnisse). Schuleigene Beiblätter im Sinne dieser Verwaltungsvorschrift können erforderlichenfalls auch mehrere Seiten umfassen.

Das von der Schülerin oder dem Schüler jeweils erreichte Sprachniveau gemäß dem Gemeinsamen Europäischen Referenzrahmen für Sprachen (GER) ist, soweit in den amtlichen Mustern vorgesehen,

a) mit Bestehen der Hauptschulabschlussprüfung, der Werkrealschulabschlussprüfung, der Realschulabschlussprüfung sowie am Ende der Klasse 10 der Gemeinschaftsschule nach den Bildungsstandards des Gymnasiums gemäß Anlage 1 zu dieser Verwaltungsvorschrift und
b) jeweils am Ende der Einführungsphase und der beiden Jahrgangsstufen der gymnasialen Oberstufe sowie mit Zuerkennung der allgemeinen Hochschulreife gemäß Anlage 2 zu dieser Verwaltungsvorschrift in den jeweils auszugebenden Zeugnissen auszubringen.

2.2 Besondere Regelungen bei Anspruch auf ein sonderpädagogisches Bildungsangebot oder gemeinsamem Unterricht von Schülerinnen und Schülern mit und ohne entsprechendem Anspruch an SBBZ

2.2.1 Zeugnisse der SBBZ weisen den vollständigen Namen der Schule aus, der neben der Schulart den Schultyp (Förderschwerpunkt) angibt. Die Überschrift „Zeugnis“ wird durch die Angabe des jeweils besuchten Bildungsgangs („Bildungsgang: ...“) ergänzt, soweit dieser nicht dem Schultyp entspricht. Die Schule kann dem Zeugnis bei Bedarf zur Vermittlung eines breiteren Bildes über den erreichten Bildungsstand ein schuleigenes Beiblatt beifügen.

In begründeten Einzelfällen kann die Note durch eine Beschreibung der Leistungen ergänzt werden. Nummer 3 bleibt unberührt.

2.2.2 Wird ein Anspruch auf ein sonderpädagogisches Bildungsangebot in einer allgemeinen Schule erfüllt, wird ein Zeugnis, eine Halbjahresinformation, ein Lernentwicklungsbericht oder ein Schulbericht der allgemeinen Schule erteilt und bei zieldifferentem Unterricht jeweils folgende Bemerkung aufgenommen: „[Name] wurde zieldifferent unterrichtet. Die Leistungsbeschreibung und -bewertung erfolgte auf Grundlage des Bildungsplans für den Förderschwerpunkt [Lernen beziehungsweise geistige Entwicklung].“; bei Bedarf kann die Schule zur Vermittlung eines breiteren Bildes über den erreichten Bildungsstand unter Bemerkungen ergänzende Hinweise für einzelne Fächer oder Fächerverbünde aufnehmen, insbesondere falls der jeweils zu Grund gelegte Bildungsplan ein Fach der allgemeinen Schule nicht kennt, die Schülerin oder der Schüler darin jedoch Kompetenzen erworben hat, oder ein schuleigenes Beiblatt beifügen. Nummer 4.6.4 bleibt unberührt.

2.2.3 Findet gemeinsamer Unterricht für Schülerinnen und Schüler mit und ohne Anspruch auf ein sonderpädagogisches Bildungsangebot an SBBZ statt, wird das Zeugnisformular des entsprechenden SBBZ verwendet. Als Bildungsgang wird der den Leistungen zugrunde gelegte Bildungsgang aufgeführt und für Schülerinnen und Schüler ohne Anspruch auf ein sonderpädagogisches Bildungsangebot folgende Bemerkung aufgenommen: „Der Besuch des sonderpädagogischen Bildungs- und Beratungszentrums erfolgt auf der Grundlage von § 15 Absatz 5 des Schulgesetzes für Baden-Württemberg. Es liegt kein Anspruch auf ein sonderpädagogisches Bildungsangebot vor. Die im Zeugnis ausgewiesenen Noten wurden nach den Leistungsanforderungen der beziehungsweise des ... [Schulart] erteilt.“. Nummer 4.1 Satz 4 bleibt unberührt.

2.3 Schülerinnen und Schüler der Werkrealschule oder Hauptschule, die am Ende von Klasse 9 eine schriftlichen Rückmeldung über den Leistungsstand gemäß der Werkrealschulverordnung erhalten, erhalten daneben ein schuleigenes Beiblatt über die Projektarbeit, in der die dafür erbrachte Gesamtleistung verbal beschrieben wird.

2.4 Schülerinnen und Schüler der Gemeinschaftsschule erhalten zum Schulhalbjahr und am Ende des Schuljahres einen Lernentwicklungsbericht, dem die Schule zur detaillierteren Darstellung über den Entwicklungs- und Leistungsstand ein schuleigenes Beiblatt beifügen kann. Schülerinnen und Schüler, die in Klassenstufe 10 den Hauptschulabschluss anstreben, erhalten in Klassenstufe 9 ein schuleigenes Beiblatt über die Projektarbeit, in der die dafür erbrachte Gesamtleistung verbal beschrieben wird.

Abweichend hiervon wird Schülerinnen und Schülern,

a) die in Klasse 10 durchgängig in allen Fächern Leistungen nach den Bildungsstandards des Gymnasiums erbracht haben, eine Halbjahresinformation und ein Jahreszeugnis, wobei Noten auszubringen und im Zeugnis die Versetzung oder Nichtversetzung zu vermerken ist,
b) die das Abschlussjahr besuchen, zum Schulhalbjahr ein Halbjahreszeugnis und im Übrigen ein Abschluss- oder Abgangszeugnis (siehe Nummer 4.4 und 5.2),
c) die die Einführungsphase der gymnasialen Oberstufe besuchen, eine Halbjahresinformation und ein Jahreszeugnis oder
d) die die Jahrgangsstufen der gymnasialen Oberstufe besuchen, Zeugnisse entsprechend der Abiturverordnung Gymnasien der Normalform in der jeweils geltenden Fassung,

erteilt.

3. Zeugnis des SBBZ mit Bildungsgang Förderschwerpunkt geistige Entwicklung

Den Schülerinnen und Schülern wird für jedes Schuljahr ein Zeugnis in Form einer Beschreibung und Bewertung ihrer Bemühungen, ihrer Fortschritte und ihrer erreichten Leistungen unter Berücksichtigung ihrer persönlichen Fähigkeiten erteilt. Für den Bildungsgang Förderschwerpunkt geistige Entwicklung an anderen SBBZ gilt dies entsprechend.

Die Schule kann dem Zeugnis bei Bedarf zur Vermittlung eines breiteren Bildes über den erreichten Bildungsstand ein schuleigenes Beiblatt beifügen.

4.
Abschlusszeugnis

4.1
Grundschule

Wer das Ziel der Grundschule erreicht hat, erhält ein Abschlusszeugnis der Grundschule auf dem das Landeswappen in den offiziellen Farben ausgebracht wird. Wird das Ziel der Grundschule nach dem Besuch der Klasse 4 nicht erreicht, ist ein Jahreszeugnis zu erteilen. Satz 2 gilt auch in den Fällen der Nummer 2.2.2 bei zieldifferentem Unterricht.

Hinweis der Redaktion: Das Abschlusszeugnis der Grundschule enthält keinen Versetzungsvermerk, da es nur jene Schüler*innen erhalten, die das Ziel der Grundschule erreicht haben.

In den Fällen der Nummer 2.2.3 wird folgende Bemerkung aufgenommen: „[Name] hat das Ziel der Abschlussklasse der Grundschule erreicht. Der Besuch des sonderpädagogischen Bildungs- und Beratungszentrums erfolgte auf der Grundlage von § 15 Absatz 5 des Schulgesetzes für Baden-Württemberg. Es lag kein Anspruch auf ein sonderpädagogisches Bildungsangebot vor. Die im Zeugnis ausgewiesenen Noten wurden nach den Leistungsanforderungen der Grundschule erteilt."

4.2
Werkrealschule und Hauptschule

4.2.1 Wer die Hauptschulabschlussprüfung am Ende von Klasse 9 der Hauptschule oder Werkrealschule bestanden hat, erhält ein Zeugnis über den Hauptschulabschluss. Dies gilt auch im Falle einer freiwilligen Teilnahme an der Hauptschulabschlussprüfung.

Wer die Hauptschulabschlussprüfung am Ende von Klasse 10 bestanden hat, erhält ein Zeugnis über den Hauptschulabschluss.

4.2.2 Wer die Prüfung zum Erwerb des Hauptschulabschlusses für Schulfremde bestanden hat, erhält ein Zeugnis über den Hauptschulabschluss.

4.2.3 Wer die Abschlussprüfung der Werkrealschule bestanden hat, erhält ein Zeugnis über den Werkrealschulabschluss.

4.2.4 Wer die Prüfung zum Erwerb des Werkrealschulabschlusses für Schulfremde bestanden hat, erhält ein Zeugnis über den Werkrealschulabschluss.

4.3
Realschule

4.3.1 Wer die Hauptschulabschlussprüfung bestanden hat, erhält ein Zeugnis über den Hauptschulabschluss.

4.3.2 Ein Zeugnis über den Realschulabschluss erhält, wer

a) die ordentliche Realschulabschlussprüfung,
b) die Prüfung zum Erwerb des Realschulabschlusses für Schulfremde oder
c) die Realschulabschlussprüfung an staatlich anerkannten Freien Waldorfschulen

bestanden hat.

4.3.3 Wer die Abschlussprüfung der Abendrealschule bestanden hat, erhält ein Abschlusszeugnis der Abendrealschule.

4.4
Gemeinschaftsschule

4.4.1 Wer nach Klasse 9 oder 10 die Hauptschulabschlussprüfung bestanden hat, erhält ein Zeugnis über den Hauptschulabschluss.

4.4.2 Wer die Realschulabschlussprüfung bestanden hat, erhält ein Zeugnis über den Realschulabschluss.

4.4.3 Wer die Abiturprüfung bestanden hat, erhält ein Zeugnis der allgemeinen Hochschulreife.

4.4.4 Wer die Fachhochschulreife erworben hat, erhält ein Zeugnis der Fachhochschulreife.

4.5
Gymnasium

4.5.1 Ein Zeugnis der allgemeinen Hochschulreife erhält, wer

a) die ordentliche Abiturprüfung,
b) die Abiturprüfung für Schulfremde oder
c) die Abiturprüfung am Abendgymnasium, dem Kolleg oder einer staatlich anerkannten Freien Waldorfschule

bestanden hat.

4.5.2 Wer die Fachhochschulreife erworben hat, erhält ein Zeugnis der Fachhochschulreife.

4.6
Sonderregelungen für Abschlusszeugnisse der SBBZ und in Fällen der Nummer 1.2

4.6.1 Wer das Ziel eines SBBZ mit Förderschwerpunkt Lernen erreicht hat, erhält ein Abschlusszeugnis des SBBZ - Förderschwerpunkt Lernen. Wurde das Ziel des entsprechenden Bildungsganges an einem SBBZ mit anderem Förderschwerpunkt erreicht, ist der Bildungsgang im Anschluss an die Bezeichnung des Abschlusszeugnisses des SBBZ mit folgendem Zusatz aufzunehmen: „Bildungsgang: Förderschwerpunkt Lernen". In den Fällen der Nummer 2.2.2 ist bei zieldifferentem Unterricht im Anschluss an die Bezeichnung „Abschlusszeugnis" der Bildungsgang durch folgenden Zusatz aufzunehmen: „Bildungsgang: Förderschwerpunkt Lernen".

4.6.2 Wer nach Erfüllung der Schulpflicht aus dem SBBZ mit Bildungsgang Förderschwerpunkt geistige Entwicklung entlassen wird, erhält ein Zeugnis zum Schulabschluss. Nummer 4.6.1 Satz 2 und 3 gelten entsprechend.

4.6.3 Wurde das Ziel des Bildungsgangs der Grundschule, Hauptschule, Werkrealschule, der Realschule oder des Gymnasiums an einem SBBZ erreicht, ist der entsprechende Bildungsgang im Anschluss an die Bezeichnung des Abschlusszeugnisses des SBBZ durch einen Zusatz auszuweisen.

4.6.4 In den Fällen der Nummer 2.2.2 wird der bei zieldifferentem Unterricht aufzunehmenden Bemerkung folgender Zusatz angefügt: „[Name] hat das Ziel des Bildungsgangs Förderschwerpunkt [Lernen beziehungsweise geistige Entwicklung] erreicht."

4.7 Bei Abschlusszeugnissen der auf der Grundschule aufbauenden Schulen oder entsprechender

Zeugnisse eines SBBZ wird durch die Papierqualität und durch die Ausbringung des Landeswappens in den offiziellen Farben der Bedeutung des Dokuments Rechnung getragen.

5. Abgangszeugnis

5.1 Schülerinnen und Schüler, die die Hauptschulabschlussprüfung, die Werkrealschulabschlussprüfung oder die Realschulabschlussprüfung nicht bestanden haben, sowie auf Antrag sonstige Schülerinnen und Schüler, die nach Erfüllung der Pflicht zum Besuch einer auf der Grundschule aufbauenden Schule aus der Schule entlassen werden, ohne das Ziel des Bildungsgangs erreicht zu haben, erhalten ein Abgangszeugnis. Nummer 4.2.1 Satz 1 zweiter Fall und Nummer 4.6.2 bleiben unberührt.

5.2 In den Abgangszeugnissen der Gemeinschaftsschule für Schülerinnen und Schüler, die die Schule ohne Abschluss verlassen, ist ein gegebenenfalls erworbener dem Haupt- oder Realschulabschluss gleichwertiger Bildungsstand zu vermerken. Anstelle des Vermerks kann dem Abgangszeugnis auch eine Bescheinigung über den erworbenen gleichwertigen Bildungsstand beigefügt werden. Nummer 8.2 bleibt unberührt.

5.3 Als Noten sind in das Abgangszeugnis einzutragen:

a) Bei Schülerinnen und Schülern, die die Hauptschulabschlussprüfung, die Werkrealabschlussprüfung oder die Realschulabschlussprüfung nicht bestanden haben, die Endergebnisse der Prüfung,
b) bei weniger als acht Unterrichtswochen seit Schuljahresbeginn die im zuletzt erteilten Jahreszeugnis enthaltenen Noten und
c) im Übrigen die bis zum Zeitpunkt des Austritts erzielten Noten.

5.4 Ein Vermerk über eine Versetzung oder eine Nichtversetzung ist nicht aufzunehmen.

5.5 Das Abgangszeugnis erhält das Datum des letzten Schultags.

5.6 Nummer 4.7 gilt entsprechend.

6. Fächer und Fächerverbünde

6.1 Soweit in den amtlichen Mustern nicht bereits enthalten, sind unter „Leistungen in den einzelnen Fächern" die Fächer beziehungsweise die Fächer und der Fächerverbund der Stundentafel oder der Verordnung über die jeweilige Abschlussprüfung an der jeweiligen Schulart beziehungsweise des jeweiligen Schultyps in der dort jeweils vorgesehenen Reihenfolge auszubringen. Soweit in einer Klassenstufe ein Fach nicht unterrichtet wird, ist anstelle der Leistungsbewertung ein Spiegelstrich auszubringen und gegebenenfalls unter Bemerkungen ein erläuternder Hinweis; im Lernentwicklungsbericht kann der Hinweis auch im Textfeld zum jeweiligen Fach erfolgen.

Haben SBBZ keine eigene Stundentafel, sind die Fächer beziehungsweise die Fächer und der Fächerverbund der Stundentafel des Bildungsgangs auszubringen, den die Schülerin oder der Schüler besucht.

6.2 Unter oder neben der Bezeichnung „Religionslehre" ist in einem Klammerzusatz zu vermerken, in welcher Religionslehre die Schülerin oder der Schüler unterrichtet wurde; dies gilt nicht für Abschluss- und Abgangszeugnisse. Werden die Fächer Evangelische und Katholische Religionslehre konfessionell-kooperativ gemäß Nummer 1.2.5 der Verwaltungsvorschrift Teilnahme am Religionsunterricht erteilt, richtet sich dieser Vermerk nach der Konfessionszugehörigkeit der jeweiligen Lehrkraft. In dem Klammerzusatz ist „ev" oder „rk" zu vermerken und unter Bemerkungen der Zusatz anzubringen: „Der Religionsunterricht wurde konfessionell-kooperativ erteilt". Unterrichten während des Schuljahrs Lehrkräfte unterschiedlicher Konfessionen, einigen sie sich über die gemeinsam zu bildende Zeugnisnote im Jahreszeugnis; dort ist zu vermerken: „erstes Halbjahr: ev, zweites Halbjahr: rk" oder „erstes Halbjahr: rk, zweites Halbjahr: ev" und unter Bemerkungen der Zusatz gemäß Satz 3 anzubringen.

➪ Religionsunterricht (Teilnahme und Abmeldung)

Für den Religionsunterricht in anderen Religionen sind folgende Bezeichnungen zu verwenden:

„Altkatholische Religionslehre (ak)", „Syrisch-Orthodoxe Religionslehre (syr)", „ Orthodoxe Religionslehre (orth)", „Jüdische Religionslehre (jd)", „Alevitische Religionslehre (alev)" und „Islamische Religionslehre sunnitischer Prägung (isl)".

7. Arbeitsgemeinschaften

7.1 In den Zeugnissen, der Halbjahresinformation und den Lernentwicklungsberichten sind die Arbeitsgemeinschaften einzutragen, die im Beurteilungszeitraum regelmäßig besucht wurden. Sehen die amtlichen Muster ein gesondertes Textfeld nicht vor, erfolgt die Eintragung unter „Bemerkungen".

7.2 Beim Gymnasium sind für die Arbeitsgemeinschaften Noten einzutragen, wenn die Arbeitsgemeinschaft nach ihrem Inhalt einem in der Stundentafel ausgewiesenen Unterrichtsfach entspricht (beispielsweise Fremdsprache). Bei der Realschule sind Noten für die Arbeitsgemeinschaft in einer Fremdsprache auf Wunsch der Schülerin oder des Schülers einzutragen.

7.3 Beim SBBZ mit Bildungsgang Förderschwerpunkt Lernen sind für Arbeitsgemeinschaften keine Noten einzutragen. Im Übrigen gelten für die SBBZ die Regelungen derjenigen Schulart, deren Bildungsgang die Schülerin oder der Schüler besucht.

8. Testate, Zertifikate und sonstige Bescheinigungen

8.1 Bilingualer Unterricht

8.1.1 Schülerinnen und Schüler eines bilingualen Zuges der Realschule erhalten am Ende der Klasse 8 ein Bilinguales Testat Deutsch / Englisch oder Deutsch / Französisch und am Ende der Klasse 10 ein Bilinguales Zertifikat Deutsch / Englisch oder Deutsch / Französisch.

8.1.2 Nach erfolgreichem Abschluss eines bilingualen Zuges der Klasse 10 des Gymnasiums erhalten Schülerinnen und Schüler, die ab Klasse 5 am bilingualen Zug teilgenommen haben, ein Zertifikat über den besuchten deutsch / englischen beziehungsweise deutsch / französischen bilingualen Unterricht.

Nach erfolgreichem Abschluss eines bilingualen Zuges der zweiten Jahrgangsstufe des Gymnasiums erhalten Schülerinnen und Schüler, die während der Sekundarstufe I am bilingualen Zug teilgenommen und die Anforderungen an das bilinguale Zertifikat in der Kursstufe erfüllt haben, zusätzlich zur allgemeinen Hochschulreife ein Bilinguales Zertifikat Deutsch / Englisch oder Deutsch / Französisch.

8.1.3 Wer am Sachfachunterricht mit bilingualen Modulen teilgenommen hat, erhält auf Wunsch von der Schule ein schuleigenes Beiblatt zum Zeugnis oder dem Lernentwicklungsbericht.

8.1.4 .Schülerinnen und Schüler der Gemeinschaftsschule, die von Klasse 5 bis 8 oder bis Klasse 10 an einem genehmigten ergänzenden bilingualen Angebot teilgenommen haben, erhalten am Ende der Klasse 8 ein Testat und zusätzlich zum Abschlusszeugnis in Klasse 10 ein Zertifikat.

8.1.5 Auf SBBZ mit entsprechenden Bildungsgängen finden die Nummern 8.1.1 bis 8.1.4 entsprechende Anwendung.

8.2 Schülerinnen und Schüler der Gemeinschaftsschule erhalten

a) in den Abschlussklassen ein Zertifikat über die im Profilfach erworbenen Kompetenzen,
b) auf Wunsch eine Bescheinigung über einen dem Hauptschulabschluss gleichwertigen Bildungsstand, wenn ihre Leistungen in Klasse 9 durchgängig in allen Fächern nach den Bildungsstandards der Realschule oder des Gymnasiums erbracht worden sind und sie nach der entsprechenden Versetzungsordnung in Klasse 10 hätten versetzt werden können oder
c) auf Wunsch eine Bescheinigung über einen dem Realschulabschluss gleichwertigen Bildungsstand, wenn ihre Leistungen in Klasse 10 durchgängig in allen Fächern nach den Bildungsstandards des Gymnasiums erbracht worden sind und sie nach der Versetzungsordnung Gymnasien in die erste Jahrgangsstufe hätten versetzt werden können.

8.3 In Klasse 9 der Werkrealschule und Hauptschule, der Realschule und der Gemeinschaftsschule ist dem auszugebenden Jahreszeugnis, Abschlusszeugnis oder Lernentwicklungsbericht ein Zertifikat über die Projektarbeit beizufügen, soweit diese für das Zeugnis oder den Lernentwicklungsbericht maßgebend ist.

8.4 In Klasse 10 der Werkrealschule sowie der Gemeinschaftsschule ist dem auszugebenden Zeugnis über den Hauptschulabschluss ein Zertifikat über die Projektarbeit beizufügen.

8.5 Wer in der gymnasialen Oberstufe den schulischen Teil der Fachhochschulreife erlangt hat, erhält eine Bescheinigung über den schulischen Teil der Fachhochschulreife. ⇨ Fachhochschulreife

8.6 Wer die jeweils geltenden Voraussetzungen für den Erwerb eines dem

a) Hauptschulabschluss gleichwertigen Bildungsstands an der Realschule oder dem Gymnasium oder
b) Realschulabschluss gleichwertigen Bildungsstand an dem Gymnasium

erfüllt, erhält auf Wunsch eine Bescheinigung über den jeweils erreichten Bildungsstand. Für die Bescheinigung eines dem Hauptschulabschluss gleichwertigen Bildungsstands an der Werkrealschule gilt die Werkrealschulabschlussprüfungsordnung in der jeweils geltenden Fassung.

9. Bemerkungen

Unter Bemerkungen sind einzutragen:

a) Berichtigungen mit Unterschrift und Dienstsiegel,
b) Befreiung vom Unterricht in einzelnen Fächern,
c) Abschlussziel im Halbjahreszeugnis der Klasse 10 der Werkrealschule,
d) Vermerke nach der Verordnung des Kultusministeriums über Einrichtung und Aufgaben der Schülermitverantwortung,

⇨ Schülermitverantwortung (SMV-Verordnung) nach § 7

e) Vermerke über
   - die Wahrnehmung von Aufgaben in der schulischen Gemeinschaft außerhalb der Schülermitverantwortung,
   - die Teilnahme an den Veranstaltungen „Jugend trainiert für Olympia“, „Jugend forscht“, an den Bundesjugendspielen oder an sonstigen Wettbewerben, die von der Schule veranstaltet oder mitveranstaltet werden und
   - die Teilnahme am ⇨ Schüleraustausch,

   soweit die Schülerin oder der Schüler in diesen Fällen nicht bis spätestens sechs Wochen vor der Ausgabe des Zeugnisses, der Halbjahresinformation, des Lernentwicklungsberichts oder des Schulberichts widerspricht,
f) Vermerke über die Teilnahme an bilingualen Grundschulzügen,
g) Vermerke über die Teilnahme am Brückenkurs Französisch in der Rheinschiene,
h) Vermerke über die Teilnahme am Basiskurs Medienbildung,
i) etwaige Vermerke nach dieser Verwaltungsvorschrift und

j) Vermerke beziehungsweise ergänzende Aussagen entsprechend der Notenbildungsverordnung (NVO), den Versetzungsordnungen oder sonstigen Rechts- und Verwaltungsvorschriften.

Hinweis der Redaktion: Beispielsweise ist in den Versetzungsordnungen der allgemeinbildenden Schulen bestimmt, dass die Versetzung oder Nichtversetzung im Zeugnis mit „versetzt" oder „nicht versetzt" zu vermerken ist.

10.
Ausstellung der Zeugnisse, der Halbjahresinformation, des Lernentwicklungsberichts und des Schulberichts

10.1 In den Abgangs-, Abschluss- und Prüfungszeugnissen dürfen für die Noten nur die wörtlichen Bezeichnungen ungekürzt eingetragen werden. Im Übrigen können die auf den Formularen angegebenen Abkürzungen verwendet werden; bei der Halbjahresinformation sind auch Ziffern zulässig.

10.2 Die Zeugnisse, der Lernentwicklungsbericht und der Schulbericht sind eigenhändig von der Schulleiterin beziehungsweise dem Schulleiter zu unterschreiben.

Bei größeren Schulen kann ein Teil der Unterschriftsleistungen auf die Stellvertretung delegiert werden. Bei Schulen mit mehr als 360 Schülerinnen und Schülern kann ein Teil der Unterschriftsleistungen bei vorhandenen Abteilungsleitungen auf diese delegiert werden.

10.3 Abschluss- und Prüfungszeugnisse von Schülerinnen und Schülern staatlich anerkannter Ersatzschulen sind durch die für die Schule zuständige Schulaufsichtsbehörde zu siegeln, wenn die Siegelung nicht durch die Schule vorgenommen wird.

10.4 Den Abschluss- und Abgangszeugnissen der SBBZ kann bei Bedarf eine Beschreibung von Fähigkeiten und Fertigkeiten, die im beruflichen Bereich von Bedeutung sind, beigefügt werden.

10.5 Zeugnisse, Halbjahresinformationen, Lernentwicklungsberichte und Schulberichte von Schülerinnen und Schülern eines SBBZ, deren Anspruch auf ein sonderpädagogisches Bildungsangebot in einer kooperativen Organisationsform des gemeinsamen Unterrichts gemäß § 15 Absatz 6 des Schulgesetzes für Baden-Württemberg erfüllt wird, weisen im Kopf die beiden beteiligten Schulen aus. Unter „Bemerkungen" ist folgender Vermerk aufzunehmen: „[Name] besucht die … [Name der Schule, in der die kooperative Organisationsform stattfindet] im Rahmen einer kooperativen Organisationsform des gemeinsamen Unterrichts der … [Name des SBBZ]." und im Falle zieldifferenten Unterrichts ist eine zusätzliche Bemerkung gemäß Nummer 2.2.2 daran anzufügen. In Bezug auf das zu verwendende Zeugnismuster beraten und beschließen die Gesamtlehrerkonferenzen der in der kooperativen Organisationsform des gemeinsamen Unterrichts zusammenarbeitenden Schulen; kommt eine Einigung nicht zustande, entscheidet die obere Schulaufsichtsbehörde. Bei Bedarf kann zur Vermittlung eines breiteren Bildes über den erreichten Bildungsstand ein Beiblatt beigefügt werden.

Für die Unterschriftsleistung gilt Nummer 10.2 entsprechend mit der Maßgabe, dass die Leiterinnen beziehungsweise die Leiter beider Schulen unterschreiben. Dies gilt für die Siegelung entsprechend.

11.
Zeugnisblätter, Zeugnismappen

11.1 Als Vordruck sind herzustellen:

a) für die Lernentwicklungsberichte, Halbjahres- und Jahreszeugnisse sowie für die Halbjahresinformation einseitig bedruckte Blätter DIN-A4- oder DIN-A5-Format, soweit nichts Abweichendes geregelt ist,

b) für die Schulberichte und das Zeugnis der SBBZ mit Förderschwerpunkt geistige Entwicklung quergefaltete Blätter in DIN-A4-Format, die am Falzrand beziehungsweise oberen Rand gelocht sind,

c) für die Zeugnisse der Jahrgangsstufen der gymnasialen Oberstufe DIN-A4-Format und

d) für die Abschluss- und Abgangszeugnisse DIN-A4-Format; für das Abschlusszeugnis der Grundschule DIN-A4- oder DIN-A5-Format, soweit nichts Abweichendes geregelt ist.

11.2 Die Halbjahres- und Jahreszeugnisse bis einschließlich Klasse 10 beziehungsweise die Zeugnisse des SBBZ mit Bildungsgang Förderschwerpunkt geistige Entwicklung sowie der Schulbericht und der Lernentwicklungsbericht werden in einer mit Heftmechanik versehenen Zeugnismappe in DIN-A4- oder DIN-A5-Format gesammelt. Die Vorderseite und die erste Innenseite dieser Mappe, sowie die entsprechenden Seiten der Mappe für Lernentwicklungsberichte sind nach den auf der unter Nummer 2.1 genannten Fundstelle eingestellten amtlichen Mustern zu gestalten.

11.3 In den Zeugnismappen sind, außer bei der Gemeinschaftsschule und dem SBBZ mit Bildungsgang Förderschwerpunkt geistige Entwicklung, die Erläuterungen der Notenstufen für die Leistungen, die Erläuterungen der allgemeinen Beurteilung sowie der Notenstufen für Verhalten und Mitarbeit gemäß § 5 Absatz 1 und 2, § 6 Absatz 1 und 2 NVO und die Versetzungsordnung des jeweiligen Bildungsgangs einzuheften.

11.4 Auf Wunsch der Schülerin oder des Schülers werden Bescheinigungen über deren ehrenamtlichen Tätigkeiten, die von den betreffenden Vereinen und Gruppen der Sport-, Musik- und Laienmusikverbände, des Landesfeuerwehrverbandes anerkannten Trägern der freien Jugendarbeit sowie sozialen Diensten ausgestellt wurden, in die Zeugnismappen eingeheftet.

12.
Verbleib der Zeugnisse, Lernentwicklungsberichte und Schulberichte

12.1 Bei minderjährigen Schülerinnen und Schülern bestätigt eine erziehungsberechtigte Person auf dem Zeugnis, dem Schulbericht, dem Lernentwicklungsbericht oder der Halbjahresinformation, dass sie Kenntnis genommen hat; dies gilt nicht für Abgangs- und Abschlusszeugnisse außer dem Abschlusszeugnis der Grundschule. Die Halbjahres- und Jahreszeugnisse, der Lernentwicklungsbericht sowie der Schulbericht werden nach angemessener Frist von der Klassenlehrerin oder vom Klassenlehrer beziehungsweise der Lerngruppenbegleiterin oder dem Lerngruppenbegleiter wieder eingezogen.

12.2 Wechselt eine Schülerin oder ein Schüler auf eine andere Schule, sind die Schulberichte, Lernentwicklungsberichte und Zeugnisse der aufnehmenden Schule zu übersenden. Dies gilt nicht beim Übergang von der Grundschule auf eine auf der Grundschule aufbauenden Schule und beim Übergang auf eine berufliche Schule. In diesen Fällen und beim Austritt aus der Schule sind sie der Schülerin oder dem Schüler auszuhändigen.

⇨ Aufbewahrungsfristen und Archivierung

Hinweis der Redaktion: Erziehungsberechtigte können zu dieser Unterschriftsleistung nicht gezwungen werden, denn hiermit wird lediglich die Kenntnisnahme bestätigt; das Zeugnis ist unabhängig hiervon gültig. Falls sie das Zeugnis nicht unterschreiben, empfiehlt sich jedoch wegen des gemeinsamen Erziehungsauftrags von Schule und Elternhaus eine Kontaktaufnahme vonseiten der Schule. ⇨ Volljährigkeit

13. Übergangsbestimmungen

(hier nicht abgedruckt, da zeitlich weitgehend überholt)

⇨ Abschlüsse und Bildungswege; ⇨ Aufbewahrungsfristen und Archivierung; ⇨ Fachhochschulreife; ⇨ Gebühren; ⇨ Grundschule (Leistungsbeurteilung GS und SBBZ); ⇨ Gymnasium (Abitur – AGVO); ⇨ Notenbildungsverordnung; ⇨ Realschule (Abschlussprüfung); ⇨ Schüleraustausch; ⇨ Schülermitverantwortung; ⇨ Volljährigkeit; ⇨ Werkrealschule (Verordnung); ⇨ Zeugnisse (Ersatzzeugnisse)

Zeugnisse (Ersatzzeugnisse)

Ausstellung von Ersatzzeugnissen; Schreiben des Kultusministeriums vom 10. Oktober 1995 Nr. II/1-6631.1/68

Ausstellung eines Ersatzzeugnisses für ein verlorengegangenes Zeugnis

Auf der Neuausfertigung ist zu vermerken: „Neuausstellung". Alle Eintragungen auf dieser Neuausfertigung sind entsprechend dem Original vorzunehmen. An der Stelle der Originalunterschriften auf der Erstausfertigung sind die jeweiligen Namen mit „gezeichnet" einzutragen. An der Stelle des Original-Siegels ist das Wort „Dienstsiegel" einzutragen. Darunter ist diese Neuausfertigung mit dem Datum der Ausstellung des Ersatzzeugnisses zu versehen und von dem Ausfertigenden (Schulleiter) zu unterschreiben sowie mit dem Dienstsiegel der ausfertigenden Stelle (Schule) zu versehen.

Ausstellung eines Ersatzzeugnisses wegen Namensänderung

Bei Namensänderungen wegen Eheschließung werden keine Ersatzzeugnisse ausgestellt.

Bei Namensänderungen wegen Adoption oder Geschlechtsumwandlung ist eine Neuausstellung auf den neuen Namen vorzunehmen. Das Originalzeugnis ist einzuziehen; auf ihm ist der Grund für die Ausstellung des Ersatzzeugnisses zu vermerken.

Hinweise der Redaktion:

1. Öffentliche Schulen sowie staatlich anerkannte Ersatzschulen können Ersatzzeugnisse ausstellen, ohne dass eine Vorlage an das Schulamt bzw. das Regierungspräsidium erforderlich ist.
2. Nach Nr. 8 des Gebührenverzeichnisses zu der Gebührenordnung des Kultusministeriums vom 29.8.2006 ist mindestens eine Verwaltungsgebühr von 50 Euro zu erheben. Davon unberührt bleibt die Befugnis des Schulträgers, für die diesem entstehenden Kosten eine Gebühr festzusetzen.
3. Ein Ersatzzeugnis ist auch dann auszustellen, wenn eine Verwaltungsbehörde den Familiennamen ändert, weil ein wichtiger Grund die Änderung rechtfertigt. Tragender Gedanke dieser Regelung ist, dass ein Ersatzzeugnis dann ausgestellt wird, wenn der alte Name für die betroffenen Bürger diskriminierend wirken kann. (Quelle: OSA Stuttgart, 4.1.2002; Nr. 6631.1/11-4 sowie RP Stuttgart 1.2.2011; Az: 7-6631.1/32)

⇨ Beglaubigungen; ⇨ Gebühren; ⇨ Zeugnisse (Allgemeinbildende Schulen)

Inge Goerlich / Michael Rux

GEW

JAHRBUCH

für Lehrerinnen und Lehrer

Schul- und Dienstrecht in Baden-Württemberg

2022

Sonderausgabe für Berufliche Schulen

ISBN 978-3-944970-32-5

Inhaltsverzeichnis Sonderteil berufliche Schulen

Häufige Abkürzungen im Bereich der beruflichen Schulen

AVdual	Duale Ausbildungsvorbereitung	BFS	Berufsfachschule
1BFS	Einjährige gewerbliche Berufsfachschule	BG	Berufliches Gymnasium
2BFS	Zweijährige zur Prüfung der Fachschulreife führende Berufsfachschule	BGVO	Berufliches Gymnasium (Verordnung)
		BK	Berufskolleg
1BKFHVO	Berufskolleg Fachhochschulreife – Einjährig	BKSPIT-VO	Berufskolleg Sozialpädagogik – praxisintegrierte Ausbildung (PiA)
2BKKaufVO	Berufskolleg Kaufmännisch – Zweijährig		
1BKSPVO	Berufskolleg Sozialpädagogik – Einjährig	BVJ	Berufsvorbereitungsjahr
BEJ	Berufseinstiegsjahr	VAB	Vorqualifizierungsjahr Arbeit und Beruf
BFPE	Erprobungsgänge VAB, BEJ, 1BFS und 2BFS	VABO	Vorqualifizierungsjahr Arbeit und Beruf ohne Deutschkenntnisse

Aufstieg / Laufbahnwechsel (Berufliche Schulen)

Informationen der Redaktion zur Rechtslage und zur Verwaltungspraxis in Baden-Württemberg
Quelle: Merkblätter des KM zum Aufstiegslehrgang; Stand 2019

Wissenschaftliche Lehrkräfte des gehobenen beruflichen Schuldienstes können nach § 22 LBG in den höheren Schuldienst in ihren Schularten aufsteigen, wenn sie sich in mindestens einem Aufgabengebiet ihrer Laufbahn bewährt haben und durch einen Aufstiegslehrgang zusätzliche, über ihre Vorbildung und die bisherige Laufbahnbefähigung hinausgehende Kenntnisse und Fähigkeiten erworben haben, die ihnen die Wahrnehmung der Aufgaben der neuen Laufbahn ermöglichen.

⇨ Beamtengesetz (LBG) § 22; ⇨ LaufbahnVO (KM) § 7

Es werden zwei Möglichkeiten angeboten:

1. der (herkömmliche) dreijährige Aufstiegslehrgang nach einer Mindestdienstzeit von 4 Jahren,
2. ein zweijähriger Aufstiegslehrgang nach einer mindestens zehnjährigen Dienstzeit.

Die einschlägigen Merkblätter des KM (Stand 2019) sind unten abgedruckt (Nr. 1 und 2)

Ferner gibt es ein Aufstiegsverfahren für Technische Lehrkräfte an beruflichen Schulen. Siehe ⇨ Laufbahnwechsel im Standard-Teil des Jahrbuchs.

1. Dreijähriger Aufstiegslehrgang

Voraussetzungen und Rahmenbedingungen

1. Für die Teilnahme am Aufstiegslehrgang können sich alle wissenschaftlichen Lehrkräfte bewerben, die
   - im gehobenen Dienst an beruflichen Schulen unterrichten,
   - sich zu Beginn des Lehrgangs mindestens im vierten Dienstjahr befinden und mindestens zwei Jahre an einer beruflichen Schule unterrichtet haben.
2. Der Aufstiegslehrgang wird berufsbegleitend angeboten. Es wird keine Deputatsanrechnung gewährt.
3. Für die Teilnahme werden keine Gebühren erhoben. Durch die Lehrgangsteilnahme entstehende Reisekosten werden zur Hälfte erstattet, da sie „teilweise im dienstlichen, z. T. aber auch im persönlichen Interesse liegen" (§ 23 Abs. 2 LRKG). Abzurechnen sind die Reisekosten über die Regierungspräsidien.
   ⇨ Reisekosten (Gesetz) § 23

Bewerbung

4. Bewerbungen um Zulassung zum Aufstiegslehrgang sind jeweils bis zum 1. Dezember schriftlich auf dem Dienstweg an das zuständige Regierungspräsidium zu richten.
5. Für die Bewerbung muss grundsätzlich eine aktuelle Beurteilung durch die Schulleiterin oder den Schulleiter vorliegen, die nicht älter als drei Jahre ist und die die Leistungen als mindestens gut - befriedigend (2,5) einstuft. Die zu vergleichenden Beurteilungen dürfen sich nicht auf erheblich abweichende Zeiträume beziehen, insbesondere darf das jeweilige Enddatum der Beurteilungszeiträume der zu vergleichenden Beurteilungen nicht um mehr als ein Jahr auseinanderfallen. Auf Antrag der Bewerberin oder des Bewerbers kann vom Regierungspräsidium eine neue Beurteilung durch die Schulleitungen angefordert werden. Die Bewerberin oder der Bewerber kann sich auf Antrag an das zuständige Regierungspräsidium zusätzlich von einer Fachberaterin oder einem Fachberater im Unterricht besuchen und beurteilen lassen. In diesem Fall wird aus beiden Beurteilungen je hälftig eine Gesamtnote gebildet, die mindestens gut - befriedigend (2,5) sein muss, um die Zulassungsvoraussetzungen für den Aufstiegslehrgang zu erfüllen.
6. Die Vergabe der Plätze erfolgt in den einzelnen Regierungspräsidien vorrangig auf der Grundlage der aktuellen Dienstlichen Beurteilung. Weisen Dienstliche Beurteilungen Bewerberinnen und Bewerber zum Aufstiegslehrgang gleiche Leistungsbewertungen und Befähigungen auf und stehen nicht genügend Plätze zur Verfügung, werden nach der Ausschöpfung leistungsbezogener Auswahlkriterien Hilfskriterien wie das Dienstalter, eine eventuelle Schwerbehinderteneigenschaft oder auch die Verwirklichung des Chancengleichheitsplanes herangezogen.
7. Die 100 Zulassungen zum Aufstiegslehrgang pro Schuljahr erfolgen in den einzelnen Regierungsbezirken unter den Leistungsbesten gemäß den folgenden Kontingenten: [*nicht abgedruckt, wird jährlich neu bestimmt*]
8. Alle Bewerberinnen und Bewerber erhalten einen schriftlichen Bescheid mit der Mitteilung der Zulassung oder Nichtzulassung zum Aufstiegslehrgang.

Organisation

9. Der Lehrgang dauert drei Jahre und ist in zwei Phasen unterteilt:
   1. Lehrgangsphase im 1. Jahr
   2. Lehrgangsphase im 2. und 3. Jahr.

   Er beginnt jeweils zum 1. August eines jeden Jahres.
10. Während des Aufstiegslehrgangs nehmen die teilnehmenden Lehrkräfte eine Unterrichtsverpflichtung in Schularten oberhalb der Fachschulreife in einer Klasse des Berufskollegs, der Fachschule, des Beruflichen Gymnasiums oder der Berufsoberschule wahr. Diese Verpflichtung beträgt

Berufliche Schulen

- in der 1. Lehrgangsphase (1. Jahr) in der Regel 4 Unterrichtsstunden pro Woche,
- in der 2. Lehrgangsphase (2. und 3. Jahr) in der Regel 8 Unterrichtsstunden pro Woche.

Ist die Wahrnehmung dieser Unterrichtsverpflichtung an der Stammschule nicht möglich, wählt das zuständige Regierungspräsidium im Einvernehmen mit der Schulleitung eine andere Schule aus, an die die Lehrkraft für den Zeitraum des Aufstiegslehrgangs mit dem entsprechenden Deputat teilabgeordnet wird.

11. Für die am Aufstiegslehrgang teilnehmenden Lehrerinnen und Lehrer wird der Montag im 1. und 2. Jahr unterrichtsfrei gehalten, um den Besuch der Veranstaltungen in Fachdidaktik und Pädagogik zu ermöglichen.
12. Die Veranstaltungen des Aufstiegslehrgangs finden an folgenden Orten statt:
    - Fachdidaktik beider Fächer (je 45 Stunden) in der 1. Lehrgangsphase (1. Jahr) an einem Seminar für Ausbildung und Fortbildung der Lehrkräfte (Berufliche Schulen). Es wird angestrebt, den Lehrkräften die Teilnahme am schulortnächsten Seminar zu ermöglichen. Wegen der Vielzahl der Unterrichtsfächer erfolgt soweit erforderlich eine landesweite Bündelung bestimmter Fachdidaktikveranstaltungen an einem Seminar. Es besteht kein Anspruch auf einen bestimmten Ausbildungsort.
    - Die Qualifikation in Pädagogik zu Beginn der 2. Lehrgangsphase (2. Jahr) wird als Online-Seminar mit 4 Präsenztagen an den Seminaren für Ausbildung und Fortbildung der Lehrkräfte (Berufliche Schulen) in Stuttgart und Karlsruhe angeboten.
    - Zur Qualifikation im 2. Unterrichtsfach am Ende der 2. Lehrgangsphase (3. Jahr) werden zwei dreitägige Veranstaltungen am Zentrum für Schulqualität und Lehrerbildung (Außenstelle Esslingen) besucht, die am Ende der Sommerferien und in den Osterferien stattfinden. Die Teilnahme an diesen Veranstaltungen kann erlassen werden, wenn nachgewiesen wird, dass die Qualifikation vor Beginn oder während des Aufstiegslehrgangs in einem anerkannten berufsbegleitenden Studienmodul erworben wurde.
    - Die Schulleitungen unterweisen die Teilnehmerinnen und Teilnehmer des Aufstiegslehrgangs während der zweiten Lehrgangsphase in Schulkunde. Themen sind Fragen der Schulorganisation, des Schulrechts und des schulartbezogenen Eltern- und Jugendrechts, die die Schularten oberhalb der Fachschulreife betreffen. Muss die Unterrichtsverpflichtung oberhalb der Fachschulreife im Rahmen der Lehrgangsteilnahme an einer anderen als der Stammschule wahrgenommen werden, besucht die Lehrerin oder der Lehrer in dieser Zeit entsprechende Veranstaltungen der Schulkunde in der Regel an der anderen Schule.
    - Bei den Veranstaltungen der Fachdidaktik, der Pädagogik und der Qualifikation im 2. Fach besteht kein Anspruch auf einen bestimmten Ausbildungsort.
13. Die Teilnahme am Lehrgang kann auf Antrag jeweils bis zu einem Jahr wegen Krankheit oder wegen Beurlaubung sowie insgesamt bis zu drei Jahre wegen Schwangerschaft, Eltern- oder Pflegezeiten unterbrochen werden. Dauert die Unterbrechung länger, wird die Teilnahme an dem Lehrgang abgebrochen; soll der Lehrgang fortgesetzt werden, ist eine erneute Bewerbung nötig.

Prüfungen und Beurteilungen

14. Der erfolgreiche Abschluss des Aufstiegslehrgangs wird durch Prüfungen in entsprechender Anwendung der Prüfungsordnung berufliche Schulen II (BSPO II) nachgewiesen.
15. Folgende Prüfungsmodalitäten sind vorgesehen:
    Im Lehrgangsmodul Fachdidaktik beider Fächer wird die Unterrichtspraxis in jeweils einer Klasse des Berufskollegs, der Fachschule, des Beruflichen Gymnasiums oder der Berufsoberschule von einem Prüfungsausschuss im Rahmen einer unterrichtspraktischen Prüfung beurteilt, dem eine Vertreterin oder ein Vertreter der Kultusverwaltung vorsitzt und dem die eigene Ausbilderin als weitere Prüferin oder der eigene Ausbilder als weiterer Prüfer angehören. Jede unterrichtspraktische Prüfung muss mit der Note ausreichend (4,0) oder besser beurteilt sein, um dieses Lehrgangsmodul erfolgreich abzuschließen.
    Wird die Leistung der unterrichtspraktischen Prüfung in einem oder beiden Fächern nicht mit der Note ausreichend (4,0) oder besser bewertet, kann die unterrichtspraktische Prüfung im Rahmen des laufenden Lehrgangs einmal wiederholt werden.
    Als Prüfungszeiträume werden grundsätzlich festgelegt:
    1. Fach in der 1. bis 3. Woche
    2. Fach in der 4. bis 6. Woche
    nach den Herbstferien.
16. Für die Teilnahme an der Prüfung wird die Verwaltungsvorschrift „Dienstbefreiung bei Lehramtsprüfungen“ vom 21. Oktober 2002 (K.u.U. S. 343) entsprechend angewandt.
17. Zum Ende der 2. Lehrgangsphase wird die Lehrkraft durch die Schulleiterin oder den Schulleiter in einer Klasse des Berufskollegs, der Fachschule, des Beruflichen Gymnasiums oder der Berufsoberschule besucht. Danach erfolgt eine abschließende Bewertung der gesamten Leistungen und des erzieherischen Wirkens der Lehrkraft im Unterricht oberhalb der Fachschulreife. Diese Leistungen müssen mit der Note ausreichend (4,0) oder besser beurteilt sein, um diesen Lehrgangsteil erfolgreich abzuschließen. Der Besuch der Lehrkraft durch die Schulleiterin oder den Schulleiter ist anzukündigen.
    - Die Schulleiterbeurteilung wird zusammen mit dem Zertifikat des Landeslehrerprüfungsamtes ausgehändigt.

- Für die Schulkunde und die Qualifikation im zweiten Fach genügt der Nachweis der Teilnahme.

18. Prüfungsmodalitäten Pädagogik

    Die Prüfung setzt sich aus drei Elementen zusammen, die jeweils im Rahmen eines Credit-Point-Systems bewertet werden. *[nicht abgedruckt]*

Aufstieg in den höheren Dienst

19. Nach erfolgreichem Abschluss des Aufstiegslehrgangs (Feststellung des Ergebnisses und Bescheinigung der Noten der unterrichtspraktischen Prüfungen; Bestehen in einem Zertifikat durch das Landeslehrerprüfungsamt am 15. Juli) müssen die Teilnehmer*innen eine persönliche Wartezeit von sechs Monaten zurückgelegt haben.
    ⇨ Beförderung (Beförderungs- und Stellensperre)

2.
Zweijähriger Aufstiegslehrgang

Voraussetzungen und Rahmenbedingungen

1. Für die Teilnahme am Aufstiegslehrgang können sich alle wissenschaftlichen Lehrkräfte bewerben, die
   - im gehobenen Dienst an beruflichen Schulen unterrichten,
   - zu Beginn des Lehrgangs mindestens eine zehnjährige hauptberufliche Unterrichtspraxis nachweisen.
2. Der Aufstiegslehrgang ist berufsbegleitend. Es wird keine Deputatsanrechnung gewährt.
3. Für die Teilnahme werden keine Gebühren erhoben. Durch die Lehrgangsteilnahme entstehende Reisekosten werden zur Hälfte durch das zuständige Regierungspräsidium erstattet, da sie „teilweise im dienstlichen, z.T. aber auch im persönlichen Interesse liegen" (§ 23 Abs. 2 LRKG). ⇨ Reisekosten (Gesetz) § 23

Bewerbung

4. Bewerbungen um Zulassung zum Aufstiegslehrgang sind jeweils bis zum 1. Dezember schriftlich auf dem Dienstweg an das zuständige Regierungspräsidium zu richten.
5. Für die Bewerbung muss grundsätzlich eine aktuelle Beurteilung durch die Schulleiterin oder den Schulleiter vorliegen, die nicht älter als drei Jahre ist und die die Leistungen als mindestens gut (2,0) einstuft. Die zu vergleichenden Beurteilungen dürfen sich nicht auf erheblich abweichende Zeiträume beziehen, insbesondere darf das jeweilige Enddatum der Beurteilungszeiträume der zu vergleichenden Beurteilungen nicht um mehr als ein Jahr auseinanderfallen. Auf Antrag der Bewerberin oder des Bewerbers kann vom Regierungspräsidium eine neue Beurteilung durch die Schulleitungen angefordert werden.

   Die Bewerberin oder der Bewerber kann sich auf Antrag an das zuständige Regierungspräsidium zusätzlich von einer Fachberaterin oder einem Fachberater im Unterricht besuchen und beurteilen lassen. In diesem Fall wird aus beiden Beurteilungen je hälftig eine Gesamtnote gebildet, die mindestens gut (2,0) sein muss, um die Zulassungsvoraussetzungen für den Aufstiegslehrgang zu erfüllen.
6. Die Vergabe der Plätze erfolgt in den einzelnen Regierungspräsidien vorrangig auf der Grundlage der aktuellen dienstlichen Beurteilung. Weisen dienstliche Beurteilungen der Bewerberinnen und Bewerber zum Aufstiegslehrgang gleiche Leistungsbewertungen und Befähigungen auf und stehen nicht genügend Plätze zur Verfügung, werden nach der Ausschöpfung leistungsbezogener Auswahlkriterien Hilfskriterien wie das Dienstalter, eine eventuelle Schwerbehinderteneigenschaft oder auch die Verwirklichung des ⇨ Chancengleichheitsplans herangezogen.
7. Die 60 Zulassungen zum 2-jährigen Aufstiegslehrgang pro Schuljahr erfolgen in den einzelnen Regierungsbezirken unter den Leistungsbesten gemäß den folgenden Kontingenten: *[nicht abgedruckt, wird jährlich neu bestimmt]*
8. Alle Bewerberinnen und Bewerber erhalten einen schriftlichen Bescheid mit der Mitteilung der Zulassung oder Nichtzulassung zum Aufstiegslehrgang.

Organisation

9. Der Lehrgang dauert zwei Jahre.
   1. Lehrgangsjahr – berufsbegleitende Schulung
   2. Lehrgangsjahr – Überprüfungs- und Bewährungsjahr.

   Er beginnt jeweils zum 1. August eines jeden Jahres.
10. Während des Aufstiegslehrgangs nehmen die teilnehmenden Lehrkräfte eine Unterrichtsverpflichtung in Schularten oberhalb der Fachschulreife in einer Klasse des Berufskollegs, der Fachschule, des Beruflichen Gymnasiums oder der Berufsoberschule wahr. Diese Verpflichtung beträgt
    - im 1. Lehrgangsjahr in der Regel 4
    - im 2. Lehrgangsjahr in der Regel 8

    Unterrichtsstunden pro Woche.

    Ist die Wahrnehmung dieser Unterrichtsverpflichtung an der Stammschule nicht möglich, wählt das zuständige Regierungspräsidium im Einvernehmen mit der Schulleitung eine andere Schule aus, an die die Lehrkraft für den Zeitraum des Aufstiegslehrgangs mit dem entsprechenden Deputat teilabgeordnet wird.
11. Für die am Aufstiegslehrgang teilnehmenden Lehrerinnen und Lehrer wird der Montag im 1. Jahr unterrichtsfrei gehalten, um den Besuch der Veranstaltungen in Fachdidaktik zu ermöglichen.
12. Die berufsbegleitende Schulung im 1. Jahr findet wie folgt statt:
    - Fachdidaktik beider Fächer je 2 Seminartage à 6 Stunden, verteilt auf das 1. und 2. Halbjahr an einem Seminar für Ausbildung und Fortbildung der Lehrkräfte (Berufliche

Schulen). Es wird angestrebt, den Lehrkräften die Teilnahme am schulortnächsten Seminar zu ermöglichen. Wegen der Vielzahl der Unterrichtsfächer erfolgt soweit erforderlich eine landesweite Bündelung bestimmter Fachdidaktikveranstaltungen an einem Seminar. Es besteht kein Anspruch auf einen bestimmten Ausbildungsort.

- Die zuständigen Ausbilder besuchen die Lehrkraft in ihren Ausbildungsfächern im ersten Lehrgangsjahr jeweils in der Regel ein- bis zweimal. Für jeweils einen der Unterrichtsbesuche legt die Lehrkraft eine schriftliche Unterrichtsausarbeitung vor, die neben fachdidaktischen Aspekten pädagogische und psychologische Schwerpunkte aufzeigt.
- Für eine fachliche Qualifizierung ist im 1. Fach der Besuch einer 2,5-tägigen Fortbildung, im 2. Fach der Besuch von zwei jeweils 2,5-tägigen Fortbildungen nachzuweisen. Der Besuch der Fortbildungen soll möglichst im ersten Lehrgangsjahr erfolgen. Inhaltlich müssen sich die Fortbildungen auf Unterrichtsthemen oberhalb der Fachschulreife beziehen. Wenn keine geeigneten 2,5-tägigen Fortbildungen angeboten werden, können die notwendigen Fortbildungstage auch durch die Teilnahme an mehreren ein- oder halbtägigen Veranstaltungen nachgewiesen werden. Die Eignung der Fortbildung ist vom zuständigen RP oder vom Seminar zu bestätigen.
- Die Schulleitungen unterweisen die Teilnehmerinnen und Teilnehmer des Aufstiegslehrgangs während des zweiten Lehrgangsjahrs in Schulkunde. Themen sind Fragen der Schulorganisation, des Schulrechts und des schulartbezogenen Eltern- und Jugendrechts, die die Schularten oberhalb der Fachschulreife betreffen. Muss die Unterrichtsverpflichtung oberhalb der Fachschulreife im Rahmen der Lehrgangsteilnahme an einer anderen als der Stammschule wahrgenommen werden, besucht die Lehrerin oder der Lehrer in dieser Zeit entsprechende Veranstaltungen der Schulkunde in der Regel an der anderen Schule.

13. Die Teilnahme am Lehrgang kann auf Antrag jeweils bis zu einem Jahr wegen Krankheit oder wegen Beurlaubung sowie insgesamt bis zu drei Jahre wegen Schwangerschaft, Eltern- oder Pflegezeiten unterbrochen werden. Dauert die Unterbrechung länger, wird die Teilnahme an dem Lehrgang abgebrochen; soll der Lehrgang fortgesetzt werden, ist eine erneute Bewerbung nötig.

Prüfungen und Beurteilungen

14. Der erfolgreiche Abschluss des Aufstiegslehrgangs wird durch Prüfungen in entsprechender Anwendung der der Prüfungsordnung berufliche Schulen II (BSPO II) nachgewiesen.
15. Folgende Prüfungsmodalitäten sind vorgesehen: In beiden Fächern wird die Unterrichtspraxis in jeweils einer Klasse des Berufskollegs, der Fachschule, des Beruflichen Gymnasiums oder der Berufsoberschule von einem Prüfungsausschuss im Rahmen einer unterrichtspraktischen Prüfung beurteilt, dem eine Vertreterin oder ein Vertreter der Kultusverwaltung vorsitzt und dem die eigene Ausbilderin als weitere Prüferin oder der eigene Ausbilder als weiterer Prüfer angehören. An die unterrichtspraktische Prüfung im zweiten Fach schließt sich ein Kolloquium mit einer Dauer von 20 Minuten an. Jede unterrichtspraktische Prüfung muss mit der Note ausreichend (4,0) oder besser beurteilt sein, das Kolloquium muss bestanden sein. Als Prüfungszeiträume werden grundsätzlich festgelegt:
1. Fach in der 1. bis 3. Woche nach den Herbstferien,
2. Fach in der 4. bis 6. Woche nach den Herbstferien.

- Die Lehrkraft übergibt dem Vorsitzenden des Prüfungsausschusses vor Beginn der unterrichtspraktischen Prüfung ihre schriftliche Unterrichtsplanung in dreifacher, im Ausbildungsfach Religionslehre in vierfacher Ausfertigung.
- Wird die Leistung der unterrichtspraktischen Prüfung in einem oder beiden Fächern nicht mit der Note ausreichend (4,0) oder besser bewertet oder ist das Kolloquium nicht bestanden, kann der jeweilige Prüfungsteil bzw. können die jeweiligen Prüfungsteile im Rahmen des laufenden Lehrgangs einmal wiederholt werden.

16. Für die Teilnahme an der Prüfung wird die Verwaltungsvorschrift ➪ Urlaub (Prüfungen) entsprechend angewandt.
17. Zum Ende des 2. Lehrgangsjahrs wird die Lehrkraft durch die Schulleiterin oder den Schulleiter in einer Klasse des Berufskollegs, der Fachschule, des Beruflichen Gymnasiums oder der Berufsoberschule besucht. Danach erfolgt eine abschließende Bewertung der gesamten Leistungen und des erzieherischen Wirkens der Lehrkraft im Unterricht oberhalb der Fachschulreife. Diese Leistungen müssen mit der Note ausreichend (4,0) oder besser beurteilt sein, um diesen Lehrgangsteil erfolgreich abzuschließen. Der Besuch der Lehrkraft durch die Schulleiterin oder den Schulleiter ist anzukündigen.

- Die Schulleiterbeurteilung wird zusammen mit dem Zertifikat des Landeslehrerprüfungsamtes ausgehändigt.
- Für die Schulkunde und die Qualifikation im zweiten Fach genügt der Nachweis der Teilnahme.

Aufstieg in den höheren Dienst

18. Nach erfolgreichem Abschluss des Aufstiegslehrgangs [...] muss die Lehrkraft eine persönliche Wartezeit von sechs Monaten zurückgelegt haben [...]

➪ Beamtengesetz (LBG) § 22; ➪ Beförderung (Beförderungs- und Stellensperre); ➪ Laufbahnverordnung (LVO-KM) § 7; ➪ Laufbahnwechsel; ➪ Urlaub (Prüfungen)

Ausbildungsvorbereitung dual (AVdual)

Schulversuch Ausbildungsvorbereitung dual und Ausbildungsvorbereitung gegebenenfalls unter Einbeziehung der zweijährigen zur Prüfung der Fachschulreife führenden Berufsfachschule vom 4.8.2014, AZ: 6621.03/1; Neufassung vom 23.7.2019 (AZ: 41-6621.03/22); zuletzt geändert am 12.8.2021 (AZ: 41-6621.03/31)

Hinweis der Redaktion: Der Ausbildung und Prüfung der am Schulversuch teilnehmenden Schüler*innen liegt der Abschnitt 1 zugrunde. Für die Schüler*innen der Ausbildungsvorbereitung dual (AVdual) und Ausbildungsvorbereitung (AV) gelten zudem die Abschnitte 2 - 5, für die der zweijährigen zur Fachschulreife führenden Berufsfachschule (2BFS) der Abschnitt 6.

1. Abschnitt
Grundsätzliches

§ 1
Ziele des Schulversuchs

Ziel des Schulversuches ist, die Anschlussfähigkeit sowie insbesondere die Übergangsquote der Schülerinnen und Schüler in eine duale Ausbildung zu verbessern.

- Durch die intensive Einbindung von Praktika in Betrieben sollen die Schülerinnen und Schüler von Anfang an die betriebliche Realität kennenlernen, eine bessere Vorstellung von ihren beruflichen Interessen und Möglichkeiten bekommen und Kontakte zu Ausbildungsbetrieben knüpfen.
- Niveaudifferenzierte Lernangebote für Lernende mit und ohne Hauptschulabschluss mit der Möglichkeit, unterschiedliche Bildungsziele zu erreichen, ermöglichen eine maximale Durchlässigkeit zwischen der Ausbildungsvorbereitung dual (AVdual) bzw. Ausbildungsvorbereitung (AV) und gegebenenfalls auch der zweijährigen zur Fachschulreife führenden Berufsfachschule (2BFS).
- Diese Durchlässigkeit wird durch regelmäßige Ziel- und Lernberatungsgespräche unterstützt und sichergestellt.
- Der besondere Bildungsschwerpunkt liegt auf dem individuellen Erwerb von überfachlichen Kompetenzen, der Verbesserung der Kompetenzen im allgemeinbildenden Bereich sowie dem Aufbau von berufsbezogenen Kompetenzen.
- Der individuelle Kompetenzerwerb zusammen mit der hohen Durchlässigkeit soll den Schülerinnen und Schülern einen maximalen Bildungserfolg und möglichst große Chancen im Hinblick auf eine duale Ausbildung ermöglichen. Er erfolgt auf vier, ggf. in den Fächern unterschiedlichen Lernniveaus, wovon für die Lernenden je zwei auch als Prüfungsniveau abgebildet werden.
- In einer Orientierungsphase steht die Beziehungsgestaltung als Grundlage für die an die Kompetenzfeststellung anschließende Lern- und Berufswegeplanung im Vordergrund. Zudem sollen in Zusammenarbeit mit der Berufsberatung der Agentur für Arbeit die dafür geeigneten und hieran interessierten Schülerinnen und Schüler in eine duale Ausbildung oder eine Einstiegsqualifizierung vermittelt werden.
- Berücksichtigt wird auch der Anschluss der Schülerinnen und Schüler, für die voraussichtlich weder der Erwerb des dem Hauptschulabschluss gleichwertigen Bildungsstands noch ein Übergang in eine duale Ausbildung erreichbar ist.
- Dieser Schulversuch ist als ganztagsschulischer Bildungsgang nach Maßgabe der Bestimmungen zum Schulversuch „Ganztagsklassen an beruflichen Schulen“ ausgelegt. Die Einbettung der pädagogischen Konzeption in den Rahmen einer Ganztagsklasse eröffnet den Schulen hierfür zusätzliche pädagogische Handlungsspielräume.

→ Ganztagsklassen (Berufliche Schulen)

2. Abschnitt
Allgemeines

§ 2
Ziele des Bildungsgangs

(1) Die Bestimmungen des 2. Abschnitts gelten für die am Schulversuch teilnehmenden Schülerinnen und Schüler der Ausbildungsvorbereitung dual (AVdual) oder Ausbildungsvorbereitung (AV).

(2) Der Bildungsgang als Weiterentwicklung des Berufsvorbereitungsjahres (§ 10 Absatz 5 SchG) bereitet Jugendliche, die nicht in einem Berufsausbildungsverhältnis stehen und deren Berufsschulpflicht weder ruht noch für vorzeitig beendet erklärt wurde, auf eine Berufsausbildung oder eine berufliche Tätigkeit vor.

(3) Im Rahmen von Lernfeldprojekten und Lernprojekten erwerben die Schülerinnen und Schüler in der Regel in einem Berufsfeld grundlegende berufsbezogene Kompetenzen und vertiefen ihre lebensweltbezogenen Kompetenzen.

(4) Der Abschluss des Bildungsgangs mit einem dem Hauptschulabschluss gleichwertigen Bildungsstand ist möglich.

(5) Schülerinnen und Schüler der zweijährigen zur Fachschulreife führenden Berufsfachschule (2BFS), die durch Kooperation der Ausbildungsvorbereitung dual (AVdual) oder Ausbildungsvorbereitung (AV) und der 2BFS in diesen Schulversuch eingebunden sind, werden bei Erfüllen der Voraussetzungen am Ende des Schuljahres in das zweite Jahr der 2BFS versetzt.

§ 3
Ausgestaltung und Dauer des Bildungsgangs, Halbjahreszeugnis, Zertifikate

(1) Der Bildungsgang dauert ein Schuljahr. § 9 bleibt unberührt.

(2) Am Ende des ersten Schulhalbjahres wird ein Halbjahreszeugnis erteilt.

(3) Über die in den Lernfeldprojekten und Lernprojekten sowie der betrieblichen Lernaufgabe erworbenen Kompetenzen stellt die Schule Zertifikate nach Maßgabe des § 8 Absatz 2 und 3 aus.

(4) Zur Transparenz und begründeten Bildungszielfindung werden Noten auf Prüfungsniveaus ausgewiesen:

Berufliche Schulen

Schülerinnen und Schüler, die ohne Hauptschulabschluss eintreten, erhalten Noten entweder auf einem unterhalb des dem Hauptschulabschluss gleichwertigen Bildungsstands liegenden Niveau, das den Lernzuwachs abbildet, oder sie erhalten Noten auf einem Niveau, das auf einen dem Hauptschulabschluss gleichwertigen Bildungsstand vorbereitet. § 5 Absatz 3 und § 8 Absatz 7 gelten entsprechend. Schülerinnen und Schüler, die mit mindestens einem Hauptschulabschluss eintreten, erhalten Noten auf einem Niveau, das auf einen dem Hauptschulabschluss gleichwertigen Bildungsstand vorbereitet, oder auf einem Niveau, das auf die Fachschulreife vorbereitet.

§ 4
Pädagogische Ausgestaltung

(1) Grundprinzip des Unterrichts ist die individuelle Förderung der Schülerinnen und Schüler, die in eine Individualisierung der Lernprozesse mündet. Dies schließt das Kompetenzanalyseverfahren nach Absatz 2 ein und mündet in eine individuelle Lern- und Berufswegeplanung.

(2) Zur fundierten Erfassung der überfachlichen Kompetenzen wird eine Kompetenzfeststellung durchgeführt, die sich auch auf die fachlichen Kompetenzen erstrecken kann. Das Verfahren wird als Teil der Pädagogischen Diagnostik verpflichtend durchgeführt.

(3) Selbstgesteuertes Lernen prägt den Unterricht im Rahmen des Schulversuchs. Im Team begleiten und unterstützen die Lehrkräfte und ggf. sozialpädagogischen Fachkräfte die Lernenden und ermöglichen einen systematischen überfachlichen und fachlichen Kompetenzaufbau. Die Schülerinnen und Schüler halten mit Unterstützung den Lernprozess regelmäßig in Form einer Selbstkontrolle, z.B. im Lerntagebuch fest.

(4) Die Schülerinnen und Schüler werden von den Lehrkräften in fachlichen Fragen als Lernbegleiter oder Lernbegleiterin unterstützt, die den Lernprozess initiieren und organisieren. Zusätzlich ist jeder Schülerin und jedem Schüler eine Lehrkraft als Lernberater oder Lernberaterin zugeordnet. Der Lernberater oder die Lernberaterin führt mit der Schülerin oder dem Schüler nach Vereinbarung mindestens alle zwei Wochen ein ca. 15 bis 20 Minuten dauerndes Lernberatungsgespräch, bei dem der Lernfortschritt und das Arbeitsverhalten der Schülerin oder des Schülers reflektiert werden.

(5) Ergänzend finden mindestens drei Zielvereinbarungsgespräche statt, an denen mindestens eine Lehrkraft der Lerngruppe, i.d.R. der entsprechende Lernberater oder die entsprechende Lernberaterin, die Schülerin oder der Schüler sowie möglichst deren/dessen Erziehungsberechtigte/r und ggf. die sozialpädagogische Fachkraft der Schule (z.B. AVdual-Begleiterin oder AVdual-Begleiter) teilnehmen. In diesen Zielvereinbarungsgesprächen wird das von der Schülerin oder dem Schüler gewählte Bildungsziel reflektiert und gegebenenfalls ein zum Lern- und Leistungsstand der/des Jugendlichen passendes Bildungsziel vereinbart.

(6) Zugewanderte Schülerinnen und Schüler ohne hinreichende deutsche Sprachkenntnisse lernen integrativ in der Lerngruppe. In begründeten Einzelfällen können diese in eigenen Lerngruppen betreut werden. Für diese Lerngruppe steht neben dem schrittweisen Erwerb von beruflicher Handlungskompetenz insbesondere die Sprachförderung im Vordergrund. ⇨ Sprachförderung (Integration)

§ 5
Abschluss des Bildungsgangs

(1) Bei Schülerinnen und Schülern, die mit mindestens einem Hauptschulabschluss oder einem gleichwertigen Bildungsstand in den Bildungsgang eingetreten sind, steht die systematische Weiterentwicklung der fachlichen und überfachlichen Kompetenzen mit dem Ziel einer bestmöglichen Verbesserung der beruflichen Perspektiven im Vordergrund. Diese Schülerinnen und Schüler nehmen an der Abschlussprüfung nach dem 3. Abschnitt teil.

(2) Schülerinnen und Schüler, die ohne Hauptschulabschluss oder einen gleichwertigen Bildungsstand in den Bildungsgang eingetreten sind, können diesen Bildungsgang entweder mit einem dem Hauptschulabschluss gleichwertigen Bildungsstand (3. Abschnitt) oder ohne einen solchen Bildungsstand (4. Abschnitt) erfolgreich abschließen. Die Klassenkonferenz legt für jede Schülerin und jeden Schüler unter Berücksichtigung der individuell vorhandenen fachlichen und überfachlichen Kompetenzen sowie den sich hieraus ergebenden Bildungszielperspektiven fest, welcher Abschluss sinnvoller Weise angestrebt werden soll. Diese Festlegung ist als Empfehlung im Rahmen eines der nach § 4 Absatz 5 durchzuführenden Zielvereinbarungsgespräche mit der Schülerin oder dem Schüler und den Erziehungsberechtigten zu besprechen. Dabei ist gegebenenfalls auf die Möglichkeit eines nochmaligen Durchlaufens des Bildungsgangs nach § 9 hinzuweisen.

(3) Sofern eine Schülerin oder ein Schüler und die Erziehungsberechtigten die Empfehlung der Klassenkonferenz akzeptieren, den Bildungsgang ohne einen dem Hauptschulabschluss gleichwertigen Bildungsstand abzuschließen oder einen solchen Bildungsstand eventuell über ein nochmaliges Durchlaufen des Bildungsgangs anzustreben, ist dies von ihnen schriftlich zu bestätigen. In diesem Fall tritt an die Stelle der Fächer Deutsch und Mathematik eine Förderung in Sprach- bzw. Rechenkompetenz sowie eine Förderung, die dem individuellen Förderbedarf der Schülerin oder des Schülers entspricht. Der Besuch des Bildungsgangs endet sodann gemäß § 23 Absatz 1 mit der Teilnahme an der Prüfung im Fach Berufliche Kompetenz. Hierüber informiert die Schule bei einem der nach § 4 Absatz 5 durchzuführenden Zielvereinbarungsgespräche. Nimmt die Schülerin oder der Schüler im Laufe des Schuljahres eine von der vorherigen Einschätzung der Klassenkonferenz abweichende Entwicklung, kann mit dem Einverständnis der Klassenkonferenz und der Erziehungsberechtigten

die Teilnahme an der Abschlussprüfung nach dem 3. Abschnitt noch im laufenden Schuljahr angestrebt werden.

§ 6
Bildungsplan, Stundentafel, maßgebende Fächer, Handlungskompetenz

(1) Für den Erwerb allgemeinbildender Kompetenzen sind die Bildungspläne des Bildungsgangs maßgeblich. Die Umsetzung der Lehrpläne erfolgt über die vom Kultusministerium vorgegebenen Kompetenzraster in Lernlandschaften.

(2) Dem Lernen im Fach Berufliche Kompetenz liegen die Bildungs- und Lehrpläne, die für das erste Schuljahr des Bildungsgangs „Zweijährige zur Prüfung der Fachschulreife führenden Berufsfachschule" gelten, zugrunde. Die jeweilige individuelle Durchdringungstiefe ist abhängig vom angestrebten Bildungsziel. Die Umsetzung der Lehrpläne erfolgt über die vom Kultusministerium vorgegebenen Kompetenzraster in Lernlandschaften.

(3) Der Erwerb überfachlicher Kompetenzen wird im Fach Handlungskompetenz abgebildet. Diese werden von allen Lehrkräften integrativ im jeweiligen Lernfeld- oder Fachunterricht gefördert. Die von den Schülerinnen und Schülern in den maßgebenden Fächern gezeigte Handlungskompetenz wird durch die in diesen Fächern unterrichtenden Lehrkräfte je Fach festgestellt und bewertet. Der Bewertung sind die Kompetenzbereiche zugrunde zu legen, die den Bildungsplänen zu entnehmen sind.

(4) Eine zusammenfassende Darstellung der von der Schülerin oder dem Schüler erlangten Handlungskompetenz wird dem Zeugnis als Beiblatt angefügt.

(5) Für den Abschluss sind die Leistungen in den maßgebenden Fächern entscheidend. Maßgebende Fächer sind

1. die Fächer nach Ziffer 1.1 der Stundentafel, mit Ausnahme der Fächer Religionslehre und Sport,
2. das Fach Handlungskompetenz,
3. die Lernfeldprojekte des Fachs Berufliche Kompetenz, soweit nach § 8 Absatz 2 Satz 2 hierfür Zertifikate auszustellen sind.

(6) Werden die Fächer Deutsch und Mathematik für Schülerinnen und Schüler, die einen Abschluss nach dem 3. Abschnitt anstreben, ausschließlich über die Vermittlung von Sprach- bzw. Rechenkompetenz umgesetzt oder wurde die Abschlussprüfung nach dem 3. Abschnitt nicht bestanden, so gilt der Teilbereich ‚Sprachkompetenz' anstelle von Deutsch und der Teilbereich ‚Rechenkompetenz' anstelle von Mathematik als maßgebendes Fach. Das Fach Sport ist als maßgebendes Fach zu berücksichtigen, wenn sich die Note zugunsten der Schülerin oder des Schülers auswirkt.

§ 7
Betriebspraktikum

(1) Der Bildungsgang schließt als verbindlichen Bestandteil ein Betriebspraktikum ein. Das Praktikum wird von der Schule entsprechend der örtlichen Situation und unter Berücksichtigung der von den Schülerinnen und Schülern mitgebrachten Voraussetzungen organisiert, inhaltlich ausgestaltet und eng begleitet.

(2) Das Praktikum umfasst in der Regel zwei wöchentliche Praktikumstage und richtet sich nach der jeweiligen Bildungszielperspektive der Schülerin oder des Schülers. Es kann auch ganz oder teilweise in Blockform oder phasenweise mit ein bis drei wöchentlichen Praxistagen durchgeführt werden. Das Lerngruppenteam organisiert die individuelle Vor- und Nachbereitung des Praktikums, z.B. in der Offenen Lernzeit.

(3) Die an eine ordnungsgemäße Praktikumsteilnahme gestellten Anforderungen werden von der Schule zu Beginn des Schuljahres festgelegt und den Schülerinnen und Schülern rechtzeitig mitgeteilt.

(4) Zu diesen Anforderungen gehört auch die betriebliche Lernaufgabe, die die Lernerfahrungen der Schülerinnen und Schüler am Praxislernort für die Weiterentwicklung mit schulischem Lernen verknüpft. Die betriebliche Lernaufgabe wird von den Schülerinnen und Schülern in Abstimmung mit ihren betrieblichen Anleitern und ggf. den AVdual-Begleitungen oder Lehrkräften selbstständig konzipiert, bearbeitet, reflektiert, dokumentiert und präsentiert. Die Aufgabenstellung ist entsprechend des gewählten Bildungsziels komplex und besteht aus einer schriftlichen Planung in der Schule, einem praktischen Teil im Umfang von bis zu 8 Stunden im Betrieb und einer schriftlichen Dokumentation mit Präsentation in der Schule.

(5) Die Bewertung der betrieblichen Lernaufgabe setzt sich aus der Bewertung der schriftlichen Dokumentation und der Präsentation zusammen und geht als Note in das Fach Berufliche Kompetenz ein.

(6) Der Lernberater oder die Lernberaterin, der/die der Schülerin oder dem Schüler zugeordnet ist, ist ggf. in Zusammenarbeit mit dem AVdual-Begleiter oder der AVdual-Begleiterin für die Praktikumsbetreuung und die Durchführung der betrieblichen Lernaufgabe verantwortlich.

(7) Über ihre Teilnahme am Praktikum erhalten die Schülerinnen und Schüler eine Praktikumsbescheinigung, die von der Schule möglichst unter Beteiligung der Praktikumsbetriebe erstellt wird und allgemeine Angaben zum absolvierten Praktikum (zum Beispiel Ort, Zeitraum, Umfang, Inhalte) enthält.

(8) Die Praktikumsbescheinigung wird den nach § 19 oder nach § 23 ausgestellten Zeugnissen als Beiblatt angefügt. In den Zeugnissen ist unter „Bemerkungen" auf die Bescheinigung hinzuweisen. Sie kann als „Vorläufige Praktikumsbescheinigung" bereits mit dem Halbjahreszeugnis ausgegeben werden.

§ 8
Lernen in Lernfeldern, Zertifizierung, Englischunterricht

(1) Das Lernen im Fach Berufliche Kompetenz erfolgt innerhalb von berufsbezogenen Lernfeldern in Lernfeldprojekten. Das Lernen im Fach Lebens-

weltbezogene Kompetenz mit Wirtschaftskunde/ Gemeinschaftskunde vollzieht sich innerhalb von lebensweltbezogenen Lernprojekten; dies kann auch persönlichkeitsstabilisierende Lernprojekte einschließen.

(2) Die Schule kann für jedes von der Schülerin oder dem Schüler bearbeitete Lernfeldprojekt und Lernprojekt ein Zertifikat ausstellen. Ein Zertifikat ist auszustellen, wenn ein Lernfeldprojekt oder Lernprojekt mit mindestens 30 Stunden bearbeitet wurde. In dem Zertifikat werden die im Lernfeldprojekt oder Lernprojekt erworbenen fachlichen und überfachlichen Kompetenzen beschrieben. Die erbrachte Leistung fließt als Note in das Fach Berufliche Kompetenz bzw. Lebensweltbezogene Kompetenz ein, auf dem Zertifikat wird sie nicht als Note ausgewiesen.

(3) Die Schule kann für jede von der Schülerin oder dem Schüler bearbeitete betriebliche Lernaufgabe ein Zertifikat ausstellen. Ein Zertifikat ist auszustellen, wenn nach § 7 Absatz 4 alle Teile der betrieblichen Lernaufgabe bearbeitet wurden. In dem Zertifikat werden die in der betrieblichen Lernaufgabe erworbenen fachlichen und überfachlichen Kompetenzen beschrieben. Die erbrachte Leistung fließt als Note in das Fach Berufliche Kompetenz ein, auf dem Zertifikat wird sie nicht als Note ausgewiesen.

(4) In den Zeugnissen nach § 19 oder nach § 23 ist auf die ausgestellten Zertifikate mittels Fußnotenangaben bei den jeweiligen Fächern Berufliche Kompetenz und Lebensweltbezogene Kompetenz hinzuweisen.

(5) Hat eine Schülerin oder ein Schüler mehr als ein Drittel der für die Bearbeitung des Lernfeldprojekts oder Lernprojekts festgelegten Zeit versäumt oder die betriebliche Lernaufgabe nicht erfüllt, wird ein Zertifikat nach Absatz 2 erst ausgestellt, wenn ein Ausgleich der versäumten Bearbeitungszeit durch Maßnahmen erfolgt ist, die von der Schule nach Art und Umfang festgelegt und von der Schülerin oder dem Schüler jeweils bis zu dem von der Schule bestimmten Zeitpunkt durchgeführt worden sind.

(6) Für die Zulassung zur Abschlussprüfung nach dem 3. Abschnitt oder die Erlangung des Abschlusses nach § 23 sind Zertifikate in der bei § 12 Absatz 1 Nummer 2 oder 3 oder bei § 23 Absatz 3 Satz 1 Nummer 2 festgelegten Mindestzahl nachzuweisen. Sofern Lernfeldprojekte oder Lernprojekte absolviert wurden, deren Durchführung größere Zeiträume umfasst haben, beispielsweise Halbjahres- oder Jahresprojekte, kann die Schule eine abweichende Mindestzahl festlegen.

(7) Das Fach Englisch kann als Englisch I oder Englisch II umgesetzt werden. Englisch I ist Anfangsunterricht, der nach dem individuellen Lernzuwachs zu bewerten ist. Englisch II entspricht dem Niveau des dem qualifizierten Hauptschulabschluss gleichwertigen Bildungsstands bzw. dem Niveau A 2 des Gemeinsamen Europäischen Referenzrahmens. Die Schule legt im Einvernehmen mit der Schülerin oder dem Schüler und den Erziehungsberechtigten im Laufe des ersten Schulhalbjahres fest, ob die Schülerin oder der Schüler im Fach Englisch endgültig auf dem Niveau Englisch II oder gegebenenfalls auf dem Niveau Englisch I weiterlernt.

§ 9
Nochmaliges Durchlaufen der Ausbildung

Wer den Abschluss nach § 23 Absatz 3 erreicht hat, kann den Bildungsgang ein zweites Mal durchlaufen, um ihn mit einem dem Hauptschulabschluss gleichwertigen Bildungsstand abzuschließen.

3. Abschnitt
Prüfung zum Abschluss des Bildungsgangs mit einem dem Hauptschulabschluss gleichwertigen Bildungsstand

§ 10
Zweck der Prüfung

In der Abschlussprüfung soll nachgewiesen werden, dass das Ausbildungsziel erreicht wurde und die geforderten allgemeinbildenden und berufsbezogenen Kenntnisse und Kompetenzen vorhanden sind.

§ 11
Art, Ort und Zeitpunkt der Prüfung

(1) Die Abschlussprüfung besteht aus einer allgemeinbildenden und einer berufsbezogenen Prüfung. Die allgemeinbildende Prüfung findet in den Fächern Deutsch, Mathematik und gegebenenfalls Englisch statt. Die Prüfungen in den Fächern Deutsch und Englisch bestehen aus einer Kommunikationsprüfung und einer schriftlichen Prüfung. Die Prüfung im Fach Mathematik besteht aus einer schriftlichen Prüfung. Die berufsbezogene Prüfung kann als Projektprüfung durchgeführt werden.

(2) Die Abschlussprüfung wird an der Schule abgenommen.

(3) Der Zeitpunkt der schriftlichen Prüfung wird vom Kultusministerium festgelegt, die Zeitpunkte der Kommunikationsprüfungen und der mündlichen Prüfung sowie der berufsbezogenen Prüfung oder gegebenenfalls der Projektprüfung von der Vorsitzenden oder dem Vorsitzenden des Prüfungsausschusses, im Falle einer Projektprüfung in Abstimmung mit der Schulleiterin oder dem Schulleiter.

→ Termine (Berufliche Schulen)

§ 12
Zulassung zur Prüfung, Anmeldenoten

(1) Zur Abschlussprüfung wird zugelassen, wer

1. die Anmeldenoten nach Absatz 2 vorweist und
2. im Bildungsgang Ausbildungsvorbereitung dual (AVdual) Zertifikate in je einer betrieblichen Lernaufgabe, einem berufsbezogenen Lernfeldprojekt und einem Lernprojekt in lebensweltbezogener Kompetenz erlangt hat,
3. im Bildungsgang Ausbildungsvorbereitung (AV) Zertifikate in mindestens zwei berufsbezogenen Lernfeldprojekten und einem Lernprojekt in lebensweltbezogener Kompetenz erlangt hat. Hierbei kann ein berufsbezogenes Lernfeldprojekt durch die betriebliche Lernaufgabe nach § 7 Absatz 4 ersetzt werden.

(2) Für die Prüfung werden in allen Fächern, ausgenommen das Fach Berufliche Kompetenz, aus den Einzelleistungen, die während des Schuljahres erbracht worden sind, Anmeldenoten in Form ganzer oder halber Noten gebildet. Innerhalb des Fachs Berufliche Kompetenz wird in gleicher Weise eine Anmeldenote für jedes Lernfeldprojekt gebildet; dabei sind im kaufmännischen Bereich die im Teilbereich ‚Berufsfachliche Kompetenz' erzielten Leistungen zweifach und die im Teilbereich ‚Berufspraktische Kompetenz' einfach, in den übrigen Bereichen die im Teilbereich ‚Berufsfachliche Kompetenz' erzielten Leistungen einfach und die im Teilbereich ‚Berufspraktische Kompetenz' erzielten Leistungen zweifach zu gewichten. Bei der Ermittlung der Anmeldenote für das Fach Deutsch werden die im Teilbereich ‚Sprachkompetenz' und bei der Ermittlung der Anmeldenote für das Fach Mathematik die im Teilbereich ‚Rechenkompetenz' erbrachten Leistungen angemessen berücksichtigt. Die Anmeldenote für das Fach Lebensweltbezogene Kompetenz ist aus dem Durchschnitt der Einzelnoten zu bilden, die in den absolvierten lebensweltbezogenen Lernprojekten insgesamt erzielt wurden. Die Einzelnoten sind dabei entsprechend den Anteilen der Lernprojekte am zeitlichen Gesamtumfang des Fachs Lebensweltbezogene Kompetenz zu gewichten. Die Anmeldenote für das Fach Handlungskompetenz wird aus den gemäß § 6 Absatz 3 erfolgten Bewertungen gebildet.

(3) Die Anmeldenoten für die Fächer der allgemeinbildenden Prüfung sind der Schülerin oder dem Schüler fünf bis sieben Tage vor Beginn der schriftlichen Prüfung bekanntzugeben. Die Anmeldenote für das in die berufsbezogene Prüfung oder in die Projektprüfung einbezogene Lernfeldprojekt ist fünf bis sieben Tage vor Beginn des Prüfungsteils bekanntzugeben. Für die übrigen Fächer sind die Anmeldenoten der Schülerin oder dem Schüler fünf bis sieben Schultage vor Beginn der mündlichen Prüfung zusammen mit den Noten der allgemeinbildenden Prüfung und der berufsbezogenen Prüfung oder gegebenenfalls der Projektprüfung bekanntzugeben.

§ 13
Prüfungsausschuss, Fachausschüsse

(1) Für die Abschlussprüfung wird an jeder Berufsschule mit Bildungsgang „Ausbildungsvorbereitung dual (AVdual)" oder „Ausbildungsvorbereitung (AV)" ein Prüfungsausschuss gebildet, der für die ordnungsgemäße Durchführung der Prüfung verantwortlich ist. Diesem Ausschuss gehören an:

1. als Vorsitzende oder Vorsitzender die Schulleiterin oder der Schulleiter oder eine von ihr oder ihm beauftragte Lehrkraft,
2. als stellvertretende Vorsitzende oder stellvertretender Vorsitzender eine von der Schulleiterin oder dem Schulleiter beauftragte Lehrkraft,
3. sämtliche Lehrkräfte, die in den maßgebenden Fächern unterrichten.

Die obere Schulaufsichtsbehörde oder die Vorsitzende oder der Vorsitzende des Prüfungsausschusses können weitere Lehrkräfte einer öffentlichen Schule als Mitglieder berufen, soweit dies für die Durchführung der Prüfung erforderlich ist.

(2) Die Mitglieder des Prüfungsausschusses sind bei ihrer Tätigkeit als Prüferin oder Prüfer unabhängig. Sie sind zur Amtsverschwiegenheit über alle Prüfungsangelegenheiten verpflichtet. Die Vorsitzende oder der Vorsitzende des Prüfungsausschusses hat sie vor Beginn der Prüfung hierüber zu belehren.

(3) Der Prüfungsausschuss ist beschlussfähig, wenn mindestens zwei Drittel der Mitglieder anwesend sind. Der Prüfungsausschuss entscheidet mit einfacher Mehrheit; bei Stimmengleichheit gibt die Stimme der Vorsitzenden oder des Vorsitzenden den Ausschlag.

(4) Für die Kommunikationsprüfungen, die berufsbezogene Prüfung oder gegebenenfalls die Projektprüfung sowie für die mündliche Prüfung bildet die Vorsitzende oder der Vorsitzende des Prüfungsausschusses Fachausschüsse. Jedem Fachausschuss gehören an:

1. die Vorsitzende oder der Vorsitzende oder ein von ihr oder ihm bestelltes Mitglied des Prüfungsausschusses, zugleich mit der Aufgabe, die Prüfung zu leiten und zu protokollieren,
2. als Prüferin oder Prüfer die Fachlehrkraft der Klasse oder bei deren Verhinderung eine in dem betreffenden Prüfungsfach erfahrene Lehrkraft.

In Fächern, in denen die Klasse von verschiedenen Fachlehrkräften für Teilbereiche unterrichtet wird, gehören alle Fachlehrkräfte dem Fachausschuss als Mitglieder an. Sie sind jeweils für ihren Teilbereich Prüferin oder Prüfer nach Satz 2 Nummer 2.

§ 14
Schriftliche Prüfung

(1) Die Leitung der schriftlichen Prüfung obliegt der Schulleiterin oder dem Schulleiter.

(2) Die Prüfungsaufgaben werden entsprechend der Ziele der Bildungspläne des Bildungsgangs formuliert und vom Kultusministerium landeseinheitlich gestellt.

(3) Schriftliche Prüfungsarbeiten sind in folgenden Fächern zu fertigen:

Deutsch — Arbeitszeit 120 Minuten
Mathematik — Arbeitszeit 135 Minuten
sowie auf Antrag der Schülerin oder des Schülers
Englisch II — Arbeitszeit 120 Minuten.

(4) Über die schriftliche Prüfung ist eine Niederschrift zu fertigen, die von der Schulleiterin oder dem Schulleiter und den aufsichtführenden Lehrkräften unterschrieben wird.

(5) Die schriftlichen Prüfungsarbeiten werden von der Fachlehrkraft der Klasse und einer weiteren Fachlehrkraft, die von der Vorsitzenden oder dem Vorsitzenden des Prüfungsausschusses bestimmt wird, korrigiert und bewertet; dabei sind halbe und ganze Noten zu verwenden. Als Note einer schrift-

lichen Prüfungsarbeit gilt der auf die erste Dezimale errechnete Durchschnitt der beiden Bewertungen, der auf eine ganze oder halbe Note zu runden ist; Dezimalen von 0,3 bis 0,7 sind hierbei auf eine halbe Note, die übrigen Dezimalen auf eine ganze Note zu runden. Weichen die Bewertungen um mehr als eine ganze Note voneinander ab und können sich die Korrektorinnen oder Korrektoren nicht einigen, hat die Vorsitzende oder der Vorsitzende des Prüfungsausschusses die endgültige Note für die schriftliche Prüfungsarbeit festzusetzen; dabei gelten die Bewertungen der Korrektorinnen oder Korrektoren als Grenzwerte, die nicht über- oder unterschritten werden dürfen.

§ 15
Kommunikationsprüfung und mündliche Prüfung

(1) Für die inhaltliche und organisatorische Durchführung der Kommunikationsprüfungen gibt das Kultusministerium zentrale Vorgaben.

(2) Die mündliche Prüfung hat Anwendungsbezug und soll keine Wiederholung, sondern eine Ergänzung der schriftlichen Prüfung sein. Sie soll in der Regel 10 Minuten je Prüfling und Fach dauern. Erfordert die Aufgabenstellung eine Einlesezeit oder eine thematische Herleitung und Durchdringung, gewährt der Fachausschuss zusätzlich die für die Erfassung der Aufgabe erforderliche Einarbeitungszeit, in der sich der Prüfling unter Aufsicht auf die mündliche Prüfung vorbereiten kann. Die Einarbeitungszeit darf 15 Minuten nicht überschreiten.

(3) Die mündliche Prüfung wird in der Regel als Einzelprüfung durchgeführt. Die Vorsitzende oder der Vorsitzende des Prüfungsausschusses kann hiervon abweichend die Durchführung einer Gruppenprüfung zulassen, wenn dies aus organisatorischen oder thematischen Gründen für die Durchführung der Prüfung erforderlich ist. Bei Gruppenprüfungen können bis zu drei Prüflinge zusammen geprüft werden.

(4) Die mündliche Prüfung kann sich auf alle maßgebenden Fächer mit Ausnahme der Fächer Berufliche Kompetenz, Handlungskompetenz und Sport erstrecken.

(5) Aufgrund der Anmeldenoten und gegebenenfalls der Noten der allgemeinbildenden und der berufsbezogenen Prüfung oder der Projektprüfung bestimmt die Vorsitzende oder der Vorsitzende des Prüfungsausschusses, ob und in welchen Fächern mündlich zu prüfen ist. Die zu prüfenden Fächer sind der Schülerin oder dem Schüler fünf bis sieben Schultage vor der mündlichen Prüfung bekanntzugeben. Zusätzlich kann die Schülerin oder der Schüler der Schulleiterin oder dem Schulleiter bis zum nächsten Schultag schriftlich bis zu zwei Fächer benennen, in denen mündlich zu prüfen ist..

(6) Im Anschluss an die einzelne Kommunikationsprüfung bzw. mündliche Prüfung setzt der Fachausschuss das Ergebnis auf Vorschlag der Prüferin oder des Prüfers fest; dabei sind ganze und halbe Noten zu verwenden. Kann sich der Fachausschuss mehrheitlich mit der Stimme der Leiterin oder des Leiters für keine bestimmte Note entscheiden, so wird die Note aus dem auf die erste Dezimale errechneten Durchschnitt der Bewertungen aller Mitglieder gebildet, der auf eine ganze oder halbe Note zu runden ist; § 14 Absatz 5 Satz 2, 2. Halbsatz gilt entsprechend.

(7) Über jede Kommunikationsprüfung bzw. mündliche Prüfung ist eine Niederschrift zu fertigen, die von den Mitgliedern des Fachausschusses unterschrieben wird.

§ 16
Berufsbezogene Prüfung

(1) Die berufsbezogene Prüfung erstreckt sich auf das Fach Berufliche Kompetenz; § 11 Absatz 1 Satz 2 bleibt unberührt. Sie bildet die berufliche Handlung ab und besteht aus einem schriftlichen, einem praktischen und einem mündlichen Teil (zum Beispiel Präsentation des Ergebnisses oder Fachgespräch).

(2) Die berufsbezogene Prüfung ist nach Wahl der Schülerin oder des Schülers auf den Inhalt eines der Lernfeldprojekte nach § 6 Absatz 5 Punkt 3 auszurichten, das von der Schülerin oder dem Schüler während des Schuljahres bearbeitet wurde. Bei sehr umfangreichen Lernfeldprojekten kann die Ausrichtung in Absprache mit der Schülerin oder dem Schüler auf einzelne Bausteine des Projekts beschränkt werden.

(3) Die Prüfungsaufgaben werden im Rahmen der unterrichteten Bildungsinhalte von der Leiterin oder dem Leiter des Fachausschusses aufgrund von Vorschlägen der Fachlehrkraft gestellt. Die Arbeitszeit beträgt je nach Art und Umfang der Arbeit drei bis acht Zeitstunden; sie wird von der Leiterin oder dem Leiter des Fachausschusses festgelegt.

(4) Die Aufsicht während der berufsbezogenen Prüfung wird durch die Mitglieder des Fachausschusses ausgeübt. Die Leiterin oder der Leiter des Fachausschusses kann weitere fachkundige Personen hinzuziehen.

(5) Die berufsbezogene Prüfung wird vom Fachausschuss abgenommen und bewertet. Dabei werden die in „Berufsfachliche Kompetenz“ erbrachten Leistungen einfach und die in „Berufspraktische Kompetenz“ erbrachten Leistungen zweifach gewichtet. Im kaufmännischen Bereich werden die in „Berufsfachliche Kompetenz“ erbrachten Leistungen zweifach und die in „Berufspraktische Kompetenz“ erbrachten Leistungen einfach gewichtet. Kann sich der Fachausschuss auf keine bestimmte Note einigen, wird die Note aus dem auf die erste Dezimale errechneten Durchschnitt der beiden Bewertungen gebildet, der auf eine ganze oder halbe Note zu runden ist; Dezimalen von 0,3 bis 0,7 sind dabei auf eine halbe Note, die übrigen Dezimalen auf eine ganze Note zu runden.

(6) Über die berufsbezogene Prüfung ist eine Niederschrift zu fertigen, die von den Mitgliedern des Fachausschusses unterschrieben wird.

(7) Die Note der berufsbezogenen Prüfung wird fünf bis sieben Tage vor der mündlichen Prüfung bekanntgegeben.

§ 17
Projektprüfung

(1) Die Projektprüfung erstreckt sich auf ein von der Schülerin oder dem Schüler ausgewähltes, von ihr bzw. ihm während des Schuljahres bearbeitetes Lernfeldprojekt sowie auf das Fach Handlungskompetenz. Sie besteht aus der Planung, Durchführung, Dokumentation und Präsentation eines Projektes.

(2) Das Thema der Projektprüfung wird im Rahmen der Bildungs- und Lehrpläne auf Vorschlag der im Fach Berufliche Kompetenz unterrichtenden Fachlehrkräfte, die die Schülerinnen und Schüler bei der Themenfindung in geeigneter Form beteiligen, von der Vorsitzenden oder dem Vorsitzenden des Prüfungsausschusses festgelegt.

(3) Die Projektprüfung erfolgt als Gruppenprüfung; dabei erhält jeder Prüfling eine individuelle Leistungsbewertung. In begründeten Ausnahmefällen kann die Projektprüfung mit Genehmigung der Vorsitzenden oder des Vorsitzenden des Prüfungsausschusses als Einzelprüfung durchgeführt werden.

(4) Die Planung und Durchführung des Projekts einschließlich der Dokumentation umfasst 10 bis 20 Zeitstunden; den genauen zeitlichen Umfang legt die Schule fest. Die Präsentation mit Prüfungsgespräch soll die Dauer von 30 Minuten je Prüfling nicht überschreiten.

(5) Die Projektprüfung wird vom Fachausschuss mit einer ganzen oder halben Note bewertet. Kann sich der Fachausschuss für keine bestimmte Note entscheiden, wird die Note aus dem auf die erste Dezimale errechneten Durchschnitt der Bewertungen beider Mitglieder gebildet, der auf eine ganze oder halbe Note zu runden ist; Dezimalen von 0,3 bis 0,7 sind dabei auf eine halbe Note, die übrigen Dezimalen auf eine ganze Note zu runden.

(6) Über die Projektprüfung ist eine Niederschrift zu fertigen, die von den Mitgliedern des Fachausschusses unterschrieben wird.

§ 18
Ermittlung des Prüfungsergebnisses

(1) Die in der schriftlichen Prüfung erreichte Note wird zweifach, die in der Kommunikationsprüfung erreichte Note einfach gewertet und das Ergebnis auf eine Dezimale ohne Rundung errechnet; Dezimalen von 0,3 bis 0,7 sind hierbei auf eine halbe Note, die übrigen Dezimalen auf eine ganze Note zu runden.

(2) Die Endnoten in den einzelnen Fächern werden von der Vorsitzenden oder dem Vorsitzenden des Prüfungsausschusses aufgrund der Anmeldenoten und der Prüfungsleistungen ermittelt, wobei der Durchschnitt auf die erste Dezimale ohne Rundung zu errechnen ist; eine Dezimale bis 0,4 wird dabei auf eine ganze Note abgerundet, eine Dezimale von 0,5 oder höher auf eine ganze Note aufgerundet. Bei einer Projektprüfung werden Endnoten für das Fach Handlungskompetenz und das in die Prüfung einbezogene Lernfeldprojekt gebildet; Satz 1 gilt entsprechend.

(3) Bei der Ermittlung der Endnoten werden die Anmeldenote und die Prüfungsleistung gleich gewichtet. Wird ein Fach mündlich geprüft, ergibt sich die Note für die Prüfungsleistung aus dem auf eine Dezimale ohne Rundung errechneten Durchschnitt der Note der Prüfungsleistung aus der schriftlichen Prüfung und gegebenenfalls der Kommunikationsprüfung und der Note der mündlichen Prüfungsleistung. Bei einer Projektprüfung fließt die Bewertung von einzelnen Lernprodukten (z. B. Dokumentation, Präsentation, Werkstücke/Kostproben) in die Gesamtbewertung des in die Prüfung einbezogenen Lernfeldprojektes ein; die auf der Grundlage des einschlägigen Kompetenzrasters erfolgende Bewertung des Arbeits- bzw. Handlungsprozesses wird in die Notenbildung für das Fach Handlungskompetenz einbezogen.

(4) In Fächern, in denen nicht geprüft wurde, sowie in Lernfeldprojekten, die nicht Gegenstand der berufsbezogenen Prüfung oder der Projektprüfung waren, werden die Anmeldenoten in Form ganzer Noten, erforderlichenfalls unter Anwendung der in Absatz 1 genannten Rundungsregelung, als Endnoten in das Zeugnis übernommen.

(5) Die Vorsitzende oder der Vorsitzende des Prüfungsausschusses stellt fest, wer die Abschlussprüfung bestanden hat. Das Ergebnis der Prüfung ist den Prüflingen unverzüglich mitzuteilen. 7

(6) Die Abschlussprüfung ist bestanden, wenn

1. der Durchschnitt der in den maßgebenden Fächern erzielten Endnoten 4,0 oder besser ist und
2. keine der in den Fächern der schriftlichen Prüfung erzielten Endnoten schlechter als „ausreichend“ ist und die in dem Lernfeldprojekt, das Gegenstand der berufsbezogenen Prüfung war, erzielte Endnote oder, bei einer Projektprüfung, die im geprüften Lernfeldprojekt und im Fach Handlungskompetenz erzielten Endnoten nicht schlechter als „ausreichend“ sind. Wurde die Endnote „mangelhaft“ in einem dieser Fächer oder in dem Lernfeldprojekt der berufsbezogenen Prüfung erzielt, ist die Prüfung bestanden, wenn zum Ausgleich mindestens die Endnote „befriedigend“ in einem anderen Fach der schriftlichen Prüfung oder in dem Lernfeldprojekt der berufsbezogenen Prüfung oder, bei einer Projektprüfung, im Fach Handlungskompetenz oder im geprüften Lernfeldprojekt herangezogen werden kann. Ein solcher Ausgleich kann höchstens für zwei Fächer oder für ein Fach und das Lernfeldprojekt der berufsbezogenen Prüfung oder der Projektprüfung erfolgen. Sind die bei Nummer 1 oder Nummer 2 genannten Voraussetzungen aufgrund der im Fach Englisch II erzielten Note nicht erfüllt, bleibt diese Note unberücksichtigt. In diesem Fall wird in die Ermittlung des Durchschnitts nach Nummer 1 die im Fach Englisch I erzielte Endnote einbezogen.

(7) Über die Prüfung ist eine Niederschrift zu fertigen, die von der Vorsitzenden oder dem Vorsitzenden des Prüfungsausschusses und dem Mitglied, das die Niederschrift angefertigt hat, unterschrieben wird.

(8) Die Niederschrift über die einzelnen Teile der Prüfung und über die Feststellung der Prüfungsergebnisse, eine Liste mit den Prüfungsergebnissen und die Prüfungsarbeiten sind bei den Schulakten aufzubewahren. Die Niederschriften und die Prüfungsarbeiten sind nach Ablauf von drei Jahren seit der Feststellung der Ergebnisse der Prüfung zu vernichten.

§ 19
Zeugnis

(1) Wer die Abschlussprüfung bestanden hat, erhält ein Abschlusszeugnis mit den nach § 18 Absatz 1 bis 4 ermittelten Endnoten. In dem Zeugnis ist unter „Bemerkungen" aufzuführen: „Die Schülerin/Der Schüler hat den Bildungsgang mit einem dem Hauptschulabschluss gleichwertigen Bildungsstand abgeschlossen." Wurde am Unterricht im Fach Englisch II, nicht jedoch an der abschließenden Prüfung in diesem Fach teilgenommen, oder ist die im Fach Englisch erzielte Note nach § 18 Absatz 6 unberücksichtigt geblieben, so ist die im Fach Englisch I erzielte Endnote mit dem Klammerzusatz „(nicht abschließend geprüft)" in das Zeugnis aufzunehmen. Unter „Bemerkungen" ist in dem Zeugnis außerdem der Hinweis „Der Abschluss ist im Deutschen und Europäischen Qualifikationsrahmen dem Niveau 2 zugeordnet." auszubringen.

(2) Wer die Abschlussprüfung nicht bestanden hat oder an ihr nicht oder nur teilweise teilgenommen hat und die Schule verlässt, erhält ein Zeugnis nach § 23 Absatz 4 oder 5.

(3) Wer an der Abschlussprüfung teilgenommen, sie jedoch nicht bestanden hat und das Schuljahr wiederholt, erhält ein Zeugnis nach § 23 Absatz 4 oder 6.

(4) Wer an der Abschlussprüfung nicht oder nur teilweise teilgenommen hat und das Schuljahr wiederholt, erhält ein Zeugnis nach § 23 Absatz 4 oder 6 mit den Noten, die aus den während des Schuljahres erbrachten Einzelleistungen ermittelt werden; etwaige Prüfungsleistungen bleiben unberücksichtigt.

(5) In den Zeugnissen nach den Absätzen 1 bis 4 sind die absolvierten Lernfeldprojekte und die dort jeweils erzielten Einzelnoten auszuweisen. Zusätzlich zu der für das Fach Lebensweltbezogene Kompetenz auszuweisenden Gesamtnote können die in den absolvierten lebensweltbezogenen Lernprojekten erzielten Jahresnoten im Zeugnis ausgebracht werden. Das Lernfeldprojekt, das Gegenstand der berufsbezogenen Prüfung oder der Projektprüfung war, ist entsprechend zu kennzeichnen; im Falle einer Teilnahme an der Projektprüfung ist das Thema des Projekts aufzuführen.

→ Zeugnisse (Berufliche Schulen)

§ 20
Wiederholung der Prüfung, Entlassung

(1) Wer die Abschlussprüfung nicht bestanden hat, kann sie nach erneutem Besuch des Bildungsgangs einmal wiederholen.

(2) Die freiwillige Wiederholung auch nur eines Teils des Schuljahres gilt als Nichtbestehen der Abschlussprüfung. Bei bestandener Abschlussprüfung ist weder eine Wiederholung der Ausbildung noch eine Wiederholung der Abschlussprüfung zulässig.

(3) Wer die Abschlussprüfung auch nach der Wiederholung nicht bestanden hat, muss den Bildungsgang verlassen.

(4) Wer die Abschlussprüfung mit dem Hauptschulabschluss gleichwertigen Bildungsstand ohne Englisch bestanden hat, muss den Bildungsgang verlassen.

Hinweis der Redaktion: Die Paragrafen 21 (Nichtteilnahme, Rücktritt) und 22 (Täuschungshandlungen, Ordnungsverstöße) sind hier nicht abgedruckt, da inhaltsgleich mit § 23 und § 24 der → Berufsfachschule Altenpflegehilfe

4. Abschnitt
Abschluss des Bildungsgangs ohne einen dem Hauptschulabschluss gleichwertigen Bildungsstand

§ 23
Teilnahme an der berufsbezogenen Prüfung, Notenermittlung, Zeugnisse

(1) Wer anstrebt, den Bildungsgang ohne einen dem Hauptschulabschluss gleichwertigen Bildungsstand abzuschließen, nimmt an einer berufsbezogenen Prüfung (§ 16) oder an einer Projektprüfung (§ 17) teil. An der Prüfung kann teilnehmen, wer eine Anmeldenote für das in die Prüfung einbezogene Lernfeldprojekt oder, im Falle der Projektprüfung, für das Fach Handlungskompetenz und das in die Prüfung einbezogene Lernfeldprojekt vorweist. Die Anmeldenote ist als ganze oder halbe Note zu bilden.

(2) Für die Ermittlung der in einer Prüfung nach Absatz 1 erzielten Endnote gilt § 18 Absatz 1 und Absatz 2 Satz 1 entsprechend. Die Endnote ist im Zeugnis nach Absatz 4 oder 5 auszubringen. Die Teilnahme an der jeweiligen Prüfung ist unter Kennzeichnung des in die Prüfung einbezogenen Lernfeldprojektes im Zeugnis zu vermerken, bei Durchführung der Projektprüfung zusätzlich unter Nennung des Themas der Projektprüfung. Die §§ 10, 11, 12 Absatz 3, §§ 13, 16 und 17, § 18 Absatz 5 Satz 2, Absatz 7 und 8 sowie §§ 21 und 22 gelten entsprechend.

(3) Der Bildungsgang ist unabhängig vom Ergebnis der Prüfung nach dem 3. Abschnitt erfolgreich absolviert, wenn

1. der Durchschnitt aus den Jahresnoten (ganze Noten, die aus den während des Schuljahres erbrachten Einzelleistungen ermittelt werden) aller maßgebenden Fächer sowie den Endnoten der nach Absatz 1 oder §§ 16 und 17 durchgeführten berufsbezogenen Prüfung oder Projektprüfung 4,0 oder besser ist und
2. mindestens zwei Zertifikate berufsbezogener Lernfeldprojekte oder ein berufsbezogenes Lernfeldprojekt und eine betriebliche Lernaufgabe und ein Zertifikat über ein Lernprojekt in lebensweltbezogener Kompetenz vorgewiesen werden können, die von der Schülerin oder dem Schüler jeweils im Umfang von mindestens 30

Stunden bearbeitet worden sind. § 8 Absatz 4 Satz 2 bleibt unberührt.

(4) Wer den Bildungsgang erfolgreich nach Absatz 3 absolviert hat, erhält ein Abschlusszeugnis. In diesem Zeugnis werden für alle Fächer, ausgenommen Berufliche Kompetenz, die erzielten Jahresnoten ausgebracht; dabei können zusätzlich zur Gesamtnote des Fachs Lebensweltbezogene Kompetenz die in den absolvierten lebensweltbezogenen Lernprojekten jeweils erzielten Einzelnoten ausgewiesen werden. Im Fach Berufliche Kompetenz werden die in den einzelnen Lernfeldprojekten erzielten Noten aufgeführt. Absatz 2 Satz 3 gilt entsprechend. Wurde im Rahmen des Fachs Deutsch nur Sprachkompetenz oder wurde im Rahmen des Fachs Mathematik nur Rechenkompetenz vermittelt oder wurde die Abschlussprüfung nach dem 3. Abschnitt nicht bestanden, werden jeweils Jahresnoten für Sprachkompetenz und Rechenkompetenz im Zeugnis ausgewiesen. Unter „Bemerkungen" ist in dem Zeugnis außerdem der Hinweis „Der Abschluss ist im Deutschen und Europäischen Qualifikationsrahmen dem Niveau 1 zugeordnet." auszubringen.

(5) Wer den Bildungsgang nicht erfolgreich im Sinne von Absatz 3 absolviert hat und die Schule verlässt, erhält ein Abgangszeugnis. Absatz 4 Satz 2 bis 4 gilt entsprechend.

(6) Wer den Bildungsgang nicht erfolgreich im Sinne von Absatz 3 absolviert hat und ihn wiederholen will, erhält ein Jahreszeugnis. Absatz 4 Satz 2 bis 4 gilt entsprechend.

5. Abschnitt
Prüfung für Schulfremde

§ 24
Teilnehmerinnen und Teilnehmer

Wer das Abschlusszeugnis des Bildungsgangs „Ausbildungsvorbereitung dual (AVdual)" oder „Ausbildungsvorbereitung (AV)" nach § 19 Absatz 1 erwerben will, ohne eine entsprechende öffentliche oder staatlich anerkannte Schule besucht zu haben, kann als außerordentlicher Teilnehmer (Schulfremder) oder außerordentliche Teilnehmerin (Schulfremde) die Abschlussprüfung nach Abschnitt 2 dieser Schulversuchsbestimmungen ablegen.

§ 25
Teile der Schulfremdenprüfung, Zeitpunkt

Die Schulfremdenprüfung besteht aus einer schriftlichen Prüfung, einer berufsbezogenen Prüfung und einer mündlichen Prüfung. Sie findet einmal jährlich, in der Regel zusammen mit der Abschlussprüfung an den öffentlichen beruflichen Schulen mit Bildungsgang „Ausbildungsvorbereitung dual (AVdual)" oder „Ausbildungsvorbereitung (AV)" statt. → Termine (Berufliche Schulen)

§ 26
Meldung

(1) Die Meldung zur Prüfung ist bis zum 1. Dezember für die Prüfung im darauffolgenden Jahr an die für den Wohnsitz der Bewerberin oder des Bewerbers zuständige obere Schulaufsichtsbehörde zu richten. Für die Schülerinnen und Schüler der staatlich genehmigten, aber noch nicht anerkannten privaten Schulen ist die obere Schulaufsichtsbehörde zuständig, in deren Bezirk die Privatschule liegt.

(2) Der Meldung sind beizufügen:

1. ein Lebenslauf in tabellarischer Form mit Angaben über den bisherigen Bildungsweg und gegebenenfalls über die ausgeübte Berufstätigkeit,
2. die Geburtsurkunde und ein Lichtbild,
3. die Abschluss- beziehungsweise Abgangszeugnisse der besuchten Schulen (beglaubigte Abschriften oder Ablichtungen),
4. eine Erklärung darüber, ob und gegebenenfalls mit welchem Ergebnis die Bewerberin oder der Bewerber schon an einer Abschlussprüfung des Bildungsgangs „Ausbildungsvorbereitung dual (AVdual)" oder „Ausbildungsvorbereitung (AV)" teilgenommen hat,
5. Angaben über die Vorbereitung auf die Prüfung.

(3) Für Schülerinnen und Schüler der staatlich genehmigten, aber noch nicht anerkannten privaten Schulen kann an Stelle der Meldung durch die einzelne Bewerberin oder den einzelnen Bewerber die Sammelmeldung der Schule treten, die Vor- und Zuname, Geburtstag, Geburtsort und Anschrift der Bewerberinnen und Bewerber enthalten muss. Der Sammelmeldung sind die Unterlagen nach Absatz 2 beizufügen.

§ 27
Voraussetzung für die Zulassung

(1) Schulfremde können die Prüfung nicht eher ablegen, als es ihnen bei normalem Schulbesuch möglich wäre.

(2) Zur Prüfung wird nur zugelassen, wer

1. die in § 2 Absatz 2 genannten Voraussetzungen für eine Ausbildung im Bildungsgang „Ausbildungsvorbereitung dual (AVdual)" oder „Ausbildungsvorbereitung (AV)" erfüllt,
2. die Voraussetzung für die Zulassung nach § 12 Absatz 1 Nummer 2 erfüllt,
3. nicht bereits zweimal die Prüfung nicht bestanden hat,
4. nicht bereits die Prüfung bestanden hat.

(3) Zur Prüfung wird in der Regel nur zugelassen, wer in Baden-Württemberg seinen ständigen Wohnsitz hat und in Baden-Württemberg an einer staatlich genehmigten Schule oder einer sonstigen Unterrichtseinrichtung auf die Schulfremdenprüfung vorbereitet wurde.

§ 28
Entscheidung über die Zulassung,
Ort der Schulfremdenprüfung

Die öffentliche berufliche Schule mit Bildungsgang „Ausbildungsvorbereitung dual (AVdual)" oder „Ausbildungsvorbereitung (AV)" entscheidet über die Zulassung zur Prüfung. Bei Bewerberinnen und Bewerbern von staatlich genehmigten Schulen trifft diese Entscheidung die obere Schulaufsichtsbehörde. Sie bestimmt die öffentliche berufliche Schule mit Bildungsgang „Ausbildungsvorbereitung dual (AVdual)" oder

„Ausbildungsvorbereitung (AV)“, an der die Prüfung abzulegen ist; § 29 Absatz 1 Nummer 6 bleibt unberührt.

§ 29
Durchführung der Schulfremdenprüfung

(1) Für die Prüfung der zugelassenen Bewerberinnen und Bewerber gelten § 11 Absatz 1 und 3, §§ 13 bis 17, § 18 Absatz 5 bis 8 und §§ 20 bis 22 entsprechend mit folgender Maßgabe:

1. Fachlehrkräfte im Sinne von § 13 Absatz 4, § 14 Absatz 5 und § 16 Absatz 3 sind die von der Vorsitzenden oder dem Vorsitzenden des Prüfungsausschusses bestimmten Fachlehrkräfte einer Schule, in der Regel der für die Abnahme der Prüfung zuständigen öffentlichen beruflichen Schule mit Bildungsgang „Ausbildungsvorbereitung dual (AVdual)“ oder „Ausbildungsvorbereitung (AV)“.
2. Mündlich geprüft wird das Fach Lebensweltbezogene Kompetenz sowie das Fach Computeranwendungen. An die Stelle der mündlichen Prüfung in den Fächern nach Satz 1 kann jeweils eine schriftliche Prüfung treten (Dauer höchstens 45 Minuten). Die Fächer Deutsch, Mathematik und, falls schriftlich geprüft, Englisch II können mündlich geprüft werden. Werden diese Fächer von der Vorsitzenden oder dem Vorsitzenden des Prüfungsausschusses insgesamt oder zum Teil nicht für die mündliche Prüfung vorgesehen, so kann der Prüfling für bis zu zwei dieser Fächer von der Möglichkeit nach § 15 Absatz 5 Satz 3 Gebrauch machen.
3. Bei der Feststellung des Ergebnisses der Prüfung zählen allein die Prüfungsleistungen.
4. Bei der Ermittlung der Endnote zählen in den Fächern, in denen schriftlich und mündlich geprüft wurde, die Note der schriftlichen Prüfung und die Note der mündlichen Prüfung je einfach.
5. Die Prüfung ist bestanden, wenn
   a) der Durchschnitt der in allen geprüften Fächern erzielten Noten 4,0 oder besser ist und
   b) die in § 18 Absatz 5 Nummer 2 erfolgten Vorgaben erfüllt sind; dabei treten an die Stelle der Endnoten die in der Prüfung jeweils erzielten Noten.

   Die Einbeziehung des Fachs Computeranwendungen und Lebensweltbezogene Kompetenz in die Ausgleichsregelung nach § 18 Absatz 6 Nummer 2 ist nicht möglich.
6. Bei Schülerinnen und Schülern von staatlich genehmigten, aber noch nicht anerkannten Schulen kann die obere Schulaufsichtsbehörde bestimmen, dass die Prüfung im Gebäude der betreffenden Schule abgenommen wird. Die Leitung und Beaufsichtigung regelt in diesem Fall die obere Schulaufsichtsbehörde.

(2) Die Prüflinge haben sich bei Beginn der Prüfung mit einem mit Lichtbild versehenen amtlichen Ausweis auszuweisen und diesen während der gesamten Prüfung bei sich zu führen und auf Verlangen vorzuzeigen.

(3) Wer die Abschlussprüfung bestanden hat, erhält das Abschlusszeugnis für Schulfremde.

(4) Wer die Prüfung nicht bestanden hat, kann sie einmal wiederholen. Auf Antrag wird eine Bescheinigung über die Teilnahme an der Prüfung, über das Ergebnis der Prüfung und über die ermittelten Noten erteilt.

6. Abschnitt

§ 30
Geltungsbereich

Für die am Schulversuch teilnehmenden Schülerinnen und Schüler der zweijährigen zur Prüfung der Fachschulreife führenden Berufsfachschule findet die Verordnung des Kultusministeriums über die Ausbildung und Prüfung an den zweijährigen zur Prüfung der Fachschulreife führenden Berufsfachschulen („BFS-VO“) in der jeweils geltenden Fassung Anwendung. Abweichend hiervon gelten die beigefügte Stundentafel in der Anlage 3 sowie die nachfolgenden §§ 31 - 33.

→ Berufsfachschule Fachschulreife – Zweijährig (2BFS-VO)

§ 31
Ausbildungsziel, Profile, Inhalt der Ausbildung, Stundentafel

(1) Das Fach Berufliche Kompetenz umfasst die jeweils als Kernfach zählenden Teilbereiche „Berufsfachliche Kompetenz“ und „Berufspraktische Kompetenz“, für die in den Zeugnissen jeweils Einzelnoten ausgewiesen werden.

(2) In den Schulversuch einbezogene Klassen der zweijährigen zur Prüfung der Fachschulreife führenden Berufsfachschule (erste Klassenstufe), die statistisch unter der Mindestschülerzahl liegen bzw. die Schülerzahl Null aufweist, sind vom Hinweisverfahren der regionalen Schulentwicklung (RSE) ausgenommen.

(3) § 7 der BFS-VO mit der Regelung zur Probezeit findet keine Anwendung.

(4) Eine zusammenfassende Darstellung der von der Schülerin oder dem Schüler erlangten Handlungskompetenz wird der Halbjahresinformation und dem Zeugnis als Beiblatt angefügt.

§ 32
Versetzung

(1) Für die Feststellung der Versetzung sind die Leistungen in der Beruflichen Kompetenz einzubeziehen. Die Leistungen in der Beruflichen Kompetenz - sowohl im Teilbereich Berufsfachliche Kompetenz als auch im Teilbereich Berufspraktische Kompetenz - dürfen nicht schlechter als mit der Note „ausreichend“ bewertet sein.

(2) Von den Schülerinnen und Schülern wird im Fach Berufliche Kompetenz zeitgleich zu der Prüfung, die von den übrigen Schülerinnen und Schülern des Bildungsgangs „Ausbildungsvorbereitung dual (AVdual)“ oder „Ausbildungsvorbereitung (AV)“ in diesem Fach zu absolvieren ist, eine abschließende Arbeit angefertigt. Das Ergebnis dieser abschließenden Arbeit ist wie eine Klassenarbeit

oder ein Lernfeldprojekt in die Feststellung nach Absatz 1 einzubeziehen.

(3) Zusätzlich zu den in der BFS-VO festgehaltenen Voraussetzungen zur Versetzung in die nächsthöhere Klasse ist das Ergebnis der abschließenden Arbeit einzubeziehen, die die Schülerinnen und Schüler im Fach Berufliche Kompetenz zeitgleich zu der Prüfung anfertigen, die von den übrigen Schülerinnen und Schülern des Bildungsgangs „Ausbildungsvorbereitung dual (AVdual)" oder „Ausbildungsvorbereitung (AV)" in diesem Fach zu absolvieren ist.

§ 33

Praktische Prüfung

Die praktische Prüfung erstreckt sich in allen Bereichen auf den Teilbereich Berufspraktische Kompetenz des Fachs Berufliche Kompetenz.

→ Berufsfachschule Fachschulreife – Zweijährig (2BFS-VO; → Ganztagsklassen (Berufliche Schulen); ⇨ Sprachförderung (Integration); → Termine (Berufliche Schulen); → Zeugnisse (Berufliche Schulen)

Ausbildungsvorbereitung dual (AVdual) / (Stundentafeln)

Anlage 1 (zu § 6 Abs. 5)

Stundentafel für den Bildungsgang Ausbildungsvorbereitung dual (AVdual)

(durchschnittliche Zahl der Wochenstunden[1)])

1. Pflichtbereich	
1.1 Allgemeiner Bereich	
Religionslehre	1
Deutsch (inkl. Sprachkompetenz)	3 - 5
Englisch I oder II	1 - 3
Lebensweltbezogene Kompetenz mit WK/GK [2)]	2
Sport	0 - 2
Mathematik (inkl. Rechenkompetenz)	3 - 4
Computeranwendungen[3)]	1 - 2
Biologie oder Chemie oder Physik [4)]	0 - 2
zus. 1.1:	11 - 18
1.2 Profilbereich	
Berufliche Kompetenz	6 - 14
1.3 Offene Lernzeit[5)]	8
1.4 Handlungskompetenz [6)]	
1.5 Betriebspraktikum [7)]	2 wöchentliche Praktikumstage
2. Wahlpflichtbereich	
Ergänzende Angebote der Ganztagesförderung [8)]	1 - 3
	20
3. Wahlbereich	4

Fußnoten:

1) Die zur Verfügung stehenden Lehrerressourcen werden als schülerbezogenes Budget festgelegt.
2) Die Lebensweltbezogene Kompetenz wird mit dem Schwerpunkt Wirtschafts- und Gemeinschaftskunde erworben.
3) Die Computeranwendungen werden vorrangig integrativ in den Fächern Berufliche Kompetenz und lebensweltbezogene Kompetenz unterrichtet.
4) Im hauswirtschaftlich-pflegerischen Bereich im Profil Hauswirtschaft und Ernährung nur Biologie oder Physik, im Profil Gesundheit und Pflege nur Chemie oder Physik. Pro durchschnittlich 23 Schüler darf jeweils ein Angebot gemacht werden.
5) Die Offene Lernzeit ist ein Verbund aus den Fächern Berufliche Kompetenz, Deutsch, Mathematik und Englisch, ggf. können weitere Fächer beteiligt werden. Eine Benotung ist nicht erforderlich. Fachliche Leistungen fließen ggf. in die Fachnote, überfachliche Leistungen in die Handlungskompetenznote ein.
6) Die Handlungskompetenz ist ein eigenständiges Fach. Sie wird integrativ in allen Fächern unterrichtet.
7) Die Schule stellt in Zusammenarbeit mit dem AVdual-Begleiter/der AVdual-Begleiterin die Praktikumsbetreuung sicher. Sie umfasst je 5 Schüler/-innen 1 LWS pro wöchentlichem Praktikumstag. Im begründeten Einzelfall kann das Praktikum 1 -3 wöchentliche Praxistage umfassen. Die Anzahl SWS beträgt bei einem wöchentlichen Praktikumstag 26, bei drei wöchentlichen Praktikumstagen 14 SWS. Das Praktikum kann auch als Blockpraktikum durchgeführt werden, wobei in den Unterrichtswochen 32 bis 34 SWS vorzusehen sind.
8) Die Umsetzung erfolgt als Ganztagsklasse gemäß den Bestimmungen zum Schulversuch „Ganztagsklassen an beruflichen Schulen".

Anlage 2 (zu § 6 Absatz 5 identisch mit **Anlage 1**)

Stundentafel für den Bildungsgang Ausbildungsvorbereitung (AV)

(durchschnittliche Zahl der Wochenstunden[1)])

Hinweis der Redaktion: Die Stundentafel AV ist identisch mit Anlage 1, nur die Fußnote 7 ist verschieden.

Fußnoten zu Anlage 2:

[...]

7) Die Schule stellt die Praktikumsbetreuung sicher. Sie umfasst je 5 Schüler/innen 1 LWS pro wöchentlichem Praktikumstag. Im begründeten Einzelfall kann das Praktikum 1 -3 wöchentliche Praxistage umfassen. Die Anzahl SWS beträgt bei einem wöchentlichen Praktikumstag 26, bei drei wöchentlichen Praktikumstagen 14 SWS. Das Praktikum kann auch als Blockpraktikum durchgeführt werden, wobei in den Unterrichtswochen 32 bis 34 SWS vorzusehen sind.

Anlage 3 (zu § 31 Absatz 3)

Stundentafel für die zweijährigen zur Prüfung der Fachschulreife führenden Berufsfachschulen

(durchschnittliche Zahl der Wochenstunden[1)])

	gewerblich-technisch	kaufmännisch	Hausw. und Ernährung	Gesundheit und Pflege	gewerblich-technisch	kaufmännisch	Hausw. und Ernährung	Gesundheit und Pflege
1. Pflichtbereich	1. Jahr				2. Jahr			
1.1 Allgemeiner Bereich								
Religionslehre	1 - 2				1 - 2			
Deutsch	3 - 4				2 - 4			
Englisch	3 - 4				4			
Lebensweltbezogene Kompetenz[2)] mit WK/GK/ Geschichte	2 - 3				2			
Sport	1 -2				1 -2			
Mathematik	3 - 4				4			
Biologie oder Chemie oder Physik [3)]	2 - 3				2 - 3			
	15 - 21				16 - 21			
1.2 Profilbereich								
Berufliche Kompetenz	13	9	11		13	9	11	
1.3 Offene Lernzeit[4)]	8				8			
1.4 Handlungskompetenz[5)]								
1.5 Betriebspraktikum[6)]	0,5 - 1 wöchentliche Praxistage							
2. Wahlpflichtbereich[7)]								
z.B.: - Übungsfirma, Computeranwendungen - ergänzende Angebote der Ganztagesförderung[8)] - Berufliches Vertiefungsfach[9)] - Chemie, Biologie, Physik[9)]	2 - 6				2 - 6			
	34	30	32		34	30	32	
3. Wahlbereich	4				4			

1) Die zur Verfügung stehenden Lehrerressourcen werden im ersten Jahr als schülerbezogenes Budget festgelegt.

2) Die Lebensweltbezogene Kompetenz wird im ersten Jahr mit dem Schwerpunkt Wirtschafts- und Gemeinschaftskunde, im zweiten Jahr mit Schwerpunkt Geschichte erworben.

3) Im hauswirtschaftlich-pflegerischen Bereich im Profil Hauswirtschaft und Ernährung nur Biologie oder Physik, im Profil Gesundheit und Pflege nur Chemie oder Physik. Pro durchschnittlich 23 Schüler darf jeweils ein Angebot gemacht werden.

4) Die Offene Lernzeit ist ein Verbund aus den Fächern Berufliche Kompetenz, Deutsch, Mathematik und Englisch, ggf. können weitere Fächer beteiligt werden. Eine Benotung ist nicht erforderlich. Fachliche Leistungen fließen ggf. in die Fachnote, überfachliche Leistungen in die Handlungskompetenznote ein.

5) Die Handlungskompetenz ist ein eigenständiges Fach. Sie wird integrativ in allen Fächern unterrichtet.

6) Bei einem wöchentlichen Praxistag reduziert sich der Unterricht in beruflicher Kompetenz und damit auch die Gesamtstundenzahl um 6 SWS. Die Schule stellt in Zusammenarbeit mit dem AVdual-Begleiter/der AVdual-Begleiterin die Praktikumsbetreuung sicher. Sie umfasst je 5 Schüler/-innen 1 LWS pro wöchentlichem Praktikumstag. Das Praktikum kann auch als Blockpraktikum durchgeführt werden.

7) Stützunterricht kann sich auf jedes Fach des Pflichtbereichs erstrecken, mit Ausnahme von Sport und Religion. Hierbei ist eine prioritäre Förderung des Faches Deutsch anzustreben.

8) Die Umsetzung erfolgt als Ganztagsklasse gemäß den Bestimmungen zum Schulversuch „Ganztagsklassen an beruflichen Schulen".

9) Von den Fächern Physik, Chemie, Biologie, Berufliches Vertiefungsfach ist mindestens eins mit mindestens 2 SWS vorzusehen.

Berufliches Gymnasium (BGVO)

Verordnung des Kultusministeriums über die Beruflichen Gymnasien
(Ausbildungs- und Prüfungsordnung Berufliche Gymnasien – BGVO) vom 27. August 2021 (GBl. S. 742/2021)

Hinweis der Redaktion: Die „Laufbahn" der Schüler*innen am Beruflichen Gymnasium war bislang in drei Verordnungen geregelt: Aufnahmeverordnung, Versetzungsordnung und Abiturverordnung (Abitur – BGVO). Diese Verordnung gilt für Schüler*innen, die die im Schuljahr 2021/22 in die Eingangsklasse eines Beruflichen Gymnasiums eingetreten sind. Die bisherigen Regelungen *(abgedruckt im GEW-Jahrbuch 2020)* gelten für Schüler*innen, die zum Schuljahr 2021/2022 in die erste Jahrgangsstufe der Qualifikationsphase eingetreten sind, mit Ausnahme der Neufassung von § 32 Absatz 5 BGVO, fort.

Abschnitt 1
Allgemeines

§ 1
Geltungsbereich

Diese Verordnung gilt

1. für die Beruflichen Gymnasien der dreijährigen Aufbauform des lebens- und humanwissenschaftlichen Profils mit der agrarwissenschaftlichen Richtung (AG), der biotechnologischen Richtung (BTG), der ernährungswissenschaftlichen Richtung (EG) und der sozial- und gesundheitswissenschaftlichen Richtung (SGG), des technischen Profils mit der technischen Richtung (TG) und des wirtschaftswissenschaftlichen Profils mit der wirtschaftswissenschaftlichen Richtung (WG),
2. für die Beruflichen Gymnasien der sechsjährigen Aufbauform des lebens- und humanwissenschaftlichen Profils mit der ernährungswissenschaftlichen Richtung und der sozial- und gesundheitswissenschaftlichen Richtung, des technischen Profils mit der technischen Richtung und des wirtschaftswissenschaftlichen Profils mit der wirtschaftswissenschaftlichen Richtung.

§ 2
Gliederung des Beruflichen Gymnasiums

(1) Das Berufliche Gymnasium der dreijährigen Aufbauform umfasst die Eingangsklasse als Einführungsphase sowie die Jahrgangsstufe 1 und die Jahrgangsstufe 2 als Qualifikationsphase.

(2) Das Berufliche Gymnasium der sechsjährigen Aufbauform umfasst die Klassen 8 bis 11 sowie die Jahrgangsstufe 1 und die Jahrgangsstufe 2. Die Klasse 11 entspricht hierbei der Einführungsphase des Beruflichen Gymnasiums der dreijährigen Aufbauform.

Abschnitt 2
Aufnahme in das Berufliche Gymnasium

§ 3
Aufnahme in ein Berufliches Gymnasium der dreijährigen Aufbauform

(1) Voraussetzung für die Aufnahme in die Eingangsklasse der Beruflichen Gymnasien der dreijährigen Aufbauform aller Richtungen ist

1. der Realschulabschluss, der Werkrealschulabschluss oder die Fachschulreife, wobei ein Durchschnitt von mindestens 3,0 aus den Noten der Fächer Deutsch, Mathematik sowie der ersten Pflichtfremdsprache (Englisch oder Französisch) und in jedem dieser Fächer mindestens die Note „ausreichend" erreicht sein muss, oder
2. das Versetzungszeugnis eines Gymnasiums am Ende der Klasse 9 bei achtjährigem Bildungsgang oder am Ende der Klasse 10 oder
3. das Versetzungszeugnis einer Gemeinschaftsschule am Ende der Klasse 10 in entsprechender Anwendung der Versetzungsordnung Gymnasien.

(2) Weist das Zeugnis nach Absatz 1 Nummer 1 keine Note für die weiterzuführende erste Pflichtfremdsprache aus, wird für den Abschluss jedoch eine Note für eine Fremdsprache ausgewiesen, durch die die Aufnahmevoraussetzungen erfüllt sind, muss sich die Bewerberin oder der Bewerber in der Pflichtfremdsprache einer schriftlichen und mündlichen Leistungsfeststellung unterziehen und mindestens „ausreichende" Leistungen nachweisen. Die Leistungsfeststellung wird von einer von der Schulleiterin oder dem Schulleiter beauftragten Fachlehrkraft vorgenommen; die schriftlichen und mündlichen Leistungen zählen je einfach.

(3) Bei Aussiedlerinnen und Aussiedlern gemäß § 1 Absatz 2 Nummer 3 des Bundesvertriebenengesetzes kann die obere Schulaufsichtsbehörde in besonders begründeten Fällen auf die Leistungsfeststellung nach Absatz 2 verzichten und zulassen, dass die für den mittleren Bildungsabschluss maßgebliche Fremdsprache am Beruflichen Gymnasium als Pflichtfremdsprache weitergeführt wird; sie trifft die nach Lage des Einzelfalles erforderliche Regelung für Unterricht und Leistungsfeststellung in der Oberstufe sowie für die Feststellung der Gesamtqualifikation, wobei mindestens der Besuch des Unterrichts in einer in der Eingangsklasse beginnenden Fremdsprache sicherzustellen ist.

(4) Eine Aufnahme ist möglich, wenn die Schülerin oder der Schüler bei Schuljahresbeginn der Eingangsklasse das 19. Lebensjahr oder bei Nachweis einer abgeschlossenen Berufsausbildung das 22. Lebensjahr noch nicht vollendet hat. Beim Vorliegen besonderer Umstände kann die Schulleiterin oder der Schulleiter eine Ausnahme von Satz 1 zulassen.

(5) Bewerberinnen und Bewerber, die ein Gymnasium oder eine Gemeinschaftsschule in der Oberstufe aufgrund dieser Verordnung oder der für die Jahrgangsstufen der Qualifikationsphase gemäß § 12 Absatz 1 geltenden Bestimmungen verlassen mussten oder freiwillig verlassen haben und nicht mehr wiederholen dürfen, können nicht aufgenommen werden. Nach Eintritt in die Jahrgangsstufe 1 an einem allgemeinbildenden Gymnasium oder an einer Gemeinschaftsschule ist die Aufnahme in ein Berufliches Gymnasium nicht mehr möglich.

§ 4
Aufnahmeantrag

(1) Der Aufnahmeantrag ist an das Berufliche Gymnasium zu richten, welches die Bewerberin oder der Bewerber besuchen möchte. Der Termin, zu dem der Antrag bei der Schule eingegangen sein muss, wird, soweit er nicht vom Kultusministerium festgelegt wurde, von der Schulleiterin oder dem Schulleiter bestimmt und auf geeignete Weise bekanntgegeben. Dem Aufnahmeantrag sind beizufügen:

1. ein Lebenslauf in tabellarischer Form mit Angaben über den bisherigen Bildungsweg,
2. eine beglaubigte Abschrift des Zeugnisses, das die Voraussetzung für die Aufnahme nachweist; sofern das Zeugnis zum Anmeldetermin noch nicht vorliegt, ist die Abschrift unverzüglich nachzureichen und dem Aufnahmeantrag einstweilen eine beglaubigte Abschrift des letzten Schulzeugnisses beizufügen, und
3. eine Erklärung der Bewerberin oder des Bewerbers darüber, ob und gegebenenfalls mit welchem Ergebnis sie oder er bereits an einem Aufnahmeverfahren für das Berufliche Gymnasium teilgenommen oder ein Gymnasium besucht und an welche Schule die Bewerberin oder der Bewerber ebenfalls einen Aufnahmeantrag gerichtet hat.

(2) Über den Aufnahmeantrag entscheidet die Schulleiterin oder der Schulleiter. Das Kultusministerium oder die Schulleiterin bzw. der Schulleiter kann eine angemessene Frist setzen, innerhalb derer sich die Bewerberin oder der Bewerber erklären muss, ob die zugesagte Aufnahme angenommen wird.

§ 5
Auswahlverfahren im Beruflichen Gymnasium der dreijährigen Aufbauform

(1) Ein Auswahlverfahren ist zur Aufnahme in das dreijährige Berufliche Gymnasium nur durchzuführen, wenn

1. bei voller Ausschöpfung der vorhandenen personellen, räumlichen und sächlichen Gegebenheiten sowie
2. bei Abstimmung der Aufnahmefähigkeit benachbarter Schulen und entsprechender Zuweisung der Bewerberinnen und Bewerber gemäß § 18 Absatz 1 Satz 2, § 88 Absatz 4 Satz 2 SchG

nicht alle Bewerberinnen und Bewerber, welche die Aufnahmevoraussetzungen erfüllen, in das gewünschte Berufliche Gymnasium aufgenommen werden können.

(2) Im Auswahlverfahren sind die Plätze nach folgenden Quoten zu vergeben:

1. 95 Prozent nach der in Absatz 3 festgelegten Rangfolge,
2. 5 Prozent für außergewöhnliche Härtefälle gemäß Absatz 4.

Bleiben im Rahmen der Auswahl nach Nummer 2 Plätze frei, sind diese nach der in Absatz 3 festgelegten Rangfolge zu vergeben.

(3) Bei der Vergabe der Plätze im Auswahlverfahren nach Absatz 1 werden aufgenommen:

1. Bewerberinnen und Bewerber
   a) mit Realschulabschluss, Werkrealschulabschluss sowie mit Fachschulreife oder
   b) mit Versetzungszeugnis einer Gemeinschaftsschule am Ende der Klasse 10 auf Niveau E nach den Anforderungen der Versetzungsordnung Gymnasien, die keinen Unterricht in der zweiten Fremdsprache im Wahlpflichtbereich in mindestens vier aufeinanderfolgenden Schuljahren besucht haben,

bis 85 Prozent der Plätze besetzt sind,

2. Bewerberinnen und Bewerber mit Versetzungszeugnis
   a) eines Gymnasiums in die Klasse 10 oder die Jahrgangsstufe 11 eines Gymnasiums des achtjährigen Bildungsgangs,
   b) in die Klasse 11 eines Gymnasiums des neunjährigen Bildungsgangs oder
   c) einer Gemeinschaftsschule am Ende der Klasse 10 auf Niveau E nach den Anforderungen der Versetzungsordnung Gymnasien, die Unterricht in der zweiten Fremdsprache im Wahlpflichtbereich in mindestens vier aufeinanderfolgenden Schuljahren besucht haben,

bis 15 Prozent der Plätze besetzt sind.

Die von einer Bewerbergruppe nicht beanspruchten Plätze stehen für die andere Bewerbergruppe zur Verfügung. Die für die Vergabe nach Eignung und Leistung innerhalb der Bewerbergruppe nach Satz 1 Nummer 1 zur Verfügung stehenden Plätze werden entsprechend dem jeweiligen Bewerberanteil verteilt auf die Gruppe der Bewerberinnen und Bewerber

1. mit Realschulabschluss,
2. mit Werkrealschulabschluss,
3. mit Fachschulreife oder
4. mit Versetzungszeugnis einer Gemeinschaftsschule nach Satz 1 Nummer 1 Buchstabe b.

Die für die Vergabe nach Eignung und Leistung innerhalb der Bewerbergruppe nach Satz 1 Nummer 2 zur Verfügung stehenden Plätze werden entsprechend dem jeweiligen Bewerberanteil verteilt auf die Gruppe der Bewerberinnen und Bewerber

1. mit dem Versetzungszeugnis eines Gymnasiums nach Satz 1 Nummer 2 Buchstabe a und b sowie
2. mit einem Versetzungszeugnis einer Gemeinschaftsschule nach Satz 1 Nummer 2 Buchstabe c.

Die Rangfolge innerhalb der Bewerbergruppen nach Satz 3 und 4 bestimmt sich nach dem auf eine Dezimale ohne Rundung errechneten Durchschnitt aus den Noten des Zeugnisses nach § 3 Absatz 1 oder der Leistungsfeststellung nach § 3 Absatz 2 in den Fächern Deutsch, Mathematik und der am aufnehmenden Gymnasium weiterzuführenden Pflichtfremdsprache. Bei gleicher Rangfolge ist der auf eine Dezimale ohne Rundung errechnete Durchschnitt aus den Noten in allen Fächern mit Ausnahme der Arbeitsgemeinschaften entscheidend. Bei Bewerberinnen und Bewerbern, die am allgemeinbildenden Gymnasium des achtjährigen Bildungsgangs am Ende der Klasse 10 versetzt wurden, wird das Zeugnis nach § 3 Absatz 1 Nummer 2 zugrunde gelegt, das die Bewerberin oder der Bewerber im Auswahlverfahren vorlegt.

(4) Ein außergewöhnlicher Härtefall im Auswahlverfahren liegt vor, wenn eine Bewerberin oder ein Bewerber nach Absatz 2 Nummer 1 nicht ausgewählt worden ist und die Nichtaufnahme für sie oder ihn mit Nachteilen verbunden wäre, die bei Anlegung eines strengen Maßstabes über das Maß der mit der Nichtaufnahme üblicherweise verbundenen Nachteile erheblich hinausgehen. Für die Berücksichtigung als außergewöhnlicher Härtefall kommen insbesondere familiäre oder soziale Umstände oder andere von der Bewerberin oder vom Bewerber nicht zu vertretende Gründe, welche die Aufnahme der Ausbildung verzögert haben, in Betracht. Über das Vorliegen eines außergewöhnlichen Härtefalles und die sich nach dem Grad der Härte ergebende Rangfolge der Bewerberinnen und Bewerber entscheidet ein Auswahlausschuss, dem die Schulleiterin oder der Schulleiter als vorsitzendes Mitglied und vier von ihr oder ihm beauftragte Lehrkräfte angehören; für die Tätigkeit und Beschlussfähigkeit des Auswahlausschusses ist § 29 sinngemäß anzuwenden.

(5) Bewerberinnen und Bewerber, deren Aufnahmeantrag nach dem bestimmten Termin eingegangen ist, können im Auswahlverfahren erst berücksichtigt werden, wenn alle rechtzeitig eingegangenen Aufnahmeanträge beschieden oder zurückgenommen worden sind.

§ 6
Aufnahme in ein Berufliches Gymnasium der sechsjährigen Aufbauform

(1) Für die Aufnahme in ein Berufliches Gymnasium der sechsjährigen Aufbauform gilt die Aufnahmeordnung für das allgemeinbildende dreijährige Aufbaugymnasium und für die allgemein bildenden und beruflichen sechs- und siebenjährigen Aufbaugymnasien vom 6. September 2005 [...], die zuletzt durch Artikel 2 der Verordnung vom 18. Juni 2020 [...] geändert wurde, in der jeweils geltenden Fassung.

(2) Anmeldeschluss ist der erste Schultag nach den Pfingstferien.

(3) Freiwerdende Plätze in den Klassen 11 der sechsjährigen Aufbauform werden gemäß §§ 3 bis 5 vergeben.

Abschnitt 3
Einführungsphase und Mittelstufe

§ 7
Bildungsplan, Stundentafeln, Wahlpflichtfach

(1) Der Unterricht richtet sich nach den vom Kultusministerium erlassenen Bildungsplänen sowie nach den Stundentafeln in den Anlagen 1 bis 8. Für die Beruflichen Gymnasien der sechsjährigen Aufbauform gilt für die Klassen 8 bis 10 die Stundentafel gemäß Anlage 8. Für die Eingangsklasse der dreijährigen Aufbauform sowie für die Klasse 11 der sechsjährigen Aufbauform gilt die Stundentafel gemäß Anlage 1. Für die Jahrgangsstufen gelten die Stundentafeln in den Anlagen 2 bis 7. Zusätzlich können Arbeitsgemeinschaften angeboten werden.

(2) In der sechsjährigen Aufbauform wird in den Klassen 8 bis 10 die zweite Pflichtfremdsprache als neu beginnende (N) oder fortgeführte (F) Pflichtfremdsprache angeboten. Bei Schülerinnen und Schülern, die bereits Vorkenntnisse in einer zweiten Fremdsprache haben und die Fremdsprache beibehalten wollen, entscheiden die Eltern, auf welchem Niveau der Unterricht besucht wird. Die Bewerberinnen und Bewerber nehmen zuvor an einem Fremdsprachentest auf dem Niveau A1 des Gemeinsamen Europäischen Referenzrahmens für Sprachen teil. Auf Grundlage der Ergebnisse des Fremdsprachentests führt die Schule außerdem ein Beratungsgespräch mit den Eltern. Die besuchte fortgeführte Fremdsprache kann nach Abschluss der Klasse 10 abgewählt werden. Eine ab Klasse 8 neu begonnene Fremdsprache kann nach Abschluss der Klasse 11 abgewählt werden. Der Besuch dieser Fremdsprache in Klasse 11 zählt als Wahlpflichtfach im Sinne von Absatz 3.

(3) Die Schülerinnen und Schüler wählen vor Eintritt in die Eingangsklasse der dreijährigen Aufbauform beziehungsweise vor Eintritt in die Klasse 11 der sechsjährigen Aufbauform bis zu einem von der Schule festgelegten Termin entsprechend dem Unterrichtsangebot der Schule ein berufsbezogenes Schwerpunktfach (Profilfach) sowie ein Wahlpflichtfach. Wer den zum Erwerb der allgemeinen Hochschulreife erforderlichen Unterricht in der zweiten Fremdsprache im Pflicht- oder Wahlpflichtbereich nicht bereits in vier aufeinander folgenden Schuljahren der Realschule, der Gemeinschaftsschule oder des Gymnasiums besucht hat, muss eine in der Eingangsklasse neu beginnende zweite Fremdsprache als Wahlpflichtfach wählen.

(4) Schülerinnen und Schüler eines Beruflichen Gymnasiums der sechsjährigen Aufbauform wählen für den Übertritt in die Klasse 11 bis zum 15. Februar des jeweiligen Schuljahres, in dem sie die Klasse 10 besuchen, das berufsbezogene Schwerpunktfach, das sie ab Klasse 11 besuchen wollen, wenn an der Schule im besuchten Profil mehrere berufsbezogene Schwerpunktfächer (Profilfächer) angeboten werden. Ein Anspruch auf das Angebot eines bestimmten Schwerpunktfachs besteht nicht.

§ 8
Maßgebende Fächer, Kernfächer

(1) Für die Versetzung sind die Leistungen in den maßgebenden Fächern entscheidend. Maßgebende Fächer sind

1. in der Eingangsklasse der dreijährigen Aufbauform sowie in der Klasse 11 der sechsjährigen

Die Anlagen 1 bis 9 (Stundentafeln) sind unter → Berufliches Gymnasium (Stundentafeln) **abgedruckt.**

Berufliche Schulen

Aufbauform das berufsbezogene Schwerpunktfach, alle weiteren Pflichtfächer mit Ausnahme von Sport sowie das Wahlpflichtfach,

2. in den Klassen 8 bis 10 der sechsjährigen Aufbauform das berufsbezogene Schwerpunktfach und alle weiteren Pflichtfächer.

In der Eingangsklasse der dreijährigen Aufbauform und der Klasse 11 der sechsjährigen Aufbauform ist das Fach Sport zusätzlich als maßgebendes Fach zu berücksichtigen, wenn sich diese Note zugunsten der Schülerin oder des Schülers auswirkt. Wäre in den Klassen 8 und 9 der sechsjährigen Aufbauform eine Versetzung aufgrund der Noten in den Fächern Sport, Musik und Bildende Kunst nicht möglich, ist von diesen Fächern nur das mit der besten Note für die Versetzung maßgebend.

(2) Kernfächer unter den maßgebenden Fächern sind

1. in der Eingangsklasse der dreijährigen Aufbauform sowie in Klasse 11 der sechsjährigen Aufbauform Deutsch, die Pflichtfremdsprache und Mathematik sowie die folgenden berufsbezogenen Schwerpunktfächer
   a) lebens- und humanwissenschaftliches Profil: in der agrarwissenschaftlichen Richtung das Fach Agrarbiologie, in der biotechnologischen Richtung das Fach Biotechnologie, in der ernährungswissenschaftlichen Richtung das Fach Ernährung und Chemie, in der sozial- und gesundheitswissenschaftlichen Richtung im Schwerpunkt Soziales das Fach Pädagogik und Psychologie und in der sozial- und gesundheitswissenschaftlichen Richtung im Schwerpunkt Gesundheit das Fach Gesundheit und Biologie,
   b) technisches Profil: im Schwerpunkt Mechatronik das Fach Mechatronik, im Schwerpunkt Gestaltungs- und Medientechnik das Fach Gestaltungs- und Medientechnik, im Schwerpunkt Informationstechnik das Fach Informationstechnik, im Schwerpunkt Technik und Management das Fach Technik und Management, im Schwerpunkt Umwelttechnik das Fach Umwelttechnik und
   c) wirtschaftswissenschaftliches Profil: im Schwerpunkt Wirtschaft das Fach Volks- und Betriebswirtschaftslehre, im Schwerpunkt Internationale Wirtschaft das Fach Internationale Volks- und Betriebswirtschaftslehre, im Schwerpunkt Finanzmanagement das Fach Volks- und Betriebswirtschaftslehre mit Schwerpunkt Finanzen.
2. in den Klassen 8 bis 10 der sechsjährigen Aufbauform Deutsch, die Pflichtfremdsprachen, Mathematik sowie die folgenden berufsbezogenen Schwerpunktfächer:
   a) lebens- und humanwissenschaftliches Profil: Ernährung, Soziales und Gesundheit,
   b) technisches Profil: Technik und
   c) wirtschaftswissenschaftliches Profil: Volks- und Betriebswirtschaftslehre.

Abschnitt 4
Versetzung im Beruflichen Gymnasium

§ 9
Versetzungsanforderungen

(1) In die nächsthöhere Klasse und in die Jahrgangsstufe 1 der Qualifikationsphase wird nur versetzt, wer aufgrund der Leistungen in den für die Versetzung maßgebenden Fächern gemäß § 8 den Anforderungen im laufenden Schuljahr im Ganzen entsprochen hat und deshalb erwarten lässt, den Anforderungen der nächsthöheren Klasse oder Jahrgangsstufe zu genügen.

(2) Die Voraussetzungen nach Absatz 1 liegen vor, wenn im Jahreszeugnis

1. der Durchschnitt aus den Noten aller maßgebenden Fächer 4,0 oder besser ist,
2. der Durchschnitt aus den Noten der Kernfächer 4,0 oder besser ist,
3. die Leistungen in keinem Kernfach mit der Note „ungenügend“ bewertet sind und
4. die Leistungen in nicht mehr als einem maßgebenden Fach geringer als mit der Note „ausreichend“ bewertet sind; sind die Leistungen in zwei maßgebenden Fächern geringer als mit der Note „ausreichend“ bewertet, so erfolgt eine Versetzung, wenn für beide Fächer ein Ausgleich gegeben ist. Ausgeglichen werden können
   a) die Note „ungenügend“ in einem Fach, das nicht Kernfach ist, durch die Note „sehr gut“ in einem anderen maßgebenden Fach oder die Note „gut“ in zwei anderen maßgebenden Fächern,
   b) die Note „mangelhaft“ in einem Kernfach durch mindestens die Note „gut“ in einem anderen Kernfach und
   c) die Note „mangelhaft“ in einem Fach, das nicht Kernfach ist, durch mindestens die Note „gut“ in einem anderen maßgebenden Fach oder die Note „befriedigend“ in zwei anderen maßgebenden Fächern.

(3) Ausnahmsweise kann durch Beschluss der Klassenkonferenz auch bei Nichterfüllung der in den Absätzen 1 und 2 genannten Voraussetzungen eine Versetzung erfolgen, wenn die Klassenkonferenz mit Zweidrittelmehrheit zu der Auffassung gelangt, dass die Leistungen nur vorübergehend nicht für die Versetzung ausreichen und nach einer Übergangszeit die Anforderungen der nächsthöheren Klasse oder Jahrgangsstufe voraussichtlich erfüllt werden. Diese Bestimmung darf nicht zwei Klassenstufen hintereinander angewendet werden.

(4) Im Jahreszeugnis sind zu vermerken:

1. die Versetzung mit „versetzt“ und die Nichtversetzung mit „nicht versetzt“ sowie
2. die Versetzung nach Absatz 3 mit dem Zusatz „versetzt nach § 9 Absatz 3 der Ausbildungs- und Prüfungsordnung Berufliche Gymnasien“.

§ 10
Aussetzung der Versetzungsentscheidung

(1) Die Klassenkonferenz kann in den Klassen 8 bis 10 die Entscheidung über die Versetzung längstens bis zum Ende des nächsten Schulhalbjahres aussetzen und von der Erteilung eines Zeugnisses absehen, wenn hinreichende Entscheidungsgrundlagen fehlen, weil die Leistungen dadurch abgesunken sind, dass die Schülerin oder der Schüler im zweiten Schulhalbjahr

1. aus nicht zu vertretenden Umständen die Schule wechseln musste oder
2. wegen Krankheit länger als acht Wochen den Unterricht nicht besuchen konnte.

Im Jahreszeugnis ist anstelle der Noten „Versetzung ausgesetzt gemäß § 10 Absatz 1 der Ausbildungs- und Prüfungsordnung Berufliche Gymnasien“ zu vermerken. Bis zur endgültigen Entscheidung über die Versetzung nimmt die Schülerin oder der Schüler am Unterricht der nächsthöheren Klasse teil.

(2) Wer am Ende der Eingangsklasse der dreijährigen Aufbauform oder der Klasse 11 der sechsjährigen Aufbauform die Voraussetzungen von Absatz 1 erfüllt, kann nach Bestehen einer Aufnahmeprüfung in die Jahrgangsstufe 1 der Qualifikationsphase des Beruflichen Gymnasiums gleicher Richtung aufgenommen werden. Für die Prüfung gilt § 12 Absatz 3 entsprechend mit der Maßgabe, dass die Prüfung zu Beginn der Jahrgangsstufe 1 der Qualifikationsphase stattfindet.

§ 11
Wiederholung, Entlassung

(1) Das Berufliche Gymnasium muss verlassen, wer in einem Gymnasium nach § 8 Absatz 2 SchG

1. aus einer Klasse nach Wiederholung dieser Klasse wiederum nicht versetzt wird oder
2. nach Wiederholung einer Klasse auch aus der nachfolgenden Klasse nicht versetzt wird oder
3. bereits zweimal im Verlauf der Klassenstufen 5 bis 11 einschließlich der Eingangsklasse der dreijährigen Aufbauform eine Klasse wiederholt hat und ein drittes Mal nicht versetzt wird.

Der Wechsel von Klasse 10 eines allgemeinbildenden achtjährigen Gymnasiums in die Eingangsklasse eines Beruflichen Gymnasiums der dreijährigen Aufbauform gilt nicht als Wiederholung.

(2) Die Klasse kann ausnahmsweise ein drittes Mal besuchen, wer

1. mindestens zwölf Unterrichtswochen beim ersten oder zweiten Besuch der Klasse wegen Krankheit den Unterricht nicht besuchen konnte,
2. mindestens 80 Prozent schwerbehindert und dadurch hinsichtlich der schulischen Lern- und Leistungsfähigkeit erheblich beeinträchtigt ist oder
3. bei der endgültigen Entscheidung gemäß § 10 nicht versetzt wurde und deshalb die Klasse wiederholt,

wenn die Klassenkonferenz mit Zweidrittelmehrheit zu der Auffassung gelangt, dass die Versetzung nach einem weiteren Besuch der Klasse voraussichtlich erfolgen kann.

(3) Die freiwillige Wiederholung einer Klasse ist grundsätzlich nur zu Beginn eines Schulhalbjahres möglich; über Ausnahmen entscheidet die Schulleiterin oder der Schulleiter. Sie gilt als Wiederholung wegen Nichtversetzung der vorangegangenen Klasse, die bereits zuvor erfolgreich besucht worden war, mit der Folge, dass die am Ende dieser Klasse ausgesprochene Versetzung rückwirkend als nicht getroffen gilt. Die freiwillige Wiederholung ist im Jahreszeugnis mit „wiederholt freiwillig nach § 11 Absatz 3 der Ausbildungs- und Prüfungsordnung Berufliche Gymnasien“ zu vermerken.

(4) Eine Klasse gilt als besucht, wenn die Schülerin oder der Schüler ihr länger als acht Wochen angehörte. Dies gilt nicht

1. für den Besuch der nächsthöheren Klasse, wenn diese aufgrund der endgültigen Entscheidung nach § 10 verlassen werden musste, oder
2. für den Besuch der Klasse, die bei einer freiwilligen Wiederholung während eines Schuljahres verlassen wurde.

§ 12
Wiederaufnahme in ein Berufliches Gymnasium gleicher Richtung

(1) Wer das Berufliche Gymnasium freiwillig verlassen hat und keine Hauptschule, Werkrealschule, Realschule oder Gemeinschaftsschule auf Niveau G oder auf Niveau M besucht, kann in ein Berufliches Gymnasium gleicher Richtung und – sofern Schwerpunkte bestehen – in denselben Schwerpunkt wieder aufgenommen werden

1. in die Klasse, die zuletzt mit Erfolg besucht wurde, während des ersten Schulhalbjahres und in den ersten acht Unterrichtswochen des zweiten Schulhalbjahres ohne Prüfung;
2. in die Klasse, in die zuletzt eine Aufnahme oder Versetzung erfolgte und die noch nicht mit Erfolg besucht wurde,
   a) während des ersten Schulhalbjahres ohne Prüfung oder
   b) während der ersten acht Unterrichtswochen des zweiten Schulhalbjahres nach Bestehen einer Aufnahmeprüfung gemäß Absatz 3,
3. in eine höhere Klasse als in die, in die zuletzt versetzt wurde, nach Bestehen einer Aufnahmeprüfung gemäß Absatz 3, jedoch nur zu Beginn eines Schulhalbjahres und frühestens ein Jahr nach dem Verlassen des Beruflichen Gymnasiums; die Aufnahme ist höchstens in die Klasse möglich, die bei regelmäßiger Versetzung erreicht worden wäre, oder
4. in die Jahrgangsstufe 1 der Qualifikationsphase in entsprechender Anwendung der Nummer 2 Buchstabe a und der Nummer 3, jedoch nur zu Beginn des Schuljahres; eine Wiederholung der Jahrgangsstufe 1 der Qualifikationsphase ist nur unter den Voraussetzungen von § 40 dieser Verordnung in der jeweils geltenden Fassung zulässig.

Die Wiederaufnahme in eine bereits gemäß § 11 Absatz 4 besuchte Klasse gilt als Wiederholung im Sinne von § 11.

(2) Wer das Berufliche Gymnasium gemäß § 11 Absatz 1 verlassen musste und keine Hauptschule, Werkrealschule, Realschule oder Gemeinschaftsschule auf Niveau G oder auf Niveau M besucht, kann frühestens nach einem Jahr und nur nach Bestehen einer Aufnahmeprüfung gemäß Absatz 3 wieder in ein Berufliches Gymnasium gleicher Richtung und gleichen Schwerpunkts aufgenommen werden. Die Aufnahme ist nur zu Beginn des Schuljahres und nur in eine höhere als die zuletzt besuchte Klasse oder in die Jahrgangsstufe 1 der Qualifikationsphase möglich, jedoch höchstens in die Klasse oder Jahrgangsstufe der Qualifikationsphase, die bei regelmäßiger Versetzung erreicht worden wäre.

(3) Die Aufnahmeprüfung richtet sich nach den Anforderungen der Klasse oder Jahrgangsstufe, in die eine Aufnahme erfolgen soll, wobei der zu Beginn des jeweiligen Schulhalbjahres geforderte Kenntnisstand maßgebend ist. Für die Durchführung gilt Folgendes:

1. Die Prüfung wird von dem Beruflichen Gymnasium abgenommen, bei dem die Aufnahme beantragt ist; dem Prüfungsausschuss gehören als vorsitzendes Mitglied die Schulleiterin oder der Schulleiter oder eine beauftragte Lehrkraft und für jedes Prüfungsfach eine vom vorsitzenden Mitglied berufene Fachlehrkraft an.
2. In den Kernfächern wird schriftlich und mündlich geprüft; die Arbeitszeit in der schriftlichen Prüfung beträgt in jedem Fach 180 Minuten; in anderen maßgebenden Fächern kann zusätzlich schriftlich und mündlich geprüft werden; die Arbeitszeit in der schriftlichen Prüfung der anderen maßgebenden Fächer beträgt in jedem Fach 120 Minuten; die schriftlichen Prüfungsaufgaben werden vom vorsitzenden Mitglied des Prüfungsausschusses aufgrund von Vorschlägen der Fachlehrkräfte gestellt.
3. Der Prüfungsausschuss stellt aufgrund der Prüfungsleistungen fest, wer die Aufnahmeprüfung bestanden und wer sie nicht bestanden hat, wobei § 9 Absatz 1 und 2 sinngemäß anzuwenden ist.

   Über die Aufnahmeprüfung ist eine Niederschrift zu fertigen, die von den Mitgliedern des Prüfungsausschusses unterschrieben wird.

Abschnitt 5
Qualifikationsphase

Unterabschnitt 1
Allgemeine Regelungen

§ 13
Struktur und Organisation

(1) Nach der Eingangsklasse des Beruflichen Gymnasiums der dreijährigen Aufbauform oder der Klasse 11 des Beruflichen Gymnasiums der sechsjährigen Aufbauform (Einführungsphase) gliedert sich der Unterricht in zwei Jahrgangsstufen, die insgesamt vier Schulhalbjahre umfassen und eine pädagogische Einheit bilden (Qualifikationsphase). Eine Versetzung von einer Jahrgangsstufe zur anderen findet nicht statt.

(2) Die sechsstündigen berufsbezogenen Schwerpunktfächer (Profilfächer) gemäß § 8 Absatz 2 werden auf erhöhtem Anforderungsniveau unterrichtet.

(3) Die beiden Kernkompetenzfächer Deutsch und Mathematik werden sowohl fünfstündig auf erhöhtem Anforderungsniveau als auch vierstündig auf grundlegendem Anforderungsniveau unterrichtet.

(4) Das berufsbezogene Schwerpunktfach gemäß § 8 Absatz 2 sowie die auf erhöhtem Anforderungsniveau unterrichteten Kernkompetenzfächer dienen in besonderem Maße der allgemeinen Studienvorbereitung und sollen in wissenschaftliche Methoden, Fragestellungen und Denkweisen einführen sowie erweiterte Kenntnisse vermitteln.

(5) Die Kurse in den vierstündigen Kernkompetenzfächern sowie in den übrigen Fächern werden auf grundlegendem Anforderungsniveau unterrichtet. Sie dienen der allgemeinen Orientierung im Bereich eines Faches und der Sicherung einer breiten Grundbildung zur allgemeinen Studienvorbereitung. Sie vermitteln Einblick in grundlegende Verfahrensweisen und prinzipielle Erkenntnisse über ein Fachgebiet sowie Methoden selbstständigen Arbeitens.

§ 14
Beratung, Tutoren

(1) Die Schülerinnen und Schüler werden über das Kurssystem in den Jahrgangsstufen beraten, insbesondere über

1. die Arbeitsweise in den Kursen,
2. die Bildungspläne,
3. das voraussichtliche Kursangebot der Schule,
4. die verbindliche Kursbelegung und
5. die grundsätzlichen Regelungen für die Abiturprüfung und für die Feststellung der Gesamtqualifikation, die für die Zuerkennung der allgemeinen Hochschulreife maßgebend sind.

(2) Jeder Schülerin und jedem Schüler steht in den Jahrgangsstufen eine Lehrkraft als Tutorin oder Tutor zur Verfügung.

(3) Die Tutorin oder der Tutor erfüllt die Aufgaben, die bei Schülerinnen und Schülern, die im Klassenverband unterrichtet werden, der Klassenlehrerin oder dem Klassenlehrer obliegen. An allen Konferenzen, die eine zu betreuende Schülerin oder einen zu betreuenden Schüler individuell betreffen, nimmt die Tutorin oder der Tutor, falls nicht eine Mitgliedschaft gegeben ist, mit beratender Stimme teil.

(4) Erforderlichenfalls trifft die Schulleiterin oder der Schulleiter weitere Regelungen.

§ 15
Notengebung und Punktesystem

(1) In den Jahrgangsstufen sowie in der Abiturprüfung werden die Leistungen mit den herkömmli-

chen Noten und den ihnen je nach Notentendenz zugeordneten Punkten bewertet. Dabei entspricht

die Note „sehr gut" 15/14/13 Punkten je nach Notentendenz,
die Note „gut" 12/11/10 Punkten je nach Notentendenz,
die Note „befriedigend" 9/8/7 Punkten je nach Notentendenz,
die Note „ausreichend" 6/5/4 Punkten je nach Notentendenz,
die Note „mangelhaft" 3/2/1 Punkten je nach Notentendenz,
die Note „ungenügend" 0 Punkten.

Es werden nur ganze Noten und volle Punkte gegeben.

(2) Werden Teilbereiche eines Kurses von verschiedenen Fachlehrkräften unterrichtet, einigen sich die Fachlehrkräfte über die gemeinsam zu bildende Zeugnisnote und die entsprechende Punktzahl.

(3) Im Fach Musik können besondere Leistungen in den Arbeitsgemeinschaften Chor und Orchester bei der Leistungsbewertung in den Kursen auf Antrag mit berücksichtigt werden; im Fach Sport gilt dies für Leistungen im Rahmen der Schulsportwettbewerbe „Jugend trainiert für Olympia" und „Jugend trainiert für Paralympics", wenn eine Leistungsbewertung durch eine Sportlehrkraft der Schule nach Maßgabe der Anforderungen der fachpraktischen Abiturprüfung im Fach Sport erfolgt ist.

(4) Im Seminarkurs gemäß § 19 Absatz 1 wird unter gleichgewichtiger Berücksichtigung der jeweils in den einzelnen Kursen, der Dokumentation und dem Kolloquium erzielten Leistungen eine Gesamtnote und eine entsprechende Gesamtpunktzahl ermittelt. Wird statt des Seminarkurses eine Wettbewerbsleistung oder eine Leistung aus einem Schülerstudium als besondere Lernleistung eingebracht, werden die Gesamtnote und die Gesamtpunktzahl unter Berücksichtigung der Dokumentation, des Kolloquiums und gegebenenfalls einer praktischen Leistung gebildet.

§ 16
Klassenarbeiten und gleichwertige Feststellungen von Leistungen

(1) In den sechsstündigen Kursen sind in den ersten drei Schulhalbjahren mindestens je drei und in den vier- und fünfstündigen Kursen mindestens je zwei Klassenarbeiten anzufertigen. Im vierten Schulhalbjahr sind in den sechsstündigen Kursen mindestens je zwei und in den vier- und fünfstündigen Kursen mindestens je eine Klassenarbeit anzufertigen.

(2) In den drei- und zweistündigen Kursen, außer im Fach Sport und im Seminarkurs, ist in jedem Schulhalbjahr mindestens eine Klassenarbeit pro Fach anzufertigen.

(3) Neben den Klassenarbeiten sind gleichwertige Feststellungen von Leistungen vorgesehen, insbesondere schriftliche Hausarbeiten, Projekte, darunter auch experimentelle Arbeiten im naturwissenschaftlichen Bereich, Referate, mündliche, gegebenenfalls auch auf außerhalb der stundenplanmäßigen Unterrichtszeit terminierte Prüfungen oder andere Präsentationen. Diese Leistungen sind von jeder Schülerin und von jedem Schüler in den ersten drei Schulhalbjahren der Jahrgangsstufen in drei zu wählenden Fächern zu erbringen. Die Wahl der Fächer erfolgt spätestens innerhalb von sechs Wochen nach Beginn des Unterrichts im ersten Halbjahr der Qualifikationsphase. Die Fachlehrkräfte sorgen für eine Koordination dieser Leistungsfeststellungen; sie bestimmen im Anschluss an die Wahl unter Beachtung pädagogischer und organisatorischer Gesichtspunkte über die Verteilung der zu erbringenden Leistungen auf die einzelnen Schulhalbjahre und teilen dies den Schülerinnen und Schülern unverzüglich mit. Darüber hinaus besteht das Recht zu einer gleichwertigen Leistungsfeststellung in einem weiteren Fach; die Wahl des Faches erfolgt spätestens mit dem Eintritt in das vierte Schulhalbjahr.

(4) In den vierstündigen Fremdsprachen überprüft eine der verbindlichen Klassenarbeiten ausschließlich das Hör- oder Hör-/Sehverstehen.

§ 17
Zeugnisse

(1) Für jedes Schulhalbjahr wird ein Zeugnis über die in den einzelnen Kursen erreichten Bewertungen erteilt; auch über Verhalten und Mitarbeit außer in der Jahrgangsstufe 2. Bei der Teilnahme am Seminarkurs gemäß § 19 Absatz 1 wird im Zeugnis des ersten Halbjahres die in dem ersten Kurs erzielte Kursnote und in dem des zweiten Halbjahres die Gesamtnote gemäß § 15 Absatz 4 sowie das behandelte Thema ausgewiesen.

(2) Die Zeugnisse werden am Ende des jeweiligen Schulhalbjahres, für das vierte Schulhalbjahr spätestens mit der Bekanntgabe der Ergebnisse der schriftlichen Abiturprüfung ausgegeben.

→ Zeugnisse Berufliche Schulen

Unterabschnitt 2 – Kurssystem

§ 18
Unterrichtsangebot, Aufgabenfelder

(1) Das Unterrichtsangebot gliedert sich in einen Pflichtbereich und einen Wahlbereich. Die Unterrichtsfächer sind – außer das Fach Sport – einem der drei Aufgabenfelder zugeordnet:

1. dem sprachlich-literarisch-künstlerischen Aufgabenfeld (AF I),
2. dem gesellschaftswissenschaftlichen Aufgabenfeld (AF II) oder
3. dem mathematisch-naturwissenschaftlich-technischen Aufgabenfeld (AF III).

(2) Das Unterrichtsangebot im Pflichtbereich gliedert sich in zehn Stundentafelbereiche und umfasst

1. die berufsbezogenen Schwerpunktfächer (Profilfächer)
   a) für das lebens- und humanwissenschaftliche Profil in der agrarwissenschaftlichen Richtung:

Agrarbiologie (AF III), in der biotechnologischen Richtung: Biotechnologie (AF III), in der ernährungswissenschaftlichen Richtung: Ernährung und Chemie (AF III), in der sozial- und gesundheitswissenschaftlichen Richtung im Schwerpunkt Gesundheit: Gesundheit und Biologie (AF III) sowie im Schwerpunkt Soziales: Pädagogik und Psychologie (AF II),

b) für das technische Profil im Schwerpunkt Gestaltungs- und Medientechnik: Gestaltungs- und Medientechnik (AF III); im Schwerpunkt Informationstechnik: Informationstechnik (AF III); im Schwerpunkt Mechatronik: Mechatronik (AF III); im Schwerpunkt Technik und Management: Technik und Management (AF III); im Schwerpunkt Umwelttechnik: Umwelttechnik (AF III) und

c) für das wirtschaftswissenschaftliche Profil im Schwerpunkt Finanzmanagement: Volks- und Betriebswirtschaftslehre mit Schwerpunkt Finanzen (AF II); im Schwerpunkt Internationale Wirtschaft: Internationale Volks- und Betriebswirtschaftslehre (AF II); im Schwerpunkt Wirtschaft: Volks- und Betriebswirtschaftslehre (AF II),

2. die Kernkompetenzfächer Deutsch (AF I) und Mathematik (AF III) für alle Richtungen jeweils fünfstündig auf erhöhtem Anforderungsniveau (eAN),
3. die Kernkompetenzfächer Deutsch (AF I) und Mathematik (AF III) für alle Richtungen jeweils vierstündig auf grundlegendem Anforderungsniveau (gAN),
4. die Fremdsprachen (jeweils AF I) für alle Richtungen mit den Fächern Englisch (F), Französisch (F/N), Spanisch (F/N), Italienisch (N) und Russisch (N),
5. die Naturwissenschaften (jeweils AF III)
   a) für das AG, das BTG sowie das SGG mit dem Schwerpunkt Gesundheit die Fächer Chemie und Physik,
   b) für das EG die Fächer Biologie und Physik,
   c) für das SGG mit dem Schwerpunkt Soziales die Fächer Biologie und Chemie,
   d) für das TG die Fächer Chemie und Physik und
   f) für das WG die Fächer Biologie, Chemie und Physik.
6. die Ergänzungsfächer
   a) für das AG Biotechnologie (AF III), Sondergebiete der Biowissenschaften (AF III), Sondergebiete der Ernährungswissenschaften (AF III),
   b) für das BTG Bioinformatik (AF III), Sondergebiete der Biowissenschaften (AF III), Sondergebiete der Ernährungswissenschaften (AF III),
   c) das EG Biotechnologie, Sondergebiete der Biowissenschaften (AF III), Sondergebiete der Ernährungswissenschaften (AF III),
   d) für das SGG Sondergebiete der Biowissenschaften (AF III), Sondergebiete der Ernährungswissenschaften (AF III), Sozialmanagement (AF II),
   e) für das TG Chemische Laborübungen (AF III), Physikalische Laborübungen (AF III) und
   f) für das WG Global Studies (AF II), Privates Vermögensmanagement (AF II) und Wirtschaftsinformatik (AF III),
7. das Fach Religionslehre (AF II) und das Fach Ethik (AF II) für alle Richtungen,
8. das Fach Geschichte mit Gemeinschaftskunde (AF II) für alle Richtungen,
9. das Fach Informatik (AF III) für alle Richtungen und
10. das Fach Sport für alle Richtungen.

(3) Das Unterrichtsangebot im Wahlbereich umfasst

1. für alle Richtungen die Fächer Bildende Kunst (AF I), Chinesisch (AF I), Global Studies (AF II), Literatur und Theater (AF I), Mathe + (AF III), Musik (AF I), Philosophie (AF II), Psychologie (AF II) – mit Ausnahme des SGG mit dem Schwerpunkt Soziales –, den Seminarkurs, der einem Aufgabenfeld zugeordnet werden kann, sowie Wirtschaftslehre (AF II) – mit Ausnahme des WG –,
2. für das AG und EG die Fächer Bioinformatik (AF III) und Nachhaltige Landwirtschaft und Umwelt (AF III),
3. für das BTG das Fach Nachhaltige Landwirtschaft und Umwelt (AF III),
4. für das SGG mit dem Schwerpunkt Gesundheit das Fach Bioinformatik (AF III), mit dem Schwerpunkt Soziales das Fach Physik (AF III),
5. für das TG die Fächer Biologie (AF III), Sondergebiete der Technik (AF III); im Schwerpunkt Technik und Management tritt anstelle des Faches Wirtschaftslehre das Fach Wirtschaftslehre mit Projektmanagement (AF II) und
6. für das WG die Fächer Finanzwirtschaftliche Studien (AF II), Ökonomische Studien (AF II) und Wirtschaftsgeografie (AF II).

(4) Stehen im Pflichtbereich mehrere Fächer zur Auswahl, können nicht als Pflichtfächer besuchte Fächer in den Bereichen Fremdsprachen, Naturwissenschaften sowie Ergänzungsfächer als Wahlfächer besucht werden.

(5) Das Kultusministerium kann im Einzelfall weitere Fächer zulassen.

(6) Über den Pflicht- und Wahlbereich hinaus können Arbeitsgemeinschaften angeboten werden.

§ 19
Besondere Lernleistung

(1) Nach Wahl der Schülerin oder des Schülers ist im Rahmen des schulischen Unterrichtsangebotes eine besondere Lernleistung möglich, die aus der Teilnahme an zwei halbjährigen, in der Regel dreistündigen Kursen mit fächerübergreifender Themenstellung in den beiden ersten Schulhalbjah-

ren besteht (Seminarkurs). Die Themenstellung des Kurses soll sich an der Ausrichtung des jeweiligen Beruflichen Gymnasiums orientieren.

(2) Im Rahmen des Seminarkurses fertigen die Schülerinnen und Schüler einzeln oder in Gruppen bis zum Ende des zweiten Halbjahres über ihre Beiträge zum Seminarkurs, über ihr methodisches Vorgehen und ihre Ergebnisse sowie über das Gesamtergebnis des Seminarkurses eine schriftliche Dokumentation an. Bei Gruppenarbeiten müssen die jeweils individuellen Schülerleistungen erkennbar sein.

(3) Der Seminarkurs wird am Ende des zweiten Halbjahres mit einem Kolloquium abgeschlossen. Hierzu können auch Gruppen von Schülerinnen und Schülern gebildet werden. Das Kolloquium geht von dem schriftlich dokumentierten Schülerbeitrag aus und bezieht dessen Stellung innerhalb der Gesamtthematik des Kurses mit ein. Für das Kolloquium bildet die Schulleitung einen Fachausschuss, dem die Schulleiterin oder der Schulleiter oder eine an der besonderen Lernleistung vorher nicht beteiligte Lehrkraft als Leiterin oder Leiter und die an der besonderen Lernleistung beteiligten Lehrkräfte angehören. Die Regelungen zur Festsetzung des Ergebnisses und zur Protokollierung der mündlichen Abiturprüfung in § 35 Absatz 7 und 8 finden entsprechende Anwendung. Das Kolloquium dauert pro Schülerin oder Schüler etwa 20 bis 30 Minuten. Die Schulleiterin oder der Schulleiter kann im Benehmen mit den Fachlehrkräften und mit Zustimmung der betroffenen Schülerinnen und Schüler Lehrkräfte der Schule sowie Schülerinnen und Schüler der Einführungsphase und der beiden Jahrgangsstufen als Zuhörerinnen und Zuhörer zulassen.

(4) Statt der Teilnahme am Seminarkurs kann auch eine dem oberstufen- und abiturgerechten Anforderungsprofil entsprechende geeignete Arbeit aus einem Wettbewerb oder einem Schülerstudium eingebracht werden. Für deren Einbringung gelten die Absätze 2 und 3 entsprechend.

(5) Die Dokumentation und das Kolloquium sind keine Prüfungsleistungen im Sinne von § 39.

§ 20
Kursangebot

(1) Den Rahmen für das Angebot an Kursen bilden die der Schule für die Jahrgangsstufen zur Verfügung stehenden Lehrerwochenstunden. Das Kursangebot wird von der Schulleiterin oder dem Schulleiter insbesondere nach den personellen, räumlichen und sächlichen Voraussetzungen der Schule gestaltet. Dabei haben die besuchs- und anrechnungspflichtigen Kurse Vorrang. Es wird eine größtmögliche Kontinuität angestrebt.

(2) Es werden Kurse in evangelischer und katholischer Religionslehre angeboten. Kurse in Religionslehre anderer Religionsgemeinschaften bedürfen im Einzelfall der Genehmigung des Kultusministeriums.

(3) Das bei den einzelnen Richtungen im Pflicht- und Wahlbereich zulässige Kursangebot und die Wochenstunden der einzelnen Fächer ergeben sich aus den Stundentafeln in den Anlagen 2 bis 8.

(4) Das Angebot an Kursen wird von der Schule rechtzeitig bekanntgegeben. Ein Anspruch auf das Angebot eines bestimmten Faches oder eines bestimmten Kurses besteht nicht.

§ 21
Allgemeine Regelungen zur Kurswahl

(1) Im Rahmen des Kursangebotes der Schule wählen die Schülerinnen und Schüler die von ihnen zu besuchenden Kurse.

(2) Von den beiden Kernkompetenzfächern Deutsch und Mathematik wählt die Schülerin oder der Schüler ein Fach auf erhöhtem Anforderungsniveau (eAN) und ein Fach auf grundlegendem Anforderungsniveau (gAN).

(3) Die Schülerinnen und Schüler haben die Pflicht, an den gewählten Kursen regelmäßig teilzunehmen. In den Prüfungsfächern sind jeweils die vier Kurse der Jahrgangsstufen zu besuchen.

§ 22
Kurswahl in Religionslehre

(1) Die Schülerinnen und Schüler besuchen grundsätzlich die Kurse in Religionslehre der Religionsgemeinschaft, der sie angehören.

(2) Gehören sie keiner Religionsgemeinschaft an oder wird an der besuchten Schule in dem betreffenden Schulhalbjahr keine Religionslehre ihrer eigenen Religionsgemeinschaft angeboten, so ist der Besuch von Kursen in Religionslehre mit Zustimmung der hierfür verantwortlichen Religionsgemeinschaft möglich.

(3) Werden Kurse in Religionslehre der eigenen Religionsgemeinschaft angeboten, können im Verlauf der beiden Jahrgangsstufen höchstens zwei Kurse in Religionslehre einer anderen Religionsgemeinschaft besucht werden, soweit nicht bereits in der Einführungsphase der Unterricht in Religionslehre einer anderen Religionsgemeinschaft besucht wurde. Voraussetzung ist die Zustimmung der eigenen sowie der Religionsgemeinschaft, welche für die Kurse, die besucht werden sollen, verantwortlich ist. Unter dieser Voraussetzung können in Härtefällen auch über Satz 1 hinausgehende Kurse in Religionslehre einer anderen Religionsgemeinschaft besucht werden.

⇨ Religionsunterricht (Teilnahme und Abmeldung)

§ 23
Belegungspflicht

(1) Aus jedem der zehn Stundentafelbereiche gemäß § 18 Absatz 2 sind in jeweils einem Fach, unbeschadet der §§ 21 und 22 sowie Absätze 2 bis 5, die vier aufeinanderfolgenden Kurse der beiden Jahrgangsstufen zu besuchen. Das in der Eingangsklasse belegte berufsbezogene Schwerpunktfach ist in den Jahrgangsstufen fortzuführen. Am TG wird das Ergänzungsfach bestimmt durch die Wahl der Naturwissenschaft. Das Fach Chemische Laborübungen ist dem Fach Chemie zugeordnet, das Fach Physikalische Laborübungen dem Fach Physik.

(2) Wird ein Fach im Rahmen des Pflichtbereichs belegt, kann dasselbe Fach nicht zugleich in einem weiteren Kurs des Wahlbereichs belegt werden. Im Wahlbereich können in den Fächern Philosophie und Psychologie im Verlauf der Jahrgangsstufen nur jeweils zwei zweistündige Kurse belegt werden.

(3) Wer keinen Kurs in Religionslehre besucht, hat stattdessen Kurse im Fach Ethik zu besuchen, soweit sie von der Schule angeboten werden.

(4) Werden die Voraussetzungen zum Erwerb der allgemeinen Hochschulreife in der zweiten Fremdsprache nicht durch Unterricht im Pflicht- oder Wahlpflichtbereich nach § 37 Absatz 2 Nummer 1 erfüllt, müssen die vier Kurse beider Jahrgangsstufen in einem der Fächer Französisch (N), Italienisch (N), Russisch (N) oder Spanisch (N) besucht werden.

(5) Wer vom Fach Sport befreit ist, hat stattdessen zusätzlich zu den nach Absatz 1 zu besuchenden Kursen in entsprechender Anzahl Kurse in anderen Fächern zu besuchen, sofern dies erforderlich ist, um die für die Anrechnung gemäß § 26 erforderliche Mindestkurszahl zu erreichen.

§ 24

Kurswahl

(1) Die Schülerinnen und Schüler legen vor Eintritt in das erste Schulhalbjahr der ersten Jahrgangsstufe eine vollständige und korrekte Kurswahl vor. Für die zweite Jahrgangsstufe ist eine Nachwahl im Rahmen der Regelungen dieser Verordnung möglich. Die Schulleiterin oder der Schulleiter setzt den Zeitpunkt für den Beginn und für den Abschluss der Wahl fest. Der Zeitpunkt für den Abschluss der Wahl darf nicht früher als acht Wochen vor Ende des Unterrichts in der Einführungsphase im vorangehenden Schuljahr liegen. Die vier Kurse im Fach Sport, die nach den von der Schule festgelegten Unterrichtsangeboten durchgeführt werden, sind vor Eintritt in die Qualifikationsphase zu wählen.

(2) Die Wahl bezieht sich nur auf das Fach. Die Wahl eines Kurses in einem bestimmten Fach begründet keinen Anspruch auf Einrichtung dieses Kurses. Der Wahl des Anforderungsniveaus in den Fächern Deutsch und Mathematik soll entsprochen werden.

(3) Aufgrund der Wahl weist die Schulleiterin oder der Schulleiter die Schülerinnen und Schüler den einzelnen Kursen zu. Kommt ein angebotener Kurs nicht zustande oder ist die Teilnahme an einem gewählten Kurs aus organisatorischen Gründen nicht möglich, trifft die Schülerin oder der Schüler innerhalb einer von der Schulleiterin oder vom Schulleiter bestimmten angemessenen Frist eine Ersatzwahl.

(4) Nach Abschluss der Wahl oder der Ersatzwahl ist ein Wechsel der Kurse oder ein Austritt aus einem Kurs nur in besonders begründeten Ausnahmefällen zu Beginn des Schuljahres innerhalb von zwei Wochen nach Unterrichtsbeginn auf Antrag mit Zustimmung der Schulleiterin oder des Schulleiters zulässig, wenn dies pädagogisch und organisatorisch möglich ist. Das Gleiche gilt für die Entscheidung zu einer besonderen Lernleistung gemäß § 19.

Unterabschnitt 3
Gesamtqualifikation und ordentliche Abiturprüfung

§ 25

Allgemeines

Die Gesamtqualifikation, die für die Zuerkennung der allgemeinen Hochschulreife maßgebend ist, wird aus den Leistungen in den Kursen (Block I) und in der Abiturprüfung (Block II) ermittelt.

§ 26

Gesamtqualifikation

(1) Im Block I der Gesamtqualifikation können bis zu 600 Punkte erreicht werden. Hierzu müssen mindestens 36 Kurse angerechnet werden, weitere Kurse können nach Maßgabe des Satzes 6 angerechnet werden. Es dürfen höchstens 40 Kurse angerechnet werden. Höchstens 20 Prozent der angerechneten Kurse dürfen mit jeweils weniger als 5 Punkten in einfacher Wertung und kein Kurs darf mit 0 Punkten bewertet sein. Unter den angerechneten Kursen müssen sich befinden:

1. jeweils die vier Kurse der Prüfungsfächer gemäß § 30;
2. in allen Richtungen, soweit nicht durch die Kurse der Prüfungsfächer bereits eingebracht,
   a) jeweils die vier Kurse in den Fächern Deutsch, Mathematik, einer Fremdsprache gemäß § 18 Absatz 2 Nummer 4, Geschichte mit Gemeinschaftskunde sowie zwei Kurse des Faches Informatik und
   b) zwei Kurse in einer Fremdsprache (N), wenn damit neben einer ab der Einführungsphase fortgeführten und nach Buchstabe a eingebrachten Fremdsprache die Voraussetzungen in der zweiten Fremdsprache zum Erwerb der allgemeinen Hochschulreife gemäß § 23 Absatz 4 erfüllt werden und
3. in den einzelnen Richtungen zusätzlich, soweit nicht durch die Prüfungsfächer bereits eingebracht,
   a) am AG vier Kurse aus einem der Fächer Chemie oder Physik,
   b) am BTG vier Kurse aus einem der Fächer Chemie oder Physik,
   c) am EG vier Kurse aus einem der Fächer Biologie oder Physik,
   d) am SGG mit dem Schwerpunkt Gesundheit vier Kurse aus einem der Fächer Chemie oder Physik; mit dem Schwerpunkt Soziales vier Kurse aus einem der Fächer Biologie oder Chemie,

Mit dem Zeichen ⇨ verweisen wir auf Beiträge im Standard-Teil des Jahrbuchs.
Auf Beiträge im Sonderteil berufliche Schulen verweisen wir mit dem Zeichen →.

Berufliche Schulen

e) am TG jeweils vier Kurse aus einem der Fächer Chemie oder Physik und
f) am WG jeweils vier Kurse aus einem der Fächer Biologie, Chemie oder Physik.

Über die gegebenenfalls weiteren anzurechnenden Kurse entscheiden die Schülerinnen und Schüler spätestens am Schultag nach der Ausgabe des Zeugnisses für das vierte Schulhalbjahr; dabei kann auch die besondere Lernleistung nach § 19 angerechnet werden, sofern sie nicht nach Absatz 4 in Block II der Gesamtqualifikation angerechnet wird. Die Anrechnung der besonderen Lernleistung gilt als Anrechnung zweier Kurse.

(2) Die in den angerechneten Kursen jeweils erreichten Punkte werden, mit Ausnahme der in den Kursen des berufsbezogenen Schwerpunktfachs und gegebenenfalls der in der besonderen Lernleistung erreichten Punkte, einfach gewertet. Die in den Kursen des berufsbezogenen Schwerpunktfachs erreichten Punkte und gegebenenfalls die für die besondere Lernleistung nach § 15 Absatz 4 zu bildende Gesamtpunktzahl werden zweifach gewertet. Werden mehr als 36 Kurse angerechnet, wird die für Block I erreichte Punktzahl ermittelt, indem die Summe der in den angerechneten Kursen erreichten Punkte durch die unter Berücksichtigung von Satz 5 ermittelte Zahl der angerechneten Kurse dividiert und der Quotient mit 40 multipliziert wird; die Sätze 1 und 2 gelten entsprechend. Ein nicht ganzzahliges Ergebnis wird in üblicher Weise auf eine volle Punktzahl gerundet. Hierbei werden die Dezimale 1 bis 4 auf die nächst niedrigere Punktzahl abgerundet und die Dezimale 5 bis 9 auf die nächst höhere Punktzahl aufgerundet. Für diese Berechnung sind hinsichtlich der Anzahl der angerechneten Kurse für das berufsbezogene Schwerpunktfach acht Kurse beziehungsweise für die besondere Lernleistung zwei Kurse zu rechnen.

(3) Im Block II der Gesamtqualifikation können bis zu 300 Punkte erreicht werden. Er besteht aus der Summe der in der Abiturprüfung erreichten Punkte. Dabei sind die Punkte der Abiturprüfung unbeschadet § 33 und § 35 Absatz 6 wie folgt zu ermitteln:

1. wurde in einem Fach nur schriftlich oder nur mündlich geprüft, ist die in der Prüfung erreichte Punktzahl vierfach zu werten.
2. wurde in einem Fach schriftlich und mündlich geprüft, werden das zweifach gewertete Ergebnis der schriftlichen Prüfung und das einfach gewertete Ergebnis der mündlichen Prüfung addiert und die Summe durch 3 geteilt; es wird nicht gerundet; das nach Satz 1 ermittelte Ergebnis wird mit 4 multipliziert. Ein nicht ganzzahliges Ergebnis nach Halbsatz 3 wird auf eine volle Punktzahl gemäß Anlage 9 gerundet.

(4) Die besondere Lernleistung kann statt der Anrechnung in Block I das vierte Prüfungsfach der schriftlichen Prüfung (§ 30 Absatz 1 Nummer 4) oder die mündliche Prüfung ersetzen, wenn die besondere Lernleistung mindestens mit 5 Punkten (einfache Wertung) bewertet wurde. Sie wird dann vierfach gewertet. Die Anrechnung auf ein schriftliches Prüfungsfach setzt voraus, dass der fachliche Schwerpunkt der besonderen Lernleistung eindeutig einem Fach zugeordnet werden kann, das als Fach der schriftlichen Prüfung hätte gewählt werden können.

§ 27
Teile der Abiturprüfung

Die Abiturprüfung besteht aus der schriftlichen und der mündlichen Prüfung. Dabei wird in einem Prüfungsfach ausschließlich mündlich geprüft (mündliches Prüfungsfach). In den übrigen vier Prüfungsfächern (schriftliche Prüfungsfächer) wird nach Maßgabe von § 35 Absatz 1 Satz 2 und 3 nur schriftlich oder schriftlich und mündlich geprüft. In den Fremdsprachen wird die schriftliche Prüfung durch eine Kommunikationsprüfung nach § 33 ergänzt. In Sport wird die mündliche Prüfung durch eine fachpraktische Prüfung nach Maßgabe von § 35 Absatz 6 Satz 2 ergänzt. In den Fächern Bildende Kunst, Musik, Bioinformatik, Informatik, Sondergebiete der Biowissenschaften, Sondergebiete der Ernährungswissenschaften, Sondergebiete der Technik und Wirtschaftsinformatik kann die mündliche Prüfung durch fachpraktische Prüfungen nach Maßgabe von § 35 Absatz 6 ergänzt werden.

§ 28
Ort und Termine der Abiturprüfung

(1) Die Abiturprüfung wird an den öffentlichen und an den staatlich anerkannten privaten Beruflichen Gymnasien abgehalten.

(2) Die Abiturprüfung findet einmal jährlich statt. Für Schülerinnen und Schüler, die gemäß § 38 aus wichtigen Gründen an der Teilnahme ganz oder teilweise verhindert waren, wird eine Nachprüfung durchgeführt. Die Termine der schriftlichen Prüfung werden vom Kultusministerium festgesetzt, die der mündlichen Prüfung von der oberen Schulaufsichtsbehörde, die der fachpraktischen Prüfung im Fach Sport sowie die der Kommunikationsprüfung im Einvernehmen mit der Schulleitung von der Leiterin oder dem Leiter des jeweiligen Fachausschusses gemäß § 29 Absatz 4. → Termine Berufliche Schulen

(3) Falls die Sportstättensituation oder die Witterungsabhängigkeit einer Sportart es erfordern, kann mit der fachpraktischen Prüfung im Fach Sport bereits im dritten Schulhalbjahr begonnen werden (vorgezogene praktische Prüfung). Die Teilnahme an der vorgezogenen fachpraktischen Prüfung impliziert die Entscheidung über das mündliche Prüfungsfach nach § 30 Absatz 4.

§ 29
Prüfungsausschuss, Fachausschüsse

(1) Für die Abiturprüfung und die Feststellung der Gesamtqualifikation wird an jedem Gymnasium ein Prüfungsausschuss gebildet. Diesem gehören an:

1. als vorsitzendes Mitglied eine Vertreterin oder ein Vertreter oder eine Beauftragte oder ein Beauftragter der oberen Schulaufsichtsbehörde,
2. als stellvertretend vorsitzendes Mitglied die Schulleiterin oder der Schulleiter oder deren

ständige Vertreterin oder deren ständiger Vertreter oder eine von der Schulleiterin oder dem Schulleiter beauftragte Lehrkraft,

3. sämtliche Fachlehrkräfte der Schule, welche die an der Abiturprüfung teilnehmenden Prüflinge in den letzten beiden Schulhalbjahren unterrichtet haben und
4. gegebenenfalls weitere von der oberen Schulaufsichtsbehörde oder von dem vorsitzenden Mitglied des Prüfungsausschusses beauftragte Mitglieder oder von der Schulleiterin oder dem Schulleiter mit der Führung des Protokolls beauftragte fachkundige Lehrkräfte.

(2) Das vorsitzende Mitglied des Prüfungsausschusses und die leitenden Mitglieder der Fachausschüsse gemäß Absatz 4 sorgen für die ordnungsgemäße Durchführung der mündlichen oder fachpraktischen Prüfung. Dabei wird insbesondere darauf geachtet, dass die Bestimmungen dieser Verordnung eingehalten werden, nicht von unrichtigen Voraussetzungen oder sachfremden Erwägungen ausgegangen und nicht gegen allgemeine Bewertungsgrundsätze oder den Grundsatz der Gleichbehandlung aller Prüflinge verstoßen wird. Die Personen nach Absatz 1 Nummer 1 und 2 können bei allen Prüfungen und Beratungen der Fachausschüsse anwesend sein. Das vorsitzende Mitglied des Prüfungsausschusses kann darüber hinaus weitere Lehrkräfte sowie Referendarinnen oder Referendare als Zuhörer bei der Prüfung und Beratung zulassen, sofern das Einverständnis des Prüflings vorliegt.

(3) Die Mitglieder des Prüfungsausschusses sind bei ihrer Prüfungstätigkeit unabhängig. Sie sind zur Amtsverschwiegenheit über alle Prüfungsangelegenheiten verpflichtet und vor Beginn der Prüfung hierüber zu belehren.

(4) Für die mündliche oder fachpraktische Prüfung in den einzelnen Fächern bildet das vorsitzende Mitglied des Prüfungsausschusses die erforderlichen Fachausschüsse. Jedem Fachausschuss gehören an:

1. das vorsitzende Mitglied des Prüfungsausschusses oder ein von diesem bestimmtes Mitglied des Prüfungsausschusses als leitendes Mitglied, sofern die obere Schulaufsichtsbehörde nichts anderes bestimmt,
2. die Fachlehrkraft, welche die Schülerin oder den Schüler im vierten Schulhalbjahr unterrichtet hat, als Prüferin oder Prüfer und
3. ein weiteres fachkundiges Mitglied des Prüfungsausschusses, zugleich mit der Aufgabe, das Protokoll zu führen.

In Kursen, in denen von verschiedenen Fachlehrkräften für einzelne Fächer oder Teilbereiche unterrichtet wurde, gehören dem Fachausschuss die Fachlehrkräfte an, die in den zu prüfenden Fächern zuletzt unterrichtet haben. Sie sind jeweils für ihr Fach Prüferin oder Prüfer nach Satz 2 Nummer 2, im Übrigen weiteres Mitglied nach Satz 2 Nummer 3. Ist eine Prüferin oder ein Prüfer verhindert, wird von dem vorsitzenden Mitglied des Prüfungsausschusses eine in dem betreffenden Fach in der Qualifikationsphase unterrichtende Lehrkraft bestellt.

§ 30
Fächer der Abiturprüfung

(1) Die schriftliche Prüfung erstreckt sich

1. auf das berufsbezogene Schwerpunktfach,
2. auf das vom Prüfling gemäß § 21 Absatz 2 fünfstündig gewählte Kernkompetenzfach Deutsch oder Mathematik,
3. nach Wahl des Prüflings auf eines der vierstündigen Kernkompetenzfächer Deutsch, Mathematik oder eine fortgeführte Fremdsprache und
4. nach Wahl des Prüflings auf ein weiteres Fach nach Maßgabe von Absatz 2.

Die mündliche Prüfung erstreckt sich auf die Fächer der schriftlichen Prüfung und auf ein weiteres, nach Maßgabe von Absatz 2 bis 4 gewähltes Fach (mündliches Prüfungsfach). Die Möglichkeit, die Prüfung in einem schriftlichen oder mündlichen Prüfungsfach nach Maßgabe des § 26 Absatz 4 durch eine besondere Lernleistung zu ersetzen, bleibt unberührt.

(2) Für die Prüfungsfächer gelten folgende Bestimmungen:

1. als Prüfungsfächer können nur solche Fächer gewählt werden, in denen der Unterricht auch in der Einführungsphase besucht wurde;
2. die drei Aufgabenfelder (§ 18 Absatz 1) müssen von den Fächern der Prüfung abgedeckt sein; auf Wunsch des Prüflings wird die besondere Lernleistung entsprechend ihrem fachlichen Schwerpunkt von den betreuenden Fachlehrkräften einem Aufgabenfeld zugeordnet, die Zuordnung zu einem bestimmten Aufgabenfeld setzt voraus, dass eine für dieses Aufgabenfeld qualifizierte Fachlehrkraft an der Betreuung der besonderen Lernleistung beteiligt war.
3. Religionslehre und Ethik können auch dann als Prüfungsfach gewählt werden, wenn in der Einführungsphase nicht am Religionsunterricht oder dem Fach Ethik teilgenommen wurde, aber in einer Überprüfung durch die Fachlehrkraft zu Beginn der ersten Jahrgangsstufe entsprechende Kenntnisse nachgewiesen wurden; außer in den Fällen von § 22 Absatz 2 und 3 sind die vier Kurse in Religionslehre der Religionsgemeinschaft zu besuchen, welcher die Schülerin oder der Schüler angehört; wurden im Rahmen von § 22 Absatz 2 und 3 Kurse in Religionslehre einer Religionsgemeinschaft besucht, welcher die Schülerin oder der Schüler nicht angehört, kann Religionslehre nur dann als Prüfungsfach gewählt werden, wenn die vier Kurse in Religionslehre derselben Religionsgemeinschaft besucht worden sind.
4. Unter den Prüfungsfächern muss das Fach Mathematik oder eines der naturwissenschaftlichen Fächer Biologie, Chemie oder Physik sein.
5. Folgende Fächer können nicht als schriftliche Prüfungsfächer gewählt werden:

a) in den Richtungen aller Profile die Fächer Musik, Bildende Kunst, Fremdsprache (N), Chinesisch, Global Studies und Sport,
b) im human- und lebenswissenschaftlichen Profil in der agrarwissenschaftlichen (AG), der biotechnologischen (BTG), der ernährungswissenschaftlichen (EG) und der sozial- und gesundheitswissenschaftlichen Richtung (SGG) die Fächer Sondergebiete der Biowissenschaften und Sondergebiete der Ernährungswissenschaften,
c) im human- und lebenswissenschaftlichen Profil in der agrarwissenschaftlichen (AG) und der ernährungswissenschaftlichen Richtung (EG) das Fach Biotechnologie,
d) im human- und lebenswissenschaftlichen Profil in der biotechnologischen Richtung (BTG) das Fach Bioinformatik,
e) im human- und lebenswissenschaftlichen Profil in der sozial- und gesundheitswissenschaftlichen Richtung (SGG) das Fach Sozialmanagement,
f) im technischen Profil (TG) die Fächer Sondergebiete der Technik und Informatik sowie
g) im wirtschaftswissenschaftlichen Profil (WG) die Fächer Privates Vermögensmanagement, Wirtschaftsgeografie und Wirtschaftsinformatik.

Die Fächer Physikalische Laborübungen und Chemische Laborübungen sind keine Prüfungsfächer.

6. Das Fach Sport kann in der Regel als Prüfungsfach nur wählen, wer vom Unterricht in den besuchten Kursen nicht ganz oder teilweise befreit war.
7. Die bilingualen Fächer werden in Teilen in der Fremdsprache geprüft, das Fach Global Studies mindestens hälftig, das Fach Internationale Volks- und Betriebswirtschaftslehre hälftig.

(3) Die Entscheidung, welche Fächer schriftlich geprüft werden sollen, ist schriftlich nach Ausgabe des Zeugnisses für das zweite Schulhalbjahr spätestens zwei Wochen nach Beginn des Unterrichts des dritten Schulhalbjahres zu treffen. Dies gilt auch für die Entscheidung, ob ein Prüfungsfach der schriftlichen Prüfung durch die besondere Lernleistung nach § 26 Absatz 4 ersetzt werden soll.

(4) Die Wahl des mündlichen Prüfungsfaches ist schriftlich unbeschadet von § 26 Absatz 4 und § 35 Absatz 2 spätestens einen Schultag nach Ausgabe des Zeugnisses für das dritte Schulhalbjahr zu treffen. Wird die fachpraktische Prüfung im Fach Sport gemäß § 28 Absatz 3 vorgezogen, bestimmt die Schulleiterin oder der Schulleiter oder eine von ihr oder ihm beauftragte Lehrkraft den Wahltermin, der vor Beginn der Prüfung liegen muss.

§ 31
Zulassung zur schriftlichen Prüfung

(1) An der schriftlichen Prüfung kann nur teilnehmen, wer zugelassen wurde.

(2) Für die Zulassung müssen folgende Voraussetzungen erfüllt sein oder durch den Besuch von Kursen im vierten Schulhalbjahr noch erfüllt werden können:

1. Besuch der nach §§ 21 und 23 vorgeschriebenen Kurse,
2. Einhaltung der für die Anrechnung nach § 26 Absatz 1 und für die Prüfungsfächer nach § 30 geltenden Regelungen,
3. Einhaltung der allgemeinen Regelungen zur Kurswahl nach § 21 und
4. Erreichbarkeit von mindestens 200 Punkten im Block I der Gesamtqualifikation gemäß § 26.

(3) Über die Versagung der Zulassung entscheidet die Schulleiterin oder der Schulleiter nach Abschluss der Wahl des mündlichen Prüfungsfaches (§ 30 Absatz 4). Sie gilt als Nichtzuerkennung der allgemeinen Hochschulreife und ist unter Angabe der Gründe unverzüglich schriftlich mitzuteilen.

(4) An einer nach § 28 Absatz 3 vorgezogenen praktischen Prüfung im Fach Sport kann unbeschadet der später erforderlichen Zulassung teilgenommen werden.

§ 32
Durchführung der schriftlichen Prüfung

(1) In der schriftlichen Prüfung werden eine oder mehrere Aufgaben aus verschiedenen Stoffgebieten gestellt. Die Bearbeitungszeit beträgt in zweistündigen Fächern mindestens 210 Minuten, in den übrigen Fächern mindestens 240 Minuten und in allen Fächern höchstens 330 Minuten. Die besondere Regelung für die Prüfung in den Fremdsprachen nach § 33 bleibt unberührt.

(2) Die Prüfungsaufgaben werden vom Kultusministerium im Rahmen der Bildungspläne für die Oberstufe des Beruflichen Gymnasiums landeseinheitlich gestellt.

(3) Die Leitung der schriftlichen Prüfung obliegt der Schulleiterin oder dem Schulleiter, soweit die obere Schulaufsichtsbehörde nichts anderes bestimmt. Die Leitung umfasst die Verantwortung für die ordnungsgemäße Durchführung der Prüfung, insbesondere die Prüfungsaufsicht.

(4) Über jede schriftliche Prüfung ist ein Protokoll zu fertigen, das von der Leiterin oder dem Leiter der Prüfung nach Absatz 3 und den aufsichtführenden Lehrkräften zu unterschreiben ist. In diesem sind insbesondere die Prüfungszeit, die Namen der die aufsichtführenden Lehrkräfte und besondere Vorkommnisse, insbesondere Störungen und Täuschungshandlungen, festzuhalten.

(5) Jede schriftliche Arbeit wird von der Fachlehrkraft der Schülerin oder des Schülers und von einer Fachlehrkraft eines anderen, von der oberen Schulaufsichtsbehörde bestimmten, Beruflichen Gymnasiums korrigiert und nach § 15 Absatz 1 bewertet. Ist die für die Korrektur zuständige Fachlehrkraft verhindert, bestimmt die Schulleiterin oder der Schulleiter eine Lehrkraft, die die Korrektur übernimmt. Weichen die Bewertungen um mehr als drei Punkte voneinander ab, muss

Berufliche Schulen

eine Beauftragte oder ein Beauftragter der oberen Schulaufsichtsbehörde die beiden vorangegangenen Bewertungen überprüfen und die endgültige Bewertung für die schriftliche Prüfung festsetzen; dabei dürfen die vorangegangenen Bewertungen in der Regel nicht über- oder unterschritten werden. In der Regel gilt bei Abweichungen von bis zu drei Punkten der Durchschnittswert der beiden Bewertungen, der bei nicht ganzzahligem Mittelwert auf die volle Punktzahl aufzurunden ist, als endgültige Bewertung für die schriftliche Prüfung. Von den Regelungen der Sätze 3 und 4 kann abgewichen werden, wenn bei den vorangegangenen Bewertungen der Beurteilungsspielraum durch rechtlich relevante Fehler überschritten wurde.

(6) Die in der schriftlichen Prüfung in den einzelnen Fächern erreichten Punkte werden etwa eine Woche vor der mündlichen Prüfung bekannt gegeben.

§ 33
Kommunikationsprüfung

In den Fremdsprachen besteht die schriftliche Prüfung aus einem schriftlichen Teil und einer Kommunikationsprüfung, wobei die im schriftlichen Teil erreichte Punktzahl dreifach und die in der Kommunikationsprüfung erreichte Punktzahl einfach gewichtet werden. Die Bearbeitungszeit für den schriftlichen Teil beträgt mindestens 195 Minuten. Für die Kommunikationsprüfung gibt das Kultusministerium zentrale Prüfungsmaßstäbe vor. Sie wird im vierten Schulhalbjahr von der Fachlehrkraft der Schülerin oder des Schülers und einer weiteren von der Schulleiterin oder dem Schulleiter bestimmten Fachlehrkraft abgenommen und dauert etwa 15 Minuten je Prüfling. Die Prüflinge werden einzeln oder zu zweit geprüft. § 35 Absatz 7 und 8 gilt entsprechend.

§ 34
Zulassung zur mündlichen Prüfung

(1) An der mündlichen Prüfung kann nur teilnehmen, wer zugelassen wurde.

(2) Für die Zulassung müssen folgende Voraussetzungen erfüllt sein:

1. Die Voraussetzungen nach § 31 Absatz 2 müssen unter Berücksichtigung der Kurse des vierten Schulhalbjahres nunmehr erfüllt sein.
2. In Block I der Gesamtqualifikation müssen mindestens 200 Punkte erreicht sein.

(3) An einer nach § 28 Absatz 3 vorgezogenen fachpraktischen Prüfung im Fach Sport kann unbeschadet der später erforderlichen Zulassung nach Absatz 1 teilgenommen werden.

(4) Über die Versagung der Zulassung entscheidet die Schulleiterin oder der Schulleiter; sie gilt als Nichtzuerkennung der allgemeinen Hochschulreife und ist unter Angabe der Gründe unverzüglich schriftlich mitzuteilen.

§ 35
Durchführung der mündlichen Prüfung

(1) Jeder Prüfling wird in dem nach § 30 gewählten mündlichen Prüfungsfach mündlich geprüft. Ferner kann er in den Fächern seiner schriftlichen Prüfung auch mündlich geprüft werden; die Entscheidung trifft das vorsitzende Mitglied des Prüfungsausschusses. Darüber hinaus wird er in den weiteren Fächern seiner schriftlichen Prüfung mündlich geprüft, die er spätestens am auf die Bekanntgabe der Ergebnisse der schriftlichen Prüfung folgenden Schultag schriftlich gegenüber der Schulleiterin oder dem Schulleiter benennt.

(2) Spätestens am auf die Bekanntgabe der Ergebnisse der schriftlichen Prüfung folgenden Schultag entscheiden die Prüflinge, ob sie statt der Teilnahme an der Prüfung im gewählten mündlichen Prüfungsfach ihre besondere Lernleistung nach § 26 Absatz 4 anrechnen lassen.

(3) Für die mündliche Prüfung werden Prüfungsaufgaben im Rahmen der Bildungspläne für die Jahrgangsstufen der Qualifikationsphase ohne Beschränkung auf die Sachgebiete eines Schulhalbjahres vom leitenden Mitglied des Fachausschusses aufgrund von Vorschlägen des prüfenden Mitglieds des Fachausschusses gestellt; die Prüfungsaufgaben werden den Prüflingen schriftlich vorgelegt, wobei eine Zeit von in der Regel 20 Minuten zur Vorbereitung unter Aufsicht eingeräumt wird.

(4) Die mündliche Prüfung wird als Einzelprüfung durchgeführt und dauert in der Regel 20 Minuten je Prüfungsfach und Prüfling. Das leitende Mitglied des Fachausschusses bestimmt den Gang der Prüfung und kann selbst prüfen.

(5) In der mündlichen Prüfung soll der Prüfling die Prüfungsaufgaben und deren Lösung in zusammenhängender Rede darstellen und in einem anschließenden Prüfungsgespräch zu weiteren Themen des Bildungsplans geprüft werden. Im Prüfungsgespräch kann die Einordnung der Aufgabenstellung in größere fachliche Zusammenhänge verlangt werden. Eine mündliche Prüfung in einem schriftlichen Prüfungsfach darf darüber hinaus keine Wiederholung, sondern muss Ergänzung der schriftlichen Prüfung sein.

(6) Die mündliche Prüfung in den Fächern Bildende Kunst, Musik, Bioinformatik, Informatik, Sondergebiete der Biowissenschaften, Sondergebiete der Ernährungswissenschaften, Sondergebiete der Technik sowie Wirtschaftsinformatik kann fachpraktische Elemente enthalten. Ist Sport mündliches Prüfungsfach, so besteht die Prüfung aus einem etwa 20 Minuten umfassenden mündlichen und einem fachpraktischen Teil, wobei die im mündlichen Teil erreichte Punktzahl einfach und die im fachpraktischen Teil erreichte Punktzahl zweifach gewichtet werden.

(7) Im Anschluss an die mündliche Prüfung des einzelnen Prüflings setzt der Fachausschuss das Ergebnis der mündlichen Prüfung nach § 15 Absatz 1 auf Vorschlag der Prüferin oder des Prüfers fest. Kann sich der Fachausschuss auf keine bestimmte Punktzahl einigen oder mehrheitlich mit der Stimme der Leiterin oder des Leiters für keine Punktzahl entscheiden, wird das Ergebnis aus dem auf die erste Dezimale errechneten Durchschnitt der

Berufliche Schulen

Bewertungen aller Mitglieder gebildet, der auf eine volle Punktzahl zu runden ist. Hierbei werden die Dezimale 1 bis 4 auf die nächst niedrigere Punktzahl abgerundet und die Dezimale 5 bis 9 auf die nächst höhere Punktzahl aufgerundet.

(8) Über die mündliche Prüfung des einzelnen Prüflings wird ein Protokoll gefertigt, das die Zusammensetzung des Fachausschusses, die Prüfungsaufgaben, die Dauer und den wesentlichen Verlauf der Prüfung sowie das Prüfungsergebnis festhält. Das Protokoll ist von allen Mitgliedern des Fachausschusses zu unterschreiben.

§ 36
Ergebnis der Abiturprüfung

(1) Im Anschluss an die mündliche Prüfung ermittelt das vorsitzende Mitglied des Prüfungsausschusses das Ergebnis der Abiturprüfung (Block II der Gesamtqualifikation) und stellt fest, wer die Mindestqualifikation erreicht hat.

(2) Die Mindestqualifikation der Abiturprüfung ist erreicht, wenn

1. in den fünf Prüfungsfächern zusammen mindestens 100 Punkte und
2. in drei Prüfungsfächern jeweils mindestens je 20 Punkte und
3. in keinem der Prüfungsfächer weniger als vier Punkte

bei jeweils vierfacher Wertung erreicht wurden.

Das Nichterreichen der Mindestqualifikation gilt als Nichtzuerkennung der allgemeinen Hochschulreife. Sie ist unter Angabe der Gründe unverzüglich schriftlich mitzuteilen.

§ 37
Feststellung der Gesamtqualifikation, Zeugnis der allgemeinen Hochschulreife

(1) Das vorsitzende Mitglied des Prüfungsausschusses stellt die Gesamtqualifikation nach § 26 sowie nach der als Anlage 10 beigefügten Tabelle die Gesamtnote fest und erkennt den Schülerinnen und Schülern, die in Block I der Gesamtqualifikation mindestens 200 Punkte und in Block II mindestens 100 Punkte erreicht und auch die übrigen Voraussetzungen dieser Verordnung erfüllt haben, die allgemeine Hochschulreife zu.

(2) Die Voraussetzungen zum Erwerb der allgemeinen Hochschulreife bezüglich der zweiten Fremdsprache werden erfüllt durch Unterricht im Pflicht- oder Wahlpflichtbereich

1. in mindestens vier aufeinander folgenden Schuljahren der Realschule, der Gemeinschaftsschule oder des Gymnasiums oder
2. in der Einführungsphase und in den beiden Jahrgangsstufen des Beruflichen Gymnasiums der dreijährigen Aufbauform in einem der Fächer Französisch (N), Italienisch (N), Russisch (N) oder Spanisch (N) (§ 23 Absatz 4).

(3) Über die Feststellung der Ergebnisse der Prüfung ist ein Protokoll zu fertigen, das vom vorsitzenden Mitglied des Prüfungsausschusses und dem Mitglied, von dem das Protokoll angefertigt wurde, zu unterschreiben ist.

(4) Die Protokolle der einzelnen Prüfungsteile und die Feststellung der Ergebnisse der Prüfung sowie die Prüfungsarbeiten sind bei den Schulakten aufzubewahren. Die Prüfungsarbeiten sind nach Ablauf von fünf Jahren seit der Feststellung der Ergebnisse der Prüfung zu vernichten, sofern kein Antrag auf Aushändigung gestellt wurde.

(5) Eine Teilnahme am Seminarkurs gemäß § 19 wird im Abiturzeugnis zusammen mit dem behandelten Thema und den erreichten Punkten vermerkt. Entsprechendes gilt für das Erbringen einer Wettbewerbsleistung oder Leistungen aus einem Schülerstudium nach § 19 Absatz 4 statt der Teilnahme am Seminarkurs.

§ 38
Nichtteilnahme, Rücktritt

(1) Wird ohne wichtigen Grund an einem der Prüfungsteile ganz oder teilweise nicht teilgenommen, gilt dies als Nichtzuerkennung der allgemeinen Hochschulreife. Über das Vorliegen eines wichtigen Grundes entscheidet bei der schriftlichen Prüfung deren Leiterin oder deren Leiter, bei der mündlichen Prüfung das vorsitzende Mitglied des Prüfungsausschusses, bei der fachpraktischen Prüfung im Fach Sport das leitende Mitglied des Fachausschusses und bei der Kommunikationsprüfung die Schulleiterin oder der Schulleiter. Der Prüfling hat den Grund unverzüglich der Schule mitzuteilen.

Anlage 10
(zu § 37 Absatz 1, § 50 Absatz 3)

Umrechnung der Gesamtpunktzahl in eine Gesamtnote

Die Punktzahl der Gesamtqualifikation (§ 37 Absatz 1, § 50 Absatz 3) ist nach folgender Tabelle in eine Gesamtnote umzurechnen:

Gesamt-punkte-zahl	Ge-samt-note	Gesamt-punkte-zahl	Ge-samt-note	Gesamt-punkte-zahl	Ge-samt-note	Gesamt-punkte-zahl	Ge-samt-note	Gesamt-punkte-zahl	Ge-samt-note
900 - 823	1,0	732 - 715	1,6	624 - 607	2,2	516 - 499	2,8	408 - 391	3,4
822 - 805	1,1	714 – 697	1,7	606 - 589	2,3	498 - 481	2,9	390 - 373	3,5
804 - 787	1,2	696 - 679	1,8	588 - 571	2,4	480 - 463	3,0	372 - 355	3,6
786 - 769	1,3	678 - 661	1,9	570 - 553	2,5	462 - 445	3,1	354 - 337	3,7
768 - 751	1,4	660 - 643	2,0	552 - 535	2,6	444 - 427	3,2	336 - 319	3,8
750 - 733	1,5	642 - 625	2,1	534 - 517	2,7	426 - 409	3,3	318 - 301	3,9
								300	4,0

Berufliche Schulen

(2) Als wichtiger Grund gilt insbesondere Krankheit. Ist eine prüfungsrelevante gesundheitliche Beeinträchtigung nicht offenkundig, kann das vorsitzende Mitglied oder das stellvertretend vorsitzende Mitglied des Prüfungsausschusses die Vorlage eines ärztlichen Zeugnisses verlangen, das eine konkrete Beschreibung dieser Beeinträchtigung beinhaltet. Lassen sich Zweifel am Vorliegen einer prüfungsrelevanten gesundheitlichen Beeinträchtigung auf andere Weise nicht ausräumen, kann das vorsitzende Mitglied oder das stellvertretend vorsitzende Mitglied des Prüfungsausschusses auch die Vorlage eines Satz 2 entsprechenden amtsärztlichen Zeugnisses verlangen.

(3) Wer sich in Kenntnis einer gesundheitlichen Beeinträchtigung oder eines anderen wichtigen Grundes der Prüfung unterzogen hat, kann dies nachträglich nicht mehr geltend machen. Der Kenntnis steht die fahrlässige Unkenntnis gleich; fahrlässige Unkenntnis liegt insbesondere dann vor, wenn beim Vorliegen einer gesundheitlichen Beeinträchtigung nicht unverzüglich eine Klärung herbeigeführt wurde.

(4) Sofern ein wichtiger Grund vorliegt, gilt die Prüfung als nicht unternommen. Die Teilnahme an einer Nachprüfung nach § 28 Absatz 2 Satz 2 ist möglich. Hierbei bleiben die bereits erbrachten Prüfungsleistungen bestehen.

(5) Vor Beginn der Abiturprüfung ist auf diese Bestimmungen hinzuweisen.

§ 39
Täuschungshandlungen, Ordnungsverstöße

(1) Wer es unternimmt, das Prüfungsergebnis durch Täuschung oder Benutzung nicht zugelassener Hilfsmittel zu beeinflussen oder nicht zugelassene Hilfsmittel nach Bekanntgabe der Prüfungsaufgaben mitführt oder Beihilfe zu einer Täuschung oder einem Täuschungsversuch leistet, begeht eine Täuschungshandlung.

(2) Wird während der Prüfung eine Täuschungshandlung oder ein entsprechender Verdacht festgestellt, ist der Sachverhalt von einer aufsichtführenden Lehrkraft zu protokollieren. Der Prüfling setzt die Prüfung bis zur Entscheidung über die Täuschungshandlung vorläufig fort.

(3) Liegt eine Täuschungshandlung vor, wird der Prüfling von der weiteren Teilnahme an der Prüfung ausgeschlossen; dies gilt als Nichtzuerkennung der allgemeinen Hochschulreife. In leichten Fällen kann stattdessen die Prüfungsleistung mit der Note „ungenügend" (0 Punkte) bewertet werden. Die Entscheidung trifft bei der schriftlichen Prüfung deren Leiterin oder deren Leiter, bei der mündlichen Prüfung das vorsitzende Mitglied des Prüfungsausschusses, bei der fachpraktischen Prüfung im Fach Sport das leitende Mitglied des Fachausschusses und bei der Kommunikationsprüfung die Schulleiterin oder der Schulleiter.

(4) Stellt sich eine Täuschungshandlung erst nach Aushändigung des Zeugnisses heraus, kann die obere Schulaufsichtsbehörde das Zeugnis einziehen und entweder ein anderes Zeugnis erteilen oder die Zuerkennung der allgemeinen Hochschulreife zurücknehmen, sofern seit der Ausstellung des Zeugnisses nicht mehr als zwei Jahre vergangen sind.

(5) Wer durch sein Verhalten die Prüfung so schwer behindert, dass es nicht möglich ist, die Prüfung ordnungsgemäß durchzuführen, wird von der Prüfung ausgeschlossen; dies gilt als Nichtzuerkennung der allgemeinen Hochschulreife. Absatz 3 Satz 3 gilt entsprechend.

(6) Vor Beginn der Abiturprüfung ist auf diese Bestimmungen hinzuweisen.

Unterabschnitt 4
Wiederholung, Entlassung

§ 40
Voraussetzungen für die Wiederholung

(1) Die Jahrgangsstufen können außer in den Fällen der Absätze 2 bis 4 nicht wiederholt werden.

(2) Die erste Jahrgangsstufe kann einmal wiederholt werden, wenn nicht bereits die vorangegangene Klasse wiederholt wurde und die Schülerin oder der Schüler eine entsprechende Erklärung innerhalb einer Woche nach Erhalt des Zeugnisses für das zweite Halbjahr der ersten Jahrgangsstufe abgibt.

(3) Wem die allgemeine Hochschulreife zum ersten Mal nicht zuerkannt wurde, kann einmal wiederholen, und zwar

1. bei Nichtzulassung zur schriftlichen Abiturprüfung nach § 31 Absatz 3
   a) das zweite und dritte Schulhalbjahr der Qualifikationbsphase oder
   b) die zweite Jahrgangsstufe insgesamt, wenn die zweite Jahrgangsstufe bis zum Ende des Schuljahres besucht wird, oder
   c) das dritte Schulhalbjahr der Qualifikationsphase nach halbjähriger Unterbrechung des Schulbesuchs,
2. in den übrigen Fällen das dritte und vierte Schulhalbjahr der Qualifikationsphase.

(4) Schülerinnen und Schüler des vierten Schulhalbjahres, bei denen zu erwarten ist, dass sie zum Ende des Schulhalbjahres die im Block I der Gesamtqualifikation erforderlichen Leistungen nicht erbringen werden, können auf Antrag mit Zustimmung der Schulleiterin oder des Schulleiters nach Absatz 3 Nummer 1 einmal wiederholen. Dies gilt als Nichtzuerkennung der allgemeinen Hochschulreife.

(5) Die Wiederholung lediglich einzelner Kurse ist nicht zulässig.

(6) Bei Zuerkennung der allgemeinen Hochschulreife ist weder eine Wiederholung der Oberstufe noch eine Wiederholung der Abiturprüfung zulässig.

§ 41
Kurswahl bei Wiederholung

(1) Bei einer Wiederholung sind im Rahmen des Kursangebotes der Schule die Kurse neu zu wählen; für die Entscheidungen nach § 21 gilt dies nur, wenn die beiden ersten Schulhalbjahre wiederholt werden. Es besteht kein Anspruch darauf, dass Kurse angeboten werden, die der früheren Wahl

entsprechen. Die beim ersten Durchgang besuchten Kurse werden nicht mehr berücksichtigt. Dies gilt auch für die im Rahmen des Seminarkurses besuchten Kurse einschließlich der Dokumentation und des Kolloquiums. Wird der Seminarkurs nur teilweise wiederholt, bleiben die in dem nicht wiederholten Teil erbrachten Leistungen erhalten und fließen in die für die besondere Lernleistung neu zu bildende Gesamtnote mit ein.

(2) Wer Kurse, die zur Erlangung der Mindestqualifikation nach § 36 erforderlich sind, nicht besuchen kann, hat sich ohne den Besuch von Unterrichtsveranstaltungen am Ende des Schulhalbjahres einer schriftlichen und mündlichen Leistungsfeststellung über den Unterrichtsstoff des betreffenden Kurses zu unterziehen, wobei die schriftlichen und mündlichen Leistungen je einfach zählen. Das Ergebnis der Leistungsfeststellung gilt als Ergebnis des entsprechenden Kurses. Die Leistungsfeststellung wird von einer von der Schulleiterin oder vom Schulleiter beauftragten Fachlehrkraft vorgenommen, die die Schülerin oder den Schüler auch schon während der Selbstvorbereitung berät.

(3) Ergeben sich aus sonstigen Gründen von der Schule nicht behebbare Schwierigkeiten bei der Wiederholung, kann die obere Schulaufsichtsbehörde Sonderregelungen treffen.

§ 42
Entlassung

Schülerinnen und Schüler, bei denen am Ende des ersten oder zweiten Schulhalbjahres der ersten Jahrgangsstufe bereits feststeht, dass sie zur schriftlichen Abiturprüfung nicht zugelassen werden können und diese Jahrgangsstufe nicht wiederholen können, oder denen zweimal die Zuerkennung der allgemeinen Hochschulreife versagt worden ist, müssen das Gymnasium endgültig verlassen.

Abschnitt 6
Abiturprüfung für Schulfremde

§ 43
Teilnehmerinnen und Teilnehmer

Wer das Zeugnis der allgemeinen Hochschulreife erwerben will, ohne Schülerin oder Schüler eines öffentlichen oder staatlich anerkannten privaten Beruflichen Gymnasiums zu sein, kann die Abiturprüfung als außerordentliche Teilnehmerin oder außerordentlicher Teilnehmer (Schulfremde) ablegen.

§ 44 Termin der Prüfung

Die Abiturprüfung für Schulfremde findet einmal jährlich zusammen mit der Abiturprüfung an den öffentlichen Beruflichen Gymnasien statt.

→ Termine Berufliche Schulen

§ 45 Form der Prüfung, Prüfungsfächer

(1) Die Prüfung gliedert sich in zwei Teile. Der erste Teil umfasst das jeweilige berufsbezogene Schwerpunktfach und drei weitere Fächer, die schriftlich und mündlich geprüft werden. Der zweite Teil umfasst vier weitere Fächer, die nur mündlich geprüft werden. Die Fächer des ersten Teils der Prüfung werden nach den Anforderungen eines entsprechenden Faches der schriftlichen Prüfung, die Fächer des zweiten Teils der Prüfung nach den Anforderungen des mündlichen Prüfungsfaches in der ordentlichen Abiturprüfung geprüft.

(2) Die Prüfungsfächer sind

1. das berufsbezogene Schwerpunktfach,
2. Mathematik,
3. Deutsch,
4. eine Fremdsprache (F),
5. Geschichte mit Gemeinschaftskunde,
6. eine Naturwissenschaft gemäß § 18 Absatz 2 Nummer 5 und
7. eine zweite Fremdsprache (N) nach § 18 Absatz 2 Nummer 4, wenn die Voraussetzungen bezüglich der zweiten Fremdsprache nach § 37 Absatz 2 nicht erfüllt sind.

Weitere Prüfungsfächer können alle anderen Fächer des Pflichtbereichs mit Ausnahme des Faches Sport sein.

(3) Aus den möglichen Prüfungsfächern wählt der Prüfling die jeweils vier Fächer der beiden Teile der Prüfung. Für die Wahl gelten folgende Bestimmungen:

1. Durch die vier Fächer des ersten Prüfungsteils müssen alle drei Aufgabenfelder des Pflichtbereichs nach § 18 Absatz 2 abgedeckt sein. Unter den Fächern des ersten Prüfungsteils müssen das
   a) berufsbezogene Schwerpunktfach,
   b) Mathematik oder Deutsch auf erhöhtem Anforderungsniveau sowie
   c) eine Fremdsprache nach Absatz 2 Satz 1 Nummer 4 oder das unter Buchstabe b nicht gewählte Fach Mathematik oder Deutsch auf grundlegendem Anforderungsniveau sein.
2. Unter den vier Fächern des zweiten Teils müssen diejenigen der in Absatz 2 Satz 1 genannten Fächer sein, die nicht Gegenstand des ersten Teils der Prüfung sind; sind die Voraussetzungen bezüglich der zweiten Fremdsprache nach § 37 Absatz 2 nicht erfüllt, muss unter diesen Fächern eine Fremdsprache nach Absatz 2 Satz 1 Nummer 7 sein.

(4) Die obere Schulaufsichtsbehörde kann auf Antrag bei der zweiten Fremdsprache die Prüfung in einer anderen als der am Beruflichen Gymnasium vorgesehenen Fremdsprache zulassen.

§ 46 Meldung zur Prüfung

(1) Die Meldung ist bis zum 1. Oktober für die Prüfung im darauf folgenden Jahr an die für den Wohnsitz zuständige obere Schulaufsichtsbehörde zu richten. Für die Schülerinnen und Schüler der staatlich genehmigten privaten Beruflichen Gymnasien ist die obere Schulaufsichtsbehörde zuständig, in deren Bezirk das Gymnasium liegt. Bewerberinnen und Bewerber, die sich durch Teilnahme an einem Fernlehrgang auf die Prüfung vorbereitet haben, können ihre Bewerbung an die für ihren Wohnsitz oder an die für den Sitz des Veranstalters des Fernlehrgangs zuständige obere Schulaufsichtsbehörde richten.

(2) Der Meldung zur Prüfung sind beizufügen:

1. zur Klärung der Zuständigkeit nach Absatz 1 eine Erklärung darüber,
   a) ob die Vorbereitung auf die Prüfung an einem staatlich genehmigten Gymnasium erfolgte oder
   b) sofern die Vorbereitung durch einen Fernlehrgang durchgeführt wurde und die Meldung an die für den Sitz des Veranstalters des Fernlehrgangs zuständige Schulaufsichtsbehörde gerichtet wird, bei welchem Veranstalter der Fernlehrgang erfolgte;
2. zur Prüfung des Vorliegens der Zulassungsvoraussetzungen nach § 47 Absatz 1
   a) eine beglaubigte Abschrift des Zeugnisses, das die Erfüllung der Aufnahmevoraussetzungen für das Berufliche Gymnasium nachweist,
   b) eine Übersicht über den schulischen Werdegang ab Erwerb des Zeugnisses nach Buchstabe a mit der Angabe des Namens, Vornamens, Geburtsdatums und Geburtsorts,
   c) eine Erklärung darüber, ob und gegebenenfalls mit welchem Ergebnis schon einmal an einer Prüfung zum Erwerb der allgemeinen oder fachgebundenen Hochschulreife teilgenommen wurde, und
   d) beglaubigte Abschriften der Abschluss- oder Abgangszeugnisse der nach dem Erwerb des Zeugnisses nach Buchstabe a besuchten Schulen oder jeweils eine Bestätigung der Schule über den dort besuchten Bildungsgang, das Datum der Aufnahme in den Bildungsgang und des Verlassens des Bildungsgangs und, sofern der Bildungsgang zur allgemeinen oder fachgebundenen Hochschulreife führte, dass der Bildungsgang nicht erfolgreich abgeschlossen wurde;
3. eine Erklärung über die Wahl der Prüfungsfächer (§ 45 Absatz 3).

Der Erklärung nach Nummer 1 Buchstabe a oder b ist eine Bescheinigung des staatlich genehmigten Gymnasiums oder des Veranstalters des Fernlehrgangs darüber beizufügen, dass die Bewerberin oder der Bewerber dort auf die Schulfremdenprüfung vorbereitet wurde.

(3) Für Schülerinnen und Schüler der staatlich genehmigten privaten Beruflichen Gymnasien kann anstelle einzelner Meldungen die Sammelmeldung des Gymnasiums treten, die jeweils Vor- und Zuname, Geburtstag, Geburtsort und Anschrift enthalten muss. Der Sammelmeldung sind die Unterlagen nach Absatz 2 beizufügen. Dies gilt für die Teilnehmer an einem Fernlehrgang oder für die Schülerinnen und Schüler von Ergänzungsschulen entsprechend.

§ 47
Voraussetzungen für die Zulassung

(1) Schulfremde können die Prüfung nicht eher ablegen, als es ihnen bei normalem Schulbesuch möglich wäre. Zur Prüfung wird nur zugelassen,

1. wer die Aufnahmevoraussetzungen für das Berufliche Gymnasium der dreijährigen Aufbauform erfüllt, wobei Altersvorschriften unberücksichtigt bleiben,
2. wem nicht bereits zweimal die Zuerkennung der allgemeinen oder fachgebundenen Hochschulreife versagt worden ist,
3. wer nicht bereits anderweitig das Zeugnis der allgemeinen oder fachgebundenen Hochschulreife erworben hat und
4. wer in dem Schuljahr, in dem die Prüfung abgenommen wird, nicht Schülerin oder Schüler eines öffentlichen oder eines staatlich anerkannten privaten Gymnasiums war; dies gilt nicht im Fall der Schwangerschaft oder der Mutterschaft einer Bewerberin.

(2) Zur Prüfung werden in der Regel nur solche Bewerberinnen und Bewerber zugelassen, die in Baden-Württemberg ihren ständigen Wohnsitz haben oder an einem staatlich genehmigten privaten Gymnasium oder an einer sonstigen Unterrichtseinrichtung in Baden-Württemberg auf die Abiturprüfung für Schulfremde vorbereitet wurden.

§ 48 Entscheidung über die Zulassung

Die obere Schulaufsichtsbehörde entscheidet über die Zulassung und weist den Prüfling einem öffentlichen Beruflichen Gymnasium zur Ablegung der Prüfung zu. Die obere Schulaufsichtsbehörde kann die Entscheidung dem Gymnasium übertragen.

§ 49 Durchführung der Prüfung

(1) Für die Prüfung der zugelassenen Bewerberinnen und Bewerber gelten im Übrigen die §§ 29, 32, 35 Absatz 3 bis 8, §§ 38 und 39 entsprechend mit folgender Maßgabe:

1. am zweiten Teil nach § 45 Absatz 1 Satz 3 darf nur teilnehmen, wer den ersten Teil nach § 45 Absatz 1 Satz 2 bestanden hat.
2. Fachlehrkräfte im Sinne von § 29 Absatz 1 Nummer 3 und Absatz 4 Nummer 2 sind die von dem vorsitzenden Mitglied des Prüfungsausschusses und im Sinne von § 32 Absatz 5 Satz 1 die von der oberen Schulaufsichtsbehörde bestimmten Fachlehrkräfte eines öffentlichen Beruflichen Gymnasiums, in der Regel des Gymnasiums, dem der Prüfling zur Ablegung der Prüfung zugewiesen ist.
3. Bei Schülerinnen und Schülern von staatlich genehmigten privaten Gymnasien kann die obere Schulaufsichtsbehörde zulassen, dass die Prüfung ganz oder teilweise im Gebäude der betreffenden Schule abgenommen wird; die Leitung und Beaufsichtigung regelt in diesem Fall die obere Schulaufsichtsbehörde.
4. Bei der Prüfung in einer Fremdsprache im ersten Teil der Schulfremdenprüfung wird die mündliche Prüfung nach den für die Kommunikationsprüfung gemäß § 33 geltenden zentralen Maßstäben durchgeführt. Die Zusammensetzung des Fachausschusses nach § 29 bleibt unberührt.

(2) Die Prüflinge haben sich bei Beginn der Prüfung mit einem mit Lichtbild versehenen amt-

lichen Ausweis auszuweisen und diesen während der gesamten Prüfung bei sich zu führen und auf Verlangen vorzuzeigen.

§ 50
Ergebnis der Prüfung,
Zeugnis der allgemeinen Hochschulreife

(1) Nach Abschluss des ersten Teils der Prüfung stellt das vorsitzende Mitglied des Prüfungsausschusses fest, wer diesen Teil bestanden hat und am zweiten Teil teilnehmen kann. Das Nichtbestehen des ersten Teils gilt als Nichtzuerkennung der allgemeinen Hochschulreife.

(2) Nach Abschluss des zweiten Teils der Prüfung stellt das vorsitzende Mitglied des Prüfungsausschusses fest, wer diesen Teil bestanden hat. Das Nichtbestehen des zweiten Teils gilt als Nichtzuerkennung der allgemeinen Hochschulreife.

(3) Das vorsitzende Mitglied des Prüfungsausschusses stellt für diejenigen Prüflinge, die beide Teile der Prüfung bestanden haben, das Gesamtergebnis sowie nach der als Anlage 10 beigefügten Tabelle die Gesamtnote fest und erkennt ihnen, sofern sie die Voraussetzungen bezüglich der zweiten Fremdsprache nach § 37 Absatz 2 erfüllen oder die Abiturprüfung auch in der zweiten Fremdsprache nach § 45 Absatz 2 Nummer 7 abgelegt haben, die allgemeine Hochschulreife zu.

(4) Das Ergebnis der beiden Teile der Prüfung wird wie folgt ermittelt:

1. Der erste Teil ist bestanden, wenn kein Fach mit 0 Punkten bewertet wurde und in allen vier Prüfungsfächern insgesamt mindestens 220 Punkte, darunter jeweils fünf Punkte bei einfacher Wertung in mindestens zwei Fächern erreicht wurden; die Punktzahlen der schriftlichen und der mündlichen Prüfungen werden jeweils mit 5,5 multipliziert und anschließend addiert; ergibt sich danach eine halbzahlige Punktzahl, wird das Gesamtergebnis gerundet. Hierbei werden die Dezimale 1 bis 4 auf die nächst niedrigere Punktzahl abgerundet und die Dezimale 5 bis 9 auf die nächst höhere Punktzahl aufgerundet.
2. Der zweite Teil ist bestanden, wenn kein Fach mit 0 Punkten bewertet wurde und mindestens zwei Fächer mit jeweils 5 Punkten in einfacher Wertung bewertet sowie in allen vier Prüfungsfächern insgesamt mindestens 80 Punkte erreicht wurden; dabei werden die Punktzahlen in den einzelnen Fächern jeweils mit vier multipliziert und anschließend addiert.

(5) § 37 Absatz 3 und 4 gilt entsprechend.

(6) Bei Nichtzuerkennung der allgemeinen Hochschulreife kann die Abiturprüfung einmal wiederholt werden. § 47 Absatz 1 Nummer 3 bleibt unberührt.

Hinweis der Redaktion: Für die Abiturprüfung im Schuljahr 2023/24 ist in § 51 (Übergangsregelung) Abs. 2 und 3 festgelegt.

(2) Für Schülerinnen und Schüler, die im Schuljahr 2023/2024 die Abiturprüfung wiederholen, gilt Folgendes:

1. In von den Regierungspräsidien zu bestimmenden Gymnasien können für Wiederholer aus verschiedenen Gymnasien Sammeljahrgangsstufen eingerichtet werden, die grundsätzlich gemäß der Abiturverordnung Berufliche Gymnasien in der bis zum 31. Juli 2021 geltenden Fassung geführt werden,
2. wer aus organisatorischen Gründen keine Sammeljahrgangsstufe besucht, wiederholt den Unterricht in der nach dieser Verordnung neu gestalteten Jahrgangsstufe; dabei kann gewählt werden, ob die in Nummer 1 genannte Verordnung oder diese Verordnung gelten soll; bei einer Entscheidung für diese Verordnung werden die bisher besuchten Kurse in die nach dieser Verordnung vorgesehenen Kurse umgedeutet,
3. soweit erforderlich trifft die obere Schulaufsichtsbehörde im Einzelfall weitere Regelungen, die für eine ordnungsgemäße Wiederholung in der Sammeljahrgangsstufe, in der Jahrgangsstufe 2 oder in der Abiturprüfung erforderlich sind; dabei kann das Kultusministerium in einzelnen Fällen von der landeseinheitlichen Aufgabenstellung gemäß § 32 Absatz 2 absehen und die oberen Schulaufsichtsbehörden mit der Stellung von Aufgaben beauftragen; jedes hiervon betroffene Gymnasium schlägt der oberen Schulaufsichtsbehörde mehrere Aufgaben vor.

(3) Für die Wiederholung der Abiturprüfung für Schulfremde im Schuljahr 2023/2024 gilt die Abiturverordnung berufliche Gymnasien in der bis zum 31. Juli 2021 geltenden Fassung *(abgedruckt im GEW-Jahrbuch 2020)*.

⇨ Berufliches Gymnasium (Reformierte Oberstufe); → Berufliches Gymnasium (Stundentafeln); ⇨ Fachhochschulreife; ⇨ Gymnasium (Schultypen); ⇨ Hochschulreife; ⇨ Korrekturtag; ⇨ Schulgesetz § 8; → Termine Berufliche Schulen; → Zeugnisse Berufliche Schulen

Berufliches Gymnasium (BGVO) - Stundentafeln

Hinweis der Redaktion: Im Sinne der Ressourcenschonung kann es künftig sinnvoll sein, durch die Bildung von sogenannten T-Klassen innerhalb eines Profils nach neuer Lesart (Technisches Profil, Wirtschaftswissenschaftliches Profil, Lebens- und Humanwissenschaftliches Profil) Synergieeffekte zu erzielen bei gleichzeitigem Erhalt des differenzierten Angebots in der Fläche. Bei T-Klassen werden innerhalb eines Profils Eingangsklassen mit zwei fachlichen Schwerpunkten gebildet, die in allen Fächern mit Ausnahme des Schwerpunktfachs gemeinsam unterrichtet werden. Die Mindestschülerzahl je Schwerpunkt beträgt dabei acht. (Quelle: KM, 21.9.2021; AZ: 44-6412.40 / 152)

Fußnoten zu Anlage 1 (nächste Seite):

[1] Die zweite Zahl gibt die Wochenstunden für die Praxis oder Laborübungen an.

[2] Nach Maßgabe von § 100 a SchG für Schülerinnen und Schüler, die nicht am Religionsunterricht teilnehmen.

[3] Wahlpflichtfächer und Wahlfächer der Eingangsklasse können nur dann als Prüfungsfächer für die Abiturprüfung gewählt werden, wenn der Unterricht in der Eingangsklasse besucht wird.

[4] Die Zuweisung in Niveau F (fortgeführte Fremdsprache) oder Niveau N (neu beginnende Fremdsprache) erfolgt durch die Schule entsprechend den Vorkenntnissen. Pflicht- und Wahlpflichtfremdsprachen, die in vier aufeinanderfolgenden Schuljahren der Werkrealschule, der Realschule, der Gemeinschaftsschule oder des Gymnasiums unterrichtet wurden, können nur auf Niveau F weitergeführt werden.

[5] Nicht am EG.

[6] Nicht am SGG Schwerpunkt Soziales.

[7] Nicht am AG, BTG und SGG Schwerpunkt Gesundheit.

[8] Am TG Profil Technik und Management: Wirtschaftslehre mit Projektmanagement.

[9] Nur am AG und EG.

[10] Nur am SGG.

[11] Nur am SGG Schwerpunkt Soziales.

Berufliche Schulen

Anlage 1 (zu § 7 Absatz 1)

Stundentafel für die Eingangsklasse der dreijährigen Aufbauform bzw. für die Klasse 11 der sechsjährigen Aufbauform

agrarwissenschaftlicher Richtung (AG);
biotechnologischer Richtung (BTG);
ernährungswissenschaftlicher Richtung (EG);
sozial- und gesundheitswissenschaftlicher Richtung (SGG);
technischer Richtung (TG);
wirtschaftswissenschaftlicher Richtung (WG)

1. Schwerpunktbereich

Lebens- und humanwissenschaftliches Profil (AG, BTG, EG, SGG)		Technisches Profil (TG)		Wirtschaftswissenschaftliches Profil (WG)	
Fach	**Std.**[1]	**Fach**	**Std.**[1]	**Fach**	**Std.**
Agrarbiologie (AG)	5+1	Mechatronik	3+3	Volks- und Betriebswirtschaftslehre	6
Biotechnologie (BTG)	5+1	Gestaltungs- und Medientechnik	3+3	Internationale Volks- und Betriebswirtschaftslehre	6
Ernährung und Chemie (EG)	5+1	Informationstechnik	3+3	Volks- und Betriebswirtschaftslehre mit Schwerpunkt Finanzen	6
Gesundheit und Biologie (SGGG)	5+1	Technik und Management	3+3		
Pädagogik und Psychologie (SGGS)	5+1	Umwelttechnik	3+3		

2. Pflichtbereich

Fach	AG, BTG, EG, SGG Std.	TG Std.	WG Std.
Deutsch	3	3	3
Fremdsprache Niveau F	3	3	3
Mathematik	4	4	4
Religionslehre / Ethik[2]	2	2	2
Geschichte mit Gemeinschaftskunde	2	2	2
Informatik	2	2	2
Sport	2	2	2
Chemie	2[5]	2	2
Physik	2[6]	2	2
Biologie	2[7]	–	2
Wirtschaftslehre	2	2[8]	–
Summe	**30**	**30**	**30**

3. Wahlpflichtbereich[3]

Fach	AG, BTG, EG, SGG Std.	TG Std.	WG Std.
2. oder 3. Fremdsprache[4] Englisch (F) Französisch (F) Spanisch (F)	3	3	3
Französisch (N) Italienisch (N) Russisch (N) Spanisch (N)	4	4	4
Musik	2	2	2
Bildende Kunst	2	2	2
Chinesisch	2	2	2
Global Studies	2	2	2
Sondergebiete der Ernährungswissenschaften	2	---	---
Sondergebiete der Biowissenschaften	2	---	---
Bioinformatik	2[6]	---	---
Biotechnologie	2[9]	---	
Sozialmanagement	2[10]	---	---
Physik	2[11]	---	---
Biologie	---	2	---
Chemische Laborübungen	---	2	---
Physikalische Laborübungen	---	2	---
Sondergebiete der Technik	---	2	---
Privates Vermögensmanagement	---	---	2
Wirtschaftsinformatik	---	---	2
Wirtschaftsgeografie	---	---	2

4. Wahlbereich[3] (Fächer nach Nummer 2, soweit nicht als Wahlpflichtfach gewählt)

Fach	AG, BTG, EG, SGG Std.	TG Std.	WG Std.
Textverarbeitung	2	2	2

Zusätzlich kann Stützunterricht erteilt werden.

Fußnoten siehe vorhergehende Seite

Anlage 2 (zu § 7 Absatz 1)

Stundentafel für die Jahrgangsstufen des Beruflichen Gymnasiums der dreijährigen Aufbauform agrarwissenschaftlicher Richtung (AG)

Pflichtfächer				
Nr.	**Stundentafelbereiche**		**Fächer**	**Std.**
01	Berufsbezogenes Schwerpunktfach		Agrarbiologie[1]	6
02	Kern-kom-petenz-fächer	Erhöhtes Anforderungs-niveau	Deutsch	5
			Mathematik	
03	Kern-kom-petenz-fächer	Grundlegen-des Anforde-rungsniveau	Deutsch	4
			Mathematik	
04	Fremdsprachen		Englisch F	4
			Französisch F / N	
			Spanisch F / N	
			Italienisch N	
			Russisch N	
05	Naturwissen-schaften		Chemie	3
			Physik	
06	Ergänzungs-fächer		Biotechnologie	2
			Sondergebiete der Biowissenschaften	
			Sondergebiete der Ernährungs-wissenschaften	
07	Religionslehre / Ethik		Religionslehre[2]	2
			Ethik[3]	
08	Geschichte mit Gemeinschaftskunde		Geschichte mit Gemeinschaftskunde	2
09	Informatik		Informatik	2
10	Sport		Sport	2
Summe				32

Wahlfächer			
Bildende Kunst	2	Psychologie[4]	2
Chinesisch	2	Wirtschaftslehre	2
Literatur und Theater	2	Bioinformatik	2
Musik	2	Mathe +	2
Global Studies	2	Nachhaltige Landwirtschaft und Umwelt	2
Philosophie[4]	2	Seminarkurs[5]	3
sowie nicht gewählte Fächer der Stundentafelbereiche 04, 05, 06			

[1] In der Stundenzahl ist je Kurs eine Wochenstunde für Laborübungen enthalten.

[2] Kurse in Religionslehre anderer Religionsgemeinschaften bedürfen im Einzelfall der Genehmigung des Kultusministeriums.

[3] Nach Maßgabe des § 100a SchG und des § 23 Absatz 3 für Schülerinnen und Schüler, die nicht am Religionsunterricht teilnehmen.

[4] Die Kurse können in der Jahrgangsstufe 1 oder 2 oder jahrgangsübergreifend angeboten werden. In jedem Fach können insgesamt nur zwei Kurse besucht werden.

[5] Es können nur 2 Kurse in der Jahrgangsstufe 1 besucht werden.

Anlage 3 (zu § 7 Absatz 1)

Stundentafel für die Jahrgangsstufen des Beruflichen Gymnasiums der dreijährigen Aufbauform biotechnologischer Richtung (BTG)

Pflichtfächer				
Nr.	**Stundentafelbereiche**		**Fächer**	**Std.**
01	Berufsbezogenes Schwerpunktfach		Biotechnologie[1]	6
02	Kern-kom-pe-tenz-fächer	Erhöhtes Anforderungs-niveau	Deutsch	5
			Mathematik	
03	Kern-kom-pe-tenz-fächer	Grundlegen-des Anforde-rungsniveau	Deutsch	4
			Mathematik	
04	Fremdsprachen		Englisch F	4
			Französisch F / N	
			Spanisch F / N	
			Italienisch N	
			Russisch N	
05	Naturwissenschaften		Chemie	3
			Physik	
06	Ergänzungsfächer		Bioinformatik	2
			Sondergebiete der Biowissenschaften	
			Sondergebiete der Ernährungswissen-schaften	
07	Religionslehre / Ethik		Religionslehre[2]	2
			Ethik[3]	
08	Geschichte mit Gemeinschaftskunde		Geschichte mit Gemeinschaftskunde	2
09	Informatik		Informatik	2
10	Sport		Sport	2
Summe				32

Wahlfächer			
Bildende Kunst	2	Psychologie[4]	2
Chinesisch	2	Wirtschaftslehre	2
Literatur und Theater	2	Mathe +	2
Musik	2	Nachhaltige Landwirtschaft und Umwelt	2
Global Studies	2		
Philosophie[4]	2	Seminarkurs[5]	3
sowie nicht gewählte Fächer der Stundentafelbereiche 04, 05, 06			

[1] In der Stundenzahl ist je Kurs eine Wochenstdundefür Laborübungen enthalten.

[2] Kurse in Religionslehre anderer Religionsgemeinschaften bedürfen im Einzelfall der Genehmigung des Kultusministeriums.

[3] Nach Maßgabe des § 100a SchG und des § 23 Absatz 3 für Schüler*innen, die nicht am Religionsunterricht teilnehmen.

[4] Die Kurse können in der Jahrgangsstufe 1 oder 2 oder jahrgangsübergreifend angeboten werden. In jedem Fach können insgesamt nur zwei Kurse besucht werden.

[5] Es können nur 2 Kurse in der Jahrgangsstufe 1 besucht werden.

Anlage 4 (zu § 7 Absatz 1)

Stundentafel für die Jahrgangsstufen des Beruflichen Gymnasiums der dreijährigen und sechsjährigen Aufbauform ernährungswissen–schaftlicher Richtung (EG)

Pflichtfächer

Nr.	Stundentafelbereiche		Fächer	Std.
01	Berufsbezogenes Schwerpunktfach		Ernährung und Chemie[1]	6
02	Kernkompetenzfächer	Erhöhtes Anforderungsniveau	Deutsch	5
			Mathematik	
03		Grundlegendes Anforderungsniveau	Deutsch	4
			Mathematik	
04	Fremdsprachen		Englisch F	4
			Französisch F / N	
			Spanisch F / N	
			Italienisch N	
			Russisch N	
05	Naturwissenschaften		Biologie	3
			Physik	
06	Ergänzungsfächer		Biotechnologie	2
			Sondergebiete der Biowissenschaften	
			Sondergebiete der Ernährungswissenschaften	
07	Religionslehre / Ethik		Religionslehre[2]	2
			Ethik[3]	
08	Geschichte mit Gemeinschaftskunde		Geschichte mit Gemeinschaftskunde	2
09	Informatik		Informatik	2
10	Sport		Sport	2
Summe				32

Wahlfächer

Bildende Kunst	2	Psychologie[4]	2
Chinesisch	2	Wirtschaftslehre	2
Literatur und Theater	2	Bioinformatik	2
Musik	2	Mathe +	2
Global Studies	2	Nachhaltige Landwirtschaft und Umwelt[4]	2
Philosophie[4]	2	Seminarkurs[5]	3
sowie nicht gewählte Fächer der Stundentafelbereiche 04, 05, 06			

1 In der Stundenzahl ist je Kurs eine Wstd. für Laborübungen enthalten.
2 Kurse in Religionslehre anderer Religionsgemeinschaften bedürfen im Einzelfall der Genehmigung des Kultusministeriums.
3 Nach Maßgabe des § 100a SchG und des § 23 Absatz 3 für Schülerinnen und Schüler, die nicht am Religionsunterricht teilnehmen.
4 Die Kurse können in der Jahrgangsstufe 1 oder 2 oder jahrgangsübergreifend angeboten werden. In jedem Fach können insgesamt nur zwei Kurse besucht werden.
5 Es können nur 2 Kurse in der Jahrgangsstufe 1 besucht werden.

Anlage 5 (zu § 7 Absatz 1)

Stundentafel für die Jahrgangsstufen des Beruflichen Gymnasiums der dreijährigen und sechsjährigen Aufbauform sozial- und gesundheitswissenschaftlicher Richtung (SGG)

Pflichtfächer

Nr.	Stundentafelbereiche		Fächer	Std.
01	Berufsbezogene Schwerpunktfächer		Gesundheit und Biologie[1]	6
			Pädagogik und Psychologie	
02	Kernkompetenzfächer	Erhöhtes Anforderungsniveau	Deutsch	5
			Mathematik	
03		Grundlegendes Anforderungsniveau	Deutsch	4
			Mathematik	
04	Fremdsprachen		Englisch F	4
			Französisch F / N	
			Spanisch F / N	
			Italienisch N	
			Russisch N	
05	Naturwissenschaften		Biologie (Schwerpunkt Soziales)	3
			Chemie	
			Physik (Schwerpunkt Gesundheit)	
06	Ergänzungsfächer		Sondergebiete der Biowissenschaften	2
			Sondergebiete der Ernährungswissenschaften	
			Sozialmanagement	
07	Religionslehre / Ethik		Religionslehre[2]	2
			Ethik[3]	
08	Geschichte mit Gemeinschaftskunde		Geschichte mit Gemeinschaftskunde	2
09	Informatik		Informatik	2
10	Sport		Sport	2
Summe				32

Wahlfächer

Bildende Kunst	2	Wirtschaftslehre	2
Chinesisch	2	Bioinformatik (Schw.pkt. Gesundheit)	2
Literatur und Theater	2		
Musik	2	Mathe +	2
Global Studies	2	Physik (Schw.pkt Soziales)	2
Philosophie[4]	2	Seminarkurs[5]	3
Psychologie (Schw.pkt Gesundheit)[4]	2	sowie nicht gewählte Fächer der Stundentafelbereiche 04, 05, 06	

1 In der Stundenzahl ist je Kurs eine Wochenstd für Laborübungen enthalten.
2 Kurse in Religionslehre anderer Religionsgemeinschaften bedürfen im Einzelfall der Genehmigung des Kultusministeriums.
3 Nach Maßgabe des § 100a SchG und des § 23 Absatz 3 für Schülerinnen und Schüler, die nicht am Religionsunterricht teilnehmen.
4 Die Kurse können in der Jahrgangsstufe 1 oder 2 oder jahrgangsübergreifend angeboten werden. In jedem Fach können insgesamt nur zwei Kurse besucht werden.
5 Es können nur 2 Kurse in der Jahrgangsstufe 1 besucht werden.

Anlage 6 (zu § 7 Absatz 1)

Stundentafel für die Jahrgangsstufen des Beruflichen Gymnasiums der dreijährigen und sechsjährigen Aufbauform technischer Richtung (TG)

Pflichtfächer

Nr.	Stundentafelbereiche		Fächer	Std.
01	Berufsbezogene Schwerpunktfächer		Gestaltungs- und Medientechnik[1]	6
			Informationstechnik[1]	
			Mechatronik[2]	
			Technik und Management[2]	
			Umwelttechnik[2]	
02	Kern-kom-pe-tenz-fächer	erhöhtes Anforderungs-Niveau	Deutsch	5
			Mathematik	
03		grundlegendes Anforderungs-Niveau	Deutsch	4
			Mathematik	
04	Fremdsprachen		Englisch F	4
			Französisch F / N	
			Spanisch F / N	
			Italienisch N	
			Russisch N	
05	Natur-wissenschaften		Chemie	3
			Physik	
06	Ergänzungs-fächer		Chemische Laborübungen	2
			Physikalische Laborübungen	
07	Religionslehre / Ethik		Religionslehre[3]	2
			Ethik[4]	
08	Geschichte mit Gemeinschaftskunde		Geschichte mit Gemeinschaftskunde	2
09	Informatik		Informatik	2
10	Sport		Sport	2
Summe				32

Wahlfächer

Bildende Kunst	2	Wirtschaftslehre (nicht TGTM)	2
Chinesisch	2		
Literatur und Theater	2	Wirtschaftslehre mit Projektmanagement (nur TGTM)	2
Musik	2	Biologie	2
Global Studies	2	Mathe +	2
Philosophie[6]	2	Sondergebiete der Technik[5]	2
Psychologie[6]	2	Seminarkurs[7]	3
sowie nicht gewählte Fächer der Stundentafelbereiche 04, 05, 06			

[1] Soweit der Unterricht in diesen Fächern den Einsatz von Rechnern erforderlich macht, können je Kurs höchstens zwei Gruppen gebildet werden (Mindestgruppengröße: 8).

[2] In der Stundenzahl ist je Kurs eine Wochenstd. für Laborübungen enthalten.

[3] Kurse in Religionslehre anderer Religionsgemeinschaften bedürfen im Einzelfall der Genehmigung des Kultusministeriums.

[4] Nach Maßgabe des § 100a SchG und des § 23 Absatz 3 für Schülerinnen und Schüler, die nicht am Religionsunterricht teilnehmen.

[5] Der Unterricht kann auch jahrgangsübergreifend erteilt werden, sofern hierdurch nicht für einzelne Schülerinnen und Schüler Lehrplaneinheiten wiederholt unterrichtet werden.

[6] Die Kurse können in der Jahrgangsstufe 1 oder 2 oder jahrgangsübergreifend angeboten werden. In jedem Fach können insgesamt nur zwei Kurse besucht werden.

[7] Es können nur 2 Kurse in der Jahrgangsstufe 1 besucht werden.

Anlage 7 (zu § 7 Absatz 1)

Stundentafel für die Jahrgangsstufen des Beruflichen Gymnasiums der dreijährigen und sechsjährigen Aufbauform wirtschaftswissenschaftlicher Richtung (WG)

Pflichtfächer

Nr.	Stundentafelbereiche		Fächer	Std.
01	Berufsbezogene Schwerpunktfächer		Internationale Volks- und Betriebswirtschaftslehre	6
			Volks- und Betriebswirtschaftslehre	
			Volks- und Betriebswirtschaftslehre mit Schwerpunkt Finanzen	
02	Kern-kom-petenz fächer	erhöhtes Anforderungs-Niveau	Deutsch	5
			Mathematik	
03		grundlegendes Anforderungs-Niveau	Deutsch	4
			Mathematik	
04	Fremdsprachen		Englisch F	4
			Französisch F / N	
			Spanisch F / N	
			Italienisch N	
			Russisch N	
05	Natur-wissenschaften		Biologie	3
			Chemie	
			Physik	
06	Ergänzungs-fächer		Global Studies	2
			Privates Vermögens-management	
			Wirtschaftsinformatik	
07	Religionslehre / Ethik		Religionslehre[1]	2
			Ethik[2]	
08	Geschichte mit Gemeinschaftskunde		Geschichte mit Gemeinschaftskunde	2
09	Informatik		Informatik	2
10	Sport		Sport	2
Summe				32

Wahlfächer

Bildende Kunst	2	Ökonomische Studien	2
Chinesisch	2	Philosophie[3]	2
Literatur und Theater	2	Psychologie[3]	2
Musik	2	Wirtschaftsgeografie	2
Finanzwirtschaftliche Studien	2	Mathe +	2
		Seminarkurs[4]	3
sowie nicht gewählte Fächer der Stundentafelbereiche 04, 05, 06			

[1] Kurse in Religionslehre anderer Religionsgemeinschaften bedürfen im Einzelfall der Genehmigung des Kultusministeriums.

[2] Nach Maßgabe des § 100a SchG und des § 23 Absatz 3 für Schülerinnen und Schüler, die nicht am Religionsunterricht teilnehmen.

[3] Die Kurse können in der Jahrgangsstufe 1 oder 2 oder jahrgangsübergreifend angeboten werden. In jedem Fach können insgesamt nur zwei Kurse besucht werden.

[4] Es können nur 2 Kurse in der Jahrgangsstufe 1 besucht werden.

Anlage 8 (zu § 7 Absatz 1)

Stundentafel für die Klassen 8 bis 10 des Beruflichen Gymnasiums der sechsjährigen Aufbauform ernährungswissenschaftlicher Richtung (EG) sowie sozial- und gesundheitswissenschaftlicher Richtung (SGG), technischer Richtung (TG), wirtschaftswissenschaftlicher Richtung (WG)

	Klasse 8	Klasse 9	Klasse 10
1. Pflichtfächer	**Std.**	**Std.**	**Std.**
Ernährung, Soziales und Gesundheit[1)] (EG/SGG)	2+2	2+2	2+2
Technik[1] (TG)	2+2	2+2	2+2
Volks- und Betriebswirtschaftslehre[1)] (WG)	2+2	2+2	2+2
Deutsch	4	4	4
Englisch (1. Pflichtfremdsprache)	4	4	4
Französisch oder Spanisch (2. Pflichtfremdsprache)[2)]	3	3	4
Französisch oder Spanisch (2. Pflichtfremdsprache)[3)]	5	5	4
Bildende Kunst oder Musik	2	2	-
Geschichte mit Gemeinschaftskunde	2	2	2
Religionslehre	2	2	2
Ethik[4)]	(2)	(2)	(2)
Mathematik	4	4	4
Biologie	2	-	2
Chemie	-	2	2
Physik	2	2	2
Sport	2	2	2
Summe	31-33	31-33	32
2. Wahlfächer			
Bildende Kunst	(2)[5)]	(2)[5)]	2
Musik	(2)[5)]	(2)[5)]	2
Wirtschaftsgeografie (nur WG)	-	2	2
Computertechnik (TG) Informatik (EG, SGG, WG)	-	2	2
Laborübungen in Chemie (nur EG/SGG und TG)	-	1	1
Projekt im Profil	2	2	2
Textverarbeitung	2	-	-

1) Die zweite Zahl gibt die Wochenstundenzahl für die Praxis oder Laborübungen an.
2) Unterricht aufbauend auf Niveau A 1 GER (F).
3) Unterricht für Anfängerinnen und Anfänger (N).
4) Nach Maßgabe des § 100a SchG für Schülerinnen und Schüler, die nicht am Religionsunterricht teilnehmen.
5) Nur, wenn nicht als Pflichtfach besucht.

Anlage 9 (zu § 26 Absatz 3 Nummer 2)

Tabelle für die Ermittlung des vierfach gewerteten Prüfungsergebnisses bei schriftlicher und mündlicher Prüfung in einem Fach

Schriftliche Prüfung

vierfach gewertetes Prüfungsergebnis

Mündliche Prüfung		Noten	6	5			4			3			2			1		
				-		+	-		+	-		+	-		+	-		+
Noten		**Punkte**	**0**	**1**	**2**	**3**	**4**	**5**	**6**	**7**	**8**	**9**	**10**	**11**	**12**	**13**	**14**	**15**
6		**0**	0	3	5	8	11	13	16	19	21	24	27	29	32	35	37	40
	-	**1**	1	4	7	9	12	15	17	20	23	25	28	31	33	36	39	41
5		**2**	3	5	8	11	13	16	19	21	24	27	29	32	35	37	40	43
	+	**3**	4	7	9	12	15	17	20	23	25	28	31	33	36	39	41	44
	-	**4**	5	8	11	13	16	19	21	24	27	29	32	35	37	40	43	45
4		**5**	7	9	12	15	17	20	23	25	28	31	33	36	39	41	44	47
	+	**6**	8	11	13	16	19	21	24	27	29	32	35	37	40	43	45	48
	-	**7**	9	12	15	17	20	23	25	28	31	33	36	39	41	44	47	49
3		**8**	11	13	16	19	21	24	27	29	32	35	37	40	43	45	48	51
	+	**9**	12	15	17	20	23	25	28	31	33	36	39	41	44	47	49	52
	-	**10**	13	16	19	21	24	27	29	32	35	37	40	43	45	48	51	53
2		**11**	15	17	20	23	25	28	31	33	36	39	41	44	47	49	52	55
	+	**12**	16	19	21	24	27	29	32	35	37	40	43	45	48	51	53	56
	-	**13**	17	20	23	25	28	31	33	36	39	41	44	47	49	52	55	57
1		**14**	19	21	24	27	29	32	35	37	40	43	45	48	51	53	56	59
	+	**15**	20	23	25	28	31	33	36	39	41	44	47	49	52	55	57	60

Der Tabelle liegt folgender Rechenvorgang zugrunde:

$$P = \frac{(2\,s + m) \cdot 4}{3}$$

Ergeben sich für P nicht ganzzahlige Werte, wird auf eine volle Punktzahl gerundet (Beispiel: 41,33 auf 41 Punkte; 42,66 Punkte auf 43 Punkte).

Dabei sind:

P = vierfach gewertetes Prüfungsergebnis,
s = Punktzahl der schriftlichen Prüfung im Fach,
m = Punktzahl der mündlichen Prüfung im Fach.

Berufsaufbauschule (Ausbildung und Prüfung)

Verordnung des Kultusministeriums über die Ausbildung und Prüfung an der Berufsaufbauschule vom 5. Juni 1984 (GBl. S. 407; K.u.U. S. 390); zuletzt geändert 17. Dezember 2015 (K.u.U. S. 111/2016)

1. Abschnitt: Allgemeines

§ 1

Zweck der Ausbildung

(1) Die Ausbildung an allen Typen der Berufsaufbauschule (Mittelstufe der Berufsoberschule) soll auf die Übernahme qualifizierter Tätigkeiten im Berufsleben vorbereiten und den Übergang in weiterführende Bildungseinrichtungen ermöglichen. Aufbauend auf den Besuch der Berufsschule oder einer Berufsfachschule und einer praktischen Berufsausbildung oder Tätigkeit vermittelt sie eine erweiterte, auf die technische, wirtschaftliche und soziale Entwicklung bezogene Allgemeinbildung und führt zur Fachschulreife (mittlerer Bildungsabschluss).

(2) Die Typen der Berufsaufbauschule sind die Gewerblich-technische, die Kaufmännische, die Hauswirtschaftlich-pflegerisch-sozialpädagogische und die Landwirtschaftliche Berufsaufbauschule.

(3) Die Ausbildung dauert in Vollzeitunterricht ein Jahr und endet mit der Abschlussprüfung.

Hinweis der Redaktion: Der Besuch einer Berufsaufbauschule ist für den Erhalt von ⇨ Ausbildungsförderung (Schüler-Bafög) förderungsfähig. Ermöglicht der Abschluss an der Berufsaufbauschule den Besuch einer anderen Ausbildungsstätte, kann die Ausbildung an dieser Ausbildungsstätte als weitere Ausbildung gefördert werden. → Berufsoberschule

§ 2

Lehrplan, Stundentafel, maßgebende Fächer, Kernfächer

(1) Der Unterricht richtet sich nach den vom Kultusministerium erlassenen Lehrplänen und nach der als Anlage beigefügten Stundentafel.

→ Berufsaufbauschule (Stundentafel)

(2) Für den Abschluss sind die Leistungen in den maßgebenden Fächern entscheidend. Maßgebende Fächer sind alle an der Berufsaufbauschule unterrichteten Pflichtfächer mit Ausnahme von Religionslehre. Unter den maßgebenden Fächern gelten die schriftlich geprüften Fächer als Kernfächer.

2. Abschnitt: Aufnahmeverfahren und Probezeit

§ 3

Aufnahmevoraussetzungen

(1) Voraussetzungen für die Aufnahme in die Berufsaufbauschule sind:

1. das Abschlusszeugnis der Hauptschule oder ein gleichwertiger Bildungsstand,
2. a) das Abschlusszeugnis der Berufsschule oder, wenn diese nicht besucht wurde, einer einjährigen Berufsfachschule oder
   b) das Abschlusszeugnis einer sonstigen mindestens zweijährigen nicht zur Prüfung der Fachschulreife führenden Berufsfachschule,
3. a) der erfolgreiche Abschluss in einem für den Schultyp einschlägigen anerkannten Ausbildungsberuf oder, wenn ein solcher nicht festgelegt war, in einer sonstigen für den Schultyp einschlägigen Berufsausbildung oder
   b) eine mindestens vierjährige für den Schultyp einschlägige praktische Tätigkeit mit guten Beurteilungen, wobei die Zeit des Besuchs einer Berufsfachschule mit Ausnahme wiederholter Schuljahre angerechnet wird,
4. bei ausländischen Bewerbern zusätzlich ausreichende deutsche Sprachkenntnisse.

(2) Der Schulleiter kann in begründeten Ausnahmefällen, vor allem im Hinblick auf das angestrebte Ausbildungsziel, eine andere als die nach Absatz 1 einschlägige Berufsausbildung anerkennen.

§ 4

Aufnahmeantrag

(1) Der Aufnahmeantrag ist an die Berufsaufbauschule zu richten, an der die Ausbildung erfolgen soll. Der Termin, zu dem der Antrag bei der Schule eingegangen sein muss, wird vom Schulleiter bestimmt und auf geeignete Weise bekanntgegeben. Dem Aufnahmeantrag sind beizufügen:

1. ein Lebenslauf in tabellarischer Form mit Angaben über den bisherigen Bildungsweg und die ausgeübte Berufstätigkeit,
2. beglaubigte Abschriften der Nachweise gemäß § 3 Nr. 1-3,
3. eine Erklärung,
   a) ob und gegebenenfalls an welcher Berufsaufbauschule der Bewerber bereits an einem Aufnahmeverfahren teilgenommen hat,
   b) ob und gegebenenfalls an welche Berufsaufbauschule der Bewerber ebenfalls einen Aufnahmeantrag gerichtet hat,
   c) ob und gegebenenfalls mit welchem Ergebnis er bereits eine Berufsaufbauschule besucht hat.

Sofern das Zeugnis nach § 3 Ziffer 2 zum Anmeldetermin noch nicht vorliegt, ist die beglaubigte Abschrift unverzüglich nachzureichen; dem Aufnahmeantrag ist in diesem Fall eine beglaubigte Abschrift des letzten Schulzeugnisses beizufügen.

(2) Über den Aufnahmeantrag entscheidet der Schulleiter. Er kann eine angemessene Frist setzen, innerhalb deren sich der Bewerber erklären muss, ob er die Zusage über die Aufnahme annimmt.

§ 5

Auswahlverfahren

(1) Erfüllen mehr Bewerber die Aufnahmevoraussetzungen gemäß § 3, als in die Berufsaufbauschule aufgenommen werden können, werden sie nach einem Auswahlverfahren ausgewählt.

(2) Bei allen Bewerbern wird der Durchschnitt aus den Noten aller Fächer des Abschlusszeugnisses gemäß § 3 Nr. 2 auf eine Dezimale berechnet.

Entsprechend dem Anteil der Bewerber mit dem Abschlusszeugnis der Berufsschule, dem Abschlusszeugnis einer einjährigen Berufsfachschule und dem Abschlusszeugnis einer sonstigen Berufsfachschule (§ 3 Nr. 2 Buchstabe b) werden die Bewerber in der Reihenfolge des erzielten Durchschnitts, bei gleichem Durchschnitt in der Reihenfolge der nachgewiesenen Dauer einer einschlägigen beruflichen Tätigkeit nach Abschluss der Berufsausbildung und bei gleicher Dauer der beruflichen Tätigkeit in der Reihenfolge des Eingangs der Anmeldungen aufgenommen.

(3) Für Bewerber, die aufgrund des Auswahlverfahrens im Vorjahr erstmals oder wiederholt nicht aufgenommen werden konnten und auch jetzt nicht nach Absatz 2 aufgenommen werden können, sind bis zu zehn Prozent der verfügbaren Plätze freizuhalten. Für die Reihenfolge bei der Besetzung dieser Plätze gilt Absatz 2 entsprechend.

§ 6
Probezeit

(1) Alle Schüler werden zunächst auf Probe aufgenommen. Die Klassenkonferenz entscheidet aufgrund der Noten des Halbjahreszeugnisses über das Bestehen der Probezeit; § 14 Abs. 4 gilt entsprechend. Wer die Probezeit nicht bestanden hat, muss die Berufsaufbauschule verlassen. Er kann einmal erneut aufgrund eines Aufnahmeverfahrens nach dieser Verordnung aufgenommen werden.

(2) Ausnahmsweise kann die Klassenkonferenz einem Schüler, der nach Absatz 1 die Probezeit nicht bestanden hat, mit Zweidrittelmehrheit das Verbleiben an der Berufsaufbauschule erlauben, wenn sie zu der Auffassung gelangt, dass der Schüler unter Berücksichtigung seiner Leistungsentwicklung voraussichtlich die Abschlussprüfung bestehen wird.

(3) Die Klassenkonferenz trifft die Entscheidung nach den Absätzen 1 und 2 unter Vorsitz des Schulleiters. Der Vorsitzende ist stimmberechtigt; bei Stimmengleichheit gibt seine Stimme den Ausschlag.

3. Abschnitt
Prüfungen

1. Unterabschnitt – Abschlussprüfung

§ 7
Zweck der Prüfung

In der Abschlussprüfung soll der Schüler nachweisen, dass er das Ausbildungsziel der Berufsaufbauschule erreicht hat und die geforderten allgemeinen und fachtheoretischen Kenntnisse besitzt.

§ 8
Teile der Prüfung

Die Abschlussprüfung besteht aus der schriftlichen Prüfung und der mündlichen Prüfung. Sie ist nicht öffentlich.

§ 9
Abnahme der Prüfung

(1) Die Abschlussprüfung wird an der Berufsaufbauschule abgenommen.

(2) Der Zeitpunkt der schriftlichen Prüfung wird vom Kultusministerium festgelegt. Der Zeitpunkt der mündlichen Prüfung wird vom Schulleiter festgelegt. ⇨ Korrekturtag

§ 10
Anmeldenoten, Zulassung zur Prüfung

(1) Zur Abschlussprüfung sind alle Schüler des zweiten Schulhalbjahres zugelassen, welche die zur Bildung von Anmeldenoten erforderlichen Einzelleistungen erbracht haben. Liegen die Voraussetzungen nicht vor, ist die Nichtzulassung vom Schulleiter festzustellen und dem Schüler unter Angabe der Gründe unverzüglich schriftlich mitzuteilen. Sie gilt als Nichtbestehen der Abschlussprüfung, es sei denn, der Schulleiter stellt fest, dass die Gründe vom Schüler nicht zu vertreten sind.

(2) Für die Prüfung werden in allen Fächern Anmeldenoten (volle Noten) gebildet. Sie sind aus den während des Schuljahres erbrachten Einzelleistungen zu ermitteln und in eine Prüfungsliste einzutragen, bei Religionslehre zusätzlich mit der Bezeichnung des Bekenntnisses. Die Anmeldenoten sind dem Schüler für die Fächer der schriftlichen Prüfung fünf bis sieben Schultage vor Beginn der schriftlichen Prüfung und für die übrigen Fächer fünf bis sieben Schultage vor der mündlichen Prüfung zusammen mit den Noten der schriftlichen Prüfung (§ 12 Abs. 6 und § 13 Abs. 4) bekanntzugeben.

§ 11
Prüfungsausschuss, Fachausschüsse

(1) Für die Abschlussprüfung wird an jeder Berufsaufbauschule ein Prüfungsausschuss gebildet, der für die ordnungsgemäße Durchführung der Prüfung verantwortlich ist. Diesem gehören an:

1. als Vorsitzender ein Vertreter oder Beauftragter des Oberschulamts,
2. als stellvertretender Vorsitzender der Schulleiter oder sein ständiger Vertreter oder ein vom Schulleiter beauftragter Lehrer,
3. sämtliche Lehrer, die in den maßgebenden Fächern unterrichten.

Das Oberschulamt oder der Vorsitzende des Prüfungsausschusses kann weitere Mitglieder berufen, soweit dies für die Durchführung der Prüfung erforderlich ist.

(2) Die Mitglieder des Prüfungsausschusses sind bei ihrer Tätigkeit als Prüfer unabhängig. Sie sind zur Amtsverschwiegenheit über alle Prüfungsangelegenheiten verpflichtet. Der Vorsitzende des Prüfungsausschusses hat sie vor Beginn der Prüfung hierüber zu belehren.

(3) Der Prüfungsausschuss ist beschlussfähig, wenn mindestens zwei Drittel der Mitglieder anwesend sind. Der Prüfungsausschuss entscheidet mit einfacher Mehrheit; bei Stimmengleichheit gibt die Stimme des Vorsitzenden den Ausschlag.

(4) Die mündliche Prüfung in den einzelnen Fächern wird von Fachausschüssen abgenommen. Sie werden vom Vorsitzenden oder von dem von ihm Beauftragten aus den Mitgliedern des Prüfungsausschusses gebildet. Dem einzelnen Fachausschuss gehören an:

1. der Vorsitzende oder ein von ihm bestimmtes Mitglied des Prüfungsausschusses als Leiter, sofern das Oberschulamt nichts anderes bestimmt,
2. der Fachlehrer der Klasse oder bei dessen Verhinderung ein in dem betreffenden Prüfungsfach erfahrener Lehrer als Prüfer,
3. ein weiteres fachkundiges Mitglied des Prüfungsausschusses zugleich als Protokollführer.

In Fächern, in denen der Schüler von verschiedenen Fachlehrern für Teilbereiche unterrichtet wird, gehören alle Fachlehrer dem Fachausschuss als Mitglieder gemäß Nummer 2 oder 3 an. Der Leiter des Fachausschusses bestimmt den Gang der Prüfung; er kann selbst prüfen.

§ 12
Schriftliche Prüfung

(1) Die Leitung der schriftlichen Prüfung obliegt dem Schulleiter.

(2) Schriftliche Prüfungsarbeiten sind in folgenden Fächern zu fertigen:

1. Deutsch (Aufsatz)	Arbeitszeit 180 Minuten
2. Englisch	Arbeitszeit 150 Minuten
a) gewerblich-technischer Schultyp:	
Physik	Arbeitszeit 120 Minuten
Mathematik	Arbeitszeit 150 Minuten
b) kaufmännischer Schultyp:	
Betriebswirtschaftslehre mit Wirtschaftlichem Rechnungswesen	Arbeitszeit 180 Minuten
Mathematik	Arbeitszeit 120 Minuten
c) hauswirtschaftlich-pflegerisch-sozialpädagogischer Schultyp:	
Biologie m. Gesund.-lehre	Arbeitszeit 150 Min.
Mathematik	Arbeitszeit 120 Minuten
d) landwirtschaftlicher Schultyp:	
Biologie	Arbeitszeit 150 Minuten
Mathematik	Arbeitszeit 120 Minuten

(3) Die Prüfungsaufgaben werden im Rahmen der Lehrpläne landeseinheitlich vom Kultusministerium oder von einem von ihm beauftragten Oberschulamt gestellt.

(4) Über die schriftliche Prüfung ist eine Niederschrift zu fertigen, die vom Schulleiter und den aufsichtführenden Lehrern unterschrieben wird.

(5) Jede schriftliche Arbeit wird vom Fachlehrer der Klasse und von einem weiteren Fachlehrer, den der Vorsitzende des Prüfungsausschusses bestimmt, korrigiert und bewertet; dabei sind volle und halbe Noten zulässig. Als Note der schriftlichen Prüfung gilt der auf die erste Dezimale errechnete Durchschnitt der beiden Bewertungen, der in der üblichen Weise auf eine volle oder halbe Note zu runden ist (Beispiele: 2,8 bis 3,2 auf 3,0; 3,3 bis 3,7 auf 3,5). Weichen die Bewertungen um mehr als eine volle Note voneinander ab und können sich die beiden Korrektoren nicht einigen, hat der Vorsitzende des Prüfungsausschusses die endgültige Note für die schriftliche Prüfung festzusetzen; dabei gelten die Bewertungen der beiden Korrektoren als Grenzwerte, die nicht über- und unterschritten werden dürfen.

(6) Die Noten der schriftlichen Prüfung in den einzelnen Fächern werden dem Schüler fünf bis sieben Schultage vor der mündlichen Prüfung bekanntgegeben.

§ 13
Mündliche Prüfung

(1) Die mündliche Prüfung soll keine Wiederholung, sondern eine Ergänzung der schriftlichen Prüfung sein. Sie soll in der Regel 10 bis 15 Minuten je Schüler und Fach dauern.

(2) Die mündliche Prüfung kann als Einzel- oder Gruppenprüfung durchgeführt werden. Bei Gruppenprüfungen können bis zu drei Schüler zusammen geprüft werden. Die Entscheidung trifft der Vorsitzende des Prüfungsausschusses.

(3) Die mündliche Prüfung kann sich auf alle maßgebenden Fächer erstrecken.

(4) Aufgrund der Anmeldenoten und gegebenenfalls der Noten der schriftlichen Prüfung bestimmt der Vorsitzende des Prüfungsausschusses, in welchen Fächern der Schüler mündlich zu prüfen ist. Jeder Schüler wird mindestens in einem Fach und soll in nicht mehr als drei Fächern geprüft werden. Die zu prüfenden Fächer sind dem Schüler fünf bis sieben Schultage vor der mündlichen Prüfung bekanntzugeben. Darüber hinaus wird der Schüler in bis zu zwei weiteren Fächern mündlich geprüft, die er bis zum nächsten Schultag schriftlich dem Schulleiter benennen kann.

(5) Im Anschluss an die mündliche Prüfung des einzelnen Schülers oder der Gruppe setzt der Fachausschuss das Ergebnis der mündlichen Prüfung auf Vorschlag des Prüfers fest; dabei sind volle und halbe Noten zulässig. Kann sich der Fachausschuss auf keine bestimmte Note einigen oder mehrheitlich mit der Stimme des Leiters für keine bestimmte Note entscheiden, so wird die Note aus dem auf die erste Dezimale errechneten Durchschnitt der Bewertungen aller drei Mitglieder gebildet, der in der üblichen Weise auf eine volle oder halbe Note zu runden ist (Beispiele: 2,8 bis 3,2 auf 3,0; 3,3 bis 3,7 auf 3,5).

(6) Über die mündliche Prüfung jedes einzelnen Schülers ist eine Niederschrift zu fertigen, die von den Mitgliedern des Fachausschusses unterschrieben wird.

§ 14
Ermittlung des Prüfungsergebnisses

(1) Die Endnoten in den einzelnen Fächern werden in einer Schlusssitzung des Prüfungsausschusses aufgrund der Anmeldenoten und der Prüfungsleistungen ermittelt, wobei in der üblichen Weise auf eine volle Note zu runden ist (Beispiel: 2,5 bis 3,4 auf „befriedigend").

(2) Bei der Ermittlung der Endnoten zählen

1. in Fächern, in denen schriftlich und mündlich geprüft wurde, die Anmeldenote, die Note der schriftlichen Prüfung und die Note der mündlichen Prüfung je einfach,
2. in Fächern, in denen nur schriftlich oder mündlich geprüft wurde, die Anmeldenote einfach und die Prüfungsnote doppelt.

(3) In Fächern, in denen nicht geprüft wurde, werden die Anmeldenoten als Endnoten in das Zeugnis übernommen.

(4) Der Prüfungsausschuss stellt in der Schlusssitzung fest, ob der Schüler die Abschlussprüfung bestanden hat. Die Abschlussprüfung ist bestanden, wenn

1. der Durchschnitt aus den Noten aller maßgebenden Fächer 4,0 oder besser ist und
2. der Durchschnitt aus den Noten der Kernfächer 4,0 oder besser ist und
3. die Leistungen in keinem Kernfach mit der Note „ungenügend“ bewertet sind und
4. die Leistungen in nicht mehr als einem maßgebenden Fach geringer als mit der Note „ausreichend“ bewertet sind; sind die Leistungen in zwei Fächern geringer als mit der Note „ausreichend“ bewertet, so ist die Prüfung bestanden, wenn für beide Fächer ein Ausgleich gegeben ist. Ausgeglichen werden können
   a) die Note „ungenügend“ in einem Fach, das nicht Kernfach ist, durch die Note „sehr gut“ in einem anderen maßgebenden Fach oder die Note „gut“ in zwei anderen maßgebenden Fächern,
   b) die Note „mangelhaft“ in einem Kernfach durch mindestens die Note „gut“ in einem anderen Kernfach,
   c) die Note „mangelhaft“ in einem Fach, das nicht Kernfach ist, durch mindestens die Note „gut“ in einem anderen maßgebenden Fach oder die Note „befriedigend“ in zwei anderen maßgebenden Fächern.

Dem Schüler ist nach der Schlusssitzung unverzüglich mitzuteilen, ob er die Prüfung bestanden hat.

(5) Über die Schlusssitzung ist eine Niederschrift zu fertigen, die vom Vorsitzenden des Prüfungsausschusses und dem Mitglied, das die Niederschrift angefertigt hat, unterschrieben wird.

(6) Die Niederschriften über die einzelnen Teile der Prüfung und über die Schlusssitzung des Prüfungsausschusses, eine Liste mit den Prüfungsergebnissen und die Prüfungsarbeiten sind bei den Schulakten aufzubewahren. Die Niederschriften und die Prüfungsarbeiten können nach Ablauf von drei Jahren seit der Schlusssitzung des Prüfungsausschusses vernichtet werden.

§ 15
Zeugnis

(1) Wer die Abschlussprüfung bestanden hat, erhält ein Abschlusszeugnis mit den nach § 14 Abs. 1 bis 3 ermittelten Endnoten (ganze Noten).

(2) Wer an der Abschlussprüfung teilgenommen und sie nicht bestanden hat und die Schule verlässt, erhält ein Abgangszeugnis mit den nach § 14 Abs. 1 bis 3 ermittelten Endnoten.

→ Zeugnise (Berufliche Schulen)

§ 16
Wiederholung der Prüfung, Entlassung

(1) Wer die Abschlussprüfung nicht bestanden hat, kann sie nach erneutem Besuch der Berufsaufbauschule einmal wiederholen.

(2) Bei bestandener Abschlussprüfung ist weder eine Wiederholung der Ausbildung noch eine Wiederholung der Abschlussprüfung zulässig.

(3) Schüler, welche die Abschlussprüfung auch bei Wiederholung nicht bestanden haben, müssen die Berufsaufbauschule verlassen.

§ 17
Nichtteilnahme, Rücktritt

(1) Nimmt ein Schüler ohne wichtigen Grund an der Prüfung (§ 8) ganz oder teilweise nicht teil, gilt dies als Nichtbestehen der Abschlussprüfung. Über das Vorliegen eines wichtigen Grundes entscheidet der Vorsitzende des Prüfungsausschusses; dabei ist auch zu entscheiden, inwieweit bereits erbrachte Prüfungsleistungen angerechnet werden. Der Schüler hat den Grund unverzüglich dem Schulleiter oder dem Vorsitzenden des Prüfungsausschusses mitzuteilen.

(2) Als wichtiger Grund gilt insbesondere Krankheit. Ist eine prüfungsrelevante gesundheitliche Beeinträchtigung nicht offenkundig, kann der Vorsitzende des Prüfungsausschusses die Vorlage eines ärztlichen Zeugnisses verlangen, das eine konkrete Beschreibung dieser Beeinträchtigung beinhaltet. Lassen sich Zweifel am Vorliegen einer prüfungsrelevanten gesundheitlichen Beeinträchtigung auf andere Weise nicht ausräumen, kann der Vorsitzende des Prüfungsausschusses auch die Vorlage eines Satz 2 entsprechenden amtsärztlichen Zeugnisses verlangen. Der Kenntnis steht die fahrlässige Unkenntnis gleich; fahrlässige Unkenntnis liegt insbesondere dann vor, wenn der Schüler beim Vorliegen einer gesundheitlichen Beeinträchtigung nicht unverzüglich eine Klärung herbeigeführt hat.

(3) Sofern ein wichtiger Grund vorliegt, gilt die Prüfung als nicht unternommen. Für die Schüler kann ein besonderer Nachprüfungstermin gemäß § 9 Abs. 1 angesetzt werden.

(4) Die Schüler sind vor Beginn des ersten Prüfungsteils auf diese Bestimmungen hinzuweisen.

§ 18
Täuschungshandlungen, Ordnungsverstöße,

(1) Unternimmt es ein Schüler, das Prüfungsergebnis durch Täuschung oder Benutzung nicht zugelassener Hilfsmittel zu beeinflussen oder führt er nicht zugelassene Hilfsmittel nach Bekanntgabe der Prüfungsaufgaben mit oder leistet er Beihilfe zu einer Täuschung oder einem Täuschungsversuch, liegt eine Täuschungshandlung vor. ⇨ Handynutzung

(2) Wird während der Prüfung festgestellt, dass ein Schüler eine Täuschungshandlung begeht oder einen entsprechenden Verdacht hervorruft, ist der Sachverhalt von einem aufsichtführenden Lehrer festzustellen und zu protokollieren. Der Schüler setzt die Prüfung bis zur Entscheidung des Vorsitzenden des Prüfungsausschusses über die Täuschungshandlung vorläufig fort.

(3) Liegt eine Täuschungshandlung vor, wird die Prüfungsleistung mit „ungenügend" bewertet. In schweren Fällen kann das Oberschulamt den Schüler von der Prüfung ausschließen; der Ausschluss gilt als Nichtbestehen der Abschlussprüfung.

(4) Stellt sich eine Täuschungshandlung erst nach Aushändigung des Zeugnisses heraus, kann das Oberschulamt die ergangene Prüfungsentscheidung zurücknehmen, das Zeugnis einziehen und entweder ein anderes Abschlusszeugnis erteilen oder die Abschlussprüfung für nicht bestanden erklären. Die Rücknahme ist ausgeschlossen, wenn seit der Ausstellung des Zeugnisses mehr als zwei Jahre vergangen sind.

(5) Behindert ein Schüler durch sein Verhalten die Prüfung so schwer, dass es nicht möglich ist, seine Prüfung oder die Prüfung anderer Schüler ordnungsgemäß durchzuführen, wird er von der Prüfung ausgeschlossen; dies gilt als Nichtbestehen der Abschlussprüfung. Die Entscheidung trifft bei der schriftlichen Prüfung der Schulleiter und bei der mündlichen Prüfung der Vorsitzende des Prüfungsausschusses.

(6) Die Schüler sind vor Beginn des ersten Prüfungsteils auf diese Bestimmungen hinzuweisen.

2. Unterabschnitt
Prüfung für Schulfremde

§ 19
Teilnehmer

Wer das Abschlusszeugnis erwerben will, ohne Schüler einer öffentlichen oder staatlich anerkannten privaten Berufsaufbauschule zu sein, kann als außerordentlicher Teilnehmer (Schulfremder) die Abschlussprüfung ablegen.

§ 20
Zeitpunkt

Die Prüfung für Schulfremde findet einmal jährlich, in der Regel zusammen mit der Abschlussprüfung an den öffentlichen Berufsaufbauschulen statt.

§ 21
Meldung

(1) Die Meldung zur Prüfung ist bis zum 1. Dezember für die Prüfung im darauf folgenden Jahr an das für den Wohnsitz des Bewerbers zuständige Oberschulamt zu richten. Für die Schüler der staatlich genehmigten privaten Schulen ist das Oberschulamt zuständig, in dessen Bezirk die Schule liegt.

(2) Der Meldung sind beizufügen:

1. ein Lebenslauf in tabellarischer Form mit Angaben über den bisherigen Bildungsweg und gegebenenfalls über die ausgeübte Berufstätigkeit,
2. die Geburtsurkunde und ein Lichtbild,
3. die Abschluss- bzw. Abgangszeugnisse der besuchten Schulen (beglaubigte Abschriften oder Ablichtungen),
4. eine Erklärung darüber, ob und gegebenenfalls mit welchem Ergebnis der Bewerber schon an Prüfungen einer Berufsaufbauschule teilgenommen hat,
5. Angaben über die schulische Vorbereitung auf die Prüfung oder über den Selbstunterricht des Bewerbers sowie des in allen Prüfungsfächern durchgearbeiteten Lehrstoffes und der benutzten Literatur.

(3) Für Schüler der staatlich genehmigten privaten Schulen kann anstelle der Meldung durch den einzelnen Bewerber die Sammelmeldung der Schule treten, die Vor- und Zuname, Geburtstag, Geburtsort und Anschrift des Bewerbers enthalten muss. Der Sammelmeldung sind die Unterlagen gemäß Absatz 2 beizufügen.

Berufsaufbauschule (Stundentafel)

Anlage (Zu § 2 Abs. 1)

Stundentafel für die Berufsaufbauschule

(durchschnittliche Zahl der Wochenstunden)

Typ	gewerblich-technisch	kaufmännisch	hauswirtschaftlich-pflegerisch, sozialpädagogisch	landwirtschaftlich
Pflichtfächer				
Religionslehre	1	1	1	1
Deutsch	5	5	5	5
Englisch	8	8	8	8
Geschichte mit Gemeinschaftskunde	2	2	2	2
Mathematik	9	5	5	5
Physik	5	3	3	3
Chemie	3	3	3	3
Biologie	–	–	–	4
Biologie mit Gesundheitslehre	–	–	4	–
Betriebswirtschaftslehre mit wirtschaftlichem Rechnungswesen	–	3	–	–
Volkswirtschaftslehre	–	2	–	–
Wirtschaftslehre	–	–	2	2
Summe	33	32	33	33
Wahlfächer				
Biologie	2	2	–	–
Sport oder Musik oder Erziehungslehre	2	2	2	2

§ 22
Voraussetzungen für die Zulassung

(1) Schulfremde können die Prüfung nicht eher ablegen, als es ihnen bei normalem Schulbesuch möglich wäre.

(2) Zur Prüfung wird nur zugelassen, wer

1. die Voraussetzungen für die Aufnahme in die Berufsaufbauschule gemäß § 3 erfüllt,
2. die Prüfung an einer Berufsaufbauschule noch nicht wiederholt als ordentlicher oder außerordentlicher Teilnehmer abgelegt hat.

(3) Zur Prüfung werden in der Regel nur solche Bewerber zugelassen, die in Baden-Württemberg ihren ständigen Wohnsitz haben oder in Baden-Württemberg an einer staatlich genehmigten Schule oder einer sonstigen Unterrichtseinrichtung auf die Schulfremdenprüfung vorbereitet wurden.

§ 23
Entscheidung über die Zulassung

Das Oberschulamt entscheidet über die Zulassung und weist den Bewerber einer öffentlichen Berufsaufbauschule zur Ablegung der Prüfung zu.

§ 24
Durchführung der Prüfung

(1) Für die zugelassenen Bewerber gelten die §§ 8, 11 bis 18 entsprechend mit folgender Maßgabe:

1. Fachlehrer im Sinne von § 11 Abs. 4 Nr. 2 und § 12 Abs. 5 sind die vom Vorsitzenden des Prüfungsausschusses bestimmten Fachlehrer einer öffentlichen Schule, in der Regel der Berufsaufbauschule, welcher der Bewerber zur Ablegung der Prüfung zugewiesen ist.
2. Die mündliche Prüfung erstreckt sich auf alle maßgebenden Fächer. Ein schriftlich geprüftes Fach wird nur dann in die mündliche Prüfung einbezogen, wenn dies der Bewerber spätestens vier Schultage vor der mündlichen Prüfung schriftlich verlangt.
3. Die mündliche Prüfung wird als Einzelprüfung durchgeführt. In den nicht schriftlich geprüften Fächern kann der Fachausschuss ganz oder teilweise anstelle einer mündlichen Prüfung eine vereinfachte schriftliche Prüfung durchführen.
4. Bei der Feststellung des Ergebnisses der Prüfung zählen allein die Prüfungsleistungen.
5. Bei Schülern von staatlich genehmigten privaten Schulen kann das Oberschulamt bestimmen, dass die schriftliche Prüfung im Gebäude der betreffenden Schule abgenommen wird. Die Leitung und Beaufsichtigung regelt in diesem Fall das Oberschulamt.
6. Das Oberschulamt kann im Einzelfall auf Antrag die Prüfung in einer anderen Fremdsprache zulassen.

(2) Die Bewerber haben sich bei Beginn der Prüfung mit einem mit Lichtbild versehenen amtlichen Ausweis auszuweisen und diesen während der gesamten Prüfung bei sich zu führen und auf Verlangen vorzuzeigen.

(3) Wer die Abschlussprüfung bestanden hat, erhält das Abschlusszeugnis für Schulfremde. Wer die Prüfung nicht bestanden hat, erhält auf Verlangen eine Bescheinigung über die Teilnahme an der Prüfung, über das Ergebnis der Prüfung und über die ermittelten Einzelnoten.

→ Berufsoberschule; → Berufsoberschule (Stundentafeln); → Termine Berufliche Schulen; → Zeugnisse (Berufliche Schulen)

Berufseinstiegsjahr

Ausbildungs- und Prüfungsordnung des Kultusministeriums für das Berufseinstiegsjahr; Schulversuchsbestimmungen vom 1. August 2006 i.d.F. vom 27. August 2013

Hinweis der Redaktion: Das KM hat zur Erprobung einer pädagogischen Weiterentwicklung des Berufseinstiegsjahrs und weiterer Bildungsgänge Schulversuchsbestimmungen erlassen; sie sind abgedruckt unter → Weiterentwicklung VAB / BEJ / 1BFS / 2BFS. Siehe auch: → Übergangssystem.

1. Abschnitt – Allgemeines

§ 1
Zweck der Ausbildung

(1) Die Ausbildung im Berufseinstiegsjahr vertieft und erweitert die allgemeine Bildung und dient dem Erwerb von Schlüsselqualifikationen, insbesondere der Sozial- und Projektkompetenz, als Voraussetzung für eine erfolgreiche Berufsausbildung. Mit der Vermittlung eines Teils der fachtheoretischen und fachpraktischen Inhalte des ersten Ausbildungsjahres bestimmter Berufsfelder erhalten die Schülerinnen und Schüler eine gezielte fachliche Vorqualifikation. Die berufsfachlichen Kompetenzen werden dabei im intensiven Zusammenwirken mit der Wirtschaft durch Betriebspraktika und durch ein eng am regionalen betrieblichen Bedarf ausgerichtetes Angebot an Berufsfeldern vermittelt. Diese insbesondere auf den Einstieg in eine Berufsausbildung abzielende Vorbereitung wird durch eine individuelle Förder- und Berufswegeplanung begleitet.

(2) Die Schülerinnen und Schüler nehmen an einem Betriebspraktikum (§ 5) teil. Umfasst dieses Praktikum bis zu einem wöchentlichen Praktikumstag, so wird das Berufseinstiegsjahr als ‚Berufseinstiegsjahr – Regelform' geführt. Als ‚Duales Berufseinstiegsjahr' mit dem Ziel einer Vermittlung von vertieften Einblicken in die Betriebspraxis und den Berufsalltag wird das Berufseinstiegsjahr geführt, wenn zwei wöchentliche Praktikumstage oder ein zehn Wochen umfassender Praktikumsblock oder mehrere Praktikumsblöcke mit einer Gesamtdauer von zehn Wochen durchgeführt werden. Unter den Voraussetzungen des § 5 Abs. 7 (u.a. Absolvierung

von mindestens 90 Betriebstagen) können die Schülerinnen und Schüler ein ‚Berufseinstiegsjahr – Teilqualifikation' absolvieren.

(3) Im Berufseinstiegsjahr – Teilqualifikation erfolgt die praktische Qualifizierung in Betrieben der Wirtschaft, die von der zuständigen Kammer anerkannt sind. Die Qualifizierung wird hierbei durch eine enge Verzahnung von betrieblicher Praxis und zu vermittelnden berufspraktischen und berufsfachlichen Kompetenzen optimiert.

→ Vorqualifizierungsjahr Arbeit und Beruf; → Vorqualifizierungsjahr Arbeit und Beruf – Kooperationsklassen

§ 2

Bezeichnungen

Soweit die nachfolgenden Bestimmungen Personenbegriffe wie Schüler, Schulleiter, Vorsitzender, Prüfer, Bewerber oder Ausbilder enthalten, sind dies funktions- oder statusbezogene Bezeichnungen, die gleichermaßen auf Frauen und Männer zutreffen.

§ 2 a

Aufnahme

(1) In das Berufseinstiegsjahr können berufsschulpflichtige Jugendliche aufgenommen werden, die nicht in einem Berufsausbildungsverhältnis stehen und die über den Hauptschulabschluss oder einen dem Hauptschulabschluss gleichwertigen Bildungsstand verfügen.

(2) Berufsschulpflichtige Jugendliche, die den Besuch der Realschule oder des Gymnasiums abgebrochen haben und über den Hauptschulabschluss nicht verfügen, können aufgenommen werden, sofern sie erwarten lassen, dass sie den Anforderungen des Berufseinstiegsjahres genügen können. Berufsschulpflichtige Jugendliche mit einem mittleren Bildungsabschluss können aufgenommen werden, wenn eine sorgfältige Prüfung ergeben hat, dass sie sonst keine Möglichkeit hätten, ihre Berufsschulpflicht zu erfüllen.

(3) Für die Aufnahme in das Berufseinstiegsjahr-Teilqualifikation gilt zudem § 5 Abs. 7 Nr. 2 Satz 2. Sofern es die Aufnahmekapazitäten zulassen, kann dort auch aufgenommen werden, wer bereits das Berufsvorbereitungsjahr oder das Vorqualifizierungsjahr Arbeit und Beruf absolviert hat.

(4) Wer bereits das Berufseinstiegsjahr besucht hat, kann nicht erneut in das Berufseinstiegsjahr aufgenommen werden; § 19 Abs. 1 bleibt unberührt.

(5) Nach Absolvierung des Berufseinstiegsjahres ist der Schüler von der weiteren Berufsschulpflicht befreit, sofern er danach kein Berufsausbildungsverhältnis eingeht. Dies ist in den jeweiligen Zeugnissen nach § 17 unter ‚Bemerkungen' festzustellen.

§ 3

Dauer und Gliederung der Ausbildung, Zeugnis

(1) Die Ausbildung dauert ein Schuljahr und endet mit einer Abschlussprüfung.

(2) Abweichend von § 26 Satz 1 SchG kann die Ausbildung mit Zustimmung der oberen Schulaufsichtsbehörde auch am ersten Unterrichtstag des zweiten Schulhalbjahres beginnen.

(3) Am Ende des ersten Schulhalbjahres wird ein Halbjahreszeugnis erteilt.

→ Zeugnisse (Berufliche Schulen)

§ 4

Bildungsplan, Stundentafel, maßgebende Fächer

(1) Der Unterricht richtet sich nach den vom Kultusministerium erlassenen Bildungs- und Lehrplänen sowie nach der als Anlage 1 beigefügten Stundentafel. Der Unterricht in den Fächern Berufsfachliche Kompetenz und Berufspraktische Kompetenz kann sich auch an von den Schulen ausgewählten Teilen der Lernfeld-Lehrpläne der Berufsschule für das erste Ausbildungsjahr im jeweiligen Berufsfeld orientieren. → Berufseinstiegsjahr (Stundentafeln)

(2) Die pädagogische Ausgestaltung des Berufseinstiegsjahres erfolgt auf der Basis einer individuellen Förderung. Mit den in den Stundentafeln für den Bereich Individuelle Förderung ausgewiesenen Stunden können die Schulen den zusätzlichen Zeitbedarf für die erforderlichen Maßnahmen (unter anderem Kompetenzfeststellung, Zielvereinbarungsgespräche, zusätzliche Angebote für bestimmte Lerngruppen) abdecken. Eine Leistungsbewertung findet im Bereich Individuelle Förderung nicht statt. Mit jedem Schüler sind, ggf. unter Einbeziehung der Erziehungsberechtigten und unter Beteiligung des ggf. für den Schüler tätigen Jugendberufshelfers oder der ggf. an der Schule tätigen sozialpädagogischen Fachkraft, mindestens zwei Zielvereinbarungsgespräche zu führen.

(3) Die Inhalte des Fachs Projektkompetenz mit Sozialkompetenz sind auch als integrative Bestandteile in den anderen Fächern und in Projekten umzusetzen.

(4) Maßgebende Fächer sind alle bei den Ziffern 1.1.1 und 1.1.2 der Stundentafeln aufgeführten Pflichtfächer mit Ausnahme von Religionslehre. Das Fach Sport ist nur dann maßgebendes Fach, wenn es sich bei der Feststellung nach § 16 Abs. 5 zugunsten des Schülers auswirkt. Das Fach Englisch ist maßgebendes Fach, sofern es Gegenstand der Abschlussprüfung ist.

§ 5

Betriebspraktikum

(1) Das Berufseinstiegsjahr schließt als verbindlichen Bestandteil ein Betriebspraktikum ein. Das Praktikum wird von der Schule entsprechend der örtlichen Situation und unter Berücksichtigung der von den Schülern mitgebrachten Voraussetzungen organisiert und inhaltlich ausgestaltet. Bei der Vorbereitung und Durchführung des Praktikums orientieren sich die Schulen an den Festlegungen der Verwaltungsvorschrift ⇨ Berufliche Orientierung.

(2) Die Schüler werden bei der Praktikumsdurchführung unter Verwendung der vorgesehenen Betreuungsstunden von der Schule eng begleitet; dabei ist der ggf. verfügbare Jugendberufshelfer einzubeziehen. Das Praktikum kann auch in Blockform durchgeführt werden; im Dualen Berufseinstiegsjahr umfasst dabei der Praktikumsblock oder die Gesamtdauer aller absolvierten Praktikumsblöcke zehn Wochen. Ein Praktikum mit

wöchentlichen Praktikumstagen kann auch Phasen mit Praktikumsblöcken beinhalten.

(3) Das Fach Praktikumsbezogene Kompetenz dient der Unterstützung der Praktikumsbetreuung und soll deshalb vorrangig von der das Praktikum betreuenden Lehrkraft unterrichtet werden. Eine Leistungsbewertung findet in diesem Fach nicht statt; Absatz 5 Satz 2 bleibt unberührt.

(4) Die an eine ordnungsgemäße Praktikumsteilnahme gestellten Anforderungen werden von der Schule zu Beginn des Schuljahres festgelegt und den Schülern rechtzeitig mitgeteilt. Zu diesen Anforderungen zählt auch die Pflicht zur Führung eines Praktikumsberichtsheftes im Rahmen des Fachs Praktikumsbezogene Kompetenz.

(5) Über ihre Teilnahme am Praktikum erhalten die Schülerinnen und Schüler eine Praktikumsbescheinigung, die von der Schule möglichst unter Beteiligung der Praktikumsbetriebe erstellt wird und allgemeine Angaben zum absolvierten Praktikum (Ort, Zeitraum, Umfang, Inhalte u.dgl.) enthält. In die Bescheinigung ist eine Beurteilung darüber aufzunehmen, wie das Praktikumsberichtsheft von der Schülerin oder dem Schüler geführt wurde. FürSchüler im Berufseinstiegsjahr-Teilqualifikation kann die Bescheinigung entfallen, sofern das gemäß § 18 ausgestellte Zertifikat vergleichbare Informationen enthält.

(6) Den nach § 17 ausgestellten Zeugnissen wird die Praktikumsbescheinigung als Beiblatt angefügt. Auf die Bescheinigung ist in den Zeugnissen unter ‚Bemerkungen' hinzuweisen. Sie kann als ‚Vorläufige Bescheinigung' auch schon mit dem Halbjahreszeugnis ausgegeben werden.

(7) Für die Durchführung des Praktikums im Berufseinstiegsjahr-Teilqualifikation gelten die folgenden Maßgaben:

- Die praktische Qualifizierung innerhalb des Praktikums findet in Betrieben statt. Das Praktikum wird von der Schule mit der örtlich zuständigen Kammer abgestimmt und entsprechend der örtlichen Situation organisiert und inhaltlich begleitet. Es umfasst mindestens 90 Tage.
- Die Schüler schließen mit einem anerkannten Betrieb der Wirtschaft einen von der zuständigen Kammer registrierten Qualifizierungsvertrag ab. Der Abschluss eines solchen Qualifizierungsvertrages ist Voraussetzung für die Aufnahme in das Berufseinstiegsjahr-Teilqualifikation. In begründeten Ausnahmefällen kann der Vertrag bis spätestens vier Wochen nach Unterrichtsbeginn nachgereicht werden.
- Wenn der Qualifizierungsvertrag während des ersten Schulhalbjahres aufgehoben oder hinfällig wird, muss der Schüler, sofern er nicht zeitnah einen neuen Vertrag im gleichen Berufsfeld abschließen kann, in eine andere Klasse des Berufseinstiegsjahres wechseln.
- Während des Praktikums werden die Schüler von den Lehrkräften des Berufseinstiegsjahres betreut. Die Schüler sind verpflichtet, einen schriftlichen Tätigkeitsnachweis (Berichtsheft) zu führen, den sie den betrieblichen Ausbildern wöchentlich zur Durchsicht und Unterschrift vorlegen.
- Sollten nach Beendigung der offiziellen Praktikumsphase noch Praktikumstage fehlen und ist dies vom Schüler nicht zu vertreten (z.B. wegen Krankheit), so können die fehlenden Tage bis zu einem zwischen der Schule, dem Betrieb und der zuständigen Kammer abgestimmten Zeitpunkt nachträglich absolviert werden.
- Sobald sich im Verlauf des zweiten Schulhalbjahres abzeichnet, dass der Schüler die an die Erlangung des Zertifikats (§ 18) geknüpften Anforderungen voraussichtlich nicht mehr erfüllen kann, entscheidet die Schule, ob er in eine andere Klasse des Berufseinstiegsjahres wechseln soll.
- In den Zeugnissen nach § 17 ist unter ‚Bemerkungen' festzuhalten, ob der Schüler die zertifizierte Teilqualifikation erlangt hat oder nicht.

§ 6
Teilnahme am Unterricht im Fach Englisch

(1) Ein Schüler, dessen Abschlusszeugnis der Hauptschule eine Note im Fach Englisch ausweist, muss am Unterricht im Fach Englisch teilnehmen.

(2) Ein Schüler, dessen Abschlusszeugnis der Hauptschule keine Note im Fach Englisch ausweist, kann entweder am Englischunterricht des Berufseinstiegsjahres oder am Englischunterrricht eines anderen Bildungsgangs teilnehmen. Nimmt er am Englischunterricht des Berufseinstiegsjahres teil und sind seine dabei im ersten Schulhalbjahr erzielten Leistungen insgesamt mindestens mit ‚ausreichend' bewertet, darf er auch im zweiten Schulhalbjahr am Englischunterricht teilnehmen. Der Schulleiter legt fest, bis zu welchem Termin sich der Schüler spätestens verbindlich über die weitere Teilnahme am Englisch Unterricht des Berufseinstiegsjahres erklärt haben muss.

(3) Nimmt ein Schüler gemäß seiner nach Absatz 2 Satz 3 erfolgten Erklärung am Englischunterricht im zweiten Schulhalbjahr nicht teil, so wird keine Note für das Fach Englisch im Halbjahreszeugnis des Schülers ausgewiesen. Der Schulleiter kann dem Schüler gestatten, im zweiten Schulhalbjahr den Englischunterricht eines anderen Bildungsganges zu besuchen.

(4) Hat der Schüler gemäß Absatz 2 oder 3 den Englisch Unterricht eines anderen Bildungsganges besucht, ist die von ihm dabei erzielte Endnote, versehen mit einem Hinweis auf den besuchten anderen Bildungsgang, im Zeugnis nach § 17 auszuweisen, wenn er dies wünscht. Andernfalls ist unter ‚Bemerkungen' im Zeugnis aufzuführen, dass der Schüler am Englischunterricht des anderen Bildungsgangs teilgenommen hat.

§ 6a
Kompetenzanalyse

Für jeden Schüler ist eine ⇨ Kompetenzanalyse durchzuführen, mit der seine überfachlichen Kompetenzen fundiert erfasst werden; diese Analyse kann sich auch auf die fachlichen Kompetenzen erstrecken.

Die öffentlichen beruflichen Schulen wenden hierbei das vom Kultusministerium vorgegebene Analyseverfahren an. Ansonsten kann ein vergleichbares Verfahren eingesetzt werden.

2. Abschnitt Abschlussprüfung

§ 7
Zweck der Prüfung

In der Abschlussprüfung soll nachgewiesen werden, dass das Ausbildungsziel erreicht wurde, die geforderten Kenntnisse erlangt wurden und die berufspraktischen Fähigkeiten vorliegen.

§ 8
Teile der Prüfung

(1) Die Abschlussprüfung besteht aus der schriftlichen, der praktischen und gegebenenfalls der mündlichen Prüfung, im BEJ-Teilqualifikation aus der schriftlichen und gegebenenfalls der mündlichen Prüfung.

(2) Anstelle der Prüfungen in Berufsfachlicher Kompetenz und in Berufspraktischer Kompetenz kann – außer im BEJ-Teilqualifikation – eine Projektprüfung durchgeführt werden. § 5 Abs. 7 Nr. 6 bleibt unberührt.

§ 9
Ort und Zeitpunkt der Prüfung

(1) Die Abschlussprüfung wird an der Schule abgenommen.

(2) Außer für das Fach Berufsfachliche Kompetenz wird der Zeitpunkt der schriftlichen Prüfung vom Kultusministerium festgelegt. Die Zeitpunkte der schriftlichen Prüfung im Fach Berufsfachliche Kompetenz und der praktischen Prüfung im Fach Berufspraktische Kompetenz werden von der Schule bestimmt. Der Vorsitzende des Prüfungsausschusses bestimmt den Zeitpunkt der mündlichen Prüfung.

(3) Den Zeitpunkt der Projektprüfung legt der Vorsitzende des Prüfungsausschusses, gegebenenfalls in Abstimmung mit dem Schulleiter, fest.

§ 10
Anmeldenoten,
Zulassung zur Prüfung

(1) Zur Abschlussprüfung wird zugelassen, wer für die Pflichtfächer die Anmeldenoten nach Ab satz 2 Satz 1 vorweist.

(2) Für die Prüfung werden in allen Fächern Anmeldenoten in Form ganzer Noten gebildet, die aus den während des Schuljahres erbrachten Einzelleistungen zu ermitteln sind. Die Anmeldenoten sind dem Schüler für die Fächer der schriftlichen und der praktischen Prüfung sowie für das Fach Projektkompetenz mit Sozialkompetenz, sofern dort eine Projektprüfung stattfindet, jeweils fünf bis sieben Schultage vor Beginn des betreffenden Prüfungsteils oder der Projektprüfung und für die übrigen Fächer fünf bis sieben Schultage vor Beginn der mündlichen Prüfung zusammen mit den Noten der schriftlichen und der praktischen Prüfung bekanntzugeben.

§ 11
Prüfungsausschuss, Fachausschüsse

(1) Für die Abschlussprüfung wird an jeder Schule ein Prüfungsausschuss gebildet, der für die ordnungsgemäße Durchführung der Prüfung verantwortlich ist. Diesem gehören an:

1. als Vorsitzender der Schulleiter oder eine von ihm beauftragte Lehrkraft,
2. als stellvertretender Vorsitzender eine vom Schulleiter beauftragte Lehrkraft,
3. sämtliche Lehrkräfte, die in den maßgebenden Fächern unterrichten.

Der Vorsitzende des Prüfungsausschusses kann weitere Mitglieder berufen, soweit dies für die Durchführung der Prüfung erforderlich ist.

(2) Die Mitglieder des Prüfungsausschusses sind bei ihrer Tätigkeit als Prüfer unabhängig. Sie sind zur Amtsverschwiegenheit über alle Prüfungsangelegenheiten verpflichtet. Der Vorsitzende des Prüfungsausschusses hat sie vor Beginn darüber zu belehren.

(3) Der Prüfungsausschuss ist beschlussfähig, wenn mindestens zwei Drittel der Mitglieder anwesend sind. Der Prüfungsausschuss entscheidet mit einfacher Mehrheit; bei Stimmengleichheit gibt die Stimme des Vorsitzenden den Ausschlag.

(4) Für die mündliche und die praktische Prüfung sowie für die Projektprüfung bildet der Vorsitzende des Prüfungsausschusses Fachausschüsse. Jedem Fachausschuss gehören an:

1. der Vorsitzende oder ein von ihm bestelltes Mitglied des Prüfungsausschusses, zugleich mit der Aufgabe, die Prüfung zu leiten und zu protokollieren,
2. als Prüfer die Fachlehrkraft der Klasse oder bei deren Verhinderung eine in dem betreffenden Prüfungsfach erfahrene Lehrkraft, im Falle der Projektprüfung die Fachlehrkraft des Fachs Projektkompetenz mit Sozialkompetenz oder eine Lehrkraft, die in dem von der Projektprüfung betroffenen Fachbereich erfahren ist.

In Fächern, in denen die Klasse von verschiedenen Fachlehrkräften für Teilbereiche unterrichtet wird, gehören alle Fachlehrkräfte dem Fachausschuss als Mitglieder an. Sie sind jeweils für ihren Teilbereich Prüfer nach Satz 2 Nr. 2.

§ 12
Schriftliche Prüfung

(1) Die Leitung der schriftlichen Prüfung obliegt dem Schulleiter.

⇨ Korrekturtag

(2) Schriftliche Prüfungsarbeiten sind in den Fächern

- Deutsch mit einer Arbeitszeit von 150 Minuten,
- Mathematik und Fachrechnen
  mit einer Arbeitszeit von 135 Minuten,
- Berufsfachliche Kompetenz
  mit einer Arbeitszeit von 90 Minuten,
- Englisch mit einer Arbeitszeit von 120 Minuten

zu fertigen.

Berufliche Schulen

Hat der Schüler gemäß seiner nach § 6 a Abs. 2 Satz 3 abgegebenen Erklärung im zweiten Schulhalbjahr am Unterricht in Englisch teilgenommen, muss er an der schriftlichen Prüfung in diesem Fach teilnehmen.

(3) Die Prüfungsaufgaben für die schriftlichen Prüfungen werden im Rahmen der Bildungs- und Lehrpläne vom Kultusministerium landeseinheitlich gestellt. Die Aufgaben für die schriftliche Prüfung im Fach Berufsfachliche Kompetenz werden von der Schule gestellt.

(4) Über die schriftliche Prüfung ist eine Niederschrift zu fertigen, die vom Schulleiter und den aufsichtführenden Lehrkräften unterschrieben wird.

(5) Die schriftlichen Arbeiten werden von der Fachlehrkraft der Klasse und einer weiteren Fachlehrkraft, die der Vorsitzende des Prüfungsausschusses bestimmt, korrigiert und bewertet; dabei sind auch Noten mit einer Dezimale zulässig. Als Note der schriftlichen Prüfung gilt der auf die erste Dezimale errechnete Durchschnitt der beiden Bewertungen, der auf eine ganze oder halbe Note zu runden ist; Dezimalen von 0,3 bis 0,7 sind hierbei auf eine halbe Note, die übrigen Dezimalen auf eine ganze Note zu runden. Weichen die Bewertungen um mehr als eine ganze Note voneinander ab und können sich die beiden Korrektoren nicht einigen, hat der Vorsitzende des Prüfungsausschusses die endgültige Note für die schriftliche Prüfung festzusetzen; dabei gelten die Bewertungen der beiden Korrektoren als Grenzwerte, die nicht über- oder unterschritten werden dürfen.

(6) Die Noten der schriftlichen Prüfung werden dem Schüler fünf bis sieben Schultage vor der mündlichen Prüfung bekanntgegeben.

§ 13
Praktische Prüfung

(1) Die praktische Prüfung wird im Fach Berufspraktische Kompetenz durchgeführt. Die Arbeitszeit beträgt je nach Art und Umfang der Arbeit drei bis sechs Zeitstunden und wird vom Leiter des Fachausschusses festgelegt.

(2) Die Prüfungsaufgaben werden im Rahmen der Bildungs- und Lehrpläne vom Leiter des Fachausschusses aufgrund von Vorschlägen der Fachlehrkraft gestellt.

(3) Die Aufsicht während der praktischen Prüfung wird abwechselnd durch die Mitglieder des Fachausschusses ausgeübt. Der Leiter des Fachausschusses kann weitere fachkundige Personen beiziehen.

(4) Die praktische Prüfung wird vom Fachausschuss abgenommen und bewertet. Kann sich der Fachausschuss auf keine bestimmte Note einigen, so wird die Note aus dem auf die erste Dezimale errechneten Durchschnitt der beiden Bewertungen gebildet, der in der üblichen Weise auf eine ganze oder halbe Note zu runden ist.

(5) Über die praktische Prüfung ist eine Niederschrift zu fertigen, die von den Mitgliedern des Fachausschusses unterschrieben wird.

(6) Die Note der praktischen Prüfung wird dem Schüler fünf bis sieben Tage vor der mündlichen Prüfung bekanntgegeben.

§ 14
Mündliche Prüfung

(1) Die mündliche Prüfung kann sich auf alle maßgebenden Fächer mit Ausnahme der Fächer Sport, Berufspraktische Kompetenz sowie Projektkompetenz mit Sozialkompetenz erstrecken.

(2) Die mündliche Prüfung wird in der Regel als Einzelprüfung durchgeführt. Der Vorsitzende des Prüfungsausschusses kann hiervon abweichend die Durchführung einer Gruppenprüfung zulassen, wenn dies aus organisatorischen oder thematischen Gründen der Durchführung der Prüfung förderlich ist. Bei Gruppenprüfungen können bis zu drei Prüflinge zusammen geprüft werden

(3) Aufgrund der Anmeldenoten und gegebenenfalls der Noten der schriftlichen und praktischen Prüfung bestimmt der Vorsitzende des Prüfungsausschusses, ob und in welchen Fächern der Schüler zu prüfen ist. Die zu prüfenden Fächer sind dem Schüler fünf bis sieben Schultage vor der mündlichen Prüfung bekanntzugeben. Zusätzlich kann der Schüler bis zum nächsten Schultag nach der Bekanntgabe dem Schulleiter schriftlich bis zu zwei Fächer benennen, in denen mündlich zu prüfen ist.

(4) Im Anschluss an die einzelne mündliche Prüfung setzt der Fachausschuss das Ergebnis der mündlichen Prüfung auf Vorschlag des Prüfers fest; dabei sind ganze und halbe Noten zu verwenden.

(5) Über jede mündliche Prüfung ist eine Niederschrift zu fertigen, die von den Mitgliedern des Fachausschusses unterschrieben wird.

§ 15
Projektprüfung

(1) Die Projektprüfung besteht aus der Planung, Durchführung, Dokumentation und Präsentation eines Projekts. Sie schließt eine mündliche Prüfung (Prüfungsgespräch) ein.

(2) Das Thema der Projektprüfung wird im Rahmen der Bildungs- und Lehrpläne auf Vorschlag der jeweiligen im Fach Projektkompetenz mit Sozialkompetenz unterrichtenden Fachlehrkraft, die die Schüler bei der Themenfindung in geeigneter Form beteiligt, vom Vorsitzenden des Prüfungsausschusses festgelegt. Das Projekt muss einen berufspraktischen Anteil aus dem unterrichteten Berufsfeld enthalten.

(3) Die Projektprüfung wird als Gruppenprüfung durchgeführt, wobei jeder Schüler eine individuelle Leistungsbewertung erhält. In begründeten Ausnahmefällen kann die Projektprüfung mit vorheriger Genehmigung des Prüfungsvorsitzenden als Einzelprüfung durchgeführt werden.

(4) Die Planung und Durchführung des Projekts einschließlich der Dokumentation umfasst 10 bis 20 Zeitstunden, die Präsentation mit Prüfungsgespräch soll die Dauer von etwa 20 Minuten je Schüler nicht überschreiten.

(5) Die Projektprüfung wird vom Fachausschuss mit einer ganzen oder halben Note bewertet. Kann sich der Fachausschuss für keine bestimmte Note entscheiden, so wird die Note aus dem auf die erste

Dezimale errechneten Durchschnitt der Bewertungen beider Mitglieder gebildet, der in üblicher Weise auf eine ganze oder halbe Note zu runden ist.

(6) Über die Projektprüfung ist eine Niederschrift zu fertigen, die von den Mitgliedern des Fachausschusses unterschrieben wird.

§ 16
Ermittlung des Prüfungsergebnisses

(1) Die Endnoten in den einzelnen Fächern werden vom Vorsitzenden des Prüfungsausschusses aufgrund der Anmeldenoten und der Prüfungsleistungen ermittelt, wobei der Durchschnitt auf die erste Dezimale zu errechnen und eine Dezimale bis 0,4 auf eine ganze Note aufzurunden, eine Dezimale von 0,5 oder schlechter auf eine ganze Note abzurunden ist.

(2) Bei der Ermittlung der Endnoten zählen

1. in Fächern, in denen schriftlich und mündlich geprüft wurde, die Anmeldenote, die schriftliche Note und die mündliche Note je einfach,
2. in Fächern, in denen nur schriftlich, praktisch oder mündlich geprüft wurde, die Anmeldenote einfach, die Note der Prüfung doppelt.

(3) Bei der im Falle der Projektprüfung vorzunehmenden Ermittlung der Endnote im Fach Projektkompetenz mit Sozialkompetenz wird die Anmeldenote für dieses Fach einfach und die Prüfungsnote nach § 15 Abs. 5 zweifach gewichtet.

(4) In Fächern, in denen nicht geprüft wurde, werden die Anmeldenoten als Endnoten in das Zeugnis übernommen.

(5) Der Vorsitzende des Prüfungsausschusses stellt fest, wer die Abschlussprüfung bestanden hat. Die Abschlussprüfung ist bestanden, wenn

1. der Durchschnitt aus den Noten aller maßgebenden Fächer 4,0 oder besser ist und
2. die Leistungen in nicht mehr als einem maßgebenden Fach geringer als mit der Note „ausreichend" bewertet sind; sind die Leistungen in zwei maßgebenden Fächern geringer als mit der Note „ausreichend" bewertet, so ist die Prüfung bestanden, wenn für beide Fächer ein Ausgleich gegeben ist. Ausgeglichen werden können
   a) die Note „ungenügend" in einem maßgebenden Fach durch die Note „sehr gut" in einem anderen maßgebenden Fach oder durch die Note „gut" in zwei anderen maßgebenden Fächern,
   b) die Note „mangelhaft" in einem maßgebenden Fach durch die Note „gut" in einem anderen maßgebenden Fach oder durch die Note „befriedigend" in zwei anderen maßgebenden Fächern.

(6) Ist das Bestehen der Abschlussprüfung allein aufgrund der Note im Fach Englisch nicht möglich, wird diese Note bei der Feststellung, ob die Abschlussprüfung bestanden ist, nicht berücksichtigt. In diesem Fall wird für Englisch im Abschlusszeugnis keine Note ausgebracht.

(7) Das Ergebnis der Prüfung ist den Prüflingen unverzüglich mitzuteilen.

(8) Über die Feststellung der Ergebnisse der Prüfung ist vom Vorsitzenden des Prüfungsausschusses eine Niederschrift zu fertigen.

(9) Die Niederschriften über die einzelnen Teile der Prüfungen und über die Feststellung der Prüfungsergebnisse, eine Liste mit den Prüfungsergebnissen und die Prüfungsarbeiten sind bei den Schulakten aufzubewahren. Die Niederschriften und die Prüfungsarbeiten können nach Ablauf von drei Jahren seit der Feststellung der Ergebnisse der Prüfung vernichtet werden.

§ 17
Zeugnis

(1) Wer die Abschlussprüfung bestanden hat, erhält ein Abschlusszeugnis nach Anlage 2 *(Anlagen 2 ff. nicht abgedruckt)* mit den nach § 16 Abs. 1 bis 4 ermittelten Endnoten. Im Abschluss-zeugnis ist das Berufsfeld oder der Schwerpunkt des berufsfachlichen Bereichs zu nennen. Wurde eine Projektprüfung durchgeführt, ist im Zeugnis das Thema der Projektprüfung anzugeben. Für Schüler, die ohne Hauptschulabschluss in das Berufseinstiegsjahr eingetreten sind, schließt das Abschlusszeugnis einen dem Hauptschulabschluss gleichwertigen Bildungsstand ein. Dies ist unter ‚Bemerkungen' festzustellen.

(2) Wer die Abschlussprüfung nicht bestanden hat und die Schule verlässt, erhält ein Abgangszeugnis nach Anlage 3 mit den nach § 16 Abs. 1 bis 4 ermittelten Endnoten. Wurde eine Projektprüfung durchgeführt, ist im Zeugnis das Thema der Projektprüfung anzugeben.

(3) Wer an der Abschlussprüfung nicht oder nur teilweise teilgenommen hat, erhält ein Zeugnis über die bis zum Ausscheiden erbrachten Leistungen oder, sofern sie bereits vorliegen, mit den Anmeldenoten nach § 10 Abs. 2; Prüfungsleistungen bleiben unberücksichtigt.

(4) Wer die Abschlussprüfung nicht bestanden hat und das Schuljahr wiederholt, erhält ein Jahreszeugnis mit den nach § 16 Abs. 1 bis 4 ermittelten Endnoten.

(5) In den Zeugnissen nach den Absätzen 2 bis 4 ist zu vermerken, dass das Ausbildungsziel des Berufseinstiegsjahres nicht erreicht worden ist.

→ Zeugnisse (Berufliche Schulen)

§ 18
Zertifikat

Die Schüler des Berufseinstiegsjahres-Teilqualifikation erhalten im Falle der erfolgreichen Teilnahme an der praktischen Qualifizierung im Betrieb ein Zertifikat, über dessen Ausstellung die für die Berufsausbildung im jeweiligen Beruf zuständige Stelle entscheidet.

§ 19
Wiederholung der Prüfung, Entlassung

(1) Wer die Abschlussprüfung nicht bestanden hat, kann sie nach erneutem Besuch des Berufseinstiegsjahres einmal wiederholen.

(2) Die freiwillige Wiederholung auch nur eines Teils des Schuljahres gilt als Nichtbestehen der

Abschlussprüfung. Bei bestandener Abschlussprüfung ist weder eine Wiederholung der Ausbildung noch eine Wiederholung der Abschlussprüfung zulässig.

(3) Wer die Abschlussprüfung auch nach der Wiederholung nicht bestanden hat, muss das Berufseinstiegsjahr verlassen.

(4) Schüler, bei denen die Note im Fach Englisch nach § 16 Abs. 6 unberücksichtigt bleibt, können im folgenden Schuljahr die Prüfung im Fach Englisch zum regulären Prüfungszeitpunkt wiederholen ohne am entsprechenden Unterricht teilgenommen zu haben. Die ursprüngliche Anmeldenote bleibt in diesem Fall erhalten. Das Bestehen der Prüfung und die Note sind in einer gesonderten Bescheinigung unter Bezugnahme auf das ursprüngliche Abschlusszeugnis zu bestätigen.

§ 20
Nichtteilnahme, Rücktritt

(1) Wer ohne wichtigen Grund an der Prüfung nicht oder nur teilweise teilnimmt, hat die Abschlussprüfung nicht bestanden. Der wichtige Grund ist der Schule unverzüglich mitzuteilen. Über das Vorliegen eines wichtigen Grundes entscheidet bei der schriftlichen Prüfung der Schulleiter, bei der mündlichen und praktischen Prüfung der Vorsitzende des Prüfungsausschusses.

(2) Als wichtiger Grund gilt insbesondere Krankheit. Ist eine prüfungsrelevante gesundheitliche Beeinträchtigung nicht offenkundig, so kann der Vorsitzende des Prüfungsausschusses die Vorlage eines ärztlichen Zeugnisses verlangen, das eine konkrete Beschreibung der gesundheitlichen Beeinträchtigung beinhaltet. In besonders begründeten Ausnahmefällen kann auch die Vorlage eines entsprechenden amtsärztlichen Zeugnisses verlangt werden.

(3) Wer sich in Kenntnis einer gesundheitlichen Beeinträchtigung oder eines anderen wichtigen Grundes der Prüfung unterzogen hat, kann dies nachträglich nicht mehr geltend machen. Der Kenntnis steht die fahrlässige Unkenntnis gleich; fahrlässige Unkenntnis liegt insbesondere dann vor, wenn beim Vorliegen einer gesundheitlichen Beeinträchtigung nicht unverzüglich eine Klärung herbeigeführt wurde.

(4) Soweit ein wichtiger Grund vorliegt, gilt die Prüfung als nicht unternommen; die Teilnahme an einer Nachprüfung ist zu ermöglichen. In diesem Fall bleiben die bereits erbrachten Prüfungsleistungen bestehen.

(5) Vor Beginn der Prüfung ist auf diese Bestimmungen hinzuweisen.

§ 21
Täuschungshandlungen, Ordnungsverstöße

Hinweis der Redaktion: Dieser Paragraf ist wortgleich mit → Berufliches Gymnasium (BGVO) § 39.

→ Berufseinstiegsjahr (Stundentafel); ⇨ Handy-Nutzung; ⇨ Korrekturtag; → Termine Berufliche Schulen; → Vorqualifizierungsjahr Arbeit und Beruf (VAB); → Vorqualifizierungsjahr Arbeit und Beruf (Stundentafel); → Weiterentwicklung VAB / BEJ / 1BFS / 2BFS; → Zeugnisse (BS)

Berufseinstiegsjahr (Stundentafel)

Stundentafel für das Berufseinstiegsjahr (Berufseinstiegsjahr-Regelform (BEJ-Regelform) / Duales Berufseinstiegsjahr (Duales BEJ) / Berufseinstiegsjahr-Teilqualifikation (BEJ-TQ); KM, 26. Juli 2011 (AZ: 44 - 6512-2107/5)

(durchschnittliche Zahl der Wochenstunden)

1.	**Pflichtbereich**	
1,1	**Pflichtfächer**	
1.1.1	*Allgemeiner Bereich*	
	Religionslehre	1
	Deutsch	3 -5
	Gemeinschafts- und Wirtschaftskunde	1
	Englisch	3
	Sport	0 - 2
1.1.2	*Berufsbezogener Bereich*	
	Berufsfachliche Kompetenz	2 - 4
	Mathematik und Fachrechnen	3 - 5
	Berufspraktische Kompetenz	3 - 12
	Projektkompetenz mit Sozialkompetenz	1 - 4
	Computeranwendungen	1 - 2
1.2	**Individuelle Förderung**	1 - 4
	Kompetenzanalyse	1
1.3	**Betriebspraktikum**[1]	6 bzw. 12
	Praktikumsbezogene Kompetenz	1 - 2
	Summe	**30 - 34**[2]
2.	**Wahlbereich** (ergänzende Angebote, Projekte etc.)	4

1) Im Dualen BEJ (Durchführung von zwei Praktikumstagen) wird die Schülerarbeitszeit im Praktikum mit 12 Wochenstunden bewertet. Im Dualen BEJ und im BEJ-TQ ist eine intensive Praktikumsbegleitung im Umfang von 6 Lehrerwochenstunden pro Klasse sicherzustellen. Bei einem wöchentlichen Praktikumstag (BEJ-Regelform) wird die Schülerarbeitszeit mit 6 Wochenstunden bewertet, die Praktikumsbegleitung ist im Umfang von 3 Lehrerwochenstunden pro Klasse sicherzustellen. Beim BEJ-TQ umfasst das Betriebspraktikum mindestens 90 Tage.

2) Im Dualen BEJ und im BEJ-TQ wird Unterricht im Umfang von maximal 22 Wochenstunden erteilt, es stehen maximal 8 Teilungsstunden (bei Klappklassen mit zwei verschiedenen Berufsfeldern maximal 9) und insgesamt bis zu 36 Lehrerwochenstunden (bzw. 37 bei Klappklassen) zur Verfügung. Bei Durchführung von einem wöchentlichen Praktikumstag (BEJ-Regelform) reduziert sich die reine Unterrichtszeit auf maximal 27 Wochenstunden (maximal 9 Teilungsstunden, bei Klappklassen maximal 12 Stunden), es stehen maximal 39 Lehrerwochenstunden (bzw. 42 bei Klappklassen) zur Verfügung. In Klassen oder Schülergruppen, in denen kein(e) wöchentliche(r/n) Praktikumstag(e) durchgeführt wird/werden, wird Unterricht im Umfang von maximal 30 Wochenstunden erteilt. Pro Klasse stehen für den Pflichtbereich maximal 12 Teilungsstunden und maximal 42 Lehrerwochenstunden zur Verfügung.

Berufsfachschule Altenpflegehilfe

Verordnung des Kultusministeriums und des Sozialministeriums über die Ausbildung und Prüfung an Berufsfachschulen für Altenpflegehilfe (Ausbildungs- und Prüfungsordnung Altenpflegehilfe – APrOAltPflHi) vom 8. Dezember 2015 (K.u.U. S. 77/2016); zuletzt geändert 4. August 2017 (GBl. S. 435/2017)

Abschnitt 1 – Allgemeines

§ 1

Geltungsbereich

Diese Verordnung gilt für die Ausbildung in der Altenpflegehilfe an öffentlichen und staatlich anerkannten Berufsfachschulen für Altenpflegehilfe sowie in stationären und ambulanten Einrichtungen der Altenhilfe.

§ 2

Ziel der Ausbildung

(1) Die Ausbildung zur staatlich anerkannten Altenpflegehelferin oder zum staatlich anerkannten Altenpflegehelfer vermittelt berufliche Kenntnisse, Fertigkeiten und Fähigkeiten, mit denen die erforderliche Handlungskompetenz für eine qualifizierte Mitwirkung und Mithilfe bei der Betreuung, Versorgung und Pflege gesunder und kranker älterer Menschen erlangt wird. Dies schließt auch die Vermittlung interkultureller Kompetenz ein.

(2) Die Ausbildung befähigt dazu, in der stationären, ambulanten und offenen Altenhilfe insbesondere pflegerische und soziale Aufgaben der Grundversorgung unter Anleitung einer Pflegefachkraft verantwortlich wahrzunehmen. Weiter befähigt sie dazu, unter Anleitung und Kontrolle durch Pflegefachkräfte bei der Durchführung einzelner, ärztlich veranlasster diagnostischer und therapeutischer Verrichtungen mitzuwirken.

(3) Nach Abschluss ihrer Ausbildung erhalten die Schülerinnen und Schüler von der Berufsfachschule für Altenpflegehilfe eine Bescheinigung über die gemäß der Richtlinie nach § 53 c des Elften Buches Sozialgesetzbuch in der jeweils geltenden Fassung für die Tätigkeit als Betreuungskraft erforderlichen Qualifikationen, die sie im Rahmen ihrer Altenpflegehilfeausbildung erworben haben.

§ 3

Dauer, Inhalt und Abschluss der Ausbildung

(1) Die Ausbildung dauert unabhängig vom Zeitpunkt der Abschlussprüfung ein Jahr. Sie umfasst den theoretischen Unterricht an einer Berufsfachschule für Altenpflegehilfe und eine praktische Ausbildung im Umfang von mindestens 850 Stunden insbesondere in Einrichtungen der Altenhilfe. Die Ausbildung kann auch in Teilzeit erfolgen; die Ausbildungszeit verlängert sich dann entsprechend.

(2) Ausbildungszeit, die im Rahmen der praktischen Ausbildung versäumt wurde, ist nachzuholen, soweit sie vier Wochen Gesamtdauer im Ausbildungsjahr übersteigt. Bei Mutterschutz, Elternzeit und in anderen besonders begründeten Fällen kann die obere Schulaufsichtsbehörde nach Anhörung der Berufsfachschule für Altenpflegehilfe und der Einrichtung, welche die praktische Ausbildung durchführt (Einrichtung der Altenhilfe), Ausnahmen zulassen. Unterbrechungen dürfen das Ausbildungsziel nicht gefährden.

(3) Die Gesamtverantwortung für die theoretische und praktische Ausbildung liegt bei der Berufsfachschule für Altenpflegehilfe. Dies schließt die Betreuung, Beratung und unterrichtliche Begleitung in den Einrichtungen der Altenhilfe sowie die Beurteilung und Benotung der Schülerinnen und Schüler während der praktischen Ausbildung ein. Dabei arbeiten die Berufsfachschulen für Altenpflegehilfe und die Träger der Einrichtungen der Altenhilfe während der gesamten Ausbildung eng zusammen.

(4) Die Ausbildung endet mit einer Abschlussprüfung. Wer die Erlaubnis nach § 31 erhält, darf die Berufsbezeichnung »Staatlich anerkannte Altenpflegehelferin« oder »Staatlich anerkannter Altenpflegehelfer« führen.

(5) Während der gesamten Ausbildung sind die besonderen Belange behinderter Schülerinnen und Schüler zur Wahrung ihrer Chancengleichheit zu berücksichtigen.

§ 4

Bildungs- und Praxisplan, Stundentafel

Der Unterricht richtet sich nach der beigefügten Stundentafel (Anlage 1) sowie nach den vom Kultusministerium und vom Sozialministerium erlassenen Bildungs- und Lehrplänen. Der praktischen Ausbildung wird der von den Ministerien erlassene »Rahmenplan für die praktische Ausbildung in der Altenpflege in Baden- Württemberg« in der jeweils geltenden Fassung zugrunde gelegt.

→ Berufsfachschule Altenpflegehilfe (Stundentafel)

§ 5

Pflichtbereich, maßgebende Leistungen

(1) Der Pflichtbereich besteht aus den allgemeinen Fächern und den Lernbereichen. Der Bereich »Praxis in der Altenpflege« gilt als den allgemeinen Fächern und den Lernbereichen gleichgestellter Teil des Pflichtbereichs.

(2) Für die Entscheidung über das Bestehen der Abschlussprüfung sind die im Pflichtbereich erbrachten Leistungen maßgebend.

§ 6

Notenbildung

Für die Notenbildung ist die Verordnung des Kultusministeriums über die ⇨ Notenbildungsverordnung [...] zugrunde zu legen, soweit nachfolgend nichts Abweichendes festgelegt ist.

Abschnitt 2
Aufnahmeverfahren, Beratungsgespräch

§ 7

Aufnahmevoraussetzungen

(1) Voraussetzungen für die Aufnahme in die Berufsfachschule für Altenpflegehilfe sind:

1. der Hauptschulabschluss oder ein gleichwertiger Bildungsstand,
2. der Nachweis, dass die sich bewerbende Person in gesundheitlicher Hinsicht zur Ausübung des Berufs nicht ungeeignet ist, durch ein ärztliches Zeugnis, und
3. der Ausbildungsvertrag mit einem von der Berufsfachschule für Altenpflegehilfe als geeignet angesehenen Träger einer Einrichtung der Altenhilfe.

(2) Sofern ein Zeugnis nach Absatz 1 Nummer 1 nicht an einer deutschen Schule erworben wurde, sind zusätzlich ausreichende deutsche Sprachkenntnisse nachzuweisen.

§ 8
Aufnahmeantrag

(1) Der Aufnahmeantrag ist an die Berufsfachschule für Altenpflegehilfe zu richten, an der die Ausbildung erfolgen soll. Der Termin, zu dem der Antrag bei der Berufsfachschule für Altenpflegehilfe eingegangen sein muss, wird von der Schulleitung bestimmt und bekanntgegeben. Dem Aufnahmeantrag sind beizufügen:

1. ein Lebenslauf in tabellarischer Form mit Angaben über den bisherigen Bildungsweg und gegebenenfalls ausgeübte Berufstätigkeiten,
2. beglaubigte Kopien der Unterlagen und Nachweise nach § 7 Absatz 1,
3. eine Erklärung,
   a) ob und gegebenenfalls an welcher Berufsfachschule für Altenpflegehilfe bereits an einem Aufnahmeverfahren teilgenommen wurde und
   b) ob und gegebenenfalls an welche Berufsfachschule für Altenpflegehilfe ebenfalls ein Aufnahmeantrag gerichtet wurde.

(2) Sofern ein Nachweis über den in § 7 Absatz 1 Nummer 1 geforderten Schulabschluss zum Anmeldetermin noch nicht vorgelegt werden kann, ist er unverzüglich nachzureichen. Dem Aufnahmeantrag ist in diesem Fall eine beglaubigte Kopie des letzten Schulzeugnisses beizufügen.

(3) Die Nachweise nach § 7 Absatz 1 Nummer 2 und 3 sind spätestens drei Wochen vor Eintritt in die Berufsfachschule für Altenpflegehilfe zu erbringen.

(4) Über den Aufnahmeantrag entscheidet die Schulleitung. Sie kann eine angemessene Frist setzen, innerhalb derer die antragstellende Person erklären muss, ob sie die Zusage über die Aufnahme annimmt.

§ 9
Beratungsgespräch

Grundlagen für die Wahrnehmung der Aufgaben in der Altenpflegehilfe sind neben Kenntnissen, Fähigkeiten und Fertigkeiten auch das berufliche Verantwortungsbewusstsein und die berufliche Belastbarkeit sowie die Fähigkeit zur persönlichen Zuwendung zu älteren Menschen und die Fähigkeit zur Zusammenarbeit mit Beschäftigten, Vorgesetzten sowie Angehörigen älterer Menschen. Deshalb soll sowohl im Rahmen des Aufnahmeverfahrens als auch bei der Aushändigung des Halbjahreszeugnisses ein Beratungsgespräch über die persönliche Eignung für eine Tätigkeit in der Altenpflegehilfe geführt werden. Dabei arbeiten die Berufsfachschule für Altenpflegehilfe und der Träger der Einrichtung der Altenhilfe eng zusammen.

Abschnitt 3
Praktische Ausbildung

§ 10
Allgemeines

Die praktische Ausbildung dient der Anwendung und Vertiefung der im theoretischen Unterricht erworbenen Kenntnisse, Fertigkeiten und Fähigkeiten bei der ganzheitlichen Betreuung, Versorgung und Pflege älterer Menschen. Aktivierung, Rehabilitation und Prävention ist jeweils durchgängiges Ausbildungsprinzip.

§ 11
Einrichtungen der praktischen Ausbildung

(1) Die praktische Ausbildung hat in Einrichtungen der Altenhilfe nach § 4 Absatz 3 Satz 1 des Altenpflegegesetzes vom 25. August 2003 [...] in der jeweils geltenden Fassung zu erfolgen. Diese Einrichtungen müssen hinsichtlich ihrer personellen und sächlichen Ausstattung für die Ausbildung geeignet sein und bei der Ausbildung mit der Berufsfachschule für Altenpflegehilfe zusammenarbeiten. Die Vorschriften des Altenpflegegesetzes über das Ausbildungsverhältnis gelten entsprechend, soweit nachfolgend nichts Abweichendes festgelegt ist.

(2) Die Schülerinnen und Schüler wählen die Einrichtung der Altenhilfe im Einvernehmen mit der Berufsfachschule für Altenpfleghilfe aus. Vor Beginn der Ausbildung hat die Berufsfachschule für Altenpflegehilfe die Eignung der Einrichtung der Altenhilfe festzustellen.

(3) Bei einer praktischen Ausbildung in einer stationären Einrichtung der Altenhilfe hat der Träger der Einrichtung den Schülerinnen und Schülern entweder selbst oder über Kooperationen Kenntnisse und Fertigkeiten in der ambulanten Pflege im Umfang von mindestens 100 Stunden zu vermitteln. Erfolgt die Ausbildung in einer ambulanten Einrichtung der Altenhilfe, hat der Träger der Einrichtung den Schülerinnen und Schülern entweder selbst oder über Kooperationen Kenntnisse und Fertigkeiten in der stationären Pflege im Umfang von mindestens 100 Stunden zu vermitteln.

§ 12
Durchführung der praktischen Ausbildung

(1) Zu Beginn der praktischen Ausbildung benennt der Träger der Einrichtung der Altenhilfe eine für die fachliche Anleitung und Ausbildung in der Einrichtung verantwortliche und geeignete Fachkraft, die über eine mindestens zweijährige Berufserfahrung in der Altenpflege sowie die Fähigkeit zur Praxisanleitung verfügt, welche in der Regel durch eine berufspädagogische Fortbildung oder Weiterbildung erlangt wird; ein entsprechender

Nachweis ist gegenüber der Berufsfachschule für Altenpflegehilfe zu führen. Geeignet sind Fachkräfte mit erfolgreich abgeschlossener Ausbildung in der Altenpflege, der Gesundheits- und Krankenpflege und der Gesundheits- und Kinderkrankenpflege.

(2) Die Berufsfachschule für Altenpflegehilfe benennt dem Träger der Einrichtung der Altenhilfe zu Beginn der praktischen Ausbildung die betreuende Fachlehrkraft der Schule. Diese Lehrkraft besucht die Schülerin oder den Schüler mindestens zweimal im Schuljahr in der Einrichtung der Altenhilfe; die Besuche sind mit der Einrichtung abzustimmen. In Zusammenarbeit mit den Fachkräften der Einrichtung obliegt ihr die Anleitung, Beratung und Beurteilung der Schülerin oder des Schülers (Praxisbegleitung). Sie fertigt über jeden Besuch einen kurzen schriftlichen Bericht, in dem die erbrachten Leistungen mit einer ganzen oder halben Note zu bewerten sind. Der Bericht ist zu den Schulakten zu nehmen.

(3) Das Ausbildungsverhältnis beginnt mit der Probezeit. Sie beträgt vier Monate.

(4) Die Schülerinnen und Schüler sind nach einem Plan auszubilden, der von der Einrichtung der Altenhilfe erstellt und zu Beginn der praktischen Ausbildung mit der Berufsfachschule für Altenpflegehilfe abgestimmt wird.

(5) Zum Abschluss der praktischen Ausbildung übersendet der Träger der Einrichtung der Altenhilfe der Berufsfachschule für Altenpflegehilfe zu einem von der Schule bestimmten Termin eine Bescheinigung mit der Feststellung, dass die Schülerin oder der Schüler die praktische Ausbildung ordnungsgemäß absolviert hat. In der Bescheinigung sind die Bereiche aufzuführen, in denen die Schülerin oder der Schüler tätig war, und die Fähigkeiten und Leistungen sowie die berufliche Eignung zu beschreiben.

(6) Zu einem von der Berufsfachschule für Altenpflegehilfe festzulegenden Termin hat die Schülerin oder der Schüler einen Bericht über die Tätigkeit und die dabei gesammelten Erfahrungen in der Altenhilfe mit einem Fallbeispiel fachbezogener Beobachtung und Betreuung eines von der Schule in Abstimmung mit der Einrichtung der Altenhilfe benannten älteren Menschen vorzulegen. Der Bericht wird von der nach Absatz 2 Satz 1 betreuenden Fachlehrkraft mit einer ganzen oder halben Note bewertet und zu den Schulakten genommen.

(7) Die Berichte und Beurteilungen sind mit der Schülerin oder dem Schüler zu besprechen.

(8) Die praktische Ausbildung kann unterrichtsbegleitend oder in Blockform absolviert werden. Der Jahresurlaub ist in der unterrichtsfreien Zeit zu gewähren.

Abschnitt 4
Ordentliche Abschlussprüfung

§ 13
Teile der Abschlussprüfung

Die Abschlussprüfung besteht aus der schriftlichen Prüfung, der mündlichen Prüfung und der praktischen Prüfung.

§ 14
Abnahme der Abschlussprüfung

(1) Die Abschlussprüfung wird an der Berufsfachschule für Altenpflegehilfe abgenommen.

(2) Der Ort der praktischen Prüfung wird von der Schulleitung festgelegt. Die schriftliche Prüfung und die mündliche Prüfung werden an der Berufsfachschule für Altenpflegehilfe abgenommen.

(3) Der Zeitpunkt der Abschlussprüfung wird festgelegt für

1. die schriftliche Prüfung von der Schulleitung, soweit nicht die obere Schulaufsichtsbehörde etwas anderes bestimmt,
2. die mündliche Prüfung von der dem Prüfungsausschuss vorsitzenden Person, gegebenenfalls im Einvernehmen mit der Schulleitung,
3. die praktische Prüfung von der Leitung des Fachausschusses im Einvernehmen mit der Schulleitung und in Absprache mit der Einrichtung der Altenhilfe.

(4) Die Abschlussprüfung ist nichtöffentlich. Die dem Prüfungsausschuss vorsitzende Person kann bei der praktischen Prüfung die Fachkraft nach § 12 Absatz 1 in beratender Funktion hinzuziehen. Die Fachkraft darf bei der Notenfindung nicht anwesend sein.

§ 15
Zulassung zur Abschlussprüfung, Anmeldenoten

(1) Zur Abschlussprüfung werden die Schülerinnen und Schüler von der Schulleitung zugelassen, bei denen die Anmeldenoten nach Absatz 2 gebildet werden konnten und die im Bereich »Praxis in der Altenpflege« mindestens die Anmeldenote »ausreichend« erreicht haben.

(2) Für die Abschlussprüfung werden in allen Fächern und Lernbereichen Anmeldenoten in Form ganzer Noten gebildet, die aus den während des Schuljahres erbrachten Einzelleistungen zu ermitteln sind. Hierfür gelten die Vorgaben der Notenbildungsverordnung.

(3) Die Anmeldenote im Bereich »Praxis in der Altenpflege«, die als Anmeldenote der praktischen Prüfung gilt, wird im Benehmen mit der Einrichtung der Altenhilfe als arithmetisches Mittel aus den Noten der Besuchsberichte (§ 12 Absatz 2) und der Note des Berichts der Schülerin oder des Schülers (§ 12 Absatz 6) bei je einfacher Gewichtung dieser Noten ermittelt. Die dabei auf die erste Dezimale errechnete Gesamtnote ist auf eine ganze Note zu runden; eine Dezimale bis 0,4 ist auf eine ganze Note abzurunden und eine Dezimale von 0,5 oder höher auf eine ganze Note aufzurunden.

(4) Die Anmeldenoten sind der Schülerin oder dem Schüler für den Lernbereich der schriftlichen Prüfung und für die praktische Prüfung fünf bis sieben Werktage vor Beginn der jeweiligen Prüfung und für die übrigen Lernbereiche und gegebenenfalls Fächer fünf bis sieben Werktage vor der mündlichen Prüfung zusammen mit den Noten der praktischen Prüfung und der schriftlichen Prüfung bekanntzugeben.

(5) Liegen die in Absatz 1 genannten Voraussetzungen nicht vor, ist die Nichtzulassung von der Schulleitung festzustellen und der Schülerin oder dem Schüler unter Angabe der Gründe unverzüglich schriftlich mitzuteilen. Die Nichtzulassung gilt als Nichtbestehen der Abschlussprüfung, es sei denn, die Schulleitung stellt fest, dass die Gründe von der Schülerin oder dem Schüler nicht zu vertreten sind.

§ 16
Prüfungsausschuss, Fachausschüsse

(1) Für die Abschlussprüfung wird an jeder Berufsfachschule für Altenpflegehilfe ein Prüfungsausschuss gebildet, der für die ordnungsgemäße Durchführung der Abschlussprüfung verantwortlich ist. Soweit die Schulaufsichtsbehörde vor Beginn der Abschlussprüfung nichts anderes bestimmt, gehören diesem an:

1. zur Führung des Vorsitzes: an öffentlichen Berufsfachschulen für Altenpflegehilfe die Schulleitung oder eine von der Schulleitung beauftragte Lehrkraft, an staatlich anerkannten Berufsfachschulen für Altenpflegehilfe eine von der oberen Schulaufsichtsbehörde beauftragte oder als Vertretung bestimmte Person,
2. zur stellvertretenden Führung des Vorsitzes: die Schulleitung oder deren ständige Vertretung oder eine von der Schulleitung beauftragte Lehrkraft,
3. sämtliche Lehrkräfte, die in den allgemeinen Fächern und in den Lernbereichen unterrichten.

Die obere Schulaufsichtsbehörde oder die dem Prüfungsausschuss vorsitzende Person kann weitere Mitglieder berufen, soweit dies für die Durchführung der Abschlussprüfung notwendig ist, oder Mitglieder des Prüfungsausschusses von der Mitwirkung entbinden, sofern deren Teilnahme für die Abschlussprüfung nicht notwendig ist.

(2) Die Mitglieder des Prüfungsausschusses sind bei ihrer Prüfungstätigkeit unabhängig. Sie sind zur Amtsverschwiegenheit über alle Prüfungsangelegenheiten verpflichtet. Die dem Prüfungsausschuss vorsitzende Person hat sie vor Beginn der Abschlussprüfung hierüber zu belehren.

(3) Der Prüfungsausschuss ist beschlussfähig, wenn mindestens die Hälfte der Mitglieder anwesend ist. Er entscheidet mit einfacher Mehrheit; bei Stimmengleichheit gibt die Stimme der dem Prüfungsausschuss vorsitzenden Person den Ausschlag.

(4) Für die praktische Prüfung und die mündliche Prüfung in den einzelnen Fächern oder Lernbereichen bildet die dem Prüfungsausschuss vorsitzende Person die erforderlichen Fachausschüsse. Jedem Fachausschuss gehören an:

1. die dem Prüfungsausschuss vorsitzende Person oder ein von ihr bestimmtes Mitglied des Prüfungsausschusses als Leitung, sofern die obere Schulaufsichtsbehörde nichts anderes bestimmt,
2. die Fachlehrkraft der Klasse oder, bei deren Verhinderung, eine in dem betreffenden Fach oder Lernbereich erfahrene Lehrkraft als Prüferin oder Prüfer,
3. ein weiteres fachkundiges Mitglied des Prüfungsausschusses, das zugleich das Protokoll führt.

(5) Abweichend von Absatz 4 besteht jeder Fachausschuss für den praktischen Teil der praktischen Prüfung (§ 17 Absatz 1) aus den in Absatz 4 Satz 2 Nummer 1 und 2 genannten Mitgliedern.

(6) In den Fächern oder Lernbereichen, in denen die Schülerin oder der Schüler von verschiedenen Fachlehrkräften für Teilbereiche unterrichtet wurde, gehören bis zu drei dieser Lehrkräfte dem Fachausschuss als Mitglieder an. Diese Lehrkräfte werden von der Leitung des Fachausschusses bestimmt; sie sind jeweils für ihren Teilbereich Prüferinnen oder Prüfer nach Absatz 4 Nummer 2. Die Leitung des Fachausschusses bestimmt den Gang der praktischen und mündlichen Prüfung und kann selbst prüfen.

§ 17
Praktische Prüfung

(1) Die praktische Prüfung besteht aus einer schriftlichen Ausarbeitung und einem praktischen Teil. Für die schriftliche Ausarbeitung und die Abnahme der Prüfung stehen zwei aufeinander folgende Werktage zur Verfügung. Im praktischen Teil, der die Durchführung der Pflege, Beratung, Betreuung und Begleitung eines alten Menschen beinhaltet, dauert die Prüfung in der Regel 60 bis 75 Minuten. Zusammen mit der Aufgabenstellung nach Absatz 2 wird dem Prüfling der in die praktische Prüfung einbezogene alte Mensch benannt. Eine Vertreterin oder ein Vertreter der Einrichtung der Altenhilfe holt die Zustimmung des alten Menschen zu dessen Einbeziehung in die praktische Prüfung ein.

(2) Die für die praktische Prüfung zu stellende Aufgabe erstreckt sich auf die Lernbereiche »Aufgaben und Konzepte in der Altenpflege« und »Unterstützung bei der Lebensgestaltung«. Sie kann sich auf nur einen Lernbereich oder auf beide Lernbereiche beziehen.

(3) Die Aufgaben für die schriftliche Ausarbeitung werden im Rahmen der Bildungs- und Lehrpläne von der Schulleitung aufgrund von Vorschlägen der Fachlehrkräfte festgelegt. Jedem Prüfling wird eine Aufgabe gestellt, die auf die Einrichtung, in der die praktische Ausbildung absolviert wurde, abgestimmt ist. Während der Erstellung der schriftlichen Ausarbeitung ist der Prüfling vom Unterricht sowie der praktischen Ausbildung in der Einrichtung freigestellt. Die schriftliche Ausarbeitung ist vor Beginn des praktischen Teils der Prüfung abzugeben. Näheres hierzu bestimmt die Schulleitung.

(4) Die schriftliche Ausarbeitung wird von zwei Mitgliedern des Fachausschusses korrigiert und bewertet; dabei sind ganze und halbe Noten zu verwenden. Als Note der schriftlichen Ausarbeitung gilt der auf die erste Dezimale errechnete Durchschnitt der beiden Bewertungen, der auf eine ganze oder halbe Note zu runden ist. Dezimalen von 0,3 bis 0,7 sind dabei auf eine halbe Note, die übrigen Dezimalen auf eine ganze Note zu runden. Weichen die Bewertungen um mehr als eine ganze Note voneinander ab und können sich die

korrigierenden Ausschussmitglieder nicht einigen, hat die Leitung des Fachausschusses die endgültige Note für die schriftliche Ausarbeitung festzusetzen; dabei gelten die Bewertungen der korrigierenden Ausschussmitglieder als Grenzwerte, die nicht über- oder unterschritten werden dürfen.

(5) Der praktische Teil wird vom Fachausschuss abgenommen und bewertet. Den Prüflingen ist vor der Bewertung Gelegenheit zu geben, zum Verlauf kurz Stellung zu nehmen. Bei der Bewertung sind ganze und halbe Noten zu verwenden. Kann sich der Fachausschuss für keine bestimmte Note entscheiden, wird die Note aus dem auf die erste Dezimale errechneten Durchschnitt der Bewertungen der Mitglieder gebildet, der auf eine ganze oder halbe Note zu runden ist; Absatz 4 Satz 3 gilt entsprechend.

(6) Bei der Ermittlung der Note der praktischen Prüfung zählt die Note der schriftlichen Ausarbeitung einfach und die Note des praktischen Teils dreifach. Der Durchschnitt ist auf die erste Dezimale zu berechnen und auf eine ganze oder halbe Note zu runden; Absatz 4 Satz 3 gilt entsprechend.

(7) Über die praktische Prüfung jedes Prüflings ist eine Niederschrift zu fertigen, die von den Mitgliedern des Fachausschusses unterschrieben wird.

§ 18
Schriftliche Prüfung

(1) Die Leitung der schriftlichen Prüfung obliegt der Schulleitung.

(2) Die schriftliche Prüfung erfolgt im Lernbereich »Aufgaben und Konzepte in der Altenpflege«. Die Arbeitszeit beträgt 120 Minuten.

(3) Die Prüfungsaufgaben werden von den Berufsfachschulen für Altenpflegehilfe im Rahmen des Bildungs- und Lehrplans gestellt und sollen verschiedenen Stoffgebieten entnommen werden. Die obere Schulaufsichtsbehörde achtet auf die Vergleichbarkeit der Aufgaben.

(4) Die schriftlichen Arbeiten werden von einer Fachlehrkraft der Klasse und von einer weiteren Fachlehrkraft, die beide von der dem Prüfungsausschuss vorsitzenden Person bestimmt werden, korrigiert und bewertet; dabei sind ganze und halbe Noten zu bilden. Als Note der schriftlichen Prüfung gilt der auf die erste Dezimale errechnete Durchschnitt der beiden Bewertungen, der auf eine ganze oder halbe Note zu runden ist; § 17 Absatz 4 Satz 3 gilt entsprechend. Weichen die Bewertungen mehr als eine ganze Note voneinander ab und können sich die korrigierenden Fachlehrkräfte nicht einigen, hat die Schulleitung die endgültige Note für die schriftliche Prüfung festzusetzen; prüft die Schulleitung selbst, so entscheidet der Prüfungsausschuss ohne Beteiligung der korrigierenden Fachlehrkräfte. Die Bewertungen der korrigierenden Fachlehrkräfte gelten als Grenzwerte, die nicht über- oder unterschritten werden dürfen.

⇨ Korrekturtag

(5) Über die schriftliche Prüfung ist eine Niederschrift zu fertigen, die von der Schulleitung und den aufsichtführenden Lehrkräften zu unterschreiben ist.

§ 19
Mündliche Prüfung

(1) Die mündliche Prüfung dauert in der Regel zehn Minuten je Prüfling und Lernbereich oder Fach.

(2) Die mündliche Prüfung wird in der Regel als Einzelprüfung durchgeführt. Die dem Prüfungsausschuss vorsitzende Person kann hiervon abweichend die Durchführung einer Gruppenprüfung zulassen, wenn dies aus organisatorischen oder thematischen Gründen für die Durchführung der mündlichen Prüfung erforderlich ist. Bei Gruppenprüfungen können bis zu drei Personen zusammen geprüft werden.

(3) Jeder Prüfling wird entweder im Lernbereich »Rechtliche und institutionelle Rahmenbedingungen« oder im Lernbereich »Unterstützung bei der Lebensgestaltung« mündlich geprüft; Absatz 4 bleibt unberührt. Die Schulleitung legt fünf Werktage vor der mündlichen Prüfung fest, welcher der Lernbereiche geprüft wird.

(4) Der Prüfling kann bis spätestens fünf Werktage vor der mündlichen Prüfung der Schulleitung schriftlich bis zu zwei weitere Lernbereiche oder allgemeine Fächer benennen, in denen mündlich zu prüfen ist.

(5) Im Anschluss an die jeweilige mündliche Prüfung setzt der Fachausschuss das Ergebnis der mündlichen Prüfung auf Vorschlag der Prüferin oder des Prüfers fest; dabei sind ganze und halbe Noten zu verwenden. Kann sich der Fachausschuss mehrheitlich mit der Stimme der Leitung für keine bestimmte Note entscheiden, wird die Note aus dem auf die erste Dezimale errechneten Durchschnitt der Bewertungen aller Mitglieder gebildet, der auf eine ganze oder halbe Note zu runden ist; § 17 Absatz 4 Satz 3 findet Anwendung.

(6) Über jede mündliche Prüfung ist eine von den Mitgliedern des Fachausschusses zu unterzeichnende Niederschrift mit folgenden Angaben zu fertigen:

1. Name der geprüften Person,
2. Zeit und Dauer der mündlichen Prüfung sowie Anzahl der geprüften Personen,
3. Namen der Prüferinnen und Prüfer,
4. wesentliche Gegenstände sowie Verlauf und Bewertung der mündlichen Prüfung.

§ 20
Ermittlung des Prüfungsergebnisses

(1) Die Endnoten in den allgemeinen Fächern, den Lernbereichen und im Bereich »Praxis in der Altenpflege« ermittelt die dem Prüfungsausschuss vorsitzende Person aufgrund der Anmeldenoten und der Prüfungsleistungen, wobei der Durchschnitt auf die erste Dezimale zu errechnen und auf eine ganze Note zu runden ist. Dabei ist eine Dezimale bis 0,4 auf eine ganze Note abzurunden und eine Dezimale von 0,5 oder höher auf eine ganze Note aufzurunden.

(2) Bei der Ermittlung der Endnoten

1. in Lernbereichen, in denen schriftlich und mündlich geprüft wurde, zählt die Anmelde-

note, die Note der schriftlichen Prüfung und die Note der mündlichen Prüfung je einfach,

2. in Lernbereichen und allgemeinen Fächern, in denen nur schriftlich oder mündlich geprüft wurde, sowie in der praktischen Prüfung zählt die Anmeldenote einfach und die Prüfungsnote doppelt.

(3) In Fächern und Lernbereichen, in denen nicht geprüft wurde, werden die Anmeldenoten als Endnoten in das Zeugnis übernommen.

(4) Die dem Prüfungsausschuss vorsitzende Person stellt fest, wer die Abschlussprüfung bestanden hat. Die Abschlussprüfung ist bestanden, wenn

1. der Durchschnitt aus den Endnoten der allgemeinen Fächer, der Lernbereiche und des Bereichs »Praxis in der Altenpflege« 4,0 oder besser ist,
2. die Leistungen in keinem allgemeinen Fach oder Lernbereich mit der Note »ungenügend« bewertet sind,
3. die Leistungen im Lernbereich »Aufgaben und Konzepte in der Altenpflege« und im Bereich »Praxis in der Altenpflege« mit der Note »ausreichend« oder besser bewertet sind und
4. die Leistungen in nicht mehr als einem allgemeinen Fach oder einem Lernbereich mit der Note »mangelhaft « bewertet sind. Sind die Leistungen in zwei allgemeinen Fächern oder Lernbereichen mit der Note mangelhaft bewertet, so ist die Prüfung bestanden, wenn für beide allgemeinen Fächer oder Lernbereiche ein Ausgleich gegeben ist. Die Note »mangelhaft« in einem allgemeinen Fach oder Lernbereich kann durch mindestens die Note »gut« in einem anderen allgemeinen Fach oder Lernbereich oder im Bereich »Praxis in der Altenpflege« ausgeglichen werden.

(5) Aus den Endnoten der allgemeinen Fächer, der Lernbereiche und des Bereichs »Praxis in der Altenpflege« ist eine Gesamtnote auf die erste Dezimale zu errechnen. Diese Gesamtnote ist im Zeugnis nach § 21 Absatz 1 unter »Bemerkungen« auszuweisen.

(6) Dem Prüfling ist das Ergebnis seiner Abschlussprüfung unverzüglich mitzuteilen.

(7) Über den Verlauf der Abschlussprüfung einschließlich der Feststellung der einzelnen Prüfungsergebnisse ist eine Niederschrift zu fertigen, die von der dem Prüfungsausschuss vorsitzenden Person unterschrieben wird.

(8) Die Niederschriften über die Abschlussprüfung, die Liste mit den Prüfungsergebnissen und die schriftlichen Prüfungsarbeiten sind bei den Schulakten aufzubewahren. Die Niederschriften und die Prüfungsarbeiten sowie die Berichte sind nach Ablauf von drei Jahren seit der Feststellung der Ergebnisse der Abschlussprüfung zu vernichten.

§ 21
Zeugnis

(1) Wer die Abschlussprüfung bestanden hat, erhält ein Abschlusszeugnis (Anlage 2; *nicht abgedruckt*) mit den nach § 20 Absatz 1 bis 3 ermittelten Endnoten.

(2) Wer an der Abschlussprüfung teilgenommen, sie nicht bestanden hat und die Schule verlässt, erhält ein Abgangszeugnis (Anlage 3; *nicht abgedruckt*) mit den nach § 20 Absatz 1 bis 3 ermittelten Endnoten.

(3) Wer an der Abschlussprüfung nicht oder nur teilweise teilgenommen hat, erhält ein Zeugnis (Anlage 4, *nicht abgedruckt*) über die bis zum Ausscheiden erbrachten Leistungen oder gegebenenfalls mit den Anmeldenoten nach § 15; Prüfungsleistungen bleiben unberücksichtigt.

(4) Wer an der Abschlussprüfung teilgenommen, sie nicht bestanden hat und das Schuljahr wiederholt, erhält ein Zeugnis (Anlage 4; *nicht abgedruckt*) mit den nach § 20 Absatz 1 bis 3 ermittelten Endnoten.

(5) In den Zeugnissen nach den Absätzen 2 bis 4 ist zu vermerken, dass das Ausbildungsziel der Berufsfachschule für Altenpflegehilfe nicht erreicht ist.

§ 22
Wiederholung der Ausbildung und der Abschlussprüfung

(1) Wurde das Ausbildungsverhältnis innerhalb der Probezeit gekündigt und die Ausbildung daraufhin abgebrochen, kann mit der Ausbildung einmal neu begonnen werden.

(2) Wem die erfolgreiche Teilnahme an der Ausbildung zum staatlich anerkannten Altenpflegehelfer oder zur staatlich anerkannten Altenpflegehelferin wegen einer nicht ordnungsgemäß absolvierten praktischen Ausbildung nicht nach § 12 Absatz 5 bescheinigt werden konnte, kann die Ausbildung einmal wiederholen.

(3) Wer die Abschlussprüfung nicht bestanden hat, kann sie nach erneutem Absolvieren der Ausbildung einmal wiederholen.

(4) Wer die Abschlussprüfung auch bei Wiederholung nicht bestanden hat, muss die Berufsfachschule für Altenpflegehilfe verlassen.

§ 23
Nichtteilnahme, Rücktritt

(1) Wer ohne wichtigen Grund an einem der Prüfungsteile ganz oder teilweise nicht teilnimmt, hat die Abschlussprüfung nicht bestanden. Der wichtige Grund ist der Berufsfachschule für Altenpflegehilfe unverzüglich mitzuteilen. Über das Vorliegen eines wichtigen Grundes entscheidet bei der schriftlichen Prüfung die Schulleitung, bei der mündlichen Prüfung und der praktischen Prüfung die dem Prüfungsausschuss vorsitzende Person.

(2) Als wichtiger Grund gilt insbesondere Krankheit. Ist eine prüfungsrelevante gesundheitliche Beeinträchtigung nicht offenkundig, so kann die dem Prüfungsausschuss vorsitzende Person oder die obere Schulaufsichtsbehörde die Vorlage eines ärztlichen Zeugnisses verlangen, das eine konkrete Beschreibung der gesundheitlichen Beeinträchtigung beinhaltet. Lassen sich Zweifel am Vorliegen einer prüfungsrelevanten gesundheitlichen Beeinträchti-

gung auf andere Weise nicht ausräumen, kann die dem Prüfungsausschuss vorsitzende Person auch die Vorlage eines Satz 2 entsprechenden amtsärztlichen Zeugnisses verlangen.

(3) Wer sich in Kenntnis einer gesundheitlichen Beeinträchtigung oder eines anderen wichtigen Grundes der Abschlussprüfung unterzogen hat, kann dies nachträglich nicht mehr geltend machen. Der Kenntnis steht die fahrlässige Unkenntnis gleich; fahrlässige Unkenntnis liegt insbesondere dann vor, wenn beim Vorliegen einer gesundheitlichen Beeinträchtigung nicht unverzüglich eine Klärung herbeigeführt wurde.

(4) Soweit ein wichtiger Grund vorliegt, gilt der jeweilige Prüfungsteil als nicht unternommen; die Teilnahme an einer Nachprüfung ist zu ermöglichen. In diesem Fall bleiben die bereits erbrachten Prüfungsleistungen bestehen.

(5) Vor Beginn der Abschlussprüfung ist auf die Bestimmungen der Absätze 1 bis 4 hinzuweisen.

§ 24
Täuschungshandlungen, Ordnungsverstöße

(1) Wer es unternimmt, das Prüfungsergebnis durch Täuschung oder Benutzung nicht zugelassener Hilfsmittel zu beeinflussen, oder wer nicht zugelassene Hilfsmittel nach Bekanntgabe der Prüfungsaufgaben mit sich führt oder Beihilfe zu einer Täuschung oder einem Täuschungsversuch leistet, begeht eine Täuschungshandlung.

(2) Wird während der Abschlussprüfung eine Täuschungshandlung festgestellt oder entsteht ein entsprechender Verdacht, ist der Sachverhalt von einer aufsichtführenden Lehrkraft festzustellen und zu protokollieren. Die von einer solchen Feststellung oder einem solchen Verdacht betroffene Person setzt die Abschlussprüfung bis zur Entscheidung über die Täuschungshandlung vorläufig fort.

(3) Von der weiteren Teilnahme an der Abschlussprüfung wird ausgeschlossen, bei wem eine Täuschungshandlung vorliegt; dies gilt als Nichtbestehen der Abschlussprüfung. In leichten Fällen kann stattdessen die jeweilige Prüfungsleistung mit der Note »ungenügend« bewertet werden. Die Entscheidung trifft bei der schriftlichen Prüfung die Schulleitung, bei der mündlichen und der praktischen Prüfung die dem Prüfungsausschuss vorsitzende Person.

(4) Stellt sich eine Täuschungshandlung erst nach der Aushändigung des Zeugnisses heraus, kann die obere Schulaufsichtsbehörde die ergangene Prüfungsentscheidung zurücknehmen, das Zeugnis einziehen und entweder ein anderes Abschlusszeugnis erteilen oder die Abschlussprüfung für nicht bestanden erklären, wenn seit der Ausstellung des Zeugnisses nicht mehr als zwei Jahre vergangen sind.

(5) Wer durch eigenes Verhalten die Abschlussprüfung so schwer stört, dass es nicht möglich ist, die eigene Abschlussprüfung oder die Abschlussprüfung anderer ordnungsgemäß durchzuführen, wird von der Abschlussprüfung ausgeschlossen; dies gilt als Nichtbestehen der Abschlussprüfung. Absatz 3 Satz 3 gilt entsprechend.

(6) Vor Beginn der Abschlussprüfung ist auf die Bestimmungen der Absätze 1 bis 5 hinzuweisen.

⇨ Handy-Nutzung

§ 25
Prüfungsteilnahme von Schülerinnen und Schülern der Berufsfachschule für Altenpflege

(1) Schülerinnen und Schüler der Berufsfachschule für Altenpflege können auf Antrag an der Abschlussprüfung der Berufsfachschule für Altenpflegehilfe teilnehmen. Sie können die Prüfung jedoch nicht eher ablegen, als es ihnen bei Besuch der Berufsfachschule für Altenpflegehilfe möglich wäre.

(2) Für die Zulassung zur Abschlussprüfung und die Bildung der Anmeldenoten finden die Regelungen nach § 15 und für das Bestehen der Abschlussprüfung die Regelungen nach § 20 entsprechende Anwendung.

(3) Wird die Abschlussprüfung nicht bestanden, kann sie einmal während der Dauer des Besuchs der Berufsfachschule für Altenpflege wiederholt werden.

(4) Der Ort der praktischen Prüfung wird von der Schulleitung der Berufsfachschule für Altenpflegehilfe im Benehmen mit der Schulleitung der Berufsfachschule für Altenpflege festgelegt. Die schriftliche und mündliche Prüfung wird an der Berufsfachschule für Altenpflegehilfe durchgeführt.

Abschnitt 5
Schulfremdenprüfung

§ 26
Teilnehmerinnen und Teilnehmer, Vorbereitung

(1) Wer das Abschlusszeugnis der Berufsfachschule für Altenpflegehilfe erwerben will, ohne eine entsprechende öffentliche oder staatlich anerkannte Schule zu besuchen, kann als außerordentliche Teilnehmerin (Schulfremde) oder außerordentlicher Teilnehmer (Schulfremder) die Abschlussprüfung als Schulfremdenprüfung ablegen.

(2) Zur Vorbereitung auf die Schulfremdenprüfung müssen Schulfremde einen auf diese Prüfung einschlägig vorbereitenden Unterricht an einer öffentlichen oder staatlich anerkannten Schule oder einen einschlägigen Vorbereitungskurs eines anderen Bildungsträgers (vorbereitende Stellen) besucht haben oder sich den einschlägigen Lehrstoff im Selbstunterricht aneignen (§ 28 Absatz 2 Nummer 6). Vor Beginn des Unterrichts oder des Kurses hat sich die vorbereitende Stelle von der Berufsfachschule für Altenpflegehilfe, die für die Abnahme der Schulfremdenprüfung vorgesehen ist, schriftlich bestätigen zu lassen, dass die Schule die Besucherinnen und Besucher des Unterrichts oder des Kurses bei Vorliegen der Zulassungsvoraussetzungen prüfen wird.

§ 27
Zeitpunkt der Schulfremdenprüfung

Die Schulfremdenprüfung findet einmal jährlich statt, in der Regel zusammen mit der an den

Berufliche Schulen

öffentlichen oder staatlich anerkannten Berufsfachschulen für Altenpflegehilfe durchgeführten Abschlussprüfung.

§ 28
Meldung zur Schulfremdenprüfung

(1) Die Meldung zur Schulfremdenprüfung ist von den Bewerberinnen und Bewerbern bis zum 1. Dezember für die Schulfremdenprüfung im darauffolgenden Kalenderjahr an die Berufsfachschule für Altenpflegehilfe zu richten, die gemäß § 26 Absatz 2 Satz 2 der Prüfung der Bewerberinnen und Bewerber zugestimmt hat.

(2) Der Meldung sind beizufügen:

1. ein Lebenslauf in tabellarischer Form mit Angaben über den bisherigen Bildungsweg und gegebenenfalls über die ausgeübte Berufstätigkeit,
2. die Geburtsurkunde und ein Lichtbild,
3. der Nachweis der Erfüllung der in § 7 genannten Voraussetzungen in Form von Zeugnissen und Bescheinigungen (beglaubigte Kopien) sowie der Nachweis über eine einschlägige praktische Tätigkeit in Einrichtungen der Altenhilfe entsprechend der praktischen Ausbildung nach § 11 Absatz 1,
4. eine Erklärung darüber, ob und gegebenenfalls mit welchem Ergebnis die Bewerberin oder der Bewerber bereits an einer Abschlussprüfung der Berufsfachschule für Altenpflegehilfe teilgenommen hat,
5. eine Erklärung darüber, ob sich die Schulfremdenprüfung auf das Fach Religionslehre erstrecken soll,
6. ein Nachweis über die nach § 26 Absatz 2 erfolgte Vorbereitung, im Falle des Selbstunterrichts unter Angabe des bezüglich der einzelnen Prüfungsfächer durchgearbeiteten Lehrstoffs und der benutzten Literatur.

(3) Die vorbereitenden Stellen können jeweils eine Sammelmeldung vornehmen, die Vor- und Zuname, Geburtstag, Geburtsort und Anschrift der Bewerberinnen und Bewerber enthalten muss. Der Sammelmeldung sind die Unterlagen nach Absatz 2 beizufügen.

§ 29
Zulassung zur Schulfremdenprüfung

(1) Schulfremde können die Schulfremdenprüfung nicht eher ablegen, als es ihnen bei normalem Schulbesuch möglich wäre.

(2) Zur Schulfremdenprüfung wird zugelassen, wer

1. die Voraussetzungen für die Aufnahme in die Berufsfachschule für Altenpflegehilfe nach § 7 erfüllen würde,
2. nicht bereits zweimal die Schulfremdenprüfung nicht bestanden hat,
3. nicht bereits die Schulfremdenprüfung bestanden hat,
4. eine einschlägige praktische Tätigkeit in Einrichtungen der Altenhilfe nach § 11 Absatz 1 im Umfang der in der Stundentafel für die praktische Ausbildung vorgesehenen Stundenzahl nachweisen kann und diese Tätigkeit mindestens zur Hälfte unter Anleitung einer nach § 12 Absatz 1 geeigneten Fachkraft absolviert hat.

(3) Zur Schulfremdenprüfung wird in der Regel nur zugelassen, wer in Baden-Württemberg seinen ständigen Wohnsitz hat und eine Vorbereitung auf die Schulfremdenprüfung nach § 26 Absatz 2 nachweisen kann.

(4) Die obere Schulaufsichtsbehörde entscheidet über die Zulassung und weist die Bewerberinnen und Bewerber einer Berufsfachschule für Altenpflegehilfe zur Ablegung der Schulfremdenprüfung zu.

§ 30
Durchführung der Schulfremdenprüfung

(1) Für die Schulfremdenprüfung gelten im Übrigen die §§ 13, 14, 16 bis 20, 23, 24 und 31 entsprechend mit folgenden Maßgaben:

1. Fachlehrkräfte nach § 16 Absatz 4 Satz 2 Nummer 2 sind die von der dem Prüfungsausschuss vorsitzenden Person bestimmten Fachlehrkräfte einer Berufsfachschule für Altenpflegehilfe, in der Regel der für die Abnahme der Prüfung zuständigen Berufsfachschule für Altenpflegehilfe.
2. Die schriftliche Prüfung erfolgt nach den Maßgaben des § 18.
3. Die mündliche Prüfung erstreckt sich auf die allgemeinen Fächer und Lernbereiche. Der schriftlich geprüfte Lernbereich wird nur dann in die mündliche Prüfung einbezogen, wenn der Prüfling dies spätestens vier Schultage vor der mündlichen Prüfung schriftlich verlangt. Die mündliche Prüfung wird als Einzelprüfung durchgeführt. Falls der Prüfling bereits eine berufliche Ausbildung absolviert hat, können die im Abschlusszeugnis der Berufsschule für die Fächer Religionslehre und Deutsch ausgewiesenen Noten übernommen werden; eine mündliche Prüfung findet in diesen Fächern dann nicht statt.
4. Die praktische Prüfung erstreckt sich auf die Lernbereiche »Aufgaben und Konzepte in der Altenpflege« und »Unterstützung bei der Lebensgestaltung«.
5. Bei der Festlegung des Ergebnisses der Prüfung zählen allein die Prüfungsleistungen und die gegebenenfalls nach Nummer 3 Satz 4 übernommenen Noten.
6. Die obere Schulaufsichtsbehörde kann bestimmen, dass die schriftliche Prüfung im Gebäude der staatlich anerkannten Schule oder des anderen Bildungsträgers nach § 26 Absatz 2 abgenommen wird. Die Leitung und Beaufsichtigung regelt in diesem Fall die obere Schulaufsichtsbehörde.

(2) Bei der Ermittlung der Endnote zählen in den Fächern und Lernbereichen, in denen schriftlich und mündlich geprüft wurde, die Note der schriftlichen Prüfung und die Note der mündlichen Prüfung je einfach.

(3) Die Prüflinge haben sich bei Beginn der Schulfremdenprüfung mit einem mit Lichtbild versehenen

amtlichen Ausweis auszuweisen und diesen während der gesamten Schulfremdenprüfung bei sich zu führen und auf Verlangen vorzuzeigen.

(4) Wer die Schulfremdenprüfung bestanden hat, erhält das Abschlusszeugnis für Schulfremde (*Anlage 2, nicht abgedruckt*).

(5) Wer die Schulfremdenprüfung nicht bestanden hat, kann sie einmal wiederholen.. Auf Antrag wird eine Bescheinigung über die Teilnahme an der Schulfremdenprüfung, über das Ergebnis der Schulfremdenprüfung und über die ermittelten Noten erteilt. Die obere Schulaufsichtsbehörde kann vor der erneuten Zulassung weitere Nachweise im Sinne von § 7 verlangen.

Abschnitt 6
Erlaubnis zum Führen der Berufsbezeichnung

§ 31
Erlaubniserteilung

(1) Das Führen der Berufsbezeichnung »Staatlich anerkannte Altenpflegehelferin« oder »Staatlich anerkannter Altenpflegehelfer« bedarf der Erlaubnis.

(2) Die Entscheidung über die Erteilung der Erlaubnis trifft die obere Schulaufsichtsbehörde, in deren Bezirk die Prüfung nach Abschnitt 4 oder Abschnitt 5 abgelegt worden ist. Über die Erlaubnis zum Führen der Berufsbezeichnung nach Absatz 1 wird eine Urkunde (Anlage 5) ausgestellt.

(3) Die Erlaubnis nach Absatz 1 ist auf Antrag zu erteilen, wenn die antragstellende Person

1. die durch diese Verordnung vorgeschriebene Ausbildung abgeleistet und die Prüfung nach Abschnitt 4 oder Abschnitt 5 bestanden hat,
2. sich nicht eines Verhaltens schuldig gemacht hat, aus dem sich die Unzuverlässigkeit zur Ausübung des Berufs ergibt,
3. in gesundheitlicher Hinsicht zur Ausübung des Berufs nicht ungeeignet ist und
4. über die für die Ausübung des Berufs erforderlichen deutschen Sprachkenntnisse verfügt.

(4) Die Erlaubnis ist zurückzunehmen, wenn die Voraussetzung nach Absatz 3 Nummer 1 nicht vorgelegen hat. Zu widerrufen ist die Erlaubnis, wenn nachträglich die Voraussetzung nach Absatz 3 Nummer 2 weggefallen ist. Die Erlaubnis kann widerrufen werden, wenn nachträglich die Voraussetzung nach Absatz 3 Nummer 3 weggefallen ist.

§ 32
Anerkennung ausländischer Berufsqualifikationen, vorübergehende und gelegentliche Dienstleistung und Vorwarnmechanismus

Die Anerkennung ausländischer Berufsqualifikationen sowie die vorübergehende und gelegentliche Dienstleistung und der Vorwarnmechanismus nach der Richtlinie 2005/36/EG des Europäischen Parlaments und des Rates vom 7. September 2005 über die Anerkennung von Berufsqualifikationen (ABl. L 255 vom 30.9.2005, S. 22, zuletzt ber. ABl. L 305 vom 24. 10. 2014, S. 115), die zuletzt durch Richtlinie 2013/55/EU (ABl. L 354 vom 28.12.2013, S. 132) geändert worden ist, in der jeweils geltenden Fassung richten sich nach der Pflege- und Sozialberufeanerkennungsverordnung.

Abschnitt 7
Übergangs- und Schlussbestimmungen

§ 33
Inkrafttreten, Übergangsvorschriften

(1) Eine vor dem Inkrafttreten dieser Verordnung begonnene Ausbildung wird nach der Ausbildungs- und Prüfungsordnung für die Berufsfachschule für Altenpflegehilfe vom 18. Juli 2012 abgeschlossen.

(2) Eine vor Inkrafttreten dieser Verordnung erteilte Erlaubnis zur Führung der Berufsbezeichnung »Staatlich anerkannte Altenpflegehelferin« oder »Staatlich anerkannter Altenpflegehelfer« oder eine ihr gleichgestellte staatliche Anerkennung entspricht der Erlaubnis nach § 31 Absatz 1.

→ Berufsfachschule Altenpflegehilfe (Stundentafel); ⇨ Handy-Nutzung; ⇨ Korrekturtag; ⇨ Notenbildungsverordnung; → Termine Berufliche Schulen; → Zeugnisse (Berufliche Schulen)

Anlage 1 (zu § 4 Satz 1)

Berufsfachschule Altenpflegehilfe (Stundentafel)

– durchschnittliche Zahl der Wochenstunden –

1.	**Pflichtbereich**	
	Allgemeine Fächer	
	Religionslehre / Religionsgeragogik	1
	Deutsch	1
	Lernbereichche	
	Aufgaben und Konzepte in der Altenpflege[1]	10
	Unterstützung bei der Lebensgestaltung[2]	2
	Rechtliche und institutionelle Rahmenbedingungen	2
	Altenpflege als Beruf	1

2.	**Wahlpflichtbereich**	2
		18
3.	**Wahlbereich**	2
4.	Praxis in der Altenpflege (Praktische Ausbildung)	850[3]

[1] Klassenteilung im Umfang von maximal drei Wochenstd.
[2] Klassenteilung im Umfang von einer Wochenstunde
[3] Mindestzahl der an praktischer Ausbildung im Ausbildungsjahr zu absolvierenden Stunden

Berufsfachschule Büro und Handel

Verordnung des Kultusministeriums über die Ausbildung und Prüfung an den Berufsfachschulen für Büro und Handel vom 20. Juni 2000; K.u.U. S. 156/2000; zuletzt geändert 17. Dezember 2015 (K.u.U. S. 111/2016)

1. Abschnitt – Allgemeines

§ 1
Zweck der Ausbildung

Die Ausbildung an der Berufsfachschule für Büro und Handel dient in der Grundstufe durch die Vermittlung kaufmännischer Grundkenntnisse und -fertigkeiten insbesondere der Berufsorientierung und der Vorbereitung auf eine kaufmännische Ausbildung oder Beschäftigung. In der Aufbaustufe werden die für eine kaufmännische Ausbildung oder Beschäftigung erforderlichen Fähigkeiten und Kenntnisse vertieft, um die für diesen Bereich typischen Dienstleistungen sicher und zuverlässig ausführen zu können. Die Berufsfachschule für Büro und Handel vertieft die Allgemeinbildung und fördert die Persönlichkeitsentwicklung.

§ 2
Dauer und Abschluss der Ausbildung

Der Ausbildungsgang dauert zwei Jahre. Er gliedert sich in eine Grundstufe und eine Aufbaustufe und endet mit einer Abschlussprüfung.

§ 3
Bildungsplan, Stundentafel, Praktikum

(1) Der Unterricht richtet sich nach den vom Kultusministerium erlassenen Bildungs- und Lehrplänen und nach der als Anlage beigefügten Stundentafel.

(2) Während der Ausbildung soll ein schulisch begleitetes Praktikum in geeigneten Betrieben und Einrichtungen stattfinden. Es wird von der Schule entsprechend der örtlichen Situation organisiert und inhaltlich ausgestaltet. Es kann bis zu einem Praktikumstag pro Unterrichtswoche umfassen und kann auch als Block angeboten werden. Soweit ein Praktikum nach Satz 1 nicht möglich ist, soll die Schule geeignete schulische Ersatzmaßnahmen anbieten.

→ Berufsfachschule Büro und Handel (Stundentafel)

§ 4
Maßgebende Fächer und Kernfächer

(1) Für die Versetzung und für den Abschluss sind die Leistungen in den maßgebenden Fächern entscheidend. Maßgebende Fächer sind alle Pflichtfächer mit Ausnahme von Sport. Das Fach Sport ist dann als maßgebendes Fach zu berücksichtigen, wenn sich die Note zugunsten der Schülerin oder des Schülers auswirkt.

(2) Kernfächer unter den maßgebenden Fächern sind Deutsch, Handelsorientierte Betriebswirtschaftslehre mit Rechnungswesen, Fachpraxis für Büro und Handel sowie Textverarbeitung.

2. Abschnitt – Aufnahmeverfahren

§ 5
Aufnahmevoraussetzungen

Voraussetzung für die Aufnahme in die Grundstufe der Berufsfachschule für Büro und Handel ist

1. der Hauptschulabschluss, wobei im Fach Deutsch mindestens die Note „ausreichend“ erreicht sein muss, oder
2. das Zeugnis mit dem Versetzungsvermerk in die Klasse 10 der Realschule oder des Gymnasiums oder
3. der Nachweis eines gleichwertigen Bildungsstandes.

§ 6
Aufnahmeantrag

(1) Der Aufnahmeantrag ist an die Berufsfachschule zu richten, an der die Ausbildung erfolgen soll. Der Termin, zu dem der Antrag bei der Schule eingegangen sein muss, wird von der Schulleiterin oder vom Schulleiter (im Folgenden: Schulleiter) bestimmt und auf geeignete Weise bekanntgegeben. Dem Aufnahmeantrag sind beizufügen:

1. ein Lebenslauf in tabellarischer Form mit Angaben über den bisherigen Bildungsweg und die ausgeübte Berufstätigkeit,
2. eine beglaubigte Abschrift des Nachweises des Bildungsstandes nach § 5,
3. eine Erklärung
   a) ob und gegebenenfalls an welcher Berufsfachschule für Büro und Handel schon einmal an einem Aufnahmeverfahren teilgenommen wurde,
   b) ob und gegebenenfalls an welche andere Berufsfachschule für Büro und Handel ein weiterer Aufnahmeantrag gerichtet wurde.

Sofern der Nachweis nach § 5 zum Anmeldetermin noch nicht vorgelegt werden kann, ist er unverzüglich nachzureichen; dem Aufnahmeantrag ist in diesem Fall eine beglaubigte Abschrift des letzten Schulzeugnisses beizufügen.

(2) Über den Aufnahmeantrag entscheidet der Schulleiter. Dabei kann eine angemessene Frist gesetzt werden, innerhalb der erklärt werden muss, ob die Zusage über die Aufnahme angenommen wird.

§ 7 Auswahlverfahren

(1) Ein Auswahlverfahren ist nur durchzuführen, wenn

1. bei voller Ausschöpfung der vorhandenen personellen und sächlichen Gegebenheiten sowie
2. bei Abstimmung der Aufnahmefähigkeit benachbarter Schulen und entsprechender Zuweisung (§ 18 Abs. 1 und § 88 Abs. 4 SchG)

nicht alle Personen, welche die Aufnahmevoraussetzungen nach § 5 erfüllen, in die Berufsfachschule für Büro und Handel aufgenommen werden können,

(2) Im Auswahlverfahren sind die Plätze nach folgenden Quoten zu vergeben:

1. 85 vom Hundert nach Eignung und Leistung,
2. 10 vom Hundert nach Wartezeit,
3. 5 v. Hundert für außergewöhnliche Härtefälle.

Bleiben im Rahmen der Auswahl nach Satz 1 Nr. 2 und 3 Plätze frei, sind diese nach Eignung und Leistung zu vergeben.

(3) Bei der Vergabe der Plätze nach Eignung und Leistung wird für jede Person der Durchschnitt aus den Noten aller Fächer des Zeugnisses nach § 5 mit Ausnahme der Arbeitsgemeinschaften auf eine Dezimale berechnet. Entsprechend dem Anteil der Personen mit

1. dem Hauptschulabschluss oder einem gleichwertigen Bildungsstand,
2. dem Versetzungszeugnis in die Klasse 10 der Realschule oder des Gymnasiums oder einem gleichwertigen Bildungsstand

werden die Personen in der jeweiligen Gruppe in der Rangfolge des errechneten Durchschnitts aufgenommen. Bei gleicher Rangfolge entscheidet das Los.

(4) Nach Wartezeit sind in folgender Rangfolge aufzunehmen:

1. Personen mit drei und mehr Schuljahren Wartezeit,
2. Personen mit zwei Schuljahren Wartezeit,
3. Personen mit einem Schuljahr Wartezeit.

Innerhalb dieser Gruppen werden die Plätze nach Eignung und Leistungen vergeben. Bei gleicher Rangfolge entscheidet das Los. Berücksichtigt werden nur volle Schuljahre, die seit dem ersten Aufnahmeantrag und der Erfüllung der Aufnahmevoraussetzungen nach § 5 bis zum Beginn des auf das laufende Aufnahmeverfahren folgenden Schuljahres verstrichen sind. Voraussetzung ist, dass für diese Schuljahre ununterbrochen ein Aufnahmeantrag gestellt und keine Aufnahmezusage erteilt wurde.

(5) Ein außergewöhnlicher Härtefall liegt vor, wenn eine Person nach Absatz 2 Nr. 1 und 2 nicht ausgewählt worden ist und die Nichtaufnahme mit Nachteilen verbunden wäre, die bei Anlegung eines strengen Maßstabs über das Maß der mit der Nichtaufnahme üblicherweise verbundenen Nachteile erheblich hinausgehen. Für die Berücksichtigung als außergewöhnliche Härtefälle kommen insbesondere familiäre oder soziale Umstände oder andere nicht zu vertretende Gründe, welche die Aufnahme der Ausbildung verzögert haben, in Betracht. Über das Vorliegen eines außergewöhnlichen Härtefalles und die sich nach dem Grad der Härte ergebende Rangfolge entscheidet ein Auswahlausschuss, dem der Schulleiter vorsitzt und dem vier von ihm beauftragte Lehrkräfte angehören; § 14 Abs. 2 und 3 gilt entsprechend.

(6) Ist ein Aufnahmeantrag erst nach dem vom Schulleiter bestimmten Termin eingegangen, kann die Bewerbung erst berücksichtigt werden, wenn alle rechtzeitig eingegangenen Aufnahmeanträge beschieden oder zurückgenommen sind.

3. Abschnitt – Versetzung

§ 8
Voraussetzungen

(1) In die Aufbaustufe wird versetzt, wer aufgrund der Leistungen in den für die Versetzung maßgebenden Fächern den Anforderungen im laufenden Schuljahr im Ganzen entsprochen hat und deshalb erwarten lässt, dass er den Anforderungen der Aufbaustufe genügen wird.

(2) Die Voraussetzungen nach Absatz 1 liegen vor, wenn im Jahreszeugnis

1. der Durchschnitt aus den Noten aller maßgebenden Fächer 4,0 oder besser ist und
2. der Durchschnitt aus den Noten der Kernfächer 4,0 oder besser ist und
3. die Leistungen in keinem Kernfach mit der Note „ungenügend“ bewertet sind und
4. die Leistungen in nicht mehr als einem maßgebenden Fach geringer als mit der Note „ausreichend“ bewertet sind; sind die Leistungen in zwei Fächern geringer als mit der Note „ausreichend“ bewertet, erfolgt eine Versetzung, wenn für beide Fächer ein Ausgleich gegeben ist. Ausgeglichen werden können
   a) die Note „ungenügend“ in einem Fach, das nicht Kernfach ist, durch die Note „sehr gut” in einem anderen maßgebenden Fach oder die Note „gut” in zwei anderen maßgebenden Fächern,
   b) die Note „mangelhaft“ in einem Kernfach durch mindestens die Note „gut” in einem anderen Kernfach, .
   c) die Note „mangelhaft“ in einem Fach, das nicht Kernfach ist, durch mindestens die Note „gut“ in einem anderen maßgebenden Fach oder die Note, „befriedigend“ in zwei anderen maßgebenden Fächern.

(3) Ausnahmsweise kann durch Beschluss der Klassenkonferenz auch bei Nichterfüllung der in den Absätzen 1 und 2 genannten Voraussetzungen eine Versetzung erfolgen, wenn die Klassenkonferenz mit Zweidrittelmehrheit zu der Auffassung gelangt, dass die Leistungen nur vorübergehend nicht für die Versetzung ausreichen und nach einer Übergangszeit die Anforderungen der Aufbaustufe voraussichtlich erfüllt werden.

(4) Die Versetzung oder Nichtversetzung ist im Zeugnis mit „versetzt“ oder „nicht versetzt“ zu vermerken; bei einer Versetzung nach Absatz 3 ist zu vermerken: „Versetzt nach § 8 Abs. 3 der Ausbildungs- und Prüfungsordnung“.

§ 9
Wiederholung, Entlassung

(1) Bei Nichtversetzung muss bei weiterem Verbleiben an der Berufsfachschule für Büro und Handel die Grundstufe wiederholt werden. Die freiwillige Wiederholung auch nur eines Teiles der Grundstufe gilt als Nichtversetzung.

(2) Wer zum zweiten Mal nicht in die Aufbaustufe versetzt wurde, muss die Berufsfachschule für Büro und Handel verlassen.

4. Abschnitt – Ordentliche Abschlussprüfung

§ 10 Zweck der Prüfung

In der Abschlussprüfung soll nachgewiesen werden, dass das Ausbildungsziel der Berufsfachschule für

Büro und Handel erreicht wurde und die geforderten allgemeinen und fachtheoretischen Kenntnisse vorliegen.

§ 11
Teile der Prüfung

Die Abschlussprüfung besteht aus der schriftlichen Prüfung, der schriftlich-praktischen Prüfung und der mündlichen Prüfung.

§ 12
Ort und Zeitpunkt der Prüfung

(1) Die Abschlussprüfung wird an der Berufsfachschule abgenommen.

(2) Der Zeitpunkt der schriftlichen und der schriftlich-praktischen Prüfung wird vom Kultusministerium festgelegt. Der Zeitpunkt der mündlichen Prüfung wird von der oder dem Vorsitzenden des Prüfungsausschusses (im Folgenden: Vorsitzender) festgelegt.

§ 13
Zulassung zur Prüfung, Anmeldenoten

(1) Zur Prüfung ist zugelassen, wer in der Aufbaustufe die zur Bildung von Anmeldenoten erforderlichen Einzelleistungen erbracht hat. Liegen diese Voraussetzungen nicht vor, ist die Nichtzulassung vom Schulleiter festzustellen und dem Prüfling unter Angabe der Gründe unverzüglich schriftlich mitzuteilen. Sie gilt als Nichtbestehen der Abschlussprüfung, es sei denn, der Schulleiter stellt fest, dass die Gründe vom Prüfling nicht zu vertreten sind.

(2) Für die Prüfung werden in allen Fächern Anmeldenoten (ganze Noten) gebildet, die aus den erbrachten Einzelleistungen in der Aufbaustufe zu ermitteln sind. Die Anmeldenoten sind für die Fächer der schriftlichen und der schriftlich-praktischen Prüfung fünf bis sieben Schultage vor Beginn des betreffenden Prüfungsteils und für die übrigen Fächer fünf bis sieben Schultage vor der mündlichen Prüfung zusammen mit den Noten der schriftlichen und der schriftlich-praktischen Prüfung bekanntzugeben.

§ 14
Prüfungsausschuss, Fachausschüsse

(1) Für die Abschlussprüfung wird an jeder Berufsfachschule ein Prüfungsausschuss gebildet, der für die ordnungsgemäße Durchführung der Prüfung verantwortlich ist. Diesem gehören an:

1. als Vorsitzender der Schulleiter oder eine vom Schulleiter beauftragte Lehrkraft, soweit das Oberschulamt vor Beginn der Prüfung nichts anderes bestimmt,
2. als stellvertretender Vorsitzender der Schulleiter oder seine ständige Vertreterin oder sein ständiger Vertreter oder eine vom Schulleiter beauftragte Lehrkraft,
3. sämtliche Lehrkräfte, die in der Aufbaustufe in den maßgebenden Fächern unterrichten.

Das Oberschulamt und der Vorsitzende des Prüfungsausschusses können weitere Mitglieder berufen, soweit dies für die Durchführung der Prüfung erforderlich ist.

(2) Die Mitglieder des Prüfungsausschusses sind bei ihrer Tätigkeit als Prüfer unabhängig. Sie sind zur Amtsverschwiegenheit über alle Prüfungsangelegenheiten verpflichtet. Der Vorsitzende des Prüfungsausschusses hat sie vor Beginn der Prüfung hierüber zu belehren.

(3) Der Prüfungsausschuss ist beschlussfähig, wenn mindestens zwei Drittel der Mitglieder anwesend sind. Der Prüfungsausschuss entscheidet mit einfacher Mehrheit; bei Stimmengleichheit gibt die Stimme des Vorsitzenden den Ausschlag.

(4) Für die mündliche Prüfung in den einzelnen Fächern bildet der Vorsitzende des Prüfungsausschusses die erforderlichen Fachausschüsse. Jedem Fachausschuss gehören an:

1. der Vorsitzende oder ein von ihm bestimmtes Mitglied des Prüfungsausschusses als Leiterin oder Leiter (im Folgenden: Leiter), sofern das Oberschulamt nichts anderes bestimmt,
2. die Fachlehrkraft der Klasse oder bei deren Verhinderung eine in dem betreffenden Prüfungsfach erfahrene Lehrkraft als Prüferin oder Prüfer,
3. ein weiteres fachkundiges Mitglied des Prüfungsausschusses, das zugleich das Protokoll führt.

In Fächern, in denen die Klasse von verschiedenen Fachlehrkräften für Teilbereiche unterrichtet wird, gehören alle Fachlehrkräfte dem Fachausschuss als Mitglieder an. Sie sind jeweils für ihren Teilbereich Prüferin oder Prüfer nach Satz 2 Nr. 2. Der Leiter des Fachausschusses bestimmt den Gang der Prüfung und kann selbst prüfen.

§ 15
Schriftliche Prüfung, schriftlich-praktische Prüfung

(1) Die Leitung der schriftlichen und der schriftlich-praktischen Prüfung obliegt dem Schulleiter.

(2) Eine schriftliche Prüfungsarbeit ist zu fertigen
im Fach Deutsch Arbeitszeit 180 Minuten.

(3) Schriftlich-praktische Prüfungsarbeiten sind zu fertigen in den Fächern:

1. Handelsorientierte Betriebswirtschaftslehre mit Rechnungswesen Arbeitszeit 90 Minuten
2. Fachpraxis für Büro und Handel Arbeitszeit 60 Minuten,
3. Textverarbeitung Arbeitszeit 60 Minuten.

Die Arbeiten können unter Beibehaltung der jeweiligen Einzelbearbeitungszeiten sowie einer fachzugeordneten Notenbildung zu einer fallorientierten ganzheitlichen Aufgabe verbunden werden.

(4) Die Prüfungsaufgaben werden im Rahmen der Bildungs- und Lehrpläne landeseinheitlich vom Kultusministerium oder von einem von ihm beauftragten Oberschulamt gestellt.

(5) Über die schriftliche und die schriftlich-praktische Prüfung ist eine Niederschrift zu fertigen, die vom Schulleiter und den aufsichtführenden Lehrkräften unterschrieben wird.

(6) Jede schriftliche und schriftlich-praktische Arbeit wird von der Fachlehrkraft der Klasse und von einer weiteren Fachlehrkraft, die der Schulleiter bestimmt, korrigiert und bewertet; dabei sind ganze und halbe Noten zu verwenden. Als Note der schriftlichen und schriftlich-praktischen Prüfung gilt der auf die erste Dezimale errechnete Durchschnitt

der beiden Bewertungen, der auf eine ganze oder halbe Note zu runden ist; Dezimalen von 0,3 bis 0,7 sind hierbei auf eine halbe Note, die übrigen auf eine ganze Note zu runden. Weichen die Bewertungen um mehr als eine ganze Note voneinander ab und können sich die beiden Fachlehrkräfte nicht einigen, hat der Vorsitzende des Prüfungsausschusses die endgültige Note für die schriftliche und die schriftlich-praktische Prüfung festzusetzen; dabei gelten die Bewertungen der beiden Fachlehrkräfte als Grenzwerte, die nicht über- und unterschritten werden dürfen. ⇨ Korrekturtag

§ 16
Mündliche Prüfung

(1) Die mündliche Prüfung soll keine Wiederholung, sondern eine Ergänzung der schriftlichen und schriftlich-praktischen Prüfung sein. Sie soll in der Regel 10 bis 15 Minuten je Prüfling und Fach dauern.

(2) Die mündliche Prüfung kann als Einzel- oder Gruppenprüfung durchgeführt werden. Bei Gruppenprüfung können bis zu drei Prüflinge zusammen geprüft werden. Die Entscheidung trifft der Vorsitzende des Prüfungsausschusses.

(3) Die mündliche Prüfung kann sich auf alle maßgebenden Fächer der Aufbaustufe mit Ausnahme der Fächer Sport und Textverarbeitung erstrecken.

(4) Aufgrund der Anmeldenoten und gegebenenfalls der Noten der schriftlichen und der schriftlich-praktischen Prüfung bestimmt der Vorsitzende des Prüfungsausschusses, in welchen Fächern mündlich zu prüfen ist. Jeder Prüfling wird mindestens in einem Fach und soll in nicht mehr als drei Fächern geprüft werden. Die zu prüfenden Fächer sind fünf bis sieben Schultage vor der mündlichen Prüfung bekanntzugeben. Der Prüfling kann bis zum nächsten Schultag dem Schulleiter schriftlich bis zu zwei weitere Fächer nach Absatz 3 benennen, in denen mündlich zu prüfen ist.

(5) Im Anschluss an die einzelne mündliche Prüfung setzt der Fachausschuss das Ergebnis der mündlichen Prüfung auf Vorschlag der Prüferin oder des Prüfers fest; dabei sind ganze und halbe Noten zu verwenden. Kann sich der Fachausschuss mehrheitlich mit der Stimme des Leiters für keine bestimmte Note entscheiden, so wird die Note aus dem auf die erste Dezimale errechneten Durchschnitt der Bewertungen aller Mitglieder gebildet, der entsprechend § 15 Abs. 6 Satz 2 auf eine ganze oder halbe Note zu runden ist.

(6) Über die mündliche Prüfung ist für jeden Prüfling eine Niederschrift zu fertigen, die von den Mitgliedern des Fachausschusses unterschrieben wird.

§ 17
Ermittlung des Prüfungsergebnisses

(1) Die Endnoten in den einzelnen Fächern werden in einer Schlusssitzung des Prüfungsausschusses aufgrund der Anmeldenoten und der Prüfungsleistungen ermittelt, wobei der Durchschnitt auf die erste Dezimale zu errechnen und in der üblichen Weise auf eine ganze Note zu runden ist (Beispiel: 2,5 bis 3,4 auf „befriedigend").

(2) Bei der Ermittlung der Endnoten zählen

1. in Fächern, in denen schriftlich und mündlich oder schriftlich-praktisch und mündlich geprüft wurde, die Anmeldenote, die Note der schriftlichen oder schriftlich-praktischen Prüfung und die Note der mündlichen Prüfung je einfach,
2. in Fächern, in denen nur schriftlich, schriftlich-praktisch oder mündlich geprüft wurde, die Anmeldenote einfach und die Prüfungsnote doppelt.

(3) In Fächern, in denen nicht geprüft wurde, werden die Anmeldenoten als Endnoten in das Zeugnis übernommen.

(4) Der Prüfungsausschuss stellt in der Schlusssitzung fest, wer die Abschlussprüfung bestanden hat. § 8 Abs. 2 gilt entsprechend. Nach der Schlusssitzung ist das Ergebnis der Prüfung unverzüglich mitzuteilen.

(5) Über die Schlusssitzung ist eine Niederschrift zu fertigen, die vom Vorsitzenden des Prüfungsausschusses und dem Mitglied, das die Niederschrift angefertigt hat, unterschrieben wird.

(6) Die Niederschriften über die einzelnen Teile der Prüfung und über die Schlusssitzung des Prüfungsausschusses, eine Liste mit den Prüfungsergebnissen und die Prüfungsarbeiten sind bei den Schulakten aufzubewahren. Die Niederschriften und Prüfungsarbeiten können nach Ablauf von drei Jahren seit der Schlusssitzung des Prüfungsausschusses vernichtet werden.

§ 18
Zeugnis

(1) Wer die Abschlussprüfung bestanden hat, erhält ein Abschlusszeugnis mit den nach § 17 Abs. 1 bis 3 ermittelten Endnoten.

(2) Wer an der Abschlussprüfung ohne Erfolg teilgenommen hat und die Schule verlässt, erhält ein Abgangszeugnis mit den nach § 17 Abs. 1 bis 3 ermittelten Endnoten.

(3) Wer an der Abschlussprüfung nicht oder nur teilweise teilgenommen hat, erhält ein Zeugnis über die bis zum Ausscheiden erbrachten Leistungen oder, sofern sie bereits vorliegen, mit den Anmeldenoten nach § 13 Abs. 2; Prüfungsleistungen bleiben unberücksichtigt. Wer an der Abschlussprüfung teilgenommen, sie nicht bestanden hat und die Aufbaustufe wiederholt, erhält ein Jahreszeugnis mit den nach § 17 Abs. 1 bis 3 ermittelten Endnoten.

(4) In den Zeugnissen nach den Absätzen 2 und 3 ist zu vermerken, dass das Ausbildungsziel der Berufsfachschule für Büro und Handel nicht erreicht ist.

→ Zeugnisse (Berufliche Schulen)

§ 19
Wiederholung der Prüfung, Entlassung

(1) Wer die Abschlussprüfung nicht bestanden hat, kann sie nach erneutem Besuch der Aufbaustufe einmal wiederholen.

(2) Die freiwillige Wiederholung auch nur eines Teiles der Aufbaustufe gilt als Nichtbestehen der

Abschlussprüfung. Bei bestandener Abschlussprüfung ist weder eine Wiederholung der Ausbildung noch eine Wiederholung der Abschlussprüfung zulässig.

(3) Wer die Abschlussprüfung auch bei Wiederholung nicht bestanden hat, muss die Berufsfachschule für Büro und Handel verlassen.

Hinweis der Redaktion: § 20 (Nichtteilnahme, Rücktritt) ist hier nicht abgedruckt, da inhaltsgleich mit § 23 der → Berufsfachschule Altenpflegehilfe.

§ 21 (Täuschungshandlungen, Ordnungsverstöße) ist mit Ausnahme von Satz 3 in Absatz 3 inhaltsgleich mit § 24 → Berufsfachschule Altenpflegehilfe: „Die Entscheidung trifft bei der schriftlichen und schriftlich-praktischen Prüfung der Schulleiter, bei der mündlichen Prüfung der Vorsitzende des Prüfungsausschusses".

5. Abschnitt Prüfung für Schulfremde

§ 22 Teilnehmer

Personen, die das Abschlusszeugnis der Berufsfachschule für Büro und Handel erwerben wollen, ohne eine öffentliche oder staatlich anerkannte Berufsfachschule für Büro und Handel zu besuchen, können als Schulfremde die Abschlussprüfung ablegen.

§ 23 Zeitpunkt

Die Prüfung für Schulfremde findet einmal jährlich, in der Regel zusammen mit der Abschlussprüfung an den öffentlichen Berufsfachschulen für Büro und Handel statt.

§ 24 Meldung

(1) Die Meldung zur Prüfung ist bis zum 1. Dezember für die Prüfung im darauf folgenden Jahr an das für den Wohnsitz des Prüflings zuständige Oberschulamt zu richten. Für Prüflinge staatlich genehmigter Schulen ist das Oberschulamt zuständig, in dessen Bezirk die Schule liegt.

(2) Der Meldung sind beizufügen:

1. ein Lebenslauf in tabellarischer Form mit Angaben über den bisherigen Bildungsweg und gegebenenfalls über die ausgeübte Berufstätigkeit,
2. die Geburtsurkunde und ein Lichtbild,
3. die Abschluss- oder Abgangszeugnisse der besuchten Schulen (beglaubigte Abschriften oder Ablichtungen),
4. eine Erklärung darüber, ob und gegebenenfalls mit welchem Ergebnis schon an Prüfungen einer Berufsfachschule für Büro und Handel teilgenommen wurde,
5. Angaben über die schulische Vorbereitung auf die Prüfung oder über den Selbstunterricht sowie den in allen Prüfungsfächern durchgearbeiteten Lehrstoff und die benutzte Literatur.

(3) Für Prüflinge staatlich genehmigter Schulen kann anstelle der Meldung durch den einzelnen Prüfling die Sammelmeldung der Schule treten, die Vor- und Zuname, Geburtstag, Geburtsort und Anschrift des Prüflings enthalten muss. Der Sammelmeldung sind die Unterlagen nach Absatz 2 beizufügen.

§ 25 Voraussetzungen für die Zulassung

(1) Schulfremde können die Prüfung nicht eher ablegen, als es ihnen bei normalem Schulbesuch möglich wäre.

(2) Zur Prüfung wird nur zugelassen,

1. wer die Voraussetzungen für die Aufnahme in die Berufsfachschule nach § 5 erfüllt,
2. wer nicht bereits zweimal die Prüfung nicht bestanden hat,
3. wer nicht bereits die Prüfung bestanden hat.

(3) Zur Prüfung wird in der Regel nur zugelassen, wer in Baden-Württemberg den ständigen Wohnsitz hat oder in Baden-Württemberg an einer staatlich genehmigten Schule oder einer sonstigen Unterrichtseinrichtung auf die Schulfremdenprüfung vorbereitet wurde.

§ 26 Entscheidung über die Zulassung

Das Oberschulamt entscheidet über die Zulassung und bestimmt die öffentliche Berufsfachschule für Büro und Handel, an der die Prüfung abzulegen ist.

§ 27 Durchführung der Prüfung

(1) Für die zugelassenen Prüflinge gelten §§ 11, 12, 14 bis 17, 19 bis 21 entsprechend mit folgenden Maßgaben:

1. Fachlehrkraft im Sinne von § 14 Abs. 4 Satz 2 Nr. 2 und § 15 Abs. 6 sind die vom Vorsitzenden des Prüfungsausschusses bestimmten Fachlehrkräfte einer öffentlichen Schule, in der Regel der für die Ablegung der Prüfung zuständigen Berufsfachschule.
2. Die mündliche Prüfung erstreckt sich auf alle maßgebenden Fächer mit Ausnahme von Sport und Textverarbeitung. Ein schriftlich geprüftes Fach wird nur dann in die mündliche Prüfung einbezogen, wenn dies vom Prüfling spätestens vier Schultage vor der mündlichen Prüfung schriftlich verlangt wird.
3. Die mündliche Prüfung wird als Einzelprüfung durchgeführt.
4. Bei der Feststellung des Ergebnisses der Prüfung zählen allein die Prüfungsleistungen.

Bei Prüflingen staatlich genehmigter Schulen kann das Oberschulamt bestimmen, dass die schriftliche Prüfung im Gebäude der betreffenden Schule abgenommen wird. Die Leitung und Beaufsichtigung regelt in diesem Fall das Oberschulamt.

(2) Die Prüflinge haben sich vor Beginn der Prüfung mit einem mit Lichtbild versehenen amtlichen Ausweis auszuweisen und diesen während der gesamten Prüfung bei sich zu führen und auf Verlangen vorzuzeigen.

(3) Wer die Abschlussprüfung bestanden hat, erhält das Abschlusszeugnis für Schulfremde. Wer die Prüfung nicht bestanden hat, erhält auf Verlangen eine Bescheinigung über die Teilnahme an der Prüfung, über das Ergebnis der Prüfung und über die ermittelten Einzelnoten.

⇨ Handy-Nutzung; ⇨ Korrekturtag; → Termine Berufliche Schulen; → Zeugnisse (Berufliche Schulen)

Berufsfachschule Büro und Handel (Stundentafel)

Anlage (Zu § 3)

Stundentafel der Berufsfachschule für Büro und Handel

(durchschnittliche Zahl der Wochenstunden)

		Grund-stufe	Aufbau-stufe
1.	**Pflichtfächer**		
1.1	Allgemeiner Bereich		
	Religionslehre	2	2
	Deutsch	7	6
	Gemeinschaftskunde	2	2
	Sport	2	2
1.2	**Fachlicher Bereich**		
	Handelsorientierte Betriebswirtschaftslehre mit Rechnungswesen	4	6
	Fachpraxis für Büro und Handel	3	4
	Textverarbeitung	5	5
2.	**Wahlpflichtfächer**	5*)	3*)
	Praxisorientierung (Praktikum)		
	Stütz- und Fördermaßnahmen		
Summe		30	30
3.	**Wahlfächer** z.B.		
	Wirtschaftsenglisch		
	Verkaufskunde		
	Musik		
	Gesundheitslehre		
	Präsentation und Medien		

*) Zur Betreuung des Praktikums können davon, abhängig von der Schülerzahl bei einem Praxistag bis zu 3 Wochenstunden verwendet werden.

→ Berufsfachschule Büro und Handel

Berufsfachschule Fachschulreife – Zweijährig (2BFS-VO)

VO des KM über die Ausbildung und Prüfung an den zweijährigen zur Prüfung der Fachschulreife führenden Berufsfachschulen (2BFS-VO) vom 23. November 2008 (K.u.U. S. 9/2009); geändert am 16. Juni 2020 (K.u.U. S. 86 / 2020)

1. Abschnitt – Allgemeines

§ 1
Geltungsbereich, Bezeichnungen

Diese Verordnung gilt für die zweijährigen zur Prüfung der Fachschulreife führenden Berufsfachschulen des gewerblich-technischen Bereichs, des kaufmännischen Bereichs (Wirtschaftsschulen) und des Bereichs Ernährung und Gesundheit.

§ 2
Ausbildungsziel, Profile, Inhalt der Ausbildung

(1) Die zweijährigen zur Prüfung der Fachschulreife führenden Berufsfachschulen vermitteln eine berufliche Grundbildung und führen zur Berechtigung der Fachschulreife. Je nach Ausrichtung ihrer berufsfachlichen Ausbildung können sie sich nach Maßgabe dieser Verordnung oder der jeweiligen Bildungs- und Lehrpläne in unterschiedliche Profile gliedern.

(2) Der Unterricht richtet sich nach den vom Kultusministerium erlassenen Bildungs- und Lehrplänen und der Stundentafel (Anlage).

→ Berufsfachschule (Zweijährig) – Stundentafel

§ 3
Maßgebende Fächer und Kernfächer, Zeugnisse

(1) Für die Versetzung und für den Abschluss sind die Leistungen in den maßgebenden Fächern entscheidend. Maßgebende Fächer sind alle in der Stundentafel (Anlage) ausgewiesenen Fächer des Pflichtbereichs mit Ausnahme von Sport sowie nach Maßgabe des Absatzes 2 ein Fach aus dem Wahlpflichtbereich. Abweichend von Satz 1 ist das Fach Sport als maßgebendes Fach zu berücksichtigen, wenn sich die Note zugunsten des Schülers auswirkt.

(2) Aus dem Wahlpflichtbereich ist maßgebendes Fach eines der Fächer Physik, Chemie, Biologie oder das Berufliche Vertiefungsfach. Das maßgebende Fach muss mindestens im Umfang von zwei Stunden in der Woche unterrichtet werden. Bietet die Schule mehrere Fächer des Wahlpflichtbereichs an, die als maßgebendes Fach in Betracht kommen, gilt von diesen das mit der besten Jahresnote abgeschlossene Fach als maßgebendes Fach.

(3) Kernfächer unter den maßgebenden Fächern sind Deutsch, Englisch, Mathematik und Berufsfachliche Kompetenz.

(4) Leistungen, die im Stützunterricht erbracht werden, werden im Verhältnis der Stundenzahl des Stützunterrichts zur Stundenzahl des durch den Stützunterricht geförderten Faches, höchstens jedoch mit einem Drittel, in die Note des geförderten Faches eingerechnet.

(5) Soweit in den Fächern Berufsfachliche Kompetenz und Berufspraktische Kompetenz nach in Lernfelder gegliederten Lehrplänen unterrichtet wird, sind die Zeugnisse mit einer Übersicht über die Lernfelder des jeweiligen Ausbildungsberufes zu ergänzen. Werden die in Satz 1 genannten Fächer nach Vorgabe der Lehrpläne in unterschiedliche Fachschwerpunkte gegliedert unterrichtet, sind diese im Zeugnis aufzuführen; dies gilt auch für den Schwerpunkt des Beruflichen Vertiefungsfachs.

2. Abschnitt
Aufnahmeverfahren und Probezeit

§ 4
Aufnahmevoraussetzungen

(1) Voraussetzung für die Aufnahme in die Berufsfachschule ist

1. der Hauptschulabschluss oder das Abschlusszeugnis des Berufseinstiegsjahrs, oder
2. das Versetzungszeugnis in die Klasse 10 der Realschule oder des Gymnasiums des neunjährigen Bildungsganges oder das Versetzungszeugnis in die Klasse 9 des Gymnasiums des achtjährigen Bildungsganges, oder
3. das nach Besuch der Klasse 9 erteilte Abgangszeugnis der Realschule auf dem Niveau M nach § 1 Absatz 2 Nummer 2 der Realschulversetzungsordnung oder des Gymnasiums des neunjährigen Bildungsgangs oder das nach Besuch der Klasse 8 erteilte Abgangszeugnis des Gymnasiums des achtjährigen Bildungsgangs, wobei jeweils in den Fächern Deutsch, Englisch und Mathematik ein Durchschnitt von 4,0 erreicht sein muss und in höchstens einem dieser Fächer die Note „mangelhaft" erteilt sein darf, oder
4. der Nachweis eines den Nummern 1, 2 oder 3 gleichwertigen Bildungsstandes.

(2) Sofern nach Aufnahme aller Bewerberinnen und Bewerber, die die Voraussetzungen nach Absatz 1 erfüllen, noch nicht alle Plätze an der Schule besetzt sind, kann der Schulleiter außerdem Bewerber mit dem Versetzungszeugnis in die Klasse 9 der Werkrealschule oder Hauptschule oder in die Klasse 9 der Realschule auf Niveau G nach § 1 Absatz 2 Nummer 1 der Realschulversetzungsordnung aufnehmen, wenn im Versetzungszeugnis in den Fächern Deutsch, Englisch und Mathematik jeweils mindestens die Note „befriedigend" erzielt wurde. Darüber hinaus können Bewerber, die auf dem Niveau M der Realschule in die Klasse 9 versetzt wurden, aufgenommen werden, wobei jeweils in den Fächern Deutsch, Englisch und Mathematik ein Durchschnitt von 3,5 erreicht sein muss und in höchstens einem dieser Fächer die Note „mangelhaft" erteilt sein darf.

(3) Für Bewerber der Gemeinschaftsschule gelten Absatz 1 Nummer 3 sowie Absatz 2 mit der Maßgabe, dass für den Zweck der Aufnahme in die Berufsfachschule Noten in allen Fächern einheitlich auf einer Niveaustufe ausgewiesen werden.

§ 5
Aufnahmeantrag

(1) Der Aufnahmeantrag ist an die Berufsfachschule zu richten, an der die Ausbildung erfolgen soll. Der Termin, zu dem der Antrag bei der Schule eingegangen sein muss, wird, soweit er nicht vom Kultusministerium festgelegt wurde, vom Schulleiter bestimmt und auf geeignete Weise bekanntgegeben. Dem Aufnahmeantrag sind beizufügen:

1. ein Lebenslauf in tabellarischer Form mit Angaben über den bisherigen Bildungsweg,
2. eine beglaubigte Abschrift des Nachweises des Bildungsstandes nach § 4,
3. eine Erklärung, ob und gegebenenfalls
   a) an welcher Berufsfachschule der Bewerber bereits an einem Aufnahmeverfahren teilgenommen hat,
   b) an welche Berufsfachschule der Bewerber ebenfalls einen Aufnahmeantrag gerichtet hat.

Sofern der Nachweis nach § 4 zum Anmeldetermin noch nicht vorgelegt werden kann, ist er unverzüglich nachzureichen; dem Aufnahmeantrag ist in diesem Fall eine beglaubigte Abschrift des letzten Halbjahreszeugnisses oder der letzten Halbjahresinformation beizufügen.

(2) Über den Aufnahmeantrag entscheidet der Schulleiter. Er kann eine angemessene Frist setzen, innerhalb deren sich der Bewerber erklären muss, ob er die Zusage über die Aufnahme annimmt.

§ 6
Auswahlverfahren

(1) Ein Auswahlverfahren ist nur durchzuführen, wenn

1. bei voller Ausschöpfung der vorhandenen personellen und sächlichen Gegebenheiten sowie
2. bei Abstimmung der Aufnahmefähigkeit benachbarter Schulen und entsprechender Zuweisung der Bewerber (§ 18 Abs. 1 und § 88 Abs. 4 SchG)

nicht alle Bewerber, welche die Aufnahmevoraussetzungen nach § 4 erfüllen, in die Berufsfachschule aufgenommen werden können.

(2) Im Auswahlverfahren sind die Plätze nach folgenden Quoten zu vergeben:

1. 85 Prozent nach Eignung und Leistung,
2. 10 Prozent nach Wartezeit,
3. 5 Prozent für außergewöhnliche Härtefälle.

Bleiben im Rahmen der Auswahl nach Satz 1 Nummer 2 und 3 Plätze frei, sind diese nach Eignung und Leistung zu vergeben.

(3) Bei der Vergabe der Plätze nach Eignung und Leistung wird der Durchschnitt aus den Noten der Fächer Deutsch, Englisch, Mathematik und beim Abschlusszeugnis des Berufseinstiegsjahres, sofern dies zugunsten des Bewerbers wirkt, des Faches Berufsfachliche Kompetenz des zur Aufnahme in die Berufsfachschule berechtigenden Zeugnisses auf eine Dezimale berechnet. Entsprechend dem Anteil der Bewerber mit

1. dem Zeugnis über den Hauptschulabschluss der Werkreal-, Haupt- oder Gemeinschaftsschule,
2. dem Abschlusszeugnis des Berufseinstiegsjahres,
3. dem Versetzungszeugnis in die Klasse 10 der Realschule oder des Gymnasiums des neunjährigen Bildungsganges oder in die Klasse 9 des Gymnasiums des achtjährigen Bildungsganges oder
4. dem Abgangszeugnis der Klasse 9 der Realschule auf dem Niveau M, der Gemeinschaftsschule auf dem Niveau M und auf dem Niveau E oder des

Gymnasiums des neunjährigen Bildungsganges oder der Klasse 8 des Gymnasiums des achtjährigen Bildungsganges

werden die Bewerber der jeweiligen Gruppe in der Rangfolge des errechneten Durchschnitts aufgenommen. Bei gleicher Rangfolge entscheidet der auf eine Dezimale errechnete Durchschnitt aus den Noten aller Fächer des in Satz 1 genannten Zeugnisses mit Ausnahme der Arbeitsgemeinschaften, bei hiernach sich ergebender gleicher Rangfolge das Los. Bewerber mit dem Nachweis eines gleichwertigen Bildungsstandes sind der einschlägigen Gruppe nach Satz 2 Nummer 1 bis 4 zuzuordnen. Bewerber, die in Klassenstufe 9 der Gemeinschaftsschule durchgängig in allen Fächern und Fächerverbünden ihre Leistungen auf dem Niveau M oder dem Niveau E erbracht haben und nach der entsprechenden Versetzungsordnung in die Klasse 10 versetzt werden könnten, stehen Bewerbern nach Nummer 3 gleich.

(4) Bei der Vergabe der Plätze nach Wartezeit werden die Bewerber in folgender Rangfolge aufgenommen:

1. Bewerber mit drei und mehr Schuljahren Wartezeit,
2. Bewerber mit zwei Schuljahren Wartezeit,
3. Bewerber mit einem Schuljahr Wartezeit.

Innerhalb dieser Gruppe werden die Plätze nach Eignung und Leistung vergeben. Bei gleicher Rangfolge entscheidet das Los. Berücksichtigt werden nur volle Schuljahre, die seit dem ersten Aufnahmeantrag und der Erfüllung der Aufnahmevoraussetzungen nach § 4 bis zum Beginn des auf das laufende Aufnahmeverfahren folgenden Schuljahres verstrichen sind. Voraussetzung ist, dass alle Bewerber für diese Schuljahre ununterbrochen einen Aufnahmeantrag gestellt und keine Aufnahmezusage erhalten haben.

(5) Ein außergewöhnlicher Härtefall liegt vor, wenn der Bewerber nach Absatz 2 Satz 2 Nr. 1 und 2 nicht ausgewählt worden ist und die Nichtaufnahme für ihn mit Nachteilen verbunden wäre, die bei Anlegung eines strengen Maßstabs über das Maß der mit der Nichtaufnahme üblicherweise verbundenen Nachteile erheblich hinausgehen. Für die Berücksichtigung als außergewöhnliche Härtefälle kommen insbesondere familiäre oder soziale Umstände oder andere vom Bewerber nicht zu vertretende Gründe, welche die Aufnahme der Ausbildung verzögert haben, in Betracht. Über das Vorliegen eines außergewöhnlichen Härtefalles und die sich nach dem Grad der Härte ergebende Rangfolge der Bewerber entscheidet ein Auswahlausschuss, dem der Schulleiter als Vorsitzender und vier von ihm beauftragte Lehrkräfte angehören; § 14 Abs. 2 gilt entsprechend. Der Auswahlausschuss ist beschlussfähig, wenn mindestens drei seiner Mitglieder anwesend sind. Er entscheidet mit einfacher Mehrheit; bei Stimmengleichheit gibt die Stimme des Vorsitzenden den Ausschlag.

(6) Bewerber, deren Aufnahmeantrag nach dem bestimmten Termin eingegangen ist, können im Auswahlverfahren erst berücksichtigt werden, wenn alle rechtzeitig eingegangenen Aufnahmeanträge beschieden oder zurückgenommen worden sind.

§ 7
Probezeit

(1) Die Aufnahme erfolgt zunächst auf Probe. Am Ende des ersten Schulhalbjahres wird ein Halbjahreszeugnis erteilt. Die Klassenkonferenz entscheidet aufgrund der Noten des Halbjahreszeugnisses über das Bestehen der Probezeit; § 8 Abs. 2 und 3 gilt entsprechend. Wer die Probezeit nicht bestanden hat, muss den Bildungsgang verlassen, kann ihn jedoch auf seinen Wunsch mit den Rechten und Pflichten eines Schülers noch bis zum Ende des ersten Schuljahres weiter besuchen. Stellt die Klassenkonferenz zum Ende des Schuljahres fest, dass eine Versetzung in die zweite Klasse nach § 8 erfolgen könnte, entfällt die Verpflichtung, den Bildungsgang verlassen zu müssen.

(2) Das Nichtbestehen der Probezeit ist im Halbjahreszeugnis nach Absatz 1 Satz 2 zu vermerken.

(3) Wer die Probezeit nicht bestanden hat, kann nicht nochmals in eine zweijährige zur Prüfung der Fachschulreife führende Berufsfachschule desselben Bereichs aufgenommen werden. Eine Aufnahme in eine zweijährige zur Prüfung der Fachschulreife führende Berufsfachschule eines anderen Bereichs ist möglich, wenn nach Aufnahme aller Bewerber, die die Voraussetzungen nach § 4 Abs. 1 erfüllen, noch Schulplätze frei sind und der Schulleiter oder eine von ihm beauftragte Lehrkraft in einem Kolloquium zu der Auffassung gelangt, dass der Bewerber trotz Nichtbestehens der Probezeit in einem anderen Bereich der Berufsfachschule den Anforderungen der aufnehmenden Berufsfachschule voraussichtlich genügen wird. Die Schule kann, um dieses Ziel zu fördern, Vereinbarungen mit dem Bewerber über sein Lernverhalten abschließen.

3. Abschnitt – Versetzung

§ 8
Voraussetzungen

(1) In die nächsthöhere Klasse wird versetzt, wer aufgrund seiner Leistungen in den nach § 3 Abs. 1 für die Versetzung maßgebenden Fächern den Anforderungen im laufenden Schuljahr im Ganzen entsprochen hat und deshalb erwarten lässt, dass den Anforderungen der nächst höheren Klasse genügt wird.

(2) Die Voraussetzungen nach Absatz 1 liegen vor, wenn im Jahreszeugnis

1. der Durchschnitt aus den Noten aller maßgebenden Fächer 4,0 oder besser ist,
2. der Durchschnitt aus den Noten der Kernfächer 4,0 oder besser ist,
3. die Leistungen in der berufsfachlichen Kompetenz nicht schlechter als mit der Note »ausreichend« bewertet sind,
4. die Leistungen in keinem Kernfach mit der Note »ungenügend« bewertet sind,
5. die Leistungen in nicht mehr als einem maßgebenden Fach geringer als mit der Note

»ausreichend« bewertet sind; sind die Leistungen in zwei Fächern geringer als mit der Note »ausreichend« bewertet, so ist der Schüler zu versetzen, wenn für beide Fächer ein Ausgleich gegeben ist. Ausgeglichen werden können

a) die Note »ungenügend« in einem Fach, das nicht Kernfach ist, durch die Note »sehr gut« in einem anderen maßgebenden Fach oder die Note »gut« in zwei anderen maßgebenden Fächern,

b) die Note »mangelhaft« in einem Kernfach durch mindestens die Note »gut« in einem anderen Kernfach,

c) die Note »mangelhaft« in einem Fach, das nicht Kernfach ist, durch mindestens die Note »gut« in einem anderen maßgebenden Fach oder die Note »befriedigend« in zwei anderen maßgebenden Fächern.

(3) Ausnahmsweise kann die Klassenkonferenz einen Schüler, der nach den Absätzen 1 und 2 nicht zu versetzen wäre, mit Zweidrittelmehrheit versetzen, wenn sie zu der Auffassung gelangt, dass seine Leistungen nur vorübergehend nicht für die Versetzung ausreichen und er nach einer Übergangszeit den Anforderungen der nächsthöheren Klasse voraussichtlich genügen wird.

(4) Die Versetzung oder Nichtversetzung eines Schülers ist im Zeugnis mit »versetzt« oder »nicht versetzt« zu vermerken; bei einer Versetzung nach Absatz 3 ist zu vermerken: »Versetzt nach § 8 Abs. 3 der Verordnung des Kultusministeriums über die Ausbildung und Prüfung an den zweijährigen zur Prüfung der Fachschulreife führenden Berufsfachschulen.«

(5) Schüler, die

1. aufgrund eines Versetzungszeugnisses oder Abgangszeugnisses der Klasse 8 eines achtjährigen Gymnasiums oder
2. aufgrund eines Abgangszeugnisses der Klasse 9 eines neunjährigen Gymnasiums, der Realschule oder der Gemeinschaftsschule oder
3. nach § 4 Absatz 2 oder 3 mit einem Versetzungszeugnis in die Klasse 9 einer Werkreal-, Haupt- oder Realschule

in die Berufsfachschule aufgenommen wurden, erwerben mit der Versetzung in die zweite Klasse einen dem Hauptschulabschluss gleichwertigen Bildungsstand. Der Erwerb ist im Versetzungszeugnis zu vermerken. Für Schüler der Gemeinschaftsschule, die nach § 4 Absatz 3 aufgenommen wurden, gelten diese Bestimmungen entsprechend.

§ 9
Wiederholungen, Entlassung

(1) Bei einer Nichtversetzung kann das erste Schuljahr wiederholt werden.

(2) Schüler, die im ersten Schuljahr zweimal nicht versetzt worden sind, müssen die Berufsfachschule verlassen.

(3) Eine freiwillige vollständige oder teilweise Wiederholung des ersten Schuljahres ist nur ausnahmsweise in besonderen Härtefällen möglich. Ein besonderer Härtefall liegt vor, wenn ein Schüler durch besondere Umstände gehindert war, die von ihm im Schuljahr erwarteten Leistungen zu erbringen. Als besondere Umstände kommen insbesondere längere oder häufige krankheitsbedingte Fehlzeiten oder besondere familiäre oder soziale Umstände, die geeignet sind, sich leistungsmindernd auszuwirken, in Betracht. Die Wiederholung ist beim Schulleiter schriftlich zu beantragen.

(4) Die Wiederholung auch eines Teils des ersten Schuljahres gilt als Nichtversetzung.

(5) § 7 findet bei der Wiederholung keine Anwendung.

4. Abschnitt
Ordentliche Abschlussprüfung

§ 10
Zweck der Prüfung

In der Abschlussprüfung soll der Schüler nachweisen, dass er das Ausbildungsziel der Berufsfachschule erreicht hat und die geforderten allgemeinen und fachtheoretischen Kenntnisse sowie fachpraktischen Fertigkeiten besitzt.

§ 11
Teile der Prüfung

Die Abschlussprüfung besteht aus der schriftlichen Prüfung, der praktischen Prüfung, die durch eine Projektprüfung nach § 16 Abs. 6 ersetzt werden kann, und der mündlichen Prüfung.

§ 12
Abnahme der Prüfung

(1) Die Abschlussprüfung wird an der Berufsfachschule abgenommen.

(2) Der Zeitpunkt der schriftlichen Prüfung wird vom Kultusministerium, der Zeitpunkt der praktischen Prüfung und der mündlichen Prüfung wird vom Vorsitzenden des Prüfungsausschusses festgelegt. Der Zeitpunkt einer Projektprüfung (§ 16 Abs. 6) wird vom Schulleiter festgelegt.

§ 13
Zulassung zur Prüfung, Anmeldenoten

(1) Zur Abschlussprüfung ist zugelassen, wer im zweiten Schuljahr der Berufsfachschule die zur Bildung von Anmeldenoten erforderlichen Einzelleistungen erbracht hat. Liegen die Voraussetzungen nicht vor, ist die Nichtzulassung vom Schulleiter festzustellen und dem Prüfling unter Angabe der Gründe unverzüglich schriftlich mitzuteilen. Sie gilt als Nichtbestehen der Abschlussprüfung, es sei denn, dass die Gründe vom Prüfling nicht zu vertreten sind.

(2) Für die Prüfung werden in allen Fächern Anmeldenoten in Gestalt ganzer Noten gebildet, die aus den während des zweiten Schuljahres erbrachten Einzelleistungen zu ermitteln sind. Die Anmeldenoten sind dem Schüler für die Fächer der schriftlichen und der praktischen Prüfung jeweils fünf bis sieben Unterrichtstage vor Beginn des betreffenden Prüfungsteils und für die übrigen Fächer fünf bis sieben Unterrichtstage vor der mündlichen Prüfung zusammen mit den Noten der schriftlichen und praktischen Prüfung bekanntzugeben.

§ 14
Prüfungsausschuss, Fachausschüsse

(1) Für die Abschlussprüfung wird an jeder Berufsfachschule ein Prüfungsausschuss gebildet, der für die ordnungsgemäße Durchführung der Prüfung verantwortlich ist. Diesem gehören an:

1. als Vorsitzender der Schulleiter oder eine vom Schulleiter beauftragte Lehrkraft, soweit die obere Schulaufsichtsbehörde vor Beginn der Prüfung nichts anderes bestimmt,
2. als stellvertretender Vorsitzender der Schulleiter oder sein ständiger Vertreter oder eine vom Schulleiter beauftragte Lehrkraft,
3. sämtliche Lehrkräfte, die im zweiten Schuljahr in den maßgebenden Fächern unterrichten.

Die obere Schulaufsichtsbehörde oder der Vorsitzende des Prüfungsausschusses können weitere Lehrkräfte einer öffentlichen Schule als Mitglieder berufen, soweit dies für die Durchführung der Prüfung erforderlich ist.

(2) Die Mitglieder des Prüfungsausschusses sind bei ihrer Tätigkeit als Prüfer unabhängig. Sie sind zur Amtsverschwiegenheit über alle Prüfungsangelegenheiten verpflichtet. Der Vorsitzende des Prüfungsausschusses hat sie vor Beginn der Prüfung hierüber zu belehren.

(3) Für die praktische und die mündliche Prüfung in den einzelnen Fächern bildet der Vorsitzende des Prüfungsausschusses Fachausschüsse. Dies gilt nicht für die praktische Prüfung in der Wirtschaftsschule. Jedem Fachausschuss gehören an:

1. der Vorsitzende oder ein von ihm bestimmtes Mitglied des Prüfungsausschusses als Leiter, sofern die obere Schulaufsichtsbehörde nichts anderes bestimmt,
2. die Fachlehrkraft der Klasse oder bei deren Verhinderung eine in dem betreffenden Prüfungsfach erfahrene Lehrkraft als Prüfer,
3. ein weiteres fachkundiges Mitglied des Prüfungsausschusses zugleich als Protokollführer,
4. bei der praktischen Prüfung des gewerblich-technischen Bereichs zusätzlich bis zu zwei Vertreter der Wirtschaft aus den Industrie- und Handelskammern oder den Handwerkskammern. Für deren Mitwirkung bei der Prüfung gilt Absatz 2 entsprechend.

In den Fächern, in denen der Schüler von verschiedenen Fachlehrkräften für Teilbereiche unterrichtet wird, gehören alle Fachlehrkräfte dem Fachausschuss als Mitglieder an, die den Schüler in den zu prüfenden Teilbereichen zuletzt unterrichtet haben. Sie sind jeweils für ihren Teilbereich Prüfer nach Satz 3 Nr. 2, im Übrigen weiteres Mitglied nach Satz 3 Nr. 3. Der Leiter des Fachausschusses bestimmt den Gang der Prüfung; er kann selbst prüfen.

§ 15
Schriftliche Prüfung

(1) Die Leitung der schriftlichen Prüfung obliegt dem Schulleiter oder einer von ihm beauftragten Lehrkraft.

(2) Schriftliche Prüfungsarbeiten sind in folgenden Fächern zu fertigen:

1. Deutsch 180 - 210 Minuten,
2. Englisch 150 - 180 Minuten,
3. Mathematik 120 - 150 Minuten,
4. Berufsfachliche Kompetenz
   a) im gewerblich-technischen Bereich und im Bereich Ernährung und Gesundheit 120 - 150 Minuten,
   b) im kaufmännischen Bereich 180 - 210 Minuten.

(3) Die Prüfungsaufgaben werden im Rahmen der Bildungs- und Lehrpläne landeseinheitlich vom Kultusministerium oder der von ihm beauftragten oberen Schulaufsichtsbehörde gestellt.

(4) Über die schriftliche Prüfung ist eine Niederschrift zu fertigen, die vom Leiter der schriftlichen Prüfung und den aufsichtführenden Lehrkräften unterschrieben wird.

(5) Die schriftlichen Arbeiten werden von der Fachlehrkraft der Klasse und von einer weiteren Fachlehrkraft, die der Schulleiter bestimmt, korrigiert und bewertet; dabei sind ganze und halbe Noten zu verwenden. Als Note der schriftlichen Prüfung gilt der auf die erste Dezimale errechnete Durchschnitt der beiden Bewertungen, der auf eine ganze oder halbe Note zu runden ist; hierbei sind Dezimalen von 0,3 bis 0,7 auf eine halbe, die übrigen Dezimalen auf eine ganze Note zu runden. Weichen die Bewertungen um mehr als eine ganze Note voneinander ab und kann eine Einigung nicht erzielt werden, hat der Vorsitzende des Prüfungsausschusses die endgültige Note für die schriftliche Prüfung festzusetzen; dabei gelten die Bewertungen der beiden Fachlehrkräfte als Grenzwerte, die nicht über- oder unterschritten werden dürfen.

(6) Die Noten der schriftlichen Prüfung in den einzelnen Fächern werden dem Schüler fünf bis sieben Unterrichtstage vor der mündlichen Prüfung bekanntgegeben. ⇨ Korrekturtag

§ 15 a
Kommunikationsprüfung

(1) Im Fach Englisch besteht die schriftliche Prüfung aus einem schriftlichen Teil und einer Kommunikationsprüfung. Die im schriftlichen Teil erreichte Note wird zweifach und die in der Kommunikationsprüfung erreichte Note einfach gewichtet.

(2) Die Kommunikationsprüfung wird im vierten Schulhalbjahr von der Fachlehrkraft der Schülerin oder des Schülers und einer weiteren von der Schulleiterin oder dem Schulleiter bestimmten Fachlehrkraft abgenommen. Für die Kommunikationsprüfung gibt das Kultusministerium zentrale Prüfungsmaßstäbe vor.

(3) Die Kommunikationsprüfung dauert etwa 15 Minuten je Schülerin oder Schüler. Die Schülerinnen und Schüler werden einzeln oder zu zweit geprüft.

§ 16
Praktische Prüfung

(1) Die praktische Prüfung erstreckt sich in allen Bereichen auf das Fach Berufspraktische Kompetenz.

(2) Im gewerblich-technischen Bereich soll der Prüfling nachweisen, dass er in ausreichendem Umfang handwerklich-praktische Grundfertigkeiten erworben hat und diese für die Ausführung einfacher Arbeitsaufträge anwenden kann. Für die Durchführung gilt Folgendes:

1. Die Prüfung dauert sechs bis zwölf Stunden, wobei die Arbeitszeit am Tag acht Stunden nicht überschreiten darf. Abweichend hiervon dauert die Prüfung im Profil Labortechnik 180 Minuten.
2. Die Aufgaben werden vom Vorsitzenden des Prüfungsausschusses aufgrund von Vorschlägen der Fachlehrkräfte gestellt; die obere Schulaufsichtsbehörde kann bezirkseinheitliche Aufgaben anordnen und bei entsprechender Aufgabenstellung die Prüfungsdauer auf einen Tag beschränken. Im Rahmen der Aufgabenstellung kann auch verlangt werden, dass der Prüfling ein kurz gefasstes Protokoll über den Arbeitsverlauf und die hierbei auftauchenden Probleme und deren Lösungen anfertigt. Soweit Vertreter der Wirtschaft nach § 14 Abs. 3 Satz 3 Nr. 4 in den Fachausschuss zur Abnahme der praktischen Prüfung im gewerblich-technischen Bereich berufen sind, sind diese an der Aufgabenstellung zu beteiligen.
3. Die Aufsicht während der Prüfung wird abwechselnd durch die Mitglieder des Fachausschusses ausgeübt. Der Leiter des Fachausschusses kann weitere fachkundige Personen zur Aufsichtsführung beiziehen.
4. Der Fachausschuss legt aufgrund des Arbeitsergebnisses und der Arbeitsweise des Schülers das Ergebnis der praktischen Prüfung fest; dabei sind ganze und halbe Noten zu verwenden. Kann sich der Fachausschuss auf keine Note einigen oder mehrheitlich mit der Stimme des Leiters für keine bestimmte Note entscheiden, so wird die Note aus dem auf die erste Dezimale errechneten Durchschnitt der Bewertungen aller Mitglieder gebildet, der auf eine ganze oder halbe Note zu runden ist. § 15 Abs. 5 Satz 2 Halbsatz 2 gilt entsprechend.
5. Über die praktische Prüfung ist eine Niederschrift zu fertigen, die von den Mitgliedern des Fachausschusses unterschrieben wird.

(3) Im kaufmännischen Bereich soll der Prüfling seine Schreibleistung nachweisen, ein formgerechtes Dokument der betrieblichen Kommunikation computergestützt erstellen sowie eine Anwendungsaufgabe aus der Büropraxis ausführen. Für die Durchführung gilt Folgendes:

1. Die Prüfung dauert 90 Minuten; ihre Leitung obliegt dem Schulleiter oder einer von ihm beauftragten Lehrkraft.
2. Die Aufgaben werden vom Vorsitzenden des Prüfungsausschusses aufgrund von Vorschlägen der Fachlehrkräfte gestellt. Die obere Schulaufsichtsbehörde kann bezirkseinheitliche Aufgaben anordnen.
3. Für die Niederschrift sowie für die Korrektur und die Bewertung der Arbeiten gilt § 15 Abs. 4 und 5 entsprechend. Für die Feststellung der Prüfungsnote zählen die drei Prüfungsteile je einfach.

(4) Im Bereich Ernährung und Gesundheit soll der Prüfling im Profil Hauswirtschaft und Ernährung nachweisen, dass er hauswirtschaftliche Aufgaben dem Bedarf entsprechend in organisatorischer, wirtschaftlicher und technischer Hinsicht richtig planen und ausführen kann. Im Profil Gesundheit und Pflege soll der Prüfling nachweisen, dass er in der Lage ist, eine pflegerische Problemstellung in pflegerischer und labortechnischer Hinsicht zu bewältigen und die hiermit im Zusammenhang stehenden Büroarbeiten sachgerecht zu erledigen, wobei sich die einzelne Prüfung je nach Aufgabenstellung jeweils auch auf den pflegerischen oder den labortechnischen Aspekt und die hiermit jeweils in Verbindung stehenden Büroarbeiten beschränken kann. Im Profil Ernährung und Gastronomie soll der Prüfling nachweisen, dass er in der Lage ist, eine ganzheitliche gastronomische Aufgabenstellung mit den Schwerpunkten Organisation, Nahrungszubereitung und Service zu bewältigen. Für die Durchführung gilt Folgendes:

1. Die Prüfung besteht jeweils aus einer schriftlichen Ausarbeitung und einem praktischen Teil. Der Gesamtumfang der Prüfung beträgt im Profil
   a) Hauswirtschaft und Ernährung 180 Minuten,
   b) Gesundheit und Pflege 120 Minuten,
   c) Ernährung und Gastronomie 180 Minuten.

Die schriftliche Ausarbeitung umfasst jeweils etwa ein Drittel des Gesamtumfangs der Prüfung.

2. Die Aufgaben werden vom Vorsitzenden des Prüfungsausschusses aufgrund von Vorschlägen der Fachlehrkräfte gestellt.
3. Für die Korrektur und Bewertung der schriftlichen Ausarbeitung gilt § 15 Abs. 5 entsprechend mit der Maßgabe, dass anstelle des Vorsitzenden des Prüfungsausschusses der Leiter des Fachausschusses tritt.
4. Für die Beaufsichtigung und die Bewertung des praktischen Teils gilt Absatz 2 Nr. 3 und 4 entsprechend.
5. Bei der Ermittlung der Note der praktischen Prüfung zählen die Note der schriftlichen Ausarbeitung einfach und die Note des praktischen Teils zweifach. Der Durchschnitt ist auf die erste Dezimale zu berechnen und auf eine ganze oder halbe Note zu runden; § 15 Abs. 5 Satz 2 Halbsatz 2 gilt entsprechend.
6. Absatz 2 Satz 2 Nr. 5 gilt entsprechend.

(5) Die Note der praktischen Prüfung wird dem Schüler fünf bis sieben Tage vor der mündlichen Prüfung bekanntgegeben.

(6) Der Schulleiter kann bestimmen, dass die praktische Prüfung durch die Durchführung einer Projektprüfung mit Präsentation im Bereich der berufspraktischen Kompetenz ersetzt wird. Für die Durchführung der Projektprüfung gilt Folgendes:

1. Die Projektprüfung besteht aus der Planung, der Durchführung, der Dokumentation und Präsentation eines Projekts.
2. Der Zeitpunkt der Abnahme der Projektprüfung wird vom Schulleiter bestimmt. Dabei kann auch bestimmt werden, dass die Prüfung bereits vor der Feststellung der Anmeldenoten nach § 13 durchgeführt wird.
3. Die Projektprüfung wird von einem Fachausschuss abgenommen. Für dessen Zusammensetzung gilt § 14 Abs. 3 Satz 3 bis 5 entsprechend.
4. Das Thema der Projektprüfung wird im Rahmen der Bildungs- und Lehrpläne auf Vorschlag der jeweiligen Fachlehrkräfte im Fach Berufspraktische Kompetenz, die die Schüler in angemessener Form bei der Themenfindung beteiligen, vom Vorsitzenden des Prüfungsausschusses festgelegt.
5. Die Projektprüfung wird in Form einer Gruppenprüfung der an dem jeweiligen Projekt beteiligten Prüflinge durchgeführt, bei der jeder Prüfling eine individuelle Leistungsbewertung erhält; sofern das Projekt nur von einem Prüfling durchgeführt wurde, findet eine Einzelprüfung statt.
6. Die Planung und Durchführung des Projekts einschließlich der Dokumentation umfasst 10 bis 20 Zeitstunden, die Präsentation soll die Dauer von 10 bis 15 Minuten je Prüfling nicht überschreiten.
7. Für die Führung der Aufsicht, die Bewertung und die Niederschrift gilt Absatz 2 Satz 2 Nr. 3 bis 5 entsprechend.
8. Soweit eine Projektprüfung durchgeführt wurde, ist deren Thema im Zeugnis anzugeben.
9. Die für die Projektprüfung erteilte Note gilt als Note der praktischen Prüfung im Sinne von § 18 Abs. 2 Nr. 2.

§ 17
Mündliche Prüfung

(1) Die mündliche Prüfung soll keine Wiederholung, sondern eine Ergänzung der schriftlichen Prüfung sein. Sie soll in der Regel 10 bis 15 Minuten je Prüfling und Fach dauern.

(2) Die mündliche Prüfung wird in der Regel als Einzelprüfung durchgeführt. Der Vorsitzende des Prüfungsausschusses kann hiervon abweichend die Durchführung einer Gruppenprüfung zulassen, wenn dies aus organisatorischen oder thematischen Gründen der Durchführung der Prüfung förderlich ist. Bei Gruppenprüfungen können bis zu drei Prüflinge zusammen geprüft werden.

Erfordert die Aufgabenstellung eine Einlesezeit oder eine thematische Herleitung und Durchdringung, gewährt der Fachausschuss zusätzlich die nach seiner Entscheidung für die Erfassung der Aufgabe erforderliche Einarbeitungszeit, in der sich der Prüfling unter Aufsicht auf die mündliche Prüfung vorbereiten kann. Die Einarbeitungszeit darf 15 Minuten nicht überschreiten.

(3) Die mündliche Prüfung kann sich auf alle maßgebenden Fächer des zweiten Schuljahres mit Ausnahme der Fächer Berufspraktische Kompetenz, Englisch, Projektkompetenz und Sport erstrecken.

(4) Aufgrund der Anmeldenoten und gegebenenfalls der Noten der schriftlichen Prüfung bestimmt der Vorsitzende des Prüfungsausschusses, in welchen Fächern mündlich zu prüfen ist. Jeder Prüfling wird mindestens in einem Fach und soll in nicht mehr als drei Fächern geprüft werden. Die zu prüfenden Fächer sind dem Prüfling fünf bis sieben Unterrichtstage vor der mündlichen Prüfung bekanntzugeben. Darüber hinaus kann der Prüfling bis zum nächsten Schultag dem Schulleiter schriftlich bis zu zwei weitere Fächer nach Absatz 3 benennen, in denen er mündlich zu prüfen ist.

(5) Im Anschluss an jede mündliche Prüfung setzt der Fachausschuss das Ergebnis der mündlichen Prüfung auf Vorschlag des Prüfers fest; dabei sind ganze und halbe Noten zu verwenden. § 16 Abs. 2 Satz 2 Nr. 4 Satz 2 und 3 gilt entsprechend.

(6) Über die mündliche Prüfung jedes einzelnen Prüflings ist eine Niederschrift zu fertigen, die von den Mitgliedern des Fachausschusses unterschrieben wird.

§ 18
Ermittlung des Prüfungsergebnisses

(1) Die Endnoten in den einzelnen Fächern ermittelt der Vorsitzende des Prüfungsausschusses aufgrund der Anmeldenoten und der Prüfungsleistungen. Hierbei wird der Durchschnitt auf die erste Dezimale errechnet und in der üblichen Weise auf eine ganze Note gerundet (Beispiel: 2,5 bis 3,4 auf »befriedigend«).

(2) Bei der Ermittlung der Endnoten zählen:

1. in Fächern, in denen schriftlich und mündlich geprüft wurde,
   die Anmeldenote,
   die Note der schriftlichen Prüfung und
   die Note der mündlichen Prüfung
   je einfach,
2. in Fächern, in denen nur schriftlich, praktisch oder mündlich geprüft wurde, die Anmeldenote einfach und die Prüfungsnote doppelt.

(3) In Fächern, in denen nicht geprüft wurde, werden die Anmeldenoten als Endnoten in das Zeugnis übernommen.

(4) Der Vorsitzende des Prüfungsausschusses stellt fest, wer die Abschlussprüfung bestanden hat. Hierfür gelten die Bestimmungen des § 8 Abs. 2 entsprechend.

(5) Über die Feststellung der Ergebnisse der Prüfung ist vom Vorsitzenden des Prüfungsausschusses eine Niederschrift zu fertigen.

(6) Die Niederschriften über die einzelnen Teile der Prüfung, über die Feststellung der Prüfungsergebnisse, eine Liste mit den Prüfungsergebnissen und die Prüfungsarbeiten sind bei den Schulakten aufzubewahren. Die Niederschriften und die Prüfungsarbeiten können nach Ablauf von drei Jahren seit der Feststellung der Ergebnisse der Prüfung vernichtet werden.

§ 19
Zeugnis

(1) Wer die Abschlussprüfung bestanden hat, erhält das Zeugnis der Fachschulreife mit den nach § 18 Abs. 1 bis 3 ermittelten Endnoten.

(2) Wer an der Abschlussprüfung teilgenommen und sie nicht bestanden hat und die Schule verlässt, erhält ein Abgangszeugnis mit den nach § 18 Abs. 1 bis 3 ermittelten Endnoten.

→ Zeugnisse (Berufliche Schulen)

(3) Schüler des zweiten Schuljahres, die an der Abschlussprüfung nicht oder nur teilweise teilgenommen haben, erhalten ein Zeugnis über die bis zum Ausscheiden erbrachten Leistungen oder, sofern sie bereits vorliegen, mit den Anmeldenoten nach § 13 Abs. 2; Prüfungsleistungen bleiben unberücksichtigt. Schüler, die an der Abschlussprüfung teilgenommen und sie nicht bestanden haben und das zweite Schuljahr wiederholen, erhalten ein Jahreszeugnis mit den nach § 18 Abs. 1 bis 3 ermittelten Endnoten.

(4) In den Zeugnissen nach den Absätzen 2 und 3 ist zu vermerken, dass das Ausbildungsziel der Berufsfachschule nicht erreicht ist.

§ 20
Wiederholung, Entlassung

(1) Wer die Abschlussprüfung nicht bestanden hat, kann sie nach erneutem Besuch des zweiten Schuljahres einmal wiederholen. Absatz 4 Satz 2 bleibt unberührt.

(2) Wer an der Abschlussprüfung ganz oder teilweise aus wichtigem Grund nicht teilgenommen hat, kann das zweite Schuljahr wiederholen, wenn auch die Teilnahme an einer Nachprüfung nicht möglich war. Die Prüfung gilt als nicht unternommen.

(3) Für eine vollständige oder teilweise freiwillige Wiederholung des zweiten Schuljahres gilt § 9 Abs. 3 entsprechend mit der Maßgabe, dass der schriftliche Antrag auf die Zulassung einer freiwilligen Wiederholung spätestens am Tag vor Beginn der schriftlichen Prüfung bei der Schule eingegangen sein muss. Die freiwillige Wiederholung auch nur eines Teils des zweiten Schuljahres gilt als Nichtbestehen der Abschlussprüfung.

(4) Wer die Abschlussprüfung auch bei Wiederholung nicht bestanden hat, muss die Berufsfachschule verlassen. Abweichend von Absatz 1 Satz 1 muss die Berufsfachschule ebenfalls verlassen, wer durch ein gezielt auf das Nichtbestehen der Abschlussprüfung gerichtetes Verhalten das Bestehen der Prüfung vereitelt. Vor Beginn der Prüfung ist auf diese Bestimmung hinzuweisen.

(5) Bei bestandener Abschlussprüfung ist weder eine Wiederholung der Ausbildung noch eine Wiederholung der Abschlussprüfung zulässig.

Hinweis der Redaktion: § 21 (Nichtteilnahme, Rücktritt) ist hier nicht abgedruckt, da inhaltsgleich mit § 23 → Berufsfachschule Altenpflegehilfe.

§ 22 (Täuschungshandlungen, Ordnungsverstöße) ist mit Ausnahme von Satz 3 in Absatz 3 identisch mit § 24 → Berufsfachschule Altenpflegehilfe. Dieser Satz lautet: „Die Entscheidung trifft bei der schriftlichen Prüfung und der praktischen Prüfung an der Wirtschaftsschule der Schulleiter, bei der mündlichen Prüfung und im Übrigen bei der praktischen Prüfung der Vorsitzende des Prüfungsausschusses."

5. Abschnitt
Prüfung für Schulfremde

§ 23
Teilnehmer

Wer das Zeugnis der Fachschulreife erwerben will, ohne eine öffentliche oder staatlich anerkannte zweijährige zur Prüfung der Fachschulreife führende Berufsfachschule besucht zu haben, kann als außerordentlicher Teilnehmer (Schulfremder) die Abschlussprüfung ablegen.

§ 24
Zeitpunkt

Die Prüfung für Schulfremde findet einmal jährlich, in der Regel zusammen mit der Abschlussprüfung an den öffentlichen Berufsfachschulen statt.

§ 25
Meldung

(1) Die Meldung zur Prüfung ist bis zum 1. Dezember für die Prüfung im darauf folgenden Jahr an die öffentliche zweijährige zur Prüfung der Fachschulreife führende Berufsfachschule zu richten, an der die Prüfung durchgeführt werden soll. Die Meldungen von Prüflingen der staatlich genehmigten, aber noch nicht staatlich anerkannten privaten Schulen erfolgt bei der oberen Schulaufsichtsbehörde, in deren Bezirk die Privatschule liegt.

(2) Der Meldung sind beizufügen:

1. ein Lebenslauf in tabellarischer Form mit Angaben über den bisherigen Bildungsweg und gegebenenfalls über die ausgeübte Berufstätigkeit,
2. die Geburtsurkunde und ein Lichtbild,
3. die Abschluss- beziehungsweise Abgangszeugnisse der besuchten Schulen (beglaubigte Abschriften oder Ablichtungen),
4. eine Erklärung darüber, ob und gegebenenfalls mit welchem Ergebnis der Bewerber schon an Prüfungen einer zweijährigen zur Prüfung der Fachschulreife führenden Berufsfachschule teilgenommen hat,
5. eine Erklärung darüber, in welchem Bereich, gegebenenfalls in welchem Profil und bei der Berufsfachschule des gewerblich-technischen Bereichs in welchem Berufsfeld er die Prüfung ablegen möchte,
6. Angaben über die schulische Vorbereitung auf die Prüfung oder über den Selbstunterricht des Bewerbers sowie den in allen Prüfungsfächern durchgearbeiteten Lehrstoff und die benutzte Literatur.

(3) Für die Schüler der staatlich genehmigten, aber noch nicht staatlich anerkannten privaten Schulen kann anstelle der Meldung durch den einzelnen Prüfling die Sammelmeldung der Schule treten, die Vor- und Zuname, Geburtstag, Geburtsort und Anschrift des Bewerbers enthalten muss. Der Sammelmeldung sind die Unterlagen nach Absatz 2 beizufügen.

§ 26

Voraussetzung für die Zulassung

(1) Schulfremde können die Prüfung nicht eher ablegen, als es ihnen bei normalem Schulbesuch möglich wäre.

(2) Zur Prüfung wird nur zugelassen,

1. wer die Voraussetzungen für die Aufnahme in die Berufsfachschule nach § 4 erfüllt,
2. wer nicht bereits zweimal die Prüfung nicht bestanden hat,
3. wer nicht bereits die Fachschulreife erworben hat.

(3) Zur Prüfung wird in der Regel nur zugelassen, wer in Baden-Württemberg seinen ständigen Wohnsitz hat oder in Baden-Württemberg an einer staatlich genehmigten Schule oder einer sonstigen Unterrichtseinrichtung auf die Schulfremdenprüfung vorbereitet wurde.

=> *Fortsetzung auf der nächsten Seite*

Berufsfachschule Fachschulreife (Stundentafel)

Anlage (zu § 2 Abs. 3)

Stundentafel der zweijährigen zur Prüfung der Fachschulreife führenden Berufsfachschulen

(durchschnittliche Zahl der Wochenstunden)

Bereich	kaufmännisch	gewerblich-techisch	Ernährung und Gesundheit			kaufmännisch	gewerblich-technich	Ernährung und Gesundheit		
Profil			Hausw. u. Ernährung	Gesundheit und Pflege	Ernährung und Gastronomie			Hausw. u. Ernährung	Gesundheit und Pflege	Ernährung und Gastronomie
	1. Schuljahr					2. Schuljahr				
1. Pflichtbereich										
1.1 Allgemeiner Bereich										
Deutsch	3					2				
Englisch	3					4				
Mathematik	3					4				
Geschichte und Gemeinschaftskunde	2					2				
Biologie oder Chemie oder Physik	2					2				
Religionslehre	2					1				
Sport	2					2				
Summe	17					17				
1.2 Profilbereich										
Berufsfachliche Kompetenz	7	4	5	6	5	7	4	5	6	5
Projektkompetenz[1)]	-	-	-	-	-	-	-	-	-	-
Berufspraktische Kompetenz	2	9	6	5	6	2	9	6	5	6
Summe	9	13	11	11	11	9	13	11	11	11
2. Wahlpflichtbereich[2]										
Stützunterricht [3)]										
Betriebspraktikum [4)]										
Physik, Chemie, Biologie										
Berufliches Vertiefungsfach										
Summe	4					4				
3. Wahlbereich										
Summe	30	34	32	32	32	30	34	32	32	32

1) Die Projektkompetenz ist ein eigenständiges Fach. Sie wird jedoch integrativ, im Schwerpunkt im Rahmen des Unterrichts der Berufsfachlichen Kompetenz, unterrichtet. Der Umfang der Projektkompetenz umfasst hierbei im kaufmännischen Bereich sowie im Bereich Ernährung und Gesundheit ca. 1/5, im gewerblichen Bereich ca. 1/4.

2) Von den Fächern Physik, Chemie, Biologie, Berufliches Vertiefungsfach ist mindestens eines mit mindestens 2 Stunden zu unterrichten.

3) Stützunterricht kann sich auf jedes Fach des Pflichtbereichs erstrecken, mit Ausnahme von Sport und Religion. Hierbei ist eine prioritäre Förderung des Faches Deutsch anzustreben

4) Zur Betreuung des Praktikums können, abhängig von der Schülerzahl, bei einem Praxistag bis zu 2 Lehrerwochenstunden verwendet werden.

§ 27
Entscheidung über die Zulassung

Die öffentliche Berufsfachschule entscheidet über die Zulassung zur Prüfung. Bei Bewerbern von staatlich genehmigten Schulen trifft diese Entscheidung die obere Schulaufsichtsbehörde. Sie bestimmt die öffentliche Berufsfachschule, an der die Prüfung abzulegen ist. Dabei kann sie zulassen, dass die schriftliche und die praktische Prüfung im Gebäude der staatlich genehmigten Schule abgenommen wird. Leitung und Beaufsichtigung der Prüfung regelt in diesem Fall die obere Schulaufsichtsbehörde.

§ 28
Durchführung der Prüfung

(1) Für die zugelassenen Bewerber gelten §§ 10 bis 12, 14, 15, 16 Abs. 1 bis 5, §§ 17, 18, 20 bis 22 entsprechend mit folgender Maßgabe:

1. Fachlehrkräfte im Sinne von § 14 Abs. 3 Nr. 2 und § 15 Abs. 5 sind die vom Vorsitzenden des Prüfungsausschusses bestimmten Fachlehrkräfte einer öffentlichen Schule, in der Regel der Berufsfachschule, welcher der Bewerber zur Ablegung der Prüfung zugewiesen ist.
2. Die mündliche Prüfung erstreckt sich auf alle maßgebenden Fächer (§ 3 Abs. 1) mit Ausnahme von Religionslehre, Sport und der Fächer der praktischen Prüfung. Ein schriftlich geprüftes Fach wird nur dann in die mündliche Prüfung einbezogen, wenn der Prüfling dies spätestens vier Unterrichtstage vor der mündlichen Prüfung schriftlich verlangt.
3. Die mündliche Prüfung wird als Einzelprüfung durchgeführt.
4. Bei der Feststellung des Ergebnisses der Prüfung zählen allein die Prüfungsleistungen.
5. Die Schule kann im Einzelfall auf Antrag die Prüfung in einer anderen Fremdsprache zulassen.

(2) Die Prüflinge haben sich bei Beginn der Prüfung mit einem mit Lichtbild versehenen amtlichen Ausweis auszuweisen und diesen während der gesamten Prüfung bei sich zu führen und auf Verlangen vorzuzeigen.

(3) Wer die Abschlussprüfung bestanden hat, erhält das Abschlusszeugnis für Schulfremde. Wer die Prüfung nicht bestanden hat, erhält auf Verlangen eine Bescheinigung über die Teilnahme an der Prüfung, über das Ergebnis der Prüfung und über die ermittelten Einzelnoten.

→ Berufsfachschule (Zweijährig) – Stundentafel; ⇨ Handy-Nutzung; ⇨ Korrekturtag; → Weiterentwicklung VAB / BEJ / 1BFS / 2BFS; → Termine Berufliche Schulen; → Zeugnisse (Berufliche Schulen)

Berufsfachschule Gewerblich (Einjährig)

Ausbildungs- und Prüfungsordnung des KM für die Ausbildung und Prüfung an den einjährigen gewerblichen Berufsfachschulen in Ausbildungsberufen nach der Lernfeldkonzeption (Schulversuchsbestimmungen vom 24. August 2005; Stand: 15. Juli 2009)

Hinweis der Redaktion: Die Verordnung des KM über die Ausbildung und den Abschluss an einjährigen gewerblichen Berufsfachschulen vom 11.2.1992 ist im Jahrbuch 2015 abgedruckt.

1. Abschnitt - Allgemeines

§ 1
Geltungsbereich, Bezeichnungen

(1) Diese Ausbildungs- und Prüfungsordnung gilt für die Ausbildung und den Abschluss an den einjährigen Berufsfachschulen des gewerblich-technischen Bereichs für die in den Anlagen 1.1 bis 1.3 aufgeführten Berufsfelder und Ausbildungsberufe.

→ Berufsfachschule Gewerblich (Einjährig) – Stundentafel

(2) Soweit die nachfolgenden Bestimmungen Personenbegriffe wie Schüler, Leiter, Schulleiter, Prüfer oder Bewerber enthalten, sind dies funktions- oder statusbezogene Bezeichnungen, die gleichermaßen auf Frauen und Männer zutreffen.

§ 2
Ausbildungsziel, Dauer der Ausbildung

(1) Die Ausbildung an den einjährigen gewerblichen Berufsfachschulen vermittelt die nach den Ausbildungsordnungen in der Grundstufe vorgesehenen berufsfachlichen und berufspraktischen Kenntnisse, Fertigkeiten und Fähigkeiten in einem oder mehreren Ausbildungsberufen, in einem Vertiefungsbereich eines Berufsfeldes oder auf der Breite eines Berufsfeldes.

(2) Die Ausbildung dauert ein Schuljahr.

§ 3
Bildungsplan, Stundentafel, Betriebspraktikum

(1) Der Unterricht richtet sich nach den vom Kultusministerium für verbindlich erklärten Bildungs- und Lehrplänen sowie nach den als Anlagen 1.1 bis 1.3 beigefügten Stundentafeln.

→ Berufsfachschule Gewerblich (Einjährig) – Stundentafel

(2) Die in den Stundentafeln ausgewiesene Projektkompetenz ist integrativer Bestandteil des berufstheoretischen Unterrichts. Sie vermittelt insbesondere diejenigen in den Bildungs- und Lehrplänen genannten Kompetenzen, die über rein berufsspezifische Fachqualifikationen hinausgehen.

(3) Zur Ergänzung und Vertiefung der berufspraktischen Ausbildung sollen die Schüler ein schulisch begleitetes Betriebspraktikum mit einer Dauer von vier bis sechs Wochen in geeigneten Betrieben

absolvieren. Das Betriebspraktikum wird von der Schule entsprechend der örtlichen Situation und in Absprache mit den Betrieben organisiert und inhaltlich ausgestaltet.

§ 4
Maßgebende Noten, Zeugnis, Klassenarbeiten

(1) Für die Entscheidung über das Bestehen der Abschlussprüfung sind alle Noten des Pflichtbereichs mit Ausnahme der in Religionslehre oder Ethik erteilten Note maßgebend.

(2) Die Schüler erhalten am Ende des ersten Schulhalbjahres ein Halbjahreszeugnis und am Ende des Schuljahres ein Zeugnis nach § 11. Wurde am Unterricht in einem Fach des Wahlpflichtbereichs teilgenommen, wird die erzielte Note im jeweiligen Zeugnis ausgebracht; bei der Entscheidung über das Bestehen der Abschlussprüfung ist sie nicht zu berücksichtigen. Die Bestimmungen des 4. Abschnitts bleiben unberührt.

(3) In Berufsfachliche Kompetenz und Projektkompetenz sind zusammengenommen mindestens acht Klassenarbeiten anzufertigen. Hiervon muss mindestens eine und können höchstens drei Klassenarbeiten durch gleichwertige Feststellungen (besondere Lernleistungen) im Sinne von § 9 Abs. 6 der ⇨ Notenbildungsverordnung [...] ersetzt werden.

2. Abschnitt
Aufnahmeverfahren

§ 5
Aufnahmevoraussetzungen

(1) Voraussetzungen für die Aufnahme in die Berufsfachschule sind:

1. der Nachweis eines Vorvertrages zum Berufsausbildungsvertrag oder einer schriftlichen Ausbildungsplatzzusage und
2. das Abschlusszeugnis oder Abgangszeugnis der Hauptschule oder der Nachweis eines dem Hauptschulabschluss gleichwertigen Bildungsstandes.

(2) Sofern die Aufnahmekapazität der Schule durch Bewerber nach Absatz 1 nicht erschöpft ist, kann der Schulleiter auch Bewerber ohne Vorvertrag zum Berufsausbildungsvertrag oder ohne Ausbildungsplatzzusage aufnehmen, wenn deren bisherigen schulischen Leistungen erwarten lassen, dass sie den Anforderungen der einjährigen gewerblichen Berufsfachschule genügen werden.

§ 6
Aufnahmeantrag

(1) Der Aufnahmeantrag ist an die Berufsfachschule zu richten, an der die Ausbildung erfolgen soll. Der Termin, zu dem der Antrag bei der Schule eingegangen sein muss, wird, soweit er nicht vom Kultusministerium oder von der oberen Schulaufsichtsbehörde festgelegt wird, vom Schulleiter bestimmt und auf geeignete Weise bekanntgegeben. Dem Antrag sind beizufügen:

1. ein Lebenslauf in tabellarischer Form mit Angaben über den bisherigen Bildungsweg,
2. beglaubigte Abschriften der Zeugnisse und Nachweise gemäß § 5,
3. eine Erklärung darüber, ob und gegebenenfalls mit welchem Ergebnis der Bewerber bereits eine einjährige gewerbliche Berufsfachschule oder ein Berufsgrundbildungsjahr besucht hat.

Sofern der Nachweis nach § 5 Abs. 1 Nr. 2 zum Anmeldetermin noch nicht erbracht werden kann, ist die beglaubigte Abschrift unverzüglich nachzureichen; dem Aufnahmeantrag ist in diesem Falle eine beglaubigte Abschrift des Halbjahreszeugnisses der Abschlussklasse der Hauptschule beizufügen.

(2) Über den Aufnahmeantrag entscheidet der Schulleiter. Er kann eine angemessene Frist setzen, innerhalb der sich der Bewerber erklären muss, ob er die Zusage über die Aufnahme annimmt.

3. Abschnitt
Berufspraktische Abschlussprüfung

§ 7
Zweck der Prüfung

In der berufspraktischen Abschlussprüfung soll der Schüler nachweisen, dass er über die geforderten berufspraktischen Fertigkeiten und Fähigkeiten verfügt.

§ 8
Ort, Zeitpunkt und Dauer der Prüfung, Aufgabenstellung

(1) Die berufspraktische Abschlussprüfung wird an der Berufsfachschule abgenommen.

(2) Der Zeitpunkt der Prüfung wird vom Kultusministerium festgelegt.

(3) Die Prüfungsaufgaben werden im Rahmen der Bildungs- und Lehrpläne vom Schulleiter aufgrund von Vorschlägen des Fachausschusses gestellt, sofern die obere Schulaufsichtsbehörde oder das Kultusministerium nichts anderes bestimmen.

(4) Die Prüfung dauert sechs bis zwölf Zeitstunden, sofern die obere Schulaufsichtsbehörde oder das Kultusministerium nichts anderes bestimmen.

§ 9
Fachausschuss

(1) Für die berufspraktische Abschlussprüfung werden an jeder Berufsfachschule die erforderlichen Fachausschüsse gebildet. Jedem Fachausschuss gehören an:

1. als Leiter der Schulleiter oder eine von ihm beauftragte Lehrkraft, soweit die obere Schulaufsichtsbehörde vor Beginn der Prüfung nichts anderes bestimmt,
2. die Lehrkräfte, die in dem berufspraktischen Bereich, der Gegenstand der Prüfung ist, unterrichten,
3. bis zu zwei weitere Mitglieder, die vom Schulleiter aus dem Kreis der Mitglieder der für den Abschluss in dem jeweiligen Ausbildungsberuf zuständigen Prüfungsausschüsse auf Vorschlag der zuständigen Stelle nach dem Berufsbildungsgesetz berufen werden.

Die obere Schulaufsichtsbehörde kann weitere Mitglieder berufen.

(2) Die Mitglieder des Fachausschusses sind bei ihrer Tätigkeit als Prüfer unabhängig. Sie sind zur

Amtsverschwiegenheit über alle Prüfungsangelegenheiten verpflichtet. Der Leiter hat sie vor Beginn der Prüfung hierüber zu belehren.

(3) Der Fachausschuss bewertet das Ergebnis der berufspraktischen Prüfung; dabei sind ganze und halbe Noten zu verwenden. Kann sich der Fachausschuss mehrheitlich nicht für eine bestimmte Note entscheiden, so gibt die Stimme des Leiters den Ausschlag. Der Fachausschuss ist beschlussfähig, wenn mindestens zwei Drittel der Mitglieder anwesend sind.

(4) Die Aufsicht während der Prüfung wird durch die Mitglieder des Fachausschusses abwechselnd ausgeübt. Der Leiter des Fachausschusses kann weitere fachkundige Personen zur Aufsichtsführung beiziehen.

(5) Über die berufspraktische Abschlussprüfung ist eine Niederschrift zu fertigen, die von den Mitgliedern des Fachausschusses unterschrieben wird.

§ 10
Ermittlung des Prüfungsergebnisses

(1) Die Endnoten werden von der Klassenkonferenz wie folgt ermittelt:

1. Aus den Einzelleistungen, die während des Schuljahres im Pflichtbereich mit Ausnahme der Berufspraktischen Kompetenz erbracht wurden, sind ganze Jahresnoten zu bilden, die als Endnoten in das Abschlusszeugnis übernommen werden.
2. In Berufspraktischer Kompetenz wird die Endnote aufgrund der Anmeldenote, die aus den während des Schuljahres erbrachten Einzelleistungen in Form einer ganzen Note zu ermitteln ist, und der Prüfungsnote, die als ganze oder halbe Note gebildet werden kann, ermittelt. Hierbei zählt die Anmeldenote einfach und die Prüfungsnote doppelt. Der Durchschnitt der so gewichteten Noten ist auf die erste Dezimale zu errechnen; ein errechneter Mittelwert von besser als 4,0 wird auf eine ganze Note gerundet, wobei Dezimalen bis 0,4 auf eine ganze Note abzurunden und Dezimalen ab 0,5 auf eine ganze Note aufzurunden ist. Ein Mittelwert von 4,1 bis 5,4 ist auf „mangelhaft", ein Mittelwert von 5,5 und schlechter auf „ungenügend" zu runden.

(2) Das Ziel der Berufsfachschule ist erreicht, wenn

1. die Leistungen in Berufspraktischer Kompetenz und in Berufsfachlicher Kompetenz nicht schlechter als mit „ausreichend" bewertet sind und
2. nicht mehr als eine der übrigen maßgebenden Noten schlechter als mit „ausreichend" bewertet ist. Sind zwei dieser Noten schlechter als mit „ausreichend" bewertet, muss für beide Noten ein Ausgleich gegeben sein. Ausgeglichen werden können
   a) die Note „mangelhaft" durch mindestens die Note „befriedigend",
   b) die Note „ungenügend" durch eine Note „sehr gut" oder durch zwei Noten „gut".

(3) Die Klassenkonferenz stellt in der Schlusssitzung fest, wer das Ziel der einjährigen gewerblichen Berufsfachschule erreicht hat. Nach der Schlusssitzung ist das Ergebnis den Schülern unverzüglich mitzuteilen.

§ 11
Zeugnis

(1) Wer das Ziel der Berufsfachschule erreicht hat, erhält ein Abschlusszeugnis nach Anlage 2 mit den nach § 10 Abs. 1 ermittelten Noten.

(2) Wer das Ziel der Berufsfachschule nicht erreicht hat und die Schule verlässt, erhält ein Abgangszeugnis nach Anlage 3 mit den nach § 10 Abs. 1 ermittelten Noten.

(3) Wer das Ziel der Berufsfachschule nicht erreicht hat und das Schuljahr wiederholt, erhält ein Jahreszeugnis mit den nach § 10 Abs. 1 ermittelten Endnoten.

(4) In den Zeugnissen nach Abs. 2 und 3 ist zu vermerken, dass das Ausbildungsziel der einjährigen gewerblichen Berufsfachschule nicht erreicht wurde.

→ Zeugnisse (Berufliche Schulen)

§ 12
Wiederholung, Entlassung

(1) Wer das Ziel der Berufsfachschule nicht erreicht hat, kann das Schuljahr einmal wiederholen.

(2) Wer das Ziel der Berufsfachschule auch nach Wiederholung des Schuljahres nicht erreicht hat, muss die Berufsfachschule verlassen.

§ 13
Nichtteilnahme, Rücktritt

Hinweis der Redaktion: Dieser Paragraf ist mit einer Ausnahme inhaltsgleich mit § 23 → Berufsfachschule Altenpflegehilfe: „Über das Vorliegen eines wichtigen Grundes entscheidet der Leiter des Fachausschusses."

§ 14
Täuschungshandlungen, Ordnungsverstöße

Hinweis der Redaktion: Dieser Paragraf ist – mit Ausnahme von Absatz 3 Satz 2: Die Entscheidung trifft der Leiter des Fachausschusses. – wortgleich mit § 24 → Berufsfachschule Altenpflegehilfe.

4. Abschnitt
Zusatzprüfung im Fach Englisch

§ 15
Teilnahmevoraussetzung, Durchführung

(1) Schüler ohne Abschlusszeugnis der Hauptschule und Schüler, deren Hauptschulabschlusszeugnis keine Fremdsprache ausweist, können an der Zusatzprüfung im Fach Englisch teilnehmen. Die Zusatzprüfung kann nur ablegen, wer den als Wahlfach angebotenen Unterricht im Fach Englisch besucht hat.

(2) Im Übrigen gelten die Bestimmungen des 4. Abschnitts der Verordnung [...] über die Ausbildung und Prüfung an den Hauswirtschaftlichen Berufsfachschulen [...] entsprechend.

→ Berufsfachschule Hauswirtschaft

→ Berufsfachschule Altenpflegehilfe; → Berufsfachschule Gewerblich (Einjährig); → Berufsfachschule Hauswirtschaft; ⇨ Handy-Nutzung; ⇨ Korrekturtag; → Termine Berufliche Schulen; → Weiterentwicklung VAB / BEJ / 1BFS / 2BFS; → Zeugnisse (Berufliche Schulen)

Berufsfachschule Gewerblich (Einjährig) / (Stundentafeln)

Stundentafel der einjährigen gewerblichen Berufsfachschule für die Berufsfelder

- **Drucktechnik (Medientechnik) mit den Berufsgruppen Technik / Medien / Medienberatung**
- **Fahrzeugtechnik**
- **Farbtechnik und Raumgestaltung**
- **Elektrotechnik mit den Berufsgruppen Elektronik / Informationselektronik**
- **Ernährung und Hauswirtschaft (gewerbliche Berufe) mit den Berufsgruppen Backwarenherstellung / Fleischverarbeitung**
- **Metalltechnik mit den Berufsgruppen Feinwerk- und Metallbautechnik / Installationstechnik**
- **Textiltechnik und Bekleidung**
- **Körperpflege**
- **Holztechnik**

(durchschnittliche Zahl der Wochenstunden)

1. Pflichtbereich	
Religionslehre	1
Deutsch	1
Gemeinschaftskunde	1
Wirtschaftskompetenz	1
Berufsfachliche Kompetenz [1] } Projektkompetenz [2] }	8
Berufspraktische Kompetenz	18
2. Wahlpflichtbereich	2
Stützunterricht	
Ergänzende Fächer, z.B.	
– Computeranwendung	
– Berufsbezogene Sprache	
– Sport	
Summe	32

1) siehe hierzu: Lernfeldübersicht.
Das bisherige Fach Technologiepraktikum ist integriert und soll mit insgesamt 2 Wochenstunden unterrichtet werden. Bei Kürzung kann stattdessen Laborunterricht erteilt werden. Im Bereich der Berufsfachlichen Kompetenz und der Projektkompetenz kann computerbezogener Unterricht oder Laborunterricht mit insgesamt einer Wochenstunde in Klassenteilung erteilt werden.

2) Die Projektkompetenz ist integrativer Bestandteil des Lernfeldunterrichts im berufsfachlichen Bereich. Der Anteil der Projektkompetenz umfasst hieran ca. ¼.

Stundentafel der einjährigen gewerblichen Berufsfachschule für das Berufsfeld Bautechnik

(durchschnittliche Zahl der Wochenstunden)

1. Pflichtbereich	
Religionslehre	2
Deutsch	1
Gemeinschaftskunde	1
Wirtschaftskompetenz	1
Berufsfachliche Kompetenz [1] } Projektkompetenz [2] }	9
Berufspraktische Kompetenz	18
2. Wahlpflichtbereich	2
Stützunterricht	
Ergänzende Fächer, z.B.	
– Computeranwendung	
– Berufsbezogene Sprache	
– Sport	
Summe	34

Stundentafel der einjährigen gewerblichen Berufsfachschule für die Ausbildungsberufe Bauzeichner / Bauzeichnerin, Glaser / Glaserin, Maskenbildner / Maskenbildnerin

(durchschnittliche Zahl der Wochenstunden)

1. Pflichtbereich	
Religionslehre	1
Deutsch	1
Gemeinschaftskunde	1
Wirtschaftskompetenz	1
Berufsfachliche Kompetenz [1] } Projektkompetenz [2] }	7
Berufspraktische Kompetenz	18
2. Wahlpflichtbereich	2
Stützunterricht	
Ergänzende Fächer, z.B.	
– Computeranwendung	
– Berufsbezogene Sprache	
– Sport	
Summe	**31**

Zu den Querverweisen im Sonderteil des Jahrbuchs für die beruflichen Schulen

Mit dem Zeichen ⇨ verweisen wir auf korrespondierende Beiträge im Standard-Teil des Jahrbuchs.
Mit dem Zeichen → verweisen wir auf Beiträge im Sonderteil berufliche Schulen.

Das Standard-Jahrbuch enthält die dienst- und arbeitsrechtlichen Vorschriften für die Lehrkräfte aller Schularten sowie alle schulartübergreifenden Vorschriften. Deshalb sind Vorschriften, die sowohl für den beruflichen Schulbereich als auch für die allgemeinbildenden Schulen von Bedeutung sind, wie beispielsweise ⇨ Abschlüsse (HS / RS – Gleichwertigkeit); ⇨ Fachhochschulreife ; ⇨ Schulpflicht (Berufliche Schulen); ⇨ Schulpflicht (Berufliche Schulen – Übergabe); ⇨ Schulpflicht (Durchsetzung) im Standard-Teil des Jahrbuchs enthalten.

Häufige Abkürzungen im Bereich der beruflichen Schulen stehen am Ende des BS - Teils.

Berufliche Schulen

Berufsfachschule Hauswirtschaft

Verordnung des KM über die Ausbildung und Prüfung an den Hauswirtschaftlichen Berufsfachschulen vom 21. Juni 1996 (K.u.U. S. 525); zuletzt geändert 17. Dezember 2015 (GBl. S. 111/2016)

1. Abschnitt – Allgemeines

§ 1
Zweck der Ausbildung

Die Ausbildung an den Hauswirtschaftlichen Berufsfachschulen vermittelt hauswirtschaftliches Grundwissen mit dem Ziel, die Aufgaben der privaten Haushalte zu erkennen und zu einer an den sozial-ökonomischen Bedürfnissen der Haushaltsmitglieder ausgerichteten Haushaltsführung zu befähigen. Daneben können Schüler ohne Abschlusszeugnis der Hauptschule und Schüler, deren Abschlusszeugnis keine Fremdsprache aufweist, eine Zusatzprüfung im Fach Englisch ablegen.

§ 2
Dauer der Ausbildung

Die Ausbildung dauert ein Schuljahr und endet mit einer Abschlussprüfung.

§ 3
Bildungsplan, Stundentafel

(1) Der Unterricht richtet sich nach den vom Kultusministerium erlassenen Bildungs- und Lehrplänen und nach der als Anlage beigefügten Stundentafel.

→ Berufsfachschule Hauswirtschaft – Stundentafel

(2) Zur Ergänzung der schulischen Ausbildung können die Schüler an einem höchstens zweiwöchigen Praktikum in einschlägigen Einrichtungen der Hauswirtschaft, des Sozialwesens oder des Gesundheitswesens teilnehmen. Für das Praktikum kann auch ein Teil der Schulferien in Anspruch genommen werden.

§ 4
Maßgebende Fächer und Kernfächer, zentrale Klassenarbeiten

(1) Maßgebende Fächer sind alle Pflichtfächer mit Ausnahme von Religionslehre und Sport/ Bewegungserziehung.

(2) Kernfächer unter den maßgebenden Fächern sind Biologie mit Gesundheitslehre und Ernährungslehre.

(3) An der Hauswirtschaftlichen Berufsfachschule werden im zweiten Schulhalbjahr in den Kernfächern Klassenarbeiten angefertigt, bei denen der Termin, die Aufgaben und die Korrekturanweisungen vom Kultusministerium landeseinheitlich vorgegeben werden. Diese Klassenarbeiten sind auf die Mindestanzahl der Klassenarbeiten im Schuljahr in den betreffenden Fächern anzurechnen und doppelt zu werten.

2. Abschnitt
Aufnahmeverfahren

§ 5
Aufnahmevoraussetzungen

(1) Voraussetzung für die Aufnahme in die Berufsfachschule ist das Abschlusszeugnis oder Abgangszeugnis der Hauptschule oder ein gleichwertiger Bildungsstand.

(2) Der Schulleiter kann in besonders begründeten Fällen auch Bewerber zulassen, die eine Förderschule besucht haben und unter Berücksichtigung ihrer Leistung in der Förderschule erwarten lassen, dass sie den Anforderungen der Berufsfachschule voraussichtlich genügen werden.

§ 6
Aufnahmeantrag

(1) Der Aufnahmeantrag ist an die Berufsfachschule zu richten, an der die Ausbildung erfolgen soll. Der Termin, zu dem der Antrag bei der Schule eingegangen sein muss, wird vom Schulleiter bestimmt und auf geeignete Weise bekanntgegeben. Dem Aufnahmeantrag sind beizufügen:

1. ein Lebenslauf in tabellarischer Form mit Angaben über den bisherigen Bildungsweg und die ausgeübte Berufstätigkeit,
2. eine beglaubigte Abschrift des Nachweises nach § 5,
3. eine Erklärung,
   a) ob und gegebenenfalls an welcher Hauswirtschaftlichen Berufsfachschule bereits an einem Aufnahmeverfahren teilgenommen wurde,
   b) ob und gegebenenfalls an welche anderen Hauswirtschaftlichen Berufsfachschulen ein weiterer Aufnahmeantrag gerichtet wurde sowie
   c) ob und gegebenenfalls mit welchem Ergebnis bereits die Hauswirtschaftliche Berufsfachschule besucht wurde.

Sofern der Nachweis nach § 5 zum Anmeldetermin noch nicht vorgelegt werden kann, ist er unverzüglich nachzureichen; dem Aufnahmeantrag ist in diesem Fall eine beglaubigte Abschrift des letzten Schulzeugnisses beizufügen.

(2) Über den Aufnahmeantrag entscheidet der Schulleiter. Er kann eine angemessene Frist setzen, innerhalb deren erklärt werden muss, ob die Zusage über die Aufnahme angenommen wird.

3. Abschnitt
Ordentliche Abschlussprüfung

§ 7
Zweck der Prüfung

In der Abschlussprüfung soll nachgewiesen werden, dass das Ausbildungsziel erreicht wurde und die geforderten allgemeinen und fachtheoretischen Kenntnisse und fachpraktischen Fertigkeiten vorliegen.

§ 8 Teile der Prüfung

Die Abschlussprüfung besteht aus der praktischen Prüfung und der mündlichen Prüfung.

§ 9
Abnahme der Prüfung

(1) Die Abschlussprüfung wird an der Berufsfachschule abgenommen.

(2) Der Zeitpunkt der praktischen Prüfung und der mündlichen Prüfung wird vom Vorsitzenden des Prüfungsausschusses festgelegt.

§ 10
Zulassung zur Prüfung, Anmeldenoten

(1) Zur Prüfung sind alle Schüler zugelassen.

(2) Für die Prüfung werden in allen Fächern Anmeldenoten (ganze Noten) gebildet, die aus den während des Schuljahres erbrachten Einzelleistungen zu ermitteln sind. Die Anmeldenoten sind dem Schüler für die Fächer der praktischen Prüfung jeweils fünf bis sieben Schultage vor Beginn der Prüfung und für die übrigen Fächer fünf bis sieben Schultage vor der mündlichen Prüfung zusammen mit den Noten der praktischen Prüfung bekanntzugeben.

§ 11
Prüfungsausschuss, Fachausschüsse

(1) Für die Abschlussprüfung wird an jeder Berufsfachschule ein Prüfungsausschuss gebildet. Diesem gehören an:

1. als Vorsitzender der Schulleiter oder ein vom Schulleiter beauftragter Lehrer, soweit das Oberschulamt vor Beginn der Prüfung nichts anderes bestimmt,
2. als stellvertretender Vorsitzender der Schulleiter oder sein ständiger Vertreter oder ein vom Schulleiter beauftragter Lehrer,
3. sämtliche Lehrer, die den Schüler in den maßgebenden Fächern unterrichten.

Das Oberschulamt und der Vorsitzende des Prüfungsausschusses können weitere Mitglieder berufen, soweit dies für die Durchführung der Prüfung erforderlich ist.

(2) Die Mitglieder des Prüfungsausschusses sind bei ihrer Tätigkeit als Prüfer unabhängig. Sie sind zur Amtsverschwiegenheit über alle Prüfungsangelegenheiten verpflichtet. Der Vorsitzende des Prüfungsausschusses hat sie vor Beginn der Prüfung hierüber zu belehren.

(3) Der Prüfungsausschuss ist beschlussfähig, wenn mindestens zwei Drittel der Mitglieder anwesend sind. Der Prüfungsausschuss entscheidet mit einfacher Mehrheit, bei Stimmengleichheit gibt die Stimme des Vorsitzenden den Ausschlag.

(4) Für die praktische Prüfung und für die mündliche Prüfung in den einzelnen Fächern bildet der Vorsitzende des Prüfungsausschusses die erforderlichen Fachausschüsse. Jedem Fachausschuss gehören an

1. der Vorsitzende oder ein von ihm bestimmtes Mitglied des Prüfungsausschusses als Leiter, sofern das Oberschulamt nichts anderes bestimmt,
2. der Fachlehrer der Klasse oder bei dessen Verhinderung ein in dem betreffenden Prüfungsfach erfahrener Lehrer als Prüfer,
3. ein weiteres fachkundiges Mitglied des Prüfungsausschusses, zugleich als Protokollführer.

Davon abweichend besteht jeder Fachausschuss für den praktischen Teil der praktischen Prüfung aus den in Satz 2 Nr. 1 und 2 genannten Mitgliedern. In Fächern, in denen die Klasse von verschiedenen Fachlehrern für Teilbereiche unterrichtet wird, gehören alle Fachlehrer dem Fachausschuss als Mitglieder an. Sie sind jeweils für ihren Teilbereich Prüfer nach Satz 2 Nr. 2. Der Leiter des Fachausschusses bestimmt den Gang der Prüfung; er kann selbst prüfen.

§ 12
Praktische Prüfung

(1) In der praktischen Abschlussprüfung soll der Schüler nachweisen, dass er die geforderten praktischen Fertigkeiten besitzt.

(2) Die praktische Prüfung erstreckt sich auf das Fach Nahrungszubereitung oder auf das Fach Textilarbeit/Werken; der Schüler hat das von ihm gewählte Fach bis zu einem vom Schulleiter festgelegten Termin diesem schriftlich mitzuteilen.

(3) Die praktische Prüfung besteht aus einer schriftlichen Ausarbeitung (Arbeitszeit 60 Minuten) und einem praktischen Teil (Arbeitszeit 120 Minuten).

(4) Die Prüfungsaufgaben werden im Rahmen der Bildungs- und Lehrpläne vom Leiter des Fachausschusses aufgrund von Vorschlägen des Fachlehrers gestellt.

(5) Die schriftliche Ausarbeitung wird von zwei Mitgliedern des Fachausschusses korrigiert und bewertet; dabei sind ganze oder halbe Noten zu verwenden. Als Note der schriftlichen Ausarbeitung gilt der auf die erste Dezimale errechnete Durchschnitt der beiden Bewertungen, der in der üblichen Weise auf eine ganze oder halbe Note zu runden ist (Beispiele: 2,7 auf 2,5; 3,2 auf 3,0). Weichen die beiden Bewertungen um mehr als eine ganze Note voneinander ab und können sich die beiden Korrektoren nicht einigen, hat der Vorsitzende des Fachausschusses die endgültige Note für die schriftliche Ausarbeitung festzusetzen; dabei gelten die Bewertungen der beiden Korrektoren als Grenzwerte, die nicht über- und nicht unterschritten werden dürfen.

(6) Die Aufsicht während des praktischen Teils der Prüfung wird abwechselnd durch die Mitglieder des Fachausschusses ausgeübt. Der Leiter des Fachausschusses kann weitere fachkundige Personen beiziehen.

(7) Der praktische Teil der Prüfung wird vom Fachausschuss abgenommen und bewertet. Kann sich der Fachausschuss für keine bestimmte Note entscheiden, so wird die Note aus dem auf die erste Dezimale errechneten Durchschnitt der beiden Bewertungen gebildet, der in üblicher Weise auf eine ganze oder halbe Note zu runden ist.

(8) Bei der Ermittlung der Note der praktischen Prüfung zählen die Note der schriftlichen Ausarbeitung einfach und die Note des praktischen Teils doppelt. Der Durchschnitt ist auf die erste Dezimale zu berechnen und in der üblichen Weise auf eine ganze oder halbe Note zu runden.

(9) Die Note der praktischen Prüfung wird dem Schüler fünf bis sieben Schultage vor der mündlichen Prüfung bekanntgegeben.

(10) Über die praktische Prüfung ist eine Niederschrift zu fertigen, die von den Mitgliedern des Fachausschusses unterschrieben wird.

§ 13
Mündliche Prüfung

(1) Die mündliche Prüfung dauert in der Regel 10 Minuten je Schüler und Fach.

(2) Die mündliche Prüfung kann als Einzel- oder Gruppenprüfung durchgeführt werden. Bei Gruppenprüfung können bis zu drei Schüler zusammen geprüft werden. Die Entscheidung trifft der Vorsitzende des Prüfungsausschusses.

(3) Die mündliche Prüfung kann sich auf alle maßgebenden Fächer mit Ausnahme von Technologiepraktikum, Nahrungszubereitung und Textilarbeit/ Werken erstrecken.

(4) Der Vorsitzende des Prüfungsausschusses bestimmt, ob und in welchen Fächern mündlich zu prüfen ist. Die zu prüfenden Fächer sind fünf bis sieben Schultage vor der mündlichen Prüfung bekanntzugeben. Darüber hinaus kann der Schüler bis zum nächsten Schultag dem Schulleiter schriftlich bis zu zwei weitere Fächer nach Absatz 3 benennen, in denen er mündlich zu prüfen ist.

(5) Im Anschluss an die einzelne mündliche Prüfung setzt der Fachausschuss das Ergebnis der mündlichen Prüfung auf Vorschlag des Prüfers fest; dabei sind ganze und halbe Noten zu verwenden. Kann sich der Fachausschuss mehrheitlich mit der Stimme des Leiters für keine bestimmte Note entscheiden, so wird die Note aus dem auf die erste Dezimale errechneten Durchschnitt der Bewertungen aller Mitglieder gebildet, der auf eine ganze oder halbe Note zu runden ist. (Beispiele: 2,7 auf 2,5; 3,2 auf 3,0).

(6) Über jede mündliche Prüfung ist eine Niederschrift zu fertigen, die von den Mitgliedern des Fachausschusses zu unterschreiben ist.

§ 14
Ermittlung des Prüfungsergebnisses

(1) Die Endnoten in den einzelnen Fächern werden in einer Schlusssitzung des Prüfungsausschusses aufgrund der Anmeldenoten und der Prüfungsleistungen ermittelt, wobei der Durchschnitt auf die erste Dezimale zu errechnen und eine Dezimale bis 0,4 auf eine ganze Note aufzurunden, eine Dezimale von 0,5 oder schlechter auf eine ganze Note abzurunden ist.

(2) Bei der Ermittlung der Endnoten zählen in Fächern, in denen praktisch oder mündlich geprüft wurde, die Anmeldenote einfach und die Prüfungsnote doppelt; davon abweichend zählt in den Kernfächern die Prüfungsnote einfach.

(3) In Fächern, in denen nicht geprüft wurde, werden die Anmeldenoten als Endnoten in das Zeugnis übernommen.

(4) Der Prüfungsausschuss stellt in der Schlusssitzung fest, wer die Abschlussprüfung bestanden hat. Die Abschlussprüfung ist bestanden, wenn

1. der Durchschnitt aus den Noten aller maßgebenden Fächer 4,0 oder besser ist,
2. die Leistungen in keinem maßgebenden Fach mit der Note „ungenügend“ bewertet sind und
3. die Leistungen in nicht mehr als einem maßgebenden Fach geringer als mit der Note „ausreichend“ bewertet sind.

Sind die Leistungen in zwei Fächern geringer als mit der Note „ausreichend“ bewertet, so ist die Prüfung bestanden, wenn für beide Fächer ein Ausgleich gegeben ist; dabei muss jede der beiden Noten durch mindestens die Note „gut“ in einem anderen maßgebenden Fach oder durch die Note „befriedigend“ in zwei anderen maßgebenden Fächern ausgeglichen werden. Nach der Schlusssitzung ist das Ergebnis der Prüfung unverzüglich mitzuteilen.

(5) Über die Schlusssitzung ist eine Niederschrift zu fertigen, die vom Vorsitzenden des Prüfungsausschusses und dem Mitglied, das die Niederschrift angefertigt hat, zu unterschreiben ist.

(6) Die Niederschriften über die einzelnen Teile der Prüfung und über die Schlusssitzung des Prüfungsausschusses, eine Liste mit den Prüfungsergebnissen und die Prüfungsarbeiten sind bei den Schulakten aufzubewahren. Die Niederschriften und die Prüfungsarbeiten können nach Ablauf von drei Jahren seit der Schlusssitzung des Prüfungsausschusses vernichtet werden.

§ 15
Zeugnis

(1) Wer die Abschlussprüfung bestanden hat, erhält ein Abschlusszeugnis mit den nach § 14 Abs. 1 bis 3 ermittelten Endnoten.

(2) Wer an der Abschlussprüfung teilgenommen und sie nicht bestanden hat und die Schule verlässt, erhält ein Abgangszeugnis mit den nach § 14 Abs. 1 bis 3 ermittelten Endnoten.

(3) Wer an der Abschlussprüfung nicht oder nur teilweise teilgenommen hat, erhält ein Zeugnis über die bis zum Ausscheiden erbrachten Leistungen oder, sofern sie bereits vorliegen, mit den Anmeldenoten nach § 10 Abs. 2; Prüfungsleistungen bleiben unberücksichtigt.

(4) Wer an der Abschlussprüfung teilgenommen, sie nicht bestanden hat und das Schuljahr wiederholt, erhält ein Jahreszeugnis mit den nach § 14 Abs. 1 bis 3 ermittelten Endnoten.

(5) In den Zeugnissen nach den Absätzen 2 bis 4 ist zu vermerken, dass das Ausbildungsziel der Hauswirtschaftlichen Berufsfachschule nicht erreicht ist.

(6) Schülern, die ohne Abschlusszeugnis der Hauptschule in die Hauswirtschaftliche Berufsfachschule eingetreten sind, wird im Abschlusszeugnis bestätigt, dass sie einen Bildungsstand erreicht haben, der dem Hauptschulabschluss gleichwertig ist.

→ Zeugnisse (Berufliche Schulen)

§ 16
Wiederholung der Prüfung, Entlassung

(1) Wer die Abschlussprüfung nicht bestanden hat, kann sie nach erneutem Besuch des Schuljahres einmal wiederholen.

(2) Die freiwillige Wiederholung auch nur eines Teils des Schuljahres gilt als Nichtbestehen der Abschlussprüfung. Bei bestandener Abschlussprüfung ist weder eine Wiederholung der Ausbildung noch eine Wiederholung der Abschlussprüfung zulässig.

(3) Wer die Abschlussprüfung auch bei der Wiederholung nicht bestanden hat, muss die Berufsfachschule verlassen.

§ 17 Nichtteilnahme, Rücktritt

Hinweis der Redaktion: Dieser Paragraf ist inhaltsgleich mit § 23 Berufsfachschule Altenpflegehilfe.

§ 18 Täuschungshandlungen, Ordnungsverstöße

Hinweis der Redaktion: Dieser Paragraf ist – mit Ausnahme von Absatz 3 Satz 3: Die Entscheidung trifft bei der mündlichen und praktischen Prüfung der Vorsitzende des Prüfungsausschusses. – wortgleich mit § 24 → Berufsfachschule Altenpflegehilfe.

4. Abschnitt
Zusatzprüfung im Fach Englisch

§ 19
Allgemeines

(1) Schüler ohne Abschlusszeugnis der Hauptschule und Schüler, deren Hauptschulabschlusszeugnis keine Fremdsprache ausweist, können an der Zusatzprüfung im Fach Englisch teilnehmen. Die Zusatzprüfung kann nur ablegen, wer den angebotenen Unterricht im Fach Englisch besucht hat.

(2) Wer an der Zusatzprüfung teilnehmen will, muss dies bis zum nächsten Schultag nach Bekanntgabe der Anmeldenote gegenüber dem Schulleiter schriftlich erklären.

§ 20
Durchführung der Zusatzprüfung

(1) Die Zusatzprüfung besteht aus einer schriftlichen und einer mündlichen Prüfung. Die Prüfungsaufgaben entsprechen denen des Berufsvorbereitungsjahres.

→ Vorqualifizierungsjahr Arbeit und Beruf (VAB)

(2) Die Termine der schriftlichen Prüfung werden vorn Kultusministerium festgelegt, die der mündlichen Prüfung vom Vorsitzenden des Prüfungsausschusses.

(3) Die Arbeitszeit für die schriftliche Prüfung beträgt 120 Minuten.

(4) Die schriftliche Arbeit wird vom Fachlehrer der Klasse und von einem weiteren Fachlehrer, den der Vorsitzende des Prüfungsausschusses bestimmt, korrigiert und bewertet.

(5) Die Note der schriftlichen Prüfung wird den Schülern fünf bis sieben Schultage vor der mündlichen Prüfung bekanntgegeben.

(6) Der Vorsitzende des Prüfungsausschusses bestimmt aufgrund der Anmeldenote und des Ergebnisses der schriftlichen Prüfung, ob der Schüler mündlich zu prüfen ist. Der Schüler kann bis zum nächsten Schultag nach Bekanntgabe der schriftlichen Note dem Schulleiter schriftlich mitteilen, dass er mündlich zu prüfen ist.

(7) Bei der Ermittlung der Endnote werden die Anmeldenote und die Prüfungsleistung gleich gewichtet; wurde mündlich und schriftlich geprüft, ergibt sich die Note für die Prüfungsleistung aus dem auf die erste Dezimale errechneten Durchschnitt der mündlichen und schriftlichen Prüfungsleistung.

(8) Für die Durchführung der Zusatzprüfung gelten im Übrigen § 9 Abs. 1, § 10 Abs. 2, §§ 11, 12 Abs. 10, § 13 Abs. 1, 2, 5 und 6, § 14 Abs. 1 sowie § 18 entsprechend; § 12 Abs. 5 gilt mit der Maßgabe, dass die Fachlehrer auch Noten mit einer Dezimale verwenden können.

(9) In das Zeugnis nach § 15 Abs. 1 wird auf Wunsch des Schülers die Endnote im Fach Englisch mit dem Klammerzusatz „Zusatzprüfung" aufgenommen.

§ 21
Nichtteilnahme an der Zusatzprüfung

Wer aus wichtigem Grund an der Zusatzprüfung nicht oder nur teilweise teilnehmen kann, hat dies der Schule unverzüglich mitzuteilen. Über das Vorliegen eines wichtigen Grundes entscheidet bei der schriftlichen Prüfung der Leiter, bei der mündlichen Prüfung der Vorsitzende des Prüfungsausschusses. Im Übrigen gilt § 17 Abs. 2 bis 4 entsprechend.

§ 22
Wiederholung der Zusatzprüfung

Die Zusatzprüfung kann nur wiederholen, wer nach § 16 das Schuljahr insgesamt wiederholt.

5. Abschnitt
Prüfung für Schulfremde

§ 23 Teilnehmer

Wer das Abschlusszeugnis der Hauswirtschaftlichen Berufsfachschule erwerben will, ohne eine entsprechende öffentliche oder staatlich anerkannte Schule zu besuchen, kann als außerordentlicher Teilnehmer (Schulfremder) die Abschlussprüfung und im Zusammenhang damit auch die Zusatzprüfung im Fach Englisch ablegen.

§ 24 Zeitpunkt

Die Prüfung für Schulfremde findet einmal jährlich, in der Regel zusammen mit der Abschlussprüfung an den entsprechenden öffentlichen Berufsfachschulen statt.

§ 25 Meldung

(1) Die Meldung zur Prüfung ist bis zum 1. Dezember für die Prüfung im darauf folgenden Jahr an das für den Wohnsitz des Bewerbers zuständige Oberschulamt zu richten. Für die Schüler der staatlich genehmigten Schulen ist das Oberschulamt zuständig, in dessen Bezirk die Schule liegt.

(2) Der Meldung sind beizufügen:

1. Ein Lebenslauf in tabellarischer Form mit Angaben über den bisherigen Bildungsweg und gegebenenfalls über die ausgeübte Berufstätigkeit,
2. die Geburtsurkunde und ein Lichtbild,
3. die Abschluss- bzw. Abgangszeugnisse der besuchten Schulen (beglaubigte Abschriften oder Ablichtungen),

3. die Abschluss- bzw. Abgangszeugnisse der besuchten Schulen (beglaubigte Abschriften oder Ablichtungen),

Berufliche Schulen

4. eine Erklärung darüber, ob und gegebenenfalls mit welchem Ergebnis schon an einer entsprechenden Abschlussprüfung teilgenommen wurde,
5. Angaben über die Art der Vorbereitung auf die Prüfung.

(3) Für Schüler der staatlich genehmigten Schulen kann anstelle der Meldung durch einzelne Bewerber die Sammelmeldung der Schule treten, die Vor- und Zuname, Geburtstag, Geburtsort und Anschrift der Bewerber enthalten muss. Der Sammelmeldung sind die Unterlagen nach Absatz 2 beizufügen.

§ 26 Voraussetzung für die Zulassung

(1) Schulfremde können die Prüfung nicht eher ablegen, als es ihnen bei normalem Schulbesuch möglich wäre.

(2) Zur Prüfung wird nur zugelassen,

1. wer die Voraussetzungen für die Aufnahme in die Hauswirtschaftliche Berufsfachschule nach § 5 erfüllt,
2. wer nicht bereits zweimal die entsprechende Prüfung nicht bestanden hat,
3. wer nicht bereits die Prüfung bestanden hat.

(3) Zur Prüfung wird in der Regel nur zugelassen, wer in Baden-Württemberg einen ständigen Wohnsitz hat oder in Baden-Württemberg an einer staatlich genehmigten Schule oder sonstigen Unterrichtseinrichtung auf die Schulfremdenprüfung vorbereitet wurde.

§ 27 Entscheidung über die Zulassung

Das Oberschulamt entscheidet über die Zulassung und bestimmt die öffentliche Berufsfachschule, an der die Prüfung abzulegen ist.

§ 28 Durchführung der Prüfung

(1) Für die Prüfung der zugelassenen Bewerber gelten im Übrigen §§ 8, 9, 11 bis 14, 16 bis 18 entsprechend mit folgender Maßgabe:

1. Fachlehrer im Sinne von § 11 Abs. 4 Nr. 2 sind die vom Vorsitzenden des Prüfungsausschusses bestimmten Fachlehrer einer öffentlichen Schule, in der Regel der für die Abnahme der Prüfung zuständigen Berufsfachschule.
2. Die schriftliche Prüfung erstreckt sich auf die Fächer Biologie mit Gesundheitslehre und Ernährungslehre. Sie findet zusammen mit den zentralen Klassenarbeiten nach § 4 Abs. 3 statt. Jede schriftliche Arbeit wird von zwei Fachlehrern korrigiert und bewertet. § 12 Abs. 5 gilt entsprechend.
3. Die mündliche Prüfung erstreckt sich auf die Fächer Deutsch, Gemeinschaftskunde, Wirtschaftskunde/Wirtschaftslehre des Haushalts, Mathematik mit Fachrechnen, Erziehungslehre, Haushaltstechnologie und Technologiepraktikum. Die schriftlich geprüften Fächer werden zusätzlich in die mündliche Prüfung einbezogen, wenn dies spätestens vier Schultage vor der mündlichen Prüfung schriftlich beantragt wird. Die mündliche Prüfung wird als Einzelprüfung durchgeführt.
4. Die praktische Prüfung erstreckt sich auf die Fächer Nahrungszubereitung und Textilarbeit/Werken. § 12 Abs. 3 bis 10 gilt entsprechend.
5. Bei der Feststellung des Ergebnisses der Prüfung zählen allein die Prüfungsleistungen.
6. Bei Schülern von staatlich genehmigten Schulen kann das Oberschulamt bestimmen, dass die praktische Prüfung im Gebäude der betreffenden Schule abgenommen wird. Die Leitung und Beaufsichtigung regelt in diesem Fall das Oberschulamt.

(2) Bei der Ermittlung der Endnote zählen in den Fächern, in denen schriftlich und mündlich geprüft wurde, die Note der schriftlichen Prüfung und die Note der mündlichen Prüfung je einfach.

(3) Die Bewerber haben sich bei Beginn der Prüfung mit einem mit Lichtbild versehenen amtlichen Ausweis auszuweisen und diesen während der gesamten Prüfung bei sich zu führen und auf Verlangen vorzuzeigen.

(4) Wer die Abschlussprüfung bestanden hat, erhält das Abschlusszeugnis für Schulfremde.

(5) Wer die Prüfung nicht bestanden hat, kann sie einmal wiederholen. Auf Antrag wird eine Bescheinigung über die Teilnahme an der Prüfung, über das Ergebnis der Prüfung und über die ermittelten Noten erteilt.

(6) Für die Zusatzprüfung gelten die Bestimmungen des 4. Abschnittes entsprechend.

→ Berufsfachschule Hauswirtschaft (Stundentafel); → Termine Berufliche Schulen; → Zeugnisse (Berufliche Schulen)

Berufsfachschule Hauswirtschaft (Stundentafel)

Anlage (Zu § 3)

Stundentafel für die Hauswirtschaftliche Berufsfachschule

(durchschnittliche Zahl der Wochenstunden)

1.	**Pflichtfächer**	
1.1	**Allgemeiner Bereich**	
	Religionslehre	1
	Deutsch	1
	Gemeinschaftskunde	1
	Sport/Bewegungserziehung	1
1.2	**Fachlicher Bereich**	
	Wirtschaftslehre	1,5
	Fachrechnen	2
	Biologie mit Gesundheitslehre	2
	Erziehunglehre	2
	Ernährungslehre	2
	Haushaltstechnologie	1,5
	Technologiepraktikum	1,5
	Nahrungszubereitung	8
	Textilarbeit/Werken	5,5
	Summe	30
2.	**Wahlfächer**	3
	Englisch	
	S/E-Programm	

Berufsfachschule Kinderpflege (KinderpflegeVO)

Verordnung des KM über die Ausbildung und Prüfung an den Berufsfachschulen für Kinderpflege (Kinderpflegeverordnung – KiPflVO) vom 15. August 2017 (K.u.U. S 158/2017), zul geändert 27.8.2021 (GBl. S. 777/2021)

Abschnitt 1 Allgemeines

§ 1 *Zweck der Ausbildung*

Die Ausbildung an der Berufsfachschule für Kinderpflege befähigt dazu, in Einrichtungen öffentlicher und freier Träger als Fachkraft nach § 7 Absatz 2 des Kindertagesbetreuungsgesetzes (KiTaG) und in Haushalten bei der Erziehung, Bildung, Pflege und Betreuung von Kindern mitzuwirken.

Hinweis der Redaktion: Zum Kindertagesbetreuungsgesetz siehe Hinweis bei → Fachschule Sozialpädagogik § 13.

§ 2 *Dauer, Gliederung und Abschluss der Ausbildung*

(1) Die Ausbildung dauert in Vollzeitform drei Jahre und gliedert sich in

1. eine Ausbildung von zwei Schuljahren an der Berufsfachschule für Kinderpflege (schulische Ausbildung) und
2. ein durch die Berufsfachschule für Kinderpflege begleitetes berufsbezogenes Praktikum (Berufspraktikum) von einem Jahr in einer Einrichtung, die dem Arbeitsgebiet einer Kinderpflegerin oder eines Kinderpflegers entspricht, oder in Ausnahmefällen in einem Haushalt mit mindestens zwei Kindern, die im vorschulischen Alter oder noch grundschulpflichtig sind.

(2) Die Ausbildung kann auch in Teilzeitform durchgeführt werden. Dabei ist die für die Vollzeitform vorgesehene Gesamtstundenzahl zugrunde zu legen.

(3) Die Ausbildung endet mit einer Abschlussprüfung. Sie besteht aus

1. der Prüfung zum Abschluss der schulischen Ausbildung und
2. der erziehungspraktischen Prüfung zum Abschluss des Berufspraktikums.

Mit erfolgreichem Abschluss der gesamten Ausbildung wird die Berufsbezeichnung „Staatlich anerkannte Kinderpflegerin" oder „Staatlich anerkannter Kinderpfleger" erworben.

§ 3 *Bildungsplan, Stundentafel*

Der Unterricht an der Berufsfachschule für Kinderpflege richtet sich nach den vom Kultusministerium erlassenen Bildungs- und Lehrplänen sowie nach der Stundentafel gemäß der Anlage.

→ Berufsfachschule Kinderpflege (Stundentafel)

§ 4 *Pflichtbereich, maßgebende Fächer und Handlungsfelder*

Der Pflichtbereich besteht nach Maßgabe der Stundentafel aus Fächern und Handlungsfeldern. Für den Abschluss und die Versetzungsentscheidung sind die Fächer und Handlungsfelder des Pflichtbereichs mit Ausnahme des Faches Englisch maßgebend.

Abschnitt 2 Aufnahmeverfahren

§ 5 *Aufnahmevoraussetzungen*

(1) Voraussetzungen für die Aufnahme in die Berufsfachschule für Kinderpflege sind

1. der Hauptschulabschluss oder das Abschlusszeugnis des Berufseinstiegsjahrs oder eines anderen nach Erwerb des Hauptschulabschlusses erworbenen schulischen Abschluss- oder Versetzungszeugnisses, wobei in dem jeweiligen Zeugnis im Fach Deutsch mindestens die Note „befriedigend" und im Durchschnitt aller Fächer mindestens 3,0 erreicht sein muss, oder der Nachweis eines gleichwertigen Bildungsstandes und
2. der schriftliche Nachweis eines Platzes für die praktische Ausbildung in einer Einrichtung nach § 11.

Zusätzlich sind bei ausländischen Bildungsnachweisen für die Ausbildung ausreichende deutsche Sprachkenntnisse nachzuweisen.

(2) Sofern nach Aufnahme aller Bewerberinnen und Bewerber, die die Voraussetzungen nach Absatz 1 erfüllen, noch nicht alle Plätze in der Eingangsklasse der Berufsfachschule für Kinderpflege besetzt sind, dürfen zusätzliche Bewerberinnen und Bewerber aufgenommen werden, deren Zeugnis die Leistungsanforderungen nach Absatz 1 Satz 1 Nummer 1 nicht erfüllt, wenn die im Zeugnis ausgewiesenen Leistungen dennoch erwarten lassen, dass die Bewerberinnen und Bewerber den Anforderungen der Berufsfachschule für Kinderpflege genügen werden.

§ 6 *Aufnahmeantrag*

(1) Der Aufnahmeantrag ist an die Berufsfachschule für Kinderpflege zu richten, an der die Ausbildung erfolgen soll. Der Termin, zu dem der Antrag bei der Schule eingegangen sein muss, wird, soweit er nicht vom Kultusministerium festgelegt wird, von der Schulleiterin oder vom Schulleiter bestimmt und auf geeignete Weise bekanntgegeben. Dem Aufnahmeantrag sind beizufügen:

1. Eine beglaubigte Abschrift der Nachweise nach § 5 Absatz 1 Satz 1 oder Absatz 2,
2. eine Erklärung,
   a) ob und gegebenenfalls an welchen anderen Berufsfachschulen für Kinderpflege bereits an einem Aufnahmeverfahren teilgenommen wurde sowie
   b) ob und gegebenenfalls an welche anderen Berufsfachschulen für Kinderpflege ein weiterer Aufnahmeantrag gerichtet wurde,
3. eine Übersicht über den schulischen oder beruflichen Werdegang nach Erwerb des Haupt-

Berufliche Schulen

schulabschlusses, sofern die Aufnahme in die Berufsfachschule für Kinderpflege nicht unmittelbar nach Erwerb des Hauptschulabschlusses beantragt wird.

Sofern der Nachweis nach § 5 Absatz 1 Satz 1 oder Absatz 2 zum Anmeldetermin noch nicht vorgelegt werden kann, ist er unverzüglich nachzureichen; dem Aufnahmeantrag ist in diesem Fall eine beglaubigte Abschrift des letzten Schulzeugnisses beizufügen.

(2) Über den Aufnahmeantrag entscheidet die Schulleiterin oder der Schulleiter. Hierbei kann eine angemessene Frist gesetzt werden, innerhalb der erklärt werden muss, ob die Zusage über die Aufnahme angenommen wird.

§ 7
Auswahlverfahren

(1) Ein Auswahlverfahren ist nur durchzuführen, wenn

1. bei voller Ausschöpfung der vorhandenen personellen und sächlichen Gegebenheiten sowie
2. bei Abstimmung der Aufnahmefähigkeit benachbarter Schulen und entsprechender Zuweisung (§ 18 Absatz 1 und § 88 Absatz 4 SchG)

nicht alle Personen, welche die Aufnahmevoraussetzungen nach § 5 erfüllen, in die Berufsfachschule für Kinderpflege aufgenommen werden können.

(2) Im Auswahlverfahren sind die Plätze nach folgenden Quoten zu vergeben:

1. 85 Prozent nach Eignung und Leistung,
2. 10 Prozent nach Wartezeit,
3. 5 Prozent für außergewöhnliche Härtefälle.

Bleiben im Rahmen der Auswahl nach Satz 1 Nummer 2 und 3 Plätze frei, sind diese nach Eignung und Leistung zu vergeben.

(3) Die für die Vergabe nach Eignung und Leistung zur Verfügung stehenden Plätze werden entsprechend dem jeweiligen Bewerberanteil verteilt auf die Gruppen der Personen mit

1. Hauptschulabschluss, dem Abschluss des Berufseinstiegsjahrs oder einem gleichwertigen Bildungsstand,
2. mindestens Realschulabschluss oder einem gleichwertigen Bildungsstand.

Die Rangfolge innerhalb der Gruppen der Nummern 1 und 2 bestimmt sich nach dem auf eine Dezimale ohne Rundung errechneten Durchschnitt aus den Noten aller Fächer des Zeugnisses über den Bildungsabschluss mit Ausnahme der Arbeitsgemeinschaften. Wird der dem Realschulabschluss gleichwertige Bildungsstand durch Berufsschulabschluss und Berufsabschluss oder durch Hauptschulabschluss, Berufsschulabschluss und Berufsabschluss nachgewiesen, wird für die Ermittlung der Rangfolge die aus den Noten der maßgebenden Fächer des Berufsschulabschlusszeugnisses auf eine Dezimale errechnete Durchschnittsnote zugrunde gelegt. Bei gleicher Rangfolge entscheidet die Schulleiterin oder der Schulleiter oder eine von ihr oder ihm beauftragte Funktionsträgerin oder ein von ihr oder ihm beauftragter Funktionsträger nach einem Gespräch zur persönlichen Eignung für den Beruf.

(4) Die Vergabe der Plätze nach Wartezeit erfolgt nach folgender Rangfolge:

1. Personen mit drei und mehr Schuljahren Wartezeit,
2. Personen mit zwei Schuljahren Wartezeit,
3. Personen mit einem Schuljahr Wartezeit.

Berücksichtigt werden nur volle Schuljahre, die seit dem ersten Aufnahmeantrag und der Erfüllung der Aufnahmevoraussetzungen nach § 5 bis zum Beginn des auf das laufende Aufnahmeverfahren folgenden Schuljahres verstrichen sind. Voraussetzung ist, dass für diese Schuljahre ununterbrochen ein Aufnahmeantrag gestellt und keine Aufnahmezusage erteilt wurde. Absatz 3 Satz 2 bis 4 gilt entsprechend.

(5) Ein außergewöhnlicher Härtefall liegt vor, wenn eine Person nach Absatz 2 Nummer 1 und 2 nicht ausgewählt wurde und die Nichtaufnahme für sie mit Nachteilen verbunden wäre, die bei Anlegen eines strengen Maßstabes über das Maß der mit der Nichtaufnahme üblicherweise verbundenen Nachteile erheblich hinausgehen. Für die Berücksichtigung als außergewöhnlicher Härtefall kommen insbesondere familiäre oder soziale Umstände oder andere von der Person nicht zu vertretende Umstände, welche die Aufnahme der Ausbildung verzögert haben, in Betracht. Über das Vorliegen eines außergewöhnlichen Härtefalles und der sich nach dem Grad der Härte ergebende Rangfolge entscheidet ein Auswahlausschuss, dem die Schulleiterin oder der Schulleiter als Vorsitzende oder Vorsitzender sowie vier von ihr oder ihm beauftragte Lehrkräfte angehören. § 21 Absatz 2 gilt entsprechend. Der Auswahlausschuss ist beschlussfähig, wenn vier seiner Mitglieder anwesend sind. Er entscheidet mit einfacher Mehrheit; bei Stimmengleichheit gibt die Stimme der oder des Vorsitzenden den Ausschlag.

§ 8
Beratungsgespräch

Grundlagen für die Wahrnehmung der Aufgaben einer staatlich anerkannten Kinderpflegerin oder eines staatlich anerkannten Kinderpflegers sind neben Kenntnissen und Fertigkeiten die berufliche Verantwortungsbereitschaft und Belastbarkeit, die Fähigkeit zur persönlichen Zuwendung zu Kindern sowie die Fähigkeit zur Zusammenarbeit mit Eltern, Vorgesetzten und Mitarbeiterinnen und Mitarbeitern. Deshalb sollen erforderlichenfalls bei der Aushändigung der Zeugnisse Beratungsgespräche über die persönliche Eignung für den Beruf geführt werden.

§ 9
Probezeit

(1) Die Aufnahme erfolgt zunächst auf Probe. Am Ende des ersten Schulhalbjahres wird ein Halbjahreszeugnis erteilt. Die Klassenkonferenz entscheidet aufgrund der Noten des Halbjahreszeugnisses über das Bestehen der Probezeit; § 15 Absatz 2 und 3 gilt entsprechend. Wer die Probezeit nicht bestanden

hat, muss die Berufsfachschule für Kinderpflege verlassen, soweit in Absatz 2 nichts anderes bestimmt ist. Das Nichtbestehen der Probezeit ist im Halbjahreszeugnis zu vermerken.

(2) Wer an einem Beratungsgespräch, das die Schule der Schülerin oder dem Schüler bei Nichtbestehen der Probezeit anbietet, teilgenommen hat, darf den Bildungsgang auf Antrag weiterhin bis zum Ende des laufenden Schuljahres mit den Rechten und Pflichten einer Schülerin oder eines Schülers besuchen. In dem Beratungsgespräch sind das bisherige Lern- und Arbeitsverhalten mit der Schülerin oder dem Schüler zu reflektieren und Änderungen im Lern- und Arbeitsverhalten, die voraussichtlich eine Verbesserung der Leistungen bewirken können, zu besprechen. Ergänzend soll die Schule mit der Schülerin oder dem Schüler eine Vereinbarung über das zukünftige Lern- und Arbeitsverhalten schließen. Ein Verstoß gegen diese Vereinbarung gilt als Verstoß gegen die Schulordnung im Sinne des § 90 Absatz 1 SchG. Stellt die Klassenkonferenz zum Ende des Schuljahres fest, dass nach § 15 eine Versetzung in die zweite Klasse erfolgen könnte, entfällt die Verpflichtung, die Schule verlassen zu müssen.

(3) Wer die Probezeit nicht bestanden und die Berufsfachschule für Kinderpflege verlassen hat, kann in eine Berufsfachschule für Kinderpflege nur aufgenommen werden, wenn nach Aufnahme aller Bewerberinnen und Bewerber, die die Voraussetzungen nach § 5 erfüllen, noch Schulplätze frei sind, und die Schulleiterin oder der Schulleiter oder eine von ihr oder ihm beauftragte Lehrkraft in einem Kolloquium zu der Auffassung gelangt, dass die Bewerberin oder der Bewerber den Anforderungen der Berufsfachschule für Kinderpflege genügen wird. Um dieses Ziel zu fördern, kann die Berufsfachschule für Kinderpflege Vereinbarungen mit der Bewerberin oder mit dem Bewerber über das Lern- und Arbeitsverhalten schließen. Absatz 2 Satz 4 gilt entsprechend.

Abschnitt 3
Praktische Ausbildung

§ 10
Allgemeines

Die praktische Ausbildung im Handlungsfeld „Berufspraktisches Handeln" nach Nummer 1.2 der Anlage dient der Anwendung und Vertiefung der im schulischen Unterricht erworbenen Kenntnisse, Fertigkeiten und Fähigkeiten. Die Gesamtverantwortung für die praktische Ausbildung liegt bei der Berufsfachschule für Kinderpflege. Sie schließt die Betreuung, Beratung, Beurteilung und Benotung der Schülerin oder des Schülers während der praktischen Ausbildung ein. Berufsfachschule für Kinderpflege und Einrichtung stellen dabei in engem Zusammenwirken eine effektive Verzahnung von schulischem Unterricht und dessen praktischer Umsetzung in der Einrichtung sicher.

§ 11
Ausbildungseinrichtungen

Die praktische Ausbildung hat in Einrichtungen zu erfolgen, die dem Arbeitsgebiet der Kinderpflege entsprechen und die nach der personellen und sächlichen Ausstattung für die Ausbildung geeignet sind. Die Auswahl der Einrichtung obliegt der Schülerin oder dem Schüler. Sie bedarf der Zustimmung des Trägers der Einrichtung und der Berufsfachschule für Kinderpflege.

§ 12
Wechsel der Einrichtung während der schulischen Ausbildung

Die Schülerin oder der Schüler hat die Einrichtung und nach Möglichkeit das Arbeitsfeld nach Absprache mit der Berufsfachschule für Kinderpflege und der Einrichtung oder ihrem Träger mindestens einmal während der Ausbildung an der Berufsfachschule für Kinderpflege zu wechseln.

§ 13
Durchführung der praktischen Ausbildung

(1) Die praktische Ausbildung erfolgt nach Absprache der Berufsfachschule für Kinderpflege mit den Trägern der an der Ausbildung beteiligten Einrichtungen. Sie umfasst je Unterrichtswoche einen Tag im Umfang einer Vollzeitbeschäftigung. Nach Absprache der Berufsfachschule für Kinderpflege mit den Trägern der an der Ausbildung beteiligten Einrichtungen kann sie auch in Praxisblöcken durchgeführt werden.

(2) Der Träger der Einrichtung benennt der Berufsfachschule für Kinderpflege zu Beginn der Ausbildung die von ihm ausgewählte für die fachliche Anleitung und Ausbildung der Schülerin oder des Schülers in der Einrichtung verantwortliche und geeignete Fachkraft. Geeignet ist eine Fachkraft nach § 7 Absatz 2 Nummer 1 bis 3 KiTaG, wenn sie über eine nach dem Abschluss ihrer Ausbildung erworbene in der Regel mindestens zweijährige einschlägige Berufserfahrung in dem Praxisfeld, in dem die Ausbildung jeweils erfolgt, verfügt. Ausnahmsweise kann die fachliche Anleitung und Ausbildung mit Zustimmung der Berufsfachschule für Kinderpflege auch einer anderen geeigneten Fachkraft übertragen werden.

(3) Die Berufsfachschule für Kinderpflege benennt dem Träger der Einrichtung zu Beginn der Ausbildung eine Lehrkraft, die die praktische Ausbildung betreut (Praxislehrkraft). Die Praxislehrkraft muss über eine Lehrbefähigung im Fach „Sozialpädagogik" oder über eine gleichwertige Qualifikation verfügen. Sie arbeitet eng mit den von der Einrichtung für die praktische Anleitung benannten Fachkräften zusammen und berät und beurteilt die Schülerin oder den Schüler. Hierzu führt sie auch Praxisbesuche in der Einrichtung durch.

(4) Die praktische Ausbildung im Handlungsfeld „Berufspraktisches Handeln" erfolgt nach einem

Nutzen Sie das ausführliche alphabetische Schlagwortverzeichnis am Ende des Buches.

Plan, der zu Beginn der jeweiligen Ausbildung von der Schule mit der Einrichtung auf der Grundlage der jeweils geltenden Bildungs- und Lehrpläne des Kultusministeriums und den vom Kultusministerium gemeinsam mit den kommunalen Landesverbänden und den Kindergartenträgerverbänden erarbeiteten Grundsätzen für die praktische Ausbildung der Kinderpflegerinnen und Kinderpfleger abgestimmt wird.

§ 14
Bewertung

(1) Mindestens dreimal im Schuljahr führt die nach § 13 Absatz 3 benannte Praxislehrkraft einen Praxisbesuch bei der Schülerin oder dem Schüler durch. Zwei der Praxisbesuche, die zuvor angekündigt werden, sind zu benoten. Jeder Praxisbesuch ist nach den Vorgaben der Praxislehrkraft von der Schülerin oder dem Schüler schriftlich vorzubereiten. Die Praxislehrkraft beobachtet das Vorgehen der Schülerin oder des Schülers in der Praxis über einen Zeitraum von 30 bis 40 Minuten. Hieran schließt sich ein Reflexionsgespräch im Umfang von in der Regel höchstens 45 Minuten mit der Schülerin oder dem Schüler über die durchgeführte Aktivität mit den Kindern während des Beobachtungszeitraums an. Die Praxislehrkraft fertigt über jeden benoteten Besuch einen kurzen schriftlichen Bericht mit einer Bewertung in einer ganzen oder halben Note. Aus dem Bericht muss der wesentliche Verlauf des Handelns mit den Kindern während des Beobachtungszeitraums und des Reflexionsgesprächs hervorgehen. Bei der Bewertung sind die schriftlichen Vorbereitungen, das pädagogische Handeln während des Beobachtungszeitraums und das Reflexionsgespräch zu berücksichtigen. Die Berichte und die jeweiligen schriftlichen Vorbereitungen werden zu den Schulakten genommen.

(2) Der Träger der Einrichtung übersendet am Ende eines jeden Schuljahres zu einem von der Berufsfachschule für Kinderpflege bestimmten Termin eine Beurteilung über die im Handlungsfeld „Berufspraktisches Handeln" gezeigten Leistungen. Aus der Beurteilung müssen die Tätigkeitsgebiete, die Fähigkeiten, Leistungen und die berufliche Eignung hervorgehen. Die Beurteilung soll einen Vorschlag für die Bewertung mit einer ganzen oder halben Note enthalten. Aufgrund der Beurteilung durch die Einrichtung legt die Praxislehrkraft die nach Absatz 4 zu berücksichtigende Note fest.

(3) Die Berichte und die Beurteilung des Trägers der Einrichtung sind von der Praxislehrkraft mit der Schülerin oder dem Schüler zu besprechen.

(4) Für das Handlungsfeld „Berufspraktisches Handeln" wird in jedem Schuljahr eine Jahresnote gebildet. Diese ergibt sich aus den beiden Noten für die jeweiligen benoteten Praxisbesuche im Schuljahr und der nach Absatz 2 Satz 4 festgelegten Note. Aus den drei genannten Noten ist der Durchschnitt auf die erste Dezimale ohne Rundung zu berechnen. Dabei werden die Dezimalzahlen 1 bis 4 auf die nächstniedrigere ganze Note abgerundet und die Dezimalzahlen 5 bis 9 auf die nächsthöhere ganze Note aufgerundet. Im zweiten Schuljahr ist sie Anmeldenote im Sinne von § 20 Absatz 2 Satz 1.

Abschnitt 4
Versetzung, Wiederholung

§ 15
Voraussetzungen für die Versetzung

(1) In das zweite Schuljahr wird versetzt, wer aufgrund seiner Leistungen in den maßgebenden Fächern und Handlungsfeldern des Pflichtbereichs nach der Anlage den Anforderungen im ersten Schuljahr im Ganzen entsprochen hat und deshalb erwarten lässt, dass den Anforderungen des zweiten Schuljahres genügt wird.

(2) Die Voraussetzungen nach Absatz 1 liegen vor, wenn im Jahreszeugnis

1. der Durchschnitt aus den Noten der maßgebenden Fächer und Handlungsfelder 4,0 oder besser ist,
2. die Leistungen in den Handlungsfeldern „Berufliches Handeln theoretisch und methodisch fundieren" und „Berufspraktisches Handeln" nicht schlechter als mit der Note „ausreichend" bewertet sind,
3. die Leistungen in nicht mehr als einem maßgebenden Fach oder Handlungsfeld geringer als mit der Note „ausreichend" bewertet sind. Sind die Leistungen in zwei maßgebenden Fächern oder Handlungsfeldern geringer als mit der Note „ausreichend" bewertet, so erfolgt eine Versetzung, wenn für beide Noten ein Ausgleich durch Noten anderer maßgebender Fächer oder Handlungsfelder gegeben ist. Dabei kann die Note „mangelhaft" durch mindestens eine Note „gut" oder zwei Noten „befriedigend" ausgeglichen werden; ein Ausgleich der Note „ungenügend" ist nicht möglich.

(3) Ausnahmsweise kann durch Beschluss der Klassenkonferenz auch bei Nichterfüllung der in den Absätzen 1 und 2 genannten Voraussetzungen eine Versetzung erfolgen, wenn die Klassenkonferenz mit Zweidrittelmehrheit beschließt, dass die Leistungen nur vorübergehend nicht für die Versetzung ausreichen und nach einer Übergangszeit die Voraussetzungen des zweiten Schuljahres voraussichtlich erfüllt werden.

(4) Die Versetzung oder Nichtversetzung ist im Zeugnis mit „versetzt" oder „nicht versetzt" zu vermerken; bei einer Versetzung nach Absatz 3 ist zu vermerken: „Versetzt nach § 15 Absatz 3 Satz 1 der Kinderpflegeverordnung".

§ 16
Wiederholung bei Nichtversetzung, Entlassung

(1) Bei einer Nichtversetzung muss beim Verbleiben an der Berufsfachschule für Kinderpflege das erste Schuljahr wiederholt werden. Die freiwillige Wiederholung gilt als Nichtversetzung.

(2) Wer im ersten Schuljahr zweimal nicht versetzt wurde, muss die Berufsfachschule für Kinderpflege verlassen.

Abschnitt 5
Prüfung zum Abschluss der schulischen Ausbildung

§ 17
Zweck der Prüfung

In der Prüfung zum Abschluss der schulischen Ausbildung (schulische Abschlussprüfung) soll nachgewiesen werden, dass das Ausbildungsziel erreicht und die erforderlichen Kompetenzen für die Aufnahme des Berufspraktikums nach §§ 35 bis 37 erworben wurden.

§ 18
Teile der Prüfung

Die schulische Abschlussprüfung besteht aus einer schriftlichen und einer mündlichen Prüfung.

§ 19
Ort und Zeitpunkt der Prüfung

(1) Die schulische Abschlussprüfung wird an der Berufsfachschule für Kinderpflege abgenommen.

(2) Den Termin für die schriftliche Prüfung legt das Kultusministerium fest. Den Zeitpunkt für die mündliche Prüfung bestimmt die oder der Vorsitzende des Prüfungsausschusses.

§ 20
Zulassung zur Prüfung, Anmeldenoten

(1) Zur schulischen Abschlussprüfung ist zugelassen, wer die zur Bildung von Anmeldenoten erforderlichen Einzelleistungen erbracht und im Handlungsfeld „Berufspraktisches Handeln" im zweiten Schuljahr mindestens die Jahresnote „ausreichend" erreicht hat. Liegen diese Voraussetzungen nicht vor, ist die Nichtzulassung von der Schulleiterin oder dem Schulleiter festzustellen und dem Prüfling unter Angabe der Gründe unverzüglich schriftlich mitzuteilen. Sie gilt als Nichtbestehen der schulischen Abschlussprüfung, es sei denn, die Schulleiterin oder der Schulleiter stellt fest, dass die Gründe vom Prüfling nicht zu vertreten sind.

(2) Für die Prüfung werden in allen Fächern und Handlungsfeldern Anmeldenoten in Gestalt ganzer Noten gebildet, die im Handlungsfeld „Berufspraktisches Handeln" nach § 14 Absatz 4 und in den übrigen Fächern und Handlungsfeldern aus den während des zweiten Schuljahres erbrachten Einzelleistungen zu ermitteln sind. Die Anmeldenoten sind für das Fach Deutsch und die Handlungsfelder der schriftlichen Prüfung gemäß § 22 Absatz 2 Nummer 2 und 3 jeweils fünf bis sieben Schultage vor Beginn der schriftlichen Prüfung und für die übrigen Fächer und Handlungsfelder fünf bis sieben Schultage vor der mündlichen Prüfung zusammen mit der Note der schriftlichen Prüfung dem Prüfling bekanntzugeben.

§ 21
Prüfungsausschuss, Fachausschüsse

(1) Für die Abschlussprüfung wird an jeder Berufsfachschule für Kinderpflege ein Prüfungsausschuss gebildet, der für die ordnungsgemäße Durchführung der Prüfung verantwortlich ist. Diesem gehören an:

1. Als Vorsitzende oder Vorsitzender die Schulleiterin oder der Schulleiter oder eine von ihr oder ihm beauftragte Lehrkraft, soweit die obere Schulaufsichtsbehörde vor Beginn der Prüfung nichts anderes bestimmt,
2. als stellvertretende Vorsitzende oder als stellvertretender Vorsitzender die Schulleiterin oder der Schulleiter oder ihre ständige Vertreterin oder sein ständiger Vertreter oder eine von der Schulleiterin oder dem Schulleiter beauftragte Lehrkraft,
3. sämtliche Lehrkräfte, die in den maßgebenden Fächern oder Handlungsfeldern unterrichten.

Die oder der Vorsitzende des Prüfungsausschusses oder die obere Schulaufsichtsbehörde können weitere Lehrkräfte einer öffentlichen Berufsfachschule für Kinderpflege in den Prüfungsausschuss berufen, soweit dies für die Durchführung der Prüfung erforderlich ist.

(2) Die Mitglieder des Prüfungsausschusses sind bei ihrer Tätigkeit als Prüferin oder Prüfer unabhängig. Sie sind zur Amtsverschwiegenheit über alle Prüfungsangelegenheiten verpflichtet. Die oder der Vorsitzende des Prüfungsausschusses hat sie vor Beginn der Prüfung hierüber zu belehren.

(3) Für die mündliche Prüfung in den einzelnen Fächern oder Handlungsfeldern bildet die oder der Vorsitzende des Prüfungsausschusses die erforderlichen Fachausschüsse. Jedem Fachausschuss gehören an:

1. Die Vorsitzende oder der Vorsitzende oder ein von ihr oder von ihm bestimmtes Mitglied des Prüfungsausschusses als Leiterin oder Leiter, sofern die obere Schulaufsichtsbehörde nichts anderes bestimmt,
2. die Fachlehrkraft der Klasse oder bei deren Verhinderung eine in dem zu prüfenden Fachgebiet erfahrene Lehrkraft als Prüferin oder Prüfer,
3. ein weiteres fachkundiges Mitglied des Prüfungsausschusses, welches zugleich das Protokoll führt.

In Fächern oder Handlungsfeldern, in denen die Klasse von verschiedenen Fachlehrkräften für Teilbereiche unterrichtet wird, gehören alle dem Fachausschuss als Mitglieder an. Die genannten Fachlehrkräfte sind jeweils für ihren Teilbereich Prüferin oder Prüfer nach Satz 2 Nummer 2. Die Leiterin oder der Leiter des Fachausschusses bestimmt den Gang der Prüfung und kann selbst prüfen.

§ 22
Schriftliche Prüfung

(1) Die Leitung der schriftlichen Prüfung obliegt der Schulleiterin oder dem Schulleiter oder einer von ihr oder ihm beauftragten Lehrkraft.

(2) Schriftliche Prüfungsarbeiten sind zu fertigen

1. im Fach Deutsch 180 Minuten,
2. im Handlungsfeld Berufliches Handeln theoretisch und methodisch fundieren 150 Minuten,
3. im Handlungsfeld Unterstützung der Sprachentwicklung 150 Minuten.

Berufliche Schulen

(3) Die Prüfungsaufgaben werden im Rahmen der Bildungs- und Lehrpläne vom Kultusministerium oder von der von ihm beauftragten oberen Schulaufsichtsbehörde gestellt.

(4) Über die schriftliche Prüfung ist eine Niederschrift zu fertigen, die von der Leiterin oder dem Leiter der schriftlichen Prüfung und den aufsichtführenden Lehrkräften unterschrieben wird.

(5) Die schriftlichen Prüfungsarbeiten werden von der Fachlehrkraft der Klasse und von einer weiteren Fachlehrkraft, die die oder der Vorsitzende des Prüfungsausschusses bestimmt, bewertet; dabei sind ganze und halbe Noten zu verwenden. Als Note der jeweiligen schriftlichen Prüfungsarbeit gilt der auf die erste Dezimale ohne Rundung errechnete Durchschnitt der beiden Bewertungen, der auf eine ganze oder halbe Note zu runden ist. Dabei werden die Dezimalzahlen 1 oder 2 auf die nächstniedrigere ganze Note abgerundet, die Dezimalzahlen 3 bis 7 auf die nächste halbe Note auf- oder abgerundet und die Dezimalzahlen 8 oder 9 auf die nächsthöhere ganze Note aufgerundet. Weichen die Bewertungen um mehr als eine ganze Note voneinander ab und können sich die beiden Korrigierenden nicht einigen, hat die oder der Vorsitzende des Prüfungsausschusses die endgültige Note für die jeweilige schriftliche Prüfung festzusetzen; dabei gelten die Bewertungen der beiden Korrigierenden als Grenzwerte, die nicht über- und unterschritten werden dürfen.

(6) Die Noten der schriftlichen Prüfungsarbeiten werden fünf bis sieben Schultage vor der mündlichen Prüfung bekanntgegeben.

⇨ Korrekturtag

§ 23
Mündliche Prüfung

(1) Die mündliche Prüfung dauert in der Regel 10 bis 15 Minuten je Prüfling und Fach oder Handlungsfeld. Erfordert die Aufgabenstellung eine Einlesezeit oder eine thematische Herleitung und Durchdringung, gewährt der Fachausschuss zusätzlich die nach seiner Entscheidung für die Erfassung der Aufgabe erforderliche Einarbeitungszeit, in der sich der Prüfling unter Aufsicht auf die Prüfung vorbereiten kann. Die Einarbeitungszeit darf 15 Minuten nicht überschreiten.

(2) Die mündliche Prüfung wird in der Regel als Einzelprüfung durchgeführt. Die oder der Vorsitzende des Prüfungsausschusses kann hiervon abweichend die Durchführung einer Gruppenprüfung zulassen, wenn dies aus organisatorischen oder thematischen Gründen der Durchführung der Prüfung förderlich ist. Bei einer Gruppenprüfung können bis zu drei Personen zusammen geprüft werden.

(3) Die mündliche Prüfung kann sich auf alle maßgebenden Fächer und Handlungsfelder des Pflichtbereichs nach Nummer 1 der Anlage, mit Ausnahme des Handlungsfeldes „Berufspraktisches Handeln" erstrecken.

(4) Aufgrund der Anmeldenoten und gegebenenfalls der Note für die schriftliche Prüfung bestimmt die oder der Vorsitzende des Prüfungsausschusses, ob und in welchen Fächern oder Handlungsfeldern mündlich zu prüfen ist. Die mündliche Prüfung findet in mindestens einem Fach oder Handlungsfeld oder statt, sie soll insgesamt in nicht mehr als drei Fächern und Handlungsfeldern stattfinden. Die zu prüfenden Fächer und Handlungsfelder sind fünf bis sieben Schultage vor der mündlichen Prüfung bekanntzugeben. Nach der Bekanntgabe kann ein Prüfling bis zum nächsten Schultag der Schulleiterin oder dem Schulleiter schriftlich insgesamt bis zu zwei weitere Fächer und Handlungsfelder nach Absatz 3 benennen, in denen mündlich zu prüfen ist.

(5) Im Anschluss an die jeweilige mündliche Prüfung setzt der Fachausschuss das Ergebnis der jeweiligen Prüfung auf Vorschlag der Prüferin oder des Prüfers fest; dabei sind ganze und halbe Noten zu verwenden. Kann sich der Fachausschuss mehrheitlich mit der Stimme der Leiterin oder des Leiters für keine bestimmte Note entscheiden, so wird die Note aus dem auf die erste Dezimale ohne Rundung errechneten Durchschnitt der Bewertungen aller Mitglieder gebildet, der entsprechend § 22 Absatz 5 Satz 3 auf eine ganze oder halbe Note zu runden ist.

(6) Über jede mündliche Prüfung ist eine Niederschrift zu fertigen, die von den Mitgliedern des Fachausschusses zu unterschreiben ist.

§ 24
Ermittlung des Prüfungsergebnisses

(1) Die Endnoten in den einzelnen Fächern und Handlungsfeldern ermittelt die oder der Vorsitzende des Prüfungsausschusses aufgrund der Anmeldenoten und gegebenenfalls der Prüfungsleistungen. Hierbei wird der Durchschnitt ohne Rundung auf die erste Dezimale errechnet und auf eine ganze Note gerundet. Dabei werden die Dezimalzahlen 1 bis 4 auf die nächstniedrigere ganze Note abgerundet und die Dezimalzahlen 5 bis 9 auf die nächsthöhere ganze Note aufgerundet.

(2) Bei der Ermittlung der Endnoten zählen

1. in den Fächern und Handlungsfeldern, in denen schriftlich und mündlich geprüft wurde, die Anmeldenote, die Note der schriftlichen Prüfung und die Note der mündlichen Prüfung je einfach,
2. in den Fächern und Handlungsfeldern, in denen nur schriftlich oder mündlich geprüft wurde, die Anmeldenote einfach und die Prüfungsnote doppelt.

(3) In den Fächern und Handlungsfeldern, in denen nicht geprüft wurde, werden die Anmeldenoten als Endnoten in das Zeugnis übernommen.

(4) Die oder der Vorsitzende des Prüfungsausschusses stellt fest, ob der Prüfling die schulische Abschlussprüfung bestanden hat. Hierfür gelten die Bestimmungen des § 15 Absatz 2 entsprechend.

(5) Über die Feststellung der Ergebnisse der schulischen Abschlussprüfung ist von der oder dem Vorsitzenden des Prüfungsausschusses eine Niederschrift zu fertigen.

§ 25
Zeugnis

(1) Wer die schulische Abschlussprüfung bestanden hat, erhält ein Abschlusszeugnis mit den nach § 24 Absatz 1 bis 3 ermittelten Endnoten.

(2) Wer an der schulischen Abschlussprüfung teilgenommen hat und sie nicht bestanden hat und die Schule verlässt, erhält ein Abgangszeugnis mit den nach § 24 Absatz 1 bis 3 ermittelten Endnoten.

(3) Wer an der schulischen Abschlussprüfung nicht oder nur teilweise teilgenommen hat, erhält ein Zeugnis über die bis zum Ausscheiden erbrachten Leistungen oder, sofern sie bereits vorliegen, mit den Anmeldenoten nach § 20 Absatz 2; Prüfungsleistungen bleiben unberücksichtigt.

(4) Wer an der schulischen Abschlussprüfung teilgenommen und sie nicht bestanden hat und das Schuljahr wiederholt, erhält ein Jahreszeugnis mit den nach § 24 Absatz 1 bis 3 ermittelten Endnoten.

(5) In den Zeugnissen nach den Absätzen 2 bis 4 ist zu vermerken, dass das Ausbildungsziel der Berufsfachschule für Kinderpflege nicht erreicht ist.

→ Zeugnisse (Berufliche Schulen)

§ 26
Wiederholung der Prüfung, Entlassung

(1) Wer die schulische Abschlussprüfung nicht bestanden hat, kann die Prüfung nach erneutem Besuch des zweiten Schuljahres der Berufsfachschule für Kinderpflege einmal wiederholen.

(2) Wer an der schulischen Abschlussprüfung ganz oder teilweise aus wichtigem Grund nicht teilgenommen hat, kann das zweite Schuljahr wiederholen, wenn auch die Teilnahme an einer Nachprüfung nicht möglich war.

(3) Wer die schulische Abschlussprüfung auch bei Wiederholung nicht bestanden hat, muss die Berufsfachschule für Kinderpflege verlassen.

(4) Bei bestandener schulischer Abschlussprüfung ist weder eine Wiederholung der Ausbildung noch eine Wiederholung der schulischen Abschlussprüfung zulässig.

Hinweis der Redaktion: § 27 (Nichtteilnahme, Rücktritt) und § 28 (Täuschungshandlungen, Ordnungsverstöße) sind inhaltsgleich mit § 23 und 24→ Berufsfachschule Altenpflegehilfe.

Abschnitt 6
Prüfung für Schulfremde

§ 29
Teilnehmerinnen und Teilnehmer

Personen, die den schulischen Abschluss der Berufsfachschule für Kinderpflege erwerben wollen, ohne eine entsprechende öffentliche oder staatlich anerkannte Schule zu besuchen, können als Schulfremde an einer öffentlichen Berufsfachschule für Kinderpflege die Prüfung zum Abschluss der schulischen Ausbildung ablegen (Schulfremdenprüfung).

§ 30
Teile und Zeitpunkt der Schulfremdenprüfung

Die Schulfremdenprüfung besteht aus einer praktischen, einer schriftlichen und einer mündlichen Prüfung. Sie findet einmal jährlich, in der Regel zusammen mit der schulischen Abschlussprüfung an den öffentlichen Berufsfachschulen für Kinderpflege, statt.

§ 31
Meldung

(1) Die Meldung zur Schulfremdenprüfung ist bis zum 1. Oktober für die Schulfremdenprüfung im darauf folgenden Jahr an die öffentliche Berufsfachschule für Kinderpflege zu richten, an der die Schulfremdenprüfung abgelegt werden soll. Prüflinge der staatlich genehmigten, jedoch noch nicht staatlich anerkannten Schulen haben die Meldung an die obere Schulaufsichtsbehörde zu richten, in deren Bezirk die Privatschule liegt.

(2) Der Meldung sind zur Prüfung des Vorliegens der Prüfungsvoraussetzungen und zur Durchführung der Schulfremdenprüfung beizufügen:

1. Eine Übersicht über den schulischen Werdegang ab Erwerb des Hauptschulabschlusses und gegebenenfalls über die ausgeübte Berufstätigkeit mit der Angabe des Namens, Vornamens, Geburtsdatums, Geburtsortes sowie der aktuellen Anschrift,
2. der Nachweis der Voraussetzungen für die Aufnahme in die Berufsfachschule für Kinderpflege nach § 5 Absatz 1 Satz 1 Nummer 1 und 2 durch entsprechende Zeugnisse, die als beglaubigte Kopien vorzulegen sind, sowie
   a) einer mindestens sechsmonatigen einschlägigen praktischen Tätigkeit in einer sozialpädagogischen Einrichtung, die dem Arbeitsgebiet der Kinderpflege entspricht, unter Anleitung einer Fachkraft nach § 7 Absatz 2 Nummer 1 bis 3 KiTaG oder ausnahmsweise einer anderen entsprechend geeigneten Fachkraft oder
   b) der Vorbereitung auf die Schulfremdenprüfung nach dieser Verordnung an einer genehmigten, aber noch nicht staatlich anerkannten Berufsfachschule für Kinderpflege,

   und bei ausländischen Bildungsnachweisen Kenntnisse der deutschen Sprache auf dem Niveau B 2 des Gemeinsamen Europäischen Referenzrahmens für Sprachen,
3. eine Erklärung darüber, ob und gegebenenfalls mit welchem Ergebnis bereits an Prüfungen einer Berufsfachschule für Kinderpflege teilgenommen wurde,
4. eine Erklärung darüber, ob sich die Schulfremdenprüfung auch auf das Fach „Religionslehre oder Religionspädagogik" erstrecken soll,
5. Angaben über die schulische Vorbereitung auf die Schulfremdenprüfung oder über den Selbstunterricht sowie den in allen Prüfungsfächern und -handlungsfeldern durchgearbeiteten Lernstoff und die benutzte Literatur.

(3) Für Prüflinge von staatlich genehmigten, aber noch nicht staatlich anerkannten privaten Schulen kann an die Stelle der Meldung durch den einzelnen Prüfling die Sammelmeldung der Schule treten, die Vor- und Zuname, Geburtstag, Geburtsort und

Anschrift der Prüflinge enthalten muss. Der Sammeldung sind die Unterlagen nach Absatz 2 beizufügen.

§ 32
Voraussetzungen für die Zulassung

(1) Schulfremde können die Schulfremdenprüfung nicht eher ablegen, als es ihnen bei normalem Schulbesuch möglich wäre.

(2) Zur Schulfremdenprüfung wird nur zugelassen, wer

1. die Voraussetzungen für die Aufnahme in die Berufsfachschule für Kinderpflege gemäß § 5 Absatz 1 Satz 1 Nummer 1 erfüllt und die in § 31 Absatz 2 genannten Nachweise und Erklärungen vorgelegt hat,
2. nicht bereits zweimal die schulische Abschlussprüfung an einer Berufsfachschule für Kinderpflege nicht bestanden hat,
3. nicht bereits die schulische Abschlussprüfung oder die Schulfremdenprüfung bestanden hat.

(3) Zur Schulfremdenprüfung wird in der Regel nur zugelassen, wer in Baden-Württemberg seinen ständigen Wohnsitz hat.

§ 33
Entscheidung über die Zulassung, Ort der Schulfremdenprüfung

Die öffentliche Schule entscheidet über die Zulassung zur Schulfremdenprüfung. Bei Bewerberinnen und Bewerbern von staatlich genehmigten, aber noch nicht staatlich anerkannten Schulen trifft diese Entscheidung die obere Schulaufsichtsbehörde. Sie bestimmt die öffentliche Berufsfachschule, an der die Prüfung abzulegen ist. Dabei kann sie zulassen, dass die schriftliche Prüfung im Gebäude der staatlich genehmigten Schule abgenommen wird. Die Leitung und Beaufsichtigung regelt in diesem Fall die obere Schulaufsichtsbehörde.

§ 34
Durchführung der Schulfremdenprüfung

(1) Für die zugelassenen Prüflinge gelten die §§ 17, 19, 21 bis § 24 Absatz 1, 2, 4 und 5 und §§ 26 bis 28 entsprechend mit folgenden Maßgaben:

1. Fachlehrkräfte im Sinne von § 21 Absatz 3 Satz 2 Nummer 2 und § 22 Absatz 5 Satz 1 sind die von der oder von dem Vorsitzenden des Prüfungsausschusses bestimmten Fachlehrkräfte einer öffentlichen Schule, in der Regel der Berufsfachschule für Kinderpflege, welcher der Prüfling zur Ablegung der Schulfremdenprüfung zugewiesen ist.
2. Dem Fachausschuss für die praktische Prüfung nach Nummer 3 gehören an:
   a) Die oder der Vorsitzende des Prüfungsausschusses oder ein von ihr oder ihm beauftragtes Mitglied des Prüfungsausschusses als Leiterin oder Leiter, die oder der zugleich das Protokoll führt, und
   b) eine von der Schulleiterin oder dem Schulleiter beauftragte Lehrkraft, die als Praxislehrkraft eingesetzt ist.
3. In der praktischen Prüfung soll nachgewiesen werden, dass der Prüfling eine pädagogische Aktivität mit Kindern in einer Einrichtung sachgerecht planen und durchführen kann. Die Prüfung besteht aus einer schriftlichen Vorbereitung der Aktivität mit den Kindern, für deren Anfertigung der Prüfling einen Zeitraum von zwei Wochen erhält, und der praktischen Durchführung der Aktivität in einer Einrichtung im Umfang von 20 bis 30 Minuten. §§ 39 und 41 gelten entsprechend, wobei bei der Ermittlung der Endnote die für die schriftliche Ausarbeitung erteilte Note und die für die praktische Durchführung erteilte Note gleich gewichtet werden. Die schriftliche Ausarbeitung und der Bericht der Lehrkräfte werden zu den Prüfungsakten genommen. Zuständig für Entscheidungen nach §§ 27 und 28 Absatz 3 und 5 ist die oder der Vorsitzende des Prüfungsausschusses.
4. Die mündliche Prüfung umfasst sämtliche maßgebenden Fächer und Handlungsfelder des Pflichtbereichs gemäß Nummer 1 der Anlage mit Ausnahme des Handlungsfeldes „Berufspraktisches Handeln“, die nicht Gegenstand der schriftlichen Prüfung waren. Das Fach Religionslehre oder Religionspädagogik wird nur auf Antrag geprüft. Ein schriftlich geprüftes Fach oder Handlungsfeld wird nur dann in die mündliche Prüfung einbezogen, wenn der Prüfling dies spätestens vier Schultage vor der mündlichen Prüfung verlangt. Die mündliche Prüfung wird als Einzelprüfung durchgeführt. Sie dauert je Fach oder Handlungsfeld 20 bis 25 Minuten und kann auch praktische Anteile enthalten. Der Fachausschuss kann ganz oder teilweise an Stelle einer mündlichen Prüfung eine vereinfachte schriftliche Prüfung im Umfang von in der Regel 45 Minuten je Fach oder Handlungsfeld durchführen. Die Prüfungsaufgaben werden vom Fachausschuss erstellt, soweit die obere Schulaufsichtsbehörde nichts anderes bestimmt. Dies gilt nicht für das Fach Deutsch und die Handlungsfelder, die Gegenstand der schriftlichen Prüfung waren.
5. Bei der Aufgabenstellung und der Bewertung der Prüfungsleistungen sind auf Antrag Eigenart und Besonderheit einer Berufsfachschule für Kinderpflege in freier Trägerschaft, die in deren Lehrplan zum Ausdruck kommen, zu berücksichtigen.
6. Bei der Feststellung des Ergebnisses der Prüfung zählen allein die Prüfungsleistungen.

(2) Die Prüflinge haben sich bei Beginn der Schulfremdenprüfung mit einem mit Lichtbild versehenen amtlichen Ausweis auszuweisen und diesen während der gesamten Schulfremdenprüfung bei sich zu führen und auf Verlangen vorzuzeigen.

(3) Wer die Schulfremdenprüfung bestanden hat, erhält das Zeugnis für Schulfremde. Wer die Prüfung nicht bestanden hat, erhält auf Antrag eine Bescheinigung über die Teilnahme an der Prüfung,

über das Ergebnis der Prüfung und die ermittelten Einzelnoten.

Hinweis der Redaktion: Für je fünf Schulfremdenprüflinge kann die Schule eine Anrechnungsstunde in Anspruch nehmen. (Quelle: KM, 16.4.2013, AZ: 44-6623-28/201)

Abschnitt 7
Berufspraktikum

§ 35
Allgemeines

(1) Das einjährige Berufspraktikum dient im Anschluss an die bestandene schulische Abschlussprüfung dem sachgerechten Einarbeiten in die selbstständige Tätigkeit einer Kinderpflegerin oder eines Kinderpflegers sowie der Anwendung und Vertiefung der erworbenen Kenntnisse und Fertigkeiten.

(2) Das Berufspraktikum ist in der Regel bis spätestens zu Beginn des fünften auf den Abschluss der schulischen Ausbildung folgenden Schuljahres anzutreten. Wird es nach diesem Zeitpunkt begonnen, wird die Praktikumszeit um sechs Monate verlängert.

(3) Zur Teilnahme am Berufspraktikum ist auch berechtigt, wer die Prüfung zum Abschluss der schulischen Ausbildung an der Fachschule für Sozialpädagogik bestanden hat. Dies gilt auch, wenn das Berufspraktikum an der Fachschule für Sozialpädagogik zweimal nicht bestanden wurde.

§ 36
Praktikumsstellen

(1) Das Berufspraktikum ist in einer im Einzugsbereich der Schule gelegenen Einrichtung (Praktikumsstelle) durchzuführen, die dem Arbeitsfeld einer Kinderpflegerin oder eines Kinderpflegers entspricht und nach ihrer personellen und sächlichen Ausstattung für die Ausbildung nach § 37 Absatz 1 und 2 geeignet ist. Abweichend hiervon kann das Berufspraktikum ganz oder teilweise auch an einer außerhalb des Einzugsbereichs der Schule gelegenen Einrichtung durchgeführt werden, sofern die Einrichtung im Übrigen den Anforderungen des Satzes 1 entspricht, der Versicherungsschutz während des Berufspraktikums gewährleistet ist und für das Land Baden-Württemberg keine zusätzlichen Kosten entstehen.

(2) Das Berufspraktikum kann abweichend von Absatz 1 ausnahmsweise auch in einem im Einzugsbereich der Schule liegenden und zur Ausbildung einer Kinderpflegerin oder eines Kinderpflegers geeigneten Haushalt durchgeführt werden, in dem mindestens zwei Kinder zu betreuen sind, die im vorschulischen Alter oder noch grundschulpflichtig sind.

(3) Die Auswahl der Praktikumsstelle obliegt der Praktikantin oder dem Praktikanten. Sie bedarf der Zustimmung der Schule, die das Berufspraktikum begleiten soll. Zuständig ist die Schule, an der die schulische Abschlussprüfung abgelegt wurde. Sie kann in besonders begründeten Fällen den Wechsel zu einer anderen Berufsfachschule für Kinderpflege im Einvernehmen mit der aufnehmenden Schule zulassen.

§ 37
Ausbildung

(1) Die Ausbildung in der Praktikumsstelle erfolgt nach einem von der Praktikumsstelle mit der Schule abgestimmten Ausbildungsplan. Dieser soll insbesondere vorsehen:

1. Mitwirkung bei der praktischen Betreuung, Erziehung und Bildung,
2. Vertiefung und Erweiterung der theoretischen und praktischen Ausbildung,
3. Einführung in die Zusammenarbeit mit den Erziehungsberechtigten, der Grundschule sowie weiteren an der Erziehung Beteiligten,
4. Einführung in die Zusammenarbeit mit Mitarbeiterinnen und Mitarbeitern sowie Vorgesetzten.

Praktikumsstelle und Schule arbeiten bei der Durchführung des Berufspraktikums zusammen.

(2) Die fachliche Anleitung und Ausbildung in der Praktikumsstelle muss durch eine zur Leitung einer Einrichtung oder Gruppe befugte Fachkraft nach § 7 Absatz 2 Nummer 1 bis 3 KiTaG erfolgen; ausnahmsweise kann die fachliche Anleitung und Ausbildung mit Zustimmung der Schule auch einer anderen geeigneten Fachkraft übertragen werden. Die jeweilige Fachkraft soll über eine mindestens zweijährige einschlägige Berufserfahrung verfügen. Die fachliche Anleitung in der Praktikumsstelle im Haushalt kann mit Zustimmung der Schule auch durch einen betreuenden Sorgeberechtigten oder eine Tagesmutter erfolgen, wenn diese über persönliche Erfahrungen bei der Erziehung eigener oder fremder Kinder im vorschulischen Alter verfügen, für die Anleitung der Praktikantin oder des Praktikanten geeignet sind und dafür zur Verfügung stehen.

(3) Die Schule benennt für die Durchführung des Praktikums eine Praxislehrkraft entsprechend § 13 Absatz 3. Die Praxislehrkraft besucht die Praktikantin oder den Praktikanten mindestens zweimal an der Praktikumsstelle und fertigt darüber jeweils einen kurzen Bericht mit einer Bewertung in einer ganzen oder halben Note; der Bericht wird zu den Schulakten genommen. Für die Durchführung der einzelnen Praxisbesuche und den Bericht einschließlich der Begründung der Note gilt § 14 Absatz 1 mit der Maßgabe entsprechend, dass die Beobachtungszeit einschließlich des Reflexionsgesprächs in der Regel 90 Minuten beträgt. Während des Berufspraktikums finden in der Schule Ausbildungsveranstaltungen von insgesamt acht bis zehn Schultagen statt.

(4) Zu einem von der Schule bestimmten Termin hat die Praktikantin oder der Praktikant einen Bericht zu einem mit der Schule abgestimmten Thema der sozialpädagogischen Praxis vorzulegen. Der Bericht wird von der Praxislehrkraft mit einer ganzen oder halben Note bewertet.

(5) Die Praktikumsstelle übersendet zum Ende des Berufspraktikums zu einem von der Schule bestimmten Termin eine Beurteilung, aus der die Tätigkeitsgebiete, die Fähigkeiten, Leistungen und die berufliche Eignung hervorgehen müssen. Die Beurteilung soll einen Vorschlag für die Bewertung

mit einer ganzen oder halben Note enthalten. Eine Mehrfertigung der Beurteilung ist der Praktikantin oder dem Praktikanten von der Praktikumsstelle getrennt vom Arbeitszeugnis auszuhändigen. Aufgrund der Beurteilung durch die Praktikumsstelle legt die Praxislehrkraft die Gesamtbewertung mit einer ganzen oder halben Note fest.

(6) Die Berichte und Beurteilungen sind von der Praxislehrkraft mit der Praktikantin oder dem Praktikanten zu besprechen.

(7) Das Berufspraktikum darf nicht länger als sechs Monate unterbrochen werden. Versäumte Praktikumszeit ist nachzuholen, wenn sie insgesamt 30 Arbeitstage übersteigt. Bei mutterschutzrechtlichen Beschäftigungsverboten und in besonders begründeten Fällen kann die Schule Ausnahmen von den Sätzen 1 und 2 zulassen, wobei die Praktikumszeit um bis zu drei Monate verkürzt werden kann. Eine freiwillige Wiederholung auch nur eines Teils des Berufspraktikums ist nicht zulässig.

(8) Die Schulleiterin oder der Schulleiter kann

1. eine außerhalb der Ausbildung nach dieser Verordnung erfolgte gleichwertige Tätigkeit in einem sozialpädagogischen Arbeitsbereich auf die Dauer des Berufspraktikums bis zu sechs Monate anrechnen,
2. in besonders begründeten Fällen ein zweijähriges Halbtagspraktikum zulassen,
3. bei einer außerhalb des Einzugsbereichs der Schule gelegenen Praktikumsstelle Ausnahmen von Absatz 3 und 5 zulassen.

Nummer 1 gilt für Praktikumszeiten, die in der Teilzeitform der schulischen Ausbildung über die nach dieser Verordnung vorgeschriebene praktischen Ausbildung hinaus geleistet wurden, entsprechend.

Abschnitt 8
Abschluss der Ausbildung

§ 38
Erziehungspraktische Prüfung

(1) Am Ende des einjährigen Berufspraktikums wird eine erziehungspraktische Prüfung abgelegt. In der erziehungspraktischen Prüfung wird festgestellt, ob die in den einzelnen Fächern und Handlungsfeldern vermittelten Kenntnisse und Fertigkeiten im Umgang mit Kindern entsprechend dem sozialpädagogischen Auftrag angewendet werden können.

(2) Die erziehungspraktische Prüfung besteht aus einer schriftlichen Ausarbeitung ohne Aufsicht über einen Zeitraum von drei Werktagen und einem etwa 20 bis 30 Minuten dauernden praktischen Teil. Während der Erstellung der schriftlichen Ausarbeitung ist die Praktikantin oder der Praktikant vom Unterricht (gemäß § 37 Absatz 3 Satz 4) und der Tätigkeit in der Praktikumsstelle freigestellt. Die schriftliche Ausarbeitung muss vor Beginn des praktischen Teils der Prüfung in der Schule abgegeben werden. Die näheren Einzelheiten regelt die Schulleiterin oder der Schulleiter.

§ 39
Abnahme der erziehungspraktischen Prüfung

(1) Der praktische Teil der erziehungspraktischen Prüfung wird in einer von der Schulleiterin oder dem Schulleiter benannten Einrichtung abgenommen. Der Zeitpunkt der erziehungspraktischen Prüfung wird von der Leiterin oder dem Leiter des Fachausschusses gemäß § 40 Absatz 2 Nummer 1 im Einvernehmen mit der Schulleiterin oder dem Schulleiter festgelegt.

(2) Einer Fachkraft der Einrichtung ist als Bezugsperson der Kinder die Anwesenheit während des Zeitraums der Aktivität des Prüflings mit den Kindern zu gestatten. Sie oder er ist zur Verschwiegenheit verpflichtet und hat sich jeder Einflussnahme auf die Prüfung oder ihre Bewertung zu enthalten. Hierüber ist vor Beginn der erziehungspraktischen Prüfung zu belehren.

§ 40
Prüfungsausschuss, Fachausschuss

(1) Für die Feststellung, ob die gesamte Ausbildung erfolgreich abgeschlossen ist, wird an jeder Berufsfachschule für Kinderpflege ein Prüfungsausschuss gebildet. Diesem gehören an:

1. Als Vorsitzende oder Vorsitzender die Schulleiterin oder der Schulleiter oder eine von ihr oder ihm beauftragte Lehrkraft, sofern die obere Schulaufsichtsbehörde nichts anderes bestimmt,
2. als stellvertretende Vorsitzende oder stellvertretender Vorsitzender die Schulleiterin oder der Schulleiter, sofern er oder sie nicht Vorsitzende oder Vorsitzender ist, oder eine von ihr oder ihm beauftragte Lehrkraft,
3. sämtliche Praxislehrkräfte, die mit der Betreuung von Praktikantinnen oder Praktikanten im Berufspraktikum nach § 37 Absatz 3 Satz 1 beauftragt sind.

§ 21 Absatz 1 Satz 3 und Absatz 2 gilt entsprechend. Der Prüfungsausschuss ist beschlussfähig, wenn mindestens zwei Drittel seiner Mitglieder anwesend sind.

(2) Für die Durchführung der erziehungspraktischen Prüfung bildet die oder der Vorsitzende des Prüfungsausschusses die erforderlichen Fachausschüsse. Dem einzelnen Fachausschuss gehören an:

1. die oder der Vorsitzende des Prüfungsausschusses oder ein von ihr oder ihm beauftragtes Mitglied des Prüfungsausschusses als Leiterin oder Leiter,
2. die mit der Betreuung des Praktikums des Prüflings beauftragte Praxislehrkraft oder bei deren Verhinderung eine von der Schulleiterin oder

Das „alte" Jahrbuch nicht sofort entsorgen

Immer wieder existieren „alte" und „neue" Vorschriften nebeneinander, wobei die Neuregelungen zunächst nur für bestimmte Schülerjahrgänge gelten. Man sollte deshalb sein „altes" Exemplar nicht in den Papierkorb werfen. Denn es ist zwar nicht mehr „aktuell", aber nach wie vor nützlich.

dem Schulleiter beauftragte Praxislehrkraft, die Praktikantinnen oder Praktikanten im Berufspraktikum betreut.

§ 41
Durchführung der erziehungspraktischen Prüfung

(1) Die Aufgaben für die schriftliche Ausarbeitung und für den praktischen Teil werden von der oder dem Vorsitzenden des Prüfungsausschusses aufgrund von Vorschlägen der Fachlehrkräfte festgelegt und durch Los zugeteilt. Zwischen der Abgabe der schriftlichen Ausarbeitung und dem praktischen Teil sollen nicht mehr als zwei Wochen liegen. Der Prüfling hat die schriftliche Ausarbeitung selbstständig anzufertigen und dies schriftlich zu versichern.

(2) Die schriftliche Ausarbeitung wird von den Mitgliedern des Fachausschusses nach § 40 Absatz 2 korrigiert und bewertet; dabei sind ganze und halbe Noten zu verwenden. Als Note der schriftlichen Ausarbeitung gilt der ohne Rundung auf die erste Dezimale errechnete Durchschnitt der Bewertung. § 22 Absatz 5 gilt entsprechend mit der Maßgabe, dass anstelle der oder des Vorsitzenden des Prüfungsausschusses die Leiterin oder der Leiter des Fachausschusses tritt.

(3) Der praktische Teil wird von den Mitgliedern des Fachausschusses nach § 40 Absatz 2 bewertet; dabei sind ganze und halbe Noten zu verwenden. Dem Prüfling ist vor der Bewertung Gelegenheit zu geben, zum Verlauf der Prüfung kurz Stellung zu nehmen. § 23 Absatz 5 gilt entsprechend mit der Maßgabe, dass eine aus dem Durchschnitt der Bewertungen errechnete Note nicht auf eine halbe oder ganze Note zu runden ist.

(4) Bei der Ermittlung der Note der erziehungspraktischen Prüfung zählen die Note der schriftlichen Ausarbeitung einfach und die Note des praktischen Teils dreifach. Der Durchschnitt ist auf die erste Dezimale ohne Rundung zu errechnen und auf eine ganze Note zu runden. Bei der so errechneten Durchschnittsnote werden die Dezimalzahlen 1 bis 4 auf die nächstniedrigere ganze Note abgerundet und die Dezimalzahlen 5 bis 9 auf die nächsthöhere ganze Note aufgerundet. Das Ergebnis ist dem Prüfling nach Abschluss der erziehungspraktischen Prüfung an der Schule bekanntzugeben.

(5) Über die erziehungspraktische Prüfung ist eine Niederschrift zu fertigen, die von den Mitgliedern des Fachausschusses unterschrieben wird.

§ 42
Ermittlung des Gesamtergebnisses

(1) Der Prüfungsausschuss stellt in der Schlusssitzung fest, ob die Ausbildung erfolgreich abgeschlossen wurde. Die Ausbildung ist erfolgreich abgeschlossen, wenn die Leistungen des Berufspraktikums mindestens mit der Note „ausreichend" (4,0) bewertet worden sind. Dabei muss die Note der erziehungspraktischen Prüfung mindestens „ausreichend" sein.

(2) Für die Ermittlung der Endnote des Berufspraktikums zählen

1. der Durchschnitt aus den Noten der Besuchsberichte (§ 37 Absatz 3) einfach,
2. die Note des Praktikumsberichts (§ 37 Absatz 4) einfach,
3. die Note der Beurteilung der Praktikumsstelle (§ 37 Absatz 5) einfach,
4. die Note der erziehungspraktischen Prüfung (§ 41 Absatz 4) zweifach.

Die Endnote ist auf die erste Dezimale zu errechnen und für das Abschlusszeugnis auf eine ganze Note zu runden. § 24 Absatz 1 Satz 2 gilt entsprechend.

§ 43
Abschlusszeugnis

(1) Wer die Ausbildung erfolgreich abgeschlossen hat, erhält ein Abschlusszeugnis, in dem die Noten des Abschlusses der schulischen Ausbildung (§ 24 Absatz 1, § 34 Absatz 3 Satz 1) und die Endnote des Berufspraktikums (§ 42 Absatz 2) ausgewiesen werden. Im Fall des § 35 Absatz 3 werden anstelle der Noten des Abschlusses der schulischen Ausbildung nach Satz 1 die Noten des Abschlusses der schulischen Ausbildung an der Fachschule für Sozialpädagogik § 26 Absatz 1 bis 3 und 38 Absatz 4 der Erzieherverordnung im Abschlusszeugnis ausgewiesen.

(2) Wer die Ausbildung nicht erfolgreich abgeschlossen hat, erhält eine Bescheinigung mit der nach § 42 Absatz 2 ermittelten Endnote.

§ 44
Wiederholung, Beendigung der Ausbildung

(1) Wurde die Ausbildung nicht erfolgreich abgeschlossen, entscheidet der Prüfungsausschuss aufgrund der im Berufspraktikum gezeigten Leistungen, ob

1. ein zusätzliches Berufspraktikum abzuleisten ist und die erziehungspraktische Prüfung wiederholt werden muss oder
2. nur die erziehungspraktische Prüfung unter Beibehaltung der vorliegenden Noten nach § 37 Absatz 3 bis 5 wiederholt werden muss.

(2) Ist ein zusätzliches Berufspraktikum nach Absatz 1 Nummer 1 abzuleisten, ist dessen Dauer aufgrund der im Berufspraktikum gezeigten Leistungen auf einen Zeitraum zwischen sechs und zwölf Monaten festzulegen. Die vorliegenden Noten nach § 37 Absatz 3 bis 5 bleiben erhalten, soweit die Leistungen jeweils besser als mit „ausreichend" bewertet wurden und der Schüler keine erneute Leistungsfeststellung bei der oder dem Prüfungsvorsitzenden beantragt. Im Fall von Absatz 1 Nummer 2 kann die oder der Vorsitzende des Prüfungsausschusses abweichend von § 40 Absatz 2 Nummer 2 eine andere Lehrkraft mit der Befähigung nach § 13 Absatz 3 Satz 2 bestimmen.

(3) Die erziehungspraktische Prüfung kann nur einmal wiederholt werden. Wer die Ausbildung nicht erfolgreich abgeschlossen hat, erhält die Bescheinigung nach § 43 Absatz 2.

Abschnitt 9
Anerkennung im Ausland erworbener Qualifikationen

§ 45
Anerkennung von im Ausland erworbenen beruflichen Qualifikationen

Für die Feststellung der Gleichwertigkeit einer im Ausland erworbenen beruflichen Qualifikation mit der Qualifikation einer staatlich anerkannten Kinderpflegerin oder eines staatlich anerkannten Kinderpflegers gelten die Vorschriften des Berufsqualifikationsfeststellungsgesetzes Baden-Württemberg. Zuständige Stelle ist das Regierungspräsidium Stuttgart.

Abschnitt 10
Übergangs- und Schlussbestimmungen

§ 46
Nachträgliche staatliche Anerkennung

(1) Personen mit dem Abschluss „Staatlich geprüfte Kinderpflegerin“ oder „Staatlich geprüfter Kinderpfleger“ kann auf Antrag die staatliche Anerkennung verliehen werden, wenn sie folgende Bedingungen erfüllen:

1. zweijährige abgeschlossene Ausbildung in Kinderpflege und -erziehung,
2. mindestens zweijährige vollzeitliche Berufstätigkeit in sozialpädagogischen Einrichtungen oder in Arbeitsbereichen, die dem Berufsbild der staatlich anerkannten Kinderpflegerin oder des staatlich anerkannten Kinderpflegers entsprechen, und
3. Zeugnisse über die Berufstätigkeit nach Nummer 2 mit mindestens ausreichenden Leistungen.

Der Antrag ist mit einem tabellarischen Lebenslauf und Nachweisen für die unter Satz 1 Nummer 1 bis 3 genannten Voraussetzungen beim Regierungspräsidium Stuttgart (Zeugnisanerkennungsstelle) einzureichen.

(2) Personen mit dem Abschluss „Staatlich geprüfte Kinderpflegerin“ oder „Staatlich geprüfter Kinderpfleger“ ohne zweijährige Berufstätigkeit in sozialpädagogischen Einrichtungen können nach Ableistung des einjährigen Berufspraktikums und dem Ablegen der erziehungspraktischen Prüfung die staatliche Anerkennung erhalten. Die §§ 35 bis 44 gelten mit Ausnahme des § 37 Absatz 8 Nummer 2 entsprechend.

→ Berufsfachschule Kinderpflege (Stundentafel); → Fachschule Sozialpädagogik (ErzieherVO); ⇨ Handy-Nutzung; → Individuelle Förderung und Unterstützung (BS); → Kindergartenfachkräftegesetz; ⇨ Korrekturtag; → Termine Berufliche Schulen; → Zeugnisse (Berufliche Schulen)

Berufsfachschule Kinderpflege (Stundentafel)

Anlage 1 (zu § 3 ,§ 10 Absatz 1, § 15 Absatz 1, § 23 Absatz 3 und § 34 Absatz 1 Nummer 4)

Stundentafel für die Berufsfachschule für Kinderpflege
(durchschnittliche Zahl der Wochenstunden)

1.	**Pflichtbereich**	Schuljahr 1	Schuljahr 2
1.1	**Fächer**		
	Religionslehre und Religionspädagogik	2	2
	Deutsch	3	2
	Gemeinschaftskunde	1	1
	Englisch[1]	1	1
1.2	**Handlungsfelder**		
	Berufliches Handeln theoretisch und methodisch fundieren	4	4
	Förderung der körperlichen Entwicklung und Gesunderhaltung	5	5
	Anregung der Sinne und kreativer Ausdrucksmöglichkeiten	4	3
	Unterstützung der Sprachentwicklung	2	3
	Unterstützung der kognitiven Entwicklung	2	3
	Unterstützung der emotional-sozialen Entwicklung	2	2
	Berufspraktisches Handeln[2]	4	4
2.	Wahlpflichtbereich	2	2
		32	32
3.	Wahlbereich	2	2

Insgesamt können 13 Wochenstunden in Klassenteilung unterrichtet werden.

[1] Kein maßgebendes Fach.

[2] In verschiedenen Organisationsformen möglich; Betreuungsschlüssel 1:2

Berufsfachschule Pflege

Verordnung des Kultusministeriums über den Erwerb der Fachhochschulreife an den öffentlichen Berufsfachschulen für Pflege (Pflegeschulen-Fachhochschulreifeverordnung - PflSchFHSRVO) vom 27. August 2021 (K.u.U. S. 121/2021)

§ 1
Allgemeines

(1) Wer im Zusammenhang mit einer dreijährigen bundesgesetzlich geregelten Ausbildung an einer öffentlichen Berufsfachschule für Pflege die Fachhochschulreife erwerben will, muss einen Realschulabschluss oder einen dem Realschulabschluss gleichwertigen Bildungsstand nachweisen, am Zusatzunterricht in den Fächern Deutsch II, Mathematik und Englisch teilnehmen und im Zusammenhang mit der Abschlussprüfung eine Zusatzprüfung ablegen.

(2) Die Zusatzprüfung zum Erwerb der Fachhochschulreife wird im Zusammenhang mit der staatlichen Abschlussprüfung an der Berufsfachschule für Pflege abgenommen. Der Zusammenhang mit der Abschlussprüfung ist gegeben, wenn diese dem landeseinheitlichen Prüfungstermin für die Fachhochschulreife unmittelbar vorhergeht oder folgt.

(3) Das Kultusministerium legt den Zeitpunkt für die schriftliche Prüfung fest, der Vorsitzende des Prüfungsausschusses den Zeitpunkt der mündlichen Prüfung.

(4) Die Prüfung findet an der Schule statt, die den Zusatzunterricht erteilt hat.

§ 2
Zusatzunterricht

(1) Der Zusatzunterricht richtet sich nach der Stundentafel der Anlage 1 und den Bildungs- und Lehrplänen des Kultusministeriums zur Erlangung der Fachhochschulreife und beginnt im ersten Schuljahr.

→ Berufsfachschule Pflege (Stundentafel)

(2) Für die Teilnahme am Zusatzunterricht gilt das erste Schuljahr des ersten Jahres des Zusatzunterrichts als Probezeit. Die weitere Teilnahme am Zusatzunterricht des zweiten Schuljahres setzt voraus, dass am Ende des ersten Schuljahres der Durchschnitt aus dem Fach Deutsch I sowie der Fächer Englisch und Mathematik des Zusatzunterrichts mindestens 4,0 beträgt und keines dieser Fächer mit der Note »ungenügend« bewertet wurde. Die weitere Teilnahme am Zusatzunterricht im darauffolgenden Schuljahr setzt voraus, dass am Ende des zweiten Jahres des Zusatzunterrichts der Durchschnitt aus den Fächern Deutsch I, Englisch und Mathematik mindestens 4,0 beträgt und keines dieser Fächer mit der Note »ungenügend« bewertet wurde.

(3) Am Ende jedes Schuljahres erhalten die Schülerinnen und Schüler Zeugnisse über die in den Fächern des Zusatzunterrichts während des ganzen Schuljahres erbrachten Leistungen. Am Ende eines jeden Schulhalbjahres erhalten die Schülerinnen und Schüler Halbjahresinformationen. Die Leistungen im Fach Deutsch II werden entsprechend der Stundentafel nur im dritten Schuljahr ausgewiesen.

(4) Für die Bildung der Leistungsnoten, die Leistungsfeststellung, den Umfang und die Anzahl der Klassenarbeiten gilt die Verordnung des Kultusministeriums über die Notenbildung vom 5. Mai 1983 in der jeweils geltenden Fassung.

➪ Notenbildungsverordnung

§ 3
Zulassung zur Zusatzprüfung, Anmeldenoten

(1) Zu der Zusatzprüfung ist auf Antrag zugelassen, wer den mittleren Bildungsabschluss nachweisen kann, an der Abschlussprüfung nach den §§ 9, 27 oder 29 der Ausbildungs- und Prüfungsverordnung für die Pflegeberufe (PflAPrV) teilnimmt, den Zusatzunterricht ordnungsgemäß besucht hat und die zur Bildung von Anmeldenoten für die Fächer des Zusatzunterrichts erforderlichen Einzelleistungen erbracht hat.

(2) Liegen die in Absatz 1 genannten Voraussetzungen nicht vor, ist die Nichtzulassung von der Schulleiterin oder dem Schulleiter festzustellen und dem Prüfling unter Angabe der Gründe unverzüglich schriftlich mitzuteilen. Sie gilt als Nichtbestehen der Zusatzprüfung, es sei denn, dass die Gründe vom Prüfling nicht zu vertreten sind.

(3) Für die Zusatzprüfung werden in den Fächern Deutsch II, Mathematik und Englisch Anmeldenoten gebildet, die aus den während des letzten Schuljahres erbrachten Einzelleistungen zu ermitteln sind. Die Anmeldenoten sind dem Prüfling als ganze Noten fünf bis sieben Schultage vor Beginn der schriftlichen Prüfung bekanntzugeben.

§ 4
Prüfungsausschuss

Für die Abnahme der Zusatzprüfung wird an der jeweiligen Schule ein Prüfungsausschuss gebildet. Diesem gehören sämtliche Lehrkräfte an, die in den Fächern der Zusatzprüfung an der Schule Unterricht erteilen sowie die Mitglieder nach § 10 Absatz 1, 2, 3 PflAPrV entsprechend mit folgender Maßgabe:

1. Die Mitglieder des Prüfungsausschusses sind bei ihrer Tätigkeit unabhängig. Sie sind zur Amtsverschwiegenheit über alle Prüfungsangelegenheiten verpflichtet. Das vorsitzende Mitglied des Prüfungsausschusses hat sie vor Beginn der Prüfung hierüber zu belehren.
2. Der Prüfungsausschuss ist beschlussfähig, wenn mindestens zwei Drittel der Mitglieder anwesend sind. Der Prüfungsausschuss entscheidet mit einfacher Mehrheit; bei Stimmengleichheit gibt die Stimme der oder des Vorsitzenden den Ausschlag.
3. Für die mündliche Prüfung in den einzelnen Fächern bildet die oder der Vorsitzende des Prüfungsausschusses die erforderlichen Fachausschüsse.

Berufliche Schulen

Jedem Fachausschuss gehören an:

a) die oder der Vorsitzende oder ein von ihr oder ihm bestimmtes Mitglied des Prüfungsausschusses als Leiterin oder Leiter,

b) die Fachlehrkraft der Klasse oder bei deren Verhinderung eine in dem betreffenden Prüfungsfach erfahrene Lehrkraft als Prüferin oder Prüfer,

c) ein weiteres fachkundiges Mitglied des Prüfungsausschusses, das zugleich das Protokoll führt.

Die Leiterin oder der Leiter bestimmt den Gang der Prüfung und kann selbst prüfen.

§ 5
Schriftliche Prüfung

(1) Die Leitung der schriftlichen Prüfung obliegt der Schulleiterin oder dem Schulleiter.

(2) Schriftliche Prüfungsarbeiten sind in folgenden Fächern zu fertigen:

Deutsch	240 Minuten,
Englisch	200 Minuten,
Mathematik	200 Minuten.

(3) Die Prüfungsaufgaben für die schriftliche Prüfung werden im Rahmen der Bildungs- und Lehrpläne landeseinheitlich vom Kultusministerium gestellt.

(4) Über die schriftliche Prüfung ist eine Niederschrift zu fertigen, die von der Schulleiterin oder vom Schulleiter und den aufsichtführenden Lehrkräften unterschrieben wird.

(5) Die schriftlichen Arbeiten werden von der Fachlehrkraft der Klasse und einer weiteren, von der Schulleiterin oder vom Schulleiter bestimmten Lehrkraft korrigiert und bewertet; dabei sind ganze und halbe Noten zu verwenden. Als Note der schriftlichen Prüfung gilt der auf die erste Dezimale errechnete Durchschnitt der beiden Bewertungen, der auf eine ganze oder halbe Note zu runden ist; Dezimalen von 0,3 bis 0,7 sind hierbei auf eine halbe Note, die übrigen Dezimalen auf eine ganze Note zu runden. Weichen die Bewertungen um mehr als eine ganze Note voneinander ab und können sich die beiden Bewertenden nicht einigen, setzt das vorsitzende Mitglied des Prüfungsausschusses die endgültige Note fest; dabei gelten die Bewertungen der beiden Bewertenden als Grenzwerte, die nicht über- und unterschritten werden dürfen.

(6) Die Noten der schriftlichen Prüfung in den einzelnen Fächern werden den Prüflingen fünf bis sieben Schultage vor der mündlichen Prüfung bekannt gegeben.

§ 6
Mündliche Prüfung

(1) Die mündliche Prüfung soll keine Wiederholung, sondern eine Ergänzung der schriftlichen Prüfung sein. Sie dauert in der Regel 10 bis 15 Minuten je Prüfling und Fach.

(2) Die mündliche Prüfung kann als Einzel- oder Gruppenprüfung durchgeführt werden. Bei Gruppenprüfungen können bis zu drei Prüflinge zusammen geprüft werden. Die Entscheidung trifft das vorsitzende Mitglied des Prüfungsausschusses.

(3) Die mündliche Prüfung kann sich auf alle in § 5 Absatz 2 dieser Bestimmungen genannten Fächer erstrecken.

(4) Aufgrund der Anmeldenoten und der Noten der schriftlichen Prüfung bestimmt das vorsitzende Mitglied des Prüfungsausschusses, in welchen Fächern mündlich zu prüfen ist. Von der mündlichen Prüfung kann in den Fächern abgesehen werden, in denen die Anmeldenote und die Note der schriftlichen Prüfung übereinstimmen. Die zu prüfenden Fächer sind den Prüflingen fünf bis sieben Schultage vor der mündlichen Prüfung bekannt zu geben. Darüber hinaus kann der Prüfling bis zum nächsten Schultag der Schulleiterin oder dem Schulleiter schriftlich weitere Fächer nach Absatz 3 benennen, in denen mündlich geprüft werden soll.

(5) Im Anschluss an jede mündliche Prüfung setzt der Fachausschuss das Ergebnis der mündlichen Prüfung auf Vorschlag der Prüferin oder des Prüfers fest; dabei sind ganze und halbe Noten zu verwenden. Kann sich der Fachausschuss auf keine bestimmte Note einigen oder mehrheitlich mit der Stimme der Leiterin oder des Leiters für keine bestimmte Note entscheiden, so wird die Note aus dem auf die erste Dezimale errechneten Durchschnitt der Bewertungen aller Mitglieder

Generalistische Pflegeausbildung

Alle künftigen Pflegekräfte erlernen seit 2020 in den ersten beiden Jahren ihrer Ausbildung die gleichen Inhalte in Theorie und Praxis.

Mit der Reform der Pflegeberufe entfällt die alte Aufteilung in Alten-, Kinderkranken- oder Krankenpflege. Möglich bleibt eine Vertiefung in den Bereichen Altenpflege und Kinderkrankenpflege im dritten Ausbildungsjahr. Auszubildende können wählen, ob sie sich entsprechend spezialisieren oder die generalistische Pflegeausbildung fortsetzen wollen.

In den Übergangsvorschriften des Landespflegeberufegesetzes (LPflBG) § 4 ist für die „alten" Ausbildungen geregelt:

In der Zeit vom 1. Januar 2020 bis zum 31. Dezember 2024 gelten die nachfolgenden Vorschriften jeweils in der am 31. Dezember 2019 geltenden Fassung:

1. nur für Ausbildungen in der Altenpflege, die bis zum 31. Dezember 2019 begonnen wurden *(abgedruckt im GEW-Jahrbuch 2021)*, die §§ 19 und 22 des Landespflegegesetzes (LPflG) [...].

gebildet, der auf eine ganze oder halbe Note zu runden ist. Als Note der mündlichen Prüfung gilt der auf die erste Dezimale errechnete Durchschnitt der beiden Bewertungen, der auf eine ganze oder halbe Note zu runden ist; Dezimalen von 0,3 bis 0,7 sind hierbei auf eine halbe Note, die übrigen Dezimalen auf eine ganze Note zu runden.

(6) Über die mündliche Prüfung ist eine Niederschrift zu fertigen, die von den Mitgliedern des Fachausschusses unterschrieben wird.

§ 7
Ermittlung des Prüfungsergebnisses

(1) Die Endnoten in den einzelnen Fächern der Zusatzprüfung werden in einer Schlusssitzung des Prüfungsausschusses aufgrund der Anmeldenoten und der Prüfungsleistungen ermittelt, wobei der Durchschnitt auf die erste Dezimale zu errechnen und auf eine ganze Note zu runden ist; § 6 Absatz 5 Satz 3, 2. Halbsatz gilt entsprechend.

(2) Bei der Ermittlung der Endnoten zählen die Anmeldenote, die Note der schriftlichen Prüfung und die Note der mündlichen Prüfung je einfach.

(3) Die Durchschnittsnote zur Vergabe von Studienplätzen wird gebildet aus dem arithmetischen Mittel der einzelnen Endnoten in den Fächern des Zusatzunterrichts sowie der doppelt gewichteten Prüfungsnoten im schriftlichen, mündlichen und praktischen Teil der beruflichen Abschlussprüfung.

(4) Der Prüfungsausschuss stellt in der Schlusssitzung fest, wer die Zusatzprüfung bestanden hat. Nach der Schlusssitzung ist den Prüflingen das Ergebnis der Prüfung unverzüglich mitzuteilen.

(5) Über die Schlusssitzung ist eine Niederschrift zu fertigen, die vom vorsitzenden Mitglied des Prüfungsausschusses und dem Mitglied, das die Niederschrift angefertigt hat, zu unterschreiben ist.

(6) Die Niederschriften über die einzelnen Teile der Prüfung, über die Schlusssitzung des Prüfungsausschusses, eine Liste mit den Prüfungsergebnissen und die Prüfungsarbeiten sind bei den Schulakten aufzubewahren. Die Niederschriften und die Prüfungsarbeiten sind nach Ablauf von drei Jahren seit der Schlusssitzung des Prüfungsausschusses zu vernichten.

§ 8
Bestehen der Prüfung

Die Zusatzprüfung ist bestanden, wenn

1. die staatliche Prüfung nach § 19 PflAPrV bestanden ist,
2. der Durchschnitt aus den Endnoten der Fächer der Zusatzprüfung 4,0 oder besser ist,
3. keines der Fächer der Zusatzprüfung mit der Endnote »ungenügend« bewertet ist

und

4. von den Fächern der Zusatzprüfung nicht mehr als ein Fach mit der Note »mangelhaft« bewertet ist; wurde in zwei Fächern der Zusatzprüfung die Note »mangelhaft« erteilt, ist die Zusatzprüfung bestanden, wenn für beide Fächer ein Ausgleich gegeben ist; ausgeglichen werden kann dabei die Note »mangelhaft« in einem Fach der Zusatzprüfung
   a) mit mindestens der Note »gut« in einem anderen Fach der Zusatzprüfung oder
   b) durch mindestens die Prüfungsnote »gut« im schriftlichen oder mündlichen Teil der Abschlussprüfung nach § 19 PflAPrV.

§ 9
Wiederholung der Prüfung

Wer nur die Zusatzprüfung nicht bestanden hat, kann sie einmal zum nächsten Prüfungstermin ohne erneuten Besuch der Berufsfachschule für Pflege wiederholen.

§ 10
Nichtteilnahme, Rücktritt

(1) Wer ohne wichtigen Grund an einem der Prüfungsteile ganz oder teilweise nicht teilnimmt, hat die Zusatzprüfung nicht bestanden. Der wichtige Grund ist der Schule unverzüglich mitzuteilen. Über das Vorliegen eines wichtigen Grundes entscheidet bei der schriftlichen Prüfung die Schulleiterin oder der Schulleiter, bei der mündlichen Prüfung das vorsitzende Mitglied des Prüfungsausschusses.

(2) Als wichtiger Grund gilt insbesondere Krankheit. Auf Verlangen ist ein ärztliches oder amtsärztliches Zeugnis vorzulegen. Wer sich in Kenntnis einer gesundheitlichen Beeinträchtigung oder eines anderen wichtigen Grundes der Prüfung unterzogen hat, kann dies nachträglich nicht mehr geltend machen. Der Kenntnis steht die fahrlässige Unkenntnis gleich; fahrlässige Unkenntnis liegt insbesondere dann vor, wenn beim Vorliegen einer gesundheitlichen Beeinträchtigung nicht unverzüglich eine Klärung herbeigeführt wurde.

(3) Sofern und soweit ein wichtiger Grund vorliegt, gilt die Zusatzprüfung als nicht unternommen. Die Teilnahme an einer Nachprüfung ist zu ermöglichen. In diesem Falle bleiben die bereits erbrachten Prüfungsleistungen bestehen.

(4) Vor Beginn der Prüfung ist auf diese Bestimmungen hinzuweisen.

§ 11
Zeugnis der Fachhochschulreife

Wer nach der Feststellung des Prüfungsausschusses die Abschlussprüfung und die Zusatzprüfung bestanden hat, erhält das Zeugnis der Fachhochschulreife, das zum Studium an einer Fachhochschule berechtigt. Dabei werden die Prüfungsnoten des schriftlichen, mündlichen und praktischen Teils sowie die Gesamtnote der staatlichen Prüfung, die nicht Gegenstand der Zusatzprüfung waren, aus dem Abschlusszeugnis nach § 19 Absatz 2 PflAPrV übernommen.

→ Zeugnisse (Berufliche Schulen)

→ Berufsfachschule Pflege (Stundentafel); ⇨ Fachhochschulreife; ⇨ Notenbildungsverordnung; → Zeugnisse (Berufliche Schulen)

Berufsfachschule Pflege (Stundentafel)

Anlage 1 (zu § 2 Absatz 1)

Stundentafel der öffentlichen Berufsfachschule für Pflege (Vollzeitform)

- durchschnittliche Zahl der Wochenstunden -

		1. Schul-jahr	2. Schul-jahr	3. Schul-jahr
1.	**Pflichtbereich**			
	Religionslehre sowie religiöse und ethische Kompetenzen entwickeln			
	Deutsch I[1]			
I	Pflegeprozesse in akuten und dauerhaften Pflegesituationen gestalten[2]	9	9	8,5
II	Kommunikation und Beratung gestalten	2,5	2,5	2,5
III	Intra- und interprofessionelles Handeln gestalten und mitgestalten[2]	2,5	2,5	2,5
IV	Das eigene Handeln ethisch sowie rechtlich reflektieren und begründen	1	1,5	1,5
V	Das eigene Handeln wissenschaftlich und berufsethisch reflektieren und begründen	1,5	1,5	1
	Stunden zur freien Verfügung	2	2	2
	Wochenstunden gesamt	18,5	19	18
2.	**Wahlbereich**			
	Zusatzprogramm zur Erlangung der Fachhochschulreife			
	Deutsch II	-	-	1
	Englisch	2	2	2
	Mathematik	2	2	2
3.	**Praxis in der Pflege[3] (Praktische Ausbildung)**	850	850	800

Fußnoten

[1] Der Unterricht erfolgt ausbildungsintegriert im Umfang von je einer Wochenstunde je Schuljahr. Eine Note wird auf den Zeugnissen nachrichtlich ausgewiesen.

[2] Für den berufspraktischen Unterricht ist eine Klassenteilung im Umfang von max. drei Wochenstunden pro Schuljahr möglich.

[3] Gesamtstundenzahl in der praktischen Ausbildung in verschiedenen Organisationsformen möglich. Betreuungsschlüssel im 1. Jahr 1:3, im 2. und 3. Jahr 1:2,5

→ Berufsfachschule Pflege; ⇨ Fachhochschulreife

Berufliche Schulen

Berufsfachschule für sozialpädagogische Assistenz (praxisintegriert)

Schulversuchsbestimmungen beruflicher Schulen (§ 22 SchG): Ausbildung und Prüfung an den Berufsfachschulen für sozialpädagogische Assistenz (praxisintegriert) vom 21. Dezember 2020 (AZ: 41.6622.23/59)

1. Abschnitt Allgemeines

§ 1 *Zweck der Ausbildung*

Die praxisintegrierte Ausbildung an der Berufsfachschule für sozialpädagogische Assistenz befähigt dazu, in Einrichtungen der öffentlichen und freien Träger als Fachkraft nach § 7 Absatz 2 des Kindertagesbetreuungsgesetzes (KiTaG) bei der Erziehung, Bildung, Pflege und Betreuung von Kindern mitzuwirken.

§ 2 *Dauer und Abschluss der Ausbildung*

(1) Die Ausbildung dauert unabhängig vom Zeitpunkt der Abschlussprüfung drei Jahre und gliedert sich in theoretische und praktische Ausbildungsanteile. Die praktische Ausbildung umfasst mindestens 1.500 Stunden. Sie findet auch in der unterrichtsfreien Zeit (Ferien) statt. Der vom Träger der Einrichtung gewährte Jahresurlaub kann nur in den Ferien genommen werden.

(2) Mit erfolgreichem Abschluss der gesamten Ausbildung wird die Berufsbezeichnung „Staatlich anerkannte sozialpädagogische Assistentin“ oder „Staatlich anerkannter sozialpädagogischer Assistent“ erworben.

§ 3 *Bildungsplan, Stundentafel*

Der Unterricht richtet sich nach den vom Kultusministerium erlassenen Bildungs- und Lehrplänen sowie nach der als Anlage 1 beigefügten Stundentafel.

§ 4
Pflichtbereich, maßgebende Fächer und Handlungsfelder

Die Pflichtbereiche bestehen nach Maßgabe der Stundentafel aus dem Pflichtbereich Theorie mit Fächern und Handlungsfeldern sowie dem Pflichtbereich „Sozialpädagogisches Handeln". Für die Versetzungsentscheidung und den Erwerb des Abschlusses sind die Fächer und Handlungsfelder der Pflichtbereiche Theorie und „Sozialpädagogisches Handeln" mit Ausnahme des Faches „Englisch" maßgebend.

§ 5
Gleichwertige Leistungsfeststellung

In den Handlungsfeldern „Kinder in ihrer Lebenswelt wahrnehmen und pädagogische Beziehungen zu ihnen entwickeln", „Entwicklungs- und Bildungsprozesse begleiten", „Gruppen pädagogisch begleiten" und „Betreuungsmaßnahmen und Versorgungshandlungen ausführen" kann die jeweilige Fachlehrkraft jeweils höchstens die Hälfte der vorgeschriebenen Klassenarbeiten innerhalb eines Schuljahres durch die gleiche Zahl von gleichwertigen Leistungsfeststellungen nach § 9 Absatz 5 der ⇨ Notenbildungsverordnung (NVO) ersetzen.

2. Abschnitt
Aufnahmeverfahren

§ 6
Aufnahmevoraussetzungen

(1) Voraussetzungen für die Aufnahme in die Berufsfachschule für sozialpädagogische Assistenz (praxisintegriert) sind

1. das Abschlusszeugnis der Hauptschule oder des Berufseinstiegsjahres, wobei im Fach Deutsch mindestens die Note befriedigend und im Durchschnitt aller Fächer mindestens 3,0 erreicht sein muss, oder der Nachweis eines gleichwertigen Bildungsstandes oder
2. das Abschlusszeugnis der Hauptschule oder des Berufseinstiegsjahres in Verbindung mit einer mindestens zweijährigen abgeschlossenen Berufsausbildung sowie
3. der Nachweis eines Vertrages zwischen einem von der Schule als geeignet angesehenen Träger einer Tageseinrichtung für Kinder und der Bewerberin oder dem Bewerber über die praktische Ausbildung nach den Vorschriften dieser Ausbildungs- und Prüfungsverordnung und den Bildungs- und Lehrplänen der Berufsfachschule für sozialpädagogische Assistenz (praxisintegriert).

(2) Der Schulleiter kann in begründeten Ausnahmefällen ein später erworbenes Schulzeugnis mit besseren Noten berücksichtigen.

(3) Bei ausländischen Bildungsnachweisen sind ausreichende deutsche Sprachkenntnisse nachzuweisen.

§ 7
Aufnahmeantrag

(1) Der Aufnahmeantrag ist an die Schule zu richten, an der die Ausbildung erfolgen soll. Der Termin, zu dem der Antrag bei der Schule eingegangen sein soll, wird, soweit er nicht vom Kultusministerium festgelegt wurde, von der Schulleiterin oder vom Schulleiter bestimmt und auf geeignete Weise bekannt gegeben. Es werden auch die nach dem festgesetzten Termin eingegangenen Anträge berücksichtigt, sofern die Aufnahmevoraussetzungen erfüllt sind. Dem Aufnahmeantrag sind beizufügen:

1. ein Lebenslauf in tabellarischer Form mit Angaben über den bisherigen Bildungsweg und eine gegebenenfalls ausgeübte Berufstätigkeit,
2. eine beglaubigte Abschrift des Nachweises nach § 6 Absatz 1 Satz 1 oder Absatz 2,
3. eine Erklärung,
   a) ob und gegebenenfalls an welchen anderen Berufsfachschulen für sozialpädagogische Assistenz (praxisintegriert) oder Berufsfachschulen für Kinderpflege bereits an einem Aufnahmeverfahren teilgenommen wurde sowie
   b) ob und gegebenenfalls an welche anderen Berufsfachschulen für sozialpädagogische Assistenz (praxisintegriert) oder Berufsfachschulen für Kinderpflege ein weiterer Aufnahmeantrag gerichtet wurde.

Sofern der Nachweis nach § 6 Absatz 1 Satz 1 zum Anmeldetermin noch nicht vorgelegt werden kann, ist er unverzüglich nachzureichen; dem Aufnahmeantrag ist in diesem Fall eine beglaubigte Abschrift des letzten Schulzeugnisses beizufügen.

(2) Über den Aufnahmeantrag entscheidet die Schulleiterin oder der Schulleiter. Hierbei kann eine angemessene Frist gesetzt werden, innerhalb der erklärt werden muss, ob die Zusage über die Aufnahme angenommen wird.

3. Abschnitt
Praktische Ausbildung

§ 8
Allgemeines

Die praktische Ausbildung im Handlungsfeld „Sozialpädagogisches Handeln" dient der Anwendung und Vertiefung der im schulischen Unterricht erworbenen Kenntnisse, Fertigkeiten und Fähigkeiten. Die Gesamtverantwortung für die praktische Ausbildung liegt bei der Schule. Sie schließt die Betreuung, Beratung, Beurteilung und Benotung der Schülerin oder des Schülers während der praktischen Ausbildung ein. Schule und Einrichtung stellen dabei in engem Zusammenwirken eine effektive Verzahnung von schulischem Unterricht und dessen praktischer Umsetzung in der Einrichtung sicher.

§ 9
Einrichtungen der praktischen Ausbildung

Die praktische Ausbildung hat in Einrichtungen zu erfolgen, die dem Arbeitsgebiet einer sozialpädagogischen Assistentin oder eines sozialpädagogischen Assistenten entsprechen und die nach der personellen und sächlichen Ausstattung für die Ausbildung geeignet sind. Die Schülerinnen und

Schüler schließen einen Ausbildungsvertrag mit einem von der Schule als geeignet angesehenen Träger einer Kindertageseinrichtung ab. Dieser bedarf der Zustimmung der Schule.

§ 10
Wechsel des Arbeitsfeldes während der Ausbildung

Im Rahmen der Ausbildung müssen praktische Erfahrungen in der pädagogischen Arbeit mit mindestens zwei Altersgruppen (unter Dreijährige, drei- bis sechsjährige Kinder, Schulkinder) gemacht werden. Der Praktikumseinsatz erfolgt in Absprache mit der betreuenden Schule.

§ 11
Durchführung der praktischen Ausbildung

(1) Die praktische Ausbildung erfolgt nach Absprache der Schule mit den Trägern der an der Ausbildung beteiligten Einrichtungen an festgelegten Tagen oder in Praxisblöcken.

(2) Der Träger der Einrichtung benennt der Schule zu Beginn der Ausbildung die von ihm ausgewählte, für die fachliche Anleitung und Ausbildung in der Einrichtung verantwortliche und geeignete Fachkraft. Geeignet sind Leitungskräfte nach § 7 Absatz 2 Nummer 1 bis 3 Kindertagesbetreuungsgesetz, wenn sie über eine nach abgeschlossener Ausbildung erworbene in der Regel mindestens zweijährige einschlägige Berufserfahrung in dem Praxisfeld, in dem die Ausbildung jeweils erfolgt, verfügen. Ausnahmsweise kann für die fachliche Anleitung und Ausbildung mit Zustimmung der Berufsfachschule für sozialpädagogische Assistenz (praxisintegriert) auch einer anderen geeigneten Fachkraft übertragen werden.

(3) Die Schule benennt dem Träger der Einrichtung zu Beginn der jeweiligen Ausbildung eine Lehrkraft, die die praktische Ausbildung betreut (Praxislehrkraft). Die Praxislehrkraft muss über eine Lehrbefähigung im Fach „Sozialpädagogik“ oder über eine gleichwertige Qualifikation verfügen. Sie arbeitet eng mit den von der Einrichtung für die praktische Anleitung benannten Fachkräften zusammen und berät und beurteilt die Schülerin oder den Schüler. Hierzu führt sie auch Praxisbesuche in der Einrichtung durch.

(4) Die Ausbildung erfolgt nach einem Plan, den die Schule zu Beginn der Ausbildung im Handlungsfeld „Sozialpädagogisches Handeln“ mit der Einrichtung abstimmt auf der Grundlage der jeweils geltenden Bildungs- und Lehrpläne des Kultusministeriums und des kompetenzorientierten Qualifikationsprofils für die Ausbildung von Assistenzkräften (Beschluss der Kultusministerkonferenz vom 18.06.2020).

§ 12
Bewertung

(1) Mindestens dreimal im Schuljahr führt die nach § 11 Abs. 3 benannte Praxislehrkraft einen Praxisbesuch bei der Schülerin oder dem Schüler durch. Zwei der Praxisbesuche, die zuvor angekündigt werden, sind zu benoten. Jeder Praxisbesuch ist nach den Vorgaben der Praxislehrkraft von der Schülerin oder dem Schüler schriftlich vorzubereiten. Die Praxislehrkraft benotet das Vorgehen der Schülerin oder des Schülers in der Praxis über einen Zeitraum von 30 bis 40 Minuten. Hieran schließt sich ein Reflexionsgespräch mit der Schülerin oder dem Schüler über die durchgeführte Aktivität mit den Kindern während des Beobachtungszeitraums an. Dieses umfasst höchstens 45 Minuten. Die Praxislehrkraft fertigt über jeden benoteten Besuch einen kurzen schriftlichen Bericht mit einer Bewertung in einer ganzen oder halben Note nach § 5 NVO. Aus dem Bericht muss der wesentliche Verlauf des Handelns mit den Kindern während des Beobachtungszeitraums und des Reflexionsgesprächs hervorgehen. Bei der Bewertung sind die schriftlichen Vorbereitungen, das pädagogische Handeln während des Beobachtungszeitraums und das Reflexionsgespräch zu berücksichtigen. Die Berichte und die jeweiligen schriftlichen Vorbereitungen werden zu den Schulakten genommen.

⇨ Notenbildungsverordnung

(2) Der Träger der Einrichtung übersendet zum Abschluss eines jeden Schuljahres zu einem von der Schule bestimmten Termin eine Beurteilung über die in der praktischen Ausbildung gezeigten Leistungen sowie eine Bescheinigung über die geleisteten Praxisstunden. Aus der Beurteilung müssen die Tätigkeitsgebiete, die Fähigkeiten, Leistungen und die berufliche Eignung hervorgehen. Die Beurteilung soll einen Vorschlag für die Bewertung mit einer ganzen oder halben Note enthalten. Aufgrund der Beurteilung durch die Einrichtung legt die Praxislehrkraft die nach Absatz 4 zu berücksichtigende Note für die Beurteilung fest.

(3) Die Beurteilung des Trägers der Einrichtung ist von der Praxislehrkraft mit der Schülerin oder dem Schüler zu besprechen.

(4) Für das Handlungsfeld „Sozialpädagogisches Handeln“ wird in jedem Schuljahr eine Jahresnote gebildet. Diese ergibt sich aus den Noten für die beiden benoteten Praxisbesuche und der nach Absatz 2 festgelegten Note, aus denen bei jeweils gleicher Gewichtung eine auf die erste Dezimale ohne Rundung berechnete Durchschnittsnote gebildet wird. Diese wird auf eine ganze Note gerundet. Hierbei werden die Dezimalen 1 bis 4 auf die nächstniedrigere ganze Note abgerundet und die Dezimalen 5 bis 9 auf die nächsthöhere ganze Note aufgerundet. Im dritten Schuljahr ist sie Anmeldenote nach § 18 Absatz 1 Satz 1.

4. Abschnitt
Versetzung

§ 13
Voraussetzungen für die Versetzung

(1) In das nächste Schuljahr wird versetzt, wer aufgrund seiner Leistungen in den maßgebenden Fächern und Handlungsfeldern des Pflichtbereichs den Anforderungen im entsprechenden Schuljahr im Ganzen entsprochen hat und deshalb erwarten lässt, dass den Anforderungen des nächst höheren Schuljahres genügt wird.

(2) Die Voraussetzungen nach Absatz 1 liegen vor, wenn im Jahreszeugnis

1. der Durchschnitt aus den Noten der maßgebenden Fächer und Handlungsfelder 4,0 oder besser ist,
2. die Leistungen im Handlungsfeld „Sozialpädagogisches Handeln" nicht schlechter als mit der Note „ausreichend" bewertet sind,
3. die Leistungen in nicht mehr als einem maßgebenden Fach oder Handlungsfeld geringer als mit der Note „ausreichend" bewertet sind. Sind die Leistungen in zwei maßgebenden Fächern oder Handlungsfeldern geringer als mit der Note „ausreichend" bewertet, erfolgt eine Versetzung, wenn für beide Noten ein Ausgleich durch Noten anderer maßgebender Fächer oder Handlungsfelder gegeben ist. Dabei kann die Note „mangelhaft" durch mindestens eine Note „gut" oder zwei Noten „befriedigend" ausgeglichen werden; ein Ausgleich der Note „ungenügend" ist nicht möglich.

(3) Ausnahmsweise kann durch Beschluss der Klassenkonferenz auch bei Nichterfüllung der in den Absätzen 1 und 2 genannten Voraussetzungen eine Versetzung erfolgen, wenn die Klassenkonferenz mit Zweidrittelmehrheit feststellt, dass die Leistungen nur vorübergehend nicht für die Versetzung ausreichen und zu erwarten ist, dass nach einer Übergangszeit die Voraussetzungen des nächst höheren Schuljahres voraussichtlich erfüllt werden.

(4) Die Versetzung oder Nichtversetzung ist im Zeugnis mit „versetzt" oder „nicht versetzt" zu vermerken; bei einer Versetzung nach Absatz 3 ist zu vermerken: „Versetzt nach § 13 Abs. 3 der Ausbildungs- und Prüfungsordnung über die praxisintegrierte Ausbildung und Prüfung an der Berufsfachschule für sozialpädagogische Assistenz".

§ 14
Wiederholung bei Nichtversetzung, Entlassung

(1) Bei einer Nichtversetzung muss beim Verbleiben an der Schule das nicht bestandene Schuljahr wiederholt werden. Die freiwillige Wiederholung auch nur eines Teils eines Schuljahres gilt als Nichtversetzung. Eine Wiederholung setzt voraus, dass das Ausbildungsverhältnis entsprechend verlängert wird.

(2) Jedes Schuljahr kann nur einmal wiederholt werden. Wer in einer Klassenstufe zweimal nicht versetzt wurde, muss die Schule verlassen. Eine erneute Aufnahme in eine Berufsfachschule für sozialpädagogische Assistenz (praxisintegriert) oder eine Berufsfachschule für Kinderpflege ist nicht möglich.

(3) Die Berufsfachschule für sozialpädagogische Assistenz (praxisintegriert) muss ebenfalls verlassen, wessen Ausbildungsvertrag während der Probezeit gekündigt wird.

5. Abschnitt
Prüfung zum Abschluss der Ausbildung, staatliche Anerkennung

§ 15
Zweck der Abschlussprüfung

In der Prüfung zum Abschluss der Ausbildung soll nachgewiesen werden, dass das Ausbildungsziel nach § 1 erreicht wurde.

§ 16
Teile der Abschlussprüfung, Bewertung

Die Abschlussprüfung besteht aus einer erziehungspraktischen, einer schriftlichen und einer mündlichen Prüfung. Die Bewertung erfolgt mit Noten nach § 5 NVO.

§ 17
Ort und Zeitpunkt der Abschlussprüfung

(1) Die schriftliche und mündliche Abschlussprüfung wird an der Schule, die erziehungspraktische Prüfung in der Ausbildungseinrichtung abgenommen.

(2) Das Kultusministerium legt den Zeitpunkt für die schriftliche Prüfung fest; die oder der Vorsitzende des Prüfungsausschusses bestimmt den Zeitpunkt der erziehungspraktischen Prüfung und der mündlichen Prüfung. → Termine Berufliche Schulen

§ 18
Zulassung zur Abschlussprüfung, Anmeldenoten

(1) Zur Abschlussprüfung ist zugelassen, wer die zur Bildung von Anmeldenoten erforderlichen Einzelleistungen erbracht und dabei im Handlungsfeld „Sozialpädagogisches Handeln" mindestens die Anmeldenote „ausreichend" erreicht hat. Liegen diese Voraussetzungen nicht vor, ist die Nichtzulassung von der Schulleiterin oder vom Schulleiter festzustellen und dem Prüfling unter Angabe der Gründe unverzüglich schriftlich mitzuteilen. Sie gilt als Nichtbestehen der Abschlussprüfung, es sei denn, die Schulleiterin oder der Schulleiter stellt fest, dass die Gründe vom Prüfling nicht zu vertreten sind.

(2) Für die Abschlussprüfung werden in allen Fächern und Handlungsfeldern jeweils nach Nummer 1.1, 1.2 und 3 der Anlage 1 Anmeldenoten in Gestalt ganzer Noten gebildet, die im Handlungsfeld „Sozialpädagogisches Handeln" nach § 12 Absatz 4 und in den übrigen Fächern und Handlungsfeldern aus den während des letzten Schuljahres erbrachten Einzelleistungen zu ermitteln sind. Die Anmeldenoten für die Handlungsfelder „Kinder in ihrer Lebenswelt wahrnehmen und pädagogische Beziehungen zu ihnen entwickeln und „Entwicklungs- und Bildungsprozesse begleiten" sind dem Prüfling fünf bis sieben Schultage vor Beginn der schriftlichen Prüfung bekannt zu geben. Die Noten für die übrigen Fächer und Handlungsfelder sind dem Prüfling fünf bis sieben Schultage vor der mündlichen Prüfung zusammen mit der Note der schriftlichen Prüfung bekannt zu geben.

§ 19
Prüfungsausschuss, Fachausschüsse

(1) Für die Abschlussprüfung wird an jeder Berufsfachschule für sozialpädagogische Assistenz (praxisintegriert) ein Prüfungsausschuss gebildet, der für die ordnungsgemäße Durchführung der Prüfung verantwortlich ist. Diesem gehören an:

1. als Vorsitzende oder Vorsitzender die Schulleiterin oder der Schulleiter oder eine von ihr oder ihm beauftragte Lehrkraft, soweit die obere Schulaufsichtsbehörde vor Beginn der Abschlussprüfung nichts anderes bestimmt,
2. als stellvertretende Vorsitzende oder stellvertretender Vorsitzender die stellvertretende Schulleiterin oder der stellvertretende Schulleiter oder eine von der Schulleiterin oder Schulleiter beauftragte Lehrkraft,
3. sämtliche Lehrkräfte, die in den maßgebenden Fächern oder Handlungsfeldern unterrichten.

Die oder der Vorsitzende des Prüfungsausschusses oder die obere Schulaufsichtsbehörde können weitere Lehrkräfte einer öffentlichen Berufsfachschule für sozialpädagogische Assistenz als Mitglieder berufen, soweit dies für die Durchführung der Abschlussprüfung erforderlich ist.

(2) Die Mitglieder des Prüfungsausschusses sind bei ihrer Tätigkeit als Prüferin oder Prüfer unabhängig. Sie sind zur Amtsverschwiegenheit über alle Prüfungsangelegenheiten verpflichtet. Die oder der Vorsitzende des Prüfungsausschusses hat sie vor Beginn der Abschlussprüfung hierüber zu belehren.

(3) Für die mündliche Prüfung in den einzelnen Fächern oder Handlungsfeldern bildet die oder der Vorsitzende des Prüfungsausschusses die erforderlichen Fachausschüsse. Jedem Fachausschuss gehören an:

1. die oder der Vorsitzende oder ein von ihr oder ihm bestimmtes Mitglied des Prüfungsausschusses als Leiterin oder Leiter, sofern die obere Schulaufsichtsbehörde nichts anderes bestimmt,
2. die Fachlehrkraft der Klasse oder bei deren Verhinderung eine in dem zu prüfenden Fachgebiet erfahrene Lehrkraft als Prüferin oder Prüfer,
3. ein weiteres fachkundiges Mitglied des Prüfungsausschusses, welches zugleich das Protokoll führt.

In Fächern oder Handlungsfeldern, in denen die Klasse von verschiedenen Fachlehrkräften für Teilbereiche unterrichtet wird, gehören alle dem Fachausschuss als Mitglieder an. Die genannten Fachlehrkräfte sind jeweils für ihren Teilbereich Prüferin oder Prüfer nach Satz 2 Nummer 2. Die oder der Leiter des Fachausschusses bestimmt den Gang der Abschlussprüfung und kann selbst prüfen.

(4) Für die die Durchführung der erziehungspraktischen Prüfung bildet die oder der Vorsitzende des Prüfungsausschusses die erforderlichen Fachausschüsse. Dem einzelnen Fachausschuss gehören an:

1. die oder der Vorsitzende des Prüfungsausschusses oder ein von ihr oder ihm beauftragtes Mitglied des Prüfungsausschusses als Leiterin oder Leiter,
2. die mit der Betreuung des Praktikums des Prüflings beauftragte Praxislehrkraft oder bei deren Verhinderung eine von der Schulleiterin oder dem Schulleiter beauftragte Praxislehrkraft, die Praktikantinnen oder Praktikanten im Handlungsfeld „Sozialpädagogisches Handeln" betreut.

§ 20
Erziehungspraktische Prüfung

(1) Am Ende des letzten Schuljahres wird eine erziehungspraktische Prüfung abgelegt. In der erziehungspraktischen Prüfung wird festgestellt, ob die in den einzelnen Fächern und Handlungsfeldern vermittelten Kenntnisse und Fertigkeiten im Umgang mit Kindern entsprechend dem sozialpädagogischen Auftrag angewendet werden können.

(2) Die erziehungspraktische Prüfung besteht aus einer schriftlichen Ausarbeitung ohne Aufsicht (drei Werktage) und einem praktischen Teil (etwa 20 bis 30 Minuten). Während der Erstellung der schriftlichen Ausarbeitung ist die Schülerin oder der Schüler vom Unterricht und der Tätigkeit in der Praktikumsstelle freigestellt. Die Schülerin muss die schriftliche Ausarbeitung vor Beginn des praktischen Teils der Prüfung in der Schule abgeben. Die näheren Einzelheiten regelt die Schulleiterin oder der Schulleiter.

§ 21
Abnahme der erziehungspraktischen Prüfung

(1) Der praktische Teil der erziehungspraktischen Prüfung wird in der Einrichtung abgenommen. Der Zeitpunkt der erziehungspraktischen Prüfung wird von der Leiterin oder vom Leiter des Fachausschusses im Einvernehmen mit der Schulleiterin oder dem Schulleiter festgelegt.

(2) Die oder der Vorsitzende des Prüfungsausschusses kann beim praktischen Teil der erziehungspraktischen Prüfung einer Vertreterin oder einem Vertreter der Einrichtung, in der die praktische Ausbildung stattfindet, die Anwesenheit gestatten; diese oder dieser hat sich jeder Einwirkung auf die Prüfung zu enthalten und darf bei der Beratung über die Notenfindung nicht anwesend sein.

§ 22
Durchführung der erziehungspraktischen Prüfung

(1) Die Aufgaben für die schriftliche Ausarbeitung und für den praktischen Teil werden von der oder dem Vorsitzenden des Prüfungsausschusses aufgrund von Vorschlägen der Fachlehrkräfte festgelegt und durch Los zugeteilt. Zwischen der Abgabe der schriftlichen Ausarbeitung und dem praktischen Teil sollen nicht mehr als zwei Wochen liegen. Der Prüfling hat die schriftliche Ausarbeitung selbstständig anzufertigen und dies schriftlich zu versichern.

(2) Die schriftliche Ausarbeitung wird von den Mitgliedern des Fachausschusses nach § 19 Absatz 4 korrigiert und bewertet; dabei sind ganze und halbe Noten zu verwenden. Als Note der schriftlichen

Berufliche Schulen

Ausarbeitung gilt der ohne Rundung auf die erste Dezimale errechnete Durchschnitt der Bewertung.

(3) Der praktische Teil wird von den Mitgliedern des Fachausschusses nach § 19 Absatz 4 bewertet; dabei sind ganze und halbe Noten zu verwenden. Dem Prüfling ist vor der Bewertung Gelegenheit zu geben, zum Verlauf der Prüfung kurz Stellung zu nehmen. § 24 Absatz 5 gilt entsprechend mit der Maßgabe, dass eine aus dem Durchschnitt der Bewertungen errechnete Note nicht auf eine halbe oder ganze Note zu runden ist.

(4) Bei der Ermittlung der Note der erziehungspraktischen Prüfung zählen die Note der schriftlichen Ausarbeitung einfach und die Note des praktischen Teils dreifach. Der Durchschnitt ist auf die erste Dezimale ohne Rundung zu errechnen und auf eine ganze Note zu runden. Bei der so errechneten Durchschnittsnote werden die Dezimalzahlen 1 bis 4 auf die nächstniedrigere ganze Note abgerundet und die Dezimalzahlen 5 bis 9 auf die nächsthöhere ganze Note aufgerundet. Das Ergebnis ist dem Prüfling nach Abschluss der erziehungspraktischen Prüfung an der Schule bekannt zu geben.

(5) Über die erziehungspraktische Prüfung ist eine Niederschrift zu fertigen, die von den Mitgliedern des Fachausschusses unterschrieben wird.

§ 23
Schriftliche Prüfung

(1) Die schriftliche Prüfung erfolgt in den Handlungsfeldern „Kinder in ihrer Lebenswelt wahrnehmen und pädagogische Beziehungen zu ihnen entwickeln“ und „Entwicklungs- und Bildungsprozesse begleiten“. Zu Beginn der schriftlichen Prüfung erhält der Prüfling zwei Aufgaben, von denen er eine auswählt. Die Bearbeitungszeit beträgt 150 Minuten.

(2) Die Prüfungsaufgaben werden im Rahmen der Bildungs- und Lehrpläne vom Kultusministerium oder von der von ihm beauftragten oberen Schulaufsichtsbehörde gestellt.

(3) Die Leitung der schriftlichen Prüfung obliegt der Schulleiterin oder dem Schulleiter oder einer von ihr oder ihm beauftragten Lehrkraft.

(4) Über die schriftliche Prüfung ist eine Niederschrift zu fertigen, die von der Leiterin oder vom Leiter der schriftlichen Prüfung und den aufsichtführenden Lehrkräften unterschrieben wird.

(5) Die schriftliche Prüfung wird von der Fachlehrkraft der Klasse und von einer weiteren Fachlehrkraft, die die oder der Vorsitzende des Prüfungsausschusses bestimmt, korrigiert und bewertet; dabei sind ganze und halbe Noten zu verwenden. Hierbei werden die Dezimalen 1 und 2 auf die nächstniedrigere ganze Note abgerundet, die Dezimalen 3 bis 4 auf die nächsthöhere halbe Note aufgerundet, die Dezimalen 6 bis 7 auf die nächstniedrigere halbe Note abgerundet sowie die Dezimalen 8 oder 9 auf die nächsthöhere ganze Note aufgerundet.

Weichen die Bewertungen um mehr als eine Note voneinander ab und können sich die beiden korrigierenden Lehrkräfte nicht einigen, hat die oder der Vorsitzende des Prüfungsausschusses die endgültige Note für die schriftliche Prüfung festzusetzen; dabei gelten die Bewertungen der beiden Lehrkräfte als Grenzwerte, die nicht über- und unterschritten werden dürfen.

(6) Die Note der schriftlichen Prüfung wird fünf bis sieben Schultage vor der mündlichen Prüfung bekannt gegeben.

§ 24
Mündliche Prüfung

(1) Die mündliche Prüfung dauert in der Regel 10 bis 15 Minuten je Prüfling und Fach oder Handlungsfeld. Erfordert die Aufgabenstellung eine Einlesezeit oder eine Herleitung und Durchdringung, gewährt der Fachausschuss zusätzlich die für die Erfassung der Aufgabe erforderliche Einarbeitungszeit, in der sich der Prüfling vorbereiten kann. Die Einarbeitungszeit darf 15 Minuten nicht überschreiten.

(2) Die mündliche Prüfung wird in der Regel als Einzelprüfung durchgeführt. Die oder der Vorsitzende des Prüfungsausschusses kann hiervon abweichend die Durchführung einer Gruppenprüfung zulassen, wenn dies aus organisatorischen oder thematischen Gründen der Durchführung der Prüfung förderlich ist. Bei einer Gruppenprüfung können bis zu drei Personen zusammen geprüft werden.

(3) Die mündliche Prüfung kann sich auf alle maßgebenden Fächer und Handlungsfelder des Pflichtbereichs, mit Ausnahme des Handlungsfeldes „Sozialpädagogisches Handeln“ erstrecken.

(4) Aufgrund der Anmeldenoten und gegebenenfalls der Note für die schriftliche Prüfung bestimmt die oder der Vorsitzende des Prüfungsausschusses, in welchen Fächern oder Handlungsfeldern mündlich zu prüfen ist. Die mündliche Prüfung findet in mindestens einem Fach oder Handlungsfeld statt, sie soll insgesamt in nicht mehr als drei Fächern und Handlungsfeldern stattfinden. Die zu prüfenden Fächer und Handlungsfelder sind dem Prüfling fünf bis sieben Schultage vor der mündlichen Prüfung bekannt zu geben. Darüber hinaus kann ein Prüfling bis zum nächsten Schultag der Schulleiterin oder dem Schulleiter schriftlich insgesamt bis zu zwei weitere Fächer und Handlungsfelder benennen, in denen er mündlich zu prüfen ist.

(5) Im Anschluss an die mündliche Prüfung setzt der Fachausschuss das Ergebnis der Prüfung auf Vorschlag der Prüferin oder des Prüfers fest; dabei sind ganze und halbe Noten zu verwenden. Kann sich der Fachausschuss mehrheitlich mit der Stimme der Leiterin oder des Leiters für keine bestimmte Note entscheiden, so wird die Note aus dem auf die erste Dezimale errechneten Durchschnitt der Bewertungen aller Mitglieder gebildet, der auf eine ganze oder halbe Note zu runden ist, § 23 Abs. 5 Satz 2 gilt entsprechend.

(6) Über jede mündliche Prüfung ist eine Niederschrift zu fertigen, die von den Mitgliedern des Fachausschusses zu unterschreiben ist.

§ 25
Ermittlung des Prüfungsergebnisses, staatliche Anerkennung

(1) Die Endnoten in den einzelnen Fächern und Handlungsfeldern ermittelt die oder der Vorsitzende des Prüfungsausschusses aufgrund der Anmeldenoten und gegebenenfalls der Prüfungsleistungen. Hierbei ist der nach Maßgabe von Absatz 2 und 3 ermittelte Durchschnitt auf die erste Dezimale ohne Rundung zu errechnen und auf eine ganze Note zu runden. Bei der so errechneten Durchschnittsnote werden die Dezimalzahlen 1 bis 4 auf die nächstniedrigere ganze Note abgerundet und die Dezimalzahlen 5 bis 9 auf die nächsthöhere ganze Note aufgerundet.

(2) Bei der Ermittlung der Endnoten zählen

1. in den Fächern und Handlungsfeldern, in denen schriftlich und mündlich geprüft wurde, die Anmeldenote, die Note der schriftlichen Prüfung und die Note der mündlichen Prüfung je einfach.
2. im Handlungsfeld „Sozialpädagogisches Handeln", in dem erziehungspraktisch geprüft wurde, die Anmeldenote einfach und die Prüfungsnote doppelt.
3. in den Fächern und Handlungsfeldern, in denen nur schriftlich oder mündlich geprüft wurde, die Anmeldenote einfach und die Prüfungsnote doppelt.

(3) In den Fächern und Handlungsfeldern, in denen nicht geprüft wurde, werden die Anmeldenoten als Endnoten in das Zeugnis übernommen.

(4) Die oder der Vorsitzende des Prüfungsausschusses stellt fest, ob der Prüfling die Abschlussprüfung bestanden hat. Hierfür gelten die Bestimmungen des § 13 Abs. 2 entsprechend. Über die Feststellung der Ergebnisse der Prüfung ist von der oder dem Vorsitzenden des Prüfungsausschusses eine Niederschrift zu fertigen.

(5) Der Prüfungsausschuss entscheidet in der Schlusssitzung über die staatliche Anerkennung als sozialpädagogische Assistentin oder sozialpädagogischer Assistent. Dem Prüfling ist unverzüglich mitzuteilen, ob die staatliche Anerkennung erfolgt. Über die Schlusssitzung ist eine Niederschrift zu fertigen, die von der oder dem Vorsitzenden des Prüfungsausschusses und dem Mitglied, das die Niederschrift angefertigt hat, unterschrieben wird.

(6) Die staatliche Anerkennung als sozialpädagogische Assistentin oder sozialpädagogischer Assistent ist mit Wirkung von dem Tag auszusprechen, an dem das Ausbildungsverhältnis endet.

§ 26
Zeugnis

(1) Über die erfolgreich abgeschlossene Ausbildung und die staatliche Anerkennung wird ein Abschlusszeugnis *(Anlage 2 nicht abgedruckt)* ausgestellt, in dem

1. die Berechtigung zur Führung der Berufsbezeichnung „Staatlich anerkannte sozialpädagogische Assistentin" oder „Staatlich anerkannter sozialpädagogischer Assistent" sowie
2. die für die Ausbildung nach § 25 Absatz 1 bis 3 ermittelten Endnoten ausgewiesen werden.

(2) Wer an der Abschlussprüfung teilgenommen und sie nicht bestanden hat und die Schule verlässt, erhält ein Abgangszeugnis mit den nach § 25 Abs. 1 bis 3 ermittelten Endnoten.

(3) Wer an der Abschlussprüfung nicht oder nur teilweise teilgenommen hat und die Schule verlässt, erhält ein Zeugnis über die bis zum Ausscheiden erbrachten Leistungen oder, sofern sie bereits vorliegen, mit den Anmeldenoten nach § 18; Prüfungsleistungen bleiben unberücksichtigt.

(4) Wer an der Abschlussprüfung teilgenommen und sie nicht bestanden hat und das Schuljahr wiederholt, erhält ein Jahreszeugnis mit den nach § 25 Abs. 1 bis 3 ermittelten Endnoten.

(5) In allen Zeugnissen ist für das Fach „Englisch" außer der Endnote die Niveaustufe des Gemeinsamen Europäischen Referenzrahmens für Sprachen, auf der der Unterricht erteilt wurde, zu vermerken. In den Zeugnissen nach den Absätzen 2 bis 4 ist zu vermerken, dass das Ausbildungsziel der Schule nicht erreicht ist. → Zeugnisse (Berufliche Schulen)

§ 27
Wiederholung der Abschlussprüfung, Entlassung

(1) Wer die Abschlussprüfung nicht bestanden hat, kann sie nach erneutem Besuch des letzten Schuljahres einmal wiederholen. Eine Wiederholung setzt voraus, dass das Ausbildungsverhältnis entsprechend verlängert wird.

(2) Die freiwillige Wiederholung auch nur eines Teils des dritten Schuljahres gilt als Nichtbestehen der Abschlussprüfung. Bei bestandener Abschlussprüfung ist weder eine Wiederholung der Ausbildung noch ein Wiederholen der Abschlussprüfung zulässig.

Hinweis der Redaktion: Die Paragrafen 28 (Nichtteilnahme, Rücktritt) und 29 (Täuschungshandlungen, Ordnungsverstöße) sind inhaltsgleich mit § 23 und § 24 → Berufsfachschule Altenpflegehilfe

6. Abschnitt
Prüfung für Schulfremde

§ 30
Teilnehmerinnen und Teilnehmer

Personen, die die praxisintegrierte Ausbildung zur sozialpädagogischen Assistentin oder zum sozialpädagogischen Assistenten an einer staatlich genehmigten, jedoch noch nicht staatlich anerkannten Berufsfachschule für sozialpädagogische Assistenz (praxisintegriert) absolvieren, können die Ausbildung mit einer Schulfremdenprüfung an einer öffentlichen Berufsfachschule für sozialpädagogische Assistenz (praxisintegriert) abschließen.

§ 31
Teile der Schulfremdenprüfung, Zeitpunkt

Die Schulfremdenprüfung besteht aus einer erziehungspraktischen, einer schriftlichen und einer mündlichen Prüfung. Sie findet einmal jährlich zusammen mit der Prüfung an den öffentlichen Berufsfachschulen für sozialpädagogische Assistenz (praxisintegriert) statt.

§ 32
Meldung

(1) Die Meldung zur Schulfremdenprüfung ist im letzten Schuljahr spätestens bis zum 1. Oktober für die Prüfung im darauf folgenden Jahr an die obere Schulaufsichtsbehörde, in deren Bezirk die Privatschule liegt, zu richten.

(2) Die Meldung erfolgt als Sammelmeldung der besuchten staatlich genehmigten Berufsfachschule für sozialpädagogische Assistenz (praxisintegriert) und muss Vor- und Zunamen, Geburtstag, Geburtsort, Anschrift der Prüflinge sowie Anschrift und Öffnungszeiten der Praxiseinrichtungen enthalten. Zudem sind der Sammelmeldung folgende Unterlagen beizufügen:

1. eine Übersicht über den Werdegang ab Erwerb des Hauptschulabschlusses,
2. der Nachweis der Voraussetzungen für die Aufnahme in die Berufsfachschule für sozialpädagogische Assistenz (praxisintegriert) nach § 6 durch entsprechende Zeugnisse, die als Kopien vorzulegen sind,
3. eine Erklärung darüber, ob und gegebenenfalls mit welchem Ergebnis bereits an Prüfungen einer Berufsfachschule für sozialpädagogische Assistenz (praxisintegriert) oder einer Berufsfachschule für Kinderpflege teilgenommen wurde,
4. gegebenenfalls einen Antrag nach § 35 Absatz 1 Nummer 5 Satz 2, sofern die Abnahme einer Prüfung im Fach „Religionslehre und Religionspädagogik" gewünscht wird.

§ 33
Voraussetzungen für die Zulassung

(1) Zur Schulfremdenprüfung wird nur zugelassen, wer

1. die Voraussetzungen für die Aufnahme in die Berufsfachschule für sozialpädagogische Assistenz (praxisintegriert) nach § 6 erfüllt,
2. die praxisintegrierte Ausbildung an einer staatlich genehmigten, jedoch noch nicht staatlich anerkannten Berufsfachschule für sozialpädagogische Assistenz (praxisintegriert) ordnungsgemäß durchlaufen hat, sowie
3. die Schulfremdenprüfung an einer Berufsfachschule für sozialpädagogische Assistenz (praxisintegriert) oder einer Berufsfachschule für Kinderpflege noch nicht wiederholt als ordentlicher oder außerordentlicher Teilnehmer abgelegt hat.

§ 34
Entscheidung über die Zulassung, Ort der Schulfremdenprüfung

Die obere Schulaufsichtsbehörde entscheidet über die Zulassung zur Schulfremdenprüfung. Sie bestimmt die öffentliche Berufsfachschule für sozialpädagogische Assistenz (praxisintegriert) oder die Berufsfachschule für Kinderpflege, an der die Prüfung abzulegen ist. Dabei kann sie zulassen, dass die schriftliche Prüfung im Gebäude der staatlich genehmigten Schule abgenommen wird. Die Leitung und Beaufsichtigung regelt in diesem Fall die obere Schulaufsichtsbehörde.

§ 35
Durchführung der Schulfremdenprüfung

(1) Für die zugelassenen Prüflinge gelten die §§ 16, 17, 19 bis 29, entsprechend mit folgender Maßgabe:

1. Fachlehrkräfte im Sinne von § 19 Absatz 3 Satz 2 Nummer 2 und § 23 Absatz 5 Satz 1 sind die von der oder dem Vorsitzenden des Prüfungsausschusses bestimmten Fachlehrkräfte einer öffentlichen Berufsfachschule für sozialpädagogische Assistenz (praxisintegriert) oder Berufsfachschule für Kinderpflege, in der Regel der Schule, welcher der Prüfling zur Ablegung der Prüfung zugewiesen ist.
2. Dem Fachausschuss zur Abnahme der erziehungspraktischen Prüfung nach Nummer 3 gehören an:
   a) die oder der Vorsitzende oder ein von ihr oder ihm bestimmtes Mitglied des Prüfungsausschusses als Leiterin oder Leiter, sofern die obere Schulaufsichtsbehörde nichts anderes bestimmt, die oder der zugleich das Protokoll führt,
   b) eine weitere Fachlehrkraft nach Nummer 1, die als Praxislehrkraft eingesetzt ist.
3. in Bezug auf die Erziehungspraktische Prüfung:
   a) § 20 Absatz 1 Satz 2 und § 20 Absatz 2 Satz 1 und 3 gelten entsprechend. § 20 Absatz 2 Satz 4 gilt entsprechend mit der Maßgabe, dass an Stelle der Schulleiterin oder des Schulleiters die Leiterin oder der Leiter des Fachausschusses nach Nummer 2 tritt.
   b) Zuständig für Entscheidungen entsprechend §§ 21 und 22 ist die oder der Vorsitzende des Prüfungsausschusses gemäß Nummer 2.
4. Die schriftliche Prüfung erfolgt in den Handlungsfeldern „Kinder in ihrer Lebenswelt wahrnehmen und pädagogische Beziehungen zu ihnen entwickeln" und „Entwicklungs- und Bildungsprozesse begleiten".
5. Die mündliche Prüfung umfasst sämtliche maßgebende Fächer und Handlungsfelder des Pflichtbereichs mit Ausnahme des Handlungsfeldes „Sozialpädagogisches Handeln", die nicht Gegenstand der schriftlichen Prüfung waren. Das Fach „Religionslehre und Religionspädagogik" wird nur auf Antrag geprüft. Ein schriftlich geprüftes Fach oder Handlungsfeld wird nur dann in die mündliche Prüfung einbezogen, wenn der Prüfling dies spätestens vier Schultage vor der mündlichen Prüfung verlangt. Die mündliche Prüfung wird als Einzelprüfung durchgeführt. Sie dauert je Fach oder Handlungsfeld 20 bis 25 Minuten und kann auch praktische Anteile enthalten. Der Fachausschuss kann ganz oder teilweise an Stelle einer mündlichen Prüfung eine von ihm erstellte vereinfachte schriftliche Prüfung im Umfang von etwa 45 Minuten je Fach oder Handlungsfeld durchführen, sofern die obere Schulaufsichtsbehörde nichts anderes bestimmt. Dies gilt nicht für die Fächer und Handlungsfelder, die Gegenstand der schriftlichen Prüfung waren.

6. Bei der Aufgabenstellung und der Bewertung der Prüfungsleistungen sind auf Antrag Eigenart und Besonderheit einer Berufsfachschule für sozialpädagogische Assistenz (praxisintegriert) in freier Trägerschaft, die in deren Lehrplan zum Ausdruck kommen, zu berücksichtigen.
7. Bei der Feststellung des Ergebnisses der Schulfremdenprüfung zählen allein die Prüfungsleistungen. Wurde in Fächern und Handlungsfeldern schriftlich und mündlich geprüft, zählen die Noten der schriftlichen Prüfung und die Note der mündlichen Prüfung je einfach. Die Note der erziehungspraktischen Prüfung gilt als Note für das Handlungsfeld „Sozialpädagogisches Handeln". In der erziehungspraktischen Prüfung muss mindestens die Note „ausreichend" erreicht sein. Wird eine schlechtere Note erteilt, ist die Schulfremdenprüfung nicht bestanden und der Prüfling von der Fortsetzung der Schulfremdenprüfung ausgeschlossen.

(2) Die Prüflinge haben sich bei Beginn der Schulfremdenprüfung mit einem mit Lichtbild versehenen amtlichen Ausweis auszuweisen und diesen während der gesamten Prüfung bei sich zu führen und auf Verlangen vorzuweisen.

(3) Wer die Schulfremdenprüfung bestanden hat, erhält das Zeugnis für Schulfremde *(Anlage 2 – nicht abgedruckt)*. Wer die Prüfung nicht bestanden hat, erhält auf Antrag eine Bescheinigung über die Teilnahme an der Schulfremdenprüfung, über das Ergebnis der Schulfremdenprüfung und die ermittelten Einzelnoten.

→ Berufsfachschule für sozialpädagogische Assistenz (praxisintegriert) – Stundentafel; ⇨ Handy-Nutzung; ⇨ Korrekturtag; ⇨ Notenbildungsverordnung; → Termine Berufliche Schulen; → Zeugnisse (Berufliche Schulen)

Berufsfachschule für sozialpädagogische Assistenz (praxisintegriert) – Stundentafel

Anlage 1 (Zu § 3)

Stundentafel für die Berufsfachschule für sozialpädagogische Assistenz (praxisintegriert)

(durchschnittliche Zahl der Wochenstunden)

1. Pflichtbereich (Theorie)	**Schuljahr 1**	**Schuljahr 2**	**Schuljahr 3**
1.1 Fächer			
Religionslehre und Religionspädagogik	1	1	2
Deutsch	2	2	1
Gemeinschaftskunde	0,5	1	0,5
Englisch[1]	0,5	1	0,5
1.2 Handlungsfelder[2]			
Kinder in ihrer Lebenswelt wahrnehmen und pädagogische Beziehungen zu ihnen entwickeln	3	2	3
Entwicklungs- und Bildungsprozesse begleiten	5	6	5
Gruppen pädagogisch begleiten	2	1	2
Mit Eltern und Bezugspersonen zusammenarbeiten	1	0,5	0,5
Übergänge mitgestalten	1	0,5	0,5
Betreuungsmaßnahmen und Versorgungshandungen ausführen	2	2	2
2. Wahlpflichtbereich	1	2	1
3. Pflichtbereich (Praxis)[3] Sozialpädagogisches Handeln (mind. 1.500 Stunden)	2	3	3
Gesamtsumme	21	22	21
4. Wahlbereich	1	1	1

[1] Kein maßgebendes Fach.
[2] Insgesamt können 13 Wochenstunden in Klassenteilung unterrichtet werden.
[3] Begleitete Berufspraxis in verschiedenen Organisationsformen möglich; Betreuungsschlüssel 1:2

Zu den Querverweisen im Sonderteil des Jahrbuchs für die beruflichen Schulen

Mit dem Zeichen ⇨ verweisen wir auf korrespondierende Beiträge im Standard-Teil des Jahrbuchs.
Mit dem Zeichen → verweisen wir auf Beiträge im Sonderteil berufliche Schulen.

Das Standard-Jahrbuch enthält die dienst- und arbeitsrechtlichen Vorschriften für die Lehrkräfte aller Schularten sowie alle schulartübergreifenden Vorschriften. Deshalb sind Vorschriften, die sowohl für den beruflichen Schulbereich als auch für die allgemeinbildenden Schulen von Bedeutung sind, wie beispielsweise ⇨ Abschlüsse (HS / RS – Gleichwertigkeit); ⇨ Fachhochschulreife ; ⇨ Schulpflicht (Berufliche Schulen); ⇨ Schulpflicht (Berufliche Schulen – Übergabe); ⇨ Schulpflicht (Durchsetzung) im Standard-Teil des Jahrbuchs enthalten.

Berufsfachschule für Sozialpflege (Schwerpunkt Alltagsbetreuung)

Schulversuchsbestimmungen des Kultusministeriums gemäß § 22 SchG für die Berufsfachschule für Sozialpflege Schwerpunkt Alltagsbetreuung vom 30.7.2009 (AZ: 41-6622.87/36), zuletzt geändert 6.7.2011 (AZ: 41-6622.87/46)

1. Abschnitt Allgemeines

§ 1 *Ausbildungsziel*

Die Ausbildung zur „Staatlich anerkannten Alltagsbetreuerin"/zum „Staatlich anerkannten Alltagsbetreuer" vermittelt Kenntnisse, Fähigkeiten und Fertigkeiten für die begleitende Unterstützung von Menschen mit Hilfebedarfen bei Alltagsverrichtungen und der Gestaltung des persönlichen Lebensumfeldes. Die Ausbildung befähigt dazu, in Einrichtungen und Diensten des Gesundheitswesens, der Altenhilfe und der Behindertenhilfe, in Wohngruppen und im häuslichen Bereich pflege- und betreuungsbedürftige Menschen aller Altersgruppen bei Alltagsverrichtungen unter Anleitung einer Fachkraft qualifiziert zu unterstützen und zu begleiten. Die Ausbildung trägt dazu bei, fachtheoretische Kenntnisse und Fertigkeiten mit Sozialkompetenzen zu verknüpfen und auf dieser Grundlage zu handeln.

§ 2 *Dauer, Gliederung und Abschluss der Ausbildung*

(1) Die Ausbildung dauert zwei Jahre und gliedert sich in einen theoretischen und einen praktischen Teil. Der Besuch eines anderen einschlägigen Bildungsganges oder einschlägige praktische Vorerfahrungen können bis zu einem Jahr auf die Ausbildungszeit angerechnet werden. Die Entscheidung über die Anrechnung und deren Umfang trifft bei Vorlage entsprechender Nachweise der Schulleiter.

(2) Die Ausbildung kann auch in Teilzeit erfolgen. Die Ausbildungszeit verlängert sich entsprechend.

(3) Die Ausbildung endet mit einer Abschlussprüfung, durch deren Bestehen die Berufsbezeichnung „Staatlich anerkannte Alltagsbetreuerin"/„Staatlich anerkannter Alltagsbetreuer" erworben wird. Schüler ohne Hauptschulabschluss erwerben diesen mit bestandener Abschlussprüfung.

(4) Die praktische Ausbildung darf nicht länger als sechs Monate unterbrochen werden. Versäumte Praktikumszeit ist nachzuholen, wenn sie 20 Arbeitstage Gesamtdauer im Ausbildungsjahr übersteigt. Bei Mutterschutz, Mutterschaftsurlaub und in besonders begründeten Fällen kann die Schule Ausnahmen von den Sätzen 1 und 2 zulassen, wobei die Praktikumszeit um bis zu drei Monate verkürzt werden kann.

§ 3 *Bildungsplan, Stundentafel*

Der Unterricht richtet sich nach den vom Kultusministerium erlassenen Bildungs- und Lehrplänen und nach der als Anlage 1 beigefügten Stundentafel.

→ Berufsfachschule Sozialpflege (Schwerpunkt Alltagsbetreuung / Stundentafel)

§ 4 *Pflichtfächer*

(1) Der Pflichtbereich besteht aus den Pflichtfächern und dem Handlungsfeld Alltagsbetreuung. Der Bereich „Praxis in der Alltagsbetreuung" (praktische Ausbildung) gilt als Teil des Pflichtbereichs.

(2) Für die Entscheidung über die Versetzung und das Bestehen der Abschlussprüfung sind die im Pflichtbereich und in der Praxis der Alltagsbetreuung erbrachten Leistungen maßgeblich.

2. Abschnitt Aufnahmeverfahren

§ 5 *Aufnahmevoraussetzungen*

Voraussetzungen für die Aufnahme in die Berufsfachschule für Alltagsbetreuung sind:

1. ein Vertrag mit einer von der Schule als geeignet angesehenen Einrichtung nach § 9 über die praktische Ausbildung in der Alltagsbetreuung,
2. der Nachweis ausreichender deutscher Sprachkenntnisse durch Vorlage eines an einer deutschen Schule erworbenen Zeugnisses oder in anderer geeigneter Weise und
3. der Nachweis der gesundheitlichen Eignung zur Ausübung des Berufes durch ein (amts-)ärztliches Zeugnis.

§ 6 *Aufnahmeantrag*

(1) Der Aufnahmeantrag ist an die Berufsfachschule zu richten, an der die Ausbildung erfolgen soll. Der Termin, zu dem der Antrag bei der Schule eingegangen sein muss, wird, sofern der Termin nicht durch das Kultusministerium vorgegeben ist, vom Schulleiter bestimmt und auf geeignete Weise bekanntgegeben. Dem Aufnahmeantrag sind beizufügen:

1. ein Lebenslauf in tabellarischer Form mit Angaben über den bisherigen Bildungsweg und ausgeübte Berufstätigkeiten,
2. die Nachweise nach § 5,
3. der Nachweis der gesundheitlichen Eignung zur Ausübung des Berufes durch ein (amts-)ärztliches Zeugnis und
4. eine Erklärung darüber:
   a) ob und gegebenenfalls an welcher Berufsfachschule für Sozialpflege bereits an einem Aufnahmeverfahren teilgenommen wurde,
   b) ob und ggf. an welche andere Berufsfachschule für Sozialpflege ein weiterer Aufnahmeantrag gerichtet wurde sowie
   c) ob und ggf. mit welchen Ergebnissen bereits die Berufsfachschule für Sozialpflege besucht wurde.

(2) Über den Aufnahmeantrag entscheidet der Schulleiter. Er kann eine angemessene Frist setzen, innerhalb derer erklärt werden muss, ob die Zusage über die Aufnahme angenommen wird.

§ 7
Beratungsgespräch

Grundlagen für die Wahrnehmung der Aufgaben von Alltagsbetreuern sind neben fachlichen Kenntnissen, Fähigkeiten und Fertigkeiten auch Verantwortungsbewusstsein und Belastbarkeit sowie die Fähigkeit der persönlichen Zuwendung zu pflege- und betreuungsbedürftigen Menschen und zur Zusammenarbeit mit Mitarbeitern, Vorgesetzten und Angehörigen. Deshalb sollen erforderlichenfalls sowohl im Rahmen des Aufnahmeverfahrens als auch bei der Aushändigung des Zeugnisses Beratungsgespräche über die persönliche Eignung für eine Tätigkeit zur Betreuung und Unterstützung von Menschen mit Hilfebedarf geführt werden.

3. Abschnitt
Praktische Ausbildung

§ 8
Allgemeines

Die praktische Ausbildung dient der Anwendung und Vertiefung der im theoretischen Unterricht erworbenen Kenntnisse, Fertigkeiten und Fähigkeiten bei der ganzheitlichen Betreuung und Unterstützung von Menschen mit Hilfebedarf. Die praktischen Ausbildungsinhalte können in stationären Einrichtungen des Gesundheitswesens, der Altenhilfe und der Behindertenhilfe absolviert werden. Die Gesamtverantwortung für die theoretische und praktische Ausbildung liegt bei der Schule. Sie schließt die Betreuung, Beratung, Beurteilung und Benotung des Schülers während der praktischen Ausbildung ein. Schule und Einrichtung stellen dabei in engem Zusammenwirken eine effektive Verzahnung von schulischem Unterricht und dessen praktischer Umsetzung in der Einrichtung sicher.

§ 9
Ausbildungseinrichtungen

Die praktische Ausbildung hat in Einrichtungen zu erfolgen, die dem Arbeitsgebiet eines Alltagsbetreuers entsprechen und die nach der personellen und sächlichen Ausstattung für die Ausbildung geeignet sind. Die Auswahl der Einrichtung obliegt dem Schüler. Sie bedarf der Zustimmung des Trägers der Einrichtung und der Schule.

§ 10
Durchführung der praktischen Ausbildung

(1) Die praktische Ausbildung erfolgt jeweils nach Absprache der Schule mit den Trägern der an der Ausbildung beteiligten Einrichtungen. Sie umfasst drei Tage je Unterrichtswoche. Sie kann auch in Praxisblöcken durchgeführt werden.

(2) Der Träger der Einrichtung benennt der Schule zu Beginn der Ausbildung die von ihm ausgewählten für die fachliche Anleitung und Ausbildung in der Einrichtung verantwortlichen und geeigneten Fachkräfte.

(3) Die Schule benennt dem Träger der Einrichtung zu Beginn der jeweiligen Ausbildung eine Lehrkraft, die die praktische Ausbildung betreut. Die Lehrkraft arbeitet eng mit den von der Einrichtung für die praktische Anleitung benannten Fachkräften zusammen und berät und beurteilt die Schüler. Hierzu führt sie mindestens zweimal pro Schuljahr Praxisbesuche in der Einrichtung durch.

(4) Der Schüler ist nach einem Plan auszubilden, der zu Beginn der jeweiligen Ausbildung von der Schule mit der Einrichtung abgestimmt wird.

§ 11
Bewertung

(1) Zwei der Praxisbesuche, die zuvor angekündigt werden, sind zu benoten. Jeder dieser Praxisbesuche ist nach den Vorgaben der Fachlehrkraft von dem Schüler schriftlich vorzubereiten. Die Beobachtungszeit beträgt jeweils zwischen 30 und 45 Minuten. Die Fachlehrkraft fertigt über jeden benoteten Besuch einen kurzen schriftlichen Bericht mit einer Bewertung in einer ganzen oder halben Note. Bei der Ermittlung der Note zählen die Note des Praxisbesuchs dreifach und die Note der schriftlichen Vorbereitung einfach. Die Berichte werden von der Schule zu den Schulakten genommen.

(2) Der Träger der Einrichtung übersendet am Ende eines jeden Schuljahres der schulischen Ausbildung zu einem von der Schule bestimmten Termin eine Beurteilung über die in der praktischen Ausbildung gezeigten Leistungen. Aus der Beurteilung müssen die Tätigkeitsgebiete, die Fähigkeiten, Leistungen und die berufliche Eignung hervorgehen. Die Beurteilung soll einen Vorschlag für die Bewertung mit einer ganzen oder halben Note enthalten. Aufgrund der Beurteilung durch die Einrichtung legt die nach § 10 Abs. 3 benannte Fachlehrkraft die nach Absatz 3 zu berücksichtigende Note für die Beurteilung fest. Die Beurteilung ist mit dem Schüler zu besprechen.

(3) Für die Praxis in der Alltagsbetreuung wird für jedes Schuljahr eine Jahresnote gebildet. Diese ergibt sich aus den beiden Noten für die Praxisbesuche im Schuljahr und der nach Absatz 2 festgelegten Note. Aus den genannten Noten wird bei jeweils gleicher Gewichtung eine auf die erste Dezimale berechnete Durchschnittsnote gebildet. Diese wird in üblicher Weise auf eine ganze Note gerundet (z.B. 2,5 bis 3,4 auf „befriedigend“).

4. Abschnitt
Versetzung

§ 12
Versetzung

(1) In die nächst höhere Klasse wird versetzt, wer aufgrund der Leistungen im Pflichtbereich und der Praxis der Alltagsbetreuung den Anforderungen im laufenden Schuljahr im Ganzen entsprochen hat und deshalb erwarten lässt, dass er auch den Anforderungen der nächst höheren Klasse genügen wird.

(2) Die Voraussetzungen nach Absatz 1 liegen vor, wenn im Jahreszeugnis:

1. der Durchschnitt aus den Noten des Pflichtbereichs 4,0 oder besser ist,
2. die Leistungen in keinem Pflichtfach oder Handlungsfeld mit der Note „ungenügend" bewertet sind,
3. die Leistungen im Bereich „Praxis der Alltagsbetreuung" und im Handlungsfeld „Alltagsbetreuung" jeweils mit der Note „ausreichend" oder besser bewertet sind und
4. die Leistungen in nicht mehr als einem Pflichtfach oder Handlungsfeld mit der Note „mangelhaft" bewertet sind. Sind die Leistungen in einem Pflichtfach und dem Handlungsfeld oder in zwei Pflichtfächern bzw. einem Pflichtfach und dem Handlungsfeld mit der Note mangelhaft bewertet, erfolgt die Versetzung, wenn ein Ausgleich gegeben ist. Die Note „mangelhaft" in einem Pflichtfach oder dem Handlungsfeld muss dabei durch mindestens die Note „gut" in einem anderen Pflichtfach oder dem Handlungsfeld ausgeglichen werden.

(3) Ausnahmsweise kann durch Beschluss der Klassenkonferenz auch bei Nichterfüllung der in den Absätzen 1 und 2 genannten Voraussetzungen eine Versetzung erfolgen, wenn die Klassenkonferenz mit einer Zweidrittelmehrheit zu der Auffassung gelangt, dass die Leistungen nur vorübergehend nicht für die Versetzung ausreichen und nach einer Übergangszeit die Anforderungen der nächst höheren Klasse voraussichtlich erfüllt werden. Diese Bestimmung darf nicht zwei Schuljahre hintereinander angewendet werden.

(3) Die Versetzung oder Nichtversetzung ist im Zeugnis mit „versetzt" oder „nicht versetzt" zu vermerken. Bei einer Versetzung nach Absatz 3 ist zu vermerken: „Versetzt nach § 12 Abs. 3 der Ausbildungs- und Prüfungsordnung (Schulversuchsbestimmungen)".

5. Abschnitt Prüfungen

§ 13 *Abschlussprüfung*

In der Abschlussprüfung soll nachgewiesen werden, dass das Ausbildungsziel erreicht wurde und die geforderten allgemeinen und fachtheoretischen Kenntnisse, Fähigkeiten und Fertigkeiten vorliegen.

§ 14 *Teile der Prüfung*

Die Abschlussprüfung besteht aus der schriftlichen Prüfung, der mündlichen Prüfung und der praktischen Prüfung.

§ 15 *Abnahme der Prüfung*

(1) Die Abschlussprüfung wird an der jeweiligen Berufsfachschule für Sozialpflege abgenommen.

(2) Der Ort der praktischen Prüfung wird vom Schulleiter festgelegt. Die schriftliche und die mündliche Prüfung werden an der Schule abgenommen.

(3) Der Zeitpunkt der Prüfung wird festgelegt für

1. die schriftliche Prüfung vom Schulleiter, soweit nicht die Schulaufsichtsbehörde etwas anderes bestimmt,
2. die mündliche Prüfung vom Vorsitzenden des Prüfungsausschusses ggf. im Einvernehmen mit dem Schulleiter und
3. die praktische Prüfung vom Leiter des Fachausschusses im Einvernehmen mit dem Schulleiter.

(4) Die Prüfung ist nicht öffentlich.

§ 16 *Zulassung zur Prüfung, Anmeldenoten*

(1) Zur Abschlussprüfung ist zugelassen, wer die zur Bildung von Anmeldenoten erforderlichen Einzelleistungen erbracht hat. Liegen die Voraussetzungen nicht vor, ist die Nichtzulassung vom Schulleiter festzustellen und dem Prüfling unter Angabe der Gründe unverzüglich schriftlich mitzuteilen. Sie gilt als Nichtbestehen der Abschlussprüfung, es sei denn, der Schulleiter stellt fest, dass die Gründe vom Prüfling nicht zu vertreten sind.

(2) Für die Prüfung werden in allen Fächern und im Handlungsfeld Alltagsbetreuung Anmeldenoten in Gestalt ganzer Noten gebildet, die aus den während des Schuljahres erbrachten Einzelleistungen zu ermitteln sind. Die Bildung der Anmeldenote im Bereich Praxis der Alltagsbetreuung erfolgt nach § 11 Absatz 3. Die Anmeldenoten sind für das Handlungsfeld Alltagsbetreuung fünf bis sieben Tage vor der schriftlichen Prüfung, für den Bereich Praxis der Alltagsbetreuung fünf bis sieben Tage vor der praktischen Prüfung und im Übrigen fünf bis sieben Schultage vor der mündlichen Prüfung zusammen mit den Noten der schriftlichen und der praktischen Prüfung bekanntzugeben.

§ 17 *Prüfungsausschuss, Fachausschüsse*

(1) Für die Abschlussprüfung wird an jeder Berufsfachschule für Sozialpflege ein Prüfungsausschuss gebildet. Diesem gehören an:

1. als Vorsitzender der Schulleiter oder eine vom Schulleiter beauftragte Lehrkraft, soweit die Schulaufsichtsbehörde vor Beginn der Prüfung nichts anderes bestimmt,
2. als stellvertretender Vorsitzender der Schulleiter, wenn er nicht Vorsitzender ist oder eine vom Schulleiter beauftragte Lehrkraft und
3. sämtliche Lehrkräfte, die in den maßgebenden Fächern und Handlungsfeldern unterrichten.

Die Schulaufsichtsbehörde und der Vorsitzende des Prüfungsausschusses können weitere sach- und fachkundige Mitglieder berufen, soweit dies für die Durchführung der Prüfung erforderlich ist.

(2) Die Mitglieder des Prüfungsausschusses sind bei ihrer Tätigkeit als Prüfer unabhängig. Sie sind zur Amtsverschwiegenheit über alle Prüfungsangelegenheiten verpflichtet. Der Vorsitzende des Prüfungsausschusses hat sie vor Beginn der Prüfung hierüber zu belehren.

(3) Für die praktische Prüfung und die mündliche Prüfung in den einzelnen Fächern und im Hand-

lungsfeld bildet der Vorsitzende des Prüfungsausschusses die erforderlichen Fachausschüsse. Jedem Fachausschuss gehören an:

1. der Vorsitzende oder ein von ihm bestimmtes Mitglied des Prüfungsausschusses als Leiter, sofern die Schulaufsichtsbehörde nichts anderes bestimmt,
2. die Fachlehrkraft der Klasse oder bei deren Verhinderung eine in dem betreffenden Prüfungsfach erfahrene Lehrkraft als Prüfer,
3. ein weiteres fachkundiges Mitglied des Prüfungsausschusses, zugleich als Protokollführer.

Davon abweichend besteht jeder Fachausschuss für den praktischen Teil der praktischen Prüfung aus den in Satz 2 Nr. 1 und 2 genannten Mitgliedern. In den Fächern und im Handlungsfeld, in denen die Klasse von verschiedenen Fachlehrkräften für Teilbereiche unterrichtet wird, gehören alle Fachlehrkräfte dem Fachausschuss als Mitglieder an. Sie sind jeweils für ihren Teilbereich Prüfer nach Satz 2 Nr. 2. Der Leiter des Fachausschusses bestimmt einen Protokollführer und den Gang der Prüfung. Er kann selbst prüfen.

§ 18
Schriftliche Prüfung

(1) Die Leitung der schriftlichen Prüfung obliegt dem Schulleiter.

(2) Eine schriftliche Prüfungsarbeit ist im Handlungsfeld Alltagsbetreuung zu fertigen. Die Prüfung dauert 90 Minuten.

(3) Die Prüfungsaufgabe wird im Rahmen der Bildungs- und Lehrpläne von der Schule gestellt. Die obere Schulaufsichtsbehörde sorgt für die Gleichwertigkeit der Aufgabenstellung.

(4) Die schriftliche Arbeit wird von der Fachlehrkraft der Klasse und von einer weiteren Fachlehrkraft, die der Vorsitzende des Prüfungsausschusses bestimmt, korrigiert und bewertet; dabei sind ganze und halbe Noten zu verwenden. Als Note der schriftlichen Prüfung gilt der auf die erste Dezimale errechnete Durchschnitt der beiden Bewertungen, der in der üblichen Weise auf eine ganze oder halbe Note zu runden ist (Beispiele: 2,7 auf 2,5; 3,2 auf 3,0). Weichen die beiden Bewertungen um mehr als eine ganze Note voneinander ab und können sich die beiden Korrektoren nicht einigen, hat der Vorsitzende des Prüfungsausschusses die endgültige Note für die schriftliche Prüfung festzusetzen; dabei gelten die Bewertungen der beiden Korrektoren als Grenzwerte, die nicht über- und unterschritten werden dürfen.

(5) Über die schriftliche Prüfung ist eine Niederschrift zu fertigen, die vom Schulleiter und den aufsichtführenden Lehrkräften unterschrieben wird.

§ 19
Praktische Prüfung

(1) In der praktischen Prüfung soll der Schüler nachweisen, dass er die notwendige Handlungskompetenz einschließlich der sozialen und kommunikativen Kernkompetenzen hat, um die zugewiesene Aufgabe zu erfüllen.

(2) Die praktische Prüfung wird im Bereich Praxis der Alltagsbetreuung durchgeführt. Sie besteht aus:

1. einer schriftlichen Ausarbeitung (Arbeitszeit 30 bis 45 Minuten) und
2. einem praktischem Teil (30 bis 45 Minuten) mit einem Prüfungsgespräch über die vom Prüfling durchgeführten Tätigkeiten (ca. 10 Minuten).

(3) Die Prüfungsaufgaben werden im Rahmen der Lehrpläne vom Leiter des Fachausschusses aufgrund von Vorschlägen der Fachlehrkraft gestellt.

(4) Die schriftliche Ausarbeitung wird von zwei Mitgliedern des Fachausschusses bewertet, dabei sind ganze oder halbe Noten zu verwenden. § 18 Abs. 4 Satz 2 und 3 gilt entsprechend mit der Maßgabe, dass die endgültige Note vom Vorsitzenden des Fachausschusses festgesetzt wird.

(5) Die praktische Teil wird vom Fachausschuss abgenommen und mit einer ganzen oder halben Note bewertet. Kann sich der Fachausschuss für keine bestimmte Note entscheiden, so wird die Note aus dem auf die erste Dezimale errechneten Durchschnitt der Bewertungen der Mitglieder gebildet, der in üblicher Weise auf eine ganze oder halbe Note zu runden ist.

(6) Bei der Ermittlung der Note der praktischen Prüfung zählen die Note des praktischen Teils mit dem Prüfungsgespräch dreifach und die Note der schriftlichen Ausarbeitung einfach. Der Durchschnitt ist auf die erste Dezimale zu berechnen und in der üblichen Weise auf eine ganze oder halbe Note zu runden.

(7) § 18 Absatz 5 gilt entsprechend.

§ 20
Mündliche Prüfung

(1) Die mündliche Prüfung soll keine Wiederholung, sondern eine Ergänzung der schriftlichen Prüfung sein. Sie soll in der Regel 10 Minuten je Schüler und Fach dauern.

(2) Die mündliche Prüfung wird in der Regel als Einzelprüfung durchgeführt. Der Vorsitzende des Prüfungsausschusses kann hiervon abweichend die Durchführung einer Gruppenprüfung zulassen, wenn dies aus organisatorischen oder thematischen Gründen der Durchführung der Prüfung förderlich ist. Bei Gruppenprüfungen können bis zu drei Prüflinge zusammen geprüft werden.

(3) Die mündliche Prüfung kann sich auf alle maßgebenden Fächer und das Handlungsfeld Alltagsbetreuung erstrecken.

(4) Der Vorsitzende des Prüfungsausschusses bestimmt, ob und in welchen Fächern mündlich zu prüfen ist. Der Schüler soll in nicht mehr als drei Fächern einschließlich des Handlungsfeldes Alltagsbetreuung geprüft werden. Die zu prüfenden Fächer sind fünf bis sieben Schultage vor der mündlichen Prüfung bekanntzugeben; dies gilt auch für eine Prüfung im Handlungsfeld Alltagsbetreuung. Darüber hinaus kann der Schüler bis zum nächsten Schultag dem Schulleiter schriftlich bis zu zwei weitere Fächer nach Abs. 3 einschließlich

des Handlungsfelds Alltagsbetreuung benennen, in denen er zu prüfen ist.

(5) Im Anschluss an die einzelne mündliche Prüfung setzt der Fachausschuss das Ergebnis der mündlichen Prüfung auf Vorschlag des Prüfers fest; dabei sind ganze und halbe Noten zu verwenden. Kann sich der Fachausschuss mehrheitlich mit der Stimme des Leiters für keine bestimmte Note entscheiden, so wird die Note aus dem auf die erste Dezimale errechneten Durchschnitt der Bewertungen aller Mitglieder gebildet, der auf eine ganze oder halbe Note zu runden ist. § 18 Abs. 4 Satz 2 gilt entsprechend.

(6) Über jede mündliche Prüfung ist eine Niederschrift zu fertigen, die von den Mitgliedern des Fachausschusses zu unterschreiben ist.

§ 21
Ermittlung des Prüfungsergebnisses

(1) Die Endnoten in den einzelnen Fächern, dem Handlungsfeld Alltagsbetreuung und dem Bereich Praxis der Alltagsbetreuung ermittelt der Vorsitzende des Prüfungsausschusses aufgrund der Anmeldenoten und der Prüfungsleistungen, wobei der Durchschnitt auf die erste Dezimale zu errechnen und in der üblichen Weise auf eine ganze Note zu runden ist (Beispiel: 2,5 bis 3,4 auf „befriedigend“).

(2) Bei der Ermittlung der Endnoten zählen:

1. in Fächern und im Handlungsfeld, in denen schriftlich und mündlich geprüft wurde, die Anmeldenote, die Note der schriftlichen Prüfung und die Note der mündlichen Prüfung je einfach,
2. in Fächern, in denen nur schriftlich oder mündlich geprüft wurde, die Anmeldenote einfach und die Prüfungsnote doppelt und
3. die Note der praktischen Prüfung und die Note „Praxis in der Alltagsbetreuung“ je einfach.

(3) In Fächern, in denen nicht geprüft wurde, werden die Anmeldenoten als Endnoten in das Zeugnis übernommen.

(4) Der Vorsitzende des Prüfungsausschusses stellt fest, wer die Abschlussprüfung bestanden hat. Hierfür gilt § 12 Absatz 2 entsprechend.

(5) Über die Feststellung der Ergebnisse der Prüfung ist vom Vorsitzenden des Prüfungsausschusses eine Niederschrift zu fertigen.

(6) Die Niederschriften über die einzelnen Teile der Prüfung und über die Feststellung des Prüfungsergebnisses, eine Liste mit den Prüfungsergebnissen und die Prüfungsarbeiten sind bei den Schulakten aufzubewahren. Die Niederschriften und die Prüfungsarbeiten können nach Ablauf von drei Jahren seit der Feststellung des Prüfungsergebnisses vernichtet werden.

§ 22
Zeugnis

(1) Wer die Abschlussprüfung bestanden hat, erhält ein Abschlusszeugnis nach Anlage 2 *(nicht abgedruckt)* mit den nach § 21 Abs. 1 bis 3 ermittelten Endnoten.

(2) Wer an der Abschlussprüfung teilgenommen und sie nicht bestanden hat und die Schule verlässt, erhält ein Abgangszeugnis mit den nach § 21 Abs. 1 bis 3 ermittelten Endnoten.

(3) Wer an der Abschlussprüfung nicht oder nur teilweise teilgenommen hat, erhält ein Zeugnis über die bis zum Ausscheiden erbrachten Leistungen oder, sofern sie bereits vorliegen, mit den Anmeldenoten nach § 16 Abs. 2; Prüfungsleistungen bleiben unberücksichtigt.

(4) Wer an der Abschlussprüfung teilgenommen hat, sie nicht bestanden hat und das Schuljahr wiederholt, erhält ein Jahreszeugnis mit den nach § 21 Abs. 1 bis 3 ermittelten Endnoten.

(5) In den Zeugnissen nach den Absätzen 2 bis 4 ist zu vermerken, dass das Ausbildungsziel nicht erreicht wurde. Weiter ist auf die geleisteten Praxisstunden und die Erfüllung der Berufsschulpflicht hinzuweisen.

→ Zeugnisse (Berufliche Schulen)

§ 23
Wiederholung der Prüfung, Entlassung

(1) Wer die Abschlussprüfung nicht bestanden hat, kann sie nach erneutem Besuch des Schuljahres einmal wiederholen.

(2) Die freiwillige Wiederholung auch nur eines Teils des Schuljahres gilt als Nichtbestehen der Abschlussprüfung. Bei bestandener Abschlussprüfung ist weder eine Wiederholung der Ausbildung noch eine Wiederholung der Abschlussprüfung zulässig.

(3) Wer die Abschlussprüfung auch bei der Wiederholung nicht bestanden hat, muss die Berufsfachschule verlassen.

Hinweis der Redaktion: Die Paragrafen 24 (Nichtteilnahme, Rücktritt) und 25 (Täuschungshandlung, Ordnungsverstöße) sind inhaltsgleich mit § 23 und § 24 → Berufsfachschule Altenpflegehilfe.

6. Abschnitt
Prüfung für Schulfremde

§ 26
Teilnehmer

Personen, die das Abschlusszeugnis einer Berufsfachschule für Sozialpflege – Schwerpunkt Alltagsbetreuer erwerben wollen, ohne eine entsprechende öffentliche oder staatlich anerkannte Berufsfachschule für Sozialpflege besucht zu haben, können als Schulfremde die Abschlussprüfung ablegen.

§ 27
Zeitpunkt

Die Prüfung für Schulfremde findet einmal jährlich, in der Regel zusammen mit der Abschlussprüfung an den öffentlichen Berufsfachschulen für Sozialpflege statt.

§ 28
Meldung

(1) Die Meldung zur Prüfung ist bis zum 1. Dezember für die Prüfung im darauf folgenden Jahr an die öffentliche Berufsfachschule für Sozialpflege zu richten, an dem die Prüfung durchgeführt werden soll. Die Meldung von Prüflingen von staatlich

genehmigten, aber noch nicht staatlich anerkannten Schulen erfolgt bei der oberen Schulaufsichtsbehörde, in deren Bezirk die Privatschule liegt.

(2) Der Meldung sind beizufügen:

1. ein Lebenslauf in tabellarischer Form mit Angaben über den bisherigen Bildungsweg,
2. die Geburtsurkunde, ein Lichtbild und
3. die die deutschen Sprachkenntnisse vermittelnden Zeugnisse (beglaubigte Abschriften oder Ablichtungen) und der Nachweis praktischer Kenntnisse entsprechend § 29 Absatz 2 Satz 4 (beglaubigte Abschriften oder Ablichtungen),
4. eine Erklärung darüber, ob und gegebenenfalls mit welchem Ergebnis der Bewerber schon an Prüfungen einer Berufsfachschule für Sozialpflege mit dem Schwerpunkt Alltagsbetreuer teilgenommen hat und
5. Angaben über die schulische Vorbereitung auf die Prüfung oder über den Selbstunterricht des Bewerbers sowie des in allen Prüfungsfächern und dem Handlungsfeld durchgearbeiteten Lehrstoffes und der benutzten Literatur,

(3) Für Prüflinge staatlich genehmigter, aber noch nicht staatlich anerkannter Schulen kann an Stelle der Meldung durch den einzelnen Prüfling die Sammelmeldung der Schule treten, die Vor- und Zuname, Geburtstag, Geburtsort und Anschrift des Prüflings enthalten muss. Der Sammelmeldung sind die Unterlagen gemäß Absatz 2 beizufügen.

§ 29
Voraussetzungen für die Zulassung

(1) Schulfremde können die Prüfung nicht eher ablegen, als es ihnen bei Besuch der öffentlichen Berufsfachschule möglich wäre.

(2) Zur Prüfung wird nur zugelassen, wer:

1. die Voraussetzungen für die Aufnahme in die Berufsfachschule für Sozialpflege gemäß § 5 erfüllt,
2. wer nicht bereits zweimal die entsprechende Prüfung nicht bestanden hat,
3. wer nicht bereits die Prüfung bestanden hat und
4. wer eine einschlägige praktische Tätigkeit im Umfang der in der Stundentafel für die praktische Ausbildung vorgesehene Stundenzahl nachweisen kann,

(4) Zur Prüfung wird in der Regel nur zugelassen, wer in Baden-Württemberg seinen ständigen Wohnsitz hat oder in Baden-Württemberg an einer staatlich genehmigten Schule oder einer sonstigen Unterrichtseinrichtung auf die Schulfremdenprüfung vorbereitet wurde.

§ 30
Entscheidung über die Zulassung

Die öffentliche Berufsfachschule für Sozialpflege entscheidet über die Zulassung zur Prüfung. Bei Bewerbern von staatlich genehmigten Schulen trifft diese Entscheidung die obere Schulaufsichtsbehörde. Sie bestimmt die öffentliche Berufsfachschule für Sozialpflege, an der die Prüfung abzulegen ist. Dabei kann sie zulassen, dass die schriftliche und praktische Prüfung im Gebäude der staatlich genehmigten Schule abgenommen wird. Leitung und Beaufsichtigung der Prüfung regelt in diesem Fall die obere Schulaufsichtsbehörde.

§ 31
Durchführung der Prüfung

(1) Für die zugelassenen Bewerber gelten die §§ 13, 14, 17, § 21 Abs. 1, 4 bis 5, 24 und 25 entsprechend mit folgender Maßgabe:

1. Lehrkräfte im Sinne von § 17 Abs. 1 Nr. 3 und § 17 Abs. 3 Nr. 2 sind die vom Vorsitzenden des Prüfungsausschusses bestimmten Fachlehrkräfte einer öffentlichen Schule, in der Regel der Berufsfachschule für Sozialpflege, welcher der Bewerber zur Ablegung der Prüfung zugewiesen ist.
2. Die mündliche Prüfung erstreckt sich auf alle Fächer des Pflichtbereichs. Das Handlungsfeld Alltagsbetreuung wird nur dann in die mündliche Prüfung einbezogen, wenn dies der Bewerber spätestens vier Schultage vor der mündlichen Prüfung schriftlich verlangt. Die mündliche Prüfung wird als Einzelprüfung durchgeführt. Der Fachausschuss kann ganz oder teilweise anstelle einer mündlichen Prüfung eine vereinfachte schriftliche Prüfung durchführen. Dies gilt nicht für eine mündliche Prüfung im Handlungsfeld Alltagsbetreuung.
3. Bei der Feststellung des Ergebnisses der Prüfung zählen allein die Prüfungsleistungen.

(2) Die Prüflinge haben sich bei Beginn der Prüfung mit einem mit Lichtbild versehenen amtlichen Ausweis auszuweisen und diesen während der gesamten Prüfung bei sich zu führen und auf Verlangen vorzuzeigen.

(3) Bei der Ermittlung der Endnoten zählen in den Fächern, in denen schriftlich und mündlich geprüft wurde, die Note der schriftlichen Prüfung und die Note der mündlichen Prüfung je einfach.

§ 32
Zeugnisse, Wiederholung

Wer die Prüfung bestanden hat, erhält das Abschlusszeugnis für Schulfremde (Anlage 3, *nicht abgedruckt*). Wer die Prüfung nicht bestanden hat, kann sie einmal wiederholen. Auf Antrag wird eine Bescheinigung über die Teilnahme an der Prüfung, über das Ergebnis der Prüfung und die ermittelten Einzelnoten.

→ Berufsfachschule Sozialpflege (Schwerpunkt Alltagsbetreuung / Stundentafel); → Termine Berufliche Schulen; → Zeugnisse (Berufliche Schulen)

Unter ⇨ Termin-Checkliste finden Sie die wichtigsten Termine des Schuljahres.

Anlage 1 (zu § 3)

Berufsfachschule für Sozialpflege Schwerpunkt Alltagsbetreuung (Stundentafel)

Durchschnittliche Zahl der Wochenstunden

	1. Jahr	2. Jahr
1. Pflichtbereich		
Fächer und Handlungsfeld		
Religion	1	1
Deutsch	1	1
Mathematik/Fachrechnen	1	1
Rechtliche und institutionelle Rahmenbedingungen	1	1
Alltagsbetreuung	7	7
2. Wahlpflichtbereich	1	1
Wochenstunden	12	12
3. Wahlbereich	3	3
4. Praxis in der Alltagsbetreuung*	800 Stunden	800 Stunden

* Betreuungsschlüssel: 1:3

Berufsfachschule Zusatzqualifikationen Ernährung, Erziehung, Pflege

Schulversuchsbestimmungen des Kultusministeriums für die Berufsfachschule zum Erwerb von Zusatzqualifikationen Ernährung, Erziehung, Pflege (Neufassung vom 1. September 2019, AZ: 41-6622.85/52)

1. Abschnitt
Allgemeines

§ 1
Zweck der Ausbildung

Die Berufsfachschule zum Erwerb von Zusatzqualifikationen Ernährung, Erziehung, Pflege (im Folgenden: Berufsfachschule) vermittelt Kenntnisse und Fertigkeiten im hauswirtschaftlich-pflegerisch-sozialpädagogischen Bereich mit dem Ziel,

1. die Schülerinnen und Schüler der in den Anlagen 1 a bis 1 d genannten Fachbereiche beziehungsweise Schwerpunkte auf die Schulfremdenprüfung eines anderen Bildungsgangs vorzubereiten, mit der sie einen anerkannten Berufsabschluss nach der für diesen Abschluss geltenden Ausbildungs- und Prüfungsordnung erlangen können,
2. den Schülerinnen und Schülern des Fachbereichs beziehungsweise Schwerpunkts nach Anlage 1 e die Erlangung des Zertifikats ‚Grundpflege' zu ermöglichen und außerdem auf die beim Regierungspräsidium Tübingen durchgeführte Fortbildungsprüfung zur Erlangung des anerkannten Abschlusses Geprüfte Fachhauswirtschafterin/ Fachhauswirtschafter vorzubereiten,
3. den Schülerinnen und Schülern der in den Anlagen 1 f bis 1 m sowie Anlage 1 o genannten Fachbereiche beziehungsweise Schwerpunkte den Erwerb einer Zusatzqualifikation samt zugehörigem Zertifikat im Anschluss an einen bereits erreichten Berufsabschluss zu ermöglichen,
4. den Schülerinnen und Schülern des in der Anlage 1 n genannten Fachbereichs beziehungsweise Schwerpunktes das Absolvieren einer Anpassungsqualifizierung zu ermöglichen, die erforderlich ist, damit ein im Ausland erworbener Berufsabschluss dem deutschen Berufsabschluss Kinderpfleger/in oder Erzieher/in gleichgestellt werden kann.

Die Ausbildung an der Berufsfachschule befähigt auch zur qualifizierten Wahrnehmung hauswirtschaftlich-pflegerisch-sozialpädagogischer Aufgaben in der Familie.

§ 2
Dauer der Ausbildung

(1) Die Ausbildungen dauern jeweils zwei Jahre. Diese Ausbildungsdauer kann unterschritten werden, wenn durch eine entsprechende Anpassung der Unterrichtszeiten die Stundenzahlen, die nach den Stundentafeln im Pflichtbereich vorgesehen sind, erreicht werden.

(2) Ob im Fall der Ausbildung nach § 1 Nummer 1 eine schulbegleitende praktische Tätigkeit erforderlich ist und wie diese inhaltlich und zeitlich strukturiert ist, richtet sich nach den Festlegungen, die für die jeweils angestrebte Schulfremdenprüfung getroffen wurden.

§ 3
Bildungs- und Lehrpläne, Stundentafel, Gliederung der Ausbildung

(1) Der Unterricht richtet sich nach den vom Kultusministerium erlassenen Bildungs- und Lehrplänen sowie nach den beigefügten Stundentafeln (Anlagen 1a bis 1o).

→ Berufsfachschule Zusatzqualifikationen Ernährung, Erziehung, Pflege (Stundentafeln)

Berufliche Schulen

(2) Die Fächer, Handlungsfelder und Lernbereiche sind in Pflichtbereich, gegebenenfalls Wahlpflichtbereich und Wahlbereich gegliedert.

2. Abschnitt Aufnahme

§ 4

Aufnahmevoraussetzungen

Voraussetzungen für die Aufnahme in die Berufsfachschule sind

1. soweit eine Schulfremdenprüfung zum Erwerb eines anerkannten Berufsabschlusses angestrebt wird, die Anforderungen, die für die Zulassung zu einer solchen Prüfung zu erfüllen sind. Eine insoweit nachzuweisende praktische Tätigkeit kann auch während des Besuchs der Berufsfachschule erfolgen,
2. soweit eine Zusatzqualifikation im Fachbereich Erziehung angestrebt wird, eine berufliche Qualifikation gemäß § 7 Absatz 2 des Kindertagesbetreuungsgesetzes (KiTaG),
3. soweit eine Zusatzqualifikation im Fachbereich Erziehung, Schwerpunkt, Qualifizierung von Praxisanleiterinnen und -anleitern/Arbeit mit Erwachsenen in der Kindertageseinrichtung' angestrebt wird, eine berufliche Qualifikation gemäß § 7 Absatz 2 Nummer 1 bis 3 des KiTaG,
4. soweit eine Zusatzqualifikation im Fachbereich Pflege, Schwerpunkt Fachhauswirtschafterin/Fachhauswirtschafter angestrebt wird, eine abgeschlossene Ausbildung als Hauswirtschafter/in und eine anschließende mindestens sechsmonatige Berufspraxis oder eine mindestens viereinhalbjährige, dem angestrebten Abschluss entsprechende Berufspraxis,
5. soweit zur Angleichung einer im Ausland erworbenen (früh)pädagogischen beruflichen Qualifikation an die entsprechende inländische Qualifikation eine Zusatzqualifizierung im Fachbereich Erziehung, Schwerpunkt ‚Anpassungsqualifizierung mit intensiver berufsbezogener Sprachförderung' im Rahmen eines hierzu in einer Kindertageseinrichtung durchgeführten Anpassungslehrgangs nach dem Berufsqualifikationsfeststellungsgesetz (BQFG-BW) angestrebt wird, der Bescheid der zuständigen Stelle nach dem BQFG über die Feststellung der vorhandenen Berufsqualifikationen,
6. soweit eine Zusatzqualifikation im Fachbereich Pflege, Schwerpunkt Berufspädagogische Zusatzqualifikation zur Praxisanleiterin/zum Praxisanleiter für Pflegeberufe angestrebt wird, eine abgeschlossene Ausbildung als Pflegefachfrau/Pflegefachmann, Altenpflegerin/Altenpfleger, Gesundheits- und Krankenpflegerin/Gesundheits- und Krankenpfleger oder Gesundheits- und Kinderkrankenpflegerin/Gesundheits- und Kinderkrankenpfleger und eine anschließende in der Regel mindestens einjährige Berufspraxis.

§ 5

Aufnahmeantrag

(1) Der Aufnahmeantrag ist an die Berufsfachschule zu richten, an der die Ausbildung erfolgen soll. Der Termin, zu dem der Antrag bei der Schule eingegangen sein muss, wird von der Schulleiterin oder dem Schulleiter bestimmt und auf geeignete Weise bekanntgegeben.

(2) Dem Aufnahmeantrag sind beizufügen:

1. beglaubigte Abschriften der Nachweise hinsichtlich der nach § 4 zu erfüllenden Voraussetzungen
2. eine Erklärung, ob und ggf. an welcher Berufsfachschule
   a) die Bewerberin oder der Bewerber schon einmal an einem Aufnahmeverfahren teilgenommen hat und
   b) gegebenenfalls an welche Berufsfachschule die Bewerberin oder der Bewerber ebenfalls einen Aufnahmeantrag gerichtet hat.

(3) Über den Aufnahmeantrag entscheidet die Schulleiterin oder der Schulleiter. Es kann eine angemessene Frist gesetzt werden, innerhalb derer sich die Bewerberin oder der Bewerber erklären muss, ob die Zusage über die Aufnahme angenommen wird.

3. Abschnitt Allgemeine Regelungen zur Durchführung der Ausbildung und der Abschlussprüfungen

§ 6

Leistungsfeststellung, Übernahme von Noten aus anderen Zeugnissen, Jahreszeugnis

(1) Die Leistungsfeststellung in den einzelnen Fächern, Handlungsfeldern oder Lernbereichen erfolgt nach der ⇨ Notenbildungsverordnung [...]

(2) Werden für bestimmte Fächer Noten aus einem von der Schülerin oder dem Schüler in einem anderen Bildungsgang erworbenen Zeugnis übernommen (§ 28 Absatz 2), so muss die Schülerin oder der Schüler am Unterricht der Berufsfachschule in diesen Fächern nicht teilnehmen.

(3) Am Ende des ersten Schuljahres erhalten die Schülerinnen und Schüler ein Jahreszeugnis.

→ Zeugnisse (Berufliche Schulen)

§ 7

Durchführung von Abschlussprüfungen

Die Ausbildung im Fachbereich Pflege, Schwerpunkt Fachhauswirtschafter/in, die Ausbildung im Fachbereich Erziehung, Teilschwerpunkt Qualifizierung von Praxisanleiterinnen und -anleitern sowie die Ausbildung im Fachbereich Pflege, Schwerpunkt Berufspädagogische Zusatzqualifikation zur Praxisanleiterin/zum Praxisanleiter für Pflegeberufe endet mit einer Abschlussprüfung.

→ Berufsfachschule Zusatzqualifikationen Ernährung, Erziehung, Pflege – Stundentafel; ⇨ Notenbildungsverordnung; → Termine Berufliche Schulen;

Unter ⇨ Termine (Berufliche Schulen) finden Sie die wichtigsten Termine des Schuljahres.

§ 8
Bildung eines Prüfungsausschusses im Rahmen der Abschlussprüfungen

(1) Für die Abschlussprüfungen wird jeweils ein Prüfungsausschuss gebildet, der für die ordnungsgemäße Durchführung der Prüfung verantwortlich ist. Diesem gehören an:

1. als Vorsitzende oder Vorsitzender die Schulleiterin oder der Schulleiter oder eine von ihr oder ihm beauftragte Lehrkraft, soweit die obere Schulaufsichtsbehörde vor Beginn der Prüfung nichts anderes bestimmt,
2. als stellvertretende Vorsitzende oder stellvertretender Vorsitzender die Schulleiterin oder der Schulleiter oder ihre ständige Vertreterin oder sein ständiger Vertreter oder eine von der Schulleiterin oder dem Schulleiter beauftragte Lehrkraft,
3. sämtliche Lehrkräfte, die im Pflichtbereich unterrichten.

Die obere Schulaufsichtsbehörde und die oder der Vorsitzende des Prüfungsausschusses können weitere Mitglieder berufen, soweit dies für die Durchführung der Prüfung erforderlich ist.

(2) Die Mitglieder des Prüfungsausschusses sind bei ihrer Tätigkeit als Prüferin oder Prüfer unabhängig. Sie sind zur Amtsverschwiegenheit über alle Prüfungsangelegenheiten verpflichtet. Die oder der Vorsitzende des Prüfungsausschusses hat sie vor Beginn der Prüfung hierüber zu belehren.

§ 9 Bildung von Fachausschüssen im Rahmen der Abschlussprüfungen

(1) Für die mündliche Prüfung bildet die oder der Vorsitzende des Prüfungsausschusses die erforderlichen Fachausschüsse. Jedem Fachausschuss gehören an:

1. die oder der Vorsitzende des Prüfungsausschusses oder ein von ihr oder ihm bestimmtes Mitglied des Prüfungsausschusses als Leiterin oder Leiter, sofern die obere Schulaufsichtsbehörde nichts anderes bestimmt,
2. die Fachlehrkraft der Klasse oder bei deren Verhinderung eine in dem zu prüfenden Fachgebiet erfahrene Lehrkraft als Prüferin oder Prüfer,
3. ein weiteres fachkundiges Mitglied des Prüfungsausschusses, das zugleich das Protokoll führt.

(2) In Fächern, Handlungsfeldern oder Lernbereichen, in denen die Schülerin oder der Schüler von verschiedenen Fachlehrkräften für Teilbereiche unterrichtet werden, gehören alle diese Lehrkräfte dem Fachausschuss als Mitglieder an. Diese Fachlehrkräfte sind jeweils für ihren Teilbereich Prüferin oder Prüfer nach Satz 2 Nummer 2. Die Leiterin oder der Leiter des Fachausschusses bestimmt den Gang der Prüfung und kann selbst prüfen.

Hinweise der Redaktion:

1. §§ 10 (Nichtteilnahme an der Abschlussprüfung, Rücktritt von der Abschlussprüfung) und 11 (Täuschungshandlungen und Ordnungsverstöße) sind inhaltsgleich mit den §§ 23 und 24 → Berufsfachschule Altenpflegehilfe.
2. Die Abschnitte 4 bis 6 betreffend die Abschlussprüfung im Fachbereich Erziehung, Teilschwerpunkt Qualifizierung von Praxisanleiter*innen, im Fachbereich Pflege, Schwerpunkt Fachhauswirtschafter*in und im Fachbereich Pflege, Schwerpunkt Berufspädagogische Zusatzqualifikation zum/zur Praxisanleiter*in für Pflegeberufe (§§ 12- 35) sind nicht abgedruckt.

7. Abschnitt

§ 36
Zeugnisse und Zertifikate

(1) Wer die Berufsfachschule in den Fachbereichen beziehungsweise Schwerpunkten nach Nummer 1, 3 oder 4 besucht hat, erhält ein Zeugnis nach Anlage 2. *(nicht abgedruckt)*

(2) Soweit im Fachbereich Ernährung in den Fächern Religionslehre, Deutsch, Gemeinschaftskunde und Wirtschaftskunde/Wirtschaftslehre ein Unterricht nicht angeboten wird, können aus dem Abschlusszeugnis einer beruflichen Schule, ausgenommen das Berufsvorbereitungsjahr samt seiner jeweils bestehenden Gestaltungsformen, die für diese Fächer erteilten Noten übernommen werden. Auf diese Übernahme ist im Zeugnis nach Absatz 1 unter „Bemerkungen" hinzuweisen.

(3) Wer die Berufsfachschule in den Fachbereichen beziehungsweise Schwerpunkten nach § 1 Nummer 3 besucht hat und im zweiten Schuljahr in allen Handlungsfeldern des Pflichtbereichs mindestens die Note ‚ausreichend' erzielt hat, erhält ein Zertifikat nach Anlage 5 *(nicht abgedruckt)*.

(4) Wer die Abschlussprüfung nach Abschnitt 4, Abschnitt 5 oder Abschnitt 6 bestanden hat, erhält ein Abschlusszeugnis nach Anlage 3 mit den nach § 18, § 26 oder § 34 ermittelten Endnoten. Wer die Abschlussprüfung nach Abschnitt 4 oder Abschnitt 6 bestanden hat, erhält außerdem ein Zertifikat nach Anlage 6 oder Anlage 8 und wer die Abschlussprüfung nach Abschnitt 5 bestanden hat, erhält zudem ein Zertifikat nach Anlage 7 *(nicht abgedruckt)*.

(5) Wer an einer Abschlussprüfung nach diesen Schulversuchsbestimmungen teilgenommen, sie jedoch nicht bestanden hat und die Schule verlässt, erhält ein Abgangszeugnis nach Anlage 4 *(nicht abgedruckt)* mit den nach § 18, § 26 oder § 34 ermittelten Endnoten.

(6) Schülerinnen und Schüler, die an einer Abschlussprüfung nach diesen Schulversuchsbestimmungen nicht oder nur teilweise teilgenommen haben, erhalten ein Zeugnis (Anlage 2, *nicht abgedruckt*) über die bis zum Ausscheiden erbrachten Leistungen oder, sofern sie bereits vorliegen, mit den Anmeldenoten nach § 15, § 23 oder § 31; die Prüfungsleistungen bleiben unberücksichtigt.

(7) In den Zeugnissen nach den Absätzen 5 und 6 ist zu vermerken, dass das Ausbildungsziel der Berufsfachschule zum Erwerb von Zusatzqualifikationen nicht erreicht worden ist.

→ Zeugnisse (Berufliche Schulen)

(§§ 37 und 38 nicht abgedruckt)

→ Berufsfachschule Zusatzqualifikationen Ernährung, Erziehung, Pflege (Stundentafeln); ⇨ Notenbildungsverordnung; → Termine Berufliche Schulen; → Zeugnisse (Berufliche Schulen)

Berufsfachschule Zusatzqualifikationen Ernährung, Erziehung, Pflege (Stundentafeln)

Anlagen 1a - 1o – durchschnittliche Zahl der Wochenstunden

Hinweis der Redaktion: Die in den folgenden Stundentafeln ausgebrachte Zahl von Wochenstunden bezieht sich jeweils auf beide Schuljahre zusammen.

1 a – Fachbereich: Ernährung

1. Pflichtbereich	
Fächer	
Allgemeiner Bereich	
Religionslehre	1
Deutsch	1
Gemeinschaftskunde	1
Wirtschaftskunde / Wirtschaftslehre	2
Fachlicher Bereich	
Fachrechnen / Datenverarbeitung	1,5
Fachkunde	5,5
Praktische Fachkunde	2
Summe	14
2. Wahlbereich	

1 b – Fachbereich: Pflege

1. Pflichtbereich	
1.1 Fächer	
Religionslehre	1
Deutsch	1
1.2 Lernbereiche	
Aufgaben und Konzepte der Altenpflege	8
Unterstützung bei der Lebensgestaltung	1,5
Rechtliche und institutionelle Rahmenbedingungen	2
Altenpflege als Beruf	0,5
Summe	14
2. Wahlbereich	

1 c – Fachbereich: Erziehung Schwerpunkt: Kinderpflege

1. Pflichtbereich	
1.1 Fächer	
Religionslehre	1
Deutsch	1
Gemeinschaftskunde	1
Englisch	1
1.2 Handlungsfelder	
Berufliches Handeln theoretisch und methodisch fundieren	2
Förderung der körperlichen Entwicklung und Gesunderhaltung	2
Anregung der Sinne und kreativer Ausdrucksmöglichkeiten	2
Unterstützung der Sprachentwicklung	2
Unterstützung der kognitiven Entwicklung	1
Unterstützung der emotional-sozialen Entwicklung	1
Summe	14
2. Wahlbereich	**2**

1 d – Fachbereich: Erziehung Schwerpunkt: Vorbereitung Erzieherabschluss

1. Pflichtbereich	
1.1 Fächer	
Religionslehre/Religionspädagogik	1
Deutsch	1
1.2 Handlungsfelder	
Berufliches Handeln fundieren	3,5
Erziehung und Betreuung gestalten	3
Bildung und Entwicklung fördern I	3
Bildung und Entwicklung fördern II	4,5
Unterschiedlichkeit und Vielfalt leben lernen	2
Zusammenarbeit gestalten und Qualität entwickeln	1
Sozialpädagogisches Handeln*	
Summe	20
2. Wahlbereich	

* In verschiedenen Organisationsformen möglich; Betreuungsschlüssel 1:6 für einen beratenden Praxisbesuch

1 e – Fachbereich: Pflege Schwerpunkt: Fachhauswirtschafter/in

1. Pflichtbereich	
Lernbereiche	
Betreuung und Pflege älterer und behinderter Menschen	5
Gerontologische und gerontopsychiatrische Grundlagen	2
Hauswirtschaftliche Leistungen	4
Rechtliche und betriebswirtschaftliche Grundlagen	2
Kommunikation und Anleitung mit Übungen	3
2. Wahlpflichtbereich	**2**
Summe Pflicht- und Wahlpflichtbereich	18
3. Praxis in der Pflege	
6 Wochen gelenktes Praktikum in stationären Einrichtungen	
2 Wochen gelenktes Praktikum in ambulanten Einrichtungen	

1 f – Fachbereich: Erziehung Schwerpunkt: Bildungsförderung im Elementarbereich

1. Pflichtbereich	
Handlungsfelder	
Bildung und Erziehung im Elementarbereich	2
Mathematische Bildung	2
Naturwissenschaft und Technik	3
Sprachliche Bildung und Förderung	3
2. Wahlpflichtbereich	**2**
Summe Pflicht - und Wahlpflichtbereich	12
3. Wahlbereich	

1 g – Fachbereich: Erziehung Schwerpunkt: Sport-, Spiel- und Rhythmikerziehung

1. Pflichtbereich

Handlungsfelder

Bildung und Erziehung im Elementarbereich	2
Methodik und Didaktik der Sportpädagogik	3
Sportmedizinische Grundlagen	1
Musik- und Rhythmikerziehung	1
Spielpädagogik	1
Sicherheit / Recht / Vereinswesen	1
2. Wahlpflichtbereich	**3**
Summe Pflicht- und Wahlpflichtbereich	12

3. Wahlbereich

1 h – Fachbereich: Erziehung Schwerpunkt: Sprachförderung im Elementarbereich

1. Pflichtbereich

Handlungsfelder

Bildung und Erziehung im Elementarbereich	2
Grundlagen der Sprachentwicklung	1
Methodik und Dialektik der Sprachförderung	3
Sprachförderung in praktischen Handlungsfeldern	3
Sprache und soziokulturelles Umfeld	1
2. Wahlpflichtbereich	**2**
Summe Pflicht - und Wahlpflichtbereich	12

3. Wahlbereich

1 i – Fachbereich: Erziehung Schwerpunkt: Elementare Musik- und Rhythmikerziehung

1. Pflichtbereich

Handlungsfelder

Bildung und Erziehung im Elementarbereich	2
Grundlagen der Musik- und Rhythmikerziehung	1
Methodik und Didaktik des Singens	2
Instrumentalspiel für die sozialpädagogische Praxis	2
Ganzheitliche Bildungsförderung durch Rhythmik	1
Methodik und Didaktik der Tanzerziehung	1
Musik-, Rhythmikprojekt mit abschließender Aufführung	1
2. Wahlpflichtbereich	**2**
Summe Pflicht - und Wahlpflichtbereich	12

3. Wahlbereich

1 j – Fachbereich: Erziehung Schwerpunkt: Kinder unter drei Jahren in Tageseinrichtungen

1. Pflichtbereich

Handlungsfelder

Berufliche Identität und Kleinkinderziehung	2
Bindung / Eingewöhnung	1
Entwicklung des Kleinkindes	2
Anregung und Begleitung von Bildungsprozessen	3
Pädagogische Gestaltung des Alltags	2
2. Wahlpflichtbereich	**2**
Summe Pflicht - und Wahlpflichtbereich	12

3. Wahlbereich

1 k – Fachbereich: Erziehung Schwerpunkt: Gesundheit

1. Pflichtbereich

Handlungsfelder

Gesundheitslehre	2
Ernährungslehre	2
Bewegungserziehung/Sport/Rhythmik	3
Psychologie	2
Gesundheitspädagogik	1
2. Wahlpflichtbereich	**2**
Summe Pflicht - und Wahlpflichtbereich	12

3. Wahlbereich

1 l – Fachbereich: Erziehung Schwerpunkt: Qualifizierung von Praxisanleiterinnen und -anleitern/Arbeit mit Erwachsenen in der Kindertageseinrichtung

1. Pflichtbereich

1.1 Teilschwerpunkt ‚Qualifizierung von Praxisanleiterinnen und -anleitern'

Handlungsfelder

Ausbildung planen und durchführen	4
Leistung bewerten	4
Lernortkooperation gestalten	1

1.2 Teilschwerpunkt ‚Arbeit mit Erwachsenen in der Kindertageseinrichtung'

Handlungsfelder

Angebote für Erwachsene gestalten	3
Familienzentrum konzeptionell entwickeln	2
Zusammenarbeit und Vernetzung im sozialen Raum mitgestalten	1
2. Wahlpflichtbereich	-
Summe Pflicht - und Wahlpflichtbereich	12

3. Wahlbereich

1 m – Fachbereich: Erziehung Schwerpunkt: Inklusion in Kindertageseinrichtungen

1. Pflichtbereich

Handlungsfelder

Berufliche Identität reflektieren und weiterentwickeln	2,5
Kinder in unterschiedlichen Lebenswelten und Entwicklungsbedingungen verstehen und besondere Bildungsbedürfnisse wahrnehmen	3,5
Inklusive Bildungsprozesse planen, durchführen und evaluieren	4
Zusammenarbeit mit Eltern und Familien gestalten	1
In Netzwerken kooperieren und Übergänge gestalten	1
2. Wahlpflichtbereich	-
Summe Pflicht - und Wahlpflichtbereich	12

3. Wahlbereich

Berufliche Schulen

1 n – Fachbereich: Erziehung Schwerpunkt: Anpassungsqualifizierung mit intensiver berufsbezogener Sprachförderung

1. Pflichtbereich

Berufsbezogenes Deutsch	7
Rechtliche Grundlagen der pädagogischen Arbeit mit Kindern und Jugendlichen	1
Pädagogische Arbeti mit Kindern im Alter von 0 bis 6 Jahren	3
Pädagogische Arbeit mit Schulkindern und Jugendlichen	2
Unterschiedlichkeit und Vielfalt	1
Zusammenarbeit mit Eltern und Familien gestalten	1
In Netzwerken kooperieren und Übergänge gestalten	1
2. Wahlpflichtbereich	-
Summe Pflicht - und Wahlpflichtbereich	16
3. Wahlbereich	

1 o – Fachbereich: Pflege Schwerpunkt: Berufspädagogische Zusatzqualifikation zur Praxisanleiterin/ zum Praxisanleiter für Pflegeberufe

1. Pflichtbereich

Die Ausbildung planen und durchführen	3
Leistung bewerten	2
Lernortkooperation gestalten	1,5
2. Wahlpflichtbereich	**1**
Summe Pflicht - und Wahlpflichtbereich	7,5
3. Wahlbereich	

Berufskolleg I (BK-I-Verordnung)

Verordnung des Kultusministeriums über die Ausbildung und Prüfung an den Berufskollegs I (BK-I-Verordnung) vom 25. August 2015 (K.u.U. S. 800/2015)

Berufliche Schulen

Abschnitt 1 – Allgemeines

§ 1

Geltungsbereich

Diese Verordnung gilt für das Technische Berufskolleg I, das Kaufmännische Berufskolleg I und das Berufskolleg Gesundheit und Pflege I.

§ 2

Zweck der Ausbildung

Die Berufskollegs I vermitteln grundlegende fachtheoretische und fachpraktische Kenntnisse und Fertigkeiten und bereiten in ihrem jeweiligen fachlichen Bereich auf die Anforderungen der Arbeitswelt vor. Darüber hinaus wird die Allgemeinbildung weitergeführt und auf den Besuch des Berufskollegs II desselben Typs vorbereitet.

→ Berufskolleg II (BK-II-Verordnung)

§ 3

Dauer und Gliederung der Ausbildung

(1) Die Ausbildung dauert jeweils ein Schuljahr.

(2) Der Unterricht gliedert sich in einen Pflichtbereich, einen Wahlpflichtbereich und einen Wahlbereich.

(3) Während der Ausbildung soll ein mindestens vierwöchiges Praktikum zur Orientierung für eine Berufsausbildung durchgeführt werden, das ganz oder teilweise auch in den Ferien abgeleistet werden kann. Das jeweilige Berufskolleg entscheidet über die Eignung der Praktikumsstelle.

§ 4

Bildungsplan, Stundentafel

Der Unterricht richtet sich nach den vom Kultusministerium erlassenen Bildungs- und Lehrplänen und den Stundentafeln nach den Anlagen 1 bis 3. Über die dort genannten Fächer des Pflicht-, Wahlpflicht- und Wahlbereichs hinaus können Arbeitsgemeinschaften angeboten werden.

→ Berufskolleg I – Stundentafeln

§ 5

Maßgebende Fächer, Kernfächer

(1) Für den Abschluss sind die Leistungen in den maßgebenden Fächern entscheidend. Maßgebende Fächer sind alle Fächer des Pflichtbereichs sowie aus dem Wahlpflichtbereich im Kaufmännischen Berufskolleg I die Fächer „Übungsfirma", „Geschäftsprozesse" oder „Juniorenfirma" und im Berufskolleg Gesundheit und Pflege I die Fächer „Pflegeübungen und -dokumentation" oder „Übungsfirma".

(2) Kernfächer unter den maßgebenden Fächern sind die Fächer „Deutsch mit Betrieblicher Kommunikation", „Englisch", „Mathematik" sowie

1. im Technischen Berufskolleg I das Fach „Grundlagen der Technik",
2. im Kaufmännischen Berufskolleg I das Fach „Betriebswirtschaft" und
3. im Berufskolleg Gesundheit und Pflege I das Fach „Biologie mit Gesundheitslehre".

§ 6

Klassenarbeiten, zentrale Klassenarbeit

(1) Die Anzahl der Klassenarbeiten richtet sich nach § 9 Absatz 3 Satz 1 der Notenbildungsverordnung (NVO).

⇨ Notenbildungsverordnung

(2) In den Fächern „Grundlagen der Technik" im Technischen Berufskolleg I, „Betriebswirtschaft" im Kaufmännischen Berufskolleg I und „Biologie mit Gesundheitslehre" im Berufskolleg Gesundheit und Pflege I werden jeweils bei einer der Klassenarbeiten

im zweiten Schulhalbjahr der Haupt- und Nachtermin, die Aufgaben und die Korrekturanweisungen vom Kultusministerium landeseinheitlich vorgegeben (zentrale Klassenarbeit). Diese Klassenarbeit ist doppelt zu werten. Sie ist nicht durch eine gleichwertige Leistungsfeststellung nach § 9 Absatz 5 NVO ersetzbar.

(3) Wird aus wichtigem Grund an der Klassenarbeit nach Absatz 2 Satz 1 nicht teilgenommen, stellt das jeweilige Berufskolleg eine Absatz 2 Satz 1 entsprechende Klassenarbeit. Im Übrigen gilt Absatz 2 entsprechend.

Abschnitt 2
Aufnahmeverfahren und Probezeit

§ 7
Aufnahmevoraussetzungen

(1) Voraussetzung für die Aufnahme in das jeweilige Berufskolleg I sind die Fachschulreife, der Realschulabschluss oder das Versetzungszeugnis in die Klasse oder Jahrgangstufe 11 eines Gymnasiums, in die gymnasiale Oberstufe der Gemeinschaftsschule, der Nachweis eines gleichwertigen Bildungsstandes oder das Versetzungszeugnis in die Klasse 10 eines Gymnasiums im achtjährigen Bildungsgang.

(2) In das Kaufmännische Berufskolleg I kann nicht aufgenommen werden, wer im Kaufmännischen Berufskolleg Fremdsprachen oder im Kaufmännischen Berufskolleg Wirtschaftsinformatik zweimal nicht versetzt wurde oder zweimal die Abschlussprüfung nicht bestanden hat.

§ 8
Aufnahmeantrag

(1) Der Aufnahmeantrag ist an das jeweilige Berufskolleg zu richten, an dem die Ausbildung erfolgen soll. Der Termin, zu dem der Antrag bei dem Berufskolleg eingegangen sein muss, wird, soweit er nicht vom Kultusministerium festgelegt wurde, von der Schulleiterin oder dem Schulleiter bestimmt und auf geeignete Weise bekanntgegeben. Dem Aufnahmeantrag sind beizufügen:

1. Eine beglaubigte Kopie des Nachweises nach § 7 Absatz 1,
2. eine tabellarische Übersicht über den schulischen Bildungsweg nach Erwerb des Abschlusses nach § 7 Absatz 1, sofern das Berufskolleg nicht unmittelbar nach dem Erwerb dieses Abschlusses besucht wird,
3. eine Erklärung, ob und gegebenenfalls
   a) an welchem anderen Berufskolleg bereits an einem Aufnahmeverfahren teilgenommen wurde sowie
   b) an welches andere Berufskolleg ein weiterer Aufnahmeantrag gerichtet wurde.

Sofern der Nachweis nach § 7 Absatz 1 zum Anmeldetermin noch nicht vorgelegt werden kann, ist er unverzüglich nachzureichen; dem Aufnahmeantrag ist in diesem Fall eine beglaubigte Kopie des letzten Schulzeugnisses beizufügen.

(2) Über den Aufnahmeantrag entscheidet die Schulleiterin oder der Schulleiter. Sie oder er kann eine angemessene Frist setzen, innerhalb derer erklärt werden muss, ob die Zusage über die Aufnahme angenommen wird.

§ 9
Auswahlverfahren

(1) Ein Auswahlverfahren ist nur durchzuführen, wenn

1. bei voller Ausschöpfung der vorhandenen personellen und sächlichen Gegebenheiten sowie
2. bei Abstimmung der Aufnahmefähigkeit benachbarter Berufskollegs und entsprechender Zuweisung (§ 18 Absatz 1 und § 88 Absatz 4 SchG)

nicht alle Bewerberinnen oder Bewerber, welche die Aufnahmevoraussetzungen nach § 7 erfüllen, in das jeweilige Berufskolleg I aufgenommen werden können.

(2) Im Auswahlverfahren sind die Plätze nach folgenden Quoten zu vergeben:

1. 85 Prozent nach Eignung und Leistung (Absatz 3),
2. 10 Prozent nach Wartezeit (Absatz 4),
3. 5 Prozent für außergewöhnliche Härtefälle (Absatz 5).

Bleiben im Rahmen der Auswahl nach Satz 1 Nummer 2 und 3 Plätze frei, sind diese nach Eignung und Leistung zu vergeben.

(3) Die für die Vergabe der Plätze nach Eignung und Leistung zur Verfügung stehenden Plätze werden entsprechend dem jeweiligen Bewerberanteil verteilt auf die Gruppe der Bewerberinnen und Bewerber mit

1. der Fachschulreife,
2. dem Realschulabschluss,
3. dem Versetzungszeugnis in die Klasse oder Jahrgangstufe 11 eines Gymnasiums, in die Klasse 10 eines Gymnasiums im achtjährigen Bildungsgang oder in die gymnasiale Oberstufe der Gemeinschaftsschule,
4. einem dem Realschulabschluss gleichwertigen Bildungsstand nach Abschluss der Klasse 10 der Werkrealschule und
5. einem dem Realschulabschluss gleichwertigen Bildungsstand durch Berufsschulabschluss und Berufsausbildung oder durch Hauptschulabschluss, Berufsschulabschluss und Berufsabschluss.

Die Rangfolge innerhalb der Bewerbergruppen Nummer 1 bis 4 bestimmt sich nach dem auf eine Dezimale ohne Rundung errechneten Durchschnitt aus den Noten aller Fächer der in § 7 Absatz 1 genannten Zeugnisse mit Ausnahme der Arbeitsgemeinschaften. Die Rangfolge innerhalb der Bewerbergruppe Nummer 5 richtet sich nach der Durchschnittsnote, die sich aus den maßgebenden Fächern im Berufsschulabschlusszeugnis auf eine Dezimale ohne Rundung errechnet. Bei gleichem Rang entscheidet das Los.

(4) Bei der Vergabe der Plätze nach Wartezeit erfolgt die Aufnahme in folgender Rangfolge:

1. Bewerberinnen oder Bewerber mit drei und mehr Schuljahren Wartezeit,
2. Bewerberinnen oder Bewerber mit zwei Schuljahren Wartezeit,
3. Bewerberinnen oder Bewerber mit einem Schuljahr Wartezeit.

Innerhalb dieser Gruppen werden die Plätze nach Eignung und Leistung vergeben. Bei gleichem Rang entscheidet das Los. Berücksichtigt werden nur volle Schuljahre, die seit dem ersten Aufnahmeantrag und der Erfüllung der Aufnahmevoraussetzungen nach § 7 bis zum Beginn des auf das laufende Aufnahmeverfahren folgenden Schuljahres verstrichen sind. Voraussetzung ist, dass für diese Schuljahre ununterbrochen ein Aufnahmeantrag gestellt und keine Aufnahmezusage erteilt wurde.

(5) Ein außergewöhnlicher Härtefall liegt vor, wenn eine Person nach Absatz 2 Nummer 1 und 2 nicht ausgewählt wurde und die Nichtaufnahme mit Nachteilen für sie verbunden wäre, die bei Anlegung eines strengen Maßstabes über das Maß der mit der Nichtaufnahme üblicherweise verbundenen Nachteile erheblich hinausgehen. Für die Berücksichtigung als außergewöhnliche Härtefälle kommen insbesondere familiäre oder soziale Umstände oder andere von der Person nicht zu vertretende Gründe in Betracht, welche die Aufnahme der Ausbildung verzögert haben. Über das Vorliegen eines außergewöhnlichen Härtefalles und die sich nach dem Grad der Härte ergebende Rangfolge entscheidet ein Auswahlausschuss, dem die Schulleiterin als Vorsitzende oder der Schulleiter als Vorsitzender und vier von ihr oder ihm beauftragte Lehrkräfte angehören. Der Auswahlausschuss ist beschlussfähig, wenn mindestens drei Mitglieder anwesend sind. Er entscheidet mit einfacher Mehrheit; bei Stimmengleichheit gibt die Stimme der oder des Vorsitzenden den Ausschlag. Die Mitglieder des Auswahlausschusses sind bei ihrer Tätigkeit unabhängig. Sie sind zur Amtsverschwiegenheit über alle Angelegenheiten, mit denen der Ausschuss befasst ist, verpflichtet. Die oder der Vorsitzende des Auswahlausschusses hat sie vor Aufnahme der Tätigkeit des Auswahlausschusses hierüber zu belehren.

(6) Aufnahmeanträge, die nach dem Anmeldetermin nach § 8 Absatz 1 Satz 2 eingegangen sind, können im Auswahlverfahren erst berücksichtigt werden, wenn alle rechtzeitig eingegangenen Aufnahmeanträge beschieden oder zurückgenommen sind.

§ 10
Probezeit

(1) Die Aufnahme erfolgt zunächst auf Probe. Die Klassenkonferenz entscheidet aufgrund der Noten des Halbjahreszeugnisses über das Bestehen der Probezeit; § 12 Absatz 2 gilt entsprechend. Ausnahmsweise kann die Klassenkonferenz auch bei Nichterfüllung der Voraussetzungen des § 12 Absatz 2 die Probezeit für bestanden erklären, wenn sie mit Zweidrittelmehrheit zu der Auffassung gelangt, dass die Leistungen nur vorübergehend den Anforderungen nicht entsprechen und die Anforderungen im weiteren Verlauf des Berufskollegs I voraussichtlich erfüllt werden.

(2) Wer die Probezeit nicht bestanden hat, muss das jeweilige Berufskolleg I verlassen, soweit in Absatz 3 nichts anderes bestimmt ist. Das Nichtbestehen der Probezeit ist im Halbjahreszeugnis zu vermerken.

(3) Wer an einem Beratungsgespräch, das das Berufskolleg der Schülerin oder dem Schüler anbietet, teilgenommen hat, darf das Berufskolleg I auf Antrag weiterhin bis zum Ende des laufenden Schuljahres mit den Rechten und Pflichten einer Schülerin oder eines Schülers besuchen, auch wenn die Probezeit nicht bestanden wurde. In dem Beratungsgespräch sind das bisherige Lern- und Arbeitsverhalten mit der Schülerin oder dem Schüler zu reflektieren und Verhaltensänderungen, die voraussichtlich eine Verbesserung der Leistungen bewirken können, zu besprechen. Ergänzend soll das Berufskolleg mit der Schülerin oder dem Schüler eine Vereinbarung über das zukünftige Lern- und Arbeitsverhalten schließen. Ein Verstoß gegen diese Vereinbarung gilt als Verstoß gegen die Schulordnung im Sinne von § 90 Absatz 1 SchG. Gelingt es den Bildungsgang erfolgreich abzuschließen, ist eine Aufnahme in das Berufskolleg II desselben Schultyps möglich, sofern die jeweiligen Voraussetzungen für das Berufskolleg II erfüllt sind.

(4) Wer die Probezeit nicht bestanden und das jeweilige Berufskolleg I verlassen hat, kann in ein Berufskolleg I desselben Typs nur aufgenommen werden, wenn nach Aufnahme aller Bewerberinnen oder Bewerber, die die Voraussetzungen nach § 7 erfüllen, noch Schulplätze frei sind, und die Schulleiterin oder der Schulleiter oder eine von ihr oder ihm beauftragte Lehrkraft in einem Kolloquium zu der Auffassung gelangt, dass die Bewerberin oder der Bewerber nach nochmaliger Aufnahme den Anforderungen des aufnehmenden Berufskollegs I genügen wird. Das Berufskolleg kann, um dieses Ziel zu fördern, Vereinbarungen mit der Bewerberin oder dem Bewerber über das Lern- und Arbeitsverhalten schließen. Absatz 3 Satz 4 gilt entsprechend.

Abschnitt 3
Abschluss des Berufskollegs I

§ 11
Endnoten

Für die Entscheidung über einen erfolgreichen Abschluss des jeweiligen Berufskollegs I werden am Ende des Schuljahres aus den während des Schuljahres erbrachten Einzelleistungen Endnoten in Gestalt ganzer Noten gebildet.

§ 12
Ermittlung des Abschlussergebnisses

(1) Die Klassenkonferenz unter Vorsitz der Schulleiterin oder des Schulleiters oder einer von ihr oder ihm mit dem Vorsitz beauftragten Lehrkraft stellt aufgrund der Endnoten fest, wer das Berufskolleg I erfolgreich abgeschlossen hat. Die oder der Vorsitzende ist in der Klassenkonferenz stimmberechtigt.

(2) Die Voraussetzungen nach Absatz 1 sind erfüllt, wenn

1. der Durchschnitt aus den Noten aller maßgebenden Fächer 4,0 oder besser ist,
2. der Durchschnitt aus den Noten der Kernfächer 4,0 oder besser ist,
3. die Leistungen in keinem Kernfach mit der Note „ungenügend“ bewertet sind und
4. die Leistungen in nicht mehr als einem maßgebenden Fach geringer als mit der Note „ausreichend“ bewertet sind; sind die Leistungen in zwei maßgebenden Fächern geringer als mit der Note „ausreichend“ bewertet, so ist das Berufskolleg I erfolgreich abgeschlossen, wenn für beide Fächer ein Ausgleich gegeben ist. Ausgeglichen werden können
   a) die Note „ungenügend“ in einem Fach, das nicht Kernfach ist, durch die Note „sehr gut“ in einem anderen maßgebenden Fach oder die Note „gut“ in zwei anderen maßgebenden Fächern,
   b) die Note „mangelhaft“ in einem Kernfach durch mindestens die Note „gut“ in einem anderen Kernfach,
   c) die Note „mangelhaft“ in einem Fach, das nicht Kernfach ist, durch mindestens die Note „gut“ in einem anderen maßgebenden Fach oder die Note „befriedigend“ in zwei anderen maßgebenden Fächern.

(3) Über die Feststellung des erfolgreichen Abschlusses ist eine Niederschrift zu fertigen, die von der oder dem Vorsitzenden der Klassenkonferenz und dem Mitglied, das die Niederschrift angefertigt hat, zu unterschreiben ist.

§ 13. *Zeugnis*

(1) Wer das Berufskolleg I erfolgreich abgeschlossen hat, erhält ein Abschlusszeugnis mit den nach § 11 ermittelten Endnoten. Bei einer Aufnahme in ein Berufskolleg I auf der Grundlage eines Versetzungszeugnisses in die Klasse 10 eines Gymnasiums im achtjährigen Bildungsgang ist bei einem erfolgreichen Abschluss des Berufskollegs I im Abschlusszeugnis zu vermerken: „Dieses Zeugnis schließt den Nachweis eines dem Realschulabschluss gleichwertigen Bildungsstandes ein.“

(2) Wer die Ausbildung nicht erfolgreich abgeschlossen hat und das Schuljahr wiederholt, erhält ein Jahreszeugnis mit den nach § 11 ermittelten Endnoten.

(3) Wer die Ausbildung nicht erfolgreich abgeschlossen hat und die Schule verlässt, erhält ein Abgangszeugnis mit den nach § 11 ermittelten Endnoten.

(4) In den Zeugnissen nach Absatz 2 und 3 ist zu vermerken, dass das Ausbildungsziel des jeweiligen Berufskollegs I nicht erreicht ist.

→ Zeugnisse (Berufliche Schulen)

§ 14 *Wiederholung, Entlassung*

(1) Wer das jeweilige Berufskolleg I nicht erfolgreich abgeschlossen hat, kann es einmal wiederholen. Eine Wiederholung des Berufskollegs I desselben Typs ist nach erfolgreichem Abschluss nicht möglich.

(2) Wer das jeweilige Berufskolleg I auch bei Wiederholung nicht erfolgreich abschließt, muss es verlassen.

(3) Eine freiwillige vollständige oder teilweise Wiederholung des Schuljahres ist nur ausnahmsweise in besonderen Härtefällen möglich. Ein besonderer Härtefall liegt vor, wenn eine Schülerin oder ein Schüler durch besondere Umstände gehindert war, die von ihr oder ihm im Schuljahr erwarteten Leistungen zu erbringen. Als besondere Umstände kommen insbesondere längere oder häufige krankheitsbedingte Fehlzeiten oder besondere familiäre oder soziale Umstände in Betracht, die geeignet sind, sich leistungsmindernd auszuwirken. Die Wiederholung ist bei der Schulleiterin oder dem Schulleiter schriftlich zu beantragen. Die Wiederholung auch nur eines Teils des Schuljahres gilt als Nichtbestehen des jeweiligen Berufskollegs I.

(4) § 10 findet bei der Wiederholung keine Anwendung.

Abschnitt 4 Prüfung für Schulfremde

§ 15 *Teilnehmerinnen und Teilnehmer*

Personen, die das Abschlusszeugnis an einem Berufskolleg I erwerben wollen, ohne ein entsprechendes öffentliches oder staatlich anerkanntes Berufskolleg I besucht zu haben, können die Schulfremdenprüfung an einem öffentlichen Berufskolleg ablegen.

§ 16 *Teile der Schulfremdenprüfung, Zeitpunkt*

Die Schulfremdenprüfung besteht aus einer schriftlichen und einer mündlichen Prüfung. Sie findet einmal jährlich in der zweiten Hälfte des Schuljahres in der Regel an den jeweiligen öffentlichen Berufskollegs I statt. Der Termin der schriftlichen Prüfung entspricht dem Termin für die nach § 6 Absatz 2 zentral gestellte Klassenarbeit. Der Termin für die mündliche Prüfung wird von der Vorsitzenden oder dem Vorsitzenden des Prüfungsausschusses nach § 20 festgelegt.

§ 17 *Meldung*

(1) Die Meldung zur Schulfremdenprüfung ist bis zum 1. Dezember für die Schulfremdenprüfung im darauf folgenden Jahr an das öffentliche Berufskolleg zu richten, an dem diese durchgeführt werden soll. Prüflinge von staatlich genehmigten, aber noch nicht staatlich anerkannten Berufskollegs haben die Meldung an die obere Schulaufsichtsbehörde zu richten, in deren Bezirk die Privatschule liegt.

(2) Der Meldung sind zur Prüfung des Vorliegens der Prüfungsvoraussetzungen und zur Durchführung der Schulfremdenprüfung beizufügen:

1. Nachweise darüber, dass die Aufnahmevoraussetzungen nach § 7 erfüllt sind (beglaubigte Kopien),
2. eine Erklärung darüber, ob und gegebenenfalls mit welchem Ergebnis schon ein öffentliches oder staatlich anerkanntes Berufskolleg I besucht oder an einer entsprechenden Schulfremdenprüfung teilgenommen wurde,
3. eine tabellarische Übersicht über den beruflichen und schulischen Werdegang ab Erwerb der Nachweise nach Nummer 1 und
4. Angaben über die schulische Vorbereitung auf die Schulfremdenprüfung oder über den Selbstunterricht sowie des in allen Prüfungsfächern durchgearbeiteten Lernstoffes und der benutzten Literatur.

(3) Für Prüflinge der staatlich genehmigten, aber nicht staatlich anerkannten Berufskollegs kann an Stelle der Meldung durch den einzelnen Prüfling die Sammelmeldung des Berufskollegs treten, die Vor- und Zuname, Geburtstag, Geburtsort und Anschrift der Prüflinge enthalten muss. Der Sammelmeldung sind die Unterlagen nach Absatz 2 beizufügen.

§ 18
Voraussetzung für die Zulassung

(1) Schulfremde können die Schulfremdenprüfung nicht eher ablegen, als es ihnen bei normalem Besuch des Berufskollegs I möglich wäre.

(2) Zur Schulfremdenprüfung wird nur zugelassen, wer die Voraussetzungen nach § 7 für die Aufnahme in ein Berufskolleg I erfüllt, diesen Abschluss noch nicht erworben hat und die Schulfremdenprüfung an einem Berufskolleg I des Typs, dessen Abschlusszeugnis erworben werden soll, noch nicht bestanden oder noch nicht wiederholt unternommen hat.

(3) Zur Schulfremdenprüfung wird in der Regel nur zugelassen, wer in Baden-Württemberg seinen ständigen Wohnsitz hat oder in Baden-Württemberg an einem staatlich genehmigten Berufskolleg I oder einer sonstigen Unterrichtseinrichtung auf die Schulfremdenprüfung vorbereitet wurde.

§ 19
Entscheidung über die Zulassung, Ort der Schulfremdenprüfung

Das öffentliche Berufskolleg entscheidet über die Zulassung zur Schulfremdenprüfung. Bei Bewerberinnen und Bewerbern von staatlich genehmigten, aber noch nicht staatlich anerkannten Berufskollegs trifft diese Entscheidung die obere Schulaufsichtsbehörde. Sie bestimmt das öffentliche Berufskolleg I, an dem die Schulfremdenprüfung abzulegen ist. Dabei kann sie zulassen, dass die schriftliche Prüfung im Gebäude des staatlich genehmigten Berufskollegs abgenommen wird. Die Leitung und Beaufsichtigung der Prüfung regelt in diesem Fall die obere Schulaufsichtsbehörde.

§ 20
Prüfungsausschuss, Fachausschüsse

(1) Für die Schulfremdenprüfung wird am jeweiligen öffentlichen Berufskolleg I ein Prüfungsausschuss gebildet, der für die ordnungsgemäße Durchführung der Schulfremdenprüfung verantwortlich ist. Diesem gehören an:

1. Als Vorsitzende oder Vorsitzender die Schulleiterin oder der Schulleiter oder eine von ihr oder ihm beauftragte Lehrkraft, soweit die obere Schulaufsichtsbehörde vor Beginn der Prüfung nichts anderes bestimmt,
2. als stellvertretende Vorsitzende oder stellvertretender Vorsitzender die Schulleiterin oder der Schulleiter, wenn sie oder er nicht Vorsitzende oder Vorsitzender ist oder eine von ihr oder ihm beauftragte Lehrkraft,
3. sämtliche Lehrkräfte, die in den maßgebenden Fächern unterrichten.

Die obere Schulaufsichtsbehörde oder die oder der Vorsitzende des Prüfungsausschusses können weitere Lehrkräfte eines öffentlichen Berufskollegs als Mitglieder berufen, soweit dies für die Durchführung der Schulfremdenprüfung erforderlich ist.

(2) Die Mitglieder des Prüfungsausschusses sind bei ihrer Tätigkeit als Prüferin oder Prüfer unabhängig. Sie sind zur Amtsverschwiegenheit über alle Prüfungsangelegenheiten verpflichtet. Die oder der Vorsitzende des Prüfungsausschusses hat sie vor Beginn der Schulfremdenprüfung hierüber zu belehren.

(3) Für die mündliche Prüfung in den einzelnen Fächern bildet die oder der Vorsitzende des Prüfungsausschusses Fachausschüsse. Dem einzelnen Fachausschuss gehören an:

1. Die oder der Vorsitzende oder ein von ihr oder ihm bestimmtes Mitglied des Prüfungsausschusses als Leiterin oder Leiter, sofern die obere Schulaufsichtsbehörde nichts anderes bestimmt,
2. eine in dem betreffenden Prüfungsfach erfahrene Lehrkraft als Prüferin oder Prüfer und
3. ein weiteres fachkundiges Mitglied des Prüfungsausschusses, das zugleich die Niederschrift fertigt.

Die Leiterin oder der Leiter des Fachausschusses bestimmt den Gang der mündlichen Prüfung; sie oder er kann selbst prüfen.

§ 21
Schriftliche und mündliche Prüfung

(1) Die Prüflinge haben sich bei Beginn der Schulfremdenprüfung mit einem mit Lichtbild versehenen amtlichen Ausweis auszuweisen und diesen während der gesamten Schulfremdenprüfung bei sich zu führen und auf Verlangen vorzuzeigen.

(2) Als schriftliche Prüfung wird die Klassenarbeit nach § 6 Absatz 2 gestellt, an der der Prüfling zu dem vom Kultusministerium bestimmten Termin teilnimmt. Für die Durchführung der schriftlichen Prüfung gilt Folgendes:

1. Die Leitung der schriftlichen Prüfung obliegt der Schulleiterin oder dem Schulleiter des

öffentlichen Berufskollegs oder einer von ihr oder ihm bestimmten Lehrkraft.

2. Die Prüfungsarbeiten werden von zwei Fachlehrkräften, die die oder der Vorsitzende des Prüfungsausschusses bestimmt, korrigiert und bewertet; dabei sind ganze und halbe Noten zu verwenden. Als Note der schriftlichen Prüfung gilt der auf die erste Dezimale ohne Rundung errechnete Durchschnitt der beiden Bewertungen, der, sofern in dem Fach nicht zusätzlich eine mündliche Prüfung nach Absatz 3 Satz 3 durchgeführt wird, auf eine ganze Note und im Fall einer zusätzlichen mündlichen Prüfung auf eine ganze oder halbe Note zu runden ist. Dabei werden die Dezimalen 1 oder 2 auf die nächstniedrigere ganze Note abgerundet, die Dezimalen 3 bis 7 auf die nächste halbe Note auf- oder abgerundet und die Dezimalen 8 oder 9 auf die nächsthöhere ganze Note aufgerundet. Weichen die Bewertungen um mehr als eine ganze Note voneinander ab und können sich die beiden Fachlehrkräfte nicht einigen, hat die oder der Vorsitzende des Prüfungsausschusses die endgültige Note für die schriftliche Prüfung festzusetzen; dabei dürfen die Bewertungen der Fachlehrkräfte nicht über- und unterschritten werden. ⇨ Korrekturtag
3. Die Note der schriftlichen Prüfung wird fünf bis sieben Schultage vor der mündlichen Prüfung bekanntgegeben.
4. Über die schriftliche Prüfung ist eine Niederschrift zu fertigen, die von der Leiterin oder dem Leiter der schriftlichen Prüfung und den aufsichtführenden Lehrkräften zu unterschreiben ist.

(3) Die mündliche Prüfung erstreckt sich auf alle maßgebenden Fächer nach § 5 Absatz 1 Satz 2. Das Fach „Religionslehre" wird nur auf Antrag geprüft. Das schriftlich geprüfte Fach wird nur in die mündliche Prüfung einbezogen, wenn dies der Prüfling spätestens vier Schultage vor der mündlichen Prüfung bei dem Berufskolleg, das die Schulfremdenprüfung abnimmt, schriftlich beantragt. Für die Durchführung der mündlichen Prüfung gilt Folgendes:

1. Die mündliche Prüfung wird als Einzelprüfung durchgeführt, sie dauert in der Regel 15 Minuten je Prüfling und Fach. Erfordert die Aufgabenstellung eine Einlesezeit oder eine thematische Herleitung und Durchdringung, gewährt der Fachausschuss zusätzlich die nach seiner Einschätzung für die Erfassung der Aufgabe erforderliche Einarbeitungszeit, in der sich der Prüfling unter Aufsicht auf die Prüfung vorbereiten kann. Die Einarbeitungszeit darf 15 Minuten nicht überschreiten.
2. In den nicht schriftlich geprüften Fächern kann der Fachausschuss ganz oder teilweise anstelle einer mündlichen Prüfung eine vereinfachte schriftliche Prüfung im Umfang von 45 Minuten durchführen.
3. Im Anschluss an die jeweilige mündliche Prüfung setzt der Fachausschuss das Ergebnis der jeweiligen mündlichen Prüfung auf Vorschlag der Prüferin oder des Prüfers fest; dabei sind ganze Noten zu verwenden. Kann sich der Fachausschuss mehrheitlich mit der Stimme der Leiterin oder des Leiters für keine bestimmte Note entscheiden, so wird die Note aus dem auf die erste Dezimale ohne Rundung errechneten Durchschnitt der Bewertungen aller drei Mitglieder gebildet, der auf eine ganze Note zu runden ist; Absatz 2 Nummer 2 Satz 3 gilt entsprechend. Wird im Fach der zentralen Klassenarbeit auf Wunsch des Prüflings zusätzlich eine mündliche Prüfung durchgeführt, sind bei der Feststellung des Ergebnisses der mündlichen Prüfung ganze und halbe Noten zu verwenden.
4. Über die mündliche Prüfung jedes einzelnen Prüflings ist eine Niederschrift zu fertigen, die von den Mitgliedern des Fachausschusses zu unterschreiben ist.

(4) Die obere Schulaufsichtsbehörde kann im Einzelfall auf Antrag die Schulfremdenprüfung in einer anderen Fremdsprache zulassen.

§ 22
Ermittlung des Prüfungsergebnisses

Die oder der Vorsitzende des Prüfungsausschusses ermittelt das Ergebnis der Schulfremdenprüfung und stellt fest, wer diese bestanden hat. Bei der Feststellung des Ergebnisses der Schulfremdenprüfung zählen allein die Prüfungsleistungen. Wurde in einem Fach sowohl schriftlich als auch mündlich geprüft, gilt als Prüfungsendnote der auf eine Dezimale ohne Rundung berechnete Durchschnitt aus der Note der schriftlichen und der Note der mündlichen Prüfung, die jeweils gleich gewichtet werden und auf eine ganze Note gerundet werden. Hierbei werden die Dezimalen 1 bis 4 auf die nächstniedrigere ganze Note abgerundet und die Dezimalen 5 bis 9 auf die nächsthöhere ganze Note aufgerundet. Für das Bestehen der Prüfung gilt § 12 Absatz 2 entsprechend. Über die Feststellung der Ergebnisse der Schulfremdenprüfung ist von der oder dem Vorsitzenden des Prüfungsausschusses eine Niederschrift zu fertigen.

§ 23 Zeugnis

Wer die Schulfremdenprüfung bestanden hat, erhält das Zeugnis für Schulfremde. Wer die Schulfremdenprüfung nicht bestanden hat, erhält auf Antrag eine Bescheinigung über die Teilnahme an der Schulfremdenprüfung, über das Ergebnis der Schulfremdenprüfung und die ermittelten Einzelnoten.

→ Zeugnisse (Berufliche Schulen)

§ 24
Wiederholung der Schulfremdenprüfung

Wem der Abschluss des jeweiligen Berufskollegs I erstmalig nicht zuerkannt wurde, kann die jeweilige Schulfremdenprüfung einmal wiederholen.

Hinweis der Redaktion: die Paragrafen 25 (Nichtteilnahme, Rücktritt) und 26 (Täuschungshandlungen, Ordnungsverstöße) sind hier nicht abgedruckt, da inhaltsgleich mit § 23 und § 24 → Berufsfachschule Altenpflegehilfe

→ Berufskolleg I – Stundentafeln; → Berufskolleg II (BK-II-Verordnung); → Kaufmänn. Berufskolleg – zweijährig; ⇨ Handy-Nutzung; ⇨ Korrekturtag; ⇨ Notenbildungsverordnung; → Zeugnisse (Berufliche Schulen)

Berufskolleg I (BK-I-Verordnung) – Stundentafeln

Anlage 1 (zu § 4 Satz 1)

Stundentafel für das Technische Berufskolleg I

(durchschnittliche Zahl der Wochenstunden)

1. Pflichtbereich	
1.1 Allgemeiner Bereich	
Religionslehre	1
Geschichte mit Gemeinschaftskunde	2
Deutsch mit Betrieblicher Kommunikation	3
Englisch	3
Mathematik	2
Chemie	2
1.2 Berufsfachlicher Bereich	
Grundlagen der Technik	5
Informationstechnik	4
Medientechnik	3
Projektkompetenz[1)]	
1.3 Berufspraktischer Bereich	
Angewandte Technik	3
Angewandte Mathematik	2
2. Wahlpflichtbereich	**2**
Weitere Fächer nach Wahl der Schule	
Summe	32
3. Wahlbereich	
Beispielsweise Sport	
4. Praktikum[2)]	**4 Wochen**

1) Die „Projektkompetenz“ ist ein eigenständiges Fach. Sie wird jedoch integrativ, im Schwerpunkt im Rahmen des Unterrichts im berufsfachlichen und berufspraktischen Bereich, unterrichtet. Der Umfang der „Projektkompetenz“ umfasst hierbei zirka 1/8.

2) Das Praktikum ist fakultativ. Betreuungsstunden fallen nicht an.

Anlage 2 (zu § 4 Satz 1)

Stundentafel für das Kaufmännische Berufskolleg I

(durchschnittliche Zahl der Wochenstunden)

1. Pflichtbereich	
1.1 Allgemeiner Bereich	
Religionslehre	1
Geschichte mit Gemeinschaftskunde	2
Deutsch mit Betrieblicher Kommunikation	3
Englisch	3
Mathematik	2
1.2 Berufsfachlicher Bereich	
Betriebswirtschaft	7
Steuerung und Kontrolle	3
Gesamtwirtschaft	2
Informatik	1
Textverarbeitung	1
Projektkompetenz[1)]	
2. Wahlpflichtbereich [2)]	**5**
Übungsfirma	
Geschäftsprozesse	
Juniorenfirma	
Summe	30
3. Wahlbereich	
Beispielsweise Sport	
4. Praktikum[3)]	4 Wochen

1) Die „Projektkompetenz“ ist ein eigenständiges Fach. Sie wird jedoch integrativ, im Schwerpunkt im Rahmen des Unterrichts im berufsfachlichen Bereich und des Wahlpflichtbereichs, unterrichtet. Der Umfang der „Projektkompetenz“ umfasst hierbei zirka 1/9.

2) Bei Klassenteilung können höchstens zwei Gruppen unterrichtet werden.

3) Das Praktikum ist fakultativ. Betreuungsstunden fallen nicht an.

Anlage 3 (zu § 4 Satz 1)

Stundentafel für das Berufskolleg Gesundheit und Pflege I

(durchschnittliche Zahl der Wochenstunden)

1. Pflichtbereich	
1.1 Allgemeiner Bereich	
Religionslehre	1
Geschichte mit Gemeinschaftskunde	2
Deutsch mit Betrieblicher Kommunikation	3
Englisch	3
Mathematik	2
1.2 Berufsfachlicher Bereich	
Biologie mit Gesundheitslehre	5
Ernährungslehre und Diätetik	3
Pflege	2
Wirtschaft und Recht	2
Datenverarbeitung und Textverarbeitung	2
Projektkompetenz [1)]	
2. Wahlpflichtbereich	**5**
Pflegeübungen und -dokumentation [2)]	3
Übungsfirma [2)]	3
Labortechnologie	
Pädagogik und Psychologie	
Weitere Fächer	
Summe	30
3. Wahlbereich	
Beispielsweise Sport	
4. Praktikum[3)]	**4 Wochen**

1) Die „Projektkompetenz“ ist ein eigenständiges Fach. Sie wird jedoch integrativ, im Schwerpunkt im Rahmen des Unterrichts im berufsfachlichen Bereich und Wahlpflichtbereich, unterrichtet. Der Umfang der „Projektkompetenz“ umfasst hierbei zirka 1/9.

2) Von den 5 Stunden des Wahlpflichtbereichs ist eines der Fächer „Pflegeübungen und -dokumentation“ oder „Übungsfirma“ mindestens dreistündig zu unterrichten. Bei Klassenteilung können höchstens zwei Gruppen unterrichtet werden.

3) Das Praktikum ist fakultativ. Betreuungsstunden fallen nicht an.

Berufskolleg II (BK-II-Verordnung)

Verordnung des Kultusministeriums über die Ausbildung und Prüfung an den Berufskollegs II (BK-II-Verordnung) vom 25. August 2015 (K.u.U. S. 800/2015)

Abschnitt 1 Allgemeines

§ 1
Geltungsbereich

Diese Verordnung gilt für das Technische Berufskolleg II, das Kaufmännische Berufskolleg II und das Berufskolleg Gesundheit und Pflege II.

§ 2
Zweck der Ausbildung

Die Berufskollegs II vermitteln fachtheoretische und fachpraktische Kenntnisse und Fertigkeiten, die zur Wahrnehmung von Tätigkeiten in beruflichen Aufgabenfeldern des jeweiligen fachlichen Bereichs befähigen. Aufbauend auf dem Abschluss des Berufskollegs I des jeweiligen Typs qualifizieren sie durch Weiterführung allgemeinbildender und fachtheoretischer Kenntnisse zum Studium an Fachhochschulen.

→ Berufskolleg I (BK-I-Verordnung)

§ 3
Dauer und Gliederung der Ausbildung, Berufsbezeichnung

(1) Die Ausbildung dauert jeweils ein Schuljahr und endet mit einer Abschlussprüfung. Mit Bestehen dieser wird die Fachhochschulreife erworben. Mit Bestehen einer Zusatzprüfung können außerdem folgende Berufsabschlüsse erworben werden:

1. Im Technischen Berufskolleg II „Technische Assistentin“ oder „Technischer Assistent“,
2. im Kaufmännischen Berufskolleg II „Staatlich geprüfte Wirtschaftsassistentin“ oder „Staatlich geprüfter Wirtschaftsassistent“,
3. im Berufskolleg Gesundheit und Pflege II „Staatlich geprüfte Assistentin im Gesundheits- und Sozialwesen“ oder „Staatlich geprüfter Assistent im Gesundheits- und Sozialwesen“.

(2) Der Unterricht gliedert sich am Technischen Berufskolleg II und am Kaufmännischen Berufskolleg II in einen Pflichtbereich, einen Wahlpflichtbereich und einen Wahlbereich und am Berufskolleg Gesundheit und Pflege II in einen Pflichtbereich und einen Wahlbereich.

(3) Während der Ausbildung soll ein mindestens vierwöchiges Praktikum zur Orientierung für eine Berufsausbildung oder für die Aufnahme eines Studiums durchgeführt werden, das ganz oder teilweise auch in den Ferien abgeleistet werden kann. Das jeweilige Berufskolleg entscheidet über die Eignung der Praktikumsstelle.

§ 4
Bildungsplan, Stundentafel

(1) Der Unterricht richtet sich nach den vom Kultusministerium erlassenen Bildungs- und Lehrplänen und den Stundentafeln nach den Anlagen 1 bis 3. Über die dort genannten Fächer des Pflicht-, Wahlpflicht- und Wahlbereichs hinaus können Arbeitsgemeinschaften angeboten werden.

→ Berufskolleg II – Stundentafeln

(2) Im berufspraktischen Bereich des Pflichtbereichs entscheidet sich jede Schülerin und jeder Schüler am Kaufmännischen Berufskolleg II und am Berufskolleg Gesundheit und Pflege II entsprechend dem Angebot des jeweiligen Berufskollegs zu Beginn des Schuljahres für die Teilnahme an einem Fach. Im Technischen Berufskolleg II entscheidet sich die Schülerin oder der Schüler für einen im Fach „Angewandte Technik“ ausgewiesenen Schwerpunkt.

§ 5
Maßgebende Fächer, Kernfächer

(1) Für den Abschluss sind die Leistungen in den maßgebenden Fächern entscheidend. Maßgebende Fächer sind alle Fächer des Pflichtbereichs. Für den Erwerb des jeweiligen Berufsabschlusses gelten außerdem folgende Fächer des jeweiligen Wahlbereichs als maßgebendes Fach:

1. Im Technischen Berufskolleg II das Fach „Technische Dokumentation“,
2. im Kaufmännischen Berufskolleg II das Fach „Wirtschaft“ und
3. im Berufskolleg Gesundheit und Pflege II das Fach „Wirtschaft und Recht II“.

(2) Kernfächer unter den maßgebenden Fächern sind die Fächer „Deutsch“, „Englisch“, „Mathematik“ sowie

1. im Technischen Berufskolleg II das Fach „Technische Physik“,
2. im Kaufmännischen Berufskolleg II das Fach „Betriebswirtschaft“,
3. im Berufskolleg Gesundheit und Pflege II das Fach „Biologie mit Gesundheitslehre“.

§ 6
Gleichwertige Leistungsfeststellungen

Abweichend von § 9 Absatz 5 der Notenbildungsverordnung können in folgenden Fächern sämtliche Klassenarbeiten durch diesen gleichwertige Leistungsfeststellungen ersetzt werden:

1. Im Technischen Berufskolleg II im Fach „Angewandte Technik“,
2. im Kaufmännischen Berufskolleg II in den Fächern des berufspraktischen Bereichs,
3. im Berufskolleg Gesundheit und Pflege II im Fach „Übungsfirma“.

Die gleichwertigen Leistungsfeststellungen sollen schriftliche, mündliche und praktische Elemente beinhalten.

⇨ Notenbildungsverordnung

Abschnitt 2
Aufnahmeverfahren und Probezeit

§ 7
Aufnahmevoraussetzungen

(1) Voraussetzung für die Aufnahme in das jeweilige Berufskolleg II ist das Abschlusszeugnis des Berufskollegs I des Typs, der im Berufskolleg II weitergeführt wird, mit einem Durchschnitt von mindestens 3,0 aus den Noten der Fächer „Deutsch mit Betrieblicher Kommunikation", „Englisch", „Mathematik" sowie

1. im Technischen Berufskolleg I dem Fach „Grundlagen der Technik",
2. im Kaufmännischen Berufskolleg I dem Fach „Betriebswirtschaft",
3. im Berufskolleg Gesundheit und Pflege I dem Fach „Biologie mit Gesundheitslehre"

oder das Zeugnis über einen, auch im Hinblick auf den geforderten Notendurchschnitt, vergleichbaren Bildungsstand.

(2) Sofern nach Aufnahme aller Bewerberinnen oder Bewerber, die die Voraussetzungen nach Absatz 1 erfüllen, noch nicht alle Plätze besetzt sind, dürfen ausnahmsweise Bewerberinnen oder Bewerber mit einem Durchschnitt aus den Noten der Fächer nach Absatz 1 von mindestens 3,25 aufgenommen werden, wenn die Schulleiterin oder der Schulleiter des aufnehmenden Berufskollegs II aufgrund des gesamten Leistungsbildes zu der Auffassung gelangt, dass die Bewerberin oder der Bewerber den Anforderungen des Berufskollegs II des jeweiligen Typs dennoch genügen wird.

§ 8
Aufnahmeantrag

(1) Der Aufnahmeantrag ist an das Berufskolleg zu richten, an dem die Ausbildung erfolgen soll. Der Termin, zu dem der Antrag bei dem Berufskolleg eingegangen sein muss, wird, soweit er nicht vom Kultusministerium festgelegt wurde, von der Schulleiterin oder dem Schulleiter bestimmt und auf geeignete Weise bekanntgegeben. Dem Aufnahmeantrag sind beizufügen:

1. Eine beglaubigte Kopie des Nachweises nach § 7 Absatz 1,
2. eine tabellarische Übersicht über den bisherigen Bildungsweg ab Erwerb des Abschlusses nach § 7 Absatz 1, sofern das Berufskolleg nicht unmittelbar nach dem Erwerb dieses Abschlusses besucht wird,
3. eine Erklärung, ob und gegebenenfalls
   a) an welchem anderen Berufskolleg II bereits an einem Aufnahmeverfahren teilgenommen wurde sowie
   b) an welches andere Berufskolleg II ein weiterer Aufnahmeantrag gerichtet wurde.

Sofern der Nachweis nach § 7 Absatz 1 zum Anmeldetermin noch nicht vorgelegt werden kann, ist er unverzüglich nachzureichen; dem Aufnahmeantrag ist in diesem Fall eine beglaubigte Kopie des letzten Schulzeugnisses beizufügen.

(2) Über den Aufnahmeantrag entscheidet die Schulleiterin oder der Schulleiter. Sie oder er kann eine angemessene Frist setzen, innerhalb derer erklärt werden muss, ob die Zusage über die Aufnahme angenommen wird.

§ 9
Auswahlverfahren

(1) Ein Auswahlverfahren ist nur durchzuführen, wenn

1. bei voller Ausschöpfung der vorhandenen personellen und sächlichen Gegebenheiten sowie
2. bei Abstimmung der Aufnahmefähigkeit benachbarter Schulen und entsprechender Zuweisung (§ 18 Absatz 1 und § 88 Absatz 4 SchG)

nicht alle Bewerberinnen oder Bewerber, die die Aufnahmevoraussetzungen nach § 7 erfüllen, in das jeweilige Berufskolleg II aufgenommen werden können.

(2) Im Auswahlverfahren sind die Plätze nach folgenden Quoten zu vergeben:

1. 85 Prozent nach Eignung und Leistung (Absatz 3),
2. 10 Prozent nach Wartezeit (Absatz 4),
3. 5 Prozent für außergewöhnliche Härtefälle (Absatz 5).

Bleiben im Rahmen der Auswahl nach Satz 1 Nummer 2 und 3 Plätze frei, sind diese nach Eignung und Leistung zu vergeben.

(3) Die Rangfolge der Bewerbungen bestimmt sich nach dem auf eine Dezimale ohne Rundung errechneten Durchschnitt aus den Noten aller Fächer des in § 7 Absatz 1 genannten Zeugnisses mit Ausnahme der Arbeitsgemeinschaften. Bei gleichem Rang entscheidet das Los.

(4) Bei der Vergabe der Plätze nach Wartezeit erfolgt die Aufnahme in folgender Rangfolge:

1. Bewerberinnen oder Bewerber mit drei und mehr Schuljahren Wartezeit,
2. Bewerberinnen oder Bewerber mit zwei Schuljahren Wartezeit,
3. Bewerberinnen oder Bewerber mit einem Schuljahr Wartezeit.

Innerhalb dieser Gruppen werden die Plätze nach Eignung und Leistung vergeben. Bei gleichem Rang entscheidet das Los. Berücksichtigt werden nur volle Schuljahre, die seit dem ersten Aufnahmeantrag und der Erfüllung der Aufnahmevoraussetzungen nach § 7 bis zum Beginn des auf das laufende Aufnahmeverfahren folgenden Schuljahres verstrichen sind. Voraussetzung ist, dass für diese Schuljahre ununterbrochen ein Aufnahmeantrag gestellt und keine Aufnahmezusage erteilt wurde.

(5) Ein außergewöhnlicher Härtefall liegt vor, wenn eine Person nach Absatz 2 Nummer 1 und 2 nicht ausgewählt wurde und die Nichtaufnahme mit Nachteilen für sie verbunden wäre, die bei Anlegung eines strengen Maßstabes über das Maß der mit der Nichtaufnahme üblicherweise verbundenen Nachteile erheblich hinausgehen.

Für die Berücksichtigung als außergewöhnliche Härtefälle kommen insbesondere familiäre oder soziale Umstände oder andere von der Person nicht zu vertretende Gründe in Betracht, welche die Aufnahme der Ausbildung verzögert haben. Über das Vorliegen eines außergewöhnlichen Härtefalles und die sich nach dem Grad der Härte ergebende Rangfolge entscheidet ein Auswahlausschuss, dem die Schulleiterin als Vorsitzende oder der Schulleiter als Vorsitzender und vier von ihr oder ihm beauftragte Lehrkräfte angehören. Der Auswahlausschuss ist beschlussfähig, wenn mindestens drei Mitglieder anwesend sind. Er entscheidet mit einfacher Mehrheit. Bei Stimmengleichheit gibt die Stimme der oder des Vorsitzenden den Ausschlag. § 15 Absatz 2 gilt entsprechend

(6) Aufnahmeanträge, die nach dem Anmeldetermin nach § 8 Absatz 1 Satz 2 eingegangen sind, können im Auswahlverfahren erst berücksichtigt werden, wenn alle rechtzeitig eingegangenen Aufnahmeanträge beschieden oder zurückgenommen sind.

§ 10

Probezeit

(1) Die Aufnahme erfolgt zunächst auf Probe. Die Klassenkonferenz entscheidet aufgrund der Noten des Halbjahreszeugnisses über das Bestehen der Probezeit; § 18 Absatz 4 gilt entsprechend. Wer die Probezeit nicht bestanden hat, muss das Berufskolleg II verlassen. Für den Besuch eines Berufskollegs II desselben Typs ist die erneute Teilnahme am Aufnahmeverfahren nach dieser Verordnung einmal möglich.

(2) Ausnahmsweise kann die Klassenkonferenz auch bei Nichterfüllung der Voraussetzungen des Absatzes 1 Satz 2 Halbsatz 2 die Probezeit für bestanden erklären, wenn sie mit Zweidrittelmehrheit zu der Auffassung gelangt, dass die Leistungen nur vorübergehend den Anforderungen nicht entsprechen und die Anforderungen im weiteren Verlauf des Berufskollegs II voraussichtlich erfüllt werden.

Abschnitt 3
Abschlussprüfung

§ 11

Zweck der Abschlussprüfung

In der Abschlussprüfung soll nachgewiesen werden, dass das Ausbildungsziel des jeweiligen Berufskollegs II erreicht wurde.

§ 12

Teile der Abschlussprüfung

Die Abschlussprüfung besteht aus einer schriftlichen und einer mündlichen Prüfung.

§ 13

Abnahme der Abschlussprüfung

(1) Die Abschlussprüfung wird am jeweiligen Berufskolleg II abgenommen.

(2) Das Kultusministerium legt den Zeitpunkt für die schriftliche Prüfung fest, die oder der Vorsitzende des Prüfungsausschusses den Zeitpunkt der mündlichen Prüfung.

§ 14

Anmeldenoten, Zulassung zur Abschlussprüfung

(1) Für die Abschlussprüfung werden in allen Fächern Anmeldenoten in Gestalt ganzer Noten gebildet, die aus den während des Schuljahres erbrachten Einzelleistungen zu ermitteln sind. Die Anmeldenoten sind dem Prüfling für die Fächer der schriftlichen Prüfung fünf bis sieben Schultage vor Beginn der schriftlichen Prüfung und für die übrigen Fächer fünf bis sieben Schultage vor der mündlichen Prüfung zusammen mit den Noten der schriftlichen Prüfung bekanntzugeben.

(2) Zur Abschlussprüfung ist der Prüfling zugelassen, bei dem die Anmeldenoten nach Absatz 1 Satz 1 vorliegen. Liegen diese Voraussetzungen nicht vor, ist die Nichtzulassung von der Schulleiterin oder vom Schulleiter festzustellen und dem Prüfling unter Angabe der Gründe unverzüglich schriftlich mitzuteilen. Sie gilt als Nichtbestehen der Abschlussprüfung, es sei denn die Schulleiterin oder der Schulleiter stellt fest, dass die Gründe vom Prüfling nicht zu vertreten sind.

§ 15

Prüfungsausschuss, Fachausschüsse

(1) Für die Abschlussprüfung wird am jeweiligen Berufskolleg II ein Prüfungsausschuss gebildet, der für die ordnungsgemäße Durchführung der Abschlussprüfung verantwortlich ist. Diesem gehören an:

1. Als Vorsitzende oder Vorsitzender die Schulleiterin oder der Schulleiter oder eine von ihr oder ihm beauftragte Lehrkraft, soweit die obere Schulaufsichtsbehörde vor Beginn der Prüfung nichts anderes bestimmt,
2. als stellvertretende Vorsitzende oder stellvertretender Vorsitzender die Schulleiterin oder der Schulleiter, wenn sie oder er nicht Vorsitzende oder Vorsitzender ist oder eine von ihr oder ihm beauftragte Lehrkraft,
3. sämtliche Lehrkräfte, die in den maßgebenden Fächern unterrichten.

Die obere Schulaufsichtsbehörde oder die oder der Vorsitzende des Prüfungsausschusses können weitere Lehrkräfte eines öffentlichen Berufskollegs als Mitglieder berufen, soweit dies für die Durchführung der Abschlussprüfung erforderlich ist.

(2) Die Mitglieder des Prüfungsausschusses sind bei ihrer Tätigkeit als Prüferin oder Prüfer unabhängig. Sie sind zur Amtsverschwiegenheit über alle Prüfungsangelegenheiten verpflichtet. Die oder der Vorsitzende des Prüfungsausschusses hat sie vor Beginn der Abschlussprüfung hierüber zu belehren.

(3) Für die mündliche Prüfung in den einzelnen Fächern bildet die oder der Vorsitzende des Prüfungsausschusses Fachausschüsse. Dem einzelnen Fachausschuss gehören an:

1. Die oder der Vorsitzende oder ein von ihr oder ihm bestimmtes Mitglied des Prüfungsausschusses als Leiterin oder Leiter, sofern die obere Schulaufsichtsbehörde nichts anderes bestimmt,

2. die Fachlehrkraft der Klasse oder bei deren Verhinderung eine in dem betreffenden Prüfungsfach erfahrene Lehrkraft als Prüferin oder Prüfer und
3. ein weiteres fachkundiges Mitglied des Prüfungsausschusses, das zugleich die Niederschrift fertigt.

In Fächern, in denen der Unterricht von verschiedenen Fachlehrkräften für Teilbereiche erteilt wurde, gehören alle Fachlehrkräfte dem Fachausschuss als Mitglieder nach Satz 2 Nummer 2 oder 3 an. Die Leiterin oder der Leiter des Fachausschusses bestimmt den Gang der Prüfung; sie oder er kann selbst prüfen.

§ 16
Schriftliche Prüfung

(1) Die Leitung der schriftlichen Prüfung obliegt der Schulleiterin oder dem Schulleiter oder einer von ihr oder ihm beauftragten Lehrkraft.

(2) Schriftliche Prüfungsarbeiten sind in folgenden Fächern zu fertigen:

1. In allen Typen des Berufskollegs II:
   „Deutsch" 240 Minuten,
   „Mathematik" 200 Minuten,
   „Englisch" 200 Minuten und
2. im Technischen Berufskolleg II:
   „Technische Physik" 200 Minuten;
3. im Kaufmännischen Berufskolleg II:
   „Betriebswirtschaft" 180 Minuten;
4. im Berufskolleg Gesundheit und Pflege II:
   „Biologie mit Gesundheitslehre" 200 Minuten.

(3) Die Prüfungsaufgaben werden im Rahmen der Bildungs- und Lehrpläne vom Kultusministerium oder von der von ihm beauftragten oberen Schulaufsichtsbehörde gestellt.

(4) Über die schriftliche Prüfung ist eine Niederschrift zu fertigen, die von der Leiterin oder dem Leiter der schriftlichen Prüfung und den aufsichtsführenden Lehrkräften zu unterschreiben ist.

(5) Die schriftlichen Prüfungsarbeiten werden von der Fachlehrkraft der Klasse und von einer weiteren Fachlehrkraft, die die oder der Vorsitzende des Prüfungsausschusses bestimmt, korrigiert und bewertet; dabei sind ganze und halbe Noten zu verwenden. Als Note der schriftlichen Prüfung gilt der auf die erste Dezimale ohne Rundung errechnete Durchschnitt der beiden Bewertungen, der auf eine ganze oder halbe Note zu runden ist. Dabei werden die Dezimalen 1 oder 2 auf die nächstniedrigere ganze Note abgerundet, die Dezimalen 3 bis 7 auf die nächste halbe Note auf- oder abgerundet und die Dezimalen 8 oder 9 auf die nächsthöhere ganze Note aufgerundet. Weichen die Bewertungen um mehr als eine ganze Note voneinander ab und können sich die beiden Fachlehrkräfte nicht einigen, hat die oder der Vorsitzende des Prüfungsausschusses die endgültige Note für die schriftliche Prüfung festzusetzen; dabei dürfen die Bewertungen der beiden Fachlehrkräfte nicht über- oder unterschritten werden.

⇨ Korrekturtag

(6) Die Noten der schriftlichen Prüfung in den einzelnen Fächern werden fünf bis sieben Schultage vor der mündlichen Prüfung bekanntgegeben.

§ 17
Mündliche Prüfung

(1) Die mündliche Prüfung soll keine Wiederholung, sondern eine Ergänzung der schriftlichen Prüfung sein. Sie dauert in der Regel 10 bis 15 Minuten je Prüfling und Fach. Erfordert die Aufgabenstellung eine Einlesezeit oder eine thematische Herleitung und Durchdringung, gewährt der Fachausschuss zusätzlich die nach seiner Entscheidung für die Erfassung der Aufgabe erforderliche Einarbeitungszeit, in der sich der Prüfling unter Aufsicht auf die mündliche Prüfung vorbereiten kann. Die Einarbeitungszeit darf 15 Minuten nicht überschreiten.

(2) Die mündliche Prüfung wird in der Regel als Einzelprüfung durchgeführt. Die oder der Vorsitzende des Prüfungsausschusses kann hiervon abweichend die Durchführung einer Gruppenprüfung zulassen, wenn dies aus organisatorischen oder thematischen Gründen für die Durchführung der mündlichen Prüfung erforderlich ist. Bei einer Gruppenprüfung können bis zu drei Prüflinge zusammen geprüft werden. Die Entscheidung trifft die oder der Vorsitzende des Prüfungsausschusses.

(3) Die mündliche Prüfung kann sich auf alle maßgebenden Fächer nach § 5 Absatz 1 Satz 2 mit Ausnahme des Faches „Projektkompetenz" erstrecken.

(4) Aufgrund der Anmeldenoten und gegebenenfalls der Noten der schriftlichen Prüfung bestimmt die oder der Vorsitzende des Prüfungsausschusses, in welchen Fächern mündlich zu prüfen ist. Jeder Prüfling wird mindestens in einem Fach und soll in nicht mehr als drei Fächern geprüft werden. Die zu prüfenden Fächer sind dem Prüfling fünf bis sieben Schultage vor der mündlichen Prüfung bekanntzugeben. Nach der Bekanntgabe kann der Prüfling bis zum nächsten Schultag der Schulleiterin oder dem Schulleiter schriftlich bis zu zwei weitere Fächer nach Absatz 3 benennen, in denen er mündlich zu prüfen ist.

(5) Im Anschluss an die jeweilige mündliche Prüfung setzt der Fachausschuss das Ergebnis der mündlichen Prüfung auf Vorschlag der Prüferin oder des Prüfers fest; dabei sind ganze und halbe Noten zu verwenden. Kann sich der Fachausschuss auf keine bestimmte Note einigen oder mehrheitlich mit der Stimme der Leiterin oder des Leiters des Fachausschusses für keine bestimmte Note entscheiden, so wird die Note aus dem auf die erste Dezimale ohne Rundung errechneten Durchschnitt der Bewertungen aller drei Mitglieder gebildet, der entsprechend § 16 Absatz 5 Satz 3 auf eine ganze oder halbe Note zu runden ist.

(6) Über die mündliche Prüfung jedes einzelnen Prüflings ist eine Niederschrift zu fertigen, die von den Mitgliedern des Fachausschusses zu unterschreiben ist.

§ 18
Ermittlung des Prüfungsergebnisses

(1) Die Endnoten in den einzelnen Fächern ermittelt die oder der Vorsitzende des Prüfungsausschusses aufgrund der Anmeldenoten und gegebenenfalls der Prüfungsleistungen. Hierbei wird der Durchschnitt auf die erste Dezimale ohne Rundung berechnet und auf eine ganze Note gerundet. Hierbei werden die Dezimalen 1 bis 4 auf die nächstniedrigere ganze Note abgerundet und die Dezimalen 5 bis 9 auf die nächsthöhere ganze Note aufgerundet.

(2) Bei der Ermittlung der Endnoten zählen

1. in den Fächern, in denen schriftlich und mündlich geprüft wurde, die Anmeldenote, die Note der schriftlichen Prüfung und die Note der mündlichen Prüfung je einfach,
2. in den Fächern, in denen nur schriftlich oder mündlich geprüft wurde, die Anmeldenote einfach und die Prüfungsnote doppelt.

(3) In Fächern, in denen nicht geprüft wurde, werden die Anmeldenoten als Endnoten in das Zeugnis übernommen.

(4) Die oder der Vorsitzende des Prüfungsausschusses stellt fest, wer die Abschlussprüfung bestanden hat. Die Abschlussprüfung ist bestanden, wenn

1. der Durchschnitt aus den Noten aller maßgebenden Fächer 4,0 oder besser ist,
2. der Durchschnitt aus den Noten der Kernfächer 4,0 oder besser ist,
3. die Leistungen in keinem Kernfach mit der Note „ungenügend" bewertet sind und
4. die Leistungen in nicht mehr als einem maßgebenden Fach geringer als mit der Note „ausreichend" bewertet sind; sind die Leistungen in zwei maßgebenden Fächern geringer als mit der Note „ausreichend" bewertet, so ist die Prüfung bestanden, wenn für beide Fächer ein Ausgleich gegeben ist. Ausgeglichen werden können
   a) die Note „ungenügend" in einem Fach, das nicht Kernfach ist, durch die Note „sehr gut" in einem anderen maßgebenden Fach oder die Note „gut" in zwei anderen maßgebenden Fächern,
   b) die Note „mangelhaft" in einem Kernfach durch mindestens die Note „gut" in einem anderen Kernfach,
   c) die Note „mangelhaft" in einem Fach, das nicht Kernfach ist, durch mindestens die Note „gut" in einem anderen maßgebenden Fach oder die Note „befriedigend" in zwei anderen maßgebenden Fächern.

(5) Über die Feststellung der Ergebnisse der Abschlussprüfung ist von der oder dem Vorsitzenden des Prüfungsausschusses eine Niederschrift zu fertigen.

§ 19
Zeugnis

(1) Wer die Abschlussprüfung bestanden hat, erhält das Zeugnis der Fachhochschulreife mit den nach § 18 Absatz 1 bis 3 ermittelten Endnoten.

(2) Wer an der Abschlussprüfung teilgenommen und sie nicht bestanden hat und das Berufskolleg verlässt, erhält ein Abgangszeugnis mit den nach § 18 Absatz 1 bis 3 ermittelten Endnoten.

(3) Wer an der Abschlussprüfung nicht oder nur teilweise teilgenommen hat, erhält ein Zeugnis über die bis zum Ausscheiden erbrachten Leistungen oder, sofern sie bereits vorliegen, mit den Anmeldenoten nach § 14 Absatz 1; Prüfungsleistungen bleiben unberücksichtigt. Wer an der Abschlussprüfung teilgenommen, sie nicht bestanden hat und das Schuljahr wiederholt, erhält ein Jahreszeugnis mit den nach § 18 Absatz 1 bis 3 ermittelten Endnoten.

(4) In den Zeugnissen nach Absatz 1 und 2 ist, sofern im Fach „Englisch" mindestens die Note „ausreichend" erreicht wurde, zu vermerken, dass die im Fach „Englisch" erworbenen Kenntnisse dem Niveau B 2 des Gemeinsamen Europäischen Referenzrahmens für Sprachen entsprechen.

(5) In den Zeugnissen nach Absatz 2 und 3 ist zu vermerken, dass das Ausbildungsziel des jeweiligen Berufskollegs II nicht erreicht ist.

→ Zeugnisse (Berufliche Schulen)

§ 20
Wiederholung der Abschlussprüfung, Entlassung

(1) Wer die Abschlussprüfung nicht bestanden hat, kann sie nach erneutem Besuch des jeweiligen Berufskollegs II einmal wiederholen.

(2) Wer an der Abschlussprüfung ganz oder teilweise aus wichtigem Grund nicht teilgenommen hat, kann das Schuljahr wiederholen, wenn auch die Teilnahme an einer Nachprüfung nicht möglich war. Die Abschlussprüfung gilt als nicht unternommen.

(3) Eine freiwillige vollständige oder teilweise Wiederholung des Schuljahres ist nur ausnahmsweise in besonderen Härtefällen möglich. Ein besonderer Härtefall liegt vor, wenn eine Schülerin oder ein Schüler durch besondere Umstände gehindert war, die von ihr oder ihm im Schuljahr erwarteten Leistungen zu erbringen. Als besondere Umstände kommen insbesondere längere oder häufige krankheitsbedingte Fehlzeiten oder besondere familiäre oder soziale Umstände in Betracht, die geeignet sind, sich leistungsmindernd auszuwirken. Die Wiederholung ist bei der Schulleiterin oder dem Schulleiter schriftlich zu beantragen. Der schriftliche Antrag muss spätestens am Tag vor Beginn der schriftlichen Prüfung bei dem Berufskolleg eingegangen sein. Die freiwillige Wiederholung auch nur eines Teils des Schuljahres gilt als Nichtbestehen der Abschlussprüfung.

(4) § 10 findet bei der Wiederholung keine Anwendung.

(5) Wer die Abschlussprüfung auch bei Wiederholung nicht bestanden hat, muss das Berufskolleg II verlassen. Abweichend von Absatz 1 muss das Berufskolleg ebenfalls verlassen, wer durch ein gezielt auf das Nichtbestehen der Abschlussprüfung gerichtetes Verhalten dessen Bestehen vereitelt. Vor Beginn der Abschlussprüfung ist auf diese Bestimmung hinzuweisen.

(6) Bei bestandener Abschlussprüfung ist weder eine Wiederholung des Berufskollegs II noch eine Wiederholung der Abschlussprüfung zulässig.

Hinweis der Redaktion: die Paragrafen 21 (Nichtteilnahme, Rücktritt) und 22 (Täuschungshandlungen, Ordnungsverstöße) sind hier nicht abgedruckt, da inhaltsgleich mit § 23 und § 24 → Berufsfachschule Altenpflegehilfe

Abschnitt 4
Zusatzunterricht und Zusatzprüfung zum Erwerb des schulischen Berufsabschlusses

§ 23
Allgemeines

Wer im jeweiligen Berufskolleg II den Berufsabschluss nach § 3 Absatz 1 Satz 3 erwerben will, muss am Zusatzunterricht nach Maßgabe der jeweiligen Stundentafel teilnehmen und im Zusammenhang mit der Abschlussprüfung eine Zusatzprüfung ablegen. Die Zusatzprüfung besteht aus einem schriftlichen und einem praktischen Teil.

§ 24
Zulassung zur Zusatzprüfung

Zur Zusatzprüfung wird auf Antrag zugelassen, wer an der Abschlussprüfung teilnimmt und den Zusatzunterricht ordnungsgemäß besucht hat.

§ 25
Durchführung der Zusatzprüfung

(1) Für die Durchführung der Zusatzprüfung gelten die §§ 13 bis 16 Absatz 1 und 3 bis 6, §§ 17, 18, 21 und 22 entsprechend mit folgenden Maßgaben:

1. Schriftliche Prüfungsarbeiten sind in folgenden Fächern zu fertigen:
   a) im Technischen Berufskolleg II: „Technische Dokumentation“ 90 Minuten,
   b) im Kaufmännischen Berufskolleg II: Wirtschaft“ 90 Minuten,
   c) im Berufskolleg Gesundheit und Pflege II: „Wirtschaft und Recht II“ 90 Minuten;
2. Im praktischen Teil der Zusatzprüfung soll nachgewiesen werden, dass die geforderten berufspraktischen Fertigkeiten vorliegen. Eine praktische Prüfung ist in folgenden Fächern abzulegen:
   a) Im Technischen Berufskolleg II: „Angewandte Technik“ 150 Minuten,
   b) im Kaufmännischen Berufskolleg II je nach Angebot des Berufskollegs im Fach:
      „Übungsfirma“ 50 Minuten
      oder „Geschäftsprozesse“ 150 Minuten
      oder „Büromanagement“ 150 Minuten
      oder „Juniorenfirma“ 150 Minuten,
   c) im Berufskolleg Gesundheit und Pflege II je nach Angebot des Berufskollegs im Fach:
      „Übungsfirma“ 75 Minuten
      oder „Pflegeübungen und -dokumentation“ 75 Minuten.
3. Die Prüfungsaufgaben für den praktischen Teil der Zusatzprüfung werden im Rahmen der Bildungs- und Lehrpläne von der Schulleiterin oder dem Schulleiter aufgrund von Vorschlägen der im jeweiligen Fach unterrichtenden Lehrkräfte gestellt, sofern die obere Schulaufsichtsbehörde oder das Kultusministerium nichts anderes bestimmen.
4. Die Aufsicht während des praktischen Teils der Zusatzprüfung wird durch die in dem jeweiligen Prüfungsfach unterrichtenden Lehrkräfte nach näherer Maßgabe der oder des Vorsitzenden des Prüfungsausschusses ausgeübt. Für die Niederschrift sowie für die Korrektur und Bewertung der Prüfungsarbeiten gilt § 16 Absatz 4 und 5 entsprechend.

(2) Die Zusatzprüfung ist bestanden, wenn

1. der Durchschnitt aus den Fächern der Zusatzprüfung 4,0 oder besser ist,
2. keines der Fächer der Zusatzprüfung mit der Endnote „ungenügend“ bewertet ist und
3. insgesamt nicht mehr als zwei der maßgebenden Fächer nach § 5 Absatz 1 Satz 2 und 3 schlechter als mit der Note „ausreichend“ bewertet sind und für beide Fächer gemäß § 18 Absatz 4 Nummer 4 ein Ausgleich gegeben ist, wobei die Fächer der Zusatzprüfung als Kernfächer gelten.

(3) Die Wiederholung der Zusatzprüfung setzt die Wiederholung des Zusatzunterrichts voraus, wenn auch die Abschlussprüfung nicht bestanden wurde. Wer nur die Zusatzprüfung nicht bestanden hat, kann sie einmal zum nächsten allgemeinen Prüfungstermin ohne erneuten Besuch des jeweiligen Berufskollegs II wiederholen. Die ursprünglichen Anmeldenoten bleiben in diesem Fall erhalten.

§ 26
Zeugnis des schulischen Berufsabschlusses

Wer nach der Feststellung des Prüfungsausschusses die Abschlussprüfung und die Zusatzprüfung bestanden hat, erhält das Zeugnis über den Berufsabschluss nach § 3 Absatz 1 Satz 3. Dabei werden die Noten der maßgebenden Fächer, die nicht Gegenstand der Zusatzprüfung waren, aus dem Abschlusszeugnis übernommen.

→ Zeugnisse (Berufliche Schulen)

Abschnitt 5
Prüfung für Schulfremde

§ 27
Teilnehmerinnen und Teilnehmer

Personen, die das Zeugnis der Fachhochschulreife an einem Berufskolleg II erwerben wollen, ohne ein entsprechendes öffentliches oder staatlich anerkanntes Berufskolleg II besucht zu haben, können als Schulfremde die Abschlussprüfung (Schulfremdenprüfung) und im Zusammenhang damit die Zusatzprüfung zum Erwerb des jeweiligen Berufsabschlusses an einem öffentlichen Berufskolleg ablegen.

§ 28
Zeitpunkt

Die Schulfremdenprüfung findet einmal jährlich, in der Regel zusammen mit der Abschlussprüfung, an den jeweiligen öffentlichen Berufskollegs II statt.

§ 29
Meldung

(1) Die Meldung zur Schulfremdenprüfung ist bis zum 1. Dezember für die Schulfremdenprüfung im darauf folgenden Jahr an das öffentliche Berufskolleg zu richten, an dem diese durchgeführt werden soll. Die Prüflinge von staatlich genehmigten, aber noch nicht staatlich anerkannten Berufskollegs haben die Meldung an die obere Schulaufsichtsbehörde zu richten, in deren Bezirk die Privatschule liegt.

(2) Der Meldung sind zur Prüfung des Vorliegens der Prüfungsvoraussetzungen und zur Durchführung der Schulfremdenprüfung beizufügen:

1. Nachweise darüber, dass die Aufnahmevoraussetzungen nach § 7 erfüllt sind (beglaubigte Kopien),
2. eine Erklärung darüber, ob und gegebenenfalls mit welchem Ergebnis schon ein öffentliches oder staatlich anerkanntes Berufskolleg II oder zweijähriges Kaufmännisches Berufskolleg besucht oder an einer Schulfremdenprüfung dieser Bildungsgänge teilgenommen wurde.
3. eine tabellarische Übersicht über den beruflichen und schulischen Werdegang ab Erwerb der Nachweise nach Nummer 1,
4. eine Erklärung darüber, ob sich die Schulfremdenprüfung auch auf die Zusatzprüfung zum Erwerb des jeweiligen Berufsabschlusses erstrecken soll und in welchem Fach des berufspraktischen Bereichs die praktische Prüfung abgenommen werden soll und
5. Angaben über die schulische Vorbereitung auf die Schulfremdenprüfung oder über den Selbstunterricht sowie des in allen Prüfungsfächern durchgearbeiteten Lernstoffes und der benutzten Literatur.

(3) Für Prüflinge von staatlich genehmigten, aber nicht staatlich anerkannten Berufskollegs kann an Stelle der Meldung durch den einzelnen Prüfling die Sammelmeldung des Berufskollegs treten, die Vor- und Zuname, Geburtstag, Geburtsort und Anschrift der Prüflinge enthalten muss. Der Sammelmeldung sind die Unterlagen nach Absatz 2 beizufügen.

§ 30
Voraussetzung für die Zulassung

(1) Schulfremde können die Schulfremdenprüfung nicht eher ablegen, als es ihnen bei normalem Besuch des Berufskollegs II möglich wäre.

(2) Zur Schulfremdenprüfung wird nur zugelassen, wer die Voraussetzungen nach § 7 für die Aufnahme in ein Berufskolleg II erfüllt und die Abschlussprüfung oder die Schulfremdenprüfung an einem Berufskolleg II oder einem zweijährigen Kaufmännischen Berufskolleg noch nicht bestanden oder noch nicht wiederholt unternommen hat.

(3) Zur Schulfremdenprüfung wird in der Regel nur zugelassen, wer in Baden-Württemberg seinen ständigen Wohnsitz hat oder in Baden-Württemberg an einem staatlich genehmigten Berufskolleg II oder einer sonstigen Unterrichtseinrichtung auf die Schulfremdenprüfung vorbereitet wurde.

§ 31
Entscheidung über die Zulassung, Ort der Schulfremdenprüfung

Das öffentliche Berufskolleg entscheidet über die Zulassung zur Schulfremdenprüfung. Bei Bewerberinnen und Bewerbern von staatlich genehmigten, aber noch nicht staatlich anerkannten Berufskollegs trifft diese Entscheidung die obere Schulaufsichtsbehörde. Sie bestimmt das öffentliche Berufskolleg II, an dem die Schulfremdenprüfung abzulegen ist. Dabei kann sie zulassen, dass die schriftliche Prüfung im Gebäude des staatlich genehmigten Berufskollegs abgenommen wird. Die Leitung und Beaufsichtigung der Schulfremdenprüfung regelt in diesem Fall die obere Schulaufsichtsbehörde.

§ 32
Durchführung der Schulfremdenprüfung

(1) Für die zugelassenen Prüflinge gelten die §§ 11 bis 13, 15 bis 17 Absatz 1, 2, 5 und 6, § 18, § 20 Absatz 1, §§ 21, 22, 25 und 26 entsprechend mit folgender Maßgabe:

1. Fachlehrkräfte im Sinne von § 15 Absatz 3 Nummer 2 und § 16 Absatz 5 sind die von der oder dem Vorsitzenden des Prüfungsausschusses bestimmten Fachlehrkräfte eines öffentlichen Berufskollegs, in der Regel des Berufskollegs II, welchem der Prüfling zum Ablegen der Schulfremdenprüfung zugewiesen wurde.
2. Die mündliche Prüfung erstreckt sich auf alle maßgebenden Fächer nach § 5 Absatz 1 Satz 2. Das Fach „Religionslehre" wird nur auf Antrag geprüft. Ein schriftlich geprüftes Fach wird nur dann in die mündliche Prüfung einbezogen, wenn der Prüfling dies spätestens vier Schultage vor der mündlichen Prüfung bei dem öffentlichen Berufskolleg, das die Schulfremdenprüfung abnimmt, schriftlich beantragt. Die mündliche Prüfung wird als Einzelprüfung durchgeführt. Der Fachausschuss kann ganz oder teilweise an Stelle einer mündlichen Prüfung eine vereinfachte schriftliche Prüfung im Umfang von 45 Minuten durchführen.
3. Bei der Feststellung der Ergebnisse der Schulfremdenprüfung zählen allein die Prüfungsleistungen. Wurde ein Fach nur mündlich geprüft, ist bei der Anwendung von § 17 Absatz 5 Satz 2 der Durchschnitt auf eine ganze Note zu runden. Dabei werden die Dezimalen 1 bis 4 auf die nächstniedrigere ganze Note abgerundet und die Dezimalen 5 bis 9 auf die nächsthöhere ganze Note aufgerundet.
4. Die obere Schulaufsichtsbehörde kann im Einzelfall auf Antrag die Schulfremdenprüfung in einer anderen Fremdsprache zulassen.

(2) Die Prüflinge haben sich bei Beginn der Schulfremdenprüfung mit einem mit Lichtbild versehenen amtlichen Ausweis auszuweisen und diesen während der gesamten Schulfremdenprüfung bei sich zu führen und auf Verlangen vorzuzeigen.

(3) Wer die Schulfremdenprüfung bestanden hat, erhält das Zeugnis der Fachhochschulreife für Schulfremde; § 19 Absatz 4 gilt entsprechend. Wer

die Schulfremdenprüfung nicht bestanden hat, erhält auf Verlangen eine Bescheinigung über die Teilnahme an der Schulfremdenprüfung, über das Ergebnis der Schulfremdenprüfung und über die ermittelten Einzelnoten.

(4) Wer auch die Zusatzprüfung bestanden hat, erhält außerdem das Zeugnis für den jeweiligen Berufsabschluss.

(5) Die Schulfremdenprüfung kann einmal wiederholt werden.

→ Berufskolleg II – Stundentafeln; → Berufskolleg I (BK-I-Verordnung); → Kaufmänn. Berufskolleg – zweijährig; ⇨ Handy-Nutzung; ⇨ Korrekturtag; ⇨ Notenbildungsverordnung; → Zeugnisse (Berufliche Schulen)

Berufskolleg II (BK-II-Verordnung) – Stundentafeln

Anlage 1 (zu § 4 Absatz 1 Satz 1)

Stundentafel für das Technische Berufskolleg II

(durchschnittliche Zahl der Wochenstunden)

1. Pflichtbereich	
1.1 Allgemeiner Bereich	
Religionslehre	1
Geschichte mit Gemeinschaftskunde	1
Deutsch	3
Englisch	3
Mathematik	4
Volks- und Betriebswirtschaftslehre	2
1.2 Berufsfachlicher Bereich	
Technische Physik[1]	6
Informationstechnik	2
Projektkompetenz[2]	
1.3 Berufspraktischer Bereich	
Angewandte Technik	6
2. Wahlpflichtbereich	**2**
Weitere Fächer oder Ergänzung des Unterrichts in einem Fach des Berufspraktischen Bereichs	
Summe	30
3. Wahlbereich	
3.1 Zusatzunterricht zum Erwerb des Berufsabschlusses: Technische Dokumentation	2
3.2 Weitere Fächer	
Beispielsweise Sport	
Zweite Fremdsprache	
4. Praktikum[3]	**4 Wochen**

1) Im Fach „Technische Physik“ sind zwei Stunden Labor enthalten.

2) Die „Projektkompetenz“ ist ein eigenständiges Fach. Sie wird jedoch integrativ, im Schwerpunkt im Rahmen des Unterrichts im berufsfachlichen und berufspraktischen Bereich, unterrichtet. Der Umfang der „Projektkompetenz“ umfasst hierbei zirka 1/7.

3) Das Praktikum ist fakultativ. Betreuungsstunden fallen nicht an.

Anlage 2 (zu § 4 Absatz 1 Satz 1)

Stundentafel für das Kaufmännische Berufskolleg II

(durchschnittliche Zahl der Wochenstunden)

1. Pflichtbereich	
1.1 Allgemeiner Bereich	
Religionslehre	1
Geschichte mit Gemeinschaftskunde	1
Deutsch	3
Englisch	3
Mathematik	4
Physik, Chemie, Biologie oder Technik[1]	2
1.2 Berufsfachlicher Bereich	
Betriebswirtschaft	5
Steuerung und Kontrolle	2
Gesamtwirtschaft	1
Informatik	1
Projektkompetenz[2]	
1.3 Berufspraktischer Bereich[3]	5
Übungsfirma	
Geschäftsprozesse	
Büromanagement	
Juniorenfirma	
2. Wahlpflichtbereich	**2**
Weitere Fächer oder Ergänzung des Unterrichts in einem Fach des Berufspraktischen Bereichs	
Summe	30
3. Wahlbereich	
3.1 Zusatzunterricht zum Erwerb des Berufsabschlusses: Wirtschaft	2
3.2 Weitere Fächer	
Beispielsweise Sport	
Zweite Fremdsprache	
4. Praktikum[4]	**4 Wochen**

1) Die Anzahl der angebotenen Fächer darf die Anzahl der Klassen des jeweiligen Schuljahres nicht überschreiten.

2) (wortgleich mit Fußnote 2 in der nebenstehenden Stundentafel für das Technische BK II).

3) Bei Klassenteilung können höchstens zwei Gruppen unterrichtet werden.

4) Das Praktikum ist fakultativ. Betreuungsstunden fallen nicht an.

Anlage 3 (zu § 4 Absatz 1 Satz 1)

Stundentafel für das Berufskolleg Gesundheit und Pflege II

(durchschnittliche Zahl der Wochenstunden)

1. Pflichtbereich	
1.1 Allgemeiner Bereich	
Religionslehre	1
Geschichte mit Gemeinschaftskunde	1
Deutsch	3
Englisch	3
Mathematik	4
1.2 Berufsfachlicher Bereich	
Biologie mit Gesundheitslehre	4
Wirtschaft und Recht I	5
Pflege	2
Ernährungslehre mit Diätetik	2
Projektkompetenz[1]	
1.3 Berufspraktischer Bereich[2]	5
Pflegeübungen und -dokumentaton	
Übungsfirma	
Summe	30
2. Wahlbereich	
2.1 Zusatzunterricht zum Erwerb des Berufsabschlusses: Wirtschaft und Recht II	2
2.2 Weitere Fächer	
Beispielsweise Pädagogik und Psychologie	
Zweite Fremdsprache	
3. Praktikum[3]	**4 Wochen**

1) Die „Projektkompetenz“ ist ein eigenständiges Fach. Sie wird jedoch integrativ, im Schwerpunkt im Rahmen des Unterrichts im berufsfachlichen und berufspraktischen Bereich, unterrichtet. Der Umfang der Projektkompetenz umfasst hierbei zirka 1/9.

2) Bei Klassenteilung können höchstens zwei Gruppen unterrichtet werden.

3) Das Praktikum ist fakultativ. Betreuungsstunden fallen nicht an.

Berufskolleg Design

Verordnung des Kultusministeriums über die Ausbildung und Prüfung an den dreijährigen Berufskollegs für Design (APrOBKDesign) vom 20. August 2004 (K.u.U. S. 247/2004); zuletzt geändert 15. August 2017 (GBl. S. 469/2017)

1. Abschnitt Allgemeines

§ 1 *Geltungsbereich*

Diese Verordnung gilt für das dreijährige Berufskolleg für Grafik-Design, das dreijährige Berufskolleg für Mode und Design und für das dreijährige Berufskolleg für Design, Schmuck und Gerät.

§ 2 *Zweck der Ausbildung*

Die Ausbildung an den Berufskollegs dient dem Erwerb der fachtheoretischen, fachpraktischen und gestalterischen Kenntnisse, Fähigkeiten und Fertigkeiten, die im jeweiligen Fachbereich zur Ausübung der Tätigkeit eines Designers oder einer Designerin erforderlich sind. Darüber hinaus wird die Allgemeinbildung weitergeführt und durch freiwilligen Zusatzunterricht der Erwerb der Fachhochschulreife ermöglicht.

§ 3 *Dauer und Gliederung der Ausbildung, Berufsbezeichnung*

(1) Die Ausbildung dauert drei Schuljahre. Sie endet mit einer Abschlussprüfung, durch deren Bestehen die Berufsbezeichnung „Staatlich geprüfter Grafik-Designer"/„Staatlich geprüfte Grafik-Designerin" oder „Staatlich geprüfter Designer (Mode)"/„Staatlich geprüfte Designerin (Mode)" oder „Staatlich geprüfter Designer (angewandte Formgebung, Schmuck und Gerät)"/„Staatlich geprüfte Designerin (angewandte Formgebung, Schmuck und Gerät)" erworben wird.

(2) Der Unterricht gliedert sich in einen Pflichtbereich und einen Wahlbereich.

(3) Während der Ausbildung soll ein mindestens zweiwöchiges betriebliches Praktikum durchgeführt werden, das ganz oder teilweise auch in den Ferien abgeleistet werden kann. Die Schule entscheidet über die Eignung der Praktikumsstelle.

§ 4 *Bildungsplan, Stundentafel*

Der Unterricht richtet sich nach den vom Kultusministerium erlassenen Bildungs- und Lehrplänen und den Stundentafeln (Anlage 1 bis 3).

→ Berufskolleg Design (Stundentafeln)

§ 5 *Maßgebende Fächer und Kernfächer*

(1) Maßgebende Fächer sind alle Pflichtfächer mit Ausnahme von Religionslehre.

(2) Kernfächer unter den maßgebenden Fächern sind Deutsch sowie

1. beim Berufskolleg für Grafik-Design die Fächer Grafik-Design, Typografie, Fotodesign, Freies Zeichnen, Schriftgrafik, Werbelehre und Werbetext, Medientechnik;
2. beim Berufskolleg für Mode und Design die Fächer Technologie, Modezeichnen/Illustration mit Labor, Schnitttechnik, Realisation;
3. beim Berufskolleg für Design, Schmuck und Gerät die Fächer Technologie, Edelsteinkunde, Entwurf und Realisation.

2. Abschnitt Aufnahmeverfahren und Probezeit

§ 6 *Aufnahmevoraussetzungen*

Voraussetzungen für die Aufnahme in das Berufskolleg sind

1. die Fachschulreife, der Realschulabschluss oder das Versetzungszeugnis in die Klasse oder Jahrgangsstufe 11 eines Gymnasiums oder die gymnasiale Oberstufe der Gemeinschaftsschule, der Nachweis eines gleichwertigen Bildungsstandes oder das Versetzungszeugnis in die Klasse 10 eines Gymnasiums im achtjährigen Bildungsgang,
2. das Bestehen der Aufnahmeprüfung (§ 8),
3. bei Personen, deren Muttersprache nicht Deutsch ist, für den Besuch des jeweiligen Berufskollegs ausreichende deutsche Sprachkenntnisse.

§ 7 *Aufnahmeantrag*

(1) Der Aufnahmeantrag ist an das Berufskolleg zu richten, an dem die Ausbildung erfolgen soll. Der Termin, zu dem der Antrag bei der Schule eingegangen sein muss, wird, soweit er nicht vom Kultusministerium festgelegt wurde, vom Schulleiter bestimmt und auf geeignete Weise bekanntgegeben. Dem Aufnahmeantrag sind beizufügen:

1. ein Lebenslauf in tabellarischer Form mit Angaben über den bisherigen Bildungsweg und gegebenenfalls die ausgeübte Berufstätigkeit,
2. eine beglaubigte Abschrift des Nachweises nach § 6 Nr. 1,
3. eine Erklärung, ob und gegebenenfalls
   a) an welchem anderen Berufskolleg derselben Ausbildungsrichtung bereits an einem Aufnahmeverfahren teilgenommen wurde sowie
   b) an welches andere Berufskolleg derselben Ausbildungsrichtung ein weiterer Aufnahmeantrag gerichtet wurde,
4. nach näherer Festlegung durch die Schule eine Mappe mit mindestens zehn selbst gefertigten Gestaltungsarbeiten, aus denen Vorstellungsvermögen, zeichnerische Fertigkeiten und Ideenreichtum hervorgehen sollen. Sofern der Nachweis nach § 6 Nr. 1 zum Anmeldetermin noch nicht vorgelegt werden kann, ist er unverzüglich nachzureichen; dem Aufnahmeantrag ist in diesem Fall eine beglaubigte Abschrift des letzten Schulzeugnisses beizufügen.

(2) Über den Aufnahmeantrag entscheidet der Schulleiter. Es kann eine angemessene Frist gesetzt werden, innerhalb derer erklärt werden muss, ob die Zusage über die Aufnahme angenommen wird.

§ 8
Aufnahmeprüfung

(1) Übersteigt die Zahl der Anmeldungen das Doppelte der verfügbaren Plätze, so kann nach näherer Festlegung durch den Schulleiter ein Ausschuss auf der Grundlage der nach § 7 Abs. 1 Nr. 4 eingereichten Arbeiten und gegebenenfalls der Noten des Zeugnisses nach § 6 Nr. 1 in den Fächern Bildende Kunst und Werken eine Vorauswahl treffen. Absatz 3 Satz 2 gilt entsprechend. Der Ausschuss stellt fest, wer zur Aufnahmeprüfung zugelassen wird.

(2) In der Aufnahmeprüfung sind die besonderen Begabungen und Fähigkeiten für die berufsbezogenen Fächer der jeweiligen Ausbildungsrichtung nachzuweisen. Sie erstreckt sich auf die Fertigung von zwei freien Gestaltungsarbeiten (Bearbeitungszeit insgesamt bis zu 200 Minuten) und am Berufskolleg für Design, Schmuck und Gerät zusätzlich auf die Fertigung von zwei praktischen Arbeiten aus dem Bereich der Formgebung Metall (Bearbeitungszeit insgesamt 120 Minuten).

(3) Zur Abnahme der Aufnahmeprüfung wird ein Prüfungsausschuss gebildet. Diesem gehören als Vorsitzender der Schulleiter oder eine von ihm beauftragte Lehrkraft sowie zwei vom Vorsitzenden berufene Lehrkräfte an, die an der jeweiligen Schule berufsbezogene Fächer unterrichten. Der Ausschuss ist beschlussfähig, wenn mindestens zwei seiner Mitglieder anwesend sind. Er entscheidet mit der Mehrheit seiner Stimmen; bei Stimmengleichheit gibt die Stimme des Vorsitzenden den Ausschlag. § 17 Abs. 2 gilt entsprechend.

(4) Die Arbeiten nach Absatz 2 werden von je zwei vom Schulleiter bestimmten Lehrkräften bewertet; dabei sind ganze und halbe Noten zu verwenden. Als Note der jeweiligen Gestaltungsarbeit gilt der auf die erste Dezimale errechnete Durchschnitt der beiden Bewertungen, der auf eine ganze oder halbe Note zu runden ist; Dezimalen von 0,3 bis 0,7 sind dabei auf eine halbe Note, die übrigen Dezimalen auf eine ganze Note zu runden. Weichen die Bewertungen um mehr als eine ganze Note voneinander ab und können sich die beiden bewertenden Lehrkräfte nicht einigen, hat der Vorsitzende des Prüfungsausschusses die Note für die jeweilige Gestaltungsarbeit festzusetzen; dabei gelten die Bewertungen der beiden bewertenden Lehrkräfte als Grenzwerte, die nicht über- und nicht unterschritten werden dürfen.

(5) Der Prüfungsausschuss zur Abnahme der Aufnahmeprüfung stellt fest, wer die Aufnahmeprüfung bestanden hat. Sie ist bestanden, wenn keine der Prüfungsnoten schlechter als „ausreichend“ ist. Die Rangfolge der Bewerbungen ergibt sich aus dem auf die erste Dezimale errechneten Durchschnitt der Prüfungsnoten. Bei gleichem Durchschnitt entscheidet der Prüfungsausschuss über die Rangfolge; dabei berücksichtigt er die nach § 7 Abs. 1 Nr. 4 eingereichten Arbeiten und gegebenenfalls die Noten des Zeugnisses nach § 6 Nr. 1 in den Fächern Bildende Kunst und Werken. Bei Stimmengleichheit entscheidet der Vorsitzende des Prüfungsausschusses.

(6) Über die Aufnahmeprüfung ist eine Niederschrift zu fertigen, die von den Mitgliedern des Prüfungsausschusses zur Abnahme der Aufnahmeprüfung zu unterschreiben ist. § 15 Abs. 1 und § 21 Abs. 6 gelten entsprechend.

(7) Wer die Aufnahmeprüfung nicht bestanden hat, kann sie in derselben Ausbildungsrichtung frühestens im nächsten regulären Aufnahmeverfahren einmal wiederholen.

§ 9
Auswahlverfahren

(1) Ein Auswahlverfahren ist durchzuführen, wenn nach der Aufnahmeprüfung
1. bei voller Ausschöpfung der vorhandenen personellen, räumlichen und sächlichen Gegebenheiten sowie
2. bei Abstimmung der Aufnahmefähigkeit benachbarter Schulen und entsprechender Zuweisung der Bewerber (§ 18 Abs. 1 und § 88 Abs. 4 SchG) nicht all diejenigen, welche die Aufnahmevoraussetzungen nach § 6 erfüllen und die Aufnahmeprüfung nach § 8 bestanden haben, in das jeweilige Berufskolleg aufgenommen werden können.

(2) Im Auswahlverfahren sind die Plätze nach folgenden Quoten zu vergeben:
1. 85 Prozent nach Eignung und Leistung,
2. 10 Prozent für Personen, die die Aufnahmeprüfung bestanden und sich ohne Unterbrechung mehrmals hintereinander beworben haben, ohne bislang aufgenommen worden zu sein,
3. 5 Prozent für außergewöhnliche Härtefälle.

Bleiben im Rahmen der Auswahl nach Satz 1 Nr. 2 und 3 Plätze frei, sind diese nach Eignung und Leistung zu vergeben.

(3) Die Vergabe der Plätze nach Absatz 2 Nr. 1 und 2 richtet sich nach der bei der Aufnahmeprüfung nach § 8 Abs. 5 Satz 3 bis 5 festgelegten Rangfolge.

(4) Ein außergewöhnlicher Härtefall liegt vor, wenn ein Bewerber nach Absatz 2 Nr. 1 oder 2 nicht ausgewählt worden ist und die Nichtaufnahme für ihn mit Nachteilen verbunden wäre, die bei Anlegung eines strengen Maßstabes über das Maß der mit der Nichtaufnahme üblicherweise verbundenen Nachteile erheblich hinausgehen. Für die Berücksichtigung als außergewöhnlicher Härtefall kommen insbesondere familiäre, soziale oder andere nicht vom Bewerber zu vertretende Gründe, welche die Aufnahme der Ausbildung verzögert haben, in Betracht. Über das Vorliegen eines außergewöhnlichen Härtefalles und die sich nach dem Grad der Härte ergebende Rangfolge entscheidet der Prüfungsausschuss zur Abnahme der Aufnahmeprüfung; § 8 Abs. 3 gilt entsprechend.

(5) Wer nach dem Auswahlverfahren nicht in das Berufskolleg aufgenommen wird, muss bei jeder Wiederbewerbung erneut eine Aufnahmeprüfung ablegen.

§ 10
Probezeit

(1) Die Aufnahme erfolgt zunächst auf Probe. Am Ende des ersten Schulhalbjahres wird ein Halbjahreszeugnis erteilt. Die Klassenkonferenz entscheidet aufgrund der Noten des Halbjahreszeugnisses über das Bestehen der Probezeit; § 11 Abs. 2 und 3 gilt entsprechend. Wer die Probezeit nicht bestanden hat, muss die Schule verlassen, kann sie jedoch auf seinen Wunsch mit den Rechten und Pflichten eines Schülers noch bis zum Ende des ersten Schuljahres weiter besuchen. Stellt die Schule zum Ende des ersten Schuljahres fest, dass er nach § 11 in die zweite Klasse versetzt werden könnte, entfällt die Verpflichtung, die Schule verlassen zu müssen.

(2) Das Nichtbestehen der Probezeit ist im Halbjahreszeugnis nach Absatz 1 zu vermerken.

3. Abschnitt Versetzung

§ 11
Voraussetzungen

(1) In die nächsthöhere Klasse wird versetzt, wer aufgrund der Leistungen in den nach § 5 Abs. 1 für die Versetzung maßgebenden Fächern den Anforderungen im laufenden Schuljahr im Ganzen entsprochen hat und deshalb erwarten lässt, den Anforderungen des nächsten Schuljahres voraussichtlich zu genügen.

(2) Die Voraussetzungen nach Absatz 1 liegen vor, wenn im Jahreszeugnis

1. der Durchschnitt aus den Noten aller maßgebenden Fächer und der Durchschnitt aus den Noten der Kernfächer nach § 5 Abs. 2 jeweils 4,0 oder besser ist,
2. die Leistungen in keinem Kernfach mit der Note „ungenügend" bewertet sind,
3. die Leistungen
   a) im Berufskolleg für Grafik-Design im Fach Grafik-Design,
   b) im Berufskolleg für Mode und Design im Fach Realisation und
   c) im Berufskolleg für Design, Schmuck und Gerät im Fach Entwurf und Realisation

   nicht geringer als mit der Note „ausreichend" bewertet sind,
4. die Leistungen in nicht mehr als einem maßgebenden Fach geringer als mit der Note „ausreichend" bewertet sind; sind die Leistungen in zwei maßgebenden Fächern geringer als mit der Note „ausreichend" bewertet, so erfolgt eine Versetzung, wenn für beide Fächer ein Ausgleich gegeben ist. Ausgeglichen werden können
   a) die Note „ungenügend" in einem Fach, das nicht Kernfach ist, durch die Note „sehr gut" in einem maßgebenden Fach oder die Note „gut" in zwei anderen maßgebenden Fächern,
   b) die Note „mangelhaft" in einem Kernfach durch mindestens die Note „gut" in einem anderen Kernfach,
   c) die Note „mangelhaft" in einem Fach, das nicht Kernfach ist, durch mindestens die Note „gut" in einem anderen maßgebenden Fach oder die Note „befriedigend" in zwei anderen maßgebenden Fächern.

(3) Ausnahmsweise kann durch Beschluss der Klassenkonferenz auch bei Nichterfüllung der in den Absätzen 1 und 2 genannten Voraussetzungen eine Versetzung erfolgen, wenn die Klassenkonferenz mit einer Zweidrittelmehrheit zu der Auffassung gelangt, dass die Leistungen nur vorübergehend nicht für die Versetzung ausreichen und nach einer Übergangszeit die Anforderungen der nächsthöheren Klasse voraussichtlich erfüllt werden.

(4) Die Versetzung ist im Zeugnis mit „versetzt" oder „nicht versetzt" zu vermerken; bei einer Versetzung nach Absatz 3 ist zu vermerken: „Versetzt nach § 11 Abs. 3 der Verordnung des Kultusministeriums über die Ausbildung und Prüfung an den dreijährigen Berufskollegs für Design". Bei einer Aufnahme in ein Berufskolleg für Design auf der Grundlage eines Versetzungszeugnisses in die Klasse 10 eines Gymnasiums im achtjährigen Bildungsgang ist bei einer Versetzung in das zweite Schuljahr im Versetzungszeugnis ferner zu vermerken: „Dieses Zeugnis schließt den Nachweis eines dem Realschulabschluss gleichwertigen Bildungsstandes ein".

§ 12
Wiederholung, Entlassung

(1) Bei einer Nichtversetzung kann das betreffende Schuljahr wiederholt werden; § 10 findet keine Anwendung. Die freiwillige Wiederholung auch nur eines Teiles des betreffenden Schuljahres gilt als Nichtversetzung.

(2) Das Berufskolleg muss verlassen, wer

1. im ersten oder im zweiten Schuljahr zweimal nicht versetzt worden ist oder
2. nach Wiederholen des ersten Schuljahres auch aus dem zweiten Schuljahr nicht versetzt wird.

4. Abschnitt Abschlussprüfung

§ 13
Zweck der Prüfung

In der Abschlussprüfung soll nachgewiesen werden, dass das Ziel der Ausbildung erreicht wurde und die geforderten allgemeinen und fachtheoretischen Kenntnisse sowie fachpraktischen und gestalterischen Fähigkeiten und Fertigkeiten vorliegen.

§ 14
Teile der Prüfung

Die Abschlussprüfung besteht aus der schriftlichen Prüfung, der praktischen Prüfung und der mündlichen Prüfung.

§ 15
Abnahme der Prüfung

(1) Die Abschlussprüfung wird am jeweiligen Berufskolleg abgenommen.

(2) Das Kultusministerium legt den Zeitpunkt für die schriftliche Prüfung fest, der Vorsitzende des Prüfungsausschusses den Zeitpunkt der praktischen und der mündlichen Prüfung.

§ 16
Zulassung zur Prüfung, Anmeldenoten

(1) Zur Abschlussprüfung ist zugelassen, wer im dritten Schuljahr des jeweiligen Berufskollegs die zur Bildung von Anmeldenoten erforderlichen Einzelleistungen erbracht hat. Liegen die Voraussetzungen nicht vor, ist die Nichtzulassung vom Schulleiter festzustellen und dem Prüfling unter Angabe der Gründe unverzüglich schriftlich mitzuteilen. Sie gilt als Nichtbestehen der Abschlussprüfung, es sei denn, dass die Gründe vom Prüfling nicht zu vertreten sind.

(2) Für die Prüfung werden in allen Fächern Anmeldenoten in Gestalt ganzer Noten gebildet, die aus den während des dritten Schuljahres erbrachten Einzelleistungen zu ermitteln sind. Die Anmeldenoten sind für die Fächer der schriftlichen und der praktischen Prüfung jeweils fünf bis sieben Schultage vor Beginn des betreffenden Prüfungsteils und für die übrigen Fächer fünf bis sieben Schultage vor der mündlichen Prüfung zusammen mit den Noten der schriftlichen und der praktischen Prüfung bekanntzugeben.

§ 17
Prüfungsausschuss, Fachausschüsse

(1) Für die Abschlussprüfung wird an jedem Berufskolleg ein Prüfungsausschuss gebildet, der für die ordnungsgemäße Durchführung der Prüfung verantwortlich ist. Diesem gehören an:

1. als Vorsitzender der Schulleiter, soweit die obere Schulaufsichtsbehörde vor Beginn der Prüfung nichts anderes bestimmt,
2. als stellvertretender Vorsitzender der stellvertretende Schulleiter oder eine vom Schulleiter beauftragte Lehrkraft,
3. sämtliche Lehrkräfte, die im dritten Schuljahr in den maßgebenden Fächern unterrichten.

Die obere Schulaufsichtsbehörde und der Vorsitzende des Prüfungsausschusses können weitere Mitglieder berufen, soweit dies für die Durchführung der Prüfung erforderlich ist.

(2) Die Mitglieder des Prüfungsausschusses sind bei ihrer Tätigkeit unabhängig. Sie sind zur Amtsverschwiegenheit über alle Prüfungsangelegenheiten verpflichtet. Der Vorsitzende des Prüfungsausschusses hat sie vor Beginn der Prüfung hierüber zu belehren.

(3) Für die praktische und die mündliche Prüfung in den einzelnen Fächern bildet der Vorsitzende des Prüfungsausschusses die erforderlichen Fachausschüsse. Jedem Fachausschuss gehören an:

1. der Vorsitzende oder ein von ihm bestimmtes Mitglied des Prüfungsausschusses als Leiterin oder Leiter (im Folgenden: Leiter),
2. die Fachlehrkraft der Klasse oder bei deren Verhinderung eine in dem betreffenden Prüfungsfach erfahrene Lehrkraft als Prüferin oder Prüfer,
3. ein weiteres fachkundiges Mitglied des Prüfungsausschusses, das zugleich das Protokoll führt.

In Fächern, in denen die Klasse von verschiedenen Fachlehrkräften für Teilbereiche unterrichtet wird, gehören alle Fachlehrkräfte dem Fachausschuss als Mitglieder an. Sie sind jeweils für ihren Teilbereich Prüferin oder Prüfer nach Satz 2 Nr. 2. Der Leiter des Fachausschusses bestimmt den Gang der Prüfung; er kann selbst prüfen.

§ 18
Schriftliche Prüfung

(1) Die Leitung der schriftlichen Prüfung obliegt dem Schulleiter.

(2) Schriftliche Prüfungsarbeiten sind in folgenden Fächern zu fertigen:

1. in allen Fachrichtungen:
   Deutsch — Bearbeitungszeit 240 Minuten;
2. im Berufskolleg für Grafik-Design:
   Werbelehre und Werbetext — Bearbeitungszeit 150 Minuten;
3. im Berufskolleg für Mode und Design
   Technologie — Bearbeitungszeit 120 Minuten,
   Modezeichnen/Illustration mit Labor — Bearbeitungszeit 180 Minuten,
   Schnitttechnik — Bearbeitungszeit 180 Minuten;
4. im Berufskolleg für Design, Schmuck und Gerät
   Technologie — Bearbeitungszeit 180 Minuten,
   Edelsteinkunde — Bearbeitungszeit 120 Minuten.

(3) Die Prüfungsaufgaben werden im Rahmen der Bildungs- und Lehrpläne für das Fach Deutsch landeseinheitlich vom Kultusministerium und für die übrigen Fächer landeseinheitlich von der von ihm beauftragten oberen Schulaufsichtsbehörde gestellt, soweit das Kultusministerium nicht anders entscheidet.

(4) Über die schriftliche Prüfung ist eine Niederschrift zu fertigen, die vom Schulleiter und den aufsichtführenden Lehrkräften unterschrieben wird.

(5) Die schriftlichen Arbeiten werden von der Fachlehrkraft der Klasse und einer weiteren Lehrkraft, die der Schulleiter bestimmt, korrigiert und bewertet; dabei sind ganze und halbe Noten zu verwenden. Als Note der schriftlichen Prüfung gilt der auf die erste Dezimale errechnete Durchschnitt der beiden Bewertungen, der auf eine ganze oder halbe Note zu runden ist; Dezimalen von 0,3 bis 0,7 sind hierbei auf eine halbe Note, die übrigen Dezimalen auf eine ganze Note zu runden. Weichen die Bewertungen um mehr als eine ganze Note voneinander ab und können sich die beiden Bewertenden nicht einigen, setzt der Vorsitzende die endgültige Note fest; dabei gelten die Bewertungen der beiden Bewertenden als Grenzwerte, die nicht über- und unterschritten werden dürfen.

(6) Die Noten der schriftlichen Prüfung in den einzelnen Fächern werden den Prüflingen fünf bis sieben Schultage vor der mündlichen Prüfung bekanntgegeben.

⇨ Korrekturtag

Handy-Nutzung; ⇨ Korrekturtag; ⇨ Notenbildungsverordnung; → Termine Berufliche Schulen; → Zeugnisse (Berufliche Schulen)

Berufskolleg Design Stundentafeln

Anlage 1 (zu § 4)

Stundentafel für das Berufskolleg für Grafik-Design

(durchschnittliche Zahl der Wochenstunden)

1.	Pflichtfächer	1. Schuljahr	2. Schuljahr	3. Schuljahr
1.1	Allgemeiner Bereich			
1.1	Religionslehre	1	1	1
	Deutsch	1	1	2
	Englisch I	2	–	–
	Wirtschafts- und Sozialkunde	1	1	1
1.2	Berufsbezogener Bereich			
	Mathematik I	2	1	1
	Grafik-Design	7	7	7
	Typografie	4	4	4
	Fotodesign	2	4	4
	Freies Zeichnen	4	4	4
	Schriftgrafik	3	3	2
	Kunstgeschichte	–	1	1
	Werbelehre und Werbetext	2	2	2
	Medientechnik	5	4	4
		34[1]	33[1]	33[1]
2.	Wahlfächer			
2.1	Zusatzunterricht zum Erwerb der Fachhochschulreife			
	Englisch II	–	2	2
	Mathematik II	–	2	2
2.2	weitere Fächer			

[1] Bei Vorliegen der Teilungsvoraussetzungen nach dem Organisationserlass maximale Sollstundenzahl: 1. Schuljahr: 39 Wochenstunden; 2. und 3. Schuljahr: 48 Wochenstunden.

Anlage 2 (zu § 4)

Stundentafel für das Berufskolleg Mode und Design

(durchschnittliche Zahl der Wochenstunden)

1.	Pflichtfächer	1. Schuljahr	2. Schuljahr	3. Schuljahr
1.1	Allgemeiner Bereich			
	Religionslehre	1	1	1
	Deutsch	1	1	2
	Englisch I	2	–	–
	Wirtschafts- und Sozialkunde	1	1	1
1.2	Berufsbezogener Bereich			
	Mathematik I	2	1	1
	Technologie	2	3	2
	Design- und Kostümgeschichte	1	1	–
	Gestaltungslehre	2	–	–
	Modezeichnen/ Illustration mit Labor	2	4	4
	Modegestaltung	–	2	1
	Schnitttechnik	2	2	3
	Computertechnik/CAD	4	4	4
	Realisation	14	13	14
		34[1]	33[1]	33[1]
2.	Wahlfächer			
2.1	Zusatzunterricht zum Erwerb der Fachhochschulreife			
	Englisch II	–	2	2
	Mathematik II	–	2	2
2.2	weitere Fächer			

[1] Bei Vorliegen der Teilungsvoraussetzungen nach dem Organisationserlass maximale Sollstundenzahl: 1. und 2. Schuljahr: 52 Wochenstunden; 3. Schuljahr: 53 Wochenstunden.

Anlage 3 (zu § 4)

Stundentafel für das Berufskolleg Design, Schmuck und Gerät

(durchschnittliche Zahl der Wochenstunden)

1.	Pflichtfächer	1. Schuljahr	2. Schuljahr	3. Schuljahr
1.1	Allgemeiner Bereich			
	Religionslehre	1	1	1
	Deutsch	1	1	2
	Englisch I	2	–	–
	Wirtschafts- und Sozialkunde	1	1	1
1.2	Berufsbezogener Bereich			
	Mathematik I	2	1	1
	Technologie	1	2	2
	Computertechnik	1	1	1
	Edelsteinkunde	–	1	2
	Kunst- und Stilgeschichte	–	–	2
	Allgemeine Gestaltungslehre	3	–	–
	Designpräsentation	3	–	–
	Naturzeichnen	2	–	–
	Plastisches Gestalten	–	2	–
	Entwurf und Realisation	18	19	17
	Sondertechniken	–	4	4
		34[1]	33[1]	33[1]
2.	Wahlfächer			
2.1	Zusatzunterricht zum Erwerb der Fachhochschulreife			
	Englisch II	–	2	2
	Mathematik II	–	2	2
2.2	weitere Fächer			

[1] Bei Vorliegen der Teilungsvoraussetzungen nach dem Organisationserlass maximale Sollstundenzahl: 1. Schuljahr: 53 Wochenstunden; 2. Schuljahr: 57 Wochenstunden, 3. Schuljahr: 55 Wochenstunden.

Berufskolleg Ernährung/Erziehung/Hauswirtschaft II

Ausbildungs- und Prüfungsordnung über die Ausbildung und Prüfung an den Berufskollegs Ernährung und Erziehung und an den Berufskollegs für Ernährung und Hauswirtschaft II; Schulversuchsbestimmungen des KM vom 15. August 2017 (K.u.U S. 155 /2017)

Hinweis der Redaktion: Diese Schulversuchsbestimmungen ersetzen die VO des KM über die Ausbildung und Prüfung an den Berufskollegs für Ernährung und Hauswirtschaft vom 31.3.1992, zuletzt geändert 15.8.2017 (K.u.U S. 155 /2017). In der Artikelverordnung vom 15.8.2017 (K.u.U S. 155 /2017) wurde diese VO geändert. Die Aufnahmevoraussetzungen wurden ergänzt durch: „das Versetzungszeugnis in die gymnasiale Oberstufe der Gemeinschaftsschule". Die Regelungen für die mündliche Prüfung wurden ergänzt durch: „Erfordert die Aufgabenstellung eine Einlesezeit oder eine thematische Herleitung und Durchdringung, gewährt der Fachausschuss zusätzlich die nach seiner Entscheidung für die Erfassung der Aufgabe erforderliche Einarbeitungszeit, in der sich der Prüfling unter Aufsicht auf die mündliche Prüfung vorbereiten kann. Die Einarbeitungszeit darf 15 Minuten nicht überschreiten."

1. Abschnitt Allgemeines

§ 1

Zweck der Ausbildung

(1) Die Ausbildung am Berufskolleg Ernährung und Erziehung vermittelt eine Grundbildung für die Wahrnehmung der sozialen und wirtschaftlichen Aufgaben im Haushalt und führt in Berufe des Berufsfeldes Ernährung und Hauswirtschaft sowie in die sozialpädagogischen Arbeitsfelder ein.

→ Individuelle Förderung und Unterstützung (BS)

(2) Durch die Ausbildung am Berufskolleg für Ernährung und Hauswirtschaft II erwerben die Schüler hauswirtschaftliche, organisatorische und betriebswirtschaftliche Kompetenzen, die sie dazu befähigen, Aufgaben in der Verwaltung und in den verschiedenen Praxisfeldern hauswirtschaftlicher Betriebe selbstständig wahrzunehmen. Zugleich wird die fachliche Vorbildung für die Ausbildung zum Technischen Lehrer der hauswirtschaftlichen Fachrichtung an beruflichen Schulen vermittelt.

(3) Am Berufskolleg für Ernährung und Hauswirtschaft II kann mit dem erfolgreichen Ablegen einer Zusatzprüfung die Fachhochschulreife erworben werden.

§ 2

Dauer und Abschluss der Ausbildung

(1) Die Ausbildung am Berufskolleg Ernährung und Erziehung dauert ein Schuljahr und endet mit einer Abschlussprüfung.

(2) Die Ausbildung am Berufskolleg für Ernährung und Hauswirtschaft II dauert zwei Schuljahre und endet mit einer Abschlussprüfung, durch deren Bestehen die Berufsbezeichnung „Assistentin in hauswirtschaftlichen Betrieben"/„Assistent in hauswirtschaftlichen Betrieben" erworben wird.

§ 3

Bildungsplan, Stundentafel

Der Unterricht in den Berufskollegs richtet sich nach den vom Kultusministerium erlassenen Bildungs- und Lehrplänen sowie im Berufskolleg Ernährung und Erziehung nach der als Anlage 1, im Berufskolleg für Ernährung und Hauswirtschaft II nach der als Anlage 2 beigefügten Stundentafel.

→ Berufskolleg Ernährung/Erziehung/Hauswirtschaft (Stundentafeln)

§ 4

Praktikum

(1) Zur Ergänzung der schulischen Ausbildung ist am Berufskolleg Ernährung und Erziehung sowie am Berufskolleg für Ernährung und Hauswirtschaft II jeweils ein Praktikum durchzuführen. Die Praktika geben Einblicke in die Anforderungen und Zusammenhänge der Tätigkeiten in hauswirtschaftlichen Betrieben. Sie vermitteln Einsichten in den Arbeitsanfall, Erfahrungen in den Arbeitsmethoden und Einblick in die Organisation der jeweiligen Praxisstellen. Außerdem werden die in der Schule vermittelten handwerklichen Fertigkeiten unter den realen Bedingungen des jeweiligen Praktikumsbetriebs erprobt und eingeübt.

(2) Die Praktika werden in hauswirtschaftlichen Betrieben, wie Alten- und Pflegeheimen, Krankenhäusern, Hotels oder Gaststätten oder anderen Einrichtungen mit Gemeinschaftsverpflegung durchgeführt, sofern diese über Arbeitsbereiche verfügen, die zur Mitarbeit von Praktikanten geeignet sind und die Anleitung durch eine Fachkraft sichergestellt ist. Das Praktikum im Berufskolleg Ernährung und Erziehung kann auch in Kindertageseinrichtungen abgeleistet werden. Über die Eignung der jeweiligen Praktikumsstelle entscheidet die Schule.

(3) Das Praktikum im Berufskolleg Ernährung und Erziehung umfasst mindestens 260 Stunden, von denen wenigstens 70 Stunden in den Ferien oder an Wochenenden liegen sollen; der Umfang des Praktikums am Berufskolleg für Ernährung und Hauswirtschaft II beträgt im Schuljahr mindestens 300 Stunden, von denen jeweils mindestens 90 Stunden in den Ferien oder an Wochenenden liegen sollen.

(4) Die Praktikanten sind im Praktikum an die unterschiedlichen Aufgaben der Großhaushalte heranzuführen. Sie sollen zunehmend mit selbstständigen Tätigkeiten betraut werden. Innerhalb des von der Schule vorgegebenen Rahmens werden die Ausbildungsinhalte im Einzelnen von der jeweiligen Praktikumsstelle festgelegt.

(5) Wenn das Praktikumsverhältnis vorzeitig endet, muss der Bildungsgang verlassen werden. Dies gilt nicht, wenn der Schüler unverzüglich eine andere Praktikumsstelle, an der das Praktikum fortgesetzt werden kann, nachweist. Ein Wechsel der Praktikumsstelle ist im Übrigen nur mit Zustimmung der Schule in Ausnahmefällen möglich.

(6) Musste das Berufskolleg Ernährung und Erziehung oder das erste Schujahr des Berufskollegs Ernährung und Hauswirtschaft II aufgrund der Auflösung des Praktikumsvertrages verlassen

werden, ist einmal eine neuerliche Aufnahme in ein entsprechendes Berufskolleg möglich. Sofern der Bildungsgang aufgrund der Auflösung des Praktikumsvertrages im zweiten Schuljahr des Berufskollegs für Ernährung und Hauswirtschaft II verlassen werden musste, ist ein Wiedereintritt in das zweite Schuljahr eines entsprechenden Berufskollegs möglich, wenn Schulplätze vorhanden sind.

§ 5
Maßgebende Fächer und Kernfächer, zentrale Klassenarbeiten

(1) Für eine Versetzung und für den Abschluss sind die Leistungen in den maßgebenden Fächern entscheidend. Maßgebende Fächer sind alle Pflichtfächer.

(2) Kernfächer unter den maßgebenden Fächern sind:

1. am Berufskolleg Ernährung und Erziehung die Fächer Wirtschaft und Recht, Biologie mit Gesundheitslehre und Pflege, Erziehungslehre mit Säuglingspflege sowie Chemie und Ernährungslehre;
2. am Berufskolleg für Ernährung und Hauswirtschaft II die Fächer der schriftlichen Abschlussprüfung.

(3) Am Berufskolleg Ernährung und Erziehung werden im zweiten Schulhalbjahr in den Kernfächern Wirtschaft und Recht sowie Chemie und Ernährungslehre Klassenarbeiten angefertigt, bei denen der Termin, die Aufgaben und die Korrekturanweisungen vom Kultusministerium landeseinheitlich vorgegeben werden. Die Klassenarbeiten sind auf die Mindestzahl der Klassenarbeiten im Schuljahr in den betreffenden Fächern anzurechnen und doppelt zu werten.

2. Abschnitt
Aufnahmeverfahren

§ 6
Aufnahmevoraussetzungen

(1) Voraussetzungen für die Aufnahme in das Berufskolleg Ernährung und Erziehung sind:

1. die Fachschulreife, der Realschulabschuss oder das Versetzungszeugnis in die Klasse oder Jahrgangsstufe 11 eines Gymnasiums, in die gymnasiale Oberstufe der Gemeinschaftsschule oder der Nachweis eines gleichwertigen Bildungsstandes oder das Versetzungszeugnis in die Klasse 10 eines Gymnasiums im achtjährigen Bildungsgang und
2. der Nachweis eines mit einem von der Schule nach § 4 Abs. 2 Satz 3 als geeignet angesehenen hauswirtschaftlichen Betriebes geschlossenen Praktikumsvertrages.

(2) Voraussetzungen für die Aufnahme in das Berufskolleg für Ernährung und Hauswirtschaft II sind

1. der Nachweis der Voraussetzungen nach Abs. 1 Nr. 1 und
2. das Abschlusszeugnis des Berufskollegs für Ernährung und Hauswirtschaft I oder des Berufskollegs Ernährung und Erziehung oder der zweijährigen zur Prüfung der Fachschulreife führenden Berufsfachschule mit dem Profil Hauswirtschaft und Ernährung oder dem Profil Ernährung und Gastronomie oder der zweijährigen zur Prüfung der Fachschulreife führenden hauswirtschaftlich-sozialpädagogischen Berufsfachschule oder
3. der Berufsschulabschluss und der Berufsabschluss in einem einschlägigen, mindestens zweijährigen Ausbildungsberuf im Berufsfeld Ernährung und Hauswirtschaft und
4. der Nachweis von für den Besuch des Berufskollegs für Ernährung und Hauswirtschaft II ausreichenden Kenntnissen der Textverarbeitung, sofern nicht das Abschlusszeugnis des Berufskollegs für Ernährung und Hauswirtschaft I oder des Berufskollegs Ernährung und Erziehung vorgelegt wird,
5. der Nachweis eines mit einem von der Schule nach § 4 Abs. 2 Satz 3 als geeignet angesehenen hauswirtschaftlichen Betriebes geschlossenen Praktikumsvertrages und
6. eine Bescheinigung gemäß § 43 Abs. 1 Satz 1 des Infektionsschutzgesetzes.

Der Schulleiter kann Abweichungen von Nummer 2 und Nummer 3 zulassen, wenn eine gleichwertige Ausbildung oder Tätigkeit nachgewiesen wird.

§ 7
Aufnahmeantrag

(1) Der Aufnahmeantrag ist an das Berufskolleg zu richten, an dem die Ausbildung erfolgen soll. Der Termin, zu dem der Antrag bei der Schule eingegangen sein muss, wird, soweit er nicht vom Kultusministerium festgelegt wurde, vom Schulleiter bestimmt und auf geeignete Weise bekanntgegeben. Dem Aufnahmeantrag sind beizufügen:

1. ein Lebenslauf in tabellarischer Form mit Angaben über den bisherigen Bildungsweg,
2. eine beglaubigte Abschrift der Nachweise nach § 6,
3. eine Erklärung,
   a) ob und gegebenenfalls an welchen anderen Schulen bereits an einem Aufnahmeverfahren teilgenommen wurde sowie
   b) ob und gegebenenfalls an welche anderen Schulen ein weiterer Aufnahmeantrag gerichtet wurde.

Sofern die Nachweise nach § 6 zum Anmeldetermin noch nicht vorgelegt werden können, sind sie unverzüglich nachzureichen; dem Aufnahmeantrag ist in diesem Fall eine beglaubigte Abschrift des letzten Schulzeugnisses beizufügen.

(2) Über den Aufnahmeantrag entscheidet der Schulleiter. Er kann eine angemessene Frist setzen, innerhalb deren erklärt werden muss, ob die Zusage über die Aufnahme angenommen wird.

§ 8
Auswahlverfahren

(1) Ein Auswahlverfahren wird an den Berufskollegs für Ernährung und Erziehung und an den Berufskollegs für Ernährung und Hauswirtschaft II nur durchgeführt, wenn

1. bei voller Ausschöpfung der vorhandenen personellen und sächlichen Gegebenheiten sowie

Berufliche Schulen

2. bei Abstimmung der Aufnahmefähigkeit benachbarter Schulen und entsprechender Zuweisung (§ 18 Abs. 1 und § 88 Abs. 4 SchG)

nicht alle Personen, welche die Aufnahmevoraussetzungen nach § 6 erfüllen, in das Berufskolleg aufgenommen werden können.

(2) Im Auswahlverfahren sind die Plätze nach folgenden Quoten zu vergeben:

1. 85 vom Hundert nach Eignung und Leistung,
2. 10 vom Hundert nach Wartezeit,
3. 5 vom Hundert für außergewöhnliche Härtefälle.

Bleiben im Rahmen der Auswahl nach Satz 1 Nr. 2 und 3 Plätze frei, sind diese nach Eignung und Leistung zu vergeben.

(3) Die für die Vergabe nach Eignung und Leistung am Berufskolleg Ernährung und Erziehung zur Verfügung stehenden Plätze werden entsprechend dem jeweiligen Bewerberanteil verteilt auf die Gruppe der Bewerber mit

1. der Fachschulreife
2. dem Realschulabschluss
3. dem Versetzungszeugnis in die Klasse oder Jahrgangsstufe 11 eines Gymnasiums, in die Klasse 10 eines Gymnasiums im achtjährigen Bildungsgang oder in die gymnasiale Oberstufe der Gemeinschaftsschule,
4. einem dem Realschulabschluss gleichwertigen Bildungsstand nach Abschluss der Klasse 10 der Werkrealschule und
5. einem dem Realschulabschluss gleichwertigen Bildungsstand durch Berufsschulabschluss und Berufsabschluss oder durch Hauptschulabschluss, Berufsschulabschluss und Berufsabschluss.

Die Rangfolge innerhalb der Bewerbergruppen der Nummern 1 bis 4 bestimmt sich nach dem auf eine Dezimale errechneten Durchschnitt aus den Noten aller Fächer, ausgenommen Arbeitsgemeinschaften, des Zeugnisses nach § 6 Abs. 1 Nr. 1, wobei bei Bewerben aus dem Gymnasium des achtjährigen Bildungsgangs mit einem Versetzungszeugnis in die Jahrgangsstufe 11 das Zeugnis nach § 6 Abs. 1 Nr. 1 zugrunde gelegt wird, das der Bewerber vorlegt; die Rangfolge innerhalb der Bewerbergruppe Nummer 5 bestimmt sich nach der Durchschnittsnote, die sich aus den maßgebenden Fächern im Berufsabschlusszeugnis auf eine Dezimale errechnet. Die Bewerber werden in der Rangfolge des errechneten Durchschnitts aufgenommen. Bei gleicher Rangfolge entscheidet das Los.

(4) Bei der Vergabe der Plätze nach Eignung und Leistung am Berufskolleg für Ernährung und Hauswirtschaft II werden die Bewerber entsprechend ihrem Anteil mit Abschluss

- des Berufskollegs für Ernährung und Hauswirtschaft I bzw. des Berufskollegs Ernährung und Erziehung,
- der zweijährigen zur Prüfung der Fachschulreife führenden Berufsfachschule,
- einem Abschluss nach § 6 Abs. 2 Nr. 3

in der jeweiligen Gruppe in der Rangfolge des auf eine Dezimale errechneten Durchschnitts aus den Noten aller maßgebenden Fächer des Zeugnisses nach § 6 Abs. 2 Nr. 2, bei der Gruppe nach § 6 Abs. 2 Nr. 3 der im Abschlusszeugnis der Berufsschule ausgewiesenen Durchschnittnote aufgenommen. Bei gleicher Rangfolge entscheidet das Los. Bewerber mit dem Nachweis einer gleichwertigen Ausbildung oder Tätigkeit nach § 6 Abs. 2 Satz 2 sind einer der aufgeführten einschlägigen Gruppen zuzuordnen.

(5) Bei der Vergabe der Plätze nach Wartezeit besteht folgende Rangfolge:

1. drei und mehr Schuljahre Wartezeit,
2. zwei Schuljahre Wartezeit,
3. ein Schuljahr Wartezeit.

Innerhalb dieser Gruppen werden die Plätze nach Eignung und Leistung nach Absatz 3 oder Absatz 4 vergeben. Berücksichtigt werden nur volle Schuljahre, die seit dem ersten Aufnahmeantrag und der Erfüllung der Aufnahmevoraussetzungen nach § 6 bis zum Beginn des auf das laufende Aufnahmeverfahren folgenden Schuljahres verstrichen sind. Voraussetzung ist, dass für diese Schuljahre ununterbrochen ein Aufnahmeantrag gestellt und keine Aufnahmezusage erteilt wurde.

(6) Ein außergewöhnlicher Härtefall liegt vor, wenn eine Person nach Absatz 2 Nr. 1 und 2 nicht ausgewählt worden ist und die Nichtaufnahme für sie mit Nachteilen verbunden wäre, die bei Anlegung eines strengen Maßstabes über das Maß der mit der Nichtaufnahme üblicherweise verbundenen Nachteile erheblich hinausgehen. Für die Berücksichtigung als außergewöhnliche Härtefälle kommen insbesondere familiäre oder soziale Umstände oder andere nicht zu vertretenden Gründe, welche die Aufnahme der Ausbildung verzögert haben, in Betracht. Über das Vorliegen eines außergewöhnlichen Härtefalles und die sich nach dem Grad der Härte ergebende Rangfolge entscheidet ein Auswahlausschuss, dem der Schulleiter als Vorsitzender und vier von ihm beauftragte Lehrkräfte angehören; § 17 Abs. 2 gilt entsprechend. Der Auswahlausschuss ist beschlussfähig, wenn mindestens zwei Drittel seiner Mitglieder anwesend sind. Er entscheidet mit einfacher Mehrheit; bei Stimmengleichheit gibt die Stimme des Vorsitzenden den Ausschlag.

(7) Ist ein Aufnahmeantrag nach dem gemäß § 7 Abs. 1 festgelegten Termin eingegangen, kann der Bewerber erst dann in ein Auswahlverfahren einbezogen werden, wenn alle rechtzeitig eingegangenen Aufnahmeanträge erledigt sind.

§ 9
Probezeit

(1) Die Aufnahme in das Berufskolleg Ernährung und Erziehung und in das Berufskolleg Ernährung und Hauswirtschaft II erfolgt zunächst auf Probe.

(2) Am Ende des ersten Schulhalbjahres, im Berufskolleg für Ernährung und Hauswirtschaft II am Ende des ersten Schulhalbjahres des ersten Schuljahres, wird ein Halbjahreszeugnis erteilt.

Die Klassenkonferenz entscheidet aufgrund der Noten des Halbjahreszeugnisses über das Bestehen der Probezeit, § 10 Abs. 2 gilt entsprechend. Das Nichtbestehen der Probezeit ist im Halbjahreszeugnis nach Satz 1 zu vermerken.

(3) Wer die Probezeit nicht bestanden hat, muss die Schule verlassen, kann sie jedoch auf seinen Wunsch mit den Rechten und Pflichten eines Schülers noch bis zum Ende des Schuljahres weiter besuchen.

(4) Schüler, die das Berufskolleg Ernährung und Erziehung nach Absatz 3 weiter besuchen, können an der Abschlussprüfung des Berufskollegs teilnehmen, wenn sie nach § 16 zur Abschlussprüfung zugelassen werden können. Danach müssen sie das Berufskolleg Ernährung und Erziehung verlassen, auch wenn sie die Prüfung nicht bestanden haben.

(5) Für Schülerinnen und Schüler des Berufskollegs Ernährung und Hauswirtschaft II entfällt die Pflicht, die Schule nach Absatz 3 verlassen zu müssen, wenn die Klassenkonferenz am Ende des ersten Schuljahres feststellt, dass nach § 10 eine Versetzung in die zweite Klasse erfolgen kann.

3. Abschnitt
Versetzung am Berufskolleg für Ernährung und Hauswirtschaft II, Wiederholung

§ 10
Versetzung

(1) In das zweite Schuljahr des Berufskollegs für Ernährung und Hauswirtschaft II wird versetzt, wer aufgrund seiner Leistungen in den für die Versetzung nach § 5 Abs. 1 maßgebenden Fächern den Anforderungen im laufenden Schuljahr im ganzen entsprochen hat und deshalb erwarten lässt, dass den Anforderungen des zweiten Schuljahres genügt wird.

(2) Die Voraussetzungen nach Absatz 1 liegen vor, wenn im Jahreszeugnis

1. der Durchschnitt aus den Noten aller maßgebender Fächer 4,0 oder besser ist und
2. der Durchschnitt aus den Noten der Kernfächer nach § 5 Abs. 2 Nr. 2 4,0 oder besser ist und
3. die Leistungen in keinem Kernfach mit der Note „ungenügend" bewertet sind und
4. die Leistungen in nicht mehr als einem maßgebenden Fach geringer als mit der Note „ausreichend" bewertet sind; sind die Leistungen in zwei Fächern geringer als mit der Note „ausreichend" bewertet, so erfolgt eine Versetzung, wenn für beide Fächer ein Ausgleich gegeben ist. Ausgeglichen werden können
   a) die Note „ungenügend" in einem Fach, das nicht Kernfach ist, durch die Note „sehr gut" in einem anderen maßgebenden Fach oder die Note „gut" in zwei anderen maßgebenden Fächern,
   b) die Note „mangelhaft" in einem Kernfach durch mindestens die Note „gut" in einem anderen Kernfach,
   c) die Note „mangelhaft" in einem Fach, das nicht Kernfach ist, durch mindestens die Note „gut" in einem anderen maßgebenden Fach oder die Note „befriedigend" in zwei anderen maßgebenden Fächern.

Die Note „mangelhaft" oder schlechter im Fach Betriebsorganisation mit Übungen des Berufskollegs für Ernährung und Hauswirtschaft II kann nicht ausgeglichen werden.

(3) Ausnahmsweise kann durch Beschluss der Klassenkonferenz auch bei Nichterfüllung der in den Absätzen 1 und 2 genannten Voraussetzungen eine Versetzung erfolgen, wenn die Klassenkonferenz mit Zweidrittelmehrheit zu der Auffassung gelangt, dass die Leistungen nur vorübergehend nicht für die Versetzung ausreichen und nach einer Übergangszeit die Voraussetzungen des zweiten Schuljahres voraussichtlich erfüllt werden.

§ 11
Wiederholung bei Nichtversetzung, Entlassung

(1) Bei einer Nichtversetzung kann das erste Schuljahr des Berufskollegs Ernährung und Hauswirtschaft II wiederholt werden. § 9 findet bei der Wiederholung keine Anwendung.

(2) Wer im ersten Schuljahr zweimal nicht versetzt wurde, muss das Berufskolleg für Ernährung und Hauswirtschaft II verlassen.

§ 12
Freiwillige Wiederholung

(1) Der Schulleiter kann ausnahmsweise in besonderen Härtefällen einmal eine freiwillige vollständige oder teilweise Wiederholung des Berufskollegs Ernährung und Erziehung sowie des ersten Schuljahres oder zweiten Schuljahres des Berufskollegs für Ernährung und Hauswirtschaft II zulassen. Die Wiederholung des zweiten Schuljahres des Berufskollegs für Ernährung und Hauswirtschaft II ist nur möglich, wenn nicht bereits das erste Schuljahr vollständig oder das zweite Schuljahr teilweise wiederholt wurde. § 24 Abs. 4 bleibt unberührt.

(2) Die Wiederholung ist beim Schulleiter schriftlich zu beantragen. Bei der Wiederholung des Berufskollegs Ernährung und Erziehung oder des zweiten Schuljahres des Berufskollegs für Ernährung und Hauswirtschaft II muss der Antrag spätestens bis zum Beginn der schriftlichen Prüfung bei der Schule eingegangen sein.

(3) Die freiwillige Wiederholung auch nur eines Teils des ersten Schuljahres des Berufskollegs II gilt als Nichtversetzung.

(4) Die freiwillige Wiederholung des Berufskollegs Ernährung und Erziehung oder des zweiten Schuljahres des Berufskollegs für Ernährung und Hauswirtschaft II gilt als Nichtbestehen der Abschlussprüfung.

4. Abschnitt
Abschlussprüfungen des Berufskollegs Ernährung und Erziehung und des Berufskollegs für Ernährung und Hauswirtschaft II

§ 13
Zweck der Prüfungen

In den Abschlussprüfungen soll nachgewiesen werden, dass die Ausbildungsziele des jeweiligen Berufskollegs erreicht wurden und die geforderten allgemeinen und fachlichen Kenntnisse und Fertigkeiten vorliegen.

§ 14
Teile der Prüfungen

Die Abschlussprüfung des Berufskollegs für Ernährung und Erziehung besteht aus einer praktischen Prüfung; die Abschlussprüfung des Berufskollegs Ernährung und Hauswirtschaft II aus einer schriftlichen, einer praktischen und einer mündlichen Prüfung.

§ 15
Abnahme und Zeitpunkt der Prüfungen

(1) Die Prüfungen werden an den jeweiligen Berufskollegs abgenommen.

(2) Der Zeitpunkt der praktischen Prüfung am Berufskolleg Ernährung und Erziehung wird vom Vorsitzenden des Prüfungsausschusses festgelegt.

(3) Am Berufskolleg für Ernährung und Hauswirtschaft II wird der Zeitpunkt der schriftlichen Prüfung in den Fächern Wirtschaft und Recht sowie Ernährungslehre und Diätetik vom Kultusministerium, der Zeitpunkt der schriftlichen Prüfung im Fach Betriebsorganisation mit Übungen und der praktischen Prüfung vom Schulleiter festgelegt. Den Zeitpunkt der mündlichen Prüfung bestimmt der Vorsitzende des Prüfungsausschusses.

(4) Die Prüfung im Fach Textverarbeitung am Berufskolleg für Ernährung und Hauswirtschaft II nach § 19 Abs. 2 Nr. 2 kann vor der Zulassung zur Abschussprüfung nach § 16 Abs. 1 bereits nach Abschluss des erstens Schulhalbjahres des zweiten Schuljahres durchgeführt werden, wenn die für das zweite Schuljahr für dieses Fach nach der Stundentafel vorgesehenen Unterrichtsstunden als Blockunterricht bereits im ersten Schulhalbjahr vollständig erteilt wurden.

§ 16
Zulassung zur Prüfung, Anmeldenoten

(1) Zur Abschlussprüfung ist zugelassen, wer in dem jeweiligen Schuljahr, in dem die Prüfung abgenommen wird, die zur Bildung von Anmeldenoten erforderlichen Einzelleistungen erbracht hat und nachweist, dass die in § 4 Abs. 3 für das einzelne Berufskolleg jeweils vorgeschriebene Mindestanzahl an Praktikumswochenstunden abgeleistet wurde. In begründeten Einzelfällen kann der Schulleiter ausnahmsweise vorläufig zur Prüfung zulassen, wenn glaubhaft gemacht wird, dass die Mindestanzahl an Praktikumswochen bis zum Ablauf einer vom Schulleiter zu bestimmenden Frist nach der Prüfung noch nachgewiesen wird.

(2) Sind die Voraussetzungen für die Zulassung zur Prüfung nicht erfüllt, ist die Nichtzulassung vom Schulleiter festzustellen und dem Prüfling unter Angabe der Gründe unverzüglich schriftlich mitzuteilen. Sie gilt als Nichtbestehen der Abschlussprüfung, es sei denn, der Schulleiter stellt fest, dass die Gründe vom Prüfling nicht zu vertreten sind.

(3) Für die Prüfung werden in allen Fächern Anmeldenoten (ganze Noten) gebildet, die aus den während des Schuljahres, in dem die Prüfung abgenommen wird, erbrachten Einzelleistungen zu ermitteln sind. Die Anmeldenoten sind für die Fächer der schriftlichen und der praktischen Prüfung jeweils fünf bis sieben Schultage vor Beginn des betreffenden Prüfungsteils und für die übrigen Fächer fünf bis sieben Schultage vor der mündlichen Prüfung zusammen mit den Noten der schriftlichen und der praktischen Prüfung bekanntzugeben.

§ 17
Prüfungsausschuss, Fachausschüsse

(1) Für die Abschlussprüfung wird an den jeweiligen Berufskollegs ein Prüfungsausschuss gebildet, der für die ordnungsgemäße Durchführung der Prüfung verantwortlich ist. Diesem gehören an:

1. als Vorsitzender der Schulleiter oder eine vom Schulleiter beauftragte Lehrkraft, soweit die obere Schulaufsichtsbehörde vor Beginn der Prüfung nichts anderes bestimmt,
2. als stellvertretender Vorsitzender der Schulleiter oder sein ständiger Vertreter oder eine vom Schulleiter beauftragte Lehrkraft,
3. sämtliche Lehrkräfte, die in den maßgebenden Fächern unterrichten.

Die obere Schulaufsichtsbehörde oder der Vorsitzende des Prüfungsausschusses können weitere Mitglieder berufen, soweit dies für die Durchführung der Prüfung erforderlich ist.

(2) Die Mitglieder des Prüfungsausschusses sind bei ihrer Tätigkeit als Prüfer unabhängig. Sie sind zur Amtsverschwiegenheit über alle Prüfungsangelegenheiten verpflichtet. Der Vorsitzende des Prüfungsausschusses hat sie vor Beginn der Prüfung hierüber zu belehren.

(3) Für die praktische Prüfung am Berufskolleg Ernährung und Erziehung und die praktische und mündliche Prüfung am Berufskolleg Ernährung und Hauswirtschaft II mit Ausnahme der Prüfung im Fach Textverarbeitung bildet der Vorsitzende des Prüfungsausschusses die erforderlichen Fachausschüsse. Jedem Fachausschuss gehören an:

1. der Vorsitzende oder ein von ihm bestimmtes Mitglied des Prüfungsausschusses als Leiter, sofern die obere Schulaufsichtsbehörde nichts anderes bestimmt,
2. die Fachlehrkraft der Klasse oder bei deren Verhinderung eine in dem betreffenden Prüfungsfach erfahrene Lehrkraft als Prüfer und
3. bei der mündlichen Prüfung am Berufskolleg Ernährung und Hauswirtschaft II ein weiteres fachkundiges Mitglied des Prüfungsausschusses, das das Protokoll führt.

In Fächern, in denen die Klasse von verschiedenen Fachlehrkräften für Teilbereiche unterrichtet wird, gehören alle dem Fachausschuss an. Sie sind jeweils für ihren Teilbereich Prüfer nach Satz 2 Nr. 2. Der Leiter des Prüfungsausschusses bestimmt den Gang der Prüfung. Er kann selbst prüfen und führt bei der Prüfung im Berufskolleg Ernährung und Erziehung das Protokoll.

§ 18
Schriftliche Prüfung

(1) Die Leitung der schriftlichen Prüfung am Berufskolleg für Ernährung und Hauswirtschaft II obliegt dem Schulleiter oder einer von ihm beauftragten Lehrkraft.

(2) Schriftliche Prüfungsarbeiten sind in folgenden Fächern anzufertigen:

1. Wirtschaft und Recht 180 Minuten
2. Ernährungslehre und Diätetik 120 Minuten
3. Betriebsorganisation mit Übungen 180 Min.

(3) Die Prüfungsaufgaben werden im Rahmen der Bildungs- und Lehrpläne in den Fächern Wirtschaft und Recht sowie Ernährungslehre und Diätetik landeseinheitlich vom Kultusministerium und im Fach Betriebsorganisatorische Übungen von der jeweiligen Schule gestellt. Die obere Schulaufsichtsbehörde sorgt für die Gleichwertigkeit der Aufgabenstellung im Fach Betriebsorganisatorische Übungen.

(4) Über die schriftliche Prüfung ist eine Niederschrift zu fertigen, die vom Leiter der schriftlichen Prüfung und den aufsichtsführenden Lehrkräften unterschrieben wird.

(5) Die schriftlichen Arbeiten werden von der Fachlehrkraft der Klasse und von einer weiteren Fachlehrkraft, die der Vorsitzende des Prüfungsausschusses bestimmt, korrigiert und bewertet; dabei sind ganze und halbe Noten zu verwenden. Als Note der schriftlichen Prüfung gilt der auf die erste Dezimale errechnete Durchschnitt der beiden Bewertungen, der auf eine ganze oder halbe Note zu runden ist; Dezimalen von 0,3 bis 0,7 sind hierbei auf eine halbe Note, die übrigen Dezimalen auf eine ganze Note zu runden. Weichen die Bewertungen um mehr als eine ganze Note voneinander ab und können sich die beiden Lehrkräfte, die die Korrektur vorgenommen haben, nicht einigen, hat der Vorsitzende des Prüfungsausschusses die endgültige Note für die schriftliche Prüfung festzusetzen; dabei gelten die Bewertungen der beiden Fachlehrkräfte als Grenzwerte, die nicht über- und unterschritten werden dürfen.

(6) Die Note der schriftlichen Prüfung wird fünf bis sieben Schultage vor der mündlichen Prüfung bekanntgegeben.

⇨ Korrekturtag

§ 19
Durchführung der praktischen Prüfung

(1) In der praktischen Prüfung am Berufskolleg Ernährung und Erziehung soll nachgewiesen werden, dass der Prüfling in der Lage ist, die in der Praxis vorkommenden Arbeiten zu planen und mit den einschlägigen Geräten durchzuführen. In der praktischen Prüfung am Berufskolleg Ernährung und Hauswirtschaft II soll nachgewiesen werden, dass der Prüfling in einem hauswirtschaftlichen Großbetrieb anfallende Aufgaben einschließlich der hiermit verbundenen Anforderungen in der Textverarbeitung planen und durchzuführen kann.

(2) Eine fachpraktische Prüfung ist abzulegen:

1. im Berufskolleg Ernährung und Erziehung im Fach Hauswirtschaftliche Fachpraxis 225 Minuten
2. im Berufskolleg Ernährung und Hauswirtschaft II in den Fächern Betriebsorganisation mit Übungen 270 Minuten
   und Textverarbeitung 120 Minuten.

Die fachpraktische Prüfung im Fach Hauswirtschaftliche Fachpraxis und im Fach Betriebsorganisatorische Übungen gliedern sich jeweils in eine schriftliche Ausarbeitung und einen praktischen Teil. Im Fach Hauswirtschaftliche Fachpraxis umfasst die schriftliche Ausarbeitung 75 Minuten und die praktische Durchführung 150 Minuten; im Fach Betriebsorganisation mit Übungen umfasst die schriftliche Ausarbeitung 90 Minuten und die praktische Durchführung 180 Minuten.

(3) Die Prüfungsaufgaben für die praktische Prüfung werden im Rahmen der Bildungs- und Lehrpläne vom Leiter des Fachausschusses aufgrund von Vorschlägen der jeweiligen Fachlehrkraft gestellt. Im Fach Textverarbeitung kann die obere Schulaufsichtsbehörde bezirkseinheitliche Aufgaben anordnen.

(4) Die Aufsicht während der Prüfung wird abwechselnd durch die Mitglieder des Fachausschusses ausgeübt. Der Leiter des Fachausschusses kann weitere fachkundige Personen hinzuziehen.

(5) Über die praktische Prüfung ist eine Niederschrift zu fertigen, die von den Mitgliedern des Fachausschusses unterschrieben wird.

§ 20
Bewertung der praktischen Prüfung

(1) Die schriftliche Ausarbeitung in der jeweiligen praktischen Prüfung wird von zwei Mitgliedern des Fachausschusses korrigiert und mit einer ganzen oder halben Note bewertet. Die Note für die schriftliche Ausarbeitung ergibt sich aus dem auf die erste Dezimale berechneten Durchschnitt der beiden Bewertungen. § 18 Absatz 5 Satz 3 gilt entsprechend mit der Maßgabe, dass an die Stelle des Vorsitzenden des Prüfungsausschusses der Leiter des Fachausschusses tritt.

(2) Der Fachausschuss bewertet den praktischen Teil der Prüfung im Fach Hauswirtschaftliche Fachpraxis und im Fach Betriebsorganisation mit Übungen; dabei sind ganze oder halbe Noten zu verwenden. Kann sich der Fachausschuss auf keine bestimmte Note einigen oder mehrheitlich mit der Stimme des Leiters für keine bestimmte Note entscheiden, so wird die Note aus dem auf die erste Dezimale errechneten Durchschnitt der Bewertungen aller Mitglieder gebildet.

(3) Im Anschluss an den praktischen Teil setzt der Fachausschuss das Ergebnis der praktischen Prüfung fest. Dabei zählt jeweils die Note der schriftlichen Ausarbeitung einfach und die Note des praktischen

Teils doppelt. Der Durchschnitt ist auf die erste Dezimale zu berechnen und in der üblichen Weise auf eine ganze oder halbe Note zu runden.

(4) Abweichend hiervon gilt für die Korrektur und Bewertung der Arbeiten in der Prüfung im Fach Textverarbeitung § 18 Abs. 5 entsprechend.

(5) Die Note der praktischen Prüfungen wird dem Schüler fünf bis sieben Tage vor der mündlichen Prüfung bekanntgegeben.

§ 21
Mündliche Prüfung

(1) Die mündliche Prüfung am Berufskolleg Ernährung und Hauswirtschaft II soll keine Wiederholung, sondern eine Ergänzung der schriftlichen Prüfung sein. Sie dauert in der Regel 10 bis 15 Minuten je Prüfling und Fach.

(2) Die mündliche Prüfung wird in der Regel als Einzelprüfung durchgeführt. Der Vorsitzende des Prüfungsausschusses kann hiervon abweichend die Durchführung einer Gruppenprüfung zulassen, wenn dies aus organisatorischen oder thematischen Gründen für die Durchführung der Prüfung erforderlich ist. Bei einer Gruppenprüfung können bis zu drei Prüflinge zusammen geprüft werden. Die Entscheidung trifft der Vorsitzende des Prüfungsausschusses.

(3) Die mündliche Prüfung kann sich auf alle Pflichtfächer des zweiten Schuljahres mit Ausnahme der Fächer Betriebsorganisation mit Übungen und Textverarbeitung erstrecken.

(4) Aufgrund der Anmeldenoten und gegebenenfalls der Noten der schriftlichen Prüfung bestimmt der Vorsitzende des Prüfungsausschusses, in welchen Fächern mündlich zu prüfen ist. Jeder Prüfling wird zumindest in einem Fach und soll in nicht mehr als drei Fächern geprüft werden. Die zu prüfenden Fächer sind den Prüflingen fünf bis sieben Schultage vor der mündlichen Prüfung bekanntzugeben. Darüber hinaus kann der Prüfling bis zum nächsten Schultag dem Schulleiter schriftlich bis zu zwei weitere Fächer nach Absatz 3 benennen, in denen er mündlich zu prüfen ist.

(5) Im Anschluss an jede mündliche Prüfung setzt der Fachausschuss das Ergebnis der mündlichen Prüfung auf Vorschlag des Prüfers fest; dabei sind ganze oder halbe Noten zu verwenden. Kann sich der Fachausschuss mehrheitlich mit der Stimme des Leiters für keine bestimmte Note entscheiden, so wird die Note aus dem auf die erste Dezimale errechneten Durchschnitt der Bewertungen aller Mitglieder gebildet; § 18 Abs. 5 Satz 2 2. Halbsatz gilt entsprechend.

(6) Über jede mündliche Prüfung ist eine Niederschrift zu fertigen, die von den Mitgliedern des Fachausschusses unterschrieben wird.

§ 22
Ermittlung des Prüfungsergebnisses

(1) Die Endnoten in den einzelnen Fächern ermittelt der Vorsitzende des Prüfungsausschusses aufgrund der Anmeldenoten und gegebenenfalls der Prüfungsleistungen. Hierbei wird der Durchschnitt auf die erste Dezimale errechnet und in üblicher Weise auf eine ganze Note gerundet.

(2) Bei der Ermittlung der Endnoten zählen

1. in Fächern, in denen schriftlich und mündlich geprüft wurde, die Anmeldenote, die Note der schriftlichen Prüfung und die Note der mündlichen Prüfung je einfach,
2. in Fächern, in denen nur schriftlich, praktisch oder mündlich geprüft wurde, die Anmeldenote einfach und die Prüfungsnote doppelt.
3. im Fach Betriebsorganisation mit Übungen die Anmeldenote, die Note der schriftlichen Prüfung und die Note der praktischen Prüfung je einfach.

(3) In Fächern, in denen nicht geprüft wurde, werden die Anmeldenoten als Endnoten in das Zeugnis übernommen.

(4) Der Vorsitzende des Prüfungsausschusses stellt fest, wer die Abschlussprüfung bestanden hat. Hierfür gelten die Bestimmungen des § 10 Abs. 2 entsprechend.

(5) Über die Feststellung der Ergebnisse der Prüfung ist vom Vorsitzenden des Prüfungsausschusses eine Niederschrift zu fertigen.

§ 23
Zeugnis

(1) Wer die Abschlussprüfung bestanden hat, erhält ein Abschlusszeugnis mit den nach § 22 Abs. 1 bis 3 ermittelten Endnoten nach Anlage 3 oder 4 *(hier nicht abgeduckt)*.

(2) Wer an der Abschlussprüfung teilgenommen, sie nicht bestanden hat und die Schule verlässt, erhält ein Abgangszeugnis mit den § 22 Abs. 1 bis 3 ermittelten Endnoten.

(3) Wer an der Abschlussprüfung nicht oder nur teilweise teilgenommen hat, erhält ein Zeugnis über die bis zum Ausscheiden erbrachten Leistungen oder, sofern sie bereits vorliegen, mit den Anmeldenoten nach § 16 Abs. 3; Prüfungsleistungen bleiben unberücksichtigt.

(4) Wer an der Abschlussprüfung teilgenommen und sie nicht bestanden hat und das Schuljahr wiederholt, erhält ein Jahreszeugnis mit den nach § 22 Abs. 1 bis 3 ermittelten Endnoten.

(5) In den Zeugnissen nach den Absätzen 2 bis 4 ist zu vermerken, dass das Ausbildungsziel des jeweiligen Berufskollegs nicht erreicht ist.

→ Zeugnisse (Berufliche Schulen)

§ 24
Wiederholung der Prüfung, Entlassung

(1) Wer die Abschlussprüfung am Berufskolleg Ernährung und Erziehung oder am Berufskolleg für Ernährung und Hauswirtschaft II nicht bestanden hat, kann die jeweilige Prüfung nach erneutem Besuch des Berufskollegs Ernährung und Erziehung oder des zweiten Schuljahres des Berufskollegs für Ernährung und Hauswirtschaft II einmal wiederholen. Absatz 3 Satz 2 bleibt unberührt.

(2) Wer an der Abschlussprüfung ganz oder teilweise aus wichtigem Grund nicht teilgenommen hat, kann das zweite Schuljahr wiederholen, wenn auch die Teilnahme an einer Nachprüfung nicht möglich

war. Die Prüfung gilt als nicht unternommen. Als wichtiger Grund gilt auch die Erlaubnis einer Wiederholung des zweiten Schuljahres nach § 12.

(3) Wer die Abschlussprüfung auch bei Wiederholung nicht bestanden hat, muss das Berufskolleg verlassen. Abweichend von Absatz 1 Satz 1 muss das Berufskolleg ebenfalls verlassen, wer durch ein gezielt auf das Nichtbestehen der Abschlussprüfung gerichtetes Verhalten das Bestehen der Prüfung vereitelt. Die Prüflinge sind vor Beginn der Prüfung auf diese Bestimmung hinzuweisen.

(4) Bei bestandener Abschlussprüfung ist weder eine Wiederholung der jeweiligen Ausbildung noch eine Wiederholung der jeweiligen Abschlussprüfung zulässig.

Hinweis der Redaktion: § 25 (Nichtteilnahme, Rücktritt) und 26 (Täuschungshandlungen, Ordnungsverstöße) sind inhaltsgleich mit den §§ 23 und 24 → Berufsfachschule Altenpflegehilfe.

5. Abschnitt
Zusatzunterricht und Zusatzprüfung zum Erwerb der Fachhochschulreife am Berufskolleg für Ernährung und Hauswirtschaft II

§ 27
Allgemeines

(1) Wer am Berufskolleg für Ernährung und Hauswirtschaft II die Fachhochschulreife erwerben will, muss am Zusatzunterricht in den Wahlfächern Mathematik und Englisch teilnehmen und im Zusammenhang mit der Abschlussprüfung eine Zusatzprüfung ablegen.

(2) Für die Teilnahme am Zusatzunterricht zum Erwerb der Fachhochschulreife gilt das erste Schuljahr als Probezeit. Die weitere Teilnahme am Zusatzunterricht des zweiten Schuljahres setzt voraus, dass am Ende des ersten Schuljahres der Durchschnitt aus den Fächern Deutsch, Englisch und Mathematik, der aus ganzen Noten gebildet wird, mindestens 4,0 beträgt und keines dieser Fächer mit der Note „ungenügend" bewertet ist.

§ 28
Zulassung zur Zusatzprüfung

Zur Zusatzprüfung wird auf Antrag zugelassen, wer an der Abschlussprüfung teilnimmt und den Zusatzunterricht ordnungsgemäß besucht hat.

§ 29
Durchführung der Zusatzprüfung

(1) Für die Zusatzprüfung gelten § 15 Absatz 1 und 3 Satz 2, § 16 Absatz 3, §§ 17, 18 Absatz 1 und 3 bis 6, § 21 Absatz 1, 2 und 4 bis 6, § 22 Absatz 1, 2, 4 Satz 1 und Absatz 5 sowie §§ 25, 26 entsprechend mit folgender Maßgabe:

1. Der Zeitpunkt der schriftlichen Prüfung wird vom Kultusministerium festgelegt.
2. § 17 Abs. 3 Satz 2 Nr. 3 gilt für die mündliche Prüfung im Rahmen der Zusatzprüfung zum Erwerb der Fachhochschulreife entsprechend.
3. Schriftliche Prüfungsarbeiten sind in folgenden Fächern zu fertigen:
   Deutsch 40 Minuten,
   Englisch 200 Minuten,
   Mathematik 200 Minuten.
   Die Prüfungsaufgaben werden im Rahmen der Bildungs- und Lehrpläne landeseinheitlich vom Kultusministerium oder der von ihm beauftragten oberen Schulaufsichtsbehörde gestellt.
4. Die mündliche Prüfung kann sich auf die in Nummer 3 genannten Fächer erstrecken. Von der mündlichen Prüfung ist in den Fächern abzusehen, in welchen die Anmeldenote und die Note der schriftlichen Prüfung übereinstimmen. § 21 Abs. 4 Satz 4 bleibt mit der Maßgabe unberührt, dass sich der Wunsch auf eine zusätzliche Prüfung nur auf die in Nummer 3 genannten Fächer beziehen kann.

(2) Die Zusatzprüfung ist bestanden, wenn

1. die Abschlussprüfung des Berufskollegs für Ernährung und Hauswirtschaft II bestanden wurde und
2. der Durchschnitt aus den Endnoten der Fächer der Zusatzprüfung 4,0 oder besser ist und
3. keines der Fächer der Zusatzprüfung mit der Endnote „ungenügend" bewertet ist und
4. die Leistungen in nicht mehr als einem der nach § 5 Abs. 1 maßgebenden Fächer einschließlich der Fächer der Zusatzprüfung schlechter als mit der Note „ausreichend" bewertet sind; sind die Leistungen in zweien dieser Fächer schlechter als mit der Endnote „ausreichend" bewertet, ist die Zusatzprüfung bestanden, wenn für beide Fächer nach Maßgabe des § 10 Abs. 2 Nr. 4 ein Ausgleich gegeben ist; dabei können die Fächer der Zusatzprüfung nur mit schriftlich geprüften Fächern mit Ausnahme des Faches Betriebsorganisation mit Übungen ausgeglichen werden.
5. Die Wiederholung der Zusatzprüfung setzt die Wiederholung des Zusatzunterrichts voraus, wenn auch die schulische Abschlussprüfung nicht bestanden wurde. Wer nur die Zusatzprüfung nicht bestanden hat, kann sie einmal zum nächsten allgemeinen Prüfungstermin ohne erneuten Besuch des Berufskollegs wiederholen. Die ursprünglichen Anmeldenoten bleiben in diesem Fall erhalten.

§ 30 Zeugnis der Fachhochschulreife

Wer nach der Feststellung des Vorsitzenden die Abschlussprüfung und die Zusatzprüfung bestanden hat, erhält das Zeugnis der Fachhochschulreife, das zum Studium an einer Fachhochschule berechtigt (Anlage 5). Dabei werden die Endnoten der maßgebenden Fächer des zweiten Schuljahres aus dem Abschlusszeugnis übernommen.

6. Abschnitt – Prüfung für Schulfremde

§ 31 Teilnehmer

Personen, die das Abschlusszeugnis eines Berufskollegs für Ernährung und Erziehung oder eines Berufskollegs für Ernährung und Hauswirtschaft II erwerben wollen, ohne ein entsprechendes öffentliches oder staatlich anerkanntes Berufskolleg besucht zu haben, können als Schulfremde die Abschlussprüfung und am Berufskolleg für Ernährung und Hauswirtschaft II im Zusammenhang damit die Zusatzprüfung zum Erwerb der Fachhochschulreife ablegen.

§ 32 Zeitpunkt

Die Prüfung für Schulfremde findet einmal jährlich, in der Regel zusammen mit der Abschlussprüfung und der Zusatzprüfung an den öffentlichen Berufskollegs, statt.

§ 33 Meldung

(1) Die Meldung zur Prüfung ist bis zum 1. Dezember für die Prüfung im darauf folgenden Jahr an das öffentliche Berufskolleg zu richten, an dem die Prüfung durchgeführt werden soll. Die Meldungen von Prüflingen von staatlich genehmigten, aber noch nicht staatlich anerkannten Schulen erfolgt bei der oberen Schulaufsichtsbehörde, in deren Bezirk die Privatschule liegt.

(2) Der Meldung sind beizufügen:

1. ein Lebenslauf in tabellarischer Form mit Angaben über den bisherigen Bildungsweg und gegebenenfalls über die ausgeübte Berufstätigkeit,
2. die Geburtsurkunde und ein Lichtbild,
3. der Nachweis über den Realschulabschluss oder einen gleichwertigen Bildungsstand
4. eine Erklärung darüber, ob und gegebenenfalls mit welchem Ergebnis schon an einer entsprechenden Abschlussprüfungen teilgenommen wurde,
5. Angaben über die schulische Vorbereitung auf die Prüfung oder über den Selbstunterricht sowie über den in allen Prüfungsfächern durchgearbeiteten Lehrstoff und die benutzte Literatur und
6. für die Schulfremdenprüfung am Berufskolleg Ernährung und Erziehung der Nachweis über die Durchführung eines Praktikums in einem hauswirtschaftlichen Betrieb oder in einer Kindertageseinrichtung im Umfang von mindestens 260 Stunden, wobei eine einschlägige Berufstätigkeit auf das Praktikum angerechnet werden kann, oder
7. für die Schulfremdenprüfung am Berufskolleg Ernährung und Hauswirtschaft II der Nachweis über
   a) den erfolgreichen Abschluss des Berufskollegs für Ernährung und Hauswirtschaft I oder des Berufskollegs Ernährung und Erziehung oder der zweijährigen zur Prüfung der Fachschulreife führenden hauswirtschaftlich-sozialpädagogischen Berufsfachschule oder der zweijährigen zur Prüfung der Fachschulreife führenden Berufsfachschule mit dem Profil Hauswirtschaft und Ernährung oder dem Profil Ernährung und Gastronomie oder
   b) den Berufsabschluss in einem einschlägigen, mindestens zweijährigen Ausbildungsberuf im Berufsfeld Ernährung und Hauswirtschaft in Verbindung mit einem mittleren Bildungsabschluss oder
   c) eine unter der unter Buchstabe a) oder b) aufgeführten Ausbildungen gleichwertige Vorbildung;
   d) die Durchführung eines Praktikums in hauswirtschaftlichen Betrieben im Umfang von 600 Stunden, wobei eine einschlägige Berufstätigkeit auf das Praktikum angerechnet werden kann,
   e) eine Erklärung darüber, ob sich die Prüfung auch auf die Zusatzprüfung zum Erwerb der Fachhochschulreife erstrecken soll.

(3) Für Prüflinge der staatlich genehmigten, aber noch nicht staatlich anerkannten Schulen kann anstelle der Meldung durch den einzelnen Prüfling die Sammelmeldung der Schule treten, die Vor- und Zuname, Geburtstag, Geburtsort und Anschrift des Prüflings enthalten muss. Der Sammelmeldung sind die Unterlagen gemäß Absatz 2 beizufügen.

§ 34 Voraussetzungen für die Zulassung

(1) Schulfremde können die Prüfung nicht eher ablegen, als es ihnen bei Besuch des öffentlichen Berufskollegs möglich wäre.

(2) Zur Prüfung wird nur zugelassen, wer

1. die Voraussetzungen für die Aufnahme in das jeweilige Berufskolleg gemäß § 6 Abs. 1 Nr. 1 oder Abs. 2 Nr. 1 bis 4 erfüllt,
2. die jeweilige Abschlussprüfung noch nicht wiederholt als ordentlicher oder außerordentlicher Teilnehmer abgelegt hat und
3. wer für die Prüfung am Berufskolleg Ernährung und Erziehung das Praktikum nach § 33 Abs. 2 Nr. 6 und für die Prüfung am Berufskolleg für Ernährung und Hauswirtschaft II das Praktikum nach § 33 Abs. 2 Nr. 7 Buchst. d) nachweist.

(3) Zur Prüfung wird in der Regel nur zugelassen, wer in Baden-Württemberg seinen ständigen Wohnsitz hat oder in Baden-Württemberg an einer staatlich genehmigten Schule oder einer sonstigen Unterrichtseinrichtung auf die Schulfremdenprüfung vorbereitet wurde.

§ 35 Entscheidung über die Zulassung

Das jeweilige öffentliche Berufskolleg entscheidet über die Zulassung zur Prüfung. Bei Bewerbern von staatlich genehmigten Schulen trifft diese Entscheidung die obere Schulaufsichtsbehörde. Sie bestimmt das öffentliche Berufskolleg, an dem die Prüfung abzulegen ist. Dabei kann sie zulassen, dass die schriftliche und praktische Prüfung im Gebäude der staatlich genehmigten Schule abgenommen wird. Leitung und Beaufsichtigung der Prüfung regelt in diesem Fall die obere Schulaufsichtsbehörde.

§ 36 Durchführung der Prüfung

(1) Für die zugelassenen Bewerber gelten §§ 13 bis 15, §§ 17 bis 22 Absatz 1, 2, 4 und 5, §§ 24 bis 26 und bei Teilnahme an der Zusatzprüfung § 29 entsprechend mit folgender Maßgabe:

1. Fachlehrkräfte im Sinne von § 17 Abs. 3 Nr. 2 und § 18 Abs. 5 sind die vom Vorsitzenden des Prüfungsausschusses bestimmten Fachlehrkräfte einer öffentlichen Schule, in der Regel des Be-

rufskollegs, welchem der Bewerber zur Ablegung der Prüfung zugewiesen ist.

2. Im Berufskolleg Ernährung und Erziehung wird ergänzend eine schriftliche Prüfung durchgeführt. Diese erstreckt sich auf die Fächer Wirtschaft und Recht, Biologie mit Gesundheitslehre und Pflege, Erziehungslehre mit Säuglingspflege sowie Chemie und Ernährungslehre; die Bearbeitungszeit beträgt jeweils 120 Minuten.
3. Die mündliche Prüfung der jeweiligen Schulfremdenprüfung erstreckt sich auf alle maßgebenden Fächer des jeweiligen Berufskollegs mit Ausnahme der Fächer des fachpraktischen Bereichs. Ein schriftlich geprüftes Fach wird nur dann in die mündliche Prüfung einbezogen, wenn dies der Bewerber spätestens vier Schultage vor der mündlichen Prüfung schriftlich verlangt. Die mündliche Prüfung wird als Einzelprüfung durchgeführt. In den nicht schriftlich geprüften Fächern kann der Fachausschuss ganz oder teilweise anstelle einer mündlichen Prüfung eine vereinfachte schriftliche Prüfung durchführen.
4. Bei der Feststellung des Ergebnisses der Prüfung zählen allein die Prüfungsleistungen.
5. Die Schule kann im Einzelfall auf Antrag die Zusatzprüfung in einer anderen Fremdsprache zulassen.

(2) Die Prüflinge haben sich bei Beginn der Prüfung mit einem mit Lichtbild versehenen amtlichen Ausweis auszuweisen und diesen während der gesamten Prüfung bei sich zu führen und auf Verlangen vorzuzeigen.

§ 37 Zeugnisse

(1) Wer die Prüfung bestanden hat, erhält das Abschlusszeugnis für Schulfremde [...]. Wer die Prüfung nicht bestanden hat, erhält auf Verlangen eine Bescheinigung über die Teilnahme an der Prüfung, über das Ergebnis der Prüfung und die ermittelten Einzelnoten.

(2) Wer auch die Zusatzprüfung zum Erwerb der Fachhochschulreife bestanden hat, erhält außerdem das Zeugnis der Fachhochschulreife [...].

→ Berufskolleg Ernährung/Erziehung/Hauswirtschaft (Stundentafeln); ⇨ Handy-Nutzung; → Individuelle Förderung und Unterstützung (BS); ⇨ Korrekturtag; → Termine Berufliche Schulen; → Zeugnisse (Berufliche Schulen)

Berufskolleg Ernährung/Erziehung/Hauswirtschaft (Stundentafeln)

(abgedruckt sind die Stundentafeln des Schulversuchs)

Anlage 1 (Zu § 4)

Stundentafel für das Berufskolleg Ernährung und Erziehung

(durchschnittliche Zahl der Wochenstunden)

1.	**Pflichtfächer**	
	Religionslehre	1
	Deutsch	1
	Englisch	1
	Gemeinschaftskunde	1
	Wirtschaft und Recht	2
	Datenverarbeitung/Textverarbeitung	2
	Biologie mit Gesundheitslehre und Pflege mit Übungen[1)]	3
	Erziehungslehre mit Säuglingspflege mit Übungen[1)]	3
	Chemie und Ernährungslehre	4
	Haushaltstechnologie	1
	Hauswirtschftliche Fachpraxis	9
		28
2.	**Wahlfächer**	2
3.	**Praktikum** in hauswirtschaftlichen Betrieben 260 Zeitstunden	

[1)] Es kann eine Stunde in Klassenteilung unterrichtet werden (Mindestgruppengröße 8, höchstens zwei Gruppen je Klasse)

Anlage 2 (Zu § 4)

Stundentafel für das Berufskolleg Ernährung und Hauswirtschaft II

(durchschnittliche Zahl der Wochenstunden)

	Schuljahr	1	2
1.	**Pflichtfächer**		
	Religionslehre	1	1
	Gemeinschaftskunde	1	1
	Deutsch	2	2
	Wirtschaft und Recht mit Datenverarbeitung	3	4
	Ernährungslehre und Diätetik	1	2
	Betriebsorganisation mit Übungen[2]	14	11
	Kunst	–	2
	Textverarbeitung	2	1
2.	**Wahlfächer**		
2.1	**Zusatzunterricht zum Erwerb der FHS-Reife**		
	Mathematik	3	3
	Englisch	3	3
	oder		
2.2	**sonstiges Wahlfach**	1	1
3.	**Praktikum** Zeitstunden (in unterschiedlichen Praxisfeldern)	300	300

[2)] Umfasst die Schwerpunkte Nahrungszubereitung, Reinigung, Betriebshygiene, Textilarbeit/Werken; Stundenverteilung von Theorie und Praxis:
1. Jahr: 3 Stunden Theorie, 11 Stunden Praxis;
2. Jahr: 2 Stunden Theorie, 9 Stunden Praxis.

Berufskolleg (Fachhochschulreife / Anerkennung)

Bundesweite Anerkennung der Fachhochschulreife;
Erlass des KM vom 24. April 2009 (Aktenzeichen 44-6623.0/10)

In den neu geordneten, aufeinander aufbauenden Berufskollegs I und II wird mit dem erfolgreichen Abschluss des Berufskollegs II die Fachhochschulreife vergeben. Diese kann bundesweit anerkannt werden, wenn zusätzlich zum schulischen Abschluss ein einschlägiges, d.h. ein entsprechend der jeweiligen Fachrichtung der schulischen Ausbildung ausgerichtetes halbjähriges Praktikum, eine mindestens zweijährige einschlägige Berufstätigkeit oder eine Berufsausbildung nachgewiesen wird. Der Erwerb des Assistentenabschlusses in dem Bildungsgang, in dem zugleich die Fachhochschulreife erworben wurde, genügt für eine bundesweite Anerkennung nicht.

Die Erfüllung der Voraussetzungen für eine bundesweite Anerkennung bei Nachweis eines Praktikums oder einer Berufsausbildung wird durch die Schule geprüft und bescheinigt, an der die Fachhochschulreife erworben wurde; im Übrigen ist das Kultusministerium zuständig. – Für das halbjährige Praktikum ist Folgendes zu beachten:

1.
Ziel und Inhalt des Praktikums:

Das Praktikum dient dem Kennenlernen der Arbeitswelt in einem der Ausbildung am Berufskolleg affinen Bereich. Es wird in einem Betrieb der Wirtschaft oder in einer vergleichbaren außerschulischen Einrichtung durchgeführt. Das Praktikum soll Einblicke in unterschiedliche Arbeitsbereiche und Arbeitsmethoden, in den Aufbau und die Organisation der Praktikumsstelle sowie nach Möglichkeit in Personal- und Sozialfragen geben. Mögliche Schwerpunkte bzw. Arbeitsbereiche für die jeweiligen Bildungsgänge sind in Anlage 1 beschrieben.

2.
Auswahl der Praktikumsstelle

Die Praktikumsstelle wird von den Praktikantinnen und Praktikanten ausgewählt und der Schule vorgeschlagen; die Schule entscheidet über die Eignung der Praktikumsstelle.

3.
Zeitlicher Umfang

Der Umfang des Praktikums beträgt ein halbes Jahr; die wöchentliche Arbeitszeit und die anrechenbaren Urlaubstage richten sich nach gesetzlichen oder tariflichen Bestimmungen, die für den Betrieb gelten, in dem das Praktikum durchgeführt wird. Ein während des Besuchs des Berufskollegs II erfolgtes Praktikum kann mit bis zu vier Wochen angerechnet werden.

4.
Versicherungsschutz

Das im Anschluss an die schulische Ausbildung durchgeführte Praktikum unterliegt nicht dem Schutz der gesetzlichen Schülerunfallversicherung; es fällt in den Bereich der gesetzlichen Unfallversicherung des Betriebs, in den die Praktikantin / der Praktikant eingegliedert ist.

⇨ Unfallversicherung

5.
Praktikumsbescheinigung

Die Praktikantinnen und Praktikanten weisen der Schule die Durchführung des Praktikums durch eine Bescheinigung des Betriebs oder der Einrichtung, in der das Praktikum durchgeführt wurde, nach. Aus ihr müssen die Dauer der Beschäftigung, der zugewiesene Aufgabenbereich und die Fehltage hervorgehen.

6.
Bescheinigung über die bundesweite Anerkennung

Die Schule, an der die Fachhochschulreife erworben wurde, erteilt nach Eingang der Praktikumsbescheinigung eine Bescheinigung über die Erfüllung der Voraussetzungen für die bundesweite Anerkennung der Fachhochschulreife nach Anlage 2. Eine entsprechende Bescheinigung kann auch erteilt werden, wenn eine mindestens zweijährige Berufsausbildung nachgewiesen wird. Für darüber hinausgehende Fälle (z.B. bei Nachweis einer mindestens zweijährigen Berufstätigkeit) ist das Kultusministerium zuständig.

Anlage 1

Mögliche Inhalte des Betriebspraktikums

Während des Betriebspraktikums soll ein möglichst breites Spektrum der nachfolgend aufgeführten Schwerpunkte bzw. Arbeitsbereiche abgedeckt werden.

Fachrichtung Technik

- Gesamtprodukt bzw. Gesamtauftrag (z.B. technische Geräte und Systeme)
- Leistungsprozesse, Teilerzeugnisse und Teilleistungen (z.B. Materialbedarf, Arbeitsmittelbedarf, Energie-/Personal-/Zeitbedarf)
- Produktions-/Fertigungsprozess (z.B. grundlegende Arbeits- und Verfahrenstechniken, automatisierte Prozesse, Mess-, Steuer- und Regelungstechniken, Montage und Wartung)
- Qualitätsanforderungen und Prüfkriterien bei Planung, Durchführung und Kontrolle des betrieblichen Leistungsprozesses (z.B. Funktionseinheiten, ökologisch Aspekte)
- Unfallschutz (z.B. Gefährdungsbeurteilung)

Fachrichtung Wirtschaft und Verwaltung

- Beschaffung und Bevorratung (z.B. Logistik, Vertragsgestaltung)
- Marketing und Absatz (z.B. Vertrieb, Export, Werbung)
- Leistungserstellung von Produkten/Dienstleistungen
- Rechnungswesen (Dokumentation der Geschäftsprozesse)

- Controlling/Steuerung der Geschäftsprozesse (z.B. innerbetriebliche Rechnungslegung, Kalkulation, betrieblicher Kennzahlen)
- Personalwirtschaft (z.B. Personalentwicklung, Entgeltsysteme, Datenschutz)
- Querschnittsaufgaben (z.B. Qualitätsmanagement, Umweltschutzmanagement)

Fachrichtung Sozial- und Gesundheitswesen

- Arbeitsbereich Verwaltung
  > Abwicklung des Aufnahme- / Zuweisungsverfahrens und des Entlassungs- / Übergabeverfahrens in den Einrichtungen
  > Logistische Leistungen (z.B. Angebotsvergleich, Kaufverträge)
  > Rechnungswesen (z.B. Mitarbeit in der Buchführung und Kostenrechnung)
  > Personaleinsatz (z.B. Dienstplangestaltung)
  > Marketing
- Arbeitsbereich Pflege

Gesamt- und Teilprozesse der Alltagsroutine (z.B. pflegerische Leistungen, Teambesprechungen, Pflegedokumentation, Gespräche mit Patienten und Angehörigen)

Anlage 2 *(nicht abgedruckt)*

Hinweis der Redaktion: Auf diesem Formular wird bestätigt, dass der Absolvent/die Absolventin die Voraussetzungen für den Erwerb der Fachhochschulreife nach der Vereinbarung der Kultusministerkonferenz vom 5.6.1998 i.d.F. vom 9.3.2001 erfüllt. Das entsprechende Zeugnis berechtigt in allen Ländern in der Bundesrepublik zum Studium an Fachhochschulen.

⇨ Abschlüsse und Bildungswege; ⇨ Aufbaugymnasium (Allgemeinbildend und beruflich); → Berufliches Gymnasium (BGVO); → Berufskolleg Ernährung/Erziehung/Hauswirtschaft; → Berufskolleg (Einjährig / Fachhochschulreife); → Berufskolleg Gesundheit und Pflege I; → Berufskolleg in Teilzeitunterricht; → Berufskolleg (Kaufmännisch) I und II; → Berufskolleg (Kaufmännisch) I – Verzahnung; → Berufskolleg (Kaufmännisch) II – Verzahnung; → Berufskolleg (Sozialpädagogik) für Praktikant/innen; → Berufskolleg (Technik) I – Verzahnung; → Berufskolleg (Technik) II – Verzahnung; → Berufskolleg Technisch I; → Berufskolleg Technische Assistenten; ⇨ Gymnasium (Abitur – AGVO); ⇨ Gymnasium (Schultypen); ⇨ Hochschulreife (Zugangsberechtigungen)

Berufskolleg Fachhochschulreife – Einjährig (1BKFHVO)

Verordnung des Kultusministeriums über die Ausbildung und Prüfung an den einjährigen Berufskollegs zum Erwerb der Fachhochschulreife (1BKFHVO) vom 13. August 2012 (GBl. S. 519/2012; K.u.U. S. 167/2012); zuletzt geändert 15. August 2017 (GBl. S. 469/2017)

Hinweise der Redaktion:

1. Für das Berufskolleg zum Erwerb der Fachhochschulreife hat das Kultusministerium Schulversuchsbestimmungen erlassen: → Berufskolleg Projektarbeit.
2. Die Verordnung des KM über den Erwerb der Fachhochschulreife in der gymnasialen Oberstufe ist unter ⇨ Fachhochschulreife im Standardteil des Jahrbuchs abgedruckt.

1. Abschnitt – Allgemeines

§ 1
Zweck der Ausbildung

Die Ausbildung an den Berufskollegs zum Erwerb der Fachhochschulreife soll, aufbauend auf einem mittleren Bildungsabschluss und einer abgeschlossenen Berufsausbildung, durch vertieften allgemeinbildenden und fachtheoretischen Unterricht zum Studium an einer Fachhochschule qualifizieren.

§ 2
Dauer und Abschluss der Ausbildung

Die Ausbildung dauert in Vollzeitform ein Schuljahr, in Teilzeitform entsprechend länger. Sie endet mit einer Abschlussprüfung, durch deren Bestehen die Fachhochschulreife erworben wird.

§ 3
Bildungsplan, Stundentafel

Der Unterricht richtet sich nach den vom Kultusministerium erlassenen Bildungs- und Lehrplänen und nach der als Anlage beigefügten Stundentafel. Über die Pflicht- und Wahlfächer hinaus können Arbeitsgemeinschaften angeboten werden.

→ Berufskolleg Fachhochschulreife – Stundentafel

§ 4
Maßgebende Fächer, Kernfächer

(1) Für den Abschluss sind die Leistungen in den maßgebenden Fächern entscheidend. Maßgebende Fächer sind alle Pflichtfächer mit Ausnahme von Religionslehre.

(2) Kernfächer unter den maßgebenden Fächern sind Deutsch, Englisch, Mathematik sowie das berufsbezogene Schwerpunktfach.

2. Abschnitt
Aufnahmeverfahren und Probezeit

§ 5
Aufnahmevoraussetzungen

(1) Voraussetzungen für die Aufnahme in das Berufskolleg sind

1. die Fachschulreife, der Realschulabschluss oder das Versetzungszeugnis in die Klasse oder Jahrgangsstufe 11 eines Gymnasiums, in die gymnasiale Oberstufe der Gemeinschaftsschule oder der Nachweis eines gleichwertigen Bildungsstandes oder das Versetzungszeugnis in die Klasse 10 eines Gymnasiums im achtjährigen Bildungsgang und
2. eine abgeschlossene, mindestens zweijährige und für das am aufnehmenden Berufskolleg angebotene berufsbezogene Schwerpunktfach einschlägige
   a) Berufsausbildung in einem anerkannten oder gleichwertig geregelten Ausbildungsberuf oder

b) schulische Berufsausbildung, gegebenenfalls in Verbindung mit einem Berufspraktikum, oder

c) Berufsausbildung in einem öffentlich-rechtlichen Dienstverhältnis, oder

3. das Versetzungszeugnis in die zweite Klasse einer Fachoberschule, sofern die Fachrichtung der besuchten Fachoberschule der Fachrichtung des jeweiligen Berufskollegs entspricht.

Der Berufsausbildung nach Satz 1 Nummer 2 gleichgestellt ist eine einschlägige, für den Besuch des Berufskollegs förderliche Berufserfahrung von mindestens fünf Jahren, wobei der erfolgreiche Besuch einer beruflichen Vollzeitschule bis zu einem Jahr angerechnet werden kann. In Zweifelsfällen entscheidet die obere Schulaufsichtsbehörde über die Zuordnung zum Schwerpunktfach und über die förderliche Berufserfahrung. Bei ausländischen Bildungsnachweisen sind außerdem für den Besuch der Schule ausreichende deutsche Sprachkenntnisse nachzuweisen.

(2) Wer bereits anderweitig die Qualifikation für das Studium an einer Fachhochschule erworben oder eine Prüfung zum Erwerb der Fachhochschulreife wiederholt nicht bestanden hat, kann nicht aufgenommen werden.

Hinweis der Redaktion: Zum Schulversuch „Duchlässigkeit Berufsoberschule – einjähriges BK" siehe → Berufsoberschule.

§ 6
Aufnahmeantrag

(1) Der Aufnahmeantrag ist an das Berufskolleg zu richten, an dem die Ausbildung erfolgen soll. Der Termin, zu dem der Antrag bei der Schule eingegangen sein muss, wird, soweit er nicht vom Kultusministerium festgelegt wurde, vom Schulleiter bestimmt und auf geeignete Weise bekanntgegeben. Dem Aufnahmeantrag sind beizufügen:

1. ein Lebenslauf in tabellarischer Form mit Angaben über den bisherigen schulischen und beruflichen Werdegang,
2. beglaubigte Abschriften der Zeugnisse und Nachweise nach § 5 Absatz 1,
3. eine Erklärung,
   a) ob und gegebenenfalls an welchem Berufskolleg zum Erwerb der Fachhochschulreife bereits an einem Aufnahmeverfahren teilgenommen wurde,
   b) ob und gegebenenfalls an welches Berufskolleg ebenfalls ein Aufnahmeantrag gerichtet wurde,
   c) ob und gegebenenfalls mit welchem Ergebnis schon an Prüfungen zum Erwerb der Fachhochschulreife teilgenommen oder die Oberstufe eines Gymnasiums oder ein anderer zur allgemeinen oder fachgebundenen Hochschulreife führender Bildungsgang besucht wurde.

Sofern ein Nachweis nach § 5 Absatz 1 zum Anmeldetermin noch nicht vorliegt, ist die beglaubigte Abschrift unverzüglich nachzureichen; dem Aufnahmeantrag ist gegebenenfalls eine beglaubigte Abschrift des letzten Schulzeugnisses beizufügen.

(2) Über den Aufnahmeantrag entscheidet der Schulleiter. Er kann eine angemessene Frist setzen, innerhalb derer sich der Bewerber erklären muss, ob er die Zusage über die Aufnahme annimmt.

§ 7
Auswahlverfahren

(1) Ein Auswahlverfahren ist nur durchzuführen, wenn

1. bei voller Ausschöpfung der vorhandenen personellen und sächlichen Gegebenheiten sowie
2. bei Abstimmung der Aufnahmefähigkeiten benachbarter Schulen und entsprechender Zuweisung der Bewerber (§ 18 Absatz 1 und § 88 Absatz 4 SchG nicht alle Bewerber, welche die Aufnahmevoraussetzungen nach § 5 erfüllen, in das Berufskolleg aufgenommen werden können.

(2) Im Auswahlverfahren sind die Plätze nach folgenden Quoten zu vergeben:

1. 85 Prozent nach Eignung und Leistung (Absatz 3),
2. 10 Prozent nach Wartezeit (Absatz 4),
3. 5 Prozent für außergewöhnliche Härtefälle (Absatz 5).

Bleiben im Rahmen der Auswahl nach Satz 1 Nummer 2 und 3 Plätze frei, sind diese nach Eignung und Leistung (Absatz 3) zu vergeben.

(3) Bei der Vergabe der Plätze nach Eignung und Leistung werden die Bewerber entsprechend dem Anteil mit

1. der Fachschulreife,
2. dem Realschulabschluss,
3. dem Versetzungszeugnis in die Klasse oder Jahrgangstufe 11 eines Gymnasiums, in die Klasse 10 eines Gymnasiums im achtjährigen Bildungsgang oder in die gymnasiale Oberstufe der Gemeinschaftsschule oder der Oberstufe der Berufsoberschule,
4. einem dem Realschulabschluss gleichwertigen Bildungsstand nach Abschluss der Klasse 10 der Werkrealschule und
5. einem dem Realschulabschluss gleichwertigen Bildungsstand durch Berufsschulabschluss und Berufsausbildung oder durch Hauptschulabschluss, Berufsschulabschluss und Berufsabschluss

in der jeweiligen Gruppe nach Nummer 1 bis 4 in der Rangfolge des auf eine Dezimale errechneten Durchschnitts aus den Noten der Fächer Deutsch, Englisch beziehungsweise erste Pflichtfremdsprache, Mathematik und der besten Note der naturwissenschaftlichen Fächer des Zeugnisses nach § 5 Absatz 1 Satz 1 Nummer 1 und in der Gruppe nach Nummer 5 in der Rangfolge der für einen dem Realschulabschluss gleichwertigen Bildungsstand maßgeblichen Durchschnittsnote aufgenommen. Bei gleicher Rangfolge entscheidet die Dauer der beruflichen Tätigkeit nach der beruflichen Abschlussprüfung, bei gleicher Dauer das Los. Bewerber mit dem Nachweis eines sonstigen gleichwertigen Bildungsstandes sind der einschlägigen Gruppe nach Satz 1 Nummer 1 bis 4 zuzuordnen. Bei Bewerbern, die im allgemeinbildenden Gymnasium im achtjährigen Bildungsgang in die Jahrgangstufe 11 versetzt wurden, wird das Zeugnis nach § 5 Absatz 1 Satz 1 Nummer 1 zugrunde gelegt, das der Bewerber im Auswahlverfahren vorlegt.

(4) Bei der Vergabe der Plätze nach Wartezeit erfolgt die Aufnahme in folgender Rangfolge:

1. Bewerber mit drei und mehr Schuljahren Wartezeit,
2. Bewerber mit zwei Schuljahren Wartezeit,
3. Bewerber mit einem Schuljahr Wartezeit.

Bei gleicher Rangfolge entscheidet die Dauer der beruflichen Tätigkeit nach der beruflichen Abschlussprüfung, bei gleicher Dauer das Los. Berücksichtigt werden nur volle Schuljahre, die seit dem ersten Aufnahmeantrag und der Erfüllung der Aufnahmevoraussetzungen nach § 5 bis zum Beginn des auf das laufende Aufnahmeverfahren folgenden Schuljahres verstrichen sind. Voraussetzung ist, dass für diese Schuljahre ununterbrochen ein Aufnahmeantrag gestellt und keine Aufnahmezusage erteilt wurde.

(5) Ein außergewöhnlicher Härtefall liegt vor, wenn ein Bewerber nach den Absätzen 3 und 4 nicht ausgewählt worden ist und die Nichtaufnahme für ihn mit Nachteilen verbunden wäre, die bei Anlegung eines strengen Maßstabes über das Maß der mit der Nichtaufnahme üblicherweise verbundenen Nachteile erheblich hinausgehen. Für die Berücksichtigung als außergewöhnliche Härtefälle kommen insbesondere familiäre oder soziale Umstände oder andere vom Bewerber nicht zu vertretende Gründe, welche die Aufnahme der Ausbildung verzögert haben, in Betracht. Über das Vorliegen eines außergewöhnlichen Härtefalles und die sich nach dem Grad der Härte ergebende Rangfolge der Bewerber entscheidet ein Auswahlausschuss, dem der Schulleiter als Vorsitzender und vier von ihm beauftragte Lehrer angehören; § 13 Absatz 2 und 3 gilt entsprechend.

(6) Aufnahmeanträge, die nach dem nach § 6 Absatz 1 Satz 2 bestimmten Termin eingegangen sind, können im Auswahlverfahren erst berücksichtigt werden, wenn alle rechtzeitig eingegangenen Aufnahmeanträge beschieden oder zurückgenommen sind.

§ 8
Probezeit

(1) Die Aufnahme erfolgt zunächst auf Probe. Die Klassenkonferenz entscheidet aufgrund der Noten des Halbjahreszeugnisses über das Bestehen der Probezeit; § 16 Absatz 4 gilt entsprechend. Wer die Probezeit nicht bestanden hat, muss das Berufskolleg verlassen. Er kann einmal erneut aufgrund eines Aufnahmeverfahrens nach dieser Verordnung aufgenommen werden.

(2) Ausnahmsweise kann die Klassenkonferenz einem Schüler, der nach Absatz 1 die Probezeit nicht bestanden hat, mit Zweidrittelmehrheit das Verbleiben am Berufskolleg erlauben, wenn sie zu der Auffassung gelangt, dass der Schüler unter Berücksichtigung seiner Leistungsentwicklung voraussichtlich die Abschlussprüfung am Ende des Schuljahres bestehen wird.

3. Abschnitt
Ordentliche Abschlussprüfung

§ 9
Zweck der Prüfung

In der Abschlussprüfung soll nachgewiesen werden, dass das Ausbildungsziel des Berufskollegs erreicht wurde.

§ 10
Teile der Prüfung

Die Abschlussprüfung besteht aus der schriftlichen Prüfung und der mündlichen Prüfung. Sie ist nicht öffentlich.

§ 11
Abnahme der Prüfung

(1) Die Abschlussprüfung wird am Berufskolleg abgenommen.

(2) Der Zeitpunkt der schriftlichen Prüfung wird vom Kultusministerium festgelegt. Der Zeitpunkt der mündlichen Prüfung wird vom Vorsitzenden des Prüfungsausschusses festgelegt.

§ 12
Anmeldenoten, Zulassung zur Prüfung

(1) Für die Prüfung werden in allen Fächern Anmeldenoten (ganze Noten) gebildet, die aus den während des Schuljahres erbrachten Einzelleistungen zu ermitteln sind. Die Anmeldenoten sind dem Prüfling für die Fächer der schriftlichen Prüfung fünf bis sieben Schultage vor Beginn der schriftlichen Prüfung und für die übrigen Fächer fünf bis sieben Schultage vor der mündlichen Prüfung zusammen mit den Noten der schriftlichen Prüfung bekanntzugeben.

(2) Zur Abschlussprüfung ist zugelassen, bei wem für die maßgebenden Fächer die Anmeldenoten nach Absatz 1 Satz 1 vorliegen. Liegen diese Voraussetzungen nicht vor, ist die Nichtzulassung vom Schulleiter festzustellen und dem Prüfling unter Angabe der Gründe unverzüglich schriftlich mitzuteilen. Sie gilt als Nichtbestehen der Abschlussprüfung, es sei denn, der Schulleiter stellt fest, dass die Gründe vom Prüfling nicht zu vertreten sind.

§ 13
Prüfungsausschuss, Fachausschüsse

(1) Für die Abschlussprüfung wird an jedem Berufskolleg ein Prüfungsausschuss gebildet, der für die ordnungsgemäße Durchführung der Prüfung verantwortlich ist. Diesem gehören an:

1. als Vorsitzender ein Vertreter oder Beauftragter der oberen Schulaufsichtsbehörde,
2. als stellvertretender Vorsitzender der Schulleiter oder sein ständiger Vertreter oder eine vom Schulleiter beauftragte Lehrkraft und
3. sämtliche Lehrkräfte, die in den maßgebenden Fächern unterrichten.

Die obere Schulaufsichtsbehörde oder der Vorsitzende des Prüfungsausschusses können weitere

Lehrkräfte einer öffentlichen Schule als Mitglieder berufen, soweit dies für die Durchführung der Prüfung erforderlich ist.

(2) Die Mitglieder des Prüfungsausschusses sind bei ihrer Tätigkeit als Prüfer unabhängig. Sie sind zur Amtsverschwiegenheit über alle Prüfungsangelegenheiten verpflichtet. Der Vorsitzende des Prüfungsausschusses hat sie vor Beginn der Prüfung hierüber zu belehren.

(3) Der Prüfungsausschuss ist beschlussfähig, wenn mindestens zwei Drittel der Mitglieder anwesend sind. Der Prüfungsausschuss entscheidet mit einfacher Mehrheit; bei Stimmengleichheit gibt die Stimme des Vorsitzenden den Ausschlag.

(4) Für die mündliche Prüfung in den einzelnen Fächern bildet der Vorsitzende des Prüfungsausschusses Fachausschüsse. Dem einzelnen Fachausschuss gehören an:

1. der Vorsitzende oder ein von ihm bestimmtes Mitglied des Prüfungsausschusses als Leiter, sofern die obere Schulaufsichtsbehörde nichts anderes bestimmt,
2. die Fachlehrkraft der Klasse oder bei deren Verhinderung eine in dem betreffenden Prüfungsfach erfahrene Lehrkraft als Prüfer und
3. ein weiteres fachkundiges Mitglied des Prüfungsausschusses, das zugleich das Protokoll führt.

In Fächern, in denen der Unterricht von verschiedenen Fachlehrkräften für Teilbereiche erteilt wurde, gehören alle Fachlehrkräfte dem Fachausschuss als Mitglieder nach Satz 2 Nummer 2 oder 3 an. Der Leiter des Fachausschusses bestimmt den Gang der Prüfung; er kann selbst prüfen.

§ 14
Schriftliche Prüfung

(1) Die Leitung der schriftlichen Prüfung obliegt dem Schulleiter.

(2) Schriftliche Prüfungsarbeiten sind in folgenden Fächern zu fertigen:

	Arbeitszeit
1. Deutsch	240 Minuten,
2. Englisch	200 Minuten,
3. Mathematik	200 Minuten,
4. berufsbezogenes Schwerpunktfach	
a) gewerbliche Richtung	200 Minuten,
b) gestalterische Richtung	270 Minuten,
c) kaufmännische Richtung	200 Minuten,
d) hauswirtschaftliche/landwirtschaftliche/sozialpädagogische Richtung	200 Minuten.

(3) Die Prüfungsaufgaben werden im Rahmen der Bildungs- und Lehrpläne landeseinheitlich vom Kultusministerium oder von der von ihm beauftragten oberen Schulaufsichtsbehörde gestellt.

(4) Über die schriftliche Prüfung ist eine Niederschrift zu fertigen, die vom Schulleiter und den aufsichtführenden Lehrkräften unterschrieben wird.

(5) Die schriftlichen Arbeiten werden von der Fachlehrkraft der Klasse und von einer weiteren Fachlehrkraft, die der Vorsitzende des Prüfungsausschusses bestimmt, korrigiert und bewertet; dabei sind ganze und halbe Noten zu verwenden. Als Note der schriftlichen Prüfung gilt der auf die erste Dezimale errechnete Durchschnittswert der beiden Bewertungen, der in der üblichen Weise auf eine ganze oder halbe Note zu runden ist (Beispiele: 2,8 bis 3,2 auf 3,0; 3,3 bis 3,7 auf 3,5). Weichen die Bewertungen um mehr als eine ganze Note voneinander ab und können sich die beiden Korrektoren nicht einigen, hat der Vorsitzende des Prüfungsausschusses die endgültige Note für die schriftliche Prüfung festzusetzen; dabei gelten die Bewertungen der beiden Korrektoren als Grenzwerte, die nicht über- und unterschritten werden dürfen.

⇨ Korrekturtag

§ 15
Mündliche Prüfung

(1) Die mündliche Prüfung soll keine Wiederholung, sondern eine Ergänzung der schriftlichen Prüfung sein. Sie soll in der Regel 10 bis 15 Minuten je Prüfling und Fach dauern.

(2) Die mündliche Prüfung wird in der Regel als Einzelprüfung durchgeführt. Der Vorsitzende des Prüfungsausschusses kann hiervon abweichend die Durchführung einer Gruppenprüfung zulassen, wenn dies aus organisatorischen oder thematischen Gründen für die Durchführung der Prüfung erforderlich ist. Bei einer Gruppenprüfung können bis zu drei Prüflinge zusammen geprüft werden. Die Entscheidung trifft der Vorsitzende des Prüfungsausschusses. Erfordert die Aufgabenstellung eine Einlesezeit oder eine thematische Herleitung und Durchdringung, gewährt der Fachausschuss zusätzlich die für die Erfassung der Aufgabe erforderliche Einarbeitungszeit, in der sich der Prüfling unter Aufsicht auf die mündliche Prüfung vorbereiten kann. Die Einarbeitungszeit darf 15 Minuten nicht überschreiten.

(3) Die mündliche Prüfung kann sich auf alle maßgebenden Fächer (§ 4 Absatz 1) erstrecken.

(4) Aufgrund der Anmeldenoten und gegebenenfalls der Noten der schriftlichen Prüfung bestimmt der Vorsitzende des Prüfungsausschusses, in welchen Fächern mündlich zu prüfen ist. Jeder Prüfling wird mindestens in einem Fach und soll in nicht mehr als drei Fächern geprüft werden. Die zu prüfenden Fächer sind dem Prüfling fünf bis sieben Schultage vor der mündlichen Prüfung bekanntzugeben. Darüber hinaus kann der Prüfling bis zum nächsten Schultag dem Schulleiter schriftlich bis zu zwei weitere Fächer nach Absatz 3 benennen, in denen er mündlich zu prüfen ist.

(5) Im Anschluss an jede mündliche Prüfung setzt der Fachausschuss das Ergebnis der mündlichen Prüfung auf Vorschlag des Prüfers fest; dabei sind ganze und halbe Noten zu verwenden. Kann sich der Fachausschuss auf keine bestimmte Note einigen oder mehrheitlich mit der Stimme des Leiters für keine bestimmte Note entscheiden, so wird die Note aus dem auf die erste Dezimale errechneten Durchschnitt der Bewertungen aller

drei Mitglieder gebildet, der in der üblichen Weise auf eine ganze oder halbe Note zu runden ist (Beispiele: 2,8 bis 3,2 auf 3,0; 3,3 bis 3,7 auf 3,5).

(6) Über die mündliche Prüfung jedes einzelnen Prüflings ist eine Niederschrift zu fertigen, die von den Mitgliedern des Fachausschusses unterschrieben wird.

§ 16
Ermittlung des Prüfungsergebnisses

(1) Die Endnoten in den einzelnen Fächern ermittelt der Vorsitzende des Prüfungsausschusses aufgrund der Anmeldenoten und gegebenenfalls der Prüfungsleistungen. Hierbei wird der Durchschnitt auf die erste Dezimale berechnet und in der üblichen Weise auf eine ganze Note gerundet (Beispiel: 2,5 bis 3,4 auf »befriedigend«).

(2) Bei der Ermittlung der Endnoten zählen

1. in den Fächern, in denen schriftlich und mündlich geprüft wurde, die Anmeldenote, die Note der schriftlichen Prüfung und die Note der mündlichen Prüfung je einfach,
2. in den Fächern, in denen nur schriftlich oder mündlich geprüft wurde, die Anmeldenote einfach und die Prüfungsnote doppelt.

(3) In Fächern, in denen nicht geprüft wurde, werden die Anmeldenoten als Endnoten in das Zeugnis übernommen.

(4) Der Vorsitzende des Prüfungsausschusses stellt fest, wer die Abschlussprüfung bestanden hat. Die Abschlussprüfung ist bestanden, wenn

1. der Durchschnitt aus den Noten aller maßgebenden Fächer 4,0 oder besser ist und
2. der Durchschnitt aus den Noten der Kernfächer 4,0 oder besser ist und
3. die Leistungen in keinem Kernfach mit der Note »ungenügend« bewertet sind und
4. die Leistungen in nicht mehr als einem maßgebenden Fach geringer als mit der Note »ausreichend« bewertet sind; sind die Leistungen in zwei Fächern geringer als mit der Note »ausreichend« bewertet, so ist die Prüfung bestanden, wenn für beide Fächer ein Ausgleich gegeben ist. Ausgeglichen werden können
   a) die Note »ungenügend« in einem Fach, das nicht Kernfach ist, durch die Note »sehr gut« in einem anderen maßgebenden Fach oder die Note »gut« in zwei anderen maßgebenden Fächern,
   b) die Note »mangelhaft« in einem Kernfach durch mindestens die Note »gut« in einem anderen Kernfach,
   c) die Note »mangelhaft« in einem Fach, das nicht Kernfach ist, durch mindestens die Note »gut« in einem anderen maßgebenden Fach oder die Note »befriedigend« in zwei anderen maßgebenden Fächern.

(5) Über die Feststellung der Ergebnisse der Prüfung ist vom Vorsitzenden des Prüfungsausschusses eine Niederschrift zu fertigen.

(6) Die Niederschriften über die einzelnen Teile der Prüfung sowie über die Feststellung der Prüfungsergebnisse, eine Liste mit den Prüfungsergebnissen und die Prüfungsarbeiten sind bei den Schulakten aufzubewahren. Die Niederschriften und die Prüfungsarbeiten können nach Ablauf von drei Jahren seit der Feststellung der Prüfungsergebnisse vernichtet werden.

§ 17
Zeugnis

(1) Wer die Abschlussprüfung bestanden hat, erhält das Zeugnis der Fachhochschulreife mit den nach § 16 Absatz 1 bis 3 ermittelten Endnoten.

(2) Wer an der Abschlussprüfung teilgenommen und sie nicht bestanden hat und die Schule verlässt, erhält ein Abgangszeugnis mit den nach § 16 Absatz 1 bis 3 ermittelten Endnoten.

(3) Wer an der Abschlussprüfung nicht oder nur teilweise teilgenommen hat, erhält ein Zeugnis über die bis zum Ausscheiden erbrachten Leistungen oder, sofern sie bereits vorliegen, mit den Anmeldenoten nach § 12 Absatz 1; Prüfungsleistungen bleiben unberücksichtigt. Wer an der Abschlussprüfung teilgenommen, sie nicht bestanden hat und das Schuljahr wiederholt, erhält ein Jahreszeugnis mit den nach § 16 Absatz 1 bis 3 ermittelten Endnoten.

(4) In den Zeugnissen nach Absatz 1 und 2 ist, sofern im Fach Englisch mindestens die Note »ausreichend« erreicht wurde, zu vermerken, dass die im Fach Englisch erworbenen Kenntnisse dem Niveau B 2 des Gemeinsamen Europäischen Referenzrahmens für Sprachen: Lernen, lehren, beurteilen (GER) entsprechen. In den Zeugnissen nach Absatz 2 und 3 ist zu vermerken, dass das Ausbildungsziel des Berufskollegs nicht erreicht ist.

§ 18
Wiederholung der Prüfung, Entlassung

(1) Wer die Abschlussprüfung nicht bestanden hat, kann sie nach erneutem Besuch des Berufskollegs einmal wiederholen.

(2) Die freiwillige Wiederholung auch nur eines Teiles des Schuljahres gilt als Nichtbestehen der Abschlussprüfung. Bei bestandener Abschlussprüfung ist weder eine Wiederholung der Ausbildung noch eine Wiederholung der Abschlussprüfung zulässig.

(3) Wer die Abschlussprüfung auch bei Wiederholung nicht bestanden hat, muss das Berufskolleg verlassen.

Hinweis der Redaktion: Die Paragrafen 19 (Nichtteilnahme, Rücktritt) und 20 (Täuschungshandlungen, Ordnungsverstöße) sind inhaltsgleich mit §§ 23 und 24 → Berufsfachschule Altenpflegehilfe.

4. Abschnitt
Prüfung für Schulfremde

§ 21
Teilnehmer

Wer das Zeugnis der Fachhochschulreife erwerben will, ohne ein öffentliches oder staatlich anerkanntes Berufskollegs zum Erwerb der Fachhochschulreife zu besuchen, kann als außerordentlicher Teilnehmer (Schulfremder) die Abschlussprüfung an einem öffentlichen Berufskolleg zum Erwerb der Fachhochschulreife ablegen.

§ 22
Zeitpunkt

Die Prüfung für Schulfremde findet einmal jährlich, in der Regel zusammen mit der Abschlussprüfung an den öffentlichen Berufskollegs, statt.

§ 23
Meldung

(1) Die Meldung zur Prüfung ist bis zum 1. Dezember für die Prüfung im darauffolgenden Jahr an das öffentliche Berufskolleg zu richten, an dem die Prüfung durchgeführt werden soll. Die Meldungen von Prüflingen der staatlich genehmigten, aber noch nicht staatlich anerkannten Schulen erfolgt bei der oberen Schulaufsichtsbehörde, in deren Bezirk die Privatschule liegt.

(2) Der Meldung sind beizufügen:

1. ein Lebenslauf in tabellarischer Form mit Angaben über den bisherigen schulischen und beruflichen Werdegang,
2. Abschluss- beziehungsweise Abgangszeugnisse der besuchten Schulen sowie Nachweise darüber, dass die weiteren Voraussetzungen nach § 5 Absatz 1 erfüllt sind (beglaubigte Abschriften oder Ablichtungen),
3. eine Erklärung darüber, ob und gegebenenfalls mit welchem Ergebnis schon an Prüfungen zum Erwerb der Fachhochschulreife teilgenommen oder die Oberstufe eines Gymnasiums oder ein anderer zur allgemeinen oder fachgebundenen Hochschulreife führender Bildungsgang besucht wurde und
4. Angaben über die schulische Vorbereitung auf die Prüfung oder über den Selbstunterricht sowie des in allen Prüfungsfächern durchgearbeiteten Lehrstoffes und der benutzten Literatur.

(3) Für Prüflinge der staatlich genehmigten, aber nicht staatlich anerkannten Schulen kann anstelle der Meldung durch den einzelnen Prüfling die Sammelmeldung der Schule treten, die Vor- und Zuname, Geburtstag, Geburtsort und Anschrift des Prüflings enthalten muss. Der Sammelmeldung sind die Unterlagen nach Absatz 2 beizufügen.

§ 24
Voraussetzungen für die Zulassung

(1) Schulfremde können die Prüfung nicht eher ablegen, als es ihnen bei normalem Schulbesuch möglich wäre.

(2) Zur Prüfung wird nur zugelassen, wer die Voraussetzungen für die Aufnahme in das Berufskolleg nach § 5 erfüllt. Nicht zur Prüfung zugelassen wird, wer die Probezeit wiederholt nicht bestanden hat.

(3) Zur Prüfung werden in der Regel nur solche Personen zugelassen, die in Baden-Württemberg ihren ständigen Wohnsitz haben oder in Baden-Württemberg an einer staatlich genehmigten Schule oder einer sonstigen Unterrichtseinrichtung auf die Schulfremdenprüfung vorbereitet wurden.

§ 25
Entscheidung über die Zulassung

Das öffentliche Berufskolleg entscheidet über die Zulassung zur Prüfung. Bei von staatlich genehmigten Schulen gemeldeten Personen trifft diese Entscheidung die obere Schulaufsichtsbehörde. Sie bestimmt das öffentliche Berufskolleg, an dem die Prüfung abzulegen ist. Dabei kann sie zulassen, dass die schriftliche Prüfung im Gebäude der staatlich genehmigten Schule abgenommen wird. Leitung und Beaufsichtigung der Prüfung regelt in diesem Fall die obere Schulaufsichtsbehörde.

§ 26
Durchführung der Prüfung

(1) Für die zugelassenen Prüflinge gelten die §§ 10, 11, 13 bis 16, 18 bis 20 entsprechend mit folgender Maßgabe:

1. Fachlehrkräfte im Sinne von § 13 Absatz 4 Satz 2 Nummer 2 und § 14 Absatz 5 sind die vom Vorsitzenden des Prüfungsausschusses bestimmten Fachlehrkräfte einer öffentlichen Schule, in der Regel des Berufskollegs, welchem der Bewerber zur Ablegung der Prüfung zugewiesen ist.
2. Die mündliche Prüfung erstreckt sich auf alle maßgebenden Fächer (§ 4 Absatz 1). Ein schriftlich geprüftes Fach wird nur dann in die mündliche Prüfung einbezogen, wenn der Prüfling dies spätestens vier Schultage vor der mündlichen Prüfung schriftlich verlangt.
3. Die mündliche Prüfung wird als Einzelprüfung durchgeführt. In den nicht schriftlich geprüften Fächern kann der Fachausschuss ganz oder teilweise anstelle einer mündlichen Prüfung eine vereinfachte schriftliche Prüfung durchführen.
4. Bei der Feststellung des Ergebnisses der Prüfung zählen allein die Prüfungsleistungen. Wurde ein Fach nur mündlich geprüft, ist bei der Anwendung von § 15 Absatz 5 Satz 2 der Durchschnitt in der üblichen Weise auf eine ganze Note zu runden (Beispiel: 2,5 bis 3,4 auf »befriedigend«).
5. Die obere Schulaufsichtsbehörde kann im Einzelfall auf Antrag die Prüfung in einer anderen Fremdsprache zulassen.

(2) Die Prüflinge haben sich bei Beginn der Prüfung mit einem mit Lichtbild versehenen amtlichen Ausweis auszuweisen und diesen während der gesamten Prüfung bei sich zu führen und auf Verlangen vorzuzeigen.

(3) Wer die Abschlussprüfung bestanden hat, erhält das Zeugnis der Fachhochschulreife für Schulfremde. Wer die Prüfung nicht bestanden hat, erhält auf Verlangen eine Bescheinigung über die Teilnahme an der Prüfung, über das Ergebnis der Prüfung und über die ermittelten Einzelnoten.

→ Berufskolleg Fachhochschulreife (Einjährig) – Stundentafel; → Berufskolleg (Projektarbeit); ⇨ Fachhochschulreife; ⇨ Handy-Nutzung; ⇨ Korrekturtag; → Termine Berufliche Schulen; → Zeugnisse (Berufliche Schulen)

BK Fachhochschulreife (Einjährig) – Stundentafel

Anlage (zu § 3)

Stundentafel für das einjährige Berufskolleg zum Erwerb der Fachhochschulreife

(durchschnittliche Zahl der Wochenstunden)

1.	**Pflichtfächer**	
1.1	Religionslehre	1
	Geschichte mit Gemeinschaftskunde	2
	Deutsch	4
	Englisch	6
	Mathematik	6
	Volks- und Betriebswirtschaftslehre für die gewerbliche, gestalterische und hauswirtschaftliche/landwirtschaftliche/sozialpädagogische Richtung	2
	Chemie für die gewerbliche und gestalterische Richtung	2
	Physik für die kaufmännische Richtung	2
	Physik I für die gestalterische Richtung	2
	Informatik für die kaufmännische Richtung	2
	Pädagogik/Psychologie für die hauswirtschaftliche/landwirtschaftliche/sozialpädagogische Richtung	2
1.2	Berufsbezogenes Schwerpunktfach entsprechend der abgeschlossenen Berufsausbildung	
	Technische Physik für die gewerbliche Richtung	7
	Wirtschaft für die kaufmännische Richtung	7
	Biologie mit Gesundheitslehre für die hauswirtschaftliche/landwirtschaftliche/sozialpädagogische Richtung	7
	Gestaltung für die gestalterische Richtung	5
		30
2.	**Wahlfächer**	
2.1	Zweite Fremdsprache	4
2.2	Physik II für die gestalterische Richtung	4
2.3	Weitere Wahlfächer	2

Berufskolleg Kaufmännisch – Zweijährig (2BKKaufVO)

Verordnung des Kultusministeriums über die Ausbildung und Prüfung an den zweijährigen Kaufmännischen Berufskollegs Fremdsprachen und Wirtschaftsinformatik (2BKKaufVO) vom 25. August 2015 (K.u.U. S. 800/2015)

Abschnitt 1 – Allgemeines

§ 1

Geltungsbereich

Diese Verordnung gilt für das zweijährige Kaufmännische Berufskolleg Fremdsprachen und das zweijährige Kaufmännische Berufskolleg Wirtschaftsinformatik.

§ 2

Zweck der Ausbildung

Die zweijährigen Kaufmännischen Berufskollegs vermitteln fachtheoretische und fachpraktische Kenntnisse und Fertigkeiten, die entsprechend der jeweiligen Fachrichtung zur Wahrnehmung von kaufmännischen und verwaltenden Tätigkeiten in einem fremdsprachlich oder informationstechnisch geprägten Aufgabenfeld befähigen. Durch Weiterführung allgemeinbildender und fachtheoretischer Kenntnisse qualifizieren sie zum Studium an Fachhochschulen.

§ 3

Dauer und Gliederung der Ausbildung, Berufsbezeichnung

(1) Die Ausbildung dauert jeweils zwei Schuljahre und endet mit einer Abschlussprüfung. Mit Bestehen dieser wird die Fachhochschulreife erworben. Mit Bestehen einer Zusatzprüfung kann außerdem der Berufsabschluss „Staatlich geprüfte Wirtschaftsassistentin“ oder „Staatlich geprüfter Wirtschaftsassistent“ erworben werden.

(2) Der Unterricht gliedert sich in einen Pflichtbereich und einen Wahlbereich.

(3) Während der Ausbildung soll ein mindestens vierwöchiges Praktikum zur Orientierung für eine Berufsausbildung oder für die Aufnahme eines Studiums durchgeführt werden, das ganz oder teilweise auch in den Ferien abgeleistet werden kann. Das jeweilige Berufskolleg entscheidet über die Eignung der Praktikumsstelle.

§ 4

Bildungsplan, Stundentafel

Der Unterricht richtet sich nach den vom Kultusministerium erlassenen Bildungs- und Lehrplänen und den Stundentafeln nach den Anlagen 1 und 2. Über die die dort genannten Fächer des Pflicht- und Wahlbereichs hinaus können Arbeitsgemeinschaften angeboten werden.

→ Berufskolleg Kaufmännisch – Zweijährig (2BKKaufVO) – Stundentafeln

§ 5
Maßgebende Fächer, Kernfächer

(1) Für den Abschluss sind die Leistungen in den maßgebenden Fächern entscheidend. Maßgebende Fächer sind alle Fächer des Pflichtbereichs. Für den Erwerb des Berufsabschlusses gilt jeweils auch das im Wahlbereich ausgewiesene Fach „Wirtschaft“ als maßgebendes Fach.

(2) Kernfächer unter den maßgebenden Fächern sind die Fächer „Deutsch mit Betrieblicher Kommunikation“, „Deutsch“, „Englisch“, „Mathematik“ sowie

1. im Kaufmännischen Berufskolleg Fremdsprachen das Fach „Betriebswirtschaft“ und
2. im Kaufmännischen Berufskolleg Wirtschaftsinformatik das Fach „Betriebswirtschaft mit Steuerung und Kontrolle“.

§ 6
Zentrale Klassenarbeit

(1) Am Kaufmännischen Berufskolleg Fremdsprachen sind in Abhängigkeit vom Unterrichtsangebot des Berufskollegs im zweiten Schuljahr in den Fächern Französisch oder Spanisch jeweils vier Klassenarbeiten anzufertigen. Im zweiten Schulhalbjahr des zweiten Schuljahres werden für eine dieser Klassenarbeiten der Haupt- und Nachtermin, die Aufgaben und die Korrekturanweisungen vom Kultusministerium landeseinheitlich vorgegeben (zentrale Klassenarbeit). Diese Klassenarbeit ist doppelt zu werten. Sie ist nicht durch eine gleichwertige Leistungsfeststellung nach § 9 Absatz 5 der Notenbildungsverordnung ersetzbar.

⇨ Notenbildungsverordnung

(2) Wird aus wichtigem Grund an der Klassenarbeit nach Absatz 1 Satz 2 nicht teilgenommen, stellt das jeweilige Berufskolleg eine Absatz 1 Satz 2 entsprechende Klassenarbeit. Im Übrigen gilt Absatz 1 entsprechend.

Abschnitt 2
Aufnahmeverfahren und Probezeit

§ 7
Aufnahmevoraussetzungen

(1) Voraussetzung für die Aufnahme in das jeweilige zweijährige Kaufmännische Berufskolleg sind die Fachschulreife, der Realschulabschluss oder das Versetzungszeugnis in die Klasse oder Jahrgangstufe 11 eines Gymnasiums, in die gymnasiale Oberstufe der Gemeinschaftsschule, der Nachweis eines gleichwertigen Bildungsstandes oder das Versetzungszeugnis in die Klasse 10 eines Gymnasiums im achtjährigen Bildungsgang. Dabei muss für die Aufnahme in das Kaufmännische Berufskolleg Fremdsprachen im Fach „Englisch“ und im Kaufmännischen Berufskolleg Wirtschaftsinformatik im Fach „Mathematik“ mindestens die Note „befriedigend“ erreicht sein.

(2) In das Kaufmännische Berufskolleg Fremdsprachen oder das Kaufmännische Berufskolleg Wirtschaftsinformatik kann nicht aufgenommen werden, wer das Kaufmännische Berufskolleg I auch nach Wiederholung nicht erfolgreich abgeschlossen hat.

§ 8
Aufnahmeantrag

(1) Der Aufnahmeantrag ist an das Berufskolleg zu richten, an der die Ausbildung erfolgen soll. Der Termin, zu dem der Antrag bei dem Berufskolleg eingegangen sein muss, wird, soweit er nicht vom Kultusministerium festgelegt wurde, von der Schulleiterin oder dem Schulleiter bestimmt und auf geeignete Weise bekanntgegeben. Dem Aufnahmeantrag sind beizufügen:

1. Eine beglaubigte Kopie des Nachweises nach § 7 Absatz 1,
2. eine tabellarische Übersicht über den schulischen Bildungsweg nach Erwerb dieses Abschlusses nach § 7 Absatz 1, sofern das Berufskolleg nicht unmittelbar nach dem Erwerb des Abschlusses nach § 7 Absatz 1 besucht wird,
3. eine Erklärung, ob und gegebenenfalls
   a) an welchem anderen Berufskolleg bereits an einem Aufnahmeverfahren teilgenommen wurde sowie
   b) an welches andere Berufskolleg ein weiterer Aufnahmeantrag gerichtet wurde.

Sofern der Nachweis nach § 7 Absatz 1 zum Anmeldetermin noch nicht vorgelegt werden kann, ist er unverzüglich nachzureichen; dem Aufnahmeantrag ist in diesem Fall eine beglaubigte Kopie des letzten Schulzeugnisses beizufügen.

(2) Über den Aufnahmeantrag entscheidet die Schulleiterin oder der Schulleiter. Sie oder er kann eine angemessene Frist setzen, innerhalb derer erklärt werden muss, ob die Zusage über die Aufnahme angenommen wird.

§ 9
Auswahlverfahren

(1) Ein Auswahlverfahren ist nur durchzuführen, wenn

1. bei voller Ausschöpfung der vorhandenen personellen und sächlichen Gegebenheiten sowie
2. bei Abstimmung der Aufnahmefähigkeit benachbarter Schulen und entsprechender Zuweisung (§ 18 Absatz 1 und § 88 Absatz 4 SchG) nicht alle Bewerberinnen und Bewerber, welche die Aufnahmevoraussetzungen nach § 7 erfüllen, in das jeweilige zweijährige Kaufmännische Berufskolleg aufgenommen werden können.

(2) Im Auswahlverfahren sind die Plätze nach folgenden Quoten zu vergeben:

1. 85 Prozent nach Eignung und Leistung (Absatz 3),
2. 10 Prozent nach Wartezeit (Absatz 4),
3. 5 Prozent für außergewöhnliche Härtefälle (Absatz 5).

Bleiben im Rahmen der Auswahl nach Satz 1 Nummer 2 und 3 Plätze frei, sind diese nach Eignung und Leistung zu vergeben.

(3) Die für die Vergabe der Plätze nach Eignung und Leistung zur Verfügung stehenden Plätze werden entsprechend dem jeweiligen Bewerberanteil

verteilt auf die Gruppe der Bewerberinnen und Bewerber mit

1. der Fachschulreife,
2. dem Realschulabschluss,
3. dem Versetzungszeugnis in die Klasse oder Jahrgangstufe 11 eines Gymnasiums, in die Klasse 10 eines Gymnasiums im achtjährigen Bildungsgang oder in die gymnasiale Oberstufe der Gemeinschaftsschule,
4. einem dem Realschulabschluss gleichwertigen Bildungsstand nach Abschluss der Klasse 10 der Werkrealschule und
5. einem dem Realschulabschluss gleichwertigen Bildungsstand durch Berufsschulabschluss und Berufsausbildung oder durch Hauptschulabschluss, Berufsschulabschluss und Berufsabschluss.

Die Rangfolge innerhalb der Bewerbergruppen Nummer 1 bis 4 bestimmt sich nach dem auf eine Dezimale ohne Rundung errechneten Durchschnitt aus den Noten aller Fächer der in § 7 Absatz 1 genannten Zeugnisse mit Ausnahme der Arbeitsgemeinschaften. Die Rangfolge innerhalb der Bewerbergruppe Nummer 5 richtet sich nach der Durchschnittsnote, die sich aus den maßgebenden Fächern im Berufsschulabschlusszeugnis auf eine Dezimale ohne Rundung errechnet. Bei gleichem Rang entscheidet das Los.

(4) Bei der Vergabe der Plätze nach Wartezeit erfolgt die Aufnahme in folgender Rangfolge:

1. Bewerberinnen oder Bewerber mit drei und mehr Schuljahren Wartezeit,
2. Bewerberinnen oder Bewerber mit zwei Schuljahren Wartezeit,
3. Bewerberinnen oder Bewerber mit einem Schuljahr Wartezeit.

Innerhalb dieser Gruppen werden die Plätze nach Eignung und Leistung vergeben. Bei gleichem Rang entscheidet das Los. Berücksichtigt werden nur volle Schuljahre, die seit dem ersten Aufnahmeantrag und der Erfüllung der Aufnahmevoraussetzungen nach § 7 bis zum Beginn des auf das laufende Aufnahmeverfahren folgenden Schuljahres verstrichen sind. Voraussetzung ist, dass für diese Schuljahre ununterbrochen ein Aufnahmeantrag gestellt und keine Aufnahmezusage erteilt wurde.

(5) Ein außergewöhnlicher Härtefall liegt vor, wenn eine Person nach Absatz 2 Nummer 1 und 2 nicht ausgewählt wurde und die Nichtaufnahme mit Nachteilen für sie verbunden wäre, die bei Anlegung eines strengen Maßstabes über das Maß der mit der Nichtaufnahme üblicherweise verbundenen Nachteile erheblich hinausgehen. Für die Berücksichtigung als außergewöhnliche Härtefälle kommen insbesondere familiäre oder soziale Umstände oder andere von der Person nicht zu vertretende Gründe in Betracht, welche die Aufnahme der Ausbildung verzögert haben. Über das Vorliegen eines außergewöhnlichen Härtefalles und die sich nach dem Grad der Härte ergebende Rangfolge entscheidet ein Auswahlausschuss, dem die Schulleiterin als Vorsitzende oder der Schulleiter als Vorsitzender und vier von ihr oder ihm beauftragte Lehrkräfte angehören. Der Auswahlausschuss ist beschlussfähig, wenn mindestens drei Mitglieder anwesend sind. Er entscheidet mit einfacher Mehrheit; bei Stimmengleichheit gibt die Stimme der oder des Vorsitzenden den Ausschlag; § 17 Absatz 2 gilt entsprechend.

(6) Aufnahmeanträge, die nach dem Anmeldetermin nach § 8 Absatz 1 Satz 2 eingegangen sind, können im Auswahlverfahren erst berücksichtigt werden, wenn alle rechtzeitig eingegangenen Aufnahmeanträge beschieden oder zurückgenommen sind.

§ 10
Probezeit

(1) Die Aufnahme erfolgt zunächst auf Probe. Am Ende des ersten Schulhalbjahres wird ein Halbjahreszeugnis erteilt. Die Klassenkonferenz entscheidet aufgrund der Noten des Halbjahreszeugnisses über das Bestehen der Probezeit; § 11 Absatz 2 gilt entsprechend. Ausnahmsweise kann die Klassenkonferenz auch bei Nichterfüllung der Voraussetzungen nach Satz 3 Halbsatz 2 die Probezeit für bestanden erklären, wenn sie mit Zweidrittelmehrheit zu der Auffassung gelangt, dass die Leistungen nur vorübergehend den Anforderungen nicht entsprechen und die Anforderungen im weiteren Verlauf des zweijährigen Kaufmännischen Berufskollegs voraussichtlich erfüllt werden.

(2) Wer die Probezeit nicht bestanden hat, muss das zweijährige Kaufmännische Berufskolleg verlassen, soweit in Absatz 3 nichts anderes bestimmt ist. Das Nichtbestehen der Probezeit ist im Halbjahreszeugnis zu vermerken.

(3) Wer an einem Beratungsgespräch, das das Berufskolleg der Schülerin oder dem Schüler anbietet, teilgenommen hat, darf das zweijährige Kaufmännische Berufskolleg auf Antrag weiterhin bis zum Ende des laufenden Schuljahres mit den Rechten und Pflichten einer Schülerin oder eines Schülers besuchen, auch wenn die Probezeit nicht bestanden wurde. In dem Beratungsgespräch sind das bisherige Lern- und Arbeitsverhalten mit der Schülerin oder dem Schüler zu reflektieren und Verhaltensänderungen, die voraussichtlich eine Verbesserung der Leistungen bewirken können, zu besprechen. Ergänzend soll das Berufskolleg mit der Schülerin oder dem Schüler eine Vereinbarung über das zukünftige Lern- und Arbeitsverhalten schließen. Ein Verstoß gegen diese Vereinbarung gilt als Verstoß gegen die Schulordnung im Sinne von § 90 Absatz 1 SchG. Stellt die Klassenkonferenz am Ende des ersten Schuljahres fest, dass eine Versetzung in die zweite Klasse nach § 11 erfolgen könnte, entfällt die Verpflichtung das Berufskolleg verlassen zu müssen.

(4) Wer die Probezeit nicht bestanden und das zweijährige Kaufmännische Berufskolleg verlassen hat, kann in ein zweijähriges Kaufmännisches Berufskolleg nur aufgenommen werden, wenn nach Aufnahme aller Bewerberinnen und Bewerber, die die Voraussetzungen nach § 7 erfüllen, noch Schulplätze frei sind, und die Schulleiterin oder der

Schulleiter oder eine von ihr oder ihm beauftragte Lehrkraft in einem Kolloquium zu der Auffassung gelangt, dass die Bewerberin oder der Bewerber nach nochmaliger Aufnahme den Anforderungen des aufnehmenden zweijährigen kaufmännischen Berufskollegs genügen wird. Das Berufskolleg kann, um dieses Ziel zu fördern, Vereinbarungen mit der Bewerberin oder dem Bewerber über das Lern- und Arbeitsverhalten schließen. Absatz 3 Satz 4 gilt entsprechend.

Abschnitt 3
Versetzung

§ 11
Voraussetzungen

(1) In die nächsthöhere Klasse wird versetzt, wer aufgrund der Leistungen in den nach § 5 Absatz 1 für die Abschlussprüfung maßgebenden Fächern den Anforderungen im laufenden Schuljahr im Ganzen entsprochen hat und deshalb erwarten lässt, dass den Anforderungen der nächsthöheren Klasse genügt wird.

(2) Die Voraussetzungen nach Absatz 1 sind erfüllt, wenn im Jahreszeugnis

1. der Durchschnitt aus den Noten aller maßgebenden Fächer 4,0 oder besser ist,
2. der Durchschnitt aus den Noten der Kernfächer 4,0 oder besser ist,
3. die Leistungen in keinem Kernfach mit der Note „ungenügend" bewertet sind und
4. die Leistungen in nicht mehr als einem maßgebenden Fach geringer als mit der Note „ausreichend" bewertet sind; sind die Leistungen in zwei maßgebenden Fächern geringer als mit der Note „ausreichend" bewertet, so ist die Schülerin oder der Schüler zu versetzen, wenn für beide Fächer ein Ausgleich gegeben ist. Ausgeglichen werden können
   a) die Note „ungenügend" in einem Fach, das nicht Kernfach ist, durch die Note „sehr gut" in einem anderen maßgebenden Fach oder die Note „gut" in zwei anderen maßgebenden Fächern,
   b) die Note „mangelhaft" in einem Kernfach durch mindestens die Note „gut" in einem anderen Kernfach,
   c) die Note „mangelhaft" in einem Fach, das nicht Kernfach ist, durch mindestens die Note „gut" in einem anderen maßgebenden Fach oder die Note „befriedigend" in zwei anderen maßgebenden Fächern.

(3) Ausnahmsweise kann durch Beschluss der Klassenkonferenz auch bei Nichterfüllung der in den Absätzen 1 und 2 genannten Voraussetzungen eine Versetzung erfolgen, wenn die Klassenkonferenz mit einer Zweidrittelmehrheit beschließt, dass die Leistungen nur vorübergehend nicht für die Versetzung ausreichen und nach einer Übergangszeit die Anforderungen der nächsthöheren Klasse voraussichtlich erfüllt werden.

(4) Die Versetzung ist im Zeugnis mit „versetzt" oder „nicht versetzt" zu vermerken; bei einer Versetzung nach Absatz 3 ist zu vermerken: „Versetzt nach § 11 Absatz 3 der Verordnung des Kultusministeriums über die Ausbildung und Prüfung an den zweijährigen Kaufmännischen Berufskollegs." Bei einer Aufnahme in ein zweijähriges Kaufmännisches Berufskolleg auf der Grundlage eines Versetzungszeugnisses in die Klasse 10 eines Gymnasiums im achtjährigen Bildungsgang ist bei einer Versetzung in das zweite Schuljahr im Versetzungszeugnis ferner zu vermerken: „Dieses Zeugnis schließt den Nachweis eines dem Realschulabschluss gleichwertigen Bildungsstandes ein."

§ 12
Wiederholung, Entlassung

(1) Bei einer Nichtversetzung kann das erste Schuljahr einmal wiederholt werden.

(2) Wer im ersten Schuljahr zweimal nicht versetzt wurde, muss das zweijährige Kaufmännische Berufskolleg verlassen.

(3) Eine freiwillige vollständige oder teilweise Wiederholung des ersten Schuljahres ist nur ausnahmsweise in besonderen Härtefällen möglich. Ein besonderer Härtefall liegt vor, wenn eine Schülerin oder ein Schüler durch besondere Umstände gehindert war, die von ihr oder ihm im Schuljahr erwarteten Leistungen zu erbringen. Als besondere Umstände kommen insbesondere längere oder häufige krankheitsbedingte Fehlzeiten oder besondere familiäre oder soziale Umstände in Betracht, die geeignet sind, sich leistungsmindernd auszuwirken. Die Wiederholung ist bei der Schulleiterin oder dem Schulleiter schriftlich zu beantragen. Die freiwillige Wiederholung auch nur eines Teils des ersten Schuljahres gilt als Nichtversetzung.

(4) § 10 findet bei der Wiederholung keine Anwendung.

Abschnitt 4
Abschlussprüfung

§ 13
Zweck der Abschlussprüfung

In der Abschlussprüfung soll nachgewiesen werden, dass das Ausbildungsziel des jeweiligen zweijährigen Kaufmännischen Berufskollegs erreicht wurde.

§ 14
Teile der Abschlussprüfung

Die Abschlussprüfung besteht aus einer schriftlichen und einer mündlichen Prüfung.

§ 15
Abnahme der Abschlussprüfung

(1) Die Abschlussprüfung wird am jeweiligen zweijährigen Kaufmännischen Berufskolleg abgenommen.

(2) Das Kultusministerium legt den Zeitpunkt für die schriftliche Prüfung fest, die oder der Vorsitzende des Prüfungsausschusses den Zeitpunkt der mündlichen Prüfung.

§ 16
Anmeldenoten, Zulassung zur Abschlussprüfung

(1) Für die Abschlussprüfung werden in allen Fächern Anmeldenoten in Gestalt ganzer Noten gebildet, die aus den während des Schuljahres erbrachten Einzelleistungen zu ermitteln sind. Die Anmeldenoten sind dem Prüfling für die Fächer der schriftlichen Prüfung fünf bis sieben Schultage vor Beginn der schriftlichen Prüfung und für die übrigen Fächer fünf bis sieben Schultage vor der mündlichen Prüfung zusammen mit den Noten der schriftlichen Prüfung bekanntzugeben.

(2) Zur Abschlussprüfung ist der Prüfling zugelassen, bei dem die Anmeldenoten nach Absatz 1 Satz 1 vorliegen. Liegen diese Voraussetzungen nicht vor, ist die Nichtzulassung von der Schulleiterin oder vom Schulleiter festzustellen und dem Prüfling unter Angabe der Gründe unverzüglich schriftlich mitzuteilen. Sie gilt als Nichtbestehen der Abschlussprüfung, es sei denn, die Schulleiterin oder der Schulleiter stellt fest, dass die Gründe vom Prüfling nicht zu vertreten sind.

§ 17
Prüfungsausschuss, Fachausschüsse

(1) Für die Abschlussprüfung wird am jeweiligen zweijährigen Kaufmännischen Berufskolleg ein Prüfungsausschuss gebildet, der für die ordnungsgemäße Durchführung der Abschlussprüfung verantwortlich ist. Diesem gehören an:

1. Als Vorsitzende oder Vorsitzender die Schulleiterin oder der Schulleiter oder eine von ihr oder ihm beauftragte Lehrkraft, soweit die obere Schulaufsichtsbehörde vor Beginn der Abschlussprüfung nichts anderes bestimmt,
2. als stellvertretende Vorsitzende oder stellvertretender Vorsitzender die Schulleiterin oder der Schulleiter, wenn sie oder er nicht Vorsitzende oder Vorsitzender ist oder eine von ihr oder ihm beauftragte Lehrkraft,
3. sämtliche Lehrkräfte, die im zweiten Schuljahr in den maßgebenden Fächern unterrichten.

Die obere Schulaufsichtsbehörde oder die oder der Vorsitzende des Prüfungsausschusses können weitere Lehrkräfte eines öffentlichen Berufskollegs als Mitglieder berufen, soweit dies für die Durchführung der Abschlussprüfung erforderlich ist.

(2) Die Mitglieder des Prüfungsausschusses sind bei ihrer Tätigkeit als Prüferin oder Prüfer unabhängig. Sie sind zur Amtsverschwiegenheit über alle Prüfungsangelegenheiten verpflichtet. Die oder der Vorsitzende des Prüfungsausschusses hat sie vor Beginn der Abschlussprüfung hierüber zu belehren.

(3) Für die mündliche Prüfung in den einzelnen Fächern bildet die oder der Vorsitzende des Prüfungsausschusses Fachausschüsse. Dem einzelnen Fachausschuss gehören an:

1. Die oder der Vorsitzende oder ein von ihr oder ihm bestimmtes Mitglied des Prüfungsausschusses als Leiterin oder Leiter, sofern die obere Schulaufsichtsbehörde nichts anderes bestimmt,
2. die Fachlehrkraft der Klasse oder bei deren Verhinderung eine in dem betreffenden Prüfungsfach erfahrene Lehrkraft als Prüferin oder Prüfer und
3. ein weiteres fachkundiges Mitglied des Prüfungsausschusses, das zugleich die Niederschrift fertigt.

In Fächern, in denen der Unterricht von verschiedenen Fachlehrkräften für Teilbereiche erteilt wurde, gehören alle Fachlehrkräfte dem Fachausschuss als Mitglieder nach Satz 2 Nummer 2 oder 3 an. Die Leiterin oder der Leiter des Fachausschusses bestimmt den Gang der Prüfung; sie oder er kann selbst prüfen.

§ 18
Schriftliche Prüfung

(1) Die Leitung der schriftlichen Prüfung obliegt der Schulleiterin oder dem Schulleiter oder einer von ihr oder ihm beauftragten Lehrkraft.

(2) Schriftliche Prüfungsarbeiten sind in folgenden Fächern zu fertigen:

1. in beiden Bildungsgängen:
   „Deutsch“ 40 Minuten,
   „Mathematik“ 200 Minuten,
   „Englisch“ 200 Minuten und
2. im Kaufmännischen Berufskolleg Fremdsprachen:
   „Betriebswirtschaft“ 180 Minuten;
3. im Kaufmännischen Berufskolleg Wirtschaftsinformatik:
   „Betriebswirtschaft mit Steuerung und Kontrolle“ 180 Minuten.

(3) Die Prüfungsaufgaben werden im Rahmen der Bildungs- und Lehrpläne vom Kultusministerium oder von der von ihm beauftragten oberen Schulaufsichtsbehörde gestellt.

(4) Über die schriftliche Prüfung ist eine Niederschrift zu fertigen, die von der Leiterin oder dem Leiter der schriftlichen Prüfung und den aufsichtsführenden Lehrkräften zu unterschreiben ist.

(5) Die schriftlichen Prüfungsarbeiten werden von der Fachlehrkraft der Klasse und von einer weiteren Fachlehrkraft, die die oder der Vorsitzende des Prüfungsausschusses bestimmt, korrigiert und bewertet; dabei sind ganze und halbe Noten zu verwenden. Als Note der schriftlichen Prüfung gilt der auf die erste Dezimale ohne Rundung errechnete Durchschnitt der beiden Bewertungen, der auf eine ganze oder halbe Note zu runden ist. Dabei werden die Dezimalen 1 oder 2 auf die nächstniedrigere ganze Note abgerundet, die Dezimalen 3 bis 7 auf die nächste halbe Note auf- oder abgerundet und die Dezimalen 8 oder 9 auf die nächsthöhere ganze Note aufgerundet. Weichen die Bewertungen um mehr als eine ganze Note voneinander ab und können sich die beiden Fachlehrkräfte nicht einigen, hat die oder der Vorsitzende des Prüfungsausschusses die endgültige Note für die schriftliche Prüfung festzusetzen; dabei dürfen die Bewertungen der beiden Fachlehrkräfte nicht über- und unterschritten werden.

(6) Die Noten der schriftlichen Prüfung in den einzelnen Fächern werden fünf bis sieben Schultage vor der mündlichen Prüfung bekanntgegeben.

⇨ Korrekturtag

§ 19
Mündliche Prüfung

(1) Die mündliche Prüfung soll keine Wiederholung, sondern eine Ergänzung der schriftlichen Prüfung sein. Sie dauert in der Regel 10 bis 15 Minuten je Prüfling und Fach. Erfordert die Aufgabenstellung eine Einlesezeit oder eine thematische Herleitung und Durchdringung, gewährt der Fachausschuss zusätzlich die nach seiner Entscheidung für die Erfassung der Aufgabe erforderliche Einarbeitungszeit, in der sich der Prüfling unter Aufsicht auf die Abschlussprüfung vorbereiten kann. Die Einarbeitungszeit darf 15 Minuten nicht überschreiten.

(2) Die mündliche Prüfung wird in der Regel als Einzelprüfung durchgeführt. Die oder der Vorsitzende des Prüfungsausschusses kann hiervon abweichend die Durchführung einer Gruppenprüfung zulassen, wenn dies aus organisatorischen oder thematischen Gründen für die Durchführung der mündlichen Prüfung erforderlich ist. Bei einer Gruppenprüfung können bis zu drei Prüflinge zusammen geprüft werden. Die Entscheidung trifft die oder der Vorsitzende des Prüfungsausschusses.

(3) Die mündliche Prüfung kann sich auf alle maßgebenden Fächer nach § 5 Absatz 1 Satz 2 mit Ausnahme des Faches „Projektkompetenz" erstrecken.

(4) Aufgrund der Anmeldenoten und gegebenenfalls der Noten der schriftlichen Prüfung bestimmt die oder der Vorsitzende des Prüfungsausschusses, in welchen Fächern mündlich zu prüfen ist. Jeder Prüfling wird mindestens in einem Fach und soll in nicht mehr als drei Fächern geprüft werden. Im Kaufmännischen Berufskolleg Fremdsprachen ist eines der Fächer „Englisch", „Französisch" oder „Spanisch" zu prüfen. Die zu prüfenden Fächer sind dem Prüfling fünf bis sieben Schultage vor der mündlichen Prüfung bekanntzugeben. Nach der Bekanntgabe kann der Prüfling bis zum nächsten Schultag der Schulleiterin oder dem Schulleiter schriftlich bis zu zwei weitere Fächer nach Absatz 3 benennen, in denen er mündlich zu prüfen ist.

(5) Im Anschluss an die jeweilige mündliche Prüfung setzt der Fachausschuss das Ergebnis der mündlichen Prüfung auf Vorschlag der Prüferin oder des Prüfers fest; dabei sind ganze und halbe Noten zu verwenden. Kann sich der Fachausschuss auf keine bestimmte Note einigen oder mehrheitlich mit der Stimme der Leiterin oder des Leiters des Fachausschusses für keine bestimmte Note entscheiden, so wird die Note aus dem auf die erste Dezimale ohne Rundung errechneten Durchschnitt der Bewertungen aller drei Mitglieder gebildet, der entsprechend § 18 Absatz 5 Satz 3 auf eine ganze oder halbe Note zu runden ist.

(6) Über die mündliche Prüfung jedes einzelnen Prüflings ist eine Niederschrift zu fertigen, die von den Mitgliedern des Fachausschusses zu unterschreiben ist.

§ 20
Ermittlung des Prüfungsergebnisses

(1) Die Endnoten in den einzelnen Fächern ermittelt die oder der Vorsitzende des Prüfungsausschusses aufgrund der Anmeldenoten und gegebenenfalls der Prüfungsleistungen. Hierbei wird der Durchschnitt auf die erste Dezimale ohne Rundung berechnet und auf eine ganze Note gerundet. Hierbei werden die Dezimalen 1 bis 4 auf die nächstniedrigere ganze Note abgerundet und die Dezimalen 5 bis 9 auf die nächsthöhere ganze Note aufgerundet.

(2) Bei der Ermittlung der Endnoten zählen

1. in den Fächern, in denen schriftlich und mündlich geprüft wurde, die Anmeldenote, die Note der schriftlichen Prüfung und die Note der mündlichen Prüfung je einfach,
2. in den Fächern, in denen nur schriftlich oder mündlich geprüft wurde, die Anmeldenote einfach und die Prüfungsnote doppelt.

(3) In Fächern, in denen nicht geprüft wurde, werden die Anmeldenoten als Endnoten in das Zeugnis übernommen.

(4) Die oder der Vorsitzende des Prüfungsausschusses stellt fest, wer die Abschlussprüfung bestanden hat. Hierfür gelten die Regelungen des § 11 Absatz 2 entsprechend.

(5) Über die Feststellung der Ergebnisse der Abschlussprüfung ist von der oder dem Vorsitzenden des Prüfungsausschusses eine Niederschrift zu fertigen.

§ 21
Zeugnis

(1) Wer die Abschlussprüfung bestanden hat, erhält das Zeugnis der Fachhochschulreife mit den nach § 20 Absatz 1 bis 3 ermittelten Endnoten.

(2) Wer an der Abschlussprüfung teilgenommen und sie nicht bestanden hat und das Berufskolleg verlässt, erhält ein Abgangszeugnis mit den nach § 20 Absatz 1 bis 3 ermittelten Endnoten.

(3) Wer an der Abschlussprüfung nicht oder nur teilweise teilgenommen hat, erhält ein Zeugnis über die bis zum Ausscheiden erbrachten Leistungen oder, sofern sie bereits vorliegen, mit den Anmeldenoten nach § 16 Absatz 1; Prüfungsleistungen bleiben unberücksichtigt. Wer an der Abschlussprüfung teilgenommen, sie nicht bestanden hat und das Schuljahr wiederholt, erhält ein Jahreszeugnis mit den nach § 20 Absatz 1 bis 3 ermittelten Endnoten.

(4) In den Zeugnissen nach Absatz 1 und 2 ist, sofern im Fach „Englisch" mindestens die Note „ausreichend" erreicht wurde, zu vermerken, dass die im Fach „Englisch" erworbenen Kenntnisse dem Niveau B 2 des Gemeinsamen Europäischen Referenzrahmens für Sprachen entsprechen. Wurde an der zentralen Klassenarbeit nach § 6 im Fach „Französisch" oder „Spanisch" teilgenommen und mindestens die Jahresnote „ausreichend" erreicht,

ist außerdem zu vermerken, dass die in dem jeweiligen Fach erworbenen Kenntnisse dem Niveau B 1 des Gemeinsamen Europäischen Referenzrahmens für Sprachen entsprechen.

(5) In den Zeugnissen nach Absatz 2 und 3 ist zu vermerken, dass das Ausbildungsziel des jeweiligen zweijährigen Kaufmännischen Berufskollegs nicht erreicht ist. → Zeugnisse (Berufliche Schulen)

§ 22
Wiederholung der Abschlussprüfung, Entlassung

(1) Wer die Abschussprüfung nicht bestanden hat, kann sie nach erneutem Besuch des zweiten Schuljahres des jeweiligen zweijährigen Kaufmännischen Berufskollegs einmal wiederholen.

(2) Wer an der Abschlussprüfung ganz oder teilweise aus wichtigem Grund nicht teilgenommen hat, kann das zweite Schuljahr wiederholen, wenn auch die Teilnahme an einer Nachprüfung nicht möglich war. Die Abschlussprüfung gilt als nicht unternommen.

(3) Für eine vollständige oder teilweise freiwillige Wiederholung des zweiten Schuljahres gilt § 12 Absatz 3 entsprechend mit der Maßgabe, dass der schriftliche Antrag auf die Zulassung einer freiwilligen Wiederholung spätestens am Tag vor Beginn der schriftlichen Prüfung bei dem Berufskolleg eingegangen sein muss. Die freiwillige Wiederholung auch nur eines Teiles des zweiten Schuljahres gilt als Nichtbestehen der Abschlussprüfung.

(4) Wer die Abschlussprüfung auch bei Wiederholung nicht bestanden hat, muss das jeweilige zweijährige Kaufmännische Berufskolleg verlassen. Abweichend von Absatz 1 muss das jeweilige zweijährige Kaufmännische Berufskolleg ebenfalls verlassen, wer durch ein gezielt auf das Nichtbestehen der Abschlussprüfung gerichtetes Verhalten dessen Bestehen vereitelt. Vor Beginn der Abschlussprüfung ist auf diese Bestimmung hinzuweisen.

(5) Bei bestandener Abschlussprüfung ist weder eine Wiederholung des zweijährigen Kaufmännischen Berufskollegs noch eine Wiederholung der Abschlussprüfung zulässig.

Hinweis der Redaktion: Die Paragrafen 23 (Nichtteilnahme, Rücktritt) und 24 (Täuschungshandlungen, Ordnungsverstöße) sind nicht abgedruckt, da inhaltsgleich mit § 23 und § 24 → Berufsfachschule Altenpflegehilfe.

Abschnitt 5
Zusatzunterricht und Zusatzprüfung zum Erwerb des schulischen Berufsabschlusses

§ 25
Allgemeines

Wer im zweijährigen Kaufmännischen Berufskolleg den Berufsabschluss nach § 3 Absatz 1 Satz 3 erwerben will, muss am Zusatzunterricht nach Maßgabe der jeweiligen Stundentafel teilnehmen und im Zusammenhang mit der Abschlussprüfung eine Zusatzprüfung ablegen. Die Zusatzprüfung besteht aus einem schriftlichen und einem schriftlich-praktischen Teil.

§ 26
Zulassung zur Zusatzprüfung

Zur Zusatzprüfung wird auf Antrag zugelassen, wer an der Abschlussprüfung teilnimmt und den Zusatzunterricht ordnungsgemäß besucht hat.

§ 27
Durchführung der Zusatzprüfung

(1) Für die Durchführung der Zusatzprüfung gelten die §§ 15 bis 18 Absatz 1 und 3 bis 6, §§ 19, 20, 23 und 24 entsprechend mit folgenden Maßgaben:

1. Im Fach „Wirtschaft“ ist eine schriftliche Prüfungsarbeit mit der Bearbeitungszeit von 90 Minuten zu fertigen.
2. Im schriftlich-praktischen Teil der Zusatzprüfung soll nachgewiesen werden, dass die geforderten berufspraktischen Fertigkeiten vorliegen. Für den schriftlich-praktischen Teil der Zusatzprüfung gilt Folgendes:

a) Im zweijährigen Kaufmännischen Berufskolleg Fremdsprachen wird die schriftlich-praktische Prüfung im Fach „Wirtschaftsenglisch“ durchgeführt. Sie besteht aus einem schriftlichen Teil mit einer Bearbeitungszeit von 120 Minuten und einem mündlichen Teil im Umfang von 10 bis 15 Minuten je Prüfling. Es werden in der Regel zwei Prüflinge gemeinsam geprüft, im Übrigen gilt für den mündlichen Prüfungsteil § 19 entsprechend. Für die Ermittlung der Endnote gilt § 20 Absatz 2 Nummer 1 entsprechend.

b) Im zweijährigen Kaufmännischen Berufskolleg Wirtschaftsinformatik wird die schriftlich-praktische Prüfung im Fach „Wirtschaftsinformatik“ mit einer Bearbeitungszeit von 150 Minuten durchgeführt.

c) Die Prüfungsaufgaben für den schriftlich-praktischen Teil der Zusatzprüfung am zweijährigen Kaufmännischen Berufskolleg Fremdsprachen werden im Rahmen der Bildungs- und Lehrpläne landeseinheitlich vom Kultusministerium gestellt. Die Prüfungsaufgaben für den schriftlich-praktischen Teil der Zusatzprüfung am zweijährigen Kaufmännischen Berufskolleg Wirtschaftsinformatik werden im Rahmen der Bildungs- und Lehrpläne von der Schulleiterin oder dem Schulleiter aufgrund von Vorschlägen der im Fach „Wirtschaftsinformatik“ unterrichtenden Lehrkräfte gestellt, sofern die obere Schulaufsichtsbehörde oder das Kultusministerium nichts anderes bestimmt.

d) Die Aufsicht während des schriftlich-praktischen Teils der Zusatzprüfung wird durch die in dem jeweiligen Prüfungsfach unterrichtenden Lehrkräfte nach näherer Maßgabe der oder des Vorsitzenden des Prüfungsausschusses ausgeübt. Für die Niederschrift sowie für die Korrektur und Bewertung der Prüfungsarbeiten gilt § 18 Absatz 4 und 5 entsprechend.

(2) Die Zusatzprüfung ist bestanden, wenn

1. der Durchschnitt aus den Fächern der Zusatzprüfung 4,0 oder besser ist,

2. keines der Fächer der Zusatzprüfung mit der Endnote „ungenügend“ bewertet ist und
3. insgesamt nicht mehr als zwei der maßgebenden Fächer nach § 5 Absatz 1 Satz 2 und 3 schlechter als mit der Note „ausreichend“ bewertet sind und für beide Fächer gemäß § 11 Absatz 2 Nummer 4 ein Ausgleich gegeben ist, wobei die Fächer der Zusatzprüfung als Kernfächer gelten.

(3) Die Wiederholung der Zusatzprüfung setzt die Wiederholung des Zusatzunterrichts voraus, wenn auch die Abschlussprüfung nicht bestanden wurde. Wer nur die Zusatzprüfung nicht bestanden hat, kann sie einmal zum nächsten allgemeinen Prüfungstermin ohne erneuten Besuch des jeweiligen zweijährigen Kaufmännischen Berufskollegs wiederholen. Die ursprünglichen Anmeldenoten bleiben in diesem Fall erhalten.

§ 28
Zeugnis des schulischen Berufsabschlusses

Wer nach der Feststellung des Prüfungsausschusses die Abschlussprüfung und die Zusatzprüfung bestanden hat, erhält das Zeugnis über den Berufsabschluss nach § 3 Absatz 1 Satz 3. Dabei werden die Noten der maßgebenden Fächer, die nicht Gegenstand der Zusatzprüfung waren, aus dem Abschlusszeugnis übernommen.

Abschnitt 6
Prüfung für Schulfremde

§ 29
Teilnehmerinnen und Teilnehmer

Personen, die das Zeugnis der Fachhochschulreife an einem zweijährigen Kaufmännischen Berufskolleg erwerben wollen, ohne ein entsprechendes öffentliches oder staatlich anerkanntes zweijähriges Kaufmännisches Berufskolleg besucht zu haben, können als Schulfremde die Abschlussprüfung (Schulfremdenprüfung) und im Zusammenhang damit die Zusatzprüfung zum Erwerb des Berufsabschlusses an einem öffentlichen Berufskolleg ablegen.

§ 30
Zeitpunkt

Die Schulfremdenprüfung findet einmal jährlich, in der Regel zusammen mit der Abschlussprüfung an den jeweiligen öffentlichen zweijährigen Kaufmännischen Berufskollegs statt.

§ 31
Meldung

(1) Die Meldung zur Schulfremdenprüfung ist bis zum 1. Dezember für die Schulfremdenprüfung im darauf folgenden Jahr an das öffentliche Berufskolleg zu richten, an dem diese durchgeführt werden soll. Prüflinge von staatlich genehmigten, aber noch nicht staatlich anerkannten Berufskollegs haben die Meldung an die obere Schulaufsichtsbehörde zu richten, in deren Bezirk die Privatschule liegt.

(2) Der Meldung sind zur Prüfung des Vorliegens der Prüfungsvoraussetzungen und zur Durchführung der Schulfremdenprüfung beizufügen:

1. Nachweise darüber, dass die Aufnahmevoraussetzungen nach § 7 erfüllt sind (beglaubigte Kopien),
2. eine Erklärung darüber, ob und gegebenenfalls mit welchem Ergebnis schon ein öffentliches oder staatlich anerkanntes zweijähriges Kaufmännisches Berufskolleg oder Kaufmännisches Berufskolleg II besucht oder an einer Schulfremdenprüfung dieser Bildungsgänge teilgenommen wurde,
4. eine tabellarische Übersicht über den beruflichen und schulischen Werdegang ab Erwerb der Nachweise nach Nummer 1,
5. eine Erklärung darüber, ob sich die Schulfremdenprüfung auch auf die Zusatzprüfung zum Erwerb des schulischen Berufsabschlusses erstrecken soll und
6. Angaben über die schulische Vorbereitung auf die Schulfremdenprüfung oder über den Selbstunterricht sowie des in allen Prüfungsfächern durchgearbeiteten Lernstoffes und der benutzten Literatur.

(3) Für Prüflinge von staatlich genehmigten, aber nicht staatlich anerkannten Berufskollegs kann an Stelle der Meldung durch den einzelnen Prüfling die Sammelmeldung des Berufskollegs treten, die Vor- und Zuname, Geburtstag, Geburtsort und Anschrift der Prüflinge enthalten muss. Der Sammelmeldung sind die Unterlagen nach Absatz 2 beizufügen.

§ 32
Voraussetzung für die Zulassung

(1) Schulfremde können die Schulfremdenprüfung nicht eher ablegen, als es ihnen bei normalem Besuch des zweijährigen Berufskollegs möglich wäre.

(2) Zur Schulfremdenprüfung wird nur zugelassen, wer die Voraussetzungen nach § 7 für die Aufnahme in ein zweijähriges Kaufmännisches Berufskolleg erfüllt und die Abschlussprüfung oder die Schulfremdenprüfung an einem zweijährigen Kaufmännischen Berufskolleg oder einem Kaufmännischen Berufskolleg II noch nicht bestanden oder noch nicht wiederholt unternommen hat.

(3) Zur Schulfremdenprüfung wird in der Regel nur zugelassen, wer in Baden-Württemberg seinen ständigen Wohnsitz hat oder in Baden-Württemberg an einem staatlich genehmigten zweijährigen Kaufmännischen Berufskolleg oder einer sonstigen Unterrichtseinrichtung auf die Schulfremdenprüfung vorbereitet wurde.

§ 33
Entscheidung über die Zulassung, Ort der Schulfremdenprüfung

Das öffentliche Berufskolleg entscheidet über die Zulassung zur Schulfremdenprüfung. Bei Bewerberinnen oder Bewerbern von staatlich genehmigten, aber noch nicht staatlich anerkannten Berufskollegs trifft diese Entscheidung die obere Schulaufsichtsbehörde. Sie bestimmt das öffentliche zweijährige Kaufmännische Berufskolleg, an dem die Schulfremdenprüfung abzulegen ist. Dabei kann sie zulassen, dass die schriftliche Prüfung im Gebäude des staatlich genehmigten Berufskollegs abgenommen wird. Die Leitung und Beaufsichtigung der Schulfremdenprüfung regelt in diesem Fall die obere Schulaufsichtsbehörde.

§ 34
Durchführung der Schulfremdenprüfung

(1) Für die zugelassenen Prüflinge gelten die §§ 13 bis 15, 17 bis 19 Absatz 1, 2, 5 und 6, § 20, § 22 Absatz 1, §§ 23, 24, 27 und 28 entsprechend mit folgenden Maßgaben:

1. Fachlehrkräfte im Sinne von § 17 Absatz 3 Nummer 2 und § 18 Absatz 5 sind die von der oder dem Vorsitzenden des Prüfungsausschusses bestimmten Fachlehrkräfte eines öffentlichen Berufskollegs, in der Regel des zweijährigen Kaufmännischen Berufskollegs, welchem der Prüfling zum Ablegen der Schulfremdenprüfung zugewiesen wurde.
2. Die mündliche Prüfung erstreckt sich auf alle maßgebenden Fächer nach § 5 Absatz 1 Satz 2. Das Fach „Religionslehre" wird nur auf Antrag geprüft. Ein schriftlich geprüftes Fach wird nur dann in die mündliche Prüfung einbezogen, wenn der Prüfling dies spätestens vier Schultage vor der mündlichen Prüfung bei dem öffentlichen Berufskolleg, das die Schulfremdenprüfung abnimmt, schriftlich beantragt. Die mündliche Prüfung wird als Einzelprüfung durchgeführt. Der Fachausschuss kann ganz oder teilweise an Stelle einer mündlichen Prüfung eine vereinfachte schriftliche Prüfung im Umfang von 45 Minuten durchführen.
3. Bei der Feststellung der Ergebnisse der Schulfremdenprüfung zählen allein die Prüfungs-

Berufskolleg Kaufmännisch – Zweijährig (2BKKaufVO) – Stundentafeln

Anlage 1 (zu § 4 Satz 1)

Stundentafel für das Kaufmännische Berufskolleg Fremdsprachen

(Durchschnittliche Zahl der Wochenstunden)

	Schuljahr	1.	2.
1.	**Pflichtbereich**		
1.1	**Allgemeiner Bereich**		
	Religionslehre	1	1
	Geschichte mit Gemeinschaftskunde	2	1
	Deutsch mit Betrieblicher Kommunikation	3	–
	Deutsch	–	3
	Englisch	3	3
	Mathematik	2	4
	Physik, Chemie, Biologie oder Technik[1)]	–	2
1.2	**Berufsfachlicher Bereich**		
	Wirtschaftsenglisch	3	4
	Französisch oder Spanisch	7	6
	Betriebswirtschaft	3	3
	Steuerung und Kontrolle	3	1
	Gesamtwirtschaft	1	1
	Büromanagement	2	1
	Projektkompetenz[2)]		
	Summe	30	30
2.	**Wahlbereich**		
2.1	Zusatzunterricht zum Erwerb des schulischen Berufsabschlusses:		
	Wirtschaft	–	2
2.2	Weitere Fächer Beispielsweise Sport		
	Dritte Fremdsprache		
3.	**Praktikum**[3)] in Wochen	4	4

Anlage 2 (zu § 4 Satz 1)

Stundentafel für das Kaufmännische Berufskolleg Wirtschaftsinformatik

Anlage 2 ist bis auf Nr. 1.2 (s.u.) identisch mit Anlage 1

	Schuljahr	1.	2.
1.2	**Berufsfachlicher Bereich**		
	Betriebswirtschaft mit Steuerung und Kontrolle	8	7
	Wirtschaftsinformatik	6	7
	Gesamtwirtschaft	2	1
	Informations- und Kommunikationstechnik	1	1
	Büromanagement	2	–
	Projektkompetenz[2)]		
	Summe	30	30

1) Die Anzahl der angebotenen Fächer darf die Anzahl der Klassen des jeweiligen Schuljahres nicht überschreiten.
2) Die „Projektkompetenz" ist ein eigenständiges Fach. Sie wird jedoch integrativ, im Schwerpunkt im Rahmen des Unterrichts im berufsfachlichen Bereich, unterrichtet. Der Umfang der „Projektkompetenz" umfasst hierbei zirka 1/9 im ersten und 1/8 im zweiten Schuljahr.
3) Das Praktikum ist fakultativ. Betreuungsstunden fallen nicht an.

leistungen. Wurde ein Fach nur mündlich geprüft, ist bei der Anwendung von § 19 Absatz 5 Satz 2 der Durchschnitt auf eine ganze Note zu runden. Hierbei werden die Dezimalen 1 bis 4 auf die nächstniedrigere ganze Note abgerundet und die Dezimalen 5 bis 9 auf die nächsthöhere ganze Note aufgerundet.

4. Die obere Schulaufsichtsbehörde kann im Einzelfall auf Antrag die Schulfremdenprüfung in einer anderen Fremdsprache zulassen.

(2) Die Prüflinge haben sich bei Beginn der Schulfremdenprüfung mit einem mit Lichtbild versehenen amtlichen Ausweis auszuweisen und diesen während der gesamten Schulfremdenprüfung bei sich zu führen und auf Verlangen vorzuzeigen.

(3) Wer die Schulfremdenprüfung bestanden hat, erhält das Zeugnis der Fachhochschulreife für Schulfremde; § 21 Absatz 4 gilt entsprechend. Wer die Schulfremdenprüfung nicht bestanden hat, erhält auf Verlangen eine Bescheinigung über die Teilnahme an der Schulfremdenprüfung, über das Ergebnis der Schulfremdenprüfung und über die ermittelten Einzelnoten.

(4) Wer auch die Zusatzprüfung bestanden hat, erhält außerdem das Zeugnis über den Berufsabschluss.

→ Zeugnisse (Berufliche Schulen)

(5) Die Schulfremdenprüfung kann einmal wiederholt werden.

→ Berufskolleg Kaufmännisch – Zweijährig (2BKKaufVO) – Stundentafeln; → Berufskolleg I (BK-I-Verordnung); → Berufskolleg II (BK-II-Verordnung); → Berufsfachschule Altenpflegehilfe; ⇨ Handy-Nutzung; ⇨ Korrekturtag; ⇨ Notenbildungsverordnung; → Zeugnisse (Berufliche Schulen)

Berufskolleg Kaufmännisch I (Verzahnung)

Ausbildungs- und Prüfungsordnung für das Kaufmännische Berufskolleg I – Verzahnung mit dualen Ausbildungsberufen; Schulversuchsbestimmungen des KM gemäß § 22 SchG vom 27. Februar 2006 (AZ:41-6623.1-13/1)

1. Abschnitt Allgemeines

§ 1

Zweck der Ausbildung

Die Ausbildung am Kaufmännischen Berufskolleg I – Verzahnung mit dualen Ausbildungsberufen bereitet kaufmännisch interessierte Jugendliche gezielt auf die Anforderungen einer modernen Arbeitswelt im Bereich von Wirtschaft und Verwaltung vor. Gleichzeitig wird die Allgemeinbildung weitergeführt.

→ Individuelle Förderung und Unterstützung (BS)

§ 2

Begriffe

Soweit die nachfolgenden Bestimmungen Personalbegriffe wie Schüler, Schulleiter, Vorsitzender, Prüfer oder Bewerber enthalten, sind dies funktionsbezogene Beschreibungen, die gleichermaßen auf Frauen und Männer zutreffen.

§ 3 Dauer und Gliederung der Ausbildung

(1) Die Ausbildung dauert ein Schuljahr und endet mit einer Abschlussprüfung.

(2) Der Unterricht gliedert sich in einen Pflichtbereich, einen Wahlpflichtbereich und einen Wahlbereich.

§ 4

Bildungsplan, Stundentafel

(1) Der Unterricht richtet sich nach den vom Kultusministerium erlassenen Bildungs- und Lehrplänen sowie der als Anlage 1 beigefügten Stundentafel.

→ Berufskolleg I (Kaufm.) (Verzahnung) – Stundentafel

(2) Während der Ausbildung ist ein mindestens vierwöchiges Praktikum in geeigneten Betrieben durchzuführen, das teilweise auch in den Ferien liegen kann.

§ 5

Maßgebende Fächer und Kernfächer

(1) Für den Abschluss sind die Leistungen in den maßgebenden Fächern entscheidend. Maßgebende Fächer sind alle Fächer des Pflichtbereichs.

(2) Kernfächer unter den maßgebenden Fächern sind Deutsch, Mathematik, Englisch und

1. in den Ausbildungsrichtungen Kaufmann/Kauffrau im Groß- und Außenhandel und Industriekaufmann/Industriekauffrau das Fach Betriebswirtschaft mit Steuerung und Kontrolle sowie
2. in der Ausbildungsrichtung Bürokaufmann/Bürokauffrau das Fach Betriebswirtschaftslehre mit Rechnungswesen.

2. Abschnitt Aufnahmeverfahren

§ 6

Aufnahmevoraussetzungen

(1) Voraussetzung für die Aufnahme in das Kaufmännische Berufskolleg I – Verzahnung mit dualen Ausbildungsberufen ist

1. die Fachschulreife oder
2. der Realschulabschluss oder
3. das Versetzungszeugnis in die 11. Jahrgangsstufe eines Gymnasiums oder
4. der Nachweis eines gleichwertigen Bildungsstandes.

§ 7
Aufnahmeantrag

(1) Der Aufnahmeantrag ist an das Berufskolleg zu richten, an dem die Ausbildung erfolgen soll. Der Termin, zu dem der Antrag bei der Schule eingegangen sein muss, wird, soweit er nicht vom Kultusministerium festgelegt wurde, vom Schulleiter bestimmt und auf geeignete Weise bekanntgegeben. Dem Aufnahmeantrag sind beizufügen:

1. ein Lebenslauf in tabellarischer Form mit Angaben über den bisherigen Bildungsweg,
2. eine beglaubigte Abschrift des Nachweises nach § 6,
3. eine Erklärung,
   a) ob und gegebenenfalls an welchen anderen Schulen bereits an einem Aufnahmeverfahren teilgenommen wurde sowie
   b) ob und gegebenenfalls an welche anderen Schulen ein weiterer Aufnahmeantrag gerichtet wurde.

Sofern der Nachweis nach § 6 zum Anmeldetermin noch nicht vorgelegt werden kann, ist er unverzüglich nachzureichen; dem Aufnahmeantrag ist in diesem Fall eine beglaubigte Abschrift des letzten Schulzeugnisses beizufügen.

(2) Über den Aufnahmeantrag entscheidet der Schulleiter. Er kann eine angemessene Frist setzen, innerhalb deren erklärt werden muss, ob die Zusage über die Aufnahme angenommen wird.

§ 8
Auswahlverfahren

(1) Ein Auswahlverfahren ist nur durchzuführen, wenn

1. bei voller Ausschöpfung der vorhandenen personellen und sächlichen Gegebenheiten sowie
2. bei Abstimmung der Aufnahmefähigkeit benachbarter Schulen und entsprechender Zuweisung (§ 18 Abs. 1 und § 88 Abs. 4 SchG)

nicht alle Personen, welche die Aufnahmevoraussetzungen nach § 6 erfüllen, in das Berufskolleg aufgenommen werden können.

(2) Im Auswahlverfahren sind die Plätze nach folgenden Quoten zu vergeben:

1. 85 vom Hundert nach Eignung und Leistung,
2. 10 vom Hundert nach Wartezeit,
3. 5 vom Hundert für außergewöhnliche Härtefälle.

Bleiben im Rahmen der Auswahl nach Satz 1 Nr. 2 und 3 Plätze frei, sind diese nach Eignung und Leistung zu vergeben.

(3) Die für die Vergabe nach Eignung und Leistung zur Verfügung stehenden Plätze werden entsprechend dem jeweiligen Bewerberanteil verteilt auf Bewerbergruppen

1. mit Fachschulreife,
2. mit Realschulabschluss,
3. mit dem Versetzungszeugnis in die Klasse 11 eines Gymnasiums,
4. mit einem dem Realschulabschluss gleichwertigen Bildungsstand nach Abschluss der Klasse 10 der Hauptschule und
5. mit einem dem Realschulabschluss gleichwertigen Bildungsstand durch Berufsschulabschluss und Berufsausbildung oder durch Hauptschulabschluss, Berufsschulabschluss und Berufsabschluss.

Die Rangfolge innerhalb der Bewerbergruppen Nummer 1 bis 4 bestimmt sich nach dem auf eine Dezimale errechneten Durchschnitt aus den Noten aller Fächer, ausgenommen Arbeitsgemeinschaften, des Zeugnisses über den Bildungsabschluss, die Rangfolge innerhalb der Bewerbergruppe Nummer 5 nach der Durchschnittsnote, die sich aus den maßgebenden Fächern im Berufsschulabschlusszeugnis auf eine Dezimale errechnet. Bei gleicher Rangfolge entscheidet das Los.

(4) Bei der Vergabe der Plätze nach Wartezeit besteht folgende Rangfolge:

1. drei und mehr Schuljahre Wartezeit,
2. zwei Schuljahre Wartezeit,
3. ein Schuljahr Wartezeit.

Innerhalb dieser Gruppen werden die Plätze nach Eignung und Leistung vergeben. Bei gleicher Rangfolge entscheidet das Los. Berücksichtigt werden nur volle Schuljahre, die seit dem ersten Aufnahmeantrag und der Erfüllung der Aufnahmevoraussetzungen nach § 6 bis zum Beginn des auf das laufende Aufnahmeverfahren folgenden Schuljahres verstrichen sind. Voraussetzung ist, dass für diese Schuljahre ununterbrochen ein Aufnahmeantrag gestellt und keine Aufnahmezusage erteilt wurde.

(5) Ein außergewöhnlicher Härtefall liegt vor, wenn eine Person nach Absatz 2 Nr. 1 und 2 nicht ausgewählt worden ist und die Nichtaufnahme für sie mit Nachteilen verbunden wäre, die bei Anlegung eines strengen Maßstabes über das Maß der mit der Nichtaufnahme üblicherweise verbundenen Nachteile erheblich hinausgehen. Für die Berücksichtigung als außergewöhnliche Härtefälle kommen insbesondere familiäre oder soziale Umstände oder andere nicht zu vertretenden Gründe, welche die Aufnahme der Ausbildung verzögert haben, in Betracht. Über das Vorliegen eines außergewöhnlichen Härtefalles und die sich nach dem Grad der Härte ergebende Rangfolge entscheidet ein Auswahlausschuss, dem der Schulleiter als Vorsitzender und vier von ihm beauftragte Lehrkräfte angehören; § 14 Abs. 2 gilt entsprechend. Der Auswahlausschuss ist beschlussfähig, wenn mindestens zwei Drittel der Mitglieder anwesend sind. Er entscheidet

Mit dem Zeichen ⇨ verweisen wir auf korrespondierende Beiträge im Standard-Teil des Jahrbuchs.
Auf Beiträge im Sonderteil berufliche Schulen verweisen wir mit dem Zeichen →.

mit einfacher Mehrheit; bei Stimmengleichheit gibt die Stimme des Vorsitzenden den Ausschlag.

(6) Ist ein Aufnahmeantrag nach dem vom Schulleiter bestimmten Termin eingegangen, kann die Bewerbung erst berücksichtigt werden, wenn alle rechtzeitig eingegangenen Aufnahmeanträge beschieden oder zurückgenommen sind.

§ 9
Probezeit

(1) Die Aufnahme erfolgt zunächst auf Probe. Am Ende des ersten Schulhalbjahres wird ein Halbjahreszeugnis erteilt. Die Klassenkonferenz entscheidet aufgrund der Noten des Halbjahreszeugnisses über das Bestehen der Probezeit; § 17 Abs. 4 gilt entsprechend. Wer die Probezeit nicht bestanden hat, muss die Schule verlassen, kann sie jedoch auf seinen Wunsch mit den Rechten und Pflichten eines Schülers noch bis zum Ende des Schuljahres weiter besuchen und an der Abschlussprüfung teilnehmen. Danach muss die Schule verlassen werden, auch wenn die Prüfung nicht bestanden wurde.

(2) Ausnahmsweise kann die Klassenkonferenz auch bei Nichterfüllung der Voraussetzungen des Absatz 1 Satz 3 zweiter Halbsatz die Probezeit für bestanden erklären, wenn sie mit Zweidrittelmehrheit zu der Auffassung gelangt, dass die Leistungen nur vorübergehend den Anforderungen nicht entsprechen und die Anforderungen der Prüfung voraussichtlich erfüllt werden.

(3) Das Nichtbestehen der Probezeit ist im Halbjahreszeugnis nach Absatz 1 Satz 2 zu vermerken.

3. Abschnitt
Abschlussprüfung am Kaufmännischen Berufskolleg I – Verzahnung mit dualen Ausbildungsberufen

§ 10
Zweck der Prüfung

In der Abschlussprüfung soll nachgewiesen werden, dass das Ausbildungsziel des Kaufmännischen Berufskollegs I – Verzahnung mit dualen Ausbildungsberufen erreicht wurde und die geforderten allgemeinen und fachlichen Kenntnisse und Fertigkeiten vorliegen.

§ 11
Teile der Prüfung

Die Abschlussprüfung besteht aus der schriftlichen Prüfung und gegebenenfalls einer mündlichen Prüfung in einzelnen Fächern.

§ 12
Abnahme der Prüfung

(1) Die Abschlussprüfung wird am Berufskolleg abgenommen.

(2) Der Zeitpunkt der schriftlichen Prüfung wird in der Ausbildungsrichtung Groß- und Außenhandel vom Kultusministerium bestimmt. Den Zeitpunkt der schriftlichen Prüfung in den Ausbildungsrichtungen Industriekaufmann/Industriekauffrau sowie Bürokaufmann/Bürokauffrau sowie den Zeitpunkt der mündlichen Prüfung in allen Ausbildungsrichtungen bestimmt der Schulleiter. Ist der Schulleiter nicht zugleich Vorsitzender des Prüfungsausschusses, bestimmt den Zeitpunkt der mündlichen Prüfung der Vorsitzende des Prüfungsausschusses.

§ 13
Zulassung zur Prüfung, Anmeldenoten

(1) Zur schriftlichen Abschlussprüfung ist zugelassen, wer die zur Bildung von Anmeldenoten nach Absatz 3 erforderlichen Einzelleistungen erbracht hat. Für die Zulassung zur mündlichen Prüfung muss außerdem nachgewiesen werden, dass die in § 4 Abs. 2 vorgeschriebene Mindestanzahl an Praktikumswochenstunden abgeleistet wurde. In begründeten Einzelfällen kann der Schulleiter ausnahmsweise vorläufig zur mündlichen Prüfung zulassen, wenn glaubhaft gemacht wird, dass die Mindestanzahl an Praktikumswochen bis zum Ablauf einer vom Schulleiter zu bestimmenden Frist nach der mündlichen Prüfung noch nachgewiesen wird.

(2) Sind die Voraussetzungen für die Zulassung zur Prüfung oder für die Zulassung zur mündlichen Prüfung nicht erfüllt, ist die Nichtzulassung vom Schulleiter festzustellen und dem Prüfling unter Angabe der Gründe unverzüglich schriftlich mitzuteilen. Sie gilt als Nichtbestehen der Abschlussprüfung, es sei denn, der Schulleiter stellt fest, dass die Gründe vom Prüfling nicht zu vertreten sind.

(3) Für die Prüfung werden in allen Fächern Anmeldenoten (ganze Noten) gebildet, die aus den während des Schuljahres erbrachten Einzelleistungen zu ermitteln sind. Die Anmeldenoten sind für das Fach der schriftlichen Prüfung jeweils fünf bis sieben Schultage vor Beginn des betreffenden Prüfungsteils und für die übrigen Fächer fünf bis sieben Schultage vor der mündlichen Prüfung zusammen mit der Note der schriftlichen Prüfung bekanntzugeben.

§ 14
Prüfungsausschuss, Fachausschüsse

(1) Für die Abschlussprüfung wird am Berufskolleg ein Prüfungsausschuss gebildet, der für die ordnungsgemäße Durchführung der Prüfung verantwortlich ist. Diesem gehören an:

1. als Vorsitzender der Schulleiter oder eine vom Schulleiter beauftragte Lehrkraft, soweit die obere Schulaufsichtsbehörde vor Beginn der Prüfung nichts anderes bestimmt,
2. als stellvertretender Vorsitzender der Schulleiter oder seine ständige Vertreterin oder ständiger Vertreter oder eine vom Schulleiter beauftragte Lehrkraft,
3. sämtliche Lehrkräfte, die in den maßgebenden Fächern unterrichten.

Der Vorsitzende des Prüfungsausschusses oder die obere Schulaufsichtsbehörde können weitere Mitglieder berufen, soweit dies für die Durchführung der Prüfung erforderlich ist.

(2) Die Mitglieder des Prüfungsausschusses sind bei ihrer Tätigkeit als Prüfer unabhängig. Sie sind

zur Amtsverschwiegenheit über alle Prüfungsangelegenheiten verpflichtet. Der Vorsitzende des Prüfungsausschusses hat sie vor Beginn der Prüfung hierüber zu belehren.

(3) Für die mündliche Prüfung in den einzelnen Fächern bildet der Vorsitzende des Prüfungsausschusses die erforderlichen Fachausschüsse. Jedem Fachausschuss gehören an

1. der Vorsitzende oder ein von ihm bestimmtes Mitglied des Prüfungsausschusses als Leiter, sofern die obere Schulaufsichtsbehörde nichts anderes bestimmt,
2. die Fachlehrkraft der Klasse oder bei dessen Verhinderung eine in dem betreffenden Prüfungsfach erfahrene Lehrkraft als Prüfer.

In Fächern, in denen die Klasse von verschiedenen Fachlehrkräften für Teilbereiche unterrichtet wird, gehören alle dem Fachausschuss an. Sie sind jeweils für ihren Teilbereich Prüfer nach Satz 2 Nr. 2. Der Leiter des Prüfungsausschusses bestimmt den Gang der Prüfung und führt das Protokoll; er kann selbst prüfen.

§ 15
Schriftliche Prüfung

(1) Die Leitung der schriftlichen Prüfung obliegt dem Schulleiter oder einer von ihm beauftragten Lehrkraft.

(2) Schriftliche Prüfungsarbeiten sind in den folgenden Fächern anzufertigen:

1. In den Ausbildungsrichtungen Kaufmann/Kauffrau im Groß- und Außenhandel und Industriekaufmann/Industriekauffrau:
   Betriebswirtschaft mit Steuerung und Kontrolle 120 Minuten,
2. In der Ausbildungsrichtung Bürokaufmann/Bürokauffrau:
   Betriebswirtschaftslehre mit Rechnungswesen 120 Minuten.

(3) Die Prüfungsaufgaben in der Ausbildungsrichtung Kaufmann/Kauffrau im Groß- und Außenhandel werden im Rahmen der Bildungs- und Lehrpläne durch das Kultusministerium, die Prüfungsaufgaben für die Prüfung in der Ausbildungsrichtung Industriekaufmann/Industriekauffrau und in der Ausbildungsrichtung Bürokaufmann/Bürokauffrau von der Schule gestellt.

(4) Über die schriftliche Prüfung ist eine Niederschrift zu fertigen, die vom Leiter der schriftlichen Prüfung und den aufsichtsführenden Lehrkräften unterschrieben wird.

(5) Die schriftlichen Arbeiten werden von der Fachlehrkraft der Klasse und von einer weiteren Fachlehrkraft, die der Vorsitzende des Prüfungsausschusses bestimmt, korrigiert und bewertet; dabei sind ganze und halbe Noten zu verwenden. Als Note der schriftlichen Prüfung gilt der auf die erste Dezimale errechnete Durchschnitt der beiden Bewertungen, der auf eine ganze oder halbe Note zu runden ist; Dezimalen von 0,3 bis 0,7 sind hierbei auf eine halbe Note, die übrigen Dezimalen auf eine ganze Note zu runden. Weichen die Bewertungen um mehr als eine ganze Note voneinander ab und können sich die beiden Korrektoren nicht einigen, hat der Vorsitzende des Prüfungsausschusses die endgültige Note für die schriftliche Prüfung festzusetzen; dabei gelten die Bewertungen der beiden Fachlehrkräfte als Grenzwerte, die nicht über- und unterschritten werden dürfen.

(6) Die Note der schriftlichen Prüfung wird fünf bis sieben Schultage vor der mündlichen Prüfung bekanntgegeben.

⇨ Korrekturtag

§ 16
Mündliche Prüfung

(1) Die mündliche Prüfung kann sich auf alle Fächer des Pflichtbereichs erstrecken. Sie soll keine Wiederholung, sondern eine Ergänzung der schriftlichen Prüfung sein und in der Regel 10 bis 15 Minuten je Schüler und Fach dauern, sie darf insgesamt nicht mehr als drei Fächer umfassen.

(2) Der Vorsitzende des Prüfungsausschusses entscheidet aufgrund der Anmeldenoten und gegebenenfalls der Note der schriftlichen Prüfung, in welchen Fächern jeweils mündlich zu prüfen ist oder ob von der Durchführung einer mündlichen Prüfung abgesehen werden kann. Die Entscheidung über die Durchführung der Prüfung und, sofern eine Prüfung durchgeführt wird, die zu prüfenden Fächer sind fünf bis sieben Schultage vor der mündlichen Prüfung bekanntzugeben.

(3) Jeder Prüfling kann bis zum nächsten Schultag, der auf den Tag der Bekanntgabe der Entscheidung über die Durchführung der Prüfung folgt, dem Schulleiter schriftlich Fächer benennen, in denen er mündlich zu prüfen ist, soweit die Gesamtzahl aller zu prüfender Fächer drei nicht übersteigt. Dies gilt auch, wenn der Vorsitzende des Prüfungsausschusses die Durchführung einer mündlichen Prüfung nicht für erforderlich hält.

(4) Im Anschluss an die einzelne mündliche Prüfung setzt der Fachausschuss das Ergebnis der mündlichen Prüfung auf Vorschlag des Prüfers fest, dabei sind ganze und halbe Noten zu verwenden. Kann sich der Fachausschuss auf keine bestimmte Note einigen, so wird die Note aus dem auf die erste Dezimale errechneten Durchschnitt der Bewertungen seiner Mitglieder gebildet, der auf eine ganze oder halbe Note zu runden ist. § 15 Abs. 5 Satz 2 2. Halbsatz gilt entsprechend.

§ 17
Ermittlung des Prüfungsergebnisses

(1) Die Endnoten in den einzelnen Fächern ermittelt der Vorsitzende des Prüfungsausschusses aufgrund der Anmeldenoten und der Prüfungsleistungen. Hierbei wird der Durchschnitt auf die erste Dezimale errechnet und auf eine ganze Note gerundet, wobei eine Dezimale bis 0,4 auf eine ganze Note abgerundet und eine Dezimale von 0,5 oder schlechter auf eine ganze Note aufgerundet wird.

(2) Bei der Ermittlung der Endnoten zählen

1. im Fach der schriftlichen Prüfung, sofern schriftlich und mündlich geprüft wurde, die Anmel-

denote, die Note der schriftlichen Prüfung und die Note der mündlichen Prüfung je einfach,
2. in Fächern, in denen nur schriftlich oder mündlich geprüft wurde, die Anmeldenote einfach und die Prüfungsnote doppelt.

(3) In Fächern, in denen nicht geprüft wurde, werden die Anmeldenoten als Endnoten in das Zeugnis übernommen.

(4) Der Vorsitzende des Prüfungsausschusses stellt fest, wer die Abschlussprüfung bestanden hat. Die Abschlussprüfung ist bestanden, wenn

1. der Durchschnitt aus den Noten aller maßgebenden Fächer 4,0 oder besser ist und
2. der Durchschnitt aus den Noten der Kernfächer 4,0 oder besser ist und
3. die Leistungen in keinem Kernfach mit der Note „ungenügend" bewertet sind,
4. die Leistungen in nicht mehr als einem maßgebenden Fach geringer als mit der Note „ausreichend" bewertet sind; sind die Leistungen in zwei Fächern geringer als mit der Note „ausreichend" bewertet, so ist die Prüfung bestanden, wenn für beide Fächer ein Ausgleich gegeben ist. Ausgeglichen werden können
   a) die Note „ungenügend" in einem Fach, das nicht Kernfach ist, durch die Note „sehr gut" in einem anderen maßgebenden Fach oder die Note „gut" in zwei anderen maßgebenden Fächern,
   b) die Note „mangelhaft" in einem Kernfach durch mindestens die Note „gut" in einem anderen Kernfach,
   c) die Note „mangelhaft" in einem Fach, das nicht Kernfach ist, durch mindestens die Note „gut" in einem anderen maßgebenden Fach oder die Note „befriedigend" in zwei anderen maßgebenden Fächern.

(5) Über die Feststellung der Ergebnisse der Prüfung ist vom Vorsitzenden des Prüfungsausschusses eine Niederschrift zu fertigen.

(6) Die Niederschriften über die einzelnen Teile der Prüfung, über die Feststellung der Prüfungsergebnisse, eine Liste mit den Prüfungsergebnissen und die Prüfungsarbeiten sind bei den Schulakten aufzubewahren. Die Niederschriften und die Prüfungsarbeiten können nach Ablauf von drei Jahren seit der Feststellung der Ergebnisse der Prüfung vernichtet werden.

§ 18
Zeugnis

(1) Wer die Abschlussprüfung bestanden hat, erhält ein Abschlusszeugnis gemäß Anlage 2 mit den nach § 17 Abs. 1 bis 3 ermittelten Endnoten *(hier nicht abgedruckt)*.

(2) Wer an der Abschlussprüfung teilgenommen hat und sie nicht bestanden hat und die Schule verlässt, erhält ein Abgangszeugnis mit den nach § 17 Abs. 1 bis 3 ermittelten Endnoten.

(3) Wer an der Abschlussprüfung nicht oder nur teilweise teilgenommen hat, erhält ein Zeugnis über die bis zum Ausscheiden erbrachten Leistungen oder, sofern sie bereits vorliegen, mit den Anmeldenoten nach § 13 Abs. 3; Prüfungsleistungen bleiben unberücksichtigt.

(4) Wer an der Abschlussprüfung teilgenommen und sie nicht bestanden hat und das Schuljahr wiederholt, erhält ein Jahreszeugnis mit den nach § 17 Abs. 1 bis 3 ermittelten Endnoten.

(5) In den Zeugnissen nach den Absätzen 2 bis 4 ist zu vermerken, dass das Ausbildungsziel des Kaufmännischen Berufskollegs I – Verzahnung mit dualen Ausbildungsberufen nicht erreicht ist.

§ 19
Wiederholung, Entlassung

(1) Wer die Abschlussprüfung nach erstmaligem Besuch des Kaufmännischen Berufskollegs I – Verzahnung mit dualen Ausbildungsberufen nicht bestanden hat, kann sie nach erneutem Besuch einmal wiederholen. Absatz 4 Satz 2 bleibt unberührt.

(2) Wer an der Abschlussprüfung ganz oder teilweise aus wichtigem Grund nicht teilgenommen hat, kann das Berufskolleg wiederholen, wenn auch die Teilnahme an einer Nachprüfung nicht möglich war. Die Prüfung gilt als nicht unternommen.

(3) In das Berufskolleg kann einmal erneut aufgenommen werden, wer sich spätestens vor Beginn des ersten Prüfungsteils schriftlich beim Schulleiter oder der Schulleiterin vom weiteren Besuch des Berufskollegs abgemeldet hat; die Vorschriften zur Berufsschulpflicht bleiben unberührt. Die Abmeldung gilt als Nichtbestehen der Abschlussprüfung. Eine Neuaufnahme setzt die erneute und erfolgreiche Teilnahme am Bewerbungsverfahren voraus. Wurde nach dem Halbjahreszeugnis die Probezeit nicht bestanden, ist eine Neuaufnahme nicht möglich. Bei bestandener Abschlussprüfung ist weder eine Neuaufnahme in ein Kaufmännisches Berufskolleg I – Verzahnung mit dualen Ausbildungsberufen noch eine Wiederholung der Prüfung möglich.

(4) Wer die Abschlussprüfung auch bei Wiederholung nicht bestanden hat, muss das Berufskolleg verlassen. Abweichend von Absatz 1 Satz 1 muss das Berufskolleg ebenfalls verlassen, wer die Abschlussprüfung nicht bestanden hat, weil er ganz oder teilweise ohne wichtigen Grund nicht an der Prüfung teilgenommen oder weil er das nach Maßgabe von § 4 Abs. 2 abzuleistende Praktikum nicht nachgewiesen hat. Eine Wiederaufnahme in das Berufskolleg ist nicht möglich. Satz 2 findet keine Anwendung, wenn der Prüfling das Fehlen des wichtigen Grundes nicht kannte und auch nicht kennen konnte oder bereits aufgrund der Anmeldenoten ein Bestehen der Prüfung nicht mehr möglich war.

Hinweis der Redaktion: Die §§ 23 (Nichtteilnahme, Rücktritt) und § 24 (Täuschungshandlungen, Ordnungsverstöße) sind hier nicht abgedruckt, da inhaltsgleich mit §§ 23 und 24 → Berufsfachschule Altenpflegehilfe.

→ Berufskolleg Kaufmännisch I (Verzahnung) – Stundentafel; ⇨ Handy-Nutzung; → Individuelle Förderung und Unterstützung (BS); ⇨ Korrekturtag; → Termine Berufliche Schulen; → Zeugnisse (Berufliche Schulen)

Berufskolleg Kaufmännisch I (Verzahnung) – Stundentafel

(durchschnittliche Zahl der Wochenstunden)

		Kaufmann/Kauffrau im Groß- und Außenhandel	Industriekaufmann/ Industriekauffrau	Bürokaufmann/ Bürokauffrau
1	**Pflichtbereich**			
1.1	Allgemeiner Bereich			
	Religionslehre		1	
	Mathematik		3	
	Gemeinschaftskunde/Wirtschaftspolitik		2	
	Englisch		3	
	Deutsch/Betriebliche Kommunikation		2	
	Physik, Chemie, Biologie oder Technik [1]		2	
1.2	**Berufsfachlicher Bereich**			
	Betriebswirtschaft mit Steuerung und Kontrolle	9	9	-
	Gesamtwirtschaft	2	2	
	Informationsverarbeitung	1	1	
	Projektkompetenz	(integriert) [2]	(integriert) [2]	
	Betriebswirtschaft mit Rechnungswesen			9
	Datenverarbeitung / Textverarbeitung			2
	Büroorganisation / Büropraxis			1
2.	**Wahlpflichtbereich** [3]		5	
	Übungsfirma / Praktische Übungen / Berufsbezogene Fächer			
	Summe		30	
3.	**Wahlbereich**			
4.	**Praktikum** [4]		4 Wochen	

[1] Die Anzahl der angebotenen Fächer darf die Anzahl der Klassen des jeweiligen Schuljahres nicht überschreiten.
[2] Die Projektkompetenz ist ein eigenständiges Fach. Sie wird jedoch integrativ im Rahmen des Unterrichts im berufsfachlichen Bereich unterrichtet. Dabei umfasst der Anteil der Projektkompetenz ca. ¼.
[3] Die Fächer Übungsfirma oder Praktische Übungen sind mindestens 3-stündig zu unterrichten.
[4] Betreuungsstunden fallen nicht an.

Stichwort: Schülertourismus und Luxusreisen

Die seit Jahrzehnten geltende Verwaltungsvorschrift des KM für ⇨ Außerunterrichtliche Veranstaltungen der Schulen enthält in Nr. II.6 einen seit Anbeginn unveränderten Grundsatz: *„Die für Schüler entstehenden Kosten sind so niedrig wie möglich zu halten, müssen in einem vertretbaren Verhältnis zum Nutzen der Veranstaltung stehen und dürfen die Eltern nicht in unzumutbarem Maße belasten“*.

Angesichts der deutlicher werdenden Diskrepanz zwischen einem (kleineren) Teil gut verdienender Eltern und einem (steigenden) Anteil von Menschen in prekären Arbeits- und Lebensverhältnissen (Mini-Lohnbereich, „Hartz IV“ usw.) sollten die Lehrkräfte und die Schulen diesem Gesichtspunkt vermehrt Aufmerksamkeit schenken. Vor allem sollten sie beachten, dass über die *„Aufstellung der Grundsätze über die Durchführung von außerunterrichtlichen Veranstaltungen (z.B. Klassenfahrten, Schullandheimaufenthalte)“* die Gesamtlehrerkonferenz berät und beschließt. ⇨ Konferenzordnung § 2 Abs. 1 Nr. 11

Das bedeutet: Die GLK kann mit verbindlicher Wirkung für alle Lehrkräfte der Schule bestimmen, dass bei außerunterrichtlichen Veranstaltungen ein bestimmter Pro-Kopf-Betrag je Schüler*in nicht überschritten werden darf. Da einschlägige GLK-Beschlüsse des Einverständnisses der Schulkonferenz bedürfen, sind auch die Eltern- und die Schülerschaft der Schule an der Beschlussfassung beteiligt. Die Schulleitung darf nach einem solchen Beschluss die Genehmigung von Klassenfahrten, Studienreisen usw. nur in diesem Rahmen erteilen. Was teurer ist, findet nicht statt.

Zwar haben Empfänger*innen von Sozialleistungen Anspruch auf Kostenerstattung für solche Fahrten (siehe ⇨ Bildungspaket; hierauf sollten die Lehrkräfte die betroffenen Eltern aufmerksam machen), aber auch oberhalb dieser „Armutsschwelle“ gibt es in jeder Klasse Schülerinnen und Schüler, deren Eltern sich teure Reisen schlicht nicht leisten können.

Berufskolleg Kaufmännisch II (Verzahnung)

Ausbildungs- und Prüfungsordnung für das Kaufmännische Berufskolleg II – Verzahnung mit dualen Ausbildungsberufen; Schulversuchsbestimmungen des KM gem. § 22 SchG vom 1. März 2006 (AZ: 41-6623.1-14/1)

1. Abschnitt – Allgemeines

§ 1
Zweck der Ausbildung

Die Ausbildung am Kaufmännischen Berufskolleg II – Verzahnung mit dualen Ausbildungsberufen dient dem Erwerb fachtheoretischer und fachpraktischer Kenntnisse, Fähigkeiten und Fertigkeiten, die zur Wahrnehmung kaufmännischer Tätigkeiten in einem der Ausbildung entsprechenden Aufgabenfeld befähigen. Sie befähigt gleichzeitig dazu, nach einer nach dem Abschluss des Berufskollegs erfolgenden verkürzten betrieblichen Ausbildungszeit, die Abschlussprüfung eines nach dem Berufsbildungsgesetz anerkannten Ausbildungsberufes abzulegen. Darüber hinaus wird die Allgemeinbildung weitergeführt sowie durch Zusatzunterricht der Erwerb der Fachhochschulreife ermöglicht.

§ 2
Begriffe

Soweit die nachfolgenden Bestimmungen Personalbegriffe wie Schüler, Schulleiter, Vorsitzender, Prüfer oder Bewerber enthalten, sind dies funktionsbezogene Beschreibungen, die gleichermaßen auf Frauen und Männer zutreffen.

§ 3
Dauer und Gliederung der Ausbildung, Berufsbezeichnung

(1) Die Ausbildung dauert ein Schuljahr und endet mit einer Abschlussprüfung, durch deren Bestehen die Berufsbezeichnung „Staatlich geprüfter Wirtschaftsassistent/Staatlich geprüfte Wirtschaftsassistentin“ mit einem die Ausbildungsrichtung kennzeichnenden Zusatz erworben wird.

(2) Der Unterricht gliedert sich in einen Pflichtbereich, einen Wahlpflichtbereich und einen Wahlbereich.

§ 4
Bildungsplan, Stundentafel

Der Unterricht richtet sich nach den vom Kultusministerium erlassenen Bildungs- und Lehrplänen sowie der als Anlage 1 beigefügten Stundentafel. Im berufsfachlichen Bereich wird der Lehrplan der Berufsschule für den entsprechenden Ausbildungsberuf zugrunde gelegt.

→ Berufskolleg Kaufmännisch II – Verzahnung (Stundentafel)

§ 5
Maßgebende Fächer, Kernfächer und Leistungen im Fach Übungsfirma

(1) Für den Abschluss sind die Leistungen in den maßgebenden Fächern entscheidend. Maßgebende Fächer sind alle Fächer des Pflichtbereichs. Bei einer Teilnahme an der Zusatzprüfung zum Erwerb der Fachhochschulreife werden die Fächer Mathematik I und Mathematik II sowie die Fächer Englisch I und Englisch II jeweils zu einem maßgebenden Fach Mathematik und einem maßgebenden Fach Englisch zusammengefasst.

(2) Kernfächer unter den maßgebenden Fächern sind die Fächer Deutsch, Mathematik, Englisch, Allgemeine Wirtschaftslehre, Spezielle Betriebswirtschaftslehre und Rechnungswesen.

(3) Im Fach Übungsfirma sind von jedem Schüler fünf Arbeitsproben im Schuljahr zu erstellen, die sich jeweils auf ein Teilgebiet aus dem Arbeitshandeln der Übungsfirma beziehen und schriftliche, mündliche und praktische Elemente beinhalten sollen.

§ 6
Praktikum

Während der Ausbildung ist ein mindestens vierwöchiges Praktikum in geeigneten Betrieben durchzuführen. Das Praktikum kann teilweise auch in den Ferien liegen.

2. Abschnitt – Aufnahmeverfahren

§ 7
Aufnahmevoraussetzungen

(1) Voraussetzung für die Aufnahme in das Kaufmännische Berufskolleg II – Verzahnung mit dualen Ausbildungsberufen ist das Abschlusszeugnis des Kaufmännischen Berufskollegs I – Verzahnung mit dualen Ausbildungsberufen der entsprechenden Ausbildungsrichtung. Der Durchschnitt aus den Noten der Fächer Deutsch, Englisch, Mathematik und dem berufsfachlichen Fach Betriebswirtschaftslehre mit Rechnungswesen muss mindestens 3,0 betragen, wobei keines der Fächer schlechter als mit der Note „ausreichend“ bewertet sein darf.

(2) Falls nach der Aufnahme aller Bewerber, die die Voraussetzungen des Absatz 1 erfüllen, noch Plätze frei sind, können Bewerber mit dem Abschlusszeugnis des Kaufmännischen Berufskollegs I – Verzahnung mit dualen Ausbildungsberufen der entsprechenden Ausbildungsrichtung aufgenommen werden, die nicht die Voraussetzungen des Absatz 1 erfüllen, wenn sie im jeweiligen Abschlusszeugnis des Kaufmännischen Berufskollegs I – Verzahnung mit dualen Ausbildungsberufen einen Notendurchschnitt von mindestens 3,4 aus allen maßgebenden Fächern nachweisen. Das berufsfachliche Fach nach Absatz 1 Satz 2 darf hierbei nicht schlechter als mit der Note „befriedigend“ bewertet sein. Eine Teilnahme am Zusatzprogramm zum Erwerb der Fachhochschulreife ist nicht möglich.

§ 8
Aufnahmeantrag

(1) Der Aufnahmeantrag ist an das Berufskolleg zu richten, an dem die Ausbildung erfolgen soll. Der Termin, zu dem der Antrag bei der Schule eingegangen sein muss, wird, soweit er nicht vom Kultusministerium festgelegt wurde, vom Schulleiter bestimmt und auf geeignete Weise bekanntgegeben. Dem Aufnahmeantrag sind beizufügen:

1. ein Lebenslauf in tabellarischer Form mit Angaben über den bisherigen Bildungsweg,
2. eine beglaubigte Abschrift des Nachweises nach § 7,
3. eine Erklärung,
   a) ob und gegebenenfalls an welchen anderen Schulen bereits an einem Aufnahmeverfahren teilgenommen wurde sowie
   b) ob und gegebenenfalls an welche anderen Schulen ein weiterer Aufnahmeantrag gerichtet wurde.

Sofern der Nachweis nach § 7 zum Anmeldetermin noch nicht vorgelegt werden kann, ist er unverzüglich nachzureichen; dem Aufnahmeantrag ist in diesem Falle eine beglaubigte Abschrift des letzten Schulzeugnisses beizufügen.

(2) Über den Aufnahmeantrag entscheidet der Schulleiter. Er kann eine angemessene Frist setzen, innerhalb deren erklärt werden muss, ob die Zusage über die Aufnahme angenommen wird.

§ 9
Auswahlverfahren

(1) Ein Auswahlverfahren ist nur durchzuführen, wenn
1. bei voller Ausschöpfung der vorhandenen personellen und sächlichen Gegebenheiten sowie
2. bei Abstimmung der Aufnahmefähigkeit benachbarter Schulen und entsprechender Zuweisung (§ 18 Abs. 1 und § 88 Abs. 4 SchG)

nicht alle Personen, welche die Aufnahmevoraussetzungen nach § 7 erfüllen, in das Berufskolleg aufgenommen werden können.

(2) Im Auswahlverfahren sind die Plätze nach folgenden Quoten zu vergeben:
1. 85 vom Hundert nach Eignung und Leistung,
2. 10 vom Hundert nach Wartezeit,
3. 5 vom Hundert für außergewöhnliche Härtefälle.

Bleiben im Rahmen der Auswahl nach Satz 1 Nr. 2 und 3 Plätze frei, sind diese nach Eignung und Leistung zu vergeben.

(3) Bei der Vergabe der Plätze nach Eignung und Leistung wird für die Bewerber der Durchschnitt aus den Noten des Pflichtbereichs des Zeugnisses nach § 7 auf eine Dezimale berechnet. Die Bewerber werden in der Rangfolge des errechneten Durchschnitts aufgenommen. Bei gleicher Rangfolge entscheidet das Los.

(4) Bei der Vergabe der Plätze nach Wartezeit besteht folgende Rangfolge:
1. drei und mehr Schuljahre Wartezeit,
2. zwei Schuljahre Wartezeit,
3. ein Schuljahr Wartezeit.

Innerhalb dieser Gruppen werden die Plätze nach Eignung und Leistung nach Absatz 3 vergeben. Berücksichtigt werden nur volle Schuljahre, die seit dem ersten Aufnahmeantrag und der Erfüllung der Aufnahmevoraussetzungen nach § 7 bis zum Beginn des auf das laufende Aufnahmeverfahren folgenden Schuljahres verstrichen sind. Voraussetzung ist, dass für diese Schuljahre ununterbrochen ein Aufnahmeantrag gestellt und keine Aufnahmezusage erteilt wurde.

(5) Ein außergewöhnlicher Härtefall liegt vor, wenn eine Person nach Absatz 2 Nr. 1 und 2 nicht ausgewählt worden ist und die Nichtaufnahme für sie mit Nachteilen verbunden wäre, die bei Anlegung eines strengen Maßstabes über das Maß der mit der Nichtaufnahme üblicherweise verbundenen Nachteile erheblich hinausgehen. Für die Berücksichtigung als außergewöhnliche Härtefälle kommen insbesondere familiäre oder soziale Umstände oder andere nicht zu vertretenden Gründe, welche die Aufnahme der Ausbildung verzögert haben, in Betracht. Über das Vorliegen eines außergewöhnlichen Härtefalles und die sich nach dem Grad der Härte ergebende Rangfolge entscheidet ein Auswahlausschuss, dem der Schulleiter als Vorsitzender und vier von ihm beauftragte Lehrkräfte angehören; § 14 Abs. 2 gilt entsprechend. Der Auswahlausschuss ist beschlussfähig, wenn mindestens zwei Drittel seiner Mitglieder anwesend sind. Er entscheidet mit einfacher Mehrheit; bei Stimmengleichheit gibt die Stimme des Vorsitzenden den Ausschlag.

(5) Ist ein Aufnahmeantrag nach dem gemäß § 8 Abs. 1 festgelegten Termin eingegangen, kann der Bewerber erst dann in ein Auswahlverfahren einbezogen werden, wenn alle rechtzeitig eingegangenen Aufnahmeanträge erledigt sind.

3. Abschnitt – Abschlussprüfung und Zusatzprüfung zum Erwerb der Fachhochschulreife am Kaufmännischen Berufskolleg II – Verzahnung mit dualen Ausbildungsberufen –

§ 10
Zweck der Prüfung

In der Abschlussprüfung soll nachgewiesen werden, dass das Ausbildungsziel des Berufskollegs erreicht wurde und die geforderten allgemeinen und fachlichen Kenntnisse und Fertigkeiten vorliegen. Durch die Teilnahme an einer Zusatzprüfung wird die Fachhochschulreife für Baden-Württemberg erworben.

§ 11
Teile der Prüfung

Die Abschlussprüfung besteht aus der schriftlichen, der berufspraktischen und der mündlichen Prüfung. Für den Erwerb der Fachhochschulreife wird die schriftliche Abschlussprüfung nach Maßgabe von § 15 Abs. 2 Nr. 3 erweitert.

§ 12
Abnahme und Zeitpunkt der Prüfung

(1) Die Abschlussprüfung wird am Berufskolleg abgenommen.

(2) Der Zeitpunkt der schriftlichen Prüfung wird vom Kultusministerium, der Zeitpunkt der mündlichen und der berufspraktischen Prüfung wird vom Vorsitzenden des Prüfungsausschusses festgelegt.

§ 13
Zulassung zur Prüfung, Anmeldenoten

(1) Zur schriftlichen Abschlussprüfung ist zugelassen, wer die zur Bildung von Anmeldenoten nach Absatz 3 erforderlichen Einzelleistungen erbracht

hat. Für die Zulassung zur mündlichen Prüfung muss außerdem nachgewiesen werden, dass die in § 6 vorgeschriebene Mindestanzahl an Praktikumswochenstunden abgeleistet wurde. In begründeten Einzelfällen kann der Schulleiter ausnahmsweise vorläufig zur mündlichen Prüfung zulassen, wenn glaubhaft gemacht wird, dass die Mindestanzahl an Praktikumswochen bis zum Ablauf einer vom Schulleiter zu bestimmenden Frist nach der mündlichen Prüfung noch nachgewiesen wird.

(2) Zur Zusatzprüfung zum Erwerb der Fachhochschulreife ist auf Antrag zugelassen, wer die Aufnahmevoraussetzungen nach § 7 Abs. 1 erfüllt sowie den für den Erwerb der Fachhochschulreife vorgesehenen Zusatzunterricht ordnungsgemäß besucht und auch dort die zur Bildung von Anmeldenoten erforderlichen Leistungen erbracht hat.

(3) Sind die Voraussetzungen für die Zulassung zur Prüfung oder für die Zulassung zur mündlichen Prüfung nicht erfüllt, ist die Nichtzulassung vom Schulleiter festzustellen und dem Prüfling unter Angabe der Gründe unverzüglich schriftlich mitzuteilen. Sie gilt als Nichtbestehen der Abschlussprüfung, es sei denn, der Schulleiter stellt fest, dass die Gründe vom Prüfling nicht zu vertreten sind.

(4) Für die Prüfung werden in allen Fächern Anmeldenoten (ganze Noten) gebildet, die aus den während des Schuljahres erbrachten Einzelleistungen zu ermitteln sind. Bei der Teilnahme an der Zusatzprüfung zum Erwerb der Fachhochschulreife wird für die Fächer Englisch I und Englisch II sowie für die Fächer Mathematik I und Mathematik II jeweils eine gemeinsame Anmeldenote gebildet. Die Anmeldenoten sind für das Fach der schriftlichen Prüfung jeweils fünf bis sieben Schultage vor Beginn des betreffenden Prüfungsteils und für die übrigen Fächer fünf bis sieben Schultage vor der mündlichen Prüfung zusammen mit der Note der schriftlichen Prüfung bekanntzugeben.

§ 14
Prüfungsausschuss, Fachausschüsse

(1) Für die Abschlussprüfung wird am Berufskolleg ein Prüfungsausschuss gebildet, der für die ordnungsgemäße Durchführung der Prüfung verantwortlich ist. Diesem gehören an:

1. als Vorsitzender der Schulleiter oder eine vom Schulleiter beauftragte Lehrkraft, soweit die obere Schulaufsichtsbehörde vor Beginn der Prüfung nichts anderes bestimmt,
2. als stellvertretender Vorsitzender der Schulleiter oder sein ständiger Vertreter oder eine vom Schulleiter beauftragte Lehrkraft,
3. sämtliche Lehrkräfte, die in den maßgebenden Fächern unterrichten.

Die obere Schulaufsichtsbehörde oder der Vorsitzende des Prüfungsausschusses können weitere Mitglieder berufen, soweit dies für die Durchführung der Prüfung erforderlich ist.

(2) Die Mitglieder des Prüfungsausschusses sind bei ihrer Tätigkeit als Prüfer unabhängig. Sie sind zur Amtsverschwiegenheit über alle Prüfungsangelegenheiten verpflichtet. Der Vorsitzende des Prüfungsausschusses hat sie vor Beginn der Prüfung hierüber zu belehren.

(3) Für die mündliche und die berufspraktische Prüfung in den einzelnen Fächern bildet der Vorsitzende des Prüfungsausschusses die erforderlichen Fachausschüsse. Jedem Fachausschuss gehören an

1. der Vorsitzende oder ein von ihm bestimmtes Mitglied des Prüfungsausschusses als Leiter, sofern die obere Schulaufsichtsbehörde nichts anderes bestimmt,
2. die Fachlehrkraft der Klasse oder bei deren Verhinderung eine in dem betreffenden Prüfungsfach erfahrene Lehrkraft als Prüfer und
3. bei der mündlichen Prüfung ein weiteres fachkundiges Mitglied des Prüfungsausschusses, welches zugleich das Protokoll führt.

In Fächern, in denen die Klasse von verschiedenen Fachlehrkräften für Teilbereiche unterrichtet wird, gehören alle dem Fachausschuss als Mitglieder an. Sie sind jeweils für ihren Teilbereich Prüfer nach Satz 2 Nr. 2. Der Leiter des Prüfungsausschusses bestimmt den Gang der Prüfung und führt bei der berufspraktischen Prüfung das Protokoll; er kann selbst prüfen.

§ 15
Schriftliche Prüfung

(1) Die Leitung der schriftlichen Prüfung obliegt dem Schulleiter.

(2) Schriftliche Prüfungsarbeiten sind in folgenden Fächern zu fertigen:

1. Für alle Schüler:
   a) Allgemeine Wirtschaftslehre 90 Minuten,
   b) Spezielle Betriebswirtschaftslehre 180 Minuten,
   c) Rechnungswesen 90 Minuten, und
2. für Schüler, die nicht an der Zusatzprüfung zum Erwerb der Fachhochschulreife teilnehmen:
   Deutsch 120 Minuten
   oder
3. für Schüler, die an der Zusatzprüfung zum Erwerb der Fachhochschulreife teilnehmen:
   Deutsch 240 Minuten,
   Mathematik 200 Minuten,
   Englisch 180 Minuten.

(3) Die Prüfungsaufgaben für die schriftliche Prüfung werden im Rahmen der Bildungs- und Lehrpläne vom Kultusministerium, abweichend hiervon im Fach Deutsch nach Absatz 2 Nr. 2 von der Schule gestellt.

(4) Über die schriftliche Prüfung ist eine Niederschrift zu fertigen, die vom Leiter der schriftlichen Prüfung und den aufsichtsführenden Lehrkräften unterschrieben wird.

(5) Die schriftlichen Arbeiten werden von der Fachlehrkraft der Klasse und von einer weiteren Fachlehrkraft, die der Vorsitzende des Prüfungsausschusses bestimmt, korrigiert und bewertet; dabei sind ganze und halbe Noten zu verwenden. Als Note der schriftlichen Prüfung gilt der auf die

erste Dezimale errechnete Durchschnitt der beiden Bewertungen, der auf eine ganze oder halbe Note zu runden ist; Dezimalen von 0,3 bis 0,7 sind hierbei auf eine halbe Note, die übrigen Dezimalen auf eine ganze Note zu runden. Weichen die Bewertungen um mehr als eine ganze Note voneinander ab und können sich die beiden Fachlehrkräfte nicht einigen, hat der Vorsitzende des Prüfungsausschusses die endgültige Note für die schriftliche Prüfung festzusetzen; dabei gelten die Bewertungen der beiden Fachlehrkräfte als Grenzwerte, die nicht über- und unterschritten werden dürfen.

(6) Die Noten der schriftlichen Prüfung in den einzelnen Fächern werden fünf bis sieben Schultage vor der mündlichen Prüfung bekanntgegeben.

⇨ Korrekturtag

§ 16
Berufspraktische Prüfung

(1) In der berufspraktischen Abschlussprüfung soll nachgewiesen werden, dass die geforderten berufspraktischen Fertigkeiten vorliegen. Sie erstreckt sich auf das Fach „Übungsfirma“ und dauert 120 Minuten.

(2) Die Prüfungsaufgaben werden im Rahmen der Bildungs- und Lehrpläne vom Schulleiter aufgrund von Vorschlägen der im Fach Übungsfirma unterrichtenden Lehrkräfte gestellt, sofern die obere Schulaufsichtsbehörde oder das Kultusministerium nichts anderes bestimmen.

(3) Die Aufsicht während der Prüfung wird durch die in der Übungsfirma unterrichtenden Lehrkräfte nach näherer Maßgabe des Vorsitzenden des Prüfungsausschusses ausgeübt.

(4) Für die Niederschrift sowie für die Korrektur und Bewertung der Arbeiten ist § 15 Abs. 4 und 5 entsprechend anzuwenden.

§ 17
Mündliche Prüfung

(1) Die mündliche Prüfung soll keine Wiederholung, sondern eine Ergänzung der schriftlichen Prüfung sein und in der Regel 10 bis 15 Minuten je Schüler und Fach dauern.

(2) Die mündliche Prüfung kann als Einzel- oder Gruppenprüfung durchgeführt werden. Bei einer Gruppenprüfung können bis zu drei Schüler zusammen geprüft werden. Die Entscheidung trifft der Vorsitzende des Prüfungsausschusses.

(3) Die mündliche Prüfung kann sich auf alle maßgebenden Fächer erstrecken.

(4) Aufgrund der Anmeldenoten und gegebenenfalls der Noten der schriftlichen Prüfung bestimmt der Vorsitzende des Prüfungsausschusses, in welchen Fächern mündlich zu prüfen ist. Die mündliche Prüfung findet in mindestens einem Fach statt; sie soll in nicht mehr als drei Fächern stattfinden. Die zu prüfenden Fächer sind fünf bis sieben Schultage vor der mündlichen Prüfung bekanntzugeben. Darüber hinaus kann ein Schüler bis zum nächsten Schultag, der auf den Tag der Bekanntgabe der zu prüfenden Fächer folgt, dem Schulleiter schriftlich bis zu zwei weitere Fächer benennen, in denen mündlich zu prüfen ist.

(5) Im Anschluss an die einzelne mündliche Prüfung setzt der Fachausschuss das Ergebnis der mündlichen Prüfung auf Vorschlag des Prüfers fest; dabei sind ganze und halbe Noten zu verwenden. Kann sich der Fachausschuss nicht mehrheitlich mit der Stimme des Leiters für eine bestimmte Note entscheiden, so wird die Note aus dem auf die erste Dezimale errechneten Durchschnitt der Bewertungen seiner Mitglieder gebildet, der auf eine ganze oder halbe Note zu runden ist; § 15 Abs. 5 Satz 2 2. Halbsatz gilt entsprechend.

(6) Über jede mündliche Prüfung ist eine Niederschrift zu fertigen, die von den Mitgliedern des Fachausschusses zu unterschreiben ist.

§ 18
Ermittlung des Prüfungsergebnisses

(1) Die Endnoten in den einzelnen Fächern ermittelt der Vorsitzende des Prüfungsausschusses aufgrund der Anmeldenoten und der Prüfungsleistungen. Hierbei wird der Durchschnitt auf die erste Dezimale errechnet und auf eine ganze Note gerundet, wobei eine Dezimale bis 0,4 auf eine ganze Note abgerundet und eine Dezimale von 0,5 oder schlechter auf eine ganze Note aufgerundet wird.

(2) Bei der Ermittlung der Endnoten zählen

1. in Fächern, in denen schriftlich und mündlich geprüft wurde, die Anmeldenote, die Note der schriftlichen Prüfung und die Note der mündlichen Prüfung je einfach
2. in Fächern, in denen nur schriftlich, praktisch oder mündlich geprüft wurde, die Anmeldenote einfach und die Prüfungsnote doppelt.

(3) In Fächern, in denen nicht geprüft wurde, werden die Anmeldenoten als Endnoten in das Zeugnis übernommen.

(4) Der Vorsitzende des Prüfungsausschusses stellt fest, wer die Abschlussprüfung bestanden hat. Die Abschlussprüfung ist bestanden, wenn

1. der Durchschnitt aus den Noten aller maßgebenden Fächer 4,0 oder besser ist und
2. der Durchschnitt aus den Noten der Kernfächer 4,0 oder besser ist und
3. die Leistungen in keinem Kernfach mit der Note „ungenügend“ bewertet sind und
4. die Leistungen in nicht mehr als einem maßgebenden Fach geringer als mit der Note „ausreichend“ bewertet sind; sind die Leistungen in zwei Fächern geringer als mit der Note „ausreichend“ bewertet, so ist die Prüfung bestanden, wenn für beide Fächer ein Ausgleich gegeben ist. Ausgeglichen werden können
   a) die Note „ungenügend“ in einem Fach, das nicht Kernfach ist, durch die Note „sehr gut“ in einem anderen maßgebenden Fach oder die Note „gut“ in zwei anderen maßgebenden Fächern,
   b) die Note „mangelhaft“ in einem Kernfach durch mindestens die Note „gut“ in einem anderen Kernfach,

c) die Note „mangelhaft" in einem Fach, das nicht Kernfach ist, durch mindestens die Note „gut" in einem anderen maßgebenden Fach oder die Note „befriedigend" in zwei anderen maßgebenden Fächern.

(5) Über die Feststellung der Ergebnisse der Prüfung ist vom Vorsitzenden des Prüfungsausschusses eine Niederschrift zu fertigen.

(6) Die Niederschriften über die einzelnen Teile der Prüfung, über die Feststellung der Prüfungsergebnisse, eine Liste mit den Prüfungsergebnissen und die Prüfungsarbeiten sind bei den Schulakten aufzubewahren. Die Niederschriften und die Prüfungsarbeiten können nach Ablauf von drei Jahren seit der Feststellung der Prüfungsergebnisse vernichtet werden.

§ 19
Zeugnis

(1) Wer die Abschlussprüfung bestanden hat, erhält ein Abschlusszeugnis gemäß Anlage 2 *(hier nicht abgedruckt)* mit den nach § 18 Abs. 1 bis 3 ermittelten Endnoten.

(2) Wer die um die Zusatzprüfung zum Erwerb der Fachhochschulreife erweiterte Abschlussprüfung bestanden hat, erhält ein Abschlusszeugnis nach Anlage 3. Dabei wird die Endnote in einem der im Pflichtbereich unterrichteten Fächer Physik, Chemie, Biologie oder Technik aus dem Abschlusszeugnis des Kaufmännischen Berufskollegs I – Verzahnung mit dualen Ausbildungsberufen nachrichtlich in das Zeugnis eingetragen. Sie fließt in die Berechnung der im Zeugnis auszuweisenden Durchschnittsnote für die Vergabe von Studienplätzen wie eine maßgebende Note des Berufskollegs II – Verzahnung mit dualen Ausbildungsberufen mit ein. Bei der Entscheidung über das Bestehen der Prüfung nach § 18 Abs. 4 bleibt sie unberücksichtigt.

(3) Wer an der Abschlussprüfung teilgenommen hat und sie nicht bestanden hat und die Schule verlässt, erhält ein Abgangszeugnis mit den nach § 18 Abs. 1 bis 3 ermittelten Endnoten.

(4) Wer die Abschlussprüfung nur deswegen nicht bestanden hat, weil die Leistungen aus dem Zusatzprogramm zum Erwerb der Fachhochschulreife in die Abschlussprüfung mit eingerechnet wurden, erhält auf Antrag das Abschlusszeugnis des Kaufmännischen Berufskollegs.

(5) Wer an der Abschlussprüfung nicht oder nur teilweise teilgenommen hat, erhält ein Zeugnis über die bis zum Ausscheiden erbrachten Leistungen oder, sofern sie bereits vorliegen, mit den Anmeldenoten nach § 13 Abs. 3; Prüfungsleistungen bleiben unberücksichtigt.

(6) Wer an der Abschlussprüfung teilgenommen und sie nicht bestanden hat und das Schuljahr wiederholt, erhält ein Jahreszeugnis mit den nach § 18 Abs. 1 bis 3 ermittelten Endnoten.

(7) In den Zeugnissen nach den Absätzen 3, 5 und 6 ist zu vermerken, dass das Ausbildungsziel des Kaufmännischen Berufskollegs II – Verzahnung mit dualen Ausbildungsberufen nicht erreicht ist.

→ Zeugnisse (Berufliche Schulen)

§ 20
Wiederholung der Prüfung, Entlassung

(1) Wer die Abschlussprüfung nach erstmaligem Besuch des Kaufmännischen Berufskollegs II – Verzahnung mit dualen Ausbildungsberufen nicht bestanden hat, kann sie nach erneutem Besuch einmal wiederholen. Absatz 4 Satz 2 bleibt unberührt.

(2) Wer an der um die Zusatzprüfung zum Erwerb der Fachhochschulreife erweiterten Abschlussprüfung teilgenommen, diese nicht bestanden und ein Abschlusszeugnis nach § 19 Abs. 4 erhalten hat, kann nur die schriftliche Prüfung in den Fächern Englisch und Mathematik einmal zum nächsten Prüfungstermin ohne erneuten Besuch des Kaufmännischen Berufskollegs – Verzahnung mit dualen Ausbildungsberufen wiederholen. Die ursprünglich nach § 13 Abs. 4 Satz 2 gebildeten Anmeldenoten bleiben erhalten.

(3) Wer an der Abschussprüfung ganz oder teilweise aus wichtigem Grund nicht teilgenommen hat, kann das Berufskolleg wiederholen, wenn auch die Teilnahme an einer Nachprüfung nicht möglich war. Die Prüfung gilt als nicht unternommen.

(4) In das Berufskolleg kann einmal erneut aufgenommen werden, wer sich spätestens vor Beginn des ersten Prüfungsteils schriftlich beim Schulleiter oder der Schulleiterin vom weiteren Besuch des Berufskollegs abgemeldet hat. Die Abmeldung gilt als Nichtbestehen der Abschlussprüfung. Eine Neuaufnahme setzt die erneute und erfolgreiche Teilnahme am Bewerbungsverfahren voraus. Bei bestandener Abschlussprüfung ist weder eine Neuaufnahme in ein Kaufmännisches Berufskolleg II – Verzahnung mit dualen Ausbildungsberufen noch eine Wiederholung der Prüfung möglich.

(5) Wer die Abschlussprüfung auch bei Wiederholung nicht bestanden hat, muss das Berufskolleg verlassen. Abweichend von Absatz 1 Satz 1 muss das Berufskolleg ebenfalls verlassen, wer die Abschlussprüfung nicht bestanden hat, weil er ganz oder teilweise ohne wichtigen Grund nicht an der Prüfung teilgenommen oder weil er das nach Maßgabe von § 6 abzuleistende Praktikum nicht nachgewiesen hat. Eine Wiederaufnahme in das Berufskolleg ist nicht möglich. Satz 2 findet keine Anwendung, wenn der Prüfling das Fehlen des wichtigen Grundes nicht kannte und auch nicht kennen konnte oder bereits aufgrund der Anmeldenoten ein Bestehen der Prüfung nicht mehr möglich war.

Hinweis der Redaktion: Die Paragrafen 21 (Nichtteilnahme, Rücktritt) und 24 (Täuschungshandlungen, Ordnungsverstöße) sind nicht abgedruckt, da inhaltsgleich mit §§ 23 und 24 → Berufsfachschule Altenpflegehilfe.

→ Berufskolleg Kaufmännisch II (Verzahnung) – Stundentafel; ⇨ Handy-Nutzung; ⇨ Korrekturtag; → Termine Berufliche Schulen; → Zeugnisse (Berufliche Schulen)

Anlage 1 (zu § 4)

Berufskolleg Kaufmännisch II (Verzahnung) – Stundentafel

(durchschnittliche Zahl der Wochenstunden)

Groß- und Außenhandel

1.	**Pflichtbereich**	
1.1	**Allgemeiner Berreich**	
	Religionslehre	1
	Mathematik I	2
	Gemeinschaftskunde/Wirtschaftspolitik	1
	Englisch I	2
	Deutsch/Betriebliche Kommunikation	3
1.2	**Berufsfachlicher Bereich**	
	Allgemeine Wirtschaftslehre	2
	Spezielle Betriebswirtschaftslehre	7
	Rechnungswesen	4
	Datenverarbeitung	1
1.3	**Berufspraktischer Bereich**	
	Übungsfirma	4
2.	**Wahlpflichtbereich**	3
	Projekte	
	berufsbezogene Fächer	
		30
3.	**Wahlbereich**	
3.1	Zusatzprogramm zum Erwerb der Fachhochschulreife	
	Mathematik II	1
	Englisch II	1
3.2	weitere Wahlfächer	
4.	**Praktikum**[1)]	4 Wochen

[1)] Betreuungsstunden fallen nicht an.

Berufskolleg (Projektarbeit)

Projektarbeit an Berufskollegs, Ziff. II und Stundentafeln der Schulversuchsbestimmungen des KM vom 12. September 2013 (AZ: 41- 6623.1-08/275)

Für den Schulversuch gelten jeweils die Vorschriften über die Ausbildung und Prüfung am Berufskolleg zum Erwerb der Fachhochschulreife [...], am Technischen Berufskolleg II – Verzahnung mit dualen Ausbildungsberufen, am Kaufmännischen Berufskolleg II – Verzahnung mit dualen Ausbildungsberufen, [...] am Berufskolleg für Ernährung und Hauswirtschaft II, an den dreijährigen Berufskollegs für Design, mit folgender Maßgabe:

1. Unterricht

Der Unterricht richtet sich nach den in den Anlagen 1 bis 13 beigefügten Stundentafeln *(Anlagen 2-6 nicht abgedruckt)*. In der Teilzeitform des einjährigen Berufskollegs zum Erwerb der Fachhochschulreife kann das Fach Projektarbeit auch ganz oder teilweise integriert in andere Fächer des Pflichtbereichs unterrichtet werden. Nummer 2 bleibt hiervon unberührt.

→ Berufskolleg Projektarbeit (Stundentafeln)

2. Projektarbeit

2.1 Im Rahmen des Faches Projektarbeit fertigen die Schülerinnen und Schüler selbstständig eine schriftliche Arbeit (Dokumentation) an, mit der die Fähigkeit nachgewiesen wird, im Sinne von Schlüsselqualifikationen wissenschaftspropädeutisch und fächerübergreifend zu denken und zu arbeiten sowie Arbeitsergebnisse angemessen präsentieren zu können.

2.2 Das Thema der Dokumentation wird im Rahmen der Bildungs- und Lehrpläne auf Vorschlag der Schülerin oder des Schülers spätestens bis 1. Dezember des laufenden Schuljahres von der Schule festgelegt. Bei der Themenstellung ist sowohl fächerübergreifenden als auch berufsbezogenen Themen der Vorzug zu geben.

2.3 Die Dokumentation wird durch eine Präsentation mit anschließendem Fachgespräch ergänzt. Die Dauer der Präsentation mit Fachgespräch soll 15 bis 20 Minuten nicht überschreiten.

2.4 Der Dokumentation ist die schriftliche Versicherung beizufügen, dass sie selbstständig angefertigt wurde, nur die angegebenen Hilfsmittel benutzt wurden und dass alle Stellen, die dem Wortlaut oder dem Sinn nach aus anderen Werken entnommen sind, durch Angabe von Quellen kenntlich gemacht sind. Bei Gruppenarbeiten müssen die individuellen Leistungen erkennbar sein.

2.5 Die Jahresendnote im Fach Projektarbeit ergibt sich aus der ganzen oder halben Note, die für die im Unterricht erbrachten Leistungen mit Ausnahme der Dokumentation und Präsentation mit Fachgespräch erteilt wurde, der ganzen oder halben Note für die Dokumentation und der ganzen oder halben Note für die Präsentation mit Fachgespräch. Die Jahresleistung und die Präsentation mit Fachgespräch zählen hierbei einfach, die Dokumentation zweifach. Für die Jahresendnote wird der Durchschnitt aus den gewichteten Leistungen im Fach Projektarbeit ermittelt. Hierbei wird der Durchschnitt auf die erste Dezimale berechnet und auf eine ganze Note gerundet (Beispiel: 2,5 bis 3,4 auf „befriedigend"). Die Jahresendnote gilt als Anmeldenote im Sinne der jeweiligen Ausbildungs- und Prüfungsordnung. In den Halbjahreszeugnissen wird im Fach Projektarbeit keine Note erteilt.

2.6. Das Fach Projektarbeit ist nicht Fach der mündlichen Prüfung.

3.
Schulfremdenprüfung

In der Schulfremdenprüfung erfolgt die Prüfung im Fach Projektarbeit als Kolloquium über ein von der Schule im Benehmen mit dem Prüfling festgelegtes Thema. Ein Kolloquium dauert in der Regel 30 bis 45 Minuten. Es wird mit einer ganzen Note bewertet. Für die Abnahme und Bewertung des Kolloquiums gelten die für die Abnahme und Bewertung der mündlichen Prüfung in der Schulfremdenprüfung des jeweiligen Bildungsgangs geltenden Vorschriften jeweils entsprechend.

4.
Zeugnisse

[...] 4.4 In den Zeugnissen [...] ist das Thema der Projektarbeit unter „Bemerkungen“ auszuweisen.

→ Zeugnisse (Berufliche Schulen)

→ Berufskolleg Ernährung und Hauswirtschaft II; → Berufskolleg Fachhochschulreife (Einjährig); → Berufskolleg Kaufmännisch II (Verzahnung); → Berufskolleg Projektarbeit (Stundentafeln); → Berufskolleg Technisch II (Verzahnung); → Zeugnisse (Berufliche Schulen)

Berufskolleg (Projektarbeit) – Stundentafeln

Anlage 1 (zu II.1.)

Stundentafel Einjähriges Berufskolleg zum Erwerb der Fachhochschulreife

(Schulversuch Projektarbeit an Berufskollegs)
(durchschnittliche Zahl der Wochenstunden)

1.	**Pflichtfächer**	
1.1	Religionslehre	1
	Geschichte mit Gemeinschaftskunde	2
	Deutsch	4
	Englisch	6
	Mathematik	6
	Volks- und Betriebswirtschaftslehre für die gewerbliche, gestalterische und hauswirtschaftliche / landwirtschaftliche / sozialpädagogische Richtung	2
	Chemie für die gewerbliche und gestalterische Richtung	2
	Physik für die kaufmännische Richtung	2
	Physik I für die gestalterische Richtung	2
	Informatik für die kaufmännische Richtung	2
	Pädagogik / Psychologie für die hauswirtschaftliche / landwirtschaftliche / sozialpädagogische Richtung	2
1.2	**Berufsbezogenes Schwerpunktfach entsprechend der abgeschlossenen Berufsausbildung**	
	Technische Physik für die gewerbliche Richtung	7
	Wirtschaft für die kaufmännische Richtung	7
	Biologie mit Gesundheitslehre für die hauswirtschaftliche/ landwirtschaftliche/ sozialpädagogische Richtung	7
	Gestaltung für die gestalterische Richtung	5
1.3	**Projektarbeit**	2
		32
2.	**Wahlfächer**	
2.1	Zweite Fremdsprache	4
2.1	Physik II für die gestalterische Richtung	4
2.3	Weitere Wahlfächer	2

1) In der Teilzeitform des einjährigen Berufskollegs zum Erwerb der Fachhochschulreife kann das Fach Projektarbeit auch ganz oder teilweise integriert in andere Fächer des Pflichtbereichs unterrichtet werden.

→ Berufskolleg Fachhochschulreife (Einjährig)

Anlage 2 (zu II.1.)

Stundentafel Technisches Berufskolleg II

(Schulversuch Projektarbeit an Berufskollegs)
(durchschnittliche Zahl der Wochenstunden)

1.	**Pflichtbereich**	
1.1	**Allgemeiner Bereich**	
	Religionslehre	1
	Geschichte mit Gemeinschaftskunde	1
	Deutsch	3
	Englisch	3
	Mathematik	4
	Volks- und Betriebswirtschaftslehre	4
1.2	**Berufsfachlicher Bereich**	
	Technische Physik[1]	6
	Informationstechnik	2
1.3	**Berufspraktischer Bereich**	
	Angewandte Technik (Schwerpunkte):	6
	– Grundlagen der Konstruktion (Maschinenbau/Bautechnik)	
	– Computerunterstützte Fertigung	
	– Mechatronische Systeme	
	– Kommunikation und Gestaltung	
	– Software- und Webentwicklung	
1.4	Projektarbeit	2
2.	**Wahlpflichtbereich**	
	Berufsbezogenes Fach	2
		32
3.	**Wahlbereich**	
3.1	Zusatzprogramm zum Erwerb des schulischen Berufsabschlusses:	
	Technische Dokumentation	2
3.2	Weitere Fächer	
	z.B.: Sport / Zweite Fremdsprache	
4.	**Praktikum**[2]	4 Wochen

1) Im Fach Technische Physik sind zwei Stunden Labor enthalten.
2) Das Praktikum ist fakultativ. Betreuungsstunden fallen nicht an.

→ Berufskolleg Technisch II (Verzahnung)

Anlage 7 (zu II.1)

Stundentafel Technisches Berufskolleg II (Verzahnung)

(Schulversuch Projektarbeit an Berufskollegs)
(durchschnittliche Zahl der Wochenstunden)

1.	**Pflichtbereich**	
	Religionslehre	1
	Mathematik I	2
	Gemeinschaftkunde/Wirtschaftspolitik	1
	Englisch I	2
	Deutsch/Betriebliche Kommunikation	3
	Wirtschaftskompetenz	1
	Datenverarbeitung	2
	Berufsfachliche Kompetenz[1)]	13
	Berufspraktische Kompetenz	5
	Projektarbeit	2
2.	**Wahlpflichtbereich**	
	Management im Handwerk	
	Sonstige berufsbezogene Fächer	
		34
3.	**Wahlbereich**	
3.1	**Zusatzunterricht zum Erwerb der Fachhochschulreife**	
	Mathematik II	1
	Englisch II	1
3.2	**Weitere Wahlfächer**	
4.	**Praktikum**[2)]	4 Wochen

1) Im Bereich der Berufsfachlichen Kompetenz kann computerbezogener Unterricht oder Laborunterricht mit insgesamt einer halben Wochenstunde in Klassenteilung erteilt werden.
2) Betreuungsstunden fallen nicht an.

→ Technisches Berufskolleg II (Verzahnung)

Anlage 9 (zu II.1)

Stundentafel Berufskolleg für Ernährung und Hauswirtschaft II

(Schulversuch Projektarbeit an Berufskollegs)
(durchschnittliche Zahl der Wochenstunden)

1.	**Pflichtbereich** **Schuljahr**	**1**	**2**
	Religionslehre	1	1
	Gemeinschaftskunde	1	1
	Deutsch	2	2
	Wirtschaft und Recht mit Datenverarbeitung	3	4
	Ernährungslehre und Diätetik	1	2
	Betriebsorganisation mit Übungen	14	11
	Kunst	–	
	Textverarbeitung	2	1
	Projektarbeit	–	2
2.	**Wahlfächer**		
	Zusatzunterricht zum Erwerb der Fachhochschulreife		
	Mathematik	3	3
	Englisch	3	3
	oder		
2.2.	**sonstiges Fach**		
3.	**Praktikum** (Zeitstunden) in unterschiedlichen Praxisfeldern	**300**	**300**

→ Berufskolleg Ernährung und Hauswirtschaft II

Anlage 8 (zu II.1)

Stundentafel Kaufmännisches Berufskolleg II (Verzahnung)

(Schulversuch Projektarbeit an Berufskollegs)
(durchschnittliche Zahl der Wochenstunden)

	Kaufmann/Kauffrau im Groß- und Außenhandel	Industriekaufmann Industriekauffrau	Bürokaufmann/ Bürokauffrau
1. Pflichtbereich			
1.1 Allgemeiner Bereich			
Religionslehre		1	
Mathematik I		2	
Gemeinschaftskunde/ Wirtschaftspolitik		1	
Englisch I		2	
Deutsch/Betriebliche Kommunikation		3	
1.2 Berufsfachlicher Bereich			
Betriebswirtschaft	8	7	
Steuerung und Kontrolle	4	5	
Gesamtwirtschaft	2	2	
Allgemeine Wirtschaftslehre			2
Spezielle Betriebswirtschaftslehre			5
Rechnungswesen			4
Datenverarbeitung			1
Büroorganisation			1
Textverarbeitung			1
1.3 Berufpraktischer Bereich			
Übungsfirma oder Praxisorientierte Übungen[1)]		4 - 7	
1.4 Projektarbeit		2	
2. Wahlpflichtbereich		0 - 3	
Übungsfirma			
Praxisorientierte Übungen			
Projekte			
Weitere Fächer			
Summe		32	
3. Wahlbereich			
3.1 Zusatzprogramm zum Ewerb der Fachhochschulreife			
Englisch II		1	
Mathematik II		1	
3.2 Weitere Wahlfächer			
4. Praktikum[2)]		4 Wochen	

1) Entsprechend dem Angebot der Schule; es darf nur eines der Fächer im Pflichtbereich unterrichtet werden.
2) Betreuungsstunden fallen nicht an.

→ Kaufmännisches Berufskolleg II (Verzahnung)

Anlage 10 (zu II.1)

Stundentafel Berufskolleg für Grafik-Design

(Schulversuch Projektarbeit an Berufskollegs)
(durchschnittliche Zahl der Wochenstunden)

	Schuljahr	1.	2.	3.
1.	**Pflichtfächer**			
1.1	**Allgemeiner Bereich**			
	Religionslehre	1	1	1
	Deutsch	1	1	2
	Englisch I	2	–	–
	Wirtschafts- und Sozialkunde	1	1	1
1.2	**Berufsbezogener Bereich**			
	Mathematik I	2	1	1
	Grafik-Design	7	7	7
	Typografie	4	4	4
	Fotodesign	2	4	4
	Freies Zeichnen	4	4	4
	Schriftgrafik	3	3	2
	Kunstgeschichte	–	1	1
	Werbelehre und Werbetext	2	2	2
	Medientechnik	5	4	4
1.3	**Projektarbeit**	–	–	2
		34[1)]	33[1)]	35[1)]
2.	**Wahlfächer**			
2.1	Zusatzunterricht zum Erwerb der Fachhochschulreife			
	Englisch II	–	2	2
	Mathematik II	–	2	2
2.2	weitere Wahlfächer			

1) Bei Vorliegen der Teilungsvoraussetzungen nach der jeweils geltenden Verwaltungsvorschrift zur Unterrichtsorganisation maximale Sollstundenzahl: 1. Schuljahr: 39 Wochenstunden; 2. und 3. Schuljahr: 48 Wochenstunden.

Anlage 11 (zu II.1)

Stundentafel Berufskolleg für Mode und Design

(Schulversuch Projektarbeit an Berufskollegs)
(durchschnittliche Zahl der Wochenstunden)

	Schuljahr	1.	2.	3.
1.	**Pflichtfächer**			
1.1	**Allgemeiner Bereich**			
	Religionslehre	1	1	1
	Deutsch	1	1	2
	Englisch I	2	–	–
	Wirtschafts- und Sozialkunde	1	1	1
1.2	**Berufsbezogener Bereich**			
	Mathematik I	2	1	1
	Technologie	2	3	2
	Design- und Kostümgeschichte	1	1	–
	Gestaltungslehre	2	–	–
	Modezeichnen / Illustration mit Labor	2	4	4
	Modegestaltung	–	2	1
	Schnitttechnik	2	2	3
	Computertechnik / CAD	4	4	4
	Realisation	14	13	14
1.3	**Projektarbeit**	–	–	2
		34[1)]	33[1)]	35[1)]
2.	**Wahlfächer**			
2.1	Zusatzunterricht zum Erwerb der Fachhochschulreife			
	Englisch II	–	2	2
	Mathematik II	–	2	2
2.2	weitere Wahlfächer			

1) Bei Vorliegen der Teilungsvoraussetzungen nach der jeweils geltenden Verwaltungsvorschrift zur Unterrichtsorganisation maximale Sollstundenzahl: 1. und 2. Schuljahr: 52 Wochenstunden; 3. Schuljahr: 53 Wochenstunden.

Berufliche Schulen

Zu den Querverweisen im Sonderteil des Jahrbuchs für die beruflichen Schulen

Mit dem Zeichen ⇨ verweisen wir auf korrespondierende Beiträge im Standard-Teil des Jahrbuchs. Mit dem Zeichen → verweisen wir auf Beiträge im Sonderteil berufliche Schulen.

Das Standard-Jahrbuch enthält die dienst- und arbeitsrechtlichen Vorschriften für die Lehrkräfte aller Schularten sowie alle schulartübergreifenden Vorschriften. Deshalb sind Vorschriften, die sowohl für den beruflichen Schulbereich als auch für die allgemeinbildenden Schulen von Bedeutung sind, wie beispielsweise ⇨ Abschlüsse (HS / RS – Gleichwertigkeit); ⇨ Fachhochschulreife ; ⇨ Schulpflicht (Berufliche Schulen); ⇨ Schulpflicht (Berufliche Schulen – Übergabe); ⇨ Schulpflicht (Durchsetzung) im Standard-Teil des Jahrbuchs enthalten.

Häufige Abkürzungen im Bereich der beruflichen Schulen stehen auf der ersten Seite des BS-Teils.

Anlage 12 (zu II.1)

Stundentafel Berufskolleg für Design, Schmuck und Gerät

(Schulversuch Projektarbeit an Berufskollegs)

(durchschnittliche Zahl der Wochenstunden)

	Schuljahr	1.	2.	3.
1.	**Pflichtfächer**			
1.1	**Allgemeiner Bereich**			
	Religionslehre	1	1	1
	Deutsch	1	1	2
	Englisch I	2	–	–
	Wirtschafts- und Sozialkunde	1	1	1
1.2	**Berufsbezogener Bereich**			
	Mathematik I	2	1	1
	Technologie	1	2	2
	Computertechnik	1	1	1
	Edelsteinkunde	–	1	2
	Kunst- und Stilgeschichte	–	–	2
	Allgemeine Gestaltungslehre	3	–	–
	Designpräsentation	2	–	–
	Naturzeichnen	2	–	–
	Plastisches Gestalten	–	2	–
	Entwurf und Realisation	18	19	17
	Sondertechniken	–	4	4
1.3	**Projektarbeit**	–	–	2
		34[1)]	33[1)]	35[1)]
2.	**Wahlfächer**			
2.1	Zusatzunterricht zum Erwerb der Fachhochschulreife			
	Englisch II	–	2	2
	Mathematik II	–	2	2
2.2	weitere Wahlfächer			

1) Bei Vorliegen der Teilungsvoraussetzungen nach der jeweils geltenden Verwaltungsvorschrift zur Unterrichtsorganisation maximale Sollstundenzahl: 1. Schuljahr: 53 Wochenstunden; 2. Schuljahr: 57 Wochenstunden; 3. Schuljahr: 55 Wochenstunden

Anlage 13 (zu II.1)

Stundentafel Berufskolleg für Holzdesign und Holzbildhauerei

(Schulversuch Projektarbeit an Berufskollegs)

(durchschnittliche Zahl der Wochenstunden)

	Schuljahr	1.	2.	3.
1.	**Pflichtfächer**			
1.1	**Allgemeiner Bereich**			
	Religionslehre	1	1	1
	Deutsch	1	1	2
	Englisch I	2	–	–
	Wirtschafts- und Sozialkunde	1	1	1
1.2	**Berufsbezogener Bereich**			
	Mathematik I	1	2	1
	Bildhauerische Techniken	5	5	5
	Oberflächentechniken	2	2	2
	Kunst und Tradition	5	5	5
	Holzdesign	8	8	8
	Technologie	2	2	2
	Konstruktion	5	5	5
	Computertechnik	1	1	1
1.3	**Projektarbeit**	–	–	2
		34[1)]	33[1)]	35[1)]
2.	**Wahlfächer**			
2.1	Zusatzunterricht zum Erwerb der Fachhochschulreife			
	Englisch II	–	2	2
	Mathematik II	–	2	2
2.2	weitere Wahlfächer			

1) Bei Vorliegen der Teilungsvoraussetzungen nach der jeweils geltenden Verwaltungsvorschrift zur Unterrichtsorganisation maximale Sollstundenzahl: 1. Schuljahr: 50 Wochenstunden; 2. und 3. Schuljahr: 49 Wochenstunden.

Berufliche Schulen

Berufskolleg Soziales (Dual)

Duales Berufskolleg Fachrichtung Soziales; Schulversuchsbestimmungen des KM vom 17. Juli 2003 (AZ: 51-6623.1-10/1); Stand: 5. Dezember 2011

1. Abschnitt Allgemeines

§ 1

Zweck der Ausbildung

Die Ausbildung am Dualen Berufskolleg Fachrichtung Soziales vermittelt berufsbezogenes Grundwissen in Theorie und Praxis für den sozialen Bereich und dient damit der Berufsorientierung. Sie führt die Allgemeinbildung weiter und eröffnet, soweit die in § 15 Abs. 2 genannten Voraussetzungen erfüllt sind, die Möglichkeit des Besuchs des einjährigen Berufskollegs zum Erwerb der Fachhochschulreife.

§ 2

Dauer und Gliederung der Ausbildung

(1) Die Ausbildung dauert ein Schuljahr.

(2) Die Ausbildung gliedert sich in 13 Wochenstunden Unterricht und insgesamt mindestens 900 Stunden gelenktes Praktikum in pflegerischen Einrichtungen.

§ 3

Bildungs- und Lehrpläne, Stundentafel

Der Unterricht richtet sich nach den vom Kultusministerium erlassenen Bildungs- und Lehrplänen und nach der als Anlage 1 beigefügten Stundentafel.

→ Berufskolleg Soziales (Dual) – Stundentafel

§ 4
Maßgebende Fächer, Kernfächer, zentrale Klassenarbeiten

(1) Für den Abschluss sind die Leistungen in den maßgebenden Fächern entscheidend. Maßgebende Fächer sind alle Pflichtfächer.

(2) Kernfächer unter den maßgebenden Fächern sind Deutsch, Englisch, Mathematik und Biologie.

(3) In den Kernfächern Englisch und Mathematik werden im zweiten Schulhalbjahr zentrale Klassenarbeiten angefertigt, für die der Termin, die Aufgaben und die Korrekturanweisungen vom Kultusministerium landeseinheitlich vorgegeben werden. Diese Klassenarbeiten sind doppelt zu werten; sie können nicht auf die Mindestzahl der Klassenarbeiten, die gemäß der Notenbildungsverordnung in den betreffenden Fächern anzufertigen sind, angerechnet werden.

§ 5
Praktikum

(1) Das Praktikum gibt Orientierung über die Anforderungen in sozialen Berufsfeldern und hilft, die Neigung und Eignung für einen sozialen Beruf zu prüfen. Es vermittelt Grundeinsichten in das Geschehen in der Praxisstelle, Grunderfahrungen in Arbeitsmethoden und einen Überblick über Aufbau und Organisation der Praxisstelle sowie über dort anfallende Personal- und Sozialfragen.

(2) Das Praktikum kann in sozialen Einrichtungen abgeleistet werden, soweit diese Stellen zur Mitarbeit von Praktikantinnen und Praktikanten geeignet sind und die Anleitung durch eine Fachkraft sichergestellt ist. Grundsätzlich geeignet in diesem Sinne sind Alten- und Pflegeheime, Krankenhäuser, Kureinrichtungen, Behinderteneinrichtungen, Tageseinrichtungen für alte und demente Personen sowie Kindertagesstätten und diesen vergleichbare Einrichtungen.

(3) Die Praktikantinnen und Praktikanten sind im Praktikum an die unterschiedlichen Aufgaben der Praxisstellen heranzuführen. Sie sollen zunehmend mit selbstständigen Tätigkeiten betraut werden. Innerhalb dieses von der Schule vorgegebenen allgemeinen Rahmens werden die Ausbildungsinhalte von der Praktikumseinrichtung im Einzelnen festgelegt.

(4) Wird der Praktikumvertrag (§ 6 Abs. 1 Nr. 2) gelöst, so endet damit auch das Schulverhältnis; die Schülerin oder der Schüler muss das Berufskolleg dann unverzüglich verlassen. Eine neuerliche Aufnahme kann einmal im Wege des Aufnahmeverfahrens nach §§ 6 und 7 erfolgen. Ein Wechsel der Praktikumsstelle ist in Ausnahmefällen mit Zustimmung der Schule möglich.

(5) Ein Teil des Praktikums ist in den Schulferien abzuleisten; dieser Teil soll mindestens 75 Stunden umfassen.

(6) Die Praktikantinnen und Praktikanten haben während des Schuljahres mindestens zwei Praktikumsberichte anzufertigen. Die Schule bewertet die Ausarbeitungen und berücksichtigt diese als besondere Lernleistungen bei der Notengebung im Fach Sozialpädagogik und Sozialpflege. Die Praktikumsberichte sind auf die Zahl der in diesem Fach zu schreibenden Klassenarbeiten anzurechnen.

(7) Nach Beendigung des Praktikums bescheinigt die Praktikumstelle der Praktikantin oder dem Praktikanten die ordnungsgemäße Durchführung des Praktikums.

2. Abschnitt
Aufnahmeverfahren

§ 6
Aufnahmevoraussetzungen

(1) Voraussetzungen für die Aufnahme in das Berufskolleg sind:

1. die Fachschulreife oder der Realschulabschluss oder das Versetzungszeugnis in die Klasse 10 eines Gymnasiums des achtjährigen Bildungsgangs oder das Versetzungszeugnis in die Klasse 11 eines Gymnasiums des neunjährigen Bildungsgangs oder ein dem Realschulabschluss gleichwertiger Bildungsstand
2. ein Praktikumvertrag mit einer von der Schule als geeignet angesehenen Einrichtung nach § 2 Abs. 2.

(2) Zusätzlich sind von Bewerberinnen und Bewerbern, die das Zeugnis nach Absatz 1 nicht an einer deutschen Schule erworben haben, ausreichende deutsche Sprachkenntnisse nachzuweisen.

§ 7
Aufnahmeantrag

(1) Der Aufnahmeantrag ist an das Berufskolleg zu richten, an dem die Ausbildung erfolgen soll. Der Termin, zu dem der Antrag bei der Schule eingegangen sein muss, wird von der Schulleiterin oder vom Schulleiter (im Folgenden: Schulleiter) bestimmt und auf geeignete Weise bekanntgegeben. Dem Aufnahmeantrag sind beizufügen:

1. ein Lebenslauf in tabellarischer Form mit Angaben über den bisherigen Bildungsweg und die ausgeübte Berufstätigkeit,
2. beglaubigte Abschriften der Nachweise nach § 6,
3. eine Erklärung,
   a) ob und gegebenenfalls an welchem entsprechenden Berufskolleg bereits an einem Aufnahmeverfahren teilgenommen wurde,
   b) ob und ggf. an welches andere entsprechende Berufskolleg ein weiterer Aufnahmeantrag gerichtet wurde.

Sofern der Nachweis nach § 6 Abs. 1 Nr. 1 zum Anmeldetermin noch nicht vorgelegt werden kann, ist er unverzüglich nachzureichen; dem Aufnahmeantrag ist in diesem Falle eine beglaubigte Abschrift des letzten Schulzeugnisses beizufügen.

(2) Über den Aufnahmeantrag entscheidet der Schulleiter. Er kann eine angemessene Frist setzen, innerhalb derer erklärt werden muss, ob die Zusage über die Aufnahme angenommen wird.

§ 7a
Auswahlverfahren

(1) Ein Auswahlverfahren ist am Dualen Berufskolleg Fachrichtung Soziales nur durchzuführen, wenn

1. bei voller Ausschöpfung der vorhandenen personellen und sächlichen Gegebenheiten sowie
2. bei Abstimmung der Aufnahmefähigkeit benachbarter Schulen und entsprechender Zuweisung der Bewerber (§ 18 Abs. 1 und § 88 Abs. 4 SchG) nicht alle Bewerber, welche die Aufnahmevoraussetzungen nach § 6 erfüllen, in die entsprechenden Berufskollegs aufgenommen werden können.

(2) Im Auswahlverfahren sind die Plätze nach folgenden Quoten zu vergeben:

1. 85 vom Hundert nach Eignung und Leistung
2. 10 vom Hundert nach Wartezeit
3. 5 vom Hundert für außergewöhnliche Härtefälle.

Bleiben im Rahmen der Auswahl nach Satz 1 Nr. 2 und 3 Plätze frei, sind diese nach Eignung und Leistung zu vergeben.

(3) Die für die Vergabe nach Eignung und Leistung zur Verfügung stehenden Plätze werden entsprechend dem jeweiligen Bewerberanteil verteilt auf die Gruppe der Bewerber mit

1. Fachschulreife
2. Realschulabschluss
3. dem Versetzungszeugnis in die Klasse 10 (achtjähriger Bildungsgang) oder die Klasse 11 (neunjähriger Bildungsgang) eines Gymnasiums
4. einem dem Realschulabschluss gleichwertigen Bildungsstand nach Abschluss der Klasse 10 der Hauptschule
5. einem dem Realschulabschluss gleichwertigen Bildungsstand durch Berufsschulabschluss und Berufsbildung oder durch Hauptschulabschluss, Berufsschulabschluss und Berufsabschluss.

Die Rangfolge innerhalb der Bewerbergruppen Nummer 1 bis 4 bestimmt sich nach dem auf eine Dezimale errechneten Durchschnitt aus den Noten aller Fächer, ausgenommen Arbeitsgemeinschaften, des Zeugnisses über den Bildungsabschluss, die Rangfolge innerhalb der Bewerbergruppe Nummer 5 nach der Durchschnittsnote, die sich aus den maßgebenden Fächern im Berufsschulabschlusszeugnis auf eine Dezimale errechnet. Bei gleicher Rangfolge entscheidet das Los.

(4) Bei der Vergabe der Plätze nach Wartezeit besteht folgende Rangfolge:

1. drei und mehr Schuljahre Wartezeit
2. zwei Schuljahre Wartezeit
3. ein Schuljahr Wartezeit.

Innerhalb dieser Gruppen werden die Plätze nach Eignung und Leistung vergeben. Bei gleicher Rangfolge entscheidet das Los. Berücksichtigt werden nur volle Schuljahre, die seit dem ersten Aufnahmeantrag und der Erfüllung der Aufnahmevoraussetzungen nach § 6 bis zum Beginn des auf das laufende Aufnahmeverfahren folgenden Schuljahres verstrichen sind. Voraussetzung ist, dass für diese Schuljahre ununterbrochen ein Aufnahmeantrag gestellt und keine Aufnahmezusage erteilt wurde.

(5) Ein außergewöhnlicher Härtefall liegt vor, wenn ein Bewerber nach Absatz 2 Nr. 1 und 2 nicht ausgewählt worden ist und die Nichtaufnahme für ihn mit Nachteilen verbunden wäre, die bei Anlegung eines strengen Maßstabes über das Maß der mit der Nichtaufnahme üblicherweise verbundenen Nachteile erheblich hinausgehen. Für die Berücksichtigung als außergewöhnlicher Härtefall kommen insbesondere familiäre oder soziale Umstände oder andere nicht zu vertretende Gründe, welche die Aufnahme der Ausbildung verzögert haben, in Betracht. Über das Vorliegen eines außergewöhnlichen Härtefalls und die sich nach dem Grad der Härte ergebende Rangfolge entscheidet ein Auswahlausschuss, dem der Schulleiter als Vorsitzender und vier von ihm beauftragte Lehrkräfte angehören.

(6) Ist ein Aufnahmeantrag nach dem vom Schulleiter bestimmten Termin eingegangen, kann die Bewerbung erst berücksichtigt werden, wenn alle rechtzeitig eingegangenen Aufnahmeanträge beschieden oder zurückgenommen sind.

3. Abschnitt
Abschluss der Ausbildung

§ 8
Ermittlung des Abschlussergebnisses, schulische Anschlussmöglichkeit

(1) Am Ende des Schuljahres stellt die Klassenkonferenz unter Vorsitz des Schulleiters oder einer von ihm mit dem Vorsitz beauftragten Lehrkraft aufgrund der während des Schuljahres in den maßgebenden Fächern erzielten Einzelleistungen sowie unter Berücksichtigung des Nachweises über die Ableistung des Praktikums fest, welche Schülerinnen und Schüler die Ausbildung mit Erfolg abgeschlossen haben; hierzu werden Endnoten in Gestalt ganzer Noten gebildet.

(2) Die Ausbildung ist erfolgreich abgeschlossen, wenn

1. der Durchschnitt aus den Noten aller maßgebenden Fächer 4,0 oder besser ist,
2. der Durchschnitt aus den Noten der Kernfächer 4,0 oder besser ist,
3. die Leistungen in keinem Kernfach mit der Note „ungenügend" bewertet sind und
4. die Leistungen in nicht mehr als einem maßgebenden Fach geringer als mit der Note „ausreichend" bewertet sind; sind die Leistungen in zwei Fächern geringer als mit der Note „ausreichend" bewertet, so ist die Ausbildung erfolgreich absolviert, wenn für beide Fächer ein Ausgleich gegeben ist. Ausgeglichen werden können
   a) die Note „ungenügend" in einem Fach, das nicht Kernfach ist, durch die Note „sehr gut"

in einem anderen maßgebenden Fach oder die Note „gut" in zwei anderen maßgebenden Fächern,

b) die Note „mangelhaft" in einem Kernfach durch mindestens die Note „gut" in einem anderen Kernfach,

c) die Note „mangelhaft" in einem Fach, das nicht Kernfach ist, durch mindestens die Note „gut" in einem anderen maßgebenden Fach;

5. mindestens 900 Stunden Praktikum in einer sozialen Einrichtung nachgewiesen werden. Diesen Nachweis hat der Schüler oder die Schülerin bis spätestens drei Schultage vor der Durchführung der Klassenkonferenz zu erbringen. In begründeten Einzelfällen kann der Schulleiter ausnahmsweise eine Nachfrist für den Nachweis der Praktikumsstunden setzen.

(4) Über die Feststellung des erfolgreichen Abschlusses der Ausbildung ist eine Niederschrift zu fertigen, die vom Vorsitzenden der Klassenkonferenz und dem Mitglied, das die Niederschrift angefertigt hat, unterschrieben wird.

(5) Die Niederschrift und eine Liste der Endnoten sind bei den Schulakten aufzubewahren. Die Niederschrift kann nach Ablauf von drei Jahren seit der Feststellung des erfolgreichen Abschlusses des Berufskollegs vernichtet werden.

(6) Wer die Ausbildung erfolgreich abgeschlossen hat, kann das einjährige Berufskolleg zum Erwerb der Fachhochschulreife besuchen, wenn der in den Fächern Deutsch, Englisch, Mathematik und Biologie erreichte Gesamtnotendurchschnitt mindestens 3,0 beträgt und die Leistungen in diesen Fächern jeweils nicht geringer als mit der Endnote „ausreichend" bewertet sind.

§ 9
Zeugnis

(1) Wer die Voraussetzungen nach § 8 erfüllt hat, erhält ein Abschlusszeugnis nach Anlage 2 mit den erreichten Endnoten. Darin ist zu vermerken, dass die vorgeschriebene Anzahl von Praxisstunden abgeleistet wurde und die Berufsschulpflicht erfüllt ist.

(2) Wer die Voraussetzungen nach § 8 nicht erfüllt hat und das Schuljahr wiederholt, erhält ein Jahreszeugnis, in dem die erreichten Endnoten und die Anzahl der abgeleisteten Praxisstunden ausgewiesen sind.

(3) Wer die Voraussetzungen nach § 8 nicht erfüllt hat und die Schule verlässt, erhält ein Abgangszeugnis, in dem die erreichten Endnoten und die Anzahl der abgeleisteten Praxisstunden ausgewiesen sind.

(4) In den Zeugnissen nach den Absätzen 2 und 3 ist zu vermerken, dass das Ausbildungsziel des Berufskollegs nicht erreicht ist.

§ 10
Wiederholung des Schuljahres

(1) Wer das Berufskolleg nicht erfolgreich abgeschlossen hat, kann es einmal wiederholen. Eine Wiederholung nach erfolgreichem Abschluss ist nicht möglich.

(2) Wer das Berufskolleg auch bei Wiederholung des Schuljahres nicht erfolgreich abschließt, muss es verlassen.

4. Abschnitt Prüfung für Schulfremde

§ 11
Teilnehmer

Wer das Abschlusszeugnis des Berufskollegs erwerben will, ohne eine entsprechende öffentliche oder staatlich anerkannte Schule zu besuchen, kann als außerordentlicher Teilnehmer (Schulfremder) die Prüfung für Schulfremde ablegen.

§ 12
Zeitpunkt und Ort der Prüfung

(1) Die Prüfung findet einmal jährlich in der zweiten Hälfte des jeweiligen Schuljahres an entsprechenden öffentlichen Berufskollegs statt; § 15 Abs. 1 Nr. 6 bleibt unberührt.

(2) Das jeweilige öffentliche Berufskolleg, an dem die Prüfung abzulegen ist, wird durch die obere Schulaufsichtsbehörde bestimmt.

§ 13
Meldung

(1) Die Meldung zur Prüfung ist bis zum 1. Dezember für die Prüfung im darauf folgenden Kalenderjahr an das öffentliche Berufskolleg zu richten, das die Prüfung im Bezirk der oberen Schulaufsichtsbehörde durchführt, in welchem der Bewerber seinen Wohnsitz hat. Die Meldung von Bewerbern der staatlich genehmigten Schulen erfolgt bei der oberen Schulaufsichtsbehörde, in deren Bezirk die Schule liegt.

(2) Der Meldung sind beizufügen:

1. ein Lebenslauf in tabellarischer Form mit Angaben über den bisherigen Bildungsweg und gegebenenfalls über die ausgeübte Berufstätigkeit,
2. die Geburtsurkunde und ein Lichtbild,
3. die Abschluss- bzw. Abgangszeugnisse der besuchten Schulen (beglaubigte Abschriften oder Ablichtungen),
4. der Nachweis über die Durchführung eines Praktikums nach § 14 Abs. 2 Nr. 2 oder einer einschlägigen Berufstätigkeit,
5. eine Erklärung darüber, ob und gegebenenfalls mit welchem Ergebnis bereits ein Berufskolleg besucht oder bereits an einer Schulfremdenprüfung nach diesen Bestimmungen teilgenommen wurde,
6. Angaben über die schulische Vorbereitung auf die Prüfung oder über den Selbstunterricht des Bewerbers sowie über den in allen Prüfungsfächern durchgearbeiteten Lehrstoff und die hierbei benutzte Literatur.

(3) Für Bewerber der staatlich genehmigten Schulen kann an die Stelle der Meldung durch den einzelnen Bewerber eine Sammelmeldung der Schule treten, die Vor- und Zuname, Geburtstag, Geburtsort und Anschrift der jeweiligen Bewerber enthalten muss. Der Sammelmeldung sind für jeden Bewerber die Unterlagen nach Absatz 2 beizufügen.

§ 14
Zulassung zur Prüfung

(1) Schulfremde können die Prüfung nicht eher ablegen, als es ihnen bei normalem Besuch des Berufskollegs möglich wäre.

(2) Zur Prüfung wird nur zugelassen, wer

1. die Voraussetzungen für die Aufnahme in das Berufskolleg nach § 6 erfüllt,
2. ein Praktikum von mindestens 900 Stunden in einer sozialen Einrichtung gemäß § 5 Abs. 2 absolviert hat, wobei eine einschlägige Berufstätigkeit auf das Praktikum angerechnet werden kann,
3. nicht bereits zweimal die entsprechende Prüfung nicht bestanden hat,
4. nicht bereits die Prüfung bestanden hat.

(3) Zur Prüfung wird in der Regel nur zugelassen, wer in Baden-Württemberg seinen ständigen Wohnsitz hat oder in Baden-Württemberg an einem staatlich genehmigten Berufskolleg oder einer sonstigen Unterrichtseinrichtung auf die Schulfremdenprüfung vorbereitet wurde.

(4) Über die Zulassung zur Prüfung entscheidet das mit der Prüfungsdurchführung beauftragte öffentliche Berufskolleg, bei Bewerbern von staatlich genehmigten Schulen die obere Schulaufsichtsbehörde.

§ 15
Durchführung der Prüfung

(1) Für die Prüfung gelten im Übrigen § 23, § 25 Abs. 1, 4 und 5, § 26 Abs. 1, 2, 5 und 6, § 27 Abs. 1, 2, 4, 5 und 6 sowie die §§ 30 und 31 der Verordnung [...] → Berufskolleg Ernährung/Erziehung/Hauswirtschaft) entsprechend mit folgender Maßgabe:

1. Fachlehrkräfte im Sinne von § 23 Abs. 4 Satz 2 Nr. 2 und § 25 Abs. 5 der vorgenannten Verordnung sind die vom Vorsitzenden des Prüfungsausschusses bestimmten Fachlehrkräfte einer öffentlichen Schule, in der Regel des für die Abnahme der Prüfung zuständigen Berufskollegs.
2. Die Prüfung besteht aus einem schriftlichen und einem mündlichen Teil.
3. Zur Ablegung der schriftlichen Prüfung nehmen die Bewerber an den zentralen Klassenarbeiten in den Fächern Englisch und Mathematik nach § 4 Abs. 3 dieser Schulversuchsbestimmungen zu dem vom Kultusministerium festgelegten Termin teil.
4. Die mündliche Prüfung erstreckt sich auf alle maßgebenden Fächer nach § 4 Abs. 1 dieser Schulversuchsbestimmungen. Das Fach Religionslehre wird nur auf Antrag geprüft. Die Fächer Englisch und Mathematik werden nur dann in die mündliche Prüfung einbezogen, wenn der Prüfling dies spätestens vier Schultage vor der mündlichen Prüfung bei der Schule, welche die Prüfung abnimmt, schriftlich beantragt. Die mündliche Prüfung wird als Einzelprüfung durchgeführt. In den nicht schriftlich geprüften Fächern kann ganz oder teilweise an Stelle einer mündlichen Prüfung eine vereinfachte schriftliche Prüfung durchgeführt werden.
5. Bei der Feststellung des Ergebnisses der Prüfung zählen allein die Prüfungsleistungen.
6. Bei Bewerbern einer staatlich genehmigten Schule kann die obere Schulaufsichtsbehörde bestimmen, dass die schriftliche Prüfung im Gebäude dieser Schule durchgeführt wird. Die Leitung und Beaufsichtigung der Prüfung regelt in diesem Fall die obere Schulaufsichtsbehörde.
7. Die obere Schulaufsichtsbehörde kann im Einzelfall auf Antrag die Prüfung in einer anderen Fremdsprache zulassen.

(2) Die Bewerber haben sich bei Beginn der Prüfung durch einen mit Lichtbild versehenen amtlichen Ausweis auszuweisen und diesen während der gesamten Prüfung bei sich zu führen. Der Ausweis ist auf Verlangen vorzuzeigen.

(3) Wer die Prüfung bestanden hat, erhält das Abschlusszeugnis für Schulfremde nach Anlage 2.

(4) Wer die Prüfung nicht bestanden hat, kann sie einmal wiederholen. Auf Antrag wird eine Bescheinigung über die Teilnahme an der Prüfung, über das Ergebnis der Prüfung und über die ermittelten Noten erteilt.

→ Berufskolleg Ernährung/Erziehung/Hauswirtschaft); → Berufskolleg Soziales (Dual) – Stundentafel; ⇨ Handy-Nutzung; ⇨ Korrekturtag; → Termine Berufliche Schulen; → Zeugnisse (Berufliche Schulen)

Anlage 1 (zu § 3)

Berufskolleg Soziales (Dual) – Stundentafel

durchschnittliche Zahl der Wochenstunden

1.	Pflichtbereich	
	Religionslehre	1
	Deutsch	2
	Englisch	2
	Gemeinschaftskunde	1
	Mathematik	2
	Biologie	2
	Sozialpädagogik und Sozialpflege	3
		13

2.	Wahlfächer
3.	**Praktische Ausbildung**
	Praktikum in sozialpflegerischen Einrichtungen mind. 900 Stunden

Berufskolleg Sozialpädagogik (1BKSPVO)

Verordnung des Kultusministeriums über die Ausbildung und Prüfung an den einjährigen Berufskollegs für Sozialpädagogik (1BKSPVO) vom 21. Juli 2015 (K.u.U. S. 296/2015)

Abschnitt 1 – Allgemeines

§ 1
Zweck der Ausbildung

Das einjährige Berufskolleg für Sozialpädagogik bereitet auf eine Ausbildung an der Fachschule für Sozialpädagogik vor. Es vermittelt fachliche Grundlagen für den Beruf einer Erzieherin oder eines Erziehers und fördert die Entwicklung der Handlungskompetenz und der Persönlichkeit der Schülerinnen und Schüler.

→ Fachschule Sozialpädagogik (Erzieherverordnung)

§ 2
Dauer der Ausbildung

Die Ausbildung dauert ein Jahr.

§ 3
Bildungsplan, Stundentafel

Der Unterricht richtet sich nach den vom Kultusministerium erlassenen Bildungs- und Lehrplänen sowie nach der Stundentafel gemäß der Anlage.

→ Berufskolleg Sozialpädagogik (Stundentafel)

§ 4
Pflichtbereich, maßgebende Fächer und Handlungsfelder

Der Pflichtbereich besteht nach Maßgabe der Stundentafel aus Fächern und Handlungsfeldern. Für den Abschluss sind die Fächer und Handlungsfelder des Pflichtbereichs mit Ausnahme des Faches „Englisch" maßgebend.

§ 5
Klassenarbeiten, gleichwertige Leistungsfeststellungen

(1) Für die Bemessung der Anzahl der Klassenarbeiten in den einzelnen Fächern gilt § 9 Absatz 3 Satz 1 der ⇨ Notenbildungsverordnung (NVO) entsprechend. Die Fächer und Handlungsfelder des Pflichtbereichs gelten insoweit als Kernfächer.

(2) In allen Handlungsfeldern außer dem Handlungsfeld „Sozialpädagogisches Handeln" können jeweils bis zu drei Klassenarbeiten durch die gleiche Zahl von gleichwertigen Leistungsfeststellungen nach § 9 Absatz 5 Satz 1 bis 3 NVO ersetzt werden.

Abschnitt 2 – Aufnahmeverfahren

§ 6
Aufnahmevoraussetzungen

Voraussetzung für die Aufnahme in das Berufskolleg für Sozialpädagogik ist

1. die Fachschulreife oder der Realschulabschluss oder das Versetzungszeugnis in die Klasse oder Jahrgangsstufe 11 eines Gymnasiums, in die gymnasiale Oberstufe der Gemeinschaftsschule oder der Nachweis eines gleichwertigen Bildungsstandes oder das Versetzungszeugnis in die Klasse 10 eines Gymnasiums im achtjährigen Bildungsgang und
2. der schriftliche Nachweis eines Platzes für die praktische Ausbildung in einer Einrichtung nach § 11.

Zusätzlich sind bei ausländischen Bildungsnachweisen nach Satz 1 Nummer 1 für den Besuch des Berufskollegs für Sozialpädagogik ausreichende deutsche Sprachkenntnisse nachzuweisen.

§ 7
Aufnahmeantrag

(1) Der Aufnahmeantrag ist an das Berufskolleg für Sozialpädagogik zu richten, an dem die Ausbildung erfolgen soll. Der Termin, zu dem der Antrag bei der Schule eingegangen sein muss, wird, soweit er nicht vom Kultusministerium festgelegt wurde, von der Schulleiterin oder von dem Schulleiter bestimmt und auf geeignete Weise bekanntgegeben. Dem Aufnahmeantrag sind beizufügen:

1. Beglaubigte Abschriften der Zeugnisse und Nachweise nach § 6 Satz 1,
2. eine Erklärung,
   a) ob und gegebenenfalls an welchem einjährigen Berufskolleg für Sozialpädagogik bereits an einem Aufnahmeverfahren teilgenommen wurde,
   b) ob und gegebenenfalls an welches Berufskolleg für Sozialpädagogik ebenfalls ein Aufnahmeantrag gerichtet wurde,
3. eine Übersicht über den schulischen und beruflichen Werdegang nach Erwerb des Abschlusses nach § 6 Absatz 1 Nummer 1, sofern die Aufnahme in das einjährige Berufskolleg für Sozialpädagogik nicht unmittelbar nach Erwerb dieses Abschlusses beantragt wird.

Sofern ein Nachweis nach § 6 Satz 1 Nummer 1 zum Anmeldetermin noch nicht vorgelegt werden kann, ist er unverzüglich nachzureichen; dem Aufnahmeantrag ist in diesem Fall eine beglaubigte Abschrift des letzten Schulzeugnisses beizufügen.

(2) Über den Aufnahmeantrag entscheidet die Schulleiterin oder der Schulleiter. Dabei kann eine angemessene Frist gesetzt werden, innerhalb derer erklärt werden muss, ob die Zusage über die Aufnahme angenommen wird.

§ 8
Auswahlverfahren

(1) Ein Auswahlverfahren ist nur durchzuführen, wenn

1. bei voller Ausschöpfung der vorhandenen personellen und sächlichen Gegebenheiten sowie
2. bei Abstimmung der Aufnahmefähigkeit benachbarter Berufskollegs für Sozialpädagogik und entsprechender Zuweisung (§ 18 Absatz 1 und § 88 Absatz 4 SchG)

nicht alle Personen, die die Aufnahmevoraussetzungen nach § 6 erfüllen, in das Berufskolleg für Sozialpädagogik aufgenommen werden können.

(2) Im Auswahlverfahren sind die Plätze nach folgenden Quoten zu vergeben:

1. 85 Prozent nach Eignung und Leistung,
2. 10 Prozent nach Wartezeit und
3. 5 Prozent für außergewöhnliche Härtefälle.

Bleiben im Rahmen der Auswahl nach Satz 1 Nummer 2 und 3 Plätze frei, sind diese nach Eignung und Leistung zu vergeben.

(3) Die für die Vergabe nach Eignung und Leistung zur Verfügung stehenden Plätze werden entsprechend dem jeweiligen Bewerberanteil verteilt auf die Gruppe der Personen mit

1. Fachschulreife,
2. Realschulabschluss,
3. dem Versetzungszeugnis in die Klasse oder Jahrgangsstufe 11 eines Gymnasiums, in die Klasse 10 eines Gymnasiums im achtjährigen Bildungsgang oder in die gymnasiale Oberstufe der Gemeinschaftsschule,
4. einem dem Realschulabschluss gleichwertigen Bildungsstand nach Abschluss der Klasse 10 der Werkrealschule und
5. einem dem Realschulabschluss gleichwertigen Bildungsstand durch Berufsschulabschluss und Berufsabschluss oder durch Hauptschulabschluss, Berufsschulabschluss und Berufsabschluss.

Die Rangfolge innerhalb der Gruppen der Nummern 1 bis 4 bestimmt sich nach dem auf eine Dezimale errechneten Durchschnitt aus den Noten aller Fächer des Zeugnisses über den Bildungsabschluss mit Ausnahme der Arbeitsgemeinschaften. Bei Bewerberinnen und Bewerbern, die am allgemeinbildenden Gymnasium des achtjährigen Bildungsgangs in die Jahrgangsstufe 11 versetzt wurden, wird das Zeugnis nach Nummer 3 zugrunde gelegt, das mit der Bewerbung vorgelegt wird. Die Rangfolge innerhalb der Gruppe nach Nummer 5 bestimmt sich nach der Durchschnittsnote, die sich aus den maßgebenden Fächern im Berufsschulabschlusszeugnis auf eine Dezimale ohne Rundung errechnet. Bei gleicher Rangfolge entscheidet die Schulleiterin oder der Schulleiter, falls erforderlich nach einem Eignungsgespräch.

(4) Die Vergabe der Plätze nach Wartezeit erfolgt nach folgender Rangfolge:

1. Personen mit drei und mehr Schuljahren Wartezeit,
2. Personen mit zwei Schuljahren Wartezeit,
3. Personen mit einem Schuljahr Wartezeit.

Innerhalb dieser Gruppen werden die Plätze nach Eignung und Leistung vergeben; Absatz 3 Satz 5 gilt entsprechend. Für die Berechnung der Wartezeit werden nur volle Schuljahre berücksichtigt, die seit dem ersten Aufnahmeantrag und der Erfüllung der Aufnahmevoraussetzungen nach § 6 bis zum Beginn des auf das laufende Aufnahmeverfahren folgenden Schuljahres verstrichen sind. Voraussetzung ist, dass für diese Schuljahre ununterbrochen ein Aufnahmeantrag gestellt und keine Aufnahmezusage erteilt wurde.

(5) Ein außergewöhnlicher Härtefall liegt vor, wenn eine Person nach Absatz 2 Nummer 1 nicht ausgewählt wurde und die Nichtaufnahme für sie mit Nachteilen verbunden wäre, die bei Anlegung eines strengen Maßstabes über das Maß der mit der Nichtaufnahme üblicherweise verbundenen Nachteile erheblich hinausgehen. Für die Berücksichtigung als außergewöhnlicher Härtefall kommen insbesondere familiäre oder soziale Umstände oder andere von der Person nicht zu vertretende Gründe, welche die Aufnahme der Ausbildung verzögert haben, in Betracht. Über das Vorliegen eines außergewöhnlichen Härtefalls und die sich nach dem Grad der Härte ergebende Rangfolge entscheidet ein Auswahlausschuss, dem die Schulleiterin oder der Schulleiter als Vorsitzende oder Vorsitzender und vier von ihr oder ihm beauftragte Lehrkräfte angehören. Der Auswahlausschuss ist beschlussfähig, wenn mindestens drei Mitglieder anwesend sind. Er entscheidet mit einfacher Mehrheit; bei Stimmengleichheit gibt die Stimme der oder des Vorsitzenden den Ausschlag. Die Mitglieder des Auswahlausschusses sind bei ihrer Tätigkeit unabhängig. Sie sind zur Amtsverschwiegenheit über alle Angelegenheiten, mit denen der Ausschuss befasst ist, verpflichtet. Die oder der Vorsitzende des Auswahlausschusses hat sie vor Aufnahme der Tätigkeit des Auswahlausschusses über ihre Rechtsstellung entsprechend zu belehren.

§ 9
Probezeit

(1) Die Aufnahme erfolgt zunächst auf Probe. Die Klassenkonferenz entscheidet aufgrund der Noten des Halbjahreszeugnisses über das Bestehen der Probezeit; § 16 Absatz 2 gilt entsprechend. Ausnahmsweise kann die Klassenkonferenz auch bei Nichterfüllung der Voraussetzungen entsprechend § 16 Absatz 2 die Probezeit für bestanden erklären, wenn sie mit Zweidrittelmehrheit zu der Auffassung gelangt, dass die Leistungen nur vorübergehend den Anforderungen nicht entsprechen und die Anforderungen im weiteren Verlauf des Ausbildungsganges voraussichtlich erfüllt werden.

(2) Wer die Probezeit nicht bestanden hat, muss das Berufskolleg für Sozialpädagogik verlassen, soweit in Absatz 3 nichts anderes bestimmt ist. Das Nichtbestehen der Probezeit ist im Halbjahreszeugnis zu vermerken.

(3) Wer an einem Beratungsgespräch, das die Schule der Schülerin oder dem Schüler bei Nichtbestehen der Probezeit anbietet, teilgenommen hat, darf den Bildungsgang auf Antrag weiterhin bis zum Ende des laufenden Schuljahres mit den Rechten und Pflichten einer Schülerin oder eines Schülers besuchen. In dem Beratungsgespräch sind das bisherige Lern- und Arbeitsverhalten mit der Schülerin oder dem Schüler zu reflektieren und Änderungen im Lern- und Arbeitsverhalten, die voraussichtlich eine Verbesserung der Leistungen bewirken können, zu besprechen. Ergänzend soll die Schule mit der Schülerin oder dem Schüler eine Vereinbarung über das zukünftige Lern- und Arbeitsverhalten schließen. Ein Verstoß gegen diese Vereinbarung gilt als Verstoß gegen die Schulordnung im Sinne des § 90 Absatz 1 SchG.

(4) Wer die Probezeit nicht bestanden und das Berufskolleg für Sozialpädagogik verlassen hat, kann in ein einjähriges Berufskolleg für Sozialpädagogik nur aufgenommen werden, wenn nach Aufnahme aller Bewerberinnen und Bewerber, die die Voraussetzungen nach § 6 erfüllen, noch Schulplätze frei sind, und die Schulleiterin oder der Schulleiter oder eine von ihr oder von ihm beauftragte Lehrkraft in einem Kolloquium zu der Auffassung gelangt, dass die Bewerberin oder der Bewerber den Anforderungen des Berufskollegs für Sozialpädagogik genügen wird. Um dieses Ziel zu fördern, kann die Schule Vereinbarungen mit der Bewerberin oder dem Bewerber über das Lern- und Arbeitsverhalten schließen. Absatz 3 Satz 4 gilt entsprechend.

Abschnitt 3 – Praktische Ausbildung

§ 10
Allgemeines

Die praktische Ausbildung, die im Handlungsfeld „Sozialpädagogisches Handeln" nach Nummer 1.2 der Anlage erfolgt, dient der Anwendung und Vertiefung der im schulischen Unterricht erworbenen Kenntnisse, Fertigkeiten und Fähigkeiten. Die Gesamtverantwortung für die praktische Ausbildung liegt bei dem Berufskolleg für Sozialpädagogik. Sie schließt die Betreuung, Beratung, Beurteilung und Benotung während der praktischen Ausbildung ein. Schule und Einrichtung stellen dabei in engem Zusammenwirken eine effektive Verzahnung von schulischem Unterricht und dessen praktischer Umsetzung in der Einrichtung sicher.

§ 11
Einrichtungen der praktischen Ausbildung

Die praktische Ausbildung hat in einer Tageseinrichtung für Kinder zu erfolgen, die nach der personellen und sächlichen Ausstattung für die Ausbildung geeignet sind. Die Auswahl der Einrichtung obliegt der Schülerin oder dem Schüler. Sie bedarf der Zustimmung der Schule.

§ 12
Wechsel der Einrichtung während der Ausbildung

Die Einrichtung kann während der Ausbildung am Berufskolleg für Sozialpädagogik nur im Einvernehmen mit der Schule aus triftigen Gründen gewechselt werden. Triftige Gründe sind insbesondere dann gegeben, wenn das Erreichen des Ausbildungszieles ohne einen Wechsel der Einrichtung gefährdet wäre oder ein Verbleiben in der Einrichtung aus anderen Gründen nicht länger zugemutet werden kann.

§ 13
Durchführung der praktischen Ausbildung

(1) Die praktische Ausbildung erfolgt nach Absprache des Berufskollegs für Sozialpädagogik mit den Trägern der an der Ausbildung beteiligten Einrichtungen. Sie umfasst zwei Tage im Umfang einer Vollzeitbeschäftigung je Unterrichtswoche. Nach Absprache der Schule mit den Trägern der an der Ausbildung beteiligten Einrichtungen kann sie auch in Praxisblöcken durchgeführt werden.

(2) Der Träger der Einrichtung benennt dem Berufskolleg für Sozialpädagogik zu Beginn der Ausbildung die von ihm ausgewählte für die fachliche Anleitung und Ausbildung in der Einrichtung verantwortliche geeignete Fachkraft. Geeignet ist eine Fachkraft im Sinne des § 7 Absatz 2 Nummer 1 bis 3 des Kindertagesbetreuungsgesetzes (KiTaG), wenn sie über eine nach abgeschlossener Ausbildung erworbene in der Regel mindestens zweijährige Berufserfahrung in dem Praxisfeld, in dem die Ausbildung jeweils erfolgt, verfügt. Ausnahmsweise kann die fachliche Anleitung und Ausbildung mit Zustimmung der Schule auch einer anderen geeigneten Fachkraft übertragen werden.

(3) Das Berufskolleg für Sozialpädagogik benennt dem Träger der Einrichtung zu Beginn der Ausbildung eine Lehrkraft, die die praktische Ausbildung betreut (Praxislehrkraft). Die Praxislehrkraft muss über eine Lehrbefähigung im Fach Sozialpädagogik oder über eine gleichwertige Qualifikation verfügen. Sie arbeitet eng mit den von der Einrichtung für die praktische Anleitung benannten Fachkräften zusammen und berät und beurteilt die Schülerinnen und Schüler. Hierzu führt sie auch Praxisbesuche in der Einrichtung durch.

(4) Die praktische Ausbildung im Handlungsfeld „Sozialpädagogisches Handeln" erfolgt nach einem Plan, der zu Beginn der Ausbildung von der Schule mit der Einrichtung auf der Grundlage der jeweils geltenden Bildungs- und Lehrpläne des Kultusministeriums und den vom Kultusministerium gemeinsam mit den kommunalen Landesverbänden und den Kindergartenträgerverbänden erarbeiteten Grundsätzen für die praktische Ausbildung der Erzieherinnen und Erzieher abgestimmt wird.

§ 14
Bewertung

(1) Die Praxislehrkraft nach § 13 Absatz 3 führt zwei angekündigte benotete Praxisbesuche bei der Schülerin oder dem Schüler durch; über die benoteten Praxisbesuche hinaus kann die Praxislehrkraft im Einzelfall weitere beratende, nicht benotete Besuche in der Praxisstelle vornehmen, wenn dies aus pädagogischen Gründen angezeigt ist. Vor jedem Praxisbesuch legt die Schülerin oder der Schüler der Fachlehrkraft eine schriftliche Vorbereitung der geplanten Aktivität mit den Kindern vor. Die Praxislehrkraft beobachtet das Vorgehen der Schülerin oder des Schülers in der Praxis über einen Zeitraum von 30 bis 40 Minuten. Hieran schließt sich ein Reflexionsgespräch mit der Schülerin oder dem Schüler über ihre oder seine Aktivität während des Beobachtungszeitraums an. Dieses umfasst in der Regel höchstens 45 Minuten. Die Praxislehrkraft fertigt über jeden benoteten Praxisbesuch einen kurzen schriftlichen Bericht mit einer Bewertung mit einer ganzen oder halben Note. Aus dem Bericht muss der wesentliche Verlauf der Schüleraktivität während des Beobachtungszeitraums und des Reflexionsgesprächs hervorgehen. Bei der Bewertung sind die schriftliche Vorbereitung, das pädagogische Handeln während des Beobachtungszeitraums und das Reflexionsgespräch zu berücksichtigen. Die Note ist schriftlich zu

begründen. Die Berichte und die jeweilige schriftliche Vorbereitung werden zu den Schulakten genommen.

(2) Der Träger der Einrichtung übersendet zum Abschluss der Ausbildung zu einem von dem Berufskolleg für Sozialpädagogik bestimmten Termin eine Beurteilung über die im Handlungsfeld „Sozialpädagogisches Handeln" gezeigten Leistungen. Aus der Beurteilung müssen die Tätigkeitsgebiete, die Fähigkeiten, Leistungen und die berufliche Eignung hervorgehen. Die Beurteilung soll einen Vorschlag für die Bewertung mit einer ganzen oder halben Note enthalten. Aufgrund der Beurteilung durch die Einrichtung legt die Praxislehrkraft die nach Absatz 4 zu berücksichtigende Note fest.

(3) Die Berichte und die Beurteilung des Trägers der Einrichtung sind von der Praxislehrkraft mit der Schülerin oder dem Schüler zu besprechen.

(4) Zur Bildung der Note für das Handlungsfeld „Sozialpädagogisches Handeln" wird aus den Noten für die Praxisbesuche und der nach Absatz 2 festgelegten Note eine Durchschnittsnote, die auf die erste Dezimale ohne Rundung berechnet wird, ermittelt; die genannten drei Noten werden hierbei jeweils gleich gewichtet. Bei der so errechneten Durchschnittsnote werden die Dezimalzahlen 1 bis 4 auf die nächstniedrigere ganze Note abgerundet und die Dezimalzahlen 5 bis 9 auf die nächsthöhere ganze Note aufgerundet. Diese ist Endnote im Sinne von § 15.

Abschnitt 4 – Abschluss des Berufskollegs für Sozialpädagogik

§ 15 Endnoten

Für die Entscheidung über einen erfolgreichen Abschlusses des Berufskollegs für Sozialpädagogik werden am Ende des Schuljahres aus den während des Schuljahres erbrachten Einzelleistungen Endnoten je Fach und Handlungsfeld nach Nummer 1 der Anlage in Gestalt ganzer Noten gebildet; die Ermittlung der Endnote im Handlungsfeld „Sozialpädagogisches Handeln" erfolgt nach § 14 Absatz 4.

§ 16

Ermittlung des Abschlussergebnisses

(1) Die Klassenkonferenz unter Vorsitz der Schulleiterin oder des Schulleiters oder einer von ihr oder ihm mit dem Vorsitz beauftragten Lehrkraft stellt aufgrund der Endnoten fest, wer die Ausbildung erfolgreich abgeschlossen hat. Die oder der Vorsitzende ist in der Klassenkonferenz stimmberechtigt.

(2) Die Ausbildung ist erfolgreich abgeschlossen, wenn

1. der Durchschnitt aus den Noten der maßgebenden Handlungsfelder und Fächer 4,0 oder besser ist,
2. die Leistungen in dem Handlungsfeld „Sozialpädagogisches Handeln" nicht schlechter als mit der Note „ausreichend" bewertet sind,
3. die Leistungen in nicht mehr als einem maßgebenden Fach oder Handlungsfeld geringer als mit der Note „ausreichend" bewertet sind. Sind die Leistungen in zwei maßgebenden Fächern oder Handlungsfeldern geringer als mit der Note „ausreichend" bewertet, so ist die Ausbildung nur erfolgreich abgeschlossen, wenn für beide Noten ein Ausgleich durch Noten anderer maßgebender Fächer oder Handlungsfelder gegeben ist. Dabei kann die Note „mangelhaft" durch mindestens eine Note „gut" oder zwei Noten „befriedigend" ausgeglichen werden; ein Ausgleich der Note „ungenügend" ist nicht möglich.

(3) Über die Feststellung des erfolgreichen Abschlusses der Ausbildung ist eine Niederschrift zu fertigen, die von der oder dem Vorsitzenden der Klassenkonferenz und dem Mitglied, das die Niederschrift angefertigt hat, unterschrieben wird.

§ 17

Zeugnis

(1) Wer das einjährige Berufskolleg für Sozialpädagogik erfolgreich abgeschlossen hat, erhält ein Abschlusszeugnis mit den nach § 15 ermittelten Endnoten.

(2) Wer die Ausbildung nicht erfolgreich abgeschlossen hat und das Schuljahr wiederholt, erhält ein Jahreszeugnis mit den nach § 15 ermittelten Endnoten.

(3) Wer die Ausbildung nicht erfolgreich abgeschlossen hat und die Schule verlässt, erhält ein Abgangszeugnis mit den nach § 15 ermittelten Endnoten.

(4) In allen Zeugnissen ist für das Fach „Englisch" außer der Endnote die Niveaustufe des Gemeinsamen Europäischen Referenzrahmens für Sprachen, auf der der Unterricht erteilt wurde, zu vermerken. In den Zeugnissen nach Absatz 2 und 3 ist zu vermerken, dass das Ausbildungsziel des Berufskollegs für Sozialpädagogik nicht erreicht ist.

→ Zeugnisse (Berufliche Schulen)

§ 18

Wiederholung, Entlassung

(1) Wer das Berufskolleg für Sozialpädagogik nicht erfolgreich abgeschlossen hat, kann es einmal wiederholen. Eine Wiederholung nach erfolgreichem Abschluss ist nicht möglich.

(2) Wer das Berufskolleg für Sozialpädagogik auch bei Wiederholung nicht erfolgreich abschließt, muss es verlassen.

Abschnitt 5 – Prüfung für Schulfremde

§ 19

Teilnehmerinnen und Teilnehmer

Personen, die den Abschluss des einjährigen Berufskollegs für Sozialpädagogik erwerben wollen, ohne ein entsprechendes öffentliches oder staatlich anerkanntes Berufskolleg fürSozialpädagogik zu besuchen, können als Schulfremde durch eine Prüfung (Schulfremdenprüfung) an einem öffentlichen Berufskolleg für Sozialpädagogik den Abschluss erwerben.

§ 20

Teile und Zeitpunkt der Schulfremdenprüfung

Die Schulfremdenprüfung besteht aus einer erziehungspraktischen, einer schriftlichen und einer mündlichen Prüfung. Sie wird an einem öffentlichen einjährigen Berufskolleg für Sozialpädagogik abgelegt und findet einmal jährlich, in der Regel zusammen mit der Prüfung an den öffentlichen Fachschulen für Sozialpädagogik, statt.

§ 21
Meldung

(1) Die Meldung zur Schulfremdenprüfung ist bis zum 1. Oktober für die Schulfremdenprüfung im darauf folgenden Jahr an die öffentliche Schule zu richten, die das einjährige Berufskolleg für Sozialpädagogik führt, an dem die Schulfremdenprüfung abgelegt werden soll. Die Meldung von Prüflingen der staatlich genehmigten, jedoch noch nicht staatlich anerkannten Schulen erfolgt bei der oberen Schulaufsichtsbehörde, in deren Bezirk die Privatschule liegt.

(2) Der Meldung sind zur Prüfung des Vorliegens der Prüfungsvoraussetzungen und zur Durchführung der Schulfremdenprüfung beizufügen:

1. Eine Übersicht über den schulischen Werdegang ab Erwerb des mittleren Schulabschlusses mit der Angabe des Namens, Vornamens, Geburtsdatums, Geburtsortes sowie der aktuellen Anschrift,
2. der Nachweis der Voraussetzungen für die Aufnahme in das einjährige Berufskolleg für Sozialpädagogik nach § 6 Satz 1 Nummer 1 durch entsprechende Zeugnisse (beglaubigte Kopien) sowie
   a) einer zusätzlichen mindestens dreimonatigen einschlägigen praktischen Tätigkeit in einer Tageseinrichtung für Kinder unter Anleitung einer Fachkraft nach § 7 Absatz 2 Nummer 1 bis 3 KiTaG oder
   b) der Vorbereitung auf die Schulfremdenprüfung nach dieser Verordnung an einem genehmigten, aber noch nicht staatlich anerkannten einjährigen Berufskolleg für Sozialpädagogik,

   und bei ausländischen Bildungsnachweisen Kenntnisse der deutschen Sprache auf dem Niveau B 2 des Gemeinsamen Europäischen Referenzrahmens für Sprachen.
3. eine Erklärung darüber, ob und gegebenenfalls mit welchem Ergebnis bereits ein einjähriges Berufskolleg für Sozialpädagogik besucht oder an Prüfungen eines einjährigen Berufskolleg für Sozialpädagogik teilgenommen wurde,
4. eine Erklärung darüber, ob sich die Prüfung auch auf das Fach „Religionslehre und Religionspädagogik" erstrecken soll,
5. Angaben über die schulische Vorbereitung auf die Prüfung oder über den Selbstunterricht sowie den in allen Prüfungsfächern und -handlungsfeldern durchgearbeiteten Lernstoff und der benutzten Literatur.

(3) Für Prüflinge der staatlich genehmigten, aber noch nicht staatlich anerkannten Schulen, kann an die Stelle der Meldung durch den einzelnen Prüfling die Sammelmeldung der Schule treten, die Vor- und Zuname, Geburtstag, Geburtsort und Anschrift der Prüflinge enthalten muss. Der Sammelmeldung sind die Unterlagen nach Absatz 2 beizufügen.

§ 22
Voraussetzungen für die Zulassung

(1) Schulfremde können die Prüfung nicht eher ablegen, als es ihnen bei normalem Schulbesuch möglich wäre.

(2) Zur Prüfung wird nur zugelassen, wer

1. die Voraussetzungen für die Aufnahme in das einjährige Berufskolleg für Sozialpädagogik gemäß § 6 Satz 1 Nummer 1 erfüllt und die in § 21 Absatz 2 genannten Nachweise und Erklärungen vorgelegt hat,
2. die praktische Tätigkeit nach § 21 Absatz 2 Nummer 2 Buchstabe a oder die Vorbereitung auf die Schulfremdenprüfung nach § 21 Absatz 2 Nummer 2 Buchstabe b nachweist,
3. bei ausländischen Bildungsnachweisen Kenntnisse der deutschen Sprache auf dem Niveau B 2 des Gemeinsamen Europäischen Referenzrahmens für Sprachen nachweist,
4. den Abschluss des einjährigen Berufskollegs für Sozialpädagogik nicht bereits erworben hat oder
5. wem der Abschluss des einjährigen Berufskollegs für Sozialpädagogik nicht bereits wiederholt nicht zuerkannt wurde.

(3) Zur Prüfung wird in der Regel nur zugelassen, wer in Baden-Württemberg seinen ständigen Wohnsitz hat.

§ 23
Entscheidung über die Zulassung,
Ort der Schulfremdenprüfung

Das öffentliche einjährige Berufskolleg für Sozialpädagogik entscheidet über die Zulassung zur Schulfremdenprüfung. Bei Bewerberinnen und Bewerbern von staatlich genehmigten aber noch nicht staatlich anerkannten Schulen trifft diese Entscheidung die obere Schulaufsichtsbehörde. Sie bestimmt das öffentliche einjährige Berufskolleg für Sozialpädagogik, an dem die Prüfung abzulegen ist. Dabei kann sie zulassen, dass die schriftliche Prüfung im Gebäude der staatlich genehmigten Schule abgenommen wird. Die Leitung und Beaufsichtigung regelt in diesem Fall die obere Schulaufsichtsbehörde.

§ 24
Prüfungsausschuss, Fachausschüsse

(1) Für die Schulfremdenprüfung wird an jedem öffentlichen einjährigen Berufskolleg für Sozialpädagogik ein Prüfungsausschuss gebildet, der für die ordnungsgemäße Durchführung der Schulfremdenprüfung verantwortlich ist. Diesem gehören an:

1. Als Vorsitzende oder Vorsitzender die Schulleiterin oder der Schulleiter oder eine von ihr oder ihm beauftragte Lehrkraft, soweit die obere Schulaufsichtsbehörde vor Beginn der Prüfung nichts anderes bestimmt,
2. als stellvertretende Vorsitzende oder stellvertretender Vorsitzender die Schulleiterin oder der

Berufliche Schulen

Schulleiter, wenn sie oder er nicht Vorsitzende oder Vorsitzender ist oder eine von ihr oder ihm beauftragte Lehrkraft und

3. sämtliche Lehrkräfte, die in den Pflichtfächern und Handlungsfeldern unterrichten.

Die obere Schulaufsichtsbehörde oder die oder der Vorsitzende des Prüfungsausschusses können weitere Lehrkräfte eines öffentlichen Berufskollegs für Sozialpädagogik als Mitglieder berufen, soweit dies für die Durchführung der Prüfung erforderlich ist.

(2) Die Mitglieder des Prüfungsausschusses sind bei ihrer Tätigkeit als Prüferin oder Prüfer unabhängig. Sie sind zur Amtsverschwiegenheit über alle Prüfungsangelegenheiten ver pflichtet. Die oder der Vorsitzende des Prüfungsausschusses hat sie vor Beginn der Prüfung hierüber zu belehren.

(3) Für die mündliche und die erziehungspraktische Prüfung in den einzelnen Fächern und Handlungsfeldern bildet die oder der Vorsitzende des Prüfungsausschusses die erforderlichen Fachausschüsse. Jedem Fachausschuss für die mündliche Prüfung gehören an:

1. Die oder der Vorsitzende oder ein von ihr oder ihm bestimmtes Mitglied des Prüfungsausschusses als Leiterin oder Leiter, sofern die obere Schulaufsichtsbehörde nichts anderes bestimmt,
2. eine von der oder dem Vorsitzenden bestimmte Fachlehrkraft eines öffentlichen Berufskollegs für Sozialpädagogik, in der Regel der Schule, welcher der Prüfling zur Ablegung der Schulfremdenprüfung zugewiesen ist, oder bei deren Verhinderung eine in dem betreffenden Prüfungsfach oder dem geprüften Handlungsfeld erfahrene Lehrkraft als Prüferin oder Prüfer und
3. ein weiteres fachkundiges Mitglied des Prüfungsausschusses, das zugleich das Protokoll führt.

Jedem Fachausschuss für die erziehungspraktische Prüfung gehören an:

1. Die oder der Vorsitzende oder ein von ihr oder ihm beauftragtes Mitglied des Prüfungsausschusses als Leiterin oder Leiter, die oder der zugleich das Protokoll führt, und
2. eine von der Schulleiterin oder vom Schulleiter beauftragte Lehrkraft, die als Praxislehrkraft eingesetzt ist.

Hinweis der Redaktion: Für je fünf Schulfremdenprüflinge kann die Schule eine Anrechnungsstunde in Anspruch nehmen. (Quelle: KM, 16.4.2013; AZ: 44-6623-28/201)

§ 25
Erziehungspraktische, schriftliche und mündliche Prüfung

(1) Die Prüflinge haben sich bei Beginn der Schulfremdenprüfung mit einem mit Lichtbild versehenen amtlichen Ausweis auszuweisen und diesen während der gesamten Schulfremdenprüfung bei sich zu führen und auf Verlangen vorzuweisen.

(2) In der erziehungspraktischen Prüfung ist festzustellen, ob die erforderlichen Kenntnisse und Fertigkeiten im persönlichen Umgang mit Kindern und Jugendlichen dem pädagogischen Auftrag entsprechend angewandt werden können. Für die erziehungspraktische Prüfung gilt Folgendes:

1. Die erziehungspraktische Prüfung besteht aus einer schriftlichen Ausarbeitung (drei Werktage, ohne Aufsicht) und einem praktischen Teil (30 bis 45 Minuten). Die Aufgaben für die schriftliche Ausarbeitung und für den praktischen Teil werden von der oder dem Vorsitzenden des Prüfungsausschusses festgelegt.
2. Die schriftliche Ausarbeitung wird von zwei Mitgliedern des Fachausschusses korrigiert und bewertet; dabei sind ganze und halbe Noten zu verwenden. Als Note gilt der auf die erste Dezimale errechnete Durchschnitt der beiden Bewertungen, der auf eine ganze oder halbe Note zu runden ist. Dezimalen von 3 bis 7 sind hierbei auf eine halbe Note, die übrigen Dezimalen auf eine ganze Note zu runden. Weichen die Bewertungen um mehr als eine ganze Note voneinander ab und können sich die beiden korrigierenden Lehrkräfte nicht einigen, hat die Leiterin oder der Leiter des Fachausschusses die endgültige Note für die schriftliche Prüfung festzusetzen; dabei gelten die Bewertungen der beiden Lehrkräfte als Grenzwerte, die nicht über- und unterschritten werden dürfen.
3. Der praktische Teil wird vom Fachausschuss abgenommen und bewertet; dabei sind ganze und halbe Noten zu verwenden. Einer Fachkraft der Einrichtung, an der die Prüfung abgenommen wird, ist als Bezugsperson der Kinder die Anwesenheit während des Zeitraums der Aktivität des Prüflings mit den Kindern zu gestatten. Sie oder er ist zur Verschwiegenheit verpflichtet und hat sich jeder Einflussnahme auf die Prüfung oder ihre Bewertung zu enthalten. Hierüber ist vor Beginn der Prüfung zu belehren. Nach Abschluss der Aktivität mit den Kindern und vor der Bewertung ist dem Prüfling Gelegenheit zu geben, gegenüber den Mitgliedern des Fachausschusses zum Verlauf kurz Stellung zu nehmen. Nummer 2 Satz 2 und 3 gilt entsprechend.
4. Bei der Ermittlung der Note der erziehungspraktischen Prüfung zählen die Note der schriftlichen Ausarbeitung einfach und die Note des praktischen Teils dreifach. Der Durchschnitt ist auf die erste Dezimale ohne Rundung zu berechnen und dann auf eine ganze Note zu runden. Hierbei werden die Dezimalzahlen 1 bis 4 auf die nächstniedrigere ganze Note abgerundet und die Dezimalzahlen 5 bis 9 auf die nächsthöhere ganze Note aufgerundet.
5. Über die erziehungspraktische Prüfung jedes Prüflings ist eine Niederschrift zu fertigen, die von den Mitgliedern des Fachausschusses unterschrieben wird.

(3) Die schriftliche Prüfung erstreckt sich auf die Handlungsfelder „Berufliches Handeln fundieren“, „Erziehung und Betreuung gestalten“ und „Bildung und Entwicklung fördern I“. Sie dauert je Handlungsfeld 90 Minuten. Für ihre Durchführung gilt Folgendes:

1. Die Prüfungsaufgaben werden im Rahmen der Bildungs- und Lehrpläne von der zuständigen oberen Schulaufsichtsbehörde gestellt.
2. Die Leitung der schriftlichen Prüfung obliegt der Schulleiterin oder dem Schulleiter des öffentlichen Berufskollegs für Sozialpädagogik oder einer von ihr oder ihm beauftragten Lehrkraft.
3. Die Prüfungsarbeiten werden jeweils von zwei Fachlehrkräften, die die oder der Vorsitzende des Prüfungsausschusses bestimmt, korrigiert und bewertet; dabei sind ganze und halbe Noten zu verwenden. Als Note der jeweiligen schriftlichen Prüfungsarbeit gilt der auf die erste Dezimale ohne Rundung errechnete Durchschnitt der beiden Bewertungen, der auf eine ganze oder halbe Note zu runden ist; Dezimalen von 3 bis 7 sind hierbei auf eine halbe Note, die übrigen Dezimalen auf eine ganze Note zu runden. Weichen die Bewertungen um mehr als eine ganze Note voneinander ab und können sich die beiden korrigierenden Lehrkräfte nicht einigen, hat die oder der Vorsitzende des Prüfungsausschusses die endgültige Note für die jeweilige Prüfungsarbeit festzusetzen; dabei gelten die Bewertungen der beiden Lehrkräfte als Grenzwerte, die nicht über- und unterschritten werden dürfen.
4. Die Noten der schriftlichen Prüfungsarbeiten werden fünf bis sieben Schultage vor der mündlichen Prüfung bekanntgegeben.
5. Über die schriftliche Prüfung ist eine Niederschrift zu fertigen, die von der Leiterin oder dem Leiter der schriftlichen Prüfung und den aufsichtführenden Lehrkräften unterschrieben wird.

(4) Die mündliche Prüfung umfasst mit Ausnahme des Handlungsfeldes „Sozialpädagogisches Handeln“ sämtliche maßgebenden Fächer und Handlungsfelder des Pflichtbereichs nach Nummer 1 der Anlage, die nicht Gegenstand der schriftlichen Prüfung waren. Das Fach „Religionslehre und Religionspädagogik“ wird nur auf Antrag geprüft. Ein schriftlich geprüftes Handlungsfeld wird nur dann in die mündliche Prüfung einbezogen, wenn der Prüfling dies spätestens vier Schultage vor der mündlichen Prüfung verlangt. Für die Durchführung der mündlichen Prüfung gilt Folgendes:

1. Die mündliche Prüfung wird als Einzelprüfung abgenommen.
2. Die Prüfung dauert je Fach oder Handlungsfeld nach Satz 1 bis 3 in der Regel jeweils 15 Minuten, im Handlungsfeld „Bildung und Entwicklung fördern II“ in der Regel 20 Minuten. Erfordert die Aufgabenstellung eine Einlesezeit oder eine thematische Herleitung und Durchdringung, gewährt der Fachausschuss zusätzlich die nach seiner Entscheidung für die Erfassung der Aufgabe erforderliche Einarbeitungszeit, in der sich der Prüfling unter Aufsicht auf die Prüfung vorbereiten kann. Die Einarbeitungszeit darf 15 Minuten nicht überschreiten.
3. Der Fachausschuss kann ganz oder teilweise an Stelle einer mündlichen Prüfung eine vereinfachte schriftliche Prüfung im Umfang von etwa 45 Minuten je Fach oder Handlungsfeld durchführen. Dies gilt nicht für Handlungsfelder, die Gegenstand der schriftlichen Prüfung waren.
4. Im Anschluss an die mündliche Prüfung setzt der Fachausschuss je Fach oder Handlungsfeld nach Satz 1 bis 3 das Ergebnis auf Vorschlag der Prüferin oder des Prüfers fest; dabei sind ganze und halbe Noten zu verwenden. Kann sich der Fachausschuss mehrheitlich mit der Stimme der Leiterin oder des Leiters für keine bestimmte Note entscheiden, so wird die Note aus dem errechneten Durchschnitt der Bewertungen aller Mitglieder gebildet. Bei der auf die erste Dezimale ohne Rundung errechneten Durchschnittsnote werden die Dezimalzahlen 1 oder 2 auf die nächstniedrigere ganze Note abgerundet, die Dezimalzahlen 3 bis 7 auf die nächste halbe Note auf- oder abgerundet und die Dezimalzahlen 8 oder 9 auf die nächsthöhere ganze Note aufgerundet.
5. Über die mündliche Prüfung jedes einzelnen Prüflings ist eine Niederschrift zu fertigen, die von den Mitgliedern des Fachausschusses unterschrieben wird.

(5) Bei der Aufgabenstellung und der Bewertung der Prüfungsleistungen sind auf Antrag Eigenart und Besonderheit einer Schule in freier Trägerschaft, die in deren Lehrplan zum Ausdruck kommen, zu berücksichtigen.

§ 26
Ermittlung des Prüfungsergebnisses

Die oder der Vorsitzende des Prüfungsausschusses ermittelt das Ergebnis der Schulfremdenprüfung und stellt fest, wer sie bestanden hat. Bei der Feststellung des Ergebnisses der Schulfremdenprüfung zählen allein die Prüfungsleistungen. Wurde in Fächern und Handlungsfeldern schriftlich und mündlich geprüft, zählt die Note der schriftlichen Prüfung und die Note der mündlichen Prüfung je einfach. Die Endnoten in den einzelnen Fächern und Handlungsfeldern werden als ganze Noten festgesetzt. Soweit in den nur schriftlich oder nur mündlich geprüften Fächern oder Handlungsfeldern halbe Noten erzielt wurden, werden diese auf eine ganze Note gerundet. Wurde in einem Fach oder Handlungsfeld sowohl schriftlich als auch mündlich geprüft, gilt als Prüfungsendnote der auf eine ganze Note gerundete, auf eine Dezimale ohne Rundung berechnete Durchschnitt aus der Note der schriftlichen und der Note der mündlichen Prüfung. Die Note der erziehungspraktischen Prüfung gilt als Endnote im Handlungsfeld „Sozialpädagogisches Handeln“. Für das Bestehen der Schulfremdenprüfung gilt § 16 Absatz 2 entsprechend. Über die Feststellung der Ergebnisse der Schulfremdenprüfung ist von der oder dem Vorsitzenden des Prüfungsausschusses eine Niederschrift zu fertigen.

§ 27 Zeugnis

Wer die Schulfremdenprüfung bestanden hat, erhält das Zeugnis für Schulfremde. Wer die Schulfremdenprüfung nicht bestanden hat, erhält auf Verlangen eine Bescheinigung über die Teilnahme an der Prüfung, über das Ergebnis der Schulfremdenprüfung und die ermittelten Einzelnoten.

§ 28 Wiederholung der Prüfung

Wem der Abschluss des Berufskollegs für Sozialpädagogik erstmalig nicht zuerkannt wurde, kann die Schulfremdenprüfung einmal wiederholen.

Hinweis der Redaktion: Die Paragrafen 29 (Nichtteilnahme, Rücktritt) und 30 (Täuschungshandlungen, Ordnungsverstöße) sind nicht abgedruckt, da inhaltsgleich mit §§ 23 und 24 → Berufsfachschule Altenpflegehilfe.

→ Fachschule Sozialpädagogik (Erzieherverordnung); → Berufskolleg Sozialpädagogik (Stundentafel); ⇨ Handy-Nutzung; → Individuelle Förderung und Unterstützung (BS); → Kindergartenfachkräftegesetz; ⇨ Notenbildungsverordnung; → Termine Berufliche Schulen; → Zeugnisse (Berufliche Schulen)

Berufskolleg Sozialpädagogik (Stundentafel)

Anlage (zu §§ 3,10 und 25 Absatz 4)

Stundentafel für das einjährige Berufskolleg für Sozialpädagogik

(durchschnittliche Zahl der Wochenstunden)

1.	**Pflichtbereich**	
1.1	Fächer	
	Religionslehre und Religionspädagogik	1
	Deutsch	1
	Englisch[1]	2
1.2	Handlungsfelder	
	Berufliches Handeln fundieren[2]	4
	Erziehung und Betreuung gestalten	3
	Bildung und Entwicklung fördern I	3
	Bildung und Entwicklung fördern II[3]	5
	Sozialpädagogisches Handeln[4]	9
2.	**Wahlpflichtbereich**[5]	2
	Zum Beispiel Musik/Rhythmik	
		30
3.	**Wahlbereich**	

1 Kein maßgebendes Fach. Anstelle von „Englisch" kann für Schülerinnen und Schüler, die nicht den Erwerb der Fachhochschulreife anstreben, das Fach „Französisch" im Pflichtbereich angeboten werden. Wird „Englisch" und „Französisch" im Pflichtbereich angeboten, darf die Anzahl der Gruppen im Sprachunterricht die Anzahl der Klassen des jeweiligen Schuljahres nicht übersteigen. Schülerinnen und Schüler, die den Unterricht in einer Fremdsprache im Pflichtbereich besuchen, können zusätzlich im Rahmen der vorhanden Schulplätze am Unterricht der jeweils anderen Sprache teilnehmen. Diese gilt für sie insoweit als Wahlfach.

2 Soweit der Unterricht den Einsatz von Rechnern erforderlich macht, kann in Klassenteilung unterrichtet werden (maximal zwei Gruppen, Mindestgröße 8 Personen).

3 In diesem Handlungsfeld kann der Unterricht im Umfang von zusammen bis zu 3 Wochenstunden in Klassenteilung (maximal zwei Gruppen, Mindestgruppengröße 8 Personen) erteilt werden.

4 In verschiedenen Organisationsformen möglich. Der Betreuungsschlüssel beträgt 1:3.

5 Die Anzahl der Angebote aus dem Wahlpflichtbereich darf die Anzahl der Klassen des jeweiligen Schuljahres nicht übersteigen.

Berufskolleg Technisch I – Verzahnung

Ausbildungs- und Prüfungsordnung für das Technische Berufskolleg I – Verzahnung mit dualen Ausbildungsberufen; Schulversuchsbestimmungen des KM gemäß § 22 SchG vom 27. Februar 2006, 41- 6623.1-11/1

1. Abschnitt Allgemeines

§ 1

Zweck der Ausbildung

Die Ausbildung am Technischen Berufskolleg I – Verzahnung mit dualen Ausbildungsberufen bereitet technisch interessierte Jugendliche gezielt auf die Anforderungen einer modernen Arbeitswelt im gewerblich-technischen Bereich vor. Gleichzeitig wird die Allgemeinbildung weitergeführt.

→ Individuelle Förderung und Unterstützung (BS)

§ 2

Begriffe

Soweit die nachfolgenden Bestimmungen Personalbegriffe wie Schüler, Schulleiter, Vorsitzender, Prüfer oder Bewerber enthalten, sind dies funktionsbezogene Beschreibungen, die gleichermaßen auf Frauen und Männer zutreffen.

§ 3

Dauer und Gliederung der Ausbildung

(1) Die Ausbildung dauert ein Schuljahr und endet mit einer Abschlussprüfung.

(2) Der Unterricht gliedert sich in einen Pflichtbereich und einen Wahlbereich.

§ 4

Bildungsplan, Stundentafel

(1) Der Unterricht richtet sich nach den vom Kultusministerium erlassenen Bildungs- und Lehrplänen sowie der als Anlage 1 beigefügten Stundentafel.

(2) Während der Ausbildung ist ein mindestens vierwöchiges Praktikum in geeigneten Betrieben durchzuführen, das teilweise auch in den Ferien liegen kann.

→ Berufskolleg Technisch I – Stundentafel

§ 5

Maßgebende Fächer und Kernfächer

(1) Für den Abschluss sind die Leistungen in den maßgebenden Fächern entscheidend. Maßgebende Fächer sind alle Pflichtfächer.

(2) Kernfächer unter den maßgebenden Fächern sind Deutsch, Mathematik, Englisch und Berufsfachliche Kompetenz.

2. Abschnitt Aufnahmeverfahren

§ 6

Aufnahmevoraussetzungen

(1) Voraussetzung für die Aufnahme in das Technische Berufskolleg I – Verzahnung mit dualen Ausbildungsberufen ist

1. die Fachschulreife oder
2. der Realschulabschluss oder
3. das Versetzungszeugnis in die 11. Jahrgangstufe eines Gymnasiums oder
4. der Nachweis eines gleichwertigen Bildungsstandes.

§ 7

Aufnahmeantrag

(1) Der Aufnahmeantrag ist an das Berufskolleg zu richten, an dem die Ausbildung erfolgen soll. Der Termin, zu dem der Antrag bei der Schule eingegangen sein muss, wird, soweit er nicht vom Kultusministerium festgelegt wurde, vom Schulleiter bestimmt und auf geeignete Weise bekanntgegeben. Dem Aufnahmeantrag sind beizufügen:

1. ein Lebenslauf in tabellarischer Form mit Angaben über den bisherigen Bildungsweg,
2. eine beglaubigte Abschrift des Nachweises nach § 6,
3. eine Erklärung,
   a) ob und gegebenenfalls an welchen anderen Schulen bereits an einem Aufnahmeverfahren teilgenommen wurde sowie
   b) ob und gegebenenfalls an welche anderen Schulen ein weiterer Aufnahmeantrag gerichtet wurde.

Sofern der Nachweis nach § 6 zum Anmeldetermin noch nicht vorgelegt werden kann, ist er unverzüglich nachzureichen; dem Aufnahmeantrag ist in diesem Fall eine beglaubigte Abschrift des letzten Schulzeugnisses beizufügen.

(2) Über den Aufnahmeantrag entscheidet der Schulleiter. Er kann eine angemessene Frist setzen, innerhalb deren erklärt werden muss, ob die Zusage über die Aufnahme angenommen wird.

§ 8

Auswahlverfahren

(1) Ein Auswahlverfahren ist am Technischen Berufskolleg I – Verzahnung mit dualen Ausbildungsberufen nur durchzuführen, wenn

1. bei voller Ausschöpfung der vorhandenen personellen und sächlichen Gegebenheiten sowie
2. bei Abstimmung der Aufnahmefähigkeit benachbarter Schulen und entsprechender Zuweisung (§ 18 Abs. 1 und § 88 Abs. 4 SchG)

nicht alle Personen, welche die Aufnahmevoraussetzungen nach § 6 erfüllen, in das Berufskolleg aufgenommen werden können.

(2) Im Auswahlverfahren sind die Plätze nach folgenden Quoten zu vergeben:

1. 85 vom Hundert nach Eignung und Leistung,
2. 10 vom Hundert nach Wartezeit,
3. 5 vom Hundert für außergewöhnliche Härtefälle.

Bleiben im Rahmen der Auswahl nach Satz 1 Nr. 2 und 3 Plätze frei, sind diese nach Eignung und Leistung zu vergeben.

(3) Die für die Vergabe der Plätze nach Eignung und Leistung zur Verfügung stehenden Plätze werden entsprechend dem jeweiligen Bewerberanteil verteilt auf Bewerbergruppen

1. mit Fachschulreife,
2. mit Realschulabschluss,
3. mit dem Versetzungszeugnis in die Klasse 11 eines Gymnasiums,
4. mit einem dem Realschulabschluss gleichwertigen Bildungsstand nach Abschluss der Klasse 10 der Hauptschule und
5. mit einem dem Realschulabschluss gleichwertigen Bildungsstand durch Berufsschulabschluss und Berufsausbildung oder durch Hauptschulabschluss, Berufsschulabschluss und Berufsabschluss.

Die Rangfolge innerhalb der Bewerbergruppen Nummer 1 bis 4 bestimmt sich nach dem auf eine Dezimale errechneten Durchschnitt aus den Noten aller Fächer, ausgenommen Arbeitsgemeinschaften, des Zeugnisses über den Bildungsabschluss, die Rangfolge innerhalb der Bewerbergruppe Nummer 5 nach der Durchschnittsnote, die sich aus den maßgebenden Fächern im Berufsschulabschlusszeugnis auf eine Dezimale errechnet. Bei gleicher Rangfolge entscheidet das Los.

(4) Bei der Vergabe der Plätze nach Wartezeit besteht folgende Rangfolge:

1. drei und mehr Schuljahre Wartezeit,
2. zwei Schuljahre Wartezeit,
3. ein Schuljahr Wartezeit.

Innerhalb dieser Gruppen werden die Plätze nach Eignung und Leistung vergeben. Bei gleicher Rangfolge entscheidet das Los. Berücksichtigt werden nur volle Schuljahre, die seit dem ersten Aufnahmeantrag und der Erfüllung der Aufnahmevoraussetzungen nach§ 6 bis zum Beginn des auf das laufende Aufnahmeverfahren folgenden Schuljahres verstrichen sind. Voraussetzung ist, dass für diese Schuljahre ununterbrochen ein Aufnahmeantrag gestellt und keine Aufnahmezusage erteilt wurde.

(5) Ein außergewöhnlicher Härtefall liegt vor, wenn eine Person nach Absatz 2 Nr. 1 und 2 nicht ausgewählt worden ist und die Nichtaufnahme für sie mit Nachteilen verbunden wäre, die bei Anlegung eines strengen Maßstabes über das Maß der mit der Nichtaufnahme üblicherweise verbundenen Nachteile erheblich hinausgehen. Für die Berück-

sichtigung als außergewöhnliche Härtefälle kommen insbesondere familiäre oder soziale Umstände oder andere nicht zu vertretenden Gründe, welche die Aufnahme der Ausbildung verzögert haben, in Betracht. Über das Vorliegen eines außergewöhnlichen Härtefalles und die sich nach dem Grad der Härte ergebende Rangfolge entscheidet ein Auswahlausschuss, dem der Schulleiter als Vorsitzender und vier von ihm beauftragte Lehrkräfte angehören; § 14 Abs. 2 gilt entsprechend. Der Auswahlausschuss ist beschlussfähig, wenn mindestens zwei Drittel der Mitglieder anwesend sind. Er entscheidet mit einfacher Mehrheit; bei Stimmengleichheit gibt die Stimme des Vorsitzenden den Ausschlag.

(6) Ist ein Aufnahmeantrag nach dem vom Schulleiter bestimmten Termin eingegangen, kann die Bewerbung erst berücksichtigt werden, wenn alle rechtzeitig eingegangenen Aufnahmeanträge beschieden oder zurückgenommen sind.

§ 9
Probezeit

(1) Die Aufnahme erfolgt zunächst auf Probe. Am Ende des ersten Schulhalbjahres wird ein Halbjahreszeugnis erteilt. Die Klassenkonferenz entscheidet aufgrund der Noten des Halbjahreszeugnisses über das Bestehen der Probezeit; § 17 Abs. 4 gilt entsprechend. Wer die Probezeit nicht bestanden hat, muss die Schule verlassen, kann sie jedoch auf seinen Wunsch mit den Rechten und Pflichten eines Schülers noch bis zum Ende des Schuljahres weiter besuchen und an der Abschlussprüfung teilnehmen. Danach muss die Schule verlassen werden, auch wenn die Prüfung nicht bestanden wurde.

(2) Ausnahmsweise kann die Klassenkonferenz auch bei Nichterfüllung der Voraussetzungen des Absatz 1 Satz 3 zweiter Halbsatz die Probezeit für bestanden erklären, wenn sie mit Zweidrittelmehrheit zu der Auffassung gelangt, dass die Leistungen nur vorübergehend den Anforderungen nicht entsprechen und die Anforderungen der Prüfung voraussichtlich erfüllt werden.

(3) Das Nichtbestehen der Probezeit ist im Halbjahreszeugnis nach Absatz 1 Satz 2 zu vermerken.

3. Abschnitt
Abschlussprüfung am Technischen Berufskolleg I – Verzahnung mit dualen Ausbildungsberufen

§ 10
Zweck der Prüfung

In der Abschlussprüfung soll nachgewiesen werden, dass das Ausbildungsziel des Technischen Berufskollegs I – Verzahnung mit dualen Ausbildungsberufen erreicht wurde und die geforderten allgemeinen und fachlichen Kenntnisse und Fertigkeiten vorliegen.

§ 11
Teile der Prüfung

Die Abschlussprüfung besteht aus der schriftlichen Prüfung und gegebenenfalls einer mündlichen Prüfung in einzelnen Fächern.

§ 12
Abnahme der Prüfung

(1) Die Abschlussprüfung wird am Berufskolleg abgenommen.

(2) Der Zeitpunkt der schriftlichen und der mündlichen Prüfung wird vom Schulleiter festgelegt. Ist der Schulleiter nicht zugleich Vorsitzender des Prüfungsausschusses, bestimmt den Zeitpunkt der mündlichen Prüfung der Vorsitzende des Prüfungsausschusses.

§ 13
Zulassung zur Prüfung, Anmeldenoten

(1) Zur schriftlichen Abschlussprüfung ist zugelassen, wer die zur Bildung von Anmeldenoten nach Absatz 3 erforderlichen Einzelleistungen erbracht hat. Für die Zulassung zur mündlichen Prüfung muss außerdem nachgewiesen werden, dass die in § 4 Abs. 2 vorgeschriebene Mindestanzahl an Praktikumswochenstunden abgeleistet wurde. In begründeten Einzelfällen kann der Schulleiter ausnahmsweise vorläufig zur mündlichen Prüfung zulassen, wenn glaubhaft gemacht wird, dass die Mindestanzahl an Praktikumswochen bis zum Ablauf einer vom Schulleiter zu bestimmenden Frist nach der mündlichen Prüfung noch nachgewiesen wird.

(2) Sind die Voraussetzungen für die Zulassung zur Prüfung oder für die Zulassung zur mündlichen Prüfung nicht erfüllt, ist die Nichtzulassung vom Schulleiter festzustellen und dem Prüfling unter Angabe der Gründe unverzüglich schriftlich mitzuteilen. Sie gilt als Nichtbestehen der Abschlussprüfung, es sei denn, der Schulleiter stellt fest, dass die Gründe vom Prüfling nicht zu vertreten sind.

(3) Für die Prüfung werden in allen Fächern Anmeldenoten (ganze Noten) gebildet, die aus den während des Schuljahres erbrachten Einzelleistungen zu ermitteln sind. Die Anmeldenoten sind für das Fach der schriftlichen Prüfung jeweils fünf bis sieben Schultage vor Beginn des betreffenden Prüfungsteils und für die übrigen Fächer fünf bis sieben Schultage vor der mündlichen Prüfung zusammen mit der Note der schriftlichen Prüfung bekanntzugeben.

§ 14
Prüfungsausschuss, Fachausschüsse

(1) Für die Abschlussprüfung wird am Berufskolleg ein Prüfungsausschuss gebildet, der für die ordnungsgemäße Durchführung der Prüfung verantwortlich ist. Diesem gehören an:

1. als Vorsitzender der Schulleiter oder eine vom Schulleiter beauftragte Lehrkraft, soweit die obere Schulaufsichtsbehörde vor Beginn der Prüfung nichts anderes bestimmt,
2. als stellvertretender Vorsitzender der Schulleiter oder sein ständiger Vertreter oder eine vom Schulleiter beauftragte Lehrkraft,
3. sämtliche Lehrkräfte, die in den maßgebenden Fächern unterrichten.

Der Vorsitzende des Prüfungsausschusses oder die obere Schulaufsichtsbehörde können weitere Mitglieder berufen, soweit dies für die Durchführung der Prüfung erforderlich ist.

(2) Die Mitglieder des Prüfungsausschusses sind bei ihrer Tätigkeit als Prüfer unabhängig. Sie sind zur Amtsverschwiegenheit über alle Prüfungsangelegenheiten verpflichtet. Der Vorsitzende des Prüfungsausschusses hat sie vor Beginn der Prüfung hierüber zu belehren.

(3) Für die mündliche Prüfung in den einzelnen Fächern bildet der Vorsitzende des Prüfungsausschusses die erforderlichen Fachausschüsse. Jedem Fachausschuss gehören an

1. der Vorsitzende oder ein von ihm bestimmtes Mitglied des Prüfungsausschusses als Leiter, sofern die obere Schulaufsichtsbehörde nichts anderes bestimmt,
2. Die Fachlehrkraft der Klasse oder bei dessen Verhinderung eine in dem betreffenden Prüfungsfach erfahrene Lehrkraft als Prüfer.

In Fächern, in denen die Klasse von verschiedenen Fachlehrkräften für Teilbereiche unterrichtet wird, gehören alle dem Fachausschuss an. Sie sind jeweils für ihren Teilbereich Prüfer nach Satz 2 Nr. 2. Der Leiter des Prüfungsausschusses bestimmt den Gang der Prüfung und führt das Protokoll; er kann selbst prüfen.

§ 15
Schriftliche Prüfung

(1) Die Leitung der schriftlichen Prüfung obliegt dem Schulleiter oder einer von ihm beauftragten Lehrkraft.

(2) Die schriftliche Prüfungsarbeit ist im Fach Berufsfachliche Kompetenz zu fertigen. Die Bearbeitungszeit beträgt 120 Minuten.

(3) Die Prüfungsaufgaben werden im Rahmen der Bildungs- und Lehrpläne durch die Schule gestellt.

(4) Über die schriftliche Prüfung ist eine Niederschrift zu fertigen, die vom Leiter der schriftlichen Prüfung und den aufsichtführenden Lehrkräften unterschrieben wird.

(5) Die schriftliche Arbeit wird von der Fachlehrkraft der Klasse und von einer weiteren Fachlehrkraft, die der Vorsitzende des Prüfungsausschusses bestimmt, korrigiert und bewertet; dabei sind ganze und halbe Noten zu verwenden. Als Note der schriftlichen Prüfung gilt der auf die erste Dezimale errechnete Durchschnitt der beiden Bewertungen, der auf eine ganze oder halbe Note zu runden ist; Dezimalen von 0,3 bis 0,7 sind hierbei auf eine halbe Note, die übrigen Dezimalen auf eine ganze Note zu runden. Weichen die Bewertungen um mehr als eine ganze Note voneinander ab und können sich die beiden Korrektoren nicht einigen, hat der Vorsitzende des Prüfungsausschusses die endgültige Note für die schriftliche Prüfung festzusetzen; dabei gelten die Bewertungen der beiden Fachlehrkräfte als Grenzwerte, die nicht über- und unterschritten werden dürfen.

(6) Die Note der schriftlichen Prüfung wird fünf bis sieben Schultage vor der mündlichen Prüfung bekanntgegeben.

⇨ Korrekturtag

§ 16
Mündliche Prüfung

(1) Die mündliche Prüfung kann sich auf alle Fächer des Pflichtbereichs erstrecken. Sie soll keine Wiederholung, sondern eine Ergänzung der schriftlichen Prüfung sein und in der Regel 10 bis 15 Minuten je Schüler und Fach dauern, sie darf insgesamt nicht mehr als drei Fächer umfassen.

(2) Der Vorsitzende des Prüfungsausschusses entscheidet aufgrund der Anmeldenoten und gegebenenfalls der Note der schriftlichen Prüfung, in welchen Fächern jeweils mündlich zu prüfen ist oder ob von der Durchführung einer mündlichen Prüfung abgesehen werden kann. Die Entscheidung über die Durchführung der Prüfung und, sofern eine Prüfung durchgeführt wird, die zu prüfenden Fächer sind fünf bis sieben Schultage vor der mündlichen Prüfung bekanntzugeben.

(3) Jeder Prüfling kann bis zum nächsten Schultag, der auf den Tag der Bekanntgabe der Entscheidung über die Durchführung der Prüfung folgt, dem Schulleiter schriftlich Fächer benennen, in denen er mündlich zu prüfen ist, soweit die Gesamtzahl aller zu prüfender Fächer drei nicht übersteigt. Dies gilt auch, wenn der Vorsitzende des Prüfungsausschusses die Durchführung einer mündlichen Prüfung nicht für erforderlich hält.

(4) Im Anschluss an die einzelne mündliche Prüfung setzt der Fachausschuss das Ergebnis der mündlichen Prüfung auf Vorschlag des Prüfers fest, dabei sind ganze und halbe Noten zu verwenden. Kann sich der Fachausschuss auf keine bestimmte Note einigen, so wird die Note aus dem auf die erste Dezimale errechneten Durchschnitt der Bewertungen seiner Mitglieder gebildet, der auf eine ganze oder halbe Note zu runden ist. § 15 Abs. 5 Satz 2 2. Halbsatz gilt entsprechend.

§ 17
Ermittlung des Prüfungsergebnisses

(1) Die Endnoten in den einzelnen Fächern ermittelt der Vorsitzende des Prüfungsausschusses aufgrund der Anmeldenoten und der Prüfungsleistungen. Hierbei wird der Durchschnitt auf die erste Dezimale errechnet und auf eine ganze Note gerundet, wobei eine Dezimale bis 0,4 auf eine ganze Note abgerundet und eine Dezimale von 0,5 oder schlechter auf eine ganze Note aufgerundet wird.

(2) Bei der Ermittlung der Endnoten zählen

1. im Fach der schriftlichen Prüfung, sofern schriftlich und mündlich geprüft wurde, die Anmeldenote, die Note der schriftlichen Prüfung und die Note der mündlichen Prüfung je einfach,
2. in Fächern, in denen nur schriftlich oder mündlich geprüft wurde, die Anmeldenote einfach und die Prüfungsnote doppelt.

(3) In Fächern, in denen nicht geprüft wurde, werden die Anmeldenoten als Endnoten in das Zeugnis übernommen.

(4) Der Vorsitzende des Prüfungsausschusses stellt fest, wer die Abschlussprüfung bestanden

hat. Die Abschlussprüfung ist bestanden, wenn

1. der Durchschnitt aus den Noten aller maßgebenden Fächer 4,0 oder besser ist und
2. der Durchschnitt aus den Noten der Kernfächer 4,0 oder besser ist und
3. die Leistungen in keinem Kernfach mit der Note „ungenügend" bewertet sind,
4. die Leistungen in nicht mehr als einem maßgebenden Fach geringer als mit der Note „ausreichend" bewertet sind; sind die Leistungen in zwei Fächern geringer als mit der Note „ausreichend" bewertet, so ist die Prüfung bestanden, wenn für beide Fächer ein Ausgleich gegeben ist. Ausgeglichen werden können
   a) die Note „ungenügend" in einem Fach, das nicht Kernfach ist, durch die Note „sehr gut" in einem anderen maßgebenden Fach oder die Note „gut" in zwei anderen maßgebenden Fächern,
   b) die Note „mangelhaft" in einem Kernfach durch mindestens die Note „gut" in einem anderen Kernfach,
   c) die Note „mangelhaft" in einem Fach, das nicht Kernfach ist, durch mindestens die Note „gut" in einem anderen maßgebenden Fach oder die Note „befriedigend" in zwei anderen maßgebenden Fächern.

(5) Über die Feststellung der Ergebnisse der Prüfung ist vom Vorsitzenden des Prüfungsausschusses eine Niederschrift zu fertigen.

(6) Die Niederschriften über die einzelnen Teile der Prüfung, über die Feststellung der Prüfungsergebnisse, eine Liste mit den Prüfungsergebnissen und die Prüfungsarbeiten sind bei den Schulakten aufzubewahren. Die Niederschriften und die Prüfungsarbeiten können nach Ablauf von drei Jahren seit der Feststellung der Ergebnisse der Prüfung vernichtet werden.

§ 18
Zeugnis

(1) Wer die Abschlussprüfung bestanden hat, erhält ein Abschlusszeugnis gemäß Anlage 2 mit den nach § 17 Abs. 1 bis 3 ermittelten Endnoten.

(2) Wer an der Abschlussprüfung teilgenommen hat und sie nicht bestanden hat und die Schule verlässt, erhält ein Abgangszeugnis mit den nach § 17 Abs. 1 bis 3 ermittelten Endnoten.

(3) Wer an der Abschlussprüfung nicht oder nur teilweise teilgenommen hat, erhält ein Zeugnis über die bis zum Ausscheiden erbrachten Leistungen oder, sofern sie bereits vorliegen, mit den Anmeldenoten nach § 13 Abs. 3; Prüfungsleistungen bleiben unberücksichtigt.

→ Berufskolleg Technisch I (Verzahnung) – Stundentafel

(4) Wer an der Abschlussprüfung teilgenommen und sie nicht bestanden hat und das Schuljahr wiederholt, erhält ein Jahreszeugnis mit den nach § 17 Abs. 1 bis 3 ermittelten Endnoten.

(5) In den Zeugnissen nach den Absätzen 2 bis 4 ist zu vermerken, dass das Ausbildungsziel des Technischen Berufskollegs I – Verzahnung mit dualen Ausbildungsberufen nicht erreicht ist.

§ 19
Wiederholung, Entlassung

(1) Wer die Abschlussprüfung nach erstmaligem Besuch des Technischen Berufskollegs I – Verzahnung mit dualen Ausbildungsberufen nicht bestanden hat, kann sie nach erneutem Besuch einmal wiederholen. Absatz 4 Satz 2 bleibt unberührt.

(2) Wer an der Abschlussprüfung ganz oder teilweise aus wichtigem Grund nicht teilgenommen hat, kann das Berufskolleg wiederholen, wenn auch die Teilnahme an einer Nachprüfung nicht möglich war. Die Prüfung gilt als nicht unternommen.

(3) In das Berufskolleg kann einmal erneut aufgenommen werden, wer sich spätestens vor Beginn des ersten Prüfungsteils schriftlich beim Schulleiter oder der Schulleiterin vom weiteren Besuch des Berufskollegs abgemeldet hat; die Vorschriften zur Berufsschulpflicht bleiben unberührt. Die Abmeldung gilt als Nichtbestehen der Abschlussprüfung. Eine Neuaufnahme setzt die erneute und erfolgreiche Teilnahme am Bewerbungsverfahren voraus. Wurde nach dem Halbjahreszeugnis die Probezeit nicht bestanden, ist eine Neuaufnahme nicht möglich. Bei bestandener Abschlussprüfung ist weder eine Neuaufnahme in ein Technisches Berufskolleg I – Verzahnung mit dualen Ausbildungsberufen noch eine Wiederholung der Prüfung möglich.

(4) Wer die Abschlussprüfung auch bei Wiederholung nicht bestanden hat, muss das Berufskolleg verlassen. Abweichend von Absatz 1 Satz 1 muss das Berufskolleg ebenfalls verlassen, wer die Abschlussprüfung nicht bestanden hat, weil er ganz oder teilweise ohne wichtigen Grund nicht an der Prüfung teilgenommen oder weil er das nach Maßgabe von § 4 Abs. 1 abzuleistende Praktikum nicht nachgewiesen hat. Eine Wiederaufnahme in das Berufskolleg ist nicht möglich. Satz 2 findet keine Anwendung, wenn der Prüfling das Fehlen des wichtigen Grundes nicht kannte und auch nicht kennen konnte oder bereits aufgrund der Anmeldenoten ein Bestehen der Prüfung nicht mehr möglich war.

Hinweis der Redaktion: Die Paragrafen 20 (Nichtteilnahme, Rücktritt) und 21 (Täuschungshandlungen, Ordnungsverstöße) sind hier nicht abgedruckt, da inhaltsgleich mit §§ 23 und 24 → Berufsfachschule Altenpflegehilfe.

Berufliche Schulen

Unter ⇨ Termin-Checkliste finden Sie die wichtigsten Termine des Schuljahres.

Anlage 1 (Zu § 4 Abs. 1)

Berufskolleg Technisch I (Verzahnung) – Stundentafel

(durchschnittliche Zahl der Wochenstunden)

1.	**Pflichtbereich**	
1.1	*Allgemeiner Bereich*	
	Religionslehre	1
	Mathematik	3
	Gemeinschaftskunde/Wirtschaftspolitik	2
	Englisch	3
	Deutsch/Betriebliche Kommunikation	2
1.2	*Berufsfachlicher Bereich*	
	Berufsfachliche Kompetenz	12
	Projektkompetenz[1)]	
	Wirtschaftskompetenz	2
	Datenverarbeitung	2
1.3	*Berufspraktischer Berreich*	
	Berufspraktische Kompetenz	5
		32
2.	**Wahlbereich**	
	Management im Handwerk	
	berufsbezogene Fächer	
3.	Praktikum[2)]	4 Wochen

1) Die Projektkompetenz ist ein eigenständiges Fach. Sie wird jedoch integrativ im Rahmen der Berufsfachlichen Kompetenz unterrichtet. Dabei umfasst der Anteil der Projektkompetenz ca. ¼

2) Betreuungsstunden fallen nicht an.

Berufskolleg Technisch II – Verzahnung

Ausbildungs- und Prüfungsordnung für das Technische Berufskolleg II – Verzahnung mit dualen Ausbildungsberufen; Schulversuchsbestimmungen des KM vom 1. März 2006, 41-6623.1-12/1 (Stand: 19. April 2011)

1. Abschnitt
Allgemeines

§ 1

Zweck der Ausbildung

Die Ausbildung am Technischen Berufskolleg II – Verzahnung mit dualen Ausbildungsberufen dient dem Erwerb fachtheoretischer und fachpraktischer Kenntnisse, Fähigkeiten und Fertigkeiten, die zur Wahrnehmung gewerblich-technischer Tätigkeiten in einem der Ausbildung entsprechenden Aufgabenfeld befähigen. Sie befähigt gleichzeitig dazu, nach einer nach dem Abschluss des Berufskollegs erfolgenden verkürzten betrieblichen Ausbildungszeit die Abschlussprüfung eines nach der Handwerksordnung oder dem Berufsbildungsgesetz anerkannten Ausbildungsberufes abzulegen. Darüber hinaus wird die Allgemeinbildung weitergeführt sowie durch Zusatzunterricht der Erwerb der Fachhochschulreife ermöglicht.

§ 2

Begriffe

Soweit die nachfolgenden Bestimmungen Personalbegriffe wie Schüler, Schulleiter, Vorsitzender, Prüfer oder Bewerber enthalten, sind dies funktionsbezogene Beschreibungen, die gleichermaßen auf Frauen und Männer zutreffen.

Berufskolleg Projektarbeit

Für die Projektarbeit am Technischen Berufskolleg II – Verzahnung mit dualen Ausbildungsberufen hat das KM Schulversuchsbestimmungen erlassen: → Berufskolleg Projektarbeit.

§ 3

Dauer und Gliederung der Ausbildung, Berufsbezeichnung

(1) Die Ausbildung dauert ein Schuljahr und endet mit einer Abschlussprüfung, durch deren Bestehen die Berufsbezeichnung „Staatlich geprüfter gewerblich-technischer Assistent"/„Staatlich geprüfte gewerblich-technische Assistentin" mit einem die Ausbildungsrichtung kennzeichnenden Zusatz erworben wird.

(2) Der Unterricht gliedert sich in einen Pflichtbereich, einen Wahlpflichtbereich und einen Wahlbereich.

§ 4

Bildungsplan, Stundentafel

Der Unterricht richtet sich nach den vom Kultusministerium erlassenen Bildungs- und Lehrplänen sowie der als Anlage 1 beigefügten Stundentafel. Im berufsfachlichen Bereich wird der Lehrplan der Berufsschule für den entsprechenden Ausbildungsberuf zugrunde gelegt.

→ Berufskolleg Technisch II – Stundentafel

§ 5

Maßgebende Fächer und Kernfächer, Zeugnisse

(1) Für den Abschluss sind die Leistungen in den maßgebenden Fächern entscheidend. Maßgebende Fächer sind alle Fächer des Pflichtbereichs. Bei einer Teilnahme an der Zusatzprüfung zum Erwerb der Fachhochschulreife werden die Fächer Mathematik I und Mathematik II sowie die Fächer Englisch I und Englisch II jeweils zu einem maßgebenden Fach Mathematik und einem maßgebenden Fach Englisch zusammengefasst.

(2) Kernfächer unter den maßgebenden Fächern sind die Fächer Deutsch, Mathematik, Englisch und Berufsfachliche Kompetenz.

(3) Soweit im Fach Berufsfachliche Kompetenz nach in Lernfelder gegliederten Lehrplänen unterrichtet wird, sind die Zeugnisse mit einer Übersicht über die Lernfelder des jeweiligen Ausbildungsberufes zu ergänzen.

§ 6
Praktikum

Während der Ausbildung ist ein mindestens vierwöchiges Praktikum in geeigneten Betrieben durchzuführen. Das Praktikum kann teilweise auch in den Ferien liegen.

2. Abschnitt Aufnahmeverfahren

§ 7
Aufnahmevoraussetzungen

(1) Voraussetzung für die Aufnahme in das Technische Berufskolleg II – Verzahnung mit dualen Ausbildungsberufen ist das Abschlusszeugnis des Technischen Berufskollegs I – Verzahnung mit dualen Ausbildungsberufen oder das Abschluss zeugnis des Berufskollegs Technik und Medien – Verzahnung mit dualen Ausbildungsberufen jeweils in der Ausbildungsrichtung, die der Ausbildungsrichtung des aufnehmenden Berufskollegs entspricht. Dabei muss in dem Zeugnis nach Satz 1 ein Notendurchschnitt von mindestens 3,0 aus den Noten der Fächer Deutsch, Englisch, Mathematik und Berufsfachlicher Kompetenz erreicht sein.

(2) Falls nach der Aufnahme aller Bewerber, die die Voraussetzungen des Absatzes 1 erfüllen, noch Plätze frei sind, können Bewerber mit dem Abschlusszeugnis der in Absatz 1 genannten Bildungsgänge aufgenommen werden, die nicht den in Absatz 1 vorgeschriebenen Notendurchschnitt vorweisen, wenn sie im jeweiligen Abschlusszeugnis des Berufskollegs I – Verzahnung mit dualen Ausbildungsberufen einen Notendurchschnitt von mindestens 3,4 aus allen maßgebenden Fächern nachweisen. Das Fach Berufsfachliche Kompetenz darf hierbei nicht schlechter als mit der Note „befriedigend" bewertet sein.

§ 8
Aufnahmeantrag

(1) Der Aufnahmeantrag ist an das Berufskolleg zu richten, an dem die Ausbildung erfolgen soll. Der Termin, zu dem der Antrag bei der Schule eingegangen sein muss, wird, soweit er nicht vom Kultusministerium festgelegt wurde, vom Schulleiter bestimmt und auf geeignete Weise bekanntgegeben. Dem Aufnahmeantrag sind beizufügen:

1. ein Lebenslauf in tabellarischer Form mit Angaben über den bisherigen Bildungsweg,
2. eine beglaubigte Abschrift des Nachweises nach § 7,
3. eine Erklärung,
   a) ob und gegebenenfalls an welchen anderen Schulen bereits an einem Aufnahmeverfahren teilgenommen wurde sowie
   b) ob und gegebenenfalls an welche anderen Schulen ein weiterer Aufnahmeantrag gerichtet wurde.

Sofern der Nachweis nach § 7 zum Anmeldetermin noch nicht vorgelegt werden kann, ist er unverzüglich nachzureichen; dem Aufnahmeantrag ist in diesem Falle eine beglaubigte Abschrift des letzten Schulzeugnisses beizufügen.

(2) Über den Aufnahmeantrag entscheidet der Schulleiter. Er kann eine angemessene Frist setzen, innerhalb deren erklärt werden muss, ob die Zusage über die Aufnahme angenommen wird.

§ 9
Auswahlverfahren

(1) Ein Auswahlverfahren ist nur durchzuführen, wenn

1. bei voller Ausschöpfung der vorhandenen personellen und sächlichen Gegebenheiten sowie
2. bei Abstimmung der Aufnahmefähigkeit benachbarter Schulen und entsprechender Zuweisung (§ 18 Abs. 1 und § 88 Abs. 4 SchG)

nicht alle Personen, welche die Aufnahmevoraussetzungen nach § 7 erfüllen, in das Berufskolleg aufgenommen werden können.

(2) Im Auswahlverfahren sind die Plätze nach folgenden Quoten zu vergeben:

1. 85 vom Hundert nach Eignung und Leistung,
2. 10 vom Hundert nach Wartezeit,
3. 5 vom Hundert für außergewöhnliche Härtefälle.

Bleiben im Rahmen der Auswahl nach Satz 1 Nr. 2 und 3 Plätze frei, sind diese nach Eignung und Leistung zu vergeben.

(3) Bei der Vergabe der Plätze nach Eignung und Leistung wird für die Bewerber der Durchschnitt aus den in § 7 Absatz 1 genannten Noten auf eine Dezimale berechnet. Die Bewerber werden in der Rangfolge des errechneten Durchschnitts aufgenommen. Bei gleicher Rangfolge entscheidet der auf eine Dezimale errechnete Durchschnitt aus den Noten aller Fächer des Zeugnisses nach § 7 Abs. 1 mit Ausnahme der Arbeitsgemeinschaften, bei sich hiernach ergebender gleicher Rangfolge das Los. Satz 1 und Satz 2 gelten auch für die Aufnahme von Bewerbern nach § 7 Abs. 2.

(4) Bei der Vergabe der Plätze nach Wartezeit besteht folgende Rangfolge:

1. drei und mehr Schuljahre Wartezeit,
2. zwei Schuljahre Wartezeit,
3. ein Schuljahr Wartezeit.

Innerhalb dieser Gruppen werden die Plätze nach Eignung und Leistung nach Absatz 3 vergeben. Berücksichtigt werden nur volle Schuljahre, die seit dem ersten Aufnahmeantrag und der Erfüllung der Aufnahmevoraussetzungen nach § 7 bis zum Beginn des auf das laufende Aufnahmeverfahren folgenden Schuljahres verstrichen sind. Voraussetzung ist, dass für diese Schuljahre ununterbrochen ein Aufnahmeantrag gestellt und keine Aufnahmezusage erteilt wurde.

(5) Ein außergewöhnlicher Härtefall liegt vor, wenn eine Person nach Absatz 2 Nr. 1 und 2 nicht ausgewählt worden ist und die Nichtaufnahme für sie mit Nachteilen verbunden wäre, die bei Anlegung eines strengen Maßstabes über das Maß der mit der Nichtaufnahme üblicherweise verbundenen Nachteile erheblich hinausgehen. Für die Berücksichtigung als außergewöhnliche Härtefälle kommen insbesondere familiäre oder soziale Umstände oder andere nicht zu vertretenden Gründe, welche die Aufnahme der Ausbildung verzögert haben, in Betracht. Über das Vorliegen eines außergewöhnlichen Härtefalles und die sich nach dem Grad der Härte ergebende Rangfolge entscheidet ein Auswahlausschuss, dem der Schulleiter als Vorsitzender und vier von ihm beauftragte Lehrkräfte angehören; § 14 Abs. 2 gilt entsprechend. Der Auswahlausschuss ist beschlussfähig, wenn mindestens zwei Drittel seiner Mitglieder anwesend sind. Er entscheidet mit einfacher Mehrheit; bei Stimmengleichheit gibt die Stimme des Vorsitzenden den Ausschlag.

(6) Ist ein Aufnahmeantrag nach dem vom Schulleiter bestimmten Termin eingegangen, kann die Bewerbung erst berücksichtigt werden, wenn alle rechtzeitig eingegangenen Aufnahmeanträge beschieden oder zurückgenommen sind.

3. Abschnitt
Abschlussprüfung und Zusatzprüfung zum Erwerb der Fachhochschulreife am Technischen Berufskolleg II – Verzahnung mit dualen Ausbildungsberufen

§ 10
Zweck der Prüfung

In der Abschlussprüfung soll nachgewiesen werden, dass das Ausbildungsziel des Berufskollegs erreicht wurde und die geforderten allgemeinen und fachlichen Kenntnisse und Fertigkeiten vorliegen. Durch die Teilnahme an einer Zusatzprüfung wird die Fachhochschulreife für Baden-Württemberg erworben.

§ 11
Teile der Prüfung

Die Abschlussprüfung besteht aus der schriftlichen, der berufspraktischen und der mündlichen Prüfung. Für den Erwerb der Fachhochschulreife wird die schriftliche Abschlussprüfung nach Maßgabe von § 15 Abs. 2 Nr. 3 erweitert.

§ 12
Abnahme und Zeitpunkt der Prüfung

(1) Die Abschlussprüfung wird am Berufskolleg abgenommen.

(2) Der Zeitpunkt der schriftlichen Prüfung mit Ausnahme der Prüfung im Fach Datenverarbeitung wird vom Kultusministerium bestimmt. Der Zeitpunkt der schriftlichen Prüfung im Fach Datenverarbeitung sowie der Zeitpunkt der mündlichen und der fachpraktischen Prüfung wird vom Schulleiter festgelegt. Ist der Schulleiter nicht zugleich Vorsitzender des Prüfungsausschusses, bestimmt den Zeitpunkt der mündlichen und berufspraktischen Prüfung der Vorsitzende des Prüfungsausschusses.

§ 13
Zulassung zur Prüfung, Anmeldenoten

(1) Zur schriftlichen Abschlussprüfung ist zugelassen, wer die zur Bildung von Anmeldenoten nach Absatz 3 erforderlichen Einzelleistungen erbracht hat. Für die Zulassung zur mündlichen Prüfung muss außerdem nachgewiesen werden, dass die in § 6 vorgeschriebene Mindestanzahl an Praktikumswochenstunden abgeleistet wurde. In begründeten Einzelfällen kann der Schulleiter ausnahmsweise vorläufig zur mündlichen Prüfung zulassen, wenn glaubhaft gemacht wird, dass die Mindestanzahl an Praktikumswochen bis zum Ablauf einer vom Schulleiter zu bestimmenden Frist nach der mündlichen Prüfung noch nachgewiesen wird.

(2) Zur Zusatzprüfung zum Erwerb der Fachhochschulreife ist auf Antrag zugelassen, wer den für den Erwerb der Fachhochschulreife vorgesehenen Zusatzunterricht ordnungsgemäß besucht und auch dort die zur Bildung von Anmeldenoten erforderlichen Leistungen erbracht hat.

(3) Sind die Voraussetzungen für die Zulassung zur Prüfung oder für die Zulassung zur mündlichen Prüfung nicht erfüllt, ist die Nichtzulassung vom Schulleiter festzustellen und dem Prüfling unter Angabe der Gründe unverzüglich schriftlich mitzuteilen. Sie gilt als Nichtbestehen der Abschlussprüfung, es sei denn, der Schulleiter stellt fest, dass die Gründe vom Prüfling nicht zu vertreten sind.

(4) Für die Prüfung werden in allen Fächern Anmeldenoten (ganze Noten) gebildet, die aus den während des Schuljahres erbrachten Einzelleistungen zu ermitteln sind. Bei der Teilnahme an der Zusatzprüfung zum Erwerb der Fachhochschulreife wird für die Fächer Englisch I und Englisch II sowie für die Fächer Mathematik I und Mathematik II jeweils eine gemeinsame Anmeldenote gebildet. Die Anmeldenoten sind für das Fach der schriftlichen Prüfung jeweils fünf bis sieben Schultage vor Beginn des betreffenden Prüfungsteils und für die übrigen Fächer fünf bis sieben Schultage vor der mündlichen Prüfung zusammen mit der Note der schriftlichen Prüfung bekanntzugeben.

§ 14
Prüfungsausschuss, Fachausschüsse

(1) Für die Abschlussprüfung wird am Berufskolleg ein Prüfungsausschuss gebildet, der für die ordnungsgemäße Durchführung der Prüfung verantwortlich ist. Diesem gehören an:

1. als Vorsitzender der Schulleiter oder eine vom Schulleiter beauftragte Lehrkraft, soweit die obere Schulaufsichtsbehörde vor Beginn der Prüfung nichts anderes bestimmt,
2. als stellvertretender Vorsitzender der Schulleiter oder sein ständiger Vertreter oder eine vom Schulleiter beauftragte Lehrkraft,
3. sämtliche Lehrkräfte, die in den maßgebenden Fächern unterrichten.

Die obere Schulaufsichtsbehörde oder der Vorsitzende des Prüfungsausschusses können weitere Mitglieder berufen, soweit dies für die Durchführung der Prüfung erforderlich ist.

(2) Die Mitglieder des Prüfungsausschusses sind bei ihrer Tätigkeit als Prüfer unabhängig. Sie sind zur Amtsverschwiegenheit über alle Prüfungsangelegenheiten verpflichtet. Der Vorsitzende des Prüfungsausschusses hat sie vor Beginn der Prüfung hierüber zu belehren.

(3) Für die mündliche und die berufspraktische Prüfung in den einzelnen Fächern bildet der Vorsitzende des Prüfungsausschusses die erforderlichen Fachausschüsse. Jedem Fachausschuss gehören an

1. der Vorsitzende oder ein von ihm bestimmtes Mitglied des Prüfungsausschusses als Leiter, sofern die obere Schulaufsichtsbehörde nichts anderes bestimmt,
2. die Fachlehrkraft der Klasse oder bei deren Verhinderung eine in dem betreffenden Prüfungsfach erfahrene Lehrkraft als Prüfer und
3. bei der mündlichen Prüfung ein weiteres fachkundiges Mitglied des Prüfungsausschusses, welches zugleich das Protokoll führt.

In Fächern, in denen die Klasse von verschiedenen Fachlehrkräften für Teilbereiche unterrichtet wird, gehören alle dem Fachausschuss als Mitglieder an. Sie sind jeweils für ihren Teilbereich Prüfer nach Satz 2 Nr. 2. Der Leiter des Prüfungsausschusses bestimmt den Gang der Prüfung und führt bei der berufspraktischen Prüfung das Protokoll; er kann selbst prüfen.

§ 15
Schriftliche Prüfung

(1) Die Leitung der schriftlichen Prüfung obliegt dem Schulleiter.

(2) Schriftliche Prüfungsarbeiten sind in folgenden Fächern zu fertigen:

1. Für alle Schüler:
   a) Datenverarbeitung 120 Minuten,
   b) Berufsfachliche Kompetenz und
2. für Schüler, die nicht an der Zusatzprüfung zum Erwerb der Fachhochschulreife teilnehmen:
   Deutsch 120 Minuten oder
3. für Schüler, die an der Zusatzprüfung zum Erwerb der Fachhochschulreife teilnehmen:
   Deutsch 240 Minuten,
   Mathematik 200 Minuten,
   Englisch 200 Minuten.

Die Prüfung im Fach Berufsfachliche Kompetenz erfolgt in den Prüfungsbereichen des jeweiligen Ausbildungsberufs nach der für den jeweiligen Beruf einschlägigen Ausbildungsordnung.

(3) Die Prüfungsaufgaben im Fach Berufsfachliche Kompetenz nach Absatz 2 Nr. 1 b) und den Fächern nach Absatz 2 Nr. 3 werden im Rahmen der Bildungs- und Lehrpläne vom Kultusministerium, im Fach Deutsch nach Absatz 2 Nr. 2 und im Fach Datenverarbeitung von der Schule gestellt.

(4) Über die schriftliche Prüfung ist eine Niederschrift zu fertigen, die vom Leiter der schriftlichen Prüfung und den aufsichtsführenden Lehrkräften unterschrieben wird.

(5) Die schriftlichen Arbeiten werden von der Fachlehrkraft der Klasse und von einer weiteren Fachlehrkraft, die der Vorsitzende des Prüfungsausschusses bestimmt, korrigiert und bewertet; dabei sind ganze und halbe Noten zu verwenden. Als Note der schriftlichen Prüfung und im Fach Berufsfachliche Kompetenz als Note in den jeweiligen Prüfungsbereichen gilt der auf die erste Dezimale errechnete Durchschnitt der beiden Bewertungen, der auf eine ganze oder halbe Note zu runden ist; Dezimalen von 0,3 bis 0,7 sind hierbei auf eine halbe Note, die übrigen Dezimalen auf eine ganze Note zu runden. Weichen die Bewertungen um mehr als eine ganze Note voneinander ab und können sich die beiden Fachlehrkräfte nicht einigen, hat der Vorsitzende des Prüfungsausschusses die endgültige Note für die schriftliche Prüfung festzusetzen; dabei gelten die Bewertungen der beiden Fachlehrkräfte als Grenzwerte, die nicht über- und unterschritten werden dürfen. ⇨ Korrekturtag

(6) Die Noten der schriftlichen Prüfung in den einzelnen Fächern werden fünf bis sieben Schultage vor der mündlichen Prüfung bekanntgegeben.

§ 16
Berufspraktische Prüfung

(1) In der berufspraktischen Abschlussprüfung soll nachgewiesen werden, dass die geforderten berufspraktischen Fertigkeiten vorliegen.

(2) Die Prüfungsaufgaben werden im Rahmen der Bildungs- und Lehrpläne vom Schulleiter aufgrund von Vorschlägen des Fachausschusses gestellt, sofern die obere Schulaufsichtsbehörde oder das Kultusministerium nichts anderes bestimmen.

(3) Die Prüfung dauert sechs bis zwölf Zeitstunden, sofern die obere Schulaufsichtsbehörde oder das Kultusministerium nichts anderes bestimmen.

(4) Die Aufsicht während der Prüfung wird durch die Mitglieder des Fachausschusses abwechselnd ausgeübt. Der Leiter des Fachausschusses kann weitere fachkundige Personen zur Aufsichtsführung beiziehen.

(5) Der Fachausschuss bewertet das Ergebnis der berufspraktischen Prüfung; dabei sind ganze und halbe Noten zu verwenden. Kann sich der Fachausschuss nicht für eine bestimmte Note entscheiden, so wird die Note aus dem auf die erste Dezimale errechneten Durchschnitt der Bewertungen seiner Mitglieder gebildet, der auf eine ganze oder halbe Note zu runden ist; § 15 Abs. 5 Satz 2 2. Halbsatz gilt entsprechend.

(6) Über die berufspraktische Prüfung ist eine Niederschrift zu fertigen, die von den Mitgliedern des Fachausschusses unterschrieben wird.

§ 17
Mündliche Prüfung

(1) Die mündliche Prüfung soll keine Wiederholung, sondern eine Ergänzung der schriftlichen Prüfung sein und in der Regel 10 bis 15 Minuten je Schüler und Fach dauern.

Berufliche Schulen

(2) Die mündliche Prüfung kann als Einzel- oder Gruppenprüfung durchgeführt werden. Bei einer Gruppenprüfung können bis zu drei Schüler zusammen geprüft werden. Die Entscheidung trifft der Vorsitzende des Prüfungsausschusses.

(3) Die mündliche Prüfung kann sich auf alle maßgebenden Fächer mit Ausnahme des Faches Berufspraktische Kompetenz und Projektkompetenz erstrecken.

(4) Aufgrund der Anmeldenoten und gegebenenfalls der Noten der schriftlichen Prüfung bestimmt der Vorsitzende des Prüfungsausschusses, ob und in welchen Fächern mündlich zu prüfen ist. Die mündliche Prüfung findet in mindestens einem Fach statt; sie soll in nicht mehr als drei Fächern stattfinden. Die zu prüfenden Fächer sind fünf bis sieben Schultage vor der mündlichen Prüfung bekanntzugeben. Darüber hinaus kann ein Schüler bis zum nächsten Schultag, der auf den Tag der Bekanntgabe der zu prüfenden Fächer folgt, dem Schulleiter schriftlich bis zu zwei weitere Fächer benennen, in denen mündlich zu prüfen ist.

(5) Im Anschluss an die einzelne mündliche Prüfung setzt der Fachausschuss das Ergebnis der mündlichen Prüfung auf Vorschlag des Prüfers fest; dabei sind ganze und halbe Noten zu verwenden. § 16 Abs. 5 Satz 2 gilt entsprechend.

(6) Über jede mündliche Prüfung ist eine Niederschrift zu fertigen, die von den Mitgliedern des Fachausschusses zu unterschreiben ist.

§ 18
Ermittlung des Prüfungsergebnisses

(1) Die Endnoten in den einzelnen Fächern ermittelt der Vorsitzende des Prüfungsausschusses aufgrund der Anmeldenoten und der Prüfungsleistungen. Hierbei wird der Durchschnitt auf die erste Dezimale errechnet und auf eine ganze Note gerundet, wobei eine Dezimale bis 0,4 auf eine ganze Note abgerundet und eine Dezimale von 0,5 oder schlechter auf eine ganze Note aufgerundet wird.

(2) Bei der Ermittlung der Endnoten zählen

1. in Fächern, in denen schriftlich und mündlich geprüft wurde, die Anmeldenote, die Note der schriftlichen Prüfung und die Note der mündlichen Prüfung je einfach; abweichend hiervon zählen im Fach Berufsfachliche Kompetenz die Anmeldenote sowie die Note der mündlichen Prüfung jeweils doppelt und die Noten in den Prüfungsbereichen je einfach;
2. in Fächern, in denen nur schriftlich, praktisch oder mündlich geprüft wurde, die Anmeldenote einfach und die Prüfungsnote doppelt, im Fach Berufsfachliche Kompetenz die Anmeldenote und die Noten in den Prüfungsbereichen je einfach.

(3) In Fächern, in denen nicht geprüft wurde, werden die Anmeldenoten als Endnoten in das Zeugnis übernommen.

(4) Der Vorsitzende des Prüfungsausschusses stellt fest, wer die Abschlussprüfung bestanden hat. Die Abschlussprüfung ist bestanden, wenn

1. der Durchschnitt aus den Noten aller maßgebenden Fächer 4,0 oder besser ist und
2. der Durchschnitt aus den Noten der Kernfächer 4,0 oder besser ist und
3. die Leistungen im Fach Berufsfachliche Kompetenz nicht schlechter als mit der Note „ausreichend" bewertet sind,
4. die Leistungen in keinem Kernfach mit der Note „ungenügend" bewertet sind und
5. die Leistungen in nicht mehr als einem maßgebenden Fach geringer als mit der Note „ausreichend" bewertet sind; sind die Leistungen in zwei Fächern geringer als mit der Note „ausreichend" bewertet, so ist die Prüfung bestanden, wenn für beide Fächer ein Ausgleich gegeben ist. Ausgeglichen werden können
   a) die Note „ungenügend" in einem Fach, das nicht Kernfach ist, durch die Note „sehr gut" in einem anderen maßgebenden Fach oder die Note „gut" in zwei anderen maßgebenden Fächern,
   b) die Note „mangelhaft" in einem Kernfach durch mindestens die Note „gut" in einem anderen Kernfach,
   c) die Note „mangelhaft" in einem Fach, das nicht Kernfach ist, durch mindestens die Note „gut" in einem anderen maßgebenden Fach oder die Note „befriedigend" in zwei anderen maßgebenden Fächern.

(5) Über die Feststellung der Ergebnisse der Prüfung ist vom Vorsitzenden des Prüfungsausschusses eine Niederschrift zu fertigen.

(6) Die Niederschriften über die einzelnen Teile der Prüfung, über die Feststellung der Prüfungsergebnisse, eine Liste mit den Prüfungsergebnissen und die Prüfungsarbeiten sind bei den Schulakten aufzubewahren. Die Niederschriften und die Prüfungsarbeiten können nach Ablauf von drei Jahren seit der Feststellung der Prüfungsergebnisse vernichtet werden.

§ 19
Zeugnis

(1) Wer die Abschlussprüfung bestanden hat, erhält ein Abschlusszeugnis gemäß Anlage 2 mit den nach § 18 Abs. 1 bis 3 ermittelten Endnoten.

→ Zeugnisse (Berufliche Schulen)

(2) Wer die um die Zusatzprüfung zum Erwerb der Fachhochschulreife erweiterte Abschlussprüfung bestanden hat, erhält ein Abschlusszeugnis nach Anlage 3.

(3) Wer an der Abschlussprüfung teilgenommen hat und sie nicht bestanden hat und die Schule verlässt, erhält ein Abgangszeugnis mit den nach § 18 Abs. 1 bis 3 ermittelten Endnoten.

(4) Wer die Abschlussprüfung nur deshalb nicht bestanden hat, weil die Leistungen aus dem Zusatzprogramm zum Erwerb der Fachhochschulreife in die Abschlussprüfung mit eingerechnet wurden, erhält auf Antrag das Abschlusszeugnis des Technischen Berufskollegs II – Verzahnung mit dualen

Ausbildungsberufen nach Anlage 2. Die in den Fächern Mathematik II und Englisch II erbrachten Leistungen werden im Wahlbereich gesondert ausgewiesen, finden jedoch keinen Eingang in die Benotung der Fächer Mathematik I und Englisch I. Die in der schriftlichen Prüfung in Englisch und Mathematik erbrachten Leistungen bleiben unberücksichtigt.

(5) Wer an der Abschlussprüfung nicht oder nur teilweise teilgenommen hat, erhält ein Zeugnis über die bis zum Ausscheiden erbrachten Leistungen oder, sofern sie bereits vorliegen, mit den Anmeldenoten nach § 13 Abs. 3; Prüfungsleistungen bleiben unberücksichtigt.

(6) Wer an der Abschlussprüfung teilgenommen und sie nicht bestanden hat und das Schuljahr wiederholt, erhält ein Jahreszeugnis mit den nach § 18 Abs. 1 bis 3 ermittelten Endnoten.

(7) In den Zeugnissen nach den Absätzen 3, 5 und 6 ist zu vermerken, dass das Ausbildungsziel des Technischen Berufskollegs II – Verzahnung mit dualen Ausbildungsberufen nicht erreicht ist.

§ 20
Wiederholung der Prüfung, Entlassung

(1) Wer die Abschlussprüfung nach erstmaligem Besuch des Technischen Berufskollegs II – Verzahnung mit dualen Ausbildungsberufen nicht bestanden hat, kann sie nach erneutem Besuch einmal wiederholen. Absatz 4 Satz 2 bleibt unberührt.

(2) Wer an der um die Zusatzprüfung zum Erwerb der Fachhochschulreife erweiterten Abschlussprüfung teilgenommen, diese nicht bestanden und ein Abschlusszeugnis nach § 19 Abs. 4 erhalten hat, kann nur die schriftliche Prüfung in den Fächern Mathematik und Englisch einmal zum nächsten Prüfungstermin ohne erneuten Besuch des Technischen Berufskollegs II – Verzahnung mit dualen Ausbildungsberufen – wiederholen. Die ursprünglich nach § 13 Abs. 4 Satz 2 gebildeten Anmeldenoten bleiben erhalten.

(3) Wer an der Abschussprüfung ganz oder teilweise aus wichtigem Grund nicht teilgenommen hat, kann das Berufskolleg wiederholen, wenn auch die Teilnahme an einer Nachprüfung nicht möglich war. Die Prüfung gilt als nicht unternommen.

(4) In das Berufskolleg kann einmal erneut aufgenommen werden, wer sich spätestens vor Beginn des ersten Prüfungsteils schriftlich beim Schulleiter oder der Schulleiterin vom weiteren Besuch des Berufskollegs abgemeldet hat. Die Abmeldung gilt als Nichtbestehen der Abschlussprüfung. Eine Neuaufnahme setzt die erneute und erfolgreiche Teilnahme am Bewerbungsverfahren voraus. Bei bestandener Abschlussprüfung ist weder eine Neuaufnahme in ein Technisches Berufskolleg II – Verzahnung mit dualen Ausbildungsberufen – noch eine Wiederholung der Prüfung möglich.

(5) Wer die Abschlussprüfung auch bei Wiederholung nicht bestanden hat, muss das Berufskolleg verlassen. Abweichend von Absatz 1 Satz 1 muss das Berufskolleg ebenfalls verlassen, wer die Abschlussprüfung nicht bestanden hat, weil er ganz oder teilweise ohne wichtigen Grund nicht an der Prüfung teilgenommen oder weil er das nach Maßgabe von § 6 abzuleistende Praktikum nicht nachgewiesen hat. Eine Wiederaufnahme in das Berufskolleg ist nicht möglich. Satz 2 findet keine Anwendung, wenn der Prüfling das Fehlen des wichtigen Grundes nicht kannte und auch nicht kennen konnte oder bereits aufgrund der Anmeldenoten ein Bestehen der Prüfung nicht mehr möglich war.

Hinweis der Redaktion: Die Paragrafen 21 (Nichtteilnahme, Rücktritt) und 22 (Täuschungshandlungen, Ordnungsverstöße) sind nicht abgedruckt, da inhaltsgleich mit §§ 23 und 24 → Berufsfachschule Altenpflegehilfe.

→ Berufskolleg (Projektarbeit); → Berufskolleg Technisch II – Stundentafel; ➪ Handy-Nutzung; ➪ Korrekturtag; → Termine Berufliche Schulen; → Zeugnisse (Berufliche Schulen)

Anlage 1 (zu § 4)

BK Technisch II – Verzahnung – Stundentafel

(durchschnittliche Zahl der Wochenstunden)

1.	**Pflichtbereich**	
	Religionslehre	1
	Mathematik I	2
	Gemeinschaftskunde/Wirtschaftspolitik	1
	Englisch I	2
	Deutsch/Betriebliche Kommunikation	3
	Wirtschaftskompetenz	1
	Datenverarbeitung	2
	Berufsfachliche Kompetenz	13
	Projektkompetenz[1)]	
	Berufspraktische Kompetenz	5
2.	**Wahlpflichtbereich**	2
	Management im Handwerk	
	Sonstige berufsbezogene Fächer	
	Summe	**32**
3.	**Wahlbereich**	
3.1	*Zusatzunterricht zum Erwerb der Fachhochschulreife*	
	Mathematik II	1
	Englisch II	1
3.2	*weitere Wahlfächer*	
4.	**Praktikum**[2)]	4 Wochen

1) Die Projektkompetenz ist ein eigenständiges Fach. Sie wird jedoch integrativ im Rahmen der Berufsfachlichen Kompetenz unterrichtet. Dabei umfasst der Anteil der Projektkompetenz ca. ¼. Im Bereich der Berufsfachlichen Kompetenz und der Projektkompetenz kann computerbezogener Unterricht oder Laborunterricht mit insgesamt einer halben Wochenstunde in Klassenteilung erteilt werden.

2) Betreuungsstunden fallen nicht an.

Berufskolleg Technische Assistent*innen

Ausbildungs- und Prüfungsordnung für die zweijährigen Berufskollegs für technische Assistenten (Schulversuchsbestimmungen des KM vom 5. September 2005)

1. Abschnitt – Allgemeines

§ 1
Geltungsbereich, Bezeichnungen

(1) Diese Ausbildungs- und Prüfungsordnung gilt für die Berufskollegs für technische Assistenten für Agrar- und Umweltanalytik, biologisch-technische Assistenten, biotechnologische Assistenten, chemisch-technische Assistenten, elektrotechnische Assistenten, foto- und medientechnische Assistenten, informations- und kommunikationstechnische Assistenten, physikalisch-technische Assistenten, umweltschutztechnische Assistenten und Berufskollegs für Produktdesign und für technische Dokumentation.

(2) Soweit die nachfolgenden Bestimmungen Personalbegriffe wie Schüler, Schulleiter, Vorsitzender, Prüfer oder Bewerber enthalten, sind dies funktionsbezogene Beschreibungen, die gleichermaßen auf Frauen und Männer zutreffen.

Hinweis der Redaktion: Diese Schulversuchsbestimmungen ersetzen – bis auf den Bereich der pharmazeutisch-technischen Assistenten – die nach wie vor gültige Verordnung des KM über die Ausbildung und Prüfung an den zweijährigen Berufskollegs für technische Assistenten (Technische Assistenten-Verordnung – TAVO) vom 11.10.1983 (K.u.U. S. 653). In der Artikelverordnung vom 15.8.2017 (K.u.U S. 155 /2017) wurde diese VO geändert. Die Aufnahmevoraussetzungen wurden ergänzt durch: „das Versetzungszeugnis in die gymnasiale Oberstufe der Gemeinschaftsschule". Die Regelungen für die mündliche Prüfung wurden ergänzt durch: „Erfordert die Aufgabenstellung eine Einlesezeit oder eine thematische Herleitung und Durchdringung, gewährt der Fachausschuss zusätzlich die nach seiner Entscheidung für die Erfassung der Aufgabe erforderliche Einarbeitungszeit, in der sich der Prüfling unter Aufsicht auf die mündliche Prüfung vorbereiten kann. Die Einarbeitungszeit darf 15 Minuten nicht überschreiten."

§ 2
Zweck der Ausbildung

Die Ausbildung an den Berufskollegs für technische Assistenten soll dazu befähigen, die in den Laboratorien, Instituten, Werkseinrichtungen, Prüf- und Versuchsfeldern der Wirtschaft, Verwaltung und Wissenschaft vorkommenden technischen Arbeiten entsprechend dem beruflichen Tätigkeitsfeld des Assistenten nach Anweisung oder in begrenztem Umfang auch selbstständig ausführen zu können. Darüber hinaus wird die Allgemeinbildung weitergeführt sowie durch Zusatzunterricht der Erwerb der Fachhochschulreife ermöglicht.

§ 3
Dauer und Abschluss der Ausbildung, Praktikum

(1) Die Ausbildung dauert zwei Schuljahre.

(2) Die Ausbildung endet mit einer Abschlussprüfung, durch deren Bestehen die Berufsbezeichnung „Staatlich geprüfter Assistent"/„Staatlich geprüfte Assistentin" mit einem die Ausbildungsrichtung des besuchten Berufskollegs kennzeichnenden Zusatz entsprechend der in § 1 Abs. 1 verwendeten Bezeichnungen erworben wird. Am Berufskolleg für Produktdesign wird die Berufsbezeichnung „Staatlich geprüfter technischer Assistent für Produktdesign"/„Staatlich geprüfte technische Assistentin für Produktdesign", am Berufskolleg für technische Dokumentation die Berufsbezeichnung „Technischer Kommunikationsassistent"/„Technische Kommunikationsassistentin" erworben.

(3) Zur Ergänzung der schulischen Ausbildung sollen die Schüler ein mindestens vierwöchiges ausbildungsbezogenes Praktikum in geeigneten Einrichtungen oder Betrieben ableisten. Für das Praktikum soll ein Teil der Schulferien in Anspruch genommen werden.

§ 4
Bildungsplan, Stundentafeln

Der Unterricht richtet sich nach den vom Kultusministerium erlassenen Bildungs- und Lehrplänen und Stundentafeln (Anlage 1 bis 10).

→ Berufskolleg Technische Assistenten – Stundentafeln

§ 5
Maßgebende Fächer

Für die Versetzung und für den Abschluss sind die Leistungen in den maßgebenden Fächern entscheidend. Maßgebende Fächer sind alle Pflichtfächer mit Ausnahme von Religionslehre. Am Berufskolleg für chemisch-technische Assistenten und am Berufskolleg für umweltschutztechnische Assistenten gilt das nach der Stundentafel als Fach des ersten Schuljahres vorgesehene Fach Qualitative und quantitative Analyse auch für den Abschluss des Bildungsgangs als maßgebendes Fach.

§ 6
Projektarbeit, Dokumentation

(1) Die Dokumentation ist eine im Rahmen des Faches Projektarbeit selbstständig anzufertigende Arbeit. Mit ihr soll die Fähigkeit nachgewiesen werden, im Sinne von Schlüsselqualifikationen wissenschaftspropädeutisch und fächerübergreifend denken und arbeiten sowie Arbeitsergebnisse angemessen präsentieren zu können.

(2) Das Thema der Dokumentation wird im Rahmen der Bildungs- und Lehrpläne auf Vorschlag des Schülers spätestens 6 Monate vor Ende der Ausbildung von der Schule festgelegt.

(3) Die Dokumentation wird durch eine Präsentation ergänzt.

(4) Der Dokumentation ist die schriftliche Versicherung beizufügen, dass sie selbstständig angefertigt wurde, nur die angegebenen Hilfsmittel benutzt wurden und dass alle Stellen, die dem Wortlaut oder dem Sinne nach aus anderen Werken entnommen sind, durch Angabe von Quellen kenntlich gemacht sind. Bei Gruppenarbeiten müssen die individuellen Leistungen erkennbar sein.

(5) Die Dokumentation wird von einer vom Schulleiter bestimmten Lehrkraft korrigiert und mit einer

ganzen oder halben Note bewertet. Die Note gilt als Anmeldenote im Sinne von § 17 Abs. 1. In den Halbjahreszeugnissen und im Versetzungszeugnis wird im Fach Projektarbeit keine Note erteilt.

§ 7
Besondere Lernleistungen

Jeder Schüler hat in jeweils einem der nicht für die praktische Prüfung ausgewählten Fach des § 20 Abs. 2 eine besondere Lernleistung zu erbringen, deren Bewertung in die Anmeldenote einfließt. Hierbei kann es sich insbesondere um eine schriftliche Hausarbeit, ein Projekt, eine experimentelle Arbeit, ein Referat oder eine mündliche Überprüfung handeln.

2. Abschnitt
Aufnahmeverfahren und Probezeit

§ 8
Aufnahmevoraussetzungen

(1) Voraussetzungen für die Aufnahme in das Berufskolleg sind

1. die Fachschulreife, der Realschulabschluss, das Versetzungszeugnis in die Klasse 10 eines Gymnasiums des 8-jährigen Bildungsganges oder in die Klasse 11 eines Gymnasiums des 9-jährigen Bildungsganges oder der Nachweis eines dem Realschulabschluss gleichwertigen Bildungsganges und
2. bei Personen deren Muttersprache nicht Deutsch ist, für den Besuch des jeweiligen Berufskollegs ausreichende deutsche Sprachkenntnisse

(2) Schüler des Beruflichen Gymnasiums technischer Richtung mit dem Schwerpunkt Elektro- und Informationstechnik, die noch nicht die Abiturprüfung bestanden und in mindestens zwei Kursen im Profilfach Technik jeweils vier Punkte erreicht haben, können in das zweite Schuljahr des Berufskollegs für elektrotechnische Assistenten eintreten, sofern im Rahmen der gebildeten Klassen noch Plätze zur Verfügung stehen.

(3) Am Zusatzprogramm zum Erwerb der Fachhochschulreife darf nur teilnehmen, wer nicht bereits anderweitig die Qualifikation für das Studium an Fachhochschulen oder den schulischen Teil der Fachhochschulreife erworben oder eine Prüfung zum Erwerb der Fachhochschulreife wiederholt nicht bestanden hat.

§ 9
Aufnahmeantrag

(1) Der Aufnahmeantrag ist an das Berufskolleg zu richten, an dem die Ausbildung erfolgen soll. Der Termin, zu dem der Antrag bei der Schule eingegangen sein muss, wird vom Schulleiter bestimmt und auf geeignete Weise bekanntgegeben. Dem Aufnahmeantrag sind beizufügen:

1. ein Lebenslauf in tabellarischer Form mit Angaben über den bisherigen Bildungsweg und gegebenenfalls über die ausgeübte Berufstätigkeit,
2. eine beglaubigte Abschrift des Zeugnisses gemäß § 8 Nr. 1,
3. eine Erklärung,
   a) ob und gegebenenfalls an welchem Berufskolleg für technische Assistenten der Bewerber bereits an einem Aufnahmeverfahren teilgenommen hat,
   b) ob und gegebenenfalls an welche Schule der Bewerber ebenfalls einen Aufnahmeantrag gerichtet hat.

Sofern das Zeugnis nach § 8 Nr. 1 zum Anmeldetermin noch nicht vorliegt, ist die beglaubigte Abschrift unverzüglich nachzureichen; dem Aufnahmeantrag ist in diesem Fall eine beglaubigte Abschrift des letzten Schulzeugnisses beizufügen.

(2) Über den Aufnahmeantrag entscheidet der Schulleiter. Er kann eine angemessene Frist setzen, innerhalb derer sich der Bewerber erklären muss, ob er die Zusage über die Aufnahme annimmt.

§ 10
Auswahlverfahren

(1) Ein Auswahlverfahren ist nur durchzuführen, wenn

1. bei voller Ausschöpfung der vorhandenen personellen und sächlichen Gegebenheiten sowie
2. bei Abstimmung der Aufnahmefähigkeiten benachbarter Schulen und entsprechender Zuweisung der Bewerber (§ 18 Abs. 1 und § 88 Abs. 4 SchG)

nicht alle Bewerber, welche die Aufnahmevoraussetzungen gemäß § 8 erfüllen, in das Berufskolleg aufgenommen werden können.

(2) Im Auswahlverfahren sind die Plätze nach folgenden Quoten zu vergeben:

1. 85 vom Hundert nach Eignung und Leistung (Absatz 3),
2. 10 vom Hundert nach Wartezeit (Absatz 4),
3. 5 vom Hundert für außergewöhnliche Härtefälle (Absatz 5).

Bleiben im Rahmen der Auswahl nach Nummer 2 und 3 Plätze frei, sind diese nach Eignung und Leistung (Absatz 3) zu vergeben.

(3) Die für die Vergabe nach Eignung und Leistung zur Verfügung stehenden Plätze werden entsprechend dem jeweiligen Bewerberanteil verteilt auf die Gruppe der Bewerber

1. mit Fachschulreife,
2. mit Realschulabschluss,
3. mit dem Versetzungszeugnis in die Klasse oder Jahrgangsstufe 11 eines Gymnasiums,
4. mit einem dem Realschulabschluss gleichwertigen Bildungsstand nach Abschluss der Klasse 10 der Hauptschule und
5. mit einem dem Realschulabschluss gleichwertigen Bildungsstand durch Berufsschulabschluss und Berufsabschluss oder durch Hauptschulabschluss, Berufsschulabschluss und Berufsabschluss.

Die Rangfolge innerhalb der Bewerbergruppen Nummern 1 bis 4 bestimmt sich nach dem auf eine Dezimale errechneten Durchschnitt aus den Noten der Fächer Deutsch, Mathematik, einer versetzungserheblichen Fremdsprache und einer Naturwissenschaft oder Technik; für die Rangfolge innerhalb der Bewerbergruppe nach Nummer 5 sind die Noten des Berufsschulabschlusszeugnisses mit Ausnahme der für Religionslehre erteilten Noten maßgebend. Bei gleicher Rangfolge entscheidet das Los.

(4) Bei der Vergabe der Plätze nach Wartezeit werden die Bewerber in folgender Rangfolge aufgenommen:

1. Bewerber mit drei und mehr Schuljahren Wartezeit,
2. Bewerber mit zwei Schuljahren Wartezeit,
3. Bewerber mit einem Schuljahr Wartezeit.

Innerhalb dieser Gruppen werden die Plätze nach Eignung und Leistung vergeben.

Bei gleicher Rangfolge entscheidet das Los. Berücksichtigt werden nur volle Schuljahre, die seit dem ersten Aufnahmeantrag und der Erfüllung der Aufnahmevoraussetzungen nach § 8 bis zu Beginn des auf das laufende Aufnahmeverfahren folgenden Schuljahres verstrichen sind. Voraussetzung ist, dass der Bewerber für diese Schuljahre ununterbrochen einen Aufnahmeantrag gestellt und keine Aufnahmezusage erhalten hat.

(5) Ein außergewöhnlicher Härtefall liegt vor, wenn ein Bewerber nach den Absätzen 3 und 4 nicht ausgewählt worden ist und die Nichtaufnahme für ihn mit Nachteilen verbunden wäre, die bei Anlegung eines strengen Maßstabes über das Maß der mit der Nichtaufnahme üblicherweise verbundenen Nachteile erheblich hinausgehen. Für die Berücksichtigung als außergewöhnliche Härtefälle kommen insbesondere familiäre oder soziale Umstände oder andere vom Bewerber nicht zu vertretende Gründe, welche die Aufnahme der Ausbildung verzögert haben, in Betracht. Über das Vorliegen eines außergewöhnlichen Härtefalles und die sich nach dem Grad der Härte ergebende Rangfolge der Bewerber entscheidet ein Auswahlausschuss, dem der Schulleiter als Vorsitzender und vier von ihm beauftragte Lehrkräfte angehören; § 18 Abs. 2 gilt entsprechend. Der Auswahlausschuss ist beschlussfähig, wenn mindestens drei seiner Mitglieder anwesend sind. Er entscheidet mit einfacher Mehrheit, bei Stimmengleichheit gibt die Stimme des Vorsitzenden den Ausschlag.

(6) Bewerber, deren Aufnahmeantrag nach dem vom Schulleiter bestimmten Termin eingegangen ist, können im Auswahlverfahren erst berücksichtigt werden, wenn alle rechtzeitig eingegangenen Aufnahmeanträge beschieden oder zurückgenommen sind.

§ 11
Probezeit

(1) Die Aufnahme erfolgt zunächst auf Probe. Am Ende des ersten Schulhalbjahres wird ein Halbjahreszeugnis erteilt. Die Klassenkonferenz entscheidet aufgrund der Noten des Halbjahreszeugnisses über das Bestehen der Probezeit; § 12 Abs. 2 und 3 gelten entsprechend. Wer die Probezeit nicht bestanden hat, muss die Schule verlassen, kann sie jedoch mit den Rechten und Pflichten eines Schülers noch bis zum Ende des ersten Schuljahres weiter besuchen. Stellt die Klassenkonferenz zum Ende des ersten Schuljahres fest, dass er nach § 12 in die zweite Klasse versetzt werden könnte, entfällt die Verpflichtung, die Schule verlassen zu müssen.

(2) Das Nichtbestehen der Probezeit ist im Halbjahreszeugnis nach Absatz 1 Satz 2 zu vermerken.

3. Abschnitt Versetzung

§ 12
Voraussetzungen

(1) In das zweite Schuljahr wird versetzt, wer aufgrund der Leistungen in den nach § 5 für die Versetzung maßgebenden Fächern den Anforderungen im laufenden Schuljahr im Ganzen entsprochen hat und deshalb erwarten lässt, dass er den Anforderungen des zweiten Schuljahres voraussichtlich genügen wird.

(2) Die Voraussetzungen nach Absatz 1 liegen vor, wenn im Jahreszeugnis

1. der Durchschnitt aus den Noten aller maßgebenden Fächer 4,0 oder besser ist und
2. der Durchschnitt aus den Noten der maßgebenden Fächer des fachtheoretischen und des fachpraktischen Bereichs jeweils 4,0 oder besser ist und
3. die Leistungen in keinem maßgebenden Fach mit der Note „ungenügend" bewertet sind und
4. die Leistungen in nicht mehr als einem maßgebenden Fach mit der Note „mangelhaft" bewertet sind; sind die Leistungen in zwei maßgebenden Fächern mit der Note „mangelhaft" bewertet, so ist der Schüler zu versetzen, wenn für beide Fächer ein Ausgleich gegeben ist. Ausgeglichen werden kann die Note „mangelhaft" in einem maßgebenden Fach durch mindestens die Note „gut" in einem anderen maßgebenden Fach oder die Note „befriedigend" in zwei anderen maßgebenden Fächern; Fächer der fachtheoretischen und fachpraktischen Bereiche können nicht durch die Fächer des allgemeinbildenden Bereichs ausgeglichen werden.

(3) Ausnahmsweise kann die Klassenkonferenz einen Schüler, der nach den Absätzen 1 und 2 nicht zu versetzen wäre, mit Zweidrittelmehrheit versetzen, wenn sie zu der Auffassung gelangt, dass seine Leistungen nur vorübergehend nicht für die Versetzung ausreichen und er nach einer Übergangszeit den Anforderungen des zweiten Schuljahres voraussichtlich genügen wird.

(4) Die Versetzung oder Nichtversetzung eines Schülers ist im Zeugnis mit „versetzt" oder „nicht versetzt" zu vermerken; bei einer Versetzung nach Absatz 3 ist zu vermerken: „Versetzt nach § 12 Abs. 3 der Ausbildungs- und Prüfungsordnung für die zweijährigen Berufskollegs für technische Assistenten."

(5) Die Versetzungszeugnisse des Berufskollegs für chemisch-technische Assistenten und des Berufs-

kollegs für umweltschutztechnische Assistenten berechtigen im Rahmen der zur Verfügung stehenden Plätze auch zur Teilnahme am Unterricht des zweiten Schuljahres des jeweils anderen Bildungsganges.

§ 13
Wiederholung, Entlassung

(1) Bei Nichtversetzung muss bei weiterem Verbleiben am Berufskolleg das erste Schuljahr wiederholt werden; § 11 findet keine Anwendung. Die freiwillige Wiederholung auch nur eines Teiles des ersten Schuljahres gilt als Nichtversetzung.

(2) Schüler, die im ersten Schuljahr zweimal nicht versetzt worden sind, müssen das Berufskolleg verlassen.

(3) Bezüglich der Wiederholung und Entlassung nach dem ersten Schuljahr gelten das Berufskolleg für chemisch-technische Assistenten und das Berufskolleg für umweltschutztechnische Assistenten als ein Bildungsgang.

4. Abschnitt
Prüfungen

1. Unterabschnitt Abschlussprüfung

§ 14
Zweck der Prüfung

In der Abschlussprüfung soll der Schüler nachweisen, dass er das Ausbildungsziel des Berufskollegs erreicht hat und die erforderlichen Kenntnisse und Fertigkeiten für eine Tätigkeit als technischer Assistent besitzt.

§ 15
Teile der Prüfung

Die Abschlussprüfung besteht aus der schriftlichen Prüfung, der praktischen Prüfung, der mündlichen Prüfung und der die Dokumentation nach § 6 Abs. 3 ergänzenden Präsentation im Fach Projektarbeit.

§ 16
Abnahme der Prüfung

(1) Die Abschlussprüfung wird am Berufskolleg abgenommen.

(2) Das Kultusministerium legt den Zeitpunkt für die schriftliche Prüfung fest, der Vorsitzende des Prüfungsausschusses den Zeitpunkt der praktischen und der mündlichen Prüfung sowie der Präsentation.

(3) Die praktische Prüfung kann in Teilen nach Abschluss des jeweiligen Praktikums durchgeführt werden.

§ 17
Anmeldenoten, Zulassung zur Prüfung

(1) Zur Abschlussprüfung ist zugelassen, wer im zweiten Schuljahr die zur Bildung von Anmeldenoten erforderlichen Einzelleistungen erbracht hat. Zur Präsentation der Dokumentation ist zugelassen, wer die Dokumentation zu einem vom Schulleiter festgesetzten Termin vorgelegt hat. Liegen die Voraussetzungen nicht vor, ist die Nichtzulassung vom Schulleiter festzustellen und dem Prüfling unter Angabe der Gründe unverzüglich schriftlich mitzuteilen. Sie gilt als Nichtbestehen der Abschlussprüfung, es sei denn, der Schulleiter stellt fest, dass die Gründe vom Prüfling nicht zu vertreten sind. Als Anmeldenote für das Fach Qualitative und Quantitative Analyse am Berufskolleg für chemisch-technische Assistenten und am Berufskolleg für umweltschutztechnische Assistenten gilt die nach Abschluss des Unterrichts in diesem Fach erteilte Gesamtnote.

(2) Für die Prüfung werden in allen Fächern Anmeldenoten in Gestalt ganzer Noten gebildet, die aus den während des zweiten Schuljahres erbrachten Einzelleistungen zu ermitteln sind. § 6 Abs. 5 Satz 1 bleibt unberührt. Die Anmeldenoten sind für die Fächer der schriftlichen und der praktischen Prüfung jeweils fünf bis sieben Schultage vor Beginn des betreffenden Prüfungsteils und für die übrigen Fächer fünf bis sieben Schultage vor der mündlichen Prüfung zusammen mit den Noten der schriftlichen und der praktischen Prüfung bekanntzugeben.

§ 18
Prüfungsausschuss, Fachausschüsse

(1) Für die Abschlussprüfung wird an jedem Berufskolleg ein Prüfungsausschuss gebildet, der für die ordnungsgemäße Durchführung der Prüfung verantwortlich ist. Diesem gehören an:

1. als Vorsitzender der Schulleiter, sofern die obere Schulaufsichtsbehörde vor Beginn der Prüfung nichts anderes bestimmt,
2. als stellvertretender Vorsitzender der stellvertretende Schulleiter oder eine vom Schulleiter beauftragte Lehrkraft,
3. sämtliche Lehrkräfte, die im zweiten Schuljahr in den maßgebenden Fächern unterrichten oder im ersten Schuljahr das Fach Qualitative und Quantitative Analyse unterrichtet haben.

Die obere Schulaufsichtsbehörde und der Vorsitzende des Prüfungsausschusses können weitere Mitglieder berufen, soweit dies für die Durchführung der Prüfung erforderlich ist.

(2) Die Mitglieder des Prüfungsausschusses sind bei ihrer Tätigkeit als Prüfer unabhängig. Sie sind zur Amtsverschwiegenheit über alle Prüfungsangelegenheiten verpflichtet. Der Vorsitzende des Prüfungsausschusses hat sie vor Beginn der Prüfung hierüber zu belehren.

(3) Für die praktische Prüfung und die mündliche Prüfung in den einzelnen Fächern bildet der Vorsitzende des Prüfungsausschusses die erforderlichen Fachausschüsse. Jedem Fachausschuss gehören an:

1. der Vorsitzende oder ein von ihm bestimmtes Mitglied des Prüfungsausschusses als Leiter,
2. die Fachlehrkraft der Klasse oder bei deren Verhinderung eine in dem betreffenden Prüfungsfach erfahrene Lehrkraft als Prüfer,
3. ein weiteres fachkundiges Mitglied des Prüfungsausschusses, das zugleich das Protokoll führt.

Davon abweichend gehört dem Fachausschuss für die Präsentation statt der in Satz 2 Nr. 2 genannten Lehrkraft die die Dokumentation betreuende Fachlehrkraft an. In Fächern, in denen die Klasse von verschiedenen Fachlehrkräften für Teilbereiche unterrichtet wird, gehören alle Fachlehrkräfte dem Fachausschuss als Mitglieder an. Sie sind jeweils für ihren Teilbereich Prüfer nach Satz 2 Nr. 2. Der Leiter des Fachausschusses bestimmt den Gang der Prüfung; er kann selbst prüfen.

§ 19
Schriftliche Prüfung

(1) Die Leitung der schriftlichen Prüfung obliegt dem Schulleiter oder einer von ihm beauftragten Lehrkraft.

(2) Schriftliche Prüfungsarbeiten sind in folgenden Fächern zu fertigen:

1. am Berufskolleg für technische Assistenten für Agrar- und Umweltanalytik
   a) in allen Schwerpunkten
      Chemie 150 Minuten,
      Biologie 150 Minuten und
   b) im Schwerpunkt Agrikulturchemie/ Umweltanalytik
      Analytische Chemie 180 Minuten,
   c) im Schwerpunkt Pflanzenproduktion
      Pflanzenproduktion und -züchtung 180 Minuten,
   d) im Schwerpunkt Phytomedizin
      Phytomedizin 180 Minuten,
   e) im Schwerpunkt Tierhaltung, Tierhaltung und Tierernährung 180 Minuten;
2. am Berufskolleg für biologisch-technische Assistenten
   a) in allen Schwerpunkten
      Mathematik I 90 Minuten und
   b) im Schwerpunkt Biologie und Biotechnologie
      Chemie und Biochemie 150 Minuten,
      Biologie 150 Minuten,
      Mikro- und Molekularbiologie 90 Minuten,
   c) im Schwerpunkt Bioinformatik und Molekularbiologie
      Chemie und Biochemie 120 Minuten,
      Biologie 120 Minuten,
      Mikro- und Molekularbiologie 150 Min.;
3. am Berufskolleg für biotechnologische Assistenten
   Chemie 140 Minuten,
   Mikrobiologie 140 Minuten,
   Biotechnologie 200 Minuten;
4. am Berufskolleg für chemisch-technische Assistenten
   Physikalische Chemie 120 Minuten,
   Allgemeine und anorganische Chemie 90 Minuten,
   Organische Chemie 150 Minuten,
   Analytische Chemie 120 Minuten;
5. am Berufskolleg für elektrotechnische Assistenten
   a) in beiden Schwerpunkten
      Elektronik 120 Minuten,
      Informationstechnik 120 Minuten,
      Automatisierungstechnik 120 Minuten und
   b) im Schwerpunkt Kommunikationstechnik
      Kommunikationstechnik 120 Minuten,
   c) im Schwerpunkt Energietechnik
      Kommunikationstechnik/ Energietechnik 120 Minuten;
6. am Berufskolleg für foto- und medientechnische Assistenten
   Informationstechnik 120 Minuten,
   Fototechnik 120 Minuten,
   Medientechnik 240 Minuten;
7. am Berufskolleg für informations- und kommunikationstechnische Assistenten
   Programmiertechnik 120 Minuten,
   Informationstechnik 180 Minuten,
   Kommunikationstechnik 180 Minuten;
8. am Berufskolleg für physikalisch-technische Assistenten
   Physikalische Technik 180 Minuten,
   Elektrotechnik/ Elektronik 180 Minuten,
   Physikalisch-technische Sondergebiete 120 Minuten;
9. am Berufskolleg für umweltschutztechnische Assistenten
   Physikalische Chemie 120 Minuten,
   Analytische Chemie/Umweltanalytik 120 Minuten,
   Biologie/Ökologie 120 Minuten,
   Verfahrenstechnik/Umwelttechnik 120 Minuten;
10. am Berufskolleg für Produktdesign
    Präsentationstechnik 150 Minuten,
    Gestaltung 180 Minuten,
    Technologie 120 Minuten,
    Betriebswirtschaft 120 Minuten;
11. am Berufskolleg für technische Dokumentation
    Informationstechnik 120 Minuten,
    Kommunikationsdesign 120 Minuten,
    Technische Dokumentation 120 Minuten,
    Betriebs- und Volkwirtschaftslehre 120 Min.

(3) Die Prüfungsaufgaben werden im Rahmen der Bildungs- und Lehrpläne bezirkseinheitlich von der oberen Schulaufsichtsbehörde gestellt, sofern nicht das Kultusministerium anders entscheidet.

(4) Über die schriftliche Prüfung ist eine Niederschrift zu fertigen, die vom Leiter der schriftlichen Prüfung und den aufsichtführenden Lehrkräften unterschrieben wird.

Berufliche Schulen

(5) Die schriftlichen Arbeiten werden von der Fachlehrkraft der Klasse und einer weiteren Fachlehrkraft, die der Vorsitzende des Prüfungsausschusses bestimmt, korrigiert und bewertet; dabei sind ganze und halbe Noten zu verwenden. Als Note der schriftlichen Prüfung gilt der auf die erste Dezimale errechnete Durchschnittswert der beiden Bewertungen, der auf eine ganze oder halbe Note zu runden ist; Dezimalen von 0,3 bis 0,7 sind hierbei auf eine halbe Note, die übrigen Dezimalen auf eine ganze Note zu runden. Weichen die Bewertungen um mehr als eine ganze Note voneinander ab und können sich die beiden Bewertenden nicht einigen, setzt der Vorsitzende des Prüfungsausschusses die endgültige Note für die schriftliche Prüfung fest; dabei gelten die jeweiligen Bewertungen als Grenzwerte, die nicht über- und unterschritten werden dürfen.

(6) Die Noten der schriftlichen Prüfung in den einzelnen Fächern werden den Prüflingen fünf bis sieben Schultage vor der mündlichen Prüfung bekanntgegeben. ⇨ Korrekturtag

§ 20
Praktische Prüfung

(1) In der praktischen Prüfung soll nachgewiesen werden, dass in der Praxis vorkommende Arbeiten mit den einschlägigen Geräten und Apparaturen durchgeführt werden können.

(2) Eine praktische Prüfung ist in folgenden Fächern abzulegen:

1. am Berufskolleg für technische Assistenten für Agrar- und Umweltanalytik
   nach Festlegung durch die Schule in zweien der Fächer
   Chemisches Praktikum 1 Tag,
   Labormethodik I 1 Tag,
   und
   a) im Schwerpunkt Agrikulturchemie/Umweltanalytik
      Labormethodik II 1 Tag,
   b) in den Schwerpunkten Pflanzenproduktion und Phytomedizin
      Versuchstechnik 1 Tag,
   c) im Schwerpunkt Tierhaltung
      Betriebs- und Laborpraktikum 1 Tag;
2. am Berufskolleg für biologisch-technische Assistenten
   a) im Schwerpunkt Biologie und Biotechnologie
      Biologisches und biotechnologisches Praktikum 1 Tag,
      und nach Festlegung durch die Schule
      Physikalisches, chemisches und biochemisches Praktikum 1 Tag,
      oder
      Mikrobiologisches und gentechnisches Praktikum 1 Tag,
   b) im Schwerpunkt Bioinformatik und Molekularbiologie
      Bioinformatik-Praktikum 1 Tag,
      und nach Festlegung durch die Schule
      Physikalisches, chemisches und biochemisches Praktikum 1 Tag,
      oder
      Molekularbiologisches Praktikum 1 Tag;
3. am Berufskolleg für biotechnologische Assistenten
   Biotechnologisches Praktikum 1 Tag,
   und nach Festlegung durch die Schule
   Mikrobiologisches Praktikum 1 Tag, oder
   Chemisches Praktikum 1 Tag;
4. am Berufskolleg für chemisch-technische Assistenten
   Physikalisches und physikalisch-chemisches Praktikum 1 Tag,
   Technische Untersuchungen 1 Tag;
5. am Berufskolleg für elektrotechnische Assistenten
   a) in beiden Schwerpunkten
      Praktikum Elektronik 1 Tag,
      und nach Festlegung durch die Schule
   b) im Schwerpunkt Kommunikationstechnik
      Praktikum Kommunikationstechnik ½ Tag, oder
      Praktikum Automatisierungstechnik ½ Tag,
   c) im Schwerpunkt Energietechnik
      Praktikum Kommunikationstechnik/Energietechnik ½ Tag,oder
      Praktikum Automatisierungstechnik ½ Tag;
6. am Berufskolleg für foto- und medientechnische Assistenten
   Bildaufnahmetechnik 1 Tag,
   Bildverarbeitungstechnik 1 Tag;
7. am Berufskolleg für informations- und kommunikationstechnische Assistenten
   nach Festlegung durch die Schule in zweien der Fächer
   Praktikum Programmiertechnik ½ Tag,
   Praktikum Informationstechnik ½ Tag,
   Praktikum Kommunikationstechnik ½ Tag;
8. am Berufskolleg für physikalisch-technische Assistenten
   nach Festlegung durch die Schule in zweien der Fächer
   Praktikum Physikalische Technik 1 Tag,
   Praktikum Elektrotechnik/Elektronik 1 Tag,
   Praktikum Informationstechnik 1 Tag,
   Praktikum Physikalisch-technische Sondergebiete 1 Tag;
9. am Berufskolleg für umweltschutztechnische Assistenten
   Umweltanalytisches Praktikum 1 Tag,
   und nach Festlegung durch die Schule in einem der Fächer
   Mikrobiologisches und molekularbiologisches Praktikum ½ Tag, oder

Berufliche Schulen

Verfahrenstechnisches und umwelttechnisches Praktikum ½ Tag;

10. am Berufskolleg für Produktdesign
    Gestaltungspraktikum 2 Tage,
    Computeranwendung 1 Tag;
11. am Berufskolleg für technische Dokumentation
    nach Festlegung durch die Schule in zwei der genannten drei Fächer:
    Praktikum Informationstechnik ½ Tag,
    Praktikum Kommunikationsdesign ½ Tag,
    Praktikum Technische Dokumentation ½ Tag.

(3) Die Arbeitszeit darf beim halben Tag 240 Minuten und beim ganzen Tag 480 Minuten nicht überschreiten.

(4) Die Schule legt die Prüfungsfächer im Rahmen des Absatz 2 nach eigenem Ermessen fest. Sie kann sich hierbei auch eines Losverfahrens bedienen. Die Prüfungsfächer sind den Schülern sechs Unterrichtswochen vor Beginn der praktischen Prüfung bekanntzugeben.

(5) Die Prüfungsaufgaben werden im Rahmen der Bildungs- und Lehrpläne vom Leiter des Fachausschusses aufgrund von Vorschlägen der Fachlehrkräfte gestellt.

(6) Die Aufsicht während der Prüfung wird abwechselnd durch die Mitglieder des Fachausschusses ausgeübt. Der Leiter des Fachausschusses kann weitere fachkundige Personen beiziehen.

(7) Jeder Prüfling hat über die Prüfung im jeweiligen Fach jeweils einen Bericht anzufertigen, aus dem das Arbeitsverfahren, eventuelle Berechnungen und das Arbeitsergebnis ersichtlich sein müssen. Der Bericht wird von zwei Mitgliedern des Fachausschusses unabhängig voneinander bewertet; dabei sind ganze und halbe Noten zu verwenden.

(8) Der Fachausschuss legt aufgrund der Bewertungen nach Absatz 7 Satz 2 und der Arbeitsweise des Schülers das Ergebnis der praktischen Prüfung fest; dabei sind ganze und halbe Noten zu verwenden. Kann sich der Fachausschuss auf keine bestimmte Note einigen oder mehrheitlich mit der Stimme des Leiters für keine bestimmte Note entscheiden, so wird die Note aus dem auf die erste Dezimale errechneten Durchschnitt der Bewertungen aller Mitglieder gebildet, der auf eine ganze oder halbe Note zu runden ist; § 19 Abs. 5 Satz 2 2. Halbsatz gilt entsprechend.

(9) Die Noten der praktischen Prüfung werden den Prüflingen fünf bis sieben Schultage vor der mündlichen Prüfung bekanntgegeben.

(10) Über die praktische Prüfung ist eine Niederschrift zu fertigen, die von den Mitgliedern des Fachausschusses unterschrieben wird.

§ 21
Mündliche Prüfung

(1) Die mündliche Prüfung soll keine Wiederholung, sondern eine Ergänzung der schriftlichen Prüfung sein. Sie dauert in der Regel 10 bis 15 Minuten je Prüfling und Fach. Die Dauer der Präsentation einschließlich sich hieran anschließender Fragen soll 15 bis 20 Minuten nicht überschreiten.

(2) Die mündliche Prüfung kann als Einzel- oder Gruppenprüfung durchgeführt werden. Bei Gruppenprüfung können bis zu drei Prüflinge zusammen geprüft werden. Die Entscheidung trifft der Vorsitzende des Prüfungsausschusses.

(3) Die mündliche Prüfung kann sich auf alle maßgebenden Fächer des zweiten Schuljahres mit Ausnahme des fachpraktischen Bereichs und des Faches Projektarbeit erstrecken.

(4) Aufgrund der Anmeldenoten und gegebenenfalls der Noten der schriftlichen Prüfung bestimmt der Vorsitzende des Prüfungsausschusses, in welchen Fächern mündlich zu prüfen ist. Jeder Prüfling wird in mindestens einem Fach und soll in nicht mehr als drei Fächern geprüft werden. Die zu prüfenden Fächer sind den Prüflingen fünf bis sieben Schultage vor der mündlichen Prüfung bekanntzugeben. Darüber hinaus kann der Prüfling bis zum nächsten Schultag dem Schulleiter schriftlich bis zu zwei weitere Fächer nach Absatz 3 benennen, in denen er mündlich zu prüfen ist.

(5) Im Anschluss an jede mündliche Prüfung setzt der Fachausschuss das Ergebnis der mündlichen Prüfung auf Vorschlag des Prüfers fest; dabei sind ganze und halbe Noten zu verwenden. § 20 Abs. 8 Satz 2 gilt entsprechend.

(6) Über die mündliche Prüfung des einzelnen Prüflings ist eine Niederschrift zu fertigen, die von den Mitgliedern des Fachausschusses unterschrieben wird.

(7) Die Absätze 2, 5 und 6 gelten für die zusätzlich zur mündlichen Prüfung nach Absatz 1 bis 6 durchzuführende Präsentation im Fach Projektarbeit entsprechend. Der Prüfungsvorsitzende kann im Einvernehmen mit dem Schulleiter fachkundigen Personen die Teilnahme an der Präsentation gestatten.

§ 22
Ermittlung des Prüfungsergebnisses

(1) Die Endnoten in den einzelnen Fächern ermittelt der Vorsitzende des Prüfungsausschusses aufgrund der Anmeldenoten und gegebenenfalls der Prüfungsleistungen. Hierbei wird der Durchschnitt auf die erste Dezimale errechnet und auf eine ganze Note gerundet; § 19 Abs. 5 Satz 2 2. Halbsatz gilt enstprechend.

(2) Bei der Ermittlung der Endnote zählen

1. in Fächern, in denen schriftlich und mündlich geprüft wurde, die Anmeldenote, die Note der schriftlichen Prüfung und die Note der mündlichen Prüfung je einfach,

Mit dem Zeichen ⇨ verweisen wir auf Beiträge im Standard-Teil des Jahrbuchs.
Auf Beiträge im Sonderteil berufliche Schulen verweisen wir mit dem Zeichen →.

2. in Fächern, in denen nur schriftlich, praktisch oder mündlich geprüft wurde, die Anmeldenote einfach und die Prüfungsnote doppelt,
3. im Fach Projektarbeit die Note der Dokumentation doppelt und die Note der Präsentation einfach.

(3) In Fächern, in denen nicht geprüft wurde, werden die Anmeldenoten als Endnoten in das Zeugnis übernommen.

(4) Der Vorsitzende des Prüfungsausschusses stellt fest, wer die Abschlussprüfung bestanden hat. Hierfür gelten die Bestimmungen des § 12 Abs. 2 entsprechend; das Fach Projektarbeit gilt im Hinblick auf das Bestehen der Prüfung als Fach des fachtheoretischen Bereichs.

(5) Über die Feststellung der Ergebnisse der Prüfung ist vom Vorsitzenden des Prüfungsausschusses eine Niederschrift zu fertigen.

(6) Die Niederschriften über die einzelnen Teile der Prüfung, über Feststellung der Prüfungsergebnisse, eine Liste mit den Prüfungsergebnissen und die Prüfungsarbeiten sind bei den Schulakten aufzubewahren. Die Niederschriften und die Prüfungsarbeiten können nach Ablauf von drei Jahren seit der Feststellung der Ergebnisse der Prüfung vernichtet werden.

§ 23
Zeugnis

(1) Wer die Abschlussprüfung bestanden hat, erhält ein Abschlusszeugnis mit den nach § 22 Abs. 1 bis 3 ermittelten Endnoten und dem Thema der Projektarbeit (Anlage 12*; hier nicht abgedruckt*).

(2) Wer an der Abschlussprüfung teilgenommen und sie nicht bestanden hat und die Schule verlässt, erhält ein Abgangszeugnis mit den nach § 22 Abs. 1 bis 3 ermittelten Endnoten und dem Thema der Projektarbeit. Ist eine prüfungsrelevante gesundheitliche Beeinträchtigung nicht offenkundig, kann der Vorsitzende des Prüfungsausschusses die Vorlage eines ärztlichen Zeugnisses verlangen, das eine konkrete Beschreibung dieser Beeinträchtigung beinhaltet.Lassen sich Zweifel am Vorliegen einer prüfungsrelevanten gesundheitlichen Beeinträchtigung auf andere Weise nicht ausräumen, kann der Vorsitzende des Prüfungsausschusses auch die Vorlage eines entsprechenden amtsärztlichen Zeugnisses verlangen.

(3) Wer an der Abschlussprüfung nicht oder nur teilweise teilgenommen hat, erhält ein Zeugnis über die bis zum Ausscheiden erbrachten Leistungen oder, sofern sie bereits vorliegen, mit den Anmeldenoten nach § 17 Abs. 2; Prüfungsleistungen bleiben unberücksichtigt.

(4) Wer an der Abschlussprüfung teilgenommen und sie nicht bestanden hat und das zweite Schuljahr wiederholt, erhält ein Jahreszeugnis mit den nach § 22 Abs. 1 bis 3 ermittelten Endnoten.

(5) In den Zeugnissen nach den Absätzen 2 bis 4 ist zu vermerken, dass das Ausbildungsziel des jeweiligen Berufskollegs nicht erreicht ist.

→ Zeugnisse (Berufliche Schulen)

§ 24
Wiederholung der Prüfung, Entlassung

(1) Wer die Abschlussprüfung nicht bestanden hat, kann sie nach erneutem Besuch des zweiten Schuljahres einmal wiederholen.

(2) Die freiwillige Wiederholung auch eines Teils des zweiten Schuljahres gilt als Nichtbestehen der Abschlussprüfung. Bei bestandener Abschlussprüfung ist weder eine Wiederholung der Ausbildung noch eine Wiederholung der Abschlussprüfung zulässig.

(3) Wer die Abschlussprüfung auch bei Wiederholung nicht bestanden hat, muss das Berufskolleg der besuchten Ausbildungsrichtung verlassen.

§ 25 Nichtteilnahme, Rücktritt

§ 26 Täuschungshandlungen, Ordnungsverstöße

Hinweis der Redaktion: §§ 25 und 26 sind hier nicht abgedruckt, da inhaltsgleich mit §§ 23 und 24 → Berufsfachschule Altenpflegehilfe.

2. Unterabschnitt Zusatzprüfung zum Erwerb der Fachhochschulreife

§ 27
Allgemeines

(1) Wer im Berufskolleg die Fachhochschulreife erwerben will, muss in Zusammenhang mit der Abschlussprüfung eine Zusatzprüfung ablegen.

(2) Für die Teilnahme am Zusatzunterricht zum Erwerb der Fachhochschulreife gilt das erste Schuljahr als Probezeit. Die weitere Teilnahme am Zusatzunterricht des zweiten Schuljahres setzt voraus, dass am Ende des ersten Schuljahres der Durchschnitt aus den Fächern Deutsch II, Englisch II und Mathematik II, der aus ganzen Noten gebildet wird, mindestens 4,0 beträgt und keines dieser Fächer mit der Note „ungenügend“ bewertet ist.

§ 28
Zulassung zur Zusatzprüfung

Zur Zusatzprüfung wird auf Antrag zugelassen, wer an der Abschlussprüfung teilnimmt und den Zusatzunterricht ordnungsgemäß besucht hat.

§ 29
Durchführung der Zusatzprüfung

(1) Für die Zusatzprüfung gelten §§ 16, 17 Abs. 2, §§ 18, 19 Abs. 1 und 4 bis 6, § 21 Abs. 1, 2 und 4 bis 6, § 22 Abs. 1, 2, 4 Satz 1 und Abs. 5 und 6 sowie §§ 25, 26 entsprechend mit folgender Maßgabe:

1. Schriftliche Prüfungsarbeiten sind in folgenden Fächern zu fertigen:

Deutsch II	240 Minuten,
Englisch II	200 Minuten,
Mathematik II	200 Minuten.

   Die Prüfungsaufgaben werden im Rahmen der Bildungs- und Lehrpläne landeseinheitlich vom Kultusministerium oder der von ihm beauftragten oberen Schulaufsichtsbehörde gestellt.
2. Die mündliche Prüfung kann sich auf die in Nummer 1 genannten Fächer erstrecken. Von

der mündlichen Prüfung ist in den Fächern abzusehen, in welchen die Anmeldenote und die Note der schriftlichen Prüfung übereinstimmen. § 21 Abs. 4 Satz 4 bleibt mit der Maßgabe unberührt, dass sich der Wunsch auf eine zusätzliche Prüfung nur auf die in Nummer 1 genannten Fächer beziehen kann.

(2) Die Zusatzprüfung ist bestanden, wenn

1. die Abschlussprüfung des Berufskollegs für technische Assistenten bestanden wurde und
2. der Durchschnitt aus den Endnoten der Fächer der Zusatzprüfung 4,0 oder besser ist und
3. keines der Fächer der Zusatzprüfung mit der Endnote „ungenügend" bewertet ist und
4. die Leistungen in nicht mehr als einem nach § 5 maßgebenden Fächer einschließlich der Fächer der Zusatzprüfung schlechter als mit der Note „ausreichend" bewertet sind; sind die Leistungen in zweien dieser Fächer schlechter als mit der Endnote „ausreichend" bewertet, ist die Zusatzprüfung bestanden, wenn für beide Fächer nach Maßgabe des § 12 Abs. 2 Nr. 4 ein Ausgleich gegeben ist; dabei können die Fächer der Zusatzprüfung nur mit schriftlich geprüften Fächern ausgeglichen werden.
5. Die Wiederholung der Zusatzprüfung setzt die Wiederholung des Zusatzunterrichts voraus, wenn auch die schulische Abschlussprüfung nicht bestanden wurde. Wer nur die Zusatzprüfung nicht bestanden hat, kann sie einmal zum nächsten allgemeinen Prüfungstermin ohne erneuten Besuch des Berufskollegs wiederholen. Die ursprünglichen Anmeldenoten bleiben in diesem Fall erhalten.

§ 30
Zeugnis der Fachhochschulreife

Wer nach der Feststellung des Vorsitzenden die Abschlussprüfung und die Zusatzprüfung bestanden hat, erhält das Zeugnis der Fachhochschulreife, das zum Studium an einer Fachhochschule berechtigt (Anlage 13). Dabei werden die Endnoten der maßgebenden Fächer des zweiten Schuljahres aus dem Abschlusszeugnis übernommen.

3. Unterabschnitt
Prüfung für Schulfremde

§ 31
Teilnehmer

Personen, die das Abschlusszeugnis eines Berufskollegs für technische Assistenten erwerben wollen, ohne ein entsprechendes öffentliches oder staatlich anerkanntes Berufskolleg besucht zu haben, können als Schulfremde die Abschlussprüfung und im Zusammenhang damit die Zusatzprüfung zum Erwerb der Fachhochschulreife ablegen.

§ 32
Zeitpunkt

Die Prüfung für Schulfremde findet einmal jährlich, in der Regel zusammen mit der Abschlussprüfung und der Zusatzprüfung an den öffentlichen Berufskollegs, statt.

§ 33
Meldung

(1) Die Meldung zur Prüfung ist bis zum 1. Dezember für die Prüfung im darauf folgenden Jahr an das öffentliche Berufskolleg zu richten, an dem die Prüfung durchgeführt werden soll. Die Meldungen von Prüflingen von staatlich genehmigten, aber noch nicht staatlich anerkannten Schulen erfolgt bei der oberen Schulaufsichtsbehörde, in deren Bezirk die Privatschule liegt.

(2) Der Meldung sind beizufügen:

1. ein Lebenslauf in tabellarischer Form mit Angaben über den bisherigen Bildungsweg,
2. die Geburtsurkunde und ein Lichtbild,
3. die den mittleren Bildungsabschluss vermittelnden Zeugnisse (beglaubigte Abschriften oder Ablichtungen) und, sofern die Vorbereitung auf die Prüfung nicht an einer staatlich genehmigten, aber noch nicht staatlich anerkannten Schule erfolgte, der Nachweis einer mindestens dreijährigen einschlägigen Praxis in Betrieben oder Laboratorien (beglaubigte Abschriften oder Ablichtungen),
4. eine Erklärung darüber, ob und gegebenenfalls mit welchem Ergebnis der Bewerber schon an Prüfungen eines Berufskollegs für technische Assistenten teilgenommen hat,
5. eine Erklärung darüber, in welcher Ausbildungsrichtung und gegebenenfalls in welchem Schwerpunkt der Bewerber die Prüfung ablegen möchte und ob sie sich auch auf die Zusatzprüfung zum Erwerb der Fachhochschulreife erstrecken soll,
6. Angaben über die schulische Vorbereitung auf die Prüfung oder über den Selbstunterricht des Bewerbers sowie des in allen Prüfungsfächern durchgearbeiteten Lehrstoffes und der benutzten Literatur,
7. ein Themenvorschlag für ein Kolloquium nach § 36 Abs. 1 Nr. 4.

(3) Für Prüflinge der staatlich genehmigten, aber noch nicht staatlich anerkannten Schulen kann anstelle der Meldung durch den einzelnen Prüfling die Sammelmeldung der Schule treten, die Vor- und Zuname, Geburtstag, Geburtsort und Anschrift des Prüflings enthalten muss. Der Sammelmeldung sind die Unterlagen gemäß Absatz 2 beizufügen.

§ 34
Voraussetzungen für die Zulassung

(1) Schulfremde können die Prüfung nicht eher ablegen, als es ihnen bei Besuch des öffentlichen Berufskollegs möglich wäre.

(2) Zur Prüfung wird nur zugelassen, wer

1. die Voraussetzungen für die Aufnahme in das Berufskolleg gemäß § 8 erfüllt,
2. die Prüfung an einem Berufskolleg für technische Assistenten in der betreffenden Ausbildungsrichtung noch nicht bestanden hat oder nicht bereits wiederholt als ordentlicher oder außerordentlicher Teilnehmer an einer solchen Prüfung teilgenommen hat und

3. eine mindestens dreijährige einschlägige Praxis in Betrieben oder Laboratorien nachweist.

Nummer 3 gilt nicht, wenn die Vorbereitung auf die Schulfremdenprüfung an einer genehmigten, aber noch nicht staatlich anerkannten Schule erfolgte.

(3) An der Zusatzprüfung zum Erwerb der Fachhochschulreife darf nur teilnehmen, wer zusätzlich die Voraussetzungen zur Teilnahme am Zusatzprogramm nach § 8 Abs. 3 erfüllt.

(4) Zur Prüfung wird in der Regel nur zugelassen, wer in Baden-Württemberg seinen ständigen Wohnsitz hat oder in Baden-Württemberg an einer staatlich genehmigten Schule oder einer sonstigen Unterrichtseinrichtung auf die Schulfremdenprüfung vorbereitet wurde.

§ 35
Entscheidung über die Zulassung

Das öffentliche Berufskolleg entscheidet über die Zulassung zur Prüfung. Bei Bewerbern von staatlich genehmigten Schulen trifft diese Entscheidung die obere Schulaufsichtsbehörde. Sie bestimmt das öffentliche Berufskolleg, an dem die Prüfung abzulegen ist. Dabei kann sie zulassen, dass die schriftliche und praktische Prüfung im Gebäude der staatlich genehmigten Schule abgenommen wird. Leitung und Beaufsichtigung der Prüfung regelt in diesem Fall die obere Schulaufsichtsbehörde.

§ 36
Durchführung der Prüfung

(1) Für die zugelassenen Bewerber gelten §§ 14 bis 16 Abs. 1 und 2, §§ 18 bis 22 Abs. 1 und 4 bis 6, §§ 24 bis 26 und bei Teilnahme an der Zusatzprüfung §§ 27 und 29 entsprechend mit folgender Maßgabe:

1. Fachlehrkräfte im Sinne von § 18 Abs. 3 Nr. 2 und § 19 Abs. 5 sind die vom Vorsitzenden des Prüfungsausschusses bestimmten Fachlehrkräfte einer öffentlichen Schule, in der Regel des Berufskollegs, welchem der Bewerber zur Ablegung der Prüfung zugewiesen ist.
2. Die mündliche Prüfung erstreckt sich auf alle maßgebenden Fächer mit Ausnahme der Fächer des fachpraktischen Bereichs. Ein schriftlich geprüftes Fach wird nur dann in die mündliche Prüfung einbezogen, wenn dies der Bewerber spätestens vier Schultage vor der mündlichen Prüfung schriftlich verlangt. Die mündliche Prüfung wird als Einzelprüfung durchgeführt. In den nicht schriftlich geprüften Fächern kann der Fachausschuss ganz oder teilweise anstelle einer mündlichen Prüfung eine vereinfachte schriftliche Prüfung durchführen.
3. Eine praktische Prüfung ist in allen Fächern, die nach § 20 Abs. 2 als praktische Prüfungsfächer für das jeweilige Berufskolleg in Betracht kommen, abzulegen. Zusätzlich sind folgende Fächer praktisch zu prüfen:
   a) Berufskolleg für chemisch-technische Assistenten
      Präparatives Praktikum 2 Tage
   b) Berufskolleg für technische Assistenten für Agrar- und Umweltanalytik:
      In allen Schwerpunkten:
      Biologisches Praktikum 1 Tag,
      Mikrobiologisches Praktikum 1 Tag.
4. Die Prüfung im Fach Projektarbeit erfolgt als Kolloquium über ein von der Schule im Benehmen mit dem Prüfling festgelegtes Thema. Ein Kolloquium dauert in der Regel 30 bis 45 Minuten. Es wird mit einer ganzen Note bewertet. Für die Abnahme des Kolloquiums gilt § 18 Abs. 3 i.V.m. § 36 Abs. 1 Nr. 1 mit der Maßgabe, dass dem Fachausschuss zusätzlich bis zu zwei weitere Fachlehrkräfte angehören können.
5. Bei der Feststellung des Ergebnisses der Prüfung zählen allein die Prüfungsleistungen. Wurde ein Fach nur praktisch oder mündlich geprüft, ist bei Anwendung des § 20 Abs. 8 Satz 2 der Durchschnitt in der üblichen Weise auf eine ganze Note zu runden; § 19 Abs. 5 Satz 2 2. Halbsatz gilt entsprechend.
6. Die Schule kann im Einzelfall auf Antrag die Zusatzprüfung in einer anderen Fremdsprache zulassen.

(2) Die Prüflinge haben sich bei Beginn der Prüfung mit einem mit Lichtbild versehenen amtlichen Ausweis auszuweisen und diesen während der gesamten Prüfung bei sich zu führen und auf Verlangen vorzuzeigen.

§ 37
Zeugnisse

(1) Wer die Prüfung bestanden hat, erhält das Abschlusszeugnis für Schulfremde (Anlage 12; *hier nicht abgedruckt*). Wer die Prüfung nicht bestanden hat, erhält auf Verlangen eine Bescheinigung über die Teilnahme an der Prüfung, über das Ergebnis der Prüfung und die ermittelten Einzelnoten.

(2) Wer auch die Zusatzprüfung zum Erwerb der Fachhochschulreife bestanden hat, erhält außerdem das Zeugnis der Fachhochschulreife (Anlage 13; *hier nicht abgedruckt*).

→ Zeugnisse (Berufliche Schulen)

¹ → Berufskolleg Technische Assistenten– Stundentafeln); ⇨ Handy-Nutzung, ⇨ Korrekturtag, → Termine Berufliche Schulen; → Zeugnisse (Berufliche Schulen)

Mit dem Zeichen ⇨ verweisen wir auf Beiträge im Standard-Teil des Jahrbuchs.
Auf Beiträge im Sonderteil berufliche Schulen verweisen wir mit dem Zeichen →.

Berufskolleg Technische Assistent*innen (Stundentafeln)

Anlage 1 (Zu § 4)

Stundentafel für das
Berufskolleg für Technische Assistenten für Agrar- und Umweltanalytik
(durchschnittliche Zahl der Wochenstunden)

Schwerpunkt	**Agrikultur-chemie / Umweltanalytik**		**Pflanzen-produktion**		**Phytomedizin**		**Tierhaltung**	
Schuljahr	1.	2.	1.	2.	1.	2.	1.	2.
1. Pflichtfächer								
1.1 Allgemeiner Bereich								
Religionslehre	1	1	1	1	1	1	1	1
Deutsch I	1	1	1	1	1	1	1	1
Englisch I	1	1	1	1	1	1	1	1
Wirtschafts- und Sozialkunde	1	2	1	2	1	2	1	2
1.2 Fachtheoretischer Bereich								
Mathematik I	2	1	2	1	2	1	2	1
Physik	2	-	2	-	2	-	2	-
Chemie	3	2	3	2	3	2	3	2
Biologie	2	2	2	2	2	2	2	2
Mikrobiologie	2	-	2	-	2	-	2	-
Informationstechnik/Statistik	2	2	2	2	2	2	2	2
Analytische Chemie	3	2	-	-	-	-	-	-
Agrartechnologie	2	1	-	-	-	-	-	-
Pflanzenproduktion und -züchtung	-	-	3	2	-	-	-	-
Pflanzenproduktion (Phytomedizin)	-	-	-	-	2	1	-	-
Phytomedizin	-	-	2	1	3	2	-	-
Tierhaltung und Tierernährung	-	-	-	-	-	-	5	3
1.3 Fachpraktischer Bereich								
Chemisches Praktikum	-	4	-	4	-	4	-	4
Biologisches Praktikum	4	-	4	-	4	-	4	-
Labormethodik I	4	5	2	4	2	4	2	4
Labormethodik II	-	5	-	-	-	-	-	-
Versuchstechnik	-	-	2	6	2	6	-	-
Betriebs- und Laborpraktikum	-	-	-	-	-	-	2	6
Mikrobiologisches Praktikum	3	-	3	-	3	-	3	-
1.4 Projektarbeit	-	2	-	2	-	2	-	2
2. Wahlpflichtfächer[1]								
Ergänzende Fächer	2	2	2	2	2	2	2	2
	35	**33**	**35**	**33**	**35**	**33**	**35**	**33**
3. Wahlfächer								
3.1 Zusatzunterricht zum Erwerb der Fachhochschulreife								
Deutsch II	1	2	1	2	1	2	1	2
Englisch II	1	2	1	2	1	2	1	2
Mathematik II	2	2	2	2	2	2	2	2
3.2 weitere Wahlfächer								

[1] **Anmerkung:** Es kann pro Klasse nur eine Gruppe gebildet werden.

Anlage 2

Stundentafel für das
Berufskolleg für biologisch-technische Assistenten
(durchschnittliche Zahl der Wochenstunden)

Schwerpunkt	**Biologie und Biotechnologie**		**Bioinformatik und Molekularbiologie**	
Schuljahr	1.	2.	1.	2.
1. **Pflichtfächer**				
1.1 Allgemeiner Bereich				
Religionslehre	1	1	1	1
Deutsch I	1	1	1	1
Englisch I	1	1	1	1
Wirtschafts- und Sozialkunde	1	2	1	2
1.2 Fachtheoretischer Bereich				
Mathematik I	3	1	3	1
Physik	2	-	2	-
Chemie und Biochemie	4	3	3	2
Biologie	4	3	2	2
Mikro- und Molekularbiologie	2	2	4	2
Informatik	1	-	-	-
Bioinformatik	-	-	2	2
1.3 Fachpraktischer Bereich				
Physikalisches, chemisches und biochemisches Praktikum	5	7	4	4
Biologisches und biotechnologisches Praktikum[1)]	5	7	4	4
Mikrobiologisches und gentechnisches Praktikum	4	4	-	-
Molekularbiologisches Praktikum	-	-	4	6
Bioinformatik-Praktikum	-	-	2	4
1.4 Projektarbeit	1	1	1	1
	35	**33**	**35**	**33**
2. **Wahlfächer**				
2.1 Zusatzunterricht zum Erwerb der Fachhochschulreife				
Deutsch II	1	2	1	2
Englisch II	1	2	1	2
Mathematik II	2	2	2	2
2.2 weitere Wahlfächer				

Anmerkung: [1)] enthält eine Stunde Fototechnisches Praktikum

Anlage 3

Stundentafel für das
Berufskolleg für biotechnologische Assistenten
(durchschnittliche Zahl der Wochenstunden)

Schuljahr	1.	2.
1. **Pflichtfächer**		
1.1 Allgemeiner Bereich		
Religionslehre	1	1
Deutsch I	1	1
Englisch I	1	1
Wirtschafts- und Sozialkunde	1	2
1.2 Fachtheoretischer Bereich		
Mathematik I	2	2
Fachbezogenes Englisch	1	1
Chemie	3	2
Physik	2	-
Biologie	3	2
Mikrobiologie	2	2
Biotechnologie	3	3
Informationstechnik	2	-
1.3 Fachpraktischer Bereich		
Biologisches Praktikum	3	-
Mikrobiologisches Praktikum	3	2
Chemisches Praktikum	-	3
Allgemeine Labormethodik	2	-
Biotechnologisches Praktikum	5	9[1)]
1.4 Projektarbeit	-	2
	35	**33**
2. **Wahlfächer**		
2.1 Zusatzunterricht zum Erwerb der Fachhochschulreife		
Deutsch II	1	2
Englisch II	1	2
Mathematik II	2	2
2.2 weitere Wahlfächer		

Anmerkung: [1)] enthält eine Stunde DV-Anwendungen

Anlage 4

Stundentafel für das
Berufskolleg für chemisch-technische Assistenten
(durchschnittliche Zahl der Wochenstunden)

Schuljahr	1.	2.
1. **Pflichtfächer**		
1.1 Allgemeiner Bereich		
Religionslehre	1	1
Deutsch I	1	1
Englisch I	1	1
Wirtschafts- und Sozialkunde	1	2
1.2 Fachtheoretischer Bereich		
Mathematik I	4	1
Physik	3	-
Physikalische Chemie	2	2
Allgemeine und anorganische Chemie	2	1
Organische Chemie	3	3
Analytische Chemie	3	2
Computertechnik	2	1
1.3 Fachpraktischer Bereich		
Physikalisches und physikalisch-chemisches Praktikum	2	5
Qualitative und quantitative Analyse	10	-
Präparatives Praktikum	-	6
Technische Untersuchungen	-	5
1.4 Projektarbeit	-	2
	35	**33**
2. **Wahlfächer**		
2.1 Zusatzunterricht zum Erwerb der Fachhochschulreife		
Deutsch II	1	2
Englisch II	1	2
Mathematik II	2	2
2.2 weitere Wahlfächer		

Anlage 5

Stundentafel für das
Berufskolleg für elektrotechnische Assistenten
(durchschnittliche Zahl der Wochenstunden)

Schuljahr	1.	2.
1. **Pflichtfächer**		
1.1 Allgemeiner Bereich		
Religionslehre	1	1
Deutsch I	1	1
Englisch I	1	1
Wirtschafts- und Sozialkunde	1	2
1.2 Fachtheoretischer Bereich		
Mathematik I	4	-
Physik	2	-
Elektronik	4	2
Informationstechnik	2	2
Automatisierungstechnik	2	2
Schwerpunkt Kommunikationstechnik:		
Kommunikationstechnik	2	2
Schwerpunkt Energietechnik:		
Kommunikationstechnik/Energietechnik	2	2
1.3 Fachpraktischer Bereich		
Praktikum Grundfertigkeiten	2	2
Praktikum Elektronik	3	3
Praktikum Informationstechnik	2	3
Praktikum Automatisierungstechnik	2	2
Schwerpunkt Kommunikationstechnik		
Praktikum Kommunikationstechnik	2	2
Schwerpunkt Energietechnik		
Praktikum Kommunikationstechnik/Energietechnik	2	2
1.4 Projektarbeit	-	2
2. **Wahlpflichtfächer**[1)]		
Ergänzende Fächer	4	6
	35	**33**
3. **Wahlfächer**		
3.1 Zusatzunterricht zum Erwerb der Fachhochschulreife		
Deutsch II	1	2
Englisch II	1	2
Mathematik II	2	2
3.2 weitere Wahlfächer		

Anmerkung: [1)] Es kann pro Klasse 1 Stunde in Klassenteilung unterrichtet werden.

Anlage 6

Stundentafel für das
Berufskolleg für foto- und medientechnische Assistenten
(durchschnittliche Zahl der Wochenstunden)

Schuljahr	1.	2.
1. Pflichtfächer		
1.1 Allgemeiner Bereich		
Religionslehre	1	1
Deutsch I	1	1
Englisch I	1	1
Wirtschafts- und Sozialkunde	1	2
1.2 Fachtheoretischer Bereich		
Mathematik I	2	-
Informationstechnik	1	2
Angewandte Physik und Chemie	5	-
Fototechnik	3	2
Medientechnik	4	4
1.3 Fachpraktischer Bereich		
Bildaufnahmetechnik	8	9
Bildverarbeitungstechnik	8	9
1.4 Projektarbeit	-	2
	35	**33**
2. Wahlfächer		
2.1 Zusatzunterricht zum Erwerb der Fachhochschulreife		
Deutsch II	1	2
Englisch II	1	2
Mathematik II	2	2
2.2 weitere Wahlfächer		

Anlage 7

Stundentafel für das
Berufskolleg für informations- und kommunikationstechnische Assistenten
(durchschnittliche Zahl der Wochenstunden)

Schuljahr	1.	2.
1. Pflichtfächer		
1.1 Allgemeiner Bereich		
Religionslehre	1	1
Deutsch I	1	1
Englisch I	1	1
Wirtschafts- und Sozialkunde	1	2
1.2 Fachtheoretischer Bereich		
Mathematik I	4	-
Elektronik	3	-
Programmiertechnik	2	3
Informationstechnik	3	3
Kommunikationstechnik	3	4
1.3 Fachpraktischer Bereich		
Praktikum Elektronik	3	-
Praktikum Programmiertechnik	3	3
Praktikum Informationstechnik	3	3
Praktikum Kommunikationstechnik	3	4
1.4 Projektarbeit	-	2
2. Wahlpflichtfächer[1]		
Ergänzende Fächer	4	6
	35	**33**
3. Wahlfächer		
3.1 Zusatzunterricht zum Erwerb der Fachhochschulreife		
Deutsch II	1	2
Englisch II	1	2
Mathematik II	2	2
3.2 weitere Wahlfächer		

Anmerkung: [1] Es können pro Klasse 2 Stunden in Klassenteilung unterrichtet werden.

Berufliche Schulen

Anlage 8

Stundentafel für das
Berufskolleg für physikalisch-technische Assistenten
(durchschnittliche Zahl der Wochenstunden)

Schuljahr	1.	2.
1. **Pflichtfächer**		
1.1 Allgemeiner Bereich		
Religionslehre	1	1
Deutsch I	1	1
Englisch I	1	1
Wirtschafts- und Sozialkunde	1	2
1.2 Fachtheoretischer Bereich		
Mathematik I	3	1
Physikalische Technik	4	4
Elektrotechnik / Elektronik	2	2
Informationstechnik	2	2
Mess- und Sensortechnik	2	-
Physikalisch-technische Sondergebiete	2	4
1.3 Fachpraktischer Bereich		
Praktikum Physikalische Technik	4	4
Praktikum Elektrotechnik / Elektronik	2	2
Praktikum Informationstechnik	3	3
Werkstatt-Praktikum	3	-
Praktikum Mess- und Sensortechnik	-	2
Praktikum Physikalisch-technische Sondergebiete	2	2
1.4 Projektarbeit	-	2
	33	**33**
2. **Wahlfächer**		
2.1 Zusatzunterricht zum Erwerb der Fachhochschulreife		
Deutsch II	1	2
Englisch II	1	2
Mathematik II	2	2
2.2 weitere Wahlfächer		

Anlage 9

Stundentafel für das
Berufskolleg für umweltschutztechnische Assistenten
(durchschnittliche Zahl der Wochenstunden)

Schuljahr	1.	2.
1. **Pflichtfächer**		
1.1 Allgemeiner Bereich		
Religionslehre	1	1
Deutsch I	1	1
Englisch I	1	1
Wirtschafts- und Sozialkunde	1	2
1.2 Fachtheoretischer Bereich		
Mathematik I	4	1
Physik	3	-
Physikalische Chemie	2	2
Allgemeine und anorganische Chemie	2	-
Organische Chemie	3	2
Analytische Chemie / Umweltanalytik	3	2
Computertechnik / Mess-, Steuer-, Regeltechnik	2	1
Biologie / Ökologie	-	3
Verfahrenstechnik / Umwelttechnik	-	3
Umweltrecht	-	1
1.3 Fachpraktischer Bereich		
Physikalisches und physikalisch-chemisches Praktikum	2	-
Qualitative und quantitative Analyse	10	-
Umweltanalytisches Praktikum	-	6
Mikrobiologisches und molekularbiologisches Praktikum	-	2
Verfahrenstechnisches und umwelttechnisches Praktikum	-	2
Ergänzendes Praktikum	-	1
1.4 Projektarbeit	-	2
	35	**33**
2. **Wahlfächer**		
2.1 Zusatzunterricht zum Erwerb der Fachhochschulreife		
Deutsch II	1	2
Englisch II	1	2
Mathematik II	2	2
2.2 weitere Wahlfächer		

Anlage 10 (zu § 4)

Stundentafel für das
Berufskolleg für Produktdesign
(durchschnittliche Zahl der Wochenstunden)

Schuljahr	1.	2.
1. **Pflichtfächer**		
1.1 Allgemeiner Bereich		
Religionslehre	1	1
Deutsch I	1	1
Englisch I	1	1
Wirtschafts- und Sozialkunde	1	2
1.2 Fachtheoretischer Bereich		
Mathematik I	2	2
Präsentationstechnik	1	2
Gestaltung	4	3
Technologie	2	2
Betriebswirtschaft	2	2
1.3 Fachpraktischer Bereich		
Gestaltungspraktikum	11	8
Computeranwendung	4	4
1.4 Projektarbeit	-	2
2. **Wahlpflichtfächer**		
Ergänzende Fächer	2	2
	32	**32**
2. **Wahlfächer**		
2.1 Zusatzunterricht zum Erwerb der Fachhochschulreife		
Deutsch II	1	2
Englisch II	1	2
Mathematik II	2	2
2.2 weitere Wahlfächer		

Anlage 11 (Zu § 4)

Stundentafel für das
Berufskolleg für technische Dokumentation
(durchschnittliche Zahl der Wochenstunden)

Schuljahr	1.	2.
1. **Pflichtbereich**		
1.1 Allgemeiner Bereich		
Religionslehre	1	1
Deutsch I	2	1
Englisch I	2	1
Geschichte mit Gemeinschaftskunde	2	1
Physik	-	2
1.2 Fachtheoretischer Bereich		
Mathematik I	2	2
Informationstechnik	1	2
Kommunikations- und Medientechnik	2	-
Kommunikationsdesign	-	2
Technische Dokumentation	2	3
Technisches Englisch	1	-
Betriebliche Kommunikation	1	-
Betriebswirtschaftslehre und Marketing	2	-
Betriebs- und Volkswirtschaftslehre	-	2
1.3 Fachpraktischer Bereich		
Praktikum Informationstechnik	3	3
Praktikum Kommunikations- und Medientechnik	6	-
Praktikum Kommunikationsdesign	-	4
Praktikum Technische Dokumentation	2	3
1.4 Projektarbeit	-	2
2. **Wahlpflichtbereich**		
Ergänzende Fächer	6	4
	35[1)]	**33**[1)]
3. **Wahlbereich**		
3.1 Zusatzunterricht zum Erwerb der Fachhochschulreife		
Deutsch II	1	2
Englisch II	1	2
Mathematik II	2	2
3.2 Weitere Wahlfächer		

Anmerkungen:
1) Bei Vorliegen der Teilungsvoraussetzungen nach der jeweils geltenden Verwaltungsvorschrift zur Unterrichtsorganisation maximale Sollstundenzahl: 1. Schuljahr: 49 Wochenstunden; 2. Schuljahr: 45 Wochenstunden.

Berufliche Schulen

Berufskolleg Teilzeitunterricht

Ausbildung und Prüfung an Berufskollegs in Teilzeitunterricht;
Schulversuchsbestimmungen des KM vom 7. September 2005 (AZ: 41-6623.3-01/112); Stand: 4. September 2013

1. Abschnitt – Allgemeines

§ 1

Geltungsbereich, Bezeichnungen

(1) Diese Verordnung gilt für die Ausbildung an den Berufskollegs in Teilzeitform.

(2) Soweit die nachfolgenden Bestimmungen Personenbegriffe wie Schüler, Schulleiter, Vorsitzender, Prüfer oder Bewerber enthalten, sind dies funktions- oder statusbezogene Bezeichnungen, die gleichermaßen auf Frauen und Männer zutreffen.

§ 2

Ausbildungsziel

Die in Teilzeitunterricht geführten Berufskollegs kooperieren mit betrieblichen Ausbildungsstätten und bereiten auf den Abschluss in einem anerkannten Ausbildungsberuf vor. Darüber hinaus werden berufstheoretische Kenntnisse vertieft und die Allgemeinbildung weitergeführt. Durch Zusatzunterricht wird der Erwerb der Fachhochschulreife ermöglicht.

→ Individuelle Förderung und Unterstützung (BS)

§ 3

Profile, Inhalt, Dauer und Abschluss der Ausbildung

(1) Das Berufskolleg ist im gewerblich-technischen Bereich in die Fachrichtungen Bautechnik, Elektronik, Farbtechnik und Raumgestaltung, Fahrzeugtechnik, Metalltechnik, Papiertechnik, Textiltechnik sowie Sanitär-, Heizungs- und Klimatechnik gegliedert. Zudem wird die Fachrichtung Hotellerie und Gastronomie angeboten.

(2) Der Besuch des Berufskollegs dauert drei Schuljahre. Der Teilzeitunterricht kann auch als Blockunterricht erteilt werden; das Nähere regelt der Schulleiter im Rahmen der Stundentafel in Abstimmung mit den beteiligten betrieblichen Ausbildungsstätten.

(3) Der Unterricht richtet sich nach den vom Kultusministerium für verbindlich erklärten Bildungs- und Lehrplänen und nach den als Anlage beigefügten Stundentafeln. Soweit und solange das Kultusministerium noch keine Lehrpläne erlassen hat, erfolgt der Unterricht nach Lehrplänen der Schule.

→ Berufskolleg Teilzeitunterricht – Stundentafel

(4) Die Ausbildung im Berufskolleg endet mit einer Abschlussprüfung. Mit dem Bestehen der Abschlussprüfung im Berufskolleg und dem Bestehen der Abschlussprüfung im Ausbildungsberuf wird die Berufsbezeichnung „Berufskollegiat (staatlich geprüft)“ mit einem die Fachrichtung kennzeichnenden Zusatz erworben.

(5) Für die Teilnahme am Zusatzunterricht zum Erwerb der Fachhochschulreife gilt das erste Schulhalbjahr des zweiten Schuljahres als Probezeit. Die Teilnahme am Zusatzunterricht des zweiten Schulhalbjahres setzt voraus, dass am Ende des ersten Schulhalbjahres der Notendurchschnitt aus den Fächern des Zusatzunterrichts mindestens 3,5 beträgt und in keinem dieser Fächer die Note „ungenügend“ erteilt wurde.

§ 4

Maßgebende Fächer, Kernfächer

(1) Für die Versetzung und für den Abschluss sind die Leistungen in den maßgebenden Fächern entscheidend. Maßgebende Fächer sind alle Fächer des Pflichtbereichs mit Ausnahme von Religionslehre.

(2) Kernfächer unter den maßgebenden Fächern sind die Fächer der schriftlichen Prüfung (§ 15 Abs. 2).

2. Abschnitt
Aufnahmeverfahren

§ 5

Aufnahmevoraussetzungen

Voraussetzungen für die Aufnahme in das Berufskolleg sind

1. die Fachschulreife oder der Realschulabschluss oder das Versetzungszeugnis in die Klasse 11 eines Gymnasiums im neunjährigen Bildungsgang oder der Nachweis eines gleichwertigen Bildungsstandes oder das Versetzungszeugnis in die Klasse 10 eines Gymnasiums im achtjährigen Bildungsgang und
2. der Nachweis eines einschlägigen Berufsausbildungsvertrages nach den Bestimmungen des Berufsbildungsgesetzes mit einer betrieblichen Ausbildungsstätte, die mit dem Berufskolleg kooperiert; der Vertrag muss den Besuch des Berufskollegs vorsehen.

Zusätzlich sind von ausländischen Bewerbern, die das Zeugnis nach Satz 1 Nr. 1 nicht an einer deutschen Schule erworben haben, ausreichende deutsche Sprachkenntnisse nachzuweisen.

§ 6

Aufnahmeantrag

(1) Der Aufnahmeantrag ist an das Berufskolleg zu richten, an dem die Ausbildung erfolgen soll. Der Termin, zu dem der Antrag bei der Schule eingegangen sein muss, wird vom Schulleiter bestimmt und auf geeignete Weise bekanntgegeben. Dem Aufnahmeantrag sind beizufügen:

1. ein Lebenslauf in tabellarischer Form mit Angaben über den bisherigen Bildungsweg und gegebenenfalls über die ausgeübte Berufstätigkeit,
2. eine beglaubigte Abschrift des Nachweises des Bildungsstandes nach § 5,
3. eine Erklärung, ob und gegebenenfalls
   a) an welchem Berufskolleg der Bewerber bereits an einem Aufnahmeverfahren teilgenommen hat,
   b) an welches Berufskolleg der Bewerber ebenfalls einen Aufnahmeantrag gerichtet hat.

Sofern der Nachweis nach § 5 Satz1 Nr. 1 zum Anmeldetermin noch nicht vorgelegt werden kann, ist er unverzüglich nachzureichen; dem Aufnahmeantrag ist in diesem Fall eine beglaubigte Abschrift des letzten Schulzeugnisses beizufügen.

(2) Über den Aufnahmeantrag entscheidet der Schulleiter. Er kann eine angemessene Frist setzen, innerhalb der sich der Bewerber erklären muss, ob er die Zusage über die Aufnahme annimmt.

§ 7
Auswahlverfahren

(1) Ein Auswahlverfahren ist nur durchzuführen, wenn

1. bei voller Ausschöpfung der vorhandenen personellen und sächlichen Gegebenheiten sowie
2. bei Abstimmung der Aufnahmefähigkeit benachbarter Schulen und entsprechender Zuweisung der Bewerber (§ 18 Abs. 1 und § 88 Abs. 4 SchG)

nicht alle Bewerber, welche die Aufnahmevoraussetzungen nach § 5 erfüllen, in das Berufskolleg aufgenommen werden können.

(2) Im Auswahlverfahren sind die Plätze nach folgenden Quoten zu vergeben:

1. 85 vom Hundert nach Eignung und Leistung,
2. 15 vom Hundert für außergewöhnliche Härtefälle.

Bleiben im Rahmen der Auswahl nach Satz 1 Nr. 2 Plätze frei, sind diese nach Eignung und Leistung zu vergeben.

(3) Die Vergabe der Plätze nach Eignung und Leistung erfolgt entsprechend dem Anteil der Bewerber mit

1. der Fachschulreife,
2. dem Realschulabschluss,
3. dem Versetzungszeugnis in die Klasse 10 eines Gymnasiums im achtjährigen Bildungsgang oder dem Versetzungszeugnis in die Klasse 11 eines Gymnasiums im neunjährigen Bildungsgang,
4. einen dem Realschulabschluss gleichwertigen Bildungsstand nach Abschluss der Klasse 10 der Werkrealschule oder der Hauptschule und
5. einem dem Realschulabschluss gleichwertigen Bildungsstand durch Berufsschulabschluss und Berufsabschluss oder durch Hauptschulabschluss, Berufsschulabschluss und Berufsabschluss.

Die Rangfolge innerhalb der Bewerbergruppen Nummern 1 bis 4 bestimmt sich nach dem auf eine Dezimale errechneten Durchschnitt aus den Noten aller Fächer, ausgenommen Arbeitsgemeinschaften, des Zeugnisses über den Bildungsabschluss, die Rangfolge innerhalb der Bewerbergruppe Nummer 5 nach der im Berufsschulabschlusszeugnis ausgewiesenen Durchschnittsnote. Bei gleicher Rangfolge entscheidet das Los. Bewerber mit dem Nachweis eines gleichwertigen Bildungsstandes sind der einschlägigen Gruppe nach Satz 2 Nr. 1, 2 oder 3 zuzuordnen.

(4) Ein außergewöhnlicher Härtefall liegt vor, wenn der Bewerber nach Absatz 3 nicht ausgewählt worden ist und die Nichtaufnahme für ihn mit Nachteilen verbunden wäre, die bei Anlegung eines strengen Maßstabs über das Maß der mit der Nichtaufnahme üblicherweise verbundenen Nachteile erheblich hinausgehen. Für die Berücksichtigung als außergewöhnliche Härtefälle kommen insbesondere familiäre oder soziale Umstände oder andere vom Bewerber nicht zu vertretenden Gründe, welche die Aufnahme der Ausbildung verzögert haben, in Betracht. Über das Vorliegen eines außergewöhnlichen Härtefalles und die sich nach dem Grad der Härte ergebende Rangfolge der Bewerber entscheidet ein Auswahlausschuss, dem der Schulleiter als Vorsitzender und vier vom ihm beauftragte Lehrkräfte angehören; § 14 Abs. 2 gilt entsprechend. Der Auswahlausschuss ist beschlussfähig, wenn mindestens drei seiner Mitglieder anwesend sind. Er entscheidet mit einfacher Mehrheit, bei Stimmengleichheit gibt die Stimme des Vorsitzenden den Ausschlag.

(5) Bewerber, deren Aufnahmeantrag nach dem vom Schulleiter festgelegten Termin eingegangen ist, können im Auswahlverfahren erst berücksichtigt werden, wenn alle rechtzeitig eingegangenen Aufnahmeanträge beschieden oder zurückgenommen sind.

3. Abschnitt
Versetzung, Wiederholung, vorzeitige Beendigung des Schulverhältnisses

§ 8
Versetzung, Wiederholung

(1) In das nächste Schuljahr wird versetzt, wer aufgrund der Leistungen in den für die Versetzung maßgebenden Fächern den Anforderungen im laufenden Schuljahr im Ganzen entsprochen hat und deshalb erwarten lässt, dass er auch den Anforderungen des folgenden Schuljahres entsprechen wird.

(2) Die Voraussetzungen nach Absatz 1 liegen vor, wenn im Jahreszeugnis

1. der Durchschnitt aus den Noten aller maßgebenden Fächer 4,0 oder besser ist,
2. die Leistungen in nicht mehr als zwei maßgebenden Fächern schlechter als mit der Note „ausreichend" bewertet sind.

(3) Wird ein Schüler nicht versetzt und wird sein Ausbildungsvertrag verlängert, kann er das Schuljahr einmal wiederholen.

(4) Wird ein Schüler nicht versetzt und wird sein Ausbildungsvertrag nicht verlängert, kann er in die nächst höhere Klasse der Berufsschule wechseln.

(5) Ausnahmsweise kann die Klassenkonferenz nach Beratung mit der betrieblichen Ausbildungsstelle einem Schüler, der die Voraussetzungen für eine Versetzung gemäß Abs. 1 und 2 nicht erfüllt, den Besuch des folgenden Schuljahres gestatten, wenn sie mit Zweidrittelmehrheit zu der Auffassung gelangt, dass er unter Berücksichtigung seiner voraussichtlichen Leistungsentwicklung das Ziel des nächsten Schuljahres erreichen wird.

Berufliche Schulen

§ 9
Beendigung aus beruflichen Gründen

Ein Schüler, dessen Berufsausbildungsverhältnis (§ 5 Satz 1 Nr. 2) vorzeitig endet, muss das Berufskolleg verlassen.

4. Abschnitt Prüfungen

1. Unterabschnitt – Abschlussprüfung

§ 10
Zweck der Prüfung

In der Abschlussprüfung soll der Schüler nachweisen, dass er das Ausbildungsziel des Berufskollegs erreicht hat und die geforderten allgemeinen und fachtheoretischen Kenntnisse besitzt.

§ 11
Teile der Prüfung

Die Abschlussprüfung besteht aus der schriftlichen Prüfung und der mündlichen Prüfung. Sie ist nichtöffentlich.

§ 12
Abnahme der Prüfung

(1) Die Abschlussprüfung wird am Berufskolleg abgenommen.

(2) Der Zeitpunkt der schriftlichen Prüfung wird vom Kultusministerium, der Zeitpunkt der mündlichen Prüfung wird vom Vorsitzenden des Prüfungsausschusses festgelegt.

§ 13
Anmeldenoten, Zulassung zur Prüfung

(1) Für die Prüfung werden in allen Fächern Anmeldenoten in Form ganzer Noten gebildet, die aus den während des dritten Schuljahres erbrachten Einzelleistungen zu ermitteln sind. Die Anmeldenoten sind dem Schüler für die Fächer der schriftlichen Prüfung fünf bis sieben Schultage vor Beginn der schriftlichen Prüfung und für die übrigen Fächer fünf bis sieben Schultage vor der mündlichen Prüfung zusammen mit den Noten der schriftlichen Prüfung bekannntzugeben.

(2) Zur Prüfung sind alle Schüler des dritten Schuljahres zugelassen, bei denen für die maßgebenden Fächer die Anmeldenoten nach Absatz 1 Satz 1 vorliegen. Liegen diese Voraussetzungen nicht vor, ist die Nichtzulassung vom Schulleiter festzustellen und dem Schüler unter Angabe der Gründe unverzüglich schriftlich mitzuteilen. Sie gilt als Nichtbestehen der Abschlussprüfung, es sei denn, dass die Gründe von dem Schüler nicht zu vertreten sind.

§ 14
Prüfungsausschuss, Fachausschüsse

(1) Für die Abschlussprüfung wird an jedem Berufskolleg ein Prüfungsausschuss gebildet, der für die ordnungsgemäße Durchführung der Prüfung verantwortlich ist. Diesem gehören an:

1. als Vorsitzender der Schulleiter oder eine vom Schulleiter beauftragte Lehrkraft, so weit die obere Schulaufsichtsbehörde nichts anderes bestimmt hat,
2. als stellvertretender Vorsitzender der Schulleiter oder sein ständiger Vertreter oder eine vom Schulleiter beauftragte Lehrkraft,
3. sämtliche Lehrkräfte, die in der Abschlussklasse in den maßgebenden Fächern unterrichten.

Die obere Schulaufsichtsbehörde und der Vorsitzende des Prüfungsausschusses können weitere Mitglieder berufen, soweit dies für die Durchführung der Prüfung erforderlich ist.

(2) Die Mitglieder des Prüfungsausschusses sind bei ihrer Tätigkeit als Prüfer unabhängig. Sie sind zur Amtsverschwiegenheit über alle Prüfungsangelegenheiten verpflichtet. Der Vorsitzende des Prüfungsausschusses hat sie vor Beginn der Prüfung hierüber zu belehren.

(3) Für die mündliche Prüfung in den einzelnen Fächern bildet der Vorsitzende des Prüfungsausschusses oder ein von ihm Beauftragter die erforderlichen Fachausschüsse. Jedem Fachausschuss gehören an:

1. der Vorsitzende oder ein von ihm bestimmtes Mitglied des Prüfungsausschusses als Leiter, sofern die obere Schulaufsichtsbehörde nichts anderes bestimmt,
2. die Fachlehrkraft der Klasse oder bei deren Verhinderung eine in dem betreffenden Prüfungsfach erfahrene Lehrkraft als Prüfer,
3. ein weiteres fachkundiges Mitglied des Prüfungsausschusses zugleich als Protokollführer.

In den Fächern, in denen der Schüler von verschiedenen Fachlehrkräften für Teilbereiche unterrichtet wird, gehören alle Fachlehrkräfte, die den Schüler in den zu prüfenden Teilbereichen zuletzt unterrichtet haben, dem Fachausschuss als Mitglieder an. Sie sind jeweils für ihren Teilbereich Prüfer nach Satz 2 Nr. 2. Der Leiter des Fachausschusses bestimmt den Gang der Prüfung; er kann selbst prüfen.

§ 15
Schriftliche Prüfung

(1) Die Leitung der schriftlichen Prüfung obliegt dem Schulleiter oder einer von ihm beauftragten Lehrkraft.

(2) Schriftliche Prüfungsarbeiten sind in folgenden Fächern zu fertigen:

1. Deutsch 240 Minuten;
2. Fachrichtung Bautechnik
   Planungsgrundlagen 120 Minuten,
   Baukonstruktion 240 Minuten,
   Baubetrieb mit Vermessung 120 Minuten;
3. Fachrichtung Elektronik
   – Schwerpunkt Anlagen und Gerätetechnik –
   Physikalisch-technische Zusammenhänge 120 Minuten,
   Elektrotechnische Systeme 120 Minuten,
   Informationstechnische Systeme 180 Minuten;
   – Schwerpunkt Informationstechnik –
   Physikalisch-technische Zusammenhänge 120 Minuten,
   Elektrotechnische Systeme 50 Minuten,

Informationstechnische Systeme 150 Minuten;
4. Fachrichtung Farbtechnik und Raumgestaltung Gestaltung 240 Minuten,
Betriebliche Organisation 90 Minuten,
Beschichtungstechnik 120 Minuten;
5. Fachrichtung Fahrzeugtechnik
Fertigungstechnik 90 Minuten,
Fahrzeugsystemtechnik 120 Minuten,
Qualitäts- und Betriebsmanagement 60 Minuten;
6. Fachrichtung Metalltechnik
– Schwerpunkt Produktionstechnik –
Produktionstechnik 180 Minuten,
Technische Kommunikation 150 Minuten,
Prozess- und Qualitätsmanagement 120 Minuten;

– Schwerpunkt Planung –
Produktionstechnik 150 Minuten,
Technische Kommunikation 180 Minuten,
Prozess- und Qualitätsmanagement 120 Minuten;
7. Fachrichtung Sanitär-, Heizungs- und Klimatechnik
– Schwerpunkt Installation und Service –
Heizungstechnik 180 Minuten,
Sanitärtechnik 120 Minuten,
Lüftungs-, Klima- und Umwelttechnik 90 Minuten;

– Schwerpunkt Planung –
Heizungstechnik 90 Minuten,
Sanitärtechnik 120 Minuten,
Lüftungs-, Klima- und Umwelttechnik 180 Minuten;
8. Fachrichtung Papiertechnik
Naturwissenschaftlich-technische Grundlagen 150 Minuten,
Werkstoffkunde 90 Minuten,
Produktionstechnik 180 Minuten;
9. Fachrichtung Textiltechnik
Physikalische Technologien 90 Minuten,
Textile Technologien 120 Minuten,
Chemie- und Umwelttechnik 90 Minuten.
10. Fachrichtung Hotellerie und Gastronomie
Unternehmensführung 120 Minuten,
Produkt- und Verkaufsmanagement 120 Minuten,
Berufsbezogene Fremdsprache 60 Minuten.

(3) Die Prüfungsaufgaben werden im Rahmen der Bildungs- und Lehrpläne landeseinheitlich vom Kultusministerium oder der von ihm beauftragten oberen Schulaufsichtsbehörde gestellt. Für die schriftliche Prüfung im Fach Deutsch werden die landeseinheitlich gestellten Prüfungsaufgaben übernommen.

(4) Über die schriftliche Prüfung ist eine Niederschrift zu fertigen, die vom Schulleiter und den aufsichtführenden Lehrkräften unterschrieben wird.

(5) Die schriftlichen Arbeiten werden von der Fachlehrkraft der Klasse und von einer weiteren Fachlehrkraft, die der Vorsitzende des Prüfungsausschusses bestimmt, korrigiert und bewertet; dabei sind ganze und halbe Noten zu verwenden. Als Note der schriftlichen Prüfung gilt der auf die erste Dezimale errechnete Durchschnitt der beiden Bewertungen, der auf eine ganze oder halbe Note zu runden ist; hierbei sind Dezimalen von 0,3 bis 0,7 auf eine halbe, die übrigen Dezimalen auf eine ganze Note zu runden. Weichen die Bewertungen um mehr als eine ganze Note voneinander ab und können sich die Korrektoren nicht einigen, hat der Vorsitzende des Prüfungsausschusses die endgültige Note für die schriftliche Prüfung festzusetzen; dabei gelten die Bewertungen der beiden Korrektoren als Grenzwerte, die nicht über- und unterschritten werden dürfen.

(6) Die Noten der schriftlichen Prüfung in den einzelnen Fächern werden dem Schüler fünf bis sieben Schultage vor der mündlichen Prüfung bekanntgegeben. ⇨ Korrekturtag

§ 16
Mündliche Prüfung

(1) Die mündliche Prüfung soll keine Wiederholung, sondern eine Ergänzung der schriftlichen Prüfung sein. Sie soll in der Regel 10 bis 15 Minuten je Prüfling und Fach dauern.

(2) Die mündliche Prüfung wird in der Regel als Einzelprüfung durchgeführt. Der Vorsitzende des Prüfungsausschusses kann hiervon abweichend die Durchführung einer Gruppenprüfung zulassen, wenn dies aus organisatorischen oder thematischen Gründen der Durchführung der Prüfung förderlich ist. Bei Gruppenprüfungen können bis zu drei Prüflinge zusammen geprüft werden.

(3) Die mündliche Prüfung kann sich auf alle maßgebenden Fächer des dritten Schuljahres erstrecken.

(4) Aufgrund der Anmeldenoten und gegebenenfalls der Noten der schriftlichen Prüfung bestimmt der Vorsitzende des Prüfungsausschusses, in welchen Fächern mündlich zu prüfen ist. Jeder Prüfling wird mindestens in einem Fach und soll in nicht mehr als drei Fächern geprüft werden. Die zu prüfenden Fächer sind dem Prüfling fünf bis sieben Schultage vor der mündlichen Prüfung bekannntzugeben. Darüber hinaus kann der Prüfling bis zum nächsten Schultag dem Schulleiter schriftlich bis zu zwei weitere Fächer nach Absatz 3 benennen, in denen er mündlich zu prüfen ist.

(5) Im Anschluss an jede mündliche Prüfung setzt der Fachausschuss das Ergebnis der mündlichen Prüfung auf Vorschlag des Prüfers fest; dabei sind ganze und halbe Noten zu verwenden. Kann sich der Fachausschuss auf keine bestimmte Note einigen oder mehrheitlich mit der Stimme des Leiters für keine bestimmte Note entscheiden, so wird die Note aus dem auf die erste Dezimale errechneten Durchschnitt der Bewertungen aller Mitglieder gebildet. Der Durchschnitt ist auf eine ganze oder halbe Note zu runden; § 15 Abs. 5 Satz 2, 2. Halbsatz gilt entsprechend.

(6) Über die mündliche Prüfung jedes einzelnen Prüflings ist eine Niederschrift zu fertigen, die von den Mitgliedern des Fachausschusses unterschrieben wird.

§ 17
Ermittlung des Prüfungsergebnisses

(1) Die Endnoten in den einzelnen Fächern ermittelt der Vorsitzende des Prüfungsausschusses aufgrund der Anmeldenoten und der Prüfungsleistungen. Hierbei wird der Durchschnitt auf die erste Dezimale errechnet und auf eine ganze Note gerundet, wobei eine Dezimale bis 0,4 auf eine ganze Note abzurunden und eine Dezimale von 0,5 oder schlechter auf eine ganze Note aufzurunden ist.

(2) Bei der Ermittlung der Endnoten zählen:

1. in Fächern, in denen schriftlich und mündlich geprüft wurde, die Anmeldenote, die Note der schriftlichen Prüfung und die Note der mündlichen Prüfung je einfach,
2. in Fächern, in denen nur schriftlich oder mündlich geprüft wurde, die Anmeldenote einfach und die Prüfungsnote doppelt.

(3) In Fächern, in denen nicht geprüft wurde, werden die Anmeldenoten als Endnoten in das Zeugnis übernommen.

(4) Der Vorsitzende des Prüfungsausschusses stellt fest, wer die Abschlussprüfung bestanden hat. Die Abschlussprüfung ist bestanden, wenn

1. der Durchschnitt aus den Noten aller maßgebenden Fächer 4,0 oder besser ist und
2. der Durchschnitt aus den Noten der Kernfächer 4,0 oder besser ist und
3. die Leistungen in keinem Kernfach mit der Note „ungenügend" bewertet sind und
4. die Leistungen in nicht mehr als einem maßgebenden Fach schlechter als mit der Note „ausreichend" bewertet sind.

(5) Über die Feststellung der Ergebnisse der Prüfung ist vom Vorsitzenden des Prüfungsausschusses eine Niederschrift zu fertigen.

(6) Die Niederschriften über die einzelnen Teile der Prüfung, über die Feststellung der Prüfungsergebnisse, eine Liste mit den Prüfungsergebnissen und die Prüfungsarbeiten sind bei den Schulakten aufzubewahren. Die Niederschriften und die Prüfungsarbeiten können nach Ablauf von drei Jahren seit der Feststellung der Ergebnisse der Prüfung vernichtet werden.

§ 18
Zeugnis, Urkunde

(1) Wer die Abschlussprüfung bestanden hat, erhält

1. das Abschlusszeugnis des Berufkollegs nach Anlage 2 mit den nach § 17 Abs. 1 bis 3 ermittelten Endnoten,
2. eine Urkunde (Anlage 4) über die Berechtigung zur Führung der Bezeichnung „Berufskollegiat (staatlich geprüft)" mit einem die Fachrichtung und gegebenenfalls den Schwerpunkt kennzeichnenden Zusatz, wenn auch die Abschlussprüfung im einschlägigen Ausbildungsberuf bestanden worden ist.

(2) Wer an der Abschlussprüfung teilgenommen und sie nicht bestanden hat und die Schule verlässt, erhält ein Abgangszeugnis mit den nach § 17 Abs. 1 bis 3 ermittelten Endnoten.

(3) Wer an der Abschlussprüfung nicht oder nur teilweise teilgenommen hat, erhält ein Zeugnis über die bis zum Ausscheiden erbrachten Leistungen oder, sofern sie bereits vorliegen, mit den Anmeldenoten nach § 13 Abs. 1; Prüfungsleistungen bleiben unberücksichtigt. Schüler, die an der Abschlussprüfung teilgenommen und sie nicht bestanden haben und das dritte Schuljahr wiederholen, erhalten ein Jahreszeugnis mit den nach § 17 Abs. 1 bis 3 ermittelten Endnoten.

(4) In den Zeugnissen nach den Absätzen 2 und 3 ist zu vermerken, dass das Ausbildungsziel des Berufskollegs nicht erreicht ist.

→ Zeugnisse (Berufliche Schulen)

§ 19
Wiederholung, Entlassung

(1) Wer die Abschlussprüfung nicht bestanden hat, weil

1. der Durchschnitt von mindestens 4,0 nicht erreicht wurde, jedoch nur in einem Fach die Note „mangelhaft" erteilt wurde, oder
2. in einem Kernfach die Note „ungenügend" erteilt wurde, jedoch ein Durchschnitt von mindestens 4,0 erricht wurde, oder
3. in zwei maßgebenden Fächern, darunter höchstens in einem Kernfach, die Note „mangelhaft" erteilt wurde, jedoch ein Durchschnitt von mindestens 4,0 erreicht wurde,

kann in dem betreffenden Fach die Prüfung einmal zum nächsten allgemeinen Prüfungstermin wiederholen; im Fall der Nummer 3 bestimmt der Prüfungsausschuss, welches der beiden Fächer geprüft werden muss. In den übrigen Fächern zählen die zuvor erreichten Noten.

(2) Wer die Voraussetzungen des Absatzes 1 nicht erfüllt oder wer an der Wiederholungsprüfung nach Absatz 1 nicht oder ohne Erfolg teilgenommen hat, kann nach nochmaligem Besuch des dritten Schuljahres und entsprechender Verlängerung des Ausbildungsverhältnisses die gesamte Abschlussprüfung einmal wiederholen.

(3) Die freiwillige Wiederholung auch nur eines Teiles des dritten Schuljahres gilt als Nichtbestehen der Abschlussprüfung. Bei bestandener Abschlussprüfung ist weder eine Wiederholung der Ausbildung noch eine Wiederholung der Abschlussprüfung zulässig.

(4) Schüler, welche die Abschlussprüfung auch bei Wiederholung nicht bestanden haben, müssen das Berufskolleg verlassen.

§ 20 Nichtteilnahme, Rücktritt
§ 21 Täuschungshandlungen, Ordnungsverstöße

Hinweis der Redaktion: §§ 20 und 21 sind hier nicht abgedruckt, da inhaltsgleich mit §§ 23 und 24 → Berufsfachschule Altenpflegehilfe.

2. Unterabschnitt Zusatzprüfung zum Erwerb der Fachhochschulreife

§ 22
Gegenstand der Zusatzprüfung

(1) Wer als Schüler des Berufskollegs die Fachhochschulreife erwerben will, muss im Zusammenhang mit der Abschlussprüfung eine Zusatzprüfung in den Fächern Englisch und Mathematik ablegen.

(2) Der für den Erwerb der Fachhochschulreife vorgesehene Zusatzunterricht wird außerhalb der regulären Arbeitszeit der Ausbildungsstätten erteilt.

§ 23
Zulassung zur Zusatzprüfung

Zur Zusatzprüfung sind die Schüler zugelassen, die den für den Erwerb der Fachhochschulreife vorgesehenen Zusatzunterricht ordnungsgemäß besucht haben. Im Übrigen ist § 13 entsprechend anzuwenden.

§ 24
Durchführung der Zusatzprüfung

(1) Für die Zusatzprüfung gelten §§ 11, 12, 14 bis 17, 19 bis 21 entsprechend mit folgender Maßgabe:

1. Schriftliche Prüfungsarbeiten sind in folgenden Fächern zu fertigen:
   Englisch 200 Minuten,
   Mathematik 200 Minuten.
2. Für die schriftliche Zusatzprüfung werden die landeseinheitlich gestellten Prüfungsaufgaben für die Fächer Englisch und Mathematik übernommen.
3. Die mündliche Prüfung kann sich auf beide Fächer der Zusatzprüfung erstrecken. Von der mündlichen Prüfung ist in denjenigen Fächern abzusehen, in welchen die Anmeldenote und die Note der schriftlichen Prüfung übereinstimmen. § 16 Abs. 4 Satz 4 bleibt unberührt.
4. Die Zusatzprüfung ist bestanden, wenn
   a) der Durchschnitt der Noten der Fächer der Zusatzprüfung sowie der in der Abschlussprüfung erzielten Note im Fach Deutsch 4,0 oder besser ist und
   b) keines der Fächer der Zusatzprüfung sowie das Fach Deutsch mit der Endnote „ungenügend“ bewertet ist und
   c) insgesamt nicht mehr als zwei der maßgebenden Fächer, einschließlich der Fächer der Zusatzprüfung, schlechter als mit der Endnote „ausreichend“ bewertet sind und für beide Fächer ein Ausgleich gegeben ist.

   Ausgeglichen werden können
   aa) die Note „ungenügend“ in einem Fach, das nicht Kernfach ist, durch die Note „gut“ in zwei anderen maßgebenden Fächern,
   bb) die Note „mangelhaft“ in einem Kernfach durch mindestens die Note „gut“ in einem anderen Kernfach,
   cc) die Note „mangelhaft“ in einem Fach, das nicht Kernfach ist, durch mindestens die Note „gut“ in einem anderen maßgebenden Fach oder die Note „befriedigend“ in zwei anderen maßgebenden Fächern.
5. Die Wiederholung der Zusatzprüfung setzt die Wiederholung des Zusatzunterrichts voraus, wenn die Abschlussprüfung gleichfalls nicht bestanden wurde und das dritte Schuljahr wiederholt wird. Für sich allein kann die Zusatzprüfung einmal am nächsten allgemeinen Prüfungstermin wiederholt werden.

(2) Die Zusatzprüfung kann bei Anwendung der Verordnung des Kultusministeriums ⇨ Stundentafel-Öffnungsverordnung [...] in Teilabschnitten oder in der Gesamtheit nach dem 2. Schuljahr durchgeführt werden. § 3 Abs. 5 ist entsprechend anzuwenden.

(3) Wird die Prüfung in Teilabschnitten durchgeführt, ist Absatz 1 mit folgender Maßgabe anzuwenden:

1. Für jeden Prüfungsabschnitt ist ein eigener Prüfungsausschuss zu bilden. Diesem gehören an:
   a) als Vorsitzender der Schulleiter oder eine vom Schulleiter beauftragte Lehrkraft, soweit die obere Schulaufsichtsbehörde vor Beginn der Prüfung nichts anderes bestimmt,
   b) als stellvertretender Vorsitzender der Schulleiter oder eine von diesem beauftragte Lehrkraft,
   c) die Lehrkräfte, die in dem betreffenden Prüfungsfach unterrichten.
2. Wenn bei einem Schüler bereits nach dem ersten Prüfungsabschnitt feststeht, dass er die Zusatzprüfung nicht bestehen wird, kann er die Prüfung in den geprüften Fächern einmal zum nächsten Prüfungstermin wiederholen. Die nochmalige Teilnahme am Zusatzunterricht ist möglich, soweit zwingende unterrichtsorganisatorische Gründe nicht entgegenstehen.
3. Wer die Zusatzprüfung in Teilbereichen erfolgreich wiederholt hat, die Fachhochschulreifeprüfung am Ende des dritten Schuljahres jedoch nicht besteht, kann die Prüfung in den betreffenden Fächern zum nächsten Prüfungstermin einmal wiederholen. Eine erneute Teilnahme am Unterricht ist nur in denjenigen Fällen möglich, in denen der Schüler zugleich das dritte Schuljahr des Berufskollegs wiederholt.

§ 25
Zeugnis

(1) Wer nach den Feststellungen des Prüfungsausschusses die Abschlussprüfung des Berufskollegs und die Zusatzprüfung bestanden hat, erhält das Abschlusszeugnis des Berufskollegs und das Zeugnis der Fachhochschulreife nach Anlage 3.

(2) Wer an der Zusatzprüfung teilgenommen, jedoch lediglich die Abschlussprüfung des Berufskollegs, nicht aber die Zusatzprüfung bestanden hat, erhält das Abschlusszeugnis des Berufskollegs. Die in den Fächern des Zusatzunterrichts gemäß § 17 Abs. 2 ermittelten Endnoten werden in das Abschlusszeugnis aufgenommen.

(3) Wer an der Zusatzprüfung nicht oder nur teilweise teilgenommen und die Abschlussprüfung bestanden hat, erhält das Abschlusszeugnis des Berufskollegs, in das auch die im Zusatzunterricht erteilten Noten aufgenommen werden. Die in der Zusatzprüfung gegebenenfalls erbrachten Leistungen bleiben unberücksichtigt.

(4) Wer an der Zusatzprüfung teilgenommen, jedoch die Abschlussprüfung nicht bestanden hat und die Schule verlässt, erhält ein Abgangszeugnis des Berufskollegs mit den bis dahin erteilten Noten einschließlich der gemäß § 17 Abs. 2 ermittelten Endnoten der Zusatzprüfung. Sofern an der Zusatzprüfung nicht oder nur teilweise teilgenommen wurde, gilt Absatz 3 entsprechend.

→ Berufskolleg Teilzeitunterricht – Stundentafel; ⇨ Handy-Nutzung; → Individuelle Förderung und Unterstützung; ⇨ Korrekturtag; ⇨ Stundentafel-Öffnungsverordnung; → Termine Berufliche Schulen; → Zeugnisse (Ber. Schulen)

Berufskolleg Teilzeitunterricht (Stundentafeln)

Anlage 1.1 (zu § 3 Abs. 3)

Stundentafel für die Fachrichtung Bautechnik des Berufskollegs in Teilzeitunterricht

(durchschnittliche Zahl der Wochenstunden)

Schuljahr	1.	2.	3.
1. Pflichtfächer			
1.1 Allgemeiner Bereich			
Religionslehre	1	1	1
Deutsch	1	1	2
Wirtschafts- und Sozialkunde	1	1	1
Englisch I	2	–	–
Mathematik I	2	–	–
1.2 Fachlicher Bereich[1)]			
Baustofftechnologie mit Bauphysik und Baulabor	2	2	2
Planungsgrundlagen	2	2	2
Baukonstruktion	2	3	3
Tragwerkslehre	–	1	1
Baubetrieb mit Vermessungskunde	2	3	2
Computeranwendungen	1	2	2
zusammen	16	16	16
2. Wahlfächer			
2.1 Zusatzunterricht zum Erwerb der Fachhochschulreife			
Englisch II[2)]	–	1	2
Mathematik II[2)]	–	2	2
2.2 Sport	1	1	1

1) Die Summe der in Klassenteilung unterrichteten Stunden darf über alle drei Schuljahre verteilt insgesamt 9 Wochenstunden nicht überschreiten.

2) Bei entsprechender Anpassung der Stundentafel ist auch eine vorgezogene Prüfung am Ende des 2. Schuljahres möglich.

Hinweis der Redaktion zu den Anlagen 1.2 bis 1.12 (zu § 3 Abs. 3)
Bis auf den „Fachlichen Bereich" (jeweils Ziff.1.2) sind die Stundentafeln für die übrigen Fachrichtungen des Berufskollegs in Teilzeitunterricht identisch. Wir drucken deshalb hier nur diese Passage der Stundentafeln ab.

Anlage 1.2 (zu § 3 Abs. 3)

Fachrichtung Elektronik
Schwerpunkt: Anlagen- und Gerätetechnik

(siehe Hinweis der Redaktion vor Anlage 1.2)

Schuljahr	1.	2.	3.
1.2 Fachlicher Bereich			
Physikalisch-technische Zusammenhänge	1	1	2
Elektrotechnische Systeme	5	5	3
Steuerungs- und informationstechnische Systeme	3	7	7

Anlage 1.3 (zu § 3 Abs. 3)

Fachrichtung Elektronik
Schwerpunkt: System- und Informationstechnik

(siehe Hinweis der Redaktion vor Anlage 1.2)

Schuljahr	1.	2.	3.
1.2 Fachlicher Bereich			
Physikalisch-technische Zusammenhänge	1	1	2
Elektrotechnische Systeme	4	4	3
Informations- und Systemtechnik	2	6	7
Betriebswirtschaftliche Zusammenhänge	2	2	–

Anlage 1.4 (zu § 3 Abs. 3)

Fachrichtung Fahrzeugtechnik

(siehe Hinweis der Redaktion vor Anlage 1.2)

Schuljahr	1.	2.	3.
1.2 Fachlicher Bereich			
Fertigungstechnik	2	2	1
Fahrzeugsystemtechnik	4	7	7
Qualitäts- und Betriebsmanagement	1	2	2
Fahrzeugdiagnose	2	2	2

Mit dem Zeichen ⇨ verweisen wir auf korrespondierende Beiträge im Standard-Teil des Jahrbuchs.
Auf Beiträge im Sonderteil berufliche Schulen verweisen wir mit dem Zeichen →.

Anlage 1.5 (zu § 3 Abs. 3)

Fachrichtung Farbtechnik und Raumgestaltung

(siehe Hinweis der Redaktion vor Anlage 1.2)

Schuljahr	1.	2.	3.
1.2 Fachlicher Bereich			
Gestaltung	3	3	3
Betriebliche Organisation	1	2	2
Beschichtungstechnik	3	5	4
Marketing	1	2	2
Computertechnik	1	1	1

Anlage 1.6 (zu § 3 Abs. 3)

Fachrichtung Metalltechnik

Schwerpunkt: Produktionstechnik

(siehe Hinweis der Redaktion vor Anlage 1.2)

Schuljahr	1.	2.	3.
1.2 Fachlicher Bereich			
Produktionstechnik	5	6	5
Technische Kommunikation	2	2	2
Prozess- und Qualitätsmanagement	–	2	2
Mathematische und physikalische Gesetzmäßigkeiten	2	3	3

Anlage 1.7 (zu § 3 Abs. 3)

Fachrichtung Metalltechnik

Schwerpunkt: Planung

(siehe Hinweis der Redaktion vor Anlage 1.2)

Schuljahr	1.	2.	3.
1.2 Fachlicher Bereich			
Produktionstechnik	4	4	3
Technische Kommunikation	3	4	4
Prozess- und Qualitätsmanagement	–	2	2
Mathematische und physikalische Gesetzmäßigkeiten	2	3	3

Anlage 1.8 (zu § 3 Abs. 3)

Fachrichtung Papiertechnik

(siehe Hinweis der Redaktion vor Anlage 1.2)

Schuljahr	1.	2.	3.
1.2 Fachlicher Bereich			
Naturwissenschaftlich-technische Zusammenhänge	2	4	4
Werkstoffkunde	2	2	2
Produktionstechnik	3	5	4
Qualitätskontrolle und Prozessleittechnik	2	2	2

Hinweis der Redaktion zu den Anlagen 1.2 bis 1.12 (zu § 3 Abs. 3)

Bis auf den „Fachlichen Bereich" (jeweils Ziff.1.2) sind die Stundentafeln für die übrigen Fachrichtungen des Berufskollegs in Teilzeitunterricht identisch. Wir drucken deshalb hier nur diese Passage der Stundentafeln ab.

Anlage 1.9 (zu § 3 Abs. 3)

Fachrichtung Sanitär-, Heizungs- und Klimatechnik

Schwerpunkt: Installation und Service

(siehe Hinweis der Redaktion vor Anlage 1.2)

Schuljahr	1.	2.	3.
1.2 Fachlicher Bereich			
Installationstechnik	7	–	–
Computerunterstütztes Planen	2	2	–
Arbeitsorganisation und Kundenservice	–	2	2
Heizungstechnik	–	3	5
Sanitärtechnik	–	3	4
Lüftungs-, Klima- und Umwelttechnik	–	3	1

Anlage 1.10 (zu § 3 Abs. 3)

Fachrichtung Sanitär-, Heizungs- und Klimatechnik

Schwerpunkt: Planung

(siehe Hinweis der Redaktion vor Anlage 1.2)

Schuljahr	1.	2.	3.
1.2 Fachlicher Bereich			
Installationstechnik	7	–	–
Computerunterstütztes Planen	2	2	5
Arbeitsorganisation und Kundenservice	–	2	–
Heizungstechnik	–	3	2
Sanitärtechnik	–	4	1
Lüftungs-, Klima- und Umwelttechnik	–	2	4

Anlage 1.11 (zu § 3 Abs. 3)

Fachrichtung Textiltechnik

(siehe Hinweis der Redaktion vor Anlage 1.2)

Schuljahr	1.	2.	3.
1.2 Fachlicher Bereich			
Physikalische Technologien	2	2	2
Textile Technologien	6	7	6
Chemie und Umwelttechnik	1	2	2
Betriebliches Prozess- und Qualitätsmanagement	–	2	2

Anlage 1.12 (zu § 3 Abs. 3)

Fachrichtung Hotellerie und Gastronomie

(siehe Hinweis der Redaktion vor Anlage 1.2)

Schuljahr	1.	2.	3.
1.2 Fachlicher Bereich			
Unternehmensführung	2	5	4
Produkt- und Verkaufsmanagement	3	4	4
Angewandte Fachkunde und Beratung	2	2	2
Berufsbezogene Fremdsprache	2	2	2

Berufsoberschule

Verordnung des KM über die Ausbildung und Prüfung in der Oberstufe der Berufsoberschulen vom 16. Juni 1999 (GBl. S. 311; K.u.U. S. 126, ber. S. 203), zuletzt geändert 3. Juli 2018 (GBl. S. 250/2018)

Hinweis der Redaktion: Die Bestimmungen zum Schulversuch „Durchlässigkeit Berufsoberschule – einjähriges Berufskolleg zum Erwerb der Fachhochschulreife (BOS – 1BKFH)“ vom 13.1.2010 (AZ: 41-6625.20/71) sind in den Text dieser Verordnung (§§ 9 und 20) *in kursiver Schrift* eingearbeitet.

→ Berufskolleg Fachhochschulreife (Einjährig)

1. Abschnitt Allgemeines

§ 1
Zweck der Ausbildung

Die Ausbildung in der Oberstufe der Berufsoberschulen in den Fachrichtungen Technik (Technische Oberschule), Wirtschaft (Wirtschaftsoberschule) und Sozialwesen (Berufsoberschule für Sozialwesen) soll, aufbauend auf einem qualifizierten mittleren Bildungsabschluss und einer abgeschlossenen Berufsausbildung, durch vertieften allgemeinen und fachrichtungsbezogenen Unterricht zum Studium an einer Hochschule befähigen.

Hinweis der Redaktion: Die Mittelstufe der Berufsoberschule trägt die Bezeichnung → Berufsaufbauschule.

§ 2
Dauer und Abschluss der Ausbildung

(1) Die Ausbildung dauert in Vollzeitform zwei Schuljahre. Sie kann auch in Teilzeitform erfolgen. Dabei ist die für die Vollzeitform vorgesehene Gesamtstundenzahl zugrunde zu legen. Übergänge von der Vollzeitform in die Teilzeitform und umgekehrt sind möglich.

(2) Die Ausbildung endet mit einer Abschlussprüfung. Mit dem erfolgreichen Abschluss wird die fachgebundene Hochschulreife oder mit dem Nachweis von Kenntnissen in einer zweiten Fremdsprache nach § 20 Abs. 2 Satz 1 oder 2 die allgemeine Hochschulreife erworben.

§ 3
Bildungsplan, Stundentafeln

Der Unterricht richtet sich nach den vom Kultusministerium erlassenen Bildungs- und Lehrplänen und den als Anlagen 1 bis 3 beigefügten Stundentafeln.

→ Berufsoberschule (Stundentafeln)

§ 4
Maßgebende Fächer, Projektarbeit, Kernfächer

(1) Für die Versetzung und für den Abschluss sind die Leistungen in den maßgebenden Fächern entscheidend. Maßgebende Fächer sind

1. alle Pflichtfächer mit Ausnahme von Religionslehre und
2. die als Wahlfach belegte zweite Fremdsprache, soweit sie für die Schülerin oder den Schüler für den Erwerb der allgemeinen Hochschulreife (§ 2 Abs. 2 Nr. 3) noch erforderlich ist.

(2) Die Projektarbeit orientiert sich an der jeweiligen Fachrichtung und ist fächerübergreifend angelegt. Die Themen werden von der Schule festgelegt. Die Projektarbeit umfasst eine wissenschaftsorientierte Aufbereitung des Themas und eine Dokumentation, aus der insbesondere das methodische Vorgehen, die Arbeitsweise und die Ergebnisse der Aufbereitung hervorgehen. Der Dokumentation ist die schriftliche Versicherung beizufügen, dass sie selbstständig angefertigt wurde, nur die angegebenen Hilfsmittel benutzt wurden und alle Stellen, die wortgleich oder sinngemäß anderen Werken entnommen sind, durch Angabe der Quellen kenntlich gemacht sind. Die Dokumentation wird durch eine mündliche Präsentation ergänzt. Bei Gruppenarbeiten müssen die individuellen Leistungen erkennbar sein. Im Halbjahreszeugnis der Klasse 1 werden für die Projektarbeit keine Noten erteilt.

(3) Kernfächer unter den maßgebenden Fächern sind in allen Richtungen die Fächer Deutsch, Englisch und Mathematik sowie

1. bei der Technischen Oberschule das Fach Physik,
2. bei der Wirtschaftsoberschule das Fach Wirtschaft und
3. bei der Berufsoberschule für Sozialwesen das Fach Biologie mit Gesundheitslehre.

2. Abschnitt Aufnahmeverfahren und Probezeit

§ 5
Aufnahmevoraussetzungen

(1) Voraussetzungen für die Aufnahme in die Klasse 1 der Oberstufe der Berufsoberschule sind

1. die Fachschulreife oder der Realschulabschluss oder der am Ende der Klasse 10 der Werkrealschule oder der Hauptschule erworbene, dem Realschulabschluss gleichwertige Bildungsstand oder das Versetzungszeugnis einer Gemeinschaftsschule am Ende der Klasse 10 in entsprechender Anwendung der Versetzungsordnung Gymnasien oder das Versetzungszeugnis in die Klasse 11 eines Gymnasiums des neunjährigen Bildungsgangs oder in die Klasse 10 oder die Jahrgangsstufe 11 eines Gymnasiums des achtjährigen Bildungsgangs, wobei in den Fächern Deutsch, Englisch, Mathematik und einem der Fächer oder Fächerverbünde Biologie, Chemie, Physik, Materie-Natur-Technik oder Naturwissenschaftliches Arbeiten
   a) ein Notendurchschnitt von mindestens 3,0 und jeweils mindestens die Note „ausreichend“ erreicht sein muss oder
   b) in einer Aufnahmeprüfung (§ 8) nachgewiesen sein muss, dass die Anforderungen der Oberstufe voraussichtlich erfüllt werden können; zu der Aufnahmeprüfung wird auch zugelassen, wer einen dem Realschulabschluss gleichwertigen Bildungsstand durch Berufsschulabschluss und Berufsausbildung oder durch Hauptschulabschluss,

Berufsschulabschluss und Berufsabschluss nachweist;
2. das Abschlusszeugnis der Berufsschule oder ein gleichwertiger Bildungsstand und
3. der Abschluss einer nach der Ausbildungsordnung mindestens zweijährigen Berufsausbildung im gewerblichen Bereich für die Technische Oberschule, im kaufmännischen Bereich für die Wirtschaftsoberschule und im sozialpädagogischen oder pflegerischen Bereich für die Berufsoberschule für Sozialwesen; der Berufsausbildung gleichgestellt ist eine einschlägige, für den Besuch der Oberstufe der Berufsoberschule förderliche Berufserfahrung von mindestens fünf Jahren.

(2) Das Zeugnis der Fachhochschulreife berechtigt auch zur Aufnahme in die Klasse 1 der Oberstufe der Berufsoberschule, sofern die in Absatz 1 Nummer 2 und 3 genannten Voraussetzungen vorliegen.

(3) Sofern im Rahmen der gebildeten Klassen noch Plätze zur Verfügung stehen, berechtigt das Zeugnis der Fachhochschulreife nach einem Beratungsgespräch über die Anforderungen in der Abschlussklasse zum Eintritt in die Klasse 2, wenn der Durchschnitt aus den Noten aller maßgebender Fächer mindestens 2,5 beträgt, die Fächer Deutsch, Englisch, Mathematik und das berufliche Schwerpunktfach jeweils mit einer Note besser als „ausreichend" bewertet wurde und die Voraussetzungen des Absatzes 1 Nr. 3 erfüllt sind. Weist das Zeugnis des Fachhochschulreife kein berufsbezogenes Schwerpunktfach aus, tritt an dessen Stelle der Durchschnitt aus den Noten des berufsbezogenen fachtheoretischen Pflichtbereichs und bei einem an einer freien Waldorfschule oder einem in der gymnasialen Oberstufe erworbenen Zeugnis der Fachhochschulreife bei der Aufnahme in die Technische Oberschule oder die Wirtschaftsoberschule die Note im Fach Physik und bei der Aufnahme in die Berufsoberschule für Sozialwesen die Note im Fach Biologie.

(4) Die Schulleiterin oder der Schulleiter (im Folgenden: Schulleiter) kann in begründeten Ausnahmefällen, vor allem im Hinblick auf das angestrebte Ausbildungsziel, eine andere als die nach Absatz 1 Nr. 3 einschlägige Berufsausbildung oder Berufserfahrung anerkennen.

(5) Wer bereits anderweitig die fachgebundene oder allgemeine Hochschulreife erworben oder eine Prüfung zum Erwerb der fachgebundenen oder allgemeinen Hochschulreife nach einmaliger Wiederholung nicht bestanden hat, kann nicht aufgenommen werden.

§ 6
Aufnahmeantrag

(1) Der Aufnahmeantrag ist an die Berufsoberschule zu richten, an der die Ausbildung erfolgen soll. Der Termin, zu dem der Antrag bei der Schule eingegangen sein muss, wird, soweit er nicht vom Kultusministerium festgelegt wurde, vom Schulleiter bestimmt; er ist von der Schule auf geeignete Weise bekanntzugeben. Dem Aufnahmeantrag sind beizufügen:

1. ein Lebenslauf in tabellarischer Form mit Angaben über den bisherigen Bildungsweg und die ausgeübte Berufstätigkeit,
2. beglaubigte Abschriften der Nachweise nach § 5,
3. eine Erklärung,
   a) ob und gegebenenfalls an welcher Berufsoberschule bereits an einem Aufnahmeverfahren teilgenommen wurde,
   b) ob und gegebenenfalls an welche Berufsoberschule ebenfalls ein Aufnahmeantrag gerichtet wurde sowie
   c) ob und gegebenenfalls mit welchem Ergebnis schon an Prüfungen zum Erwerb der fachgebundenen oder allgemeinen Hochschulreife teilgenommen oder die Oberstufe einer Berufsoberschule besucht wurde.

Sofern ein Zeugnis nach § 5 zum Anmeldetermin noch nicht vorliegt, ist die beglaubigte Abschrift unverzüglich nachzureichen; dem Aufnahmeantrag ist in diesem Fall eine beglaubigte Abschrift des letzten Zeugnisses beizufügen.

(2) Über den Aufnahmeantrag entscheidet der Schulleiter. Dabei kann eine angemessene Frist gesetzt werden, innerhalb der erklärt werden muss, ob die Zusage für die Aufnahme angenommen wird.

§ 7
Auswahlverfahren

(1) Ein Auswahlverfahren ist nur durchzuführen, wenn

1. bei voller Ausschöpfung der vorhandenen personellen, räumlichen und sächlichen Gegebenheiten sowie
2. bei Abstimmung der Aufnahmefähigkeit benachbarter Schulen und entsprechender Zuweisung (§ 18 Abs. 1 und § 88 Abs. 4 SchG)

nicht alle Personen, welche die Aufnahmevoraussetzungen nach § 5 erfüllen, in die Berufsoberschule aufgenommen werden können.

(2) Im Auswahlverfahren sind die Plätze nach folgenden Quoten zu vergeben:

1. 85 vom Hundert nach Eignung und Leistung,
2. 10 vom Hundert nach Wartezeit,
3. 5 vom Hdt. für außergewöhnliche Härtefälle.

Bleiben im Rahmen der Auswahl nach Nummer 2 oder 3 Plätze frei, sind diese nach Nummer 1 zu vergeben.

(3) Nach Eignung und Leistung sind die Plätze wie folgt zu vergeben:

1. Erfüllen mehr Personen mit einem Notendurchschnitt von mindestens 3,0 die Aufnahmevoraussetzungen, als Plätze zur Verfügung stehen, wird für jede von ihnen der Durchschnitt aus den Noten aller Fächer (mit Ausnahme der Arbeitsgemeinschaften) des Zeugnisses nach § 9 Abs. 1 Nr. 1 auf eine Dezimale berechnet. Entsprechend dem Anteil der Personen mit
   a) der Fachschulreife,
   b) dem Realschulabschluss oder dem am Ende der Klasse 10 der Werkrealschule oder der

Berufliche Schulen

Hauptschule erworbenen, dem Realschulabschluss gleichwertigen Bildungsstand,

c) dem Versetzungszeugnis in die Klasse 11 eines Gymnasiums des neunjährigen Bildungsgangs oder dem Versetzungszeugnis einer Gemeinschaftsschule am Ende der Klasse 10 in entsprechender Anwendung der Versetzungsordnung Gymnasien oder dem Versetzungszeugnis in die Klasse 10 oder die Jahrgangsstufe 11 eines Gymnasiums des achtjährigen Bildungsgangs oder dem Zeugnis der Fachhochschulreife

d) der Fachhochschulreife

werden die Personen in der jeweiligen Gruppe in der Rangfolge des errechneten Durchschnitts aufgenommen. Eine Aufnahmeprüfung findet nicht statt. Bei Bewerbern, die am allgemeinbildenden Gymnasium des achtjährigen Bildungsgangs in die Jahrgangsstufe 11 versetzt wurden, wird das Zeugnis nach § 5 Abs. 1 Nr. 1 zugrunde gelegt, das der Bewerber im Auswahlverfahren vorlegt. Bei Bewerbern, die sich mit einem Zeugnis der Fachhochschulreife nach § 5 Absatz 2 beworben haben, wird im Auswahlverfahren das Zeugnis über den mittleren Bildungsabschluss nach § 5 Absatz 1 Nummer 1 oder das Zeugnis der Fachhochschulreife nach § 5 Absatz 2 zugrunde gelegt, das der Bewerber im Auswahlverfahren vorlegt.

2. Ist die Zahl der Personen mit einem Notendurchschnitt von mindestens 3,0 geringer als die Zahl der zur Verfügung stehenden Plätze, ist für die Aufnahme der weiteren die Aufnahmevoraussetzungen erfüllenden Personen die Reihenfolge des auf eine Dezimale errechneten Durchschnitts der in der Aufnahmeprüfung erreichten Noten maßgebend,

Bei gleicher Rangfolge entscheidet die Dauer der beruflichen Tätigkeit nach der beruflichen Abschlussprüfung, bei gleicher Dauer das Los.

(4) Nach Wartezeit sind in folgender Rangfolge aufzunehmen:

1. Personen mit drei und mehr Schuljahren Wartezeit,
2. Personen mit zwei Schuljahren Wartezeit,
3. Personen mit einem Schuljahr Wartezeit.

Bei gleicher Rangfolge entscheidet die Dauer der beruflichen Tätigkeit nach der beruflichen Abschlussprüfung, bei gleicher Dauer das Los. Berücksichtigt werden nur volle Schuljahre, die seit dem ersten Aufnahmeantrag und der Erfüllung der Aufnahmevoraussetzungen nach § 5 bis zum Beginn des auf das laufende Aufnahmeverfahren folgenden Schuljahres verstrichen sind. Voraussetzung ist, dass für diese Schuljahre ununterbrochen ein Aufnahmeantrag gestellt und keine Aufnahmezusage erteilt wurde.

(5) Ein außergewöhnlicher Härtefall liegt vor, wenn eine Person nicht ausgewählt worden ist und die Nichtaufnahme mit Nachteilen verbunden wäre, die bei Anlegung eines strengen Maßstabes über das Maß der mit der Nichtaufnahme üblicherweise verbundenen Nachteile erheblich hinausgehen. Für die Berücksichtigung als außergewöhnliche Härtefälle kommen insbesondere familiäre oder soziale Umstände oder andere nicht zu vertretende Gründe, welche die Aufnahme der Ausbildung verzögert haben, in Betracht. Über das Vorliegen eines außergewöhnlichen Härtefalles und die sich nach dem Grad der Härte ergebende Rangfolge entscheidet ein Auswahlausschuss, dem der Schulleiter vorsitzt und dem vier von ihm beauftragte Lehrkräfte angehören. Der Ausschuss ist beschlussfähig, wenn mindestens drei seiner Mitglieder anwesend sind. Er entscheidet mit der Mehrheit seiner Stimmen; bei Stimmengleichheit gibt die Stimme des Vorsitzenden den Ausschlag. § 16 Abs. 2 gilt entsprechend.

(6) Ist ein Aufnahmeantrag nach dem vom Schulleiter bestimmten Termin eingegangen, kann die Bewerbung erst berücksichtigt werden, wenn alle rechtzeitig eingegangenen Aufnahmeanträge beschieden oder zurückgenommen sind.

§ 8
Aufnahmeprüfung

(1) Die Aufnahmeprüfung nach § 5 Abs. 1 Nr. 1 Buchst. b wird als schriftliche Prüfung an der Berufsoberschule abgenommen. Dem Prüfungsausschuss gehören als Vorsitzende oder Vorsitzender (im Folgenden: Vorsitzender) der Schulleiter oder eine von ihm beauftragte Lehrkraft und für jedes Prüfungsfach eine vom Vorsitzenden berufene Fachlehrkraft an.

(2) Die Prüfung erstreckt sich auf die Fächer Deutsch (Arbeitszeit 120 Minuten), Englisch (Arbeitszeit 60 Minuten), Mathematik (Arbeitszeit 60 Minuten) und bei der Aufnahme in die Technische Oberschule oder in die Wirtschaftsoberschule auf das Fach Physik (Arbeitszeit 60 Minuten), bei der Aufnahme in die Berufsoberschule für Sozialwesen auf das Fach Biologie (Arbeitszeit 60 Minuten). Die Prüfungsaufgaben werden im Rahmen der Bildungs- und Lehrpläne der gewerblichen Berufsaufbauschule für die Aufnahme in die Technische Oberschule, der kaufmännischen Berufsaufbauschule für die Wirtschaftsoberschule und der hauswirtschaftlich-pflegerisch- sozialpädagogischen Berufsaufbauschule für die Aufnahme in die Berufsoberschule für Sozialwesen vom Vorsitzenden des Prüfungsausschusses gestellt.

(3) Jede Prüfungsarbeit wird von einer vom Vorsitzenden des Prüfungsausschusses bestimmten Fachlehrkraft sowie von der im Prüfungsausschuss zuständigen Fachlehrkraft korrigiert und bewertet; dabei sind ganze und halbe Noten zu verwenden. Als Prüfungsnote gilt der auf die erste Dezimale errechnete Durchschnittswert der beiden Bewertungen, der auf eine ganze oder halbe Note zu runden ist; Dezimalen von 0,3 bis 0,7 sind hierbei auf eine halbe Note, die übrigen Dezimalen auf eine ganze Note zu runden. Weichen die Bewertungen um mehr als eine ganze Note voneinander ab und können sich die beiden Fachlehrkräfte nicht einigen, hat der Vorsitzende des Prüfungsausschusses die endgültige Prüfungsnote festzusetzen; dabei gelten die Bewertungen der beiden Fachlehrkräfte

als Grenzwerte, die nicht über- und unterschritten werden dürfen.

(4) Der Prüfungsausschuss stellt fest, wer die Aufnahmeprüfung bestanden und wer sie nicht bestanden hat. Sie ist bestanden, wenn der Durchschnitt der Prüfungsnoten mindestens 3,0 beträgt und in jedem Prüfungsfach mindestens die Note „ausreichend" erreicht wurde.

(5) Über die Aufnahmeprüfung ist eine Niederschrift zu fertigen, die von den Mitgliedern des Prüfungsausschusses unterschrieben wird. Für die Durchführung der Aufnahmeprüfung finden im Übrigen die Bestimmungen des 4. Abschnittes sinngemäß Anwendung.

§ 9
Probezeit

(1) Die Aufnahme erfolgt zunächst auf Probe. Am Ende des ersten Schulhalbjahres wird ein Halbjahreszeugnis erteilt. Die Klassenkonferenz entscheidet aufgrund der Noten des Halbjahreszeugnisses über das Bestehen der Probezeit; § 10 Abs. 2 und 4 gilt entsprechend. Wer die Probezeit nicht bestanden hat, muss die Berufsoberschule verlassen. Eine einmalige erneute Aufnahme aufgrund eines Aufnahmeverfahrens nach dieser Verordnung ist möglich.

(2) Ausnahmsweise kann durch Beschluss der Klassenkonferenz auch bei Nichtbestehen der Probezeit nach Absatz 1 das Verbleiben an der Berufsoberschule gestattet werden, wenn die Klassenkonferenz mit Zweidrittelmehrheit zu der Auffassung gelangt, dass unter Berücksichtigung der Leistungsentwicklung voraussichtlich die Versetzung in die Klasse 2 erreicht wird.

(3) Bei Eintritt in die Klasse 2 nach § 5 Abs. 2 entfällt die Probezeit.

Schulversuch BOS – 1BKHF
1. Wechsel von der BOS auf das 1 BKFH, Erwerb der Fachhochschulreife

1.1 Schülerinnen und Schüler der Berufsoberschule (BOS), die an dieser die Probezeit bestanden haben, können im Rahmen noch vorhandener Plätze an ein einjähriges Berufskolleg zum Erwerb der Fachhochschulreife (1BKFH) wechseln, sofern sie die für das aufnehmende Berufskolleg geltenden Aufnahmevoraussetzungen nach § 5 der Verordnung [...] → Berufskolleg (Einjährig – Fachhochschulreife) *erfüllen.*

1.2 Der Wechsel ist jeweils spätestens bis zu einem Monat vor Beginn der schriftlichen Abschlussprüfung des 1 BKFH möglich.

1.3 Der Wechsel ist auch aus der zweiten Klasse der BOS möglich, soweit nach Durchführung des regulären Aufnahmeverfahrens für das 1 BKFH noch Schulplätze zu vergeben sind. Nummer 1.2 sowie die Möglichkeit, sich im Rahmen des regulären Aufnahmeverfahrens um Aufnahme in ein 1 BKFH zu bewerben, bleiben unberührt.

1.4 Wer an ein 1 BKFH gewechselt hat, nimmt als dessen Schüler an der dortigen Abschlussprüfung teil. Die Anmeldenoten werden aus den Noten der in dem jeweiligen Schuljahr an der BOS und dem 1 BKFH erzielten Einzelnoten von den jeweiligen Fachlehrkräften des 1 BKFH im Einvernehmen mit den jeweiligen Fachlehrkräften der BOS gebildet.

3. Abschnitt
Versetzung

§ 10
Voraussetzungen

(1) In die Klasse 2 wird versetzt, wer aufgrund der Leistungen in den für die Versetzung maßgebenden Fächern den Anforderungen der Klasse 1 im Ganzen entsprochen hat und deshalb erwarten lässt, dass er den Anforderungen der Klasse 2 genügen wird.

(2) Die Voraussetzungen nach Absatz 1 liegen vor, wenn im Jahreszeugnis

1. der Durchschnitt aus den Noten aller maßgebenden Fächer 4,0 oder besser ist,
2. der Durchschnitt aus den Noten der Kernfächer 4,0 oder besser ist,
3. die Leistungen in keinem Kernfach mit der Note „ungenügend" bewertet sind
und
4. die Leistungen in nicht mehr als einem maßgebenden Fach geringer als mit der Note „ausreichend" bewertet sind; sind die Leistungen in zwei maßgebenden Fächern geringer als mit der Note „ausreichend" bewertet, erfolgt eine Versetzung, wenn für beide Fächer ein Ausgleich gegeben ist. Ausgeglichen werden können
   a) die Note „ungenügend" in einem Fach, das nicht Kernfach ist, durch die Note „sehr gut" in einem anderen maßgebenden Fach oder die Note „gut" in zwei anderen maßgebenden Fächern,
   b) die Note „mangelhaft" in einem Kernfach durch mindestens die Note „gut" in einem anderen Kernfach,
   c) die Note „mangelhaft" in einem Fach, das nicht Kernfach ist, durch mindestens die Note „gut" in einem anderen maßgebenden Fach oder die Note „befriedigend" in zwei anderen maßgebenden Fächern.

(3) Ausnahmsweise kann durch Beschluss der Klassenkonferenz auch bei Nichterfüllung der in den Absätzen 1 und 2 genannten Voraussetzungen eine Versetzung erfolgen, wenn die Klassenkonferenz mit Zweidrittelmehrheit zu der Auffassung gelangt, dass die Leistungen nur vorübergehend nicht für die Versetzung ausreichen und nach einer Übergangszeit die Anforderungen der Klasse 2 voraussichtlich erfüllt werden. Wurde das Verbleiben an der Berufsoberschule bereits nach § 9 Abs. 2 erlaubt, findet Satz 1 keine Anwendung.

(4) Ist die Versetzung nur dann möglich, wenn die Note für die als Wahlfach belegte zweite Fremdsprache nicht berücksichtigt wird, erfolgt die Versetzung mit der Maßgabe, dass in der Klasse 2 keine zweite Fremdsprache belegt werden darf.

(5) Im Jahreszeugnis sind zu vermerken:

1. die Versetzung mit „versetzt" und die Nichtversetzung mit „nicht versetzt",

Berufliche Schulen

2. die Versetzung nach Absatz 3 mit „versetzt nach § 10 Abs. 3 der Ausbildungs- und Prüfungsordnung“,
3. bei der Versetzung nach Absatz 4 zusätzlich: „In der Klasse 2 darf keine zweite Fremdsprache belegt werden.“

§ 11
Wiederholung, Entlassung

(1) Bei einer Nichtversetzung kann die Klasse 1 wiederholt werden; § 9 findet keine Anwendung. Die freiwillige Wiederholung auch nur eines Teils der Klasse 1 gilt als Nichtversetzung,

(2) Wer zum zweiten Mal nicht in die Klasse 2 versetzt wurde, muss die Berufsoberschule verlassen.

4. Abschnitt Abschlussprüfung zum Erwerb der Hochschulreife

§ 12
Zweck der Prüfung

In der Abschlussprüfung soll nachgewiesen werden, dass das Ausbildungsziel der Oberstufe der Berufsoberschule erreicht wurde und die geforderten allgemeinen und fachrichtungsbezogenen Kenntnisse für das Studium an einer Hochschule vorliegen.

⇨ Hochschulreife (Zugangsberechtugung)

§ 13
Teile der Prüfung

Die Abschlussprüfung besteht aus der schriftlichen Prüfung und der mündlichen Prüfung. Sie ist nicht öffentlich.

§ 14
Ort und Zeitpunkt

(1) Die Abschlussprüfung wird an der Berufsoberschule abgenommen.

(2) Der Zeitpunkt der schriftlichen Prüfung wird vom Kultusministerium festgelegt. Der Zeitpunkt der mündlichen Prüfung wird vom Vorsitzenden des Prüfungsausschusses festgelegt.

§ 15
Zulassung zur Prüfung, Anmeldenoten

(1) Zur Abschlussprüfung ist zugelassen, wer in der Klasse 2 die zur Bildung von Anmeldenoten erforderlichen Einzelleistungen erbracht hat. Liegen diese Voraussetzungen nicht vor, ist die Nichtzulassung vom Schulleiter festzustellen und dem Prüfling unter Angabe der Gründe unverzüglich schriftlich mitzuteilen. Sie gilt als Nichtbestehen der Abschlussprüfung, es sei denn, der Schulleiter stellt fest, dass die Gründe vom Prüfling nicht zu vertreten sind.

(2) Für alle Fächer werden Anmeldenoten (ganze Noten) gebildet. Sie sind aus den in der Klasse 2 erbrachten Einzelleistungen zu ermitteln. Die Anmeldenoten sind für die Fächer der schriftlichen Prüfung fünf bis sieben Schultage vor Beginn der schriftlichen Prüfung und für die übrigen Fächer fünf bis sieben Schultage vor der mündlichen Prüfung zusammen mit den Noten der schriftlichen Prüfung bekanntzugeben. In der Klasse 2 entfällt das Halbjahreszeugnis.

§ 16
Prüfungsausschuss, Fachausschüsse

(1) Für die Abschlussprüfung wird an jeder Berufsoberschule ein Prüfungsausschuss gebildet, der insgesamt für die ordnungsgemäße Durchführung der Prüfung verantwortlich ist. Diesem gehören an:
1. als Vorsitzender eine die obere Schulaufsichtsbehörde vertretende oder von ihr beauftragte Person,
2. als stellvertretender Vorsitzender der Schulleiter oder seine ständige Vertreterin oder sein ständiger Vertreter oder eine vom Schulleiter beauftragte Lehrkraft,
3. sämtliche Lehrkräfte, die in der Klasse in den maßgebenden Fächern unterrichten.

Die obere Schulaufsichtsbehörde und der Vorsitzende des Prüfungsausschusses können weitere Mitglieder berufen, soweit dies für die Durchführung der Prüfung erforderlich ist.

(2) Die Mitglieder des Prüfungsausschusses sind bei ihrer Tätigkeit unabhängig. Sie sind zur Amtsverschwiegenheit über alle Prüfungsangelegenheiten verpflichtet. Der Vorsitzende des Prüfungsausschusses hat sie vor Beginn der Prüfung hierüber zu belehren.

(3) Die mündliche Prüfung in den einzelnen Fächern wird von Fachausschüssen abgenommen. Sie werden vom Vorsitzenden oder von einer von ihm beauftragten Person aus den Mitgliedern des Prüfungsausschusses gebildet. Dem einzelnen Fachausschuss gehören an:
1. der Vorsitzende oder ein von ihm bestimmtes Mitglied des Prüfungsausschusses als Leiterin oder Leiter, sofern die obere Schulaufsichtsbehörde nichts anderes bestimmt,
2. die Fachlehrkraft der Klasse oder bei deren Verhinderung eine in dem betreffenden Prüfungsfach erfahrene Lehrkraft als Prüferin oder Prüfer,
3. ein weiteres fachkundiges Mitglied des Prüfungsausschusses, das zugleich das Protokoll führt.

In Fächern, in denen die Klasse von verschiedenen Fachlehrkräften für Teilbereiche unterrichtet wird, gehören alle dem Fachausschuss als Mitglieder an. Sie prüfen jeweils für ihren Teilbereich nach Satz 3 Nr. 2. Die Leiterin oder der Leiter des Fachausschusses bestimmt den Gang der Prüfung und kann selbst prüfen.

§ 17
Schriftliche Prüfung

(1) Die Leitung der schriftlichen Prüfung obliegt dem Schulleiter.

(2) Schriftliche Prüfungsarbeiten sind in folgenden Fächern zu fertigen:

	Arbeitszeit
1. Deutsch,	270 bis 315 Minuten;
2. Englisch,	210 bis 270 Minuten;
3. Mathematik,	210 bis 270 Minuten;
4. a) Technische Oberschule:	
Physik,	240 Minuten;

Berufliche Schulen

b) Wirtschaftsoberschule:
Wirtschaft, 240 Minuten;

c) Berufsoberschule für Sozialwesen:
Biologie mit Gesundheitslehre 240 Min.

(3) Die Prüfungsaufgaben werden im Rahmen der Bildungs- und Lehrpläne landeseinheitlich vom Kultusministerium oder von einer von ihm beauftragten oberen Schulaufsichtsbehörde gestellt. In jedem Fach sollen Aufgaben aus verschiedenen Stoffgebieten gestellt werden.

(4) Über die schriftliche Prüfung ist eine Niederschrift zu fertigen, die vom Schulleiter und den aufsichtführenden Lehrkräften unterschrieben wird.

(5) Jede schriftliche Arbeit wird von der Fachlehrkraft der Klasse und von einer weiteren Fachlehrkraft, die die obere Schulaufsichtsbehörde bestimmt, korrigiert und bewertet; dabei sind ganze und halbe Note zu verwenden. Als Note der schriftlichen Prüfung gilt der auf die erste Dezimale errechnete Durchschnittswert der beiden Bewertungen, der entsprechend § 8 Abs. 3 Satz 2 auf eine ganze oder halbe Note zu runden ist. Weichen die Bewertungen um mehr als eine ganze Note voneinander ab, muss eine von der oberen Schulaufsichtsbehörde beauftragte Person die beiden vorangegangenen Bewertungen überprüfen und die endgültige Note für die schriftliche Prüfung festsetzen; dabei dürfen die Bewertungen der Erst- und Zweitkorrekturen in der Regel nicht über- und unterschritten werden.

(6) Die Noten der schriftlichen Prüfung in den einzelnen Fächern werden dem Prüfling fünf bis sieben Schultage vor der mündlichen Prüfung bekanntgegeben. ⇨ Korrekturtag

§ 18
Mündliche Prüfung

(1) Die mündliche Prüfung soll keine Wiederholung, sondern eine Ergänzung der schriftlichen Prüfung sein. Sie wird als Einzelprüfung durchgeführt und soll in der Regel 20 Minuten je Prüfling und Fach dauern.

(2) Die mündliche Prüfung kann sich auf alle maßgebenden Fächer der Klasse 2 erstrecken.

(3) Aufgrund der Anmeldenoten und gegebenenfalls der Noten der schriftlichen Prüfung bestimmt der Vorsitzende des Prüfungsausschusses, in welchen Fächern der Prüfling mündlich zu prüfen ist. Jeder Prüfling wird mindestens in einem Fach und soll in nicht mehr als drei Fächern geprüft werden. Die zu prüfenden Fächer sind fünf bis sieben Schultage vor der mündlichen Prüfung bekanntzugeben. Der Prüfling kann bis zum nächsten Schultag dem Schulleiter schriftlich bis zu zwei weitere Fächer nach Absatz 2 benennen, in denen mündlich zu prüfen ist.

(4) Die Prüfungsaufgaben werden im Rahmen der Bildungs- und Lehrpläne der Berufsoberschule von der Leiterin oder vom Leiter des Fachausschusses aufgrund von Vorschlägen der Fachlehrkraft gestellt. Die Aufgaben werden dem Prüfling schriftlich vorgelegt. Er kann sich für jedes Fach etwa 20 Minuten unter Aufsicht vorbereiten. Der Prüfling soll die gestellten Aufgaben in der mündlichen Prüfung selbstständig lösen sowie in einem Prüfungsgespräch vor allem größere fachliche und fachübergreifende Zusammenhänge darstellen.

(5) Im Anschluss an die einzelne mündliche Prüfung setzt der Fachausschuss das Ergebnis der mündlichen Prüfung auf Vorschlag der Prüferin oder des Prüfers fest; dabei sind ganze und halbe Noten zu verwenden. Kann sich der Fachausschuss mehrheitlich mit der Stimme der Leiterin oder des Leiters für keine bestimmte Note entscheiden, so wird die Note aus dem auf die erste Dezimale errechneten Durchschnitt der Bewertungen aller Mitglieder gebildet, der entsprechend § 8 Abs. 3 Satz 2 auf eine ganze oder halbe Note zu runden ist.

(6) Über die mündliche Prüfung ist für jeden Prüfling eine Niederschrift zu fertigen, die von den Mitgliedern des Fachausschusses unterschrieben wird.

§ 19
Ermittlung des Prüfungsergebnisses

(1) Die Endnoten in den einzelnen Fächern ermittelt der Vorsitzende des Prüfungsausschusses aufgrund der Anmeldenoten und der Prüfungsleistungen, wobei der Durchschnitt auf die erste Dezimale zu errechnen und in üblicher Weise auf eine ganze Note zu runden ist (Beispiel: 2,5 bis 3,4 auf „befriedigend").

(2) Bei der Ermittlung der Endnoten zählen

1. in Fächern, in denen schriftlich und mündlich geprüft wurde, die Anmeldenote, die Note der schriftlichen Prüfung und die Note der mündlichen Prüfung je einfach,
2. in Fächern, in denen nur schriftlich oder mündlich geprüft wurde, die Anmeldenote einfach und die Prüfungsnote doppelt.

(3) In Fächern, in denen nicht geprüft wurde, werden die Anmeldenoten als Endnoten in das Zeugnis übernommen.

(4) Der Vorsitzende des Prüfungsausschusses stellt fest, wer die Abschlussprüfung bestanden hat. Hierfür gilt § 10 Absatz 2 entsprechend mit der Maßgabe, dass die schriftlichen und gegebenenfalls mündlichen Prüfungsleistungen in mindestens zwei Fächern mit mindestens der Note „ausreichend" und in jedem Fach der schriftlichen Prüfung mit mindestens der Note „mangelhaft" bewertet sein müssen.

(5) Über die Feststellung der Ergebnisse der Prüfung ist vom Vorsitzenden des Prüfungsausschusses eine Niederschrift zu fertigen.

(6) Die Niederschriften über die einzelnen Teile der Prüfung, über die Feststellung der Prüfungsergebnisse, eine Liste mit den Prüfungsergebnissen und die Prüfungsarbeiten sind bei den Schulakten aufzubewahren. Die Niederschriften und die Prüfungsarbeiten können nach Ablauf von drei Jahren seit der Feststellung der Ergebnisse der Prüfung vernichtet werden.

§ 20

Zeugnis der Hochschulreife

(1) Das Zeugnis der fachgebundenen Hochschulreife mit den nach § 19 Abs. 1 bis 3 ermittelten Endnoten erhält, wer die Abschlussprüfung bestanden hat, ohne die erforderlichen Kenntnisse in einer zweiten Fremdsprache nachzuweisen. Das Zeugnis der fachgebundenen Hochschulreife berechtigt zum Studium an einer Hochschule in Baden-Württemberg

1. in den Fächern Mathematik, Informatik, Naturwissenschaften, Medizin, Zahnmedizin, Tiermedizin, Pharmazie, Wirtschaftsingenieurwesen, Wirtschaftswissenschaften, Agrarwissenschaften, Forstwissenschaften, Soziologie, Politologie, Psychologie, Pädagogik einschließlich Sozialpädagogik, Sport/Sportwissenschaft sowie
   a) Ingenieurwissenschaften bei der Technischen Oberschule,
   b) Sozialwissenschaften, Rechtswissenschaft und Verwaltungswissenschaften bei der Wirtschaftsoberschule,
   c) Sozialwissenschaften bei der Berufsoberschule für Sozialwesen,
2. für das Lehramt an Grundschulen, Hauptschulen, Realschulen, beruflichen Schulen, Sonderschulen,
3. für das Lehramt an Gymnasien in den in Nummer 1 genannten Fächern, soweit diese für die wissenschaftliche Prüfung für das Lehramt an Gymnasien zugelassen sind, sowie in Bildender Kunst, Musik und Sport,
4. in allen Fächern an Kunsthochschulen.

Die fachgebundene Hochschulreife schließt die Fachhochschulreife ein.

⇨ Hochschulreife (Zugangsberechtigungen)

(2) Das Zeugnis der Fachhochschulreife erhält auf Antrag, wer an der Abschlussprüfung teilgenommen, diese jedoch nicht bestanden hat und die Schule verlässt, wenn auf der Grundlage der nach § 15 Absatz 2 gebildeten Anmeldenoten ohne Berücksichtigung der Prüfungsleistungen die Voraussetzungen des § 10 Absatz 2 erfüllt sind. Dies gilt nur, sofern die Schülerin oder der Schüler bisher noch keine Fachhochschulreife erworben hat. Für das Zeugnis gelten die Anmeldenoten als Endnoten.

(3) Das Zeugnis der allgemeinen Hochschulreife mit den nach § 19 Abs. 1 bis 3 ermittelten Endnoten erhält, wer die Abschlussprüfung bestanden und die Kenntnisse in einer zweiten Fremdsprache im Umfang von vier Wochenstunden Unterricht im Pflicht- oder Wahlpflichtbereich

1. in vier aufeinander folgenden Schuljahren der Realschule, der Gemeinschaftsschule oder des Gymnasiums oder
2. in den zwei Schuljahren des Kaufmännischen Berufskollegs Fremdsprachen oder
3. in den Klassen 1 und 2 der Oberstufe der Berufsoberschule von insgesamt acht Jahreswochenstunden (320 Unterrichtsstunden)

nachgewiesen hat. Über den Nachweis gleichwertiger Kenntnisse in anderen Bildungsgängen entscheidet das Regierungspräsidium Stuttgart. Für Schülerinnen und Schüler, die mit dem Zeugnis der Fachhochschulreife in das zweite Jahr der Berufsoberschule eingetreten sind und die am Berufskolleg Unterricht in einer zweiten Fremdsprache nach dem für das erste Schuljahr der Berufsoberschule geltenden Lehrplan für die zweite Fremdsprache erhalten haben, gilt dieser Unterricht als Unterricht der ersten Klasse der Berufsoberschule im Sinne von Satz 1 Nummer 3. Das Zeugnis der allgemeinen Hochschulreife berechtigt zum Studium aller Fächer an einer Hochschule.

(4) Wer an der Abschlussprüfung teilgenommen und sie nicht bestanden hat und die Schule verlässt, erhält ein Abgangszeugnis mit den § 19 Abs. 1 bis 3 ermittelten Endnoten.

(5) Wer an der Abschlussprüfung nicht oder nur teilweise teilgenommen hat, erhält ein Zeugnis über die bis zum Ausscheiden erbrachten Leistungen oder, sofern sie bereits vorliegen, mit den Anmeldenoten nach § 15 Abs. 2; Prüfungsleistungen bleiben unberücksichtigt. Wer an der Abschlussprüfung teilgenommen und sie nicht bestanden hat und die Klasse 2 wiederholt, erhält ein Jahreszeugnis mit den nach § 19 Abs. 1 bis 3 ermittelten Endnoten. In den Zeugnissen nach den Sätzen 1 und 2 ist zu vermerken, dass das Ausbildungsziel der Oberstufe der Berufsoberschule nicht erreicht ist.

Hinweis der Redaktion: §§ 21 (Nichtteilnahme, Rücktritt) und 22 (Täuschungshandlungen, Ordnungsverstöße) nicht abgedruckt, da inhaltsgleich mit §§ 23 und 24 → Berufsfachschule Altenpflegehilfe.

§ 23

Wiederholung der Prüfung, Entlassung

(1) Wer die Abschlussprüfung nicht bestanden hat, kann sie nach erneutem Besuch der Klasse 2 einmal wiederholen.

(2) Die freiwillige Wiederholung auch nur eines Teils der Klasse 2 gilt als Nichtbestehen der Abschlussprüfung. Bei bestandener Abschlussprüfung ist weder eine Wiederholung der Ausbildung noch eine Wiederholung der Abschlussprüfung zulässig.

(3) Wer die Abschlussprüfung auch bei der Wiederholung nicht bestanden hat, muss die Berufsoberschule verlassen.

5. Abschnitt
Übergangs- und Schlussbestimmungen

§ 24

Erweiterung bisheriger Studienberechtigungen

[...] Die an einer Berufsoberschule erworbene fachgebundene Hochschulreife wird auf Antrag zu einer allgemeinen Hochschulreife erweitert, wenn die Voraussetzungen in einer zweiten Fremdsprache nach § 20 Abs. 2 erfüllt sind. Zuständig ist die Schule, die das Zeugnis der fachgebundenen Hochschulreife ausgestellt hat.[...]

→ Berufsaufbauschule; → Berufsaufbauschule (Stundentafeln); → Berufsoberschule (Stundentafeln); ⇨ Hochschulreife (Zugangsberechtigungen); ⇨ Korrekturtag; → Termine Berufliche Schulen; → Zeugnisse (Berufliche Schulen)

Berufsoberschule (Stundentafeln)

Anlage 1
(Zu § 3)

Stundentafel für die Technische Oberschule

(durchschnittliche Zahl der Wochenstunden)

	Klasse 1	Klasse 2
1. Pflichtfächer		
Religionslehre	1	1
Deutsch	4	4
Englisch	5	5
Mathematik	6	6
Physik	6	6
Chemie	2	2
Biologie	–	2
Geschichte mit Gemeinschaftskunde	2	2
Volks- und Betriebswirtschaftslehre	2	2
Projektarbeit	2	–
	30	30
2. Wahlfächer		
2.1 zweite Fremdsprache zum Erwerb der allgemeinen Hochschulreife oder dritte Fremdsprache:		
Französisch	4	4
Spanisch	4	4
2.2 Computertechnik	2	2
Biologie	2	–
klassenübergreifend:		
Bildende Kunst	2	
Sport	2	
3. Arbeitsgemeinschaften		

Anlage 2
(Zu § 3)

Stundentafel für die Wirtschaftsoberschule

(durchschnittliche Zahl der Wochenstunden)

	Klasse 1	Klasse 2
1. Pflichtfächer		
Religionslehre	1	1
Deutsch	4	4
Englisch	5	5
Mathematik	6	6
Wirtschaft	6	6
Informatik	2	2
Geschichte mit Gemeinschaftskunde	2	2
Physik	2	2
Chemie	–	2
Projektarbeit	2	–
	30	30

	Klasse 1	Klasse 2
2. Wahlfächer		
2.1 zweite Fremdsprache zum Erwerb der allgemeinen Hochschulreife oder dritte Fremdsprache:		
Französisch	4	4
Spanisch	4	4
2.2. Wirtschaftsgeografie	2	2
Chemie	2	–
klassenübergreifend:		
Bildende Kunst	2	
Sport	2	
3. Arbeitsgemeinschaften		

→ Berufsoberschule

Anlage 3
(Zu § 3)

Stundentafel für die Berufsoberschule für Sozialwesen

(durchschnittliche Zahl der Wochenstunden)

	Klasse 1	Klasse 2
1. Pflichtfächer		
Religionslehre	1	1
Deutsch	4	4
Englisch	5	5
Mathematik	6	6
Biologie mit Gesundheitslehre	6	6
Pädagogik / Psychologie	2	4
Geschichte mit Gemeinschaftskunde	2	2
Volks- und Betriebswirtschaftslehre	2	2
Projektarbeit	2	–
	30	30
2. Wahlfächer		
2.1 zweite Fremdsprache zum Erwerb der allgemeinen Hochschulreife oder dritte Fremdsprache		
Französisch	4	4
Spanisch	4	4
2.2 Chemie	2	2
Informatik	2	2
klassenübergreifend:		
Bildende Kunst	2	
Sport	2	
3. Arbeitsgemeinschaften		

Mit dem Zeichen ⇨ verweisen wir auf korrespondierende Beiträge im Standard-Teil des Jahrbuchs.
Auf Beiträge im Sonderteil berufliche Schulen verweisen wir mit dem Zeichen →.

Berufsschulordnung

Verordnung des Kultusministeriums über die Ausbildung und Prüfung an den Berufsschulen (Berufsschulordnung) vom 10. Juli 2008 (K.u.U. S. 164/2008); zuletzt geändert 15.8.2017 (K.u.U. S. 157/2017)

Hinweis der Redaktion: Die Schulversuchsbestimmungen für Englisch (Stand: 14.7.2011) sind *kursiv* eingearbeitet.

1. Abschnitt Ausbildung

1. Unterabschnitt: Allgemeines

§ 1

Geltungsbereich, Bezeichnungen

(1) Diese Verordnung gilt für die Ausbildung und den Abschluss an öffentlichen Berufsschulen, soweit nach dem jeweiligen Landeslehrplan lernfeldorientierter Unterricht erteilt wird.

(2) Soweit die Bestimmungen Personalbegriffe wie Schüler, Schulleiter, Klassenlehrer, Vorsitzender, Prüfer, Vertreter oder Teilnehmer enthalten, sind dies funktions- oder statusbezogene Bezeichnungen, die gleichermaßen auf Frauen und Männer zutreffen.

§ 2

Aufgabenstellung, Kooperation

(1) Die Berufsschulen nehmen die in § 10 SchG festgelegten Aufgaben wahr. In diesem Rahmen vermitteln sie insbesondere berufsbezogene und berufsübergreifende Lerninhalte und Kompetenzen und vertiefen die Allgemeinbildung. Durch ein ganzheitlich ausgerichtetes Bildungsangebot wird sowohl die fachliche Qualifizierung als auch die Persönlichkeitsentwicklung der Auszubildenden gefördert. Leistungsstärkeren Auszubildenden kann die Möglichkeit geboten werden, berufliche Zusatzqualifikationen oder die Fachhochschulreife zu erwerben.

(2) Die Berufsschulen erfüllen ihre Aufgaben als gleichberechtigte Partner im Zusammenwirken mit den anderen an der Berufsausbildung Beteiligten, insbesondere den Ausbildungsbetrieben sowie den zuständigen Stellen nach dem Berufsbildungsgesetz und der Handwerksordnung.

§ 3

Dauer und Organisation der Ausbildung

(1) Die Ausbildung dauert in der Regel drei Schuljahre. Der Unterricht wird als Teilzeitunterricht, auch in Form von Blockunterricht, erteilt. Er umfasst den Pflichtbereich, den Wahlpflichtbereich und gegebenenfalls den Wahlbereich.

→ Ganztagsklassen; → Individuelle Förderung und Unterstützung (BS)

(2) Innerhalb des Wahlpflichtbereichs kann Stützunterricht, Erweiterungsunterricht und Unterricht zur Vermittlung von Zusatzqualifikationen erteilt werden.

(3) Innerhalb des Wahlbereichs können die Schulen nach gesonderter Festlegung durch das Kultusministerium Zusatzunterricht zum Erwerb der Fachhochschulreife anbieten.

§ 4

Bildungs- und Lehrplan, Stundentafel

(1) Der Unterricht richtet sich nach den vom Kultusministerium für verbindlich erklärten Bildungs- und Lehrplänen sowie nach der als Anlage beigefügten Stundentafel.

→ Berufsschule (Berufsschulordnung) – Stundentafel

(2) Die in der Stundentafel ausgewiesene Projektkompetenz ist integrativer Bestandteil des berufstheoretischen Unterrichts. Sie vermittelt insbesondere die in den Bildungs- und Lehrplänen genannten Kompetenzen, die über berufsspezifische Fachqualifikationen hinausgehen.

§ 5

Maßgebende Noten, Klassenarbeiten, Zeugnisse

(1) Für die Entscheidung über die Versetzung sowie über das Bestehen der Berufsschulabschlussprüfung sind alle Noten des Pflichtbereichs mit Ausnahme der in Religionslehre erteilten Noten maßgebend.

Schulversuch Englisch

§ 5 Abs. 1 erhält folgende Fassung:

(1) Für die Entscheidung über die Versetzung sowie über das Bestehen der Berufsschulabschlussprüfung sind alle Noten des Pflichtbereichs mit Ausnahme der in Religionslehre und Englisch erteilten Noten maßgebend

(2) In „Berufsfachliche Kompetenz" und „Projektkompetenz" sind pro Schuljahr zusammengenommen mindestens acht Klassenarbeiten anzufertigen. Hiervon muss mindestens eine Klassenarbeit und können höchstens drei Klassenarbeiten durch gleichwertige Feststellungen von Leistungen im Sinne von § 9 Abs. 5 der Notenbildungsverordnung ersetzt werden.

(3) Die Schüler erhalten am Ende des Schuljahres ein Jahreszeugnis sowie im zweiten und dritten Schuljahr jeweils am Ende des ersten Schulhalbjahres ein Halbjahreszeugnis. Im ersten Schuljahr wird weder ein Halbjahreszeugnis noch eine Halbjahresinformation erteilt. Sofern die Schüler an der Berufsschulabschlussprüfung teilgenommen haben, erhalten sie am Ende ihrer schulischen Ausbildung ein Abschlusszeugnis oder ein Abgangszeugnis.

(4) Die im Erweiterungsunterricht und im Unterricht zur Vermittlung von Zusatzqualifikationen erzielten Leistungen sind im Zeugnis auszuweisen. Sie werden bei der Entscheidung über die Versetzung sowie über das Bestehen der Berufsschulabschlussprüfung nicht berücksichtigt. Die im Stützunterricht erzielten Leistungen werden nicht mit den Leistungen verrechnet, die in den in der Stundentafel ausgewiesenen Fächern oder Kompetenzbereichen erbracht worden sind, und auch nicht im Zeugnis ausgewiesen.

Berufliche Schulen

Schulversuch Englisch

In § 5 wird folgender neuer Absatz 5 eingefügt:

(5) Wurde das Fach Englisch auch im Rahmen des Erweiterungsunterrichts erteilt, so werden die dabei erzielten Leistungen in die Ermittlung der Jahresnote für das im Pflichtbereich unterrichtete Fach Englisch einbezogen. Im Zeugnis ist deshalb bei dem bezüglich des Erweiterungsunterrichts unter ‚Wahlpflichtbereich' auszuweisenden Fach Englisch anstelle einer Note der Hinweis ‚Erweiterter Unterricht; Gesamtnote für Englisch siehe Pflichtbereich' auszubringen.

In § 5 wird der bisherige Absatz 5 zum neuen Absatz 6.

(5) Das Jahreszeugnis des ersten Schuljahres sowie das Zeugnis nach § 14, mit dem der Schüler die Berufsschule verlässt, ist mit der Übersicht über die Lernfelder des jeweiligen Ausbildungsberufes nach dem einschlägigen Landeslehrplan zu versehen. Dies gilt nicht bei Ausbildungsgängen, in denen bei „Berufsfachliche Kompetenz" einzelne Schwerpunkte in der Stundentafel ausgewiesen sind.

2. Unterabschnitt Versetzung

§ 6

Voraussetzungen

In die nächst höhere Klasse wird versetzt, wenn

1. der aus allen maßgebenden Jahresendnoten (ganze Noten) gebildete Durchschnitt 4,0 oder besser ist,
2. die „Berufsfachliche Kompetenz" nicht schlechter als mit der Note „ausreichend" bewertet ist oder, sofern bei „Berufsfachliche Kompetenz" in der Stundentafel einzelne Schwerpunkte ausgewiesen sind, der auf eine Dezimale berechnete Durchschnitt der Noten der einzelnen Schwerpunkte 4,4 oder besser ist, und
3. nicht mehr als eine der maßgebenden Jahresendnoten schlechter als mit „ausreichend" bewertet ist. Sind zwei dieser Jahresendnoten schlechter als „ausreichend", ist der Schüler zu versetzen, wenn für beide Noten ein Ausgleich gegeben ist. Ausgeglichen werden kann
   a) die Note „mangelhaft" durch mindestens die Note „befriedigend",
   b) die Note „ungenügend" durch die Note „sehr gut" oder durch zwei Noten „gut".

§ 7

Entscheidung über die Versetzung, Wiederholung

(1) Die Entscheidung über die Versetzung trifft die Klassenkonferenz. Vorsitzender ist der Klassenlehrer, soweit der Schulleiter nichts anderes bestimmt. Der Vorsitzende ist stimmberechtigt; bei Stimmengleichheit gibt seine Stimme den Ausschlag.

(2) Ausnahmsweise kann die Klassenkonferenz einen Schüler, der nach § 6 nicht zu versetzen wäre, mit Zweidrittelmehrheit versetzen, wenn sie zu der Auffassung gelangt, dass seine Leistungen nur vorübergehend nicht für die Versetzung ausreichen und er nach einer Übergangszeit den Anforderungen der nächst höheren Klasse voraussichtlich genügen wird.

(3) Bei Nichtversetzung muss das betreffende Schuljahr wiederholt werden; Absatz 4 bleibt unberührt.

(4) Ein Schüler, der das Bildungsziel der Klasse nicht erreicht hat, kann wie ein versetzter Schüler am Unterricht der nächst höheren Klasse teilnehmen, wenn sein Ausbildungsvertrag nicht entsprechend verlängert wird. Er soll über die Folgen der Nichtverlängerung des Ausbildungsvertrages vom Klassenlehrer beraten werden. Die für die Berufserziehung des Schülers Mitverantwortlichen sind zu hören.

(5) Die Versetzung oder Nichtversetzung ist im Zeugnis mit „versetzt" oder „Das Ziel der Klasse wurde nicht erreicht" zu vermerken. Bei einer Versetzung nach Absatz 2 ist zu vermerken: „Versetzt nach § 7 Abs. 2 der Berufsschulordnung".

2. Abschnitt Ordentliche Abschlussprüfung

§ 8

Zweck der Prüfung

In der Abschlussprüfung soll der Schüler nachweisen, dass er über die allgemeinen und berufstheoretischen Kompetenzen verfügt und damit das Ausbildungsziel der Berufsschule erreicht hat.

§ 9

Ort und Zeitpunkt der Prüfung

(1) Die Prüfung wird an den Berufsschulen abgenommen.

(2) Die Prüfung findet in der Regel im letzten Schulhalbjahr statt. Die Prüfungstermine werden vom Kultusministerium festgelegt.

§ 10

Zulassung zur Prüfung, Anmeldenoten

(1) An der Abschlussprüfung nehmen die Schüler der Abschlussklassen und die nach § 45 Abs. 1 des Berufsbildungsgesetzes oder § 37 Abs. 1 der Handwerksordnung zur Berufsabschlussprüfung zugelassenen Schüler teil.

(2) Aus den Einzelleistungen, die während des Schuljahres im Pflicht- und Wahlpflichtbereich erbracht wurden, sind Anmeldenoten in Form ganzer Noten zu bilden. In Bildungsgängen, in denen in „Berufsfachliche Kompetenz" nach in der Stundentafel ausgewiesenen Schwerpunkten unterrichtet wird, werden statt einer Gesamtnote für „Berufsfachliche Kompetenz" Anmeldenoten für die einzelnen Schwerpunkte in Form ganzer Noten gebildet. Die Anmeldenoten sind den Schülern spätestens fünf Schultage vor Beginn der Prüfung bekanntzugeben. Ändert sich die Bezeichnung eines Prüfungsfachs, so tritt in den Anlagen 2a bis 2c die geänderte Bezeichnung des Prüfungsfachs an die Stelle der bisherigen Bezeichnung des Prüfungsfachs.

Schulversuch Englisch

In § 10 Abs. 2 wird der Satz 1 wie folgt erweitert:

§ 5 Abs. 5 bleibt unberührt.

(3) Bei zweieinhalb- oder dreieinhalbjährigen Ausbildungsverhältnissen sind die nach Absatz 2 zu ermittelnden Noten aus den Noten des letzten Jahreszeugnisses und den Leistungen des letzten Halbjahres zu bilden.

(4) Steht bereits vor Beginn der Prüfung fest, dass der Schüler aufgrund der Vorgaben nach § 13 die Berufsschulabschlussprüfung nicht bestehen kann, so kann er auf eigenen Wunsch an der Abschlussprüfung teilnehmen. Nimmt er an der Abschlussprüfung nicht teil, gilt dies als Nichtbestehen der Prüfung.

§ 11
Prüfungsausschuss

(1) Für die Abschlussprüfung wird für jede Abschlussklasse an der Berufsschule ein Prüfungsausschuss gebildet, der für die ordnungsgemäße Durchführung der Prüfung verantwortlich ist. Diesem gehören an:

1. als Vorsitzender der Schulleiter oder eine von ihm beauftragte Lehrkraft, soweit die obere Schulaufsichtsbehörde vor Beginn der Prüfung nichts anderes bestimmt,
2. als stellvertretender Vorsitzender der Schulleiter oder sein ständiger Vertreter oder eine vom Schulleiter beauftragte Lehrkraft,
3. sämtliche Lehrkräfte, die in der Abschlussklasse im Pflichtbereich mit Ausnahme von Religionslehre unterrichten,
4. erforderlichenfalls weitere von der oberen Schulaufsichtsbehörde oder vom Vorsitzenden des Prüfungsausschusses berufene Mitglieder.

Bestehen an einer Berufsschule mehrere Abschlussklassen eines Einzelberufes oder einer Berufsgruppe, kann der Schulleiter für diese Abschlussklassen einen gemeinsamen Prüfungsausschuss bilden.

(2) Die Mitglieder des Prüfungsausschusses sind bei ihrer Tätigkeit als Prüfer unabhängig. Sie sind zur Amtsverschwiegenheit über alle Prüfungsangelegenheiten verpflichtet. Der Vorsitzende des Prüfungsausschusses hat sie vor Beginn der Prüfung hierüber zu belehren.

(3) Der Prüfungsausschuss ist beschlussfähig, wenn mindestens zwei Drittel der Mitglieder anwesend sind. Der Prüfungsausschuss entscheidet mit einfacher Mehrheit; bei Stimmengleichheit gibt die Stimme des Vorsitzenden den Ausschlag.

§ 12
Durchführung der Prüfung

(1) Die Leitung der Prüfung obliegt dem Schulleiter oder einer vom ihm beauftragten Lehrkraft.

(2) Die Prüfung erfolgt in schriftlicher Form. Sie erstreckt sich auf „Deutsch" und „Gemeinschaftskunde" sowie auf die in den jeweiligen Ausbildungsordnungen des Bundes ausgewiesenen schriftlichen Prüfungsbereiche.

(3) Das Kultusministerium legt die zur Verfügung stehenden Prüfungszeiten fest.

(4) Die Prüfungsaufgaben werden im Rahmen der Bildungs- und Lehrpläne landeseinheitlich vom Kultusministerium gestellt.

(5) Über die Prüfung ist eine Niederschrift zu fertigen, die vom Vorsitzenden des Prüfungsausschusses und den aufsichtführenden Lehrkräften unterschrieben wird.

(6) Die Prüfungsarbeiten werden von der Fachlehrkraft der Klasse und von einer weiteren Fachlehrkraft, die der Vorsitzende des Prüfungsausschusses bestimmt, korrigiert und bewertet. Dabei sind auch Noten mit einer Dezimale zulässig. Als Note der Prüfung gilt der auf die erste Dezimale errechnete Durchschnitt der beiden Bewertungen. Weichen die Bewertungen um mehr als eine ganze Note voneinander ab und können sich die beiden Korrektoren nicht auf eine Note einigen, hat der Vorsitzende des Prüfungsausschusses die endgültige Note der Prüfung festzusetzen; dabei gelten die Bewertungen der beiden Korrektoren als Grenzwerte, die nicht über- oder unterschritten werden dürfen.

§ 13
Ermittlung des Prüfungsergebnisses

(1) Die in den Zeugnissen nach § 14 Abs. 1 und 2 auszuweisenden Endnoten werden wie folgt gebildet:

1. Die Endnoten in „Deutsch" und in „Gemeinschaftskunde" werden jeweils aufgrund der einfach gewichteten Anmeldenote und der doppelt gewichteten Prüfungsnote ermittelt, wobei der Durchschnitt auf die erste Dezimale zu errechnen ist und eine Dezimale bis 0,4 auf eine ganze Note abgerundet, eine Dezimale von 0,5 oder schlechter auf eine ganze Note aufgerundet wird.
2. Die für die Kompetenzbereiche ermittelten Anmeldenoten werden als Endnoten in das Zeugnis übernommen. Sofern in der Stundentafel bei „Berufsfachliche Kompetenz" einzelne Schwerpunkte ausgewiesen sind, werden die Anmeldenoten dieser Schwerpunkte als Endnoten in das Zeugnis übernommen.
3. In den Prüfungsbereichen werden die in der jeweiligen Prüfung erzielten Leistungen in Form einer auf die erste Dezimalstelle ermittelten Endnote in das Zeugnis übernommen.
4. Die für „Religionslehre" sowie die im Wahlpflichtbereich ermittelten Anmeldenoten werden als Endnoten in das Zeugnis übernommen.

Schulversuch Englisch

§ 13 Abs. 1 Nr. 4 wird wie folgt gefasst:

4. Die für Religionslehre und Englisch sowie die im Wahlpflichtbereich ermittelten Anmeldenoten werden als Endnoten in das Zeugnis übernommen.

(2) Die Durchschnittsnote der Abschlussprüfung wird als arithmetischer Mittelwert der unter Absatz 1 Nr. 1 bis 3 ermittelten Endnoten auf die erste Dezimalstelle ohne Rundung errechnet und in dieser Form im Zeugnis unter „Bemerkungen" ausgewiesen. Sie ist Durchschnittsnote im Sinne von Buchstabe B Abschnitt I der Verwaltungsvorschrift [...]

⇨ Abschlüsse (Berufsausbildung/Gleichwertigkeit)

(3) Der Vorsitzende des Prüfungsausschusses ermittelt die Endnoten nach Absatz 1 sowie die Durchschnittsnote nach Absatz 2. Er stellt fest, ob der Schüler die Abschlussprüfung bestanden hat, und teilt ihm das Ergebnis der Prüfung mit.

(4) Die Abschlussprüfung ist bestanden, wenn

1. keine der nach § 5 Abs. 1 maßgebenden Noten „ungenügend" ist,
2. die Leistung in „Berufsfachliche Kompetenz" mit mindestens „ausreichend" bewertet ist oder, sofern in der Stundentafel einzelne Schwerpunkte ausgewiesen sind, der Durchschnitt aus den Endnoten der einzelnen Schwerpunkte mindestens 4,4 beträgt und
3. nicht mehr als eine der Endnoten nach Absatz 1 Nr. 1 bis 3 schlechter als „ausreichend" ist. Ist mehr als eine dieser Endnoten schlechter als „ausreichend", so ist die Prüfung bestanden, wenn folgender Ausgleich gegeben ist:
   a) bei zwei Endnoten „mangelhaft" mindestens zwei Endnoten „befriedigend"
   b) bei drei Endnoten „mangelhaft" mindestens eine Endnote „gut" und mindestens zwei Endnoten „befriedigend".

Hierbei darf bei Berufen mit bis zu drei Prüfungsbereichen im Sinne von Absatz 1 Nr. 3 höchstens ein Prüfungsbereich mit „mangelhaft", bei Berufen mit mehr als drei Prüfungsbereichen dürfen höchstens zwei Prüfungsbereiche mit „mangelhaft" bewertet sein. Als Endnoten der Prüfungsbereiche gelten insoweit die auf ganze Noten gerundeten Dezimalnoten nach Absatz 1 Nr. 3, wobei eine Dezimale bis 0,4 auf eine ganze Note abzurunden und eine Dezimale von 0,5 oder schlechter auf eine ganze Note aufzurunden ist.

(5) Über die Feststellung der Ergebnisse der Prüfung ist vom Vorsitzenden des Prüfungsausschusses eine Niederschrift zu fertigen.

(6) Die Niederschriften über die Prüfung und über die Feststellung der Prüfungsergebnisse, eine Liste mit den Prüfungsergebnissen sowie die Prüfungsarbeiten sind bei den Schulakten aufzubewahren. Die Niederschriften und die Prüfungsarbeiten können nach Ablauf von drei Jahren seit der Feststellung der Ergebnisse der Prüfung vernichtet werden.

§ 14
Zeugnis

(1) Wer die Abschlussprüfung bestanden hat, erhält ein Abschlusszeugnis mit den nach § 13 Abs. 1 ermittelten Endnoten.

(2) Wer an der Abschlussprüfung teilgenommen und sie nicht bestanden hat und die Berufsschule verlässt, erhält ein Abgangszeugnis mit den nach § 13 Abs. 1 ermittelten Noten. Wer die Berufsschule nicht verlässt, erhält ein Zeugnis mit den nach § 13 Abs. 1 ermittelten Noten.

(3) Wer an der Abschlussprüfung nicht oder nur teilweise teilgenommen hat, erhält ein Zeugnis über die bis zum Ausscheiden erbrachten Leistungen oder, sofern sie bereits vorliegen, mit den Anmeldenoten nach § 10 Abs. 2 und 3; Prüfungsleistungen bleiben unberücksichtigt.

(4) In den Zeugnissen nach den Absätzen 2 und 3 ist zu vermerken, dass das Ausbildungsziel der Berufsschule nicht erreicht ist.

→ Zeugnisse (Berufliche Schulen)

§ 15
Wiederholung der Prüfung

(1) Wer die Prüfung nicht bestanden hat, kann sie bei Fortsetzung des Schulbesuchs einmal, bei Verlängerung des Ausbildungsverhältnisses bis zu zweimal wiederholen.

(2) Endet das Ausbildungsverhältnis bei erfolgreich abgelegter Berufsabschlussprüfung, kann der Berufsschulabschluss ohne Fortsetzung des Schulbesuchs nach Maßgabe von § 29 einmal wiederholt werden.

§ 16
Nichtteilnahme, Rücktritt

(1) Wer ohne wichtigen Grund an der Prüfung ganz oder teilweise nicht teilnimmt, hat die Abschlussprüfung nicht bestanden. Der wichtige Grund ist der Schule unverzüglich mitzuteilen. Über das Vorliegen eines wichtigen Grundes entscheidet der Vorsitzende des Prüfungsausschusses.

(2) Als wichtiger Grund gilt insbesondere Krankheit. Ist eine prüfungsrelevante gesundheitliche Beeinträchtigung nicht offenkundig, kann der Vorsitzende des Prüfungsausschusses die Vorlage eines ärztlichen Zeugnisses verlangen, das eine konkrete Beschreibung dieser Beeinträchtigung beinhaltet. Lassen sich Zweifel am Vorliegen einer prüfungsrelevanten gesundheitlichen Beeinträchtigung auf andere Weise nicht ausräumen, kann der Vorsitzende des Prüfungsausschusses auch die Vorlage eines Satz 2 entsprechenden amtsärztlichen Zeugnisses verlangen. Der Kenntnis steht die fahrlässige Unkenntnis gleich; fahrlässige Unkenntnis liegt insbesondere dann vor, wenn bei Vorliegen einer gesundheitlichen Beeinträchtigung nicht unverzüglich eine Klärung herbeigeführt wurde.

(3) Soweit ein wichtiger Grund vorliegt, gilt die Prüfung als nicht unternommen. Die Teilnahme an einer Nachprüfung ist zu ermöglichen. In diesem Fall bleiben bereits erbrachte Prüfungsleistungen bestehen. Die Nachprüfung kann an einem besonders festgelegten Termin oder am nächsten regulären Prüfungstermin durchgeführt werden. Terminierung und Aufgabenstellung erfolgen durch die Schule, soweit die oberste Schulaufsichtsbehörde nichts anderes bestimmt.

(4) Vor Beginn der Prüfung ist auf diese Bestimmungen hinzuweisen.

§ 17
Täuschungshandlungen, Ordnungsverstöße

(1) Wer es unternimmt, das Prüfungsergebnis durch Täuschung oder Benutzung nicht zugelassener Hilfsmittel zu beeinflussen oder wer nicht zugelassene Hilfsmittel nach Bekanntgabe der Prüfungsaufgaben mit sich führt oder Beihilfe zu einer Täuschung oder einem Täuschungsversuch leistet, begeht eine Täuschungshandlung.

(2) Wird während der Prüfung eine Täuschungshandlung festgestellt oder entsteht ein entsprechender Verdacht, ist der Sachverhalt von einer aufsichtführenden Lehrkraft festzustellen und zu protokollieren. Der Prüfling setzt die Prüfung bis zur Entscheidung über die Täuschungshandlung vorläufig fort.

(3) Liegt eine Täuschungshandlung vor, wird die Prüfungsleistung mit der Note ungenügend bewertet. In schweren Fällen kann der Vorsitzende des Prüfungsausschusses den Prüfling von der weiteren Teilnahme an der Prüfung ausschließen; dies gilt als Nichtbestehen der Abschlussprüfung.

(4) Stellt sich eine Täuschungshandlung erst nach Aushändigung des Zeugnisses heraus, kann die obere Schulaufsichtsbehörde die ergangene Prüfungsentscheidung zurücknehmen, das Zeugnis einziehen und entweder ein anderes Abschlusszeugnis erteilen oder die Abschlussprüfung für nicht bestanden erklären,wenn seit der Ausstellung des Zeugnisses nicht mehr als zwei Jahre vergangen sind.

(5) Wer durch eigenes Verhalten die Prüfung so schwer stört, dass es nicht möglich ist, seine Prüfung oder die Prüfung anderer Prüflinge ordnungsgemäß durchzuführen, wird von der Prüfung ausgeschlossen; dies gilt als Nichtbestehen der Abschlussprüfung. Die Entscheidung trifft der Vorsitzende des Prüfungsausschusses.

(6) Vor Beginn der Prüfung ist auf diese Bestimmungen hinzuweisen.

3. Abschnitt Zusatzqualifikationen

§ 18
Allgemeines

(1) Soweit das Kultusministerium keine gesonderten Regelungen erlassen hat, können die Berufsschulen die Vermittlung von Zusatzqualifikationen unter Beachtung von § 10 Abs. 1 Satz 3 SchG und nach Maßgabe der Regelungen dieses Abschnitts im Rahmen der für die jeweilige Schule insgesamt verfügbaren Ressourcen anbieten.

(2) Die Schüler erwerben die Zusatzqualifikationen, wenn sie an dem hierzu angebotenen Zusatzunterricht teilnehmen und die vorgesehene Zusatzprüfung erfolgreich ablegen.

§ 19
Zulassungsvoraussetzung, Form der Prüfung, Anmeldenoten

(1) Zur Zusatzprüfung werden die Schüler der Abschlussklassen zugelassen, die an der Berufsschulabschlussprüfung teilnehmen und den Zusatzunterricht ordnungsgemäß besucht haben, sowie die übrigen in § 10 Abs.1 genannten Schüler.

(2) In mindestens einem der Fächer des Zusatzunterrichts ist eine schriftliche Prüfung durchzuführen. Die schriftliche Prüfung kann nach Festlegung der Schule durch einen mündlichen und/oder praktischen Teil ersetzt oder ergänzt werden. Die schriftliche Prüfung muss mindestens 60 Minuten betragen und darf in der Regel 150 Minuten nicht überschreiten.

(3) In den Fächern zur Vermittlung von Zusatzqualifikationen sind Anmeldenoten in Form ganzer Noten zu bilden, die aus den während des Schuljahres erbrachten Einzelleistungen zu ermitteln sind. Die Anmeldenoten sind den Schülern fünf Schultage vor Beginn der schriftlichen Prüfung mitzuteilen.

§ 20
Durchführung der Prüfung

(1) Für die Durchführung der Zusatzprüfung gelten § 11, § 12 Abs. 5 und 6 sowie §§ 16 und 17 entsprechend.

(2) Der Vorsitzende des Prüfungsausschusses leitet die Zusatzprüfung. Er legt im Rahmen der Lerninhalte, die im Zusatzunterricht vermittelt wurden, die Prüfungsaufgaben fest und bestimmt außerdem die Prüfungszeitpunkte.

§ 21
Ermittlung des Prüfungsergebnisses

(1) Die Anmeldenoten für die Fächer des Zusatzunterrichts, in denen nicht geprüft wurde, werden als Endnoten in das Zeugnis übernommen.

(2) Die Endnoten in den Fächern der Zusatzprüfung werden vom Vorsitzenden des Prüfungsausschusses jeweils aus der einfach gewichteten Anmeldenote und der doppelt gewichteten Prüfungsnote ermittelt, wobei der Durchschnitt auf die erste Dezimale zu errechnen ist und eine Dezimale bis 0,4 auf eine ganze Note abgerundet, eine Dezimale von 0,5 oder schlechter auf eine ganze Note aufgerundet wird.

(3) Wenn in einem Fach schriftlich, mündlich und praktisch oder schriftlich und praktisch oder schriftlich und mündlich geprüft wurde, zählen die Anmeldenote und die Prüfungsnoten der einzelnen Teilprüfungen jeweils einfach.

(4) Der Vorsitzende des Prüfungsausschusses stellt fest, wer die Zusatzprüfung bestanden hat. Die Zusatzprüfung hat bestanden, wer die Berufsschulabschlussprüfung und die Berufsabschlussprüfung bestanden hat und in den Fächern der Zusatzprüfung jeweils mindestens die Endnote „ausreichend" erzielt hat.

(5) Im Übrigen gilt § 13 Abs. 5 und 6 entsprechend.

§ 22
Zeugnis

(1) Die Endnoten der Fächer der Zusatzqualifikation sind im Berufsschulzeugnis aufzuführen. Wurde die Zusatzprüfung, die Berufsschulabschlussprüfung und die Berufsabschlussprüfung bestanden, ist im Berufsschulzeugnis unter „Bemerkungen" einzutragen: „Der Schüler/ Die Schülerin hat die Zusatzqualifikation .... erworben". Die Schule kann zusätzlich ein Zertifikat über die Erlangung der Zusatzqualifikation ausstellen.

(2) Wer nur die zum Erwerb der Zusatzqualifikation erforderlichen Leistungen nicht erbracht hat, erhält, sofern er die Prüfung nicht insgesamt

wiederholt, ein Berufsschulabschlusszeugnis. In den Fächern der Zusatzprüfung sind dabei die Anmeldenoten auszubringen.

(3) Wer die zum Erwerb der Zusatzqualifikation erforderlichen Leistungen erbringt, die Berufsschulabschlussprüfung jedoch nicht besteht, erhält, sofern er die Prüfung nicht insgesamt wiederholt, ein Abgangszeugnis, das auch die in den Fächern des Zusatzunterrichts erreichten Endnoten enthält.

→ Zeugnisse (Berufliche Schulen)

§ 23
Wiederholung der Zusatzprüfung

Wer nur die Zusatzprüfung nicht besteht, kann sie einmal zum nächsten regulären Prüfungstermin ohne erneuten Besuch der Berufsschule wiederholen. In diesem Fall zählen bei der Ermittlung der Endnoten in den Fächern der Zusatzprüfung die ursprünglichen Anmeldenoten und die in den einzelnen Prüfungsteilen erzielten Noten jeweils einfach.

4. Abschnitt
Prüfung für Schulfremde

§ 24
Teilnehmer

Wer das Abschlusszeugnis der Berufsschule erwerben will, ohne eine entsprechende öffentliche oder staatlich anerkannte Berufsschule besucht zu haben, kann als außerordentlicher Teilnehmer (Schulfremder) die Abschlussprüfung und im Zusammenhang mit der Abschlussprüfung die Zusatzprüfung zum Erwerb einer Zusatzqualifikation ablegen.

§ 25
Zeitpunkt

Die Prüfung für Schulfremde findet einmal jährlich, in der Regel zusammen mit der ordentlichen Abschlussprüfung an den öffentlichen Berufsschulen statt.

§ 26
Meldung

(1) Die Meldung zur Prüfung ist bis zum 1. Dezember für die Prüfung im darauf folgenden Jahr an die Berufsschule zu richten, an der die Prüfung durchgeführt werden soll. Die Meldung von Prüflingen der staatlich genehmigten, aber noch nicht staatlich anerkannten privaten Schulen erfolgt bei der oberen Schulaufsichtsbehörde, in deren Bezirk die Privatschule liegt.

(2) Der Meldung sind beizufügen:

1. ein Lebenslauf in tabellarischer Form mit Angaben über den bisherigen Bildungsweg und über die ausgeübte Berufstätigkeit,
2. die Geburtsurkunde und ein Lichtbild,
3. die Abschluss- oder Abgangszeugnisse der besuchten Schulen und die Zeugnisse über die Berufstätigkeit (beglaubigte Abschriften oder Ablichtungen),
4. eine Erklärung darüber, ob und gegebenenfalls mit welchem Ergebnis der Bewerber schon an Prüfungen zum Abschluss der Berufsschule teilgenommen hat,
5. Angaben über die schulische Vorbereitung auf die Abschlussprüfung oder über den Selbstunterricht des Bewerbers sowie über den von ihm in allen Prüfungsfächern durchgearbeiteten Lehrstoff und die hierbei benutzte Literatur.

Schulversuch Englisch

6. In § 26 Abs. 2 wird folgende Nummer 6 angefügt:

6. eine verbindliche Erklärung des Bewerbers darüber, ob er in Englisch geprüft werden möchte.

§ 27
Voraussetzung für die Zulassung

(1) Schulfremde können die Prüfung nicht eher ablegen, als es ihnen bei regulärem Schulbesuch möglich wäre.

(2) Zur Prüfung wird in der Regel nur zugelassen, wer in Baden-Württemberg seinen ständigen Wohnsitz hat oder in Baden-Württemberg an einer staatlich genehmigten Schule oder an einer sonstigen Unterrichtseinrichtung auf die Schulfremdenprüfung vorbereitet wurde.

§ 28
Entscheidung über die Zulassung

Die öffentliche Berufsschule entscheidet über die Zulassung zur Prüfung. Bei Bewerbern von staatlich genehmigten Schulen trifft diese Entscheidung die obere Schulaufsichtsbehörde. Sie bestimmt die öffentliche Berufsschule, an der die Prüfung abzulegen ist. Dabei kann sie zulassen, dass die schriftliche und die praktische Prüfung im Gebäude der staatlich genehmigten Schule abgenommen werden. Leitung und Beaufsichtigung der Prüfung regelt in diesem Fall die obere Schulaufsichtsbehörde.

§ 29
Durchführung der Prüfung

(1) Für die Prüfung gelten die Bestimmungen der §§ 9, 11 bis 13, 16 und 17 entsprechend mit folgenden Maßgaben:

1. Fachlehrkräfte im Sinne von § 12 Abs. 6 sind die vom Vorsitzenden des Prüfungsausschusses bestimmten Fachlehrkräfte einer öffentlichen Schule.
2. Die Feststellung des Leistungsstandes in den in der jeweiligen Stundentafel ausgewiesenen Kompetenzbereichen erfolgt in der Regel als mündliche Prüfung mit folgender Prüfungsdauer:
   a) in „Berufsfachliche Kompetenz“ 30 bis 45 Minuten; sofern in der Stundentafel bei „Berufsfachliche Kompetenz“ einzelne Schwerpunkte ausgewiesen sind, beträgt die Prüfungszeit je Schwerpunkt 10 bis 15 Minuten,
   b) in „Projektkompetenz“ 15 bis 25 Minuten,
   c) in „Wirtschaftskompetenz“ (soweit in der Stundentafel vorgesehen) 10 bis 15 Minuten.

   Eine mündliche Prüfung kann durch eine schriftliche Prüfung ersetzt werden. Die Prüfung dauert in diesem Fall 60 bis 90 Minuten.

Nähere Festlegungen trifft der Vorsitzende des Prüfungsausschusses.

3. Bei der Feststellung der Endnoten zählen allein die Prüfungsleistungen.

Schulversuch Englisch

In § 29 Abs. 1 wird folgende neue Nummer 3 eingefügt:

3. Auf Verlangen des Prüflings (§ 26 Abs. 2 Nr. 6) ist eine schriftliche Prüfung in Englisch durchzuführen (Dauer: 60 Minuten). Diese Prüfung kann durch eine mündliche Prüfung mit einer Dauer von 15 Minuten ergänzt werden.

Die bisherige Nummer 3 wird zur Nummer 4.

(2) Die Prüflinge haben sich bei Beginn der Prüfung mit einem mit Lichtbild versehenen amtlichen Ausweis auszuweisen sowie diesen während der gesamten Prüfung bei sich zu führen und auf Verlangen vorzuzeigen.

(3) Wer die Prüfung bestanden hat, erhält das Abschlusszeugnis für Schulfremde. Wer die Prüfung nicht bestanden hat, erhält auf Verlangen eine Bescheinigung über die Teilnahme an der Prüfung, über das Ergebnis der Prüfung und über die ermittelten Einzelnoten.

5. Abschnitt Schlussbestimmungen

Hinweis der Redaktion: Für Schüler*innen, die eine nicht nach Lernfeldern strukturierte Berufsausbildung durchlaufen, gilt die Verordnung des KM vom 20. Juni 1978 weiter; abgedruckt im Jahrbuch 2011 unter: ⇨ Berufsschule (Ausbildung und Prüfung). Zu dieser Verordnung hat das KM Schulversuchsbestimmungen für das Fach Englisch erlassen (7.7.2011; AZ: 41-6621.00/2225).

⇨ Abschlüsse (HS/RS); ⇨ Abschlüsse (HS/RS – Gleichwertigkeit); → Berufsschulordnung (Stundentafel); → Blockunterricht; → Blockunterricht (Planung); → Ganztagsklassen; → Individuelle Förderung und Unterstützung (BS); ⇨ Jugendarbeitsschutz (Kinderarbeit; ⇨ Korrekturtag; ⇨ Schulpflicht (Ausländische Schüler*innen); ⇨ Schulgesetz § 10 Abs. 5 und §§ 77-81; ⇨ Schulpflicht (Berufliche Schulen); ⇨ Schulpflicht (Berufliche Schulen – Überweisung); → Termine Berufliche Schulen; → Vorqualifizierungsjahr Arbeit und Beruf (VAB); → Zeugnisse (Berufliche Schulen)

Anlage (zu § 4 Abs. 1)

Berufsschulordnung (Stundentafel)

(durchschnittliche Zahl der Wochenstunden)

Die Bestimmungen für den Schulversuch Englisch sind in kursiver Schrift eingefügt.

1. Pflichtbereich	**1. Jahr**	**2. Jahr**	**3. Jahr**	**4.Jahr**
1.1 Fächer				
Religionslehre	1	1	1[1]	
Deutsch	1	1	1[1]	
Gemeinschaftskunde	1	1	1[1]	
Englisch	*1*	*1*	*1[1]*	
1.2 Kompetenzbereiche Wirtschaftskompetenz[2] Berufsfachliche Kompetenz[3]	1	1	1[1])	
(mit Schwerpunktbildung[2])	7*(8)[5]	7*(8)	7*(8)	7*(8)[5]
Projektkompetenz[4]				
2. Wahlpflichtbereich	2 (1)[5]	2	2	2
Wahlpflichtbereich (Schulversuch Englisch)	*1 (1)[5]*	*1*	*1*	*1*
Stützunterricht				
Erweiterungsunterricht, z.B. – Computeranwendung – Berufsbezogene Fremdsprache – Sport				
Erwerb von beruflichen Zusatzqualifikationen				
3. Wahlbereich				
z.B. Erwerb der Fachhochschulreife				

* bei Unterrichtserteilung in Wirtschaftskompetenz, ansonsten 8 Wochenstunden

1) Der Unterricht kann bei 3 ½-jährigen Ausbildungen auf das 3. und 4. Jahr verteilt werden.

2) Sofern im einschlägigen Landeslehrplan vorgesehen.

3) siehe hierzu: Lernfeldübersicht laut jeweiligem Landeslehrplan

In ‚Berufsfachliche Kompetenz' und ‚Projektkompetenz' kann computerbezogener Unterricht oder Laborunterricht mit insgesamt 3 (3 ½) Wochenstunden in 3 (3 ½) Ausbildungsjahren in Klassenteilung erteilt werden. In der gewerblich-technischen Berufsschule sowie in der haus- und landwirtschaftlichen Berufsschule können zur Vermittlung berufspraktischer Inhalte *(im Schulversuch Englisch: „... zur Verdeutlichung und Vertiefung der berufsfachlichen Ziele und Inhalte durch Versuche und praktische Übungen")* in den 3 (3 ½) Ausbildungsjahren insgesamt höchstens 6 (7) Wochenstunden in Gruppenteilung unterrichtet werden.

4) Der Anteil der Projektkompetenz umfasst ca. ¼ des Umfangs des Lernfeldunterrichts.

5) Bei berufsfeld- oder berufsübergreifendem Unterricht im 1. Schuljahr werden in der Regel 8 statt 7 Wochenstunden erteilt; der Wahlpflichtbereich reduziert sich auf 1 Wochenstunde *(im Schulversuch Englisch: „... Wahlpflichtunterricht ist in diesem Fall nicht möglich")*. Näheres regelt der jeweilige Landeslehrplan.

Blockunterricht

Blockunterricht an den Berufsschulen in Baden-Württemberg und Zuwendungen an Berufsschülerinnen und Berufsschüler; VwV des KM vom 30. Mai 2017, zuletzt geändert 30. August 2019 (K.u.U. S. 175/2019)

1. Allgemeines

Blockunterricht ist eine Organisationsform des Teilzeitunterrichts. Zu Blockunterricht soll übergegangen werden, wenn auf diese Weise eine bessere Koordination schulischer und betrieblicher Ausbildungsphasen möglich wird oder günstigere Voraussetzungen für die Organisation innerbetrieblicher und überbetrieblicher Ausbildungsveranstaltungen geschaffen werden können. Die Einführung von Blockunterricht bedarf der Genehmigung durch die Oberen Schulaufsichtsbehörden. Vor der Einführung von Blockunterricht sind der duale Partner und der Schulträger zu unterrichten.

2. Gestaltung des Blockunterrichts

2.1 *Stundenzahl pro Schuljahr*

Die Zahl der pro Schuljahr in Blockunterrichtsform zu erteilenden Unterrichtsstunden soll, entsprechend der Stundentafelvorgabe bei wöchentlichem Teilzeitunterricht, 520 Unterrichtsstunden betragen. Zwölf Wochen Blockunterricht pro Schuljahr sollen nicht unterschritten werden.

2.2 *Wöchentliche und tägliche Stundenzahl*

Die Anzahl der Blockwochen pro Schuljahr ist so festzulegen, dass mindestens 33 Unterrichtsstunden (Pflicht- und Wahlpflichtunterricht) pro Blockwoche und höchstens acht Unterrichtsstunden pro Tag erteilt werden. Dabei soll das Fach Sport im Rahmen des Wahlpflichtunterrichts mit zwei Unterrichtsstunden pro Blockwoche oder als Arbeitsgemeinschaft angeboten werden.

2.3 *Länge der Unterrichtsblöcke*

Ein Block dauert in der Regel vier Wochen. Als Obergrenze sind Blocklängen von bis zu sechs Wochen zulässig. In jedem Fall sollen die Unterrichtsblöcke ganze Wochen umfassen.

2.4 *Ferienregelungen*

Grundsätzlich sind auch bei Blockunterricht die allgemeinen Ferientermine einzuhalten. Um zu vermeiden, dass einzelne Wochen durch Ferien vom Block abgetrennt werden, können die Regelblocklängen um jeweils eine Woche gekürzt oder verlängert werden.

➪ Ferien (FerienVO) § 2 Abs. 2 und 3

2.5 *Landeseinheitliche Abschlussprüfungen*

Die Termine für die landeseinheitlichen Abschlussprüfungen gemäß den Vereinbarungen über die gemeinsame Durchführung der Schulabschlussprüfung und des schriftlichen Teils der Abschlussprüfung in anerkannten Ausbildungsberufen werden in den betreffenden gemeinsamen Kommissionen festgelegt. Findet bei nicht landeseinheitlich geprüften Berufen die Schulabschlussprüfung am Ende des letzten Unterrichtsblocks statt, so soll dieser Block möglichst nahe an den Termin der Ausbildungsabschlussprüfung vor dem Prüfungsausschuss der zuständigen Stelle gelegt werden.

2.6 *Unterrichtsverpflichtung der Lehrkräfte im Blockunterricht*

Die Unterrichtsverpflichtung der Lehrkräfte im Blockunterricht kann für die Länge eines Blockes bis zu drei Unterrichtsstunden mehr oder weniger als bei entsprechendem Teilzeitunterricht betragen, wenn ein entsprechender Ausgleich in einem der nächsten Blöcke erfolgt.

➪ Arbeitszeit (Lehrkräfte – VwV Anrechnungen) Nr. II

3. Zuwendungen an Berufsschülerinnen und Berufsschüler

3.1 *Zuwendungszweck, Rechtsgrundlage, Zuwendungsempfänger*

Berufsschülerinnen und Berufsschüler, die den Blockunterricht in einer Landes-, Landesbezirks- oder Bezirksfachklasse in Baden-Württemberg oder einer entsprechenden Fachklasse in einem anderen Bundesland besuchen und während der Zeit vorübergehend am Schulort wohnen müssen, können bei Erfüllen nachstehender Zuwendungsvoraussetzungen einen Zuschuss zu den Kosten für die auswärtige Unterkunft einschließlich Verpflegung im Rahmen der nach dem Staatshaushaltsplan verfügbaren Mittel (Kapitel 0436 Titel 681 02) nach Maßgabe dieser Verwaltungsvorschrift und den Verwaltungsvorschriften zu §§ 44, 44a Landeshaushaltsordnung erhalten.

3.2 *Zuwendungsvoraussetzungen*

Ein Zuschuss wird Berufsschülerinnen und Berufsschülern gewährt, die

3.2.1 nach Maßgabe des Schulgesetzes für Baden-Württemberg (SchG) im Land schulpflichtig sind oder die Berufsschule freiwillig besuchen (§ 78 Absatz 1 und 2 SchG), die in Baden-Württemberg ihren Wohnsitz oder gewöhnlichen Aufenthalt haben oder deren Ausbildungs- oder Arbeitsstätte in Baden-Württemberg liegt,

3.2.2 für die tägliche An- und Rückfahrt vom Wohnort zur Schule bei Benutzung der günstigsten Verkehrsverbindungen einen Zeitaufwand von insgesamt mehr als zwei Stunden hätten,

3.2.3 keine finanziellen Leistungen nach dem Sozialgesetzbuch (SGB) mit Ausnahme von

Berufliche Schulen

Leistungen gemäß dem SGB III (Drittes Buch Arbeitsförderung) erhalten oder Ansprüche auf eine Zuwendung von Dritten (zum Beispiel eines anderen Bundeslandes) zu Aufwendungen für die auswärtige Unterbringung beim Besuch des Blockunterrichts in einer Landes-, Landesbezirks- oder Bezirksfachklasse in Baden-Württemberg oder einer entsprechenden Fachklasse in einem anderen Bundesland haben.

3.3.
Form der Zuwendung

Die Förderung erfolgt als Festbetragsfinanzierung an den Kosten der auswärtigen Unterkunft einschließlich Verpflegung, nach Maßgabe der nachfolgenden Vorschriften.

3.4
Höhe der Zuwendung

3.4.1 Der Zuschuss bei Unterbringung in einem Jugendwohnheim beträgt pro Tag 40,50 Euro. Sofern an das Jugendwohnheim ein geringerer Tagessatz entrichtet wurde, wird maximal jedoch der tatsächlich entrichtete Tagessatz berücksichtigt. Dieser Tagessatz wird gegebenenfalls um die anteilige häusliche Ersparnis für Verpflegung (siehe 3.4.4) entsprechend der im Tagessatz enthaltenen Verpflegungsleistungen gekürzt.

3.4.2 Der Zuschuss wird bei Unterbringung in einer von der Schule empfohlenen oder bereitgestellten sonstigen Unterkunft pro Tag bis zur Höhe des Tagessatzes der Unterkunft gewährt. Die Erstattung für die Unterkunft ist dabei auf einen Maximalbetrag in Höhe des Tagessatzes in Jugendwohnheimen (siehe 3.4.1) abzüglich der vollständigen häuslichen Ersparnis für Verpflegung (siehe 3.4.4) begrenzt. Für Verpflegungsleistungen wird pro Tag zusätzlich eine Verpflegungspauschale ohne Nachweis gewährt (siehe 3.4.5). Eine sonstige Unterkunft kann von der Schule nur dann empfohlen werden, wenn Plätze in Jugendwohnheimen nicht oder nicht in genügender Zahl zur Verfügung stehen. Die Empfehlung muss von der Schule schriftlich bestätigt werden.

3.4.3 Nimmt eine Berufsschülerin oder ein Berufsschüler im Blockunterricht eine nach Ziffer 3.4.1 und Ziffer 3.4.2 bereitstehende Unterkunft nicht an, sondern wählt eine andere Unterkunft, beträgt der Zuschuss 2,56 Euro pro Tag.

3.4.4 Die häusliche Ersparnis wird entsprechend der Sachbezugswerte der häuslichen Ersparnis für Verpflegung kalenderjährlich auf Grundlage des § 2 der Sozialversicherungsentgeltverordnung 2020 (2022 für ein Frühstück 1,87 Euro, für ein Mittag- oder Abendessen je 3,57 Euro) festgelegt.

3.4.5 Die Verpflegungspauschale wird bei Unterbringung in einer von der Schule empfohlenen oder bereitgestellten sonstigen Unterkunft auf Grundlage des § 3 Absatz 2 Ziffer 3 der Landestrennungsgeldverordnung (in der Fassung vom 23. Februar 2017) in Höhe von 6,70 Euro ersetzt.

Hinweis der Redaktion: Diese (ansonsten durch die in diesem Jahrbuch abgedruckte Neufassung der ⇨ Trennungsgeldverordnung überholte) Fassung ist im Jahrbuch 2021 abgedruckt.

3.5
Sonstige Zuwendungsbestimmungen

3.5.1 Der Zuschuss wird für die Dauer der auswärtigen Unterbringung während des jeweiligen Unterrichtsblocks, gegebenenfalls zuzüglich An- und Abreisetag sowie Prüfungstagen aus Anlass der schulischen Abschlussprüfung, gewährt. Ferientage, Sonn- und Feiertage sowie schulfreie Samstage während des Unterrichtsblocks sind bezuschussungsfähig. Muss die auswärtige Unterbringung ohne Verschulden der Berufsschülerin oder des Berufsschülers unterbrochen oder abgebrochen werden (zum Beispiel wegen Krankheit) und müssen die Unterbringungskosten nachweislich weitergezahlt werden, kann der Zuschuss für diese Zeit, höchstens jedoch bis zum Ende des laufenden Unterrichtsblocks, weitergewährt werden. Dies gilt nicht bei anderweitiger Unterbringung nach Ziffer 3.4.3.

3.5.2 Der Zuschuss wird nicht gewährt für Tage, an denen die Berufsschülerin oder der Berufsschüler unentschuldigt im Unterricht gefehlt hat.

3.6
Auszahlung

3.6.1 Der Zuschuss wird nachträglich auf Antrag ausgezahlt. Zu Unrecht gezahlte Zuschüsse werden zurückgefordert, Aufrechnung ist möglich.

3.6.2 Bei Blockschulbesuch innerhalb des Landes wird der Zuschuss an den Zuschussempfänger, gegen entsprechende Abtretungserklärung an die Jugendwohnheime gezahlt. Bei Unterbringung außerhalb Baden-Württembergs besteht keine Abtretungsmöglichkeit.

3.7
Verfahren

3.7.1 Anträge auf Bewilligung und Auszahlung des Zuschusses sind möglichst sofort nach Ende eines Unterrichtsblocks, spätestens zum 1. Oktober für das vorangegangene Schuljahr, dem Regierungspräsidium Stuttgart – bei Schulbesuch in Baden-Württemberg über die Schule – einzureichen. Antragsvordrucke sind beim Regierungspräsidium Stuttgart und bei den Schulen erhältlich.

3.7.2 Die Abtretungserklärungen sind dem jeweils ersten Antrag auf Sammelabrechnung im Schuljahr anzuschließen.

3.7.3 Den Berufsschülerinnen und Berufsschülern der Landes-, Landesbezirks- und Bezirksfachklassen ist der Inhalt dieser Verwaltungsvorschrift zu Beginn des ersten Unterrichtsblocks durch die Schule bekanntzugeben.

⇨ Ferienverordnung § 2 Abs. 2 und 3; ⇨ Schulpflicht (Berufliche Schulen); ⇨ Trennungsgeldverordnung (LTGVO)

Mit dem Zeichen ⇨ verweisen wir auf korrespondierende Beiträge im Standard-Teil des Jahrbuchs.
Auf Beiträge im Sonderteil berufliche Schulen verweisen wir mit dem Zeichen →.

Chancengleichheitsplan Berufliche Schulen

Auszug aus den Chancengleichheitsplänen (Zielvorgaben und personelle, organisatorische, fortbildende und qualifizierende Maßnahmen zum Aufbau einer höheren Repräsentanz von Frauen in schulischen Funktionsstellen) für den Bereich der beruflichen Schulen (Stand 2014)

Hinweis der Redaktion: Nach dem ⇨ Chancengleichheitsgesetz (§ 5) müssen die Regierungspräsidien „Chancengleichheitspläne" aufstellen. Für die beruflichen Schularten sind sie landesweit wortgleich. Mehr zu den *„Maßnahmen zur Vereinbarkeit von Familie und Beruf"* steht im im Standard-Teil des Jahrbuchs unter ⇨Teilzeit (Pflichten und Rechte).

A.
Zielvorgaben

Gemäß § 6 Absatz 2 Satz 1 Chancengleichheitsgesetz sollen in Bereichen, in denen Frauen unterrepräsentiert sind, mindestens die Hälfte der durch Einstellung zu besetzenden Stellen mit Frauen besetzt werden. Im Bereich der gewerblichen Schulen sind laut Statistik Frauen im Rahmen der Einstellungen immer noch unterrepräsentiert. Wesentlicher Grund ist der traditionell nach wie vor deutlich geringere Frauenanteil in den gewerblich-technischen Studiengängen, die den Zugang zur Laufbahn des höheren Lehramts an gewerblichen Schulen ermöglichen. Dennoch wird in diesem Bereich weiterhin angestrebt, den Anteil von Frauen – unter Beachtung des Grundsatzes der Bestenauslese – kontinuierlich zu steigern.

Bei Beförderungen und der Übertragung höherwertiger Tätigkeiten ist der Anteil der Frauen in Bereichen, in denen sie in geringerer Zahl beschäftigt sind als Männer, deutlich zu erhöhen.

B.
Personelle, organisatorische, fortbildende und qualifizierende Maßnahmen zum Aufbau einer höheren Repräsentanz von Frauen in Funktionsstellen an beruflichen Schulen

1.
Ausgangslage

Der durchschnittliche Anteil von Frauen in Führungspositionen der beruflichen Schulen ist im Geltungszeitraum der letzten Chancengleichheitspläne von 24,4 % (30.06.2009) auf 29,6 % (30.06.2014) angestiegen. Die positive Entwicklung des Frauenanteils in Führungspositionen seit der Einführung der ersten Pläne geht weiter voran. Die Frauenquoten sind aber differenziert nach den beruflichen Schultypen gewerbliche Schule, kaufmännische Schule, haus- und landwirtschaftliche Schule sowie nach Führungspositionen und Besoldungsgruppen sehr unterschiedlich. Regelmäßig verringert sich der Anteil an Frauen mit jeder höheren Besoldungs- oder Entgeltgruppe. Eine differenzierte Betrachtung ist deshalb auch trotz des positiven Trends unverzichtbar.

Die Entwicklung während der Geltungsdauer des letzten Chancengleichheitsplans ergibt sich im Einzelnen aus dem Zahlenteil und der Analyse der Beschäftigtenstruktur. Auch im Rahmen der Schulleitungsbereiche ist während der Geltungsdauer der letzten Pläne eine positive Entwicklung eingetreten, allerdings ist dort weiterhin eine Unterrepräsentanz von Frauen gegeben. Einzige Ausnahme bildet der Frauenanteil von Schulleiterinnen im Haus- und Landwirtschaftlichen Bereich beim Regierungspräsidium Karlsruhe.

Da an kaufmännischen und haus- und landwirtschaftlichen Schulen deutlich mehr Lehrerinnen als Lehrer im Eingangsamt beschäftigt sind, ist in diesen Bereichen eine gute personelle Basis für die weitere Steigerung des Frauenanteils in Führungspositionen vorhanden. Im Bereich der gewerblichen Schulen muss die besondere Problematik eines deutlich geringeren Frauenanteils an den Beschäftigten gesehen werden. Im Eingangsamt des höheren Dienstes der gewerblichen Schulen sind Frauen weiterhin unterrepräsentiert. Steigerungsraten zeigen jedoch auch hier eine positive Entwicklung auf.

Junge Lehrerinnen aller Schultypen der beruflichen Schulen müssen für Führungspositionen gezielt vorbereitet und gewonnen werden.

2.
Personalentwicklung

In Bereichen, in denen Frauen unterrepräsentiert sind, wird weiterhin eine Erhöhung des Frauenanteils angestrebt. Schulleiterinnen und Schulleiter sowie Personalverantwortliche in der Schulverwaltung haben deshalb – unter Beachtung des Vorrangs von Eignung, Befähigung und fachlicher Leistung – die Aufgabe, Lehrerinnen gezielt und systematisch zu fördern. Das bedeutet, dass Lehrerinnen Aufgaben übertragen werden sollen, durch welche sie Kompetenzen erwerben und Erfahrungen sammeln. Den Schulleiterinnen und Schulleitern kommt hier eine Schlüsselfunktion zu. Sie sind zur Personalentwicklung und Frauenförderung verpflichtet. Eine notwendige Maßnahme zur Steigerung des Anteils von Bewerberinnen auf Funktionsstellen ist die verstärkte Einbindung von Lehrerinnen in Schulleitungsaufgaben, wie z.B. die Übertragung von Aufgaben im Rektorat, die Übernahme der Prüfungsorganisation und die Mitarbeit bei Planungsaufgaben. Dabei ist anzustreben, dass diese Aufgaben nicht zu einer unangemessenen (zeitlichen) Mehrbelastung führen, sondern entsprechende Leitungszeit zur Verfügung gestellt wird. Erfahrungen in den Bereichen Organisation, Verwaltung oder innerer Schulentwicklung ermöglichen es, die Anforderungen an Führungspositionen besser einzuschätzen; sie motivieren und qualifizieren Lehrerinnen für weitergehende Aufgaben. Ferner können Frauen in der Familienphase erworbene Fähigkeiten und Kompetenzen, wie beispielsweise effektives Zeitmanagement und soziale Kompetenzen in den genannten Bereichen einbringen. Ergänzend sollen Frauen verstärkt bei Tagungen und Fortbildungen und durch gezielte Ansprache auf Führungspositionen hingewiesen und zu Bewerbungen motiviert werden.

Erfolgreiche Personalentwicklungsmaßnahmen wie Netzwerkbildung sowie berufliche und nebenberufliche Weiterbildungsmaßnahmen finden auch weiterhin Anwendung. Die oberen Schulaufsichtsbehörden werden in Dienstbesprechungen mit den Schulleiterinnen und Schulleitern auch künftig auf diese wichtige Thematik hinweisen.

Die oberen Schulaufsichtsbehörden sowie das Ministerium haben dafür Sorge zu tragen, dass Lehrerinnen auch verstärkt schulübergreifende und/oder Tätigkeiten im außerschulischen Bereich übertragen werden. Angestrebt wird die stärkere Berücksichtigung von Lehrerinnen als Referentinnen in der Lehrerfortbildung, als Multiplikatorinnen sowie bei Abordnungen an die Seminare oder in die Schulverwaltung. Frauen sollen durch gezielte persönliche Ansprache oder - soweit dies organisatorisch möglich und vertretbar ist – durch Ausschreibung auf solche Aufgaben bzw. Tätigkeiten hingewiesen werden.

Abordnungsmöglichkeiten sind grundsätzlich auszuschreiben.

Eine Methode, um gezielt Nachwuchskräfte zu fördern und bei einem eventuellen Aufstieg in eine Führungsposition zu unterstützen, ist darüber hinaus das Mentoring. Im schulischen Bereich wird neuen Schulleiterinnen und Schulleitern während der Probezeit ein Mentoring angeboten, um sie in ihrem neuen Führungsamt zu begleiten. Diese Form der Unterstützung wurde in der zum Schuljahr 2015/2016 in Kraft getretenen Rahmenkonzeption zur regionalen Probezeitbegleitung neuer Schulleiterinnen und Schulleiter verankert.

Als sinnvolle Ergänzung zu den beschriebenen Maßnahmen wurden Informationen zu allen Bereichen gebündelt und auf der Homepage des Kultusministeriums unter der Rubrik „Informationen für Frauen in Führungspositionen" veröffentlicht. Auf dieser Homepage finden sich Informationen rund um die Tätigkeit einer Schulleitung bzw. weiterer Funktionsämter. Das Ministerium führt weiterhin mit den Personalverantwortlichen und fachlichen Beraterinnen der oberen Schulaufsichtsbehörden regelmäßige Gespräche zur Frauenförderung.

3.

Organisatorische Maßnahmen und Verfahren

Bei Bewerbungsverfahren ist zu berücksichtigen, dass die zuständige Beauftragte für Chancengleichheit bzw. fachliche Beraterin der Beauftragten für Chancengleichheit in Bereichen mit Unterrepräsentanz frühzeitig, d.h. noch im Entscheidungsprozess, beteiligt wird. Dies gilt auch bei schulbezogenen Ausschreibungen und schulbezogenen Einstellungsverfahren. Sie ist über Anzahl und Geschlecht der Bewerberinnen und Bewerber zu informieren. Die Beauftragte für Chancengleichheit hat gemäß § 9 Absatz 3 Chancengleichheitsgesetz in Bereichen, in denen Frauen geringer repräsentiert sind als Männer, das Recht an Vorstellungsgesprächen teilzunehmen, soweit eine gemischtgeschlechtliche Bewerberlage vorliegt. Ferner darf bei der Auswahl unter Beachtung des Vorrangs von Eignung, Befähigung und fachlicher Leistung der Aspekt der Familienplanung nicht zum Nachteil der Frauen einbezogen werden.

4.

Fortbildende bzw. für die Übernahme höherwertiger Tätigkeiten qualifizierende Maßnahmen

Neben den genannten Maßnahmen sind insbesondere fortbildende und vorqualifizierende Maßnahmen von besonderer Bedeutung. Eine Vielzahl von Fortbildungsangeboten richtet sich gezielt an Lehrerinnen (und Lehrer) aller Schularten. Zentrale Fortbildungen und regionale Informationsveranstaltungen bieten die Möglichkeit, sich über Führungspositionen und -aufgaben zu informieren, das eigene Potential zu erkunden und sich auf die mögliche Übernahme einer Führungsaufgabe vorzubereiten oder erleichtern den Wiedereinstieg in den Beruf nach mehrjähriger Beurlaubung.

Mit der Seminarreihe „Frauen fit für Führung" wird weiterhin ein Fortbildungsprogramm nur für Frauen angeboten, um deren berufliche Fort- und Weiterbildung, insbesondere die Qualifizierung für höherwertige Tätigkeiten spezifisch zu fördern. Frauen, die an einer Führungsposition interessiert sind, erhalten damit eine spezifische Vorfeldqualifizierung. Seit Erstellung der letzten Pläne wurde diese Seminarreihe novelliert. [...]

Seit Beginn des Schuljahrs 2015/2016 wird von den Regierungspräsidien und Staatlichen Schulämtern die neue landesweite Konzeption „Vorqualifizierungsangebote Führungskräfteentwicklung" umgesetzt. Die Konzeption beinhaltet Informations-, Orientierungs- und Fortbildungsveranstaltungen sowie Gesprächsangebote seitens der Schulverwaltung. Mit diesem Maßnahmenbündel sollen interessierte Lehrkräfte – Frauen wie Männer – ermutigt werden, sich auf eine Schulleitungsstelle zu bewerben und auf dem Weg dorthin qualifiziert begleitet und unterstützt werden.

Die neuen Vorqualifizierungsangebote machen das Programm „Frauen fit für Führung" jedoch keineswegs überflüssig, vielmehr ergänzen sich beide Programme. Aufgrund der aktuellen Geschlechterrelation in schulischen Führungspositionen werden auch in Zukunft spezifische Angebote für die Zielgruppe Frauen für sinnvoll und notwendig erachtet.

Auch für Wiedereinsteigende und Beurlaubte werden Fortbildungen angeboten. [...]

5.

Maßnahmen zur Vereinbarkeit von Familie und Beruf

a.

Die Berücksichtigung der Belange der Familienarbeit Leistenden bei der Gestaltung des Stundenplans sowie die Rücksichtnahme auf Teilzeitbeschäftigte bei der Verteilung außerunterrichtlicher Aufgaben ist Aufgabe der Schulleitung und gehört größtenteils schon heute zum Alltag im Schulbetrieb. Da die Bedingungen von Ort zu Ort und Schulart zu Schulart sehr unterschiedlich sein können, können familienfreundliche Rahmenbedingungen nicht allgemeingültig festgeschrieben werden. Die Arbeitszeitgestaltung für Teilzeitbeschäftigte und Familienarbeit Leistende darf sich nicht nachteilig für diese auswirken und dem Sinn der Teilzeitbeschäftigung zuwiderlaufen.

Hilfreich ist die Unterscheidung zwischen unteilbaren Dienstaufgaben (z.B. Konferenzteilnahme, Fortbildung) und teilbaren Dienstaufgaben. Neben dem „geteilten" Lehrauftrag gehören dazu viele außerunterrichtliche Aufgaben und Veranstaltungen wie z.B. Aufsichten, Verwaltungsarbeiten, Klassenfahrten, Schullandheimaufenthalte. Hier ist die Rücksichtnahme auf Teilzeitbeschäftigte und Familienarbeit Leistende ebenso geboten wie bei der Verteilung der Unterrichtsstunden auf die Wochentage. Dabei bietet sich eine Konzentration dergestalt an, dass sich ein unterrichtsfreier Tag ergibt, sofern pädagogische und allgemeine dienstliche Belange dem nicht entgegenstehen.

Es gehört zu den ständigen Aufgaben der Schulleitung, sicherzustellen, dass sich die Rahmenbedingungen für Teilzeitbeschäftigte nicht nachteilig für diese auswirken. Dies gilt sowohl im Hinblick auf die zeitliche Lage unteilbarer und die Wahrnehmung teilbarer Dienstaufgaben im Allgemeinen als auch für die Anordnung von Mehrarbeit und Vertretungen im Besonderen.

Hinweis der Redaktion: Mögliche Inhalte solcher Rahmenbedingungen sind im Standard-Teil des Jahrbuchs im Beitrag ➪ Teilzeit (Pflichten und Rechte) dargestellt.

Die Schulleitung erörtert bei Bedarf mit der Beauftragten für Chancengleichheit, der örtlichen Personalvertretung und soweit erforderlich der Vertrauensperson der Schwerbehinderten die Rahmenbedingungen, die an der Schule für Teilzeitbeschäftigte Anwendung finden sollen.

Die oberen Schulaufsichtsbehörden werden in Dienstbesprechungen mit den Schulleiterinnen und Schulleitern auch künftig auf diese wichtige Thematik hinweisen und im Rahmen ihrer schulaufsichtlichen Verantwortung die Umsetzung familienfreundlicher Rahmenbedingungen einfordern.

b.

Eine deutliche Ausweitung der Teilzeitmöglichkeiten für schulische Funktionsträger greift seit dem Schuljahr 2010/2011 und ermöglicht allen schulischen Funktionsstelleninhaberinnen und -inhabern in Teilzeit zwischen 50 Prozent und 100 Prozent zu arbeiten. Während der dreijährigen Elternzeit ist auch eine unterhälftige Beschäftigung möglich. Funktionsstelleninhaberinnen und -inhaber mit Familienpflichten sollen dadurch Familie und Beruf besser vereinbaren können und in der Funktion gehalten werden. Wie bisher erfolgt die Reduzierung bei der Unterrichtsverpflichtung, die mit der Funktion verbundenen Aufgaben müssen in vollem Umfang wahrgenommen werden. Schulleiterinnen und Schulleiter stellen außerdem die für den Betrieb der Schule erforderliche Präsenz der Schulleitung sicher.

Die Möglichkeit des Jobsharing wurde auch auf schulische Funktionsstellen ausgeweitet. Dadurch sollte über die bisher möglichen Teilzeitvarianten hinaus eine weitere Alternative geschaffen werden, eine Führungsposition in der Schule mit halbem Deputat wahrzunehmen. Das Jobsharing sieht vor, dass eine Funktionsstelle auf Dauer mit zwei Personen mit exakt halbem Lehrauftrag (50 Prozent) besetzt wird. Beide Personen werden aus dieser Funktionsstelle zu gleichen Teilen besoldet. Auf diese festen Rahmenbedingungen müssen die Teilnehmenden am Jobsharing vorab hingewiesen werden. Um eine gewisse Kontinuität und Planungssicherheit zu haben, wird das Jobsharing in der Regel auf drei Jahre festgelegt. Mit der Ernennung in das Funktionsamt stehen der Beamtin/dem Beamten die Bezüge aus dem Funktionsamt im Umfang der Arbeitsleistung zu. Eine Beamtin bzw. ein Beamter kann nicht zwei (Status-)Ämter gleichzeitig wahrnehmen. Kommt für Beamtinnen und Beamte daher aktuell oder in absehbarer Zeit ein Beschäftigungsumfang von mehr als 50 Prozent in einem Funktionsamt in Betracht, sind die „normalen" Teilzeitmodelle flexibler als das Jobsharing. [...]

Ergänzend zu den o.g. Teilzeitmöglichkeiten für Funktionsstelleninhaberinnen und -inhaber sollen im Rahmen der Beförderung von Studienrätinnen und Studienräten an beruflichen Schulen die Schulleitungen regelmäßig darauf hingewiesen werden, dass bei der Besetzung von A 14-Stellen im Ausschreibungsverfahren Bewerbungen von Teilzeitbeschäftigten genauso wie die von vollbeschäftigten Bewerberinnen und Bewerbern zu behandeln sind. Insbesondere ist auch auf die Möglichkeit hinzuweisen, eine A 14-Stelle mit zwei Teilzeitkräften (ggf. auch unterhälftig) zu besetzen. [...]

➪ Beförderung (Oberstudienrat*rätin); ➪ Chancengleichheitsgesetz § 5; ➪ Funktionsstellen (Besetzung); ➪ Teilzeit (Pflichten und Rechte)

Zu den Querverweisen im Sonderteil des Jahrbuchs für die beruflichen Schulen

Mit dem Zeichen ➪ verweisen wir auf korrespondierende Beiträge im Standard-Teil des Jahrbuchs.
Mit dem Zeichen → verweisen wir auf Beiträge im Sonderteil berufliche Schulen.

Das Standard-Jahrbuch enthält die dienst- und arbeitsrechtlichen Vorschriften für die Lehrkräfte aller Schularten sowie alle schulartübergreifenden Vorschriften. Deshalb sind Vorschriften, die sowohl für den beruflichen Schulbereich als auch für die allgemeinbildenden Schulen von Bedeutung sind, wie beispielsweise ➪ Abschlüsse (HS / RS – Gleichwertigkeit); ➪ Fachhochschulreife ; ➪ Schulpflicht (Berufliche Schulen); ➪ Schulpflicht (Berufliche Schulen – Übergabe); ➪ Schulpflicht (Durchsetzung) im Standard-Teil des Jahrbuchs enthalten.

Häufige Abkürzungen im Bereich der beruflichen Schulen stehen am Ende des BS-Teils.

Corona-Pandemie-Prüfungsverordnung (BS)

Verordnung des Kultusministeriums zur Regelung der Besonderheiten bei der Leistungsfeststellung der Schulen und der Durchführung der schulischen Abschlussprüfungen im Schuljahr 2021/2022, den Versetzungsentscheidungen und Niveauzuordnungen, den Beratungen schulischer Gremien sowie der Lehrkräfteausbildung und -prüfung (Corona-Pandemie-Prüfungsverordnung 2021/2022) vom 12. Oktober 2021 (GBl. S. 856/2021)

Abschnitt 3
Besonderheiten bei der Leistungsfeststellung und der Durchführung der Abschlussprüfungen an beruflichen Schulen und der Fachhochschulreifeprüfung an Freien Waldorfschulen

§ 4
Allgemeine Vorschriften

Im Schuljahr 2021/2022 werden die für die beruflichen Schulen geltenden allgemeinen Regelungen der jeweiligen Ausbildungs- und Prüfungsordnungen und Schulversuchsbestimmungen – unbeschadet des Abschnittes 1 – durch die Regelungen dieses Abschnitts ergänzt.

Hinweis der Redaktion: Die Abschnitte 1 und 2 dieser Verordnung sind unter ⇨ Corona-Pandemie-Prüfungsverordnung im Standard-Teil des Jahrbuchs abgedruckt.

§ 5
Klassenarbeiten

(1) Wird durch Rechtsverordnung für ein Fach, einen Fächerverbund, einen Kurs oder Bildungsgänge, in denen der Unterricht in Gestalt von Handlungs- oder Lernfeldern erteilt wird, die Anzahl der in einem bestimmten Zeitraum, wie insbesondere einem Schuljahr oder Schulhalbjahr, mindestens oder zahlenmäßig bestimmt zu fertigenden schriftlichen Leistungen vorgegeben und kann wegen eines pandemiebedingt um mindestens vier Wochen reduzierten Präsenzunterrichts in dem jeweiligen Fach, Fächerverbund oder Kurs diese Vorgabe nicht eingehalten werden, darf die jeweilige Anzahl der zu fertigenden schriftlichen Leistungen unterschritten werden. Grundsätzlich ist in diesen Fällen mindestens eine Klassenarbeit pro Halbjahr erforderlich. Bei der Gewichtung von schriftlichen, mündlichen und praktischen Leistungen ist ein eventuell geringerer Anteil der schriftlichen Leistung entsprechend zu berücksichtigen.

(2) Schülerinnen und Schüler, die im Schuljahr 2021/2022 einen Abschluss ablegen oder die sich in einer der beiden Jahrgangsstufen der gymnasialen Oberstufe befinden und die wegen einer Vorerkrankung mit erhöhtem Risiko für einen schweren Verlauf einer Erkrankung mit COVID-19 nicht am Präsenzunterricht teilnehmen, legen die schriftlichen und praktischen Leistungsfeststellungen sowie die Prüfungen unter den besonderen Hygienebedingungen ab, die vom Kultusministerium festgelegt werden. ⇨ Hygiene (Schulen)

§ 6
Gleichwertige Feststellung von Schülerleistungen

Wird die Erbringung einer oder mehrerer einer Klassenarbeit gleichwertiger Leistungsfeststellungen in einem bestimmten Zeitraum vorgeschrieben, besteht zur Erbringung dieser Leistungen im Schuljahr 2021/2022 keine Pflicht. Schülerinnen und Schülern, die solche Leistungen erbringen wollen, ist hierzu Gelegenheit zu geben.

§ 7
Praktische Ausbildung im Rahmen schulischer Berufsausbildungen oder während des Besuchs beruflicher Bildungsgänge

(1) Sofern es bei der praktischen Ausbildung im Rahmen schulischer Berufsausbildungen wegen einer behördlich angeordneten Betriebsschließung nicht möglich sein sollte, benotete Praxisbesuche in den Einrichtungen durchzuführen, ergibt sich die Note aus einer schriftlichen Ausarbeitung und einem Fachgespräch oder einem simulierten Praxisbesuch.

(2) Die Frist für Praktika, die erforderlich sind, um die Zulassungsvoraussetzungen zur Schulfremdenprüfung in der Kinderpflege- sowie der Erzieherinnen- und Erzieherausbildung zu erfüllen, kann bis zum 31. Januar 2022 verlängert werden. Der Meldetermin und das Fristende für die Abgabe sämtlicher weiterer erforderlicher Unterlagen bleibt der 1. Oktober 2021.

§ 8
Schriftliche Prüfung Berufsschulen

Eine Teilnahme an der schriftlichen Abschlussprüfung der Berufsschule ist in mindestens einem der Fächer Deutsch oder Gemeinschaftskunde verpflichtend. Die Schulleiterin oder der Schulleiter setzt den Schülerinnen und Schülern nach Bekanntgabe der Anmeldenoten eine angemessene Frist, innerhalb derer mitgeteilt werden muss, ob entweder in Deutsch oder in Gemeinschaftskunde von einer Teilnahme abgesehen wird. Wird in einem dieser Fächer nicht an der schriftlichen Abschlussprüfung teilgenommen, gilt die Anmeldenote als Endnote gemäß § 13 Absatz 1 Nummer 1 der Berufsschulordnung. Für Abschlussklassen der Berufsschule können die Schulleitungen – gegebenenfalls in Abweichung der dann aktuell bestehenden Regelungen – im Zeitraum von zwei Wochen vor der Prüfung Fernlernen anbieten.

§ 9
Schriftliche Fachhochschulreifeprüfung an Freien Waldorfschulen

Die im Rahmen der schriftlichen Fachhochschulreifeprüfungen angefertigten Arbeiten werden [...] von der Fachlehrkraft des Prüflings und von einer weiteren Fachlehrkraft einer von der oberen Schulaufsichtsbehörde bestimmten anderen Freien Waldorfschule korrigiert und mit ganzen oder halben Noten bewertet, sofern die obere Schulaufsichtsbehörde nichts anderes bestimmt.

⇨ Corona-Pandemie-Prüfungsverordnung; ⇨ Hygiene (Schulen)

Fachschule Sozialpädagogik (BK) – ErzieherVO

VO des KM über die Ausbildung und Prüfung an den Fachschulen für Sozialpädagogik – Berufskollegs – (Erzieherverordnung – ErzieherVO)[1] vom 21. Juli 2015 (K.u.U. S. 317/2015); zuletzt geändert 15. August 2017 (K.u.U. S.159/2017)

Abschnitt 1 –Allgemeines

§ 1
Zweck der Ausbildung

Die Ausbildung an der Fachschule für Sozialpädagogik (Berufskolleg) befähigt dazu, Erziehungs-, Bildungs-und Betreuungsaufgaben zu übernehmen und in allen sozialpädagogischen Bereichen selbstständig und eigenverantwortlich als Erzieherin oder Erzieher tätig zu sein. Die Fachschule für Sozialpädagogik vermittelt die hierzu erforderliche berufliche Handlungskompetenz. Dies schließt auch die Vermittlung interkultureller Kompetenz ein. Darüber hinaus führt sie die Allgemeinbildung weiter und ermöglicht durch Zusatzunterricht und eine Zusatzprüfung den Erwerb der Fachhochschulreife. → Kindergartenfachkräftegesetz

Hinweis der Redaktion: Aufgrund von LHG § 58 erhalten auch Inhaber*innen von Abschlüssen von Fachschulen nach der Rahmenvereinbarung über Fachschulen der Kultusministerkonferenz eine allgemeine Hochschulzugangsberechtigung. Da der Abschluss der Fachschule für Sozialpädagogik (Staatlich anerkannte Erzieherin/staatlich anerkannter Erzieher) der Rahmenvereinbarung über Fachschulen (Beschluss der Kultusministerkonferenz vom 7.11.2002 in seiner jeweils geltenden Fassung) entspricht, fallen alle Absolvent*innen der Fachschule für Sozialpädagogik mit Erreichen der staatlichen Anerkennung unter die Regelung des § 58 Abs. 5 LHG und erhalten damit eine allgemeine Hochschulzugangsberechtigung.

Staatlich anerkannte Erzieher*innen können damit an allen Hochschulen des Landes Baden-Württemberg ein Studium beginnen. Dies ist auch möglich, wenn sie nicht die Zusatzprüfung zum Erwerb der Fachhochschulreife abgelegt haben.

§ 2
Dauer, Gliederung und Abschluss der Ausbildung

(1) Die Ausbildung dauert in Vollzeitform drei, in Teilzeitform vier Jahre und gliedert sich in

1. eine Ausbildung von in Vollzeitform zwei, in Teilzeitform drei Schuljahren an der Fachschule für Sozialpädagogik (schulische Ausbildung) und
2. ein durch die Fachschule für Sozialpädagogik begleitetes berufsbezogenes Praktikum (Berufspraktikum) von einem Jahr in einer sozialpädagogischen Einrichtung. § 40 bleibt unberührt.

(2) Die Ausbildung endet mit einer Abschlussprüfung. Sie besteht aus

1. einer Facharbeit mit Präsentation und Fachgespräch sowie einer schriftlichen und einer mündlichen Prüfung zum Abschluss der schulischen Ausbildung und
2. dem Kolloquium zum Abschluss des Berufspraktikums.

Mit erfolgreichem Abschluss der gesamten Ausbildung wird die Berufsbezeichnung „Staatlich anerkannte Erzieherin“ oder „Staatlich anerkannter Erzieher“ erworben.

§ 3
Bildungsplan, Stundentafel

Der Unterricht richtet sich nach den vom Kultusministerium erlassenen Bildungs- und Lehrplänen sowie für die Vollzeitform nach der Stundentafel gemäß Anlage 1 und für die Teilzeitform nach der Stundentafel gemäß Anlage 2.

→ Fachschule Sozialpädagogik (Stundentafel)

§ 4
Pflichtbereich, maßgebende Fächer und Handlungsfelder

Der Pflichtbereich besteht nach Maßgabe der Stundentafeln aus Fächern und Handlungsfeldern. Für den Abschluss und die Versetzungsentscheidung sind die Fächer und Handlungsfelder des Pflichtbereichs mit Ausnahme des Faches „Englisch“ maßgebend. Für den Erwerb der Fachhochschulreife gilt auch das Fach „Englisch“ als maßgebendes Fach.

§ 5
Klassenarbeiten, gleichwertige Leistungsfeststellungen

In den Handlungsfeldern „Bildung und Entwicklung fördern I“, „Bildung und Entwicklung fördern II“, „Erziehung und Betreuung gestalten“ kann die jeweilige Fachlehrkraft jeweils bis zu drei Klassenarbeiten innerhalb eines Schuljahres durch die gleiche Zahl von gleichwertigen Leistungsfeststellungen im Sinne von § 9 Absatz 5 der Notenbildungsverordnung ersetzen. ⇨ Notenbildungsverordnung

Abschnitt 2 – Aufnahmeverfahren

§ 6
Aufnahmevoraussetzungen

(1) Voraussetzungen für die Aufnahme in die Fachschule für Sozialpädagogik sind:

1. Die Fachschulreife, der Realschulabschluss oder das Versetzungszeugnis in die Klasse oder Jahrgangsstufe 11 eines Gymnasiums, in die gymnasiale Oberstufe der Gemeinschaftsschule oder der Nachweis eines gleichwertigen Bildungsstandes oder das Versetzungszeugnis in die Klasse 10 eines Gymnasiums im achtjährigen Bildungsgang,
2. a) der erfolgreiche Abschluss des einjährigen Berufskollegs für Sozialpädagogik oder eine vergleichbare Vorbildung eines anderen Bundeslandes oder
   b) ein Berufsabschluss als staatlich anerkannte Kinderpflegerin oder staatlich anerkannter Kinderpfleger oder eine gleichwertige im Hinblick auf die Ausbildung an der Fachschule für Sozialpädagogik einschlägige berufliche Qualifizierung

und

1 Diese Verordnung dient der Umsetzung der Richtlinie 2005/36/EG des Europäischen Parlaments und des Rates vom 7. September 2005 über die Anerkennung von Berufsqualifikationen (ABl. L 255 vom 30.9.2005, S. 22, L 271 vom 16.10.2007, S. 18; L 93 vom 4.4. 2008, S. 28; L 33 vom 3.2.2009, S. 49), zuletzt geändert durch Richtlinie 2013/25/EU (ABl. L 158 vom 10.6.2013, S. 368).

3. der schriftliche Nachweis eines Platzes für die praktische Ausbildung in einer Einrichtung nach § 11.

(2) Sofern nach Aufnahme aller Bewerberinnen und Bewerber, die die Voraussetzungen des Absatzes 1 erfüllen, noch nicht alle Plätze in der Eingangsklasse der Fachschule für Sozialpädagogik besetzt sind, können zusätzlich Bewerberinnen und Bewerber aufgenommen werden, wenn sie die Voraussetzungen nach Absatz 1 Nummer 1 und 3 erfüllen und

1. ein sechswöchiges Praktikum in einer sozialpädagogischen Einrichtung, welches innerhalb der letzten fünf Jahre unter Anleitung einer Fachkraft nach § 7 Absatz 2 Nummer 1 bis 3 Kindertagesbetreuungsgesetz (KiTaG) absolviert wurde, und
2. die Fachhochschulreife, die fachgebundene oder allgemeine Hochschulreife oder den schulischen Teil der Fachhochschulreife eines Beruflichen Gymnasiums der Fachrichtung Sozialpädagogik oder Sozialwissenschaft oder
3. eine mindestens einjährige abgeschlossene Berufsausbildung im sozialpädagogischen Bereich oder eine entsprechende Vollzeitschule oder
4. eine mindestens einjährige abgeschlossene Berufsausbildung im pflegerischen Bereich oder eine entsprechende Vollzeitschule, wenn ein mindestens zweistündiges Fach „Pädagogik und Psychologie" besucht wurde, oder
5. eine mindestens zweijährige abgeschlossene Berufsausbildung

nachweisen. Zeiten eines freiwilligen sozialen Jahres oder des Bundesfreiwilligendienstes, die in einer Kindertageseinrichtung abgeleistet wurden, werden auf das Praktikum nach Nummer 1 angerechnet.

(3) Sofern nach Aufnahme aller Bewerberinnen und Bewerber, die die Voraussetzungen nach Absatz 2 erfüllen, noch nicht alle Plätze in der Eingangsklasse der Fachschule für Sozialpädagogik besetzt sind, können zusätzlich Bewerberinnen und Bewerber aufgenommen werden, die die Voraussetzungen des Absatzes 1 Nummer 1 und 3 erfüllen, wenn sie

1. eine mindestens zweijährige Vollzeittätigkeit mit Kindern in einer sozialpädagogischen Einrichtung, welche innerhalb der letzten fünf Jahre ausgeübt wurde, oder
2. a) ein sechswöchiges Praktikum in einer sozialpädagogischen Einrichtung welches innerhalb der letzten fünf Jahre absolviert wurde, unter Anleitung einer Fachkraft nach § 7 Absatz 2 Nummer 1 bis 3 KiTaG und
   b) eine mindestens zweijährige, bei einer Teilzeittätigkeit entsprechend längere, kontinuierliche Tätigkeit als über eine Pflegeerlaubnis zugelassenen Tagesmutter mit mehreren Kindern oder
   c) die Führung eines Familienhaushalts mit mindestens einem Kind für die Dauer von mindestens drei Jahren

nachweisen. Zeiten eines freiwilligen sozialen Jahres oder des Bundesfreiwilligendienstes, die in einer Kindertageseinrichtung abgeleistet wurden, werden auf die Vollzeittätigkeit nach Nummer 1 oder das Praktikum nach Nummer 2 Buchstabe a angerechnet.

(4) Zusätzlich sind bei ausländischen Bildungsnachweisen für die Ausbildung ausreichende deutsche Sprachkenntnisse nachzuweisen.

(5) Wer eine Fachschule für Sozialpädagogik in Vollzeitform, Teilzeitform oder praxisintegriert erfolgreich abgeschlossen hat oder verlassen musste, weil er wiederholt nicht versetzt oder wiederholt die Abschlussprüfung nicht bestanden hat, kann nicht erneut in eine Fachschule für Sozialpädagogik aufgenommen werden

§ 7
Aufnahmeantrag

(1) Der Aufnahmeantrag ist an die Fachschule für Sozialpädagogik zu richten, an der die Ausbildung erfolgen soll. Der Termin, zu dem der Antrag bei der Fachschule für Sozialpädagogik eingegangen sein muss, wird, soweit er nicht vom Kultusministerium festgelegt wurde, von der Schulleiterin oder vom Schulleiter bestimmt und auf geeignete Weise bekanntgegeben. Dem Aufnahmeantrag sind beizufügen:

1. eine Übersicht über den schulischen Werdegang ab Erwerb des mittleren Schulabschlusses und gegebenenfalls über die ausgeübte Berufstätigkeit,
2. je eine beglaubigte Kopie der Zeugnisse und Nachweise nach § 6,
3. eine Erklärung,
   a) ob und gegebenenfalls an welchen anderen Fachschulen für Sozialpädagogik bereits an einem Aufnahmeverfahren teilgenommen wurde sowie
   b) ob und gegebenenfalls an welche andere Fachschule für Sozialpädagogik ein weiterer Aufnahmeantrag gerichtet wurde.

Sofern die Kopie eines Zeugnisses nach § 6 Absatz 1 und 2 zum Anmeldetermin noch nicht vorgelegt werden kann, ist sie unverzüglich nachzureichen; dem Aufnahmeantrag ist in diesem Fall eine beglaubigte Kopie des letzten Schulzeugnisses beizufügen.

(2) Über den Aufnahmeantrag entscheidet die Schulleiterin oder der Schulleiter. Hierbei kann eine angemessene Frist gesetzt werden, innerhalb der erklärt werden muss, ob die Zusage über die Aufnahme angenommen wird.

§ 8
Auswahlverfahren

(1) Ein Auswahlverfahren ist nur durchzuführen, wenn

1. bei voller Ausschöpfung der vorhandenen personellen und sächlichen Gegebenheiten sowie
2. bei Abstimmung der Aufnahmefähigkeit benachbarter Schulen und entsprechender Zuweisung (§ 18 Absatz 1 und § 88 Absatz 4 SchG)

nicht alle Personen, welche die Aufnahmevoraussetzungen nach § 6 erfüllen, in die Fachschule für Sozialpädagogik aufgenommen werden können.

(2) Im Auswahlverfahren sind die Plätze nach folgenden Quoten zu vergeben:

1. 85 Prozent nach Eignung und Leistung,
2. 10 Prozent nach Wartezeit,
3. 5 Prozent für außergewöhnliche Härtefälle.

Bleiben im Rahmen der Auswahl nach Satz 1 Nummer 2 und 3 Plätze frei, sind diese nach Eignung und Leistung zu vergeben.

(3) Die Rangfolge der Bewerberinnen und Bewerber nach Absatz 2 Nummer 1 bestimmt sich nach dem auf eine Dezimale ohne Rundung errechneten Durchschnitt aus den Noten aller Fächer, ausgenommen Arbeitsgemeinschaften, und gegebenenfalls Handlungsfelder des Pflichtbereichs der Zeugnisse nach § 6 Absatz 1 Nummer 2. Bei gleicher Rangfolge entscheidet die Schulleiterin oder der Schulleiter oder eine von ihr oder ihm beauftragte Funktionsträgerin oder ein von ihr oder ihm beauftragter Funktionsträger der Schule nach einem Bewerbergespräch zur persönlichen Eignung für den Beruf.

(4) Die Vergabe der Plätze nach Wartezeit erfolgt nach folgender Rangfolge:

1. Personen mit drei und mehr Schuljahren Wartezeit,
2. Personen mit zwei Schuljahren Wartezeit,
3. Personen mit einem Schuljahr Wartezeit.

Berücksichtigt werden nur volle Schuljahre, die seit dem ersten Aufnahmeantrag und der Erfüllung der Aufnahmevoraussetzungen nach § 6 bis zum Beginn des auf das laufende Aufnahmeverfahren folgenden Schuljahres verstrichen sind. Voraussetzung ist, dass für diese Schuljahre ununterbrochen ein Aufnahmeantrag gestellt und keine Aufnahmezusage erteilt wurde. Absatz 3 Satz 2 gilt entsprechend.

(5) Ein außergewöhnlicher Härtefall liegt vor, wenn eine Person nach Absatz 2 Nummer 1 und 2 nicht ausgewählt wurde und die Nichtaufnahme für sie mit Nachteilen verbunden wäre, die bei Anlegen eines strengen Maßstabs über das Maß der mit der Nichtaufnahme üblicherweise verbundenen Nachteile erheblich hinausgehen. Für die Berücksichtigung als außergewöhnlicher Härtefall kommen insbesondere familiäre oder soziale Umstände oder andere von der Person nicht zu vertretende Umstände in Betracht, welche die Aufnahme der Ausbildung verzögert haben. Über das Vorliegen eines außergewöhnlichen Härtefalles und der sich nach dem Grad der Härte ergebenden Rangfolge entscheidet ein Auswahlausschuss, dem die Schulleiterin oder der Schulleiter als Vorsitzende oder Vorsitzender und vier von ihr oder ihm beauftragte Lehrkräfte angehören. § 21 Absatz 2 gilt entsprechend. Der Auswahlausschuss ist beschlussfähig, wenn drei seiner Mitglieder anwesend sind.

(6) Für die Bestimmung der Rangfolge bei der Vergabe noch freier Schulplätze nach § 6 Absatz 2 und 3 sind die den dort aufgeführten schulischen Abschluss vermittelnden Zeugnisse zugrunde zu legen. Absatz 3 gilt entsprechend. Abweichend hiervon ist bei Zeugnissen, in denen eine Durchschnittsnote für den Abschluss ausgewiesen ist, diese für die Bestimmung der Rangfolge zugrunde zu legen.

§ 9
Beratungsgespräch

Grundlagen für die Wahrnehmung der Aufgaben einer staatlich anerkannten Erzieherin oder eines staatlich anerkannten Erziehers sind neben Kenntnissen und Fertigkeiten die berufliche Verantwortungsbereitschaft und Belastbarkeit, die Fähigkeit zur persönlichen Zuwendung zu Kindern und Jugendlichen sowie zur Zusammenarbeit mit Eltern, Vorgesetzten und Mitarbeiterinnen und Mitarbeitern. Deshalb sollen erforderlichenfalls Beratungsgespräche über die persönliche Eignung für den Erzieherberuf, insbesondere anlässlich der Aushändigung der Zeugnisse, bei Bewerberinnen und Bewerbern nach § 6 Absatz 2 und 3 auch im Rahmen des Aufnahmeverfahrens, geführt werden.

Abschnitt 3
Praktische Ausbildung

§ 10
Allgemeines

Die praktische Ausbildung im Handlungsfeld „Sozialpädagogisches Handeln" nach jeweiliger Nummer 1.2 der Anlage 1 oder Anlage 2 dient der Anwendung und Vertiefung der im schulischen Unterricht erworbenen Kenntnisse, Fertigkeiten und Fähigkeiten. Im Rahmen der Ausbildung müssen praktische Erfahrungen in der pädagogischen Arbeit mit mindestens zwei Altersgruppen (unter Dreijährige, drei- bis sechsjährige Kinder, Schulkinder, Jugendliche) gemacht werden Die Gesamtverantwortung für die praktische Ausbildung liegt bei der Fachschule für Sozialpädagogik. Sie schließt die Betreuung, Beratung, Beurteilung und Benotung der Schülerin oder des Schülers während der praktischen Ausbildung ein. Schule und Einrichtung stellen dabei in engem Zusammenwirken eine effektive Verzahnung von schulischem Unterricht und dessen praktischer Umsetzung in der Einrichtung sicher.

§ 11
Einrichtungen der praktischen Ausbildung

Die praktische Ausbildung im Handlungsfeld „Sozialpädagogisches Handeln" hat in Einrichtungen zu erfolgen, die dem Arbeitsgebiet einer Erzieherin oder eines Erziehers entsprechen und die nach der personellen und sächlichen Ausstattung für die Ausbildung geeignet sind. Die Auswahl der Einrichtung obliegt der Schülerin oder dem Schüler. Sie bedarf der Zustimmung des Trägers der Einrichtung und der Fachschule für Sozialpädagogik.

§ 12
Wechsel der Einrichtung während der schulischen Ausbildung

Die Schülerin oder der Schüler hat die Einrichtung und nach Möglichkeit das Arbeitsfeld nach Absprache mit der Fachschule für Sozialpädagogik und der Einrichtung oder ihrem Träger mindestens einmal während der Ausbildung an der Fachschule für Sozialpädagogik zu wechseln.

§ 13
Durchführung der praktischen Ausbildung

(1) Die praktische Ausbildung im Handlungsfeld „Sozialpädagogisches Handeln" erfolgt nach Absprache der Fachschule für Sozialpädagogik mit den Trägern der an der Ausbildung beteiligten Einrichtungen. Sie umfasst einen Tag je Unterrichtswoche im Umfang einer Vollzeitbeschäftigung. Nach Absprache der Fachschule für Sozialpädagogik mit den Trägern der an der Ausbildung beteiligten Einrichtungen kann sie auch in Praxisblöcken durchgeführt werden.

(2) Der Träger der Einrichtung benennt der Fachschule für Sozialpädagogik zu Beginn der Ausbildung die von ihm ausgewählte für die fachliche Anleitung und Ausbildung der Schülerin oder des Schülers in der Einrichtung verantwortliche und geeignete Fachkraft. Geeignet ist eine Fachkraft nach § 7 Absatz 2 Nummer 1 bis 3 KiTaG, wenn sie über eine nach abgeschlossener Ausbildung erworbene in der Regel mindestens zweijährige einschlägige Berufserfahrung in dem Praxisfeld, in dem die Ausbildung jeweils erfolgt, verfügt; ausnahmsweise kann die fachliche Anleitung und Ausbildung mit Zustimmung der Fachschule für Sozialpädagogik auch einer anderen geeigneten Fachkraft übertragen werden. Wird die praktische Ausbildung im Handlungsfeld „Sozialpädagogisches Handeln" im Rahmen des Betreuungsangebots einer Schule durchgeführt, können ausnahmsweise auch Lehrkräfte mit der fachlichen Anleitung und Ausbildung betraut werden.

Hinweis der Redaktion: Das Kindertagesbetreuungsgesetz (zul. geänd. 19.11.2019; GBl. S. 476/2019) definiert die Angehörigen folgender Personengruppen als geeignete „Fachkräfte":

§ 7
Pädagogisches Personal und Zusatzkräfte

(1) In den Einrichtungen sind die Kinder durch pädagogisch qualifizierte Fachkräfte zu betreuen, zu erziehen und zu bilden. Die Fachkräfte können durch weitere geeignete Personen (Zusatzkräfte) unterstützt werden.

(2) Fachkräfte in Einrichtungen sind:

1. staatlich anerkannte Erzieher und Erzieherinnen sowie staatlich anerkannte Erzieher und Erzieherinnen der Fachrichtung Jugend- und Heimerziehung;
2. staatlich anerkannte Kindheitspädagogen und Kindheitspädagoginnen von Fachhochschulen, Pädagogischen Hochschulen oder sonstigen Hochschulen;
3. staatlich anerkannte Sozialpädagogen und Sozialpädagoginnen, staatlich anerkannte Sozialarbeiter und Sozialarbeiterinnen, Diplompädagogen und Diplompädagoginnen, Diplom-Erziehungswissenschaftler und Diplom-Erziehungswissenschaftlerinnen mit sozialpädagogischem Schwerpunkt sowie Bachelor-Absolventen und Bachelor-Absolventinnen dieser Fachrichtungen;
4. Personen mit der Befähigung für das Lehramt an Grundschulen, Grund- und Hauptschulen sowie Sonderschulen;
5. Personen mit einem Studienabschluss im pädagogischen, erziehungswissenschaftlichen oder psychologischen Bereich mit mindestens vier Semestern Pädagogik mit Schwerpunkt Kinder und Jugendliche oder Schwerpunkt Entwicklungspsychologie;
6. staatlich anerkannte Kinderpfleger und Kinderpflegerinnen;
7. staatlich anerkannte Heilpädagogen und Heilpädagoginnen;
8. Personen mit einem Studienabschluss der Heilpädagogik;
9. staatlich anerkannte Heilerziehungspfleger und Heilerziehungspflegerinnen sowie
10. nach einer Qualifizierung in Pädagogik der Kindheit und Entwicklungspsychologie im Umfang von zusammen mindestens 25 Tagen, die auch berufsbegleitend durchgeführt werden kann, oder nach einem einjährigen betreuten Berufspraktikum
    a) Physiotherapeuten und Physiotherapeutinnen, Krankengymnasten und Krankengymnastinnen, Ergotherapeuten und Ergotherapeutinnen, Beschäftigungs- und Arbeitstherapeuten und Beschäftigungs- und Arbeitstherapeutinnen, Logopäden und Logopädinnen,
    b) Gesundheits- und Kinderkrankenpfleger und Gesundheits- und Kinderkrankenpflegerinnen, Hebammen, Entbindungspfleger, Haus- und Familienpfleger und Haus- und Familienpflegerinnen sowie Dorfhelfer und Dorfhelferinnen,
    c) Fachlehrer und Fachlehrerinnen für musisch-technische Fächer,
    d) Personen, die die erste Staatsprüfung für das Lehramt an Grundschulen oder Grund- und Hauptschulen oder für das Lehramt an Sonderschulen erfolgreich bestanden haben.

(3) Eine Person, deren im Ausland erworbene Qualifikation von der zuständigen Stelle als gleichwertig mit einer Qualifikation nach Absatz 2 anerkannt wurde, gilt als Fachkraft nach Absatz 2 mit entsprechender inländischer Qualifikation. Zuständige Stelle ist, soweit spezialgesetzlich nicht anders geregelt, das Regierungspräsidium Stuttgart.

(4) Als Fachkräfte im Sinne des § 1 Absatz 8 gelten auch Sozialpädagogen und Sozialpädagoginnen, Erzieher und Erzieherinnen, Kinderpfleger und Kinderpflegerinnen sowie Personen nach Absatz 2 Nummer 10 jeweils während der Qualifizierung oder des Berufspraktikums. 2Das Landesjugendamt kann darüber hinaus auf Antrag des jeweiligen Trägers ausnahmsweise weitere Personen als Fachkräfte zulassen, sofern sie nach Vorbildung und Erfahrung geeignet sind. 3Absatz 9 bleibt unberührt.

(5) Zusatzkräfte im Sinne dieses Gesetzes sind Personen, die aufgrund ihrer Qualifikation in anderen Feldern die pädagogische Arbeit in einer Einrichtung bereichern. Über die Eignung als Zusatzkraft entscheidet der jeweilige Träger der Einrichtung. 3Absatz 9 bleibt unberührt.[...]

Ferner gelten als „Fachkräfte" jene Personen, die am 4.6.2013 die Voraussetzungen als Fachkraft oder Leitungskraft nach § 7 Absatz 1 bis 3 des Kindertagesbetreuungsgesetzes in der bis 4. Juni 2013 geltenden Fassung erfüllten.

(3) Die Fachschule für Sozialpädagogik benennt dem Träger der Einrichtung zu Beginn der Ausbildung eine Lehrkraft, die die praktische Ausbildung im Handlungsfeld „Sozialpädagogisches Handeln" betreut (Praxislehrkraft). Die Praxislehrkraft muss über eine Lehrbefähigung im Fach „Sozialpädagogik" oder über eine gleichwertige Qualifikation verfügen. Sie arbeitet eng mit den von der Einrichtung für die praktische Anleitung benannten Fachkräften zusammen und berät und beurteilt die Schülerinnen und Schüler. Hierzu führt sie auch Praxisbesuche in der Einrichtung durch.

(4) Die praktische Ausbildung im Handlungsfeld „Sozialpädagogisches Handeln" erfolgt nach einem Plan, der zu Beginn der Ausbildung von der Fachschule für Sozialpädagogik mit der Einrichtung auf der Grundlage der jeweils geltenden Bildungs- und Lehrpläne des Kultusministeriums, des kompetenzorientierten Qualifikationsprofils für die Ausbildung von Erzieherinnen und Erziehern an Fachschulen oder Fachakademien (Beschluss der Kultusministerkonferenz vom 1. Dezember 2011) sowie den vom Kultusministerium gemeinsam mit den kommunalen Landesverbänden und den Kin-

dergartenträgerverbänden erarbeiteten Grundsätzen für die praktische Ausbildung der Erzieherinnen und Erzieher abgestimmt wird.

§ 14

Bewertung

(1) Zweimal im Schuljahr führt die nach § 13 Absatz 3 benannte Praxislehrkraft einen benoteten Praxisbesuch bei der Schülerin oder dem Schüler durch; über die benoteten Praxisbesuche hinaus kann sie im Einzelfall weitere beratende Besuche in der Einrichtung vornehmen, wenn dies aus pädagogischen Gründen angezeigt ist. Jeder der benoteten Praxisbesuche ist nach den Vorgaben der Praxislehrkraft von der Schülerin oder dem Schüler schriftlich vorzubereiten. Die Praxislehrkraft beobachtet das Vorgehen der Schülerin oder des Schülers in der Praxis über einen Zeitraum von 30 bis 40 Minuten. Hieran schließt sich ein Reflexionsgespräch mit der Schülerin oder dem Schüler über ihre oder seine Aktivität während des Beobachtungszeitraums an. Dieses umfasst in der Regel höchstens 45 Minuten. Die Praxislehrkraft fertigt über jeden dieser Praxisbesuche einen kurzen schriftlichen Bericht mit einer Bewertung in einer ganzen oder halben Note. Aus dem Bericht muss der wesentliche Verlauf der Schüleraktivität während des Beobachtungszeitraums und des Reflexionsgesprächs hervorgehen. Bei der Bewertung sind die schriftliche Vorbereitung, das pädagogische Handeln während des Beobachtungszeitraums und das Reflexionsgespräch zu berücksichtigen. Die Note ist schriftlich zu begründen. Die Berichte und die jeweilige schriftliche Vorbereitung werden zu den Schulakten genommen.

(2) Der Träger der Einrichtung übersendet zum Abschluss eines jeden Schuljahres zu einem von der Fachschule für Sozialpädagogik bestimmten Termin eine Beurteilung über die im Handlungsfeld „Sozialpädagogisches Handeln" gezeigten Leistungen. Aus der Beurteilung müssen die Tätigkeitsgebiete, die Fähigkeiten, Leistungen und die berufliche Eignung hervorgehen. Die Beurteilung soll einen Vorschlag für die Bewertung mit einer ganzen oder halben Note enthalten. Aufgrund der Beurteilung durch die Einrichtung legt die Praxislehrkraft die nach Absatz 5 zu berücksichtigende Note fest.

(3) Zu einem von der Fachschule für Sozialpädagogik bestimmten Termin im ersten Schuljahr erstellt jede Schülerin und jeder Schüler einen Bericht über die Tätigkeit in der Einrichtung und die dabei gesammelten pädagogischen Erfahrungen. Die Praxislehrkraft bewertet den Bericht mit einer ganzen oder halben Note. Der Bericht wird zu den Schulakten genommen.

(4) Die Berichte und die Beurteilung des Trägers der Einrichtung sind von der Praxislehrkraft mit der Schülerin oder dem Schüler zu besprechen.

(5) Für das Handlungsfeld „Sozialpädagogisches Handeln" wird in jedem Schuljahr eine Jahresnote gebildet. Diese ergibt sich aus den Noten für die beiden Praxisbesuche, der nach Absatz 2 festgelegten Note und im ersten Schuljahr der für den Praxisbericht der Schülerin oder des Schülers erteilten Note. Aus den genannten Noten wird bei jeweils gleicher Gewichtung eine auf die erste Dezimale ohne Rundung berechnete Durchschnittsnote gebildet. Diese wird auf eine ganze Note gerundet. Hierbei werden die Dezimalzahlen 1 bis 4 auf die nächstniedrigere ganze Note abgerundet und die Dezimalzahlen 5 bis 9 auf die nächsthöhere ganze Note aufgerundet. Im letzten Schuljahr ist sie Anmeldenote im Sinne von § 20 Absatz 1 Satz 1.

Abschnitt 4 – Versetzung, Wiederholung

§ 15

Voraussetzungen für die Versetzung

(1) In das nächste Schuljahr wird versetzt, wer aufgrund seiner Leistungen in den maßgebenden Fächern und Handlungsfeldern des Pflichtbereichs nach Anlage 1 und 2 den Anforderungen im entsprechenden Schuljahr im Ganzen entsprochen hat und deshalb erwarten lässt, dass den Anforderungen des nächst höheren Schuljahres genügt wird.

(2) Die Voraussetzungen nach Absatz 1 liegen vor, wenn im Jahreszeugnis

1. der Durchschnitt aus den Noten der maßgebenden Fächer und Handlungsfelder 4,0 oder besser ist,
2. die Leistung im Handlungsfeld „Sozialpädagogisches Handeln" nicht schlechter als mit der Note „ausreichend" bewertet ist,
3. die Leistungen in nicht mehr als einem maßgebenden Fach oder Handlungsfeld geringer als mit der Note „ausreichend" bewertet sind. Sind die Leistungen in zwei maßgebenden Fächern oder Handlungsfeldern geringer als mit der Note „ausreichend" bewertet, so erfolgt eine Versetzung, wenn für beide Noten ein Ausgleich durch Noten anderer maßgebender Fächer oder Handlungsfelder gegeben ist. Dabei kann die Note „mangelhaft" durch mindestens eine Note „gut" oder zwei Noten „befriedigend" ausgeglichen werden; ein Ausgleich der Note „ungenügend" ist nicht möglich.

(3) Ausnahmsweise kann durch Beschluss der Klassenkonferenz auch bei Nichterfüllung der in den Absätzen 1 und 2 genannten Voraussetzungen eine Versetzung erfolgen, wenn die Klassenkonferenz mit Zweidrittelmehrheit beschließt, dass die Leistungen nur vorübergehend nicht für die Versetzung ausreichen und nach einer Übergangszeit die Voraussetzungen des nächst höheren Schuljahres voraussichtlich erfüllt werden.

(4) Die Versetzung oder Nichtversetzung ist im Zeugnis mit „versetzt" oder „nicht versetzt" zu vermerken; bei einer Versetzung nach Absatz 3 ist zu vermerken „Versetzt nach § 15 Absatz 3 der Erzieherverordnung".

§ 16

Wiederholung bei Nichtversetzung, Entlassung

(1) Bei einer Nichtversetzung muss beim Verbleiben an der Fachschule für Sozialpädagogik das jeweilige Schuljahr wiederholt werden.

(2) Die freiwillige Wiederholung auch nur eines Teils des jeweiligen Schuljahres gilt als Nichtversetzung.

(3) Wer in einem Schuljahr zweimal nicht versetzt wurde, muss die Fachschule für Sozialpädagogik verlassen.

Abschnitt 5 – Prüfung zum Abschluss der schulischen Ausbildung

§ 17
Zweck der Prüfung

In der Prüfung zum Abschluss der schulischen Ausbildung (schulische Abschlussprüfung) soll nachgewiesen werden, dass das Ausbildungsziel erreicht und die erforderlichen Kompetenzen für die Aufnahme des Berufspraktikums erworben wurden.

§ 18
Teile der Prüfung

Die schulische Abschlussprüfung besteht aus einer Facharbeit mit Präsentation und einem anschließenden Fachgespräch sowie einer schriftlichen und einer mündlichen Prüfung.

§ 19
Ort und Zeitpunkt der Prüfung

(1) Die schulische Abschlussprüfung wird an der Fachschule für Sozialpädagogik abgenommen.

(2) Den Zeitpunkt für die schriftliche Prüfung legt das Kultusministerium fest. Den Zeitpunkt der Präsentation der Facharbeit mit Fachgespräch sowie den Zeitpunkt der mündlichen Prüfung bestimmt der oder die Vorsitzende des Prüfungsausschusses.

§ 20
Zulassung zur Prüfung, Anmeldenoten

(1) Zur schulischen Abschlussprüfung ist zugelassen, wer die zur Bildung von Anmeldenoten erforderlichen Einzelleistungen erbracht hat und dabei im Handlungsfeld „Sozialpädagogisches Handeln" mindestens die Gesamtnote „ausreichend" erzielt hat. Zur Präsentation der Facharbeit mit Fachgespräch ist zugelassen, wer die Facharbeit zu dem von der Schulleiterin oder dem Schulleiter bestimmten Termin (§ 22 Absatz 1 Satz 3) abgegeben hat. Liegen diese Voraussetzungen nicht vor, ist die Nichtzulassung von der Schulleiterin oder dem Schulleiter festzustellen und dem Prüfling unter Angabe der Gründe unverzüglich schriftlich mitzuteilen. Sie gilt als Nichtbestehen der schulischen Abschlussprüfung, es sei denn, die Schulleiterin oder der Schulleiter stellt fest, dass die Gründe vom Prüfling nicht zu vertreten sind.

(2) Für die Prüfung werden in allen Fächern und Handlungsfeldern jeweils nach Nummer 1.1 und 1.2 der Anlage 1 oder Anlage 2 Anmeldenoten in Gestalt ganzer Noten gebildet, die im Handlungsfeld „Sozialpädagogisches Handeln" nach § 14 Absatz 5 und in den übrigen Fächern und Handlungsfeldern aus den während des letzten Schuljahres erbrachten Einzelleistungen zu ermitteln sind. Die Anmeldenote für das Handlungsfeld, das nach § 23 Absatz 1 schriftlich geprüft wird, ist fünf bis sieben Schultage vor Beginn der schriftlichen Prüfung bekanntzugeben. Die Anmeldenote für das Handlungsfeld, in dem die Facharbeit gefertigt wurde, ist zusammen mit der Note für die Facharbeit fünf bis sieben Schultage vor der Präsentation mit Fachgespräch, die Noten für die übrigen Handlungsfelder und Fächer sind fünf bis sieben Schultage vor der mündlichen Prüfung zusammen mit der Note der schriftlichen Prüfung bekanntzugeben.

§ 21
Prüfungsausschuss, Fachausschüsse

(1) Für die Abschlussprüfung wird an jeder Fachschule für Sozialpädagogik ein Prüfungsausschuss gebildet, der für die ordnungsgemäße Durchführung der Prüfung verantwortlich ist. Diesem gehören an:

1. Als Vorsitzende oder Vorsitzender die Schulleiterin oder der Schulleiter oder eine von der Schulleiterin oder dem Schulleiter beauftragte Lehrkraft, soweit die obere Schulaufsichtsbehörde vor Beginn der Prüfung nichts anderes bestimmt,
2. als stellvertretende Vorsitzende oder stellvertretender Vorsitzender die Schulleiterin oder der Schulleiter oder ihre oder seine ständige Vertreterin oder sein ständiger Vertreter oder eine von der Schulleiterin oder dem Schulleiter beauftragte Lehrkraft,
3. sämtliche Lehrkräfte, die in den maßgebenden Fächern oder Handlungsfeldern unterrichten.

Die obere Schulaufsichtsbehörde oder die den Vorsitz des Prüfungsausschusses führende Person können weitere Lehrkräfte einer öffentlichen Fachschule für Sozialpädagogik berufen, soweit dies für die Durchführung der Prüfung erforderlich ist.

(2) Die Mitglieder des Prüfungsausschusses sind bei ihrer Tätigkeit als Prüferin oder Prüfer unabhängig. Sie sind zur Amtsverschwiegenheit über alle Prüfungsangelegenheiten verpflichtet. Die oder der Vorsitzende des Prüfungsausschusses hat sie vor Beginn der Prüfung hierüber zu belehren.

(3) Für die Präsentation der Facharbeit mit Fachgespräch und die mündliche Prüfung in den einzelnen Fächern oder Handlungsfeldern bildet die oder der Vorsitzende des Prüfungsausschusses die erforderlichen Fachausschüsse. Jedem Fachausschuss gehören an:

1. Die oder der Vorsitzende oder ein von ihr oder ihm bestimmtes Mitglied des Prüfungsausschusses als Leiterin oder Leiter, sofern die obere Schulaufsichtsbehörde nichts anderes bestimmt,
2. die Fachlehrkraft der Klasse oder bei deren Verhinderung eine in dem zu prüfenden Fachgebiet erfahrene Lehrkraft, als Prüferin oder Prüfer,
3. ein weiteres fachkundiges Mitglied des Prüfungsausschusses, welches zugleich das Protokoll führt.

In Fächern oder Handlungsfeldern, in denen die Klasse von verschiedenen Fachlehrkräften für Teilbereiche unterrichtet wird, gehören alle dem Fachausschuss als Mitglieder an. Sofern die Facharbeit Aspekte des Fachs „Religionslehre und Religionspädagogik" berührt, kann dem Fachausschuss außerdem die in diesem Fach unterrichtende Fachlehrkraft angehören. Die genannten Fachlehrkräfte sind jeweils für ihren Teilbereich Prüferin oder

Prüfer nach Satz 2 Nummer 2. Die Leiterin oder der Leiter des Fachausschusses bestimmt den Gang der Prüfung und kann selbst prüfen.

§ 22
Facharbeit

(1) Während des letzten Schuljahres hat der Prüfling selbstständig eine Facharbeit zu einem Thema aus einem der Handlungsfelder „Berufliches Handeln fundieren“, „Bildung und Entwicklung fördern I“, „Bildung und Entwicklung fördern II“ oder „Unterschiedlichkeit und Vielfalt leben“ anzufertigen. Dabei können auch die religionspädagogischen Aspekte des Themas in die Bearbeitung mit eingebracht werden. Das Thema der Facharbeit wird im Rahmen der Bildungs- und Lehrpläne spätestens zu Beginn des zweiten Halbjahres des letzten Schuljahres auf Vorschlag des Prüflings von der Schulleiterin oder dem Schulleiter festgelegt und der zuständigen oberen Schulaufsichtsbehörde zur Kenntnis gegeben. Die Facharbeit ist einschließlich der Ferien spätestens 15 Wochen nach Ausgabe des Themas zu einem von der Schulleiterin oder dem Schulleiter bestimmten Termin bei der Schulleitung abzugeben.

(2) Der Facharbeit ist die schriftliche Versicherung beizufügen, dass sie selbstständig angefertigt und nur die angegebenen Hilfsmittel benutzt wurden sowie dass Stellen, die dem Wortlaut oder dem Sinn nach anderen Werken entnommen sind, durch Angabe der Quellen kenntlich gemacht wurden.

(3) Die Facharbeit ist von zwei von der Schulleiterin oder dem Schulleiter bestimmten Lehrkräften zu korrigieren und mit einer ganzen oder halben Note zu bewerten. Als Note der Facharbeit gilt der auf die erste Dezimale ohne Rundung errechnete Durchschnitt der beiden Bewertungen, der auf eine ganze oder halbe Note zu runden ist. Hierbei werden die Dezimalzahlen 1 oder 2 auf die nächstniedrigere ganze Note abgerundet, die Dezimalzahlen 3 bis 4 auf die nächsthöhere halbe Note aufgerundet, die Dezimalzahlen 6 bis 7 auf die nächstniedrigere halbe Note abgerundet sowie die Dezimalzahlen 8 oder 9 auf die nächsthöhere ganze Note aufgerundet. Weichen die Bewertungen um mehr als eine Note voneinander ab und können sich die beiden korrigierenden Lehrkräfte nicht einigen, hat die Schulleiterin oder der Schulleiter die endgültige Note für die Facharbeit festzusetzen; dabei gelten die Bewertungen der beiden Lehrkräfte als Grenzwerte, die nicht über- und unterschritten werden dürfen.

§ 23
Schriftliche Prüfung

(1) Die schriftliche Prüfung wird im Handlungsfeld „Erziehung und Betreuung gestalten“ abgenommen. Zu Beginn der schriftlichen Prüfung erhält der Prüfling zwei Aufgaben, von denen er eine als Aufgabe für die Prüfung auswählt. Die Bearbeitungszeit beträgt 240 Minuten.

(2) Die Prüfungsaufgaben werden im Rahmen der Bildungs- und Lehrpläne vom Kultusministerium oder von der von ihm beauftragten oberen Schulaufsichtsbehörde erstellt.

(3) Die Leitung der schriftlichen Prüfung obliegt der Schulleiterin oder dem Schulleiter oder einer von ihr oder ihm beauftragten Lehrkraft.

(4) Über die schriftliche Prüfung ist eine Niederschrift zu fertigen, die von der Leiterin oder dem Leiter der schriftlichen Prüfung und den aufsichtführenden Lehrkräften unterschrieben wird.

(5) Die schriftliche Arbeit wird von der Fachlehrkraft der Klasse und einer weiteren Fachlehrkraft, die die oder der Vorsitzende des Prüfungsausschusses bestimmt, korrigiert und bewertet; dabei sind ganze und halbe Noten zu verwenden. § 22 Absatz 3 Satz 2 bis 4 gilt entsprechend.

(6) Die Note der schriftlichen Prüfung wird fünf bis sieben Schultage vor der mündlichen Prüfung bekanntgegeben.

⇨ Korrekturtag

§ 24
Mündliche Prüfung, Präsentation der Facharbeit

(1) Die mündliche Prüfung dauert in der Regel 10 bis 15 Minuten je Prüfling und Fach oder Handlungsfeld. Erfordert die Aufgabenstellung eine Einlesezeit oder eine thematische Herleitung und Durchdringung, gewährt der Fachausschuss zusätzlich die nach seiner Entscheidung für die Erfassung der Aufgabe erforderliche Einarbeitungszeit, in der sich der Prüfling unter Aufsicht auf die Prüfung vorbereiten kann. Die Einarbeitungszeit darf 15 Minuten nicht überschreiten.

(2) Die mündliche Prüfung wird in der Regel als Einzelprüfung durchgeführt. Die oder der Vorsitzende des Prüfungsausschusses kann hiervon abweichend die Durchführung einer Gruppenprüfung zulassen, wenn dies aus organisatorischen oder thematischen Gründen der Durchführung der Prüfung förderlich ist. Bei einer Gruppenprüfung können bis zu drei Personen zusammen geprüft werden.

(3) Die mündliche Prüfung kann sich auf alle maßgebenden Fächer und Handlungsfelder, mit Ausnahme des Handlungsfeldes „Sozialpädagogisches Handeln“ und des Handlungsfeldes, in dem die Facharbeit gefertigt wurde, erstrecken.

(4) Aufgrund der Anmeldenoten und gegebenenfalls der Note für die schriftliche Prüfung bestimmt die oder der Vorsitzende des Prüfungsausschusses, ob und in welchen Fächern oder Handlungsfeldern mündlich zu prüfen ist. Die mündliche Prüfung findet in mindestens einem Fach oder Handlungsfeld statt, sie soll insgesamt in nicht mehr als drei Fächern und Handlungsfeldern stattfinden. Die zu prüfenden Fächer und Handlungsfelder sind fünf bis sieben Schultage vor der mündlichen Prüfung bekanntzugeben. Nach der Bekanntgabe kann ein Prüfling bis zum nächsten Schultag der Schulleiterin oder dem Schulleiter schriftlich insgesamt bis zu zwei weitere Fächer und Handlungsfelder benennen, in denen er mündlich zu prüfen ist.

(5) Im Anschluss an die mündliche Prüfung setzt der Fachausschuss das Ergebnis der Prüfung auf Vorschlag der Prüferin oder des Prüfers fest; dabei sind ganze und halbe Noten zu verwenden. Kann sich der Fachausschuss mehrheitlich mit der Stimme der Leiterin oder des Leiters für keine bestimmte Note

entscheiden, so wird die Note aus dem auf die erste Dezimale ohne Rundung errechneten Durchschnitt der Bewertungen aller Mitglieder gebildet, der auf eine ganze oder halbe Note zu runden ist; § 22 Absatz 3 Satz 3 gilt entsprechend.

(6) Über jede mündliche Prüfung ist eine Niederschrift zu fertigen, die von den Mitgliedern des Fachausschusses zu unterschreiben ist.

(7) Die Präsentation der Facharbeit mit Fachgespräch dauert in der Regel 15 bis 20 Minuten. Die oder der Vorsitzende des Fachausschusses kann im Einvernehmen mit der oder dem Vorsitzenden des Prüfungsausschusses fachkundigen Personen die Teilnahme an der Präsentation mit Fachgespräch gestatten. Sie sind zur Verschwiegenheit verpflichtet und haben sich jeder Einwirkung auf die Prüfung und Bewertung zu enthalten; bei der Notenfindung dürfen sie nicht anwesend sein. Vor Beginn der Prüfung sind sie entsprechend zu belehren. Im Übrigen gelten die Absätze 2, 5 und 6 entsprechend.

§ 25
Ermittlung des Prüfungsergebnisses

(1) Die Endnoten in den einzelnen Fächern und Handlungsfeldern ermittelt die oder der Vorsitzende des Prüfungsausschusses aufgrund der Anmeldenoten und gegebenenfalls der Prüfungsleistungen. Hierbei wird der Durchschnitt auf die erste Dezimale ohne Rundung errechnet und eine Dezimale bis 0,4 auf eine ganze Note abgerundet und eine Dezimale ab 0,5 auf eine ganze Note aufgerundet.

(2) Bei der Ermittlung der Endnoten zählen in den Fächern und Handlungsfeldern, in denen nur schriftlich oder mündlich geprüft wurde, die Anmeldenote einfach und die Prüfungsnote doppelt. Wurde im Handlungsfeld der schriftlichen Prüfung auch eine mündliche Prüfung durchgeführt, zählen die Anmeldenote, die Note der schriftlichen Prüfung und die Note der mündlichen Prüfung je einfach. Die Note der Facharbeit gilt als Note der schriftlichen Prüfung, die Note der Präsentation mit Fachgespräch als Note der mündlichen Prüfung.

(3) In Fächern und Handlungsfeldern, in denen nicht geprüft wurde, werden die Anmeldenoten als Endnoten in das Zeugnis übernommen.

(4) Die oder der Vorsitzende des Prüfungsausschusses stellt fest, ob der Prüfling die Abschlussprüfung bestanden hat. Hierfür gelten die Bestimmungen des § 15 Absatz 2 entsprechend.

(5) Über die Feststellung der Ergebnisse der Prüfung ist von der oder dem Vorsitzenden des Prüfungsausschusses eine Niederschrift zu fertigen.

§ 26
Zeugnis

(1) Wer die schulische Abschlussprüfung bestanden hat, erhält ein Abschlusszeugnis mit den nach § 25 Absatz 1 bis 3 ermittelten Endnoten und dem Thema der Facharbeit. In dem Zeugnis wird das Bestehen der staatlichen Prüfung zum Abschluss der schulischen Ausbildung sowie die Berechtigung zur Aufnahme des Berufspraktikums oder die Befreiung vom Berufspraktikum nach § 40 vermerkt.

(2) Wer an der schulischen Abschlussprüfung teilgenommen und sie nicht bestanden hat und die Fachschule für Sozialpädagogik verlässt, erhält ein Abgangszeugnis mit den nach § 25 Absatz 1 bis 3 ermittelten Endnoten und dem Thema der Facharbeit.

(3) Wer an der schulischen Abschlussprüfung nicht oder nur teilweise teilgenommen hat und die Schule verlässt, erhält ein Zeugnis über die bis zum Ausscheiden erbrachten Leistungen oder, sofern sie bereits vorliegen, mit den Anmeldenoten nach § 20 Absatz 2; Prüfungsleistungen bleiben unberücksichtigt.

(4) Wer an der schulischen Abschlussprüfung teilgenommen und sie nicht bestanden hat und das Schuljahr wiederholt, erhält ein Jahreszeugnis mit den nach § 25 Absatz 1 bis 3 ermittelten Endnoten.

(5) In allen Zeugnissen ist für das Fach „Englisch" außer der Endnote die Niveaustufe des Gemeinsamen Europäischen Referenzrahmens für Sprachen, auf der der Unterricht erteilt wurde, zu vermerken. In den Zeugnissen nach den Absätzen 2 bis 4 ist zu vermerken, dass das Ausbildungsziel der Fachschule für Sozialpädagogik nicht erreicht ist.

→ Zeugnisse (Berufliche Schulen)

§ 27
Wiederholung der Prüfung, Entlassung

(1) Wer die schulische Abschlussprüfung nicht bestanden hat, kann sie nach erneutem Besuch des letzten Schuljahres einmal wiederholen.

(2) Die freiwillige Wiederholung auch nur eines Teiles des Schuljahres gilt als Nichtbestehen der schulischen Abschlussprüfung. Bei bestandener schulischer Abschlussprüfung ist weder eine Wiederholung der Ausbildung noch eine Wiederholung der schulischen Abschlussprüfung zulässig.

(3) Wer die schulische Abschlussprüfung auch nach einer Wiederholung nicht bestanden hat, muss die Fachschule für Sozialpädagogik verlassen. Eine erneute Aufnahme in eine Fachschule für Sozialpädagogik (praxisintegriert oder in Vollzeit- oder in Teilzeitform) ist nicht möglich.

Hinweis der Redaktion: Die Paragrafen 28 (Nichtteilnahme, Rücktritt) und 29 (Täuschungshandlungen, Ordnungsverstöße) sind nicht abgedruckt, da inhaltsgleich mit §§ 23 und 24 → Berufsfachschule Altenpflegehilfe.

Abschnitt 6 – Zusatzprüfung zum Erwerb der Fachhochschulreife

Hinweis der Redaktion: Staatlich anerkannte Erzieher*innen können an allen Hochschulen des Landes Baden-Württemberg ein Studium beginnen. Dies ist auch möglich, wenn sie nicht die Zusatzprüfung zum Erwerb der Fachhochschulreife abgelegt haben. Siehe Hinweis bei § 1.

§ 30
Allgemeines

(1) Wer an der Fachschule für Sozialpädagogik die Fachhochschulreife erwerben will, muss am Zusatzunterricht im Wahlfach „Mathematik" teilnehmen und im Zusammenhang mit der schulischen Abschlussprüfung eine Zusatzprüfung ablegen.

(2) Zur Zusatzprüfung ist zugelassen, wer an der schulischen Abschlussprüfung teilnimmt und den Zusatzunterricht ordnungsgemäß besucht hat.

§ 31
Durchführung der Prüfung

(1) Für die Zusatzprüfung gelten die §§ 19, 20 Absatz 2, §§ 21, 23 Absatz 3 bis 6, § 24 Absatz 1, 2, 4 bis 6 und § 25 entsprechend mit folgenden Maßgaben:

1. Schriftliche Prüfungsarbeiten sind in folgenden Fächern zu fertigen:
   „Deutsch" 240 Minuten,
   „Englisch" 200 Minuten,
   „Mathematik" 200 Minuten.
   Die Prüfungsaufgaben werden im Rahmen der Bildungs- und Lehrpläne landeseinheitlich vom Kultusministerium oder der von ihm beauftragten oberen Schulaufsichtsbehörde gestellt.
2. Die mündliche Prüfung kann sich auf die Fächer der schriftlichen Prüfung nach Nummer 1 erstrecken. Von der mündlichen Prüfung ist in den Fächern abzusehen, in welchen die Anmeldenote und die Note der schriftlichen Prüfung übereinstimmen. § 24 Absatz 4 Satz 4 bleibt unberührt.

(2) Die Zusatzprüfung ist bestanden, wenn

1. der Durchschnitt aus den Endnoten der Fächer der Zusatzprüfung 4,0 oder besser ist und
2. die Leistungen in keinem Fach der Zusatzprüfung mit der Endnote „ungenügend" bewertet sind und
3. die Leistungen insgesamt in nicht mehr als zwei der maßgebenden Fächer und Handlungsfelder (§ 4 Satz 2) einschließlich der Fächer der Zusatzprüfung schlechter als mit der Note „ausreichend" bewertet sind und für beide Fächer oder Handlungsfelder nach § 15 Absatz 2 Nummer 3 Satz 2 ein Ausgleich gegeben ist.

(3) Die Wiederholung der Zusatzprüfung setzt die Wiederholung des Zusatzunterrichts voraus, wenn auch die schulische Abschlussprüfung nicht bestanden wurde. Wer nur die Zusatzprüfung nicht bestanden hat, kann sie einmal zum nächsten allgemeinen Prüfungstermin ohne erneuten Besuch des letzten Schuljahres der Fachschule für Sozialpädagogik wiederholen. Die ursprünglichen Anmeldenoten bleiben in diesem Fall erhalten.

§ 32
Zeugnis der Fachhochschulreife

Wer die Prüfung zum Abschluss der schulischen Ausbildung und die Zusatzprüfung zum Erwerb der Fachhochschulreife bestanden hat, erhält das Zeugnis der Fachhochschulreife. Für das Fach „Englisch" ist außer der Endnote die Niveaustufe des Gemeinsamen Europäischen Referenzrahmens für Sprachen, auf der der Unterricht erteilt wurde, zu vermerken. → Zeugnisse (Berufliche Schulen)

Hinweis der Redaktion: Siehe Hinweis bei § 1

Abschnitt 7 – Prüfung für Schulfremde

§ 33
Teilnehmerinnen und Teilnehmer

Personen, die den schulischen Abschluss der Fachschule für Sozialpädagogik erwerben wollen, ohne eine entsprechende öffentliche oder staatlich anerkannte Fachschule für Sozialpädagogik zu besuchen, können als Schulfremde die Prüfung (Schulfremdenprüfung) zum Abschluss der schulischen Ausbildung und im Zusammenhang damit die Zusatzprüfung zum Erwerb der Fachhochschulreife an einer öffentlichen Fachschule für Sozialpädagogik ablegen.

§ 34
Teile der Prüfung, Zeitpunkt

Die Schulfremdenprüfung besteht aus einer erziehungspraktischen, einer schriftlichen und einer mündlichen Prüfung. Sie findet einmal jährlich, in der Regel zusammen mit der schulischen Abschlussprüfung an den öffentlichen Fachschulen für Sozialpädagogik statt.

§ 35
Meldung

(1) Die Meldung zur Schulfremdenprüfung ist bis zum 1. Oktober für die Prüfung im darauf folgenden Jahr an die öffentliche Fachschule für Sozialpädagogik zu richten, an der die Schulfremdenprüfung abgelegt werden soll. Die Meldung von Prüflingen der staatlich genehmigten, jedoch noch nicht staatlich anerkannten Schulen erfolgt bei der oberen Schulaufsichtsbehörde, in deren Bezirk die Privatschule liegt.

(2) Der Meldung sind zur Prüfung des Vorliegens der Prüfungsvoraussetzungen und zur Durchführung der Schulfremdenprüfung beizufügen:

1. Eine Übersicht über den schulischen Werdegang ab Erwerb des mittleren Schulabschlusses und gegebenenfalls über die ausgeübte Berufstätigkeit mit der Angabe des Namens, Vornamens, Geburtsdatums, Geburtsortes und der aktuellen Anschrift,
2. der Nachweis der Voraussetzungen für die Aufnahme in die Fachschule für Sozialpädagogik nach § 6 durch entsprechende Zeugnisse, die als Kopien vorzulegen sind, sowie
   a) einer zusätzlichen mindestens dreimonatigen, bei Tagesmüttern mindestens zweimonatigen, einschlägigen praktischen Tätigkeit in einer sozialpädagogischen Einrichtung unter Anleitung einer Fachkraft nach § 7 Absatz 2 Nummer 1 bis 3 KiTaG oder ausnahmsweise einer anderen entsprechend geeigneten Fachkraft, die nicht länger als fünf Jahre zurückliegen darf, oder
   b) bei Besuch einer staatlich genehmigten aber noch nicht staatlich anerkannten Fachschule für Sozialpädagogik einer dem Bildungs- und Lehrplan der öffentlichen Fachschule für Sozialpädagogik entsprechenden sozialpädagogischen Praxis,

und bei ausländischen Bildungsnachweisen Kenntnisse der deutschen Sprache auf dem Niveau B 2 des Gemeinsamen Europäischen Referenzrahmens für Sprachen.

3. Eine Erklärung darüber, ob und gegebenenfalls mit welchem Ergebnis bereits an Prüfungen einer Fachschule für Sozialpädagogik teilgenommen wurde,
4. einen Antrag gemäß § 38 Absatz 1 Nummer 4 Satz 2, sofern die Abnahme einer Prüfung im Fach „Religionslehre und Religionspädagogik" gewünscht wird,
5. eine Erklärung darüber, ob sich die Schulfremdenprüfung auch auf die Zusatzprüfung zum Erwerb der Fachhochschulreife erstrecken soll,
6. Angaben über die schulische Vorbereitung auf die Prüfung oder über den Selbstunterricht sowie den in allen Prüfungsfächern und -handlungsfeldern durchgearbeiteten Lernstoff und der benutzten Literatur.

(3) Für Prüflinge der staatlich genehmigten, aber noch nicht staatlich anerkannten privaten Schulen kann an die Stelle der Meldung durch den einzelnen Prüfling die Sammelmeldung der Schule treten, die Name und Vorname, Geburtstag, Geburtsort und Anschrift der Prüflinge enthalten muss. Der Sammelmeldung sind die Unterlagen nach Absatz 2 beizufügen.

§ 36

Voraussetzungen für die Zulassung

(1) Schulfremde können die Schulfremdenprüfung nicht eher ablegen, als es ihnen bei normalem Schulbesuch möglich wäre.

(2) Zur Schulfremdenprüfung wird nur zugelassen, wer

1. die Voraussetzungen für die Aufnahme in die Fachschule für Sozialpädagogik gemäß § 6 erfüllt und die in § 35 Absatz 2 genannten Nachweise und Erklärungen vorgelegt hat,
2. nicht bereits zweimal die Abschlussprüfung (schulische Abschlussprüfung oder die Schulfremdenprüfung) an einer Fachschule für Sozialpädagogik nicht bestanden hat,
3. nicht bereits die schulische Abschlussprüfung oder die Schulfremdenprüfung bestanden hat.

(3) Zur Schulfremdenprüfung wird in der Regel nur zugelassen, wer in Baden-Württemberg seinen ständigen Wohnsitz hat.

§ 37

Entscheidung über die Zulassung, Ort der Schulfremdenprüfung

Die öffentliche Fachschule für Sozialpädagogik entscheidet über die Zulassung zur Schulfremdenprüfung. Bei Bewerberinnen und Bewerbern von staatlich genehmigten, aber noch nicht staatlich anerkannten Schulen trifft diese Entscheidung die obere Schulaufsichtsbehörde. Sie bestimmt die öffentliche Fachschule für Sozialpädagogik, an der die Prüfung abzulegen ist. Dabei kann sie zulassen, dass die schriftliche Prüfung im Gebäude der staatlich genehmigten Schule abgenommen wird. Die Leitung und Beaufsichtigung regelt in diesem Fall die obere Schulaufsichtsbehörde.

§ 38

Durchführung der Schulfremdenprüfung

(1) Für die zugelassenen Prüflinge gelten die §§ 19, 21, 23 bis 25, 27 bis 29 und § 31 entsprechend mit folgenden Maßgaben:

1. Fachlehrkraft im Sinne von § 21 Absatz 3 Satz 2 Nummer 2 und § 23 Absatz 5 Satz 1 sind die von der oder dem Vorsitzenden des Prüfungsausschusses bestimmten Fachlehrkräfte einer öffentlichen Fachschule für Sozialpädagogik, in der Regel der Fachschule für Sozialpädagogik, welcher der Prüfling zur Ablegung der Prüfung zugewiesen ist.
2. Dem Fachausschuss zur Abnahme der erziehungspraktischen Prüfung nach Nummer 5 gehören an:
   a) die oder der Vorsitzende oder ein von ihr oder ihm bestimmtes Mitglied des Prüfungsausschusses als Leiterin oder Leiter, sofern die obere Schulaufsichtsbehörde nichts anderes bestimmt, die oder der zugleich das Protokoll führt,
   b) eine weitere Fachlehrkraft nach Nummer 1, die als Praxislehrkraft eingesetzt ist.
3. Die schriftliche Prüfung erstreckt sich auf die Handlungsfelder „Erziehung und Betreuung gestalten" und „Bildung und Entwicklung fördern I". Soweit die obere Schulaufsichtsbehörde nichts anderes bestimmt, wird die Prüfungsaufgabe im Handlungsfeld „Bildung und Entwicklung fördern I" vom Fachausschuss gestellt. Sofern der Erwerb der Fachhochschulreife angestrebt wird, umfasst die schriftliche Prüfung außerdem die Fächer „Deutsch", „Englisch" und „Mathematik".
4. Die mündliche Prüfung umfasst sämtliche nach Anlage 1 maßgebenden Fächer und Handlungsfelder des Pflichtbereichs mit Ausnahme des Handlungsfeldes „Sozialpädagogisches Handeln", die nicht Gegenstand der schriftlichen Prüfung waren. Das Fach „Religionslehre und Religionspädagogik" wird nur auf Antrag geprüft. Ein schriftlich geprüftes Fach oder Handlungsfeld wird nur dann in die mündliche Prüfung einbezogen, wenn der Prüfling dies spätestens vier Schultage vor der mündlichen Prüfung verlangt. Die mündliche Prüfung wird als Einzelprüfung durchgeführt. Sie dauert je Fach oder Handlungsfeld 20 bis 25 Minuten und kann auch praktische Anteile enthalten. Der Fachausschuss kann ganz oder teilweise an Stelle einer mündlichen Prüfung eine vereinfachte schriftliche Prüfung im Umfang von etwa 45 Minuten je Fach beziehungsweise Handlungsfeld durchführen. Dies gilt nicht für die Fächer und Handlungsfelder, die Gegenstand der schriftlichen Prüfung waren. Soweit die obere Schulaufsichtsbehörde nichts anderes bestimmt, werden die Prüfungsaufgaben vom Fachausschuss gestellt.

5. Erziehungspraktische Prüfung
   a) In einer erziehungspraktischen Prüfung ist festzustellen, ob die erforderlichen Kenntnisse und Fertigkeiten im persönlichen Umgang mit Kindern und Jugendlichen dem pädagogischen Auftrag entsprechend angewandt werden können.
   b) Die erziehungspraktische Prüfung besteht aus einer schriftlichen Ausarbeitung (drei Werktage, ohne Aufsicht) und einem praktischen Teil (45 bis 60 Minuten). Der praktische Teil der Prüfung wird in einer sozialpädagogischen Einrichtung abgenommen, die dem Arbeitsfeld einer Erzieherin oder eines Erziehers entspricht.
   c) Die Aufgaben für die schriftliche Ausarbeitung und für den praktischen Teil werden von der oder dem Vorsitzenden des Prüfungsausschusses festgelegt. Die schriftliche Ausarbeitung wird von zwei Mitgliedern des Fachausschusses korrigiert und bewertet; dabei sind ganze und halbe Noten zu verwenden. § 22 Absatz 3 Satz 2 bis 4 gilt entsprechend mit der Maßgabe, dass an Stelle der Schulleiterin oder des Schulleiters die Leiterin oder der Leiter des Fachausschusses tritt.
   d) Der praktische Teil wird vom Fachausschuss abgenommen und bewertet; dabei sind ganze und halbe Noten zu verwenden. Einer Fachkraft der Einrichtung, an der die Prüfung abgenommen wird, ist als Bezugsperson der Kinder die Anwesenheit während des Zeitraums der Aktivität des Prüflings mit den Kindern zu gestatten. Sie oder er ist zur Verschwiegenheit verpflichtet und hat sich jeder Einflussnahme auf die Prüfung oder ihre Bewertung zu enthalten. Hierüber ist vor Beginn der Prüfung zu belehren. Nach Abschluss der Aktivität mit den Kindern und vor der Bewertung ist dem Prüfling Gelegenheit zu geben, gegenüber den Mitgliedern des Fachausschusses zum Verlauf kurz Stellung zu nehmen. § 21 Absatz 3 und § 24 Absatz 5 Satz 2 gelten entsprechend.
   e) Bei der Ermittlung der Note der erziehungspraktischen Prüfung zählen die Note der schriftlichen Ausarbeitung einfach und die Note des praktischen Teils dreifach. Der Durchschnitt ist auf die erste Dezimale ohne Rundung zu berechnen und auf eine ganze Note zu runden. Hierbei werden die Dezimalzahlen 1 bis 4 auf die nächstniedrigere ganze Note abgerundet und die Dezimalzahlen 5 bis 9 auf die nächsthöhere ganze Note aufgerundet.
   f) Über die erziehungspraktische Prüfung jedes Prüflings ist eine Niederschrift zu fertigen, die von den Mitgliedern des Fachausschusses unterschrieben wird.
   g) Zuständig für Entscheidungen nach §§ 28 und 29 Absatz 3 und 5 ist die oder der Vorsitzende des Prüfungsausschusses.
6. Bei der Aufgabenstellung und der Bewertung der Prüfungsleistungen sind auf Antrag Eigenart und Besonderheit einer Fachschule für Sozialpädagogik in freier Trägerschaft, die in deren Lehrplan zum Ausdruck kommen, zu berücksichtigen.
7. Bei der Feststellung des Ergebnisses der Schulfremdenprüfung zählen allein die Prüfungsleistungen. Wurde in Fächern und Handlungsfeldern schriftlich und mündlich geprüft, zählt die Note der schriftlichen Prüfung und die Note der mündlichen Prüfung je einfach. Die Note der erziehungspraktischen Prüfung ist wie die Note eines maßgebenden Faches oder Handlungsfeldes zu berücksichtigen. In der erziehungspraktischen Prüfung muss mindestens die Note „ausreichend" erreicht sein. Wird eine schlechtere Note erteilt, ist die Schulfremdenprüfung nicht bestanden und der Prüfling von der Fortsetzung der Schulfremdenprüfung ausgeschlossen.

(2) Die Prüflinge haben sich bei Beginn der Schulfremdenprüfung mit einem mit Lichtbild versehenen amtlichen Ausweis auszuweisen und diesen während der gesamten Prüfung bei sich zu führen und auf Verlangen vorzuweisen.

(3) Wer die Schulfremdenprüfung bestanden hat, erhält das Zeugnis für Schulfremde, in dem die Berechtigung zur Aufnahme des Berufspraktikums oder die Befreiung nach § 40 vermerkt wird. Wer die Prüfung nicht bestanden hat, erhält auf Verlangen eine Bescheinigung über die Teilnahme an der Schulfremdenprüfung, über das Ergebnis der Schulfremdenprüfung und die ermittelten Einzelnoten.

(4) Wer auch die Zusatzprüfung zum Erwerb der Fachhochschulreife bestanden hat, erhält außerdem das Zeugnis der Fachhochschulreife.

Hinweis der Redaktion: Siehe Hinweis bei § 1

→ Zeugnisse (Berufliche Schulen)

Abschnitt 8 – Berufspraktikum

§ 39

Allgemeines

(1) Das einjährige Berufspraktikum dient im Anschluss an die bestandene schulische Abschlussprüfung oder die bestandene Schulfremdenprüfung dem sachgerechten Einarbeiten in die selbstständige Tätigkeit einer Erzieherin oder eines Erziehers sowie der Anwendung und Vertiefung der erworbenen Kenntnisse und Fertigkeiten.

(2) Das Berufspraktikum ist in der Regel bis spätestens zu Beginn des fünften auf den Abschluss der schulischen Ausbildung folgenden Schuljahres anzutreten. Wird es nach diesem Zeitpunkt begonnen, wird die Praktikumszeit um sechs Monate verlängert.

§ 40

Befreiung vom Berufspraktikum

Die oder der Vorsitzende des Prüfungsausschusses kann staatlich anerkannte Kinderpflegerinnen oder staatlich anerkannte Kinderpfleger sowie Prüflinge mit einer gleichwertigen beruflichen Qualifikation bei Bestehen der schulischen Abschlussprüfung auf deren Antrag vom Berufspraktikum befreien, wenn

1. mindestens mit „gut" bewertete Leistungen im Handlungsfeld „Sozialpädagogisches Handeln" sowie
2. eine der genannten beruflichen Qualifikation entsprechende Tätigkeit von mindestens zwei Jahren mit guter Beurteilung in einer dem Arbeitsfeld einer Erzieherin oder eines Erziehers entsprechenden sozialpädagogischen Einrichtung

nachgewiesen sind.

§ 41
Praktikumsstellen

(1) Das Berufspraktikum ist in einer im Einzugsbereich der Fachschule für Sozialpädagogik gelegenen sozialpädagogischen Einrichtung durchzuführen, die dem Arbeitsfeld einer Erzieherin oder eines Erziehers entspricht und nach ihrer personellen und sächlichen Ausstattung für die Ausbildung nach § 42 Absatz 1 und 2 geeignet ist. Abweichend hiervon kann das Berufspraktikum ganz oder teilweise auch an einer außerhalb des Einzugsbereichs der Fachschule für Sozialpädagogik gelegenen in- oder ausländischen Einrichtung durchgeführt werden, sofern die Einrichtung im Übrigen den Anforderungen des Satzes 1 entspricht, der Versicherungsschutz für die Praktikantin oder den Praktikanten während des Berufspraktikums gewährleistet ist und für das Land Baden-Württemberg keine zusätzlichen Kosten entstehen.

(2) Die Auswahl der Praktikumsstelle obliegt der Praktikantin oder dem Praktikanten. Sie bedarf der Zustimmung der Fachschule für Sozialpädagogik, die das Berufspraktikum begleiten soll. Zuständig ist die Fachschule für Sozialpädagogik, an der die schulische Abschlussprüfung oder die Schulfremdenprüfung abgelegt wurde. Sie kann in besonders begründeten Fällen den Wechsel zu einer anderen Fachschule für Sozialpädagogik im Einvernehmen mit der aufnehmenden Schule zulassen.

§ 42
Ausbildung

(1) Die Ausbildung in der Praktikumsstelle erfolgt nach einem von der Praktikumsstelle mit der Fachschule für Sozialpädagogik abgestimmten Ausbildungsplan. Dieser soll insbesondere vorsehen:

1. Mitwirkung bei der Betreuung, Erziehung und Bildung,
2. Vertiefung und Erweiterung der theoretischen und praktischen Ausbildung,
3. Einführung in die Zusammenarbeit mit den Erziehungsberechtigten, der Grundschule sowie weiteren an der Erziehung Beteiligten,
4. Einführung in die Zusammenarbeit mit Mitarbeiterinnen und Mitarbeitern sowie Vorgesetzten,
5. Einblick in die Verwaltungsarbeit,
6. schriftliche Aufgaben im Rahmen der Zielsetzung des Berufspraktikums.

Praktikumsstelle und Fachschule für Sozialpädagogik arbeiten bei der Durchführung des Berufspraktikums zusammen.

(2) Die fachliche Anleitung und Ausbildung in der Praktikumsstelle muss durch eine Fachkraft nach § 7 Absatz 2 Nummer 1 bis 3 des KiTaG erfolgen; ausnahmsweise kann die fachliche Anleitung und Ausbildung mit Zustimmung der Fachschule für Sozialpädagogik auch einer anderen geeigneten Fachkraft übertragen werden. Die jeweilige Fachkraft soll über eine mindestens zweijährige einschlägige Berufserfahrung verfügen.

(3) Die Fachschule für Sozialpädagogik benennt für die Durchführung des Praktikums eine Praxislehrkraft entsprechend § 13 Absatz 3. Die Praxislehrkraft besucht die Praktikantin oder den Praktikanten mindestens zweimal an der Praktikumsstelle und fertigt darüber jeweils einen kurzen Bericht mit einer Bewertung in einer ganzen oder halben Note; der Bericht wird zu den Schulakten genommen. Für die Durchführung der einzelnen Praxisbesuche und den Bericht einschließlich der Begründung der Note gilt § 14 Absatz 1 mit der Maßgabe entsprechend, dass die Beobachtungszeit einschließlich eines Reflexionsgesprächs in der Regel 120 Minuten beträgt. Während des Berufspraktikums finden in der Fachschule für Sozialpädagogik Ausbildungsveranstaltungen von insgesamt acht bis zwölf Schultagen statt.

(4) Zu einem von der Fachschule für Sozialpädagogik bestimmten Termin hat die Praktikantin oder der Praktikant einen Bericht über die Tätigkeit und die darin gesammelten pädagogischen Erfahrungen mit einer fachbezogenen Stellungnahme zu einem Teilbereich der sozialpädagogischen Praxis vorzulegen. Der Bericht hat mindestens auch ein konkretes Fallbeispiel fachbezogener Erziehung, Bildung und Betreuung und die Dokumentation der Arbeit mit einem ausgewählten Kind, einem Jugendlichen oder einer Gruppe, einschließlich der Dokumentation des zugrunde liegenden didaktischen Konzepts und seiner Umsetzung zu enthalten. Der Bericht wird von der nach Absatz 3 Satz 1 beauftragten Praxislehrkraft mit einer ganzen oder halben Note bewertet.

(5) Die Praktikumsstelle übersendet der Fachschule für Sozialpädagogik zu einem von dieser bestimmten Termin eine Beurteilung, aus der das Tätigkeitsgebiet, die Fähigkeiten und Leistungen und die berufliche Eignung hervorgehen müssen; sie soll auch einen Vorschlag für die Gesamtbewertung des Berufspraktikums mit einer ganzen oder halben Note enthalten. Eine Mehrfertigung der Beurteilung ist der Praktikantin oder dem Praktikanten von der Praktikumsstelle getrennt vom Arbeitszeugnis auszuhändigen; sie ist auf Verlangen mit ihr oder ihm zu besprechen. Aufgrund der Beurteilung durch die Praktikumsstelle legt die nach Absatz 3 Satz 1 beauftragte Praxislehrkraft die Gesamtbewertung des Berufspraktikums mit einer ganzen oder halben Note fest.

(6) Das Berufspraktikum darf nicht länger als sechs Monate unterbrochen werden. Versäumte Praktikumszeit ist nachzuholen, wenn sie insgesamt 30 Arbeitstage übersteigt. Bei mutterschutzrechtlichen Beschäftigungsverboten und in besonders begrün-

deten Fällen kann die Fachschule für Sozialpädagogik Ausnahmen von den Sätzen 1 und 2 zulassen, wobei die Praktikumszeit um bis zu drei Monate verkürzt werden kann. Eine freiwillige Wiederholung auch nur eines Teils des Berufspraktikums ist nicht zulässig.

(7) Die Schulleiterin oder der Schulleiter kann

1. eine außerhalb der Ausbildung nach dieser Verordnung erfolgte gleichwertige Tätigkeit in einem sozialpädagogischen Arbeitsbereich auf die Dauer des Berufspraktikums bis zu sechs Monate anrechnen,
2. in besonders begründeten Fällen ein zweijähriges Halbtagspraktikum zulassen,
3. bei einer außerhalb des Einzugsbereichs der Fachschule für Sozialpädagogik gelegenen Praktikumsstelle Ausnahmen von Absatz 3 und 5 zulassen.

Nummer 1 gilt für Praktikumszeiten, die in der Teilzeitform während der schulischen Ausbildung über die nach dieser Verordnung vorgeschriebene praktische Ausbildung hinaus geleistet wurden, entsprechend.

Abschnitt 9 – Kolloquium, Abschluss der Ausbildung, staatliche Anerkennung

§ 43
Zweck des Kolloquiums

Durch das Kolloquium am Ende des Berufspraktikums soll festgestellt werden, ob

1. die in der schulischen Ausbildung und im Berufspraktikum vermittelten Kenntnisse und Fertigkeiten im Umgang mit Kindern und Jugendlichen in der praktischen Arbeit angewandt werden können und
2. die erforderlichen Fach- und Verwaltungskenntnisse für die Tätigkeit als Erzieherin oder Erzieher vorliegen.

§ 44
Antrag, Zulassung

(1) Der Antrag auf Zulassung zum Kolloquium und auf staatliche Anerkennung ist bei der für die Begleitung des Berufspraktikums zuständigen Fachschule für Sozialpädagogik zu einem von dieser bestimmten Termin einzureichen. Dem Antrag ist, sofern die schulische Abschlussprüfung oder die Schulfremdenprüfung nicht an der das Berufspraktikum begleitenden Schule abgelegt wurde, eine beglaubigte Kopie des Zeugnisses, das zur Aufnahme des Berufspraktikums berechtigt, beizufügen.

(2) Zum Kolloquium sind alle Praktikantinnen und Praktikanten zugelassen, bei denen

1. der ordnungsgemäße Ablauf des Berufspraktikums nachgewiesen ist und
2. der Durchschnitt der Noten nach § 42 Absatz 3 sowie die Noten nach § 42 Absatz 4 und 5 jeweils mindestens „ausreichend" sind.

Die Feststellung der Nichtzulassung trifft die Schulleiterin oder der Schulleiter. Sie ist unter Angabe der Gründe unverzüglich schriftlich mitzuteilen. Die Nichtzulassung gilt als Nichtbestehen des Kolloquiums, es sei denn, die Schulleiterin oder der Schulleiter stellt fest, dass die Gründe von der Praktikantin oder dem Praktikanten nicht zu vertreten sind.

§ 45
Prüfungsausschuss, Fachausschüsse

(1) Für die Feststellung, ob das Berufspraktikum und die gesamte Ausbildung erfolgreich abgeschlossen sind, wird an jeder Fachschule für Sozialpädagogik ein Prüfungsausschuss gebildet. Diesem gehören an:

1. Als Vorsitzende oder Vorsitzender die Schulleiterin oder der Schulleiter oder eine von ihr oder ihm beauftragte Lehrkraft, soweit die Schulaufsichtsbehörde vor Beginn der Prüfung nichts anderes bestimmt,
2. als stellvertretende Vorsitzende oder stellvertretender Vorsitzender die Schulleiterin oder der Schulleiter, sofern sie oder er nicht Vorsitzende oder Vorsitzender ist, oder eine von ihr oder ihm beauftragte Lehrkraft und
3. sämtliche Praxislehrkräfte, die gemäß § 42 Absatz 3 Satz 1 mit der Betreuung von Praktikantinnen und Praktikanten im Berufspraktikum beauftragt sind.

§ 21 Absatz 1 Satz 3 und Absatz 2 gilt entsprechend. Der Prüfungsausschuss ist beschlussfähig, wenn mindestens zwei Drittel seiner Mitglieder anwesend sind.

(2) Das Kolloquium wird von Fachausschüssen abgenommen. Sie werden von der oder dem Vorsitzenden des Prüfungsausschusses oder von der oder dem von ihr oder ihm Beauftragten gebildet. Dem einzelnen Fachausschuss gehören an:

1. Die oder der Vorsitzende oder ein von ihr oder ihm beauftragtes Mitglied des Prüfungsausschusses als Leiterin oder Leiter,
2. die nach § 42 Absatz 3 Satz 1 mit der Betreuung des Berufspraktikums beauftragte Praxislehrkraft oder, sofern ein Berufspraktikum nach § 40 nicht durchgeführt wurde, eine von der oder dem Vorsitzenden des Prüfungsausschusses bestimmte Lehrkraft mit der Befähigung nach § 13 Absatz 3 Satz 2,
3. eine weitere Lehrkraft der Fachschule für Sozialpädagogik, die zugleich das Protokoll führt.

Die Leiterin oder der Leiter des Fachausschusses bestimmt den Gang des Kolloquiums.

§ 46
Durchführung des Kolloquiums

(1) Das Kolloquium dauert für jeden Prüfling etwa 20 Minuten; mehr als vier Prüflinge sollen nicht zusammen geprüft werden. Der Zeitpunkt des Kolloquiums wird von der oder dem Vorsitzenden des Prüfungsausschusses im Einvernehmen mit der Schulleiterin oder dem Schulleiter festgelegt. Eine Fachkraft der Einrichtung, in der das Berufsprakti-

kum durchgeführt wurde, kann von der oder dem Vorsitzenden als Gast zugelassen werden; § 24 Absatz 7 Satz 3 und 4 gilt entsprechend.

(2) Im Anschluss an das Kolloquium setzt der Fachausschuss das Ergebnis fest; dabei sind ganze und halbe Noten zu verwenden. § 24 Absatz 5 Satz 2 und Absatz 6 gilt entsprechend.

(3) §§ 28 und 29 gelten entsprechend.

§ 47
Abschluss der Ausbildung, staatliche Anerkennung

(1) Der Prüfungsausschuss stellt in der Schlusssitzung fest, wer das Berufspraktikum und die gesamte Ausbildung erfolgreich abgeschlossen hat. Der Prüfungsausschuss entscheidet über die staatliche Anerkennung als Erzieherin oder Erzieher. Über die Schlusssitzung ist eine Niederschrift zu fertigen, die von der oder dem Vorsitzenden des Prüfungsausschusses und dem Mitglied, das die Niederschrift angefertigt hat, unterschrieben wird.

(2) Das Berufspraktikum ist erfolgreich abgeschlossen, wenn die Note des Kolloquiums mindestens „ausreichend" und die Gesamtnote aus den während des Berufspraktikums festgelegten Noten mindestens 4,0 ist. Für die Ermittlung der Gesamtnote zählen

1. der Durchschnitt aus den Noten der Besuchsberichte (§ 42 Absatz 3) einfach,
2. die Note des Praktikumsberichts (§ 42 Absatz 4) einfach,
3. die Note der Beurteilung der Praktikumsstelle (§ 42 Absatz 5) einfach,
4. die Note des Kolloquiums (§ 46 Absatz 2) zweifach.

Die Gesamtnote ist auf die erste Dezimale ohne Rundung zu errechnen und für das Abschlusszeugnis auf eine ganze Note zu runden. Hierbei werden die Dezimalzahlen 1 bis 4 auf die nächstniedrigere ganze Note abgerundet und die Dezimalzahlen 5 bis 9 auf die nächsthöhere ganze Note aufgerundet.

(3) Die gesamte Ausbildung ist erfolgreich abgeschlossen, wenn nach dem Bestehen der Prüfung zum Abschluss der schulischen Ausbildung oder der Schulfremdenprüfung auch das Berufspraktikum erfolgreich abgeschlossen ist.

(4) Die staatliche Anerkennung als Erzieherin oder Erzieher ist mit Wirkung des Tages der Teilnahme am Kolloquium, jedoch frühestens mit Wirkung des Tages nach Beendigung der Tätigkeit im Berufspraktikum, auszusprechen, wenn die gesamte Ausbildung erfolgreich abgeschlossen ist. Dem Prüfling ist unverzüglich mitzuteilen, ob die staatliche Anerkennung erfolgt.

(5) Über die erfolgreich abgeschlossene Ausbildung und die staatliche Anerkennung wird ein Abschlusszeugnis ausgestellt, in dem

1. die Berechtigung zur Führung der Berufsbezeichnung „Staatlich anerkannte Erzieherin" oder „Staatlich anerkannter Erzieher",

   Hinweis der Redaktion: Siehe auch Hinweis bei § 1.

2. die für die schulische Ausbildung oder die Schulfremdenprüfung ermittelten Endnoten,
3. das Thema der Facharbeit (§ 22) sowie
4. die Gesamtnote für das Berufspraktikum ausgewiesen werden.

(6) Bei Nichtzulassung zum Kolloquium oder bei Nichtbestehen des Kolloquiums hat der Prüfungsausschuss aufgrund der im Praktikum gezeigten Leistungen zu entscheiden, ob

1. ein zusätzliches Praktikum nach Satz 2 abzuleisten ist und das Kolloquium wiederholt werden muss oder
2. nur das Kolloquium unter Beibehaltung der vorliegenden Noten (§ 42 Absatz 3 bis 5) wiederholt werden muss.

Ist nach Entscheidung des Prüfungsausschusses nach Satz 1 Nummer 1 ein zusätzliches Praktikum abzuleisten, ist dessen Dauer aufgrund der im Berufspraktikum gezeigten Leistungen auf einen Zeitraum zwischen sechs und zwölf Monaten festzulegen. Die vorliegenden Noten nach § 42 Absatz 3 bis 5 bleiben erhalten, soweit die Leistungen jeweils besser als mit „ausreichend" bewertet wurden und die Schülerin oder der Schüler keine erneute Leistungsfeststellung bei der oder dem Prüfungsvorsitzenden beantragt. Im Fall von Satz 1 Nummer 2 kann die oder der Vorsitzende des Prüfungsausschusses abweichend von § 45 Absatz 2 Nummer 2 eine andere Lehrkraft mit der Befähigung nach § 13 Absatz 3 Satz 2 bestimmen.

(7) Das Kolloquium kann nur einmal wiederholt werden. Wer zum Kolloquium erstmals nicht zugelassen wurde, das Kolloquium deswegen nach Absatz 6 wiederholen muss und es nicht besteht, kann abweichend hiervon ein weiteres Mal ohne Durchführung eines Praktikums an einem Kolloquium teilnehmen. Wer die Ausbildung erfolglos durchlaufen hat, erhält eine Bescheinigung über die Teilnahme am Kolloquium mit den für das Berufspraktikum ermittelten Noten und dem Vermerk, dass das Ziel der Ausbildung nicht erreicht ist.

§ 48
Sonderregelungen

Auf Prüflinge, die nach § 40 vom Berufspraktikum befreit wurden, findet § 44 keine Anwendung. Sie sind zum Kolloquium an der Fachschule für Sozialpädagogik zugelassen, an der die Prüfung zum Abschluss der schulischen Ausbildung oder die Schulfremdenprüfung abgelegt wurde. Die Ausbildung ist erfolgreich abgeschlossen, wenn im Kolloquium mindestens die Note „ausreichend" erzielt wurde. Im Abschlusszeugnis wird statt der Gesamtnote für das Berufspraktikum die Note des Kolloquiums ausgewiesen.

Mit dem Zeichen ⇨ verweisen wir auf Beiträge im Standard-Teil des Jahrbuchs.
Auf Beiträge im Sonderteil berufliche Schulen verweisen wir mit dem Zeichen →.

Abschnitt 10 – Anerkennung im Ausland erworbener Qualifikationen

§ 49
Anerkennung von im Ausland erworbenen beruflichen Qualifikationen

Für die Feststellung der Gleichwertigkeit einer im Ausland erworbenen beruflichen Qualifikation mit der Qualifikation einer staatlich anerkannten Erzieherin oder eines staatlich anerkannten Erziehers nach dieser Verordnung gelten die Vorschriften des Berufsqualifikationsfeststellungsgesetzes Baden-Württemberg. Zuständige Stelle ist das Regierungspräsidium Stuttgart.

→ Fachschule Sozialpädagogik (Stundentafel); ➪ Handy-Nutzung; → Individuelle Förderung und Unterstützung (BS); → Kindergartenfachkräftegesetz; ➪ Korrekturtag; ➪ NotenbildungsVO; → Termine Berufliche Schulen; → Zeugnisse (Berufliche Schulen)

Fachschule Sozialpädagogik (Stundentafeln)

Anlage 1 (zu §§ 3, 10, 15 Absatz 1, § 20 Absatz 2, § 38 Absatz 1 Nummer 4)

Stundentafel für die Fachschule für Sozialpädagogik – Berufskolleg –

(durchschnittliche Zahl der Wochenstunden)

	Schuljahr	
1. Pflichtbereich[1]	1	1
1.1 Fächer		
Religionslehre und Religionspädagogik	2	2
Deutsch	2	2
Englisch[2]	2	2
1.2 Handlungsfelder		
Berufliches Handeln fundieren	3,5	4
Erziehung und Betreuung gestalten	3,5	4
Bildung und Entwicklung fördern I	3,5	3
Bildung und Entwicklung fördern II	5,5	5
Unterschiedlichkeit und Vielfalt leben	3	3
Zusammenarbeit gestalten und Qualität entwickeln	2	2
Sozialpädagogisches Handeln[3]	4	4
2. Wahlpflichtbereich		
zum Beispiel Musik und Rhythmik, Sport und Bewegungspädagogik, Forschen und Experimentieren	2	2
	33	33
3. Wahlbereich		
3.1 Zusatzunterricht zum Erwerb der Fachhochschulreife		
Mathematik	3	3
3.2 weitere Wahlfächer	2	2

1 Insgesamt dürfen drei Stunden im Schuljahr in Gruppenteilung unterrichtet werden.

2 Maßgebendes Fach nur für den Erwerb der Fachhochschulreife. Anstelle von »Englisch« kann für Schülerinnen und Schüler, die nicht den Erwerb der Fachhochschulreife anstreben, das Fach »Französisch« im Pflichtbereich angeboten werden. Wird »Englisch« und »Französisch« im Pflichtbereich angeboten, darf die Anzahl der Gruppen im Sprachunterricht die Anzahl der Klassen des jeweiligen Schuljahres nicht übersteigen. Schülerinnen und Schüler, die den Unterricht in einer Fremdsprache im Pflichtbereich besuchen, können zusätzlich im Rahmen der vorhandenen Schulplätze am Unterricht der jeweils anderen Sprache teilnehmen. Diese gilt für sie insoweit als Wahlfach.

3 In verschiedenen Organisationsformen möglich; Betreuungsschlüssel 1:3.

Anlage 2 (zu §§ 3, 10, 15 Absatz 1, § 20 Absatz 1 Nummer 4)

Stundentafel für die Fachschule für Sozialpädagogik – Berufskolleg (in Teilzeitform)

(durchschnittliche Zahl der Wochenstunden)

	Schuljahr		
1. Pflichtbereich[1]	1	2	3
1.1 Fächer			
Religionslehre und Religionspädagogik	2	1	1
Deutsch	1	2	1
Englisch[2]	1	2	1
1.2 Handlungsfelder			
Berufliches Handeln fundieren	2,5	2,5	2,5
Erziehung und Betreuung gestalten	2,5	2	3
Bildung und Entwicklung fördern I	2	2,5	2
Bildung und Entwicklung fördern II	4,5	3	3
Unterschiedlichkeit und Vielfalt leben	2	2	2
Zusammenarbeit gestalten und Qualität entwickeln	1	1	2
Sozialpädagogisches Handeln[3]	3	3	2
2. Wahlpflichtbereich	2	2	-
z.B. Musik und Rhythmik, Sport- und Bewegungspädagogik, Forschen und Experimentieren	23,5	23	19,5
3. Wahlbereich			
3.1 Zusatzunterricht zum Erwerb der Fachhochschulreife			
Mathematik	2	2	2
3.2 weitere Wahlfächer	2	2	2

1 Insgesamt dürfen drei Stunden im Schuljahr in Gruppenteilung unterrichtet werden.

2 Maßgebendes Fach nur für den Erwerb der Fachhochschulreife. Anstelle von »Englisch« kann für Schülerinnen und Schüler, die nicht den Erwerb der Fachhochschulreife anstreben, das Fach »Französisch« im Pflichtbereich angeboten werden. Wird »Englisch« und »Französisch« im Pflichtbereich angeboten, darf die Anzahl der Gruppen im Sprachunterricht die Anzahl der Klassen des jeweiligen Schuljahres nicht übersteigen. Schülerinnen und Schüler, die den Unterricht in einer Fremdsprache im Pflichtbereich besuchen, können zusätzlich im Rahmen der vorhandenen Schulplätze am Unterricht der jeweils anderen Sprache teilnehmen. Diese gilt für sie insoweit als Wahlfach.

3 In verschiedenen Organisationsformen möglich; mindestens 16 Wochen, von denen im ersten Jahr mindestens 6 Wochen zu absolvieren sind. Der Betreuungsschlüssel beträgt 1:3.

Fachschule Sozialpädagogik (BK) – BKSPIT-VO

Verordnung des Kultusministeriums über die praxisintegrierte Ausbildung und Prüfung an den Fachschulen für Sozialpädagogik – Berufskollegs (BKSPIT-VO) vom 28. Juli 2017 (K.u.U. S. 124/2017)

Abschnitt 1 Allgemeines

§ 1

Zweck der Ausbildung

Der schulische Teil der praxisintegrierten Ausbildung erfolgt an der Fachschule für Sozialpädagogik (praxisintegriert), die schulrechtlich ein Berufskolleg ist und im Folgenden als Schule bezeichnet wird. Diese Ausbildung befähigt dazu, Erziehungs-, Bildungs- und Betreuungsaufgaben zu übernehmen und in allen sozialpädagogischen Bereichen selbstständig und eigenverantwortlich als Erzieherin oder Erzieher tätig zu sein. Die Schule vermittelt gemeinsam mit der Ausbildungseinrichtung die hierzu erforderliche berufliche Handlungskompetenz.

Darüber hinaus führt sie die Allgemeinbildung weiter und ermöglicht durch Zusatzunterricht und eine Zusatzprüfung den Erwerb der Fachhochschulreife.

Hinweis der Redaktion: Siehe Hinweis bei § 1 → Fachschule Sozialpädagogik

§ 2

Dauer und Abschluss der Ausbildung

(1) Die Ausbildung dauert unabhängig vom Zeitpunkt der Abschlussprüfung drei Jahre und gliedert sich in theoretische und praktische Ausbildungsanteile. Die praktische Ausbildung umfasst mindestens 2.000 Stunden. Sie findet auch in der unterrichtsfreien Zeit (Ferien) statt. Der vom Träger der Einrichtung gewährte Jahresurlaub kann nur in den Ferien genommen werden.

(2) Mit erfolgreichem Abschluss der gesamten Ausbildung wird die Berufsbezeichnung „Staatlich anerkannte Erzieherin“ oder „Staatlich anerkannter Erzieher“ erworben.

Hinweis der Redaktion: Seit dem Schuljahr 2020/2021 ist die Ausbildung auch in Teilzeit möglich. Der Beschäftigungsumfang beträgt 50 %, die Ausbildung erstreckt sich auf vier Schuljahre. Davon finden drei halbe Tage pro Woche an der Fachschule für Sozialpädagogik statt und zwei halbe Tage pro Woche in der Praxiseinrichtung.

§ 3

Bildungsplan, Stundentafel

Der Unterricht richtet sich nach den vom Kultusministerium erlassenen Bildungs- und Lehrplänen sowie der Stundentafel nach der Anlage zu dieser Verordnung.

§ 4

Pflichtbereich, maßgebende Fächer und Handlungsfelder

Die Pflichtbereiche bestehen nach Maßgabe der Stundentafel aus dem Pflichtbereich ‚Theorie mit den Fächern und Handlungsfeldern sowie dem Pflichtbereich Praxis. Für die Versetzungsentscheidung und den Erwerb des Abschlusses sind die Fächer und Handlungsfelder der Pflichtbereiche Theorie und Praxis mit Ausnahme des Faches „Englisch“ maßgebend. Für den Erwerb der Fachhochschulreife gilt auch das Fach „Englisch“ als maßgebendes Fach.

§ 5

Gleichwertige Leistungsfeststellungen

In den Handlungsfeldern „Bildung und Entwicklung fördern I“, „Bildung und Entwicklung fördern II“ und „Erziehung und Betreuung gestalten“ kann die jeweilige Fachlehrkraft jeweils höchstens die Hälfte der vorgeschriebenen Klassenarbeiten innerhalb eines Schuljahres durch die gleiche Zahl von gleichwertigen Leistungsfeststellungen im Sinne von § 9 Absatz 5 der ⇨ Notenbildungsverordnung (NVO) ersetzen.

Abschnitt 2 – Aufnahmeverfahren

§ 6

Aufnahmevoraussetzungen

(1) Voraussetzungen für die Aufnahme in die Fachschule für Sozialpädagogik (praxisintegriert) sind

1. der Realschulabschluss, die Fachschulreife oder das Versetzungszeugnis in die Klasse oder Jahrgangsstufe 11 eines Gymnasiums oder in die gymnasiale Oberstufe der Gemeinschaftsschule oder der Nachweis eines gleichwertigen Bildungsstandes oder das Versetzungszeugnis in die Klasse 10 eines Gymnasiums im achtjährigen Bildungsgang und
2. der erfolgreiche Abschluss des Berufskollegs für Sozialpädagogik oder eine vergleichbare Vorbildung eines anderen Bundeslandes oder
3. ein Berufsabschluss als Kinderpflegerin oder Kinderpfleger oder eine gleichwertige im Hinblick auf die Ausbildung an der Fachschule für Sozialpädagogik (praxisintegriert) einschlägige berufliche Qualifizierung oder
4. die Fachhochschulreife, die fachgebundene oder allgemeine Hochschulreife oder der schulische Teil der Fachhochschulreife eines Beruflichen Gymnasiums der Fachrichtung Sozialpädagogik oder Sozialwissenschaft und jeweils ein sechswöchiges Praktikum in einer sozialpädagogischen Einrichtung, welches innerhalb der letzten fünf Jahre unter Anleitung einer Fachkraft nach § 7 Absatz 2 Nummer 1 bis 3 Kindertagesbetreuungsgesetz (KiTaG) absolviert wurde, oder
5. eine mindestens einjährige abgeschlossene Berufsausbildung im sozialpädagogischen Bereich oder der Abschluss einer entsprechenden Vollzeitschule sowie jeweils ein sechswöchiges Praktikum in einer sozialpädagogischen Einrichtung, welches innerhalb der letzten fünf Jahre unter Anleitung einer Fachkraft nach § 7 Absatz 2 Nummer 1 bis 3 KiTaG absolviert wurde, oder
6. eine mindestens einjährige abgeschlossene Berufsausbildung im pflegerischen Bereich oder der Abschluss einer entsprechenden Vollzeitschule,

bei der das Wahlfach „Pädagogik und Psychologie“ belegt wurde, sowie jeweils ein sechswöchiges Praktikum in einer sozialpädagogischen Einrichtung, welches innerhalb der letzten fünf Jahre unter Anleitung einer Fachkraft nach § 7 Absatz 2 Nummer 1 bis 3 KiTaG absolviert wurde, oder

7. eine mindestens zweijährige, bei einer Teilzeittätigkeit entsprechend längere, kontinuierliche Tätigkeit als mit einer Pflegeerlaubnis zugelassenen Tagesmutter mit mehreren Kindern und ein sechswöchiges Praktikum in einer sozialpädagogischen Einrichtung, welches innerhalb der letzten fünf Jahre unter Anleitung einer Fachkraft nach § 7 Absatz 2 Nummer 1 bis 3 KiTaG absolviert wurde, oder
8. eine mindestens zweijährige Vollzeittätigkeit mit Kindern in einer sozialpädagogischen Einrichtung, wobei auch ein freiwilliges soziales Jahr oder der Bundesfreiwilligendienst in einer Kindertageseinrichtung angerechnet werden kann oder
9. eine mindestens zweijährige abgeschlossene Berufsausbildung und ein sechswöchiges Praktikum in einer sozialpädagogischen Einrichtung, welches innerhalb der letzten fünf Jahre unter Anleitung einer Fachkraft nach § 7 Absatz 2 Nummer 1 bis 3 KiTaG absolviert wurde, oder
10. die Führung eines Familienhaushalts mit mindestens einem Kind für die Dauer von mindestens drei Jahren und ein sechswöchiges Praktikum in einer sozialpädagogischen Einrichtung, welches innerhalb der letzten fünf Jahre unter Anleitung einer Fachkraft nach § 7 Absatz 2 Nummer 1 bis 3 KiTaG absolviert wurde,

sowie der Nachweis eines Vertrages zwischen einem von der Schule als geeignet angesehenen Träger einer Tageseinrichtung für Kinder und der Bewerberin oder dem Bewerber über die praktische Ausbildung nach den Vorschriften dieser Verordnung und den Bildungs- und Lehrplänen der Fachschule für Sozialpädagogik (praxisintegriert).

(2) Bei ausländischen Bildungsnachweisen sind ausreichende deutsche Sprachkenntnisse nachzuweisen.

(3) Wer eine Fachschule für Sozialpädagogik in Vollzeitform, Teilzeitform oder praxisintegriert erfolgreich abgeschlossen hat oder verlassen musste, weil er wiederholt nicht versetzt wurde oder wiederholt die Abschlussprüfung nicht bestanden hat, kann nicht in eine Fachschule für Sozialpädagogik (praxisintegriert) aufgenommen werden.

§ 7
Aufnahmeantrag

(1) Der Aufnahmeantrag ist an die Schule zu richten, an der die Ausbildung erfolgen soll. Der Termin, zu dem der Antrag bei der Schule eingegangen sein soll, wird, soweit er nicht vom Kultusministerium festgelegt wurde, von der Schulleiterin oder vom Schulleiter bestimmt und auf geeignete Weise bekanntgegeben. Es werden auch die nach dem festgesetzten Termin eingegangenen Anträge berücksichtigt, sofern die Aufnahmevoraussetzungen erfüllt sind. Dem Aufnahmeantrag sind beizufügen:

1. Eine Übersicht über den schulischen Werdegang ab Erwerb des mittleren Schulabschlusses und gegebenenfalls über die ausgeübte Berufstätigkeit,
2. je eine beglaubigte Kopie der Zeugnisse und Nachweise nach § 6,
3. eine Erklärung,
   a) ob und gegebenenfalls an welchen anderen Fachschulen für Sozialpädagogik bereits an einem Aufnahmeverfahren teilgenommen wurde sowie
   b) ob und gegebenenfalls an welche andere Fachschulen für Sozialpädagogik ein weiterer Aufnahmeantrag gerichtet wurde.

Sofern die Kopie eines Zeugnisses nach § 6 Absatz 1 und 2 zum Anmeldetermin noch nicht vorgelegt werden kann, ist sie unverzüglich nachzureichen; dem Aufnahmeantrag ist in diesem Fall eine beglaubigte Kopie des letzten Schulzeugnisses beizufügen.

(2) Über den Aufnahmeantrag entscheidet die Schulleiterin oder der Schulleiter. Hierbei kann eine angemessene Frist gesetzt werden, innerhalb der erklärt werden muss, ob die Zusage über die Aufnahme angenommen wird.

Abschnitt 3
Praktische Ausbildung

§ 8
Allgemeines

Die praktische Ausbildung im Handlungsfeld „Sozialpädagogisches Handeln“ dient der Anwendung und Vertiefung der im schulischen Unterricht erworbenen Kenntnisse, Fertigkeiten und Fähigkeiten. Die Gesamtverantwortung für die praktische Ausbildung liegt bei der Schule. Sie schließt die Betreuung, Beratung, Beurteilung und Benotung der Schülerin oder des Schülers während der praktischen Ausbildung ein. Schule und Einrichtung stellen dabei in engem Zusammenwirken eine effektive Verzahnung des schulischen Unterrichts und seiner praktischen Umsetzung in der Einrichtung sicher.

§ 9
Einrichtungen der praktischen Ausbildung

Die praktische Ausbildung hat in Einrichtungen zu erfolgen, die dem Arbeitsgebiet einer Erzieherin oder eines Erziehers entsprechen und die nach der personellen und sächlichen Ausstattung für die Ausbildung geeignet sind. Die Schülerinnen und Schüler schließen einen Ausbildungsvertrag mit dem Träger einer Kindertageseinrichtung ab. Dieser bedarf der Zustimmung der Schule.

§ 10
Wechsel des Arbeitsfeldes während der Ausbildung

Im Rahmen der Ausbildung müssen praktische Erfahrungen in der pädagogischen Arbeit mit drei Altersgruppen (unter Dreijährige, drei- bis sechsjährige Kinder, Schulkinder, Jugendliche) gemacht werden. Wird vorwiegend in der pädagogischen Arbeit mit einer bestimmten Altersgruppe ausgebildet, so sind zwei weitere Bereiche über von der Schule begleitete Fremdpraktika von mindestens sechs Wochen mit 30 Arbeitstagen zu erfüllen. Der Praktikumseinsatz erfolgt in Absprache mit der betreuenden Schule.

§ 11

Durchführung der praktischen Ausbildung

(1) Die praktische Ausbildung erfolgt nach Absprache der Schule mit den Trägern der an der Ausbildung beteiligten Einrichtungen an festgelegten Tagen oder in Praxisblöcken. Im ersten Schuljahr ist eine eigenverantwortliche Tätigkeit der Schülerin oder des Schülers in der zu betreuenden Gruppe nicht zulässig. Solange eine Schülerin oder ein Schüler minderjährig ist, gilt dies auch für die folgenden Ausbildungsjahre.

(2) Der Träger der Einrichtung benennt der Schule zu Beginn der Ausbildung die von ihm ausgewählte für die fachliche Anleitung und Ausbildung in der Einrichtung verantwortliche und geeignete Fachkraft. Geeignet sind Leitungskräfte nach § 7 Absatz 2 Nummer 1 bis 3 KiTaG, wenn sie über eine nach abgeschlossener Ausbildung erworbene in der Regel mindestens zweijährige einschlägige Berufserfahrung in dem Praxisfeld, in dem die Ausbildung jeweils erfolgt, verfügen.

(3) Die Schule benennt dem Träger der Einrichtung zu Beginn der Ausbildung eine Lehrkraft, die die praktische Ausbildung betreut (Praxislehrkraft). Die Praxislehrkraft muss über eine Lehrbefähigung im Fach „Sozialpädagogik“ oder über eine gleichwertige Qualifikation verfügen. Sie arbeitet eng mit den von der Einrichtung für die praktische Anleitung benannten Fachkräften zusammen und berät und beurteilt die Schülerin oder den Schüler.

(4) Die Ausbildung erfolgt nach einem Plan, den die Schule zu Beginn der Ausbildung im Handlungsfeld »Sozialpädagogisches Handeln« mit der Einrichtung abstimmt auf der Grundlage der Bildungs- und Lehrpläne des Kultusministeriums und des kompetenzorientierten Qualifikationsprofils für die Ausbildung von Erzieherinnen und Erziehern an Fachschulen oder Fachakademien (Beschluss der Kultusministerkonferenz vom 1. Dezember 2011) sowie den vom Kultusministerium gemeinsam mit den kommunalen Landesverbänden und den Kindergartenträgerverbänden erarbeiteten Grundsätzen für die praktische Ausbildung der Erzieherinnen und Erzieher.

➪ Reisekosten (Auswärtiger Unterricht)

§ 12

Bewertung

(1) Zweimal im Schuljahr führt die nach § 11 Absatz 3 benannte Praxislehrkraft einen benoteten Praxisbesuch bei der Schülerin oder dem Schüler durch; über die benoteten Praxisbesuche hinaus kann sie im Einzelfall weitere beratende Besuche in der Praxisstelle vornehmen, wenn dies aus pädagogischen Gründen angezeigt ist. Jeder benotete Praxisbesuch ist nach den Vorgaben der Praxislehrkraft von der Schülerin oder dem Schüler schriftlich vorzubereiten. Die Praxislehrkraft beobachtet das Vorgehen der Schülerin oder des Schülers in der Praxis über einen Zeitraum von 30 bis 40 Minuten. Hieran schließt sich ein Reflexionsgespräch mit der Schülerin oder dem Schüler über ihre oder seine Aktivität während des Beobachtungszeitraums an. Dieses umfasst in der Regel höchstens 45 Minuten. Die Praxislehrkraft fertigt über jeden dieser Praxisbesuche einen kurzen schriftlichen Bericht mit einer Bewertung in einer ganzen oder halben Note nach § 5 NVO. Aus dem Bericht muss der wesentliche Verlauf der Schüleraktivität während des Beobachtungszeitraums und des Reflexionsgesprächs hervorgehen. Bei der Bewertung sind die schriftliche Vorbereitung, das pädagogische Handeln während des Beobachtungszeitraums und das Reflexionsgespräch zu berücksichtigen. Die Note ist schriftlich zu begründen. Die Berichte und die jeweilige schriftliche Vorbereitung werden zu den Schulakten genommen.

(2) Der Träger der Einrichtung übersendet zum Abschluss eines jeden Schuljahres zu einem von der Schule bestimmten Termin eine Beurteilung über die im Handlungsfeld „Sozialpädagogisches Handeln“ gezeigten Leistungen sowie eine Bescheinigung über die geleisteten Praxisstunden. Aus der Beurteilung müssen die Tätigkeitsgebiete, die Fähigkeiten, Leistungen und die berufliche Eignung hervorgehen. Die Beurteilung soll einen Vorschlag für die Bewertung mit einer ganzen oder halben Note enthalten. Aufgrund der Beurteilung durch die Einrichtung legt die Praxislehrkraft die nach Absatz 4 zu berücksichtigende Note fest.

(3) Die Beurteilung des Trägers der Einrichtung ist von der Praxislehrkraft mit der Schülerin oder dem Schüler zu besprechen.

(4) Für das Handlungsfeld „Sozialpädagogisches Handeln“ wird in jedem Schuljahr eine Jahresnote gebildet. Diese ergibt sich aus den Noten für die beiden Praxisbesuche, der nach Absatz 2 festgelegten Note, aus denen bei jeweils gleicher Gewichtung eine auf die erste Dezimale ohne Rundung berechnete Durchschnittsnote gebildet wird. Diese wird auf eine ganze Note gerundet. Hierbei werden die Dezimalzahlen 1 bis 4 auf die nächstniedrigere ganze Note abgerundet und die Dezimalzahlen 5 bis 9 auf die nächsthöhere ganze Note aufgerundet. Im dritten Schuljahr ist sie Anmeldenote im Sinne von § 18 Absatz 1 Satz 1.

Abschnitt 4
Versetzung

§ 13

Voraussetzungen für die Versetzung

(1) In das nächste Schuljahr wird versetzt, wer aufgrund seiner Leistungen in den maßgebenden Fächern und Handlungsfeldern des Pflichtbereichs nach Anlage 1 den Anforderungen im entsprechenden Schuljahr im Ganzen entsprochen hat und deshalb erwarten lässt, dass den Anforderungen des nächst höheren Schuljahres genügt wird.

(2) Die Voraussetzungen nach Absatz 1 liegen vor, wenn im Jahreszeugnis

1. der Durchschnitt aus den Noten der maßgebenden Fächer und Handlungsfelder 4,0 oder besser ist,
2. die Leistung in dem Handlungsfeld „Sozialpädagogisches Handeln“ nicht schlechter als mit der Note „ausreichend“ bewertet ist,
3. die Leistungen in nicht mehr als einem maßgebenden Fach oder Handlungsfeld geringer als mit der Note „ausreichend“ bewertet sind. Sind die Leistungen in zwei maßgebenden Fächern oder Handlungsfeldern geringer als mit der Note „ausreichend“ bewertet, erfolgt eine Versetzung, wenn für beide Noten ein Ausgleich durch Noten anderer maßgebender Fächer oder Handlungsfelder gegeben ist. Dabei kann die Note „mangelhaft“ durch mindestens eine Note „gut“ oder zwei Noten „befriedigend“ ausgeglichen werden; ein Ausgleich der Note „ungenügend“ ist nicht möglich.

(3) Ausnahmsweise kann durch Beschluss der Klassenkonferenz auch bei Nichterfüllung der in den Absätzen 1 und 2 genannten Voraussetzungen eine Versetzung erfolgen, wenn die Klassenkonferenz mit Zweidrittelmehrheit feststellt, dass die Leistungen nur vorübergehend nicht für die Versetzung ausreichen und zu erwarten ist, dass nach einer Übergangszeit die Voraussetzungen des nächst höheren Schuljahres voraussichtlich erfüllt werden.

(4) Die Versetzung oder Nichtversetzung ist im Zeugnis mit „versetzt“ oder „nicht versetzt“ zu vermerken; bei einer Versetzung nach Absatz 3 ist zu vermerken „Versetzt nach 13 Absatz 3 der Verordnung des Kultusministeriums über die praxisintegrierte Ausbildung und Prüfung an den Fachschulen für Sozialpädagogik – Berufskollegs.

§ 14
Wiederholung bei Nichtversetzung, Entlassung

(1) Bei einer Nichtversetzung muss beim Verbleiben an der Schule das nicht bestandene Schuljahr wiederholt werden. Die freiwillige Wiederholung auch nur eines Teils eines Schuljahres gilt als Nichtversetzung. Eine Wiederholung setzt voraus, dass das Ausbildungsverhältnis entsprechend verlängert wird.

(2) Jedes Schuljahr kann nur einmal wiederholt werden. Wer in einer Klassenstufe zweimal nicht versetzt wurde, muss die Schule verlassen. Eine erneute Aufnahme in eine Fachschule für Sozialpädagogik (praxisintegriert oder in Vollzeit- oder Teilzeitform) ist nicht möglich.

(3) Die Schule für Sozialpädagogik (praxisintegriert) muss ebenfalls verlassen, wessen Ausbildungsvertrag während der Probezeit gekündigt wird.

Abschnitt 5
Prüfung zum Abschluss der Ausbildung, staatliche Anerkennung

§ 15
Zweck der Abschlussprüfung

In der Prüfung zum Abschluss der Ausbildung soll nachgewiesen werden, dass das Ausbildungsziel nach § 1 erreicht wurde.

§ 16
Teile der Abschlussprüfung, Bewertung

Die Abschlussprüfung besteht aus einer Facharbeit mit Kolloquium sowie einer schriftlichen und einer mündlichen Prüfung. Die Bewertung erfolgt mit Noten nach § 5 NVO.

⇨ Notenbildungsverordnung

§ 17
Ort und Zeitpunkt der Abschlussprüfung

(1) Die Abschlussprüfung wird an der Schule abgenommen.

(2) Das Kultusministerium legt den Zeitpunkt für die schriftliche Prüfung fest; die oder der Vorsitzende des Prüfungsausschusses bestimmt den Zeitpunkt des Kolloquiums und der mündlichen Prüfung.

§ 18
Zulassung zur Prüfung, Anmeldenoten

(1) Zur Abschlussprüfung ist zugelassen, wer die zur Bildung von Anmeldenoten erforderlichen Einzelleistungen erbracht hat und dabei im Handlungsfeld „Sozialpädagogisches Handeln“ mindestens die Gesamtnote „ausreichend“ erzielt hat. Zum Kolloquium in dem für die Facharbeit gewählten Handlungsfeld nach Nummer 2.1 der Anlage ist zugelassen, wer die Facharbeit zu dem von der Schulleiterin oder dem Schulleiter nach § 20 Absatz 1 Satz 5 bestimmten Termin abgegeben hat. Liegen diese Voraussetzungen nicht vor, ist die Nichtzulassung von der Schulleiterin oder vom Schulleiter festzustellen und dem Prüfling unter Angabe der Gründe unverzüglich schriftlich mitzuteilen. Sie gilt als Nichtbestehen der Abschlussprüfung, es sei denn, die Schulleiterin oder der Schulleiter stellt fest, dass die Gründe vom Prüfling nicht zu vertreten sind.

(2) Für die Abschlussprüfung werden in allen Fächern und Handlungsfeldern jeweils nach Nummer 1.1, 1.2 und 3 der Anlage Anmeldenoten in Gestalt ganzer Noten gebildet, die im Handlungsfeld „Sozialpädagogisches Handeln“ nach § 12 Absatz 4 und in den übrigen Fächern und Handlungsfeldern aus den während des letzten Schuljahres erbrachten Einzelleistungen zu ermitteln sind. Die Anmeldenote für das Handlungsfeld »Erziehung und Betreuung gestalten« ist dem Prüfling fünf bis sieben Schultage vor Beginn der schriftlichen Prüfung bekanntzugeben. Die Anmeldenote für das Handlungsfeld, in dem die Facharbeit gefertigt wurde, ist zusammen mit der Note für die Facharbeit fünf bis sieben Schultage vor dem Kolloquium, die Noten für die übrigen Fächer und Handlungsfelder sind fünf bis sieben Schultage vor der mündlichen Prüfung zusammen mit der Note der schriftlichen Prüfung bekanntzugeben.

§ 19
Prüfungsausschuss, Fachausschüsse

(1) Für die Abschlussprüfung wird an jeder Fachschule für Sozialpädagogik (praxisintegriert) ein Prüfungsausschuss gebildet, der für die ordnungsgemäße Durchführung der Prüfung verantwortlich ist.

Berufliche Schulen

Diesem gehören an:

1. Als Vorsitzende oder Vorsitzender die Schulleiterin oder der Schulleiter oder eine von ihr oder ihm beauftragte Lehrkraft, soweit die obere Schulaufsichtsbehörde vor Beginn der Prüfung nichts anderes bestimmt,
2. als stellvertretende Vorsitzende oder stellvertretender Vorsitzender die stellvertretende Schulleiterin oder der stellvertretende Schulleiter oder eine von der Schulleiterin oder dem Schulleiter beauftragte Lehrkraft,
3. sämtliche Lehrkräfte, die in den maßgebenden Fächern oder Handlungsfeldern unterrichten.

Die oder der Vorsitzende des Prüfungsausschusses oder die obere Schulaufsichtsbehörde können weitere Lehrkräfte einer öffentlichen Fachschule für Sozialpädagogik als Mitglieder berufen, soweit dies für die Durchführung der Prüfung erforderlich ist.

(2) Die Mitglieder des Prüfungsausschusses sind bei ihrer Tätigkeit als Prüferin oder Prüfer unabhängig. Sie sind zur Amtsverschwiegenheit über alle Prüfungsangelegenheiten verpflichtet. Die oder der Vorsitzende des Prüfungsausschusses hat sie vor Beginn der Prüfung hierüber zu belehren.

(3) Für das Kolloquium und die mündliche Prüfung in den einzelnen Fächern oder Handlungsfeldern bildet die oder der Vorsitzende des Prüfungsausschusses die erforderlichen Fachausschüsse. Jedem Fachausschuss gehören an

1. die oder der Vorsitzende oder ein von ihr oder ihm bestimmtes Mitglied des Prüfungsausschusses als Leiterin oder Leiter, sofern die obere Schulaufsichtsbehörde nichts anderes bestimmt,
2. die Fachlehrkraft der Klasse oder bei deren Verhinderung eine in dem zu prüfenden Fachgebiet erfahrene Lehrkraft, als Prüferin oder Prüfer,
3. ein weiteres fachkundiges Mitglied des Prüfungsausschusses, welches zugleich das Protokoll führt.

In Fächern oder Handlungsfeldern, in denen die Klasse von verschiedenen Fachlehrkräften für Teilbereiche unterrichtet wird, gehören alle dem Fachausschuss als Mitglieder an. Sofern die Facharbeit Aspekte des Fachs „Religionslehre und Religionspädagogik" berührt, kann dem Fachausschuss außerdem die in diesem Fach unterrichtende Fachlehrkraft angehören. Die genannten Fachlehrkräfte sind jeweils für ihren Teilbereich Prüferin oder Prüfer nach Satz 2 Nummer 2. Die oder der Leiter des Fachausschusses bestimmt den Gang der Prüfung und kann selbst prüfen.

§ 20
Facharbeit

(1) Während des letzten Schuljahres hat der Prüfling selbstständig eine Facharbeit zu einem Thema aus einem der Handlungsfelder „Berufliches Handeln fundieren", „Bildung und Entwicklung fördern I", „Bildung und Entwicklung fördern II" oder „Unterschiedlichkeit und Vielfalt leben" anzufertigen. In der Facharbeit ist nachzuweisen, dass die fachlichen Inhalte des gewählten Handlungsfeldes die Grundlage für die Gestaltung und Reflexion der eigenen pädagogischen Arbeit bilden. Dabei können auch die religionspädagogischen Aspekte des Themas in die Bearbeitung mit eingebracht werden. Das Thema der Facharbeit wird im Rahmen der Bildungs- und Lehrpläne spätestens zu Beginn des zweiten Halbjahres des letzten Schuljahres auf Vorschlag des Prüflings von der Schulleiterin oder dem Schulleiter festgelegt und der zuständigen oberen Schulaufsichtsbehörde zur Kenntnis gegeben. Die Facharbeit ist einschließlich der Ferien spätestens 15 Wochen nach Ausgabe des Themas zu einem von der Schulleiterin oder dem Schulleiter bestimmten Termin bei der Schulleitung abzugeben.

(2) Der Prüfling hat der Facharbeit die schriftliche Versicherung beizufügen, dass sie selbstständig angefertigt und nur die angegebenen Hilfsmittel benutzt wurden sowie dass Stellen, die dem Wortlaut oder dem Sinn nach anderen Werken entnommen sind, durch Angabe der Quellen kenntlich gemacht wurden.

(3) Die Facharbeit ist von zwei von der Schulleiterin oder dem Schulleiter bestimmten Lehrkräften zu korrigieren und mit einer ganzen oder halben Note zu bewerten. Als Note der Facharbeit gilt der auf die erste Dezimale ohne Rundung errechnete Durchschnitt der beiden Bewertungen, der auf eine ganze oder halbe Note zu runden ist. Hierbei werden die Dezimalzahlen 1 oder 2 auf die nächstniedrigere ganze Note abgerundet, die Dezimalzahlen 3 bis 4 auf die nächsthöhere halbe Note aufgerundet, die Dezimalzahlen 6 bis 7 auf die nächstniedrigere halbe Note abgerundet sowie die Dezimalzahlen 8 oder 9 auf die nächsthöhere ganze Note aufgerundet. Weichen die Bewertungen um mehr als eine Note voneinander ab und können sich die beiden korrigierenden Lehrkräfte nicht einigen, hat die Schulleiterin oder der Schulleiter die endgültige Note für die Facharbeit festzusetzen; dabei gelten die Bewertungen der beiden Lehrkräfte als Grenzwerte, die nicht über- oder unterschritten werden dürfen.

§ 21
Schriftliche Prüfung

(1) Die schriftliche Prüfung erfolgt im Handlungsfeld „Erziehung und Betreuung gestalten". Zu Beginn der schriftlichen Prüfung erhält der Prüfling zwei Aufgaben, von denen er eine als Aufgabe für die Prüfung auswählt. Die Bearbeitungszeit beträgt 240 Minuten.

(2) Die Prüfungsaufgaben werden im Rahmen der Bildungs- und Lehrpläne vom Kultusministerium oder von der von ihm beauftragten oberen Schulaufsichtsbehörde gestellt.

(3) Die Leitung der schriftlichen Prüfung obliegt der Schulleiterin oder dem Schulleiter oder einer von ihr oder ihm beauftragten Lehrkraft.

(4) Über die schriftliche Prüfung ist eine Niederschrift zu fertigen, die von der Leiterin oder vom Leiter der schriftlichen Prüfung und den aufsichtführenden Lehrkräften unterschrieben wird.

(5) Die schriftliche Prüfung wird von der Fachlehrkraft der Klasse und von einer weiteren Fachlehrkraft, die die oder der Vorsitzende des Prüfungsausschusses bestimmt, korrigiert und bewertet; dabei sind ganze und halbe Noten zu verwenden. § 20 Absatz 3 Satz 2 und 3 gilt entsprechend.

(6) Die Note der schriftlichen Prüfung wird fünf bis sieben Schultage vor der mündlichen Prüfung bekanntgegeben. ⇨ Korrekturtag

§ 22
Mündliche Prüfung und Kolloquium

(1) Die mündliche Prüfung dauert in der Regel 10 bis 15 Minuten je Prüfling und Fach oder Handlungsfeld. Erfordert die Aufgabenstellung eine Einlesezeit oder eine Herleitung und Durchdringung, gewährt der Fachausschuss zusätzlich die für die Erfassung der Aufgabe erforderliche Einarbeitungszeit, in der sich der Prüfling vorbereiten kann. Die Einarbeitungszeit darf 15 Minuten nicht überschreiten.

(2) Die mündliche Prüfung wird in der Regel als Einzelprüfung durchgeführt. Die oder der Vorsitzende des Prüfungsausschusses kann hiervon abweichend die Durchführung einer Gruppenprüfung zulassen, wenn dies aus organisatorischen oder thematischen Gründen der Durchführung der Prüfung förderlich ist. Bei einer Gruppenprüfung können bis zu drei Personen zusammen geprüft werden.

(3) Die mündliche Prüfung kann sich auf alle maßgebenden Fächer und Handlungsfelder, mit Ausnahme des Handlungsfeldes „Sozialpädagogisches Handeln“ und des Handlungsfeldes, in dem die Facharbeit gefertigt wurde, erstrecken.

(4) Aufgrund der Anmeldenoten und gegebenenfalls der Note für die schriftliche Prüfung bestimmt die oder der Vorsitzende des Prüfungsausschusses, in welchen Fächern oder Handlungsfeldern mündlich zu prüfen ist. Die mündliche Prüfung findet in mindestens einem Fach oder Handlungsfeld statt, sie soll insgesamt in nicht mehr als drei Fächern und Handlungsfeldern stattfinden. Die zu prüfenden Fächer und Handlungsfelder sind dem Prüfling fünf bis sieben Schultage vor der mündlichen Prüfung bekanntzugeben. Nach der Bekanntgabe kann ein Prüfling bis zum nächsten Schultag der Schulleiterin oder dem Schulleiter schriftlich insgesamt bis zu zwei weitere Fächer und Handlungsfelder benennen, in denen er mündlich zu prüfen ist.

(5) Im Anschluss an die mündliche Prüfung setzt der Fachausschuss das Ergebnis der Prüfung auf Vorschlag der Prüferin oder des Prüfers fest; dabei sind ganze und halbe Noten zu verwenden. Kann sich der Fachausschuss mehrheitlich mit der Stimme der Leiterin oder des Leiters für keine bestimmte Note entscheiden, so wird die Note aus dem auf die erste Dezimale ohne Rundung errechneten Durchschnitt der Bewertungen aller Mitglieder gebildet, der auf eine ganze oder halbe Note zu runden ist; § 20 Absatz 3 Satz 3 gilt entsprechend.

(6) Über jede mündliche Prüfung ist eine Niederschrift zu fertigen, die von den Mitgliedern des Fachausschusses zu unterschreiben ist.

(7) Das Kolloquium dauert in der Regel 15 bis 20 Minuten. Durch das Kolloquium soll ausgehend von der Facharbeit und dem Handlungsfeld, in dem die Facharbeit geschrieben wurde, festgestellt werden, ob die in der Ausbildung vermittelten Kenntnisse und Fertigkeiten im Umgang mit Kindern und Jugendlichen in der praktischen Arbeit angewendet werden können. Hierbei sind auch handlungsfeldübergreifende Zusammenhänge zu berücksichtigen. Die oder der Vorsitzende des Fachausschusses kann im Einvernehmen mit der oder dem Vorsitzenden des Prüfungsausschusses fachkundigen Personen, die an der praktischen Ausbildung des jeweiligen Prüflings beteiligt waren, die Teilnahme am Kolloquium gestatten. Sie sind zur Verschwiegenheit verpflichtet und haben sich jeder Einwirkung auf die Prüfung zu enthalten; bei der Notenfindung dürfen sie nicht anwesend sein. Vor Beginn der Prüfung sind sie entsprechend zu belehren. Im Übrigen gelten die Absätze 5 und 6 entsprechend.

§ 23
Ermittlung des Prüfungsergebnisses, staatliche Anerkennung

(1) Die Endnoten in den einzelnen Fächern und Handlungsfeldern ermittelt die oder der Vorsitzende des Prüfungsausschusses aufgrund der Anmeldenoten und gegebenenfalls der Prüfungsleistungen. Hierbei wird der nach Maßgabe von Absatz 2 und 3 ermittelte Durchschnitt auf die erste Dezimale ohne Rundung errechnet und eine Dezimale bis 0,4 auf eine ganze Note abgerundet und eine Dezimale ab 0,5 auf eine ganze Note aufgerundet.

(2) Bei der Ermittlung der Endnoten zählen in den Fächern und Handlungsfeldern, in denen nur schriftlich oder mündlich geprüft wurde, die Anmeldenote einfach und die Prüfungsnote doppelt. Wurde im Handlungsfeld der schriftlichen Prüfung auch eine mündliche Prüfung durchgeführt, zählt die Anmeldenote, die Note der schriftlichen Prüfung und die Note der mündlichen Prüfung je einfach. Die Note der Facharbeit gilt als Note der schriftlichen Prüfung, die Note des Kolloquiums als Note der mündlichen Prüfung im jeweiligen Handlungsfeld.

(3) In Fächern und Handlungsfeldern, in denen nicht geprüft wurde, werden die Anmeldenoten als Endnoten in das Zeugnis übernommen.

(4) Die oder der Vorsitzende des Prüfungsausschusses stellt fest, ob der Prüfling die Abschlussprüfung bestanden hat. Hierfür gelten die Bestimmungen des § 13 Absatz 2 entsprechend. Über die Feststellung des Ergebnisses der Prüfung ist von der oder dem Vorsitzenden des Prüfungsausschusses eine Niederschrift zu fertigen.

(5) Der Prüfungsausschuss entscheidet in der Schlusssitzung über die staatliche Anerkennung als Erzieherin oder Erzieher. Dem Prüfling ist unverzüglich mitzuteilen, ob die staatliche Anerkennung erfolgt. Über die Schlusssitzung ist eine Niederschrift zu fertigen, die von der oder dem Vorsitzenden des Prüfungsausschusses und dem Mitglied, das die

Niederschrift angefertigt hat, unterschrieben wird.

(6) Die staatliche Anerkennung als Erzieherin oder Erzieher ist mit Wirkung des Tages auszusprechen, an dem das Ausbildungsverhältnis endet.

§ 24
Zeugnis

(1) Über die erfolgreich abgeschlossene Ausbildung und die staatliche Anerkennung wird ein Abschlusszeugnis ausgestellt, in dem

1. die Berechtigung zur Führung der Berufsbezeichnung „Staatlich anerkannte Erzieherin" oder „Staatlich anerkannter Erzieher",
2. die für die Ausbildung nach § 23 Absatz 1 bis 3 ermittelten Endnoten sowie
3. das Thema der Facharbeit (§ 20) ausgewiesen werden.

(2) Wer an der Abschlussprüfung teilgenommen hat und sie nicht bestanden hat und die Schule verlässt, erhält ein Abgangszeugnis mit den nach § 23 Absatz 1 bis 3 ermittelten Endnoten und dem Thema der Facharbeit.

(3) Wer an der Abschlussprüfung nicht oder nur teilweise teilgenommen hat und die Schule verlässt, erhält ein Zeugnis über die bis zum Ausscheiden erbrachten Leistungen oder, sofern sie bereits vorliegen, mit den Anmeldenoten nach § 18; Prüfungsleistungen bleiben unberücksichtigt.

(4) Wer an der Abschlussprüfung teilgenommen und sie nicht bestanden hat und das Schuljahr wiederholt, erhält ein Jahreszeugnis mit den nach § 23 Absatz 1 bis 3 ermittelten Endnoten.

(5) In allen Zeugnissen ist für das Fach „Englisch" außer der Endnote die Niveaustufe des Gemeinsamen Europäischen Referenzrahmens für Sprachen, auf der der Unterricht erteilt wurde, zu vermerken. In den Zeugnissen nach den Absätzen 2 bis 4 ist zu vermerken, dass das Ausbildungsziel der Schule nicht erreicht ist.

§ 25
Wiederholung der Prüfung, Entlassung

(1) Wer die Abschlussprüfung nicht bestanden hat, kann sie nach erneutem Besuch des letzten Schuljahres einmal wiederholen. Eine Wiederholung setzt voraus, dass das Ausbildungsverhältnis entsprechend verlängert wird.

(2) Die freiwillige Wiederholung auch nur eines Teiles des dritten Schuljahres gilt als Nichtbestehen der Abschlussprüfung. Bei bestandener Abschlussprüfung ist weder eine Wiederholung der Ausbildung noch eine Wiederholung der Abschlussprüfung zulässig.

(3) Wer die Abschlussprüfung auch nach einer Wiederholung nicht bestanden hat, muss die Schule verlassen. Eine erneute Aufnahme in eine Fachschule für Sozialpädagogik (praxisintegriert oder in Vollzeit- oder Teilzeitform) ist nicht möglich.

Hinweis der Redaktion: Die Paragrafen 26 (Nichtteilnahme, Rücktritt) und 27 (Täuschungshandlungen, Ordnungsverstöße) sind hier nicht abgedruckt, da inhaltsgleich mit §§ 23 und 24 → Berufsfachschule Altenpflegehilfe.

Abschnitt 6
Zusatzprüfung zum Erwerb der Fachhochschulreife

§ 28
Allgemeines

(1) Wer an der Schule die Fachhochschulreife erwerben will, muss am Zusatzunterricht im Wahlfach „Mathematik" teilnehmen und im Zusammenhang mit der Abschlussprüfung eine Zusatzprüfung ablegen.

(2) Zur Zusatzprüfung ist zugelassen, wer an der Abschlussprüfung teilnimmt und den Zusatzunterricht ordnungsgemäß besucht hat.

Hinweis der Redaktion: Siehe Hinweis bei § 1 → Fachschule Sozialpädagogik

§ 29
Durchführung der Prüfung

(1) Für die Zusatzprüfung gelten die §§ 17, 18 Absatz 2, §§ 19, 21 Absatz 3 bis 6, § 22 Absatz 1, 2 und 4 bis 6 und § 23 entsprechend mit folgenden Maßgaben:

1. Schriftliche Prüfungsarbeiten sind in folgenden Fächern zu fertigen:

   „Deutsch" 240 Minuten,
   „Englisch" 200 Minuten,
   „Mathematik" 200 Minuten.

   Die Prüfungsaufgaben werden im Rahmen der Bildungs- und Lehrpläne landeseinheitlich vom Kultusministerium oder der von ihm beauftragten oberen Schulaufsichtsbehörde gestellt. Der Zeitpunkt der schriftlichen Prüfung wird vom Kultusministerium bestimmt.
2. Die mündliche Prüfung kann sich auf die Fächer der schriftlichen Prüfung nach Nummer 1 erstrecken. Von der mündlichen Prüfung ist in den Fächern abzusehen, in welchen die Anmeldenote und die Note der schriftlichen Prüfung übereinstimmen. § 22 Absatz 4 Satz 4 bleibt unberührt.

(2) Die Zusatzprüfung ist bestanden, wenn

1. der Durchschnitt aus den Endnoten der Fächer der Zusatzprüfung 4,0 oder besser ist und
2. die Leistungen in keinem Fach der Zusatzprüfung mit der Endnote „ungenügend" bewertet sind und
3. die Leistungen insgesamt in nicht mehr als zwei der nach § 4 Satz 2 maßgebenden Fächer und Handlungsfelder einschließlich der Fächer der Zusatzprüfung schlechter als mit der Note „ausreichend" bewertet sind und für beide Fächer oder Handlungsfelder nach § 13 Absatz 2 Satz 2 und 3 ein Ausgleich gegeben ist.

(3) Die Wiederholung der Zusatzprüfung setzt die Wiederholung des Zusatzunterrichts voraus, wenn auch die Abschlussprüfung nicht bestanden wurde. Wer nur die Zusatzprüfung nicht bestanden hat, kann sie einmal zum nächsten allgemeinen Prüfungstermin der Schule ohne erneuten Besuch des letzten Schuljahres wiederholen. Die ursprünglichen Anmeldenoten bleiben in diesem Fall erhalten.

§ 30
Zeugnis der Fachhochschulreife

Wer die Prüfung zum Abschluss der Ausbildung und die Zusatzprüfung zum Erwerb der Fachhochschulreife bestanden hat, erhält das Zeugnis der Fachhochschulreife. Für das Fach „Englisch" ist außer der Endnote die Niveaustufe des Gemeinsamen Europäischen Referenzrahmens für Sprachen, auf der der Unterricht erteilt wurde, zu vermerken.

Abschnitt 7
Prüfung für Schulfremde

§ 31
Teilnehmerinnen und Teilnehmer

Personen, die die praxisintegrierte Erzieherinnen- und Erzieherausbildung an einer staatlich genehmigten, jedoch noch nicht staatlich anerkannten Fachschule für Sozialpädagogik (praxisintegriert) absolvieren, können die Ausbildung mit einer Schulfremdenprüfung an einer öffentlichen Fachschule für Sozialpädagogik (praxisintegriert) abschließen. Im Zusammenhang damit können sie die Zusatzprüfung zum Erwerb der Fachhochschulreife ablegen.

§ 32
Teile der Schulfremdenprüfung, Zeitpunkt

Die Schulfremdenprüfung besteht aus einer Facharbeit mit Kolloquium sowie einer erziehungspraktischen, einer schriftlichen und einer mündlichen Prüfung. Sie findet einmal jährlich, zusammen mit der Abschlussprüfung an einer öffentlichen Fachschule für Sozialpädagogik (praxisintegriert) statt.

§ 33
Meldung

(1) Die Meldung zur Schulfremdenprüfung ist im letzten Schuljahr spätestens bis zum 1. Oktober für die Prüfung im darauf folgenden Jahr an die obere Schulaufsichtsbehörde, in deren Bezirk die Privatschule liegt, zu richten.

(2) Der Meldung erfolgt als Sammelmeldung der besuchten staatlich genehmigten Fachschule für Sozialpädagogik (praxisintegriert) und muss Vor- und Zuname, Geburtstag, Geburtsort, Anschrift der Prüflinge sowie Anschrift und Öffnungszeiten der Praxiseinrichtungen enthalten. Zudem sind der Sammelmeldung folgende Unterlagen beizufügen:

1. Eine Übersicht über den Werdegang ab Erwerb des mittleren Schulabschlusses,
2. der Nachweis der Voraussetzungen für die Aufnahme in die Fachschule für Sozialpädagogik (praxisintegriert) nach § 6 durch entsprechende Zeugnisse, die als Kopien vorzulegen sind,
3. eine Erklärung darüber, ob und gegebenenfalls mit welchem Ergebnis bereits an Prüfungen einer Fachschule für Sozialpädagogik teilgenommen wurde,
4. eine Erklärung darüber, ob sich die Schulfremdenprüfung auch auf die Zusatzprüfung zum Erwerb der Fachhochschulreife erstrecken soll, und
5. gegebenenfalls einen Antrag nach § 36 Absatz 1 Nummer 5 Satz 2, sofern die Abnahme einer Prüfung im Fach „Religionslehre und Religionspädagogik" gewünscht wird.

§ 34
Voraussetzungen für die Zulassung

(1) Zur Schulfremdenprüfung wird nur zugelassen, wer

1. die Voraussetzungen für die Aufnahme in die Fachschule für Sozialpädagogik (praxisintegriert) nach § 6 erfüllt,
2. die praxisintegrierte Ausbildung an einer staatlich genehmigten, jedoch noch nicht staatlich anerkannten Fachschule für Sozialpädagogik (praxisintegriert) ordnungsgemäß durchlaufen hat, sowie
3. die Schulfremdenprüfung an einer Fachschule für Sozialpädagogik noch nicht wiederholt als ordentlicher oder außerordentlicher Teilnehmer abgelegt hat.

§ 35
Entscheidung über die Zulassung,
Ort der Schulfremdenprüfung

Die obere Schulaufsichtsbehörde entscheidet über die Zulassung zur Schulfremdenprüfung. Sie bestimmt die öffentliche Fachschule für Sozialpädagogik (praxisintegriert), an der die Prüfung abzulegen ist. Dabei kann sie zulassen, dass die schriftliche Prüfung im Gebäude der staatlich genehmigten Fachschule für Sozialpädagogik abgenommen wird. Die Leitung und Beaufsichtigung regelt in diesem Fall die obere Schulaufsichtsbehörde.

Hinweis der Redaktion: Für je fünf Schulfremdenprüflinge kann die Schule eine Anrechnungsstunde in Anspruch nehmen. (Quelle: KM 16.4.2013; AZ: 44-6623-28/201)

§ 36
Durchführung der Schulfremdenprüfung

(1) Für die zugelassenen Prüflinge gelten die §§ 16,17, 19 bis 23, 25 bis 27 und 29 entsprechend mit folgender Maßgabe:

1. Fachlehrkraft im Sinne von § 19 Absatz 3 Satz 2 Nummer 2 und § 21 Absatz 5 Satz 1 sind die von der oder dem Vorsitzenden des Prüfungsausschusses bestimmten Fachlehrkräfte einer öffentlichen Fachschule für Sozialpädagogik (praxisintegriert), in der Regel der Fachschule für Sozialpädagogik (praxisintegriert), welcher der Prüfling zur Ablegung der Prüfung zugewiesen ist.
2. Dem Fachausschuss zur Abnahme der erziehungspraktischen Prüfung nach Nummer 6 gehören an:
   a) die oder der Vorsitzende oder ein von ihr oder ihm bestimmtes Mitglied des Prüfungsausschusses als Leiterin oder Leiter, sofern die obere Schulaufsichtsbehörde nichts anderes bestimmt, die oder der zugleich das Protokoll führt,
   b) eine weitere Fachlehrkraft nach Nummer 1, die als Praxislehrkraft eingesetzt ist.
3. Zum Kolloquium in dem für die Facharbeit gewählten Handlungsfeld ist zugelassen, wer die Facharbeit zu dem von der Schulleiterin oder dem Schulleiter bestimmten Termin (§ 20 Absatz 1

Berufliche Schulen

Satz 5) abgegeben hat. Liegen diese Voraussetzungen nicht vor, ist die Nichtzulassung von der Schulleiterin oder vom Schulleiter festzustellen und dem Prüfling unter Angabe der Gründe unverzüglich schriftlich mitzuteilen. Sie gilt als Nichtbestehen der Abschlussprüfung, es sei denn, die Schulleiterin oder der Schulleiter stellt fest, dass die Gründe vom Prüfling nicht zu vertreten sind.

4. Die schriftliche Prüfung erfolgt im Handlungsfeld „Erziehung und Betreuung gestalten". Sofern der Erwerb der Fachhochschulreife angestrebt wird, umfasst sie außerdem die Fächer „Deutsch", „Englisch" und „Mathematik".
5. Die mündliche Prüfung umfasst sämtliche maßgebenden Fächer und Handlungsfelder des Pflichtbereichs mit Ausnahme des Handlungsfeldes „Sozialpädagogisches Handeln", die nicht Gegenstand der schriftlichen Prüfung waren. Das Fach „Religionslehre und Religionspädagogik" wird nur auf Antrag geprüft. Ein schriftlich geprüftes Fach oder Handlungsfeld wird nur dann in die mündliche Prüfung einbezogen, wenn der Prüfling dies spätestens vier Schultage vor der mündlichen Prüfung verlangt. Die mündliche Prüfung wird als Einzelprüfung durchgeführt. Sie dauert je Fach oder Handlungsfeld 20 bis 25 Minuten und kann auch praktische Anteile enthalten. Der Fachausschuss kann ganz oder teilweise an Stelle einer mündlichen Prüfung eine von ihm erstellte vereinfachte schriftliche Prüfung im Umfang von etwa 45 Minuten je Fach oder Handlungsfeld durchführen, die von ihm erstellt wird sofern die obere Schulaufsichtsbehörde nichts anderes bestimmt. Dies gilt nicht für die Fächer und Handlungsfelder, die Gegenstand der schriftlichen Prüfung waren.
6. in Bezug auf die Erziehungspraktische Prüfung:
   a) In einer erziehungspraktischen Prüfung ist festzustellen, ob die erforderlichen Kenntnisse und Fertigkeiten im persönlichen Umgang mit Kindern und Jugendlichen dem pädagogischen Auftrag entsprechend angewandt werden können.
   b) Die erziehungspraktische Prüfung besteht aus einer schriftlichen Ausarbeitung (drei Werktage, ohne Aufsicht) und einem praktischen Teil im Umfang von 45 bis 60 Minuten.
   c) Die Aufgaben für die schriftliche Ausarbeitung und für den praktischen Teil werden von der oder dem Vorsitzenden des Prüfungsausschusses festgelegt. Die schriftliche Ausarbeitung wird von zwei Mitgliedern des Fachausschusses korrigiert und bewertet; dabei sind ganze und halbe Noten nach § 5 NVO zu verwenden. § 20 Absatz 3 Satz 2 und 3 gilt entsprechend mit der Maßgabe, dass an Stelle der Schulleiterin oder des Schulleiters die Leiterin oder der Leiter des Fachausschusses tritt. ⇨ Notenbildungsverordnung § 5
   d) Der praktische Teil wird vom Fachausschuss abgenommen und bewertet; dabei sind ganze und halbe Noten zu verwenden. Nach Abschluss des praktischen Teils und vor der Bewertung ist dem Prüfling Gelegenheit zu geben, gegenüber den Mitgliedern des Fachausschusses zum Verlauf kurz Stellung zu nehmen. § 19 Absatz 3 und § 22 Absatz 5 Satz 2 gelten entsprechend.
   e) Bei der Ermittlung der Note der erziehungspraktischen Prüfung zählen die Note der schriftlichen Ausarbeitung einfach und die Note des praktischen Teils dreifach. Der Durchschnitt ist auf die erste Dezimale ohne Rundung zu berechnen und auf eine ganze Note zu runden; § 12 Absatz 4 Satz 3 gilt entsprechend.
   f) Über die erziehungspraktische Prüfung jedes Prüflings ist eine Niederschrift zu fertigen, die von den Mitgliedern des Fachausschusses unterschrieben wird.
   g) Zuständig für Entscheidungen nach §§ 26 und 27 Absatz 3 und 5 ist die oder der Vorsitzende des Prüfungsausschusses.
7. Bei der Aufgabenstellung und der Bewertung der Prüfungsleistungen sind auf Antrag Eigenart und Besonderheit einer Fachschule für Sozialpädagogik (praxisintegriert) in freier Trägerschaft, die in deren Lehrplan zum Ausdruck kommen, zu berücksichtigen.
8. Bei der Feststellung des Ergebnisses der Schulfremdenprüfung zählen allein die Prüfungsleistungen. Wurde in Fächern und Handlungsfeldern schriftlich und mündlich geprüft, zählen die Note der schriftlichen Prüfung und die Note der mündlichen Prüfung je einfach. Die Note der erziehungspraktischen Prüfung gilt als Note für das Handlungsfeld „Sozialpädagogisches Handeln". In der erziehungspraktischen Prüfung muss mindestens die Note „ausreichend" erreicht sein. Wird eine schlechtere Note erteilt, ist die Schulfremdenprüfung nicht bestanden und der Prüfling von der Fortsetzung der Schulfremdenprüfung ausgeschlossen.

(2) Die Prüflinge haben sich bei Beginn der Schulfremdenprüfung mit einem mit Lichtbild versehenen amtlichen Ausweis auszuweisen und diesen während der gesamten Prüfung bei sich zu führen und auf Verlangen vorzuweisen.

(3) Wer die Schulfremdenprüfung bestanden hat, erhält das Zeugnis für Schulfremde. Wer die Prüfung nicht bestanden hat, erhält auf Verlangen eine Bescheinigung über die Teilnahme an der Schulfremdenprüfung, über das Ergebnis der Schulfremdenprüfung und die ermittelten Einzelnoten.

(4) Wer auch die Zusatzprüfung zum Erwerb der Fachhochschulreife bestanden hat, erhält außerdem das Zeugnis der Fachhochschulreife.

→ Fachschule Sozialpädagogik (ErzieherVO); → Fachschule Sozialpädagogik (praxisintegriert) – Stundentafel; ⇨ Handy-Nutzung; → Kindergartenfachkräftegesetz; ⇨ Korrekturtag; ⇨ Notenbildungsverordnung § 9 Abs. 6; → Termine Berufliche Schulen; → Zeugnisse (Berufliche Schulen)

Anlage 1 (zu § 3)

Fachschule Sozialpädagogik (BK) – BKSPIT-VO – (Stundentafel)

(durchschnittliche Zahl der Wochenstunden)

Ausbildung in Vollzeit *(In Klammern abweichende Stundenzahl für die Teilzeitform)*	**1. Jahr**	**2. Jahr**	**3. Jahr**	**(4. Jahr)**
1. Pflichtbereich (Theorie)[1] 1.1 Fächer				
Religionslehre und -pädagogik	2 *(1)*	1	1	*(1)*
Deutsch	1	2 *(1)*	1	*(1)*
Englisch[2]	1	2 *(1)*	1	*(1)*
1.2 Handlungsfelder				
Berufliches Handeln fundieren	2,5 *(2)*	2,5 *(2)*	2,5 *(2)*	*(1,5)*
Erziehung und Betreuung gestalten	2,5 *(1,5)*	2	3 *(2)*	*(2)*
Bildung und Entwicklung fördern I	2 *(1,5)*	2,5 *(1,5)*	2	*(1,5)*
Bildung und Entwicklung fördern II	4,5 *(2,5)*	3	3	*(2)*
Unterschiedlichkeit und Vielfalt leben	2 *(1,5)*	2 *(1,5)*	2 *(1,5)*	*(1,5)*
Zusammenarbeit gestalten und Qualität entwickeln	1	1	2 *(1)*	*(1)*
2. Wahlpflichtbereich Musik und Rhythmik, Sport- und Bewegungspädagogik, Forschen und Experimentieren, weitere fachliche Inhalte	2 *(1,5)*	2 *(1,5)*	2 *(1,5)*	*(1,5)*
Gesamtstunden	20,5 *(14,5)*	20 *(15,5)*	19,5 *(16,0)*	*(14,0)*
Pflichtbereich (Praxis)[3]				
Sozialpädagogisches Handeln (mind.2 000 Stunden)	650 *(500)*	650 *(500)*	700 *(500)*	*(500)*
4. Wahlbereich 4.1 Zusatzunterricht zum Erwerb der Fachhochschulreife				
Mathematik	2 *(1,5)*	2 *(1,5)*	2 (1,5)	*(1,5)*
Englisch	1 *(–)*	– *(1)*	1 *(–)*	*(1)*
4.2 weitere Wahlfächer				

[1] Insgesamt dürfen 2 Stunden im Schuljahr in Gruppenteilung unterrichtet werden.

[2] Maßgebendes Fach nur für den Erwerb der Fachhochschulreife. Anstelle von Englisch kann für Schülerinnen und Schüler, die nicht den Erwerb der Fachhochschulreife anstreben, das Fach Französisch im Pflichtbereich angeboten werden. Wird Englisch und Französisch im Pflichtbereich angeboten, darf die Anzahl der Gruppen im Sprachunterricht die Anzahl der Klassen des jeweiligen Schuljahres nicht übersteigen. Schülerinnen und Schüler, die den Unterricht in einer Fremdsprache im Pflichtbereich besuchen, können zusätzlich im Rahmen der vorhandenen Schulplätze am Unterricht der jeweils anderen Sprache teilnehmen. Diese gilt für sie insoweit als Wahlfach.

[3] In verschiedenen Organisationsformen möglich.Betreuungsschlüssel 1:3.

Zu den Querverweisen im Sonderteil des Jahrbuchs für die beruflichen Schulen

Mit dem Zeichen ⇨ verweisen wir auf korrespondierende Beiträge im Standard-Teil des Jahrbuchs.
Mit dem Zeichen → verweisen wir auf Beiträge im Sonderteil berufliche Schulen.

Das Standard-Jahrbuch enthält die dienst- und arbeitsrechtlichen Vorschriften für die Lehrkräfte aller Schularten sowie alle schulartübergreifenden Vorschriften. Deshalb sind Vorschriften, die sowohl für den beruflichen Schulbereich als auch für die allgemeinbildenden Schulen von Bedeutung sind, wie beispielsweise ⇨ Abschlüsse (HS / RS – Gleichwertigkeit); ⇨ Fachhochschulreife ; ⇨ Schulpflicht (Berufliche Schulen); ⇨ Schulpflicht (Berufliche Schulen – Übergabe); ⇨ Schulpflicht (Durchsetzung) im Standard-Teil des Jahrbuchs enthalten.

Fachschule Technik und Gestaltung (TechnikerVO)

Verordnung des KM über die Ausbildung und Prüfung an den zweijährigen Fachschulen für Technik und für Gestaltung (Technikerverordnung – TechnikerVO) vom 25. Juni 1999 (K.u.U. S. 134/1999); zuletzt geändert 17. Dezember 2015 (K.u.U. S. 111/2016)

1. Abschnitt Allgemeines

§ 1
Zweck der Ausbildung

Die an Fachschulen für Technik und an Fachschulen für Gestaltung vermittelte berufliche Qualifikation orientiert sich eng an den Erfordernissen der beruflichen Praxis und der Stellung der Absolventinnen und Absolventen in den Betrieben. Aufbauend auf abgeschlossener Berufsausbildung und einschlägiger Berufserfahrung befähigt die Ausbildung, den schnellen technologischen Wandel zu bewältigen und die sich daraus ergebenden Entwicklungen der Wirtschaft mitzugestalten. Die Personalführungskompetenz und die Fähigkeit, kostenbewusst zu handeln, werden besonders gefördert. Diese ganzheitliche berufliche Qualifikation ermöglicht, den Anforderungen der mittleren Führungsebene und einer selbstständigen Tätigkeit zu entsprechen.

§ 2
Dauer, Gliederung und Abschluss der Ausbildung

(1) Die Ausbildung an den Fachschulen für Technik und an den Fachschulen für Gestaltung ist in Fachrichtungen gegliedert. Sie umfasst eine Grundstufe (bei Vollzeitform erstes Schuljahr) und eine Fachstufe (bei Vollzeitform zweites Schuljahr). Sie kann auch in Teilzeitform erfolgen. Dabei ist die für die Vollzeitform vorgesehene Gesamtstundenzahl zugrunde zu legen. Übergänge von der Vollzeitform zur Teilzeitform und umgekehrt sind möglich.

(2) Der Unterricht gliedert sich in einen Pflichtbereich, einen Wahlpflichtbereich und einen Wahlbereich.

(3) Abweichend von § 26 Satz 1 SchG kann die Schule mit der Ausbildung mit Zustimmung des Oberschulamtes auch am ersten Unterrichtstag des zweiten Schulhalbjahres oder im Einzelfall an einem anderen vom Oberschulamt festgelegten Termin beginnen.

(4) Mit der Versetzung von der Grundstufe in die Fachstufe wird ein dem Realschulabschluss gleichwertiger Bildungsstand zuerkannt, sofern dieser beim Eintritt in die Fachschule nicht nachgewiesen werden konnte.

(5) Die Ausbildung endet mit einer Abschlussprüfung, durch deren Bestehen

1. in der Fachschule für Technik die Berufsbezeichnung „Staatlich geprüfte Technikerin" oder „Staatlich geprüfter Techniker", in der Fachschule für Gestaltung die Berufsbezeichnung „Staatlich geprüfte Gestalterin" oder „Staatlich geprüfter Gestalter", jeweils mit einem die Fachrichtung kennzeichnenden Zusatz, und
2. die Fachhochschulreife

erworben werden.

§ 3
Bildungsplan, Stundentafeln

Der Unterricht richtet sich nach den vom Kultusministerium erlassenen Bildungs- und Lehrplänen und den für die Fachschule für Technik als Anlage 1, für die Fachschule für Gestaltung als Anlage 2 beigefügten Stundentafeln.

→ Fachschule (TechnikerVO) – Stundentafeln

§ 4
Maßgebende Fächer, Kernfächer

(1) Maßgebende Fächer sind alle Pflichtfächer.

(2) Kernfächer unter den Pflichtfächern sind

1. in der Grundstufe die in den Stundentafeln festgelegten Kernfächer,
2. in der Fachstufe die Fächer des schriftlichen Teils und gegebenenfalls des praktischen Teils der Abschlussprüfung sowie das Fach Technikerarbeit oder das Fach Gestalterarbeit.

§ 5
Technikerarbeit, Gestalterarbeit

(1) Technikerarbeit und Gestalterarbeit sind selbstständig anzufertigende Arbeiten. Mit ihnen soll die Fähigkeit nachgewiesen werden, im Sinne von Schlüsselqualifikationen wissenschaftspropädeutisch arbeiten, fächerübergreifend denken und arbeiten sowie Arbeitsergebnisse angemessen präsentieren zu können.

(2) Die Themen werden im Rahmen der Bildungs- und Lehrpläne auf Vorschlag der Schülerin oder des Schülers von der Schule spätestens sechs Monate vor Ende der Ausbildung festgelegt.

(3) Technikerarbeit und Gestalterarbeit werden durch eine Präsentation ergänzt.

(4) Der Arbeit ist die schriftliche Versicherung beizufügen, dass sie selbstständig angefertigt wurde und nur die angegebenen Hilfsmittel benutzt wurden und dass alle Stellen, die dem Wortlaut oder dem Sinne nach anderen Werken entnommen sind, durch Angabe der Quellen kenntlich gemacht sind.

(5) Die Arbeit ist von einer von der Schulleiterin oder vom Schulleiter (im Folgenden: Schulleiter) bestimmten Lehrkraft zu korrigieren und mit einer ganzen oder einer halben Note zu bewerten. Die Note gilt als Anmeldenote im Sinne von § 15 Abs. 2 Satz 3.

2. Abschnitt Aufnahmeverfahren und Probezeit

§ 6
Aufnahmevoraussetzungen

(1) Voraussetzungen für die Aufnahme in die Fachschule sind

1. der Hauptschulabschluss oder der Nachweis eines gleichwertigen Bildungsstandes,
2. der Berufsschulabschluss oder der Nachweis eines gleichwertigen Bildungsstandes,

3. der Abschluss in einem für die gewählte Fachrichtung einschlägigen Ausbildungsberuf sowie eine anschließende einschlägige Berufstätigkeit
   a) von mindestens eineinhalb Jahren bei einer Regelausbildungsdauer von dreieinhalb Jahren,
   b) von mindestens zwei Jahren bei einer Regelausbildungsdauer von mindestens drei Jahren und bei technischen Assistentinnen oder technischen Assistenten,
   c) von mindestens drei Jahren bei einer Regelausbildungsdauer von zwei Jahren,
   d) von mindestens einem Jahr bei Personen mit Fachhochschulreife oder Hochschulreife oder

   eine einschlägige für die Ausbildung in der Fachschule förderliche Berufstätigkeit von mindestens sieben Jahren, auf die der Besuch einer einschlägigen Berufsfachschule oder eines einschlägigen Berufskollegs angerechnet werden kann, und
4. bei Personen, deren Muttersprache nicht Deutsch ist, für den Besuch der Fachschule ausreichende deutsche Sprachkenntnisse.

(2) In der Teilzeitform kann die nach Absatz 1 Nr. 3 erforderliche Berufstätigkeit bis zur Hälfte während des Schulbesuchs abgeleistet werden.

(3) Der Abschluss als Berufskollegiatin oder Berufskollegiat (staatlich geprüft) des Gewerblich-technischen Berufskollegs in Teilzeitunterricht berechtigt zum Eintritt in die Fachstufe der entsprechenden Fachrichtung der Fachschule, wenn eine einschlägige Berufstätigkeit von mindestens zwei Jahren nachgewiesen ist. Absatz 2 gilt entsprechend.

(4) Auf die Ausbildungsdauer der Fachschule kann im Umfang bis zu einem Jahr angerechnet werden

1. die Ausbildung der Fachschule auf die Ausbildung in einer zweiten Fachrichtung,
2. die Hochschulreife oder Fachhochschulreife, sofern die Voraussetzungen von Absatz 1 Nr. 3 erfüllt werden,
3. die Meisterprüfung und der an Fachschulen für Landwirtschaft erworbene Abschluss „Staatlich geprüfter Wirtschafter für Landbau", sofern die Voraussetzungen von Absatz 1 Nr. 3 erfüllt werden und ein mittlerer Bildungsabschluss vorliegt.

Der Schulleiter oder eine von ihm beauftragte Lehrkraft entscheidet, ob und gegebenenfalls in welchen Fächern und in welchem Umfang eine Anrechnung erfolgt. Eine Anrechnung nach Satz 1 Nr. 1 kann sich bei Personen mit Hochschulreife oder Fachhochschulreife ausnahmsweise auch auf einzelne Fächer der Fachstufe erstrecken.

§ 7
Aufnahmeantrag

(1) Der Aufnahmeantrag ist an die Fachschule zu richten, an der die Ausbildung erfolgen soll. Der Termin, zu dem der Antrag bei der Schule eingegangen sein muss, wird vom Schulleiter bestimmt und auf geeignete Weise bekanntgegeben. Dem Aufnahmeantrag sind beizufügen:

1. ein Lebenslauf in tabellarischer Form mit Angaben über den bisherigen Bildungsweg und die ausgeübte Berufstätigkeit,
2. beglaubigte Abschriften der Nachweise nach § 6,
3. eine Erklärung,
   a) ob und gegebenenfalls an welcher Fachschule für Technik oder Fachschule für Gestaltung schon einmal an einem Aufnahmeverfahren teilgenommen wurde sowie
   b) ob und gegebenenfalls an welche andere Fachschule für Technik oder Fachschule für Gestaltung ein weiterer Aufnahmeantrag gerichtet wurde.

(2) Über den Aufnahmeantrag entscheidet der Schulleiter. Dabei kann eine angemessene Frist gesetzt werden, innerhalb der erklärt werden muss, ob die Zusage über die Aufnahme angenommen wird.

§ 8
Auswahlmverfahren

(1) Ein Auswahlverfahren ist nur durchzuführen, wenn

1. bei voller Ausschöpfung der vorhandenen personellen, räumlichen und sächlichen Gegebenheiten sowie
2. bei Abstimmung der Aufnahmefähigkeit benachbarter Schulen und entsprechender Zuweisung (§ 18 Abs. 1 und § 88 Abs. 4 SchG)

nicht alle Personen, welche die Aufnahmevoraussetzungen nach § 6 erfüllen, in die Fachschule aufgenommen werden können.

(2) Im Auswahlverfahren sind die Plätze nach folgenden Quoten zu vergeben:

1. 90 vom Hundert nach Bewertungszahl,
2. 10 vom Hundert für außergewöhnliche Härtefälle.

(3) Für die Rangfolge der Bewerbungen wird eine Bewertungszahl ermittelt. Hierbei wird für jeweils sechs volle Monate einschlägiger Berufstätigkeit, die über die verlangte Mindestberufstätigkeit hinausgeht, ein Bonus von einer Zehntelnote auf die Durchschnittsnote des nach § 6 Abs. 1 Nr. 2 maßgebenden Zeugnisses angerechnet. Der Bonus kann höchstens eine ganze Note betragen. Bei gleicher Bewertungszahl entscheidet die längere für die gewählte Fachrichtung einschlägige Berufstätigkeit über die Rangfolge der Bewerbung, bei gleicher Dauer das Los.

(4) Ein außergewöhnlicher Härtefall liegt vor, wenn eine Person nach Absatz 2 Nr. 1 nicht ausgewählt worden ist und die Nichtaufnahme für sie mit Nachteilen verbunden wäre, die bei Anlegung eines strengen Maßstabes über das Maß der mit der Nichtaufnahme üblicherweise verbundenen Nachteile erheblich hinausgehen. Für die Berücksichtigung als außergewöhnlicher Härtefall kommen insbesondere familiäre oder soziale Umstände oder andere nicht zu vertretende Gründe, welche die Aufnahme der Ausbildung verzögert haben, in Betracht. Über das Vorliegen eines außergewöhnlichen Härtefalls und die sich nach dem Grad der Härte ergebende Rangfolge

entscheidet ein Auswahlausschuss, dem der Schulleiter vorsitzt und dem vier von ihm beauftragte Lehrkräfte angehören; § 16 Abs. 2 und 3 gilt entsprechend.

(5) Ist ein Aufnahmeantrag nach dem vom Schulleiter bestimmten Termin eingegangen, kann die Bewerbung erst berücksichtigt werden, wenn alle rechtzeitig eingegangenen Aufnahmeanträge beschieden oder zurückgenommen sind.

§ 9
Probezeit

(1) Die Aufnahme erfolgt zunächst auf Probe. Am Ende des ersten Schulhalbjahres wird ein Halbjahreszeugnis erteilt. Die Klassenkonferenz entscheidet aufgrund der Noten des Halbjahreszeugnisses über das Bestehen der Probezeit; § 10 Abs. 2 gilt entsprechend. Wer die Probezeit nicht bestanden hat, muss die Fachschule verlassen. Eine einmalige erneute Aufnahme aufgrund eines Aufnahmeverfahrens nach dieser Verordnung ist möglich.

(2) Ausnahmsweise kann durch Beschluss der Klassenkonferenz auch bei Nichtbestehen der Probezeit nach Absatz 1 das Verbleiben an der Fachschule gestattet werden, wenn die Klassenkonferenz mit Zweidrittelmehrheit zur Auffassung gelangt, dass unter Berücksichtigung der Leistungsentwicklung voraussichtlich die Versetzung in die Fachstufe erreicht wird.

(3) Bei Eintritt in die Fachstufe nach § 6 Abs. 3 oder 4 entfällt die Probezeit.

3. Abschnitt
Versetzung

§ 10
Voraussetzungen

(1) In die Fachstufe wird versetzt, wer aufgrund der Leistungen in den für die Versetzung maßgebenden Fächern den Anforderungen in der Grundstufe im Ganzen entsprochen hat und deshalb erwarten lässt, dass er den Anforderungen der Fachstufe genügen wird.

(2) Die Voraussetzungen nach Absatz 1 liegen vor, wenn im Jahreszeugnis

1. der Durchschnitt aus den Noten aller maßgebenden Fächer 4,0 oder besser ist,
2. der Durchschnitt aus den Noten der Kernfächer 4,0 oder besser ist,
3. die Leistungen in keinem Kernfach mit der Note „ungenügend“ bewertet sind und
4. die Leistungen in nicht mehr als einem maßgebenden Fach geringer als mit der Note „ausreichend“ bewertet sind; sind die Leistungen in zwei maßgebenden Fächern geringer als mit der Note „ausreichend“ bewertet, so erfolgt eine Versetzung, wenn für beide Fächer ein Ausgleich gegeben ist. Ausgeglichen werden können:
   a) die Note „ungenügend“ in einem maßgebenden Fach, das nicht Kernfach ist, durch die Note „sehr gut“ in einem anderen maßgebenden Fach oder durch die Note „gut“ in zwei anderen maßgebenden Fächern,
   b) die Note „mangelhaft“ in einem Kernfach durch mindestens die Note „gut“ in einem anderen Kernfach,
   c) die Note „mangelhaft“ in einem Fach, das nicht Kernfach ist, durch mindestens die Note „gut“ in einem anderen maßgebenden Fach oder durch die Note „befriedigend“ in zwei anderen maßgebenden Fächern.

(3) Ausnahmsweise kann durch Beschluss der Klassenkonferenz auch bei Nichterfüllung der in den Absätzen 1 und 2 genannten Voraussetzungen eine Versetzung erfolgen, wenn die Klassenkonferenz mit Zweidrittelmehrheit zu der Auffassung gelangt, dass die Leistungen nur vorübergehend nicht für die Versetzung ausreichen und nach einer Übergangszeit die Anforderungen der Fachstufe voraussichtlich erfüllt werden. Wurde das Verbleiben an der Fachschule bereits nach § 9 Abs. 2 erlaubt, findet Satz 1 keine Anwendung.

(4) Die Versetzung ist im Zeugnis mit „versetzt“ oder „nicht versetzt“ zu vermerken; bei einer Versetzung nach Absatz 3 ist zu vermerken: „Versetzt nach § 10 Abs. 3 der Technikerverordnung“.

§ 11
Wiederholung, Entlassung

(1) Bei einer Nichtversetzung kann die Grundstufe wiederholt werden; § 9 findet keine Anwendung. Die freiwillige Wiederholung auch nur eines Teils der Grundstufe gilt als Nichtversetzung.

(2) Wer zum zweiten Mal nicht in die Fachstufe versetzt wurde, muss die Fachschule verlassen.

4. Abschnitt
Ordentliche Abschlussprüfung

1. Unterabschnitt
Ordentliche Abschlussprüfung an Fachschulen in Vollzeitform und in dreijähriger Teilzeitform

§ 12
Zweck der Prüfung

In der Abschlussprüfung soll nachgewiesen werden, dass das Ausbildungsziel der Fachschule erreicht wurde und die geforderten allgemeinen und fachtheoretischen Kenntnisse vorliegen.

§ 13
Teile der Prüfung

Die Abschlussprüfung besteht aus der schriftlichen Prüfung und der mündlichen Prüfung einschließlich der Präsentation der Technikerarbeit oder der Gestalterarbeit sowie gegebenenfalls aus der praktischen Prüfung.

§ 14
Ort und Zeitpunkt der Prüfung

(1) Die Abschlussprüfung wird an der Fachschule abgenommen.

(2) Der Zeitpunkt der schriftlichen Prüfung wird vom Kultusministerium, der Zeitpunkt der mündlichen Prüfung, der Präsentation der Technikerarbeit und der Gestalterarbeit sowie gegebenenfalls der praktischen Prüfung von der oder dem Vorsit-

zenden des Prüfungsausschusses (im Folgenden: Vorsitzender) festgelegt.

§ 15
Zulassung zur Prüfung, Anmeldenoten

(1) Zur Abschlussprüfung ist zugelassen, wer in der Fachstufe die zur Bildung von Anmeldenoten erforderlichen Einzelleistungen erbracht hat. Zur Präsentation der Technikerarbeit oder der Gestalterarbeit wird zugelassen, wer bis zu einem vom Schulleiter festgesetzten Termin die Arbeit vorgelegt hat. Liegen diese Voraussetzungen nicht vor, ist die Nichtzulassung vom Schulleiter festzustellen und dem Prüfling unter Angabe der Gründe unverzüglich schriftlich mitzuteilen. Sie gilt als Nichtbestehen der Abschlussprüfung, es sei denn, der Schulleiter stellt fest, dass die Gründe vom Prüfling nicht zu vertreten sind.

(2) Für die Prüfung werden in allen Fächern Anmeldenoten (ganze Noten) gebildet, die aus den während der Fachstufe erbrachten Einzelleistungen zu ermitteln sind. § 5 Abs. 5 Satz 1 bleibt unberührt. Die Anmeldenoten sind für die Fächer der schriftlichen Prüfung und gegebenenfalls der praktischen Prüfung jeweils fünf bis sieben Schultage vor Beginn des betreffenden Prüfungsteils und für die übrigen Fächer fünf bis sieben Schultage vor der mündlichen Prüfung zusammen mit den Noten der schriftlichen Prüfung bekanntzugeben.

§ 16
Prüfungsausschuss, Fachausschüsse

(1) Für die Abschlussprüfung wird an jeder Fachschule ein Prüfungsausschuss gebildet. Diesem gehören an:

1. als Vorsitzender eine das Oberschulamt vertretende oder von ihm beauftragte Person, soweit das Oberschulamt vor Beginn der Prüfung nichts anderes bestimmt,
2. als stellvertretender Vorsitzender der Schulleiter oder seine ständige Vertreterin oder sein ständiger Vertreter oder eine vom Schulleiter beauftragte Lehrkraft,
3. sämtliche Lehrkräfte, die in der Fachstufe in den maßgebenden Fächern unterrichten.

Das Oberschulamt und der Vorsitzende des Prüfungsausschusses können weitere Mitglieder berufen, soweit dies für die Durchführung der Prüfung erforderlich ist.

(2) Die Mitglieder des Prüfungsausschusses sind bei ihrer Tätigkeit unabhängig. Sie sind zur Amtsverschwiegenheit über alle Prüfungsangelegenheiten verpflichtet. Der Vorsitzende des Prüfungsausschusses hat sie vor Beginn der Prüfung hierüber zu belehren.

(3) Der Prüfungsausschuss ist beschlussfähig, wenn mindestens zwei Drittel der Mitglieder anwesend sind. Der Prüfungsausschuss entscheidet mit einfacher Mehrheit; bei Stimmengleichheit gibt die Stimme des Vorsitzenden den Ausschlag.

(4) Für die mündliche Prüfung, die Präsentation der Technikerarbeit oder Gestalterarbeit sowie gegebenenfalls für die praktische Prüfung in den einzelnen Fächern bildet der Vorsitzende des Prüfungsausschusses die erforderlichen Fachausschüsse. Jedem Fachausschuss gehören an:

1. der Vorsitzende oder ein von ihm bestimmtes Mitglied des Prüfungsausschusses als Leiterin oder Leiter (im Folgenden: Leiter), sofern das Oberschulamt nichts anderes bestimmt,
2. die Fachlehrkraft der Klasse oder bei deren Verhinderung eine in dem betreffenden Prüfungsfach erfahrene Lehrkraft als Prüferin oder Prüfer,
3. ein weiteres fachkundiges Mitglied des Prüfungsausschusses, das zugleich das Protokoll führt.

Davon abweichend gehört dem Fachausschuss für die Präsentation der Technikerarbeit oder Gestalterarbeit statt der in Satz 2 Nr. 2 genannten Lehrkraft die die Arbeit betreuende Fachlehrkraft an. In Fächern, in denen die Klasse von verschiedenen Fachlehrkräften für Teilbereiche unterrichtet wird, gehören alle dem Fachausschuss als Mitglieder an. Sie sind jeweils für ihren Teilbereich Prüferin oder Prüfer nach Satz 2 Nr. 2. Der Leiter des Fachausschusses bestimmt den Gang der Prüfung und kann selbst prüfen.

§ 17
Schriftliche Prüfung

(1) Die Leitung der schriftlichen Prüfung obliegt dem Schulleiter.

(2) Schriftliche Prüfungsarbeiten sind in folgenden Fächern zu fertigen:

1. in allen Fachrichtungen:
   Betriebliche Kommunikation
   Arbeitszeit 120 Minuten,
   Berufsbezogenes Englisch
   Arbeitszeit 120 Minuten;
2. zusätzlich in den einzelnen Fachrichtungen:
   drei in der Stundentafel gekennzeichnete Fächer mit einer Arbeitszeit von mindestens 90 Minuten und höchstens 240 Minuten für jedes Fach, für alle drei Fächer zusammen mindestens 450 Minuten und höchstens 600 Minuten.

(3) Die Prüfungsaufgaben werden im Rahmen der Bildungs- und Lehrpläne vom Vorsitzenden des Prüfungsausschusses nach Vorschlägen der Fachschule bestimmt, sofern nicht das Oberschulamt etwas anderes anordnet.

(4) Über die schriftliche Prüfung ist eine Niederschrift zu fertigen, die vom Schulleiter und den aufsichtführenden Lehrkräften unterschrieben wird.

(5) Die schriftlichen Arbeiten werden von der Fachlehrkraft der Klasse und von einer weiteren Fachlehrkraft, die der Schulleiter bestimmt, korrigiert und bewertet; dabei sind ganze und halbe Noten zu verwenden. Als Note der schriftlichen Prüfung gilt der auf die erste Dezimale errechnete Durchschnittswert der beiden Bewertungen, der auf eine ganze oder halbe Note zu runden ist; Dezimalen von 0,3 bis 0,7 sind hierbei auf eine halbe Note, die übrigen Dezimalen auf eine ganze Note zu runden. Weichen die Bewertungen um mehr als eine ganze Note voneinander ab und können sich

die beiden Fachlehrkräfte nicht einigen, hat der Vorsitzende des Prüfungsausschusses die endgültige Note für die schriftliche Prüfung festzusetzen; dabei gelten die Bewertungen der beiden Fachlehrkräfte als Grenzwerte, die nicht über- und unterschritten werden dürfen.

(6) Die Noten der schriftlichen Prüfung in den einzelnen Fächern werden dem Prüfling fünf bis sieben Schultage vor der mündlichen Prüfung bekanntgegeben. ⇨ Korrekturtag

§ 18
Praktische Prüfung

(1) In der praktischen Prüfung ist nachzuweisen, dass in der Praxis vorkommende Arbeiten mit den einschlägigen Geräten und Apparaturen durchgeführt werden können.

(2) Eine praktische Prüfung ist in den in den Stundentafeln der jeweiligen Fachrichtungen gekennzeichneten Fächern abzulegen und dauert mindestens einen Tag und höchstens drei Tage. Die Arbeitszeit darf an halben Prüfungstagen 240 Minuten und an ganzen Prüfungstagen 480 Minuten nicht überschreiten.

(3) Die Prüfungsaufgaben werden im Rahmen der Bildungs- und Lehrpläne vom Leiter des Fachausschusses aufgrund von Vorschlägen der Fachlehrkraft gestellt.

(4) Die Aufsicht während der Prüfung wird abwechselnd durch die Mitglieder des Fachausschusses ausgeübt. Der Leiter des Fachausschusses kann weitere fachkundige Personen einbeziehen.

(5) Über alle praktischen Prüfungsarbeiten ist ein Bericht anzufertigen, aus dem das Arbeitsverfahren, eventuelle Berechnungen und das Arbeitsergebnis ersichtlich sein müssen. Der Bericht wird von zwei vom Leiter des Fachausschusses bestimmten Mitgliedern des Fachausschusses bewertet; dabei sind ganze und halbe Noten zu verwenden.

(6) Der Fachausschuss legt aufgrund der Bewertungen nach Absatz 5 Satz 2 und der Arbeitsweise des Schülers das Ergebnis der praktischen Prüfung fest; dabei sind ganze und halbe Noten zu verwenden. Kann sich der Fachausschuss mehrheitlich mit der Stimme des Leiters für keine bestimmte Note entscheiden, so wird die Note aus dem auf die erste Dezimale errechneten Durchschnitt der Bewertungen aller Mitglieder gebildet, der entsprechend § 17 Abs. 5 Satz 2 auf eine ganze oder halbe Note zu runden ist.

(7) Die Noten der praktischen Prüfung werden fünf bis sieben Schultage vor der mündlichen Prüfung bekanntgegeben.

(8) Über die praktische Prüfung ist eine Niederschrift, zu fertigen, die von den Mitgliedern des Fachausschusses unterschrieben wird,

§ 19
Mündliche Prüfung

(1) Die mündliche Prüfung dauert in der Regel 15 bis 20 Minuten je Prüfling und Fach.

(2) Die mündliche Prüfung kann als Einzel- oder Gruppenprüfung durchgeführt werden. Bei Gruppenprüfung können bis zu drei Prüflinge zusammen geprüft werden. Die Entscheidung trifft der Vorsitzende des Prüfungsausschusses.

(3) Die mündliche Prüfung kann sich auf alle maßgebenden Fächer der Fachstufe erstrecken.

(4) Aufgrund der Anmeldenoten und gegebenenfalls der Noten der schriftlichen Prüfung bestimmt der Vorsitzende des Prüfungsausschusses, ob und in welchen Fächern mündlich zu prüfen ist. Zusätzlich zur Präsentation der Technikerarbeit oder der Gestalterarbeit findet die mündliche Prüfung mindestens in einem Fach statt; sie soll in nicht mehr als drei Fächern stattfinden. Die zu prüfenden Fächer sind fünf bis sieben Schultage vor der mündlichen Prüfung bekanntzugeben. Darüber hinaus kann ein Prüfling bis zum nächsten Schultag dem Schulleiter schriftlich bis zu zwei weitere Fächer nach Absatz 3 benennen, in denen mündlich zu prüfen ist.

(5) Im Anschluss an die einzelne mündliche Prüfung setzt der Fachausschuss das Ergebnis der mündlichen Prüfung auf Vorschlag der Prüferin oder des Prüfers fest; dabei sind ganze und halbe Noten zu verwenden. Kann sich der Fachausschuss mehrheitlich mit der Stimme des Leiters für keine bestimmte Note entscheiden, so wird die Note aus dem auf die erste Dezimale errechneten Durchschnitt der Bewertungen aller Mitglieder gebildet, der entsprechend § 17 Abs. 5 Satz 2 auf eine ganze oder halbe Note zu runden ist.

(6) Über die mündliche Prüfung ist eine Niederschrift zu fertigen, die von den Mitgliedern des Fachausschusses unterschrieben wird.

(7) Die Absätze 1 und 2 sowie 5 und 6 gelten für die Präsentation der Technikerarbeit oder Gestalterarbeit entsprechend. Der Vorsitzende des Prüfungsausschusses kann im Einvernehmen mit dem Schulleiter fachkundigen Personen die Teilnahme an der Präsentation gestatten.

§ 20
Ermittlung der Endnoten

(1) Die Endnoten in den einzelnen Fächern werden in einer Schlusssitzung des Prüfungsausschusses aufgrund der Anmeldenoten und gegebenenfalls der Prüfungsleistungen ermittelt, wobei der Durchschnitt auf die erste Dezimale zu errechnen und in der üblichen Weise auf eine ganze Note zu runden ist (Beispiel: 2,5, bis 3,4 auf „befriedigend").

(2) Bei der Ermittlung der Endnoten zählen

1. in Fächern, in denen schriftlich und mündlich geprüft wurde, die Anmeldenote, die Note der schriftlichen Prüfung und die Note der mündlichen Prüfung je einfach,
2. in Fächern, in denen nur schriftlich, praktisch oder mündlich geprüft wurde, die Anmeldenote einfach und die Prüfungsnote doppelt,
3. im Fach Technikerarbeit oder Gestalterarbeit die Anmeldenote doppelt, die Note der Präsentation einfach.

(3) In Fächern, in denen nicht geprüft wurde, werden die Anmeldenoten als Endnoten in das Zeugnis übernommen.

(4) Der Prüfungsausschuss stellt in der Schlusssitzung fest, wer die Abschlussprüfung bestanden hat. Hierfür gilt § 10 Abs. 2 entsprechend. Nach der Schlusssitzung ist das Ergebnis der Prüfung unverzüglich mitzuteilen.

(5) Über die Schlusssitzung ist eine Niederschrift zu fertigen, die vom Vorsitzenden des Prüfungsausschusses und dem Mitglied, das die Niederschrift angefertigt hat, zu unterschreiben ist.

(6) Die Niederschriften über die einzelnen Teile der Prüfung, über die Schlusssitzung des Prüfungsausschusses, eine Liste mit den Prüfungsergebnissen und die Prüfungsarbeiten sind bei den Schulakten aufzubewahren. Die Niederschriften und die Prüfungsarbeiten können nach Ablauf von drei Jahren seit der Schlusssitzung des Prüfungsausschusses vernichtet werden.

§ 21
Zeugnis

(1) Wer die Abschlussprüfung bestanden hat, erhält ein Abschlusszeugnis mit den nach § 20 Abs. 1 bis 3 ermittelten Endnoten und dem Thema der Technikerarbeit oder der Gestalterarbeit.

(2) Wer an der Abschlussprüfung teilgenommen und sie nicht bestanden hat und die Schule verlässt, erhält ein Abgangszeugnis mit den nach § 20 Abs. 1 bis 3 ermittelten Endnoten und dem Thema der Technikerarbeit oder der Gestalterarbeit.

(3) Wer an der Abschlussprüfung nicht oder nur teilweise teilgenommen hat, erhält ein Zeugnis über die bis zum Ausscheiden erbrachten Leistungen oder, sofern sie bereits vorliegen, mit den Anmeldenoten nach § 15 Abs. 2; Prüfungsleistungen bleiben unberücksichtigt.

(4) Wer an der Abschlussprüfung teilgenommen und sie nicht bestanden hat und die Fachstufe wiederholt, erhält ein Jahreszeugnis mit den nach § 20 Abs. 1 bis 3 ermittelten Endnoten.

(5) In den Zeugnissen nach den Absätzen 2 bis 4 ist zu vermerken, dass das Bildungsziel der Fachschule nicht erreicht ist.

(6) Eine Anrechnung nach § 6 Abs. 4 Satz 3 ist im Abschlusszeugnis zu vermerken.

→ Zeugnisse (Berufliche Schulen)

§ 22
Wiederholung der Abschlussprüfung, Entlassung

(1) Wer die Abschlussprüfung nicht bestanden hat, kann sie nach erneutem Besuch der Fachstufe einmal wiederholen.

(2) Die freiwillige Wiederholung auch nur eines Teils des Schuljahres gilt als Nichtbestehen der Abschlussprüfung. Bei bestandener Abschlussprüfung ist weder eine Wiederholung der Ausbildung noch eine Wiederholung der Abschlussprüfung zulässig.

(3) Wer die Abschlussprüfung auch bei der Wiederholung nicht bestanden hat, muss die Fachschule verlassen.

Hinweis der Redaktion: Die Paragrafen 23 (Nichtteilnahme, Rücktritt) und 24 (Täuschungshandlungen, Ordnungsverstöße) sind hier nicht abgedruckt, da inhaltsgleich mit §§ 23 und 24 → Berufsfachschule Altenpflegehilfe.

2. Unterabschnitt
Ordentliche Abschlussprüfung an Fachschulen in vierjähriger Teilzeitform

§ 25
Allgemeines

(1) An Fachschulen in vierjähriger Teilzeitform kann die Abschlussprüfung in zwei Abschnitten durchgeführt werden.

§ 26
Durchführung der Prüfung, Wiederholung

Für die Prüfung und ihre Wiederholung gelten die Vorschriften des 1. Unterabschnittes entsprechend mit folgender Maßgabe:

1. Am Ende des dritten Teilzeitschuljahres sind die schriftlichen Prüfungsarbeiten in den Fächern Betriebliche Kommunikation und Berufsbezogenes Englisch zu fertigen, am Ende des vierten Teilzeitschuljahres die in den anderen Prüfungsfächern.
2. Erfolgt eine mündliche Prüfung in den Fächern Betriebliche Kommunikation und Berufsbezogenes Englisch, so findet sie am Ende des dritten Teilzeitschuljahrs statt; sie kann sich auf beide Fächer erstrecken.
3. Für jeden Prüfungsabschnitt werden eigene Prüfungsausschüsse und für die mündliche Prüfung die erforderlichen Fachausschüsse gebildet.
4. Der für den ersten Prüfungsabschnitt zuständige Prüfungsausschuss stellt fest, ob nach dem Ergebnis der Teilprüfung noch ein Bestehen der Abschlussprüfung möglich ist; hierfür gelten die Bestimmungen des § 10 Abs. 2 entsprechend.
5. Der für den zweiten Prüfungsabschnitt zuständige Prüfungsausschuss stellt in der Schlusssitzung aufgrund der in beiden Prüfungsabschnitten ermittelten Endnoten fest, wer die Abschlussprüfung bestanden hat.
6. Wer nach den Feststellungen des Prüfungsausschusses für den ersten Prüfungsabschnitt die Abschlussprüfung nicht mehr bestehen kann, kann die erste Teilprüfung nach erneutem Besuch des dritten Teilzeitschuljahrs einmal wiederholen. Wer die Abschlussprüfung nicht bestanden hat, kann sie nach erneutem Besuch der gesamten Fachstufe einmal wiederholen.
7. Dem Prüfungsausschuss für den ersten Prüfungsabschnitt gehören an:
   a) als Vorsitzender der Schulleiter, soweit das Oberschulamt vor Beginn der Prüfung nichts anderes bestimmt;
   b) als stellvertretender Vorsitzender die ständige Vertreterin oder der ständige Vertreter des Schulleiters oder eine vom Schulleiter beauftragte Lehrkraft;
   c) sämtliche Lehrkräfte, die im dritten Teilzeitschuljahr in den beiden Prüfungsfächern unterrichten.

Berufliche Schulen

5. Abschnitt
Prüfung für Schulfremde

§ 27
Teilnehmer

Personen, die das Abschlusszeugnis der Fachschule für Technik oder der Fachschule für Gestaltung erwerben wollen, ohne eine entsprechende öffentliche oder staatlich anerkannte Schule zu besuchen, können als Schulfremde die Abschlussprüfung ablegen und damit gleichzeitig die Fachhochschulreife erwerben.

§ 28
Zeitpunkt

Die Prüfung für Schulfremde findet einmal jährlich, in der Regel zusammen mit der Abschlussprüfung an den entsprechenden öffentlichen Fachschulen, statt.

§ 29
Meldung

(1) Die Meldung zur Prüfung ist bis zum 1. Dezember für die Prüfung im darauf folgenden Jahr an das für den Wohnsitz des Prüflings zuständige Oberschulamt zu richten. Für Prüflinge der staatlich genehmigten Schulen ist das Oberschulamt zuständig, in dessen Bezirk die Schule liegt.

(2) Der Meldung sind beizufügen:

1. ein Lebenslauf in tabellarischer Form mit Angaben über den bisherigen Bildungsweg und über die ausgeübte Berufstätigkeit,
2. die Geburtsurkunde und ein Lichtbild,
3. die Abschluss- bzw. Abgangszeugnisse der besuchten Schulen und die Zeugnisse über die Berufstätigkeit (beglaubigte Abschriften oder Ablichtungen),
4. eine Erklärung darüber, ob und gegebenenfalls mit welchem Ergebnis schon an einer Prüfung einer Fachschule für Technik teilgenommen wurde,
5. eine Erklärung darüber, in welcher Fachrichtung die Prüfung abgelegt werden soll,
6. Angaben über die schulische Vorbereitung auf die Prüfung oder über den Selbstunterricht sowie den in allen Prüfungsfächern durchgearbeiteten Lehrstoff und die benutzte Literatur,
7. ein Themenvorschlag für ein Kolloquium nach § 32 Abs. 3.

(3) Für Prüflinge der staatlich genehmigten Schulen kann anstelle der Meldung durch den einzelnen Prüfling die Sammelmeldung der Schule treten, die Vor- und Zuname, Geburtstag, Geburtsort und Anschrift des Prüflings enthalten muss. Der Sammelmeldung sind die Unterlagen nach Absatz 2 beizufügen.

§ 30
Voraussetzungen für die Zulassung

(1) Schulfremde können die Prüfung nicht eher ablegen, als es ihnen bei normalem Schulbesuch möglich wäre.

(2) Zur Prüfung des ersten Abschnittes wird zugelassen, wer

1. die Voraussetzungen für die Aufnahme in die Fachschule nach § 6 Abs. 1 erfüllt,
2. nicht bereits zweimal die Prüfung des ersten oder zweiten Abschnitts nicht bestanden hat, 3.
   nicht bereits die Prüfung des ersten oder zweiten Abschnitts bestanden hat.

(3) Zur Prüfung des zweiten Abschnittes wird zugelassen, wer

1. die Prüfung des ersten Abschnittes bestanden hat,
2. einen mittleren Bildungsabschluss nachweist,
3. nicht bereits zweimal die Prüfung des zweiten Abschnitts nicht bestanden hat,
4. nicht bereits die Prüfung des zweiten Abschnitts bestanden hat.

(4) Zur Prüfung wird in der Regel nur zugelassen, wer in Baden-Württemberg den ständigen Wohnsitz hat oder in Baden-Württemberg an einer staatlich genehmigten Schule oder einer sonstigen Unterrichtseinrichtung auf die Schulfremdenprüfung vorbereitet wurde.

§ 31
Entscheidung über die Zulassung

Das Oberschulamt entscheidet über die Zulassung und bestimmt die öffentliche Fachschule, an der die Prüfung abzulegen ist.

§ 32
Durchführung der Prüfung

(1) Die Prüfung wird in zwei Abschnitten in einem Abstand von mindestens vier und höchstens 14 Monaten durchgeführt.

(2) Im ersten Abschnitt werden alle Pflichtfächer der Grundstufe schriftlich geprüft. Ausgenommen sind Pflichtfächer, die nach der Stundentafel der Fachschule auch im zweiten Schuljahr unterrichtet werden. Für die Entscheidung über das Bestehen der Prüfung des ersten Abschnitts gilt § 10 Abs. 2 entsprechend.

(3) Im zweiten Abschnitt werden die Kernfächer der Fachstufe schriftlich, die in den Stundentafeln gekennzeichneten Pflichtfächer praktisch und die übrigen Pflichtfächer der Fachstufe mündlich geprüft. Bis zu zwei der schriftlich geprüften Fächer werden dann zusätzlich in die mündliche Prüfung einbezogen, wenn dies vom Prüfling spätestens vier Schultage vor der mündlichen Prüfung schriftlich beantragt wird. Die mündliche Prüfung wird als Einzelprüfung durchgeführt. In den nicht schriftlich geprüften Fächern kann der Fachausschuss ganz oder teilweise anstelle einer mündlichen Prüfung eine vereinfachte schriftliche Prüfung durchführen. Die Prüfung im Fach Technikerarbeit oder Gestalterarbeit erfolgt als Kolloquium über ein von der Schule im Benehmen mit dem Prüfling festgelegtes Thema. Ein Kolloquium dauert in der Regel 30 bis 45 Minuten. Es wird mit einer ganzen Note bewertet; § 16 Abs. 4 gilt dabei mit der Maßgabe, dass dem Fachausschuss zusätzlich bis zu zwei weitere Fachlehrkräfte angehören können.

(4) Im Übrigen gelten die §§ 16 bis 19, 22 bis 24 entsprechend. Fachlehrkraft im Sinne dieser Bestimmungen sind die vom Vorsitzenden des Prüfungsausschusses bestimmten Lehrkräfte einer öffentlichen Schule, in der Regel der für die Abnahme der Prüfung zuständigen Fachschule.

(5) Das Oberschulamt kann ausnahmsweise auf Antrag die Prüfung in einer anderen fachbezogenen Fremdsprache zulassen.

(6) Die Arbeitszeit beträgt für jedes Pflichtfach, für das in § 17 keine, Zeit festgelegt ist, bei der schriftlichen Prüfung durchschnittlich 90 Minuten, für jedes einzelne Fach jedoch nicht weniger als 60 Minuten und nicht mehr als 150 Minuten.

(7) Die Prüflinge haben sich bei Beginn der Prüfung mit einem mit Lichtbild versehenen amtlichen Ausweis auszuweisen und diesen während der gesamten Prüfung bei sich zu führen und auf Verlangen vorzuzeigen.

(8) Bei der Feststellung des Ergebnisses der Prüfung zählen allein die Prüfungsleistungen. Zuständig für die Feststellung, ob die Abschlussprüfung aufgrund der in beiden Abschnitten erzielten Ergebnisse bestanden ist, ist der Prüfungsausschuss.

(9) Bei Prüflingen von staatlich genehmigten Schulen kann das Oberschulamt bestimmen, dass die schriftliche Prüfung im Gebäude der betreffenden Schule abgenommen wird. Die Leitung und Beaufsichtigung regelt in diesem Fall das Oberschulamt.

§ 33

Zeugnisse

(1) Wer die Abschlussprüfung bestanden hat, erhält ein Abschlusszeugnis für Schulfremde.

(2) Wer die Prüfung nicht bestanden hat, erhält auf Verlangen eine Bescheinigung über die Teilnahme an der Prüfung, über das Ergebnis der Prüfung und über die ermittelten Einzelnoten.

→ Zeugnisse (Berufliche Schulen)

→ Fachschule Technik/Gestaltung (Stundentafeln); ⇨ Handy-Nutzung; ⇨ Korrekturtag; → Termine Berufliche Schulen; → Zeugnisse (Berufliche Schulen)

Fachschule Technik und Gestaltung – (Stundentafeln)

Anlage 1 (Zu § 3)

Stundentafeln für die Fachschule für Technik

Fachrichtung Agrartechnik

(durchschnittliche Zahl der Wochenstunden)

	Grundstufe	Fachstufe
Pflichtbereich		
Lernbereich I		
Betriebliche Kommunikation[1)2)]	3	2
Berufsbezogenes Englisch[1)2)]	3	3
Betriebswirtschaftslehre	3	3
Lernbereiche II und III		
Technische Mathematik	2	2
Unternehmensführung[1)2)]	7	4
Informationstechnik	2	2
Agrarpolitik und Marktlehre	2	1
Pflanzliche Produktion	4	2
Tierische Produktion[1)2)]	5	3
Agrartechnik und Bauwesen[1)2)]	3	2
Technikerarbeit	–	4
Wahlpflichtbereich	2	6
Summe	36	34
Wahlbereich	4	6

[1)] Kernfach der Grundstufe / [2)] Fach der schriftlichen Prüfung

Fachrichtung Automatisierungstechnik/Mechatronik

(durchschnittliche Zahl der Wochenstunden)

	Grundstufe	Fachstufe
Pflichtbereich		
Lernbereich I		
Betriebliche Kommunikation[1)2)]	3	2
Berufsbezogenes Englisch[1)2)]	3	3
Betriebswirtschaftslehre	3	3
Lernbereiche II und III		
Technische Mathematik	4	–
Technische Physik	3	–
Technische Kommunikation	2	–
Informationstechnik	2	4
Mechatronik[1)2)]	8	4
Automatisierungstechnik[1)2)]	4	4
Service- und Systemtechnik[1)2)]	2	4
Technikerarbeit	–	4
Wahlpflichtbereich	2	6
Summe	36	34
Wahlbereich	4	6

[1)] Kernfach der Grundstufe – [2)] Fach der schriftlichen Prüfung

Mit dem Zeichen ⇨ verweisen wir auf Beiträge im Standard-Teil des Jahrbuchs.
Auf Beiträge im Sonderteil berufliche Schulen verweisen wir mit dem Zeichen →.

Fachrichtung Bautechnik

(durchschnittliche Zahl der Wochenstunden)

	Grundstufe	Fachstufe
Pflichtbereich		
Lernbereich I		
Betriebliche Kommunikation[1)2)]	3	2
Berufsbezogenes Englisch[1)2)]	3	3
Betriebswirtschaftslehre	3	3
Lernbereiche II und III		
Technische Mathematik [1)]	4	–
Bauphysik	2	–
Baustofftechnologie [1)]	3	–
Vermessung	2	–
Entwurfsplanung	2	2
Baukonstruktion und Haustechnik[1)2)]	3	3
Tragwerksplanung [2)]	2	3
Baubetrieb [2)]	2	3
Tiefbau	2	2
Informationstechnik	3	3
Technikerarbeit	–	4
Wahlpflichtbereich	2	6
Summe	36	34
Wahlbereich	4	6

1) Kernfach der Grundstufe
2) Fach der schriftlichen Prüfung

Fachrichtung Biotechnik

(durchschnittliche Zahl der Wochenstunden)

	Grundstufe	Fachstufe
Pflichtbereich		
Lernbereich I		
Betriebliche Kommunikation[1)2)]	3	2
Berufsbezogenes Englisch[1)2)]	3	3
Betriebswirtschaftslehre	3	3
Lernbereiche II und III		
Technische Mathematik [1)]	2	2
Technische Physik	2	–
Chemie [1)]	4	–
Informationstechnik	2	–
Instrumentelle Analytik	3	–
Physiologie [1)]	2	4
Biochemie [2)]	2	2
Allgemeine Biologie und Mikrobiologie[2)]	3	2
Biotechnik [2)]	3	3
Mess- und Regeltechnik	–	2
Biotechnologisches und chemisches Praktikum	2	1
Technikerarbeit	–	4
Wahlpflichtbereich	2	6
Summe	36	34
Wahlbereich	4	6

1) Kernfach der Grundstufe
2) Fach der schriftlichen Prüfung

Fachrichtung Bekleidungstechnik

(durchschnittliche Zahl der Wochenstunden)

	Grundstufe	Fachstufe
Pflichtbereich		
Lernbereich I		
Betriebliche Kommunikation[1)2)]	3	2
Berufsbezogenes Englisch1[2)]	3	3
Betriebswirtschaftslehre	3	3
Lernbereiche II und III		
Technische Mathematik	3	3
Informationstechnik	2	–
Werkstofftechnologie	2	–
Bekleidungsmaschinen	3	–
Produktionsorganisation [1)]	2	–
Qualitätsmanagement	–	2
Fertigungstechnik [1)]	4	3
Modegestaltung und Kollektionsplanung [2)]	2	2
Schnitttechnik[1)2)]	5	4
Modezeichnen[2)]	2	2
Technikerarbeit	–	4
Wahlpflichtbereich	2	6
Summe	36	34
Wahlbereich	4	6

1) Kernfach der Grundstufe
2) Fach der schriftlichen Prüfung

Fachrichtung Chemietechnik

(durchschnittliche Zahl der Wochenstunden)

	Grundstufe	Fachstufe
Pflichtbereich		
Lernbereich I		
Betriebliche Kommunikation[1)2)]	3	2
Berufsbezogenes Englisch1[2)]	3	3
Betriebswirtschaftslehre	3	3
Lernbereiche II und III		
Technische Mathematik [1)]	4	–
Technische Physik [1)]	3	–
Informationstechnik	2	–
Allgemeine und analytische Chemie [2)]	4	2
Organische Chemie [2)]	2	2
Physikalische Chemie [2)]	2	2
Anorganisches und analytisches Praktikum [1)]	6	–
Organisches Praktikum	–	3
Physikalisch-chemisches Praktikum	2	3
Chemisch-technische Untersuchungen [3)]	–	4
Technikerarbeit	–	4
Wahlpflichtbereich	2	6
Summe	36	34
Wahlbereich	4	6

1) Kernfach der Grundstufe – 2) Fach der schriftlichen Prüfung
3) Fach der praktischen Prüfung

Berufliche Schulen

Fachrichtung Druck- und Medientechnik

(durchschnittliche Zahl der Wochenstunden)

	Grundstufe	Fachstufe
Pflichtbereich		
Lernbereich I		
Betriebliche Kommunikation 1)2)	3	2
Berufsbezogenes Englisch 1)2)	3	3
Betriebswirtschaftslehre	3	3
Lernbereiche II und III		
Technische Mathematik	3	2
Informationstechnik	2	2
Mediendesign	2	–
Betriebsorganisation und Qualitätsmanagement 1)2)	2	3
Werkstofftechnologie und Werkstoffprüfung	3	–
Betriebliches Rechnungswesen 1)2)	3	3
Fertigungstechnik 1)2)	10	6
Technikerarbeit	–	4
Wahlpflichtbereich	2	6
Summe	36	34
Wahlbereich	4	6

1) Kernfach der Grundstufe
2) Fach der schriftlichen Prüfung

Fachrichtung Elektrotechnik

(durchschnittliche Zahl der Wochenstunden)

	Grundstufe	Fachstufe
Pflichtbereich		
Lernbereich I		
Betriebliche Kommunikation 1)2)	3	2
Berufsbezogenes Englisch 1)2)	3	3
Betriebswirtschaftslehre	3	3
Lernbereiche II und III		
Technische Mathematik 1)	6	–
Elektrotechnik 1)	6	–
Digital- und Mikrocomputertechnik	3	–
Planung und Dokumentation	2	–
Elektronik	2	4
Technische Informatik 1)2)	2	4
Automatisierungs- und Kommunikationssysteme 2)	2	4
Anlagentechnik und Systemservice 2)	2	4
Technikerarbeit	–	4
Wahlpflichtbereich	2	6
Summe	36	34
Wahlbereich	4	6

1) Kernfach der Grundstufe
2) Fach der schriftlichen Prüfung

Fachrichtung Farb- und Lacktechnik

(durchschnittliche Zahl der Wochenstunden)

	Grundstufe	Fachstufe
Pflichtbereich		
Lernbereich I		
Betriebliche Kommunikation 1)2)	3	2
Berufsbezogenes Englisch 1)2)	3	3
Betriebswirtschaftslehre	3	3
Lernbereiche II und III		
Technische Mathematik	3	1
Anorganische Chemie 1)	4	–
Organische Chemie 1)	4	–
Technische Physik 1)	3	–
Physikalische Chemie 2)	–	4
Analytik	4	–
Informationstechnik	2	–
Produktmanagement	1	1
Lacktechnologie 2)	2	4
Bautenschutz u. Verfahrenstechnik 2)	2	2
Lackherstellung 3)	–	4
Technikerarbeit	–	4
Wahlpflichtbereich	2	6
Summe	36	34
Wahlbereich	4	6

1) Kernfach der Grundstufe
2) Fach der schriftlichen Prüfung
3) Fach der praktischen Prüfung

Fachrichtung Feinwerktechnik

(durchschnittliche Zahl der Wochenstunden)

	Grundstufe	Fachstufe
Pflichtbereich		
Lernbereich I		
Betriebliche Kommunikation 1)2)	3	2
Berufsbezogenes Englisch 1)2)	3	3
Betriebswirtschaftslehre	3	3
Lernbereiche II und III		
Technische Mathematik 2)	4	2
Technische Physik	3	–
Elektrotechnik 1)	4	–
Technische Informatik	4	–
Informationselektronik 1)	3	2
Produktionstechnik 2)	3	2
Steuerungs- und Regelungstechnik 2)	2	3
Entwicklung und Konstruktion 2)	2	5
Qualitätsmanagement	–	2
Technikerarbeit	–	4
Wahlpflichtbereich	2	6
Summe	36	34
Wahlbereich	4	6

1) Kernfach der Grundstufe
2) Fach der schriftlichen Prüfung

Berufliche Schulen

Fachrichtung Galvanotechnik

(durchschnittliche Zahl der Wochenstunden)

	Grund-stufe	Fach-stufe
Pflichtbereich		
Lernbereich I		
Betriebliche Kommunikation[1)2)]	3	2
Berufsbezogenes Englisch[1)2)]	3	3
Betriebswirtschaftslehre	3	3
Lernbereiche II und III		
Technische Mathematik	3	4
Elektrochemie	2	–
Technische Physik	2	–
Chemie[1)2)]	5	5
Galvanotechnik[1)2)]	7	5
Umwelttechnik[1)2)]	2	2
Elektrotechnik	2	–
Informationstechnik	2	–
Technikerarbeit	–	4
Wahlpflichtbereich	2	6
Summe	36	34
Wahlbereich	4	6

1) Kernfach der Grundstufe
2) Fach der schriftlichen Prüfung

Fachrichtung Gartenbau – Produktion und Vermarktung

(durchschnittliche Zahl der Wochenstunden)

	Grund-stufe	Fach-stufe
Pflichtbereich		
Lernbereich I		
Betriebliche Kommunikation[1)2)]	3	2
Berufsbezogenes Englisch[1)2)]	3	3
Betriebswirtschaftslehre	3	3
Lernbereiche II und III		
Technische Mathematik	2	2
Gärtnerischer Pflanzenbau	6	–
Informationstechnik	2	2
Versuchstechnik	2	–
Berufs- und Arbeitspädagogik	2	–
Kulturtechnik[1)2)]	6	4
Waren und Dienstleistungen	–	2
Technische Betriebsausstattung[1)2)]	3	2
Unternehmensmanagement[1)2)]	2	4
Technikerarbeit	–	4
Wahlpflichtbereich	2	6
Summe	36	34
Wahlbereich	4	6

1) Kernfach der Grundstufe
2) Fach der schriftlichen Prüfung

Fachrichtung Garten- und Landschaftsbau

(durchschnittliche Zahl der Wochenstunden)

	Grund-stufe	Fach-stufe
Pflichtbereich		
Lernbereich I		
Betriebliche Kommunikation[1)2)]	3	2
Berufsbezogenes Englisch[1)2)]	3	3
Betriebswirtschaftslehre	3	3
Lernbereiche II und III		
Technische Mathematik	2	2
Gärtnerischer Pflanzenbau	6	–
Informationstechnik	2	2
Berufs- und Arbeitspädagogik	2	–
Bauausführung und Pflege[1)2)]	3	3
Vermessungstechnik	3	1
Planung und Gestaltung[1)2)]	3	4
Technische Betriebsausstattung	2	–
Unternehmensmanagement[1)2)]	2	4
Technikerarbeit	–	4
Wahlpflichtbereich	2	6
Summe	36	34
Wahlbereich	4	6

1) Kernfach der Grundstufe
2) Fach der schriftlichen Prüfung

Fachrichtung Gebäudesystemtechnik

(durchschnittliche Zahl der Wochenstunden)

	Grund-stufe	Fach-stufe
Pflichtbereich		
Lernbereich I		
Betriebliche Kommunikation[1)2)]	3	2
Berufsbezogenes Englisch[1)2)]	3	3
Betriebswirtschaftslehre	3	3
Lernbereiche II und III		
Technische Mathematik[1)]	4	2
Informationstechnik	3	–
Technische Physik	6	1
Technische Kommunikation	3	–
Gebäudetechnik	2	–
Angebotswesen und Kalkulation[2)]	–	3
Systemtechnik[1)2)]	5	8
Steuerungs- und Regelungstechnik[1)2)]	2	2
Technikerarbeit	–	4
Wahlpflichtbereich	2	6
Summe	36	34
Wahlbereich	4	6

1) Kernfach der Grundstufe
2) Fach der schriftlichen Prüfung

Fachrichtung Gießereitechnik

(durchschnittliche Zahl der Wochenstunden)

	Grundstufe	Fachstufe
Pflichtbereich		
Lernbereich I		
Betriebliche Kommunikation[1)2)]	3	2
Berufsbezogenes Englisch[1)2)]	3	3
Betriebswirtschaftslehre	3	3
Lernbereiche II und III		
Technische Mathematik	4	2
Informationstechnik	2	–
Technische Physik	6	–
Technische Kommunikation	2	–
Werkstofftechnologie[1)2)]	3	3
Gießereitechnik[1)2)]	4	4
Konstruktion	–	2
Automatisierungstechnik	–	3
Produktionsorganisation[1)2)]	2	2
Qualitätsmanagement	2	–
Technikerarbeit	–	4
Wahlpflichtbereich	2	6
Summe	36	34
Wahlbereich	4	6

1) Kernfach der Grundstufe
2) Fach der schriftlichen Prüfung

Fachrichtung Heizungs-, Lüftungs- und Klimatechnik

(durchschnittliche Zahl der Wochenstunden)

	Grundstufe	Fachstufe
Pflichtbereich		
Lernbereich I		
Betriebliche Kommunikation[1)2)]	3	2
Berufsbezogenes Englisch[1)2)]	3	3
Betriebswirtschaftslehre	3	3
Lernbereiche II und III		
Technische Mathematik	4	–
Informationstechnik	2	–
Technische Physik	3	–
Elektrotechnik	3	–
Werkstofftechnik	2	–
Technische Kommunikation	3	–
Heizungstechnik[1)2)]	3	4
Lüftungs- und Klimatechnik[1)2)]	3	4
Steuerungs- und Regelungstechnik[2)]	–	4
Angebotswesen und Kalkulation[1)]	2	1
Energie- und Feuerungstechnik	–	3
Technikerarbeit	–	4
Wahlpflichtbereich	2	6
Summe	36	34
Wahlbereich	4	6

1) Kernfach der Grundstufe
2) Fach der schriftlichen Prüfung

Fachrichtung Holztechnik

(durchschnittliche Zahl der Wochenstunden)

	Grundstufe	Fachstufe
Pflichtbereich		
Lernbereich I		
Betriebliche Kommunikation[1)2)]	3	2
Berufsbezogenes Englisch[1)2)]	3	3
Betriebswirtschaftslehre	3	3
Lernbereiche II und III		
Technische Mathematik	3	1
Produktentwicklung	5	4
Konstruktion[1)2)]	2	2
Werkstofftechnologie	3	–
Betriebsorganisation und Kostenrechnung[1)2)]	3	3
Betriebstechnik[1)2)]	3	2
Fertigungstechnik	4	–
Informationstechnik	2	4
Technikerarbeit	–	4
Wahlpflichtbereich	2	6
Summe	36	34
Wahlbereich	4	6

1) Kernfach der Grundstufe
2) Fach der schriftlichen Prüfung

Fachrichtung Lebensmitteltechnik

(durchschnittliche Zahl der Wochenstunden)

	Grundstufe	Fachstufe
Pflichtbereich		
Lernbereich I		
Betriebliche Kommunikation[1)2)]	3	2
Berufsbezogenes Englisch[1)2)]	3	3
Betriebswirtschaftslehre	3	3
Lernbereiche II und III		
Technische Mathematik[1)]	2	2
Mikrobiologie und Hygiene	4	–
Informationstechnik	3	–
Produktionsorganisation[1)2)]	3	3
Verpackungstechnik[2)]	1	2
Lebensmitteltechnik[1)2)]	12	6
Automatisierungstechnik	–	3
Technikerarbeit	–	4
Wahlpflichtbereich	2	6
Summe	36	34
Wahlbereich	4	6

1) Kernfach der Grundstufe
2) Fach der schriftlichen Prüfung

Berufliche Schulen

Fachrichtung Leiterplattentechnik

(durchschnittliche Zahl der Wochenstunden)

	Grundstufe	Fachstufe
Pflichtbereich		
Lernbereich I		
Betriebliche Kommunikation1)2)	3	2
Berufsbezogenes Englisch1)2)	3	3
Betriebswirtschaftslehre	3	3
Lernbereiche II und III		
Technische Mathematik	3	4
Technische Physik	2	–
Elektrochemie	2	–
Chemie1)	4	2
Prozesstechnik	4	–
Leiterplattentechnik1)2)	6	6
Umwelttechnik1)2)	2	2
Layoutgestaltung2)	–	2
Informationstechnik	2	–
Technikerarbeit	–	4
Wahlpflichtbereich	2	6
Summe	36	34
Wahlbereich	4	6

1) Kernfach der Grundstufe
2) Fach der schriftlichen Prüfung

Fachrichtung Maschinentechnik

(durchschnittliche Zahl der Wochenstunden)

	Grundstufe	Fachstufe
Pflichtbereich		
Lernbereich I		
Betriebliche Kommunikation1)2)	3	2
Berufsbezogenes Englisch1)2)	3	3
Betriebswirtschaftslehre	3	3
Lernbereiche II und III		
Technische Mathematik1)	4	–
Informationstechnik	2	–
Technische Physik	6	–
Qualitätsmanagement	2	–
Technische Kommunikation	3	–
Fertigungstechnik1)2)	4	4
Konstruktion2)	–	6
Automatisierungstechnik	2	3
Produktionsorganisation1)2)	2	3
Technikerarbeit	–	4
Wahlpflichtbereich	2	6
Summe	36	34
Wahlbereich	4	6

1) Kernfach der Grundstufe
2) Fach der schriftlichen Prüfung

Fachrichtung für Medien und Informationssysteme

(durchschnittliche Zahl der Wochenstunden)

	Grundstufe	Fachstufe
Pflichtbereich		
Lernbereich I		
Betriebliche Kommunikation1)2)	3	2
Berufsbezogenes Englisch1)2)	3	3
Betriebswirtschaftslehre	3	3
Lernbereiche II und III		
Technische Mathematik	4	–
Naturwissenschaften	3	–
Produktmanagement	4	2
Mediengestaltung1)2)	4	5
Informationstechnik1)2)	6	4
Systemtechnik1)2)	4	5
Technikerarbeit	–	4
Wahlpflichtbereich	2	6
Summe	36	34
Wahlbereich	4	6

1) Kernfach der Grundstufe
2) Fach der schriftlichen Prüfung

Fachrichtung Medizintechnik

(durchschnittliche Zahl der Wochenstunden)

	Grundstufe	Fachstufe
Pflichtbereich		
Lernbereich I		
Betriebliche Kommunikation1)2)	3	2
Berufsbezogenes Englisch1)2)	3	3
Betriebswirtschaftslehre	3	3
Lernbereiche II und III		
Technische Mathematik	4	–
Naturwissenschaftliche Grundlagen	3	–
Elektrotechnik	4	–
Elektronik1)2)	2	4
Informationstechnik1)2)	4	3
Mess- und Regelungstechnik	–	2
Medizintechnik1)2)	4	5
Medizinisches Basiswissen	4	–
Krankenhausbetriebstechnik	–	2
Technikerarbeit	–	4
Wahlpflichtbereich	2	6
Summe	36	34
Wahlbereich	4	6

1) Kernfach der Grundstufe
2) Fach der schriftlichen Prüfung

Unter ⇨ Termin-Checkliste finden Sie die wichtigsten Termine des Schuljahres.

Fachrichtung Metallbautechnik

(durchschnittliche Zahl der Wochenstunden)

	Grund-stufe	Fach-stufe
Pflichtbereich		
Lernbereich I		
Betriebliche Kommunikation[1)2)]	3	2
Berufsbezogenes Englisch[1)2)]	3	3
Betriebswirtschaftslehre	3	3
Lernbereiche II und III		
Technische Mathematik[1)]	4	–
Technische Physik	2	–
Werkstofftechnologie	2	–
Informationstechnik	2	–
Statik und Festigkeitslehre[1)2)]	5	4
Fertigungstechnik	–	2
Stahlbaukonstruktion[1)2)]	6	4
Metallbau[2)]	2	4
Projektkalkulation	–	2
Berufs- und Arbeitspädagogik	2	–
Technikerarbeit	–	4
Wahlpflichtbereich	2	6
Summe	36	34
Wahlbereich	4	6

1) Kernfach der Grundstufe
2) Fach der schriftlichen Prüfung

Fachrichtung Reinigungs- und Hygienetechnik

(durchschnittliche Zahl der Wochenstunden)

	Grund-stufe	Fach-stufe
Pflichtbereich		
Lernbereich I		
Betriebliche Kommunikation[1)2)]	3	2
Berufsbezogenes Englisch[1)2)]	3	3
Betriebswirtschaftslehre	3	3
Lernbereiche II und III		
Technische Mathematik und Auftragsbearbeitung[1)]	3	3
Werkstoffkunde und Chemie[1)]	5	–
Betriebsmanagement	2	–
Informationstechnik	2	–
Chemische Analytik	2	–
Mikrobiologie	2	–
Reinigungs- und Hygienetechnik[1)2)]	4	7
Schutzbestimmungen[2)]	–	2
Verfahrenstechnik	2	2
Qualitäts- und Umwelt-management[2)]	3	2
Technikerarbeit	–	4
Wahlpflichtbereich	2	6
Summe	36	34
Wahlbereich	4	6

1) Kernfach der Grundstufe – 2) Fach der schriftlichen Prüfung

Fachrichtung Physiktechnik

(durchschnittliche Zahl der Wochenstunden)

	Grund-stufe	Fach-stufe
Pflichtbereich		
Lernbereich I		
Betriebliche Kommunikation[1)2)]	3	2
Berufsbezogenes Englisch[1)2)]	3	3
Betriebswirtschaftslehre	3	3
Lernbereiche II und III		
Technische Mathematik[1)]	4	–
Physikalische Technik[1)2)]	6	2
Informationstechnik	2	–
Chemie[1)]	3	–
Elektrotechnik und Elektronik[2)]	2	2
Steuerungs- und Regelungstechnik[2)]	–	2
Physikalisches Praktikum	4	–
Chemisches Praktikum	2	–
Messtechnisches Praktikum[3)]	2	8
Praktikum zur Werkstoffprüfung	–	2
Technikerarbeit	–	4
Wahlpflichtbereich	2	6
Summe	36	34
Wahlbereich	4	6

1) Kernfach der Grundstufe
2) Fach der schriftlichen Prüfung
3) Fach der praktischen Prüfung

Fachrichtung Sanitärtechnik

(durchschnittliche Zahl der Wochenstunden)

	Grund-stufe	Fach-stufe
Pflichtbereich		
Lernbereich I		
Betriebliche Kommunikation[1)2)]	3	2
Berufsbezogenes Englisch[1)2)]	3	3
Betriebswirtschaftslehre	3	3
Lernbereiche II und III		
Technische Mathematik	4	–
Informationstechnik	2	–
Technische Physik	3	–
Elektrotechnik	3	–
Werkstofftechnik	2	–
Technische Kommunikation	3	–
Anlagenplanung der Sanitär-technik[1)2)]	3	5
Installationstechnik[1)2)]	3	5
Steuerungs- und Regelungstechnik[2)]	–	3
Angebotswesen und Kalkulation[1)]	2	1
Entwässerungstechnik	–	2
Technikerarbeit	–	4
Wahlpflichtbereich	2	6
Summe	36	34
Wahlbereich	4	6

1) Kernfach der Grundstufe
2) Fach der schriftlichen Prüfung

Berufliche Schulen

Fachrichtung Textiltechnik

(durchschnittliche Zahl der Wochenstunden)

	Grund-stufe	Fach-stufe
Pflichtbereich		
Lernbereich I		
Betriebliche Kommunikation[1)2)]	3	2
Berufsbezogenes Englisch[1)2)]	3	3
Betriebswirtschaftslehre	3	3
Lernbereiche II und III		
Technische Mathematik	3	3
Informationstechnik	2	–
Technische Physik[1)]	4	–
Produktionsorganisation	2	–
Werkstofftechnologie	2	–
Qualitätsmanagement[2)]	2	2
Umweltmanagement	–	2
Fertigungstechnik[1)2)]	6	5
Bindungstechnik[1)2)]	4	4
Technikerarbeit	–	4
Wahlpflichtbereich	2	6
Summe	36	34
Wahlbereich	4	6

1) Kernfach der Grundstufe
2) Fach der schriftlichen Prüfung

Fachrichtung Umweltschutztechnik

(durchschnittliche Zahl der Wochenstunden)

	Grund-stufe	Fach-stufe
Pflichtbereich		
Lernbereich I		
Betriebliche Kommunikation[1)2)]	3	2
Berufsbezogenes Englisch[1)2)]	3	3
Betriebswirtschaftslehre[1)2)]	3	3
Lernbereiche II und III		
Technische Mathematik	3	1
Informationstechnik	2	–
Technische Physik	4	–
Elektrotechnik	3	–
Chemie	6	–
Biologie	1	–
Umwelttechnik[1)2)]	3	9
Verfahrenstechnik[1)2)]	2	4
Umweltrecht	1	2
Technikerarbeit	–	4
Wahlpflichtbereich	2	6
Summe	36	34
Wahlbereich	4	6

1) Kernfach der Grundstufe
2) Fach der schriftlichen Prüfung

Fachrichtung Textilveredelung

(durchschnittliche Zahl der Wochenstunden)

	Grund-stufe	Fach-stufe
Pflichtbereich		
Lernbereich I		
Betriebliche Kommunikation[1)2)]	3	2
Berufsbezogenes Englisch[1)2)]	3	3
Betriebswirtschaftslehre	3	3
Lernbereiche II und III		
Technische Mathematik	3	3
Informationstechnik	2	–
Technische Physik[1)]	4	–
Produktionsorganisation	2	–
Qualitätsmanagement[2)]	2	2
Umweltmanagement	–	2
Textile Werkstoffe[2)]	2	2
Chemie[1)]	4	–
Verfahrenstechnik Textilveredelung[1)2)]	6	7
Technikerarbeit	–	4
Wahlpflichtbereich	2	6
Summe	36	34
Wahlbereich	4	6

1) Kernfach der Grundstufe
2) Fach der schriftlichen Prüfung

Fachrichtung Wasser- und Abfallwirtschaft

(durchschnittliche Zahl der Wochenstunden)

	Grund-stufe	Fach-stufe
Pflichtbereich		
Lernbereich I		
Betriebliche Kommunikation[1)2)]	3	2
Berufsbezogenes Englisch[1)2)]	3	3
Betriebswirtschaftslehre	3	3
Lernbereiche II und III		
Technische Mathematik	3	2
Technische Physik	3	–
Chemie	5	–
Biologie und Ökologie	2	–
Informationstechnik	2	2
Umweltrecht[1)2)]	2	2
Abfallwirtschaft[1)2)]	3	3
Wasserwirtschaft[1)2)]	2	4
Umweltanalytik	3	3
Technikerarbeit	–	4
Wahlpflichtbereich	2	6
Summe	36	34
Wahlbereich	4	6

1) Kernfach der Grundstufe
2) Fach der schriftlichen Prüfung

Anlage 2 (Zu § 3)

Stundentafeln für die Fachschule für Gestaltung

Fachrichtung Farbtechnik und Raumgestaltung

(durchschnittliche Zahl der Wochenstunden)

	Grundstufe	Fachstufe
Pflichtbereich		
Lernbereich I		
Betriebliche Kommunikation[1)2)]	3	2
Berufsbezogenes Englisch[1)2)]	3	3
Betriebswirtschaftslehre	3	3
Lernbereiche II und III		
Mathematik	2	2
Werkstofftechnologie	2	–
Kunstgeschichte	2	–
Informationstechnik	2	–
Schrift	2	2
Gestaltung	2	2
Entwurf[1)2)]	4	2
Werktechnik	4	4
Kalkulation[1)2)]	2	2
Anwendungstechnik[1)2)]	3	2
Gestalterarbeit	–	4
Wahlpflichtbereich	2	6
Summe	36	34
Wahlbereich	4	6

1) Kernfach der Grundstufe – 2) Fach der schriftlichen Prüfung

Fachrichtung Möbel- und Innenraumgestaltung

(durchschnittliche Zahl der Wochenstunden)

	Grundstufe	Fachstufe
Pflichtbereich		
Lernbereich I		
Betriebliche Kommunikation[1)2)]	3	2
Berufsbezogenes Englisch[1)2)]	3	3
Betriebswirtschaftslehre	3	3
Lernbereiche II und III		
Mathematik	3	1
Betriebsorganisation und Kostenrechnung[2)]	2	2
Betriebstechnik	2	–
Fertigungstechnik	3	–
Informationstechnik[1)]	3	3
Möbel- und Innenraumgestaltung[1)2)]	7	7
Konstruktion[1)2)]	3	3
Werkstofftechnologie	2	–
Gestalterarbeit	–	4
Wahlpflichtbereich	2	6
Summe	36	34
Wahlbereich	4	6

1) Kernfach der Grundstufe

2) Fach der schriftlichen Prüfung

Fachrichtung Steingestaltung

(durchschnittliche Zahl der Wochenstunden)

	Grundstufe	Fachstufe
Pflichtbereich		
Lernbereich I		
Betriebliche Kommunikation[1)2)]	3	2
Berufsbezogenes Englisch[1)2)]	3	3
Betriebswirtschaftslehre	3	3
Lernbereiche II und III		
Mathematik[1)]	4	2
Werkstofftechnologie[1)]	2	–
Bau- und Werkzeugphysik	2	–
Stil- und Symbolkunde	2	–
Gestaltendes Zeichnen[1)]	2	2
Steinschnitt[2)]	2	2
Steinbautechnik	1	1
Konstruktives Zeichnen	2	1
Gestaltung[2)]	4	4
Steinbearbeitung	2	2
Schrift[2)]	2	2
Gestalterarbeit	–	4
Wahlpflichtbereich	2	6
Summe	36	34
Wahlbereich	4	6

1) Kernfach der Grundstufe

2) Fach der schriftlichen Prüfung

Fachrichtung Werbegestaltung

(durchschnittliche Zahl der Wochenstunden)

	Grundstufe	Fachstufe
Pflichtbereich		
Lernbereich I		
Betriebliche Kommunikation[1)2)]	3	2
Berufsbezogenes Englisch[1)2)]	3	3
Betriebswirtschaftslehre	3	3
Lernbereiche II und III		
Mathematik	4	–
Werbekommunikation[1)]	4	–
Grafik-Design[1)]	4	–
Werkstofftechnologie	2	–
Kunstgeschichte[1)]	3	–
Informationstechnik	2	–
Werbeplanung[2)]	–	6
Marketingtechniken[2)]	–	4
Präsentationstechnik[2)]	4	4
Messebautechnik[3)]	2	2
Gestalterarbeit	–	4
Wahlpflichtbereich	2	6
Summe	36	34
Wahlbereich	4	6

1) Kernfach der Grundstufe

2) Fach der schriftlichen Prüfung

3) Fach der praktischen Prüfung

Fachschule Wirtschaft (BetriebswirtVO)

Ausbildungs- und Prüfungsordnung des KM für die Fachschulen für Wirtschaft – Fachrichtung Betriebswirtschaft und Unternehmensmanagement – mit integrierter Fachhochschulreife (Schulversuch) vom 15. Juni 2010 (AZ: 41-6626.218/1)

Hinweis der Redaktion: Die Betriebswirtverordnung vom 27.6.1998 (K.u.U. S. 217), geändert 19.7.2000 (K.u.U. S. 208) ist in der Loseblattsammlung K.u.U. Nr. 6626-22 abgedruckt.

1. Abschnitt
Allgemeines

§ 1

Zweck der Ausbildung, Bezeichnungen

(1) Die Ausbildung an der Fachschule für Wirtschaft – Fachrichtung Betriebswirtschaft und Unternehmensmanagement – befähigt die Absolventen, als gehobene Fachkräfte leitende Tätigkeiten kaufmännischer Prägung in Wirtschaft und Verwaltung selbstständig und verantwortlich wahrzunehmen. Aufbauend auf einer branchenspezifischen Berufsausbildung und praktischer Berufserfahrung werden allgemeine und berufsfachliche Kompetenzen vertieft und erweitert. Die Vermittlung kaufmännischer Basisqualifikationen und profilbezogener Kenntnisse bildet den Schwerpunkt der Ausbildung. Darüber hinaus kann die Fachhochschulreife erlangt werden.

(2) Soweit die nachfolgenden Bestimmungen Personalbegriffe wie Schulleiter, Leiter, Vorsitzender, Schüler, Bewerber und Prüfer enthalten, sind dies funktions- oder statusbezogene Bezeichnungen, die gleichermaßen auf Frauen und Männer zutreffen.

§ 2

Dauer, Gliederung und Abschluss der Ausbildung

(1) Die Ausbildung dauert in Vollzeitform zwei Schuljahre. Sie kann in Teilzeitform erfolgen; dabei ist die für die Vollzeitform vorgesehene Gesamtstundenzahl zugrunde zu legen. Die Schulleitung kann Übergänge von der Vollzeitform in die Teilzeitform und umgekehrt zulassen.

(2) Der Unterricht gliedert sich in einen Pflichtbereich und einen Wahlpflichtbereich.

(3) Jeder Schüler muss sich bis zu einem vom Schulleiter festgelegten Termin entsprechend dem Angebot der Schule für einen der innerhalb des Wahlpflichtbereichs angebotenen Profilbereiche sowie für zwei zugehörige Qualifikationsbausteine entscheiden.

(4) Die Ausbildung endet mit einer Abschlussprüfung, mit deren Bestehen die Berufsbezeichnung „Staatlich geprüfter Betriebswirt“ oder „Staatlich geprüfte Betriebswirtin“ mit einem die Fachrichtung und das Profil kennzeichnenden Zusatz erworben wird. Mit Bestehen der Abschlussprüfung wird außerdem die Fachhochschulreife erworben.

§ 3

Stundentafel, Bildungsplan.

Der Unterricht richtet sich nach den vom Kultusministerium erlassenen Bildungs- und Lehrplänen sowie nach der als Anlage 1 beigefügten Stundentafel.

→ Fachschule Wirtschaft (BetriebswirtVO) – Stundentafeln

§ 4

Maßgebende Fächer, Halbjahreszeugnis

(1) Als maßgebende Fächer gelten die in der Stundentafel ausgewiesenen Fächer, die Handlungsfelder des Kernbereichs Betriebswirtschaft (im Folgenden: Handlungsfelder) und der Profilbereich.

(2) Am Ende des ersten Schulhalbjahres wird ein Halbjahreszeugnis erteilt. In diesem Zeugnis sind Noten für mindestens vier Handlungsfelder, für die übrigen Fächer mit Ausnahme des Fachs Betriebswirtarbeit sowie für den vom Schüler gewählten Profilbereich auszuweisen.

(3) Die Inhalte des Fachs Projektmanagement werden integrativ in den Handlungsfeldern vermittelt.

§ 5

Betriebswirtarbeit

(1) Die Betriebswirtarbeit ist eine selbstständig anzufertigende Arbeit. Durch sie soll der Schüler nachweisen, dass er fähig ist, wissenschaftspropädeutisch zu denken und zu arbeiten und die Arbeitsergebnisse angemessen zu präsentieren. Die Betriebswirtarbeit wird durch eine Präsentation mit Kolloquium ergänzt.

(2) Das Thema der Betriebswirtarbeit wird im Rahmen der Bildungs- und Lehrpläne auf Vorschlag des Schülers von der Schule spätestens sechs Monate vor Ende der Ausbildung festgelegt.

(3) Der Betriebswirtarbeit ist vom Schüler die schriftliche Versicherung beizufügen, dass die Arbeit von ihm selbstständig angefertigt wurde, dabei nur die angegebenen Hilfsmittel benutzt wurden und alle Stellen, die dem Wortlaut oder dem Sinne nach anderen Werken entnommen sind, durch Angabe der Quellen kenntlich gemacht sind.

(4) Die Betriebswirtarbeit ist von einer vom Schulleiter bestimmten Lehrkraft zu korrigieren und mit einer ganzen oder halben Note zu bewerten. Diese Note ist Anmeldenote im Sinne von § 15 Abs. 2.

2. Abschnitt
Aufnahmeverfahren und Probezeit

§ 6

Aufnahmevoraussetzungen

(1) Voraussetzungen für die Aufnahme in die Fachschule sind

1. die Fachschulreife oder der Realschulabschluss oder der Nachweis eines gleichwertigen Bildungsstandes und
2. das Abschlusszeugnis der Berufsschule oder der Nachweis eines gleichwertigen Bildungsstandes und
3. die Abschlussprüfung in einem einschlägigen Ausbildungsberuf sowie eine anschließende einschlägige Berufstätigkeit von
   a) mindestens einem Jahr bei einer Regelausbildungsdauer von drei Jahren und bei

„Staatlich geprüften Wirtschaftsassistenten" oder „Staatlich geprüften Wirtschaftsassistentinnen",

b) mindestens zwei Jahren bei einer Regelausbildungsdauer von zwei Jahren, wenn der Schulleiter in einem fachlich orientierten Gespräch unter besonderer Berücksichtigung des bisherigen schulischen und beruflichen Werdegangs feststellt, dass der Bewerber den Anforderungen der Fachschule genügt,

c) mindestens einem Jahr bei Bewerbern mit Hochschulreife oder Fachhochschulreife

oder

4. eine einschlägige berufliche Tätigkeit von mindestens fünf Jahren oder
5. eine einschlägige berufliche Tätigkeit von mindestens sieben Jahren in Verbindung mit einer Abschlussprüfung nach § 45 Abs. 2 des Berufsbildungsgesetzes und
6. bei Bewerbern, deren Muttersprache nicht Deutsch ist, für den Besuch der Fachschule ausreichende deutsche Sprachkenntnisse.

(2) In der Teilzeitform kann die nach Absatz 1 erforderliche einschlägige berufliche Tätigkeit bis zur Hälfte während des Schulbesuchs absolviert werden.

(3) Wer die Voraussetzungen des Absatzes 1 Nr. 3 erfüllt und die Hochschulreife oder Fachhochschulreife oder den Abschluss „Staatlich geprüfter Wirtschaftsassistent" oder „Staatlich geprüfte Wirtschaftsassistentin" besitzt, kann eine Anrechnung von bis zu einem Jahr auf die Ausbildungsdauer der Fachschule erhalten. Der Schulleiter entscheidet, ob und in welchem Umfang eine Anrechnung erfolgt.

§ 7
Aufnahmeantrag

(1) Der Aufnahmeantrag ist an die Fachschule zu richten, an der die Ausbildung erfolgen soll. Der Termin, zu dem der Antrag bei der Schule eingegangen sein muss, wird vom Schulleiter bestimmt und auf geeignete Weise bekanntgegeben. Dem Aufnahmeantrag sind beizufügen:

1. ein Lebenslauf in tabellarischer Form mit Angaben über den bisherigen Bildungsweg und die ausgeübte Berufstätigkeit,
2. beglaubigte Abschriften der Nachweise nach § 6,
3. eine Erklärung
   a) ob und gegebenenfalls an welcher anderen Fachschule für Wirtschaft bereits an einem Aufnahmeverfahren teilgenommen wurde sowie
   b) ob und gegebenenfalls an welche andere Fachschule für Wirtschaft ein weiterer Aufnahmeantrag gerichtet wurde.

(2) Über den Aufnahmeantrag entscheidet der Schulleiter. Gegebenenfalls muss der Schüler innerhalb einer vom Schulleiter festgesetzten angemessenen Frist erklären, ob er die Zusage über die Aufnahme annimmt.

§ 8
Auswahlverfahren

(1) Ein Auswahlverfahren ist nur durchzuführen, wenn

1. bei voller Ausschöpfung der vorhandenen personellen, räumlichen und sächlichen Gegebenheiten sowie
2. bei Abstimmung der Aufnahmefähigkeit benachbarter Schulen und entsprechender Zuweisung der Bewerber (§ 18 Abs. 1 und § 88 Abs. 4 SchG)

nicht alle Bewerber, welche die Aufnahmevoraussetzungen nach § 6 erfüllen, in die Fachschule aufgenommen werden können.

(2) Im Auswahlverfahren sind die Plätze nach folgenden Quoten zu vergeben:

1. 90 vom Hundert nach Bewerberzahl
2. 10 vom Hundert für außergewöhnliche Härtefälle.

(3) Für die Rangfolge der Bewerber wird eine Bewertungszahl ermittelt. Hierbei wird für jeweils sechs volle Monate einschlägiger Berufstätigkeit, die über die verlangte Mindestberufstätigkeit hinausgeht, ein Bonus von einer Zehntelnote auf die Durchschnittsnote des nach § 6 Abs. 1 Nr. 2 maßgebenden Zeugnisses angerechnet. Der Bonus kann höchstens eine ganze Note betragen. Bei gleicher Bewertungszahl entscheidet die längere einschlägige Berufstätigkeit über die Rangfolge der Bewerber, bei gleicher Dauer das Los.

(4) Ein außergewöhnlicher Härtefall liegt vor, wenn ein Bewerber nach Absatz 2 Nr. 1 nicht ausgewählt worden ist und die Nichtaufnahme für ihn mit Nachteilen verbunden wäre, die bei Anlegung eines strengen Maßstabes über das Maß der mit der Nichtaufnahme üblicher Weise verbundenen Nachteile erheblich hinausgehen. Für die Berücksichtigung als außergewöhnlicher Härtefall kommen insbesondere familiäre oder soziale Umstände oder andere vom Bewerber nicht zu vertretende Gründe, welche die Aufnahme der Ausbildung verzögert haben, in Betracht. Über das Vorliegen eines außergewöhnlichen Härtefalls und die sich nach dem Grad der Härte ergebende Rangfolge der Bewerber entscheidet ein Auswahlausschuss, dem der Schulleiter als Vorsitzender und vier von ihm beauftragte Lehrkräfte angehören; § 16 Abs. 2 und 3 gilt entsprechend.

(5) Ist ein Aufnahmeantrag nach dem vom Schulleiter bestimmten Termin eingegangen, kann die Bewerbung erst berücksichtigt werden, wenn die rechtzeitig eingegangenen Aufnahmeanträge entweder beschieden oder zurückgenommen sind.

§ 9
Probezeit

(1) Die Aufnahme erfolgt zunächst auf Probe. Die Klassenkonferenz entscheidet aufgrund der Noten des Halbjahreszeugnisses über das Bestehen der Probezeit; § 10 Abs. 2 gilt entsprechend. Ein Schüler, der die Probezeit nicht bestanden hat, muss die Fachschule verlassen. Er kann einmal erneut aufgrund

eines nach diesen Bestimmungen durchgeführten Aufnahmeverfahrens aufgenommen werden.

(2) Ausnahmsweise kann die Klassenkonferenz einem Schüler, der nach Absatz 1 die Probezeit nicht bestanden hat, mit Zweidrittelmehrheit das Verbleiben an der Fachschule erlauben, wenn sie zu der Auffassung gelangt, dass der Schüler unter Berücksichtigung seiner Leistungsentwicklung voraussichtlich die Versetzung in das zweite Schuljahr erreichen wird.

3. Abschnitt Versetzung

§ 10 *Voraussetzungen*

(1) In das zweite Schuljahr wird versetzt, wer aufgrund der Leistungen in den für die Versetzung maßgebenden Fächern den Anforderungen im ersten Schuljahr im Ganzen entsprochen hat und deshalb erwarten lässt, dass er den Anforderungen des zweiten Schuljahres genügen wird. Als maßgebende Fächer im Sinne des Satzes 1 sind mindestens fünf der unterrichteten Handlungsfelder sowie die übrigen maßgebenden Fächer nach § 4 Abs. 1 mit Ausnahme des Fachs Betriebswirtarbeit zugrunde zu legen.

(2) Die Voraussetzung nach Absatz 1 Satz 1 liegt vor, wenn

1. der Durchschnitt aus den Noten der nach Absatz 1 Satz 2 maßgebenden Fächer 4,0 oder besser ist,
2. der Durchschnitt aus den Noten der Handlungsfelder, des Profilbereichs und des Fachs Englisch 4,0 oder besser ist und
3. die Leistungen in den Handlungsfeldern oder im Profilbereich oder im Fach Englisch nicht mit der Note „ungenügend" bewertet sind und
4. die Leistungen in nicht mehr als einem der nach Absatz 1 Satz 2 maßgebenden Fächer geringer als mit der Note „ausreichend" bewertet sind; sind die Leistungen in zwei maßgebenden Fächern geringer als mit der Note „ausreichend" bewertet, so erfolgt eine Versetzung, wenn für beide Fächer ein Ausgleich gegeben ist. Ausgeglichen werden können
   a) die Note „ungenügend" in einem maßgebenden Fach, das nicht zu den in Nr. 3 genannten maßgebenden Fächern zählt, durch die Note „sehr gut" in einem anderen maßgebenden Fach oder durch die Note „gut" in zwei anderen maßgebenden Fächern
   b) die Note „mangelhaft" in einem Handlungsfeld oder im Profilbereich durch mindestens die Note „gut" in einem anderen Handlungsfeld oder im Profilbereich
   c) die Note „mangelhaft" in einem maßgebenden Fach, das nicht zu den Handlungsfeldern oder zum Profilbereich zählt, durch die Note „gut" in einem anderen maßgebenden Fach oder durch die Note „befriedigend" in zwei anderen maßgebenden Fächern.

(3) Ausnahmsweise kann durch Beschluss der Klassenkonferenz auch bei Nichterfüllung der in den Absätzen 1 und 2 genannten Voraussetzungen eine Versetzung erfolgen, wenn die Klassenkonferenz mit Zweidrittelmehrheit zu der Auffassung gelangt, dass die Leistungen nur vorübergehend nicht für die Versetzung ausreichen und nach einer Übergangszeit die Anforderungen des zweiten Schuljahres voraussichtlich erfüllt werden. Wenn das Verbleiben an der Fachschule bereits nach § 9 Abs. 2 erlaubt wurde, findet Satz 1 keine Anwendung.

(4) Die Versetzung ist im Zeugnis mit „versetzt" oder „nicht versetzt" zu vermerken. Bei einer Versetzung nach Absatz 3 ist zu vermerken: „Versetzt nach § 10 Abs. 3 der Ausbildungs- und Prüfungsordnung für die Fachschulen für Wirtschaft – Fachrichtung Betriebswirtschaft und Unternehmensmanagement".

§ 11 *Wiederholung, Entlassung*

(1) Bei einer Nichtversetzung kann das erste Schuljahr wiederholt werden; § 9 findet keine Anwendung. Die freiwillige Wiederholung auch nur eines Teils des ersten Schuljahres gilt als Nichtversetzung.

(2) Wer im ersten Schuljahr zweimal nicht versetzt wurde, muss die Fachschule verlassen.

4. Abschnitt Ordentliche Abschlussprüfung

§ 12 *Zweck der Prüfung*

In der Abschlussprüfung soll nachgewiesen werden, dass das Ausbildungsziel der Fachschule erreicht wurde und die geforderten allgemeinen und fachlichen Kompetenzen vorhanden sind.

§ 13 *Teile der Prüfung*

Die Abschlussprüfung besteht aus der schriftlichen Prüfung, der mündlichen Prüfung und der Präsentation der Betriebswirtarbeit mit Kolloquium.

§ 14 *Ort und Zeitpunkt der Prüfung*

(1) Die Abschlussprüfung wird an der Fachschule abgenommen.

(2) Der Zeitpunkt der schriftlichen Prüfung wird von der obersten Schulaufsichtsbehörde, der Zeitpunkt der mündlichen Prüfung und der Präsentation der Betriebswirtarbeit mit Kolloquium vom Vorsitzenden des Prüfungsausschusses festgelegt.

§ 15 *Zulassung zur Prüfung, Anmeldenoten*

(1) Zur Abschlussprüfung ist zugelassen, wer die zur Bildung von Anmeldenoten erforderlichen Einzelleistungen erbracht und die Betriebswirtarbeit bis zu einem vom Schulleiter festgelegten Termin vorgelegt hat. Sind diese Voraussetzungen nicht erfüllt, ist die Nichtzulassung vom Schulleiter festzustellen und dem Schüler unter Angabe der Gründe unverzüglich schriftlich mitzuteilen. Sie gilt als Nichtbestehen der Abschlussprüfung, es sei denn, der Schulleiter stellt fest, dass die Gründe vom Schüler nicht zu vertreten sind.

(2) Für die Prüfung werden in allen maßgebenden Fächern Anmeldenoten in Gestalt ganzer Noten gebildet, die aus den während beider Schuljahre erbrachten Einzelleistungen zu ermitteln sind. § 5 Abs. 4 bleibt unberührt. Die Anmeldenoten sind für die Fächer der schriftlichen Prüfung jeweils fünf bis sieben Schultage vor Beginn der schriftlichen Prüfung und für die übrigen Fächer fünf bis sieben Schultage vor der mündlichen Prüfung zusammen mit den Noten der schriftlichen Prüfung bekanntzugeben.

§ 16
Prüfungsausschuss, Fachausschüsse

(1) Für die Abschlussprüfung wird an der Fachschule ein Prüfungsausschuss gebildet. Diesem gehören an:

1. als Vorsitzender ein Vertreter oder Beauftragter der oberen Schulaufsichtsbehörde, soweit vor Beginn der Prüfung von der oberen Schulaufsichtsbehörde nichts anderes bestimmt wird,
2. als stellvertretender Vorsitzender der Schulleiter oder sein ständiger Vertreter oder eine vom Schulleiter beauftragte Lehrkraft,
3. sämtliche Lehrkräfte, die im zweiten Schuljahr in den maßgebenden Fächern unterrichten.

Die obere Schulaufsichtsbehörde und der Vorsitzende des Prüfungsausschusses können Lehrkräfte anderer öffentlicher Schulen als weitere Mitglieder berufen, soweit dies für die Durchführung der Prüfung erforderlich ist.

(2) Die Mitglieder des Prüfungsausschusses sind bei ihrer Tätigkeit als Prüfer unabhängig. Sie sind zur Amtsverschwiegenheit über alle Prüfungsangelegenheiten verpflichtet. Der Vorsitzende des Prüfungsausschusses hat sie vor Beginn der Prüfung hierüber zu belehren.

(3) Der Prüfungsausschuss ist beschlussfähig, wenn mindestens zwei Drittel der Mitglieder anwesend sind. Der Prüfungsausschuss entscheidet mit einfacher Mehrheit; bei Stimmengleichheit gibt die Stimme des Vorsitzenden den Ausschlag.

(4) Für die mündliche Prüfung in den einzelnen Fächern bildet der Vorsitzende des Prüfungsausschusses die erforderlichen Fachausschüsse. Jedem Fachausschuss gehören an:

1. der Vorsitzende des Prüfungsausschusses oder ein von ihm bestimmtes Mitglied des Prüfungsausschusses als Leiter, sofern die obere Schulaufsichtsbehörde nicht anderes bestimmt,
2. die Fachlehrkraft der Klasse oder bei deren Verhinderung eine in dem betreffenden Prüfungsfach erfahrene Lehrkraft als Prüfer,
3. ein weiteres fachkundiges Mitglied des Prüfungsausschusses, zugleich als Protokollführer oder Protokollführerin.

Davon abweichend gehört dem Fachausschuss für die Präsentation der Betriebswirtarbeit mit Kolloquium statt der in Satz 2 genannten Lehrkraft die Fachlehrkraft an, welche die Betriebswirtarbeit mit Kolloquium betreut. In Fächern, in denen die Klasse von verschiedenen Fachlehrkräften für Teilbereiche unterrichtet wird, gehören alle Fachlehrkräfte dem Fachausschuss als Mitglieder an. Sie sind jeweils für ihren Teilbereich Prüfer nach Satz 2 Nr. 2. Der Leiter des Fachausschusses bestimmt den Gang der Prüfung; er kann selbst prüfen.

§ 17
Schriftliche Prüfung

(1) Die Leitung der schriftlichen Prüfung obliegt dem Schulleiter.

(2) Schriftliche Prüfungsarbeiten sind zu fertigen

- im Fach Englisch
  mit einer Arbeitszeit von 120 Minuten,
- im Handlungsfeld I, im Handlungsfeld II sowie im Handlungsfeld III
  mit einer Arbeitszeit von insgesamt 300 Minuten,
- im Profilbereich
  mit einer Arbeitszeit von 240 Minuten.

(3) Die Prüfungsaufgaben werden für das Fach Englisch und die Handlungsfelder im Rahmen der Bildungs- und Lehrpläne landeseinheitlich vom Kultusministerium oder von der von ihm beauftragten oberen Schulaufsichtsbehörde gestellt, die Prüfungsaufgaben für den Profilbereich von der Schule. Entsprechendes gilt für die Festlegung der Arbeitszeiten für die Prüfung der einzelnen Handlungsfelder.

(4) Über die schriftliche Prüfung ist eine Niederschrift zu fertigen, die vom Schulleiter und den aufsichtführenden Lehrkräften zu unterschreiben ist.

(5) Die schriftlichen Arbeiten werden von der Fachlehrkraft der Klasse und von einer weiteren Fachlehrkraft, die der Vorsitzende des Prüfungsausschusses bestimmt, korrigiert und bewertet; dabei können ganze und halbe Noten verwendet werden. Als Note der jeweiligen schriftlichen Prüfungsarbeit gilt der auf die erste Dezimale errechnete Durchschnitt der beiden Bewertungen, der auf eine ganze oder halbe Note zu runden ist; Dezimalen von 0,3 bis 0,7 sind dabei auf eine halbe Note, die übrigen Dezimalen auf eine ganze Note zu runden. Weichen die Bewertungen um mehr als eine ganze Note voneinander ab und können sich die beiden Korrektoren nicht einigen, hat der Vorsitzende des Prüfungsausschusses die endgültige Note für die jeweilige schriftliche Prüfungsarbeit festzusetzen; dabei gelten die Bewertungen der beiden Korrektoren als Grenzwerte, die nicht über- oder unterschritten werden dürfen.

(6) Die einzelnen Noten der schriftlichen Prüfung werden dem Schüler fünf bis sieben Schultage vor der mündlichen Prüfung bekanntgegeben.

⇨ Korrekturtag

§ 18
Mündliche Prüfung

(1) Die mündliche Prüfung kann sich auf alle maßgebenden Fächer mit Ausnahme des Fachs Betriebswirtarbeit erstrecken. Sie dauert im Profilbereich in der Regel 15 bis 20 Minuten je Schüler, in den Fächern und Handlungsfeldern in der Regel 10 bis 15 Minuten je Schüler und Fach oder Handlungsfeld.

(2) Die mündliche Prüfung wird in der Regel als Einzelprüfung durchgeführt. Der Vorsitzende des Prüfungsausschusses kann hiervon abweichend die Durchführung einer Gruppenprüfung zulassen, wenn dies aus organisatorischen oder thematischen Gründen der Durchführung der Prüfung förderlich ist. Bei Gruppenprüfungen können bis zu drei Prüflinge zusammen geprüft werden.

(3) Aufgrund der Anmeldenoten und gegebenenfalls der Noten der schriftlichen Prüfung bestimmt der Vorsitzende des Prüfungsausschusses, in welchen maßgebenden Fächern mündlich zu prüfen ist. Jeder Schüler wird mindestens in einem maßgebenden Fach und soll in nicht mehr als drei maßgebenden Fächern geprüft werden. Die zu prüfenden Fächer sind fünf bis sieben Schultage vor der mündlichen Prüfung bekannntzugeben. Darüber hinaus kann ein Schüler bis zum nächsten Schultag dem Schulleiter schriftlich bis zu zwei weitere Fächer nach Absatz 1 Satz 1 benennen, in denen er mündlich zu prüfen ist.

(4) Im Anschluss an die einzelne mündliche Prüfung setzt der Fachausschuss das Ergebnis der mündlichen Prüfung auf Vorschlag des Prüfers fest; dabei können ganze und halbe Noten verwendet werden. Kann sich der Fachausschuss mehrheitlich mit der Stimme des Leiters des Fachausschusses auf keine bestimmte Note einigen, so wird die Note aus dem auf die erste Dezimale errechneten Durchschnitt der Bewertungen aller Mitglieder gebildet, der auf eine ganze oder halbe Note zu runden ist; Dezimalen von 0,3 bis 0,7 sind dabei auf eine halbe Note, die übrigen Dezimalen auf eine ganze Note zu runden.

(5) Über jede mündliche Prüfung ist eine Niederschrift zu fertigen, die von den Mitgliedern des Fachausschusses zu unterschreiben ist.

(6) Die zusätzlich zur mündlichen Prüfung nach Absatz 1 bis 6 durchzuführende Präsentation der Betriebswirtarbeit mit Kolloquium dauert in der Regel 15 bis 20 Minuten je Schüler. Die Absätze 2, 5 und 6 gelten entsprechend. Der Prüfungsvorsitzende kann im Einvernehmen mit dem Schulleiter fachkundigen Personen die Teilnahme an der Präsentation gestatten.

§ 19
Ermittlung des Prüfungsergebnisses

(1) Die Endnoten in den einzelnen maßgebenden Fächern werden aufgrund der Anmeldenoten und der Prüfungsnoten ermittelt, wobei der Durchschnitt dieser Noten auf die erste Dezimale zu errechnen und eine Dezimale bis 0,4 auf eine ganze Note abzurunden und eine Dezimale von 0,5 oder schlechter auf eine ganze Note aufzurunden ist.

(2) Bei der Ermittlung der Endnote zählen

1. in den Fächern, in denen schriftlich und mündlich geprüft wurde, die Anmeldenote, die Note der schriftlichen Prüfung und die Note der mündlichen Prüfung je einfach,
2. in den Fächern, in denen nur schriftlich oder nur mündlich geprüft wurde, die Anmeldenote einfach und die Prüfungsnote doppelt,
3. im Fach Betriebswirtarbeit die Anmeldenote zweifach und die Note der Präsentation mit Kolloquium einfach.

(3) In Fächern, in denen nicht geprüft wurde, werden die Anmeldenoten als Endnoten in das Zeugnis übernommen.

(4) Der Vorsitzende des Prüfungsausschusses ermittelt die Endnoten und stellt fest, wer die Prüfung bestanden hat. Hierfür gelten die Bestimmungen des § 10 Abs. 2 entsprechend mit der zusätzlichen Maßgabe, dass für das Bestehen der Abschlussprüfung die Leistung im Profilbereich nicht geringer als mit der Endnote „ausreichend“ bewertet sein darf. Das Ergebnis der Prüfung ist dem Schüler unverzüglich mitzuteilen.

(5) Über die Prüfung und die Feststellung der Prüfungsergebnisse ist eine Niederschrift zu fertigen, die vom Vorsitzenden des Prüfungsausschusses und dem Mitglied, das die Niederschrift angefertigt hat, unterschrieben wird.

(6) Die Niederschriften über die Prüfung und über die Feststellung der Prüfungsergebnisse sowie die Prüfungsarbeiten sind bei den Schulakten aufzubewahren. Die Niederschriften und die Prüfungsarbeiten können nach Ablauf von drei Jahren seit der Feststellung der Ergebnisse der Prüfung vernichtet werden.

§ 20
Zeugnisse

(1) Wer die Abschlussprüfung bestanden hat, erhält ein Abschlusszeugnis nach Anlage 2 mit den nach § 19 Abs. 1 bis 3 ermittelten Endnoten. Das Thema der Betriebswirtarbeit ist im Zeugnis aufzuführen.

(2) Wer an der Abschlussprüfung teilgenommen, sie nicht bestanden hat und die Schule verlässt, erhält ein Abgangszeugnis mit den nach § 19 Abs. 1 bis 3 ermittelten Endnoten; das Thema der Betriebswirtarbeit ist zu nennen.

(3) Wer an der Abschlussprüfung nicht oder nur teilweise teilgenommen hat, erhält ein Zeugnis über die bis zum Ausscheiden erbrachten Leistungen oder, sofern sie bereits vorliegen, mit den Anmeldenoten nach § 15 Abs. 2; Prüfungsleistungen bleiben unberücksichtigt.

(4) Wer an der Abschlussprüfung teilgenommen hat, sie jedoch nicht bestanden hat und das Schuljahr wiederholt, erhält ein Jahreszeugnis mit den nach § 19 Abs. 1 bis 3 ermittelten Endnoten.

(5) In den Zeugnissen nach Absätzen 2 bis 4 ist zu vermerken, dass das Ausbildungsziel der Fachschule nicht erreicht worden ist.

→ Zeugnisse (Berufliche Schulen)

§ 21
Wiederholung der Prüfung, Entlassung

(1) Wer die Abschlussprüfung nicht bestanden hat, kann sie nach erneutem Besuch des zweiten Schuljahres einmal wiederholen.

(2) Die freiwillige Wiederholung auch nur eines Teils des zweiten Schuljahres gilt als Nichtbestehen der Abschlussprüfung. Bei bestandener

Abschlussprüfung ist weder eine Wiederholung der Ausbildung noch eine Wiederholung der Abschlussprüfung zulässig.

(3) Wer die Abschlussprüfung auch bei der Wiederholung nicht bestanden hat, muss die Fachschule verlassen.

§ 22 Nichtteilnahme, Rücktritt

§ 23 Täuschungshandlungen, Ordnungsverstöße

Hinweis der Redaktion: §§ 22 und 23 sind hier nicht abgedruckt, da inhaltsgleich mit §§ 23 und 24 → Berufsfachschule Altenpflegehilfe.

5. Abschnitt Prüfung für Schulfremde

§ 24
Teilnehmer

Wer das Abschlusszeugnis einer Fachschule für Wirtschaft – Fachrichtung Betriebswirtschaft und Unternehmensmanagement – erwerben will, ohne eine entsprechende öffentliche oder staatlich anerkannte private Schule zu besuchen, kann als außerordentlicher Teilnehmer (Schulfremder) die Abschlussprüfung ablegen.

§ 25
Zeitpunkt

Die Prüfung für Schulfremde findet einmal jährlich, in der Regel zusammen mit der an den entsprechenden öffentlichen Fachschulen durchgeführten ordentlichen Abschlussprüfung statt.

§ 26
Meldung

(1) Die Meldung zur Prüfung ist bis zum 1. Dezember für die Prüfung im darauf folgenden Jahr an die für den Wohnsitz des Bewerbers zuständige obere Schulaufsichtsbehörde zu richten. Die Meldung von Prüflingen der staatlich genehmigten, aber noch nicht staatlich anerkannten privaten Schulen erfolgt bei der oberen Schulaufsichtsbehörde, in deren Bezirk die Privatschule liegt.

(2) Der Meldung sind beizufügen:

1. ein Lebenslauf in tabellarischer Form mit Angaben über den bisherigen Bildungsweg und über die ausgeübte Berufstätigkeit,
2. die Geburtsurkunde und ein Lichtbild,
3. die Abschluss- oder Abgangszeugnisse der besuchten Schulen und die Zeugnisse über die Berufstätigkeit (beglaubigte Abschriften oder Ablichtungen),
4. eine Erklärung darüber, ob und gegebenenfalls mit welchem Ergebnis der Bewerber schon an Prüfungen zum Abschluss der Fachschule für Wirtschaft teilgenommen hat,
5. eine Erklärung darüber, in welcher Fachrichtung und in welchem Profilbereich die Prüfung abgelegt werden soll,
6. Angaben über die schulische Vorbereitung auf die Abschlussprüfung oder über den Selbstunterricht des Bewerbers sowie über den von ihm in allen Prüfungsfächern durchgearbeiteten Lehrstoff und die hierbei benutzte Literatur,
7. ein Themenvorschlag für ein Kolloquium nach § 29 Abs. 1 Nr. 2.

(3) Für Schüler der staatlich genehmigten privaten Schulen kann an Stelle der Meldung durch den einzelnen Bewerber die Sammelmeldung der Schule treten, die Vor- und Zuname, Geburtstag, Geburtsort und Abschrift der Bewerber enthalten muss. Der Sammelmeldung sind für jeden Bewerber die Unterlagen nach Absatz 2 beizufügen.

§ 27
Voraussetzung für die Zulassung

(1) Schulfremde können die Prüfung nicht eher ablegen, als es ihnen bei regulärem Schulbesuch möglich wäre.

(2) Zur Prüfung wird nur zugelassen, wer

1. die Voraussetzungen für die Aufnahme in die Fachschule nach § 6 Abs. 1 erfüllt,
2. nicht bereits zweimal die Prüfung nicht bestanden hat,
3. nicht bereits die Prüfung bestanden hat.

(3) Zur Prüfung wird in der Regel nur zugelassen, wer in Baden-Württemberg seinen ständigen Wohnsitz hat oder in Baden-Württemberg an einer staatlich genehmigten Schule oder an einer sonstigen Unterrichtseinrichtung auf die Schulfremdenprüfung vorbereitet wurde.

§ 28
Entscheidung über die Zulassung

Die obere Schulaufsichtsbehörde entscheidet über die Zulassung zur Prüfung und bestimmt die öffentliche Fachschule, an der die Prüfung abzulegen ist.

§ 29
Durchführung der Prüfung

(1) Für die Prüfung gelten die Bestimmungen der §§ 13, 14, 16 bis 19, 21 bis 23 entsprechend mit folgenden Maßgaben:

1. Fachlehrkräfte im Sinne von § 16 Abs. 4 Nr. 2 sind die vom Vorsitzenden des Prüfungsausschusses bestimmten Fachlehrkräfte einer öffentlichen Schule, in der Regel der für die Abnahme der Prüfung zuständigen Fachschule.
2. Die mündliche Prüfung erstreckt sich auf die maßgebenden Fächer des Pflichtbereichs. Ein schriftlich geprüftes Fach oder Handlungsfeld wird nur dann in die mündliche Prüfung einbezogen, wenn dies der Bewerber spätestens vier Schultage vor der mündlichen Prüfung schriftlich verlangt. Die Prüfung im Fach Betriebswirtarbeit erfolgt als Kolloquium über ein von der Schule im Benehmen mit dem Bewerber festgelegtes Thema. Das Kolloquium wird mit einer ganzen Note bewertet. § 16 Abs. 4 gilt mit der Maßgabe, dass dem Fachausschuss zusätzlich bis zu zwei weitere Fachlehrkräfte angehören können.
3. Die mündliche Prüfung wird als Einzelprüfung durchgeführt. In den nicht schriftlich geprüften Fächern oder Handlungsfeldern kann der Fachausschuss ganz oder teilweise an der Stelle einer mündlichen Prüfung eine vereinfachte

schriftliche Prüfung durchführen. Wurde ein Fach oder Handlungsbereich nur mündlich geprüft, ist bei der Anwendung des § 18 Abs. 4 ‚der Durchschnitt auf die erste Dezimale zu errechnen und eine Dezimale bis 0,4 auf eine ganze Note abzurunden und eine Dezimale von 0,5 oder schlechter auf eine ganze Note aufzurunden.

4. Bei der Feststellung der Endnoten zählen allein die Prüfungsleistungen.
5. Die obere Schulaufsichtsbehörde kann im Einzelfall auf Antrag die Prüfung in einer anderen als der an der Fachschule geprüften Fremdsprache zulassen.

(2) Die Prüflinge haben sich bei Beginn der Prüfung mit einem mit Lichtbild versehenen amtlichen Ausweis auszuweisen und diesen während der gesamten Prüfung bei sich zu führen und auf Verlangen vorzuzeigen.

§ 30 Zeugnisse

(1) Wer die Prüfung bestanden hat, erhält ein Abschlusszeugnis nach Anlage 2 dieser Schulversuchsbestimmungen.

(2) Wer die Prüfung nicht bestanden hat, erhält auf Verlangen eine Bescheinigung über die Teilnahme an der Prüfung, über das Ergebnis der Prüfung und über die ermittelten Einzelnoten.

→ Fachschule Wirtschaft (BetriebswirtVO) – Stundentafeln; ⇨ Korrekturtag; → Termine (Berufliche Schulen);
→ Zeugnisse (Berufliche Schulen)

Fachschule Wirtschaft (Stundentafel)

Anlage 1 (zu § 3)

Stundentafel der Fachschule für Wirtschaft – Fachrichtung Betriebswirtschaft und Unternehmensmanagement – mit integrierter Fachhochschulreife – Profil ....[1)]

(Stundenzahlen beider Schuljahre insgesamt)

1.	**Pflichtbereich**	
	Allgemeine Fächer	
	Deutsch / Betriebliche Kommunikation	160
	Englisch	240
	Wirtschaftsmathematik mit Technik	240
	Kernbereich Betriebswirtschaft [2)]	
	Handlungsfeld I: Ein Unternehmen gründen, führen und finanzieren	160
	Handlungsfeld II: Personal einstellen und führen	160
	Handlungsfeld III: Kernprozesse des Unternehmens planen, durchführen und kontrollieren	240
	Handlungsfeld IV: Den betrieblichen Erfolg dokumentieren und auswerten	80
	Handlungsfeld V: Geschäftsprozesse analysieren sowie einen Jahresabschluss erstellen und auswerten	160
	Handlungsfeld VI: Gesamtwirtschaftliche Zusammenhänge analysieren und bewerten	160
	Fach Betriebswirtarbeit	160
	Fach Projektmanagement [3)]	
2.	**Wahlpflichtbereich**[4)]	640
	Profilbereich (Vertiefung) mit Qualifikationsbausteinen (Akzentuierung)	
		2.400

1) Angabe der von der Schule angebotenen Profile.
2) Im Kernbereich Betriebswirtschaft kann computerunterstützter Unterricht mit insgesamt 4 Wochenstunden in zwei Schuljahren in Gruppenteilung erteilt werden.
3) Ist im Kernbereich Betriebswirtschaft integrativ im Umfang von ca. 80 Stunden zu vermitteln.
4) Aus den an der Schule angebotenen Profilbereichen und Qualifikationsbausteinen wählt der Schüler einen Profilbereich und zwei dazugehörige Qualifikationsbausteine (Qualifikationsbausteine mit insgesamt maximal 240 Unterrichtsstunden) aus. Pro Klasse sind zwei Profilbereiche mit je einer Lehrkraft zulässig.

Zu den Querverweisen im Sonderteil des Jahrbuchs für die beruflichen Schulen

Mit dem Zeichen ⇨ verweisen wir auf korrespondierende Beiträge im Standard-Teil des Jahrbuchs.
Mit dem Zeichen → verweisen wir auf Beiträge im Sonderteil berufliche Schulen.

Das Standard-Jahrbuch enthält die dienst- und arbeitsrechtlichen Vorschriften für die Lehrkräfte aller Schularten sowie alle schulartübergreifenden Vorschriften. Deshalb sind Vorschriften, die sowohl für den beruflichen Schulbereich als auch für die allgemeinbildenden Schulen von Bedeutung sind, wie beispielsweise ⇨ Abschlüsse (HS / RS – Gleichwertigkeit); ⇨ Fachhochschulreife ; ⇨ Schulpflicht (Berufliche Schulen); ⇨ Schulpflicht (Berufliche Schulen – Übergabe); ⇨ Schulpflicht (Durchsetzung) im Standard-Teil des Jahrbuchs enthalten.

Förderberufsfachschule Hauswirtschaft

Verordnung des KM über die Ausbildung und Prüfung an den Hauswirtschaftlichen Förderberufsfachschulen vom 11.12.1979 (K.u.U. 1980 S. 190); zuletzt geändert 17.12.2015 (K.u.U. S. 111/2016)

1. Abschnitt
Allgemeines

§ 1

Zweck und Dauer der Ausbildung

(1) Die Ausbildung an der Hauswirtschaftlichen Förderberufsfachschule vertieft und erweitert die allgemeine Bildung der Schüler und vermittelt hauswirtschaftliches Grundwissen mit dem Ziel, auf die Übernahme von Aufgaben im privaten Haushalt vorzubereiten. Die Schüler sollen einen Überblick über diese Aufgaben erhalten und die erforderlichen Kenntnisse und Fertigkeiten hierfür erwerben.

(2) Die Ausbildung an der Hauswirtschaftlichen Förderberufsfachschule dauert ein Schuljahr und endet mit einer Abschlussprüfung.

§ 2

Bildungsplan, Stundentafel, Praktikum

(1) Der Unterricht richtet sich nach den vom Kultusministerium erlassenen Bildungs- und Lehrplänen und nach der als Anlage beigefügten Stundentafel.

→ Förderberufsfachschule Hauswirtschaft (Stundentafel)

(2) Zur Ergänzung der schulischen Ausbildung können die Schüler an einem in der Regel zweiwöchigen Praktikum in einschlägigen Einrichtungen der Hauswirtschaft, des Sozialwesens oder des Gesundheitswesens teilnehmen. Für das Praktikum kann auch ein Teil der Schulferien in Anspruch genommen werden.

§ 3

Maßgebende Fächer

Maßgebende Fächer sind alle Pflichtfächer mit Ausnahme von Religionslehre und Sport/Bewegungserziehung.

2. Abschnitt
Aufnahmeverfahren

§ 4

Aufnahmevoraussetzung

(1) Voraussetzung für die Aufnahme in die Hauswirtschaftliche Förderberufsfachschule ist das Abschlusszeugnis der Förderschule oder das Abgangszeugnis der Hauptschule aus Klasse 9 oder ein gleichwertiger Bildungsstand.

(2) In besonders begründeten Fällen können vom Oberschulamt auch Bewerber zugelassen werden, die ein Abgangszeugnis der Förderschule oder Hauptschule aus Klasse 8 erhalten haben und erwarten lassen, dass sie den Anforderungen der Hauswirtschaftlichen Förderberufsfachschule voraussichtlich genügen werden.

§ 5

Aufnahmeantrag

(1) Der Aufnahmeantrag ist an die Förderberufsfachschule zu richten, an der die Ausbildung erfolgen soll. Der Termin, zu dem der Antrag bei der Schule eingegangen sein muss, wird vom Schulleiter bestimmt und auf geeignete Weise bekanntgegeben. Dem Aufnahmeantrag sind beizufügen:

1. ein Lebenslauf in tabellarischer Form mit Angaben über den bisherigen Bildungsweg und gegebenenfalls die ausgeübte Berufstätigkeit,
2. eine beglaubigte Abschrift des Nachweises gemäß § 4,
3. eine Erklärung des Bewerbers darüber, ob und gegebenenfalls mit welchem Ergebnis er bereits die Hauswirtschaftliche Förderberufsfachschule besucht hat.

Sofern das Zeugnis nach § 4 Abs. 1 zum Anmeldetermin noch nicht vorliegt, ist die beglaubigte Abschrift unverzüglich nachzureichen.

(2) Über den Aufnahmeantrag entscheidet der Schulleiter. Er kann eine angemessene Frist setzen, innerhalb der sich der Bewerber erklären muss, ob er die zugesagte Aufnahme annimmt.

3. Abschnitt
Ordentliche Abschlussprüfung

§ 6

Zweck der Prüfung

In der Abschlussprüfung soll der Schüler nachweisen, dass er das Ausbildungsziel erreicht hat und die geforderten allgemeinen und fachtheoretischen Kenntnisse und fachpraktischen Fertigkeiten besitzt.

§ 7

Teile der Prüfung

Die Abschlussprüfung besteht aus der schriftlichen Prüfung, der praktischen Prüfung und der mündlichen Prüfung. Sie ist nicht öffentlich.

§ 8

Ort und Zeitpunkt der Prüfung

(1) Die Abschlussprüfung wird an der Förderberufsfachschule abgenommen.

(2) Der Zeitpunkt der schriftlichen Prüfung wird vom Oberschulamt festgelegt. Der Zeitpunkt der praktischen Prüfung und der mündlichen Prüfung wird vom Vorsitzenden des Prüfungsausschusses festgelegt. Die Prüfungstermine sind den Schülern rechtzeitig bekanntzugeben.

§ 9

Zulassung zur Prüfung, Anmeldenoten

(1) Zur Abschlussprüfung sind alle Schüler zugelassen, welche die zur Bildung von Anmeldenoten erforderlichen Einzelleistungen erbracht haben. Die Feststellung der Nichtzulassung trifft der Schulleiter; sie ist dem Schüler unter Angabe der Gründe unverzüglich schriftlich mitzuteilen.

(2) Für alle Fächer werden Anmeldenoten (volle Noten) gebildet. Sie sind aus den während des Schuljahres erbrachten Einzelleistungen zu ermitteln. Die Anmel-

denoten sind dem Schüler für die Fächer der schriftlichen Prüfung und für die Fächer, der praktischen Prüfung jeweils fünf bis sieben Schultage vor Beginn des betreffenden Prüfungsteils und für die übrigen Fächer fünf bis sieben Schultage vor der mündlichen Prüfung zusammen mit den Noten der schriftlichen und praktischen Prüfung bekanntzugeben.

§ 10
Prüfungsausschuss, Fachausschüsse

(1) Für die Abschlussprüfung wird an jeder Förderberufsfachschule ein Prüfungsausschuss gebildet. Diesem gehören an:

1. als Vorsitzender der Schulleiter oder ein vom Schulleiter beauftragter Lehrer, soweit das Oberschulamt vor Beginn der Prüfung nichts anderes bestimmt,
2. als stellvertretender Vorsitzender ein vom Schulleiter beauftragter Lehrer,
3. sämtliche Lehrer, die in den maßgebenden Fächern unterrichten,
4. gegebenenfalls weitere vom Oberschulamt oder vom Vorsitzenden des Prüfungsausschusses beauftragte Mitglieder.

(2) Die Mitglieder des Prüfungsausschusses sind bei ihrer Tätigkeit als Prüfer unabhängig. Sie sind zur Amtsverschwiegenheit über alle Prüfungsangelegenheiten verpflichtet. Der Vorsitzende des Prüfungsausschusses hat sie vor Beginn der Prüfung hierüber zu belehren.

(3) Der Prüfungsausschuss ist beschlussfähig, wenn mindestens zwei Drittel der Mitglieder anwesend sind. Der Prüfungsausschuss entscheidet mit einfacher Mehrheit; bei Stimmengleichheit gibt die Stimme des Vorsitzenden den Ausschlag.

(4) Für die praktische Prüfung und für die mündliche Prüfung in den einzelnen Fächern bildet der Vorsitzende oder der von ihm Beauftragte aus den Mitgliedern des Prüfungsausschusses die erforderlichen Fachausschüsse. Jedem Fachausschuss gehören an:

1. der Vorsitzende oder ein von ihm bestimmtes Mitglied des Prüfungsausschusses als Leiter,
2. der Fachlehrer der Klasse oder bei dessen Verhinderung ein in dem betreffenden Prüfungsfach erfahrener Lehrer als Prüfer,
3. ein weiteres fachkundiges Mitglied des Prüfungsausschusses zugleich als Protokollführer.

Davon abweichend besteht jeder Fachausschuss für die praktische Prüfung aus den in Satz 2 Nr. 1 und 2 genannten Mitgliedern. In Fächern, in denen die Klasse von verschiedenen Fachlehrern für Teilbereiche unterrichtet wird, gehören alle Fachlehrer dem Fachausschuss als Mitglieder an. Sie sind jeweils für ihren Teilbereich Prüfer nach Satz 2 Nr. 2.

Der Leiter des Fachausschusses bestimmt den Gang der Prüfung; er kann selbst prüfen.

§ 11
Schriftliche Prüfung

(1) Die Leitung der schriftlichen Prüfung obliegt dem Schulleiter.

(2) Schriftliche Prüfungsarbeiten sind in folgenden Fächern zu fertigen:

1. Erziehungslehre (Arbeitszeit 60 Minuten),
2. Ernährungslehre (Arbeitszeit 60 Minuten).

(3) Die Prüfungsaufgaben werden im Rahmen der Bildungs- und Lehrpläne von der Schule gestellt. Das Oberschulamt hat darauf hinzuwirken, dass Schwierigkeitsgrad und Umfang der Prüfungsaufgaben aller Schulen vergleichbar sind.

(4) Über die schriftliche Prüfung ist eine Niederschrift zu fertigen, die vom Schulleiter und den aufsichtführenden Lehrern unterschrieben wird.

(5) Jede schriftliche Arbeit wird vom Fachlehrer der Klasse und von einem weiteren Fachlehrer, den der Vorsitzende des Prüfungsausschusses bestimmt, korrigiert und bewertet; dabei sind ganze und halbe Noten zu verwenden. Als Note der schriftlichen Prüfung gilt der auf die erste Dezimale errechnete Durchschnittswert der beiden Bewertungen, der in der üblichen Weise auf eine volle oder halbe Note zu runden ist (Beispiele: 2,7 auf 2,5; 3,2 auf 3,0). Weichen die Bewertungen um mehr als eine volle Note voneinander ab und können sich die beiden Korrektoren nicht einigen, hat der Vorsitzende des Prüfungsausschusses die endgültige Note für die schriftliche Prüfung festzusetzen; dabei gelten die Bewertungen der beiden Korrektoren als Grenzwerte, die nicht über- und unterschritten werden dürfen.

(6) Die Noten der schriftlichen Prüfung in den einzelnen Fächern werden dem Schüler fünf bis sieben Schultage vor der mündlichen Prüfung bekanntgegeben.

⇨ Korrekturtag

§ 12
Praktische Prüfung

(1) Die praktische Prüfung erstreckt sich auf das Fach Nahrungszubereitung oder auf das Fach Textilarbeit. Der Schüler hat das von ihm gewählte Fach bis zu einem vom Schulleiter festgelegten Termin diesem schriftlich mitzuteilen. Die Arbeitszeit beträgt je nach Art und Umfang der Arbeit 120 bis 180 Minuten; sie wird vom Leiter des Fachausschusses festgelegt.

(2) Die Aufgaben werden im Rahmen der Bildungs- und Lehrpläne vom Leiter des Fachausschusses aufgrund von Vorschlägen des Fachlehrers gestellt.

(3) Die praktische Prüfung wird vom Fachausschuss abgenommen und bewertet. Kann sich der Fachausschuss für keine bestimmte Note entscheiden, so wird die Note aus dem auf die erste Dezimale errechneten Durchschnitt der beiden Bewertungen gebildet, der in der üblichen Weise auf eine ganze oder halbe Note zu runden ist (Beispiel: 2,7 auf 2,5; 3,2 auf 3,0).

(4) Über die praktische Prüfung ist eine Niederschrift zu fertigen, die von den Mitgliedern des Fachausschusses unterschrieben wird.

(5) Die Note der praktischen Prüfung wird dem Schüler fünf bis sieben Schultage vor der mündlichen Prüfung bekanntgegeben.

§ 13
Mündliche Prüfung

(1) Die mündliche Prüfung soll keine Wiederholung, sondern eine Ergänzung der schriftlichen Prüfung sein. Sie soll in der Regel zehn Minuten je Schüler und Fach dauern.

(2) Die mündliche Prüfung kann als Einzel- oder Gruppenprüfung durchgeführt werden. Bei Gruppenprüfung können bis zu drei Schüler zusammen geprüft werden. Die Entscheidung trifft der Vorsitzende des Prüfungsausschusses.

(3) Mündliche Prüfungsfächer sind alle Fächer außer Religionslehre, Sport/Bewegungserziehung und die fachpraktischen Fächer Nahrungszubereitung, Textilarbeit und Werken.

(4) Der Vorsitzende des Prüfungsausschusses bestimmt, ob und in welchen Fächern mündlich zu prüfen ist. Die zu prüfenden Fächer sind fünf bis sieben Schultage vor der mündlichen Prüfung bekanntzugeben. Darüber hinaus kann der Schüler bis zum nächsten Schultag dem Schulleiter schriftlich bis zu zwei weitere Fächer nach Absatz 3 benennen, in denen er mündlich zu prüfen ist.

(5) Im Anschluss an die mündliche Prüfung setzt der Fachausschuss das Ergebnis der mündlichen Prüfung auf Vorschlag des Prüfers fest; dabei sind ganze und halbe Noten zu verwenden. Kann sich der Fachausschuss mehrheitlich mit der Stimme des Leiters für keine bestimmte Note entscheiden, so wird die Note aus dem auf die erste Dezimale errechneten Durchschnitt der Bewertungen aller Mitglieder gebildet, der auf eine ganze oder halbe Note zu runden ist (Beispiele: 2,7 auf 2,5; 3,2 auf 3,0).

§ 14
Ermittlung des Prüfungsergebnisses

(1) Die Endnoten in den einzelnen Fächern werden in einer Schlusssitzung des Prüfungsausschusses aufgrund der Anmeldenoten und der Prüfungsleistungen ermittelt, wobei der Durchschnitt auf die erste Dezimale zu errechnen und in der üblichen Weise auf eine ganze Note zu runden ist (Beispiel: 2,5 bis 3,4 auf „befriedigend").

(2) Die Anmeldenote und das Prüfungsergebnis werden gleich gewichtet; in Fächern, in denen mündlich und schriftlich geprüft wurde, ergibt sich die Note für die Prüfungsleistungen aus dem auf eine Dezimale errechneten Durchschnitt.

(3) In Fächern, in denen nicht geprüft wurde, werden die Anmeldenoten als Endnoten in das Zeugnis übernommen.

(4) Der Prüfungsausschuss stellt in der Schlusssitzung fest, wer die Abschlussprüfung bestanden und wer sie nicht bestanden hat. Die Abschlussprüfung ist nicht bestanden,

1. wenn der Durchschnitt aus den Endnoten aller maßgebenden Fächer schlechter als 4,0 ist oder
2. wenn mehr als zwei maßgebende Fächer schlechter als mit der Endnote „ausreichend" bewertet sind oder
3. wenn zwei maßgebende Fächer schlechter als mit der Endnote „ausreichend" bewertet sind und nicht für beide Fächer ein Ausgleich gegeben ist, wobei ausgeglichen werden können
   a) die Endnote „mangelhaft" durch die Endnote mindestens „gut" in einem anderen maßgebenden Fach oder durch die Endnote „befriedigend" in zwei anderen maßgebenden Fächern,
   b) die Endnote „ungenügend" durch die Endnote „sehr gut" in einem anderen maßgebenden Fach oder durch die Endnote „gut" in zwei anderen maßgebenden Fächern.

Dem Schüler ist nach der Schlusssitzung unverzüglich mitzuteilen, ob er die Prüfung bestanden hat.

(5) Über die Schlusssitzung ist eine Niederschrift zu fertigen, die vom Vorsitzenden des Prüfungsausschusses und dem Mitglied, das die Niederschrift angefertigt hat, unterschrieben wird.

(6) Die Niederschriften über die einzelnen Teile der Prüfung und über die Schlusssitzung des Prüfungsausschusses, die Prüfungsliste und die Prüfungsarbeiten sind bei den Schulakten aufzubewahren. Die Niederschriften und die Prüfungsarbeiten können nach Ablauf von drei Jahren seit der Schlusssitzung des Prüfungsausschusses vernichtet werden.

§ 15
Zeugnis

(1) Wer die Abschlussprüfung bestanden hat, erhält ein Abschlusszeugnis nach näherer Bestimmung.

(2) Wer an der Abschlussprüfung teilgenommen und nicht bestanden hat und die Schule verlässt, erhält ein Abgangszeugnis nach näherer Bestimmung mit den nach § 14 Abs. 1 bis 3 ermittelten Endnoten. → Zeugnisse (Berufliche Schulen)

(3) Schüler, die an der Abschlussprüfung nicht oder nur teilweise teilgenommen haben, erhalten ein Zeugnis über die bis zum Ausscheiden erbrachten Leistungen oder, sofern sie bereits vorliegen, mit den Anmeldenoten nach § 9 Abs. 2; Prüfungsleistungen bleiben unberücksichtigt.

§ 16
Wiederholung der Prüfung, Entlassung

(1) Wer die Abschlussprüfung nicht bestanden hat, kann sie nach erneutem Besuch der Förderberufsfachschule einmal wiederholen.

(2) Bei bestandener Abschlussprüfung ist weder eine Wiederholung der Ausbildung noch eine Wiederholung der Abschlussprüfung zulässig. Im Übrigen gilt die freiwillige Wiederholung sowohl innerhalb wie nach Beendigung des Schuljahres als Nichtbestehen der Abschlussprüfung. Das Gleiche gilt bei Nichtzulassung zur Abschlussprüfung gemäß § 9 Abs. 1 Satz 2.

(3) Schüler, welche die Abschlussprüfung auch bei der Wiederholung nicht bestanden haben, müssen die Förderberufsfachschule verlassen.

Hinweis der Redaktion: § 17 (Nichtteilnahme, Rücktritt) und § 18 (Täuschungshandlungen, Ordnungsverstöße) sind hier nicht abgedruckt, da inhaltsgleich mit §§ 23 und 24 → Berufsfachschule Altenpflegehilfe.

4. Abschnitt
Prüfung für Schulfremde

§ 19
Teilnehmer

Wer das Abschlusszeugnis erwerben will, ohne Schüler einer öffentlichen oder staatlich anerkannten privaten Hauswirtschaftlichen Förderberufsfachschule zu sein, kann als außerordentlicher Teilnehmer (Schulfremder) die Abschlussprüfung ablegen.

§ 20
Zeitpunkt

Die Prüfung für Schulfremde findet einmal jährlich, in der Regel zusammen mit der Abschlussprüfung an den öffentlichen Hauswirtschaftlichen Förderberufsfachschulen, statt.

§ 21
Meldung

(1) Die Meldung zur Prüfung ist bis zum 1. Dezember für die Prüfung im darauf folgenden Jahr an das für den Wohnsitz des Bewerbers zuständige Oberschulamt zu richten. Für die Schüler der staatlich genehmigten privaten Schulen ist das Oberschulamt zuständig, in dessen Bezirk die Schule liegt.

(2) Der Meldung sind beizufügen:

1. ein Lebenslauf in tabellarischer Form mit Angaben über den bisherigen Bildungsweg und gegebenenfalls über die ausgeübte Berufstätigkeit,
2. die Geburtsurkunde und ein Lichtbild,
3. die Abschluss- bzw. Abgangszeugnisse der besuchten Schulen (beglaubigte Abschriften oder Ablichtungen),
4. eine Erklärung darüber, ob und gegebenenfalls mit welchem Ergebnis der Bewerber bereits an einer Prüfung der Hauswirtschaftlichen Förderberufsfachschule teilgenommen hat,
5. Angaben über die schulische Vorbereitung auf die Prüfung oder über den Selbstunterricht des Bewerbers sowie des in allen Prüfungsfächern durchgearbeiteten Lehrstoffes und der benutzten Literatur.

(3) Für Schüler der staatlich genehmigten privaten Schulen kann anstelle der Meldung durch den einzelnen Bewerber die Sammelmeldung der Schule treten, die Vor- und Zuname, Geburtstag, Geburtsort und Anschrift des Bewerbers enthalten muss. Der Sammelmeldung sind die Unterlagen gemäß Absatz 2 beizufügen.

§ 22
Voraussetzungen für die Zulassung

(1) Schulfremde können die Prüfung nicht eher ablegen, als es ihnen bei normalem Schulbesuch möglich wäre.

(2) Zur Prüfung wird nur zugelassen, wer

1. die Voraussetzungen für die Aufnahme in die Hauswirtschaftliche Förderberufsfachschule gemäß § 4 erfüllt,
2. den Nachweis erbringt, dass er sich auf die Prüfung vorbereitet hat,
3. die Prüfung an einer Hauswirtschaftlichen Förderberufsfachschule noch nicht wiederholt als ordentlicher und außerordentlicher Teilnehmer abgelegt hat.

(3) Zur Prüfung werden in der Regel nur solche Bewerber zugelassen, die in Baden-Württemberg eine staatlich genehmigte private Schule besuchen oder ihren ständigen Wohnsitz haben.

§ 23
Entscheidung über die Zulassung

(1) Das Oberschulamt entscheidet über die Zulassung und benachrichtigt darüber den Bewerber, gegebenenfalls über die private Schule. Die Versagung der Zulassung ist schriftlich zu begründen.

(2) Die zugelassenen Bewerber werden vom Oberschulamt einer öffentlichen Förderberufsfachschule zur Ablegung der Prüfung zugewiesen.

§ 24
Durchführung der Prüfung

(1) Für die zugelassenen Bewerber gelten die §§ 7, 8, 10 bis 14, 16 bis 18 entsprechend mit folgender Maßgabe:

1. Fachlehrer im Sinne von § 10 Abs. 4 Nr. 2 und § 11 Abs. 5 sind die vom Vorsitzenden des Prüfungsausschusses bestimmten Fachlehrer einer öffentlichen Schule, in der Regel der Förderberufsfachschule, welcher der Bewerber zur Ablegung der Prüfung zugewiesen ist.
2. Die schriftliche Prüfung erstreckt sich auf alle in § 11 Abs. 2 genannten Fächer.
3. Die praktische Prüfung erstreckt sich auf die Fächer Nahrungszubereitung und Textilarbeit; § 12 Abs. 1 Satz 2 gilt für jedes dieser Fächer.
4. Die mündliche Prüfung erstreckt sich auf die Fächer Deutsch, Gemeinschaftskunde, Wirtschaftslehre des Haushalts, Mathematik mit Fachrechnen, Biologie mit Gesundheitslehre und Haushaltstechnologie mit Übungen.
5. Bei der Feststellung des Ergebnisses der Prüfung zählen allein die Prüfungsleistungen.
6. Bei Schülern von staatlich genehmigten privaten Schulen kann das Oberschulamt zulassen, dass die Prüfung ganz oder teilweise im Gebäude der betreffenden Schule abgenommen wird. Die Leitung und Beaufsichtigung regelt in diesem Fall das Oberschulamt.

(2) Die Bewerber haben sich bei Beginn der Prüfung mit einem mit Lichtbild versehenen amtlichen Ausweis auszuweisen und diesen während der gesamten Prüfung bei sich zu führen und auf Verlangen vorzuzeigen.

(3) Wer die Abschlussprüfung bestanden hat, erhält ein Abschlusszeugnis nach näherer Bestimmung. Wer die Prüfung nicht bestanden hat, erhält auf Verlangen eine Bescheinigung über die Teilnahme an der Prüfung, das Ergebnis der Prüfung und die ermittelten Einzelnoten.

5. Abschnitt
Zusatzprüfung

§ 25
Allgemeines

(1) Schüler der Hauswirtschaftlichen Förderberufsfachschule können durch Ablegung der Zusatzprüfung einen dem Hauptschulabschluss gleichwertigen Bildungsstand erwerben. Voraussetzung für den Erwerb ist, dass der Schüler die ordentliche Abschlussprüfung und die Zusatzprüfung besteht.

Die Zusatzprüfung im Fach Englisch kann nur ablegen, wer den angebotenen Unterricht besucht hat.

(2) Wer an der Zusatzprüfung teilnehmen will, muss dies bis zum nächsten Schultag nach Bekanntgabe der Anmeldenote gegenüber dem Schulleiter schriftlich erklären; dabei ist auch zu erklären, ob eine Teilnahme an der Zusatzprüfung im Fach Englisch gewünscht wird.

§ 26
Durchführung der Zusatzprüfung

(1) Die Zusatzprüfung besteht aus einer schriftlichen und einer mündlichen Prüfung. Die Prüfungsaufgaben entsprechen denen des Berufsvorbereitungsjahres.

⇨ Vorqualifizierungsjahr (VAB)

(2) Die Termine der schriftlichen Prüfung werden vom Kultusministerium festgelegt, die der mündlichen Prüfung vom Vorsitzenden des Prüfungsausschusses.

(3) Schriftliche Prüfungsarbeiten sind in folgenden Fächern zu fertigen:

	Arbeitszeit
Deutsch	(135 Minuten),
Mathematik mit Fachrechnen	(135 Minuten),
auf Antrag des Schülers Englisch	(120 Minuten).

(4) Die mündliche Prüfung kann sich auf alle Fächer der schriftlichen Prüfung erstrecken. Der Vorsitzende des Prüfungsausschusses bestimmt aufgrund der Anmeldenoten und des Ergebnisses der schriftlichen Prüfung, ob und gegebenenfalls in welchen Fächern mündlich zu prüfen ist.

(5) Für die Durchführung der Zusatzprüfung gelten im Übrigen § 8 Abs. 1, §§ 9, 10, 11 Abs. 1, 3 bis 6, § 13 Abs. 1, 2, 5 und 6, § 14 Abs. 1, 2, 4 Satz 1 und 3, 5 und 6, §§ 17, 18 entsprechend.

(6) Die Zusatzprüfung ist bestanden, wenn Leistungen in keinem Fach der Zusatzprüfung geringer als mit der Note „ausreichend“ bewertet sind. Sind die Leistungen in einem Fach mit „mangelhaft“ bewertet, so ist die Zusatzprüfung bestanden, wenn in einem anderen Fach der Zusatzprüfung oder in einem der Fächer der schriftlichen oder der praktischen Prüfung mindestens die Note „befriedigend“ erreicht wurde. Sind diese Voraussetzungen aufgrund der Leistungen im Fach Englisch nicht gegeben, so bleibt diese Note unberücksichtigt.

(7) In das Zeugnis nach § 15 Abs. 1 werden bei den Schülern, die die Zusatzprüfung bestanden haben, die Endnoten der Fächer der Zusatzprüfung zusätzlich mit Klammerzusatz „Zusatzprüfung“ aufgenommen; das Abschlusszeugnis erhält die Bemerkung: „Dieses Zeugnis schließt den Nachweis eines dem Hauptschulabschluss gleichwertigen Bildungsstandes ein.“

§ 27 Wiederholung der Zusatzprüfung

Die Zusatzprüfung kann nur wiederholen, wer nach § 16 das Schuljahr insgesamt wiederholt.

→ Förderberufsfachschule Hauswirtschaft (Stundentafel); → Termine Berufliche Schulen; → Zeugnisse (Berufliche Schulen)

Förderberufsfachschule Hauswirtschaft – (Stundentafel)

Anlage (Zu § 2)

Stundentafel für die Hauswirtschaftliche Förderberufsfachschule

(durchschnittliche Zahl der Wochenstunden)

1.	**Pflichtfächer**	
1.1	**Allgemeiner Bereich**	
	Religionslehre	1
	Sport / Bewegungserziehung	1
	Deutsch	3
	Gemeinschaftskunde	1
1.2	**Fachlicher Bereich**	
	Wirtschaftslehre des Haushalts	2
	Mathematik mit Fachrechnen	3
	Erziehungslehre	2
	Biologie mit Gesundheitslehre	2
	Ernährungslehre	2
	Haushaltstechnologie mit Übungen	2
	Nahrungszubereitung	7
	Textilarbeit	4
	Werken	3
Summe		**33**
2.	**Wahlfächer**	
	Sport/Bewegungserziehung	
	Englisch	
	S/E-Programm	

Berufliche Schulen

Ganztagsklassen (Berufliche Schulen)

Schulversuch „Ganztagsförderung an beruflichen Schulen: Ganztagsklassen in berufsvorbereitenden Bildungsgängen einschließlich der einjährigen Berufsfachschule und der zweijährigen zur Fachschulreife führenden Berufsfachschule sowie Ganztagsklassen in den kaufmännischen, technischen und pflegerischen Berufskollegs I"; Ziff. I der Anlage zum Schreiben des KM vom 18. Juni 2012 (AZ: 41-6742/568)

1. Ziel der Maßnahme

Die Konzeption der sich auf zwei Teilbereiche erstreckenden Maßnahme zielt darauf ab, die gesellschaftliche und berufliche Integration der Schülerinnen und Schüler in den betreffenden Bildungsgängen bestmöglich zu fördern.

1.1 Innerhalb des Teilbereichs „Ganztagsklassen in berufsvorbereitenden Bildungsgängen einschließlich der einjährigen Berufsfachschule und der zweijährigen zur Fachschulreife führenden Berufsfachschule" sollen mögliche Benachteiligungen der Schülerinnen und Schüler dieser Bildungsgänge auf dem Weg zu einem Ausbildungsplatz durch den gezielten Ausbau der Halbtagsschule zu einem ganztägigen Bildungsangebot bestmöglich ausgeglichen und ihre Chancen, das jeweilige Bildungsziel zu erreichen, weiter verbessert werden.

1.2 Mit der Einrichtung von Ganztagsklassen im Rahmen des Teilbereichs „Ganztagsklassen in kaufmännischen, technischen oder pflegerischen Berufskollegs I" sollen die Schülerinnen und Schüler dieser Bildungsgänge auf dem Weg zum Erwerb der Fachhochschulreife durch ein erweitertes Bildungsangebot unterstützt werden.

→ Individuelle Förderung und Unterstützung (BS)

2. Einsatzbereiche, Umfang und inhaltliche Ausgestaltung der Ganztagsförderung

2.1 Für die Schülerinnen und Schüler im Berufsvorbereitungsjahr (BVJ), im Vorqualifizierungsjahr Arbeit/Beruf (VAB), im zweiten Jahr einer Kooperationsklasse, im Berufseinstiegsjahr (BEJ), in einer hauswirtschaftlichen Förderberufsfachschule, in der einjährigen Berufsfachschule (1BFS) und in der zweijährigen zur Fachschulreife führenden Berufsfachschule (2BFS) sowie in den kaufmännischen, technischen oder pflegerischen Berufskollegs I bieten die Schulen eine ganztägige Förderung an. Die Förderung erfolgt an fünf Wochentagen; dabei erstreckt sie sich an vier Tagen in der Regel über jeweils acht Zeitstunden mit dem Ziel, die Jugendlichen auf diese Weise an das reale Zeitmuster der Arbeitswelt heranzuführen. Eine verstärkte individuelle Förderung, die von vorhandenen Stärken des einzelnen Schülers oder der einzelnen Schülerin ausgeht, ist prägendes pädagogisches Grundprinzip für die Ausgestaltung der Ganztagesförderung.

2.2 Das ganztägige Angebot besteht aus dem Pflichtunterricht und Ganztagsmodulen. In der Umsetzung sind – bezogen auf den Schultag, die Schulwoche und das Schuljahr – Rhythmisierungselemente zu berücksichtigen. Das Angebot setzt sich im Einzelnen wie folgt zusammen:

a) Pflichtunterricht gemäß der gültigen Stundentafel des jeweiligen Bildungsgangs, im BVJ, VAB, Kooperationsklassen und BEJ möglichst unter Realisierung von wöchentlichen Praxistagen in Betrieben.

b) Ganztagsmodule zur Ergänzung des Pflichtunterrichts. Diese Module zielen im Teilbereich „Ganztagsklassen in berufsvorbereitenden Bildungsgängen einschließlich der einjährigen Berufsfachschule und der zweijährigen zur Fachschulreife führenden Berufsfachschule" im Wesentlichen auf die weitergehende individuelle Förderung und Verbesserung der Ausbildungsreife ab oder beinhalten Maßnahmen zur Integrationsförderung. Der Teilbereich „Ganztagsklassen in kaufmännischen, technischen oder pflegerischen Berufskollegs I" trägt durch erweiterte Lern- und Übungszeiten, durch zusätzliche Angebote zur Verbesserung der überfachlichen Kompetenzen und durch Förderung des eigenständigen Lernens dazu bei, dass die Jugendlichen in ihren besonderen Begabungen gefördert sowie in den zentralen Zielkompetenzen des Bildungsgangs gestärkt werden und dadurch den angestrebten Erwerb der Fachhochschulreife realisieren können. Innerhalb beider Teilbereiche kommen zum Beispiel die folgenden Einzelmaßnahmen (Module) in Betracht:
   - Maßnahmen zur individuellen Förderung sowie andere Differenzierungsmaßnahmen
   - Hausaufgabenbetreuung und – in Ganztagsklassen des BK I verpflichtend – Phasen des selbstorganisierten Lernens
   - Projekte, erweiterte Bildungs- und Sprachförderangebote
   - Arbeitsgemeinschaften, Musik-, Theater- und Sportangebote
   - Angebote zur Persönlichkeitsentwicklung, Integrationsförderung und Berufsorientierung.

2.3 Die Ausgestaltung der Ganztagsmodule soll unter Einbindung von externen Partnern erfolgen, beispielsweise

- durch Wahrnehmung von Angeboten des Schulträgers im Rahmen der Jugendberufshilfe zur Persönlichkeitsentwicklung, Integration und Übergangsbegleitung
- durch die Nutzung von Angeboten der Berufsberatung der Arbeitsagentur und ggf. der Ausbildungsberater der Kammern
- über Kooperationen mit Institutionen der Jugendhilfe und der Jugendarbeit, mit Vereinen, Musikschulen, Kirchen und anderen außerschulischen Partnern, ggf. im Rahmen des Jugendbegleiterprogramms. ⇨ Jugendbegleiter*innen

2.4 Für die Mittagspause sollen geeignete Angebote (z.B. Sportgeräte) und Räumlichkeiten (z.B. Bücherei) bereitgestellt werden, die die Schülerinnen und Schüler nach eigener Wahl nutzen können.

2.5 Für Schülerinnen und Schüler, die sich für die Aufnahme in eine Ganztagsklasse entschieden haben, besteht die Verpflichtung, innerhalb des nach Ziffer 2.1 von der Schule vorgegebenen Zeitrahmens an den vorgesehenen Unterrichts- und Fördermaßnahmen (Pflichtunterricht und Ganztagsmodule) teilzunehmen.

2.6 Reicht die vorhandene Kapazität an einer Schule nicht aus, um die Nachfrage nach Ganztagsförderung vollständig abzudecken, so erfolgt die Aufnahme in eine Ganztagsklasse nach der Rangfolge, die sich aus der Ausprägung des Unterstützungsbedarfs ergibt, die von der Schule für jeden/jede um Aufnahme nachsuchende/n Schüler/in unter besonderer Berücksichtigung der im letzten Zeugnis ausgewiesenen Noten in den Kernfächern oder maßgebenden Fächern festgestellt wird.

3. Pädagogische Gesamtkonzeption der Ganztagsklassen

Die Schule erstellt eine pädagogische Gesamtkonzeption für jede Ganztagsklasse. Diese berücksichtigt die Gegebenheiten vor Ort und ist in diesem Sinne schul- und ggf. klassenspezifisch. Die pädagogische Konzeption jeder Schule ist daran auszurichten, dass sie

- maßgeblich die individuelle Förderung erweitert, die zentral auf den angestrebten beruflichen Anschluss oder in den Klassen des BK I auf den Übergang in ein Studium abzielt
- einen an den Stärken der Schüler orientierten Ansatz der individuellen Förderung realisiert und möglichst auch Sport-, Musik- oder Kunstangebote umfasst
- auf eigenständiges Lernen der Schülerinnen und Schüler abzielt und Phasen von Freiarbeit integriert
- der Zusammenarbeit zwischen Schule, Eltern und – in den berufsvorbereitenden Bildungsgängen einschließlich der 1BFS und der 2BFS – auch mit ggf. vorhandenen Fachkräften der Jugendberufshilfe oder Schulsozialarbeit einen besonderen Stellenwert einräumt. Die Schule koordiniert und unterstützt diese Zusammenarbeit. Als zentrales Element der gemeinsamen Förderung soll eine individuelle Förder- und ggf. Berufswegeplanung mit Zielvereinbarungsgesprächen fest in den Ganztagskonzeptionen verankert werden.

4. Einrichtungsverfahren

Die Schulen stellen gemeinsam mit ihrem Schulträger einen Antrag auf Einrichtung einer oder mehrerer Ganztagsklassen. Die Zustimmung der betroffenen Abteilungskonferenz und das Vorliegen einer pädagogischen Gesamtkonzeption sind Voraussetzung für die Genehmigung. [...]

⇨ Arbeitszeit (Arbeitszeitverordnung); ⇨ Arbeitszeit (Lehrkräfte-ArbeitszeitVO) § 1; ⇨ Ganztagsschulen; → Individuelle Förderung und Unterstützung (BS); ⇨ Jugendbegleiter*innen; ⇨ Konferenzordnung § 2 Abs. 8 b

Individuelle Förderung und Unterstützung (BS)

Hinweis der Redaktion auf den Schulversuch „Individuelle Unterstützung in der Berufsschule" sowie „Individuelle Förderung an Berufskollegs und am Beruflichen Gymnasium"
(20. Dezember 2012; Stand: 19. Februar2013)

1. Ziel der Maßnahme

Durch die Entwicklung und Implementierung eines Förderkonzeptes zur individuell ausgerichteten Förderung und Unterstützung von Schülerinnen und Schülern der Berufsschule im Rahmen einer Maßnahme ‚Individuelle Unterstützung in der Berufsschule' sowie von Schülerinnen und Schülern von Berufskollegs und des Beruflichen Gymnasiums im Rahmen einer Maßnahme ‚Individuelle Förderung an Berufskollegs und am Beruflichen Gymnasium' leisten die Schulen gezielt Hilfestellung dafür, dass diese Schülerinnen und Schüler ihr Leistungspotenzial besser realisieren und damit sowohl den schulischen als auch den betrieblichen Anforderungen besser gerecht werden können. Die Unterstützung und Förderung kann sich je nach Ausprägung des Bedarfs sowohl auf personale und soziale Kompetenzen als auch auf fachliche Förderung beziehen.

Im Rahmen der Maßnahme ‚Individuelle Unterstützung in der Berufsschule' werden Auszubildende mit besonderem fachlichem und/oder überfachlichem Unterstützungsbedarf aufbauend auf einer qualifizierten Bedarfsdiagnostik durch individuelle Unterstützung zielgerichtet so gefördert, dass ihre Chancen auf einen erfolgreichen Ausbildungsabschluss gesteigert werden und dadurch die Zahl der Ausbildungsabbrüche verringert werden kann.

In der Maßnahme ‚Individuelle Förderung an Berufskollegs und am Beruflichen Gymnasium' wird durch Weiterentwicklung des Unterrichts hin zu schüleraktiven, binnendifferenzierenden Unterrichtsformen und durch die Umsetzung individueller Lernangebote neben einer schülergerechten fachlichen Unterstützung die Fähigkeit zum eigenständigen selbstverantwortlichen Lernen entwickelt und so die Basis für den schulischen Erfolg verbreitert.

2. Einsatzbereiche

2.1 Individuelle Unterstützung in der Berufsschule: Die Maßnahme eignet sich zur Umsetzung insbesondere an Berufsschulen mit Ausbildungen in Berufsfeldern und Bereichen, in denen vermehrt Auszubildende mit erhöhtem Unterstützungsbedarf beschult sind.

2.2 Individuelle Förderung an Berufskollegs und am Beruflichen Gymnasium: Die Maßnahme wird schwerpunktmäßig an einjährigen Berufskollegs bzw. im ersten Jahr von zweijährigen Berufskollegs sowie in der Eingangsklasse von beruflichen Gymnasien umgesetzt.

3.
Form und Umfang

3.1.
Individuelle Unterstützung in der Berufsschule

3.1.1 Die Schulen richten einen Sonderpädagogischen Dienst ein. Da die Tätigkeit in diesem Dienst eine vertiefte sonderpädagogische Qualifikation voraussetzt, ist der Einsatz einer Sonderschullehrkraft – ggf. in Kooperation mit anderen Schulen eines Berufsschulzentrums oder anderen nahe gelegenen beruflichen Schulen – erforderlich.

3.1.2 Die Entscheidung darüber, ob bei einer Berufsschülerin oder einem Berufsschüler ein Unterstützungsbedarf besteht, trifft der Sonderpädagogische Dienst im Einvernehmen mit dem Klassenlehrer und ggf. dem Fachlehrer auf der Basis des Leistungsbildes und des allgemeinen Arbeitsverhaltens der Schülerin oder des Schülers. Wird ein Unterstützungsbedarf festgestellt, so erstellt der Sonderpädagogische Dienst für jeden Einzelfall eine qualifizierte Diagnose hinsichtlich der Ursachen und der Ausprägung des Bedarfs. Er berät zudem die betreffenden Schülerinnen und Schüler wie auch die unterrichtenden Lehrkräfte und führt schulinterne Fortbildungen der Lehrkräfte durch (z.B. hinsichtlich förderlicher Unterrichtsmethoden).

3.1.3 Die individuelle Unterstützung der Schülerinnen und Schüler erfolgt in der Regel durch ein Lehrerteam ‚Individuelle Unterstützung'. Sie baut auf dem Ergebnis der nach Ziffer 3.1.2 durchgeführten Diagnostik auf und richtet sich nach einer zwischen dem Schulleiter oder einer von ihm beauftragten Lehrkraft und der Schülerin oder dem Schüler geschlossenen Ziel- und Lernvereinbarung. Grundlage der Vereinbarung ist eine individuelle Förderplanung. Es sind mindestens Förderziel und Dauer einer Unterstützungsmaßnahme festzulegen. Die Ausbildungsbetriebe sind über die beabsichtigten Unterstützungsmaßnahmen zu informieren, soweit dies für die Ausbildung förderlich ist. Die beabsichtigte Übermittlung ist mit der Schülerin oder dem Schüler zuvor zu besprechen. Die Ausbildungsbetriebe sind in die Unterstützungsmaßnahmen soweit als möglich einzubinden.

3.1.4 Die individuelle Unterstützung kann einzeln oder, sofern dies aus pädagogischen bzw. organisatorischen Gründen sinnvoll erscheint, in Kleingruppen erfolgen. Sie soll nicht als Stützunterricht in größeren Gruppen durchgeführt werden. Sie ist parallel zur regulären Unterrichtserteilung möglich, auch eine Begleitung der Schülerinnen und Schüler während des Unterrichts und ein zeitlich begrenztes ‚team teaching' kann angebracht sein. Sofern die unmittelbar an der Schule vermittelte Unterstützung zusätzlich zu dem in der Stundentafel festgelegten Unterricht erfolgen soll und dies die Arbeitszeit tangiert, bedarf es hierzu der vorherigen Zustimmung durch die jeweiligen Ausbildungsbetriebe. Der zusätzliche Zeitaufwand für die Schülerinnen und Schüler an der Schule soll drei Zeitstunden in einer Unterrichtswoche nicht übersteigen; Ausnahmen hiervon sind nur nach vorheriger Abstimmung mit den Betrieben und den betroffenen Schülerinnen und Schülern möglich.

3.1.5 Die Angebote der individuellen Unterstützung dürfen die ausbildungsbegleitenden Hilfen der Agentur für Arbeit nicht ersetzen, sondern binden diese ggf. verfügbaren Hilfen ein beziehungsweise wirken bei Bedarf auf eine Vermittlung dieser Hilfen hin. Der Zeitaufwand für die ausbildungsbegleitenden Hilfen ist auf die wöchentliche Höchstförderzeit anzurechnen.

3.2 Individuelle Förderung an Berufskollegs und am Beruflichen Gymnasium

3.2.1 Die Maßnahme umfasst die Weiterentwicklung des Unterrichts in den Klassen mit den Zielen einer stärkeren Binnendifferenzierung und des schülerzentrierten Lernens sowie die Umsetzung individueller Lernangebote.

3.2.2 Die Förderung erfolgt in der Regel durch ein Lehrerteam ‚Individuelle Förderung', das individuelle Lernangebote organisiert, betreut und durchführt. Die Entscheidung darüber, ob eine Schülerin oder ein Schüler eine zusätzliche Förderung erhalten soll, trifft die Klassenkonferenz auf der Basis des Leistungsbildes und des allgemeinen Arbeitsverhaltens der Schülerin oder des Schülers. Die Förderung erfolgt auf Basis einer Ziel- und Lernvereinbarung zwischen dem Schulleiter oder einer von ihm beauftragten Lehrkraft und der Schülerin oder dem Schüler. Grundlage der Vereinbarung ist eine individuelle Förderplanung. Es sind mindestens Förderziel und Dauer einer Maßnahme festzulegen.

3.2.3 An einer beruflichen Schule sind möglichst mehrere Klassen von Berufskollegs und/oder beruflichen Gymnasien an der Maßnahme zu beteiligen.

3.2.4 Der zusätzliche Zeitaufwand für die Schülerinnen und Schüler an der Schule soll drei Zeitstunden in einer Unterrichtswoche nicht übersteigen; Ausnahmen sind mit Zustimmung der betroffenen Schülerinnen und Schüler möglich.

Hinweis der Redaktion: Für die Arbeitszeit im Rahmen des Schulversuchs gelten die Regelungen der ⇨ Arbeitszeit (Lehrkräfte-ArbeitszeitVO). Das KM hat hierzu bestimmt (24.7.2013, AZ: 44-0301.60/502/4): „Ein Angebot zur individuellen Förderung, das im Sinne einer Schülerwochenstunde wöchentlich mit der Dauer von 45 Minuten umgesetzt wird, ist generell mit einer Lehrerwochenstunde zu bewerten, da wichtige zusätzliche Tätigkeiten mit diesem Angebot verbunden werden müssen. Diese für eine erfolgreiche individuelle Förderung unverzichtbaren Tätigkeiten sind u.a. die Planung und Durchführung von Ziel- und Lernvereinbarungsgesprächen, die konkrete Planung der individuellen Förderung, die Koordination und Organisation mit den in der Klasse eingesetzten Lehrkräften und die Entwicklung der Gesamtkonzeption der Schule."

⇨ Arbeitszeit (Lehrkräfte-ArbeitszeitVO); → Berufliches Gymnasium; → Berufskolleg; → Berufsschulordnung; → Ganztagsklassen (Berufliche Schulen); ⇨ Konferenzordnung § 2 Abs. 8 b

Kindergartenfachkräftegesetz

Auszug aus dem Gesetz zur Ausbildung der Fachkräfte an Kindergärten (Kindergartenfachkräftegesetz – KFG) vom 10. Juli 1973 (GBl. S. 202/1973), zuletzt geändert 3. Dezember 2008 (GBl. S. 435, 459)

§ 1
Aufgabe

Die Ausbildung und Fortbildung der Fachkräfte in den Kindergärten obliegt dem Land und den Stadt- und Landkreisen sowie den Trägern der freien Jugendhilfe.

§ 2
Fachkräfte

Fachkräfte im Sinne von § 1 sind die staatlich anerkannten oder graduierten Sozialpädagogen und die staatlich anerkannten Erzieher.

§ 3
Ausbildung der Sozialpädagogen

Die Ausbildung zum Sozialpädagogen erfolgt an einer staatlichen oder staatlich anerkannten Fachhochschule oder an der Dualen Hochschule.

§ 4
Ausbildung der Erzieher

Die Ausbildung der Erzieher erfolgt an einer öffentlichen oder privaten Fachschule für Sozialpädagogik. Sie setzt den Abschluss der Realschule oder einen diesem gleichwertigen Bildungsabschluss voraus und dauert unter Einschluss eines berufsbezogenen Praktikums drei Jahre. Der Abschluss »Erzieher (Berufsakademie)« steht der erfolgreichen zweijährigen schulischen Ausbildung nach Satz 1 gleich. Nach erfolgreichem Abschluss der Ausbildung wird die Berufsbezeichnung »Staatlich anerkannter Erzieher« verliehen. → Fachschule Sozialpädagogik (ErzieherVO)

§ 5
Fort- und Weiterbildung

Zur Fort- und Weiterbildung der Sozialpädagogen und Erzieher können auch die gemäß den §§ 3 und 4 für die Ausbildung dieser Berufe zuständigen Fachhochschulen und Fachschulen herangezogen werden.

§ 6
Errichtung der Ausbildungsstätten

Von der Errichtung staatlicher Fachhochschulen sowie öffentlicher Fachschulen im Sinne der §§ 3 und 4 ist abzusehen, wenn entsprechende private Einrichtungen der anerkannten Träger der freien Jugendhilfe dem öffentlichen Bedürfnis genügen.

§ 11
Geltung sonstiger Vorschriften

Soweit dieses Gesetz nichts Abweichendes bestimmt, gilt für die staatlichen und die staatlich anerkannten Fachhochschulen das Landeshochschulgesetz, für die öffentlichen Fachschulen das Schulgesetz und für die privaten Fachschulen das Privatschulgesetz.

⇨ Privatschulgesetz; ⇨ Schulgesetz

§ 13 a
Sachkostenbeitrag und Schülerbeförderungskosten

Die öffentlichen Fachschulen für Sozialpädagogik stehen hinsichtlich des Sachkostenbeitrags und der Schülerbeförderungskosten im Sinne des Finanzausgleichsgesetzes den Berufsfachschulen gleich.

→ Fachschule Sozialpädagogik (ErzieherVO); → Fachschule Sozialpädagogik (praxisorientiert); ⇨ Haushalt (Sachkostenbeiträge); ⇨ Privatschulgesetz; ⇨ Schulgesetz

Migrationshintergrund (Berufliche Schulen)

Aufnahmevoraussetzungen und Unterricht für Schülerinnen und Schüler mit Migrationshintergrund an beruflichen Schulen; Schulversuchsbestimmungen des KM vom 19. Dezember 2016 (K.u.U. S. 29/2017)

1. Abschnitt – Allgemeines

§ 1
Geltungsbereich und Ziel

Diese Schulversuchsbestimmungen gelten für die Aufnahme und den Unterricht an beruflichen Schulen für Schülerinnen und Schüler mit Migrationshintergrund, deren Muttersprache oder Herkunftssprache nicht Deutsch ist, sowie die Leistungsfeststellung und Leistungsbeurteilung in den ersten Jahren des Aufenthalts in Deutschland.

⇨ Migrationshintergrund (Integration)

Ziel dieses Schulversuchs ist es, den Schülerinnen und Schülern gemäß Satz 1 nach den Einstiegsklassen zum Spracherwerb neben dem Zugang zur dualen Ausbildung einen Anschluss in vollzeitschulische Bildungsgänge zu ermöglichen und ihnen das Spektrum der beruflichen Bildungsabschlüsse zu eröffnen. Zugleich sollen alle Schülerinnen und Schüler ihre Fähigkeiten stärken, mit Menschen verschiedener Sprachen und Kulturen zu leben und zu lernen. Die Regelungen über den Unterricht (3. Abschnitt) gelten für alle beruflichen Bildungsgänge.

2. Abschnitt – Aufnahmeverfahren und Feststellungsprüfung

§ 2
Aufnahmevoraussetzungen in berufliche Vollzeitschulen

(1) Zum Eintritt in vollzeitschulische Bildungsgänge der beruflichen Schulen müssen Bewerberinnen und Bewerber ohne inländische Zeugnisse die jeweiligen Aufnahmevoraussetzungen erfüllen, wobei eine Note im Fach „Deutsch“ nicht vorausgesetzt wird. Für die Teilnahme am Unterricht sind hinrei-

Berufliche Schulen

chende deutsche Sprachkenntnisse nachzuweisen: für den Eintritt in ein Berufskolleg und in ein Berufliches Gymnasium in der Regel entsprechend dem Niveau B2 und zur Aufnahme in eine Berufsfachschule (mit Ausnahme des Bildungsgangs duale Ausbildungsvorbereitung) in der Regel entsprechend dem Niveau B1 des gemeinsamen europäischen Referenzrahmens für Sprachen (GER).

(2) Bewerberinnen und Bewerber, denen es fluchtbedingt nicht möglich ist, einen im Ausland erworbenen Bildungsabschluss vorzulegen, können durch die Glaubhaftmachung des Schulbesuchs im Ausland gemäß Ziffer 4 der Anlage und das Bestehen einer Feststellungsprüfung gemäß § 3 die Erfüllung der jeweiligen Aufnahmevoraussetzungen nachweisen. ⇨ Zeugnisse (Ersatzzeugnisse)

(3) Bewerberinnen und Bewerber, denen der Nachweis der für eine Aufnahme maßgeblichen Noten nicht möglich ist, nehmen an einer Feststellungsprüfung gemäß § 3 teil. Die in einem anerkannten Zeugnis fehlenden Noten in den Fächern „Mathematik" oder in der Pflichtfremdsprache „Englisch" bzw. „Französisch" werden durch das Ergebnis der Feststellungsprüfung ersetzt. Sofern es im Auswahlverfahren auf einen bestimmten Gesamtnotendurchschnitt ankommt, werden alle Noten des anerkannten Zeugnisses und der Feststellungsprüfung berücksichtigt. Die Aufnahmebestimmungen in § 1 Absatz 2 und 3 der Aufnahmeverordnung für berufliche Gymnasien bleiben hiervon unberührt.

→ Berufliches Gymnasium (BGVO)

§ 3
Feststellungsprüfung zur Aufnahme in eine berufliche Schule

Zur Überprüfung der Erfüllung der Aufnahmevoraussetzungen und zur Platzierung im Bewerberfeld wird für Bewerberinnen und Bewerber nach § 2 Absatz 2 und 3 eine schriftliche Feststellungsprüfung im Fach „Mathematik" und im Fach „Englisch" (oder alternativ auf Wunsch im Fach „Französisch") durchgeführt. Die Feststellungsprüfung kann im jeweiligen Jahr nur an einer Schule abgelegt werden und nur einmal, frühestens im nächsten Aufnahmeverfahren, wiederholt werden. Vor der Zulassung zur Feststellungsprüfung ist von der Bewerberin bzw. von dem Bewerber eine Erklärung darüber abzugeben, ob und ggf. mit welchem Ergebnis in einem Aufnahmeverfahren an einer Feststellungsprüfung teilgenommen wurde. In den Feststellungsprüfungen kann ein zweisprachiges Wörterbuch (Deutsch/Herkunftsland oder andere Sprache) ohne handschriftliche Kommentare verwendet werden. Das Niveau der Aufgaben zur Aufnahme in ein Berufliches Gymnasium und in ein Berufskolleg orientiert sich dabei an der zentralen Abschlussprüfung für die zweijährige Berufsfachschule und zur Aufnahme in eine Berufsfachschule an der zentralen Abschlussprüfung zum Erwerb eines dem Hauptschulabschluss gleichwertigen Bildungsstandes. Zur Aufnahme in eine Berufsfachschule mit Zugangsvoraussetzung Hauptschulabschluss bzw. ein dem Hauptschulabschluss gleichwertiger Bildungsstand ist nur eine Feststellungsprüfung im Fach „Mathematik" durchzuführen. Zusätzlich kann auf Wunsch der jeweiligen Bewerberin bzw. des jeweiligen Bewerbers eine Feststellungsprüfung im Fach „Englisch" erfolgen. Für die Organisation dieser Feststellungsprüfung ist die jeweilige Schule verantwortlich, die für Prüflinge eine Bescheinigung über das Ergebnis der Feststellungsprüfung ausstellt.

3. Abschnitt – Unterricht

§ 4
Ziele

Die Förderung der Sprachkompetenz ist pädagogisches Grundprinzip im gesamten Unterricht. Dabei verfolgt die Schule ein Konzept der integrierten Sprachförderung in allen Fächern.

§ 5
Grundsätze der Leistungsfeststellung und Leistungsbeurteilung

Für Schülerinnen und Schüler gemäß § 1 gelten die in der Notenbildungsverordnung und in den jeweiligen Ausbildungs- und Prüfungsordnungen festgelegten Grundsätze der Leistungsfeststellung und Leistungsbeurteilung. Sofern die fachbezogenen Kompetenzen der Schülerinnen und Schüler aufgrund von nicht ausreichendem Sprachverständnis oder eingeschränkter Ausdrucksfähigkeit nicht umgesetzt werden können, kann dies im ersten Jahr des Bildungsganges bei der einzelnen Leistungsfeststellung und im Rahmen der pädagogisch-fachlichen Gesamtwertung Berücksichtigung finden unter besonderer Gewichtung der individuellen Lernfortschritte.

§ 6
Ausgleich von sprachlichen Nachteilen bei schriftlichen und praktischen Leistungen und Prüfungen

Schülerinnen und Schüler gemäß § 1 dürfen bei im Zusammenhang mit dem Unterricht zu erbringenden schriftlichen und praktischen Leistungen und in Prüfungen ein zweisprachiges Wörterbuch (Deutsch/Herkunftssprache oder in einer anderen Sprache) ohne nachträglich eingefügte Kommentare verwenden; dies gilt nicht für die Jahrgangsstufe 1 und 2 des Beruflichen Gymnasiums, die Abiturprüfung sowie die Fachhochschulreifeprüfung. Der Einsatz von Wörterbüchern in der Berufsschule richtet sich nach Vereinbarungen des Kultusministeriums mit den zuständigen Stellen. Die Gewährung einer Zeitverlängerung in Klassenarbeiten liegt im Ermessen der Klassenkonferenz.

Hinweis der Redaktion: Die Anlage zu diesen Schulversuchsbestimmungen ist hier nicht abgedruckt.

⇨ Abschlüsse (HS/RS); ⇨ Abschlüsse (HS/RS – Gleichwertigkeit); → Berufsschulordnung (Stundentafel); → Individuelle Förderung und Unterstützung (BS); ⇨ Migrationshintergrund (Integration); ⇨ Schulpflicht (Ausländische Schüler*innen); ⇨ Schulgesetz § 10 Abs. 5 und §§ 77-81; ⇨ Schulpflicht (Berufliche Schulen); ⇨ Schulpflicht (Berufliche Schulen – Überweisung); → Termine Berufliche Schulen; → Vorqualifizierungsjahr Arbeit und Beruf (VAB); → Vorqualifizierungsjahr Arbeit und Beruf; → Zeugnisse (Berufliche Schulen)

Schulentwicklung (Berufliche Schulen)

Informationen der Redaktion zur Rechtslage und zur Verwaltungspraxis in Baden-Württemberg

1. Vorbemerkung der Redaktion

1. Innere Schulentwicklung und Evaluation

Die Grundlage für den Qualitätsentwicklungsprozess und die Evaluation an den beruflichen Schulen ist das Konzept „Operativ eigenständige Schule" (OES) mit den Bereichen

- Leitbildentwicklung,
- Selbstevaluation,
- Individualfeedback und systematische Qualitätsentwicklung,
- Fremdevaluation und Zielvereinbarung.

Seit 2017 ist die Fremdevaluation ausgesetzt. Das KM hat ein neues Qualitätskonzept erarbeitet. https://km-bw.de/,Lde/startseite/schule/Qualitaetskonzept

2. Regionale (äußere) Schulentwicklung

Schwerpunkte der regionalen Schulentwicklung an beruflichen Schulen sind

- die Gestaltung von inhaltlich und organisatorisch aufeinander abgestimmten Angeboten in den Profilen, Berufsfeldern und Schwerpunkten am jeweiligen Standort,
- die Konzentration von Bildungsangeboten innerhalb der Raumschaft,
- die Optimierung des Bildungsangebots durch schulübergreifende Kooperationen und
- die Bildung von Klassen vergleichbarer Größe.

⇨ Evaluation; ⇨ Schulentwicklung; ⇨ Schulgesetz §§ 30a ff.

2. Regionale Schulentwicklung an beruflichen Schulen (RSEbSVO)

Verordnung des Kultusministeriums zur regionalen Schulentwicklung an beruflichen Schulen (RSEbSVO) vom 26. März 2015 (K.u.U. S. 94/2015)

§ 1
Allgemeine Planungsgesichtspunkte

(1) Ist im Bereich der beruflichen Schulen eine regionale Schulentwicklung nach § 30 a Absatz 2 Nummer 1 bis 3 SchG veranlasst, sind insbesondere folgende Maßnahmen zu prüfen und bei der Planung abzuwägen:

1. Gestaltung von inhaltlich und organisatorisch aufeinander abgestimmten Angeboten in den Profilen, Berufsfeldern und Schwerpunkten am jeweiligen Standort, die einen sachgerechten und effizienten Einsatz von Personal und Sachmitteln erlauben,
2. Konzentration von Bildungsangeboten innerhalb der Raumschaft,
3. Stärkung leistungsfähiger kleiner Standorte,
4. Optimierung des Bildungsangebots durch schulübergreifende Kooperationen,
5. Bildung von effizienten Klassen vergleichbarer Größe.

⇨ Schulentwicklung; ⇨ Schulgesetz § 30a

(2) Zur Vermeidung von Kleinklassen an der Berufsschule und zur Gewährleistung stabiler Fachklassenstandorte sind darüber hinaus für die Berufsschule insbesondere folgende Maßnahmen zu prüfen und bei der Planung abzuwägen:

1. Möglichkeit alternativer Unterrichtsorganisationsformen (Blockbeschulung),
2. gemeinsame Beschulung in allgemeinbildenden Fächern sowie im berufsfachlichen Bereich verschiedener Ausbildungsberufe eines Berufsfeldes,
3. Einrichtung von überregionalen Klassen (Bezirks- und Landesfachklassen) zugunsten der Ausbildungsqualität mit Zustimmung des Kultusministeriums.

§ 2
Einrichtung neuer Bildungsgänge

(1) Eine Zustimmung nach § 30 Absatz 1 Satz 1 SchG kann nur erteilt werden, wenn eine Verteilung der Bewerberinnen und Bewerber auf Standorte in zumutbarer Erreichbarkeit nicht möglich ist und im Rahmen der Feststellung des öffentlichen Bedürfnisses nach § 27 Absatz 2 SchG für den jeweiligen Bildungsgang die folgende Mindestschülerzahl in der Eingangsklasse langfristig prognostiziert werden kann:

1. für das berufliche Gymnasium:
   typübergreifend an einer Dienststelle 60
   und je Eingangsklasse 24,
2. für die Berufsschule 20
   und die Sonderberufsschule 12,
3. für das Berufsvorbereitungsjahr 14,
4. für die Sonderberufsfachschule 12,
5. für alle anderen Schularten beruflicher Schulen 24.

Bei Pflichtschularten nach Nummer 2 und 3 kann die Mindestschülerzahl ausnahmsweise unterschritten werden, wenn dies zur Gewährleistung der zumutbaren Erreichbarkeit des Bildungsgangs erforderlich ist.

(2) Mit Ausnahme der Pflichtschularten darf in der Regel ein neuer Bildungsgang an einem Standort nur eingerichtet werden, wenn im gleichen Ressourcenumfang ein anderer Bildungsgang oder Zug eines anderen Bildungsgangs im Bezirk derselben oberen Schulaufsichtsbehörde eingestellt wird, der nicht nach § 3 ohnehin aufgehoben werden müsste.

§ 3
Aufhebung

(1) Unterschreitet ein Bildungsgang in der Eingangsklasse die Mindestschülerzahl nach Absatz 2, weist die obere Schulaufsichtsbehörde den Schulträger hierauf hin und fordert ihn auf, eine regionale Schulentwicklung nach § 30 a Absatz 2 Nummer 1 SchG durchzuführen. Für das Verfahren gelten § 30 b Absatz 2 Satz 2 und 3 sowie Absatz 3 SchG entsprechend mit der Maßgabe, dass die Mindestschülerzahlen nach Absatz 2 zugrunde zu legen sind und dass ein Bildungsgang der Berufs-, Berufsfach- und Fachschule, des einjährigen Berufskollegs zum Erwerb der Fachhochschulreife und der Berufsoberschule erst aufgehoben wird, wenn in drei aufeinander folgenden Schuljahren die Mindestschülerzahl nicht erreicht wird. Die Aufhebung erfolgt ausnahmsweise dann nicht, wenn ein nach Absatz 3 entsprechender Bildungsabschluss nicht in zumutbarer Erreichbarkeit von einer anderen öffentlichen Schule angeboten wird.

⇨ Schulgesetz §§ 30a, 30b

(2) Die Mindestschülerzahl in der Eingangsklasse beträgt:

1. für das berufliche Gymnasium je Profil 16,
2. für die Berufsschule 16,
   mit mehr als zwei Drittel Schülern mit Migrationshintergrund im Sinne der amtlichen Schulstatistik oder mit Jugendlichen ohne Ausbildungsvertrag 12,
   ⇨ Migrationshintergrund
   für die Sonderberufsschule 8,
3. für das Berufsvorbereitungsjahr 11,
4. für die Sonderberufsfachschule 8,
5. für die Berufsfachschule 16,
   mit mehr als zwei Drittel Schülern mit Migrationshintergrund im Sinne der amtlichen Schulstatistik 12,
6. für alle anderen Schularten beruflicher Schulen 16.

(3) Für die Feststellung nach Absatz 1 Satz 3, ob ein entsprechender Bildungsabschluss in zumutbarer Erreichbarkeit angeboten wird, gelten als entsprechende Bildungsabschlüsse in den jeweiligen Schularten bei:

1. der Berufsschule mit Ausnahme des Berufsvorbereitungsjahres der Abschluss des jeweils selben Bildungsgangs;
2. dem Berufsvorbereitungsjahr der Abschluss im jeweils selben Typ (gewerblich, kaufmännisch, hauswirtschaftlich-pflegerisch-sozialpädagogisch oder landwirtschaftlich);
3. der Berufsfachschule bei
   a) den mit einem Berufsabschluss abschließenden Berufsfachschulen der jeweils selbe Berufsabschluss,
   b) der einjährigen gewerblichen Berufsfachschule der Abschluss im jeweils selben Berufsfeld,
   c) der zweijährigen zur Fachschulreife führenden Berufsfachschule der Abschluss im jeweils selben Profil,
   d) den sonstigen der Berufsvorbereitung dienenden Berufsfachschulen der Abschluss im jeweils selben Typ (gewerblich, kaufmännisch, hauswirtschaftlich-pflegerisch-sozialpädagogisch oder landwirtschaftlich);
4. dem Berufskolleg bei
   a) den unmittelbar ohne Zusatzprogramm mit einem Berufsabschluss abschließenden Berufskollegs derselbe Berufsabschluss,
   b) den Berufskollegs in Teilzeitunterricht der Abschluss in derselben Fachrichtung,
   c) dem einjährigen Berufskolleg für Sozialpädagogik der Abschluss desselben Bildungsgangs,
   d) dem einjährigen Berufskolleg zum Erwerb der Fachhochschulreife der Abschluss mit demselben berufsbezogenen Schwerpunktfach,
   e) den übrigen Berufskollegs der im selben Typ (gewerblich, kaufmännisch, hauswirtschaftlich-pflegerisch-sozialpädagogisch oder landwirtschaftlich) zu erwerbende Abschluss;
5. dem Beruflichen Gymnasium die im selben Typ nach § 1 Absatz 2 der Verordnung des Kultusministeriums ⇨ Gymnasium (Schultypen) in ihrer jeweils geltenden Fassung zu erwerbende allgemeine Hochschulreife;
6. der Berufsoberschule der Abschluss in der jeweils selben Fachrichtung;
7. der Fachschule der Abschluss in der jeweils selben Fachrichtung.

§ 4
Beteiligung

(1) Die Einbeziehung der Wirtschaft nach § 30 c Absatz 2 Satz 4 SchG erfolgt durch Beteiligung der in der jeweiligen Raumschaft nach dem Berufsbildungsgesetz zuständigen Stellen unter Einbeziehung der dort errichteten Berufsbildungsausschüsse.

(2) Die obere Schulaufsichtsbehörde führt die erforderlichen Abstimmungsprozesse durch und kann im Interesse einer kontinuierlichen Optimierung der regionalen Schulentwicklung Arbeitskreise einrichten.

⇨ Evaluation; ⇨ Gymnasium (Schultypen); ⇨ Migrationshintergrund; ⇨ Schulentwicklung; ⇨ Schulgesetz §§ 30a, 30c

Schulpflicht (Berufliche Schulen) / Schulpflicht (Berufliche Schulen – Übergabe) / Schulpflicht (Durchsetzung)

Diese Beiträge sind im Standard-Teil des Jahrbuchs enthalten.

Termine Berufliche Schulen 2021/22

Termine für die schriftlichen Abschlussprüfungen und für die zentralen Klassenarbeiten im Schuljahr 2021/2022 an beruflichen Schulen; Bekanntmachung des KM vom 30. November 2020 (K.u.U. S. 1/2021), berichtigt 13.8.2021 (K.u.U. S. 108/2021)

1. Berufsschule	gewerblicher Bereich	kaufmännischer Bereich	hauswirtschaftlicher, landwirtschaftlicher und sozialpädagogischer Bereich
(1. Halbjahr)			
1.1 Berufsschule (ohne 1.1.1 - 1.1.5)	09. - 11.11.2021	09. - 12.11.2021	18./19.01.2022 1)
1.1.1 Ausbildungsberufe des Hotel- und Gaststättengewerbes	08./09.11.2021		
1.1.2 Ausbildungsberufe: Zahnmedizinische/r Fachangestellte/r; Pharmazeutisch-kaufmännische/r Angestellte/r, Medizinische/r Fachangestellte/r, Tiermedizinische/r Fachangestellte/r	09. - 11.11.2021		
1.1.3 zweijährige Ausbildungsberufe (PAL)	07.12.2021 2)		
1.1.4 Ausbildungsberuf Augenoptiker/in	12.01.2022		
1.1.5 Managementassistent/in im Handwerk: Berufsbezogenes Englisch	15.11.2021		
(2. Halbjahr)			
1.2 Berufsschule (ohne 1.2.1 - 1.2.11)	9. - 11.05.2022	03. - 06.05.2022	31.05., 01.06.2022
1.2.1 KMK - Fremdsprachenzertifikat Französisch	16.05.2022		
1.2.2 KMK - Fremdsprachenzertifikat Englisch	13.05.2022		
1.2.3 Ausbildungsberufe des Hotel- und Gaststättengewerbes	09./10.05.2022		
1.2.4 Ausbildungsberuf Augenoptiker/in	11.05.2022		
1.2.5 zweijährige Ausbildungsberufe (PAL)	10.05.2022 2)		
1.2.6 dreijährige Fachpraktiker und Fachwerkerberufe	21. - 23.06.2022 3)		21./22.06.2022 4)
1.2.7 Zusatztermin im Hotel- und Gaststättengewerbe; Termin für Zusatzqualifikationen	20./21.06.2022 5)		
1.2.8 Ausbildungsberufe: Zahnmedizinische/r Fachangestellte/r, Pharmazeutisch-kaufmännische/r Angestellte/r, Medizinische/r Fachangestellte/r, Tiermedizinische/r Fachangestellte/r	9. - 11.05.2022		
1.2.9 Abschlussprüfung (zum Hauptschulabschluss gleichwertigen Bildungsstand) Vorqualifizierungsjahr Arbeit und Beruf (VAB)	22./23./27.06.2022 *29./30.06. und 04.07.2022* Deutsch, Englisch, Mathematik		
1.2.10 Zusatzprüfung Fachhochschulreife	siehe Nr. 3.4		
1.2.11 Managementassistent/in im Handwerk: Berufsbezogenes Englisch	siehe Nr. 4.2		

1) Ausbildungsberufe: Tierpfleger/in, Florist/in, Forstwirt/in, Gärtner/in Garten- und Landschaftsbau
2) Termine mit Vorbehalt.
3) Metalltechnik, Holztechnik, Farbtechnik und Raumgestaltung, Nahrung
4) Fachpraktiker/in Hauswirtschaft, Gartenbaufachwerker/in, Landwirtschaftsfachwerker/in
5) Ohne zweijährige Berufe.

Termine in *Kursivschrift* = Nachtermine, soweit solche festgelegt sind

Berufliche Schulen

Schulart	BERUFSFACHSCHULE		
2. Berufsfachschule	**gewerblicher Bereich**	**kaufmännischer Bereich**	**hauswirtschaftlicher, landwirtschaftlicher, sozialpädagogischer und sozialpflegerischer Bereich**
2.1 Förderberufsfachschule			
- Abschlussprüfung			02.05. - 24.06.2022
- Abschlussprüfung (zum Hauptschulabschluss gleichwertigen Bildungsstand)			22./23./27.06.2022 *29./30.06. und 04.07.2022* Deutsch, Englisch, Mathematik
2.2 Ausbildungsvorbereitung dual (AVdual); Ausbildungsvorbereitung (AV): Abschlussprüfung (zum Hauptschulabschluss gleichwertigen Bildungsstand)	22./23./27.06.2022 *29./30.06. und 04.07.2022* Deutsch, Mathematik, Englisch		
2.3 Abschlussprüfung Berufseinstiegsjahr (BEJ)	22./23./27.06.2022 *29./30.06. und 04.07.2022* Deutsch, Englisch, Mathematik		
2.4 Einjährige Berufsfachschule			
- Abschlussprüfung (zum Hauptschulabschluss gleichwertigen Bildungsstand) Teil Englisch	23.06.2022 *30.06.2022*		23.06.2022 *30.06.2022*
- Berufspraktische Abschlussprüfung in den Berufsfeldern Metalltechnik, Elektrotechnik, Holztechnik, Fahrzeugtechnik	04. - 08.07.2022 *11. - 15.07.2022*		
- Zentrale Klassenarbeiten			27./28.06.2022 *04./05.07.2022*
2.5 Zweijährige zur Prüfung der Fachschulreife führende Berufsfachschule	10./12./19.05.2022 *bzw. 30.05. und 02./03.06.2022* Deutsch, Englisch, Mathematik		
	17.05.2022 *bzw. 31.05.2022* Berufsfachliche Kompetenz		
2.6.1 Berufsfachschule für Kinderpflege zentrale Prüfung			16./18./20.05.2022 *21./22./24.06.2022* Deutsch, Berufliches Handeln theoretisch und methodisch fundieren, Unterstützung der Sprachentwicklung
2.6.2 Berufsfachschule für Kinderpflege Übergangsregelung			02.05. bis 24.06.2022
2.6.3 Berufsfachschule für Sozialpflege; Berufsfachschule für Altenpflegehilfe			02.05. - 24.06.2022
2.7.1 Berufsfachschule für Altenpflege			02.05. - 24.06.2022
2.7.2 Zusatzprüfung Fachhochschulreife in der Berufsfachschule für Altenpflege			siehe Nr. 3.4

Schulart	FACHSCHULE		
4. Fachschule	**gewerblicher Bereich**	**kaufmännischer Bereich**	**hauswirtschaftlicher, landwirtschaftlicher, sozialpädagogischer und sozialpflegerischer Bereich**
4.1 Wintertermin	15.11. - 10.12.2021		
- Hörverstehensprüfung (Teil A): Englisch bzw. Berufsbezogenes Englisch	15.11.2021 *10.12.2021*		
4.2 Sommertermin (ohne 4.3)	02.05. - 16.05.2022 / *20.06. - 01.07.2022*		
- KMK-Fremdsprachenzertifikat Englisch (Alternative 1)	siehe Nr. 1.2.2		
- Hörverstehensprüfung (Teil A): Englisch bzw. Berufsbezogenes Englisch (Alternative 2)	02.05.2022 *24.06.2022*		
4.3 Fachschule f. Weiterbildung in der Pflege Fachschule f. Organisation und Führung			02.05. - 24.06.2022
4.4 Zusatzprüfung Fachhochschulreife		siehe Nr. 3.4	

Termine in *Kursivschrift* = Nachtermine, soweit solche festgelegt sind

Schulart:	**BERUFSKOLLEG**		
3. Berufskolleg	**gewerblicher Bereich**	**kaufmännischer Bereich**	**hauswirtschaftlicher, landwirtschaftlicher, sozialpädagogischer und sozialpflegerischer Bereich**
3.1 Berufskollegs in Vollzeitunterricht (ohne 3.1.1 - 3.1.6)	05./06./10./11.05.2022 *31.05. und 01./21./22.06.2022*		02.05. – 24.06.2022
3.1.1 Technisches Berufskolleg I; Kaufmännisches Berufskolleg I; Berufskolleg Gesundheit und Pflege I	24.06.2022 [6] *01.07.2022*		
3.1.2 Berufskolleg Ernährung und Erziehung			24./27.06.2022 [6] *01./04.07.2022*
3.1.3 Technisches Berufskolleg II; Kaufmännisches Berufskolleg II Kaufmännisches Berufskolleg Fremdsprachen und Wirtschaftsinformatik; Berufskolleg Gesundheit und Pflege II	17./19./20./24.05.2022 Profilfach, Deutsche, Englisch, Mathematik *30./31.05. und 02./03.06.2022* *Deutsch, Profilfach, Englisch, Mathematik*		
– Zusatzprüfung Assistentenabschluss (alle unter 3.1.3 genannten Berufskollegs)	12.05.2022 *21.06.2022*		
– Zusatzprüfung Assistentenabschluss Fach Wirtschaftsenglisch (BK Fremdsprachen)		13.05.2022 *24.06.2022*	
– Zentrale Klassenarbeit 2. Fremdsprache Französisch oder Spanisch (Berufskolleg Fremdsprachen)		16.05.2022 *23.06.2022*	
3.1.4 Technisches Berufskolleg II – Verzahnung mit ausbildungsberufen	[7]		
3.1.5 Berufskolleg für Ernährung und Hauswirtschaft II			12./17.05.2022 *31.05. und 21.06.2022*
3.1.6 Berufskolleg für biotechnologische Assistenten			05./10./11.05.2022 *31.05 und 01./21.06.2022*
3.2 Berufskollegs in Teilzeitunterricht (ohne 3.2.1)	16 – 18.05.2022 *20. – 22.06.2022*		
3.2.1 Duales Berufskolleg Soziales			24./27.06.2022 [6] *01./04.07.2022*
3.3.1 Fachschule für Sozialpädagogik (Berufskolleg) zentrale Prüfung			17.05.2022 *31.05.2022*
3.3.2 Fachschule für Sozialpädagogik (Berufskolleg) Übergangsregelung			02.05. - 24.06.2022
3.4 Zusatzprüfung Fachhochschulreife im Berufskolleg	19./20./24.05.2022 *30.05. und 02./03.06.2022* Deutsch, Englisch, Mathematik		
3.5 Berufskolleg zum Erwerb der Fachhochschulreife	17./19./20./24.05.2022 berufsbezogenes Schwerpunktfach, Deutsch, Englisch, Mathematik *30./31.05. und 02./03.06.2022* *Deutsch, berufsbezogenes Schwerpunktfach, Englisch, Mathematik*		

[6] Zentrale Klassenarbeiten. Informationen zum Hörverstehen im Dualen Berufskolleg Fachrichtung Soziales (vgl. 3.2.1) werden mit separatem Schreiben bekanntgegeben.

[7] Die Prüfungstermine werden vom Kultusministerium gesondert festgelegt.

Schulart	BERUFSOBERSCHULE (BOS)		
5. Berufsoberschule	**gewerblicher Bereich**	**kaufmännischer Bereich**	**hauswirtschaftlicher, landwirtschaftlicher, sozialpädagogischer und sozialpflegerischer Bereich**
5.1 Berufsaufbauschule (Mittelstufe)	10./12./19.05.2022 *bzw. 30.05. und 02./03.06.2022* Deutsch, Englisch, Mathematik		
	17.05.2022 *bzw. 31.05.2022* Berufsfachliche Kompetenz		
5.2 Berufsoberschule (Oberstufe)	26./27./29.04. und 03.05.2022 Profilfach, Deutsch, Englisch, Mathematik *12./13./17./19.05.2022 Deutsch, Englisch, Profilfach, Mathematik*		
– Zentrales Angebot Klassenarbeit Hörverstehen (BOS)			
Englisch	14.12.2021 [8] bzw. *11.01.2022 [8]*		
Spanisch	15.12.2021 [8]		
Französisch	16.12.2021 [8]		

[8] Die zentral bereitgestellten Aufgaben können an den vorgesehenen Terminen als Klassenarbeiten zur Überprüfung des Hörverstehens eingesetzt werden.

Schulart		BERUFLICHES GYMNASIUM (BG)
6.1	**Zentrales Angebot Klassenarbeit** Hörverstehen [8]	
	Italienisch B	Montag, 13.12.2021
	Englisch (Haupttermin) *Englisch (Nachtermin)*	Dienstag, 14.12.2021 *Dienstag, 11.01.2022*
	Spanisch A	Mittwoch, 15.12.2021
	Französisch B	Donnerstag, 16.12.2021
	Spanisch B	Mittwoch, 15.12.2021
	Französisch A	Donnerstag, 16.12.2021
6.2	**Abiturprüfung**	
6.2.1	**Zulassung**	
	Späteste Ausgabe der Zeugnisse für das 1. Schulhalbjahr der Jahrgangsstufe 2	Montag, 31.01.2022
	Wahl des 5. (mündlichen) Abiturprüfungsfaches	Dienstag, 01.02.2022
	Späteste Zustellung der Nichtzulassung zur Abiturprüfung	Dienstag, 01.02.2022
6.2.2	**Schriftliche Prüfung (Haupttermin)**	
	Beginn der schriftlichen Prüfung	Montag, 25.04.2022
	Ende der schriftlichen Prüfung	Freitag, 06.05.2022
6.2.3	**Schriftliche Prüfung (Nachtermin)**	
	Beginn der schriftlichen Nachprüfung	Donnerstag, 12.05.2022
	Ende der schriftlichen Nachprüfung	Dienstag, 24.05.2022
6.2.4	**Bekanntgabe der Ergebnisse**	
	Erste Bekanntgabe der Ergebnisse der schriftlichen Prüfung	Dienstag, 21.06.2022
	Letzte Bekanntgabe der Ergebnisse der schriftlichen Prüfung	Freitag, 01.07.2022
6.2.5	**Mündliche Prüfung**	
	Zeitraum für die mündliche Prüfung	Dienstag, 28.06.2022 bis Freitag, 08.07.2022
6.2.6	**Ausgabe der Zeugnisse**	
	Letzte Ausgabe der Zeugnisse der allgemeinen Hochschulreife	Freitag, 08.07.2022
6.2.7	**Fachpraktische Prüfungen** Der Zeitraum, in dem die fachpraktischen Prüfungen in den Fächern Bildende Kunst, Bioinformatik, Computertechnik, Informatik, Musik und Sondergebiete der Biowissenschaften durchgeführt werden, wird von den Regierungspräsidien festgelegt. Erstmöglicher Termin:	Dienstag, 01.02.2022
	Für die Terminierung der fachpraktischen Prüfung im Fach Sport wird auf § 17 Abs. 2 und 3 BGVO hingewiesen.	
6.2.8	**Kommunikationsprüfung in den modernen Fremdsprachen** Der Zeitraum, in dem die Kommunikationsprüfung in den modernen Fremdsprachen durchgeführt wird, wird von den Schulen festgelegt. Erstmöglicher Termin:	Dienstag, 01.02.2022

Termine in *Kursivschrift* = Nachtermine, soweit solche festgelegt sind

Berufliche Schulen

Überbetriebliche Ausbildung

Gemeinsame Grundsätze des Kultusministeriums und des Wirtschaftsministeriums über die Ausbildung in Berufsschulen und überbetrieblichen beruflichen Ausbildungsstätten und über die Maßnahmen der beruflichen Fortbildung; Verwaltungsvorschrift vom 13. August 2001 (K.u.U. S. 335/2001)

Die gemeinsamen Grundsätze zwischen dem Kultusministerium und dem Wirtschaftsministerium dienen der vertrauensvollen Zusammenarbeit im Bereich der beruflichen Bildung des Landes.

1. Es sollen ein am langfristigen Bedarf orientierter Ausbau der beruflichen Schulen und der überbetrieblichen Ausbildungsstätten erreicht und spätere Überkapazitäten vermieden werden (Anlage 1).
2. Eine bessere Abstimmung zwischen den Maßnahmen in überbetrieblichen Ausbildungsstätten, die die Berufsausbildung im Betrieb ergänzen, und dem Unterricht in der Berufsschule soll herbeigeführt werden (Anlage 2).
3. Das Angebot an beruflicher Fortbildung zwischen öffentlichen Schulen und Trägern außerhalb öffentlicher Schulen soll aufeinander abgestimmt werden mit dem Ziel, eine bedarfsgerechte Fortbildung zu sichern, die vorhandenen Kapazitäten zu nutzen und Überkapazitäten zu vermeiden (Anlage 3).

Nach diesen „Gemeinsamen Grundsätzen" ist zu verfahren. [...]

Anlage 1

Die Planung und der Ausbau im Bereich der beruflichen Schulen wie auch der überbetrieblichen Ausbildungsstätten können nicht von der höchsten Nachfrage nach Ausbildungsplätzen ausgehen, sondern müssen sich am langfristigen Bedarf orientieren, um spätere Überkapazitäten zu vermeiden. Um dies zu erreichen, ist eine noch bessere wechselseitige Abstimmung nicht nur auf Landesebene, sondern vor allem auch auf regionaler Ebene erforderlich. Die Oberschulämter und die nach dem Berufsbildungsgesetz und der Handwerksordnung zuständigen Stellen sollen dabei wie folgt zusammenwirken:

1.
Berufliche Schulen

Die Oberschulämter hören die jeweils zuständigen Kammern rechtzeitig vor Abschluss der Meinungsbildung bei allen Planungsvorhaben, die das duale System tangieren. Die dafür erforderlichen Unterlagen werden auf Verlangen zur Verfügung gestellt.

Ziel der Anhörung ist es, eine Abstimmung herbeizuführen. Einzubeziehen sind insbesondere

- die Vorbereitung von Neubau- und größeren Ausbaumaßnahmen hinsichtlich Standort, Einzugsbereich, Berufsfeld, Berufsgruppe, Einzelberuf, Schülerzahlen, Kapazitäten (insbesondere Unterrichtsräume und Werkstätten) und der evtl. erforderlichen Unterbringung der Schüler in Internaten;
- organisatorische Änderungen im Teilzeitbereich mit größeren Auswirkungen auf den betrieblichen Ausbildungsbereich (z.B. Errichtung oder Aufhebung von Fachklassen, Einführung oder Aufhebung von Blockunterricht, Einrichtung oder Aufhebung eines kooperativen Berufsgrundbildungsjahres) und
- wichtige Maßnahmen im Vollzeitbereich (z.B. Einrichtung oder Aufhebung eines Berufsvorbereitungsjahres, eines schulischen Berufsbildungsjahres, einer ein- oder zweijährigen Berufsfachschule, eines Berufskollegs).

2.
Überbetriebliche Ausbildungsstätten

Das Landesgewerbeamt trägt dafür Sorge, dass die Träger überbetrieblicher Ausbildungsstätten bei allen Planungsvorhaben, die den schulischen Bereich tangieren, rechtzeitig vor Abschluss der Meinungsbildung die Oberschulämter hören. Die dafür erforderlichen Unterlagen werden auf Verlangen zur Verfügung gestellt.

Ziel der Anhörung ist es, eine Abstimmung herbeizuführen. Einzubeziehen sind insbesondere

- der Standort und der Einzugsbereich,
- die Berufsfelder, Berufsgruppen und Einzelberufe,
- die Zahl der Auszubildenden und ggf. die Anteile aus Handwerk und Industrie,
- die Kapazitäten (Werkstätten und Unterrichtsräume),
- die eventuell erforderliche Unterbringung der Auszubildenden in Internaten,
- wichtige Maßnahmen im Ausbildungsbereich, die einen Berufsschulbesuch zur Folge haben (z.B. berufsvorbereitende Maßnahmen). Die zuständigenstellen unterrichten darüber hinaus die Oberschulämter über wesentliche Änderungen der Nutzung überbetrieblicher Ausbildungsstätten, soweit diese von Einfluss auf den schulischen Bereich sind.

Anlage 2

Gegenstand der Abstimmung sind die fachtheoretischen Kenntnisse, die im Wesentlichen die Berufsschule zu vermitteln hat, und die Fertigkeiten und fachpraktischen Kenntnisse, die im Wesentlichen der Ausbildungsbetrieb zu vermitteln hat. Durch diese Grundsätze sollen die Maßnahmen in überbetrieblichen Ausbildungsstätten, die die Berufsausbildung im Betrieb ergänzen können, und der Unterricht der Berufsschule besser aufeinander abgestimmt werden. Sie gelten für die Ausbildung in gewerblichen Berufen. Sie sind, soweit möglich, entsprechend auf die Ausbildung in anderen Berufen anzuwenden. Von diesen Grundsätzen werden nicht erfasst das Berufsgrundbildungsjahr in der Form des Vollzeitunterrichts und die einjährigen gewerblichen Berufsfachschulen, die auch die notwendigen Fertigkeiten zu vermitteln haben.

1
Grundsätze der inhaltlichen Abstimmung

Grundlage der Berufsausbildung sind

- die jeweilige Ausbildungsordnung mit dem Ausbildungsrahmenplan, auf dem der einzelbetriebliche Ausbildungsplan aufbaut, und
- der unter Beteiligung der Wirtschaft erarbeitete Lehrplan des Landes Baden-Württemberg für die Berufsschulen, der auf dem Rahmenlehrplan der Kultusministerkonferenz aufbaut.

1.1
Aufgaben des Berufsschulunterrichts

Im Berufsschulunterricht werden auf der Grundlage des Lehrplans die notwendigen fachtheoretischen Kenntnisse vermittelt. Zum Berufsschulunterricht gehört auch die praktische Fachkunde, in der durch Demonstrationen und Versuche in den Labors und Werkstätten der Berufsschule der fachtheoretische Unterricht veranschaulicht und abgerundet wird. Insbesondere soll die „Praktische Fachkunde" die im fachtheoretischen Unterricht gewonnenen Erkenntnisse über

- die Eigenschaften der Werkstoffe und Materialien,
- die Bearbeitungsmöglichkeiten der Werkstoffe,
- die Verarbeitungsmöglichkeiten der Rohstoffe,
- die Ursachen und Wirkungen von Fehlern bei der Handhabung der Werkzeuge und Maschinen sowie bei der Bearbeitung der Werkstoffe und der Verarbeitung von Rohstoffen,
- die Funktion von Werkzeugen und Maschinen sowie Zusammenhänge mess-, regel- und steuerungstechnischer Abläufe durch unmittelbare Anschauung und praktische Versuche umsetzen und festigen. Sie ersetzt weder ganz noch teilweise Maßnahmen der überbetrieblichen Ausbildung.

1.2
Aufgaben der überbetrieblichen Ausbildung

Soweit im dualen Ausbildungssystem überbetriebliche Ausbildungsmaßnahmen erforderlich sind, sind diese Bestandteil des betrieblichen Ausbildungsbereichs. Sie dienen insbesondere der

- Vermittlung beruflicher Grundbildung
- Ergänzung und Vertiefung der Fachausbildung
- Vermittlung der an die technische Entwicklung angepassten weiteren, im Wesentlichen fachpraktischen Ausbildungsinhalte.

Sie ersetzen weder ganz noch teilweise die praktische Fachkunde der Berufsschule.

2
Grundsätze der organisatorischen Abstimmung

Überbetriebliche Ausbildung findet in der Regel in organisationseigenen Einrichtungen der Wirtschaft statt. Werden in besonders gelagerten Fällen für überbetriebliche Ausbildungsmaßnahmen von Organisationen der Wirtschaft schulische Werkstätten genutzt, so müssen folgende Voraussetzungen gegeben sein:

- Die überbetriebliche Ausbildungsmaßnahme wird von einer Organisation der Wirtschaft getragen.
- Die betreffenden Einrichtungen stehen im Schuljahr für die überbetriebliche Ausbildung über den erforderlichen Zeitraum und zu zumutbaren Zeiten zur Verfügung.
- Zwischen dem Träger der überbetrieblichen Ausbildung und dem Schulträger wird ein längerfristiger Nutzungsvertrag abgeschlossen. In diesem müssen u.a. die zur Verfügung gestellten Einrichtungen und Leistungen ausreichend bestimmt sein.

Wird in einer überbetrieblichen Bildungsstätte eine einjährige berufliche Grundbildung vermittelt, so wird der Besuch der Berufsschule nach § 79 SchG geregelt.

Der Besuch des begleitenden Berufsschulunterrichts durch die Teilnehmer an überbetrieblichen Ausbildungsmaßnahmen ist zwischen den Trägern dieser Maßnahmen und den Berufsschulen unter Einbeziehung der Möglichkeit des Blockunterrichts und gegebenenfalls der Verlegung des Berufsschulunterrichts abzustimmen. Beurlaubungen vom Berufsschulunterricht können nur unter den Voraussetzungen der Schulbesuchsverordnung erfolgen.

Soweit Blockunterricht erteilt wird, gibt das Kultusministerium mindestens acht Monate vor Schuljahresbeginn einen Blockplan als Grundlage für die Planung der Schulen heraus, den diese bei ihren eigenen Planungen berücksichtigen. Der Blockplan dient auch dazu, den überbetrieblichen Ausbildungsstätten ihre Planung zu erleichtern.

Die Planung überbetrieblicher Maßnahmen und die Unterrichtsplanung der Berufsschulen sollen dadurch erleichtert werden, dass

- die überbetrieblichen Ausbildungsstätten den Berufsschulen auf Wunsch Teilnehmerlisten zur Verfügung stellen,
- die Berufsschulen den Trägern überbetrieblicher Ausbildungsmaßnahmen auf Wunsch Listen der betreffenden Auszubildenden zur Verfügung stellen,
- die Planung überbetrieblicher Ausbildungsmaßnahmen für einen Zeitraum von mindestens einem halben Jahr erfolgt und
- die Termine kurzfristig vorgesehener überbetrieblicher Ausbildungsmaßnahmen möglichst drei Monate vor dem Beginn abgestimmt werden, sofern durch sie der Unterricht an der Berufsschule berührt wird.

3
Regionale Abstimmung

Soweit bei der Anwendung dieser Grundsätze eine Abstimmung auf regionaler Ebene erforderlich ist, erfolgt diese zwischen dem Träger der überbetrieblichen Ausbildungsmaßnahme und der jeweiligen Schule. Das zuständige Oberschulamt koordiniert unter mehreren beteiligten Schulen.

Anlage 3

Die wirtschaftliche Entwicklung wird durch die Einführung neuer Technologien und als Folge davon durch eine Beschleunigung des Strukturwandels gekennzeichnet sein. Dadurch wird die berufliche Fort- und Weiterbildung an Bedeutung erheblich gewinnen.

Die Abstimmung über die berufliche Fort- und Weiterbildung hat das Ziel, ein ausreichendes, aktuelles, bedarfsnahes und erwachsenengerechtes Angebot sicherzustellen. Alle Träger schulischer und außerschulischer Maßnahmen wirken partnerschaftlich zusammen. Vorhandene Kapazitäten sind vorrangig zu nutzen, Überkapazitäten sind zu vermeiden. Bei Fortbildungsmaßnahmen außerhalb des Schulgesetzes von Baden-Württemberg gilt der Grundsatz der Subsidiarität staatlichen Handelns.

1
Grundsätze zur Abstimmung

1.1 Soweit Maßnahmen der beruflichen Fortbildung auf Prüfungen hinführen, die auf der Grundlage der §§ 46 Berufsbildungsgesetz, 42 und 45 Handwerksordnung durchgeführt werden, werden sie mit Ausnahme der Meisterschulen und vorbehaltlich der Ziffer 1.3 außerhalb öffentlicher Schulen angeboten. Sofern bislang die Vorbereitung auf die handwerkliche Meisterprüfung nach § 45 Handwerksordnung an Fachschulen (Meisterschulen) erfolgt, ändert sich hieran nichts; soweit über den bisherigen Umfang hinaus die Vorbereitung auf die Meisterprüfung an einer Fachschule (Meisterschule) neu eingerichtet wird, bedarf dies des Einvernehmens mit der zuständigen Handwerkskammer.

1.2 Soweit Maßnahmen der beruflichen Fortbildung – einschließlich Prüfungen – durchgeführt werden, die durch landesrechtliche Vorschriften geregelt sind, werden sie gemäß § 14 Schulgesetz an Fachschulen angeboten. Ziffer 1.3 bleibt davon unberührt.

1.3 Abweichungen von den Ziffern 1.1 und 1.2 sind nur im Einvernehmen mit den nach Bundesrecht zuständigen Stellen und den zuständigen Schulbehörden möglich.

2

Soweit weder bundesrechtliche noch landesrechtliche Vorschriften unmittelbar oder mittelbar über das Prüfungsverfahren Inhalte der beruflichen Fortbildung regeln, stimmen sich Schulverwaltung und zuständige Stelle in der jeweiligen Region ab, ob ein öffentliches Bedürfnis für die Einrichtung schulischer Angebote im Bereich der beruflichen Fortbildung vorliegt. Kommt eine Einigung nicht zustande, ist eine Abstimmung zwischen dem Kultusministerium und dem Wirtschaftsministerium herbeizuführen. Das Abstimmungsverfahren ist nicht erforderlich, wenn allein der Erwerb schulischer Berechtigungen vorgesehen ist.

Übergangssystem

Informationen der Redaktion zur Rechtslage und zur Verwaltungspraxis in Baden-Württemberg

Als „Übergangssystem" werden jene Schularten bezeichnet, die von Schüler*innen ohne Ausbildungsplatz besucht werden. Dies sind

- das Vorqualifizierungsjahr Arbeit und Beruf (VAB),
- das Berufseinstiegsjahr (BEJ),
- die Einjährige gewerbliche Berufsfachschule (1BFS) und
- die Zweijährige zur Prüfung der Fachschulreife führende Berufsfachschule (2BFS).

Zur Weiterentwicklung dieses „Übergangssystems" werden derzeit zwei Schulversuche durchgeführt:

- BFPE (Erprobung einer pädagogischen Weiterentwicklung der Bildungsgänge VAB, BEJ, 1BFS und 2BFS)
  → Weiterentwicklung VAB / BEJ / 1BFS / 2BFS
- AVdual (Duale Ausbildungsvorbereitung).
  → Ausbildungsvorbereitung dual (AVdual)

Auch das Berufskolleg I wird zum Übergangssystem gezählt, da es ebenfalls von Schülerinnen und Schülern besucht wird, die keinen Ausbildungsplatz erhalten haben.

→ Berufskolleg I (BK-I-Verordnung)

→ Ausbildungsvorbereitung (AVdual); → Berufseinstiegsjahr; → Berufsfachschule Gewerblich (Einjährig); → Berufsfachschule Fachschulreife – Zweijährig (2BFS-VO); → Berufskolleg I (BK-I-Verordnung); → Ausbildungsvorbereitung dual (AVdual); → Vorqualifizierungsjahr Arbeit und Beruf (VAB); → Weiterentwicklung VAB / BEJ / 1BFS / 2BFS

Vorqualifizierungsjahr Arbeit und Beruf (VAB)

Vorqualifizierungsjahr Arbeit und Beruf – Regelform sowie Duales Vorqualifizierungsjahr Arbeit und Beruf; Schulversuchsbestimmung berufliche Schulen des KM vom 28. Oktober 2016 (AZ 41-6621.07/30)

Abschnitt 1 – Allgemeines

§ 1
Zweck der Ausbildung

Das Vorqualifizierungsjahr Arbeit/Beruf als inhaltliche Weiterentwicklung des Berufsvorbereitungsjahres (§ 10 Absatz 5 SchG) bereitet Jugendliche, die nicht in einem Berufsausbildungsverhältnis stehen und deren Berufsschulpflicht weder ruht noch für vorzeitig beendet erklärt wurde, auf eine Berufsausbildung oder eine berufliche Tätigkeit vor. Dabei werden auf der Grundlage einer umfassenden Verzahnung von Theorie und Praxis sowie von individualisierten Lernprozessen Basisqualifikationen der allgemeinen und berufsbezogenen Bildung vermittelt und vertieft. Im Rahmen eines handlungsorientierten und projektbasierten Unterrichts in berufsbezogenen Projekten (Lernfeldprojekten) und lebensweltbezogenen Projekten (Lernprojekten) erwerben die Jugendlichen berufliches Vorwissen und praktische Grundfertigkeiten in bis zu drei beruflichen Bereichen. Dies unterstützt die berufliche Orientierung, stärkt die Fähigkeit zur Alltagsbewältigung und verbessert die Chance auf eine Berufsausbildung. Der Abschluss des Vorqualifizierungsjahres Arbeit/Beruf mit einem dem Hauptschulabschluss gleichwertigen Bildungsstand ist möglich.

→ Vorqualifizierungsjahr Arbeit und Beruf (VABO);
⇨ Migratonshintergrund

§ 2
Dauer der Ausbildung, Halbjahreszeugnis, Zertifikate

(1) Die Ausbildung dauert ein Schuljahr. Absatz 5 und § 8 bleiben unberührt.

(2) Abweichend von § 26 Satz 1 SchG kann die Ausbildung mit Zustimmung der oberen Schulaufsichtsbehörde auch am ersten Unterrichtstag des zweiten Schulhalbjahres beginnen.

(3) Am Ende des ersten Schulhalbjahres wird ein Halbjahreszeugnis erteilt.

(4) Über die in den jeweiligen Projekten erworbenen Kompetenzen stellt die Schule Zertifikate nach Maßgabe des § 7 Absatz 2 aus.

§ 3
Pädagogische Ausgestaltung, Kompetenzanalyse, Zielvereinbarungsgespräche

(1) Die pädagogische Ausgestaltung der Ausbildung erfolgt auf der Basis einer individuellen Förder- und Berufswegeplanung, die auf einer Kompetenzfeststellung nach Absatz 2 aufbaut. Grundprinzip des Unterrichts ist die individuelle Förderung der Schülerinnen und Schüler, die eine Lernberatung umfasst und in eine Individualisierung der Lernprozesse mündet.

(2) Zur fundierten Erfassung der vorhandenen überfachlichen Kompetenzen wird eine Kompetenzanalyse durchgeführt. Die Analyse kann sich auch auf die fachlichen Kompetenzen erstrecken. Die öffentlichen beruflichen Schulen haben hierbei das vom Kultusministerium vorgegebene Analyseverfahren anzuwenden. Die Schulen in freier Trägerschaft können andere Analyseverfahren einsetzen, sofern diese Verfahren die Qualitätsmerkmale des Verfahrens nach Satz 3 aufweisen.

⇨ Kompetenzanalyse

(3) Die Kompetenzanalyse mündet in eine individualisierte Lernberatung mit Bildungs- und Berufsplanung. Die Lernberatung erfolgt auf der Grundlage der individuellen Lernentwicklung und beinhaltet mindestens zwei Zielvereinbarungsgespräche, in denen die Schülerinnen und Schüler eine Beratung hinsichtlich ihres weiteren Bildungs- und Berufsweges erhalten. Soweit möglich sollen an diesen Gesprächen die Erziehungsberechtigten der Schülerinnen und Schüler, die Berufsberatung der Arbeitsagentur für Arbeit und gegebenenfalls die unterstützende sozialpädagogische Fachkraft teilnehmen.

(4) Innerhalb des in der Stundentafel (§ 5 Absatz 1 Satz 2) ausgewiesenen Bereichs „Individuelle Förderung" werden unterrichtsergänzende Maßnahmen zur individuellen Förderung der Schülerinnen und Schüler umgesetzt. Eine Leistungsbewertung erfolgt in diesem Bereich nicht.

§ 4
Abschluss des Vorqualifizierungsjahres Arbeit/Beruf

(1) Das Vorqualifizierungsjahr Arbeit/Beruf kann entweder mit einem dem Hauptschulabschluss gleichwertigen Bildungsstand (Abschnitt 2) oder ohne einen solchen Bildungsstand (Abschnitt 3) erfolgreich abgeschlossen werden. Die Klassenkonferenz legt für jede Schülerin und jeden Schüler unter Berücksichtigung der individuell vorhandenen fachlichen und überfachlichen Kompetenzen sowie den sich hieraus ergebenden Leistungsperspektiven fest, welcher Abschluss sinnvoller Weise angestrebt werden soll. Diese Festlegung ist als Empfehlung im Rahmen eines der nach § 3 Absatz 3 durchzuführenden Zielvereinbarungsgespräche mit der Schülerin oder dem Schüler und den Erziehungsberechtigten zu besprechen. Dabei ist gegebenenfalls auf die Möglichkeit eines nochmaligen Durchlaufens des Vorqualifizierungsjahres Arbeit/Beruf nach § 8 hinzuweisen.

(2) Wer entsprechend der Empfehlung der Klassenkonferenz anstrebt, das Vorqualifizierungsjahr Arbeit/Beruf mit einem dem Hauptschulabschluss gleichwertigen Bildungsstand abzuschließen, nimmt zur Vorbereitung auf die nach Abschnitt 2 durchzuführende Abschlussprüfung am Unterricht in den Pflichtfächern und in den Fächern des Zusatzprogramms gemäß der Stundentafel teil.

(3) Sofern eine Schülerin oder ein Schüler und die Erziehungsberechtigten die Empfehlung

der Klassenkonferenz akzeptieren, das Vorqualifizierungsjahr Arbeit/Beruf ohne einen dem Hauptschulabschluss gleichwertigen Bildungsstand abzuschließen oder einen solchen Bildungsstand eventuell über ein nochmaliges Durchlaufen des Vorqualifizierungsjahres Arbeit/Beruf anzustreben, ist dies von ihnen schriftlich zu bestätigen. In diesem Fall tritt an die Stelle des im Zusatzprogramm angebotenen Unterrichts eine Förderung, die dem individuellen Förderbedarf der Schülerin oder des Schülers entspricht. Der Besuch des Vorqualifizierungsjahres Arbeit/Beruf endet nach § 22 Absatz 1 sodann entsprechend der von der Schule zu Beginn des Schuljahres getroffenen Festlegung entweder mit der Teilnahme an einer berufsbezogenen Prüfung oder einer Projektprüfung oder ohne die Teilnahme an einer Prüfung. Hierüber informiert die Schule bei einem der nach § 3 Absatz 3 durchzuführenden Zielvereinbarungsgespräche. Nimmt die Schülerin oder der Schüler im Laufe des Schuljahres eine von der vorherigen Einschätzung der Klassenkonferenz abweichende Entwicklung, kann mit dem Einverständnis der Klassenkonferenz und der Erziehungsberechtigten die Teilnahme an der Abschlussprüfung nach Abschnitt 2 noch im laufenden Schuljahr angestrebt werden.

(4) Wird entgegen der Empfehlung der Klassenkonferenz der Abschluss des Vorqualifizierungsjahres Arbeit/Beruf mit einem dem Hauptschulabschluss gleichwertigen Bildungsstand gewünscht, kann die Schule diesem Wunsch unmittelbar entsprechen oder festlegen, dass die Schülerin oder der Schüler innerhalb eines Zeitraums von sechs bis acht Schulwochen den Nachweis darüber zu führen hat, dass über das erforderliche Leistungsniveau für die Erlangung des angestrebten Abschlusses verfügt wird. Dieser Nachweis ist erbracht, wenn der Durchschnitt der innerhalb des nach Satz 1 festgelegten Zeitraums in den Fächern Deutsch und Mathematik erzielten Noten 4,0 oder besser ist. Wird der Nachweis nicht erbracht, nimmt die Schülerin oder der Schüler an dem Unterricht teil, der auf den Abschluss nach Abschnitt 3 hinführt.

§ 5
Bildungsplan, Stundentafel, maßgebende Fächer, Leistungsfeststellung im Fach Handlungskompetenz

(1) Der Unterricht orientiert sich an den vom Kultusministerium erlassenen Bildungs- und Lehrplänen sowie hinsichtlich des Fachs Berufliche Kompetenz an den Ausbildungsinhalten, die für das erste Ausbildungsjahr des im jeweiligen Lernfeldprojekt abgebildeten Ausbildungsberufs gelten. Außerdem richtet er sich nach den als Anlagen beigefügten Stundentafeln.

→ Vorqualifizierungsjahr Arbeit und Beruf (Stundentafel)

(2) Für den Abschluss sind die Leistungen in den maßgebenden Fächern entscheidend. Maßgebende Fächer sind

1. die Fächer nach Ziffer 1.1 der Stundentafeln mit Ausnahme der Fächer Religionslehre, Sport, Berufliche Kompetenz sowie Sprach- und Rechenkompetenz,
2. die Fächer des Zusatzprogramms nach Ziffer 2 der Stundentafel (Anlage 1), wobei das Fach Englisch II entfallen kann (§ 7 Absatz 5), und
3. die Lernfeldprojekte innerhalb des Fachs Berufliche Kompetenz, soweit nach § 7 Absatz 2 Satz 2 für diese Projekte Zertifikate auszustellen sind.

Wurde am Unterricht in den Fächern Deutsch und Mathematik nicht teilgenommen oder wurde die Abschlussprüfung nach Abschnitt 2 nicht bestanden, gelten die Teilbereiche „Sprachkompetenz“ und „Rechenkompetenz“ als maßgebende Fächer. Das Fach Sport und das Fach Englisch I ist als maßgebendes Fach zu berücksichtigen, wenn sich die jeweilige Note zugunsten der Schülerin oder des Schülers auswirkt.

(3) Die von den Schülerinnen und Schülern in den maßgebenden Fächern gezeigte Handlungskompetenz wird durch die in diesen Fächern unterrichtenden Lehrkräfte je Fach festgestellt und bewertet. Der Bewertung sind die Anforderungen zugrunde zu legen, die von der Schule zu Beginn des Schuljahres an die zu erlangenden überfachlichen Kompetenzen gestellt und den Schülerinnen und Schülern zur Kenntnis gebracht worden sind. Die für das Fach Handlungskompetenz im Halbjahreszeugnis auszuweisende Note wird aus den nach Satz 1 und 2 erfolgten Bewertungen ermittelt.

§ 6
Betriebspraktikum

(1) Das Vorqualifizierungsjahr Arbeit/Beruf schließt als verbindlichen Bestandteil ein Betriebspraktikum ein. Absatz 7 bleibt unberührt. Das Praktikum wird von der Schule entsprechend der örtlichen Situation und unter Berücksichtigung der von den Schülerinnen und Schülern mitgebrachten Voraussetzungen organisiert, inhaltlich ausgestaltet und eng begleitet.

(2) Das Praktikum kann mit wöchentlichen Praktikumstagen oder in Blockform durchgeführt werden. Ein Praktikum mit wöchentlichen Praktikumstagen kann auch Phasen mit Praktikumsblöcken einschließen. Bei Absolvierung eines Praktikums mit bis zu einem wöchentlichen Praktikumstag wird das Vorqualifizierungsjahr Arbeit/Beruf als „Vorqualifizierungsjahr Arbeit/Beruf-Regelform“ geführt. Beinhaltet das Praktikum mit dem Ziel einer Vermittlung von vertieften Einblicken in die Betriebspraxis und den Berufsalltag zwei wöchentliche Praktikumstage oder einen zehn Wochen umfassenden Praktikumsblock oder mehrere Praktikumsblöcke mit einer Gesamtdauer von zehn Wochen, wird das Vorqualifizierungsjahr Arbeit/Beruf als „Duales Vorqualifizierungsjahr Arbeit/Beruf“ geführt.

(3) Das Fach Praktikumsbezogene Kompetenz dient der Unterstützung der Praktikumsbetreuung und soll deshalb vorrangig von der das Praktikum betreuenden Lehrkraft unterrichtet werden. Eine Leistungsbewertung findet in diesem Fach nicht statt; Absatz 5 Satz 2 bleibt unberührt.

(4) Die an eine ordnungsgemäße Praktikumsteilnahme gestellten Anforderungen werden von der

Schule zu Beginn des Schuljahres festgelegt und den Schülerinnen und Schülern rechtzeitig mitgeteilt. Zu diesen Anforderungen zählt auch die Pflicht zur Führung eines Praktikumsberichtsheftes im Rahmen des Fachs Praktikumsbezogene Kompetenz.

(5) Über ihre Teilnahme am Praktikum erhalten die Schülerinnen und Schüler eine Praktikumsbescheinigung, die von der Schule möglichst unter Beteiligung der Praktikumsbetriebe erstellt wird und allgemeine Angaben zum absolvierten Praktikum (zum Beispiel Ort, Zeitraum, Umfang, Inhalte) enthält. In die Bescheinigung ist eine Beurteilung darüber aufzunehmen, wie das Praktikumsberichtsheft geführt wurde.

(6) Die Praktikumsbescheinigung wird den nach § 18 oder nach § 22 ausgestellten Zeugnissen als Beiblatt angefügt. In den Zeugnissen ist unter „Bemerkungen“ auf die Bescheinigung hinzuweisen. Sie kann als „Vorläufige Praktikumsbescheinigung“ bereits mit dem Halbjahreszeugnis ausgegeben werden.

§ 7

Unterricht in Lernfeldprojekten und Lernprojekten, Zertifizierung, Englischunterricht

(1) Der Unterricht im Fach Berufliche Kompetenz wird in Lernfeldprojekten durchgeführt. Der Unterricht im Fach Lebensweltbezogene Kompetenz erfolgt innerhalb von Lernprojekten und kann auch persönlichkeitsstabilisierende Projekte einschließen.

(2) Die Schule kann ein Zertifikat für jedes Lernfeldprojekt oder Lernprojekt ausstellen. Ein Zertifikat ist auszustellen, wenn ein Lernfeldprojekt oder ein Lernprojekt mit mindestens 30 Stunden bearbeitet wurde. In dem Zertifikat werden die in dem Projekt vermittelten fachlichen und überfachlichen Kompetenzen beschrieben und der von der Schülerin oder dem Schüler jeweils erreichte Grad der erworbenen Kompetenz dokumentiert. In den Zeugnissen nach § 18 oder nach § 22 wird auf die ausgestellten Zertifikate mittels Fußnotenangabe bei den betreffenden Projekten und gegebenenfalls beim Fach Lebensweltbezogene Kompetenz hingewiesen.

(3) Hat eine Schülerin oder ein Schüler mehr als ein Drittel der für die Projektdurchführung festgelegten Zeit versäumt, wird ein Zertifikat nach Absatz 2 erst ausgestellt, wenn ein Ausgleich der versäumten Projektzeit durch Maßnahmen erfolgt ist, die von der Schule nach Art und Umfang festgelegt und von der Schülerin oder dem Schüler jeweils bis zu dem von der Schule bestimmten Zeitpunkt durchgeführt worden sind.

(4) Für die Zulassung zur Abschlussprüfung nach Abschnitt 2 oder die Erlangung des Abschlusses nach § 22 sind Zertifikate in der bei § 11 Absatz 1 Nummer 2 oder bei § 22 Absatz 4 Satz 1 Nummer 2 oder bei § 22 Absatz 5 festgelegten Mindestzahl nachzuweisen. Haben sich Projekte über längere Zeiträume erstreckt, beispielsweise bei Halbjahres- oder Jahresprojekten, kann die Schule eine abweichende Mindestzahl festlegen.

(5) Die Schule legt im Einvernehmen mit der Schülerin oder dem Schüler und den Erziehungsberechtigten im Laufe des ersten Schulhalbjahres fest, ob die Schülerin oder der Schüler endgültig am Unterricht im Fach Englisch II oder gegebenenfalls am Unterricht im Fach Englisch I teilnimmt.

§ 8

Nochmaliges Durchlaufen der Ausbildung

Wer einen Abschluss nach § 22 Absatz 3 erreicht hat, kann das Vorqualifizierungsjahr Arbeit/Beruf ein zweites Mal durchlaufen, um es mit einem dem Hauptschulabschluss gleichwertigen Bildungsstand abzuschließen.

Abschnitt 2
Prüfung zum Abschluss des Vorqualifizierungsjahres Arbeit/Beruf mit einem dem Hauptschulabschluss gleichwertigen Bildungsstand

Hinweis der Redaktion: Die Paragrafen 9 (Zweck der Prüfung) und 10 (Art, Ort und Zeitpunkt der Prüfung) sind inhaltsgleich mit § 10 und 11 → Ausbildungsvorbereitung (AVDual).

§ 11

Zulassung zur Prüfung, Anmeldenoten

(1) Zur Abschlussprüfung wird zugelassen, wer

1. die Anmeldenoten nach Absatz 2 Satz 1 vorweist und
2. Zertifikate in mindestens 2 Lernfeldprojekten und 1 Lernprojekt erlangt hat, die jeweils mit einem zeitlichen Umfang von mindestens 30 Stunden bearbeitet wurden.

(2) [...]

Hinweis der Redaktion: Die Absätze 3-4 sind inhaltsgleich mit § 13 Abs.2 bis 4 → Ausbildungsvorbereitung (AVDual).

§ 12

Prüfungsausschuss, Fachausschüsse

(1) Für die Abschlussprüfung wird an jeder Berufsschule mit einem Vorqualifizierungsjahr Arbeit/Beruf ein Prüfungsausschuss gebildet, der für die ordnungsgemäße Durchführung der Prüfung verantwortlich ist. Diesem Ausschuss gehören an:

1. als Vorsitzende oder Vorsitzender die Schulleiterin oder der Schulleiter oder eine von ihr oder ihm beauftragte Lehrkraft,
2. als stellvertretende Vorsitzende oder stellvertretender Vorsitzender eine von der Schulleiterin oder dem Schulleiter beauftragte Lehrkraft,
3. sämtliche Lehrkräfte, die in den maßgebenden Fächern unterrichten.

Die obere Schulaufsichtsbehörde oder die Vorsitzende oder der Vorsitzende des Prüfungsausschusses können weitere Lehrkräfte einer öffentlichen Schule als Mitglieder berufen, soweit dies für die Durchführung der Prüfung erforderlich ist.

(2) Die Mitglieder des Prüfungsausschusses sind bei ihrer Tätigkeit als Prüferin oder Prüfer unabhängig. Sie sind zur Amtsverschwiegenheit über alle Prüfungsangelegenheiten verpflichtet. Die Vorsitzende oder der Vorsitzende des Prüfungsausschusses hat sie vor Beginn der Prüfung hierüber zu belehren.

(3) Der Prüfungsausschuss ist beschlussfähig, wenn mindestens zwei Drittel der Mitglieder anwesend

sind. Der Prüfungsausschuss entscheidet mit einfacher Mehrheit; bei Stimmengleichheit gibt die Stimme der Vorsitzenden oder des Vorsitzenden den Ausschlag.

(4) Für die berufsbezogene Prüfung oder gegebenenfalls die Projektprüfung sowie für die mündliche Prüfung bildet die oder der Vorsitzende des Prüfungsausschusses Fachausschüsse. Jedem Fachausschuss gehören an:

1. die Vorsitzende oder der Vorsitzende oder ein von ihr oder ihm bestelltes Mitglied des Prüfungsausschusses, zugleich mit der Aufgabe, die Prüfung zu leiten und zu protokollieren,
2. als Prüferin oder Prüfer die Fachlehrkraft der Klasse oder bei deren Verhinderung eine in dem betreffenden Prüfungsfach erfahrene Lehrkraft, im Falle der Projektprüfung die Fachlehrkraft des Fachs Handlungskompetenz oder eine Lehrkraft, die in dem von der Projektprüfung betroffenen Fachbereich erfahren ist.

In Fächern, in denen die Klasse von verschiedenen Fachlehrkräften für Teilbereiche unterrichtet wird, gehören alle Fachlehrkräfte dem Fachausschuss als Mitglieder an. Sie sind jeweils für ihren Teilbereich Prüferin oder Prüfer nach Satz 2 Nummer 2.

§ 13
Schriftliche Prüfung

(1) Die Leitung der schriftlichen Prüfung obliegt der Schulleiterin oder dem Schulleiter.

(2) Die Prüfungsaufgaben werden dem Stoffgebiet der Bildungs- und Lehrpläne des Vorqualifizierungsjahres Arbeit/Beruf entnommen und vom Kultusministerium landeseinheitlich gestellt.

(3) [...]

Hinweis der Redaktion: Die Absätze 3-5 sind inhaltsgleich mit § 14 Abs.3 bis 5 → Ausbildungsvorbereitung (AVDual).

§ 14
Mündliche Prüfung

(1) Die mündliche Prüfung soll keine Wiederholung, sondern eine Ergänzung der schriftlichen Prüfung sein. Sie soll in der Regel 10 Minuten je Prüfling und Fach dauern.

(2) Die mündliche Prüfung wird in der Regel als Einzelprüfung durchgeführt. Die oder der Vorsitzende des Prüfungsausschusses kann hiervon abweichend die Durchführung einer Gruppenprüfung zulassen, wenn dies aus organisatorischen oder thematischen Gründen für die Durchführung der Prüfung erforderlich ist. Bei Gruppenprüfungen können bis zu drei Prüflinge zusammen geprüft werden.

(3) Die mündliche Prüfung kann sich auf alle maßgebenden Fächer mit Ausnahme der Fächer Berufliche Kompetenz, Handlungskompetenz und Sport erstrecken. Im Fach Computeranwendungen kann eine mündliche Prüfung stattfinden, wenn dieses Fach nicht Gegenstand der berufsbezogenen Prüfung war.

(4) Aufgrund der Anmeldenoten und gegebenenfalls der Noten der schriftlichen und der berufsbezogenen Prüfung bestimmt die oder der Vorsitzende des Prüfungsausschusses, ob und in welchen Fächern mündlich zu prüfen ist. Die zu prüfenden Fächer sind der Schülerin oder dem Schüler fünf bis sieben Schultage vor der mündlichen Prüfung bekanntzugeben. Zusätzlich kann die Schülerin oder der Schüler der Schulleiterin oder dem Schulleiter bis zum nächsten Schultag schriftlich bis zu zwei Fächer benennen, in denen mündlich zu prüfen ist.

(5) Im Anschluss an die einzelne mündliche Prüfung setzt der Fachausschuss das Ergebnis der mündlichen Prüfung auf Vorschlag der Prüferin oder des Prüfers fest; dabei sind ganze und halbe Noten zu verwenden. Kann sich der Fachausschuss mehrheitlich mit der Stimme der Leiterin oder des Leiters für keine bestimmte Note entscheiden, so wird die Note aus dem auf die erste Dezimale errechneten Durchschnitt der Bewertungen aller Mitglieder gebildet, der auf eine ganze oder halbe Note zu runden ist; § 13 Absatz 5 Satz 2, 2. Halbsatz gilt entsprechend.

(6) Über jede mündliche Prüfung ist eine Niederschrift zu fertigen, die von den Mitgliedern des Fachausschusses unterschrieben wird.

§ 15
Berufsbezogene Prüfung

(1) Die berufsbezogene Prüfung erstreckt sich auf das Fach Berufliche Kompetenz; § 10 Absatz 1 Satz 2 bleibt unberührt. Sie umfasst einen schriftlichen Teil, einen praktischen Teil und gegebenenfalls einen mündlichen Teil (zum Beispiel Präsentation des Ergebnisses). Wurde das Fach Computeranwendungen mit mindestens durchschnittlich vier Wochenstunden unterrichtet, kann es die Schülerin oder der Schüler anstelle des Fachs Berufliche Kompetenz als Fach der berufsbezogenen Prüfung wählen. Die Wahl des Fachs Computeranwendungen ist der Schulleiterin oder dem Schulleiter bis zu einem von ihr oder ihm festgesetzten Termin schriftlich mitzuteilen.

(2) Die berufsbezogene Prüfung ist nach Wahl der Schülerin oder des Schülers auf den Inhalt eines der Lernfeldprojekte auszurichten, an denen die Schülerin oder der Schüler teilgenommen hat. Dieses Lernfeldprojekt ist maßgebendes Fach im Sinne von § 5 Absatz 2 Nummer 3. Bei sehr umfangreichen Lernfeldprojekten kann die Ausrichtung in Absprache mit der Schülerin oder dem Schüler auf einzelne Bausteine des Projektes beschränkt werden.

(3) Die Prüfungsaufgaben werden im Rahmen der unterrichteten Bildungsinhalte von der Leiterin oder dem Leiter des Fachausschusses aufgrund von Vorschlägen der Fachlehrkraft gestellt. Die Arbeitszeit beträgt je nach Art und Umfang der Arbeit drei bis sieben Zeitstunden; sie wird von der Leiterin oder dem Leiter des Fachausschusses festgelegt.

(4) Die Aufsicht während der berufsbezogenen Prüfung wird durch die Mitglieder des Fachausschusses ausgeübt. Die Leiterin oder der Leiter des Fachausschusses kann weitere fachkundige Personen hinzuziehen.

(5) Die berufsbezogene Prüfung wird vom Fachausschuss abgenommen und bewertet. Dabei werden die in berufsfachlicher Kompetenz erbrachten Leistungen einfach und die in berufspraktischer Kompetenz erbrachten Leistungen zweifach gewichtet. Kann sich der Fachausschuss auf keine bestimmte Note einigen, wird die Note aus dem auf die erste Dezimale errechneten Durchschnitt der beiden Bewertungen gebildet, der auf eine ganze oder halbe Note zu runden ist; Dezimalen von 0,3 bis 0,7 sind dabei auf eine halbe Note, die übrigen Dezimalen auf eine ganze Note zu runden.

(6) Über die berufsbezogene Prüfung ist eine Niederschrift zu fertigen, die von den Mitgliedern des Fachausschusses unterschrieben wird.

(7) Die Note der berufsbezogenen Prüfung wird fünf bis sieben Tage vor der mündlichen Prüfung bekanntgegeben.

§ 16
Projektprüfung

(1) Die Projektprüfung erstreckt sich auf das Fach Handlungskompetenz und ein Lernfeldprojekt. Sie besteht aus der Planung, Durchführung, Dokumentation und Präsentation eines Projektes.

(2) Das Thema der Projektprüfung wird im Rahmen der Bildungs- und Lehrpläne auf Vorschlag der jeweiligen im Fach Handlungskompetenz unterrichtenden Fachlehrkräfte, die die Schülerinnen und Schüler bei der Themenfindung in geeigneter Form beteiligen, von der oder dem Vorsitzenden des Prüfungsausschusses festgelegt. Das Projekt muss berufspraktische Inhalte der Lernfeldprojekte, an denen die Schülerinnen und Schüler teilgenommen haben, enthalten. [...]

Hinweis der Redaktion: Die Absätze 3-6 sind inhaltsgleich mit § 16 Abs.3 bis 6 → Ausbildungsvorbereitung (AVDual).

§ 17
Ermittlung des Prüfungsergebnisses

(1) Die Endnoten in den einzelnen Fächern werden von der oder dem Vorsitzenden des Prüfungsausschusses aufgrund der Anmeldenoten und der Prüfungsleistungen ermittelt, wobei der Durchschnitt auf die erste Dezimale zu errechnen ist; eine Dezimale bis 0,4 wird dabei auf eine ganze Note abgerundet, eine Dezimale von 0,5 oder höher auf eine ganze Note aufgerundet. Bei einer Projektprüfung werden Endnoten für das Fach Handlungskompetenz und das in die Prüfung einbezogene Lernfeldprojekt gebildet; Satz 1 gilt entsprechend.

(2) Bei der Ermittlung der Endnoten werden die Anmeldenote und die Prüfungsleistung gleich gewichtet. Wird ein Fach schriftlich und mündlich geprüft, ergibt sich die Note für die Prüfungsleistung aus dem auf eine Dezimale errechneten Durchschnitt der Note der schriftlichen Prüfungsleistung und der Note der mündlichen Prüfungsleistung.

(3) In Fächern, in denen nicht geprüft wurde, sowie in Lernfeldprojekten, die nicht Gegenstand der berufsbezogenen Prüfung oder der Projektprüfung waren, werden die Anmeldenoten in Form ganzer Noten, erforderlichenfalls unter Anwendung der in Absatz 1 genannten Rundungsregelung, als Endnoten in das Zeugnis übernommen.

(4) Die oder der Vorsitzende des Prüfungsausschusses stellt fest, wer die Abschlussprüfung bestanden hat. Das Ergebnis der Prüfung ist den Prüflingen unverzüglich mitzuteilen.

(5) Die Abschlussprüfung ist bestanden, wenn

1. der Durchschnitt der in den maßgebenden Fächern erzielten Endnoten 4,0 oder besser ist und
2. keine der in den Fächern der schriftlichen Prüfung erzielten Endnoten schlechter als „ausreichend" ist und die in dem Lernfeldprojekt, das Gegenstand der berufsbezogenen Prüfung war, erzielte Endnote oder, bei einer Projektprüfung, die im Fach Handlungskompetenz erzielte Endnote nicht schlechter als „ausreichend" ist. Wurde die Endnote „mangelhaft" in einem dieser Fächer oder in dem Lernfeldprojekt der berufsbezogenen Prüfung erzielt, ist die Prüfung bestanden, wenn zum Ausgleich mindestens die Endnote „befriedigend" in einem anderen Fach der schriftlichen Prüfung oder in dem Lernfeldprojekt der berufsbezogenen Prüfung oder, bei einer Projektprüfung, im Fach Handlungskompetenz oder im geprüften Lernfeldprojekt, oder, sofern dieses Fach durchschnittlich mit mindestens vier Wochenstunden unterrichtet wurde, im Fach Computeranwendungen herangezogen werden kann. Ein solcher Ausgleich kann höchstens für zwei Fächer oder für ein Fach und das Lernfeldprojekt der berufsbezogenen Prüfung erfolgen.

Sind die bei Nummer 1 oder Nummer 2 genannten Voraussetzungen aufgrund der im Fach Englisch II erzielten Note nicht erfüllt, bleibt diese Note unberücksichtigt.

(6) Über die Prüfung ist eine Niederschrift zu fertigen, die von der oder dem Vorsitzenden des Prüfungsausschusses und dem Mitglied, das die Niederschrift angefertigt hat, unterschrieben wird.

(7) Die Niederschrift über die einzelnen Teile der Prüfung und über die Feststellung der Prüfungsergebnisse, eine Liste mit den Prüfungsergebnissen und die Prüfungsarbeiten sind bei den Schulakten aufzubewahren. Die Niederschriften und die Prüfungsarbeiten sind nach Ablauf von drei Jahren seit der Feststellung der Ergebnisse der Prüfung zu vernichten.

§ 18
Zeugnis

(1) Wer die Abschlussprüfung bestanden hat, erhält ein Abschlusszeugnis nach Anlage 3 *(hier nicht abgedruckt)* mit den nach § 17 Absatz 1 bis 3 ermittelten Endnoten. In dem Zeugnis ist unter „Bemerkungen" aufzuführen: „Die Schülerin/Der Schüler hat den Bildungsgang mit einem dem Hauptschulabschluss gleichwertigen Bildungsstand abgeschlossen." Wurde am Unterricht im Fach Englisch II, nicht jedoch an der abschließenden Prüfung in diesem Fach teilgenommen, oder wurde am Unterricht im Fach Englisch I teilgenommen, ist die in dem betreffenden Fach erzielte Endnote mit

dem Klammerzusatz „(nicht abschließend geprüft)" in das Zeugnis aufzunehmen. Unter „Bemerkungen" ist in dem Zeugnis außerdem der Hinweis „Der Abschluss ist im Deutschen und Europäischen Qualifikationsrahmen dem Niveau 2 zugeordnet." auszubringen.

(2) Wer die Abschlussprüfung nicht bestanden oder an ihr nicht oder nur teilweise teilgenommen hat und die Schule verlässt, erhält ein Zeugnis nach § 22 Absatz 4 oder 5.

(3) Wer die Abschlussprüfung nicht bestanden hat und das Schuljahr wiederholt, erhält ein Jahreszeugnis mit den nach § 17 Absatz 1 bis 3 ermittelten Endnoten oder gegebenenfalls ein Zeugnis nach § 22 Absatz 4.

(4) In den Zeugnissen nach den Absätzen 1 bis 3 sind die absolvierten Lernfeldprojekte und die dort jeweils erzielten Einzelnoten auszuweisen. Zusätzlich zu der für das Fach Lebensweltbezogene Kompetenz auszuweisenden Gesamtnote können die in den absolvierten Lernprojekten erzielten Noten im Zeugnis ausgebracht werden. Wurde an der berufsbezogenen Prüfung teilgenommen, ist das Projekt, das Gegenstand der Prüfung war, entsprechend zu kennzeichnen; im Falle einer Teilnahme an der Projektprüfung ist das Thema des Projekts aufzuführen. → Zeugnisse (Berufliche Schulen)

§ 19
Wiederholung der Prüfung, Entlassung

(1) Wer die Abschlussprüfung nicht bestanden hat, kann sie nach erneutem Besuch des Vorqualifizierungsjahres Arbeit/Beruf einmal wiederholen.

(2) Die freiwillige Wiederholung auch nur eines Teils des Schuljahres gilt als Nichtbestehen der Abschlussprüfung. Bei bestandener Abschlussprüfung ist weder eine Wiederholung der Ausbildung noch eine Wiederholung der Abschlussprüfung zulässig.

(3) Wer die Abschlussprüfung auch nach der Wiederholung nicht bestanden hat, muss das Vorqualifizierungsjahr Arbeit/Beruf verlassen.

Hinweis der Redaktion: Die Paragrafen 20 (Nichtteilnahme, Rücktritt) und 21 (Täuschungshandlungen, Ordnungsverstöße) sind hier nicht abgedruckt, da inhaltsgleich mit §§ 23 und 24 → Berufsfachschule Altenpflegehilfe.

Abschnitt 3
Abschluss des Vorqualifizierungsjahres Arbeit/Beruf ohne einen dem Hauptschulabschluss gleichwertigen Bildungsstand

§ 22
Teilnahme an der berufsbezogenen Prüfung, Notenermittlung, Zeugnisse

(1) Wer anstrebt, das Vorqualifizierungsjahr Arbeit/Beruf ohne einen dem Hauptschulabschluss gleichwertigen Bildungsstand abzuschließen, nimmt an einer berufsbezogenen Prüfung (§ 15) oder an einer Projektprüfung (§ 16) teil, sofern nach § 4 Absatz 3 Satz 3 die Durchführung einer solchen Prüfung von der Schule festgelegt worden war. An der Prüfung kann teilnehmen, wer eine Anmeldenote für das in die Prüfung einbezogene Lernfeldprojekt oder, im Falle der Projektprüfung, für das Fach Handlungskompetenz und das in die Prüfung einbezogene Lernfeldprojekt vorweist. Die Anmeldenote ist in Form einer ganzen oder halben Note zu bilden.

(2) Für die Ermittlung der in einer Prüfung nach Absatz 1 erzielten Endnote gilt § 17 Absatz 1 und 2 Satz 1 entsprechend. Die Endnote ist im Zeugnis nach Absatz 4 oder 5 auszubringen. Die Teilnahme an der jeweiligen Prüfung ist unter Kennzeichnung des prüfungsrelevanten Lernfeldprojektes oder unter Nennung des Themas der Projektprüfung im Zeugnis zu vermerken. Die §§ 9, 10, 11 Absatz 3, §§ 12, 15 und 16, § 17 Absatz 4 Satz 2, Absatz 6 und 7 sowie §§ 20 und 21 gelten entsprechend.

(3) Das Vorqualifizierungsjahr Arbeit/Beruf-Regelform und das Duale Vorqualifizierungsjahr Arbeit/Beruf sind unabhängig vom Ergebnis der Prüfung nach Abschnitt 2 erfolgreich absolviert, wenn

1. der Durchschnitt aus den Jahresnoten (ganze Noten, die aus den während des Schuljahres erbrachten Einzelleistungen ermittelt werden) aller maßgebenden Fächer, ausgenommen die Fächer des Zusatzprogramms, sowie den Endnoten der nach Absatz 1 oder §§ 15 und 16 durchgeführten berufsbezogenen Prüfung oder Projektprüfung, 4,0 oder besser ist, und
2. mindestens 2 Zertifikate über mit mindestens 30 Stunden bearbeiteten Lernfeldprojekten sowie 1 Zertifikat über ein mit mindestens 30 Stunden bearbeitetes Lernprojekt vorgewiesen werden können. § 7 Absatz 4 Satz 2 bleibt unberührt.

Wurde an einer Schule eine Prüfung nach Absatz 1 nicht durchgeführt, wird bei Schülerinnen oder Schülern dieser Schule, die die Abschlussprüfung nach Abschnitt 2 nicht bestanden haben, die Note der berufsbezogenen Prüfung oder der Projektprüfung nicht in die Durchschnittsermittlung einbezogen.

(4) Wer den Bildungsgang erfolgreich nach Absatz 3 absolviert hat, erhält ein Abschlusszeugnis nach Anlage 2 *(hier nicht abgedruckt)*. In diesem Zeugnis werden für alle Fächer, ausgenommen Sprach- und Rechenkompetenz, Praktikumsbezogene Kompetenz und Berufliche Kompetenz, sowie für die Lernfeldprojekte die erzielten Jahresnoten ausgebracht; dabei können zusätzlich zur Gesamtnote des Fachs Lebensweltbezogene Kompetenz die in den absolvierten Lernprojekten jeweils erzielten Jahresnoten ausgewiesen werden. Absatz 2 Satz 3 gilt entsprechend. Wurde am Unterricht in Deutsch und in Mathematik nicht teilgenommen oder wurde die Abschlussprüfung nach Abschnitt 2 nicht bestanden, werden aus den Noten, die im Fach Sprach- und Rechenkompetenz erzielt wurden, Jahresnoten für die Teilbereiche „Sprachkompetenz" und „Rechenkompetenz" gebildet und im Zeugnis ausgebracht. Im Falle des § 18 Absatz 2 werden im Abschlusszeugnis auf Wunsch der Schülerin oder des Schülers außerdem die in den Fächern des Zusatzprogramms erzielten Noten aufgenommen oder

Berufliche Schulen

der Vermerk „teilgenommen“ oder gegebenenfalls „teilweise teilgenommen“ ausgebracht. In dem Abschlusszeugnis ist unter „Bemerkungen“ außerdem der Hinweis „Der Abschluss ist im Deutschen und Europäischen Qualifikationsrahmen dem Niveau 1 zugeordnet.“ auszubringen.

(5) Wer den Bildungsgang nicht erfolgreich im Sinne von Absatz 3 absolviert hat und die Schule verlässt, erhält ein Abgangszeugnis. Absatz 4 Satz 2 bis 4 gilt entsprechend. Ein Jahreszeugnis erhält, wer den Bildungsgang nicht erfolgreich absolviert hat und ihn nochmals durchlaufen will.

Abschnitt 4 – Prüfung für Schulfremde

§ 23
Teilnehmer

Wer das Abschlusszeugnis des Vorqualifizierungsjahres Arbeit/Beruf nach § 18 Absatz 1 erwerben will, ohne eine entsprechende öffentliche oder staatlich anerkannte Schule besucht zu haben, kann als außerordentlicher Teilnehmer (Schulfremder) oder außerordentliche Teilnehmerin (Schulfremde) die Abschlussprüfung nach Abschnitt 2 dieser Schulversuchsbestimmungen ablegen.

§ 24 Zeitpunkt

Die Prüfung für Schulfremde findet einmal jährlich, in der Regel zusammen mit der Abschlussprüfung an den öffentlichen beruflichen Schulen mit Bildungsgang Vorqualifizierungsjahr Arbeit/Beruf statt.

§ 25
Meldung

(1) Die Meldung zur Prüfung ist bis zum 1. Dezember für die Prüfung im darauffolgenden Jahr an die für den Wohnsitz der Bewerberin oder des Bewerbers zuständige obere Schulaufsichtsbehörde zu richten. Für die Schülerinnen und Schüler der staatlich genehmigten, aber noch nicht anerkannten privaten Schulen ist die obere Schulaufsichtsbehörde zuständig, in deren Bezirk die Privatschule liegt.

(2) Der Meldung sind beizufügen:

1. ein Lebenslauf in tabellarischer Form mit Angaben über den bisherigen Bildungsweg und gegebenenfalls über die ausgeübte Berufstätigkeit,
2. die Geburtsurkunde und ein Lichtbild,
3. die Abschluss- beziehungsweise Abgangszeugnisse der besuchten Schulen (beglaubigte Abschriften oder Ablichtungen),
4. eine Erklärung darüber, ob und gegebenenfalls mit welchem Ergebnis die Bewerberin oder der Bewerber schon an einer Abschlussprüfung des Vorqualifizierungsjahres Arbeit/Beruf teilgenommen hat,
5. Angaben über die Vorbereitung auf die Prüfung.

(3) Für Schüler der staatlich genehmigten, aber noch nicht anerkannten privaten Schulen kann an Stelle der Meldung durch die einzelne Bewerberin oder den einzelnen Bewerber die Sammelmeldung der Schule treten, die Vor- und Zuname, Geburtstag, Geburtsort und Anschrift der Bewerberinnen und Bewerber enthalten muss. Der Sammelmeldung sind die Unterlagen nach Absatz 2 beizufügen.

§ 26
Voraussetzung für die Zulassung

(1) Schulfremde können die Prüfung nicht eher ablegen, als es ihnen bei normalem Schulbesuch möglich wäre.

(2) Zur Prüfung wird nur zugelassen,

1. wer die in § 1 Satz 1 genannten Voraussetzungen für eine Ausbildung im Vorqualifizierungsjahr Arbeit/Beruf erfüllt,
2. wer die Voraussetzung für die Zulassung nach § 11 Absatz 1 Nummer 2 erfüllt,
3. wer nicht bereits zweimal die Prüfung nicht bestanden hat,
4. wer nicht bereits die Prüfung bestanden hat.

(3) Zur Prüfung wird in der Regel nur zugelassen, wer in Baden-Württemberg seinen ständigen Wohnsitz hat oder in Baden-Württemberg an einer staatlich genehmigten Schule oder einer sonstigen Unterrichtseinrichtung auf die Schulfremdenprüfung vorbereitet wurde.

§ 27
Entscheidung über die Zulassung

Die öffentliche berufliche Schule mit Vorqualifizierungsjahr Arbeit/Beruf entscheidet über die Zulassung zur Prüfung. Bei Bewerberinnen und Bewerbern von staatlich genehmigten Schulen trifft diese Entscheidung die obere Schulaufsichtsbehörde. Sie bestimmt die öffentliche berufliche Schule mit Vorqualifizierungsjahr Arbeit/Beruf, an der die Prüfung abzulegen ist; § 28 Absatz 1 Nummer 6 bleibt unberührt.

§ 28
Durchführung der Prüfung

(1) Für die Prüfung der zugelassenen Bewerberinnen und Bewerber gelten § 10 Absatz 1 und 3, §§ 12 bis 16, § 17 Absatz 4 bis 7 und §§ 19 bis 21 entsprechend mit folgender Maßgabe:

1. Fachlehrkräfte im Sinne von § 12 Absatz 4, § 13 Absatz 5 und § 15 Absatz 3 sind die von der Vorsitzenden oder dem Vorsitzenden des Prüfungsausschusses bestimmten Fachlehrkräfte einer Schule, in der Regel der für die Abnahme der Prüfung zuständigen öffentlichen beruflichen Schule mit Vorqualifizierungsjahr Arbeit/Beruf.
2. Mündlich geprüft wird das Fach Lebensweltbezogene Kompetenz sowie das Fach Computeranwendungen, sofern dieses Fach nicht Gegenstand der berufsbezogenen Prüfung war. An die Stelle der mündlichen Prüfung in den Fächern nach Satz 1 kann jeweils eine schriftliche Prüfung treten (Dauer höchstens 45 Minuten). Die Fächer Deutsch, Mathematik und, falls schriftlich geprüft, Englisch II können mündlich geprüft werden; werden diese Fächer von der oder dem Vorsitzenden des Prüfungsausschusses insgesamt oder zum Teil nicht für die mündliche Prüfung vorgesehen, so kann der Prüfling für bis zu zwei dieser Fächer von der Möglichkeit nach § 14 Absatz 4 Satz 3 Gebrauch machen.
3. Bei der Feststellung des Ergebnisses der Prüfung zählen allein die Prüfungsleistungen.

4. Bei der Ermittlung der Endnote zählen in den Fächern, in denen schriftlich und mündlich geprüft wurde, die Note der schriftlichen Prüfung und die Note der mündlichen Prüfung je einfach.
5. Die Prüfung ist bestanden, wenn
   a. der Durchschnitt der in allen geprüften Fächern erzielten Noten 4,0 oder besser ist und
   b. die in § 17 Absatz 5 Nummer 2 erfolgten Vorgaben erfüllt sind; dabei treten an die Stelle der Endnoten die in der Prüfung jeweils erzielten Noten. Die Einbeziehung des Fachs Lebensweltbezogene Kompetenz in die Ausgleichsregelung nach § 17 Absatz 5 Nummer 2 ist nicht möglich.
6. Bei Schülerinnen und Schülern von staatlich genehmigten, aber noch nicht anerkannten Schulen kann die obere Schulaufsichtsbehörde bestimmen, dass die Prüfung im Gebäude der betreffenden Schule abgenommen wird. Die Leitung und Beaufsichtigung regelt in diesem Fall die obere Schulaufsichtsbehörde.

(2) Die Prüflinge haben sich bei Beginn der Prüfung mit einem mit Lichtbild versehenen amtlichen Ausweis auszuweisen und diesen während der gesamten Prüfung bei sich zu führen und auf Verlangen vorzuzeigen.

(3) Wer die Abschlussprüfung bestanden hat, erhält das Abschlusszeugnis für Schulfremde nach Anlage 4 *(hier nicht abgedruckt)*.

(4) Wer die Prüfung nicht bestanden hat, kann sie einmal wiederholen. Auf Antrag wird eine Bescheinigung über die Teilnahme an der Prüfung, über das Ergebnis der Prüfung und über die ermittelten Noten erteilt.

→ Ausbildungsvorbereitung (AVDual); → Berufseinstiegsjahr; ⇨ Handy-Nutzung; ⇨ Korrekturtag; → Termine Berufliche Schulen; ⇨ Migrationshintergrund; → Migrationshintergrund (Berufliche Schulen);→ Vorqualifizierungsjahr Arbeit und Beruf (Stundentafel); → Vorqualifizierungsjahr Arbeit und Beruf (VABO); → Weiterentwicklung VAB / BEJ / 1BFS / 2BFS; → Zeugnisse (Berufliche Schulen)

Vorqualifizierungsjahr Arbeit und Beruf (Stundentafel)

Anlage 1 – zu § 5 Absatz 1

Stundentafel für das Vorqualifizierungsjahr Arbeit und Beruf (Vorqualifizierungsjahr Arbeit und Beruf-Regelform / Duales Vorqualifizierungsjahr Arbeit und Beruf)

(durchschnittliche Zahl der Wochenstunden)

1.	**Pflichtbereich**	
1.1	**Pflichtfächer**	
	Religionslehre	1
	Sport	mind. 1
	Fächer/Kompetenzbereiche der Lernfeldprojekte/Lernprojekte	
	Berufliche Kompetenz[1)]	mind. 4
	Lebensweltbezogene Kompetenz (mit Gemeinschafts- und Wirtschaftskunde)	mind. 2
	Sprach- und Rechenkompetenz	mind. 2
	Handungskompetenz[2)]	mind. 1
	Computeranwendungen	mind. 1
1.2	**Individuelle Förderung**	mind. 2
	Kompetenzanalyse[3)]	mind. 2
1.3	**Betriebspraktikum**	
	Ein- bzw. zweitägiges Betriebspraktikum[4)]	6 bzw. 12
	Praktikumsbezogene Kompetenz	mind. 1
2.	**Wahlpflichtbereich**	
	Zusatzprogramm:	
	– Deutsch	mind. 3
	– Mathematik	mind. 3
	– Englisch II	mind. 3
	Stützende und ergänzende Angebote (z.B. Englisch I, Lernfeldprojekte/Lernprojekte)	
	Summe:	30 - 36[5)]
3.	**Wahlbereich** (ergänzende Angebote, Projekte etc.)	4

1) 1-3 Berufsfelder: Unterricht in Lernfeldprojekten

2) Handlungskompetenz gilt als eigenständiges Fach. Sie wird integrativ in allen Fächern unterrichtet und schließt die Inhalte des vormaligen Fachs Projektkompetenz mit Sozialkompetenz ein.

3) Im Zuge der individuellen Förderung können bis zu zwei Lehrerwochenstunden pro Klasse für Lernberatung und Bildungs- und Berufsplanung im Rahmen der verfügbaren Teilungsstunden eingesetzt werden. Der Zeitbedarf für die Durchführung der Kompetenzanalyse und die damit verbundenen Zielvereinbarungsgespräche beträgt eine Lehrerwochenstunde.

4) Im Dualen Vorqualifizierungsjahr (bei Durchführung von zwei wöchentlichen Praktikumstagen) wird die Schülerarbeitszeit mit 12 Wochenstunden bewertet, es ist eine intensive Praktikumsbegleitung im Umfang von 6 Lehrerwochenstunden pro Klasse sicherzustellen. Bei einem wöchentlichen Praktikumstag (Vorqualifizierungsjahr-Regelform) beträgt die Schülerarbeitszeit 6 Wochenstunden, die Praktikumsbegleitung ist im Umfang von 3 Lehrerwochenstunden pro Klasse sicherzustellen.

5) Im Dualen Vorqualifizierungsjahr Arbeit und Beruf wird Unterricht im Umfang von maximal 22-24 Wochenstunden erteilt, es stehen 5-13 Teilungsstunden zur Verfügung. Im Vorqualifizierungsjahr Arbeit und Beruf-Regelform mit einem wöchentlichen Praxistag beträgt der Unterrichtsumfang maximal 24-27 Wochenstunden, dafür können 8-16 Teilungsstunden eingesetzt werden. In Klassen oder Schülergruppen, in denen kein Praxistag durchgeführt wird, wird Unterricht im Umfang von maximal 30-31 Wochenstunden erteilt, hierfür stehen 11-19 Teilungsstunden zur Verfügung. In allen drei Varianten kann zusätzlich jeweils 1 Lehrerwochenstunde für Kompetenzanalyse eingesetzt werden. Innerhalb der jeweiligen Stundenrahmen weist die Schule in der Statistik Soll = Ist aus.

Vorqualifizierungsjahr Arbeit und Beruf (VABO)

Vorqualifizierungsjahr Arbeit und Beruf mit Schwerpunkt Erwerb von Deutschkenntnissen (VABO); Schulversuchsbestimmungen beruflicher Schulen (§ 22 SchG) vom 20. Juli 2018 (AZ: 41-6621.07-0/22)

§ 1

Zweck und Inhalt der Ausbildung

(1) Das Vorqualifizierungsjahr Arbeit und Beruf mit Schwerpunkt Erwerb von Deutschkenntnissen (im Folgenden: VABO) legt für berufsschulpflichtige Jugendliche, insbesondere auch aus dem Kreis der nach Deutschland zugewanderten und geflüchteten Personen, die über keine oder nur geringe Deutschkenntnisse verfügen, sich nicht in einem Berufsausbildungsverhältnis befinden und deren Berufsschulpflicht weder ruht noch für vorzeitig beendet erklärt wurde, die Grundlagen für die Integration in die Gesellschaft und bereitet sie auf eine Berufsausbildung wie auch auf den Besuch eines weiterführenden Bildungsganges des beruflichen Schulwesens vor.

⇨ Migrationshintergrund; → Vorqualifizierungsjahr Arbeit und Beruf (VAB)

(2) Der Erwerb der deutschen Sprache findet im Rahmen eines sprachsensiblen Fachunterrichts in allen Fächern statt. Über den Erwerb von Deutschkenntnissen hinaus erhalten die Schülerinnen und Schüler im VABO eine Sprachförderung im beruflichen Kontext.

(3) Durch die intensive sprachliche Förderung sollen die Schülerinnen und Schüler in die Lage versetzt werden, zu einem geeigneten Zeitpunkt in einen Regelbildungsgang des beruflichen Schulwesens eintreten zu können.

(4) Parallel zum Spracherwerb werden den Schülerinnen und Schülern über einen handlungsorientierten und projektbasierten Unterricht im Rahmen von lebensweltbezogenen Projekten (Lernprojekten) gesellschaftliche und kulturelle Werte vermittelt, ihre Allgemeinbildung vertieft, soziale Kompetenzen gefördert und dadurch ihre Fähigkeit zur Alltagsbewältigung verbessert. In berufsbezogenen Lernfeldprojekten können sich die Schülerinnen und Schüler gegebenenfalls zur Unterstützung der beruflichen Orientierung erstes berufliches Vorwissen und erste praktische Grundfertigkeiten aneignen. Förderangebote, die von ehrenamtlich Tätigen oder Schülermentoren betreut werden, sollen den Unterricht ergänzen.

(5) Am Ende der Ausbildung sollen den Schülerinnen und Schülern im Rahmen einer Sprachstanderhebung Kenntnisse der deutschen Sprache mindestens auf der Niveaustufe A 2 des Gemeinsamen Europäischen Referenzrahmens für Sprachen (GER) bescheinigt werden können.

(6) Die Berufsschulpflicht ist mit dem Besuch des VABO nicht erfüllt.

(7) Die Aufnahme in einen Regelbildungsgang des beruflichen Schulwesens (Absatz 3) richtet sich nach den hierfür jeweils geltenden Vorschriften.

Hinweis der Redaktion: Bitte hierzu auch die Beiträge → Ausbildungsvorbereitung dual (AVdual) und → Berufsschulordnung beachten.

§ 2

Dauer und Abschluss des VABO, Halbjahreszeugnis

(1) Die Ausbildung dauert ein Schuljahr. Absatz 2 und 3 sowie § 14 bleiben unberührt.

(2) Abweichend von § 26 Satz 1 des Schulgesetzes für Baden-Württemberg kann die Ausbildung mit Zustimmung der oberen Schulaufsichtsbehörde auch während des Schuljahres beginnen.

(3) Schülerinnen und Schüler, die während des laufenden Schuljahres in das VABO eingetreten sind, können die Ausbildung mit einer kürzeren als der in Absatz 1 genannten Ausbildungsdauer oder auch erst zum Ende des darauffolgenden Schuljahres abschließen.

(4) Am Ende der Ausbildung wird mittels einer Sprachstanderhebung festgestellt, welches Niveau an Deutschkenntnissen die Schülerin oder der Schüler erreicht hat.

(5) Am Ende des ersten Schulhalbjahres wird ein Halbjahreszeugnis erteilt. In begründeten Ausnahmefällen kann davon abgesehen werden.

§ 3

Pädagogische Ausgestaltung, individuelle Lernberatung, Zielvereinbarungsgespräche

(1) Die pädagogische Ausgestaltung des VABO erfolgt auf der Basis einer individuellen Förderplanung. Grundprinzip des Unterrichts ist die individuelle Förderung der Schülerinnen und Schüler, die in eine Individualisierung der Lernprozesse mündet. Bei der Unterrichtserteilung steht jedoch durchgängig der Erwerb von Deutschkenntnissen als zentrales Lernziel im Vordergrund.

(2) Mit jeder Schülerin und jedem Schüler wird eine individuelle Lernberatung durchgeführt. Die Lernberatung erfolgt auf der Grundlage der individuellen Lernentwicklung und möglichst unter Einbeziehung von geeigneten Diagnoseverfahren. In mindestens zwei Zielvereinbarungsgesprächen erhalten die Schülerinnen und Schüler in geeigneter Weise eine Beratung hinsichtlich ihres weiteren

Weiterentwicklung VAB / BEJ / 1BFS / 2BFS („Übergangssystem")

Das KM hat zur „Erprobung einer pädagogischen Weiterentwicklung der Bildungsgänge Vorqualifizierungsjahr Arbeit und Beruf, Berufseinstiegsjahr, Einjährige gewerbliche Berufsfachschule und Zweijährige zur Prüfung der Fachschulreife führende Berufsfachschule" Schulversuchsbestimmungen erlassen; sie sind abgedruckt unter → Weiterentwicklung VAB / BEJ / 1BFS / 2BFS. Siehe auch: → Übergangssystem.

Bildungs- und Berufsweges. Soweit möglich sollen an diesen Gesprächen die Erziehungsberechtigten der Schülerinnen und Schüler teilnehmen.

§ 4
Wechsel in Regelbildungsgänge des beruflichen Schulwesens während des Schuljahres, Hospitation

(1) Der Wechsel einer Schülerin oder eines Schülers während des Schuljahres in andere berufliche Bildungsgänge ist möglich, wenn die Klassenkonferenz einen solchen Wechsel aufgrund der bis dahin von der Schülerin oder dem Schüler erlangten Deutschkenntnisse sowie der von ihr oder ihm insgesamt gezeigten Leistungen für sinnvoll erachtet.

(2) Die Schule strebt für die Schülerinnen und Schüler eine stundenweise Teilnahme am Fachunterricht anderer beruflicher Bildungsgänge an, soweit dies die individuellen und schulischen Gegebenheiten zulassen. Die Unterrichtsteilnahme soll im Zeugnis nach § 13 vermerkt werden.

§ 5
Unterrichtsinhalte, Stundentafel, Leistungsbewertung im Fach Handlungskompetenz

(1) Der Unterricht richtet sich nach den vom Kultusministerium erlassenen Bildungs- und Lehrplänen und der Stundentafel nach Anlage 1.

→ Vorqualifizierungsjahr Arbeit und Beruf / Stundentafel

(2) Die von den Schülerinnen und Schülern gezeigte, in allen Fächern integrativ vermittelte Handlungskompetenz wird durch die in den Fächern unterrichtenden Lehrkräfte jeweils fachbezogen festgestellt. Eine zusammenfassende Darstellung der von der Schülerin oder dem Schüler erlangten Handlungskompetenz wird dem Zeugnis nach § 13 als Beiblatt angefügt.

§ 6
Betriebspraktikum

(1) Die Schülerinnen und Schüler nehmen an einem Praktikum, das verbindlicher Teil der Ausbildung ist, nur dann teil, wenn sie über die hierfür erforderlichen Deutschkenntnisse verfügen. Das Praktikum wird von der Schule entsprechend der örtlichen Situation und unter Berücksichtigung der von den Schülerinnen und Schülern mitgebrachten Voraussetzungen organisiert, inhaltlich ausgestaltet und eng begleitet.

(2) Das Praktikum kann mit wöchentlichen Praktikumstagen oder in Blockform durchgeführt werden. Ein Praktikum mit wöchentlichen Praktikumstagen kann auch Phasen mit Praktikumsblöcken einschließen. Soweit sinnvoll soll darauf hingewirkt werden, dass die Schülerin oder der Schüler während des Praktikums ein Praktikumsheft führt.

(3) Über ihre Teilnahme am Praktikum erhalten die Schülerinnen und Schüler eine Praktikumsbescheinigung, die von der Schule möglichst unter Beteiligung der Praktikumsbetriebe erstellt wird und allgemeine Angaben zum absolvierten Praktikum (zum Beispiel Ort, Zeitraum, Umfang, Inhalte) enthält.

(4) Die Praktikumsbescheinigung wird dem Zeugnis nach § 13 als Beiblatt angefügt. In dem Zeugnis ist unter ‚Bemerkungen' auf die Bescheinigung hinzuweisen. Die Bescheinigung kann als ‚Vorläufige Praktikumsbescheinigung' bereits mit dem Halbjahreszeugnis ausgegeben werden.

§ 7
Unterricht in Lernprojekten und Lernfeldprojekten, Zertifizierung

(1) Der Unterricht im Fach ‚Lebensweltbezogene Kompetenz mit Gemeinschaftskunde' erfolgt in der Regel innerhalb von Lernprojekten, die auch zur demokratischen Werteerziehung beitragen und fächerübergreifend angelegt sein können. Entsprechendes gilt für das Fach Religionslehre. Ein im Fach ‚Berufliche Kompetenz' erteilter Unterricht wird im Rahmen von Lernfeldprojekten durchgeführt.

(2) Die Schule kann ein Zertifikat für jedes Lernprojekt oder Lernfeldprojekt ausstellen. In dem Zertifikat werden die in dem Projekt vermittelten fachlichen und überfachlichen Kompetenzen beschrieben und der von der Schülerin oder dem Schüler jeweils erreichte Grad der erworbenen Kompetenz dokumentiert. Im Zeugnis nach § 13 wird gegebenenfalls auf die ausgestellten Zertifikate mittels Fußnotenangabe beim Fach, Lebensweltbezogene Kompetenz mit Gemeinschaftskunde' und beim Fach ‚Berufliche Kompetenz' hingewiesen.

(3) Hat eine Schülerin oder ein Schüler mehr als ein Drittel der für die Projektdurchführung festgelegten Zeit versäumt, wird ein Zertifikat nach Absatz 2 erst ausgestellt, wenn ein Ausgleich der versäumten Projektzeit durch Maßnahmen erfolgt ist, die von der Schule nach Art und Umfang festgelegt und von der Schülerin oder dem Schüler jeweils bis zu dem von der Schule bestimmten Zeitpunkt durchgeführt worden sind.

§ 8
Sprachstanderhebung

(1) Am Ende des Schuljahres wird im Wege einer Sprachstanderhebung festgestellt, welche Sprachniveaustufe gemäß dem Gemeinsamen Europäischen Referenzrahmen für Sprachen (GER) die Schülerin oder der Schüler erreicht hat. Die Sprachstanderhebung wird in der Regel auf der Niveaustufe A 2 des GER durchgeführt.

(2) Bei Schülerinnen und Schülern, die während des Schuljahres in das VABO eingetreten sind, kann die Sprachstanderhebung auch erst zum Ende des darauffolgenden Schuljahres durchgeführt werden.

(3) Die Sprachstanderhebung orientiert sich hinsichtlich des Anforderungsniveaus an der vom Kultusministerium in Form von Musteraufgaben beispielhaft erstellten, auf den Anforderungen des GER beruhenden Sprachstanderhebung.

§ 9
Ort, Zeitpunkt, Bestandteile und Durchführung der Sprachstanderhebung

(1) Die Sprachstanderhebung wird an der Schule durchgeführt. Der Termin, die Aufgaben und die Korrekturanweisungen werden vom Kultusministerium landeseinheitlich vorgegeben.

Berufliche Schulen

(2) Die Sprachstanderhebung wird von der Schulleiterin oder dem Schulleiter geleitet (im Folgenden: leitende Person). Sie oder er kann eine an der Schule im Fach Deutsch unterrichtende Lehrkraft mit der Leitung der Sprachstanderhebung beauftragen.

(3) Die Sprachstanderhebung besteht aus einem schriftlichen Teil und einem mündlichen Teil.

(4) Bei einer Nichtteilnahme an der Sprachstanderhebung oder einem Rücktritt von der Sprachstanderhebung sowie bei Täuschungshandlungen oder Ordnungsverstößen während der Sprachstanderhebung finden die §§ 20 und 21 der Bestimmungen des Kultusministeriums zum Schulversuch ‚Ausbildung und Prüfung im Vorqualifizierungsjahr Arbeit und Beruf' in der jeweils geltenden Fassung entsprechende Anwendung. Die hierbei gegebenenfalls erforderlich werdenden Entscheidungen trifft die leitende Person. → Vorqualifizierungsjahr Arbeit und Beruf (VAB)

§ 10
Schriftlicher Teil der Sprachstanderhebung

(1) Der schriftliche Teil der Sprachstanderhebung umfasst einen Hörverstehenstest, einen Leseverstehenstest und einen Textproduktionsteil.

(2) Jeder Bestandteil des schriftlichen Teils der Sprachstanderhebung wird von der Lehrkraft bewertet, die die Sprachstanderhebung durchgeführt hat.

§ 11
Mündlicher Teil der Sprachstanderhebung

(1) Der mündliche Teil der Sprachstanderhebung soll keine Wiederholung, sondern eine Ergänzung des schriftlichen Teils der Sprachstanderhebung sein. Er soll in der Regel 10 Minuten je Schülerin oder Schüler dauern.

(2) Der mündliche Teil kann mit bis zu drei Schülerinnen und Schüler gleichzeitig durchgeführt werden.

(3) Der mündliche Teil wird durch die Lehrkraft, die im Fach Deutsch unterrichtet hat, sowie durch eine weitere Lehrkraft für das Fach Deutsch, die das Protokoll führt, durchgeführt und bewertet.

§ 12
Ermittlung des Ergebnisses der Sprachstanderhebung

Das Ergebnis der Sprachstanderhebung wird für jeden Schüler und jede Schülerin unter Zugrundelegung der von ihm oder ihr im schriftlichen und im mündlichen Teil der Sprachstanderhebung erbrachten Leistungen von der leitenden Person festgelegt. Die Sprachstanderhebung ist erfolgreich absolviert, wenn in jedem der vier gleichgewichteten Teile - Hören, Lesen, Schreiben und Sprechen - die Leistungen jeweils mit der Note ausreichend oder besser bewertet sind.

§ 13
Zeugnis

(1) Am Ende des Schuljahres erhalten die Schülerinnen und Schüler ein Zeugnis nach Anlage 2 *(hier nicht abgedruckt)*, in dem die von ihnen erreichte GER-Sprachniveaustufe ausgewiesen und bei ‚Sprachstanderhebung' gegebenenfalls der Vermerk ‚erfolgreich absolviert' ausgebracht wird. Hat eine Schülerin oder ein Schüler die

Vorqualifizierungsjahr Arbeit und Beruf (VABO) (Stundentafel)

Anlage 1 (Zu § 5)

Stundentafel für das Vorqualifizierungsjahr Arbeit und Beruf mit Schwerpunkt Erwerb von Deutschkenntnissen (VABO)

(durchschnittliche Zahl der Wochenstunden)

1. Pflichtbereich	
Deutsch	15
Religionslehre	1
Lebensweltbezogene Kompetenz mit Gemeinschaftskunde	2
Bildungssystem und Berufsorientierung	2
Mathematik und Rechnen	3
Englisch	2
Computeranwendungen	2
Handlungskompetenz[1)]	
2. Wahlpflichtbereich	**3**
Berufliche Kompetenz	
Sport	
Weitere Fächer	
Summe	30-32[2)3)]
3. Wahlbereich	
Angebote durch Ehrenamtliche, Schülermentoren, etc.	
Ergänzende Angebote, Projekte etc.	4
4. Praktikum	

1) Handlungskompetenz ist kein eigenständiges Fach. Als fächerübergreifendes Lernziel ist sie integrativ in allen Fächern angelegt

2) 2 SWS Integration in andere berufliche Bildungsgänge (begründet die Summe SWS von 32 statt 30). Falls nicht möglich, sollen Angebote von Ehrenamtlichen, Schülermentoren, Jugendbegleitern etc. angestrebt werden.

3) Insgesamt maximal 40 LWS: davon 2 LWS verbindlich für Lernberatung (mit Bildungs- und Berufsplanung), 8 LWS für Teilung, Teamteaching, Kooperationszeiten für Lehrkräfte oder sonstige Aufgaben wie Organisation zusätzlicher Angebote (z.B. durch Ehrenamtliche, Schülermentoren, Jugendbegleiter, Praktikumsbetreuung, etc.)

Sprachstanderhebung nicht erfolgreich absolviert, so wird von einem entsprechenden Vermerk bei ‚Sprachstanderhebung' und der Angabe der GER-Sprachniveaustufe im Zeugnis abgesehen.

(2) In dem Zeugnis nach Absatz 1 sowie im Halbjahreszeugnis können für alle Fächer, ausgenommen das Fach Handlungskompetenz, ganze Noten ausgebracht werden, die jeweils aufgrund der während des Schuljahres erbrachten Einzelleistungen zu ermitteln sind. Die erlangten überfachlichen Kompetenzen (Fach Handlungskompetenz) sind in einem Beiblatt zum Zeugnis verbal zu beschreiben. Bezüglich der erlangten fachlichen Kompetenzen (Fächer nach Satz 1) kann nach Festlegung durch die Schule statt der Ausbringung von Noten eine verbale Beschreibung in dem Beiblatt erfolgen. Auf das Beiblatt ist im jeweiligen Zeugnis unter ‚Bemerkungen' hinzuweisen.

(3) Über das erfolgreiche Absolvieren der Sprachstanderhebung stellt die Schule eine Bescheinigung nach Anlage 3 aus. → Zeugnisse (Berufliche Schulen)

§ 14

Nochmalige Teilnahme an der Sprachstanderhebung

(1) Wer die Sprachstanderhebung auf der Niveaustufe A 2 des GER nicht erfolgreich absolviert hat, kann sie nach nochmaligem Durchlaufen des VABO einmal wiederholen.

(2) Wer die Sprachstanderhebung auf der Niveaustufe A 2 des GER erfolgreich absolviert hat, kann das VABO nochmals durchlaufen sowie an der Sprachstanderhebung zur Erlangung der Niveaustufe B 1 oder B 2 gemäß des GER teilnehmen.

→ Berufseinstiegsjahr; ➪ Handy-Nutzung; ➪ Kooperationsklassen WRS/HS – Berufliche Schule; ➪ Migrationshintergrund; → Termine Berufliche Schulen; → Vorqualifizierungsjahr Arbeit und Beruf (VABO) / (Stundentafel); → Vorqualifizierungsjahr Arbeit und Beruf (VAB); → Weiterentwicklung VAB / BEJ / 1BFS / 2BFS; → Zeugnisse (Berufliche Schulen)

Weiterentwicklung VAB / BEJ / 1BFS / 2BFS

Abschnitt I der Schulversuchsbestimmungen des KM „Erprobung einer pädagogischen Weiterentwicklung der Bildungsgänge VAB, BEJ, Einjährige gewerbliche Berufsfachschule und Zweijährige zur Prüfung der Fachschulreife führende Berufsfachschule", Stand: 5. September 2013 (AZ: 41-6622.27/11)

Für die Ausbildung und Prüfung der am Schulversuch teilnehmenden Schülerinnen und Schüler sind die unter nachfolgenden Ziffern 1 bis 10 getroffenen Festlegungen sowie – nach Maßgabe der nachfolgenden Ziffern II bis VI – die Ausbildungs- und Prüfungsordnungen der Bildungsgänge, denen die Schülerinnen und Schüler jeweils zugeordnet sind, zugrunde zu legen.

1.

Ziel der pädagogischen Weiterentwicklung

Die pädagogische Weiterentwicklung des Vorqualifizierungsjahres Arbeit und Beruf (VAB), des Berufseinstiegsjahres (BEJ), der Einjährigen gewerblichen Berufsfachschule (1BFS) und der Zweijährigen zur Prüfung der Fachschulreife führenden Berufsfachschule (2BFS) zielt darauf ab, ergänzend zu den Bildungszielen dieser jeweiligen Bildungsgänge über zieldifferente Lernangebote und in Verbindung mit regelmäßigen Ziel- und Lernvereinbarungsgesprächen eine hohe Durchlässigkeit zwischen den einzelnen Bildungszielen zu erreichen. Neben der in den jeweiligen Bildungsgängen vorgesehenen Verbesserung der Kompetenzen im allgemeinbildenden Bereich und dem Aufbau von berufsbezogenen Kompetenzen liegt ein besonderer Bildungsschwerpunkt auf der Vermittlung von überfachlichen Kompetenzen und elementaren Selbstlerntechniken. Zusammen mit der hohen Durchlässigkeit soll dies zu maximalen Bildungserfolgen und möglichst großen Chancen der Jugendlichen im Hinblick auf eine duale Ausbildung führen. Die Einbettung der pädagogischen Konzeption in den Rahmen einer Ganztagsklasse eröffnet den Schulen hierfür zusätzliche pädagogische Handlungsspielräume.

2.

Bildungsplan

Es sind die Bildungs- und Lehrpläne der jeweiligen Bildungsgänge und ggf. die hierzu in den jeweiligen Ausbildungs- und Prüfungsordnungen erfolgten weiteren Regelungen maßgeblich. Die Umsetzung der Lehrpläne erfolgt über die vom Kultusministerium vorgegebenen Kompetenzraster und – gegebenenfalls – Lernlandschaften.

3.

Kompetenzanalyse und Nachvermittlung in der Orientierungsphase

Die Kompetenzanalyse wird als Teil der Pädagogischen Diagnostik auf dem von den Schülerinnen und Schülern beim Eintritt in den Schulversuch angestrebten Bildungsziel innerhalb der Orientierungsphase, die ab Schuljahresbeginn ca. 8 Wochen dauert, verpflichtend durchgeführt. Die auf die Kompetenzanalyse aufbauende individuelle Förderung ist generelles Prinzip der pädagogischen Ausgestaltung des Schulversuchs. In der Orientierungsphase bemühen sich die Schulen, in Zusammenarbeit mit der Berufsberatung der Arbeitsagentur die dafür geeigneten und hieran interessierten Schülerinnen und Schüler in eine duale Ausbildung zu vermitteln.

4.

Kompetenzraster und Lernlandschaften

Das Arbeiten mit den vom Kultusministerium vorgegebenen Kompetenzrastern in Lernlandschaften ist Voraussetzung für das zieldifferente Lernen der Schülerinnen und Schüler innerhalb einer Lerngruppe. Die Kompetenzraster mit den darunter liegenden Lernwegelisten und dem Lernmaterial bilden die erforderlichen Lernlandschaften.

5.
Handlungskompetenz

Selbstgesteuertes Lernen ersetzt den Unterricht im Rahmen des Schulversuchs. Im Team begleiten und unterstützen die Lehrkräfte die Lernenden und ermöglichen einen systematischen Kompetenzaufbau, insbesondere hinsichtlich der Selbstlernkompetenz und der Kooperationsfähigkeit. Im persönlichen Lerntagebuch halten die Schülerinnen und Schüler den Lernprozess regelmäßig in Form einer Selbstkontrolle fest. Das Fach Handlungskompetenz ist integrativ in allen Fächern verankert. Die Leistungsfeststellung in diesem Fach ergibt sich aus der Durchschnittsnote der Einzelleistungen, die von den in allen maßgebenden Fächern eingesetzten Lehrkräften ermittelt wurden. Die Bewertung erfolgt nach Maßgabe des Kompetenzrasters, das von der Schule für das Fach Handlungskompetenz eingesetzt wurde.

6.
Lernbegleitung, Lernberatung und Zielvereinbarungsgespräche

Jeder Schülerin und jedem Schüler wird eine Lehrkraft zur Begleitung und Beratung zugeordnet. Lernberatungsgespräche zwischen dieser Lehrkraft und der Schülerin oder dem Schüler finden i.d.R. alle zwei Wochen für ca. 15 bis 20 Minuten nach Vereinbarung statt. Lernberatungsgespräche reflektieren den Lernfortschritt und das Arbeitsverhalten. Ergänzend finden vier Zielvereinbarungsgespräche statt, an denen zwei Lehrkräfte der Klasse (je eine Lehrkraft aus Theorie und Praxis = die für die Schülerin oder den Schüler zuständige Lehrkraft und eine weitere Lehrkraft), die Schülerin oder der Schüler sowie möglichst deren/dessen Erziehungsberechtigte/r und ggf. die sozialpädagogische Fachkraft der Schule teilnehmen. In diesen Zielvereinbarungsgesprächen wird das von der Schülerin oder von dem Schüler gewählte Bildungsziel reflektiert und ggf. ein besser zum Lern- und Leistungsstand der/des Jugendlichen passendes Bildungsziel vereinbart.

Die Stundentafel
ist auf der nächsten Seite abgedruckt.

7.
Durchlässigkeit – Wechsel der Bildungsziele im laufenden Schuljahr

Mit dem zieldifferenten Unterricht soll die maximale Durchlässigkeit zwischen den Bildungszielen der einzelnen Bildungsgänge erreicht werden. Im Rahmen der Leistungsfeststellungen weisen die Lehrkräfte deshalb für die zu bearbeitenden Aufgaben Niveaustufen aus, die sich in der Regel auf unterschiedliche Bildungsziele beziehen. Für jede Schülerin und jeden Schüler, ausgenommen die Schülerinnen und Schüler mit Bildungsziel 1 BFS, werden – ausgerichtet auf zwei Bildungsziele – bei den Leistungsfeststellungen jeweils zwei Noten gebildet und parallel fortlaufend dokumentiert.

8.
Betriebspraktikum

Die Lehrkraft, die der Schülerin oder dem Schüler zugeordnet ist, ist für die Praktikumsbetreuung verantwortlich. Das Klassenteam organisiert flexibel die Vor- und Nachbereitung des Praktikums in der offenen Lernzeit.

9.
Ganztagsklassen

Die Klassen werden als Ganztagsklassen im Sinne der Schulversuchsbestimmungen „Ganztagsklassen an beruflichen Schulen" geführt.

→ Ganztagsklassen (Berufliche Schulen)

10.
Berufsbezogene Abschlussprüfung

Alle Schülerinnen und Schüler absolvieren eine von der Schule erstellte berufsbezogene Abschlussprüfung im Fach Berufliche Kompetenz. Die Abschlussprüfung umfasst Aufgabenstellungen aus beiden Teilbereichen dieses Fachs (Berufsfachliche Kompetenz / Berufspraktische Kompetenz). Für Schülerinnen und Schüler mit Bildungsziel 2BFS wird die am Ende des ersten Ausbildungsjahres erfolgende Abschlussprüfung als Klassenarbeit gewertet. Bei Schülerinnen und Schülern mit Bildungsziel VAB, BEJ oder 1BFS tritt die berufsbezogene Abschlussprüfung an die Stelle der praxisbezogenen oder der berufspraktischen und berufsfachlichen Abschlussprüfung. Die berufsbezogene Abschlusprüfung kann für Schülerinnen und Schüler mit Bildungsziel VAB oder BEJ – wie in den einschlägigen Ausbildungs- und Prüfungsordnungen festgelegt – als Projektprüfung umgesetzt werden.

→ Berufseinstiegsjahr; → Berufsfachschule Gewerblich; → Berufsfachschule Fachschulreife (Zweijährig); → Vorqualifizierungsjahr Arbeit und Beruf; → Ganztagsklassen (Berrufliche Schulen)

Zu den Querverweisen im Sonderteil des Jahrbuchs für die beruflichen Schulen

Mit dem Zeichen ⇨ verweisen wir auf korrespondierende Beiträge im Standard-Teil des Jahrbuchs.
Mit dem Zeichen → verweisen wir auf Beiträge im Sonderteil berufliche Schulen.

Das Standard-Jahrbuch enthält die dienst- und arbeitsrechtlichen Vorschriften für die Lehrkräfte aller Schularten sowie alle schulartübergreifenden Vorschriften. Deshalb sind Vorschriften, die sowohl für den beruflichen Schulbereich als auch für die allgemeinbildenden Schulen von Bedeutung sind, wie beispielsweise ⇨ Abschlüsse (HS / RS – Gleichwertigkeit); ⇨ Fachhochschulreife ; ⇨ Schulpflicht (Berufliche Schulen); ⇨ Schulpflicht (Berufliche Schulen – Übergabe); ⇨ Schulpflicht (Durchsetzung) im Standard-Teil des Jahrbuchs enthalten.

Häufige Abkürzungen im Bereich der beruflichen Schulen stehen am Anfang des BS-Teils.

Weiterentwicklung VAB / BEJ / 1BFS / 2BFS (Stundentafel)

(durchschnittliche Zahl der Wochenstunden)

	gewerbl.-technisch	Kauf-männisch	Hausw. u. Ernährung	Gesundheit u. Pflege	gewerbl.-technisch	Kauf-männisch	Hausw. u. Ernährung	Gesundheit u. Pflege
	Basisstufe				Bildungsziel mBA Basis- und Aufbaustufe			
1. Pflichtbereich								
1.1 Allgemeiner Bereich								
Religionslehre	1 - 2	1			2			
Deutsch [6]	1 - 5	3 - 5			4 - 6			
Englisch	0 - 3	0 - 3			6 - 8			
Lebensweltbezogene Kompetenz[1] mit WK/GK/Geschichte	1 - 2	1 - 2			3 - 5			
Sport	0 - 2	0 - 2			2 - 4			
Mathematik[6]	0 - 4	3 - 4			6 - 8			
Biologie oder Chemie oder Physik[2]	0 - 2	0 - 2			3 - 5			
	4 - 18	**8 - 19**			**34**			
1.2 Profilbereich								
Berufliche Kompetenz	**8-26**[3]	**6 - 24**			**26**	**18**	**22**	
1.3 Handlungskompetenz[4]								
1.4 Betriebspraktikum[5]	**0 - 3 wöchentliche Praxistage**							
2. Wahlpflichtbereich								
z.B.: ▪ Übungsfirma, Computeranwendungen[7] ▪ Ergänzende Angebote ▪ Berufliche Vertiefung ▪ Sozialprojekt, etc.	**0 - 6**				**0 - 12**			
	16-34	**14 - 32**			**68**	**64**		
3. Wahlbereich			4				4	

1) Die Lebensweltbezogene Kompetenz wird in der Basisstufe mit dem Schwerpunkt Wirtschafts- und Gemeinschaftskunde, in der Aufbaustufe mit dem Schwerpunkt Geschichte erworben.

2) Im hauswirtschaftlich-pflegerischen Bereich im Profil Hauswirtschaft und Ernährung nur Biologie oder Physik, im Profil Gesundheit und Pflege nur Chemie oder Physik. Pro durchschnittlich 24 Schüler darf jeweils ein Angebot gemacht werden.

3) Für Schülerinnen und Schüler mit Bildungsziel Grundbildung umfasst die Berufliche Kompetenz mindestens 26 SWS (berufsfachlich mindestens 8 SWS (Bautechnik 9 SWS) und berufspraktisch mindestens 18 SWS). Pro wöchentlichem Praxistag reduziert sich dieser Mindestumfang um bis zu 6 SWS.

4) Die Handlungskompetenz ist ein eigenständiges Fach. Sie wird integrativ in allen Fächern unterrichtet.

5) Die Schule stellt die Praktikumsbetreuung sicher. Der Umfang orientiert sich an den Regelungen der des jeweiligen Bildungsziels zugehörigen Bestimmungen. Bei Bildungszielen entsprechend dem VAB oder BEJ können abweichend hiervon bis zu 3 wöchentliche Praxistage durchgeführt werden. Das Praktikum kann auch als Blockpraktikum durchgeführt werden.

6) Für Schülerinnen und Schüler mit Bildungsziel VAB umfassen Deutsch und Mathematik auch die Teilbereiche Sprach- und Rechenkompetenz, das Fach Englisch kann als Englisch I oder II umgesetzt werden. Mathematik wird für Schülerinnen und Schüler mit Bildungsziel VAB oder BEJ als Mathematik und Fachrechnen umgesetzt.

7) Für Schülerinnen und Schüler mit Bildungsziel VAB oder BEJ mindestens 1 SWS.

Zeugnisse (Berufliche Schulen)

Verwaltungsvorschrift des Kultusministeriums über Zeugnisse und Halbjahresinformationen an beruflichen Schulen; Verwaltungsvorschrift des KM vom 28. Juli 2016 (K.u.U. S. 108/2017)

Hinweise der Redaktion:

1. Die grundlegenden Bestimmungen für die Zeugnisgebung befinden sich in der ➪ Notenbildungsverordnung (§§ 3-4).
2. Ein Zeugnis ist ein Verwaltungsakt und wird nach einem Jahr bestandskräftig. Zum förmlichen Widerspruch gegen ein Zeugnis siehe ➪ Verwaltungsrecht (Allgemeines).
3. Die Halbjahresinformation ist kein Verwaltungsakt; gegen sie ist kein förmlicher Widerspruch möglich, da sie nur der Information der Eltern dient und keine „Außenwirkung" entfaltet. Hingegen ist das Gespräch mit der Lehrkraft bzw. der Schulleitung stets möglich.

1. Geltungsbereich

Die nachfolgende Verwaltungsvorschrift gilt für berufliche Schulen. Durch Rechtsverordnungen oder Schulversuchsbestimmungen festgelegte Zeugnismuster bleiben unberührt.

2. Zeugnismuster

2.1 Die Jahreszeugnisse, Halbjahreszeugnisse und Halbjahresinformationen sind nach den auf der Seite „Amtliche Schulverwaltung Baden-Württemberg" (ASV - BW) des Intranets der Schulverwaltung eingestellten amtlichen Mustern zu erteilen (Einstiegsseite: http://intranet.kv.bwl.net/wdb/asv bw.htm. Unterpunkt: ASV-BW / ASVBW Zeugnisse. Direktlink http://intranet.kv.bwl.net/wdb/asv bw zeugnisse.htm).

Die dreisprachige Beschreibung der durch die Berufsschule vermittelten Qualifikation ist Bestandteil des Abschlusszeugnisses der Berufsschule.

2.2 Abgangszeugnisse erhalten das Datum des letzten Schultages.

2.3 Soweit für berufliche Bildungsgänge mit behinderungsspezifischer Ausprägung keine besonderen Zeugnismuster festgelegt sind, ist dem Zeugnis das Muster für den entsprechenden allgemeinen Bildungsgang zugrunde zu legen und im Zeugnis der besuchte berufliche Bildungsgang mit behinderungsspezifischer Ausprägung zu bezeichnen.

2.4 Die Zeugnisvordrucke sind im Format DIN A 4 herzustellen. Für das Berufliche Gymnasium der sechsjährigen Aufbauform sind bis einschließlich Klasse 11 auch Vordrucke, die in Zeugnismappen gesammelt werden, zulässig.

3. Urkunden über Berufs- und Abschlussbezeichnungen

Die Schule kann, soweit in gesonderten Vorschriften nichts abweichendes geregelt ist, bei berufsqualifizierenden Bildungsgängen mit Berufs- oder Abschlussbezeichnung (zum Beispiel „Staatlich geprüfter Techniker") zusätzlich zum Abschlusszeugnis eine Urkunde über die bestandene Prüfung und die von der Schule verliehene Berechtigung zur Führung der Berufs- oder Abschlussbezeichnung nach amtlichem Muster ausstellen.

4. Bezeichnung der Klassenstufen, Unterschrift

4.1 Die Klassenstufen sind mit aufsteigenden Zahlen (1, 2, 3 usw.) zu bezeichnen. Die Bezeichnung muss das besuchte Schuljahr oder Ausbildungsjahr kenntlich machen.

4.2 Die Zeugnisse sind eigenhändig vom Schulleiter oder der Schulleiterin und dem Klassenlehrer oder der Klassenlehrerin zu unterschreiben. Bei größeren Schulen kann ein Teil der Unterschriftsleistung auf den stellvertretenden Schulleiter oder die stellvertretende Schulleiterin übertragen werden. Ist der Schulleiter oder die Schulleiterin bei der Bildung von Prüfungskommissionen nicht zugleich Vorsitzender oder Vorsitzende der Prüfungskommission, unterzeichnen das Zeugnis der oder die Vorsitzende der Prüfungskommission und der Schulleiter oder die Schulleiterin. Die Halbjahresinformationen sind vom jeweiligen Klassenlehrer oder der Klassenlehrerin zu unterschreiben.

5. Fächer und Bereiche

5.1 Unter Leistungen in den einzelnen Fächern und Bereichen sind die Fächer und Bereiche nach der Stundentafel der einschlägigen Schul- und Prüfungsordnung auszubringen. Die in der Stundenta-

Zu den Querverweisen im Sonderteil des Jahrbuchs für die beruflichen Schulen

Mit dem Zeichen ➪ verweisen wir auf korrespondierende Beiträge im Standard-Teil des Jahrbuchs. Mit dem Zeichen → verweisen wir auf Beiträge im Sonderteil berufliche Schulen.

Das Standard-Jahrbuch enthält die dienst- und arbeitsrechtlichen Vorschriften für die Lehrkräfte aller Schularten sowie alle schulartübergreifenden Vorschriften. Deshalb sind Vorschriften, die sowohl für den beruflichen Schulbereich als auch für die allgemeinbildenden Schulen von Bedeutung sind, wie beispielsweise ➪ Abschlüsse (HS / RS – Gleichwertigkeit); ➪ Fachhochschulreife ; ➪ Schulpflicht (Berufliche Schulen); ➪ Schulpflicht (Berufliche Schulen – Übergabe); ➪ Schulpflicht (Durchsetzung) im Standard-Teil des Jahrbuchs enthalten.

Häufige Abkürzungen im Bereich der beruflichen Schulen stehen am Anfang des BS-Teils.

Berufliche Schulen

fel festgelegten Untergliederungen (Pflichtfächer / Pflichtbereich, Wahlpflichtbereich, Wahlfächer / Wahlbereich) oder besondere Bezeichnungen einzelner Fächer (zum Beispiel: Schwerpunktfach, Profilfach, Ergänzungsfach) sind in den Zeugnissen kenntlich zu machen. Haben berufliche Sonderschulen keine eigene Stundentafel, sind die Fächer der Stundentafel des entsprechenden allgemeinen Bildungsganges auszuweisen.

5.2 Unter dem Fach Religionslehre ist in den Jahres-, den Halbjahreszeugnissen und den Halbjahresinformationen eine mit einer Klammer versehene Leerzeile auszubringen, in der zu vermerken ist, in welcher Religionslehre der Unterricht erteilt wurde.

6. Arbeitsgemeinschaften

6.1 Arbeitsgemeinschaften, die im Beurteilungszeitraum regelmäßig besucht wurden, sind in den Zeugnissen aufzuführen.

6.2 Noten für Arbeitsgemeinschaften sind nur dann einzutragen, wenn die Arbeitsgemeinschaft nach Wochenstundenzahl, Ziel, Inhalt und Leistungsfeststellung einem in der Stundentafel ausgewiesenen Unterrichtfach entspricht (zum Beispiel Latein am Beruflichen Gymnasium der sechsjährigen Aufbauform).

7. Noten

7.1 In den Abgangs-, Abschluss- und Hochschulreifezeugnissen sind Noten wörtlich zu bezeichnen, Abkürzungen oder Ziffern sind nicht zulässig. Im Übrigen können die in den Formularen angegebenen Abkürzungen, bei der Halbjahresinformation auch Ziffern verwendet werden.

7.2. In Jahreszeugnissen, Halbjahreszeugnissen und Halbjahresinformationen der beruflichen Bildungsgänge mit behinderungsspezifischer Ausprägung können die Noten in begründeten Einzelfällen durch eine Beschreibung der Leistungen ergänzt werden.

7.3 In Abschluss- und Abgangszeugnisse des originären Bildungsganges sind für Wahlfächer (Zusatzunterricht) zum Erwerb weiterführender schulischer Berechtigungen (zum Beispiel Fachhochschulreife) nur die Jahresnoten (Anmeldenoten) ohne Berücksichtigung der Zusatzprüfung einzutragen.

7.4 In Zeugnisse für Schülerinnen und Schüler, die während des Schuljahres die Schule verlassen oder an der Abschlussprüfung nicht oder nur teilweise teilnehmen, sind einzutragen:

a) bei weniger als acht Unterrichtswochen seit Schuljahresbeginn die Dauer des Unterrichtsbesuchs und gegebenenfalls ein Hinweis auf das zuletzt erteilte Jahreszeugnis,
b) die Anmeldenoten, sofern sie bereits vorliegen,
c) im Übrigen die bis zum Zeitpunkt des Austritts erzielten Noten.

Das Zeugnis erhält das Datum des letzten Schultages des Schülers.

8. Bemerkungen

8.1 Unter Bemerkungen sind einzutragen:

a) Berichtigungen mit Unterschrift und Dienstsiegel;
b) Befreiung vom Unterricht in einzelnen Fächern;
c) die vorzeitige Beendigung der Berufsschulpflicht nach Abschnitt III der Verwaltungsvorschrift ⇨ Schulpflicht (Berufliche Schulen) […];
d) Vermerke oder ergänzende Aussagen entsprechend
   - der ⇨ Notenbildungsverordnung […],
   - der für den Bildungsgang geltenden Schul- und Prüfungsordnung (zum Beispiel über das Bestehen oder Nichtbestehen der Probezeit oder Zwischenprüfung über die Versetzungsentscheidung über das Nichterreichen des Ausbildungszieles),
   - ⇨ Schülermitverantwortung (SMV-Verordnung)
   - sonstiger Rechts- und Verwaltungsvorschriften.

8.2 Im Abiturzeugnis ist gegebenenfalls der Erwerb des Latinums, des großen Latinums oder des Graecums zu vermerken.
⇨ Latinum, Graecum, Hebraicum

Hinweis der Redaktion: Die im Englischunterricht des Berufskollegs zum Erwerb der Fachhochschulreife in der Niveaustufe B2 für das Fach Englisch in Zeugnissen der Fachhochschulreife des Berufskollegs zum Erwerb der Fachhochschulreife, des kaufmännischen Berufskollegs II und aller Bildungsgänge mit zentraler Zusatzprüfung Fachhochschulreife (mit Ausnahme des BKFR und des BKWI) erworbene Fremdsprachenkompetenz entspricht der Niveaustufe B2 des Gemeinsamen Europäischen Referenzrahmens zum Sprachenlernen. Auf dem Zeugnis der Fachhochschulreife ist in Analogie zu § 8.2 unter Bemerkungen die Niveaubestätigung „Die erworbenen Kenntnisse im Fach Englisch entsprechen dem Niveau B2 des Gemeinsamen Europäischen Referenzrahmens zum Fremdsprachenlernen (GER)" vorzunehmen. Voraussetzung ist, dass die erreichte Note in Englisch ausreichend oder besser ist. (Quelle: KM; 18.5.2009; AZ: 44-6623.1-08/234)

9. Zeugnisse der Fachhochschulreife

9.1 Soweit gesonderte Zeugnisse der Fachhochschulreife erteilt werden, sind ohne weitere Untergliederung nur diejenigen Fächer auszubringen, die als maßgebende Fächer für das Bestehen der Abschlussprüfung im berufsqualifizierenden Bildungsgang oder als Fächer der Zusatzprüfung für die Zuerkennung der Fachhochschulreife zu berücksichtigen sind.
⇨ Fachhochschulreife

9.2 Die in den die Fachhochschulreife vermittelnden Zeugnissen auszuweisende Durchschnittsnote für die Vergabe von Studienplätzen ist aus dem arithmetischen Mittel der in den für die Zuerkennung der Fachhochschulreife maßgebenden Fächern erteilten Noten dieses Zeugnisses zu bilden. Die Noten der Fächer Religionslehre, Ethik, Musik, Bildende Kunst und Sport werden bei der Berechnung der Durchschnittsnote nicht berücksichtigt, es sei denn, die Fächer sind berufsbezogen oder zählen für den Erwerb der Fachhochschulreife als Kernfächer. Die Durchschnittsnote wird auf eine Stelle nach dem Komma errechnet, es wird nicht gerundet.

9.3 Sofern im Zeugnismuster nicht bereits vorgesehen, ist die von der Kultusministerkonferenz vereinbarte und vom Kultusministerium bekanntgegebene Studienberechtigung in anderen Ländern der Bundesrepublik Deutschland wie folgt zu vermerken:

„Anerkennung des Zeugnisses in den anderen Ländern der Bundesrepublik Deutschland

Entsprechend der Vereinbarung über den Erwerb einer Fachhochschulreife in beruflichen Bildungsgängen, Beschluss der Kultusministerkonferenz vom 05. Juni 1998 in der jeweils geltenden Fassung, berechtigt dieses Zeugnis in allen Ländern der Bundesrepublik Deutschland zum Studium an Fachhochschulen.“

10. Zeugnisse staatlich anerkannter Ersatzschulen und staatlich anerkannter Ergänzungsschulen

Abschluss- und Hochschulreifezeugnisse sowie Urkunden nach Nummer 3 für Schülerinnen und Schüler staatlich anerkannter Ersatzschulen und staatlich anerkannter Ergänzungsschulen sind durch die jeweiligen Prüfungsvorsitzenden zu siegeln, sofern es sich bei diesen um vom zuständigen Regierungspräsidium beauftragte Beamte oder Beamtinnen handelt. Sofern das Regierungspräsidium im begründeten Einzelfall auf die Benennung eines oder einer Beauftragten für den Prüfungsvorsitz verzichtet hat, sind die Zeugnisse auf Antrag der Schule vom Regierungspräsidium zu siegeln.

11. Verbleib der Zeugnisse und Halbjahresinformationen

11.1 Die Zeugnisse und Halbjahresinformationen verbleiben bei den Schülern, soweit nicht Zeugnismappen verwendet werden. Die Zeugnismappen sind den Schülern beim Austritt aus der Schule auszuhändigen.

11.2 Minderjährige Schülerinnen und Schüler sind verpflichtet, von einem oder einer Erziehungsberechtigten auf dem Jahreszeugnis, dem Halbjahreszeugnis und der Halbjahresinformation die Kenntnisnahme bestätigen zu lassen. Gleiches gilt für alle Schülerinnen und Schüler der Berufsschule und des Berufskollegs in Teilzeitunterricht hinsichtlich der für die Berufserziehung der Schüler Mitverantwortlichen (§ 85 Absatz 2 Schulgesetz). Der Klassenlehrer oder die Klassenlehrerin hat bei der Ausgabe der Zeugnisse und der Halbjahresinformation auf diese Verpflichtung hinzuweisen und deren Erfüllung auf geeignete Weise zu überwachen.

Hinweis der Redaktion: Da die Erziehungsberechtigten sowie die Ausbildungsverantwortlichen zur Unterschrift nicht verpflichtet sind und dazu auch nicht gezwungen werden können, ist jeder Druck auf die Schülerinnen und Schüler zu unterlassen.

➪ Beglaubigungen; ➪ Gebühren; ➪ Notenbildungsverordnung; ➪ Schulpflicht (Berufliche Schulen); ➪ Zeugnisse (Allgemeinbildende Schulen); ➪ Zeugnisse (Ersatzzeugnisse)

Zeugnisse (Europass)

Allgemeine Informationen des KM zu den Europass-Zeugniserläuterungen

Die EU-Mitgliedsstaaten schufen 2004 durch die Einführung des Europasses, ein einheitliches gemeinschaftliches Rahmenkonzept zur Förderung der Transparenz bei Qualifikationen und Kompetenzen.

Zu den Europass-Dokumenten gehört u.a. die Europass-Zeugniserläuterung. Dieses Dokument, das einem beruflichen Abschlusszeugnis beigefügt wird, soll es Dritten – insbesondere Personen aus einem anderen Land – erleichtern, zu verstehen, was der im Zeugnis ausgewiesene Abschluss im Hinblick auf die vom Inhaber / von der Inhaberin erworbenen beruflichen Qualifikationen und Kompetenzen bedeutet.

Für die Ausstellung der Europass-Zeugniserläuterungen ist die zeugnisausstellende Stelle (Schule) zuständig.

Das Kultusministerium stellt den beruflichen Schulen für ausgewählte Bildungsgänge die Vorlagen der Europass-Zeugniserläuterungen in deutscher, englischer und französischer Sprache zur Verfügung. Diese sollen den beruflichen Abschlusszeugnissen der Abgängerinnen und Abgänger beigefügt werden.

Die in den Europass-Zeugniserläuterungen ausgewiesenen Berufsbezeichnungen entsprechen den Bezeichnungen gemäß Rahmenvereinbarungen der Kultusministerkonferenz. Sofern diese von den baden-württembergischen Berufsbezeichnungen abweichen, müssen die Schulen das Schreiben des Kultusministeriums vom 22. September 2015 (AZ: 44-6620.4/81) beachten.

Allgemeine Informationen zum Europass stehen im Internet unter: http://www.europass-info.de

Weitere Informationen zu den Europass-Zeugniserläuterungen unter: https://www.kmk.org/themen/berufliche-schulen/schulische-berufsausbildung/europass-zeugniserlaeuterungen.html

Häufige Abkürzungen im Bereich der beruflichen Schulen

AVdual	Duale Ausbildungsvorbereitung	BFS	Berufsfachschule
1BFS	Einjährige gewerbliche Berufsfachschule	BG	Berufliches Gymnasium
2BFS	Zweijährige zur Prüfung der Fachschulreife führende Berufsfachschule	BGVO	Berufliches Gymnasium (Verordnung)
		BK	Berufskolleg
1BKFHVO	Berufskolleg Fachhochschulreife – Einjährig	BKSPIT-VO	Berufskolleg Sozialpädagogik – praxisintegrierte Ausbildung (PiA)
2BKKaufVO	Berufskolleg Kaufmännisch – Zweijährig		
1BKSPVO	Berufskolleg Sozialpädagogik – Einjährig	BVJ	Berufsvorbereitungsjahr
BEJ	Berufseinstiegsjahr	VAB	Vorqualifizierungsjahr Arbeit und Beruf
BFPE	Erprobungsgänge VAB, BEJ, 1BFS und 2BFS	VABO	Vorqualifizierungsjahr Arbeit und Beruf ohne Deutschkenntnisse

Das „Jahrbuch-Update“ – eine Leistung für GEW-Mitglieder

Den Mitgliedern der GEW steht mit dem „Jahrbuch-Update“ ein Änderungsdienst zum Jahrbuch zur Verfügung. Alle Ausgaben des laufenden Jahres sind im Mitgliederbereich der GEW-Homepage abrufbar (www.gew-bw.de). Automatisch erhalten GEW-Vertrauensleute, Vorstandsmitglieder von GEW-Gremien, GEW-Mitglieder in den Personalräten, Schwerbehinderten-Vertrauensleute, Beauftragte für Chancengleichheit sowie Mitglieder von Schulleitungen, die der GEW angehören, einen Link auf neue Ausgaben. Alle anderen GEW-Mitglieder können sich im Mitgliederbereich der GEW-Homepage zu einem Newsletter anmelden, über den sie einen Link erhalten, sobald eine neue Ausgabe auf der GEW-Homepage abrufbar ist. Sie müssen sich dazu mit ihrer Mitgliedsnummer identifizieren (siehe Adressenaufkleber der Mitgliederzeitungen).

Alphabetisches Schlagwortverzeichnis

Das Jahrbuch ist alphabetisch aufgebaut. Der Zugriff erfolgt über die Schlagwörter. Darunter stehen jeweils die Beiträge des Jahrbuchs, in denen Sie zu diesem Schlagwort Informationen finden können. Mit dem Zeichen ➪ verweisen wir auf Beiträge im Standard-Teil des Jahrbuchs. Auf Beiträge im Sonderteil für berufliche Schulen verweisen wir mit dem Zeichen →. Beispiel: Einen Überblick zum Thema Abitur an Beruflichen Gymnasien finden Sie im Standard-Teil im Beitrag ➪ Berufliches Gymnasium; der Volltext-Beitrag → Berufliches Gymnasium (Abitur / BGVO) befindet sich im Sonderteil für berufliche Schulen. Da das Jahrbuch nicht alle Vorschriften enthalten kann, haben wir in dieses Register auch einige Hinweise auf Fundstellen im Amtsblatt ➪ Kultus und Unterricht, in der Loseblattsammlung des Amtsblatts oder auf andere Quellen aufgenommen.

A

Mit dem Zeichen ⇨ verweisen wir auf Beiträge im Standard-Teil des Jahrbuchs.
Auf Beiträge im Sonderteil berufliche Schulen verweisen wir mit dem Zeichen →.

B

C

Mit dem Zeichen ⇨ verweisen wir auf Beiträge im Standard-Teil des Jahrbuchs.
Auf Beiträge im Sonderteil berufliche Schulen verweisen wir mit dem Zeichen →.

E

Mit dem Zeichen ➩ verweisen wir auf Beiträge im Standard-Teil des Jahrbuchs.
Auf Beiträge im Sonderteil berufliche Schulen verweisen wir mit dem Zeichen →.

F

Mit dem Zeichen ⇨ verweisen wir auf Beiträge im Standard-Teil des Jahrbuchs.
Auf Beiträge im Sonderteil berufliche Schulen verweisen wir mit dem Zeichen →.

Das Zeichen ⇨ verweist auf Beiträge im Standard-Teil des Jahrbuchs, das Zeichen → auf Beiträge im Sonderteil berufliche Schulen.

H

Mit dem Zeichen ⇨ verweisen wir auf Beiträge im Standard-Teil des Jahrbuchs.
Auf Beiträge im Sonderteil berufliche Schulen verweisen wir mit dem Zeichen →.

K

L

Mit dem Zeichen ⇨ verweisen wir auf Beiträge im Standard-Teil des Jahrbuchs.
Auf Beiträge im Sonderteil berufliche Schulen verweisen wir mit dem Zeichen →.

M

Mit dem Zeichen ⇨ verweisen wir auf Beiträge im Standard-Teil des Jahrbuchs.
Auf Beiträge im Sonderteil berufliche Schulen verweisen wir mit dem Zeichen →.

N

O

P/Q

R

Mit dem Zeichen ⇨ verweisen wir auf Beiträge im Standard-Teil des Jahrbuchs.
Auf Beiträge im Sonderteil berufliche Schulen verweisen wir mit dem Zeichen →.

Mit dem Zeichen ⇨ verweisen wir auf Beiträge im Standard-Teil des Jahrbuchs.
Auf Beiträge im Sonderteil berufliche Schulen verweisen wir mit dem Zeichen →.

T

Mit dem Zeichen ⇨ verweisen wir auf Beiträge im Standard-Teil des Jahrbuchs.
Auf Beiträge im Sonderteil berufliche Schulen verweisen wir mit dem Zeichen →.

U

Mit dem Zeichen ⇨ verweisen wir auf Beiträge im Standard-Teil des Jahrbuchs.
Auf Beiträge im Sonderteil berufliche Schulen verweisen wir mit dem Zeichen →.

W

X/Y/Z

Stichwort: Schülertourismus und Luxusreisen

Die seit Jahrzehnten geltende Verwaltungsvorschrift des KM für ➪ Außerunterrichtliche Veranstaltungen der Schulen enthält in Nr. II.6 einen seit Anbeginn unveränderten Grundsatz: *„Die für Schüler entstehenden Kosten sind so niedrig wie möglich zu halten, müssen in einem vertretbaren Verhältnis zum Nutzen der Veranstaltung stehen und dürfen die Eltern nicht in unzumutbarem Maße belasten"*.

Angesichts der deutlicher werdenden Diskrepanz zwischen einem (kleineren) Teil gut verdienender Eltern und einem (steigenden) Anteil von Menschen in prekären Arbeits- und Lebensverhältnissen (Mini-Lohnbereich, „Hartz IV" usw.) sollten die Lehrkräfte und die Schulen diesem Gesichtspunkt vermehrt Aufmerksamkeit schenken. Vor allem sollten sie beachten, dass über die *„Aufstellung der Grundsätze über die Durchführung von außerunterrichtlichen Veranstaltungen (z.B. Klassenfahrten, Schullandheimaufenthalte)"* die Gesamtlehrerkonferenz berät und beschließt. ➪ Konferenzordnung § 2 Abs. 1 Nr. 11

Das bedeutet: Die GLK kann mit verbindlicher Wirkung für alle Lehrkräfte der Schule bestimmen, dass bei außerunterrichtlichen Veranstaltungen ein bestimmter Pro-Kopf-Betrag je Schüler*in nicht überschritten werden darf. Da einschlägige GLK-Beschlüsse des Einverständnisses der Schulkonferenz bedürfen, sind auch die Eltern- und die Schülerschaft der Schule an der Beschlussfassung beteiligt. Die Schulleitung darf nach einem solchen Beschluss die Genehmigung von Klassenfahrten, Studienreisen usw. nur in diesem Rahmen erteilen. Was teurer ist, findet nicht statt.

Zwar haben Empfänger*innen von Sozialleistungen Anspruch auf Kostenerstattung für solche Fahrten (siehe ➪ Bildungspaket; hierauf sollten die Lehrkräfte die betroffenen Eltern aufmerksam machen), aber auch oberhalb dieser „Armutsschwelle" gibt es in jeder Klasse Schülerinnen und Schüler, deren Eltern sich teure Reisen schlicht nicht leisten können.

Antrag auf Mitgliedschaft

Bitte in Druckschrift ausfüllen

Online Mitglied werden
www.gew.de/mitglied-werden

Persönliches

Nachname (Titel) Vorname

Straße, Nr.

Postleitzahl, Ort

Telefon / Fax

E-Mail

Geburtsdatum Staatsangehörigkeit

gewünschtes Eintrittsdatum

bisher gewerkschaftlich organisiert bei von bis (Monat/Jahr)

☐ weiblich ☐ männlich ☐ divers

Berufliches (bitte umseitige Erläuterungen beachten)

Berufsbezeichnung (für Studierende: Berufsziel), Fachgruppe

Diensteintritt / Berufsanfang

Tarif- / Besoldungsgebiet

Tarif- / Besoldungsgruppe Stufe seit

monatliches Bruttoeinkommen (falls nicht öffentlicher Dienst)

Betrieb / Dienststelle / Schule

Träger des Betriebs / der Dienststelle / der Schule

Straße, Nr. des Betriebs / der Dienststelle / der Schule

Postleitzahl, Ort des Betriebs / der Dienststelle / der Schule

Beschäftigungsverhältnis:

☐ angestellt
☐ beamtet
☐ teilzeitbeschäftigt mit ____ Std./Woche
☐ teilzeitbeschäftigt mit ____ Prozent
☐ Honorarkraft
☐ beurlaubt ohne Bezüge bis ________
☐ in Rente/pensioniert
☐ im Studium
☐ Altersteilzeit
☐ in Elternzeit bis ________
☐ befristet bis ________
☐ Referendariat/Berufspraktikum
☐ arbeitslos
☐ Sonstiges ________

Jedes Mitglied der GEW ist verpflichtet, den satzungsgemäßen Beitrag zu entrichten. Mit meiner Unterschrift auf diesem Antrag erkenne ich die Satzung der GEW an.

Ort / Datum Unterschrift

Gewerkschaft Erziehung und Wissenschaft, Reifenberger Str. 21, 60489 Frankfurt a. M.

Gläubiger-Identifikationsnummer DE31ZZZ00000013864

SEPA-Lastschriftmandat: Ich ermächtige die Gewerkschaft Erziehung und Wissenschaft (GEW), Zahlungen von meinem Konto mittels Las schrift einzuziehen. Zugleich weise ich mein Kreditinstitut an, die von der GEW auf mein Konto gezogenen Lastschriften einzulösen. Hinw Ich kann innerhalb von acht Wochen, beginnend mit dem Belastungsdatum, die Erstattung des belasteten Betrages verlangen. Es gelten dabei die mit meinem Kreditinstitut vereinbarten Bedingungen.

Vorname und Name (Kontoinhaber*in)

Kreditinstitut (Name und BIC)

_ _ _ _ | _ _ _ _ | _ _ _ _ | _ _ _ _ | _ _ _ _ | _ _

IBAN

Ort / Datum Unterschrift

Die uns von Ihnen angegebenen personenbezogenen Daten werden nur zur Erfüllung unserer satzungsgemäßen Aufgaben auf Datenträgern gespeichert und entsprechend den Bestimmungen der Europäischen Datenschutzgrundverordnung (EU-DSGVO) geschützt.
Bitte senden Sie den ausgefüllten Antrag an den für Sie zuständigen Landesverband der GEW bzw. an den Hauptvorstand.

Vielen Dank – Ihre GEW